稿本 中國古籍善本書目書名索引

（下）

集部 叢部

天津圖書館 編

齊魯書社

集部

楚辭類

一 楚騷五卷 楚屈原撰 附錄一卷 漢司馬遷撰 明正德十五年熊宇刻朱字本 五行十字,白口,四周單邊

二 楚騷五卷 楚屈原撰 附錄一卷 漢司馬遷撰 明萬曆二十九年朱燮元、朱一龍刻藍字本 五行十字,白口,四周單邊

三 離騷經一卷 楚屈原撰 清康熙五十一年汪士鋐抄本 清王澍、郎松年跋 八行十四字,無格

四 楚辭選抄不分卷 楚屈原撰 明瞿汝稷抄本 清楊坎、邵貞久跋

五 楚辭八卷 楚屈原、宋玉、漢賈誼等撰 屈原傳一卷 漢司馬遷撰 明正德十六年馮惟訥刻本 八行十六字,白口,左右雙邊

六 楚辭二卷 楚屈原、宋玉、漢賈誼等撰 屈原傳一卷 漢司馬遷撰 明萬曆六年茹天成刻本 九行十八字,白口,四周單邊

七 楚辭二卷 楚屈原、宋玉、漢賈誼等撰 明萬曆十五年汪遵晁刻本 九行二十字,白口,左右雙邊

八 楚辭二卷 楚屈原、宋玉、漢賈誼等撰 明萬曆[illegible]刻本 九行十八字,白口,左右雙邊

九 楚辭二卷 楚屈原、宋玉、漢賈誼等撰 明刻本 十行二十字,白口,左右雙邊

一〇 楚辭二卷 楚屈原、宋玉、漢賈誼等撰 明吳勉學刻本 九行十八字,白口,左右雙邊

一一 楚辭二卷 楚屈原、宋玉、漢賈誼等撰 明吳勉學刻本 清[illegible]跋 九行十九字,白口,四周單邊

一二 楚辭二卷 楚屈原、宋玉、漢賈誼等撰 明萬曆四十八年閔齊伋刻三色套印本 九行十九字,白口,四周單邊

一三 楚辭二卷 楚屈原、宋玉、漢賈誼等撰 明萬曆四十八年閔齊伋刻三色套印本 清丁丙跋 九行十九字,白口,四周單邊

一四 楚辭十卷 漢劉向輯 明吳興凌毓枏校 明刻本 九行十八字,白口,左右雙邊

一五 宋玉集二卷 楚宋玉撰 清抄本 清丁丙跋

一六 楚辭章句十七卷 漢王逸撰 明正德十三年黄省曾、高第刻本 十行十八字,小字雙行同,白口,左右雙邊

一七 楚辭章句十七卷 漢王逸撰 明正德十三年黄省曾、高第刻本 清袁廷檮校並跋 十行十八字,小字雙行同,白口,左右雙邊

一八 楚辭章句十七卷 漢王逸撰 疑字直音補一卷 明隆慶五年豫章夫容館刻本 八行十七字,小字雙行同,白口,四周雙邊

一九 楚辭章句十七卷 漢王逸撰 疑字直音補一卷 明隆慶五年豫章夫容館刻本 清許[illegible]跋 八行十七字,小字雙行同,白口,四周雙邊

二〇 楚辭章句十七卷 漢王逸撰 疑字直音補一卷 明隆慶五年豫章夫容館刻本(卷五至六配清同治十一年蔣曰豫抄本) 清蔣曰豫跋

二一 楚辭章句十七卷 漢王逸撰 疑字直音補一卷 明萬曆朱燮元、朱一龍刻本 八行十七字,小字雙行同,白口,四周單邊

二二 楚辭章句十七卷 漢王逸撰 疑字直音補一卷 明萬曆朱燮元、朱一龍刻本 清張符升批點並跋

二三 楚辭章句十七卷 漢王逸撰 附錄一卷 明萬曆十四年馮紹祖觀妙齋刻本 九行十八字,小字雙行同,白口,左右雙邊,有刻工

二四 楚辭章句十七卷 漢王逸撰 附錄一卷 明萬曆十四年馮紹祖觀妙齋刻本 清彭孫遹批校並跋

二五 楚辭章句十七卷 漢王逸撰 附錄一卷 明萬曆十四年馮紹祖觀妙齋刻本 清丁丙跋

二六 楚辭章句十七卷 漢王逸撰 明刻本 九行十八字,白口,左右雙邊,有刻工

二七 楚辭章句十七卷 漢王逸撰 附錄一卷 明萬曆金陵益軒唐氏刻本 九行十八字,小字雙行同,白口,左右雙邊,有刻工

二八 楚辭章句十七卷 漢王逸撰 附錄一卷 明金陵王少塘刻本 九行十八字,小字雙行同,白口,左右雙邊

二九 楚辭章句十七卷 漢王逸撰 明萬曆四十七年劉廣刻本 十行十八字,小字雙行同,白口,左右雙邊

三〇 楚辭章句十七卷 漢王逸撰 疑字直音補一卷 明崇禎十七年嚴敍刻本 八行十七字,小字雙行同,白口,四周雙邊,宋諱缺筆

三一 楚辭十卷 漢王逸注 明萬曆十四年俞初刻本 十行二十字,小字雙行同,白口,左右雙邊

三二 楚辭十卷 漢王逸注 明萬曆十四年俞初刻本 清錢陸燦批

三三 楚辭八卷 漢王逸章句 明萬曆二十五年鄭文瑞尚友軒刻本 七行十四字,白口,四周單邊,眉上鐫音釋

三四 楚辭章句十七卷 漢王逸撰 宋洪興祖補注 明刻本 九行十五或十六字,小字雙行二十或二十一字,白口,左右雙邊

三五 楚辭章句十七卷 漢王逸撰 宋洪興祖補注 明刻本 清丁丙跋

三六 楚辭十七卷 漢王逸章句 宋洪興祖補注 明抄本 十二行二十三字,無格

三七 楚辭十七卷 漢王逸章句 宋洪興祖補注 清初毛氏汲古閣刻本 九行十五字,小字雙行二十字,白口,左右雙邊

三八 楚辭十七卷 漢王逸章句 宋洪興祖補注 清初毛氏汲古閣刻本 清王念孫校注 存五卷(一至五)

三九 楚辭十七卷 漢王逸章句 宋洪興祖補注 清初毛氏汲古閣刻本 清王筠批校 存九卷(二至十)

四〇 楚辭十七卷 漢王逸章句 宋洪興祖補注 清初毛氏汲古閣刻本 王國維校

四一 楚辭十七卷 漢王逸章句 宋洪興祖補注 清初毛氏汲古閣刻寶翰樓印本 清謝章鋌校並跋

四二 楚辭十七卷 漢王逸章句 宋洪興祖補注 清同治十一年金陵書局刻本 清于鬯校 九行十五字,白口,左右雙邊

四三　楚辭十七卷　漢王逸章句　宋洪興祖補注　清同治十一年金陵書局刻本　譚獻校並跋

四四　楚辭十七卷　漢王逸章句　宋洪興祖補注　清末長沙賜德堂刻本　王闓運批注　九行十五字小字雙行二十字白口左右雙邊

四五　楚辭十七卷　漢王逸注　明陳深批點　附錄一卷　明凌毓枏刻套印本　八行十八字白口四周單邊

四六　楚辭十七卷　漢王逸注　明陳深批點　附錄一卷　明凌毓枏刻套印本　清[illegible]跋

四七　楚辭句解評林十七卷　漢王逸章句　明馮紹祖輯評　附錄一卷　明刻本　十行二十三字小字雙行同白口四周雙邊眉欄鐫評

四八　楚辭集註八卷辯證二卷　宋朱熹撰　反離騷一卷　漢揚雄撰　宋嘉定六年章貢郡齋刻本（卷一至二配清影宋抄本）　楊訥菴圈點批校　八行十五字小字雙行同上黑口或白口左右雙邊

四九　楚辭集註八卷後語六卷　宋朱熹撰　宋端平刻本　九行十八字小字雙行同白口左右雙邊

五〇　楚辭集注八卷後語六卷　宋朱熹撰　宋刻本　九行十七字小字雙行同白口左右雙邊

五一　楚辭集注八卷　宋朱熹撰　宋刻本（卷一、三、四配清影宋抄本）　八行十六字白口左右雙邊

五二　楚辭集注八卷辯證二卷後語六卷　宋朱熹撰　元至治元年建安虞信亨宅刻本　十一行二十字小字雙行二十四字黑口左右雙邊

五三　楚辭集註八卷辯證二卷後語六卷　宋朱熹撰　元至元二年建安傅子安刻本　十一行二十字小字雙行二十四字黑口左右雙邊

五四　楚辭集註八卷辯證二卷後語六卷　宋朱熹撰　元刻本　十一行二十字小字雙行二十四字黑口左右雙邊

五五　楚辭集註八卷辯證二卷後語六卷　宋朱熹撰　元刻本　十一行二十字小字雙行二十四字黑口左右雙邊

五六　楚辭集註八卷辯證二卷後語六卷　宋朱熹撰　元刻本　十一行二十字小字雙行二十四字細黑口四周單邊

五七　楚辭集註八卷　宋朱熹撰　元刻本　十一行二十字小字雙行二十四字黑口左右雙邊或四周單邊

五八　楚辭辯證二卷後語六卷　宋朱熹撰　元刻本　十一行二十字小字雙行二十四字黑口左右雙邊

五九　楚辭辯證二卷後語六卷　宋朱熹撰　元刻本　清丁丙跋　九行十八字小字雙行同細黑口左右雙邊

六〇　楚辭集註八卷辯證二卷後語六卷　宋朱熹撰　元刻本　十一行二十字小字雙行二十四字細黑口左右雙邊　存十一卷（集註卷四至八、辯證二卷全、後語卷三至六）

六一　楚辭後語六卷　宋朱熹撰　元刻本　十一行二十字細黑口左右雙邊

六二　楚辭集註八卷辯證二卷後語六卷　宋朱熹撰　明成化十一年吳原明刻本　九行十七字小字雙行同黑口四周雙邊有刻工

六三　楚辭集註八卷辯證二卷後語六卷　宋朱熹撰　明書林魏氏仁實堂刻本　十行二十一字小字雙行同黑口四周雙邊

六四　楚辭集註八卷辯證二卷後語六卷　宋朱熹撰　明正德十四年沈圻刻本　九行十七字小字雙行同黑口四周雙邊　存五卷（集註卷一、辯證全、後語卷五至六）

六五　楚辭集註八卷辯證二卷後語六卷　宋朱熹撰　明正德十四年沈圻刻本　清丁丙跋

六六　楚辭集註八卷辯證二卷後語六卷　宋朱熹撰　反離騷一卷　漢揚雄撰　明嘉靖十四年袁褧刻本　十行十八字小字雙行同白口左右雙邊

六七　楚辭集註八卷辯證二卷後語六卷　宋朱熹撰　反離騷一卷　漢揚雄撰　明嘉靖十四年袁褧刻本　清何焯校

六八　楚辭集註八卷辯證二卷後語六卷　宋朱熹撰　反離騷一卷　漢揚雄撰　明嘉靖十四年袁褧刻本　清丁丙跋

六九　楚辭辯證二卷　宋朱熹撰　反離騷一卷　漢揚雄撰　明嘉靖十四年袁褧刻本　傅增湘校

七〇　楚辭集註八卷後語六卷　宋朱熹撰　明嘉靖十四年袁褧刻本　秦更年校並跋

七一　楚辭集註八卷　宋朱熹撰　明嘉靖十七年楊上林刻本　十行二十字小字雙行同細黑口四周雙邊

七二　楚辭集註八卷　宋朱熹撰　明嘉靖三十八年蔡邦榮刻本　十行二十字小字雙行同白口四周雙邊

七三　刻京本三閭大夫楚辭集註八卷註解後語六卷辯證二卷　宋朱熹撰　明萬曆元年閩建書林積善堂陳氏奇泉刻三十五年陳氏奇泉子印本　九行十八字小字雙行同黑口四周雙邊或左右雙邊

七四　刻京本三閭大夫楚辭註解後語六卷辯證二卷　宋朱熹撰　明萬曆二年陳氏奇泉子刻本　九行十八字小字雙行同黑口四周單邊或左右雙邊　辯證後有萬曆二年陳氏奇泉子刻書牌記

七五　楚辭集註八卷辯證二卷後語六卷　宋朱熹撰　明萬曆二十五年晋府刻本　八行十七字小字雙行同白口四周雙邊　有刻工姓記王友華李珍等

七六　楚辭集註八卷辯證二卷後語六卷　宋朱熹撰　明刻本　八行十七字小字雙行同白口四周雙邊　刻工有吳國相蔣承德等

七七　楚辭集註八卷辯證二卷後語六卷　宋朱熹撰　明萬曆朱崇沐刻本　九行十七字小字雙行同白口四周雙邊

七八　楚辭集註八卷後語六卷　宋朱熹撰　明胡堯元刻本（集註卷三、四配抄本）　九行十七字小字雙行同

白口，四周單边

七九 楚辭集註八卷辯證二卷後語六卷 宋朱熹撰 明刻本 九行十七字，小字双行同，白口，四周單边

八〇 楚辭集註八卷辯證二卷後語六卷 宋朱熹撰 明萬曆樣鶴刻本 九行十八字，白口，四周單边，有刻工「南京相芝提刊」

八一 楚辭集註八卷辯證二卷後語六卷 宋朱熹撰 明刻本 九行十八字，白口，四周單边，版刻工

八二 楚辭集註八卷辯證二卷後語六卷 宋朱熹撰 明刻本 八行二十字，白口，四周單边

八三 楚辭集註八卷辯證二卷後語六卷 宋朱熹撰 明刻本 八行十七字，白口，四周双边

八四 楚辭集註八卷 宋朱熹撰 各家楚詞書目一卷 明刻本 八行十七字，白口，四周單边

八五 楚辭集註八卷 宋朱熹撰 明刻本 九行十八字，小字双行同，白口，四周單边，眉上鐫評

八六 楚辭集註八卷辯證二卷後語六卷 宋朱熹撰 清康熙內府抄本 九行二十二字，小字双行同，白口，四周單边

八七 楚辭集註七卷 宋朱熹撰 明刻本 八行十八字，小字双行同，白口，四周双边

八八 楚辭集註八卷辯證二卷後語八卷 宋朱熹撰 明蔣之翹補輯並評校 附覽二卷總評一卷 明蔣之翹輯 明天啓六年蔣之翹刻本 九行二十一字，小字双行同，白口，四周單边

八九 楚辭集註八卷辯證二卷後語八卷 宋朱熹撰 明蔣之翹補輯並評校 附覽二卷總評一卷 明蔣之翹輯 明天啓六年蔣之翹刻本 清林佶盧洄批校

九〇 楚辭評林八卷總評一卷 宋朱熹集註 明沈雲翔輯評 明崇禎十年吳郡八詠樓刻本 九行二十五字，小字双行同，白口，四周單边，眉上鐫評

九一 楚辭評林八卷總評一卷 宋朱熹集註 明沈雲翔輯評 明崇禎十年吳郡八詠樓刻本 清王慶麟批

九二 屈子六卷 楚屈原撰 明潘三槐輯評 明末刻本 九行二十五字，白口，四周單边

九三 楚辭五卷後語一卷 宋朱熹集註 清王鑰抄本 十行十八字，無格

九四 離騷草木疏四卷 宋吳仁傑撰 宋慶元六年羅田縣庠刻本 十二行二十一字，白口，左右双边

九五 離騷草木疏四卷 宋吳仁傑撰 明抄本 十行十八字，藍格，白口，四周單边

九六 離騷草木疏四卷 宋吳仁傑撰 清方甘白抄本 清方甘白録總廷傅校跋 十行二十一字，黑格，黑口，左右双边

九七 離騷草木疏四卷 宋吳仁傑撰 清抄本 十一行二十二字，黑格，白口，左右双边

九八 離騷草木疏補四卷 明屠本畯撰 明萬曆刻本 九行二十字，白口，四周單边

九九 離騷草木疏辯證四卷 清祝德麟撰 清乾隆四十四年悅親樓刻本 十一行二十字，白口，四周單边，版心下鐫悅親樓

一〇〇 離騷草木疏辯證四卷 清祝德麟撰 清抄本 傅增湘跋 十一行二十字，小字双行二十九字，無格，版心下書悅親樓

一〇一 天問天對解一卷 宋楊萬里撰 明崇禎十年古香齋刻本 九行二十字，白口，四周單边

一〇二 楊誠齋先生天問天對解一卷 宋楊萬里撰 清初毛扆、林譽本刻本 九行二十字，白口，四周單边

一〇三 離騷集傳一卷 宋錢杲之撰 宋刻本 明姚承勳、清黃念慈、邵松年題款 黃丕烈、潘延跋 九行十八字，黑口，左右双边

一〇四 離騷集傳一卷 宋錢杲之撰 清影宋抄本

一〇五 離騷集傳一卷 宋錢杲之撰 清影宋抄本 九行十八字，白口，左右双边

一〇六 離騷集傳一卷 宋錢杲之撰 清乾隆四十七年吳翌鳳抄本 清吳翌鳳跋 鮑廷博校並跋 九行十八字，無格

一〇七 楚騷協韻十卷 明屠本畯撰 明隆慶六年刻本 九行十八字，白口，四周單边

一〇八 楚辭述註十卷 明林兆珂撰 明萬曆刻本 八行二十字，白口，四周單边

一〇九 離騷經訂註一卷 明趙南星撰 屈原傳一卷 漢司馬遷撰 明萬曆四十一年刻本 九行十八字，白口，四周單边

一一〇 釋騷一卷 明何喬遠撰 清楊浚冠悔堂抄本 十行二十二字，黑格，黑口，左右双边

一一一 離騷經纂註一卷 明劉永澄撰 明刻本 九行十八字，白口，左右双边

一一二 離騷經纂註一卷 明劉永澄撰 明刻本 清劉寶楠校 九行十八字，白口，左右双边

一一三 離騷經纂註一卷 明劉永澄撰 明末刻本 十行十九字，白口，左右双边

一一四 楚辭集解十五卷蒙引二卷考異一卷 明汪瑗撰 大序一卷小序一卷 明汪瑗輯 明萬曆四十三年汪文英刻本 十行二十字，白口，左右双边（天問有目無書）

一一五 楚辭集解十六卷蒙引二卷考異一卷 明汪瑗撰 大序一卷小序一卷 明汪瑗輯 明萬曆四十三年汪文英刻本 十行二十字，白口，左右双边（有天問一卷，以朱熹集註本補）

一一六 楚辭補註二卷 明汪仲弘撰 明萬曆四十六年刻本 十行二十字，白口，左右双边，版心上鐫天問註補

一一七 刪註楚辭不分卷 明張京元撰 明萬曆四十六年張京元刻本 九行二十字，白口，四周單边

一一八 楚辭十卷 漢王逸章句 宋朱熹註 明張鳳翼合纂 明末刻本 九行二十字，小字双行同，白口，左右双边

一一九 楚辭十卷 漢王逸章句 宋朱熹註 明張鳳翼合纂 明末刻本 清冀京批校

一二〇 楚辭十卷 漢王逸章句 宋朱熹註 明張鳳翼合纂 明末刻本 鄭振鐸跋

一一二一　楚辭聽直八卷合論一卷　明黄文煥撰　明崇禎十六年刻清順治十四年續刻本　八行二十一字白口四周單邊
一一二二　楚辭疏十九卷讀楚辭語一卷楚辭雜論一卷　明陸時雍撰　屈原傳一卷　漢司馬遷撰　明末緝柳齋刻本　九行二十字小字双行同白口四周单边
一一二三　楚辭疏十九卷讀楚辭語一卷　明陸時雍撰　屈原傳一卷　漢司馬遷撰　明末緝柳齋刻本　清蔣化洛批點
一一二四　楚辭疏十九卷讀楚辭語一卷楚辭雜論一卷　明陸時雍撰　明末緝柳齋刻本　清管庭芬校
一一二五　楚辭榷八卷　明陸時雍疏　金兆清參評　明末刻本　九行二十字小字双行同白口左右双边
一一二六　楚辭述註五卷　明來欽之撰　九歌圖一卷　明陳洪綬繪　明崇禎刻本　九行二十字小字双行同白口四周单边
一一二七　楚辭述註五卷　明來欽之撰　九歌圖一卷　明陳洪綬繪　明崇禎刻黄象彝等印本
一一二八　楚辭述註五卷　明來欽之撰　九歌圖一卷　明陳洪綬繪　清康熙三十年刻本　九行二十字小字双行同白口四周单边
一一二九　楚辭箋註四卷　明李陳玉撰　清康熙十一年魏學渠刻本　九行二十字小字双行同白口左右双边

七

一一三〇　離騷草木史九卷離騷拾細一卷　清周拱辰撰　清初周氏聖雨齋刻本　九行二十四字白口四周單边
一一三一　離騷圖不分卷　清蕭雲從繪並注　清初刻本　九行二十四字白口四周单边
一一三二　離騷圖不分卷　清蕭雲從繪並注　清初刻本清紐樹玉校　九行二十四字白口四周单边
一一三三　離騷圖不分卷　清蕭雲從繪並注　清初刻本　王立承跋
一一三四　離騷圖不分卷　清蕭雲從繪並注　清初刻本清蔡名衡、姚燮跋曹岣題款　存天問圖
一一三五　楚辭八卷　清丁澎實評　九歌圖一卷　明陳洪綬繪　清初刻本　九行十九字小字双行同白口四周单边
一一三六　楚辭通釋十四卷　清王夫之撰　清康熙四十八年刻本　八行二十字小字双行同白口四周单边
一一三七　山響齋別集飲騷十卷　清賀寬撰　清康熙華天章刻本　十行二十三字白口四周单边
一一三八　楚辭燈四卷楚懷襄二王在位事蹟考一卷　清林雲銘撰　屈原列傳一卷　漢司馬遷撰　清康熙三十六年挹奎樓刻本　八行二十字小字双行同白口左右双边
一一三九　楚辭燈四卷　清林雲銘撰　清同治十一年孔氏嶽雪樓抄本　清孔昭仁校並跋
一一四〇　楚辭詳解五卷　清龔祿詒撰　清乾隆九年知津堂刻本　七行十七字小字双行同黑口左右双边

一一四一　離騷經一卷九歌一卷陰符經一卷　清李光地註　清抄本　十行二十字無格
一一四二　離騷辯不分卷　清朱冀撰　清康熙綠筠堂刻本　七行十八字小字双行同白口左右双边版心下鐫綠筠堂
一一四三　離騷辯不分卷　清朱冀撰　清康熙綠筠堂刻本　口小雅跋　清吳祿詒校　胡韞玉批校
一一四四　屈辭洗髓五卷　清徐煥龍撰　清康熙三十七年无悶堂刻本　九行二十一字小字双行同上下黑口左右双边
一一四五　離騷節解一卷離騷本韻一卷離騷正音一卷離騷節指一卷　清張德純撰　清康熙讀書松桂林刻本　九行十九字白口左右双边
一一四六　楚辭約註不分卷　清高秋月曹同春撰　清康熙文粹堂刻本　九行二十四字小字双行同白口左右双边
一一四七　寄夢堂屈子離騷論文十卷附錄一卷　清鄭武撰　清康熙三十四年寄夢堂刻本　八行十九字小字双行同白口左右双边版心下鐫寄夢堂
一一四八　屈子貫五卷　清張詩撰　清康熙壽及堂刻本　十行二十一字黑口四周单边
一一四九　山帶閣註楚辭六卷首一卷餘論二卷說韻一卷　清蔣驥撰　清雍正五年蔣氏山帶閣刻本　十行二十一字白口左右双边有圖
一一五〇　山帶閣註楚辭六卷首一卷餘論二卷說韻一卷　清蔣驥撰　清雍正五年蔣氏山帶閣刻本　清謝章鋌校

八

一一五一　離騷彙訂不分卷屈子雜文箋畧六卷　清王邦采撰　清康熙六十一年刻本　八行十六字黑口左右双边
一一五二　楚辭疏八卷　清吳世尚撰　清雍正五年尚友堂刻本　九行十九字白口左右双边
一一五三　離騷解一卷楚詞九歌解一卷讀騷列論一卷　清顧成天撰　清乾隆六年刻本　九行二十一字黑口左右双边
一一五四　楚辭評註十卷　清王萌撰　清乾隆刻本　九行二十二字小字双行同黑口四周单边
一一五五　楚辭新集註八卷　清屈復撰　楚懷襄二王在位事蹟考一卷　清林雲銘撰　末一卷　清乾隆三年弱水草堂刻本　九行二十字小字双行同白口四周双边封面鐫弱水草堂藏板
一一五六　楚辭新集註八卷　清屈復撰　楚懷襄二王在位事蹟考一卷　清林雲銘撰　末一卷　清乾隆三年刻本　九行二十字小字双行同白口四周双边封面改鐫受業門人同神敝同弱水草堂本
一一五七　新錄楚辭全集八卷　清屈復集注　清抄本
一一五八　楚辭節註六卷　清姚培謙撰　楚辭叶音一卷　清劉維謙撰　清乾隆六年刻本

八行十八字，小字双行二十八字，黑口，左右双边

一五九 屈騷心印五卷首一卷 清夏大霖撰 清乾隆三十九年一本堂刻本 十一行二十五字，小字双行同，白口，四周双边

一六〇 屈原賦注七卷通釋二卷 清戴震撰 音義三卷 清汪梧鳳撰 清乾隆二十五年汪梧鳳刻本 十行二十一字，小字双行三十一、二字不等，白口，左右双边

一六一 屈騷指掌四卷 清胡文英撰 清乾隆五十一年刻本 九行十八字，小字双行同，白口，左右双边

一六二 屈騷指掌四卷 清胡文英撰 清抄本 十行二十一字，小字双行同

一六三 楚辭達一卷 清魯筆撰 清乾隆三十一年見南齋刻本 九行二十二字，小字双行同，白口，左右双边

一六四 楚辭韻解八卷 清邱仰文撰 清乾隆三十七年碩松堂刻本 青盛百二校 九行二十字，白口，四周双边

一六五 屈子正音三卷 清方績撰 清道光七年鄧廷楨刻本 十一行二十字，小字双行同，白口，左右双边

一六六 離騷箋二卷 清龔景瀚撰 清乾隆五十九年濟静齋刻本 十行二十一字，上下黑口，四周双边，版心下鐫濟静齋

一六七 楚辭述芳二卷 清牟庭撰 清乾隆六十年牟氏俗園刻本 九行二十二字，白口，左右双边

一六八 楚辭述芳二卷 清牟庭撰 清乾隆六十年牟氏俗園刻本 俞剛校

一六九 楚辭考辨不分卷 清鄭知同撰 稿本 黎庶昌跋 九行十四至十七字不等，無格

一七〇 離騷擬議二卷 清劉光第撰 清抄本

一七一 屈騷求志五卷 清顧賜名撰 清抄本 九行二十一字，小字双行同，白口，四周双边

一七二 離騷叶韻不分卷 清刻本 八行二十一字，白口，左右双边

漢魏六朝別集類

一 賈長沙集十卷 漢賈誼撰 明成化十九年喬縉刻本 傅增湘跋 十行二十四字，上下黑口，四周双边

二 枚叔集一卷 漢枚乘撰 清周世敬輯 附録一卷 清周世敬輯 清抄本 九行二十字，黑格

三 西漢董氏至文四卷存二卷 一、四 漢董仲舒撰 明活字印本 十一行二十二字，白口，四周单边

四 東方先生文集三卷 漢東方朔撰 明康丕顯刻本 九行十八字，白口，左右双边

五 劉中壘集六卷 漢劉向撰 附録一卷 明抄本 九行十八字，黑格

六 揚子雲集六卷 漢揚雄撰 明鄭樸輯 明萬曆刻本 九行十八字，白口，四周单边

七 揚子雲集六卷 漢揚雄撰 清抄本 清盛鳳翔校 丁丙跋

八 揚雄蜀都賦讀一卷 清馮李驊撰 清抄本

九 蔡中郎文集十卷外傳一卷 漢蔡邕撰 明正德十年華堅蘭雪堂銅活字印本 清黄丕烈跋 七行小字双行十三字，白口，左右双边，版心上印蘭雪堂

一〇 蔡中郎文集十卷外傳一卷 漢蔡邕撰 明影刻蘭雪堂銅活字印本 七行小字双行十三字，白口，四周单边

一一 蔡中郎文集十卷外傳一卷 漢蔡邕撰 明影刻蘭雪堂銅活字印本 清孫星衍跋

一二 蔡中郎文集十卷外傳一卷 漢蔡邕撰 明影刻蘭雪堂銅活字印本 清羅鎬録黄丕烈、顧廣圻校

一三 蔡中郎文集十卷外傳一卷 漢蔡邕撰 清影抄蘭雪堂銅活字印本 佚名臨黄丕烈、顧廣圻校 十四行十三字，無格

一四 新刊蔡中郎文集十卷獨斷文集二卷詩集一卷外傳一卷 漢蔡邕撰 明嘉靖三年鄭氏宗文堂刻本 九行二十字，黑口，四周双边

一五 蔡中郎文集十卷外傳一卷 漢蔡邕撰 明刻本 九行二十一字，白口，四周双边

一六 蔡中郎文集十卷外傳一卷 漢蔡邕撰 明刻本 清黄丕烈、顧廣圻校並跋 九行二十一字，白口，四周双边

一七 蔡中郎文集十卷外傳一卷 漢蔡邕撰 明刻本 佚名録黄丕烈、顧廣圻校並跋 九行二十一字，白口，四周双边

一八 蔡中郎文集十卷外傳一卷 漢蔡邕撰 明萬曆三十九年馬維驥刻本 九行十八字，白口，四周单边

一九 蔡中郎文集十卷外傳一卷 漢蔡邕撰 明刻本 九行二十字，白口，四周单边

二〇 蔡中郎文集十卷外傳一卷 漢蔡邕撰 清順治劉嗣美刻本 九行二十字白口四周單邊

二一 蔡中郎集十卷 漢蔡邕撰 明楊賢刻本 九行二十字白口左右雙邊

二二 蔡中郎集十卷外紀一卷外集四卷 漢蔡邕撰 末一卷 清咸豐二年楊氏海源閣刻本 清許瀚校 九行十八字小字雙行同白口左右雙邊版心下鐫海源閣

二三 蔡中郎集十卷外紀一卷外集四卷 漢蔡邕撰 末一卷 清咸豐二年楊氏海源閣刻本 清羅以智錄盧文弨顧廣圻簽校 清丁丙跋

二四 蔡中郎集十卷外紀一卷外集四卷 漢蔡邕撰 末一卷 清咸豐二年楊氏海源閣刻本 清趙之謙跋 清佚名臨各家校

二五 蔡中郎集十卷外集四卷 漢蔡邕撰 末一卷 清抄本 實遐紱跋並臨顧廣圻校 傅增湘校 九行十八字小字雙行同

二六 漢蔡中郎集十一卷 漢蔡邕撰 明萬曆八年茅一相文霞閣刻本 九行十九字白口四周單邊

二七 漢蔡中郎集十一卷 漢蔡邕撰 明萬曆八年茅一桂文霞閣刻本 清丁丙跋

二八 漢蔡中郎集十一卷 漢蔡邕撰 明萬曆八年茅一相文霞閣刻本 鄭振鐸跋

二九 漢蔡中郎集六卷 漢蔡邕撰 明嘉靖二十七年楊賢刻本 九行二十一字白口四周單邊

三〇 漢蔡中郎集六卷 漢蔡邕撰 明嘉靖二十七年楊賢刻本 清水正青跋

三一 漢蔡中郎集六卷 漢蔡邕撰 明嘉靖二十七年楊賢刻本 清葉文瀛題款

三二 漢蔡中郎集六卷 漢蔡邕撰 明嘉靖二十七年楊賢刻本（卷四至六配清抄本） 清佚名錄黃丕烈顧廣圻校跋

三三 漢蔡中郎集六卷 漢蔡邕撰 明嘉靖二十七年楊賢刻本 清丁丙跋

三四 漢蔡中郎集六卷 漢蔡邕撰 明刻本 九行二十一字白口四周單邊

三五 蔡中郎集八卷 漢蔡邕撰 明刻本 清王韜校並跋 九行二十字白口左右雙邊

三六 蔡中郎文集八卷外傳一卷 漢蔡邕撰 清抄本 徐鴻寶跋

三七 蔡中郎集十九卷 漢蔡邕撰 清嚴可均校輯 清抄本 十二行二十四字無格

三八 校蔡中郎文集疏證十卷外集疏證一卷 清吳志忠撰
蔡中郎文集補一卷 清吳志忠輯 稿本 王筠跋 九行二十字藍格白口四周雙邊

三九 蔡中郎集舉正十卷 清羅以智撰 清光緒五年朱栢模抄本

四〇 蜀丞相諸葛亮文集六卷 蜀諸葛亮撰 明正德十二年閻欽刻本 十行十七字白口左右雙邊

四一 蜀丞相諸葛孔明文集六卷 蜀諸葛亮撰 明刻本 十行十七字白口四周雙邊
存三卷 四至六

四二 武侯集十六卷 蜀諸葛亮撰 明臧世盛輯 明萬曆四十五年臧世盛刻本 九行十九字白口左右雙邊

四三 漢諸葛武侯全集四卷 蜀諸葛亮撰 明諸葛倩輯 明天啓元年諸葛倩刻本 九行十九字白口四周雙邊

四四 漢丞相忠武侯書三卷 蜀諸葛亮撰 明諸葛羲輯 明崇禎五年諸葛羲刻本 九行二十字白口四周單邊

四五 漢丞相諸葛忠武侯全集九卷首一卷 蜀諸葛亮撰 明諸葛羲輯 明崇禎刻本 九行二十字白口四周單邊

四六 諸葛忠武侯集二卷附錄一卷 蜀諸葛亮撰 明單恂輯 明崇禎十一年淨名齋刻本 九行二十字白口四周單邊版心下鐫淨名齋

四七 諸葛丞相集四卷附錄一卷 蜀諸葛亮撰 清朱璘輯 清康熙三十七年萬卷堂刻本 九行十九字白口四周雙邊

四八 曹子建文集十卷 魏曹植撰 宋刻本 八行十五字白口左右雙邊

四九 曹子建文集十卷 魏曹植撰 明抄本 清翁同書跋 十二行二十字紅格白口四周單邊

五〇 曹子建集十卷 魏曹植撰 明銅活字印本 九行十七字細黑口左右雙邊

五一 曹子建集十卷 魏曹植撰 明銅活字印本 清王士禎跋 九行十七字細黑口左右雙邊

五二 曹子建集十卷 魏曹植撰 明銅活字印本 清黃丕烈跋

五三 曹子建集十卷 魏曹植撰 明銅活字印本 趙元方跋

五四 曹子建集十卷 魏曹植撰 疑字音釋一卷 明嘉靖二十一年郭雲鵬刻本 九行十七字白口左右雙邊

五五 曹子建集十卷 魏曹植撰 疑字音釋一卷 明嘉靖二十一年郭雲鵬刻本 清翟灝校並跋

五六 曹子建集十卷 魏曹植撰 疑字音釋一卷 明嘉靖二十一年郭雲鵬刻本 清丁丙跋

五七 曹子建集十卷 魏曹植撰 疑字音釋一卷 明嘉靖二十一年郭雲鵬刻本 袁克文跋

五八 曹子建集十卷 魏曹植撰 明嘉靖二十一年郭雲鵬刻本 清王韜跋
存六卷 一至六

五九 曹子建集十卷 魏曹植撰 疑字音釋一卷 明嘉靖二十一年郭雲鵬刻[illegible]川補刻本 葉景葵跋 九行十七字白口左右雙邊

六〇 曹子建集十卷 魏曹植撰 疑字音釋一卷 明萬曆六年蓮溪周氏刻 九行十七字白口左右雙邊

六一 曹子建集十卷 魏曹植撰 明萬曆三十一年鄭士豪刻本 九行十八字白口四周雙邊

六二 曹子建集十卷 魏曹植撰 明李夢陽王世貞等評 明天啓元年凌性德刻朱墨套印本 八行十八字小字雙行同白口四周單邊

六三 曹子建集十卷 魏曹植撰 明李夢陽王世貞等評 明天啓元年凌性德刻朱墨套印本 清周星詒校並跋

六四 曹子建集十卷 魏曹植撰 明李夢陽王世貞等評 明天啓元年凌性德刻朱墨套印本 清丁丙跋
六五 曹子建集十卷 魏曹植撰 清朱緒曾輯 叙錄一卷年譜一卷 清朱緒曾輯 清道光朱緒曾抄本 朱緒曾校 九行二十一字無格
六六 曹子建集十卷補遺一卷 魏曹植撰 清朱緒曾輯 叙錄一卷 清朱緒曾輯 清抄本 清吳友芝、王頌蔚跋 十行二十一字小字双行同綠格綠口左右双边
六七 曹子建集十卷 魏曹植撰 清朱緒曾輯 叙錄一卷年譜一卷 清朱緒曾輯 清抄本 清吳友芝、□倩庚校 十行二十一字小字双行同無格
六八 陳思王集十卷 魏曹植撰 明正德五年舒貞刻本 九行二十字白口左右双边
六九 陳思王集十卷 魏曹植撰 明嘉靖四年王準刻本 九行二十字白口左右双边
七〇 陳思王集十卷 魏曹植撰 明嘉靖二十年胡纘宗刻本 九行二十字白口四周单边
七一 陳思王集十卷 魏曹植撰 明萬曆二十年李禎刻本 九行二十字白口四周单边
七二 陳思王集十卷 魏曹植撰 明刻本 九行二十字白口左右双边
七三 曹詩二卷 魏曹植撰 明宋多烱評 明依隱齋刻本 十行十二字小字双行十七字黑口四周单边
七四 阮嗣宗集二卷 魏阮籍撰 明嘉靖二十二年范欽陳德文刻本 九行二十字白口四周单边
七五 阮嗣宗集二卷 魏阮籍撰 明程榮刻本 九行二十字白口左右双边
七六 阮嗣宗集四卷 魏阮籍撰 明天啓三年及朴刻本 十行二十字白口四周双边
七七 詠懷詩一卷 魏阮籍撰 明刻本 八行十八字白口四周双边
七八 嵇中散集十卷 魏嵇康撰 明嘉靖四年黃省曾南星精舍刻本 十一行二十字白口左右双边 版心下鐫南星精舍
七九 嵇中散集十卷 魏嵇康撰 明嘉靖四年黃省曾南星精舍刻本（叙卷一至四卷十配清抄本） 清黃丕烈校並跋
八〇 嵇中散集十卷 魏嵇康撰 明程榮刻本 九行二十字白口左右双边
八一 嵇中散集十卷 魏嵇康撰 明程榮刻本 繆荃孫校並錄黃丕烈張燕昌題識 九行二十字白口左右双边
八二 嵇中散集十卷 魏嵇康撰 明刻漢魏六朝諸家文集本 清周世敬校並錄黃丕烈張燕昌題識 九行二十字白口左右双边
八三 嵇中散集十卷 魏嵇康撰 明刻漢魏六朝諸家文集本 傅增湘錄吳寬校並識
八四 嵇中散集十卷 魏嵇康撰 明抄本 明□夏校並跋 八行二十二字黑格黑口四周单边
八五 嵇中散集十卷 魏嵇康撰 明抄本 鄭邦述校並跋 十行二十字藍格
八六 嵇中散集十卷 魏嵇康撰 清抄本
八七 傅中丞集 晉傅咸撰 清抄本 二冊
八八 陸士衡文集十卷 晉陸機撰 明正德十四年陸元大刻晉二俊文集本 清黃丕烈跋並錄陸貽典校 十行十八字白口左右双边
八九 陸士衡文集十卷 晉陸機撰 明正德十四年陸元大刻晉二俊文集本 清丁丙跋
九〇 陸士衡文集十卷 晉陸機撰 明正德十四年陸元大刻晉二俊文集本 傅增湘跋並錄清陸貽典校
九一 陸士龍文集十卷 晉陸雲撰 宋慶元六年華亭縣學刻晉二俊文集本 明項元汴跋 十一行二十字白口左右双边
九二 陸士龍文集十卷 晉陸雲撰 明正德十四年陸元大刻晉二俊文集本 明葉恭煥題款 十行十八字白口左右双边
九三 陸士龍文集十卷 晉陸雲撰 明正德十四年陸元大刻晉二俊文集本 傅增湘校 存四卷（四至七）
九四 陸士龍文集十卷 晉陸雲撰 明汪士賢刻漢魏諸名家集本（四庫底本） 九行二十字白口左右双边
九五 陸士龍文集十卷 晉陸雲撰 明汪士賢刻漢魏諸名家集本 鄭文焯校並跋 九行二十字白口左右双边
九六 陸士龍文集十卷 晉陸雲撰 明抄本 清譚廉湘跋 十行二十字白口四周单边
九七 陸士龍集四卷 晉陸雲撰 明刻本 清周亮工校並跋 十行十八字白口左右双边
九八 支道林集一卷 晉釋支遁撰 明嘉靖十九年皇甫涍刻本 九行十六字白口左右双边
九九 支道林集一卷 晉釋支遁撰 明刻本 清朱康跋 九行二十字白口左右双边
一〇〇 支道林集一卷 晉釋支遁撰 外集一卷 明史玄輯 明末吳家騆刻本 九行二十字白口左右双边
一〇一 支道林集一卷 晉釋支遁撰 外集一卷 明史玄輯 明末吳家騆刻本 清吳仰賢跋
一〇二 支道林集一卷 晉釋支遁撰 外集一卷 明史玄輯 明末吳家騆刻本 清丁丙跋
一〇三 支遁集二卷 晉釋支遁撰 明嘉靖十四年楊氏七檜山房抄本 吳棠倬晴湘跋 十行十八字黑格
一〇四 支遁集二卷 晉釋支遁撰 清康熙劉氏味經書屋抄本 十一行二十一字綠格白口四周双边
一〇五 支遁集二卷 晉釋支遁撰 清抄本 九行十八字無格
一〇六 陶淵明集十卷 晉陶潛撰 宋刻遞修本 明金俱閔張延齡跋 清汪駿昌跋 十行十六字小字双行同白口左右双边
一〇七 陶淵明集十卷 晉陶潛撰 清劉宗抄本 十行十六字白口左右双边
一〇八 陶淵明集十卷 晉陶潛撰 清周錫瓚抄本 清周錫瓚校 十行十六字白口左右双边
一〇九 陶淵明集十卷 晉陶潛撰 附錄二卷 明嘉靖二十四年蟹齋刻本 九行十七字白口左右双边
一一〇 陶淵明集十卷 晉陶潛撰 附錄二卷 明嘉靖二十四年蟹齋刻本 清姚宗津校
一一一 陶淵明集十卷 晉陶潛撰 附錄二卷 明嘉靖二十四年蟹齋刻躬泉山人印本 九行十七字白口
一一二 陶淵明集十卷 晉陶潛撰 附錄二卷 明刻本 九行十七字白口左右双边
一一三 陶淵明集十卷 晉陶潛撰 明刻本 清段玉裁批校 九行十七字白口左右双边
一一四 陶淵明集十卷 晉陶潛撰 附錄二卷 明末刻本 九行十七字白口左右双边
一一五 陶淵明集十卷 晉陶潛撰 南村輟耕錄所載陶氏二

譜一卷　清道光二十一年棗慤齋抄本　楊霈跋　六行二十字，白口，四周双边，版心鐫棗慤齋

一一六　陶淵明集十卷存疑一卷　晉陶潛撰　附錄一卷　清同治十二年刻底芬抄本　十一行二十一字，無格

一一七　陶淵明文集十卷　晉陶潛撰　清康熙三十三年汲古閣毛扆刻本　九行十五字，小字双行同，白口，左右双边

一一八　陶靖節先生集十卷　晉陶潛撰　年譜一卷　宋吳仁傑撰　宋刻遞修本　九行十五字，白口，左右双边　存四卷（一至四）

一一九　陶靖節集十卷　晉陶潛撰　明建寧城衢泉黃店刻本　九行十六字，小字双行同，白口，四周单边

一二〇　陶淵明集八卷　晉陶潛撰　明嘉靖二十九年沐藏堪懷易堂刻本　九行二十字，小字双行同，白口，左右双边

一二一　陶淵明集八卷　晉陶潛撰　附錄一卷　明周顯宗刻本　十行二十字，白口，四周单边

一二二　陶淵明集八卷　晉陶潛撰　首一卷末一卷　清光緒五年徐州摛墨園刻套印本　李丙麟批　九行二十一字，白口，四周双边

一二三　陶靖節先生集八卷　晉陶潛撰　附錄一卷　明萬曆三十一年吳汝紀刻本　九行十五字，白口，左右双边

一二四　陶靖節先生集八卷　晉陶潛撰　附錄一卷　明萬曆三十一年吳汝紀刻本　清何湘楊跋

十五

一二五　陶靖節先生集八卷　晉陶潛撰　附錄一卷　明萬曆三十一年吳汝紀刻本　清張伏為批校　徐子雷跋

一二六　陶靖節先生集八卷　晉陶潛撰　附錄一卷　明萬曆三十一年吳汝紀刻本　清丁丙跋

一二七　陶靖節集八卷　晉陶潛撰　明崇德堂刻本　清沈廷芳、錢泰吉跋　王學濂錄何焯並與行批　九行十八字，白口，左右双边

一二八　陶靖節集六卷　晉陶潛撰　明崇禎十三年蔡益孫春畫堂刻本　八行十七字，白口，四周单边

一二九　陶靖節集六卷　晉陶潛撰　明崇禎十五年蔡益孫春畫堂刻本　清錢陸燦批跋

一三〇　陶靖節全集五卷　晉陶潛撰　附錄一卷　明萬曆二十九年何思廣刻本　八行十六字，白口，四周双边

一三一　陶淵明全集四卷　晉陶潛撰　明白鹿齋刻陶李合刻本　清王坤前跋　九行十七字，白口，竹節欄

一三二　陶淵明全集四卷　晉陶潛撰　明白鹿齋刻陶李合刻本　清錢大昕批校

一三三　陶淵明全集四卷　晉陶潛撰　明白鹿齋刻陶李合刻本　清吳祖修錄諸家批

一三四　陶淵明全集四卷　晉陶潛撰　明白鹿齋刻陶李合刻本　清佚名錄李光地、何焯批校

一三五　陶淵明全集四卷　晉陶潛撰　明白鹿齋刻陶李合刻本　鄭文焯批校並跋

一三六　陶淵明全集四卷　晉陶潛撰　明白鹿齋刻陶李合刻本　陶濬宣批校並識

一三七　陶靖節集二卷　晉陶潛撰　明何湛之刻陶韋合刻本　九行十八字，小字双行同，白口，四周单边

一三八　陶靖節集二卷　晉陶潛撰　明萬曆四十六年李徵華刻本　九行十九字，白口，四周单边

一三九　陶淵明詩一卷雜文一卷　晉陶潛撰　宋紹熙三年曾集刻本　十行十六字，小字双行同，白口，左右双边

一四〇　陶靖節先生詩註四卷補註一卷　晉陶潛撰　宋湯漢注　宋刻本　清周春、顧自修、黃丕烈跋　蔡廷題款　七行十五字，白口，左右双边

一四一　箋註陶淵明集十卷　晉陶潛撰　宋湯漢等箋註　總論一卷　宋李公煥輯　元刻本　九行十六字，小字双行同，細黑口，左右双边

一四二　箋註陶淵明集十卷　晉陶潛撰　宋湯漢等箋註　總論一卷　宋李公煥輯　元刻本　清印淵耀、宋賓王跋　傅增湘題款　九行十六字，小字双行同，細黑口，左右双边

一四三　箋註陶淵明集十卷　晉陶潛撰　宋湯漢等箋註　總論一卷　宋李公煥輯　元刻本　張元濟跋　九行十六字，小字双行同，細黑口，左右双边

一四四　箋註陶淵明集十卷　晉陶潛撰　宋湯漢等箋註　總論一卷　宋李公煥輯　明刻本　九行十六字，黑口，四周双边

十六

一四五　箋註陶淵明集十卷　晉陶潛撰　宋湯漢等箋註　總論一卷　宋李公煥輯　明刻本　九行十六字，黑口，四周单边（正文第一頁左右双边）

一四六　箋註陶淵明集十卷　晉陶潛撰　宋湯漢等箋注　明刻本　九行十六字，白口，四周单边

一四七　陶淵明集十卷　晉陶潛撰　宋湯漢等箋注　附錄一卷　明揮琴堂刻本　九行二十字，小字双行同，白口，左右双边，版心下鐫琴堂

一四八　陶靖節集十卷　晉陶潛撰　宋湯漢等箋註　總論一卷　明嘉靖二十五年蔣孝刻本　九行十八字，小字双行同，白口，左右双边

一四九　陶靖節集十卷　晉陶潛撰　宋湯漢等箋註　總論一卷　明嘉靖二十五年蔣孝刻本　清諸福坤校

一五〇　陶靖節集十卷　晉陶潛撰　宋湯漢等箋註　總論一卷　明嘉靖二十七年九江郡衛穀存誠刻本　九行十八字，小字双行同，白口，左右双边

一五一　陶靖節集十卷　晉陶潛撰　宋湯漢等箋註　總論一卷　明萬曆四年周敬松刻本　八行十八字，白口，四周单边，有刻工

一五二　陶靖節集十卷　晉陶潛撰　宋湯漢等箋註　總論一卷　明萬曆四年周敬松刻本

清吳騫跋

一五三 陶靖節集十卷 晉陶潛撰 宋湯漢等箋注 明萬曆四年周敬松刻本 徐湯殷跋

一五四 陶靖節集十卷 晉陶潛撰 宋湯漢等箋注 總論一卷 明萬曆七年蔡汝賢刻本 九行十八字小字雙行同白口四周單邊

一五五 陶靖節集十卷 晉陶潛撰 宋湯漢等箋注 總論一卷 明萬曆十五年休陽程氏刻本 九行十八字小字雙行同白口左右雙邊

一五六 陶靖節集十卷 晉陶潛撰 宋湯漢等箋注 總論一卷 明萬曆十五年休陽程氏刻本 清邵晉涵批校

一五七 陶靖節集十卷 晉陶潛撰 宋湯漢等箋注 總論一卷 明萬曆十五年休陽程氏刻本 清張宗枏錄查慎行跋 張元濟跋

一五八 陶靖節集十卷 晉陶潛撰 宋湯漢等箋注 總論一卷 明萬曆十五年休陽程氏刻本 清蕭穆校

一五九 陶靖節集十卷 晉陶潛撰 宋湯漢等箋注 總論一卷 明萬曆十五年休陽程氏刻本 清丁晏校

一六〇 陶靖節集十卷 晉陶潛撰 宋湯漢等箋注 總論一卷 明萬曆十五年休陽程氏刻本 高學濂錄何焯曾國藩校

一六一 陶靖節集十卷 晉陶潛撰 宋湯漢等箋注 總論一卷 明萬曆刻本 八行二十字白口四周單邊有刻工

一六二 陶靖節集十卷 晉陶潛撰 宋湯漢等箋注 總論一卷 明天啟七年馬之升刻本 九行十八字小字雙行同白口左右雙邊

一六三 陶靖節集十卷 晉陶潛撰 宋湯漢等箋注 總論一卷 明刻本 九行十八字白口左右雙邊有刻工（夏雲、夏文德、陶忠、陶秀等）

一六四 陶靖節集十卷 晉陶潛撰 宋湯漢等箋注 總論一卷 明刻本 劉銓跋 佚名批校 九行十八字白口左右雙邊有刻工夏雲、夏文德、陶秀、陶忠等

一六五 陶靖節集十卷 晉陶潛撰 宋湯漢等箋注 總論一卷 明刻本 九行十八字白口左右雙邊無刻工單魚尾（綫魚尾）

一六六 陶靖節集十卷 晉陶潛撰 宋湯漢等箋注 總論一卷 明刻本 清佚名錄查慎行批 存八卷 一至八

一六七 陶靖節集十卷 晉陶潛撰 宋湯漢等箋注 總論一卷 明刻本 九行十八字白口左右雙邊無刻工單魚尾（綫魚尾）

一六八 陶靖節集十卷 晉陶潛撰 宋湯漢等箋注 總論一卷附錄一卷 明刻本 九行十八字白口左右雙邊無刻工單魚尾

一六九 陶靖節集十卷 晉陶潛撰 宋湯漢等箋注 總論一卷 明刻本 九行十八字白口左右雙邊無刻工無魚尾宋諱缺筆

一七〇 陶靖節集十卷 晉陶潛撰 宋湯漢等箋注 總論一卷 明刻本 九行十八字白口左右雙邊無刻工無魚尾

一七一 陶靖節集十卷 晉陶潛撰 宋湯漢等箋注 明刻本 九行十八字小字雙行同白口四周單邊無直格

一七二 陶靖節集十卷 晉陶潛撰 宋湯漢等箋注 附錄一卷 明刻偕古齋印本 九行十八字小字雙行同白口四周單邊或左右雙邊

一七三 陶靖節先生集十卷 晉陶潛撰 宋湯漢等箋注 附錄一卷 明萬曆四十二年刻本 八行十八字小字雙行同白口左右雙邊

一七四 陶靖節先生集十卷 晉陶潛撰 宋湯漢等箋註 附錄一卷 明萬曆四十二年刻本 清孫淇校補 王元鏷跋

一七五 陶淵明集十卷 晉陶潛撰 宋湯漢等箋注 清劉季文輝刻本 清沈廷芳跋並錄查慎行跋 吳錫長錄何焯評 七行十五字白口四周單邊

一七六 陶靖節集八卷 晉陶潛撰 宋湯漢等箋註 蘇東坡和陶詩二卷 宋蘇軾撰 附錄一卷 明萬曆四十七年楊時偉刻合刻忠武靖節二編本 清吳騫校並跋 九行十八字小字雙行同白口四周單邊

一七七 陶靖節先生詩四卷 晉陶潛撰 宋湯漢等箋註 附錄一卷 清乾隆五十一年吳氏拜經樓刻愚谷叢書本 清姚椿批 十行二十字黑口左右雙邊

一七八 陶淵明集八卷 晉陶潛撰 宋湯漢等箋註 明張自烈評 總論一卷和陶一卷 宋蘇軾撰 律陶一卷 明王思任輯 律陶纂一卷 明黃槐開輯 明崇禎刻本 九行二十字小字雙行同白口四周單邊

一七九 陶淵明集八卷 晉陶潛撰 宋湯漢等箋註 明張自烈評 總論一卷和陶詩一卷 宋蘇軾撰 律陶一卷 明王思任輯 律陶纂一卷 明黃槐開輯 明末樂志堂刻本 九行二十字小字雙行同白口四周單邊

一八〇 陶靖節集十卷 晉陶潛撰 明何孟春注 明正德刻本 十行二十字小字雙行同白口四周單邊

一八一 陶靖節集十卷 晉陶潛撰 明何孟春注 明嘉靖二年范永鑾刻本 十行二十字小字雙行同白口四周單邊

一八二 陶靖節集十卷 晉陶潛撰 明何孟春注 明嘉靖二年范永鑾刻本 清蔣汾跋

一八三 陶靖節集十卷 晉陶潛撰 明何孟春注 明嘉靖六年羅輅刻本 明徐燉跋 十行二十字白口四周單邊

一八四 陶靖節集十卷 晉陶潛撰 明何孟春注 明嘉靖間刻本 八行二十字小字双行同四周單边版心下鐫嘉靖年間

一八五 陶靖節集十卷 晉陶潛撰 明何孟春注 明嘉靖間刻本 清秋田鴻校並跋

一八六 陶元亮詩四卷 晉陶潛撰 明黃文煥注 明末刻本 八行二十一字小字單行同白口四周單边

一八七 陶元亮詩四卷 晉陶潛撰 明黃文煥注 明末刻本 清蕭夢松跋

一八八 陶詩衍二卷 明浦龍正輯 明崇禎十六年陳撰刻本 九行十九字白口四周單边

一八九 陶詩集解六卷 明張自烈撰 清丘之懋評 總論一卷 清康熙三十六年丘啟興等刻本 九行二十字白口四周單边

一九〇 陶靖節詩集四卷 晉陶潛撰 清蔣薰評 附東坡和陶詩一卷 宋蘇軾撰 律陶一卷 明王思任輯 敦好齋律陶纂一卷 明黃槐開輯 清康熙刻本 佚名錄查慎行批 汪駿詩 九行十九字白口四周單边

一九一 陶集六卷 晉陶潛撰 清方熙撰 清倚柳齋刻本 清吳戩校 九行十七字白口四周單边 版心下鐫倚柳齋

一九二 陶詩集註四卷 清詹夔錫撰 附東坡和陶詩一卷 宋蘇軾撰 清康熙三十三年詹氏寶墨堂刻本 八行十九字白口左右双边 版心下鐫寶墨堂

一九三 陶詩集註四卷 清詹夔錫撰 附東坡和陶詩一卷 宋蘇軾撰 清康熙三十三年詹氏寶墨堂刻本 清管庭芬錄清何焯查慎行批

一九四 陶詩集註四卷 清詹夔錫撰 附東坡和陶詩一卷 宋蘇軾撰 清康熙三十三年詹氏寶墨堂刻本 葉鉦校並跋

一九五 陶詩彙注四卷首一卷末一卷 清吳瞻泰輯 論陶一卷 清吳菘撰 清康熙四十四年程崟刻本 十行十九字白口四周單边

一九六 陶詩彙注四卷首一卷末一卷 清吳瞻泰輯 論陶一卷 清吳菘撰 清康熙四十四年程崟刻本 清鄭午生錄錢陸燦等批

一九七 陶詩彙注四卷首一卷末一卷 清吳瞻泰輯 論陶一卷 清吳菘撰 清康熙四十四年程崟刻本 清陳本禮校並錄諸家批 清黃景湝跋 十行十九字白口四周單边

一九八 陶詩彙注四卷首一卷末一卷 清吳瞻泰輯 論陶一卷 清吳菘撰 清康熙四十四年程崟刻本 清胡嗣瑗批校

一九九 陶詩彙注四卷首一卷末一卷 清吳瞻泰輯 論陶一卷 清吳菘撰 清康熙四十四年程崟刻本 清猶商錄查慎行批校 十行十九字白口四周單边

二〇〇 陶詩本義四卷 晉陶潛撰 清馬璞輯注 清乾隆與善堂刻本 十行二十一字黑口左右双边

二〇一 靖節先生集十卷首一卷 晉陶潛撰 清陶澍集注 年譜考異二卷 清道光二十年惜陰書舍刻本 清莫友芝校並跋 十行十九字白口左右双边

二〇二 陶靖節集十卷首一卷 晉陶潛撰 清陶澍集注 清抄本 十一行二十三字無格 存三卷 首、三、四

二〇三 陶詩輯傳二卷 清程穆衡撰 蘇氏和陶詩一卷 宋蘇軾撰 清程穆衡注 年譜一卷 宋吳仁傑撰 清程穆衡辨正 清王祖畬家抄本

二〇四 陶詩編年一卷 清陳澧撰 清抄本 七行十八字無格

二〇五 湛諸議集一卷附錄一卷 晉湛方生撰 清周世敬輯 清嘉慶周氏目耕樓抄本 九行十九字黑格

二〇六 三都賦三卷 晉左思撰 唐寫本 一卷 四百二十行 行十七字

二〇七 左秘書集二卷附錄一卷 晉左思撰 清周世敬輯 清嘉慶周氏目耕樓抄本 九行十九字無格

二〇八 左九嬪集一卷附錄一卷 晉左芬撰 清周世敬輯 清嘉慶周氏目耕樓抄本 九行十九字黑格

二〇九 宋傅光祿集一卷 劉宋傅亮撰 清傅以禮校 明婁東張氏刻漢魏六朝百三名家集本 九行十八字白口左右双边

二一〇 謝靈運詩集二卷 劉宋謝靈運撰 明黃省曾輯 明嘉靖黃省曾刻本 十二行二十字白口左右双边

二一一 謝康樂集四卷 劉宋謝靈運撰 明沈啓原輯 明萬曆十一年沈啓原刻本 九行十八字小字双行同白口左右双边有刻工

二一二 謝康樂集四卷 劉宋謝靈運撰 明刻本 九行二十字白口左右双边

二一三 謝康樂集四卷 劉宋謝靈運撰 明刻本 九行二十字小字双行同白口左右双边

二一四 謝康樂集四卷 劉宋謝靈運撰 明刻本 九行二十字小字双行同白口左右双边

二一五 謝康樂集四卷 劉宋謝靈運撰 明刻本 九行二十字白口左右双边

二一六 謝康樂集四卷 劉宋謝靈運撰 清同治六年謝文靖公祠堂刻本 鄭文焯校並跋 九行十九字黑口四周双边

二一七 鮑氏集十卷 劉宋鮑照撰 清初毛氏汲古閣影宋抄本 十行十六字白口左右双边

二一八 鮑氏集十卷 劉宋鮑照撰 清影宋抄本 十行十六字白口左右双边 存五卷 六至十

二一九 鮑氏集十卷 劉宋鮑照撰 明正德五年朱應登刻本 清毛扆校並跋 繆荃孫跋 十行十七字白口左右双边

二二〇 鮑氏集十卷 劉宋鮑照撰 明正德五年朱應登刻本 清周星詒校並跋

二二一 鮑氏集十卷 劉宋鮑照撰 明正德五年朱應登刻本 佚名臨錢曾校 瞿熙邦校並跋

二二二 鮑氏集十卷 劉宋鮑照撰 清抄本 十行十六字無格

二二三 鮑氏集八卷 劉宋鮑照撰 明嘉靖刻六朝詩集本 清何焯校 十行十八字白口左右双边

二二四 鮑明遠集十卷 劉宋鮑照撰 明汪士賢刻漢魏六朝諸名家集本 清周世敬校 九行二十字白口左右双边

二二五 鮑明遠集十卷 劉宋鮑照撰 明汪士賢刻漢魏六朝諸名家集本 清羽學臣校

二二六 鮑明遠集十卷 劉宋鮑照撰 明汪士賢刻漢魏六朝諸名家集本 傅增湘跋並錄清毛扆題識

二二七 謝宣城詩集五卷 南齊謝朓撰 明末毛氏汲古閣影宋抄本 十行十八字黑格

二二八 謝宣城詩集五卷 南齊謝朓撰 清影宋抄本 十行十八字白口四周双边

二二九 謝宣城集五卷 南齊謝朓撰 首一卷 明萬曆七年史元熙覺翠亭刻本 八行十七字白口四周雙邊版心下鐫覺翠亭

二三〇 謝宣城集五卷 南齊謝朓撰 首一卷 明萬曆七年史元熙覺翠亭刻本 清孫寧宗借校

二三一 謝宣城詩集五卷 南齊謝朓撰 清嘉慶元年吳氏拜經樓刻本 清王芑孫批點並跋 十行二十字細黑口左右雙邊版心下鐫拜經樓正本

二三二 謝宣城詩集五卷 南齊謝朓撰 清嘉慶元年吳氏拜經樓刻本 傅增湘校並跋並錄馬曰璐題識 十行二十字黑口左右雙邊

二三三 謝宣城詩集五卷 南齊謝朓撰 清康熙四十九年蔣杲抄本 清蔣杲跋並錄何焯校 清吳慈培跋 九行二十字無格

二三四 謝朓集五卷 南齊謝朓撰 明正德六年劉紹刻本 十一行二十字白口左右雙邊

二三五 謝朓集五卷 南齊謝朓撰 明嘉靖十六年黎晨刻本 十一行二十二字白口左右雙邊

二三六 謝宣城集六卷 南齊謝朓撰 首一卷 清康熙四十六年郭威釗甝軒刻本 九行十八字白口四周單邊

二三七 謝宣城集六卷 南齊謝朓撰 首一卷 清康熙四十六年郭威釗甝軒刻本 傅增湘校並跋

二三八 沈隱侯集四卷 梁沈約撰 明沈啓原輯 明萬曆十三年沈啓原刻本 九行十八字白口左右雙邊

二三九 沈隱侯集四卷 梁沈約撰 明沈啓原輯 明萬曆十三年沈啓原刻本 清朱彝尊跋

二四〇 沈休文集四卷 梁沈約撰 明萬曆四十一年刻武康四先生集本 十行二十字白口左右雙邊

二四一 沈休文集五卷 梁沈約撰 明程榮刻本 清丁丙跋 九行二十字白口左右雙邊

二四二 梁昭明太子文集五卷 梁蕭統撰 明嘉靖三十四年周滿刻本 九行二十字白口四周雙邊

二四三 梁昭明太子文集五卷 梁蕭統撰 明遊國賢訓堂刻本 八行十六字白口左右雙邊

二四四 梁昭明太子文集五卷 梁蕭統撰 明遊國賢訓堂刻本 清張紹仁校並跋

二四五 梁昭明太子文集五卷 梁蕭統撰 清抄本 清吳翌鳳題款 丁丙跋

二四六 梁昭明太子集五卷 梁蕭統撰 附錄一卷 明天啓崇禎間刻七十二家集本 傅增湘校並跋 九行十八字小字雙行同白口左右雙邊

二四七 梁昭明太子六律六呂文啓一卷 梁蕭統撰 清佛汗景注 清朱燕刻本 十行十九字小字雙行同白口四周雙邊

二四八 梁江文通文集十卷 梁江淹撰 明刻本 十行十八字白口左右雙邊

二四九 梁江文通文集十卷 梁江淹撰 明刻本 清馮解校並跋 十行十八字白口左右雙邊

二五〇 梁江文通文集十卷 梁江淹撰 明刻本 清葉文曜校 清楊守敬跋 十行十八字白口左右雙邊

二五一 梁江文通文集十卷 梁江淹撰 明抄本 十行二十字黑格白口四周單邊

二五二 江文通文集十卷 梁江淹撰 明汪士賢刻漢魏諸名家集本 倫明校並跋 九行二十字白口左右雙邊

二五三 江光祿集十卷 集選一卷 梁江淹撰 明萬曆梅鼎祚玄白堂刻本 九行十八字白口左右雙邊版心下鐫玄白堂

二五四 醴陵集十卷 梁江淹撰 清乾隆江昉翠雅堂刻本 九行二十一字白口四周單邊

二五五 梁江文通集十卷 梁江淹撰 明胡之驥注 明萬曆二十六年刻本 九行十九字小字雙行同白口四周單邊

二五六 梁江文通集十卷 梁江淹撰 明胡之驥注 明萬曆二十六年刻本 清黃彭年跋並錄鄭珍題識 丁丙跋

二五七 江文通集四卷 梁江淹撰 清梁賓輯 清乾隆二十四年安愚堂刻本 十行十九字黑口左右雙邊

二五八 江文通集四卷 梁江淹撰 清梁賓輯 清乾隆二十四年安愚堂刻本 清莫友芝校

二五九 庾度支集一卷 梁庾肩吾撰 明張溥刻漢魏六朝百三名家集公文紙印本 九行十八字白口左右雙邊

二六〇 何記室集三卷 梁何遜撰 附錄一卷 明萬曆四十一年張燮刻七十二家集本 傅增湘校並跋 九行十八字白口左右雙邊

二六一 何水部集三卷 梁何遜撰 清抄本 佚名錄明文嘉跋 清丁丙跋

二六二 何水部集二卷 梁何遜撰 清乾隆十九年江昉昭清堂刻六朝二家集本 尊戚鐸跋 九行二十一字白口四周單邊

二六三 何水部集二卷 梁何遜撰 清乾隆十九年江昉昭清堂刻六朝二家集本 傅增湘校並跋

二六四 何水部集二卷 梁何遜撰 清雍正二年項道暉群玉書堂刻本 十一行二十一字白口四周單邊

二六五 梁陶貞白先生文集二卷 梁陶弘景撰 明黃省曾輯 明嘉靖三十一年蘭斯馨刻本 八行十六字白口四周單邊有刻工

二六六 梁陶貞白先生文集二卷 梁陶弘景撰 明黃省曾輯 明嘉靖三十一年蘭斯馨刻本 鄭振鐸跋

二六七 梁陶貞白先生文集二卷 存一卷 二 梁陶弘景撰 明黃省曾輯 明嘉靖三十一年蘭斯馨刻朱多煃朱多炡重修本 清林正青跋 八行十六字白口四周單邊

二六八 梁貞白先生陶隱居集二卷 梁陶弘景撰 明朱大英刻本 九行十七字白口左右雙邊

二六九 陶貞白集二卷 梁陶弘景撰 明黃省曾輯 明嘉靖刻本 九行二十字白口四周單邊

二七〇 陶貞白集二卷 梁陶弘景撰 明汪士賢刻漢魏諸名家集本 傅增湘校跋並錄文嘉、徐濟忠、葉奕、彭元瑞等題識 九行二十字白口左右雙邊

二七一 陶貞白集二卷 梁陶弘景撰 明汪士賢刻漢魏諸名家集本 傅增湘校並跋

二七二 華陽陶隱居集二卷 梁陶弘景撰 明末毛氏汲古閣刻本 十行二十字白口四周雙邊

二七三 貞白先生陶隱居文集一卷 梁陶弘景撰 傳記一卷 明嘉靖史臣紀抄本 明史臣紀、傅增湘跋 徐郙、陸潤庠、勞健等題款 九行行字不一無格

二七四 貞白先生陶隱居文集一卷 梁陶弘景撰 清劉氏味經書屋抄本 清劉喜海校並跋 十一行二十二字黑格白口四周雙邊

二七五 貞白先生陶隱居集一卷 梁陶弘景撰 明嘉靖抄本 清彭元瑞、李盛鐸跋 八行二十字無格

二七六 梁陶貞白先生文集一卷 梁陶弘景撰 明抄本 清丁丙跋
二七七 華陽陶隱居集二卷 梁陶弘景撰 清抄本 繆荃孫校並跋 十行二十字無格
二七八 陰常侍集一卷 陳陰鏗撰 清抄本 吳騫跋 八行十六字無格
二七九 陰常侍集一卷 陳陰鏗撰 清抄本 佚名錄清葉奕跋 丁丙跋
二八〇 陰常侍詩集一卷 陳陰鏗撰 清抄本 九行十七字無格
二八一 徐僕射集一卷 陳徐陵撰 明張溥刻漢魏六朝百三名家集 明公文紙印本 九行十八字白口左右雙邊
二八二 徐孝穆集七卷 陳徐陵撰 明文淵堂抄本 清吳騫、唐翰題、傅增湘跋 九行二十字藍格白口四周單邊版心上鐫文淵堂
二八三 徐孝穆全集六卷 陳徐陵撰 清吳兆宜箋注 備考一卷 清徐文炳撰 清刻本 十行二十字小字雙行同白口左右雙邊
二八四 徐孝穆全集六卷 陳徐陵撰 清吳兆宜箋注 備考一卷 清徐文炳撰 清刻本 清王芑孫批並跋 十行二十字白口左右雙邊
二八五 徐孝穆全集六卷 陳徐陵撰 清吳兆宜箋注 備考一卷 清徐文炳撰 清刻本 清丁晏批 十行二十字白口左右雙邊
二八六 徐孝穆全集六卷 陳徐陵撰 清吳兆宜箋注 清刻貿翰樓印本 清彭元瑞批校 十行二十字白口左右雙邊
二八七 沈侍中集一卷 陳沈炯撰 明張溥刻漢魏六朝百三名家集公文紙印本 九行十八字白口左右雙邊

二十三

二八八 庾開府詩集四卷 北周庾信撰 明正德十六年朱承爵存餘堂刻本 十一行二十字白口左右雙邊
二八九 庾開府集二卷 北周庾信撰 明嘉靖刻六朝詩集本 清黃丕烈校並跋 十行十八字白口左右雙邊
二九〇 庾開府詩集六卷 北周庾信撰 明朱曰藩刻本 十行十八字白口左右雙邊有刻工
二九一 庾開府詩集六卷 北周庾信撰 明朱曰藩刻本 清丁丙跋 十行十八字白口左右雙邊
二九二 庾子山集十六卷 北周庾信撰 清倪璠注 年譜一卷總釋一卷 清倪璠撰 清康熙二十六年崇岫堂刻本 十行二十字小字雙行同白口左右雙邊
二九三 庾開府哀江南賦箋註不分卷 清徐樹穀、徐炯撰 清乾隆二十三年杭村書屋刻本 九行十八字小字雙行行二十三字細黑口左右雙邊
二九四 哀江南賦注釋一卷 王闓運撰 稿本 一冊
二九五 王司空詩集註不分卷 北周王褒撰 清鈕朝端註 稿本
二九六 王司空詩集註不分卷 北周王褒撰 清鈕朝端註 稿本（二稿）

各單位收藏情況表

書名編號	收藏單位代號					
集部 楚辭類						
一	0101	0141	0144⊗	0301	0701	1501⊗
	1506	1601	1705⊗	1741		
二	0101	0201	0942	1601	1705	2702
三	0101					
四	1601					
五	0101	1501⊗				
六	0101	0341	1506	1541	1642	2702
七	2702					
八	1803					
九	0101	0201	2401			
一〇	0144	0163	2401			
一一	0101					
一二	0102	0143	0144	0145	0146	0161
	0163	0173	0193	0198	0501	0701
	0902	0901	0903	0941	0942	1301
	1501	1582	1701	2042	2201	2401
	2542	2701	2702			
一三	1601					
一四	0301					
一五	1601					
一六	0101	0144	0201	0341	0841	1501
	1913	2401	2702	2901		
一七	0101					
一八	0101	0141	0144	0163	0201	0241
	0301	0502⊗	1601	1901	2401	2441
	2702					
一九	0101					
二〇	1601					
二一	0101	0141	0142	0144	0161	0163
	0182	0198	0301	0541	1144	1501
	1913	2201	2441			
二二	0201					
二三	0101	0102	0141	0142	0163	0164
	0182	0201	0241	0291	0301	0342
	070	0841	0842	1042	1501	1502
	1541	1567	1601	1615	1642	1701
	1741	2001	2003	2242	2441	2761
二四	1705					
二五	1601					
二六	0201	1604	1604			
二七	1601	1701	2304	2341		
二八	2201					
二九	0502	1441	1704	2401		
三〇	0163	0198	0291	0701		
三一	0101	0141	0142	0242	2001	2301
	2401					
三二	0241					
三三	0201					
三四	0101	0197	0201	0241	0301⊗	0597
	0801	0841	1701	1705	2001	2501
	2391⊗					
三五	1601					
三六	0201					
三七	0163					
三八	0101					

書名编号	收藏單位代号					
三九	1581					
四〇	0101					
四一	2001					
四二	0201					
四三	1701					
四四	2401					
四五	0101	0102	0141	0142	0143	0144
	0146	0150	0161	0163	0181	0193
	0198	0201	0242	0243	0301	0701
	0841	0941	0942	1101	1341	1501
	1541	1582	1601	1641	1642	1701
	1705	1710	1801	1841	2041	2047
	2241	2301	2401	2481	2501	2584
	2641	2701	2702	2742	2881	
四六	1605					
四七	0141	0142	0144	0145	0201	1642
	1701	2701				
四八	0101					
四九	0101					
五〇	0101					
五一	0101					
五二	1501					
五三	0101					
五四	0101					
五五	0182	0201⊙	0341⊙			
五六	0101					
五七	2745					
五八	0341					
五九	1601					
六〇	0201					
六一	0264					

書名编号	收藏單位代号					
六二	0101	0102⊙	0143	0201		
六三	1601					
六四	0101	0141	0142	0144	0150⊙	0163
	0201	0241⊙	0801⊙	0841⊙	0902	1601
	1741⊙	1881⊙	2401	2481⊙	2702	
六五	1601					
六六	0101	0141	0142	0144	0182⊙	0201
	0243	1001⊙	1245	1501	1582	1701
	1705⊙	1741	2302	2441	2501	2701
	2702					
六七	0101					
六八	1601					
六九	0101					
七〇	0341					
七一	0101	0291	1501			
七二	0101	0201	0842			
七三	1881					
七四	0163					
七五	0101	0150	0201	0301	1602	1705
	1710	1715	1720	2001	2501	2702
七六	0101	0150	0241	0291	1501	1701
	1741					
七七	0101	0141⊙	0144	0161	0163	0197
	0198	0201	0841	1501	1510	1601
	1688	1701	2001	2782		
七八	0101					
七九	0161⊙	0301	2702			

書名編號	收藏單位代號					
八〇	0102	0141	0143	0146	0201	0243
	0841	0842	1001	1701	1702	2342
八一	0161	0201	0241	0242	0291	0701
	0941	1101	1441	1601	1716	1843
	2401	2441⊙				
八二	0201					
八三	0193⊙	0201	2343⊙			
八四	0201					
八五	0124	0301	1705			
八六	0181					
八七	0161					
八八	0101	0102	0141	0142	0144	0145
	0146	0161	0163	0168	0173	0191
	0201	0242	0291	0342	0542	0841
	0842	1001	1042	1101	1501	1541
	1528	1601	1605	1628	1641	1642
	1701	1710	1741	1941	2201	2302
	2304	2401	2541	2561	2602	2701
	2702	2750	2782			
八九	0341					
九〇	0102	0142	0161	0182	0201	0241
	0271	1441	1629	1702	1741	2041
	2201	2542	2750			
九一	0201					
九二	0161					
九三	0942					
九四	0101					
九五	0101					
九六	0101					
九七	0101					

書名編號	收藏單位代號					
九八	0141	2702				
九九	0163					
一〇〇	0198					
一〇一	0142					
一〇二	0142	1601				
一〇三	0101					
一〇四	0301	1601				
一〇五	0301					
一〇六	0101					
一〇七	0201					
一〇八	0144	0741	2001			
一〇九	0141	0142	0161	0291	0301	0342
	0591	1701	1705	1881	2301	
一一〇	2001					
一一一	0142	0201	0241	2343		
一一二	0201					
一一三	0173					
一一四	0101	0163	0201	1702	2441	2701
一一五	1641	1701	2341			
一一六	0101					
一一七	1701					
一一八	0142	0701	0801	1601	1605	1641
	1702	2702				
一一九	1702					
一二〇	0101					
一二一	0142	0144	0145	0161	0163	0241
	0901	1142	1541	1601⊙	1701	2001
	2041	2302	2401			

表四

書名編號	收藏單位代號
一二二	0102 0141 0142 0161 0163 0173 0197 0198 0241 0242 0291 0301 0741 0861 0942 1142 1282 1601 1701 1702 1705 2001 2343 2461 2742 2750 2901
一二三	0145
一二四	0201
一二五	0161 1042
一二六	0101 0150 0201 0243 0281 0703 0941 1541 1587 1653 1702 1705 2341 2461 2601 2701
一二七	0141 0141 0163 0241 0291 0301 0801 1601 2342 2542 2941
一二八	0101 0141 0163 0160 0182 0242 0301 2201
一二九	0163 0241
一三〇	1701
一三一	0101 0163 0201 0301 1601
一三二	0101
一三三	0101
一三四	1701
一三五	2241
一三六	2401 2461
一三七	0101 0141 0201 1601
一三八	0173 0201 0242 0301 0641 0642 0962 1013 1844 2001 2042 2320 2521 2542
一三九	1601
一四〇	0142
一四一	0163

書名編號	收藏單位代號
一四二	0101 0142 0143 0163 0201 0842 0861 1041 1605 1609 1641 1702 1705 1712 2041 2707
一四三	0201
一四四	0161 0163 1881
一四五	0161 0163 0842 1705
一四六	0163 2041
一四七	1908
一四八	0201 0842 1601
一四九	0102 0142 0143 0144 0150 0161 0163 0178 0342 0501 0642 0741 0861 0942 1141 1701 1702 1798 2341 2701 2702
一五〇	2001
一五一	0142 0144 0161 0201㊉ 0741
一五二	0141 0142 0163 0201 2401
一五三	0201
一五四	2326 2401
一五五	0142
一五六	0101 0163 0941 2042 2302
一五七	1601
一五八	0142 0541 2001 2641
一五九	0161 0163 2401
一六〇	0101 0163 2401
一六一	0141 0142 0201
一六二	0163
一六三	0142
一六四	0201

書名編號	收藏單位代號
一六五	0163
一六六	0142
一六七	0101
一六八	0163
一六九	2881
一七〇	0201
一七一	0291
一七二	0861

表五

漢魏六朝別集類

書名編號	收藏單位代號
一	0201
二	0201
三	1601
四	0144 0161 0842 1601 2701
五	0201
六	0101 0161 0201
七	1601
八	1601
九	0101
一〇	0101 0201
一一	0201
一二	0101
一三	0101
一四	0101 0201
一五	0101 0141 0144 0198 0201 0241 0541 0542 1502 1701 1801 2702
一六	0101
一七	0701
一八	0101 0141 0182 1101 2042 2201 2702
一九	0541
二〇	0141 1701
二一	0145 2201
二二	0101
二三	1601
二四	0201
二五	2401
二六	0101 0141 0161 0164 0201 0242 0801 0841 1501 1601 1705 2201 2301
二七	1601
二八	0101
二九	0101 0144 0145 0161 0198 0201 0301 0542 0841 1642 1704 2201 2401 2541 2543 2701 2941

書名編号	收藏單位代號					
三〇	2001					
三一	0101					
三二	0201					
三三	1601					
三四	0163	0197				
三五	0165					
三六	0101					
三七	0178					
三八	0101					
三九	1701					
四〇	0101					
四一	1705	2309				
四二	0163	1641				
四三	0163	1701				
四四	0201	1601				
四五	1881					
四六	0201					
四七	0242	0842	1718	2041		
四八	0201					
四九	0101					
五〇	0101	0201	1601	2702		
五一	0101					
五二	0141					
五三	0101					
五四	0101	0141	0161	0182	0197	0201
	0301	1615	1701	2602	2702	2745
	2901					

表六

書名編號	收藏單位代號					
五五	0101					
五六	1601					
五七	0201					
五八	0241					
五九	0201					
六〇	0841					
六一	0101	0182				
六二	0144	0163	0181	0182	0193	0201
	0242	0291	0342	0701	0841	1606
	1741	2401	2601	2701	2742	
六三	0101					
六四	1601					
六五	1501					
六六	0101					
六七	0241					
六八	0101					
六九	0197					
七〇	0101					
七一	0701					
七二	0301					
七三	2741					
七四	0101	0163	1701			
七五	0141	0161	0171	0193	0291	1606
	2201	2591				
七六	0101	0144				
七七	1701					
七八	0101	0163	0201	1501		

書名編號	收藏單位代號					
七九	0201					
八〇	0171	0173	1049	2401	2591	2602
	2701					
八一	0101					
八二	1601					
八三	0141					
八四	0101					
八五	1601					
八六	0201					
八七	1701					
八八	0101					
八九	1601					
九〇	0101					
九一	0101					
九二	0101					
九三	0101					
九四	0101					
九五	2501					
九六	0101					
九七	0201					
九八	0101					
九九	0201					
一〇〇	0163					
一〇一	0101					
一〇二	1601					
一〇三	0201					
一〇四	0101					

表七

書名編號	收藏單位代號					
一〇五	1601					
一〇六	0101					
一〇七	0101					
一〇八	0101					
一〇九	0201	2461				
一一〇	0201					
一一一	1601					
一一二	0141	0144	1901 ⑧			
一一三	1601					
一一四	0161	2302				
一一五	0163					
一一六	0101					
一一七	0601	0946	1702	2201	2286	2382
一一八	0101					
一一九	1627					
一二〇	0101	0201				
一二一	0201					
一二二	1301					
一二三	0942	1801	2501			
一二四	0163					
一二五	0201					
一二六	1601					
一二七	1641					
一二八	1042	1501 ⑧	2001			
一二九	0201					
一三〇	0242					
一三一	0101					

書名編號	收藏單位代號
一三二	0841
一三三	0201
一三四	0201
一三五	0201
一三六	1702
一三七	0143 2401
一三八	0841 0842
一三九	0101
一四〇	0101
一四一	0101 0182 1701
一四二	0101
一四三	0101
一四四	0101
一四五	0101 1701
一四六	0201
一四七	0101 0141 0163 0201 1601
一四八	0101 0163 0161 0201 0242 0301 1082* 1501 1510 1701 1702 2701
一四九	0163
一五〇	0101 0141 0161 0163 0201 1601 1705 2702
一五一	0101 0163 0171 0182 0201 0242 0243 0701 1541 1601 1801 1843 1881 1901 2381 2401 2702
一五二	0101
一五三	0101
一五四	0201 0841 1601

表八

書名編號	收藏單位代號
一五五	0141 0142 0143 0161 0171 0193 0198 0241® 0301 0701 0803 0841 0941 0961 1001 1541 1544 1601 1605 1682 1701 1705 1741 1708 1801 1841 1887 1907 2041 2201 2246 2301 2302 2401 2461 2702 2901
一五六	1701
一五七	0201
一五八	0201
一五九	0201
一六〇	0161
一六一	1501
一六二	0201 1601 1702
一六三	0101 0102 0197 0201 0241 0301 1601 2541
一六四	2441
一六五	0101 0201 0241 0841
一六六	0201
一六七	1601
一六八	0201
一六九	0101 0163
一七〇	0141 0161 0201 0341 1341
一七一	0242
一七二	0161
一七三	0142 1605 2304
一七四	0101
一七五	0201
一七六	0101

書名編號	收藏單位代號
一七七	0201
一七八	0201 1605
一七九	0144 1501 2320
一八〇	0142 0144 0163 0841 2001 2543
一八一	0201
一八二	2001
一八三	2042
一八四	0101 1701
一八五	1701
一八六	0142 0163 1702 2701
一八七	1601
一八八	0301
一八九	0163
一九〇	0291
一九一	0201
一九二	0142 0161 2541
一九三	0201
一九四	0101
一九五	0101 10141 0142 0143 0198 0242 0341 1341 1801 1882 1883 2302 2701
一九六	0201
一九七	0201
一九八	0701
一九九	0291
二〇〇	0142 0201 2301
二〇一	0201

表九

書名編號	收藏單位代號
二〇二	2401
二〇三	1601
二〇四	2501
二〇五	0201
二〇六	1581
二〇七	0201
二〇八	0201
二〇九	0201
二一〇	0201
二一一	0101 0201 0241 1601
二一二	0201 1701 2301
二一三	0102 1641 1702 1941
二一四	0161 0301 0542 1501 2042 2548
二一五	1705
二一六	0201
二一七	0101
二一八	0101
二一九	0101
二二〇	0101
二二一	0101
二二二	0101
二二三	0101
二二四	0201
二二五	0201
二二六	0101
二二七	0141
二二八	0101

表一〇

書名編號	收藏單位代號					
二二九	0101	0141	1701	1881		
二三〇	0201					
二三一	0101					
二三二	0101					
二三三	0101					
二三四	0101					
二三五	0101	0141	0163			
二三六	0101	0198	0262	1041		
二三七	0101					
二三八	0101	0201	1101	1705		
二三九	1601					
二四〇	0101	0141	0144	0146	0150	0161
	0201	0801	1981	2702	2881	
二四一	1601					
二四二	0101	1601				
二四三	0101	0141	0142	0143	0144	0150
	0182	0201	0291	0361	0341	0342
	0501	1241	1245	1605	2220	2301
	2441	2786	2901			
二四四	0201					
二四五	1601					
二四六	0101					
二四七	0142					
二四八	0141	0142	0201	2701		
二四九	0101					
二五〇	0242					
二五一	0101					
二五二	0101					

書名編號	收藏單位代號					
二五三	0141	0201				
二五四	0201	0342	0803	1616	2301	2541
二五五	2001	2301	2702			
二五六	1601					
二五七	0141	0143	0198	0701	0803	1701
二五八	0241					
二五九	0198					
二六〇	0101					
二六一	1601					
二六二	0141					
二六三	0101					
二六四	0163	0591				
二六五	0141	0201	2401			
二六六	0101					
二六七	0201					
二六八	0241					
~~二六九~~	~~0171~~					
二七〇	0101					
二七一	1741					
二七二	0101					
二七三	0101					
二七四	0101					
二七五	0141					
二七六	1601					
二七七	2301					
二七八	1581					

表一一

書名編號	收藏單位代號					
二七九	1601					
二八〇	0243					
二八一	0202					
二八二	0101					
二八三	1803	2001	2381	2401		
二八四	0201					
二八五	0201					
二八六	2301					
二八七	0161					
二八八	0101					
二八九	0101					
二九〇	0101	0201				
二九一	1601					
二九二	0102	0803	0142	1462	2006	2301
	2701					
二九三	2302					
二九四	1601					
二九五	0201					
二九六	0201					

唐五代別集類

1 唐太宗集二卷 唐太宗李世民撰 清胡介祉谷園刻本 八行十八字白口四周單邊

2 王無功文集五卷 唐王績撰 清乾隆抄本 清陳本校 十二行二十一字黑格

3 王無功文集五卷補遺一卷 唐王績撰 附錄一卷 清[illegible]緑山房抄本 十二行二十字藍格白口左右雙邊

4 王無功文集五卷 唐王績撰 清同治四年晚晴軒陳氏抄本 十行二十一字藍口左右雙邊

5 王無功集三卷 唐王績撰 明抄本 明休寧[illegible]跋 十行二十五字白口四周單邊

6 東皋子集三卷 唐王績撰 附一卷 明萬曆黃汝亨刻本 九行十[illegible]字白口四周單邊

7 東皋子集三卷 唐王績撰 明萬曆二十七年趙琦美家抄本 明趙琦美校 清錢謙益題識並跋

8 東皋子集三卷 唐王績撰 附錄一卷 明崇禎刻本 九行十八字白口左右雙邊

9 東皋子集三卷 唐王績撰 附錄一卷 明崇禎刻本 清黃丕烈校並跋

10 東皋子集三卷 唐王績撰 附錄一卷 清抄本 清吳翌鳳代並校 周星詒跋

11 東皋子集三卷 唐王績撰 清抄本 清黃丕烈校並錄吳翌鳳題識 九行二十字無格

12 東皋子集三卷 唐王績撰 附錄一卷 清抄本 清盛昱校 丁丙跋

13 東皋子集二卷 唐王績撰 清抄本 清董文渙校並跋 九行二十字無格

14 盧照鄰集二卷 唐盧照鄰撰 明[illegible]應皋刻本 九行十九字白口四周雙邊

15 盧照鄰詩一卷 唐盧照鄰撰 明活字印本 十行十七字黑口左右雙邊

16 張子壽文集二十卷 唐張九齡撰 明成化九年蘇韡刻本 十一行二十一字黑口四周雙邊

17 張子壽文集二十卷 唐張九齡撰 明成化九年蘇韡刻本（卷六至二十配清抄本） 清丁丙跋

18 唐丞相曲江張先生文集二十卷 唐張九齡撰 明嘉靖十五年湛若水刻本 十行二十字白口左右雙邊

19 唐丞相曲江張先生文集二十卷 唐張九齡撰 附錄一卷 明刻本 十行二十字白口左右雙邊 有刻工

20 張文獻公集十二卷 唐張九齡撰 明嘉靖二十四年[illegible]刻遞修本 十行二十字白口四周單邊

21 唐丞相曲江張先生文集十二卷 唐張九齡撰 附錄一卷 明[illegible]刻本 十行二十字白口四周

22 唐丞相曲江張先生文集十二卷 唐張九齡撰 附錄一卷 明萬曆[illegible]刻本 十行二十字白口四周雙邊

23 唐丞相曲江張先生文集十二卷 唐張九齡撰 附錄一卷 明刻本 九行十八字白口四周單邊

24 唐丞相曲江張先生文集十二卷 唐張九齡撰 附錄一卷 明刻本 清王韜跋

25 曲江張文獻先生文集十二卷 唐張九齡撰 附錄一卷 明萬曆四十四年謝正蒙刻本 九行十八字白口四周單邊

26 唐張文獻公曲江集十二卷 唐張九齡撰 附錄一卷 明天啓四年顧懋光刻本 十行二十字白口四周單邊

27 唐丞相曲江張先生文集十二卷 唐張九齡撰 明崇禎十一年張起龍刻本 九行十八字白口四周單邊

28 唐丞相曲江張先生文集十二卷 唐張九齡撰 附錄一卷 清順治十四年曾弘、周日燦刻本 八行十八字白口四周單邊

29 唐丞相曲江張文獻公集十二卷 唐張九齡撰 千秋金鑑錄五卷 題唐張九齡撰 附錄一卷 清雍正十三年張世煒、張世績、張世綱刻本 九行十八字白口四周單邊

30 唐丞相曲江張文獻公集十二卷 唐張九齡撰 千秋金鑑錄五卷 題唐張九齡撰 附錄一卷 清雍正十三年張世煒、張世績、張世綱刻本 曹錕校並跋

31 楊盈川集十卷 唐楊炯撰 明童佩輯 附錄一卷 明萬曆三年邵蕙、涂杰刻本 十一行二十字白口左右雙邊

32 楊盈川集十卷 唐楊炯撰 明童佩輯 附錄一卷 明萬曆三年邵蕙、涂杰刻本 清丁丙跋

33 楊盈川集十卷 唐楊炯撰 明童佩輯 附錄一卷 明萬曆三年邵蕙、涂杰刻本 傅增湘跋

34 楊盈川集十卷 唐楊炯撰 附錄一卷 明刻本 九行二十字白口左右雙邊

35 楊炯集二卷 唐楊炯撰 明江應昂刻本 九行十九字白口四周雙邊

36 楊盈川集十三卷 唐楊炯撰 明張燮輯 清文選樓抄本 十行二十字白口左右雙邊

37 宋之問集二卷 唐宋之問撰 明[illegible]精舍刻本 十行十六字白口左右雙邊

38 宋學士集九卷 唐宋之問撰 明張燮輯 附錄一卷 明崇禎刻本 九行十八字白口左右雙邊

39 宋考功集十卷 唐宋之問撰 附錄一卷 清抄本 清周世敬校 十一行十八字無格

40 王勃詩一卷 唐王勃撰 明活字印本 清楊鳳[illegible]跋 十行十七字黑口左右雙邊

41 王子安集十六卷 唐王勃撰 清抄本 清李之郇校 丁丙跋

四二 李嶠集三卷 唐李嶠撰 明嘉靖三十三年黃氏浮玉山房刻唐詩二十六家本 周暹校 十行十九字白口左右双边
四三 李嶠集三卷 唐李嶠撰 明抄本 十行十八字黑口四周双边
四四 李嶠雜詠二卷 唐李嶠撰 清抄本 清丁丙跋
四五 杜審言詩集一卷 唐杜審言撰 宋刻本 十行十八字白口左右双边
四六 駱賓王文集十卷 唐駱賓王撰 宋刻本（卷六至十配毛氏汲古閣影宋抄本） 清黃丕烈顧廣圻跋 十一行二十字白口左右双边
四七 駱賓王文集十卷 唐駱賓王撰 明刻本 十一行十八字白口左右双边
四八 駱賓王文集十卷 唐駱賓王撰 明刻本 清趙宗建校 丁丙跋
四九 駱賓王文集十卷 唐駱賓王撰 明刻本 十行二十一字白口四周单边
五〇 駱賓王文集十卷 唐駱賓王撰 明刻本 九行二十一字白口左右双边
五一 駱賓王文集十卷 唐駱賓王撰 明刻本 瞿熙邦校並跋
五二 駱丞文集十卷 唐駱賓王撰 明萬曆八年康一魁刻本 九行二十一字白口左右双边
五三 新刻註釋駱丞集十卷 唐駱賓王撰 明林紹刻本 十行二十字白口四周双边
五四 鐫太倉王氏音釋駱丞集十卷 唐駱賓王撰 明王世貞注 明書林詹聖謨刻本 十行二十一字白口四周双边
五五 駱臨海集十卷 唐駱賓王撰 清趙忠禎輯 清康熙四十六年黃之騋覺非齋刻本 九行二十字白口左右双边

三

五六 唐駱先生集八卷 唐駱賓王撰 明王衡等評釋 附錄一卷 明凌毓枏輯 刻朱墨套印本 八行十八字白口四周单边
五七 新刊駱子集註四卷 唐駱賓王撰 明陳魁士註 明萬曆七年劉大烈等刻本 十行二十二字白口四周双边
五八 新刊駱子集註四卷 唐駱賓王撰 明陳魁士註 明萬曆七年劉大烈等刻本 清駱士登校並跋
五九 新刊駱子集註四卷 唐駱賓王撰 明陳魁士註 明萬曆七年劉大烈等刻本 清丁丙跋
六〇 駱丞集註四卷 唐駱賓王撰 明顏文選補註 明萬曆四十三年顏氏刻本 九行二十字白口四周单边
六一 類選註釋駱丞全集四卷 唐駱賓王撰 明顧從敬輯 陳繼儒註 明刻本 九行二十字白口四周单边
六二 刻梅太史評釋駱賓王文抄神駒四卷 唐駱賓王撰 明梅之熉輯 明萬曆三十五年閩書林劉大易刻本 十行二十字白口四周单边
六三 唐駱臨海文集四卷 唐駱賓王撰 附錄一卷 明崇禎刻本 八行十九字白口四周单边
六四 唐駱先生文集六卷 唐駱賓王撰 明萬曆十九年金爐震刻本 七行十七字白口四周双边
六五 唐駱先生文集六卷 唐駱賓王撰 明虞九章等註釋 明萬曆十九年虞九章刻本 九行十八字白口左右双边
六六 唐駱先生文集六卷 唐駱賓王撰 明虞九章等訂釋 明萬曆十九年虞九章刻本 清沈復燦、丁丙跋
六七 唐駱先生文集六卷 唐駱賓王撰 明萬曆楊爲棟刻本 九行十八字白口左右双边

六八 靈隱子六卷 唐駱賓王撰 明陳魁士註 明萬曆二十四年陳大科刻本 十行二十字白口四周双边
六九 靈隱子六卷 唐駱賓王撰 明陳魁士註 明萬曆二十四年陳大科刻本 清戈襄校
七〇 重訂駱丞集六卷 唐駱賓王撰 明黃鶴芳評註 明萬曆三十年刻本 九行十八字白口四周单边
七一 新刻唐駱先生文集註釋評林六卷 唐駱賓王撰 明虞九章等註釋 明萬曆建寧書林余仙源刻本 十一行二十二字白口四周双边
七二 鼎鐫施會元評註選輯唐駱賓王狐白三卷 唐駱賓王撰 明施鳳來評註 明萬曆余文杰自新齋刻本 十行二十一字小字雙行同白口四周单边
七三 子昂集十卷 唐陳子昂撰 附錄一卷 明嘉靖四十四年王廷刻本 十行二十一字白口左右双边或四周单边
七四 子昂集十卷 唐陳子昂撰 明嘉靖四十四年王廷刻本 清黃丕烈校並跋
七五 陳伯玉文集十卷 唐陳子昂撰 附錄一卷 明嘉靖四十四年王廷刻本 李希聖跋
七六 陳伯玉文集十卷 唐陳子昂撰 明楊春輯 附錄一卷 明弘治四年楊澄刻本 十一行二十一字黑口四周双边
七七 陳伯玉文集十卷 唐陳子昂撰 明楊春輯 明弘治四年楊澄刻本 清胡璵跋
七八 陳伯玉文集十卷 唐陳子昂撰 明楊春輯 附錄一卷 明弘治四年楊澄刻本（卷八至十、附錄配清抄本） 清丁丙跋

四

七九 陳伯玉文集十卷 唐陳子昂撰 明楊春輯 明弘治四年楊澄刻本 朱元濟跋
八〇 陳伯玉文集十卷 唐陳子昂撰 明楊春輯 附錄一卷 明隆慶五年邵廉刻萬曆二年楊沂補刻本 八行十七字白口四周双边
八一 陳伯玉文集十卷 唐陳子昂撰 明楊春輯 附錄一卷 明萬曆三十七年鍾其志刻本 九行十九字白口四周单边 存五卷（一至三、六至七）
八二 陳伯玉文集十卷 唐陳子昂撰 明楊春輯 附錄一卷 明萬曆三十七年鍾其志刻李嵊慈印本 九行十九字白口四周单边
八三 陳伯玉文集十卷 唐陳子昂撰 明楊春輯 附錄一卷 明萬曆三十七年鍾其志刻李嵊慈印本 清袁芳瑛跋並校
八四 陳伯玉文集十卷 唐陳子昂撰 明楊春輯 附錄一卷 明萬曆三十七年鍾其志刻李[illegible]印本 九行十九字白口四周单边
八五 陳伯玉文集十卷 唐陳子昂撰 明楊春輯 附錄一卷 明抄本 清楊紹廉校 十一行二十一字

八六 陳伯玉文集十卷 唐陳子昂撰 附錄一卷 清初抄本 曹文埴跋

八七 陳伯玉文集十卷 唐陳子昂撰 清蔣氏抄本 清衎乃晉校 八行十七字无格

八八 陳拾遺文集十卷 唐陳子昂撰 清抄本

八九 陳伯玉集二卷 唐陳子昂撰 明刻本 清丁丙跋 十行十八字白口、左右双边

九〇 陳子昂集二卷 唐陳子昂撰 明汪應奎刻本 九行十九字白口四周双边

九一 陳子昂詩集一卷 唐陳子昂撰 清初抄本 俞運之校並跋 沈瓘題識 九行十九字无格

九二 張文獻公集十二卷 唐張說撰 明刻本 十行二十字白口四周单边

九三 張說之文集二十五卷 唐張說撰 明嘉靖十六年伍氏龍池草堂刻本 十行二十字白口四周双边

九四 張說之文集二十五卷 唐張說撰 明嘉靖十六年伍氏龍池草堂刻本 明彭年校 錢穀跋

九五 張說之文集二十五卷 唐張說撰 明嘉靖十六年伍氏龍池草堂刻本 宋文銷校補並錄清黃丕烈校跋

九六 張說之文集二十五卷 唐張說撰 明嘉靖十六年伍氏龍池草堂刻萬曆十一年項篤壽重修本

九七 張說之文集二十五卷補遺五卷 唐張說撰 清光緒三十一年仁和朱氏刻結一廬賸餘叢書本 傅增湘校跋並錄清黃丕烈題識 十一行二十一字黑口左右双边

九八 張說之文集二十五卷補遺五卷 唐張說撰 清光緒三十一年仁和朱氏刻結一廬賸餘叢書本 傅增湘校補並跋

九九 張說之文集二十五卷 唐張說撰 清抄本 十一行二十字白口左右双边无直格 存十卷（一至十）

一〇〇 張說之文集二十五卷 唐張說撰 清抄本 吳闓生跋並錄汪遠孫校跋 十行二十字无格

一〇一 張燕公集二十五卷 唐張說撰 清乾隆武英殿活字印聚珍版叢書本 清徐松校 九行二十一字白口四周双边

一〇二 張說之文集三十卷 唐張說撰 明抄本 清彭元瑞跋 十二行二十字无格 存二十卷（一至二十）

一〇三 張說之文集三十卷 唐張說撰 清抄本 傅增湘跋 十二行二十一字白口左右双边

一〇四 張說之文集三十卷補遺二卷 唐張說撰 清東武李氏研錄山房抄本 十一行二十字藍格白口左右双边

一〇五 唐沈佺期詩集七卷 唐沈佺期撰 明正德十三年王廷相刻本 清姜[illegible]跋 十行十八字白口四周单边

一〇六 唐沈佺期詩集七卷 唐沈佺期撰 明刻本 十行十六字黑口四周单边

一〇七 沈佺期集二卷 唐沈佺期撰 明王[illegible]刻本 九行十九字白口四周双边

一〇八 沈詩評二卷補遺一卷 唐沈佺期撰 明張從梦評 明刻藍印本 八行十五字白口四周双边

一〇九 沈雲卿集三卷 唐沈佺期撰 明嘉靖刻唐百家詩本 傅增湘校並跋 十行十八字白口左右双边

一一〇 沈雲卿文集五卷補遺一卷 唐沈佺期撰 清東武李氏研錄山房抄本 十一行二十字藍格白口左右双边

五

一一一 沈雲卿文集五卷 唐沈佺期撰 清抄本 十二行二十一字黑格

一一二 李北海集六卷附錄一卷 唐李邕撰 明萬曆十三年曹荃刻本 清丁丙跋 九行十八字白口左右双边

一一三 徐侍郎集二卷附錄一卷 唐徐安貞撰 明萬曆刻本 十一行二十字白口左右双边

一一四 徐侍郎集二卷附錄一卷 唐徐安貞撰 明刻本 九行十九字白口四周单边

一一五 徐侍郎集二卷附錄一卷 唐徐安貞撰 明抄本 明趙琦美校並跋 十一行二十二字无格

一一六 徐侍郎集二卷 唐徐安貞撰 清抄本 十一行二十字无格

一一七 王摩詰文集十卷 唐王維撰 宋刻本 明袁褧題款 清顧廣圻跋 十一行二十字白口左右双边

一一八 王摩詰集十卷 唐王維撰 明刻本 十行十八字白口左右双边

一一九 王摩詰集十卷 唐王維撰 明刻本 十行十八字白口左右双边 有刻工章景華

一二〇 唐王右丞集十卷 唐王維撰 明崇禎三年馮班抄本 馮班跋 十行十八字无格 存二卷（九至十）

一二一 王右丞文集十卷 唐王維撰 清初錢氏述古堂抄本 十一行二十字无格

一二二 王摩詰集十卷 唐王維撰 清抄本 清鄧恩多錄何焯校跋 十行十八字白口左右双边

一二三 類箋唐王右丞詩集十卷 唐王維撰 明顧起經注 文集四卷集外編一卷 唐王維撰 明顧起經輯 年譜一卷 明顧起經撰 唐諸家同詠集一卷贈題集一卷歷朝諸家評王右丞詩畫鈔一卷 明顧起經輯 明嘉靖三十五年無錫顧氏奇字齋刻本 九行十八字小字雙行同細黑口左右双边

一二四 類箋唐王右丞詩集十卷 唐王維撰 明顧起經注 文集四卷集外編一卷 唐王維撰 明顧起經輯 年譜一卷 明顧起經撰 唐諸家同詠集一卷贈題集一卷歷朝諸家評王右丞詩畫鈔一卷 明顧起經輯 明嘉靖三十五年無錫顧氏奇字齋刻本 清弘曉批校並圈點

一二五 類箋唐王右丞詩集十卷 唐王維撰 明顧起經注 文集四卷集外編一卷 唐王維撰 明顧起經輯 年譜一卷 明顧起經撰 唐諸家同詠集一卷贈題集一卷歷朝諸家評王右丞詩畫鈔一卷 明顧起經輯 明嘉靖三十五年無錫顧氏奇字齋刻本 鄭振鐸跋

一二六 王摩詰集二卷 唐王維撰 明嘉靖黃埻東壁圖書府刻十二家唐詩本 明佚名評點 張元濟跋 九行十九字白口四周双边

六

一二七　王摩詰集六卷　唐王維撰　明嘉靖十六年唐倬演暇等刻王孟集本　十行十八字白口左右双边

一二八　王摩詰集六卷　唐王維撰　清康熙項氏玉淵堂刻本　十一行二十一字細黑口四周單边

一二九　王摩詰集六卷　唐王維撰　清康熙項氏玉淵堂刻本　清黃丕烈校跋並錄何焯題識

一三〇　須溪先生校本唐王右丞集六卷　唐王維撰　宋劉辰翁評點　元刻本　傅增湘跋　八行二十字細黑口左右双边

一三一　藍田王摩詰詩六卷　唐王維撰　宋劉辰翁評　明刻本　八行十五字小字双行同大黑口四周双边

一三二　唐王右丞詩劉須溪校本六卷　唐王維撰　宋劉辰翁評　附錄一卷　明弘治十七年呂夔刻本　十行二十字白口左右双边

一三三　唐王右丞詩劉須溪校本六卷　唐王維撰　宋劉辰翁評　附錄一卷　明弘治十七年呂夔刻本　傅增湘、張允亮校　趙元方跋

一三四　唐王右丞詩劉須溪校本六卷　唐王維撰　宋劉辰翁評　明弘治十七年呂夔刻本　清黃丕烈跋

一三五　王摩詰詩集六卷　唐王維撰　宋劉辰翁評點　明刻本　九行二十字白口四周單边

一三六　王摩詰詩集六卷　唐王維撰　宋劉辰翁評點　明刻本　清潘德輿批並跋　王鴻翔、鄧邦述、邵祖壽跋

一三七　王摩詰詩集六卷　唐王維撰　宋劉辰翁評點　明刻本　曹元忠跋

一三八　唐王右丞詩集六卷　唐王維撰　明顧可久註　明嘉靖三十八年洞陽書院刻本　九行十七字小字双行同白口左右双边

一三九　唐王右丞詩集六卷　唐王維撰　明顧可久註　明萬曆十八年吳氏漱玉齋刻本　九行十七字小字双行同白口左右双边

一四〇　王右丞集十六卷　唐王維撰　清趙殿成箋注　清趙殿成目耕堂抄本　陳仲魁跋　十行二十一字小字双行同白口四周單边

一四一　王右丞集二十八卷首一卷末一卷　唐王維撰　清趙殿成箋註　清乾隆趙氏刻本　十行二十字小字双行同白口左右双边

一四二　王右丞集二十八卷首一卷末一卷　唐王維撰　清趙殿成箋註　清乾隆趙氏刻本　清何紹基批點

一四三　宗玄先生文集三卷玄綱論一卷南統大君內丹九章經一卷　唐吳筠撰　明抄本　十行十七字藍格白口四周單边

一四四　宗玄先生文集三卷　唐吳筠撰　清抄本　清翁同龢跋　十行二十字

一四五　宗玄先生集三卷　唐吳筠撰　清抄本　九行二十一字

一四六　崔顥詩集三卷　唐崔顥撰　明刻本　八行十六字白口左右双边

一四七　唐李頎詩集一卷　唐李頎撰　明淩登瀛輯　明萬曆十四年淩登瀛刻本　八行十八字白口左右双边

一四八　唐李頎詩集一卷　唐李頎撰　明淩登瀛輯　明萬曆十四年淩登瀛刻本　清丁丙跋

一四九　儲光羲集五卷　唐儲光羲撰　清邵廷烈抄本　清顧沅校　王蔭嘉跋

一五〇　王昌齡詩集三卷　唐王昌齡撰　明抄本　十行十八字藍格白口四周單边

一五一　常建詩集二卷　唐常建撰　宋刻本　十行十八字白口左右双边

一五二　常建集二卷　唐常建撰　明刻本　清丁丙跋　十行十九字白口左右双边

一五三　常建詩集三卷附錄一卷　唐常建撰　明崇禎毛氏汲古閣刻唐人六集本　傅增湘校並跋　九行二十字白口左右双边

一五四　常建詩三卷　唐常建撰　清宣統二年吳慈培抄本　吳慈培校並跋　九行二十一字無格

一五五　劉文房集十卷　唐劉長卿撰　宋刻本　十二行二十一字白口左右双边　存六卷（五之十）

一五六　劉隨州集十卷　唐劉長卿撰　明銅活字印唐人詩集本　清王振聲校並跋　九行十七字細黑口左右双边

一五七　劉隨州詩集十卷　唐劉長卿撰　明萬曆二十一年祝以豳刻本　九行二十字白口四周單边

一五八　劉隨州詩集十卷　唐劉長卿撰　明刻本　十行二十字白口左右双边

一五九　劉隨州詩十卷補遺一卷　唐劉長卿撰　清康熙席氏琴川書屋刻唐詩百名家全集本　□謝蔭錄清何焯校　十行十八字白口左右双边

一六〇　劉隨州詩十卷補遺一卷　唐劉長卿撰　清康熙席氏琴川書屋刻唐詩百名家全集本　傅增湘跋並錄清何焯校跋

一六一　劉隨州文集十一卷外集一卷　唐劉長卿撰　明弘治十一年韓明李紀刻本　十行十八字黑口四周双边

一六二　劉隨州文集十一卷外集一卷　唐劉長卿撰　明弘治十三年李克嗣刻本　十行十八字黑口四周双边

一六三　唐劉隨州詩集十一卷外集一卷　唐劉長卿撰　明刻本　十行二十字細黑口左右双边

一六四　唐劉隨州詩集十一卷外集一卷　唐劉長卿撰　明嘉靖二十九年蔣孝刻中唐十二家詩集本　清錢陸燦批校　張蓉鏡題識　十行二十字白口左右双边

一六五　唐劉隨州詩集十一卷外集一卷　唐劉長卿撰　明嘉靖二十九年蔣孝刻中唐十二家詩集本　傅增湘錄清何焯校跋

一六六　唐劉隨州詩集十一卷外集一卷　唐劉長卿撰　明嘉靖二十九年蔣孝刻中唐十二家詩集本　佚名錄清何焯批校

一六七　唐劉隨州詩集十一卷外集一卷　唐劉長卿撰　明嘉靖二十九年蔣孝刻中唐十二家詩集本（卷五至八配抄本）　李世澤跋

一六八　唐劉隨州詩集十一卷外集一卷　唐劉長卿撰　明嘉靖二十九年蔣孝刻中唐十二家詩集本　吳頤煜校

一一六九　劉隨州詩集十一卷　唐劉長卿撰　明李之楨輯　明刻本　九行十九字白口四周單邊

一一七〇　劉隨州詩集十一卷　唐劉長卿撰　明李之禎輯　明刻本　清徐時棟跋

一一七一　劉隨州文集十一卷　唐劉長卿撰　清乾隆四十一年盧文弨抄本　清盧文弨校跋並錄何焯題識　十一行二十一字白口左右雙邊

一一七二　劉隨州文集十一卷外集一卷　唐劉長卿撰　清抄本

一一七三　劉隨州詩集十二卷　唐劉長卿撰　明萬曆十六年漢東瑞珠堂刻本　九行二十字白口四周單邊

一一七四　劉隨州詩集十二卷　唐劉長卿撰　明萬曆二十八年漢東瑞珠堂刻本　九行二十字白口四周單邊（卷六配清抄本）

一一七五　唐劉隨州全集三卷　唐劉長卿撰　清康熙三十八年劉沁區刻本　十行二十字黑口四周單邊

一一七六　隨州詩鈔八卷文集一卷　唐劉長卿撰　清抄本　十一行二十一字無格

一一七七　顏魯公文集十五卷補遺一卷　唐顏真卿撰　年譜一卷　宋留元剛撰　附錄一卷　明嘉靖二年錫山安氏館刻本　十行二十字白口左右雙邊

一一七八　顏魯公文集十五卷補遺一卷　唐顏真卿撰　年譜一卷　宋留元剛撰　附錄一卷　明嘉靖二年錫山安氏館刻本　趙元方跋

一一七九　顏魯公文集十五卷補遺一卷　唐顏真卿撰　年譜一卷　宋留元剛撰　附錄一卷　明嘉靖錫山安氏館銅活字印本　李盛鐸跋　十三行十六字白口左右雙邊

一一八〇　顏魯公文集十五卷補遺一卷　唐顏真卿撰　年譜一卷　宋留元剛撰　附錄一卷　明嘉靖錫山安氏館銅活字印本　趙元方跋

一一八一　顏魯公文集十五卷補遺一卷　唐顏真卿撰　年譜一卷　宋留元剛撰　附錄一卷　明萬曆十七年劉思誠刻本　十行二十字白口左右雙邊

一一八二　顏魯公文集十五卷補遺一卷　唐顏真卿撰　年譜一卷　宋留元剛撰　附錄一卷　明萬曆十七年劉思誠刻本　清陳灝跋

一一八三　顏魯公文集十五卷補遺一卷　唐顏真卿撰　年譜一卷　宋留元剛撰　附錄一卷　明萬曆十七年劉思誠刻本　清丁丙跋

一一八四　魯公文集十五卷　唐顏真卿撰　明萬曆二十四年顏胤祚刻本　十行二十一字白口左右雙邊

一一八五　顏魯公文集十五卷補遺一卷　唐顏真卿撰　明抄本　清張紹仁校並跋　十行二十字無格

一一八六　顏魯公文集十五卷補遺一卷　唐顏真卿撰　年譜一卷　宋留元剛撰　附錄一卷　清嘉慶七年顏崇槼刻本　清孫星衍校　十行二十字白口左右雙邊

一一八七　顏魯公文集十五卷補遺一卷　唐顏真卿撰　年譜一卷　宋留元剛撰　附錄一卷　清嘉慶七年顏崇槼刻本　清李芝綬校補並跋

一一八八　顏魯公文集十五卷補遺一卷　唐顏真卿撰　年譜一卷　宋留元剛撰　附錄一卷　清嘉慶七年顏崇槼刻本　清李芝綬校

一一八九　顏魯公文集十五卷補遺一卷　唐顏真卿撰　年譜一卷　宋留元剛撰　附錄一卷　清抄本　十行二十六字無格

一一九〇　顏魯公文集二十卷　唐顏真卿撰　明顏欲章輯　明萬曆顏欲章刻本　九行十九字細黑口左右雙邊

一一九一　李遐叔文集四卷　唐李華撰　清顧氏藝海樓抄本　八行二十一字

一一九二　李遐叔文集四卷　唐李華撰　附錄一卷　清抄本　清佚名校　十行二十二字黑格

一一九三　李員外遺集二卷　唐李華撰　清抄本

一一九四　蕭茂挺集一卷　唐蕭穎士撰　清環碧山房抄本　清汪繼培校並跋　十一行二十一字黑格黑口四周單邊

一一九五　蕭秘書集一卷　唐蕭穎士撰　清嘉慶三年抄本　佚名校　八行十八字無格

一一九六　孟浩然詩集三卷　唐孟浩然撰　宋刻本　清黃丕烈跋　十二行二十一字白口左右雙邊

一一九七　孟浩然集三卷　唐孟浩然撰　明銅活字印唐人詩集本　傅增湘跋　九行十七字細黑口左右雙邊

一一九八　須溪先生批點孟浩然集三卷　唐孟浩然撰　宋劉辰翁評點　明活字印本　九行十九字白口四周單邊

一一九九　孟浩然集三卷　唐孟浩然撰　宋劉辰翁評　明刻本　八行十八字白口左右雙邊

一二〇〇　孟浩然詩集三卷補遺一卷　唐孟浩然撰　宋劉辰翁評點　明顧道洪參校　襄陽外編一卷拾遺一卷　明顧道洪輯　明萬曆刻本　十行十八字白口四周單邊

一二〇一　孟浩然詩集三卷補遺一卷　唐孟浩然撰　宋劉辰翁評點　明顧道洪參校　襄陽外編一卷拾遺一卷　明顧道洪輯　明萬曆刻本　清邵恩誠題款

一二〇二　孟浩然集四卷　唐孟浩然撰　明刻本　十行十八字白口左右雙邊

一二〇三　孟浩然集四卷　唐孟浩然撰　明刻本　清丁丙跋

一二〇四　孟浩然集四卷　唐孟浩然撰　明刻本　清邵印川校　清佚名校並錄劉辰翁評　葉景葵跋

一二〇五　孟浩然集四卷　唐孟浩然撰　明刻本　葉景葵校

一二〇六　孟浩然集四卷　唐孟浩然撰　明刻本　傅增湘校並跋

一二〇七　孟浩然集二卷　唐孟浩然撰　明萬曆三十一年霏玉軒刻前唐十二家詩本　清袁芳瑛批校　九行十九字白口左右雙邊

一二〇八　孟浩然詩集二卷　唐孟浩然撰　宋劉辰翁、明李夢陽評　明凌濛初刻朱墨套印本　清丁丙跋　八行十九字白口左右雙邊

一二〇九　寒山詩一卷　唐釋寒山子撰　豐干拾得詩一卷　唐釋豐干、釋拾得撰　宋刻本　十一行十八字白口左右雙邊

一二一〇　寒山子詩集一卷　唐釋寒山子撰　豐干拾得詩一卷　唐釋豐干、釋拾得撰　明萬曆刻本　八行十七字細黑口四周單邊

一二一一　寒山子詩一卷　唐釋寒山子撰　豐干拾得詩一卷　唐釋豐干、釋拾得撰

明萬曆三十八年比丘明幸刻本　九行十八字，白口，四周單邊

寒山子詩集一卷　唐釋寒山子撰　豐干拾得詩一卷　唐釋豐干、拾得撰　明刻本　九行十八字，白口，四周單邊　二一二

寒山詩集一卷　唐釋寒山子撰　豐干拾得詩一卷　唐釋豐干、拾得撰　天台山國清禪寺三隱集記一卷　宋釋志南撰　明末吳明春刻本　九行十八字，白口，四周單邊　二一三

寒山子詩集一卷　唐釋寒山子撰　豐干拾得詩一卷　唐釋豐干、拾得撰　清乾隆十八年淨心道人抄本　蟄菴居士跋　八行二十五字，无格　二一四

寒山子詩集二卷　唐釋寒山子撰　豐干拾得詩一卷　唐釋豐干、拾得撰　明萬曆七年朴謙亨刻本　九行十八字，白口，四周單邊　二一五

寒山詩集五卷　唐釋寒山子撰　豐干拾得詩一卷　唐釋豐干、拾得撰　明萬曆二十七年朱世倫刻本（拾得詩抄配）　八行十八字，白口，四周單邊　二一六

李太白文集三十卷　唐李白撰　宋刻本（卷十五至二十四配清康熙五十六年繆曰芑刻本）　十一行二十字，小字双行同，白口，左右双边　二一七

李太白文集三十卷　唐李白撰　清康熙五十六年繆曰芑雙泉草堂刻本　十一行二十字，白口，左右双边　二一八

一一

李太白文集三十卷　唐李白撰　清康熙五十六年繆曰芑雙泉草堂刻本　清張爾耆校　二一九

李太白文集三十卷　唐李白撰　清康熙五十六年繆曰芑雙泉草堂刻本　清黃丕烈校　二二〇

李太白文集三十卷　唐李白撰　清康熙五十六年繆曰芑雙泉草堂刻本　清朱學勤批校　二二一

李太白文集三十卷　唐李白撰　清康熙五十六年繆曰芑雙泉草堂刻本　清李鴻裔批校並跋　二二二

分類補註李太白詩三十卷　唐李白撰　宋楊齊賢集注　元蕭士贇補注　元至大三年余志安勤有堂刻本　十二行二十字，小字双行二十六字，黑口，四周双边

存二十四卷　二至二十五　二二三

分類補註李太白詩三十卷　唐李白撰　宋楊齊賢集注　元蕭士贇補注　元刻明修本　十二行二十字，小字双行二十六字，黑口，四周双边

存七卷　三至九　二二四

唐翰林李太白詩集二十六卷　唐李白撰　年譜一卷　宋薛仲邕撰　元刻本　繆荃孫跋　十一行二十字，細黑口，左右双边

存二十二卷　五至二十六，年譜　二二五

分類補註李太白詩二十五卷　唐李白撰　宋楊齊賢集注　元蕭士贇補注　元建安余氏勤有堂刻本　十二行二十字，小字双行二十六字，黑口，四周双边　二二六

分類補註李太白詩二十五卷　唐李白撰　宋楊齊賢集注　元蕭士贇補注　元建安余氏勤有堂刻本　清武曾任跋

存八卷　三至十　二二七

分類補註李太白詩二十五卷　唐李白撰　宋楊齊賢集注　元蕭士贇補注　元建安余氏勤有堂刻明修本　十二行二十字，小字双行二十六字，黑口，四周双边　二二八

分類補註李太白詩二十五卷　唐李白撰　宋楊齊賢集注　元蕭士贇補注　元建安余氏勤有堂刻明修本　清丁丙跋　二二九

分類補註李太白詩二十五卷　唐李白撰　宋楊齊賢集注　元蕭士贇補注　明刻本　十二行二十字，小字双行二十六字，白口，四周單邊　二三〇

分類補註李太白詩二十五卷　唐李白撰　宋楊齊賢集注　元蕭士贇補注　明正德十五年安正書堂刻本　十一行二十三字，小字双行同，黑口，四周双边　二三一

分類補註李太白詩二十五卷　唐李白撰　宋楊齊賢集注　元蕭士贇補注　明正德十五年安正書堂刻本　蔣啟勲跋　二三二

分類補註李太白詩二十五卷　唐李白撰　宋楊齊賢集注　元蕭士贇補注　年譜一卷　宋薛仲邕撰　明嘉靖二十五年玉几山人刻本　八行十七字，小字双行同，白口，四周双边　二三三

一二

分類補註李太白詩二十五卷　唐李白撰　宋楊齊賢集注　元蕭士贇補注　年譜一卷　宋薛仲邕撰　明嘉靖二十五年玉几山人刻本　李廷之跋　二三四

分類補註李太白詩二十五卷　唐李白撰　宋楊齊賢集注　元蕭士贇補注　年譜一卷　宋薛仲邕撰　明嘉靖二十五年玉几山人刻重修本　八行十七字，小字双行同，白口，四周双边　二三五

分類補註李太白詩二十五卷　唐李白撰　宋楊齊賢集注　元蕭士贇補注　年譜一卷　宋薛仲邕撰　明嘉靖二十五年玉几山人刻重修本　清李鴻裔跋　二三六

分類補註李太白詩二十五卷　唐李白撰　宋楊齊賢集注　元蕭士贇補注　明萬曆三十年許自昌刻李杜全集本　清吳騫錄毛扆校　八行二十字，小字双行同，白口，左右双边　二三七

李翰林集二十五卷　唐李白撰　宋楊齊賢集注　元蕭士贇補注　明[illegible]　八行二十字，白口，左右双边　二三八

分類補註李太白詩二十五卷　唐李白撰　宋楊齊賢集注　元蕭士贇補注　分類編次李太白文五卷　唐李白撰　明郭雲鵬編次　明嘉靖二十二年郭雲鵬寶善堂刻本　八行十七字，白口，左右双边　二三九

分類補註李太白詩二十五卷　唐李白撰　宋楊齊賢集注　元蕭士贇補注　分類編次李太白文五卷　唐李白撰　明郭雲鵬編次　明嘉靖二十二年郭雲鵬寶善堂刻本　二四〇

明張遂批

二二四一 分類補註李太白詩二十五卷 唐李白撰 宋楊齊賢集註 元蕭士贇補註 分類編次李太白文五卷 唐李白撰 明郭雲鵬編次 明嘉靖二十二年郭雲鵬寶善堂刻本 清丁丙跋

二二四二 分類補註李太白詩二十五卷 唐李白撰 宋楊齊賢集註 元蕭士贇補註 分類編次李太白文五卷 唐李白撰 明霏玉齋刻本 十一行二十字小字雙行同白口左右雙邊

二二四三 分類補註李太白詩二十五卷 唐李白撰 宋楊齊賢集註 元蕭士贇補註 分類編次李太白文五卷 唐李白撰 明霏玉齋刻本 清陳來泰校

二二四四 重刊分類補註李詩全集二十五卷 唐李白撰 宋楊齊賢集註 元蕭士贇補註 重刊分類編次李太白文集五卷 唐李白撰 明霏玉齋琳琅堂刻本 十一行二十二字小字雙行同白口左右雙邊

二二四五 重刊分類補註李詩全集二十五卷 唐李白撰 宋楊齊賢集註 元蕭士贇補註 重刊分類編次李太白文集五卷 唐李白撰 明霏玉齋琳琅堂刻本 清喬億校

二二四六 唐翰林李白詩類編十二卷 唐李白撰 明刻本 十行二十一字黑口四周雙邊

二二四七 唐翰林李白詩類編十二卷 唐李白撰 明刻本 十行二十一字黑口四周雙邊

二二四八 唐翰林李白詩類編十二卷 唐李白撰 明刻本 九行二十一字白口左右雙邊

二二四九 唐翰林李白詩類編十二卷 唐李白撰 明刻本 九行二十一字白口左右雙邊

二二五〇 唐翰林李白詩類編十二卷 唐李白撰 明刻本 九行二十一字白口左右雙邊

二二五一 唐李白詩十二卷 唐李白撰 明嘉靖刻本 九行二十一字白口四周單邊

二二五二 李翰林集十卷 唐李白撰 明正德十四年陸元大刻本 十行十八字白口左右雙邊

二二五三 李翰林集十卷 唐李白撰 明正德十四年陸元大刻本 清何焯校並跋

二二五四 李翰林集十卷 唐李白撰 明正德十四年陸元大刻本 清丁丙跋

二二五五 李翰林集十卷 唐李白撰 明正德十四年陸元大刻清嘉慶八年王芑孫淵雅堂重修本 顧文煒跋 十行十八字白口左右雙邊

二二五六 李翰林集十卷 唐李白撰 明正德十四年陸元大刻清嘉慶八年王芑孫淵雅堂重修本 傅增湘錄清何焯校跋

二二五七 李翰林分類詩八卷賦一卷 唐李白撰 明李齊芳李茂年等分類 明萬曆二年李齊芳潘應韶刻李杜合刻本 鄭振鐸跋 [illegible]十八字白口四周單邊

二二五八 李翰林全集四十二卷目錄四卷 唐李白撰 明劉世教輯 年譜一卷 宋薛仲邕撰 明萬曆四十年刻合刻分體李杜全集本 明趙士春批 清翁同龢跋 九行十八字白口左右雙邊

二二五九 李太白詩集二十二卷 唐李白撰 宋嚴羽評點 明崇禎二年閔□祥刻李杜全集本 王蘊跋 九行二十字小字雙行同白口左右雙邊

一三

二二六〇 李太白文集三十二卷 唐李白撰 清王琦輯註 清乾隆寶笏樓刻本 十行二十字白口左右雙邊 卷三十一、三十二係附錄

二二六一 李太白文集三十二卷 唐李白撰 清王琦輯註 清乾隆寶笏樓刻本 清石韞玉評點 張方塔跋

二二六二 李太白文集三十六卷 唐李白撰 清王琦輯註 清乾隆寶笏樓刻二十五年增刻本 十行二十字白口左右雙邊 卷三十一至三十六係附錄

二二六三 李太白文集三十六卷 唐李白撰 清王琦輯註 清乾隆寶笏樓刻二十五年增刻本 清何紹基批點並跋

二二六四 李太白文集三十六卷 唐李白撰 清王琦輯註 清乾隆寶笏樓刻二十五年增刻本 清方大恩跋

二二六五 李翰林詩范德機批選四卷 唐李白撰 元范梈批點 明鄭鵬輯 明嘉靖鄭鵬刻本 十行十六字白口四周單邊

二二六六 李詩選註十三卷 唐李白撰 明朱諫選註 明嘉靖二十四年朱守宣刻本 十二行二十四字白口四周雙邊

二二六七 李詩選註十三卷 唐李白撰 明朱諫選註 辨疑二卷 明朱諫撰 明隆慶六年朱守行刻本 十二行二十四字白口四周雙邊

二二六八 李詩選註十三卷 唐李白撰 明朱諫選註 辨疑二卷 明朱諫撰 明隆慶六年朱守行刻本 清丁丙跋

二二六九 李詩選十卷 唐李白撰 明張含輯 明楊慎批點 明嘉靖二十四年張氏家塾刻本 八行十八字黑口四周雙邊

二二七〇 李太白詩選六卷 唐李白撰 明張含輯 明楊慎批點 明萬曆十年沈啟刻本 八行十八字白口

二二七一 李翰林詩選五卷 唐李白撰 明王寅輯 明嘉靖二十四年閔朝山刻本 九行十六字白口左右雙邊

二二七二 李詩鈔述註十六卷 唐李白撰 明林兆珂輯注 明萬曆二十七年刻本 八行二十字白口四周單邊

二二七三 李律七言頗解一卷 明王維楨輯 明嘉靖三十七年朱□刻本 九行十九字白口四周雙邊

二二七四 韋蘇州集十卷拾遺一卷 唐韋應物撰 宋乾道七年平江府學刻遞修本 十行十八字白口左右雙邊

二二七五 韋蘇州集十卷拾遺一卷 唐韋應物撰 宋刻本 十行十八字白口左右雙邊

二二七六 韋蘇州集十卷拾遺一卷 唐韋應物撰 宋刻元修本 十行十八字白口左右雙邊

二二七七 韋蘇州集十卷 唐韋應物撰 宋刻元修本 清季振宜 勞健題款 十行十八字白口左右雙邊

二二七八 韋蘇州集十卷拾遺一卷 唐韋應物撰 清影宋抄本 十行十八字

二二七九 韋蘇州集十卷 唐韋應物撰 宋刻本 清丁丙跋 十行十六字細黑口左右雙邊 存四卷 一至四

二二八〇 須溪先生校本韋蘇州集十卷拾遺一卷 唐韋應物撰 宋劉辰翁校 元刻本 十行十六字黑口左右雙邊

二二八一 韋蘇州集十卷拾遺一卷 唐韋應物撰 宋劉辰翁校註 明弘治四年張習刻本 十一行二十一字小字

一四

双行同，黑口，四周双边

二八二 韦苏州集十卷拾遗一卷 唐韦应物撰 宋刘辰翁校注 明弘治四年张习刻递修本
二八三 韦苏州集十卷拾遗一卷 唐韦应物撰 明弘治九年李瀚、刘杞刻本 十行十八字，黑口，四周双边
二八四 韦苏州集十卷拾遗一卷 唐韦应物撰 明弘治九年李瀚、刘杞刻本 郑邦述跋
二八五 韦苏州集十卷拾遗一卷 唐韦应物撰 明弘治九年李瀚、刘杞刻明修本 十行十八字，黑口，四周双边
二八六 韦苏州集十卷 唐韦应物撰 明铜活字印唐人诗集本 蒋杲、陈焯跋 九行十七字，细黑口，左右双边
二八七 韦苏州集十卷拾遗一卷 唐韦应物撰 明嘉靖二十年门桃村刻本 十行十八字，白口，四周单边
二八八 韦苏州集十卷拾遗一卷 唐韦应物撰 明刻本 十行十八字，白口，左右双边
二八九 韦苏州集十卷拾遗一卷 唐韦应物撰 明刻本 清赵慎畛（畛） 蔡[illegible]、[illegible]跋
二九〇 韦苏州集十卷拾遗一卷 唐韦应物撰 明刻本 清丁丙跋
二九一 韦苏州集十卷拾遗一卷 唐韦应物撰 明刻本 邓邦述跋
二九二 韦苏州集十卷拾遗一卷 唐韦应物撰 明刻本 吴郁生跋
二九三 韦苏州集十卷 唐韦应物撰 明万历四十年董伯起刻本 九行十八字，白口，四周单边
二九四 韦苏州集十卷拾遗一卷 唐韦应物撰 明万历何湛之刻陶韦合刻本 九行十八字，白口，四周单边
二九五 韦苏州集十卷 唐韦应物撰 明万历何湛之刻陶韦合刻本 王国维校并跋

十五

二九六 韦苏州集十卷 唐韦应物撰 明末刻本 九行十八字，白口，四周单边
二九七 韦苏州集十卷 唐韦应物撰 明末余怀刻本 八行十八字，白口，四周单边
二九八 韦苏州集十卷 唐韦应物撰 明末余怀刻本 析隐跋并录清卢文弨、黄丕烈批注
二九九 韦苏州集十卷拾遗一卷 唐韦应物撰 明末余怀刻本（拾遗补清抄本） 清佚名录卢文弨批校
三〇〇 韦苏州集十卷拾遗一卷 唐韦应物撰 明刻本 八行十八字，白口，左右双边
三〇一 韦苏州集十卷拾遗一卷 唐韦应物撰 明末毛氏汲古阁刻唐人六集本 清钱陆灿批点 九行二十一字，白口，左右双边
三〇二 韦苏州集十卷 唐韦应物撰 清康熙项氏玉渊堂刻本 十一行二十一字，细黑口，四周单边
三〇三 韦苏州集十卷 唐韦应物撰 清郭起抄本 郭起批跋 十行十八字，无格
三〇四 韦刺史诗集十卷附录一卷 唐韦应物撰 明嘉靖二十七年华云太华书院刻本 十二行二十一字，白口，左右双边，版心下镌太华书院
三〇五 韦苏州诗集十卷补遗一卷 唐韦应物撰 明刻本 九行十九字，白口，四周单边
三〇六 韦苏州诗集二卷 唐韦应物撰 清康熙三十四年汪立名刻唐四家诗本 清王[illegible]并跋 十行十九字，黑口，左右双边
三〇七 韦苏州诗集二卷 唐韦应物撰 清康熙三十四年汪立名刻唐四家诗本 清闵方崎批
三〇八 岑嘉州诗八卷 唐岑参撰 宋刻本 十行十八字，白口，左右双边
存四卷 一至四
三〇九 岑嘉州诗八卷 唐岑参撰 明正德十五年谢元良刻本 十行二十字，白口，四周单边
三一〇 岑嘉州集八卷 唐岑参撰 明刻本 十行十八字，白口，左右双边
三一一 岑嘉州集八卷 唐岑参撰 明刻本（卷七至八配清抄本） 清徐[illegible]抄补并跋
三一二 岑嘉州集八卷 唐岑参撰 明刻本 吴慈培校并补目 周叔弢校并跋 十行十八字，白口，左右双边
三一三 岑嘉州集八卷 唐岑参撰 明刻本 叶景葵校 十行十八字，白口，左右双边
三一四 岑嘉州诗八卷 唐岑参撰 明抄本 清黄丕烈跋 十行二十字，白口，四周双边
三一五 岑嘉州诗七卷 唐岑参撰 明刻本 十行十七字，黑口，四周双边
三一六 岑嘉州诗七卷 唐岑参撰 明正德十五年熊相、高嵘刻本 十行十七字，白口，四周单边
三一七 岑嘉州诗七卷 唐岑参撰 明正德十五年熊相、高嵘刻本 清陈鳣跋
三一八 岑嘉州诗七卷 唐岑参撰 明正德十五年熊相、高嵘刻本 清王振声校并跋
三一九 岑嘉州诗七卷 唐岑参撰 明正德十五年熊相、高嵘刻本 傅增湘跋
三二〇 岑嘉州诗七卷 唐岑参撰 清初抄本 清席鑑校
三二一 岑嘉州诗四卷 唐岑参撰 明正德十五年沈恩刻本 十一行二十字，黑口，四周单边
三二二 台阁集一卷 唐李嘉祐撰 明崇祯十二年毛氏汲古阁刻唐人八家诗本 明毛扆校 十二行二十字，细黑口，左右双边

十六

三二三 台阁集一卷 唐李嘉祐撰 明崇祯十二年毛氏汲古阁刻唐人八家诗本 清陆贻典校并跋
三二四 台阁集一卷 唐李嘉祐撰 明崇祯十二年毛氏汲古阁刻唐人八家诗本 清曹炎批校
三二五 台阁集一卷 唐李嘉祐撰 明崇祯十二年毛氏汲古阁刻唐人八家诗本 缪荃孙校
三二六 台阁集一卷 唐李嘉祐撰 明抄本 清黄丕烈校并跋 十行十八字，黑口，左右双边
三二七 台阁集一卷 唐李嘉祐撰 清初影元抄本 十行十八字，白口，左右双边
三二八 台阁集一卷 唐李嘉祐撰 清康熙席氏琴川书屋刻唐诗百名家全集本 清叶树廉校 十行十八字，白口，左右双边
三二九 唐皇甫曾诗集二卷 唐皇甫曾撰 明刻本 十行十六字，黑口，四周双边
三三〇 高常侍集十卷 唐高适撰 明刻本 十行十八字，白口，左右双边
三三一 高常侍集十卷 唐高适撰 明刻本 清许[illegible]校
三三二 高常侍集十卷 唐高适撰 明刻本 清丁丙跋
三三三 高常侍集十卷 唐高适撰 明刻本 郑振铎跋
三三四 高常侍集十卷 唐高适撰 明抄本 十一行十八字，黑口，四周双边
存五卷 一至五
三三五 高常侍集十卷 唐高适撰 清初影宋抄本 十行十八字，白口，左右双边
三三六 新定杜工部古诗近体诗先后并解末裒七卷

成裒十一卷已裒八卷　唐杜甫撰　宋趙次公注　明抄本　沈曾植跋　十二行二十二字，無格

三三七　門類增廣十註杜工部詩二十五卷　唐杜甫撰　宋趙次公等註　宋刻本　十二行約二十一、二十二字，小字雙行約二十九、三十字，白口，左右雙邊
存六卷　二、七至九、十一至十二

三三八　門類增廣集註杜詩二十五卷　唐杜甫撰　宋趙次公等註　宋刻本　十五行二十二字，小字雙行三十字，白口，左右雙邊或四周單邊
存一卷　八

三三九　分門集註杜工部詩二十五卷　唐杜甫撰　宋王洙、趙次公等註　年譜一卷　宋呂大防、蔡興宗、魯訔撰　宋刻本　十一行二十字，小字雙行二十五、二十六、二十七字，細黑口，左右雙邊

三四〇　集千家註分類杜工部詩二十五卷　唐杜甫撰　宋徐居仁編次　黃鶴補註　年譜一卷　宋黃鶴撰　元皇慶元年余志安勤有堂刻本　十二行二十字，小字雙行二十六字，黑口，四周雙邊

三四一　集千家註分類杜工部詩二十五卷文集二卷　唐杜甫撰　宋徐居仁編次　黃鶴補註　年譜一卷　宋黃鶴撰　元廣勤書堂刻本　十二行二十字，文集十二行二十三字，小字雙行二十六字，黑口，四周雙邊

三四二　集千家註分類杜工部詩二十五卷文集二卷　唐杜甫撰　宋徐居仁編次　黃鶴補註　年譜一卷　宋黃鶴撰　元廣勤書堂刻本　清查慎行跋

三四三　集千家註分類杜工部詩二十五卷　唐杜甫撰　宋徐居仁編次　黃鶴補註　年譜一卷　宋黃鶴撰　元廣勤書堂刻本　清丁丙跋

三四四　集千家註分類杜工部詩二十五卷文集二卷　唐杜甫撰　宋徐居仁編次　黃鶴補註　元廣勤書堂刻本　楊守敬跋

三四五　集千家註分類杜工部詩二十五卷　唐杜甫撰　宋徐居仁編次　黃鶴補註　元積慶堂刻本　十二行二十字，小字雙行二十六字，黑口，四周雙邊
存二十三卷　一至五、八至二十五

三四六　集千家註分類杜工部詩二十五卷　唐杜甫撰　宋徐居仁編次　黃鶴補註　年譜一卷　宋黃鶴撰　元至正七年潘屏山圭山書院刻本　十二行二十字，小字雙行二十六字，黑口，四周雙邊

三四七　集千家註分類杜工部詩二十五卷文集二卷　唐杜甫撰　宋徐居仁編次　黃鶴補註　年譜一卷　宋黃鶴撰　明正德十四年汪諒金臺書院刻本　十二行二十字，小字雙行二十六字，黑口，四周雙邊

三四八　集千家註分類杜工部詩二十五卷文集二卷　唐杜甫撰　宋徐居仁編次　黃鶴補註　年譜一卷　宋黃鶴撰　明正德十四年汪諒金臺書院刻嘉靖元年重修本　十二行二十字，小字雙行二十六字，白口，四周雙邊

三四九　集千家註分類杜工部詩二十五卷　唐杜甫撰　宋徐居仁編次　黃鶴補註　年譜一卷　宋黃鶴撰　明正德十四年汪諒金臺書院刻嘉靖元年重修公文紙印本（卷二十二至二十五、年譜配清抄本）　清丁丙跋

三五〇　集千家註分類杜工部詩二十五卷文集二卷　唐杜甫撰　宋徐居仁編次　黃鶴補註　明刻本　十二行二十字，小字雙行二十六字，細黑口，四周雙邊

三五一　集千家註分類杜工部詩二十五卷文集□卷　唐杜甫撰　宋徐居仁編次　黃鶴補註　明抄本　八行十六字，小字雙行，間藍格，藍口，四周雙邊
存十一卷　一至三、五至九、十一至十二、文集四

三五二　王狀元集百家注編年杜陵詩史三十二卷　唐杜甫撰　宋王十朋集注　宋刻本　十三行二十一字，小字雙行二十七字，白口或細黑口，左右雙邊

三五三　杜工部草堂詩箋四十卷　唐杜甫撰　宋魯訔編　蔡夢弼箋注　元刻本　李盛鐸跋　十二行二十字，小字雙行二十六字，細黑口，左右雙邊
存三十九卷　一至十八、二十至四十

三五四　杜工部草堂詩箋四十卷外集一卷　唐杜甫撰　宋魯訔　蔡夢弼會箋　詩史補遺十卷　宋黃鶴集注　年譜二卷　宋趙子櫟、魯訔撰　傳序碑銘一卷　宋宋祁撰　詩話二卷　宋蔡夢弼輯　元刻本　明朱承爵跋　十二行十九至二十字，小字雙行二十六字，黑口，左右雙邊

三五五　杜工部草堂詩箋四十卷補遺十卷外集一卷　唐杜甫撰　宋蔡夢弼箋注　詩話二卷　宋蔡夢弼輯　年譜二卷　宋趙子櫟、魯訔撰　清光緒十年黎庶昌刻古逸叢書本　王國維校並跋　十二行二十字，小字雙行二十六七字，黑口，左右雙邊有耳

三五六　杜工部草堂詩箋四十卷　唐杜甫撰　宋蔡夢弼箋注　詩話二卷　宋蔡夢弼輯　年譜二卷　宋趙子櫟、魯訔撰　清光緒十年黎庶昌刻古逸叢書本　傅增湘校並跋

三五七　杜工部草堂詩箋五十卷　唐杜甫撰　宋魯訔編次　蔡夢弼箋注　宋刻本（卷十四至二十二配另一宋刻本）　卷一至十三，十二行二十字；卷十四至二十二，十一行十九字，黑口，左右雙邊，間有四周雙邊
存二十二卷　一至二十二

三五八　杜工部詩箋五十卷　唐杜甫撰　宋魯訔編次　蔡夢弼箋注　宋刻本　佚名批點　十一行十九字，小字雙行二十五字，白口，左右雙邊，間有四周雙邊
存二十五卷　二十六至五十

三五九　杜工部草堂詩箋五十卷　唐杜甫撰　宋魯訔編次　蔡夢弼箋注　宋刻本（卷一至三配清影宋抄本）　十一行約十

九字，小字双行二十五字，細黑口，四周双边或左右双边
存四十三卷　一至二十、二十二至三十五、三十九至四十四、四十八至五十

三六〇　杜工部草堂詩箋五十卷　唐杜甫撰　宋蔡夢弼箋注　宋刻本（有抄配）　佚名校　十一行十九字，小字双行二十五字，細黑口，四周双边
存二十八卷　二十三至五十

三六一　杜工部草堂詩箋五十卷　唐杜甫撰　宋蔡夢弼箋注　瞿氏鐵琴銅劍樓影宋抄本　十一行約十九字，小字双行二十五字，白口，四周双边
存二十三卷　一至二十、二十二至二十三

三六二　杜工部草堂詩箋五十卷外集一卷　唐杜甫撰　宋蔡夢弼箋注　詩話二卷　宋蔡夢弼輯　年譜一卷　宋魯訔撰　又一卷　宋趙子櫟撰　清抄本　清錢泰吉跋　十二行二十字，小字双行二十六字，无格

三六三　杜工部集二十卷補遺一卷　唐杜甫撰　宋刻本（卷十至十二配宋紹興建康郡齋刻本，卷二至九、十三至十六配清毛氏汲古閣影宋抄本）　清毛扆跋　卷一、十七至二十，十行十八至二十一字不等，白口，左右双边，卷十至十二，十行二十字，細口，左右双边

三六四　杜工部集二十卷補遺一卷　唐杜甫撰　清初錢曾述古堂影宋抄本　十行二十字，白口，左右双边

三六五　草堂先生杜工部詩集二十卷　唐杜甫撰　宋淳熙刻本　十行二十字，細黑口，左右双边
存殘卷六卷　十四、十六至二十

三六六　集千家註杜工部詩集二十卷文集二卷　唐杜甫撰　宋黄鶴補注　附錄一卷　明嘉靖十五年玉几山人刻本　八行十七字，小字双行同，白口，四周双边

三六七　集千家註杜工部詩集二十卷文集二卷　唐杜甫撰　宋黄鶴補注　附錄一卷　明嘉靖十五年玉几山人刻本　清項鎣批注

三六八　集千家註杜工部詩集二十卷文集二卷　唐杜甫撰　宋黄鶴補注　明嘉靖十五年玉几山人刻本　清陳讓跋

三六九　集千家註杜工部詩集二十卷文集二卷　唐杜甫撰　宋黄鶴補注　附錄一卷　明嘉靖十五年玉几山人刻本　清丁丙跋

三七〇　集千家註杜工部詩集二十卷文集二卷　唐杜甫撰　宋黄鶴補注　附錄一卷　明嘉靖十五年玉几山人刻明易山人印本　八行十七字，小字双行同，白口，四周双边

三七一　集千家註杜工部詩集二十卷文集二卷　唐杜甫撰　宋黄鶴補注　附錄一卷　明刻本　八行十七字，小字双行同，白口，左右双边

三七二　集千家註杜工部詩集二十卷文集二卷　唐杜甫撰　宋黄鶴補注　明黄煜校　年譜一卷附錄一卷　明萬曆黄煜刻本　八行十七字，小字双行同，白口，左右双边

三七三　集千家註杜工部詩集二十卷　唐杜甫撰　宋黄鶴補注　明孫文龍校　明刻本　八行十七字，白口，左右双边

三七四　集千家註杜工部詩集二十卷文集二卷　唐杜甫撰　宋黄鶴補注　明刻本　清齊召南錄王士禛、王士禄批並跋　九行二十字，小字双行同，白口，四周单边

三七五　集千家註杜工部詩集二十卷文集二卷　唐杜甫撰　宋黄鶴補注　明萬曆三十年許自昌刻杜韓合集本　佚名錄清王士禄、王士禛批　九行二十字，小字双行同，白口，四周单边或左右双边

三七六　集千家註杜工部詩集二十卷文集二卷　唐杜甫撰　宋黄鶴補注　明刻本　佚名錄清查慎行批校　九行二十字，小字双行同，白口，四周单边

三七七　集千家註杜工部詩集二十卷文集二卷　唐杜甫撰　宋黄鶴補注　附錄一卷　清乾隆七年汾府月書堂刻本　十行二十字，小字双行同，白口，四周双边

三七八　集千家註分類杜工部詩二十卷　唐杜甫撰　宋徐居仁編次　黄鶴補注　元刻本　十二行二十字，小字双行二十六字，黑口，四周双边
存二卷　十七至十八

三七九　集千家註分類杜工部詩二十卷　唐杜甫撰　宋徐居仁編次　黄鶴補注　元刻本　十二行二十字，小字双行二十六字，黑口，四周双边
存一卷　六

三八〇　集千家註批點杜工部詩集二十卷文集二卷　唐杜甫撰　宋黄鶴補注　劉辰翁評點　年譜一卷附錄一卷　元刻本　楊守敬跋　十三行二十三字，小字双行同，黑口，四周双边

三八一　集千家註批點杜工部詩集二十卷　唐杜甫撰　宋黄鶴補注　劉辰翁評點　元刻本　十三行二十三或二十四字，小字双行同，黑口，左右双边

三八二　集千家註批點杜工部詩集二十卷文集二卷　唐杜甫撰　宋黄鶴補注　劉辰翁評點　年譜一卷附錄一卷　明初刻本　十二行或十三行，二十二或二十三字，小字双行同，細黑口，四周双边或左右双边

三八三　集千家註批點杜工部詩集二十卷　唐杜甫撰　宋黄鶴補注　劉辰翁評點　附錄一卷　明初刻本　清錢大昕跋　十二行或十三行，二十二或二十三字，小字双行同，黑口，四周双边間四周单边

三八四　集千家註批點杜工部詩集二十卷　唐杜甫撰　宋黄鶴補注　劉辰翁評點　年譜一卷　明初刻本　十二行二十二字，小字双行同，細黑口，左右双边間四周双边
存十三卷　一、四至十二、十八至二十、年譜全

三八五 杜工部文集二卷 唐杜甫撰 宋劉辰翁評點 明初刻本 十二行二十二字，小字雙行同，黑口，左右雙邊

三八六 集千家註批點杜工部詩集二十卷文集二卷 唐杜甫撰 宋黃鶴補註 劉辰翁評點 年譜一卷附錄一卷 明洪武元年曾文堂刻本 十四行二十五字左右，小字雙行同，黑口，左右雙邊

三八七 集千家註批點杜工部詩集二十卷 唐杜甫撰 宋黃鶴補註 劉辰翁評點 年譜一卷 明刻本 十行十六字，小字雙行同，白口，四周單邊

三八八 集千家註批點杜工部詩集二十卷 唐杜甫撰 宋黃鶴補註 劉辰翁評點 年譜一卷 明嘉靖八年朱邦苧懋德堂刻本 八行十八字，小字雙行同，黑口，四周雙邊

三八九 集千家註批點補遺杜工部詩集二十卷 唐杜甫撰 宋黃鶴補註 劉辰翁評點 附錄一卷年譜一卷 元刻本 清王□履跋 十行二十二字，黑口，四周雙邊 存二卷（附錄全、年譜全）

三九〇 集千家註批點補遺杜工部詩集二十卷 唐杜甫撰 宋黃鶴補註 劉辰翁評點 附錄一卷年譜一卷 明正德十四年劉氏安正堂刻本 十行二十三字，黑口，四周雙邊

三九一 集千家註批點補遺杜工部詩集二十卷 唐杜甫撰 宋黃鶴補註 劉辰翁評點 附錄一卷年譜一卷 明正德十四年劉氏安正堂刻本 清瞿子邑□跋 加跋

三九二 集千家註批點補遺杜工部詩集二十卷 唐杜甫撰 宋黃鶴補註 劉辰翁評點 附錄一卷年譜一卷 明刻本 十行二十三字，黑口，四周雙邊

三九三 集千家註批點補遺杜工部詩集二十卷 唐杜甫撰 宋黃鶴補註 劉辰翁評點 年譜一卷 明嘉靖九年王九之刻本 十二行二十三字，白口，四周單邊，間有左右雙邊

三九四 集千家註批點補遺杜工部詩集二十卷 唐杜甫撰 宋黃鶴補註 劉辰翁評點 年譜一卷附錄一卷 明嘉靖九年王九之刻本 清丁丙跋

三九五 集千家註批點補遺杜工部詩集二十卷 唐杜甫撰 宋黃鶴補註 劉辰翁評點 附錄一卷年譜一卷 明刻本 十二行二十二字，小字雙行同，白口，四周雙邊

三九六 重刊千家註杜詩全集二十卷文集二卷 唐杜甫撰 宋黃鶴補註 附錄一卷年譜一卷 明萬曆九年金鸞刻本 十一行二十二字，小字雙行同，白口，左右雙邊

三九七 杜工部詩二十卷文集二卷 唐杜甫撰 宋黃鶴補註 附錄一卷年譜一卷 明嘉靖二十四年戴鰲時刻本 九行十七字，小字雙行同，白口，四周單邊

三九八 杜工部詩集二十卷文集二卷 唐杜甫撰 宋黃鶴補註 明末毛晉刻本 九行二十字，小字雙行同，白口，左右雙邊

三九九 重雕老杜詩史押韻八卷 唐杜甫撰 元初刻本 十四行二十五字，白口，左右雙邊

四〇〇 黃氏補千家註紀年杜工部詩史三十六卷 唐杜甫撰 宋黃希、黃鶴補註 年譜辨疑一卷 宋黃鶴撰 元至元二十四年詹光祖月崖書堂刻本 十一行十九字，小字雙行二十五字，細黑口，左右雙邊

四〇一 黃氏補千家註紀年杜工部詩史三十六卷 唐杜甫撰 宋黃希、黃鶴補註 年譜辨疑一卷 宋黃鶴撰 元刻本 十一行十九字，小字雙行二十五字，細黑口，四周雙邊 存三十五卷（一至二十九、三十二至三十六 年譜辨疑全）

四〇二 黃氏集千家註杜工部詩史補遺十卷 唐杜甫撰 宋黃鶴補註 外集一卷 宋蔡夢弼會箋 元刻本 十二行二十字，小字雙行二十五、六字，細黑口，左右雙邊

四〇三 杜工部詩千家註六卷 唐杜甫撰 宋黃鶴補註 元范梈批選 元刻本 十二行二十字，小字雙行二十六字，白口，左右雙邊 存三卷（三至五）

四〇四 須溪批點杜工部詩註二十二卷 唐杜甫撰 宋劉辰翁批點 明初刻本 九行十八字，小字雙行同，細黑口，左右雙邊 存十八卷（二至三、七至二十二）

四〇五 須溪批點選注杜工部詩二十二卷 唐杜甫撰 宋劉辰翁批點 元虞集注 增趙東山類選杜工部詩一卷 元趙汸輯並註 增虞伯生注杜工部詩一卷 元虞集輯並注 明雲根書屋刻本 十一行十八字，小字雙行同，白口，四周單邊

四〇六 須溪批點選注杜工部詩二十二卷 唐杜甫撰 宋劉辰翁批點 元虞集注 增趙東山類選杜工部詩一卷 元趙汸輯並註 增虞伯生注杜工部詩一卷 元虞集輯並注 明雲根書屋刻本 清申頲批校

四〇七 須溪批點選注杜工部詩二十二卷 唐杜甫撰 宋劉辰翁批點 元虞集注 增趙東山類選杜工部詩一卷 元趙汸輯並註 增虞伯生注杜工部詩一卷 元虞集輯並注 明雲根書屋刻本 清許兆熊批校

408 劉須溪杜選七卷 唐杜甫撰 宋劉辰翁輯 增趙東山五言類選一卷 元趙汸輯 增虞伯生七言杜選一卷 元虞集輯 明方升刻本 十行十八字黑口四周單邊

409 杜律二註四卷 明嘉靖二十六年鄒縣還有堂刻本 九行二十字小字雙行同白口四周單邊
杜律七言註解一卷 元虞集撰 杜律五言註解二卷 元趙汸撰

410 杜律五七言四卷 明龔雷刻本 八行十八字小字雙行同白口四周雙邊
杜工部五言律詩二卷 唐杜甫撰 元趙汸註
杜工部七言律詩二卷 唐杜甫撰 元虞集註

411 杜工部七言律詩二卷 唐杜甫撰 元虞集註 明龔雷刻杜律五七言本 清許燕珍批點 趙宗建跋

412 趙虞選註杜工部五七言近體合刻六卷 清查弘道亦山草堂刻本 十行二十二字細黑口四周雙邊
趙子常選杜律五言註三卷 唐杜甫撰 元趙汸註 清查弘道、金集補註
虞伯生選杜律七言註三卷 唐杜甫撰 元虞集註 清查弘道、金集補註

413 趙子常選杜律五言註三卷 唐杜甫撰 元趙汸註 清查弘道、金集補註 清查弘道亦山草堂刻趙虞選註杜工部五七言近體合刻本 清潘貴生批

414 虞邵庵分類杜詩註不分卷 唐杜甫撰 元虞集註 明正統石璞刻本 十行二十六字黑口四周雙邊

415 杜工部七言律詩不分卷 唐杜甫撰 元虞集注 明刻本 十行二十字黑口四周雙邊

416 杜工部七言律詩一卷 唐杜甫撰 元虞集註 明嘉靖三年張祜刻本 九行十九字白口四周單邊

417 杜律七言註解一卷 唐杜甫撰 元虞集注 明刻本 九行二十字小字雙行同白口四周單邊

418 杜律七言註解一卷 唐杜甫撰 元虞集注 明刻本 九行二十字白口四周單邊

419 杜工部七言律詩二卷 唐杜甫撰 元虞集注 明宋臣刻本 八行十八字白口四周雙邊

420 杜工部七言律詩二卷 唐杜甫撰 元虞集註 明正德三年羅汝聲刻本 十一行二十一字白口四周單邊

421 杜律七言註解二卷 唐杜甫撰 元虞集註 明嘉靖七年穆相刻杜律註解本 九行二十字小字雙行同白口四周單邊

422 杜工部七言律詩□卷 唐杜甫撰 元虞集注 明王同倫刻本 八行十八字白口四周雙邊
存一卷（上）

423 杜律二卷 唐杜甫撰 元虞集註 明萬曆五年蘇民懷桐花館刻本 八行十六字小字雙行同白口四周雙邊

424 翰林攷正杜律七言虞註大成二卷 唐杜甫撰 元虞集註 明萬曆十六年書林鄭雲竹刻本 九行二十字小字雙行同白口四周雙邊

425 杜工部七言律詩二卷 唐杜甫撰 元虞集註 明吳登龢校 明刻本 九行二十字白口四周雙邊

426 杜工部七言律詩二卷 唐杜甫撰 元虞集註 明鄧秀夫刻本 九行十九字白口四周單邊

427 杜工部七言律詩二卷 唐杜甫撰 元虞集註 明馮惟訥刪 明萬曆四十三年刻本 佚名批點 九行十九字白口四周單邊

428 杜工部七言律詩二卷 唐杜甫撰 元虞集注 明毛晉抄本

429 杜工部七言律詩二卷 唐杜甫撰 元虞集注 清康熙高北還安草堂刻本 清龔文照批 八行十九字白口左右雙邊

430 杜律註二卷 唐杜甫撰 元虞集註 清高北校 清抄本 九行二十三、四字不等無格

431 杜律七言註解四卷 唐杜甫撰 元虞集註 詩法家數一卷 明萬曆十六年吳懷保七松居刻本 九行二十字小字雙行同白口四周單邊

432 杜律七言註解四卷 唐杜甫撰 元虞集註 詩法家數一卷 明萬曆十六年吳懷保七松居刻本 清靜緣齋主人跋

433 杜工部五言律詩□卷 唐杜甫撰 元趙汸註 明朱熊刻本 八行十八字白口四周雙邊
存一卷（下）

434 類選杜詩五言律三卷 唐杜甫撰 元趙汸註 明正德八年鮑松刻本 九行二十字白口四周單邊

435 杜律五言註解三卷 唐杜甫撰 元趙汸註 明嘉靖七年穆相刻杜律註解本 九行二十字白口四周單邊

436 杜律五言註解三卷 唐杜甫撰 元趙汸註 明萬曆十六年吳懷保七松居刻本 九行二十字小字雙行同白口四周單邊

437 翰林攷正杜律五言趙註句解三卷 唐杜甫撰 元趙汸註 明萬曆十六年書林鄭雲竹刻本 九行二十字白口四周雙邊

438 翰林攷正杜律五言趙註句解三卷 唐杜甫撰 元趙汸註 明萬曆三十年書林宗文堂雲竹刻本 十行二十一字白口四周雙邊

439 趙子常選杜律五言註三卷 唐杜甫撰 元趙汸註 清查慎行批校並跋 清初刻本 十行二十二字白口四周單邊

440 杜律演義二卷 元張性撰 明嘉靖十六年王齋刻本 大字十行二十一字小字十三行二十三字白口四周雙邊版心下鐫巒亭二字

441 讀杜詩愚得十八卷 明單復撰 明天順元年朱熊梅月軒刻弘治十四年重修本 十二行二十四字黑口四周雙邊間左右雙邊

442 讀杜詩愚得十八卷 明單復撰 明刻本 十二行二十四字黑口四周雙邊間左右雙邊

443 讀杜詩愚得十八卷 明單復撰 明邵寶刻本 十二行二十四字白口左右雙邊或四周單邊
存十七卷（一至八、十至十八）

444 杜律單註十卷 明單復撰 陳明輯 明嘉靖濮州景姚堂刻本 八行二十二字小字雙行同白口四周單邊

445 杜詩長古註解二卷 唐杜甫撰 明謝省註 明弘治五年王弼程應韶刻本 十行二十字白口四周雙邊

446 刻杜少陵先生詩分類集註二十三卷目錄一卷 唐杜甫撰 明邵寶集註 過棟參箋 明萬曆二十年周子文刻本 十行二十字白口四周單邊

447 杜工部詩通十六卷 明張綖撰 明隆慶六年張守中刻本 十行二十二字白口四周單邊

四四八 杜工部七言律詩本義四卷 明張綖撰 明隆慶六年張守中刻本 十行二十二字白口四周單边

四四九 杜少陵集十卷 唐杜甫撰 明刻本 十行二十一字白口四周單边

四五〇 杜律韻集四卷 明張三畏撰 明嘉靖張氏溪山草堂刻本 十行二十二字白口左右双边

四五一 杜律註解二卷 唐杜甫撰 明黄光昇註 明萬曆十一年夏鏜刻本 九行十八字白口四周双边

四五二 杜律二卷 唐杜甫撰 明陳如綸輯 明嘉靖紫蘇精舍刻藍印本 十行二十字白口四周單边

四五三 杜詩七言頗解四卷 明王維楨撰 明嘉靖三十七年米茹刻本 九行十九字白口四周双边

四五四 杜律測旨二卷 明趙大綱撰 明嘉靖三十四年林孔祖刻本 九行二十字黑口四周單边

四五五 杜律意箋二卷 唐杜甫撰 明顏廷榘箋注 明刻本 九行十七字白口四周單边

四五六 杜釋會通七卷 明周甸撰 明隆慶五年周甸祥刻本 十一行二十字白口四周單边

四五七 杜律四卷 唐杜甫撰 明孫鑛評點 明刻本 九行二十字白口四周單边

四五八 杜詩鈔述註十六卷 明林兆珂撰 明萬曆林氏刻本 八行二十字白口四周單边

四五九 杜律意言二卷 明謝杰撰 明萬曆二十五年張應泰金士衡刻本 八行十六字小字双行同白口四周双边

四六〇 杜律意言二卷 明謝杰撰 明刻本 七行十六字小字双行同白口四周單边 前有左右双边

四六一 杜詩通四十卷 明胡震亨撰 清順治七年朱茂時刻杜詩通本 清傅山批點 翁同龢跋 九行十九字細黑口左右双边

四六二 杜詩分類五卷 唐杜甫撰 明傅振商輯 明萬曆四十一年傅振商刻本 十行二十字白口四周双边 刻工陳恚、張瓌、坤、邢文明、張洪、傳

二五

良、邢、如敍、魏問、林

四六三 杜詩分類五卷 唐杜甫撰 明傅振商輯 明萬曆四十一年傅振商刻清順治八年杜浚重修本 十行二十字白口四周双边 刻工陳恚、張德坤題

四六四 杜詩分類五卷 唐杜甫撰 明傅振商輯 明萬曆四十六年刻本 十行二十字白口四周双边 刻工魁、下、光

四六五 杜詩分類全集五卷 唐杜甫撰 明傅振商輯 清順治十六年潭濱齋刻本 十二行二十五字白口左右双边

四六六 杜詩分類全集五卷 唐杜甫撰 明傅振商輯 清順治十六年還讀齋刻本 清朱益跋

四六七 杜注水中鹽五卷 明楊德周撰 清初刻本 九行二十二字白口四周單边

四六八 杜臆十卷 明王嗣奭撰 稿本

四六九 杜律五言集解四卷 唐杜甫撰 明邵傅集解 陳學樂校 明萬曆刻本 八行十七字白口四周單边

四七〇 杜律五言集解四卷 唐杜甫撰 明邵傅集解 邵明倩校 明末刻本 八行十七字小字双行同白口四周單边

四七一 杜律七言集解二卷 唐杜甫撰 明邵傅集解 邵明倩校 明末刻本 八行十七字小字双行同白口四周單边

四七二 杜律選註六卷 唐杜甫撰 明范濂註 明萬曆書林種德堂熊沖宇刻本 十行二十字白口四周單边

四七三 杜工部全集六十六卷目錄六卷 唐杜甫撰 明劉世教輯 明萬曆四十年刻合刻分體李杜全集本 清汪琬批並跋 九行十八字白口左右双边

四七四 杜工部全集六十六卷目錄六卷 唐杜甫撰 明劉世教輯 年譜一卷 宋黄鶴撰 明萬曆四十年刻合刻分體李杜全集本 清呂留良批 呂葆中跋

四七五 杜工部詩八卷 唐杜甫撰 明鄭撰輯 附錄一卷 明萬曆三十年鄭撰刻本 十一行二十字白口左右双边

四七六 杜詩執鞭錄十七卷附錄二卷 明徐樹丕撰 杜工部年譜一卷 稿本 明姜垓、清翁同龢、前之燿跋

四七七 杜工部七言律詩分類集註二卷 唐杜甫撰 明薛益集注 明崇禎金閶五雲居刻本 八行二十字白口左右双边

四七八 錢盧兩先生讀杜合刻二種五卷 清錢謙益、盧世㴶撰 明崇禎毛氏汲古閣刻本 十二行二十至二十六字白口左右双边
讀杜詩寄盧小箋三卷二箋一卷 清錢謙益撰
讀杜私言一卷 清盧世㴶撰

四七九 讀杜詩寄盧小箋三卷 清錢謙益撰 清康熙惠氏紅豆齋抄本 十行二十二字黑口四周双边

四八〇 杜工部集二十卷 唐杜甫撰 清錢謙益箋注 年譜一卷諸家詩話一卷唱酬題詠附錄一卷附錄一卷 清康熙六年季氏靜思堂刻本 佚名錄明王世貞、王慎中、清王士禛、邵長蘅、宋犖批 十一行二十字黑口四周双边

四八一 杜工部集二十卷 唐杜甫撰 清錢謙益箋注 年譜一卷諸

二六

家詩話一卷唱酬題詠附錄一卷附錄一卷 清康熙六年季氏靜思堂刻本 佚名錄清顧炎武批 清吳起潛跋

四八二 杜工部集二十卷 唐杜甫撰 清錢謙益箋注 諸家詩話一卷唱酬題詠附錄一卷附錄一卷 清康熙六年季氏靜思堂刻本 清錢陸燦批點並跋

四八三 杜工部集二十卷 唐杜甫撰 清錢謙益箋注 年譜一卷諸家詩話一卷唱酬題詠附錄一卷附錄一卷 清康熙六年季氏靜思堂刻本 清錢陸燦批

四八四 杜工部集二十卷 唐杜甫撰 清錢謙益箋注 年譜一卷諸家詩話一卷唱酬題詠附錄一卷附錄一卷 清康熙六年季氏靜思堂刻本 清陳治批 叔達錄汪琬、俞犀月、錢陸燦批

四八五 杜工部集二十卷 唐杜甫撰 清錢謙益箋注 諸家詩話一卷唱酬題詠附錄一卷附錄一卷 清康熙六年季氏靜思堂刻本 清端甫錄俞犀月、李因篤批校圈點

四八六 杜工部集二十卷 唐杜甫撰 清錢謙益箋注 清康熙六年季氏靜思堂刻本 佚名錄清王鐸、錢陸燦、仇兆鰲批校

四八七　杜工部集二十卷 唐杜甫撰 清錢謙益箋注 年譜一卷諸家詩話一卷唱酬題詠附錄一卷附錄一卷 清康熙六年季氏靜思堂刻本 佚名錄清汪琬、潘耒、[illegible]批校

四八八　杜工部集二十卷 唐杜甫撰 清錢謙益箋注 年譜一卷諸家詩話一卷唱酬題詠附錄一卷附錄一卷 清康熙六年季氏靜思堂刻本 清王士禛批

四八九　杜工部集二十卷 唐杜甫撰 清錢謙益箋注 年譜一卷諸家詩話一卷唱酬題詠附錄一卷附錄一卷 清康熙六年季氏靜思堂刻本 佚名錄清王士祿、王士禛批注

四九〇　杜工部集二十卷 唐杜甫撰 清錢謙益箋注 年譜一卷諸家詩話一卷唱酬題詠附錄一卷附錄一卷 清康熙六年季氏靜思堂刻本 佚名錄清王士禛等批校

四九一　杜工部集二十卷 唐杜甫撰 清錢謙益箋注 年譜一卷諸家詩話一卷唱酬題詠附錄一卷附錄一卷 清康熙六年季氏靜思堂刻本 佚名錄清王士祜、王士禛批

四九二　杜工部集二十卷 唐杜甫撰 清錢謙益箋注 附錄一卷 清康熙六年季氏靜思堂刻本 佚名錄清王士禛、查慎行批校

四九三　杜工部集二十卷 唐杜甫撰 清錢謙益箋注 年譜一卷諸家詩話一卷唱酬題詠附錄一卷附錄一卷 清康熙六年季氏靜思堂刻本 佚名錄清王士禛、何焯、查慎行批校

四九四　杜工部集二十卷 唐杜甫撰 清錢謙益箋注 年譜一卷諸家詩話一卷唱酬題詠附錄一卷附錄一卷 清康熙六年季氏靜思堂刻本 清陳撰錄何焯、查慎行批校

四九五　杜工部集二十卷 唐杜甫撰 清錢謙益箋注 諸家詩話一卷唱酬題詠附錄一卷附錄一卷 清康熙六年季氏靜思堂刻本 清[illegible]批校並錄清查慎行評

四九六　杜工部集二十卷 唐杜甫撰 清錢謙益箋注 年譜一卷諸家詩話一卷唱酬題詠附錄一卷附錄一卷 清康熙六年季氏靜思堂刻本 佚名錄清查慎行、陸嘉淑批

四九七　杜工部集二十卷 唐杜甫撰 清錢謙益箋注 諸家詩話一卷 清康熙六年季氏靜思堂刻本 佚名錄清查慎行、邵長蘅批

四九八　杜工部集二十卷 唐杜甫撰 清錢謙益箋注 年譜一卷諸家詩話一卷唱酬題詠附錄一卷附錄一卷 清康熙六年季氏靜思堂刻本 清沈嚴圈點批注

四九九　杜工部集二十卷 唐杜甫撰 清錢謙益箋注 年譜一卷諸家詩話一卷唱酬題詠附錄一卷附錄一卷 清康熙六年季氏靜思堂刻本 佚名錄清邵長蘅、杜濬等批

五〇〇　杜工部集二十卷 唐杜甫撰 清錢謙益箋注 諸家詩話一卷唱酬題詠附錄一卷附錄一卷 清康熙六年季氏靜思堂刻本 清喬億批點

五〇一　杜工部集二十卷 唐杜甫撰 清錢謙益箋注 諸家詩話一卷唱酬題詠附錄一卷附錄一卷 清康熙六年季氏靜思堂刻本 佚名錄清陳兆崙批校

五〇二　杜工部集二十卷 唐杜甫撰 清錢謙益箋注 清康熙六年季氏靜思堂刻本 清李文藻批校

五〇三　杜工部集二十卷 唐杜甫撰 清錢謙益箋注 年譜一卷諸家詩話一卷唱酬題詠附錄一卷附錄一卷 清康熙六年季氏靜思堂刻本 清桂馥批校 存十三卷（一至五、十一至十五、諸家詩話一卷、唱酬題詠附錄一卷、附錄一卷）

五〇四　杜工部集二十卷 唐杜甫撰 清錢謙益箋注 年譜一卷諸家詩話一卷唱酬題詠附錄一卷附錄一卷 清康熙六年季氏靜思堂刻本 清蔣邦燮錄諸家批校

五〇五　杜工部集二十卷 唐杜甫撰 清錢謙益箋注 清康熙六年季氏靜思堂刻本 清陸貽典批校並錄宋蘇軾等十六家評語 清袁廷檮跋

五〇六　杜工部集二十卷 唐杜甫撰 清錢謙益箋注 附錄一卷 清康熙六年季氏靜思堂刻本 清倪象占批校並跋

五〇七　杜工部集二十卷 唐杜甫撰 清錢謙益箋注 年譜一卷諸家詩話一卷唱酬題詠附錄一卷附錄一卷 清康熙六年季氏靜思堂刻本 清朱為弼批校

五〇八　杜工部集二十卷 唐杜甫撰 清錢謙益箋注 年譜一卷附錄一卷 清康熙六年季氏靜思堂刻本 清莫友芝跋

清朱鶴齡輯註　年譜一卷 清朱鶴齡撰　清康熙葉永茹萬卷樓刻本　清蔣金式批　宋翔斗跋 五〇九

杜工部集二十卷 唐杜甫撰　清錢謙益箋注　年譜一卷　諸家詩話一卷　唱酬題詠附錄一卷　附錄一卷 清康熙六年季氏靜思堂刻本　清何紹基批 五一〇

杜工部集二十卷 唐杜甫撰　清錢謙益箋注　年譜一卷　諸家詩話一卷　唱酬題詠附錄一卷　附錄一卷 清康熙六年季氏靜思堂刻本　清張宗柟校　張元濟跋 五一一

杜工部集二十卷 唐杜甫撰　清錢謙益箋注　諸家詩話一卷　唱酬題詠附錄一卷 清康熙六年季氏靜思堂刻本　清王鉞攀校 五一二

杜詩胥鈔十五卷 唐杜甫撰　清盧世㴶輯　贈言一卷 清盧世㴶輯　大凡一卷　餘論一卷 清盧世㴶撰　明崇禎七年盧氏尊水園刻本　八行十九字白口左右雙邊 五一三

杜詩胥鈔十五卷 唐杜甫撰　清盧世㴶輯　贈言一卷 清盧世㴶輯　大凡一卷　餘論一卷 清盧世㴶撰　明崇禎七年盧氏尊水園刻本　清孫承澤[illegible]　陳[illegible]行跋 五一四

杜詩胥鈔十五卷 唐杜甫撰　清盧世㴶輯　贈言一卷 清盧世㴶輯　大凡一卷　餘論一卷 清盧世㴶撰　明崇禎七年盧氏尊水園刻本　清李憺批　梁鴻翥題識　封志毅跋　存十五卷 杜詩胥鈔全

十九

辟疆園杜詩註解五言律十二卷七言律五卷 唐杜甫撰　清顧宸注　年譜一卷 清康熙二年顧氏辟疆園刻本　九行二十一字白口左右雙邊 五一五

杜詩顧註輯要五言律十二卷 清顧宸撰　龍科寶輯　清康熙六十年王希藝刻本　八行十六字白口四周單邊 五一六

杜工部詩集二十卷 唐杜甫撰　集外詩一卷　文集二卷 清朱鶴齡輯註　年譜一卷 清朱鶴齡撰　清康熙葉永茹萬卷樓刻本　九行十九字小字雙行同白口左右雙邊 五一七

杜工部詩集二十卷 唐杜甫撰　集外詩一卷　文集二卷 清朱鶴齡輯註　清康熙葉永茹萬卷樓刻本　清齊召南批點 五一八

杜工部詩集二十卷 文集二卷 唐杜甫撰　清朱鶴齡輯註　年譜一卷 清朱鶴齡撰　清康熙葉永茹萬卷樓刻本　清袁懷跋 五一九

杜工部詩集二十卷 集外詩一卷 唐杜甫撰　清朱鶴齡輯註　清康熙葉永茹萬卷樓刻本　清顧望批 五二〇

杜工部詩集二十卷 集外詩一卷　文集二卷 唐杜甫撰　清朱鶴齡輯注　年譜一卷 清朱鶴齡撰　清康熙葉永茹萬卷樓刻本　清方貞觀批並跋 五二一

杜工部詩集二十卷 集外詩一卷　文集二卷 唐杜甫撰 五二二

杜工部詩集二十卷 集外詩一卷　文集二卷 唐杜甫撰　清朱鶴齡輯註　年譜一卷 清朱鶴齡撰　清康熙葉永茹萬卷樓刻本　俞明跋並錄錢載翁方綱浦起龍評注 五二三

杜工部集二十卷 唐杜甫撰　清汪樞註　稿本　十二行二十四字無格 五二四

苦竹軒杜詩評律六卷 清洪仲撰　清康熙三十六年洪力行刻本　九行十九字無直格白口四周雙邊 五二五

杜詩評律六卷 清洪仲撰　清刻本　清佚名錄清申涵光等評點　九行十九字無直格白口四周雙邊 五二六

杜工部詩說十二卷 清黃生撰　清康熙三十五年一木堂刻本　九行二十一字小字雙行同黑口左右雙邊 五二七

杜詩七言律註例四卷 清張篤行撰　稿本　八行十九字無格 五二八

杜律註例四卷 清張篤行撰　清乾隆二十四年刻本　九行二十字白口四周單邊 五二九

讀書堂杜工部詩集註解二十卷　文集註解二卷 唐杜甫撰　清張溍註　杜工部編年詩史譜目一卷 清康熙三十七年張氏讀書堂刻本　九行二十二字上黑口左右雙邊 五三〇

唱經堂杜詩解四卷 清金人瑞撰　清抄本　八行二十一、二十二字不等無格 五三一

書巢箋註杜工部七言律詩四卷 唐杜甫撰　清陳醇儒集註　許嚴光批釋　清康熙元年許嚴光刻本　九行二十一字白口左右雙邊 五三二

三〇

杜詩詳註二十四卷 唐杜甫撰　清仇兆鰲輯註　首一卷 清康熙三十二年仇氏進呈寫本　十行二十二字四周雙邊　存二十三卷 一至四、六至二十四、首一卷 五三三

杜詩詳註二十五卷 唐杜甫撰　清仇兆鰲輯註　首一卷　附編二卷 清康熙刻本　十行二十二字小字雙行同下黑口左右雙邊 五三四

杜詩詳註二十五卷 唐杜甫撰　清仇兆鰲輯註　首一卷　附編二卷 清康熙刻本　清翁方綱錄趙香祖王士禛李因篤等人批語　存十三卷 一至九、二十二至二十五 五三五

杜詩詳註二十五卷 唐杜甫撰　清仇兆鰲輯註　首一卷　附編二卷 清康熙刻本　清陳[illegible]批校　張元濟跋 五三六

杜詩詳註二十五卷 唐杜甫撰　清仇兆鰲輯註　首一卷　附編二卷 清康熙刻本　清黎維樅批點並跋 五三七

知本堂讀杜詩二十四卷 清汪灝撰　清康熙汪氏刻本　十行二十一字小字雙行同黑口左右雙邊 五三八

杜詩鈔不分卷 唐杜甫撰　清初抄本　清嚴虞惇批點　九行二十四字無格 五三九

杜詩會粹二十四卷 唐杜甫撰　清張遠箋　清康熙刻本　九行二十字白口四周單邊 五四〇

541 杜詩會粹二十四卷 唐杜甫撰 清張遠纂 清康熙刻本 清沈大成批點題跋並錄王士禛批校

542 杜詩會粹二十四卷 唐杜甫撰 清張遠箋 清康熙刻本 顧愷錄清厲鶚等批
存二十卷 一至六、九至十、十三至二十四

543 讀杜管闚一卷 清張世煒撰 稿本

544 紅萼軒杜詩滙二種六卷 清孔傳鐸輯 清抄本 十行二十一字無格
杜詩分體四卷 杜詩分韻二卷

545 杜詩闡三十三卷 清盧元昌撰 清康熙刻本 十行二十二字小字雙行同 黑口四周單邊

546 杜詩闡三十三卷 清盧元昌撰 清康熙刻本 清錢佳批點

547 杜詩解意七言律四卷 清朱瀚撰 清康熙十四年遂蒼雪樓刻本 九行二十字白口左右雙邊

548 杜詩論文五十六卷 清吳見思撰 潘眉評 清康熙十一年常州岱淵堂刻本 九行二十二字白口左右雙邊

549 杜詩論文五十六卷 清吳見思撰 潘眉評 清康熙十一年常州岱淵堂刻本 佚名錄清朱鶴齡、王士禛、徐昂發、查慎行批校

550 杜詩論文五十六卷 清吳見思撰 潘眉評 清康熙十一年常州岱淵堂刻本 清方貞觀跋並錄清方扶乾批注題識
存四十一卷 一至三十四、四十三至四十九

551 杜工部詩鈔二卷 唐杜甫撰 清宋犖輯 清康熙宋氏漫堂抄本 清宋犖批 十行十九字白口四周單邊

552 杜工部詩疏解二卷 唐杜甫撰 清顧施禎疏注 清雍正十一年心耕堂刻本 九行二十二字白口左右雙邊

553 杜律通解四卷 清李文煒撰 清康熙六十年李文煒刻本 十行二十字黑口左右雙邊

554 杜工部七言律詩五卷 唐杜甫撰 清陳之壎注 清康熙刻本 十一行二十一字黑口左右雙邊

555 杜意不分卷 清陳式撰 清初抄本 清佚名批校 八行二十字無格

556 問齋杜意二十卷讀杜漫述一卷 清陳式撰 清康熙二十一年陳氏側懷堂刻本 十一行二十四至二十五字黑口四周雙邊

557 杜工部詩集集解四十卷年譜一卷 清周篆撰 附錄一卷 清抄本 清愚棟跋 八行二十二字無格

558 六宜樓杜詩選不分卷附詩學源流一卷論杜一卷 清鉞鏘輯 稿本

559 讀杜心解二十四卷 清浦起龍撰 稿本

560 讀杜心解六卷 清浦起龍撰 稿本

561 讀杜心解六卷首二卷 清浦起龍撰 清雍正二年至三年浦氏寧我齋刻本 十行二十二字白口左右雙邊

562 讀杜心解六卷首二卷 清浦起龍撰 清雍正二年至三年浦氏寧我齋刻本 佚名錄清王士禛、李因篤批校

563 讀杜心解六卷首二卷 清浦起龍撰 清雍正二年至三年浦氏寧我齋刻本 清昇寅錄王士禛、何焯批

564 讀杜心解六卷首二卷 清浦起龍撰 清雍正二年至三年浦氏寧我齋刻本 清吳鴻翔錄李光地、查瑩等批校

565 讀杜心解六卷首二卷 清浦起龍撰 清雍正二年至三年浦氏寧我齋刻本 清朱方藹批 朱琰跋

566 讀杜心解六卷首二卷 清浦起龍撰 清雍正二年至三年浦氏寧我齋刻本 清[illegible]美批校並錄[illegible]批校

567 讀杜心解六卷首二卷 清浦起龍撰 清雍正二年至三年浦氏寧我齋刻本 [illegible]錄清魯一同批點

568 讀杜心解六卷首二卷 清浦起龍撰 清雍正二年至三年浦氏寧我齋刻本 清柏葰批校題識並錄魯一同、[illegible]批

569 讀杜心解六卷首二卷 清浦起龍撰 清雍正二年至三年浦氏寧我齋刻本 清徐榮批

570 讀杜心解六卷首二卷 清浦起龍撰 清雍正二年至三年浦氏寧我齋刻本 清黎應遠批

571 杜律啟蒙十二卷 清邊連寶集註 年譜一卷 清乾隆四十二年刻本 九行十九字白口左右雙邊

572 杜工部五言詩選直解三卷七言詩選直解二卷 唐杜甫撰 清范廷謀註釋 年譜一卷 清雍正范氏來石堂刻本 九行二十字小字雙行同白口四周雙邊

573 杜文貞公詩集十八卷 唐杜甫撰 清陳光緒註 稿本 九行二十五字小字雙行同白口四周雙邊

574 杜工部集十八卷 唐杜甫撰 清杭世駿抄本 杭世駿錄清王士禛、盧復批 葉燡、葉啟發跋 十五行二十字無格

575 杜詩偶評四卷 清沈德潛撰 清乾隆十二年潘承松賦閒草堂刻本 十行十九字白口左右雙邊

576 杜詩偶評四卷 清沈德潛撰 清乾隆十二年潘承松賦閒草堂刻本 清吳騫批校

577 杜詩偶評四卷 清沈德潛撰 清乾隆十二年潘承松賦閒草堂刻本 清管庭芬錄汪琬、查慎行、吳農祥、俞履月批點

578 杜詩偶評四卷 清沈德潛撰 清乾隆十二年潘承松賦閒草堂刻本 清管庭芬錄汪琬、查慎行批點

579 杜詩偶評四卷 清沈德潛撰 清乾隆十二年潘承松賦閒草堂刻本 小疋錄清王元文批

580 杜詩偶評四卷 清沈德潛撰 清乾隆十二年潘承松賦閒草堂刻本 清吳錫麟批點

581 杜詩偶評四卷 清沈德潛撰 清乾隆十二年潘承松賦閒草堂刻本 清陳樸堂批校

582 杜詩詳註集成四十四卷 清張甄陶輯 清抄本 九行二十一字小字雙行同白口四周雙邊

583 杜詩附記二十卷 清翁方綱撰 稿本 清梁章鉅跋 吳嵩梁、秀彥題款 九行十七字無格

584 杜詩雙聲疊韻譜括略八卷 清周春撰 清乾隆五十四年刻本 十行二十二字白口左右雙邊

585 杜詩本義二卷 清齊湘撰 清廣州文林堂刻本 十行二十一字白口四周雙邊

586 杜詩精華六卷 唐杜甫撰 清朱琦輯 清乾隆朱琦抄本 朱琦批校 九行二十一字無格

587 賞音閣杜詩闡津口卷 唐杜甫撰 清龔書宸撰注 清抄本 八行二十四字小字雙行同無格
存二卷 一、六

588 杜詩會[illegible]七卷 清張[illegible]撰 稿本

589 杜詩提要十四卷 清吳瞻泰撰 清乾隆山雨樓刻本 十行十九字小字雙行同白口左右雙邊

590 杜詩提要十四卷 清吳瞻泰撰 清嘉慶二十五年在茲堂刻本 清許瀚批校 十行十九字小字雙行同白口左右雙邊

五九一 杜工部詩鈔二十卷 唐杜甫撰 清抄本 清吳寶樹批校 九行二十一字，小字雙行同，無格
五九二 杜詩會意詳說三十卷 清淩如藏撰 清抄本
五九三 杜詩集說二十卷末一卷 清江浚源輯 清乾隆四十三年本立堂刻本 九行二十一字，白口，左右雙邊
五九四 杜詩直解六卷 清沈寅、朱崑輯 清乾隆四十年鳳樓刻本 八行十八字，小字雙行同，白口，四周雙邊
五九五 杜詩集解□卷 清沈炳巽輯 稿本 劉承幹跋 十一行二十五字
五九六 杜工部集二十卷 唐杜甫撰 清乾隆五十年鄭澐玉勾草堂刻本 嚴復批校 八行十七字，黑口，左右雙邊
五九七 杜工部集二十卷存一卷一 唐杜甫撰 清同治十一年敦一齋刻本 姚永概錄清方苞、姚鼐、張裕釗批 八行十七字，小字雙行同，黑口，四周雙邊
五九八 杜工部集二十卷 唐杜甫撰 清同治十一年敦一齋刻本 嚴復批校
五九九 杜詩鏡銓二十卷年譜一卷附錄一卷 清楊倫撰 清乾隆九柏山房刻本 九行二十字，白口，四周單邊
六〇〇 杜詩鏡銓二十卷年譜一卷附錄一卷 清楊倫撰 清乾隆九柏山房刻本 清謝章鋌批校
六〇一 杜詩鏡銓二十卷 清楊倫撰 讀書堂杜工部文集註解二卷 清張溍撰 清同治十一年望三益齋刻本 清顧復初批 九行二十至二十二字，白口，四周單邊
六〇二 杜詩鏡銓二十卷 清楊倫撰 讀書堂杜工部文集註解二卷 清張溍撰 清同治十一年望三益齋刻本 清許紹棠、徐嵩立批校並跋
六〇三 杜詩選抄不分卷 唐杜甫撰 清抄本 清徐松批點 十二行二十字，無格
六〇四 杜詩集評十五卷 清劉濬輯 清嘉慶九年海寧藜照堂刻本 清吳慶霈批並跋 十行二十字，白口，左右雙邊
六〇五 杜詩選鈔十三卷 清魏源輯 清道光四年魏氏抄本 清魏源批校 黃節跋 九行二十一字，無格
六〇六 杜詩選注不分卷 清許瀚撰 稿本 十二行字不等，黑口，四周單邊
六〇七 杜詩瑣證二卷 清史炳撰 清道光五年史氏句儉山房刻本 九行二十一字，白口，左右雙邊
六〇八 杜詩摘句一卷 清臧恭吉輯 稿本
六〇九 讀杜詩說二十四卷 清施鴻保撰 稿本 七行十六至十八字不等，無格
六一〇 杜詩字評十八卷存十六卷一至七、十至十八 清董文渙輯 稿本 清長贇校並跋 十行二十二字，白口，左右雙邊
六一一 丹陽進士詩集一卷 唐殷璠撰 清抄本 羅振常校 十行十八字
六一二 錢起詩集十卷 唐錢起撰 明刻本 十行二十字，黑口，左右雙邊
六一三 錢考功詩集十卷 唐錢起撰 清康熙席氏琴川書屋刻唐詩百名家全集本 吳慈培校並跋 傅增湘跋 十行十八字，白口，左右雙邊
六一四 錢仲文集十卷 唐錢起撰 清顧氏藝海樓抄本 九行二十一字
六一五 錢考功詩集十一卷存十卷一至五、七至十一 唐錢起撰 明抄本 清何焯校並跋 十二行二十一字，無格
六一六 錢起詩集不分卷 唐錢起撰 文錄唐詩紀事 清順治六年張秀抄本 清葉萬校補並跋 十行十八字
六一七 唐元次山文集十卷拾遺一卷 唐元結撰 明正德十二年郭勛刻本 十行二十字，黑口，四周雙邊
六一八 唐元次山文集十卷拾遺一卷 唐元結撰 明正德十二年郭勛刻本 鮮知遠入校並跋
六一九 唐元次山文集十卷拾遺一卷 唐元結撰 明正德十二年郭勛刻本 傅增湘跋
六二〇 唐元次山文集十卷拾遺一卷 唐元結撰 明嘉靖刻萬曆十一年夏鏜補刻本 十行二十字，黑口，四周雙邊
六二一 唐元次山文集十卷拾遺一卷 唐元結撰 明刻本 十行二十字，黑口，四周雙邊
六二二 唐漫叟文集十卷拾遺一卷拾遺續一卷 唐元結撰 明刻本 清黃丕烈跋 十行二十字，黑口，四周雙邊
六二三 唐漫叟文集十卷拾遺一卷拾遺續一卷 唐元結撰 明刻本 吳昌碩題簽
六二四 漫叟拾遺一卷 唐元結撰 明抄本 八行十五字，藍格，白口，四周雙邊
六二五 唐元次山文集十二卷 唐元結撰 明末刻本 九行二十字，白口，左右雙邊
六二六 唐元次山文集十二卷 唐元結撰 明末刻德滋堂印本 清張鴻校
六二七 唐元次山文集十二卷 唐元結撰 明末刻德滋堂印本 清丁丙跋
六二八 元次山集十二卷 唐元結撰 清兩間書屋刻本 九行十九字，黑口，四周單邊
六二九 元次山集十二卷 唐元結撰 清兩間書屋刻本 清莫友芝批校
六三〇 元次山集十二卷 唐元結撰 清陳氏河山閣抄本 九行十九字，無格
六三一 晝上人集十卷 唐釋皎然撰 明葉氏賜書樓抄本 明葉奕□跋（一葉跋係他人代筆） 十行二十字，白口，四周單邊
六三二 晝上人集十卷 唐釋皎然撰 明穀毅抄本 傅增湘校 十一行二十一字，白口，四周單邊
六三三 晝上人集十卷 唐釋皎然撰 明馮舒抄本 馮舒校並跋 十行十八字，細黑口，左右雙邊
六三四 晝上人集十卷 唐釋皎然撰 清初抄本 十二行二十六字，無格
六三五 晝上人集十卷 唐釋皎然撰 清劉宋抄本 清佚名批校 十行十八字
六三六 晝上人集十卷 唐釋皎然撰 清抄本 十一行二十字，無格
六三七 杼山集十卷存七卷一至七 唐釋皎然撰 明湖東精舍抄本 十行十八字，藍格，白口，無邊

六三八　杼山集十卷　唐釋皎然撰　明抄本　清錢謙益校　九行十八字，無格

六三九　杼山集十卷補遺一卷　唐釋皎然撰　清盧文弨抄本　清盧文弨校並錄陸貽典、吳元恭題識　十二行二十一字，白口，左右雙邊

六四〇　皎然集十卷　唐釋皎然撰　清嫏嬛僊館抄本　九行二十二字，白口，四周單邊

六四一　韓君平詩集五卷　唐韓翃撰　明抄本　清葉萬校　黃丕烈校並跋　十行十八字

六四二　韓君平集三卷　唐韓翃撰　明刻本　十行十八字，白口，四周單邊

六四三　韓君平集三卷　唐韓翃撰　明萬曆四十一年江元禧刻本　八行十八字，白口，四周單邊

六四四　韓君平集三卷　唐韓翃撰　明萬曆四十一年江元禧刻本　清王□齡跋並錄佚詩　八行十八字，白口，四周單邊

六四五　毘陵集二十卷　唐獨孤及撰　明抄本　清黃丕烈校並跋　九行十七字，無格

六四六　毘陵集二十卷　唐獨孤及撰　明抄本　佚名校　九行十七字
存十二卷　一至十二

六四七　毘陵集二十卷　唐獨孤及撰　清初抄本　清孫秦氏校　九行十七字，無格

六四八　毘陵集二十卷　唐獨孤及撰　清順治五年抄本　佚名校並跋　十一行二十一字，無格

六四九　毘陵集二十卷　唐獨孤及撰　清康熙六年孫潛抄本　清孫□□氏校並跋　十行二十、二十二字不等，無格

六五〇　毘陵集二十卷補遺一卷附錄一卷　唐獨孤及撰　清乾隆五十六年趙懷玉亦有生齋刻本　十行二十一字，白口，左右雙邊

三五

六五一　毘陵集二十卷補遺一卷附錄一卷　唐獨孤及撰　清乾隆五十六年趙懷玉亦有生齋刻本　鮑廷博校

六五二　毘陵集二十卷補遺一卷附錄一卷　唐獨孤及撰　清乾隆五十六年趙懷玉亦有生齋刻本　清黃志述校

六五三　毘陵集二十卷　唐獨孤及撰　清抄本　十行十九至二十一字，無格

六五四　毘陵集二十卷補遺一卷附錄一卷　唐獨孤及撰　清小雲谷抄本　清趙坦校　十二行二十一字，黑格

六五五　毘陵集二十卷　唐獨孤及撰　清抄本　清□□樹跋　十行二十字，無格

六五六　毘陵集二十卷　唐獨孤及撰　清抄本　九行十六字，無格

六五七　毘陵集二十卷　唐獨孤及撰　清抄本　佚名校　十行二十字，無格

六五八　毘陵集二十卷　唐獨孤及撰　清張鳴珂抄本　清張鳴珂跋　蔡□□跋　十一行二十二字，藍格

六五九　毘陵集二十卷　唐獨孤及撰　清□□元抄本　清□□元批校並跋

六六〇　皇甫冉詩集二卷　唐皇甫冉撰　宋刻本　十行十八字，白口，左右雙邊

六六一　唐皇甫冉詩集八卷　唐皇甫冉撰　明刻本　十行十六字，黑口，四周雙邊

六六二　唐秦隱君詩集一卷　唐秦系撰　清影宋抄本　傅增湘跋　十行十八字，白口，左右雙邊

六六三　唐秦隱君詩集一卷　唐秦系撰　明嘉靖十九年刻唐百家詩本　清毛扆校並跋　十行十八字，白口，左右雙邊

六六四　唐秦隱君詩集一卷　唐秦系撰　清同治五年周星詒家抄本　清周星詒校並錄毛扆跋　十行十八字，小字雙行同，無格

六六五　顧華陽集三卷　唐顧況撰　顧非熊詩一卷　唐顧非熊撰　明萬曆四十一年顧名端刻本　九行二十字，白口，四周單邊

六六六　顧華陽集三卷　唐顧況撰　顧非熊詩一卷　唐顧非熊撰　清張蓉鏡抄本　清丁丙跋

六六七　顧華陽集三卷　唐顧況撰　顧非熊詩一卷　唐顧非熊撰　明顧名端輯　清抄本

六六八　耿湋詩集不分卷　唐耿湋撰　清抄本

六六九　盧戶部詩集十卷　唐盧綸撰　明抄本　十一行二十七字，無格

六七〇　盧戶部詩集十卷　唐盧綸撰　清康熙席氏琴川書屋刻唐詩百名家全集本　吳慈培校　十行十八字，白口，左右雙邊

六七一　唐盧戶部詩集十卷　唐盧綸撰　清抄本　清丁丙跋

六七二　李君虞詩集二卷　唐李益撰　清初錢□□竹□堂抄本　十二行二十二字，藍格，白口，左右雙邊

六七三　李司馬集四卷　唐李端撰　清明介祉谷園刻本　八行十八字，白口，四周單邊

六七四　李司馬集四卷　唐李端撰　清抄本　九行二十六字，無格

六七五　李端詩集三卷　唐李端撰　清光緒江標刻唐人五十家小集本　傅增湘校並跋　十行十八字，白口，左右雙邊

三六

六七六　陸宣公文集二十二卷　唐陸贄撰　宋刻本（卷十一至十二配抄本）　十二行二十一字，白口，左右雙邊
存十二卷　一至十二

六七七　唐陸宣公集二十二卷　唐陸贄撰　元刻本　十行十七字，白口，左右雙邊

六七八　唐陸宣公集二十二卷　唐陸贄撰　元刻本（卷十三至十七、十九、二十二配清抄本）　清張元濟校並跋

六七九　唐陸宣公集二十二卷　唐陸贄撰　元刻遞修本　十行十七字，白口，左右雙邊
存六卷　十七至二十二

六八〇　唐陸宣公集二十二卷　唐陸贄撰　元刻本　十行十七字，白口，左右雙邊

六八一　唐陸宣公集二十二卷　唐陸贄撰　元刻明修本　十行十七字，白口，左右雙邊

六八二　唐陸宣公集二十二卷　唐陸贄撰　明宣□□年□概刻本　九行十七字，大黑口，間有白口，左右雙邊

六八三　唐陸宣公集二十二卷　唐陸贄撰　明天順元年□祥刻本　九行十七字，大黑口，四周雙邊

六八四　唐陸宣公集二十二卷　唐陸贄撰　明弘治十五年□鳳□刻本　九行十七字，黑口，四周雙邊

六八五　唐陸宣公集二十二卷　唐陸贄撰　明刻本　九行十七字，黑口，四周雙邊

六八六　新刊唐陸宣公集二十二卷　唐陸贄撰　明刻本　十行二十字，大黑口，四周雙邊

六八七　唐陸宣公集二十二卷　唐陸贄撰　明刻本　十一行十九字，黑口，四周雙邊

六八八　唐陸宣公集二十二卷　唐陸贄撰　明萬曆九年葉遵□刻本　九行十七字，白口，四周雙邊

六八九 唐陸宣公集二十二卷 唐陸贄撰 明萬曆九年葉逢春刻徐必達印本

六九〇 唐陸宣公集二十二卷 唐陸贄撰 明刻本（目錄卷十二配抄本） 九行十七字白口四周雙邊

六九一 唐陸宣公集二十二卷 唐陸贄撰 明萬曆三十四年吳繼武光裕堂刻本 十行二十字白口四周單邊

六九二 唐陸宣公集二十二卷 唐陸贄撰 明萬曆三十四年吳繼武光裕堂刻本 彙評二十二卷 清抄本

六九三 唐陸宣公集二十二卷 唐陸贄撰 明刻本 清錢廷錦批並跋 十行十七字白口左右雙邊

六九四 唐陸宣公集二十二卷 唐陸贄撰 清雍正元年年羹堯刻本 十行二十字白口四周單邊

六九五 唐陸宣公集二十二卷 唐陸贄撰 清雍正元年年羹堯刻本 清錢振鍠批注

六九六 唐陸宣公集二十二卷 唐陸贄撰 清雍正元年年羹堯刻本 清左田題識 存九卷（一至七、十三至十四）

六九七 唐陸宣公集二十二卷 唐陸贄撰 清雍正元年年羹堯刻本 清顧綿庭跋

六九八 唐陸宣公集二十二卷 唐陸贄撰 清雍正元年年羹堯刻本（卷二十至二十二配刻本） 姜壽祺補遺並批注

六九九 唐陸宣公集二十四卷 唐陸贄撰 明嘉靖二十七年沈伯咸西清書舍刻本 九行十八字白口左右雙邊

七〇〇 唐陸宣公集二十四卷 唐陸贄撰 明嘉靖二十七年沈伯咸西清書舍刻本 清孔廣陶校補並跋

七〇一 唐陸宣公集二十四卷 唐陸贄撰 明嘉靖四十三年朱良同刻本 十行二十字白口四周雙邊

三七

七〇二 唐陸宣公集二十四卷 唐陸贄撰 明嘉靖刻本 十行二十五字白口四周雙邊

七〇三 唐陸宣公集二十四卷 唐陸贄撰 明不負堂刻本 十行二十字白口四周單邊 版心上鎸不負堂

七〇四 唐陸宣公集二十四卷 唐陸贄撰 明不負堂刻本 清丁丙跋

七〇五 唐陸宣公集二十四卷 唐陸贄撰 明刻本 十行二十字白口四周單邊

七〇六 唐陸宣公集二十四卷 唐陸贄撰 明刻本 鄧邦述跋

七〇七 唐陸宣公集二十四卷 唐陸贄撰 明刻本 葉德輝跋

七〇八 唐陸宣公翰苑集二十四卷 唐陸贄撰 明萬曆三十五年陸基忠刻本 九行十八字白口四周雙邊

七〇九 唐陸宣公翰苑集二十四卷 唐陸贄撰 明萬曆三十五年陸基忠刻本 清丁丙跋

七一〇 陸宣公集二十四卷 唐陸贄撰 明湯賓尹評 明崇禎元年刻本 九行二十字白口四周單邊

七一一 陸宣公集二十四卷 唐陸贄撰 明鍾惺評 明末文學堂刻本 九行二十五字白口四周單邊

七一二 陸宣公集二十四卷 唐陸贄撰 明陳仁錫評 明末刻本 九行十八字白口左右雙邊

七一三 唐陸宣公翰苑集二十四卷 唐陸贄撰 清張佩芳注 清乾隆張氏希音堂刻本 九行二十一字小字雙行同白口左右雙邊

七一四 陸宣公文選十五卷 唐陸贄撰 明葉秉敬評 明萬曆三十八年刻本 九行十八字白口四周雙邊

七一五 陸宣公集十八卷 唐陸贄撰 明陳子龍評 明末刻本 九行二十字白口四周單邊

七一六 唐司空文明詩集三卷 唐司空曙撰 清抄本 十行十八字藍格

七一七 薛濤詩一卷 唐薛濤撰 明萬曆三十八年洗墨池刻本 八行十六字白口四周雙邊

七一八 薛濤詩一卷 唐薛濤撰 明萬曆三十八年洗墨池刻本 樊增祥跋並題詞

七一九 梁補闕集二卷 唐梁肅撰 清抄本 十一行二十五字

七二〇 王建詩集十卷 唐王建撰 宋臨安府陳解元宅刻本（目錄及卷一、二、三、四、九、十配影宋抄本） 明唐寅題款 十行十八字白口左右雙邊

七二一 王建詩集十卷 唐王建撰 宋臨安府陳解元宅刻清抄配本 繆荃孫校跋並倩人補錄佚詩 陳乃乾跋 十行十八字白口左右雙邊

七二二 王建詩集十卷 唐王建撰 明抄本 十一行十八字黑口四周雙邊

七二三 王建詩集十卷 唐王建撰 清馮鈺抄本 清屠重興、馮鋼軒校並跋 鰲菴跋

七二四 王建詩集十卷 唐王建撰 一九一一年至一九一二年吳慈培抄本 吳慈培校跋並錄清馮舒校跋 章鈺題詩 十行十八字藍格細黑口左右雙邊

七二五 唐王建詩集八卷 唐王建撰 明正德劉成德刻唐六家十子詩集本 附錄一卷 明抄本 明毛晉校並跋 清黃丕烈跋 周鑾詒題款 十行十六字黑口四周單邊

七二六 唐王建詩集八卷 唐王建撰 明刻本 十行二十字白口左右雙邊

七二七 王建詩八卷 唐王建撰 明崇禎毛氏汲古閣刻唐人六集本 傅增湘校並跋 九行十九字白口左右雙邊

三八

七二八 王司馬集八卷 唐王建撰 清康熙胡介祉谷園刻本 八行十八字白口四周單邊

七二九 王仲初詩集不分卷 唐王建撰 明初抄本 十行十八字黑口四周雙邊

七三〇 編註王司馬百首宮詞二卷 唐王建撰 明顧起經註 附錄唐諸家宮詞一卷 唐王昌齡等撰 明顧起經註 明萬曆十四年顧祖美刻本 九行十九字細黑口四周單邊

七三一 李元賓文集六卷補遺一卷 唐李觀撰 明藻氏賜書樓抄本 十行二十二字白口四周單邊

七三二 李元賓文集五卷附一卷 唐李觀撰 明平菴抄本 九行十八字白口四周單邊

七三三 李元賓文集五卷 唐李觀撰 明抄本 八行十六字藍格白口四周雙邊

七三四 李元賓文集五卷 唐李觀撰 明抄本 九行十八字無格

七三五 李元賓文集五卷 唐李觀撰 清初抄本 九行十八字無格

七三六 唐李元賓文集五卷 唐李觀撰 清西圃蔣氏抄本 王貢忱錄清吳翌鳳批校 十行二十字黑格左右雙邊

七三七 李元賓文集五卷 唐李觀撰 清抄本 佚名校並錄清何焯校 清丁丙跋

七三八 李元賓文集五卷附一卷 唐李觀撰 清抄本 清翁心存校 翁同書跋 十行二十字無格

七三九 李元賓文編三卷外編二卷 唐李觀撰 明抄本 九行二十字無格

七四〇 李元賓文編三卷外編二卷 唐李觀撰 清初抄本（一至四、九至十四葉為葉樹廉抄） 九行十六字無格

七四一 李元賓文編三卷外編二卷 唐李觀撰 清初抄本(四庫底本) 九行十六字黑格白口四周單邊

七四二 李元賓文編三卷外編二卷 唐李觀撰 清初抄本 十行二十二字無格

七四三 李元賓文編三卷外編二卷 唐李觀撰 清抄本 清顧肇聲錄 葉奕校 九行二十字無格

七四四 李元賓文編三卷 唐李觀撰 清抄本 十行二十二字黑格白口四周單邊

七四五 唐李元賓文集三卷 唐李觀撰 明抄本 九行十九字

七四六 唐李元賓文集三卷 唐李觀撰 明抄本 九行十九字

七四七 新刊權載之文集五十卷 唐權德輿撰 宋刻本 十二行二十一字白口左右双边 存十九卷 二至八、二十一至三十一

七四八 新刊權載之文集五十卷 唐權德輿撰 清抄本 十二行二十一字黑格

七四九 權載之集五十卷 唐權德輿撰 清抄本 傅增湘跋 十二行二十一字

七五〇 權載之文集五十卷摭遺一卷附錄一卷 唐權德輿撰 清抄本 楊紹和跋 十一行二十二字白口四周單边

七五一 新刊權文公文集十卷 唐權德輿撰 明嘉靖二十年劉大謨刻本

七五二 新刊權文公文集十卷 唐權德輿撰 明嘉靖二十年劉大謨刻本 清錢謙益校並跋 錢曾校

七五三 新刊權文公文集十卷補遺一卷 唐權德輿撰 清吳氏編 谷亭抄本 十行十八字

三九

白口、四周單边

七五四 新刊權文公文集十卷 唐權德輿撰 清璜川吳氏抄本 九行二十二字無格

七五五 昌黎先生文集四十卷外集十卷 唐韓愈撰 宋刻本(卷五至七、十七至二十四、外集卷一至十配清抄本) 十二行二十一字小字双行同白口左右双边

七五六 昌黎先生文集四十卷 唐韓愈撰 宋刻本(卷十至十六配其他兩宋刻本) 清翁同書、劉庠、汪鳴鑾跋 十行十六字卷十一至十六爲十一行二十字 存十五卷 一至六、八至十六

七五七 昌黎先生文集四十卷 唐韓愈撰 宋刻本 十行十八字白口左右双边 存一卷 十八

七五八 昌黎先生集四十卷 唐韓愈撰 宋刻本 清王萊、丁丙跋 十行二十字白口左右双边 存三十九卷 一至十七、十九至四十

七五九 韓文四十卷外集十卷遺集一卷 唐韓愈撰 集傳一卷 明嘉靖十六年游居敬刻韓柳文本 清安靖批校並跋 十一行二十二字白口左右双边

七六〇 韓文四十卷外集十卷遺集一卷 唐韓愈撰 集傳一卷 明嘉靖十六年游居敬刻韓柳文本 清曾燠、謝家淵跋

七六一 韓文四十卷外集十卷遺集一卷 唐韓愈撰 集傳一卷 明嘉靖十六年游居敬刻韓柳文本 清方功惠跋

七六二 韓文四十卷外集十卷遺集一卷 唐韓愈撰 集傳一卷 明嘉靖三十五年莫如士刻韓柳文本 清馮文昌批 十一行二十二字白口左右双边

七六三 韓文四十卷外集十卷遺集一卷 唐韓愈撰 集傳一卷 明嘉靖三十五年莫如士刻韓柳文本 清錢蓋錄陳景雲評點

七六四 韓文四十卷外集十卷遺集一卷 唐韓愈撰 集傳一卷 明嘉靖三十五年莫如士刻韓柳文本 清曾國藩跋 趙烈文題記

七六五 韓文四十卷外集十卷遺集一卷 唐韓愈撰 集傳一卷 明嘉靖四十一年何鏜刻本 十一行二十二字白口左右双边

七六六 韓文四十卷外集十卷遺集一卷 唐韓愈撰 集傳一卷 明嘉靖四十一年何鏜刻本 清唐岳錄諸家批

七六七 昌黎先生集四十卷遺文一卷 唐韓愈撰 清同治九年陳璞刻光緒十五年重修本 傅增湘跋並錄清吳汝綸韓集評點 十行二十字白口四周双边

七六八 朱文公校昌黎先生集四十卷外集十卷遺文一卷 唐韓愈撰 宋朱熹考異 集傳一卷 宋紹定六年臨江軍學刻本 七行十五字小字双行同白口、左右双边 存五十卷 一至十四、十七至四十、外集遺文集傳全

四〇

七六九 朱文公校昌黎先生集四十卷 唐韓愈撰 宋朱熹考異 宋紹定六年臨江軍學刻本 存五卷 十三至十六、三十六

七七〇 朱文公校昌黎先生集四十卷 唐韓愈撰 宋朱熹考異 宋紹定六年臨江軍學刻本 存二卷 三十七至三十八

七七一 朱文公校昌黎先生集四十卷外集十卷遺文一卷 唐韓愈撰 宋朱熹考異 朱文公編昌黎先生集傳一卷 宋紹定六年臨江軍學刻本 清姚名跋 存二卷 外集卷八及集傳

七七二 朱文公校昌黎先生集四十卷外集十卷 唐韓愈撰 宋紹定六年臨江軍學刻本

存二卷 外集三至四

七七三 朱文公校昌黎先生集四十卷 唐韓愈撰 宋朱熹考異 王伯大音釋 元刻本 十二行二十一字細黑口左右双边 存三十卷 十一至四十

七七四 朱文公校昌黎先生集四十卷 唐韓愈撰 宋朱熹考異 王伯大音釋 元刻本 十二行二十一字細黑口左右双边 存五卷 一、二十八至二十九、三十七至三十八

七七五 朱文公校昌黎先生集四十卷 唐韓愈撰 宋朱熹考異 王伯大音釋 元刻本 十二行二十一字黑口左右双边 存一卷 十七

七七六 朱文公校昌黎先生集四十卷 唐韓愈撰 宋朱熹考異 王伯大音釋 元刻本（卷二、五、十至十四配另一元刻本） 十二行二十一字細黑口左右双边或四周双边 存十二卷 二、五、十至十四、十九至二十、三十二至三十三、四十

七七七 朱文公校昌黎先生集四十卷 唐韓愈撰 宋朱熹考異 王伯大音釋 元刻本 十二行二十一字細黑口左右双边間有四周双边 存五卷 三十六至四十

七七八 朱文公校昌黎先生集四十卷外集十卷遺文一卷 唐韓愈撰 宋朱熹考異 王伯大音釋 傳一卷 元刻本 十三行二十三字黑口四周双边 存三卷 三十八至四十

七七九 朱文公校昌黎先生集四十卷外集十卷遺文一卷 唐韓愈撰 宋朱熹考異 王伯大音釋 傳一卷 元刻明印本 十三行二十三字黑口四周双边

七八〇 朱文公校昌黎先生集四十卷外集十卷 唐韓愈撰 宋朱熹考異 王伯大音釋 元刻明印本 佚名批點 十三行二十三字黑口四周双边 存二十九卷 二十至四十、外集二至九

七八一 朱文公校昌黎先生文集四十卷外集十卷遺文一卷 唐韓愈撰 宋朱熹考異 王伯大音釋 傳一卷 元至元十八年日新書堂刻本 十三行二十三字小字双行同黑口四周双边

七八二 朱文公校昌黎先生文集四十卷外集十卷遺文一卷 唐韓愈撰 宋朱熹考異 王伯大音釋 傳一卷 元刻本 十三行二十三字黑

四一

口四周双边 存四十九卷 一至三十、三十四至四十 外集遺文傳全

七八三 朱文公校昌黎先生文集四十卷 唐韓愈撰 宋朱熹考異 王伯大音釋 元刻本 十三行二十三字黑口四周双边 存十六卷 一至十六

七八四 朱文公校昌黎先生外集十卷遺文一卷 唐韓愈撰 宋朱熹考異 王伯大音釋 傳一卷 元刻本 十三行二十三字黑口四周双边

七八五 朱文公校昌黎先生外集十卷遺文一卷 唐韓愈撰 宋朱熹考異 傳一卷 元刻本 十三行二十三字黑口四周双边

七八六 朱文公校昌黎先生文集四十卷外集十卷遺文一卷 唐韓愈撰 宋朱熹考異 王伯大音釋 傳一卷 明洪武十五年廬陵勤有堂刻本 十三行二十三字小字双行同黑口四周双边

七八七 朱文公校昌黎先生文集四十卷外集十卷遺文一卷 唐韓愈撰 宋朱熹考異 王伯大音釋 傳一卷 明洪武十五年廬陵勤有堂刻本 清丁丙跋

七八八 朱文公校昌黎先生文集四十卷外集十卷遺文一卷 唐韓愈撰 宋朱熹考異 王伯大音釋 傳一卷 明初刻本 十三行二十三字小字双行同黑口四周双边

七八九 朱文公校昌黎先生文集四十卷外集十卷遺文一卷 唐韓愈撰 宋朱熹考異 王伯大音釋 傳一卷 明初刻本 十三行二十三字小字双行同黑口四周双边

七九〇 朱文公校昌黎先生文集四十卷外集十卷遺文一卷 唐韓愈撰 宋朱熹考異 王伯大音釋 傳一卷 明初刻本 十三行二十三字小字双行同黑口四周双边

七九一 朱文公校昌黎先生文集四十卷外集十卷遺文一卷 唐韓愈撰 宋朱熹考異 王伯大音釋 傳一卷 明初刻本 清沈慈録何焯批 清鄭簠錢大昕孫原湘跋

七九二 朱文公校昌黎先生文集四十卷外集十卷遺文一卷 唐韓愈撰 宋朱熹考異 王伯大音釋 傳一卷 明正統十三年書林王宗玉刻本 十三行二十三字小字双行同黑口四周双边

四二

七九三 朱文公校昌黎先生文集四十卷外集十卷遺文一卷 唐韓愈撰 宋朱熹考異 王伯大音釋 傳一卷 明刻本 十三行二十三字小字双行同，黑口，四周双边

七九四 朱文公校昌黎先生文集四十卷外集十卷遺文一卷 唐韓愈撰 宋朱熹考異 王伯大音釋 傳一卷 明刻本 佚名錄明唐順之、茅坤、清何焯批校 錢棨跋

七九五 朱文公校昌黎先生文集四十卷外集十卷遺文一卷 唐韓愈撰 宋朱熹考異 王伯大音釋 傳一卷 明刻本 九行十八字小字双行同，黑口，四周双边

七九六 朱文公校昌黎先生文集四十卷外集十卷遺文一卷 唐韓愈撰 宋朱熹考異 王伯大音釋 傳一卷 明刻萬曆三年重修本 九行十八字小字双行同，黑口，四周双边

七九七 朱文公校昌黎先生文集四十卷 唐韓愈撰 宋朱熹考異 王伯大音釋 明刻萬曆三年重修本 清錢陸燦批 二十四至三十二 存九卷

七九八 朱文公校昌黎先生文集四十卷外集十卷遺文一卷 唐韓愈撰 宋朱熹考異 王伯大音釋 傳一卷 明刻萬曆三年重修本 清丁丙跋

七九九 朱文公校昌黎先生文集二十卷外集一卷遺文一卷 唐韓愈撰 宋朱熹考異 王伯大音釋 傳一卷 明弘治十五年王氏善敬書堂刻本 十三行二十六字小字双行同，黑口，四周双边

八〇〇 朱文公校昌黎先生文集二十卷 唐韓愈撰 王伯大音釋 宋朱熹考異 明弘治十五年王氏善敬書堂刻本 佚名校並錄清壽光地跋 一至六、十至十一、十五至二十 存十四卷

八〇一 朱文公校昌黎先生文集二十卷外集一卷遺文一卷 唐韓愈撰 宋朱熹考異 王伯大音釋 傳一卷 明弘治十五年王氏善敬書堂刻本 清韓應陛校並跋

八〇二 朱文公校昌黎先生文集四十卷外集十卷遺文一卷 唐韓愈撰 宋朱熹考異 王伯大音釋 傳一卷 明嘉靖十三年安正書堂刻本 十行二十四字小字双行同，白口，四周双边

八〇三 朱文公校昌黎先生文集四十卷外集十卷遺文一卷 唐韓愈撰 宋朱熹考異 王伯大音釋 傳一卷 明萬曆徐象橒刻本 九行十八字小字双行同，白口，四周双边

八〇四 朱文公校昌黎先生文集四十卷外集十卷遺文一卷 唐韓愈撰 宋朱熹考異 王伯大音釋 傳一卷 明萬曆朱崇沐刻本 清方苞批 汪由敦批校並錄清何焯批

八〇五 朱文公校昌黎先生文集四十卷 唐韓愈撰 宋朱熹考異 王伯大音釋 明萬曆朱崇沐刻本 清覺門批點並錄清何焯、俞瑒批注

八〇六 朱文公校昌黎先生文集四十卷外集十卷遺文一卷 唐韓愈撰 宋朱熹考異 王伯大音釋 傳一卷 明萬曆朱崇沐刻本 清姚範批點 姚瑩跋

八〇七 朱文公校昌黎先生文集四十卷外集十卷遺文一卷 唐韓愈撰 宋朱熹考異 王伯大音釋 傳一卷 明萬曆朱崇沐刻本 清顧廣圻批校 方功惠跋

八〇八 朱文公校昌黎先生文集四十卷外集十卷遺文一卷 唐韓愈撰 宋朱熹考異 王伯大音釋 傳一卷 明萬曆朱崇沐刻本 清鄭珍跋

八〇九 朱文公校昌黎先生文集四十卷外集十卷遺文一卷 唐韓愈撰 宋朱熹考異 王伯大音釋 傳一卷 明萬曆朱崇沐刻本 清史承豫批並跋

八一〇 朱文公校昌黎先生文集四十卷外集十卷遺文一卷 唐韓愈撰 宋朱熹考異 王伯大音釋 傳一卷 明刻本 清唐叔謨並錄諸家評 九行十八字小字双行同，白口，四周双边

八一一 朱文公校昌黎先生文集四十卷外集十卷遺文一卷 唐韓愈撰 宋朱熹考異 王伯大音釋 傳一卷 明刻本 清齊山錄諸家評

八一二 朱文公校昌黎先生文集四十卷外集十卷 唐韓愈撰 宋朱熹考異 王伯大音釋 明刻本 清佚名錄何焯評

八一三 昌黎先生集四十卷外集十卷遺文一卷 唐韓愈撰 宋廖瑩中校正 朱子校昌黎先生集傳一卷 宋咸淳廖氏世綵堂刻本 九行十七字小字双行同，白口，四周双边

八一四 昌黎先生集四十卷外集十卷遺文一卷 唐韓愈撰 宋廖瑩中校正 朱子校昌黎先生集傳一卷 明徐氏東雅堂刻本 九行十七字小字

双行同，細黑口，四周双边

八一五 昌黎先生集四十卷外集十卷遺文一卷 唐韓愈撰 宋廖瑩中校正 朱子校昌黎先生集傳一卷 明徐氏東雅堂刻本 清張澍錄何焯校 查慎行、方苞評點

八一六 昌黎先生集四十卷外集十卷遺文一卷 唐韓愈撰 宋廖瑩中校正 朱子校昌黎先生集傳一卷 明徐氏東雅堂刻本 清方成珪批校并跋 錄何焯、陳少章、王星齋等批校

八一七 昌黎先生集四十卷外集十卷遺文一卷 唐韓愈撰 宋廖瑩中校正 朱子校昌黎先生集傳一卷 明徐氏東雅堂刻本 清諸者錄何焯等校跋

八一八 昌黎先生集四十卷外集十卷遺文一卷 唐韓愈撰 宋廖瑩中校正 朱子校昌黎先生集傳一卷 明徐氏東雅堂刻本 佚名錄清何焯批校

八一九 昌黎先生集四十卷外集十卷遺文一卷 唐韓愈撰 宋廖瑩中校正 朱子校昌黎先生集傳一卷 明徐氏東雅堂刻本 清陳景雲批校 陳鱣跋

八二〇 昌黎先生集四十卷外集十卷遺文一卷 唐韓愈撰 宋廖瑩中校正 朱子校昌黎先生集傳一卷 明徐氏東雅堂刻本 清陳景雲跋

四五

八二一 昌黎先生集四十卷外集十卷遺文一卷 唐韓愈撰 宋廖瑩中校正 朱子校昌黎先生集傳一卷 明徐氏東雅堂刻本 清沈葵生批注 丁晏批注并跋

八二二 昌黎先生集四十卷外集十卷遺文一卷 唐韓愈撰 宋廖瑩中校正 朱子校昌黎先生集傳一卷 明徐氏東雅堂刻本 清李璵批并跋

八二三 昌黎先生集四十卷外集十卷遺文一卷 唐韓愈撰 宋廖瑩中校正 朱子校昌黎先生集傳一卷 明徐氏東雅堂刻崇禎十一年徐元儁重修本 九行十七字，小字双行同，白口，四周双边

八二四 昌黎先生集四十卷外集十卷遺文一卷 唐韓愈撰 宋廖瑩中校正 朱子校昌黎先生集傳一卷 明徐氏東雅堂刻清初冠山堂重修本 清邵記錄汪琬、何焯校 九行十七字，小字双行同，白口，四周双边

八二五 昌黎先生集四十卷外集十卷遺文一卷 唐韓愈撰 宋廖瑩中校正 朱子校昌黎先生集傳一卷 明徐氏東雅堂刻清初冠山堂重修本 清姜宸英批校

八二六 昌黎先生集四十卷外集十卷遺文一卷 唐韓愈撰 宋廖瑩中校正 朱子校昌黎先生集傳一卷 明徐氏東雅堂刻清初冠山堂重修本 佚名錄清何焯、彭元瑞批校 劉清光、吳壎跋

八二七 昌黎先生集四十卷外集十卷遺文一卷 唐韓愈撰 宋廖瑩中校正 朱子校昌黎先生集傳一卷 明徐氏東雅堂刻清初冠山堂重修本 清沈嚴校并跋

八二八 昌黎先生集四十卷外集十卷遺文一卷 唐韓愈撰 宋廖瑩中校正 朱子校昌黎先生集傳一卷 明徐氏東雅堂刻清初冠山堂重修本 清徐鼎錄各家評校 錢泰吉跋

八二九 昌黎先生集四十卷外集十卷遺文一卷 唐韓愈撰 宋廖瑩中校正 朱子校昌黎先生集傳一卷 明徐氏東雅堂刻清初冠山堂重修本 清陳景雲批校

八三〇 昌黎先生集四十卷外集十卷遺文一卷 唐韓愈撰 宋廖瑩中校正 朱子校昌黎先生集傳一卷 明徐氏東雅堂刻清初冠山堂重修本 清沈大成校

四六

八三一 昌黎先生集四十卷外集十卷遺文一卷 唐韓愈撰 宋廖瑩中校正 朱子校昌黎先生集傳一卷 明徐氏東雅堂刻清初冠山堂重修本 清蔣宗海批校

八三二 昌黎先生集四十卷外集十卷遺文一卷 唐韓愈撰 宋廖瑩中校正 朱子校昌黎先生集傳一卷 明徐氏東雅堂刻清初冠山堂重修本 清沈欽韓校注

八三三 昌黎先生集四十卷外集十卷遺文一卷 唐韓愈撰 宋廖瑩中校正 朱子校昌黎先生集傳一卷 明徐氏東雅堂刻清初冠山堂重修本 清王晴錄前人批校

八三四 昌黎先生集四十卷外集十卷遺文一卷 唐韓愈撰 宋廖瑩中校正 朱子校昌黎先生集傳一卷 明徐氏東雅堂刻清初冠山堂重修本 清沈闇琨批校

八三五 顧瑞屏太史評閱韓昌黎先生集四十卷 唐韓愈撰 明顧錫疇評 明崇禎六年桐文柱刻本 十行二十字，白口，左右双边

八三六 韓昌黎先生全集四十卷外集十卷補集一卷 唐韓愈撰 宋廖瑩中校正 明陳仁錫評 朱子校昌黎先生集傳一卷 明崇禎七年陳仁錫刻本 九行二十字，小字双行同，白口，四周单边

昌黎先生全集四十卷外集十卷遺文一卷 唐韓愈撰 明葛鼒校 傳一卷 明末葛氏永懷堂刻本 九行二十六字，白口，四周單邊 八三七

昌黎先生全集四十卷外集十卷遺文一卷 唐韓愈撰 明葛鼒校 傳一卷 明末葛氏永懷堂刻本 清陳景雲批 八三八

昌黎先生全集四十卷外集十卷遺文一卷 唐韓愈撰 明葛鼒校 傳一卷 明末葛氏永懷堂刻本 清丁壽昌校並跋 八三九

昌黎先生集四十卷外集十卷遺文一卷 唐韓愈撰 宋廖瑩中校正 朱子校昌黎先生集傳一卷 清同治八年江蘇書局刻本 佚名錄諸家批注 九行十七字，細黑口，四周雙邊 八四〇

昌黎先生集四十卷外集十卷遺文一卷 唐韓愈撰 宋廖瑩中校正 朱子校昌黎先生集傳一卷 韓集點勘四卷 清陳景雲撰 清同治八年江蘇書局刻本 嚴遂批校 八四一

昌黎先生集四十卷外集十卷遺文一卷 唐韓愈撰 宋廖瑩中校正 清同治八年江蘇書局刻本 清劉履芬跋並錄清查慎行、查嗣瑮評點 存十二卷 集一至十、外集一、遺文一 八四二

昌黎先生集四十卷遺文一卷 唐韓愈撰 宋廖瑩中校正 清陳澧批校 清同治九年廣東述古堂刻本 十行二十字，白口，四周雙邊 八四三

昌黎先生集四十卷 唐韓愈撰 宋廖瑩中校正 清同治九年廣東述古堂刻本 朱啓連批點 八四四

昌黎先生集四十卷 唐韓愈撰 清光緒十五年廣州萃文堂刻本 陳慶桂評點 十行二十字，白口，四周雙邊 八四五

新刊經進詳註昌黎先生文四十卷外集十卷遺文三卷 唐韓愈撰 宋文讜註 王儔補註 韓文公志三卷 宋刻本（卷十二至十八配另一無註宋刻本） 十行十八字，小字雙行同，白口，左右雙邊，卷十二至十八為十行二十字，白口，左右雙邊 八四六

音註韓文公文集四十卷外集十二卷 唐韓愈撰 宋祝充音註 宋刻本 十二行二十一或二十二字，白口，四周雙邊 八四七

新刊五百家註音辯昌黎先生文集四十卷外集十卷 唐韓愈撰 宋魏仲舉輯註 序傳碑記一卷 韓文類譜十卷 宋魏仲舉輯 宋慶元六年魏仲舉家塾刻本（卷三至四、六至七、十五至十七、二十一配清抄本） 清汪昔、丁丙跋 十行十八字，細黑口，左右雙邊 八四八

新刊五百家註音辯昌黎先生文集四十卷 唐韓愈撰 宋魏仲舉輯註 清乾隆四十九年刻本 十行十八字，小字雙行二十三字，白口，左右雙邊 八四九

新刊五百家註音辯昌黎先生文集四十卷 唐韓愈撰 宋魏仲舉輯註 清乾隆四十九年刻本 清洪汝奎跋並錄清潘德輿、胡承珙批注 八五〇

新刊五百家註音辯昌黎先生文集四十卷 唐韓愈撰 宋魏仲舉輯註 清乾隆四十九年刻本 清方成珪批校 存三十五卷 一至三十五 八五一

新刊五百家註音辯昌黎先生文集四十卷 唐韓愈撰 宋魏仲舉輯註 清乾隆四十九年刻本 清陳澧批校 八五二

新刊五百家註音辯昌黎先生文集四十卷 唐韓愈撰 宋魏仲舉輯註 清乾隆四十九年刻本 清吳汝綸批校 八五三

唐韓昌黎集四十卷外集十卷遺文一卷 唐韓愈撰 明蔣之翹輯注 附錄一卷 明崇禎六年蔣氏三徑草堂刻韓柳全集本 清郭嵩燾批注 佚名錄清儲欣、姚範批 九行十七字，小字雙行同，白口，左右雙邊 八五四

唐韓昌黎集四十卷外集十卷遺文一卷 唐韓愈撰 明蔣之翹輯注 附錄一卷 明崇禎六年蔣氏三徑草堂刻韓柳全集本 清錢孫保校並跋 八五五

韓文起十二卷 唐韓愈撰 清林雲銘評註 韓文公年譜一卷 清林雲銘撰 清康熙三十二年林氏建陽刻本 九行二十三字，無直格，白口，左右雙邊，間有少數四周單邊 八五六

韓文起十二卷 唐韓愈撰 清林雲銘評註 韓文公年譜一卷 清林雲銘撰 清康熙林雲銘刻本 九行二十三字，無直格，白口，左右雙邊 八五七

昌黎先生詩集注十一卷 清顧嗣立刪補 年譜一卷 清康熙三十八年顧氏秀野艸堂刻本 十一行二十字，小字雙行三十字，白口，左右雙邊 八五八

昌黎先生詩集注十一卷 清顧嗣立刪補 年譜一卷 清康熙三十八年顧氏秀野艸堂刻本 清盛百二批校並錄俞長城、朱彝尊、地璞批語 八五九

昌黎先生詩集注十一卷 清顧嗣立刪補 年譜一卷 清康熙三十八年顧氏秀野艸堂刻本 清張爾耆錄朱彝尊、查慎行評 八六〇

昌黎先生詩集注十一卷 清顧嗣立刪補 秀野艸堂刻本 清康熙三十八年顧氏 佚名錄朱彝尊、沈大成、集衣素批校 清張晏泉錄何焯、黃鉞批校 八六一

昌黎先生詩集注十一卷 清顧嗣立刪補 年譜一卷 清康熙三十八年顧氏秀野艸堂刻本 清嚴虞惇批 八六二

昌黎先生詩集注十一卷 清顧嗣立刪補 年譜一卷 清康熙三十八年顧氏秀野艸堂刻本 王大堉錄清嚴虞惇批並跋 八六三

八六四 昌黎先生詩集注十一卷 清顧嗣立刪補 年譜一卷 清康熙三十八年顧氏秀野艸堂刻本 清葉[illegible]批並錄何焯評

八六五 昌黎先生詩集注十一卷 清顧嗣立刪補 年譜一卷 清康熙三
十八年顧氏秀野艸堂刻本 吳庠錄清查慎行等批校並跋

八六六 昌黎先生詩集注十一卷 清顧嗣立刪補 年譜一卷 清康熙三
十八年顧氏秀野艸堂刻本 清佚名錄清查慎行等評校

八六七 昌黎先生詩集注十一卷 清顧嗣立刪補 年譜一卷 清康熙三
十八年顧氏秀野艸堂刻本 佚名錄清查慎行批

八六八 昌黎先生詩集注十一卷 清顧嗣立刪補 年譜一卷 清康熙三
十八年顧氏秀野艸堂刻本 清張[illegible]宜批校

八六九 昌黎先生詩集注十一卷 清顧嗣立刪補 年譜一卷 清康熙三
十八年顧氏秀野艸堂刻本 清姚範評 徐乃昌題

八七〇 昌黎先生詩集注十一卷 清顧嗣立刪補 昌黎先生年
譜一卷 清康熙三十八年顧氏秀野艸堂刻本 清方世舉批點 葉敬錄方世舉「昌黎先生韓詩辨證」州撥

八七一 昌黎先生詩集注十一卷 清顧嗣立刪補 年譜一卷 清康熙三
十八年顧氏秀野艸堂刻本 清沈叔埏評注

四九

八七二 昌黎先生詩集注十一卷 清顧嗣立刪補 年譜一卷 清康熙三
十八年顧氏秀野艸堂刻本 清查山校 王文燾錄諸家評校

八七三 昌黎先生詩集注十一卷 清顧嗣立刪補 年譜一卷 清康熙三
十八年顧氏秀野艸堂刻本 清穆彰阿跋

八七四 昌黎先生詩集注十一卷 清顧嗣立刪補 清康熙三十八年顧氏秀野艸堂刻本 清張問陶批校

八七五 昌黎先生詩集注十一卷 清顧嗣立刪補 清康熙三十八年顧氏秀野艸堂刻本 清方保馨批點

八七六 昌黎先生詩集注十一卷 清顧嗣立刪補 年譜一卷 清康熙三
十八年顧氏秀野艸堂刻本 清劉[illegible]延評點

八七七 昌黎先生詩集注十一卷 清顧嗣立刪補 年譜一卷 清康熙三
十八年顧氏秀野艸堂刻本 清黎簡批 莫棠跋

八七八 昌黎先生詩集注十一卷 清顧嗣立刪補 年譜一卷 清康熙三
十八年顧氏秀野艸堂刻本 清佚名評點 王大隆跋

八七九 韓昌黎詩集編年箋注十二卷 清方世舉撰 清乾隆二十三年盧見曾雅雨堂刻本 十行
二十三字，白口，四周單邊

八八〇 韓昌黎詩集編年箋注十二卷 清方世舉撰 清乾隆二十三年盧見曾雅雨堂刻本 佚名
錄清宋犖、何焯批校

八八一 韓昌黎詩集編年箋注十二卷 清方世舉撰 清乾隆二十三年盧見曾雅雨堂刻本 清翁
國鈞跋並錄清嚴虞惇、沈德潛等批注

八八二 韓昌黎詩集編年箋注十二卷 清方世舉撰 清乾隆二十三年盧見曾雅雨堂刻本 清
馮浩批

八八三 韓昌黎詩集編年箋注十二卷 清方世舉撰 清乾隆二十三年盧見曾雅雨堂刻本 清徐
松錄紀昀批

八八四 韓昌黎詩集編年箋注十二卷 清方世舉撰 清乾隆二十三年盧見曾雅雨堂刻本 清李
子衡、劉玉麟批點並跋 梁佶修跋

八八五 韓昌黎詩集編年箋注十二卷 清方世舉撰 清乾隆二十三年盧見曾雅雨堂刻本 清陳
黎鍾錄陳兆崙評點

八八六 韓昌黎詩集編年箋注十二卷 清方世舉撰 清乾隆二十三年盧見曾雅雨堂刻本 清孫
衣言評點並跋

八八七 韓昌黎詩集編年箋注十二卷 清方世舉撰 清乾隆二十三年盧見曾雅雨堂刻本 清莫
友芝批 王秉恩批校

八八八 韓昌黎詩集編年箋注十二卷 清方世舉撰 清乾隆二十三年盧見曾雅雨堂刻本 清王
拯錄李憲喬、施雪帆評點並跋

五〇

八八九 韓昌黎集評註八卷 清許鴻磐撰 稿本

八九〇 韓集注補四十卷 清鍾廷瑛撰 稿本

八九一 昌黎先生詩集十卷外集一卷遺詩一卷 唐韓愈撰 清康熙
席氏琴川書屋刻唐詩百名家全集本 清張大受、許廷鑅批並跋 十行十八字，白口，
左右雙邊
存七卷 六至十、外集全、遺詩全

八九二 昌黎詩集不分卷 唐韓愈撰 清趙伯抄本 清鄭[illegible]批點 九行二十一字，無格

八九三 昌黎文式二卷 唐韓愈撰 宋真德秀輯 元程端禮批點 明弘治蔡紘抄本 清張昭潛跋 十行二十一字

八九四 韓文正宗二卷 唐韓愈撰 明戴鰲輯 綱目一卷 明弘治十六年戴氏松崖書屋
刻本 九行二十字，黑口，四周雙邊

八九五 唐大家韓文公文鈔十六卷 唐韓愈撰 明茅坤輯 明萬曆七年茅一桂刻唐宋八大家文抄本
清王國錄方苞批點 九行十九字，白口，左右雙邊

八九六 韓文公文抄十六卷 唐韓愈撰 明茅坤評 明刻朱墨套印本 九行二十字，白口，四周單邊

八九七 王荆石先生批評韓文十卷 唐韓愈撰 明王錫爵評 明刻王荆石先生批評韓柳文本 清李光
地、沈德潛批校題識並圈點 九行十九字，無直格，白口，四周單邊

898 韓昌黎文選二卷 唐韓愈撰 清康熙抄本 清佚名錄清何焯批校 九行二十六字無格

899 韓文選鈔不分卷 唐韓愈撰 清林佶抄本 九行二十五字無直格四周雙邊

900 韓文鈔不分卷 唐韓愈撰 清袁與撰抄本 清翁同龢跋並錄清何焯等人批校 十行二十四字無格

901 昌黎文鈔三卷 唐韓愈撰 清許鴻磐輯 清抄本 清許鴻磐錄諸家評語

902 韓子文鈔不分卷 唐韓愈撰 清道光四年許鴻磐抄本 九行二十四字白口四周雙邊

903 韓集舉正十卷外集舉正一卷敘錄一卷 宋方崧卿撰 清影宋抄本 十一行二十字無格

904 韓集舉正十卷外集舉正一卷敘錄一卷 宋方崧卿撰 清影宋抄本 清觶廬陸校並跋

905 韓集舉正十卷外集舉正一卷敘錄一卷 宋方崧卿撰 清抄本 清丁丙跋

906 晦庵朱侍講先生韓文考異十卷 宋朱熹撰 宋刻本（卷一至二配清抄本） 九行十七字小字雙行十九字細黑口左右雙邊或四周雙邊

907 昌黎先生集考異十卷 宋朱熹撰 宋紹定二年張洽刻本 佚名校 十行二十字小字雙行同白口左右雙邊

908 昌黎先生集考異十卷 宋朱熹撰 清康熙四十七年李光地刻本 十行二十字小字雙行同白口左右雙邊

五一

909 韓文翼二卷 清李蟠輯 清乾隆刻本 十行十九字白口四周單邊

910 韓筆酌蠡三十卷 清盧軒撰 稿本 十行二十四字無直格白口四周雙邊

911 韓筆酌蠡三十卷 清盧軒撰 清雍正八年程崟刻本 九行二十四字白口四周單邊

912 韓筆酌蠡三十卷 清盧軒撰 清雍正八年程崟刻本 清張開晉批校

913 韓筆酌蠡三十卷 清盧軒撰 清雍正八年程崟刻本 清觶廬陸校

914 韓筆酌蠡三十卷 清盧軒撰 清雍正八年程崟刻乾隆十四年重修本

915 韓集點勘四卷 清陳景雲撰 清刻本 十行二十字細黑口左右雙邊

916 韓集點勘四卷 清陳景雲撰 清劉氏味經書屋抄本 十一行二十字藍格白口左右雙邊

917 讀韓記疑十卷首一卷 清王元啓撰 清嘉慶五年王尚廷刻本 十行二十一字小字雙行同白口左右雙邊

918 讀韓記疑十卷首一卷 清王元啓撰 清嘉慶五年王尚廷刻二十二年鐘洪印本

919 讀韓記疑十卷 清王元啓撰 清嘉慶五年王尚廷刻二十二年鐘洪印本 清鄧廷楨校並跋

920 韓集拾瀋六卷 清鑑廷琰撰 稿本

921 韓集箋正不分卷 清方成珪撰 稿本 清黃式三跋 十行二十四字小字雙行同無格

922 韓集箋正四十卷外集十卷年譜一卷 清方成珪撰 清道光抄本 十行十九字無格

923 歐陽行周文集十卷 唐歐陽詹撰 明弘治十七年莊槩、吳甃刻本 十行二十二字黑口四周雙邊

924 歐陽行周文集十卷 唐歐陽詹撰 明弘治十七年莊槩、吳甃刻本 清陳遹校並跋

925 歐陽行周文集十卷 唐歐陽詹撰 明弘治十七年莊槩、吳甃刻公文紙印本 清劉喜海跋

926 歐陽文集十卷存四卷（一至四） 唐歐陽詹撰 明建陽劉弘毅慎獨齋刻本 十行二十字黑口四周雙邊

927 歐陽行周文集十卷 唐歐陽詹撰 明刻本 十行二十二字白口四周單邊

928 歐陽行周文集十卷 唐歐陽詹撰 明刻本 清吳卓信跋並錄何焯校

929 歐陽行周文集十卷 唐歐陽詹撰 明刻本 清許曾惠跋

930 歐陽行周文集十卷 唐歐陽詹撰 明刻本 清丁丙跋

931 歐陽行周文集十卷 唐歐陽詹撰 明抄本 □論人校 十行十八字藍格細藍口或黑格細黑口四周單邊

932 歐陽行周文集十卷補遺一卷 唐歐陽詹撰 清乾隆五十年秦恩復抄本 清秦恩復、顧廣圻校並跋 孫星衍、錢鳳滋跋 九行二十一字白口四周單邊

933 歐陽行周文集十卷 唐歐陽詹撰 清乾隆抄本 十二行二十一字黑格

934 歐陽行周集十卷附錄一卷 唐歐陽詹撰 清抄本 清高世異校 八行二十一字無格

935 歐陽四門文集十卷附錄一卷 唐歐陽詹撰 清傳硯齋抄本 九行二十一字白口四周雙邊

936 唐歐陽先生文集八卷附錄一卷 唐歐陽詹撰 明徐𤊹輯 明萬曆三十四年葉向高等金陵刻本 九行十八字白口左右雙邊

937 唐歐陽先生文集八卷附錄一卷 唐歐陽詹撰 明徐𤊹輯 明萬曆三十四年葉向高等金陵刻本 清韓崇跋並錄何焯批及題識 丁丙跋

938 歐陽先生文集八卷 唐歐陽詹撰 清吳翌鳳古歡堂抄本 吳翌鳳校並跋 九行十八字無格

939 歐陽先生文集八卷 唐歐陽詹撰 清抄本 清粤煒煜、惲毓鼎跋 九行十八字黑口左右雙邊

940 唐歐陽先生文集八卷附錄一卷 清張氏小琅嬛福地抄本

941 河東先生集四十五卷外集二卷 唐柳宗元撰 宋廖瑩中校正 宋咸淳廖氏世綵堂刻本（卷三至五、十配明影宋刻本） 清朱彝尊跋 九行十七字小字雙行同白口四周雙邊

942 河東先生集四十五卷外集二卷 唐柳宗元撰 宋廖瑩中校正 清康熙影刻宋咸淳廖氏世綵堂刻本 九行十九字小字雙行同白口四周雙邊

943 河東先生集四十五卷外集二卷龍城錄二卷附錄二卷傳一卷 唐柳宗元撰 宋廖瑩中校正 明郭雲鵬濟美堂刻本 九行十七字小字雙行同細黑口四周雙邊

五二

九四四　河東先生集四十五卷外集二卷龍城錄二卷　唐柳宗元撰　宋廖瑩中校正　附錄二卷傳一卷　明郭雲鵬濟美堂刻本　清沈學濟錄丁晏批點並跋

九四五　河東先生集四十五卷外集二卷龍城錄二卷　唐柳宗元撰　宋廖瑩中校正　附錄二卷傳一卷　明郭雲鵬濟美堂刻本（卷三、四配清抄本）　清壽芝錄跋並錄沈起元批校題識

九四六　河東先生集四十五卷外集二卷龍城錄二卷　唐柳宗元撰　宋廖瑩中校正　附錄二卷傳一卷　明郭雲鵬濟美堂刻本　清何焯批校

九四七　河東先生集四十五卷外集二卷龍城錄二卷　唐柳宗元撰　宋廖瑩中校正　附錄二卷傳一卷　明萬曆三十八年呂圖南刻本　九行十七字，白口，四周雙邊　存二十卷　十至十三、二十一至二十九、外集、龍城錄、附錄、傳全

九四八　河東先生集四十五卷外集二卷龍城錄二卷　唐柳宗元撰　宋廖瑩中校正　附錄二卷傳一卷　明萬曆三十八年呂圖南刻天啟三年李瑞鯉重修本　九行十七字，白口，四周雙邊

五三

九四九　河東先生集四十五卷外集二卷龍城錄二卷　唐柳宗元撰　宋廖瑩中校正　附錄二卷傳一卷　明萬曆三十八年呂圖南刻天啟三年李瑞鯉崇禎三年胡士傳遞修本　九行十七字，白口，四周雙邊

九五〇　唐柳先生外集一卷　唐柳宗元撰　宋乾道元年零陵郡庠刻本　清吳繩祖跋　張允亮等題款　九行十八字，白口，左右雙邊

九五一　唐柳先生外集一卷　唐柳宗元撰　清影刻宋乾道元年零陵郡庠刻本　九行十八字

九五二　新刊詁訓唐柳先生文集四十五卷外集二卷　新編外集一卷　唐柳宗元撰　宋韓醇音釋　清抄本（四庫底本）　九行二十一字，紅格，白口，四周雙邊

九五三　新刊增廣百家詳補註唐柳先生文四十五卷　唐柳宗元撰　宋童宗說、韓醇等注釋　宋刻本　十行十八字，小字雙行同，白口，左右雙邊

九五四　重校添註音辯唐柳先生文集四十五卷　唐柳宗元撰　宋童宗說、韓醇等註釋　宋刻本　九行十七字，小字雙行同，白口，左右雙邊　存五卷　十八至二十、四十三至四十四

九五五　重校添註音辯唐柳先生文集四十五卷　唐柳宗元撰　宋童宗說、韓醇等注釋　宋刻本　九行十七字，小字雙行同，白口，左右雙邊　存二卷　三十七、四十一

九五六　重校添註音辯唐柳先生文集四十五卷　唐柳宗元撰　宋童宗說、韓醇等註釋　宋刻本　九行十七字，小字雙行同，白口，左右雙邊　存三卷　二十至二十二

九五七　五百家註音辯唐柳先生文集四十五卷　唐柳宗元撰　宋童宗說、韓醇等注釋　魏仲舉輯　宋刻本　清黃丕烈跋並題詩　十行十八字，小字雙行二十三字，細黑口，左右雙邊　存十一卷　十六至二十一、三十七至四十一

九五八　增廣註釋音辯唐柳先生集四十五卷外集二卷　唐柳宗元撰　宋童宗說註釋　張敦頤音辯　潘緯音義　年譜一卷　宋文安禮撰　附錄一卷　宋刻本　十二行二十一字，細黑口，四周雙邊，間左右雙邊

九五九　唐柳先生集四十五卷外集二卷龍城錄二卷　唐柳宗元撰　宋童宗說音註　張敦頤音辯　潘緯音義　附錄二卷傳一卷　明萬曆刻本　十行二十字，小字雙行同，白口，四周單邊

九六〇　唐柳先生集四十五卷外集二卷龍城錄二卷　唐柳宗元撰　宋童宗說音註　張敦頤音辯　潘緯音義　附錄二卷傳一卷　明萬曆刻本　清若英過錄明王錫爵批校並跋

五四

九六一　唐柳河東集四十五卷外集五卷遺文一卷　唐柳宗元撰　明蔣之翹輯注　附錄一卷　明崇禎六年蔣氏三徑艸堂刻韓柳合集本　清馮雲鵷批　九行十七字，白口，左右雙邊

九六二　唐柳河東集四十五卷外集五卷遺文一卷　唐柳宗元撰　明蔣之翹輯注　附錄一卷　明崇禎六年蔣氏三徑艸堂刻韓柳合集本　清錢孫保校並跋

九六三　柳文四十三卷別集二卷外集二卷　唐柳宗元撰　附錄一卷　明嘉靖十六年游居敬刻韓柳文本　清方苞批　馬其昶跋　陳寶琛守批　十一行二十二字，白口，左右雙邊

九六四　柳文四十三卷別集二卷外集二卷　唐柳宗元撰　附錄一卷　明嘉靖十六年游居敬刻韓柳文本　清曹錫黼錄何焯、方苞批校

九六五　柳文四十三卷別集二卷外集二卷　唐柳宗元撰　附錄一卷後錄一卷　明嘉靖二十八年王士翹刻三十一年朱有孚續刻本　十一行二十二字，白口，左右雙邊

九六六　柳文四十三卷別集二卷外集二卷　唐柳宗元撰　附錄一卷後錄一卷　明嘉靖二十八年王士翹刻三十一年朱有孚續刻本　清王同愈跋

九六七　柳文四十三卷別集二卷外集二卷　唐柳宗元撰　附錄一卷　明嘉靖三十五年莫如士刻韓柳文本　清張澍跋　十一行二十二字，白口，左右雙邊

九六八　柳文四十三卷別集二卷外集二卷　唐柳宗元撰　附

錄一卷　清楊氏鶯春臺閣刻本　清何紹基批校並跋　十一行二十二字，白口，四周雙邊或左右雙邊

969 增廣註釋音辯唐柳先生集四十三卷別集二卷外集二卷　唐柳宗元撰　宋童宗說註釋　張敦頤音辯　潘緯音義　年譜一卷　宋文安禮撰　附錄一卷　元刻本　十二行二十一字，小字雙行同，細黑口，四周雙邊

970 增廣註釋音辯唐柳先生集四十三卷外集二卷　唐柳宗元撰　宋童宗說註釋　張敦頤音辯　潘緯音義　附錄一卷　元刻本（目錄、卷三至四、三十二至三十八配明初刻本）　十二行二十一字，黑口，左右雙邊

971 增廣註釋音辯唐柳先生集四十三卷外集二卷　唐柳宗元撰　宋童宗說註釋　張敦頤音辯　潘緯音義　附錄一卷　元刻本（卷二至六、九至十二配明初刻本）　十三行二十三字，小字雙行同，細黑口，四周雙邊

存二十六卷　二至六、九至十六、二十四至三十、三十四至四十三

972 增廣註釋音辯唐柳先生集四十三卷別集二卷外集二卷　唐柳宗元撰　宋童宗說註釋　張敦頤音辯　潘緯音義　附錄一卷　明初刻本　十三行二十三字，小字雙行同，細黑口，四周雙邊

973 增廣註釋音辯唐柳先生集四十三卷別集二卷外集二卷　唐柳宗元撰　宋童宗說註釋　張敦頤音辯　潘緯音義　附錄一卷　明初刻本　十三行二十三字，小字雙行同，黑口，四周雙邊

974 增廣註釋音辯唐柳先生集四十三卷別集二卷外集二卷　唐柳宗元撰　宋童宗說註釋　張敦頤音辯　潘緯音義　年譜一卷附錄一卷　明初刻本　十三行二十三字，小字雙行同，黑口，四周雙邊

975 增廣註釋音辯唐柳先生集四十三卷別集二卷外集二卷　唐柳宗元撰　宋童宗說註釋　張敦頤音辯　潘緯音義　附錄一卷　明初刻本　清嚴虞惇跋

976 增廣註釋音辯唐柳先生集四十三卷別集二卷外集二卷　唐柳宗元撰　宋童宗說註釋　張敦頤音辯　潘緯音義　明初刻本　佚名錄清何焯批校　翁同龢跋並題詩

977 增廣註釋音辯唐柳先生集四十三卷別集二卷　唐柳宗元撰　宋童宗說註釋　張敦頤音辯　潘緯音義　明初刻本　清孫星衍跋

978 增廣註釋音辯唐柳先生集四十三卷　唐柳宗元撰　宋童宗說註釋　張敦頤音辯　潘緯音義　附錄一卷　明初刻本　清馮登府跋

979 增廣註釋音辯唐柳先生集四十三卷別集二卷外集二卷　唐柳宗元撰　宋童宗說註釋　張敦頤音辯　潘緯音義　附錄一卷　明初刻本　清丁丙跋

980 增廣註釋音辯唐柳先生集四十三卷別集二卷外集二卷　唐柳宗元撰　宋童宗說註釋　張敦頤音辯　潘緯音義　附錄一卷　明初刻本　清章壽康跋

存十卷　一至二、七至八、十四、二十六至三十

981 增廣註釋音辯唐柳先生集四十三卷別集二卷外集二卷　唐柳宗元撰　宋童宗說註釋　張敦頤音辯　潘緯音義　附錄一卷　明正統十三年善敬堂刻遞修本　九行十八字，大黑口，四周雙邊

982 增廣註釋音辯唐柳先生集四十三卷別集二卷外集二卷　唐柳宗元撰　宋童宗說註釋　張敦頤音辯　潘緯音義　附錄一卷　明正統十三年善敬堂刻遞修本　清翁同龢跋並錄何焯批校

983 增廣註釋音辯唐柳先生集四十三卷別集二卷外集二卷　唐柳宗元撰　宋童宗說注釋　張敦頤音辯　潘緯音義　附錄一卷　明正統十三年善敬堂刻遞修本　清丁丙跋

984 增廣註釋音辯唐柳先生集四十三卷　唐柳宗元撰　宋童宗說註釋　張敦頤音辯　潘緯音義　附錄一卷　明正統十三年善敬堂刻遞修本（卷二十一至二十五配清抄本）　清崔應榴批

985 增廣註釋音辯唐柳先生集四十三卷別集二卷外集二卷　唐柳宗元撰　宋童宗說註釋　張敦頤音辯　潘緯音義　附錄一卷　明正德十年張景暘、胡韶、劉玉刻本　十三行二十三字，小字雙行同，黑口，四周雙邊

986 增廣註釋音辯唐柳先生集四十三卷別集二卷外集二卷　唐柳宗元撰　宋童宗說註釋　張敦頤音辯　潘緯音義　附錄一卷　明正德十年張景暘、胡韶、劉玉刻本　清吳騫跋

987 增廣註釋音辯唐柳先生集四十三卷別集二卷外集二卷　唐柳宗元撰　宋童宗說註釋　張敦頤音辯　潘緯音義　年譜一卷　明正德十年張景暘、胡韶、劉玉刻本（年譜抄配）　清葉樹廉批

988 增廣註釋音辯唐柳先生集四十三卷別集一卷外集一卷　唐柳宗元撰　宋童宗說註釋　張敦頤音辯　潘緯音義　附錄一卷　明刻本　卷一至二、別集、外集爲十三行二十三字，黑口，四周雙邊；卷三至四十三爲十三行二十六字

989 京本校正音釋唐柳先生集四十三卷別集一

卷外集一卷　唐柳宗元撰　宋童宗說音註　張敦頤音辯　潘緯音義　附錄一卷　明刻本　十行二十四字白口四周双边

九九〇　京本校正音釋唐柳先生集四十三卷別集一卷外集一卷　唐柳宗元撰　宋童宗說音註　張敦頤音辯　潘緯音義　附錄一卷　明刻本　明繆關先評點　清陸燦跋

九九一　增廣註釋音辯唐柳先生集二十卷別集一卷外集一卷　唐柳宗元撰　宋童宗說音註　張敦頤音辯　潘緯音義　附錄一卷　明刻本　十三行二十六字黑口四周双边

九九二　增廣註釋音辯唐柳先生集二十卷別集一卷外集一卷　唐柳宗元撰　宋童宗說音註　張敦頤音辯　潘緯音義　附錄一卷　明刻本　清黃彭年校點

九九三　柳文二十二卷　唐柳宗元撰　明萬曆二十年蔣萬景永州刻本　九行二十字白口四周双边

九九四　王荊石先生批評柳文十二卷　唐柳宗元撰　明王錫爵評　明刻王荊石先生批評韓柳文本　清何焯批校並跋　九行十九字白口四周单边

九九五　王荊石先生批評柳文十二卷　唐柳宗元撰　明王錫爵評　明刻王荊石先生批評韓柳文本　清王蕙山錄何大年校

五七

九九六　柳文七卷　唐柳宗元撰　明茅坤評　明刻朱墨套印本　八行十八字白口四周单边

九九七　柳文七卷　唐柳宗元撰　明茅坤評　明刻朱墨套印本　清魏邈祖跋

九九八　柳集點勘四卷　清陳景雲撰　稿本　十一行二十一字小字双行同黑格左右双边

九九九　柳州文選二卷　唐柳宗元撰　清許鴻磐輯　清食硯軒抄本　許鴻磐批點　九行二十三字白口四周双边

一〇〇〇　劉夢得文集三十卷　唐劉禹錫撰　宋刻本　十二行二十一字白口左右双边　存四卷　一至四

一〇〇一　劉賓客文集三十卷外集十卷　唐劉禹錫撰　明萬曆二年燮氏表刻本　十行二十字白口四周双边

一〇〇二　劉賓客外集十卷　唐劉禹錫撰　明刻本　清葉樹廉校　十行二十字白口四周单边　存四卷　一至四

一〇〇三　劉賓客文集三十卷外集十卷　唐劉禹錫撰　明刻本（卷一至四、七、二十一至二十三、外集配清抄本，八至十六、二十四至二十九配清劉宋抄本）　清丁丙跋　十行二十字白口四周双边

一〇〇四　劉賓客文集三十卷劉夢得外集十卷　唐劉禹錫撰　明花氏卧雲山房抄本　十行二十字白口左右双边

一〇〇五　劉賓客文集三十卷　唐劉禹錫撰　明抄本　明毛晉校　九行十七字無格

一〇〇六　劉賓客文集三十卷補遺一卷　唐劉禹錫撰　明抄本　清曹炎校　十行二十字無格

一〇〇七　劉賓客文集三十卷補遺一卷　唐劉禹錫撰　明抄本　佚名校　清顧之逵跋　姜渭題款

一〇〇八　劉賓客文集三十卷　唐劉禹錫撰　清初抄本　清曹炎校　十三行二十四字無格

一〇〇九　劉賓客文集三十卷　唐劉禹錫撰　清初抄本　十行二十字無格　存二十二卷　一至二十二

一〇一〇　劉賓客文集三十卷補遺一卷　唐劉禹錫撰　清初抄本　十行二十字無格

一〇一一　劉賓客文集三十卷外集十卷　唐劉禹錫撰　清味書室抄本　清鄭江校　十行二十字白口四周双边

一〇一二　劉賓客集三十卷外集十卷　唐劉禹錫撰　清味書室抄本　清龔文照錄黃丕烈跋　葉景葵跋　十行二十字黑格

一〇一三　劉賓客文集三十卷外集十卷　唐劉禹錫撰　清抄本　清馮浩校補並跋　十行十七字無格　外集十行二十字無格

一〇一四　劉賓客文集三十卷補遺一卷　唐劉禹錫撰　清抄本　十行二十字無格

五八

一〇一五　劉賓客文集三十卷補遺一卷外集十卷　唐劉禹錫撰　清抄本　清黃丕烈校並跋　十行二十字無格

一〇一六　劉賓客文集三十卷外集十卷　唐劉禹錫撰　清陳氏稽瑞樓抄本　清丁丙跋

一〇一七　劉賓客文集三十卷外集十卷　唐劉禹錫撰　清抄本　清趙宗建校並跋　九行二十字無格

一〇一八　劉賓客文集三十卷　唐劉禹錫撰　清抄本　十行二十字無格

一〇一九　劉賓客文集三十卷外集十卷　唐劉禹錫撰　清光緒三十一年仁和朱氏刻結一廬賸餘叢書本　傅增湘校跋並錄黃丕烈題識　十一行二十一字黑口左右双边

一〇二〇　劉賓客文集三十卷外集十卷　唐劉禹錫撰　清光緒三十一年仁和朱氏刻結一廬賸餘叢書本　傅增湘校

一〇二一　劉賓客外集十卷　唐劉禹錫撰　清抄本　清劉同勳跋　十二行二十二字紅格白口四周双边　存八卷　一至八

一〇二二　劉賓客集一卷別集一卷　唐劉禹錫撰　清康熙野香堂刻中晚唐詩本　清姚世鈺錄何焯校並跋　九行十九字

一〇二三　劉賓客詩集九卷　唐劉禹錫撰　清雍正元年華亭趙氏涵碧齋刻本　十行十九字黑口左右双边

一〇二四　劉賓客詩集九卷　唐劉禹錫撰　清雍正元年華亭趙氏涵碧齋刻本　清袁棠批並跋

一〇二五 李文十八卷 唐李翺撰 明成化十一年馮孜刻本 十行二十字左右小字双行同黑口四周双边
一〇二六 李文十八卷 唐李翺撰 明成化十一年馮孜刻嘉靖四年舒瑞重修本 十行二十字左右小字双行同細黑口四周双边
一〇二七 李文十八卷 唐李翺撰 明成化十一年馮孜刻嘉靖四年舒瑞重修本 清丁丙跋
一〇二八 李文十八卷 唐李翺撰 明成化十一年馮孜刻嘉靖四年舒瑞重修本 鄧邦述跋
一〇二九 李文十八卷 唐李翺撰 明嘉靖二年黄景夔刻本 十行十九字黑口四周双边
一〇三〇 李文十八卷 唐李翺撰 明嘉靖二年黄景夔刻本 黄尚同張元濟跋 十行十九字黑口四周双边
一〇三一 李文公集十八卷 唐李翺撰 明末毛氏汲古閣刻三唐人文集本 清邵齋熙批校 邵裹亭跋 九行十九字小字双行同白口左右双边
一〇三二 李文公集十八卷 唐李翺撰 明末毛氏汲古閣刻三唐人文集本 學士撰錄清李芝綬跋並錄李芝綬錄黄廷鑑校
一〇三三 李文公集十八卷 唐李翺撰 明末毛氏汲古閣刻三唐人文集本 潘嘏批校
一〇三四 李文公集十八卷 唐李翺撰 清初錢曾述古堂抄本 周叔弢跋 十三行二十字白口左右双边
一〇三五 唐李文公集十八卷 唐李翺撰 清抄本 清朱錫庚跋 十行十九至二十一字不等无格
一〇三六 李文公集十八卷補遺時錄一卷 唐李翺撰 清光緒元年南海馮氏刻本 蕭穆批校 九行十九字白口左右双边
一〇三七 李習之集不分卷 唐李翺撰 清鄭珍抄本 九行二十二字无直格四周单边

五九

一〇三八 皇甫持正文集六卷 唐皇甫湜撰 宋刻本 十二行二十一字白口左右双边
一〇三九 皇甫持正文集六卷 唐皇甫湜撰 明正德十五年皇甫録世業堂刻本 十行二十字細黑口左右双边
一〇四〇 皇甫持正集六卷 唐皇甫湜撰 明末毛氏汲古閣刻三唐人文集本 清吳卓信校跋並錄清錢曾題識 陳揆瞿熙邦校並跋 九行十九字白口左右双边
一〇四一 皇甫持正文集六卷 唐皇甫湜撰 明抄本 十行二十字白口左右双边
一〇四二 皇甫持正文集六卷 唐皇甫湜撰 清順治十七年錢曾家抄本 清錢曾校並跋
一〇四三 皇甫持正集六卷 唐皇甫湜撰 清雍正蔣氏賜書樓抄本 清蔣杲校 九行十九字无格
一〇四四 皇甫持正文集六卷 唐皇甫湜撰 清抄本 清顧之逵校 十行二十二字无格
一〇四五 皇甫持正集六卷 唐皇甫湜撰 清抄本（據明末毛氏汲古閣刻三唐人文集本抄出） 清屈載錄明吳寬校並補逸文一篇 九行十九字无格
一〇四六 皇甫持正文集六卷 唐皇甫湜撰 清抄本 清勞權校跋並錄錢曾題識 十行二十字无格
一〇四七 皇甫持正文集六卷 唐皇甫湜撰 清抄本 清戴望校 八行二十二字无格
一〇四八 皇甫持正文集六卷 唐皇甫湜撰 清抄本 十行二十二字无格
一〇四九 皇甫持正文集六卷 唐皇甫湜撰 清抄本 十行二十字无格
一〇五〇 皇甫持正文集六卷 唐皇甫湜撰 清抄本 八行二十二字无格

一〇五一 皇甫持正集六卷 唐皇甫湜撰 清抄本 十行二十一字无格
一〇五二 絳守居園池記一卷補記一卷 唐樊宗師撰 元趙仁舉注 吳師道補遺正誤 明沈光裕節録 明末刻本 九行二十字白口四周双边
一〇五三 絳守居園池記一卷 唐樊宗師撰 元趙仁舉注 吳師道補遺正誤 清抄本 清丁丙跋
一〇五四 唐樊紹述遺文一卷 唐樊宗師撰 清張庚輯注 清乾隆四年張庚強恕齋刻本 八行十六字黑口四周单边
一〇五五 樊紹述文不分卷 唐樊宗師撰 清胡世安注 清抄本 周大輔跋
一〇五六 樊紹述集二卷 唐樊宗師撰 清孫之騄輯注 清抄本
一〇五七 樊紹述集二卷 唐樊宗師撰 清孫之騄輯注 清抄本 十行二十字黑格黑口四周单边
一〇五八 樊紹述集二卷 唐樊宗師撰 清孫之騄輯注 清抄本 十一行十八字小字双行同白口四周双边
一〇五九 呂和叔文集十卷 唐呂温撰 清初錢氏述古堂抄本 十一行二十二字白口左右双边
一〇六〇 呂和叔文集十卷 唐呂温撰 清葉氏樸學齋抄本 清周錫瓚校並跋
一〇六一 呂和叔文集十卷 唐呂温撰 清抄本 十行二十一字无格
一〇六二 呂和叔文集十卷 唐呂温撰 清抄本 佚名校並錄清馮舒跋
一〇六三 呂和叔文集十卷 唐呂温撰 清抄本 十行十八字无格
一〇六四 呂和叔文集十卷 唐呂温撰 清抄本 清丁丙跋

六〇

一〇六五 呂和叔文集十卷 唐呂温撰 清抄本 清佚名校 十二行二十一字黑格
一〇六六 呂和叔文集七卷 唐呂温撰 清抄本 佚名錄葉樹廉校 十行十八字无格
一〇六七 呂衡州文集十卷 唐呂温撰 清抄本 八行十六字白口四周单边
一〇六八 呂衡州文集十卷 唐呂温撰 清抄本 清黄丕烈校 八行十六字白口四周单边
一〇六九 呂衡州文集十卷 唐呂温撰 清抄本 清顧廣圻校並跋 丁丙跋
一〇七〇 呂衡州文集十卷 唐呂温撰 清吳興沈德壽抱經樓抄本 十行二十一字紅口左右双边
一〇七一 呂衡州文集五卷 唐呂温撰 清初抄本 十行二十字黑格白口左右双边
一〇七二 孟東野文集十卷 唐孟郊撰 宋刻本 清黄丕烈跋 傅增湘勞健跋 十二行二十一字白口左右双边
一〇七三 孟東野詩集十卷 唐孟郊撰 宋刻本 清黄丕烈跋 傅增湘跋 十一行十六字白口左右双边
存五卷（一至五）
一〇七四 孟東野詩集十卷 唐孟郊撰 明初抄本 清張文虎校並跋 鍾應陸跋 十行十九字黑口四周双边
一〇七五 孟東野詩集十卷 唐孟郊撰 明弘治十二年楊一清予審刻本 十行十八字黑口四周双边
一〇七六 孟東野詩集十卷 唐孟郊撰 明弘治十二年楊一清予審刻本（卷六至十配明嘉靖三十五年秦禾刻本） 清錢孫保校
一〇七七 孟東野詩集十卷 唐孟郊撰 明弘治十二年楊一清予審刻本 清周錫瓚校並跋 黄丕烈跋 周叔弢校
一〇七八 孟東野詩集十卷 唐孟郊撰 明弘治十二年楊一清予審刻本 清徐康仙跋

1079 孟東野詩集十卷 唐孟郊撰 明弘治十二年楊一清刻本 清丁丙跋

1080 孟東野詩集十卷 唐孟郊撰 明弘治十二年楊一清刻本 鄧邦述跋

1081 孟東野詩集十卷 唐孟郊撰 明弘治十二年楊一清刻本 吳慈培跋 傅增湘題識

1082 孟東野詩集十卷 唐孟郊撰 聯句一卷 明嘉靖三十五年秦禾刻本 九行十八字，白口，四周單邊

1083 孟東野詩集十卷 唐孟郊撰 聯句一卷 明嘉靖三十五年秦禾刻本 清沈巖校跋並錄宋良貴、馮班題識

1084 孟東野詩集十卷 唐孟郊撰 聯句一卷 明嘉靖三十五年秦禾刻本 清戈襄、戈載批校 戈載跋

1085 孟東野詩集十卷 唐孟郊撰 聯句一卷 明嘉靖三十五年秦禾刻本 清丁丙跋

1086 孟東野詩集十卷 唐孟郊撰 明嘉靖三十五年秦禾刻本 傅增湘校並跋

1087 孟東野詩集十卷 唐孟郊撰 宋國材評 明刻本 八行十九字，白口，四周雙邊

1088 孟東野詩集十卷 唐孟郊撰 清康熙席氏琴川書屋刻唐詩百名家全集本 章鈺校並跋 十行十八字，白口，左右雙邊

1089 孟東野詩集十卷 唐孟郊撰 清抄本 清黃丕烈校並跋 十一行十六字，無格

1090 孟東野集十卷 唐孟郊撰 聯句一卷 明末毛氏汲古閣刻五唐人詩集本 清惠棟評點 江藩、張文虎跋 九行十九字，白口，左右雙邊

1091 孟東野集十卷 唐孟郊撰 明楊鶴刻本 十行二十字，白口，左右雙邊

1092 孟東野集十卷 唐孟郊撰 聯句一卷 明末毛氏汲古閣刻五唐人詩集本 黃裳校

1093 孟東野集十卷 唐孟郊撰 清順治十七年張翼抄本 九行十九字，無格

1094 孟東野集十卷 唐孟郊撰 附一卷 清抄本 葉德輝跋 九行十九字，無格

1095 孟東野詩集八卷 唐孟郊撰 明嘉靖六年楊鑨刻四十四年曾修本 十行十八字，白口，四周單邊

1096 唐孟東野詩集四卷 唐孟郊撰 聯句一卷 明刻本 清張紹仁校 九行十八字，白口，左右雙邊

1097 張文昌文集□卷 存四卷 一至四 唐張籍撰 宋刻本 十二行二十一字，白口，左右雙邊

1098 唐張司業詩集六卷 唐張籍撰 明正德十年劉成德刻本 十行十六字，白口，四周單邊

1099 唐張司業詩集八卷 唐張籍撰 明刻本 清丁丙跋 十行二十字，白口，左右雙邊

1100 張司業詩集八卷 唐張籍撰 附錄一卷 明抄本 清錢孫艾、黃丕烈跋 韓應陛跋並錄黃丕烈題識 十行十九字，無格

1101 張司業詩集八卷 唐張籍撰 附錄一卷 清初影宋抄本 清張師誠跋 九行十七字，白口，左右雙邊

1102 張司業詩集八卷 唐張籍撰 清康熙席氏琴川書屋刻唐詩百名家全集本 清孫四東批校 孫馮翼校並跋 孫[illegible]題識 十行十八字，白口，左右雙邊

1103 張司業詩集八卷 唐張籍撰 附錄一卷 清康熙席氏琴川書屋刻唐詩百名家全集本 傅增湘校並跋

1104 張司業詩集八卷 唐張籍撰 附錄一卷 清康熙席氏琴川書屋刻唐詩百名家全集本 傅增湘校並跋

1105 張司業詩集八卷拾遺一卷 唐張籍撰 附錄一卷 清孫潛家抄本 清孫潛校並跋 十二行二十四字，無格

1106 張司業詩集三卷 唐張籍撰 明抄本

1107 張司業詩集三卷 唐張籍撰 清順治十八年陸貽典影宋抄本配明刻唐百家詩本 清陸貽典校並跋 黃丕烈跋 十行十八字

1108 張司業詩集三卷 唐張籍撰 清初公文紙影宋抄本 清劉位坦跋 十行十八字，白口，左右雙邊

1109 張司業集三卷 唐張籍撰 清抄本 清黃丕烈校並跋 十行十八字，無格

1110 盧仝詩集二卷集外詩一卷 存一卷 中 唐盧仝撰 明陸濬刻本 十行十八字，白口，左右雙邊

1111 盧仝詩集二卷 唐盧仝撰 明抄本 十行十八字，白口，四周單邊

1112 盧仝詩集二卷集外詩一卷 唐盧仝撰 清抄本 清盧文弨校 十一行二十一字，黑格，白口，四周雙邊

1113 盧仝詩集二卷集外詩一卷 唐盧仝撰 清抄本 清丁丙跋

1114 盧仝詩集二卷集外詩一卷 唐盧仝撰 清抄本 九行十八字，黑格

1115 玉川子詩集二卷集外詩一卷 唐盧仝撰 清康熙顧夏珍抄本 十行二十字

1116 玉川子詩集五卷 唐盧仝撰 清孫之騄注 清初刻晴川八識本 清黃[illegible]跋 十行二十二字，黑口，左右雙邊

1117 李長吉文集四卷 唐李賀撰 宋刻本 十二行二十一字，白口，左右雙邊

1118 歌詩編四卷集外詩一卷 唐李賀撰 清初錢氏述古堂影宋抄本 十行十八字，無直格，白口，左右雙邊

1119 歌詩編四卷 唐李賀撰 蒙古憲宗六年趙衍刻本 清黃丕烈跋 陸拙生題款 十行二十字，白口，左右雙邊

1120 歌詩編四卷集外詩一卷 唐李賀撰 明崇禎毛氏汲古閣刻唐人四集本 清毛扆校 沈寶[illegible]跋 十二行二十字，細黑口，左右雙邊

1121 歌詩編四卷集外詩一卷 唐李賀撰 明崇禎毛氏汲古閣刻唐人四集本 傅增湘校 吳慈培校並跋 吳昌綬跋

1122 歌詩編四卷集外詩一卷 唐李賀撰 明崇禎毛氏汲古閣刻唐人四集清[illegible]印本 章鈺跋並錄清何焯校跋 鄧邦述題識

1123 李長吉歌詩四卷外詩集一卷 唐李賀撰 宋劉辰翁評 明凌濛初刻閔氏朱墨套印本

四名家集本　清李兆臣跋　八行十九字，白口，左右双边

一一二四 李長吉歌詩四卷外集一卷　唐李賀撰　宋吳正子箋注　劉辰翁評點　明天啓刻合刻宋劉須溪校書九種本　清吳翼心跋並錄金俊明、何焯、何煌批校　九行二十字，白口，四周單边

一一二五 李長吉歌詩四卷外卷一卷　唐李賀撰　宋吳正子箋注　劉辰翁評點　明天啓刻合刻宋劉須溪點校書九種本　佚名錄清何焯批校

一一二六 李長吉歌詩四卷外卷一卷　唐李賀撰　宋吳正子箋注　劉辰翁評點　明天啓刻合刻宋劉須溪點校書九種本　清陳增校

一一二七 李長吉歌詩四卷外卷一卷　唐李賀撰　宋吳正子箋注　劉辰翁評點　明天啓刻合刻宋劉須溪點校書九種本　清李士震校並跋

一一二八 唐李長吉歌詩四卷　唐李賀撰　宋吳正子箋注　劉辰翁評點　明張睿卿補箋　明激棻堂刻本　八行十八字，小字双行同，白口，四周單边，版心下鐫激棻堂藏版

一一二九 李長吉歌詩四卷外集一卷　唐李賀撰　清王琦彙解　首一卷　清王琦輯　清乾隆王氏寶笏樓刻本　十行二十字，小字双行同，白口，左右双边

一一三〇 唐李長吉詩集四卷　唐李賀撰　明弘治十五年劉廷瓚刻本　八行十七字，白口，四周單边

一一三一 唐李長吉詩集四卷　唐李賀撰　明丁嘉刻本　九行二十一字，白口，四周單边

六三

一一三二 李長吉詩集四卷外詩集一卷　唐李賀撰　明刻本　九行十八字，細黑口，四周双边

一一三三 李長吉詩集四卷外詩集一卷　唐李賀撰　明刻本　清黃丕烈校跋並題詩

一一三四 李長吉詩集四卷外詩集一卷　唐李賀撰　明刻本　清丁丙跋

一一三五 李長吉詩集四卷外詩集一卷　唐李賀撰　明刻本　清佚名評校　宋育德跋

一一三六 李長吉詩集四卷外詩集一卷　唐李賀撰　明刻本　傅增湘題款

一一三七 李長吉詩集四卷外詩集一卷　唐李賀撰　明刻本　九行十八字，白口，四周單边

一一三八 唐李長吉詩集四卷　唐李賀撰　明王家瑞刻本　八行十七字，白口，四周單边

一一三九 唐李長吉詩集四卷　唐李賀撰　明王家瑞刻本　清丁丙跋

一一四〇 唐李長吉詩集四卷外詩集一卷　唐李賀撰　明徐渭、董懋策批註　明萬曆四十一年刻本　八行十九字，白口，四周單边

一一四一 唐李長吉詩集四卷外詩集一卷　唐李賀撰　明徐渭、董懋策批註　明刻本　八行十九字，白口，四周單边，版心上端鐫李長吉詩集五字

一一四二 唐李長吉詩集四卷外詩集一卷　唐李賀撰　明徐渭、董懋策批註　明刻本　清陳震口批並跋

一一四三 李長吉集四卷外卷一卷　唐李賀撰　明黃淳耀評點　清雍正九年金惟驌漁書樓刻本　八行十九字，白口，左右双边

一一四四 李長吉集四卷外卷一卷　唐李賀撰　明黃淳耀評點　清雍正九年金惟驌漁書樓刻本　吳楷楠錄何焯、二樵山人諸家批注

一一四五 李長吉集四卷外卷一卷　唐李賀撰　明黃淳耀評點　清雍正九年金惟驌漁書樓刻本　丁福保批校

一一四六 唐李長吉詩補註四卷外卷二卷復古堂稿本
五卷年譜一卷附錄九卷首一卷　清史宗撰　稿本

一一四七 錦囊集四卷外集一卷　唐李賀撰　明弘治十三年馬炳然刻本　十行二十字，黑口，四周双边

一一四八 昌谷集四卷　唐李賀撰　明曾益注　明末刻本　九行二十字，小字双行同，白口，四周單边

一一四九 昌谷集四卷　唐李賀撰　明曾益注　明末刻本　清佚名錄何焯校

一一五〇 昌谷集四卷　唐李賀撰　明曾益注　明末刻本　清鄧鳴鸞批並跋

一一五一 昌谷集四卷　唐李賀撰　明曾益注　明末刻本　佚名批點　清羅宗洞跋

一一五二 昌谷集四卷　唐李賀撰　明曾益注　明末刻本　清江標跋

一一五三 昌谷集四卷　唐李賀撰　明曾益注　明末刻本　鄭振鐸跋

一一五四 昌谷集四卷外集一卷　唐李賀撰　清姚文燮注　清康熙五年建陽同文書院刻本　九行二十字，白口，四周單边

一一五五 昌谷集四卷　唐李賀撰　清姚文燮注　清康熙五年建陽同文書院刻本　佚名錄明黃淳耀評點

六四

一一五六 李長吉昌谷集句解定本四卷　唐李賀撰　清姚佺箋　陳愫、丘象隨辯註　清初丘象隨西軒刻本　九行二十字，小字双行同，白口，四周單边

一一五七 李長吉昌谷集句解定本四卷　唐李賀撰　清姚佺箋　陳愫、丘象隨辯註　清初丘象隨西軒刻本　清查昇批校並圈點

一一五八 李長吉昌谷集句解定本四卷　唐李賀撰　清姚佺箋　陳愫、丘象隨辯註　清初丘象隨西軒刻本　清陳本禮錄何焯校

一一五九 李長吉昌谷集句解定本四卷　唐李賀撰　清姚佺箋　陳愫、丘象隨辯註　清初丘象隨西軒刻梅部書屋印本

一一六〇 李長吉昌谷集句解定本四卷　唐李賀撰　清姚佺箋　陳愫、丘象隨辯註　清初丘象隨西軒刻梅部書屋印本　清何焯批並跋

一一六一 李長吉昌谷集句解定本四卷　唐李賀撰　清姚佺箋　陳愫、丘象隨辯註　清初丘象隨西軒刻梅部書屋印本　吳昌綬校並跋　鄧邦述錄何焯批校

一一六二 昌谷集辯註一卷　清李裕撰　稿本

一一六三 協律鉤元四卷外集一卷　唐李賀撰　清陳本禮箋注　清嘉慶十三年江都陳氏裛露軒刻江都陳氏叢書本　清顧莼批校　九行二十二字，白口，四周双边

1164 協律鉤元四卷外集一卷 唐李賀撰 清陳本禮箋注 清嘉慶十三年陳氏裛露軒刻江都陳氏叢書本 清丁晏批校

1165 協律鉤元四卷外集一卷 唐李賀撰 清陳本禮箋注 清嘉慶十三年陳氏裛露軒刻江都陳氏叢書本 清曾埔批並跋

1166 李長吉詩刪註二卷 清龔定鯤註 清康熙刻本 佚名批校 十行二十一字小字雙行同 黑口 左右雙邊

1167 唐太常寺奉禮郎李長吉詩集一卷 唐李賀撰 明姜道生刻本 九行十九字 白口 四周單邊

1168 唐太常寺奉禮郎李長吉詩集一卷 唐李賀撰 明姜道生刻本 徐振聲、李盛鐸跋

1169 李賀詩集不分卷 唐李賀撰 明刻本 九行十九字 白口 四周單邊

1170 昌谷詩鈔不分卷 唐李賀撰 清抄本 清佚名三色評點 清徐樹跋

1171 唐劉乂詩一卷 唐劉乂撰 明正德七年黃省曾長庚堂刻本 十行十六字 白口 四周雙邊

1172 新刊元微之文集六十卷 唐元稹撰 宋刻本 傅增湘跋 十二行二十一字 白口 左右雙邊
存二十五卷 一至十四、三十、五十一至六十

1173 元氏長慶集六十卷 唐元稹撰 明華堅蘭雪堂銅活字印本 七行十三字 白口 左右雙邊

1174 元氏長慶集六十卷集外文章一卷 唐元稹撰 明嘉靖三十一年東吳董氏茭門別墅刻本 十三行二十三字 白口 左右雙邊
存十八卷 一至六、十六至十九、三十二至三十九

1175 元氏長慶集六十卷集外文章一卷 唐元稹撰 明嘉靖三十一年東吳董氏茭門別墅刻本 清周錫瓚校 沈樹鏞跋

1176 元氏長慶集六十卷集外文章一卷 唐元稹撰 明嘉靖三十一年東吳董氏茭門別墅刻本 清丁丙跋

1177 元氏長慶集六十卷集外文章一卷 唐元稹撰 明嘉靖三十一年東吳董氏茭門別墅刻本 傅增湘校並跋

1178 元氏長慶集六十卷補遺六卷 唐元稹撰 附錄一卷 明萬曆三十二年馬元調魚樂軒刻元白長慶集本 傅增湘跋並錄清何焯校跋 錢謙益題識

1179 元氏長慶集六十卷補遺六卷 唐元稹撰 附錄一卷 明萬曆三十二年馬元調魚樂軒刻元白長慶集本 佚名錄清何焯批校

1180 元氏長慶集六十卷補遺六卷 唐元稹撰 附錄一卷 明萬曆三十二年馬元調魚樂軒刻元白長慶集本 清孫湛校並跋

1181 元氏長慶集六十卷補遺六卷 唐元稹撰 附錄一卷 明萬曆三十二年馬元調魚樂軒刻元白長慶集本 清董兆熊錄顧帆川批

1182 元氏長慶集六十卷補遺六卷 唐元稹撰 附錄一卷 明萬曆三十二年馬元調魚樂軒刻本 清董兆熊跋

1183 元氏長慶集六十卷集外詩一卷 唐元稹撰 明抄本 清錢謙益校並跋 十三行二十三字 無格

1184 元氏長慶集六十卷集外文章一卷 唐元稹撰 清抄本 十三行二十三字 白口 左右雙邊

1185 元氏長慶集六十卷 唐元稹撰 清抄本 十三行二十三字 無格

1186 白氏文集七十一卷 唐白居易撰 宋刻本 十三行二十二、二十三、二十六字不等 白口 左右雙邊

1187 白氏文集口口卷 唐白居易撰 宋刻本 清黃丕烈跋 十一行二十一、二十二字 白口 四周雙邊
存十七卷 十三至十六、二十六至三十四、五十五至五十八

1188 白樂天文集三十六卷 唐白居易撰 明正德十四年郭勛刻本 九行二十字 白口 四周雙邊

1189 白氏文集七十一卷 唐白居易撰 明嘉靖十七年伍忠光龍池草堂刻本 十二行二十字 白口 左右雙邊

1190 白氏文集七十一卷 唐白居易撰 明嘉靖十七年伍忠光龍池草堂刻本 清周靖跋 白鶴山樵批

1191 白氏文集七十一卷 唐白居易撰 明嘉靖十七年伍忠光龍池草堂刻錢應龍重修本 十二行二十字 白口 左右雙邊

1192 白氏文集七十一卷 唐白居易撰 明嘉靖十七年伍忠光龍池草堂刻錢應龍重修本 清被之校

1193 白氏文集七十一卷 唐白居易撰 明嘉靖十七年伍忠光龍池草堂刻錢應龍重修本 清孫潛及其弟校又錄葉萬校並跋

1194 白氏文集七十一卷 唐白居易撰 明嘉靖十七年伍忠光龍池草堂刻錢應龍重修本 鄭邦述跋

1195 白氏文集七十一卷 唐白居易撰 明嘉靖十七年伍忠光龍池草堂刻錢應龍重修本 傅增湘校

1196 白氏長慶集七十一卷目錄二卷 唐白居易撰 明正德八年華堅蘭雪堂銅活字印本 八行小字雙行十六字 白口 左右雙邊

1197 白氏長慶集七十一卷目錄二卷 唐白居易撰 明正德八年華堅蘭雪堂銅活字印本 鄭邦述跋
存四十四卷 一至四十三、目錄一卷

1198 白氏長慶集七十一卷目錄二卷 唐白居易撰 附錄一卷 明萬曆三十四年馬元調刻元白長慶集本（卷三、十七配清抄本） 清魏楊曹炎批 王應奎跋 十行二十一字 白口 左右雙邊

1199 白氏長慶集七十一卷目錄二卷 唐白居易撰 附錄一卷 明萬曆三十四年馬元調刻元白長慶集本 清曹炎、孫從添校

1200 白氏長慶集七十一卷目錄二卷 唐白居易撰 附錄

一卷 明萬曆三十四年馬元調刻元白長慶集本 清錢廷錦校並跋

1201 白氏長慶集七十一卷目錄二卷 唐白居易撰 附錄一卷 明萬曆三十四年馬元調刻元白長慶集本 傅增湘校並跋

1202 白氏長慶集七十一卷目錄二卷 唐白居易撰 附錄一卷 明萬曆三十四年馬元調刻元白長慶集本 清何焯批校並跋 存四十二卷（一至四十二）

1203 王鳳洲先生校選白樂天長慶集二十二卷 唐白居易撰 明王世貞輯 明徐守銘寧壽堂刻本 九行十八字白口四周單邊

1204 白香山詩長慶集二十卷後集十七卷別集一卷補遺二卷 唐白居易撰 年譜一卷 清汪立名撰 年譜舊本一卷 宋陳振孫撰 清康熙四十一年至四十二年汪立名一隅草堂刻本 十一行二十一字白口左右雙邊

1205 白香山詩長慶集二十卷後集十七卷別集一卷補遺二卷 唐白居易撰 年譜一卷 清汪立名撰 年譜舊本一卷 宋陳振孫撰 清康熙四十一年至四十二年汪立名一隅草堂刻本 佚名錄何焯校跋

1206 白香山詩長慶集二十卷後集十七卷別集一卷補遺二卷 唐白居易撰 年譜一卷 清汪立名撰 年譜舊本一卷 宋陳振孫撰 清康熙四十一年至四十二年汪立名一隅草堂刻本 清潘奕雋批點

六七

1207 香山詩鈔不分卷 唐白居易撰 清乾隆江德量心太平盦抄本 江氏朱筆圈點 九行二十字白口四周單邊

1208 白居易新樂府一卷 唐白居易撰 清張開澍抄本 九行十六字無格

1209 白氏諷諫一卷 唐白居易撰 明曹大有刻本 十行十六字黑口四周雙邊

1210 白氏諷諫一卷 唐白居易撰 明刻公文紙印本 十行二十字黑口四周雙邊

1211 新雕校證大字白氏諷諫一卷 唐白居易撰 清刻本 清黃念慈批校 十三行二十九字黑口左右雙邊

1212 白氏策林四卷 唐白居易撰 明刻本 十行二十一字白口左右雙邊

1213 李文饒文集二十卷別集十卷外集四卷 唐李德裕撰 明刻本 十行二十字白口左右雙邊

1214 李文饒文集二十卷別集十卷外集四卷 唐李德裕撰 明刻本（卷十一至十七、別集七至十、外集配天啟刻本，別集六配清抄本） 清黃丕烈校並跋 張紹仁校 丁丙跋

1215 李文饒文集二十卷 唐李德裕撰 明刻本 清黃丕烈校並跋 汪理堉 傅增湘跋 存五卷（一至五）

1216 李文饒公文集二十卷別集十卷外集四卷 唐李德裕撰 明刻萬曆鄭揚與重修本 十行二十字白口左右雙邊

1217 李文饒公文集二十卷別集十卷外集四卷 唐李德裕撰 明刻萬曆鄭揚與重修本 清丁丙跋

1218 李文饒文集二十卷別集十卷外集四卷 唐李德裕撰 明譚敬評點 明天啟四年葛錦山刻本 九行十九字白口四周單邊

1219 李文饒文集二十卷別集十卷外集四卷 唐李德裕撰 明抄本（外集配清抄本） 清黃丕烈校 十行二十字無格

1220 李文饒文集二十卷別集十卷外集四卷 唐李德裕撰 明抄本 清黃丕烈校並跋 十行二十字白口四周單邊無格 存二十五卷（一至十七、別集七至十、外集全）

1221 李衛公文集二十卷別集十卷外集四卷 唐李德裕撰 明抄本 清何焯批校 陸心源跋 傅增湘跋 十行十八字黑口四周雙邊

1222 李衛公文集二十卷別集十卷外集四卷 唐李德裕撰 明陳子龍評 明末刻本 九行二十字白口四周單邊

六八

1223 李衛公文集二十卷別集十卷外集四卷 唐李德裕撰 明陳子龍評 明末刻本 熙元校跋並錄清陸心源校跋

1224 李衛公文集二十卷別集十卷外集四卷補遺一卷 唐李德裕撰 清光緒十六年常[illegible]刻本 傅增湘跋並錄清黃丕烈校跋 十一行十九字黑口左右雙邊

1225 追昔遊詩三卷 唐李紳撰 清東武劉氏味經書屋抄本 十一行二十二字綠格白口四周雙邊

1226 鮑溶詩六卷集外詩一卷 唐鮑溶撰 明末毛氏汲古閣刻唐人六家集本 傅增湘校跋並錄清曹溶題識

1227 鮑溶詩六卷集外詩一卷 唐鮑溶撰 明末毛氏汲古閣刻唐人六家集本 傅增湘校並跋 九行十九字白口左右雙邊

1228 鮑溶詩集六卷集外詩一卷 唐鮑溶撰 清初抄本 清曹溶校並跋 何焯校 九行十九字黑格黑口左右雙邊

1229 鮑溶詩集六卷集外詩一卷 唐鮑溶撰 清抄本 十行二十一字無格

1230 鮑溶詩集六卷集外詩一卷補遺一卷 唐鮑溶撰 清同治三年鼎書蔡抄本 清劉履芬校並跋 九行十九字無格

1231 沈下賢文集十二卷 唐沈亞之撰 明刻本 九行二十字白口四周雙邊

1232 沈下賢文集十二卷 唐沈亞之撰 明謝肇淛小草齋抄本 十行十九至二十字黑格

1233 沈下賢文集十二卷　唐沈亞之撰　明崇禎四年楊伯松抄本　清葉奕孫明志校並跋　葉萬跋　九行二十字，無格

1234 沈下賢文集十二卷　唐沈亞之撰　明抄本　十行十八字，無格

1235 沈下賢文集十二卷　唐沈亞之撰　明抄本　十一行二十二字，無格

1236 沈下賢文集十二卷　唐沈亞之撰　明抄本　九行二十字，白口，四周單邊

1237 沈下賢文集十二卷　唐沈亞之撰　清抄本　清莊同生校　十行二十二字，無格

1238 沈下賢文集十二卷　唐沈亞之撰　清彭氏知聖道齋抄本　清彭元瑞　九行二十一字，無格

1239 沈下賢文集十二卷　唐沈亞之撰　清乾隆四十二年孔繼涵家抄本　清孔繼涵校並跋　十行二十字，白口，左右雙邊

1240 沈下賢文集十二卷　唐沈亞之撰　清王氏十萬卷樓抄本　十一行二十四字

1241 沈下賢文集十二卷　唐沈亞之撰　清抄本　清陳鱣校　九行二十二字，無格

1242 沈下賢文集十二卷　唐沈亞之撰　清吳縣吳氏抄本　清吳翌鳳批校　十行十八字，無格

1243 沈下賢文集十二卷　唐沈亞之撰　清抄本　佚名錄清吳翌鳳校並跋　十行十八字，無格

1244 沈下賢文集十二卷　唐沈亞之撰　清抄本　清吳景恩校並跋並錄吳翌鳳、黃丕烈題識　王振聲校　十行二十一字，黑口，左右雙邊

1245 沈下賢文集十二卷　唐沈亞之撰　清抄本　清顧沅校並跋　十行二十一字，無格

1246 沈下賢文集十二卷　唐沈亞之撰　清抄本　清王秉恩題識　王大隆跋　十行二十一字

1247 沈下賢文集十二卷　唐沈亞之撰　清抄本　清道鑫校　九行二十字，黑格

1248 沈下賢集十二卷　唐沈亞之撰　清影宋抄本　九行二十字，無格　存八卷　一至三、八至十二

1249 沈下賢文集十二卷　唐沈亞之撰　清抄本　九行二十字，無格

1250 沈下賢文集十二卷　唐沈亞之撰　清抄本　九行二十字，無格

1251 沈下賢文集十二卷　唐沈亞之撰　清抄本　九行二十字，黑格

1252 沈下賢文集十二卷　唐沈亞之撰　清抄本　九行二十字，白口，四周單邊

1253 沈下賢文集十二卷　唐沈亞之撰　清抄本　九行二十字，白口，四周單邊

1254 沈下賢文集十二卷　唐沈亞之撰　清抄本　九行二十字，藍格，白口，四周單邊

1255 沈下賢文集十二卷　唐沈亞之撰　清抄本

1256 沈下賢文集十二卷　唐沈亞之撰　清抄本　十行二十一字，無格

1257 沈下賢文集十二卷　唐沈亞之撰　清光緒四年至五年劉履芬抄本　清劉履芬跋　九行二十字，細黑口，左右雙邊

1258 沈下賢文集十二卷　唐沈亞之撰　清光緒二十一年葉德輝刻觀古堂叢書本　傅增湘校跋並錄清吳翌鳳、虞翰題、吳重熹題識　十一行二十二字，黑口，左右雙邊

1259 姚少監詩集十卷　唐姚合撰　宋刻本　清黃丕烈跋　十二行二十一字，白口，左右雙邊　存五卷　一至五

六九

1260 姚少監詩集十卷　唐姚合撰　明崇禎毛氏汲古閣刻唐人六集本　清何焯批校　九行十九字，白口，左右雙邊

1261 姚少監詩集十卷　唐姚合撰　明崇禎毛氏汲古閣刻唐人六集本　清勞權校跋並錄黃丕烈題識　存八卷　一至八

1262 姚少監詩集十卷　唐姚合撰　明崇禎毛氏汲古閣刻唐人六集本　傅增湘校並跋

1263 姚少監詩集十卷　唐姚合撰　明抄本（卷六至十配另一明抄本）　明毛晉校並跋　清黃丕烈跋　十行十八字，無格

1264 姚少監詩集十卷　唐姚合撰　明抄本　十一行十八字，黑口，四周雙邊

1265 姚少監詩集六卷　唐姚合撰　清康熙席氏琴川書屋刻唐詩百名家全集本　清黃丕烈校並跋

1266 周賀詩集一卷　唐周賀撰　宋臨安府陳宅書籍鋪刻本　明王穉登題識　清何焯跋　十行十八字，白口，左右雙邊

1267 周賀詩集一卷　唐周賀撰　明抄本　清金俊明、何焯、黃丕烈校並跋　十一行二十字，無格

1268 清塞詩集二卷　唐周賀撰　明末毛氏汲古閣抄本　明毛晉跋　清黃丕烈校並跋　八行十八字，細黑口，四周雙邊

1269 張承吉集十卷　唐張祜撰　宋刻本　十二行二十一字，白口，左右雙邊

1270 唐張處士詩集六卷　唐張祜撰　明末葉奕抄本　清葉奕校　吳壽暘跋　十行十八字，無格

1271 朱慶餘詩集一卷　唐朱慶餘撰　宋臨安府陳宅經籍鋪刻本　清季振宜題識　黃丕烈、瞿中溶跋　十行十八字，白口，左右雙邊

1272 朱慶餘詩集一卷　唐朱慶餘撰　清初抄本　十行十八字，無格

1273 朱慶餘詩集一卷　唐朱慶餘撰　清康熙席氏琴川書屋刻唐詩百名家全集本　傅增湘校並跋

1274 樊川詩集四卷　唐杜牧撰　明正德十六年朱承爵朱氏文房刻本　趙元方跋　十行十六字，白口，左右雙邊

1275 樊川文集二十卷外集一卷別集一卷　唐杜牧撰　明刻本　十行十八字，白口，左右雙邊，無刻工

1276 樊川文集二十卷外集一卷別集一卷　唐杜牧撰　明刻本　清何焯校並跋

1277 樊川文集二十卷外集一卷別集一卷　唐杜牧撰　明刻本　清蔣森跋

1278 樊川文集二十卷外集一卷別集一卷　唐杜牧撰　明刻本　清胡天游批校　況祺、鍰跋

1279 樊川文集二十卷外集一卷別集一卷　唐杜牧撰　明刻本　清何紹基批校並跋　葉德輝、葉啟勳跋

1280 樊川文集二十卷外集一卷別集一卷　唐杜牧撰　明刻本　清丁丙跋

1281 樊川文集二十卷外集一卷別集一卷　唐杜牧撰　明刻本　曹元忠跋　十行十八字，白口，左右雙邊

1282 樊川文集二十卷外集一卷別集一卷　唐杜牧撰　明刻本　十行十

七〇

八字白口，左右双边，有刻工文字云等

樊川文集二十卷外集一卷別集一卷 唐杜牧撰 明刻本 十行十八字白口，左右双边，有刻工士元、玉、山、采、臣、炳坤 一二八三

樊川文集二十卷外集一卷別集一卷 唐杜牧撰 明刻本 十行十八字白口，左右双边，有刻工宅敉牧實張淮等 一二八四

樊川文集二十卷外集一卷別集一卷 唐杜牧撰 明刻本 莫棠跋 一二八五

樊川文集二十卷外集一卷別集一卷 唐杜牧撰 明鄭郲評 明禎昭質堂刻本 九行二十二字白口，四周单边 一二八六

樊川文集二十卷外集一卷別集一卷遺文一卷 唐杜牧撰 清刻本 清奇恩銘校並跋 十行十九字黑口，左右双边 一二八七

杜樊川集十七卷 唐杜牧撰 明朱一是、吳與評 明末吳氏西爽堂刻本 九行十八字白口，四周单边 一二八八

杜樊川集十七卷 唐杜牧撰 明朱一是、吳峒評 明末吳氏西爽堂刻本 王培孫跋 一二八九

杜牧之文鈔一卷 唐杜牧撰 明末刻八代文鈔本 清徐炯校 王芑孫跋 九行二十字白口，左右双边 一二九〇

許用晦文集二卷遺篇一卷拾遺一卷 唐許渾撰 宋刻本 十二行二十一字白口，左右双边 一二九一

七十一

丁卯集二卷 唐許渾撰 明當熙刻評 明崇禎十年北暖許氏刻本 九行十八字白口，四周单边 一二九二

丁卯集二卷 唐許渾撰 明崇禎十二年毛氏汲古閣刻唐人八家詩本 清毛表校並跋 一二九三

丁卯集二卷再續一卷 唐許渾撰 明崇禎十二年毛氏汲古閣刻唐人八家詩本 清丁丙跋 一二九四

重刻丁卯集二卷 唐許渾撰 明當熙刻評 清順治十三年刻本 九行十八字白口，四周单边 一二九五

丁卯集二卷 唐許渾撰 清影宋抄本 清歸兆籛跋 十行十八字白口，左右双边 一二九六

丁卯集二卷續集二卷續補集一卷集外遺詩一卷 唐許渾撰 清抄本 九行二十字無格 一二九七

丁卯集二卷續藁二卷續補一卷遺詩藁一卷 唐許渾撰 清抄本 九行十八字無格 一二九八

增廣音註唐郢州刺史丁卯詩集二卷續集一卷 唐許渾撰 元祝德子訂正 元刻本 十行十九字黑口，左右双边 一二九九

增廣音註唐郢州刺史丁卯詩集二卷 唐許渾撰 元祝德子訂正 續補一卷 □□□ 清抄本 清徐郙、陸潤庠等題識 一三〇〇

增廣音註唐郢州刺史丁卯詩集二卷 唐許渾撰 元祝德子訂正 元刻本（明錢穀抄補） 十行十九字黑口，左右双边 一三〇一

增廣音註唐郢州刺史丁卯詩集二卷 唐許渾撰 元祝德子訂正 元刻本（卷上配明初抄本） 清黄丕烈跋 傅增湘跋 十行十九字黑口，左右双边 一三〇二

增廣音註唐郢州刺史丁卯詩集二卷 唐許渾撰 元祝德子訂正 明弘治七年鄭傑刻本 十行十九字黑口，四周双边 一三〇三

增廣音註唐郢州刺史丁卯詩集二卷 唐許渾撰 元祝德子訂正 明弘治七年鄭傑刻本 清丁丙跋 一三〇四

增廣音註唐郢州刺史丁卯詩集二卷 唐許渾撰 元祝德子訂正 明刻本 十行十九字白口，四周双边 一三〇五

增廣音註唐郢州刺史丁卯詩集二卷 唐許渾撰 元祝德子訂正 明抄本 明毛晉跋 九行十九字無格 一三〇六

增廣許郢州丁卯詩續集一卷拾遺一卷 唐許渾撰 清抄本 十行十九字小字双行同無格 一三〇七

丁卯集不分卷 唐許渾撰 清初抄本 九行十九字黑口，左右双边 一三〇八

七十二

丁卯集箋註八卷 唐許渾撰 清許培榮箋註 清乾隆二十一年許鍾德等刻本 十行二十一字大黑口，左右双边 一三〇九

唐李義山詩集六卷 唐李商隱撰 明刻本 十行二十字白口，左右双边 一三一〇

李商隱詩集三卷 唐李商隱撰 清影宋抄本 十行十七字白口，左右双边 一三一一

李商隱詩集三卷 唐李商隱撰 清影宋抄本 徐乃昌跋 十行十七字白口，左右双边 一三一二

李商隱詩集三卷 唐李商隱撰 明楮書堂抄本 十行二十字白口，左右双边 一三一三

李商隱詩集三卷 唐李商隱撰 明末錢謙益抄本 九行十九字白口，黑格四周单边 一三一四

李商隱詩集三卷 唐李商隱撰 清康熙席氏琴川書屋刻唐詩百名家全集本 十行十八字白口，左右双边 一三一五

李義山集三卷 唐李商隱撰 明崇禎十二年毛氏汲古閣刻唐人八家詩本 十二行二十字細黑口，左右双边 一三一六

李義山集三卷 唐李商隱撰 明崇禎十二年毛氏汲古閣刻唐人八家詩本 清毛扆校 一三一七

李義山集三卷 唐李商隱撰 明崇禎十二年毛氏汲古閣刻唐人八家詩本 □介庵跋 一三一八

李義山詩集三卷 唐李商隱撰 清康熙四十六年揚州詩局刻全唐詩本 清佚名錄錢良擇批校 一三一九

李義山詩集三卷 唐李商隱撰 清五山聖暉抄本 清佚名錄何焯等批 十二行二十三字無格 一三二〇

李義山詩集三卷 唐李商隱撰 清朱鶴齡箋注 李義山詩譜一卷諸家詩評一卷 清順治十六年刻本 十行二十一字白口，左右双边 一三二一

李義山詩集三卷 唐李商隱撰 清朱鶴齡箋注 清佚名錄清錢良擇批點 清順治十六年刻本 一三二二

1323 李義山詩集三卷 唐李商隱撰 清朱鶴齡箋注 李義山詩譜一卷諸家詩評一卷 清順治十六年刻本 清張載華校並跋

1324 李義山詩集三卷 唐李商隱撰 清朱鶴齡箋注 李義山詩譜一卷諸家詩評一卷 清順治十六年刻本 清劉[illegible]戴批點並錄馮班王士禎朱彝尊何焯等批

1325 李義山詩集三卷 唐李商隱撰 清朱鶴齡箋注 清順治十六年刻本 佚名錄清朱彝尊等八批點

1326 李義山詩集三卷 唐李商隱撰 清朱鶴齡箋注 李義山詩譜一卷諸家詩評一卷 清順治十六年刻本 佚名錄清朱彝尊楊次崖批

1327 李義山詩集三卷 唐李商隱撰 清朱鶴齡箋注 李義山詩譜一卷諸家詩評一卷 清順治十六年刻本 佚名錄清朱彝尊批

1328 李義山詩集三卷 唐李商隱撰 清朱鶴齡箋注 清順治十六年刻本 佚名錄何焯批校

1329 李義山詩集三卷 唐李商隱撰 清朱鶴齡箋注 清懷德堂刻本 十行二十一字白口左右雙邊

1330 李義山詩集三卷 唐李商隱撰 清朱鶴齡箋注 李義山詩譜一卷諸家詩評一卷 清懷德堂刻本 清錢良擇臧百二批注 十行二十一字白口左右雙邊

1331 李義山詩集三卷 唐李商隱撰 清朱鶴齡箋注 諸家詩評一卷 清懷德堂刻本 佚名錄清朱彝尊、云亭批 許承堯跋

七三

1332 李義山詩集三卷 唐李商隱撰 清朱鶴齡箋注 清懷德堂刻本 清陳本禮校

1333 李義山詩集三卷 唐李商隱撰 清朱鶴齡箋注 清懷德堂刻本 清周振采批

1334 重訂李義山詩集箋注三卷集外詩箋注一卷 唐李商隱撰 清朱鶴齡箋注 程夢星刪補 年譜一卷詩話一卷 清程夢星輯 清乾隆八年今有堂刻本 十行二十一字黑口四周單邊

1335 重訂李義山詩集箋注三卷集外詩箋注一卷 唐李商隱撰 清朱鶴齡箋注 程夢星刪補 年譜一卷詩話一卷 清程夢星輯 清乾隆八年今有堂刻本 清方世舉批校

1336 重訂李義山詩集箋注三卷集外詩箋注一卷 唐李商隱撰 清朱鶴齡箋注 程夢星刪補 年譜一卷詩話一卷 清程夢星輯 清乾隆八年今有堂刻本 清劉喜海批校

1337 重訂李義山詩集箋注三卷集外詩箋注一卷 唐李商隱撰 清朱鶴齡箋注 程夢星刪補 年譜一卷詩話一卷 清程夢星輯 清乾隆十一年東柯草堂刻本 十行二十一字黑口四周單邊

1338 重訂李義山詩集箋注三卷集外詩箋注一卷 唐李商隱撰 清朱鶴齡箋注 程夢星刪補 年譜一卷詩話一卷 清程夢星輯 清乾隆十一年東柯草堂刻本 清劉庠錄紀昀評點 王大隆跋

1339 重訂李義山詩集箋注三卷集外詩箋注一卷 唐李商隱撰 清朱鶴齡箋注 程夢星刪補 年譜一卷詩話一卷 清程夢星輯 清乾隆十一年東柯草堂刻本 清唐仲實批點 存五卷 上下（缺中）、集外詩、年譜、詩話全

1340 李義山詩集三卷 唐李商隱撰 清朱鶴齡箋注 清抄本 十二行二十六字細黑口四周雙邊 清汪惟憲跋並錄清朱彝尊批

1341 玉谿生詩箋三卷 唐李商隱撰 明錢龍惕箋注 清乾隆二十年沈氏抄本 清沈大成、徐若冰校 十行十八字无格

1342 玉谿生詩箋註三卷樊南文集箋註八卷 唐李商隱撰 清馮浩箋註 首一卷 清乾隆德聚堂刻本 十一行二十五字白口左右雙邊

1343 玉谿生詩箋註三卷 唐李商隱撰 清馮浩箋註 首一卷 清馮浩輯 清乾隆德聚堂刻本 清王鳴盛批注並跋

1344 玉谿生詩箋註三卷 唐李商隱撰 清馮浩箋註 首一卷 清馮浩輯 清乾隆德聚堂刻本 清毛琛錄何焯校並跋

1345 玉谿生詩箋註三卷樊南文集箋註八卷 唐李商隱撰 清馮浩箋註 首一卷 清馮浩輯 清乾隆四十五年馮浩刻嘉慶元年增刻本 清蔣[illegible]馨批注 十一行二十五字白口左右雙邊

七四

1346 玉谿生詩箋註三卷 唐李商隱撰 清馮浩箋註 首一卷 清馮浩輯 清乾隆四十五年馮浩刻嘉慶元年增刻本 清莫友芝批 十一行二十五字白口左右雙邊

1347 玉谿生詩詳註三卷樊南文集詳註八卷 唐李商隱撰 清馮浩註 首一卷 清乾隆德聚堂刻本 十一行二十五字白口左右雙邊

1348 玉谿生詩詳註三卷 唐李商隱撰 清馮浩註 首一卷 清乾隆德聚堂刻本 清張[illegible]錄紀昀批

1349 李義山詩一卷 唐李商隱撰 清陸崑曾解 清雍正四年劉晰公刻本 九行十九字黑口四周單邊

1350 李義山詩一卷 唐李商隱撰 清趙駿烈解 清雍正八年劉晰公刻本（與雍正四年劉晰公刻陸崑曾解本版同） 九行十九字黑口四周單邊

1351 李義山七律會意四卷 清姚廷謙撰 清雍正刻本 十行十九字細黑口左右雙邊

1352 李義山詩集十六卷 唐李商隱撰 清姚培謙箋 清乾隆五年姚氏松桂讀書堂刻本 十行二十一字白口左右雙邊

1353 李義山詩集十六卷 唐李商隱撰 清姚培謙箋 清乾隆五年姚氏松桂讀書堂刻本 清李兆洛錄明胡震亨清何焯等批校

1354 李義山詩集十六卷 唐李商隱撰 清姚培謙箋 清乾隆五年姚氏松桂讀書堂刻本 佚名錄清錢陸燦何焯批

1355 李義山詩集十六卷 唐李商隱撰 清姚培謙箋 清乾隆五年姚氏松桂讀書堂刻本 佚名錄清朱彝尊批

1356 李義山詩集十六卷 唐李商隱撰 清姚培謙箋 清乾隆五年姚氏松桂讀書堂刻本 清鄭珍批

1357 李義山詩集十六卷 唐李商隱撰 清姚培謙箋 清乾隆五年姚氏松桂讀書堂刻本 清管庭芬校

1358 李義山詩集十六卷 唐李商隱撰 清姚培謙箋 清乾隆五年姚氏松桂讀書堂刻本 清馮泰榮錄諸家批

1359 玉溪生詩意八卷 清屈復撰 清乾隆藝古堂刻本 十行二十一字小字雙行同白口左右雙邊

1360 玉溪生詩意八卷 清屈復撰 清乾隆藝古堂刻本 清何紹基批校

1361 選玉谿生詩前一卷後二卷 唐李商隱撰 清姜炳璋補說 稿本 十行二十二字藍格

1362 選玉溪生詩二卷 唐李商隱撰 清姜炳璋輯注 清抄本

1363 西崑發微三卷 清吳喬撰 清康熙七年盛德容刻本 十行二十一字小字雙行同白口左右雙邊

1364 西崑發微三卷 清吳喬撰 清鄭傳緒抄本

1365 李義山文集五卷 唐李商隱撰 清抄本 九行二十四字白口左右雙邊

1366 李義山文集十卷 唐李商隱撰 清徐樹穀箋 徐炯注 清康熙四十七年徐氏花谿草堂刻本 十行二十一字白口左右雙邊

1367 李義山樊南文集六卷 唐李商隱撰 清蔣玢訂 李商隱小傳一卷 清蔣玢撰 清抄本 十行二十二字黑口左右雙邊

1368 李義山文集箋註六卷 唐李商隱撰 清吳兆宜箋註 稿本 清葉乃遂跋

七五

1369 麟角集一卷坿錄省題詩一卷 唐王棨撰 明祁氏淡生堂抄本 十行二十字白口藍格四周單邊

1370 麟角集一卷附錄一卷 唐王棨撰 清抄本 九行二十五字無格

1371 麟角集一卷附錄一卷 唐王棨撰 清抄本 清丁佺校並跋 有像 八行十六字黑口左右雙邊

1372 麟角集一卷附錄一卷 唐王棨撰 清抄本 有圖 清丁丙跋

1373 麟角集一卷附錄一卷 唐王棨撰 清光緒十年王祖源刻天壤閣叢書本 傅增湘校並跋 十行二十字黑口左右雙邊

1374 文標集三卷 唐盧肇撰 外錄一卷 明李原剛輯 清抄本 清丁丙跋

1375 會昌進士詩集一卷 唐馬戴撰 明抄本 九行十八字紅格白口四周雙邊

1376 許昌詩集十卷 唐薛能撰 明崇禎十二年毛氏汲古閣刻唐人八家詩本 清毛扆校並跋 十二行二十字細黑口左右雙邊

1377 薛許昌詩集十卷 唐薛能撰 明抄本 十行十八字藍格白口四周單邊 存五卷 一至二、八至十

1378 薛許昌詩集十卷 唐薛能撰 明抄本 九行二十字藍格

1379 薛許昌詩集十卷 唐薛能撰 清眠雲精舍抄本 清丁丙跋

1380 李羣玉詩集三卷後集五卷 唐李羣玉撰 清道光四年黃氏士禮居影宋抄本 清黃丕烈跋 十行十八字白口左右雙邊

1381 李羣玉詩集三卷後集五卷 唐李羣玉撰 明嘉靖三十六年王臣抄本 清馮武校並跋 十二行二十字無格

1382 李羣玉詩集三卷後集五卷 唐李羣玉撰 明崇禎三年葉奕抄本 清葉奕 黃丕烈校並跋 十行十八字無格

1383 李羣玉詩集三卷後集五卷 唐李羣玉撰 明抄本 十行二十字黑格白口四周雙邊

1384 李羣玉詩集三卷後集五卷 唐李羣玉撰 清陳帆改訂 明崇禎十二年毛氏汲古閣刻唐人八家詩本（清陳帆據宋本剪貼改訂） 陳帆跋 十二行二十字細黑口左右雙邊

1385 李文山詩集三卷 唐李羣玉撰 明嘉靖四十二年水之文刻本 九行十八字白口左右雙邊

1386 李文山詩集三卷附錄一卷攷證一卷 唐李羣玉撰 明萬曆四十年黃達刻本 吳慈培校 九行十八字白口左右雙邊

1387 文山詩集三卷 唐李羣玉撰 附錄一卷攷證一卷 明萬曆四十二年黃之伊刻本 九行十八字白口左右雙邊

1388 李文山詩集三卷 唐李羣玉撰 攷證一卷附錄一卷 明謝氏小草齋抄本 清劉荀川跋 十行二十字白口四周單邊

1389 李文山詩集三卷 唐李羣玉撰 明崇禎十二年毛氏汲古閣刻唐人八家詩本 明毛晉校 十二行二十字細黑口左右雙邊

七六

1390 李文山詩集三卷 唐李羣玉撰 清宣統吳慈培抄本 吳慈培跋 鄧邦述校並跋 傅增湘校並錄黃丕烈題識 十二行二十字無格

1391 唐李羣玉詩集五卷 唐李羣玉撰 明抄本 明錢龍惕校 蔣之鍇跋 十三行二十字白口四周雙邊

1392 賈浪仙長江集七卷 唐賈島撰 明華新縣刻本 十行十八字黑口四周雙邊

1393 賈浪仙長江集七卷 唐賈島撰 明華新縣刻本 沈曾植跋

1394 賈浪仙長江集七卷 唐賈島撰 清初抄本 九行二十字白口藍格四周雙邊

1395 唐賈浪仙長江集十卷 唐賈島撰 明嘉靖二十九年蔣孝刻中唐十二家詩集本 李盛鐸跋並補闕詩 十行二十字白口左右雙邊

1396 長江集十卷 唐賈島撰 明崇禎十二年毛氏汲古閣刻唐人八家詩本 清錢孫保校並跋 十二行二十字細黑口左右雙邊

1397 長江集十卷 唐賈島撰 明崇禎十二年毛氏汲古閣刻唐人八家詩本 清毛扆校並跋

1398 長江集十卷 唐賈島撰 明崇禎十二年毛氏汲古閣刻唐人八家詩本 傅增湘跋並錄清毛扆校跋

1399 長江集十卷 唐賈島撰 明崇禎十二年毛氏汲古閣刻唐人八家詩本 清毛扆校並跋

1400 長江集十卷 唐賈島撰 明崇禎十二年毛氏汲古閣刻唐人八家詩本 周叔校錄清何焯批校 十二行二十字細黑口左右雙邊

1401 賈浪仙長江集十卷 唐賈島撰 明張敏卿抄本 清馮班 何焯跋 孫江 陶世濟 錢孫保題款 十行十八字無格

1402 賈浪仙長江集十卷 唐賈島撰 清康熙席氏琴川書屋刻唐詩百名家全集本 佚名校並錄清孫江 何焯題識 十行十

八字，白口，左右双边

一四〇三 賈浪仙長江集十卷 唐賈島撰 清初抄本 王禮培謙景夔校並跋 十二行二十字，无格

一四〇四 賈浪仙長江集十卷 唐賈島撰 清抄本 十二行二十字，无格

一四〇五 賈長江詩集一卷 唐賈島撰 明抄本 清何焯校並跋 十二行二十二字，无格

一四〇六 賈浪仙詩四卷 唐賈島撰 明楊鶴校 清抄本 十行二十字，白口，左右双边

一四〇七 溫庭筠詩集十卷補遺一卷 唐溫庭筠撰 明刻本（補遺配清初抄本） 九行十九字，白口，四周单边

一四〇八 八叉集四卷 唐溫庭筠撰 明曾益注 清顧予咸參 清初長洲顧氏刻本 九行二十字，白口，四周单边

一四〇九 溫庭筠詩集七卷別集一卷 唐溫庭筠撰 明弘治十二年李熙刻本 九行十八字，黑口，四周双边

一四一〇 溫庭筠詩集七卷別集一卷 唐溫庭筠撰 明弘治十二年李熙刻本 清馮長武校並跋

一四一一 溫庭筠詩集七卷別集一卷 唐溫庭筠撰 明末馮彥淵家抄本 清馮武校並跋 十行十八字，黑口，左右双边

一四一二 溫庭筠詩集七卷別集一卷 唐溫庭筠撰 清初錢氏述古堂抄本 清丁丙跋

一四一三 金荃集七卷別集一卷 唐溫庭筠撰 明末毛氏汲古閣刻五唐人詩集本 清毛文光校並跋 九行十九字，白口，左右双边

一四一四 金荃集七卷別集一卷 唐溫庭筠撰 明末毛氏汲古閣刻五唐人詩集本 清陳帆校 章鈺跋

一四一五 金荃集七卷別集一卷 唐溫庭筠撰 明末毛氏汲古閣刻五唐人詩集本 清瞿鏞錄陳帆校

一四一六 溫飛卿金荃集七卷別集一卷 唐溫庭筠撰 明抄本 佚名校 九行十九字，白口，四周单边

一四一七 溫飛卿詩集七卷別集一卷集外詩一卷附錄諸家詩評一卷 唐溫庭筠撰 明曾益注 清顧予咸補注 顧嗣立續注 清康熙三十六年長洲顧氏秀野草堂刻本 十一行二十字，白口，左右双边

一四一八 溫飛卿詩集七卷別集一卷集外詩一卷 唐溫庭筠撰 明曾益注 清顧予咸補注 顧嗣立續注 清康熙三十六年長洲顧氏秀野草堂刻本 清湯元芑錄何焯校

一四一九 溫飛卿詩集七卷別集一卷集外詩一卷 唐溫庭筠撰 明曾益注 清顧予咸補注 顧嗣立續注 清康熙三十六年長洲顧氏秀野草堂刻本 佚名錄何焯批校

一四二〇 溫飛卿詩集七卷別集一卷集外詩一卷 唐溫庭筠撰 明曾益注 清顧予咸補注 顧嗣立續注 清康熙三十六年長洲顧氏秀野草堂刻本 清顧武錡批並圈點

一四二一 溫飛卿詩集七卷別集一卷集外詩一卷 唐溫庭筠撰 明曾益注 清顧予咸補注 顧嗣立續注 清康熙三十六年長洲顧氏秀野草堂刻本 清焦九傳跋並錄紀心邵王八千批語

一四二二 溫飛卿詩集七卷別集一卷集外詩一卷 唐溫庭筠撰 明曾益注 清顧予咸補注 顧嗣立續注 清康熙三十六年長洲顧氏秀野草堂刻本 清陳本禮校 黃丕烈跋

一四二三 溫飛卿詩集七卷別集一卷集外詩一卷 唐溫庭筠撰 明曾益注 清顧予咸補注 顧嗣立續注 清康熙三十六年長洲顧氏秀野草堂刻本 清宋賓王校並跋

一四二四 溫飛卿詩集七卷別集一卷集外詩一卷 唐溫庭筠撰 明曾益注 清顧予咸補注 顧嗣立續注 清康熙三十六年長洲顧氏秀野草堂刻本 清華焯跋

一四二五 溫飛卿詩集七卷別集一卷集外詩一卷 唐溫庭筠撰 明曾益注 清顧予咸補注 顧嗣立續注 清康熙三十六年長洲顧氏秀野草堂刻本 鄭文焯批並跋

一四二六 唐方城令溫飛卿集一卷 唐溫庭筠撰 明姜道生刻本 九行十九字，白口，四周单边

一四二七 唐劉蛻集六卷 唐劉蛻撰 明天啟四年吳馡閒青堂刻本 七行十六字，白口，四周双边

一四二八 唐劉蛻集六卷 唐劉蛻撰 明天啟四年吳馡閒青堂刻本 清許乃普、裕庚批並跋

一四二九 唐劉蛻集六卷 唐劉蛻撰 明天啟四年吳馡閒青堂刻本 清夏綠堂批點

一四三〇 唐劉蛻集六卷 唐劉蛻撰 明天啟四年吳馡閒青堂刻本 翁之繕跋

一四三一 唐劉蛻集六卷 唐劉蛻撰 明崇禎十六年黃燁然刻本 七行十六字，白口，四周双边

一四三二 唐劉蛻集六卷 唐劉蛻撰 清馮武抄本

一四三三 唐劉蛻集六卷 唐劉蛻撰 清環碧山房抄本 清汪繼培校 十一行二十一字，黑口，四周单边

一四三四 唐劉蛻集六卷 唐劉蛻撰 清抄本 十二行二十字，无格

一四三五 唐劉蛻集六卷 唐劉蛻撰 清抄本

一四三六 唐劉蛻集四卷 唐劉蛻撰 明抄本 十行十九字，无格

一四三七 劉拾遺集一卷 唐劉蛻撰 明崇禎十三年閔齊伋刻本 九行十八字，白口，左右双边

一四三八 文泉子集八卷 唐劉蛻撰 清乾隆五十七年任兆麟抄本 清任兆麟校並跋

一四三九 文泉子集六卷 唐劉蛻撰 清抄本 十行二十二字，无格

一四四〇 李建州詩一卷附錄一卷 唐李頻撰 明嘉靖十七年汪佃、朱輅刻本 九行十九字，細黑口，四周单边

一四四一 梨嶽詩集一卷 唐李頻撰 明萬曆二十四年龔道立刻本 九行十六字，白口，四周双边

一四四二 梨嶽詩集一卷附錄一卷 唐李頻撰 明祁氏淡生堂抄本 清丁丙跋 十行二十字，白口，四周单边

一四四三 梨嶽詩集一卷附錄一卷 唐李頻撰 明抄本 十行十六字，无格

一四四四 梨嶽詩集一卷 唐李頻撰 明抄本 十二行二十一字，无格

一四四五 梨嶽詩集一卷 唐李頻撰 明抄本 清馮舒校並跋 十行十六字，无格

一四四六 梨嶽詩集一卷附錄一卷 唐李頻撰 明末抄本 清丁申、丁丙跋

一四四七 儲嗣宗詩集一卷 唐儲嗣宗撰 明末抄本 十行十八字，无格

一四四八 文化集一卷 唐許棠撰 明末抄本 十行十八字，无格

一四四九 林寬詩集一卷 唐林寬撰 明末抄本 十行十八字，无格

林寬詩集一卷　唐林寬撰　清抄本　一四五〇
孫可之文集十卷　唐孫樵撰　宋刻本　十二行二十一字，白口，左右双边　一四五一
孫可之文集十卷　唐孫樵撰　宋刻本　清黃丕烈、顧廣圻跋　一四五二
孫可之文集十卷　唐孫樵撰　明正德十二年王鏊王鍔刻本　十二行二十一字，白口，左右双边　一四五三
孫可之文集十卷　唐孫樵撰　明正德十二年王鏊王鍔刻本　清顧廣圻校並跋　一四五四
孫可之文集十卷　唐孫樵撰　明正德十二年王鏊王鍔刻本　吳威鐸跋　一四五五
孫可之文集十卷　唐孫樵撰　清嘉慶十四年抄本　清丁丙跋　一四五六
孫可之文集十卷　唐孫樵撰　清光緒二年馮焌光讀有用書齋刻三唐人集本　傅增湘校　一四五七(2)
唐孫樵集十卷　唐孫樵撰　明天啟五年吳馡石香館刻本　七行十六字，白口，四周双边　一四五八
唐孫樵集十卷　唐孫樵撰　明天啟五年吳馡石香館刻本　清夏味堂批點　一四五九
孫可之集十卷　唐孫樵撰　明末毛氏汲古閣刻三唐人文集本　清吳卓信跋並錄黃丕烈校跋　一四六〇
孫可之集十卷　唐孫樵撰　清抄本　十行十九字，白口，四周双边　一四六一
孫可之文集十卷　唐孫樵撰　清光緒二年馮焌光讀有用書齋刻三唐人集本　清蕭穆跋　九行十九字，白口，左右双边　一四五七(1)
唐孫職方集十卷　唐孫樵撰　明崇禎閔齊伋刻本　九行十八字，白口，左右双边　一四六三
經緯集十卷　唐孫樵撰　明孫耀祖孫猷蘷輯　明崇禎刻本　八行十八字，白口，左右双边　一四六四
經緯集十卷　唐孫樵撰　清抄本　清胡延跋　一四六五
可之先生文集十卷　唐孫樵撰　清嘉慶孫馮翼問經堂刻本　九行二十字，白口，左右双边　一四六六
可之先生全集錄二卷　唐孫樵撰　清儲欣評　清光緒八年江蘇書局刻唐宋十大家全集錄本　清周廷陟錄吳子句批校並跋　九行二十五字，黑口，左右双边　一四六七

七九

孫可之文集不分卷　唐孫樵撰　清鄭玲抄本　九行二十二字，無格　一四六八
呂真仙文集注釋四卷　唐呂嵒撰　明神宗朱翊鈞注　明萬曆刻本　十行二十字，小字双行同，白口，左右双边　一四六九
唐皮日休文藪十卷　唐皮日休撰　明正德十五年袁表刻本　十一行二十字，白口，左右双边　一四七〇
唐皮日休文藪十卷　唐皮日休撰　明正德十五年袁表刻本　清王鳴韶跋　一四七一
唐皮日休文藪十卷　唐皮日休撰　明正德十五年袁表刻本　周叔弢跋　一四七二
唐皮日休文藪十卷　唐皮日休撰　明刻本　十一行二十字，白口，左右双边　一四七三
唐皮日休文藪十卷　唐皮日休撰　明刻本　鄭振鐸跋　一四七四
唐皮日休文藪十卷　唐皮日休撰　明萬曆許自昌刻合刻陸魯望皮襲美二先生集本　清楊復吉跋　九行二十字，白口，左右双边　一四七五
唐皮日休文藪十卷　唐皮日休撰　明萬曆許自昌刻合刻陸魯望皮襲美二先生集本　清錢龍惕校　一四七六
唐皮日休文藪十卷　唐皮日休撰　明萬曆許自昌刻合刻陸魯望皮襲美二先生集本　清丁丙跋　一四七七
唐皮日休文藪十卷　唐皮日休撰　清抄本　一四七八
唐皮日休文藪十卷　唐皮日休撰　清抄本　清陳寶泉校並跋　十一行二十字，無格　一四七九
皮日休文集十卷　唐皮日休撰　明刻公文紙印本　九行二十字，白口，左右双边　一四八〇
皮日休文集十卷　唐皮日休撰　明刻本　九行十九字，白口，左右双边　一四八一
唐皮從事倡酬詩八卷　唐皮日休撰　明萬曆許自昌刻合刻陸魯望皮襲美二先生集本　清佚名批校　清丁丙跋　九行二十字，白口，四周單边　一四八二
項氏瓶笙榭新刻皮襲美詩二卷　唐皮日休撰　明項興評　明項真刻本　九行十九字，白口，四周單边　一四八三
唐甫里先生文集二十卷　唐陸龜蒙撰　明成化二十三年嚴春刻本　十行二十字，黑口，四周双边　一四八四
唐甫里先生文集二十卷　唐陸龜蒙撰　明成化二十三年嚴春刻本　周叔弢跋　一四八五
唐甫里先生集二十卷　唐陸龜蒙撰　明萬曆許自昌刻合刻陸魯望皮襲美二先生集本　清馮舒跋　清惠棟校　九行二十字，小字双行同，白口，左右双边　一四八六
唐甫里先生集二十卷　唐陸龜蒙撰　明萬曆許自昌刻合刻陸魯望皮襲美二先生集本　清胡瑩臣跋　一四八七
唐甫里先生集二十卷　唐陸龜蒙撰　明萬曆許自昌刻合刻陸魯望皮襲美二先生集本　清孔繼涵批校　一四八八
唐甫里先生集二十卷　唐陸龜蒙撰　明萬曆許自昌刻合刻陸魯望皮襲美二先生集本　清陳揆校並跋　一四八九

八〇

唐甫里先生集二十卷　唐陸龜蒙撰　明萬曆許自昌刻合刻陸魯望皮襲美二先生集本　清王振聲校並跋　一四九〇
唐甫里先生文集二十卷　唐陸龜蒙撰　明抄本（卷二十配清黃丕烈抄本）　清黃丕烈校補並跋　許心扆校並跋　丁丙跋　一四九一
甫里先生集二十卷　存十二卷（一至十二）　唐陸龜蒙撰　清抄本　十行二十一字，無格　一四九二
陸魯望文集八卷　唐陸龜蒙撰　明抄本　十二行二十一字，白口，四周單边　一四九三
陸魯望文集七卷續補一卷　唐陸龜蒙撰　明末抄本　佚名校　清徐燦如跋　八行二十字，藍格　一四九四
重刊校正笠澤叢書四卷　唐陸龜蒙撰　明末馮舒家抄本　清馮舒、吳志忠校　吳翌鳳跋　十行十八字，黑口，左右双边　一四九五
重刊校正笠澤叢書四卷補遺詩一卷續補遺一卷　唐陸龜蒙撰　清顧氏碧筠艸堂刻本　九行十八字，白口，四周双边　一四九六
重刊校正笠澤叢書四卷補遺詩一卷續補遺一卷　唐陸龜蒙撰　清顧氏碧筠艸堂刻本（四庫底本）　一四九七
重刊校正笠澤叢書四卷補遺詩一卷續補遺一卷　唐陸龜蒙撰　清顧氏碧筠艸堂刻本　清佚名錄王士禛校　一四九八

1499 重刊校正笠澤叢書四卷補遺詩一卷續補遺一卷 唐陸龜蒙撰 附校記一卷 清顧鳳苞撰 清顧氏碧筠艸堂刻本 清佚名錄何焯校

1500 重刊校正笠澤叢書四卷補遺詩一卷續補遺一卷 唐陸龜蒙撰 清顧氏碧筠艸堂刻本 清吳翌鳳校 佚名錄何焯鮑廷博校

1501 重刊校正笠澤叢書四卷補遺詩一卷 唐陸龜蒙撰 清顧氏碧筠艸堂刻本 清吳騫周春吾進校並跋 張燕昌黃丕烈跋

1502 重刊校正笠澤叢書四卷補遺詩一卷 唐陸龜蒙撰 清顧氏碧筠艸堂刻本 清佚名錄戈襄戈戴校跋 朱相謀校

1503 重刊校正笠澤叢書四卷補遺詩一卷續補遺一卷 唐陸龜蒙撰 清顧氏碧筠艸堂刻本 清[illegible]鏞校

1504 重刊校正笠澤叢書四卷補遺詩一卷續補遺一卷 唐陸龜蒙撰 清顧氏碧筠艸堂刻本 清張瑛校

1505 重刊校正笠澤叢書四卷補遺詩一卷 唐陸龜蒙撰 清顧氏碧筠艸堂刻本 周叔弢俞鈞跋

1506 重刊校正笠澤叢書四卷補遺詩一卷續補遺一卷 唐陸龜蒙撰 清雍正九年陸鍾輝水雲漁屋刻本 九行十八字白口四周雙邊

1507 重刊校正笠澤叢書四卷補遺詩一卷 唐陸龜蒙撰 清雍正九年陸鍾輝水雲漁屋刻本 清吳騫校並跋

1508 重刊校正笠澤叢書四卷補遺詩一卷 唐陸龜蒙撰 清雍正九年陸鍾輝水雲漁屋刻本 清吾進校跋並錄吳騫陸以諴校注題識

1509 重刊校正笠澤叢書四卷補遺詩一卷 唐陸龜蒙撰 清雍正九年陸鍾輝水雲漁屋刻本 清季芝綬校跋並錄李錫嘏校

1510 重刊校正笠澤叢書四卷補遺詩一卷 唐陸龜蒙撰 清雍正九年陸鍾輝水雲漁屋刻本 清勞權勞格校

1511 重刊校正笠澤叢書四卷補遺詩一卷續補遺一卷 唐陸龜蒙撰 清雍正九年陸鍾輝水雲漁屋刻本 清姚世鈺校並跋

1512 重刊校正笠澤叢書四卷補遺詩一卷續補遺一卷 唐陸龜蒙撰 清雍正九年陸鍾輝水雲漁屋刻本 清姚世鈺批校並圈點

1513 重刊校正笠澤叢書四卷補遺詩一卷 唐陸龜蒙撰 清雍正九年陸鍾輝水雲漁屋刻本 葉德輝跋

1514 重刊校正笠澤叢書四卷補遺詩一卷續補遺一卷 唐陸龜蒙撰 清東山草堂刻本 清顧廣圻校並跋 九行十八字小字雙行同白口四周雙邊

1515 重刊校正笠澤叢書四卷補遺詩一卷續補遺一卷 唐陸龜蒙撰 清東山草堂刻本 清許公望錄戈襄戈戴校並跋

1516 重刊校正笠澤叢書四卷補遺一卷續補遺一卷 唐陸龜蒙撰 清九疊山房刻本 九行十八字白口左右雙邊

1517 重刊校正笠澤叢書四卷補遺一卷續補遺一卷 唐陸龜蒙撰 清九疊山房刻本 清李慈銘校 葉景葵覆校

1518 重刊校正笠澤叢書四卷補遺一卷續補遺一卷 唐陸龜蒙撰 清九疊山房刻本 吳炅校並跋

1519 重刊校正笠澤叢書四卷補遺一卷續補遺一卷 唐陸龜蒙撰 清九疊山房刻本 傅增湘校並跋

1520 重刊校正笠澤叢書四卷 唐陸龜蒙撰 清刻本 章鈺校並跋 十行二十字黑口四周雙邊

1521 重刊校正笠澤叢書四卷補遺一卷續補遺一卷 唐陸龜蒙撰 清咸峰樓抄本 清吳騫校跋並錄何焯等題識 十行二十二字黑口四周雙邊

1522 笠澤叢書四卷補遺一卷續補遺一卷 唐陸龜蒙撰 清咸豐許辰燦抄本 許辰燦臨清許虎炳錄各家校跋 王大隆跋 九行十八字無格

1523 笠澤叢書四卷 唐陸龜蒙撰 清抄本 九行十九字無格

1524 笠澤叢書八卷 唐陸龜蒙撰 清抄本 清黃丕烈校並跋 戈載校並題識 九行二十字無格

1525 陸魯望先生笠澤叢書八卷 唐陸龜蒙撰 清抄本 清戈載校 饒應隆跋 九行二十字無格

1526 陸魯望先生笠澤叢書八卷補遺一卷 唐陸龜蒙撰 清抄本 清吳騫校 九行二十字無格

1527 陸魯望先生笠澤叢書八卷 唐陸龜蒙撰 清抄本 佚名批校 九行二十字無格

1528 笠澤叢書九卷 唐陸龜蒙撰 附攷一卷 清許槤撰 清嘉慶二十四年許氏古韻閣刻本 清許槤校 十一行二十一字黑口左右雙邊

1529 笠澤叢書九卷 唐陸龜蒙撰 附攷一卷 清許槤撰 清嘉慶二十四年許氏古韻閣刻本 清顧廣圻校並錄何焯題識

1530 陸補闕詩集二卷補遺一卷 唐陸龜蒙撰 陸補闕世叢一卷 明刻本 九行十九字白口四周單邊

1531 司空表聖文集十卷 唐司空圖撰 宋刻本 十二行二十一字白口左右雙邊

司空表聖文集十卷 唐司空圖撰 [illegible]本 十二行二十一字 一五三二
司空表聖文集十卷 唐司空圖撰 明抄本 清毛扆校 十一行二十一字無格 一五三三
司空表聖文集十卷 唐司空圖撰 清初抄本 清王士禛跋 傅增湘跋 十一行二十一字無格 一五三四
司空表聖文集十卷 唐司空圖撰 清初抄本 清佚名校 十二行二十一字白口左右雙邊 一五三五
司空表聖文集十卷 唐司空圖撰 清初抄本 佚名校 十一行二十一字白口左右雙邊 一五三六
司空表聖文集十卷 唐司空圖撰 清抄本 清楊復吉校並跋 十一行二十一字無格 一五三七
司空表聖文集十卷 唐司空圖撰 清[illegible]抄本 十一行二十一字無格 一五三八
司空表聖文集十卷 唐司空圖撰 清抄本 清趙懷玉校並跋 八行二十字無格 一五三九
司空表聖文集十卷 唐司空圖撰 清抄本 清王宗炎校並跋 十一行二十字藍格白口左右雙邊 一五四〇
司空表聖文集十卷 唐司空圖撰 清道光二十一年王仲翔抄本 清王其康跋並錄趙懷玉校 十一行二十一字 一五四一
司空表聖文集十卷 唐司空圖撰 清道光二十二年楊格抄本 清楊格校跋並錄何焯題識 勞權跋並錄[illegible]題識 鮑廷博趙懷玉楊復吉沈叔埏校語 十一行二十一字無格 一五四二
司空表聖文集十卷補遺一卷 唐司空圖撰 清抄本 清王振聲錄王峻校 九行二十三字 一五四三
司空表聖文集十卷 唐司空圖撰 清光緒二十一年仁和朱氏刻結一廬叢書本 章鈺錄[illegible]校 傅增湘校跋並錄趙懷玉鮑正言題識 十一行二十一字黑口左右雙邊 一五四四

八三

司空表聖一鳴集十卷 唐司空圖撰 清抄本 九行二十二字無格 一五四五
司空表聖一鳴集十卷 唐司空圖撰 清抄本 一五四六
唐李推官披沙集六卷 唐李咸用撰 明抄本（卷四至六配清抄本） 清丁丙跋 一五四七
新雕注胡曾詠史詩三卷 唐胡曾撰 口陳蓋注 米崇吉評注 清影宋抄本 清胡珽跋 十行二十二字白口左右雙邊 一五四八
新雕宋板唐方玄英詩集十卷 唐方干撰 明末刻本 九行十九字白口四周雙邊 一五四九
玄英先生詩集十卷 唐方干撰 明抄本 清毛綬萬黃丕烈校並跋 十二行二十字無格 一五五〇
元英先生詩集十卷 唐方干撰 明抄本 十行十八字無格 一五五一
玄英先生詩集十卷集外詩一卷 唐方干撰 清抄本 十行二十字無格 一五五二
方元英先生詩集十二卷 唐方干撰 附歷朝名賢贈詩一卷 清道光十五年紹遺堂活字本 九行二十字白口四周雙邊 卷十一至十二為補遺 一五五三
桂苑筆耕集二十卷 朝鮮崔致遠撰 清仁和趙氏古歡仙館抄本 一五五四
桂苑筆耕集二十卷 朝鮮崔致遠撰 清道光楊氏連筠簃抄本 十行二十三字白口左右雙邊 一五五五
桂苑筆耕集二十卷 朝鮮崔致遠撰 清抄本 十行二十五字白口綠格四周雙邊 一五五六
甲乙集十卷 唐羅隱撰 宋臨安府陳宅經籍鋪刻本 清黃丕烈跋 十行十八字白口左右雙邊 一五五七
甲乙集十卷 唐羅隱撰 明崇禎十二年毛氏汲古閣刻唐人八家詩本 傅增湘校並跋 十二行二十字細黑口左右雙邊 一五五八
甲乙集十卷補遺一卷 唐羅隱撰 明抄本 清方爾謙校並跋 十行二十字黑格白口四周單邊 一五五九
甲乙集十卷補遺一卷 唐羅隱撰 清刻本 李盛鐸校 十行十八字白口左右雙邊 一五六〇
甲乙集十卷 唐羅隱撰 清抄本 九行十九字無格 一五六一
重校甲乙集十卷 唐羅隱撰 清士禮居抄本 十一行二十字綠格 一五六二
羅昭諫江東集五卷 唐羅隱撰 明萬曆屠中孚刻本 九行十八字白口左右雙邊 一五六三
羅昭諫江東集五卷 唐羅隱撰 明萬曆屠中孚刻本 清寄尤泉校 葉景葵跋 一五六四
羅昭諫集八卷 唐羅隱撰 清康熙九年張瓚瑞曜堂刻本 十一行二十字白口四周雙邊 一五六五
羅昭諫集十四卷補遺一卷 唐羅隱撰 清抄本 佚名錄清何焯跋 丁丙跋 一五六六
讒書五卷甲乙詩集三卷 唐羅隱撰 明抄本 李守信跋 十二行二十四字藍格白口左右雙邊 一五六七
讒書五卷 唐羅隱撰 清賓米齋抄本 清董國華校 十行二十四字黑格 一五六八
讒書五卷 唐羅隱撰 清嘉慶十二年吳騫刻拜經樓叢書本 清吳騫黃丕烈校並跋 一五六九
補校一卷 清吳騫撰 稿本 十行二十字黑口左右雙邊
讒書五卷 唐羅隱撰 附校一卷 清吳騫撰 清嘉慶十二年吳騫刻拜經樓叢書本 傅增湘校 一五七〇
讒書五卷 唐羅隱撰 清抄本 十行二十字無格 一五七一

八四

羅昭諫詩集一卷 唐羅隱撰 明公文紙抄本 十行十八字黑口四周雙邊 一五七二
比紅兒詩一卷 唐羅虬撰 明末刻本 九行二十字白口左右雙邊 一五七三
比紅兒詩一卷 唐羅虬撰 清抄本 十行十八字無格 一五七四
解註比紅兒詩集一卷 唐羅虬撰 宋方想註 明抄本 十行二十字小字雙行同藍格白口四周雙邊 一五七五
比紅兒詩一卷 唐羅虬撰 清沈可培注 稿本 行字不定無格 一五七六
秦韜玉詩集一卷 唐秦韜玉撰 清抄本 王修跋 一五七七
鹿門集二卷 唐唐彥謙撰 明崇禎七年錢謙益抄本 清錢謙益跋 十二行二十字白口四周單邊 一五七八
周太朴詩一卷 唐周朴撰 太朴詩補遺一卷 明徐𤊹輯 明萬曆三十五年刻本 九行十八字白口左右雙邊 一五七九
唐女郎魚玄機詩一卷 唐魚玄機撰 宋臨安府陳宅書籍鋪刻本 清黃丕烈顧蒓潘奕雋跋並題詩 曹貞秀吳嘉泰瞿中溶戴延介孫延董國華袁廷檮徐雲路夏文燾錢天樹陳文述石韞玉徐渭仁題詩 明朱承爵清沈[illegible]王芑孫潘遵祁[illegible]題款 十行十八字白口左右雙邊 一五八〇
唐女郎魚玄機詩一卷 唐魚玄機撰 明刻本 李盛鐸校 十行十八字白口左右雙邊 一五八一
鄭守愚文集三卷 唐鄭谷撰 宋刻本 十二行二十一字白口左右雙邊 一五八二
雲臺編三卷 唐鄭谷撰 明嘉靖十四年嚴嵩刻本 清葉萬校補 錢興國校 周叔弢校並錄何焯題識 十行二十字白口左右雙邊 一五八三

雲臺編三卷　唐鄭谷撰　明刻本　十行十八字白口左右双边　一五八四
雲臺編三卷　唐鄭谷撰　明抄本　清何焯校並跋　金農題簽　九行二十字白口四周单边　一五八五
雲臺編三卷　唐鄭谷撰　補遺一卷　清鄭起泓、鄭定遠輯　清鄭起泓刻本　八行十八字白口四周双边　一五八六
雲臺編三卷　唐鄭谷撰　清抄本　十行二十字無格　一五八七
雲臺編不分卷　唐鄭谷撰　清夢齋抄本　九行十九字白口左右双边　一五八八
香奩集一卷　唐韓偓撰　明末毛氏汲古閣刻五唐人詩集本　傅增湘校跋並錄屈大均題識　九行十九字白口左右双边　一五八九
香奩集一卷韓內翰別集一卷　唐韓偓撰　清初宋犖抄本　李觀斌跋　八行十八字無格　一五九〇
香奩集不分卷　唐韓偓撰　清康熙屈大均抄本　十一行二十至二十一字無格　一五九一
翰林別集一卷香奩集一卷補遺一卷　唐韓偓撰　清抄本　清佚名校　朱學勤跋　一五九二
韓翰林詩別集一卷　唐韓偓撰　清抄本　一五九三
韓致堯翰林集不分卷香奩集不分卷　唐韓偓撰　吳兆宜注　清抄本　清紀昀批校　十行二十一字小字双行同白口四周单边　一五九四
翰林集一卷香奩集一卷　唐韓偓撰　清抄本　清陳揆校　十二行二十五字小字双行同無格　一五九五
韓翰林集一卷香奩集一卷　唐韓偓撰　清抄本　清丁丙跋　一五九六
翰林集四卷附錄一卷香奩集三卷附錄一卷　唐韓偓撰　清嘉慶王氏麟後山房抄本　十行二十字　一五九七
唐英歌詩三卷　唐吳融撰　明崇禎毛氏汲古閣刻唐人四集本　清陸貽典校並跋　十二行二十字細黑口左右双边　一五九八
唐英歌詩三卷　唐吳融撰　明抄本　十一行十八字黑口四周双边　一五九九
唐英歌詩三卷　唐吳融撰　清抄本　清黔孔鵠校補並跋　十行二十一字　一六〇〇
杜荀鶴文集三卷　唐杜荀鶴撰　宋刻本　十二行二十一字白口左右双边　一六〇一
唐風集三卷　唐杜荀鶴撰　清影宋抄本　十行十八字白口左右双边　一六〇二
唐風集三卷　唐杜荀鶴撰　明崇禎毛氏汲古閣刻唐人四集本　清陸貽典校並跋　十二行二十字細黑口左右双边　一六〇三
唐風集三卷　唐杜荀鶴撰　明崇禎毛氏汲古閣刻唐人四集本　清毛扆校、陸貽典校並跋　一六〇四
唐風集三卷　唐杜荀鶴撰　明崇禎毛氏汲古閣刻唐人四集本　陳[illegible]跋並錄清馮武校　一六〇五
唐風集三卷　唐杜荀鶴撰　明抄本　清閻臺詒跋　十行十八字無格　一六〇六
唐風集三卷　唐杜荀鶴撰　明末馮彥淵家抄本　清馮武校並跋　葉[illegible]跋　十行十九字黑口左右双边　一六〇七
浣花集十卷補遺一卷　唐韋莊撰　明正德朱承爵朱氏文房刻本　十行十六字白口左右双边　一六〇八
浣花集十卷　唐韋莊撰　明正德朱承爵朱氏文房刻本　傅增湘跋　一六〇九
浣花集十卷補遺一卷　唐韋莊撰　明抄本　十行十六字白口四周单边　一六一〇
浣花集十卷　唐韋莊撰　補遺一卷　明毛晉輯　明末毛氏綠君亭刻本　補遺毛氏汲古閣刻本　八行十八字白口四周单边　一六一一
浣花集十卷　唐韋莊撰　補遺一卷　明毛晉輯　韋端己詩補遺一卷　清趙昱等輯　明末毛氏綠君亭刻本　補遺毛氏汲古閣刻本　詩補遺清嘉慶十五年陳撰抄本　清陳撰跋　一六一二
浣花集十卷　唐韋莊撰　明末毛氏綠君亭刻本　清丁丙跋　一六一三
浣花集十卷　唐韋莊撰　明抄本　十一行二十五字藍格白口四周双边　一六一四
浣花集十卷　唐韋莊撰　明抄本　清潘世恩跋　九行二十字藍格　一六一五
浣花集十卷　唐韋莊撰　清胡介祉谷園刻本　八行十八字白口四周单边　一六一六
白蓮集十卷風騷旨格一卷　唐釋齊己撰　明嘉靖八年柳僉抄本　明柳僉跋　九行十八字無格　一六一七
白蓮集十卷風騷旨格一卷　唐釋齊己撰　明抄本　九行十八字無格　一六一八
白蓮集十卷風騷旨格一卷　唐釋齊己撰　明末曹氏書倉抄本　十一行二十一字白口左右双边　一六一九
白蓮集十卷風騷旨格一卷　唐釋齊己撰　明末馮班家抄本（卷三至六配清抄本）　清何焯校並跋　丁祖蔭跋　九行十八字黑格黑口左右双边　一六二〇
白蓮集十卷風騷旨格一卷　唐釋齊己撰　清抄本　十一行二十二字無格　一六二一
白蓮集十卷　唐釋齊己撰　清抄本　十行二十字無格　一六二二
白蓮集十卷風騷旨格一卷　唐釋齊己撰　清抄本　清顧一鶴跋　十行十九字白口左右双边　一六二三
張蠙詩集一卷　唐張蠙撰　明抄本　清金俊明、何焯校　黃丕烈校並跋　十一行二十字無格　一六二四
張蠙詩集一卷　唐張蠙撰　明末抄本　清葉奕跋　十行十八字無格　一六二五
張象文詩集三卷　唐張蠙撰　清抄本　十行二十字白口無格　一六二六
莆陽黃御史集二卷　唐黃滔撰　明正德八年刻本　十行二十字白口四周双边　一六二七
莆陽黃御史集二卷　唐黃滔撰　明萬曆十二年黃從良等刻本　十行二十字白口四周双边　一六二八
莆陽黃御史集二卷　唐黃滔撰　明萬曆十二年黃從良等刻本　清朱彝尊跋　一六二九
唐黃先生文集八卷附錄一卷　唐黃滔撰　明萬曆三十四年葉向高曹學佺等刻本　九行十八字白口左右双边　一六三〇
唐黃御史集八卷附錄一卷　唐黃滔撰　明崇禎十一年黃鳴喬黃鳴俊等刻本　八行十八字白口左右双边　一六三一
唐黃御史集八卷附錄一卷　唐黃滔撰　明崇禎十一年黃鳴喬黃鳴俊等刻本　清韓應陛跋　一六三二
唐祕書省正字先輩徐公釣磯文集十卷　唐徐夤撰　明抄本　存九卷（一至四、六至十）　十行二十字藍格白口四周双边　一六三三

唐祕書省正字先輩徐公鈞磯文集十卷 唐徐寅撰 明抄本（卷五配抄本） 清錢曾校 八行十八至二十字無格 一六三四

唐祕書省正字先輩徐公鈞磯文集十卷 唐徐寅撰 清抄本 八行十八字無格 存九卷 一至四、六至十 一六三五

唐祕書省正字先輩徐公鈞磯文集十卷 唐徐寅撰 清抄本 清劉喜海跋 八行十九字無格 一六三六

唐祕書省正字先輩徐公鈞磯文集十卷 唐徐寅撰 清抄本 清丁丙跋 一六三七

唐祕書省正字先輩徐公鈞磯文集十卷 唐徐寅撰 清抄本 清黙元校並跋 十二行二十四字 一六三八

唐祕書省正字先輩徐公鈞磯文集十卷 唐徐寅撰 清抄本 十行二十字無格 一六三九

唐祕書省正字先輩徐公鈞磯文集十卷 唐徐寅撰 清抄本 十行二十字黑口四周單邊 一六四〇

鈞磯文集十卷 唐徐寅撰 清抄本 九行二十一字 一六四一

曹松詩集一卷 唐曹松撰 清初抄本 十行十八字無格 書名取自卷末題識 一六四二

唐求詩集一卷 唐唐求撰 宋刻本 清李根宣題款 顧蒓題簽 黃丕烈跋 十行十八字白口左右雙邊 一六四三

唐求詩一卷 唐唐求撰 清影宋抄本 李柯溪校並跋 十行十八字無格 一六四四

禪月集二十五卷 唐釋貫休撰 明柳僉抄本 十行二十字 一六四五

禪月集二十五卷補遺一卷 唐釋貫休撰 唐三高僧詩集本 明末毛氏汲古閣刻 清葉樹廉校跋 並錄明柳僉題識 八行十九字白口左右雙邊 一六四六

禪月集二十五卷 唐釋貫休撰 明末毛氏汲古閣影宋抄本 十三行二十字白口左右雙邊 一六四七

禪月集二十五卷 唐釋貫休撰 明抄本 十二行二十字白口四周單邊 一六四八

禪月集二十五卷 唐釋貫休撰 清初影宋抄本 清張瀞跋 十三行二十字無格 一六四九

禪月集二十五卷 唐釋貫休撰 清抄本 十二行二十四字無格 一六五一

玉山堂詩集一卷文集一卷雜志一卷 唐田穎撰 清抄本 九行二十二字黑格下細黑口左右雙邊 一六五二

碧雲集三卷 唐李中撰 清道光四年黃氏士禮居影宋抄本 清黃丕烈跋 十行十八字白口左右雙邊 一六五三

碧雲集三卷 唐李中撰 明崇禎十二年毛氏汲古閣刻唐人八家詩本 清黃丕烈校並跋 十二行二十字細黑口左右雙邊 一六五四

碧雲集三卷 唐李中撰 明崇禎十二年毛氏汲古閣刻唐人八家詩本 繆荃孫跋 一六五五

碧雲集三卷 唐李中撰 明崇禎十二年毛氏汲古閣刻唐人八家詩本 傅增湘跋並錄清黃丕烈校跋 一六五六

碧雲集三卷 唐李中撰 明抄本 清錢孫保題款 九行十八字黑口左右雙邊 一六五七

碧雲集三卷 唐李中撰 明抄本 十行二十字黑格白口四周雙邊 一六五八

碧雲集三卷 唐李中撰 清抄本 十行十八字無格 一六五九

碧雲集三卷 唐李中撰 清宣統吳湯培抄本 鄧邦述校並跋 傅增湘跋並錄清黃丕烈題識 十二行二十一字藍格細藍口左右雙邊 一六六〇

碧雲集不分卷 唐李中撰 清惠棟抄本 十行十八字無格 一六六一

殷文珪詩集一卷 五代殷文珪撰 清抄本 一六六二

李丞相詩集二卷 南唐李建勳撰 宋臨安府陳宅書籍鋪刻本 十行十八字白口左右雙邊 一六六三

李丞相詩集二卷 南唐李建勳撰 清影抄宋臨安府陳宅書籍鋪刻本 十行十八字白口左右雙邊 一六六四

廣成集十二卷 前蜀杜光庭撰 明抄本 十一行二十二字白口四周單邊 一六六五

廣成集十七卷 前蜀杜光庭撰 清彭氏知聖道齋抄本 清劉光瑀跋 一六六六

廣成集十七卷 前蜀杜光庭撰 清抄本 清丁丙跋 一六六七

藏書情況

書名編号	藏	書	单	位			
唐五代别集類 1	0101						
2	0201						
3	0101						
4	0101						
5	0101						
6	0101	0201					
7	0101						
8	0164	0171					
9	0101						
10	0101						
11	0101						
12	1601						
13	0509						
14	1601						
15	0101						
16	0101	0201					
17	1601						
18	0150	0201	0701	0741	1601	2581	
19	0101	0198	0201	1601	2942		
20	0101	0163	1610⊗				
21	0141	0301	1627	2501	2541	2701	2702
	2782						
22	0703	2901					
23	0141	0201	0241	1501	1601	2441	2501
	2701	2745					
24	0201						
25	0101	0141	0161	0201	0701	1542	2301
	2501						
26	0201	1001	1441	1601	2541		
27	2501						
28	0146	0198	0341	1843	2541		
29	0508	2041	2206⊗	2302	2522		
30	0101						
31	0101	0141	0144	1501			

書名編号	藏	書	单	位			
唐五代别集類 32	1601						
33	0198						
34	0701	1601	2001	2541			
35	1601						
36	0101						
37	0101	1601					
38	0101	0141	2001				
39	0201						
40	0101						
41	1601						
42	0101						
43	2541						
44	1601						
45	0101						
46	0101						
47	0101						
48	1601						
49	0142						
50	0201	2701					
51	0101						
52	0101	0201	1601				
53	0141	018[illegible]	0201	1601			
54	0143						
55	0142	0641	2301	2041			
56	0101	0102	0144	0161⊗	0163	0301	0441
	0701	0841	1042	1101	1601	1701	1705
	1741	1801	1843	2201	2401	2541	2642
57	0101	0141⊗	0144	0161⊗	0163	0201	0301
	0701	1501	2701	2702			
58	0101						
59	1601						
60	0141	0161	0164	0198	0201	0701	0842
	1501	1582	1606	1701	2445	2561	2701
	2742						
61	0161	0241	0243	0842	1601	1606	1701
	1704						

書名編号	藏	書	单	位			
唐五代别集類 62	0144	1601	1717	2302			
63	0142	1601					
64	0141	0201	0241	1601	2702		
65	0101	0141	016[illegible]	0163	0201	0241	0243
	0291	0301	0841	1541	1601	1701	1801
	2301	2644					
66	1601						
67	0141						
68	0101	0102	0141	0142	0201	0291	0520
	0591	0703	0801	0803	0841	0861	1001
	1541	1601	1606	1688	1701	1901	2001
	2201	2241	2401	2445	2541	2701⊗	2741
69	0301						
70	0101	0142					
71	0101	0141					
72	0101	0163	1501	1801	2702		
73	0101	0141	0163	0201	1601		
74	0101						
75	0101						
76	0101	0141	0201	2401			
77	0101						
78	1601						
79	0148						
80	2401	2701	2702				
81	0141						
82	1705						
83	2401						
84	0201	2702					
85	1704						
86	1601						
87	2341						
88	1701						
89	1601						
90	1601						
91	0201						
92	0101						

書名編号	藏	書	单	位			
唐五代别集類 93	0101	0198	0201				
94	0101						
95	0141						
96	0101						
97	0101						
98	0101						
99	0101						
100	0101						
101	0101						
102	0101						
103	0101						
104	0101						
105	0101						
106	1605						
107	0164						
108	0241						
109	0101						
110	0101						
111	0201						
112	1601						
113	0161						
114	2702						
115	0101						
116	0342						
117	0101						
118	0141	0163	0171	0241	0741	0841	1704⊗
	2541	2941					
119	0101	0144	0181	0201	1601	1881	
120	0201						
121	0101						
122	0101						
123	0101	0141	0144	0163	0193	0197	0198
	0201	0241	0242	0262	0301	0342	0701
	0841	0941	1501	1541	1542	1601	1605
	1606	1641	1701	1705	1843	1881	2203
	2301	2501	2541	2702	2742		

表三

書名編号	藏書單位
唐五代別集類 124	2401
125	0101
126	0201
127	0101
128	0101 0201 0241 0801 2541
129	0101
130	0101
131	1601
132	2941
133	0101
134	0101
135	0142 0150 0201 1441 1649 1901 2301 2602
136	1601
137	0201
138	0101 0291 1801 2701 2702
139	0101 0163 0197 0201 0301 0703 0801 1241 1801 1881 2401
140	1702⊗
141	0141 0150 0163 0166 0198 0342 0502 0542 0701 0801 0803 0901 0903 1713 2001 2005 2041 2301 2314 2342 2343 2382
142	2341
143	0101
144	0101
145	0591
146	0101
147	0141
148	1601
149	1601
150	2701
151	0101
152	1601
153	0101
154	0101

書名編号	藏書單位
唐五代別集類 155	0101
156	0201
157	0193 0301
158	1701
159	0201
160	0101
161	0101 0201 2701
162	0101⊗ 0201
163	0841
164	0201
165	0101
166	2702
167	0141
168	0101
169	2702
170	1705
171	0101
172	0201
173	0101 0241
174	1601
175	0201
176	2701
177	0141 0201 2702
178	0101
179	0141
180	0101
181	0101 0164 0554 0701 0801 1741 2202 2702 2742
182	2702
183	1601
184	0101 0142 0144 0146 0161 0168 0201 0241 0291 0301 0342 0501 0801 0803 0842 0861 1301 1581 1601 1615 1641 1655 1704 1801 1843 2201 2261 2401乙 2701 2702 2901
185	0141

表四

書名編号	藏書單位
唐五代別集類 186	0164
187	1601
188	0101
189	0145
190	0102 0701 1701 2441
191	0201
192	0201
193	1701
194	0101
195	0198
196	0101
197	0101
198	0201
199	0101
200	0201 2702
201	0101
202	0101 0161 0193 0201 0801 1501
203	1601
204	0201
205	0201
206	0101
207	0201
208	1601
209	0101
210	0101 0142 0201 0841 1601 1641 1705 2401
211	0141
212	0101 1901
213	0201 1646
214	1501
215	1705
216	0161 2001
217	0101
218	0101 0102 0103 0141 0142 0144 0150 0161 0163 0168 0181 0198 0701 0703 0801 0841 1705 1881 2001 2202 2205 2301 2302 2342 2401 2541 2561 2601

書名編号	藏書單位
唐五代別集類 219	0201
220	0101
221	2541
222	0341
223	0141
224	0101
225	0142
226	0101⊗ 0201 0241 1701⊗ 2741
227	0201
228	0101 0144 0281⊗ 0301 0801 2702
229	1601
230	0101⊗ 0182 0301⊗ 1601 1689
231	0101 0198 0201 0241 2541
232	2401
233	0101 0144 0161 0182 0201 0242 0342 0841 0842 0961 1081 1084 1601 1642 1682 1704⊗ 1916⊗ 2341 2381 2782
234	1501
235	0121 0145 0201 0291 0301 0571 0903 0942 1542 1501 1587 1606 1615 1641 1642 1648 1701 1705 2041 2045 2201 2242 2302 2401 2541 2745
236	0201
237	2241
238	0101 1544 1701 1901 2201 2782
239	0101 0102 0141 0142 0143 0144 0145 0150 0161 0163 0173 0182 0197 0198 0201 0241 0291 0301 0701 0841 1001 1501 1541 1601 1604 1641 1701 1843 1881 1901 2201 2304 2441 2602 2701 2702 2704 2741 2742 2782 2901
240	0163
241	1601
242	0101 0161 0201 0241 0901⊗ 1501⊗ 1615 1705⊗ 1741 1881⊗ 2701
243	0201

書名编号	藏書單位
唐五代別集類 244	0341 1541 2745⊗
245	0201
246	0101 0231 1501 1741 2042 2301 2511
247	0101
248	2702
249	0201
250	0101 1606 1641 2701
251	0147 0801 1915 2301 2702
252	0163 2401 2745
253	0101
254	1601
255	1701
256	0101
257	0101
258	0201
259	0161
260	0803 1808
261	0201
262	0141 0142 2101 2767 2302
263	2341
264	0242
265	0142 2702
266	2543
267	0101 0201⊗ 0401 1741⊗
268	1601
269	0101
270	0201
271	0242 0801
272	0141 0161 0163 1605 2001 2701 2702 2782
273	0141
274	0101 1681⊗
275	0101 1581⊗
276	0101
277	0101
278	0201

書名编号	藏書單位
唐五代別集類 279	1601
280	0301 1601⊗
281	0201
282	0101
283	0101 0121 0201 0301 1601 1689 2702
284	0291
285	0141 0404
286	0201
287	0161 0181 0201 0501 0342 0701 2701
288	0101 0102 0141 0193 0201 1582 1701 2201 2301 2401 2702 2782
289	2201
290	1601
291	0201
292	0201
293	0143 0151 1601 1701 2501
294	0141 0242 0512 1615 1681 2301 2441 2702
295	0101
296	0301
297	0161 0198 0201 0241 1601 1606 1642 2201
298	0132 0198
299	1701
300	0301
301	0201
302	0101 0163 0201 0341 0801
303	2541
304	0101 0141 0163 0201⊗ 1605 2702 2782
305	0101
306	0201
307	1701
308	0101
309	0101 2441
310	0141 0201 0242 1501 1641 1701 2702
311	0242

表五

書名编号	藏書單位
唐五代別集類 312	0101
313	0201
314	0101
315	0141 0201
316	0101 1601
317	0201
318	0101
319	0591
320	0201
321	0101
322	0101
323	0101
324	1630
325	0101
326	0101
327	0101
328	0201
329	0141
330	0101 0141⊗ 0201 1881 2782
331	0201
332	1601
333	0101
334	0101
335	0101
336	0101
337	0101
338	0101
339	0101
340	1601 2782
341	0101 0143⊗ 0144⊗ 0201 0241 0242 1101 1681 2702 2782
342	0201
343	1601
344	0201
345	0101
346	0101 0141⊗ 0201 1582⊗

書名编号	藏書單位
唐五代別集類 347	0142
348	0201 0902⊗ 1701 1705⊗ 1941⊗
349	1601
350	2401
351	0101
352	1605
353	0141
354	0201
355	0101
356	0101
357	2702
358	2702
359	0101
360	0141
361	0101
362	0161
363	0201
364	0101
365	2702
366	0101 0102 0142 0144 0161 0182⊗ 0201 0241 0242 0245 0291 0301 0701 0801⊗ 0841⊗ 0902⊗ 1001 1041 1081 1084 1501 1701 1705 1710 1801 1843 1891 2001 2042⊗ 2241 2301 2302 2304 2343 2401 2501⊗ 2701 2703 2741 2745 2782 2901
367	1042
368	2401
369	1601
370	0101 0144 0163 0171⊗ 0171⊗ 0201 0342 0703 0841 0902⊗ 1501 1581 1582 1601 1881 2041⊗ 2381 2701 2702 2742 2782
371	0161 0182 0197⊗ 0201 0291 0341 0842 1501 1606 1622 1641 1705 2041 2602 2644 2702 2745 2801
372	0144 0161 0301 1642⊗ 1701 2201 2401 2702 2785

表六

表七

書名編号	藏書单位
唐五代别集類 373	0141
374	2302
375	2441
376	1501
377	0101 0201 2541
378	2782
379	2782
380	0101
381	0101
382	0101
383	0141
384	0141
385	0101
386	0101 0241 0301 1541⊗ 2782
387	0141 1541
388	0101 0141 0161 0201 0301 1541 1701 2222
389	1105
390	0201⊗ 0706 [illegible]
391	0101
392	0142 0341 2782
393	2782
394	1601
395	0144 0201
396	0102 0144 0161 1541 1701 2701
397	0144 2702
398	0101 1901 2301 2782
399	2401
400	0101 1581
401	0101
402	0101
403	1705
404	0101
405	[illegible] 0147 1001 2782
406	0163
407	1701

書名編号	藏書单位
唐五代别集類 408	0101
409	0301 1881⊗ 2782⊗
410	0101 0141⊗ 0201⊗ 0242 2782⊗
411	0201
412	0142 0701 2541⊗
413	0201
414	0101
415	0101
416	0141 1705
417	0144 1501
418	0148
419	0141 0201 1701⊗
420	0201
421	0201 0301 1605 2401
422	2203
423	0101
424	1901
425	0101 0201 0301 1705 1801
426	1901
427	2782
428	2541
429	1042
430	2001
431	0101 1701
432	1501
433	1701⊗
434	0201 [illegible]
435	0101
436	0101 1001 1541 1701⊗ 1801 1901 2782
437	0101 0163 1801
438	0151 2782
439	1881
440	0201 1601⊗ 1701⊗
441	0101⊗ 0141 1501⊗ 1541⊗ 2702 2941
442	0101 0141 1689 2782
443	0701⊗

表八

書名編号	收藏单位
唐五代别集類 444	0101 0141 0161 0341 0841 1541⊗ 1603 1701 2741
445	0101
446	0161⊗ 0201 0341 1501⊗ 1502⊗ 1606 1682 2201 2301 2401⊗
447	0101 0141 0161 0201 0291 0702 1581⊗ 2341 2745 2782
448	0841
449	0101 0143⊗ 0161 0301 1582 1603 1791 2702 2782
450	0101
451	1701
452	0201
453	0141
454	0142
455	0141
456	0141
457	0142 0243 2782
458	0142 1041 2001 2782
459	0301 1701
460	1701
461	0201
462	0101 0102 0142 0144 0198 1701 2201 2301
463	0141 0201 2782
464	0181 0182 0701 1601
465	0142 0161⊗ 0241⊗ 1701 1741⊗ 2301⊗ 2701⊗ 2782
466	0201
467	0101
468	0201
469	1581
470	2001
471	2001
472	0150 0701 2561
473	2702

書名編号	收藏单位
唐五代别集類 474	1741
475	0301 1501 1541
476	1601
477	0801
478	0101 0141
479	2541
480	0163
481	2782
482	0101
483	0201
484	2301
485	2501
486	0241
487	1301
488	1502
489	1542
490	2301
491	1843
492	2461
493	1501
494	1705
495	2541
496	1653
497	2301
498	0101
499	2301
500	2301
501	2301
502	1581
503	1501
504	0841
505	0241
506	1701
507	1701
508	0161
509	0163

書名编号	藏書单位						
唐五代别集類 510	0201						
511	0198						
512	0101	0141	0142	0201	1881	2401	2782
513	1601						
514	1601						
515	0142	0198	0201	0701	1042	1843	2302
	2782						
516	0141						
517	0151	0201	0342	0801	0841	1161	2042
	2301	2302	2542	2701	2702		
518	0201						
519	1609						
520	0201						
521	0601						
522	1741						
523	0101						
524	2782						
525	0201	2782					
526	0241						
527	0141	0142	0143	0161	0163	0178	2201
	2301	2404	2701	2782			
528	1501						
529	2701						
530	0141	0198	0242	0341(×)	0443	0701	0741
	0742(×)	1301	1381(×)	1701(×)	1716	1723	1843
	2001	2042	2304	2343(×)	2541	2702	
531	0342						
532	0142	1051					
533	0201						
534	0141	0142	0143	0161	0166	0198	0301
	0520	0542	0701	0803	0902	0903	1101
	1301	1461	1702	2001	2006	2041	2304(×)
	2343	2504	2542	2584	2702	2782	
535	0501						
536	0201						
537	0201						

表九

書名编号	藏書单位						
唐五代别集類 538	0198	0291					
539	0201						
540	0198	0201	1784	2302	2782		
541	1301						
542	1741						
543	1601						
544	2301						
545	0102	0142	0161	0201	0243	0291	0801
	0901	1301	2301				
546	0163						
547	0198						
548	0142	0150	0198	0201	0242	0291	0542
	0842	1501	1702	1843	2301	2343	2541
	2542	2782					
549	2401						
550	0101						
551	0141						
552	0201						
553	0701	0142	1843	2401	2782		
554	0101	0142	0163	2301	2541		
555	0201						
556	0142	0243					
557	0101						
558	0201						
559	0198						
560	1601						
561	0101	0141	0142	0342	0502	[illegible]	[illegible]
	0542	0601	0701	0703	1801	2042	2302
	2541	2501					
562	0341						
563	2782						
564	1704						
565	0241						
566	1501						
567	2301						
568	2782						

書名编号	藏書单位						
唐五代别集類 569	1843						
570	2301						
571	0141	0142	0173	0197	0201	0342	0434
	0443	0841	1741	2301	2316	2343	2761
572	0101	0141	0142	0146	0201	0341	0741
	1706	1795	2001	2302	2541	2542	2691
	2701						
573	2782						
574	2301						
575	0141	0142	0144	0150	0193	0292	0591
	0701	0842	1702	1712	1741	2001	2301
	2304	2541					
576	0163						
577	0101						
578	0341						
579	0146						
580	2342						
581	2042						
582	0161						
583	0101						
584	2301						
585	0142	2301					
586	1501						
587	2201						
588	2782						
589	0102	0198	0201	0242	0243	0341	0701
	0842	0861	0902	2304	2343	2701	
590	1581						
591	2541						
592	0198						
593	2505						
594	2782						
595	0241						
596	0242						
597	1801						
598	0242						

表一〇

書名编号	藏書单位						
唐五代别集類 599	0198	0741	2394	2501	2504	2701	
600	2001						
601	2701						
602	2402						
603	0201						
604	2301						
605	0198						
606	0101						
607	0101	2301					
608	0201						
609	2782						
610	2001						
611	1688						
612	2001						
613	0101						
614	0201						
615	0101						
616	0101						
617	0101	0201	1701				
618	0101						
619	0101						
620	0301						
621	0101						
622	0101						
623	0701						
624	0101						
625	0141	0142	0201	1741	2001	2301	2401
	2543	2702					
626	1601						
627	1601						
628	0163	0198	2201				
629	0201						
630	0201						
631	0101						
632	0141						
633	1705						

表十一

書名編號	藏書單位						
唐五代別集類 634	0201						
635	0201						
636	0101						
637	0101						
638	0201						
639	0101						
640	0101						
641	0101						
642	0101						
643	0101	0242					
644	0101						
645	0101						
646	2002						
647	0101						
648	0101						
649	0101						
650	0143	0163	0178	[illegible]	2841		
651	1601						
652	0201						
653	0101						
654	0201						
655	0101						
656	0101						
657	1607						
658	0241						
659	2401						
660	0101						
661	0141						
662	0101						
663	0142						
664	0101						
665	0201	1101	2401				
666	0201						
667	1601						
668	1701						
669	0201						

書名編號	藏書單位						
唐五代別集類 670	0101						
671	1601						
672	0101						
673	0197						
674	0201						
675	0101						
676	0101						
677	0101	1601					
678	0101						
679	0161						
680	0201						
681	2241						
682	1601						
683	1601						
684	0201	1701					
685	0101	0342					
686	0201	0801	1101	1582	1601		
687	0101						
688	0101	0181	0201	0241	1601	1641	1701
	2541						
689	0201	0841	1701				
690	0197						
691	0101(X)	0143	0141	0143	0142	0181	0197
	0201	0241	0442	0571	0641	1002	1142
	1201	1441	1501	1502	1503	1505	1582
	1639	1701	1801	2001	2501		
692	0201						
693	2062						
694	0101	0102	0142	0144	0163	0181	0182
	0198	0201	0301	0341	0501	0602	0861
	0901	0946	0981	1882	2001	2041	2047
	2201	2341	2302	2401	2561		
695	0201						
696	2561						
697	2042						
698	0301						

表十二

書名編號	藏書單位						
唐五代別集類 699	0101	0141	0150	0161	0163	0241(X)	0301
	0841	1501	1601	1622	1788	1903	2702
	2704						
700	2321						
701	0542						
702	0101	1606	1761(X)	2541			
703	0101	0142	2374				
704	1501						
705	0143	0161(X)	0201	1589	1741		
706	0271						
707	0201						
708	0102	0141	0142	0143	0144	0146	0201
	0241	0301	0341	0701	1101	1142	[illegible]
	[illegible]	1801(X)	1602(X)	1781	1901	2301	[illegible]
	2242	2302	2701	2702			
709	1601						
710	0142	0201	[illegible]	0761	1471	[illegible]	[illegible]
	1851	1882	2451	2702			
711	1701						
712	0141	0642	1617	1642	1646	2502	
713	0442	0551	[illegible]	0901	2043	2501	1501
714	0241	1901(X)	2401				
715	1646						
716	0241						
717	2501						
718	0151						
719	0261						
720	0201						
721	0101						
722	0101						
723	1701						
724	0101						
725	0101						
726	0291						
727	0101						
728	0101	0198	0201				

書名編號	藏書單位
唐五代別集類 729	0101
730	0101
731	0101
732	0101
733	0101
734	0141
735	2702
736	1501
737	1601
738	0101
739	0142
740	0841
741	0101
742	0101
743	0201
744	0101
745	1701
746	0201
747	0101
748	0201
749	0591
750	0101
751	0101
752	0101
753	0101
754	0163
755	0101
756	0101
757	1601
758	1601
759	1501
760	1501
761	1601
762	1601
763	0243
764	0201

書名编号	藏書單位
唐五代别集類 765	0441 1041 1881
766	2541
767	0101
768	0701
769	0101
770	0141
771	0201
772	1601
773	0101
774	0902
775	0781
776	0201
777	0141
778	1705
779	1705
780	0841
781	1501 1581
782	0841
783	0163 0841
784	0141
785	0150
786	0161㊁ 1881㊁ 2441㊁ 2702
787	1601
788	0101 0141 0145 0161 0701㊁ 2501 2541
789	0101
790	0144 0241 0801 1045
791	0242
792	0101 0141 0143 0182 0201 0441 0501 0801 0903 1515 1701 1788 2041 2202 2561 2702 2704
793	0141㊁ 0801 2742
794	2702
795	0197 0198 0241 0801 2602 2702
796	0101 0142㊁ 0201 0301 1101 1606 1741 2401 2541
797	0201

表一三

書名编号	藏書單位
唐五代别集類 798	1601
799	0101 0161 0182 0801 1501 1587㊁ 2543 2702
800	1704
801	0101
802	0201 0301 0701 1681㊁ 1701 1702
803	0101 0142 0181 0241 0291 0301 0501 0641 0802 0842 1003 1301 1501 1502 1544 1582 1603 1606 1627 1688 1701 1714 1806 1831 2401 2402 2405 2501 2541 2681 2701 2703 2706 2745
804	0144
805	1701
806	1881
807	1501
808	1441
809	1705
810	2541
811	1741
812	1082
813	0101
814	0101 0141 0143 0144 0145 0150 0193 0198 0201 0261 0301 0341 0342 0404 0501 0701 0704 0706 0801 0841 0901 1301 1461 1501 1601 1622 1701 1752 1801㊁ 1843 1881 1901 2203 2206 2261 2281 2301 2302 2341 2401 2441 2541 2548 2702 2704 2881
815	0841
816	1788
817	0201
818	2301
819	1601
820	1701
821	0101
822	0201

書名编号	藏書單位
唐五代别集類 823	1642
824	0201
825	1705
826	0841
827	0101
828	0201
829	0201
830	0201
831	1601
832	0101
833	0201
834	1701
835	0145㊁ 0701 1501
836	1605 2201 2301
837	0163 0241 2342
838	0201
839	1501
840	2301
841	0242
842	0101
843	2541
844	2501
845	2501
846	0101
847	0101
848	1601
849	0141 0701
850	1601
851	1701
852	2541
853	1501
854	2441
855	0101
856	0842
857	0141 0146 0197 0842 1784 2041 2042 2301

表一四

書名编号	藏書單位
唐五代别集類 858	0101 0141 0150 0146 0171 0181 0201 0241 0242 0243 0501 0502 0542 0591 0592 0601 0701 0791 0801 0841 0903 0941 1141 1501 1741 1801 1802 1881 1883 2001 2201 2203 2302 2304 2314 2342 2381
859	0163
860	0163
861	0341
862	0201
863	0163
864	2701
865	0301
866	0201
867	0145
868	1501
869	0163
870	2301
871	0201
872	0201
873	2314
874	1701
875	1802
876	0201
877	0241
878	0241
879	0198 0508 0520 0542 0601 0701 1301 2201 2301 2304 2525 2561
880	0341
881	0101
882	0144
883	2701
884	0143
885	2301
886	1741
887	0201

書名編号	藏書單位						
唐五代別集類 888	1541						
889	1542						
890	0201						
891	1601						
892	2701						
893	1501						
894	0101						
895	1801						
896	0143	0150	0181	0193	0201	0301	0341
	0342	0602	0701	0801	0841	0842	1001
	1461	1501	1601	1605	1701	1843	2201
	2301	2311	2701	2702	2881	2901	
897	2401						
898	1101						
899	0181						
900	0101						
901	2701						
902	1581						
903	0101						
904	0201						
905	1601						
906	1601						
907	0520						
908	0101	0161	2301	2302			
909	2001						
910	0243						
911	0162⊗	0146	1501	1705	2001	2301	2501
	2601						
912	1716						
913	0201						
914	0201						
915	1082						
916	0101						
917	0101	0341					
918	0101						
919	0241						

表十五

書名編号	藏書單位						
唐五代別集類 920	0201						
921	0101						
922	1704						
923	0101						
924	0101						
925	0101						
926	0201						
927	0163	0208					
928	0101						
929	1601						
930	1601						
931	0101						
932	0101						
933	0201						
934	2201						
935	0101						
936	0141	0165	0591⊗	1501	1601	2001	2501
937	1601						
938	0141						
939	0101						
940	1689						
941	0101						
942	2407						
943	0101	0141	0144	0150	0163	0182	0193
	0197⊗	0195	0201	0261	0291	0301	0341
	0342	0402	0701	0801	0841	0842	1103
	1142	1241	1501	1542	1601	1622	1629
	1641	1681	1701	1705	1723	1741	1801
	1883	1882	1901	2221	2243	2322	2424
	2501	2581	2601	2702	2704	2881	2982
944	2501						
945	1601						
946	1705						
947	0101	0195	1501				
948	0201						
949	0142						

書名編号	藏書單位						
唐五代別集類 950	0101						
951	1701						
952	0101						
953	0101						
954	0101						
955	1681						
956	2581						
957	0101						
958	0141						
959	0143	0144	0150	0201	0311	0501	0801
	0441	1551	1722	1882	2201	2301	
960	1501						
961	0541						
962	0101						
963	0243						
964	1501						
965	0101	1701					
966	0201						
967	0301						
968	2301						
969	0101	0803⊗					
970	0101	0201⊗					
971	1705						
972	0101	0231⊗					
973	0542	1601					
974	0101	0182	0197	0201	0301	0441⊗	0501
	0701⊗	0841	1045	1101	1601	1701	1716⊗
	1801	2201	2581	2701⊗	2702⊗	2782⊗	
975	0101						
976	0101						
977	0141						
978	0101						
979	1601						
980	0201						
981	0102	0163	0198	0201	0241	0242	0301
	0542	0801	1641⊗	1701	2041	2042	2401⊗
	2401	2602	2702				

表十六

書名編号	藏書單位						
唐五代別集類 982	0101						
983	1601						
984	1601						
985	0101	0193	0201⊗	0701⊗	2541	2702	2745
986	0144						
987	0201						
988	0201	1501	1605	1881	2401		
989	0101	0164	0201	0261	0801	1701	1723
	1901	2401⊗	2702				
990	0301						
991	0101	0141	0163	0201	0201	1101	1541
	1705	2301	2441	2543	2701	2702	2742
992	0201						
993	0241	0701	1601	1804	1881	2346	2401
	2543	2702					
994	0101						
995	0201						
996	0149	0181	0193	0241	0243	0301	0801
	0862	0841	1042	1048	1142	1501⊗	1661
	1461	1601	1615	1622	1701⊗	1801	1841
	2041	2301	2401	2441	2705	2705	
997	1501						
998	2301						
999	0841						
1000	0101						
1001	0101	0144⊗	0164	0201⊗	0241⊗	1641	2201⊗
1002	0201						
1003	1601						
1004	0101						
1005	0101						
1006	1601						
1007	1707						
1008	0201						
1009	0201						
1010	1901						
1011	2541						

書名編号	藏書單位
唐五代別集類 1012	0201
1013	0101
1014	0101
1015	0101
1016	1601
1017	0201
1018	0101
1019	0101
1020	0101
1021	0101
1022	0201
1023	0141 0142 0198 0201 0243 0801 2501
1024	0163
1025	0101 1701 1705⊗
1026	0101 0201
1027	1601
1028	0201
1029	0101 0161⊗ 0201
1030	0201
1031	1628
1032	0201
1033	0198
1034	0101
1035	2541
1036	1801
1037	2881
1038	0101
1039	0101 0201
1040	0101
1041	0101
1042	0101
1043	0201
1044	0101
1045	0201
1046	0101
1047	0201

書名編号	藏書單位
唐五代別集類 1048	0101
1049	0101
1050	0101
1051	2541
1052	0201
1053	1601
1054	0242 1701
1055	1601
1056	1601
1057	2541
1058	0101
1059	0101
1060	1601
1061	0101
1062	1601
1063	1581
1064	1601
1065	0201
1066	0198
1067	0101
1068	0101
1069	1601
1070	2401
1071	0101
1072	0101
1073	0141
1074	0101
1075	0101 0201⊗ 1701
1076	0141
1077	0101
1078	0101
1079	1601
1080	1601
1081	0201
1082	0101 0198 0201 0291 1001 1581 1601 1606 1241 2401 2901

書名編号	藏書單位
唐五代別集類 1083	0101
1084	0141
1085	1601
1086	0101
1087	1501
1088	0101
1089	0101
1090	0201
1091	0101 0163 0520 1101 1513 1603 1881 2042 2401 2501 2701 2881
1092	0201
1093	0201
1094	0101
1095	2201 2702
1096	0201
1097	0101
1098	0101
1099	1601
1100	0101
1101	0101
1102	1601
1103	0101
1104	0101
1105	0101
1106	0201
1107	0101
1108	0201
1109	0101
1110	0101
1111	2701
1112	0101
1113	1601
1114	0201
1115	0341
1116	2401
1117	0101

書名編号	藏書單位
唐五代別集類 1118	0101
1119	0101
1120	0101
1121	0101
1122	0101
1123	0101
1124	1705
1125	0161
1126	0144
1127	0301
1128	0161 2541
1129	0104 0141 0142 0501 0502 0842 2304
1130	0101
1131	0101
1132	0201
1133	0101
1134	1601
1135	0201
1136	0101
1137	0201 0341
1138	0201 1701
1139	1601
1140	0141 0163 0201 0242 0301 0342 1601 1606 1701 1705 1710 2301 2542 2745
1141	0201 1705 2702
1142	0201
1143	0198 0242 2301
1144	0101
1145	0201
1146	1705
1147	0101 0201
1148	0102 0141 0142 0150 0161 0163 0201 0241 0803 0841 1042 1501 1541 1601 1605 1615 1653 1701 1702 2701 2702
1149	0201
1150	1641

書名編号	藏書単位						
唐五代別集類 1151	2301						
1152	0242						
1153	0101						
1154	0241	1705	2242	2301			
1155	2241						
1156	0101	0141	2041	2301	2326⊗	2601	
1157	2401						
1158	0201						
1159	0141	0142	2163				
1160	1741						
1161	0101						
1162	1601						
1163	0201						
1164	1801						
1165	0201						
1166	2301						
1167	0201						
1168	0141						
1169	0141	1582					
1170	0201						
1171	0101						
1172	0101						
1173	0101⊗	0841⊗					
1174	0101	0143	0163	0182	0201	0241	1241
	2701	2782					
1175	0101						
1176	1601						
1177	0101						
1178	0101						
1179	0101						
1180	0101						
1181	1581						
1182	1605						
1183	0101						
1184	0201						
1185	0141						

表十九

書名編号	藏書単位						
唐五代別集類 1186	0101						
1187	0101						
1188	0101						
1189	0101	0703	1041	1601	1701		
1190	1901						
1191	0101	0143	0161	0163	0182	0201	0301
	1701	1841	2206	2401	2782		
1192	2702						
1193	0101						
1194	0101						
1195	0591						
1196	0101	0146⊗	0198⊗				
1197	0201						
1198	0201						
1199	0201						
1200	0201						
1201	0161						
1202	1501						
1203	1601						
1204	0101	0141	0142	0144	0151	0173	0197
	0198	0201	0242	0243	0402	0441	0472
	0501	0520	0542	0601	0701	0703	0801
	0803	0841	0901	0902	0903	0941	0942
	0961	1301	1705	1802	1881	2001	2003
	2066	2041	2203	2206	2301	2302	2343
	2401	2501	2541	2544	2561	2601	2602
	2603	2642	2742				
1205	0101						
1206	0201						
1207	2541						
1208	0201						
1209	0101						
1210	0101						
1211	2801						
1212	0101	0201					
1213	0141⊗	0161⊗	0178	0201	0803⊗	1741	2241

書名編号	藏書単位						
唐五代別集類 1214	1601						
1215	0141⊗						
1216	0101	1741	2401⊗				
1217	1601						
1218	0101	0198	0201	0241	0291	0342	0404
	1731	2541	2701	2702			
1219	0101						
1220	0101						
1221	0101						
1222	0141	0142	0903	1646			
1223	0163						
1224	0101						
1225	0101						
1226	0101						
1227	0101						
1228	0101						
1229	0101						
1230	0101						
1231	0101						
1232	0291						
1233	0101						
1234	0101						
1235	0101						
1236	1705						
1237	0241						
1238	0201						
1239	0101						
1240	0201						
1241	2501						
1242	0161						
1243	0801						
1244	0101						
1245	0101						
1246	0241						
1247	0144						
1248	2401						

表二〇

書名編号	藏書単位						
唐五代別集類 1249	0101						
1250	1601						
1251	0241						
1252	0163						
1253	0161						
1254	0801						
1255	1601						
1256	0102						
1257	0101						
1258	0101						
1259	0101						
1260	0141						
1261	0101						
1262	0101						
1263	0101						
1264	0101						
1265	0101						
1266	0101						
1267	0101						
1268	0101						
1269	0101						
1270	0101						
1271	0101						
1272	0101						
1273	0101						
1274	0101						
1275	0101	0201	0801	2441			
1276	0201						
1277	0201						
1278	1705						
1279	2401						
1280	1601						
1281	1601						
1282	0101						
1283	1741						
1284	0142⊗	0197	1101	1701	2401	2731	2702

表二一

書名编号	藏書單位
唐五代別集類 1285	0144
1286	1601 2041 2401
1287	0101
1288	0101 0141 0142 0161 0163 0241 0291 0701 0801 1001 1341 1501 1601 1702 1705 2342 2401 2701
1289	0201
1290	0201
1291	0101
1292	0163 1615
1293	0101
1294	1741
1295	0101 1606 2401
1296	0101
1297	0201
1298	1101
1299	0101
1300	0101
1301	0101
1302	0141
1303	0101 0201 1781⊗
1304	1601
1305	0101 0163 0301
1306	0101
1307	0101
1308	2702
1309	1601
1310	0101 0141 2501 2701
1311	0101
1312	0201
1313	0101
1314	0701
1315	1101
1316	0101
1317	0101
1318	0201

書名编号	藏書單位
唐五代別集類 1319	0243
1320	0201
1321	0141 0161 0181 0193 0441 1001 1009 1881 1901 2006 2701 2541
1322	0341
1323	0201
1324	2750
1325	0143
1326	0901
1327	2042
1328	1701
1329	0141 2504
1330	0163
1331	0145
1332	0201
1333	0149
1334	0341
1335	0101 2401
1336	2401
1337	0142 0542 0601 0903 1802 2302 2702
1338	0241
1339	2541⊗
1340	1881
1341	0201
1342	0141 0198 0701 2301 2302
1343	0101
1344	0201
1345	0201
1346	0101
1347	0903 1781⊗ 2009⊗
1348	2701
1349	0201 1601
1350	0243
1351	0142 0341
1352	0101 0104 0142 0144 0171 0182 0191 0243 0601 0701 0803 1301 1801 2001 2201 2301 2304 2501 2541 2642

書名编号	藏書單位
唐五代別集類 1353	1501
1354	1601
1355	0164
1356	0145
1357	0201
1358	0201
1359	0102 0141 0142 0242 1741 1904 2001 2042 2242 2301 2342 2522
1360	0163
1361	0201
1362	1701
1363	1628
1364	1601
1365	0101
1366	0101 0121 0142 0143 0181 0197 0201 0242 0243 0701 0703 0741 0803 0861 0902 0942 1301 1701 1705 1723 1808 1882 2001 2041 2201 2261 2301 2302 2343 2344 2381 2374 2401 2501 2543 2602 2704
1367	2001
1368	0201
1369	2701
1370	0101
1371	0101
1372	1601
1373	0101
1374	1601
1375	0101
1376	0101
1377	1705
1378	0201
1379	1601
1380	0101
1381	0101
1382	0101

表二二

書名编号	藏書單位
唐五代別集類 1383	0101
1384	0201
1385	2001
1386	0101
1387	0141 2001
1388	0101
1389	0101
1390	0101
1391	0141
1392	0161 1627
1393	0201
1394	0101
1395	0141
1396	0101
1397	0101
1398	0101
1399	0101
1400	0301
1401	0101
1402	0101
1403	0201
1404	0101
1405	0101
1406	2401
1407	0101
1408	0142 0161 0163 0201 0301 1705
1409	0101 0198 1701⊗
1410	0101
1411	0101
1412	1601
1413	0101
1414	0161
1415	0191
1416	0441
1417	0141 0142 0143 0150 0171 0173 0198 0201 0242 0341 0342 0442 0501 0512 0541 0542 0601 0701 0801 0841 0892

表二三

書名編号	藏書単位
唐五代別集類	0903 0941 1101 1341 1802 1843 1844 1881 2001 2309 2201 2245 2301 2304 2401 2541 2543 2582 2602
1418	0201
1419	2301
1420	1843
1421	0201
1422	0201
1423	0201
1424	0201
1425	1615
1426	0141
1427	0101 0201 0242
1428	0201
1429	0241
1430	0201
1431	0163 2441 2701
1432	1601
1433	0101
1434	0101
1435	1605
1436	0903
1937	0101 1741
1438	1629
1439	0591
1440	0101
1441	0101
1442	1601
1443	0101
1444	0141
1445	0101
1446	1601
1447	0201
1448	0201
1449	0201
1450	1701

書名編号	藏書単位
唐五代別集類 1451	0101
1452	0101
1453	0101 0201 0241 2501
1454	0101
1455	0141
1456	1601
1457(2)	0101
1458	0101 0141 1601 1901 2701
1459	0241
1460	0201
1461	0101
1457(1)	1801
1463	1741
1464	0141 0201 0341
1465	1601
1466	0101
1467	1784
1468	2881
1469	0241
1470	0101 0141 0144 0201 1601 1701 1741 1843 1901
1471	0201
1472	0101
1473	0201 1101 1741 2001
1474	0101
1475	1605
1476	0241
1477	1601
1478	0161
1479	0301
1480	0101
1481	0242
1482	1601
1483	0101
1484	0101 0201
1485	0101

表二四

書名編号	藏書単位
唐五代別集類 1486	0201
1487	1601
1488	2702
1489	0101
1470	1601
1491	1601
1492	0101
1493	0101
1494	0141
1495	0101
1496	0101 0198 0801 1301 2541
1497	2401
1498	0201
1499	0201
1500	0341
1501	0101
1502	0201
1503	0101
1504	1628
1505	0301
1506	0102 0141 0163 0198 0341 0741 0903 1101 1629 2042 2241 2242 2301 2401 2541 2543 2561
1507	0201
1508	0101
1509	1601
1510	0101
1511	0201
1512	0164
1513	0201
1514	1601
1515	0201
1516	0520 2542
1517	0201
1518	0201
1519	0161

書名編号	藏書単位
唐五代別集類 1520	0101
1521	0145
1522	0241
1523	0101
1524	0201
1525	0101
1526	0101
1527	0301
1528	0181
1529	0101
1530	0141
1531	0101
1532	2501
1533	0101
1534	0101
1535	0241
1536	2702
1537	1629
1538	0101
1539	0101
1540	0161
1541	0201
1542	0101
1543	0201
1544	0101
1545	0101
1546	1701
1547	1601
1548	0101
1549	2301
1550	0101
1551	0101
1552	0101
1553	0161
1554	1701
1555	0141

表二十五

書名编号	藏書單位						
唐五代别集類 1556	2541						
1557	0101						
1558	0101						
1559	0101						
1560	0141						
1561	2401						
1562	0144						
1563	0101	0141	0193	0741	1601	2301	2401
1564	0201						
1565	0101	0201	0242	0841	0861	1503	1542
	2542						
1566	1601						
1567	0101						
1568	0201						
1569	0101						
1570	0101						
1571	0101						
1572	0201						
1573	0101						
1574	0201						
1575	0101						
1576	0101						
1577	1701						
1578	0101						
1579	2441						
1580	0101						
1581	0141						
1582	0101						
1583	0101						
1584	0182						
1585	0101						
1586	2201						
1587	0101						
1588	0101						
1589	0101						
1590	1501						

書名编号	藏書單位						
唐五代别集類 1591	0141						
1592	0201						
1593	0201						
1594	0501						
1595	0101						
1596	1601						
1597	2042						
1598	0101						
1599	0101						
1600	0101						
1601	0201						
1602	0101						
1603	0101						
1604	0101						
1605	0241						
1606	0101						
1607	0101						
1608	0101	0201					
1609	0101						
1610	0101						
1611	0101	0163	0201	0342	0591	0641	1541
	1604	2341	2541	2602	2782		
1612	1601						
1613	1601						
1614	2501						
1615	0201						
1616	0501						
1617	0101						
1618	0101						
1619	0241						
1620	0101						
1621	0101						
1622	0101						
1623	0101						
1624	0101						
1625	0201						

表二十六

書名编号	藏書單位						
唐五代别集類 1626	0141						
1627	0101	2501					
1628	0841						
1629	1441						
1630	0101	0201	2421				
1631	0101	0141	0150	0201	0301	0345	1702
	1741	1701	2501	2541	2702		
1632	0101						
1633	0101						
1634	0101						
1635	0101						
1636	0101						
1637	1601						
1638	2501						
1639	0141						
1640	2541						
1641	0242						
1642	2301						
1643	0101						
1644	0131						
1645	0201						
1646	0101						
1647	0101						
1648	0101						
1649	0201						
1651	0242						
1652	2301						
1653	0101						
1654	0101						
1655	0301						
1656	0101						
1657	0101						
1658	0101						
1659	0201						
1660	0101						

書名编号	藏書單位
唐五代别集類 1661	1741
1662	1701
1663	0101
1664	0301
1665	0101
1666	0201
1667	1601

宋別集類

一 徐公文集三十卷 宋徐鉉撰 清康熙五十一年俞楨手抄本 清俞楨跋 十行二十一字無格

二 徐公文集三十卷 宋徐鉉撰 清乾隆二十五年鮑氏知不足齋抄本（卷一至十六 二十五至三十配清抄本） 清鮑廷博校並跋 丁丙跋

三 徐公文集三十卷 宋徐鉉撰 清乾隆三十九年盧氏抱經堂抄本 清盧文弨校並跋 十一行二十一字白口四周單邊

四 徐公文集三十卷 宋徐鉉撰 清抄本 清黃丕烈校並跋 十行十九字無格

五 徐公文集三十卷 宋徐鉉撰 清貝氏友漢居抄本 清貝墉校 九行二十字白口四周雙邊

六 徐公文集三十卷 宋徐鉉撰 清抄本 清邵恩多校並跋 十行二十一字白口四周單邊

七 徐公文集三十卷 宋徐鉉撰 清影宋抄本 十行十九字白口左右雙邊

八 徐公文集三十卷附錄一卷 宋徐鉉撰 清抄本 十行十九字白口無邊欄

九 徐公文集三十卷 宋徐鉉撰 清抄本 十一行二十一字無格

十 徐公文集三十卷 宋徐鉉撰 清抄本 清朱之赤校並跋 十行二十六字至二十八字不等無格

十一 徐公文集三十卷 宋徐鉉撰 清陶氏篤素好齋抄本 清丁丙跋

十二 徐公文集三十卷 宋徐鉉撰 清抄本 清陳揆校 十行二十字無格
存二十二卷 一至二十二

十三 徐公文集三十卷 宋徐鉉撰 清末楊蒲敬偉鈔黃丕烈校抄本 清王禮培跋 十行十九字白口左右雙邊

十四 徐公文集三十卷 宋徐鉉撰 清抄本 佚名批校 十行二十六字無格

十五 徐常侍集三十卷 宋徐鉉撰 清抄本 清朱彝尊校並抄補 十行二十字無格

十六 徐常侍集三十卷 宋徐鉉撰 清南昌彭氏知聖道齋抄本 清彭元瑞校並跋

十七 徐常侍集三十卷 宋徐鉉撰 清抄本 十行二十字

十八 徐騎省文集三十卷 宋徐鉉撰 附錄一卷 清陸香圃三間草堂抄本 十行十九字藍格藍口左右雙邊

十九 徐騎省文集三十卷 清道光三年山陰沈氏鳴野山房抄本 清沈復粲校並跋 十行十九字無格

二〇 徐騎省文集三十卷 宋徐鉉撰 清傅氏煜組堂抄本 清丁丙跋

二一 徐騎省集三十卷補遺一卷 宋徐鉉撰 札記一卷 清朱孔彰撰 清光緒十七年李宗媚刻本 清孫詒讓跋 十行二十一字白口四周雙邊

二二 徐騎省集三十卷補遺一卷 宋徐鉉撰 札記一卷 清朱孔彰撰 清光緒十七年李宗媚刻本 清蕭穆依明州本校

二三 徐騎省集三十卷補遺一卷 宋徐鉉撰 札記一卷 清朱孔彰撰 清光緒十七年李宗媚刻本 清蕭穆依朱彝尊藏抄本校

二四 河東先生集十五卷 宋柳開撰 行狀一卷 宋張景撰 明吳氏叢書堂抄本 十行二十字白口左右雙邊

二五 河東先生集十五卷 宋柳開撰 行狀一卷 宋張景撰 清初抄本 清何焯批校並跋 十行二十字無格

二六 河東先生集十五卷 宋柳開撰 清初抄本 清王聞遠校並跋 十三行二十三字無格

二七 河東先生集十五卷 宋柳開撰 清影宋抄本 十三行二十八字白口左右雙邊

二八 河東先生集十五卷 宋柳開撰 行狀一卷 宋張景撰 清抄本 清彭元瑞校 十三行二十二至二十四字無格

二九 河東先生集十五卷 宋柳開撰 張景輯 行狀一卷 宋張景撰 清乾隆六十年蘭溪文印堂刻本 十行二十一字黑口左右雙邊

三〇 河東先生集十五卷 宋柳開撰 行狀一卷 宋張景撰 清道光十一年東武劉氏味經書屋抄本 十一行二十字白口四周雙邊

三一 河東先生集十五卷 宋柳開撰 附行狀一卷 清讀古樓抄本 九行十八字白口左右雙邊

三二 河東先生集十五卷 宋柳開撰 行狀一卷 宋張景撰 清抄本 十三行二十一至二十五字

三三 河東先生集十五卷 宋柳開撰 行狀一卷 清抄本 十三行二十三至二十五字

三四 河東先生集十六卷 宋柳開撰 清初抄本 清丁丙跋 卷十六係宋張景撰柳公行狀

三五 河東先生集十六卷 宋柳開撰 清抄本 九行十七字

三六 河東先生集十六卷 宋柳開撰 張景編 清抄本 十行二十字

三七 河東先生文集十六卷 宋柳開撰 清抄本 清周星詒、柯逢時跋 周季世憲跋並錄何焯題識 十行十八字白口左右雙邊 卷十六為宋張景撰行狀

三八 河東柳仲塗先生文集十五卷 宋柳開撰 張景編 清初抄本（四庫底本）
存十卷 一至十

三九 河東柳仲塗先生文集十六卷 宋柳開撰 清初抄本 清丁丙跋 卷十六係柳公行狀 宋張景撰

四〇 河東柳仲塗先生文集十六卷 宋柳開撰 清南陽村抄本

四一 河東柳仲塗先生文集十六卷 宋柳開撰 清抄本 十三行二十六七字無格 卷十六為宋張景撰行狀

四二 河東柳仲塗先生文集十六卷 宋柳開撰 清抄本 十行二十字無格

咸平集三十卷 宋田錫撰 明祁氏淡生堂抄本 清彭元瑞跋 十行二十字白口四周單邊 四三
咸平集三十卷 宋田錫撰 清初抄本 十行二十一字無格 四四
咸平集三十卷 宋田錫撰 清抄本 九行十九字白口無邊 四五
咸平集三十卷 宋田錫撰 清抄本 佚名校 十行二十字黑口左右雙邊 四六
咸平集三十卷 宋田錫撰 清張位抄本 清周星詒校 十行二十字無格 四七
咸平集三十卷 宋田錫撰 清抄本 清丁丙跋 四八
宋真宗御製玉京集六卷 宋真宗趙恆撰 清抄本 九行二十字無格 四九
逍遥集一卷 宋潘閬撰 清抄本 五〇
忠愍公詩集三卷 宋寇準撰 明嘉靖十四年蔣鏊刻本 八行十八字白口左右雙邊 五一
忠愍公詩集三卷 宋寇準撰 明嘉靖十四年蔣鏊刻本 清丁丙跋 五二
忠愍公詩集三卷文集一卷 宋寇準撰（明嘉靖十四年蔣鏊刻清道光十八年遞修本 八行十八字白口左右雙邊 五三
忠愍公詩集三卷 宋寇準撰 清抄本 清朱文困跋 八行十八字無格 五四
寇忠愍公詩集三卷附碑文一卷 宋寇準撰 清康熙吳調元辨義堂刻本 九行十九字白口左右雙邊 五五

三

寇忠愍公詩集三卷 宋寇準撰 清康熙吳調元辨義堂刻本 清鮑廷博校 勞權校並跋 五六
寇忠愍公詩集三卷 宋寇準撰 清康熙吳調元辨義堂刻本 傅增湘校並跋 五七
寇忠愍公詩集三卷 宋寇準撰 清康熙吳調元辨義堂刻汪氏古香樓印本 九行十九字白口左右雙邊 五八
寇忠愍公詩集三卷 宋寇準撰 清聖香樓刻本 九行十九字白口左右雙邊 五九
寇忠愍公詩集三卷 宋寇準撰 清彭氏知聖道齋抄本 九行十九字白口四周雙邊 六〇
寇忠愍公詩三卷 宋寇準撰 清抄本 十行二十字 六一
忠愍公詩二卷 宋寇準撰 清史寶安影宋抄本 六二
忠愍公詩三卷 宋寇準撰 清抄本 佚名校 清丁丙跋 六三
乖崖先生文集十二卷附錄一卷 宋張詠撰 宋咸淳五年伊賡崇陽縣齋刻本〔卷七至十二及附錄配明陽書樓抄本〕 清黃丕烈校補並跋 十行二十字白口左右雙邊 六四
乖崖先生文集十二卷附錄一卷 宋張詠撰 宋刻本 九行十八字白口左右雙邊 六五
乖崖先生文集十二卷附錄一卷 宋張詠撰 明祁氏淡生堂抄本（卷一至七配清抄本） 清丁丙跋 六六
乖崖先生文集十二卷附錄一卷 宋張詠撰 清康熙四十九年呂無隱抄本 清呂無隱跋 蔣繼軾校並題款 十一行二十二字細黑口四周單邊 六七
乖崖先生文集十二卷附錄一卷 宋張詠撰 清沈氏鳴野山房抄本 清丁丙跋 六八
乖崖先生文集十二卷附錄一卷 宋張詠撰 清光緒八年吳祥芝刻本 清蕭穆校 十行二十字黑口左右雙邊 六九
乖崖先生文集十二卷 宋張詠撰 清抄本 七〇
乖崖先生文集十二卷附錄一卷 宋張詠撰 清抄本 八行二十四字 七一
乖崖先生文集十二卷 宋張詠撰 清據宋咸淳龔夢龍本抄 有朱筆校 七二
張乖崖文集十一卷 宋張詠撰 清抄本 十行十八字 七三
乖崖集十二卷附錄一卷 宋張詠撰 清抄本 十行二十至二十二字不等白口左右雙邊 七四
乖崖先生全集十二卷附錄一卷 宋張詠撰 清抄本 十行二十字 七五
王黃州小畜集三十卷 宋王禹偁撰 宋紹興十七年黃州刻遞修本（卷二十五至三十配清呂氏吾研齋抄本） 清黃丕烈跋 七六
王黃州小畜集三十卷 宋王禹偁撰 明萬曆三十七年謝氏小草齋抄本 明謝肇淛跋 七七

四

王黃州小畜集三十卷 宋王禹偁撰 明抄本 七八
王黃州小畜集三十卷 宋王禹偁撰 明抄本 十一行二十二字 七九
王黃州小畜集三十卷 宋王禹偁撰 清康熙五十九年蔣繼軾家抄本 清蔣繼軾抄補並校跋 翁同書校並跋 八〇
王黃州小畜集三十卷 宋王禹偁撰 清宋氏漫堂抄本 八一
王黃州小畜集三十卷 宋王禹偁撰 清經鉏堂抄本 九行二十一字版心印小畜集匡外左下印經鉏堂校錄 八二
王黃州小畜集三十卷 宋王禹偁撰 清倪氏經鉏堂抄本 清丁丙跋 八三
王黃州小畜集三十卷 宋王禹偁撰 清江鄉歸氏抄本 清曹炎校 八四
王黃州小畜集三十卷 宋王禹偁撰 清抄本 清彭元瑞校並跋 翁心存校 八五
王黃州小畜集三十卷 宋王禹偁撰 清抄本（卷二十四至三十配清田雯抄本） 八六
王黃州小畜集三十卷 宋王禹偁撰 清抄本 清王鳴韶跋 八七
王黃州小畜集三十卷外集十三卷 宋王禹偁撰 清抄本 清佚名校 八八
王黃州小畜集三十卷外集一卷 宋王禹偁撰 清抄本 佚名墨筆校 楊紹和跋 朱筆校 外集存七卷 七至十三 八九

九〇 王黄州小畜外集二十卷 宋王禹偁撰 清乾隆四十一年吴翌鳳抄本 清盧文弨校 吴翌鳳校並跋
存七卷 七至十三

九一 王黄州小畜外集二十卷 宋王禹偁撰 清道光十一年東武劉氏味經書屋抄本
存七卷 七至十三

九二 王黄州小畜外集二十卷 宋王禹偁撰 清抄本 清蔣方烱校並跋
存七卷 七至十三

九三 王黄州小畜外集二十卷 宋王禹偁撰 清抄本 清丁丙跋
存七卷 七至十三

九四 王黄州小畜外集二十卷 宋王禹偁撰 清抄本
存七卷 七至十三

九五 王黄州小畜集六十二卷 宋王禹偁撰 清抄本 清黄丕烈校並跋

九六 宋王黄州小畜集三十卷 宋王禹偁撰 清乾隆二十五年趙熟典愛日堂刻本 清吴翌鳳 黄丕烈 裴緒仁校並跋 十一行二十二字 黑口四周雙邊

九七 宋王黄州小畜集三十卷 宋王禹偁撰 清乾隆二十五年太平趙熟典愛日堂刻本 清宋錫嘉校並跋

九八 楊大年先生武夷新集二十卷 宋楊億撰 明萬曆李續刻本 李宣龔 張元濟跋 八行二十字白口四周單邊
存四卷 一至四

九九 楊大年先生武夷新集二十卷 宋楊億撰 清康熙四十四年陳璋校刻本 八行二十字 白口四周單邊 書口題：武夷新集 封面題：楊大年先生全集

一〇〇 楊大年先生武夷新集二十卷 宋楊億撰 清抄本 九行十九字無格

一〇一 武夷新集二十卷 宋楊億撰 清彭氏知聖道齋抄本 清彭元瑞跋

一〇二 楊大年先生武夷新集二十卷 宋楊億撰 清抄本 清丁丙跋

一〇三 林和靖先生詩集四卷 宋林逋撰 宋刻本 清黄丕烈跋 九行二十字小字雙行同白口左右雙邊
存一卷

一〇四 和靖先生詩集□卷 宋林逋撰 清嘉慶二年顧廣圻影宋抄本 清黄丕烈跋 九行二十字白口左右雙邊
存一卷

一〇五 和靖先生詩集□卷 宋林逋撰 清影宋抄本 沈曾鉌 清黄丕烈跋 丁丙跋
存一卷 上

一〇六 宋林和靖先生詩集四卷 宋林逋撰 附錄一卷 明正德十二年韓士英俞智刻本 有像 十行二十字 白口四周單邊

一〇七 宋林和靖先生詩集四卷 宋林逋撰 附錄一卷 明正德十二年韓士英俞智刻本 清丁丙跋

五

一〇八 宋林和靖先生詩集四卷 宋林逋撰 附錄一卷 明正德十二年韓士英俞智刻本 明湯和十校 傅增湘跋

一〇九 宋林和靖先生詩集四卷 宋林逋撰 明刻本 李盛鐸跋 十行二十字細黑口四周單邊

一一〇 宋林和靖先生詩集四卷 補遺一卷 省心錄一卷 宋林逋撰 附錄一卷 明何養純諸時寶等輯 明萬曆四十一年何養純諸時寶等刻本 八行二十字白口四周單邊

一一一 宋林和靖先生詩集四卷 補遺一卷 宋林逋撰 明萬曆四十一年何養純諸時寶等刻本 清李錫齡校並跋 有像

一一二 林和靖先生詩集四卷 省心錄一卷 宋林逋撰 詩話一卷 清康熙四十七年吴調元刻本 八行十八字白口左右雙邊

一一三 林和靖先生詩集四卷 省心錄一卷 宋林逋撰 林集詩話一卷 清康熙四十七年吴調元刻本 清鮑廷博批校並跋 丁丙跋

一一四 林和靖先生詩集四卷 省心錄一卷 宋林逋撰 清康熙四十七年吴調元刻本 清朱兆彭批注

一一五 林和靖先生詩集四卷 省心錄一卷 宋林逋撰 清康熙四十七年吴調元刻本 清秦更年校

一一六 林和靖先生詩集四卷 省心錄一卷 宋林逋撰 詩話一卷 清汪安汪定古香樓刻本 清王端履題款 王金錢跋 傅增湘校 八行十八字白口左右雙邊

六

一一七 林和靖詩集不分卷 目錄一卷 宋林逋撰 清陳梓輯 清乾隆十年深柳讀書堂刻本 九行二十二字白口四周單邊

一一八 林和靖詩集三卷 宋林逋撰 清陳梓輯 清乾隆十年深柳讀書堂刻本 清管庭芬批校

一一九 林和靖詩集三卷 宋林逋撰 清陳梓輯 清抄本 清潘遵祁批並跋 九行二十二字

一二〇 重編西湖林和靖先生詩集四卷 宋林逋撰 明陳贄輯 清抄本 清丁丙跋 孫峻校並跋

一二一 穆參軍集三卷 宋穆修撰 遺事一卷 清康熙二十六年譚楊仲抄本 清汴之赤跋 十行二十字無格

一二二 穆參軍集三卷 宋穆修撰 遺事一卷 清康熙金侃抄本 十一行二十一字無格

一二三 穆參軍集三卷 宋穆修撰 附遺事一卷 清嘉慶十六年穆士棻樹香堂刻本 清王芑孫題記 十行二十字白口左右雙邊

一二四 穆參軍集三卷 宋穆修撰 遺事一卷 清東武劉氏味經書屋抄本 十行二十一字小字雙行同白口左右雙邊

一二五 穆參軍集三卷 宋穆修撰 遺事一卷 清[illegible]組堂抄本 九行二十字白口左右雙邊

一二六 穆參軍集三卷 宋穆修撰 遺事一卷 清抄本 清李文藻批校並跋 十一行二十字无格
一二七 穆參軍三卷 宋穆修撰 遺事一卷 清抄本 清王聞遠校並跋 十一行二十二字无格
一二八 穆參軍集三卷 宋穆修撰 遺事一卷 清抄本 清丁丙跋
一二九 穆參軍集三卷 宋穆修撰 清抄本 清何焯校 十行二十字无格
一三〇 穆參軍先生文集三卷 宋穆修撰 遺事一卷 清汪氏儲藻堂抄本 十行二十字黑口左右雙邊
一三一 河南穆公集三卷 宋穆修撰 遺事一卷 清錢氏述古堂抄本 十行十八字无格
一三二 河南穆公集三卷 宋穆修撰 穆參軍遺事一卷 清抄本 清何焯校
一三三 河南穆公集三卷 宋穆修撰 遺事一卷 清張蓉鏡抄本 九行十八字无格
一三四 河南穆公集三卷 宋穆修撰 遺事一卷 清張蓉鏡賞吟軒抄本 九行十八字无格
一三五 河南穆公集三卷 宋穆修撰 遺事一卷 清光緒四年劉履芬抄本 劉履芬跋 十行二十四字无格
一三六 河南穆先生詩文集三卷 宋穆修撰 穆參軍遺事一卷 清抄本 □楨林校並跋 九行二十二字无格
一三七 河南穆先生文集三卷 宋穆修撰 穆參軍遺事一卷 清甫江舉抄本 清盧文弨鮑廷博校 十二行二十二至二十五字无格
一三八 河南穆先生文集三卷 宋穆修撰 宋祖無擇編 穆參軍遺事一卷 清抄本 清管嗣復跋 九行二十一字无格
一三九 河南穆先生集三卷 宋穆修撰 遺事一卷 清抄本 清丁丙跋
一四〇 河南集三卷 宋穆修撰 穆參軍遺事一卷 清抄本 清唐翰題跋 十行二十字无格
一四一 河南集三卷 宋穆修撰 穆參軍遺事一卷 清道光十五年許瀚抄本 清許瀚跋 十一行十八字
一四二 河南集三卷附遺事題跋 宋穆修撰 清道光瑞安項霽水仙亭抄本
一四三 河南集三卷 宋穆修撰 穆參軍遺事一卷 清抄本 清馮登府跋 十行二十字无格
一四四 河南集三卷 宋穆修撰 穆參軍遺事一卷 清抄本 傅增湘校並跋 章鈺跋 十行二十二字无格
一四五 河南集三卷 宋穆修撰 遺事一卷 清抄本 清章鈺跋 十行二十二字黑格

一四六 元獻遺文一卷 宋晏殊撰 清道光二十四年勞格抄本 清勞格校補 丁丙跋
一四七 晏元獻遺文一卷 宋晏殊撰 清抄本 清丁丙跋
一四八 珠玉詞一卷 宋晏殊撰 小山詞一卷 宋晏幾道撰 明抄本 清何焯校 八行二十字无格
一四九 文莊集三十六卷 宋夏竦撰 清乾隆翰林院抄本 八行二十一字白口四周雙邊
一五〇 文莊集三十六卷 宋夏竦撰 清抄本 清孔繼涵跋 九行二十一字无格
一五一 文莊集三十六卷 宋夏竦撰 清宜秋館抄本 劉剛白 李振唐校 十行二十一字黑口左右雙邊
一五二 春卿遺稿一卷 宋蔣堂撰 清抄本（四庫底本） 九行二十字无格
一五三 春卿遺稿一卷 宋蔣堂撰 清抄本 清丁丙跋
一五四 春卿遺稾一卷 宋蔣堂撰 清抄本
一五五 春卿遺稿一卷續編一卷 宋蔣堂撰 清抄本
一五六 鉅鹿東觀集十卷 宋魏野撰 宋紹定元年嚴陵郡齋刻本（卷四至六配明抄本） 清黃丕烈跋 十行二十字白口左右雙邊
一五七 鉅鹿東觀集十卷 宋魏野撰 清抄本 清黃丕烈校並跋 十行二十字无格
一五八 鉅鹿東觀集十卷 宋魏野撰 清抄本 清鮑廷博校並跋
一五九 鉅鹿東觀集十卷補遺一卷 宋魏野撰 清抄本 清鮑廷博校
一六〇 鉅鹿東觀集十卷 宋魏野撰 清抄本 清丁丙跋
一六一 鉅鹿東觀集十卷 宋魏野撰 清抄本 清齊召南校 十行二十字黑格
一六二 鉅鹿東觀集十卷 宋魏野撰 清衢山蔡氏經香閣抄本 莫棠跋 十行十八字白口四周雙邊
一六三 鉅鹿東觀集十卷 宋魏野撰 清抄本 佚名錄清張紹仁校 十行二十字
一六四 鉅鹿東觀集十卷 宋魏野撰 清抄本 劉蔥潤依趙氏峭帆樓本校
一六五 鉅鹿東觀集十卷附補遺一卷 宋魏野撰 清抄本 十行二十二字
一六六 鉅鹿東觀集十卷 宋魏野撰 清味書室抄本
一六七 鉅鹿東觀集七卷附錄一卷 宋魏野撰 清抄本 十行二十字无格
一六八 東觀集十卷 宋魏野撰 清鮑氏知不足齋抄本 清鮑廷博校 十行二十一字无格
一六九 東觀集十卷 宋魏野撰 清抄本 清葉志詵題款 九行二十一字无格
一七〇 東觀集十卷 宋魏野撰 清抄本 清丁丙跋
一七一 東觀集十卷 宋魏野撰 清碧琳琅館抄本 張蔚鏞題識 十二行二十字黑格
一七二 東觀集十卷 宋魏野撰 清沐道閣抄本 清葉志詵題款 九行十六字白口四周雙邊
一七三 東觀集七卷 宋魏野撰 清抄本 清宋筠錄金侃題識 溫忠翰校並跋 十行二十字白口左右雙邊
一七四 東觀集七卷 宋魏野撰 清抄本 金侃校 十行二十字
一七五 宋元憲集一卷 宋宋庠撰 清抄本 八行二十二字白口四周雙邊

一七六　宋景文集一卷　宋宋祁撰　清抄本　八行二十二字白口四周双边

一七七　武溪集二十一卷　宋余靖撰　明成化九年蘇韡刻本　十一行二十二字黑口四周双边

一七八　武溪集二十一卷　宋余靖撰　明成化九年蘇韡刻本　清[illegible]跋　二字黑口四周双边

一七九　武溪集二十一卷　宋余靖撰　明嘉靖四十五年劉穩刻本　十行二十字黑口四周双边

一八〇　武溪集二十一卷　宋余靖撰　明嘉靖四十五年劉穩刻本　清王士禛跋

一八一　武溪集二十一卷　宋余靖撰　明隆武二年余超龍刻本　傅增湘校並跋　十行二十字白口四周双边

一八二　武溪集二十卷　宋余靖撰　清康熙三十六年程氏刻本　九行二十字白口左右双边

一八三　安陽集五十卷　宋韓琦撰　別錄三卷　宋王巖叟撰　遺事一卷　宋強至撰　忠獻韓魏王家傳十卷　明正德九年張士隆刻本　十一行十八字白口左右双边

一八四　安陽集五十卷　宋韓琦撰　別錄三卷　宋王巖叟撰　遺事一卷　宋強至撰　忠獻韓魏王家傳十卷　明正德九年張士隆刻本　清丁丙跋

一八五　安陽集五十卷　宋韓琦撰　別錄三卷　宋王巖叟撰　遺事一卷　宋強至撰　忠獻韓魏王家傳十卷　明刻本　十二行二十五字黑口四周双边

一八六　安陽集五十卷　宋韓琦撰　別錄三卷　宋王巖叟輯　遺事一卷　宋強至輯　忠獻韓魏王家傳十卷　明萬曆十五年郭朴畫錦堂刻本　十行十八字白口左右双边

九

一八七　安陽集五十卷　宋韓琦撰　別錄三卷　宋王巖叟撰　遺事一卷　宋強至撰　家傳十卷　清康熙五十六年刻本　十行二十一字細黑口左右双边

一八八　安陽集五十卷家傳十卷別錄三卷遺事一卷　宋韓琦撰　清乾隆刻本　十行二十一字黑口左右双边

一八九　韓魏公集二十卷　宋韓琦撰　清張伯行輯　清康熙四十八年正誼堂刻本　十行二十二字白口四周单边

一九〇　范文正公文集二十卷　宋范仲淹撰　北宋刻本（卷一抄配）　九行十八字白口左右双边

一九一　范文正公集二十卷　宋范仲淹撰　宋刻本　十行二十字白口左右双边　存六卷　十三、十六至二十（均為蝴蝶裝殘葉）

一九二　范文正公集二十卷別集四卷政府奏議二卷
一九　尺牘三卷　宋范仲淹撰　遺文一卷　宋范純仁、純粹撰　年譜一卷　宋樓鑰撰　年譜補遺一卷　祭文一卷　義莊規矩一卷　褒賢祠記二卷　鄱陽遺事錄一卷　遺跡一卷　言行拾遺事錄四卷　元天曆至正間褒賢世家歲寒堂刻本　十二行二十字或二十二字白口左右双边

一九三　范文正公集二十卷　宋范仲淹撰　徐乃昌跋　元天曆元年范氏家塾歲寒堂刻本　存四卷　一至四

一九四　范文正公集二十卷別集四卷政府奏議二卷　尺牘三卷　宋范仲淹撰　遺文一卷　宋范純仁、純粹撰　年譜一卷　宋樓鑰撰　年譜補遺一卷　祭文一卷　諸賢贊頌論疏一卷　論頌一卷　詩頌一卷　朝廷優崇一卷　言行拾遺事錄四卷　鄱陽遺事錄一卷　遺跡一卷　褒賢祠記二卷　元天曆至正間褒賢世家家塾歲寒堂刻明修本　十二行二十字白口間有細黑口左右双边

一九五　范文正公集二十卷別集四卷政府奏議二卷　尺牘三卷　宋范仲淹撰　遺文一卷　宋范純仁、純粹撰　年譜一卷　宋樓鑰撰　年譜補遺一卷　褒賢集一卷　褒賢祠記二卷　諸賢贊頌論疏一卷　詩頌一卷　論頌一卷　義莊規矩一卷　遺跡一卷　鄱陽遺事錄一卷　言行拾遺事錄四卷　祭文一卷　明嘉靖范惟元等刻本　十二行二十一字白口左右双边

一〇

一九六　范文正公集二十卷別集四卷政府奏議二卷　尺牘三卷　宋范仲淹撰　遺文一卷　宋范純仁、范純粹撰　年譜一卷　宋樓鑰撰　年譜補遺一卷　祭文一卷　諸賢贊頌論疏一卷　論頌一卷　詩頌一卷　朝廷優崇一卷　言行拾遺事錄四卷　鄱陽遺事錄一卷　遺跡一卷　義莊規矩一卷　褒賢集一卷　褒賢祠記二卷　明嘉靖范惟元等刻本　清丁丙跋

一九七　范文正公集二十四卷附錄一卷　宋范仲淹撰　明萬曆三十七年康丕揚刻韓范二公集本　繆荃孫跋　九行十九字白口四周单边

一九八　河南先生文集二十七卷　宋尹洙撰　附錄一卷　明抄本　九行二十字白口四周双边

一九九　河南先生文集二十七卷　宋尹洙撰　附錄一卷　明抄本　十行二十字

二〇〇　河南先生文集二十七卷　宋尹洙撰　附錄一卷　明抄本　清黃丕烈、周星詒校並跋　九行十七字白口四周单边　存六卷　一至三、二十五至二十七

二〇一 河南先生文集二十七卷 宋尹洙撰 附錄一卷 明抄本 十行十七字小字雙行同无格

二〇二 河南先生文集二十七卷 宋尹洙撰 附錄一卷 明祁氏澹生堂抄本 明祁承㸁校 清英爾昌題識 十行十八字無格

二〇三 河南先生文集二十七卷 宋尹洙撰 附錄一卷 清初抄本 存二十卷 八至二十七 又附錄一卷

二〇四 河南先生文集二十七卷 宋尹洙撰 附錄一卷 清初抄本 清黃樹穀校

二〇五 河南先生文集二十七卷 宋尹洙撰 附錄一卷 清張位抄本 清吳翌鳳校並跋 黃丕烈跋 十行十七字无格

二〇六 河南先生文集二十七卷 宋尹洙撰 附錄一卷 清抄本 清李文藻批校並抄補 附錄補一卷 清李文藻輯 稿本

二〇七 河南先生文集二十七卷 宋尹洙撰 附錄一卷 清抄本 佚名批校 並錄清王士禎 顧曾跋

二〇八 河南先生文集二十七卷附錄一卷 宋尹洙撰 清抄本 清佚名批校

二〇九 河南先生文集二十七卷 宋尹洙撰 附錄一卷 清抄本 清佚名校 十行二十字无格

二一〇 河南尹先生文集二十七卷 宋尹洙撰 附錄一卷 清初抄本 清陳鱣校 九行十七字无格

二一一 河南尹先生文集二十七卷 宋尹洙撰 附錄一卷 清趙氏小山堂抄本(卷一至十五配清抄本) 清丁丙跋

二一二 河南尹先生文集二十七卷 宋尹洙撰 附錄一卷 清抄本 清丁丙跋

二一三 河南尹先生文集二十七卷 宋尹洙撰 清抄本 清李保泰跋 翁同書批校並跋 十二行二十五字无格

二一四 河南尹先生文集二十七卷附錄一卷 宋尹洙撰 清嘉慶二十一年郭麐家抄本 清郭麐、沈善經校並跋 朱春生校補並跋 存二十五卷 一至二十五

二一五 河南先生集二十七卷 宋尹洙撰 附錄一卷 清抄本 清盧址題跋 十行十七字无格

二一六 河南先生集不分卷 宋尹洙撰 清抄本 清佚名批 秦更年跋 九行二十四字无格

二一七 曾樂軒稿一卷 宋張維撰 清乾隆四十六年安邑葛鳴陽刻本 九行十五字白口四周單邊

二一八 孫明復先生小集一卷 宋孫復撰 附錄一卷 清乾隆四十年聶鈫杏雨山堂刻本 十一行二十一字細黑口左右雙邊

二一九 孫明復先生小集一卷 宋孫復撰 清初抄本(四庫底本) 清丁丙跋

二二〇 孫明復先生小集一卷 宋孫復撰 清抄本 清徐坊校、跋並錄朱大韶葉雁有高校跋

二二一 孫明復先生小集一卷 宋孫復撰 清彭氏知聖道齋抄本 清彭元瑞校 九行二十字白口四周雙邊

二二二 孫明復小集一卷 宋孫復撰 附錄一卷 宋石介等撰 清鮑氏知不足齋抄本 清鮑廷博校並題識

二二三 孫明復小集一卷 宋孫復撰 附錄一卷 清抄本

二二四 孫明復小集一卷 宋孫復撰 附錄一卷 清抄本 清丁丙跋

二二五 徂徠文集二十卷 宋石介撰 明抄本 九行十七字无格

二二六 徂徠文集二十卷 宋石介撰 明抄本 清丁丙跋 存十卷 一至十

二二七 徂徠石先生全集二十卷 宋石介撰 附錄一卷 清康熙五十六年石鍵刻本 十行十九字白口左右雙邊

二二八 徂徠石先生全集二十卷 宋石介撰 清丁詠淇校訂 清康熙五十六年石鍵刻本 徐子晉校

二二九 徂徠文集二十卷 宋石介撰 清初抄本 十行十七字白口无格

二三〇 徂徠文集二十卷 宋石介撰 清初抄本 清葉挺生跋 九行十七字无格

二三一 徂徠文集二十卷 宋石介撰 清張位抄本 八行十七字无格

二三二 徂徠文集二十卷 宋石介撰 清抄本 劍舟居士校 十行二十字无格

二三三 徂徠文集二十卷 宋石介撰 清抄本 清□仲卿顧沅跋 十行二十字无格

二三四 徂徠文集二十卷 宋石介撰 清抄本 清鮑桂星跋 十行二十字黑格

二三五 新雕徂徠石先生文集二十卷 宋石介撰 清彭氏知聖道齋抄本 清彭元瑞校並跋 八行十八字黑格

二三六 徂徠集校記二十卷 清徐坊徐墳撰 歸璞堂稿本

二三七 徂徠文集二卷 宋石介撰 清張伯行訂 清康熙四十九年張氏正誼堂刻本 十行二十二字白口左右雙邊 封面題:石守道先生集

二三八 安陸集一卷補遺一卷 宋張先撰 清汪湘生輯 附錄一卷 清黃錫蕃刻本 九行十九字黑口左右雙邊

二三九 莆陽居士蔡公文集三十六卷 宋蔡襄撰 宋刻本（序目、卷一至六、二十五至三十六配清抄本） 清朱錫庚跋 十行十九字小字雙行同細黑口左右雙邊

二四〇 宋端明殿學士蔡忠惠公文集四十卷 宋蔡襄撰 蔡端明別紀十卷 明徐𤊹輯 明陳一元刻萬曆四十三年朱謀㙔重修本 九行十九字白口左右雙邊

二四一 宋端明殿學士蔡忠惠公文集四十卷 宋蔡襄撰 明陳一元刻萬曆四十三年朱謀㙔重修本 鄭振鐸跋

二四二 宋蔡忠惠文集三十六卷 宋蔡襄撰 宋蔡忠惠別紀十卷 明徐𤊹輯 明萬曆四十四年蔡善繼雙寶齋刻本 九行二十字白口四周雙邊

二四三 宋蔡忠惠文集三十六卷 宋蔡襄撰 別紀十卷 明徐𤊹輯 明萬曆四十四年蔡善繼雙寶齋刻本 清丁丙跋

二四四 蔡忠惠詩集全編二卷 宋蔡襄撰 明宋珏輯 別紀補遺二卷 明徐𤊹輯 宋珏增輯 明天啟二年顏繼祖等刻本 九行十九字白口四周單邊

二四五 宋端明殿學士蔡忠惠公文集三十六卷 別紀補遺二卷 宋蔡襄撰 清雍正乾隆間蔡仕舢遜敏齋刻本 九行二十字白口四周單邊

二四六 蔡忠惠詩集全編四卷 宋蔡襄撰 清乾隆間吳允嘉抄本

二四七 鐔津文集二十卷 宋釋契嵩撰 元釋正律師滿等刻本 十二行二十四字細黑口左右雙邊 存十七卷 一至十七

二四八 鐔津文集二十二卷 宋釋契嵩撰 明永樂八年刻本 葉德輝葉啟勳題識 十行十八字黑口四周單邊

二四九 鐔津文集二十二卷 宋釋契嵩撰 明弘治十二年釋如卺刻本 十行十九字黑口四周雙邊

二五〇 鐔津文集二十二卷 宋釋契嵩撰 明弘治十二年釋如卺刻本 清丁丙跋

二五一 鐔津文集十九卷首一卷 宋釋契嵩撰 明萬曆三十五年嘉興楞嚴寺刻徑山藏本 十行二十字白口四周雙邊

二五二 慶元府雪竇明覺大師祖英集二卷 宋釋重顯撰 雪竇和尚拈古一卷 瀑泉集一卷 宋釋允誠撰 雪竇顯和尚明覺大師頌古集一卷 宋釋遠塵輯 宋刻本 十一行二十字白口左右雙邊

二五三 雪竇和尚拈古一卷 慶元府雪竇明覺大師祖英集二卷 宋釋重顯撰 雪竇顯和尚明覺大師頌古集一卷 宋釋遠塵輯 明刻本 十一行二十字細黑口左右雙邊

二五四 蘇學士文集十五卷 宋蘇舜欽撰 清初抄本 十行二十四字

二五五 蘇學士文集十六卷 宋蘇舜欽撰 清康熙三十七年徐惇孝徐惇復白華書屋刻本 十行二十一字白口四周單邊 滄浪小志二卷 清宋犖輯

二五六 蘇學士文集十六卷 宋蘇舜欽撰 清康熙三十七年徐惇孝徐惇復白華書屋刻本 清張紹仁跋並錄何焯校跋

二五七 蘇學士文集十六卷 宋蘇舜欽撰 清康熙三十七年徐惇孝徐惇復白華書屋刻本 清錢泰吉錄何焯批校並跋

二五八 蘇學士文集十六卷 宋蘇舜欽撰 清康熙三十七年徐惇孝徐惇復白華書屋刻本 清黃丕烈跋並錄顧千里臨何焯校跋

二五九 蘇學士文集十六卷 宋蘇舜欽撰 清康熙三十七年徐惇孝徐惇復白華書屋刻本 清姚世鈺校跋並臨[illegible]

二六〇 蘇學士文集十六卷 宋蘇舜欽撰 清康熙三十七年徐惇孝徐惇復白華書屋刻本 清佚名臨何焯校 葉景葵跋臨清黃丕烈錄清顧廣圻校

二六一 蘇學士文集十六卷 宋蘇舜欽撰 清康熙三十七年徐惇孝徐惇復白華書屋刻本 傳增湘跋並錄清何焯校跋

二六二 蘇學士文集十六卷 宋蘇舜欽撰 清康熙三十七年徐氏白華書屋刻本 清袁廷檮校並錄何焯校跋 十行二十一字白口四周單邊 存十卷 七至十六

二六三 蘇學士文集十六卷 宋蘇舜欽撰 清康熙三十七年徐惇孝徐惇復白華書屋刻本 清李鴻裔批校 十行二十一字白口左右單邊

二六四 滄浪集十五卷 宋蘇舜欽撰 清乾隆盧文弨家抄本 清盧文弨校並跋 十行二十字白口左右雙邊

二六五 蘇魏公文集七十二卷 宋蘇頌撰 清抄本 九行二十字無格

二六六 蘇魏公文集七十二卷 宋蘇頌撰 清抄本 十行二十字無格

二六七 蘇魏公文集七十二卷 宋蘇頌撰 清抄本 十一行二十字無格

二六八 蘇魏公文集七十二卷 宋蘇頌撰 清抄本（四庫底本） 十一行二十字無格 存二十一卷 一至二十一

二六九 蘇魏公文集七十二卷 宋蘇頌撰 清抄本 清丁丙跋 存六十二卷 一至六十二

二七〇 王岐公宮詞一卷 宋王珪撰 明五川精舍活字印本 九行二十一字白口左右雙邊

二七一 古靈先生文集二十五卷 宋陳襄撰 年譜一卷 宋陳曄撰 末一卷 宋刻本 十行十八或十九字白口左右雙邊

二七三 古靈先生文集二十五卷附錄一卷 宋陳襄撰 陳紹夫輯 年譜一卷 宋陳曄撰 宋紹興三十一年陳輝贛州刻本（四庫底本） 十行十八字白口左右雙邊

二七四 古靈先生文集二十五卷 宋陳襄撰 年譜一卷 宋陳曄撰 附一卷 清影宋抄本 十行十八字白口左右雙邊

二七五 古靈先生文集二十五卷 宋陳襄撰 年譜一卷 宋陳曄撰

附一卷 清抄本 清沈復燦批校 十行十八字无格

二七六 古靈先生文集二十五卷 宋陳襄撰 年譜一卷 宋陳曄撰 附一卷 清抄本 清丁丙跋

二七七 古靈先生文集二十五卷 宋陳襄撰 附一卷 清抄本 傅增湘校並跋 十行二十字无格

二七八 古靈先生文集二十五卷附錄一卷增刊一卷續增一卷 宋陳襄撰 清乾隆抄本，十行二十字細黑口左右雙边

二七九 古靈先生文集十卷 宋陳襄撰 清初抄本 十行二十字小字雙行同

二八〇 古靈先生文集二十卷 宋陳襄撰 清抄本 十行二十字黑口四周單边

二八一 溫國文正公文集八十卷 宋司馬光撰 宋刻本（卷一至四、七、十七至八十配明弘治十八年盧雍抄本） 十二行二十字白口左右雙边 明盧雍跋 清黃丕烈跋 錢大昕題款

二八二 司馬太師溫國文正公傳家集八十卷目錄二卷 宋司馬光撰 明刻本 十行二十字黑口四周雙边

二八三 司馬太師溫國文正公傳家集八十卷目錄二卷 宋司馬光撰 明刻本（卷二十七至三十八、五十至五十七配清抄本） 清龔翔麟題款 丁丙跋

一五

二八四 司馬太師溫國文正公傳家集八十卷目錄二卷 宋司馬光撰 明刻本 清耿文光跋 存三十五卷 一至三十五

二八五 司馬太師溫國文正公傳家集八十卷目錄二卷 宋司馬光撰 明萬曆十五年司馬祉刻本 九行二十字白口四周雙边

二八六 司馬太師溫國文正公傳家集八十卷目錄二卷 宋司馬光撰 明抄本 明吳寬校 清葉友芝跋 十一行二十字黑口四周雙边 存六十九卷 目錄一至四十七、六十一至八十

二八七 司馬文正公傳家集八十卷目錄二卷 宋司馬光撰 年譜一卷附錄一卷 清陳弘謀輯 清乾隆六年陳氏培遠堂刻本 十一行二十一字黑口左右雙边

二八八 司馬溫公文集八十二卷目錄一卷 宋司馬光撰 明崇禎元年吳時亮刻本 九行二十字白口四周雙边

二八九 司馬文正公集略三十一卷詩集七卷 宋司馬光撰 明嘉靖四年呂柟刻本 十一行二十二字白口左右雙边

二九〇 司馬文正公集略三十一卷詩集七卷 宋司馬光撰 明萬曆十八年江西虔州俞文峯刻本 十一行二十二字白口四周單边

二九一 趙清獻公文集十六卷 宋趙抃撰 宋景定元年陳仁玉刻元明遞修本 九行十七字白口或黑口左右雙边

二九二 趙清獻公文集十卷 宋趙抃撰 附錄一卷 明成化七年閻鐸刻本 十一行二十字黑口四周雙边

二九三 趙清獻公文集十卷 宋趙抃撰 附錄一卷 明嘉靖四十一年汪旦刻本 十一行二十字白口左右雙边

二九四 趙清獻公文集十卷 宋趙抃撰 明嘉靖四十一年汪旦刻本 傅增湘校並跋

二九五 趙清獻公集十卷目錄二卷 宋趙抃撰 明萬曆十六年成都知府盧思謙刻本 九行二十字白口四周單边

二九六 趙清獻公集十卷 宋趙抃撰 明末刻本 九行二十字 白口四周單边

二九七 直講李先生文集三十七卷 宋李覯撰 外集三卷年譜一卷門人錄一卷 明成化刻本 十行二十字黑口四周雙边

二九八 直講李先生文集三十七卷 宋李覯撰 外集三卷年譜一卷門人錄一卷 明成化刻本 清丁丙跋

二九九 直講李先生文集三十七卷 宋李覯撰 外集三卷年

一六

譜一卷門人錄一卷 明正德十三年孫甫刻本 十一行二十字白口左右雙边

三〇〇 直講李先生文集三十七卷 宋李覯撰 外集三卷年譜一卷門人錄一卷 明正德十三年孫甫刻本 清丁丙跋

三〇一 直講李先生文集三十七卷 宋李覯撰 外集三卷年譜一卷門人錄一卷 明正德十三年孫甫刻萬曆孟紹虞重修本 十一行二十字白口左右雙边

三〇二 盱江先生全集三十七卷外集三卷年譜一卷 宋李覯撰 清康熙刻本 九行二十二字白口四周雙边

三〇三 金氏文集二卷 宋金君卿撰 清乾隆翰林院抄本 八行二十一字白口四周雙边

三〇四 金氏文集二卷 宋金君卿撰 清勞氏丹鉛精舍抄本 八行二十一字无格

三〇五 金氏文集二卷 宋金君卿撰 清抄本 九行二十八字无格

三〇六 公是先生集錄不分卷 宋劉敞撰 明抄本 九行二十字白口四周單边

三〇七 劉原父公是先生集不分卷 宋劉敞撰 清抄本

三〇八 劉原父公是先生集不分卷 清抄本 九行二十字无格

三〇九 劉原父公是先生集不分卷 宋劉敞撰 清彭氏知聖道齋抄本 清彭元瑞校並跋 九行二十字白口四周雙边

三一〇　公是先生集十卷　宋劉敞撰　清抄本　九行二十一字无格

三一一　公是先生文集不分卷　宋劉敞撰　清抄本　清鮑廷博跋　十行二十一字黑口左右双边

三一二　公是集五十四卷　宋劉敞撰　清乾隆四十六年王友亮抄本　王友亮跋　宋廷臣　十行二十一字白口四周双边

三一三　公是集五十四卷　宋劉敞撰　清乾隆四十六年武英殿聚珍版　王芑孫批校

三一四　公是集五十四卷拾遺一卷　宋劉敞撰　清光緒二十五年廣雅書局刻聚珍版叢書本　傅增湘校補並跋　九行二十一字白口四周双边

三一五　公非先生集二卷　宋劉攽撰　清初抄本　清鄭蕙題識　十行二十字无格

三一六　彭城集四十卷　宋劉攽撰　清乾隆五十九年王棟家抄本　王棟批校並跋　王芑孫跋　十一行二十四字白口左右双边

三一七　彭城集四十卷　宋劉攽撰　清抄本

三一八　彭城集四十卷　宋劉攽撰　清抄本　清[illegible]延校　十行二十一字白口四周双边

三一九　陶邕州小集一卷　宋陶弼撰　清乾隆鮑氏知不足齋抄本　清鮑廷博批校　十行二十字黑口左右双边

三二〇　陶邕州小集一卷陶弼商翁詩一卷　宋陶弼撰　清抄本　清[illegible]跋　十行十八字无格

三二一　陶邕州小集一卷　宋陶弼撰　清抄本　清丁丙跋

三二二　邕州小集一卷　宋陶弼撰　清宣統元年沈宗畸刻晨風閣叢書本　傅增湘校　十一行二十一字黑口四周单边

三二三　都官集十四卷　宋陳舜俞撰　清乾隆翰林院抄本　八行二十一字白口四周双边

三二四　都官集十四卷　宋陳舜俞撰　清抄本　張壽鏞跋　八行二十一字无格

三二五　陳眉公先生訂正丹淵集四十卷拾遺二卷　宋文同撰　石室先生年譜一卷　宋家誠之撰　附錄一卷　明萬曆三十八年吳一標刻本　九行十八字白口四周双边

三二六　陳眉公先生訂正丹淵集四十卷拾遺二卷　宋文同撰　石室先生年譜一卷　宋家誠之撰　附錄一卷　明李應魁輯　明萬曆三十八年吳一標刻崇禎四年毛晉重修本

三二七　陳眉公先生訂正丹淵集四十卷拾遺二卷　宋文同撰　石室先生年譜一卷　宋家誠之撰　附錄一卷　明李應魁輯　明萬曆三十八年吳一標刻崇禎四年毛晉重修本（四庫底本）

三二八　陳眉公先生訂正丹淵集四十卷拾遺二卷　宋文同撰　石室先生年譜一卷　宋家誠之撰　附錄一卷　明萬曆三十八年吳一標刻崇禎四年毛晉重修本　傅增湘校

三二九　新刻石室先生丹淵集四十卷拾遺二卷　宋文同撰　年譜一卷　宋家誠之撰　續編諸公書翰詩文一卷　明萬曆四十年蒲以懌刻本　十行二十字白口四周单边

三三〇　新刻石室先生丹淵集四十卷拾遺二卷　宋文同撰　年譜一卷　宋家誠之撰　續編諸公書翰詩文一卷　雜記一卷　明萬曆四十年蒲以懌刻本　清汪曾學、丁丙跋

三三一　新刻石室先生丹淵集四十卷拾遺二卷　宋文同撰　明李應魁纂　年譜一卷　宋家誠之編　續編諸公書翰詩文一卷　明李應魁纂　雜記一卷　明萬曆刻本　九行十八字白口四周双边

三三二　西溪文集十卷　宋沈遘撰　清抄本　八行二十一字无格

三三三　鄖溪集二十八卷　宋鄭獬撰　清乾隆翰林院抄本　八行二十一字白口四周双边

三三四　鄖溪集二十八卷　宋鄭獬撰　清抄本　八行二十一字无格

三三五　鄖溪集二十八卷　宋鄭獬撰　清抄本　清徐時棟跋　八行二十一字　存二十四卷　一至二十四

三三六　錢塘韋先生文集十八卷　宋韋驤撰　清抄本　清姚世棨、鮑廷博校　[illegible]、孫毓修跋　十行二十字白口四周单边　存十六卷　三至十八

三三七　錢塘韋先生文集十八卷　宋韋驤撰　清抄本　佚名校　清丁丙跋　存十六卷　三至十八

三三八　安岳馮太師文集三十卷　宋馮山撰　清抄本　十行十八字　存十二卷　一至十二

三三九　安岳馮公太師集三十卷　宋馮山撰　清鮑氏知不足齋抄本　清鮑廷博、趙之玉校　丁丙跋　存十二卷　一至十二

三四〇　安岳馮太師文集三十卷　宋馮山撰　清抄本　佚名墨筆校正　十行十八字黑口四周单边　存十二卷　一至十二

三四一　安岳馮公太師集三十卷　宋馮山撰　清瓊碧山房抄本　十一行二十一字黑口四周单边　存十二卷　一至十二

三四二　安岳馮公太師文集三十卷　宋馮山撰　清抄本　存十二卷　一至十二

三四三　安岳馮公太師文集三十卷　宋馮山撰　清抄本　十一行二十字无格

存十二卷 一至十二

安岳馮公太師文集三十卷 宋馮山撰 清抄本 九行十八字无格 三四四

存十二卷 一至十二

安岳馮公太師文集三十卷 宋馮山撰 清抄本 清汪文柏跋 九行十八字无格 三四五

存十二卷 一至十二

元豐類稿□□卷 宋曾鞏撰 宋刻本 十二行二十字白口左右双边 三四六

存四葉

南豐曾子固先生集三十四卷 宋曾鞏撰 金刻本 十五行二十六字白口左右双边 三四七

元豐類藁五十卷 宋曾鞏撰 續附一卷 元大德八年丁思敬刻本 清朱錫庚跋 十行二十字白口左右双边 三四八

元豐類藁五十卷 宋曾鞏撰 續附一卷 明正統十二年鄒旦刻本 十一行二十一字黑口四周单边 三四九

元豐類藁五十卷 宋曾鞏撰 續附一卷 明正統十二年鄒旦刻本 清顧廣圻批校並跋 三五〇

南豐先生元豐類藁五十卷 宋曾鞏撰 續附一卷 明成化南豐縣刻遞修本 十一行二十一字黑口四周双边（間有单边） 三五一

南豐先生元豐類藁五十卷 宋曾鞏撰 續附一卷 明成化南豐縣刻遞修本 清孫衣言校並跋 三五二

南豐先生元豐類藁五十卷 宋曾鞏撰 續附一卷 明成化南豐縣刻遞修本 清吳汝綸批校 三五三

南豐先生元豐類藁五十卷 宋曾鞏撰 續附一卷 明成化南豐縣刻遞修本 □碩跋 清孫潛校 三五四

南豐先生元豐類藁五十卷 宋曾鞏撰 續附一卷 明成化南豐縣刻遞修本 清丁丙跋 三五五

南豐先生元豐類藁五十卷 宋曾鞏撰 續附一卷 明成化南豐縣刻遞修本 清佚名校並跋 三五六

南豐先生元豐類藁五十一卷 宋曾鞏撰 明嘉靖四十一年黃希憲刻本 十一行二十一字細黑口左右双边 三五七

南豐先生元豐類藁五十一卷 宋曾鞏撰 明嘉靖四十一年黃希憲刻本 清劉之熹跋並錄何焯批校 三五八

南豐先生元豐類藁五十一卷 宋曾鞏撰 明嘉靖王忬刻本 十一行二十一字黑口四周双边 三五九

南豐先生元豐類藁五十一卷 宋曾鞏撰 明嘉靖王忬刻本 吳慈培錄清何焯校跋 三六〇

南豐先生元豐類藁五十一卷 宋曾鞏撰 明嘉靖王忬刻本 清丁丙跋 三六一

南豐先生元豐類藁五十卷 宋曾鞏撰 續附一卷 明隆慶五年邵廉刻本 十行二十字白口四周单边 三六二

南豐先生元豐類藁五十卷 宋曾鞏撰 續附一卷 明隆慶五年邵廉刻本 清何焯批校並跋 三六三

存二十一卷 一至二十一

南豐先生元豐類藁五十卷 宋曾鞏撰 續附一卷 明隆慶五年邵廉刻本 清石泉霖跋並錄何焯批跋 趙宗建校並跋 三六四

南豐先生元豐類藁五十卷 宋曾鞏撰 續附一卷 明隆慶五年邵廉刻本 傅增湘校跋並臨何焯校跋 三六五

南豐先生元豐類藁五十卷 宋曾鞏撰 續附一卷 明萬曆二十五年曾敏才等刻本 十行二十字白口四周单边 三六六

南豐先生元豐類藁五十卷 宋曾鞏撰 續附一卷 明萬曆二十五年曾敏才等刻本 清歸兆籛錄何焯批校並跋 三六七

南豐先生元豐類藁五十卷 宋曾鞏撰 續附一卷 明萬曆二十五年曾敏才等刻本 佚名錄何焯校跋 三六八

南豐先生元豐類藁五十卷 宋曾鞏撰 續附一卷 明萬曆二十五年曾敏才等刻曾通玄修本 十行二十字白口四周单边 三六九

南豐先生元豐類藁五十卷 宋曾鞏撰 續附一卷 明萬曆二十五年曾敏才等刻清順治十五年曾先禎刻本 題清來雲主人錄清何焯批校並題識 三七〇

南豐先生元豐類藁五十卷 宋曾鞏撰 續附一卷 明萬曆二十五年曾敏才刻清曾先禎修本 佚名錄清何焯批校 三七一

元豐類稿五十卷首一卷 宋曾鞏撰 明萬曆梅琴公刻本 十行二十字白口左右双边 三七二

南豐先生元豐類稿五十一卷 宋曾鞏撰 明譚錯刻本 九行二十字白口四周单边 三七三

南豐先生元豐類藁五十一卷 宋曾鞏撰 明崇禎曾懋爵刻本 九行十八字白口四周单边 三七四

元豐類稿五十卷 宋曾鞏撰 清康熙四十九年長蘅西爽堂刻本 十行二十字白口左右双边 三七五

南豐先生元豐類藁五十卷 宋曾鞏撰 南豐先生集外文二卷 清顧崧齡輯 續附南豐先生行狀碑誌哀 三七六

挽一卷 清康熙五十六年顧氏刻本 十行二十一字白口四周雙邊 封面題曾南豐全集

377 南豐先生元豐類藁五十卷集外文二卷 宋曾鞏撰 續附一卷 清康熙五十六年顧崧齡刻本 清□濬錄何焯評

378 南豐先生元豐類藁五十卷集外文二卷 宋曾鞏撰 續附一卷 清康熙五十六年顧崧齡刻本 謝善詒錄、清翁方綱批校

379 南豐先生元豐類藁五十卷集外文二卷 宋曾鞏撰 續附一卷 清康熙五十六年顧崧齡刻本 清乾隆五十四年康綸鈞題款

380 元豐類藁五十卷 宋曾鞏撰 清光緒十六年漱潤書院刻本 清胡蕊塔錄何焯校跋 十行二十字白口四周單邊

381 元豐類藁五十卷 宋曾鞏撰 清光緒十六年漱潤書院刻本 傅增湘校並跋

382 曾南豐先生文粹十卷 宋曾鞏撰 宋刻本 十四行二十六字白口四周雙邊

383 南豐曾先生文粹四卷 宋曾鞏撰 明嘉靖黃希憲、劉士瑛刻本 十行二十一字白口左右雙邊

384 南豐曾先生文粹十卷 宋曾鞏撰 明嘉靖二十八年安如石刻本 十行二十一字白口左右雙邊

385 南豐曾先生文粹十卷 宋曾鞏撰 明張光啟校 明嘉靖二十八年安如石刻本 清乾隆邵二雲批點

386 南豐曾先生文粹十卷 宋曾鞏撰 明嘉靖二十八年安如石刻本 傅增湘校並跋

387 宋大家曾文定公文鈔十卷 宋曾鞏撰 明萬曆刻本 九行十九字白口左右雙邊

388 曾文定公全集二十卷首一卷末一卷 宋曾鞏撰 清康熙三十二年彭期刻本 九行二十字白口左右雙邊

389 曾文定公全集二十卷首一卷末一卷 宋曾鞏撰 清康熙三十二年彭期刻本 清張爾耆校

390 悟雪齋文集不分卷 宋曾鞏撰 清鈔本 清張之洞跋 十一行二十一字白口無邊欄

391 洛陽九老祖龍學文集十六卷 宋祖無擇撰 清乾隆三十四年李文藻抄本 清李文藻跋 十二行二十二字無格

392 洛陽九老祖龍學文集十六卷 宋祖無擇撰 附祖氏源流龍學始末一卷 清南昌彭氏知聖道齋抄本

393 洛陽九老祖龍學文集十六卷 宋祖無擇撰 祖氏源流龍學始末一卷 清舊山樓抄本 十一行二十一字無格

394 洛陽九老祖龍學文集十六卷 宋祖無擇撰 清抄本 清許成培、方燕昭、翁顧跋 十一行二十一字無格

395 洛陽九老祖龍學文集十六卷 宋祖無擇撰 源流始末一卷 清抄本 清丁丙跋

二一

396 洛陽九老祖龍學文集十六卷 宋祖無擇撰 祖行輯 附祖氏源流龍學始末一卷 清抄本 九行十九字無格

397 洛陽九老祖龍學文集十六卷 宋祖無擇撰 源流始末一卷 清抄本 十行二十字無格

398 洛陽九老祖龍學文集十六卷 宋祖無擇撰 源流始末一卷 清抄本 十行二十一字無格

399 洛陽九老祖龍學文集十六卷 宋祖無擇撰 源流始末一卷 宋祖行撰 清抄本 十一行二十一字無格

400 洛陽九老祖龍學文集十六卷 宋祖無擇撰 源流始末一卷 清抄本 清佚名校 十一行二十一字無格

401 揚州賦一卷 宋王觀撰 明史起賓刻本 九行十六字白口左右雙邊

402 揚州賦一卷 宋王觀撰 續揚州賦一卷 宋陳洪範撰 明嘉靖二十四年刻本 八行十七字白口左右雙邊

403 揚州賦一卷 宋王觀撰 續揚州賦一卷 宋陳洪範撰 清抄本 清丁丙跋

404 揚州賦一卷 宋王觀撰 續揚州賦一卷 宋陳洪範撰 清抄本

二十

405 宛陵先生文集六十卷 宋梅堯臣撰 宋紹興十年宛陵郡守汪伯彥刻嘉定十六年至十七年重修本 十行十九字白口左右雙邊 存三十卷 十三至十八、三十七至六十

406 宛陵先生文集六十卷拾遺一卷 宋梅堯臣撰 附錄一卷 明正統四年袁旭刻本 十行十九字黑口四周雙邊

407 宛陵先生集六十卷拾遺一卷 宋梅堯臣撰 附錄一卷 明萬曆四年姜奇方刻本 九行十八字白口左右雙邊

408 宛陵先生集六十卷拾遺一卷 宋梅堯臣撰 附錄三卷 明萬曆四年姜奇方刻清康熙二十六年梅枝鳳重修本 九行十八字白口左右雙邊

409 宛陵先生集六十卷拾遺一卷 宋梅堯臣撰 附錄三卷 明萬曆四年姜奇方刻清康熙二十六年梅枝鳳重修本 清丁丙跋

410 宛陵集六十卷 宋梅堯臣撰 附錄一卷 清康熙八年柯挺刻本 九行二十字白口四周單邊

411 宛陵先生文集六十卷 宋梅堯臣撰 清康熙四十一年徐惇復白華書屋刻本 十一行二十一字白口左右雙邊

412 宛陵先生文集六十卷拾遺一卷 宋梅堯臣撰 清末翻[illegible]四十一年徐惇復白華書屋刻本

刻本　清吳翌鳳批點並跋　吳騫跋

劉忠肅集二十卷　宋劉摯撰　清抄本　十行二十字无格　存八卷　一至八　四四一三

無為集十五卷　宋楊傑撰　宋紹興十三年趙士彪無為軍刻遞修本　十行十七至十九字白口左右雙邊　四四一四

無為集十五卷　宋楊傑撰　清初抄本（卷十至卷十五配清末抄本）　十行十七字白口无格　四四一五

無為集十五卷　宋楊傑撰　清抄本　四四一六

無為集十五卷　宋楊傑撰　清抄本　十行十七至十九字无格　四四一七

無為集十五卷　宋楊傑撰　清抄本　十行十七至十九字白口左右雙邊　兰格　四四一八

無為集十五卷　宋楊傑撰　清抄本　清佚名批校　十行十八字无格　四四一九

無為集十五卷　宋楊傑撰　清抄本　十行十九字无格　四四二〇

無為集十五卷　宋楊傑撰　清抄本　十行二十字无格　四四二一

王魏公集八卷　宋王安禮撰　清乾隆翰林院抄本　四四二二

王魏公集八卷　宋王安禮撰　清乾隆翰林院抄本（四庫底本）　清丁丙跋　四四二三

太史范公文集五十五卷　宋范祖禹撰　清抄本　十行二十字无格　四四二四

太史范公文集五十五卷　宋范祖禹撰　清抄本　十行二十二字无格　四四二五

太史范公文集五十五卷　宋范祖禹撰　清抄本　清魏錫曾校　十二行二十字无格　四四二六

太史范公文集五十五卷　宋范祖禹撰　清抄本　十三行二十三字　四四二七

太史范公文集五十五卷　宋范祖禹撰　清抄本　清丁丙跋　四四二八

文潞公文集四十卷　宋文彥博撰　明嘉靖五年王溱刻本　十行二十字白口四周單邊　四四二九

文潞公文集四十卷　宋文彥博撰　明嘉靖五年王溱刻本　明何大成跋　四四三〇

文潞公文集四十卷　宋文彥博撰　明嘉靖五年王溱刻本　清李錫晴　瞿熙邦校並跋　四四三一

文潞公文集四十卷　宋文彥博撰　明嘉靖五年王溱刻本　清丁丙跋　四四三二

文潞公文集四十卷　宋文彥博撰　明嘉靖五年王溱刻本　傅增湘校　蔣丑跋　四四三三

文潞公文集四十卷　宋文彥博撰　清抄本　四四三四

文潞公文集四十卷　宋文彥博撰　校勘記一卷　清繆荃孫　雲輪閣抄本　十二行二十四字　四四三五

伊川擊壤集十八卷　宋邵雍撰　元刻本（卷十八配明抄本）　十行二十一字細黑口左右雙邊　四四三六

伊川擊壤集二十卷　集外詩一卷　宋邵雍撰　明初刻本　清朱彝尊、邵淵耀跋　十行二十一字小字雙行同細黑口左右雙邊　四四三七

伊川擊壤集二十卷　集外詩一卷　宋邵雍撰　明初刻本　十行二十一字細黑口左右雙邊　存十一卷　十一至二十、集外詩　四四三八

伊川擊壤集二十卷　集外詩一卷　宋邵雍撰　明初刻本　葉德輝跋　十行二十一字黑口四周雙邊　四四三九

伊川擊壤集二十卷　集外詩一卷　宋邵雍撰　明刻本　十行二十一字白口四周雙邊　四四四〇

伊川擊壤集二十卷　集外詩一卷　宋邵雍撰　明刻本　十一行二十一字黑口四周雙邊　四四四一

伊川擊壤集二十卷　集外詩一卷　宋邵雍撰　明成化畢亨刻本　葉定侯跋　十行十八字黑口四周雙邊　四四四二

伊川擊壤集二十卷　集外詩一卷　宋邵雍撰　明成化畢亨刻十六年劉尚文重修本　十行十八字黑口四周雙邊　四四四三

伊川擊壤集二十卷　集外詩一卷　宋邵雍撰　明成化畢亨刻十六年劉尚文重修本　清吳懋政跋　十行十八字黑口四周雙邊　四四四四

伊川擊壤集八卷　宋邵雍撰　明隆慶元年刻本　十行二十一字白口左右雙邊　四四四五

伊川擊壤集八卷　宋邵雍撰　明隆慶元年刻本　清丁丙跋　四四四六

伊川擊壤集二十卷　集外詩一卷　宋邵雍撰　明萬曆二十九年刻本　十行二十字黑口四周雙邊　四四四七

伊川擊壤集十卷　宋邵雍撰　明吳瀚吳泰注　明萬曆三十三年吳元龍刻本　九行十八字白口四周單邊　四四四八

宋邵康節先生伊川擊壤集

伊川擊壤集八卷　宋邵雍撰　明萬曆四十二年儲昌祚儲顯祚刻本　九行十八字白口四周單邊　四四四九

伊川擊壤集二十卷　宋邵雍撰　明文始書院刻本　十行二十字黑口四周雙邊　四四五〇

伊川擊壤集二十卷　宋邵雍撰　明末刻本　十行二十字黑口四周雙邊　四四五一

伊川擊壤集二十卷　宋邵雍撰　明末毛氏汲古閣刻本　清西巖道人跋　十行二十字黑口四周雙邊　四四五二

伊川擊壤集二十卷　宋邵雍撰　明末毛氏汲古閣刻本　傅增湘校並跋　四四五三

伊川擊壤集二十卷　宋邵雍撰　明抄本　十行二十一字无格　四四五四

邵康節先生詩抄一卷　宋邵雍撰　楊慈湖先生詩抄一卷　宋楊簡撰　明新安程正言十竹齋刻本　八行十八字白口四周單邊　四四五五

宋邵康節先生伊川擊壤集十卷　宋邵雍撰　明吳瀚摘注　吳錫增正　清康熙八年　四四五六

邵希定邵希貞刻本　九行十八字白口四周單邊

四五七　鄱陽先生文集十二卷　宋彭汝礪撰　清初抄本　九行十八字無格

四五八　鄱陽先生文集十二卷　宋彭汝礪撰　清初抄本　九行十八字

四五九　鄱陽先生文集十二卷　宋彭汝礪撰　清初抄本　清彭元瑞校並跋

四六〇　鄱陽先生文集十二卷　宋彭汝礪撰　九行十八字　清抄本　十行十八字無格

四六一　鄱陽先生文集十二卷　宋彭汝礪撰　清抄本　清丁丙跋

四六二　鄱陽先生詩集十二卷　宋彭汝礪撰　清抄本　九行二十一字無格

四六三　鄱陽詩集十二卷補遺一卷　宋彭汝礪撰　清嘉慶二十三年周彥高澤履刻本　傅增湘校並跋　十行二十一字白口四周雙邊

四六四　南豐曾文昭公曲阜集二卷遺錄一卷　宋曾肇撰　首一卷　明抄本　清丁丙跋

四六五　曾文昭公集四卷　宋曾肇撰　清康熙六十一年曾徽等刻本　九行二十字白口左右雙邊

四六六　曾文昭公集四卷　宋曾肇撰　清康熙六十一年曾徽等刻本（四庫底本）

四六七　曾文昭公集四卷　宋曾肇撰　清康熙六十一年曾徽等刻本　傅增湘校並跋

十五

四六八　南豐曾文昭公曲阜集二卷遺錄一卷　宋曾肇撰　首一卷　清抄本　九行二十字無格

四六九　元公周先生濂溪集十二卷年表一卷　宋周敦頤撰　宋刻本　八行十七字白口左右雙邊

四七〇　濂溪先生集不分卷　宋周敦頤撰　宋刻本　九行十八字左右雙邊　存宋譜　年譜　太極圖

四七一　濂溪集六卷　宋周敦頤撰　明嘉靖十四年黃敏才刻本　九行十七字間有十六字細黑口四周單邊

四七二　濂溪集六卷　宋周敦頤撰　明嘉靖三十七年丁永成重刻本　九行二十字白口四周單邊

四七三　宋濂溪周元公先生集十卷　宋周敦頤撰　明萬曆刻本　八行二十字白口左右雙邊

四七四　宋濂溪周元公先生集十卷　宋周敦頤撰　世系遺芳集五卷　明周沐潤輯　明萬曆四十二年周與爵刻本　十行二十字白口四周單邊

四七五　宋濂溪周元公先生集十卷　宋周敦頤撰　明天啓三年黃克俊刻本　有圖像　八行二十四字白口四周單邊

四七六　宋濂溪周元公先生集十三卷　宋周敦頤撰　明李嵊慈輯　明天啓四年李嵊慈刻本　十行二十一字白口四周雙邊

四七七　宋濂溪周元公先生集十三卷　宋周敦頤撰　明李嵊慈輯　明天啓四年李嵊慈刻本　清丁丙跋

四七八　濂溪周元公全集十三卷歷代褒崇禮制一卷事實一卷年表一卷　宋周敦頤撰　明周木重輯　明刻本　九行十七字白口四周雙邊

四七九　南陽集三十卷附錄一卷　宋韓維撰　明祁氏淡生堂抄本　十行十八字無格

四八〇　南陽集三十卷　宋韓維撰　清抄本　清丁丙跋

四八一　節孝先生文集三十卷節孝先生語一卷　宋徐積撰　附節孝集事實一卷本朝名臣言行錄一卷皇朝東都事略卓行傳一卷諸君子帖一卷　元刻明補本　十行二十字白口四周單邊

四八二　節孝先生文集三十卷　宋徐積撰　語錄一卷事實一卷　明嘉靖四十四年劉祐刻本　十行二十字白口四周單邊

四八三　節孝先生文集三十卷　宋徐積撰　語錄一卷　明嘉靖四十四年劉祐刻本　清丁丙跋

四八四　節孝先生文集三十卷　宋徐積撰　事實一卷語錄一卷　明抄本　十行二十字無格

四八五　節孝先生集三十卷　宋徐積撰　事實一卷語錄一卷碑記傳讚一卷　清康熙三十五年山陽丘邁刻本　十行二十字白口左右雙邊

四八六　節孝先生文集三十卷　宋徐積撰　節孝先生語一卷節孝集事實一卷　清康熙六十年錫山王邦采刻本　九行十八字細黑口四周單邊

四八七　居士集五十卷　宋歐陽修撰　宋紹興衢州刻本　傅增湘　朱文鈞跋　陳寶琛　朱益藩等題款　七行十四字白口左右雙邊

四八八　居士集五十卷　宋歐陽修撰　明曾魯考異　明洪武六年永豐縣學刻本　十行二十三字細黑口四周單邊　存二十九卷　目錄　三至十五　二十九至三十二　三十七至四十七

四八九　居士集五十卷　宋歐陽修撰　明洪武六年永豐縣學刻嘉靖二十四年重修　十一行二十五字黑口四周雙邊不一　存二十卷　十一至三十

四九〇　歐陽文忠公集五十卷　宋歐陽修撰　明曾魯考異　明初刻本　十一行二十一字細黑口左右雙邊

四九一　歐陽文忠公集五十卷　宋歐陽修撰　明曾魯考異　明初刻明修本　十二行二十八字黑口四周雙邊

四九二　新刊歐陽文忠公集五十卷　宋歐陽修撰　明曾魯考異　明正德七年劉喬刻本　十一行二十三字黑口四周雙邊

十六

四九三 歐陽文集五十卷 宋歐陽修撰 年譜一卷 宋胡柯撰 明嘉靖二十二年季冕刻本 十行二十字白口四周双边

四九四 歐陽文集五十卷 宋歐陽修撰 年譜一卷 宋胡柯撰 明嘉靖二十二年季冕刻本 清丁丙跋

四九五 歐陽文集五十卷 宋歐陽修撰 年譜一卷 宋胡柯撰 明嘉靖二十二年季冕刻本 傅增湘校並跋

四九六 廬陵歐陽先生文集□□卷 宋歐陽修撰 宋刻本 清曹元忠跋 鄧邦述跋 蔣確題款 十四行二十六字細黑口左右双边 存二卷（五十七至五十八）

四九七 歐陽文忠公居士全集八十卷 宋歐陽修撰 明抄本 清張蓉鏡校並跋 顧廣圻、孫應陞跋 十四行二十四字无格

四九八 歐陽文忠公集一百五十三卷 宋歐陽修撰 宋慶元二年周必大刻本 十行十六字白口左右双边

四九九 歐陽文忠公集一百五十三卷 宋歐陽修撰 附錄五卷 宋刻本 十行十六字白口左右双边

五〇〇 歐陽文忠公集一百五十三卷 宋歐陽修撰 宋刻本 鄧邦述跋 存四卷（二十至二十三）

五〇一 歐陽文忠公集一百五十三卷附錄五卷 宋歐陽修撰 年譜一卷 宋胡柯撰 明天順六年程宗刻本 十行二十字黑口四周双边

五〇二 歐陽文忠公集一百五十三卷 宋歐陽修撰 年譜一卷附錄五卷 明天順六年程宗刻弘治五年重修本 十行二十字黑口四周双边

五〇三 歐陽文忠公集一百五十三卷附錄五卷 宋歐陽修撰 年譜一卷 宋胡柯撰 明天順六年程宗刻弘治、正德、嘉靖遞修本 十行二十字黑口四周双边

五〇四 歐陽文忠公集一百五十三卷 宋歐陽修撰 附錄五卷 明天順六年程宗刻遞修本 清錢泰吉批並跋 十行二十字黑口四周双边 存六十四卷（十四至十七、二十一至三十九、五十九至六十五、七十一至八十九、一百十五至一百二十三、一百二十五至一百二十九）

五〇五 歐陽文忠公集一百五十三卷 宋歐陽修撰 明□□□刻本 李□校 明正德元年日新書堂重刻本 十一行二十二字黑口四周双边 存一百五十卷（一至九、一百五十三）

五〇六 歐陽文忠公集一百五十三卷 宋歐陽修撰 明正德七年劉喬刻本 十行二十字黑口四周双边

五〇七 歐陽文忠公集一百五十三卷 宋歐陽修撰 年譜一卷 宋胡柯撰 本書亦名居士集 明正德七年劉喬刻本（卷十一至二十三配清抄本） 清丁丙跋

五〇八 歐陽文忠公集一百五十三卷 宋歐陽修撰 年譜一卷 宋胡柯撰 附錄五卷 明正德七年劉喬刻嘉靖十六年季本、萬曆治重修本（卷一百四十三至一百四十七配抄本）

五〇九 歐陽文忠公集一百五十三卷 宋歐陽修撰 年譜一卷 宋胡柯撰 附錄五卷 明正德七年劉喬刻重修本（卷一百三十四至一百四十三、年譜、附錄配清抄本） 清許湘如、陸僎跋

五一〇 歐陽文忠公集一百五十三卷 宋歐陽修撰 年譜一卷 宋胡柯撰 附錄六卷 明正德七年劉喬刻嘉靖十六年季本、萬曆三十九年何遷遞修本 十行二十字白口四周双边

五一一 歐陽文忠公集一百五十三卷 宋歐陽修撰 年譜一卷 宋胡柯撰 附錄六卷 明正德七年劉喬刻嘉靖十六年季本、萬曆三十九年何遷遞修本 清丁丙跋

五一二 歐陽文忠公集一百五十三卷年譜一卷附錄六卷 宋歐陽修撰 明正德七年劉喬刻嘉靖十六年季本、萬曆三十九年何遷遞修本 清吳汝綸批校評點

五一三 歐陽文忠公全集一百三十五卷 宋歐陽修撰 明嘉靖三十四年陳珊刻本 十行二十字白口左右双边

五一四 歐陽文忠公全集一百三十五卷 宋歐陽修撰 明嘉靖三十四年陳珊刻萬曆元年雷以仁重修本 十行二十字白口左右双边

五一五 歐陽文忠公集一百五十三卷 宋歐陽修撰 年譜一卷 宋胡柯撰 附錄五卷 明隆慶五年邵廉刻本 十行二十字白口四周单边

五一六 歐陽文忠公集一百三十卷目錄十二卷 宋歐陽修撰 附錄四卷 明萬曆四十三年王岡刻本 十行二十字白口四周单边

五一七 歐陽文忠公集一百五十三卷 宋歐陽修撰 年譜一卷 宋胡柯撰 附錄五卷 明刻本 十行二十字白口四周双边

五一八 歐陽文忠公居士集一百〇五卷 宋歐陽修撰 附年譜一卷 宋胡柯撰 清康熙十二年曾弘白鹿書院刻本 清王芑孫手批 十一行二十字白口四周单边 存九十三卷（一至七十四、八十六至一百〇五）

五一九 歐陽文忠公全集一百五十三卷附錄五卷目一卷 宋歐陽修撰 清乾隆十一年孝思堂刻本 九行二十字白口左右双边

五二〇 歐陽文忠公全集一百五十三卷附錄五卷 宋歐陽修

撰　乾隆五十七年刻本　九行二十字白口左右雙边

五二一　歐陽文忠公全集一百五十三卷　宋歐陽修撰　首一卷附錄五卷　清嘉慶二十四年歐陽衡刻本　傅增湘校　十行二十四字白口左右雙边

五二二　歐陽先生文粹五卷拾遺一卷　宋歐陽修撰　宋刻本　十四行二十六字白口四周雙边

五二三　歐陽先生文粹五卷　宋歐陽修撰　宋刻公文紙印本　清胡鳳丹、丁丙跋　十四行二十六字白口四周雙边

五二四　歐陽先生文粹二十卷　宋歐陽修撰　陳亮輯　遺粹十卷　明郭雲鵬輯　明嘉靖二十六年郭雲鵬寶善堂刻本　十一行二十一字白口左右雙边

五二五　歐陽先生文粹二十卷　宋歐陽修撰　陳亮輯　遺粹十卷　明郭雲鵬輯　明嘉靖二十六年郭雲鵬寶善堂刻本　清錢陸燦批點並跋　鄧邦述跋

五二六　歐陽先生文粹二十卷　宋歐陽修撰　陳亮輯　遺粹十卷　明郭雲鵬輯　明嘉靖二十六年郭雲鵬寶善堂刻本　清何焯、王振聲校並跋　趙宗建題款

五二七　歐陽先生文粹二十卷　宋歐陽修撰　陳亮輯　遺粹十卷　明郭雲鵬輯　明嘉靖二十六年郭雲鵬寶善堂刻本　清丁丙跋

五二八　歐陽文忠公文抄十卷　宋歐陽修撰　明茅坤評　明刻朱墨套印本　八行十八字白口四周單边

五二九　歐陽文選二卷　宋歐陽修撰　明董懋策評選　明末刻本　九行十九字白口左右雙边

五三〇　歐陽文忠公詩集六卷　宋歐陽修撰　彭期編訂　明末刻本　十行二十四字小字雙行同白口左右雙边

五三一　歐陽文忠公集選不分卷　宋歐陽修撰　清初鄧氏藏書樓抄本

五三二　歐陽文忠公文鈔不分卷　明歸有光輯評　清抄本　王元啟批校並跋　書巢居士跋　九行二十字無格

五三三　宋六一先生文鈔不分卷　明歸有光選　清書巢居士抄本　書巢居士批校並跋　九行二十字無格

五三四　震川先生評選歐陽文忠公文鈔不分卷　明歸有光輯　清盛豐陽氏每刪閣抄本　九行二十字白口四周雙边

五三五　歐陽文醇讀本一卷　宋歐陽修撰　清嘉慶十七年松竹軒抄本　沈瑲士彬批校並跋　九行二十五字無格

五三六　歐陽文忠公書簡不分卷　蘇文忠公尺牘不分卷　黃文節公書簡不分卷　清石竹居士輯　清依北書屋抄本　清翁同龢批點

五三七　樂全先生文集四十卷　宋張方平撰　宋刻本　十二行二十二字白口左右雙边
存十八卷　十七至三十四

五三八　樂全先生文集四十卷　宋張方平撰　明祁氏澹生堂抄本　十行二十字白口四周單边
存三卷　十七至十九

五三九　樂全先生文集四十卷　宋張方平撰　清抄本　九行十九字

五四〇　樂全先生文集四十卷　宋張方平撰　清抄本　十行二十字

五四一　樂全先生文集四十卷　宋張方平撰　行狀一卷　宋王鞏撰　清吳興閔氏抄本

五四二　樂全先生文集四十卷　宋張方平撰　行狀一卷　宋王鞏撰　清抄本　清李錫齡校並跋

五四三　樂全先生文集四十卷　宋張方平撰　行狀一卷　宋王鞏撰　清抄本（卷四至五配清小輞川抄本）　清李宏信校並跋　丁丙跋

五四四　樂全先生文集四十卷　宋張方平撰　行狀一卷　宋王鞏撰　清抄本　清丁丙跋

五四五　樂全先生文集四十卷　宋張方平撰　行狀一卷　宋王鞏撰　清抄本

五四六　樂全先生文集四十卷　宋張方平撰　附樂全先生強公行狀一卷　清抄本　九行十八字
存二十九卷　一至三十五、三十七至四十

五四七　樂全先生文集四十卷　宋張方平撰　行狀一卷　宋王鞏撰　清抄本　九行十九字

五四八　樂全先生文集四十卷　宋張方平撰　行狀一卷　宋王鞏撰　清抄本　十行二十字

五四九　范忠宣公文集二十卷　宋范純仁撰　元刻本（卷十八至二十配清抄本）　十二行二十字黑口左右雙边

五五〇　范忠宣公文集二十卷　宋范純仁撰　元刻本　清丁丙跋
存五卷　一至五

五五一　范忠宣公文集二十卷　宋范純仁撰　元刻明修本　十二行二十字白口左右雙边

五五二　范忠宣公文集二十卷　宋范純仁撰　元刻明修本　清徐坊跋

五五三　范忠宣公文集二十卷　宋范純仁撰　明嘉靖范惟元年校刻本　十二行二十一字白口左右雙边

五五四　范忠宣公集十卷　宋范純仁撰　明刻本　九行二十字白口四周單边

五五五　范忠宣公集二十卷奏議二卷遺文一卷補編一卷附錄一卷　宋范純仁撰　清康熙四十六年歲寒堂刻本　十一行二十一字白口左右雙边

五五六　類編增廣老蘇先生大全文集□卷　宋蘇洵撰　宋刻本　十五行二十五至二十七字白口左右雙边
存四卷　一至四

五五七　東萊標注老泉先生文集十二卷　宋蘇洵撰　呂祖謙註　宋紹興四年吳炎刻本　十四行二十五字小字雙行同細黑口左右雙边

老泉先生文集十四卷　宋蘇洵撰　明刻本　八行十六字白口四周單邊　五五八
老泉先生文集十四卷　宋蘇洵撰　明刻本　清張安道跋　五五九
存三卷（一至三）
蘇老泉文集十二卷詩集一卷　宋蘇洵撰　明茅坤、焦竑等評　明凌濛初刻朱墨套印本　五六〇
八行十八字白口四周單邊
蘇老泉先生全集十六卷　宋蘇洵撰　明刻本　十行十九字白口四周單邊　五六一
蘇老泉先生全集十六卷　宋蘇洵撰　明刻本　清徐釚批補並跋　五六二
附錄一卷　清康熙三十三年徐釚刻本　十行十九字白口四周單邊
蘇老泉先生全集二十卷　宋蘇洵撰　附錄二卷　宋沈斐輯　清康熙三　五六三
十七年邵仁泓安樂居刻本　九行十九字白口左右雙邊
蘇老泉先生全集二十卷　宋蘇洵撰　附錄二卷　宋沈斐輯　清康熙三　五六四
十七年邵仁泓安樂居刻本　清盧文弨校並跋
蘇老泉先生全集二十卷　宋蘇洵撰　附錄二卷　宋沈斐輯　清康熙三　五六五
十七年邵仁泓安樂居刻本（卷五至九湯氏抄配）　清湯金釗並評點
蘇老泉先生全集二十卷　宋蘇洵撰　附錄二卷　宋沈斐輯　清康熙三　五六六
十七年邵仁泓安樂居刻本　清張成孫錄張惠言批校
蘇老泉先生全集二十卷　宋蘇洵撰　附錄二卷　宋沈斐輯　清康熙三　五六七
十七年邵仁泓安樂居刻本　丁晉吾錄吳汝綸點勘
蘇老泉先生全集二十卷　宋蘇洵撰　附錄二卷　宋沈斐輯　清康熙三　五六八
十七年邵仁泓安樂居刻本　傅增湘校並跋　佚名批識
蘇老泉先生全集二十卷　宋蘇洵撰　附錄二卷　宋沈斐輯　清康熙三　五六九
十七年邵仁泓安樂居刻本　王秉恩跋
嘉祐集十五卷　宋蘇洵撰　宋刻本（目錄卷十二第八頁缺、卷十五第六頁以下配清抄本）　十四行二十五字白口左右雙邊　五七〇
重刊嘉祐集十五卷　宋蘇洵撰　明弘治刻本　十行二十一字白口四周雙邊　五七一
周叔弢題記
重刊嘉祐集十五卷　宋蘇洵撰　明弘治刻本　清丁丙跋　王綬錄黃丕烈跋　五七二
重刊嘉祐集十五卷　宋蘇洵撰　明弘治刻本　清王振聲跋並錄蔣杲　五七三
黃丕烈校
重刊嘉祐集十五卷　宋蘇洵撰　明弘治刻本　繆荃孫校　五七四
重刊嘉祐集十五卷　宋蘇洵撰　明嘉靖十一年太原府刻本　十行二　五七五
十一字白口四周單邊
重刻嘉祐集十五卷　宋蘇洵撰　明嘉靖十一年太原府刻本　清馮舒　五七六
校補並跋
重刊嘉祐集十五卷　宋蘇洵撰　明嘉靖十一年太原府刻本　清趙宗　五七七
建錄清馮舒校跋

重刊嘉祐集十五卷　宋蘇洵撰　附錄一卷　明嘉靖十一年太原府刻本　清佚名錄　五七八
馮舒校宋本並增輯附錄
重刊嘉祐集十五卷　宋蘇洵撰　明嘉靖十一年太原府刻本　清周星　五七九
詒跋
重刊嘉祐集十五卷　宋蘇洵撰　明嘉靖十一年太原府刻本　清丁丙　五八〇
跋
重刊嘉祐集十五卷　宋蘇洵撰　明嘉靖十一年太原府刻本　清顧廣　五八一
圻校並跋　傅增湘跋
重刊嘉祐集十五卷　宋蘇洵撰　明嘉靖十一年太原府刻本　陶湘臨　五八二
清顧廣圻校
重刊嘉祐集十五卷　宋蘇洵撰　明萬曆蘇紹昌刻本　十行十九字白　五八三
口左右雙邊
重刊嘉祐集十五卷　宋蘇洵撰　明萬曆蘇紹昌刻本　清李鼎元等校　五八四
重刊嘉祐集十五卷　宋蘇洵撰　清初蔡士英刻本　十行十九字白　五八五
口左右雙邊
嘉祐集十五卷　宋蘇洵撰　清抄本　五八六
嘉祐集十五卷　宋蘇洵撰　清抄本　清翁同龢校並跋又錄何焯批校　五八七
十五行三十字無格
重編嘉祐集二十卷　宋蘇洵撰　附錄一卷　明崇禎十年黃燦黃煒前堂刻本　九行　五八八
十八字白口左右雙邊
重編嘉祐集二十卷　宋蘇洵撰　附錄一卷　明崇禎十年黃燦黃煒前堂刻本　清許　五八九
乾恢校補並跋
嘉祐集二十卷　宋蘇洵撰　清道光十二年眉州三蘇祠刻三蘇全集本　清　五九〇
唐仲冕等校補並題識　九行二十五字黑口四周單邊
蘇老泉嘉祐集十四卷　宋蘇洵撰　明刻本　八行十六字白口四周　五九一
單邊
蘇文嗜六卷　宋蘇洵撰　明茅坤集評　明凌雲刻三色套印本　八行十八字　五九二
白口四周單邊
老泉文鈔三卷　宋蘇洵撰　明嘉靖二年施山刻本　九行二十字黑口四周　五九三
雙邊
嘉祐集選一卷　宋蘇洵撰　明楊慎評　明天啟元年刻本　十行二十一　五九四
字白口四周單邊
臨川先生文集一百卷目錄二卷　宋王安石撰　宋紹興二十一年兩浙西路轉運司　五九五
王珏刻元明遞修本　十二行二十字白口間細黑口左右雙邊
臨川先生文集一百卷　宋王安石撰　宋紹興二十一年兩浙西路轉運司王珏刻元明遞修本　清黃丕烈　五九六
跋
臨川先生集一百卷目錄二卷　宋王安石撰　宋紹興二十一年兩浙西路轉運司王珏刻元　五九七
明遞修本（卷一至十四、五十一配清抄本）　清丁丙跋
臨川先生文集一百卷目錄二卷　宋王安石撰　宋紹興二十一年兩浙西路轉運司　五九八
王珏刻元明遞修本　曹元忠跋
臨川先生文集一百卷　宋王安石撰　宋刻元明遞修本　李盛鐸跋　五九九
臨川王先生荊公文集一百卷　宋王安石撰　明嘉靖二十五年應雲鸑刻本　十一行二十　六〇〇
二十字白口四周雙邊

臨川王先生荊公文集一百卷　宋王安石撰　明嘉靖二十五年應雲鸑刻本　明崐興子跋　六〇一

臨川王先生荊公文集一百卷　宋王安石撰　明嘉靖二十五年應雲鸑刻本　清丁丙跋　六〇二

臨川王先生荊公文集一百卷　宋王安石撰　明嘉靖二十五年應雲鸑刻本　清[illegible]校　葉景葵題識　存三十五卷　一至二十五　六〇三

臨川王先生荊公文集一百卷　宋王安石撰　明安正堂刻本　十一行二十二字細黑口四周雙邊　六〇四

臨川先生文集一百卷目錄二卷　宋王安石撰　明嘉靖三十九年何遷刻本　十二行二十字白口左右雙邊　六〇五

臨川先生文集一百卷目錄二卷　宋王安石撰　明嘉靖三十九年何遷刻本　清諸錦批校　六〇六

臨川先生文集一百卷目錄二卷　宋王安石撰　明刻本　十二行二十字白口左右雙邊　六〇七

臨川先生文集一百卷目錄二卷　宋王安石撰　明刻本（目錄配另一明刻本）　四庫底本　十一行二十字白口左右雙邊　六〇八

三十

臨川先生文集一百卷目錄二卷　宋王安石撰　明隆慶五年刻本　十行二十字白口四周雙邊　六〇九

新刻臨川王介甫先生詩文集一百卷目錄二卷　宋王安石撰　明萬曆四十年王鳳翔光啓堂刻本　十行二十字白口四周單邊　六一〇

新刻臨川王介甫先生詩文集一百卷　宋王安石撰　明萬曆四十年王鳳翔光啓堂刻本　清吳郁生校跋并過錄沈文起評點　六一一

新刻臨川王介甫先生詩文集一百卷目錄二卷　宋王安石撰　明萬曆四十年王鳳翔光啓堂刻本　清蔣宗海校並跋　六一二

新刻臨川王介甫先生詩文集一百卷　宋王安石撰　明萬曆四十年王鳳翔光啓堂刻本　清孫衣言校點　存七十九卷　一至三十八、四十一至四十八、五十四至五十八、六十五至八十五、九十一至一百　六一三

新刻臨川王介甫先生詩文集一百卷目錄二卷　宋王安石撰　明萬曆四十年王鳳翔光啓堂刻本　[illegible]校　六一四

臨川王先生文粹四卷　宋王安石撰　明徐師曾輯　明董漢策刻本　十行二十字白口左右雙邊　六一五

宋王荊公文集摘粹四卷　宋王安石撰　明[illegible]輯　明嘉靖二十六年何其[illegible]刻本　九行[illegible]　四周雙邊　六一六

王文公集彙選六卷　宋王安石撰　明陳文燧等選　明萬曆十六年陳文燧等刻本　九行二十字白口四周雙邊　六一七

王荊文公詩箋註五十卷目錄三卷　宋王安石撰　李壁注　劉辰翁批點　元大德五年王常刻本　十行十九字黑口左右雙邊　六一八

王荊文公詩五十卷　宋王安石撰　李壁箋注　劉辰翁評點　年譜一卷　宋詹大和撰　明初刻本　十一行二十一字細黑口四周雙邊　存二十九卷　一至十、十九至二十二、二十九至三十四、三十九至四十四、四十八至五十　六一九

王荊文公詩五十卷　宋王安石撰　李壁箋註　清乾隆六年張宗松清綺齋刻本　十一行二十一字細黑口左右雙邊　封面題王荊公詩箋注　六二〇

王荊文公詩五十卷　宋王安石撰　李壁箋注　清乾隆六年張宗松清綺齋刻本　清汪遠孫批　六二一

王荊文公詩五十卷補遺一卷　宋王安石撰　李壁箋注　清乾隆六年張宗松清綺齋刻本　清彭頤匯錄何方綱所錄宋槧丁筠序並題識　六二二

王荊文公詩五十卷補遺一卷　宋王安石撰　李壁箋注　清乾隆六年張宗松清綺齋刻本　清溫如玉評點　六二三

王荊文公詩五十卷補遺一卷　宋王安石撰　李壁箋注　清乾隆六年張宗松清綺齋刻本　清翁同龢跋（卷四十九、五十、補遺配[illegible]抄本）　六二四

三四

王荊文公詩五十卷　宋王安石撰　李壁箋注　清乾隆六年張宗松清綺齋刻本　清孫衣言批點並題識　六二五

王荊文公詩五十卷補遺一卷　宋王安石撰　李壁箋注　清乾隆六年張宗松清綺齋刻本　清沈大成校　六二六

王荊公集詩補注四卷文集注十四卷　清沈欽韓撰　稿本　六二七

王荊公詩注補四卷　清沈欽韓撰　稿本　文集注存十卷　一至四、九至十四　六二八

廣陵先生文集四十二卷　宋王令撰　明抄本　九行十七字　六二九

廣陵先生文集二十卷拾遺一卷　宋王令撰　附一卷　明抄本　十行十九字無格　六三〇

廣陵先生文集二十卷拾遺一卷　宋王令撰　附一卷　明抄本　清丁丙跋　六三一

廣陵先生文集二十卷　宋王令撰　九字無格　明抄本　李盛鐸題記　十行十　六三二

廣陵集二十卷補遺一卷拾遺一卷附錄一卷　宋王令撰　清抄本　十行十九字　六三三

六三四 廣陵先生文集二十卷 宋王令撰 清抄本 清唐翰題跋 十行二十四字無格白口四周雙邊

六三五 廣陵先生文集十四卷 宋王令撰 清趙氏小山堂抄本 十行二十四字

六三六 廣陵先生文集二十一卷 宋王令撰 清抄本 十行二十字

六三七 廣陵先生文集二十一卷拾遺一卷 宋王令撰 附一卷 清初抄本 清蔣繼軾校並跋 十行二十字

六三八 廣陵先生文集二十一卷拾遺一卷 宋王令撰 附一卷 清抄本 清陳[illegible]校並跋 十行二十字

六三九 廣陵先生集二十二卷首一卷末一卷 宋王令撰 清尚友齋抄本 清翁同龢題記 九行二十一字

六四〇 廣陵先生文集三十卷 宋王令撰 附錄一卷 清道光王氏十萬卷樓抄本 清王端履校並跋 丁丙跋

六四一 東坡集四十卷 宋蘇軾撰 宋乾道九年刻本 十行十八字白口左右雙邊 存目錄六頁 御製序文二頁

六四二 東坡集四十卷 宋蘇軾撰 宋刻本（卷三配明抄本） 清韓應陛跋 十行十八字白口左右雙邊 存三十卷 一至二十四、三十三、三十五至三十九

三五

六四三 東坡集四十卷後集二十卷 宋蘇軾撰 宋刻本 十二行二十三字白口左右雙邊 存十九卷 六至十五、後集一至三、五至十

六四四 東坡先生後集二十卷 宋蘇軾撰 宋刻本 十行十六字白口左右雙邊 存七卷 四至六、十至十一、十五（殘）、十六（殘）

六四五 東坡先生後集二十卷外制集三卷 宋蘇軾撰 宋刻遞修本 吳昌綬跋 十行十六字白口左右雙邊 存五卷 後集十至十一、外制集全

六四六 東坡外制集三卷 宋蘇軾撰 宋刻三蘇先生大全集本 十四行二十五字白口左右雙邊

六四七 東坡應詔集十卷 宋蘇軾撰 宋刻本 十四行二十五字白口左右雙邊

六四八 東坡集四十卷後集二十卷奏議十五卷內制集十卷附樂語一卷外制集三卷應詔集十卷續集十二卷 宋蘇軾撰 附年譜一卷 宋王宗稷撰 明成化四年程宗刻本 十行二十字黑口四周雙邊

六四九 東坡集四十卷後集二十卷奏議十五卷內制集十卷樂語一卷外制集三卷應詔集十卷續集十二卷 宋蘇軾撰 東坡先生年譜一卷 宋王宗稷撰 明成化四年程宗刻本 清翁同龢校並跋 十行二十、二十一字黑口四周雙邊

六五〇 東坡集四十卷後集二十卷奏議十五卷內制集十卷樂語一卷外制集三卷應詔集十卷續集十二卷 宋蘇軾撰 年譜一卷 宋王宗稷撰 明成化四年程宗刻本 清丁丙跋

六五一 東坡集四十卷奏議十五卷後集二十卷內制集十卷樂語一卷外制集三卷應詔集十卷續集十二卷 宋蘇軾撰 年譜一卷 宋王宗稷撰 校記二卷 繆荃孫撰 清光緒三十四年至宣統元年端方寶華盦刻本 章鈺校並跋 十行二十字黑口四周雙邊

六五二 東坡集四十卷後集二十卷內制集十卷樂語一卷外制集三卷應詔集十卷續集十二卷 宋蘇軾撰 年譜一卷 宋王宗稷撰 校記二卷 繆荃孫撰 清光緒三十四年至宣統元年端方寶華盦刻本 傅增湘校並跋

六五三 蘇文忠公集一百十二卷 宋蘇軾撰 年譜一卷 宋王宗稷撰 明刻本 十行二十字黑口四周雙邊

三六

六五四 蘇文忠公文集四十卷後集二十卷和陶淵明詩四卷樂語一卷奏議十五卷 宋蘇軾撰 宋刻遞修本 九行十五字白口左右雙邊 存十七卷 十七至十九、三十二至三十三、三十七至四十、後集十六至十七、和陶淵明詩四、樂語、奏議一、六至七、十

六五五 蘇文忠公文集四十卷後集二十卷 宋蘇軾撰 宋刻遞修本 鄧邦述跋 存五卷 十七至十九、四十、後集十六

六五六 蘇文忠公全集一百十一卷 宋蘇軾撰 東坡先生年譜一卷 宋王宗稷撰 東坡先生墓志銘一卷 宋蘇轍撰 明嘉靖十三年江西布政司刻本 十行二十字白口四周雙邊

六五七 蘇文忠公全集一百十一卷 宋蘇軾撰 年譜一卷 宋王宗稷撰 明嘉靖十三年江西布政司刻本 清劉[illegible]跋

六五八 蘇文忠公全集一百十一卷 宋蘇軾撰 年譜一卷 宋王宗稷撰 清黃岡陶子麟刻朱印本 繆荃孫批校 十行二十字白口四周雙邊

六五九 東坡全集一百十五卷目錄二卷 宋蘇軾撰 年譜一卷 宋王宗稷撰 明刻本 十一行二十五字白口四周單邊

六六〇 東坡全集一百十五卷目錄七卷 宋蘇轍撰 東坡先生年譜一卷 宋王宗稷撰 東坡先生墓誌銘一卷 宋蘇轍撰 明刻本 十行十九字白口四周單边

六六一 東坡先生全集七十五卷 宋蘇軾撰 宋史本傳一卷 元脫脫撰 東坡先生墓誌銘一卷 宋蘇轍撰 東坡先生年譜一卷 宋王宗稷撰 明萬曆三十四年吳興刻本 十行十九字白口左右双边

六六二 東坡先生全集七十五卷 宋蘇軾撰 東坡詩選十二卷 明譚元春選 年譜一卷 宋王宗稷撰 宋史本傳一卷 明末大函堂刻本 十行十九字小字双行同白口左右双边

六六三 東坡先生全集七十五卷 宋蘇軾撰 明陳明卿訂正 明末金閶寶翰樓刻本

六六四 東坡先生文集七十五卷 宋蘇軾撰 明陳仁錫評 年譜一卷 宋王宗稷撰 明崇禎明世錦堂刻本 十行二十字白口四周單边

六六五 東坡先生詩集三十二卷文集七十五卷 宋蘇軾撰 王十朋集註 東坡先生紀年錄一卷 宋傅藻撰 東坡墓誌銘一卷 宋蘇轍撰 明崇禎刻本 十行二十字白口四周單边

三七

六六六 東坡先生詩集三十二卷文集七十五卷 宋蘇軾撰 王十朋集註 東坡先生紀年錄一卷 宋傅藻撰 東坡墓誌銘一卷 宋蘇轍撰 明崇禎刻本 清錢陸燦批並跋 存八十四卷 詩集一至二十六、文集二十至七十五、紀年錄一卷、墓誌銘一卷

六六七 經進東坡文集事略六十卷 宋蘇軾撰 郎曄選注 宋刻本 周叔弢跋並錄島田重禮識 十二行二十一字小字双行同細黑口左右双边 存三十二卷 一至二十五、三十四至三十九、四十六

六六八 東坡先生往還尺牘十卷 宋蘇軾撰 元刻本 十三行二十四字細黑口左右双边

六六九 東坡先生翰墨尺牘八卷 宋蘇軾撰 元刻本 十六行二十八字細黑口左右双边 存二卷 一至二

六七〇 東坡尺牘五卷 宋蘇軾撰 明萬曆十七年刻本 九行十八字白口左右双边

六七一 蘇長公二妙集二十二卷 宋蘇軾撰 明天啟[illegible]山館刻本 十行十八字白口四周單边 東坡先生尺牘二十卷 東坡先生詩餘二卷

六七二 東坡四六四卷 宋蘇軾撰 明刻本 十行二十二字黑口四周双边

六七三 重編東坡先生外集八十六卷 宋蘇軾撰 [illegible] 明萬曆三十六年[illegible]刻本 十行二十字白口四周双边

六七四 重編東坡先生外集八十六卷 宋蘇軾撰 明萬曆三十六年康丕揚刻本 清丁丙跋

六七五 新刻陶顧二會元類編蘇長公全集四十卷首一卷 宋蘇軾撰 明陶望齡輯 顧起元補訂 明末刻本 九行二十二字白口四周單边

六七六 集注東坡先生詩前集十八卷 宋蘇軾撰 趙夔等注 宋刻本（卷四配另一宋刻本） 十四行二十二字白口左右双边 卷四半頁十一行 存四卷 一至四

六七七 集註分類東坡先生詩二十五卷 宋蘇軾撰 題宋王十朋纂集 金刻本 十四行二十字白口左右双边 蝴蝶裝 存六頁 卷十六第十五至二十頁

六七八 王狀元集百家注分類東坡先生詩二十五卷 宋蘇軾撰 題宋王十朋纂集 東坡紀年錄一卷 宋傅藻撰 宋建安黃善夫家塾之敬室刻本〔卷一至四、九至十二配另一印本〕 十三行二十二、二十三字白口左右双边

六七九 王狀元集百家註分類東坡先生詩二十五卷 宋蘇軾撰 題宋王十朋纂集 宋刻本 十一行大十九字小二十五字 細黑口左右双边

三八

六八〇 王狀元集百家註分類東坡先生詩二十五卷 宋蘇軾撰 題宋王十朋纂集 宋刻本〔卷十九至二十五配另一宋刻本 卷十五至十八配元刻本〕 清楊繼震題詩 傅增湘 潘方祺跋

六八一 王狀元集百家注分類東坡先生詩二十五卷 宋蘇軾撰 題宋王十朋纂集 宋刻元修本 十一行十九字黑口左右双边 存三卷 二十一至二十三

六八二 王狀元集百家註分類東坡先生詩二十五卷 宋蘇軾撰 題宋王十朋纂集 劉辰翁批點
六八三 東坡紀年錄一卷 宋傅藻撰 元建安熊氏刻本 傅增湘跋 十一行十九字細黑口左右双边

六八四 王狀元集諸家註分類東坡先生詩二十五卷 宋蘇軾撰 題宋王十朋纂集 宋刻本 十一行十九字細黑口左右双边 存十五卷 四至十九

六八五 王狀元集諸家註分類東坡先生詩二十五卷 宋蘇軾撰 王十朋集注 劉辰翁批點 元刻本 十二行二十一字黑口四周双边 存一卷 七

六八六 王狀元集百家註分類東坡先生詩二十五卷 宋蘇軾撰 王十朋集注 劉辰翁批點 元刻本 十二行二十一字黑口四周双边

存十九卷 七至二十五

王狀元集百家註分類東坡詩二十五卷 宋蘇軾撰 王十朋集注 劉辰翁批點 元刻本 [illegible]題識 十二行二十一字黑口四周雙邊 六八七

王狀元集諸家注分類東坡先生詩二十五卷 宋蘇軾撰 題宋王十朋纂集 宋刻元修本 十一行十九字黑口左右雙邊 六八八

存三卷 十一至十三

存四卷 十九至二十、二十四至二十五

增刊校正王狀元集註分類東坡先生詩二十五卷 宋蘇軾撰 題宋王十朋纂集 東坡紀年錄一卷 宋傅藻撰 宋建安虞平齋務本書堂刻本 十一行十九字細黑口左右雙邊 六八九

增刊校正王狀元集註分類東坡先生詩二十五卷 宋蘇軾撰 題宋王十朋纂集 劉辰翁批點 元刻本 十二行二十一字黑口四周雙邊 六九〇

增刊校正王狀元集註分類東坡先生詩二十五卷 宋蘇軾撰 王十朋集註 劉辰翁批點 明初刻本 十二行二十一字黑口四周雙邊 六九一

增刊校正王狀元集註分類東坡先生詩二十五卷 宋蘇軾撰 題宋王十朋纂集 劉辰翁批點 東坡紀年錄一卷 宋傅藻撰 明汪氏誠意齋集書堂刻本 十二行二十一字黑口四周雙邊 六九二

三九

增刊校正王狀元集百家註分類東坡先生詩二十五卷 宋蘇軾撰 王十朋集註 劉辰翁批點 明劉氏安正書堂刻本 十二行二十三字小字雙行同黑口四周雙邊 存十八卷 一至十二、十五至二十 六九三

東坡先生詩集註三十二卷 宋蘇軾撰 題宋王十朋纂集 東坡紀年錄一卷 宋傅藻撰 明萬曆茅維刻本 十行二十一字小字雙行同白口左右雙邊 六九四

東坡先生詩集註三十二卷 宋蘇軾撰 王十朋纂集 東坡紀年錄一卷 宋傅藻撰 明萬曆茅維刻本 明許可中評點 六九五

東坡先生詩集註三十二卷 宋蘇軾撰 題宋王十朋纂集 東坡紀年錄一卷 宋傅藻撰 明萬曆茅維刻本 清杭世駿批並跋 楊頤元校 丁丙跋 六九六

東坡先生詩集註三十二卷 宋蘇軾撰 王十朋註 明陳鵬山彭刻本 十行二十一字白口左右雙邊 六九七

東坡先生詩集註三十二卷 宋蘇軾撰 王十朋纂集 明末王永積刻本 十行二十一字小字雙行同白口左右雙邊 六九八

東坡先生詩集註三十二卷 宋蘇軾撰 王十朋纂集 明末王永積刻本 清錢廷錦評點並跋 嚴同錄跋並錄嚴虞惇批點題識 六九九

東坡先生詩集三十二卷 宋蘇軾撰 王十朋纂集 明陳仁錫評 東坡先生紀年錄一卷 宋傅藻紀 東坡墓誌一卷 宋蘇轍撰 明崇禎陳仁錫刻本 十行二十字白口四周單邊 七〇〇

東坡先生詩集三十二卷 宋蘇軾撰 王十朋纂集 明崇禎陳仁錫刻本 [illegible]評並跋 七〇一

增刊校正王狀元集註分類東坡先生詩二十五卷 宋蘇軾撰 題宋王十朋纂集 明抄本 九行十八字小字雙行同紅格四周單邊 七〇二

蘇東坡詩集注三十二卷 宋蘇軾撰 題宋呂祖謙分編 王十朋纂輯 清宋犖[illegible]補注 年譜一卷 宋王宗稷撰 清康熙三十七年宋犖[illegible]堂刻本 十一行十九字白口左右雙邊 七〇三

蘇東坡詩集注三十二卷 宋蘇軾撰 呂祖謙編 王十朋輯 附年譜一卷 宋王宗稷撰 清康熙三十七年宋犖[illegible]堂刻本 清查慎行批注 七〇四

王狀元集註東坡律詩二卷 宋蘇軾撰 王十朋集注 明[illegible]輯 明刻本 十行二十四字黑口四周雙邊 七〇五

蘇東坡詩集二十五卷 宋蘇軾撰 劉辰翁批點 明天啓刻本 九行二十字白口四周單邊 七〇六

四〇

蘇詩摘律六卷 宋蘇軾撰 明劉弘集注 明天順五年劉弘王商刻本 十行二十字黑口四周雙邊 七〇七

蘇詩選評箋釋六卷 宋蘇軾撰 清汪師韓箋釋 清抄本 七〇八

重校宋蘇文忠公寓惠錄四卷 宋蘇軾撰 明嘉靖五年衛遜刻藍印本 清翁方綱 [illegible]跋 十行十八字白口四周雙邊 七〇九

重校宋蘇文忠公寓惠錄四卷 宋蘇軾撰 明嘉靖二十三年惠州府學余世忠重刻藍印本 十行十八字白口左右雙邊 七一〇

寓惠錄四卷 宋蘇軾撰 附錄一卷 明萬曆三十七年商以裕刻本 有圖像 九行十八字小字雙行同白口四周雙邊 七一一

蘇文忠先生寓惠全集四卷 宋蘇軾撰 明崇禎五年惠州[illegible]刻本 九行二十字白口四周雙邊 七一二

蘇文忠公寓惠集四卷 宋蘇軾撰 清鄭欽隆輯 清順治十五年刻本 九行二十字白口四周單邊 七一三

蘇公寓黃集二卷 宋蘇軾撰 明王同軌編 附錄一卷 明萬曆十一年刻本 九行十九字白口四周雙邊 七一四

宋蘇文忠公居儋錄五卷 宋蘇軾撰 明陳榮選輯 明萬曆二十三年陳榮選刻清順治十八年[illegible]重修本 十行二十字白口四周雙邊 七一五

七一六　東坡先生禪喜集二卷　宋蘇軾撰　禪喜紀事一卷　明萬曆刻本　七行十八字白口四周單边

七一七　東坡先生禪喜集四卷　宋蘇軾撰　明萬曆二十六年刻本　八行十八字白口四周單边

七一八　新刻東坡禪喜集九卷　宋蘇軾撰　明潭邑書林熊玉屏刻本　十行十八字白口四周單边

七一九　東坡禪喜集十四卷　宋蘇軾撰　明凌濛初輯　明天啓元年自刻套印本　八行十八字白口四周單边

七二〇　東坡禪喜集十四卷　宋蘇軾撰　明馮夢禎批點　明天啓元年凌濛初刻套印本　清丁丙跋

七二一　東坡養生集十二卷　宋蘇軾撰　明王如錫編　明崇禎刻本　九行十八字白口四周單边

七二二　蘇文忠公膠西集四卷　宋蘇軾撰　明閻士選等評釋　明刻本　九行二十一字白口四周双边

七二三　蘇文忠公海外集二十二卷　宋蘇軾撰　清樊庶編注　附年譜一卷　宋王宗稷撰　清康熙四十五年得樹軒刻本　九行十九字白口四周單边

七二四　蘇文忠公海外集四卷　宋蘇軾撰　清王時宇重校　清乾隆四十年稽古堂刻本　九行二十一字白口四周双边

七二五　坡仙集十六卷　宋蘇軾撰　明李贄評輯　明萬曆二十八年焦竑刻本　九行二十字白口四周單边

七二六　坡仙集十六卷　宋蘇軾撰　明李贄評輯　明萬曆二十八年陳大來繼志齋刻本　九行二十字白口四周單边

七二七　坡仙集十六卷　宋蘇軾撰　明李贄評輯　明萬曆四十七年程明善刻本　九行二十字白口四周單边

七二八　坡仙集十六卷　宋蘇軾撰　明李贄評輯　明萬曆四十七年程明善刻本　清王禮培題識

四一

七二九　坡仙集十六卷　宋蘇軾撰　明李贄評輯　明末刻本　九行二十字白口四周單边

七三〇　東坡集十六卷　宋蘇軾撰　明萬曆刻本　九行二十字白口四周單边

七三一　訂補坡仙集鈔三十八卷　宋蘇軾撰　明李贄選　陳繼儒訂補　明萬曆刻本　十行二十字白口四周單边

七三二　註東坡先生詩四十二卷　宋蘇軾撰　施元之顧禧注　宋嘉泰淮東倉司刻本　九行十六字小字双行同白口左右双边　存四卷　十一至十二、二十五至二十六

七三三　註東坡先生詩四十二卷　宋蘇軾撰　施元之顧禧注　宋嘉泰淮東倉司刻本　清黄丕烈跋並題詩　周錫瓚跋　潘奕雋題詩　存二卷　追和陶淵明詩　四十一至四十二

七三四　施注蘇詩四十二卷總目二卷　宋蘇軾撰　施元之顧禧注　清邵長衡顧嗣立宋至刪補　續補遺補注二卷　清馮景補注　王注正譌一卷　清邵長衡撰　東坡先生年譜一卷　宋王宗稷撰　清康熙三十八年宋犖刻本　十行二十一字白口四周單边

七三五　施註蘇詩四十二卷總目二卷　宋蘇軾撰　施元之顧禧注　清邵長衡等刪補　續補遺二卷　清馮景補註　附王注正譌一卷　[illegible]　清邵長衡撰　東坡先生年譜一卷　宋王宗稷撰　清康熙三十八年宋犖刻本　清邵長衡重訂　清王芑孫圈點並跋

七三六　施註蘇詩四十二卷總目二卷續補遺二卷　宋蘇軾撰　施元之註　清邵長衡等刪補　馮景補註　王注正譌一卷　清邵長衡撰　東坡先生年譜一卷　宋王宗稷撰　清查慎行批注　清康熙三十八年宋犖刻本

七三七　施註蘇詩四十二卷總目二卷　宋蘇軾撰　施元之顧禧注　清邵長衡顧嗣立宋至刪補　蘇詩續補遺二卷　清馮景補註　王註正譌一卷　清邵長衡撰　東坡先生年譜一卷　宋王宗稷撰　清邵長衡重訂　清康熙三十八年宋犖刻本　佚名錄清高宗弘曆評查慎行評點

七三八　施註蘇詩四十二卷總目二卷　宋蘇軾撰　施元之顧禧注　清邵長衡顧嗣立宋至刪補　續補遺二卷　清馮景補註　王註正譌一卷　清邵長衡撰　東坡先生年譜一卷　宋王宗稷撰　清康熙三十八年宋犖刻本　清陳廷表批配並錄查慎行評註　陳鱣錢鴻賓跋　□哲錄　陳景雲錄何焯批點

七三九　施註蘇詩四十二卷總目二卷　宋蘇軾撰　施元之註　清邵長衡顧嗣立宋至刪補　續補遺二卷　宋蘇軾撰　清馮景補註　王註正譌一卷　清邵長衡撰　東坡先生年譜一卷　宋王宗稷撰　清康熙三十八年宋犖刻本　清許生錄查慎行批校並跋

七四〇　施註蘇詩四十二卷總目二卷　宋蘇軾撰　施元之顧禧註　清邵長衡顧嗣立宋至刪補　續補遺二卷　清馮景補註　王註正譌一卷　清邵長衡撰　東坡先生年譜一卷　宋王宗稷撰　清康熙三十八年宋犖刻本　清翁魁常錄查慎行批注並跋

七四一　施註蘇詩四十二卷總目二卷　宋蘇軾撰　施元之顧禧註　清邵長衡顧嗣立宋至刪補　續補遺二卷　清馮景補註　王註正譌一卷　清邵長衡撰　東坡先生年譜一卷　宋王宗稷撰　清康熙三十八年宋犖刻本　□瑛過錄查慎行晉昇馮墨麟批校

七四二　施註蘇詩四十二卷總目二卷　宋蘇軾撰　施元之顧禧注　清邵長衡顧嗣立宋至刪補　蘇詩續補遺二卷　清馮景補註　王註正譌一卷　清邵長衡撰　東坡先生年譜一卷　宋王宗稷撰　清邵長衡重訂　清康熙三十八年宋犖刻本　佚名錄清查慎行評

七四三　施註蘇詩四十二卷總目二卷　宋蘇軾撰　施元之顧禧註　清邵長衡顧嗣立宋至刪補　蘇詩續補遺二卷　清馮景補註　王註正譌一卷　清邵長衡撰　東坡先生年譜一卷　宋王宗稷撰　清邵長衡重訂　清康熙三十八年宋犖刻本　易忠錄輯錄　清鮑倚雲過錄徐昂發查慎行批點　鮑倚雲跋

四二

七四四 施註蘇詩四十二卷總目二卷 宋蘇軾撰 施元之註 清邵長蘅顧嗣立宋至刪補 東坡先生譜一卷 宋王宗稷撰 王注正譌一卷 清邵長蘅撰 續補遺二卷 清馮景補註 清康熙三十八年宋犖刻本 佚名過錄查慎行紀昀批校

七四五 施註蘇詩四十二卷總目二卷 宋蘇軾撰 施元之註 清邵長蘅等刪補 續補遺二卷 清馮景補註 王注正譌一卷 清邵長蘅撰 年譜一卷 宋王宗稷撰 清邵長蘅重訂 清康熙三十八年宋犖刻本 清莊縉度錄紀昀批并莊蘊寬跋

七四六 施註蘇詩四十二卷總目二卷 宋蘇軾撰 施元之顧禧註 清邵長蘅顧嗣立宋至刪補 續補遺二卷 清馮景補註 王註正譌一卷 清邵長蘅撰 東坡先生年譜一卷 宋王宗稷撰 佚名錄紀昀批校 清康熙三十八年宋犖刻本

七四七 施註蘇詩四十二卷總目二卷 宋蘇軾撰 施元之註 清邵長蘅等刪補 續補遺二卷 清馮景補註 王注正譌一卷 清邵長蘅撰 年譜一卷 宋王宗稷撰 清邵長蘅重訂 清康熙三十八年宋犖刻本 清馮溶雋批點並跋

七四八 施註蘇詩四十二卷總目二卷 宋蘇軾撰 施元之註 清邵長蘅等刪補 續補遺二卷 清馮景補註 王注正譌一卷 清邵長蘅撰 年譜一卷 宋王宗稷撰 清張原湘批 清邵長蘅重訂 清康熙三十八年宋犖刻本

七四九 施註蘇詩四十二卷總目二卷 宋蘇軾撰 施元之註 清邵長蘅顧嗣立宋至刪補 續補遺二卷 清馮景補註 王註正譌一卷 清邵長蘅撰 東坡先生年譜一卷 宋王宗稷撰 清邵長蘅重訂 清康熙三十八年宋犖刻本 清何焯墨批並跋

七五〇 施註蘇詩四十二卷總目二卷 宋蘇軾撰 施元之顧禧註 清邵長蘅顧嗣立宋至刪補 續補遺二卷 清馮景補註 王註正譌一卷 清邵長蘅撰 東坡先生年譜一卷 宋王宗稷撰 清張載華跋 清康熙三十八年宋犖刻本

七五一 施註蘇詩四十二卷總目二卷 宋蘇軾撰 施元之顧禧註 清邵長蘅顧嗣立宋至刪補 續補遺二卷 清馮景補註 王註正譌一卷 清邵長蘅撰 東坡先生年譜一卷 宋王宗稷撰 佚名批註 清康熙三十八年宋犖刻本

七五二 施註蘇詩四十二卷總目二卷 宋蘇軾撰 施元之註 清邵長蘅顧嗣立宋至刪補 王註正譌一卷 清邵長蘅撰 年譜一卷 宋王宗稷撰 續補遺二卷 清馮景補註 清康熙三十八年宋犖刻本 清[illegible]批

七五三 施註蘇詩四十二卷總目二卷 宋蘇軾撰 施元之顧禧註 清邵長蘅顧嗣立宋至刪補 蘇詩續補遺二卷 清馮景補註 王註正譌一卷 清邵長蘅撰 東坡先生年譜一卷 宋王宗稷撰 清邵長蘅重訂 清康熙三十八年宋犖刻本 佚名以宋本校並批

七五四 施註蘇詩四十二卷總目二卷 宋蘇軾撰 施元之顧禧註 清邵長蘅顧嗣立宋至刪補 續補遺二卷 清馮景補註 王註正譌一卷 清邵長蘅撰 東坡先生年譜一卷 宋王宗稷撰 周貞亮盧彤校評 清康熙三十八年宋犖刻本

七五五 施註蘇詩四十二卷總目二卷 宋蘇軾撰 施元之顧禧註 清邵長蘅顧嗣立宋至刪補 續補遺二卷 清馮景補註 清康熙三十八年宋犖刻本 清翁同書批註

七五六 施註蘇詩四十二卷總目二卷 宋蘇軾撰 施元之顧禧註 清邵長蘅顧嗣立宋至補註 續補遺二卷 清馮景補註 清康熙三十八年宋犖刻本 清鄭珍批

七五七 施註蘇詩四十二卷總目二卷 宋蘇軾撰 施元之顧禧註 清邵長蘅等刪補 蘇詩續補遺二卷 清馮景補註 清康熙三十八年宋犖刻本 清郭嵩燾批點

七五八 施註蘇詩四十二卷首一卷總目二卷 宋蘇軾撰 施元之註 清邵長蘅等刪補 蘇詩續補遺二卷 清馮景補註 清康熙三十八年宋犖刻本 劉明誠並錄紀昀等各家批校

七五九 施註蘇詩四十二卷東坡年譜一卷王註正譌一卷蘇詩續補遺一卷 宋蘇軾撰 施元之註 清邵長蘅李必恆補注 馮景續註 清康熙三十八年宋犖刻本 清彭子嘉批點

七六〇 施註蘇詩四十二卷續補遺二卷 宋蘇軾撰 施元之顧禧註 清抄本 清何紹基批點 十二行二十六字藍格白口左右雙邊

七六一 東坡詩選十二卷 宋蘇軾撰 明譚元春輯 袁宏道評 東坡先生年譜一卷 明天啓丈盛堂刻本 八行十七字白口四周單邊

七六二 東坡詩選二卷 宋蘇軾撰 明沈[illegible]輯 陳繼儒評 明刻本 佚名批並評點 九行二十字白口四周單邊

七六三 新編東坡先生詩集十九卷附樂府一卷 宋蘇軾撰 明刻本 劉世珩跋 十一行二十一字黑口左右雙邊

七六四 蘇文忠公詩四卷 宋蘇軾撰 清汪士鋐輯 清康熙間鈔本 佚名用古香齋本校 清呂承瀚題識 十行十六字白口四周單邊

七六五 宋東坡詩選一卷 宋蘇軾撰 清陳訏輯 清康熙三十二年陳訏刻宋十五家詩選本 清王邑[illegible]批點並跋 十一行二十二字黑口左右雙邊

七六六 蘇東坡先生編年詩補注五十卷 宋蘇軾撰 施元之注 清查慎行補注 清查氏香[illegible]本

存十卷　三十六至三十九、四十五至五十

七六七　蘇東坡先生編年詩五十卷附年表一卷　宋蘇軾撰　施元之註　清查慎行補註　稿本　十一行二十八字無邊欄

七六八　東坡先生編年詩補註五十卷目錄一卷　宋蘇軾撰　清查慎行補註　清乾隆二十六年香雨齋刻本　十行二十一字白口左右雙邊　封面題初白庵蘇詩補註

七六九　東坡先生編年詩補註五十卷年表一卷　宋蘇軾撰　清查慎行補註　清乾隆二十六年查開香雨齋刻本　清紀昀批校並跋　紀香林跋

七七〇　東坡先生編年詩補註五十卷　宋蘇軾撰　清查慎行補註　清乾隆二十六年香雨齋刻本　佚名錄紀昀等批語

七七一　東坡先生編年詩補註五十卷　宋蘇軾撰　清查慎行補註　清乾隆二十六年查開香雨齋刻本　佚名錄紀昀評語　度公跋

七七二　東坡先生編年詩補註五十卷年表一卷　宋蘇軾撰　清查慎行補註　清乾隆二十六年查開香雨齋刻本　清吳騫校並跋　朱允達臨盧文弨校

七七三　東坡先生編年詩補註五十卷年表一卷　宋蘇軾撰　清查慎行補註　清乾隆二十六年查氏香雨齋刻本　清鄭珍批

四五

七七四　東坡先生編年詩補註五十卷　宋蘇軾撰　清查慎行補註　清乾隆二十六年香雨齋刻本　清彭元瑞批點　李士棻題記

七七五　東坡先生編年詩補注五十卷年表一卷　宋蘇軾撰　清查慎行補註　清乾隆二十六年香雨齋刻本　林琴南批點並跋

七七六　蘇文忠詩合註五十卷　宋蘇軾撰　清馮應榴輯註　清乾隆六十年踵息齋刻本　十一行二十一字白口左右雙邊

七七七　蘇文忠詩合註五十卷　宋蘇軾撰　清馮應榴輯註　清乾隆刻嘉慶二十四年印本　紀昀朱墨筆批校
存二十一卷　六、十九至二十、二十二至二十三、三十五至四十

七七八　蘇文忠詩合註五十卷　宋蘇軾撰　清馮應榴輯註　清乾隆刻嘉慶二十四年印本　清張鑒錄紀昀批

七七九　蘇文忠詩合註五十卷　宋蘇軾撰　清馮應榴輯註　清乾隆六十年踵息齋刻本　清末舊錄紀昀批校

七八〇　蘇詩鈔二卷　宋蘇軾撰　清紀昀輯評　清抄本　近人余重耀跋　十一行二十一字無格

七八一　蘇詩二卷　清查慎行選評　清抄本　清沈廷芳批　七行十五字無格

七八二　蘇詩補注八卷　宋蘇軾撰　清翁方綱補註　志道集一卷　宋釋禧撰　清乾隆四十七年翁方綱刻蘇齋叢書本　清翁同龢抄並跋　十二行二十四字黑口左右雙邊

七八三　蘇詩補注八卷　宋蘇軾撰　清翁方綱補注　清蔣薌書批　清鄒炳泰題記　清乾隆四十七年翁方綱刻蘇齋叢書本

七八四　蘇文忠公詩編註集成四十六卷集成總案四十五卷諸家雜綴酌存一卷蘇海識餘四卷牋詩圖一卷　宋蘇軾撰　清王文誥輯　清嘉慶二十四年王氏韻山堂刻本　清張廷濟批校　十一行二十字小字雙行同白口左右雙邊

七八五　蘇文忠公詩編註集成四十六卷集成總案四十五卷諸家雜綴酌存一卷蘇海識餘四卷牋詩圖一卷　宋蘇軾撰　清王文誥輯　清嘉慶二十四年王氏韻山堂刻本　清翁同龢校並跋
存六十四卷　蘇文忠公詩編註集成三十四至四十六、集成總案全、諸家雜綴酌存全、蘇海識餘全、牋詩圖全

七八六　蘇文忠詩集補正一卷　清沈欽韓撰　稿本

七八七　蘇文忠詩注補正三卷　清沈欽韓撰　稿本　清蔣鳳藻、王頌蔚跋

七八八　蘇詩便讀一卷　清李鴻裔選　稿本

七八九　蘇文忠公明道詩箋註一卷　清羅陽增撰　稿本

七九〇　宋蘇文忠公集選三十卷　宋蘇軾撰　明崔邦亮選　明萬曆二十七年偽田知刻本　十行二十字白口四周雙邊

七九一　東坡集選五十卷集餘一卷　宋蘇軾撰　明陳夢槐選　陳繼儒定　潘允宜　童斐然校　年譜一卷　宋王宗稷撰　外紀二卷　明王世貞編　外紀逸編一卷　明陳之璞補　明刻本　九行十九字白口四周單邊

四六

七九二　東坡文選二十卷　宋蘇軾撰　明鍾惺評選　明萬曆四十八年閔氏刻朱墨套印本　九行二十字白口四周單邊

七九三　東坡文選二十卷　宋蘇軾撰　明鍾惺輯　明刻本　九行十九字白口四周單邊

七九四　東坡文選二十卷　宋蘇軾撰　明鍾惺評選　明刻本　八行十七字白口四周單邊

七九五　蘇文奇賞五十卷　宋蘇軾撰　明陳仁錫選評　明崇禎四年刻本　十行二十字白口左右雙邊

七九六　蘇文忠公策論選十二卷　宋蘇軾撰　明茅坤、鍾惺評　明天啓元年刻三色套印本　九行十九字白口四周單邊

七九七　蘇文六卷　宋蘇軾撰　明茅坤等評　明閔爾容刻三色套印本　九行十九字白口四周單邊

七九八　蘇文六卷　宋蘇軾撰　明茅坤等評　明閔爾容刻三色套印本　清趙伯蘇跋

七九九　東坡先生和陶淵明詩四卷　宋蘇軾撰　明汲古閣影宋抄本

八〇〇　蘇文忠公表啟二卷　宋蘇軾撰　明朱睦㮮輯　明嘉靖三十四年朱睦㮮刻本　十行二十字白口左右雙邊

八〇一　蘇長公表啟五卷　宋蘇軾撰　明李卓吾等評　明錢櫝輯　明萬曆凌濛初刻朱墨套印本　八行十八字白口四周單邊　表三卷、啟二卷

八〇二　蘇長公尺牘選二卷　宋蘇軾撰　明鍾惺編　明刻本　九行十八字白口四周單邊

八〇三　蘇長公表啟尺牘選八卷　宋蘇軾撰　明鄭圭輯　清康熙十二年刻本　九行二十四字白口四周單邊

蘇長公集選二十二卷東坡居士艾子雜說一卷 宋蘇軾撰 明錢士鰲選 明萬曆二十六年何文叔刻本 九行二十二字白口四周單边 八〇四

蘇長公二妙集二十二卷 宋蘇軾撰 明焦竑批點 明天啟元年徐氏曼山館刻本 十行十八字白口四周單边 八〇五

蘇子瞻集選二十卷 宋蘇軾撰 明陸夢龍評選 顧懋樊參訂 明崇禎四年刻本 九行二十字白口四周單边 八〇六

新刻蘇長公詩文選勝六卷 宋蘇軾撰 明朱之蕃輯 明萬曆王世茂刻本 九行二十字白口四周單边 八〇七

蘇長公文腴三十卷詩腴八卷 宋蘇軾撰 明陳于廷編 明萬曆四十五年刻本 九行二十字白口四周單边 八〇八

蘇長公文燧不分卷 宋蘇軾撰 明陳紹英輯 明崇禎四年刻本 九行二十字白口四周單边 八〇九

蘇長公文燧不分卷 宋蘇軾撰 明陳紹英輯 明崇禎四年刻本 清弘曉批校 方功惠跋 八一〇

東坡先生謫居黃州年月考不分卷 宋蘇軾撰 清陳詩輯 清光緒十一年朱厚齋抄本 九行三十二字无格 八一一

陶石簣精選蘇長公合作二卷 宋蘇軾撰 明陶望齡選 明萬曆二十八年閶門崇本堂刻本 九行二十二字白口四周單边 八一二

四七

蘇長公合作內外篇不分卷 宋蘇軾撰 明鄭圭（原題鄭之惠）輯 明萬曆書林青畝軒刻本 九行二十二字白口四周單边 八一三

蘇長公合作內外篇不分卷 宋蘇軾撰 明鄭圭（原題鄭之惠）輯 明萬曆三十年書林余完成印本 九行二十二字白口四周單边 八一四

蘇長公合作內外篇不分卷 宋蘇軾撰 明鄭圭（原題鄭之惠）輯 明萬曆三十一年書林余氏萃慶堂刻本 九行二十二字白口四周單边 八一五

蘇長公合作八卷補二卷附錄一卷 宋蘇軾撰 明高啓等批點 明萬曆四十八年凌啟康刻三色套印本 八行十九字白口四周單边 八一六

蘇長公合作不分卷 宋蘇軾撰 明鄭圭輯 明末刻本 佚名批 九行二十字白口四周單边 八一七

蘇長公密語十六卷首一卷 宋蘇軾撰 明詹兆聖評選 明閔氏刻朱墨套印本 八行十九字白口四周單边 八一八

蘇長公密語十六卷首一卷 宋蘇軾撰 明李一公輯 明天啟元年朱墨套印本 八一九

蘇長公密語十六卷首一卷 宋蘇軾撰 明吳京輯 明天啟四年刻朱墨套印本 八行十九字白口四周單边 八二〇

蘇長公小品四卷 宋蘇軾撰 明王納諫（聖俞）評選 明凌啟康刻朱墨套印本 八行十九字白口四周單边 八二一

蘇長公小品二卷 宋蘇軾撰 明王納諫（聖俞）編 明萬曆三十九年章萬椿心遠軒刻本 九行二十一字白口四周單边 八二二

蘇長公小品二卷 宋蘇軾撰 明王納諫（聖俞）編 明萬曆四十一年盱江游若齋刻本 九行二十一字白口四周單边 八二三

蘇文定公文集五十卷後集二十四卷 宋蘇轍撰 宋刻遞修本 存十卷 一至三、十六至十八、後集四至七 鄧邦述跋 九行十五字白口左右雙边 八二四

東萊標註潁濱先生文集二十二卷 宋蘇轍撰 呂祖謙標註 元刻本 十五行二十七字白口左右雙边 存七卷 十六至二十二 八二五

欒城集五十卷後集二十四卷 宋蘇轍撰 宋刻遞修本 十行十八字白口左右雙边 存二十一卷 三十三至四十、後集九至二十一 八二六

欒城集五十卷後集二十四卷三集十卷 宋蘇轍撰 明嘉靖二十年蜀藩朱讓栩刻本 十行二十字白口四周單边 八二七

欒城集五十卷目錄二卷後集二十四卷三集十卷 宋蘇轍撰 明活字印本 十行二十字白口四周單边 八二八

欒城集五十卷後集二十四卷三集十卷應詔

四八

集十二卷 宋蘇轍撰 明清夢軒刻本 十行二十字白口左右雙边 八二九

欒城集五十卷 宋蘇轍撰 明清夢軒刻本 清何焯批校並跋 存十六卷 一至十六 八三〇

欒城集五十卷後集二十四卷三集十卷應詔集十二卷 宋蘇轍撰 明清夢軒刻本 清丁丙跋 八三一

欒城集五十卷後集二十四卷三集十卷應詔集十二卷 宋蘇轍撰 明清夢軒刻本 清吳榮光跋 八三二

欒城集五十卷後集二十四卷三集十卷 宋蘇轍撰 明抄本 存九十一卷 欒城集全 後集一至五 九至二十四 三集全 應詔集全 十行二十一字白口四周單边 八三三

宋欒城詩選一卷 宋蘇轍撰 清陳訏輯 清康熙刻本 清王芑孫批 十一行二十二字黑口左右雙边 八三四

類編增廣黃先生大全文集五十卷 宋黃庭堅撰 宋乾道麻沙鎮水南劉仲吉宅刻本 清沈廷芳 黃丕烈跋 十五行二十六、二十八字不等白口間有細黑口左右雙边 八三五

豫章黃先生文集三十卷外集十四卷別集二十卷簡尺二卷詞一卷伐檀集二卷 宋黃庭堅撰 八三六

宋黃庶撰 山谷先生年譜三十卷 宋黃㽦撰 別傳一卷 明周季鳳撰 明弘治葉天爵刻嘉靖六年喬遷余載仕重修本 十二行二十一至二十二字白口四周雙邊

八三七 豫章黃先生文集三十卷外集十四卷別集二十卷簡尺二卷詞一卷 宋黃庭堅撰 伐檀集二卷 宋黃庶撰 山谷先生年譜三十卷 宋黃㽦撰 明弘治葉天爵刻嘉靖六年喬遷余載仕重修本（文集卷八至十二配清抄本）清葉德輝跋

八三八 豫章黃先生文集三十卷外集十四卷別集二十卷簡尺二卷詞一卷 宋黃庭堅撰 伐檀集二卷 宋黃庶撰 山谷先生年譜三十卷 宋黃㽦撰 明弘治葉天爵刻嘉靖六年喬遷余載仕重修本 清莫友芝校

八三九 青社黃先生伐檀集二卷 宋黃庶撰 明弘治葉天爵刻嘉靖六年喬遷余載仕重修本 清葉之驥跋 十二行二十一字白口四周雙邊

八四〇 重刻黃文節山谷先生文集三十卷外集十四卷別集二十卷 宋黃庭堅撰 年譜十五卷 宋黃㽦撰 伐檀集二卷 宋黃庶撰 明萬曆三十一年至四十二年方沆周希令李友梅刻本 十一行二十字白口四周單邊

四九

八四一 重刻黃文節山谷先生文集三十卷 宋黃庭堅撰 明王鳳翔光啟堂刻本 十行二十字白口四周單邊

八四二 重刻黃文節山谷先生文集三十卷 宋黃庭堅撰 明王鳳翔光啟堂刻清振鄴堂遞修本

八四三 宋黃文節公文集正集三十二卷外集二十四卷別集十九卷卷首四卷 宋黃庭堅撰 伐檀集二卷 宋黃庶撰 清乾隆三十年緝香堂刻本 九行二十字白口左右雙邊 版心題山谷全書

八四四 豫章先生遺文十二卷 宋黃庭堅撰 清乾隆四十五年汪大本刻本 九行十八字白口四周雙邊

八四五 豫章先生遺文十二卷 宋黃庭堅撰 清影宋抄本 八行十五字白口左右雙邊

八四七 山谷詩注二十卷 宋黃庭堅撰 宋任淵注 宋紹定五年黃㙻刻本 九行十六字白口左右雙邊 存五卷 四至五、十五至十七

八四八 山谷黃先生大全詩註二十卷 宋黃庭堅撰 任淵注 元刻本（卷九至十配清抄本） 十二行二十字細黑口左右雙邊

八四九 山谷黃先生大全詩註二十卷 宋黃庭堅撰 任淵注 元刻本 清黃丕烈跋 存十六卷 一至五、七至八、十二至二十

八五〇 山谷黃先生大全詩註二十卷 宋黃庭堅撰 任淵注 明刻本 十行十八字黑口四周雙邊

八五一 山谷內集詩註二十卷 宋黃庭堅撰 宋任淵注 山谷外集詩註十七卷 宋黃庭堅撰 宋史容注 山谷別集詩註二卷 宋黃庭堅撰 宋史季溫注 明弘治九年陳沛刻本 九行十九字黑口四周雙邊

八五二 山谷外集詩注十七卷 宋黃庭堅撰 史容注 明初刻本 清翁方綱校並補缺 史季溫跋 翁同龢記

八五三 山谷外集詩註十七卷 宋黃庭堅撰 史容注 明初刻本 沈曾植跋

八五四 黃詩內篇十四卷 宋黃庭堅撰 明嘉靖十二年蔣芝刻本 八行十八字白口四周單邊

八五五 黃詩內篇十四卷 宋黃庭堅撰 明嘉靖十二年蔣芝刻本 清翁同龢批注並跋

八五六 山谷內集詩注二十卷 宋黃庭堅撰 任淵注 外集詩注十七卷 宋黃庭堅撰 史容注 別集詩注二卷 宋黃庭堅撰 史季溫注 清乾隆武英殿活字印聚珍版叢書本 傅增湘校 九行二十一字白口四周雙邊

八五七 山谷別集詩注二卷 宋黃庭堅撰 史季溫注 清乾隆武英殿活字印聚珍版叢書本（傅增湘校並跋）

八五八 黃詩全集五十八卷 宋黃庭堅撰 清乾隆五十五年樹經堂刻本 十二行二十三字白口左右雙邊 山谷詩內集注二十卷 宋任淵撰 外集注十七卷 宋史容撰 別集注二卷 宋史季溫撰 外集補四卷

五〇

別集補一卷 清謝啓昆輯 年譜十四卷 宋黃㽦編

八五九 山谷外集詩注十七卷 宋黃庭堅撰 史容注 清乾隆五十三年樹經堂刻本 清袁昶評點

八六〇 山谷詩前集二十卷 宋黃庭堅撰 任淵注 清抄本

八六一 山谷老人刀筆二十卷 宋黃庭堅撰 元刻本 十二行十九字黑口左右雙邊

八六二 山谷老人刀筆二十卷 宋黃庭堅撰 明弘治十二年張汝舟刻本 十二行十九字白口左右雙邊

八六三 山谷老人刀筆二十卷 宋黃庭堅撰 明刻本 十二行十九字白口左右雙邊

八六四 山谷老人刀筆二十卷 宋黃庭堅撰 明刻本 十行二十字黑口四周雙邊

八六五 山谷老人刀筆二十卷 宋黃庭堅撰 明萬曆七年江西布政司刻本 十行二十字白口四周雙邊

八六六 山谷老人刀筆二十卷 宋黃庭堅撰 清翁硯史鈔本 清王芑孫題識 八行二十字

八六七 宋黃太史公集選三十六卷 宋黃庭堅撰 明邵莊選 明萬曆二十七年刻本 十行二十字白口四周雙邊

八六八 宋黃太史公集選三十六卷 宋黃庭堅撰 明邵莊選 明萬曆二十七年刻本 清丁丙跋

八六九 黃山谷題跋書後六卷 宋黃庭堅撰 明刻蔣黃退跋本 九行十九字白口四周單邊

八七〇 黃太史精華錄八卷 宋黃庭堅撰 任淵選 明弘治十六年朱承爵刻本 九行十五字白口四周雙邊

八七一 黄太史精華録八卷 宋黄庭堅撰 任淵選 明弘治十六年朱承爵刻本 清王士禛批並跋 翁樹培、盧蔭溥跋 王德年、李兩樵、楊繼之題記

八七二 黄太史精華録八卷 宋黄庭堅撰 任淵選 清初抄本 清朱筠、翁方綱校 翁同書、翁曾源、朱琦跋

八七三 黄太史精華録八卷 宋黄庭堅撰 任淵選 清翁氏借一瓻館抄本 清翁同書、翁曾源跋 十行十九字

八七四 後山居士文集二十卷 宋陳師道撰 宋刻本 清翁方綱跋並題詩 九行十五字白口左右雙邊

八七五 後山先生集三十卷 宋陳師道撰 明弘治十二年馬暾刻本 十一行二十字黑口四周雙邊

八七六 後山先生集三十卷 宋陳師道撰 明弘治十二年馬暾刻本 清蔣杲校

八七七 後山先生集三十卷 宋陳師道撰 明弘治十二年馬暾刻本 清[illegible]仁壽錄何焯校

八七八 後山先生集三十卷 宋陳師道撰 明弘治十二年馬暾刻本（卷一至二、六配清抄本） 佚名錄清何焯校 清丁丙跋

八七九 後山先生集三十卷 宋陳師道撰 明弘治十二年馬暾刻本 傅增湘

八八〇 後山先生集三十卷 宋陳師道撰 明弘治十二年馬暾刻本（卷四至六配抄本） 傅增湘校跋並錄清何焯、顧廣圻題識

八八一 後山先生集三十卷 宋陳師道撰 明刻本 清顧廣圻跋並錄何焯校 傅增湘跋

八八二 後山先生集二十四卷 宋陳師道撰 清雍正八年趙駿烈刻本 十行十九字黑口左右雙邊

八八三 後山先生集二十四卷 宋陳師道撰 清雍正八年趙駿烈刻本 葉景葵錄朝鮮活字本校

五十一

八八四 後山先生集二十四卷 宋陳師道撰 清光緒十一年閻錫祥刻本 沈曾植校 葉景葵跋 十行二十一字黑口左右雙邊

八八五 后山詩注六卷 存四卷（三下至六） 宋陳師道撰 任淵注 宋刻本 周叔弢跋 十三行二十四字白口左右雙邊

八八六 後山居士詩集六卷逸詩五卷 宋陳師道撰 清雍正三年陳唐活字印本 九行二十字黑口左右雙邊

八八七 后山陳先生詩集六卷 宋陳師道撰 清抄本 佚名校 十三行二十四字小字雙行同无格

八八八 后山詩注十二卷 宋陳師道撰 任淵注 宋刻本 清黃丕烈跋 十三行二十五字白口左右雙邊

八八九 后山詩注十二卷 存一卷（六） 宋陳師道撰 任淵注 元刻本（序目卷一至三配清抄本） 十一行二十三字細黑口左右雙邊

八九〇 后山詩註十二卷 宋陳師道撰 任淵注 明弘治十年袁宏刻本 九行十七字小字雙行同黑口四周雙邊

八九一 后山詩註十二卷 存八卷（一至三、八至十二） 宋陳師道撰 任淵注 明弘治十年袁宏刻本 清王[illegible]跋

八九二 后山詩註十二卷 宋陳師道撰 任淵注 明弘治十年袁宏刻本 清范大宗校並跋

八九三 后山詩註十二卷 宋陳師道撰 任淵注 明弘治十年袁宏刻本 清丁丙跋

八九四 后山詩註十二卷 宋陳師道撰 任淵注 明嘉靖十年遼藩朱寵瀼梅南書屋刻本 九行二十字小字雙行同白口四周雙邊

八九五 后山詩注十二卷 宋陳師道撰 任淵注 明嘉靖十年遼藩朱寵瀼梅南書屋刻本 清惠棟批點 徐時棟、鄧邦述跋

八九六 后山詩注十二卷 宋陳師道撰 任淵注 清康熙三十六年高兆栟櫚館抄本 九行十七字

八九七 后山詩注十二卷 宋陳師道撰 任淵注 清乾隆武英殿活字印聚珍版叢書本 佚名臨惠棟批校 九行二十一字小字雙行同白口四周雙邊

八九八 后山詩注十二卷 宋陳師道撰 任淵注 清乾隆武英殿聚珍版叢書本 清鄭光瑞批校

八九九 后山詩注十二卷 宋陳師道撰 任淵注 清乾隆武英殿聚珍版叢書本 清盧文弨校

九〇〇 后山詩注十二卷 宋陳師道撰 任淵注 清乾隆武英殿聚珍版叢書本 清孫衣言錄點並題識

九〇一 后山詩注十二卷 宋陳師道撰 任淵注 清光緒二十五年廣雅書局刻本 傅增湘校並跋

九〇二 宛丘先生文集四十一卷 宋張耒撰 明抄本 清丁晏跋 佚名校

九〇三 宛丘先生文集四十一卷 宋張耒撰 清初抄本

九〇四 宛丘先生文集七十六卷 宋張耒撰 清康熙呂無隱抄本 十一行二十一字無格

九〇五 宛丘先生文集七十六卷 宋張耒撰 清康熙呂無隱抄本 十行二十字白口左右雙邊

九〇六 宛丘先生文集七十六卷補遺六卷 宋張耒撰 清[illegible]呂氏抄本 九行二十一字黑格

九〇七 宛丘先生文集七十六卷 宋張耒撰 清馬氏紅藥山房抄本 清丁丙跋

九〇八 宛邱先生文集七十六卷補遺五卷 宋張耒撰 清道光瞿氏清吟閣抄本（卷十五至二十一、三十五至四十三、五十七至五十九、七十一至七十六配清影抄本，卷九至十四、二十二至三十四、四十四至四十六、六十至七十配清抄本） 清瞿世瑛校 丁丙跋

九〇九 宛丘先生文集七十六卷目錄二卷補遺六卷 宋張耒撰 清抄本 清宋賓王校

九一〇 宛丘先生文集四十二卷柯山樂府一卷 宋張耒撰 清道光二十二年丁壽昌、同治十年丁壽世抄本 丁壽昌校並跋 丁壽恒（拓翁）題識

九一一 張右史文集六十五卷 存五十六卷（一至二十、二十五至三十二、三十四至四十九、五十四至六十五） 宋張耒撰 明萬曆趙琦美抄本 明趙琦美校並跋 清翁心存校 翁同書跋 十行二十一字無格

九一二 張右史文集六十五卷 宋張耒撰 明抄本 清翁心存校並跋

九一三 張右史文集六十五卷 宋張耒撰 明抄本（卷一至三十配清抄本） 九行十七字

九一四 張右史文集六十卷補遺二卷 存四十六卷（九至十四、十六至五十五、又補遺下） 宋張耒撰 清初抄本 九行十七字

五十二

張右史文集六十卷 宋張耒撰 清初抄本 清翁方綱、民國葉啓發、葉啓勛題識 九一五
張右史文集六十卷補遺七卷 宋張耒撰 清雍正七年謝浦泰抄本 謝浦泰校並跋 九一六
張右史文集六十卷 宋張耒撰 清抄本 清丁丙跋 九一七
張右史文集六十卷 宋張耒撰 清抄本 九行十七字 九一八
張右史文集六十卷 宋張耒撰 清抄本 九行十九字 九一九
柯山集五十卷拾遺十二卷 宋張耒撰 清光緒二十五年廣雅書局刻聚珍版叢書本 傅增湘校補並跋 九行二十一字白口四周双边 九二〇
張文潛文集十三卷 宋張耒撰 明嘉靖三年郝梁刻本 十行十八字白口左右双边 九二一
張文潛文集十三卷 宋張耒撰 明嘉靖三年郝梁刻本 明錢穀題識 九二二
張文潛文集十三卷 宋張耒撰 明嘉靖三年郝梁刻本 清方功惠跋 民國葉景葵跋 九二三
張文潛文集十三卷 宋張耒撰 明嘉靖三年郝梁刻本 清胡達玉校並跋 九二四
張文潛文集十三卷 宋張耒撰 明嘉靖三年郝梁刻本 清丁丙跋 九二五
淮海先生閒居集四十卷 宋秦觀撰 宋刻本 九行十五字白口左右双边 九二六
淮海集四十卷 宋秦觀撰 宋乾道九年高郵軍學刻本 十行二十一字白口左右双边 九二七
存二十六卷 一至十八、二十七至三十四

五三

淮海集四十卷後集六卷長短句三卷 宋秦觀撰 宋乾道九年高郵軍學刻紹熙三年謝雩重修本 十行二十一字白口左右双边 九二八
存十一卷 三十至四十
淮海集四十卷後集六卷長短句三卷 宋秦觀撰 宋刻明修本 十行二十一字白口左右双边 九二九
存淮海集三十五卷 一至十五、二十一至四十、後集六卷、長短句三卷
淮海集四十卷 宋秦觀撰 宋刻明補本 清黃丕烈跋 十行二十一字白口左右双边 九三〇
存十四卷 卷十二至二十五
淮海先生文集四十卷後集六卷 宋秦觀撰 明嘉靖十一年安正堂刻本 十行二十一字黑口四周双边 九三一
淮海集四十卷後集六卷長短句三卷 宋秦觀撰 明嘉靖十八年張綖刻本 十二行二十一字白口四周單边 九三二
淮海集四十卷後集六卷長短句三卷 宋秦觀撰 明嘉靖十八年張綖刻本 清李錫嶸校並跋 九三三
淮海集四十卷後集六卷長短句三卷 宋秦觀撰 明嘉靖十八年張綖刻本 張光弼跋 九三四
淮海集四十卷後集六卷長短句三卷 宋秦觀撰 明嘉靖二十四年胡民表刻本 十二行二十一字白口四周單边 九三五
淮海集四十卷後集六卷長短句三卷 宋秦觀撰 明嘉靖二十四年胡民表刻本 清丁丙跋 九三六
淮海集四十卷後集六卷長短句三卷 宋秦觀撰 明嘉靖二十四年胡民表刻本 傅增湘跋 九三七
淮海集四十卷後集六卷長短句三卷 宋秦觀撰 明華州公署刻嘉靖四十四年張光孝補刻本 十行二十一字白口左右單边上下双边 九三八
淮海集四十卷後集六卷長短句三卷 宋秦觀撰 明萬曆四十六年李之藻刻本 九行二十一字白口左右双边 九三九
淮海集四十卷後集六卷長短句三卷 宋秦觀撰 明萬曆四十六年李之藻刻本 清丁丙跋 九四〇
淮海集四十卷後集六卷長短句三卷 宋秦觀撰 明萬曆四十六年李之藻刻本 佚名錄何焯題識 九四一

五四

淮海集四十卷後集六卷長短句三卷 宋秦觀撰 明萬曆四十六年李之藻刻本 李盛鐸跋 九四二
淮海集四十卷後集六卷長短句三卷 宋秦觀撰 明徐渭評 詩餘一卷 宋秦觀撰 明鄧漢章輯 明末段之錦刻本 九行二十字白口左右双边 九四三
淮海集十七卷後集二卷詞一卷補遺一卷續補遺一卷 宋秦觀撰 考證一卷 清王敬之、鄧淳林、金長福撰 重編淮海先生年譜節要一卷 清秦瀛撰 清道光十七年王敬之等刻本 傅增湘校並錄清嚴繩孫題識 十行二十一字白口左右双边 九四四
淮海先生文集四十卷後集六卷長短句三卷補遺一卷 宋秦觀撰 清初抄本 清黃丕烈、蔣應陛校並跋 十二行二十四至二十九字无格 九四五
濟南集八卷 宋李廌撰 清東武李氏研錄山房抄本 十一行二十一字白口左右双边 九四六
濟南集八卷 宋李廌撰 清錢塘丁氏八千卷樓抄本 八行二十一字白口无格 九四七
濟南集八卷 宋李廌撰 清抄本 清沈叔埏校並跋 九四八
存四卷 一至四

九四九　參寥子詩集十二卷　宋釋道潛撰　宋釋法穎輯　宋刻本　清黃丕烈跋　勒方錡朱題款　十二行二十四字白口左右雙邊

九五〇　參寥子集十二卷　宋釋道潛撰　明正統刻本　十一行二十四字　細黑口左右雙邊
存八卷（一至八）

九五一　參寥子詩集十二卷　宋釋道潛撰　附東坡稱賞道潛之詩一卷　宋蘇軾撰　明汪汝謙校　秦少游集摘一卷　宋秦觀撰　明陳繼儒校　明崇禎十五年汪汝謙刻本　九行十八字白口四周單邊

九五二　參寥子詩集十二卷　宋釋道潛撰　東坡稱賞道潛之詩一卷　宋蘇軾撰　明汪汝謙校　秦少游集摘一卷　宋秦觀撰　明陳繼儒校　明崇禎十五年汪汝謙刻本　清丁丙跋

九五三　參寥子詩集十二卷　宋釋道潛撰　東坡稱賞道潛之詩一卷　宋蘇軾撰　明汪汝謙校　秦少游集摘一卷　宋秦觀撰　明陳繼儒校　明崇禎十五年汪汝謙刻本　傅增湘校並跋

九五四　參寥子詩集十二卷　宋釋道潛撰　清初抄本　十一行二十四字無格

九五五　參寥子詩集十二卷　宋釋道潛撰　清抄本　十行十九字無格

五五

九五六　參寥子詩集十二卷　宋釋道潛撰　清抄本　清徐紹乾校　十一行二十四字白口左右雙邊

九五七　參寥子詩集十二卷　宋釋道潛撰　清抄本　清羅[illegible]校

九五八　寶晉英光集□卷　宋米芾撰　明抄本　清石韞玉題跋　十行二十二字無格
存一卷

九五九　寶晉英光集六卷　宋米芾撰　清初抄本　清黃丕烈補目　唐翰題跋　九行十八字無格

九六〇　寶晉英光集六卷　宋米芾撰　附錄一卷　清勞權抄本　勞權校　丁丙跋

九六一　寶晉英光集六卷　宋米芾撰　附錄一卷　清趙氏星鳳閣抄本　清丁丙跋　十行二十一字黑口左右雙邊

九六二　寶晉英光集八卷補遺一卷　宋米芾撰　清乾隆瑯環仙館抄本　十一行二十一字無格

九六三　寶晉英光集六卷附錄一卷　宋米芾撰　清抄本　九行二十一字白口左右雙邊

九六四　寶晉山林集拾遺八卷　宋米芾撰　宋嘉泰元年筠陽郡齋刻本　明豐坊跋　十行十六字白口左右雙邊

九六五　寶晉山林集拾遺八卷　宋米芾撰　清抄本　十行十六字無格

九六六　寶晉山林集拾遺八卷　宋米芾撰　清抄本　清丁丙跋

九六七　青山集三十卷　宋郭祥正撰　宋刻本　十行二十字白口左右雙邊

九六八　青山集三十卷　[illegible]

九六九　青山集三十卷　宋郭祥正撰　附錄一卷　清初抄本

九七〇　青山集三十卷　宋郭祥正撰　清抄本　九行二十字無格

九七一　青山集三十四卷　宋郭祥正撰　清抄本　九行二十字無格

九七二　青山集十卷又六卷　宋郭祥正撰　清抄本　清吳焯校並跋

九七三　倚松老人文集二卷　宋饒節撰　宋慶元五年黃汝嘉刻宋補版印本　袁克文題識題詩並跋　李盛鐸　傅增湘跋　十行二十字白口左右雙邊
存卷二殘頁（第一頁後半頁、十一至四十八頁）

九七四　倚松老人詩集二卷　宋饒節撰　清抄本　十行二十字無格

九七五　倚松老人詩集二卷　宋饒節撰　清抄本　九行十八字小字雙行同　細黑口左右雙邊

九七六　倚松老人詩集二卷　宋饒節撰　清劉氏嘉蔭簃抄本　清劉喜海題識　八行二十字無格

九七七　倚松老人詩集二卷　宋饒節撰　清王氏十萬卷樓抄本　清丁丙跋

九七八　倚松老人詩集二卷　宋饒節撰　清抄本　清吳允嘉校　姚[illegible]校並跋　十行二十字白口左右雙邊

九七九　倚松老人詩集二卷　宋饒節撰　清道光二年[illegible]抄本　繆荃孫校並跋　十一行二十一字無格

九八〇　倚松老人詩集二卷　宋饒節撰　清抄本　李盛鐸跋　十行二十字白口無邊欄

五六

九八一　倚松老人詩集三卷　宋饒節撰　清[illegible]抄本　清韓超峻題識　八行十一字無格

九八二　倚松老人詩集三卷　宋饒節撰　清抄本　清汪喜孫校　八行二十字無格

九八三　倚松老人詩集三卷　宋饒節撰　清抄本　清陳國仕題識

九八四　西塘先生文集十卷　宋鄭俠撰　明萬曆三十七年葉向高等刻本　九行十八字白口四周單邊

九八五　西塘先生文集十卷　宋鄭俠撰　明萬曆三十七年葉向高等刻本　清丁丙跋

九八六　雲巢編十卷　宋沈遼撰　清抄本　九行二十字無格

九八七　嵩山文集二十卷　宋晁說之撰　清初抄本　九行十八字無格

九八八　嵩山景迂生文集二十卷　宋晁說之撰　雜文一卷　清初抄本〔卷十一至十五配另一清抄本〕　八行[illegible]四周單邊

九八九　景迂生文集二十卷　宋晁說之撰　明謝氏小草齋抄本（卷一至九、十六至十八配清抄本）　清丁丙跋

九九〇　景迂生文集二十卷　宋晁說之撰　清抄本　清丁丙跋　佚名校

九九一　景迂生集二十卷　宋晁說之撰　清抄本　八行二十一字

九九二　景迂生集二十卷　宋晁說之撰　清抄本　清孔廣栻題識　九行十八字無格

九九三　濟北晁先生雞肋集七十卷　宋晁補之撰　明崇禎八年[illegible]刻本　九行十八字白口[illegible]

九九四 濟北晁先生雞肋集七十卷 宋晁補之撰 明崇禎八年顧凝遠詩瘦閣刻本 清丁丙跋

九九五 濟北晁先生雞肋集七十卷 宋晁補之撰 明崇禎八年顧凝遠詩瘦閣刻本 傅增湘校

九九六 濟北晁先生雞肋集七十卷目錄二卷 宋晁補之撰 明抄本 九行十七字白口四周雙邊

九九七 濟北晁先生雞肋集七十卷目錄二卷 宋晁補之撰 明先澤堂抄本 三八隆跋 十行十八字白口四周雙邊

九九八 濟北晁先生雞肋集七十卷目錄二卷 宋晁補之撰 清初抄本

九九九 濟北晁先生雞肋集七十卷目錄二卷 宋晁補之撰 清抄本 十行十八字無格

一〇〇〇 濟北晁先生雞肋集七十卷 宋晁補之撰 清抄本 九行十八字無格

一〇〇一 具茨晁先生詩集不分卷 宋晁沖之撰 明永樂二年范涼屏抄本 十行二十字無格

一〇〇二 具茨晁先生詩集一卷 宋晁沖之撰 明嘉靖三十三年晁氏寶文堂刻本 十行二十字白口四周單邊

一〇〇三 具茨晁先生詩集一卷 宋晁沖之撰 明嘉靖三十五年晁氏寶文堂刻本 清韋衡跋

一〇〇四 具茨晁先生詩集一卷 宋晁沖之撰 清初影抄明嘉靖晁氏寶文堂本 十行二十字白口無格

一〇〇五 具茨先生晁沖之叔用詩集注抄一卷 宋晁沖之撰 清初抄本 王修校並跋

一〇〇六 具茨晁先生詩集一卷 宋晁沖之撰 清刻本 十行二十字白口四周單邊

一〇〇七 晁具茨先生詩集十五卷 宋晁沖之撰 清乾隆刻巾箱本 七行十七字黑口四周單邊

一〇〇八 晁具茨先生詩集十五卷 宋晁沖之撰 清張思華程擊叔合抄本 清道光翁遂盦題識

一〇〇九 吳郡樂圃朱先生餘稾十卷 宋朱長文撰 附編一卷 明抄本 九行十五字無格

一〇一〇 吳郡樂圃朱先生餘稾十卷 宋朱長文撰 附編一卷 明抄本 清丁丙跋

一〇一一 吳郡樂圃朱先生餘稾十卷附編一卷 宋朱長文撰 清康熙五十一年朱壽刻本 十行二十一字白口四周單邊

一〇一二 吳郡樂圃朱先生餘稾十卷附編一卷補遺一卷 宋朱長文撰 清康熙五十一年朱壽刻本 傅增湘校

一〇一三 吳郡樂圃朱先生餘稿十卷集外附編一卷補遺一卷 宋朱長文撰 清康熙五十一年朱壽刻本 錢定瑜校並跋

一〇一四 吳郡樂圃朱先生餘稾十卷 宋朱長文撰 附編一卷 清乾隆四十二年盧文弨抄本 清盧文弨校並跋 丁丙跋

一〇一五 吳郡樂圃朱先生餘藁十卷補遺一卷 宋朱長文撰 附錄一卷 清抄本

一〇一六 吳郡樂圃朱先生餘稿十卷 宋朱長文撰 附錄一卷 宋朱思輯 清抄本 九行十五字

一〇一七 吳郡樂圃朱先生餘稿十卷補遺一卷 宋朱長文撰 附錄一卷 宋朱思輯 清周書倉抄本 清李文藻校並跋

一〇一八 吳郡樂圃朱先生餘藁十卷 宋朱長文撰 附錄一卷 清抄本 十行二十字

一〇一九 吳郡樂圃朱先生餘稿十卷集外附編一卷 宋朱長文撰 清抄本 秦更年跋

一〇二〇 吳郡樂圃朱先生餘稿十卷補遺一卷 宋朱長文撰 附錄一卷 宋朱思輯 清抄本 十行二十一字

一〇二一 吳郡樂圃朱先生餘藁十卷 宋朱長文撰 附錄一卷 清抄本 十行二十四字

一〇二二 樂圃餘稿十卷附錄一卷 宋朱長文撰 清江標抄本 十行二十四至二十六字不等四周雙邊紅色界行

一〇二三 樂圃餘稿十卷附編一卷補遺一卷 宋朱長文撰 清抄本 清廖翰題 章鈺、張爾田跋 顧廷龍錄章鈺校並題識 八行十六字無格

一〇二四 龍雲先生文集三十二卷 宋劉弇撰 附錄一卷 明弘治十八年劉璋刻本 十行十九字黑口四周雙邊

一〇二五 龍雲先生文集三十二卷 宋劉弇撰 附錄一卷 明弘治十八年劉璋刻本 清丁丙跋

一〇二六 龍雲先生文集三十二卷 宋劉弇撰 附錄一卷 明弘治十八年劉璋刻本 清蔡名衡題識 存十六卷（十七至三十二）

一〇二七 龍雲先生文集三十二卷 宋劉弇撰 附錄一卷 清抄本 清丁丙跋

一〇二八 龍雲先生文集三十二卷 宋劉弇撰 附錄一卷 清乾隆十三年劉明詔刻本 十行十九字白口四周單邊

一〇二九 龍雲先生文集三十二卷 宋劉弇撰 附錄一卷 清抄本 行十八字

龍雲先生文集三十二卷 宋劉弇撰 附錄一卷 清抄本 十行十九字 一〇三〇

雲溪居士集三十卷 宋華鎮撰 清乾隆翰林院抄本 白口四周雙邊 八行二十一字 一〇三一

雲溪居士集三十卷 宋華鎮撰 清抄本 八行二十一字無格 一〇三二
存二十一卷 一至十五、二十五至三十

演山先生文集六十卷 宋黃裳撰 清抄本 十行二十字無格 一〇三三

演山先生文集六十卷 宋黃裳撰 清抄本 清丁丙跋 一〇三四

姑溪居士文集五十卷 宋李之儀撰 明吳氏叢書堂抄本 十行二十字白口左右雙邊 一〇三五
存十七卷 五至六、二十至二十五、三十至三十一、三十七至四十三

姑溪居士文集五十卷後集二十卷 宋李之儀撰 清徐氏傳是樓抄本（卷十四至二十四配清抄本） 十行二十三字 一〇三六

姑溪居士文集五十卷後集二十卷 宋李之儀撰 清[illegible]經樓抄本（卷一至十三配清抄本） 清丁丙跋 一〇三七

姑溪居士文集五十卷後集二十卷 宋李之儀撰 清抄本 清楊守敬跋 十一行二十字無格 一〇三八

姑溪居士文集五十卷後集二十卷 宋李之儀撰 清貴來齋抄本（文集卷二十三至二十九後抄配） 十行二十四字黑口四周雙邊 一〇三九

五九

姑溪居士文集五十卷後集二十卷 宋李之儀撰 清抄本 一〇四〇

姑溪居士文集五十卷後集二十卷 宋李之儀撰 清抄本 九行二十一字 一〇四一

姑溪居士文集五十卷後集二十卷 宋李之儀撰 清抄本 清佚名校 九行二十一字無格 一〇四二

姑溪居士文集五十卷後集二十卷 宋李之儀撰 清抄本 清佚名校 十一行二十二字 一〇四三
存文集十三卷 一至十三、後集十三卷 一至十三

姑溪居士文集五十卷後集二十卷 宋李之儀撰 清抄本 十一行二十三字 一〇四四

姑溪居士文集四十七卷附錄一卷 宋李之儀撰 清抄本 十一行二十一字無格 一〇四五

道鄉先生鄒忠公文集四十卷 宋鄒浩撰 明成化六年鄒量刻本 十行二十字小字雙行同 黑口四周雙邊 一〇四六

道鄉先生鄒忠公文集四十卷 宋鄒浩撰 明成化六年鄒量刻本 清丁丙跋 一〇四七

道鄉先生鄒忠公文集四十卷 宋鄒浩撰 清初影抄明成化六年刻本 清吳焯題記 十行二十字 一〇四八

道鄉先生鄒忠公文集四十卷續集一卷 宋鄒浩撰 明正德七年鄒翎刻本 十行二十字白口左右雙邊 一〇四九

道鄉先生鄒忠公文集四十卷外紀一卷 宋鄒浩撰 明萬曆四十六年鄒忠胤刻本 十行二十字白口四周單邊 一〇五〇

道鄉先生鄒忠公文集四十卷 宋鄒浩撰 明萬曆四十六年刻本 清何焯校 一〇五一
存十四卷 一至十四

道鄉先生鄒忠公文集四十卷年譜一卷 宋鄒浩撰 清初抄本 清宋賓王校並補 十行二十字無格 一〇五二

游廌山先生集四卷 宋游酢撰 清抄本（四庫底本） 九行二十字無格 一〇五三

樂靜先生李公文集三十卷 宋李昭玘撰 清道光四年東武劉氏味經書屋抄本 清劉喜海跋 十一行二十二字白口四周雙邊 一〇五四
存二十九卷 一、三至三十

樂靜先生李公文集三十卷 宋李昭玘撰 清抄本 清陸心源跋 十行二十字無格 一〇五五
存二十八卷 三至三十

六〇

樂靜先生李公文集三十卷 宋李昭玘撰 清抄本 十行二十字無格 清鮑廷博校並跋 一〇五六

北湖集五卷 宋吳則禮撰 清鮑氏知不足齋抄本 清丁丙跋 一〇五七

北湖集五卷 宋吳則禮撰 清抄本 清佚名錄 鮑廷博校 八行二十一字無格 一〇五八

北湖集五卷 宋吳則禮撰 清抄本 八行二十一字 一〇五九

溪堂集十卷 宋謝逸撰 清乾隆五十四年鮑氏知不足齋抄本 清鮑廷博校並跋 十行二十一字無格 一〇六〇

溪堂集十卷 宋謝逸撰 清味無味齋抄本 十二行二十五字無格 一〇六一

謝無逸溪堂集一卷 宋謝逸撰 清抄本 一〇六二

謝幼槃文集十卷 宋謝邁撰 宋刻本 清楊守敬跋 十行十八字白口左右雙邊 一〇六三

謝幼槃文集十卷 宋謝邁撰 清影宋抄本 一〇六四
存二卷 一至二

謝幼槃文集十卷 宋謝邁撰 清初抄本 一〇六五

謝幼槃文集十卷 宋謝邁撰 清抄本 清沈復燦題記 一〇六六

謝幼槃文集十卷 宋謝邁撰 清抄本 清徐時棟跋 一〇六七

謝幼槃文集十卷 宋謝邁撰 清抄本 莫棠題識 一〇六八

一〇六九 謝幼槃文集十卷 宋謝邁撰 清范希仁鈔本
一〇七〇 謝幼槃文集 宋謝邁撰 清陳氏西畇草堂抄本
一〇七一 謝幼槃文集十卷 宋謝邁撰 清洗桐齋抄本
一〇七二 謝幼槃文集十卷 宋謝邁撰 清抄本 清謝寶樹校並跋 朱文鈞跋
一〇七三 謝幼槃文集十卷 宋謝邁撰 清抄本 傅增湘校並跋
一〇七四 謝幼槃文集十卷 宋謝邁撰 清抄本 朱文鈞跋 周叔弢校並跋
一〇七五 謝幼槃文集十卷 宋謝邁撰 清抄本 九行十九字
一〇七六 謝幼槃文集十卷 宋謝邁撰 清抄本 十行二十二字
一〇七七 楊星吾先生手書謝幼槃集斠記彙一卷 清楊守敬撰 稿本
一〇七八 日涉園集十卷 宋李彭撰 清乾隆翰林院抄本 八行二十一字白口四周雙邊
一〇七九 日涉園集五卷 宋李彭撰 清乾隆四十年孔繼涵家抄本 清孔繼涵校並跋 十行二十字無格
一〇八〇 慶湖遺老詩集九卷拾遺一卷後集補遺一卷 宋賀鑄撰 明謝氏小草齋抄本 十行二十字黑格四周單邊
一〇八一 慶湖遺老詩集九卷拾遺一卷後集補遺一卷 宋賀鑄撰 明抄本 九行十八字黑口四周雙邊 存三卷 九、拾遺、後集補遺
一〇八二 慶湖遺老詩集九卷拾遺一卷後集補遺一卷 宋賀鑄撰 清乾隆四十四年彭氏知聖道齋抄本 清彭元瑞校並跋 十行二十字白口四周雙邊
一〇八三 慶湖遺老詩集九卷拾遺一卷後集補遺一卷 宋賀鑄撰 清道光三年東武劉氏味經書屋抄本 清劉喜海跋 十一行二十二字白口四周雙邊
一〇八四 慶湖遺老詩集九卷拾遺一卷後集補遺一卷 宋賀鑄撰 清抄本（卷六至七配清曹炎抄本） 九行十九字無格
一〇八五 慶湖遺老詩集九卷拾遺一卷後集補遺一卷 宋賀鑄撰 清抄本 翁斌孫校並跋 八行十八字、二十字白口四周單邊
一〇八六 慶湖遺老詩集九卷拾遺一卷後集補遺一卷 宋賀鑄撰 清抄本 清張紹仁校 十行二十二字無格
一〇八七 慶湖遺老詩集九卷拾遺一卷後集補遺一卷 宋賀鑄撰 清恭壽潔別業抄本（卷六至九、拾遺、後集補遺配清抄本） 清丁丙跋
一〇八八 慶湖遺老詩集九卷拾遺一卷後集補遺一卷 宋賀鑄撰 清抄本 清丁丙跋
一〇八九 慶湖遺老詩集九卷拾遺一卷後集補遺一卷 宋賀鑄撰 清抄本 繆荃孫校並跋 徐乃昌跋
一〇九〇 慶湖遺老詩集九卷詩集拾遺一卷後集補遺一卷 宋賀鑄撰 清鈔本 八行十九字
一〇九一 慶湖遺老詩集九卷拾遺一卷後集補遺一卷 宋賀鑄撰 清抄本 十行二十字
一〇九二 慶湖遺老詩集九卷拾遺一卷補遺一卷 宋賀鑄撰 清抄本 十行二十二字
一〇九三 慶湖遺老詩集九卷 宋賀鑄撰 清劉履芬抄本 清潘鍾瑞校 十二行二十三字無格
一〇九四 慶湖遺老詩集四卷 宋賀鑄撰 清孔氏嶽雪樓抄本 十行三十一字無格
一〇九五 東堂集十卷 宋毛滂撰 清乾隆鮑氏知不足齋鈔本 清鮑廷博過錄沈叔埏批校並跋 十行二十一字黑口左右雙邊
一〇九六 浮沚集九卷 宋周行己撰 清武英殿聚珍本 清孫衣言書朱墨批校並題識 八行二十一字白口四周雙邊
一〇九七 劉給諫集五卷 宋劉安上撰 附錄一卷 清初抄本 十行二十字白口左右雙邊
一〇九八 劉給諫文集五卷 宋劉安上撰 清抄本 清孫衣言題記 八行二十一字無格
一〇九九 劉給諫文集五卷 宋劉安上撰 清抄本 清孫詒讓批校 八行二十字、二十一字無格
一一〇〇 劉給諫文集五卷 宋劉安上撰 清抄本 清丁丙跋
一一〇一 劉給事文集五卷 宋劉安上撰 附錄一卷 清鮑氏知不足齋抄本（四庫底本） 清鮑廷博校並題識 十行二十字無格
一一〇二 劉給事文集五卷 宋劉安上撰 行狀一卷 清乾隆鮑氏知不足齋抄本 十行二十字黑口左右雙邊
一一〇三 劉給事文集五卷 宋劉安上撰 附錄一卷 清抄本 清鮑廷博、吳騫題
一一〇四 劉給事文集五卷 宋劉安上撰 附錄一卷 清抄本 佚名校並跋 十行二十字黑口左右雙邊
一一〇五 劉先生譚錄一卷道護錄一卷 宋劉安世述 韓瓘輯 胡珵記 明抄本 明姚琦英跋 十一行二十一字無格
一一〇六 劉左史文集四卷 宋劉安節撰 清初鈔本
一一〇七 劉左史文集四卷 宋劉安節撰 清抄本 清鮑廷博題識
一一〇八 劉左史文集四卷 宋劉安節撰 清抄本 清翁同書跋 十一行二十六字無格
一一〇九 劉左史文集四卷 宋劉安節撰 清乾隆四十四年吳氏古歡堂抄本 清吳騫、周星詒校並跋 十一行二十二字無格
一一一〇 劉左史文集四卷 宋劉安節撰 清抄本 清孫詒讓校 八行二十一字
一一一一 劉左史文集四卷 宋劉安節撰 清抄本 清孫衣言校並跋 孫詒讓校 八行二十一字無格

一一一二 劉左史文集四卷 宋劉安節撰 附錄一卷 清抄本 清丁丙跋
一一一三 劉左史文集五卷 宋劉安節撰 清抄本 清王士禛跋 十一行二十二字無格
一一一四 唐先生文集二十卷 宋唐庚撰 宋刻本 十一行二十字白口左右雙邊
一一一五 唐先生文集二十卷 宋唐庚撰 清初抄本 清宋賓王校補並題識 吳翌鳳跋 十一行二十一字
一一一六 唐先生文集二十卷 宋唐庚撰 清初抄本 十行二十字
一一一七 唐先生文集二十卷 宋唐庚撰 清雍正四年謝浦泰抄本 清丁丙跋
一一一八 唐先生文集二十卷 宋唐庚撰 清抄本 清沈善經 王蔭嘉跋
一一一九 唐先生文集二十卷 宋唐庚撰 清抄本 張元濟跋
一一二〇 唐先生集七卷 存二卷（一至二） 宋唐庚撰 明嘉靖三年任佃刻本 九行十八字小字雙行同白口左右雙邊
一一二一 唐先生集七卷 宋唐庚撰 明嘉靖三年任佃刻本 清黃丕烈跋 傅增湘跋
一一二二 唐先生文集七卷 宋唐庚撰 清汪氏裘杼樓抄本 清黃丕烈校 許鳳藻跋 王頌蔚題款
一一二三 唐眉山詩集十卷文集十四卷 宋唐庚撰 清雍正三年汪亮采南陔草堂活字印本 十行二十字白口左右雙邊 封面題：宋唐眉山全集 版心題：眉山集
一一二四 唐眉山詩集十卷文集十四卷 宋唐庚撰 清雍正三年汪亮采南陔草堂活字印本 傅增湘跋並錄清吳焯題識
一一二五 唐眉山詩集十卷文集十四卷 宋唐庚撰 清抄本 佚名校
一一二六 眉山唐先生文集三十卷 宋唐庚撰 明抄本
一一二七 眉山唐先生文集三十卷 宋唐庚撰 明抄本 清柯逢時題識
一一二八 眉山唐先生文集三十卷 宋唐庚撰 清抄本 九行十六字
一一二九 洪龜父集二卷 宋洪朋撰 清抄本 清鮑廷博校
一一三〇 洪龜父集二卷 宋洪朋撰 清抄本 清[illegible]跋
一一三一 跨鼇集三十卷 宋李新撰 清劉氏嘉蔭簃抄本 十行二十四字
一一三二 傅忠肅公文集三卷 宋傅察撰 清抄本 清吳允嘉校並跋 丁丙跋
一一三三 傅忠肅公文集三卷 宋傅察撰 清鳴野山房抄本 九行二十二字黑口左右雙邊
一一三四 傅忠肅公文集三卷 宋傅察撰 清味書室抄本 清丁丙跋
一一三五 傅忠肅公文集三卷 宋傅察撰 清抄本 清徐時棟跋 傅增湘校並跋
一一三六 傅忠肅公文集三卷 宋傅察撰 清彭氏知聖道齋抄本 十行二十四字白口四周雙邊
一一三七 傅忠肅公文集三卷 宋傅察撰 清抄本 十一行二十一字
一一三八 傅忠肅公文集三卷首一卷末一卷 宋傅察撰 清大興傅氏抄本 清傅以禮跋
一一三九 傅忠肅公文集三卷 宋傅察撰 傅伯壽編 清光緒傅以禮抄本 傅以禮校並跋
一一四〇 傅忠肅公文集三卷首一卷校勘記一卷 宋傅察撰 清傅以禮撰 清光緒十八年傅以禮演慎齋刻本 傅增湘校補並跋 十一行二十一字細黑口左右雙邊
一一四一 傅忠肅公文集三卷 宋傅察撰 清抄本 十一行二十二字
一一四二 傅忠肅公文集三卷 宋傅察撰 清抄本 十一行二十五字
一一四三 宋東京留守宗忠簡公文集五卷 宋宗澤撰 明正德六年刻本 十行十八字黑口四周雙邊
一一四四 宋東京留守宗忠簡公文集六卷 宋宗澤撰 明嘉靖三十年宋旦刻本 十行十八字白口左右雙邊
一一四五 宋東京留守宗忠簡公文集六卷 宋宗澤撰 明嘉靖三十年宋旦刻本 清丁丙跋
一一四六 宗忠簡公文集二卷 宋宗澤撰 明張維樞選 明萬曆三十三年宗奕刻本 十行二十字白口左右雙邊
一一四七 宋宗忠簡公集六卷 宋宗澤撰 雜錄一卷於末徵一卷 明崇禎十三年[illegible]正賓、熊人霖刻本 八行十九字白口四周單邊
一一四八 宋宗忠簡公全集十二卷 宋宗澤撰 清康熙宗文燦刻本 九行二十字白口四周雙邊

六三

一一四九 宋宗忠簡公集八卷 宋宗澤撰 遺事附錄 清王廷曾輯 清康熙三十年刻本 十行二十字白口四周雙邊 書口題：宗忠簡集
一一五〇 宋宗忠簡公集八卷 宋宗澤撰 明熊人霖訂 清王廷曾重編 清乾隆二十六年趙弘信刻本 十行二十字白口四周雙邊
一一五一 龜山先生集十六卷 宋楊時撰 明弘治十五年李熙金璜等刻遞修本 十一行二十一字白口四周單邊
一一五二 龜山先生集十六卷 宋楊時撰 明弘治十五年李熙金璜等刻本 清董[illegible]儒跋
一一五三 龜山先生集三十五卷 宋楊時撰 年譜一卷 宋黃去疾撰 附錄一卷 明正德十二年沈暉刻本 十行二十一字白口四周雙邊
一一五四 龜山先生集三十五卷 宋楊時撰 年譜一卷 附錄一卷 明正德十二年沈暉刻本 [illegible]跋
一一五五 龜山先生集四十二卷 宋楊時撰 明萬曆十九年林熙春刻本 十行二十字白口四周雙邊 書口題：龜山先生全集 四庫題：龜山集
一一五六 龜山先生集四十二卷 宋楊時撰 明萬曆十九年林熙春刻本 清丁丙跋
一一五七 龜山先生全集四十二卷 宋楊時撰 明萬曆十九年林熙春刻本 葉德輝跋
一一五八 龜山先生集四十二卷 宋楊時撰 明萬曆十九年林熙春刻本 傅增湘校

六四

龜山先生集四十二卷 宋楊時撰 清順治八年楊令聞刻本 十行二十字白口四周雙邊 一一五九

楊龜山先生集四十二卷卷首一卷 宋楊時撰 清康熙四十六年楊氏刻本（九行二十字白口左右雙邊） 一一六〇

斜川集六卷 宋蘇過撰 訂誤一卷 清吳長元撰 附錄二卷 清乾隆五十三年趙懷玉亦有生齋刻本 十行二十一字白口左右雙邊 一一六一

斜川集六卷附錄二卷 宋蘇過撰 清乾隆五十三年趙氏亦有生齋刻本 清鮑廷博校 目錄跋 一一六二

斜川集六卷附錄二卷訂誤一卷補遺二卷續鈔一卷附錄一卷 宋蘇過撰 清乾隆五十三年趙氏亦有生齋刻嘉慶十六年法式善增刻本 清鮑廷博校並跋 傅以禮校並跋 一一六三

斜川集六卷 宋蘇過撰 清尚鄉居抄本 一一六四

斜川集十卷 （題）宋蘇過撰 清抄本 十二行二十一字無欄 一一六五

斜川詩集十卷 （題）宋蘇過撰 明末刻本 清曾星垣跋 十一行二十二字黑口左右雙邊 一一六六

斜川詩集十卷 （題）宋蘇過撰 清活字本 十一行二十二字黑口左右雙邊 一一六七

斜川詩集十卷 （題）宋蘇過撰 清活字本 清陳鱣校並跋 一一六八

斜川詩集十卷 （題）宋蘇過撰 清活字本 清吳騫校並跋 一一六九

梁谿先生文集一百八十卷 宋李綱撰 宋刻本 清李枚、黃丕烈跋 九行二十字白口左右雙邊
存三十七卷（十三至十四、四十一至五十二、六十二至七十、九十一至九十五、九十七至九十八、一百、一百四十八、一百五十三至一百五十四、一百六十一至一百六十三） 一一七〇

梁溪先生文集一百八十卷 宋李綱撰 附錄六卷 清刻本 傅增湘校並跋 九行二十字白口四周雙邊 一一七一

梁溪先生文集一百八十卷 宋李綱撰 附錄三卷 清抄本 清李錫齡撰並跋 九行二十字無格 一一七二

梁溪先生文集一百八十卷 宋李綱撰 附錄一卷 清抄本 十行二十字 一一七三

梁谿先生文集一百八十卷 宋李綱撰 清抄本 清何□□跋 十行二十字
存一百四十八卷（卷一至一百四十二、一百五十五至一百六十） 一一七四

梁溪先生文集一百八十卷 宋李綱撰 年譜一卷 佚名撰 清抄本 清徐時棟跋 一一七五

梁溪先生文集一百八十卷附錄六卷 宋李綱撰 清抄本
存一百七十九卷（一至一百三十一、一百三十三至一百八十） 一一七六

梁谿集一百八十卷附錄八卷 宋李綱撰 清抄本 九行十八字
存一百七十卷（一至一百七十） 一一七七

梁谿先生文集五十卷 宋李綱撰 附年譜一卷諡議行狀一卷 明抄本 明謝兆申校 十行二十二字白口四周單邊 一一七八

宋李忠定公奏議選十五卷文集選二十九卷首四卷 宋李綱撰 明左光先 李春熙等輯 明崇禎刻本 十行二十字白口四周單邊 一一七九

宋李忠定公奏議選十五卷文集選二十九卷首四卷 宋李綱撰 明左光先等輯 明崇禎刻清康熙乾隆修補本 十行二十字白口四周單邊 一一八〇

初寮集八卷 宋王安中撰 清乾隆翰林院抄本 一一八一

初寮集八卷 宋王安中撰 清抄本 一一八二

初寮集八卷 宋王安中撰 清抄本 八行二十一字無格 一一八三

橫塘集二十卷 宋許景衡撰 清乾隆翰林院抄本 八行二十一字白口四周雙邊 一一八四

橫塘集二十卷 宋許景衡撰 清抄本 清錢衣言、孫詒讓校 十行二十四字白口 一一八五

西渡集一卷補遺一卷 宋洪炎撰 清光緒二年宋氏惜分陰齋刻本 傅增湘校並跋 一一八六

西渡詩集一卷補遺一卷 宋洪炎撰 清抄本 十行二十字 一一八七

西渡詩集一卷補遺一卷 宋洪炎撰 清抄本 鄧邦述跋 十行二十字無格 一一八八

西渡詩集一卷補遺一卷 宋洪炎撰 清勞權家抄本 清勞權校補並跋 一一八九

西渡詩集一卷 宋洪炎撰 清宋氏漫堂抄本 傅增湘跋 十行二十字白口四周單邊 一一九〇

西渡詩集一卷 宋洪炎撰 清鮑氏知不足齋抄本 九行十八字 一一九一

西渡詩集一卷 宋洪炎撰 清抄本 周叔弢校並跋 九行十八字無格 一一九二

西渡詩集一卷 宋洪炎撰 清彭氏知聖道齋抄本 清彭元瑞校並跋 樊增祥跋 九行二十字無格 一一九三

西渡詩集一卷 宋洪炎撰 清道光十八年吳翌鳳抄本 十行二十字白口無格 一一九四

西渡詩集一卷 宋洪炎撰 清就堂和尚抄本 一一九五

老圃集二卷補遺一卷 宋洪芻撰 清鮑氏知不足齋抄本 九行十八字黑格 一一九六

老圃集二卷遺文一卷 宋洪芻撰 清抄本 佚名批校 一一九七

老圃集二卷 宋洪芻撰 清顧沅藝海樓抄本 王禮培跋 八行二十一字黑口四周單邊 一一九八

洪駒父老圃集二卷 宋洪芻撰 清趙懷玉抄錄 清抄本 十行十八字 一一九九

丹陽集二十四卷 宋葛勝仲撰 清乾隆四十一年孔繼涵家抄本 十行二十字無格 一二〇〇

浮溪文粹十五卷 宋汪藻撰 附錄一卷 明正德元年馬金刻本 十行二十二字白口四周雙邊 一二〇一

浮溪文粹十五卷附錄一卷 宋汪藻撰 明正德元年馬金刻本 [illegible]跋 一二〇二

十行二十二字白口四周双边

一二〇三　浮溪文粹十五卷　宋汪藻撰　附錄一卷　明嘉靖三十四年錢芹刻本　九行二十字白口四周單边

一二〇四　浮溪文粹十五卷　宋汪藻撰　附錄一卷　明嘉靖三十四年錢芹刻本　清丁丙跋

一二〇五　浮溪文粹十五卷　宋汪藻撰　附錄一卷　明嘉靖三十四年錢芹刻萬曆四十三年王景數重修本（卷十五十三配抄本）　九行二十字白口四周單边

一二〇六　浮溪文粹十五卷　宋汪藻撰　附錄一卷　明嘉靖三十四年錢芹刻萬曆四十三年王景數重修本　清丁丙跋

一二〇七　浮溪遺集十五卷　宋汪藻撰　附錄一卷　清康熙七年汪士漢居仁堂刻本　十行二十二字白口四周双边

一二〇八　浮溪遺集十五卷　宋汪藻撰　附錄一卷　清康熙七年汪士漢居仁堂刻本　傅增湘校並跋

一二〇九　浮溪遺集十五卷　宋汪藻撰　附錄一卷　清吕氏補[illegible]抄本　傅增湘跋　九行二十字白口四周單边

一二一〇　浮溪集三十二卷　宋汪藻撰　清抄本　九行二十一字无格

一二一一　莊簡集十八卷　宋李光撰　清乾隆翰林院抄本　八行二十一字白口四周双边

一二一二　莊簡集十六卷　宋李光撰　附錄一卷　清李宗蓮輯　清李宗蓮立本堂抄本　十行二十一字

一二一三　李莊簡公集十八卷　宋李光撰　清抄本　清李慈銘校　十二行二十一字无格

一二一四　忠惠集十卷　宋翟汝文撰　附錄一卷　清吾氏研經堂抄本　清丁丙跋

一二一五　忠惠集四卷　宋翟汝文撰　清顧氏藝海樓抄本

一二一六　松隱文集四十卷　宋曹勛撰　明抄本　十行二十字无格

一二一七　松隱文集四十卷　宋曹勛撰　清初抄本　傅增湘跋　十行二十字无格

一二一八　松隱文集四十卷　宋曹勛撰　清抄本　清黄彭年跋　十行二十字无格

一二一九　松隱文集四十卷　宋曹勛撰　清抄本　清丁丙跋

一二二〇　松隱文集四十卷　宋曹勛撰　清抄本

一二二一　松隱文集四十卷　宋曹勛撰　清抄本　清吕無隱吕無盡吕無咎吕鼎選　吕無鄉跋　陳治謨題識　十行十九字或二十字不等无格　存二十六卷（八至十三、十五至二十九、三十六至四十）

一二二二　石林居士建康集八卷　宋葉夢得撰　明抄本　葉德輝跋　十行二十字白口无格

一二二三　石林居士建康集八卷　宋[illegible]撰　[illegible]抄本　[illegible]　九行二十[illegible]

一二二四　石林居士建康集八卷　宋葉夢得撰　清初抄本　八行十六字无格

一二二五　石林居士建康集八卷　宋葉夢得撰　清初抄本　清金錫爵跋　九行二十字无格

一二二六　石林居士建康集八卷　宋葉夢得撰　清影宋抄本　九行二十字无格

一二二七　石林居士建康集八卷　宋葉夢得撰　清康熙葉樹蓮抄本　清葉樹蓮跋

一二二八　石林居士建康集八卷　宋葉夢得撰　清抄本　清吳翌鳳跋　黄丕烈校並跋　丁丙跋

一二二九　石林居士建康集八卷　宋葉夢得撰　清抄本　清韋□門校並跋　八行二十字无格

一二三〇　石林居士建康集八卷　宋葉夢得撰　清抄本　清孔廣栻錄王士禛跋　十行二十字

一二三一　石林居士建康集八卷　宋葉夢得撰　清抄本　清鄧恩多李錫嘏校　十一行二十字白口左右双边

一二三二　石林居士建康集八卷　宋葉夢得撰　清戴光曾抄本　戴光曾跋

一二三三　石林居士建康集八卷　宋葉夢得撰　清抄本　清吳焯校並跋

一二三四　石林居士建康集八卷　宋葉夢得撰　清抄本　清佚名校　張景[illegible]校　十行二十二字黑格

一二三五　石林居士建康集八卷　宋葉夢得撰　清陸香圃三間草堂抄本　十行二十一字无格

一二三六　石林居士建康集八卷　宋葉夢得撰　清抄本　葉德輝題識　九行二十一字白口无格

一二三七　石林居士建康集八卷　宋葉夢得撰　清抄本　八行十九字

一二三八　石林居士建康集八卷　宋葉夢得撰　清抄本　八行二十字无格

一二三九　石林居士建康集八卷　宋葉夢得撰　清抄本　九行二十字无格

一二四〇　石林居士建康集八卷　宋葉夢得撰　清抄本　十行二十字白口左右双边

一二四一　石林居士建康集八卷　宋葉夢得撰　清抄本　有朱筆點校　十一行二十一字

一二四二　石林居士建康集八卷　宋葉夢得撰　清抄本　清葉廷琯校並跋

一二四三　石林居士建康集八卷補遺一卷　宋葉夢得撰　石林先生兩鎮建康紀年略一卷　清葉廷琯撰　清咸豐十年葉運鵬刻本　[illegible]校並跋　十行二十二字白口左右双边

一二四四　石林居士建康集八卷補遺一卷　宋葉夢得撰　石林先生兩鎮建康紀年略一卷　清葉廷琯撰　清道光二十四年葉廷琯刻本　葉廷琯跋　十一行二十二字白口左右双边

一二四五　審是集八卷　宋葉夢得撰　清葉振直跋　清初抄本　九行十八字无格

一二四六　增廣箋註簡齋詩集三十卷　無住詞一卷　胡學士續添簡齋詩箋正誤一卷　簡齋先生年譜一卷　宋陳與義撰　胡穉註　元刻本（卷[illegible]配抄本）　十行十八字小字双行同細黑口左右双边

增廣箋註簡齋詩集三十卷無住詞一卷胡學士續添簡齋詩箋正誤一卷簡齋先生年譜一卷 宋陳與義撰 胡穉註 元刻本（卷十五至三十詩箋正誤配清嘉慶十一年黄氏士禮居影元抄本 無住詞配清嘉慶十三年胡氏夢華館影元抄本） 清黄丕烈題 宋建校並跋 一二四七

增廣箋註簡齋詩集三十卷無住詞一卷胡學士續添簡齋詩箋正誤一卷簡齋先生年譜一卷 宋陳與義撰 胡穉註 清抄本 清鮑廷博校 十行十八字无格 一二四八

增廣箋註簡齋詩集三十卷無住詞一卷 宋陳與義撰 胡穉箋註 簡齋年譜一卷 宋胡穉編 清獨山莫氏影山草堂抄本 清莫友芝校 一二四九

簡齋詩集十五卷 宋陳與義撰 明初刻本 十行十八字細黑口左右雙边 一二五〇

簡齋詩集十五卷 宋陳與義撰 清初抄本 十行十八字白口无边栏 一二五一

簡齋詩集十五卷 宋陳與義撰 清初抄本 清丁丙跋 一二五二

簡齋詩集十五卷 宋陳與義撰 清抄本 十行二十一字 一二五三

簡齋集十五卷 宋陳與義撰 清武英殿聚珍本 清文竹居士校並跋 九行二十一字白口四周雙边 一二五四

簡齋集十六卷 宋陳與義撰 清刻本 清莫友芝校並跋 九行二十一字白口四周雙边 一二五五

六九

簡齋詩外集一卷 宋陳與義撰 元抄本 清錢異之、鮑毓東跋 九行十七字細黑口左右雙边 一二五六

簡齋詩抄不分卷 宋陳與義撰 清初抄本 十二行二十二字无格 一二五七

北山小集八卷 宋程俱撰 明施介夫輯 附錄一卷 明抄本 十二行二十四字白口四周單边 一二五八

北山小集八卷 宋程俱撰 明施介夫輯 附一卷 清抄本 十二行二十四字无格 一二五九

北山小集四十卷 宋程俱撰 清抄本 清吳之振跋 十行二十字白口四周單边 一二六〇

北山小集四十卷 宋程俱撰 清道光五年袁氏貞節堂抄本 十行二十字黑口四周雙边 一二六一

北山小集四十卷 宋程俱撰 清道光七年張蓉鏡家抄本 清張金吾、邵淵耀、方若蘅、柳瀛跋 十行二十字上黑口下白口四周雙边 一二六二

北山小集四十卷 宋程俱撰 清馬思贊家抄本 十行二十字无格 一二六三

北山小集四十卷 宋程俱撰 清抄本 九行二十字无格 一二六四

北山小集四十卷 宋程俱撰 清抄本 十行二十字无格 一二六五

竹谿先生文集二十四卷樂府一卷 宋李彌遜撰 附錄一卷 明抄本 一二六六

竹谿先生文集二十四卷 宋李彌遜撰 清初抄本 佚名校 清丁丙跋 一二六七

華陽集四十卷 宋張綱撰 明萬曆二十五年金壇于文熙刻本 十行二十字白口四周單边 一二六八

華陽集四十卷 宋張綱撰 明萬曆二十五年于文熙刻本 清吳[illegible]跋 一二六九

華陽集四十卷 宋張綱撰 明萬曆二十五年于文熙刻本 鄭振鐸跋 一二七〇

華陽集四十卷 宋張綱撰 清抄本 一二七一

華陽集四十卷 宋張綱撰 清抄本 十行二十字无格 一二七二

忠穆集八卷 宋呂頤浩撰 清乾隆翰林院抄本 八行二十一字白口四周雙边 一二七三

紫微集三十六卷 宋張嵲撰 清乾隆翰林院抄本 八行二十一字白口四周雙边 一二七四

苕溪集五十五卷 宋劉一止撰 清宣統三年沈曾植刻本 傅增湘校補並跋 十二行二十二字白口左右雙边 一二七五

苕溪集五十五卷目錄三卷 宋劉一止撰 清擁萬堂抄本 十行十八字白口左右雙边 一二七六

苕溪集五十五卷目錄三卷 宋劉一止撰 清穉香簃抄本 李[illegible]、朱存藏校 一二七七

苕溪集五十五卷目錄三卷 宋劉一止撰 清穉香簃抄本 有朱筆校 十行二十一字白口左右雙边 一二七八

苕溪集五十五卷目錄三卷 宋劉一止撰 清抄本 一二七九

苕溪集五十五卷目錄三卷 宋劉一止撰 清抄本 十行二十字无格 一二八〇

苕溪集五十五卷 宋劉一止撰 清影宋抄本 十行二十字 一二八一

七〇

苕溪集五十五卷 宋劉一止撰 清抄本 陸崇批校 一二八二

相山集三十卷 宋王之道撰 清乾隆翰林院抄本 一二八三

三餘集四卷 宋黄彥平撰 清乾隆翰林院抄本（四庫底本） 清丁丙跋 八行二十一字四周雙边 一二八四

三餘集四卷 宋黄彥平撰 清陸心源抄本 九行二十一字白口雙边 一二八五

大隱集十卷 宋李正民撰 清乾隆翰林院抄本 八行二十一字白口四周雙边 一二八六

大隱集十卷 宋李正民撰 清抄本 清丁丙跋 一二八七

沈忠敏公龜谿集十二卷 宋沈與求撰 明萬曆二十八年沈子木刻本 九行二十字白口左右雙边 封面題：宋忠敏沈公集 一二八八

沈忠敏公龜谿集十二卷 宋沈與求撰 明萬曆二十八年沈子木刻本 清李[illegible]題款並跋 一二八九

沈忠敏公龜谿集十二卷 宋沈與求撰 明萬曆二十八年沈[illegible]刻本 丁禮培跋 一二九〇

沈忠敏公龜谿集十二卷 宋沈與求撰 清初抄本 九行十八字无格 一二九一

沈忠敏公龜谿集十二卷 宋沈與求撰 清[illegible]書抄本 十一行二十字白口左右雙边 一二九二

沈忠敏公龜谿集十二卷 宋沈與求撰 清抄本 一二九三

沈忠敏公龜谿集十二卷 宋沈與求撰 [illegible] 九行十九字 一二九四

龜谿集十二卷 宋沈與求撰 清乾隆抄本 十行二十字 一二九五

一二九六 栟櫚先生文集二十五卷 宋鄧肅撰 明正德十四年羅珊刻本 清黃丕烈跋 十行二十字細黑口四周雙邊

一二九七 栟櫚先生文集二十五卷 宋鄧肅撰 明正德十四年羅珊刻本（卷一至三配清抄本） 清丁丙跋

一二九八 栟櫚先生文集二十五卷 宋鄧肅撰 清曹炎抄本 清黃丕烈校 十行二十字無格

一二九九 栟櫚先生文集二十五卷 宋鄧肅撰 明祁氏澹生堂抄本（卷一至十一、十七至二十五配清抄本） 清丁丙跋 十行二十字藍格

一三〇〇 栟櫚先生文集二十五卷 宋鄧肅撰 清道光三年江寧鄧廷楨刻本 清王振聲批校 十一行二十字白口左右雙邊

一三〇一 栟櫚先生文集二十五卷附校勘記一卷 宋鄧肅撰 清道光三年江寧鄧氏刻本 章鈺校 鄧邦述跋

一三〇二 栟櫚先生文集十二卷 宋鄧肅撰 明萬曆鄧宗純刻本 九行二十二字白口四周雙邊

一三〇三 栟櫚先生文集十二卷附錄一卷 明萬曆鄧宗純刻弘光元年鄧四敍鄧四維重修本 九行二十二字白口四周雙邊

一三〇四 潘默成公文集八卷 宋潘良貴撰 清潘定遠輯 清康熙三十六年潘珍刻本（四庫底本） 九行二十字白口左右雙邊

一三〇五 潘默成公文集七卷 宋潘良貴撰 清抄本 九行十八字無格

七十一

一三〇六 澹齋集十八卷 宋李流謙撰 清乾隆翰林院抄本（四庫底本） 八行二十一字白口四周雙邊

一三〇七 韋齋集十二卷 宋朱松撰 附玉瀾集一卷 宋朱槔撰 明弘治十六年鄺璠刻本 十行二十字白口左右雙邊

一三〇八 韋齋集十二卷 宋朱松撰 附玉瀾集一卷 宋朱槔撰 明抄本 十行二十字無格

一三〇九 韋齋集十二卷 宋朱松撰 附玉瀾集一卷 宋朱槔撰 明抄本 清丁丙跋

一三一〇 韋齋集十二卷 宋朱松撰 附玉瀾集一卷 宋朱槔撰 清康熙四十七年程壏刻本 十行二十字黑口四周單邊

一三一一 韋齋集十二卷 宋朱松撰 附玉瀾集一卷 宋朱槔撰 蜀中草一卷 清朱昇撰 清康熙四十九年朱昌辰刻本 九行十八字黑口四周單邊

一三一二 韋齋集十二卷 宋朱松撰 附玉瀾集一卷 宋朱槔撰 清雍正四年浦泰抄本 清浦泰題款 十行二十字無格

一三一三 韋齋集十二卷首一卷附玉瀾集一卷 宋朱松撰 宋朱槔撰 清雍正六年朱玉刻本 傅增湘校並跋 十行二十字黑口四周單邊

一三一四 韋齋集十二卷 宋朱松撰 附玉瀾集一卷 宋朱槔撰 清黃氏士禮居抄本 八行二十字無格

一三一五 韋齋集十二卷 宋朱松撰 附玉瀾集一卷 宋朱槔撰 清鄭鏸抄本 清丁丙跋

一三一六 韋齋集十二卷 宋朱松撰 附玉瀾集一卷 宋朱槔撰 清抄本 十行二十字

一三一七 陵陽先生詩四卷 宋韓駒撰 清初抄本 八行二十字無邊欄

一三一八 陵陽先生詩四卷 宋韓駒撰 清初抄本 九行十八字無格

一三一九 陵陽先生詩四卷 宋韓駒撰 清抄本 十行二十字

一三二〇 陵陽先生詩四卷 宋韓駒撰 清抄本 清佚名校 九行十八字

一三二一 陵陽先生詩四卷 宋韓駒撰 清抄本

一三二二 陵陽先生詩四卷 宋韓駒撰 清抄本 清丁丙跋

一三二三 陵陽先生詩四卷 宋韓駒撰 清宣統二年沈曾植刻本 章鈺校並跋 十二行二十五字小黑口左右雙邊

一三二四 陵陽先生詩集四卷 宋韓駒撰 清抄本 清勞權校並跋 九行十八字無格

一三二五 陵陽先生詩集四卷 宋韓駒撰 清抄本 十行二十字無格

一三二六 陵陽先生詩集四卷 宋韓駒撰 清金檀文瑞樓抄本 十行二十二字黑格

一三二七 陵陽先生集四卷 宋韓駒撰 清王氏十萬卷樓抄本 清丁丙跋

一三二八 澹山集三卷補遺一卷 宋朱翌撰 附錄一卷 清抄本

一三二九 雲溪集十二卷 宋郭印撰 清乾隆翰林院抄自永樂大典本（四庫底本）

七十二

一三三〇 盧溪先生文集五十卷 宋王庭珪撰 明嘉靖五年梁英刻本 十行二十字白口左右雙邊

一三三一 盧溪先生文集五十卷 宋王庭珪撰 明嘉靖五年梁英刻本 清丁丙跋

一三三二 盧溪先生文集五十卷 宋王庭珪撰 明嘉靖五年梁英刻本（卷八至二十五配抄本） 傅增湘校並跋

一三三三 盧溪先生文集五十卷 宋王廷珪撰 明嘉靖五年刻本（四庫底本） 存四十七卷 四至五十卷

一三三四 盧溪先生文集五十卷 宋王庭珪撰 清雍正四年謝浦泰抄本 清丁丙跋

一三三五 盧溪先生文集五十卷 宋王庭珪撰 清抄本 存四十九卷 一至三十三 三十五至五十

一三三六 盧溪文集五十卷 宋王庭珪撰 清抄本 八行二十二字

一三三七 盧溪文集二十卷 宋王庭珪撰 附錄一卷 清抄本 十行二十一字

一三三八 屏山集二十卷 宋劉子翬撰 明弘治十七年刻本 十行十九字黑口左右雙邊間有四周雙邊

一三三九 屏山集二十卷 宋劉子翬撰 明弘治十七年刻本 張元濟、張惟驤、錢振鍠跋

一三四〇 屏山文集二十卷 宋劉子翬撰 明弘治十七年刻本 袁寒、雲貴寅董增儒跋 存十卷 七至十、十五至二十

一三四一 屏山集二十卷 宋劉子翬撰 明正德七年劉澤刻本 十行十九字黑口左右雙邊或四周雙邊

一三四二 屏山集二十卷 宋劉子翬撰 明正德七年劉澤刻本 清丁丙跋
一三四三 屏山集二十卷 宋劉子翬撰 明末抄本 清葉萬校 翁同書跋
一三四四 屏山先生文集二十卷首一卷 宋劉子翬撰 清初刻本 九行二十字黑口四周雙邊
一三四五 劉屏山先生集二十卷 宋劉子翬撰 清康熙三十九年刻本 十行十九字白口四周單邊
一三四六 屏山全集二十卷 宋劉子翬撰 清道光十八年李廷鈺秋柯草堂刻本 傅增湘校並跋 九行十九字白口左右雙邊
一三四七 屏山集二十卷 宋劉子翬撰 清抄本 十行十九字
一三四八 北海集四十六卷附錄三卷 宋綦崇禮撰 清乾隆翰林院抄本 八行二十一字白口四周雙邊
一三四九 孫尚書大全文集五十七卷 宋孫覿撰 宋刻本 清黃丕烈跋 張祥河題款 十三行二十二字白口四周單邊
一三五〇 南蘭陵孫尚書大全文集七十卷 宋孫覿撰 明抄本 清葉萬校補並跋 錢大昕跋 存三十三卷（六、口、十五至十九、二十三至二十四、二十九至三十五、四十、四十二至五十七）
一三五一 孫尚書文集七十卷 宋孫覿撰 清初抄本 佚名校 清丁丙跋
一三五二 南蘭陵孫尚書大全文集七十卷 宋孫覿撰 清抄本 清朱學勤跋 佚名錄清葉樹廉跋

七三

一三五三 南蘭陵孫尚書大全文集七十卷 宋孫覿撰 清抄本 十一行無行格
一三五四 宋南蘭陵孫尚書大全文集七十卷 宋孫覿撰 清抄本 八行二十一字無格
一三五五 南蘭陵孫尚書大全文集七十卷 宋孫覿撰 清抄本 存六十六卷（一至十五、二十至七十）
一三五六 鴻慶居士文集十四卷 宋孫覿撰 明刻本 九行十九字白口左右雙邊
一三五七 鴻慶居士文集四十二卷 宋孫覿撰 明祁氏澹生堂抄本
一三五八 鴻慶居士文集四十二卷 宋孫覿撰 明山家書舍抄本 傅增湘跋
一三五九 鴻慶居士文集四十二卷 宋孫覿撰 清彭氏知聖道齋抄本 清彭元瑞校並跋 嚴[illegible]跋 九行二十字四周雙邊無格
一三六〇 鴻慶居士文集四十二卷 宋孫覿撰 清抄本 清丁丙跋
一三六一 鴻慶居士文集四十二卷 宋孫覿撰 清抄本 章鈺跋 九行二十字無格
一三六二 鴻慶居士文集四十二卷 宋孫覿撰 清呂氏講習堂呂[illegible]抄本 九行二十字白口四周雙邊
一三六三 鴻慶居士文集四十二卷 宋孫覿撰 清抄本 九行二十字無格
一三六四 鴻慶居士文集四十二卷 宋孫覿撰 清光緒二十二年盛宣懷刻常州先哲遺書本 傅增湘校並跋 十四行二十五字黑口左右雙邊
一三六五 鴻慶居士集四十二卷 [illegible] 清抄本 [illegible]校 九行二十字
一三六六 李學士新註孫尚書內簡尺牘十卷 宋孫覿撰 李祖堯註 宋蔡氏家塾刻本 十二行二十字細黑口
一三六七 李學士新註孫尚書內簡尺牘十六卷 宋孫覿撰 李祖堯註 元刻本 清翁方綱 吳榮光跋 十二行二十字黑口左右雙邊
一三六八 新刊李學士新註孫尚書內簡尺牘十卷 宋孫覿撰 李祖堯註 元刻本 十二行二十二字小字雙行同細黑口左右雙邊
一三六九 新刊李學士新註孫尚書內簡尺牘十卷 宋孫覿撰 李祖堯註 元刻本 傅增湘跋
一三七〇 孫尚書內簡尺牘編註十卷 宋孫覿撰 李祖堯註 明成化十七年刻本 九行十九字白口四周單邊
一三七一 孫尚書內簡尺牘編註十卷 宋孫覿撰 李祖堯註 明嘉靖三十六年顧名儒刻本 九行十九字小字雙行同白口四周單邊
一三七二 孫尚書內簡尺牘編註十卷 宋孫覿撰 李祖堯註 明嘉靖三十六年顧名儒刻本 清何煌校補
一三七三 孫尚書內簡尺牘編註十卷 宋孫覿撰 李祖堯註 明嘉靖三十六年顧名儒刻本 傅增湘校並跋

七四

一三七四 孫尚書內簡尺牘編註十卷 宋孫覿撰 李祖堯註 明嘉靖三十六年顧名儒刻本 清丁丙跋
一三七五 孫尚書內簡尺牘編註十卷 宋孫覿撰 李祖堯註 明萬曆八年盧州府知府蔡逢泰刻本 十行十九字小字雙行同白口左右雙邊
一三七六 孫尚書內簡尺牘編註十卷 宋孫覿撰 李祖堯註 明抄本 十行十九字小字雙行同紅口四周雙邊
一三七七 宋孫仲益內簡尺牘編注十卷 宋孫覿撰 李祖堯注 清光緒二十二年盛宣懷刻常州先哲遺書本 傅增湘校補並跋 十四行二十五字小字雙行同黑口左右雙邊
一三七八 宋孫仲益內簡尺牘十卷首一卷目錄一卷 宋孫覿撰 李祖堯編注 清乾隆十二年蔡焯等校刻本 九行二十字黑口四周單邊
一三七九 崧庵集六卷 宋李處權撰 清乾隆翰林院抄本 存四卷（一至四）
一三八〇 藏海居士集二卷 宋吳可撰 清乾隆翰林院抄本（四庫底本） 清丁丙跋
一三八一 藏海居士集二卷藏海詩話一卷 宋吳可撰 清抄本 十行二十字無格
一三八二 豫章羅先生文集十七卷年譜一卷 宋羅從彥撰 [illegible]

撰　元至正二十五年[illegible]書院刻明修本　十三行二十三字黑口四周双边

一三八三　豫章羅先生文集十七卷　宋羅從彥撰　年譜一卷　元曹道振撰　明刻遞修本　十二行二十三字白口四周双边

一三八四　豫章羅先生文集十七卷　宋羅從彥撰　年譜一卷　元曹道振撰　明成化七年刻本　十三行二十三字黑口四周双边

一三八五　豫章羅先生文集十七卷　宋羅從彥撰　年譜一卷　元曹道振撰　明成化[illegible]刻本　[illegible]跋

一三八六　豫章羅先生文集十七卷　宋羅從彥撰　年譜一卷　元曹道振撰　明成化張泰刻本　十行二十一字黑口四周双边

一三八七　豫章羅先生文集十七卷　宋羅從彥撰　年譜一卷　元曹道振撰　明成化張泰刻本　[illegible]跋

一三八八　豫章羅先生文集十七卷　宋羅從彥撰　年譜一卷　元曹道振撰　明正德十二年羅文魁刻本　十行二十字黑口四周双边

一三八九　豫章羅先生文集十七卷　宋羅從彥撰　年譜一卷　元曹道振撰　明正德十二年羅文魁刻隆慶五年羅文明遞修本　[illegible]跋　十行二十字黑口四周双边

七五

一三九〇　豫章羅先生文集十七卷　宋羅從彥撰　年譜一卷　元曹道振撰　明嘉靖三十三年謝鸞刻本　十三行二十三字白口四周双边

一三九一　豫章羅先生文集十七卷　宋羅從彥撰　年譜一卷　元曹道振撰　明嘉靖三十三年謝鸞刻本　清丁丙跋

一三九二　豫章羅先生文集十七卷　宋羅從彥撰　年譜一卷　元曹道振撰　明嘉靖三十五年謝鸞刻本　傅增湘跋

一三九三　豫章羅先生文集十七卷　宋羅從彥撰　年譜一卷　元曹道振撰　明[illegible]刻本　十一行二十一字黑口四周双边

一三九四　豫章羅先生文集十七卷　宋羅從彥撰　年譜一卷　元曹道振撰　明隆慶刻本　十行二十一字黑口四周双边

一三九五　豫章羅先生文集十七卷　宋羅從彥撰　年譜一卷　元曹道振撰　明隆慶五年延平府羅文明刻萬曆元年增刻本　十一行二十七字細黑口四周單边

一三九六　豫章羅先生文集十七卷　宋羅從彥撰　年譜一卷　元曹道振撰　明萬曆三十九年[illegible]刻本　十三行二十三字黑口四周双边

一三九七　豫章羅先生文集十七卷　宋羅從彥撰　年譜一卷　元曹道振撰　明[illegible]刻本　十[illegible]行二十[illegible]字[illegible]

一三九八　豫章羅先生文集十七卷　宋羅從彥撰　八行二十一字白口无格　[illegible]　清抄本

一三九九　豫章羅先生文集十七卷　宋羅從彥撰　年譜一卷　元曹道振撰　清[illegible]抄本　清[illegible]跋

一四〇〇　和靖尹先生文集十卷　宋尹焞撰　附錄一卷　明嘉靖九年洪珠刻本　十行十八字白口左右双边

一四〇一　和靖尹先生文集十卷　宋尹焞撰　明嘉靖九年洪珠刻本（四庫底本）

一四〇二　和靖尹先生文集十卷附錄一卷　宋尹焞撰　明劉宗周輯　明天啟刻本　九行二十字黑口四周双边

一四〇三　和靖尹先生文集十卷　宋尹焞撰　附錄一卷　清刻本　九行二十二字黑口四周双边

一四〇四　和靖尹先生文集十卷　宋尹焞撰　附錄一卷　清抄本　十行二十字无格

一四〇五　和靖先生文集三卷　宋尹焞撰　附集一卷　明隆慶三年蔡國熙刻本　十行二十字白口左右双边

一四〇六　和靖先生文集四卷　宋尹焞撰　明刻本　十行二十字黑口四周單边

七六

一四〇七　和靖先生文集四卷　宋尹焞撰　附集一卷　宋王時敏輯　明刻本　清丁丙跋

一四〇八　和靖尹先生文集八卷　宋尹焞撰　明刻本　清王禮培批校

一四〇九　和靖尹先生文集八卷　宋尹焞撰　清抄本

一四一〇　和靖尹先生文集八卷　宋尹焞撰　清抄本　十行十八字无格

一四一一　宋著作王先生文集八卷　宋王蘋撰　清趙氏小山堂抄本

一四一二　宋著作王先生文集八卷　宋王蘋撰　劉家立校　清宣秋館抄本　朱樸跋

一四一三　宋著作王先生文集八卷　宋王蘋撰　清抄本

一四一四　宋著作王先生文集八卷　宋王蘋撰　清抄本　十行二十字

一四一五　宋著作王先生文集八卷　宋王蘋撰　清抄本　十一行二十四字

一四一六　宋著作王先生集一卷附錄一卷　宋王蘋撰　清抄本　十行二十一字

一四一七　郴江百詠一卷　宋阮閱撰　清抄本　十行二十字无格

一四一八　郴江百咏一卷　宋阮閱撰　清抄本　清勞格校　八行二十一字无格

一四一九　雙溪集十五卷　宋蘇籀撰　明抄本　十行二十三字無格

一四二〇　雙溪集十五卷　存九卷　一至九　宋蘇籀撰　清抄本　九行二十二字无格

一四二二 宋陳少陽先生文集十卷 宋陳東撰 明孫霽集輯 明天啟五年賀燃忠刻本 九行二十字白口四周單边

一四二三 宋陳少陽先生文集十卷 宋陳東撰 明天啟五年賀燃忠刻本 傅增湘跋

一四二三 宋少陽公文集十卷 宋陳東撰 清雍正十一年活字本（四庫底本） 九行十九字白口四周單边

一四二四 盡忠錄十卷 宋陳東撰 明抄本 清丁丙跋

一四二五 少陽集十卷 宋陳東撰 清葉氏敦宿好齋抄本 清丁丙跋

一四二六 少陽公文集六卷 宋陳東撰 清乾隆二十三年活字本 九行二十一字白口四周双边

一四二七 歐陽修撰集七卷 宋歐陽澈撰 清抄本 十行二十字無格

一四二八 歐陽修撰集八卷 宋歐陽澈撰 清抄本 清丁丙跋

一四二九 歐陽先生飄然集七卷 宋歐陽澈撰 清抄本 十行二十一字无格
存三卷 一至三

一四三〇 高東溪先生文集二卷 宋高登撰 附錄一卷 明嘉靖五年黄直刻本 十二行二十字白口四周双边

一四三一 高東溪先生文集二卷 宋高登撰 附錄一卷 明嘉靖五年黄直刻本 明徐𤊹跋

七七

一四三二 高東溪先生文集二卷 宋高登撰 附錄一卷 明林希元編 清順治五年鈔本 清韓應陛、張文虎跋

一四三三 高東溪先生文集二卷 宋高登撰 附錄一卷 清初抄本

一四三四 高東溪先生文集二卷 宋高登撰 附錄一卷 清抄本 清李文藻跋 羅有高校

一四三五 高東溪先生文集二卷 宋高登撰 附錄一卷 清抄本 清葛慎行校並跋

一四三六 高東溪先生文集二卷 宋高登撰 附錄一卷 清抄本 清葉志詵題款

一四三七 高東溪先生文集二卷 宋高登撰 附錄一卷 清抄本

一四三八 高東溪先生文集二卷 宋高登撰 附錄一卷 清抄本 八行十七字

一四三九 東溪先生文集二卷 宋高登撰 清抄本 九行二十一字

一四四〇 高東溪先生文集不分卷 宋高登撰 明林希元編 清抄本 十二行二十字

一四四一 岳集五卷 宋岳飛撰 明徐階輯 明嘉靖十五年焦煜刻本 九行十八字白口左右双边

一四四二 岳武穆集六卷 宋岳飛撰 明萬曆二十年刻本 十行二十字白口四周双边

一四四三 岳武穆集六卷 宋岳飛撰 明天啟刻本 十行二十字白口四周双边
存三卷 四至六

一四四四 岳武穆集一卷 宋岳飛撰 明萬曆二十二年刻本 八行十八字白口四周双边

一四四五 岳王集一卷 宋岳飛撰 武穆王紀略一卷 明謝廣成撰 附一卷 明刻本 十行二十字白口四周單边

一四四六 岳少保忠武王集一卷 本傳一卷 宋岳飛撰 明陳繼儒輯 明崇禎十一年單恂淨名齋刻本 清佚名批 九行二十字白口四周單边

一四四七 岳少保忠武王集一卷 宋岳飛撰 傳一卷 明崇禎十一年單恂淨名齋刻本 清丁丙跋

一四四八 岳忠武王文集八卷首末各一卷 宋岳飛撰 清黄邦寧纂修 清乾隆刻本 九行二十字白口四周双边

一四四九 岳忠武王文集八卷 宋岳飛撰 首一卷末一卷 清韓城師長怡刻本 十行二十一字白口左右双边

一四五〇 茶山集八卷 宋曾幾撰 清乾隆浙江重刻武英殿聚珍版叢書本 清盧文弨批校 九行二十一字白口左右双边
存四卷 一至四

一四五一 雪溪詩五卷 宋王銍撰 明抄本 清黄丕烈跋

一四五二 雪溪詩五卷 宋王銍撰 清馬氏小玲瓏山館抄本

七八

一四五三 雪溪詩五卷 宋王銍撰 清馬氏小玲瓏山館抄本（四庫底本）

一四五四 雪溪詩五卷 宋王銍撰 清冰邁閣抄本 九行十六字白口左右双边

一四五五 雪溪詩五卷 宋王銍撰 清抄本 九行十八字无格

一四五六 雪溪詩五卷 宋王銍撰 清抄本 十行十八字无格

一四五七 雪溪詩五卷 宋王銍撰 清抄本 十行二十字无格

一四五八 雪溪詩五卷補遺一卷逸文一卷 宋王銍撰 清抄本 十行二十一字无格

一四五九 盧川歸來集六卷 宋張元幹撰 清抄本 清丁丙跋

一四六〇 盧川歸來集十卷 宋張元幹撰 清道光顧沅藝海樓抄本 八行二十一字藍格

一四六一 盧川歸來集十六卷 宋張元幹撰 清抄本 九行十六字无格
存六卷 六至七、十二至十四、十六

一四六二 東萊先生詩集二十卷外集三卷 宋呂本中撰 宋慶元五年黄汝嘉刻江西詩派本 十行二十字白口左右双边
存六卷 十八至二十、外集全

一四六三 東萊先生詩集二十卷 宋呂本中撰 十行十九字黑口左右双边 明抄本 清王禮培校並跋

一四六四 東萊先生詩集二十卷 宋呂本中撰 清初呂留良家抄本 傅增湘、張宗祥校並跋 九行十八字无格

東萊先生詩集二十卷　宋呂本中撰　清南昌彭氏知聖道齋抄本　一四六五

東萊先生詩集二十卷　宋呂本中撰　清初抄本　清許乃普校　十行二十字无格　清謝珊崎校并跋　一四六六

東萊先生詩集二十卷　宋呂本中撰　清抄本　佚名批校　十一行二十一字无格　一四六七

東萊先生詩集二十卷　宋呂本中撰　清抄本　佚名校　十一行二十一字无格　一四六八

東萊先生詩集二十卷　宋呂本中撰　清抄本　十行十九字无格　一四六九

東萊先生詩集二十卷　宋呂本中撰　清抄本　十行二十字　一四七〇

東萊先生詩集二十卷　宋呂本中撰　清抄本（卷十六至二十配清謝氏萬卷樓抄本）　清丁丙跋　一四七一

東萊詩集二十卷　宋呂本中撰　清咸豐九年呂鴻[illegible]刻本　傅增湘校並跋　十二行二十四字黑口四周單邊　一四七二

紫薇集二十卷　宋呂本中撰　清抄本　一四七三

紫薇集二十卷　宋呂本中撰　清抄本　九行二十一字无格　一四七四

胡澹菴先生文集六卷　宋胡銓撰　清初抄本　十行二十字白口四周單邊　一四七五

胡澹菴先生文集六卷　宋胡銓撰　傳一卷　清乾隆抄本（四庫底本）　九行二十字无格　一四七六

胡澹菴先生文集六卷　宋胡銓撰　附一卷　清乾隆鮑氏知不足齋抄本　清鮑廷博校並題識　一四七七

七九

胡澹菴先生文集六卷　宋胡銓撰　清抄本　清鮑廷博校　清丁丙跋　一四七八

澹菴文集二十五卷　宋胡銓撰　清抄本　九行二十字无邊欄　一四七九

澹庵胡先生文集三十卷　宋胡銓撰　清初抄本　九行二十字无格　一四八〇

胡澹庵先生文集三十二卷　宋胡銓撰　清乾隆二十二年練月樓刻本　傅增湘校補並跋　九行二十字白口左右雙邊　一四八一

五峰胡先生文集三卷　宋胡宏撰　清抄本　十行二十字无格　一四八二

五峰胡先生文集五卷　宋胡宏撰　清陸香圃三間草堂抄本　清陸心源校並跋　十行二十字黑口左右雙邊　一四八三

五峰胡先生文集五卷　宋胡宏撰　清抄本　清丁丙跋　一四八四

致堂胡先生斐然集三十卷　宋胡寅撰　清抄本　清錢泰吉校　一四八五

致堂胡先生斐然集三十卷　宋胡寅撰　清抄本　十一行二十二字无格　一四八六

致堂胡先生斐然集三十卷　宋胡寅撰　清[illegible]堂抄本　十一行二十二字黑口四周雙邊　一四八七（一）

大隱居士集二卷　宋鄧深撰　清曹氏靈隱仙抄本　清丁丙跋　一四八七（二）

北山集三十卷　宋鄭剛中撰　清初抄本　九行十八字　一四八八

鄭忠愍公北山文集三十卷首一卷末一卷　宋鄭剛中撰　清康熙三十六年鄭世成刻本　十行二十一字白口左右雙邊　一四八九

浮山集十卷　宋仲并撰　清乾隆翰林院抄本　八行二十一字白口四周雙邊　一四九〇

橫浦先生文集二十卷　宋張九成撰　家傳一卷　宋張栻撰　施先生孟子發題一卷　宋施德操撰　宋刻本　十行十八字白口左右雙邊　一四九一

橫浦先生文集二十卷　宋張九成撰　郎曄編　橫浦心傳錄三卷　橫浦日新一卷　宋張九成撰　于恕編　橫浦先生家傳一卷　宋張栻撰　施先生孟子發題一卷　宋施德操撰　明萬曆四十二年吳惟明刻本　十行二十字白口左右雙邊　一四九二

橫浦先生文集二十卷心傳錄三卷日新一卷　宋張九成撰　施先生孟子發題一卷　宋施德操撰　橫浦先生家傳一卷　宋張栻撰　張九成跋　明萬曆四十二年吳惟明刻本　傅增湘校　一四九三

橫浦先生文集二十卷　宋張九成撰　家傳一卷　宋張栻撰　明萬曆四十二年吳惟明刻本（卷十一至十四配明刻本　十五至二十配清吳允嘉抄本）　清吳允嘉輯補　清丁丙跋　一四九四

重刊橫浦先生文集二十卷心傳錄三卷日新一卷　宋張九成撰　家傳一卷　宋張栻撰　施先生孟子發題一卷　宋施德操撰　明萬曆四十三年方士騏刻本　十行二十字白口左右雙邊　一四九五

八〇

重刊橫浦先生文集二十卷　宋張九成撰　橫浦先生家傳一卷　宋張栻撰　明萬曆四十三年方士騏刻本　傅增湘、張元濟校　一四九六

重刊橫浦先生文集十四卷　宋張九成撰　橫浦先生家傳一卷　宋張栻撰　無垢公遺迹一卷　清張鳴鸞輯　清康熙十三年張鳴鸞刻本　傅增湘校　十行二十字白口左右雙邊　一四九七

湖山集十卷　宋吳芾撰　清道光二十三年王魏勝活字本　八行二十五字白口四周單邊　一四九八

汪文定公集十三卷　宋汪應辰撰　附錄一卷　存四卷（一至四）　明嘉靖二十五年夏浚刻本　十行二十字白口左右雙邊　一四九九

汪文定公集十三卷　宋汪應辰撰　附錄一卷　明萬曆夏九州等刻本　九行十八字白口四周單邊　一五〇〇

汪文定公集十三卷　宋汪應辰撰　附錄一卷　清抄本　十行二十字无格　一五〇一

汪文定公集十三卷　宋汪應辰撰　附錄一卷　清抄本　清[illegible]校並跋　一五〇二

縉雲先生文集四卷　宋馮時行撰　附錄一卷　清小山堂抄本　十行二十字白口四周單邊　一五〇三

一五〇四　新刊嵩山居士文全集五十四卷　宋晁公遡撰　清初抄本　十二行二十二字无格

一五〇五　新刊嵩山居士文全集五十四卷　宋晁公遡撰　清影氏知聖道齋抄本　十行二十四字

一五〇六　嵩山居士文集五十四卷　宋晁公遡撰　清抄本　十一行二十二字无格

一五〇七　默堂先生文集二十二卷　宋陳淵撰　沈度編　清初抄本　十行十九字无格

一五〇八　默堂先生文集二十二卷　宋陳淵撰　清初抄本　清丁丙跋

一五〇九　默堂先生文集二十二卷　宋陳淵撰　沈度編　清抄本

一五一〇　默堂先生大集二十二卷　宋陳淵撰　清抄本　十行十九字无格

一五一一　默堂先生文集二十二卷　宋陳淵撰　沈度編　清鈔本　佚名校　十行十八字

一五一二　默堂集二十二卷　宋陳淵撰　清文淵閣四庫全書本　八行二十一字白口四周双边

存二卷　十四、十五

一五一三　莆陽知稼翁文集十一卷詞一卷　宋黄公度撰　明黄廷用刻本　十行十八字白口左右双边

一五一四　莆陽知稼翁文集十一卷詞一卷　宋黄公度撰　附錄一卷　清抄本　清徐時棟跋　十行十八字无格

一五一五　莆陽知稼翁文集十一卷詞一卷　宋黄公度撰　清乾隆三十八年孔繼涵抄本　十行十八字白口无格

一五一六　莆陽知稼翁集二卷　宋黄公度撰　明天啟五年黄崇翰刻本　九行二十字白口四周单边

一五一七　莆陽知稼翁集二卷　宋黄公度撰　清抄本　九行二十字

一五一八　莆陽知稼翁集二卷　宋黄公度撰　清抄本　清綬祺跋

一五一九　唯室集四卷附錄一卷　宋陳長方撰　清抄本　清丁丙跋

一五二〇　唯室集四卷　宋陳長方撰　附錄一卷　宋胡嶧撰　增輯一卷　清宜秋館抄本

一五二一　漢濱集十六卷　宋王之望撰　清抄本(四庫底本)

一五二二　香溪先生范賢良文集二十二卷　宋范浚撰　明成化十五年唐韶刻遞修本　十二行二十二字黑口左右双边

一五二三　香溪先生范賢良文集二十二卷　宋范浚撰　明成化十五年唐韶刻遞修本　清丁丙跋

一五二四　范香溪先生文集二十二卷　宋范浚撰　范蒙齋先生遺文一卷　宋范端臣撰　范楊溪先生遺文一卷　宋范端杲撰　明萬曆十三年刻本　十行二十字白口四周单边

一五二五　范香溪先生文集二十二卷　宋范浚撰　范蒙齋先生遺文一卷　宋范端臣撰　范楊溪先生遺文一卷　宋范端杲撰　清乾隆七年范文熙刻本　十行二十字白口四周双边

一五二六　范香溪先生集二十二卷　宋范浚撰　胡梅編　清抄本　十二行二十二字

一五二七　竹軒雜著六卷　宋林季仲撰　清四庫館抄本(四庫底本)　八行二十一字紅格

一五二八　拙齋文集二十卷　宋林之奇撰　宋刻本　十行十九字白口左右双边

存二卷　四至五

一五二九　拙齋文集二十卷　宋林之奇撰　明刻本　十行十九字白口四周单边

存十一卷　一、六至八、九、十三至十七、十九

一五三〇　拙齋文集二十卷拾遺一卷　宋林之奇撰　清影宋抄本　清丁丙跋　十行十九字白口左右双边

一五三一　拙齋文集二十卷拾遺一卷　宋林之奇撰　清影宋抄本(四庫底本)　十行十九字白口左右双边

一五三二　于湖居士文集四十卷附錄一卷　宋張孝祥撰　清影宋抄本　十行十六字

一五三三　太倉稊米集七十卷　宋周紫芝撰　明抄本　葉德輝跋　十行十八字无格

一五三四　太倉稊米集七十卷　宋周紫芝撰　清抄本　清丁丙跋

一五三五　太倉稊米集七十卷　宋周紫芝撰　清乾隆抄本　九行十八字无格

一五三六　太倉稊米集七十卷　宋周紫芝撰　清沈氏鳴野山房抄本　十行十八字黑格

一五三七　太倉稊米集七十卷　宋周紫芝撰　清金氏文瑞樓抄本　十行二十字黑格

一五三八　太倉稊米集七十卷　宋周紫芝撰　清抄本　十二行二十一字

一五三九　太倉稊米集七十卷　宋周紫芝撰　清抄本

一五四〇　太倉稊米集七十卷　宋周紫芝撰　清抄本

存四十卷　一至四十

一五四一　夾漈遺稿三卷　宋鄭樵撰　清初刻本　十行十九字黑口

一五四二　夾漈遺稿三卷　宋鄭樵撰　清抄本　清趙宋建校　十行十九字白口四周双边

一五四三　夾漈遺稿三卷　宋鄭樵撰　清抄本　清鮑廷博校並跋　十行二十字白口四周双边

一五四四　夾漈遺稿三卷　宋鄭樵撰　清抄本　吳騫題識　九行二十字

一五四五　夾漈遺稿三卷　宋鄭樵撰　清抄本　清丁丙跋

一五四六　夾漈遺稿不分卷　宋鄭樵撰　清抄本　清鮑廷博跋　九行十五字无格

1547 鄮峰真隱漫錄五十卷 宋史浩撰 明抄本 十二行十八字白口四周單邊
1548 鄮峯真隱漫錄五十卷存六卷三十三至三十八 宋史浩撰 周鑄編 清抄本（四庫底本） 清繆荃孫跋 八行二十字白口無邊欄
1549 鄮峯真隱漫錄五十卷 宋史浩撰 周鑄編 清史致義校 清鄞縣徐氏煙嶼樓抄本 佚名校 十行二十一字黑口左右雙邊
1550 鄮峯真隱漫錄五十卷 宋史浩撰 清抄本
1551 侍郎葛公歸愚集二十卷存九卷五至十三 宋葛立方撰 宋撫州刻本 清黃丕烈跋 十二行二十六字白口左右雙邊
1552 侍郎葛公歸愚集十卷 宋葛立方撰 清抄本 清吳城 丁丙跋
1553 侍郎葛公歸愚集十卷 宋葛立方撰 清抄本 清丁丙跋
1554 侍郎葛公歸愚集十卷 宋葛立方撰 清抄本 清勞權校 王頌蔚跋 八行十六字無格
1555 侍郎葛公歸愚集十卷 宋葛立方撰 清抄本 繆荃孫錄清勞格校跋 八行十六字無格
1556 侍郎葛公歸愚集八卷 宋葛立方撰 清抄本 九行二十字白口無格
1557 侍郎葛公歸愚集十卷 宋葛立方撰 清抄本 十二行二十二字

八三

1558 海陵集二十三卷外集一卷 宋周麟之撰 清抄本
1559 竹洲文集二十卷 宋吳儆撰 附錄一卷 明弘治六年吳雷亨刻藍印本 十一行二十一字四周雙邊
1560 竹洲文集二十卷 宋吳儆撰 附錄一卷 明弘治六年吳雷亨刻本 十一行二十一字黑口四周雙邊
1561 竹洲文集二十卷 宋吳儆撰 附錄一卷 明弘治六年吳雷亨刻本 清張金吾跋
1562 竹洲文集二十卷 宋吳儆撰 附錄一卷 明弘治六年吳雷亨刻本 清姚莊錄張金吾跋
1563 吳文肅公文集二十卷 宋吳儆撰 棣華雜著一卷 宋吳俯撰 附錄一卷 明萬曆七年吳瀛刻本 九行十八字白口四周單邊
1564 吳文肅公文集二十卷 宋吳儆撰 棣華雜著一卷 宋吳俯撰 附錄一卷 明萬曆七年吳瀛刻三十二年吳繼宗重印本 九行十八字白口四周單邊
1565 吳文肅公文集二十卷 宋吳儆撰 明吳瀛校 棣華雜著一卷 宋吳俯撰 附錄一卷 明萬曆七年吳瀛刻崇禎十七年吳聞禮重修本
1566 竹洲文集十卷 宋吳儆撰 附錄一卷 明萬曆吳瀛刻本 十行二十字白口左右雙邊
1567 竹洲文集十卷 宋吳儆撰 附錄一卷 清抄本 清丁丙跋

1568 高峯先生文集十七卷 宋廖剛撰 明抄本 清林佶跋
1569 高峰先生文集十七卷 宋廖剛撰 清抄本
1570 高峯先生文集七卷 宋廖剛撰 清王氏雪坪文齋抄本
1571 高峯先生文集七卷又四卷 宋廖剛撰 清抄本 清陸廷燦校
1572 高峯先生文集十二卷 宋廖剛撰 清陸芝榮三間草堂抄本 清王宗炎跋
1573 高峰先生文集十二卷 宋廖剛撰 清抄本 清林佶 丁丙跋
1574 高峯吟稿一卷 宋廖剛撰 清抄本
1575 羅鄂州小集五卷遺文一卷 宋羅願撰 明洪武二十三年羅益明刻本 十一行二十一字黑口四周雙邊
1576 羅鄂州小集五卷 宋羅願撰 羅鄂州遺文一卷 宋羅頌撰 附錄一卷 明洪武二年羅遵明刻本 清何焯批校並跋
1577 羅鄂州小集六卷 宋羅願撰 羅鄂州遺文一卷 宋羅頌撰 附錄一卷 明洪武二年刻本（卷二至三配明天啟六年羅明刻本 卷四配清抄本、五至六、遺文、附錄配清吳允嘉抄本） 清丁丙跋 十一行二十一字黑口四周雙邊
1578 羅鄂州小集五卷 宋羅願撰 羅鄂州遺文一卷 宋羅頌撰 明洪熙元年羅偉遠刻本 十一行二十一字黑口四周雙邊

八四

1579 羅鄂州小集六卷 宋羅願撰 羅鄂州遺文一卷 宋羅頌撰 附錄一卷 明刻本 九行十九字白口四周單邊
1580 羅鄂州小集五卷 宋羅願撰 附羅鄂州遺文一卷 宋羅頌撰 明天啟六年羅朗刻本 十行二十字白口四周單邊
1581 羅鄂州小集六卷 宋羅願撰 羅鄂州遺文一卷 宋羅頌撰 清康熙五十二年羅哲七略書堂刻本 十一行二十一字白口左右雙邊
1582 羅鄂州小集六卷 宋羅願撰 羅鄂州遺文一卷 宋羅頌撰 清康熙五十二年羅哲七略書堂刻本 黃葉跋
1583 羅鄂州小集五卷 宋羅願撰 附錄一卷 清抄本 十一行二十一字無格
1584 羅鄂州小集六卷 宋羅願撰 羅鄂州遺文一卷 宋羅頌撰 附錄一卷 清抄本 十一行二十一字無格
1585 羅鄂州小集六卷 宋羅願撰 羅鄂州遺文一卷 宋羅頌撰 附錄一卷 清抄本 謝寶樹校 十一行二十一字無格
1586 羅鄂州小集五卷附錄一卷 宋羅願撰 清抄本 十一行二十字

羅鄂州小集六卷、羅鄂州遺文一卷 宋羅願撰 清抄本 十五行二十四字 一五八七

李延平先生文集五卷 宋李侗撰 清順治某孔文刻本 九行二十字白口四周双边 一五八八

艾軒先生文集十卷 宋林光朝撰 明正德十六年鄭岳刻本 十行十九字白口四周單边 一五八九

林艾軒先生文鈔不分卷 宋林光朝撰 明萬曆二十八年林兆珂刻本 八行二十字白口四周單边 一五九〇

艾軒先生文集十卷 宋林光朝撰 清初抄本 十行十九字 一五九一

艾軒先生文集十卷 宋林光朝撰 清味無味齋抄本 十二行二十五字无格 一五九二

艾軒先生文集十卷 宋林光朝撰 清抄本 清丁丙跋 一五九三

艾軒先生文集十卷 宋林光朝撰 清抄本 九行十八字 一五九四

艾軒先生文集十卷 宋林光朝撰 清抄本 十行十九字 宋犖校跋 一五九五

艾軒先生文集九卷附錄一卷 宋林光朝撰 明鄭岳選編 清傳抄明正德十六年刻本 李木齋用金元功藏抄本校并卷五抄補二葉 十行十九字 一五九六

藥閣集二卷 宋李[illegible]撰 清趙氏小山堂抄本 十行二十字白口四周單边 一五九七

晦菴先生文集一百卷目錄二卷 宋朱熹撰 宋學宋時浙江刻本 十行十九字白口左右双边 書口題：晦菴文集 一五九八

晦菴先生文集一百卷目錄二卷 宋朱熹撰 宋刻元明遞修本 十行十九字白口左右双边 一五九九

晦庵先生朱文公文集一百卷目錄二卷續集十一卷別集十卷 宋朱熹撰 宋咸淳元年建寧府建安書院刻宋元明遞修本 十行十八字白口間有黑口左右双边 一六〇〇

晦菴先生朱文公續集十卷 宋朱熹撰 元刻本 十一行二十二字細黑口左右双边 一六〇一

朱子大全一百卷目錄二卷續集十卷別集十卷 宋朱熹撰 明天順四年賀沈、胡緝刻本 十一行二十二字黑口四周双边間有左右双边 卷端題名間有：朱文公大全、文公先生朱子大全、晦菴先生朱文公文集、晦菴先生朱子大全 一六〇二

晦菴先生朱文公文集一百卷目錄二卷續集十一卷別集十卷 宋朱熹撰 明嘉靖十一年張大輪、胡岳等刻本 十二行二十二字白口四周單边 書口題：朱子大全 一六〇三

晦庵先生朱文公文集八十八卷目錄二卷續集十一卷別集十卷 宋朱熹撰 明萬曆三十三年吳養春、朱崇沐等刻本 十二行二十二字白口四周單边 一六〇四

晦庵先生朱文公文集八十八卷續集十一卷別集十卷 宋朱熹撰 明朱吾弼重編 明萬曆朱崇沐刻崇禎七年[illegible]修補本 十二行二十二字白口四周單边 一六〇五

晦庵先生朱文公文集一百卷目錄二卷 宋朱熹撰 明抄本 十行十八字小字双行同无格 存五十三卷（一、八至十三、十八至三十二、三十九至四十七、五十一至五十二、六十三至六十五、七十至七十二、八十一至九十、九十五上至九十六、目錄全） 一六〇六

晦庵先生朱文公文集一百卷續集五卷別集七卷目錄二卷 宋朱熹撰 清蔡方炳等訂定、蔡養吾等校 清康熙二十七年蔡方炳、臧眉錫刻本 十二行二十四字下黑口四周單边 一六〇七

朱文公大同集十卷 宋朱熹撰 陳利用輯 年譜一卷 元鄭瑋撰 元至正十二年鄭瑋刻明修本（年譜配清抄本） 十一行二十一字細黑口左右双边 一六〇八

朱文公大同集十卷 宋朱熹撰 陳利用輯 年譜一卷 元鄭瑋撰 明刻本 十一行二十一字細黑口四周双边 一六〇九

唐荊川選輯朱文公全集十五卷 宋朱熹撰 明唐順之輯 明刻本 十行二十字白口四周單边 一六一〇

大全集補遺八卷 宋朱熹撰 明朱培輯 清抄本 八行十八字白口四周單边 一六一一

朱子大全集補遺二卷 宋朱熹撰 清朱啟昆輯 清抄本 八行二十字无格 一六一二

朱子文集補遺五卷附錄一卷 宋朱熹撰 清陳敬璋輯 清抄本 十行二十二字无格 一六一三

晦菴文鈔十卷 宋朱熹撰 明吳訥、崔銑輯 明嘉靖十九年張光祖刻本 九行十八字白口左右双边 一六一四

晦庵文抄七卷 宋朱熹撰 明吳訥輯 明刻本 十一行二十一字白口四周單边 一六一五

晦庵文抄七卷 宋朱熹撰 明吳訥輯 明刻本 清沈元輅跋、王振聲校並跋 一六一六

晦庵文抄七卷詩抄一卷 宋朱熹撰 明吳訥輯 明成化十八年周鳳等刻本 九行二十一、二十二字黑口四周双边 一六一七

晦庵文抄七卷詩抄一卷 宋朱熹撰 明成化十八年周鳳等刻本 清王振聲校並跋、葉裕仁、方宗誠跋 一六一八

晦庵文抄七卷五言詩抄一卷 宋朱熹撰 明吳訥編 明嘉靖二十一年刻本 十行二十一字白口四周單边 一六一九

晦庵先生朱文公詩集□·□卷 宋朱熹撰 元刻本 十行十七字黑口左右双边 存十二卷（十一至二十二） 一六二〇

晦庵先生朱文公詩集十二卷 宋朱熹撰 明程曈輯 明正德十六年祈安汪氏刻本 十行二十字白口四周單边 一六二一

新刻紫陽五言詩選二卷附七言詩十四首 宋朱熹撰 明萬曆三十一年鄭宗竹刻本 九行十九字白口四周双边 一六二二

八五

八六

一六二三 朱子詩集十卷附考異 宋朱熹撰 清康熙内府精抄本 八行二十字小字双行同白口四周双边

一六二四 朱子可聞詩集五卷 宋朱熹撰 清洪力行鈔釋 清刻本 八行二十一字白口四周单边

一六二五 朱文公詩賦全集十卷朱文公詩集補遺一卷

訓蒙詩一卷 宋朱熹撰 清抄本

一六二六 文公朱先生感興詩一卷 宋朱熹撰 蔡模注 武夷櫂歌一卷 宋朱熹撰 陳普注 清抄本 清丁丙跋 十行二十字无格

一六二七 梁谿遺稾詩鈔一卷文鈔一卷 宋尤袤撰 清朱彝尊輯 清康熙三十九年尤侗刻本 吳梅跋 十行二十一字黑口左右双边

一六二八 梁谿遺稾詩鈔一卷 宋尤袤撰 清康熙三十九年尤侗刻本 清勞格校

一六二九 梁谿遺稾詩鈔一卷 宋尤袤撰 清抄本 八行十九字无格

一六三〇 梁谿遺稿一卷 宋尤袤撰 清抄本 清勞格校補 八行二十一字无格

一六三一 周益文忠公集二百卷 宋周必大撰 宋刻本 十行十六字白口左右双边 存二卷（一百八十六至一百八十七）（書稾一至二）

一六三二 周益文忠公集二百卷 宋周必大撰 宋刻本 清嚴元照、鄧邦述跋 存二卷（一百八十六至一百八十七）（書稾一至二）

一六三三 周益公文集二百卷 宋周必大撰 年譜一卷 宋周綸撰 附錄五卷 明祁氏淡生堂抄本 瞿鏞校並跋 十行二十字白口左右双边

一六三四 周益文忠公集二百卷 宋周必大撰 宋刻本 清翁同龢、湯[illegible]題識 存書稾[illegible]·卷下

一六三五 周益文忠公集二百卷 宋周必大撰 附錄五卷 年譜一卷 宋周綸撰 明抄本配清抄本 清黃丕烈校跋並抄補、陸拙生校並跋、周星詒跋 九行十七字藍口四周单边

一六三六 周益文忠公集二百卷 宋周必大撰 年譜一卷 宋周綸撰 附錄五卷 明抄本（省齋文稾卷一至八、二十五至二十八，省齋別稾卷一至四，玉堂類稾卷十七至二十，政府應制稾奏議卷一至七）配清末趙氏舊山樓抄本 張本淵跋 九行二十四字细黑口四周双边

一六三七 周益文忠公集二百卷 宋周必大撰 附錄五卷 明純白齋抄本 十行二十二字白口四周双边

一六三八 周益文忠公集二百卷 宋周必大撰 明抄本 十行行二十二字白口四周单边 存五十一卷（五至二十三、五十七至六十三、七十五至八十、一百七至一百一十）

一六三九 周益文忠公集二百卷 宋周必大撰 年譜一卷 宋周綸撰 附錄五卷 清抄本 十一行二十四字白口左右双边

一六四〇 周益文忠公集二百卷 宋周必大撰 年譜一卷 宋周綸撰 附錄五卷 清金氏文瑞樓抄本 十行二十一字白口左右双边

一六四一 周益文忠公集二百卷 宋周必大撰 年譜一卷 宋周綸撰 附錄五卷 清金氏文瑞樓抄本（卷二十九至三十四、附錄卷五、年譜配黃丕烈家抄本）清宋賓王抄補、黃丕烈跋

一六四二 周益文忠公集二百卷 宋周必大撰 年譜一卷 宋周綸撰 附錄五卷 清抄本（四庫底本） 十行二十字或二十一字无格 北圖存一百三十卷（一至十七、三十二至四十、五十四至五十七、六十五至七十一、九十一至九十五、一百一至一百九、一百十五至一百二十一、一百三十四至二百）

一六四三 周益文忠公集二百卷 宋周必大撰 年譜一卷 宋周綸撰 附錄五卷 清蔣氏西圃抄本 清丁丙跋 北大存四十五卷（十八至三十一、七十二至八十、九十六至一百、一百十至一百十四、一百二十二至一百三十三）

一六四四 周益公文集二百卷 宋周必大撰 年譜一卷 宋周綸撰 附錄四卷 清抄本 九行二十一字白口四周单边

一六四五 廬陵周益國文忠公集二百卷 宋周必大撰 首一卷 附錄五卷 清道光二十八年歐陽棨瀛塘別墅刻咸豐元年續刻本 傅增湘校並跋 十行二十四字白口左右双边

一六四六 周益文忠公集二百零六卷 宋周必大撰 清味雪齋抄本 佚名校 十行二十一字白口四周双边

一六四七 周益公全集二百零八卷 宋周必大撰 清沈氏鳴野山房抄本 清沈復粲校 九行二十字白口左右双边

一六四八 周益公全集二百零八卷 宋周必大撰 年譜一卷 宋周綸撰 附錄五卷 清抄本 九行二十二字白口左右双边

一六四九 周文忠公選□卷 宋周必大撰 明胡廷寀輯 明萬曆二十七年胡廷寀刻本 八行十八字白口四周单边 存一百六十五卷（二至三、二十八至一百一十、一百十四至一百八十、一百九十至二百○二、年譜、附錄全）

一六五〇 雪山集十二卷 宋王質撰 清乾隆四十一年孔氏微波榭抄本 清孔繼涵跋 存五卷（一至五）

一六五一 雪山集十二卷 宋王質撰 清嘉慶十三年秦氏石研齋抄本 清秦恩復、翁同書跋 存十一卷（一、三至十二）

一六五二 雪山集十二卷 宋王質撰 清抄本 清李文藻校

一六五三 林泉結契五卷 宋王質撰 清宋犖輯 清抄本

一六五四 方舟集二十四卷 宋李石撰 清乾隆翰林院抄本 八行二十一字白口四周双边

一六五五　方舟集二十四卷　宋李石撰　清抄本　九行十六字

一六五六　方舟集二十四卷　宋李石撰　清抄本　九行二十一字

一六五七　網山集八卷　宋林亦之撰　清抄本

一六五八　網山集八卷　宋林亦之撰　清抄本　十行二十字小字雙行同無格

一六五九　網山集八卷　宋林亦之撰　清抄本　十行二十字無格

一六六〇　網山集八卷　宋林亦之撰　清抄本　十行二十字黑口四周單邊

一六六一　網山集八卷　宋林亦之撰　清抄本　十行二十字白口四周雙邊

一六六二　新註朱淑真斷腸詩集八卷後集八卷　宋朱淑真撰　鄭元佐註　明初刻遞修本　十行二十字黑口四周雙邊

一六六三　新註朱淑真斷腸詩集前集十卷　宋朱淑真撰　鄭元佐註　明刻遞修本　清黃丕烈跋　繆荃孫、張元濟跋、吳昌綬題款　十行二十字小字雙行同黑口左右雙邊

一六六四　新註朱淑真斷腸詩集十卷後集三卷雜錄詩一卷　宋朱淑真撰　鄭元佐注　清抄本　十行二十字小字雙行同無格

一六六五　新註朱淑真斷腸詩集十卷後集七卷　宋朱淑真撰　鄭元佐注　清羅氏恬養齋抄本　清羅以智校、丁丙跋

八九

一六六六　新註朱淑真斷腸詩集十卷後集八卷　宋朱淑真撰　鄭元佐註　清汪氏藝芸書舍抄本　清徐康跋　十行二十二字小字雙行同黑口左右雙邊

一六六七　新訂朱淑真分類詩斷腸集八卷　宋朱淑真撰　清抄本　九行十九字藍格

一六六八　斷腸詩集十卷後集八卷　宋朱淑真撰　清同治六年劉履芬抄本　清劉履芬校並跋　十二行二十三字無格

一六六九　斷腸全集二卷　宋朱淑真撰　清抄本　清黃丕烈校並跋　九行二十一字無格

一六七〇　斷腸全集二卷斷腸詞一卷　宋朱淑真撰　清抄本　清丁丙跋

一六七一　東萊呂太史文集十五卷別集十六卷外集五卷　宋呂祖謙撰　麗澤論說集錄十卷　宋呂祖儉輯　附錄三卷附錄拾遺一卷　宋嘉泰四年呂喬年刻元明遞修本　十行二十字小字白口左右雙邊或四周雙邊

一六七二　東萊呂太史文集十五卷別集十六卷外集五卷　宋呂祖謙撰　麗澤論說集錄十卷　宋呂祖儉輯　附錄三卷拾遺一卷　宋嘉泰四年呂喬年刻元明遞修本　劉之泗跋
存十四卷　六至十五　附錄三卷、拾遺一卷

一六七三　東萊呂太史文集十五卷別集十六卷外集五卷　宋呂祖謙撰　麗澤論說集錄十卷　宋呂祖儉輯　附錄三卷附錄拾遺一卷　清抄本

一六七四　東萊呂太史文集十五卷別集十六卷外集五卷　宋呂祖謙撰　麗澤論說集錄十卷　宋呂祖儉輯　附錄三卷附錄拾遺一卷　清張位抄本　十行二十字無格

一六七五　東萊呂太史文集十五卷別集十六卷外集六卷附錄四卷　清呂祖謙撰　清趙氏小山堂藏抄本

一六七六　東萊呂太史文集十五卷別集十六卷　宋呂祖謙撰　清抄本　張鈞衡跋
別集存一至六

一六七七　東萊先生呂太史全集四十卷　宋呂祖謙撰　明嘉靖三年安正書堂刻本　十行二十字白口四周雙邊
存三十四卷　七至四十

一六七八　呂東萊先生文集二十卷首一卷　宋呂祖謙撰　清王崇炳編輯　清雍正金華陳忠臨敬勝堂刻本　十行二十四字白口左右雙邊

九〇

一六七九　詩律武庫十五卷後集十五卷　宋呂祖謙輯　清康熙五十四年鄭尚忠挹源山莊校刻本　九行十九字白口左右雙邊

一六八〇　止齋先生文集五十二卷　宋陳傅良撰　附錄一卷　明正德元年林長繁刻本　十三行二十三字黑口四周雙邊

一六八一　止齋先生文集五十二卷　宋陳傅良撰　附錄一卷　明正德元年林長繁刻本　清丁丙跋

一六八二　止齋先生文集二十八卷　宋陳傅良撰　明嘉靖十年安正堂刻本　十三行二十五字黑口四周雙邊

一六八三　止齋先生文集二十八卷　宋陳傅良撰　明嘉靖十年安正堂刻本　清丁丙跋

一六八四　蛟峰批點止齋論祖不分卷　宋陳傅良撰　方逢辰批點　明成化四年王塤刻本　十行二十四字黑口四周雙邊

一六八五　蛟峰批點止齋論祖四卷論訣一卷　宋陳傅良撰　方逢辰批點　明成化六年宋臧刻本　清丁丙跋　十行二十五字黑口四周雙邊

一六八六　蛟峯批點止齋論祖四卷論訣一集　宋陳傅良撰　方逢辰批點　明正德九年饒緯刻小字本　十二行二十二字白口四周雙邊

一六八七　新刊蛟峯批點止齋論祖二卷　宋陳傅良撰　方逢辰批點　明劉弘毅慎獨齋刻本　十行二十字下黑口

四周双边

蛟峯批點止齋論祖不分卷　宋陳傅良撰　方逢辰批點　明餘慶堂刻本　十二行二十六字黑口四周双边或左右双边　一六八八

止齋先生奥論八卷　宋陳傅良撰　明萬曆元年吳桂泉刻本　十行二十二字小字双行同黑口四周单边　一六八九

止齋先生奥論八卷　宋陳傅良撰　明刻本　十行二十二字小字双行同白口四周双边　一六九〇

止齋先生奥論七卷　宋陳傅良撰　方逢辰評注　明刻本　清孫衣言跋　一六九一

止齋先生奥論七卷首一卷　宋陳傅良撰　明崇禎八年刻本　九行二十字白口四周单边　一六九二

新刊止齋先生文範□卷　宋陳傅良撰　明刻本　十行十八字白口四周双边　一六九三

永嘉止齋陳先生八面鋒八卷　宋陳傅良撰　明萬曆刻本　十行二十三字白口四周单边　一六九四

宋陳文節公詩集五卷文集十九卷卷首一卷卷末一卷　宋陳傅良撰　清乾隆十年瑞安林上梓愛日樓刻本　清項傅霖校並跋　十一行二十二字白口四周单边　一六九五

格齋先生三松集一卷　宋王子俊撰　清抄本　佚名校　一六九六

格齋先生三松集一卷　宋王子俊撰　清嘉慶王氏十萬卷樓抄本　清王宗炎校並跋　丁丙跋　一六九七

格齋四六一卷　宋王子俊撰　清抄本　一六九八

九一

格齋四六一卷　宋王子俊撰　清抄本　清丁丙跋　一六九九

格齋先生四六集一卷　宋王子俊撰　清抄本　清程慶餘校並跋　一七〇〇

格齋先生四六一卷　宋王子俊撰　清抄本　清郁松年跋　一七〇一

梅溪先生廷試策一卷奏議四卷文集二十卷後集二十九卷　宋王十朋撰　附錄一卷　明正統五年劉謙、何澋刻天順六年重修本　十一行二十一字黑口四周双边　一七〇二

梅溪先生廷試策一卷奏議四卷文集二十卷後集二十九卷　宋王十朋撰　附錄一卷　明正統五年劉謙、何澋刻天順六年重修本〔四庫底本〕　一七〇三

梅溪先生廷試策一卷奏議四卷文集二十卷後集二十九卷　宋王十朋撰　附錄一卷　明正統五年劉謙、何澋刻天順六年重修本　清丁丙跋　一七〇四

梅溪先生廷試策一卷奏議四卷文集二十卷後集二十九卷　宋王十朋撰　附錄一卷　明刻本　十一行二十一字黑口四周双边　一七〇五

王忠文公文集二十四卷　宋王十朋撰　劉俣編輯　明嘉靖元年刻本　十行二十字白口左右双边　一七〇六

宋王忠文公文集五十卷年譜一卷目錄四卷　宋王十朋撰　清雍正七年唐傳鉎刻本　十一行二十一字白口四周单边　一七〇七

宋王忠文公文集五十卷　宋王十朋撰　清雍正七年唐傳鉎刻本　清孫衣言校並跋　一七〇八

香山集十六卷　宋喻良能撰　清乾隆翰林院抄本　八行二十一字白口四周双边　一七〇九

宮教集十二卷　宋崔敦禮撰　清乾隆翰林院抄本　八行二十一字白口四周双边　一七一〇

宮教集十二卷　宋崔敦禮撰　清抄本　一七一一

蒙隱集二卷　宋陳棣撰　清抄本　佚名校　一七一二

蒙隱集二卷　宋陳棣撰　清乾隆五十六年鮑廷博抄本　鮑廷博校並跋　九行二十一字白口左右双边　一七一三

蒙隱集二卷　宋陳棣撰　清宜秋館抄本　劉家立、程湖校　一七一四

頤堂先生文集五卷　宋王灼撰　宋乾道八年王撝幹定刻本　清丁丙跋　十行十八字小字双行同白口左右双边　一七一五

頤堂先生文集五卷文集又一卷頤堂詞一卷　宋王灼撰　清影宋乾道八年王撝幹定刻本影抄　十行十八字白口左右双边　一七一六

倪石陵書一卷　宋倪樸撰　清抄本　傅增湘跋　十行二十字無格　一七一七

樂軒集八卷　宋陳藻撰　清初抄本　十二行二十二字藍格四周双边　一七一八

九二

樂軒先生集八卷　宋陳藻撰　清抄本　一七一九

樂軒先生集八卷　宋陳藻撰　清抄本　十行二十字無格　一七二〇

樂軒先生集八卷　宋陳藻撰　清康熙汪晋賢裘杼樓抄本　朱修伯跋　清佚名校　十行黑格　一七二一

澹軒集八卷　宋李呂撰　清乾隆翰林院抄本　八行二十一字白口四周双边　一七二二

澹軒集八卷　宋李呂撰　清抄本　一七二三

攻媿先生文集一百二十卷　宋樓鑰撰　宋四明樓氏家刻本　十行十八字白口左右双边　存文一百〇二、目錄五卷　一七二四

攻媿先生文集一百二十卷　宋樓鑰撰　明抄本　十一行二十字白口四周双边　存二十三卷（一至二、五至十二、十六至二十八）　一七二五

攻媿先生文集一百二十卷　宋樓鑰撰　清初梅花閣抄本　十二行二十二字黑口左右双边　存十卷（一至十）　一七二六

攻媿先生文集一百二十卷　宋樓鑰撰　清初抄本〔卷六十七至六十九配另一清抄本，卷一百三配陳恩惠抄本〕　一七二七

攻媿先生文集一百二十卷目錄三卷　宋樓鑰撰　清初抄本　十行十八字無格　一七二八

攻媿先生文集一百二十卷　宋樓鑰撰　清初抄本　存三十二卷　一至三十二　一七二九

攻媿先生文集一百二十卷　宋樓鑰撰　清抄本　十行十八字无格　一七三〇

攻媿先生文集一百二十卷目錄三卷　宋樓鑰撰　清抄本　清翁心存跋（原缺卷七十七至七十九）　一七三一

攻媿集一百十二卷拾遺一卷　宋樓鑰撰　清光緒二十二年廣雅書局刻武英殿聚珍版叢書本　李盛鐸校並跋　傅增湘校補並跋　九行二十一字白口四周双边　一七三二

東塘集二十卷　宋袁說友撰　清乾隆翰林院抄本　八行二十一字白口四周双边　一七三三

義豐文集一卷　宋王阮撰　宋淳祐三年王旦刻本　十行十八字細黑口左右双边　李盛鐸、傅增湘跋　一七三四

義豐文集一卷　宋王阮撰　清抄本　一七三五

義豐文集一卷　宋王阮撰　附夾漈遺稿三卷　宋鄭樵撰　清抄本　清趙宗建跋　一七三六

義豐集一卷　宋王阮撰　清抄本　清孔繼涵跋　俞明炎跋　一七三七

涉齋集十八卷　宋許及之撰　清乾隆翰林院抄本　八行二十一字白口四周双边　一七三八

蠹齋先生鉛（鈆）刀編三十二卷目錄二卷拾遺詩一卷　宋周孚撰　明抄本　清吳焯跋　十行十八字无格　一七三九

九三

蠹齋先生鉛刀編三十二卷拾遺詩一卷　宋周孚撰　清抄本　一七四〇

蠹齋先生鉛刀編三十二卷拾遺詩一卷　宋周孚撰　清抄本　八行十八字白口无格　一七四一

蠹齋先生鉛（鈆）刀編三十二卷拾遺詩一卷　宋周孚撰　清抄本　十行十八字无格　一七四二

蠹齋先生鉛（鈆）刀編三十二卷拾遺詩一卷　宋周孚撰　清抄本　十行二十字无格　一七四三

蠹齋先生鉛刀編三十二卷拾遺詩一卷　宋周孚撰　清抄本　清丁丙跋　一七四四

蠹齋先生鉛刀編三十二卷拾遺詩一卷　宋周孚撰　清抄本（卷二十五至三十二、拾遺詩配另一清抄本）　清丁丙跋　一七四五

蠹齋鉛刀編三十二卷　宋周孚撰　清抄本　十行十八至二十字白口四周单边　一七四六

蠹齋先生鉛（鈆）刀編三十二卷　宋周孚撰　清周大輔鄦公鐘室抄本　周大輔批校　一七四七

淳熙稿二十卷　宋趙蕃撰　清乾隆翰林院抄本（四庫底本）　九行二十一字白口四周双边　一七四八

雙溪文集十七卷　宋王炎撰　明嘉靖十二年王懋元刻本　十行二十一字白口四周单边　一七四九

雙溪文集十七卷　宋王炎撰　明嘉靖十二年王懋元刻本　清丁丙跋　一七五〇

雙溪文集十七卷附錄一卷　宋王炎撰　清抄本　十行二十一字　一七五一

雙溪文集十七卷　宋王炎撰　清抄本　十行十八字　一七五二

重刻雙溪類稿二十七卷　宋王炎撰　明萬曆二十四年王孟璽刻本（四庫底本）　十行二十字白口四周单边　一七五三

重刻雙溪類藁九卷　宋王炎撰　清抄本　十行二十字无格　一七五四

雙溪集十二卷　宋王炎撰　清康熙五十七年王德淇等刻本　十行二十一字黑口左右双边　一七五五

撙齋先生緣督集十二卷　宋曾丰撰　明曾自明輯　明萬曆十一年曾夢講刻本　十行二十字白口四周单边　一七五六

緣督集二十卷　宋曾丰撰　清乾隆翰林院抄本　八行二十一字白口四周双边　一七五七

撙齋先生緣督集四十卷補遺一卷　宋曾丰撰　清抄本　一七五八

撙齋先生緣督集四十卷　宋曾丰撰　清抄本　十行二十字无格　存二十九卷　一至二十三、三十五至四十　一七五九

象山先生文集二十八卷　宋陸九淵撰　明陸時壽刻本　十三行二十四字黑口四周双边　一七六〇

九四

象山先生文集二十八卷外集四卷　宋陸九淵撰　明成化陸和陳復等刻本　十三行二十四字黑口左右双边或四周双边　存二十三卷　一至十一、十七至二十八　一七六一

象山先生文集二十八卷外集四卷語錄四卷附錄二卷　宋陸九淵撰　宋傅子雲　嚴松等輯　明正德十六年李茂元刻本　十行二十二字黑口四周双边　一七六二

象山先生文集二十八卷外集四卷語錄四卷附錄二卷　宋陸九淵撰　宋傅子雲　嚴松等輯　明正德十六年李茂元刻本　清汪憲跋、丁丙跋　一七六三

象山先生文集二十八卷外集五卷　宋陸九淵撰　明正德十六年安正書堂刻本　十一行二十二字黑口四周双边　存九卷　外集語錄全、附錄一　一七六四

象山先生全集三十六卷　宋陸九淵撰　明楊瑀編　明嘉靖十四年威寧姜開刻三十一年錢希相補刻本　九行十七字白口四周双边　一七六五

象山先生全集三十六卷　宋陸九淵撰　明嘉靖刻本　九行十七字白口四周双边　一七六六

象山先生全集三十六卷　宋陸九淵撰　明嘉靖三十八年金谿知縣張齊相刻本　十行二十字白口四周　一七六七

双边

象山先生全集三十六卷 宋陸九淵撰 附錄少湖徐先生學則辯一卷 明徐階撰 明嘉靖四十年何遷刻本 十行二十一字白口四周双边 一七六八

象山先生全集三十六卷 宋陸九淵撰 附錄少湖徐先生學則辯一卷 明徐階撰 明嘉靖四十年何遷刻本 清丁丙跋 一七六九

象山先生全集三十六卷 宋陸九淵撰 明嘉靖四十年刻清補修本 十行二十字白口四周双边 一七七〇

象山先生全集三十六卷 宋陸九淵撰 附學則辯一卷 明徐階撰 明刻本 十行二十字白口四周双边 一七七一

陸象山先生全集三十六卷 宋陸九淵撰 清雍正二年刻本 十行二十字白口左右双边 一七七二

象山先生全集六卷 宋陸九淵撰 傅子雲編 明傅文兆校 明萬曆四十三年金陵周希旦刻本 十行二十字白口四周单边 一七七三

象山粹言六卷 宋陸九淵撰 明王宗沐輯 明嘉靖三十二年王宗沐刻本 十行二十字白口四周单边 一七七四

陸象山先生集要八卷 宋陸九淵撰 明解良杞編 明萬曆二十五年刻本 十行二十字白口四周单边 一七七五

陸象山先生集要四卷 宋陸九淵撰 明解良杞編 明萬曆書林徐可久刻本 九行十九字白口四周单边 一七七六

九五

陸子重光集十卷 宋陸九淵撰 明周從文輯 明崇禎十七年周氏家刻清順治十八年金谿知縣李玉則補刻本 十行二十三字白口四周单边 一七七七

慈湖先生遺書二十卷 宋楊簡撰 明嘉靖四年秦鉞刻本 十行二十二字白口四周单边 一七七八

慈湖先生遺書二十卷 宋楊簡撰 補遺一卷 清丁丙輯 明嘉靖四年秦鉞刻本(卷九、十八、補遺配清抄本) 清楊泰亨校 存十八卷 一至十八 一七七九

慈湖先生遺書二十卷 宋楊簡撰 明嘉靖十二年克復書齋楊氏刻本 十行二十二字白口四周单边 一七八〇

慈湖先生遺書二十卷 宋楊簡撰 明萬曆刻本 葉德輝跋 十行二十二字白口四周双边 一七八一

慈湖先生遺書二十卷 宋楊簡撰 清光緒抄本 清楊泰亨、馮可鏞校並跋 十行二十二字無格 存十五卷 一至九、十六至二十 一七八二

慈湖先生遺書二十卷 宋楊簡撰 補編不分卷 清馮可鏞輯 清光緒間慈谿馮氏醉經閣抄本 清馮可鏞校 十行二十二字無格 一七八三

慈湖先生遺書十八卷 宋楊簡撰 明刻本 十行二十字白口四周双边 一七八四

慈湖先生遺書十八卷 宋楊簡撰 明刻本 清丁丙跋 一七八五

慈湖先生遺書十八卷 宋楊簡撰 清抄本 一七八六

慈湖先生遺書抄六卷 宋楊簡撰 明楊世恩輯 明萬曆潘汝楨刻本 八行二十字白口左右双边 一七八七

慈湖先生遺書抄六卷 宋楊簡撰 明楊世恩輯 明萬曆潘汝楨刻本 清徐時棟跋 一七八八

絜齋集二十四卷 宋袁燮撰 清乾隆武英殿聚珍版活字印本 清徐時棟批校並跋 九行二十一字白口四周双边 一七八九

舒文靖集二卷 宋舒璘撰 清抄本 一七九〇

新校廣平學案二卷 宋舒璘撰 清徐時棟輯校 稿本 十行二十字 一七九一

雲莊劉文簡公文集十二卷 題宋劉爚撰 明正統九年劉穗實莊書院刻本 葉德輝跋 十行二十字黑口四周双边 一七九二

雲莊劉文簡公文集十二卷 題宋劉爚撰 外集八卷 明劉均輯 年譜一卷 宋沈僩撰 明正統九年劉穗刻遞修本 清丁丙跋 一七九三

雲莊劉文簡公文集十二卷 題宋劉爚撰 清抄本 一七九四

雲莊劉文簡公文集十二卷 題宋劉爚撰 清抄本 清丁丙跋 一七九五

雲莊劉文簡公文集二十卷 宋劉爚撰 明祁氏澹生堂抄本(卷十六配清抄本四庫底本) 十行二十字白口四周单边 一七九六

雲莊劉文簡公文集二十卷 宋劉爚撰 清抄本 十行二十四字無格 一七九七

定齋集二十卷 宋蔡戡撰 清抄本 一七九八

九六

定齋集二十卷 宋蔡戡撰 清抄本(九缺) 八行二十一字無格 一七九九

九華集二十五卷 宋員興宗撰 附錄一卷 清東武劉氏嘉蔭簃抄本 十行二十一字白口四周单边 一八〇〇

洪文敏公文集八卷 宋洪邁撰 清抄本 一八〇一

洪文敏公文集八卷 宋洪邁撰 清抄本 十行十八字無格 一八〇二

洪文敏公文集八卷 宋洪邁撰 清抄本 十行二十字 一八〇三

洪文敏公文集八卷 宋洪邁撰 清湯裕抄本 清丁丙跋 一八〇四

洪文敏公集八卷 宋洪邁撰 清抄本 十行十八字無格 一八〇五

洪文敏公集八卷 宋洪邁撰 清抄本 十行二十字白口左右双边 一八〇六

洪文敏公集八卷 宋洪邁撰 清抄本 有佚名朱筆校 十二行十八字左右双边 一八〇七

野處類稿二卷 宋洪邁撰 清抄本 八行十八字無格 一八〇八

野處類藁二卷 題宋洪邁撰 清抄本 十行十八字無格 一八〇九

野處類稿二卷 題宋洪邁撰 清抄本 清邵墀、黃丕烈校並跋 一八一〇

野處類稿二卷 宋洪邁撰 清抄本 清法式善校並跋 八行十六字無格 一八一一

盤洲文集八十卷 宋洪适撰 宋刻本 十行二十字小字双行同白口左右双边 一八一二

盤洲文集八十卷　宋洪适撰　清初抄本　清王士禛跋　九行十八字无格　一八一三

盤洲文集八十卷　附錄一卷　宋洪适撰　清抄本　清勞權校並補　十行二十字无格　一八一四

盤洲文集八十卷　宋洪适撰　清嘉慶十九年洪振安影宋抄本　清洪振安跋　十行二十字黑格　一八一五

盤洲文集八十卷　拾遺一卷　宋洪适撰　附錄一卷　清道光十七年抄本　清方恩先校　存六十七卷　一至十四、二十二至三十五、四十四至八十一　拾遺全、附錄全　一八一六

盤洲文集八十卷　宋洪适撰　末一卷　校記一卷　清同治[illegible]縣洪氏刻光緒十年續刻本　傅增湘校　十行二十字白口左右双边　一八一七

盤洲文集八十卷　宋洪适撰　清文珍樓抄本　十行二十字白口四周双边　一八一八

盤洲文集八十卷　宋洪适撰　清抄本　清翁心存跋　一八一九

盤洲文集八十卷　宋洪适撰　清抄本　清丁丙跋　一八二〇

盤洲文集八十卷　宋洪适撰　清抄本　八行二十一字　一八二一

盤洲文集八十卷　宋洪适撰　清抄本　十行二十字无格　一八二二

盤洲文集八十一卷　宋洪适撰　清吳氏四古堂抄本　吳允嘉校並跋　十行二十二字白口四周单边　一八二三

盤洲文集八十一卷　宋洪适撰　清抄本　清彭元瑞跋　十二行二十六字白口四周单边　一八二四

九七

盤洲文集十三卷　宋洪适撰　清抄本　九行十八字　一八二五

盤洲文集八卷　宋洪适撰　清乾隆李平仲抄本　清李文藻校並跋　十行二十一字无格　一八二六

盤洲詩集十卷　宋洪适撰　清抄本　清吳長元校並跋　一八二七

盤洲詞三卷　宋洪适撰　清抄本　十行二十四字无格　一八二八

艮齋先生薛常洲浪語集三十五卷　宋薛季宣撰　明祁氏澹生堂抄本（卷三至二十二、二十七至二十九、三十一、三十二至三十三配清抄本）　清丁丙跋　十行十九字至二十字藍格　一八二九

艮齋先生薛常州浪語集三十五卷　宋薛季宣撰　清初抄本　十行二十字无格　存三十卷　一至三十　一八三〇

艮齋先生薛常州浪語集三十五卷　宋薛季宣撰　清抄本　一八三一

艮齋先生薛常州浪語集三十五卷　宋薛季宣撰　清抄本　十行二十字无格　一八三二

薛浪語集三十五卷　宋薛季宣撰　清同治十年金陵書局刻本　清孫衣言評點　十二行二十二字細黑口左右双边　一八三三

石湖居士集三十四卷　宋范成大撰　明弘治十六年金蘭館銅活字印本　十行二十一字白口左右双边　一八三四

石湖居士集三十四卷　宋范成大撰　明抄本　佚名校　一八三五

石湖居士集三十四卷　宋范成大撰　清順治九年黃說抄本　十行二十一字无格　一八三六

石湖居士文集三十四卷　宋范成大撰　明吳氏叢書堂抄本　十行二十字白口左右双边　一八三七

石湖居士文集三十四卷　宋范成大撰　明抄本　十行二十字白口四周单边　存三十卷　五至三十四　一八三八

石湖居士文集三十四卷　宋范成大撰　明抄本　徐勘跋　佚名批校　十行二十字白口四周双边　一八三九

石湖居士文集三十四卷　宋范成大撰　明抄本　清彭元瑞校　翁同書批並跋　十行二十字无格　存二十一卷　十四至三十四　一八四〇

范石湖詩集二十卷　宋范成大撰　清康熙二十七年黃昌衢藜照樓刻本　十行十九字黑口四周单边　一八四一

范石湖詩集二十卷　宋范成大撰　清康熙二十七年黃昌衢藜照樓刻本　清潘鍾瑞校補並跋　一八四二

范石湖詩集二十卷　宋范成大撰　清康熙二十七年黃昌衢藜照樓刻本　傅增湘校　一八四三

石湖居士詩集三十四卷　宋范成大撰　清康熙二十七年顧氏依園刻本　十一行二十一字白口左右双边　一八四四

石湖居士詩集三十四卷　宋范成大撰　清康熙二十七年顧氏依園刻本　清顧肇熙校注並跋　邵晓跋　一八四五

石湖居士詩集三十四卷　宋范成大撰　清康熙二十七年顧氏依園刻本　清陳撰批校、丁丙跋　一八四六

石湖居士詩集三十四卷　宋范成大撰　清康熙二十七年顧氏依園刻本　清陸觀跋　一八四七

九八

石湖居士詩集三十四卷　宋范成大撰　清康熙二十七年顧氏依園刻本　鄭文焯、康有為跋　一八四八

石湖居士詩集三十四卷　宋范成大撰　清康熙二十七年顧氏依園刻本　清沈王書批點　一八四九

石湖居士詩集三十四卷　宋范成大撰　清康熙二十七年顧氏依園刻本　葉景葵校並跋　一八五〇

石湖詩選不分卷　宋范成大撰　清抄本　清江標圈點並跋　八行二十四字　一八五一

石湖居士集選不分卷　宋范成大撰　明馮弘道選　稿本　十三行二十八字无格　一八五二

誠齋先生江湖集十四卷　荊溪集十卷　西歸集四卷　南海集八卷　江西道院集五卷　朝天續集八卷　退休集十四卷　宋楊萬里撰　宋淳熙紹熙遞刻本　十行十八字白口左右双边　存六十卷　西歸集一至三、退休集一至三、六至十四　餘全　一八五三

誠齋集一百三十三卷　宋楊萬里撰　明毛氏汲古閣抄本　八行十七字白口四周单边　一八五四

誠齋集一百三十三卷　宋楊萬里撰　明末毛氏汲古閣抄本　清顧廣圻校並題跋　八行十七字細黑口或白口四周双边　一八五五

誠齋集一百三十三卷　宋楊萬里撰　明末毛氏汲古閣抄本　清翁同龢跋　八行十七字細黑口四周双边　存十五卷　四十至四十八、六十二至六十四、一百三十一至一百三十三　一八五六

誠齋集一百三十三卷　宋楊萬里撰　楊長孺編　明末抄本　十行二十至二十二字白口四周单边　一八五七

存二十七卷　一百〇七至一百三十之

一八五八　誠齋集一百三十三卷　宋楊萬里撰　清初抄本　九行十八字細黑口四周單边　存六十二卷　六十一至一百二十二

一八五九　誠齋集一百三十三卷　宋楊萬里撰　清初抄本　十行二十字无格

一八六〇　誠齋集一百三十三卷　宋楊萬里撰　清道光十年鳴野山房抄本　清沈復粲校並跋

一八六一　誠齋集一百三十三卷　宋楊萬里撰　清抄本　十行二十字无格　存一百二十二卷　一至一百二十二

一八六二　誠齋集一百三十三卷　宋楊萬里撰　清抄本　十一行二十一字

一八六三　楊誠齋集一百三十三卷別集二卷　宋楊萬里撰　附錄一卷　清抄本

一八六四　誠齋集一百三十五卷目錄三卷　宋楊萬里撰　清抄本　清宋文懋校　丁丙跋　十行二十字白口无格

一八六五　楊誠齋集一百二十卷　宋楊萬里撰　明抄本

一八六六　誠齋集一百二十卷　宋楊萬里撰　清抄本　十行二十字无格

一八六七　誠齋集七十卷　宋楊萬里撰　明吳是龍選　明抄本　十行二十字无格

一八六八　楊誠齋集六十八卷　宋楊萬里撰　清袁棠用靈芬館紙抄本　清袁棠跋並過錄郭麐校跋

一八六九　批點分類誠齋先生文膾前集十二卷後集十二卷　宋楊萬里撰　李誠父輯　元刻本　十二行二十字細黑口左右双边

一八七〇　批點分類誠齋先生文膾前集十二卷後集十二卷　宋楊萬里撰　李誠父輯　明初刻本　十二行二十字黑口左右双边

一八七一　批點分類誠齋先生文膾前集十二卷後集十二卷　宋楊萬里撰　李誠父輯　明刻本　清吳士鑑跋　十二行二十字黑口左右双边　存後集十二卷　一至十二

一八七二　批點分類誠齋先生文膾前集十二卷後集十二卷　宋楊萬里撰　明隆慶六年杭城翁文溪刻本　十行二十三字白口左右双边

一八七三　新刊廬陵誠齋楊萬里先生錦繡策不分卷　題宋楊萬里撰　明萬曆二年李廷梓刻本　十一行二十四字白口四周單边

一八七四　誠齋詩抄不分卷　宋楊萬里撰　清抄本

一八七五　渭南文集五十卷　宋陸游撰　宋嘉定十三年陸子遹溧陽學宮刻本　清黃丕烈跋　張祖翼、繆荃孫題款　十行十七字白口左右双边　存四十六卷　一至二、五至十、十三至五十

一八七六　渭南文集五十卷　宋陸游撰　明弘治十五年錫山華珵銅活字印本　九行十八字白口左右双边

一八七七　渭南文集五十卷　宋陸游撰　明弘治十五年錫山華珵銅活字印本　清丁丙跋

一八七八　渭南文集五十卷　宋陸游撰　明末毛氏汲古閣刻本　清胡堯戴跋　佚名批　八行十八字白口左右双边

一八七九　渭南文集五十卷　宋陸游撰　明末毛氏汲古閣刻本　章鈺校並跋

一八八〇　渭南文集五十二卷　宋陸游撰　明正德八年梁喬刻本　十行二十二字白口四周双边

一八八一　渭南文集五十二卷　宋陸游撰　明正德八年梁喬刻本　清葛鼐跋

一八八二　渭南文集五十二卷　宋陸游撰　明正德八年梁喬刻本（卷四十五至四十八配清抄本）　清丁丙跋

一八八三　渭南文集五十二卷　宋陸游撰　明正德八年梁喬刻本　梁鼎芬題識　沈曾植補錄正德刻本序、葉景葵跋

一八八四　渭南文集五十二卷　宋陸游撰　明正德八年梁喬刻本　李放、章鈺跋

一八八五　渭南文集五十二卷目錄二卷　宋陸游撰　明萬曆四十年陸夢祖刻本　十行二十二字白口四周單边

一八八六　渭南文集五十二卷　宋陸游撰　明萬曆四十年陸夢祖刻本　清丁丙跋

一八八七　新刊劍南詩稾二十卷　宋陸游撰　宋淳熙十四年嚴州郡齋刻本　十行二十字白口左右双边　存十卷　一至四、八至十、十四至十六

九九

一八八八　放翁先生劍南詩稾六十七卷目錄□卷　宋陸游撰　宋刻本　清黃丕烈跋並題詩、李放跋　十行二十字白口左右双边　存十五卷　四十二至四十四、五十八至六十二、目錄一至二、四至八

一八八九　劍南詩稿八十五卷　宋陸游撰　明末毛氏汲古閣刻本　清鮑廷博批校並跋　八行十八字白口左右双边

一八九〇　劍南詩稿八十五卷　宋陸游撰　明末毛氏汲古閣刻本　清潘陽子評點　存八十卷　一至八十

一八九一　劍南詩續稾八卷　宋陸游撰　明末毛氏抄本　明毛晉校　八行二十字无格

一八九二　澗谷精選陸放翁詩集前集十卷　宋陸游撰　羅椅輯　須溪精選陸放翁詩集後集八卷　宋陸游撰　劉辰翁輯　別集一卷　明劉景寅輯　明弘治十年冉孝隆刻本　清丁丙跋　十一行二十字黑口四周單边

一八九三　澗谷精選陸放翁詩集前集十卷　宋陸游撰　羅椅輯　須溪精選陸放翁詩集後集八卷　宋陸游撰　劉辰翁輯　別集一卷　明劉景寅輯　明嘉靖十三年黃漳刻本　十一行二十字黑口四周双边

一八九四　澗谷精選陸放翁詩集前集十卷　宋陸游撰　羅椅輯　須

溪精選陸放翁詩集後集八卷 宋劉辰翁輯 別集一卷 明劉景寅輯 清沈復燦抄本 清丁丙跋

一八九五 劍南詩鈔六卷 宋陸游撰 清楊大鶴選 清康熙二十四年楊大鶴刻本 十行十八字白口左右雙邊

一八九六 陸放翁劍南詩選六卷 宋陸游撰 清宋陵輯 清康熙二十五年刻本 九行十九字白口四周單邊

一八九七 陸務觀先生四六二卷 宋陸游撰 明抄本 十行十八字白口四周單邊

一八九八 放翁題跋六卷 宋陸游撰 明末毛氏汲古閣刻本 八行十九字白口四周單邊

一八九九 藻筠堂劍南七律讀本不分卷 宋陸游撰 芝跋 清刻本 青草友

一九〇〇 放翁詩抄二卷 宋陸游撰 清漢堂抄本

一九〇一 頤菴居士集二卷 宋劉應時撰 明嘉靖四年劉世龍刻本 九行十五字白口左右雙邊

一九〇二 頤菴居士集二卷 宋劉應時撰 清乾隆嘉慶間鮑廷博刻知不足齋叢書本 傅增湘校並跋 九行二十一字細黑口左右雙邊

一九〇三 頤菴居士集二卷 宋劉應時撰 清抄本 七行十六字無格

一九〇四 水心先生文集二十九卷 宋葉適撰 明正統十三年黎諒刻本 十二行二十字黑口四周雙邊

一九〇五 水心先生文集二十九卷 宋葉適撰 明正統十三年黎諒刻本（卷五至九配清抄本） 清丁丙跋

一九〇六 水心先生文集二十九卷 宋葉適撰 明正統十三年黎諒刻本（卷一至六、十五至二十二、二十九配清丁氏竹書堂抄本） 清劉履仁、羅榘校 丁立誠跋

一九〇七 水心文集二十九卷 宋葉適撰 明末刻本 九行十九字白口四周單邊

一九〇八 水心文集二十九卷 宋葉適撰 清乾隆二十年刻本 十行二十字白口左右雙邊

一九〇九 水心文集二十九卷 宋葉適撰 清乾隆二十年刻本 清王韜批校並跋

一九一〇 水心文集二十九卷 宋葉適撰 清乾隆二十年刻本 清孫衣言批校

一九一一 水心先生集二十九卷 宋葉適撰 清抄本 九行十七字無格

一九一二 水心先生別集十六卷 宋葉適撰 清抄本

一九一三 水心先生別集十六卷 宋葉適撰 清抄本 九行十八字無格

一九一四 水心先生別集十六卷 宋葉適撰 清抄本 清孫詒讓校

一九一五 水心先生別集十六卷 宋葉適撰 清抄本 清孫原湘題款

一九一六 水心文鈔十卷 宋葉適撰 清乾隆五十五年刻本（希古堂藏版） 十行二十一字白口左右雙邊

一九一七 葉水心文集校註不分卷 宋葉適撰 清孫衣言校註 稿本 十行二十四字藍格

一九一八 水心集校註不分卷 宋葉適撰 清孫衣言註 稿本 十行字數不一 藍格

一九一九 南湖集十卷 宋張鎡撰 清抄本 清鮑廷博校 十行二十一字無格

一九二〇 南湖集十卷 宋張鎡撰 附錄三卷 清乾隆四十六年鮑廷博刻知不足齋叢書本 清鮑廷博校 九行二十一字黑口左右雙邊

一九二一 南湖集十卷 宋張鎡撰 附錄三卷 清乾隆鮑氏刻知不足齋叢書本 清徐時棟校 存六卷 一至六

一九二二 南湖集十卷 宋張鎡撰 清南三閣四庫全書本 八行二十一字白口四周雙邊朱絲欄 存三卷 一至三

一九二三 客亭類藳□卷 宋楊冠卿撰 宋刻本 十一行十八字四周雙邊

一九二四 石屏詩集十卷 宋戴復古撰 東皋子詩一卷 宋戴敏撰 明弘治十一年宋鑑馬金刻本 九行十九字黑口四周雙邊

一九二五 石屏詩集十卷 宋戴復古撰 東皋子詩一卷 宋戴敏撰 明弘治十一年宋鑑馬金刻本 清黃丕烈跋

一九二六 石屏詩集十卷 宋戴復古撰 東皋子詩一卷 宋戴敏撰 明弘治十一年宋鑑馬金刻本 佚名錄清黃丕烈跋並補

一九二七 石屏詩集十卷 宋戴復古撰 東皋子詩一卷 宋戴敏撰 明弘治十一年宋鑑馬金刻本 清佚名錄黃丕烈跋 徐曉霞跋

一九二八 石屏詩集十卷 宋戴復古撰 東皋子詩一卷 宋戴敏撰 清嘉慶二十二年宋世犖刻台州叢書本 傅增湘校並跋 十行二十一字白口左右雙邊

一九二九 石屏詩集十卷 宋戴復古撰 明山陰祁氏淡生堂抄本 十行十九至二十字

一九三〇 石屏詩集十卷 宋戴復古撰 清初抄本 九行十九字無格

一九三一 石屏詩集十卷 宋戴復古撰 清劉氏嘉蔭簃抄本

一九三二 石屏詩集六卷 宋戴復古撰 明潘是仁輯 明潘氏刻本 九行十九字白口四周單邊

一九三三 石屏續集四卷 宋戴復古撰 清抄本 十行十八字無格

一九三四 石屏詩選一卷 宋戴復古撰 清抄本

一九三五 蓮峰集十卷 宋史堯弼撰 清抄本

一九三六 江湖長翁文集四十卷 宋陳造撰 明萬曆四十六年李之藻刻本 九行二十一字白口左右雙邊

一九三七 平菴悔稿不分卷 丙辰悔稿一卷 悔稿後編不分卷 補遺一卷 宋項安世撰 清抄本 十行二十一字無格

一九三八 平菴悔稿不分卷 丙辰悔稿一卷 悔稿後編不分卷 補遺一卷 宋項安世撰 清抄本 清翁心存、翁同書跋 十行二十一字無格

一九三九 平庵悔稿不分卷 丙辰悔稿一卷 平庵悔稿後編不分卷 詩稿補遺一卷 宋項安世撰 清抄本 清吳長元跋 九行二十一字藍格白口

一九四〇 平菴詩稿十六卷 宋項安世撰 清抄本 十行二十字無格

一九四一 平菴詩稿十六卷 宋項安世撰 清抄本 清丁丙跋

一九四二 平菴悔稿十四卷丙辰悔稿一卷悔稿後稿六卷補遺一卷 宋項安世撰 清抄本 八行二十一字无格

一九四三 南軒先生文集四十四卷 宋張栻撰 明刻本 十二行二十字黑口四周双边

一九四四 南軒先生文集四十四卷 宋張栻撰 明刻本（卷一配清抄本） 清丁丙跋

一九四五 新刊南軒先生文集四十四卷 宋張栻撰 明嘉靖元年刘氏翠巖精舍刻本 十二行二十三字細黑口四周双边

一九四六 南軒先生文集四十四卷 宋張栻撰 明嘉靖□緝之刻本 十行二十字白口四周双边

一九四七 南軒先生文集四十四卷 宋張栻撰 清康熙四十五年锡山華氏劍光書屋刻本 十一行二十字白口左右双边

一九四八 南軒先生文集四十四卷 宋張栻撰 清康熙四十五年華氏劍光書屋刻本 清張雲章批校 錢大昕跋 錢侗題款

一九四九 南軒先生文集四十四卷 宋張栻撰 清康熙四十五年華氏劍光書屋刻本 胡宗懋批校

一九五〇 南軒文集四十四卷 宋張栻撰 清道光二十五年陳鍾祥刻本 十一行二十字白口左右双边 傅增湘校並跋

一九五一 南軒文集節要八卷 宋張栻撰 明蔡豹編 明嘉靖十年蔣氏刻本 十行十八字白口四周单边

一〇三

一九五二 南軒先生詩集七卷 宋張栻撰 清張鵬翮、張嘉楨等輯訂 清康熙三十三年武林張文進述堂刻本 十一行二十字小字双行同白口四周单边

一九五三 南軒先生詩集七卷 宋張栻撰 清抄本 清吳騫跋 傅增湘校並跋 十二行二十字无格

一九五四 勉齋先生黃文肅公文集四十卷 宋黃榦撰 語錄一卷 宋林園、祭念成等輯 年譜一卷 宋鄭元肅撰 附集一卷 元刻延祐二年重修本 十行十八字細黑口左右双边

一九五五 宋儒文肅公黃勉齋先生文集四十卷 宋黃榦撰 清康熙四十三年黃若金刻本 十行二十二字白口四周单边

一九五六 勉齋先生黃文肅公文集四十卷 宋黃榦撰 附集一卷 清抄本

一九五七 勉齋先生黃文肅公文集四十卷 宋黃榦撰 附集一卷 清抄本 清丁丙跋

一九五八 勉齋先生黃文肅公文集三十七卷 宋黃榦撰 附集一卷 清抄本 清陳介祺跋 傅增湘校並跋 十行十八字无格

一九五九 黃勉齋先生文集八卷 宋黃榦撰 清張伯行編 清康熙四十八年正誼堂刻本 十行二十二字白口四周单边

一九六〇 北溪先生大全文集五十卷外集一卷 宋陳淳撰 明弘治三年撫州守周梁石刻本 十行二十一字黑口四周双边

一九六一 北溪先生大全文集五十卷外集一卷 宋陳淳撰 明抄本 十行二十二字藍格

一九六二 北溪先生大全文集五十卷外集一卷 宋陳淳撰 清初抄本 十行二十字无格

一九六三 北溪先生大全文集五十卷外集一卷 宋陳淳撰 清雍正趙昱小山堂抄本 十行二十字白口四周单边

一九六四 北溪先生大全文集五十卷 宋陳淳撰 外集一卷 清抄本 十一行二十二字

一九六五 北溪先生大全文集五十卷外集一卷 宋陳淳撰 清抄本 九行十八字无格

一九六六 北溪先生全集五十卷補遺一卷 宋陳淳撰 外集一卷 宋陳宓輯 北溪先生字義二卷 宋王雋撰 清乾隆四十八年東齋刻本 十行二十二字黑口四周双边

一〇四

一九六七 山房集八卷後稿一卷 宋周南撰 清乾隆翰林院抄本 八行二十一字白口四周双边

一九六八 山房集九卷 宋周南撰 清乾隆翰林院抄本 八行二十一字白口四周双边

一九六九 校注橘山四六二十卷 宋李廷忠撰 明陳霖翼注 明萬曆三十五年刻本 十行二十一字白口左右双边

一九七〇 校注橘山四六二十卷 宋李廷忠撰 明陳霖翼注 明萬曆三十五年刻本（卷一至五、十五至二十配癡雲樓孔氏稿抄本） 張有為跋

一九七一 橘山四六二十卷 宋李廷忠撰 明抄本 李盛鐸跋 十行二十字白口左右双边

一九七二 橘山四六二十卷 宋李廷忠撰 明抄本 十行二十字藍口四周双边 存五卷 十六至二十

一九七三 橘山四六二十卷 宋李廷忠撰 明抄本 十行十八字白口四周单边 存十八卷 一至十八

一九七四 雙峯先生存稿六卷 宋舒邦佐撰 明舒日敬輯 明崇禎舒氏家刻本 七行十八字白口四周单边

一九七五 雙峯先生文集九卷 宋舒邦佐撰 清初抄本 清查慎行、朱彝尊校補並跋 十二行二十二字

一九七六 雙峯舒先生文集九卷 宋舒邦佐撰 清初抄本 十一行二十字无格

一九七七 後樂集二十卷附文節公年譜 宋衛涇撰 清友順堂活字本 九行二十一字白口四周双边

1978 後樂集二十卷 宋衛涇撰 清抄本 清衛壽康、李錫嘏、潘道根跋 存十七卷 一至八、十一至十七、十九至二十

1979 竹齋先生詩集三卷 宋裘萬頃撰 附錄一卷 清康熙四十八年裘彝刻本 十一行二十一字白口左右雙邊

1980 竹齋先生詩集四卷 宋裘萬頃撰 清抄本 十一行二十一字無格

1981 竹齋詩集不分卷 宋裘萬頃撰 清抄本 清王端履、孔廣陶題識

1982 裘竹齋詩集六卷 宋裘萬頃撰 清抄本 十行二十字無格

1983 毅齋詩集別錄一卷 宋徐僑撰 家傳一卷 明正德六年徐興刻本 十一行二十一字黑口四周雙邊

1984 毅齋詩集別錄一卷 宋徐僑撰 家傳一卷 明正德六年徐興刻本 周叔弢跋

1985 碧巖詩集二卷 宋金朋說撰 清抄本 十行二十六字無格

1986 梅山續稿詩十七卷雜文一卷長短句一卷 宋姜特立撰 清初抄本 十一行十八字無格

1987 梅山續藁十七卷雜文一卷長短句一卷 宋姜特立撰 清趙氏小山堂抄本 清厲鶚批注 十行十八字白口四周單邊

一〇五

1988 梅山續稿十七卷雜文一卷長短句一卷 宋姜特立撰 清[illegible]氏醉經閣抄本 十行十八字無格

1989 梅山續藁十七卷雜文一卷長短句一卷 宋姜特立撰 清抄本

1990 蟠室老人文集二十二卷奏議一卷涉史隨筆一卷 宋葛洪撰 宋刻本 九行十八字白口左右雙邊 存二卷 十四至十五

1991 蟠室老人文集二十二卷奏議一卷涉史隨筆一卷 宋葛洪撰 清光緒六年葛芾棠等活字印本 八行二十字白口四周雙邊 存十一卷 一至五、十四至十五、十八至二十、涉史隨筆全

1992 信天巢遺藁一卷 宋高翥撰 清高士奇輯 林湖遺藁一卷 宋高鵬飛撰 江村遺藁一卷 宋高選、高邁撰 清高士奇輯 疏寮小集一卷 宋高似孫撰 清康熙二十六年高士奇刻本 十行十八字白口左右雙邊

1993 菊磵小集一卷 宋高翥撰 清抄本

1994 菊磵小集一卷續編一卷 宋高翥撰 清抄本 十行十八字無格

1995 疎寮小集一卷補遺一卷 宋高似孫撰 清抄本

1996 騷略三卷 宋高似孫撰 清汪氏裘杼樓抄本

1997 漫塘劉先生文前集三十六卷 宋劉宰撰 明正德十六年任佃刻嘉靖八年王臬續刻本 十行二十字小字雙行同細黑口四周雙邊

1998 漫塘文集三十六卷 宋劉宰撰 附錄二卷 明萬曆二十六年[illegible]刻本 九行十九字白口四周單邊

1999 漫塘文集三十六卷 宋劉宰撰 附錄一卷 明萬曆三十二年[illegible]刻本 清丁丙跋

2000 漫塘劉先生文集二十二卷 宋劉宰撰 [illegible]編 明活字本 八行十六字白口左右雙邊

2001 陳克齋先生集十七卷 宋陳文蔚撰 明崇禎十六年張時雨刻本 九行二十字白口四周單邊

2002 陳克齋先生集十七卷 宋陳文蔚撰 明崇禎十六年張時雨刻清康熙四十四年陳鉁重修本

2003 二薇亭詩集一卷 宋徐璣撰 清乾隆三十一年鮑廷博抄本 鮑廷博校並跋（四庫底本） 十行十八字細黑口左右雙邊

2004 西巖集一卷 宋翁卷撰 清道光十八年翁同龢抄本 翁心存跋 十行二十一字白口四周雙邊

2005 瓜廬詩一卷 宋薛師石撰 附錄一卷 明文始堂抄本 清何焯跋 十一行十六字細黑口左右雙邊

2006 瓜廬詩一卷 宋薛師石撰 附錄一卷 清抄本 十一行十六字無格

2007 瓜廬詩一卷 宋薛師石撰 附錄一卷 清抄本 清丁丙跋

2008 瓜廬集一卷 宋薛師石撰 附白石樵唱一卷 清王端履抄本 清孫衣言跋 十二行二十二字

2009 瓜廬詩一卷附四靈留題一卷 宋薛師石撰 清抄本 九行十九字

2010 程端明公洺水集二十六卷首一卷 宋程珌撰 明嘉靖三十五年程元昞刻本 十一行二十一字白口左右雙邊

2011 程端明公洺水集二十六卷首一卷 宋程珌撰 明嘉靖三十五年程元昞刻本 清丁丙跋 十一行二十一字白口左右雙邊

2012 程洺水先生集三十卷 宋程珌撰 附錄一卷 明崇禎二年程至遠刻本 九行十九字白口左右雙邊

2013 龍川先生文集三十卷 宋陳亮撰 明嘉靖史朝富刻本 十行二十二字白口左右雙邊

2014 龍川先生文集三十卷 宋陳亮撰 明龍川書院朱彥霖等刻本 十一行二十二字黑口四周雙邊

2015 龍川先生文集三十卷 宋陳亮撰 明龍川書院朱彥霖等刻本 清丁丙跋

2016 龍川先生文集二十六卷 宋陳亮撰 附錄一卷 明萬曆四十四年王

一〇六

世德刻本　十行二十字白口四周單邊

二〇一七　龍川文集三十卷　宋陳亮撰　明崇禎六年鄒質士刻本　九行十九字白口四周單邊

二〇一八　龍川文集三十卷　宋陳亮撰　明崇禎六年鄒質士刻本　清丁丙跋

二〇一九　宋陳同甫文集不分卷　宋陳亮撰　明李贄評　明崇禎刻本　八行十八字白口四周單邊

二〇二〇　宋陳龍川先生文集二卷　宋陳亮撰　明崇禎七年刻本　八行十九字白口四周單邊

二〇二一　陳同甫集三十卷　宋陳亮撰　清初嶺南壽經堂活字本　十行二十一字白口四周雙邊

二〇二二　龍洲道人詩集十五卷　宋劉過撰　明嘉靖王朝用刻本(卷四至七配清抄本)　清丁丙跋　九行十七字白口左右雙邊

二〇二三　龍洲道人詩集十五卷　宋劉過撰　清抄本　十一行二十一字無格

二〇二四　龍洲道人詩集十二卷　宋劉過撰　清抄本　清丁丙跋

二〇二五　龍洲道人詩集十卷　宋劉過撰　清抄本　陳鱣錄清邵晉涵校跋　十一行二十二字無格

二〇二六　龍洲道人集十卷　宋劉過撰　清知不足齋抄本　清鮑廷博校並跋　十行二十四字白口

二〇二七　龍洲道人集十五卷　宋劉過撰　劉龍洲墓詩一卷　清顧湄輯　清抄本　十行二十二字無格

二〇二八　龍洲集三卷　宋劉過撰　清嘉慶抄本　十一行二十四字無格

二〇二九　龍洲先生集一卷　宋劉過撰　附錄一卷　清抄本　清翁同書跋　十行二十一字無格

二〇三〇　重校鶴山先生大全文集一百十卷目錄二卷　宋魏了翁撰　宋開慶元年刻本　清錢大昕、黄丕烈跋　十一行二十字白口左右雙邊　存九十四卷(目錄一至十七、二十三至三十四、三十九至四十二、四十七至四十九、五十四至七十四、七十八至一百七、一百九至一百十)

二〇三一　重校鶴山先生大全文集一百十卷　宋魏了翁撰　明嘉靖安國銅活字印本　十三行十六字白口左右雙邊　存一百九卷(一至一百七、一百九至一百十)

二〇三二　重校鶴山先生大全文集一百十卷　宋魏了翁撰　明嘉靖安國銅活字印本　清季振宜、丁丙跋　存一百八卷(一至一百七、一百九)〔卷八十四至八十六、九十九至一百三、一百七配清抄本〕

二〇三三　重校鶴山先生大全文集一百十卷　宋魏了翁撰　明刻本　十三行十六字白口左右雙邊　存一百九卷(一至一百七、一百九至一百十)

二〇三四　重校鶴山先生大全文集一百十卷　宋魏了翁撰　明嘉靖三十年高翀吳鳳刻本　十一行十六字白口四周雙邊　存一百九卷(一至一百七、一百九至一百十)

二〇三五　重校鶴山先生大全文集一百十卷　宋魏了翁撰　清抄本　十行十六字　存一百七卷(一至一百六、一百九)

二〇三六　重校鶴山先生大全文集一百十卷目錄二卷　宋魏了翁撰　清抄本　清繆荃孫、王秉恩校　十三行十四至十六字不等無格

二〇三七　魏鶴山先生渠陽詩一卷　宋魏了翁撰　王德文注　明刻本　七行十四至十六字不等白口左右雙邊

二〇三八　註鶴山先生渠陽詩一卷　宋魏了翁撰　王德文注　明刻本　清黄丕烈跋

二〇三九　西山先生文集□□卷　宋真德秀撰　元刻本　十行十九字細黑口四周雙邊

二〇四〇　西山先生真文忠公文集五十一卷目錄二卷　宋真德秀撰　明嘉靖三年書林精舍刻本　十行十八字黑口四周雙邊

二〇四一　西山先生真文忠公文集五十一卷　宋真德秀撰　明嘉靖刻本　清丁丙跋

二〇四二　西山先生真文忠公文集五十五卷目錄二卷　宋真德秀撰　明正德十五年至嘉靖元年張文麟黄鞏刻本　十行十八字黑口四周雙邊

二〇四三　西山先生真文忠公文集五十五卷目錄二卷　宋真德秀撰　明萬曆二十六年景賢堂刻本　十行二十字白口四周雙邊

二〇四四　西山先生真文忠公文集五十五卷目錄二卷　宋真德秀撰　明萬曆二十六年金學曾景賢堂刻崇禎十一年重修本　十行二十字白口四周雙邊

二〇四五　西山先生真文忠公文集五十五卷目錄二卷　宋真德秀撰　明萬曆二十六年金學曾景賢堂刻崇禎十一年清康熙四年遞修本　十行二十字白口四周雙邊

二〇四六　方泉先生詩集三卷　宋周文璞撰　清初抄本　清朱彝尊題識　王禮培題識　十行二十字黑格

二〇四七　方泉先生詩集三卷　宋周文璞撰　清冰遊閣抄本　九行十六字黑格左右雙邊

二〇四八　方泉先生詩集三卷　宋周文璞撰　清抄本　十行二十字無格

二〇四九　方泉先生詩集三卷　宋周文璞撰　舊抄本　羅振玉題識

二〇五〇　方泉先生詩集三卷　宋周文璞撰　清抄本　清盛昱跋

二〇五一　方泉先生詩集三卷　宋周文璞撰　清抄本　十二行黑格

二〇五二　瓊琯白玉蟾上清集八卷　宋葛長庚撰　元建安余氏靜庵刻本　十一行二十字細黑口左右雙邊

二〇五三　瓊琯白玉蟾武夷集八卷　宋葛長庚撰　元建安余氏刻明修本　十一行二十字黑口四周雙邊

二〇五四　海瓊玉蟾先生文集六卷續集二卷　宋葛長庚撰　附錄一卷　明正統七年寧藩朱權刻本　甘鵬雲跋　續集卷二配甘世恩抄本　十二行二十一字黑口四周雙邊

海瓊玉蟾先生文集六卷續集二卷 宋葛長庚撰 明朱權編 明萬曆林梓芳壹刻本 九行二十字白口左右双边 二〇五五

海瓊玉蟾先生文集六卷續集二卷 宋葛長庚撰 明朱權編 明新安劉悰賢等校刻本 九行二十字白口左右双边 二〇五六

海瓊玉蟾先生文集六卷續集二卷 宋葛長庚撰 明朱權編 明刻本 九行二十字白口左右双边 二〇五七

海瓊白真人文集六卷 宋葛長庚撰 明朱權編 明抄本 十行十八字四周双边 二〇五八

白玉蟾海瓊摘稿十卷 宋葛長庚撰 明嘉靖十二年詹賓刻本 十行二十字黑口四周双边 二〇五九

新刻瓊琯白先生集十二卷 宋葛長庚撰 明萬曆二十二年林有聲刻本 九行十八字白口四周单边 二〇六〇

新刻瓊琯白先生集十四卷 宋葛長庚撰 明萬曆二十二年安正堂劉雙松刻本 九行十八字白口四周单边 二〇六一

白石詩集一卷詞集一卷 宋姜夔撰 諸家評論一卷 清康熙五十七年曾時燦刻本 十行十九字細黑口左右双边 封面題：姜白石詩詞合刻 二〇六二

白石詩集一卷詞集一卷 宋姜夔撰 諸家評論一卷 清康熙五十七年曾時燦刻本 清余集校跋并錄厲鶚批校題識 二〇六三

白石詩集一卷詞集一卷 宋姜夔撰 諸家評論一卷 清康熙五十七年曾時燦刻雍正五年華亭□書屋印本 十行十九字細黑口左右双边 封面題：宋姜白石集 二〇六四

白石詩集一卷詞集一卷 宋姜夔撰 諸家評論一卷 清康熙五十七年曾時燦刻雍正五年華亭書屋印本 清鮑衡雲批校並跋 二〇六五

白石詩鈔一卷詞鈔一卷 宋姜夔撰 清吳淳選編 清康熙俞瀾刻本 清蔣雍跋 張元濟跋 十行二十一字黑口左右双边 二〇六六

白石詩鈔一卷詞鈔一卷 宋姜夔撰 清陳大經編 清乾隆三德堂刻本 清姚文來批 十一行二十一字細黑口左右双边 二〇六七

白石公詩詞合集四卷 宋姜夔撰 清乾隆九年姜虬綠抄本 鄭文焯校 九行二十字 二〇六八

姜白石詩詞合集九卷 宋姜夔撰 附錄一卷 清乾隆八年陸鍾輝水雲漁屋刻本 十一行十九字小字双行同白口左右双边 詩集二卷 集外詩一卷 詩說一卷 白石道人歌曲四卷 歌曲別集一卷 二〇六九

姜白石詩詞合集九卷 宋姜夔撰 附錄一卷 清乾隆八年陸鍾輝水雲漁屋刻本 清吳慈銘跋 二〇七〇

姜白石詩詞合集九卷 宋姜夔撰 附錄一卷 清乾隆八年陸鍾輝水雲漁屋刻本 張祥齡錄鄭文焯校並跋 二〇七一

姜白石集九卷附錄一卷 宋姜夔撰 清鮑氏知不足齋重刻陸鍾輝本 十一行十九字白口左右双边 二〇七二

姜白石集九卷附錄一卷 宋姜夔撰 清知不足齋刻本 許德輝跋 二〇七三

姜白石詩詞合集十五卷 宋姜夔撰 清乾隆八年陸鍾輝刻三十六年江春增刻本 十一行十九字白口左右双边 白石道人詩集二卷 集外詩一卷 附錄諸賢酬贈詩一卷 投贈詩詞補遺一卷 白石道人詩說一卷 白石道人歌曲四卷 別集一卷 白石詩詞評論一卷 補遺一卷 白石道人集事一卷 集事補遺一卷 二〇七四

白石道人詩一卷集外詩一卷詩說一卷 宋姜夔撰 諸賢酬贈詩一卷 清乾隆二十四年壓窩山房刻本 十行十八字細黑口四周单边 二〇七五

白石道人詩一卷集外詩一卷詩說一卷 宋姜夔撰 諸賢酬贈詩一卷 清乾隆二十四年壓窩山房刻本 清戴敦元批 清劉履芬跋 二〇七六

白石道人詩一卷集外詩一卷 宋姜夔撰 諸賢酬贈詩一卷 清同治三年劉履芬家抄本 清劉履芬跋 二〇七七

白石道人詩集一卷補遺一卷詩說一卷歌曲六卷歌詞別集一卷 宋姜夔撰 清王曾祥抄本 清王曾祥、魏成憲、□謙升、秦更年跋 傅增湘題款 十行二十一字無格 二〇七八

白石道人詩集一卷詞集一卷詩說一卷 宋姜夔撰 清抄本 十一行二十一字無格 二〇七九

白石道人歌曲六卷別集一卷 宋姜夔撰 清小玲瓏山館抄本 袁克文、羅振常跋 九行二十字白口 二〇八〇

白石先生詩集三卷 宋姜夔撰 清抄本 九行十八字無格 二〇八一

裨幄集一卷 宋趙萬年撰 清抄本 十行二十字無格 二〇八二

裨幄集一卷附誅呂始末一卷 宋趙萬年撰 清黃國瑾抄本 黃國瑾跋 十行十八字白口四周双边 二〇八三

裨幄集一卷 宋趙萬年撰 清抄本 佚名題識 九行十八字白口四周双边 二〇八四

野谷詩稿六卷 宋趙汝鐩撰 清冰避閣抄本 二〇八五

野谷詩稿六卷 宋趙汝鐩撰 清抄本 十行十八字白口左右双边 二〇八六

野谷詩稿六卷 宋趙汝鐩撰 清抄本 十行十八字無格 二〇八七

野谷詩稿六卷 宋趙汝鐩撰 清抄本 二〇八八

二〇八九 野谷詩稿六卷　宋趙汝鐩撰　清抄本　九行十八字无格

二〇九〇 野谷詩稿六卷　宋趙汝鐩撰　清抄本　九行十九字无格

二〇九一 野谷詩藁六卷　宋趙汝鐩撰　清抄本　清丁丙跋

二〇九二 野谷詩稿六卷　宋趙汝鐩撰　清抄本　清鮑廷博校補

二〇九三 平齋文集三十二卷　宋洪咨夔撰　清影宋抄本　□勤庵、關啟甲跋　十行十九字白口左右双边

二〇九四 平齋文集三十二卷拾遺一卷詞一卷　宋洪咨夔撰　空同詞一卷　宋洪瑹撰　文集校勘記一卷　清洪汝奎撰　清洪氏晦木齋抄本　清劉壽曾校並跋

二〇九五 平齋文集三十二卷　宋洪咨夔撰　清抄本

二〇九六 平齋文集三十二卷　宋洪咨夔撰　清抄本　九行十九字黑格

二〇九七 平齋文集三十二卷　宋洪咨夔撰　清抄本　有校　十行十九至二十字无格

二〇九八 平齋文集三十二卷　宋洪咨夔撰　清抄本　十行二十字无格

二〇九九 洪平齋四六箋注二卷　宋洪咨夔撰　清抄本　九行二十字黑格

二一〇〇 西園康範詩集一卷　宋汪晫撰　實錄一卷續錄一卷附錄外集一卷　明嘉靖二十年汪茂槐刻本　九行十八字細黑口四周單边

二一〇一 西園康範詩集一卷　宋汪晫撰　實錄一卷續錄一卷附錄外集一卷　明嘉靖二十年汪茂槐刻隆慶印本

二一〇二 杜清獻公集十九卷首一卷　宋杜範撰　清抄本　十行二十一字无格

二一〇三 杜清獻公集十九卷首一卷　宋杜範撰　清馬氏小玲瓏山館抄本　清丁丙跋

二一〇四 宋杜清獻公集十九卷別錄一卷　宋杜範撰　清抄本　存十八卷（文集一至十六、十八、十九，別錄一卷）

二一〇五 宋杜清獻公集十九卷首一卷　宋杜範撰　清抄本　八行二十四字　存五卷（一至四、首一卷）

二一〇六 鶴林集四十卷　宋吳泳撰　清乾隆翰林院抄本　八行二十一字白口四周双边

二一〇七 鶴林集四十卷　宋吳泳撰　清抄本

二一〇八 東澗集十四卷　宋許應龍撰　清乾隆翰林院抄本　八行二十一字白口四周双边

二一〇九 東澗集十四卷　宋許應龍撰　清抄本

二一一〇 歲寒三友除授集一卷無腸公子除授集一卷　宋吳必大撰　雜錄不分卷　宋鄭楷等撰　明抄本　清馮知十、翁同龢跋　十一行二十字白口左右双边

二一一一 方是閒居士小藁二卷　宋劉學箕撰　元至正二十年屏山書院刻本　八行十八字黑口四周双边

二一一二 方是閒居士小藁二卷　宋劉學箕撰　清初毛氏汲古閣影元抄本　清嚴元照跋　八行十八字白口左右双边

二一一三 方是閒居士小藁二卷　宋劉學箕撰　清初抄本　清徐時棟跋　八行十八字无格　存一卷（上）

二一一四 方是閒居士小藁二卷　宋劉學箕撰　清抄本　清黄丕烈、王禮培校並跋　八行十八字无格

二一一五 方是閒居士小藁二卷　宋劉學箕撰　清抄本　清丁丙跋

二一一六 方是閒居士小稿二卷　宋劉學箕撰　清抄本　清張紹仁校　八行十八字无格

二一一七 方是閒居士小藁二卷　宋劉學箕撰　清彭氏知聖道齋抄本　八行十八字白口四周双边

二一一八 方是閒居士小藁二卷　宋劉學箕撰　清抄本

二一一九 方是閒居士小藁二卷　宋劉學箕撰　清抄本　八行十八字无格

二一二〇 翠微南征錄十卷　宋華岳撰　首一卷　清康熙三十年郎遂還朴堂刻本　十一行二十二字黑口四周双边

二一二一 翠微南征錄十卷　宋華岳撰　首一卷　清康熙三十年郎遂還朴堂刻本　傅增湘校跋並錄清鮑廷博、勞權題識

二一二二 翠微南征錄十卷　宋華岳撰　首一卷　清康熙三十年郎遂還朴堂刻本（卷六至十配清抄本）　佚名校　清丁丙跋

二一二三 翠微南征錄十卷上皇帝書一卷　宋華岳撰　清抄本　傅增湘跋　八行十八字无格

二一二四 翠微先生南征錄十一卷　宋華岳撰　清初毛氏汲古閣抄本　十行二十字小字双行同白口左右双边

二一二五 翠微南征錄十一卷　宋華岳撰　清抄本　清鮑廷博校　勞權校跋並錄鮑廷博題識　十行二十字无格

二一二六 翠微南征錄十一卷　宋華岳撰　清抄本　清黄丕烈跋　十行二十字无格

二一二七 翠微南征錄十一卷　宋華岳撰　清抄本　清吳錫麒校補　十行二十、二十一字不等黑口左右双边

二一二八 翠微南征錄十一卷　宋華岳撰　清汪氏環碧山房抄本

二一二九 翠微南征錄十一卷　宋華岳撰　清嘉慶二年海寧陳氏抄本　九行二十字无格

二一三〇 翠微南征錄十一卷　宋華岳撰　清抄本　十行二十字无格

二一三一 翠微南征錄十一卷　宋華岳撰　清抄本　有朱筆校　十行二十一字黑格

二一三二 浣川集十卷　宋戴栩撰　清抄本

二一三三 漁墅類稿八卷　宋陳元晉撰　清乾隆翰林院抄本（四庫底本）　清朱文鼎、孫瑤鈐跋

二一三四 竹坡類藁五卷　宋呂午撰　附錄一卷　清抄本　十一行二十四字无格

二一三五 安晚堂詩集六十卷　宋鄭清之撰　清影宋抄本　清丁丙跋

存七卷　六至十二

安晚堂詩集六十卷　宋鄭清之撰　清海寧陳氏抄本　九行二十字无格　二一三六
存七卷　六至十二

安晚堂詩集六十卷附江湖後集□卷　宋鄭清之撰　清宜秋館抄本　劉聚卿校　十行二十字黑口左右双边　二一三七
存七卷　六至十二　江湖後集存二卷　五至六

梅亭先生四六標準四十卷　宋李劉撰　宋刻本　十行十九字黑口四周双边　二一三八

梅亭先生四六標準四十卷　宋李劉撰　宋刻本　十行十九字細黑口左右双边　二一三九
存十四卷　三至四、十三至十八、二十六至三十、三十二

宋李梅亭先生四六標準四十卷目錄四卷　宋李劉撰　羅逵吉輯　明萬曆二十五年新安吳士睿黄立範刻本　十行二十字白口左右双边　二一四〇

箋釋梅亭先生四六標準四十卷目錄一卷　宋李劉撰　明孫雲翼箋　明萬曆四十四年金陵唐鯉飛刻本　十行二十一字白口左右双边　二一四一

梅亭先生四六標準四十卷　宋李劉撰　明四明范大澈臥雲山房抄本　十一行二十三字白口左右双边　二一四二
存十卷　一至十

一一三

梅亭先生四六標準四十卷　宋李劉撰　明孫雲翼箋釋　明抄本　九行十九字白口四周單边　二一四三

篔窗集十卷　宋陳耆卿撰　清瑞安孫鏘鳴抄本　二一四四

友林乙藁一卷　宋史彌寧撰　宋嘉定刻本　清顧純題簽　李盛鐸跋　高世異、徐渭仁等題識　八行十六字白口左右双边　二一四五

友林乙藁一卷　宋史彌寧撰　清影宋刻本　八行十六字白口左右双边　二一四六

友林乙藁一卷　宋史彌寧撰　清影宋刻本　勞健跋　二一四七

友林乙藁一卷　宋史彌寧撰　清影宋刻本　清丁丙跋　二一四八

友林乙藁一卷　宋史彌寧撰　清影宋抄本　八行十六字无格　二一四九

友林乙稿一卷　宋史彌寧撰　清十萬卷樓抄本　二一五〇

友林乙藁一卷　宋史彌寧撰　清嘉慶九年嘉會堂抄本　十行十六字白口四周双边　二一五一

友林乙藁一卷　宋史彌寧撰　清抄本　清徐時棟同治八年題識　九行十九字无格　二一五二

開國公遺集一卷　宋鄭準撰　附錄一卷　清康熙三十七年鄭定遠刻本　八行十八字白口四周双边　二一五三

方壺存稿九卷　宋汪莘撰　明汪璨等刻本　十一行二十一字白口四周單边　二一五四

方壺存稿九卷　宋汪莘撰　名賢遺翰集一卷　清抄本　八行二十字白口左右双边　二一五五

方壺存稿九卷　宋汪莘撰　名賢遺翰集一卷　清抄本　十行二十字无格　二一五六

方壺存稿九卷　宋汪莘撰　名賢遺翰集一卷　清抄本　佚名校　十一行二十一字无格　二一五七

方壺存藁九卷　宋汪莘撰　清味書室抄本　清丁丙跋　十行二十二字白口四周双边　二一五八

方壺先生集四卷　宋汪莘撰　清雍正九年汪棟刻本　十行二十字黑口左右双边　二一五九

方壺先生集四卷　宋汪莘撰　清雍正九年汪棟刻本　傅增湘校　二一六〇

方壺先生集四卷　宋汪莘撰　清抄本　十行二十字　二一六一

宋寶章閣直學士忠惠鐵庵方公文集四十五卷　宋方大琮撰　明正德八年方良節刻本　九行十九字黑口四周双边　二一六二

宋寶章閣直學士忠惠鐵庵方公文集四十五卷　宋方大琮撰　明正德八年方良節刻本　清丁丙跋　二一六三

宋寶章閣直學士忠惠鐵庵方公文集三十六卷　宋方大琮撰　清抄本　九行二十字无格　二一六四

宋寶章閣直學士忠惠鐵庵方公文集三十六卷　宋方大琮撰　清抄本　十行十九字无栏格　二一六五

一一四

宋寶章閣直學士忠惠鐵庵方公文集三十六卷　宋方大琮撰　清抄本　十一行二十字无格　二一六六

方鐵庵文集三十六卷　宋方大琮撰　清抄本　十一行二十字无框格　二一六七

宋寶章閣直學士忠惠鐵庵方公文選六卷　宋方大琮撰　明李時成選　明萬曆八年刻本　十行二十字白口四周双边　二一六八

壺山先生四六一卷　宋方大琮撰　清抄本　清丁丙跋　二一六九

南海百咏一卷　宋方信孺撰　清抄本　九行二十字　二一七〇

南海百咏一卷　宋方信孺撰　清抄本　清鮑廷博校　九行二十字无格　二一七一

默齋遺藁二卷　宋游九言撰　清勞氏丹鉛精舍抄本　清勞權校補　二一七二

默齋遺藁二卷　宋游九言撰　清趙氏小山堂抄本　清丁丙跋　二一七三

退菴先生遺集二卷　宋吳淵撰　明吳伯敬刻本　九行十八字白口四周單边　二一七四

退菴先生遺集二卷　宋吳淵撰　清初抄本　二一七五

退菴先生遺集二卷　宋吳淵撰　清抄本　清丁丙跋　二一七六

退菴先生遺集二卷　宋吳淵撰　附吳允文集一卷　宋吳潛撰　二一七七

清抄本

二一七八 履齋先生遺集四卷 宋吴潛撰 明吴伯敬刻本 九行十八字白口四周單邊

二一七九 履齋四明吟稿二卷詩餘二卷 宋吴潛撰 清乾隆鮑氏知不足齋抄本 清鮑廷博批並跋 十行十八字黑口左右雙邊

二一八〇 臞軒先生四六一卷 宋王邁撰 清初抄本 清丁丙跋

二一八一 臞軒集十六卷 宋王邁撰 清乾隆翰林院抄本

二一八二 臞軒集十六卷 宋王邁撰 清抄本 八行二十一字

二一八三 臞軒集十六卷 宋王邁撰 清抄本 十行二十三字

二一八四 敝帚藳畧八卷 宋包恢撰 清乾隆翰林院抄本（四庫底本） 八行二十一字白口四周雙邊

二一八五 敝帚藳畧八卷 宋包恢撰 清乾隆翰林院抄本 八行二十一字白口四周雙邊

二一八六 宋宗伯徐清正公存稿六卷 宋徐鹿卿撰 附錄一卷 明萬曆四十二年徐鑒刻二徐公存稿本 清丁丙跋 九行二十字白口左右雙邊

二一八七 宋宗伯徐清正公存稿六卷 宋徐鹿卿撰 附錄一卷 清小山堂抄本 九行二十一字无格

二一八八 宋宗伯徐清正公存稿六卷附錄一卷 宋徐鹿卿撰 清抄本 九行

一一五

二十字无格

二一八九 宋國錄流塘詹先生集三卷 宋詹初撰 附錄一卷 明嘉靖三十七年詹景鳳寒松草閣刻本 九行十三字白口四周單邊

二一九〇 宋國錄流塘詹先生集三卷 宋詹初撰 附錄一卷 清初抄本 九行十三字无格

二一九一 滄浪嚴先生吟卷三卷 宋嚴羽撰 明正德十二年胡重器刻本 九行二十字黑口四周雙邊

二一九二 滄浪嚴先生吟卷三卷 宋嚴羽撰 明正德十二年胡重器刻本 清[illegible]校

二一九三 滄浪先生吟卷二卷 宋嚴羽撰 明正德十五年尹嗣忠刻本 十行十八字白口左右雙邊

二一九四 滄浪先生吟卷二卷 宋嚴羽撰 明正德十五年尹嗣忠刻本 張元濟跋

二一九五 滄浪先生吟卷二卷 宋嚴羽撰 明嘉靖十年鄭綱刻本 十行十八字白口左右雙邊

二一九六 滄浪先生吟卷二卷 宋嚴羽撰 明嘉靖十年鄭州刻彭城清賞堂印本 清丁丙跋

二一九七 滄浪先生吟卷二卷 宋嚴羽撰 明抄本 清黄丕烈跋 十行十八字无格

二一九八 滄浪先生吟卷二卷 宋嚴羽撰 清抄本 清龔翔麟 丁丙跋 十行十八字

二一九九 滄浪集四卷滄浪詩話一卷 宋嚴羽撰 明林古度校 明刻本 九行十八字白口左右雙邊

二二〇〇 滄浪集四卷 宋嚴羽撰 明林古度校 明刻本 清鮑廷博校

二二〇一 滄浪詩集四卷 宋嚴羽撰 明末刻本 清丁丙跋 九行十八字白口四周單邊

二二〇二 滄浪吟一卷詩話一卷 宋嚴羽撰 清順治十年周亮工詩話樓刻本 八行十八字白口四周單邊

二二〇三 冷然齋詩集八卷 宋蘇泂撰 清趙氏星鳳閣抄本 清趙魏跋 丁丙跋

二二〇四 可齋雜藳三十四卷續藳八卷續藳後十二卷 宋李曾伯撰 清初抄本 十一行二十字无格

二二〇五 可齋雜藳三十四卷續藳八卷續藳後十二卷 宋李曾伯撰 清抄本 清丁丙跋

二二〇六 可齋雜藳三十四卷續藳前八卷續藳後十二卷 宋李曾伯撰 清抄本 十一行二十字无格

二二〇七 後村居士集五十卷目錄二卷 宋劉克莊撰 宋刻本 十行二十一字細黑口四周雙邊

二二〇八 後村居士集五十卷目錄二卷 宋劉克莊撰 宋刻元修本 十行二十一字細黑口左右雙邊

二二〇九 後村居士集五十卷 宋劉克莊撰 明抄本 十行二十二至二十五字黑口四周雙邊 存二十三卷（一至二 四至二十四）

二二一〇 後村居士集五十卷目錄二卷 宋劉克莊撰 清康熙五十年向陽讀書堂呂無隱抄本 清

一一六

黃丕烈、葉昌熾跋 十七行三十字无格

二二一一 後村居士集五十卷目錄二卷 宋劉克莊撰 清經鉏堂抄本 十行二十字白口四周單邊

二二一二 後村居士集五十卷目錄二卷 宋劉克莊撰 清抄本 清沈[illegible]並跋 翁同龢跋

二二一三 後村居士集五十卷目錄二卷 宋劉克莊撰 清抄本 清丁丙跋

二二一四 後村居士集五十卷 宋劉克莊撰 清抄本 存四十八卷（一至十八 二十一至五十）

二二一五 後村居士集五十卷 宋劉克莊撰 清抄本 十行二十字白口四周單邊

二二一六 後村居士集五十卷目錄二卷 宋劉克莊撰 清抄本 十行二十一字无格

二二一七 後村居士集五十卷目錄二卷 宋劉克莊撰 清抄本 十行二十四字无格

二二一八 後村居士詩文集五十卷 宋劉克莊撰 明抄本 清江藩校 十一行二十四字黑格

二二一九 後村居士詩文集五十卷 宋劉克莊撰 清初抄本 十行二十一字黑格

二二二〇(一) 後村先生大全集一百九十六卷 宋劉克莊撰 明抄本 十行二十字藍格 存五卷（一百五十三至一百五十七）

二二二〇(二) 後村先生大全集一百九十六卷 宋劉克莊撰 清抄本 佚名校 清翁同書校注

二二二一 後村先生大全集一百九十六卷目錄五卷 宋劉克莊

撰　清抄本　九行二十二字白口左右双边

二二二二　後村先生大全集一百九十六卷　宋劉克莊撰　清抄本　十行二十字无格　存四十九卷　一至四十九

二二二三　後村先生大全集一百九十六卷　宋劉克莊撰　清道光張氏愛日精廬抄本　清劉尚文校補、張金吾、周星詒、傅以禮跋　孫毓修校並跋

二二二四　後村集六十卷　宋劉克莊撰　明謝氏小草齋抄本　十行二十字白口四周單边

二二二五　後村集六十卷　宋劉克莊撰　清經鉏堂抄本　十行二十字

二二二六　宋劉後村先生集十二卷　宋劉克莊撰　明張肯堂編　明崇禎十一年建州錢震瀧刻本　九行二十字白口四周單边

二二二七　後村先生大全詩集十五卷　宋劉克莊撰　宋刻本　清黃丕烈、孫景湖、鄧淵耀、姚畹真、錢天樹、王芑孫、畢鑾傳跋　十行十八字白口左右双边　存十一卷　一至四、九至十五

二二二八　後村居士詩二十卷　宋劉克莊撰　宋刻元修本　十行二十一字細黑口左右双边

二二二九　後村居士詩二十卷　宋劉克莊撰　明抄本　明錢允治、陸嘉穎、朱之赤題記　九行十九字黑格

二二三〇　後村居士詩二十卷　宋劉克莊撰　清康熙五十九年姚培（廷）謙、沈[illegible]堂刻本　十行十九字黑口四周單边　封面題：劉後村詩集

一一七

二二三一　澗泉集二十卷　宋韓淲撰　清乾隆翰林院抄本　八行二十一字白口四周双边

二二三二　澗泉詩餘一卷　宋韓淲撰　清抄本　十行二十字

二二三三　宋學士徐文惠公存稿六卷　宋徐經孫撰　附錄一卷　清抄本

二二三四　宋學士徐文惠公存稿六卷　宋徐經孫撰　清抄本　九行二十字无格

二二三五　雪窗先生文集二卷　宋孫夢觀撰　附錄一卷　清傳抄孫應奎刻本　九行十八字

二二三六　雪窗先生文集二卷　宋孫夢觀撰　清抄本

二二三七　李忠簡公文溪存藁二十卷　宋李昴英撰　明嘉靖十年李翺刻本　九行十八字白口四周單边　存五卷　一至五

二二三八　李忠簡公文溪存藁二十卷　宋李昴英撰　明嘉靖十年李翺刻崇禎六年李振聲重修本　傅增湘校

二二三九　李忠簡公文溪存稿四卷　宋李昴英撰　明抄本　清蔣石林、沈埏跋　九行二十一字

二二四〇　李忠簡公文溪集二十卷　宋李昴英撰　清抄本　九行二十字无格

二二四一　文溪存稿二十卷　宋李昴英撰　清抄本

二二四二　彝齋文編四卷　宋趙孟堅撰　補遺一卷　清鮑廷博輯　清鮑氏知不足齋抄本　清鮑廷博校　十行二十一字黑口左右双边

二二四三　彝齋文編四卷　宋趙孟堅撰　補遺一卷　清鮑廷博輯　清鮑氏知不足齋抄本　清丁丙跋　並抄補

二二四四　彝齋文編四卷　宋趙孟堅撰　補遺一卷　清鮑廷博輯　清勞權續輯　清勞氏抄本　清勞權校

二二四五　彝齋文編四卷　宋趙孟堅撰　補遺一卷　清鮑廷博輯　清抄本　王獻唐題記　九行二十一字白口四周双边

二二四六　彝齋文編四卷　宋趙孟堅撰　清抄本　清沈叔埏跋　張雲錦題詩

二二四七　玉楮詩藁八卷　宋岳珂撰　明岳元聲、岳和聲、岳駿聲刻本　十行二十字白口左右双边

二二四八　玉楮詩藁八卷　宋岳珂撰　明岳元聲、岳和聲、岳駿聲刻本　清遠谷禮跋

二二四九　玉楮詩藁八卷　宋岳珂撰　明岳元聲、岳和聲、岳駿聲刻本　清蔣鳳藻、丁丙跋

二二五〇　玉楮詩藁八卷　宋岳珂撰　明岳元聲、岳和聲、岳駿聲刻本　清宋英慶、趙烈蒲題識

二二五一　玉楮詩藁八卷　宋岳珂撰　明岳元聲、岳和聲、岳駿聲刻本　鄭振鐸跋

二二五二　玉楮詩藁八卷　宋岳珂撰　明抄本　清王士禛跋　十行二十字无格

二二五三　玉楮詩藁八卷　宋岳珂撰　附錄一卷　清吳允嘉輯　清吳允嘉抄本　清吳允嘉校　丁丙跋

一一八

二二五四　玉楮詩稿八卷　宋岳珂撰　清抄本　清盧文弨校　十一行二十一字黑格

二二五五　玉楮詩藁八卷　宋岳珂撰　清抄本　十行二十字无格

二二五六　玉楮集八卷　宋岳珂撰　清嘉慶元年王端履抄本　十一行二十四字白口左右双边

二二五七　棠湖詩藁一卷　宋岳珂撰　宋臨安陳宅書籍鋪刻本　清錢儀吉、錢駿祥、鄧邦述、傅增湘題識　十行十八字白口左右双边

二二五八　棠湖詩藁一卷　宋岳珂撰　清初毛氏汲古閣影宋抄本　十行十八字白口左右双边

二二五九　棠湖詩藁一卷　宋岳珂撰　清影宋抄本　鄧邦述跋　十行十八字白口左右双边

二二六〇　棋埜集十二卷　宋徐元杰撰　清乾隆翰林院抄本　八行二十一字白口四周双边

二二六一　棋埜集十二卷　宋徐元杰撰　清抄本　佚名校　八行二十一字无格

二二六二　重編古筠洪城幸清節公松垣文集十一卷　宋幸元龍撰　清趙氏小山堂抄本　清丁丙跋

二二六三　重編古筠洪城幸清節公松垣文集十一卷　宋幸元龍撰　清抄本　八行十八字白口无边栏

二二六四　重編古筠洪城幸清節公松垣文集十一卷　宋幸元龍撰　清抄本　八行二十一字

二二六五　重編古筠洪城幸清節公松垣文集十一卷　宋幸元龍

撰　清抄本

秋崖先生小藁文集四十五卷詩集三十八卷　宋方岳撰　明嘉靖五年祁門方氏刻本　文集十二行二十字　詩集十一行十九字　黑口四周單邊　封面題：秋崖小藁　二二六六

秋崖先生小藁八十三卷（文集四十五卷詩集三十八卷）　宋方岳撰　明嘉靖五年祁門方氏刻二十一年印本　李盛鐸跋　二二六七

秋崖先生小藁四十五卷又三十八卷　宋方岳撰　清康熙六十年錢枚抄本（卷二十至二十九、又二十五至三十八配另一清抄本）　清宋賓王校並跋、丁丙跋　二二六八

秋崖先生小藁三十八卷　宋方岳撰　清康熙六十年錢枚方蔚抄本　清宋賓王校並跋　十行二十字無格　存十四卷（二十五至三十八）　二二六九

秋崖先生小藁三十八卷　宋方岳撰　清活字印本　十一行二十二字黑口左右雙邊　二二七〇

秋崖先生小藁三十八卷　宋方岳撰　清活字印本　清石韞玉校　丁丙跋　二二七一

秋崖先生詩集三十八卷　宋方岳撰　清抄本　清翁同書批校並跋　十一行十九字無格　二二七二

秋崖先生小稿三十八卷　宋方岳撰　清抄本　佚名校　二二七三

秋崖先生小藁三十四卷　宋方岳撰　清抄本　清邵懿辰、丁丙跋　二二七四

一一九

漁溪詩稿二卷　宋俞桂撰　清抄本　二二七五

芸隱橫舟藁一卷芸隱勸游藁一卷　宋施樞撰　清抄本　清丁丙跋　二二七六

芸隱橫舟藁一卷芸隱勸游藁一卷　宋施樞撰　清丁氏八千卷樓抄本　清丁丙跋　二二七七

宋秘書孫氏太白山齋遺稿二卷　宋孫德之撰　清道光四年孫氏刻本　十行二十一字白口左右雙邊　二二七八

蒙川先生遺稿十卷　宋劉黻撰　明抄本　清丁丙跋　二二七九

蒙川先生遺藁四卷　宋劉黻撰　明末抄本　明馮知十、清王宗炎、丁丙跋　二二八〇

蒙川先生遺稿四卷　宋劉黻撰　明劉應奎校　清抄本　清孫詒讓校　九行二十字無格　二二八一

蒙川遺稿四卷年譜一卷　宋劉黻撰　清林大椿撰　清咸豐七年木活字本　清孫詒讓校並跋　八行十八字白口四周雙邊　二二八二

先天集十卷附錄二卷　宋許月卿撰　明刻本　十行二十字白口左右雙邊　二二八三

先天集十卷附錄二卷　宋許月卿撰　明刻本　清丁丙跋　二二八四

雪磯叢稿五卷　宋樂雷發撰　明活字本　傅增湘跋　十行二十一字白口四周單邊　二二八五

雪磯叢稿五卷　宋樂雷發撰　清抄本　清□袁校並跋　十行二十一字無格　二二八六

雪磯叢稿五卷　宋樂雷發撰　清觀稼樓抄本　十行二十字黑口左右雙邊　二二八七

雪磯叢稿五卷　宋樂雷發撰　清琳琅閣抄本　九行字不等白口左右雙邊　二二八八

雪磯叢稿五卷　宋樂雷發撰　清抄本　九行二十二字無格　二二八九

雪磯叢藁五卷　宋樂雷發撰　清抄本　八行十九字無格　二二九〇

雪磯叢藁五卷　宋樂雷發撰　清抄本　九行二十字無格　二二九一

雪磯先生文集二卷　宋樂雷發撰　清趙□輯　清抄本　九行十八字黑格　二二九二

北磵文集十卷　宋釋居簡撰　宋崔尚書宅刻本　十四行二十四字白口左右雙邊　存八卷（一至八）　二二九三

北磵文集十卷　宋釋居簡撰　明謝氏小草齋抄本　十行二十字白口四周單邊　二二九四

北磵文集十卷　宋釋居簡撰　清抄本　清陸心源校並錄吳城跋　九行二十一字無格　二二九五

北磵文集十卷　宋釋居簡撰　清抄本　清丁丙跋　二二九六

北磵文集十卷　宋釋居簡撰　清抄本　九或十行二十至二十一字無格　二二九七

北磵詩集九卷　宋釋居簡撰　清抄本　十四行二十四字無格　二二九八

雪巖吟草一卷補遺一卷　宋宋伯仁撰　清抄本　十行二十字無格　二二九九

梅屋詩藁一卷融春小綴一卷第三藁一卷第四藁一卷雜著一卷　宋許棐撰　清抄本　十行十八字無格　二三〇〇

一二〇

梅屋詩藁四卷雜著一卷　宋許棐撰　清抄本　清丁丙跋　二三〇一

獻醜集一卷　宋許棐撰　清汪氏裘杼樓抄本　二三〇二

孝詩一卷　宋林同撰　清抄本　九行二十字白口四周雙邊　二三〇三

林同孝詩一卷　宋林同撰　清抄本　八行十八字無格　二三〇四

林同孝詩一卷　宋林同撰　清趙氏小山堂抄本　清翁同書跋　十行十八字小字雙行同白口四周單邊　二三〇五

林同孝詩一卷　宋林同撰　清抄本　清丁丙跋　二三〇六

剪綃集二卷　宋李龏撰　明毛氏汲古閣刻詩詞雜俎本　清黃彭年跋　八行十九字白口四周單邊　二三〇七

剪綃集二卷　宋李龏撰　清初毛氏汲古閣影宋抄本　十行十八字白口左右雙邊　二三〇八

剪綃集二卷　宋李龏撰　清抄本　十行十八字無格　二三〇九

剪綃集二卷　宋李龏撰　清初毛氏汲古閣影宋抄本　十行二十一字白口左右雙邊　二三一〇

剪綃集三卷　宋李龏撰　清抄本　九行二十一字無格　二三一一

梅花衲一卷　宋李龏撰　清初毛氏汲古閣影宋抄本　十行十八字白口左右雙邊　二三一二

梅花衲一卷　宋李龏撰　清抄本　十行十八字無格　二三一三

梅花衲一卷　宋李龏撰　清初毛氏汲古閣影宋抄本　十行二十字白口左右雙邊　二三一四

芸居乙藁一卷　宋陳起撰　清初毛氏汲古閣影宋抄本　十行十八字白口左右双边　二三一五
勿齋先生文集二卷　宋楊至質撰　清初抄本（四庫底本）　二三一六
勿齋先生文集二卷　宋楊至質撰　清抄本　七行二十一字白口无格　二三一七
順適堂吟藁前集一卷續集一卷　宋葉茵撰　清抄本　十行十八字小字双行同无格　二三一八
順適堂吟藁五卷　宋葉茵撰　宋吳允文集一卷　宋吳淺撰　清抄本　十行二十字无格　二三一九
巽齋文集二十七卷　宋歐陽守道撰　清乾隆間四庫館初寫本　八行二十字无格　二三二〇
亞愚江浙紀行集句詩七卷　宋釋紹嵩撰　清初毛氏汲古閣影宋抄本　八行十六字白口左右双边　二三二一
亞愚江浙紀行集句詩七卷　宋釋紹嵩撰　清黄氏醉經樓抄本（卷五至七配清抄本）　清丁丙跋　二三二二
雪坡姚舍人文集五十卷　宋姚勉撰　清抄本　十行十八字无格　二三二三
雪坡姚舍人文集五十卷　宋姚逸撰　清抄本　佚名校　清丁丙跋　二三二四
巽齋先生四六一卷　宋危昭德撰　清抄本　清丁丙跋　二三二五
巽齋四六一卷　宋危昭德撰　清抄本　十行十九字无格　二三二六

一二一

春山文集四六鈔一卷　宋危昭德撰　清抄本　二三二七
春山文集四六鈔一卷　宋危昭德撰　清抄本　八行二十字无格　二三二八
文山先生文集十七卷別集六卷　宋文天祥撰　附錄三卷　明景泰六年韓雍陳价刻本　十一行二十四字黑口四周双边　二三二九
文山先生文集十七卷別集二卷指南錄三卷　宋文天祥撰　明正德九年張祥刻本　十一行二十四字黑口四周双边　二三三〇
文山先生文集十七卷重刊文山先生指南文集三卷別集一卷附文山先生遺墨一卷　宋文天祥撰　明正德九年張祥刻本（四庫底本）　二三三一
文山先生全集十七卷　宋文天祥撰　明刻本　九行十九字白口四周单边　二三三二
文山先生全集二十八卷　宋文天祥撰　明嘉靖三十一年鄢懋卿寫韻刻本　十行二十一字白口四周双边　二三三三
文山先生全集二十八卷　宋文天祥撰　明嘉靖三十一年鄢懋卿寫韻刻本　清丁丙跋　二三三四
文山先生全集二十卷　宋文天祥撰　明嘉靖三十九年張元諭刻本　明張元諭校　十行二十二字白口四周单边　書口題：文山全集　卷一至十六為文集，卷十七為紀年錄，卷十八為拾遺，卷十九、二十為附錄　二三三五

文山先生全集二十卷　宋文天祥撰　明萬曆三年刻本　十行二十二字白口四周单边　二三三六
新刻宋文丞相信國公文山先生全集二十卷　宋文天祥撰　明崇禎四年毓秀齋張寅字刻本　九行二十字白口四周单边　二三三七
宋丞相文山先生全集十六卷　宋文天祥撰　明嘉靖刻本　十行二十二字白口四周双边　版心鐫：文山全集　二三三八
宋丞相文山先生全集十六卷　宋文天祥撰　明萬曆二十八年蕭大亨刻本　十行二十二字白口四周双边　二三三九
廬陵宋丞相信國公文忠烈公先生全集十六卷附文忠烈公從祀原案錄一卷　宋文天祥撰　清雍正三年五桂堂刻本　十行二十字白口四周双边　二三四〇
宋文文山先生全集二十一卷　宋文天祥撰　明崇禎二年鍾越刻本　明鍾越評　十行二十一字白口四周单边　卷十九至二十一系附錄　二三四一
集杜句詩四卷　宋文天祥撰　詠文丞相詩一卷　宋張慶之撰　明天順文琳刻本　八行十六字黑口四周双边　二三四二
文山先生杜詩二卷附錄一卷　宋文天祥撰　明成化二十年劉遜刻本　十一行二十二字黑口四周双边　二三四三

一二二

文山先生集杜詩二卷　宋文天祥撰　明成化二十年劉遜刻本　清丁丙跋　二三四四
文山先生集杜詩二卷　宋文天祥撰　清初抄本　十一行二十二字　二三四五
文文山先生集杜詩不分卷　宋文天祥集　明文震孟、畢愉訂　明崇禎十年淨名齋刻本　九行二十字白口四周单边　二三四六
文山先生詩集四卷　宋文天祥撰　清抄本　二三四七
宋丞相文山先生別集六卷　宋文天祥撰　明鄢懋卿輯　明崇禎刻本　九行十八字白口四周单边　二三四八
宋少保右丞相信公國公文山傳四卷　明永樂十八年刻本　清李希聖題識　十三行二十四字黑口四周双边　二三四九
宋少保右丞相信國公文山集四卷　明刻本　十一行二十一字黑口四周双边　二三五〇
文山先生指南錄一卷後錄三卷　宋文天祥撰　明嘉靖三十四年文元發抄本　明文元發跋並題詩　十一行二十字无格　附文山傳一卷　元許有壬劉岳申撰　指南錄一卷　宋文天祥撰　吟嘯集一卷　宋文天祥撰　二三五一

二三五二 一指南錄四卷指南後錄四卷 宋文天祥撰 明萬曆四十一年金陵書林世德堂刻本 九行十九字白口四周單邊

二三五三 疊山集十六卷 宋謝枋得撰 明景泰五年黃溥、楊楊刻本 十一行二十一字黑口四周雙邊

二三五四 疊山集十六卷 宋謝枋得撰 明成化二十一年王暴刻本 十一行二十一字黑口四周雙邊

二三五五 疊山集十六卷 宋謝枋得撰 明嘉靖十六年黃齊賢刻本 十行二十字細黑口四周單邊

二三五六 新刊重訂疊山謝先生文集二卷 宋謝枋得撰 明嘉靖三十四年林光祖刻本 九行二十字白口四周單邊

二三五七 謝疊山先生文集六卷 宋謝枋得撰 明萬曆三十二年方嵩山刻本 十行二十字白口四周單邊

二三五八 謝疊山先生文集六卷 宋謝枋得撰 明萬曆三十二年方萬山刻本 清徐鈗、丁丙跋

二三五九 謝疊山先生文集六卷 宋謝枋得撰 清康熙五十年[illegible]刻本 十行十八字或二十字白口四周單邊（一卷一間有左右雙邊）

二三六〇 謝疊山公文集六卷 宋謝枋得撰 清康熙六十年謝氏[illegible]堂刻本 九行十八字白口四周雙邊 卷六爲外集

二三六一 謝疊山公文集五卷 宋謝枋得撰 謝疊山公外集三卷首一卷末一卷 清謝思澂等輯 清嘉慶六年謝氏臨德堂刻本 九行二十字白口左右雙邊

二三六二 疊山謝先生文章軌範七卷 宋謝枋得輯 清道光十一年銘恩刻本 清高延第批 吳其[illegible]跋

一二三

二三六三 本堂陳先生文集九十四卷 宋陳著撰 附錄一卷 清樊景瑞輯 清康熙四十六年樊景瑞抄本 清丁丙跋 十行二十二字白口左右雙邊

二三六四 本堂集九十四卷 宋陳著撰 清瀲石山房抄本

二三六五 石堂先生遺集二十二卷 宋陳普撰 明嘉靖十六年寧德知縣程世鵬刻本 十行二十字白口四周單邊

二三六六 石堂先生遺集二十二卷 宋陳普撰 附錄石堂先生傳 明刻本（有抄配） 十行二十二字白口四周單邊

二三六七 石堂先生遺集二十二卷 宋陳普撰 明萬曆三年薛孔洵刻本 十行二十字白口四周單邊

二三六八 石堂先生遺集二十二卷 宋陳普撰 明萬曆三年薛孔洵刻本 清丁丙跋

二三六九 選鐫石堂先生遺集四卷 宋陳普撰 明阮光[illegible]輯 明天啓三年刻本 九行二十字白口左右雙邊

二三七〇 石堂先生集四卷 宋陳普撰 清初抄本 清孫承澤批校並跋

二三七一 石堂先生集不分卷 宋陳普撰 清盧文弨家抄本 盧文弨校 十一行二十一字白口四周雙邊

二三七二 汶陽端平詩雋四卷 宋周弼撰 清抄本 清丁丙跋

二三七三 竹溪鬳齋十一藳續集三十卷 宋林希逸撰 明謝氏小草齋抄本 清楊浚跋 十行二十字白口四周單邊

二三七四 竹溪鬳齋十一稿續集三十卷 宋林希逸撰 清初呂氏南陽講習堂抄本 十行十九字黑格 續集存二十二卷（一至五 十四至三十）

二三七五 竹溪鬳齋十一藳續集三十卷 宋林希逸撰 石塘林編 清乾隆抄本 十行二十字無格

二三七六 竹溪鬳齋十一藳續集三十卷 宋林希逸撰 清抄本 朱璽之跋 九行十八字無格

二三七七 竹溪鬳齋十一藳續集三十卷 宋林希逸撰 清抄本 九行二十一字無格

二三七八 竹溪鬳齋十一稿續集三十卷 宋林希逸撰 清蕭山陸氏三間草堂抄本 九行二十一字

二三七九 竹溪鬳齋十一藳續集三十卷 宋林希逸撰 清抄本 清丁丙跋

二三八〇 魯齋王文憲公文集二十卷 宋王柏撰 明劉同、劉傑編校 明正統刻本 十三行二十五字白口四周雙邊

二三八一 宋魯齋王文憲公遺集十二卷 宋王柏撰 明王宗[illegible]輯 明崇禎五年阮元聲刻本 九行二十字白口四周單邊 卷十一至十二爲附錄

二三八二 宋魯齋王文憲公遺集十三卷附宋史儒林傳一卷 宋王柏撰 清順治十一年瀛如京刻本 九行二十字白口四周單邊

一二四

二三八三 劉須谿先生記鈔八卷 宋劉辰翁撰 明嘉靖五年王朝用刻本 十一行二十一字白口左右雙邊

二三八四 劉須谿先生記鈔八卷 宋劉辰翁撰 明嘉靖五年王朝用刻本 清丁丙跋

二三八五 劉須溪先生記鈔八卷 宋劉辰翁撰 明天啓三年楊鐵臣刻本 九行二十字白口四周單邊

二三八六 劉須溪先生記鈔八卷集略四卷 宋劉辰翁撰 附錄一卷 清抄本 九行二十字白口無格

二三八七 劉須溪先生記鈔八卷 宋劉辰翁撰 清康熙二十五年刻本 九行二十字白口四周雙邊

二三八八 須溪先生四景詩集四卷 宋劉辰翁撰 明抄本 十一行十九字白口四周雙邊

二三八九 須溪四景詩四卷 宋劉辰翁撰 清抄本 清丁丙跋

二三九〇 劉須溪先生集略四卷 宋劉辰翁撰 清康熙二十一年刻本 九行二十字白口四周單邊

二三九一 須溪集十卷 宋劉辰翁撰 清乾隆四十六年抄本

二三九二 蘭皋集二卷 宋吳錫疇撰 明刻本 八行十六字白口左右雙邊

二三九三 蘭皋集二卷 宋吳錫疇撰 清初抄本 清丁丙跋

二三九四 蘭皋集二卷 宋吳錫疇撰 清趙氏小山堂抄本 清丁丙跋

二三九五 蘭皋集二卷 宋吳錫疇撰 清嘉慶二十三年楊復吉抄本 清楊復吉跋 八行十六字無格

二三九六 雲泉詩一卷 宋薛嵎撰 清抄本 清丁丙跋

二三九七 無文印二十卷語錄四卷讚一卷偈頌一卷題跋一卷 宋釋道璨撰 宋咸淳九年刻本（一卷十二至二十、語錄四卷、讚一卷、偈頌一卷、題跋一卷配清抄本） 十一行二十字白口左右雙邊

二三九八 柳塘外集二卷 宋釋道璨撰 清初抄本 清鮑廷博批校 十行十九字無格

二三九九 柳塘外集二卷 宋釋道璨撰 清抄本 十行十九字無格

二四〇〇 柳塘外集二卷 宋釋道璨撰 清抄本 清丁丙跋

二四〇一 柳塘外集二卷 宋釋道璨撰 清黃氏醉經樓抄本 清丁丙跋

二四〇二 柳塘外集四卷 宋釋道璨撰 清康熙妙堂刻本 十行十九字白口左右雙邊

二四〇三 柳塘外集六卷 宋釋道璨撰 清抄本

二四〇四 碧梧玩芳集二十四卷 宋馬廷鸞撰 清乾隆翰林院抄本 八行二十一字白口四周雙邊

二四〇五 四明文獻集五卷 宋王應麟撰 明鄭真、陳朝輔輯 清初抄本 十行二十二字無格

二四〇六 四明文獻集五卷 宋王應麟撰 明鄭真、陳朝輔輯 清乾隆抄本

二四〇七 四明文獻集五卷 宋王應麟撰 清抄本 清全思山跋

二四〇八 四明文獻集五卷 宋王應麟撰 明鄭真、陳朝輔輯 補遺二卷 清吳城輯 清抄本

一二五

二四〇九 四明文獻集五卷 宋王應麟撰 清抄本 十行二十字無格

二四一〇 四明文獻集五卷 宋王應麟撰 明鄭真輯 陳朝輔訂補 清抄本 十一行二十字無格

二四一一 深寧居士集八卷王尚書遺稿一卷 宋王應麟撰 清抄本 清丁丙跋

二四一二 王尚書遺稿一卷 宋王應麟撰 清抄本

二四一三 王厚齋文鈔二卷 宋王應麟撰 清莊炘輯 清抄本 十二行二十四字黑格

二四一四 秋曉趙先生覆瓿集六卷 宋趙必𤩪撰 清抄本 十一行十八字無格

二四一五 秋曉先生覆瓿集四卷 宋趙必𤩪撰 清抄本 清丁丙跋

二四一六 秋曉先生覆瓿集四卷 宋趙必𤩪撰 末一卷附錄一卷 清道光二十年伍元薇詩雪軒刻本 傅增湘校並跋 九行二十一字黑口左右雙邊

二四一七 閬風集十二卷 宋舒岳祥撰 清乾隆翰林院抄本（四庫底本） 八行二十一字白口四周雙邊

二四一八 柴四隱詩集一卷文集二卷 宋柴望撰 清初抄本

二四一九 柴四隱詩集一卷詩餘一卷文類一卷 宋柴望撰 清抄本

二四二〇 柴四隱詩集二卷 宋柴望撰 清抄本 十行十九字

二四二一 柴氏四隱集二卷 宋柴望撰 清吳允嘉抄本 清吳允嘉、丁丙跋 佚名錄吳焯跋

二四二二 柴氏四隱集二卷 宋柴望撰 清抄本 清吳焯校跋並錄龔翔麟題識 丁丙跋 八行十六字白口四周單邊

二四二三 柴氏四隱集二卷 宋柴望撰 清澤川書屋抄本 清佚名校 九行二十一字黑格

二四二四 柴氏四隱集二卷 宋柴望撰 附錄一卷 清鮑氏知不足齋抄本 清鮑廷博校 清劉履芬跋

二四二五 柴氏四隱集二卷秋堂集補遺一卷 宋柴望撰 清嘉慶十七年戴光曾抄本 清戴光曾校並跋 十行二十五字無格

二四二六 蛟峰先生文集十卷 宋方逢辰撰 山房先生遺文一卷 宋方逢振撰 蛟峰先生外集三卷 明活字印本 十行二十一字白口四周單邊

二四二七 蛟峰集七卷 宋方逢辰撰 山房先生遺文一卷 宋方逢振撰 外集四卷 明方中輯 明天順七年方中刻本 十行二十二字黑口四周雙邊

二四二八 蛟峰集七卷 宋方逢辰撰 山房先生遺文一卷 宋方逢振撰 蛟峰外集四卷 明方中輯 明天順七年方中刻本 明黃虞稷、清劉喜海跋

二四二九 蛟峰集七卷 宋方逢辰撰 山房先生遺文一卷 宋方逢振撰 蛟峰外集四卷 明方中輯 明天順七年方中刻弘治嘉靖遞修本

二四三〇 蛟峰外集四卷 明方中輯 明抄本 存三卷（一至三）

二四三一 蛟峰先生文集十四卷 宋方逢辰撰 明萬曆三年方世德刻本 十行二十一字白口四周單邊

一二六

二四三二 方蛟峰先生文集六卷 宋方逢辰撰 宋方山房先生文集一卷 宋方逢振撰 方蛟峰先生外集一卷 清康熙二十一年刻本 九行二十二字白口左右雙邊

二四三三 方蛟峰先生文集六卷 宋方逢辰撰 宋方山房先生文集一卷 宋方逢振撰 方蛟峰先生外集一卷 清康熙二十一年刻本 傅增湘校並跋

二四三四 方蛟峰先生文集七卷外編一卷 宋方逢辰撰 方山房集一卷 宋方逢振撰 清抄本 九行十八字黑格

二四三五 方蛟峰先生文集八卷 宋方逢辰、方逢振撰 清抄本 九行十九字無格

二四三六 蕭冰厓詩集拾遺三卷 宋蕭立之撰 明弘治十八年蕭敏刻本 十行十六字黑口四周雙邊

二四三七 陵陽先生集二十四卷 宋牟巘撰 清初抄本（卷二十二至二十四補抄） 九行十八字無格

二四三八 陵陽先生集二十四卷 宋牟巘撰 清抄本 九行十八字

二四三九 陵陽先生集二十四卷 宋牟巘撰 清抄本 十行二十字

二四四〇 陵陽先生集二十四卷 宋牟巘撰 清抄本 清丁丙跋

二四四一 湖山類稾五卷水雲集一卷 宋汪元量撰 附錄三卷

清乾隆三十年鮑廷博知不足齋刻本　十行十九字細黑口左右雙邊

湖山類藁五卷水雲集一卷　宋汪元量撰　附錄三卷　清乾隆三十年鮑廷博知不足齋刻本　清丁丙跋　二四四二

湖山類藁五卷水雲集一卷　宋汪元量撰　附錄三卷　亡宋舊宮人詩一卷　清乾隆鮑氏知不足齋刻本　趙萬里校　王國維校並跋　二四四三

湖山類藁五卷　宋汪元量撰　亡宋舊宮人詩一卷　清抄本　十行十九字無格　二四四四

湖山類稿五卷外稿一卷　宋汪元量撰　附錄一卷　清抄本　清鮑廷博校　二四四五

湖山類藁五卷外藁一卷　宋汪元量撰　亡宋舊宮人詩一卷附錄一卷　清彭氏知聖道齋抄本　十行二十四字白口四周雙邊　二四四六

湖山類稿五卷汪水雲詩鈔一卷補遺一卷　宋汪元量撰　亡宋舊宮人詩詞一卷附錄一卷　清黃丕烈抄本　清顧廣圻、黃丕烈跋　十行十九字無格　二四四七

湖山類藁五卷　宋汪元量撰　亡宋舊宮人詩一卷　清趙氏小山堂抄本　清吳焯、丁丙跋　二四四八

一一七

湖山外藁一卷　宋汪元量撰　清汪森輯　附錄一卷　清抄本　清黃丕烈校　十行十九字無格　二四四九

汪水雲詩一卷　宋汪元量撰　附錄一卷　清初錢謙益家抄本　九行二十字無格　二四五〇

汪水雲詩一卷　宋汪元量撰　附錄一卷　清抄本　清黃丕烈校並跋　九行二十一字無格　二四五一

汪水雲詩鈔一卷　宋汪元量撰　明末抄本　清毛扆校並跋　十行二十四字四周單邊　二四五二

汪水雲詩鈔一卷　宋汪元量撰　附錄一卷　清順治十七年葉時嶠抄本　清葉萬跋　十行十九字無格　二四五三

汪水雲詩鈔一卷　宋汪元量撰　附錄一卷　舊抄本　葉綬衡跋　九行十七字無格　二四五四

汪水雲詩鈔一卷　宋汪元量撰　附錄一卷　宋李吟山等撰　清抄本　清邵恩多跋　二四五五

水雲集一卷詞一卷　宋汪元量撰　附錄一卷　清吳氏繡谷亭抄本　清吳焯、丁丙跋　二四五六

晞髮集六卷附錄一卷　宋謝翱撰　明弘治十四年唐文載刻本　十行二十字黑口四周雙邊　二四五七

晞髮集六卷　宋謝翱撰　明嘉靖三十四年程煦刻本　十行十八字白口左右雙邊　二四五八

晞髮集六卷　宋謝翱撰　增輯題跋　明嘉靖三十四年程煦刻本　清紀映鍾批點　清吳　二四五九

晞髮集六卷　宋謝翱撰　明嘉靖三十四年程煦刻本　清丁丙跋　二四六〇

晞髮集六卷　宋謝翱撰　明隆慶六年邵廉凌瑄刻本　八行十八字白口四周單邊　二四六一

晞髮集七卷　宋謝翱撰　續錄一卷附錄一卷　明萬曆二十六年繆邦鈺刻本　十行十八字白口四周單邊　二四六二

晞髮集五卷　宋謝翱撰　外集一卷　明張時昇輯　明萬曆四十年張時昇刻本　九行十八字白口四周單邊　二四六三

晞髮集五卷　宋謝翱撰　外集一卷　明張時昇輯　明萬曆四十年張時昇刻本　清鮑廷博校並跋　九行十八字白口四周單邊　二四六四

晞髮集十卷　宋謝翱撰　明萬曆四十六年郭鴻琳刻本　九行十八字白口四周單邊　二四六五

晞髮集十卷遺集二卷補一卷　宋謝翱撰　天地間集一卷　宋謝翱輯　冬青樹引註一卷登西臺慟哭記註一卷　宋謝翱撰　明張丁註　清康熙四十一年陸大業刻本　九行十八字黑口左右雙邊　二四六六

晞髮集箋六卷目錄二卷　宋謝翱撰　明凌世韶評　明刻本　九行二十字白口四周單邊　二四六七

晞髮遺集二卷補一卷天地間集二卷　宋謝翱撰　清抄本　二四六八

登西臺慟哭記註一卷冬青樹引註一卷　宋謝翱撰　明張丁註　明抄本　十行二十五、二十八字不等　二四六九

一一八

天地間集一卷　宋謝翱輯　清初抄本　清王士禛跋　二四七〇

潛齋先生文集十一卷　宋何夢桂撰　明刻本　十行十九字白口左右雙邊　二四七一

潛齋先生文集十一卷　宋何夢桂撰　明刻本　清丁丙跋　二四七二

潛齋先生文集十一卷目錄二卷　宋何夢桂撰　明刻清順治十六年何令範重修本　十行十九字白口左右雙邊　二四七三

潛齋先生文集十一卷鐵牛翁遺藁一卷　宋何景福撰　清抄本　十二行二十一字白口左右雙邊　二四七四

潛齋先生文集四卷　宋何夢桂撰　明岳元聲校　清抄本　十行十九字　二四七五

何潛齋先生文集四卷　宋何夢桂撰　清抄本　二四七六

梅巖胡先生文集十卷　宋胡次焱撰　明嘉靖十八年胡瓏刻本（卷一至四配清抄本）　十一行二十一字白口四周單邊　二四七七

梅巖胡先生文集十卷　宋胡次焱撰　明萬曆二十二年胡仕等刻本　清丁丙跋　十一行二十一字白口四周單邊　二四七八

梅巖胡先生文集十卷　宋胡次焱撰　清抄本　清丁丙跋　二四七九

有宋福建莆陽黃仲元四如先生文藁五卷　宋黃仲元撰　明嘉靖二十一年黃文炳刻本　十行二十字白口四周雙邊　二四八〇

有宋福建莆陽黃國簿四如先生文藁五卷 宋黃仲元撰 明嘉靖二十五年刻本 十行二十字白口四周雙邊 二四八一
霽山先生文集五卷 宋林景熙撰 明天順七年呂洪刻本 十一行二十二字黑口四周雙邊 二四八二
霽山先生文集五卷 宋林景熙撰 明嘉靖七年御南書屋刻本 李雖來跋 十行二十字白口左右雙邊 二四八三
霽山先生文集五卷 宋林景熙撰 清康熙三十二年沈士華、汪士鋐刻本 十一行十九字黑口四周單邊 二四八四
霽山先生詩文集五卷附錄一卷 宋林景熙撰 清康熙三十二年沈士華、汪士鋐刻本 張允亮校正跋 二四八五
霽山先生集五卷首一卷附拾遺一卷 宋林景熙撰 清述藝齋抄本 清孫詒讓校 十行二十四字白口 二四八六
霽山先生白石樵唱六卷 宋林景熙撰 清抄本 二四八七
霽山先生白石樵唱六卷文集四卷 宋林景熙撰 元章祖程注 明嘉靖十年馮彬刻本 十行十八字黑口四周雙邊 二四八八
霽山先生白石樵唱六卷文集四卷 宋林景熙撰 元章祖程注 明嘉靖十年馮彬刻本（白石樵唱卷四至六配清抄本） 清丁丙跋 二四八九
霽山先生白石樵唱六卷文集四卷 宋林景熙撰 清范壹抄本 清鮑廷博校並跋 十行十八字小字雙行同无格 二四九〇

一二九

白石樵唱五卷白石藁二卷 宋林景熙撰 清抄本 十行三十字无格 二四九一
熊勿軒先生文集八卷 宋熊禾撰 明成化二年熊誠刻本 九行十七字黑口四周雙邊 二四九二
熊勿軒先生文集八卷附錄一卷 宋熊禾撰 明抄本（卷二、四配清抄本、五至八、附錄配清觀稼樓抄本） 二四九三
熊勿軒先生文集八卷附勿軒先生傳 宋熊禾撰 清初抄本 九行十七字无格 二四九四
熊勿軒先生文集八卷附錄一卷 宋熊禾撰 清汪氏裘杼樓抄本 清丁丙跋 二四九五
熊勿軒先生文集八卷附錄一卷 宋熊禾撰 清抄本 清丁丙跋 二四九六
熊勿軒先生文集八卷附錄一卷 宋熊禾撰 清抄本 九行十七字无格 二四九七
熊勿軒先生文集八卷附錄一卷 宋熊禾（鉌）撰 清抄本 九行十九字 二四九八
熊勿軒先生文集八卷附錄一卷 宋熊禾撰 清抄本 十行二十一字 二四九九
重刊熊勿軒先生文集四卷 宋熊禾撰 外附一卷 明丘錫等撰 明隆武二年熊之璋刻本 九行二十六字白口四周單邊 二五〇〇

熊勿軒先生文集六卷 宋熊禾撰 清張伯行編 清康熙四十八年正誼堂刻本 十行二十二字白口四周單邊 二五〇一
勿軒先生文集八卷附卷一卷續集一卷 宋熊禾撰 清抄本 清張金吾校並跋 李兆洛、蔣因培跋 十行二十字无格 二五〇二
孫耕閒集一卷 宋孫銳撰 清抄本 九行二十一字黑口左右雙邊 二五〇三
古梅遺稿六卷 宋吳龍翰撰 清初抄本 九行二十字无格 二五〇四
古梅遺稿六卷 宋吳龍翰撰 清道光四年東武劉氏味經書屋抄本 十二行白口四周雙邊 二五〇五
古梅遺藁六卷 宋吳龍翰撰 清咸豐七年勞權抄本 清勞權校並跋 十四行二十四字白口四周單邊 二五〇六
古梅遺稿六卷 宋吳龍翰撰 清抄本 清溫勞躬題款 九行二十字无格 二五〇七
古梅吟稿六卷附方秋崖先生和百韻一卷 宋方岳撰 清抄本 清盛起校 丁丙跋 二五〇八
佩韋齋文集十六卷輯聞四卷 宋俞德鄰撰 清初抄本 九行十九字 二五〇九
佩韋齋文集十六卷輯聞四卷 宋俞德鄰撰 清抄本 傅增湘校並跋 九行十九字无格 二五一〇
佩韋齋文集十六卷輯聞四卷 宋俞德鄰撰 清抄本 九行十九字无格 二五一一
佩韋齋文集十六卷輯聞四卷 宋俞德鄰撰 清抄本 十行十九字无格 二五一二

一三〇

佩韋齋文集十六卷輯聞四卷 宋俞德鄰撰 清抄本 十一行十九字 二五一三
佩韋齋文集十六卷輯聞四卷 宋俞德鄰撰 清抄本 清王宗炎校 丁丙跋 二五一四
佩韋齋文集十六卷輯聞四卷 宋俞德鄰撰 清抄本 清黃丕烈、丁丙跋 二五一五
廬山集五卷英溪集一卷 宋董嗣杲撰 清乾隆翰林院抄本（四庫底本） 八行二十一字白口四周雙邊 二五一六
廬山集五卷英溪集一卷 宋董嗣杲撰 清抄本 清丁丙跋 二五一七
廬山集五卷英溪集一卷 宋董嗣杲撰 清宜秋館抄本 佚名批校 十行二十一字黑口左右雙邊 二五一八
西湖百詠二卷 宋董嗣杲撰 明陳贄和韻 清抄本 二五一九
和西湖百詠詩一卷 宋董嗣杲撰 明陳贄和韻 西湖八社詩帖一卷 明方九敘撰 清抄本 九行二十字无格 二五二〇
古逸民先生集二卷附錄一卷 宋汪炎昶撰 清法式善存素堂抄本 十二行二十二字白口四周單邊 二五二一
古逸民先生集一卷附錄一卷 宋汪炎昶撰 清抄本 九行十八字无格 二五二二
則堂集六卷 宋家鉉翁撰 清乾隆翰林院抄本（四庫底本） 八行二十一字白口四周雙邊 二五二三
則堂集六卷 宋家鉉翁撰 清道光二十八年東武劉氏嘉蔭簃抄本 清劉喜海跋 十行二十一字小字雙行同白口四周單邊 二五二四
則堂先生文集六卷 宋家鉉翁撰 清知白齋抄本 九行二十五字至二十七字黑格左右雙邊 二五二五

存四卷　一至四

鐵牛翁遺稾一卷　宋何景福撰　清何鍾錫抄本　清丁丙跋　二五二六

青溪富山先生遺稿十卷　宋方夔撰　清抄本　二五二七

青溪富山先生遺稾十卷　宋方夔撰　清抄本　九行二十字无格　存五卷　一至五　二五二八

方時佐先生富山嬾稿十九卷　宋方夔撰　清抄本　十二行二十二字　二五二九

方時佐先生富山嬾稾十九卷　宋方夔撰　清抄本　清丁丙跋　二五三〇

真山民集一卷逸詩一卷　宋真山民撰　清嘉慶十七年税昌泰留香室刻濟城遺書本　傅增湘校并跋　十行二十三字白口四周双边　二五三一

真山民詩集一卷　宋真山民撰　清抄本　清丁丙跋　二五三二

真山民詩集一卷　宋真山民撰　清抄本　清鮑廷博校　九行二十一字黑口左右双边　二五三三

山民詩集一卷　宋真山民撰　清鮑氏知不足齋抄本　九行十八字黑格　二五三四

山民詩集一卷　宋真山民撰　清抄本　十行二十一字白口四周双边　二五三五

百正集三卷　宋連文鳳撰　清乾隆翰林院抄本（四庫底本）　八行二十一字白口四周双边　二五三六

百正集三卷　宋連文鳳撰　清內府抄本　十一行二十一字白口四周双边　二五三七

一三一

百正集三卷　宋連文鳳撰　清抄本　二五三八

月洞吟一卷　宋王鎡撰　李氏宜秋館抄本　李振唐校　二五三九

伯牙琴一卷補遺一卷　宋鄧牧撰　清抄本（四庫底本）　清丁丙跋　二五四〇

伯牙琴一卷　宋鄧牧撰　清乾隆鮑氏知不足齋抄本　清鮑廷博批校　十行二十二字黑口左右双边　二五四一

伯牙琴一卷　宋鄧牧撰　清抄本　清彭元瑞校并跋　九行二十字无格　二五四二

伯牙琴一卷　宋鄧牧撰　清抄本　佚名校　二五四三

竹所吟稾一卷　宋徐集孫撰　清抄本　十行二十二字无格　二五四四

馮秋水先生評定存雅堂遺稿十三卷補刊一卷　宋方鳳撰　清張燧輯　清順治十一年方兆儀等刻雍正二年補刻本（卷六至十補抄）　清鮑廷博、勞權校　葉景葵跋　十行二十字白口四周单边　二五四五

吾汶全稾十卷　宋王炎午撰　附文獻錄一卷從祀錄一卷　明刻本　十行二十字白口四周双边　二五四六

吾汶稾十卷　宋王炎午撰　清初抄本　傅增湘校并跋　二五四七

吾汶稾十卷　宋王炎午撰　清抄本　清陸樹藩批校　二五四八

吾汶稿十卷　宋王炎午撰　清抄本　九行十八字　二五四九

吾汶稾十卷　宋王炎午撰　清抄本　十行二十字白口四周双边　二五五〇

吾汶稿九卷　宋王炎午撰　附錄一卷　清抄本　二五五一

王梅邊集一卷　宋王炎午撰　清初曾氏古林抄本　清黃丕烈校并跋　戴光曾跋　二五五二

王梅邊集一卷　宋王炎午撰　清嘉慶十六年戴光曾抄本　清戴光曾校并跋　丁丙跋　二五五三

王梅邊集一卷　宋王炎午撰　清抄本　二五五四

紫岩于先生詩選三卷　宋于石撰　清虞山朱氏抄本　八行十八字白口　二五五五

紫岩于先生詩選三卷　宋于石撰　清乾隆三十七年趙輯寧抄本　清趙輯寧跋　八行十八字无格　二五五六

紫巖于先生詩選三卷　宋于石撰　元吳師道選　清劉氏嘉蔭簃抄本　二五五七

紫岩于先生詩選三卷　宋于石撰　元吳師道選　清嘉慶十四年鮑正言抄本　清鮑廷博錄沈廷芳跋　二五五八

紫岩于先生詩選三卷　宋于石撰　元吳師道選　清抄本　八行十八字无格　二五五九

紫岩于先生詩選三卷　宋于石撰　清抄本　清丁丙跋　二五六〇

紫巖詩選三卷附錄一卷　宋于石撰　清道光十年徐孟球抄本　清丁丙跋　二五六一

紫巖詩選三卷補遺一卷　宋于石撰　清光緒十五年于國華留耕堂刻本　傅增湘校并跋　九行二十一字白口四周双边　二五六二

九華詩集二卷　宋陳巖撰　附貞逸一卷書院一卷　明崇禎九年刻本　十行二十二字白口四周单边　二五六三

一三二

九華詩集不分卷　宋陳巖撰　清抄本　八行二十一字无格　二五六四

寧極齋稿一卷　宋陳深撰　慎獨齋稿一卷　元陳植撰　清初曹氏倦圃抄本　八行十七字白口四周单边　二五六五

寧極齋稿一卷　宋陳深撰　附一卷　元陳植撰　清初抄本　十行二十一字无格　二五六六

寧極齋稿一卷　宋陳深撰　慎獨齋稿一卷　元陳植撰　清抄本　清丁丙跋　二五六七

寧極齋稿一卷　宋陳深撰　慎獨齋稾一卷　元陳植撰　清乾隆三十年鮑廷博家抄本　清鮑廷博、勞權校并跋　九行十六字无格　二五六八

寧極齋稿一卷　宋陳深撰　慎獨叟遺稾一卷　元陳植撰　清抄本（四庫底本）　十一行二十一字白口紅格　二五六九

寧極齋稾一卷　元陳深撰　清抄本　二五七〇

寧極齋稿一卷　宋陳深撰　清抄本　八行二十五字无格　二五七一

寧極齋稿一卷　宋陳深撰　附一卷　元陳植撰　清抄本　九行二十字无格　二五七二

寧極齋稿一卷　宋陳深撰　附一卷　元陳植撰　清抄本　十行二十字无格　二五七三

寧極齋稿一卷　宋陳深撰　慎獨齋稿一卷　元陳植撰　清抄本　十行二十字白口四周单边　二五七四

二五七五 仁山文集三卷 宋金履祥撰 明董遵編 明萬曆二十七年金氏刻本 八行十八字白口四周双边
二五七六 仁山金先生文集四卷 宋金履祥撰 清金弘勳校輯 附錄一卷 清雍正三年春暉堂刻本 九行十九字白口左右双边
二五七七 仁山金先生文集四卷 宋金履祥撰 清抄本 八行十九字无格
二五七八 仁山先生金文安公文集五卷 宋金履祥撰 清雍正九年金律刻本 十行二十字上白口下黑口左右双边
二五七九 自堂存稿四卷 宋陳杰撰 清乾隆翰林院抄本（四庫底本） 清丁丙跋 八行紅格
二五八〇 自堂存稿十三卷 宋陳杰撰 清抄本 葉啓勳題跋 十行十八字白口无格
二五八一 史詠不分卷 宋徐鈞撰 清星圃閻趙之玉抄本 九行二十一字細黑口左右双边
二五八二 心泉學詩稿六卷 宋蒲壽宬撰 清乾隆翰林院抄本（四庫底本） 清丁丙跋
二五八三 三山鄭菊山先生清雋集一卷 宋鄭震撰 所南翁一百二十圖詩集一卷鄭所南先生文集一卷 宋鄭思肖撰 附錄一卷 清趙氏小山堂抄本 十行十六字至二十三字白口四周單边
二五八四 三山鄭菊山先生清雋集一卷 宋鄭震撰 所南翁一百二十圖詩集一卷鄭所南先生文集一卷 宋鄭思肖撰 附錄一卷 清張位抄本 九行十九字白口四周單边

一三三

二五八五 三山鄭菊山先生清雋集一卷 宋鄭震撰 所南翁一百二十圖詩集一卷鄭所南先生文集一卷 補遺一卷 宋鄭思肖撰 附錄一卷 清抄本 十行十七字或十八字无格
二五八六 三山鄭菊山先生清雋集一卷 宋鄭震撰 所南翁一百二十圖詩集一卷鄭所南先生文集一卷 宋鄭思肖撰 附錄一卷 清抄本 九行十九字无格
二五八七 三山鄭菊山先生清雋集一卷 宋鄭震撰 所南翁一百二十圖詩集一卷鄭所南先生文集一卷 宋鄭思肖撰 附錄一卷 清抄本 清丁丙跋
二五八八 心史七卷 宋鄭思肖撰 明崇禎十二年張國維刻本 九行二十字白口左右双边
二五八九 心史七卷 宋鄭思肖撰 附錄一卷 明崇禎十三年新安王駿聲刻本 吳梅跋
二五九〇 宋鄭所南先生心史七卷 宋鄭思肖撰 附錄一卷 明崇禎十三年新安汪駿聲刻本 九行十八字白口四周單边
二五九一 待清軒遺稿一卷 宋潘音撰 清初抄本 九行二十字无格
二五九二 待清軒遺稿一卷讀書錄存遺一卷 宋潘音撰 清抄本 十行二十一字白口四周双边
二五九三 待清軒遺稿一卷讀書錄存遺一卷 宋潘音撰 清抄本 九行二十一字黑口左右双边
二五九四 待清軒遺稿一卷讀書錄存遺一卷 宋潘音撰 清抄本 九行二十字无格
二五九五 牧萊脞語二十卷二藁八卷 宋陳仁子撰 清初影元抄本 周叔弢跋 九行二十字无格
二五九六 趙寶峯先生文集二卷 宋趙偕撰 明嘉靖二十二年趙文華刻本 清丁丙跋 九行十八字白口左右双边
二五九七 趙寶峯先生文集二卷 宋趙偕撰 清鮑氏知不足齋抄本 九行十八字无格
二五九八 趙寶峯先生文集二卷 宋趙偕撰 清抄本
二五九九 趙寶峯先生文集二卷 宋趙偕撰 清抄本 九行十八字无格
二六〇〇 宋貞士羅滄洲先生集五卷 宋羅公升撰 清初抄本
二六〇一 宋貞士羅滄洲先生集五卷 宋羅公升撰 清沈復粲抄本 九行十六字左右双边
二六〇二 宋貞士羅滄洲先生集五卷 宋羅公升撰 清據明鍾秉鑑刻本抄 清戈宙襄校並跋 九行二十字无格
二六〇三 宋貞士羅滄洲先生集五卷 宋羅公升撰 清抄本 清丁丙跋

一三四

二六〇四 雅林小藁一卷 宋王鎡撰 清抄本 清丁丙跋
二六〇五 林屋山人漫稿一卷 宋俞琰撰 清初抄本 九行二十字无框格
二六〇六 林屋山人漫稿一卷 宋俞琰撰 清抄本 八行二十字无格
二六〇七 詠文丞相詩一卷 宋張慶之撰 清抄本
二六〇八 雪林删餘一卷 宋張至龍撰 清抄本 清彭應陛跋
二六〇九 苕石效颦集一卷 宋繆鑑撰 明嘉靖六年刻本 十一行二十字白口左右双边
二六一〇 天廚禁臠三卷 宋洪覺範撰 清抄本 十行十八字
二六一一 采芝集一卷續一卷 宋釋斯植撰 清黄氏畊經樓抄本 清丁丙跋
二六一二 蔡氏全書十二卷卷首一卷 宋蔡發撰 明萬曆三十三年蔡有鵾刻本 九行二十二字白口四周双边 存十一卷（一至十、卷首一卷）
二六一三 耕祿藁一卷 宋胡錡撰 清汪氏裘杼樓抄本 九行二十字白口左右双边
二六一四 復齋先生龍圖陳公文集二十三卷拾遺一卷 宋陳宓撰 清抄本 清丁丙跋
二六一五 永明心賦註四卷 宋釋智覺撰 清抄本 十行二十字无格
二六一六 秋聲集六卷 宋衛宗武撰 清抄本

收藏情況表

書名編号	藏書單位		
宋别集類			
一	0201		
二	1601		
三	0101		
四	0101		
五	0101		
六	0101		
七	0243		
八	0141		
九	0101	0144	
十	1653		
一一	1601		
一二	0201		
一三	2401		
一四	0291		
一五	0101		
一六	0201		
一七	0101	0241	
一八	0101		
一九	0201		
二〇	1601		
二一	1601		
二二	2301		
二三	2301		
二四	0101		
二五	1501		
二六	0201		
二七	0201		
二八	0101		
二九	0141	2301	
三〇	0101		
三一	0101		
三二	0101		
三三	0101		
三四	1601		
三五	0201		

書名編号	藏書單位		
宋别集類			
三六	0144		
三七	0101		
三八	1701		
三九	1601		
四〇	1601		
四一	0101	0201	
四二	0201		
四三	0101		
四四	2702		
四五	0141		
四六	0101		
四七	0101		
四八	1601		
四九	0101		
五〇	1605		
五一	0101	0141	2401
五二	1601		
五三	0341		
五四	0101		
五五	0141	0198	0201
五六	0101		
五七	0101		
五八	0201		
五九	2301		
六〇	0101		
六一	2702		
六二	0341		
六三	1601		
六四	0101		
六五	0281		
六六	1601		
六七	0101		
六八	1601		
六九	1601		
七〇	1601		
七一	0101		
七二	1741		

表十

書名編号	藏書單位					
宋别集類						
七三	0101					
七四	2001					
七五	0101					
七六	0101					
七七	0101					
七八	1701					
七九	0341					
八〇	0101					
八一	0101					
八二	0101	0201	1705			
八三	1601					
八四	0101					
八五	0101					
八六	0101					
八七	1901					
八八	0201					
八九	0141					
九〇	0101					
九一	0101					
九二	0101					
九三	1601					
九四	0101					
九五	0101					
九六	0101					
九七	0201					
九八	0201					
九九	0141	0146	0150	0242	0341	1501
	1701	1741	2082	2401	2501	
一〇〇	0163					
一〇一	0201					
一〇二	1601					
一〇三	0101					
一〇四	0101					
一〇五	1601					
一〇六	0101					
一〇七	1601					
一〇八	0101					

書名編号	藏書單位					
宋别集類						
一〇九	0141					
一一〇	0101	0142	0163	0201	0441	0701
	1501	1701	2702			
一一一				0101		
一一二	0101	0141	0201	0541	0741	0903
	2003	2041	2401			
一一三	1601					
一一四	1701					
一一五	0341					
一一六	0101					
一一七	0142					
一一八	1711					
一一九	1605					
一二〇	1601					
一二一	0101					
一二二	0101					
一二三	0201					
一二四	0101					
一二五	0101					
一二六	0101					
一二七	0101					
一二八	1601					
一二九	0163					
一三〇	0101					
一三一	0201					
一三二	0141					
一三三	0201					
一三四	0101					
一三五	0101					
一三六	0101					
一三七	0101					
一三八	1541					
一三九	1601					
一四〇	0101					
一四一	0101					
一四二	1704					
一四三	0101					
一四四	0101					

表十

書名編号	藏書單位					
宋别集類						
一四五	0201					
一四六	1601					
一四七	1601					
一四八	1741					
一四九	0101					
一五〇	0101					
一五一	2441					
一五二	0101					
一五三	1601					
一五四	1601					
一五五	1701					
一五六	0101					
一五七	0101					
一五八	0101					
一五九	1601					
一六〇	1601					
一六一	0301					
一六二	0301					
一六三	1641					
一六四	2302					
一六五	1741					
一六六	0201					
一六七	0101					
一六八	0201					
一六九	0101					
一七〇	1601					
一七一	0163					
一七二	0101					
一七三	0101					
一七四	2702					
一七五	2201					
一七六	2201					
一七七	0101					
一七八	0101					
一七九	0101	0201	0182	1741	2543	
一八〇	0101					
一八一	0101					

書名編号						
宋别集類						
一八二	0142	0201	2541	2542⊕		
一八三	0101	0163	0141	0197	0201	0242
	0841	1501	2501	2701	2702	2745
一八四	1601					
一八五	0101	1701⊕				
一八六	0141	0182	0201	0291	0841	
	1843	2042				
一八七	0341	0342	0942	2301		
一八八	0141	0142	0150	0162	0166	0641
	2301	2346	2504			
一八九	0341					
一九〇	0101					
一九一	0198⊕	1581⊕				
一九二	0101	0201	0242⊕	0281⊕	1101⊕	1581⊕
	1606⊕	1705⊕	2241	2401⊕		
一九三	0201					
一九四	0101	0201⊕	2041⊕	2301⊕		
一九五	0101	0144	0161⊕	0201	0501	0701
	1503	1542	1801	2202	2702	
一九六	1601					
一九七	0201					
一九八	0101					
一九九	0101					
二〇〇	0101					
二〇一	0101					
二〇二	0201					
二〇三	1701					
二〇四	0201					
二〇五	0101					
二〇六	0101					
二〇七	1701					
二〇八	0201					
二〇九	0201					
二一〇	0101					
二一一	1601					
二一二	1601					
二一三	0101					

書名編号	藏書單位					
宋别集類						
二一四	0241					
二一五	0163					
二一六	0201					
二一七	0198					
二一八	0101					
二一九	1601					
二二〇	0101					
二二一	0101					
二二二	0201					
二二三	0101					
二二四	1601					
二二五	0101					
二二六	1601					
二二七	0101	0141	0143	0161	0201	0242
	0342	1701	1741	2301	2302	2401
	2501	2561	2701			
二二八	1501					
二二九	0591					
二三〇	1301					
二三一	0101					
二三二	0101					
二三三	0101					
二三四	0201					
二三五	0201					
二三六	0141					
二三七	0342	1301				
二三八	0101	2501				
二三九	0101					
二四〇	0101	0141	0201	0291	0301	0701
	0841	1641	1701	2501		
二四一	0101					
二四二	0101	0141	0145	0150	1501	1701
	2081	2561				
二四三	1601					
二四四	0101⊕	0163	0181⊕	0201	0341	0501
	0743	0841	1601	1606	2201	
二四五	1741	2001	2006	2542		

書名編号	藏書單位					
宋别集類						
二四六	2541					
二四七	0101					
二四八	2401					
二四九	0101	0145	0201	1701⊕	2501	
二五〇	1601					
二五一	1606	2341	2701	2702		
二五二	0101					
二五三	0201					
二五四	0341					
二五五	0101	0141	0142	0143	0144	0150
	0173	0241	0242	0341	0342	0541
	0542	0701	0803	0841	0903	0906
	0942	1142	1461	1802	1803	1841
	2001	2201	2261	2301	2343	2401
	2461	2501	2701			
二五六	0101					
二五七	0201					
二五八	0201					
二五九	0201					
二六〇	0201					
二六一	0101					
二六二	1601					
二六三	2701					
二六四	1705					
二六五	0101					
二六六	0201					
二六七	0201					
二六八	0101					
二六九	1601					
二七〇	0101					
二七一	0101	0201				
二七三	0301					
二七四	0101					
二七五	1705					
二七六	1601					
二七七	0101					
二七八	0241					

書名編号	藏書單位					
宋別集類						
二七九	2201					
二八〇	0241					
二八一	0101					
二八二	0101	0898	0201	0301	1587	1702
二八三	1601					
二八四	0141					
二八五	0101	0144	0201	0801	1344	1501
二八六	0101					
二八七	0101	0142	0150	0181	0198	0341
	0501	0542	0701	0801	0903	0904
	1301	2301	2302	2542	2591	
二八八	0143	0144	0181	0201	0241	0641
	0803	1142	1301	1302	2041	2301
	2401	2441	2541	2601	2745	2701
二八九	0101	0146	0201	0291	1601	1701◎
	2201◎	2401	2501	2602	2701	2901
二九〇	0141	0182	0243	0301	0901	1701◎
	1705	1741	2401	2541	2901	2201◎
二九一	0101	0201				
二九二	0101	0141	0201	0242	2741◎	2941
二九三	0101	0146	0163	0201	0242	0341
	0801	0841	1641	1689	1701◎	1741
	2541	2701	2702			
二九四	0101					
二九五	0141	0143	0291	0301	0661	1441
	1542	1601	1688	1701	2001	2042
	2401	2501	2561	2901		
二九六	0102	0143	0542	0701	1501	1705
	1731	2301				
二九七	0101	0141	~~0160~~	0161◎		
二九八	1601					
二九九	0101	0197	0201	0801	1041	1741
三〇〇	1601					
三〇一	0101	0201	2702			
三〇二	0141	0142	2041	2561		
三〇三	0101					
三〇四	0201					

表五

書名編号	藏書單位					
宋別集類						
三〇五	0161					
三〇六	0101					
三〇七	1601					
三〇八	0101	0201				
三〇九	0101					
三一〇	0101					
三一一	0101					
三一二	1501					
三一三	0801					
三一四	0101					
三一五	0241					
三一六	0101					
三一七	0201					
三一八	0101					
三一九	2702					
三二〇	0161					
三二一	1601					
三二二	0101					
三二三	0101					
三二四	0163					
三二五	0142	0201	0241	1605	2701	
三二六	0102	0150	0161	0201	0341	0701
	1501	1601	1615	1701◎	1705	2341
	2701					
三二七	2401					
三二八	0101					
三二九	0101	0404	0841	1501		
三三〇	1601					
三三一	0141	0144	2001			
三三二	0201					
三三三	0101					
三三四	2501					
三三五	1501					
三三六	0101					
三三七	1601					
三三八	0241					
三三九	1601					

書名編号	藏書單位					
宋別集類						
三四〇	2541					
三四一	0101					
三四二	1701					
三四三	0101					
三四四	0101					
三四五	0101					
三四六	0198					
三四七	0101					
三四八	0101					
三四九	0101◎	0201				
三五〇	0101					
三五一	0101	0141	0142	0161	0182	0201
	0261	0301	0341	0701	0903◎	1041
	1082	1501	1601	1701	2401	
三五二	1741					
三五三	0198					
三五四	1657					
三五五	1601					
三五六	1701					
三五七	0101	0201	0341	0841	1741	1901
	2702					
三五八	0101					
三五九	0101	0141	0144	0197	0198	0542
	0801	1615	1741	2001	2302◎	
三六〇	0101					
三六一	1601					
三六二	0142	0163	0164	0197	0198	0201
	0242	0701	0842	1701	1743	2701
	2702					
三六三	1654					
三六四	1601					
三六五	1610					
三六六	0101	0120	0144	0193	0242	0342
	0741	1081	1501	1601	1688	1701
	1705	1741	1801	1901	2401	2441
	2541					
三六七	1601					

表六

書名編号	藏書單位					
宋別集類						
三六八	1601					
三六九	1601	0501	1801	2701		
三七〇	0301					
三七一	0541					
三七二	1843					
三七三	1502	1701	2701			
三七四	0142	0150	0201	0282	0441	0801
	1525◎	1881	2201	2220◎	2301	2342
	2401	2701				
三七五	0141	0142	0150	0165	0242	1704
	2561					
三七六	0141	0198	0901	1712	2042	2343
	2354	2355	2356	2501		
三七七	0201					
三七八	2301					
三七九	2561					
三八〇	1601					
三八一	0101					
三八二	0101					
三八三	2006					
三八四	0101	0102	0141	0146	0161◎	0201
	0741	0741	1502	1601	1701	2341
三八五	2501					
三八六	0101					
三八七	0150	0193				
三八八	0641	2452				
三八九	0201					
三九〇	0141					
三九一	0146					
三九二	0141					
三九三	0163					
三九四	0101					
三九五	1601					
三九六	2541					
三九七	0101					
三九八	0101					
三九九	1741					

書名編号	藏	書	單	位		
宋别集類						
四〇〇	0101					
四〇一	0101					
四〇二	1705					
四〇三	1601					
四〇四	0201					
四〇五	0201					
四〇六	0101	0141	0201	2701	2745	
四〇七	0101	0161◎	0241	0301	0341	0841
	1501	1617	1801	1931	2301	2702
四〇八	0141	0201	1801	2702		
四〇九	1601					
四一〇	0201	2701				
四一一	0102	0163	0198	0701	1741	2201
	2041	2301	2341	2401	2501	2543
四一二	0101					
四一三	0101					
四一四	0101					
四一五	0161					
四一六	1601					
四一七	0101					
四一八	0101					
四一九	2501					
四二〇	0201					
四二一	0101					
四二二	0101					
四二三	1601					
四二四	0101					
四二五	0101					
四二六	0101					
四二七	0178					
四二八	1601					
四二九	0101	0141	0144	0145	0150	0163◎
	0164	0201	0243	0341	0541	1701◎
	1741	2041	2701			
四三〇	0101					
四三一	0101					
四三二	1601					

書名編号	藏	書	單	位		
宋别集類						
四三三	0101					
四三四	1701					
四三五	1541					
四三六	0101					
四三七	0101					
四三八	0101					
四三九	0101					
四四〇	0301	1681				
四四一	0201					
四四二	0201					
四四三	0101	0163	1241	1601	1701	2206
	2701					
四四四	1601					
四四五	0141	2702				
四四六	1601					
四四七	0801	2441	2702			
四四八	0101	0201	0342	0841	1501	1582◎
	1741◎	1901	2702			
四四九	0101					
四五〇	0150	0301	0781	0841	1881	2042
	2242					
四五一	0141	0142	0144	0242	0542	0582
	1582	1901	2041	2441		
四五二	1603					
四五三	0101					
四五四	0201					
四五五	2401					
四五六	0143	0165	0542	0642	1703	
四五七	0101					
四五八	0241					
四五九	0201					
四六〇	0201					
四六一	1601					
四六二	0101					
四六三	0101					
四六四	1601					
四六五	0142	1741				

書名編号	藏	書	單	位		
宋别集類						
四六六	0201					
四六七	0101					
四六八	0101					
四六九	0101					
四七〇	0101					
四七一	0101	1501	1801	2702		
四七二	1702					
四七三	0201	0291	2401			
四七四	0101	0144	0201	1001	1701	2401
四七五	0101	2702				
四七六	0141	0198	0201	2401		
四七七	1601					
四七八	0301					
四七九	0201					
四八〇	1601					
四八一	0141	0144	0341	2702		
四八二	0101	0164	0201	0591	1541	2301
	2541	2702				
四八三	1601					
四八四	0101					
四八五	0142	0161	0641	2001	2301	
四八六	0150	0181	0542	0701	1587	1741
	2401					
四八七	0101					
四八八	0101					
四八九	1701					
四九〇	0101					
四九一	0101					
四九二	0101	0141	0201	0301	1801	2301
四九三	0101	0143	0161	0163◎	0182	0801
	1681	1704	2201◎	2401◎	2501	2543
	2701	2702				
四九四	1601					
四九五	0101					
四九六	0281					
四九七	0101					
四九八	0101	0198◎	1901◎			

書名編号	藏	書	單	位		
宋别集類						
四九九	0101	1601◎				
五〇〇	0101					
五〇一	0101	0141	0161	0201	0541	0591
	0801	1461	2401	2602		
五〇二	0101	0146◎	0182	0193	0197◎	0701◎
	1582◎	1701	1901	2702		
五〇三	0201	0301	1501	1601◎	1628	1901
	2401	2543				
五〇四	0101					
五〇五	0801					
五〇六	0101	0141				
五〇七	1601					
五〇八	0101					
五〇九	1601					
五一〇	0101	0144	0150	0163	0197	0198
	0201	0241	0301	0501	0701	1104
	1144	1501	1531	1615	1617	1701
	1705	1741	1801	2301	2501	
五一一	1601					
五一二	0198					
五一三	0141	0198	0201	0341	0701	0842
	1601	1701	1901	2001	2301	2302
	2341	2901				
五一四	0163	0301	0841	2741◎		
五一五	0101					
五一六	0141	0182	0201	1441	1501	1510◎
	1601	1613	1704	2401		
五一七	0101	~~0149~~	0193	0941	1705◎	
五一八	0201					
五一九	0142	0150	0842	1882		
五二〇	0166	0192				
五二一	0101					
五二二	0101					
五二三	1601					
五二四	0101	0102	0141◎	0143	0144	0145
	0150	0163	0197	0201	0241	0261
	0291	0301	0801	0841	0901	1101◎

書名編号	藏書單位					
宋別集类						
五二四	1142⊙	1501	1601	1687	1705	1741
	2041	2042	2241	2342⊙	2401	2543
	2602	2701⊙	2941			
五二五	0101					
五二六	1601					
五二七	1601					
五二八	0101	0145	0201	0241	0242	0301
	0501	0701	0801	0841	0741	1441
	1501	1583	1601	1641	1553	1655
	1701	1705	1943	2041	2320	2401
	2701	2801	2881			
五二九	2041					
五三〇	2401					
五三一	1601					
五三二	1501					
五三三	1501					
五三四	1501					
五三五	1501					
五三六	0201					
五三七	0101					
五三八	0101					
五三九	0201					
五四〇	0591					
五四一	0101					
五四二	0101					
五四三	1601					
五四四	1601					
五四五	1641					
五四六	0101					
五四七	0101					
五四八	2201					
五四九	1701					
五五〇	1601					
五五一	0101	0201	2201			
五五二	0201					
五五三	0101	0161	0241	0342	1601	1701
	2501	2702				

書名編号	藏書單位					
宋別集类						
五五四	0102					
五五五	0141	0181	0501	0543	0592	0641
	0701	0903	0942	1808	2001	2542
	2561	2591				
五五六	0101					
五五七	0101					
五五八	0101	0141	0201	2543⊙		
五五九	0101					
五六〇	0101	0141	0181	0201	0841	1041
	1501	1601	1841	2301	2441	2701
	2702	2785				
五六一	0142	0144	0301	0342	0741	1501
五六二	0101					
五六三	0102	0141	0142	0144	0150	0193
	0198	0201	0541	0741	0801	0841
	0901	2001	2043	2401		
五六四	0101					
五六五	1741					
五六六	2301					
五六七	2301					
五六八	0101					
五六九	0201					
五七〇	0701					
五七一	0101	0201	0901	1101	1615	1705
	2701	2785				
五七二	1601					
五七三	0101					
五七四	1601					
五七五	0102	0141	0143	0145	0197	0201
	0241	0241	0501	1901	2001	2401
	2785					
五七六	0101					
五七七	0101					
五七八	0701					
五七九	0701					
五八〇	1601					
五八一	0101					

表九

書名編号	藏書單位					
宋別集类						
五八二	0201					
五八三	1601	1501				
五八四	0201					
五八五	0163					
五八六	1601					
五八七	0101					
五八八	0101	0150	0193	1601		
五八九	1601					
五九〇	2541					
五九一	0101	1901				
五九二	0601	0701	0841	2401		
五九三	0101					
五九四	2301					
五九五	0101	0141⊙	0201⊙	1501	1582	1801⊙
	1901⊙	2401	2501			
五九六	0101					
五九七	1601					
五九八	0201					
五九九	0141					
六〇〇	0101	0201	0341	1601	1705	2441
	2581	2701				
六〇一	0101					
六〇二	1601					
六〇三	0201					
六〇四	0201					
六〇五	0101	0141	0144	0146	0161	0163
	0191	0197	0201	0241	0291	0301
	0541	0701	0841	1045	1081	1101
	1241	1341	1501	1601	1641	1701
	1705	2002	2301	2302	2342	2702
	2708	2742	2745			
六〇六	1501					
六〇七	0101	0102	0144	0164	0182	0197
	0201	0242	0291	0301	1082	1101
	1601	1689	1704	1741	1843	1901
	2001	2302	2401	2501	2701	2702
六〇八	0101					

書名編号	藏書單位					
宋別集類						
六〇九	0703⊙	1702				
六一〇	0120	0141	0143	0144	0150	0171
	0182	0193	0198	0201	0241	0243
	0291	0301	0341	0342	0501	0520
	0542	0601	0701	0703	0781	0801
	0803	0841	1101	1103	1461	1510
	1601	1603	1605	1616	1622	1629
	1653	1682	1701	1702	1741	1801
	1881	1901	1902	1914	2001	2041
	2203	2204	2341	2346	2381	2401
	2701	2702				
六一一	0201					
六一二	1501					
六一三	1704					
六一四	0101					
六一五	0101					
六一六	0141	1601				
六一七	1701					
六一八	0101					
六一九	1601					
六二〇	0101	0141	0142	0143	0144	0150
	0163	0182	0197	0198	0201	0242
	0341	0342	0542	0701	0703	0841
	0903	0941	1501	1542	1605	1607
	1615	1701	1703	1710	1910	1911
	1914	2042	2242	2301	2302	2314
	2342	2401	2501	2504	2543	2601
六二一	1601					
六二二	0201					
六二三	0201					
六二四	0301					
六二五	1741					
六二六	0201					
六二七	0201					
六二八	1601					
六二九	1741					
六三〇	0101					

表十

書名編号	藏書單位					
宋別集类						
六三一	1601					
六三二	0141					
六三三	0163					
六三四	0101					
六三五	0241					
六三六	0842					
六三七	0201					
六三八	0201					
六三九	0163					
六四〇	1601					
六四一	0101					
六四二	0101					
六四三	0201					
六四四	0101					
六四五	0201					
六四六	0101					
六四七	0101	0197	0201	0301	2702	
六四八	0101					
六四九	1601					
六五〇	0101					
六五一	0101					
六五二	0101					
六五三	0101◎	0141◎	0198◎			
六五四	0101					
六五五	0101	0141	0163	0164	0198◎	0201
	0701	0842	1201	1441	1741	1843
	2541	2543◎	2701	2702	2742	
六五七	0101					
六五八	1501					
六五九	0144	1101◎	1501◎	1615		
六六〇	0143	0146	0201	0242	0501	0701
	1501◎	1506◎	1601	1603	1606	1644
	1702	1705	1716	1787◎	1882◎	1901◎
	2201	2261	2342	2601	2642	2701
	2702	2801				
六六一	0142	0144	0168	0181	0182	0193

書名編号	藏書單位					
宋別集类						
六六一	0198	0201	0241	0301	0402	0501
	0520	0601	0641	0701	0801	0861
	1501	1701	1741	1808	1841	2001
	2346	2401	2541	2701	2745	2881
	2991					
六六二	0102	0141	0161	0181	0192	0242
	0301	0501	0502	0541	0542	0861
	0908	0942	1101	1501	1541	1605
	1702	1705	1716	1719	1801	1841
	1911	1915	1981◎	2001	2042	2043
	2203	2242	2286	2501	2541	2701
	2702	2706	2785	2881		
六六三	0145	0201	2304	2801		
六六四	0173	0201	0241	1901	2201	2701
六六五	0181					
六六六	0201					
六六七	0101					
六六八	0201					
六六九	0101					
六七〇	0201					
六七一	0101	0842	1642◎	1801	2401◎	
六七二	0101	2701				
六七三	0101	0144	0201	0301	0341	0342
	1042	1043	1441	1501	1541	1606
	1701	1841	2203	2501◎	2701	9702
六七四	1601					
六七五	0181	0341	0781	1501	1502◎	2356◎
	2401	2702				
六七六	0101					
六七七	1082					
六七八	0101					
六七九	0201	0701◎				
六八〇	0101					
六八一	0101					
（六八二）	0101	存詩五卷（一至三）无傳跋				
六八三	0101					
六八四	0141◎	0178◎	2755			

書名編号	藏書單位					
宋別集类						
六八五	0201					
六八六	2795					
六八七	0301					
六八八	0101					
六八九	0101	0141	0242◎	0301◎	0701◎	
六九〇	0101◎	0141	0201◎	0701◎	1001◎	1581◎
	2701◎					
六九一	2701◎	2702	2785◎			
六九二	0101	1701				
六九三	0141					
六九四	0141	0144	0146	0150	0161	0181
	0182	0198	0201	0241	0301	0842
	1501	1502	1505	1628	1701	1702
	1704	1801	1881	1901	2301	2346
	2355	2541	2701	2785		
六九五	0201					
六九六	1601					
六九七	0142◎	1705	2561			
六九八	0142	0193	0201	0291	0542	0742
	1101	1501	1541	1601	1604	1617
	1716◎	1741	2242	2302	2341	2381
	2541◎	2602	2701	2741		
六九九	0101					
七〇〇	1622	2301	2541	2785	2843	2901
七〇一	0201					
七〇二	0101					
七〇三	0101	0141	0144	0150	0173	0198
	0201	0542	0641	1601	1741	2206
	2301	2302	2343	2501	2541	
七〇四	0201					
七〇五	2701					
七〇六	0141	0144	0201	0241	0243	1510
	1601	1627	1649	1704	2401◎	2701
	2702					
七〇七	0101	0201				
七〇八	0201					
七〇九	0101					

書名編号	藏書單位					
宋別集类						
七一〇	2541					
七一一	0301					
七一二	0101	0141	0150	0841	0842	2901◎
七一三	0160	0163	0242	2041	2561	
七一四	0141	0142	0201	1541		
七一五	0101	1701				
七一六	0101					
七一七	0841	1843	1881			
七一八	0801	1601				
七一九	0101	0102	0141	0143	0144	0146
	0163	0198	0201	0241	0301	0341
	0701	1641	1701	1901	2401	2541
七二〇	1601					
七二一	0141	1606	1701			
七二二	0141					
七二三	0142	0201	0342	2701◎		
七二四	2041	2542				
七二五	0101	0102	0142	0146	0182	0201
	0902	0941	1042	1048	1401	1441
	1604	1605	1606	1701	2001	2202
	2242	2342	2561	2701	2742	2741
	2742	2745	2785	2901		
七二六	0101	0102	0141	0143	0144	0145
	0241	0301	0801	0841	1501	1506
	1511	1142	1544	1582	1601	1644
	1653	1701	1705	1801	1881	1901
	2041	2701	2745			
七二七	0181	0241	1606	1615	1802	1843
	2201	2801				
七二八	2401					
七二九	0143	0242	1541	1641	1701	2042
	2301	2401				
七三〇	0141	1501	1722	1744	1901	2401
	2702					
七三一	0141	0142	0242	0291	0301	0568
	0843	0841	0842	1544	1601	1705
	1716	2201	2301	2354	2541	2785

書名編号	藏	書	單	位		
宋別集类						
七三二	0101					
七三三	0101					
七三四	0102	0141	0143	0144	0161	0198
	0342	0441	0501	0520	0542	0601
	0641	0642	0741	0903	0942	1705
	1802	1806	1808	1844	1881	1882
	2001	2006	2013	2304	2307	2316
	2342	2358	2501	2504	2542	2561
	2602	2641	2691			
七三五	0201					
七三六	0201					
七三七	2301					
七三八	0101					
七三九	1101					
七四〇	1601					
七四一	0163					
七四二	0542	2301				
七四三	2301					
七四四	2202					
七四五	0201					
七四六	1843					
七四七	0201					
七四八	0201					
七四九	0201					
七五〇	1601					
七五一	1601					
七五二	0801					
七五三	2301					
七五四	0341					
七五五	0101					
七五六	2701					
七五七	2341					
七五八	2301					
七五九	2542	2382				
七六〇	0101					
七六一	0142	0192	0201	0242	1501	1502
	1541	1881	1911	2001	2042	2301

書名編号	藏	書	單	位		
宋別集类	2501	2543	2601	2702	2745	2785
	2901					
七六二	1701					
七六三	0201					
七六四	2302					
七六五	0201					
七六六	0841					
七六七	0141					
七六八	0142	0243	0342	0442	0520	0541
	0542	0701	0901	0903	1461	1712
	1802	2001	2043	2301	2302	2320
	2342	2504				
七六九	0101					
七七〇	0141	0441				
七七一	1802					
七七二	0101					
七七三	2701					
七七四	0201					
七七五	0841					
七七六	0142	0502	0542	0701	0902	2301
七七七	2541					
七七八	0201					
七七九	2841					
七八〇	1541					
七八一	0144					
七八二	1601					
七八三	2302					
七八四	1601					
七八五	1646					
七八六	0201					
七八七	0101					
七八八	0201					
七八九	2701					
七九〇	0182	0903	1501	1801	2701	
七九一	0142	0144	0181	0201	0301	0842
	1544	1606	1701	1716	1801	1843
	1881	1901	2201	2301	2401	2541
	2701	2741				

書名編号	藏	書	單	位		
宋別集类						
七九二	0102	0143	0146	0161	0181	0193
	0201	0501	0701	0541	0941	1182⊙
	1501	1531	1541	1542	1601	1801
	1901	2001⊙	2201	2341	2401	2441
	2561	2702	2881			
七九三	0201	1048	1103	1901	2301	
七九四	0198	0241	0243	0803⊙	0841	1628
	1646	2561	2785			
七九五	0161	0181	0441⊙	0701	1049	1701⊙
	2001	2701				
七九六	0141	0144	0145	0181	0201	0242
	0301	0701	1301	1501	1502	1702
	1705	1841	1843	1901	2401	2441
	2541⊙	2702	2785			
七九七	0101	0141	0143	0145	0146	0161
	0181	0201	0291	0509	0641⊙	0701
	0801	0841	0842	0942⊙	1042	1081
	1341	1441	1501	1601	1705	1801
	1881	2201	2206	2301	2441	2541
	2701	2702	2742	2785	2801	
七九八	0201					
七九九	1723					
八〇〇	0101					
八〇一	0143	0145	0150	0163	0241	0301
	0701	0741	0842⊙	1441	2241	2401
	2541⊙	2701				
八〇二	0141	0142	1605			
八〇三	~~[illegible]~~	0201	0102⊙			
八〇四	0144	0701	2541			
八〇五	0102	0146	2785			
八〇六	0143					
八〇七	1518	1705				
八〇八	0142⊙	0144⊙	0163⊙	0520⊙	0801⊙	
八〇九	0142	0143	0701	1501⊙	1601	2041
八一〇	1501					
八一一	2597					
八一二	0161	0301	0801			

書名編号	藏	書	單	位		
宋別集类						
八一三	0201	1801	2785			
八一四	0142	0144	0145	0146	0201	0282
	0801	0842	1441	1501	1701	1716
	1843	2401	2901	2941		
八一五	0291	1341				
八一六	0142	0146	0163	0193	0201	0261
	0501⊙	0741	0841	1001	1101	1501
	1601	1642	1701	1881⊙	2001⊙	2241⊙
	2401	2701	2702	2901		
八一七	1601	2501				
八一八	0201					
八一九	0102	0161	0701	0842	1632	2201⊙
	2701	2702				
八二〇	0701	0842	1501	1641	1701	2401
	2501					
八二一	0102	0143	0144	0146	0150	0163
	0193	0201	0242	0243	0291	0341
	0342	0741	0801	0841	0901	0941
	0942	1001	1142	1501	1582	1601
	1605	1615	1681	1682	1701	1705
	2202	2241	2702	2785		
八二二	0102	0141	0142	0143	0161	0198
	0242	0801	0942	1653	1843	1881
	2041	2302	2401	2701	2785	
八二三	1701					
八二四	0101					
八二五	0781					
八二六	0101					
八二七	0101	0197	0291	2701		
八二八	0101	0141⊙	0201	0241⊙	0802	1601
	1701	2241	2394⊙	2441⊙	2701	2742
八二九	0101	0102	0141	0144	0161	0163
	0198	0301	0241	0261	0342	0701
	0803	1082	1341	1441	1501	1510
	1582	1641	1642	1705	1741	2001
	2041	2042	2401	2541	2785	
八三〇	0101					

書名編号	藏	書	單		位
宋别集類						
八三一	1601					
八三二	1601					
八三三	0101					
八三四	0242					
八三五	0141					
八三六	0101	0141●	0144	0145●	0150	0161●
	0201	0591	0701	1501●	1582●	1641
	1701	1702	1741●	2041●	2203●	2702
	2782					
八三七	1901					
八三八	1601					
八三九	0242					
八四〇	0101●	0141	0143	0198	0241	0641●
	0841●	0903●	1441●	1501	1503	1541●
	1601	1720●	1901	2001	2202●	2301●
	2401●	2501	2541	2701		
八四一	0143	0161	0201	0241	0242	0601
	0701	1601	1606	1688	1705	1801
	1901	2642				
八四二	0144	0163	0342	0841	1241	1601
	1705	2401				
八四三	1981	2302	2311	2501	~~2605~~	2602
八四四	0701	2301	2401			
八四五	0101					
八四七	0101					
八四八	0201					
八四九	0101					
八五〇	0101					
八五一	0101●	0201	1601	1701	2782●	
八五二	0201					
八五三	0201					
八五四	0507					
八五五	0101					
八五六	0101					
八五七	0101					
八五八	0141	0520	0706	2302	2342	2344
八五九	~~0241~~	0201				

書名編号	藏	書	單		位
宋别集類						
八六〇	0101					
八六一	0101					
八六二	0101	0141	0145	0163	0201	0591
	0801	0841	1701	1705	1843	2394
	2401					
八六三	0101	0201				
八六四	0801	1101				
八六五	0101	0102	0141	0201	0701	2881
八六六	2702					
八六七	0141	0163	0801	2541	2782	
八六八	1601					
八六九	0141	0184	0201	1701	2381	
八七〇	0101	0201●	2702			
八七一	0201					
八七二	0201					
八七三	0201					
八七四	0101					
八七五	0101	0141●	0164	0201	1601	1741
八七六	0201					
八七七	0201					
八七八	1601					
八七九	0101					
八八〇	0101					
八八一	0101					
八八二	0198	2301	2501	2541		
八八三	0201					
八八四	0201					
八八五	0101					
八八六	0101	0142	0198			
八八七	0101					
八八八	0101					
八八九	0101					
八九〇	0101	0201●	2401			
八九一	0201					
八九二	0101					
八九三	1601					
八九四	0101	0141●	1741	2401		

表一五

書名編号	藏	書	單		位
宋别集類						
八九五	0101					
八九六	1705					
八九七	0101					
八九八	0501					
八九九	0181					
九〇〇	1741					
九〇一	0101					
九〇二	0201					
九〇三	0591					
九〇四	0101					
九〇五	0101					
九〇六	0201					
九〇七	1601					
九〇八	1601					
九〇九	0201					
九一〇	1843					
九一一	0101					
九一二	0101					
九一三	0101					
九一四	0201					
九一五	2401					
九一六	0101					
九一七	1601					
九一八	0101					
九一九	2702					
九二〇	0101					
九二一	0101	0141	0144	0163	0201	0801
九二二	0201					
九二三	0101					
九二四	0101					
九二五	1601					
九二六	0101					
九二七	0101					
九二八	0101					
九二九	0201					
九三〇	0141					
九三一	0201					

書名編号	藏	書	單		位
宋别集類						
九三二	0171	0201				
九三三	0101					
九三四	0201					
九三五	0101	0141●	0161	0201	0241	0301
	0901	1501	1641	1701●	2401	2541●
	2701	2702	2941			
九三六	1601					
九三七	0591					
九三八	0101	0141	0164●	0193	0198	0201
	1501	1601	2701	2702		
九三九	0101	0144	0150	0161	0163	0198
	0201	0342	0441	0501	0701	0842
	1441	1501	1503	1541	1601	1606
	1615	1621	1641	1701	1741	1843
	2201	2301	2381	2401	2645	2702
	2801					
九四〇	1601					
九四一	0146					
九四二	0141					
九四三	0141	0143	0145	0181	0198	0201
	0242	0342●	0701	0741	0941	1101
	1605	1642	1653	1701	1803	2001
	2041	2201	2301	2741	2745	
九四四	0101					
九四五	0101					
九四六	0101					
九四七	2301					
九四八	1601					
九四九	0101					
九五〇	2702					
九五一	0102	0161	0201	0241	1101	1605
	2301					
九五二	1601					
九五三	0101					
九五四	0101					
九五五	0101					
九五六	0101					

表一六

書名編號	藏書單位
宋別集類	
九五七	1601
九五八	2401
九五九	0101
九六〇	1601
九六一	1601
九六二	0198 0201
九六三	0101 2401
九六四	0101
九六五	0101 0201
九六六	1601
九六七	0181
九六八	0101
九六九	0241
九七〇	0101
九七一	0201
九七二	0101
九七三	0201
九七四	0101 0201 2702
九七五	0101
九七六	0201
九七七	1601
九七八	0101
九七九	0101
九八〇	0141
九八一	0144
九八二	0241
九八三	0242
九八四	0101 0141 0144 0145 0163 0201 0341 0841 1641 1606 1704 2701 2702 2745
九八五	1601
九八六	0101
九八七	0101
九八八	0101
九八九	1601
九九〇	1601
九九一	1601

表十七

書名編號	藏書單位
宋別集類	
九九二	0201
九九三	0101 0102 0141 0144 0146 0161 0163 0201 0341 0501⊕ 0701 0841 1501 1601 1641 1653 1704⊕ 1705 2401 2701 2702 2750
九九四	1601
九九五	0101
九九六	0101
九九七	0101
九九八	1701 2702
九九九	0101 0201
一〇〇〇	0201
一〇〇一	1541
一〇〇二	0101 0102 0141 1601
一〇〇三	0101
一〇〇四	2501
一〇〇五	1701
一〇〇六	0101 0198 0201 0841
一〇〇七	0181 2302 2561
一〇〇八	2401
一〇〇九	0101
一〇一〇	1601
一〇一一	0161 0701 1542 2701
一〇一二	0101
一〇一三	0201
一〇一四	1601
一〇一五	0101
一〇一六	0101
一〇一七	1741
一〇一八	0101
一〇一九	0201
一〇二〇	1741
一〇二一	0101
一〇二二	2702
一〇二三	0201
一〇二四	0101⊕ 0201 1082
一〇二五	1601

書名編號	藏書單位
宋別集類	
一〇二六	0201
一〇二七	1601
一〇二八	0141 0242
一〇二九	0101
一〇三〇	0241
一〇三一	0101
一〇三二	2381
一〇三三	0101 0201
一〇三四	1601
一〇三五	0101
一〇三六	0201
一〇三七	1601
一〇三八	0201
一〇三九	0101
一〇四〇	1601
一〇四一	0101 0201
一〇四二	0201
一〇四三	0201
一〇四四	0101 1741
一〇四五	0101
一〇四六	0101
一〇四七	1601
一〇四八	0201
一〇四九	0101 0163 0801 1741 2702
一〇五〇	0142 0841
一〇五一	2501
一〇五二	0201
一〇五三	0101
一〇五四	0101
一〇五五	0101
一〇五六	0101⊕ 0201
一〇五七	1601
一〇五八	0144
一〇五九	0501
一〇六〇	0101
一〇六一	0201
一〇六二	1601

表十八

書名編號	藏書單位
宋別集類	
一〇六三	0281
一〇六四	0201
一〇六五	0123
一〇六六	1705
一〇六七	0201
一〇六八	0201
一〇六九	0201
一〇七〇	0201
一〇七一	0201
一〇七二	0101
一〇七三	0101
一〇七四	0101
一〇七五	0801
一〇七六	0101
一〇七七	2301
一〇七八	0101
一〇七九	0101
一〇八〇	0101
一〇八一	0101
一〇八二	0101
一〇八三	0101
一〇八四	0101
一〇八五	0101
一〇八六	0201
一〇八七	1601
一〇八八	1601
一〇八九	0201
一〇九〇	1741
一〇九一	0101
一〇九二	0241 2541
一〇九三	0101
一〇九四	0141
一〇九五	2702
一〇九六	1741
一〇九七	0201
一〇九八	0144
一〇九九	1741

書名編号	藏	書	單	位		
宋別集类						
一一〇〇	1601					
一一〇一	0201					
一一〇二	0291					
一一〇三	0201					
一一〇四	1701					
一一〇五	0201					
一一〇六	0201					
一一〇七	0201					
一一〇八	0101					
一一〇九	0101					
一一一〇	1741					
一一一一	1741					
一一一二	1601					
一一一三	0101					
一一一四	0101					
一一一五	0201					
一一一六	0201					
一一一七	1601					
一一一八	0101					
一一一九	0101					
一一二〇	0101					
一一二一	0101					
一一二二	0101					
一一二三	0102	0141◎	0142	0144	0178	0842
	0941	1601	1705	1710	2401	2701
	2702					
一一二四	0101					
一一二五	0163					
一一二六	0201					
一一二七	2381					
一一二八	0101	0341				
一一二九	1501					
一一三〇	1601					
一一三一	0201					
一一三二	1601					
一一三三	0301					
一一三四	1601					

表十九

書名編号	藏	書	單	位		
宋別集类						
一一三五	1601					
一一三六	0701					
一一三七	0101					
一一三八	0201					
一一三九	1701					
一一四〇	0101					
一一四一	0101					
一一四二	0101					
一一四三	0201					
一一四四	0141	0201	0291			
一一四五	1601					
一一四六	0201					
一一四七	0101	1843	2201			
一一四八	0201					
一一四九	0801	0842				
一一五〇	2542					
一一五一	0101	0141	1601			
一一五二	0201					
一一五三	0101	0141	0201	0241	0801	0841
	1601◎	2401	2701			
一一五四	0101					
一一五五	0101	0141	0142	0143	0144	0145
	0161	0163	0164	0201	0261	0301
	0542	1201	1501	1641	1705	1741
	1901	2401	2461	2541	2543	2603
	2645	2702				
一一五六	1601					
一一五七	0201					
一一五八	0101					
一一五九	0701	0150	0198			
一一六〇	0141	2002	2006	2401		
一一六一	0101	0198	0301	0501	0542	1601
	1646	2301	2302	2401		
一一六二	0201					
一一六三	0201					
一一六四	1701					
一一六五	2742					

書名編号	藏	書	單	位		
宋別集类						
一一六六	2445					
一一六七	0141	0161	0201			
一一六八	0201					
一一六九	0201					
一一七〇	0201					
一一七一	0101					
一一七二	0101					
一一七三	0163	0201	2401			
一一七四	0141					
一一七五	0201					
一一七六	1701					
一一七七	0291					
一一七八	0242					
一一七九	0101	0142	0141	0143	0201	0242
	0341	0404	0520	0701	0801	0841
	0842	1542	1601	1606	1619	1701
	1704	1705	1801	1841	1881	2001
	2041	2206	2241	2342	2381	2501
	2561	2701	2750			
一一八〇	0141	0150	0161	0301	0501	0502
	0541	1501	1503	1802	2041	2201
	2242◎	2301	2343	2501	2602◎	
一一八一	0101					
一一八二	1601					
一一八三	2381					
一一八四	0101					
一一八五	1741					
一一八六	0101					
一一八七	0241					
一一八八	0201					
一一八九	1601					
一一九〇	0101					
一一九一	0201					
一一九二	0101					
一一九三	0201					
一一九四	2501					
一一九五	0201					

表二〇

書名編号	藏	書	單	位		
宋別集類						
一一九六	0201					
一一九七	1501					
一一九八	0201					
一一九九	0301					
一二〇〇	0101					
一二〇一	0101	0201	0241	0801	1601	1901◎
一二〇二	0101					
一二〇三	0101	0141	0201	1501		
一二〇四	1601					
一二〇五	0101					
一二〇六	1601					
一二〇七	1601					
一二〇八	0101					
一二〇九	0101					
一二一〇	0201					
一二一一	0101					
一二一二	0201					
一二一三	0201					
一二一四	1601					
一二一五	1641					
一二一六	0201					
一二一七	0201					
一二一八	0201					
一二一九	1601					
一二二〇	0101	0341	1701			
一二二一	1741					
一二二二	2401					
一二二三	0101					
一二二四	0101	0241				
一二二五	0101					
一二二六	0141					
一二二七	0201					
一二二八	1601					
一二二九	0201					
一二三〇	0101					
一二三一	0101					
一二三二	1701					

書名編号	藏書單位					
宋別集類						
一二三三	1701					
一二三四	0201					
一二三五	2501					
一二三六	0301					
一二三七	0101					
一二三八	0101					
一二三九	0101					
一二四〇	0101					
一二四一	1741					
一二四二	1601					
一二四三	0101					
一二四四	1601					
一二四五	0201					
一二四六	0101					
一二四七	0101					
一二四八	0101					
一二四九	0201					
一二五〇	0141	0201				
一二五一	0509					
一二五二	1601					
一二五三	0101					
一二五四	2042					
一二五五	0201					
一二五六	0101					
一二五七	1741					
一二五八	0101					
一二五九	0101					
一二六〇	0101					
一二六一	0101					
一二六二	0101					
一二六三	0101					
一二六四	0341					
一二六五	0144	0163	2041			
一二六六	0201					
一二六七	1601					
一二六八	0144					
一二六九	0101					

書名編号	藏書單位				
宋別集類					
一二七〇	0101				
一二七一	1601				
一二七二	0101				
一二七三	0101				
一二七四	0101				
一二七五	0101				
一二七六	0101				
一二七七	1601				
一二七八	0163				
一二七九	0101	1601	1701		
一二八〇	0101	0201	0241	2501	
一二八一	1741				
一二八二	1705				
一二八三	0101				
一二八四	1601				
一二八五	2742				
一二八六	0101	2002			
一二八七	1601				
一二八八	0141	0201	1282	1741	2702
一二八九	0101				
一二九〇	0201				
一二九一	0101				
一二九二	0201				
一二九三	1701				
一二九四	0201				
一二九五	0243				
一二九六	0101				
一二九七	1601				
一二九八	0101				
一二九九	1601				
一三〇〇	0241				
一三〇一	0201				
一三〇二	0101	2301			
一三〇三	0101				
一三〇四	0101				
一三〇五	0201				
一三〇六	0101				

編号	藏書單位					
宋別集類						
一三〇七	0101	0201	1701			
一三〇八	0101					
一三〇九	1601					
一三一〇	0703	2301				
一三一一	0102	0141	0201	0520	0541	0572
	1710					
一三一二	0101					
一三一三	0101					
一三一四	0141					
一三一五	1601					
一三一六	0101	0144				
一三一七	0701	2702				
一三一八	0201					
一三一九	0101					
一三二〇	0201					
一三二一	1701					
一三二二	1601					
一三二三	0101					
一三二四	0101					
一三二五	0101					
一三二六	0201					
一三二七	1601					
一三二八	1601					
一三二九	2002					
一三三〇	0101	0141	~~0160~~	0201	0161	
一三三一	1601					
一三三二	0101					
一三三三	2401					
一三三四	1601					
一三三五	1701					
一三三六	1901					
一三三七	0201					
一三三八	0141	0161	0701	1701	2241	2701
	2702					
一三三九	0163					
一三四〇	0201					
一三四一	0101	0201	2541			

書名編号	藏書單位					
宋別集類						
一三四二	1601					
一三四三	0101					
一三四四	1741	2542				
一三四五	0342					
一三四六	0101					
一三四七	2701					
一三四八	0101					
一三四九	0101					
一三五〇	0101					
一三五一	1601					
一三五二	0201					
一三五三	0161					
一三五四	0201					
一三五五	1701					
一三五六	0101	0198	0201	0241	1601	1704
一三五七	0201					
一三五八	0201					
一三五九	0201					
一三六〇	1601					
一三六一	0101					
一三六二	0101					
一三六三	0101					
一三六四	0101					
一三六五	0591					
一三六六	0201					
一三六七	0301					
一三六八	0101					
一三六九	0101					
一三七〇	1741	1641				
一三七一	0101	0201	1582	2301	2401	2702
一三七二	0101					
一三七三	0101					
一三七四	1601					
一三七五	0101	0161	0164	0201	0301	0342
	1501	1601	1641	1801	2401	
一三七六	0101					
一三七七	0101					

書名編號	藏書單位					
宋別集類						
一三七八	0141	0142	0144	0150	0641	1142
	1882	2301				
一三七九	2002					
一三八〇	1601					
一三八一	0201					
一三八二	1601					
一三八三	0141					
一三八四	0101	0241◎				
一三八五	0101					
一三八六	0101					
一三八七	1601					
一三八八	0201	2702◎				
一三八九	1701	2901				
一三九〇	0197	0201	1705	2702		
一三九一	1601					
一三九二	0591					
一三九三	0101	2501◎				
一三九四	2001					
一三九五	0161					
一三九六	0101					
一三九七	0101					
一三九八	2001					
一三九九	1601					
一四〇〇	0101	0141	0145	0181	0341	1808
	2702					
一四〇一	0201					
一四〇二	0201	0301				
一四〇三	0101	1741				
一四〇四	0101					
一四〇五	0201	1601	1701	2941		
一四〇六	0201					
一四〇七	1601					
一四〇八	2401					
一四〇九	1701					
一四一〇	2201					
一四一一	0101					
一四一二	2441					

表二三

書名編號	藏書單位					
宋別集類						
一四一三	1601					
一四一四	0201					
一四一五	0101					
一四一六	0201					
一四一七	0101					
一四一八	0101					
一四一九	0101					
一四二〇	2541					
一四二一	1741	2401				
一四二二	0101					
一四二三	0501					
一四二四	1601					
一四二五	1601					
一四二六	0142					
一四二七	0101					
一四二八	1601					
一四二九	0101					
一四三〇	0141					
一四三一	1601					
一四三二	0241					
一四三三	0101					
一四三四	0101					
一四三五	~~1501~~	2501				
一四三六	0101					
一四三七	0101					
一四三八	0101					
一四三九	0201					
一四四〇	0201					
一四四一	0101	0145	0163	0201	0301	0541
	2501	2801				
一四四二	0201					
一四四三	1705	2701				
一四四四	0801					
一四四五	0101					
一四四六	0201					
一四四七	1601					
一四四八	0141	2504				

書名編號	藏書單位	
宋別集類		
一四四九	2201	
一四五〇	1702	
一四五一	1601	
一四五二	1601	
一四五三	0201	
一四五四	0101	2301
一四五五	0101	
一四五六	0101	
一四五七	0101	0201
一四五八	0201	
一四五九	1601	
一四六〇	0241	
一四六一	0101	
一四六二	0101	
一四六三	0242	
一四六四	0101	
一四六五	0201	
一四六六	0201	
一四六七	1701	
一四六八	0101	
一四六九	1655	
一四七〇	0101	0201
一四七一	1601	
一四七二	0101	
一四七三	0101	
一四七四	0101	
一四七五	1741	
一四七六	1501	
一四七七	0201	
一四七八	1601	
一四七九	0591	
一四八〇	0201	
一四八一	0101	
一四八二	0101	
一四八三	0101	
一四八四	1601	
一四八五	0201	

表二四

書名編號	藏書單位					
宋別集類						
一四八六	0841					
一四八七(一)	0101					
一四八七(二)	1601					
一四八八	0201					
一四八九	0201	0541◎				
一四九〇	0101					
一四九一	0101					
一四九二	0141	0142	0144	0150	0201◎	0261
	0291◎	1741	2702			
一四九三	0201					
一四九四	1601					
一四九五	0101	0141	0144	0197	1601	1741
一四九六	0201					
一四九七	0201					
一四九八	2541					
一四九九	0101	0201	2501	2702		
一五〇〇	0201					
一五〇一	0101					
一五〇二	0101					
一五〇三	0101					
一五〇四	0101					
一五〇五	0201					
一五〇六	0101					
一五〇七	0201					
一五〇八	1601					
一五〇九	1701					
一五一〇	0101					
一五一一	2901					
一五一二	0242					
一五一三	1741					
一五一四	0101					
一五一五	1701					
一五一六	0101	0141	0144	0201	0242	0301
	0841	1541	1542	1601	1606	1705
	2401	2702				
一五一七	0101					
一五一八	2401					

書名編号	藏書單位					
宋别集類						
一五一九	1601					
一五二〇	0163					
一五二一	1082					
一五二二	0101	0141	0150	0163	0201	0591⊙
	1101⊙	1705⊙	2701			
一五二三	1601					
一五二四	0592					
一五二五	0101	2001	2541			
一五二六	2201					
一五二七	0141					
一五二八	0201					
一五二九	2441					
一五三〇	1601					
一五三一	0201					
一五三二	0101	0201				
一五三三	0201					
一五三四	1601					
一五三五	0198					
一五三六	0201					
一五三七	0201					
一五三八	0201	1701	2501			
一五三九	1701					
一五四〇	0101					
一五四一	0101					
一五四二	0201					
一五四三	0101					
一五四四	0201					
一五四五	1601					
一五四六	0101					
一五四七	1705					
一五四八	0141					
一五四九	2301					
一五五〇	1601					
一五五一	0201					
一五五二	1601					
一五五三	1601					
一五五四	0201					

表二五

書名編号	藏書單位					
宋别集类						
一五五五	0101					
一五五六	0301	2001				
一五五七	0163	0201				
一五五八	1601					
一五五九	1741					
一五六〇	0201	2501				
一五六一	0101					
一五六二	0301					
一五六三	0101	0145	0161	0201	1601	2702
一五六四	0141	0142	0198	0201	1701	
一五六五	0163					
一五六六	0101	0141	0242	1741	2401	
一五六七	1601					
一五六八	2001					
一五六九	1701					
一五七〇	1601					
一五七一	1601					
一五七二	0201					
一五七三	1601					
一五七四	0201					
一五七五	0441⊙	1881	2401			
一五七六	0101					
一五七七	1601					
一五七八	0201					
一五七九	0101	0201				
一五八〇	0141	0142	0163	0197	0201	0242
	0291	0342	0801	1501	1601	1606
	1701	1702	1705	1801	1881	1915
	2042	2301	2541	2702		
一五八一	0141	0142	0150	0161	0163	0201
	0291	0801	0901	1616	1701	1806
	1841	2301	2342	2401	2501	2542
一五八二	0101					
一五八三	1705					
一五八四	0101					
一五八五	0101					
一五八六	2501					

書名編号	藏書單位					
宋别集类						
一五八七	0101					
一五八八	2006					
一五八九	0101	0291	1701			
一五九〇	1701					
一五九一	0241					
一五九二	0101					
一五九三	1501					
一五九四	1741					
一五九五	1705					
一五九六	0141	0201				
一五九七	0101					
一五九八	0101	0102⊙	0141⊙	0143⊙	0201⊙	1581⊙
一五九九	0101⊙	2742⊙				
一六〇〇	0101⊙	0141⊙	0182⊙	0193⊙	0201	0241⊙
	0341⊙	0701⊙	1582⊙	1705⊙	2401⊙	2742⊙
一六〇一	1705					
一六〇二	0101⊙	0141	0701⊙	1542⊙	1701⊙	1901⊙
一六〇三	0101	0141	0201	0241⊙	0501	0703⊙
	0841	0861	1501	1601	1701	1943⊙
	2401⊙	2501⊙				
一六〇四	0101	0102	0141	0201⊙	0301	
一六〇五	2206	2541	2601			
一六〇六	0101					
一六〇七	1461	2001	2301	2541		
一六〇八	0101					
一六〇九	0101					
一六一〇	0101	0102	0182	0201	1501	1601
一六一一	0101					
一六一二	0101					
一六一三	0101					
一六一四	0101	0144	0161⊙	0197	0841	0941
	1741	1881	2941			
一六一五	1702	0341				
一六一六	1689					
一六一七	0241	0701⊙	1601	1701⊙	1705⊙	
一六一八	1684					
一六一九	0144	0201⊙				

表二六

書名編号	藏書單位					
宋别集类						
一六二〇	0101					
一六二一	0141	0161	2544			
一六二二	1881					
一六二三	0181					
一六二四	0701	2541				
一六二五	2001					
一六二六	1601					
一六二七	0101					
一六二八	0201					
一六二九	0201					
一六三〇	1601					
一六三一	0101					
一六三二	0101					
一六三三	0101					
一六三四	0201					
一六三五	0101					
一六三六	0101					
一六三七	0291					
一六三八	1705					
一六三九	0101					
一六四〇	0101					
一六四一	1601					
一六四二	0101⊙	0141⊙				
一六四三	1601					
一六四四	1705					
一六四五	0101					
一六四六	0842					
一六四七	0241					
一六四八	1901					
一六四九	0101	0144	1301	1801		
一六五〇	0101					
一六五一	0101					
一六五二	0101					
一六五三	2701					
一六五四	0101					
一六五五	0144					
一六五六	0201					

書名編号	藏書單位					
宋别集類						
一六五七	0201					
一六五八	0101	0141				
一六五九	0101	0201	0301	1601		
一六六〇	2541					
一六六一	0101					
一六六二	0101					
一六六三	0101					
一六六四	0101					
一六六五	1601					
一六六六	0101					
一六六七	0144					
一六六八	0101					
一六六九	0101					
一六七〇	1601					
一六七一	0101	0201	1101●	1689●	1701●	1901
一六七二	1684					
一六七三	1601	1701				
一六七四	0101					
一六七五	1101					
一六七六	0163					
一六七七	2241					
一六七八	0141	0192	2201			
一六七九	0197					
一六八〇	0101	0141	0161	0163	0198	0201
	0301	0841	1501	1601	[illegible]	1741
	1788	[illegible]	2702	2941		
一六八一	1601					
一六八二	1741					
一六八三	1601					
一六八四	0101					
一六八五	1601					
一六八六	0141					
一六八七	0101					
一六八八	0101					
一六八九	1605					
一六九〇	0102					
一六九一	1741					

表二七

書名編号	藏書單位					
宋别集類						
一六九二	0143	0201	1701			
一六九三	1601●	1704●				
一六九四	1705					
一六九五	1788					
一六九六	2301					
一六九七	1601					
一六九八	0101					
一六九九	1601					
一七〇〇	1601					
一七〇一	0141					
一七〇二	0101	0102	0141	0146	0161●	0163
	0198	0201	0242	0341	0342	0701
	0741	0801	0841	0842●	1001	1101
	1501	1541	1601	1701	1741	1912●
	2341	2701	2702			
一七〇三	0101					
一七〇四	1601					
一七〇五	0201	1705●	2702			
一七〇六	0801					
一七〇七	0142	0143	0641	2301●		
一七〇八	1704					
一七〇九	0101					
一七一〇	0101					
一七一一	1601					
一七一二	1601					
一七一三	0101					
一七一四	2441					
一七一五	1601					
一七一六	0201					
一七一七	0101					
一七一八	2941					
一七一九	1601					
一七二〇	0101	0201	2701			
一七二一	0201					
一七二二	0101					
一七二三	1601					
一七二四	0141					

書名編号	藏書單位					
宋别集类						
一七二五	0101					
一七二六	0101					
一七二七	0101					
一七二八	0101					
一七二九	0101					
一七三〇	0101					
一七三一	0201					
一七三二	0101					
一七三三	0101					
一七三四	0101					
一七三五	1601					
一七三六	0201					
一七三七	0101					
一七三八	0101					
一七三九	0101					
一七四〇	1601					
一七四一	1901					
一七四二	0101	0201	0241			
一七四三	0144					
一七四四	1601					
一七四五	1601					
一七四六	2401					
一七四七	1701					
一七四八	0101					
一七四九	0101	0141	0201	0301●		
一七五〇	1601					
一七五一	0101					
一七五二	0201					
一七五三	0201					
一七五四	0101					
一七五五	0141	0201	0341	0905	1042	2346
一七五六	0101	0141	1781●			
一七五七	0101					
一七五八	1601					
一七五九	0201					
一七六〇	0141					
一七六一	0101					

表二八

書名編号	藏書單位					
宋别集类						
一七六二	0101	0102	0201	0701	2541	
一七六三	1601					
一七六四	0141	0201	0801	2702		
一七六五	0201	2941				
一七六六	0242	1144	1701	2702		
一七六七	0161	1503	2041			
一七六八	0101	0142	0161	0163	0201	0241
	0301	0341	0342	0801●	1101	1501●
	1581●	1601	1616	1701	2001	2201●
	2301	2302	2501	2543	2702	2742
一七六九	1601					
一七七〇	0741	1741	1901	2301	2341	2381
	2401	2441				
一七七一	0201	1601●				
一七七二	0165					
一七七三	0141	1510	2702			
一七七四	0101	0201	1629			
一七七五	0102	0142	0261	1616	1705	
一七七六	0201					
一七七七	0161					
一七七八	0101	0102	1001	1501		
一七七九	1601					
一七八〇	0141	0161				
一七八一	0141	0201	1101			
一七八二	0145					
一七八三	0163					
一七八四	0101	0102	0146	0801		
一七八五	1601					
一七八六	0241					
一七八七	0101	0201	0301	0141	2041	2702
一七八八	1705					
一七八九	1705					
一七九〇	1601					
一七九一	1705					
一七九二	0101					
一七九三	1601					
一七九四	0101					

表二九

書名編号	藏	書	單	位		
宋别集類						
一七九五	1601					
一七九六	0101					
一七九七	0201					
一七九八	1601					
一七九九	0201					
一八〇〇	0101					
一八〇一	1601					
一八〇二	2541					
一八〇三	0161					
一八〇四	1601					
一八〇五	0201					
一八〇六	0141					
一八〇七	1843					
一八〇八	0201					
一八〇九	0101					
一八一〇	0101					
一八一一	0301					
一八一二	0101					
一八一三	0201					
一八一四	0201					
一八一五	2501					
一八一六	1601					
一八一七	0101					
一八一八	1705					
一八一九	0101					
一八二〇	1601					
一八二一	0241					
一八二二	0101	1201				
一八二三	0101					
一八二四	2401					
一八二五	0101					
一八二六	1501					
一八二七	1701					
一八二八	0144					
一八二九	1601					
一八三〇	0101					
一八三一	1601					

書名編号	藏	書	單	位		
宋别集類						
一八三二	0101	0201				
一八三三	1704					
一八三四	0101	0141◎	0201			
一八三五	1601					
一八三六	0101					
一八三七	0101					
一八三八	0101					
一八三九	1501					
一八四〇	0101					
一八四一	0141	0192	0342	0641	1705	2354
	2701					
一八四二	0101					
一八四三	0101					
一八四四	0142	0144	0150	0173	0198	0341
	0541	0701	0741	0801	0803	0903
	1301	1701	2042	2301	2302	2341
	2342	2381	2401	2501	2544	2701
	2801					
一八四五	0101					
一八四六	1601					
一八四七	1605					
一八四八	0201					
一八四九	2301					
一八五〇	0201					
一八五一	0241					
一八五二	0201					
一八五三	0101					
一八五四	0201					
一八五五	0101					
一八五六	0101					
一八五七	1501					
一八五八	0101					
一八五九	0101					
一八六〇	1701					
一八六一	0101					
一八六二	0141					
一八六三	1605					

表三〇

書名編号	藏	書	單	位		
宋别集類						
一八六四	1601					
一八六五	1062					
一八六六	0101					
一八六七	0201					
一八六八	0201					
一八六九	0101	0201◎				
一八七〇	0101					
一八七一	1701					
一八七二	0101	0141◎	0861	1701	1901	
一八七三	0101	0141	0441			
一八七四	0201	1701				
一八七五	0101					
一八七六	0101					
一八七七	1601					
一八七八	0201					
一八七九	0101					
一八八〇	0101	0141	0163	0197	0201	0841
	1701	1881	2041	2702	2782	
一八八一	0201					
一八八二	1601					
一八八三	0201					
一八八四	0101					
一八八五	0141	0201	0243	1542	2782	
一八八六	1601					
一八八七	0101					
一八八八	0101					
一八八九	0101					
一八九〇	0193◎	0201				
一八九一	0201					
一八九二	1601					
一八九三	0101	0201				
一八九四	1601					
一八九五	0141	0142	2002	2006	2504	
一八九六	2301					
一八九七	0101					
一八九八	0142	2561				
一八九九	2342					

書名編号	藏	書	單	位		
宋别集類						
一九〇〇	1701					
一九〇一	0101					
一九〇二	0101					
一九〇三	0101					
一九〇四	0101	0198	0201	2941		
一九〇五	1601					
一九〇六	1601					
一九〇七	0101	0142	0197	0201	0803	1201
	1501	1510	1601	1704	1720	1901
	2401	2701	2702			
一九〇八	0961					
一九〇九	0591					
一九一〇	1741					
一九一一	0101					
一九一二	1701					
一九一三	0101					
一九一四	1741					
一九一五	0901					
一九一六	0192					
一九一七	1741					
一九一八	1704					
一九一九	0101					
一九二〇	1601					
一九二一	0201					
一九二二	0161					
一九二三	0101					
一九二四	0101					
一九二五	0101					
一九二六	0201					
一九二七	0201					
一九二八	0101					
一九二九	0141					
一九三〇	2501					
一九三一	0201					
一九三二	0141	2401				
一九三三	0101					
一九三四	1601					

書名編號	藏書單位					
宋別集類						
一九三五	1601					
一九三六	0101	0102	0141	0143	0144	0145
	0150	0161	0163	0164	0201	0241
	0242	0243	0291	0541	0841	1101
	1501	1510	1541	1582	1601	1605
	1606	1681	1682	1701	1741	1801
	1901	2301	2401	2702		
一九三七	0101					
一九三八	0101					
一九三九	1741					
一九四〇	0201					
一九四一	1601					
一九四二	0101					
一九四三	0101◎	0201◎	0241	0701	2702	
一九四四	1601					
一九四五	0101					
一九四六	0101	0144	0509	1501		
一九四七	0141	0161	0198	0703	2002	2301
一九四八	0201					
一九四九	0301					
一九五〇	0101					
一九五一	0144◎	0703	2401	2501		
一九五二	1710					
一九五三	0101					
一九五四	0101	0801◎				
一九五五	0201	2001				
一九五六	1601					
一九五七	1601					
一九五八	0101					
一九五九	1741	2401				
一九六〇	0197	0201				
一九六一	2702					
一九六二	0201					
一九六三	0198					
一九六四	0101					
一九六五	0144	0201				
一九六六	0141					

表三一

書名編號	藏書單位					
宋別集類						
一九六七	0101					
一九六八	0101					
一九六九	0101	0102	0141	0142	0143	0145
	0161	0201	0301	0541	0801	0841
	0842	1501	1521	1601	1622	1641
	1701	1705	2001	2201	2301	2501
	2561	2702				
一九七〇	0201					
一九七一	0141					
一九七二	1705					
一九七三	0101					
一九七四	0701					
一九七五	2702					
一九七六	0101					
一九七七	0141					
一九七八	1601					
一九七九	0101	0141	0201	1601	1605	1901
	1902	2501	2702			
一九八〇	0101					
一九八一	0201					
一九八二	0101					
一九八三	0201	2001				
一九八四	0101					
一九八五	0101					
一九八六	0201					
一九八七	0101					
一九八八	0163					
一九八九	0101	1601	1701			
一九九〇	1601					
一九九一	1601					
一九九二	0101	0201	[illegible]	2701		
一九九三	1701					
一九九四	2261					
一九九五	2261					
一九九六	0101					
一九九七	0101	0201				
一九九八	0101	0141	0163	0164	0197	0201

書名編號	藏書單位					
宋別集類						
	1606	1641	1741			
一九九九	1601					
二〇〇〇	0701					
二〇〇一	0142	0541				
二〇〇二	0520	0946				
二〇〇三	0101					
二〇〇四	0101					
二〇〇五	0101					
二〇〇六	0101					
二〇〇七	1601					
二〇〇八	1704					
二〇〇九	0201					
二〇一〇	0101	0102	0144	0161	0201	1741
	2701					
二〇一一	1601					
二〇一二	0101	0141	0142	0144	0150	0164
	0201	0541	1601	1605	1701	2241
	2702					
二〇一三	0101	0141	0145	0161	0163	0201
	0301	0701	1601	2324◎	2701	
二〇一四	0101	0164	0201	1901	2702	
二〇一五	1601					
二〇一六	0141	0145	1664	1881		
二〇一七	0101	0102	0141	0143	0145	0181
	0201	0242	0541	0901	1601	1604
	1656	1653	1701	2261	2301	2401
	2561	2701	2941			
二〇一八	1601					
二〇一九	1741					
二〇二〇	0242					
二〇二一	0242	1701				
二〇二二	1601					
二〇二三	1741					
二〇二四	1601					
二〇二五	0241					
二〇二六	1741					
二〇二七	0141	0144	0242			

表三二

書名編號	藏書單位					
宋別集類						
二〇二八	0163					
二〇二九	0101					
二〇三〇	0101					
二〇三一	0101	0201◎	1705◎			
二〇三二	1601					
二〇三三	0101					
二〇三四	0161					
二〇三五	0241					
二〇三六	2701					
二〇三七	0201	0601				
二〇三八	0101					
二〇三九	0101					
二〇四〇	0141	0101	0201	1581◎	2001	
二〇四一	1601					
二〇四二	0101	0291	2301	2541		
二〇四三	0101	0142	0145	0165	0201	0242
	1441	1714	1901	2202	2403	2601
二〇四四	0101◎	0143	0241	1605	1615	2041
	2341	2401	2561			
二〇四五	0301	0701	1601	1701	2042	
二〇四六	0201					
二〇四七	0101	2301				
二〇四八	0101	2702				
二〇四九	0701					
二〇五〇	1601					
二〇五一	0201					
二〇五二	0201					
二〇五三	0101					
二〇五四	0101					
二〇五五	0181	0141	0198	0262	1701	2401
二〇五六	0142	0143	0144	0150	0161	0163
	0198	0201	0241	0242	0301	0341
	0404	0801	1501	1601	1606	1701
	1705	1710	1741	1801	1881	2201◎
	2401	2501	2561	2701		
二〇五七	0141	0142	0145			
二〇五八	0141					

表三三

書名編號	藏書單位					
宋別集類						
二〇五九	0101	0801	2441			
二〇六〇	0144	1042	1901			
二〇六一	0101	0141	0197	0201	0242	1701
	2201					
二〇六二	0701					
二〇六三	0101					
二〇六四	0141	0542	0901	1705	2003	2042
	2301	2401				
二〇六五	0101					
二〇六六	0201					
二〇六七	0201					
二〇六八	0201					
二〇六九	0141	0182	1716	2001	2301	
二〇七〇	0101					
二〇七一	0201					
二〇七二	0144	0198	2353	2401		
二〇七三	0291					
二〇七四	0144⊗	0173⊗	0342⊗	0701⊗	0741⊗	2501
二〇七五	0141	0144	0201			
二〇七六	0241					
二〇七七	1605					
二〇七八	0101					
二〇七九	0101					
二〇八〇	1741					
二〇八一	0101					
二〇八二	0101					
二〇八三	0145					
二〇八四	2001					
二〇八五	2301					
二〇八六	0101					
二〇八七	2702					
二〇八八	1601					
二〇八九	0201					
二〇九〇	0101					
二〇九一	1601					
二〇九二	0141					
二〇九三	0101					

書名編號	藏書單位			
宋別集類				
二〇九四	1601			
二〇九五	1601			
二〇九六	0201			
二〇九七	0163			
二〇九八	0201			
二〇九九	0201			
二一〇〇	0201	1801		
二一〇一	0101			
二一〇二	0101			
二一〇三	1601			
二一〇四	1701			
二一〇五	0101			
二一〇六	0101			
二一〇七	1601			
二一〇八	0101			
二一〇九	1601			
二一一〇	0101			
二一一一	0201			
二一一二	0101			
二一一三	0101			
二一一四	0101			
二一一五	1601			
二一一六	0201			
二一一七	0101			
二一一八	1601	1682		
二一一九	0101	0163	0201	2461
二一二〇	0142			
二一二一	0101			
二一二二	1601			
二一二三	0101			
二一二四	0101			
二一二五	0101			
二一二六	0101			
二一二七	2301			
二一二八	1601			
二一二九	0201			
二一三〇	0101			

表三四

書名編號	藏書單位					
宋別集類						
二一三一	0163					
二一三二	1601					
二一三三	0101					
二一三四	0101					
二一三五	1601					
二一三六	0201					
二一三七	2441					
二一三八	0101					
二一三九	0101⊗	0141⊗	0201⊗			
二一四〇	0163	0441	1311	1702		
二一四一	0141	0161	0193	0201	0242	0520⊗
	0701	0741	0842⊗	1041	1042	1542
	1601	1606	1642	1701	1808	1843
	2041	2202⊗	2302	2401	2701	2702
二一四二	1701					
二一四三	1705					
二一四四	1704					
二一四五	0101					
二一四六	0101	0165	0861			
二一四七	0101					
二一四八	1601					
二一四九	0101	0163				
二一五〇	1701					
二一五一	0101					
二一五二	0144					
二一五三	0141					
二一五四	0101					
二一五五	0101	1843				
二一五六	0101					
二一五七	0101					
二一五八	1601					
二一五九	0101					
二一六〇	0101					
二一六一	2702					
二一六二	0101					
二一六三	1601					
二一六四	0101	0201				

書名編號	藏書單位				
宋別集類					
二一六五	0163				
二一六六	0101				
二一六七	0201				
二一六八	1741				
二一六九	1601				
二一七〇	2006	2301			
二一七一	0101				
二一七二	1601				
二一七三	1601				
二一七四	0101				
二一七五	1601				
二一七六	1601				
二一七七	1601				
二一七八	0101	0141			
二一七九	2702				
二一八〇	1601				
二一八一	0101				
二一八二	0201				
二一八三	0101				
二一八四	0101				
二一八五	0101				
二一八六	1601				
二一八七	0301				
二一八八	0201				
二一八九	0201				
二一九〇	0101				
二一九一	0101	0141			
二一九二	0101				
二一九三	0101	0141	1601	2001	2701
二一九四	0201				
二一九五	0101	0241	1701		
二一九六	1601				
二一九七	0101				
二一九八	1601				
二一九九	0161				
二二〇〇	0101				
二二〇一	1601				

書名編号	藏書單位					
宋别集類						
二二〇二	0101	0163				
二二〇三	1601					
二二〇四	0101					
二二〇五	1601					
二二〇六	0101	0201	2301			
二二〇七	0101	0201◎				
二二〇八	0101◎	0163◎	0201◎			
二二〇九	0101					
二二一〇	0101					
二二一一	0101					
二二一二	0101					
二二一三	1601					
二二一四	1701					
二二一五	2441					
二二一六	0101					
二二一七	0101	2301				
二二一八	0201					
二二一九	0201					
二二二〇(一)	0201					
二二二〇(二)	0101					
二二二一	0101					
二二二二	0101					
二二二三	1601					
二二二四	0101					
二二二五	0201					
二二二六	1604◎	2702				
二二二七	0201					
二二二八	0101					
二二二九	0201					
二二三〇	0141	0198	0201	0701	0841	0901
	2001	2541				
二二三一	0101					
二二三二	1741					
二二三三	1601					
二二三四	0101					
二二三五	0101	1601				
二二三六	0101					

表三五

書名編号	藏書單位					
宋别集類						
二二三七	0101					
二二三八	0101					
二二三九	0201					
二二四〇	0101					
二二四一	1601					
二二四二	0101					
二二四三	1601					
二二四四	0201					
二二四五	0161					
二二四六	1601					
二二四七	0141	0201	2301			
二二四八	0101					
二二四九	1601					
二二五〇	0163					
二二五一	0101					
二二五二	0101					
二二五三	1601					
二二五四	0141					
二二五五	0101	1501				
二二五六	1705					
二二五七	0301					
二二五八	0101					
二二五九	0101					
二二六〇	0101					
二二六一	0301					
二二六二	1601					
二二六三	0141					
二二六四	0201					
二二六五	1601					
二二六六	0101	0141	0142	0163	0201	0541
	0801	0842	1601	1646	1741	1901
	2401	2702	2741			
二二六七	0141					
二二六八	1601					
二二六九	0101					
二二七〇	0101	0161	0243	0841	2701	
二二七一	1601					

書名編号	藏書單位		
宋别集類			
二二七二	0101		
二二七三	1741		
二二七四	1601		
二二七五	1601		
二二七六	1601		
二二七七	1601		
二二七八	1797		
二二七九	1601		
二二八〇	1601		
二二八一	1741		
二二八二	1741		
二二八三	1801		
二二八四	1601		
二二八五	0201		
二二八六	0201		
二二八七	0101		
二二八八	2901		
二二八九	0101		
二二九〇	0101	0301	
二二九一	0101		
二二九二	0201		
二二九三	0101		
二二九四	0101		
二二九五	0101		
二二九六	1601		
二二九七	0141	0201	1901
二二九八	0101		
二二九九	0241		
二三〇〇	0101		
二三〇一	1601		
二三〇二	0101		
二三〇三	0101		
二三〇四	0101		
二三〇五	0101		
二三〇六	1601		
二三〇七	0201		
二三〇八	0101		

表三六

書名編号	藏書單位					
宋别集類						
二三〇九	0101					
二三一〇	0101					
二三一一	0201					
二三一二	0101					
二三一三	0101					
二三一四	0101					
二三一五	0101					
二三一六	0201					
二三一七	0197					
二三一八	0101					
二三一九	0101					
二三二〇	1901					
二三二一	0101					
二三二二	1601					
二三二三	0101					
二三二四	1601					
二三二五	1601					
二三二六	1606					
二三二七	0201					
二三二八	0901					
二三二九	0101	0141	0150	1705◎	2702◎	
二三三〇	0101◎	0144	0841	1701◎		
二三三一	2341					
二三三二	0145	2201◎				
二三三三	0101	0164	0198	0201	0341	0501◎
	0701◎	0841	1581	1582◎	1705	1802
	1901					
二三三四	1601					
二三三五	0141	0143	0164	0182	0241	0243
	0291	0301	0701	0841	1441	1581
	1701	1705	1801	1901	2401	2441
	2501					
二三三六	2702					
二三三七	0101	0164	0201	1501	2561	
二三三八	0141	0163				
二三三九	0101	0144	0801	1641	1702	2301
二三四〇	0141	0165	0166	0342		

書名編号	藏書單位
宋别集類	
二三四一	0101 0161 0181 0201 0241 0301 0520 0591 1502 1601 1604 1701 1881 1901 2381
二三四二	0101
二三四三	2501 2782
二三四四	1601
二三四五	2782
二三四六	0781
二三四七	1601
二三四八	0101 0201 0301
二三四九	2782
二三五〇	0101
二三五一	0101
二三五二	0141 1601 2276
二三五三	0101 0141 0201 0841
二三五四	1705
二三五五	0101
二三五六	0101 0164 0201 0241 0301 1601 1741
二三五七	0101 0141 0142 0143 0201 0301 1601 1705 2301
二三五八	1601
二三五九	2003
二三六〇	1781
二三六一	1912
二三六二	0201
二三六三	1601
二三六四	1701
二三六五	0201
二三六六	0141
二三六七	0101 2702
二三六八	1601
二三六九	0142
二三七〇	0101
二三七一	0241
二三七二	1601
二三七三	0101
二三七四	0141

表三七

書名編号	藏書單位
宋别集類	
二三七五	0141
二三七六	0101
二三七七	0101
二三七八	2702
二三七九	1601
二三八〇	0101 0201 1701●
二三八一	0161 0242 1082 1605
二三八二	0141 0161 0198 0341 2043
二三八三	0101
二三八四	1601
二三八五	0141 0142 0143 0144 0164 0201 0301 0341 0441 0842 1601 1641 1649 1684 1701 1881 2241 2301 2401 2461 2541 2542 2561 2702
二三八六	2301
二三八七	2301
二三八八	0101
二三八九	1601
二三九〇	2301
二三九一	1601
二三九二	0181
二三九三	1601
二三九四	1601
二三九五	0101
二三九六	1601
二三九七	0701
二三九八	2501
二三九九	0101
二四〇〇	1601
二四〇一	1601
二四〇二	0141
二四〇三	1701
二四〇四	0101
二四〇五	0101
二四〇六	0102
二四〇七	1705
二四〇八	1601

書名編号	藏書單位
宋别集類	
二四〇九	0241
二四一〇	0144
二四一一	1601
二四一二	0101
二四一三	0201
二四一四	0101
二四一五	1601
二四一六	0101
二四一七	0101
二四一八	0241
二四一九	0301
二四二〇	0144
二四二一	1601
二四二二	1601
二四二三	0201
二四二四	0201
二四二五	0101
二四二六	0101
二四二七	0201
二四二八	0101
二四二九	1601 1741
二四三〇	1601
二四三一	0404
二四三二	0201 0291 1741
二四三三	0101
二四三四	0201
二四三五	0101
二四三六	0101
二四三七	0201
二四三八	0101
二四三九	0101
二四四〇	1601
二四四一	0142 0198 0281 1601 1913
二四四二	1601
二四四三	0101
二四四四	0101
二四四五	0201

表三八

書名編号	藏書單位
宋别集類	
二四四六	0101
二四四七	0101
二四四八	1601
二四四九	0101
二四五〇	1581
二四五一	0101
二四五二	0101
二四五三	0101
二四五四	0201
二四五五	0201
二四五六	1601
二四五七	0141 0201
二四五八	0101 0201 0242
二四五九	0145
二四六〇	1601
二四六一	0101 0141 1781 2013
二四六二	0201 1601 2001
二四六三	0101 0141
二四六四	0101
二四六五	0101 0181 0201 0703 1705 2701
二四六六	0101 0102 0141 0142 0144 0201 1605 1704 1705 2401● 2541● 2542 2701
二四六七	2201
二四六八	1701
二四六九	0101
二四七〇	0201
二四七一	1701 2209
二四七二	1601
二四七三	0101 0181
二四七四	0101
二四七五	0101 0163
二四七六	0101
二四七七	1601
二四七八	1601
二四七九	1601
二四八〇	0101 0141 2141

書名編号	藏	書	單	位
宋別集類				
二四八一	1101	2702		
二四八二	0101			
二四八三	0201			
二四八四	0141	0163	1705	
二四八五	0101			
二四八六	1741			
二四八七	0101			
二四八八	0101	0141		
二四八九	1601			
二四九〇	1788			
二四九一	0101			
二四九二	0201	0301		
二四九三	1601			
二四九四	2501			
二四九五	1601			
二四九六	1601			
二四九七	0101	0163	0201	
二四九八	2702			
二四九九	0101			
二五〇〇	0101	2441②		
二五〇一	1741			
二五〇二	0201			
二五〇三	0101			
二五〇四	0101			
二五〇五	0161			
二五〇六	0101			
二五〇七	0101			
二五〇八	1601			
二五〇九	0201			
二五一〇	0101			
二五一一	0201			
二五一二	0101			
二五一三	0101	0241	0301	
二五一四	1601			
二五一五	1601			
二五一六	0101			
二五一七	1601			

書名編号	藏	書	單	位
宋別集類				
二五一八	0301			
二五一九	1701			
二五二〇	0201			
二五二一	0101			
二五二二	0201			
二五二三	0101			
二五二四	0101			
二五二五	0101			
二五二六	1601			
二五二七	1601			
二五二八	0101			
二五二九	0201			
二五三〇	1601			
二五三一	0101			
二五三二	1601			
二五三三	0101			
二五三四	0201			
二五三五	0101			
二五三六	0101			
二五三七	0201			
二五三八	1701			
二五三九	0201			
二五四〇	1601			
二五四一	2702			
二五四二	0101			
二五四三	1601			
二五四四	0201			
二五四五	0201			
二五四六	0102	2701		
二五四七	2702			
二五四八	2501			
二五四九	0201			
二五五〇	0242			
二五五一	1701			
二五五二	0101			
二五五三	1601			
二五五四	0201			

表三九

書名編号	藏	書	單	位		
宋別集類						
二五五五	0141					
二五五六	0101					
二五五七	0201					
二五五八	0201					
二五五九	0201					
二五六〇	1601					
二五六一	1601					
二五六二	0101					
二五六三	0163					
二五六四	1741					
二五六五	0101					
二五六六	0201					
二五六七	1601					
二五六八	0101					
二五六九	0161					
二五七〇	1601					
二五七一	0101					
二五七二	0161					
二五七三	0101	0201	2541			
二五七四	0101					
二五七五	0141	0301				
二五七六	0101	0143	0147	0163	0198	0201
	0701	0703	0801	0842	160L	2042
	2301	2343	2702			
二五七七	0101	0201				
二五七八	0142	2542②				
二五七九	1601					
二五八〇	2401					
二五八一	0101					
二五八二	1501					
二五八三	0101					
二五八四	0101					
二五八五	0101					
二五八六	0101	0141				
二五八七	1501					
二五八八	0101	0102	0141	0142	0144	0163
	0201	0241	0301	0801	0841	1082

書名編号	藏	書	單	位		
宋別集類	1242	1501	1541	1601	1681	1689
	1881	2461	2501	2561	2701	
二五八九	0101					
二五九〇	0141	0161	0164	0207	2001	2201
	2401	2702				
二五九一	0201					
二五九二	0101					
二五九三	0101					
二五九四	0101					
二五九五	0101					
二五九六	1601					
二五九七	0201					
二五九八	1601					
二五九九	0101					
二六〇〇	1601					
二六〇一	2301					
二六〇二	0201					
二六〇三	1601					
二六〇四	1601					
二六〇五	0201					
二六〇六	0142					
二六〇七	0201					
二六〇八	0201					
二六〇九	2741					
二六一〇	0201					
二六一一	1601					
二六一二	0141					
二六一三	0101					
二六一四	1601					
二六一五	0141					
二六一六	1601					

表四〇

金別集類

一 拙軒集六卷 金王寂撰 清乾隆浙江重刻武英殿聚珍版叢書本 清盧文弨批校 九行二十一字白口左右雙邊
二 拙軒集六卷 金王寂撰 清乾隆武英殿活字印聚珍版叢書本 傅增湘跋並錄盧文弨校注 九行二十一字白口四周雙邊
三 閑閑老人滏水文集二十卷 金趙秉文撰 明周浩若抄本 八行十八字白口四周雙邊
四 閑閑老人滏水文集二十卷 金趙秉文撰 附錄一卷 明抄本 九行十七字無格
五 閑閑老人滏水文集二十卷 金趙秉文撰 附錄一卷 清初抄本（四庫底本）附錄據吴重熹刻九金人集本校勘記一葉 清鮑廷博校 錢棲集跋
六 閑閑老人滏水文集二十卷 金趙秉文撰 附錄一卷 清初抄本 九行十七字無格
七 閑閑老人滏水文集二十卷 金趙秉文撰 附錄一卷 清初抄本 焦循跋 十行二十字無格
八 閑閑老人滏水文集二十卷 金趙秉文撰 附錄一卷 清張位抄本 清陳徵芝校並跋 九行十七字
九 閑閑老人滏水文集二十卷 金趙秉文撰 清抄本 清張子有吴重熹等校並題識 九行十七字無格

一

一〇 閑閑老人滏水文集二十卷 金趙秉文撰 清抄本 清李兆洛跋 九行二十五字無格
一一 閑閑老人滏水文集二十卷 金趙秉文撰 清經鉏堂抄本 十行十八字白口左右雙邊
一二 閑閑老人滏水文集二十卷 金趙秉文撰 附錄一卷 清康熙二十六年朱之赤留耕堂抄本 朱之赤校並跋 十行二十字白口無格 存十一卷（十至二十）
一三 閑閑老人滏水文集二十卷 金趙秉文撰 清康熙四十二年何煌家抄本 清何焯 何煌校並跋
十行二十字無格
一四 閑閑老人滏水文集二十卷 金趙秉文撰 附錄一卷 清抄本 清佚名錄清何焯 何煌 錢大昕跋 九行二十一字
一五 閑閑老人滏水文集二十卷 金趙秉文撰 清抄本 十行二十字無格
一六 閑閑老人滏水文集二十卷附錄一卷 金趙秉文撰 清抄本（有朱校）十一行二十二字白口無格
一七 閑閑老人滏水文集二十卷 金趙秉文撰 附錄一卷 清抄本 十一行二十四字細黑口左右雙邊
一八 閑閑老人滏水文集二十卷 金趙秉文撰 清李氏積書巖抄本 清李芝綬校並跋 十一行二十五字白口四周雙邊
一九 閑閑老人滏水文集二十卷 金趙秉文撰 附錄一卷 清抄本 清丁丙跋
二〇 閑閑老人滏水集二十卷 金趙秉文撰 附錄一卷 清初抄本 清朱澂校 九行十九字白口無格
二一 滏水文集二十卷 金趙秉文撰 附錄一卷 清抄本 清周錫瓚校跋並錄何焯題識 十行十九字至二十二字左右雙邊
二二 滏水文集二十卷 金趙秉文撰 附錄一卷 清初抄本 清何焯 黃丕烈校並跋 韓應陛跋 十行二十字黑口左右雙邊
二三 滏水文集二十卷附錄一卷 金趙秉文撰 清抄本 十行二十一字無格
二四 滹南遺老王先生文集四十五卷續集一卷 金王若虛撰 明淡生堂抄本 十行白口四周單邊
二五 滹南遺老王先生文集四十五卷詩一卷 金王若虛撰 清顧沅藝海樓抄本 八行二十字白口左右雙邊

二

二六 滹南遺老集四十五卷續一卷 金王若虛撰 清文瑞樓抄本 十行二十一字
二七 滹南遺老集四十五卷續編一卷 金王若虛撰 清抄本 清佚名校 七行二十字
二八 滹南先生文集四十六卷 金王若虛撰 清吴氏繡谷亭抄本（卷一至五、十一至十五、十八、三十七至四十一配清抄本）清吴焯校並跋、丁丙跋
二九 滹南集四卷詩話三卷 金王若虛撰 清初抄本 單恢常跋 十一行二十一字
三〇 滹南集四卷詩話三卷 金王若虛撰 清抄本 清鮑廷博校 劉喜海跋 十行二十字無格
三一 滹南集四卷詩話三卷 金王若虛撰 清抄本 清許仲堪跋 十行二十字無格
三二 滹南集四卷詩話三卷 金王若虛撰 清乾隆抄本 清周春校 徐湯跋 九行二十字白口無格
三三 滹南集四卷詩話三卷 金王若虛撰 清抄本 清宋賓王校並跋 丁丙跋
三四 莊靖先生遺集十卷 金李俊民撰 明正德三年李瀚刻本 十行二十字白口四周單邊
三五 莊靖先生遺集十卷 金李俊民撰 清乾隆三十八年刻本 十行二十字白口四周單邊
三六 莊靖先生遺集十卷 金李俊民撰 清藝海樓抄本 八行二十字白口
三七 莊靖先生遺集十卷 金李俊民撰 清研古樓抄本
三八 莊靖先生遺集十卷 金李俊民撰 清抄本 清丁丙跋
三九 莊靖先生遺集十卷 金李俊民撰 清抄本 十行二十字無格

水雲集三卷 金譚處端撰 明刻本 九行十七字黑口四周雙邊 四〇
水雲集二卷 金譚處端撰 清抄本 九行十七字無格 四一
遺山先生文集四十卷 金元好問撰 附錄一卷 明弘治李瀚刻本 十行十九字黑口四周雙邊 四二
遺山先生文集四十卷 金元好問撰 附錄一卷 元托克托等撰 明弘治李瀚刻本 明徐𤊹跋 四三
遺山先生文集四十卷 金元好問撰 附錄一卷 明弘治李瀚刻本 清沈曾植跋 四四
遺山先生文集四十卷 金元好問撰 附錄一卷 明抄本 清丁丙跋 四五
遺山先生文集四十卷 金元好問撰 附錄一卷 明儲巏輯 清康熙四十六年無錫華希閔劍光閣刻本 十一行二十字黑口左右雙邊 四六
遺山先生文集四十卷 金元好問撰 元張德輝編 附錄一卷 明儲巏輯 清康熙四十六年無錫華希閔刻本 清王鳴盛、陳鱣校 四七
遺山先生文集四十卷 金元好問撰 附錄一卷 明儲巏輯 清康熙四十六年無錫華希閔刻本 清翁方綱、葉志詵批注題記 四八
遺山先生文集四十卷 金元好問撰 附錄一卷 明儲巏輯 清康熙四十六年無錫華希閔刻本 清周星詒批並識 四九
遺山先生文集四十卷 金元好問撰 附錄一卷 明儲巏輯 清康熙四十六年無錫華希閔刻本 清張穆校並跋 存三十六卷 六至四十 五〇
遺山先生文集四十卷 金元好問撰 附錄一卷 明儲巏輯 清康熙四十六年無錫華希閔刻本 清錢大昕批 五一
元遺山文集十四卷 金元好問撰 清抄本 清姚世鈺、王禮培批校題跋 九行二十一字白口無格 存十卷 一至六、十一至十四 五二
遺山先生詩集二十卷 金元好問撰 明弘治十一年李瀚刻本 十行二十一字黑口四周雙邊 五三
遺山先生詩集二十卷 金元好問撰 明弘治十一年李瀚刻本（卷四至九係抄配） 佚名錄何焯校並跋 五四
遺山先生詩集二十卷 金元好問撰 明毛氏汲古閣刻元人十種詩本 佚名錄顧俠君、顧奮玉、王澹淵評 覃谿筆評語 九行十九字白口左右雙邊 五五
遺山先生詩集二十卷 金元好問撰 明毛氏汲古閣刻元人十種詩本 清黃[illegible]評點 五六
遺山先生詩集二十卷 金元好問撰 明毛氏汲古閣刻元人十種詩本 [illegible]校 五七
遺山先生詩集二十卷 金元好問撰 明毛氏汲古閣刻元人十種詩本 葉景葵校並跋 五八
遺山先生詩集二十卷 金元好問撰 清初抄本 清錢儀吉題記 十二行二十四字無格 五九
遺山先生詩集二十卷 金元好問撰 清抄本 鄧之誠跋 十行二十一字無格 存六卷 一至六 六〇
元遺山先生詩集二十卷 金元好問撰 清呂氏南陽講習堂抄本 清黃[illegible]並跋 十二行三十字無格 六一
元遺山詩選二卷 補遺一卷 中州集詩選一卷 補遺一卷 金元好問撰 清葉廷琯編 稿本 六二
元遺山詩集八卷 金元好問撰 清乾隆四十三年萬廷蘭刻本 十二行二十三字白口四周單邊 六三
元遺山詩集八卷 金元好問撰 清乾隆四十三年萬廷蘭刻本 清[illegible]校注並跋 六四
元遺山詩集八卷 金元好問撰 清乾隆四十三年萬廷蘭刻本 清沈曾植批 六五
元遺山詩集八卷 金元好問撰 清乾隆四十三年萬廷蘭刻本 清張穆、何紹基批校 六六
元遺山詩集八卷 金元好問撰 清乾隆四十三年萬廷蘭刻本 清吳[illegible]和批校 六七
元遺山詩十卷 金元好問撰 清抄本 六八
遺山詩髓十四卷 元詩備考二卷 備考補遺一卷 清溫忠翰撰 稿本 八行二十四字至二十六字白口四周雙邊 六九
棲霞長春子丘神仙磻溪集三卷 金丘處機撰 金刻本 傅增湘跋 九行十七 七〇
磻溪集六卷 金丘處機撰 清抄本 傅增湘校並跋 五行十七字無格 七一
磻溪詞一卷 金丘處機撰 清抄本 朱祖謀批校 七二
蕭閑老人明秀集注六卷 金蔡松年撰 魏道明注 清張蓉鏡抄本 清張蓉鏡、孫原湘跋 存三卷 一至三 七三
蕭閑老人明秀集注三卷 宋蔡松年撰 魏道明注 清抄本 清丁丙跋 七四

藏書情況表

書名編號 全刊集類	藏書單位					
一	1701					
二	0101					
三	2401					
四	1581					
五	0201					
六	1010					
七	1014					
八	0121					
九	0341					
一〇	0101					
一一	0101					
一二	2201					
一三	0101					
一四	0211					
一五	0141	0161	2001			
一六	0141					
一七	0121	0141	0161	1701	2001	2501
一八	0101					
一九	1601					
二〇	1701					
二一	0101					
二二	0101					
二三	2501					
二四	0161					
二五	1181					
二六	0261					
二七	0241					
二八	1601					
二九	0201					
三〇	0101					
三一	0201					
三二	0162					
三三	1601					
三四	0101					
三五	0112					
三六	1741					
三七	1601					
三八	1601					
三九	0101					
四〇	0101					
四一	0101					
四二	0101	0141	0164	0201	2581	
四三	2001					
四四	0198					
四五	1601					
四六	0150	0173	0342	0501	0701	0801
	1741	2301				
四七	0201					
四八	0141					
四九	2302					
五〇	0520					
五一	0144					
五二	2401					
五三	0101	0201	0291	0801	1601	2702
五四	0163					
五五	0141					
五六	2203					
五七	0201					
五八	0201					
五九	0164					
六〇	0161					
六一	0101					
六二	0201					
六三	0173	2301	2342	2541		
六四	0101					
六五	1781					
六六	0161					
六七	0198					
六八	1171					
六九	0945					
七〇	0101					
七一	0101					
七二	1701					
七三	0201					
七四	1601					

元別集類

一　湛然居士文集十四卷　元耶律楚材撰　明抄本　清朱之赤校並跋　繆荃孫跋　十行十六至二十字无格
二　湛然居士文集十四卷　元耶律楚材撰　清初抄本　九行二十一字
三　湛然居士文集十四卷　元耶律楚材撰　清初抄本　十行十八字
四　湛然居士文集十四卷　元耶律楚材撰　清抄本　清顧廣圻跋　九行十八字无格
五　湛然居士文集十四卷　元耶律楚材撰　清抄本　清顧沅題識　九行十八字无格
六　湛然居士文集十四卷　元耶律楚材撰　清抄陋居抄本　九行十九字
七　湛然居士文集十四卷　元耶律楚材撰　清抄本　九行二十一字黑口四周双边
八　湛然居士文集十四卷　元耶律楚材撰　清抄本　清李文田校注並跋　十行十八字无格
九　湛然居士文集十四卷　元耶律楚材撰　清抄本　十行字數不等
十　湛然居士文集十四卷　元耶律楚材撰　清龍池山房抄本　十行二十一字黑口四周单边
十一　湛然居士文集十四卷　元耶律楚材撰　清龍池山房抄本　清丁丙跋
十二　湛然居士文集十四卷　元耶律楚材撰　清抄本　清姚範、丁丙跋
一三　湛然居士文集十四卷　元耶律楚材撰　清乾隆劉鳳岐抄本
一四　湛然居士文集十四卷　元耶律楚材撰　清抄本　十二行二十一字
一五　湛然居士文集十四卷　元耶律楚材撰　清環翠山房抄本　九行二十一字白口左右双边
一六　湛然居士文集十四卷　元耶律楚材撰　清光緒元年袁昶刻漸西村舍叢刻本　傅增湘校並跋　十行二十一字
一七　湛然居士文集十四卷　元耶律楚材撰　清光緒二十一年刻漸西村舍彙刊本　王國維校並跋　十行二十一字小字双行同白口左右双边
一八　知常先生雲山集五卷　元姬志真撰　元延祐六年李懷素刻本　章鈺跋　九行二十字白口左右双边　存三卷　三至五
一九　藏春詩集六卷　元劉秉忠撰　明刻本　九行十九字白口四周单边
二〇　藏春詩集六卷　元劉秉忠撰　清初抄本　清佚名校　八行十七字
二一　藏春詩集六卷　元劉秉忠撰　清初曹氏倦圃抄本　清胡重校並跋　黄丕烈跋　八行十七字白口四周单边
二二　藏春詩集六卷　元劉秉忠撰　清彭氏知聖道齋抄本　十行二十四字白口四周双边
二三　藏春詩集六卷　元劉秉忠撰　清抄本　清王聞遠校並跋
二四　藏春集四卷　元劉秉忠撰　清抄本　九行二十一字
二五　藏春集四卷　元劉秉忠撰　清抄本　清丁丙跋
二六　藏春集四卷　元劉秉忠撰　清抄本　傅增湘校並跋　九行二十一字无格
二七　劉太傅藏春集六卷　元劉秉忠撰　清抄本　清宋賓王校　十一行二十一字无格
二八　劉太傅藏春集六卷　元劉秉忠撰　清文瑞樓抄本　十一行白口左右双边
二九　劉太傅藏春集六卷　元劉秉忠撰　清孔氏微波榭抄本　繆荃孫校並跋　十一行二十一字无格
三〇　劉太傅藏春集六卷　元劉秉忠撰　清抄本　十一行二十一字
三一　劉文貞公全集三十二卷　元劉秉忠撰　清抄本　十一行二十字无格
三二　張淮陽詩集一卷樂府一卷　元張弘範撰　明抄本　八行十六字无格
三三　張淮陽詩集一卷樂府一卷　元張弘範撰　清抄本　八行十六字无格
三四　張淮陽詩集一卷樂府一卷　元張弘範撰　清抄本　清丁丙跋
三五　張淮陽詩集一卷樂府一卷　元張弘範撰　明周越校　清抄本　十行十八字黑口左右双边
三六　張淮陽詩集一卷樂府一卷　元張弘範撰　清江陰繆氏藝風堂抄本　八行十六字白口无格
三七　張淮陽詩集一卷　元張弘範撰　清抄本（四庫底本）
三八　淮陽詩集一卷　元張弘範撰　清顧氏藝海樓抄本　八行二十一字白口左右双边
三九　張淮陽集二卷　元張弘範撰　清光緒二十二年鹿傳霖刻本　傅增湘校並跋　十行二十二字白口四周单边
四〇　郝文忠公陵川文集三十九卷　元郝經撰　明正德二年李瀚刻本　十行二十二字白口左右双边
四一　郝文忠公陵川文集三十九卷　元郝經撰　清乾隆三年刻本　十行二十二字白口左右双边
四二　郝文忠公陵川文集三十九卷　元郝經撰　清初抄本　十行二十二字无格
四三　郝文忠陵川文集三十九卷　元郝經撰　清抄本
四四　寓庵集七卷　元李庭撰　清抄本　繆荃孫校
四五　張文忠公文集二十八卷　元張養浩撰　元刻本　十行十八字黑口左右双边
四六　張文忠公文集二十八卷附録一卷　元張養浩撰　清初抄本
四七　張文忠公文集二十八卷附録一卷　元張養浩撰　清乾隆四十二年邵晋涵家抄本　十行十八字无格
四八　張文忠公文集二十八卷附録一卷　元張養浩撰　清影抄元刻本　清陸心源補序並跋　十行十八字无格
四九　元張文忠公歸田類稿二十卷附録一卷　元張養浩撰　清乾隆五十五年周永年刻本　九行二十一字白口左右双边
五〇　元張文忠公歸田類稿二十卷附録一卷　元張養浩撰　清乾隆五十五年周永年毛埜刻本　傅增湘校補並校
五一　秋萱邵先生文集□卷　元邵□□撰　元刻本　十行十六字細黑口左右双边

二

存四卷（二至五）

白雲集三卷 元釋英撰 題贈附錄一卷 清抄本 十行二十一字 五二

白雲集三卷 元釋英撰 題贈附錄一卷 清鮑氏知不足齋抄本 五三

萩村先生類藁三十卷 元王義山撰 附錄一卷 明正德十年王冠刻本 十二行二十三字白口四周單邊 五四

萩村先生類藁三十卷 元王義山撰 附錄一卷 清抄本 清丁丙跋 五五

萩村先生類藁十卷 元王義山撰 附錄一卷 明萬曆十一年王汝[illegible]刻本 十行二十一字白口四周雙邊 存三卷（八至十） 五六

方虛谷桐江集四卷 元方回撰 清抄本（卷二至四配清抄本） 清紀昀批 清光緒二十九年丁丙跋 五七

方虛谷桐江集四卷 元方回撰 清抄本 十行二十字 五八

方虛谷桐江集四卷 元方回撰 清抄本 佚名錄紀昀批並跋 五九

方虛谷桐江集四卷 元方回撰 清抄本 佚名錄紀昀批 [illegible]博校跋 十行二十字 六〇

桐江集四卷 續集四十八卷 元方回撰 清抄本 [illegible] 周氏鴿峯草堂 六一

桐江集不分卷 元方回撰 清抄本 清鮑廷博校跋 六二

三

虛谷桐江續集四十八卷 元方回撰 清抄本 清孔廣栻校並跋 九行二十字無格 存三十二卷（一至二、四至十三、十五至二十、二十二至二十七、三十至三十四、四十二） 六三

虛谷桐江續集四十八卷 元方回撰 清小山堂抄本 清周星詒跋 十行二十字小字雙行 清吳[illegible]跋 存二十六卷（一至二、四至十三、十五至二十五、三十七） 六四

虛谷桐江續集四十八卷 元方回撰 清抄本 清鮑廷博校並跋 清丁丙跋 存三十六卷（一至二、四至十九、二十一至三十三、三十五至四十二） 六五

野趣有聲畫二卷 元楊公遠撰 清康熙三十二年吳[illegible]抄本 清鮑廷博校並跋 十行二十字 六六

野趣有聲畫二卷 元楊公遠撰 清抄本 清鮑廷博校並跋 六七

野趣有聲畫二卷 元楊公遠撰 清鮑廷博抄本 六八

野趣有聲畫二卷 元楊公遠撰 清抄本 六九

月屋樵吟四卷 元黃庚撰 明成化十三年刻本 清光緒王[illegible]校並跋 七〇

月屋樵吟四卷 元黃庚撰 明成化[illegible]刻本 [illegible]校並跋 十行二十一字黑口 七一

月屋樵吟四卷 元黃庚撰 清鮑氏知不足齋抄本 清鮑廷博校並跋 七二

月屋樵吟四卷 元黃庚撰 清嘉慶十三年鮑氏知不足齋抄本 七三

月屋樵吟四卷 元黃庚撰 清抄本 清[illegible]跋 九行二十字無格 七四

存二卷（一至二）

月屋樵吟四卷 元黃庚撰 清抄本 九行十九字無格 七五

月屋漫藁四卷 元黃庚撰 清抄本 九行二十一字無格 七六

月屋漫藁一卷 元黃庚撰 清康熙十二年王乃昭抄本 李盛鐸跋 十行 七七

月屋漫稿一卷 元黃庚撰 清汪氏裘杼樓抄本 十行二十一字黑格上黑口左右雙邊 七八

月屋漫稿一卷 元黃庚撰 清抄本 七九

剡源戴先生文集三十卷 元戴表元撰 明刻本 十二行二十三字白口左右雙邊 八〇

剡源戴先生文集三十卷 元戴表元撰 [illegible] 十二行二十一字 八一

剡源戴先生文集三十卷 元戴表元撰 清抄本 佚名錄清何焯校 八二

剡源戴先生文集三十卷 附剡源文集五卷 元戴表元撰 清抄本 清何焯跋 十二行二十三字無格 八三

四

剡源戴先生文集三十卷 元戴表元撰 清抄本 佚名錄清何焯校 八四

剡源戴先生文集三十卷 元戴表元撰 清丁丙跋 清抄本 九行二十三字 八五

剡源戴先生文集三十卷 補遺一卷 元戴表元撰 清抄本 佚名錄清何焯校 八六

剡源戴先生文集三十卷 元戴表元撰 [illegible] 八七

剡源先生文集六卷 元戴表元撰 明刻本 十一行二十字白口左右雙邊 八八

剡源先生文集不分卷 元戴表元撰 明抄本 十行二十字 八九

剡源先生文集二十六卷 元戴表元撰 明抄本 [illegible] 十二行二十字 存十六卷（三至十四、二十三至二十六） 九〇

剡源先生文集二十六卷 詩集二卷 元戴表元撰 清抄本 十行二十字無格 九一

剡源戴先生文集二十六卷 元戴表元撰 清抄本 十二行二十三字 九二

剡源集三十卷 元戴表元撰 [illegible] 九三

刻源集札記[illegible]一卷 [illegible] 九四

清郁松年撰　清道光二十年上海郁氏宜稼堂刻本　清王振聲校

重刻戴剡源先生集續札記一卷 清郁松年撰　稿本　九五

剡源文集三十卷 元戴表元撰　清抄本　九行二十三字白口左右雙邊　九六

剡源文集五卷 元戴表元撰　清抄本　清王振聲校並跋　十二行二十四字無格　九七

剡源文集五卷 元戴表元撰　清抄本（卷三至五配另一清抄本）清丁丙跋　九行十七字無格　九八

剡源先生文鈔四卷 元戴表元撰　清康熙二十七年馬思贊刻本　十一行二十二字上白口下黑口四周雙邊　九九

剡源先生文鈔四卷 元戴表元撰　清康熙二十七年馬思贊刻本　清齊雲采樂翁批並跋

宋戴剡源文鈔四卷 元戴表元撰　清黃宗羲選　清康熙三十九年馬思贊刻本　十一行二十二字上白口下黑口四周雙邊　一〇一

剡源文鈔四卷佚文一卷 元戴表元撰　清黃宗羲輯　清光緒十五年董氏大鄮山館刻本　清翁同龢批注　十行二十一字大黑口左右雙邊　一〇二

剡源逸稿七卷 元戴表元撰　清抄本　一〇三

剡源逸稿七卷 元戴表元撰　清繆氏藕香簃抄本　繆荃孫校並跋　十行二十三字黑格　一〇四

剡源佚詩文集不分卷 元戴表元撰　清抄本　一〇五

五

剡源詩集不分卷文集四卷 元戴表元撰　清抄本　清周錫瓚校　黃丕烈校並跋　十二行二十四字無格　一〇六

剩語二卷 元艾性夫撰　清乾隆翰林院抄本　八行二十一字紅格白口四周雙邊　一〇七

養蒙先生文集十卷 元張伯淳撰　明山陰祁氏澹生堂抄本　明祁承㸁校跋　十行二十字藍格　一〇八

養蒙先生文集十卷 元張伯淳撰　清抄本　九行二十一字無格　一〇九

養蒙先生文集十卷 元張伯淳撰　清抄本　十行十七字無格　一一〇

養蒙先生文集十卷 元張伯淳撰　清抄本　十行二十一字白口無欄　一一一

牆東類稿二十卷 元陸文圭撰　清乾隆翰林院抄本　八行二十一字白口四周雙邊　一一二

青山集八卷 元趙文撰　清乾隆翰林院抄本　八行二十一字紅格白口四周雙邊　一一三

桂隱詩集四卷 元劉詵撰　明末刻本　清丁丙跋　十二行二十四字白口左右雙邊　一一四

桂隱詩集四卷 元劉詵撰　清抄本　九行二十一字　一一五

桂隱詩集四卷文集四卷附錄一卷 元劉詵撰　清抄本　十二行二十四字無格
存六卷（詩三至四、文全）　一一六

桂隱詩集四卷文集四卷附錄一卷 元劉詵撰　清抄本　清丁丙跋　一一七

桂隱文集四卷詩集四卷 元劉詵撰　清抄本　一一八

桂隱文集四卷詩集四卷 元劉詵撰　清抄本　十行二十字無格　一一九

水雲村泯稿口口卷 元劉壎撰　元抄本　九行二十三字無格
存十卷（十五、二十至二十五、三十五至三十七）　一二〇

水雲村泯稿不分卷 元劉壎撰　清汪氏裘杼樓抄本　葉景葵跋　十一行二十八字無格
存一卷（上）　一二一

忠義集一卷 元劉壎撰　清抄本　十一行二十二字無格　一二二

巴西鄧先生文集一卷 元鄧文原撰　明抄本　明楊循吉跋　十行二十四字無格　一二三

巴西鄧先生文集一卷 元鄧文原撰　清抄本　清黃丕烈校並跋又錄楊循吉、錢大昕題識　一二四

巴西鄧先生文集一卷 元鄧文原撰　清劉氏味經書屋抄本　清劉心存跋錄何焯校　一二五

巴西鄧先生文集一卷 元鄧文原撰　清抄本　清丁丙跋　一二六

巴西鄧先生文集一卷 元鄧文原撰　補遺一卷 清倪燦輯　清嘉慶鮑氏知不足齋抄本　清鮑廷博校並抄補序目　一二七

巴西鄧先生文集一卷 元鄧文原撰　清抄本　十一行二十一字黑口左右雙邊　一二八

巴西鄧先生文集一卷 元鄧文原撰　清抄本　十一行二十四字無格　一二九

六

巴西文集一卷 元鄧文原撰　清抄本　張廷濟校　九行二十四字黑格四周單邊　一三〇

巴西文集不分卷 元鄧文原撰　清抄本　十行二十字白口左右雙邊　一三一

巴西文集不分卷 元劉文原撰　清抄本　十行十九字黑口左右雙邊　一三二

履素齋稿二卷 元鄧文原撰　清鮑廷博、鮑正言輯　稿本　清鮑廷博、鮑正言校　十行十九字細黑口左右雙邊　一三三

玉斗山人文集三卷 元王奕撰　明陳中州編　附錄一卷　清初抄本（四庫底本）　八行二十字無格　一三四

玉斗山人文集三卷 元王奕撰　明陳中州編　附錄一卷　清抄本　一三五

玉斗山人文集三卷 元王奕撰　附錄一卷　清抄本　九行二十二字無格　一三六

斗山文集三卷 元王奕撰　附錄一卷　清金氏文瑞樓抄本　清[illegible]　王秋　丁丙跋　一三七

玉斗山人集三卷 元王奕撰　清抄本　九行十九字無格　一三八

谷響集一卷 元釋善住撰　清抄本　九行十九字　一三九

谷響集不分卷 元釋善住撰　清抄本　一四〇

谷響集不分卷 元釋善住撰　清抄本　十行十八字無格　一四一

谷響集二卷 元釋善住撰　清抄本　十行十八字無格　一四二

竹素山房詩集三卷 元吾丘衍撰　附錄一卷　清抄本　清鮑以文校　十行二十字無格　一四三

紫山大全集二十六卷 元胡祇遹撰 清乾隆翰林院抄本 八行二十一字白口四周双边紅格　一四四

元松鄉先生文集十卷 元任士林撰 明初刻本 十三行二十三字黑口四周双边　一四五

元松鄉先生文集十卷 元任士林撰 清刻本 清佚名校 十三行二十三字无框格　一四六

元松鄉先生文集十卷 元任士林撰 清抄本 十三行二十三字无格　一四七

元松鄉先生文集十卷 元任士林撰 清抄本 清沙元炳校並跋 十三行二十三字无格　一四八

元松鄉先生文集十卷 元任士林撰 清抄本（四庫底本） 九行十九字无格　一四九

元松鄉先生文集十卷 元任士林撰 清秦更年抄本 清秦更年校　一五〇

松鄉先生文集十卷 元任士林撰 明萬曆元年重刻本 九行二十字白口四周單边　一五一

松鄉先生文集十卷 元任士林撰 明鄒維璉校 清抄本 清李宏信校 九行二十字无格　一五二

松鄉先生文集十卷 元任士林撰 清抄本　一五三

松鄉先生文集十卷 元任士林撰 清抄本 清王宗炎校並題跋 十行二十字无格　一五四

松鄉先生文集十卷 元任士林撰 清抄本 清丁丙跋　一五五

松雪齋文集十卷外集一卷 元趙孟頫撰 元至元沈伯玉家塾刻本 十二行二十二字細黑口左右双边 存六卷 一至五、外集全　一五六

松雪齋文集十卷外集一卷 元趙孟頫撰 附行狀謚文一卷 明初刻本 十二行二十二字白口間黑口四周双边間左右双边　一五七

松雪齋文集十卷附外集一卷行狀一卷 元趙孟頫撰 明天順六年岳璿覆元至元花谿沈氏刻本 十二行二十二字黑口間有白口四周双边　一五八

松雪齋文集十卷外集二卷 元趙孟頫撰 明萬曆崔邦亮校刻本 九行十八字白口左右双边　一五九

松雪齋文集十卷外集二卷 元趙孟頫撰 明萬曆崔邦亮校刻本 清王懿榮題識　一六〇

松雪齋文集十卷外集一卷 元趙孟頫撰 清抄本 十二行二十二字白口四周單边　一六一

松雪齋詩文集十卷 元趙孟頫撰 清抄本 八行十六字无格　一六二

松雪齋文集二卷 元趙孟頫撰 明正德六年方選刻本 十行二十字黑口四周双边　一六三

新刊趙松雪文集四卷外集一卷 元趙孟頫撰 明唐廷仁刻本 十二行二十四字白口四周單边　一六四

松雪齋集二卷 元趙孟頫撰 明萬曆刻本 九行十八字白口四周單边　一六五

松雪齋集十卷附趙公行狀松雪齋外集一卷 元趙孟頫撰 清清德堂刻本 十行十九字黑口左右双边 封面題：趙子昂松雪齋全集　一六六

松雪齋集十卷外集一卷 元趙孟頫撰 清清德堂刻本 傅增湘校並跋 補目 十行十九字細黑口左右双边　一六七

趙文敏公松雪齋全集十卷外集一卷續集一卷附錄一卷 元趙孟頫撰 清曹培廉校 清康熙五十二年曹氏城書室刻本 十行十九字白口左右双边　一六八

趙文敏公松雪齋全集十卷外集一卷續集一卷 元趙孟頫撰 清康熙五十二年曹培廉城書室刻光緒八年楊氏重修本 章鈺校並跋　一六九

松雪遺稿一卷 元趙孟頫撰 清蕭龍江輯 清康熙五十七年抄本 十三行二十五字无格　一七〇

趙子昂詩集七卷 元趙孟頫撰 元至正元年虞氏務本堂刻本 傅增湘跋 十一行二十字黑口左右双边　一七一

草廬吳先生文粹五卷 元吳澄撰 明吳訥輯 明宣德九年吳訥刻本 十三行二十四字黑口四周双边　一七二

臨川吳文正公集一百卷 元吳澄撰 明宣德十年吳炬刻本 十五行二十八字黑口四周双边 存二十八卷 四十一至五十、五十三至七十　一七三

吳草廬先生粹言八卷 元吳澄撰 明王蕢輯 明嘉靖二十四年刻本 八行二十字白口左右單边　一七四

臨川吳文正公集四十九卷道學基統一卷外集三卷 元吳澄撰 年譜一卷 明危素撰 明成化二十年方中陳輝刻本 十行二十或二十一字黑口四周双边　一七五

臨川吳文正公集四十九卷 元吳澄撰 明萬曆四十年刻本 九行二十一字白口四周單边　一七六

臨川吳文正公集四十九卷道學基統一卷外集三卷 元吳澄撰 年譜一卷 明危素撰 清活字本 十行二十一字白口四周單边　一七七

草廬集四十九卷首一卷 元吳澄撰 清乾隆內府抄本（目錄首卷、卷一至五、十四至十六配清抄本） 八行二十一字白口四周双边紅格　一七八

仇山村遺集一卷附錄一卷 元仇遠撰 清乾隆五年項夢昶古香書屋刻本 九行二十字白口左右双边　一七九

仇山村遺集一卷附錄一卷 元仇遠撰 清乾隆五年項夢昶古香書屋刻本 傅增湘補錄詩文並跋　一八〇

仇山村遺集一卷附錄一卷 元仇遠撰 清乾隆五年項夢昶古香書屋刻本 清丁丙跋　一八一

山村遺集一卷附錄一卷 元仇遠撰 清抄本　一八二

山村遺集一卷稗史一卷附錄一卷 元仇遠撰 清光緒二十一年丁丙刻武林往哲遺著本 傅增湘校補並跋 十一行二十一字白口四周單边　一八三

仇山村遺稿不分卷 元仇遠撰 清抄本 清何焯校 傅增湘題跋 八行二十一字无格　一八四

山村遺稿四卷補遺一卷雜著補遺一卷附錄一卷 元仇遠撰 清[illegible]輯 閒居錄一卷 元吾衍撰 清抄本 十行二十字白口无边栏　一八五

山村遺藁四卷雜著一卷　元仇遠撰　清咸豐十年汪鵠吉抄本　清韓應陛跋　一八六

興觀集一卷　元仇遠撰　清乾隆鮑氏知不足齋抄本　清鮑廷博批校　八行二十一字無格　一八七

興觀集一卷山邨遺稿一卷詞一卷　元仇遠撰　清抄本　清丁丙跋　十行二十一字無格　一八八

金淵集六卷　元仇遠撰　清乾隆武英殿聚珍版叢書本　傅增湘跋並錄盧文弨校　九行二十一字白口四周雙邊　一八九

金淵集六卷　元仇遠撰　清乾隆浙江翻刻武英殿聚珍版叢書本　清盧文弨校並跋　丁丙跋　九行二十一字白口左右雙邊　一九〇

筠溪牧潛集七卷　元釋圓至撰　元大德刻本　清楊紹和跋　十二行二十一字白口四周雙邊　一九一

筠溪牧潛集七卷　元釋圓至撰　明崇禎十二年毛氏汲古閣刻本　八行十九字白口左右雙邊　一九二

筠溪牧潛集七卷　元釋圓至撰　明崇禎十二年毛氏汲古閣刻本　清供、循跋　一九三

筠溪牧潛集七卷　元釋圓至撰　清抄本　一九四

還山遺稿二卷　元楊奐撰　楊文憲公考歲略一卷　明宋廷佐撰　附錄一卷　明宋廷佐輯　明嘉靖元年宋廷佐刻本　九行二十字白口四周單邊　一九五

還山遺稿二卷補遺一卷　元楊奐撰　明宋廷佐輯　附錄一卷　清抄本　九行二十字無格　一九六

還山遺稿二卷　元楊奐撰　楊文憲公考歲略一卷　明宋廷祐撰　附錄一卷　明宋廷佐輯　清抄本　清丁丙跋　九行二十字無格　一九七

還山遺稿二卷　元楊奐撰　楊文憲公考歲略一卷　附錄一卷　明宋廷佐輯　清抄本　葉昌熾校並題識　九行二十字無格　一九八

魯齋遺書六卷　元許衡撰　明成化十年倪顒刻本　十行二十一字黑口四周雙邊　一九九

魯齋先生集六卷　元許衡撰　明嘉靖九年許泰和刻本　十行二十一字白口四周單邊　二〇〇

魯齋先生集六卷　元許衡撰　明嘉靖三十九年刻本　十行二十一字白口四周單邊　二〇一

魯齋先生全書六卷　元許衡撰　清抄本　清佚名校　十行二十四字無格　二〇二

魯齋先生集六卷　元許衡撰　清三省堂抄本　清唐翰題跋　十二行二十四字白口左右雙邊　二〇三

魯齋先生集六卷首一卷　元許衡撰　清沈維恭抄本　十行二十一字白口四周單邊　二〇四

魯齋先生集六卷　元許衡撰　清抄本　清黃丕烈校　張元濟抄補並跋　十行二十一字無格　二〇五

魯齋全書七卷　元許衡撰　明正德十三年河內知縣高傑刻本　十行二十字黑口四周雙邊　二〇六

魯齋全書七卷　元許衡撰　明正德十三年河內知縣高傑刻本　清李錫晴校　二〇七

魯齋全書七卷　元許衡撰　明正德十三年河內知縣高傑刻本　清丁丙跋　二〇八

魯齋遺書十卷　元許衡撰　明嘉靖四年蕭鳴鳳刻本　十行二十一字黑口四周雙邊　二〇九

魯齋遺書十四卷　元許衡撰　明何瑭輯　明萬曆二十四年怡愉江學詩刻本　十行二十二字白口四周雙邊　二一〇

魯齋遺書十四卷　元許衡撰　明江學詩等校　明萬曆怡愉刻清雍正增刻本　十行二十二間二十及二十一字白口四周雙邊（增順治、康熙、雍正間碑序題辭等）　二一一

魯齋遺書十四卷　元許衡撰　明萬曆二十四年怡愉江學詩刻清重修本　清丁丙跋　二一二

魯齋遺書十四卷　元許衡撰　清初抄本　清康熙五十六年姜愼行題識　二一三

靜修先生文集二十二卷　元劉因撰　元至順元年宗文堂刻本　十三行二十一字細黑口四周雙邊　二一四

靜修先生文集二十二卷補遺二卷　元劉因撰　清抄本　清宋賓王校並跋　十三行二十一字白口左右雙邊　二一五

劉文靖公文集二十八卷　元劉因撰　明成化十五年蜀藩刻本　十一行二十字黑口四周雙邊　二一六

劉文靖公大集二十八卷　元劉因撰　清康熙二十六年金侃抄本　清金侃跋　十一行二十一字　二一七

靜修先生丁亥集五卷樵庵詞一卷遺文六卷遺詩六卷拾遺七卷續集六卷　元劉因撰　附錄二卷　明成化十五年蜀藩刻本　九行二十字黑口四周雙邊　二一八

靜修先生文集三十卷　元劉因撰　明弘治十八年崔暠刻本　九行二十字黑口四周雙邊（書名據目錄首錄）丁亥集六卷　遺文六卷　遺詩六卷拾遺七卷　續集三卷　元楊俊民輯　附錄二卷　賈森編　二一九

靜修先生丁亥集六卷遺文六卷遺詩六卷拾遺七卷續集三卷　元劉因撰　附錄二卷　明弘治十八年崔暠刻本　清丁丙跋　二二〇

靜修先生丁亥集六卷遺文六卷遺詩六卷拾遺七卷續集三卷　元劉因撰　附錄二卷　明弘治十八年崔暠刻嘉靖十六年汪堅重修本　二二一

靜修先生文集十卷　元劉因撰　明萬曆十六年方義壯刻本　十行二十字白口四周雙邊　二二二

靜修先生文集十卷　元劉因撰　明萬曆十六年方義壯刻本　清汪知非、丁丙跋　二二三

靜修先生文集十卷　元劉因撰　清抄本　二二四

靜修先生文集十二卷　元劉因撰　清光緒三年王灝謙德堂刻畿輔叢書本　傅增湘校並跋　十行二十二字黑口四周單邊　二二五

青崖集五卷　元魏初撰　清乾隆翰林院抄本　八行二十一字白口四周雙邊　二二六

養吾齋集三十二卷　元劉將孫撰　清乾隆翰林院抄本　八行二十一字白口四周雙邊　二二七

養吾齋集三十二卷　元劉將孫撰　[illegible]微波榭補抄本　二二八

存悔齋詩一卷　元龔璛撰　元至正五年俞楨抄本　元俞楨、明張丑跋　補遺一卷　明朱存理輯　稿本　清黃丕烈、張鳴珂、王頌蔚、費念慈、葉昌熾跋　傅以禮、顧錫麒題款　十一行二十字白口左右　二二九

双边
二三〇 存悔齋詩一卷元龔璛撰 補遺一卷明朱存理輯 明末毛氏汲古閣抄本 明毛晉跋 清毛扆校補並跋 八行二十二字白口四周單边
二三一 存悔齋詩一卷元龔璛撰 附補一卷明朱存理輯 清鮑氏知不足齋抄本 清鮑廷博校 十行二十字白口左右双边
二三二 存悔齋集一卷元龔璛撰 遺詩一卷明朱存理輯 補遺一卷清鮑廷博輯 清抄本 清徐時棟跋 九行二十一字无格
二三三 雙溪醉隱集六卷元耶律鑄撰 清乾隆翰林院抄本 八行二十一字白口四周双边
二三四 雙溪醉隱集六卷元耶律鑄撰 清乾隆四十九年吳長元抄本 清吳長元校並跋 九行二十一字
二三五 雙溪醉隱集六卷元耶律鑄撰 清抄本 李宗顥批校 十二行二十字綠格
二三六 雙溪醉隱集六卷元耶律鑄撰 清李文田箋 清光緒十八年順德龍氏刻知服齋叢書本印本 傅增湘校補並跋 十三行二十二字紅口左右双边
二三七 雙溪醉隱集六卷元耶律鑄撰 清李文田箋 清光緒十八年順德龍氏刻知服齋叢書本印本 清李文田校訂補箋 十三行二十二字小字双行同白口左右双边
二三八 雙溪醉隱集六卷元耶律鑄撰 清光緒李文田家抄本 清李文田校注並跋 十行二十字白口四周單边
二三九 東庵集四卷元滕安上撰 清乾隆翰林院抄本 八行二十一字白口四周双边
二四〇 許白雲先生文集四卷元許謙撰 附錄一卷 明成化二年陳相刻本 十二行二十二字黑口四周双边
二四一 許白雲先生文集四卷元許謙撰 明刻本 十行二十字黑口四周双边
二四二 許白雲先生文集四卷元許謙撰 明正德十三年陳綱刻本 鄧邦述跋 十行二十字黑口四周双边
二四三 許白雲先生文集四卷元許謙撰 明刻藍印本 十行二十字白口四周單边
二四四 許白雲先生文集四卷元許謙撰 明嘉靖胡璉刻本 十行二十字黑口四周單边
二四五 許白雲先生文集四卷元許謙撰 明祁氏澹生堂抄本（卷三至四配清抄本） 清丁丙跋
二四六 許白雲先生文集四卷元許謙撰 附錄一卷 清初抄本 清胡宗楙校並跋 十行二十字无格
二四七 許白雲先生文集四卷元許謙撰 清抄本
二四八 許白雲先生大集四卷元許謙撰 清寫無咎齋抄本 十行二十一字白口左右双边
二四九 許白雲先生文集四卷 補遺一卷元許謙撰 附錄一卷 清抄本 清戈襄、韓應陛跋 十行二十字
二五〇 許白雲先生文集四卷元許謙撰 清抄本 清丁丙跋
二五一 許白雲先生文集四卷元許謙撰 附錄一卷 清抄本
二五二 白雲許先生文集四卷元許謙撰 清初金檀文瑞樓抄本
二五三 白雲許先生文集四卷元許謙撰 附錄一卷 清抄本 清宋賓王校 十行二十一字白口无行界
二五四 白雲先生許文懿公傳集四卷元許謙撰 附錄一卷 清雍正十年金律刻本 十行二十字白口左右双边
二五五 畏齋集六卷元程端禮撰 清乾隆翰林院抄本 八行二十一字白口四周双边
二五六 畏齋集六卷元程端禮撰 清抄本（卷一至三配另一清抄本）
二五七 默菴安先生文集六卷元安熙撰 清康熙三十二年金侃抄本 清金侃跋 十一行二十一字
二五八 默庵安先生文集五卷元安熙撰 附錄一卷 清道光十一年劉氏味經書屋抄本 清劉喜海跋 十行二十字白口左右双边
二五九 默庵安先生文集五卷元安熙撰 清倪氏經鉏堂抄本 九行十六字
二六〇 默庵安先生文集五卷元安熙撰 清抄本
二六一 默庵安先生文集五卷元安熙撰 附錄一卷 清抄本 十行二十字无格
二六二 默庵安先生文集五卷元安熙撰 清抄本 清丁丙跋 十行二十字无格
二六三 文公感興詩通一卷元胡炳文撰 明成化二十三年熊補刻本 十行二十字小字双行同黑口四周双边
二六四 文公感興詩通一卷元胡炳文撰 明刻本 十一行二十字小字双行同黑口四周双边
二六五 雲峯胡先生文集十四卷元胡炳文撰 明胡用光、胡滔輯 附錄一卷 明弘治二年監董刻本 十行十八字黑口四周双边
二六六 雲峯胡先生文集十卷元胡炳文撰 明正德二年何歆羅緒刻本 十行二十一字白口四周單边
二六七 雲峯胡先生文集十卷元胡炳文撰 明正德三年何歆羅緒刻遞修本 清丁丙跋
二六八 雲峯胡先生文集十卷元胡炳文撰 清道光十一年胡積城刻本 傅增湘校
二六九 雲峯胡先生文集十卷元胡炳文撰 清初抄本（卷一至五配清抄本） 九行二十字黑口四周單边
二七〇 雲峯胡先生文集六卷元胡炳文撰 清抄本 九行十七字无格
二七一 秋澗先生大全文集一百卷元王惲撰 元至治元年二年嘉興路儒學刻明修本 十二行二十字白口左右双边 存九十七卷（一至九、十三至一百）
二七二 秋澗先生大全文集一百卷元王惲撰 附錄一卷 明弘治十一年馬龍、金舜臣刻本 十二行二十字黑口或白口左右双边

二七三 秋澗先生大全文集一百卷 元王惲撰 附錄一卷 明弘治十一年馬龍、金舜臣刻本 清丁丙跋

二七四 秋澗先生大全文集一百卷 元王惲撰 清初抄本 十二行二十字黑格

二七五 秋澗先生大全文集一百卷 元王惲撰 清抄本（卷四十六至四十九、五十二至六十一配劉履芬抄本） 十二行二十字无格

二七六 秋澗先生大全文集一百卷 元王惲撰 附錄一卷 清抄本 清朱實王校補並跋 丁丙跋

二七七 秋澗先生大全集一百卷 元王惲撰 附錄一卷 清抄本 清金檀跋 十二行二十字无格

二七八 秋澗先生大全集一百卷 元王惲撰 附錄一卷 清嘉慶十一年十三年王宗炎抄本 清王宗炎校並跋 十二行二十字无格 存七十四卷 一至七十四

二七九 秋澗先生大全集一百卷 元王惲撰 清抄本 清韓泰華校並題識 十二行二十字无格

二八〇 姚文公牧菴集不分卷 元姚燧撰 明劉昌輯 清抄本 十行二十字无格

二八一 姚文公牧菴集不分卷 元姚燧撰 清抄本 清黄丕烈跋 十行二十字无格

十三

二八二 姚文公牧菴集二卷 元姚燧撰 清抄本 十一行二十二字无格

二八三 牧庵集三十六卷 元姚燧撰 附錄一卷 清抄本 存三十四卷 四至三十六、附錄一卷

二八四 楚國文憲公雪樓程先生文集三十卷 元程鉅夫撰 年譜一卷 元程世京撰 附錄一卷 明洪武二十八年與耕書堂刻本 十三行二十二字黑口左右双边間四周双边

二八五 楚國文憲公雪樓程先生文集三十卷 元程鉅夫撰 年譜一卷 元程世京撰 附錄一卷 明洪武二十八年與耕書堂刻本 清陳鱣錄吳騫首並題識 馬瑞金跋

二八六 楚國文憲公雪樓程先生文集三十卷 元程鉅夫撰 年譜一卷 元程世京撰 附錄一卷 明洪武二十八年與耕書堂刻本 清顧廣圻影抄缺葉並跋 黄丕烈校

二八七 楚國文憲公雪樓程先生文集三十卷 元程鉅夫撰 年譜一卷 元程世京撰 附錄一卷 明洪武二十八年與耕書堂刻本 清康綸鈞 楊紹和跋

二八八 楚國文憲公雪樓程先生文集三十卷 元程鉅夫撰 年譜一卷 元程世京撰 附錄一卷 清觀稼樓抄本 清呂公忠校並跋 丁丙跋

二八九 楚國文憲公雪樓程先生文集三十卷 元程鉅夫撰 程大本輯 清稿香簃抄本 清繆荃孫校

二九〇 溧陽路總管水鏡元公詩集一卷 元元淮撰 明萬曆二年元應會抄本

二九一 溧陽路總管水鏡元公詩集一卷 元元淮撰 清抄本 九行二十字无格

二九二 溧陽路總管水鏡元公詩集一卷 元元淮撰 清迂松閣抄本 十行十九字小字雙行同白口左右双边

二九三 水鏡元公詩集一卷 元元淮撰 清抄本 清丁丙跋 九行十八字无格

二九四 水鏡詩集一卷 元元淮撰 清辨志書塾抄本 十行二十字兰格

二九五 漢泉曹文貞公詩集十卷 元曹伯啓撰 後錄一卷 元至元四年曹復亨刻本 九行十五字黑口四周双边

二九六 漢泉曹文貞公詩集十卷 元曹伯啓撰 後錄一卷 元至元四年曹復亨刻本（卷一至二、六至十後錄配清抄本） 清丁丙跋

二九七 漢泉曹文貞公詩集十卷 元曹伯啟撰 文集後錄一卷 明祁氏淡生堂抄本 十行二十字兰格

十四

二九八 漢泉曹文貞公詩集十卷 元曹伯啟撰 後錄一卷 明汲古閣抄本 十行二十字白口左右双边 存六卷 六至十、後錄一卷

二九九 漢泉曹文貞公詩集十卷 元曹伯啓撰 後錄一卷 清抄本 十行二十字无格

三〇〇 漢泉曹文貞公詩集十卷 元曹伯啓撰 後錄一卷 清抄本 清丁丙跋

三〇一 漢泉曹文貞公詩集十卷 元曹伯啓撰 後錄一卷 清抄本 佚名校

三〇二 漢泉漫藁十卷 元曹伯啟撰 附漢泉曹文貞公文集後錄一卷 清抄本

三〇三 芳谷文集二卷 元徐明善撰 明抄本（四庫底本） 清丁丙跋

三〇四 陳剛中詩集三卷 元陳孚撰 附錄一卷 明天順四年沈琮刻本 十一行二十字黑口四周双边

三〇五 陳剛中詩集三卷 元陳孚撰 明抄本 清黄丕烈跋 九行十八字无格

三〇六 陳剛中詩集三卷 元陳孚撰 附錄一卷 清初抄本 十二行二十二字无格
三〇七 陳剛中詩集三卷 元陳孚撰 附錄一卷 清抄本 十二行二十二字无格
三〇八 陳剛中詩集三卷 元陳孚撰 附錄一卷 清鮑氏清風萬卷堂抄本 清鮑廷博校 十行二十字黑格
三〇九 陳剛中詩集三卷 元陳孚撰 附錄一卷 清汪氏摛藻堂抄本 十行十九字黑格
三一〇 陳剛中詩集三卷 元陳孚撰 附錄一卷 清抄本 清孫峻校並跋 丁丙跋
三一一 陳剛中詩集三卷 元陳孚撰 附錄一卷 清嘉慶二十四年王宗炎抄本 王宗炎校 十一行二十四字
三一二 秋巖詩集不分卷 元陳宜甫撰 清翰林院抄本 清丁丙跋
三一三 秋巖詩集二卷 元陳宜甫撰 清抄本 八行二十一字白口四周双边
三一四 蘭軒集十六卷 元王旭撰 清乾隆翰林院抄本 八行二十一字白口四周双边
三一五 玉井樵唱正續不分卷 元尹廷高撰 清初抄本 九行二十字无格
三一六 玉井樵唱三卷 元尹廷高撰 清初抄本 八行十八字
三一七 玉井樵唱三卷 元尹廷高撰 清乾隆三十三年鮑氏知不足齋抄本（四庫底本） 十一行二十一字黑口左右双边
三一八 玉井樵唱三卷 元尹廷高撰 清抄本 十行十八字无格
三一九 玉井樵唱三卷 元尹廷高撰 清抄本 清丁丙跋
三二〇 清容居士集五十卷目錄二卷 元袁桷撰 元刻本 十行十六字白口左右双边
三二一 清容居士集四十三卷 元袁桷撰 清初抄本
三二二 清容居士集五十卷目錄二卷 元袁桷撰 清抄本 十行二十字無格
三二三 清容居士集五十卷 元袁桷撰 清抄本 十行二十一字无格
三二四 清容居士集五十卷目錄二卷 元袁桷撰 附錄一卷 清抄本 清宋賓王校 十行二十一字无格
三二五 周此山先生詩集四卷 元周權撰 明刻本 十行十六字黑口四周双边
三二六 周此山先生詩集四卷 元周權撰 明抄本 九行十六字白口四周单边
三二七 周此山先生詩集四卷 元周權撰 清初抄本 繆荃孫跋 十一行二十一字
三二八 周此山先生詩集四卷 元周權撰 清初抄本 清崇恩校 八行二十二字
三二九 周此山先生詩集四卷 元周權撰 清乾隆抄本 八行二十一字无格
三三〇 周此山先生詩集四卷 元周權撰 清抄本
三三一 周此山先生詩集四卷 元周權撰 清抄本 清黃慎行跋 九行二十一字白口四周单边
三三二 周此山先生詩集四卷 元周權撰 清鮑氏知不足齋抄本 清鮑士恭 張燕昌題識 八行十六字黑口四周双边
三三三 周此山先生詩集四卷 元周權撰 清抄本 清黃丕烈校補並跋 十三行三十一字无格
三三四 周此山先生詩集四卷 元周權撰 清抄本 八行十六字无格
三三五 周此山先生詩集四卷 元周權撰 清抄本 八行十八字
三三六 周此山先生詩集四卷 元周權撰 清同治十三年劉履芬抄本 清劉履芬跋 章鈺校並跋 十行十六字无格
三三七 周此山先生詩集四卷 元周權撰 清李氏研錄山房抄本 十一行二十四字白口左右双边
三三八 周此山先生詩集四卷 元周權撰 清抄本 十二行二十字
三三九 周此山詩集四卷 元周權撰 清抄本 九行十六字无格
三四〇 此山先生詩集十卷 元周權撰 題詠一卷 清抄本
三四一 申齋劉先生文集十五卷 元劉岳申撰 清陸香圃三間草堂抄本 十行二十一字左右双边
三四二 申齋劉先生文集十五卷 元劉岳申撰 清抄本
三四三 申齋劉先生文集十五卷 元劉岳申撰 元貴震編 清抄本 十行二十六字无格
三四四 申齋劉先生文集十五卷 元劉岳申撰 清抄本 十一行二十四至二十六字无格
三四五 霞外詩集十卷 元馬臻撰 清乾隆抄本
三四六 西巖集二十卷 元張之翰撰 清乾隆翰林院抄本 八行二十一字白口四周双边
三四七 蒲室集十五卷書問一卷疏一卷 元釋大訢撰 笑隱和尚語錄不分卷 元釋廷俊等輯 元至元刻本 十行二十字細黑口四周双边
三四八 蒲室集十五卷 元釋大訢撰 清抄本
三四九 蒲室集十五卷 元釋大訢撰 清抄本 九行十八字黑格
三五〇 蒲室集十五卷 元釋大訢撰 清抄本 清丁丙跋
三五一 蒲室集十五卷 元釋大訢撰 清王氏十萬卷樓抄本 清丁丙跋
三五二 蒲室集八卷 元釋大訢撰 清初抄本 九行二十字
三五三 弁山小隱吟錄二卷 元黃玠撰 清抄本 清鮑廷博校 九行十八字无格
三五四 弁山小隱吟錄二卷 元黃玠撰 清抄本（四庫底本） 清丁丙跋
三五五 弁山小隱吟錄二卷 元黃玠撰 清抄本 清丁丙跋
三五六 弁山小隱吟錄二卷 元黃玠撰 清抄本 十行二十字无格
三五七 續軒渠集十卷 元洪希文撰 明蔡宗兗校 附杏庭摘稾一卷 元洪焱祖撰 清洪氏桂石山房刻本 九行二十一字白口左右双边
三五八 續軒渠集十卷 元洪希文撰 附錄一卷 清洪氏晦木齋抄本 佚名校
三五九 續軒渠詩集十卷 元洪希文撰 附錄一卷 清抄本 清丁丙跋
三六〇 續軒渠詩集十卷 元洪希文撰 明蔡宗兗刪正 附錄一卷 清抄本 十行二十字

三六一 陳定宇先生文集十六卷別集一卷 元陳櫟撰 清康熙陳嘉基刻本 十行二十二字黑口左右双边

三六二 陳定宇先生文集十四卷 元陳櫟撰 清汪氏裘杼樓抄本 十行二十二字黑口左右双边

三六三 艮齋詩集十四卷 元侯克中撰 清抄本 清丁丙跋

三六四 知非堂稾六卷 元何中撰 清初曹氏倦圃抄本 八行十六字白口四周單边

三六五 知非堂稾六卷 元何中撰 清抄本 十行二十二字无格

三六六 知非堂稾六卷 元何中撰 清抄本 清黄丕烈 丁丙跋

三六七 知非堂稾六卷 元何中撰 清抄本 清丁丙跋

三六八 知非堂稾六卷 元何中撰 清抄本 清黄廷鑑跋

三六九 知非堂稾六卷 元何中撰 清抄本 十行二十二字无格

三七〇 知非堂稿十一卷 元何中撰 清抄本 傅增湘校補並跋 九行十八字无格

三七一 何太虛文集十卷 元何中撰 清刻本 九行二十字白口四周單边

三七二 貢文靖公雲林詩集六卷 元貢奎撰 附錄一卷 明弘治三年范吉刻本 九行十八字黑口四周双边

三七三 貢文靖公雲林詩集六卷 元貢奎撰 附錄一卷 明弘治三年范吉刻本 明徐𤊹跋

三七四 貢文靖公雲林詩集六卷 元貢奎撰 附錄一卷 明抄本（卷一至三配清抄本） 清丁丙跋

三七五 貢文靖公雲林詩集六卷 元貢奎撰 附錄一卷 清初曹氏倦圃抄本 八行十七字白口四周單边

三七六 貢文靖雲林集十卷 元貢奎撰 附錄一卷 明貢靖國刻本 九行十八字白口四周單边

三七七 貢文靖雲林集十卷 元貢奎撰 附錄一卷 清王氏十萬卷樓抄本 清丁丙跋

三七八 梅花字字香二卷 元郭豫亨撰 元至大刻本 清楊紹和跋 七行十四字白口左右双边

三七九 梅花字字香前集一卷後集一卷 元郭豫亨撰 清抄本 清丁丙跋

三八〇 梅花字字香二卷 元郭豫亨撰 清抄本 八行十八字无格

三八一 梅花字字香一卷 元郭豫亨撰 清抄本 九行十八字无格

三八二 梅花字字香前集一卷後集一卷 元郭豫亨撰 清抄本

三八三 梅花字字香二卷 元郭豫亨撰 舊抄本

三八四 中庵集二十卷 元劉敏中撰 清乾隆翰林院抄本 八行二十一字白口四周双边

三八五 中庵集二十卷 元劉敏中撰 清抄本（卷一至六、十七至二十配另一清抄本）

三八六 中庵先生劉文簡公文集二十五卷 元劉敏中撰 清抄本 十行二十四字无格

三八七 中庵先生劉文簡公文集二十五卷 元劉敏中撰 清抄本 十一行二十一字无格

三八八 文忠集六卷 元王結撰 清乾隆翰林院抄本 八行二十一字白口四周双边

三八九 靜春堂詩集八卷 元袁易撰 明抄本 清黄丕烈校並跋（序一册配清抄本） 八行十六字无格 存四卷 一至四（卷五至八原缺）

三九〇 靜春堂詩集四卷 元袁易撰 附一卷 清抄本 清黄丕烈校並跋 周星詒跋

三九一 靜春堂詩集四卷 元袁易撰 附錄一卷 清同治六年韋之郇抄本 清韋之郇跋並錄黄丕烈跋識 丁丙跋

三九二 吉永豐鷲溪劉楚奇先生惟實集四卷外集二卷 元劉鶚撰 清抄本 九行二十字无格

三九三 吉永豐鷲溪劉楚奇先生惟實集四卷外集二卷 元劉鶚撰 清抄本

三九四 勤齋集八卷 元蕭𣂏撰 清乾隆翰林院抄本 八行二十一字白口四周双边

三九五 勤齋集八卷 元蕭𣂏撰 清抄本 清丁丙跋

三九六 石田先生文集十五卷 元馬祖常撰 附錄一卷 元至元五年揚州路儒學刻本（卷二至五、十四至十五、附錄配一九三三年徐宗浩抄本） 徐宗浩校並題詩 十行十八字細黑口左右双边

三九七 馬石田文集十五卷 元馬祖常撰 附錄一卷 元虞集等撰 明弘治六年熊翀刻本 十行二十一字黑口四周双边

三九八 馬石田文集十五卷 元馬祖常撰 清抄本 康熙二十九年王士禛題記 九行二十一字无格

三九九 馬石田文集十五卷 元馬祖常撰 附錄一卷 元虞集等撰 清趙氏小山堂抄本 清丁丙跋

四〇〇 馬石田文集十五卷 元馬祖常撰 附錄一卷 元虞集等撰 清王氏十萬卷樓抄本 清丁丙跋

四〇一 馬石田文集十五卷 元馬祖常撰 附錄一卷 元虞集等撰 清吳郡金氏文瑞樓抄本 十一行二十一字

四〇二 馬石田文集十五卷 元馬祖常撰 附錄一卷 清抄本

四〇三 馬石田文集十五卷附錄一卷 元馬祖常撰 清抄本 九行二十一字無格
四〇四 馬石田文集十五卷附錄一卷 元馬祖常撰 清鈔本 十行二十字無格
四〇五 馬石田文集十五卷附錄一卷 元馬祖常撰 清抄本 十行二十一字無格
四〇六 榘庵集十五卷 元同恕撰 清乾隆翰林院抄本 八行二十一字白口四周雙邊
四〇七 雍虞先生道園類藁五十卷 元虞集撰 元至正五年撫州路儒學刻本 九行二十字黑口四周雙邊
存三十八卷 一至二十、二十五至二十七、三十三至四十三、四十七至五十
四〇八 雍虞先生道園類藁五十卷 元虞集撰 元刻本 九行二十字黑口四周雙邊
存十一卷 十七、十八、二十七、二十九至三十二、四十二至四十五
四〇九 雍虞先生道園類藁五十卷 元虞集撰 元末刻本（卷十七至二十配抄本） 清耿文光 傅增湘跋
四一〇 雍虞先生道園類藁五十卷 元虞集撰 明初傳抄元至正間撫州刻本 九行二十字無格
存二十六卷 一至十五、二十七至三十一、四十至四十五
四一一 道園學古錄五十卷 元虞集撰 明景泰七年鄭達、黃仕達刻本 十三行二十三字黑口四周雙邊
四一二 道園學古錄五十卷 元虞集撰 明景泰七年鄭達、黃仕達刻本 清張金吾跋 朱昂之題款 十三行二十三字黑口四周雙邊
四一三 道園學古錄五十卷 元虞集撰 明嘉靖四年陶諧虞茂刻本 十三行二十三字黑口四周雙邊
四一四 道園學古錄五十卷 元虞集撰 明刻本 十三行二十三字黑口四周雙邊
四一五 道園學古錄不分卷 元虞集撰 清康熙四十九年刻本
四一六 道園學古錄五十卷 元虞集撰 清康熙呂無隱抄本
四一七 道園學古錄五十卷 元虞集撰 清蔣氏西圃抄本
四一八 道園遺藁六卷 元虞集撰 虞堪編 元至正十四年金伯祥刻本 十一行二十字細黑口左右雙邊
四一九 道園遺藁六卷 元虞集撰 虞堪編 元至正十四年金伯祥刻本 傅增湘跋
四二〇 道園遺稿六卷 元虞集撰 清影抄元刻本 十一行二十字黑口左右雙邊
四二一 道園遺藁六卷 元虞集撰 清影抄元刻本 清蔣方綱批校並跋
四二二 道園續藁六卷 元虞集撰 清抄本 十一行二十字無格
四二三 虞道園類藁選一卷 元虞集撰 明萬鼎評輯 明末刻本 十行二十七字白口四周單邊
四二四 翰林珠玉六卷 元虞集撰 清抄本
四二五 翰林珠玉六卷 元虞集撰 清抄本 清秀錫晴校並跋 九行二十字無格
四二六 翰林珠玉六卷 元虞集撰 清抄本 沈名銖 清吳焯跋 丁丙跋
四二七 翰林珠玉六卷 元虞集撰 清抄本 清丁丙跋

十九

四二八 翰林珠玉六卷 元虞集撰 清道光顧沅藝海樓抄本 八行二十字白口左右雙邊
四二九 伯生詩後三卷 元虞集撰 題葉氏四愛堂詩一卷 元虞集撰 伯生詩續編 金節節撰 目錄題伯生詩續編 元至元六年劉氏日新堂刻本（有抄配） 十行十五字黑口左右雙邊
四三〇 伯生詩後三卷 元虞集撰 題葉氏四愛堂詩一卷 元虞集撰 伯生詩續編 金節節撰 劉高聖侯 元至元六年劉氏日新堂刻本 清黃丕烈 葉昌熾 王國維跋 張裕
四三一 伯生詩續編三卷 元虞集撰 清影抄元刻本
四三二 虞伯生文抄一卷 元虞集撰 明末刻本 九行二十字白口左右雙邊
四三三 道園文補鈔不分卷 元虞集撰 清抄本 清蔣方綱校
四三四 翰林楊仲弘詩八卷 元楊載撰 明嘉靖十五年遂溪朱寵滚刻本 十行二十字白口四周雙邊
四三五 翰林楊仲弘詩八卷 元楊載撰 明嘉靖十五年遂溪朱寵滚刻本 清丁丙跋
四三六 翰林楊仲弘詩八卷 元楊載撰 清抄本
四三七 翰林楊仲弘詩八卷 元楊載撰 清王氏存慈堂抄本 清王聞遠校並跋 十三行二十四字無格
四三八 楊仲弘詩八卷 元楊載撰 明汲古閣刻本 李盛鐸校並題記 九行十九字白口左右雙邊
四三九 楊仲弘集八卷 元楊載撰 清嘉慶十五年祝昌泰留香室刻清城遺書本 傅增湘校並跋 十行二十三字白口四周雙邊
四四〇 范德機詩集七卷 元范梈撰 元至元六年益友書堂刻本 十一行二十字黑口左右雙邊
四四一 范德機詩集七卷 元范梈撰 元至元六年益友書堂刻本 楊紹和跋
四四二 范德機詩集七卷 元范梈撰 元至元六年益友書堂刻本 清丁丙跋
四四三 范德機詩集七卷 元范梈撰 明祁氏淡生堂抄本
四四四 范德機詩集七卷 元范梈撰 明抄本 清何大成校並補目 何煌 周叔弢跋 十二行二十四字
四四五 范德機詩集七卷 元范梈撰 清抄本 十一行二十字無格
四四六 范德機詩集七卷 元范梈撰 清抄本 清丁丙跋
四四七 范德機詩十卷 元范梈撰 清康熙三十年金侃抄本 清金侃跋 十一行二十一字無格
四四八 范德機詩不分卷 元范梈撰 清抄本 清蔣同龢跋 十行二十三字無格
四四九 選校范文白公詩集六卷續選三卷 元范梈撰 明楊翠方叙輯 清初抄本 八行十九字無格
四五〇 揭文安公集十卷 元揭傒斯撰 明抄本 清王聞遠校並跋 九行十八字無格
四五一 揭文安公集十卷 元揭傒斯撰 清顧氏藝海樓抄本
四五二 揭文安公文集□卷 元揭傒斯撰 明正德十五年揭富文刻本 九行二十字白口四周雙邊
存四卷 詩一至四
四五三 揭文安公文集□卷 元揭傒斯撰 明正德十五年揭富文刻本 傅增湘跋

二〇

存六卷 詩一至六

揭文安公文集二卷 元揭傒斯撰 清抄本 四五四

揭文安公文集九卷補遺一卷 元揭傒斯撰 清初抄本 清朱賓王校並跋 葉景葵跋 十一行二十大字無格 四五五

揭文安公集十四卷 元揭曼碩撰 清抄本 四五六

揭文安公詩集三卷續集二卷文集九卷 元揭傒斯撰 清抄本 清丁丙跋 四五七

揭文安公詩文集十四卷附補遺 元揭傒斯撰 清光緒二十三年抄本 光緒二十四年徐坊識 繆荃孫校 十行十八字白口 四五八

揭文安公集六卷 元揭傒斯撰 清抄本 九行十七字無格 四五九

揭文安公集六卷 元揭傒斯撰 清抄本 十行二十字無格 四六〇

揭文安公集六卷 元揭傒斯撰 清顧綠山房抄本 四六一

揭曼碩詩集三卷 元揭傒斯撰 元至元六年日新堂刻本 十行十九字黑口四周雙邊或左右雙邊 四六二

揭曼碩詩集三卷 元揭傒斯撰 元至元六年日新堂刻本 佚名增抄補缺葉並跋 四六三

揭曼碩詩集三卷 元揭傒斯撰 明抄本 清釋真源 惠元傳跋 許燚跋校 十行十九字無格 四六四

揭曼碩詩集三卷續二卷 元揭傒斯撰 清初抄本 清宋賓王校 十一行二十六字無格 四六五

揭曼碩詩集三卷 元揭傒斯撰 清道光十九年華氏抄本 華九芝校並跋 燮理齋批校錄 九行十九字無格 四六六

元音獨步揭文安公詩集二卷拾遺一卷 元揭傒斯撰 清抄本 清朱文懋跋 四六七

元音獨步揭文安公詩集二卷拾遺一卷 元揭傒斯撰 清抄本 清陳墫校並跋 十行十七字無格 四六八

元音獨步揭文安公詩集二卷拾遺一卷 元揭傒斯撰 清劉氏味經書屋抄本 十二行二十二字小字雙行同白口四周雙邊 四六九

揭文安公詩鈔不分卷 元揭傒斯撰 清抄本 清翁心存跋 翁同龢 彭元瑞校跋 十一行二十四字小字雙行同無格 四七〇

揭文安公文粹一卷 元揭傒斯撰 明天順五年沈琮廣州府學刻本 十一行二十字黑口四周雙邊 四七一

揭文安公文粹一卷 元揭傒斯撰 明天順五年沈琮廣州府學刻本 清何焯批校並跋 傅增湘跋 四七二

揭文安公文粹一卷 元揭傒斯撰 明天順五年沈琮廣州府學刻本 清張蓉鏡 [illegible] 王振聲跋 四七三

揭文安公文粹一卷 元揭傒斯撰 明天順五年沈琮廣州府學刻本 清許玢識 四七四

揭文安公文粹一卷 元揭傒斯撰 明天順五年沈琮廣州府學刻本 清丁丙跋 四七五

揭文安公文粹一卷 元揭傒斯撰 清抄本 清孫原湘跋 黃丕烈校並跋 四七六

揭文安公文粹六卷 元揭傒斯撰 清同治十一年安徽涇縣敬義齋刻本 傅增湘校跋並錄 清何焯批識 十二行二十四字黑口四周雙邊 四七七

翠寒集三卷 元宋無撰 明刻本 十行十八字黑口四周雙邊 四七八

翠寒集一卷 元宋無撰 明崇禎元年汲古閣刻元人十種詩本（四庫底本） 九行十九字白口左右雙邊 四七九

翠寒集一卷 元宋無撰 明末毛氏汲古閣刻元人十種詩本 傅增湘校並跋 四八〇

翠寒集一卷 元宋無撰 明抄本 明陸嘉穎 清朱之赤 翁同書 翁同龢跋 四八一

翠寒集一卷 元宋無撰 清抄本 十行十七字無格 四八二

翠寒集一卷 元宋無撰 清抄本 十二行二十四字無格 四八三

翠寒集一卷 元宋無撰 清抄本 清丁丙跋 四八四

翠寒集一卷 元宋無撰 清吳縣顧氏文房抄本 葉昌熾跋 十行二十字黑格 四八五

啽囈集一卷 元宋無撰 明刻本 清丁丙跋 十一行二十一字黑口四周雙邊 四八六

啽囈集一卷 元宋無撰 清抄本 十行十九字白口左右雙邊 四八七

檜亭藁五卷 元丁復撰 清抄本 十一行二十一字無格 四八八

檜亭稾九卷 元丁復撰 清抄本 四八九

檜亭藁九卷 元丁復撰 清抄本 清陸心源校並跋 十行二十一字白口左右雙邊 四九〇

檜亭稾九卷 元丁復撰 清抄本 清丁丙跋 四九一

檜亭稾九卷拾遺一卷 元丁復撰 清抄本 清丁立誠校 丁丙跋 四九二

伊濱集二十四卷 元王沂撰 清乾隆翰林院抄本 八行二十一字白口四周雙邊 四九三

存復齋文集十卷附錄一卷 元朱德潤撰 明成化十一年項璁刻本 十一行二十字黑口四周雙邊 四九四

存復齋文集十卷附錄一卷 元朱德潤撰 明成化十一年項璁刻本（序文卷一第一至五頁附錄第八至九頁清顧廣圻抄配） 清黃丕烈跋 四九五

存復齋文集十卷附錄一卷 元朱德潤撰 明成化十一年項璁刻本（卷一至五配清抄本） 清丁丙跋 四九六

存復齋文集十卷附錄一卷 元朱德潤撰 明成化十一年項璁刻明補修本 清[illegible] 劉世珩跋 四九七

存復齋文集十卷附錄一卷 元朱德潤撰 清袁廷檮抄本 清朱王校並跋 存十卷 一至五 七至十 附錄全 四九八

存復齋文集十卷附錄一卷 元朱德潤撰 清金氏文瑞樓抄本 十行二十一字白口 四九九

左右双边

五〇〇 存復齋文集十卷附錄一卷 元朱德潤撰 清抄本 十一行二十字

五〇一 存復齋文集十卷附錄一卷 元朱德潤撰 清抄本 十二行二十四字

五〇二 存復齋文集十卷附錄一卷 元朱德潤撰 清抄本 周叔弢校并跋

五〇三 成性齋文集九卷 元朱德潤撰 清抄本 清丁丙跋

五〇四 淵穎吳先生集十二卷附錄一卷 元吳萊撰 元末刻本 十三行二十三字黑口左右双边

五〇五 淵穎吳先生集十二卷附錄一卷 元吳萊撰 明宋濂編 明嘉靖元年祝鑾刻本 十一行二十二字白口左右双边

五〇六 淵穎吳先生集十二卷附錄一卷 元吳萊撰 明嘉靖元年祝鑾刻本（清佘仲雅補抄卷四至六）清林佶題識

五〇七 淵穎吳先生集十二卷附錄一卷 元吳萊撰 明嘉靖元年祝鑾刻本 清丁丙跋

五〇八 吳淵穎先生集十二卷 元吳萊撰 清王邦采注 清康熙六十年刻本 九行十八字細黑口四周單边

五〇九 吳淵穎先生文集十二卷附一卷 元吳萊撰 清雍正刻本 十一行二十四字白口左右双边

二三

五一〇 吳淵穎先生文集四卷 元吳萊撰 清孫承澤輯 清順治十八年孫承澤家抄本 九行二十字白口四周單边

五一一 存心堂遺集十二卷附錄一卷 元吳萊撰 明宋濂編 明萬曆三十九年吳邦彥刻本 十行二十二字白口四周單边

五一二 金華黄先生文集四十三卷 元黄溍撰 元刻本 清錢大昕、宋犖跋 十二行二十四字黑口左右双边
存二十三卷 一至十三 二十二至三十一

五一三 金華黄先生文集四十三卷 元黄溍撰 元刻本（卷二十一至四十三配清抄本）（四庫底本）繆荃孫跋

五一四 金華黄先生文集四十三卷 元黄溍撰 元刻本 傅增湘跋並補抄目錄
存八卷 八至十二 十七至十九

五一五 金華黄先生文集四十三卷 元黄溍撰 元刻明修本 十二行二十四字黑口左右双边
存二卷 三十一至三十二

五一六 金華黄先生文集四十三卷 元黄溍撰 清虞渠家抄本 十四行二十四字黑口四周双边
存十九卷 四至七 九至十二、二十二至三十一

五一七 金華黄先生文集四十三卷 元黄溍撰 清抄本（卷十四至二十一、三十二至四十三配另一清抄本）清丁丙跋

五一八 黄文獻公集二十三卷 元黄溍撰 元刻本 十四行二十五字黑口四周双边

五一九 黄文獻公集二十三卷 元黄溍撰 元刻本（卷十八至二十三配清抄本）徐康跋

五二〇 黄文獻公集二十三卷 元黄溍撰 元刻明修本 十四行二十五字黑口四周双边

五二一 黄文獻公集二十三卷 元黄溍撰 清抄本 佚名批校

五二二 黄文獻公集二十三卷 元黄溍撰 清席渠家抄本 十四行二十五字黑口四周双边

五二三 黄文獻公集二十三卷附錄闕目一卷 元黄溍撰 清抄本 清丁丙校補並跋

五二四 重刊黄文獻公文集十卷 元黄溍撰 明張儉編 明嘉靖十年虞守愚刻本 十行二十一字白口四周單边

五二五 重刊黄文獻公文集十卷 元黄溍撰 明張維樞輯 明萬曆刻本 十行二十一字白口四周單边

五二六 重刊黄文獻公文集十卷 元黄溍撰 明張維樞輯 明萬曆刻清康熙三十年王廷曾重修本 十行二十一字白口四周單边

五二七 重刊黄文獻公文集十卷 元黄溍撰 明張維樞輯 明萬曆刻清康熙三十年王廷曾重修本 清宋賓王校並跋

二四

五二八 黄文獻公文集八卷 元黄溍撰 清抄本

五二九 黄文獻公文集六卷附錄一卷 元黄溍撰 清抄本 清孔繼涵跋 九行二十一字黑口左右双边

五三〇 圭齋文集十六卷 元歐陽玄撰 明歐陽銘編 明成化七年劉釪刻本 十一行二十一字黑口四周双边

五三一 圭齋文集十六卷 元歐陽玄撰 明歐陽銘編 明成化七年劉釪刻本（四庫底本）

五三二 圭齋文集十六卷 元歐陽玄撰 明歐陽銘編 明成化七年劉釪刻本 清黄丕烈、潘祖蔭跋

五三三 圭齋文集十六卷 元歐陽玄撰 明歐陽銘編 明成化七年劉釪刻本（目錄卷一至四配清抄本）清丁丙跋

五三四 圭齋文集十六卷 元歐陽玄撰 清初抄本 清何焯校並題識 鮑廷博校並題記

五三五 圭齋文集十六卷 元歐陽玄撰 清康熙二十九年金侃抄本 清金侃跋 十一行二十一字無格

五三六 圭齋文集十六卷 元歐陽玄撰 清翁同書抄本 清翁同龢校並跋 十一行二十一字

五三七 圭齋文集十六卷 元歐陽玄撰 清林阜抄本 十一行二十一字上黑口左右双边

五三八 圭齋文集十六卷 元歐陽玄撰 清南昌彭氏知聖道齋抄本 清彭元瑞校並題識 十行十九字

五三九 圭齋文集十六卷 元歐陽玄撰 清抄本 清丁丙跋

五四〇 柳待制文集二十卷標目二卷附錄一卷 元柳貫撰

元至正十年余闕浦江刻本（卷十四至十五配清抄本）十二行二十字黑口四周雙邊 [illegible]

柳待制文集二十卷標目二卷 元柳貫撰 附錄一卷 明天順七年張和、歐陽溥刻本 十二行二十字黑口四周雙邊 五四一

柳待制文集二十卷標目二卷 元柳貫撰 附錄一卷 明抄本 十二行二十字黑口四周雙邊 五四二

柳待制文集二十卷標目二卷 元柳貫撰 附錄一卷 明天順七年張和、歐陽溥刻本（卷三至四、十、十八至十九配清抄本） 清丁丙跋 五四三

柳待制文集二十卷 元柳貫撰 附錄一卷 清順治十一年馮如京范養民等刻本 九行二十字白口四周單邊 五四四

柳待制文集二十卷 元柳貫撰 附錄一卷 清順治十一年馮如京范養民等刻康熙五十年傅旭元重修本 清李芝綬跋 季錫疇校並跋 五四五

柳待制文集二十卷 元柳貫撰 附錄一卷 清順治十一年馮如京范養民等刻康熙五十年六十一年傅旭元曾安世重修本 傅增湘校 五四六

柳待制文集二十卷 元柳貫撰 附錄一卷 清順治十一年馮如京范養民等刻本 清郎存淦題識 五四七

柳待制文集二十卷外編附錄一卷 元柳貫撰 清順治十一年馮如京刻康熙五十年孟遇椿剜本 九行二十字白口四周單邊 五四八

柳待制文集二十卷標目二卷 元柳貫撰 附錄一卷 清抄本 五四九

柳待制文集二十卷 元柳貫撰 明歐陽溥輯 附錄一卷 清抄本 清趙懷玉校 趙魏並跋 王振聲跋 十二行二十字無格 五五〇

順齋先生閑居叢藁二十六卷 元蒲道源撰 附錄一卷 元至正十年刻本 九行十四字白口左右雙邊及黑魚尾 五五一

順齋先生閑居叢藁二十六卷 元蒲道源撰 附錄一卷 明抄本 九行十四字無格 五五二

順齋先生閑居叢藁二十六卷 元蒲道源撰 明山陰祁氏澹生堂抄本（四庫底本）一冊 繆荃孫題簽 五五三

順齋先生閑居叢藁二十六卷 元蒲道源撰 附錄一卷 清退耕堂抄本 傅增湘校跋 九行十四字藍格白口左右雙邊 五五四

蒲道源先生閑居叢稿二十六卷 元蒲道源撰 蒲機編 清抄本 九行十八字 五五五

順齋閑居叢稿二十六卷 元蒲道源撰 附錄一卷 清抄本 清丁丙跋 五五六

順齋先生閑居叢藁二十六卷 元蒲道源撰 清抄本 九行十六字無格 五五七

順齋先生閑居叢稿二十六卷 元蒲道源撰 蒲機編 清抄本 九行十四字無格 五五八

閑居叢稿摘錄一卷 元蒲道源撰 清李兆洛摘錄 清謝志書塾抄本 清李兆洛跋 十行二十字藍格 版心下鐫謝志書塾 五五九

所安遺集一卷 元陳泰撰 清初抄本 十行二十字 五六〇

所安遺集一卷 元陳泰撰 清馬氏道古樓抄本 清馬思贊錄王士禛跋 清王承真校並跋 五六一

所安遺集一卷 元陳泰撰 清趙氏星鳳閣抄本 清趙輯寧校 丁丙跋 五六二

所安遺集一卷 元陳泰撰 附錄一卷 清抄本 清丁丙跋 五六三

所安遺集一卷 元陳泰撰 清嘉慶戴光曾家抄本 十行二十二字無格 五六四

所安遺集一卷 元陳泰撰 清嘉慶十九年戴光曾抄本 清戴光曾跋 十行二十二字無格 五六五

所安遺集一卷 元陳泰撰 清抄本 十行二十字 五六六

所安遺集一卷 元陳泰撰 清抄本 佚名錄王士禛跋 [illegible]題識 九行二十一字白口左右雙邊 五六七

所安遺集一卷 元陳泰撰 附錄一卷 清光緒六年陳濬麟刻本 傅增湘校並跋 五六八

圭塘小藁十三卷別集二卷續集一卷 元許有壬撰 附錄一卷 明成化六年許顒刻本 十行二十字黑口四周雙邊 五六九

圭塘小藁十三卷別集二卷續集一卷 元許有壬撰 附錄一卷 清初抄本 清丁丙跋 五七〇

圭塘小藁十三卷別集二卷續集一卷 元許有壬撰 附錄一卷 清雍正二年許執躬家抄本 清許經校跋 十行二十字無格 五七一

圭塘小稿三卷別集二卷續集一卷 元許有壬撰 附錄一卷 清嘉慶東宋氏抄本 五七二

圭塘小藁續集一卷別集二卷 元許有壬撰 附錄一卷 清抄本 九行二十一字無格 五七三

圭塘小藁續集一卷別集二卷 元許有壬撰 清抄本 十行二十一字無格 五七四

至正集八十一卷 元許有壬撰 明萊道堂抄本 十行二十一字藍格 五七五

至正集八十一卷 元許有壬撰 清抄本 十一行二十二字無格 五七六

至正集八十一卷 元許有壬撰 清抄本 十二行二十五字白口左右雙邊 五七七

吳禮部文集二十卷 元吳師道撰 附錄一卷 清抄本 九行十八字無格 五七八

五七九 吳禮部文集二十卷 元吳師道撰 附錄一卷 清抄本 九行二十二字
五八〇 吳禮部文集二十卷 元吳師道撰 附錄一卷 清抄本 十行二十二字無格
五八一 吳禮部文集二十卷 元吳師道撰 附錄一卷 清抄本 十行二十四字無格
五八二 吳禮部文集二十卷 元吳師道撰 附錄一卷 清抄本 清丁丙跋
五八三 積齋集五卷 元程端學撰 清乾隆翰林院抄本 八行二十一字白口四周雙邊
五八四 燕石集十五卷 元宋褧撰 附錄一卷 清抄本 清宋賓王校並跋 十行二十二字無格
五八五 燕石集十五卷 元宋褧撰 附錄一卷 清抄本 清徐時棟校並跋 九行二十一字無格
存十二卷 五至十五 附錄一卷
五八六 燕石集十五卷 元宋褧撰 附錄一卷 清抄本 清方蘭蓀校 九行二十一字無格
五八七 燕石集十五卷 元宋褧撰 附錄一卷 清抄本 十行二十四字無格
五八八 燕石集十五卷 元宋褧撰 附錄一卷 清抄本 清丁丙跋
五八九 燕石集十卷 元宋褧撰 清抄本 清吳翌鳳跋
五九〇 秋聲集九卷 元黃鎮成撰 明洪武十一年黃鈞刻本 清張蓉鏡抄補並跋 方若蘅、錢天樹、李兆洛、祝麒跋 黃廷鑑、蔣寶齡、沈梧、程恩澤、朱昂之題款 十二行二十二字黑口四周雙邊
五九一 秋聲集九卷 元黃鎮成撰 清抄本 瞿熙邦校跋並錄清張蓉鏡等題識 十行二十字無格

二七

五九二 秋聲集九卷 元黃鎮成撰 清咸豐元年勞權抄本 清勞權、丁丙跋
五九三 秋聲集十卷 元黃鎮成撰 附錄一卷 明危素等撰 明嘉靖十二年王錦刻本 十行二十三字白
單邊 雙魚尾
五九四 秋聲集十卷 元黃鎮成撰 清昭文張氏愛日精廬抄本（原缺卷七至八）十二行二十二字
存八卷 一至六、九至十
五九五 秋聲集四卷 元黃鎮成撰 明何望海刻本 九行十八字白口四周單邊
五九六 秋聲集四卷 元黃鎮成撰 清順治十一年戴雯刻本 八行十八字白口四周雙邊
五九七 秋聲集四卷 元黃鎮成撰 清順治十一年戴雯刻本 清譚祥源校跋並抄補缺葉
五九八 秋聲集四卷 元黃鎮成撰 清抄本
五九九 秋聲集四卷 元黃鎮成撰 清抄本 清丁丙跋
六〇〇 秋聲集四卷 元黃鎮成撰 清抄本 九行二十一字無格
六〇一 秋聲集四卷 元黃鎮成撰 清抄本 十行二十字無格
六〇二 秋聲集四卷 元黃鎮成撰 清抄本 十行二十一字無格
六〇三 秋聲集八卷 元黃鎮成撰 清抄本 五行二十五字無格
六〇四 鴈門集八卷 元薩都剌撰 明成化二十年張習刻本 十一行二十一字黑口四周雙邊

六〇五 雁門集八卷 元薩都剌撰 清抄本 清宋賓王校 黃丕烈、朱文懋、丁丙跋
六〇六 鴈門集六卷 元薩都剌撰 清康熙刻本 九行十九字白口左右雙邊
六〇七 鴈門集六卷 元薩都剌撰 清抄本 九行十九字無格
六〇八 薩天錫詩集五卷 元薩都剌撰 明弘治十六年李舉刻本 十行十八字黑口四周雙邊
六〇九 薩天錫詩集五卷 元薩都剌撰 明弘治十六年李舉刻本 清丁丙跋
六一〇 薩天錫詩集五卷 元薩都剌撰 明弘治十六年李舉刻本 清葉恭煥題款
六一一 薩天錫詩集五卷 元薩都剌撰 明弘治十六年李舉刻嘉靖十五年張邦教重修本
六一二 薩天錫詩集三卷集外詩一卷 元薩都剌撰 明毛氏汲古閣刻元人集十種本 清何焯校並跋 九行十九字白口左右雙邊
六一三 薩天錫詩集三卷集外詩一卷 元薩都剌撰 明毛氏汲古閣刻元人集十種本 清毛綏萬校並跋 沈巖校跋並錄何焯題識
六一四 薩天錫集外詩一卷 元薩都剌撰 明毛氏汲古閣刻元人集十種本 清沈巖校並跋
六一五 薩天錫詩集三卷 元薩都剌撰 清初抄本 清徐康跋 九行十九字無格
六一六 薩天錫詩集三卷 元薩都剌撰 清抄本（卷三末缺頁）
六一七 薩天錫詩集六卷 元薩都剌撰 明祁氏淡生堂抄本 十行十八字藍格白口四周單邊 版心下鐫「淡生堂抄本」

二八

六一八 薩天錫詩集八卷 元薩都剌撰 明潘是仁刻宋元詩四十二種本 清呂葆中跋 九行十九字白口四周單邊
存二卷 一至二
六一九 薩天錫詩集八卷 元薩都剌撰 明潘是仁刻宋元詩四十二種本 李盛鐸跋
六二〇 杏庭摘稾一卷 元洪焱祖撰 清洪氏揖石山房刻本 十行十八字白口左右雙邊
六二一 杏庭摘稾一卷 元洪焱祖撰 清洪氏揖石山房刻本 傅增湘校跋並輯佚文佚詩目
六二二 杏庭摘稾一卷 元洪焱祖撰 清抄本
六二三 杏庭摘稾一卷 元洪焱祖撰 清抄本 十一行二十三字白口左右雙邊
六二四 杏庭摘稾一卷 元洪焱祖撰 清抄本 九行二十字無格
六二五 杏庭摘稾一卷 元洪焱祖撰 清謝氏六草堂抄本
六二六 陳眾仲文集十三卷 元陳旅撰 元至正刻明修本 十行二十字黑口左右雙邊
存七卷 一至七
六二七 陳眾仲文集十三卷 元陳旅撰 元至正刻明修本（卷八至十三配清抄本） 清黃丕烈、錢天樹、李兆洛、程恩澤、李錫嘏、王振聲跋 黃丕烈、錢大昕、瞿熙邦[illegible]
六二八 陳眾仲文集十三卷 元陳旅撰 元至正刻明修本 清沈巖跋並補錄佚作 吳騫、傅增湘跋 葉昌熾題款
存四卷 一至四

六二九 陳衆仲文集七卷 元陳旅撰 清抄本 十行二十字白口 卷五卷六卷端均題：安雅堂集

六三〇 陳衆仲文集七卷 元陳旅撰 清抄本 清趙宗建校 徐康跋 卷七卷末題：安雅堂集卷終

六三一 安雅堂集十三卷 元陳旅撰 明郁氏淡生堂抄本 十行二十字白口左右双边

六三二 安雅堂集十三卷 元陳旅撰 清康熙抄本 十行二十一字无格

六三三 安雅堂集十三卷 元陳旅撰 清抄本

六三四 安雅堂集十三卷 元陳旅撰 清抄本 十行二十一字无格
存七卷 一至七

六三五 安雅堂集十三卷 元陳旅撰 清抄本 清黃丕烈校並跋 十行二十一字黑口四周單边
存三卷 一至三

六三六 安雅堂集十三卷 元陳旅撰 清瑞安王海樓抄本 孫衣言題跋

六三七 安雅堂文集十三卷 元陳旅撰 清抄本 清王振聲校並跋

六三八 安雅堂文集十三卷 元陳旅撰 清抄本 十行二十字

六三九 安雅堂文集五卷 元陳旅撰 清康熙三十年金侃抄本 清金侃跋 十一行二十一字

六四〇 傅與礪文集十一卷 元傅若金撰 附錄一卷 明洪武十七年傅若川刻本 十行二十一字黑口左右双边

六四一 傅與礪文集十一卷 元傅若金撰 附錄一卷 明郁氏淡生堂抄本（卷一至五配清抄本） 清丁丙跋

六四二 傅與礪文集十一卷 元傅若金撰 附錄一卷 清初抄本 十行二十一字无格

六四三 傅與礪文集十一卷附錄一卷詩集八卷補遺一卷 元傅若金撰 附綠窗遺稿一卷 元劉淑撰 清抄本 十行二十一字无格

六四四 傅與礪詩集八卷 元傅若金撰 明洪武十五年傅若川建溪精舍刻本 明徐𤊟 清周星詒跋

六四五 傅與礪詩集八卷 元傅若金撰 明洪武十五年傅若川建溪精舍刻本（卷五至八配清抄本） 清丁丙跋 十行十八字黑口左右双边

六四六 傅與礪詩集八卷 元傅若金撰 明弘治刻本 十行二十一字黑口左右双边

六四七 傅與礪詩集八卷 元傅若金撰 明刻本 八行十九字白口四周双边
存二卷 一至二

六四八 傅與礪詩集八卷 元傅若金撰 綠窗遺稿一卷 元孫淑撰 清康熙四十一年金侃抄本 清金侃跋 十一行二十一字无格

六四九 傅與礪詩集八卷 元傅若金撰 清金氏文瑞樓抄本 十一行二十一字白口左右双边

六五〇 傅與礪詩集八卷 元傅若金撰 清乾隆影抄明建溪精舍刻本 清鮑廷博校 章鈺跋 沈毅題記 十行二十二字

六五一 傅與礪詩集八卷 元傅若金撰 清查慎行家抄本 清查慎行校並跋 失名校並跋 十行二十或二十二字无格

六五二 瓢泉吟稿五卷 元朱晞顏撰 清乾隆翰林院刻本 八行二十一字白口四周双边

六五三 瓢泉吟稿五卷 元朱晞顏撰 清抄本 九行二十字

六五四 番陽仲公李先生文集三十一卷 元李存撰 明永樂三年李光刻本 十三行三十四字黑口四周双边

六五五 番易仲公李先生文集三十一卷 元李存撰 清趙組重抄本 十行二十字兰格白口四周双边

六五六 番易仲公李先生文集三十一卷 元李存撰 清倪氏經鉏堂抄本 清丁丙跋

六五七 番易仲公李先生文集三十一卷 元李存撰 清抄本 十三行二十四字无格

六五八 俟庵李先生文集三十一卷 元李存撰 清全氏鮚埼亭抄本 十三行二十四字四周双边

六五九 俟庵李先生文集三十卷 元李存撰 附錄一卷 明抄本

六六〇 李仲公文集三十卷 元李存撰 明夏琮校編 附錄一卷 清初抄本 十二行二十三字白口无格

六六一 俟庵李先生文集三十卷 元李存撰 清抄本 十三行二十四字无格

六六二 滋溪文稾三十卷 元蘇天爵撰 元刻本 十行二十字細黑口四周双边
存五卷 二十六至三十

六六三 滋溪文稿三十卷 元蘇天爵撰 明抄本配清抄本 十行二十字

六六四 滋溪文稾三十卷 元蘇天爵撰 清初抄本 十行二十字无格

六六五 滋溪文稾三十卷 元蘇天爵撰 清抄本

六六六 滋溪文稿三十卷 元蘇天爵撰 清抄本 清毛嶽生校 九行二十字白口左右双边

六六七 滋溪文稾三十卷 元蘇天爵撰 清抄四庫全書本 清邵懿辰校 十行二十四字无格

六六八 滋溪文稿三十卷 元蘇天爵撰 清抄本 潘祖蔭題識 十行二十字无格

六六九 滋溪文稿三十卷 元蘇天爵撰 清抄本 佚名朱墨筆校 十一行二十字无格

六七〇 滋溪文稿三十卷 元蘇天爵撰 清抄本 十二行二十四字无格

六七一 滋溪文稾三十卷 元蘇天爵撰 清沈氏鳴野山房抄本 清丁丙跋

六七二 青陽先生文集九卷 元余闕撰 明正統十年高誠刻本 十二行二十二字黑口四周双边

六七三 青陽先生文集九卷 元余闕撰 青陽先生忠節附錄二卷 明張毅輯 明正統十年高誠刻本 莫棠題識

六七四 青陽先生文集九卷 元余闕撰 忠節附錄二卷 明張毅輯 明弘治二年徐傑刻本 十二行二十二字黑口四周双边

六七五 青陽先生文集九卷 元余闕撰 附錄二卷 明正德沈俊刻本 清丁丙跋 十行二十二字白口左右雙邊

六七六 青陽先生文集九卷 元余闕撰 明郭奎輯 附錄二卷 明刻本 十行二十字白口左右雙邊

六七七 青陽先生文集六卷 元余闕撰 附錄二卷 明正德二年安慶府同知趙祿壽刻本（有補版後印） 十一行十九字至二十字白口四周雙邊

六七八 青陽先生文集六卷 元余闕撰 明郭奎輯 明正德十五年胡汝登刻本 十一行十九字白口四周雙邊

六七九 青陽先生文集六卷 元余闕撰 忠節附錄二卷 明張毅輯 汪齡重輯 明嘉靖十七年鄭鏞刻本 十一行十九字二十字白口四周雙邊

六八〇 余忠宣集六卷 元余闕撰 明郭奎輯 青陽先生忠節附錄二卷 明嘉靖三十三年宣城洪大源刻本 十行二十二字白口四周單邊

六八一 青陽集六卷 元余闕撰 附錄一卷 清康熙二十九年立保收本 清丁丙跋 十一行二十一字

六八二 余忠宣公集四卷 元余闕撰 明萬曆十六年沈道明刻本 八行十九字白口四周單邊

六八三 余忠宣公青陽山房集五卷 元余闕撰 清康熙刻本 九行二十字白口左右雙邊

六八四 周翰林近光集三卷扈從詩一卷補遺一卷 元周伯琦撰 明祁氏澹生堂抄本 清丁丙跋

三十一

六八五 周翰林近光集三卷扈從詩一卷 元周伯琦撰 清初抄本 九行十八字白口左右雙邊

六八六 周翰林近光集三卷扈從詩一卷 元周伯琦撰 清初抄本 清黃丕烈跋 十行二十字無格

六八七 周翰林近光集三卷扈從集一卷 元周伯琦撰 清抄本

六八八 周翰林近光集三卷扈從詩一卷 元周伯琦撰 清抄本 十一行二十二字無格

六八九 周翰林近光集三卷扈從詩一卷 元周伯琦撰 清抄本 清丁丙跋

六九〇 經濟文集六卷 元李士瞻撰 明天順三年刻本（卷首配清抄本） 十二行二十三字黑口四周雙邊

六九一 經濟文集六卷 元李士瞻撰 附錄一卷 明正統九年刻本（附錄配清抄本） 清丁丙跋

六九二 經濟文集六卷 元李士瞻撰 清抄本（四庫底本） 十二行二十三字無格

六九三 經濟文集六卷 元李士瞻撰 附錄一卷 清李氏研錄山房抄本 十一行二十一字緑格白口左右雙邊

六九四 經濟文集六卷 元李士瞻撰 附一山文集一卷 元李繼本撰 清金氏文瑞樓抄本 十一行黑格

六九五 經濟文集六卷 元李士瞻撰 附錄一卷 清抄本

六九六 圭峯盧先生集二卷 元盧琦撰 明萬曆三十七年莊毓慶等刻本 九行十八字白口四周雙邊

六九七 圭峯盧先生集十四卷 元盧琦撰 清抄本 清丁丙跋

六九八 盧圭峯先生集三卷 元盧琦撰 清抄本

六九九 蛻菴詩四卷 元張翥撰 明初刻本 十三行二十四字黑口四周雙邊

七〇〇 蛻庵詩四卷蛻巖詞二卷 元張翥撰 清初抄本

七〇一 蛻菴詩四卷 元張翥撰 清康熙陸漻家抄本 清王聞遠、黃美鏐校並跋 黃丕烈校跋並錄許心扆題識 十二行二十四字

七〇二 蛻菴詩四卷集外詩一卷蛻岩詞二卷 元張翥撰 附錄一卷 清汪氏摛藻堂抄本 十行二十一字細黑口左右雙邊

七〇三 蛻庵詩四卷蛻巖詞一卷 元張翥撰 清抄本 九行二十字無格

七〇四 蛻菴詩四卷 元張翥撰 清嘉慶八年鮑正言抄本 清劉履芬校並跋 鮑正言 丁丙跋

七〇五 蛻菴詩四卷 元張翥撰 明釋大圻編 清抄本 傅增湘題跋 十三行二十四字白口四周單邊

七〇六 蛻菴詩五卷 元張翥撰 清抄本（四庫底本） 十行二十字無格

七〇七 蛻菴詩五卷蛻巖詞二卷 元張翥撰 附錄一卷 清康熙金侃抄本

三十二

鄭文焯校 吳昌綬校跋並錄儁鵬題識 十一行二十一字

七〇八 蛻菴詩五卷蛻巖詞二卷 元張翥撰 清抄本

七〇九 蛻菴詩五卷 元張翥撰 清鮑氏知不足齋抄本 清鮑廷博校 八行二十一字

七一〇 蛻菴詩五卷補遺一卷附錄一卷 元張翥撰 汪淳抄本 清鮑氏知不足齋 清吳騫閱並跋 詩十行二十一字左右雙邊

七一一 蛻菴詩五卷蛻巖詞二卷 元張翥撰 清鮑氏知不足齋抄本（卷四至五蛻巖詞原青抄本）

七一二 蛻菴詩五卷蛻巖詞二卷 元張翥撰 清抄本 清丁丙跋

七一三 蛻菴集二卷 元張翥撰 清抄本 清勞權校補 補遺一卷 清勞權輯 稿本 行二十一字無格 補遺十行二十一字無格

七一四 蛻岩詞二卷 元張翥撰 清汪氏摛藻堂抄本 十行二十一字黑口左右雙邊

七一五 李五峯先生集六卷 元李孝光撰 明抄本 十行二十字黑口四周雙邊

七一六 五峯集六卷文集一卷雁山十記一卷 元李孝光撰 清鮑廷博抄本 清鮑廷博、勞格校 十行二十一字白口

七一七 李五峯詩集六卷 元李孝光撰 清抄本 清劉喜海跋

七一八 五峯詩集六卷 元李孝光撰 清抄本 十一行二十字緑格白口左右雙邊

五峰詩集十三卷　元李孝光撰　清抄本　清勞格校補並跋　八行二十字無格　七一九
李五峰集十一卷　元李孝光撰　清抄本　八行二十二字無格　七二〇
李五峰集十一卷　元李孝光撰　清抄本　清許[illegible]跋校　九行二十一字無格
存三卷　七言絶句　七言古　七言近體　七二一
五峰集五卷　元李孝光撰　清抄本　七二二
李五峰文集不分卷　元李孝光撰　清[illegible]書塾抄本　清孫衣言、詒讓校　十行十六字白口四周双边　七二三
李五峰文集不分卷　元李孝光撰　清抄本　八行二十二字無格　七二四
蛾術詩選八卷　元邵亨貞撰　明王稷校訂　明萬曆六年汪稷好德軒刻本　十一行二十一字白口左右双边　七二五
蛾術詩選八卷詞選四卷　元邵亨貞撰　清抄本　十一行二十一字無格　七二六
蛾術詩選八卷蛾術詞四卷　元邵亨貞撰　清抄本　清丁丙跋　七二七
蛾術詩選八卷　元邵亨貞撰　清抄本　九行二十字無格　七二八
邵蛾術詩集八卷　元邵復孺撰　清抄本　十行十六字白口[illegible]　七二九
夢觀集六卷　元釋大圭撰　明刻本　清丁丙跋　十一行二十一字黑口左右双边
存三卷　一至三　七三〇
金臺集二卷　元迺賢撰　清初毛氏汲古閣影元抄本　十一行二十二字黑口左右双边　七三一
金臺集二卷　元迺賢撰　清康熙[illegible]四年[illegible]抄本　清金侃校並跋　十一行二十一字無格　七三二
金臺集二卷　元迺賢撰　清抄本　清曹炎校補　七三三
金臺集二卷　元迺賢撰　明末毛氏汲古閣刻元人十集本　十行十九字白口左右双边　七三四
午溪集十卷　元陳鎰撰　清抄本　清徐時棟跋　十二行二十一字無格　七三五
午溪集十卷　元陳鎰撰　清抄本　七三六
子淵詩集六卷　元張仲深撰　清乾隆翰林院抄本　八行二十一字白口四周双边　七三七
葯房樵唱三卷　元吳景奎撰　黄珙編　附錄一卷　明正德四年吳[illegible]刻本　十行十八字黑口四周单边　七三八
葯房樵唱三卷　元吳景奎撰　附錄一卷　[illegible]撰　清初抄本　七三九
葯房樵唱三卷　元吳景奎撰　附錄一卷　清乾隆二十五年鮑氏知不足齋抄本　清鮑廷博校　七四〇
葯房樵唱三卷　元吳景奎撰　附錄一卷　清抄本　九行二十一字白口左右双边　七四一
葯房樵唱三卷　元吳景奎撰　附錄一卷　清抄本　十行十八字無格　七四二
藥房樵唱三卷　元吳景奎撰　附錄一卷　清抄本　七四三
葯房樵唱三卷　元吳景奎撰　附錄一卷　清抄本　九行二十字　七四四
校跋並抄補十目　十行十六、二十十六字白口[illegible]双边
栲栳山人詩集三卷　元岑安卿撰　清初抄本　清周恭、朱昌燕校　十行二十字無格　七四五
栲栳山人詩集三卷　元岑安卿撰　清康熙金侃抄本　十一行二十一字　七四六
栲栳山人詩集三卷　元岑安卿撰　清張廷枚重編　清乾隆四十七年張氏寶墨齋刻本　十行二十一字白口左右双边　七四七
栲栳山人詩集三卷　元岑安卿撰　清乾隆四十七年張氏寶墨齋刻本　清勞權校補並跋　七四八
栲栳山人詩集三卷　元岑安卿撰　清乾隆五十四年岑振祖刻本　八行二十字白口左右双边　七四九
栲栳山人詩集三卷　元岑安卿撰　清潤校並跋　清抄本　清鮑廷博校補　黄璋校並跋　七五〇
栲栳山人詩集三卷　元岑安卿撰　清汪氏摛藻堂抄本　十行二十一字黑口左右双边　七五一
栲栳山人詩集三卷　元岑安卿撰　清味書室抄本　十行二十二字白口四周双边　七五二
栲栳山人詩集三卷　元岑安卿撰　清抄本　繆荃孫校　九行二十字無格　七五三
栲栳山人詩集三卷　元岑安卿撰　清洗潤齋抄本　清劉喜海校　七五四
栲栳山人詩集三卷　元岑安卿撰　清抄本　清韓泰華題簽　七五五
栲栳山人詩集三卷　元岑安卿撰　清抄本　十行二十字無格　七五六
栲栳山人詩集三卷　元岑安卿撰　清抄本　十三行二十四字無格　七五七
梅花道人遺墨二卷　元吳鎮撰　附錄一卷　清抄本　十行二十字小字双行同無格　七五八
梅花道人遺墨二卷　元吳鎮撰　附錄一卷　清長洲顧氏藝海樓抄本　八行十九字　七五九
貢禮部玩齋集十卷拾遺一卷　元貢師泰撰　明沈性編　紀年錄一卷　元朱燧（一燧）撰　明天順沈性刻嘉靖十四年徐萬壁重修本　十行二十字白口左右双边　七六〇
貢禮部玩齋集十卷拾遺一卷　元貢師泰撰　紀年錄一卷　元朱燧撰　明天順沈性刻嘉靖十四年徐萬壁重修本（卷一、八至九配清抄本）　清丁丙跋　七六一
貢禮部玩齋集十卷　元貢師泰撰　明郁氏樂生堂抄本　十行十八字
存四卷　四至七　七六二
貢禮部玩齋集十卷拾遺一卷　元貢師泰撰　紀年錄一卷　元朱燧撰　清抄本　清黄丕烈跋　七六三
貢禮部玩齋集十卷拾遺一卷　元貢師泰撰　紀年錄一卷　元朱燧撰　清抄本　清邵[illegible]校並跋
存三卷　九至十　拾遺　七六四
貢禮部玩齋集十卷拾遺一卷　元貢師泰撰　紀年錄一卷　元朱燧（一燧）撰　清抄本　十行二十字無格　七六五
貢禮部玩齋集十卷拾遺一卷　元貢師泰撰　紀年錄一卷　元朱燧（一燧）撰　清抄本　十一行二十二字無格　七六六

七六七 貢禮部玩齋集十卷拾遺一卷 元貢師泰撰 紀年錄一卷 元宋□（□）撰 清抄本 十三行二十四字无格

七六八 貢尚書玩齋集十卷 元貢師泰撰 首一卷 清乾隆四十年南湖書塾刻本 傅增湘校補並跋 十行二十字白口左右双边

七六九 羽庭集六卷 元劉仁本撰 清抄本 十行二十字无格

七七〇 羽庭集六卷 元劉仁本撰 清知不足齋抄本 清鮑廷博校 存五卷

七七一 不繫舟漁集十六卷 元陳高撰 清初抄本 九行十八字

七七二 不繫舟漁集十六卷 元陳高撰 清抄本

七七三 不繫舟漁集十六卷 元陳高撰 清抄本 九行十八字无格

七七四 不繫舟漁集十六卷 元陳高撰 清抄本 九行二十一字无格

七七五 不繫舟漁集十六卷 元陳高撰 清抄本 十行二十一字无格

七七六 不繫舟漁集十六卷 元陳高撰 清抄本 十行二十一字白口

七七七 不繫舟漁集十六卷 元陳高撰 清抄本 張宗□題識 八行十六字

七七八 不繫舟漁集十六卷 元陳高撰 清抄本 清丁丙跋

三十五

七七九 不繫舟漁集十五卷 元陳高撰 附錄一卷 清抄本 八行十六字无格

七八〇 不繫舟漁集十五卷 元陳高撰 附錄一卷 清鮑氏知聖道齋抄本 清彭元瑞校 十行二十四字

七八一 不繫舟漁集十五卷 元陳高撰 附錄一卷 清抄本 清孫衣言 孫鏘鳴 孫詒讓校 十行二十四字无格

七八二 不繫舟漁集十五卷 元陳高撰 附錄一卷 清抄本 清平陽華文漪校並跋 陳鉄 君葉湘民校跋 十行二十五字无格

七八三 居竹軒詩集四卷 元成廷珪撰 明嘉靖刻本 十行十八字黑口四周双边

七八四 居竹軒詩集四卷 元成廷珪撰 明嘉靖刻本 清丁丙跋

七八五 居竹軒詩集四卷 元成廷珪撰 清乾隆三十四年鮑氏知不足齋抄本 清鮑廷博校 十行十八字无格

七八六 居竹軒詩集四卷 元成廷珪撰 清抄本 九行十六字无格

七八七 居竹軒集四卷 元成廷珪撰 劉鉉□輯 鄒□校正 清抄本 九行十八字白口无格

七八八 居竹軒詩集四卷 元成廷珪撰 清抄本 十行十□字无格

七八九 句曲外史貞居先生詩集五卷 元張雨撰 明初刻本 十行二十字黑口左右双边

七九〇 句曲外史貞居先生詩集五卷 元張雨撰 清□□抄明初刻本

七九一 貞居先生詩集四卷詞編一卷 元張雨撰 明柳僉抄本 十行十八字白口左右双边

七九二 句曲外史貞居先生詩集七卷詞一卷雜文一卷 元張雨撰 明抄本 明何良俊輯補 清黄丕烈校並跋 十行二十字白口左右双边

七九三 句曲外史貞居先生詩集七卷雜文一卷 元張雨撰 清曹炎抄本 清何元錫校

七九四 句曲外史貞居先生詩集七卷 元張雨撰 清吳城抄本（卷四至五配清抄本） 清吳城校

七九五 句曲外史貞居先生集七卷 元張雨撰 清抄本 清鮑廷博、鮑正言校補 張燕昌、張元濟跋 十行十九字无格

七九六 句曲外史集八卷 元張雨撰 附錄句曲外史小傳一卷 明姚綬撰 清初抄本 八行十八字无格

七九七 句曲外史集三卷附錄一卷集外詩一卷補遺三卷 元張雨撰 附諸家題識一卷 清張氏環□館抄本 十行二十七字黑格

七九八 句曲外史詩集二卷集外詩一卷 元張雨撰 清抄本

七九九 句曲外史詩集二卷句曲外史集外詩一卷 元張雨撰 清抄本

三十六

八〇〇 僑吳集十二卷 元鄭元祐撰 附錄一卷 明弘治九年張習刻本（間有抄配） 十二行二十四字黑口四周双边

八〇一 僑吳集十二卷 元鄭元祐撰 附錄一卷 明弘治九年張習刻本 清黄丕烈、顧□□校 □抄補並跋 清□□□、葉景葵跋

八〇二 僑吳集十二卷 元鄭元祐撰 附錄一卷 明弘治九年張習刻本 清□□跋

八〇三 僑吳集十二卷 元鄭元祐撰 附錄一卷 明弘治九年張習刻本（卷一至七、十五至十二配清抄本） 清□□□校並跋 丁丙跋

八〇四 僑吳集十二卷 元鄭元祐撰 附錄二卷 清初蘭卿宋氏抄本 清彭元瑞校 十行二十字无格

八〇五 僑吳集十二卷 元鄭元祐撰 清抄本（四庫底本） 十□行□□字无格

八〇六 僑吳集十二卷 元鄭元祐撰 附錄一卷補遺一卷 清鮑廷博輯 清鮑氏知不足齋抄本 清鮑廷博校並跋 十行二十四字无格

八〇七 僑吳集十二卷 元鄭元祐撰 十一行二十一字无格 清□□□堂抄本 過錄黄丕烈跋 清□□□校

八〇八 僑吳集十二卷 元鄭元祐撰 附錄一卷 清抄本 清□增湘校並跋 十行二十一字无格

八〇九 僑吳集十二卷 元鄭元祐撰 附錄一卷 清抄本 清□□□校 十一行二十四字无格

八一〇 僑吴遺集一卷 元鄭元祐撰 清康熙三十年鄭翹泓、鄭定遠刻本 八行十八字白口四周雙邊
八一一 僑吴集十二卷 元鄭元祐撰 附錄一卷 清抄本 八行二十一字無格
八一二 僑吴集十二卷 元鄭元祐撰 清抄本 十行二十三字白口左右雙邊
八一三 元謝宗可詠物詩一卷 元謝宗可撰 明蔣玢校補 明蔣氏抄本 明蔣玢跋 八行十七字左右雙邊無格
八一四 詠物詩二卷 元謝宗可撰 清乾隆五十六年水照館刻本 九行二十一字白口左右雙邊
八一五 詠物詩二卷 元謝宗可撰 清抄本
八一六 元鹿皮子集四卷 元陳樵撰 清康熙童華勳溜棲書室刻本 十一行二十一字白口四周雙邊
八一七 元鹿皮子集四卷 元陳樵撰 清康熙童華勳溜棲書室刻本 朱霞跋 傅增湘校補並跋
八一八 鹿皮子集四卷 元陳樵撰 清瞿氏清吟閣抄本（卷一配清抄本）
八一九 鹿皮子陳先生文集四卷 元陳樵撰 清抄本 十行二十字無格
八二〇 鹿皮子陳先生文集四卷 元陳樵撰 清抄本 十行二十二字無格
八二一 鹿皮子陳先生文集四卷 元陳樵撰 清于秋溟抄本 九行十九字無格
八二二 鹿皮子陳先生文集四卷 元陳樵撰 明盧聯編 清抄本 徐康題識 八行十八字無格
八二三 林外野言二卷補遺一卷 元郭翼撰 清抄本 十行二十字無格
八二四 林外野言二卷補遺一卷 元郭翼撰 清環碧山房抄本 十一行二十一字黑口四周單邊

八二五 林外野言二卷補遺一卷 元郭翼撰 清王氏十萬卷樓抄本 十一行二十一字並格上白口左右雙邊
八二六 林外野言二卷補遺一卷 元郭翼撰 清抄本 清丁丙跋
八二七 林外野言二卷補遺一卷雪履齋筆記一卷 元郭翼撰 清王氏十萬卷樓抄本 清王端履、丁丙跋
八二八 林外野言二卷 元郭翼撰 清抄本 清丁丙跋
八二九 林外野言二卷 元郭翼撰 清抄本 八行二十字無格
八三〇 林外野言二卷 元郭翼撰 清抄本 九行二十字無格
八三一 林外野言二卷 元郭翼撰 清抄本 十行二十一字無格
八三二 傚軒吟稿一卷 元胡天游撰 清抄本 清丁丙跋
八三三 師山先生文集十一卷 元鄭玉撰 元至正刻明修本 十行二十五字黑口左右雙邊
八三四 師山先生文集十一卷 元鄭玉撰 清摛藻堂抄本 十行黑口左右雙邊
八三五 師山先生文集八卷遺文五卷 元鄭玉撰 附錄一卷 濟美錄四卷 明鄭燭撰 明嘉靖十四年鄭氏家塾刻清修補本 十行二十字白口四周單邊
八三六 師山先生文集八卷遺文五卷 元鄭玉撰 附錄一卷 濟美錄四卷 明鄭燭撰 明嘉靖十四年刻清修補本 清丁丙跋
八三七 師山先生文集八卷遺文五卷 元鄭玉撰 明祁氏淡生堂抄本 十行二十字白口四周單邊
八三八 師生先生文集八卷遺文五卷 元鄭玉撰 附錄一卷 濟美錄四卷 清汪氏裘杼樓抄本 清丁丙跋
八三九 師生先生全集十二卷 元鄭玉撰 清抄本 清翁同龢跋 十行十九字白口四周單邊
八四〇 友石山人遺稿一卷 元王翰撰 附錄一卷 明弘治八年袁文鼐刻本 清丁丙跋 九行十六字黑口四周雙邊
八四一 友石山人遺稿一卷 元王翰撰 明初刻本 清丁丙跋 十一行二十一字黑口四周雙邊
八四二 友石山人遺稿一卷 元王翰撰 明王偁抄本 八行二十二字
八四三 友石山人遺稿一卷 元王翰撰 附錄一卷 元吳海撰 清鮑氏知不足齋抄本 十行二十字細黑口左右雙邊
八四四 友石山人遺稿一卷 元王翰撰 清味書軒抄本 十行二十字白口左右雙邊
八四五 友石山人遺稿一卷 元王翰撰 附錄一卷 清抄本 清丁丙跋
八四六 友石山人遺稿一卷 元王翰撰 附錄一卷 清抄本 十一行二十一字無格
八四七 聞過齋集八卷 元吳海撰 明成化邵銅刻本 十行二十字黑口四周雙邊
八四八 聞過齋集八卷 元吳海撰 明成化邵銅刻本 清丁丙跋

八四九 聞過齋集八卷 元吳海撰 明抄本（卷一至三配清抄本） 十行二十字白口四周單邊
八五〇 聞過齋集八卷 元吳海撰 明范氏天一閣抄本 十行二十字無格
序三卷一至三
八五一 聞過齋集八卷 元吳海撰 清初抄本 陳鳳藻跋 十行二十字白口無格
八五二 聞過齋集八卷 元吳海撰 清乾隆鮑氏知不足齋抄本 清鮑廷博校並補
八五三 聞過齋集八卷 元吳海撰 清平氏小峯山房刻本
八五四 聞過齋集八卷 元吳海撰 清抄本 八行二十字無格
八五五 聞過齋集八卷 元吳海撰 清抄本 九行二十一字
八五六 聞過齋集八卷 元吳海撰 清抄本 十行二十字無格
八五七 聞過齋集四卷 元吳海撰 明祁氏淡生堂抄本 清馬瓆跋 十行二十字白口四周單邊
八五八 聞過齋集四卷 元吳海撰 清康熙四十七年張氏正誼堂刻本 十行二十二字白口四周單邊
八五九 北郭集六卷補遺一卷遺集一卷 元許恕撰 清鮑氏知不足齋抄本 清鮑廷博題識 姚鈞校並跋 九行十八字無格
八六〇 北郭詩集六卷補遺一卷 元許恕撰 清[illegible]抄本
八六一 北郭詩集六卷補遺一卷 元許恕撰 清抄本

八六二 北郭詩集六卷補遺一卷 元許恕撰 清抄本 十一行二十字白口左右雙邊

八六三 北郭詩集六卷補遺一卷 元許恕撰 清抄本 十二行二十五字 無格

八六四 玉笥集不分卷 元張憲撰 吳怡注 楊維楨評 明弘治五年王衡刻本 清何煌補目 季錫疇校並跋 十行二十一字黑口四周雙邊

八六五 玉笥集四卷 元張憲撰 清初抄本 十一行二十一字無格

八六六 玉笥集十卷 元張憲撰 清鮑氏知不足齋抄本 有硃筆批校 八行十八字白口無邊欄

八六七 玉笥集十卷 元張憲撰 清陸錫熊家抄本（卷五至十配清抄本）清陸錫熊 丁丙跋

八六八 玉笥集十卷 元張憲撰 清抄本 清李兆洛跋 十一行二十一字無格

八六九 玉笥集十卷 元張憲撰 清經鉏堂抄本 清李之郇跋 十一行二十一字白口左右雙邊

八七〇 玉笥集十卷 元張憲撰 清抄本 清管庭芬校並跋

八七一 玉笥集十卷 元張憲撰 清抄本 清張蓉鏡校跋並題詩 十一行二十一字無格

八七二 玉笥集十卷 元張憲撰 清抄本 清季錫疇校並跋 九行二十一字無格

八七三 玉笥集十卷 元張憲撰 清經鉏堂抄本 十一行二十一字綠格

八七四 玉笥集十卷 元張憲撰 清抄本

八七五 玉笥集十卷 元張憲撰 清抄本 八行二十字紅格

八七六 玉笥集十卷 元張憲撰 清抄本 十行十八字無格

八七七 玉笥集十卷 元張憲撰 清抄本 十行二十字白口左右雙邊

八七八 玉笥集十卷 元張憲撰 清抄本 十一行二十一字無格

八七九 青村遺藁一卷 元金涓撰 清康熙金侃抄本 十一行二十字

八八〇 青村遺藁一卷 元金涓撰 清初抄本 十行十七字黑口四周單邊

八八一 青村遺稿一卷 元金涓撰 附錄一卷 清抄本

八八二 鶴年先生詩集一卷 元丁鶴年撰 附錄一卷 元吉雅謨丁、愛理沙、吳惟善撰 明正統九年趙滋刻本（第三十二頁至六十三頁配清抄本）清丁丙跋 九行十七字黑口四周雙邊

八八三 丁鶴年先生詩集一卷 元丁鶴年撰 清康熙金侃抄本 周叔弢跋 十行二十字

八八四 丁鶴年先生詩集一卷 元丁鶴年撰 附錄一卷 元吉雅謨丁、愛理沙、吳惟善撰 清抄本 九行二十字綠格

八八五 丁鶴年先生詩集一卷 元丁鶴年撰 附錄一卷 元吉雅謨丁、愛理沙、吳惟善撰 清金氏文瑞樓抄本 清末葉王秋胡惠源跋 十一行二十二字白口左右雙邊

八八六 丁鶴年先生詩集一卷 元丁鶴年撰 清抄本 清鮑廷博校 丁丙跋 王波閣運首跋 十行二十字無格

八八七 丁鶴年先生詩集一卷 元丁鶴年撰 清抄本 清韓泰華校 十行二十字無格

八八八 丁鶴年集三卷續集一卷 元丁鶴年撰 清抄本 清佚名題識 十行二十一字無格

八八九 鶴年詩集三卷 元丁鶴年撰 清抄本 十行二十一字無格

八九〇 鶴年詩集三卷 元丁鶴年撰 附錄一卷 元吉雅謨丁、愛理沙、吳惟善撰 清抄本 清丁丙跋

八九一 海巢集三卷 元丁鶴年撰 附錄一卷 元吉雅謨丁、愛理沙、吳惟善撰 清康熙十七年金侃抄本 清金侃跋 十一行二十字

八九二 海巢集三卷 元丁鶴年撰 附錄一卷 清乾隆四十一年抄本

八九三 鶴年海巢集一卷哀思集一卷方外集一卷續集一卷 元丁鶴年撰 清抄本 十行二十一字黑口四周雙邊

八九四 鶴年海巢集一卷哀思集一卷方外集一卷續集一卷 元丁鶴年撰 清抄本 清丁丙跋

八九五 鶴年海巢集四卷 元丁鶴年撰 附錄一卷 清抄本 九行二十一字無格

八九六 華陽貞素齋集八卷 元舒頔撰 清抄本 十行二十字無格

八九七 華陽貞素齋文集八卷 元舒頔撰 清抄本 清諸成璋校並跋

八九八 華陽貞素齋文集八卷 元舒頔撰 清抄本 清丁丙跋

八九九 華陽貞素文集七卷 元舒頔撰 附錄一卷 清抄本

九〇〇 華陽貞素文集七卷 元舒頔撰 北莊遺稿一卷 元舒遠撰 可庵搜枯集一卷 元舒遜撰 清抄本

九〇一 貞素齋集□□卷 元舒頔撰 清抄本 八行二十一字白口四周雙邊 存十卷（卷三、四（文）、四（詩）、五、六（古樂詩）、七、六（古体詩）、八、九、十）

九〇二 一山文集九卷 元李繼本撰 清康熙二十八年金侃抄本 清金侃跋 十一行二十一字

九〇三 一山文集九卷 元李繼本撰 清抄本

九〇四 一山文集九卷 元李繼本撰 清抄本 十二行二十三字黑口四周雙邊

九〇五 江月松風集十二卷 元錢惟善撰 清初曹氏倦圃抄本 補遺一卷 清吳允嘉輯 稿本 清吳允嘉校補 吳焯校並跋 汪曾學 汪曾唯 丁丙跋

九〇六 江月松風集十二卷補一卷 元錢惟善撰 清康熙二十五年翁栻抄本 清何焯校並跋 黃丕烈 傅增湘跋 十行二十字白口四周單邊

九〇七 江月松風集十二卷 元錢惟善撰 清呂留良家抄本 清丁詠淇跋 九行十八字無格

九〇八 江月松風集十二卷 元錢惟善撰 續集一卷 清吳允嘉輯 補遺一卷 清吳焯輯 清鮑氏知不足齋抄本 清鮑正言校補並錄朱之赤題識 十行十八字黑口左右雙邊

九〇九 江月松風集十二卷續集一卷 元錢惟善撰 清趙氏小山堂抄本 十行十九至二十字白口

口四周單边

九一〇 江月松風集十二卷補遺一卷 元錢惟善撰 清抄本 張元濟跋 十行二十字無格

九一一 江月松風集十二卷 元錢惟善撰 清王氏十萬卷樓抄本 清丁丙跋

九一二 江月松風集十二卷 元錢惟善撰 清抄本 清丁丙跋

九一三 江月松風集十二卷錢思復詩補一卷 元錢惟善撰 清抄本

九一四 江月松風集十二卷續集一卷 元錢惟善撰 清抄本 九行十八字黑格

九一五 江月松風集十二卷續集一卷 元錢惟善撰 清抄本 九行二十四字無格

九一六 江月松風集十二卷續集一卷附錄一卷補遺一卷附文一卷 元錢惟善撰 清抄本 十二行二十四字

九一七 龜巢稿十五卷 元謝應芳撰 附錄一卷 清雍正六年宋賓王家抄本 清宋賓王校跋並補目 十一行二十一字

九一八 龜巢稿十七卷 元謝應芳撰 清初抄本 清佚名錄校

九一九 龜巢稿十七卷 元謝應芳撰 清抄本 清王聞遠、宋賓王校並跋 九行二十一字無格

九二〇 龜巢稿十七卷 元謝應芳撰 清抄本 十行二十字無格

九二一 龜巢稾十七卷辨惑編四卷附錄一卷 元謝應芳撰 清抄本 清丁丙跋

九二二 龜巢稾二十卷 元謝應芳撰 清抄本

九二三 龜巢稾二十卷 元謝應芳撰 清抄本 九行十八字白口無边栏

九二四 龜巢稾十卷補遺一卷 元謝應芳撰 清道光二十六年謝蘭生刻本 傅增湘校 十行二十三字黑口左右双边

九二五 龜巢摘稾三卷 元謝應芳撰 清抄本 十行二十字無格

九二六 龜巢摘稿三卷 元謝應芳撰 清抄本 十行二十四字白口四周单边

九二七 龜巢摘稾三卷 元謝應芳撰 清初抄本 十一行二十一字黑口四周双边

九二八 龜巢詩文鈔二卷 元謝應芳撰 清嘉慶二十三年楊復吉抄本 清楊復吉跋 十行二十字無格

九二九 東皋先生詩集五卷附錄一卷 元馬玉麟撰 清初抄本 十二行二十四字無格

九三〇 石初集十卷附錄一卷 元周霆震撰 清抄本 清汪士鐸跋 彭元瑞校並跋

九三一 石初集十卷附錄一卷 元周霆震撰 清抄本 十行二十字無格

九三二 石初集十卷附錄一卷 元周霆震撰 清鶴洲翁海村間抄本 九行二十四字白口四周单边

九三三 石初集十卷 元周霆震撰 清道光顧氏藝海樓抄本 八行二十一字白口左右双边

九三四 山窗餘稾一卷 元甘復撰 清康熙二十二年金侃抄本 清金侃跋 十一行二十一字

九三五 山窗餘稿一卷 元甘復撰 清抄本 清黃丕烈校並跋 王同愈跋 十行十七字

九三六 山窗餘稿一卷 元甘復撰 清抄本（四庫底本） 清丁丙跋

九三七 山窗餘稿一卷 元甘復撰 清抄本 十三行二十字無格

九三八 山窗餘稿一卷 元甘復撰 清抄本 十行二十字無格

九三九 山窗餘稿一卷 元甘復撰 清江陰繆荃孫抄本 十行十六字無格

九四〇 梧溪集七卷 元王逢撰 元至正明洪武間刻景泰七年陳敏政重修本（卷一至四，其他卷缺葉配清初毛氏汲古閣影元抄本） 清陸貽典校並跋 十三行二十二字黑口四周单边

九四一 梧溪集七卷 元王逢撰 元至正明洪武間刻景泰七年陳敏政重修本 清沈廷芳 丁丙跋

九四二 梧溪集七卷補遺一卷 元王逢撰 清同治十三年愚補樓活字印本 傅增湘校並跋 九行二十一字黑口左右双边

九四三 梧溪集七卷 元王逢撰 清呂氏明農草堂抄本 十行二十二字無格

九四四 梧溪集七卷 存五卷（一至五） 元王逢撰 清抄本 清吳翌鳳校並跋

九四五 梧溪集七卷 元王逢撰 清抄本 王禮培跋 九行二十三字無格

九四六 梧溪集七卷 元王逢撰 清抄本 清王慶勳題識 十三行二十二字無格

九四七 梧溪集七卷 元王逢撰 清抄本 十三行二十二字無格

九四八 釋梧溪集訂譌一卷 元王逢撰 清葉廷甲訂譌 清顧廣圻釋 稿本

九四九 吾吾類稾三卷 元吳皐撰 清乾隆翰林院抄本 八行二十一字白口四周双边

九五〇 吾吾類稿三卷 元吳皐撰 清抄本 八行十九字無格

九五一 樵雲獨唱集六卷 元葉顒撰 明刻本 十行二十一字黑口四周双边

九五二 樵雲獨唱集六卷 元葉顒撰 清抄本 清黃丕烈校並跋

九五三 樵雲獨唱集六卷 元葉顒撰 清抄本 九行二十二字無格

九五四 樵雲獨唱詩集六卷 元葉顒撰 清抄本 清丁丙跋

九五五 樵雲獨唱詩集八卷 元葉顒撰 清抄本 十一行二十一字無格

九五六 樵雲獨唱一卷 元葉顒撰 清抄本 溫忠翰跋 九行二十一字無格

九五七 靜思先生詩集二卷 元郭鈺撰 清抄本

九五八 靜思先生詩集二卷 元郭鈺撰 清抄本 十行二十字白口左右双边

九五九 靜思先生詩集十卷 元郭鈺撰 清道光元年熊鈺笠山公刻本 九行二十一字黑格四周单边

九六〇 九靈山房集三十卷 元戴良撰 明正統十年戴統刻本 十四行二十字白口四周双边

九六一 九靈山房集三十卷 元戴良撰 明正統十年戴統刻本 別集十

卷　清抄本　清黃丕烈、孫原湘、張蓉鏡跋

九靈山房集三十卷補編二卷　元戴良撰　清乾隆三十七年戴氏傳經書屋刻本　十行二十一字黑口左右雙邊　山居稿七卷　鄞遊稿九卷　外集一卷　吳遊稿七卷　越遊稿六卷　九六二

九靈山房集三十卷　元戴良撰　清初呂氏講習堂抄本　十一行二十二字無格　九六三

九靈山房集三十卷　元戴良撰　清康熙四十三年抄本　十行二十字黑口左右雙邊　存二十七卷　一至三　七至三十　九六四

九靈山房集三十卷　元戴良撰　清抄本　清鮑廷博、戴殿泗校　十四行二十字無格　存二十三卷　一至二十三　九六五

九靈山房集三十卷　元戴良撰　清抄本　鄧邦述校　十四行二十字無格　九六六

九靈山房集三十卷　元戴良撰　清抄本　清周心如跋　十四行二十字無格　九六七

九靈山房集十四卷　元戴良撰　清趙氏小山堂抄本　九六八

灤京雜詠二卷　元楊允孚撰　清嘉慶十年鮑廷博刻道光元年重修知不足齋叢書本　傅增湘校並跋　九行二十一字細黑口左右雙邊　九六九

灤京雜詠一卷　元楊允孚撰　清抄本　十行二十字無格　九七〇

李雲陽集四卷　元李祁撰　清康熙三十八年釋大汕懷古樓刻本　十行十九字白口左右雙邊單魚尾　九七一

李雲陽集四卷　元李祁撰　清康熙三十八年釋大汕懷古樓刻本　傅增湘校　九七二

雲陽李先生文集十卷　元李祁撰　附錄一卷　清初抄本　十行二十字　九七三

雲陽李先生文集十卷　元李祁撰　附錄一卷　清抄本　十行二十字無格　九七四

貢理官南湖詩集二卷　元貢性之撰　明貢欽編次　明萬曆貢靖國刻本　八行十七字白口四周雙邊　九七五

貢理官南湖詩集二卷　元貢性之撰　清抄本　八行十七字無格　存一卷　上　九七六

南湖集六卷　元貢性之撰　清初抄本　九行二十二字無格　九七七

南湖集六卷　元貢性之撰　清抄本　九七八

南湖集六卷　元貢性之撰　清抄本　九行二十二字無格　九七九

南湖集六卷　元貢性之撰　清抄本　傅增湘跋　九八〇

佩玉齋類稿十三卷　元楊翮撰　清康熙抄本　九八一

佩玉齋類稿十三卷　元楊翮撰　清抄本　清丁丙跋　九八二

佩玉齋類稿十二卷　元楊翮撰　清道光抄本　清諸煒校並跋　十三行二十三字無格　九八三

佩玉齋類稿十卷補遺一卷　元楊翮撰　清吳翌鳳抄本　清吳翌鳳校並跋　丁丙跋　九八四

書林外集七卷　元袁士元撰　明正統刻本　十行二十字黑口四周雙邊　九八五

書林外集七卷　元袁士元撰　明正統刻本　明徐延壽跋　九八六

書林外集七卷　元袁士元撰　明正統刻本　張九文跋　九八七

書林外集七卷　元袁士元撰　清抄本　十行二十字無格　九八八

書林外集七卷　元袁士元撰　清乾隆三十五年知不足齋抄本　九八九

棲碧先生黃楊集三卷補遺一卷　元華幼武撰　附錄一卷　明萬曆四十六年華五倫刻本　九行十八字白口左右雙邊　九九〇

棲碧先生黃楊集三卷補遺一卷　元華幼武撰　附錄一卷　明萬曆四十六年華五倫刻本　清丁丙跋　九九一

棲碧先生黃楊集三卷補遺一卷　元華幼武撰　附錄一卷　明俞貞木等撰　明崇禎十四年華允誠刻本　十行十八字白口四周雙邊　九九二

棲碧先生黃楊集三卷補遺一卷　元華幼武撰　附錄一卷　清嘉慶元年華宏源刻同治十三年華翼綸詒穀堂重修本　傅增湘校補並跋　十行十八字白口四周雙邊　九九三

黃楊集鈔二卷　元華幼武撰　明隆慶二年刻本　李盛鐸跋　八行十六字白口單魚尾左右雙邊　九九四

倪雲林先生詩集六卷　元倪瓚撰　明蹇曦編　附錄一卷　明天順四年蹇曦刻本　十一行二十字黑口四周雙邊雙魚尾　九九五

倪雲林先生詩集六卷　元倪瓚撰　明蹇曦編　附錄一卷　明天順四年蹇曦刻本　清沈曾植跋　九九六

倪雲林先生詩集六卷　元倪瓚撰　附錄一卷　明萬曆十九年倪珵刻本　九行二十字白口四周單邊　九九七

倪雲林先生詩集六卷　元倪瓚撰　附錄一卷　明萬曆十九年倪珵刻本　清丁丙跋　九九八

倪雲林先生詩集六卷樂府一卷　元倪瓚撰　附錄一卷　明抄本　十行二十字白口四周單邊　九九九

倪雲林先生詩集六卷集外詩一卷　元倪瓚撰　附錄一卷　明毛氏汲古閣刻元人十種詩本　清周星詒題識　九行十九字白口左右雙邊　一〇〇〇

倪雲林先生詩六卷　元倪瓚撰　清倪大培增訂　附錄一卷　清乾隆六年寅泰樓刻本　九行二十字白口四周單邊　一〇〇一

清閟閣遺稿十五卷　元倪瓚撰　雲林世系圖一卷　明倪卓撰　明萬曆二十八年倪珵刻本　九行十八字白口四周單邊　一〇〇二

一〇〇三 清閟閣全集十二卷 元倪瓚撰 清康熙五十二年曹氏培廉城書室刻本 十一行二十一字白口四周單邊

一〇〇四 雲林先生續集不分卷 元倪瓚撰 附錄一卷 清抄本 王禮培跋

一〇〇五 玉山璞稿二卷 元顧瑛撰 清抄本 清朱厚章跋 八行十七字無格

一〇〇六 玉山璞稿二卷 元顧瑛撰 清抄本 九行二十四字無格

一〇〇七 玉山璞稿二卷 元顧瑛撰 清抄本 十二行二十四字無格

一〇〇八 玉山璞稿一卷 元顧瑛撰 清抄本

一〇〇九 玉山璞稿一卷 元顧瑛撰 清抄本 八行十七字無格

一〇一〇 玉山璞稿一卷 元顧瑛撰 清抄本 清黃廷鑑跋 十一行二十一字無格

一〇一一 玉山遺藁二卷製曲十六觀一卷玉山圖繪贈言一卷 元顧瑛撰 清抄本 九行二十一字白口四周雙邊

一〇一二 金粟道人逸詩四卷 元顧瑛撰 清鮑廷博輯 稿本

一〇一三 玉山逸稿四卷 元顧瑛撰 清鮑廷博輯 附錄一卷 清抄本

一〇一四 玉山逸稿四卷 元顧瑛撰 清鮑廷博輯 附錄一卷 清抄本 九行二十一字無格

一〇一五 玉山草堂集一卷 元顧阿瑛撰 清曹倦圃抄本 清趙之謙校補 八行十七字白口四周單邊

一〇一六 麟原王先生文集十二卷後集十二卷 元王禮撰 附錄一卷 清抄本

一〇一七 麟原王先生文集十二卷後集十二卷 元王禮撰 清抄本 十一行二十四字白口四周單邊

一〇一八 呂敬夫集二卷 元呂誠撰 清王氏十萬卷樓抄本

一〇一九 呂敬夫詩三卷 元呂誠撰 鶴亭倡和一卷 清抄本 九行十七字無格

一〇二〇 呂敬夫詩四卷 元呂誠撰 鶴亭倡和一卷 清抄本 明抄本校並跋 清何焯批 九行十七字無格

一〇二一 呂敬夫詩四卷 元呂誠撰 鶴亭倡和一卷 清抄本 九行二十一字無格

一〇二二 呂敬夫詩四卷 元呂誠撰 鶴亭倡和一卷 清黃氏味秋齋抄本

一〇二三 呂敬夫詩四卷 元呂誠撰 清抄本 佚名臨清何焯校

一〇二四 呂敬夫詩五卷 元呂誠撰 鶴亭倡和一卷 清抄本 清丁丙跋

一〇二五 呂敬夫詩集不分卷 元呂誠撰 清抄本 九行十七字無格

一〇二六 樂志園詩集八卷補遺一卷 元呂誠撰 清抄本 清鮑廷博校並跋 丁丙跋

一〇二七 樂志園詩集八卷補遺一卷 元呂誠撰 清抄本 清吳騫校 王烈校並跋 朱昌燕跋並題詩

一〇二八 來鶴亭詩集九卷 元呂誠撰 清抄本（四庫底本） 九行十六字無格

一〇二九 來鶴草堂稿六種 元呂誠撰 清抄本 何焯等跋

一〇三〇 來鶴草堂藁一卷番禺集一卷既白軒藁一卷 元呂誠撰 清抄本

一〇三一 來鶴草堂藁一卷既白軒藁一卷竹洲歸田藁一卷 元呂誠撰 鶴亭唱和一卷 清抄本 清黃丕烈校並跋 十行十七字白口左右雙邊

一〇三二 雲松巢詩集五卷 元朱希晦撰 清朱世瀚刊活字本 九行二十一字白口四周雙邊

一〇三三 性情集六卷 元周巽撰 清乾隆翰林院抄本 八行二十一字白口四周雙邊

一〇三四 吳興沈夢麟先生花谿集三卷 元沈夢麟撰 清初抄本 九行二十字無格

一〇三五 吳興沈夢麟先生花谿集三卷 元沈夢麟撰 清抄本 九行二十字無格

一〇三六 吳興沈夢麟先生花谿集三卷 元沈夢麟撰 清王氏振綺堂抄本 十行二十字無格

一〇三七 吳興沈夢麟先生花谿集三卷 元沈夢麟撰 明陸衍編 清沈復粲鳴野山房抄本 十行二十一字

一〇三八 吳興沈夢麟先生花谿集三卷 元沈夢麟撰 清抄本 清丁丙跋

一〇三九 花溪集三卷 元沈夢麟撰 明陸衍編 吳濆校正 清抄本 八行十八字無格

一〇四〇 樗隱集六卷 元胡行簡撰 清乾隆翰林院抄本 八行二十一字白口四周雙邊紅格

一〇四一 東山趙先生文集十二卷 元趙汸撰 明抄本 詩補一卷文補一卷附錄一卷 抄本 十一行二十字黑格白口四周單邊

一〇四二 東山趙先生文集九卷詩集二卷 元趙汸撰 清辨志書塾刻本 十行二十一字白口四周雙邊

一〇四三 趙徵君東山先生存稿七卷 元趙汸撰 附錄一卷 清康熙二十年趙吉士寄園刻本 十一行二十一字白口左右雙邊

一〇四四 趙徵君東山先生存稿七卷 元趙汸撰 附錄一卷 清康熙二十年趙吉士寄園刻本 傅增湘跋 十一行二十一字白口左右雙邊

一〇四五 趙東山先生存稿六卷 元趙汸撰 附錄一卷 清抄本 九行二十一字黑口左右雙邊

一〇四六 梅花百詠一卷 元韋珪撰 元至正刻本 清黃丕烈跋 戴光曾題詩 九行十六字黑口左右雙邊

一〇四七 新刊麗則遺音古賦程式四卷 元楊維楨撰 元刻本 卷一至二配清嘉慶二十三年黃丕烈士禮居影元抄本 清黃丕烈校並跋 十二行二十三字細黑口左右雙邊

一〇四八 鐵崖先生古樂府十六卷 元楊維楨撰 吳復編 黃溍評 明初刻本 十一行二十字黑口四周雙邊

一〇四九 鐵崖先生古樂府十六卷 元楊維楨撰 吳復編 黃溍評 明初刻本 清葉德輝跋 葉啟勳、葉啟發題識

一〇五〇 鐵崖先生古樂府十六卷 元楊維楨撰 吳復類編 明成化五年劉傚刻本 十一行二十字黑口四周雙邊

一〇五一 鐵崖先生古樂府十六卷 元楊維楨撰 明成化五年劉傚刻本 明毛晉跋

一〇五二 楊鐵崖詠史古樂府一卷 元楊維楨撰 明顧亮集錄 明成化刻本 十行二十一字黑口四周雙邊

一〇五三 鐵崖文集五卷 元楊維楨撰 明弘治十四年馮允中刻本 十行二十字粗黑口四周雙邊

一〇五四 鐵崖文集五卷 元楊維楨撰 明弘治十四年馮允中刻本 清陳鱣跋

一〇五五 鐵崖文集五卷 元楊維楨撰 明弘治十四年馮允中刻本 清蔣振玉跋

一〇五六 鐵崖文集五卷 元楊維楨撰 清初抄本

一〇五七 鐵崖文集五卷目錄一卷 明楊維楨撰 龍池山房抄本

一〇五八 鐵崖先生集四卷 元楊維楨撰 明抄本 明李遜之 清黃丕烈跋 九行十八字無格

一〇五九 楊鐵崖先生文集十一卷附鐵笛清江引一卷 元楊維楨撰 明萬曆四十三年陳善學刻本 九行二十字白口四周單邊 古樂府八卷 古賦三卷

一〇六〇 東維子文集三十一卷 元楊維楨撰 明刻本 十二行二十四字黑口四周雙邊雙魚尾

一〇六一 東維子文集三十一卷 元楊維楨撰 明刻本 清黃丕烈校補並跋

一〇六二 東維子文集三十一卷 元楊維楨撰 清抄本

一〇六三 東維子文集三十一卷 元楊維楨撰 附校字一卷 清沈氏鳴野山房抄本 清沈復燦校 丁丙跋

一〇六四 東維子集三十卷 元楊維楨撰 附錄一卷 清抄本 清繆荃孫校 十行二十二字

一〇六五 東維子集十六卷 元楊維楨撰 清初印鼎堂抄本 清金侃明校 十行二十一字白口四周單邊

一〇六六 鐵崖先生古樂府十卷補六卷復古詩集六卷麗則遺音四卷 元楊維楨撰 附錄一卷 明末毛氏汲古閣刻本 八行十九字白口左右雙邊

一〇六七 鐵崖先生古樂府十卷補六卷復古詩集六卷麗則遺音四卷 元楊維楨撰 附錄一卷 明末毛氏汲古閣刻本 佚名增補校並跋

一〇六八 楊鐵崖文集五卷史義拾遺二卷西湖竹枝集一卷香奩集一卷 元楊維楨撰 明末諸暨陳子京刻本 九行二十字白口左右雙邊單魚尾

一〇六九 楊鐵崖文集五卷史義拾遺二卷 元楊維楨撰 西湖竹枝詞一卷 元楊維楨輯 香奩集一卷 元王德璉撰 明陳于京詠靈樓刻本

一〇七〇 楊鐵崖文集五卷 明楊維楨撰 清抄本 九行二十字無格 清丁丙跋

一〇七一 鐵崖樂府註十卷詠史註八卷逸編註八卷 元楊維楨撰 清樓卜瀍註 清乾隆三十九年楊惟德聯桂堂刻本 十行二十二字白口四周雙邊

一〇七二 鐵崖先生詩集十卷 元楊維楨撰 清張氏愛日精廬抄本（卷八至十配另一清抄本）

一〇七三 鐵崖先生詩集十卷 元楊維楨撰 清抄本 清丁丙跋

一〇七四 鐵崖楊先生詩集二卷 元楊維楨撰 清張氏愛日精廬抄本 清丁丙跋

一〇七五 鐵崖漫稿五卷 元楊維楨撰 清張氏愛日精廬抄本 清丁丙跋

一〇七六 鐵崖漫稿五卷 元楊維楨撰 清抄本

一〇七七 鐵崖賦藁二卷 元楊維楨撰 清仁和勞氏據何元錫編定本影抄 清勞權校 勞格校並跋 十一行二十一字無格

一〇七八 楊鐵崖先生全集十卷 元楊維楨撰 明天啟馬宏道抄本 葉啟勛題識 十二行二十八字白口無格

一〇七九 楊鐵崖先生文集全錄四卷 元楊維楨撰 清抄本

一〇八〇 鐵崖先生文集一卷 元楊維楨撰 清抄本 佚名錄清勞格校跋 丁丙跋

一〇八一 鐵崖先生文集鈔一卷 元楊維楨撰 清嘉慶十九年陳徵芝抄本 清陳樹杓跋 十一行二十五字白口四周雙邊

一〇八二 夷白集十二卷附錄一卷 元陳基撰 明弘治八年張習刻本 十二行二十四字黑口四周雙邊

一〇八三 夷白齋稿三十五卷外集一卷 元陳基撰 明抄本 十二行二十四字白口左右雙邊

一〇八四 夷白齋稿三十五卷拾遺一卷外集一卷 元陳基撰 戴良編 清金氏文瑞樓抄本 清佚名校

一〇八五 夷白齋稿三十五卷外集一卷 元陳基撰 清抄本 八行二十一字無格

一〇八六 夷白齋稿三十五卷外集一卷 元陳基撰 戴良編 清抄本 九行二十字白口四周單邊

一〇八七 夷白齋稿三十五卷外集一卷 元陳基撰 清抄本 清佚名校 張元濟跋 九行二十字無格

一〇八八 夷白齋稿三十五卷外集一卷 元陳基撰 清抄本 張壽鏞題識 十行二十三字無格

一〇八九 夷白齋藁三十五卷拾遺一卷外集二卷 元陳基撰 清孔氏微波榭抄本 十一行二十三字無格

一〇九〇 夷白齋稿三十五卷外集二卷 元陳基撰 戴良編 清環翠山房抄本 佚名校 十一行二十字黑口四周單邊

一〇九一 夷白齋藁三十五卷外集一卷 元陳基撰 戴良編 清小輞川抄本 十一行黑格

一〇九二 庸菴集十四卷 元宋禧撰 清乾隆翰林院抄本 八行二十一字白口四周雙邊

一〇九三 庸菴集十四卷 存十一卷（一至九、十三至十四） 元宋禧撰 清抄本 清丁丙跋

一一九四 庸菴集十四卷 元宋禧撰 清嘉慶十三年餘姚宋氏活字印本 傅增湘校並跋 九行十九字白口四周單邊

一一九五 張光弼詩集七卷 元張昱撰 明天啟元年趙琦美抄本 明趙琦美跋 清黃丕烈校並跋

一一九六 張光弼詩集二卷 元張昱撰 明抄本 明毛晉校 九行二十二字無格

一一九七 張光弼詩集二卷 元張昱撰 清康熙十八年金侃抄本 清金侃跋 十一行二十一字

一一九八 張光弼詩集二卷 元張昱撰 清金檀文瑞樓抄本 清宋賓王手抄序目校跋

一一九九 張光弼詩集二卷 元張昱撰 清抄本 十行二十字無格

一二〇〇 張光弼詩集二卷 元張昱撰 清抄本 清丁丙跋

一二〇一 張光弼詩集二卷 元張昱撰 清小輞川抄本

一二〇二 石門集二卷 元梁寅撰 明嘉靖三十一年傅鶚刻本 清丁丙跋 十二行十八字白口四周單邊

一二〇三 新喻梁石門先生集十卷卷首一卷卷首一卷 元梁寅撰 清乾隆十五年鹽用其刻本 十一行二十一字白口左右雙邊

一二〇四 石門集七卷 元梁寅撰 清馮氏玲瓏山館抄本 清黃丕烈、戴光曾、錫鵬題識 十二行十八字白口斜格

一二〇五 石門集七卷 元梁寅撰 清抄本 清丁丙跋

一二〇六 石門集十五卷 元梁寅撰 清抄本 十一行二十二字無格

一二〇七 石門先生集十五卷 元梁寅撰 清抄本 九行十八字黑口左右雙邊

一二〇八 鄧伯言玉笥集九卷 元鄧雅撰 清抄本 十三行二十三字無格

一二〇九 鄧伯言玉笥集九卷 元鄧雅撰 清抄本 十行二十一字無格

一二一〇 後圃黃先生存集四卷 元黃樞撰 鬻明齋詩文附卷一卷 明黃維天撰 明嘉靖二十九年古林山房黃遇刻本 十行二十一字白口左右雙邊

一二一一 後圃集四卷 元黃樞撰 鬻明齋詩文附卷一卷 明黃維天撰 清抄本 九行二十一字白口四周雙邊

一二一二 後圃集四卷 元黃樞撰 鬻明齋詩文附卷一卷 明黃維天撰 清抄本 清丁丙跋

一二一三 茶山老人遺集二卷 元沈貞撰 清王濂、姚世鈺、姚世錫輯 附錄一卷 清乾隆三年伏遇刻本

一二一四 拱和詩集一卷 元邵志撰 附一卷 清乾隆三十四年鮑氏知不足齋抄本 十行二十字黑口左右雙邊

一二一五 張大家蘭雪集二卷 元張玉孃撰 後附一卷 清乾隆三十四年鮑氏知不足齋抄本 十行二十字細黑口左右雙邊

一二一六 張大家蘭雪集二卷 元張玉孃撰 後附一卷 清抄本 清鮑廷博校

一二一七 張大家蘭雪集二卷 元張玉孃撰 後附一卷 清乾隆四十一年孔繼涵家抄本 清孔繼涵校並跋 十行二十一字白口左右雙邊

【四九】

一二一八 蘭雪集二卷 元張玉孃撰 附錄一卷 清抄本 清陳文述跋並題詩 清潘曾瑩題詩 十行二十一字

一二一九 元嶽林楨堂禪師山居詩一卷 清汪氏摛藻堂抄本

一二二〇 方先生遺藁一卷 元方澗撰 清抄本 八行十六字無格

一二二一 方叔淵遺稿一卷 元方淵撰 清黃氏蕓書屋抄本 羅振玉題記 十行二十七字黑口四周雙邊

一二二二 全相二十四孝詩選一卷 元郭居敬撰 明初刻本 十行大字十字注文十七字黑口左右雙邊

一二二三 木訥齋文集五卷 元王毅撰 附錄一卷 清乾隆二十七年蘇遇龍刻本 十行二十二字白口四周雙邊

一二二四 荻溪集二卷 元王偕撰 清抄本 七行十二字黑口四周單邊

一二二五 荻溪集二卷 元王偕撰 清抄本 九行十八字無格

一二二六 聽雪先生集十五卷 元王寔撰 清抄本 存四卷 一至四

一二二七 清河集七卷 元元明善撰 清抄本 十行二十一字白口無格

一二二八 疇齋文藁不分卷 元張仲壽撰 稿本 十二或十三行十八字

一二二九 張乖崖先生行文錄三卷遺文錄三卷 元張泳撰 明祁氏澹生堂抄本

一二三〇 貞一齋雜著一卷詩稿一卷 元朱思本撰 清抄本 十一行二十二字無格

一二三一 貞一齋雜著一卷詩稿一卷 元朱思本撰 清抄本 十行無格

一二三二 貞一齋雜著一卷詩稿一卷 元朱思本撰 清抄本

一二三三 貞一齋雜著一卷 元朱思本撰 清鄭志書塾抄本 清李兆洛跋 十行二十字無格

一二三四 石屋和尚山居詩一卷 石屋和尚住嘉興當湖福源禪寺語錄一卷 元釋清洪撰 明釋至柔編 石屋和尚塔銘一卷 元釋元旭撰 明弘治二年林竹坡刻本 十行二十字黑口四周單邊

一二三五 石屋禪師山居詩一卷偈讚一卷語錄一卷 元釋清珙撰 刻本 九行十八字白口四周單邊

一二三六 石屋禪師山居詩一卷 元釋清珙撰 清抄本 十行二十字無格

一二三七 石屋禪師山居詩六卷 元釋清珙撰 明刻本 九行十九字白口單邊

一二三八 石屋禪師山居詩集六卷 元釋清珙撰 清汪氏摛藻堂抄本 十行十九字無格

一二三九 廬山外集四卷 元釋性空撰 元延祐刻本（卷三至四抄配） 十行二十字細黑口四周雙邊

一二四〇 丹丘集一卷 元柯九思撰 清曹元忠輯 清抄本 曹元忠跋 傅增湘題識

一二四一 姚叔器先生集一卷 元姚璲撰 清丁氏正修堂抄本 清丁丙跋

一一四二 元憫翁詩集二卷 元董壽民撰 清嘉慶二十五年董世魁克念堂活字印本 十二行二十六字白口四周單邊

一一四三 北游詩不分卷 元釋梵琦撰 清錢天樹味夢軒抄本 十一行二十一字黑格

一一四四 北遊詩不分卷 元釋梵琦撰 清抄本 十行二十一字無格

一一四五 楚石大師北遊詩一卷 元釋梵琦撰 清眠雲精舍抄本

一一四六 蕭輝山存稿一卷 元蕭國寶撰 清抄本

一一四七 蕭輝山存稿一卷 元蕭國寶撰 葦菴稿一卷 明蕭雲程撰 清抄本 清丁丙跋 九行十七字無格

一一四八 韓氏遺書二卷 元韓信同撰 清杜氏知聖教齋抄本 十行二十字

一一四九 四如黃先生文藁六卷 元黃仲元撰 明刻本 十一行二十二字白口左右雙邊 存四卷 一至四

一一五〇 一峯道人詩鈔一卷 元黃公望撰 清抄本 十行二十四字

一一五一 清江碧嶂集一卷 元杜本撰 程嗣祖編 明末常熟毛氏汲古閣刻本 九行十九字白口左右雙邊無魚尾

一一五二 清江碧嶂集一卷 元杜本撰 清抄本 九行十六字無格

一一五三 清江碧嶂集一卷 元杜本撰 程嗣祖輯 清抄本 十行綠格

一一五四 清江碧嶂集一卷 元杜本撰 清抄本 清宋賓王校並題識 十一行二十一字

一一五五 朝野新聲太平樂府四卷 元楊朝英撰 清初抄本 民國葉啓勳題跋 十行二十字白口無格

一一五六 雙湖先生文集十卷 元胡一桂撰 清康熙四十二年刻本 九行二十字白口四周單邊

一一五七 太平金鏡策八卷 元趙天麟撰 元刻本 十二行二十五字黑口左右雙邊 存四卷 三至六

一一五八 太平金鏡策八卷 元趙天麟撰 元刻本 清孫原湘跋 十三行二十五字細黑口左右雙邊四周雙邊 存三卷

一一五九 太平金鏡策八卷 元趙天麟撰 元末刻本 十三行二十五字黑口四周雙邊

一一六〇 青萍集一卷 元沈伯琦撰 清抄本 清俟名校 八行二十字紅格

一一六一 蒲菴集三卷 元釋見心撰 釋法住編 明鈔本 清王鼎校 十三行二十三字無格

一一六二 滄浪軒詩集六卷 元馬度民撰 清抄本

一一六三 滄浪軒詩集六卷 元馬度民撰 清抄本 清丁丙跋

一一六四 元天目中峰和尚四居詩一卷 元釋明本撰 清汪氏楊葉堂抄本

一一六五 詩苑衆芳一卷 元劉璉撰 清抄本

一一六六 釣磯詩集四卷 元丘葵撰 清丘以智輯 稿本 吳翌鳳跋 十行二十一字無格

一一六七 歐陽論範二卷 元歐陽起鳴撰 明成化七年歐陽熙刻本 清丁丙跋 十行二十一字黑口四周雙邊

一一六八 新刊校正批點大字歐陽精論六卷 元歐陽起鳴撰 明嘉靖十三年安正堂刻本 十行二十字白口四周雙邊

一一六九 雪厓先生詩集五卷 元金中立撰 明永樂十九年刻本 十一行二十一字黑口四周雙邊

一一七〇 鄭君舉詩集一卷 元鄭洪撰 清抄本 十行十八字無格

一一七一 鄭先生遺藁一卷 元鄭洪撰 清抄本

一一七二 鄭先生遺稿一卷 元鄭洪撰 清抄本 九行十八字無格

一一七三 肅雝集一卷 元鄭允端撰 清抄本 清吳騫跋 七行十五字無格

一一七四 肅雝集一卷 元鄭允端撰 清抄本 九行二十一字無格

一一七五 榮祭酒遺文一卷 元榮肇撰 清蔣氏別下齋抄本 十一行二十一字上白口下黑口

一一七六 榮祭酒遺文一卷 元榮肇撰 清陳鱣家抄本 清陳鱣校並序 十行二十一字無格

藏書情况

書名編号	藏書單位
元别集類	
一	0101
二	0201
三	0201
四	0101
五	0201
六	0201
七	0101
八	0101
九	0101 0201 0301 2001
一〇	0101
一一	1601
一二	1601
一三	0144
一四	0201
一五	0201
一六	0101
一七	0101
一八	0101
一九	0101
二〇	0201
二一	0101
二二	0101
二三	1601
二四	0197 0201
二五	1601
二六	0101
二七	0101
二八	0161
二九	0201
三〇	0201 2301
三一	0201
三二	0103
三三	0101
三四	1601
三五	2501

表一

書名編号	藏書單位
元别集類	
三六	0591
三七	0201
三八	0141
三九	0101
四〇	0101 0141 2401
四一	0141 0142 0198 0201 0501 0520 0642 0861 2641 2301 2501
四二	0101
四三	0101 0201
四四	0101
四五	0141
四六	0201
四七	2501
四八	2302
四九	0198 0201
五〇	0101
五一	0101
五二	0101
五三	1601
五四	0101 0201
五五	1601
五六	0101
五七	1601
五八	0101
五九	1701
六〇	0101
六一	1641
六二	0101
六三	0101
六四	0141
六五	1601
六六	0161
六七	0101
六八	0141
六九	1601
七〇	1787
七一	1581

書名編号	藏書單位
元别集類	
七二	0201
七三	1701
七四	0101
七五	0201
七六	0101
七七	0101
七八	0101
七九	0101 2301 2541
八〇	1741
八一	0201
八二	2701
八三	0201
八四	1601
八五	0101
八六	0201
八七	0241
八八	0101
八九	0101
九〇	0101
九一	0101
九二	0101
九三	0101
九四	0341
九五	0201
九六	0101
九七	1601
九八	1601
九九	0101
一〇〇	0201
一〇一	0142 1628
一〇二	1601
一〇三	1601
一〇四	0201
一〇五	0201
一〇六	0101
一〇七	0101
一〇八	0201

表二

書名編号	藏書單位
元别集類	
一〇九	0101
一一〇	0201
一一一	2542
一一二	0101
一一三	0101
一一四	1601
一一五	0201
一一六	0101
一一七	1601
一一八	0201
一一九	1741
一二〇	0101
一二一	0201
一二二	0201
一二三	0101
一二四	0101
一二五	0101
一二六	1601
一二七	0201
一二八	0201
一二九	0101
一三〇	0141
一三一	0341
一三二	0101 0142 0144 0164 0165 0201 2541
一三三	0101
一三四	0141
一三五	1701
一三六	0201
一三七	1601
一三八	0641
一三九	0101 1701 1705
一四〇	1701
一四一	1705
一四二	0201
一四三	0101
一四四	0101

書名编号	藏書單位					
元明集表						
一四五	0101					
一四六	0201					
一四七	0101					
一四八	0101					
一四九	0201					
一五〇	0341					
一五一	2702					
一五二	0301					
一五三	1701					
一五四	0201					
一五五	1601					
一五六	0101					
一五七	0101	0144	0198	0201	0801	
一五八	0141	0193				
一五九	0201	0301	0801			
一六〇	0301					
一六一	0101					
一六二	0201					
一六三	0101	0201				
一六四	0101	0201	2701			
一六五	0161	0163	0201	0241	0542	1601
	1605					
一六六	0141	0150	0542	0801		
一六七	0101					
一六八	0141	0142	0143	0173	0201	0501
	0701	0803	0903	1701	1710	2003
	2041	2301	2342	2541	2543	2603
一六九	0101					
一七〇	0201					
一七一	0101					
一七二	0101					
一七三	0101					
一七四	0523					
一七五	0101	0144	0164	0201	2702	
一七六	0703	1605	1723			
一七七	0102	0163	0192			
一七八	0101					

書名编号	藏書單位					
元別集表						
一七九	0201	1601	2701			
一八〇	0101					
一八一	1601					
一八二	1601					
一八三	0101					
一八四	0141					
一八五	0141					
一八六	0101					
一八七	2702					
一八八	1601					
一八九	0101					
一九〇	1601					
一九一	0101					
一九二	0101	0141	0201	0241	0242	0701
	0801	1601	1851	1901	2701	2702
一九三	1601					
一九四	0101					
一九五	0101					
一九六	0163					
一九七	1601					
一九八	0201					
一九九	0101					
二〇〇	0101					
二〇一	0141	0201				
二〇二	0241					
二〇三	0101					
二〇四	0101					
二〇五	0101					
二〇六	0101	0182	0201	1881		
二〇七	0101					
二〇八	1601					
二〇九	0101	0201	1601	2201	2702	
二一〇	0101	0102	0141	0143	0163	0201
	0341	0542	0703	0801	1101	1241
	1501	1541	1587	1601	1663	1641
	1701	1741	2261	2301		
二一一	0142	0144	0161	0201	0341	1242

書名编号	藏書單位				
元別集表					
二一一	1501	1716			
二一二	1601				
二一三	2501				
二一四	0101				
二一五	0101				
二一六	0101	0198	2702		
二一七	0101				
二一八	0163	0201	0241		
二一九	0145	1101	1741	2702	
二二〇	1601				
二二一	0101	0201	0291		
二二二	0101	0141	0146	1501	1701
二二三	1601				
二二四	0101				
二二五	0101				
二二六	0101				
二二七	0101				
二二八	1701				
二二九	0101				
二三〇	0101				
二三一	0101				
二三二	0101				
二三三	0101				
二三四	0101				
二三五	0201				
二三六	0101				
二三七	0101				
二三八	0101				
二三九	0101				
二四〇	0101				
二四一	0197	1601			
二四二	0101				
二四三	0101	0201	2701		
二四四	1581				
二四五	1601				
二四六	0101				
二四七	1701				

書名编号	藏書單位				
元別集表					
二四八	2401				
二四九	0101				
二五〇	1601				
二五一	0101				
二五二	0201				
二五三	2702				
二五四	0101				
二五五	0101				
二五六	1601				
二五七	0101				
二五八	0101				
二五九	0241				
二六〇	0101				
二六一	0101	0841	2501		
二六二	1601				
二六三	0101	0141			
二六四	0101				
二六五	0101				
二六六	0101	0102	0163	0164	0201
二六七	1601				
二六八	0101				
二六九	1601				
二七〇	0101				
二七一	0101				
二七二	1510				
二七三	1601				
二七四	0201				
二七五	0101				
二七六	1601				
二七七	0101				
二七八	0101				
二七九	0201				
二八〇	0101				
二八一	0101				
二八二	0101				
二八三	1701				
二八四	0101	0198			

書名編号	藏書單位					
元刋集類						
二八五	0201					
二八六	0101					
二八七	1501					
二八八	1601					
二八九	2702					
二九〇	0201					
二九一	0101					
二九二	0101					
二九三	1601					
二九四	0301					
二九五	0101	0201				
二九六	1601					
二九七	0201					
二九八	0161					
二九九	0101					
三〇〇	1601					
三〇一	1001					
三〇二	2541					
三〇三	1601					
三〇四	0101					
三〇五	0141					
三〇六	0201					
三〇七	0163					
三〇八	0201					
三〇九	0201					
三一〇	1601					
三一一	2561					
三一二	1701					
三一三	0101					
三一四	0101					
三一五	0141	0201				
三一六	0241					
三一七	0101					
三一八	0101	0201				
三一九	1601					
三二〇	0101					
三二一	0201					

書名編号	藏書單位					
元刋集類						
三二二	2702					
三二三	0101					
三二四	0101					
三二五	0101					
三二六	1741					
三二七	0201					
三二八	0541					
三二九	0198					
三三〇	1601					
三三一	0101					
三三二	1741					
三三三	0101					
三三四	0201					
三三五	0201					
三三六	0101					
三三七	0101					
三三八	0102					
三三九	0101					
三四〇	1601					
三四一	0101					
三四二	1601					
三四三	1741					
三四四	0101	0201				
三四五	0201					
三四六	0101					
三四七	0101					
三四八	1601					
三四九	0201					
三五〇	1601					
三五一	1601					
三五二	0241					
三五三	0101					
三五四	1601					
三五五	1601					
三五六	0201					
三五七	0142					
三五八	1601					

書名編号	藏書單位					
元刋集類						
三五九	1601					
三六〇	1705					
三六一	0141	0142	0161	0164	0198	0242
	0541	0741	1001	2041	2301	
三六二	0101					
三六三	1601					
三六四	0101					
三六五	0101					
三六六	1601					
三六七	1601					
三六八	0101					
三六九	0101					
三七〇	0101					
三七一	0591					
三七二	0101					
三七三	0163					
三七四	1601					
三七五	0101					
三七六	0101					
三七七	1601					
三七八	0101					
三七九	1601					
三八〇	0101					
三八一	0101					
三八二	0241					
三八三	2542					
三八四	0101					
三八五	1601					
三八六	0101					
三八七	0201					
三八八	0101					
三八九	0201					
三九〇	0101					
三九一	1601					
三九二	1682	0201				
三九三	1682					
三九四	0101					

書名編号	藏書單位					
元刋集類						
三九五	1601					
三九六	0101					
三九七	0101	0141	0163	0201		
三九八	0161					
三九九	1601					
四〇〇	1601					
四〇一	0201					
四〇二	1601					
四〇三	2701					
四〇四	1741					
四〇五	0101	0163	0201			
四〇六	0101					
四〇七	0101					
四〇八	0201					
四〇九	0101					
四一〇	0141					
四一一	0101	0198	0542	0842	1639	
四一二	0301					
四一三	0101	0141	0163	0201	1462	2001
	2401	2702				
四一四	0101	0201				
四一五	0701					
四一六	0101					
四一七	0101					
四一八	0101	0201				
四一九	0141					
四二〇	0198					
四二一	0101					
四二二	0101	2302	2401			
四二三	0142	1801				
四二四	0101					
四二五	0101					
四二六	1601					
四二七	1601					
四二八	1501					
四二九	0141					
四三〇	0101					

書名編号	藏書單位	
元别集類		
四三一	0198	
四三二	0242	
四三三	0201	
四三四	0101	2401
四三五	1601	
四三六	0201	
四三七	0101	
四三八	0141	
四三九	0101	
四四〇	0101	
四四一	1581	
四四二	1601	
四四三	1741	
四四四	0101	
四四五	0101	
四四六	1601	
四四七	0101	
四四八	0101	
四四九	0101	
四五〇	0101	
四五一	1701	
四五二	2301	
四五三	0101	
四五四	0101	
四五五	0201	
四五六	2401	
四五七	1601	
四五八	0102	
四五九	0101	
四六〇	0101	0144
四六一	1741	
四六二	2001	
四六三	0101	
四六四	0101	
四六五	0262	
四六六	0301	
四六七	1601	

表七

書名編号			
元别集類			
四六八	0101		
四六九	0101		
四七〇	0101		
四七一	0201	1541	
四七二	0101		
四七三	0101		
四七四	2001		
四七五	1601		
四七六	0101		
四七七	0101		
四七八	0141		
四七九	0161		
四八〇	0101		
四八一	0101		
四八二	2001		
四八三	0101		
四八四	1601		
四八五	0201		
四八六	1601		
四八七	0101		
四八八	[illegible]	0643	
四八九	0101		
四九〇	0101		
四九一	1601		
四九二	1601		
四九三	0101		
四九四	0101	0198	0291
四九五	0201		
四九六	1601		
四九七	0163		
四九八	1601		
四九九	0101		
五〇〇	0201		
五〇一	0101		
五〇二	0101		
五〇三	1601		
五〇四	0101	0201	

書名編号	藏書單位					
元别集類						
五〇五	0101	0141	0142	0143	0161	0198
	0201	0801	0841	0842	1501	1601
	1641	1881	2241	2401	2501	2701
	2702					
五〇六	0163					
五〇七	1601					
五〇八	0143	0163	0198	0242	0341	0342
	0541	1843	2001	2301	2401	2541
	2542					
五〇九	0641	1723				
五一〇	0101					
五一一	0141	0150	0161	0164	0201	0541
	0841	1501	1541	1601	1705	2041
	2501					
五一二	0101					
五一三	0201					
五一四	0101					
五一五	0101					
五一六	0101					
五一七	1601					
五一八	0101					
五一九	0101					
五二〇	0101	0201				
五二一	0801					
五二二	0101					
五二三	1601					
五二四	0101	0141◎	2702			
五二五	0701					
五二六	0101	0301	1881◎	2301	2401	
五二七	1701					
五二八	0101					
五二九	0101					
五三〇	0101	0141	0201	0241	0520	1041
	1701◎	1741				
五三一	0201					
五三二	0201					
五三三	1601					

表八

書名編号	藏書單位				
元别集類					
五三四	1601				
五三五	0201				
五三五	0101				
五三六	0101				
五三七	2441				
五三八	0201				
五三九	1601				
五四〇	0101◎	0201			
五四一	0101	0201			
五四二	0101				
五四三	1601				
五四四	0201	0541	0841	1705	2461
五四五	1689				
五四六	0101				
五四七	0146				
五四八	0142	0161	1701		
五四九	0101				
五五〇	0201				
五五一	0101	0201			
五五二	0101				
五五三	0201				
五五四	0101				
五五五	0241				
五五六	1601				
五五七	0201				
五五八	0141				
五五九	0201				
五六〇	0101				
五六一	1601				
五六二	1601				
五六三	1601				
五六四	0101				
五六五	0101				
五六六	0101				
五六七	0701				
五六八	0101				
五六九	0101	0201			

表九

書名編号	藏書單位
元别集类	
五七〇	1601
五七一	0101
五七二	0201
五七三	0101
五七四	0201
五七五	0201
五七六	0101
五七七	0101
五七八	0101
五七九	0201
五八〇	0163
五八一	0101
五八二	1601
五八三	0101
五八四	0101
五八五	0201
五八六	0201
五八七	0101
五八八	1601
五八九	0102
五九〇	0101
五九一	0101
五九二	1601
五九三	0201
五九四	0201
五九五	0163
五九六	0101 0201
五九七	0101
五九八	1601
五九九	16-1
六〇〇	2301
六〇一	0201
六〇二	0201
六〇三	2702
六〇四	0101
六〇五	1601
六〇六	0168 0542

書名編号	藏書單位
元别集类	
六〇七	0201
六〇八	0101
六〇九	1601
六一〇	0101
六一一	0101
六一二	0201
六一三	0101
六一四	0201
六一五	0201
六一六	0201
六一七	0101
六一八	1510
六一九	0141
六二〇	0142 1881
六二一	0101
六二二	1601
六二三	0101
六二四	0101
六二五	1682
六二六	0101 0201
六二七	0101
六二八	0101
六二九	2001
六三〇	1689
六三一	0101
六三二	2501
六三三	1601
六三四	0101
六三五	0101
六三六	1704
六三七	0201
六三八	0201
六三九	0101
六四〇	0101
六四一	1601
六四二	2702
六四三	0201

表十

書名編号	藏書單位
元别集类	
六四四	0101
六四五	1601
六四六	1705
六四七	0101
六四八	0101
六四九	0101
六五〇	0201
六五一	0101
六五二	0101
六五三	0201
六五四	0101
六五五	0101
六五六	1601
六五七	0101
六五八	0101
六五九	0201
六六〇	2401
六六一	1741
六六二	0101
六六三	0141
六六四	0341
六六五	1601
六六六	0101
六六七	0201
六六八	0163
六六九	2501
六七〇	0201
六七一	1601
六七二	0101
六七三	0201
六七四	1601
六七五	1601
六七六	0701
六七七	0161 0201
六七八	0141 0144 0163 1601 1741
六七九	0101 0163 0701 0801 1601 2401 2702

書名編号	藏書單位
元别集类	
六八〇	0101 0145 0150 0161 0201 0801 2041
六八一	0101
六八二	0101
六八三	0101
六八四	1601
六八五	0101
六八六	0201
六八七	1701
六八八	0101
六八九	1601
六九〇	0841
六九一	1601
六九二	0101
六九三	0101
六九四	0201
六九五	0101
六九六	0101 1741
六九七	1601
六九八	1601
六九九	0101
七〇〇	0101
七〇一	0101
七〇二	0101
七〇三	0101
七〇四	1601
七〇五	0141
七〇六	0101
七〇七	0101
七〇八	1601
七〇九	0201
七一〇	0201
七一一	1601
七一二	1601
七一三	0101
七一四	0101
七一五	1501

書名编号	藏書單位					
元別集類						
七一六	2541					
七一七	0201					
七一八	0101					
七一九	0101					
七二〇	0101					
七二一	0101					
七二二	1601					
七二三	1741					
七二四	0101	2541				
七二五	0101	1701				
七二六	0101					
七二七	1601					
七二八	0101					
七二九	2702					
七三〇	1601					
七三一	0101					
七三二	0101					
七三三	1705					
七三四	0101					
七三五	0141					
七三六	1601					
七三七	0101					
七三八	0163					
七三九	0101					
七四〇	0101					
七四一	0101					
七四二	0101					
七四三	1601	1701				
七四四	0241					
七四五	0163					
七四六	0101					
七四七	0707	1646	2301			
七四八	0141					
七四九	0101					
七五〇	0101					
七五一	0201					
七五二	0101					

書名编号	藏書單位					
元別集類						
七五三	0201					
七五四	2302					
七五五	0201					
七五六	0101	0201				
七五七	0101					
七五八	0101					
七五九	0201					
七六〇	0101	0141	2341			
七六一	1601					
七六二	0101					
七六三	0101					
七六四	0101					
七六五	0101					
七六六	0101					
七六七	0101					
七六八	0101					
七六九	0101					
七七〇	2381					
七七一	0341					
七七二	1601					
七七三	0101					
七七四	0101					
七七五	0201					
七七六	2041					
七七七	0163					
七七八	1601					
七七九	0161					
七八〇	0201					
七八一	1704					
七八二	1704					
七八三	0101					
七八四	1601					
七八五	0101					
七八六	0101					
七八七	2501					
七八八	0201					
七八九	0101					

表十

書名编号	藏書單位					
元別集類						
七九〇	0101					
七九一	0101					
七九二	0101					
七九三	1601					
七九四	1601					
七九五	0101					
七九六	0201					
七九七	0201					
七九八	1682					
七九九	2541					
八〇〇	0301					
八〇一	0101					
八〇二	0101					
八〇三	1601					
八〇四	0201					
八〇五	0161					
八〇六	0201					
八〇七	0161					
八〇八	0101					
八〇九	0241					
八一〇	1605					
八一一	0141					
八一二	0101					
八一三	0141					
八一四	2701					
八一五	1601	1701				
八一六	0101	0201	1797			
八一七	0101					
八一八	1601					
八一九	0101					
八二〇	0101	0142				
八二一	0243					
八二二	0201					
八二三	0163					
八二四	0101					
八二五	0101					
八二六	1601					

書名编号	藏書單位					
元別集類						
八二七	1601					
八二八	1601					
八二九	0201					
八三〇	0101					
八三一	0101					
八三二	1601					
八三三	0101●	0141				
八三四	0164					
八三五	0101	0102	0140	0143	0164	0201
	0291	0801	0841	1701	1705	1741
	1801	1881	1882●	2001●	2041	2301
	2341	2701	2702			
八三六	1601					
八三七	0101					
八三八	1601					
八三九	0101					
八四〇	1601					
八四一	1601					
八四二	0241					
八四三	2501					
八四四	0101					
八四五	1601					
八四六	0101	0201				
八四七	2001					
八四八	1601					
八四九	0101					
八五〇	0201					
八五一	0141					
八五二	0201					
八五三	1601					
八五四	2401					
八五五	0101					
八五六	0101					
八五七	0101					
八五八	0142					
八五九	0201					
八六〇	0101					

表十一

書名編号	藏書單位
元刊集類	
八六一	1646 1701
八六二	0161
八六三	0201
八六四	0101
八六五	0241
八六六	0141
八六七	1601
八六八	0101
八六九	0101
八七〇	1601
八七一	0101
八七二	0101
八七三	0101
八七四	1601 1701
八七五	0101
八七六	0201
八七七	0101
八七八	0101
八七九	0101
八八〇	2501
八八一	1601
八八二	1601
八八三	0101
八八四	0101
八八五	0101
八八六	0101
八八七	0201
八八八	2702
八八九	0201
八九〇	1601
八九一	0101
八九二	1701
八九三	0101
八九四	1601
八九五	0301
八九六	0201
八九七	0101

表十三

書名編号	藏書單位
元刊集類	
八九八	1601
八九九	1701
九〇〇	1601
九〇一	1801
九〇二	0101
九〇三	1601
九〇四	0841
九〇五	1601
九〇六	0101
九〇七	0101
九〇八	0101
九〇九	0101
九一〇	0201
九一一	1601
九一二	1601
九一三	0101
九一四	0101
九一五	0101
九一六	0201
九一七	0101
九一八	0201
九一九	0101
九二〇	0101
九二一	1601
九二二	1601 1606 1701
九二三	2702
九二四	0101
九二五	0101
九二六	0101 0198
九二七	0198
九二八	0101
九二九	0101
九三〇	0101
九三一	0101
九三二	0101
九三三	0241
九三四	0101

書名編号	藏書單位
元刊集類	
九三五	0201
九三六	1601
九三七	0101
九三八	0201
九三九	0591
九四〇	0101
九四一	1601
九四二	0101
九四三	0101
九四四	1684
九四五	0201
九四六	0201
九四七	0101
九四八	0201
九四九	0101
九五〇	0101
九五一	0101
九五二	0101
九五三	2541
九五四	1601
九五五	0101
九五六	0101
九五七	1601
九五八	0101
九五九	0101
九六〇	0101
九六一	0101
九六二	0163 0520 0801 0803 2302 2341 2401 2501
九六三	0201
九六四	0701
九六五	0201
九六六	0201
九六七	0101
九六八	1701
九六九	0101
九七〇	0101

表十四

書名編号	藏書單位
元刊集類	
九七一	0142 0201
九七二	0101
九七三	0241
九七四	0101
九七五	0198⊕
九七六	0201
九七七	0201
九七八	1601
九七九	0101
九八〇	0101
九八一	0201
九八二	1601
九八三	0241
九八四	1601
九八五	0101 1601⊕
九八六	2001
九八七	0101
九八八	0201
九八九	1581
九九〇	0101 0141 0201 0241
九九一	1601
九九二	0101 0241 0701 2542 2701
九九三	0101
九九四	0141
九九五	0201
九九六	0201
九九七	0101 0161 0241 0301 542 0991 1741 1881 2401 2701
九九八	1601
九九九	0101
一〇〇〇	2302
一〇〇一	0243 2702
一〇〇二	0101⊕ 0141 0161 0193 0201 0241⊕ 0701 1653 1710 2401 2701 2742 2944
一〇〇三	0101 0102 0141 0143 0163 0193 0198 0242 0541 0542 0591 0641

書名編号	藏	書	單		位
元別集類					
	0701	0703	0781	0901	0942	1301
	1798	2001	2002	2041	2042	2301
	2401	2501	2543	2881		
一〇〇四	0201					
一〇〇五	0101					
一〇〇六	0101					
一〇〇七	0101					
一〇〇八	1684					
一〇〇九	0101					
一〇一〇	0101					
一〇一一	0161					
一〇一二	0101					
一〇一三	1601					
一〇一四	0101					
一〇一五	0141					
一〇一六	1601					
一〇一七	0101					
一〇一八	1601					
一〇一九	0101					
一〇二〇	0101					
一〇二一	0101					
一〇二二	1601					
一〇二三	1601					
一〇二四	1601					
一〇二五	2301					
一〇二六	1601					
一〇二七	0101					
一〇二八	0101					
一〇二九	2041					
一〇三〇	1601					
一〇三一	0101					
一〇三二	1708					
一〇三三	0101					
一〇三四	0201					
一〇三五	0101					
一〇三六	0141					
一〇三七	0241					

表一五

書名編号	藏	書	單		位
元別集類					
一〇三八	1601					
一〇三九	0641					
一〇四〇	0101					
一〇四一	0101					
一〇四二	1741					
一〇四三	0146	0163	0201	0703	1701	
一〇四四	0101					
一〇四五	2001					
一〇四六	0101					
一〇四七	0101					
一〇四八	0201					
一〇四九	2401					
一〇五〇	0201	0241	1689			
一〇五一	0101					
一〇五二	2301	2401				
一〇五三	0161	0163	0201	0301	1689	2201
	2441◎					
一〇五四	0101					
一〇五五	0841					
一〇五六	1701					
一〇五七	0142					
一〇五八	0201					
一〇五九	0143◎	0161	0242	0841	1716	1843
	1901					
一〇六〇	0201					
一〇六一	0101					
一〇六二	1601					
一〇六三	1601					
一〇六四	2702					
一〇六五	0101					
一〇六六	0141◎	0150	0163	0201	0301	0342
	0701	1501	1701	2041	2301	2561
	2602	2702	2742◎			
一〇六七	0101					
一〇六八	0141◎	0143◎	0144◎	0164◎	0201	0301
	0701	0842◎	1701	1718	1781	1788
	1881	2201	2341	2544◎	2702	

書名編号	藏	書	單		位
元別集類					
一〇六九	1601					
一〇七〇	2401					
一〇七一	0173	0201	0902	1797	2341	2542
一〇七二	1601					
一〇七三	1601					
一〇七四	1601					
一〇七五	1601					
一〇七六	1601					
一〇七七	0201					
一〇七八	2401					
一〇七九	0101					
一〇八〇	1601					
一〇八一	0101					
一〇八二	0101					
一〇八三	0101					
一〇八四	0201					
一〇八五	0101					
一〇八六	0161					
一〇八七	0201					
一〇八八	0163					
一〇八九	0101					
一〇九〇	0301					
一〇九一	1701					
一〇九二	0101					
一〇九三	1601					
一〇九四	0101					
一〇九五	0101					
一〇九六	0101					
一〇九七	0101					
一〇九八	0201					
一〇九九	0101					
一一〇〇	1601					
一一〇一	1601					
一一〇二	1601					
一一〇三	0101	0941				
一一〇四	2401					
一一〇五	1601					

表一六

書名編号			
元別集類			
一一〇六	0101		
一一〇七	0101		
一一〇八	0101	0201	
一一〇九	0201		
一一一〇	0101	0161	0201
一一一一	0101		
一一一二	1601		
一一一三	0101		
一一一四	0101		
一一一五	0101		
一一一六	0201		
一一一七	0101		
一一一八	0101		
一一一九	0201		
一一二〇	0201		
一一二一	0701		
一一二二	0101		
一一二三	0161		
一一二四	0102		
一一二五	0101	0301	
一一二六	0201		
一一二七	2401		
一一二八	0101		
一一二九	0242		
一一三〇	0101		
一一三一	0161		
一一三二	1601		
一一三三	0201		
一一三四	0241		
一一三五	0141◎	1601	
一一三六	0101		
一一三七	0241		
一一三八	0201		
一一三九	0141		
一一四〇	0591		
一一四一	1601		
一一四二	0101		

表一七

書名編号	藏書單位
元別集類	
一一四三	0201
一一四四	0101
一一四五	1601
一一四六	1601
一一四七	1601
一一四八	0201
一一四九	1601
一一五〇	0201
一一五一	0201 2702
一一五二	0201
一一五三	2541
一一五四	0201
一一五五	2401
一一五六	0243
一一五七	0101
一一五八	0141
一一五九	0782
一一六〇	0201
一一六一	0341
一一六二	1601
一一六三	1601
一一六四	0201
一一六五	1601
一一六六	0201
一一六七	1601
一一六八	2441
一一六九	0141
一一七〇	0101
一一七一	1682
一一七二	0201
一一七三	0101
一一七四	0201
一一七五	0101
一一七六	0101

書名編号	藏書單位

明别集類

一 御製文集甲集二卷乙集三卷丙集十四卷丁集十卷御製詩丙集一卷 明太祖朱元璋撰 明初刻本 十行二十字黑口四周双边
二 御製文集甲集二卷乙集三卷丙集十四卷丁集十卷御製詩丙集一卷 明太祖朱元璋撰 明初刻本 清丁丙跋
三 御製文集二十卷 明太祖朱元璋撰 明初刻本 十行二十字黑口四周双边
四 御製文集二十卷 明太祖朱元璋撰 明嘉靖八年唐胄刻本 十行二十字白口四周单边
五 高皇帝御製文集二十卷 明太祖朱元璋撰 明嘉靖十四年徐九皋王惟賢刻本 十行二十字白口四周单边
六 高皇帝御製文集二十卷 明太祖朱元璋撰 明萬曆十年姚士觀沈鈇刻本 九行十七字白口四周双边
七 高皇帝御製文集二十卷 明太祖朱元璋撰 明萬曆十年姚士觀沈鈇刻本 清丁丙跋
八 高皇帝御製文集二十卷訓行錄三卷 明太祖朱元璋撰 明萬曆刻本 八行十八字白口四周双边
九 高皇帝御製文集二十卷 明太祖朱元璋撰 明刻本 九行十七字黑口四周双边
十 吳文定公手鈔明太祖文不分卷 明太祖朱元璋撰 明吳寬抄本 明吳寬、項元汴、清吳榮光跋 十行二十字
十一 節菴集八卷續藁一卷 明高得暘撰 清抄本 清鄭梁校 丁丙跋
十二 節菴集八卷續藁一卷 明高得暘撰 清抄本 九行二十字无格
十三 高太史大全集十八卷 明高啟撰 明景泰元年劉宗文等刻本 明葉盛、葉桒跋 十一行二十字黑口四周双边
十四 高太史大全集十八卷 明高啟撰 明景泰元年劉宗文等刻成化五年劉以則重修本 吳慈培校並跋
十五 高太史大全集十八卷 明高啟撰 劉采韶校 明刻藍印本 十行二十字白口四周单边
十六 高太史大全集十八卷 明高啟撰 明刻本 十行二十字白口四周单边
十七 高太史大全集十八卷 明高啟撰 明刻本 清丁丙跋
十八 高季迪先生大全集十八卷 明高啟撰 清康熙許氏竹素園刻本 十行二十字白口左右双边
十九 高季迪先生大全集十八卷 明高啟撰 清康熙許氏竹素園刻本 佚名錄清何焯批點 清王振聲跋並錄袁校黄蕘仁批 十行二十字白口左右双边
二〇 高季迪先生大全集十八卷 明高啟撰 清康熙許氏竹素園刻本 佚名錄清何焯批校
二一 高季迪先生大全集十八卷 明高啟撰 清康熙許氏竹素園刻本 清佚名錄清馮行賢、沈德潛、吳翌鳳批 十行二十字白口四周单边
二二 高季迪先生大全集十八卷 明高啟撰 清康熙許氏竹素園刻本 佚名錄沈德潛批 清德溥跋
二三 高季迪先生大全集十八卷 明高啟撰 清康熙許氏竹素園刻本 清張廷濟圈點批校 葉
二四 高季迪先生大全集十八卷 明高啟撰 清康熙許氏竹素園刻本 清劉熙載批校
二五 高季迪先生大全集十八卷 明高啟撰 清康熙許氏竹素園刻本 清葉廷琯批並跋
二六 高季迪先生大全集十八卷 明高啟撰 清康熙許氏竹素園刻本 清喻兆蕃批 存九卷 一至九
二七 高季迪先生大全集十八卷 明高啟撰 清康熙許氏竹素園刻本 清佚名批 章鈺跋
二八 高季迪先生大全集十八卷 明高啟撰 清康熙許氏竹素園刻本 傅增湘批校
二九 高季迪先生大全集十八卷 明高啟撰 清康熙許氏竹素園刻本 佚名抄配並增補佚詩
三〇 槎軒集十卷附錄一卷 明高啟撰 明成化十三年張習刻本 十一行二十一字黑口四周双边
三一 槎軒集十卷附錄一卷 明高啟撰 清抄本 清黄丕烈跋 十行二十字黑格
三二 缶鳴集十二卷 明高啟撰 明刻本 十一行二十字白口左右双边
三三 缶鳴集十二卷 明高啟撰 明刻本 清黄廷鑑跋
三四 缶鳴集十二卷 明高啟撰 明刻本 清丁丙跋
三五 缶鳴集十二卷 明高啟撰 明介石堂刻本 九行二十字白口左右双边
三六 高太史鳧藻集五卷扣舷集一卷 明高啟撰 明正統九年鄭顒邵昕刻本 十行二十字黑口四周双边
三七 高太史鳧藻集五卷扣舷集一卷 明高啟撰 明正統九年鄭顒邵昕刻本 清丁丙跋
三八 高太史鳧藻集五卷扣舷集一卷 明高啟撰 清初抄本 十行二十字
三九 青邱高季迪先生鳧藻集五卷 明高啟撰 清雍正六年金氏文瑞樓刻文瑞樓叢刻書本 清宋賓王校 十一行二十二字白口左右双边
四十 青邱高季迪先生鳧藻集五卷 明高啟撰 清雍正六年金氏文瑞樓刻文瑞樓叢刻書本 吳梅校補並跋
四一 高太史鳧藻集五卷扣舷集一卷 明高啟撰 清龍池山房抄本
四二 高太史鳧藻集五卷扣舷集一卷 明高啟撰 清顧青杉抄本 十二行二十三至二十四字无格
四三 高季迪賦姑蘇雜詠一卷 明高啟撰 明洪武三十一年[illegible]刻本 清唐翰題跋 十二行二十字

黑口四周双边

姑蘇雜詠一卷附錄一卷　明高啟撰　明成化二十二年張習刻本　十行二十字黑口四周双边　四四

姑蘇雜詠一卷　明高啟撰　殷鏜補輯　明成化二十二年張習刻殷鏜重修本　清黃廷鑑、繆荃孫、鄧邦述跋　吳昌綬題詞　陳士廉題詩　十行二十字黑口四周双边　四五

高季迪姑蘇褉詠二卷　明高啟撰　明刻本　傅增湘校並跋　九行十八字白口左右双边　四六

青邱詩集擷華八卷　明高啟撰　清費仲子輯　清費仲子抄本　九行二十四字　四七

青丘詩鈔五卷補遺一卷　明高啟撰　清凌周文輯　清乾隆四十九年凌周文抄本　八行十九字　四八

丹崖集八卷附錄一卷　明唐肅撰　明祁氏淡生堂抄本　十行二十字藍格　四九

丹崖集八卷附錄一卷　明唐肅撰　清研古樓抄本　李盛鐸校　十一行二十字无格　五〇

丹崖集八卷附錄一卷　明唐肅撰　清抄本　清黃丕烈校並跋　十一行二十字无格　五一

丹崖集八卷附錄一卷　明唐肅撰　清抄本　清丁丙跋　五二

丹崖集八卷附錄一卷　明唐肅撰　清葉氏五百經幢館抄本　五三

丹崖集八卷附錄一卷　明唐肅撰　清抄本　繆荃孫跋　十行二十字无格　五四

丹崖集八卷附錄一卷　明唐肅撰　清抄本　十一行二十字无格　五五

丰

丹崖集八卷　明唐肅撰　清抄本　五六

蘭庭集不分卷　明謝晉撰　清抄本　十行二十三字无格　五七

蘭庭集不分卷　明謝晉撰　清抄本　十行二十三字无格　五八

蘭庭集不分卷　明謝晉（一作縉）撰　清抄本　十行二十三字无格　五九

蘭庭集一卷　明謝晉（一作縉）撰　清葉氏五百經幢館抄本　九行二十四字綠格　六〇

密菴藁五卷文藁五卷　明謝肅撰　明洪武三十一年劉翼南刻本　清汪鏞跋　傅增湘校並跋　十二行二十二字黑口四周双边　六一

自適詩集十三卷　明謝矩撰　明嘉靖謝汝儀刻本　十行二十字白口四周双边　六二

桂軒詩集一卷　明謝常撰　清初葉氏小有堂抄本　清黃丕烈跋　十一行二十二字黑口四周單边　六三

桂軒詩集一卷　明謝常撰　清金氏文瑞樓抄本　十一行二十一字　六四

桂軒詩集一卷　明謝常撰　清抄本　清劉喜海跋　十一行二十二字无格　六五

望雲集五卷　明郭奎撰　清汪氏裘杼樓抄本　清丁丙跋　六六

望雲集五卷　明郭奎撰　清金氏文瑞樓抄本　十一行二十一字白口左右双边　六七

望雲集五卷　明郭奎撰　清抄本　十行二十字无格　六八

望雲集五卷　明郭奎撰　清抄本　六九

望雲集五卷　明郭奎撰　清抄本　八行十七字无格　七〇

望雲集五卷　明郭奎撰　清抄本　八行十七字无格　七一

竹居詩集一卷　明王珙撰　清嘉慶六年王氏十萬卷樓抄本　清王端履校並跋　十一行二十字白口左右双边　七二

竹居詩集一卷　明王珙撰　清抄本　九行二十字无格　七三

竹居詩集一卷　明王珙撰　清抄本　九行二十字无格　七四

青城山人詩集八卷　明王璲撰　明正統十二年至景泰四年華靖刻本　十行二十字黑口四周双边　七五

青城山人詩集八卷　明王璲撰　明正統十二年至景泰四年華靖刻本　李盛鐸跋　七六

青城山人詩集八卷　明王璲撰　清抄本　十行二十字无格　七七

青城山人詩集八卷　明王璲撰　清抄本　七八

半軒集十二卷補遺一卷　明王行撰　明刻本　清李文田跋　十一行二十一字黑口四周双边　七九
存十一卷（一四至十二、補遺）

半軒集十二卷補遺二卷楮園草一卷　明王行撰　明弘治四年刻本（序、傳、目錄、補遺、楮園草配清黃氏士禮居抄本）　清黃丕烈校補並跋　丁丙跋　十一行二十一字大黑口四周双边　八〇

半軒集十二卷補遺一卷方外補遺一卷　明王行撰　清抄本（卷一至六配另一清抄本）　八一

中

半軒集十二卷　明王行撰　清抄本　傅增湘校　九行二十一字　八二
存六卷（一至三、十至十二）

半軒集十四卷補遺一卷附錄一卷　明王行撰　清抄本　莫棠跋　九行二十字无格　八三

王半軒先生文集六卷　明王行撰　清抄本　八行十六字无格　八四

友石先生詩集五卷　明王紱撰　明弘治元年葉華刻本　吳昌綬跋　十二行二十字黑口四周双边　八五

友石先生詩集五卷　明王紱撰　清初抄本（四庫底本）　十行二十三字无格　八六

友石先生詩集五卷　明王紱撰　清抄本　十二行二十字无格　八七
存三卷（一至三）

王常宗集四卷補遺一卷　明王彝撰　明弘治十五年劉廷瓚刻本　清丁丙跋　十一行二十字白口　八八

王常宗集四卷　明王彝撰　清初抄本　清馬思贊校　九行十六字无格　八九

[illegible]集四卷[illegible]續補遺一卷　明王彝撰　清抄本　[illegible]跋　十行二十字无格　九〇

[illegible]附錄一卷　清康熙三十九年[illegible]　九行十八字　九一

白口左右双边

光菴集一卷吳中古蹟詩一卷 明王賓撰 附錄一卷 清抄本 十行二十三字无格 九二

光菴集一卷吳中古蹟詩一卷 明王賓撰 補遺並附錄一卷 清抄本 十一行二十字无格 九三

光菴集一卷 明王賓撰 清初抄本 十一行二十四字无格 九四

光菴集一卷 明王賓撰 清抄本 清丁丙跋 九五

王忠文公文集二十四卷 明王禕撰 劉傑輯 附錄一卷 明朱肇輯 明正統七年劉傑刻本 十三行二十六字黑口四周双边 九六

王忠文公文集二十四卷 明王禕撰 明嘉靖元年張齊刻本 十行二十字白口左右双边 九七

王忠文公文集二十四卷 明王禕撰 明嘉靖元年張齊刻本（四庫底本） 九八

王忠文公文集二十四卷 明王禕撰 繼志齋文稿二卷 明王紳撰 王贖齋詩稿一卷 明王稌撰 王齊山稿一卷 明王汶撰 明萬曆三十二年張維樞刻本 十行二十字白口左右双边 九九

王忠文公文集二十四卷 明王禕撰 繼志齋文稿二卷 明王紳撰 王贖齋詩稿一卷 明王稌撰 王齊山稿一卷 明王汶撰 明萬曆三十二年張維樞刻本 清丁丙跋 一〇〇

五

王忠文公集二十五卷 明王禕撰 清康熙三十年王廷曾刻本 十行二十字白口四周双边 一〇一

王子充文鈔一卷 明王禕撰 明刻本 九行二十字白口左右双边 一〇二

翰林學士耐軒王先生天游雜藁十卷 明王達撰 明正統胡濱刻本 傅增湘跋 十三行二十字黑口四周双边 一〇三

重刻天游集十卷碎金一卷 明王達撰 清道光二十一年王芝林養和堂刻本 傅增湘校補並跋 十二行二十五字黑口左右双边 一〇四

天游文集五卷 明王達撰 清抄本 九行二十字无格 一〇五

和中峰和尚梅花百詠一卷 明王達撰 清乾隆二十二年刻本 九行二十字白口左右双边 一〇六

梁園寓藁詩集九卷 明王翰撰 明正德十三年高天錫刻本 十行十六字黑口四周双边 一〇七

梁園寓藁詩集九卷 明王翰撰 明正德十三年高天錫刻本 清丁丙跋 一〇八

竹齋詩集三卷續集一卷補遺一卷 明王冕撰 附錄一卷 清抄本 清鮑廷博校 十行十九字无格 一〇九

竹齋詩集三卷續集一卷補遺一卷 明王冕撰 附錄一卷 清抄本 一一〇

竹齋詩集三卷續集一卷 明王冕撰 附錄一卷 清抄本 口朱義跋 十行二十字无格 一一一

竹齋詩集不分卷 明王冕撰 清抄本 九行二十二字无格 一一二

竹齋詩集不分卷 明王冕撰 清嘉慶抄本 八行二十五字白口四周双边 一一三

吹劍藁二卷 明王野撰 明萬曆十六年刻本 九行十八字白口四周單边 一一四

松雨軒集八卷補遺一卷 明平顯撰 附錄一卷 清抄本 十行二十一字无格 一一五

松雨軒集八卷 明平顯撰 清抄本 清丁丙跋 一一六

全歸集六卷 明張肅撰 清漱石山房抄本 十行二十字白口左右双边 一一七

全歸集七卷 明張肅撰 清抄本 清徐時棟跋 十一行无格 一一八

白石山房逸藁二卷 明張丁撰 附錄一卷 清初抄本 九行十九、二十字不等 一一九

白石山房逸藁二卷 明張丁撰 附錄一卷 清抄本 十行二十字无格 一二〇

六

白石山房逸藁二卷 明張丁撰 清抄本 十行二十字无格 一二一

白石山房逸藁二卷 明張丁撰 清抄本 十行十八字 一二二

白石山房逸藁二卷 明張丁撰 附一卷 清抄本 一二三

白石山房逸稿二卷 明張丁撰 附錄一卷 清抄本 清勞權校補並跋 丁丙跋 一二四

白石山房逸藁二卷 明張丁撰 附錄一卷 清道光三年東武劉氏味經書屋抄本 清劉喜海跋 十一行二十字白口四周双边 一二五

靜居集六卷 明張羽撰 明弘治四年張習刻本 十一行二十一字黑口四周双边 一二六

靜菴張先生詩集一卷 明張羽撰 清抄本 九行十八字无格 一二七

張來儀先生文集不分卷 明張羽撰 清抄本 清何焯批校 黃丕烈跋 九行二十一字无格 一二八

張來儀先生文集一卷 明張羽撰 補遺一卷 清勞格輯 清抄本 清黃丕烈跋 邵恩多校 勞格手抄補遺目錄並校 九行二十一字无格 一二九

張來儀先生文集一卷 明張羽撰 清琴川張氏抄本 清廖翰題跋 九行二十一字黑格 一三〇

張來儀先生文集一卷 明張羽撰 清抄本 清丁丙跋並錄黃丕烈題識 一三一

張來儀先生文集不分卷 明張羽撰 清抄本 九行二十一字无格 一三二

一三三　張來儀先生文集不分卷　明張羽撰　清光緒二十三年章壽康家抄本　清章壽康校跋並錄黃丕烈題識　九行十八字

一三四　翠屏集四卷　明張以寧撰　明宣德三年刻本（目錄、卷一、三至四配清抄本）　清丁丙跋　十一行二十四字黑口左右雙邊

一三五　翠屏集四卷　明張以寧撰　明成化十六年張淮刻本　十一行二十二字黑口四周雙邊

一三六　翠屏集四卷　明張以寧撰　明成化十六年張淮刻本（四庫底本）

一三七　翠屏集四卷　明張以寧撰　張氏至寶集挽詩一卷　明張瑄輯　明成化十六年張淮刻本　十一行二十二字、至寶集九行十八字黑口四周雙邊

一三八　翠屏集四卷　明張以寧撰　明成化十六年張淮刻明清遞修本

一三九　翠屏集四卷　明張以寧撰　清抄本　十一行二十一字無格

一四〇　翠屏詩集二卷文集二卷　明張以寧撰　清抄本　九行二十一字無格

一四一　翠屏詩集一卷後集一卷文集三卷　明張以寧撰　明悠然齋抄本　八行二十字藍格白口左右雙邊

一四二　青暘集四卷　明張宣撰　清蟫氏藝風堂抄本　佚名校

一四三　甘白先生張子宜詩集六卷　明張適撰　明刻本　十行二十一字黑口四周雙邊

一四四　甘白先生張子宜詩集六卷補遺三卷文集六卷　明張適撰　清王氏十萬卷樓抄本　清丁丙跋

一四五　甘白先生文集六卷　明張適撰　清種就堂抄本　九行二十二字黑格四周單邊

一四六　耆山無為天師峴泉集六卷　明張宇初撰　明崇禎刻本　九行二十字白口四周單邊

一四七　耆山無為天師峴泉集六卷　明張宇初撰　明崇禎刻本　清丁丙跋

一四八　峴泉集六卷　明張宇初撰　清乾隆十九年張昭麟刻本　十行二十字白口左右雙邊

一四九　峴泉集十二卷　明張宇初撰　明抄本　十行十七字黑格

一五〇　滄螺集六卷　明孫作撰　明刻本　十行十七字白口左右雙邊

一五一　滄螺集六卷　明孫作撰　明毛氏汲古閣刻本　十行十七字白口左右雙邊

一五二　滄螺集六卷　明孫作撰　明毛氏汲古閣刻本（四庫底本）　傅增湘跋

一五三　滄螺集六卷　明孫作撰　明毛氏汲古閣刻本

一五四　耕隱集二卷　明鄧定撰　明天啟七年鄧慶采刻本　九行十八字白口左右雙邊

一五五　蓮蝎錄十卷　明虞熙撰　清乾隆十九年葉啟祥抄本　清葉啟祥跋

一五六　希澹園詩三卷　明虞堪撰　清抄本

一五七　虞山人詩三卷　明虞堪撰　清抄本　十一行二十四字無格

一五八　虞山人詩三卷　明虞堪撰　清抄本　九行十八字白口四周單邊

七

一五九　虞山人詩三卷　明虞堪撰　清抄本　清鮑廷博跋勞格校並跋　十行二十字無格

一六〇　虞山人詩四卷　明虞堪撰　清抄本　佚名校

一六一　鼓枻稿一卷　明虞堪撰　清初抄本　九行十八字黑格白口四周雙邊

一六二　鼓枻稿一卷　明虞堪撰　清初抄本　葉德輝跋　九行二十二字無格

一六三　鼓枻稿一卷　明虞堪撰　清抄本

一六四　鼓枻藁一卷　明虞堪撰　清抄本　清鮑廷博校　九行二十一字無格

一六五　鼓枻稿一卷　明虞堪撰　清抄本　清丁丙跋

一六六　鼓枻稿六卷　明虞堪撰　清抄本　清鮑廷博校　十行二十一字無格

一六七　鼓枻藁六卷補遺一卷　明虞堪撰　清吳氏四古堂抄本　清吳允嘉校補、鄧邦述跋　十行二十二字白口四周單邊

一六八　鼓枻稿十卷　明虞堪撰　清初曹氏倦圃抄本　八行十七字黑格

一六九　朱楓林集十卷　明朱升撰　明萬曆刻本　九行二十字白口四周單邊

一七〇　寓軒詩集九卷拾遺一卷　存四卷（七至九、拾遺）　明朱潤祖撰　明刻本　明徐㶿、清楊浚跋　十行二十字白口四周雙邊

一七一　白雲稾十二卷　明朱右撰　明初刻本（卷八至十二配抄本）　十一行十九字黑口四周雙邊

一七二　白雲藁十二卷　存五卷（一至五）　明朱右撰　清抄本　九行二十字無格

一七三　白雲稿十二卷　存五卷（一至五）　明朱右撰　清乾隆翰林院抄本　十行二十一字白口四周雙邊

一七四　三畏齋集二卷　明朱吉撰　勉齋先生文集一卷　明朱夏撰　清抄本　十行二十字

一七五　覆瓿集八卷　明朱同撰　明萬曆四十四年歙邑朱氏刻本　九行二十字白口四周單邊　卷八係附錄

一七六　覆瓿集七卷附錄一卷　明朱同撰　清抄本（四庫底本）　十行二十字無格

一七七　朱一齋先生文集前十卷後五卷廣遊文集一卷　明朱善撰　明成化二十二年朱維鑑刻本　十二行二十八、九字黑口四周單邊

一七八　蒲山牧唱不分卷　明魏觀撰　明成化四年魏銘刻本　九行二十二字黑口四周雙邊

一七九　韞玉先生集不分卷　明吳斌撰　清汪氏裘杼樓抄本　十一行二十二字白口左右雙邊

一八〇　韞玉先生集不分卷　明吳斌撰　清抄本　十一行二十二字白口四周單邊

一八一　瀫川集八卷　明呂不用撰　清抄本

一八二　仁山遺稿一卷附錄一卷　明程鼎撰　明嘉靖四年程鍾刻本　八行十七字白口四周

八

單邊

一八三 重刻秋坡先生詩集四卷 明黎貞撰 首一卷 清康熙二十五年黎翼之刻本 九行十九字白口左右双边

一八四 說學齋稿不分卷 明危素撰 清初曹氏倦圃抄本 十一行二十字黑格白口四周双边

一八五 說學齋稿不分卷 明危素撰 清康熙三十八年王氏孝慈堂抄本 清王聞遠校並跋 十四行二十六字无格

一八六 說學齋藁不分卷 明危素撰 清抄本 清王念孫校並跋

一八七 說學齋稿不分卷 明危素撰 清抄本 清李宏信錄歸有光跋並校 九行二十一字无格

一八八 說學齋稿不分卷 明危素撰 清咸豐七年翁同書家抄本 清翁同書跋 八行十六字无格

一八九 說學齋稿不分卷又二卷 明危素撰 清東武劉氏味經書屋抄本 十一行二十六字藍格白口四周双边

一九〇 說學齋稿二卷 明危素撰 清抄本 十四行二十六字无格

一九一 說學齋稿四卷 明危素撰 清彭氏知聖道齋抄本 清彭元瑞校並跋 十行二十二字白口四周双边

一九二 說學齋稿十三卷 明危素撰 清抄本 十行十九字无格

一九三 危太樸集不分卷 明危素撰 明抄本 清葉恭煥跋 十四行二十六字无格

一九四 危太樸文集不分卷 明危素撰 清抄本 十二行二十二字无格

一九五 危太樸集四卷 明危素撰 清吳允嘉抄本 清吳允嘉校 丁丙跋

一九六 危太樸集續補不分卷 明危素撰 清乾隆五十年許庭堅家抄本 清許庭堅校並跋 季錫疇、王振聲校 十四行二十六字无格

一九七 危太樸雲林集二卷 明危素撰 明抄本 十行十九字藍格白口左右双边

一九八 危太樸雲林集二卷文集不分卷 明危素撰 清抄本 清丁丙跋

一九九 危太樸雲林詩集二卷說學齋藁不分卷集補一卷 明危素撰 清雍正三年宋賓王抄本 清宋賓王校並跋 王振聲校 十四行二十六字无格

二〇〇 雲林集十二卷 明危素撰 清涂登輯 補遺一卷 清抄本

二〇一 危太樸雲林集不分卷 明危素撰 清抄本 清朱華校並跋 莫棠題識 十二行二十八字无格

二〇二 殷強齋先生文集十卷 明殷奎撰 明正統十三年王叔政刻本 清何焯丁丙跋 十行二十二字至二十五字不等黑口四周双边或四周單边

二〇三 天衢舒嘯集二卷 明詹同撰 清抄本 清朱彝尊、趙宗建跋 九行二十二字无格

二〇四 春草齋詩集五卷文集六卷 明烏斯道撰 附名公讚 春草集歌詠一卷 明烏獻明輯 明崇禎二年蕭基刻本 九行二十字白口左右双边

二〇五 春草齋詩集五卷文集六卷 明烏斯道撰 附名公讚 春草集歌詠一卷 明烏獻明輯 明崇禎二年蕭基刻本 一四庫底本一 李盛鐸跋 存八卷 詩集一至三、文集三至六、附名公讚春草集歌詠

二〇六 春草齋文集選六卷詩集選一卷詩集選附錄一卷 明烏斯道撰 清熊伯龍輯 黃敬修評 清康熙烏震刻本 九行二十字白口四周双边

二〇七 烏先生春華齋詩文集十一卷 明烏斯道撰 清抄本 十行二十字无格

二〇八 始豐藁十四卷 明徐一夔撰 明初刻本（卷七至十四配清抄本） 清黃丕烈丁丙跋 唐翰題王棻題款 十五行二十七字黑口四周双边

二〇九 始豐藁十四卷 明徐一夔撰 清抄本 清吳允嘉校 十一行二十二字无格

二一〇 始豐稿十四卷 明徐一夔撰 清抄本 清鷗安校 九行二十一字无格

二一一 始豐藁十四卷 明徐一夔撰 清王氏十萬卷樓抄本 十一行二十二字上黑口左右双边

二一二 始豐藁十四卷 明徐一夔撰 清丁氏八千卷樓抄本 清丁丙跋 十五行无格

二一三 始豐前藁□卷 存三卷 一至三 明徐一夔撰 清抄本 清黃丕烈跋 十行二十字无格

二一四 元豐文集四卷 明徐一夔撰 清抄本

二一五 北郭集十卷 明徐賁撰 明成化二十三年張習刻本 十一行二十一字黑口四周双边

二一六 西隱文稿十卷 明宋訥撰 附錄一卷 明萬曆六年劉師魯刻本 九行二十一字白口四周單边

二一七 西隱文藁十卷 明宋訥撰 附錄一卷 明萬曆六年劉師魯刻本 清丁丙跋

二一八 西隱文藁十卷 明宋訥撰 附錄一卷 清初抄本 清宋賓王補序並校 十行二十字无格

二一九 庸菴詩集十卷 明宋元僖撰 清抄本 九行二十一字无直格白口四周双边

二二〇 宋學士先生文集二十六卷 明宋濂撰 附錄一卷 明天順五年黃譽刻本 十二行二十一字大黑口四周双边

二二一 宋學士文集七十五卷 明宋濂撰 明正德九年張縉刻本 十四行二十三字白口左右双边

二二二 宋學士文集七十五卷 明宋濂撰 明正德九年張縉刻本 清丁丙跋

二二三 宋學士文集七十五卷 明宋濂撰 明正德九年張縉刻嘉靖四十四年劉材重修本 十四行二十三字白口左右双边

二二四 重刊宋濂學士先生文集二十八卷 明宋濂撰 明嘉靖三年安正堂刻本 十一行二十二字黑口四周双边 卷二十七至二十八係附錄

二二五 重刊宋濂學士先生文集二十八卷 明宋濂撰 明嘉靖三年安正堂刻本 清丁丙跋

二二六 重刊宋濂學士先生文集□□卷 明宋濂撰 明刻本 十一行二十二字細黑口四周双边 存二十六卷 一至二十六

二二七 新刊宋學士全集三十三卷 明宋濂撰 明嘉靖三十年韓叔陽刻本 十一行二十四字白口左右双边 卷三十一至三十三係附錄

二二八 新刊宋學士全集三十三卷 明宋濂撰 明嘉靖三十年韓叔陽刻明末增修本

二二九 新刊宋學士全集三十三卷 明宋濂撰 明嘉靖三十年韓叔陽刻明末清初遞修本

二三〇 宋學士全集三十二卷 明宋濂撰 附錄一卷 清康熙四十八年彭始搏刻本 十一行二十二字白口左右双边

二三一 潛溪集十卷 明宋濂撰 附錄二卷 明初刻本 十三行二十五字黑口四周双边

二三二 潛溪集八卷 明宋濂撰 附錄一卷 明嘉靖十五年溫秀刻本 十行二十字白口四周單边

二三三 潛溪集八卷 明宋濂撰 附錄一卷 明嘉靖十五年溫秀刻本 清吳友芝跋

二三四 潛溪先生集十八卷 明宋濂撰、黄溥輯 附錄一卷 明天順元年黄溥嚴墳刻本 十一行二十五字黑口四周双边

二三五 潛溪先生集十八卷 明宋濂撰 黄溥輯 附錄一卷 明天順元年黄溥嚴墳刻本 清黄丕烈、丁丙跋

二三六 潛溪先生集十八卷 明宋濂撰 黄溥輯 明天順元年黄溥嚴墳刻本 清李文田跋 存一卷 九

二三七 潛溪後集十卷 明宋濂撰 明初刻本 十三行二十三至二十五字黑口四周双边

二三八 宋學士文粹十卷補遺一卷 明宋濂撰 明洪武十年鄭濟刻本 十六行二十七字黑口左右双边

二三九 宋學士文粹十卷補遺一卷 明宋濂撰 明初刻本 十三行二十五字黑口四周双边

二四〇 宋景濂先生未刻集不分卷 明宋濂撰 清康熙三年陳國珍刻本（四庫底本） 九行十八字白口左右双边

二四一 汪右丞詩集五卷 明汪廣洋撰 明嘉靖三十六年刻本 十行二十字白口四周双边

二四二 淮南汪廣洋朝宗先生鳳池吟藁八卷 明汪廣洋撰 明刻本 九行二十字黑口四周双边

二四三 鳳池吟稿十卷 明汪廣洋撰 明萬曆四十五年王百祥刻本 九行二十字白口左右双边 存三卷 一至三

二四四 浦舍人集六卷 明浦源撰 明崇禎十三年陳文煬刻本 八行十八字白口四周双边 存四卷 一至四

二四五 浦舍人集六卷 明浦源撰 清抄本 八行十八字白口四周單边

二四六 新喻梁石門先生集十卷 明梁寅撰 首一卷末一卷 清乾隆十五年監用其刻本 十一行二十一字白口左右双边

二四七 新喻梁石門先生集十卷 明梁寅撰 首一卷末一卷 清乾隆十五年監用其刻本 傅增湘校並跋

二四八 睢樂先生詩集一卷 明梁蘭撰 附錄一卷 清初刻本 九行二十字白口左右双边

二四九 睢樂先生詩集一卷 明梁蘭撰 附錄一卷 清初抄本 清歐陽圜熙跋 九行二十字无格

二五〇 栢軒集四卷詞一卷 明凌雲翰撰 清抄本（四庫底本） 十行二十字无格

二五一 栢軒集四卷詞一卷 明凌雲翰撰 清抄本 十行二十字无格

二五二 栢軒詩集三卷文集一卷詞一卷 明凌雲翰撰 清抄本 十二行二十三字无格

二五三 涂子類藁十卷 明涂幾撰 明嘉靖十五年黄滓刻本 九行二十字白口四周双边

二五四 李草閣詩集六卷拾遺一卷文集一卷 明李曄撰 筠谷詩一卷 明李轅撰 清抄本

二五五 李草閣詩集六卷拾遺一卷 明李曄撰 筠谷詩集一卷 明李轅撰 清抄本 十二行二十至二十三字

二五六 李草閣詩集六卷拾遺一卷文集一卷 明李曄撰 筠谷詩集一卷 明李轅撰 清抄本 清吳允嘉校、丁丙跋

二五七 李草閣詩集六卷拾遺一卷文集一卷 明李曄撰 筠谷詩集一卷 明李轅撰 清抄本 佚名校

二五八 溫泉李太史氷壑公學餘詩稿全集十四卷 明李鎬撰 明萬曆四十三年刻本 十行二十字白口四周單边

二五九 海叟集三卷 明袁凱撰 明正德刻本 十二行二十字黑口四周双边

二六〇 海叟集四卷 明袁凱撰 明隆慶四年何玄之活字印本 明張重熙題款 清楊引傳跋 九行十八字白口四周單边

二六一 海叟集四卷 明袁凱撰 明萬曆三十七年張所望刻本 九行十八字白口四周双边

二六二 海叟集四卷 明袁凱撰 明萬曆三十七年張所望刻本 清丁丙跋

二六三 海叟集四卷 明袁凱撰 明刻本 十二行二十一字黑口四周双边

二六四 海叟詩集四卷集外詩一卷 明袁凱撰 附錄一卷 清康熙六

十一年曹炳曾城書室刻本　九行十九字白口左右双边

二六五　海叟詩集四卷集外詩一卷　明袁凱撰　附錄一卷　清康熙六十一年曹炳曾城書室刻本　清王鳴盛批點並跋

二六六　海叟詩集四卷集外詩一卷　明袁凱撰　附錄一卷　清康熙六十一年曹炳曾城書室刻本　清曹堉批校

二六七　海叟詩集四卷集外詩一卷　明袁凱撰　附錄一卷　清康熙六十一年曹炳曾城書室刻本　傅增湘校並跋

二六八　在野集二卷　明袁凱撰　明祁氏淡生堂抄本　清丁丙跋

二六九　袁海叟在野集不分卷　明袁凱撰　清汪文柏抄本　汪文柏跋　八行十九字白口左右双边

二七〇　耕學齋詩集十二卷　明袁華撰　明抄本　清黃丕烈跋　十一行約二十一字无直格白口四周单边

二七一　耕學齋詩集十二卷　明袁華撰　清金氏文瑞樓抄本　十一行二十二字黑格

二七二　耕學齋詩集十二卷　明袁華撰　清抄本　十二行二十四字无格

二七三　耕學齋詩集十卷　明袁華撰　清抄本　九行二十一字无格

二七四　耕學齋詩集十卷　明袁華撰　清抄本　清丁丙跋

二七五　可傳集一卷　明袁華撰　清抄本

二七六　逃虛子詩集十卷續集一卷　明姚廣孝撰　明范氏臥雲山房抄本　十行十九字白口左右双边

二七七　逃虛子詩集十卷續集一卷逃虛類藁五卷　明姚廣孝撰　清金氏文瑞樓抄本　清宋賓王校　十一行二十二字黑格白口左右双边

二七八　逃虛子詩集十卷續一卷　明姚廣孝撰　清金氏文瑞樓抄本

二七九　逃虛子詩集十卷續集一卷　明姚廣孝撰　清彭氏知聖道齋抄本

十三

二八〇　逃虛子詩集十卷續集一卷逃虛類藁五卷補遺一卷道餘錄一卷　明姚廣孝撰　清抄本　清丁丙跋

二八一　逃虛子詩集十卷續集一卷　明姚廣孝撰　清抄本　鄧邦述跋　十行二十一字无格

二八二　逃虛子詩集十卷續集一卷　明姚廣孝撰　清光緒二十二年葉昌熾抄本　葉昌熾跋　十行二十四字綠格

二八三　逃虛類藁五卷　明姚廣孝撰　清初抄本　傅增湘跋　十行二十四字无格

二八四　逃虛類藁五卷　明姚廣孝撰　清抄本　十行二十一字无格

二八五　藍山先生詩集六卷　明藍仁撰　明嘉靖五年藍鈕等刻後代補修本　十行二十一字白口四周单边

二八六　藍山先生詩集六卷　明藍仁撰　明抄本　九行二十一字藍格白口四周双边

二八七　藍山先生詩集六卷　明藍仁撰　清抄本　十行二十一字无格

二八八　藍山集六卷　明藍仁撰　清乾隆翰林院抄本（四庫底本）　清丁丙跋

二八九　藍山集六卷　明藍仁撰　清抄本　九行二十一字黑格

二九〇　藍澗集六卷　明藍智撰　清乾隆翰林院抄本（四庫底本）　清丁丙跋

二九一　藍澗詩集六卷　明藍智撰、程嗣祖輯　清抄本　十行二十一字无格

二九二　莊擊壤公詩集一卷　明莊希俊撰　附錄一卷　明萬曆莊若華刻本　九行十九字白口左右双边

二九三　正固先生詩集一卷文集一卷　明蕭岐撰　坦行先生自誌一卷　明蕭用道撰　清康熙十二年蕭伯升刻蕭氏世集本　八行十八字白口左右双边

二九四　希董先生遺集五卷　明茅大方撰　清抄本　清丁丙跋

二九五　蘇平仲文集十六卷　明蘇伯衡撰　明正統七年黎諒刻本　十二行二十四字黑口四周双边

二九六　蘇平仲文集十六卷　明蘇伯衡撰　明正統七年黎諒刻本（卷九至十二配清抄本）　清丁丙跋

二九七　蘇平仲文集十六卷　明蘇伯衡撰　清抄本　清徐時棟跋　十二行无格

二九八　敬所小稿三卷　明蘇境撰　清抄本　十二行二十字无格

二九九　韓山人詩集一卷　明韓奕撰　附集一卷　清初毛氏汲古閣影明抄本　十行二十二字黑格白口左右双边

三〇〇　韓山人詩集一卷　明韓奕撰　附集一卷　清初抄本　清楊繼振跋　八行二十四字无格

十四

三〇一　韓山人詩集一卷　明韓奕撰　附集一卷　清抄本　九行十九字无格

三〇二　韓山人詩集一卷　明韓奕撰　附集一卷　清抄本　九行二十字綠格綠口四周单边

三〇三　韓山人詩集九卷續集八卷　明韓奕撰　清抄本　清王聞遠校並跋　九行十九字无格

三〇四　韓山人詩集九卷續集八卷　明韓奕撰　清抄本　十行二十一字无格

三〇五　韓山人詩續集七卷詞一卷　明韓奕撰　清抄本　十行二十二字无格

三〇六　林登州遺集二十三卷　明林弼撰　附錄一卷　清康熙四十五年林興刻本　九行十八字白口左右双边

三〇七　鳴盛集四卷　明林鴻撰　明成化三年邵銅刻本　十行二十字大黑口四周双边

三〇八　鳴盛集四卷　明林鴻撰　清抄本　八行十六字无格

三〇九　範軒集十二卷　明林大同撰　清抄本

三一〇　天台林公輔先生文集不分卷　明林右撰　清康熙查慎行家抄本　清查慎行跋　十行二十四字无格

三一一　天台林公輔先生文集不分卷　明林右撰　清抄本　十二行二十字无格

三一二　天台林公輔先生文集一卷　明林右撰　清初抄本　十二行二十字无格

三一三　天台林公輔先生文集一卷　明林右撰　清抄本

三一四 天台林公輔先生文集三卷 明林右撰 清抄本 十二行二十二字白口左右双边
三一五 心遠先生存稿十二卷 明楊琢撰 附二卷 明抄本 十一行二十五字白口四周单边
三一六 心遠樓存稿八卷 明楊琢撰 清抄本
三一七 眉菴集十二卷補遺一卷 明楊基撰 明成化二十一年張習刻本 十一行二十一字黑口四周双边
三一八 眉菴集十二卷補遺一卷 明楊基撰 明成化二十一年張習刻本 清王獻臣王玉芝題款 黄丕烈跋
三一九 頤菴文選二卷 明胡儼撰 明宣德刻本 十二行二十二字黑口四周双边
存一卷 下
三二〇 頤庵文選二卷 明胡儼撰 清抄本 十二行二十二字无格
三二一 胡祭酒集十四卷 明胡儼撰 明隆慶四年李遷刻本 九行十八字白口四周双边
存八卷 七至十四
三二二 胡祭酒頤菴集十二卷 明胡儼撰 明萬曆元年徐栻刻本 九行十八字白口四周双边
存八卷 一、六至十二
三二三 斗南先生詩集六卷 明胡奎撰 明永樂海寧刻本 十二行二十二字黑口四周双边
三二四 斗南老人詩集六卷 明胡奎撰 明抄本（卷三至六配清抄本） 九行二十五字

十五

三二五 斗南先生詩集六卷 明胡奎撰 清抄本 十二行二十二字无格
三二六 斗南老人詩集四卷 明胡奎撰 明姚綬抄本 明項元汴跋
三二七 斗南老人詩集四卷 明胡奎撰 清抄本 十行二十三字无格
三二八 胡仲子集十卷 明胡翰撰 明洪武十三年至十四年王懋溫刻本 清丁丙跋 十行二十一字黑口四周双边
三二九 胡仲子集十卷 明胡翰撰 明洪武十三年至十四年王懋溫刻重修本
三三〇 胡仲子集十卷 明胡翰撰 明抄本 十二行二十一字藍格四周单边
三三一 胡仲子集十卷 明胡翰撰 清初抄本 十行二十一字无格
三三二 胡仲子集十卷 明胡翰撰 清初抄本 十行二十一字无格
三三三 胡仲子集十卷 明胡翰撰 清抄本 十行二十一字无格
三三四 胡仲子集十卷 明胡翰撰 清抄本
三三五 胡仲子集十卷 明胡翰撰 清抄本 十行二十一字
三三六 胡仲子先生信安集二卷 明胡翰撰 明弘治十六年沈杰刻本 十行二十字黑口左右双边
三三七 思復齋藁□卷 明胡粹中撰 明初刻本 清丁丙跋 十行二十一字黑口四周双边
存三卷 一至三
三三八 趙弢古先生遺集六卷首一卷 明趙謙撰 清乾隆三十八年銘西堂刻本 十行二十一字

黑口四周单边
三三九 青金集八卷 明史遷撰 清抄本 十行二十一字无格
三四〇 陶情藁六卷 明易恒撰 明永樂刻本 明陸嘉穎清戴昱跋 十二行二十字黑口四周双边
三四一 陶情藁六卷 明易恒撰 清初抄本 十二行二十字无格
三四二 陶情藁六卷 明易恒撰 清抄本 十二行二十字无格
三四三 得月藁七卷 明呂不用撰 清抄本
三四四 清江貝先生文集三十卷詩集十卷詩餘一卷 明貝瓊撰 明洪武刻本 文集十三行二十四字詩集十一行二十一字黑口四周双边
三四五 清江貝先生文集三十卷詩集十卷詩餘一卷 明貝瓊撰 明洪武刻本 清貝墉跋
三四六 清江貝先生詩集十卷 明貝瓊撰 明洪武刻本 清丁丙跋
三四七 清江貝先生詩集十卷 明貝瓊撰 清抄本 十行二十一字无格
三四八 清江貝先生文集三十卷 明貝瓊撰 清抄本 十三行二十四字
三四九 清江貝先生詩集十卷文集三十卷 明貝瓊撰 清乾隆[illegible]硯齋刻本 十一行二十一字白口左右双边

十六

三五〇 清江貝先生集三卷續集一卷 明貝瓊撰 明萬曆三年李詩刻本 十行二十字下細黑口左右双边
三五一 羅德安先生文集三卷 明羅子理撰 明隆慶四年羅統刻本 十行二十字白口左右双边
三五二 羅德安先生文集三卷 明羅子理撰 清抄本 清厲鶚跋 九行二十字无格
三五三 夢墨稿十卷 明時季熙撰 明弘治五年魏士軍吳昌期刻本 十行二十二字黑口四周双边
三五四 春雨軒詩正集九卷 明劉彥昺撰 附集一卷 明嘉靖十二年劉塾刻本 九行二十字白口左右双边
三五五 鄱陽劉彥昺詩集九卷 明劉彥昺撰 清古照堂抄本 清丁丙跋
三五六 鄱陽劉彥昺詩集九卷 明劉彥昺撰 清抄本 清丁丙跋
三五七 春雨軒集八卷 明劉炳撰 清抄本 九行二十二字无格
三五八 春雨軒集八卷 明劉炳撰 清抄本 十行二十字无格
三五九 坦齋劉先生文集二卷 明劉三吾撰 明萬曆六年貫綠刻本 十行二十四字白口四周双边
三六〇 坦齋劉先生文集二卷 明劉三吾撰 明萬曆六年貫綠刻清順治十一年劉溫良重修本 十行二十四字白口四周双边
三六一 坦齋劉先生文集二卷 明劉三吾撰 明萬曆六年貫綠刻清順治十一年劉溫良重修本 清丁丙跋

三六二　坦齋劉先生文集二卷　明劉三吾撰　明天啟元年刻本　十行二十三字白口四周双边
存一卷上
三六三　劉坦齋先生文集二卷　明劉三吾撰　清抄本　九行二十四字无格
三六四　劉尚賓文集五卷續集四卷　明劉夏撰　奉使交趾贈送詩一卷　明永樂劉拙刻成化劉衢續刻本　十二行二十二字黑口四周双边
三六五　劉職方詩八卷　明劉崧（一作劉嵩）撰　明刻本　十一行二十字黑口四周双边
三六六　槎翁詩八卷　明劉崧（一作劉嵩）撰　明萬曆三十八年真如齋刻本　十行二十字下黑口四周双边
三六七　槎翁詩八卷　明劉崧（一作劉嵩）撰　明萬曆三十八年真如齋刻本　清丁丙跋
三六八　劉槎翁先生詩選十二卷　明劉崧（一作劉嵩）撰　明萬曆二十五年張應泰刻本　十行二十字白口四周單边
三六九　劉槎翁先生詩選十二卷　明劉崧（一作劉嵩）撰　清抄本
三七〇　槎翁文集十八卷　明劉崧（一作劉嵩）撰　明嘉靖元年徐冠刻本　十一行二十一字黑口四周双边
三七一　槎翁文集十八卷　明劉崧（一作劉嵩）撰　明嘉靖元年徐冠刻本　清丁丙跋
三七二　聽雪蓬先生詩集七卷附錄一卷　明劉秩撰　明洪武二十年王仲本刻重修本　十二行二十一字黑口四周單边

廿七

三七三　劉仲脩詩集六卷文集二卷　明劉永之撰　清抄本
三七四　劉仲修先生詩集六卷文集二卷　明劉永之撰　清丁丙跋　清抄本
三七五　犁眉公集五卷　明劉基撰　明初刻本　繆荃孫跋　十二行二十四字細黑口左右双边
三七六　覆瓿集二十四卷　明劉基撰　明初刻本　傅增湘跋　十二行二十四字黑口左右双边
存十卷　一至十
三七七　覆瓿集二十四卷　明劉基撰　明初刻宣德印本　十二行二十四字黑口左右双边
存十八卷　一至六、十三至二十四
三七八　誠意伯劉先生文集二十卷　明劉基撰　明成化六年戴用張僖刻本　十一行二十一字黑口四周双边
三七九　誠意伯劉先生文集二十卷　明劉基撰　明成化六年戴用張僖刻本　清丁祖蔭跋
存三卷　二至四
三八〇　誠意伯劉先生文集二十卷　明劉基撰　明刻本　十一行二十一字黑口四周双边
三八一　誠意伯劉先生文集二十卷　明劉基撰　明正德十四年林富刻本　十一行二十一字黑口四周双边
三八二　誠意伯劉先生文集二十卷　明劉基撰　明正德十四年林富刻嘉靖七年方遠宜增修本
三八三　太師誠意伯劉文成公集十八卷　明劉基撰　明嘉靖三十五年樊獻科于德昌刻本　十行二十三字白口四周双边
三八四　太師誠意伯劉文成公集十八卷　明劉基撰　明嘉靖三十五年樊獻科于德昌刻萬曆印本
三八五　太師誠意伯劉文成公集二十卷　明劉基撰　明隆慶六年謝廷傑陳烈刻本　十行二十三字白口四周双边
三八六　劉文成公全集十二卷　明劉基撰　鍾惺輯評　明末刻本　九行十八字白口四周單边
三八七　誠意伯文成公郁離子二卷　明劉基撰　明刻本　十二行二十二字白口四周双边
三八八　自怡集一卷　明劉璉撰　明初刻本　十一行二十字黑口四周双边
三八九　自怡集一卷　明劉璉撰　清乾隆三十三年趙氏竹影庵抄本　清丁丙跋
三九〇　自怡集一卷　明劉璉撰　清抄本　清黃丕烈校跋　十二行二十四字无格
三九一　易齋稾十卷　明劉璟撰　附錄一卷　明刻本　十二行二十四字黑口左右双边
三九二　易齋稾補遺一卷　明劉璟撰　清抄本
三九三　易齋稾十卷　明劉璟撰　附錄一卷　清抄本　十二行二十四字无格
三九四　易齋劉先生遺集二卷　明劉璟撰　清抄本　劉淮跋　十二行二十一、二十二字不等紅格

廿八

三九五　盤谷集十卷　明劉髦撰　明永樂刻本　十二行二十四字黑口左右双边
三九六　盤谷集十卷　明劉髦撰　清抄本　十二行二十四字无格
三九七　盤谷集十卷　明劉髦撰　清抄本　傅增湘跋　十二行二十四字无格
三九八　先世遺芳集十卷　明劉昭年撰　劉易輯　清抄本　十行二十字无格
三九九　愛禮先生集十卷　明劉駟撰　明刻本　十行二十一字黑口四周双边
四〇〇　新編頤光先生詩集六卷拾遺一卷文集一卷外集二卷　明陸顒撰　明景泰元年陸瓛刻本　十一行二十字黑口四周双边
四〇一　陳聘君海桑先生集十卷　明陳謨撰　明刻本　十行二十二字白口四周單边
四〇二　陳聘君海桑先生集十卷　明陳謨撰　明刻清康熙十九年陳邦祥重修本　九行二十二字白口左右双边
四〇三　滄浪子退軒集七卷　明陳鈞撰　清抄本　九行十八字无格
四〇四　芻蕘集六卷　明周是修撰　明萬曆十八年周應鰲刻本　十行二十二字白口四周單边
四〇五　芻蕘集六卷　明周是修撰　明萬曆十八年周應鰲刻清康熙三十七年周君錧重修本
四〇七　芻蕘集六卷首一卷　[illegible]　清抄本
四〇六　芻蕘集六卷　明周是修撰　清抄本　十行二十二字无格
四〇八　陶學士先生文集二十卷事蹟一卷　明陶安撰　明弘治十三年項經

刻遞修本　十行十八字黑口四周双边

四〇九　陶學士先生文集二十卷　明陶安撰　事蹟一卷　明弘治十三年項經刻遞修本（四庫底本）

四一〇　陶學士先生文集二十卷　明陶安撰　事蹟一卷　明弘治十三年項經刻遞修本　清丁丙跋

四一一　雲間清嘯集一卷　明陶振撰　清初葉氏小有堂抄本　十一行二十二字黑口四周單边

四一二　雲間清嘯集一卷　明陶振撰　清金氏文瑞樓抄本　十一行二十一字白口左右双边

四一三　雲間清嘯集一卷　明陶振撰　清抄本　十行二十字白口左右双边

四一四　南海新聲五卷　明歐若撰　清□桂莊刻本　九行十八字白口四周双边

四一五　種菊菴詩四卷　明錢子義撰　明刻錫山錢氏三華詩集本　清唐翰題跋　十二行二十四字黑口四周双边

四一六　臨安集詩五卷文五卷　明錢宰撰　明祁氏淡生堂抄本　十行二十字藍格白口四周單边

四一七　臨安集詩五卷文五卷　明錢宰撰　明抄本　十行二十八字紅格白口四周單边

四一八　臨安集詩五卷文五卷　明錢宰撰　明抄本

四一九　臨安集詩五卷文五卷　明錢宰撰　清抄本　清丁丙跋

四二〇　臨安集詩五卷文五卷　明錢宰撰　清抄本　十行二十一字无格

四二一　臨安集詩五卷文五卷　明錢宰撰　清抄本　十行二十二字无格

四二二　臨安集六卷　明錢宰撰　清乾隆翰林院抄本　八行二十一字紅格白口四周双边

四二三　蚓竅集十卷　明管時敏撰　丁鶴年評　明永樂元年楚藩刻本　十行二十字黑口四周双边　存五卷一至五

四二四　蚓竅集十卷　明管時敏撰　丁鶴年評　全菴記一卷　明周子治撰　明永樂元年楚藩刻本（四庫底本）

四二五　蚓竅集十卷　明管時敏撰　清抄本　十行二十字无格

四二六　蚓竅集十卷　明管時敏撰　丁鶴年評　清抄本　王獻唐跋　十行二十一字无格

四二七　蚓竅集十卷　明管時敏撰　丁鶴年評　清抄本　十行二十一字无格

四二八　蚓竅集十卷　明管時敏撰　清抄本

四二九　澹居稿二卷　明釋至仁撰　清抄本

四三〇　全室外集九卷續集一卷　明釋宗泐撰　明永樂刻本　十二行二十一字黑口四周双边

四三一　全室外集九卷續集一卷　明釋宗泐撰　明永樂刻本（四庫底本）　清丁丙跋

四三二　補刊全室外集九卷續一卷　明釋宗泐撰　清抄本　十二行二十一字无格

四三三　全室外集六卷　明釋宗泐撰　清初抄本　十行二十字无格

四三四　元釋集一卷　明釋克新撰　清抄本　八行十八字无格

十九

四三五　蒲菴集六卷　明釋來復撰　幻菴詩一卷　明釋法住撰　明正統五年孫以寧刻本　清丁丙跋　十三行二十四字黑口四周双边

四三六　蒲菴集六卷　明釋來復撰　清初抄本　十三行二十三字无格

四三七　蒲菴集六卷　明釋來復撰　幻菴詩一卷　明釋法住撰　清抄本　十三行行字不等无格

四三八　蒲菴詩三卷　明釋來復撰　清抄本　十行二十字藍格白口四周双边

四三九　蒲菴詩三卷　明釋來復撰　清抄本

四四〇　蒲菴詩集三卷　明釋來復撰　清抄本　九行十七字无格　存一卷三

四四一　東皋錄七卷　明釋妙聲撰　明刻本　十二行二十一字黑口　存五卷一至五

四四二　東皋錄三卷　明釋妙聲撰　清抄本　十行二十一字无格

四四三　東皋錄三卷　明釋妙聲撰　清抄本

四四四　東皋錄不分卷　明釋妙聲撰　清抄本　九行二十字无格

四四五　圓菴集十卷　明釋居頂撰　附錄一卷　明刻本　十二行二十一字黑口四周双边　存五卷七至十、附錄全

四四六　圓菴集十卷　明釋居頂撰　明刻本　殷鏞題、丁祖蔭、歸曾祁跋　存六卷一至六

四四七　永嘉集十二卷　明張著撰　清抄本　九行二十二字无格

四四八　西菴集十卷　明孫蕡撰　明弘治十六年金蘭館銅活字印本　傅增湘跋　十行二十一字白口左右双边

四四九　西菴集九卷　明孫蕡撰　明萬曆十五年葉初春刻本　十行十九字白口四周双边

四五〇　西菴集九卷　明孫蕡撰　清抄本

四五一　尚絅齋詩集四卷文集三卷　明童冀撰　清初抄本（四庫底本）　十行十八字无格

四五二　巽隱程先生文集四卷　明程本立撰　明嘉靖吳昂刻本　十行二十字白口四周單边

四五三　巽隱程先生文集四卷　明程本立撰　明嘉靖吳昂刻本　清黃丕烈跋　葉啟發、葉啟勳跋

四五四　重刻巽隱先生集四卷　明程本立撰　明萬曆元年濮陽棐刻本　十行二十字白口左右双边

四五五　重刻巽隱先生集四卷　明程本立撰　明萬曆元年濮陽棐刻本　清丁丙跋

四五六　巽隱程先生集四卷　明程本立撰　清林氏樸學齋抄本　十行二十字黑口左右双边

四五七　西郊笑端集一卷　明董良史撰　清抄本　清丁丙跋

四五八　黃忠宣公文集十三卷　明黃福撰　別集六卷　明嘉靖馮時雍刻本　十行二

二十

十字白口四周单边

四五九　金川玉屑集六卷　明練子寧撰　明正德七年新淦縣刻本　八行十八字白口左右双边

四六〇　金川玉屑集六卷　明練子寧撰　附錄一卷　清抄本　清陳墫校並跋　八行十八字白口四周单边

四六一　金川玉屑集二卷首一卷　明練子寧撰　附錄二卷　明萬曆二十六年王文燿刻增修本　十行二十字白口四周双边

四六二　練中丞金川集二卷　明練子寧撰　遺事錄一卷　清康熙二年高崇榮刻本　九行二十字白口左右双边

四六三　練公文集二卷　練公手蹟一卷　明練子寧撰　崇祀實紀一卷　練中丞遺事一卷　明萬曆三十九年刻本　九行二十字白口四周双边

四六四　練公文集二卷　明練子寧撰　崇祀實紀一卷　練中丞遺事一卷　明萬曆三十九年刻清康熙重修本　清丁丙跋　九行二十字白口四周双边

四六五　闇一齋詩藁不分卷　明鄭暘撰　明崇禎六年閩縣徐氏抄本　十行二十二字无格

四六六　解學士先生集三十一卷　明解縉撰　明天順元年黃諫刻本　十二行二十字黑口四周双边

四六七　解學士文集十卷　明解縉撰　明嘉靖四十一年刻本　十二行二十三字白口四周双边

二一

四六八　解學士全集十卷　明解縉撰　年譜二卷　明萬曆婁之榮刻本　十行二十字白口四周单边或左右双边

四六九　解學士文毅公全集十卷　明解縉撰　清康熙五十七年刻本　九行二十字白口左右双边

四七〇　虛舟集五卷　明王偁撰　明弘治六年王俊刻嘉靖元年鄭銘重修本　十一行二十字黑口四周双边

四七一　虛舟集五卷　明王偁撰　明抄本　十行二十五至二十七字无格

四七二　虛舟集五卷　明王偁撰　清抄本　九行二十字藍格白口四周双边

四七三　貞白先生遺稿十卷　明程通撰　明天啟刻本　九行十九字白口四周单边　卷七至十為明解縉、卓敬等贈言

四七四　明遼府左長史程節愍公貞白遺稿十卷　明程通撰　清徽州程氏抄本　九行二十一字藍格白口四周双边　存五卷　一至五

四七五　三山王養靜先生集十卷　明王褒撰　明成化十年謝光刻本　十行二十二字黑口四周双边

四七六　泊菴文集十六卷　明梁潛撰　明正統九年刻本　十行二十字黑口四周双边　存十四卷　一至二、五至十六

四七七　泊菴先生文集十六卷　明梁潛撰　附錄一卷　清初刻本　九行二十字白口左右双边

四七八　毅齋王先生文集八卷　明王洪撰　附錄一卷　明成化十一年刻本（四庫底本）　清王禮培題識　十一行二十一字黑口四周双边　存三卷　六至八

四七九　省愆集二卷　明黃淮撰　明正統八年王豫刻本　清丁丙跋　十行二十一字大黑口四周双边

四八〇　黃文簡公介菴集十二卷　明黃淮撰　清抄本　清孫詒讓校　十二行二十四字无格　存十一卷　一至六、八至十二

四八一　古崖先生詩集八卷　明吳溥撰　明刻本　十一行二十字黑口四周双边

四八二　兩京類藁三十卷　明楊榮撰　明正統刻本　十行二十字黑口四周双边

四八三　楊文敏公集二十五卷　明楊榮撰　附錄一卷　明正德十年刻本　十一行二十二字白口四周单边

四八四　楊文敏公集二十五卷　明楊榮撰　附錄一卷　明正德十年刻本（四庫底本）

四八五　楊文敏公集二十五卷　明楊榮撰　附錄一卷　明正德十年刻本　清丁丙跋

四八六　金文靖公集十卷　明金幼孜撰　外集一卷　明成化金昭伯刻弘治六年盧淵重修本　十一行二十一字黑口四周双边

四八七　楊文定公詩集七卷　明楊溥撰　明抄本

二二

四八八　淇園編四卷　明陳道潛撰　清康熙九年陳宸龍刻本　八行十九字白口四周双边

四八九　黃給諫遺稿一卷　明黃鉞撰　附錄一卷　清抄本　七行十八字无格

四九〇　遜志齋集三十卷拾遺十卷　明方孝孺撰　附錄一卷　明成化十六年郭紳刻本　十行二十二字黑口四周双边

四九一　遜志齋集三十卷　明方孝孺撰　明成化十六年郭紳刻本　清咸豐、楊晨跋

四九二　遜志齋集三十卷　明方孝孺撰　明成化十六年郭紳刻本（有抄配）　章梫跋

四九三　遜志齋集二十四卷　明方孝孺撰　附錄一卷　明正德十五年顧璘刻本　十行二十字白口四周单边

四九四　遜志齋集二十四卷　明方孝孺撰　附錄一卷　明嘉靖二十年蜀藩朱讓栩刻本　十行二十字白口四周单边

四九五　遜志齋集二十四卷　明方孝孺撰　附錄一卷　明嘉靖四十年王可大刻本　十行二十字白口左右双边

四九六　遜志齋集二十四卷　明方孝孺撰　附錄一卷　明嘉靖四十年王可大刻本　章梫跋

四九七　遜志齋集二十四卷　明方孝孺撰　附錄一卷　明嘉靖四十年王可大刻萬曆

四年重修本

遜志齋集二十四卷 明方孝孺撰 附錄一卷 拾遺一卷 清丁丙輯 明嘉靖四十年王可大刻萬曆四年重修本（拾遺清抄本） 清丁丙跋　四九八

方正學先生遜志齋集二十四卷 明方孝孺撰 外紀二卷 明姚履旋輯 明萬曆四十年丁賓等刻本 有圖像 十行二十字白口四周單邊　四九九

方正學先生遜志齋集二十四卷 明方孝孺撰 外紀二卷 明姚履旋輯 明萬曆四十年丁賓等刻清方志祁重修本 曹樓跋　五〇〇

方正學先生遜志齋集二十四卷 拾補一卷 明方孝孺撰 外紀一卷 年譜一卷 明崇禎十六年張紹謙刻本 十行二十字白口四周單邊　五〇一

新刊遜志齋文錦六卷 明方孝孺撰 宋旦輯 明隆慶元年金陵唐氏刻本 十行二十二字白口四周雙邊　五〇二

龔安節公野古集三卷 上周文襄公書一卷 明龔詡撰 安節先生年譜一卷 清龔挺撰 明崇禎八年龔挺刻清康熙補刻本 九行十九字白口四周雙邊　五〇三

繼志齋集十二卷 明王紳撰 清抄本 九行二十一字白口四周雙邊　五〇四

存八卷 二至九

王靜學先生文集三卷 明王叔英撰 首一卷 末一卷 清光緒十七年王棻抄本 清丁丙跋　五〇五

二十三

夏忠靖公集六卷 明夏原吉撰 遺事一卷 明弘治十三年袁經刻本 九行十七字白口四周雙邊　五〇六

夏忠靖集六卷 明夏原吉撰 附錄一卷 清眠雲精舍抄本 十行二十一字白口左右雙邊　五〇七

松月集一卷 明釋寄略撰 明永樂刻本 十一行二十字黑口四周雙邊　五〇八

松月集一卷 明釋寄略撰 清抄本 十一行二十一字元格　五〇九

松月集一卷 明釋寄略撰 清抄本　五一〇

大明太宗皇帝御製集□□卷 明成祖朱棣撰 明內府抄本 十行二十二字紅口四周雙邊　五一一

存二卷 三至四

勤有詩集一卷 文集一卷 明朱孟烷撰 明正統六年楚藩朱季垙刻本 九行十八字黑口四周雙邊　五一二

巢睫集五卷 明曾棨撰 明成化七年張絪刻本 十二行二十字黑口四周雙邊　五一三

巢睫集五卷 明曾棨撰 清初抄本 十二行二十字　五一四

巢睫集五卷 明曾棨撰 清抄本 九行二十字元格　五一五

刻曾西墅先生集十卷 明曾棨撰 明萬曆十九年吳期炤刻本 八行十六字白口左右雙邊　五一六

抑庵文集十三卷 明王直撰 明天順二年王穎刻本 十行二十二字黑口四周雙邊　五一七

重編王文端公文集四十卷 明王直撰 明王有霖刻本 十行二十字白口四周單邊　五一八

運甓漫稿七卷 明李禎撰 明天順三年鄭潤刻本（四庫底本） 葉彥勳跋 十行二十字大黑口四周雙邊　五一九

存三卷 五至七

王文安公詩集五卷 文集六卷 明王英撰 清葉氏樸學齋抄本 清丁丙跋　五二〇

王文安公詩集五卷 文集六卷 明王英撰 清宋氏榮光樓抄本 十行二十五字元格　五二一

覺非集十卷 明羅亨信撰 清羅普刻本 九行二十字白口四周單邊　五二二

章質菴先生集四卷 明章敞撰 明末晚閭刻本 八行二十字白口四周單邊　五二三

章質菴先生集四卷 明章敞撰 清抄本　五二四

明永樂甲申會魁禮部左侍郎會稽質庵章公文集不分卷 明章敞撰 附錄一卷 清抄本　五二五

古廉李先生詩集十一卷 明李時勉撰 明景泰七年姚堂刻本 十行二十字黑口四周雙邊　五二六

古廉李先生詩集十一卷 明李時勉撰 明景泰七年姚堂刻本 清孫星衍、葉志詵跋 葉啟勳跋　五二七

古廉李先生詩集十一卷 明李時勉撰 明景泰七年姚堂刻本 清丁丙跋　五二八

謚忠文古廉文集十二卷 明李時勉撰 明李氏世忠堂刻本 九行二十字白口四周雙邊　五二九

存十卷 一至十

二十四

謚忠文古廉文集六卷 明李時勉撰 清金氏文瑞樓抄本 十一行二十一字白口左右雙邊　五三〇

澹然居士文集十卷 明陳敬宗撰 明嘉靖十四年陳文譽、來汝賢刻本 十三行二十一字白口左右雙邊　五三一

澹然先生文集六卷 明陳敬宗撰 陳其柱輯 清抄本　五三二

南齋先生魏文靖公摘藁十卷 明魏驥撰 明弘治十一年洪鐘刻本 十行二十一字黑口四周雙邊　五三三

南齋先生魏文靖公摘藁十卷 明魏驥撰 附錄一卷 明弘治十一年洪鐘刻清康熙八年王余高重修本　五三四

東岡集十卷 明柯潛撰 明柯林林等刻本 十行十九字黑口四周雙邊　五三五

東岡文集十二卷 明柯潛撰 明嘉靖刻本 卷十一、十二係附錄 十行十九字白口左右雙邊　五三六

絅齋先生集三卷 二集十卷 三集十卷 明林環撰 明成化十三年林俊刻本 十行二十字白口四周雙邊　五三七

存十四卷 一集卷一、二集卷八至十、三集全

退翁文集六卷 明王淪撰 明嘉靖二十四年王朝賢刻本 十一行二十字白口四周單邊　五三八

砥菴集五卷 明邵廉撰 附錄一卷 明正統十年邵祥刻本 十二行二十四字黑口四周雙邊　五三九

鄞齋先生文集十二卷 明林誌撰 明范氏天一閣抄本 十行三十字　五四〇

存四卷 五至八

黄旂山先生文稿不分卷 明黄澤撰 清抄本 八行二十三字白口四周双边 五四一

旂山翁文集六卷 明黄澤撰 清抄本 十行二十四字无格 五四二

東行百詠集句九卷 明陳循撰 明刻本 十一行十八字黑口四周双边 存六卷 集句中、下 和中下 再和中下 五四三

芳洲文集十卷詩集四卷附錄一卷 明陳循撰 明萬曆二十一年陳以躍刻本 十行二十一字白口四周双边 五四四

芳洲文集續編六卷 明陳循撰 明萬曆四十六年陳以躍刻本 十行二十一字白口四周双边 五四五

歲寒集二卷附錄一卷 明孫瑀撰 明嘉靖七年孫喟刻本 十二行二十二字白口左右双边 五四六

歲寒集二卷附錄一卷 明孫瑀撰 清抄本 十二行二十二字无格 五四七

鷄肋集一卷 明鄭珞撰 明嘉靖十六年刻本 十行十八字白口左右双边 五四八

默庵詩集五卷 明曹義撰 明成化四年曹景刻本 十二行二十四字黑口四周双边 五四九

石溪集十一卷 明周叙撰 明刻成化六年周紫重修本 十行二十一字黑口四周双边 五五〇

石溪周先生文集八卷 明周叙撰 明萬曆二十三年周承超等刻本 卷八係附錄 十行二十一字白口四周双边 五五一

石溪周先生文集八卷 明周叙撰 清歐陽成注 明萬曆二十三年周承超等刻本 五五二

二十五

河汾詩集八卷 明薛瑄撰 明成化五年謝庭桂刻本 九行二十字黑口四周双边 五五三

敬軒薛先生文集二十四卷 明薛瑄撰 明弘治十六年李瀚刻遞修本 十一行二十二字黑口四周双边 五五四

敬軒薛先生文集二十四卷附錄二卷 明薛瑄撰 明萬曆張銓刻本 十行二十字白口四周双边 五五五

文清公薛先生文集二十四卷 明薛瑄撰 明萬曆四十二年薛士弘刻本 十行二十字白口四周双边 五五六

薛文清公文集二十三卷附錄一卷 明薛瑄撰 明末抄本 十行二十字白口四周單边 五五七

文清公薛先生文集二十四卷 明薛瑄撰 行實錄五卷 清雍正十二年薛氏刻乾隆印本 有像 十行二十字 行實錄十行十八字白口四周双边 五五八

薛文清公全錄四十七卷 明薛瑄撰 陳棐校 明嘉靖三十五年趙府味經堂刻萬曆印本 十一行二十二字白口左右双边 敬軒薛先生文集二十四卷、薛文清公讀書錄十一卷、讀書續錄十二卷 五五九

薛文清公全集四十卷 明薛瑄撰 附錄一卷 明嘉靖刻本 十行二十字白口四周單边 有刻工、劉清、叶修、列寿 五六〇

薛文清公全集四十卷 明薛瑄撰 附錄一卷 明萬曆四十三年崔爾進刻本 十行二十字白口四周單边 五六一

薛文清公從政名言一卷 明薛瑄撰 明崇禎十六年薛繼言薛昌胤刻本 十行十八字白口四周單边 五六二

兩谿文集二十四卷 明劉球撰 明成化六年劉鉞等刻本 十行二十字黑口四周双边 五六三

兩谿先生詩集四卷 明劉球撰 明成化十六年劉鉞等刻本 十行二十字黑口四周双边 五六四

兩谿文集二十四卷詩集四卷 明劉球撰 清乾隆三十五年三十八年安成劉氏刻本 十行二十字白口四周双边 五六五

節菴存稿不分卷 明于謙撰 明成化十二年于冕刻本 王禮培跋 十一行二十三字黑口四周双边 五六六

于肅愍公集八卷附錄一卷 明于謙撰 明嘉靖六年大梁書院刻本 九行二十一字白口四周双边 五六七

于肅愍公集八卷附錄一卷 明于謙撰 明嘉靖六年大梁書院刻本（卷三至五配清抄本） 清丁丙跋 五六八

于忠肅公集五卷 明于謙撰 附錄一卷 明刻清修本 九行二十字白口左右双边 五六九

于忠肅公集十二卷 明于謙撰 附錄四卷 明天啟元年孫昌裔刻本 九行二十字白口左右双边 五七〇

二十六

于忠肅公集十卷 明于謙撰 清于繼先輯 清康熙刻本（卷三至五配清抄本） 十行二十四字黑口四周單边 五七一

忠肅公和梅花百詠一卷 明于謙撰 清康熙六十年于繼先刻本 九行二十字白口四周單边 五七二

閩高待詔詩集五卷 明高棅撰 明萬曆刻本 九行十九字白口四周單边 五七三

高漫士詩集□卷 明高棅撰 明姚宗甲抄本 八行十八字无格 存九卷 一至二、五至十一 五七四

三山翰林院典籍高漫士木天清氣詩集不分卷 明高棅撰 明怡顏堂抄本 十行二十二字白口左右双边 五七五

高漫士木天清氣集十四卷 明高棅撰 清金氏文瑞樓抄本 十一行二十一字白口左右双边 五七六

王皆山先生白雲樵唱二卷 明王恭撰 明抄本（四庫底本） 九行二十字 五七七

草澤狂歌五卷 明王恭撰 清抄本 九行十八字无格 五七八

張修撰遺集四卷 明張洪撰 附錄一卷 清陳撰抄本 九行二十五字无格 五七九

張修撰遺集八卷 明張洪撰 附錄一卷 清橘琴山館抄本 清趙宗建丁祖蔭校 九行二十二字白口四周双边 五八〇

友梅集不分卷 明李亮撰 清抄本 九行二十五字无格 五八一

吴文恪公大全集十卷　明吴訥撰　清抄本　十行二十三字四周單边无格　五八二
吴文恪公大全集十卷　明吴訥撰　清抄本　五八三
思菴先生文粹十一卷　明吴訥撰　明嘉靖二十七年范來賓刻本　十行二十字白口四周單边　五八四
思菴先生文粹十一卷　明吴訥撰　清曹炎抄本　十行十九字　五八五
思菴先生文粹十一卷　明吴訥撰　清抄本　五八六
思菴先生文粹十一卷　明吴訥撰　清抄本　十行二十四字无格　五八七
思菴先生文粹十一卷附録一卷　明吴訥撰　清抄本　十行二十四字无格　五八八
思菴先生文粹二卷　明吴訥撰　清趙宗建校　清光緒十四年常熟趙氏舊山樓抄本　十行二十字无格　五八九
觀光詩集二卷助教倰先生詩集四卷文集四卷　明倰復撰　清金氏文端樓抄本　清宋賓王校並抄補　十一行二十二字白口左右双边　五九〇
觀光詩集二卷助教倰先生詩集二卷文集四卷　明倰復撰　清金氏文端樓抄本　十一行行字不等黑格白口左右双边　五九一
觀光詩集二卷助教倰先生文集四卷　明倰復撰　清抄本　清丁丙跋　五九二
坦菴先生文集八卷　明梁本之撰　清初刻本　九行二十字白口左右双边　五九三

十七

柳莊集一卷　明袁珙撰　明崇禎七年袁茂蘭抄本　九行二十一字黑格　五九四
柳莊先生詩集一卷　明袁珙撰　清徐時棟校並跋　清同治十一年徐氏煙嶼樓抄本　十一行二十一字細黑口四周双边　五九五
雪溪漁唱集十卷補遺一卷附録一卷　明鮮平撰　明景泰刻本（補遺、附録配清抄本）　清丁丙跋　十二行二十八字黑口四周双边　五九六
一存十卷一至八、補遺全、附録全
棋讀先生存稿十卷附録五卷　明楊自懲撰　明弘治十八年楊守阯刻本　十二行二十二字黑口四周双边　五九七
東里詩集三卷文集二十五卷續編六十二卷別集五卷　明楊士奇撰　明嘉靖二十八年黄如桂刻本　十一行二十字白口四周單边　五九八
東里詩集三卷文集二十五卷續編六十二卷別集五卷附録四卷　明楊士奇撰　明嘉靖二十八年黄如桂刻本　清黄彦穫跋　五九九
東里詩集三卷　明楊士奇撰　明正統刻重修本　十行行約二十字黑口四周双边　六〇〇
東里文集二十五卷　明楊士奇撰　明正統刻本　十行二十字黑口四周双边　六〇一
東里文集二十五卷　明楊士奇撰　明正統刻正德十年沈玹補修本　六〇二
東里文集二十五卷　明楊士奇撰　明萬曆刻本　九行十八字白口左右双边　六〇三
東里文集二十五卷　明楊士奇撰　明萬曆刻遞修本　九行十八字白口左右双边　六〇四
東里文集二十五卷　明楊士奇撰　明刻本　十行二十字白口四周双边　六〇五
楊東里先生題跋一卷　明楊士奇撰　題畫詩一卷　清李錫曉輯　清同治三年翁韻閣抄本題畫詩李錫曉抄本　清王振聲跋　六〇六
愼獨齋詩集十六卷　明趙文撰　清抄本　六〇七
鳴秋集二卷　明趙迪撰　清乾隆三年陳作楫抄本　九行二十字黑格四周双边　六〇八
鳴秋集二卷　明趙迪撰　清抄本　十行二十字无格　六〇九
鳴秋集二卷　明趙迪撰　趙南海詩一卷　明趙壯撰　清抄本　清丁丙跋　六一〇
新雕古今名姝香臺集三卷　明瞿佑撰　明萬曆三衢葉氏如山堂刻本　九行二十字白口四周單边　六一一
劉文恭公詩集六卷　明劉鉉撰　行實一卷　明嘉靖二十八年劉䥴刻本　十行二十字白口左右双边　六一二
使蜀稿二卷　明劉惟□撰　明永樂八年刻本　十行二十四字黑口四周双边　六一三
存零葉卷上六葉、卷下五葉

十八

龍溪陳先生文集五卷　明陳昭撰　附録一卷　明正統顧言刻本　十行二十字黑口四周双边　六一四
宜秋集四卷　明周玄撰　清抄本　清廖楠跋　十行二十六字无格　六一五
職方周先生詩文集二卷　明周鳴撰　明正統刻本　九行二十一字黑口四周双边　六一六
存一卷一
覺非齋文集二十八卷　明金實撰　附録一卷　明成化元年唐瑜刻本　十二行二十二字黑口四周双边　六一七
覺非齋文集二十八卷　明金實撰　附録一卷　明成化元年唐瑜刻本　清丁丙跋　六一八
大明仁宗皇帝御製集二卷　明仁宗朱高熾撰　明內府抄本　六一九
存目録
怡庵文集二十卷　明陳繼撰　明刻本　十行十九字細黑口四周双边　六二〇
存四卷十七至二十
陳檢討文集二十卷　明陳繼撰　附録一卷　清抄本　十行二十二字无格　六二一
大明宣宗皇帝御製集四十四卷　明宣宗朱瞻基撰　明內府抄本　十行二十二字　六二二

紅格四周双边
存四卷 五至八

六二三 宣廟御製總集不分卷 明宣宗朱瞻基撰 清金氏文瑞樓抄本 十一行二十一字白口左右双边

六二四 馬學士文集八卷 明馬愉撰 明嘉靖四十一年遼府朔刻本 八行二十二字白口四周單边

六二五 尚約居士集口口卷 明蕭鎡撰 明弘治蕭昉刻本 十二行二十三字黑口四周双边 存十一卷 一至十二

六二六 王氏綠野堂遺編二卷 明王來撰 明萬曆王福徵刻本 九行十八字白口四周双边

六二七 淡軒先生詩文集十二卷補遺一卷 明林文撰 明嘉靖四十五年林炳章刻本 九行十八字白口左右双边

六二八 淡軒先生詩文集十二卷補遺一卷 明林文撰 明末刻本 九行十八字白口左右双边

六二九 竹坡詩集二十八卷 明吳節撰 王儉輯 明師善堂刻本 十行十八字黑口四周双边

六三〇 勿齋詩稿一卷遺稿一卷 明陳嘉猷撰 清抄本

六三一 丹城稿不分卷 明范理撰 稿本

六三二 古穰文集三十卷 明李賢撰 明成化十年李璋刻本 十一行二十二字黑口四周双边

二九

六三三 古穰文集三十卷 明李賢撰 明成化十年李璋刻萬曆四十六年李弘勳重修本

六三四 天全翁集口口卷 明徐有貞撰 清初抄本 存五卷

六三五 拙菴集四卷 明李紹撰 明刻本 十行二十字白口四周双边

六三六 章全名先生文集一卷 明章珪撰 清初抄本 清魚元傅跋 十行二十字

六三七 充然子詩文集一卷 明顧懋撰 清初抄本

六三八 符臺外集不分卷 明袁忠徹撰 明刻本 十一行二十字黑口四周双边

六三九 符台外集二卷 明袁忠徹撰 清明霞樓抄本 九行二十一字白口四周單边

六四〇 東原集七卷 明杜瓊撰 明張習抄本 明俞弁、清黃丕烈邵淵耀跋

六四一 東原集七卷 明杜瓊撰 清抄本 九行二十字无格

六四二 杜東原詩集一卷文集一卷補遺一卷 明杜瓊撰 清抄本 清丁丙跋

六四三 杜東原雜著一卷補遺一卷 明杜瓊撰 清抄本 十行二十一字无格

六四四 覺非先生文集五卷 明羅泰撰 清樸學齋抄本 十行二十二字黑格白口左右双边

六四五 誠齋牡丹譜一卷牡丹百詠一卷梅花百詠一卷玉堂春百詠一卷 明朱有燉撰 明宣德刻本 九行二十字黑口四周双边

六四六 誠齋錄四卷新錄一卷牡丹百詠一卷梅花百詠一卷玉堂春百詠一卷 明朱有燉撰 明嘉靖十二年周藩刻本（誠齋錄卷三、四配抄本） 九行二十字黑口四周双边

六四七 誠齋牡丹百詠一卷梅花百詠一卷 明朱有燉撰 清抄本 清丁丙跋

六四八 元宮詞一卷 明朱有燉撰 清抄本

六四九 畏菴集十卷 明周旋撰 明成化十九年劉遜刻本 十行二十字黑口四周双边

六五〇 畏菴周先生文集十卷 明周旋撰 明崇禎元年周應期刻本 九行二十字白口四周双边

六五一 呆齋前稿十六卷存稿十卷續稿五卷 明劉定之撰 明刻萬曆二十二年楊一桂補刻本 十六行二十七、二十八字黑口四周双边

六五二 劉文安公呆齋先生策略十卷 明劉定之撰 劉稼等註 年譜一卷 清劉世選刻本 九行二十字白口四周單边

六五三 十科策略箋釋十卷 明劉定之撰 清雍正刻本 九行二十字白口四周單边

六五四 完菴集不分卷 明劉珏撰 明正德刻本 十行十八字黑口四周單边

六五五 重刻完菴劉先生詩集二卷 明劉珏撰 明萬曆二十二年刻本 十行二十字白口四周双边

三十

六五六 完菴劉先生詩集二卷 明劉珏撰 清抄本 十行二十三字无格

六五七 完菴集四卷 明劉珏撰 清抄本

六五八 遼海編四卷 明倪謙撰 明成化五年倪岳刻本 十行十八字黑口四周双边

六五九 倪文僖公集三十二卷 明倪謙撰 明弘治六年倪岳刻本 十一行二十二字黑口四周双边

六六〇 倪文僖公集三十二卷 明倪謙撰 明弘治六年倪岳刻本 清丁丙跋

六六一 楊宜閒文集口口卷 明楊璿撰 明刻本 十行十八字黑口四周双边 存六卷 一至六

六六二 楊宜閒詩集六卷文集十三卷 明楊璿撰 明寶勅堂刻本 十行十八字白口左右双边

六六三 呂文懿公全集十二卷 明呂原撰 明嘉靖四十三年呂科等刻本 十行二十一字白口四周双边

六六四 呂文懿公全集十二卷 明呂原撰 明嘉靖四十三年呂科等刻本 清丁丙跋

六六五 姚文敏公遺稿十卷附錄一卷 明姚夔撰 明弘治姚璽刻本 十二行二十二字白口左右双边

六六六 沈蘭軒集五卷 明沈彬撰 明刻本 十行二十字白口左右双边

六六七 項襄毅公遺稿一卷 明項忠撰 實紀四卷年譜五卷附錄一卷 明萬曆項皋謨刻本 九行十九字白口左右双边

存七卷遺稿一卷、實紀四卷、年譜一卷、附錄一卷

六六八 項襄毅公遺稿一卷 明項忠撰 清抄本 九行二十一字无格

六六九 韓襄毅公家藏文集□□卷 明韓雍撰 明莉溪草堂刻本 十行十八字白口左右双边 存三卷 二至四

六七〇 東安李都憲先生文集五卷 明李侃撰 明弘治六年李德仁刻本 十二行二十二字黑口四周双边

六七一 商文毅公集十一卷 明商輅撰 明隆慶六年鄭廣齡刻本 十行二十字白口四周双边

六七二 商文毅公集十卷 明商輅撰 明萬曆三十年劉體元刻本 十行二十字白口四周双边

六七三 商文毅公集十卷 明商輅撰 明萬曆三十年劉體元刻本 清丁丙跋

六七四 商文毅公全集三十卷 明商輅撰 明萬曆刻本 九行十九字白口左右双边

六七五 商文毅公集六卷 明商輅撰 清順治十四年商德協刻本 十行二十二字白口左右双边

六七六 幸學詩跋一卷 明葉盛撰 稿本 清葉國華跋 黄國瓉題詩並跋 葉恭綽跋

六七七 涇東小藁九卷 明葉盛撰 明弘治刻本 十行二十一字細黑口左右双边

六七八 菉竹堂藁八卷 明葉盛撰 明嘉靖八年葉棻刻本 明葉恭煥、葉吉恩跋 十二行二十一字黑口左右双边

六七九 葉文莊公全集三十卷 明葉盛撰 清康熙葉氏賜書樓刻乾隆印本 十一行二十一字黑口左右双边

六八〇 葉文莊公全集十六卷 明葉盛撰 清葉氏五百經幢館抄本

六八一 卞郎中詩集七卷 明卞榮撰 明成化十六年吳綖刻本 十一行二十一字黑口四周双边

六八二 卞郎中詩集七卷 明卞榮撰 明成化十六年吳綖刻本 李盛鐸跋 存一卷

六八三 認真子集三卷 明朱英撰 附錄三卷 清乾隆十六年朱英刻本 十行二十二字白口四周双边

六八四 白沙先生詩近藁十卷 明陳獻章撰 明弘治九年吳廷舉刻本 九行十五字黑口四周双边

六八五 白沙先生全集二十卷 明陳獻章撰 明弘治十八年羅僑刻正德二年林齊補刻本 九行十八字黑口四周双边

六八六 白沙先生全集二十卷 明陳獻章撰 明刻本 十行二十一字白口四周双边

六八七 白沙先生全集二十一卷 明陳獻章撰 明嘉靖三十年蕭世延刻本 九行二十字白口四周單边

六八八 白沙先生全集二十一卷 明陳獻章撰 明萬曆元年何子明刻本 九行二十字白口四周單边

六八九 白沙先生全集二十一卷 明陳獻章撰 明萬曆三十二年許鈇賦刻本 九行二十字白口四周單边

六九〇 白沙子八卷 明陳獻章撰 明嘉靖十二年卞來刻本 九行十八字白口左右双边

六九一 白沙子全集九卷 明陳獻章撰 附錄一卷 明萬曆四十年何上新刻本 九行十八字白口四周單边

六九二 白沙子全集九卷 明陳獻章撰 附錄一卷 明萬曆四十年何上新刻本 清丁丙跋

六九三 白沙子全集九卷 明陳獻章撰 附錄一卷 明萬曆四十年何上新刻本 葉景葵題識

六九四 白沙子全集九卷 明陳獻章撰 附錄一卷 清順治十二年黄之正刻本 九行十八字白口四周單边

六九五 白沙先生遺詩補集六卷 明陳獻章撰 袁奎輯 明萬曆十二年袁奎刻本 九行二十字白口四周双边

六九六 白沙先生文編六卷 明陳獻章撰 廖伯元輯 年譜一卷 明王弘誨撰 明萬曆十一年郭惟賢、汪應蛟等刻本 十行二十一字白口无格左右双边

六九七 白沙先生詩教解十五卷 明陳獻章撰 湛若水輯解 明嘉靖馬莳刻本 十行二十字白口左右双边

六九八 白沙先生詩教解十卷 明陳獻章撰 湛若水輯解 明隆慶元年李荷刻本 九行二十六字白口左右双边

六九九 白沙先生全集十二卷詩教解十五卷 明陳獻章撰 首一卷 明天啟元年王安舜刻本 九行十九字白口左右双边

七〇〇 彭文憲公集八卷 明彭時撰 明成化十八年彭頤刻本 十行二十字黑口四周双边

七〇一 類博稿十卷 明岳正撰 附錄二卷 明嘉靖八年任慶雲刻本 十行二十字黑口四周双边

七〇二 類博稿十卷 明岳正撰 明嘉靖十八年吳達刻本 九行十八字白口四周單边

七〇三 類博稿十卷 明岳正撰 明嘉靖徐毅第刻本 九行二十字白口四周双边

七〇四 類博稿十卷 明岳正撰 附錄二卷 清吳氏繡谷亭抄本 十行二十字黑格白口四周單边

七〇五 類博稿十卷 明岳正撰 清抄本

七〇六 古直先生文集十六卷 明劉珝撰 附錄一卷 明嘉靖三年劉鈗刻本 十行二十字白口左右双边

七〇七 劉文和公集十六卷 明劉珝撰 附錄一卷 明嘉靖刻本 十行二十字白口左右双边

七〇八 王端毅公文集九卷 明王恕撰 明嘉靖三十一年喬世寧刻本 十行二十字白口四周單边

七〇九 平橋藁十八卷 明鄭文康撰 附錄一卷 清康熙三十二年鄭起泓鄭定遠刻本 八行十八字白口四周双边

七一〇 平橋藁十八卷 明鄭文康撰 清抄本 十行二十字无格

七一一 壽梅集二卷 明朱元振撰 明嘉靖刻本 八行十六字白口左右双边

七一二 素軒集十二卷 明沐昂撰 明刻本 清丁丙、丁立中跋 十行二十字黑口四周双边

七一三 襪線集五卷 明史忱撰 明弘治四年史誠刻本 十行十八字黑口四周双边

七一四 土苴集二卷 明周鼎撰 附錄一卷 清初抄本

七一五 土苴集二卷集外詩一卷續集六卷 明周鼎撰 附錄

一卷　清抄本

土苴集一卷　明周鼎撰　清抄本　九行十九字无格　七一六

竹巖集十八卷補遺一卷續補遺一卷　明柯潜撰　附錄一卷　清雍正十一年柯潮刻本　十行二十字白口左右双边　七一七

竹巖先生文集十二卷　明柯潜撰　清范氏天一閣抄本　十一行二十五字小红格四周双边　七一八

竹巖先生文集十二卷　明柯潜撰　清抄本　清丁丙跋　七一九

思軒文集二十三卷　明王㒜撰　附錄一卷　明弘治刻本　十行二十一字黑口四周双边　七二〇

王文肅公集十二卷　明王㒜撰　明正德刻本　十行十九字白口左右双边　七二一

畏齋存藁一卷　明林鶚撰　附錄五卷　明正德八年林徵刻本　有像　十行二十一字黑口四周双边　七二二

畏齋存稿□卷　明林鶚撰　明嘉靖刻本　有像　十行二十一字白口四周双边　存一卷　七二三

畏齋存藁二卷　明林鶚撰　明萬曆五年林元棟刻本　有像　十行二十一字白口四周双边　七二四

楊文懿公文集三十卷　明楊守陳撰　明弘治十二年楊茂仁刻本　十二行二十二字黑口四周双边　七二五

楊文懿公文集三十卷　明楊守陳撰　明弘治十二年楊茂仁刻本　清丁丙跋　七二六

楊文懿公文集二十六卷　明楊守陳撰　明萬曆十六年楊德政刻本　九行二十字白口四周双边　晉庵稿一卷　東觀稿八卷　金坡稿七卷　鏡川稿五卷　桂坊稿四卷　銓部稿一卷　七二七

楊文懿公文集三十六卷　明楊守陳撰　明萬曆十六年楊德政刻二十八年增修本　九行二十字白口四周双边、歟奏稿講學集四周单边　晉庵稿一卷　東觀稿八卷　金坡稿七卷　歟奏稿四卷　講學集中庸私抄一卷　鏡川稿五卷　桂坊稿四卷　銓部稿一卷　講學集大學私抄一卷　講學集詩私抄一卷　七二八

枕肱亭文集二十卷目錄二卷　明童軒撰　金章輯　附錄二卷　明成化六年萬儒刻本　十一行十八字黑口四周双边　七二九

清風亭稿八卷　明童軒撰　李澄輯　明成化刻本　十行十八字黑口四周双边　存二十二卷　詩二至十、文集、目錄全、附錄一　七三〇

黎陽王太傅詩選一卷　明王越撰　楊儀輯　明正德三年楊儀石様刻本　九行十七字白口四周双边　七三一

黎陽王太傅詩文集二卷　明王越撰　明嘉靖九年刻本　十行二十字黑口左右双边　七三二

黎陽王襄敏公疏議詩文輯略二卷　明王越撰　王紹思輯　明嘉靖三十二年中山徐氏刻本　九行二十字黑口四周双边　七三三

黎陽王襄敏公集四卷　明王越撰　年譜一卷　明王紹雍王正蔵撰　明萬曆十三年任貴元刻本　十行二十字白口四周双边　七三四

馬端肅公詩集一卷　明馬文升撰　明萬曆十八年馬懋刻本　清丁丙跋　九行二十二字大黑口四周单边　七三五

瓊臺吟藁十卷　明丘濬撰　明弘治五年蔣冕潢刻本　十行十八字黑口四周双边　七三六

瓊臺類稿七十卷　明丘濬撰　明弘治刻本　十行十九字黑口四周双边　七三七

瓊臺會稿十二卷　明丘濬撰　明嘉靖三十二年鄭廷鵠刻本　十一行二十四字白口四周双边　七三八

瓊臺會稿十二卷　明丘濬撰　明萬曆八年劉焯馬千乘刻本　十一行二十四字白口四周双边　七三九

瓊臺會稿十二卷　明丘濬撰　明萬曆四十一年丘爾穀刻本　十一行二十四字白口四周单边　七四〇

瓊臺會稿十二卷　明丘濬撰　明抄本　十一行二十四字藍格　七四一

瓊臺詩文會稿重編二十四卷　明丘濬撰　明天啟丘爾穀等刻本　九行二十字白口四周单边　七四二

瓊臺詩文會稿重編二十四卷　明丘濬撰　明天啟丘爾穀等刻清康熙二十二年佟湘年補刻本　九行二十字白口四周单边　七四三

方洲張先生文集四十卷　明張寧撰　明弘治五年許清刻本　十二行二十三字黑口四周双边　七四四

方洲先生集二十六卷讀史錄六卷　明張寧撰　明萬曆錢世熙等刻本　九行十九字白口左右双边　七四五

彭文思公文集十卷　明彭華撰　明弘治十六年刻本　九行十七字白口左右双边　七四六

彭文思公文集四卷　明彭華撰　附錄一卷　明萬曆四十年彭汝楠刻彭氏二文合集本　十行二十四字白口四周单边　七四七

椒丘文集三十四卷　明何喬新撰　外集一卷　明嘉靖元年余瑩刻本　十一行二十二字黑口四周单边　七四八

椒丘文集三十四卷　明何喬新撰　外集一卷　明嘉靖元年余瑩刻本　清丁丙跋　七四九

文肅公文集三十四卷　明何喬新撰　外集一卷　清康熙三十三年何源濬何三臺等刻本　九行二十三字白口左右双边　七五〇

逸志堂净稿十九卷　明謝省撰　明刻本（卷一至二清謝作舟抄配缺葉）八行十八字黑口四周双边　存十卷　一至十　七五一

草窗集二卷　明劉溥撰　明成化十六年劉氏刻本　十一行二十一至二十三字黑口四周双边　七五二

冰壑先生詩集四卷　明潘寅撰　清經鉏堂刻本　九行二十一字小字双行同白口左右双边　七五三

聯錦詩集二卷　明夏宏撰　明景泰刻本　十行二十一字細黑口四周双边　七五四

七五五 東谷遺藁十三卷 明湯胤勣撰 明成化十四年孫湯鼐刻本 十行二十字黑口四周雙边

七五六 鄠邑形勝賦一卷 清抄本 八行二十四字无格

七五七 竹室內集一卷外集一卷 明釋淨倫撰 明弘治刻本 清丁丙跋 十一行二十字黑口四周雙边

七五八 黎文僖公集十七卷 明黎淳撰 明嘉靖三十五年陳世雨刻本 十一行二十一字白口四周雙边

七五九 桂坡集後集九卷 明左贊撰 明刻本 十行二十字白口左右雙边

七六〇 彭惠安公文集十一卷 明彭韶撰 明萬曆彭維業刻本 十行二十字小字雙行同白口四周雙边

七六一 徐康懿公餘力藁十二卷 明徐貫撰 明徐健刻本 九行二十字白口四周雙边

七六二 謝文莊公集六卷 明謝一夔撰 明嘉靖四十一年謝廷傑刻本 十行二十字白口左右雙边
存三卷 四至六

七六三 謝文莊公集六卷 明謝一夔撰 明抄本 佚名校 十行三十字无格
存五卷 一至五

七六四 巽川祁先生文集十六卷附錄二卷 明祁順撰 清康熙二年任蘇堂刻本 九行二十字白口四周單边

七六五 恭愍公遺稿不分卷 明陳選撰 清抄本 九行二十字白口无格

七六六 定庵集五卷榮壽錄一卷 明張悅撰 明弘治十七年劉瓛刻本 九行二十一字黑口四周雙边

七六七 東園鄭先生文集續編十三卷附錄一卷 明鄭紀撰 明刻本 九行二十字白口四周雙边

七六八 五峰遺稿二十四卷 明秦夔撰 明嘉靖元年秦鉞等刻本 十行二十字白口四周單边

七六九 彭東瀧先生遺稿四卷 明彭教撰 明萬曆三十八年孫之益刻本 九行二十二字白口四周雙边

七七〇 東祀錄三卷附一卷 明李東陽撰 明弘治刻本 九行十八字黑口四周雙边

七七一 東祀錄三卷 明李東陽撰 明正德元年王麟刻本 有圖 八行十八字黑口四周雙边

七七二 懷麓堂詩稿二十卷文稿三十卷詩後稿十卷文後稿三十卷南行稿一卷北上錄一卷講讀錄一卷東祀錄三卷集句錄一卷集句後錄一卷哭子錄一卷求退錄三卷 明李東陽撰 明正德十一年熊桂刻本 十行二十字白口四周單边

七七三 懷麓堂詩續藁八卷文續藁十二卷補遺一卷 明李東陽撰 明正德十二年張汝立刻本 十行二十字白口四周單边

七七四 懷麓堂詩續藁八卷 明李東陽撰 明正德十二年張汝立刻本 清陳鱣跋
存四卷 一至四

七七五 懷麓堂全集一百卷 明李東陽撰 清康熙二十年廖方達刻本 十行二十字白口四周單边
詩稿二十卷 文稿三十卷 詩後稿十卷 文後稿三十卷 詩文續稿十卷

七七六 懷麓堂稿九十卷 明李東陽撰 清初抄本 十行二十字白口四周單边

七七七 擬古樂府二卷 明李東陽撰 謝鐸、潘辰評點 何孟春音註 明正德十三年顧巡刻本 十行二十字小字雙行十六至二十字白口四周雙边

七七八 擬古樂府二卷 明李東陽撰 謝鐸、潘辰評點 何孟春音註 明李一鵬刻本 十行二十字白口四周雙边

七七九 擬古樂府二卷 明李東陽撰 謝鐸、潘辰評點 何孟春音註 明刻本 十行二十字白口四周雙边

七八〇 擬古樂府二卷 明李東陽撰 謝鐸、潘辰評點 何孟春音註 明嘉靖三十一年唐允臣刻本 十行十八字白口四周單边

七八一 西崖先生擬古樂府二卷 明李東陽撰 謝鐸、潘辰評點 何孟春音註 明釋祩宏刻本 九行二十字小字雙行同白口左右雙边

七八二 西崖先生擬古樂府二卷 明李東陽撰 謝鐸、潘辰評點 何孟春音註 明釋祩宏刻本 清丁丙跋

七八三 擬古樂府二卷 明李東陽撰 何孟春解 謝鐸、潘辰評 明魏椿刻本 八行十六字小字雙行同白口四周雙边

七八四 擬古樂府二卷 明李東陽撰 謝鐸、潘辰評點 陳建通考 明刻本 九行二十字小字雙行十九字白口四周單边

七八五 穀庵集選十卷 明姚綬撰 附錄二卷可閒先生逸稿一卷 明姚黼撰 明嘉靖三十七年姚堦刻後印本 九行十七字細黑口左右雙边

七八六 穀庵集選十卷 明姚綬撰 附錄二卷 明嘉靖三十七年姚堦刻本 清丁丙跋

七八七 閔莊懿公詩集八卷 明閔珪撰 明萬曆十年閔一范刻本 九行十八字白口四周雙边

七八八 青谿漫藁二十四卷 明倪岳撰 明正德刻本 清丁丙跋 十一行二十二字大黑口四周雙边

七八九 桃溪淨稿八十四卷 明謝鐸撰 明刻本 十行二十字白口四周單边
文三十九卷、詩四十五卷

七九〇 桃溪類稿六十卷附錄一卷 明謝鐸撰 明嘉靖謝適然刻本 十行二十字白口四周單边
存五十一卷 一、七至十、十五至六十

七九一 愧齋先生文粹十卷附錄一卷 明陳音撰 明嘉靖三年鄭光琬刻本 十行二十字白口左右雙边

七九二 愧齋文粹五卷附錄一卷 明陳音撰 清范氏天一閣抄本 十一行二十五字白口四周雙边

七九三 東山詩集二卷 明劉大夏撰 明正德十六年李承勛刻本 十行二十字白口左右雙边

七九四 東山詩集二卷 明劉大夏撰 明刻本 八行十七字白口四周單边

七九五 滄洲詩集十卷續集二卷附錄一卷 明張泰撰 明弘治三年成桂刻 嘉靖十三年毛淵修補增刻本 十行十八字白口四周雙边

七九六 滄洲詩集十卷續集二卷附錄一卷 明張泰撰 清初抄本 十行十八

字白口四周單边
七九七 石谷達意稿三十四卷 明吳伯通撰 明正德汪城刻本 十一行二十字白口左右双边
七九八 康齋先生文集十三卷 明吳與弼撰 附錄一卷 明弘治七年吳泰刊本 十行二十一字黑口四周双边
七九九 康齋先生文集十三卷 明吳與弼撰 附錄一卷 明弘治七年吳泰刻本 清丁丙跋
八〇〇 康齋先生文集十二卷 明吳與弼撰 附錄一卷 明正德十年彭杰刻本 十行二十字白口四周單边
八〇一 康齋先生文集十二卷 明吳與弼撰 附錄一卷 明嘉靖五年林維德刻本 十行二十一字黑口四周單边
八〇二 康齋先生文集十二卷 明吳與弼撰 附錄一卷 明崇禎五年陳懋德刻本 十行二十一字黑口四周單边
八〇三 重刻康齋吳先生集選一卷 明吳與弼撰 吳撝謙輯 明萬曆三十九年吳撝謙刻本 十行二十字白口四周單边
八〇四 感樓集一卷 明賀甫撰 附錄一卷 明刻本 九行十七字細黑口四周單边間左右双边

三七

八〇五 敬齋集三卷居業錄要語四卷胡子粹言三卷 明胡居仁撰 明刻本 十行二十二字黑口四周双边
八〇六 敬齋集三卷 明胡居仁撰 李楨校 明刻本 九行二十字白口四周單边
八〇七 南坡詩稿十五卷 明趙輔撰 明刻本 十行二十一字黑口四周双边
存八卷 八至十五
八〇八 布衣陳先生存稿八卷 明陳真晟撰 明正德十一年林魁刻本 十行二十字白口四周双边
八〇九 布衣陳先生存稿九卷 明陳真晟撰 明萬曆李戴刻本 九行二十字白口四周双边
八一〇 雪崖雜集不分卷 明陳喆撰 明抄本 十一行二十二字无格
八一一 懶仙竹林漫錄三卷 明刻本 八行十五字白口四周双边
八一二 恩紀詩集七卷含春堂藁一卷 明朱祐杬撰 明嘉靖五年司禮監刻本 九行十五字黑口四周双边
八一三 括囊稿一卷 明文洪撰 清金上震抄本 十行二十字紅格
八一四 括囊稿一卷 明文洪撰 清抄本 九行二十字无格
八一五 施信陽文集七卷 明施文顯撰 明嘉靖元年施達原施顯刻本 九行十八字細黑口左右双边
存四卷 一至四

八一六 思玄集十六卷 明桑悅撰 附錄一卷 明萬曆二年桑大協活字印本 十行二十一字白口四周單边
八一七 思玄集十六卷 明桑悅撰 明萬曆二年桑大協活字印本（四庫底本）
存八卷 六至七、十一至十六
八一八 思玄集十六卷 明桑悅撰 徐威註 附錄一卷 明萬曆四十四年翁憲祥刻本 十行二十一字白口四周單边
八一九 思玄集十六卷 明桑悅撰 徐威註 附刻一卷 明萬曆四十四年翁憲祥刻本
八二〇 思玄集十六卷 明桑悅撰 徐威註 清雍正四年謝浦泰抄本 十行二十一字黑格
八二一 一峯先生文集十一卷 明羅倫撰 明正德十一年羅幹刻本 十行十九字白口左右双边
八二二 一峰先生文集十四卷 明羅倫撰 明嘉靖二十八年張言刻本 十行十九字白口四周單边
八二三 一峰先生文集十四卷 明羅倫撰 明嘉靖二十八年張言刻本 清丁丙跋
八二四 一峰先生文集十四卷 明羅倫撰 明萬卷樓刻本 有圖 十行二十二字白口四周單边
八二五 重校一峰先生集十卷 明羅倫撰 明萬曆十八年吳期炤刻本 九行十八字白口左右双边
八二六 重校一峰先生集十卷 明羅倫撰 明萬曆十八年吳期炤刻本 清丁丙跋
八二七 重刻一峯先生集十卷 明羅倫撰 明活字印本 八行十六字白口四周單边
八二八 篁墩程先生文集九十三卷拾遺一卷 明程敏政撰 明正德二年何歆刻本 十三行二十七字白口四周單边（卷一至七为左右双边）
八二九 篁墩程先生文集九十三卷拾遺一卷 明程敏政撰 明正德二年何歆刻本 清丁丙跋

三八

八三〇 篁墩程先生文集九十四卷 明程敏政撰 明嘉靖十二年書林宗文堂刻本 十三行二十七字白口四周單边
八三一 篁墩程先生文粹二十五卷 明程敏政撰 程曾戴銑輯 明正德元年張九逵刻本 十一行二十一字白口四周單边
八三二 篁墩程先生文粹二十五卷 明程敏政撰 明嘉靖十一年鄭氏宗文堂刻本 十一行二十一字白口四周單边
存二十一卷 五至二十五
八三三 龍皐文藁十九卷 明陸簡撰 明嘉靖元年楊鑨刻本 十行十九字白口四周双边
八三四 龍皐文藁十九卷 明陸簡撰 明嘉靖元年楊鑨刻本 清丁丙跋
八三五 林文安公文集□□卷 明林瀚撰 明嘉靖刻本 九行二十字白口左右双边
存九卷 一至四、十五至十九
八三六 張東海先生詩集四卷文集五卷 明張弼撰 明正德十三年張弘至刻本 十行十

七字白口左右双边
張東海先生詩集四卷文集五卷 明張弼撰 明正德十□年張弘至刻萬曆重修本 八三七
張東海先生文集八卷 明張弼撰 明正德十五年書林劉氏日新書堂刻本 十一行二十字黑口四周双边 八三八
張東海全集八卷 明張弼撰 附錄不分卷 萬里志二卷 明張弘至撰 清康熙三十三年張世綬刻本 八行二十字白口左右双边 八三九
楓山章先生文集九卷 明章懋撰 明嘉靖九年張大綸刻本 十行二十字白口左右双边 八四〇
楓山章先生文集九卷 明章懋撰 明嘉靖九年張大綸刻重翻重修本 十行二十字白口左右双边 八四一
楓山章先生文集九卷語錄一卷 明章懋撰 實紀八卷 明章格輯 年譜二卷 明阮鶚撰 明嘉靖九年張大綸刻明重修增刻本 八四二
楓山章先生文集四卷 明章懋撰 實紀一卷 明嘉靖二十一年虞守愚刻本 十行二十一字白口四周单边 八四三
楓山章先生文集四卷 明章懋撰 實紀一卷 明嘉靖二十一年虞守愚刻本（四庫底本） 八四四
醫閭先生集九卷 明賀欽撰 明嘉靖九年陰成文刻本 十行二十字黑格四周双边 八四五
醫閭先生集九卷 明賀欽撰 附錄一卷 明嘉靖二十三年齊宗道刻本 九行十八字白口左右双边 八四六
醫閭先生集九卷 明賀欽撰 附錄一卷 明嘉靖二十三年齊宗道刻本（四庫底本） 八四七
醫閭先生集九卷 明賀欽撰 明抄本 十二行二十字紅格 八四八
石城山房藁□□卷 明李傑撰 明刻本 九行十七字白口四周双边 存六卷 二十二至二十七 八四九
式齋先生文集三十七卷 明陸容撰 附錄四卷 清咸豐八年潘道根抄本 八五〇
式齋文集三十七卷 明陸容撰 附錄四卷 清抄本 十二行二十三字无格 八五一
未軒公文集十二卷 明黃仲昭撰 附錄一卷 明嘉靖三十四年黃希白刻本 十行二十字白口四周单边 八五二
未軒公文集十二卷補遺二卷 明黃仲昭撰 附錄一卷 明嘉靖三十四年黃希白刻清雍正十三年黃邁琮增修本 十行二十字白口四周单边 八五三
未軒公文集□□卷 明黃仲昭撰 明刻本 十行二十字白口四周单边 存七卷 一至七 八五四
未軒公文集不分卷 明黃仲昭撰 附錄一卷 清抄本 十行二十字无格 八五五

三九

定山先生集十卷 明莊昶撰 明嘉靖十四年劉績刻蕭惟馨等增修本 十行十八字白口四周单边 八五六
定山先生集十卷 明莊昶撰 附錄一卷 清康熙四十一年莊清佐刻本 十行二十字白口四周单边 八五七
定山先生集十卷 明莊昶撰 清康熙四十一年莊清佐刻本（四庫底本） 八五八
定山先生集十卷 明莊昶撰 清抄本 八五九
韓忠定公集四卷 明韓文撰 明萬曆八年喬因羽刻二十二年印本 行二十字白口四周单边 八六〇
韓忠定公集四卷 明韓文撰 明萬曆八年喬因羽刻遞修本 八六一
韓忠定公集四卷 明韓文撰 清乾隆三年韓宗善刻本 十行二十字白口四周双边 八六二
白洲詩集三卷 明李□實撰，明正德刻本 十行二十字黑口四周双边 八六三
懷柏先生詩集十卷 明徐霖撰 明萬曆四十五年徐時達等刻本 八行十八字白口四周单边 八六四
張文僖公和唐詩十卷 明張昇撰 明正德十六年刻本 九行十六字白口四周单边 八六五
梅花集詠一卷 明楊光溥集 明弘治三年劉璋刻本 八行每行共有大字十四、小字不等黑口四周双边 八六六
梅花集詠一卷 明楊光溥撰 明楊東野刻本 九行二十字白口四周单边 八六七
翠渠摘稿八卷 明周瑛撰 明嘉靖七年林近龍刻清雍正十三年周成續刻本 卷八像附錄十行二十四字黑口四周双边 八六八
翠渠摘稿八卷 明周瑛撰 明嘉靖七年林近龍刻清雍正十三年周成續刻本（四庫底本） 清孔繼涵跋 八六九
翠渠先生續稿不分卷 明周瑛撰 明抄本 八行字數不等白口四周双边 八七〇
太保東湖屠公遺稿七卷 明屠勳撰 清抄本 十二行二十二字无格 八七一
邵半江存稿四卷 明邵珪撰 明萬曆四十六年邵維禎等刻本 九行二十字白口左右双边 八七二
桂軒稿十卷 明江源撰 明弘治四年刻本 十行二十字黑口四周双边 八七三
桂軒續稿六卷 明江源撰 明弘治刻本 九行十九字黑口四周双边 八七四
吳文定公詩藁不分卷 明吳寬撰 稿本 明王鏊祥題首、明王世貞、清梁章鉅、韓對光興詩、□廷璨、宋琬題詩、明文嘉、王穉登、清錢謙益、查禮、石韞玉跋 十行二十字无格 八七五
匏翁家藏集七十七卷補遺一卷 明吳寬撰 明正德三年吳奭刻本 十行二十四字白口左右双边 八七六
匏翁家藏集七十七卷補遺一卷 明吳寬撰 明正德三年吳奭刻本 清徐時棟跋 八七七
匏翁家藏集七十七卷補遺一卷 明吳寬撰 明正德三年吳奭刻本 清丁丙跋 八七八
匏翁家藏集七十七卷補遺一卷 明吳寬撰 明正德三年吳奭刻本 章鈺校並跋 八七九
匏翁家藏集七十七卷補遺一卷 明吳寬撰 明正德三年吳奭刻本 傅增湘跋 八八〇
耻庵先生遺稿不分卷 明胡超撰 清康熙胡俊生抄本 范行準跋 九行三十字藍格 八八一

四〇

八八二 文溫州集十二卷 明文林撰 明刻本 十二行二十字細黑口左右双边

八八三 文溫州集十二卷 明文林撰 明刻本 清黃丕烈跋

八八四 文溫州集十二卷 明文林撰 明刻本（卷一至二配另一明刻本） 清林佶跋 十二行二十字白口左右双边

八八五 文溫州集十二卷 明文林撰 明刻本（卷一至二配另一明刻本） 吳梅跋 十二行二十字白口左右双边

八八六 石淙詩稿二十卷 明楊一清撰 明嘉靖刻本 十一行二十二字白口四周双边

八八七 石淙詩稿二十卷 明楊一清撰 明嘉靖刻本 清汪文柏跋

八八八 石淙詩鈔十五卷 明楊一清撰 清嘉慶二十一年雲南五華書院刻本 十行二十一字白口左右双边

八八九 東溪續稿三卷別稿一卷 明鄧庠撰 明正德十年自刻本 九行十七字黑口四周双边

八九〇 梅巖小藁三十卷 明張旭撰 明正德元年刻本 十一行二十一字白口四周单边

八九一 歸田稿八卷 明謝遷撰 清康熙二十三年謝鍾和刻本 九行二十字白口四周双边

八九二 震澤先生集三十六卷 明王鏊撰 明嘉靖刻本 十一行二十字白口左右双边

八九三 震澤先生集三十六卷 明王鏊撰 明嘉靖刻本 清丁丙跋

八九四 震澤先生集三十六卷 明王鏊撰 明嘉靖刻萬曆鶴來堂印本 十一行二十字白口左右双边

八九五 王文恪公集三十六卷 明王鏊撰 鶡音一卷白社詩草一卷 明王禹聲撰 名公筆記一卷 明萬曆震澤王氏三槐堂刻本 九行二十字白口四周单边

八九六 王文恪公集三十六卷 明王鏊撰 鶡音一卷白社詩草一卷 明王禹聲撰 明萬曆震澤王氏三槐堂刻本 王仁俊、甘鵬雲題記

八九七 王文恪公集三十六卷 明王鏊撰 鶡音一卷白社詩草一卷 明王禹聲撰 名公筆記一卷 明萬曆震澤王氏三槐堂刻清重修本

八九八 王文恪公集不分卷 明王鏊撰 明抄本

八九九 楊維斗先生手訂王文恪公家藏未刻稿二卷 明王鏊撰 楊廷樞輯 清順治十三年王氏三槐堂刻本 十行二十六字白口四周单边

九〇〇 文湛持太史手評王文恪公傳世已刻稿不分卷 明王鏊撰 文震孟輯 清順治王氏三槐堂刻本 十行二十六字白口四周单边

九〇一 馬東田漫稿六卷 明馬中錫撰 孫緒評 明嘉靖十七年文三畏刻本 十行十七字白口四周双边

九〇二 馬東田漫稿六卷 明馬中錫撰 孫緒評 明嘉靖十七年文三畏刻本 清丁丙跋

九〇三 馬東田漫稿六卷 明馬中錫撰 孫緒評 清抄本 十行十七字

九〇四 馬東田文集六卷 明馬中錫撰 附錄一卷 明嘉靖二十一年刻本 十行十九字黑口四周双边

四一

九〇五 瓜涇集二卷 [illegible] 明正德刻本 十行二十字小字[illegible]行[illegible]白口左右双边

九〇六 王南郭詩集六卷 明王翃撰 明正德九年王坊刻本 九行十八字白口四周双边

九〇七 碧川文選四卷 明楊守阯撰 明嘉靖四年陸釴刻本 十行行約二十二字白口四周单边

九〇八 碧川文選八卷詩選八卷 明楊守阯撰 明嘉靖四年陸釴刻本 清丁丙跋

九〇九 碧川文選八卷詩選八卷 明楊守阯撰 別錄一卷補遺一卷 明崇禎楊德周刻本 九行二十字白口四周单边

九一〇 鬱洲遺稿十卷 明梁儲撰 明嘉靖四十五年刻本 九行十七字或十八字白口左右双边

九一一 鬱洲遺稿十卷 明梁儲撰 明回天閣刻本 九行二十字白口左右双边

九一二 雪岑先生遺稿二卷 明孫衍撰 清抄本 有圖像 十行十七字無格

九一三 見素詩集十四卷 明林俊撰 明嘉靖元年林有年刻本 十行十九字白口左右双边

九一四 見素詩集十四卷 明林俊撰 明嘉靖元年林有年刻本 清丁丙跋

九一五 見素集二十八卷奏議七卷素翁續集十二卷 明林俊撰 宸翰錄三卷清朝特典五卷編年紀略一卷墓誌銘一卷卹錄紀事一卷雲莊公畫像贊一卷 自考集七卷 明林達撰 明萬曆十三年林及祖林大黼刻本 十行二十二字白口四周单边或左右双边

九一六 少傅野亭劉公遺藁八卷 明劉忠撰 明嘉靖刻本 八行二十二字白口四周单边

九一七 少傅野亭劉公遺藁八卷 明劉忠撰 清抄本 八行二十一字無格

九一八 靜軒先生文集十五卷 明汪舜民撰 附錄一卷 明正德六年張鵬刻本 十二行二十四字白口四周单边

九一九 靜軒文鈔不分卷 明汪舜民撰 清汪氏裘杼樓抄本 清劉喜海跋 九行二十一字白口左右双边

九二〇 雲坪集四卷 明張天瑞撰 明嘉靖二十七年趙府味經堂刻本 九行十九字白口四周双边

九二一 半江趙先生文集十二卷 明趙寬撰 明正德十年刻本 十行二十字白口四周单边

九二二 半江趙先生文集十五卷 明趙寬撰 附錄一卷 明嘉靖四十年趙綸刻本 九行十七字白口左右双边

九二三 半江趙先生文集十五卷 明趙寬撰 附錄一卷 明嘉靖四十年趙綸刻本 清丁丙跋

九二四 半江趙先生文集十五卷 明趙寬撰 附錄一卷 清康熙六十年刻本 九行十七字白口左右双边

九二五 古城文集六卷 明張吉撰 清康熙三[illegible]年楊椅刻本（四庫底本） 十行二十二字白口四周双边

四十

古城文集六卷補遺一卷首一卷 明張吉撰 清康熙三十年楊綸刻四十九年增修本 九二六
荷亭文集十四卷 明盧格撰 明崇禎十二年盧迥刻本 九行二十一字白口四周單边 九二七
荷亭文集十卷後錄六卷 明盧格撰 明崇禎十二年盧迥刻本 九行二十字白口四周單边 九二八
柴墟文集十五卷 明儲巏撰 明嘉靖四年刻本 十二行二十一字白口四周單边 九二九
柴墟文集十五卷 明儲巏撰 明嘉靖四年刻藍印本 九三〇
柴墟文集十五卷附錄一卷 明儲巏撰 明萬曆四十二年儲煒刻本 有圖 十二行二十一字白口四周單边 九三一
松籌堂集十二卷 明楊循吉撰 明萬曆元年顧氏芸閣活字印本 十一行二十四字白口四周單边 九三二
松籌堂集十二卷 明楊循吉撰 清金氏文瑞樓抄本 十一行二十二字白口左右双边 九三三
松籌堂集十二卷 明楊循吉撰 清宋賓王抄本 清宋賓王校 鄧邦述跋 十行二十字无格 九三四
南峯楊先生松籌堂文集十二卷 明楊循吉撰 清抄本 九行十八字黑格白口左右双边 九三五
菊花百詠一卷 明楊循吉撰 清抄本 九行十六字无格 九三六
泉齋勿藥集十四卷 明邵寶撰 明刻本 十行二十字白口左右双边 九三七

四三

存十一卷 一至三、七至十四
容春堂前集二十卷後集三十一卷續集八卷別集九卷 明邵寶撰 明正德嘉靖間刻本 十行二十字白口左右双边 九三八
容春堂前集二十卷後集十四卷續集十八卷別集九卷 明邵寶撰 明正德嘉靖間刻本 十行二十字白口左右双边 九三九
容春堂前集二十卷後集十四卷續集十八卷別集九卷 明邵寶撰 明秦榛刻本 十行二十字白口左右双边 九四〇
容春堂集六十六卷 明邵寶撰 明嘉靖十三年俟獨齋刻本 清丁丙跋 十一行二十二字白口四周單边 九四一
喬莊簡公集十卷 明喬宇撰 明隆慶五年王世貞喬世良刻本 十行二十字白口左右双边 九四二
梅花百咏詩不分卷 明敖毓元撰 明天啟三年刻本 九行十八字白口四周單边 九四三
南海雜詠十卷 明張詡撰 明弘治十八年袁賓刻本 九行十八字黑口四周双边 九四四
東所先生文集十三卷 明張詡撰 明嘉靖三十年張希舉刻本 十一行二十二字白口四周單边 九四五
虛齋蔡先生文集五卷 明蔡清撰 明正德十六年葛志貞刻本 十行二十五字黑口四周双边 九四六
虛齋蔡先生文集五卷 明蔡清撰 明正德十六年葛志貞刻遞修本 九四七
虛齋蔡先生文集五卷 明蔡清撰 明正德十六年葛志貞刻遞修本 清丁丙跋 九四八
蔡文莊公集八卷艾菴密箴一卷河洛私見一卷太極圖說一卷 明蔡清撰 清乾隆七年遜敏齋刻本 十行二十字白口左右双边 九四九
博趣齋藁二十三卷 明王雲鳳撰 明刻本 十行二十字白口左右双边 九五〇
雪洲集十二卷續集二卷 明黃瓚撰 明嘉靖黃長壽刻本 十一行十八字白口左右双边 九五一
雪洲集十二卷續集二卷附錄一卷 明黃瓚撰 明嘉靖黃長壽刻黃家達重修本 九五二
竹盧詩集不分卷 明吳璉撰 明嘉靖刻本 十一行十九字下黑口左右双边 九五三
大崖李先生詩集十二卷文集八卷附錄一卷 明李承箕撰 明正德五年吳廷舉刻本 十二行二十二字边框不一 九五四
大崖李先生詩集十二卷文集八卷附錄一卷 明李承箕撰 明正德五年吳廷舉刻本 清丁丙跋 九五五
大丘先生集二十卷附錄一卷 明李承箕撰 清抄本 十行二十二字无格 九五六
費文憲公摘稿二十卷 明費宏撰 明嘉靖三十四年吳遵刻本 十行二十二字白口四周單边 九五七
太保費文憲公摘稿二十卷 明費宏撰 明嘉靖三十四年吳遵刻本 清丁丙跋 九五八

四四

東川劉文簡公集二十四卷 明劉春撰 明嘉靖三十三年劉起宗刻本 十行二十字白口四周單边 九五九
文莊凝齋集九卷別集二卷 明王鴻儒撰 明嘉靖十二年王鴻漸刻本 十行二十字白口左右双边 九六〇
王文莊公集十卷 明王鴻儒撰 明崇禎元年王應修刻本 九行十八字白口四周單边 九六一
湘皋集三十三卷 明蔣冕撰 明嘉靖三十三年王宗沐刻本 十行二十字白口四周單边 九六二
重刻蔣文定公湘皋集四十卷 明蔣冕撰 俞廷舉輯 清全州刻本 十行二十字白口左右双边 九六三
振鷺集一卷 明陳鎬撰 明刻本 十行十九字白口四周單边 九六四
北潭傅文毅公集八卷 明傅珪撰 明嘉靖四十五年刻本 十行二十字白口四周双边 九六五
吳文肅公摘稿四卷 明吳儼撰 明萬曆十二年吳士遇刻本 八行二十字白口四周双边 九六六
吳文肅公摘稿四卷 明吳儼撰 明萬曆十二年吳士遇等刻本（四庫底本） 清丁丙跋 九六七
翰林羅圭峯先生文集十八卷續集十五卷 明羅玘撰 明嘉靖五年陳洪謨余載仕刻本 十一行二十二字白口四周單边 九六八
翰林羅圭峯先生文集十八卷續集十五卷 明羅玘撰 九六九

明嘉靖五年宋求謨金戴仕刻本　清丁丙跋

九七〇 文肅公圭峯羅先生文集三十七卷附錄一卷 明羅玘撰　明崇禎七年盱江羅氏代文堂刻本　九行十八字白口四周單邊

九七一 文肅公圭峯羅先生文集三十七卷附錄一卷 明羅玘撰　明崇禎七年盱江羅氏代文堂刻本　清錢陸燦批點

九七二 羅圭峯先生文集三十卷首一卷 明羅玘撰　明崇禎七年黃端伯吳兆刻本　十行二十一字白口四周單邊

九七三 翰林羅圭峯先生文集十八卷 明羅玘撰　明刻本　十行十八字白口四周單邊

九七四 堇山文集十五卷 明李堂撰　明刻本　十行十九字黑口四周雙邊

九七五 堇山文集十五卷附錄一卷 明李堂撰　明抄本　十行十九字藍格白口四周雙邊

九七六 先太宰水村集遺稿不分卷 明陸完撰　明抄本　清錢謙益跋　十至十一行二十五至二十七字不等

九七七 西軒效唐集錄十二卷 明丁養浩撰　明嘉靖刻本　十行二十字白口左右雙邊

九七八 西軒效唐集錄十二卷 明丁養浩撰　明嘉靖刻本　清丁丙跋

九七九 鄒立齋先生文集六卷 明鄒智撰　明萬曆刻本　上下兩欄下欄九行十六字白口左右雙邊或四周雙邊

九八〇 立齋遺文五卷附錄一卷 明鄒智撰　明天啟五年李廷梁刻本（四庫底本）　十行二十字白口四周雙邊

四五

九八一 熊峰先生文集四卷 明石珤撰　明刻本　九行十五字細黑口左右雙邊

九八二 熊峯先生詩集七卷文集三卷 明石珤撰　清康熙九年孫光易刻本　九行二十字白口四周單邊

九八三 熊峯先生詩集七卷文集三卷 明石珤撰　清康熙九年孫光易刻本（四庫底本）　十行十九字白口左右雙邊

九八四 鼇峯類稿二十六卷 明毛紀撰　明嘉靖刻本

九八五 赤城夏先生集七卷補遺一卷附錄一卷 明夏鍭撰　明嘉靖二十一年王廷幹刻公文紙印本　十行十八字白口左右雙邊

九八六 赤城夏先生集七卷補遺一卷附錄一卷 明夏鍭撰　明嘉靖二十一年王廷幹刻本

九八七 赤城夏先生集二十三卷 明夏鍭撰　明嘉靖四十四年王叔杲刻本　十行二十字白口左右雙邊

九八八 明夏赤城先生文集二十三卷 明夏鍭撰　清乾隆三十七年映南軒活字印本　十行二十字白口四周單邊

九八九 東瀛遺稿□□卷 明王啟撰　明抄本　九行二十一字白口四周單邊　存三卷（九至十一）

九九〇 改軒詩集八卷 明車汾撰　明刻本　九行十七字黑口四周雙邊

九九一 楊文恪公集六十二卷 明楊廉撰　明刻本（一目錄配清抄）　十行十八字白口四周單邊

九九二 康德瞻集四卷附錄一卷 明康阜撰　明嘉靖九年李鏞刻本　九行二十一字白口四周單邊

九九三 養心閑集一卷 明謝紀撰　清抄本　六行二十五字無格

九九四 古直存稿四卷 明王佐撰　明弘治十五年龐元化刻本　八行十八字黑口四周雙邊

九九五 牡丹百詠集一卷 明張淮撰　明抄本　九行十五字無格

九九六 邢麗文先生遺藁一卷 明邢參撰　清抄本

九九七 石田清嘯集□卷 明朱鞝撰　明成化十七年周瑾刻本　十一行二十字黑口四周雙邊　存六卷（一至六）

九九八 石田清嘯集十四卷 明朱鞝撰　清抄本　九行二十字無格

九九九 靜庵集一卷附錄一卷 明朱妙端撰　清吳騫輯　明周濟等撰　清吳騫抄本　姚景瀛校並跋　十行二十二字無格

一〇〇〇 韋菴集二卷 明皇甫信撰　明嘉靖五年皇甫錄世業堂刻本　八行十六字細黑口左右雙邊

一〇〇一 韋庵集二卷 明皇甫信撰　清抄本　八行十六字

一〇〇二 石田稿不分卷 明沈周撰　稿本　清繆曰藻陳鱣跋　十六行二十三字四周雙邊

一〇〇三 石田稿三卷 明沈周撰　明弘治十六年黃淮集義堂刻本　九行十九字白口左右雙邊

一〇〇四 石田稿三卷 明沈周撰　明弘治十六年黃淮集義堂刻本　清安璿跋

一〇〇五 石田先生集十一卷 明沈周撰　明萬曆四十三年陳仁錫刻本　九行十九字白口四周雙邊

一〇〇六 石田先生集十一卷 明沈周撰　明萬曆四十三年陳仁錫刻本　鄧邦述、鄭振鐸跋

一〇〇七 沈石田先生集不分卷 明沈周撰　清汪昉抄本　九行十九字白口四周單邊

一〇〇八 石田先生集十卷 明沈周撰　清康熙六十年胡二樂抄本　清胡二樂跋　九行十九字白口四周單邊

一〇〇九 石田先生集十三卷 明沈周撰　清抄本　十四行三十字無格

一〇一〇 石田詩選十卷 明沈周撰　華汝德輯　明正德安國刻本　十一行二十二字白口四周單邊

一〇一一 石田先生詩鈔八卷文鈔一卷事略一卷 明沈周撰　瞿式耜輯　事略一卷　清錢謙益輯　明崇禎十七年瞿式耜刻本　十行二十二字白口四周單邊

一〇一二 石田先生詩鈔八卷文鈔一卷事略一卷 明沈周撰　瞿式耜輯　事略一卷　清錢謙益輯　明崇禎十七年瞿式耜刻本　清魚元傅抄沈周傳及馮班和沈周落花詩並跋、清許行健批點並跋

一〇一三 石田先生詩鈔八卷 明沈周撰　瞿式耜輯　明崇禎十七年瞿式耜刻本　清趙彥修跋

一〇一四 石田先生詩鈔八卷文鈔一卷 明沈周撰　瞿式耜輯　事

归木

略一卷 [illegible] 明崇禎十七年瞿式耜刻本 鄭振鐸跋

觀頤摘稿一卷 明姚司撰 附錄一卷 明錢福撰 明嘉靖三十五年姚塏刻姚氏世刻本 九行十七字細黑口左右雙邊 一〇一五

風樹亭稿十二卷 明姚福撰 清金氏文瑞樓抄本 十一行二十一字黑格 一〇一六

鴻泥堂小稿八卷續稿十卷 明薛蕙撰 附錄一卷 明嘉靖刻本 十一行二十字白口四周單邊 一〇一七

西村集八卷 明史鑑撰 附錄一卷 明嘉靖八年史臣刻本 十行二十一字白口左右雙邊 一〇一八

西村集八卷附錄一卷 明史鑑撰 清乾隆五年抄本 十行二十三字無格 一〇一九

西村集八卷 明史鑑撰 首一卷 清乾隆十一年史開基刻本 十行二十一字白口左右雙邊 一〇二〇

西村文鈔五卷 明史鑑撰 附西村集鈔一卷 清詒經堂抄本 清王慶勲校 十行二十字無格 一〇二一

西村集八卷 明史鑑撰 清抄本 清丁丙跋 一〇二二

西村先生集二十八卷 明史鑑撰 附錄一卷 清初抄本 清徐釚錄錢謙益題識 徐渭仁跋 九行二十字無格 一〇二三

西村先生集二十八卷 明史鑑撰 清抄本 清丁丙跋 一〇二四

四七

西村先生全集二十二卷 明史鑑撰 清抄本 十行二十字無格 一〇二五

西村先生集二十一卷 明史鑑撰 附編一卷 清抄本 一〇二六

小鳴稿十卷 明朱誠泳撰 明弘治十一年秦藩刻本 十行十八字黑口四周雙邊
存四卷 五至八 一〇二七

小鳴稿十卷 明朱誠泳撰 明弘治十一年秦藩刻本（四庫底本） 一〇二八

錢太史寉灘稿六卷 明錢福撰 附錄一卷紀事一卷遺事一卷 明馮時可撰 明萬曆三十六年沈思梅居刻本 八行十九字白口四周單邊 一〇二九

錢鶴灘稿一卷 明錢福撰 清抄本 九行十六字無格 一〇三〇

戒庵文集二十卷 明靳貴撰 明嘉靖十九年刻本 十行十九字白口左右雙邊 一〇三一

偲庵詩集十卷文集十卷 明楊旦撰 附錄一卷 明嘉靖二十九年楊襄刻本 九行十六字白口四周單邊 一〇三二

東岡小稿六卷 明李昆撰 明嘉靖刻本 十行十八字黑口左右雙邊 一〇三三

方簡肅公文集十卷 明方良永撰 附錄一卷 明萬曆八年方攸績刻本 一〇三四

方簡肅公文集十卷 明方良永撰 附錄一卷 明萬曆八年方攸績刻本 九行十八字白口四周雙邊 一〇三五

四庫底本）

草窻梅花集句三卷紅梅集句一卷 明童琥撰 明弘治十五年沙璧楊觀等刻本 九行字大小不一黑口四周雙邊 一〇三六

草窻梅花集句三卷紅梅集句一卷 明童琥撰 明弘治十五年沙璧楊觀等刻本 清丁丙跋 一〇三七

草窻梅花集句三卷附錄一卷 明童琥撰 明崇禎七年汪戴德刻本 九行二十字白口四周單邊 一〇三八

草窗梅花集句三卷 明童琥撰 清范淶草半硯齋刻本 九行二十字白口左右雙邊 一〇三九

草窻梅花集句三卷紅梅集句一卷 明童琥撰 清抄本 一〇四〇

草窻梅花集句四卷 明童琥撰 竹浪亭集補梅花集句一卷 明洪九疇程起駿撰 明崇禎十六年六硯齋刻本 九行二十字白口四周單邊 一〇四一

草窗梅花集句四卷 明童琥撰 竹浪亭集補梅花集句一卷 明洪九疇程起駿撰 明崇禎十六年六硯齋刻清雍正二年孫光範重修本 一〇四二

草窻梅花集句四卷 明童琥撰 竹浪亭集補梅花集句一卷 明洪九疇程起駿撰 清竹泉莊抄本 九行二十字黑格白口四周單邊 一〇四三

四八

重訂集古梅花詩四卷 明童琥撰 清初刻本 九行二十字白口四周單邊 一〇四四

和梅花百詠詩稿二卷 題明童琥撰 明刻本 九行十八字白口四周雙邊 一〇四五

草窗和梅花百詠詩一卷 明童琥撰 附海粟梅花百詠一卷 明馮海粟撰 清抄本 一〇四六

元山文選五卷 明席書撰 明嘉靖二十年席中席和刻本 九行十六字白口左右雙邊 一〇四七

北園蛙鳴集十二卷 明鄭瓘撰 明隆慶元年鄭國賢刻清康熙補修本 十行二十字白口四周單邊 一〇四八

祝氏集畧三十卷 明祝允明撰 明嘉靖三十六年張景賢刻本 十行二十字白口左右雙邊 一〇四九

祝氏集略三十卷 明祝允明撰 明嘉靖三十六年張景賢刻本 清丁丙跋 一〇五〇

祝氏集畧三十卷 明祝允明撰 明嘉靖三十六年張景賢刻本（卷一至五、十至十七配抄本） 吳梅跋 一〇五一

懷星堂全集三十卷 明祝允明撰 明萬曆三十九年陳以闓刻本 十行二十字白口左右雙邊 一〇五二

勉齋先生遺稿三卷 明鄭滿撰 清康熙刻本 九行二十字大黑口左右雙邊 一〇五三

勉齋先生遺稿三卷 明鄭滿撰 清康熙刻本 清徐時棟跋 一〇五四

三江遺稿二卷 明毛澄撰 清抄本 一〇五五

整菴先生存稿二十卷 明羅欽順撰 明嘉靖刻本 十行二十字白口左右雙邊 一〇五六

整菴先生存稿二十卷 明羅欽順撰 明萬曆二十三年劉孟龍刻本 十行二十字白口左右雙邊 一〇五七

存五卷一至五

整菴先生存稿二十卷 明羅欽順撰 明天啟二年羅珽仕刻本 九行二十字白口左右双边 一〇五八

整菴續稿十三卷銓部題奏摘要一卷整菴翁義訓錄一卷 明羅欽順撰 明嘉靖三十一年羅琰刻本 十行二十字白口左右双边 一〇五九

東江家藏集四十二卷 明顧清撰 附錄一卷 明嘉靖顧應陽刻本 十二行二十四字白口四周單边 一〇六〇

鄭山齋先生文集二十四卷 明鄭岳撰 明萬曆十九年鄭炫刻本 九行十八字白口四周双边 一〇六一

鄭山齋先生文集二十四卷 明鄭岳撰 明萬曆十九年鄭炫刻清增修本 有像 一〇六二

李氏弘德集三十二卷 明李夢陽撰 明嘉靖四年張元學刻本 十行二十字細黑口四周單边 一〇六三

李氏弘德集三十二卷 明李夢陽撰 明刻本 十行二十字白口四周單边 一〇六四

空同集六十三卷 明李夢陽撰 明嘉靖十一年曹嘉刻本 十一行二十字白口左右双边 一〇六五

空同集六十三卷 明李夢陽撰 明嘉靖十一年曹嘉刻三十一年朱睦㮮增修本 十一行二十字白口左右双边 一〇六六

空同集六十三卷 明李夢陽撰 明萬曆十五年李四維刻本 十一行二十字白口左右双边 一〇六七

空同先生文集六十三卷 明李夢陽撰 明嘉靖十二年京兆慎獨齋刻本 十一行二十二字白口四周單边 存四十七卷一至二十八、三十七至四十二、四十五至六十三 一〇六八

四九

空同先生集六十三卷 明李夢陽撰 明嘉靖刻本 十一行二十字白口左右双边 一〇六九

空同先生集六十三卷 明李夢陽撰 明嘉靖刻本 清方功惠跋 一〇七〇

空同先生集六十三卷 明李夢陽撰 明嘉靖刻本 清黄璟批校 存二十二卷十至二十一、二十五至三十、三十七至四十 一〇七一

空同先生集六十三卷 明李夢陽撰 明萬曆六年高文薦刻本 十一行二十字白口左右双边 一〇七二

空同先生集六十三卷 明李夢陽撰 明萬曆七年東山堂徐廷槼刻本 十一行二十字白口四周双边 一〇七三

空同先生集六十三卷 明李夢陽撰 明萬曆七年東山堂徐廷槼刻本 清閔麟嗣、汪右湘批點 一〇七四

空同先生集六十三卷 明李夢陽撰 明萬曆七年思山堂徐應瑞刻本 十一行二十字白口四周双边 一〇七五

空同集六十四卷 明李夢陽撰 明萬曆二十九年李思孝刻本 十行二十字白口四周双边 一〇七六

空同子集六十六卷目錄三卷 明李夢陽撰 附錄二卷 明萬曆三十年鄧雲霄刻本 十行二十字白口左右双边 一〇七七

空同子集六十六卷 明李夢陽撰 明刻本 十行二十字白口左右双边 存六十四卷一至六十四 一〇七八

崆峒集六十六卷目錄三卷 明李夢陽撰 明刻曹大章重修本 十行二十字白口四周單边或左右双边 一〇七九

崆峒集六十六卷目錄三卷 明李夢陽撰 明刻曹大章重修本 清丁丙跋 一〇八〇

崆峒集二十一卷 明李夢陽撰 明沈植蘇雲堂刻本 十行二十字白口四周單边 一〇八一

崆峒集二十一卷 明李夢陽撰 明刻本 十行二十字白口四周單边 一〇八二

空同精華集三卷 明李夢陽撰 豐坊輯 明嘉靖四十四年唐本畯刻本 九行二十二字白口四周單边 一〇八三

空同詩選四卷 明李夢陽撰 楊慎批選 明嘉靖刻本 八行十八字白口左右双边 一〇八四

空同詩選四卷增選四卷 明李夢陽撰 楊慎批選 明嘉靖刻本 十行十八字白口四周單边 一〇八五

李獻吉詩選四卷 明李夢陽撰 楊慎輯 明萬曆十年沈啟南刻本 八行十八字白口左右双边 一〇八六

新鍥會元湯先生批評空同文選五卷 明李夢陽撰 湯賓尹評 明書林詹霖宇刻本 十行二十一字白口四周双边 一〇八七

空同詩選一卷 明李夢陽撰 楊慎評 明刻朱墨套印本 九行十九字白口四周單边 一〇八八

何燕泉詩集四卷 明何孟春撰 明嘉靖四十五年蔣文化刻本 九行十九字白口四周單边 一〇八九

何燕泉詩集四卷 明何孟春撰 明嘉靖四十五年蔣文化刻本 清丁丙跋 一〇九〇

何文簡公文集十八卷 明何孟春撰 明萬曆二年郭崇嗣邵城刻本 十一行二十一字白口四周單边 一〇九一

何文簡公文集十八卷 明何孟春撰 明萬曆二年郭崇嗣邵城刻十五年湯日昭重修本 十一行二十二字白口四周單边 一〇九二

五〇

何大復先生集三十八卷 明何景明撰 明末抄本 十行二十字无格 （二一六三）

何文簡集不分卷 明何孟春撰 清抄本 一〇九四

心齋稿六卷 明李麟撰 清抄本 九行十八字无格 存四卷一至二、四至五 一〇九五

東泉文集八卷 明姚鏌撰 明嘉靖刻清修本 十行二十字白口左右双边 一〇九六

梧山王先生集二十卷 明王縝撰 清乾隆二十九年刻本 十行二十字白口四周双边 一〇九七

北屏詩稿二卷 明惠隆撰 明刻本 十行二十字下黑口四周双边 一〇九八

陳靜成先生詩文稿不分卷 明陳播撰 稿本 清邵淵耀跋 一〇九九

東谿遺稿四卷紀行稿一卷 明陳諮撰 附錄一卷 清抄本 十行二十二字无格 一一〇〇

矩洲詩集十卷 明黄衷撰 㰚亭集一卷 明黄裝撰 明嘉靖刻本 十行二十字㰚亭集十行十八字白口四周双边 一一〇一

南塢集十八卷 明費詠撰 明嘉靖二十一年刻隆慶二年補修本 九行二十四字白口左右双边（詩八卷文十卷） 一一〇二

汪仁峰先生文集二十九卷 明汪循撰 外集四卷 清康熙三十二年汪三省刻四十三年印本 十行二十一字白口四周双边 一一〇三

一二〇四 漢陂集十六卷 明王九思撰 明嘉靖十二年王獻等刻本 十行二十一字白口四周單邊

一二〇五 漢陂續集三卷 明王九思撰 明嘉靖二十四年翁萬達刻本 十行二十一字白口四周單邊

一二〇六 重刻漢陂王太史先生全集二十七卷 明王九思撰 明嘉靖十二年王獻等刻嘉靖二十四年翁萬達刻崇禎十三年張宗孟刻合印本 十行二十一字或九行二十二字白口四周單邊
漢陂集十六卷 碧山樂府四卷 南曲次韻一卷 中山狼院本一卷 漢陂續集三卷 碧山詩餘一卷 杜子美沽酒遊春記一卷

一二〇七 執齋先生文集二十卷 明劉玉撰 明嘉靖二十八年傅鎮漢南刻本 十行二十二字白口左右雙邊

一二〇八 執齋先生選集十三卷 明劉玉撰 楊遺輯並評 明嘉靖三十五年姚體信刻本 九行十八字白口四周雙邊

一二〇九 熊士選集一卷 明熊卓撰 附錄一卷 明嘉靖二十二年范欽刻本 八行二十字白口四周單邊

一二一〇 龍江集十四卷 明唐錦撰 明隆慶三年唐氏聽雨山房刻本 十行十九字白口左右雙邊

一二一一 浮湘藁四卷山中集四卷憑几集五卷續集二卷息園存稿十四卷又九卷緩慟集一卷國寶新編一卷近言一卷 明顧璘撰 明嘉靖吳郡沈氏繁露堂刻本 九行十六字白口四周單邊或九行十八字白口四周單邊或十一行二十字白口左右雙邊

一二一二 東橋集詩十四卷文十二卷 明顧璘撰 明抄本 十行二十字白口藍格四周單邊

五一

一二一三 東橋集詩二十三卷文十九卷詞一卷 明顧璘撰 明抄本

一二一四 劉清惠公集十二卷 明劉麟撰 明萬曆三十四年陳紹學刻本 九行二十字白口四周雙邊

一二一五 劉清惠集不分卷 明劉麟撰 明抄本 丁祖蔭跋 十行二十字綠格

一二一六 坦上翁集不分卷 明劉麟撰 清抄本 十行二十字無格

一二一七 陶莊敏公文集八卷 明陶諧撰 附錄一卷 蘭渚先生遺稿一卷 明陶允淳撰 明天啟刻本 九行二十字白口四周單邊

一二一八 南川漫遊藁十卷 明陶諧撰 明嘉靖十二年刻本 九行十八字白口四周雙邊

一二一九 五清集十九卷策問附錄一卷 明劉瑞撰 明刻本 十行十七字白口四周單邊

一二二〇 華泉詩集八卷 明邊貢撰 明嘉靖十七年蘇祐刻本 九行二十字白口四周單邊

一二二一 邊華泉集八卷 明邊貢撰 明劉天民輯 明嘉靖十七年司馬泰瞻刻本 十一行二十字白口左右雙邊

一二二二 邊華泉集八卷集稿六卷 明邊貢撰 明萬曆魏允孚刻本 十行二十二字白口四周單邊

一二二三 邊華泉集八卷 明邊貢撰 明萬曆魏允孚刻本 清丁丙跋

一二二四 邊華泉集八卷集稿六卷 明邊貢撰 清抄本 九行二十四字無格

一二二五 唐伯虎集四卷 明唐寅撰 沈思輯 外集一卷紀事一卷 明萬曆四十年曾元亮翠竺山房刻本 八行十八字白口四周單邊

一二二六 唐伯虎先生集二卷外編五卷續刻十二卷 明唐寅撰 何大成輯 六如唐先生畫譜三卷 明唐寅輯 明萬曆刻本 九行二十字白口四周雙邊

一二二七 唐伯虎先生集二卷外編五卷續刻十二卷 明唐寅撰 何大成輯 六如唐先生畫譜三卷 明唐寅輯 明萬曆刻本 清顧栖批並跋

一二二八 袁中郎先生批評唐伯虎彙集四卷 明唐寅撰 袁宏道評 唐六如先生畫譜三卷 明唐寅輯 外集一卷 明祝允明撰 紀事一卷傳贊一卷 明刻本 九行二十字白口四周單邊

一二二九 紫巖文集四十八卷 明劉龍撰 明嘉靖韓山精舍刻本 十行二十一字白口左右雙邊

一二三〇 王文成公全書三十八卷 明王守仁撰 明隆慶六年謝廷傑刻本 九行十九字白口四周雙邊

一二三一 王文成公全書三十八卷 明王守仁撰 明隆慶六年謝廷傑刻萬曆三十五年左宗郢等重修本

一二三二 王文成公全書三十八卷 明王守仁撰 明萬曆二十四年刻本 九行十九字白口四周雙邊

一二三三 陽明先生文錄五卷外集九卷別錄十卷 明王守仁撰 明嘉靖十四年聞人詮刻本 十行二十字白口左右雙邊

一二三四 河東重刻陽明先生文錄五卷外集九卷別錄十卷 明王守仁撰 明嘉靖三十二年宋儀望河東刻本 十行二十字白口左右雙邊

五二

一二三五 陽明先生文錄五卷外集九卷別錄十卷 明王守仁撰 明嘉靖三十六年胡宗憲刻本 九行十九字白口四周雙邊

一二三六 陽明先生別錄十卷 明王守仁撰 明嘉靖三十六年胡宗憲刻本 清沈白批並錄明黃淳耀批 翁方綱、丁丙跋

一二三七 陽明先生文錄五卷外集九卷別錄十卷 明王守仁撰 明刻本 十行二十一字白口四周雙邊

一二三八 陽明先生文錄五卷外集九卷別集三卷傳習錄三卷傳習續錄二卷 明王守仁撰 明萬曆二十一年陳欽刻本 十行二十字白口四周雙邊

一二三九 陽明先生文錄五卷外集九卷傳習續錄二卷 明王守仁撰 明刻本 十行二十字白口左右雙邊

一二四〇 陽明先生文錄五卷外集九卷別錄十四卷 明王守仁撰 明嘉靖二十九年閭東天水刻本 十行二十字白口左右雙邊

一二四一 陽明先生正錄五卷外錄九卷別錄十四卷 明王守仁撰 明嘉靖三十五年董聰刻本 十行二十字白口四周單邊

一二四二 陽明先生正錄五卷外錄九卷別錄十四卷 明王守仁撰 陸問禮輯 明崇禎七年陸問禮刻本 十行二十字白口四周單邊

一二四三 陽明先生文録十七卷語録三卷 明王守仁撰 明嘉靖十六年范慶刻本 十行二十字白口左右双边

一二四四 新刊陽明先生文録續編三卷 明王守仁撰 明嘉靖趙昌齡等刻本 九行十九字黑口四周單边

一二四五 居夷集三卷 明王守仁撰 明嘉靖三年丘養浩刻本 十行二十字白口左右双边

一二四六 居夷集三卷 明王守仁撰 明嘉靖三年丘養浩刻本 清馬紹基校並跋

一二四七 陽明先生文粹十一卷 明王守仁撰 宋儀望輯 明嘉靖河南府刻藍印本 十行二十字白口四周双边

一二四八 陽明先生文粹十一卷 明王守仁撰 宋儀望輯 明嘉靖三十二年姚良弼刻本 清丁丙跋 十行二十字白口左右双边

一二四九 陽明先生文粹十一卷 明王守仁撰 宋儀望輯 明嘉靖三十六年徐晦大梁刻本 十行二十字黑口四周双边

一二五〇 陽明先生文粹十一卷 明王守仁撰 宋儀望輯 明隆慶六年宋儀望閩中刻本 九行十八字白口四周单边

一二五一 陽明先生文粹十一卷 明王守仁撰 宋儀望輯 明隆慶六年宋儀望閩中刻本 十行二十字白口四周双边

一二五二 新刊精選陽明先生文粹六卷 明王守仁撰 查鐸輯 明嘉靖四十五年涇川查氏里仁堂刻本 十行二十二字白口四周双边

一二五三 新刊精選陽明先生文粹六卷 明王守仁撰 查鐸輯 明嘉靖四十五年唐龍泉刻本 十行二十二字白口四周双边

五三

一二五四 王陽明先生文集二卷 明王守仁撰 明萬曆十三年孔學易刻本 十行二十字白口四周双边

一二五五 文成先生文要四卷 明王守仁撰 明萬曆三十一年陸典等刻本 九行十八字白口四周单边

一二五六 陽明先生文選四卷 明王守仁撰 趙友琴輯 明萬曆刻本 十行二十字白口左右双边

一二五七 陽明先生集抄十六卷 明王守仁撰 李騰芳輯 明汪孟樸等刻本 十行二十字白口四周单边

一二五八 王文成公文選八卷 明王守仁撰 王畿輯 鍾惺評點 明崇禎六年刻本 九行十九字白口四周单边

一二五九 陽明先生要書八卷附録五卷 明王守仁撰 明崇禎八年刻本 九行十九字無直格白口四周单边

一二六〇 陽明先生要書八卷附録五卷 明王守仁撰 明崇禎八年葉紹顒刻清初印本 九行十九字無直格白口四周单边

一二六一 王陽明遺書七卷 明王守仁撰 明刻本 九行十八字無直格白口四周单边

一二六二 陽明先生文集十六卷年譜二卷 明王守仁撰 明李贄撰 清康熙刻本 八行二十二字白口四周单边 存十五卷（一至七、九至十五 年譜下）

一二六三 王陽明先生文鈔十六卷 明王守仁撰 清張問達輯 清康熙抄本 九行二十三字白口四周双边

一二六四 王陽明先生全集二十二卷首一卷 明王守仁撰 清俞嶙輯 清康熙十二年刻本 九行十九字白口四周双边

一二六五 張伎陵集□卷 明張鳳翔撰 明刻本 十行二十一字細黑口左右双边 存三卷（一至三）

一二六六 杭雙溪先生詩集八卷 明杭淮撰 明嘉靖刻本 九行二十字白口左右双边

一二六七 杭雙溪先生詩集八卷 明杭淮撰 明嘉靖刻本 清丁丙跋

一二六八 杭雙溪先生詩集八卷 明杭淮撰 明嘉靖杭洵刻本 九行十八字白口左右双边

一二六九 凌谿先生集十八卷 明朱應登撰 明嘉靖刻本 十行十九字白口四周单边

一二七〇 凌谿先生集十八卷 明朱應登撰 明嘉靖刻遞修本

一二七一 碧谿賦二卷 明歐陽雲撰 明嘉靖二十六年陳德文刻本 十行二十字白口左右双边

一二七二 貞翁淨稿十二卷附録一卷 明周倫撰 明嘉靖三十七年周鳳起刻本 十行十八字白口左右双边

一二七三 括庵先生詩集一卷 明錢璠撰 明隆慶三年錢龍溟刻本 十行二十字白口四周双边

一二七四 白齋先生詩集九卷 明張琦撰 明正德八年自刻本 九行十九字黑口四周双边

一二七五 白齋竹里詩集續三卷文略一卷 明張琦撰 明嘉靖二年自刻本 九行十九字黑口四周双边

五四

一二七六 桂林斧斨一卷 明劉良臣撰 稿本 十行十六字白口四周双边

一二七七 鳳川先生文集三卷 明劉良臣撰 薛一鶚評 明萬曆十八年任養心刻本 十行二十字白口四周双边

一二七八 劉鳳川遺稿九卷 明劉良臣撰 清抄本 十行十八字白口四周双边 壯遊記二卷 奉椿集一卷 秋桂紀言一卷 省後文集一卷 楊川集一卷 讀禮餘録一卷 桂林斧斨一卷 雨秋唱和集一卷

一二七九 對山集十九卷 明康海撰 明嘉靖二十四年吳孟祺刻本 十行二十字白口四周单边

一二八〇 康對山先生集四十六卷 明康海撰 明萬曆十年潘允哲刻本 十行二十字白口左右双边

一二八一 康對山先生集十八卷 明康海撰 明抄本 十行二十二字無格

一二八二 康對山先生集四十五卷首一卷 明康海撰 清康熙五十一年馬逸姿刻本 十行二十字白口左右双边

一二八三 康對山先生文集十卷 明康海撰 清乾隆二十六年武功縣刻本 十行二十字白口四周双边

一二八四 己有園小稿一卷 明魯鐸撰 明嘉靖二年李東刻本 八行十七字白口左右双边

一二八五 己有園續稿二卷 明魯鐸撰 明嘉靖五年周文伯劉鵬刻本 八行十七字白口左右双边

一二八六 蓮北魯文恪公存集五卷 明魯鐸撰 明嘉靖刻本 十行二十一字白口左右双边

一二八七 魯文恪公文集十卷 明魯鐸撰 明隆慶元年方弁刻本 九行二十字白口左右双边

一二八八 蒼谷集錄十二卷 明王尚絅撰 明嘉靖刻本 九行二十字白口四周單边

一二八九 蒼谷全集十二卷 明王尚絅撰 附錄一卷 清乾隆二十三年密止堂刻本 九行十八字白口四周双边

一二九〇 栢齋文集十卷 明何瑭撰 明刻本 十二行二十字大黑口四周双边

一二九一 栢齋文集十卷 明何瑭撰 明刻本 清丁丙跋

一二九二 何栢齋文集八卷 明何瑭撰 明嘉靖三十三年周鎬刻本 十行二十二字白口四周單边

一二九三 何栢齋文集十卷 明何瑭撰 明嘉靖三十三年周鎬刻後代增修本 十行二十二字白口四周單边

一二九四 何文定公文集十一卷 明何瑭撰 明萬曆四年賈待問等刻本 十行二十一字白口左右双边

一二九五 何文定公文集十一卷 明何瑭撰 明萬曆四年賈待問等刻本（四庫底本）

一二九六 何文定公文集十一卷首一卷 明何瑭撰 明萬曆八年張中鴻刻本 十行二十二字白口四周双边

一二九七 誠齋詩集四卷 明汪鋐撰 附錄一卷 清抄本 十行二十七字无格

一二九八 華陽稿二卷 明王廷相撰 明抄本 十行二十字藍格白口四周單边

一二九九 王浚川集一卷 明王廷相撰 明嘉靖隆慶間刻盛明百家詩本 清吳榮光 徐湯殷跋 十行二十一字白口四周單边

一三〇〇 山堂萃稾十六卷續稿四卷讀書劄記八卷續記一卷荅朋友書畧附一卷 明徐問撰 明嘉靖十三年二十年刻崇禎十一年徐邦式重修本 十行二十字讀書劄記、書畧爲九行十九字白口左右双边

五五

一三〇一 桐谿存稿四卷 明錢如京撰 明嘉靖三十三年錢元善刻本 八行十六字小字双行同白口四周單边

一三〇二 竹澗先生文集八卷奏議四卷 明潘希曾撰 附錄一卷 明嘉靖二十年黄省曾刻本 十二行二十字白口左右双边

一三〇三 竹澗先生文集八卷奏議四卷 明潘希曾撰 附錄一卷 明嘉靖二十年黄省曾刻本（四庫底本）

一三〇四 水南集十七卷 明陳霆撰 明嘉靖四十三年陳珊刻本 十行十八字序言黑口正文白口四周双边

一三〇五 周恭肅公集十六卷 明周用撰 附錄一卷 明嘉靖二十八年周國南川上草堂刻本 十行二十字白口四周双边

一三〇六 周恭肅公集十六卷 明周用撰 附錄一卷 明嘉靖二十八年周國南川上草堂刻本 清丁丙跋

一三〇七 周恭肅公集十六卷 明周用撰 附錄一卷 明嘉靖二十八年周國南川上草堂刻天啟增修本

一三〇八 周恭肅公集二十二卷 明周用撰 明萬曆二十二年川上草堂刻本 十行二十字白口四周双边

一三〇九 何氏集二十六卷 明何景明撰 明嘉靖沈氏野竹齋刻本 十行十八字白口左右双边

一三一〇 何氏集二十六卷 明何景明撰 明嘉靖義陽書院刻本 十行十八字白口左右双边

一三一一 大復集三十七卷 明何景明撰 附錄一卷 明嘉靖三十四年袁璨刻本 十行十八字白口四周双边

一三一二 大復集三十七卷 明何景明撰 明抄本 八行十八字白口左右双边

一三一三 何大復先生集三十八卷 明何景明撰 附錄一卷 明萬曆五年陳堂胡東性刻本 十行二十字白口四周單边 有刻工

一三一四 何大復先生集三十八卷 明何景明撰 附錄一卷 明萬曆五年陳堂胡東性刻本 清瞿鍾淑批並跋

一三一五 何大復先生集三十八卷 明何景明撰 附錄一卷 明刻本 十行二十字白口四周單边 无刻工

一三一六 何大復先生集三十八卷 明何景明撰 附錄一卷 明刻本 清吳友芝跋

一三一七 大復集十三卷 明何景明撰 明楊保刻本 十行二十字白口左右双边

一三一八 何大復先生集二十八卷 明何景明撰 明末刻本 八行十八字白口四周單边

五六

一三一九 大復遺稿一卷新論一卷 明何景明撰 附錄一卷 明嘉靖任良榦刻本 八行十八字白口四周單边

一三二〇 何仲默集十卷 明何景明撰 明嘉靖賈槃等刻本 九行二十字白口四周單边

一三二二 何仲默詩選四卷 明何景明撰 明沈啟南刻本 八行十八字白口左右双边

一三二一 何大復先生詩集十二卷 明何景明撰 清金鎮輯並評 清康熙五年修永堂刻本 九行十八字白口四周單边

一三二三 樗林摘稿三卷 明秦鏜撰 附錄一卷 明嘉靖三十九年刻本 九行十八字白口四周双边

一三二四 顧文康公文草十卷詩草六卷續稿六卷三集四卷 明顧鼎臣撰 首一卷 明崇禎十三年至清順治二年顧奇瑞等刻本 九行十八字白口左右双边

一三二五 董中峰先生文選十一卷又一卷 明董玘撰 唐順之輯 明嘉靖四十年王國楨刻本 九行十九字白口四周双边

一三二六 中峰文選六卷應制稿一卷 明董玘撰 唐順之輯 明刻本 十行十九字黑口間有白口四周單边間有左右双边

一三二七 洹詞十二卷 明崔銑撰 明趙府味經堂刻本 十行二十字上細黑口四周双边

一三二八 洹詞十二卷 明崔銑撰 明趙府味經堂刻清乾隆三十六年黄邦寧重修本 十行二十字上細黑口四周双边

一三二九 崔氏洹詞十七卷附錄四卷 明崔銑撰 明嘉靖三十三年周鎬等刻本 十一行二十四字白口四周单边

一三三〇 後渠子四卷 明崔銑撰 于孔兼輯 明刻本 九行十八字白口四周双边

一三三一 崔仲鳧文鈔一卷 明崔銑撰 明刻本 九行二十字白口左右双边

一三三二 鈴山堂集二十卷 明嚴嵩撰 明嘉靖刻本 十行十八字白口左右双边

一三三三 鈴山堂集□□卷 明嚴嵩撰 明嘉靖□錡刻本 十行十八字白口左右双边 存十六卷 一至十六

一三三四 鈴山堂集二十卷 明嚴嵩撰 孫偉楊慎等評點 明嘉靖刻本 九行十八字白口左右双边

一三三五 鈴山堂集三十二卷 明嚴嵩撰 附錄一卷 明嘉靖二十四年刻本 十行二十字白口左右双边

一三三六 鈴山堂集四十卷 明嚴嵩撰 附錄一卷 明嘉靖二十四年刻增修本

一三三七 鈴山堂集四十卷 明嚴嵩撰 明抄本 十行二十字

一三三八 直廬稿十卷 明嚴嵩撰 明嘉靖三十一年刻本 十行二十字白口左右双边

一三三九 直廬稿十卷 明嚴嵩撰 明刻本 十行二十字白口左右双边

五七

一三四〇 鈴山堂詩選四卷 明嚴嵩撰 楊慎輯 明嘉靖三十一年楊可刻本 九行十八字白口四周双边

一三四一 鈴山詩選七卷 明嚴嵩撰 楊慎輯 明嘉靖刻本 九行十八字白口四周双边

一三四二 鈴山詩選七卷 明嚴嵩撰 楊慎輯 明嘉靖刻本 八行十六字白口四周双边

一三四三 甘泉先生文集內編二十八卷外編十二卷 明湛若水撰 明嘉靖十五年火增刻本 十行二十一字白口左右双边

一三四四 甘泉先生續編大全三十三卷 明湛若水撰 明嘉靖刻萬曆二十一年重修本 十行二十字白口四周双边

一三四五 湛甘泉先生文集三十五卷 明湛若水撰 明萬曆七年黄滄刻本 十行二十一字白口四周双边

一三四六 湛甘泉先生文集三十二卷 明湛若水撰 清康熙二十年黄楷刻本 十行二十一字白口四周双边

一三四七 甘泉先生文錄類選二十一卷 明湛若水撰 周学先輯 明嘉靖八年呂懷等刻本 十行十九字頂格二十字白口左右双边

一三四八 甘泉先生兩都風詠四卷 明湛若水撰 明嘉靖十四年朱敬之刻本 十行二十字細黑口左右双边

一三四九 甘泉湛子古詩選五卷 明湛若水撰 謝錫命等輯 明嘉靖三十一年自刻本 十行二十一字白口四周单边

一三五〇 樵風十卷 明湛若水撰 明刻本 十行二十字白口左右双边

一三五一 倪小野先生全集八卷 明倪宗正撰 清康熙四十九年倪繼宗刻本 十行二十字白口四周单边

一三五二 儼山文集一百卷目錄二卷外集四十卷續集十卷 明陸深撰 明嘉靖二十五年至三十年陸楫刻本 十行二十字白口左右双边

一三五三 儼山文集一百卷目錄二卷外集四十卷續集十卷 明陸深撰 明嘉靖二十五年至三十年陸楫刻本 清丁丙跋

一三五四 陸文裕公行遠集二十四卷 明陸深撰 明陸起龍刻清康熙六十一年陸瀛齡補修本 九行二十字白口無直格四周单边

一三五五 儼山尺牘不分卷 明陸深撰 清東吳陸氏抄本 九行二十一字綠格

一三五六 莊渠先生遺書十二卷 明魏校撰 明嘉靖四十年王道行刻本 十行二十一字白口左右双边

一三五七 莊渠先生遺書十二卷 明魏校撰 明嘉靖四十年王道行刻本（四庫底本）

一三五八 莊渠先生遺書十六卷 明魏校撰 明嘉靖四十年王道行張焯刻本 十行二十一字白口左右双边

一三五九 莊渠先生遺書十六卷又十卷 明魏校撰 明嘉靖四十年王道行張焯刻本 十行二十一字白口左右双边

一三六〇 魏莊渠先生遺書六卷 明魏校撰 附錄一卷 清潘道根抄本

一三六一 鏡山詩集□□卷 明李汎撰 明刻本 十行十六字白口四周单边 存六卷 三至八

一三六二 徐文敏公集五卷 明徐縉撰 明隆慶二年刻本 九行十八字白口左右双边 存四卷 一至四

一三六三 徐文敏公集五卷 明徐縉撰 明隆慶二年刻清重修本 九行十八字白口左右双边

一三六四 梅國前集□□卷 明劉節撰 明刻本 十行二十字白口四周单边 存二十四卷 五至十二、十七至三十二

一三六五 霞山文集□□卷 明蔡潮撰 明刻本 十行二十字白口四周单边 存二卷 三、八

五八

一三六六 丹峰先生文集十三卷 明徐子熙撰 清抄本 八行十八字無格

一三六七 徐昌穀全集十六卷 明徐禎卿撰 明萬曆四十七年松濤閣刻本 九行二十字白口四周单边

一三六八 徐昌穀全集十六卷 明徐禎卿撰 明萬曆四十七年松濤閣刻本 清王士禛批

一三六九 徐昌穀全集十六卷 明徐禎卿撰 明萬曆四十七年松濤閣刻本 徐元潤跋

一三七〇 徐迪功集六卷談藝錄一卷 明徐禎卿撰 明李夢陽刻本 八行十八字白口左右双边

一三七一 徐迪功集六卷談藝錄一卷 明徐禎卿撰 明正德十五年刻本 九行十六字白口左右双边

一三七二 徐迪功外集二卷 明徐禎卿撰 明嘉靖二十一年長洲皇甫氏刻本 九行十六字白口左右双边

一三七三　徐迪功集六卷談藝錄一卷　明徐禎卿撰　明嘉靖二十九年姑蘇袁氏刻本　九行十六字白口左右雙邊

一三七四　徐迪功集六卷談藝錄一卷重選徐迪功外集四卷　明徐禎卿撰　明萬曆十二年傅光宅刻本　九行十六字白口左右雙邊

一三七五　徐迪功集六卷外集二卷談藝錄一卷　明徐禎卿撰　清抄本　九行十六字無格

一三七六　徐迪功集六卷談藝錄一卷　明徐禎卿撰　清常古堂抄本　九行二十字黑格

一三七七　徐迪功集六卷談藝錄一卷　明徐禎卿撰　清抄本　清周星詒校並跋　周星詒題款　八行十八字無格

一三七八　徐迪功集六卷談藝錄一卷重選外集四卷　明徐禎卿撰　清抄本　九行二十四字無格

一三七九　鄉賢區西屏集十卷　明區越撰　區奉政遺稿十卷　明區元晉撰　明萬曆刻本　九行二十字白口四周雙邊

一三八〇　中丞馬先生文集四卷詩集四卷詩餘一卷　明馬卿撰　明三陽書屋刻崇禎九年趙府補修本　十行二十一字白口四周雙邊

五九

一三八一　玄庵晚稿二卷　明穆孔暉撰　清抄本　九行二十一字無格

一三八二　黃忠裕公文集八卷　明黃鞏撰　明崇禎十年曾櫻刻本　九行二十二字白口四周單邊

一三八三　后峯集不分卷　明黃鞏撰　明抄本

一三八四　玉巖先生文集九卷　明周廣撰　附錄一卷　明嘉靖三十七年杏華書屋刻本　十行二十一字白口左右雙邊

一三八五　玉巖先生文集九卷　明周廣撰　附錄一卷　明嘉靖三十七年杏華書屋刻清乾隆九年周從重修本

一三八六　南原家藏集□卷　明王韋撰　明焦希程刻本　九行十七字白口左右雙邊　存二卷　五至六

一三八七　石川瀛洲遺集一卷文稿一卷芝田遺集一卷芝田稿文一卷　明殷雲霄撰　明嘉靖十年胡用信刻本　十行二十字黑口四周雙邊

一三八八　石川集五卷遺稿一卷奏疏一卷明道錄二卷　明殷雲霄撰　附錄一卷　明嘉靖刻本　十行二十字白口左右雙邊

一三八九　木亭雜藁二十六卷續藁一卷　明樂護撰　別集一卷　明嘉靖四十一年刻增修本　十行二十字白口四周單邊

一三九〇　鄭詩十三卷　明鄭善夫撰　附錄一卷　明嘉靖四年刻本　九行二十一字白口左右雙邊或四周單邊

一三九一　鄭文十五卷鄭詩十三卷　明鄭善夫撰　附錄二卷　明嘉靖□文盛刻本　九行二十一字白口四周單邊

一三九二　鄭詩□□卷　明鄭善夫撰　明萬曆二十四年謝肇淛刻本　九行十八字白口左右雙邊　存八卷　一至八

一三九三　鄭少谷先生全集二十卷　明鄭善夫撰　附錄二卷　明邵捷春輯　明崇禎九年鄭耄光刻本　九行十八字白口左右雙邊

一三九四　鄭少谷先生全集二十五卷　明鄭善夫撰　清康熙二年鄭衍祖等刻本　九行十八字白口左右雙邊

一三九五　鄭少谷集□□卷　明鄭善夫撰　明刻本　九行二十字白口四周雙邊　存四卷　一至四

一三九六　少谷山房雜著不分卷　明鄭善夫撰　徐熥輯　附錄一卷　明徐𤊹抄本　徐𤊹跋　九行十八字無格

一三九七　張文定公文選三十九卷　明張邦奇撰　明嘉靖二十九年張時徹刻本　十行二十一字白口四周雙邊

一三九八　張文定公觀光樓集十卷紆玉樓集十卷靡悔

六十

軒集十二卷環碧堂集十八卷養心亭集八卷四友亭集二十卷　明張邦奇撰　明刻本　十行二十一字白口左右雙邊

一三九九　孟有涯集十七卷　明孟洋撰　明嘉靖十七年王廷相徐九皋刻本　九行十七字白口四周雙邊

一四〇〇　西樵遺稿八卷　明方獻夫撰　清康熙三十五年方林鶴刻本　九行二十字白口左右雙邊

一四〇一　謝子象詩集十五卷　明謝承舉撰　附錄一卷　明嘉靖二十二年謝少南刻本　九行十九字白口左右雙邊　存十二卷　一至十二

一四〇二　太白山人詩五卷　明孫一元撰　明正德十五年刻本　十行十七字白口左右雙邊

一四〇三　太白山人詩五卷　明孫一元撰　明嘉靖七年許宗魯刻本　十行十七字白口左右雙邊

一四〇四　太白山人詩五卷　明孫一元撰　附錄一卷　明嘉靖刻本　十行十七字白口左右雙邊　存四卷　一至四

一四〇五　太白山人詩五卷　明孫一元撰　附錄一卷　明抄本　清顧廣圻跋　九行二十四字藍格白口四周單邊

一四〇六　增定太白山人漫稿八卷　明孫一元撰　附錄一卷　明殷雲霄

等撰　明萬曆二十五年張脊卿刻本　九行十八字白口左右双边

一三〇七 增定太白山人漫藁八卷補遺一卷　明孫一元撰　附錄一卷　明萬曆二十五年張脊卿刻三十九年增刻本

一三〇八 太白山人漫藁八卷補遺一卷　明孫一元撰　附錄一卷　明崇禎十二年周道仁刻本　九行十八字白口左右双边

一三〇九 太白山人漫藁八卷補遺一卷　明孫一元撰　附錄一卷　明崇禎十二年周道仁刻本　清丁丙跋

一三一〇 太白山人漫稿四卷　明孫一元撰　明萬曆四十一年吳人居刻本　七行十九字白口四周單边

一三一一 素軒吟藁十一卷　明傅倫撰　明嘉靖五年朱肅齋刻本　十行十六字或十八字白口四周双边

一三一二 傅遠度集口種口卷　明傅汝舟撰　明刻本　八行二十字白口四周單边
存八種十五卷
七幅庵一卷　嗟心集二卷　英雄失路集二卷　癸庚集二卷　吳遊記一卷　步天集二卷　拔劍集三卷　藏鐸集二卷

一三一三 傅遠度八集八卷　明傅汝舟撰　明崇禎刻本　八行二十字白口四周單边

一三一四 行己外篇六卷　明傅汝舟撰　明刻本　八行二十字白口四周單边

六一

一三一五 行己外篇口卷　明傅汝舟撰　明刻本　八行二十字白口四周單边
存一卷　上

一三一六 唫囈藁存六卷　明傅汝舟撰　明抄本

一三一七 在笥集十卷　明徐縉撰　明萬曆刻本　九行十八字白口左右双边
存四卷　三至六

一三一八 詠梅集句一卷　明沈行撰　明弘治刻本　十行十七字黑口四周双边

一三一九 增刊詠梅花集句二卷　明沈行撰　明正德元年吳俊刻本　十一行二十字黑口四周單边

一三二〇 白香集口卷　明沈行撰　明刻本　九行十九字白口左右双边
存殘卷一卷　卷上之一、之二

一三二一 白香集五卷　明沈行撰　明末抄本　七行白口四周單边
存一卷　咏雪集

一三二二 黃丹巖先生集十卷　明黃雲撰　明嘉靖王朝用刻本　十二行二十字白口左右双边
存四卷　一至四

一三二三 桐岡集不分卷小稿一卷　明楊鳳撰　明抄本　十一行二十五字白口四周單边

一三二四 卧癡閣彙稿不分卷　明史忠撰　清初刻本　八行二十字白口左右双边

一三二五 田兵部集六卷　明田汝耔撰　明抄本　清丁丙跋

一三二六 芳山子詩集二卷　明鄭作撰　李夢陽輯　附錄一卷　明嘉靖二十七年歙西鄭村方山精舍刻本　八行十七字白口四周單边

六二

收藏情况表

表一

書名編號	藏書單位					
明别集表:						
一	0101◎	0341				
二	1601					
三	0101◎	0201				
四	0101◎	0241◎				
五	0101	0102	0141	0164	0201	0801
	0841	1601	1615	1701	1741	2441
	2901					
六	0101	0141	0161	0197	0201	0301
	0502	0541	1601	2702		
七	1601					
八	0161	0201	0242	0841	1606	1701
	2201◎	2242	2401	2541◎	2701	
九	0101	0241◎				
一〇	0201					
一一	1601					
一二	0161					
一三	0101					
一四	0101					
一五	0163	2301				
一六	0101	0141	0291	0841	1601	1689
一七	1601					
一八	0150	0198	0201	0520	0541	0542
	0741	1142	1741	2201	2242	2301
	2541	2701				
一九	1628					
二〇	0161					
二一	0201					
二二	2301					
二三	2501					
二四	0301					
二五	1605					
二六	1902					
二七	1605					
二八	0591					
二九	2242					

書名編號	藏書單位					
明别集表:						
三〇	0101					
三一	0201					
三二	0101	0201	0841	1689	1741	2702
三三	0201					
三四	1601					
三五	0201	1042	1601	1808	2501	
三六	0101					
三七	1601					
三八	0241					
三九	2702					
四〇	0101					
四一	1601					
四二	0241					
四三	0101					
四四	0101					
四五	0101					
四六	0101					
四七	0101					
四八	0241					
四九	0201					
五〇	0141					
五一	0101					
五二	1601					
五三	1601					
五四	0101					
五五	0201					
五六	0161					
五七	0541					
五八	2901					
五九	2541					
六〇	0201					
六一	0101					
六二	0201					
六三	0101					
六四	0201					
六五	0161					
六六	1601					

表二

書名編號	藏書單位					
明别集表:						
六七	0101					
六八	2441					
六九	1601					
七〇	0201					
七一	0201					
七二	0101					
七三	0101					
七四	0201					
七五	0101					
七六	0141					
七七	0101					
七八	1689					
七九	0101					
八〇	1601					
八一	1601					
八二	0141					
八三	0201					
八四	1705					
八五	0101					
八六	0201					
八七	0201					
八八	1601					
八九	0201					
九〇	0201					
九一	0101	0141	0161	0242	0801	0842
	1601					
九二	0101					
九三	0141					
九四	0201					
九五	1601					
九六	0201	0591◎	2702			
九七	0101	0144	0201	0341	0404	1646
	1701◎	1741	2001	2701	2702	
九八	0101					
九九	0141	0142	0145	0301	2401	2541
一〇〇	1601					
一〇一	1510	1701	1705	1723		

書名編號	藏書單位			
明别集表:				
一〇二	0150			
一〇三	0101			
一〇四	0101			
一〇五	2301			
一〇六	0242			
一〇七	0161			
一〇八	1601			
一〇九	0101			
一一〇	1601			
一一一	0101			
一一二	2702			
一一三	0241			
一一四	1701			
一一五	0163			
一一六	1601			
一一七	0141			
一一八	0161			
一一九	0241			
一二〇	0101			
一二一	2702			
一二二	1705			
一二三	1601			
一二四	1601			
一二五	0161			
一二六	0101	0141	0161	
一二七	0201			
一二八	0101			
一二九	0201			
一三〇	0201			
一三一	1601			
一三二	0101			
一三三	0101			
一三四	1601			
一三五	0101	0201		
一三六	0201			
一三七	0101			
一三八	0161	1705	2001	2441

書名编号	藏書單位
明別集類：	
一三九	0101
一四〇	0201
一四一	0101
一四二	1601
一四三	0201
一四四	1601
一四五	0101
一四六	0141
一四七	1601
一四八	0163 0201 2341
一四九	0201
一五〇	0101
一五一	0102 0146 0198 0201 0701 0841 1601
一五二	0141
一五三	0198
一五四	1601
一五五	1601
一五六	1601
一五七	0201
一五八	0164
一五九	0101
一六〇	1701
一六一	0101
一六二	0201
一六三	0101
一六四	0101
一六五	1601
一六六	0201
一六七	0101
一六八	0201
一六九	0141 0142 0143 0146 0161 0163 0164 0201 0301 1601 1605 1606 1701 1741 1801 1881 2041 2201 2301 2401 2702
一七〇	0101
一七一	0101

書名编号	藏書單位
明別集類：	
一七二	0101
一七三	0101
一七四	0241
一七五	0161 0163 0164 0201 0291 0301 1601 1704 1801 1881 2001 2401 2702
一七六	0841
一七七	0101 1741
一七八	0101
一七九	0101
一八〇	2541
一八一	0101
一八二	0101 1801
一八三	0201
一八四	0101
一八五	0101
一八六	1601
一八七	0301
一八八	0101
一八九	0101
一九〇	0101
一九一	0101
一九二	1705
一九三	0101
一九四	0101
一九五	1601
一九六	0101
一九七	0101
一九八	1601
一九九	0101
二〇〇	1601
二〇一	0201
二〇二	1601
二〇三	0201
二〇四	0201 0301 1605 1701◎ 1705◎ 1741◎
二〇五	0141
二〇六	0143

書名编号	藏書單位
明別集類：	
二〇七	2401
二〇八	1601
二〇九	0101
二一〇	0164
二一一	1606
二一二	0161
二一三	0101
二一四	1701
二一五	0101
二一六	0161 0291 1741
二一七	1601
二一八	0201
二一九	0161
二二〇	1601 1606
二二一	0101 0141 0201 0842 1501 1601 1691 1705 1741 1901 2301◎ 2441 2541◎ 2702
二二二	1601
二二三	0201 2381
二二四	2702
二二五	1601
二二六	0101
二二七	0101 0143 0144 0150 0197 0198 0241 0542 0801 0903 1042 1501◎ 1601 1606 1701 1741 1881◎ 2041 2202 2401 2543 2561 2701 2702
二二八	0201 0301 0501 0542 1017 1501
二二九	0701 2201 2242
二三〇	0201 0520 0542 2201 2381
二三一	0101
二三二	0101 0141 0161 0201 0301 0509◎ 0701◎ 1601 2001 2701
二三三	1701
二三四	0101 0145◎ 0201 2701 2702
二三五	1601
二三六	0101
二三七	0101

表三

書名编号	藏書單位
明別集類：	
二三八	0101
二三九	0101 0501
二四〇	0101
二四一	0161
二四二	0101
二四三	0101 0141 0145 0161 0181 0201 0301 0842 1501 1601 1619 1641
二四四	0201
二四五	0101
二四六	0141 0142
二四七	0101
二四八	0101 1605
二四九	2301
二五〇	0101
二五一	0101
二五二	0101
二五三	0101 0201◎ 1901◎
二五四	0101
二五五	0101
二五六	1601
二五七	1601
二五八	0201
二五九	0101 0163
二六〇	1601
二六一	0101 0164
二六二	1601
二六三	0101
二六四	0144 0242 0701 0841 2041 [illegible] 2341 2401
二六五	2944
二六六	0163
二六七	0101
二六八	1601
二六九	0101
二七〇	0101
二七一	0201
二七二	0701

表四

書名編號	藏書單位					
明别集类：						
二七三	0101					
二七四	1601					
二七五	0101					
二七六	0101					
二七七	0101					
二七八	0201					
二七九	0201					
二八〇	1601					
二八一	0201					
二八二	0201					
二八三	0101					
二八四	0101					
二八五	1601	2702				
二八六	2501					
二八七	0141					
二八八	1601					
二八九	0201					
二九〇	1601					
二九一	0141					
二九二	0101					
二九三	0163					
二九四	0101					
二九五	0101	0141	0163	0201	1741	
二九六	1601					
二九七	0161					
二九八	0701					
二九九	0101					
三〇〇	0101					
三〇一	0163					
三〇二	0101					
三〇三	0101					
三〇四	0101					
三〇五	0101					
三〇六	0101	0142	0143	0161	0201	1741
	2702					
三〇七	2541					
三〇八	2541					

書名編號	藏書單位	
明别集类：		
三〇九	0201	
三一〇	0101	
三一一	1701	
三一二	0201	
三一三	0201	
三一四	0161	
三一五	0101	
三一六	1601	
三一七	0101	
三一八	0101	
三一九	0101	
三二〇	0101	
三二一	0101	
三二二	0201	
三二三	0201	
三二四	0201	
三二五	0101	
三二六	0301	
三二七	0161	
三二八	1601	
三二九	0101	0201
三三〇	0101	
三三一	0101	
三三二	0141	
三三三	0101	
三三四	1601	
三三五	0201	
三三六	0101	
三三七	1601	
三三八	0142	
三三九	0101	
三四〇	1601	
三四一	0101	
三四二	0161	
三四三	0101	
三四四	0201	2441●
三四五	2702	

表五

書名編號	藏書單位					
明别集类：						
三四六	1601					
三四七	0101					
三四八	0101					
三四九	2041	2301				
三五〇	0101	0141				
三五一	0301					
三五二	0101					
三五三	0201					
三五四	0161	0301●				
三五五	1601					
三五六	1601					
三五七	0101					
三五八	0101					
三五九	0141	0301	2401			
三六〇	1701					
三六一	1601					
三六二	2401					
三六三	0101					
三六四	1601					
三六五	1705					
三六六	0102	0197	1501			
三六七	1601					
三六八	0101	0102	0141	1503	1601	1802
	1941	2343	2702			
三六九	1701					
三七〇	0101●	0141	0201			
三七一	1601					
三七二	0101					
三七三	1705					
三七四	1601					
三七五	0101					
三七六	0101					
三七七	0101					
三七八	0101	0701●	0703●	1581		
三七九	0201					
三八〇	0201					
三八一	0141	0241	1704●	2001		

書名編號	藏書單位						
明别集类：							
三八二	0150	0201	0841	2401	2441	2702	
三八三	0101	0141	0144	0161	0201	0241	
	0301	1101	1142	1601	1701	1704	
	1705●	1901	2542				
三八四	0801	1142					
三八五	0101	0102	0144	0182	0301	0701	
	0901	1103	1501	1541	1581	1605	
	1705●	1741	2303	2341	2501	2601●	2701
三八六	0164	0201	0841	1641	1705	2401	
	2541						
三八七	0201						
三八八	0101						
三八九	1601						
三九〇	0161						
三九一	0101	2201	1601●				
三九二	1601						
三九三	0161						
三九四	0241						
三九五	0101						
三九六	0101						
三九七	0591						
三九八	0101						
三九九	0101						
四〇〇	0101	0201					
四〇一	0161	0163	1601				
四〇二	0201						
四〇三	1705						
四〇四	0101						
四〇五	1701	1705●					
四〇六	0101						
四〇七	1601						
四〇八	0101	0141	0143	0163	0164	0201	
	0301	0341	0441	0801	0802	0841	
	1501	1541	1601	1701	1705	1741	
	1781●	2003	2209	2341	2401●	2702	
四〇九	0101						
四一〇	1601						

表六

書名编号	藏書单位					
明别集类：						
四一一	0101					
四一二	1705					
四一三	0101					
四一四	2501					
四一五	0101					
四一六	0101					
四一七	0101					
四一八	1601					
四一九	1601					
四二〇	0163					
四二一	0161					
四二二	0101					
四二三	0198					
四二四	0201					
四二五	0161					
四二六	0101					
四二七	0101					
四二八	1601					
四二九	0101					
四三〇	0101◎	0201	1501	2501		
四三一	1601					
四三二	0101					
四三三	0201					
四三四	0101					
四三五	1601					
四三六	0101					
四三七	0161					
四三八	0101					
四三九	1701					
四四〇	0201					
四四一	0201					
四四二	0701					
四四三	1601					
四四四	0101					
四四五	1705					
四四六	0201					
四四七	0101					

書名编号	藏書单位					
明别集类：						
四四八	0101					
四四九	0101	0161	0201	2581		
四五〇	1601					
四五一	0101					
四五二	0101					
四五三	2401					
四五四	0201	1601				
四五五	1601					
四五六	2001					
四五七	1601					
四五八	0142	1601	1641	1701◎		
四五九	0101	0201				
四六〇	2702					
四六一	1642					
四六二	0101	0143				
四六三	0141	0201				
四六四	1601					
四六五	0161					
四六六	0101	1741				
四六七	0141	0145	0163	0242	0903	1101
	1501	1601	1705	1843	1901	2702
四六八	0141	0142	0144	0441	0801	0841
	0842	1101	1601	1605	2301	2541
	2542					
四六九	0641					
四七〇	0101					
四七一	0101					
四七二	2501					
四七三	1704					
四七四	0241					
四七五	0101					
四七六	1705					
四七七	0101	0841	1601◎	1605		
四七八	2401					
四七九	1601					
四八〇	1788					
四八一	0101					

書名编号	藏書单位					
明别集类：						
四八二	0198					
四八三	0101	0141	0201	1541	1601	2702
四八四	0161					
四八五	1601					
四八六	0101	0163	0201	1601	1901◎	2401◎
四八七	1601					
四八八	2001	2006	2042			
四八九	0101					
四九〇	0163◎	0201	0703◎	1741	1788	
四九一	0101					
四九二	0163					
四九三	0101	0142	0201	0241	0701	1441
	1513	1601	1701	2001	2501	
四九四	1615					
四九五	0101	0102	0143	0201	0301	1682
	1701	1781	2201◎	2701		
四九六	1701					
四九七	1201	2201	2702			
四九八	1601					
四九九	0144	0201	0701	1601	1705	1787
	1881	1843	2341	2401		
五〇〇	1701					
五〇一	0102	0141	0161	0201	0241	0703
	1504	1541	1601	1787	2006	2356
	2381					
五〇二	0241					
五〇三	0201	1001				
五〇四	0101					
五〇五	1601					
五〇六	0101					
五〇七	0301					
五〇八	0101					
五〇九	0101					
五一〇	1701					
五一一	0181					
五一二	0701					
五一三	0101					

書名编号	藏書单位					
明别集类：						
五一四	0241					
五一五	0201					
五一六	0163◎	0402	1901			
五一七	0201					
五一八	0201					
五一九	2401					
五二〇	1601					
五二一	1601					
五二二	0101					
五二三	0201					
五二四	1701					
五二五	1701					
五二六	0101					
五二七	2401					
五二八	1601					
五二九	0161					
五三〇	0101					
五三一	0101					
五三二	1701					
五三三	0101					
五三四	0101	0141	0161	0541	1601	1701
	1741	2042	2702			
五三五	0101					
五三六	2701					
五三七	0141◎	0161◎	0201◎			
五三八	1601					
五三九	1701					
五四〇	0201					
五四一	2001					
五四二	2001					
五四三	0101					
五四四	0841◎	1501◎	2401◎			
五四五	1501◎	1901				
五四六	0101	0291				
五四七	0101					
五四八	0101					
五四九	0101					

表九

書名編号	藏書单位					
明别集类：						
五五〇	0101●	1601				
五五一	0102	0541	0841	1605		
五五二	1901					
五五三	0101	1701				
五五四	0101	0144	0201	0241	1041	1901
	2901					
五五五	0101	0141	0145	0161	0163	0201
五五六	0145	0241	0242	0341	0501	0942
	1501	1606	1705	2001	1808●	2401
	2406	2702				
五五七	2202					
五五八	0143	0166	1741	1797	2542	2591
五五九	0197	0201●	1701●			
五六〇	2001	2401●				
五六一	1501●	1801	2702			
五六二	0102					
五六三	0141					
五六四	0161					
五六五	0142	0520				
五六六	0201					
五六七	0163	0201	0241	0242	1542	
五六八	1601					
五六九	1705					
五七〇	0161●	0201	0301	0703	0841	1601●
	2702					
五七一	2001					
五七二	0101					
五七三	0163					
五七四	0101					
五七五	1741					
五七六	0101					
五七七	0201					
五七八	0101					
五七九	0101					
五八〇	0101					
五八一	0101					
五八二	0101					

書名編号	藏書单位					
明别集类：						
五八三	0201					
五八四	0101					
五八五	0101					
五八六	1701					
五八七	0101					
五八八	0201					
五八九	0201					
五九〇	0101					
五九一	0301					
五九二	1601					
五九三	0101	0142	1605			
五九四	0201					
五九五	1705					
五九六	1601					
五九七	0201	1601				
五九八	0163●	0201	1082●	2401●	2701●	2702●
五九九	0101					
六〇〇	0101	2001	2401			
六〇一	0101●	0164	0241	1606	2704	
六〇二	1501					
六〇三	0201	0841	1704	2405	2701●	
六〇四	0141	0142	0145	0146	0150	0241
	0291	0301	0803	1601	1701	1705
	1801	2206	2301	2401		
六〇五	0101	0201	1741	2501	2701	
六〇六	0201					
六〇七	1701					
六〇八	0841					
六〇九	0101					
六一〇	1601					
六一一	0201					
六一二	0201					
六一三	0101					
六一四	0141					
六一五	2001					
六一六	1601					
六一七	1541					

表十

書名編号	藏書单位	
明别集类：		
六一八	1601	
六一九	0101	
六二〇	1601	
六二一	0201	
六二二	0101	
六二三	0101	
六二四	0242	
六二五	1689	
六二六	1601	
六二七	2001	2006
六二八	0164	0198
六二九	0141	
六三〇	1701	
六三一	1787	
六三二	0101	
六三三	0101	
六三四	1601	
六三五	1901	
六三六	0201	
六三七	1701	
六三八	0201	
六三九	1705	
六四〇	0101	
六四一	0101	
六四二	1601	
六四三	0101	
六四四	0101	
六四五	0141	
六四六	0101	
六四七	1601	
六四八	1601	
六四九	1741	
六五〇	0141	
六五一	0201	
六五二	0201	
六五三	2009	
六五四	0101	0201

書名編号	藏書单位					
明别集类：						
六五五	1741					
六五六	2702					
六五七	1601					
六五八	0101					
六五九	0141					
六六〇	1601					
六六一	0101					
六六二	1601					
六六三	0181	0201				
六六四	1601					
六六五	0101	0201				
六六六	0201	1701	1702	2801		
六六七	1701					
六六八	0101					
六六九	0101					
六七〇	0101					
六七一	0141	0161	0181	0301	1601●	1622●
	1741	2702	2741			
六七二	0101	0143	0150	0163	0201	0242
	0291	0301	0404	0441	0501	0841
	1601	1616	1702●	1741	2702	
六七三	1601					
六七四	0144	1629				
六七五	0164	0801	1001●	2206		
六七六	0201					
六七七	0201					
六七八	0201					
六七九	0101	0161●				
六八〇	1601					
六八一	0101●	1601	2401●			
六八二	0141					
六八三	2602					
六八四	2401					
六八五	0101●	0201				
六八六	0101					
六八七	0101	0201	1501●			
六八八	2441					

書名编号	藏書单位					
明别集类:						
六八九	0201	0841				
六九〇	0101	0143	0342	2401	2501	2581
	2702					
六九一	0101	0141	0142	0143	0144	0161
	0193	0241	0243	0301	0341	0501
	0541	0701	0801	1092	1101	1501
	1701	1704	1881	2041	2042	2201
	2241	2302	2401	2541	2941	
六九二	1601					
六九三	0201					
六九四	0101	1701	2501	2541		
六九五	2341					
六九六	0101	0141	0163	0201	0842	1503
	1513	1541	1642	1688	1881	2206
	2461					
六九七	0101	0198	0301			
六九八	2001	2541⊙				
六九九	0141	0150⊙	0198⊙	0242⊙	1601⊙	
七〇〇	0201					
七〇一	0242	0301				
七〇二	0101	0703	2702			
七〇三	2006					
七〇四	0101					
七〇五	1601					
七〇六	0101	0141				
七〇七	0161	1501				
七〇八	0101	0141⊙	0161	0301		
七〇九	0142	0161	0201	0243		
七一〇	0101					
七一一	0102					
七一二	1601					
七一三	0101					
七一四	1701					
七一五	1701					
七一六	1705					
七一七	0145	0842				
七一八	0101					

書名编号	藏書单位					
明别集类:						
七一九	1601					
七二〇	0141	1601⊙				
七二一	0101⊙	0201				
七二二	0101					
七二三	0101					
七二四	1705					
七二五	0101	0141	0161	1601	1701	
七二六	1601					
七二七	0201	1741⊙	1781	2701		
七二八	2702					
七二九	0101⊙	0161⊙				
七三〇	0161					
七三一	0101					
七三二	0201					
七三三	0201					
七三四	0101	0141	0161	0301	1501	1701
七三五	1601					
七三六	0101	0201				
七三七	0101	2201⊙				
七三八	0101					
七三九	1701	1705⊙				
七四〇	0141					
七四一	0520					
七四二	0241	0242	0541	2001	2501	2541
七四三	0163	0198	1501	2042		
七四四	0101	2501				
七四五	0141	0144	0201	0301	1601	1702
七四六	0201					
七四七	1901					
七四八	0101	0141	0161	0164	0201	0541
	1501	1641	2301	2702		
七四九	1601					
七五〇	0942	1704	1901			
七五一	1787					
七五二	0101	0201				
七五三	1609					
七五四	0161					

書名编号	藏書单位					
明别集类:						
七五五	0101					
七五六	0101					
七五七	1601					
七五八	0141	0201	1501			
七五九	1689					
七六〇	0144	0161	1605	2001		
七六一	0101					
七六二	1741	1901				
七六三	1901					
七六四	0842	1250				
七六五	1701					
七六六	0201					
七六七	0301					
七六八	0201					
七六九	1925					
七七〇	0101					
七七一	0101					
七七二	0101⊙	0201⊙	0241⊙	1042⊙	1701⊙	2001⊙
七七三	0161⊙	0163⊙	0201⊙	1601		
七七四	0242					
七七五	0141	0541				
七七六	2401					
七七七	0243					
七七八	0201					
七七九	2461					
七八〇	0141	0201	0341			
七八一	0142	1701				
七八二	1601					
七八三	0101	0102	0163	0201	1601	2001
	2401	2702				
七八四	2701					
七八五	0141	1741				
七八六	1601					
七八七	0141					
七八八	1601					
七八九	0301	1705⊙	1787⊙			
七九〇	0101					

書名编号	藏書单位					
明别集类:						
七九一	2001					
七九二	0101					
七九三	0101					
七九四	0101					
七九五	0101					
七九六	1701					
七九七	0101	1705⊙				
七九八	2702					
七九九	1601					
八〇〇	0301	1601				
八〇一	0101	0201	2401	2702		
八〇二	0164					
八〇三	0201					
八〇四	0141					
八〇五	0341					
八〇六	0141	1741				
八〇七	0101					
八〇八	0141					
八〇九	0201	2301				
八一〇	0201					
八一一	0181					
八一二	0181	1581				
八一三	0201					
八一四	0101					
八一五	0101					
八一六	0101	0141	0201	1681	2541	
八一七	0101					
八一八	0101	0161	0201	0243	0541	1601
	1741					
八一九	0101					
八二〇	0201					
八二一	0201	0801				
八二二	0161	0164	0201	1701	1705	1741
	2581	2702				
八二三	1601					
八二四	0141	0163	1501			
八二五	0141	0841⊙	2301	2701		

表十三

書名编号	藏書單位
明别集类：	
八二六	1601
八二七	0163
八二八	0101 0102 0141 0144 0163 0164 0193 0198 0201 0404 0541 0701 1501 2701 2702
八二九	1601
八三〇	0101 0301⊗ 1801⊗
八三一	0101 0102 0141 0161 0163 0201 0241 0801 1501 1601 2702
八三二	1510
八三三	0101⊗ 1701
八三四	1601
八三五	2001⊗ 2501⊗
八三六	0101 0141 1741 2301
八三七	1501
八三八	0161
八三九	0141 0146⊗ 0201 0314⊗
八四〇	0141 0143 0161 0145 0291 0341 0703 1741 2701
八四一	0101 0102 0301 1701 1741 1881
八四二	0163 0164 0201 1606⊗ 2301⊗
八四三	0291 0841 1741
八四四	0101
八四五	0141
八四六	0161⊗ 0701
八四七	0101
八四八	0201
八四九	1601
八五〇	1601
八五一	2501
八五二	0101⊗ 0163 0201 0301 1641 1741 2001
八五三	0141 0601⊗ 1605 2006 2042⊗
八五四	0141
八五五	0141
八五六	0101 0146 0161 0163 0201 2701
八五七	0198 1741

書名编号	藏書單位
明别集类：	
八五八	0161
八五九	1701
八六〇	0141 0201 1601
八六一	0142
八六二	0520 2041
八六三	0301
八六四	0101
八六五	1705
八六六	0141
八六七	0101 1582
八六八	0301 2006⊗
八六九	0101
八七〇	2001
八七一	0101
八七二	2401
八七三	2501
八七四	0201
八七五	0101
八七六	0101 0141 0142 0161 0193 0201 0241 1601 1684 1741 2501⊗ 2701 2702
八七七	1601
八七八	1601
八七九	0101
八八〇	0591
八八一	0201
八八二	0101 0201
八八三	0201
八八四	0101
八八五	0101
八八六	0101 0161 0164 0301 1601 2301⊗ 2401 2901
八八七	0201
八八八	2901
八八九	1601
八九〇	0141
八九一	0541

表十四

書名编号	藏書單位
明别集类：	
八九二	0101 0141 0143 0145 0161⊗ 0163 0197⊗ 0201 0241 0242 0841 1001 1501 1606 1629 1653 2001 2201⊗ 2401 2702
八九三	1601
八九四	0201 0243 1741 2603 2701
八九五	0101 0102 0141 0142 0144 0145 0146 0150 0193 0201 0241 0242 0243 0301 0341 0342 0520 0701 0801 0841 0842 0861 0941 1001 1041 1101 1441 1501 1510⊗ 1541 1542 1603 1604 1605 1607 1641 1646 1681 1689 1702 1704 1705 1741 1901 2001 2041 2047 2201 2261 2301 2401 2501 2541 2543 2701 2702 2741 2742
八九六	0161
八九七	0102 0161 0163 0501 0541 1601 1627 1701 2042 2402
八九八	0161
八九九	0301
九〇〇	0142
九〇一	0102 0141 0144 0161 0201 0301 0443 0841⊗ 1501⊗ 1541 1741
九〇二	1601
九〇三	0101
九〇四	0144 0163 0842
九〇五	0101
九〇六	0101
九〇七	0161
九〇八	1601
九〇九	0161⊗ 1705⊗
九一〇	0142 2543
九一一	1741 2561
九一二	2541
九一三	0101⊗ 0201 0841
九一四	1601

書名编号	藏書單位
明别集类：	
九一五	0101⊗ 0141 0144⊗ 0145⊗ 0161 0163 0164 0201 0281⊗ 0301 0701⊗ 0841⊗ 1601 1606 1701⊗ 1741 2001⊗
九一六	0101
九一七	0101
九一八	0101 0201
九一九	0101
九二〇	1601
九二一	0201
九二二	0101 0201 0701 2701
九二三	1601
九二四	0141 0145 0201 0163
九二五	2401
九二六	0141 0198 2041 2541
九二七	1601 1605
九二八	0102 2542⊗
九二九	1541 1616⊗
九三〇	0161
九三一	0101 0201 1601 2401 2701
九三二	0201
九三三	0101
九三四	0101
九三五	0101
九三六	0163
九三七	0163
九三八	2701
九三九	0141 0142 0341⊗ 1641 1705⊗
九四〇	0101⊗ 0161 0181 1101⊗ 2001
九四一	1601
九四二	1601
九四三	2702
九四四	2501
九四五	0101 0301
九四六	0101 0201
九四七	0101 0301 2702
九四八	1601
九四九	0161 2002 2006 2341

書名编号	藏書单位					
明别集类：						
九五〇	0101					
九五一	0141	0201				
九五二	0142					
九五三	2541					
九五四	2301					
九五五	1601					
九五六	0201					
九五七	0161	0181	0201	1101	1510	2702
九五八	1601					
九五九	0101	2701◎				
九六〇	0101					
九六一	0141	2210				
九六二	0201					
九六三	0142					
九六四	1501					
九六五	0141					
九六六	0201	0242	2701			
九六七	1601					
九六八	0101◎	0144	0146	0201	0501	1501◎
	1541◎	1705◎	2001◎	2701		
九六九	1601					
九七〇	0201	0241	0301	0841	1741	1901
	1902	2301				
九七一	0101					
九七二	0841	0842	1901	2301	2401	
九七三	0101	1601	2341	2702		
九七四	0141					
九七五	0101					
九七六	0141					
九七七	0701					
九七八	1601					
九七九	0142					
九八〇	0141					
九八一	0101	0201				
九八二	0201					
九八三	0161					
九八四	0101	0141	0142	0145◎	0161	0201

表十五

書名编号	藏書单位					
明别集类：	1501	1581◎	2702			
九八五	0141					
九八六	0201					
九八七	2941					
九八八	0301					
九八九	1720					
九九〇	0201					
九九一	1501					
九九二	0101					
九九三	2542					
九九四	0141					
九九五	2401					
九九六	1601					
九九七	2001					
九九八	0201					
九九九	2301					
一〇〇〇	0101					
一〇〇一	2702					
一〇〇二	0101					
一〇〇三	0101	0201	0301			
一〇〇四	1601					
一〇〇五	0101	0102	0142	0144	0163	0201
	0281	0291	0301	1245	1501	1605
	1684	1701	1705	1881	2201	2501
	2702	2941				
一〇〇六	0101					
一〇〇七	2401					
一〇〇八	0141					
一〇〇九	0241					
一〇一〇	0201	2941◎				
一〇一一	0101	0181	0201	0842	1501	1601
	2701	2702				
一〇一二	0201					
一〇一三	1741					
一〇一四	0101					
一〇一五	0101					
一〇一六	1701					

書名编号	藏書单位					
明别集类：						
一〇一七	0201					
一〇一八	0101	0163	0201			
一〇一九	0201					
一〇二〇	0101	0841	1601	1605	1901	
一〇二一	0201					
一〇二二	1601					
一〇二三	0101					
一〇二四	1601					
一〇二五	0201					
一〇二六	1684					
一〇二七	1601◎					
一〇二八	0161					
一〇二九	0101	0281				
一〇三〇	0163					
一〇三一	0141	0161	0181			
一〇三二	0101	1701				
一〇三三	1501					
一〇三四	0101	0201	0301	2006	2401	
一〇三五	0161					
一〇三六	0101					
一〇三七	1601					
一〇三八	0101	0841	1701			
一〇三九	0291					
一〇四〇	2541					
一〇四一	0101	0201				
一〇四二	1601					
一〇四三	0101					
一〇四四	0101	0201				
一〇四五	0101					
一〇四六	1601					
一〇四七	0141					
一〇四八	0163	1501	1601			
一〇四九	0101	0141	0161◎	0163	0201	0541
	1501◎	1510	1741	1881	2220◎	2401
	2541	2907				
一〇五〇	1601					
一〇五一	1646					

表十六

書名编号	藏書单位					
明别集类：						
一〇五二	0101	0141	0161	0520	1601	1646
	1701	2201				
一〇五三	1910					
一〇五四	1601					
一〇五五	1601					
一〇五六	0101					
一〇五七	1506◎	1920				
一〇五八	0144	0163	0341			
一〇五九	0201	0241◎				
一〇六〇	0201	2702				
一〇六一	0102◎	0201	1601	1641	2006	
一〇六二	0144	0301	1501	2001		
一〇六三	1701					
一〇六四	0101◎	0164	0201			
一〇六五	0101	0161	0201	0242	0441	0520
	0801	0841	0942	1541	1615	1705
	2043					
一〇六六	0141	0161	0201	0342	1541	1541
	1544	2501	2702			
一〇六七	2381					
一〇六八	1801					
一〇六九	0101	0144	0146	0181	0197	0301
	0701	0841	0842	0741	1041	1142
	1181	1581	1607	1704◎	1741	1801
	1901	2201◎	2301	2342	2383	2401
	2441	2501	2541	2701		
一〇七〇	0201					
一〇七一	2201					
一〇七二	0101	0801				
一〇七三	0142	1101				
一〇七四	0201					
一〇七五	0101	0141	0301	0541	1684	1701
	2041	2202	2501	2701	2901	
一〇七六	0101	0141	0145	0164	0241	1082
	1501	1582	1642	1705	1981	2201
	2209	2441				
一〇七七	0102	0141	0143	0144	0146	0163

書名编号	藏書單位					
明别集类：						
	0181	0197	0198	0201	0241	0242
	0243	0291	0301	0404	0501	0592
	0642	0701	0703	0801	0803	0903
	1001	1042	1104	1142	1144	1441
	1501	1541	1542	1581	1606	1642
	1701	1702	1901	2001	2042	2201
	2242	2261	2301	2302	2343	2381
	2401	2501	2543	2701	2702	2706
一〇七八	2702					
一〇七九	0201	0841	1601	1881	2702	
一〇八〇	1601					
一〇八一	0242	0261				
一〇八二	0141	0143	1701			
一〇八三	0101	1705				
一〇八四	0101	2381				
一〇八五	0101⊗	0842				
一〇八六	2001					
一〇八七	0101	1082	1628	1688		
一〇八八	0102	0141	0143	0144	0173	0193
	0198	0201	0243	0481	0501	0601
	0701	0704	0802	1042	1601	1701
	1801	1901	2702	2704	2901	
一〇八九	0101					
一〇九〇	1601					
一〇九一	0144⊗	0404				
一〇九二	0141	0520	1601	2702		
一一二六(二)	0201					
一〇九四	1681					
一〇九五	0341					
一〇九六	1601					
一〇九七	2501					
一〇九八	0201	0842⊗				
一〇九九	0201					
一一〇〇	0101					
一一〇一	0101⊗	0201				
一一〇二	0141					
一一〇三	0163					

表一七

書名编号	藏書單位					
明别集类：						
一一〇四	0141	0201	0520	0801	2702	
一一〇五	0141	1001	2702			
一一〇六	0102	0142	0143⊗	0161	0201⊗	0501
	0701	1042	1082⊗	1103⊗	1501⊗	1701⊗
	1705⊗	1710⊗	2041⊗	2201⊗	2341⊗	2541⊗
一一〇七	0101	0201				
一一〇八	0161	0201				
一一〇九	0101	0141	0144	0241	1705	2702
一一一〇	0201					
一一一一	0101⊗	0161	0201	0520	1606	1741⊗
	2702					
一一一二	0101					
一一一三	1701					
一一一四	0201					
一一一五	0201					
一一一六	0101					
一一一七	0101	0201	1601	2302		
一一一八	0242					
一一一九	0161					
一一二〇	0141	0201				
一一二一	0201⊗	0243	0801	0841	1001	1501
	2301	2501	2702			
一一二二	0101	0201	1601			
一一二三	1601					
一一二四	0101					
一一二五	0101	0141	0201	2501	2543	
一一二六	0101	0141	0163⊗	0201	0241⊗	0301⊗
	0801⊗	1601	1701	1801⊗	2702	
一一二七	0201					
一一二八	0101	0102	0142	0143	0144	0150
	0161⊗	0164	0181	0182⊗	0201⊗	0242
	0243⊗	0291	0342	0841	1301	1511
	1684	1701	1705⊗	1741⊗	1791⊗	1801⊗
	2041⊗	2201	2203	2242⊗	2401	2701⊗
	2745	2789⊗				
一一二九	0201	0501⊗	1541			
一一三〇	0101	0141	0161	0182	0198	0201

書名编号	藏書單位					
明别集类：						
	0241	0242	0301	0341	0542	0841
	1101	1201	1341	1581	1601	1606
	1343	1901	2001⊗	2201	2301⊗	2401
	2601					
一一三一	0542	2341				
一一三二	0198	2602				
一一三三	0101	0141	0143	0144	0161	0163⊗
	0152	0193	0201	0242	0842⊗	1001
	1101	1343	1601	1641	1705	1901
	[illegible]	2561⊗	2581⊗	2702	2941	
一一三四	0201	1501⊗	2741			
一一三五	0141⊗	0198⊗	0201	0243	0701⊗	1501
	1551⊗	1601, 1843, 2001⊗	2261	2301	2542	
一一三六	1601					
一一三七	0101					
一一三八	0150	0161				
一一三九	0141					
一一四〇	0101	0144	0145⊗	0161	0801	0841
	1701	1801	2301⊗	2501	2702⊗	
一一四一	0101⊗	0102	0147	0341⊗	0342⊗	0803⊗
	1701	1801⊗				
一一四二	0181					
一一四三	0101	0102	1701⊗	2301⊗	2401⊗	
一一四四	0201					
一一四五	0101					
一一四六	0201					
一一四七	0150					
一一四八	1601					
一一四九	0301	1341				
一一五〇	1601					
一一五一	1701	2401				
一一五二	1881					
一一五三	1705					
一一五四	2401					
一一五五	1701	2203				
一一五六	0101					
一一五七	0242					

表一八

書名编号	藏書單位					
明别集类：						
一一五八	0143	0145	0163	0242	0941	1605
	1801	1881⊗	2202	2561⊗	2702	2741⊗
一一五九	0161	0181	0301	1787	2701	2881
一一六〇	0241	1601	2541			
一一六一	0101					
一一六二	2201					
一一六三	0141					
一一六四	0141	0165	0166	0242	1462	1794
	1798⊗	1881⊗	2342⊗			
一一六五	1601					
一一六六	0163					
一一六七	1601					
一一六八	0102	0161	1681			
一一六九	0102	0163	0201	1541	1606	1617
	1701	1843	2461	2701		
一一七〇	0141	0150	0201	0242	0291	0301
	1001	1601	2041	2042		
一一七一	1705					
一一七二	0163	1605				
一一七三	1705					
一一七四	0101					
一一七五	0101					
一一七六	0511					
一一七七	0101	0150⊗	2201			
一一七八	0511					
一一七九	0101	0144	0181⊗	0201⊗	1501	2401
	2701	2702				
一一八〇	0101	0141	0144	0161	0242	0341
	0520	1001	1501	1601	1741	2341
	2701					
一一八一	0198					
一一八二	0141	0801	1027	1042	2301	2381 (2543)
一一八三	0701	1803	2342	2381	2543	
一一八四	0161					
一一八五	0161					
一一八六	0163					
一一八七	0101	0145	1705	1801		

書名编号	藏書單位					
明别集类：						
一一八八	0101⊕	0201⊕				
一一八九	0141	0146	0501	0520	2301	2341
一一九〇	0161					
一一九一	1601					
一一九二	0141	2501				
一一九三	0161					
一一九四	0141	0142	0143	0145	0146	0150
	0163	0166	0181	0201	0242	0342
	0541	1501	1601	1606	1701	1741
	2206	2210	2242	2501	2701	2702
一一九五	0161					
一一九六	0144	0341				
一一九七	1701					
一一九八	0101					
一一九九	0145					
一二〇〇	0141●	0181	0201			
一二〇一	1601					
一二〇二	0101	0141	0242	1601		
一二〇三	0101					
一二〇四	1741					
一二〇五	0101	0142	0161	0201	0242	0520
	0541	1001	1501⊕	1606	1701	1741
	1901	2701				
一二〇六	1601					
一二〇七	0141	2541				
一二〇八	1001					
一二〇九	0101	0141	0201	0241	0801	0841
	1501	1601	1701	1702	1741	2301
	2702					
一二一〇	0101	0102	0141	0201	0261	1144
	1642	1843	2341	2941		
一二一一	0164	0201	0701	1542	1788	2543
	2702					
一二一二	0198					
一二一三	0101	0102	0141	0150	0198	0201
	0301	0341	0342	0701	0801	0841
	1001	1501	1641	1701	1705	1741

書名编号	藏書單位					
明别集类：						
	2202	2301	2381	2501	2543⊕	2701
	2702					
一二一四	1601					
一二一五	0101	0102	0141	0142	0146	0163
	0201	0242	0701	1501	1601	1605
	1705	2042	2201	2301	2311	2381
	2401⊕	2561				
一二一六	0201					
一二一七	0520	0842	1642	1681	2201	
一二一八	1042					
一二一九	2001					
一二二〇	1741					
一二二一	2001					
一二二二	1741	2541				
一二二三	0163					
一二二四	0101	0141	0145	0146⊕	0161	0163
	0201	0242	0541	1601	1627	1641
	1701⊕	1705⊕	2401⊕			
一二二五	0101	1701				
一二二六	0201⊕	2501				
一二二七	0101	0141	0143	0146	0150	0163
	0164	0201	0841	0941	1041	1542
	1714	1901	2201	2301	2381	
一二二八	0141	0201	0301	0501	0502	0541
	0701	1501	1541	1714	2041	2042
	2201	2301	2702	2941		
一二二九	1101	1601	1641	1741	2702	
一二三〇	0141					
一二三一	0142					
一二三二	0341	2541⊕				
一二三三	0161					
一二三四	1682					
一二三五	0101					
一二三六	0141	0143	0161●	0163	0164	0201
	0801	1615	1641	1705	1901	2203●
	2501	2701	2702	2745		
一二三七	0181					

表一九

書名编号	藏書單位					
明别集类：						
一二三八	0101	0201	0301	1701		
一二三九	0101					
一二四〇	0141					
一二四一	0101	0102	0201	1702	1741	
一二四二	1581					
一二四三	0101⊕	0141	0201	1701⊕	1705	
一二四四	1401					
一二四五	0101	0163	0703	2586		
一二四六	0341	2541				
一二四七	0181					
一二四八	0101	0141	1701	2501		
一二四九	0101	0171				
一二五〇	0101					
一二五一	0101	0146	0161	0163	0201	0241
	1701					
一二五二	0101⊕	0141⊕	0142	0144	0163⊕	0164
	0201	0241⊕	0404⊕	0801	1001⊕	1542⊕
	1701⊕	1741⊕	1901⊕	2041⊕	2301⊕	2401⊕
	2541⊕	2702				
一二五三	1601					
一二五四	0141	0201				
一二五五	0241					
一二五六	0541	1101	1801			
一二五七	0101					
一二五八	0101	0142	0161	0163	0201	0341
	0404	0842	1741	2702		
一二五九	0501					
一二六〇	1601					
一二六一	0101					
一二六二	2501					
一二六三	0141	0150	0161	0201	1601	1605
一二六四	0101⊕					
一二六五	1787					
一二六六	1701					
一二六七	0141	0163	0164	0201	1705	
一二六八	0201					
一二六九	0101					

書名编号	藏書單位					
明别集类：						
一二七〇	1641	1787	2001			
一二七一	0142					
一二七二	0201					
一二七三	1701					
一二七四	0201	1601⊕	1701⊕	2301		
一二七五	2701					
一二七六	0163					
一二七七	0101					
一二七八	0101					
一二七九	0102⊕	2541				
一二八〇	2201					
一二八一	0101					
一二八二	2001					
一二八三	1601					
一二八四	0201					
一二八五	1001	1501	2702			
一二八六	0101					
一二八七	0201	1601⊕				
一二八八	0141⊕	0201				
一二八九	0141					
一二九〇	0101	0201				
一二九一	2001	2702				
一二九二	0101					
一二九三	0101	0161				
一二九四	0164	0201	0242	2042⊕		
一二九五	2541					
一二九六	0201					
一二九七	0141	0201	1601	1741	2702⊕	
一二九八	0141⊕	0161⊕	0301⊕	16 1⊕	1741⊕	2701⊕
一二九九	0101	0163	0164	0541	2001	2702
一三〇〇	2501					
一三〇一	1582					
一三〇二	2702					
一三〇三	1601					
一三〇四	0301	1701	2401			
一三〇五	2701					
一三〇六	2301	2441				

表二〇

表二

書名编号	藏書単位
明別集类：	
一三〇七	0101
一三〇八	0101◎ 0161
一三〇九	1601
一三一〇	0201
一三一一	0101
一三一二	0101◎ 1601◎ 1705◎ 1901◎
一三一三	0161
一三一四	2001
一三一五	2441◎
一三一六	1605
一三一七	0101
一三一八	0101
一三一九	0141
一三二〇	2782
一三二一	1702
一三二二	1601
一三二三	0101
一三二四	0101
一三二五	1601
一三二六	0842

一三二七 長春競辰藁十三卷餘藁三卷 明朱讓栩撰 明嘉靖二十八年蜀藩朱承爚刻本 九行十八字黑口四周双边
一三二八 正心詩集九卷 明朱榮減撰 明正德刻本 九行二十字黑口四周双边
一三二九 居敬堂集十卷 明朱厚煜撰 明嘉靖四十四年趙府刻本 九行二十字白口左右双边
一三三〇 謙光堂詩集八卷存二卷（五至六） 明朱彌鍗撰 明嘉靖二十年唐藩刻本 十行二十字白口四周双边
一三三一 禺山詩四卷 明張含撰 明嘉靖張氏家塾刻本 十行十八字白口四周单边
一三三二 張禺山戊己吟三卷附作詩一卷續一卷 明張含撰 楊慎評 明嘉靖刻本 十行十六字白口四周单边
一三三三 張愈光詩文選八卷附錄一卷 明張含撰 楊慎輯 明嘉靖刻本 八行十七字白口四周双边
一三三四 張愈光詩文選八卷附錄一卷 明張含撰 楊慎輯 明嘉靖刻崇禎十四年張合禕清康熙張辰俗遞修本 八行十七字白口四周双边
一三三五 艱征集一卷 明張含撰 明抄本 十行十八字藍格
一三三六 張愈光詩選一卷 明張含撰 清抄本 清鄒俞題識 佚名評點 八行二十字無格
一三三七 涇野先生文集三十六卷 明呂柟撰 明嘉靖三十四年于德昌刻本 十行二十三字白口四周双边
一三三八 涇野先生文集口口卷存十八卷（一至十八） 明呂柟撰 明嘉靖刻本 十二行二十三字白口四周单边
一三三九 涇野先生文集三十八卷 明呂柟撰 明萬曆二十年李楨刻本 九行二十字白口四周单边
一三四〇 涇野先生別集十二卷 明呂柟撰 明嘉靖二十三年張良知刻本 清李文藻跋 十行二十四字白口四周单边
一三四一 筠谿文集三十卷 明鍾芳撰 明嘉靖二十七年鍾允謙刻本 十行十八字白口四周单边
一三四二 矯亭存稿十八卷 明方鵬撰 明嘉靖十四年刻本 十一行二十字白口左右双边
一三四三 矯亭續稿八卷 明方鵬撰 明嘉靖十八年刻本 十一行二十字白口左右双边
一三四四 撫上郡集一卷 明周金撰 明嘉靖十四年宋宜刻本 九行十八字白口四周双边
一三四五 撫上郡集一卷 明周金撰 明隆慶元年周慎刻本 清周懷紱跋 九行十六字白口四周双边
一三四六 南湖先生文選八卷 明丁奉撰 明萬曆三十二年丁汝寬刻遞修本 補編一卷 抄本 丁祖蔭輯補並跋
一三四七 南湖先生文選八卷 明丁奉撰 明萬曆三十二年丁橘端刻遞修本（與丁汝寬刻本版同） 九行二十字白口四周单边
一三四八 南湖先生文選八卷 明丁奉撰 明萬曆三十二年丁橘端刻遞修本 補編一卷 清雍正元年丁恂刻本
一三四九 苑洛集二十二卷 明韓邦奇撰 明嘉靖三十一年刻本 十行二十字白口四周单边
一三五〇 苑洛集二十二卷 明韓邦奇撰 清乾隆十六年刻本 十行二十字白口四周双边
一三五一 端溪先生集八卷存六卷（二至五、七至八） 明王崇慶撰 明嘉靖三十一年張鎰刻本 十行二十四字白口四周单边
一三五二 韓五泉詩四卷 明韓邦靖撰 附錄二卷 明嘉靖十六年趙伯一刻本 九行十八字白口四周单边
一三五三 韓五泉詩四卷 明韓邦靖撰 附錄二卷 明嘉靖十九年樊得仁刻本 九行十八字白口四周单边
一三五四 韓五泉詩四卷 明韓邦靖撰 附錄二卷 明王九思等撰 明嘉靖十九年樊得仁刻本 明徐嶽題款 清林正青 高孝忠跋
一三五五 韓五泉詩四卷 明韓邦靖撰 五泉韓汝慶附錄二卷 明嘉靖刻本 十行十九字白口左右双边
一三五六 戴氏集十二卷 明戴冠撰 明嘉靖二十七年張鲁刻本 八行十八字白口四周单边
一三五七 戴氏集十二卷 明戴冠撰 明嘉靖二十七年張鲁刻本 清丁丙跋
一三五八 戴氏集十二卷 明戴冠撰 明抄本 九行藍格四周双边
一三五九 可泉四岳集七卷 明胡纘宗撰 明嘉靖刻本 十行十九字白口四周单边
一三六〇 可泉辛巳集十二卷 明胡纘宗撰 明嘉靖刻本 十一行二十字白口左右双边
一三六一 鳥鼠山人小集十六卷 明胡纘宗撰 明嘉靖刻本 十一行二十字白口四周单边
一三六二 鳥鼠山人小集十六卷 明胡纘宗撰 明嘉靖刻本 清丁丙跋
一三六三 鳥鼠山人後集二卷 明胡纘宗撰 明嘉靖刻本 九行十九字白口四周单边
一三六四 擬漢樂府八卷補遺一卷 明胡纘宗撰 明嘉靖十八年楊祜李人龍刻本 十行十九字白口四周单边
一三六五 可泉擬涯翁擬古樂府二卷 明胡纘宗撰 明嘉靖三十六年汪瀚刻本 十行十九字白口四周单边
一三六六 鳥鼠山人小集十六卷後集二卷近取編二卷願學編二卷可泉擬涯翁擬古樂府二卷擬漢樂府八卷附錄二卷補遺一卷雍音一卷唐雅八卷 明胡纘宗撰 榮哀錄二卷 明嘉靖刻清順治十三年周戩時補修本
一三六七 改亭存稿十卷續稿六卷 明方鳳撰 明崇禎十七年方士騄刻本 十一行二十字白口左右双边
一三六八 改亭存稿十卷 明方鳳撰 清咸豐六年湯道根抄本

存六卷（一至二、七至十）
改亭續稿六卷 明方鳳撰 清咸豐六年湯道根抄本 十行二十一字无格 一三六九
改亭存稿十卷續稿二卷 明方鳳撰 清抄本 十行二十字无格 一三七〇
東塘集十卷 明毛伯溫撰 明嘉靖十九年王儀刻本 十行二十字白口左右双边 一三七一
毛襄懋先生文集八卷東塘詩集十卷奏議二十卷別集十卷 明毛伯溫撰 附錄九卷 清毛緯等刻本 十行二十字白口四周双边 一三七二
歐陽恭簡公文集二十二卷 明歐陽鐸撰 明嘉靖刻本 十行二十字白口四周單边 一三七三
東洲初稿十四卷 明夏良勝撰 明正德嘉靖間危德輝等刻本 十一行二十字白口左右双边 一三七四
東洲初稿十四卷 明夏良勝撰 明正德嘉靖間危德輝等刻本 清丁丙跋 一三七五
涂水先生集六卷 明寇天叙撰 明嘉靖寇陽刻藍印本 卷六係附錄 十行二十字白口左右双边 一三七六
唐漁石集四卷 明唐龍撰 明嘉靖十一年王邦瑞刻本 十行二十字白口左右双边 一三七七
漁石集四卷 明唐龍撰 明嘉靖刻本 十行二十字白口四周單边 一三七八
漁石唐先生詩集八卷 明唐龍撰 明嘉靖二十四年影刻本 十行二十一字白口左右双边 一三七九
東畬先生家藏集十四卷 明錢琦撰 明隆慶錢鰲刻本 九行十八字白口左右双边 一三八〇
六五
東畬先生詩選一卷 明錢琦撰 俞憲輯 明隆慶五年刻本 八行十六字白口左右双边 一三八一
錢臨江先生集十四卷 明錢琦撰 附錄一卷 明萬曆三十二年錢鰲刻本 九行十八字白口左右双边 一三八二
定齋先生詩集二卷 明王應鵬撰 明嘉靖三十九年陸叡刻本 十行二十字白口四周双边 一三八三
定齋先生詩集二卷 明王應鵬撰 清徐氏煙嶼樓抄本 十行二十一字細黑口方格 一三八四
棠陵文集八卷 明方豪撰 明嘉靖刻本 十行二十二字白口左右双边 一三八五
楊升菴詩五卷 明楊慎撰 明嘉靖二十四年譚少嵋刻本 九行二十字白口四周双边 一三八六
楊升菴詩五卷 明楊慎撰 明萬曆刻本 六行十字十一字不等白口四周双边 一三八七
升菴南中集七卷 明楊慎撰 明嘉靖十六年王廷刻本 九行十八十九二十字不等細黑口四周單边 一三八八
升菴南中集六卷續集四卷 明楊慎撰 明嘉靖刻本 九行十六字白口四周單边 一三八九
升菴南中續集四卷 明楊慎撰 明嘉靖刻本 九行十五十六字不等白口四周双边 一三九〇
升菴南中續集四卷 明楊慎撰 明嘉靖刻本 清丁立誠跋 一三九一
存三卷（一至三）
升菴七十行戍稿二卷 明楊慎撰 明嘉靖三十八年周復俊刻本 九行十八字白口四周單边 一三九二
楊升菴詩集十卷 明楊慎撰 明萬曆四十八年施甯志刻本 九行二十字白口四周双边 一三九三

升菴詩集九卷文集十二卷 明楊慎撰 明嘉靖三十六年刻本 明徐遐綸 清陳鼎新跋 九行十八字白口四周双边 一三九四
存十七卷（詩集一至五 文集全）
升菴文集十二卷 明楊慎撰 明嘉靖三十六年刻本 清徐時棟跋 一三九五
太史升菴文集八十一卷 明楊慎撰 明萬曆十年刻本 十行二十字白口四周單边 一三九六
太史升菴文集八十一卷目錄四卷 明楊慎撰 趙開美校 明刻本 十行二十字白口四周單边 一三九七
升菴先生文集八十一卷目錄四卷 明楊慎撰 明萬曆二十九年王藩臣蕭如松刻本 十行二十字白口左右双边 一三九八
升菴先生文集八十一卷目錄四卷 明楊慎撰 明萬曆二十九年王藩臣蕭如松刻本 清丁丙跋 一三九九
太史升菴全集八十一卷目錄二卷 明楊慎撰 明陳大科刻本 九行十九字白口四周双边 一四〇〇
太史升菴全集八十一卷目錄二卷 明楊慎撰 明陳大科刻宮偉鏐重修本 一四〇一
太史升菴文集八十一卷目錄二卷 明楊慎撰 明萬曆二十四年莊誠刻本 九行十九字白口四周双边 一四〇二
六六
太史升菴文集八十一卷 明楊慎撰 明崇禎十二年陳宗器刻本 十行二十字白口四周單边 一四〇三
升菴外集一百卷 明楊慎撰 焦竑輯 明萬曆四十五年刻本 十行二十字白口四周單边 一四〇四
升菴外集一百卷 明楊慎撰 焦竑輯 明萬曆四十五年刻崇禎十一年重修本 一四〇五
太史升菴遺集二十六卷 明楊慎撰 明萬曆三十四年湯日昭刻本 十行二十字白口四周双边 一四〇六
李卓吾先生讀升菴集二十卷 明楊慎撰 李贄輯並評 明刻本 九行二十字白口四周單边 一四〇七
升菴楊太史合編二十四卷 明楊慎撰 卜世昌編 明刻本 十行二十字白口四周單边 一四〇八
文集十卷 詩集二卷 詩集補七卷 賦集一卷 南中詩二卷 七十行戍稿一卷 詩餘一卷
東郭先生文集九卷 明鄒守益撰 明嘉靖十七年洪垣刻本 九行十八字白口四周双边 一四〇九
東廓鄒先生文集十二卷 明鄒守益撰 明隆慶六年鄒康刻本 十行二十字白口四周單边 一四一〇
東廓鄒先生文集十二卷 明鄒守益撰 明隆慶六年鄒康刻本 清丁丙跋 一四一一
鄒文莊公全集十二卷 明鄒守益撰 明刻本 八行二十字白口四周單边 一四一二
東廓鄒先生遺稿十一卷 明鄒守益撰 明刻本 十行二十一字白口四周單边 一四一三
鄒東廓先生文選四卷 明鄒守益撰 鄒善輯 明隆慶六年宋儀望刻本 十行二十字白口四周單边 一四一四

鄒東廓先生詩集八卷 明鄒守益撰 明萬曆刻本 十行二十字白口四周双边
龍石詩集口卷文集口卷 明許成名撰 明嘉靖刻本 十行二十字白口左右双边
存十三卷 詩集一上、二上、三上、四上、六下、七下、八下 文集一上、二下、三下、四下、五下、六下、
陽峯家藏集三十六卷 明張璧撰 明嘉靖二十四年世恩堂刻本 十一行二十字白口左右双边
蒲菴遺稿十卷 明柴奇撰 明嘉靖刻崇禎八年柴胤璧增修補本 十行十八字白口左右双边
蒲菴遺稿十卷 明柴奇撰 清葉氏五百經幢館抄本
古菴毛先生文集十卷毘陵正學編一卷 明毛憲撰 明嘉靖四
十一年毛哲刻本 十行二十字白口左右双边
東濵先生詩集三卷 明徐成撰 明天啓元年徐承祖刻清乾隆南州草堂修補本 八行十八字白口无直格四周单边
宦遊稿一卷 歸田稿一卷續稿一卷
宦遊稿一卷歸田稿一卷續稿一卷 明徐成撰 清抄本 八行十八字无格
費文通公集選口卷 明費宷撰 張燁等輯 明費懋謙刻本 九行十八字白口四周双边
存二卷 一至二
文錄十二卷 明王道撰 明萬曆三十七年朱延禧刻本 九行二十字白口四周单边
順渠先生文錄十二卷 明王道撰 明刻本 十行二十一字白口四周单边

六七

古園集十二卷 明盧雍撰 明歸仁刻本 十行十八字白口左右双边
古園集十二卷 明盧雍撰 明歸仁刻崇禎六年盧龠重修本
夏東巖先生文集六卷詩集六卷 明夏尚樸撰 明嘉靖四十五年斯正刻本 十行
二十字白口四周单边
夏東巖先生文集六卷（首一卷） 明夏尚樸撰（四庫底本） 明嘉靖四十五年斯正刻本
夏東巖先生詩集六卷 明夏尚樸撰 清丁丙跋 明嘉靖四十五年斯正刻本
夏東巖先生文集十四卷 明夏尚樸撰 清康熙三十八年傅而保刻本 九行二十二字白口双边
孫文簡公瀼溪草堂稿口口卷 明孫承恩撰 明孫克弘孫㳂仁刻本 有像 十行二十字
白口左右双边
存四十八卷 一至四十八
孫文簡公瀼溪草堂集五十八卷 明孫承恩撰 明孫克弘孫世鼐刻本 十行二十
字白口左右双边
存五十四卷 一至四十八、五十三至五十八、
蓉川集四卷入夏錄三卷 明齊之鸞撰 贈言一卷贈
言附錄一卷 清康熙二十年齊山愫然亭刻本 十一行二十一字黑口四周双边

南雋集詩類二十卷 明汪必東撰 明嘉靖刻本 十行二十一字下黑口四周双边
瑞泉南伯子集二十二卷 明南大吉撰 附錄一卷後
紀一卷 明嘉靖四十四年南軒刻本 十行二十一字白口左右双边
漸齋詩草二卷 明趙漢撰 明嘉靖三十四年刻本 十行二十字白口四周双边
白泉家稿一卷 明汪文盛撰 清抄本 清[illegible]丁丙跋
王襄敏公集四卷 明王以旂撰 明萬曆元年王鶚刻本 清丁丙跋 十行二十一字白口四周双边
杏東先生文集十卷 明鄒維藩撰 明嘉靖四十一年蔡汝楠刻本 十行二十二字白口四周双边
杏東先生文集十卷 明鄒維藩撰 清乾隆十五年鄒方康十倫鄒刻本 十行二十二字白口四周双边
海岱會稿一卷 明楊應奎撰 明抄本 九行二十字小紅格四周单边
歸來稿四卷 明盧璣撰 明刻本 九行二十字下黑口四周单边
八厓集口口卷 明周廷用撰 明刻本 十行十八字細黑口四周双边
存三卷 二、四、九、
八厓集七卷 明周廷用撰 清乾隆十三年周慶增刻本 八行十九字白口四周双边
常評事集三卷 明常倫撰 明刻本 十行十八字白口四周双边
常評事集四卷寫情集二卷 明常倫撰 明刻本 十行十八字白口四周单边

六八

常評事集四卷寫情集二卷 明常倫撰 明刻本 清丁丙跋
南松堂稿七卷 明張鰲山撰 明萬曆四年張程刻本 九行十八字白口四周双边
石谿文集八卷 明王希旦撰 明刻本 九行十八字小字双行同白口四周单边
入楚吟一卷 明張綖撰 明嘉靖十七年特[illegible]刻本 十行十九字白口四周单边
張南湖先生詩集四卷附錄一卷 明張綖撰 明嘉靖三十二年張守中刻本
十行十九字白口四周单边
南湖詩一卷 明張綖撰 明抄本 十行二十字白口四周单边
佩蘭子文集三卷 明衣遇撰 明同文書院刻本 十行二十字白口左右双边
古山先生文集四卷 明程華撰 明刻本 九行十八字白口四周单边
渭厓文集十卷 明霍韜撰 明萬曆四年霍與瑕刻本 十行二十二字白口四周双边
谿田文集十一卷 明馬理撰 明萬曆十七年張泮刻本 八行十八字白口四周双边
谿田文集十一卷補遺一卷 明馬理撰 明萬曆十七年刻清乾隆十七年補修本 八行十八字白
口四周双边
豐山集四十卷 明[illegible]存撰 明嘉靖三十三年孫孟刻本 十行十八字白口四周单边
玉坡張先生黃花集七卷 明張原撰 明正德刻本 清丁丙跋 十行二十一字白口左右双边

存三卷（一至三）

一四六一 薛西原集二卷　明薛蕙撰　明嘉靖十四年李宗樞刻本　十行二十字小字双行同白口四周单边

一四六二 西原先生遺書二卷　明薛蕙撰　明嘉靖四十二年王廷刻本　九行十八字白口四周双边

一四六三 西原先生遺書二卷　明薛蕙撰　明嘉靖四十二年王廷刻本　清丁丙跋

一四六四 薛考功集十卷附集一卷　明薛蕙撰　明嘉靖刻本　九行十八字白口左右双边

一四六五 薛考功集十卷附集一卷　明薛蕙撰　明嘉靖刻本　高世異批點並跋

一四六六 薛考功集十卷　明薛蕙撰　明萬曆刻本　九行十八字白口左右双边

一四六七 薛考功集十卷　明薛蕙撰　明萬曆刻本　清丁丙跋

一四六八 薛考功集十卷附一卷　明薛蕙撰　明抄本　十行字數不等藍格白口四周双边

一四六九 西原全集十卷遺集一卷　明薛蕙撰　明崇禎薛邦瑞刻本　八行十九字白口四周单边

一四七〇 薛吏部詩六卷　明薛蕙撰　明五湖書屋抄本　十行十八字白口左右双边
存三卷（四至六）

一四七一 西原全集十二卷　明薛蕙撰　清薛世業輯　清乾隆薛世業抄本　八行十九字無格

一四七二 頤山私稿十卷　明吳仕撰　明嘉靖刻本　十一行二十字白口左右双边

一四七三 劉西陂集四卷　明劉脩秀撰　明嘉靖三十年傅鳳翔刻本　十行二十字白口四周单边

六九

一四七四 愧瘖集二十一卷　明林大輅撰　明嘉靖四十年林敦綬刻本　九行十八字白口四周单边

一四七五 一所金先生集十二卷　明金賁亨撰　清抄本　張廷琛跋　卷十一至十二係行狀家祠　九行二十字無格

一四七六 圭山近稿六卷　明張倫撰　清乾隆二十五年活字印本　九行十七字白口四周单边

一四七七 蔣南冷集十二卷　明蔣山卿撰　明嘉靖二十年喬佑刻本　十行十八字白口左右双边

一四七八 函山先生文集十卷　明劉天民撰　清抄本　九行二十字無格

一四七九 函山先生集十卷　明劉天民撰　清抄本　十二行二十二字無格

一四八〇 容菴集七卷周易傳義存疑一卷　明應大猷撰　明萬曆刻本　十行二十字白口左右双边

一四八一 容菴集十卷周易傳義存疑一卷書一卷　明應大猷撰　清乾隆四十三年活字印本　八行十八字白口四周单边

一四八二 嵩渚文集一百卷目錄二卷　明李濂撰　明嘉靖刻本　十行二十字白口四周单边

一四八三 觀政集一卷　明李濂撰　明抄本　九行二十字藍格白口四周双边

一四八四 科場漫筆三卷　明李濂撰　明嘉靖五年刻本　十行二十字白口四周单边

一四八五 乙巳春遊稾五卷　明李濂撰　明嘉靖二十五年白潽刻本　九行十八字白口四周单边

一四八六 林榕江先生集三十卷　明林炫撰　清范氏天一閣抄本　十一行二十五字小紅格白口四周双边

一四八七 西皋集存逸十卷　明鍾梁撰　明崇禎元年鍾祖保復初堂刻本　九行二十字白口左右双边

一四八八 西皋集存逸十卷　明鍾梁撰　明末復初堂刻本　九行二十字白口左右双边

一四八九 張太微詩集十二卷後集四卷　明張治道撰　明嘉靖十年刻詩集二十年刻後集合印本　十行二十二字白口四周单边

一四九〇 嘉靖集八卷拾遺一卷　明張治道撰　明嘉靖三十一年孔天胤刻本　十行二十一字白口四周单边

一四九一 明水陳先生文集十四卷　明陳九川撰　明嘉靖董君和刻本　十行二十二字白口四周双边或四周单边
存七卷（一至七）

一四九二 明水陳先生文集十四卷　明陳九川撰　清抄本　十行二十六字無格

一四九三 騮山先生文集八卷　明陳褎撰　明嘉靖曹于拱杜極刻本　十行二十字白口四周单边

一四九四 桃川剩集二卷　明王廷表撰　清抄本　清丁丙跋

一四九五 人瑞翁詩集五卷　明林春澤撰　清抄本　九行行字不等無格

一四九六 鹿原集十卷　明戴欽撰　明抄本　十行約二十四至二十六字藍格白口四周单边

一四九七 董漢陽碧里後集鳴存一卷疑存一卷雜存一卷達存二卷　明董穀撰　明嘉靖四十四年董蹤刻本　十行二十字白口四周双边

一四九八 陳徵士集四卷　明陳鏊撰　明熊梓刻本　十行二十字白口左右双边

七〇

一四九九 梓溪文集五卷　明舒芬撰　明嘉靖三十年張希舉刻本　十行二十字白口四周单边

一五〇〇 舒梓溪先生集十卷　明舒芬撰　明嘉靖三十二年萬虞愷等刻本　十行二十字白口四周单边

一五〇一 舒梓溪先生集十卷　明舒芬撰　明嘉靖三十二年萬虞愷等刻本　清丁丙跋

一五〇二 舒梓溪先生全集二十卷　明舒芬撰　明萬曆四年涂彬刻本　十行二十字白口四周双边

一五〇三 梓溪文鈔內集八卷外集十卷　明舒芬撰　明萬曆四十八年舒琛刻本　九行十八字白口四周双边

一五〇四 梓溪文鈔內集八卷外集十卷　明舒芬撰　明萬曆四十八年舒琛刻本　清徐時棟跋

一五〇五 崔東洲集二十卷　明崔桐撰　明嘉靖二十九年曹金刻本　十行二十字白口左右双边

一五〇六 崔東洲集二十卷續集十一卷　明崔桐撰　明嘉靖二十九年曹金刻續集三十四年周希哲刻本　十行二十字白口左右双边

一五〇七 東麓遺稿十卷　明汪佃撰　明刻本　十行二十字白口左右双边

一五〇八 亶爰集二卷亶爰子詩集二卷外集一卷附錄一卷　明江暉撰　明萬曆刻本　十行十九字白口四周单边

一五〇九 山陵賦一卷　明顧木撰　明嘉靖十八年劉祚刻本　十行二十字白口左右双边

一五一〇 淮漢壚餘稿四卷　明顧木撰　明萬曆刻本　九行二十一字白口四周双边

一五一一 燼餘稿口卷 明顧木撰 明抄本 清朱昌燕跋 十行二十字无格 存一卷口

一五一二 夢澤集十七卷 明王廷陳撰 明嘉靖刻藍印本 九行十六字白口四周單边

一五一三 夢澤集十七卷 明王廷陳撰 明嘉靖四十一年王廷曦刻本 十行二十字白口四周單边

一五一四 夢澤集十七卷 明王廷陳撰 明嘉靖四十一年王廷瞻刻本 清吳仰賢批注並跋

一五一五 夢澤集十七卷 明王廷陳撰 明嘉靖四十四年王同道刻本 十行二十二字白口四周單边

一五一六 夢澤集二十三卷 明王廷陳撰 明萬曆十八年王追伊刻三十年王追淳修補本 卷十九至二十三為附錄 十行二十字白口左右双边

一五一七 夢澤集二十三卷 明王廷陳撰 明萬曆十八年王追伊刻三十年王追淳修補本 清王家壁校並跋

一五一八 遲菴先生集八卷詩集四卷 明王臬撰 明刻本 十行二十字白口四周單边

一五一九 紫峰陳先生文集十三卷首一卷 明陳琛撰 清乾隆三十三年刻五十四年增修本 十行二十字白口左右双边

一五二〇 西玄詩集不分卷 明馬汝驥撰 明嘉靖十七年胡纘宗刻本 九行十八字白口四周單边

一五二一 馬文簡公集八卷附錄一卷 明馬汝驥撰 明嘉靖四十一年馬達乾刻本 九行二十字下黑口四周單边

一五二二 西玄集十卷 明馬汝驥撰 明嘉靖四十二年陳應龍刻本 九行二十字白口四周單边

一五二三 胡蒙谿詩集十一卷文集四卷 明胡侍撰 明嘉靖二十四年刻本 十行二十字白口四周單边

一五二四 胡蒙谿續集六集附錄一卷 明胡侍撰 明嘉靖三十一年張鏜刻本 十行二十字白口四周單边

一五二五 方塘汪先生文粹五卷 明汪思撰 明萬曆三年汪知易刻本 十行二十一字白口四周單边

一五二六 拘虛集五卷後集三卷拘虛詩談一卷游名山錄四卷 明陳沂撰 明嘉靖刻本 九行十八字或十行十八字白口左右双边

一五二七 中丞松洲柴公遺稿一卷 明柴經撰 明柴懋賢刻本 八行十六字白口四周單边

一五二八 戴中丞遺集八卷附錄一卷 明戴鱀撰 明嘉靖三十九年戴士克刻本 八行十八字白口四周双边

一五二九 滌江集十二卷附錄一卷 明徐一鳴撰 明隆慶三年徐鄉緒徐鄉述五泉書院刻本 九行十六字細黑口四周双边

一五三〇 黄門集十二卷許氏貽謀四則一卷附錄一卷年譜一卷品藻一卷 明許相卿撰 明萬曆二十六年錢䈉刻本 九行十九字白口左右双边

一五三一 黄門集十二卷附錄一卷品藻一卷 明許相卿撰 明萬曆二十六年錢䈉刻本 清丁丙跋 存十二卷（黄門集一至十、附錄、品藻全）

一五三二 雲邨先生文集十四卷年譜一卷遺事一卷賁隱存編四卷 明許相卿撰 明明德堂刻本 九行十八字白口四周單边

一五三三 應制集四卷 明夏言撰 明嘉靖十六年何邦奕刻本 十行二十字白口左右双边

一五三四 賜閒堂稿十卷附錄一卷 明夏言撰 明嘉靖二十五年曹忭楊九澤刻本 八行十七字細黑口四周双边

一五三五 賜閒堂稿十卷 明夏言撰 明嘉靖二十五年曹忭楊九澤刻本 清丁丙跋

一五三六 桂洲詩集二十四卷 明夏言撰 明嘉靖二十五年曹忭楊九澤刻本 八行十七字細黑口四周双边

一五三七 夏桂洲先生文集十八卷年譜一卷 明夏言撰 明崇禎十一年吳一璘刻本 十行十九字白口四周單边

一五三八 夏桂洲先生文集十八卷年譜一卷 明夏言撰 明崇禎十一年吳一璘刻清康熙五十八年吳崙重修本

一五三九 弘山先生日錄詩集十卷文集二卷 明楊必蒙撰 明萬曆十九年楊德刻本 十行二十字文集或為二十一字白口左右双边

一五四〇 朱福州集六卷 明朱豹撰 明嘉靖三十一年朱察卿刻本 八行十六字白口左右双边

一五四一 克齋集二卷 明王暐撰 明刻本 八行十七字白口左右双边

一五四二 季彭山先生文集四卷 明季本撰 清初抄本 十行二十五字无格

一五四三 半洲稿四卷北游稿一卷西征稿一卷 明蔡經撰 明嘉靖十六年司馬泰刻本 十行十八字白口四周單边

一五四四 小山類稿選二十卷南行稿一卷東巡稿一卷張襄惠公釋略一卷 明張岳撰 明刻清修本 九行二十字白口四周双边

一五四五 介立詩集六卷 明林時撰 明刻本 羅振常跋 十行二十二字白口四周單边

一五四六 和陶小稿一卷 明張良知撰 明嘉靖刻本 八行十八字白口四周單边

一五四七 過庭私錄七卷水亭外集一卷 明吳鵬撰 明萬曆十一年吳達可吳道南刻本 十行二十字白口左右双边

一五四八 泉亭存稿六卷 明吳鼎撰 明刻本 十行二十一字白口左右双边

一五四九 雙江聶先生文集十四卷 明聶豹撰 明嘉靖四十三年吳鳳瑞刻隆慶六年印本 十行二十一字白口四周双边

一五五〇 明聶雙江先生文集十四卷 明聶豹撰 清康熙四十年雲丘書院刻本 九行二十一字白口四周双边

一五五一 省菴漫稿四卷 明陳述撰 明崇禎十年陳星樞刻本 十行二十二字白口四周双边

一五五二 中離先生文稿十一卷 明薛侃撰 清抄本 九行二十五字无格

一五五三 同安林次崖先生文集十八卷 明林希元撰 清乾隆十八年陳臚聲詒燕堂刻本 十一行二十二字白口左右双边

一五五四 林次崖先生集十八卷 明林希元撰 清抄本

一五五五 王襄毅公集二十卷 明王邦瑞撰 附錄一卷 明隆慶五年溫如璋刻本 十行十九字白口四周双边

一五五六 少華山人文集十五卷前集十三卷後集九卷 明許宗魯撰 明嘉靖二十五年刻本 十行十八字白口左右双边

一五五七 少華山人續集十五卷 明許宗魯撰 明嘉靖刻本 十行十八字白口左右双边
存六卷 一至六

一五五八 少華山人文集八卷詩集十二卷 明許宗魯撰 明抄本 十行十八字无格

一五五九 王彭衙詩九卷 明王維楨撰 明嘉靖十四年陳嘉言范欽刻本 清丁丙跋 十行二十字白口左右双边

一五六〇 少石集十三卷 明陸鈛撰 明刻本 十一行十九字白口四周單边

一五六一 玄素子集口卷 明廖道南撰 明嘉靖刻本 十行二十字白口左右双边
存五十二卷 庚辰集至壬辰集十三卷 乙未集至戊戌集四卷 庚子集至癸卯集四卷 戢里集二卷 御雲集一卷 詞垣集五卷 藝苑集六卷 講幄集三卷 御雲文集一卷 拱極集二卷 疏牘集十卷 賦集一卷

一五六二 内方文集五卷 明童承敘撰 明萬曆蘇濬刻本 十行二十字白口左右双边

一五六三 内方文集不分卷 明童承敘撰 明抄本 十行二十四字白口四周單边

一五六四 泰泉集十卷 明黃佐撰 明嘉靖二十一年李時行刻本 九行十七字白口四周單边

一五六五 泰泉集十卷 明黃佐撰 明嘉靖二十一年李時行刻本（四庫底本）

一五六六 泰泉集十卷 明黃佐撰 明嘉靖二十一年李時行刻本 清丁丙跋

一五六七 泰泉集六十卷 明黃佐撰 明萬曆九年黃在中黃在素等刻本 十行二十字白口四周單边

一五六八 泰泉集六十卷 明黃佐撰 明萬曆元年黃在中黃在素等刻本 清丁丙跋

一五六九 泰泉集六十卷 明黃佐撰 清康熙二十一年黃逵卿等刻本 十行二十字白口四周双边

一五七〇 兩京賦二卷 明黃佐撰 明刻本 九行十七字白口四周單边

一五七一 蘇原先生文集二卷詩集二卷吉齋漫錄二卷櫝記二卷湖山小稿三卷 明吳廷翰撰 明萬曆二十九年吳國寶刻本 十行二十字白口四周單边。

一五七二 蘇原先生文集二卷 明吳廷翰撰 明萬曆二十九年吳國寶刻本 清丁丙跋

一五七三 太華山人集四卷 明何棟撰 明刻本 十行二十字白口左右双边

一五七四 張龍湖先生文集十五卷 明張治撰 清雍正四年彭思眷刻本 十行二十字白口左右双边

一五七五 甓餘雜集十二卷 明朱紈撰 明朱質刻本 十行二十字白口四周單边

一五七六 張水南文集十一卷 明張袞撰 明隆慶刻本 十行二十字白口四周單边

一五七七 太師張文忠公集十九卷 明張孚敬撰 明萬曆四十三年張汝紀等刻增刻本 十行二十字白口左右双边
奏疏八卷 文稿六卷 詩稿四卷 詩稿續一卷

一五七八 羅山詩稿三卷 明張孚敬撰 明刻本 十行二十字白口四周單边

一五七九 弘藝錄三十二卷首一卷 明鄧經邦撰 清康熙二十四年鄧遠平刻本 十行二十一字黑口四周單边

一五八〇 五龍山人集十卷 明王同祖撰 附錄一卷 明萬曆刻本 十行二十字白口四周單边

一五八一 重刻三渠先生集十六卷 明王用賓撰 附錄一卷 明天啟二年王紹貞刻本 九行十八字白口四周單边

一五八二 樸溪潘公文集九卷 明潘潢撰 明萬曆十三年刻本 九行十九字白口四周單边

一五八三 樸溪潘公文集九卷 明潘潢撰 明潘文星刻本 九行十九字白口四周單边

一五八四 羣玉樓稿七卷困亨別稿一卷 明李默撰 附錄一卷 明萬曆元年李培刻本 九行十八字白口四周双边

一五八五 羣玉樓稿八卷 明李默撰 明萬曆元年李培刻增修本 九行十八字白口四周双边

一五八六 羣玉樓稿八卷 明李默撰 清雍正李氏刻本 九行十八字白口四周双边

一五八七 周氏集十五卷 明周祚撰 明嘉靖刻本 十行二十字白口四周單边

一五八八 大伾集三卷 明王擴撰 明嘉靖董世彥刻本 十行二十字白口四周單边

一五八九 玩鹿亭稿八卷 明萬表撰 附錄一卷 明萬曆萬邦孚刻本 九行十八字白口四周單边

一五九〇 玩鹿亭稿二卷 明萬表撰 明刻本 清丁丙跋 九行十九字白口左右双边

一五九一 文徵明詩稿一卷 明文徵明撰 稿本 清文含跋

一五九二 文徵明文稿不分卷 明文徵明撰 稿本

一五九三 文徵明詩文稿不分卷 明文徵明撰 稿本

一五九四 文太史甫田集口口卷 明文徵明撰 明文嘉抄本 明文元發徐世章跋 十二行二十四字藍格白口左右双边
存十卷 六至十五

一五九五 甫田集三十六卷 明文徵明撰 明刻本 卷三十六係附錄 十一行二十一字白口左右双边

一五九六 甫田集三十六卷 明文徵明撰 明刻本 清丁丙丁立誠跋

一五九七 甫田集三十六卷 明文徵明撰 明刻清修本 卷三十六係附錄 十一行二十一字白口左右双边

一五九八 甫田集三十六卷 明文徵明撰 明刻清修本 清耿文光跋

一五九九 甫田集三十六卷 明文徵明撰 明刻清修本 宗舜年跋

一六〇〇 甫田集四卷 明文徵明撰 明刻本 十二行二十字白口左右双边

一六〇一 甫田集四卷 明文徵明撰 明刻本 十二行二十字白口左右双边

一六〇二 文翰林甫田詩選二卷 明文徵明撰 明萬曆二十二年文從龍承天寺重雲精舍刻本 九行十八字白口左右双边

一六〇三 文翰林甫田詩選二卷 明文徵明撰 明萬曆二十二年文從龍承天寺重雲精舍刻本 清江春題識

一六〇四 文翰林甫田詩選二卷 明文徵明撰 明萬曆二十二年文從龍承天寺重雲精舍刻本 清丁良美跋

一六〇五 梅花百詠一卷 明文徵明撰 清光緒二十三年朱文懋抄本

一六〇六 王西樓先生詩集一卷樂府一卷 明王磐撰 明刻清康熙五十三年王英重修本 十行十九字白口四周單边

一六〇七 重鐫心齋王先生全集六卷 明王艮撰 明萬曆三十四年耿定力丁賓刻增補本 有圖像 九行十八字白口左右双边

一六〇八 重鐫心齋王先生全集六卷 明王艮撰 明王言輪等刻本 新刻王心齋先生疏傳合編二卷 明天啟元年葉鳳儀刻崇禎增補本 九行十九字或八行十七字白口边欄不一

一六〇九 林泉高士孫西川詩稿一卷 明孫艾撰 明嘉靖十五年孫米刻本 十行十八字白口左右双边

一六一〇 林泉高士孫西川詩稿一卷 明孫艾撰 清抄本

一六一一 樓溪稿八卷 明孫錀撰 明萬曆七年孫應奎刻本 八行十六字白口四周双边

一六一二 賜號太和先生全集四卷 明邵元節撰 明嘉靖十八年邵啟南陳善道刻本 九行十八字白口四周單边

一六一三 樓居雜著一卷野航文稿一卷詩稿一卷 明朱存理撰 清丁氏當歸草堂抄本

一六一四 樓居雜著一卷野航先生遺詩一卷 明朱存理撰 附錄一卷 清胡氏惠堂抄本 十行二十一字藍格

一六一五 野航雜著一卷 明朱存理撰 清抄本 九行二十字无格

一六一六 西村詩集二卷補遺一卷 明朱朴撰 明嘉靖刻萬曆朱縣續刻本 十行二十字白口四周單边

一六一七 西村詩集二卷補遺一卷 明朱朴撰 明嘉靖刻萬曆朱縣續刻本 清丁丙跋

一六一八 西村詩集二卷補遺一卷 明朱朴撰 明嘉靖刻萬曆朱縣續刻本 張元濟跋

一六一九 西村詩集二卷補遺一卷 明朱朴撰 明嘉靖刻萬曆朱縣續刻清乾隆三年重修本 清吳騫跋 張元濟跋

一六二〇 朱西村詩稿全集八卷詩餘一卷 明朱朴撰 明抄本 張元濟跋 九行十九字无格

一六二一 朱西村詩集一卷詩餘一卷 明朱樸撰 清二樹齋抄本 十行二十字无格

一六二二 朱西村未刻詩稿不分卷 明朱朴撰 清抄本 清□魏山枝並跋

一六二三 和梅花百詠一卷 明魏復撰 清抄本 清丁丙跋

一六二四 士齋詩集三卷 明鄒鑾撰 明嘉靖五年鄒蕃準刻本 十行十八字白口左右双边

一六二五 沈山人詩六卷續集十卷 明沈愷撰 明嘉靖四十三年官臣刻萬曆四十一年王俗祥重修本 九行十八字白口四周單边

一六二六 練溪集四卷 明凌震撰 明嘉靖三十年凌約言刻本 十行二十字白口四周單边

一六二七 夢蕉存稿四卷 明游潛撰 明刻本 十行二十一字細黑口間有白口左右双边

一六二八 夢蕉存稿四卷詩話二卷博物志補二卷 明游潛撰 明刻清康熙三十六年補修本 十行二十一字細黑口左右双边

一六二九 了溪詩稿四卷 明彭澤撰 陳元輯 附錄一卷 明正德十五年姚鏜刻本 十行十九字黑口四周双边

一六三〇 東齋稿略一卷 明姚椎撰 附濟美錄摘略一卷 明嘉靖十九年姚熠刻三十六年增修姚氏世刻本 九行十六字細黑口左右双边

一六三一 湖海集三卷 明童潔撰 清抄本 九行十五字白口四周双边

一六三二 東園遺稿二卷 明黃灝撰 明嘉靖刻本 九行十八字白口四周單边

一六三三 吳元定重訂楊升菴夫人樂府四卷 明黃峨撰 清抄本 十二行二十一字无格

一六三四 林屋集二十卷 明蔡羽撰 明嘉靖八年刻本 十二行二十字白口左右双边

一六三五 林屋集二十卷南館集十三卷 明蔡羽撰 明嘉靖八年刻南館集二十二年王廷刻二十八年陳宗策合印本 傅增湘跋 十二行二十字白口左右双边

一六三六 蔡林屋集不分卷 明蔡羽撰 明崇禎四年抄本

一六三七 陳白陽集十卷 明陳淳撰 附錄四卷 明萬曆四十三年陳仁錫閱帆堂刻本 九行十九字白口四周双边

一六三八 陳白陽集十卷 明陳淳撰 附錄四卷 明萬曆四十三年陳仁錫閱帆堂刻本 鄭振鐸跋

一六三九 和梅花百詠口卷存一卷（三） 明屈沖霄撰 明刻本 清屈欽跋 八行十七字白口左右双边
一六四〇 春音集不分卷 明屈沖霄撰 清順治十三年屈欽抄本 清屈欽跋
一六四一 潛虬山人詩集十卷 明余育撰 明嘉靖刻本 十行十八字白口左右双边
一六四二 佘鶴池詩集十卷 明余承恩撰 明萬曆刻本 十行二十字黑口四周双边
一六四三 朽菴集六卷說破浮生夢幻集一卷 明釋宗林撰 明萬曆四十二年釋智壽刻本 十二行二十字无直格白口四周單边
一六四四 𢤱寮集二卷 明釋宗贄撰 清李氏研綠山房抄本 十一行二十四字綠格白口左右双边
一六四五 𢤱寮集二卷 明釋宗贄撰 清抄本 十一行二十二字
一六四六 雪江詩稿二卷 明釋明秀撰 清抄本 十行十九字黑格
一六四七 新樂王甲戌稿一卷 明朱載璽撰 稿本 八行二十二字紅格
一六四八 紹易詩集二卷附錄一卷 明朱載墿撰 明直玖堂刻本 八行十六字白口四周双边
一六四九 王青蘿先生詩集二卷 明王翁撰 明萬曆刻本 八行十九字白口四周單边
一六五〇 張草江先生存笥集二卷 明張鉁撰 徵行錄一卷 明張基輯 明張世俊素心堂刻本 九行十八字白口左右双边
一六五一 明山先生存集四卷 明姚淶撰 明嘉靖三十六年姚輝刻本 十行二十一字白口四周單边
一六五二 少湖先生文集七卷 明徐階撰 明嘉靖三十六年宿應麟刻本 九行二十字黑口四周單边
一六五三 少湖先生文集七卷 明徐階撰 明嘉靖三十六年宿應麟刻本 清丁丙跋
一六五四 世經堂集二十六卷 明徐階撰 明萬曆徐氏刻本 十行二十字白口四周双边
一六五五 世經堂集二十六卷 明徐階撰 明萬曆徐氏刻清康熙二十年徐儀重修本
一六五六 世經堂續集十四卷 明徐階撰 明萬曆徐肇惠刻本 十行二十字白口四周双边
一六五七 愚谷集十卷 明李舜臣撰 明隆慶刻本 十行二十一字白口四周單边
一六五八 石見山集八卷 明石英中撰 明萬曆石應魁刻本 九行十八字白口左右双边
一六五九 歐陽南野先生文集三十卷 明歐陽德撰 明嘉靖三十七年梁汝魁刻本 十行二十字白口四周單边
一六六〇 歐陽南野先生文選四卷 明歐陽德撰 王畿 李春芳輯 明嘉靖刻本 十行二十字白口左右双边
一六六一 歐陽南野先生文選五卷 明歐陽德撰 李春芳輯 明隆慶三年周之屏刻本 十行二十一字白口四周單边
一六六二 歐陽南野先生文選五卷 明歐陽德撰 李春芳輯 明隆慶六年宋儀望刻本 十行二十一字白口四周單边
一六六三 蘇門集八卷 明高叔嗣撰 明嘉靖十六年陳束刻本 十行十六字白口四周單边
一六六四 蘇門集八卷 明高叔嗣撰 明嘉靖三十七年王緯刻本 十行二十字白口四周單边
一六六五 蘇門集八卷 明高叔嗣撰 明嘉靖四十二年張正位刻本 十行二十字白口四周單边
一六六六 蘇門集八卷 明高叔嗣撰 明嘉靖四十二年張正位刻本 清丁丙跋
一六六七 蘇門集八卷 明高叔嗣撰 明萬曆四十一年馬之駿刻本 九行十八字白口左右双边
一六六八 蘇門集八卷 明高叔嗣撰 明刻本 十行二十字白口四周双边
一六六九 潘恭定公全集二十五卷 明潘恩撰 潘笠江先生集十二卷附集一卷 笠江先生近稿十二卷 明嘉靖萬曆遞刻本 十行二十字白口左右双边
一六七〇 潘恭定公全集二十五卷 明潘恩撰 明嘉靖萬曆遞刻本 清丁丙跋
一六七一 芥山集不分卷 明陳儒撰 附錄一卷 明刻本 十行二十二字白口四周單边
一六七二 芥山集三十四卷 明陳儒撰 明嘉靖陳一龍刻隆慶三年增修本 十行二十二字白口四周單边
一六七三 南禺外史詩一卷 明豐坊撰 稿本
一六七四 萬卷樓遺集六卷 明豐坊撰 明萬曆四十五年豐遂刻本 九行十九字白口左右双边
一六七五 端簡鄭公文集十二卷 明鄭曉撰 明萬曆二十八年鄭心材刻本 十行十九字白口左右双边
一六七六 端簡鄭公文集十二卷 明鄭曉撰 明萬曆二十八年鄭心材刻本 清顧則文題識 張元濟跋
一六七七 司寇端簡鄭公策學六卷 明鄭曉撰 明刻本 十行十九字白口四周双边
一六七八 天馬山房遺稿八卷 明朱淛撰 明隆慶五年張象鐸刻本 十二行二十二字白口左右双边
一六七九 天馬山房遺稿八卷存六卷（一至六） 明朱淛撰 明隆慶三年張象鐸刻遞修本 十二行二十二字白口左右双边
一六八〇 章介菴文集十一卷 明章袞撰 清乾隆十八年章文先刻本 九行二十字白口左右双边
一六八一 藍侍御集二卷 明藍田撰 稿本 清周亮工評 九行二十五字无格
一六八二 藍侍御集十卷 明藍田撰 明萬曆十五年藍思炤刻本 九行二十字白口左右双边
一六八三 北泉文集五卷 明藍田撰 清抄本 九行二十五字无格
一六八四 北泉草堂詩集二卷 明藍田撰 清抄本 九行二十五字
一六八五 蓮峯先生集七卷 明羊份撰 附錄一卷 明萬曆四十五年李復順 慶召衍刻本 九行十八字白口四周單边
一六八六 芝園集三十六卷 明張時徹撰 明嘉靖二十三年鄒守愚刻本 十行十九字白口四周双边
一六八七 芝園集口口卷別集口口卷 明張時徹撰 明嘉靖二十三年鄒守愚刻增修本 十行十九字或二十字白口四周双边 存三十五卷（一至二十八、別集奏議一、公移一至六）

一六八八 芝園定集五十一卷 明張時徹撰 明嘉靖刻本 十一行二十二字白口左右双边

一六八九 芝園定集別集十卷外集二十四卷 明張時徹撰 明嘉靖刻本 十一行二十二字不等白口左右双边

一六九〇 癸山先生遺稿三卷 明張文憲撰 明萬曆十一年張汝賢刻本 十一行二十一字白口左右双边

一六九一 耘石詩稿一卷 明黄禎撰 稿本 清遥源主人跋 十行十七字白口藍格四周单边

一六九二 擬騷集二卷二友傳一卷 明黄禎撰 明刻本 八行十九字白口左右双边

一六九三 飛鴻亭集二十卷 明吴鵬撰 明萬曆吴雅卓刻本 十行十九字白口左右双边

一六九四 漫遊稿六卷 明馮世雍撰 明嘉靖十五年劉時濟刻本 清丁丙跋 十行二十字大黑口四周双边

一六九五 李石疊集四卷附錄一卷 明李宗樞撰 明嘉靖二十九年西亭書院刻本 九行十六字白口四周单边

一六九六 亦愚先生文集不分卷 明方升撰 明抄本 清吴梅玉題識 十行二十二字無格

一六九七 海峯堂前稿十八卷 明葉良佩撰 明嘉靖三十年魏濠刻本 九行十九字白口四周单边
存十二卷 四至六、十至十八

一六九八 兩厓集六卷 明朱廷立撰 明刻本 十行十九字白口四周单边
存三卷 一至三

一六九九 重鐫兩厓集八卷 明朱廷立撰 明朱之榫等刻本（卷五配抄本） 九行十八字白口左右双边

一七〇〇 王鶴山集四卷 明王數撰 明隆慶刻本 九行十八字白口左右双边

一七〇一 鳳林先生文集四卷 明王從善撰 明嘉靖四十五年衛東楚刻本 九行十八字白口四周单边

一七〇二 太常少卿魏水洲先生文集六卷 明魏良弼撰 明萬曆三十五年熊劍化徐良彥刻本 九行二十字白口四周双边

一七〇三 東遊集一卷 明黄金撰 明抄本 十行二十四字藍格白口四周双边

一七〇四 範東文集十二卷 明劉隅撰 明隆慶二年蘇祐刻劉氏家藏集本 十行二十字白口左右双边

一七〇五 珠玉遺稿二卷附錄一卷 明李循義撰 田汝成註 明萬曆九年刻本 十一行二十字白口四周双边

一七〇六 孟龍川文集二十卷 明孟思撰 明萬曆十七年金繼震刻本 九行十七字白口四周单边

一七〇七 龍川駢語不分卷 明孟思撰 明紫芝堂抄本 羅振常跋 八行十六字白口四周单边

一七〇八 長谷集十五卷 明徐獻忠撰 明刻本 十行十八字下細黑口左右双边

一七〇九 石聯遺稿八卷 明沈繪撰 明萬曆九年沈立刻本 九行十七字白口四周双边

一七一〇 晏子靜文集六卷 明晏樞撰 醇儒傳一卷 明蕭守身撰 明王元登刻清順治十年晏聚吉增修本 十行二十字白口四周双边或四周单边

七九

一七一一 陳海樵律詩二卷 明陳鶴撰 明嘉靖三十年王修齋刻本 七行十三字白口四周双边

一七一二 海樵先生全集二十一卷 明陳鶴撰 明隆慶元年陳經國刻本 九行二十字白口四周双边
存十八卷 一至十八

一七一三 金子有集一卷 明金大車撰 明嘉靖二十六年何世守刻本 十行二十二字白口四周双边

一七一四 金臺稿翰譔集二十卷 明龔用卿撰 明嘉靖刻本 九行二十字白口四周双边

一七一五 雲岡選稿二十卷 明龔用卿撰 明萬曆三十五年龔燿刻本 九行十八字白口四周双边

一七一六 雲岡選稿二十卷 明龔用卿撰 明抄本 九行十八字白口四周双边

一七一七 袁永之集二十卷 明袁袠撰 明嘉靖二十六年袁尊尼刻本 十行十八字白口左右双边

一七一八 袁永之集二十卷 明袁袠撰 明嘉靖二十六年袁尊尼刻後印本

一七一九 衡藩重刻胥臺先生集二十卷 明袁袠撰 明萬曆十二年衡藩刻本 十行十八字白口四周双边

一七二〇 稽古緒論不分卷先心亭詩餘一卷 明趙時春撰 明隆慶四年趙守嚴刻本 八行十六字白口四周单边

一七二一 趙浚谷文集十卷詩集六卷疏案一卷 明趙時春撰
永思錄一卷 明萬曆八年周鑑刻本 九行二十一字白口四周单边

一七二二 趙浚谷文集十卷詩集六卷疏案一卷 明趙時春撰
永思錄一卷 明萬曆八年周鑑刻清順治十六年葉正蓁重修本

八〇

一七二三 浚谷先生集十七卷 明趙時春撰 明萬曆八年周鑑刻本 十行二十一字白口左右双边

一七二四 浚谷趙先生文粹五卷 明趙時春撰 胡直輯 明隆慶五年刻本 十行二十一字白口四周单边

一七二五 東匯詩集十卷 明呂希周撰 明嘉靖三十三年呂端甫刻本 九行十七字細黑口四周双边

一七二六 巖居稿八卷 明華察撰 明嘉靖三十五年王懋明刻本 八行十六字白口左右双边

一七二七 巖居稿八卷 明華察撰 明嘉靖三十五年王懋明刻本 清王士禛評點並跋 陳珙跋

一七二八 巖居稿八卷 明華察撰 清抄本 九行十八字無格

一七二九 陸贄齋文集十卷 明陸鄴撰 明刻本 九行十八字白口左右双边
存四卷 一至四

一七三〇 田叔禾小集十二卷 明田汝成撰 明嘉靖四十二年田藝蘅刻本 九行十八字白口四周双边

一七三一 翁東涯集十七卷 明翁萬達撰 明嘉靖三十四年朱睦㮮刻本 九行十八字白口左右双边

一七三二 稽愆集一卷補一卷 明翁萬達撰 明刻本（補一卷配清抄本） 清李釗跋 十行二十二字白口四周双边

一七三三 遵巖先生文集四十一卷 明王慎中撰 明嘉靖四十五年劉潾刻本 九行十九字白口左右双边

一七三四 遵巖先生文集四十一卷 明王慎中撰 明隆慶五年邵廉刻本 十行二十一字白口四周单边

一七三五 遵巖先生文集二十五卷 明王慎中撰 明隆慶五年嚴鎡刻公文紙印本 十行二十字白口四周單边
存十一卷 一至十一

一七三六 遵巖先生文集二十五卷 明王慎中撰 明隆慶五年嚴鎡刻本

一七三七 遵巖先生文集四十二卷 明王慎中撰 清康熙五十年閩中同人書社刻本 九行十九字黑口四周單边

一七三八 玩芳堂摘稿四卷 明王慎中撰 明嘉靖二十九年蔡克廉刻本 十行二十字白口四周双边

一七三九 王遵巖家居集七卷 明王慎中撰 明嘉靖三十一年句吴書院刻本 十一行二十一字白口左右双边

一七四〇 王遵巖家居集七卷 明王慎中撰 明嘉靖三十一年句吴書院刻本 清楊泰亨題記

一七四一 遵巖王先生文粹十六卷 明王慎中撰 施觀民輯 明隆慶六年施觀民刻本 十行二十二字白口左右双边

一七四二 遵巖先生文集不分卷 明王慎中撰 明抄本 九行二十字藍格白口四周双边
存文十九篇

一七四三 遵巖先生文鈔不分卷 明王慎中撰 清葉裕仁抄本 清葉裕仁跋

一七四四 南江外集十卷 明王慎中撰 清抄本 十行二十字

一七四五 午坡文集四卷 明江以達撰 明嘉靖三十六年黄鏞刻本 十行二十字白口四周單边

一七四六 俟知堂集十四卷 明鄒守愚撰 明嘉靖刻本 九行二十字白口四周單边

八一

一七四七 俟知堂集十三卷 明鄒守愚撰 明萬曆刻本 九行十八字白口左右双边

一七四八 樊氏集十二卷 明樊鵬撰 明嘉靖十三年孔天胤刻二十三年吳九經續刻本 十行二十字白口四周單边

一七四九 鄭少白詩集口卷 明鄭允璋撰 明刻本 十行二十一字白口四周單边
存四卷 四至七

一七五〇 率峰先生遺稿四卷 明余枈撰 明嘉靖刻本 十行二十四字白口四周單边

一七五一 西浙泉厓邵先生文集十卷詩集十卷 明邵經濟撰 明嘉靖四十年張業賢張德等刻本 十行二十一字白口左右双边
存二卷 三至四

一七五二 西浙泉厓邵先生文集十卷 明邵經濟撰 清抄本 十行二十一字白口左右双边
存四卷 一至四

一七五三 屠漸山蘭暉堂集十二卷 明屠應埈撰 明嘉靖三十一年屠仲律刻本 九行十七字白口左右双边

一七五四 棘庭漫藁二卷 明鄭厳撰 明嘉靖十一年林繼阜刻本 九行十七字白口左右双边

一七五五 石湖集一卷 明王守撰 明抄本 九行十六字藍格白口左右双边

一七五六 陸子餘集八卷附錄一卷 明陸粲撰 明嘉靖四十三年陸延枝刻本 十行十八字白口左右双边

一七五七 陸子餘集八卷 明陸粲撰 明嘉靖四十三年陸延枝刻本 清丁丙跋

一七五八 陸子餘集八卷拾遺一卷附錄一卷 明陸粲撰 明嘉靖四十三年陸延枝刻隆慶增修本

一七五九 三巡集稿一卷 明蘇祐撰 明嘉靖刻本 九行二十字白口四周單边

一七六〇 穀原詩集八卷 明蘇祐撰 明嘉靖三十七年龔秉德刻本 九行二十字白口四周双边

一七六一 穀原詩集八卷 明蘇祐撰 明嘉靖三十七年龔秉德刻本 李盛鐸跋

一七六二 穀原詩集八卷 明蘇祐撰 明刻本 十行二十字白口四周双边

一七六三 楊氏南宮集七卷 明楊儀撰 清抄本 九行二十字无格

一七六四 楊夢羽南宮小集不分卷七檜山人詞不分卷 明楊儀撰 清抄本 八行十六字无格

一七六五 楊夢羽南宮小集一卷七檜山人詞一卷 明楊儀撰 清抄本 八行十六字无格

一七六六 楊夢羽南宮小集一卷七檜山人詞一卷 明楊儀撰 清抄本 八行十六字白口左右双边

一七六七 南宮集一卷南宮小集一卷七檜山人詞一卷 明楊儀撰 清抄本

八十

一七六八 均奕集一卷附錄一卷 明鄒鳳儀撰 明桐岡書院刻本 八行十六字白口四周双边

一七六九 少泉詩集四卷 明王格撰 明嘉靖十八年李文芝刻本 九行十八字黑口四周双边

一七七〇 少泉詩集十卷 明王格撰 明嘉靖刻本 九行十八字白口左右双边

一七七一 菁陽集選五卷 明范言撰 范應期輯 明范應賓刻本 八行十六字白口左右双边

一七七二 許默齋集四卷 明許論撰 明賀賁刻本 九行十九字白口四周單边

一七七三 周鈍軒先生文集二卷 明周鈦撰 明萬曆十七年楊四知刻清增修本 九行十九字白口四周双边

一七七四 關遊稿一卷 明張守約撰 明嘉靖十六年許朝聘刻本 六行十四字白口左右双边

一七七五 擬寒山詩一卷 明張守約撰 明刻本 八行十七字白口四周單边

一七七六 卌川先生集六卷 明千玭撰 明萬曆二十六年千慎行刻本 九行十八字白口四周單边
存三卷 四至六

一七七七 洞庭集五十三卷 明孫宜撰 明嘉靖二十八年至二十九年孫斯億刻本 十行二十字白口四周單边
存二十三卷 一至二十三

一七七八 洞庭集五十三卷 明孫宜撰 明嘉靖三十二年孫宗刻本 十行二十字白口四周單边

一七七九 洞庭集四卷 明孫宜撰 明抄本

一七八〇 洞庭漁人續集十六卷 明孫宜撰 明萬曆三十年孫斯傳刻本 十行二十字白口四周單边

一七八一 山居存稿十一卷　明鄧遷撰　明嘉靖刻本　九行十八字白口四周單边

一七八二 別駕集一卷　明鄧遷撰　明天啟七年鄧彥寀刻本　九行十八字白口左右双边

一七八三 浮槎稿十二卷　明滿滋撰　明嘉靖三十年黄廷言刻本　十行十八字白口四周双边

一七八四 劉文光文稿一卷　明劉文光撰　明刻本　九行十八字白口四周單边

一七八五 聽真稿二卷　明陸奎章撰　明嘉靖刻本　十行十八字細黑口四周單边

一七八六 石陽山人病詩一卷　明陳德文撰　明嘉靖十九年張杞刻本　八行十六字白口四周單边

一七八七 石陽山人蠡海二卷　明陳德文撰　明刻藍印本　九行十八字白口四周單边

一七八八 念菴羅先生文集四卷　明羅洪先撰　明嘉靖三十四年安如磐刻本　十行十八字白口左右双边

一七八九 念菴羅先生集十三卷　明羅洪先撰　明嘉靖四十二年劉玠刻本　十一行二十字白口四周單边

一七九〇 念菴羅先生集十三卷　明羅洪先撰　明嘉靖四十三年甄津刻本　十一行二十字白口四周單边

一七九一 念菴羅先生文集八卷外集十五卷別集四卷　明羅洪先撰　明隆慶元年蘇士潤等刻本　十一行二十三字白口四周双边

一七九二 念菴羅先生文集八卷外集十五卷別集四卷　明羅洪先撰　明隆慶元年蘇士潤等刻本　清丁丙跋

一七九三 石蓮洞羅先生文集二十五卷　明羅洪先撰　明萬曆四十五年陳于廷刻本　九行十八字

八三

一七九四 念菴羅先生文要六卷　明羅洪先撰　明萬曆三十年王時槐刻本　八行十七字白口四周單边

一七九五 程松谿先生文集十卷　明程文德撰　明隆慶元年刻本　十行二十二字白口四周双边

一七九六 程文恭公遺稿三十二卷　明程文德撰　明萬曆十二年程光裕刻本　十行十九字白口四周双边

一七九七 唐荊川先生文集十二卷　明唐順之撰　明嘉靖二十八年安如石刻本　十行二十字白口四周單边

一七九八 唐荊川先生文集十二卷　明唐順之撰　明嘉靖二十八年安如石刻本　清丁丙跋

一七九九 唐荊川先生文集十二卷　明唐順之撰　明唐國達刻本　十行二十字白口四周單边

一八〇〇 重刊校正唐荊川先生文集十二卷　明唐順之撰　明嘉靖三十二年葉氏寶山堂刻本　十行二十字白口四周單边

一八〇一 重刊校正唐荊川先生文集十二卷　明唐順之撰　明嘉靖三十四年金陵書林薛氏刻本　十行二十字白口四周單边

一八〇二 唐荊川先生續文集六卷奉使集二卷　明唐順之撰　明唐鶴徵刻本　十行二十字白口四周單边

一八〇三 重刊荊川先生文集十七卷外集三卷　明唐順之撰　附錄一卷　明萬曆元年純白齋刻本　十行二十字白口左右双边

一八〇四 重刊荊川先生文集十七卷外集三卷　明唐順之撰　附錄一卷　明萬曆元年純白齋刻本　清陳光龍批校劉峙跋

一八〇五 重刊荊川先生文集十七卷外集三卷　明唐順之撰　附錄一卷　明萬曆元年純白齋刻本　清丁丙跋

一八〇六 荊川文集十八卷　明唐順之撰　清康熙五十一年唐執玉刻本　十行二十一字黑口左右双边

一八〇七 荊川文集十八卷　明唐順之撰　清康熙五十一年唐執玉刻本　清盧文弨校

一八〇八 唐襄文公文定四卷　明唐順之撰　清徨做麟輯並評　清刻本　十行二十二字黑口左右双边

一八〇九 唐荊川先生傳稿不分卷　明唐順之撰　清呂留良評點、清康熙刻本　九行二十六字白口四周單边

一八一〇 陳后岡詩集一卷文集一卷　明陳束撰　明嘉靖二十五年張時徹刻本　詩集九行十八字白口左右双边、文集九行十九字白口四周双边

一八一一 陳后岡詩集一卷文集一卷　明陳束撰　明嘉靖二十五年張時徹刻本　清丁丙跋

一八一二 陳后岡詩集一卷文集一卷　明陳束撰林可成校疏　明萬曆十九年林可成刻本　九行十八字白口四周單边

一八一三 任少海先生文集不分卷　明任瀚撰　明天啟刻本　九行十九字白口四周單边

一八一四 甌東私錄十卷　明項喬撰　明嘉靖三十年刻本　十行二十字白口四周双边

八四

一八一五 甌東私錄十卷首一卷　明項喬撰　清抄本

一八一六 甌東私錄十卷　明項喬撰　清藍格抄本　存九卷一至六、八至十、

一八一七 甌東錄六卷　明項喬撰　明嘉靖三十一年刻本　十行二十字細藍口左右双边

一八一八 胡莊肅公文集八卷　明胡松撰　明萬曆十三年胡櫰刻本　十行二十字白口左右双边

一八一九 鶴田草堂集十卷　明蔡雲程撰　明刻本　九行十八字白口四周双边　存七卷四至十、

一八二〇 南沙先生文集八卷　明熊過撰　明泰昌元年熊慶衡刻本　九行十九字白口四周單边

一八二一 熊南沙先生文集不分卷　明熊過撰　王振奇輯　明末刻本　九行十九字白口四周單边

一八二二 畏齋薛先生藝文類稿十四卷續集三卷　明薛甲撰　明隆慶刻本　清曾釗跋　十一行二十一字白口四周單边

一八二三 少室山人集二十五卷　明楊本仁撰　明嘉靖刻本　十行十八字白口四周單边

一八二四 環溪漫集八卷　明沈愷撰　明嘉靖刻本　九行十七字白口四周双边或左右双边

一八二五 環溪集二十六卷　明沈愷撰　明隆慶五年至萬曆二年沈紹祖刻本　十行十九字白口四周双边

一八二六 李中麓閒居集十二卷　明李開先撰　明嘉靖五十六年刻本　九行十八字大黑口四周双边

一八二七　李中麓閒居集十二卷　明李開先撰　年譜一卷　明嘉靖三十六年刻崇禎十四年補修本
一八二八　李中麓閒居集十二卷　明李開先撰　清抄本　九行十八字无格
一八二九　李中麓閒居集十二卷　明李開先撰　清抄本　清李文藻跋　九行十七字无格
一八三〇　中麓山人拙對二卷續對一卷　明李開先撰　明嘉靖刻本　九行十八字黑口四周双边
一八三一　中麓山人拙對二卷續對一卷　明李開先撰　清抄本　九行十八字无格
一八三二　塞上曲一卷　明李開先撰　明嘉靖刻本　八行十六字黑口四周双边
一八三三　王椒園先生集四卷　明王納言撰　明萬曆三十九年王鳳徵刻本　九行十八字白口四周单边
一八三四　江峰漫稿十二卷　明呂高撰　附湖南書院訓規一卷　明嘉靖四十一年呂克念刻本　十行二十一字細黑口左右双边
一八三五　世敬堂集四卷　明趙文華撰　明刻本　馮貞群跋　九行十八字白口左右双边
一八三六　世敬堂集四卷　明趙文華撰　校勘記四卷　清汪遠孫撰　清汪氏振綺堂抄本　清汪遠孫校並跋　十行二十三字黑格
一八三七　世敬堂集四卷　明趙文華撰　清抄本　十一行二十二字无格
一八三八　趙氏家藏集八卷　明趙文華撰　清抄本
一八三九　趙氏家藏集八卷　明趙文華撰　清抄本　七行二十字无格
一八四〇　趙氏家藏集八卷　明趙文華撰　清抄本　十行二十五字无格
一八四一　趙氏家藏集八卷　明趙文華撰　清抄本
一八四二　文華全集八卷　明趙文華撰　清抄本　九行二十字无格

八五

一八四三　斛山楊先生遺稿四卷　明楊爵撰　明萬曆元年安嘉善刻本　九行二十二字白口四周双边
一八四四　斛山楊先生遺稿四卷　明楊爵撰　明萬曆六年陳世寶曾如春刻本　十行二十字白口四周双边
一八四五　斛山楊先生遺稿五卷　明楊爵撰　明萬曆十六年蕭士瀾刻萬曆天啟間增修本　九行二十二字白口四周双边　卷五係附錄
一八四六　楊忠介公全集十三卷　明楊爵撰　明刻本　九行二十字白口四周单边
一八四七　楊忠介公集十三卷　明楊爵撰　附錄五卷　清順治八年楊紹武刻重修本　九行二十字白口四周单边
一八四八　玉涵堂詩選十卷　明吳子孝撰皇甫汸輯　明嘉靖刻本　十行十八字細黑口左右双边
一八四九　玉霄僊明珠集二卷　明吳子孝撰　明嘉靖刻本　九行十七字白口左右双边
一八五〇　葛端肅公文集十八卷　明葛守禮撰　明萬曆十年刻本　九行二十字白口四周双边
一八五一　葛端肅公文集十八卷　明葛守禮撰　明萬曆十年刻清乾隆五十六年鍾大受重修本　九行二十字白口四周双边
一八五二　葛端肅公集十八卷識闕一卷　明葛守禮撰　附錄一卷　清嘉慶七年葛周玉棣萼山房刻本付印稿　九行二十一字黑格
一八五三　忠諫靜思張公遺集十卷　明張選撰　侍御靜生張公遺集二卷　明張鱗曾撰　清康熙三十三年張元昇等刻本　九行二十字白口左右双边
一八五四　大椿堂詩選二卷　明楊博撰　楊偉民輯　明萬曆二十一年裴述祖刻本　七行十六字白口四周单边
一八五五　洨濱蔡先生文集十二卷　明蔡靉撰　明嘉靖四十二年李登雲等刻本　十行二十二字白口四周单边
一八五六　洨濱蔡先生文集十二卷　明蔡靉撰　清順治十七年蔡含靈刻本　十行二十一字白口左右双边
一八五七　月川類草十卷　明夏濬撰　清抄本　十行二十一字无格
一八五八　蘭坡遺墨不分卷　明寇陽撰　明萬曆寇光裕刻藍印本　十行十九字白口四周双边
一八五九　斗南黄先生遼陽稿二卷別稿一卷　明黄正色撰　附一卷　明萬曆三十七年黄學海刻本　九行二十字白口四周单边
一八六〇　斗南黄先生遼陽稿二卷別稿一卷　明黄正色撰　附一卷　明萬曆三十七年黄學海刻天啟增修本　九行二十字白口四周单边
一八六一　羅司勳文集八卷外集一卷　明羅廩臣撰　清刻本　九行十八字白口左右双边
一八六二　皇甫司勳集六十卷　明皇甫汸撰　明萬曆刻本　十行十九字白口左右双边
一八六三　皇甫司勳集六十卷　明皇甫汸撰　明萬曆刻本（四庫底本）

八六

一八六四　皇甫司勳集六十卷　明皇甫汸撰　明萬曆刻本　清丁丙跋
一八六五　皇甫司勳慶曆稿口卷存二十一卷　一至二十一　明皇甫汸撰　明萬曆刻本　十行十九字白口左右双边
一八六六　獄遊漫稿一卷　明皇甫汸撰　附一卷　明刻本　七行十四字白口左右双边
一八六七　皇甫百泉還山詩一卷　明皇甫汸撰　明刻本　七行十四字白口左右双边
一八六八　行吾先生摘稿二卷　明張志選撰　附錄一卷　明嘉靖四十五年張守篤刻本　九行二十字白口四周双边
一八六九　筆山崔先生文集十卷　明崔涯撰　明萬曆三十六年崔廷健刻本　九行二十字白口四周双边
一八七〇　五嶺文集二卷　明鄭元樂撰　附錄一卷　清抄本　九行二十一字无格
一八七一　東武山人集七卷　明朱公節撰　清乾隆二十六年朱嶝相西壁堂刻本　十行二十一字白口四周单边
一八七二　五嶽山人集三十八卷　明黄省曾撰　明嘉靖刻本　十行十九字白口左右双边
一八七三　五嶽山人集三十八卷　明黄省曾撰　明嘉靖刻萬曆二十四年董漢儒補刻本　十行十九字白口左右双边
一八七四　松莊文集五卷　明蔡元偉撰　明嘉靖刻本　十行二十一字白口左右双边
一八七五　天游山人集口口卷　明楊應詔撰　明刻本　十行二十一字白口左右双边

存四卷 十至十三、

一八七六 金粟齋先生文集十一卷 明金瑤撰 明萬曆四十一年瀛山書院刻本 九行二十字白口四周單边

一八七七 東莆先生文集五卷 明林大欽撰 清刻本 八行二十至二十五字不等白口四周双边

一八七八 孔文谷詩集四卷文谷漁嬉稿二十卷 明孔天胤撰 明嘉靖四十一年洪朝選刻萬曆增刻本 詩集十行二十字白口左右双边 漁嬉稿十行十七字白口四周双边

一八七九 孔文谷集十六卷續集四卷 明孔天胤撰 明隆慶五年刻萬曆增刻本 十行二十字白口四周双边

一八八〇 白洛原遺稿八卷 明白悅撰 明隆慶元年皇甫汸刻本 九行十八字白口左右双边

一八八一 蔣道林先生文粹九卷 明蔣信撰 明萬曆四年刻本 十行二十二字白口四周双边

一八八二 蔣道林先生文粹九卷 明蔣信撰 明萬曆四年刻本 陸時化高樊跋

一八八三 天一閣集三十二卷 明范欽撰 明萬曆十九年范氏家刻本 十行二十字白口左右双边

一八八四 陭堂摘藁十六卷 明許應元撰 明嘉靖刻本 九行十八字白口四周單边

一八八五 陭堂摘藁十六卷 明許應元撰 明嘉靖刻本 清丁丙跋

一八八六 皇甫少玄集二十六卷外集十卷 明皇甫涍撰 明嘉靖皇甫秦皇甫樞刻本 十行十八字白口左右双边

一八八七 皇甫少玄外集十卷 明皇甫涍撰 附一卷 清抄本

一八八八 午塘先生集十六卷 明閔如霖撰 明萬曆二年閔道孚等刻本 九行十八字白口四周双边

一八八九 閔午塘先生詩集七卷 明閔如霖撰 明萬曆十年閔一范刻本 九行十八字白口四周双边

一八九〇 序芳園稿二卷 明趙伊撰 劉子伯評點 明萬曆二年趙邦秩趙邦程等刻本 十行二十字白口四周双边

一八九一 巖潭詩集十二卷 明王廷榦撰 明嘉靖三十二年張定刻增刻本 十行十八字白口四周單边 存四卷 九至十二

一八九二 祐山先生文集十卷 明馮汝弼撰 明刻本 九行十八字細黑口左右双边

一八九三 菲泉先生存稿八卷 明來汝賢撰 明崇禎七年何汝數刻本（有抄配） 十行二十字白口四周單边

一八九四 菲泉先生存稿續刻八卷 明來汝賢撰 明崇禎七年何汝數太素齋刻本 九行二十字白口左右双边

一八九五 寒村集四卷 明蘇志皐撰 附錄一卷 明嘉靖三十六年許應元刻隆慶增修本 十一行二十一字白口四周單边

一八九六 冰玉堂綴逸藁二卷蘭舟漫稿一卷二餘詞一卷 明陳如綸撰 明萬曆刻本 十行十八字白口左右双边

一八九七 朔埜山人集六卷 明尹耕撰 明崇禎十年來臨刻本 九行二十一字白口四周單边

一八九八 吳踈山先生遺集五卷 明吳悌撰 明萬曆二十三年吳仁度刻本 有像 九行十八字白口四周双边 卷一、四、五係像贊、墓表、祭文等

一八九九 包侍御集六卷 明包節撰 明嘉靖三十七年包杞等刻本 十行十八字白口左右双边

一九〇〇 沱村先生集六卷 明史褒善撰 明萬曆三十三年史彥賓刻本 十行二十四字白口四周單边 存一卷 六

一九〇一 期齋呂先生集十四卷 明呂本撰 明萬曆三年鄭雲鎣等刻本 九行十八字白口四周双边

一九〇二 期齋呂先生集十四卷 明呂本撰 明萬曆三年鄭雲鎣等刻本 清丁丙跋

一九〇三 秋日紀行雜言一卷 明王璞撰 明嘉靖刻本 十行二十字白口左右双边

一九〇四 海石先生詩集七卷 明錢薇撰 明萬曆刻本 九行十八字白口左右双边 存六卷 一至六

一九〇五 錢海石先生詩集七卷 明錢薇撰 清范希仁抄本 十行二十字无格

一九〇六 海石先生文集二十八卷目錄二卷 明錢薇撰 明萬曆四十一年至四十二年錢端曉等刻本 九行十九字白口左右双边 卷二十八係附錄

一九〇七 海石先生文集二十八卷目錄二卷 明錢薇撰 侍御公奏疏一卷遺詩一卷 明錢嘉徵撰 明萬曆四十一年至四十二年錢端曉等刻清增修本 九行十六字白口左右双边

一九〇八 王同野集十六卷 明王梃撰 明嘉靖四十年劉邦獻刻本 十一行二十字白口左右双边

一九〇九 徐徐集一卷 明王梃撰 家乘一卷 明王梃輯 明嘉靖刻本 羅振常跋 八行十八字白口或細黑口左右双边

一九一〇 自知堂集七卷 明蔡汝楠撰 明嘉靖四十三年朱炳如刻本 九行十九字白口左右双边

一九一一 自知堂集二十四卷 明蔡汝楠撰 明嘉靖刻本 十行二十字白口左右双边

一九一二 樞莞集一卷附錄一卷 明蔡汝楠撰 明嘉靖四十三年朱瀚桂刻本 八行十六字白口四周双边

一九一三 白石山人詩選後編一卷 明蔡汝楠撰 楊慎輯 明胡定刻本 九行十八字白口四周單边

一九一四 鐔墟堂摘稿二十卷 明雷禮撰 明刻本 九行二十一字白口四周双边

一九一五 督學存稿二卷 明雷禮撰 明刻本 十行二十字白口四周双边

一九一六 程右丞稿八卷 明程瑤撰 明萬曆十九年程紹刻本 九行十八字白口四周單边

一九一七 程右丞稿八卷 明程瑤撰 明萬曆十九年程紹刻本 十行十九字白口四周双边

一九一八 涇林詩文集八卷 明周復俊撰 明萬曆二十年周玄暐刻本 九行十八字白口四周單边

一九一九 龍谿王先生全集二十卷 明王畿撰 明萬曆十五年蕭良榦刻本 九行十九字白口四周單边

一九二〇 龍谿王先生全集二十二卷 明王畿撰 明萬曆四十三年丁賓張汝霖刻本 十行二十字白口左右双边

一九二一 王龍谿先生全集二十卷 明王畿撰 清道光二年莫晉刻本 清顏宗儀批 十行二十二字黑口四周双边

一九二二　高光州詩選二卷　明高應冕撰　茅坤輯　明嘉靖刻本　十行十八字白口四周單邊

一九二三　重刻南溪先生集四卷首一卷　明鄒汝相撰　附錄一卷　明鏞梅堂刻本　八行二十字白口四周單邊

一九二四　瑶石山人詩稿十六卷　明黎民表撰　明萬曆十六年黎召華刻本　九行十八字白口左右雙邊

一九二五　瑶石山人詩稿十六卷（卷九至十一配清抄本）　明黎民表撰　明萬曆十六年黎召華刻本（四庫底本）

一九二六　孫文恪公集二十卷　明孫陞撰　附錄夫人楊氏詩稿一卷　明嘉靖袁洪愈徐栻刻本　十行二十字白口左右雙邊

一九二七　西野李先生遺稿十四卷　明李璣撰　明崇禎七年李玉鉉李玉鋮刻本　九行十八字白口四周單邊

一九二八　李卓吾先生批選趙文肅公文集二卷　明趙貞吉撰　明刻本　九行十八字白口無直格四周單邊

一九二九　郭文簡公文集六卷　明郭朴撰　清康熙十三年思齊軒刻本　九行二十一字白口四周雙邊

一九三〇　兩溪先生遺集七卷詩餘一卷　明駱文盛撰　明嘉靖三十九年王健刻本　九行二十二字白口四周單邊

一九三一　駱兩溪集十四卷　明駱文盛撰　附錄一卷　明萬曆四十一年張時震刻合刻武康四先生集本　十行二十字白口左右雙邊

一九三二　洞麓堂集三十八卷　明尹臺撰　明萬曆三十五年黃承玄刻本　十行二十字白口左右雙邊

一九三三　思補軒漫集口卷　明尹臺撰　明刻本　九行十八字白口左右雙邊　存三卷（二至四）

一九三四　留省稿二十卷　明康太和撰　明嘉靖四十四年刻本　九行十八字白口四周雙邊　存十五卷（一至十五）

一九三五　武林稿一卷容臺稿一卷符臺稿一卷二臺稿一卷　明許穀撰　明嘉靖黃希憲等刻本　九行十八字白口左右雙邊

一九三六　省中稿四卷　明許穀撰　明嘉靖四十二年黃國卿刻本　九行十八字白口左右雙邊

一九三七　許太常歸田稿十卷　明許穀撰　明萬曆十五年吳自新卓明卿刻本　九行十八字白口左右雙邊

一九三八　嘉南集二卷　明鄒纓撰　明嘉靖刻本　十行十八字白口四周單邊

一九三九　通川集二卷　明鄒纓撰　明刻本　十行十八字白口左右雙邊

一九四〇　校刻具茨先生文集八卷詩集五卷遺稿一卷附錄一卷　明王立道撰　明萬曆王化弘刻本　十行二十字細黑口四周單邊

一九四一　梧岡詩集六卷　明陳堯撰　明刻本　九行二十二字黑口四周雙邊

一九四二　梧岡文正續兩集合編九卷　明陳堯撰　清陳世眾輯　清康熙五十一年陳世眾抄本　八行二十

一九四三　奚囊蠹餘二十卷　明張瀚撰　明隆慶三年張佳胤刻本　九行十八字白口四周單邊

一九四四　奚囊蠹餘二十卷　明張瀚撰　明隆慶三年張佳胤刻本　清丁丙跋

一九四五　奚囊蠹餘二十卷　明張瀚撰　明隆慶六年李敏德刻本　十行十九字白口四周單邊

一九四六　奚囊蠹餘二十卷　明張瀚撰　明萬曆元年吳道明刻本　十行十九字白口四周單邊

一九四七　還峰宋先生集十卷首一卷　明宋淳撰　附錄一卷　明萬曆刻本　十行二十二字白口四周雙邊

一九四八　周子弼集不分卷　明周天佐撰　明抄本　九行二十四至二十七字藍格白口四周雙邊

一九四九　璉川詩集八卷　明施峻撰　明嘉靖三十八年刻本　八行十六字白口左右雙邊

一九五〇　世翰堂文集八卷詩集四卷　明林庭機撰　附錄一卷　明萬曆八年林貞耀刻本　九行十八字白口四周雙邊

一九五一　燕石集五卷　明趙大佑撰　明隆慶六年趙成安刻本　十行二十一字二十字白口四周雙邊

一九五二　內臺錢後峰先生存真文稿六卷　明錢應揚撰　明萬曆九年錢應乾刻本　十行二十字白口左右雙邊

一九五三　少村漫稿四卷　明黃廷用撰　明萬曆刻本　九行十八字白口四周單邊

一九五四　方山先生文錄二十二卷　明薛應旂撰　明嘉靖三十三年東吳書林刻本　十行二十字白口四周單邊

一九五五　方山薛先生全集六十八卷　明薛應旂撰　明嘉靖刻本　十行二十字白口四周單邊

一九五六　大司馬鳳岡沈先生文集四卷　明沈良才撰　明刻本　九行十八字白口左右雙邊

一九五七　大司馬鳳岡沈先生文集四卷　明沈良才撰　清抄本　九行十七字無格

一九五八　驪山集十四卷　明趙統撰　明萬曆三十一年楊光訓刻本　十行二十字白口四周雙邊

一九五九　介山稿略二十卷　明林應麒撰　明嘉靖三十一年金遼少濱書屋刻本　十行十七字白口四周雙邊

一九六〇　檽菴王先生集七卷　明王燁撰　明萬曆元年刻本　十行二十字白口四周單邊

一九六一　王氏存笥稿二十卷　明王維楨撰　明嘉靖三十六年刻本　十行二十二字白口四周雙邊

一九六二　王氏存笥稿二十卷　明王維楨撰　明嘉靖三十七年刻本　十行二十字白口左右雙邊

一九六三　王氏存笥稿二十卷　明王維楨撰　明嘉靖四十年湯傳刻本　十行二十字白口四周單邊

一九六四　王槐野先生存笥稿二十卷續集九卷　明王維楨撰　明萬曆七年尹應元徐學禮刻本　九行二十字白口四周單邊

一九六五　槐野先生存笥稿三十八卷　明王維楨撰　附錄一卷　明萬曆三十四年黃陞王九叙刻本　十行二十字白口左右雙邊

一九六六　王泌寧先生存笥稿四十二卷　明王維楨撰　附錄一

卷 明崇禎十二年李嗣京鄧承濤刻本 九行十八字白口左右雙邊

一九六七 槐野文選三十卷別集一卷 明王維楨撰 附錄一卷 明萬曆七年刻本 九行二十字白口四周雙邊

一九六八 司成遺翰四卷 明王維楨撰 明萬曆三十八年王承之刻本 九行二十字白口左右雙邊

一九六九 蒲石山房集五卷 明李念撰 明萬曆三十八年李棨刻本 八行十八字白口四周單邊

一九七〇 陳文岡先生文集二十卷 明陳棐撰 陳其學校 明萬曆九年陳心文刻本 十行十九字白口四周雙邊

一九七一 陳文岡先生文集二十卷 明陳棐撰 褚鈇校 明萬曆刻本 十行十九字白口四周雙邊

一九七二 天山草堂存稿六卷 明何維柏撰 清沙滘何氏抄本 九行二十字紅格

一九七三 胡象岡先生文集十卷 明胡植撰 明萬曆二十六年胡珽炳刻本 九行十八字白口四周雙邊

一九七四 靳兩城先生集二十卷 明靳學顏撰 明萬曆十七年刻本 九行十八字白口四周雙邊

一九七五 靳兩城先生集二十卷 明靳學顏撰 明萬曆十七年刻本 清吳以誠評

一九七六 靳兩城先生集二十卷 明靳學顏撰 明萬曆十七年刻本 清丁丙跋

一九七七 間存集八卷 明靳學顏撰 明刻本 九行十六字白口左右雙邊

一九七八 後樂園集八卷 明鄒朝賓撰 明崇禎刻本 八行二十字白口四周單邊

一九七九 嵩陽集七卷 明劉繪撰 明嘉靖三十七年方顯刻本 十行二十字白口四周單邊

九一

一九八〇 劉嵩陽先生集二十卷 明劉繪撰 明萬曆元年張佳胤刻本 十行二十字白口四周雙邊

一九八一 馬恭敏公集十卷 明馬森撰 明萬曆十八年馬燮等刻本 九行十七字白口四周單邊

一九八二 正氣堂集十六卷餘集四卷又一卷續集七卷 明俞大猷撰 明刻本 十行二十字白口四周雙邊

一九八三 正氣堂全集八卷首一卷 明俞大猷撰 清抄本 佚名校補並跋 十行二十二、二十三字不等白口四周雙邊

一九八四 宋祠部集六卷 明宋延年撰 明隆慶六年刻清光緒六年宋氏家塾重修本 十行十八字細黑口四周雙邊

一九八五 宋祠部集六卷 明宋延年撰 明萬曆三年宋伯華刻本 十行十八字白口左右雙邊

一九八六 海浮山堂詩稿五卷文稿五卷 明馮惟敏撰 明嘉靖四十五年刻本 九行十七字白口左右雙邊

一九八七 茅見滄策學拔萃不分卷 明茅瓚撰 明抄本 十一行二十五字黑口四周雙邊

一九八八 茅見滄先生待問策不分卷 明茅瓚撰 清抄本 十行二十五字無格

一九八九 袁文榮公文集八卷詩集八卷 明袁煒撰 明萬曆元年馮汝張德夫刻本 十行十六字至十八字不等白口左右雙邊

一九九〇 袁文榮公詩略二卷 明袁煒撰 明萬曆三十三年袁氏家刻本 七行十七字白口四周單邊

一九九一 袁文榮公文集八卷詩略二卷 明袁煒撰 清抄本 楊泰亨題簽並跋 十行十八字無格

一九九二 崇蘭館集二十卷 明莫如忠撰 明萬曆十四年馮大受董其昌等刻本 九行十八字白口左右雙邊

一九九三 丘隅集十九卷 明喬世寧撰 明嘉靖刻本 九行二十字白口四周單邊

一九九四 王鶴泉集八卷 明王健撰 明嘉靖三十五年孫昭鄭綱刻本 十行十九字白口左右雙邊

一九九五 鶴泉集不分卷 明王健撰 明鶴泉書舍抄本 十行行字不一藍格左右雙邊

一九九六 鶴泉集不分卷 明王健撰 清聚英齋抄本 九行行字不一藍格

一九九七 鶴泉集不分卷 明王健撰 清同治抄本 孫鏘鳴校並跋 十二行二十字

一九九八 王仲山先生詩選八卷文選一卷 明王問撰 殷邦靖輯 明嘉靖萬曆間刻本 八行十六字白口左右雙邊

一九九九 二谷山人集二十四卷緱山侯氏譜二卷 明侯一元撰 附錄一卷 明嘉靖三十七年刻本 八行十六字白口左右雙邊

二〇〇〇 二谷山人集十卷 明侯一元撰 明嘉靖刻本 十行十八字白口四周單邊

二〇〇一 二谷山人近稿十卷 明侯一元撰 明刻本 八行十九字白口四周單邊 存九卷一至五、七至十、

二〇〇二 陳子兼文稿不分卷 明陳鎏撰 稿本（清陳德大補目） 蔣鳳藻跋 九行字不等白口四周雙邊

九十

二〇〇三 已寬堂集二卷 明陳鎏撰 明萬曆刻本 九行十八字下黑口四周雙邊

二〇〇四 黃竹山人集十卷 明黃九皋撰 明嘉靖刻本 十行二十二字白口四周單邊

二〇〇五 蕖塘閒草十卷蕖塘彙錄諸名公贈言二卷續附一卷 明孫銓撰 明孫懋機等刻本 九行二十二字白口四周單邊

二〇〇六 訥谿先生詩錄九卷文錄十卷雜錄三卷尺牘四卷 明周怡撰 明萬曆二年周恪刻本 十行十九字（文錄二十字）白口四周雙邊

二〇〇七 訥谿先生詩錄九卷文錄十卷奏疏一卷雜錄三卷尺牘四卷 明周怡撰 明萬曆二年周恪刻本 清丁丙跋

二〇〇八 訥谿先生詩錄九卷文錄十卷奏疏一卷雜錄三卷尺牘四卷 明周怡撰 年譜一卷 明吳達可撰 清周鍪瀛增 明萬曆二年周恪刻清乾隆二年周元錡增修本

二〇〇九 吳皋先生文集四卷 明喻時撰 明嘉靖三十六年陳大賓刻本 八行二十一字白口四周單邊

二〇一〇 吳皋先生文集五卷 明喻時撰 明嘉靖三十六年陳大賓刻增修本 八行二十一字白口四周單邊

二〇一一 吳皋先生續集四卷 明喻時撰 明嘉靖四十五年安希堯刻隆慶增修本 八行二十字白口四周單邊

二〇一二 海上老人別集二卷 明喻時撰 明嘉靖四十五年安希堯刻本 八行二十字白口四周單邊

二〇一三　雜士集詩二卷文四卷　明劉乾撰　明嘉靖刻萬曆二十八年劉衡沖重修本　十行十九字白口左右双边

二〇一四　覺庵存稿七卷　明查秉彝撰　明萬曆海昌查氏刻本　九行十八字白口左右双边

二〇一五　青霞文集六卷　明沈鍊撰　明嘉靖四十五年俞咨益刻本　十行二十字白口四周單边

二〇一六　青霞沈公遺集十六卷　明沈鍊撰　明末源遠堂刻本　十行十九字白口左右双边

二〇一七　青霞沈公遺集十六卷　明沈鍊撰　清乾隆十九年沈振家刻本　十行十九字白口左右双边

二〇一八　塞鴻尺牘一卷　明沈鍊撰　明刻本　十行二十二字白口四周單边

二〇一九　樂府一卷　明沈鍊撰　明抄本　九行二十至二十二字藍格白口四周双边

二〇二〇　天目山齋歲編二十四卷　明吳維嶽撰　明嘉靖刻本　十行二十一字白口左右双边

二〇二一　天目山齋歲編二十八卷　明吳維嶽撰　明嘉靖刻增修本　十行二十一字白口左右双边

二〇二二　楓潭集鈔二卷　明萬虞愷撰　明嘉靖刻本　八行十六字小字双行同細黑口左右双边

二〇二三　白華樓藏稿十一卷續稿十五卷吟稿十卷　明茅坤撰　明嘉靖萬曆間遞刻本　九行十八字白口左右双边

二〇二四　茅鹿門先生文集三十六卷　明茅坤撰　明萬曆刻本　有像　卷三十五、三十六係附錄　十行十九字白口左右双边

二〇二五　玉芝山房稿二十二卷　明茅坤撰　明萬曆十六年刻本　九行十八字白口左右双边

二〇二六　耄年錄九卷　明茅坤撰　明萬曆刻本　九行十八字白口左右双边

二〇二七　茅鹿門文集八卷　明茅坤撰　潘拱宸輯並評　明末刻套印本　九行十九字無直格白口四周單边

二〇二八　馮光祿詩集十卷　明馮惟訥撰　明萬曆刻本　一卷八至十、墓誌銘配抄本　九行十九字白口四周單边

二〇二九　大谷詩集二卷　明溫新撰　明嘉靖三十四年溫氏刻本　八行十六字白口四周双边

二〇三〇　見詩藁不分卷　明王崇義撰　明王曉刻本　八行十六字白口四周双边

二〇三一　青峰先生存稿八卷　明江汨撰　清康熙三十六年江達源等刻本　九行二十二字白口四周双边

二〇三二　程刺史栖霞集一卷　明程應登撰　明天啟程尚勤程正已刻清康熙二十九年程之玿重修本　九行十七字黑口左右双边

二〇三三　董學士泌園集三十七卷　明董份撰　董黃門稿一卷　明董道醇撰　明萬曆董嗣茂刻本　八行十八字白口四周双边

二〇三四　陸文定公集二十六卷　明陸樹聲撰　明萬曆四十四年陸彥章刻本　六行至九行不等十四至十九字不等白口四周單边

二〇三五　適園雜著一卷　明陸樹聲撰　清道光十八年懷璞齋抄本　清郝柏蒼跋

二〇三六　高文襄公集四十四卷　明高拱撰　明萬曆刻本　十行二十字白口左右双边

二〇三七　春秋正旨一卷綸扉稿一卷綸扉外藁二卷外制集一卷程士集四卷　明高拱撰　明刻本　九行十八字白口四周双边

二〇三八　政府書答二卷邊略五卷南宮奏牘二卷綸扉稿二卷玉堂公草一卷外制集一卷獻忱集五卷　明高拱撰　清康熙二十五年至二十八年籠春堂刻本　九行十八字白口四周双边

二〇三九　洪芳洲先生歸田稿三卷奏疏一卷讀禮稿不分卷　明洪朝選撰　明刻本　九行十九字白口四周双边

二〇四〇　范太僕集十四卷　明范惟一撰　明萬曆十三年范允豫等刻本　九行十九字白口左右双边

二〇四一　振文堂集十三卷　明范惟一撰　明萬曆十六年范允謙刻本　九行二十字白口四周双边

二〇四二　萬文恭公摘集十二卷　明萬士和撰　明萬曆二十年萬春未履齋刻本　十行二十字白口左右双边

二〇四三　鶯谷山房藏稿詩集四卷文集三卷　明李遷撰　明隆慶五年龔大器刻本　九行十八字白口四周單边

二〇四四　新岑詩草一卷文草一卷　明陶大年撰　清抄本

二〇四五　公餘漫稿五卷　明王崇古撰　明隆慶二年粟永祿馮惟訥刻本　九行十八字黑口四周双边

二〇四六　何翰林集二十八卷　明何良俊撰　明嘉靖四十四年何氏香嚴精舍刻本　九行十七字白口左右双边

二〇四七　何禮部集十卷　明何良傅撰　明嘉靖四十二年何氏家塾刻本　十行十八字白口左右双边　存四卷　一至四

二〇四八　李駕部集二卷續編詩集一卷續編文集一卷　青霞漫稿一卷　明李時行撰　清乾隆二十八年刻本　九行十七字白口边欄不一

二〇四九　大隱樓集十七卷　明方逢時撰　清乾隆四十二年滋元堂刻本　十二行二十一字白口左右双边

二〇五〇　黔南類編八卷　明陳善撰　明隆慶五年任鑑活字印本　十行二十字白口四周單边

二〇五一　宛谿先生滄洲摘藁二卷　明梅守德撰　明隆慶六年梅鼎祚刻本　九行十八字白口左右双边

二〇五二　滄洲近藁二卷　明梅守德撰　明萬曆六年梅鼎祚刻本　九行十八字白口左右双边

二〇五三　無文漫草□□卷　明梅守德撰　明滄洲書屋刻本　九行十八字白口左右双边　存十二卷　三至十四

二〇五四　林樊臺先生詩選九卷　明林懋和撰　陳文燭輯　明萬曆十三年陳文燭刻本　九行十八字白口四周双边

二〇五五　綠槐堂藁二十二卷　明王文撰　明隆慶五年王益荃刻本　八行十七字白口四周單边

二〇五六　循夫先生集四卷　明鄭廷序撰　明安視鄭守命等刻本　九行二十字白口左右双边

二〇五七　何吉陽詩集五卷　明何遷撰　清乾隆黃搢三抄本　九行二十二字無格

二〇五八　張洺南文集十二卷　明張成叔撰　明萬曆五年自刻六年續刻本　十行二十字白口四周双边

二〇五九　張洛南詩集十卷　明張成叔撰　明萬曆刻本　十行二十字白口四周双边

二〇六〇 趙元哲詩集八卷 明趙邦彥撰 明萬曆十年朱應穀刻公文紙印本 九行十七字白口四周單边 存四卷 五至八

二〇六一 嘉靖二十二年癸卯科山東丘亞元墨卷不分卷 明丘橓撰 明抄本 九行二十四字白口四周單边

二〇六二 瞿文懿公集十六卷制勅稿一卷制科集四卷 明瞿景淳撰 明萬曆瞿汝稷刻本 九行十八字白口四周單边

二〇六三 劉唐巖先生文集八卷 明劉悫撰 明萬曆三年行于齋刻本 十行二十字白口四周双边

二〇六四 白石山人詩稿七卷 明劉畲撰 明萬曆十二年劉汝然刻本 十行二十字白口四周双边

二〇六五 蕭雲彙十五種 明林燮氏撰 明嘉靖刻本 九行二十字白口四周單边

家居稿一卷
使晉稿一卷
使洪稿一卷
金陵稿一卷
携李稿一卷
再入稿一卷
征途彙一卷
蕭雲文稿不分卷
在京稿一卷
使秦稿一卷
使江稿一卷
蒲楚稿一卷
游冀稿一卷
海北稿一卷
林卧稿一卷

二〇六六 敬所王先生文集三十卷 明王宗沐撰 明萬曆元年劉良弼刻本 九行十八字白口四周單边

二〇六七 敬所王先生文集三十卷 明王宗沐撰 明萬曆元年劉良弼刻本 清丁丙跋

九五

二〇六八 徐汝思詩二卷 明徐文通撰 明刻本 八行十七字白口左右双边

二〇六九 石龍庵詩草六卷 明徐學詩撰 清乾隆二十三年重慶堂刻本 九行十九字黑口左右双边

二〇七〇 無聞堂稿十七卷 明趙釴撰 附錄一卷 明隆慶四年趙鴻賜玄對樓刻本 九行十八字白口左右双边

二〇七一 無聞堂稿十七卷 明趙釴撰 附錄一卷 明隆慶四年趙鴻賜玄對樓刻本 清紀昀批

二〇七二 洞陽子集十八卷 明萬恭撰 明萬曆元年金學曾張克文刻本 十行十九字白口四周單边

二〇七三 趨庭集六卷 明胡安撰 明隆慶邊維垣等刻本 九行十八字小字双行同白口左右双边

二〇七四 歸雲集前稿二十卷 明陳士元撰 明浩然堂刻本 九行二十字白口四周單边

二〇七五 容建集四卷 明劉鳳撰 明嘉靖刻補修本 八行十六字白口左右双边

二〇七六 劉子威集五十二卷 明劉鳳撰 明萬曆刻本 九行十八字白口左右双边

二〇七七 劉子威禪悅小草十五卷 明劉鳳撰 明萬曆刻本 九行十八字白口左右双边

二〇七八 向懷葛先生文集十卷 明向洪邁撰 明萬曆刻本 十行二十字白口四周双边

二〇七九 少司馬谷公文集二卷 明谷中虛撰 明天啟元年萬如麟刻本 九行十八字白口左右双边

二〇八〇 池上編二卷 明朱曰藩撰 明嘉靖三十五年三癸亭刻本 羅振常跋 十行十八字白口左右双边

二〇八一 山帶閣集三十三卷 明朱曰藩撰 明萬曆刻本 十行十九字白口四周單边

二〇八二 山帶閣集三十三卷 明朱曰藩撰 明萬曆刻本 清朱牧端批校

二〇八三 山帶閣集三十三卷 明朱曰藩撰 明萬曆刻重修本 十行十九字白口四周單边

二〇八四 崇質堂集二十卷 明李萬實撰 附錄一卷 清康熙四十年李長祚刻本 九行十八字白口四周單边

二〇八五 謝海門窓稿一卷謝進士墨卷一卷 明謝讜撰 明嘉靖二十五年謝德刻本 十行二十二字白口四周單边

二〇八六 謝海門集二十二卷 明謝讜撰 明嘉靖刻本 十行二十二字白口四周單边

二〇八七 五鵲別集二卷 明盧宁撰 明嘉靖三十八年劉玠刻本 九行十八字白口四周單边

二〇八八 石室私抄九卷 明魏文嬿撰 明萬曆刻本 十行二十字或二十二字黑口左右双边或四周双边

二〇八九 石室私抄五卷 明魏文嬿撰 明崇禎四年魏賢訒刻本 十行二十字白口左右双边

二〇九〇 遊梁集一卷 明陳全之撰 明嘉靖三十三年朱勤岘刻本 十行二十字白口四周單边

二〇九一 白雪樓詩集十卷 明李攀龍撰 明嘉靖四十二年魏裳刻本 九行十八字白口四周單边

二〇九二 白雪樓詩集十卷 明李攀龍撰 明隆慶六年刻本 九行十八字白口四周双边

二〇九三 白雪樓詩集十卷 明李攀龍撰 明刻本 十行二十字白口四周双边

二〇九四 白雪樓詩集十二卷 明李攀龍撰 明隆慶四年汪時元刻本 九行十八字白口四周單边

九六

二〇九五 滄溟先生集三十卷 明李攀龍撰 附錄一卷 明隆慶刻本 十行二十字白口左右双边

二〇九六 滄溟先生集三十卷 明李攀龍撰 附錄一卷 明隆慶刻本 清居秩跋

二〇九七 滄溟先生集三十卷 明李攀龍撰 附錄一卷 明徐履道起鳳館刻本 十行二十字白口左右双边

二〇九八 滄溟先生集三十卷 明李攀龍撰 附錄一卷 明萬曆三年胡來貢刻本 十行二十字白口左右双边

二〇九九 滄溟先生集三十卷 明李攀龍撰 附錄一卷 明萬曆二十八年吳用光刻本 十行二十字白口左右双边

二一〇〇 滄溟先生集三十卷 明李攀龍撰 附錄一卷 明萬曆三十四年陳隆刻本 十行二十字白口左右双边

二一〇一 滄溟先生集三十卷 明李攀龍撰 附錄一卷 明刻本 十行二十字白口左右双边

二一〇二 滄溟先生集三十卷 明李攀龍撰 張弘道校 附錄一卷 明刻本 十行二十字白口左右双边

二〇三 滄溟先生集三十卷 明李攀龍撰 張弘道校 附錄一卷 明刻本 清丁丙跋

二〇四 滄溟先生集三十二卷 明李攀龍撰 明萬曆二年徐中行刻本 十行二十字白口左右雙邊

二〇五 滄溟先生集三十二卷 明李攀龍撰 明自新齋余泰垣刻本 十行二十字白口四周單邊

二〇六 滄溟先生集三十一卷 明李攀龍撰 附錄一卷 附錄補遺一卷 明萬曆二十八年刻本 十行二十二字白口四周單邊

二〇七 滄溟先生集三十一卷 明李攀龍撰 附錄一卷 附錄補遺一卷 明萬曆二十六年刻重修本

二〇八 擬古樂府二卷 明李攀龍撰 明刻本 十行十八字白口左右雙邊

二〇九 滄溟先生文抄九卷 明李攀龍撰 明萬曆刻本 九行二十二字白口四周單邊

二一〇 新鐫會元湯先生批評滄溟文選評林五卷 明李攀龍撰 明湯賓尹評 明書林唐富春刻本 十行二十一字白口四周雙邊

二一一 補註李滄溟先生文選四卷 明李攀龍撰 宋祖駿、宋祖驊補註 明宋光廷刻本 九行二十字白口四周雙邊

二一二 補註李滄溟先生文選四卷 明李攀龍撰 宋祖駿、宋祖驊補註 明刻本 九行二十字白口四周單邊

二一三 刻註釋李滄溟先生文選狐白四卷 明李攀龍撰 楊九經註釋 明刻本 十行二十字白口四周單邊

二一四 寄籬稿詩六卷文一卷雜稿一卷 明石重撰 明萬曆刻本 十一行二十字白口左右雙邊 存三卷（詩一卷、文一卷、雜稿一卷）

二一五 刻孫百川先生文集十二卷 明孫樓撰 明萬曆四十八年華滋蕃刻本 十一行二十二字白口左右雙邊

二一六 孫百川先生未刻稿不分卷 明孫樓撰 明抄本 九行二十字藍格左右雙邊

二一七 皆春園集四卷 明陳完撰 明萬曆刻本 九行十八字白口左右雙邊

二一八 燕詒錄十三卷 明林應亮撰 明萬曆刻本 九行十九字白口四周雙邊

二一九 李文定公貽安堂集十卷 明李春芳撰 明萬曆十七年李戴刻本 九行十八字白口左右雙邊

二二〇 慎修堂集二十卷 明元思錄撰 明萬曆刻本 九行十八字白口四周單邊

二二一 慎修堂集二十卷 明元思錄撰 明萬曆刻清康熙十五年元宗璞重修本 九行十八字白口四周單邊

二二二 林居集十二卷 明惲紹芳撰 惲厥初輯 明崇禎二年惲厥初刻本 八行十八字白口四周雙邊

二二三 林居集十二卷 明惲紹芳撰 惲厥初輯 清抄本 十行二十字無格

二二四 考槃集四卷 明惲紹芳撰 惲厥初輯 明崇禎五年惲厥初刻本 八行十八字白口四周雙邊

二二五 少南先生文集八卷 明惲紹芳撰 清抄本 十行二十字無格

二二六 新刻張太岳先生詩文集四十七卷 明張居正撰 明萬曆四十年唐國達刻本 十行二十字白口四周單邊

二二七 太岳集書牘十五卷 明張居正撰 明萬曆刻本 九行十八字白口四周單邊

二二八 楊忠愍公集三卷 明楊繼盛撰 附一卷 明隆慶五年王世貞刻本 十行二十字白口左右雙邊

二二九 楊忠愍公集三卷 明楊繼盛撰 附錄一卷 明隆慶三年刻本 九行十九字白口四周單邊

二三〇 楊忠愍公集三卷 明楊繼盛撰 楊忠愍公行狀一卷 明蔣如苹刻本 有圖像 十行二十字白口四周雙邊

二三一 楊忠愍公集四卷 明楊繼盛撰 明隆慶四年孫克弘刻本 十行二十字白口左右雙邊

二三二 明椒山楊忠愍公集四卷 明楊繼盛撰 附一卷 明杜士雅刻本 葉啟勳、葉啟發跋 九行二十字白口四周單邊

二三三 楊忠愍公集四卷 明楊繼盛撰 清康熙十二年楊聰福刻本 十行二十字白口四周雙邊

二三四 楊忠愍公集四卷 明楊繼盛撰 清朱永輝輯 清康熙三十三年朱永輝刻本 有像 十行二十字白口四周雙邊

二三五 楊忠愍公全集四卷 明楊繼盛撰 清康熙三十七年黃鉉、敬一齋刻本 九行二十字白口四周雙邊

二三六 楊椒山先生集四卷 明楊繼盛撰 清康熙三十七年胡范刻本 十行二十字黑口四周單邊

二三七 楊椒山先生集四卷自著年譜一卷 明楊繼盛撰 清同治五年張秉賢刻本 清莫友芝增補改訂

二三八 楊忠愍公集六卷 明楊繼盛撰 明惲應明刻本 十行二十二字白口四周單邊

二三九 楊忠愍公集六卷 明楊繼盛撰 明白琬堂刻本 十行二十二字白口四周單邊 存四卷（一至四）

二四〇 楊忠愍公集不分卷 明楊繼盛撰 楊忠愍公行狀一卷 明萬曆海陽石嶺吳氏刻本 九行二十一字白口四周單邊

二四一 楊忠愍公詩一卷 明楊繼盛撰 附錄一卷 清湯道根抄本 八行二十一字無格

二四二 友慶堂存稿十四卷 明王[illegible]撰 明萬曆三十八年王[illegible]刻本 十行二十字白口四周單邊 存十二卷（一至十二）

二四三 張月泉詩集不分卷 明張元倫撰 明抄本 九行二十三至二十六字白口四周雙邊

二四四 紫霞軒藏稿四卷 明周思兼撰 明隆慶五年周氏紫霞軒刻崇禎元年補刻本 十行二十一字白口左右雙邊

二二四五 周叔夜先生集十一卷 明周思兼撰 明萬曆十年刻本 九行十九字白口左右双边

二二四六 弇州山人四部稿一百七十四卷目錄十二卷 明王世貞撰 明萬曆五年王氏世經堂刻本 十行二十字白口四周双边

二二四七 弇州山人四部稿一百七十四卷目錄十二卷 明王世貞撰 明萬曆五年王氏世經堂刻本 清楊浚跋

二二四八 弇州山人四部稿一百七十四卷目錄十二卷 明王世貞撰 明萬曆五年王氏世經堂刻本 清丁丙跋

二二四九 弇州山人四部稿一百八十卷目錄十二卷 明王世貞撰 明萬曆五年王氏世經堂刻本 十行二十字白口四周双边

二二五〇 弇州山人四部稿選十六卷 明王世貞撰 沈一貫輯 明萬曆二十年克勤齋余碧泉刻本 十行二十一字白口四周双边

二二五一 弇州山人四部稿選十六卷 明王世貞撰 沈一貫輯 明刻本 十行二十一字白口四周單边

二二五二 弇州山人續稿二百七卷目錄十卷 明王世貞撰 明刻本 十行二十字白口左右双边

二二五三 弇州山人續稿卷之附十一卷 明王世貞撰 明刻本 十行二十字白口左右双边

九九

二二五四 弇州山人續稿選三十八卷 明王世貞撰 顧起元輯 明刻本 十行二十字白口左右双边

二二五五 弇州山人續稿三十二卷 明王世貞撰 明抄本 十行二十字

二二五六 入楚稿一卷入晉稿一卷入浙稿二卷入魏稿二卷 明王世貞撰 明刻本 九行十六字白口四周双边

二二五七 弇州山人讀書後八卷 明王世貞撰 明刻本 八行十八字白口四周單边

二二五八 鳳洲筆記二十四卷 明王世貞撰 明隆慶三年黄美中活字印本 九行十八字白口左右双边

二二五九 鳳洲筆記二十四卷後集四卷續集四卷 明王世貞撰 明黄美中刻本 九行十八字白口四周單边

二二六〇 鳳洲筆記二十四卷 明王世貞撰 清抄本

二二六一 弇州先生尺牘三卷 明王世貞撰 明刻本 九行十八字左右双边

二二六二 王鳳洲集四卷 明王世貞撰 明刻本 九行二十字白口四周双边

二二六三 王弇州集二十卷 明王世貞撰 清張汝瑚輯 清康熙二十一年郢雪書林刻本 十行二十字白口四周單边

二二六四 弇州先生五言律選四卷七言律選八卷 明王世貞撰 胡應麟輯 明刻本 九行十八字白口左右双边

二二六五 擬古詩一卷 明王世貞撰 明徐中行刻本 十行二十一字白口四周單边

二二六六 王元美先生文選二十六卷 明王世貞撰 俞時敏輯 明萬曆四十三年吳德聚刻本 九行二十字白口左右双边

二二六七 弇州山人文抄十二卷 明王世貞撰 明萬曆刻本 九行二十字白口四周單边

二二六八 新鍥會元湯先生評林弇州文選四卷 明王世貞撰 湯賓尹評 明書林詹聖澤刻本 十行二十一字白口四周双边

二二六九 瀾濱先生文集六卷附集一卷 明徐文淓撰 明嘉靖四十四年何鎧刻本 十一行二十一字白口左右双边

二二七〇 庸齋先生集二卷 明陶承學撰 清陶氏賢奕書樓抄本 十行二十字黑格白口左右双边

二二七一 方麓居士集十四卷戊申筆記一卷紫薇堂劄記一卷 明王樵撰 明刻本 十行二十字白口四周單边

二二七二 方麓居士集十四卷戊申筆記一卷紫薇堂劄記一卷存十四卷 一至十四 明王樵撰 明刻本（四庫底本）

二二七三 方麓居士集十一卷存十五卷 集一至十四、紫薇堂劄記一卷 明王樵撰 清抄本

一〇〇

二二七四 一舫齋詩一卷 明張淵撰 明天啟六年張鶚翀刻本 八行十六字白口四周單边

二二七五 玉華子游藝集八卷 明馬一龍撰 明萬曆馬震章刻本 九行十七字白口四周單边

二二七六 玉華子游藝集二十六卷 明馬一龍撰 明萬曆三十二年馬震伯馬震章等刻本 九行十七字白口四周單边

二二七七 棲雲館集二十卷存十七卷 一至十四、十八至二十 明李昭祥撰 明刻本 十行十九字白口左右双边

二二七八 招搖池館集十卷 明詹萊撰 明福建書坊詹佛美活字印本 十行二十一字白口四周單边

二二七九 學士林文恪公詩集六卷 明林燫撰 明丁賓刻本 十行十九字白口左右双边

二二八〇 林學士詩集六卷文集十六卷 明林燫撰 清抄本

二二八一 章玄峯先生詩集六卷附一卷 明章美中撰 明萬曆二十三年支如玉錢象乾刻本 八行十六字白口左右双边

二二八二 金輿山房稿十四卷 明殷士儋撰 明萬曆十七年邵陛刻本 十行二十字白口四周双边

二二八三 太函集一百二十卷目錄六卷 明汪道昆撰 明萬曆刻本 十行二十字白口左右双边

二二八四 太函集一百二十卷目錄六卷 明汪道昆撰 明萬曆刻本 十行二十字白口左右双边間四周單边

太函集一百二十卷目錄六卷 明汪道昆撰 清方濬師跋 明萬曆刻本 二一八五
太函集一百二十卷目錄六卷 明汪道昆撰 明李維楨刻本 九行二十字白口左右双边 二一八六
太函副墨二十二卷 明汪道昆撰 年譜一卷 明崇禎六年汪璣光刻本 九行十八字白口四周单边 二一八七
副墨八卷 明汪道昆撰 明刻本 九行十八字白口四周单边 二一八八
副墨五卷 明汪道昆撰 明萬曆二年金陵毛少池刻本 十行二十字白口四周单边 二一八九
副墨五卷增附南明汪先生書札二卷 明汪道昆撰 明萬曆二年金陵書肆毛少池刻本 九行二十字白口四周单边 二一九〇
新鍥會元湯先生批評南明文選四卷 明汪道昆撰 明湯賓尹評 明萬曆二十五年書林詹聖澤刻本 十行二十一字白口四周双边 二一九一
夢山存家詩稿八卷 明楊巍撰 明萬曆三十年楊芩刻本 九行十八字白口四周双边 二一九二
夢山存家詩稿八卷 明楊巍撰 明萬曆三十年楊芩刻本（四庫底本） 二一九三
鳴玉堂稿十二卷 明張天復撰 明萬曆八年陳文燭刻本 十行十九字白口四周单边 二一九四
鳴玉堂稿十二卷 明張天復撰 清抄本 十行十九字无格 二一九五
鳴玉堂集十二卷 明張天復撰 清抄本 清節庵學人題 十行十九字无格 二一九六
自由堂稿十一卷 明馬三才撰 明刻本 九行十八字白口左右双边 二一九七
華陽館詩集十四卷 明宋儀望撰 明嘉靖三十七年刻本 九行十八字白口四周双边 二一九八
存四卷（一至四）
華陽館詩集十四卷文集十二卷 明宋儀望撰 附錄一卷 明萬曆三年魏學禮刻本 九行十八字細黑口四周双边 二一九九
沖谿先生集二十二卷 明彭輅撰 明萬曆三十九年彭淵宗刻本 九行十八字白口四周单边 二二〇〇
東岱山房詩錄十三卷外集一卷 明李先芳撰 明嘉靖刻本 九行十八字白口左右双边 二二〇一
東岱山房詩錄江右稿二卷 明李先芳撰 明嘉靖刻本 十行十八字白口四周双边 二二〇二
李氏山房集四卷 明李先芳撰 明隆慶六年刻本 九行十八字白口左右双边 二二〇三
濠梁集一卷高齋集一卷 明李先芳撰 明萬曆五年刻本 九行二十字白口左右双边 二二〇四
李氏山房詩選三卷 明李先芳撰 皇甫汸輯 明刻本 九行十八字白口左右双边 二二〇五
王槐溪先生文集五卷 明王三接撰 明萬曆三十六年王學曾刻本 十行十六字白口四周双边 二二〇六
王槐溪先生文集五卷 明王三接撰 明萬曆三十六年王學曾刻清雍正八年王如經補刻本 十行十六字白口四周双边 二二〇七

鈍菴先生文集十八卷附錄一卷 明劉錫撰 明萬曆四十三年康應乾刻本 九行十八字白口四周双边 二二〇八
北虞先生遺文六卷 明邵圭潔撰 明萬曆三十四年刻本 九行十九字白口左右双边 二二〇九
北虞先生遺文六卷 明邵圭潔撰 明萬曆三十四年刻本 清石韞玉跋 二二一〇
邵北虞先生遺文不分卷 明邵圭潔撰 明芝蘭書室抄本 清王振聲錄目並跋 十行三十三字四周双边 二二一一
海剛峯先生集六卷政事四卷 明海瑞撰 明萬曆二十二年阮尚賓刻本 九行二十字白口四周双边 二二一二
海剛峯集十卷 明海瑞撰 明刻本 九行十九字白口四周双边 二二一三
備忘集三卷 備忘續集二卷 淳安政事三卷 備忘集附錄一卷 淳安稟一卷
海忠介公文集十卷 明海瑞撰 明萬曆四十六年蔡鍾有刻本 八行十六字白口四周单边 二二一四
海忠介公文集十卷 明海瑞撰 明萬曆四十六年蔡鍾有刻本 九行十七字白口四周单边 二二一五
海忠介公文集十卷 明海瑞撰 明末曾熙刻本 九行十八字白口四周单边 二二一六
海忠介公全集十二卷 明海瑞撰 明天啟五年梁子璠刻本 九行二十字白口四周单边 二二一七
海忠介公文集七卷 明海瑞撰 海忠介公傳二卷 明黃東石撰 明崇禎四年黃東石刻本 九行二十字白口四周单边 二二一八
備忘集十二卷 明海瑞撰 明萬曆三十年海邁刻清康熙五年海廷芳補修本 九行十八字白口四周双边 二二一九
備忘集八卷 明海瑞撰 附錄二卷 清抄本 十行二十一字白口四周双边 二二二〇
小漁先生遺稿十二卷 明唐汝楫撰 明萬曆四十三年刻本 十行二十字白口四周双边 二二二一
宗子相集八卷 明宗臣撰 明嘉靖三十九年林朝聘黃中等刻本 十行二十字白口四周双边 二二二二
宗先生子相文集十五卷 明宗臣撰 附錄一卷 明嘉靖三十九年就正齋刻本 卷二、七、十二有抄配 八行十六字白口四周单边間四周双边 二二二三
宗子相集十五卷 明宗臣撰 明林朝聘黃中等刻本 九行十六字文集九行十八字白口四周双边 二二二四
宗子相集十五卷 明宗臣撰 明林朝聘黃中等刻宗書印本 二二二五
宗子相集十五卷 明宗臣撰 明林朝聘黃中等刻宗書印本 清丁丙跋 二二二六
宗子相集十二卷 明宗臣撰 明吳國倫刻本 九行十八字白口左右双边 二二二七
新鍥宗先生子相文集十二卷 明宗臣撰 明萬曆二十七年書林鄭氏雲竹齋刻本 十行二十字白口四周双边 二二二八

二二二九 新鍥宗先生子相文集十二卷 明宗臣撰 明萬曆四十年范濟宇刻本 十行二十字白口四周双边

二二三〇 宗子相先生集二十五卷 明宗臣撰 明天華閣刻本 九行十八字白口左右双边

二二三一 宗子相先生集二十五卷 明宗臣撰 明天華閣刻本 清李澄中批校

二二三二 子相文選五卷 明宗臣撰 明末刻本 八行十七字白口四周单边

二二三三 素園存稿二十卷 明方弘靜撰 明萬曆刻本 九行十八字白口四周单边

二二三四 重刻叔祖錦泉先生文集五卷 明傅夏器撰 明萬曆二十五年傅氏家刻本 九行二十字白口四周双边

二二三五 雲山堂集六卷 明魏裳撰 明萬曆七年魏文可刻本 八行十八字白口四周双边

二二三六 龍江先生文集七卷 明胡青撰 明嘉靖二十八年王正意王以旂程鎖刻本 十行二十二字白口四周单边

二二三七 鳳巖山房文草二十六卷 明黄甲撰 明萬曆刻本 十行十七字白口四周双边 存二十四卷（分餘稿一卷 視政藁一卷 司封藁一卷 家食藁一卷 丁巳稿一卷 戊午稿一卷 壬戌稿一卷 癸亥稿一卷 甲子藁一卷 乙丑藁一卷 丙寅藁一卷 丁卯稿一卷 戊辰稿一卷 己巳稿一卷 庚午稿一卷 辛未稿一卷 壬申稿一卷 癸酉稿一卷 甲戌稿一卷 獨鑒錄一卷 乙亥稿一卷 丙子稿一卷 丁丑稿一卷 銓古錄一卷）

二二三八 移夌藁一卷 明徐學謨撰 明萬曆三年刻本 九行十八字白口左右双边

二二三九 海隅集二十二卷 明徐學謨撰 明萬曆六年方九功刻本 十行十九字白口左右双边

二二四〇 徐氏海隅集詩編二十二卷文編四十三卷外編十四卷續三卷 明徐學謨撰 明萬曆五年刻四十年徐元嘏重修本 十行十九字白口左右双边

二二四一 歸有園稿詩編七卷文編二十二卷 明徐學謨撰 明萬曆二十一年張汝濟刻四十年徐元嘏重修本 九行十九字白口左右双边

二二四二 蘭汀存藁八卷 明梁有譽撰 明嘉靖刻本 九行十七字白口四周单边

二二四三 蘭汀存稿八卷附錄一卷 明梁有譽撰 清康熙二十四年嶺南梁氏詒燕堂刻本 九行十八字白口四周单边

二二四四 郭襄靖公遺集三十卷 明郭應聘撰 明萬曆郭良翰刻本 九行二十字白口四周单边 存二十六卷（一至二十六）

二二四五 王明甫先生桂子園集二十三卷近稿不分卷 明王道行撰 明萬曆刻本 九行二十字白口四周双边

二二四六 天目先生集二十一卷 明徐中行撰 附錄一卷 明郭造卿撰 明萬曆十二年張佳胤刻本 九行十八字白口左右双边

二二四七 天目先生集二十一卷 明徐中行撰 附錄一卷 明郭造卿撰 明萬曆十二年張佳胤刻本 清丁丙跋

二二四八 天目先生集二十一卷 明徐中行撰 明刻本 九行十八字白口左右双边

二二四九 青蘿館詩六卷 明徐中行撰 明隆慶五年江時亢刻本 九行十八字白口四周单边

二二五〇 青蘿館詩六卷 明徐中行撰 明萬曆三年竹日益刻本 十行十八字白口四周单边

二二五一 青蘿館詩六卷 明徐中行撰 明刻本 九行十八字白口左右双边

二二五二 青蘿館詩前集四卷續集二卷 明徐中行撰 明萬曆刻本 九行十八字白口四周单边

二二五三 豐陽先生集十二卷 明馮臯謨撰 附錄一卷 明天啟二年馮振宗刻本 十行十九字白口左右双边

二二五四 余德甫先生集十四卷 明余曰德撰 明萬曆刻本 九行十八字白口四周单边

二二五五 余德甫先生集十四卷 明余曰德撰 清抄本 八行二十字

二二五六 半山藏稿二十卷 明王叔杲撰 明萬曆刻本 九行十八字白口左右双边

二二五七 蘇山選集七卷 明陳柏撰 明萬曆十五年陳文燭刻本 八行十六字白口四周双边

二二五八 借山亭前集六卷續集六卷來青軒文選八卷詩選四卷見南江閣詩選八卷文選十四卷退樂軒詩選一卷大業堂尺牘六卷 明陳柏撰 明萬曆刻本 九行十八字白口四周双边 存四十七卷（見南江閣詩選四至八、文選四至十四，餘全）

二二五九 可也居集五卷續一卷 明高鶴撰 明萬曆十九年陳汝元刻二十四年續刻本 九行二十字白口四周双边

二二六〇 留餘堂尺牘六卷 明潘季馴撰 明刻本 九行二十字白口左右双边

二二六一 董幼海先生全集□□卷 明董傳策撰 明萬曆刻本 九行二十字白口四周双边 存十九卷（采薇集四卷 邕歙稿六卷 奇游漫記八卷 附錄一卷）

二二六二 甔甀洞藁文類二十卷詩集六卷 明吳國倫撰 明萬曆刻本 十行二十字白口四周单边

二二六三 評林新鍥甔甀洞藁文類二十卷詩集六卷 明吳國倫撰 王世貞輯 明萬曆十六年清白堂楊新泉刻本 上下兩欄下欄十行二十七字白口四周双边

二二六四 甔甀洞藁五十四卷目錄二卷 明吳國倫撰 明萬曆刻本 十行二十字白口四周单边

二二六五 甔甀洞藁五十四卷目錄二卷 明吳國倫撰 清初吳騰吳棟元刻本 十行二十字白口四周单边

二二六六 甔甀洞續稿詩部十二卷文部十五卷目錄二卷 明吳國倫撰 明萬曆三十一年吳士良刻本 十行二十字白口四周单边

二三六七 藏甲巖稿六卷 明吳國倫撰 明萬曆二年唐汝禮刻本 ·行十八字白口四周雙边

二三六八 張居來集三十五卷 明張佳胤撰 明萬曆十五年張宗載刻本 九行十六字黑口四周雙边

二三六九 居來先生集六十五卷 明張佳胤撰 明萬曆二十二年張叔□刻本 九行十八字白口四周雙边

二三七〇 王西塘春煦軒集二十二卷 存十六卷 一至十一、十三、十六至十八、二十二 明王好問撰 清抄本 十行十八字无格

二三七一 井丹先生集三卷首一卷 明林大春撰 明萬曆十九年林元鳴刻本 九行二十字白口四周單边

二三七二 井丹先生集十八卷首一卷 明林大春撰 附錄一卷 明萬曆十九年林元鳴刻增修本 九行二十字白口四周單边

二三七三 羽王先生集三卷西遷注一卷桂勝集一卷桂故集一卷 明張鳴鳳撰 清初釋超撥刻本 九行二十字白口四周單边

二三七四 李溫陵集二十卷 明李贄撰 顧大韶校 明刻本 九行二十字白口四周單边

二三七五 李氏文集二十卷 明李贄撰 顧大韶校 明刻本 九行二十字白口四周單边

二三七六 李氏文集十八卷 明李贄撰 顧大韶校 明刻本 九行二十字白口四周單边

二三七七 李氏焚書六卷 明李贄撰 明刻朱墨套印本 九行十九字白口四周單边

二三七八 李氏焚書六卷 明李贄撰 明刻本 九行二十字白口四周單边

十五

二三七九 李氏焚書六卷 明李贄撰 明刻本 九行二十字無直格白口四周單边

二三八〇 李氏焚書六卷 明李贄撰 明刻本 十行二十二字白口四周單边

二三八一 李氏焚餘六卷 明李贄撰 明刻本 九行二十字白口四周單边

二三八二 李氏續焚書五卷 明李贄撰 明刻本 九行二十字无直格白口四周單边

二三八三 李卓吾先生遺書二卷附錄一卷 明李贄撰 明萬曆四十年刻本 九行十八字无直格白口左右雙边

二三八四 李裕州蕭然亭集四卷 明李尚實撰 明萬曆刻本 八行十六字白口左右雙边

二三八五 絅齋先生文集□□卷 存四卷 五至八 明葉春及撰 明刻本 九行十九字白口四周單边

二三八六 曹太史含齋先生文集十五卷 明曹大章撰 明萬曆二十八年曹祖鶴刻本 九行十八字白口四周單边

二三八七 曹太史含齋先生文集十六卷 明曹大章撰 明萬曆二十八年曹祖鶴刻增修本 九行二十字白口四周單边

二三八八 九愚山房集九十七卷 明何東序撰 明萬曆二十八年刻本 九行十八字白口四周單边

二三八九 佐右集十五卷 詩六卷 文九卷 明何東序撰 明萬曆三十一年刻本 九行十八字白口四周單边

二三九〇 賜麟堂集六卷 存四卷 一至二、五至六 明梁夢龍撰 明末抄本 八行十八字藍格白口四周單边

二三九一 渭上續稿十一卷 明南軒撰 明萬曆侯子健刻本 十行十八字白口左右雙边

二三九二 姜鳳阿文集三十八卷 明姜寶撰 明萬曆刻本 十行二十二字白口四周雙边

二三九三 沁南稿二卷詩餘一卷 明胡汝嘉撰 明萬曆甘雨堂刻本 九行十八字小字雙行同白口四周單边

二三九四 學孔精舍詩鈔二卷 明孫應鰲撰 清艾茂輯 清咸豐三年艾述之抄本 清莫友芝校並跋 艾述之跋 十行二十字无格

二三九五 湖上集十四卷 明徐師曾撰 明萬曆刻本 十行十九字白口左右雙边

二三九六 條麓堂集三十四卷 明張四維撰 明萬曆二十三年張泰徵刻本 十行二十一字白口四周雙边

二三九七 碧筠館詩稿四卷補遺一卷 明□立撰 附錄一卷 清乾隆三十五年黄爾銓抄本 清丁丙跋

二三九八 李子田詩集四卷一悅園稿一卷 明李蓘撰 明刻本 九行二十或二十一字白口四周單边

二三九九 橫槎集十卷 明吳時來撰 明萬曆十六年刻本 九行十八字白口四周單边

二四〇〇 被褐子五卷 明王學曾撰 稿本 九行二十字白口四周單边

二四〇一 馬文莊公文集選十五卷 明馬自強撰 明萬曆刻本 十行二十字白口左右雙边

十六

二四〇二 耿中丞楊太史批點近溪羅子全集二十四卷 明羅汝芳撰 明萬曆刻本 八至十行十七至二十一字不等白口四周單边
羅先生詩集二卷 明左宗郢輯
近溪語要二卷 明陶望齡輯
近溪子續集二卷 明楊起元評
近溪羅先生鄉約全書一卷 明左宗郢輯
近溪羅先生一貫編九卷 明熊儐輯
近溪子集六卷 明耿定向評
近溪子附集二卷 明黃承試輯

二四〇三 盱江羅近溪先生全集十二卷 明羅汝芳撰 明萬曆刻清印本 有像 九行十八字白口四周雙边有眉批

二四〇四 羅明德公文集五卷首一卷 明羅汝芳撰 明崇禎五年陳懋德刻本 九行二十字白口四周單边

二四〇五 劉堯誨先生全集十六卷 存七卷 南垣疏稿一卷、撫閩疏稿一卷、虛籟集一至五卷 明劉堯誨撰 劉心遠輯 清抄本 九行二十二字无格

二四〇六 綠波樓集十卷 明張九一撰 明萬曆刻本 九行十八字白口左右雙边

二四〇七 綠波樓詩集十四卷首一卷 明張九一撰 清康熙三十一年大呂書院呂氏殿刻本 九行十八字白口四周單边

二四〇八 綠波樓文集五卷 明張九一撰 清刻本 九行十八字白口四周單边

蕉業堂集十卷　明凌儒撰　明天啟四年凌似祖刻本　九行二十字白口四周單边　二三〇九

蕉業堂集十卷　明凌儒撰　明天啟四年凌似祖刻本　鄭振鐸跋　二三一〇

蕉業堂集十卷　明凌儒撰　明天啟四年凌似祖刻清凌重光重修本　二三一一

石泉山房文集十三卷　明鄭汝霖撰　金士衡校　明萬曆二十五年鄭氏家刻本　十行二十字白口四周双边　二三一二

皇明史惺堂先生遺稿十一卷嘗惺先生書經補說一卷　明史桂芳撰　蕩澹人僅存稿二卷　明史繼古撰　僑翁詩鈔一卷　明史秉古撰　明萬曆二十七年史簡等刻史氏增修本　八行十七字白口四周單边、僑翁詩鈔七行二十字上黑口　二三一三

百可亭摘稿七卷詩集摘稿二卷　明龐尚鵬撰　明萬曆二十七年龐英山刻本　十行二十字白口左右双边　二三一四

墨池初稿九卷　明湯煥撰　清吳允嘉抄本　存四卷　一至四　二三一五

檝墩集口卷　明陶益撰　明嘉靖四十三年王子充等刻本　十一行二十二字白口四周單边　存七卷　一至七　二三一六

太虛軒稿一卷　明胡直撰　明萬曆二十一年嶙璞刻本　十行二十字白口四周双边　二三一七

衡廬精舍藏稿三十卷續稿十一卷　明胡直撰　明萬曆十二年郭子章刻二十三年莊誠補刻本　十行二十字白口四周双边　二三一八

蔡恭靖公遺稿十卷　明蔡國珍撰　清乾隆十六年蔡尚才刻本　十行二十二字白口左右双边　二三一九

濟美堂集四卷　明吳文華撰　明萬曆耿定力刻本　十行十九字白口左右双边　二三二〇

濟美堂集四卷粵西疏稿三卷留都疏稿一卷　明吳文華撰　明萬曆耿定力刻清印本　二三二一

交繡閣詩草四卷文一卷　明張夢蛟撰　清抄本　九行二十七字無格　二三二二

溫函野詩集二卷　明溫如璋撰　清抄本　九行十八字白口藍格左右双边　二三二三

耿天臺先生文集二十卷　明耿定向撰　明萬曆二十六年劉元卿刻本　九行十八字白口四周單边　二三二四

耿天臺先生文集二十卷　明耿定向撰　明萬曆二十六年劉元卿刻本　清丁丙跋　二三二五

鄭判府詩一卷　明鄭洛撰　明萬曆十五年顧顒寫本　二三二六

鄭襄敏公赤牘十九卷　明鄭洛撰　明萬曆三十五年刻本　九行十八字白口左右双边　二三二七

艾熙亭先生文集十卷　明艾穆撰　明萬曆刻本　十行二十字白口四周双边　二三二八

留餘堂集二卷　明陳儒撰　清抄本　八行二十字無格　二三二九

欒城藁六卷　明尉侯元撰　明萬曆刻本　九行十八字白口四周單边　二三三〇

橫戈集一卷附錄一卷　明鄧子龍撰　清抄本　八行二十字無格　二三三一

華陽洞藁二十二卷　明張祥鳶撰　明萬曆刻本　十行二十字白口左右双边　二三三二

泉湖山房稿口口卷　明曾同亨撰　明刻本　九行十九字白口四周双边　存十二卷　一至十二　二三三三

大樸主人文集九卷詩集七卷　明沈節甫撰　明刻本　八行十八字白口左右双边　二三三四

滸東先生文集十四卷　明張卤撰　明天啟五年張永忠等刻本　十行十八字白口左右双边　二三三五

滸東先生文集十四卷　明張卤撰　清乾隆七年存恩堂刻本　十行十八字白口左右双边　二三三六

觀頤先生集二十卷附錄一卷　明沈桐撰　明萬曆三十九年陳翩潔刻本　九行二十字白口左右双边　二三三七

霍勉齋集十三卷　明霍與瑕撰　明萬曆十七年刻本　十行二十字白口四周單边　二三三八

霍勉齋集二十二卷　明霍與瑕撰　清乾隆三十三年霍有光霍世光刻本　十行二十二字白口四周双边　二三三九

雷氏白雲樓集三卷　明雷鳴春撰　明隆慶五年唐藩朱宙楨刻本　十行二十二字白口四周双边　二三四〇

王奉常集詩十五卷目錄三卷文五十四卷目錄二卷　明王世懋撰　明萬曆刻本　十行二十字白口左右双边　二三四一

西征集二卷　明王世懋撰　明刻本　九行十八字白口左右双边　存一卷　下　二三四二

紀遊稿二卷　明王世懋撰　明刻本　九行十八字白口左右双边　二三四三

賜閒堂集四十卷　明申時行撰　明萬曆刻本　九行十八字白口四周双边　二三四四

綸扉笥草四卷　明申時行撰　明萬曆二十年刻本　九行十八字白口左右双边　二三四五

綸扉簡牘十卷　明申時行撰　明萬曆二十四年刻本　九行十八字白口左右双边　二三四六

外制草十卷儲棠錄二卷召對錄一卷綸扉奏草四卷　明申時行撰　明萬曆刻本　九行十八字白口左右双边　二三四七

王文肅公文稿不分卷　明王錫爵撰　明黃白山房抄本　二三四八

王文肅公牘草十八卷　明王錫爵撰　明萬曆四十三年王時敏刻本　九行十八字白口四周單边　二三四九

王文肅公文草十四卷　明王錫爵撰　明萬曆四十三年王時敏刻本　九行十八字白口四周單边　二三五〇

王文肅公全集五十五卷　明王錫爵撰　明萬曆王時敏刻合印本　九行十八字白口四周單边　文肅王公奏草二十三卷　王文肅公文草十四卷　王文肅公牘草十八卷　二三五一

王文肅公文集五十五卷　明王錫爵撰　明王時敏刻本　九行十八字白口四周單边　二三五二

余文敏公文集十二卷　明余有丁撰　明萬曆刻本　九行十八字白口四周單边　二三五三

余文敏公文集十五卷　明余有丁撰　明萬曆刻本　九行十八字白口四周單边　二三五四

二三五五 見羅李先生書要三十卷 明李材撰 明萬曆刻本 九行十九字白口左右双边

二三五六 學易齋集二十卷 明萬廷言撰 明萬曆刻本 九行十八字白口左右双边

二三五七 劍江錄稿二卷附錄一卷虔州錄稿三卷附錄一卷 明徐用檢撰 馬允登校 明萬曆刻本 九行十九字白口四周双边 存四卷 劍江錄稿一至二、虔州錄稿三、附錄

二三五八 林煙文稿二卷 明林煙撰 明抄本 九行二十二字蓝格

二三五九 敬和堂集□卷 明許孚遠撰 明萬曆刻本 九行二十字白口四周双边 存四卷

二三六〇 陳恭介公文集十二卷 明陳有年撰 明萬曆陳啟孫刻本 九行二十字白口四周单边

二三六一 陳氏僅存集四卷 明陳燁撰 明萬曆二十八年刻本 八行十八字白口四周双边

二三六二 高梁生集十卷 明梁烟撰 清抄本 九行二十字红格

二三六三 衡陽先生集十四卷 明周世選撰 明崇禎五年周承芳刻本 九行十九字白口四周单边

二三六四 玉介園存稿十八卷附錄四卷行狀傳墓誌銘等一卷 明王叔果撰 明萬曆二十九年王光美刻本 九行十八字白口左右双边

二三六五 鯤溟先生詩集四卷奏疏一卷 明郭諫臣撰 明郭元禹等刻本 十行十八字白口四周单边

二三六六 鯤溟先生詩集四卷奏疏一卷 明郭諫臣撰 清康熙五十二年郭鶯刻本 十行十九字黑口四周单边

二三六七 鯤溟先生詩集四卷奏疏一卷 明郭諫臣撰 清康熙五十二年郭鶯刻本（四庫底本）

二三六八 玄陽堂詩稿一卷文集一卷 明張應治撰 明萬曆二十二年楊李溪氏刻本 八行二十字白口四周单边

二三六九 逍遙園集十卷 明穆文熙撰 明萬曆十五年劉懷恕刻本 九行二十字白口四周双边有眉栏

二三七〇 穆考功逍遙園集選二十卷 明穆文熙撰 南師仲輯 明萬曆二十九年穆光胤刻本 九行十八字白口左右双边

二三七一 明張伯起詩稿一卷 明張鳳翼撰 稿本

二三七二 處實堂集八卷續集十卷 明張鳳翼撰 明萬曆刻本 十行二十二字白口左右双边

二三七三 處實堂後集六卷 明張鳳翼撰 明萬曆刻本 十行二十二字白口左右双边 存二卷 三、五

二三七四 處實堂後集六卷 明張鳳翼撰 明萬曆刻本 李盛鐸跋

二三七五 處實堂集選十二卷 明張鳳翼撰 明刻本 十行二十二字白口左右双边 存六卷 一至三、十至十二

二三七六 志園集三卷 明張鳳翼撰 明張獻翼、張燕翼刻本 清孫[illegible]跋 十行十九字白口左右双边

二三七七 潛學編十二卷 明鄧元錫撰 明萬曆三十五年左宗郢刻本 九行十八字白口左右双边

二三七八 潛學稿十九卷 明鄧元錫撰 明崇禎十二年鄧應瑞刻本 九行十八字白口四周单边

二三七九 潛學稿十九卷 明鄧元錫撰 明崇禎十二年鄧應瑞刻清乾隆八年重修本

二三八〇 長嘯軒近稿一卷續草一卷 明陳純撰 錢良胤評 明萬曆四十一年四十二年宋之蕃刻本 九行十八字白口四周双边

二三八一 袁魯望集十二卷 明袁尊尼撰 明萬曆十二年袁年刻本 十行十八字白口左右双边

二三八二 新刻楊端潔公文集二十卷 明楊時喬撰 明天啟楊閩中刻本 九行二十一字白口四周双边

二三八三 何震川先生集二十八卷 明何洛文撰 明天啟五年何亨家刻本 九行十八字白口四周单边

二三八四 碧麓堂集一卷 明林如楚撰 明崇禎九年三公詩集合刻本 八行十七字白口四周单边

二三八五 亦玉堂稿十卷 明沈鯉撰 明萬曆刻本 九行十八字白口四周单边

二三八六 亦玉堂稿十卷 明沈鯉撰 清康熙二十九年劉榛刻本 十行十九字黑口四周单边

二三八七 起曹稿□卷 明葉逢春撰 明刻本 九行十六字白口左右双边 存一卷 三

二三八八 湖湘初集一卷 明管大勲撰 明萬曆刻本 九行十八字白口四周双边

二三八九 光祿集六卷 明管大勲撰 明萬曆刻本 八行二十字白口四周单边

二三九〇 溫恭毅公文集三十卷 明溫純撰 明崇禎刻本 十行二十字白口左右双边

二三九一 二園學集三卷 明溫純撰 明刻本 十行六行七行不等行二十字白口四周单边

二三九二 太子少保王忠銘先生文集天池草重編二十六卷 明王弘誨撰 清康熙刻本 九行十八字白口四周单边

二三九三 淮上詩四卷 明陳文燭撰 明萬曆刻本 九行十八字白口四周双边

二三九四 五嶽山人尺牘十七卷 明陳文燭撰 明萬曆十三年張淳刻本 九行十八字白口左右双边

二三九五 五岳山人後集十一卷 明陳文燭撰 明萬曆刻本 九行十八字白口四周双边

二三九六 二酉園文集十四卷 明陳文燭撰 明萬曆十二年龍膺刻本 九行十八字白口左右双边

二三九七 二酉園文集十四卷詩集十二卷 明陳文燭撰 明天啟（五年）陳之蘧刻本 九行十八字白口左右双边

二三九八 二酉園續集二十三卷 明陳文燭撰 明天啟五年陳之蘧刻本 九行十八字白口左右双边

二三九九 二酉園尺牘選二十卷 明陳文燭撰 明萬曆十九年刻本 九行十八字白口四周双边

二四〇〇 萬一樓集五十六卷續集六卷外集十卷 明駱問禮撰 明萬

曆三十九年駱先行駱中行刻本 九行二十字白口左右雙邊

二四〇一 萬一樓集五十六卷外集十卷續集六卷 明駱問禮撰 清嘉慶十年余振活字印本 十行二十三字白口四周單邊

二四〇二 許文穆公遺文不分卷 明許國撰 明萬曆刻本 十行二十字白口四周單邊

二四〇三 許文穆公集六卷 明許國撰 明萬曆許立言許立禮等刻本 十行二十字白口四周單邊

二四〇四 許文穆公集六卷 明許國撰 明萬曆許立言許立禮等刻重修本 清徐時棟跋

二四〇五 許文穆公全集二十卷 明許國撰 明天啓五年許氏晚香堂刻本 十行二十字白口四周單邊

二四〇六 張中丞詩集二卷 明張煥撰 明萬曆刻本 八行十八字白口四周單邊

二四〇七 震川先生文集二十卷 明歸有光撰 明萬曆二年歸道傳刻本 十行二十一字細黑口四周雙邊

二四〇八 歸先生文集三十二卷附錄一卷 明歸有光撰 明萬曆四年翁良瑜雨金堂刻初印本 十行二十字白口四周雙邊

二四〇九 歸先生文集三十二卷附錄一卷 明歸有光撰 明萬曆四年翁良瑜雨金堂刻本

二四一〇 歸先生文集三十二卷附錄一卷 明歸有光撰 明萬曆四年翁良瑜雨金堂刻本 清錢謙益批點

二四一一 歸先生文集三十二卷附錄一卷 明歸有光撰 明萬曆四年翁良瑜雨金堂刻本（卷三至十七抄配） 清汪琬校注 吳孫桐題記

二四一二 歸先生文集三十二卷附錄一卷 明歸有光撰 明萬曆四年翁良瑜雨金堂刻本 佚名錄清黃宗羲、釋寶雲批

二四一三 歸先生文集三十二卷附錄一卷 明歸有光撰 明萬曆四年翁良瑜雨金堂刻本 清方苞批並跋

二四一四 歸先生文集三十二卷附錄一卷 明歸有光撰 明萬曆四年翁良瑜雨金堂刻增修本

二四一五 震川先生集三十卷別集十卷附錄一卷 明歸有光撰 清康熙十年至十四年歸莊、歸玠等刻本 十行二十字白口左右雙邊

二四一六 震川先生集三十卷別集十卷 明歸有光撰 清康熙十年至十四年歸莊歸玠等刻本 清范棫士跋並錄董說等批點

二四一七 震川先生集三十卷別集十卷 明歸有光撰 清康熙十年至十四年歸莊歸玠等刻本 清龐鍾璐跋並錄董說評徐恕錄清錢謙益彭紹升馮煒董采評

二四一八 震川先生集三十卷別集十卷附錄一卷 明歸有光撰 清康熙十年至十四年歸莊歸玠等刻本 佚名錄清董說批注 清龐鍾璐翁同龢跋

二四一九 震川先生集三十卷別集十卷 明歸有光撰 清康熙十年至十四年歸莊歸玠等刻乾隆四十八年歸荣瀨歸荣沙重修本 清言任白錄錢謙益錢良擇批點 翁同龢跋並錄董說批點

二四二〇 震川先生集三十卷別集十卷 明歸有光撰 清康熙十年至十四年歸莊歸玠等刻本 清翁同龢錄錢良擇董說評點

二四二一 震川先生集三十卷別集十卷附錄一卷 明歸有光撰 清康熙十年至十四年歸莊歸玠等刻本 清季錫疇錄清錢謙益董說彭紹升批點

二四二二 震川先生集三十卷別集十卷附錄一卷 明歸有光撰 清康熙十年至十四年歸莊歸玠刻乾隆四十八年歸荣瀨歸荣沙重修本 清王振聲跋並錄清錢陸燦釋寶雲彭紹升馮煒批校

二四二三 震川先生集三十卷別集十卷 明歸有光撰 清康熙十年至十四年歸莊歸玠刻乾隆四十八年歸荣瀨歸荣沙重修本 清王振聲跋並錄黃宗羲釋寶雲彭紹升馮煒批 歸令瑜跋

二四二四 震川先生集三十卷別集十卷附錄一卷 明歸有光撰 清康熙十年至十四年歸莊歸玠等刻本 清徐鴻熙錄各家校 清錢泰吉手札 葉景葵跋

二四二五 震川先生集三十卷別集十卷 明歸有光撰 清康熙十年至十四年歸莊歸玠等刻本 李國校跋並錄清姚姬傳評點及諸名家評語

二四二六 震川先生集三十卷別集十卷附錄一卷 明歸有光撰 清康熙十年至十四年歸莊歸玠等刻本 清錢泰吉跋並錄王元啓批點 潘鴻人錄方墹張蟾江評語

抄本

二四二七 震川先生集三十卷別集十卷附錄一卷 明歸有光撰 清康熙十年至十四年歸莊歸玠等刻本 清管庭芬跋並錄錢泰吉錄王元啓批點又錄方墹張蟾江評語

抄本

二四二八 震川先生集三十卷別集十卷附錄一卷 明歸有光撰 清康熙十年至十四年歸莊歸玠等刻本 清戚百二批

二四二九 震川先生集三十卷別集十卷附錄一卷 明歸有光撰 清康熙十年至十四年歸莊歸玠等刻本 清楊倫批校並跋

二四三〇 震川先生集三十卷別集十卷附錄一卷 明歸有光撰 清康熙十年至十四年歸莊歸玠等刻本 清王芑孫批

二四三一 震川先生集三十卷別集十卷附錄一卷 明歸有光撰 清康熙十年至十四年歸莊歸玠等刻本 清鮑倚雲批點並跋

二四三二 震川先生集三十卷別集十卷附錄一卷 明歸有光撰 清康熙十年至十四年歸莊歸玠等刻本 清李兆洛批校並跋

二四三三 震川先生集三十卷別集十卷附錄一卷 明歸有光撰 清康熙十年至十四年歸莊歸玠等刻本 清翁心存錄佚名圈批

二四三四 歸震川先生全稿不分卷 明歸有光撰 清呂留良評點 清康熙十八年呂氏天蓋樓刻本 九行二十六字白口四周單边

二四三五 補刊震川先生集八卷 明歸有光撰 清康熙四十三年王橒刻本 十行二十字白口左右双边

二四三六 歸震川先生未刻稿二十五卷 明歸有光撰 清初抄本 清諸錦跋 九行二十字无直格

二四三七 震川先生應試論策集二卷 明歸有光撰 清抄本

二四三八 震川大全集三十卷別集十卷補集八卷餘集八卷先太僕評點史記例意一卷歸震川先生論文章體則一卷 明歸有光撰 清嘉慶元年歸朝煦玉鑰堂刻本 清宋鐡錄各家評 十行二十字黑口左右双边

二四三九 震川大全集三十卷別集十卷補集八卷餘集八卷先太僕評點史記例意一卷歸震川先生論文章體則一卷 明歸有光撰 清嘉慶元年歸朝煦玉鑰堂刻本 清何紹基批點 徐枝立跋

二四四〇 景渠李先生文集不分卷 明李㫤陽撰 明萬曆十七年刻本 九行十八字白口四周双边

二四四一 刻毅齋查先生闡道集十卷 明查鐸撰 附一卷 明萬曆蕭一訓等刻本 九行二十字白口四周双边

二四四二 筆峰詩草一卷醉鄉小稿一卷 明高應玘撰 明嘉靖刻本 八行十八字白口四周單边

二四四三 文三橋詩稿不分卷 明文彭撰 稿本 清趙文麟、陳宗元跋 九行十四字

二四四四 叢桂堂全集四卷 明顧廷華撰 清初刻本 八行二十字白口四周双边

二四四五 四溟山人全集二十四卷 明謝榛撰 明萬曆二十四年趙府冰玉堂刻本 十行二十字白口左右双边

二四四六 四溟山人全集二十四卷 明謝榛撰 明萬曆二十四年趙府冰玉堂刻本（序、目錄、卷二十三至二十四配稿香彩抄本） 清高鴻裁校 楊丕孫跋

二四四七 四溟山人全集二十四卷 明謝榛撰 明萬曆二十四年趙府冰玉堂刻重修本

二四四八 四溟山人全集二十四卷 明謝榛撰 明萬曆二十四年趙府冰玉堂刻重修本 清高鴻裁跋

二四四九 適晉稿六卷 明謝榛撰 明刻本 九行十八字白口左右双边

二四五〇 謝茂秦集二卷 明謝榛撰 王世貞輯 明嘉靖刻本 十行二十字白口四周單边

二四五一 四溟山人詩十卷詩家直說二卷 明謝榛撰 戚以道輯 明萬曆四十年戚以道刻本 十行二十字白口四周双边

二四五二 四溟詩鈔五卷 明謝榛撰 清抄本 鄧汝功批校 十行十九字

二四五三 海嶽山房存稿詩五卷文十五卷別稿五卷 明郭造卿撰 附錄一卷 明萬曆三十五年郭應寵刻別稿四十一年刻本 九行十八字白口左右双边

二四五四 海嶽山房存稿詩五卷文十五卷別稿五卷 明郭造卿撰 附錄一卷 明萬曆三十五年郭應寵刻（別稿四十一年刻）本 倫明跋

二四五五 武陵詩選六卷 明施漸撰 明嘉靖三十六年刻本 沙彥楷跋 九行十八字白口左右双边

二四五六 許正吾集二十八卷 明許言詩撰 明萬曆十六年張斗刻本 十行二十字白口四周双边

二四五七 王世周先生詩集二十卷 明王佑稠撰 明萬曆刻本 九行十九字白口四周双边

二四五八 瀟湘編二卷 明王叔承撰 明萬曆刻本 十行二十一字白口左右双边

二四五九 雅宜山人集十卷 明王寵撰 明嘉靖十六年董宜陽朱浚明刻本 十行十八字白口左右双边

二四六〇 雅宜山人集十卷 明王寵撰 明嘉靖十六年董宜陽朱浚明刻本 清章愫跋

二四六一 雅宜山人集十卷 明王寵撰 明刻本 十行十八字白口左右双边

二四六二 十嶽山人詩集四卷 明王寅撰 明萬曆程開泰汪仲達刻本 九行十八字白口四周單边

二四六三 海岱集十二卷 明王達五撰 清抄本 十行二十一字白口左右双边

二四六四 重鐫一庵王先生遺集二卷 明王棟撰 明天啟四年王貴俍刻清王貞壹修本 九行十九字白口四周双边

二四六五 新鍥東厓王先生遺集二卷 明王襞撰 新刻王心齋先生奏疏類編一卷別傳類編一卷 明周汝登、龍遇奇等輯 明萬曆刻崇禎重修本 九行十九字小字双行同白口四周双边或單边

二四六六 麗眉生集十六卷 明于慎思撰 明萬曆二十七年于慎行刻本 九行十八字白口四周單边

二四六七 貢西園集三卷遺訓六卷 明貢銕撰 貢汝成錄 明隆慶六年刻本 十行二十字白口左右双边

二四六八 少嶽詩集四卷 明項元淇撰 明萬曆三年項氏墨林山堂刻本 十行二十字白口左右双边

二四六九 伐檀齋集十二卷 明張元凱撰 明萬曆七年刻本 九行十六字白口左右双边

二四七〇 伐檀齋集十二卷存六卷（一至六） 明張元凱撰 清刻本（四庫底本） 十行二十一字黑口左右双边

二四七一 張弘山先生集四卷 明張後覺撰 清康熙刻本 九行二十字白口四周双边

二四七二 紈綺集一卷 明張獻翼撰 明嘉靖刻本 九行十八字白口左右双边

二四七三 煎綵集二卷 明張之象撰 明嘉靖二十八年程衞道刻本 十行十八字細黑口左右双边

二四七四 窮居集五卷 明張淶撰 明嘉靖二十七年章漢臣刻本 九行十八字白口四周單边

二四七五 水西藁不分卷 明張曉撰 明刻本 八行二十一字白口四周單边

二四七六 左華丙子集十卷 明張光孝撰 明刻本 十行二十字白口四周双边

二四七七 張左華集十五卷 明張光孝撰 明嘉靖四十四年宋應期等刻本 九行十六字白口四周双边

二四七八 刻孫齋之先生松韻堂集十二卷 明孫七政撰 明萬曆四十五年孫朝肅刻本 九

行二十字白口四周雙邊

2479 、石雲先生遺稿一卷江滸迂談一卷附一卷 明孫禎撰 明萬曆四十五年姜道生刻本 九行二十字白口四周單邊

2480 、孫石臺先生遺集二卷附錄二卷 明孫揚撰 清盧衍仁輯 清乾隆四十四年盧衍仁等刻本 十行二十一字白口左右雙邊

2481 蠛蠓集五卷 明盧柟撰 明嘉靖二十二年馮清渠柏刻本 十行十九字白口四周單邊

2482 蠛蠓集五卷 明盧柟撰 明嘉靖刻本 十行十九字白口四周單邊

2483 蠛蠓集五卷 明盧柟撰 明萬曆三年實寶采刻本 十行十九字白口四周單邊

2484 蠛蠓集五卷 明盧柟撰 明萬曆三十年張其忠刻本 九行十八字白口四周雙邊

2485 蠛蠓集五卷 明盧柟撰 明萬曆三十年張其忠刻本 清楊以增跋

2486 蠛蠓集五卷 明盧柟撰 明萬曆三十年張其忠刻本 清丁丙跋

2487 蠛蠓集五卷 明盧柟撰 明萬曆三十年張其忠刻清王梓重修本 清王梓題識

2488 盧次楩詩集二卷 明盧柟撰 明隆慶五年張正道刻本 八行十八字白口四周雙邊

2489 白狼山人漫稿二卷 明盧楓撰 明嘉靖三十七年鄧霓等刻本 清朱鼎煦跋 十行十八字白口四周雙邊

2490 ·玩梅亭集稿二卷 明朱惟道撰 明刻本 十行十九字白口四周雙邊

十一五

2491 青城先生詩選五卷 明朱應鍾撰 明刻本 十行二十字白口四周單邊

2492 五體集唐五卷 明朱多炟撰 明刻本 七行十四字黑口四周單邊 卷末缺詩四首

2493 ·朱邦憲集十五卷附錄一卷 明朱察卿撰 明萬曆六年朱家法刻增修本 九行十八字白口左右雙邊

2494 匡南先生詩集四卷 明朱拱樋撰 明嘉靖刻本 九行十八字白口左右雙邊

2495 瑞鶴堂近稿三卷 明朱拱樋撰 明嘉靖刻本 八行十六字白口四周單邊

2496 天啓聖德中興頌一卷 明朱拱櫂撰 明嘉靖十六年朱拱櫂刻本 八行十六字細黑口左右雙邊

2497 樵雲詩集一卷 明朱拱梴撰 明嘉靖刻本（藍印） 十行十七字白口四周雙邊

2498 雲仙集口口卷存十七卷（一至五、九至十四、十八至二十、二十六至二十八） 明朱勤澈撰 明嘉靖潘瀛刻本 十行十八字白口四周單邊

2499 朱玉洲集八卷 明朱曜撰 明嘉靖十五年朱燧刻本 清丁丙跋 八行十六字白口左右雙邊

2500 奕善堂集一卷 明朱小溪撰 明嘉靖刻本 九行二十字白口四周單邊

2501 豫章既白詩藁四卷 明朱口口撰 明嘉靖二十九年刻本 九行十八字白口四周雙邊

2502 豫章既白詩稿七卷 明朱口口撰 明嘉靖二十九年刻本 九行十八字白口四周雙邊

2503 豊村集三十六卷 明魏圻撰 明嘉靖刻本 九行十八字白口左右雙邊

2504 大鄣山人集五十三卷 明吳子玉撰 明萬曆十六年黃正賓刻本 十行二十字白口四周雙邊

2505 心逸道人吟稿二卷 明吳宗漢撰 清道光十年馬泰榮抄本 十一行二十四字无格

2506 遊梁詩集六卷 明吳績撰 明萬曆綠雨樓刻本 十行二十一字白口四周雙邊

2507 霞城集二十四卷 明程誥撰 明天啓二年程子延刻本 十行十八字白口左右雙邊

2508 雙柏草堂集七卷 明程良錫撰 明隆慶程宗顏程宗頤等刻本 九行二十字白口四周雙邊

2509 十洲宮辭三卷 明倪伯鰲撰 明嘉靖隆慶間刻本 七行十六字白口四周單邊
附名公寄贈莊居集一卷 舟山稿一卷 北上稿一卷 太倉稿一卷 使閩稿一卷 復用稿一卷 平倭稿一卷 擬唐人宮辭一卷 擬唐人塞下曲一卷 閨辭百詠一卷

2510 卯洞集四卷 明徐珊撰 明嘉靖二十四年刻本 十行二十字白口左右雙邊

2511 貴感錄二卷 明徐經撰 明嘉靖二十九年刻本 九行十七字白口左右雙邊

2512 徐文長三集二十九卷四聲猿一卷 明徐渭撰 明萬曆二十八年商濬刻本 九行二十字白口四周單邊

2513 徐文長三集二十九卷文長雜記二卷 明徐渭撰 明萬曆二十八年商維濬刻四十七年印本（商維濬、光印本作商濬） 九行二十字白口四周單邊

十一六

2514 徐文長文集三十卷四聲猿一卷 明徐渭撰袁宏道評點 明萬曆四十二年鍾人傑刻本 九行二十字白口四周單邊

2515 徐文長文集三十卷 明徐渭撰袁宏道評點 明刻本 九行二十字白口四周單邊

2516 徐文長文集三十卷 明徐渭撰 袁宏道評點 明刻本 明祁理孫批

2517 ·徐文長逸稿二十四卷畸譜一卷 明徐渭撰 明天啓三年張維城刻本 九行二十字白口四周單邊

2518 徐文長佚草十卷 明徐渭撰 清徐沁輯 清初息耕堂抄本 清張岱跋

2519 天池雜稿不分卷 明徐渭撰 稿本 九行字不等藍格四周雙邊

2520 五瓠山人詩集四卷續附一卷 明宗訓撰 明嘉靖四十年潘嘉刻本 十行十八字白口左右雙邊

2521 江山人集七卷 明江瓘撰 明嘉靖刻本 九行十九字白口左右雙邊

2522 石酉集八卷 明汪子祜撰 附崇禮堂詩一卷 清汪伯虞撰 清康熙十八年汪宗豫刻本 十一行二十一字黑口四周雙邊

2523 汪師訓詞存藁九卷 明汪嘉賓撰 明萬曆刻本 九行二十字小字雙行同白口四周單邊

2524 石盂集十七卷 明汪理撰 明萬曆刻本 九行二十字白口左右雙邊

二五二五 石盂集十四卷 明汪坦撰 清徐氏煙嶼樓抄本 十行二十一字青口左右雙邊
二五二六 江皐集六卷遺稿一卷 明馮淮撰 明刻本 十二行二十二字白口左右雙邊
二五二七 馮北湖先生鳴春集八卷 明馮光浙撰 明萬曆三十九年馮瑗刻本 九行二十字白口四周雙邊
二五二八 陂門山人集八卷 明馮惟健撰 明嘉靖三十五年馮惟訥刻本 十行二十二字白口四周單邊
二五二九 陂門山人集八卷 明馮惟健撰 清商丘宋氏抄本 十行无格
二五三〇 玄言齋集二卷 明顧起綸撰 王問輯并評 明嘉靖三十二年術甫奇字館刻本 十行十八字白口左右雙邊
二五三一 澤秀集七卷總編一卷 明顧起綸撰 楊慎等評 洪儀校 明嘉靖顧祖源刻本 九行十八字細黑口左右雙邊
存三卷 一至三
二五三二 勾漏集四卷 明顧起綸撰 明抄本 九行十八字藍格白口四周雙邊
二五三三 金昌詩草□卷 明潘之恒撰 明萬曆刻本 九行十八字白口左右雙邊
存一卷 二
二五三四 潲游草三卷 明潘之恒撰 明萬曆刻本 八行十八字白口四周單邊
二五三五 碧梧潘先生遺稿四卷續刻遺稿五卷讀易偶見二卷外集二卷平五寨兵事始末一卷 明潘時撰 附錄一卷 明萬曆潘庭禮潘懋英刻本 十行二十字或九行二十字白口四周單邊

十七

二五三六 何心隱先生爨桐集四卷 明梁汝元撰 明天啟五年張宿柯桔園刻本 八行十八字白口四周單邊
二五三七 樓霞山人漫稿三卷 明沈薰撰 明刻本 九行十八字白口左右雙邊
二五三八 沈嘉則詩選十卷 明沈明臣撰 沈九疇輯 明萬曆六年刻本 九行十九字白口左右雙邊
二五三九 豐對樓詩選四十三卷 明沈明臣撰 沈九疇輯 明萬曆二十四年陳大科陳堯佐刻本 十行二十字白口四周雙邊
二五四〇 豐對樓文集六卷 明沈明臣撰 清沈光宇抄本
二五四一 丁艾集一卷 明沈明臣撰 明隆慶二年朱家法刻本 九行十七字白口四周單邊
二五四二 用拙集一卷 明沈明臣撰 明隆慶刻本 九行十七字白口四周單邊
二五四三 青溪集一卷 明沈明臣撰 明萬曆刻本 九行十九字白口左右雙邊
二五四四 蒯緱集二卷 明沈明臣撰 明刻本 九行十七字白口四周單邊
二五四五 鳳笙閣簡鈔四卷 明凌約言撰 附錄一卷 明嘉靖四十五年凌稚德刻本 八行十七字白口左右雙邊
二五四六 閨中稿一卷 明李蓘撰 明刻本 九行十八字白口左右雙邊
二五四七 湖上篇一卷 明李蓘撰 清抄本
二五四八 李山人詩一卷 明李敏撰 明嘉靖十八年刻本 十行十八字白口四周單邊

二五四九 雪山始音二卷 明木公撰 明嘉靖刻本 八行十五字白口左右雙邊
二五五〇 雪山庚子稿不分卷 明木公撰 張含批點 明嘉靖刻本 八行十六字白口左右雙邊
二五五一 仙樓瓊華不分卷 明木公撰 楊慎批點 明嘉靖刻本 八行十五字白口左右雙邊
二五五二 玉湖遊錄一卷 明木公撰 李元陽批點 明嘉靖刻本 八行十五字白口四周單邊
二五五三 隆池山樵詩集二卷 明彭年撰 明刻本 九行十八字白口四周雙邊
二五五四 玩畫齋雜著編八卷 明姚翼撰 明隆慶萬曆間刻本 九行十八字白口四周單邊
二五五五 梅谷蕭山稿一卷 明蕭敬德撰 明嘉靖刻本 九行十九字白口左右雙邊
二五五六 蘇伯子集十三卷 明蘇瀛撰 明嘉靖三十八年刻本 十行二十字白口左右雙邊
存十一卷 一至六、九至十三
二五五七 歷下集一卷花縣集四卷 明吳叔明撰 明嘉靖刻本 九行十六字白口左右雙邊
二五五八 太室山人集十六卷 明謝應嵩撰 明萬曆三十二年韓光祜刻本 九行十八字白口四周單邊
二五五九 樂吾韓先生詩一卷遺事一卷 明韓貞撰 明萬曆二十六年許子材等刻本 九行十一字白口四周單邊
二五六〇 黃淳父先生全集二十四卷 明黃姬水撰 明萬曆十三年顧九思刻本 十行十九字白口左右雙邊

十八

二五六一 高素齋集二十八卷 明黃姬水撰 明萬曆刻本 十行十九字白口左右雙邊
二五六二 齊雲山史不分卷 明葉泌撰 明嘉靖四十四年殷復陽刻本 九行十九字白口左右雙邊
二五六三 西樵集二卷 明楊二樵撰 明嘉靖八年刻本 八行二十字白口四周雙邊
二五六四 寄閒堂稿四卷 明楊宗氣撰 明萬曆二十五年楊垣刻本 九行十八字白口左右雙邊
二五六五 汀西詩集六卷 明趙珏撰 明嘉靖十七年刻本 十一行二十字白口左右雙邊
二五六六 趙梅峯先生語錄四卷 明趙仲全撰 明萬曆二十四年趙健刻本 九行二十字白口四周單邊
二五六七 海鳌吟稿七卷文稿五卷 明趙完璧撰 明顧爾行王象坤批點 明萬曆十年趙慎修刻本 九行十八字白口四周雙邊
二五六八 漁菴集一卷 明趙宏撰 明趙祖玠刻本 九行十七字白口左右雙邊
二五六九 漁菴集一卷 明趙宏撰 明刻本 九行十七字白口左右雙邊
二五七〇 止止堂集五卷 明戚繼光撰 明萬曆刻本 九行十八字白口四周雙邊
存二卷 橫槊稿中、下
二五七一 止止堂集四卷 明戚繼光撰 明抄本 八行二十字藍格
二五七二 游燕雜紀二卷 明戚時泰撰 明萬曆三年自刻本 十一行二十字白口左右雙邊
二五七三 香宇集三十四卷拾遺一卷 明田藝蘅撰 明嘉靖刻本 十行二十字細黑口四周雙邊

天隱子遺稿十七卷　明嚴果撰　明悟澄齋刻本　八行十八字白口四周單边　二五七四

嚴石谿詩稿六卷　明嚴怡撰　明萬曆五年劉效祖刻本　十行十七字白口四周單边　二五七五

石孔山人集略二十五卷　明劉逵撰　清抄本　存五卷　十一至十二、二十三至二十五　二五七六

天池山人小稿五種五卷　明陸釆撰　明刻本　九行十八字白口左右双边　二五七七
太山稿一卷　壬辰稿一卷　甲午稿一卷　義興稿一卷　癸巳稿一卷

南門仲子續集二卷　明陸之裘撰　明嘉靖四十年王道刻本　十一行二十字白口左右双边　二五七八

蒹葭堂稿八卷　明陸楫撰　明嘉靖四十五年陸郯刻本　九行十八字白口左右双边　二五七九

練谿小集四卷　明陳師倫撰　明嘉靖四十二年自刻藍印本　九行十六字白口四周双边　二五八〇

奚囊瑣言四卷藝苑鈎玄一卷　明陳表撰　明隆慶元年陳氏自刻本　十行二十字白口左右双边　二五八一

虛巖山人集六卷　明周詩撰　明嘉靖三十五年孫耿益刻本　九行十六字白口左右双边　二五八二

歐虞部選集十四卷　明歐大任撰　明萬曆刻本　九行十八字白口四周單边　二五八三

北轅集一卷　明歐大任撰　明萬曆趙用光家抄本　明趙用光跋　十行十九字藍格白口四周單边　二五八四

十九

秣陵集八卷　明歐大任撰　清抄本　九行十六字藍格　二五八五

俞仲蔚文稿不分卷　明俞允文撰　稿本　清金農跋　二五八六

仲蔚先生集二十四卷附錄一卷　明俞允文撰　明萬曆十年程善定刻本　九行十八字白口四周單边　二五八七

破蟋蟀集八卷　明余世儒撰　明萬曆元年刻本　八行二十字白口四周單边　二五八八

歸田漫稿二卷　明錢騰蛟撰　明萬曆二十四年錢東忠等刻本　八行十七字白口四周單边　二五八九

五浮山人詩集不分卷　明鈕仲玉撰　清康熙三十八年鈕斷來刻本　十行二十一字白口左右双边　二五九〇

五浮山人集不分卷　明鈕仲玉撰　清抄本　八行二十四字　二五九一

北游漫稿文三卷　明鄭若庸撰　明隆慶三年汪良迪刻本　九行十八字白口左右双边　二五九二

北遊漫稿詩二卷　明鄭若庸撰　清抄本　九行二十字藍格　二五九三

蛣蜣集八卷　明鄭若庸撰　明隆慶四年胡迪刻本　九行十八字白口左右双边　二五九四

鄭松菴漫稿七卷附錄一卷　明鄭明賓撰　明嘉靖刻本　十行二十字黑口四周單边　存五卷　三至七　二五九五

天池玉芝和尚內集二卷　明釋法聚撰　明嘉靖四十三年釋明源刻本　十行二十字白口四周單边　二五九六

寶善堂稿二卷　明朱慎鐘撰　明萬曆三年刻本　十行十七字白口四周双边　二五九七

田學草二十卷　明黃承翔撰　明萬曆三十九年甘雨刻本　十行二十字白口四周双边　二五九八

趙文懿公文集四卷附錄一卷　明趙志皋撰　明崇禎趙世溥刻本　九行二十字白口四周單边　二五九九

王文端公詩集二卷奏疏四卷尺牘八卷　明王家屏撰　明萬曆四十年至四十五年刻本　十行二十字白口四周双边　二六〇〇

復宿山房集四十卷　明王家屏撰　明萬曆魏養蒙刻本　十行二十字白口四周双边　二六〇一

鍾台先生文集十二卷附錄一卷　明田一儁撰　明萬曆二十八年田元振刻本　九行十八字白口四周單边　二六〇二

鍾台先生文集十二卷附錄一卷　明田一儁撰　清康熙四十六年田士昭等刻本　九行十八字白口四周双边　二六〇三

朱中丞全集十四卷　明朱孟震撰　吳國倫、張九一輯　明萬曆刻本　九行十八字白口四周單边　二六〇四
朱東䇿文集四卷　朱東䇿詩集四卷　河上楮談三卷　汾上續談一卷　浣水續談一卷　遊宦餘談一卷

郁木生吟藁二卷賦草一卷　明朱孟震撰　明萬曆四年刻本　九行十八字白口四周双边　二六〇五

二十

大泌山房集一百三十四卷目錄二卷　明李維楨撰　明萬曆刻本　十行二十一字白口四周單边　二六〇六

新刻楚郢大泌山人四遊集二十二卷　明李維楨撰　明徐善生刻本　十行二十字白口四周單边　二六〇七

遠志堂集十三卷　明喬因阜撰　明萬曆三十七年揚州喬氏刻本　九行十八字白口四周單边　二六〇八

玉恩堂集十卷　明林景暘撰　明萬曆三十五年林有麟刻本　九行二十字白口左右双边　二六〇九

由庚堂詩集四卷　明鄭汝璧撰　明萬曆刻本　九行十八字白口左右双边　二六一〇

由庚堂集三十八卷　明鄭汝璧撰　明萬曆刻本　八行十七字白口左右双边　二六一一

穀城山館詩集二十卷　明于慎行撰　明萬曆三十二年自刻本　九行十八字白口四周單边　二六一二

穀城山館全集六十二卷　明于慎行撰　九行十八字白口四周單边　二六一三
詩集二十卷　明萬曆三十二年自刻本　文集四十二卷　明萬曆于緯等刻本

穀城山館全集六十二卷　明于慎行撰　明萬曆三十五年周時泰刻本　九行二十字白口四周單边　二六一四
詩集二十卷　文集四十二卷

穀城山館全集六十二卷　明于慎行撰　明萬曆三十五年周時泰刻本　清查慎行、查岐昌跋　二六一五

于少保詩選不分卷　明于慎行撰　雷曉輯　稿本　八行十七字藍格　二六一六

二六一七 長水先生文鈔□卷 明沈懋孝撰 明萬曆刻本 九行十八字白口四周單边 存二十二卷 長水先生文鈔二卷 長水先生洛誦編四卷 長水先生賁園草四卷 長水先生石林蒷草四卷 長水先生四餘編四卷 長水先生水雲緒編四卷

二六一八 沈司成先生集一卷 明沈懋孝撰 明刻本 九行十八字白口四周單边

二六一九 沈幼真太史滴露軒藏稿一卷 明沈懋孝撰 明萬曆二十七年汪懷德刻本 九行十八字白口四周單边

二六二〇 鶴鳴集二十七卷 明劉伯燮撰 明萬曆十四年鄭懋洵刻本 九行十八字白口四周双边

二六二一 鶴鳴集三十五卷附錄一卷 明劉伯燮撰 明崇禎二年劉彤刻本 九行十八字白口四周双边

二六二二 朱文懿文稿不分卷 明朱賡撰 稿本

二六二三 朱文懿公文集十二卷 明朱賡撰 明天啟刻本 九行二十字白口左右双边

二六二四 朱文懿公文集十三卷 明朱賡撰 明天啟刻清康熙五十七年朱之檀重修本

二六二五 醒後集五卷續集一卷 明盧維禎撰 明萬曆三十三年沈九河等刻 續集二十八年盧欽文等刻本 十行二十字白口四周双边 存五卷 一、三至五、續集

二六二六 尚友堂詩集十三卷 明龔勉撰 明萬曆十二年自刻本 八行十六字白口左右双边

二六二七 喙鳴文集二十一卷詩集十八卷敬事草十九卷 明沈一貫撰 明刻本 九行十九字白口左右双边

二六二八 溪山堂草四卷 明沈思孝撰 明萬曆刻本 八行十七字白口四周單边

二六二九 李延津文稿不分卷 明李戴撰 明抄本 十行二十二字藍格

二六三〇 劉瀟湘先生集四卷 明劉紹恤撰 明萬曆刻本 十行二十字白口左右双边

二六三一 西園全集十六卷 明許承周撰 陽里公詩稿一卷 明許觀吉撰 明崇禎十四年清康熙三十四年許士翻肯穫堂刻本 九行十九字白口左右双边

二六三二 詩部二十二卷兩都草五卷 明帥機撰 鄴中家集二卷 明帥廷鐘撰 明刻清印本（詩部卷一、十三至十七葉係抄配） 九行十六字白口四周單边 鄴中家集九行十七字白口四周双边

二六三三 拳勺園小刻二卷 明李槃撰 附錄一卷 明萬曆二十九年刻崇禎增修本 十行十八字白口四周單边

二六三四 清音閣集六卷 明顧大典撰 明萬曆刻本 九行十六字白口左右双边

二六三五 重刻戊辰進士思泉胡先生天一山全稿三卷 明胡友信撰 明天啟清芬堂刻本 八行二十字白口四周單边

二六三六 亏佞牿詼略一卷 明李高熙撰 明崇禎六年李璞刻本 九行十八字白口四周單边

二六三七 虎林稿四卷蘭蔭稿五卷僊都稿三卷 明喻均撰 明刻本 九行十七字白口四周双边

二六三八 姑射山人吟稿二卷 明王體復撰 清乾隆四十年趙熟典刻本 九行十九字白口左右双边

二六三九 張陽和先生不二齋稿十六卷 明張元忭撰 羅萬化朱賡輯 明萬曆張汝霖張汝懋刻本 九行二十字白口四周單边 存十四卷 一至四、七至十六

二六四〇 張陽和先生不二齋文選七卷附一卷 明張元忭撰 鄒元標輯 明萬曆張汝霖張汝懋刻本 九行二十字白口四周單边

二六四一 張陽和先生不二齋文選七卷 明張元忭撰 鄒元標輯 明萬曆張汝霖張汝懋刻本 張煌言跋

二六四二 鄧定宇先生文集六卷 明鄧以讚撰 明萬曆三十一年吳達可刻本 八行十七字白口四周單边

二六四三 鄧定宇先生文集四卷 明鄧以讚撰 明周文光刻本 八行十七字白口四周單边

二六四四 新輯文潔鄧先生佚稿八卷 明鄧以讚撰 明萬曆鄧以誥萬尚烈刻本 九行十八字白口左右双边

二六四五 鄧文潔公佚稿十卷 明鄧以讚撰 明萬曆萬尚烈何三畏等刻本 九行十八字白口四周單边

二六四六 碧山學士集二十一卷別集四卷 明黃洪憲撰 明萬曆刻本 十行十九字白口左右双边

二六四七 碧山學士集二十卷 明黃洪憲撰 清康熙五十一年刻本 十行二十字白口左右双边

二六四八 方初菴先生集十六卷 明方揚撰 明萬曆四十年方時化刻本 九行十九字白口左右双边

二六四九 賜餘堂集十四卷 明吳中行撰 明萬曆二十八年吳亮吳奕等刻本 十行二十字白口左右双边

二六五〇 賜餘堂集十四卷補遺一卷 明吳中行撰 清乾隆五十八年刻本 十行二十字白口左右双边

二六五一 管子惕若齋集四卷續集二卷 明管志道撰 明萬曆刻本 九行十八字白口四周双边

二六五二 管子憲章餘集二卷 明管志道撰 明萬曆刻本 九行十八字白口四周双边

二六五三 中川遺藁三十三卷 明王教撰 明嘉靖三十九年清白堂刻本 九行十八字白口四周單边

二六五四 中川先生集□□卷 明王教撰 明朱睦㮮刻本 十行十八字白口左右双边 存四卷 四至七

二六五五 銓部王先生文集一卷詩集一卷脩縣誌小序一卷 明王教撰 明萬曆四十四年張至發刻本 九行二十字白口四周單边

二六五六 秋澄詩集一卷 明王教撰 清抄本 十行十八字藍格白口四周双边

二六五七 郭聚所先生文集六卷易教一卷語錄三卷 明郭惟涵撰 外集一卷 明萬曆郭袁郭衮刻本 九行二十字白口四周單边

二六五八 蠙衣生粵草十卷蜀草十卷 明郭子章撰 明萬曆十八年周懋德刻本 十行二十字白口四周單边

二六五九 蠙衣生淅草十三卷晉草十二卷楚草十三卷閩草六卷閩牘草九卷家草八卷 明郭子章撰 明萬曆刻本 十行二十二字白口四周双边

二六六〇 蠙衣生黔草二十四卷 明郭子章撰 明萬曆刻本 十行二十二字白口四周双边

二六六一 蠙衣生傳草二十二卷首一卷 明郭子章撰 明萬曆刻本 十行二十二字白口四周双边

二六六二 蠙衣生養草七卷 明郭子章撰 明刻本 十行二十二字白口四周双边

二六六三 松石齋集三十卷又六卷 明趙用賢撰 明萬曆四十六年趙琦美等刻本 九行十八字白口左右双边

二六六四 松石齋集三十卷又六卷 明趙用賢撰 明萬曆四十六年趙琦美等刻崇禎趙士履重修本

二六六五 丁清惠公遺集八卷 明丁賓撰 明崇禎刻本 九行二十字白口四周單边

二六六六 丁清惠公遺集八卷 明丁賓撰 明崇禎刻本 清丁丙跋

二六六七 適志齋稿十卷 明許樂善撰 明天啟刻本 九行二十字白口左右双边

十三

二六六八 張太史遺稿十卷 明張應元撰 明天啟七年張大猷張時永刻本 八行二十字白口四周單边

二六六九 片玉齋存稿二卷 明丁元復撰 明天啟刻本 八行十八字白口四周單边

二六七〇 蓬司寇文集二十卷 明董裕撰 清乾隆元年宸翰閣刻本 十行二十字白口四周双边

二六七一 湟中牘七卷家食藁一卷 明萬世德撰 明萬曆刻本 九行十八字白口四周双边

二六七二 青藜館詩集六卷 明劉楚先撰 明刻本 九行十六字白口四周双边

二六七三 濯息亭續草不分卷 明劉伯淵撰 明末刻本 八行十八字白口四周双边

二六七四 西征集十卷馮文所詩稿三卷黔中語錄一卷續語錄一卷黔中程式一卷 明馮時可撰 明萬曆馮曾刻本 九行十八字白口左右双边

二六七五 馮文所巖棲稿三卷 明馮時可撰 明萬曆刻本 九行十八字白口左右双边

二六七六 重刻馮玄岳巖棲稿十卷 明馮時可撰 明刻本 九行十八字白口四周單边有眉批

二六七七 雨航吟稿三卷 明馮時可撰 明刻本 九行十八字白口左右双边

二六七八 超然樓集十二卷 明馮時可撰 明萬曆二十五年刻本 九行十八字白口四周双边

二六七九 馮元成寶善編選刻二卷 明馮時可撰 明承訓堂刻本 八行十六字白口左右双边

二六八〇 馮元成寶善編選刻二卷 明馮時可撰 明承訓堂刻本 鄭振鐸跋

馮元成選集八十三卷 明馮時可撰 明刻本 九行十[illegible]周單边

二六八二 師竹堂集三十七卷目錄二卷 明王祖嫡撰 明天啟刻本 十行二十字白口左右双边

二六八三 師竹堂集三十七卷 明王祖嫡撰 清雍正五年王克抄本 清王克跋 十行二十字无格

二六八四 孟我疆先生集八卷 存四卷 五至八 明孟秋撰 明萬曆十四年孟化鯉等刻藍印本 十行二十二字白口四周双边

二六八五 隆慶五年辛未科會試硃卷一卷 明王府撰 明抄本

二六八六 懸榻齋集八卷文集四卷 明陳履撰 明萬曆刻本 九行十八字白口左右双边

二六八七 童子鳴集六卷 明童珮撰 明萬曆梁溪談氏天籟堂刻本 十一行二十字白口左右双边

二六八八 遺安堂詩集一卷 明龐汝龍撰 清抄本 九行十九字无格

二六八九 二雁山人詩集二卷附錄一卷 明康從理撰 清抄本

二六九〇 王震孟詩集初選三卷文集初選一卷 明王龍起撰 明萬曆龍光堂刻本 九行十八字白口四周單边

二六九一 謀野集十卷 明王穉登撰 明萬曆江陰郁氏玉樹堂刻本 十行十八字白口四周單边

二六九二 屠先生評釋謀野集四卷 明王穉登撰 屠隆評釋 明程德符刻本 十行二十一字白口四周單边

二六九三 屠先生評釋謀野集四卷 明王穉登撰 屠隆評釋 明宏遠堂熊雲濱刻本 十行二十一字白口四周單边

十四

二六九四 屠先生評釋謀野集四卷 明王穉登撰 屠隆評釋 明萬曆四十四年書林熊稔寰刻本 十行二十一字白口四周單边

二六九五 新鐫赤水屠先生評釋謀野集四卷 明王穉登撰 屠隆評釋 明溧陽張氏學釣亭刻本 十行二十一字白口四周單边

二六九六 屠先生評釋謀野集註解評林四卷 明王穉登撰 屠隆評釋 明刻本 十行二十一字白口四周單边

二六九七 謀野乙集十卷 明王穉登撰 明萬曆十九年蔣從享刻本 十行十八字白口四周單边

二六九八 謀野丙集十卷 明王穉登撰 明自鉏圃刻本 十行十八字白口左右双边

二六九九 晉陵集二卷 明王穉登撰 明嘉靖四十三年吳履謙刻本 十行十八字白口左右双边

二七〇〇 燕市集二卷 明王穉登撰 明隆慶四年靖江朱宅快閣刻本 十行十八字白口左右双边

二七〇一 青雀集二卷 明王穉登撰 明隆慶四年靖江朱宅快閣刻本 十行十八字白口左右双边

二七〇二 明月篇二卷 明王穉登撰 明萬曆五年刻本 十行十九字白口左右双边

二七〇三 竹箭編二卷 明王穉登撰 明萬曆八年屠隆青浦縣齋刻本 十行十九字白口左右双边

二七〇四 荊溪疏二卷 明王穉登撰 明萬曆常州吳宅雲棲館刻本 八行十六字白口左右双边

二七〇六 滍苕集二卷 明□□□撰 明□□刻本 八行十七字白口四周单边
二七〇七 金昌集四卷 明王穉登撰 明刻本 丁立誠跋 十行十八字白口左右双边
二七〇八 南有堂詩集十卷 明王穉登撰 明崇禎刻本 十行十九字白口左右双边
二七〇九 南有堂詩集十卷 明王穉登撰 明末徐𤊹抄本 十行十九字无格 存三卷一至三
二七一〇 王百穀集不分卷 明王穉登撰 清初抄本
二七一一 西漠詩集四卷 題明西漠道人撰 明萬曆五年自刻本 十行十七字白口四周双边
二七一二 鹽雞鳴甌□□卷 明張子中撰 明刻本 張元濟跋 八行二十字白口四周双边 存十一卷十六至二十一、二十八至三十二
二七一三 鳳崗存藁十六卷 明張宇撰 明萬曆刻本 九行二十字白口四周双边
二七一四 巢雲詩集八卷 明裴邦奇撰 明刻本 十行十八字白口四周双边
二七一五 巢雲詩集八卷 明裴邦奇撰 清憩然齋抄本 八行二十字藍格
二七一六 豐正元先生詩四卷 明豐越人撰 明天啓七年豐建刻本 八行二十字白口四周单边
二七一七 三經集一卷 明宋宗寵撰 明刻本 八行十八字白口四周单边

十一本

二七一八 牧羊山人詩集□卷 明程瑱撰 明吳教刻本 十行二十字白口左右双边 存五卷二至三、六至八
二七一九 牧羊山人詩集四卷 明程瑱撰 明程逵抄本 九行二十字白口四周单边
二七二〇 潭西樓集四卷 明程九皋撰 明萬曆二十五年程元亮刻本 九行十八字白口左右双边
二七二一 平山先生詩集五卷 明徐應豐撰 清抄本 八行十八字无格
二七二二 天池雪堂彙藁十八卷 明徐珮撰 明萬曆二十五年趙府刻本（一卷九至十五配清抄本） 九行十七字白口左右双边
二七二三 說劍齋集二卷 明徐行撰 清抄本 十行二十六字
二七二四 重鐫徐定菴先生集二十一卷花朝閣樂府一卷 明徐欽韶撰 明萬曆四十四年胡繼升刻本 九行二十字白口左右双边
二七二五 宋布衣詩集二卷 明宋登春撰 明萬曆五年徐學謨刻本 九行十七字白口左右双边
二七二六 宋布衣集二卷 明宋登春撰 清平閣倡和詩一卷 [illegible] 鵝集一卷 清康熙王培刻本 九行十九字白口四周单边
二七二七 宋布衣集二卷 明宋登春撰 清平倡和詩一卷 清乾隆二十一年誠意堂刻本 九行十九字白口四周单边
二七二八 [illegible] 九行十八字白口四周双边
二七二九 汪虞卿詩一卷 明汪懋孝撰 明萬曆刻本 八行十五字白口四周双边
二七三〇 長鋏齋稿七卷 明馮遷撰 明隆慶汪穫刻本 十行十九字白口左右双边
二七三一 叶韻而已不分卷 明顧允撰 清抄本
二七三二 北遊漫稿三卷 明顧聖之撰 附錄一卷 明抄本 九行二十一字綠格白口四周双边
二七三三 鹿城詩集二十八卷 明梁辰魚撰 清抄本 十行十八字无格
二七三四 申椒館擻帚集四卷 明凌湛初撰 明刻本 八行十七字白口左右双边
二七三五 左舜齋詩二卷 明左國璣撰 明嘉靖三十八年盧嘉慶刻本 八行十八字白口四周单边
二七三六 治城真寓存稿不分卷 明李登撰 明萬曆二十五年活字印本 九行十七字白口四周单边
二七三七 李少崖先生還樸心聲一卷 明李汝桂撰 明崇禎十年張至發刻本 八行十七字白口四周双边
二七三八 學言一卷 明李芳撰 明萬曆刻本 八行二十字白口无直格四周单边
二七三九 李英詩一卷餐霞集一卷歷游集二卷當壚集一卷 明李英撰 都下贈言集一卷 清刻本 九行十九字白口四周双边
二七四〇 擊壺編六卷 明彭紹賢撰 關中雜詠一卷 閒居漫稿二卷 珠泉紀遊一卷 鴈山遊草一卷 明萬曆刻本 八行十六字白口左右双边

十六本

二七四一 巢鵲樓吟稿不分卷 明姚應龍撰 天台吟一卷 清道光十一年姚鳳翔抄本 清姚鳳翔跋 八行十九字
二七四二 製錦堂集四卷 明戴廷槐撰 明萬曆刻本 十行十八字白口左右双边
二七四三 韓山彙稿二卷 明莊誠撰 明謝紹余紹堂刻藍印本 九行十八字白口四周单边
二七四四 皆非集一卷法藏碎金一卷 明萬達甫撰 稿本 明萬邦孚跋
二七四五 皆非集二卷 明萬達甫撰 清萬斯同輯 一枝軒吟草一卷 明萬邦孚撰 清萬世標刻本 九行十八字白口四周单边
二七四六 華孟達詩稿八卷 明華善繼撰 明刻本 九行十八字白口左右双边
二七四七 碧雞集一卷彈鋏集一卷金陵遊稿一卷 明黃德水撰 明萬曆刻本 九行十九字白口左右双边
二七四八 黃吾野先生詩集五卷 明黃克晦撰 清乾隆二十五年黃陸恩刻本 九行十九字白口四周双边
二七四九 沙南遺草十卷 明黃權撰 附錄一卷 明萬曆黃複陽刻本 九行十八字白口四周单边
二七五〇 芝堂遺草七卷 明黃鼎榮撰 明萬曆刻本 十行十九字白口四周双边 存三卷一至三
二七五一 敬止堂緒抄十一卷 明賀沚撰 明抄本 九行十九字白口黑格四周双边

含玄齋遺編四卷別編十卷附錄一卷 明趙樞生撰 明萬曆二十二年趙頤光活字印本 九行十八字白口左右双边 二七五二

田子壽詩集八卷 明田九齡撰 田國華詩集一卷 明田宗文撰 明天啟七年田玄刻本 九行十八字白口四周單边 二七五三

黃髮翁集二卷 明畢木撰 明抄本 九行十八字白口藍格四周双边 二七五四

黃髮翁續集二卷 明畢木撰 明萬曆四十六年家刻本 九行十八字白口左右双边 二七五五

黃髮翁續集二卷 明畢木撰 明萬曆四十六年家刻本 清畢瀛鑑跋 二七五六

黃髮翁全集四卷戲筆一卷 明畢木撰 首一卷末一卷 清畢豐增等刻本 十一行二十五字白口左右双边 二七五七

陽春草堂稿不分卷西行稿不分卷 明邵集撰 清黃氏次歐山館抄本 二七五八

我寓集九卷一漚集七卷華陽編一卷附錄一卷 明閔齡撰 明萬曆閔一震等刻本 八行十六字白口四周單边 二七五九

武夷同亭詩蛻一卷 明閔齡撰 明萬曆陰大有刻本 八行十六字白口四周單边 二七六〇

節婦蔣氏存稿一卷 明姜蔣氏撰 明刻本 十一行二十二字白口四周双边 二七六一

勾漏集五卷詠史詩一卷 明鄭學醇撰 清康熙六十一年鄭時逵刻本 九行十八字大黑口四周單边 二七六二

紫柏老人集十五卷首一卷 明釋真可撰 明崇禎四年刻本 有像 十行二十字白口四周双边 二七六三

紫柏老人集二十九卷首一卷 明釋真可撰 明末刻本 十行二十字白口左右双边 二七六四

收藏情况表

書名編号	藏書單位					
明別集類						
一三二七	0101	0161	0201			
一三二八	0101					
一三二九	0201	0591◎				
一三三〇	1901					
一三三一	0197					
一三三二	0101					
一三三三	0201					
一三三四	1601					
一三三五	1705					
一三三六	0201					
一三三七	0101	0141	0163	0541	0502	1242◎
	2001	2461	2702			
一三三八	2201					
一三三九	0112	0222	1741	2741◎		
一三四〇	0101					
一三四一	0141					
一三四二	0161◎	0163◎	0201	1601	2702◎	
一三四三	0161◎	0301	1601	2789		
一三四四	0101					
一三四五	1501					
一三四六	0101					
一三四七	0101	1628				
一三四八	0101	0163				
一三四九	0161	0165	0301	0861	1797◎	1801
	2901◎	2901◎				
一三五〇	0701					
一三五一	0101◎	0301	0482	1501◎	1705	2401
一三五二	0101					
一三五三	0201	1601				
一三五四	2001					
一三五五	0161					
一三五六	0163◎	0402	2201			
一三五七	1601					
一三五八	0161					
一三五九	0341					

書名編号	藏書單位					
明別集類						
一三六〇	0404					
一三六一	0143	0144	0342	0601	0903	1541
	2341					
一三六二	1601					
一三六三	0143					
一三六四	0101	0161	0201	1901	2341	[illegible]
一三六五	0101	0102	0161	0201	0701	[illegible]
	2341	2901				
一三六六	0102◎	0141	0142◎	0144◎	0164◎	0201
	0242	0301	0541◎	1501	1542◎	1601◎
	1741◎	2301	2341	2401◎	2461	2701◎
	2741◎					
一三六七	0163					
一三六八	1601					
一三六九	0163					
一三七〇	0101					
一三七一	0101	1901◎				
一三七二	0142	0541◎	1901			
一三七三	2541					
一三七四	0404					
一三七五	1601					
一三七六	0101					
一三七七	0101◎	0141	0163	0841	1831◎	
一三七八	0164	0201	1601	2702		
一三七九	0101	2441				
一三八〇	0161					
一三八一	1701					
一三八二	0101	0141	0201	1781	2702	
一三八三	0101					
一三八四	1705					
一三八五	1601					
一三八六	0101					
一三八七	0101	0198				
一三八八	0101	0281				
一三八九	0141◎	0201				
一三九〇	0101	0201				
一三九一	1601					

書名编号	藏書單位					
明别集類						
一三九二	0161					
一三九三	0150					
一三九四	2001					
一三九五	0198					
一三九六	0101	0141	0143	0144	0145	0146
	0150	0181	0182	0201	0241	0291
	0342	0520	0601	0801	0842	0844
	1001	1101	1501	1506	1513	1605
	1615	1701	2501	2701	2702	2741
	2901					
一三九七	0101	0142	0144	0150	0164	0201
	0242	0701	0801	0842	1601	1653
	1689	2047	2302	2702	2707	2742
一三九八	0141	0161	0165	0181	0198	0201
	0291	0301	0341	0509	0701	0803
	[illegible]	1082	1182●	1441	1501	1502
	1542	1601	1701	1704	1705	1741
	[illegible]	2201	2243	2301	2401	2501
	2541	2701	2702	2704	2742	2944●
一三九九	1001					
一四〇〇	0141	0163	0201	0241	0402	0542
	1510	1541	1601●	1641	1841	1901
	2201●	2701	2786	2944		
一四〇一	0841					
一四〇二	1705					
一四〇三	1542					
一四〇四	0161	0163	0164	0193	0201	0542
	0703	0841	1082	1441	1502	1503
	1510	1511●	1542	1601	1606	1701
	2301	2381	2401	2642	2701	2742
	2801●					
一四〇五	0101					
一四〇六	0142	0143	0161	0193●	0201	0542
	1585	1601	1606	1902	2701	2702
	2786					
一四〇七	0141	0142	0145	0161	0198	0201
	0841	1601	1606	1615	1701	1705

書名编号	藏書單位					
明别集類						
	2001	2041	2206	2241	2301	2401
	2561	2701	2702	2741	2745	2786
一四〇八	0150	2301				
一四〇九	0201●	1601	2501			
一四一〇	0701					
一四一一	1601					
一四一二	1604					
一四一三	1101	2702				
一四一四	0301					
一四一五	0201●	1901				
一四一六	0101					
一四一七	0341	1701				
一四一八	0201					
一四一九	1601					
一四二〇	0291●	1541	1582			
一四二一	0201	1712				
一四二二	0201					
一四二三	0101					
一四二四	0141					
一四二五	1704					
一四二六	1510					
一四二七	0201					
一四二八	0101	1501●				
一四二九	0141					
一四三〇	1601					
一四三一	0142					
一四三二	0101					
一四三三	0201					
一四三四	0101	0541				
一四三五	0161					
一四三六	2702					
一四三七	0201					
一四三八	1601					
一四三九	1601					
一四四〇	0201					
一四四一	0541					
一四四二	0101					

書名编号	藏書單位					
明别集類						
一四四三	0201					
一四四四	0101					
一四四五	0161	1705●				
一四四六	0201					
一四四七	0101	0102●	0141	0201	0541●	2301
	2702●					
一四四八	1601					
一四四九	1901					
一四五〇	2041					
一四五一	0101					
一四五二	0144	0201	1601	1606	1741●	2941
一四五三	0701					
一四五四	2001					
一四五五	0201					
一四五六	0141	0201	1541	1605	1641	1704●
一四五七	1701	2541				
一四五八	0102	0142	0201	2944		
一四五九	1605					
一四六〇	1601					
一四六一	0101	0181●	0281	1601	1741	
一四六二	0101	0164	1641			
一四六三	1601					
一四六四	0102	0145	0163	0164	0201	2241
	1032	2501	2702			
一四六五	0145					
一四六六	0101	0141	0163	1741	2701	
一四六七	1601					
一四六八	0101					
一四六九	0101	1901●				
一四七〇	0101					
一四七一	2201					
一四七二	0101	0201	2701			
一四七三	0161					
一四七四	0101					
一四七五	1787					
一四七六	1787					
一四七七	0161	0163				

書名编号	藏書單位					
明别集類						
一四七八	0161					
一四七九	0841					
一四八〇	1701					
一四八一	0201	0841				
一四八二	0101	0141●	1741			
一四八三	0101					
一四八四	1705					
一四八五	0101					
一四八六	0101					
一四八七	0201					
一四八八	1601					
一四八九	0201●	1501	1601●			
一四九〇	0101					
一四九一	2541					
一四九二	1901					
一四九三	0201					
一四九四	1601					
一四九五	2001					
一四九六	0101					
一四九七	0101	0201	0241			
一四九八	0101					
一四九九	0163	1701				
一五〇〇	0101	0201	2301			
一五〇一	1601					
一五〇二	1615					
一五〇三	0101	0141	0144	0146	0150	0163
	0164●	0201	0242	0341	0342	0501●
	0541	0701	0841	1001	1301	1501
	1601	1605	1615	1641	1701	1741
	1931	2342	2381	2405	2441	2501
	2702	2741				
一五〇四	1705					
一五〇五	0101	0161	0163	0501●	0841	
一五〇六	0101	0141	0161	0164	0201	0241●
	1501	1601	1741	2501	2541	2702
一五〇七	1601					
一五〇八	0141	1705●				

書名編號	藏書單位					
明別集類						
一五〇九	0101					
一五一〇	0141	0242				
一五一一	0101					
一五一二	0101	1601◎				
一五一三	0101	2501	1741◎			
一五一四	0101					
一五一五	0102	1601◎	2702			
一五一六	0161	0801	1801	2301		
一五一七	2301					
一五一八	0161					
一五一九	0141					
一五二〇	0201					
一五二一	0141					
一五二二	0101◎	0201				
一五二三	0102	0141◎	0161◎			
一五二四	0102	0161				
一五二五	1701					
一五二六	0101					
一五二七	1601					
一五二八	0101	1705				
一五二九	0101					
一五三〇	0144	0161	0181	0201	0341	1741
一五三一	1601					
一五三二	0201	0242				
一五三三	0101					
一五三四	0201					
一五三五	1601					
一五三六	0142	0201	0301	1606	1716◎	
一五三七	0141	0142	0144	0201	0241	0404
	1501◎	1603	1606	1702	2001	2301
一五三八	0164	0841	1601	1701	1710	1741
	1901	2541				
一五三九	0141					
一五四〇	0101					
一五四一	2401					
一五四二	0101					
一五四三	0101					

表二四

書名編號	藏書單位					
明別集類						
一五四四	0141	0142	0144	0163	0201	0241
	0301	0520	0541	1501	1341	1605
	1606	1741	2003	2041	2401	2541
	2561	2701				
一五四五	0201					
一五四六	0101					
一五四七	0101	0141◎				
一五四八	0141					
一五四九	0141	0201	0541			
一五五〇	0198◎	1701				
一五五一	0101					
一五五二	2501					
一五五三	0541	2001	2003			
一五五四	1601					
一五五五	0201	2201				
一五五六	0101◎	0161◎	1501◎			
一五五七	1705					
一五五八	2501					
一五五九	1601					
一五六〇	0163					
一五六一	0101◎	1601	1501◎			
一五六二	0101					
一五六三	1705					
一五六四	0101	0142				
一五六五	0161					
一五六六	1601					
一五六七	1605					
一五六八	1601					
一五六九	0141	0161	0163	0201	1705	2001
	2501	2541	2542			
一五七〇	0101					
一五七一	0841					
一五七二	1601					
一五七三	0101					
一五七四	0142	0143	0144	0150	[illegible]	0163
	0197	0291	[illegible]	0703	0942	1001
	1701	1710	[illegible]	2001	[illegible]	2206

書名編號	藏書單位					
明別集類						
	2301	2401	2504	2702		
一五七五	0301					
一五七六	0142	0301				
一五七七	0101	0150	0201	0301	0541◎	0703
	1523	1701◎	1741◎	2301		
一五七八	0142	2541				
一五七九	0102	0150	0161	0201	0291	0703
	1701					
一五八〇	0101◎	0301	2201◎			
一五八一	0101					
一五八二	0164					
一五八三	1701					
一五八四	0141◎	0163	0164	0201	1606◎	1701◎
一五八五	2041					
一五八六	2061					
一五八七	0201					
一五八八	0201	1001	1601			
一五八九	1701					
一五九〇	1601					
一五九一	0201					
一五九二	0201					
一五九三	0201					
一五九四	0101					
一五九五	0150	0151	0201	0842	1501	1603
	2701	2745◎				
一五九六	1601					
一五九七	0101	0142	0144	0163	0164	0201
	0241	0281	0341	0841	1101	1701
	1741	2041	2301	2541	2641◎	
一五九八	0520					
一五九九	0291					
一六〇〇	0201					
一六〇一	0201	0841	1282	1705		
一六〇二	1601					
一六〇三	0201					
一六〇四	1501					
一六〇五	1601					

表二五

書名編號	藏書單位					
明別集類						
一六〇六	0101	0243◎	2544◎			
一六〇七	0141	0161	0301	1101	1601	2001
一六〇八	0161	0163	0341	0404	1083	
一六〇九	0101					
一六一〇	0201					
一六一一	2301					
一六一二	0181					
一六一三	1601					
一六一四	0201					
一六一五	0201					
一六一六	0101	0241	0731	1701	2701	
一六一七	1601					
一六一八	0201					
一六一九	0201					
一六二〇	0201					
一六二一	0141					
一六二二	1601					
一六二三	1601					
一六二四	0141					
一六二五	0201					
一六二六	1741					
一六二七	1701					
一六二八	0141					
一六二九	0141					
一六三〇	0101					
一六三一	1701					
一六三二	0301					
一六三三	1741					
一六三四	0142	0141	0201			
一六三五	0101					
一六三六	0241					
一六三七	0102	0141	0144	0161	0163	0181◎
	0201	0281	0301	0841◎	1684	1801
	2401	2461				
一六三八	0101					
一六三九	1601					
一六四〇	1601					

書名編號	藏書單位					
明別集類						
一六四一	2702					
一六四二	0101					
一六四三	0101					
一六四四	0101					
一六四五	2002					
一六四六	0201					
一六四七	0101					
一六四八	0161					
一六四九	1701					
一六五〇	0101					
一六五一	0101					
一六五二	0101	0201	0301	2702		
一六五三	1601					
一六五四	0141	0163	0178●	0201	0520	1041
	1605	1631	1701	1741	2041	
一六五五	0161	0181	0301	2702		
一六五六	0101●	0141	1092	1601		
一六五七	0161	0163	0201	1041	2501	
一六五八	0201	2401●				
一六五九	0101	0141	0181	0181	0201	0501
	1741	1801	1901			
一六六〇	0163	1606				
一六六一	0101					
一六六二	1901					
一六六三	0141	0193	1701	2941		
一六六四	0201	0520				
一六六五	0144	0161	0163	0201	0291	1704
	17[illegible]	2001	2941			
一六六六	1601					
一六六七	0161	0201	2001●	2201		
一六六八	0141					
一六六九	0101●	0163	0201●	0301●	1605●	2702
一六七〇	1601					
一六七一	0161					
一六七二	0101					
一六七三	1701					
一六七四	0101	0141	0201			

表十六

書名編號	藏書單位					
明別集類						
一六七五	0101	0141	0201	1542●	1701	
一六七六	0201					
一六七七	0242					
一六七八	0164					
一六七九	0141	0161	0201	0301	2001	2301
一六八〇	0141					
一六八一	1581					
一六八二	0161	1741	2702			
一六八三	0301					
一六八四	0241					
一六八五	0142	0201	0541	2702		
一六八六	0101●	0161	1601●	1701●	1741●	2001●
一六八七	0101					
一六八八	0141	0161●	0201	0301●	1705	1741
	2701	2702				
一六八九	2701					
一六九〇	0141					
一六九一	1531					
一六九二	0161					
一六九三	0101					
一六九四	1601					
一六九五	0101	1001				
一六九六	2541					
一六九七	1720●	1787●				
一六九八	0101					
一六九九	2401					
一七〇〇	0841					
一七〇一	0101					
一七〇二	0101	0141				
一七〇三	0101					
一七〇四	0201					
一七〇五	1705					
一七〇六	0101	0141	0161	0163	1501	1601
	2201●					
一七〇七	0101					
一七〇八	0101	1082				
一七〇九	0301					

書名編號	藏書單位					
明別集類						
一七一〇	1881	2201	2206			
一七一一	0201					
一七一二	0101					
一七一三	0101					
一七一四	0201					
一七一五	0101	0161				
一七一六	0161					
一七一七	0101	0143	0163	0241	0242	0341
	1601					
一七一八	0161	0201	1741			
一七一九	0101	0141	0163	0201	0301	1981
	2501					
一七二〇	0703					
一七二一	0101	0141●	0142●	0144	0145	0161●
	0163	0201●	[illegible]	0541●	1142	1501●
	1541					
一七二二	[illegible]	0164●	0201	0520	0541	1701●
	[illegible]	2501				
一七二三	0841	1501				
一七二四	0241	2001				
一七二五	0201	1601				
一七二六	1601	2401	2702			
一七二七	0201					
一七二八	0301					
一七二九	0291					
一七三〇	0101	0161	0301	0301	1701	
一七三一	0101	0201	2501	2702		
一七三二	0201					
一七三三	0101	0141●	0164	1601		
一七三四	0101	0102	0141	0201	0542	0741
	1510	1615	2201●	2341	2701	
一七三五	1701					
一七三六	0101	0145	0201	1741	1901	2001
	2301					
一七三七	0102●	0144	0163	0641	2042	2501
一七三八	0101	0163●	0201	0301		
一七三九	0201	1581	2702			

表十七

書名編號	藏書單位					
明別集類						
一七四〇	1705					
一七四一	0101	0201	1601	1901	2701	
一七四二	0141					
一七四三	1601					
一七四四	0241					
一七四五	1601					
一七四六	0201	0541				
一七四七	2301					
一七四八	0101					
一七四九	0101					
一七五〇	1901					
一七五一	0101					
一七五二	0291					
一七五三	0101	0141	0201	0301	1705	2702
一七五四	0163					
一七五五	0101					
一七五六	0101	0145	0163	0201	0242	0841
	0842	1705	2702			
一七五七	1601					
一七五八	0161	0164	0242	1881		
一七五九	0101					
一七六〇	0142	0144				
一七六一	0141					
一七六二	0101					
一七六三	0101					
一七六四	0161					
一七六五	0142					
一七六六	2501					
一七六七	1605					
一七六八	0101					
一七六九	0161					
一七七〇	1701					
一七七一	0201					
一七七二	0101					
一七七三	0142					
一七七四	1601					
一七七五	0101	0102	0161	1101	2701	

書名編號	藏書單位					
明別集類						
一七七六	1501					
一七七七	0101	1510				
一七七八	0101	1601●	1705●	2501		
一七七九	1601					
一七八〇	0101	1510				
一七八一	2702					
一七八二	1601					
一七八三	0101					
一七八四	1901					
一七八五	0101					
一七八六	0201					
一七八七	0101					
一七八八	0242					
一七八九	0141	0145	0163	0404	0541	1741
	1901●	2541	2702			
一七九〇	0101	0141	0142	0144	0197	0198
	0201	0301	0701	1501	1705	1741
	2501	2702	2741			
一七九一	0181●	2701●				
一七九二	1601					
一七九三	0141	0161	0201	2301		
一七九四	0201	1341				
一七九五	0161	2703				
一七九六	1501	1701				
一七九七	0197	0241	0801	1001	1542	1605
一七九八	1601					
一七九九	0142	0241	0443	0520	0701	1441
	1615	1801	1844	2302	2401	2603
	2701					
一八〇〇	0101	0142	0163	0182	0197	0201
	0261	0291	0341	1501	1541	1682
	1705	1801	2242	2342	2702	
一八〇一	0101	0198	0201	1601	2047●	2441
	2541●	2704				
一八〇二	0101	0150●	0201	1701●	2704	
一八〇三	0141	0143	0181	0201	0241	0301
	0841	1001	1092	1501	1513	1601

表十八

書名編號	藏書單位					
明別集類						
	1641	1787●	1919	2206	2261	2301
	2341	2542	2601	2642	2701	2702
	2801					
一八〇四	1501					
一八〇五	1601					
一八〇六	0198	0501	0642	0842	0901	0946
	1741	2001	2209	2301	2354	2501
	2541●	2543				
一八〇七	0201					
一八〇八	0842					
一八〇九	0101					
一八一〇	0201	2541●				
一八一一	1601					
一八一二	0101	0150	0163●	0201	0541	0841
	1601	1705	2001			
一八一三	0841					
一八一四	1704●	1741●				
一八一五	1701					
一八一六	1741					
一八一七	1741					
一八一八	0141	2901				
一八一九	1787					
一八二〇	0198	0301	2706			
一八二一	0142	0201	2441			
一八二二	0101					
一八二三	0101					
一八二四	0101					
一八二五	0101					
一八二六	0101	0161	0131●	1501●	1601	1705
一八二七	0102					
一八二八	0101					
一八二九	0101					
一八三〇	0101	0161●	1582●			
一八三一	0101					
一八三二	0101					
一八三三	0101					
一八三四	1601					

書名編號	藏書單位					
明別集類						
一八三五	0201					
一八三六	0163					
一八三七	0101					
一八三八	0161					
一八三九	1701					
一八四〇	0198					
一八四一	1601					
一八四二	1601					
一八四三	0141	0161				
一八四四	0101	0141	0142	0301	1542	2702
一八四五	[illegible]●	0163	0164	0201	0341	0520
	[illegible]	1501	2701●			
一八四六	[illegible]					
一八四七	[illegible]					
一八四八	0101					
一八四九	0101					
一八五〇	[illegible]	[illegible]	0161	0301	1506●	1581
	[illegible]					
一八五一	[illegible]	0201	0541	1501	1542	1701
一八五二	0144					
一八五三	1621					
一八五四	0301					
一八五五	0101					
一八五六	0161					
一八五七	0101					
一八五八	0101					
一八五九	1601					
一八六〇	0163					
一八六一	0201	1701				
一八六二	0101	0161	0201	0241	0703	1144
	1801	2701				
一八六三	0163					
一八六四	1601					
一八六五	0101●	0201●	1881●			
一八六六	1705					
一八六七	0141					
一八六八	1601					

表十九

書名編號	藏書單位					
明別集類						
一八六九	0241	0841	2301	2702		
一八七〇	0164					
一八七一	0142					
一八七二	0101	0161	0163	0542	1242	[illegible]
	1601	1681	2702			
一八七三	0141	0201	1741			
一八七四	0201					
一八七五	0101					
一八七六	0201					
一八七七	2501					
一八七八	0101	0141				
一八七九	0163●	0520				
一八八〇	0201					
一八八一	0141					
一八八二	1702					
一八八三	0101	0141	1705			
一八八四	0101	0201●	0301●			
一八八五	1601					
一八八六	0101	0201●	1601●	1701		
一八八七	1601					
一八八八	0101●	0165	1541●			
一八八九	0141					
一八九〇	0121					
一八九一	1601					
一八九二	1605					
一八九三	0201	1701●				
一八九四	0101	1701●				
一八九五	0101					
一八九六	0101	0301●				
一八九七	0141	0301				
一八九八	0101					
一八九九	0101	0141●				
一九〇〇	0101					
一九〇一	0541	2702				
一九〇二	1601					
一九〇三	0201					
一九〇四	1701					

書名編號	藏書單位					
明刻集類						
一九〇五	0101					
一九〇六	1341	1641	1701			
一九〇七	0121	0142	0143	0161	0201	0241
	0301	0541	1601	1741	2041	2501
一九〇八	0201					
一九〇九	0101					
一九一〇	0141					
一九一一	0101	0102 ⊕	0142	0201	0241	1605
	1705 ⊕	1741	2301	2702		
一九一二	0201					
一九一三	1705					
一九一四	2401					
一九一五	0141					
一九一六	0101					
一九一七	0141					
一九一八	0101	0163	2041 ⊕	2441 ⊕		
一九一九	0163	0301	1641	1705		
一九二〇	0101	0102	0161	0201	0242	0801
	0541	1042	1502	1510	1605	1701
	1704	1801	1881	2041	2301	2381 ⊕
	2401 ⊕	2561	2701	2702		
一九二一	0201					
一九二二	1701					
一九二三	1901					
一九二四	2501					
一九二五	1701					
一九二六	0141	1701				
一九二七	1901	2201				
一九二八	0163	0181				
一九二九	0161	2041				
一九三〇	0141	0201 ⊕				
一九三一	1701					
一九三二	1605					
一九三三	1913					
一九三四	1801					
一九三五	0101					
一九三六	0101	0150				

表三〇

書名編號	藏書單位					
明刻集類						
一九三七	0101	0150 ⊕	0520	1601	2301	
一九三八	0101					
一九三九	1601					
一九四〇	0161 ⊕	0201				
一九四一	0701					
一九四二	0141					
一九四三	0101	0161 ⊕	0181	0201		
一九四四	1601					
一九四五	0141	2541				
一九四六	0101					
一九四七	0701					
一九四八	0101					
一九四九	1741					
一九五〇	0142 ⊕	1702 ⊕				
一九五一	0101					
一九五二	1601					
一九五三	0101	0201	0301	0542	0841	1541
	1606	1701	2001	2006	2041	2042
一九五四	0101	1605	1641	1701		
一九五五	0101	0141	0201	0301	0341 ⊕	0404
	1607	1701 ⊕	2741			
一九五六	1601					
一九五七	0163					
一九五八	0101	0102	0141	0201	1001	1605
	1702					
一九五九	1721					
一九六〇	0101	0201	0341	1601	1741	
一九六一	0102	0301	0441	1741		
一九六二	0101	0141	0161	0201	0242	1541 ⊕
	1641	1701	2401 ⊕	2501		
一九六三	0141	0145	0181	0201		
一九六四	0141	0142 ⊕	0144 ⊕	0161	0163 ⊕	0207
	1801 ⊕	1501 ⊕	1601	1741	1881	2702
一九六五	0101	0141	0161	0241	0242	0541
	1041	1101	1741	2583 ⊕		
一九六六	0201 ⊕	1615				
一九六七	0141	0291				

書名編號	藏書單位					
明刻集類						
一九六八	0101	0161				
一九六九	0404					
一九七〇	0101	0541				
一九七一	1705					
一九七二	2501					
一九七三	1901					
一九七四	0102	0141	0142	0144	0150	0161
	0163	0198	0201	0241	0291	0301
	0501	0541	0801	1461	1501	1524
	1581	1601	1705	2001	2201	2702
	2701					
一九七五	1741					
一九七六	1601					
一九七七	0101					
一九七八	2702					
一九七九	0142					
一九八〇	2201					
一九八一	0301 ⊕	2441				
一九八二	0161 ⊕	1641	2381 ⊕			
一九八三	0141					
一九八四	1531					
一九八五	0101	0701	1501			
一九八六	0141					
一九八七	1705					
一九八八	0144					
一九八九	0101 ⊕	0201	0301	1701 ⊕		
一九九〇	1705					
一九九一	1701					
一九九二	0101	0163	0201	0301	1501	
一九九三	0101	0141	0161 ⊕	0163	0201	1082
	1705	2001	2401	2741		
一九九四	0161 ⊕	1601 ⊕				
一九九五	1788					
一九九六	1788					
一九九七	1704					
一九九八	0181	0201 ⊕	0301	1701		
一九九九	0101 ⊕	0301	1741 ⊕			

表三一

書名編號	藏書單位					
明刻集類						
二〇〇〇	0301	0541				
二〇〇一	1701 ⊕	1704				
二〇〇二	0101					
二〇〇三	0141					
二〇〇四	1701					
二〇〇五	0141	1601				
二〇〇六	0141 ⊕	0201	0241 ⊕	0301		
二〇〇七	1601					
二〇〇八	0141	0198 ⊕	2701			
二〇〇九	0101	0141				
二〇一〇	0163	0201				
二〇一一	0163	2242				
二〇一二	0101					
二〇一三	0101					
二〇一四	0141					
二〇一五	0201	2001				
二〇一六	0341					
二〇一七	0842					
二〇一八	0141					
二〇一九	0101					
二〇二〇	0201					
二〇二一	0163	0801				
二〇二二	0161					
二〇二三	0101	0102 ⊕	0141 ⊕	0150	0161	0163 ⊕
	0164	0201	0241 ⊕	0291 ⊕	0301	0341 ⊕
	0901	1501 ⊕	1601 ⊕	1605	1701	1741
	2041					
二〇二四	0101	0141	0142	0145	0150	0161
	0163	0164	0181	0201	0242	0301
	0341	0404	0442	0501	0801	0841
	1501 ⊕	1601	1605	1606	1641	1682
	1701	1704	1741	1843	1901 ⊕	2041
	2401	2702				
二〇二五	0242	1701 ⊕	2541 ⊕			
二〇二六	0201	1601 ⊕				
二〇二七	1881					
二〇二八	0101	1531 ⊕				

書名編號	藏書單位					
明别集類						
二〇二九	2201					
二〇三〇	2702					
二〇三一	0541					
二〇三二	0101					
二〇三三	0404	1605	2702			
二〇三四	0102	0141	0541	1601	2702	
二〇三五	1701					
二〇三六	0101	2201				
二〇三七	1601					
二〇三八	0142◎	0150				
二〇三九	0161					
二〇四〇	2702					
二〇四一	1701					
二〇四二	0101	0141	0150	0164	0181	0201
	0241	1501	1741	2901		
二〇四三	0201					
二〇四四	1701					
二〇四五	[illegible]	[illegible]				
二〇四六	0141	0163	1519	1601	2702	
二〇四七	0101					
二〇四八	0101	2501	2541			
二〇四九	0161	2543				
二〇五〇	0101	0182◎				
二〇五一	0101					
二〇五二	0101					
二〇五三	0101					
二〇五四	0163					
二〇五五	0101	1710◎				
二〇五六	0201	0301				
二〇五七	2314					
二〇五八	0101					
二〇五九	0301					
二〇六〇	0201					
二〇六一	0101					
二〇六二	0101	0141◎	0142◎	0201	1601	1606
	2741◎					
二〇六三	2301					

表三十

書名編號	藏書單位					
明别集類						
二〇六四	0201					
二〇六五	1001					
二〇六六	0101◎	1741	1787◎			
二〇六七	1601					
二〇六八	0101					
二〇六九	0201					
二〇七〇	0201	0341	2741			
二〇七一	0102					
二〇七二	1601					
二〇七三	0161					
二〇七四	1601					
二〇七五	1701					
二〇七六	0101	0141	0142◎	0161	0163	0201◎
	0241◎	0841◎	1501◎	1682◎	1741◎	1801◎
	2302◎	2702◎				
二〇七七	0301					
二〇七八	0141					
二〇七九	0101	2401				
二〇八〇	0201					
二〇八一	0141	0163	0201	0301	0841	0842
	2201	2701				
二〇八二	1801					
二〇八三	0142	0161	0193	0201	0241	1042
	1601	2541				
二〇八四	0163	0164				
二〇八五	0101					
二〇八六	0163◎	0201				
二〇八七	0101	0201				
二〇八八	0101	0201◎				
二〇八九	0141	0241	1601			
二〇九〇	0101	0142				
二〇九一	0141	0142	0201	0242	0801	1501
	1601	1701	1741			
二〇九二	0101	0143	0163	1552		
二〇九三	0841					
二〇九四	0101	0150	0161	0201◎	0301	2441
	2701					

書名編號	藏書單位					
明别集類						
二〇九五	0101	0142	0163	0201	0241	0301
	0842	0942	1101	1501	1502◎	1541
	1542	1581	1615	1701	1705	1741◎
	1901◎	2001◎	2301	2342	2354	2401◎
	2702	2941				
二〇九六	1601					
二〇九七	0101	0141	0143	0150	0164	0197
	0201	0243	1001	1642	2441	
二〇九八	0102	0201	0341	0441	0701	1701
	2381	2501				
二〇九九	0141	0146	0201	0520	1144	2201
	2901					
二一〇〇	0102	0146	0197	0198	0243	1101
	1501	1741	1801	1943	2001	2201◎
	2341	2342				
二一〇一	0141	0201	0601	0701	0803	1041
	2541					
二一〇二	0150	0241	0341	0342	0801	0803
	0841	1001	1501	1601	1616	1655
	1701	2501	2541	2642	2701	
二一〇三	1601					
二一〇四	0163	0197	0201	0241	0741	0801
	0941	1601	1642	1701	1901	2301
	2302	2342	2541			
二一〇五	0301	0241	2041	2201		
二一〇六	0143	1046	1282	1601	1606	1642
	2543	2603	2843			
二一〇七	0141	0142	0201	0301	0803	1441
	1501	1544	1601	1646	1701	2302
	2342	2701	2702			
二一〇八	1705					
二一〇九	0301	1641				
二一一〇	1082	1628	1688	2441		
二一一一	0242	1501	2541	2901		
二一一二	0142	0803	1615			
二一一三	1701					
二一一四	0101					

書名編號	藏書單位					
明别集類						
二一一五	0101	0141	0163	0201	1601	1623
二一一六	0101					
二一一七	1601					
二一一八	2301					
二一一九	0141	0161	1501	1701	1741	2201◎
	2702					
二一二〇	0161	0163◎	0201◎	0242	1601	2201◎
二一二一	0142	0541	1042	1701		
二一二二	0201	2702				
二一二三	0201					
二一二四	2702					
二一二五	0341					
二一二六	0142	0161	0197	0241	0301	0803
	1501	1601	1602	1701	1741	1787
	1901	2261	2342	2602	2702	2745
二一二七	0301	1601				
二一二八	0101	0201				
二一二九	0198	2706				
二一三〇	2702					
二一三一	0163	0241				
二一三二	2401					
二一三三	0181	0342	2701			
二一三四	0101					
二一三五	0142	0173	1797	2012		
二一三六	2042					
二一三七	1605					
二一三八	0181					
二一三九	0102					
二一四〇	0101	1503				
二一四一	0201					
二一四二	2301					
二一四三	0701					
二一四四	0242					
二一四五	0101	0161	0201	0242	1741	2701◎
二一四六	0102	0143	0144	0145	0150	0163
	0164	0181	0221	0291	0301	0341
	0342	0520	0541	0701	0741	0803

書名編號	藏書單位					
明別集類						
	0842	0861	1001	1042	1343	1441◎
	1601	1603	1605	1606	1641	1701
	1705	1741	1901	1941	2001	2041
	2042	2210	2301	2341	2381	2382
	2401◎	2501◎	2541	2543◎	2561	2603
	2701	2741	2742			
二一四七	0201					
二一四八	1601					
二一四九	0101	0102	0141	0161	0165	0201
	0661	0841	1101◎	1501	1541	1627
	2741					
二一五〇	0143					
二一五一	0145	0146	0181	0241	0242	0301
	0342	0741	0841	1601	2301◎	2441
二一五二	0101	0102	0141	0143	0144	0145
	0150	0161	0163	0164	0181	0201
	0241	0291	0301	0341	0541	0701
	0841	0842	1042	1441	1501	1541◎
	1582◎	1601	1606	1641	1681	1701
	1717	1741	1881◎	2041	2042	2201◎
	2210◎	2220◎	2382	2401☆	2506◎	2541
	2543◎	2701	2742	2741		
二一五三	1541	1606	1701	2701		
二一五四	0146	0165	0181	0391	0842	1042
	1101	1601	1603	1604	1606	1641
	1681	1701	1941	2401	2541	2543
	2701					
二一五五	0201					
二一五六	0101◎	1705				
二一五七	0101	0141	0150	0164	0201	0291
	0441	0701	0801◎	1501	1701	1722◎
	1881	2001	2201	2401	2701	2702
二一五八	0101	0201				
二一五九	0141	0161◎	0163	0201	1716◎	2001◎
	2543◎					
二一六〇	2041					
二一六一	0241					

永年申

書名編號	藏書單位					
明別集類						
二一六二	2541	2941				
二一六三	0143	0861	208			
二一六四	0142	0861	1042	1606◎		
二一六五	1705					
二一六六	0143	0144	0163	0201	0242	0291
	0941	1601	1605	1681	1701	2702
二一六七	0164	0532	1103	1701		
二一六八	0201	0241	1628			
二一六九	1801					
二一七〇	0101					
二一七一	0201◎	0301◎				
二一七二	0161					
二一七三	1601					
二一七四	0101					
二一七五	0161					
二一七六	0101	1601	2301			
二一七七	1701					
二一七八	2341					
二一七九	0201					
二一八〇	1601					
二一八一	0101					
二一八二	0101	0141	0161	0163	1581◎	
二一八三	0101◎	0141	0161	0163	0164	0178
	0201	0241	0242	0301	0541	0801
	1501	1541	1601	1605	1641	1701
	1710	1741	1942◎	2041	2301	2401◎
	2441	2501	2541	2702		
二一八四	0145◎	0201	1441	1601	1642	1801◎
二一八五	0301					
二一八六	0164	0841				
二一八七	0141	0161◎	1701	2561		
二一八八	0101	0141	0161	0163◎	0842	1501◎
	1601	1701				
二一八九	1501					
二一九〇	0201					
二一九一	1628	1701				
二一九二	0101	0102	0141	0145	0161	0201

書名編號	藏書單位					
明別集類						
	0243	0701◎	0841	1501	1503◎	1605
	1701	1705	2401	2541	2701	
二一九三	0163					
二一九四	0141					
二一九五	0101					
二一九六	0201					
二一九七	0101					
二一九八	0201					
二一九九	2702					
二二〇〇	0201	0301				
二二〇一	0101	0201	1601			
二二〇二	0101◎	0201				
二二〇三	0301					
二二〇四	0201◎	2401				
二二〇五	1705					
二二〇六	0141	0301				
二二〇七	0401	2541				
二二〇八	1701					
二二〇九	0101	0201				
二二一〇	0161					
二二一一	0101					
二二一二	0101					
二二一三	1201					
二二一四	0144	2001				
二二一五	0141◎	0161	0801	2501◎		
二二一六	0150	1001	1741			
二二一七	0201	0841	2501			
二二一八	0201	1901				
二二一九	2201					
二二二〇	0101					
二二二一	0141					
二二二二	0102	0163	0164	0181	0201	0241
	0291	0541	2702			
二二二三	0161					
二二二四	0144	0163	0201	0541	0841	1501
	1601	1701◎	1705	2041		
二二二五	0201	2461				

表三五

書名編號	藏書單位					
明別集類						
二二二六	1601					
二二二七	0201	1901	2541◎			
二二二八	1601					
二二二九	0291					
二二三〇	0141	0145	0201	0842	1541	1601
	1701	1741	2401	2701		
二二三一	1501					
二二三二	0163					
二二三三	0141	0161	0201◎			
二二三四	0161					
二二三五	0101	1701				
二二三六	0201					
二二三七	0101					
二二三八	1705					
二二三九	1741					
二二四〇	0101◎	0141◎	0201	0520	1601	1701
	2201◎					
二二四一	0101	0201◎	0301	0520◎	1601	1701◎
	1881◎					
二二四二	0141	0243	1601	2001		
二二四三	1741◎	2401	2541			
二二四四	0201					
二二四五	0101	1207◎				
二二四六	0101	0141	0142	0161	0164	0201
	0703	0801	0842	1501	1701	2501
	2702					
二二四七	1601					
二二四八	0101	0102	0163	0201	0541	2401
	2441					
二二四九	0141	2702				
二二五〇	1705					
二二五一	0142	0201	1701	2941		
二二五二	2501	2702				
二二五三	0101					
二二五四	0142	0161				
二二五五	0241					
二二五六	0301					

表三六

書名編號	藏書單位					
明别集類						
二二五七	0101					
二二五八	0301					
二二五九	1701					
二二六〇	0101◎	0161				
二二六一	0101					
二二六二	0141					
二二六三	0241	2301				
二二六四	0142	0145	0146	0150	0161	0163
	0201	0241	0301	0341	0520	0701
	0703	0841	0942	1041	1601	1606
	1641	1688	1701	1741	2201	2302
	2501	2561	2702			
二二六五	0201	0801	2341			
二二六六	0142	0161	0163	0198	0201	0241
	0541	0842	1501	1601	1606	1641
	1701	1741	2201	2302	2702	
二二六七	0101	0404				
二二六八	0141					
二二六九	0101◎	0161	0163	1581◎	2381	
二二七〇	0101					
二二七一	0141					
二二七二	0301	2501				
二二七三	0161					
二二七四	0101	0141	0145	0161	0163	0201
	0291	2301	2401	2745		
二二七五	0101	0161◎	0502	1581	1601	1705
	1801					
二二七六	0201	0703	0841◎	1601		
二二七七	0144	0145	0181	0301	0341	0701
	0841	1501	1502	1653	2001	2002
二二七八	0101	0102	0141	0144	0182	0201
	0701	0801	1581	1601	2041	2301
	2461	2704				
二二七九	0161	0181	0242	0301	0701	0841
	1615	1901	1981	2401	2501	2701
	2746					
二二八〇	0161					

書名編號	藏書單位				
明别集類					
二二八一	0141	0201			
二二八二	1601	1881			
二二八三	1741	2081			
二二八四	0101				
二二八五	0101				
二二八六	0101	0201			
二二八七	0101	1701			
二二八八	0141◎	0701◎	2001		
二二八九	0101◎	0141◎			
二二九〇	0101				
二二九一	0101				
二二九二	0141	0164	1601		
二二九三	1601				
二二九四	0201				
二二九五	0161	0201			
二二九六	0161◎	0501	0541		
二二九七	1601				
二二九八	0101				
二二九九	0101				
二三〇〇	1001				
二三〇一	1001				
二三〇二	0163	0141◎	0198◎	2041◎	2941◎
二三〇三	1741				
二三〇四	0161	0198	1688		
二三〇五	2401				
二三〇六	0141				
二三〇七	0201				
二三〇八	1301				
二三〇九	0101	0141	0201		
二三一〇	0101				
二三一一	0163				
二三一二	1701				
二三一三	0241	1881			
二三一四	0142◎	2541			
二三一五	1601				
二三一六	0101				
二三一七	0101				

表三七

書名編號	藏書單位					
明别集類						
二三一八	0141	0301◎	0404◎	1701◎		
二三一九	0141	1917				
二三二〇	0301					
二三二一	0141	0142◎	0161	0201◎	0520◎	0842◎
	2001◎	2041◎				
二三二二	1501					
二三二三	0101					
二三二四	0161					
二三二五	1601					
二三二六	0301					
二三二七	1741					
二三二八	0161	0181				
二三二九	0101					
二三三〇	0161					
二三三一	0101					
二三三二	0101	1601				
二三三三	0101					
二三三四	0201					
二三三五	0141					
二三三六	0161					
二三三七	1601					
二三三八	0192					
二三三九	0166					
二三四〇	0141					
二三四一	0102	0141	0144◎	0163	0201◎	0301
	0341◎	0541	0842	1201	1601	1605
	1606	1701	1741◎	2041	2701	
二三四二	0101					
二三四三	0101	1705				
二三四四	0141	0142◎	0143	0145	0161	0163◎
	0164	0181	0201	0242	0341	0512
	0841◎	0842◎	1501◎	1502◎	1601	1641
	1681	1701	1704◎	2042	2701◎	2702
二三四五	0164	0181				
二三四六	0102	0141	0181	2701		
二三四七	0164	0181				
二三四八	1601					

書名編號	藏書單位					
明别集類						
二三四九	0141	0143	0164◎	0201	0242	0404
	0520◎	0703	1601	1606	2206	2541
二三五〇	0143	0145	0150	0161	0163	0164
	0201	0842◎	1601	1606	1741	2206
二三五一	0102	1701				
二三五二	0109	0141	0146	0201◎	0703	1741
	1941					
二三五三	0163	0201	1601			
二三五四	0201	1705	2044			
二三五五	0201					
二三五六	0101					
二三五七	0841					
二三五八	0201					
二三五九	0101					
二三六〇	0145	0301	2701			
二三六一	0201					
二三六二	0241					
二三六三	0141					
二三六四	0101	0141◎				
二三六五	0141					
二三六六	0141	0201	0242			
二三六七	0101					
二三六八	0141					
二三六九	0201	0841				
二三七〇	0101	1501	2201◎			
二三七一	0301					
二三七二	0101					
二三七三	1501					
二三七四	0141					
二三七五	1501					
二三七六	2301					
二三七七	0161◎	2702				
二三七八	0201					
二三七九	0143	0164	0301	0841	1605	1701
二三八〇	0101					
二三八一	0163	0201	0241	0242		
二三八二	0520					

表三八

書名編號	藏書單位					
明別集類						
二三八三	0101					
二三八四	2001					
二三八五	0141	0145◎				
二三八六	0841	1701				
二三八七	0101					
二三八八	1601					
二三八九	0144					
二三九〇	0201					
二三九一	1282					
二三九二	0201	1582◎				
二三九三	0101					
二三九四	0101					
二三九五	1701					
二三九六	1601					
二三九七	0101	0142◎	0161	0201◎		
二三九八	0101	0201	0842◎			
二三九九	0242	1881				
二四〇〇	0101◎	0201	1701◎			
二四〇一	1718	2541				
二四〇二	0341					
二四〇三	0141	0150	0161	0168	0201	0242
	0291	0301	1041	1601	1605	1701
	1741	1881	2541			
二四〇四	0201					
二四〇五	0141	0163	0301	1601		
二四〇六	0101	1501				
二四〇七	0181	0198	0201◎	0801	1501	1601
	1701	1701	2401			
二四〇八	1788					
二四〇九	0101	0141	0144	0198	0201	0301
	0341	0441	0501	0503	0542	1501
	1511	1601	1646	1684	1741	1775◎
	1881	2201	2202	2941		
二四一〇	0591					
二四一一	0161					
二四一二	1601					
二四一三	2302					

書名編號	藏書單位					
明別集類						
二四一四	0102	0142	0143	0145	0164	0181
	0291	0501	0701	0803	0841	1801
	2201	2401	2602	2750		
二四一五	0141	0145	0241	0301	1001	1144
	1581	1705	1710	1882	2002	2041
	2201	2209	2301	2602	2701	2703
二四一六	2745					
二四一七	2301					
二四一八	0101					
二四一九	0101					
二四二〇	0163					
二四二一	0241					
二四二二	1628					
二四二三	1601					
二四二四	0201					
二四二五	2301					
二四二六	0101					
二四二七	0101					
二四二八	0201					
二四二九	0301					
二四三〇	0201					
二四三一	0201					
二四三二	1501					
二四三三	0161					
二四三四	0101					
二四三五	0241	2301				
二四三六	0201					
二四三七	0101					
二四三八	0201					
二四三九	2461					
二四四〇	2702					
二四四一	0101	0143	0164	0201	0841	1601
二四四二	0101					
二四四三	0201					
二四四四	0201	0301				
二四四五	0101	0141	0441	0541	0591	1501
	1601	1641	1741	2302	2401	2701

表三九

書名編號	藏書單位					
明別集類						
二四四六	0142					
二四四七	0143	0201	0841	1601	2041	2501◎
	2941					
二四四八	0201					
二四四九	1701					
二四五〇	0101					
二四五一	0101◎	0141◎	0197◎	1601	2401	
二四五二	1581					
二四五三	0141	0301	1501◎	1741◎	1581◎	
二四五四	0101					
二四五五	0201					
二四五六	0181	1601				
二四五七	1601					
二四五八	1601					
二四五九	0101	0141	0145	0161	0201	0291
	0301◎	0341	0541	1601	1606	1741
	2401◎	2701	2702			
二四六〇	0201					
二四六一	0101	1601				
二四六二	0101	0201	1541	1601	2501◎	
二四六三	2501					
二四六四	0141	1601				
二四六五	1601					
二四六六	0163◎	0201	0508			
二四六七	2501					
二四六八	0101	0341◎				
二四六九	0101					
二四七〇	0703					
二四七一	0101					
二四七二	0101					
二四七三	0101	0241				
二四七四	1544					
二四七五	0701					
二四七六	0161					
二四七七	1144					
二四七八	0101	1601	1628	1642		
二四七九	1901					

書名編號	藏書單位					
明別集類						
二四八〇	1722					
二四八一	1601					
二四八二	0101	0144	0145	0201	0801	1601
	1705◎	2941				
二四八三	0141	0201	1041	1701	2302	2702
二四八四	0101	0141	0143	0144	0146	0161
	0164	0171	0201	0241	0242	0291
	0301	0341	0501	0520	0541	0591
	1041	1501	1581	1601	1606	1615
	1701	1741	1901	2042	2301	2302
	2461	2541	2745			
二四八五	0201					
二四八六	1601					
二四八七	0150					
二四八八	1601					
二四八九	0101					
二四九〇	0101					
二四九一	0841					
二四九二	0301					
二四九三	0101	0141	2041◎			
二四九四	0101					
二四九五	0101					
二四九六	2701					
二四九七	1705					
二四九八	0101					
二四九九	1601					
二五〇〇	1101					
二五〇一	0101					
二五〇二	1705					
二五〇三	0101					
二五〇四	0145	0801	1701			
二五〇五	0101					
二五〇六	0101					
二五〇七	0201	1801				
二五〇八	0101					
二五〇九	0101					
二五一〇	1701					

書名編號	藏書單位					
明别集類						
二五一一	0841					
二五一二	0101◎	0150	0161◎	0242	0501◎	0841◎
	1601	1701	2541◎			
二五一三	0101	0141	0201◎	1741◎	2383	
二五一四	0101	0102	0143	0161	0163	0181
	0201	0242	0342	0520	0592	0701
	0841	0842	1041	1042	1142	1342
	1501	1510	1541	1542	1544	1587
	1641	1701	1702	1705	1706	1343
	1881	1911	2001	2042	2342	2343
	2501	2601	2701	2702	2706	2742
二五一五	0101	0141	0142	0145	0146	0150
	0161	0163	0164	0173	0201	0241
	0242	0291	0301	0341	0404	0541
	0592	0642	0801	0901	0941	1013
	1046	1082	1441	1502	1601	1605
	1606	1615	1622	1642	1655	1701
	1701	1801	1802	1803	1844	2041
	2209	2241	2301	2302	2320	2381
	2461	2502	2541	2542	2644	2741
	2702	2745	2746	2801	2843	2901
	2944					
二五一六	1601					
二五一七	0101	0142◎	0145	0161	0201	0241
	0301	0520	0541	1001	1042	1142
	1501	1541	1601	1606	1641	1646
	1684	1701	1705	1741	1801	1881
	2042	2401	2541	2542	2561	2702
	2742					
二五一八	1705					
二五一九	0301					
二五二〇	0101	1601◎				
二五二一	0101					
二五二二	0101	1601				
二五二三	2201					
二五二四	0101◎	0161				
二五二五	1705					

表四〇

書名編號	藏書單位					
明别集類						
二五二六	0101					
二五二七	0301					
二五二八	0301	1501	1581	2041		
二五二九	0161					
二五三〇	1705					
二五三一	0201					
二五三二	0101					
二五三三	0201					
二五三四	0101					
二五三五	1701					
二五三六	0101	0143				
二五三七	1705					
二五三八	0201					
二五三九	0101	0181	0201	1701	1705	
二五四〇	1601					
二五四一	0101	1689				
二五四二	0101					
二五四三	1705					
二五四四	0101					
二五四五	0201					
二五四六	0101					
二五四七	1601					
二五四八	1705					
二五四九	2901					
二五五〇	2901					
二五五一	2901					
二五五二	2901					
二五五三	0101					
二五五四	0101					
二五五五	0101					
二五五六	0163					
二五五七	0101					
二五五八	2342					
二五五九	0201					
二五六〇	0101	0161	0201	0291	0641	1501◎
	2501					
二五六一	0161◎	0241◎	0520			

書名編號	藏書單位					
明别集類						
二五六二	0101					
二五六三	0142					
二五六四	2702					
二五六五	0101					
二五六六	0101					
二五六七	0101	0291				
二五六八	0201					
二五六九	1601					
二五七〇	1601					
二五七一	0201					
二五七二	0101					
二五七三	0101					
二五七四	0201	0241◎	1601	1606	1646	
二五七五	0101	0201	0242	1701		
二五七六	0341					
二五七七	1705					
二五七八	0101					
二五七九	0142	1601				
二五八〇	0101					
二五八一	2541					
二五八二	1601					
二五八三	1510					
二五八四	0101					
二五八五	0101					
二五八六	0201					
二五八七	0101◎	0141	0161	0163	0201	0301
	1601	1741				
二五八八	0201					
二五八九	0201					
二五九〇	0241					
二五九一	0142					
二五九二	0301					
二五九三	0201					
二五九四	0101	2741				
二五九五	0101					
二五九六	0201					
二五九七	0101					

表四十

書名編號	藏書單位					
明别集類						
二五九八	0101	0141	0161	0201	0301	0842◎
	1605					
二五九九	0161	1705				
二六〇〇	0101	0102◎	0141	0142◎	0161◎	0163◎
	0164◎	0201	0291◎	0301	0521◎	0591◎
	0701◎	1601◎				
二六〇一	0101	0141◎	0143	0541	1601	1605
二六〇二	0141	0181	2003◎			
二六〇三	1601	2001	2003	2042		
二六〇四	0102◎	0141	0161◎	0163◎	0201	0520◎
	2701◎					
二六〇五	0161					
二六〇六	0101	0141	0144	0161	0163	0164
	0201	0242	0301	0841	1103	1501
	1641	1701	1881	1901◎	2701	
二六〇七	0141	1601				
二六〇八	0161◎	1001				
二六〇九	0201◎	1701				
二六一〇	0101					
二六一一	0841					
二六一二	0142	0161	0241	0301	2401◎	2702
二六一三	0101	0197◎	0703	1501◎		
二六一四	0101◎	0141	0163	0341	0541	0841◎
	0842	1501◎	1601	2041		
二六一五	0201					
二六一六	0241					
二六一七	0161	0201◎	0301◎	0701◎	1582◎	1601
	1702◎					
二六一八	1601	2941				
二六一九	0145	1601				
二六二〇	0161					
二六二一	0141					
二六二二	0101					
二六二三	0141	0150	0161	0164	0201	1701
	2301	2901				
二六二四	0141	0301	1601			
二六二五	0102					

書名編號	藏書單位					
明別集類						
二六二六	0101					
二六二七	0101	0141◎	0165◎	0201◎	0301◎	0703◎
二六二八	2701					
二六二九	0163					
二六三〇	1801					
二六三一	0101◎	0141◎	0201◎	0242◎	1501	
二六三二	0102					
二六三三	0101					
二六三四	0406					
二六三五	0141					
二六三六	0101					
二六三七	0141◎	0242	0841◎			
二六三八	0501	0510	0842			
二六三九	1701					
二六四〇	0133◎	0201	0701	1501	1701	2301
二六四一	0101					
二六四二	0163	1601				
二六四三	0101	1601	1605	1901	2701	
二六四四	1741					
二六四五	0301					
二六四六	0101	0161◎	0201	0301		
二六四七	0141					
二六四八	0101	0163	0181	0201	0261	0841
	1501					
二六四九	0101	0144	1001	1901		
二六五〇	0161	2541				
二六五一	0101	0141	0142◎			
二六五二	0101					
二六五三	0141	0161	0301	2741		
二六五四	0701					
二六五五	0101	0141	0150	0161	0541	1501
	1503	2201				
二六五六	1581					
二六五七	1601					
二六五八	0101	0141	0161	0201◎		
二六五九	0161					
二六六〇	0101					

表四半

書名編號	藏書單位					
明別集類						
二六六一	2209					
二六六二	0161					
二六六三	0101◎	0141	0201	1601	1741◎	
二六六四	0161					
二六六五	0101	0201	0501			
二六六六	1601					
二六六七	0301					
二六六八	0163					
二六六九	0101	0201				
二六七〇	0141	0161				
二六七一	0402					
二六七二	2301					
二六七三	0241					
二六七四	01[illegible]◎	0141	0161◎	1601◎	2301	
二六七五	0101◎	0161	1601			
二六七六	0141	0163	2302			
二六七七	0101	1601				
二六七八	0291					
二六七九	1605					
二六八〇	0101					
二六八一	0161◎	0201	0341◎	1601◎	1510	1717◎
二六八二	0101	0141	0161			
二六八三	0101					
二六八四	0101					
二六八五	0101					
二六八六	0101◎	0201				
二六八七	0101	0141	0301			
二六八八	0201					
二六八九	1704					
二六九〇	0201					
二六九一	0102	0141	0142	0150	0161	0181
	0201	0701	0841◎	0842◎	1605	1641
	2041◎	2201◎	2302	2461		
二六九二	0101	0241	0801	0841	2501◎	2701
二六九三	0101					
二六九四	0144	0201				
二六九五	0201	0242				

書名編號	藏書單位					
明別集類						
二六九六	1606	1701				
二六九七	0141	1641	1628			
二六九八	1601					
二六九九	0161					
二七〇〇	0101	0161	0301			
二七〇一	0101	0150	0161	0164	0241	2541
二七〇二	0101	0161				
二七〇三	0101	0301	1701			
二七〇四	0101	1681				
二七〇五	0101	0161				
二七〇六	2042					
二七〇七	1601					
二七〇八	0142					
二七〇九	0101					
二七一〇	1601					
二七一一	1082					
二七一二	0101					
二七一三	0201					
二七一四	0101					
二七一五	0201					
二七一六	0101					
二七一七	1801					
二七一八	1629					
二七一九	2701					
二七二〇	0201					
二七二一	1701					
二七二二	0101					
二七二三	1629					
二七二四	0141	0541				
二七二五	0101					
二七二六	0150					
二七二七	0150	0161				
二七二八	0541	1601	2001			
二七二九	1705					
二七三〇	0201					
二七三一	1701					
二七三二	0101					

表四半

書名編號	藏書單位					
明別集類						
二七三三	0101					
二七三四	0301					
二七三五	0141					
二七三六	0141					
二七三七	0142					
二七三八	0101	1891				
二七三九	0101					
二七四〇	0141					
二七四一	0101					
二七四二	0141					
二七四三	1601					
二七四四	0101					
二七四五	0301	1701				
二七四六	1601					
二七四七	0161					
二七四八	2001◎	2042				
二七四九	0101					
二七五〇	2041					
二七五一	1901					
二七五二	0201					
二七五三	0201					
二七五四	1501					
二七五五	1581					
二七五六	1501					
二七五七	0101					
二七五八	1601					
二七五九	1881					
二七六〇	1831					
二七六一	1705					
二七六二	2501					
二七六三	0101◎	0102	0163	0161	0181	0201
	0841	0842	1501	2201◎	2541	
二七六四	1581					

二七六五 青藜齋集二卷養明儲郡制義一卷祀嶽集一卷 明朱朝臨撰 孝行始末文稿一卷學行始末文稿一卷洛書樓社艸一卷 明朱朝臨輯 明萬曆刻本 青藜齋集六行十五字、養明儲郡制義九行二十字、孝行學行始末文稿八行十六字、洛書樓社艸七行十四字、白口四周單边

二七六六 青藜齋集二卷 明朱朝臨撰 明萬曆刻本 清丁丙跋

二七六七 大業堂詩草十一卷 明朱誼泖撰 明末刻本 八行十六字白口四周双边

二七六八 貝葉齋稿四卷遊西山記一卷戊寅山行記一卷 明李言恭撰 明萬曆八年朱宗吉刻本 八行十六字白口四周双边

二七六九 貝葉齋稿四卷 明李言恭撰 明萬曆八年朱宗吉刻本 明祁彪佳題款

二七七〇 青蓮閣集十卷 明李言恭撰 明萬曆刻本 八行十六字白口四周單边

二七七一 侶寉堂詩集八卷 明祝彥撰 明末刻本 八行十八字白口四周單边

二七七二 藿園集八卷蓟易寓言一卷汗漫遊二卷河梁編二卷偶寄軒稿一卷兩都社草一卷 明李應徵撰 明萬曆刻本 八行十八字白口四周單边

二七七三 藿園詩存六卷 明李應徵撰 清刻本 十一行二十一字黑口四周單边

十二八

二七七四 來恩堂草十六卷樂陶吟草三卷 明姚舜牧撰 明刻清康熙十二年姚淳顯補修本 九行十八字白口四周單边

二七七五 樂陶吟草六卷 明姚舜牧撰 明刻本 清丁丙跋 九行十八字白口四周單边

二七七六 林初文詩文全集十五卷 明林章撰 明天啟四年刻本 八行十七字白口四周單边

二七七七 林初文詩文全集十五卷 明林章撰 明天啟四年刻崇禎印本

二七七八 林初文先生詩選一卷 明林章撰 尤盛明輯 明崇禎元年林古度刻本 九行十八字白口左右双边

二七七九 孫宗伯集十卷 明孫繼皋撰 明萬曆陳一教劉毅等刻本 九行十九字白口四周單边

二七八〇 孫月峯先生全集十二卷 明孫鑛撰 明萬曆刻本（有抄配） 九行二十字白口四周單边

二七八一 月峰先生居業四卷 明孫鑛撰 明萬曆刻本 八行十六字白口四周單边

二七八二 月峰先生居業次編五卷 明孫鑛撰 明萬曆四十年呂胤筠刻本 十行二十字白口四周單边

二七八三 鏡心堂草十六卷 明陶允宜撰 明刻本 九行二十字白口四周單边

二七八四 犀提齋稿八卷 明鄒迪光撰 明萬曆十七年吳齊官舍刻本 九行十八字白口四周單边

二七八五 鬱儀樓集五十四卷 明鄒迪光撰 明萬曆刻本 八行十六字白口四周單边

二七八六 調象菴稿四十卷 明鄒迪光撰 明萬曆刻本 八行十六字白口四周單边

二七八七 始青閣稿二十四卷 明鄒迪光撰 明天啟刻本 八行十六字白口四周双边

二七八八 石語齋集二十六卷 明鄒迪光撰 明刻本 八行十六字白口四周單边

二七八九 覆瓿集八卷 明雷士楨撰 明萬曆二十四年刻本 九行二十字白口四周双边

二七九〇 游參知藏山集十卷 明游朴撰 明萬曆四十五年游仲卿等刻本 九行十八字白口四周單边

二七九一 黃門集三卷 明陳與郊撰 明萬曆刻本 八行十九字白口左右双边

二七九二 隅園集十八卷 明陳與郊撰 明萬曆四十五年至天啟元年賜緋堂刻本 八行十九字白口左右双边

二七九三 蘋川集八卷 明陳與郊撰 明萬曆四十六年至天啟元年賜緋堂刻本 八行十九字白口左右双边

二七九四 李于田詩集十二卷 萬下稿一卷 遼陽稿一卷 西征藁一卷 東省稿一卷 南都藁二卷 中州稿一卷 田居藁一卷 河上稿一卷 都下稿一卷 場屋稿二卷 明李化龍撰 明萬曆刻本 八行十六字白口四周單边

二七九五 宮保繹梅公遺集不分卷 明謝杰撰 清抄本

二七九六 白雲篇七卷 明謝杰撰 清抄本

二七九七 張準齋遺集□□卷存九卷 文章摘抄一至二、經義輯錄三至五、貂璫史鑑一至四 明張世則撰 明萬曆刻本 九行十九字白口四周双边

二七九八 醉經樓集六卷奏疏附刻一卷 明唐伯元撰 清乾隆刻本 九行二十三字白口四周双边

十二九

二七九九 御龍子集七十七卷 廣語四卷 參兩通極六卷 曲洧新聞四卷 天官舉正六卷 瑣談四卷 吹劍草五十三卷 明范守己撰 明萬曆十八年侯廷珮刻本 九行十八字白口四周單边

二八〇〇 御龍子集七十七卷存六十七卷 參兩通極六卷 曲洧新聞四卷 瑣談四卷 吹劍草五十三卷 明范守己撰 明萬曆十八年侯廷珮刻公文紙印本

二八〇一 趙進士文論不分卷 明趙南星撰 明萬曆八年刻本 九行二十一字白口四周双边

二八〇二 夢白先生集二卷 明趙南星撰 明挹霞閣初刻本 九行十八字白口左右双边

二八〇三 夢白先生集三卷 明趙南星撰 明挹霞閣刻本 九行十八字白口左右双边

二八〇四 趙忠毅公集二十四卷 明趙南星撰 明崇禎十一年范景文姜大受刻本 九行十九字白口四周單边

二八〇五 趙忠毅公集二十四卷 明趙南星撰 明崇禎十一年范景文姜大受刻本 清申涵光許踳並跋

二八〇六 趙忠毅公集二十四卷 明趙南星撰 清抄本

二八〇七 來禽館集二十九卷 明邢侗撰 明萬曆四十六年刻本 九行二十一字白口四周單边

二八〇八 來禽館集二十九卷 明邢侗撰 明萬曆四十六年刻清康熙十九年鄭羅重修本

二八〇九 來禽館集二十八卷 明邢侗撰 明崇禎十年版築居刻本 九行二十字白口四周單边

泲園集五卷　明邢侗撰　明天啟四年賜緋堂刻本　八行十九字白口左右雙邊　二八一〇
泲園集不分卷　明邢侗撰　明刻本　二八一一
邢子愿雜著不分卷　明邢侗撰　明刻本　二八一二
支華平先生集四十卷　明支大綸撰　附錄一卷　明萬曆清旦閣刻本　九行十九字白口四周單邊　二八一三
雍野李先生快獨集十八卷　明李堯民撰　明萬曆三十六年康丕揚刻本　九行十八字白口四周單邊　二八一四
臨皋先生文集二卷　明楊寅秋撰　清抄本（四庫底本）　九行十八字无格　二八一五
浮玉山人文集三卷書集二卷　明袁應祺撰　明刻本　七行十七字白口四周雙邊　二八一六
新刻呂新吾先生文集十卷　明呂坤撰　明萬曆王國翻刻本　十行二十字白口四周單邊　二八一七
呂新吾先生去僞齋文集十卷　明呂坤撰　清康熙十三年呂慎多刻本　十行二十字白口四周雙邊　二八一八
長孺先生集十卷　明許聞造撰　附錄一卷　明天啟七年刻本　九行十九字白口左右雙邊　二八一九
少室山房稿三十三卷　明胡應麟撰　明萬曆刻本　八行十七字白口四周雙邊　二八二〇

十三〇

石羊生詩藁六卷　明胡應麟撰　清徐肇元輯　清康熙研露齋刻本　十行二十一字白口四周單邊　二八二一
寓燕集一卷　計偕集一卷　邯鄲稿十卷　養痾集二卷　白榆集三卷　還越集一卷　嚴陵集一卷　華陽集十卷　婁江集二卷　湖上稿二卷
郊居遺稿十卷　明沈懋學撰　明萬曆三十三年何喬遠刻本　九行十八字白口四周雙邊　二八二二
紫園草二十二卷　明曹朝節撰　明萬曆二十五年吳楷刻本　十行二十字白口左右雙邊　二八二三
陸學士先生遺稿十六卷　明陸可教撰　明萬曆三十六年龍遇奇等刻本　十行二十字白口四周單邊　二八二四
快雪堂集六十四卷　明馮夢禎撰　明萬曆四十四年黃汝亨朱之蕃等刻本　九行十八字白口四周單邊　二八二五
快雪堂集六十四卷　明馮夢禎撰　明萬曆四十四年黃汝亨朱之蕃等刻本　清丁丙跋　二八二六
重刻楊復所先生家藏文集八卷　明楊起元撰　明楊見晙等刻本　九行十八字白口四周雙邊　二八二七
續刻楊復所先生家藏文集八卷　明楊起元撰　明楊見晙刻本　九行十八字白口四周雙邊　二八二八
趾菴歸養草六卷　明鄭一麟撰　明萬曆刻本　九行十九字白口四周單邊　二八二九
三餘集□□卷　明蘇濬撰　明刻本（卷十二至十五、十七至二十、二十九至三十二配清抄本）　九行十八字白口四周雙邊　存二十二卷（二至五、十至十五、十七至二十四、二十九至三十二）　二八三〇
宗伯集八十一卷　明馮琦撰　明萬曆三十五年刻本　九行十七字白口左右雙邊　二八三一
宗伯集八十一卷　明馮琦撰　明萬曆三十五年刻本　康有爲跋　二八三二
宗伯集八十一卷　明馮琦撰　明萬曆三十五年刻增修本　二八三三
馮琢菴先生北海集五十八卷　明馮琦撰　明萬曆三十七年刻本　十行二十字白口左右雙邊　二八三四
馮用韞先生北海集四十六卷　明馮琦撰　明萬曆林有麟刻本　九行二十字白口四周單邊　二八三五
宗伯集六卷　明馮琦撰　明萬曆三十五年青箱刻本　九行二十字白口四周單邊　二八三六
宗伯集六卷　明馮琦撰　明萬曆三十九年書林余泗泉萃慶堂刻本　九行二十字无直格白口四周單邊　二八三七
文敏馮先生詩集六卷　明馮琦撰　明末刻本　九行二十字白口四周單邊　二八三八
宗伯馮先生尺牘四卷　明馮琦撰　明末刻本　九行二十字白口四周單邊　二八三九
馮用韞先生書牘四卷　明馮琦撰　清乾隆三年程釜刻本　九行二十四字白口左右雙邊　二八四〇
沈箕仲先生曲轅居集十八卷　明沈九疇撰　明萬曆三十二年周官刻本　八行十八字白口四周單邊　二八四一
詩十卷　文八卷

十三一

周海門先生文錄十二卷　明周汝登撰　明萬曆張元璞等刻本　八行十八字白口四周單邊　二八四二
東越証學錄十六卷　明周汝登撰　明萬曆刻本　九行十八字白口四周單邊　二八四三
東越証學錄二十卷　明周汝登撰　明萬曆刻本　九行十八字白口四周單邊　二八四四
梅谷莊先生文集十六卷　明莊履豐撰　明萬曆二十四年張錞等刻本　九行二十字白口四周雙邊　二八四五
大滌山人詩集十三卷　明徐桂撰　明萬曆四十二年徐衡麐刻本　十行二十字白口四周單邊　二八四六
寶菴集八卷　明顧紹芳撰　附錄一卷　明萬曆趙標刻本　九行十八字白口左右雙邊　二八四七
寶菴集二十四卷　明顧紹芳撰　明萬曆趙標刻本　九行十八字白口左右雙邊　二八四八
淡然軒集八卷　明余繼登撰　明萬曆三十年吳達可李開芳等刻本　九行二十字白口四周雙邊　二八四九
淡然軒集八卷　明余繼登撰　明萬曆三十年吳達可李開芳等刻本（四庫底本）　二八五〇
薜荔山房藏稿十卷　明敖文禎撰　明萬曆牛應元刻本　八行十八字白口四周雙邊　二八五一
薜荔山房藏稿十卷　明敖文禎撰　明萬曆牛應元刻清康熙重修本　二八五二
張可菴先生書牘十卷　明張棟撰　明天啟元年徐洌刻本　九行二十字白口左右雙邊　二八五三
頊陽子啓劄七卷　明劉一桐撰　明萬曆三十七年刻本　九行十九字白口四周雙邊　二八五四
燕喜堂集十五卷　明劉一桐撰　清抄本　八行二十字无格　二八五五
張毅敏公集十卷　明張養蒙撰　附錄一卷　明崇禎三年張光奎刻本（清乾隆九年　二八五六

抄補）九行二十字白口四周單边

二八五七 詹養貞先生文集三卷 明詹事講撰 明萬曆二十六年詹德家刻本 十行二十字白口左右双边

二八五八 定園集三十六卷 明劉崧寬撰 明萬曆四十年劉宅氏刻清康熙四十七年劉桓重修本 九行十八字白口左右双边

存七卷 七至八、十八、二十一、二十三、三十至三十一

二八五九 園居雜詠一卷 明屠隆撰 稿本 清錢儀吉、顧莼、劉逢祿、王闓運、何紹基等跋

二八六〇 屠長卿集十九卷 明屠隆撰 明萬曆刻本 十行二十字白口四周双边

二八六一 由拳集二十三卷 明屠隆撰 明萬曆八年馮夢禎刻本 九行十九字下細黑口左右双边间四周單边

二八六二 由拳集二十三卷 明屠隆撰 明萬曆八年馮夢禎刻重修本

二八六三 由拳集二十三卷 明屠隆撰 明萬曆八年馮夢禎刻世錦堂重修本

二八六四 由拳集二十三卷 明屠隆撰 明余碧泉克勤齋刻本 九行十九字白口四周單边

二八六五 由拳集二十三卷 明屠隆撰 明刻本 十行二十字白口四周單边 有眉栏

二八六六 栖真館集三十一卷 明屠隆撰 呂胤基輯 明萬曆十八年呂氏栖真館刻本 九行十九字白口左右双边

二八六七 栖真館集三十一卷 明屠隆撰 呂胤基輯 明萬曆刻本 九行十九字白口四周單边

二八六八 白榆集二十八卷 明屠隆撰 明萬曆二十二年程元方刻本 九行十八字白口左右双边

二八六九 白榆集二十八卷 明屠隆撰 明萬曆龔堯惠刻本 九行二十字白口四周單边

二八七〇 白榆集二十卷 明屠隆撰 明刻本 九行二十字白口四周單边

二八七一 王穉玉文集八卷 明王亮撰 清抄本 黄瑞校 十行二十一字藍格白口四周單边

二八七二 穉玉文集八卷附摘鈔詩賦一卷 明王亮撰 清末抄本

二八七三 鄒南皋集選七卷 明鄒元標撰 明萬曆三十五年余懋衡刻本 九行二十字白口四周双边

二八七四 鄒子願學集八卷 明鄒元標撰 明萬曆四十七年郭一鶚龍遇奇刻本 九行十九字白口四周單边

二八七五 太平山房詩集選五卷 明鄒元標撰 明萬曆四十八年張鴻舜刻本 九行十九字白口四周單边

二八七六 鄒子存真集十二卷方外集一卷 明鄒元標撰 明天啟李生文張瑞等刻本 九行十九字白口四周單边

二八七七 王柏峰詩稿不分卷 明王之猷撰 稿本 清王士禎跋 十行十七字藍格

二八七八 王柏峰詩稿不分卷 明王之猷撰 明王家春抄本 清許元善跋 十行十七字藍格

二八七九 掖垣稿二卷朗陵稿一卷入蜀稿三卷尺牘三卷燕市稿二卷 明王士性撰 明萬曆刻本 八行十六字白口四周双边

二八八〇 慎修堂集四十五卷 明劉日昇撰 明刻本 八行十七字白口四周單边

存三十九卷 六至十、十二至四十五

二八八一 市隱園稿三十卷 明費尚伊撰 明刻本 十行二十字白口四周單边

二八八二 費太史市隱園集選二十四卷 明費尚伊撰 劉若宰輯 明崇禎刻本 九行二十字白口四周單边

二八八三 儀部張先生文集二卷 明張敬撰 明萬曆張至發刻本 九行二十字白口四周單边

二八八四 儀部張先生文集二卷 明張敬撰 明萬曆張至發刻崇禎印本

二八八五 瑞陽阿集十卷 臺中疏草一卷 黔中疏草一卷 撫黔紀略一卷 山居小適一卷 撫黔紀別錄一卷 廷中疏草一卷 鎮沅紀略一卷 家居小適一卷 鎮沅懷德錄一卷 論定錄一卷 明江東之撰 明萬曆刻本 有圖 九行十八字无格

二八八六 瑞陽阿集十卷 明江東之撰 清乾隆八年東巢堂刻本 十行二十一字白口四周双边

二八八七 從遊紀一卷群真合調一卷會講百八箴一卷自講百八箴一卷問石艸一卷石問一卷白門草一卷 明詹黔光撰 適志編一卷 明詹黔光輯 明天啟刻本 各卷分別為九行十九、十八、十六字或八行十八字白口四周單边

二八八八 徐孝廉遺稿二卷 明徐學贊撰 明萬曆二十八年葉永盛刻本 八行十七字白口四周双边

二八八九 竹素園集九卷 明馮大受撰 明萬曆刻本 九行二十字白口四周單边

燕臺游草一卷 公車別錄一卷 攬梧集一卷 郊居集一卷 閒居集一卷 北游續草一卷 金陵遊草一卷 端居集一卷 園居集一卷

二八九〇 松門稿八卷 明王庭譔撰 附錄一卷 明萬曆四十一年汪學海刻本 九行十八字白口左右双边

二八九一 青棠集八卷 明董嗣成撰 明刻本 九行十八字白口左右双边

二八九二 涇皋藏稿二十二卷 明顧憲成撰 明刻本 九行十九字白口四周單边

二八九三 顧端文公集二十卷 明顧憲成撰 附錄二卷 明崇禎刻本 九行十九字白口四周單边

二八九四 數馬集五十一卷 明黄克纘撰 明天啟刻本 九行十八字白口四周双边

二八九五 雪栢堂稿十卷 明姜士昌撰 明天啟三年姜志濂刻本 八行十九字白口四周單边

二八九六 農丈人詩集八卷文集二十卷 明余寅撰 明萬曆刻本 九行十八字白口左右双边

二八九七 楊道行集三十三卷 明楊于庭撰 明萬曆二十三年李東魯湯沐刻本 九行二十字白口四周双边

存十七卷 一至十七

二八九八 楊道行集□□卷續集□□卷 明楊于庭撰 明萬曆刻本 九行十八字白口四周單边

存九卷 一至四、續集一至五

二八九九 孟雲浦先生集八卷附録一卷 明孟化鯉撰 明萬曆二十五年刻清康熙二年增刻本 九行十九字白口四周單边

二九〇〇 明志稿三卷詩二卷續一卷 明張恒撰 明萬曆刻本 九行十七字白口四周單边

二九〇一 魏仲子集十卷 明魏允中撰 明萬曆辛志登刻本（卷九至十係〔州乾魏仲子集〕） 九行十八字白口左右双边

二九〇二 綸灊集選十一卷 明龍膺撰 明刻本 九行十八字白口四周單边

二九〇三 雁門勝跡詩集不分卷 明王鑰撰 清抄本

二九〇四 崇雅堂集十五卷附録一卷 明鍾羽正撰 清順治十五年丁耀亢刻本 十一行二十三字白口四周單边

二九〇五 西巡草一卷 明吳禮嘉撰 明萬曆黄克纘吳兆璐刻本 八行二十字白口四周單边

二九〇六 負笣堂詩選五卷文選四卷 明臧懋循撰 明天啟元年臧爾炳刻本 八行十八字白口四周單边

二九〇七 抱膝居存稿二卷 明渊與思撰 清乾隆三十五年渊敦源刻本 九行二十二字黑口左右双边

二九〇八 醯鷄齋稿七卷建陽名宦文移一卷鄉賢文移一卷 明楊應祥撰 明刻本 九行十九字白口四周單边

二九〇九 古離別一卷 明鄧觀光撰 明刻本 八行十六字黑口四周双边

二九一〇 李榕崖白雲窓草四卷 明李廷謨撰 明萬曆刻本 八行十八字白口四周單边

十三四

二九一一 貽安堂稿八卷續集二卷 明伍袁萃撰 明萬曆三十八年刻本 八行二十字白口四周單边

二九一二 于景素先生山居稿十一卷 明于孔兼撰 明萬曆四十年刻本 八行十八字白口四周双边

二九一三 刻庚辰進士少微許先生窓稿一卷會試墨卷一卷 明許弘綱撰 唐卿輯 明萬曆十年江志省刻本 九行二十二字白口四周双边

二九一四 羣玉山房文集七卷疏草二卷 明許弘綱撰 清康熙許氏百城樓刻本 十行十九字白口四周双边

二九一五 南征集二卷 明章嘉禎撰 明刻本 八行十六字白口四周双边

二九一六 山居功課十卷 明楊東明撰 明萬曆范炳刻本 九行二十字白口四周單边

二九一七 石居士漫遊紀事二卷 明石崑玉撰 明刻本 八行十六字白口左右双边

二九一八 西園存稿四十三卷附録二卷 明張萱撰 明末刻清康熙四年重修本 九行十九字白口左右双边

二九一九 新刻漱六齋全集四十八卷 明何三畏撰 明陳錫恩刻本（八有抄配） 九行二十字白口四周單边

二九二〇 何氏居廬集十五卷 明何三畏撰 明萬曆刻本 九行二十字白口四周單边

二九二一 何氏芝園集二十五卷 明何三畏撰 明萬曆刻本 九行二十字白口四周單边

二九二二 何士抑苑委齋集八卷 明何三畏撰 明刻本 九行二十字白口四周單边

二九二三 詠物詩六卷 明何三畏撰 陳繼儒註 陸萬言評 明萬曆二十五年刻本 九行二十字白口四周單边

二九二四 李文節集二十八卷 明李廷機撰 李文節先生燕居録一卷 李文節先生家禮一卷 明崇禎曹樑刻本 十行二十二字或十九字（或八行二十字）白口四周單边

二九二五 劉大司成文集十六卷 明劉應秋撰 明劉同升刻本 九行十八字白口左右双边

二九二六 劉大司成文集十六卷 明劉應秋撰 明劉同升刻清康熙補修本

二九二七 王太史季孺詩草一卷 明王萓撰 明萬曆十七年屠本畯刻本 八行十六字白口左右双边

二九二八 鐫蒼霞草十二卷 明葉向高撰 明萬曆三十四年刻本 十行二十字白口四周双边

二九二九 鐫蒼霞草十五卷 明葉向高撰 明萬曆刻本 九行二十字白口四周單边

二九三〇 蒼霞草二十卷蒼霞草詩八卷蒼霞續草二十二卷蒼霞餘草十四卷綸扉奏草三十卷續綸扉奏草十四卷後綸扉尺牘十卷 明葉向高撰 明萬曆天啟間遞刻本 十行十九字間九行十八字白口左右双边

二九三一 方衆甫集十四卷 明方應選撰 明萬曆刻本 九行二十字白口四周單边

二九三二 鄒太史文集不分卷 明鄒德溥撰 明刻本 九行十八字白口四周單边

二九三三 鄒太史文集八卷 明鄒德溥撰 明刻清安成紹恩堂印本 九行二十字白口四周單边

二九三四 鄒太史文集八卷 明鄒德溥撰 明刻清安成紹恩堂印本 清鄒道沂跋

二九三五 徐匡嶽先生來益堂稿八卷 明徐即登撰 明萬曆刻本 九行十七字白口四周双边

二九三六 鐫黄離草十卷存六卷（一至三、五、七至八） 明郭正域撰 明萬曆刻本 九行二十字白口四周單边

二九三七 合併黄離草三十卷 明郭正域撰 明萬曆四十年史記事刻本 九行二十字白口左右双边

二九三八 虞德園先生集二十五卷又八卷 明虞淳熙撰 明崇禎刻本 九行二十字白口四周單边

二九三九 闇然堂遺集六卷 明潘士藻撰 明萬曆刻本 九行二十字白口四周單边

二九四〇 秣陵草二卷 明李道統撰 明萬曆刻本 九行十八字白口四周双边

二九四一 龍塢集五十五卷 明王時濟撰 明刻藍印本 九行十八字白口四周單边

二九四二 龍塢集五十五卷 明王時濟撰 明刻本

二九四三 龍塢集五十五卷存十六卷（詩十七、二十二至二十六、文二十至二十九） 明王時濟撰 清順治王震亨刻本 八行二十二字白口四周單边

二九四四 新刻程凝之先生白蓮沂集十五卷續集五卷 明程德良撰 明萬曆四十四年續集四十六年金陵書林徐松野刻本 九行十八字白口四周双边

十三五

存十六卷　文集全、續集一

白蓮泋文選九卷詩選六卷　明程德良撰　明刻本　八行十六字白口四周單边　二九四五

弗告堂集二十六卷　明于若瀛撰　明萬曆刻本　十行二十三字白口四周双边　二九四六

萬二愚先生遺集六卷　明萬國欽撰　明萬曆三十七年萬尚烈刻清補修本　九行二十字白口四周單边　二九四七

梅司馬燕臺遺稿二卷　明梅國楨撰　明萬曆刻本　八行十八字白口左右双边　二九四八

中寰集十一卷　明何出光撰　明萬曆何稽曾何稽遊刻本　九行十九字白口四周單边　卷十一係附錄　二九四九

中寰集十一卷　明何出光撰　清乾隆二十九年扶溝何氏刻本　九行二十字白口左右双边　二九五〇

朱太復文集五十二卷目錄五卷　明朱長春撰　明萬曆刻本　九行二十字白口四周双边　二九五一

朱太復乙集三十八卷　明朱長春撰　明萬曆刻本　九行十九字白口四周單边　二九五二

煙鬟子集十四卷　明李茂春撰　明刻本　九行十九字白口四周双边　二九五三

林忠宣公全集二十一卷　明林熙春撰　清康熙八年刻乾隆五十七年補刻本　九行二十字白口四周双边　二九五四

四留堂稿三十卷　明虞龍雲撰　明萬曆刻本　九行十九字白口左右双边　二九五五

芝園稿二十八卷　明趙世顯撰　明萬曆刻本　九行十八字白口左右双边　二九五六

芝園文稿二十六卷　明趙世顯撰　明刻本　九行十八字白口左右双边　二九五七

存二十卷　一至二十

一三六

玉茗堂全集四十六卷（文十六卷　賦六卷　詩十八卷　尺牘六卷）　明湯顯祖撰　明天啟刻本　七行十八字白口四周單边　二九五八

玉茗堂全集四十六卷（文十六卷　賦六卷　詩十八卷　尺牘六卷）　明湯顯祖撰　清康熙三十三年阮峴刻本　七行十八字白口四周單边　二九五九

獨深居點定玉茗堂集三十卷（賦集四卷　詩集十三卷　文集七卷　尺牘六卷）　明湯顯祖撰　沈際飛輯　明崇禎刻本　九行二十字白口四周單边　二九六〇

玉茗堂文集十卷　明湯顯祖撰　明萬曆刻本　九行十八字白口四周單边　二九六一

湯海若問棘郵草二卷　明湯顯祖撰　徐渭評　明刻本　九行二十字白口四周單边　二九六二

臨川湯顯祖紅泉逸草一卷　明湯顯祖撰　明萬曆三年李大晉刻本　八行十七字白口四周双边　二九六三

臨川湯若士先生玉茗堂尺牘六卷絕句選二卷　明湯顯祖撰　明萬曆四十六年湯開遠刻本　七行十八字白口四周双边　二九六四

玉茗堂集選十五卷　明湯顯祖撰　帥機等輯　明萬曆四十三年周如溟刻本　九行十八字白口左右双边　二九六五

玉茗堂集選二十四卷　明湯顯祖撰　帥機等輯　明刻本　九行十八字白口四周双边　二九六六

玉茗堂集選二十四卷　明湯顯祖撰　帥機等輯　明刻本　清姚新山校　二九六七

存二十一卷　一至十四、十七至二十三

梅公岑草不分卷　明梅國樓撰　明萬曆刻本　九行二十字白口四周双边　二九六八

吹劍齋文集八卷　明鄧宗齡撰　明刻本　九行二十字白口四周双边　二九六九

蘇愚山洞續集三十卷　明李應策撰　明刻本　九行二十字白口四周双边　二九七〇

存二十八卷　一至十八、二十至二十八、三十

潛初子集四卷　明岳元聲撰　明崇禎求志堂刻本　十行二十字白口左右双边　二九七一

薇垣小草六卷　明王濬初撰　明末王泰笑等刻本　九行十八字白口左右双边　二九七二

刻李衷一先生清源洞文集六卷　明李光縉撰　明萬曆四十一年李洪宇刻本　十行二十字白口四周單边　二九七三

景璧集十九卷　明李光縉撰　明崇禎十年諸葛羲刻本　九行十九字白口四周單边　二九七四

千頃齋初集二十六卷　明黄居中撰　明刻本　九行十八字小字双行同白口左右双边　二九七五

慶曆稿不分卷　明曾仕鑑撰　清康熙四十四年刻本　八行十九字无直格白口四周双边　二九七六

唐宗伯公文集十六卷　明唐文獻撰　明萬曆四十三年唐先覲刻本　九行二十字白口四周單边　二九七七

唐文恪公文集十六卷　明唐文獻撰　明楊鶴崔爾進刻本　清李林松跋　九行二十字白口四周單边　二九七八

一三七

楊文恪公文集二十八卷　明楊道賓撰　明萬曆刻本　九行十九字白口四周双边　二九七九

白蘇齋類集二十二卷　明袁宗道撰　明刻本　九行二十字有直格白口左右双边　二九八〇

白蘇齋類集二十二卷　明袁宗道撰　明刻本　九行二十字无直格（少量有直格）白口左右双边　二九八一

趙文肅公文集二十三卷　明趙貞吉撰　明萬曆十三年趙德仲刻本　九行十八字白口四周双边　二九八二

趙太史詩鈔七卷文鈔十卷　明趙貞吉撰　明文曲山堂刻本　九行十九字白口左右双边　二九八三

趙文肅公文集二十三卷　明趙貞吉撰　明萬曆二十九年王藩臣蕭如松刻本　九行十八字白口左右双边　二九八四

趙文肅公集四卷　明趙貞吉撰　李贄輯並評　明刻本　九行二十字白口四周單边　二九八五

盟鷗堂集三十卷　明黄承玄撰　明天啟四年黄中錫等刻本　九行二十字白口左右双边　二九八六

詒美堂集二十四卷　明祝以豳撰　明天啟刻本　八行十八字白口四周單边　二九八七

藏徵館集十五卷　明劉黄裳撰　明萬曆刻本　九行十八字白口四周單边　二九八八

紫原文集十二卷　明羅大紘撰　明天啟吳履堂刻本　九行二十字无直格白口四周單边　二九八九

復古紀事一卷　明鄒德泳撰　明萬曆三十二年刻本　八行十九字白口四周單边　二九九〇

湛源續集九卷　明鄒德泳撰　明崇禎五年刻本　九行二十字白口四周單边　二九九一

天全堂集不分卷　明安希范撰　稿本　九行二十四字无格　二九九二

二九九三 天全堂集四卷 明安希范撰 附錄一卷 清乾隆安吉刻本 九行二十字白口左右双边
二九九四 萬曆乙酉科應天鄉試硃卷一卷 明安希范撰 稿本
二九九五 尊拙堂文集十二卷 明丁元薦撰 附錄一卷 清順治十七年丁世濬刻本 八行二十字白口左右双边
二九九六 朱陵洞稿三十三卷 中州武錄一卷 明王一鳴撰 明抄本 八行二十字藍格四周单边
二九九七 朱陵洞稿三十三卷 中州武錄一卷 伯固公詩拾遺一卷 拾殘一卷 明王一鳴撰 清抄本 清王家璧批校 八行二十字无格
二九九八 雲蘀稿八卷 何伯子自注年譜一卷 明何出圖撰 清乾隆十八年枝濕何氏刻本 九行二十字白口左右双边
二九九九 袁了凡先生兩行齋集十四卷 明袁黃撰 明刻本 九行二十一字白口四周单边
三〇〇〇 薊丘集四十七卷 明王嘉謨撰 明萬曆三十五年王嘉謨刻本 九行十八字白口四周双边
三〇〇一 小辨齋偶存八卷 事定錄三卷 明顧允成撰 明萬曆四十一年顧與演刻本
三〇〇二 小辨齋偶存八卷 明顧允成撰 清抄本

十三八

三〇〇三 李憲副維則錄四卷 明李日茂撰 明天啟四年李日韡刻本 九行十九字白口四周单边
三〇〇四 何氏萬曆集三十卷 明何喬遠撰 明萬曆四十年刻本 八行二十八字白口四周双边
三〇〇五 何氏鏡山集不分卷 明何喬遠撰 清抄本
三〇〇六 趙翰林經濟全集四卷 明趙棟撰 明天啟五年趙燚刻趙都印本 九行十六字白口四周单边
三〇〇七 幔亭集十五卷 明徐熥撰 陳薦夫輯 明萬曆二十九年王若刻本 九行十八字白口四周单边
三〇〇八 幔亭集十五卷 明徐熥撰 陳薦夫輯 明萬曆二十九年王若刻本 鄭振鐸跋
三〇〇九 幔亭集二十卷 存五卷 十六至二十 明徐熥撰 曹學佺輯 清抄本 九行二十字无格
三〇一〇 李長卿集二十八卷 明李鼎撰 明萬曆四十年李嗣宗刻本 九行十九字白口左右双边
三〇一一 焦氏澹園集四十九卷 明焦竑撰 明萬曆三十四年朱汝鰲刻本 九行十九字白口四周单边
三〇一二 焦氏澹園續集二十七卷 明焦竑撰 明萬曆三十九年金勵朱汝鰲刻本 九行十九字白口四周单边
三〇一三 焦氏澹園續集二十七卷 明焦竑撰 明萬曆三十九年金勵朱汝鰲刻本 鄭振鐸跋
三〇一四 吳文恪公文集三十二卷 明吳道南撰 附錄一卷 明崇禎吳之京刻本 九行二十字白口四周单边
三〇一五 吳文恪公文集三十二卷 佚集五卷 明吳道南撰 附錄一卷 清初吳之銓刻本 九行二十字白口四周单边
三〇一六 歇菴集十六卷 明陶望齡撰 明萬曆三十九年王應遴刻本 九行十九字白口四周双边
三〇一七 歇菴集十六卷 明陶望齡撰 明萬曆三十九年真如齋刻本 九行十九字白口四周双边
三〇一八 歇菴集二十卷 明陶望齡撰 附錄三卷 明萬曆喬時敏刻本 九行十九字白口四周单边
三〇一九 陶文簡公集十三卷 功臣傳草一卷 明陶望齡撰 明天啟六年陶履中葯陽道院刻本 九行二十字白口四周单边
三〇二〇 歇菴先生集選四卷 明陶望齡撰 陸夢龍輯 明萬曆刻本 十行二十字白口四周单边
三〇二一 四印堂詩稿一卷 明董其昌撰 稿本 八行白口四周单边
三〇二二 容臺文集九卷 詩集四卷 別集四卷 明董其昌撰 明崇禎三年董庭刻本 八行十九字白口左右双边
三〇二三 容臺文集九卷 詩集四卷 別集四卷 明董其昌撰 明崇禎刻本 八行十九字白口左右双边
三〇二四 容臺文集十卷 詩集四卷 別集四卷 明董其昌撰 明崇禎八年刻本 八行十八字白口四周单边
三〇二五 清白堂稿十七卷 明蔡獻臣撰 明崇禎刻本 九行二十一字白口四周单边

十三九

三〇二六 竹素堂藏稿十四卷 明陳所蘊撰 明萬曆刻本 九行十八字白口四周单边
三〇二七 竹素堂續稿二十卷 存十一卷 一至二、六至十四 明陳所蘊撰 明萬曆三十三年刻本 九行十八字白口四周双边
三〇二八 竹素堂合併全集口口卷 存二十三卷 一至二十三 明陳所蘊撰 明刻本 九行十八字白口四周单边
三〇二九 黄太史怡春堂藏稿五卷 明黃輝撰 明天啟五年寄寄齋刻本 九行十八字白口四周单边
三〇三〇 黃慎軒先生文集不分卷 明黃輝撰 王振奇輯 明天啟刻本 九行十九字白口四周单边
三〇三一 晉錄一卷 明王士騏撰 明萬曆刻本 九行十八字白口左右双边
三〇三二 豫章雲嶠劉先生遺稿二卷 明劉曰寧撰 明萬曆四十二年徐紹芳刻本 九行十八字白口左右双边
三〇三三 莊學士集八卷 存三卷 一至三 明莊天合撰 明刻本 九行十八字白口四周单边
三〇三四 詠春堂集七卷 明馮有經撰 明末刻本 八行十七字白口四周双边
三〇三五 貽清堂集不分卷 明錢養廉撰 清抄本 清丁丙跋
三〇三六 朱文肅公詩集七卷 明朱國楨撰 清初抄本 九行二十字无格
三〇三七 朱文肅公集不分卷 明朱國楨撰 清抄本 九行二十字无格

三〇三八 延露編口口卷 明黄一龍撰 明刻本 九行十八字白口四周單边
存二十二卷 三至九、十六至三十

三〇三九 朱密所先生密林漫稿十卷 明朱吾弼撰 明天啟二年朱恒敬刻本 十行二十一字白口四周單边

三〇四〇 環碧齋詩三卷祝子小言一卷 明祝世祿撰 明萬曆刻本 九行十八字白口四周單边

三〇四一 環碧齋稿一卷 明祝世祿撰 明萬曆二十一年程文澤刻本 八行十六字白口四周單边

三〇四二 環碧齋尺牘一卷 明祝世祿撰 明刻本 九行十八字白口四周單边

三〇四三 環碧齋尺牘五卷 明祝世祿撰 明吳時元刻本 九行十八字白口四周單边

三〇四四 新刻劉直洲先生文集口卷 明劉文卿撰 明萬曆唐國達刻本 十行二十字白口四周單边
存八卷 一至八

三〇四五 鄭侯升集四十卷 明鄭明選撰 明萬曆三十一年鄭文震刻本 八行十八字白口四周單边

三〇四六 閒中漫抄一卷飛霞閣社草一卷中都閣律一卷遺草一卷 明歐陽東鳳撰 明萬曆刻本 七行十六字白口四周單边

三〇四七 前明河南道監察御史誠所公文集八卷 明馬經綸撰 清康熙四十三年馬騏刻本 九行二十字白口四周双边

一四〇

三〇四八 區太史詩集二十七卷 明區大相撰 明崇禎十六年刻本 九行十八字白口四周双边

三〇四九 傅文恪公初集八卷 明傅新德撰 明末傅庭詩刻本 十行二十字白口四周單边

三〇五〇 傅文恪公初集八卷附錄一卷 明傅新德撰 清順治十四年馮如京刻本 九行二十二字白口四周單边

三〇五一 吳繼疎先生遺集十三卷首一卷 明吳仁度撰 清乾隆刻本 十行二十一字黑口四周双边

三〇五二 周季平先生文集三十二卷 明周如砥撰 明天啟刻本 九行二十字白口四周單边

三〇五三 周季平先生青藜館集四卷 明周如砥撰 明崇禎十五年周煤刻本 九行十九字白口四周單边

三〇五四 馮少墟集二十二卷 明馮從吾撰 明萬曆四十年蕭思康刻天啟元年馮嘉年增修本 九行十八字白口四周單边

三〇五五 馮少墟集二十二卷續集一卷 明馮從吾撰 明萬曆四十五年馮嘉年、張維任等刻本 九行十八字白口四周單边
存十五卷 二、九至二十二、續一

三〇五六 馮少墟集二十二卷續集不分卷 明馮從吾撰 清康熙十二年洪琮刻本 九行十八字白口四周單边

三〇五七 馮少墟集二十卷 明馮從吾撰 明萬曆四十七年劉必達刻本 九行十八字白口四周單边

三〇五八 走越危言不分卷 明劉啟元撰 林廷全評 明萬曆刻本 十行二十一字白口四周單边

三〇五九 公餘草就三卷淑艾齋尺牘三卷 明汪可進撰 明萬曆淑艾堂刻本 九行十八字白口左右双边

三〇六〇 賓印詩草一卷 明饒與齡撰 清初刻本 十行二十字元直格白口四周双边

三〇六一 高攀龍詩文殘稿一卷 明高攀龍撰 稿本 冒廣生、孫保圻、葉恭綽等題跋

三〇六二 高子遺書十二卷附錄一卷 明高攀龍撰 明陳龍正輯 明崇禎五年錢士升陳龍正等刻本 九行十九字白口四周單边

三〇六三 高子遺書十二卷附錄一卷 明高攀龍撰 明陳龍正輯 清康熙二十八年高氏刻本 九行十九字白口四周双边

三〇六四 高子遺書不分卷 明高攀龍撰 清抄本

三〇六五 高忠憲公詩集八卷 明高攀龍撰 明崇禎刻本 九行十九字白口四周單边

三〇六六 高忠憲公詩集八卷 明高攀龍撰 清雍正十二年刻本 九行十九字白口四周單边

三〇六七 高子詩集八卷文集六卷 明高攀龍撰 清華希閔校 清乾隆刻本 九行十九字白口四周單边

三〇六八 客乘二十八卷 明張懋忠撰 明崇禎刻本 九行十八字白口四周双边

三〇六九 原圃集一卷塞菴詩一續一卷二續一卷張民

一四一

表先生詩三續一卷 明張民表撰 清順治周亮工刻本 七行十四字白口四周單边

三〇七〇 學半齋集不分卷 明陳函輝撰 明杞爽樓抄本 十一行藍格

三〇七一 顧太史文集八卷 明顧天竣撰 明崇禎崑山顧氏刻本 八行十八字白口四周單边

三〇七二 嚴文靖公集十二卷 明嚴訥撰 明萬曆十五年嚴治刻本 九行十九字白口四周單边

三〇七三 嚴文靖公集十二卷祭章輓辭二卷 明嚴訥撰 清嚴鍾瑞輯 清同治八年嚴鍾瑞抄本 清嚴鍾瑞跋

三〇七四 陳學士先生初集三十六卷 明陳懿典撰 明萬曆四十八年曹憲來刻本 九行十九字白口四周單边

三〇七五 西樓存稿十八卷 明鄭原岳撰 明萬曆鄭懋來刻本 九行十八字白口左右双边

三〇七六 西樓全集十八卷西樓詩選二卷 明鄭原岳撰 明崇禎元年鄭震柴刻本 九行十八字白口左右双边

三〇七七 李端和雜肋删三卷 明李叔元撰 明崇禎□□□刻本 八行十八字白口四周單边

三〇七八 泊如齋吟草七卷馬曹稿四卷馬曹續稿一卷勞人草一卷息初稿二卷入蜀詩二卷別和陶飲酒詩一卷渠陽小草一卷鍾陵草一卷

明沈朝焕撰 附錄一卷 明萬曆刻本 八行十八字白口四周單边

三〇七九 尊生館稿不分卷 明沈淮撰 清初抄本 八行十六字紅格白口四周單边

三〇八〇 大司馬張海虹先生文集十七卷 明張五典撰 明崇禎六年刻本 八行十八字白口四周双边 卷十七係附錄 邮典誌表

三〇八一 王考功鸚適軒詩集十卷文集四卷 明王樂善撰 附一卷 明萬曆刻崇禎二年王銓重修本 九行十九字白口左右双边

三〇八二 小草齋集十一卷烏衣集一卷 明謝肇淛撰 明謝氏小草齋抄本 清楊甫霖、陳矩謙跋 九行十八字黑口左右双边

三〇八三 小草齋集三十卷 明謝肇淛撰 明刻本 清鄭杰題識 九行十八字白口左右双边 存二十五卷 一至十八、二十四至三十

三〇八四 小草齋集三十卷續集三卷 明謝肇淛撰 明刻本（卷一至十八、二十四至三十、續集三卷配抄本） 清鄭杰題識 九行十八字白口左右双边

三〇八五 小草齋續集三卷 明謝肇淛撰 明末刻本 九行十八字白口左右双边

三〇八六 小草齋文集二十八卷 明謝肇淛撰 明天啟刻本 九行十八字白口左右双边

三〇八七 下菰集六卷 明謝肇淛撰 明萬曆刻本 九行十八字白口左右双边

一四二

三〇八八 居東集六卷 明謝肇淛撰 明刻本 九行十八字白口左右双边

三〇八九 東方三大賦一卷 明謝肇淛撰 明萬曆刻本 有圖

三〇九〇 木天遺草二十八卷 明高克正撰 明萬曆四十四年刻本 九行十八字白口四周双边

三〇九一 木天遺草二十八卷附錄一卷 明高克正撰 清康熙十年高維檜刻本 十行二十字白口四周双边

三〇九二 仰節堂集十四卷 明曹于汴撰 明天啟四年劉在庭刻本 八行二十字白口四周双边

三〇九三 仰節堂集十四卷 明曹于汴撰 清康熙二年曹常刊等刻本 八行二十字白口左右双边

三〇九四 仰節堂集十四卷 明曹于汴撰 清康熙二年曹崇孫等刻乾隆增修本 一四庫底本一

三〇九五 曹門學則四卷 明曹于汴撰 明馬之驊刻本 八行二十字白口四周双边 存二卷 三至四

三〇九六 畢自嚴遺稿一卷 明畢自嚴撰 稿本 八行二十一、二十二字不等無格

三〇九七 畢自嚴遺稿一卷 明畢自嚴撰 明崇禎抄本 八行二十一字白口黑格四周單边

三〇九八 石隱園藏稿不分卷 明畢自嚴撰 明末抄本 八行二十一字白口四周單边

三〇九九 石隱園藏稿八卷 明畢自嚴撰 清順治十一年畢際有刻本 八行二十字[illegible]格白口四周單边

三一〇〇 石隱園藏稿八卷首一卷 明畢自嚴撰 清康熙二十五年畢際有刻本 十一行二十一字黑口左右双边

三一〇一 石隱園藏稿八卷 明畢自嚴撰 清康熙二十五年畢際有刻本一四庫底本一

三一〇二 石隱園文稿不分卷 明畢自嚴撰 清初抄本 清畢盛鑑跋 九行十八字无格

三一〇三 李太僕恬致堂集四十卷 明李日華撰 明崇禎刻本 八行十九字白口四周單边

三一〇四 李太僕恬致堂集四十卷 明李日華撰 明崇禎刻本 張元濟題識 存二十二卷 三至五、十一至十三、二十至二十三、二十九至四十

三一〇五 續畫賸二卷 明李日華撰 明末刻本 八行十九字白口四周單边

三一〇六 古學齋文集十卷 明王演疇撰 明萬曆四十七年刻本 八行十八字小字双行同白口四周單边

三一〇七 鸑鳩四六小啓十七卷 明連繼芳撰 沈肇元等註 明萬曆刻本 九行十八字小字双行同白口四周双边

三一〇八 鸑鳩小啟十三卷 明連繼芳撰 馮世奇、陸鄉正註 清康熙三年連洋刻本 九行十八字白口四周双边

三一〇九 雪濤閣集十四卷 明江盈科撰 明萬曆二十八年刻本 九行十八字白口四周單边

三一一〇 半九亭集八卷 明喬應甲撰 明天啟刻本 九行十八字白口四周單边

三一一一 梨雲館類定袁中郎全集二十四卷 明袁宏道撰 明萬曆四十五年何偉然刻本 八行十八字白口元直格四周單边

三一一二 梨雲館類定袁中郎全集二十四卷 明袁宏道撰 明周文煒刻本 八行十八字白口元直格四周單边

一四三

三一一三 袁中郎先生全集二十三卷 明袁宏道撰 明萬曆刻本 九行十九字白口四周單边

三一一四 袁中郎全集四十卷 明袁宏道撰 鍾惺定 明崇禎二年武林佩蘭居刻本 九行二十字白口四周單边

三一一五 瀟碧堂集二十卷 明袁宏道撰 明萬曆三十六年袁氏書種堂刻本 九行十八字白口四周單边

三一一六 瀟碧堂續集十卷 明袁宏道撰 明刻本 九行十八字白口四周單边

三一一七 瓶花齋集十卷 明袁宏道撰 明萬曆三十六年袁氏書種堂刻本 九行十八字白口四周單边

三一一八 錦帆集四卷去吳七牘一卷 明袁宏道撰 明萬曆三十七年袁氏書種堂刻本 九行十八字白口四周單边

三一一九 錦帆集四卷 明袁宏道撰 明刻本 九行十八字白口左右双边

三一二〇 解脫集四卷 明袁宏道撰 明萬曆三十八年袁氏書種堂刻本 九行十八字白口四周單边

三一二一 敝篋集二卷 明袁宏道撰 明萬曆袁氏書種堂刻本 九行十八字白口四周單边

三一二二 瀟碧堂集二十卷瓶花齋集十卷解脫集六卷 明袁宏道撰 明刻本 七行十六字白口四周單边

三一二三 袁中郎文鈔一卷 明袁宏道撰 明刻本 八行二十字白口左右双边

三一二四 冰玉堂詩草一卷 明王永光撰 明刻本 九行十六字白口四周單边

三二五 水鑑齋稿口卷 明丁鴻陽撰 明刻本 九行十八字白口四周單边
三二六 白門草一卷 明張應泰撰 明萬曆張一卿刻本 九行十八字白口四周單边
三二七 溪南清墅集草六卷 明張應泰撰 明萬曆四十二年刻本 九行二十一字白口四周單边
三二八 綠滋館藁九卷綠滋館考信編二卷徵信編五卷 明吳士奇撰 明萬曆刻本 九行十八字白口四周單边
三二九 綠滋館藁九卷 明吳士奇撰 明萬曆刻清康熙補刻本 九行十八字白口四周單边
三三〇 繁露園集二十二卷 明董復亨撰 明萬曆四十年張銓刻本 十行二十字白口四周双边
三三一 蘭江集二十卷楚篇二卷 明王在晉撰 明萬曆刻本 九行二十字白口四周單边
三三二 蘭江集二十卷 明王在晉撰 明萬曆刻本 九行十九字白口四周單边
三三三 越鐫二十一卷 明王在晉撰 明萬曆刻本 九行二十字白口四周單边
三三四 石渠閣類次王岵雲先生集四十卷 明王在晉撰 鍾英等輯 明天啟刻本 九行二十字白口四周單边
三三五 蘆花湄集二十九卷 明張鶴鳴撰 明萬曆刻本 九行十八字或十行十八字白口四周單边
三三六 隨在集十卷 明潘[illegible]撰 明萬曆刻本 九行十八字白口左右双边

十四中

三三七 關中集四卷 明余懋衡撰 明刻本 十行二十字白口四周双边
三三八 李宮保湘洲先生集十二卷 明李騰芳撰 清刻本 九行二十字白口四周單边
三三九 李宮保湘洲先生集一卷 明李騰芳撰 清抄本 清朱偘跋 九行二十字白口四周單边
三四〇 灌蔬園詩集七卷文集三卷 明李本緯撰 明萬曆卜有徵刻本 九行十六字白口四周双边 存九卷 詩集全、文集二至三
三四一 白門草二卷 明丁肇亨撰 明崇禎三年丁汝昌刻本 八行十八字白口四周單边
三四二 白門草二卷 明丁肇亨撰 明崇禎三年丁汝昌刻清康熙四十一年丁恒瑞補刻本
三四三 霏雲居集五十四卷目錄五卷續集六十六卷目錄口卷 明張燮撰 明萬曆刻本 九行十八字白口四周双边 續集目錄存卷一至六
三四四 羣玉樓集八十四卷目錄六卷 明張燮撰 明崇禎十一年刻本 九行十八字白口左右双边 存七十八卷 十三至八十四、目錄全
三四五 水明樓集十四卷 明陳薦夫撰 明萬曆刻本 九行十八字白口左右双边
三四六 水明樓集十四卷 明陳薦夫撰 明萬曆刻本 鄭振鐸跋
三四七 奉使朝鮮稿一卷東方和音一卷 明朱之蕃撰 朝鮮柳根等撰 明萬曆刻本 九行十八字白口四周双边
三四八 睡庵詩稿一卷文稿二卷 明湯賓尹撰 明萬曆最穀刻本 九行十九字白口四周單边
三四九 睡庵詩稿一卷文稿一卷 明湯賓尹撰 明傳古堂刻本 九行十八字白口四周單边
三五〇 睡菴詩稿四卷文稿十一卷 明湯賓尹撰 明萬曆刻本 九行十九字白口四周單边
三五一 睡庵文稿初刻四卷二刻六卷三刻四卷 明湯賓尹撰 明萬曆李曙寰刻本 九行十九字白口四周單边
三五二 睡庵文稿初刻四卷二刻六卷三刻二卷 明湯賓尹撰 明萬曆李曙寰黃朝聘黃時滌等刻本 九行十九字白口四周單边
三五三 睡庵文稿二刻補四卷 明湯賓尹撰 明萬曆黃時滌刻本 九行十九字白口四周單边
三五四 睡庵稿文集二十五卷詩集十一卷 明湯賓尹撰 明萬曆刻本 九行十九字白口四周單边
三五五 睡庵稿文集二十五卷詩集十一卷視草十六卷 明湯賓尹撰 明萬曆刻崇禎印本 九行十九字白口四周單边
三五六 湯嘉賓睡菴集六卷 明湯賓尹撰 明刻本 九行十八字白口四周單边
三五七 湯司成稿一卷 明湯賓尹撰 鄭鄤輯 明遊齋刻本 八行二十字白口左右双边

十四五

三五八 玄晏齋文抄五卷 明孫慎行撰 明萬曆刻本 九行二十字白口四周双边
三五九 玄晏齋文抄二卷困思抄三卷詩三卷 明孫慎行撰 明萬曆刻本 九行二十字白口四周双边
三六〇 玄晏齋文抄二卷詩三卷奏議二卷 明孫慎行撰 明萬曆刻本 九行二十字白口四周双边
三六一 玄晏齋集五種十一卷 明孫慎行撰 明崇禎刻本 十行二十二字白口四周双边
玄晏齋文抄一卷 玄晏齋困思抄一卷 止躬齋慎獨義一卷 玄晏齋詩選五卷 玄晏齋奏議三卷
三六二 駱先生文集八卷 明駱日升撰 明崇禎刻本 八行十八字白口四周單边
三六三 輸廖館集八卷 明范允臨撰 清順治刻本 十行十六字白口四周單边
三六四 鳩茲集十二卷 明徐時進撰 明萬曆三十六年張萱刻本 九行十八字白口四周單边
三六五 鳩茲集十二卷又三卷雜著一卷 明徐時進撰並修訂 明萬曆三十六年張萱刻四十五年徐時進補刪本 九行十八字白口四周單边
三六六 鳩茲集選七卷 明徐時進撰 明萬曆張萱刻本 九行十八字白口左右双边
三六七 啜墨亭集十二卷雜著一卷 明徐時進撰 明萬曆刻本 九行十八字白口左右双边

遯菴駢語五卷續二卷　明蔡復一撰　明末刻遯菴全集本　八行二十一字白口四周单边　三一六八
蘇門山房詩草二卷文草四卷家乘一卷東事書一卷　明郭濬撰　明天啟刻本　九行十八字白口左右双边　三一六九
瑞芝山房集十四卷　明鮑應鰲撰　明崇禎三年何應瑞賈大儒刻本　十行二十字白口左右双边　三一七〇
望雲樓稿十八卷　明徐如珂撰　清抄本　九行二十一字无格　三一七一
曹大理集八卷石倉文稿四卷　明曹學佺撰　明萬曆刻本　九行十八字白口左右双边　三一七二
曹大理詩文集口口卷　明曹學佺撰　明刻本　九行十八字白口左右双边
存六種：金陵初稿一卷　浮山堂集一卷　福廬遊稿一卷　石倉詩稿金陵集三卷　石倉詩稿夜光堂近稿一卷　石倉文稿不分卷　三一七三
浮山堂集一卷石倉文稿一卷　明曹學佺撰　明刻本　九行十八字白口左右双边　三一七四
春別篇一卷　明曹學佺撰　明刻本　九行十八字白口左右双边　三一七五
金陵集三卷　明曹學佺撰　明刻本　九行十八字白口左右双边　三一七六
西峯集詩三卷文三卷石倉三稿十九卷石倉文稿一卷林亭文稿一卷林亭詩稿一卷福廬游稿二卷藤山看梅詩一卷遊太湖詩一卷錢塘看春詩一卷續遊藤山詩一卷　明曹學佺撰　明末刻本　九行十八字白口左右双边　三一七七

十四六

石倉集二十四卷　明曹學佺撰　明末刻本　九行十八字白口左右双边
芝社集一卷　天柱篇一卷　蜀草三卷　聽泉閣近稿二卷　賜環篇二卷　西峯六一草一卷　西峰六三文三卷　武林稿一卷　巴草一卷　夜光堂二卷　水水軒詩稿一卷文稿一卷　西峰集三卷　西峰六三草一卷　西峰六四草一卷　三一七八
石倉詩文集二十一卷　明曹學佺撰　明末刻本　九行十八字白口左右双边
石倉文稿五卷　桂林集三卷　武林稿一卷　排悶篇一卷　巴草一卷　雪桂軒草一卷　滁河集一卷　石倉文稿浮山一卷　游房山詩一卷　落上篇一卷　海色篇一卷　蜀草三卷　雨河行稿一卷　三一七九
石倉文稿五卷又二卷夜光堂近稿一卷水水軒詩稿一卷聽泉閣近稿一卷　明曹學佺撰　明末刻本　九行十八字白口左右双边　三一八〇
石倉詩稿三十三卷　明曹學佺撰　清乾隆十九年曹岱華刻本　九行十八字白口左右双边　三一八一
五欲軒稿不分卷　明賀爟然撰　明刻本　九行十八字白口左右双边　三一八二
六欲軒初稿不分卷　明賀爟然撰　明刻本　九行十八字白口四周单边
存朝講、翊廟、儲貳、閣臣、國是、邊事、國計、宗藩、鹹屯、治河分合、書牘、序　三一八三
六欲軒藁不分卷　明賀爟然撰　明刻本　九行十八字白口四周单边　三一八四
遥連堂許王損仲先生詩乙稿一卷　明王惟儉撰　明天啟元年刻本　八行二十字白口四周单边　三一八五
蒼雪軒全集二十卷　明趙用光撰　明崇禎刻本　九行十九字白口四周单边　三一八六
定軒存稿十卷　明陳子廷撰　明崇禎刻本　九行二十字白口四周单边　三一八七
定軒存稿十六卷　明陳子廷撰　明末刻本　八行十六字白口四周单边　三一八八
玄象山館詩草十五卷附錄一卷　明南師仲撰　明萬曆二十八年刻本　八行十六字白口左右双边
詩四卷　賦一卷　書四卷　序一卷　說一卷　雜文二卷　記一卷　三一八九
春居集杜一卷秋居集杜一卷　明南師仲撰　明萬曆刻本　八行十六字白口四周双边　三一九〇
詹炎集口口卷　明葉維榮撰　明萬曆二十八年林中培等刻藍印本　九行十九字白口四周双边
存十八卷　一至十八　三一九一

十四七

自愉堂集十卷　明宋徵然撰　明萬曆四十七年宋復來臨刻本　文集九行二十字、詩集九行十九字白口左右双边　三一九二
鄭太初遺稿不分卷　明鄭依先撰　明抄本　三一九三
薄游草二十四卷　明謝廷諒撰　明萬曆刻本　八行十七字白口左右双边　三一九四
縫掖集十八卷　明謝廷諒撰　明萬曆三十五年葉長卿刻本　九行十八字白口左右双边
存十五卷　一、五至十八　三一九五
王季重先生文集口卷　明王思任撰　明末刻本　九行二十一字白口左右双边
存八卷　一至八　三一九六
及幼草一卷王季重庠言一卷鄉試墨卷會試墨卷一卷　明王思任撰　明刻本　九行十九字白口四周单边　三一九七
鄉試墨卷一卷會試墨卷一卷　明王思任撰　明刻本　九行二十二字白口四周单边　三一九八
小題怡贈一卷　明王思任撰　明末沈鍊刻本　九行二十字白口四周单边　三一九九
王氏書稿不分卷　明王思任撰　稿本　三二〇〇
文飯小品不分卷　明王思任撰　稿本　八行二十字无格　三二〇一
諸菴文飯小品五卷　明王思任撰　清順治十五年王鼎起刻本　八行二十字白口四周单边　三二〇二
任天御集四卷　明任天治撰　清抄本　十行二十二字白口左右双边　三二〇三

寤園山人素辭十卷 明袁繼貞撰 明崇禎刻本 九行二十字白口四周單边 三三〇四
善名堂詩集□卷 明袁繼貞撰 明刻本 九行十八字白口四周單边 三三〇五
存六卷 一至六
赤城山人稿十四卷 明胡震亨撰 明刻本（有抄配） 九行十八字白口左右双边 三三〇六
存二卷 九至十
浮來先生詩集十四卷 明公鼐撰 明天啟五年公襄刻本 九行十九字白口四周單边 三三〇七
[山其]山集十二卷 明趙東忠撰 明刻本 六行十三字无直格白口四周單边 三三〇八
[山其]山集十二卷 明趙東忠撰 明刻本 清丁丙跋 三三〇九
嬾真草堂集五十卷 明顧起元撰 明萬曆四十六年刻本 九行十八字白口四周單边 三三一〇
遯園漫稿四卷蟄菴日錄四卷雪堂隨筆五卷銷夏小品一卷金陵卧遊六十咏一卷 明顧起元撰 明天啟崇禎遞刻本 九行十八字或八行十八字白口四周單边 三三一一
顧太初先生詩選二卷 明顧起元撰 傅振商輯 明崇禎刻本 八行二十字白口四周單边 三三一二
餘清館詩稿二卷 明祁光宗撰 明萬曆四十八年祁萬民刻本 八行十八字白口四周單边 三三一三
洪季隣集四卷 明洪翼聖撰 明萬曆刻本 八行十六字白口四周單边 三三一四

一四八

絮菴懸錄不分卷 明吳文企撰 明末刻本 八行十五字白口四周單边 三三一五
霞繼亭集三卷 明謝廷讚撰 明刻本 九行十八字白口四周單边 三三一六
范璽卿詩集二十一卷 明范鳳翼撰 明末刻本 九行十八字白口四周單边 三三一七
范勛卿文集六卷詩集二十一卷 明范鳳翼撰 清初刻本 九行十八字白口四周單边 三三一八
范璽卿詩集一卷補遺一卷 明范鳳翼撰 清咸豐十一年婁渭刻本 九行二十二字无格 三三一九
何長人集八卷 明何慶元撰 明萬曆刻本 八行十六字白口四周單边 三三二〇
、蓬來室存稿一卷 南北游草二卷
蓬來室近稿二卷 覽社游草三卷
淨明山房存笥藁不分卷 明杜詩撰 稿本 三三二一
勦事汗語二卷 明陶鳴泰撰 明末刻本 九行十八字白口四周單边 三三二二
百花洲集二卷 明鄧雲霄撰 明萬曆三十五年陳元素刻本 九行十八字白口左右双边 三三二三
百花洲集二卷京華元夕詩一卷 明鄧雲霄撰 明萬曆三十六年衛拱宸刻本 九行十八字白口左右双边 三三二四
燃桂稿二卷越鳥吟一卷秋興集一卷 明鄧雲霄撰 明萬曆刻本 九行十八字白口四周双边 三三二五

鄧玄度詩選十卷 明鄧雲霄撰 張萱輯 明崇禎八年刻本 八行十六字白口四周双边 三三二六
漱玉齋類詩三卷初吟草一卷解弢集一卷 明鄧雲霄撰 明刻本 九行十八字白口左右双边 三三二七
漱玉齋文集□卷 明鄧雲霄撰 明崇禎刻本 八行十六字白口四周双边 三三二八
存二卷 一至二
漱玉齋文集三卷 明鄧雲霄撰 清乾隆十八年鄧明鏡等刻本 十行二十字白口四周双边 三三二九
盧隱集六卷郎潛集六卷 明高出撰 明萬曆刻本 九行二十字白口左右双边 三三三〇
鏡山庵集二十五卷 明高出撰 明天啟高若騏等刻本 九行十九字白口四周單边 三三三一
鏡山庵集二十五卷十八閑一卷 明高出撰 紹鏡集一卷 清高璉撰 清活字印本 九行十九字白口四周單边 三三三二
澹然齋小草十二卷 明張維樞撰 明萬曆刻本 九行十八字白口左右双边 三三三三
澹志齋集十四卷 明周如磐撰 明萬曆刻本 九行十八字白口四周單边 三三三四
澹志齋集不分卷 明周如磐撰 清抄本 三三三五
留夷館集四卷 明鄧渼撰 明萬曆刻本 九行十八字白口左右双边 三三三六
大旭山房文集一卷 明鄧渼撰 清乾隆抄本 九行二十二字白口四周單边 三三三七

一四九

天東集四卷 明李元調撰 明崇禎九年六息館刻本 八行十九字白口四周單边 三三三八
荷華山房摘稿七卷 明陳邦瞻撰 明萬曆三十年呂胤昌刻本 九行二十字白口四周單边 三三三九
陳氏荷華山房詩稿二十六卷目錄二卷 明陳邦瞻撰 明萬曆四十六年牛維赤刻本 九行十八字白口四周單边 三三四〇
循陔園集八卷 明丘禾實撰 明萬曆四十一年刻本 九行二十字白口四周双边 三三四一
慕蓼王先生檡全集八卷 明王鐵撰 清乾隆二十四年王宗敏刻本 八行十九字白口四周單边 三三四二
張文懿公遺集十卷 明張邦紀撰 明崇禎十七年刻本 八行十九字白口左右双边 三三四三
遼中書牘二卷 明熊廷弼撰 明萬曆三十九年刻本 九行二十字白口四周双边 三三四四
書牘會稿六卷 明熊廷弼撰 明汪修能刻本 十行二十二字白口四周單边 三三四五
玉磐山房遺稿八卷 明王毓宗撰 明天啟四年温璜錢歷滿達刻本 九行十八字白口四周單边 三三四六
西遊續稿六卷 明孫惟森撰 明刻本 九行十八字白口四周双边 三三四七
西遊詩草餘一卷 西遊日紀錄一卷 西遊雜著餘一卷
西遊日紀摘抄二卷 西遊札子餘一卷
何太僕集十卷 明何棟如撰 明末刻本 九行二十字白口四周單边 三三四八
率道人素艸□□卷 明吳玄撰 明末刻本 九行十九字白口四周單边 三三四九

存七卷　一至七
三三五〇　萬林集三十二卷詩六卷　明黃汝亨撰　明天啟四年吳敬吳芝等刻本　九行二十字白口左右雙邊
三三五一　崇相集八卷存素詩稿二卷　明董應舉撰　明萬曆四十八年呂純如刻本　九行十九字白口四周單邊
三三五二　崇相集十八卷　明董應舉撰　明崇禎刻本　八行十八字白口四周單邊
疏二卷　議二卷　序二卷　壽文一卷　詩一卷　書四卷　志記一卷　誌銘一卷　表啟一卷　傳一卷　雜文一卷　祭文一卷
三三五三　娛老亭集二卷　明周佑撰　明崇禎五年刻本　八行十八字白口四周雙邊
三三五四　喻中卿稿八卷　明喻安性撰　明崇禎刻本　九行二十字白口四周雙邊
三三五五　小酉室遺稿八卷　明李養正撰　明崇禎刻本　八行十八字白口四周單邊
三三五六　夷困文編六卷　明王嗣奭撰　明崇禎十五年王氏自刻本　王嗣奭批校　九行十八字白口四周單邊
三三五七　密娛齋詩集九卷後集一卷　明王嗣奭撰　清抄本　十四行二十四字無格
三三五八　澶淵雜著二卷　明王臣直撰　明崇禎六年刻本　九行二十字白口四周雙邊
三三五九　石丈齋集四卷　明萬應秋撰　明崇禎萬適一刻本　八行十八字白口四周單邊
三三六〇　雪廬焚餘稿十卷　明趙維寰撰　明崇禎刻本　九行十九字白口四周雙邊
三三六一　焚餘續草二卷　明趙維寰撰　明崇禎刻本　九行十九字白口四周雙邊
三三六二　陶幼美先生集七卷　明陶允嘉撰　明天啟四年陶崇道刻本　九行二十字白口四周單邊
三三六三　杭川集二卷游武夷山記一卷　明翁應祥撰　明天啟四年刻本　清翁同龢題記　八行十八字小字雙行同白口四周單邊
三三六四　張宮諭集十卷　明張以誠撰　明崇禎張安苞刻本　九行十八字白口四周單邊
三三六五　緱山先生集二十七卷　明王衡撰　明萬曆刻本　九行十八字白口四周單邊
三三六六　緱山先生集二十七卷　明王衡撰　明刻本　九行十八字白口四周單邊
三三六七　許鍾斗文集五卷　明許獬撰　明萬曆三十九年李光縉刻本　十行二十字白口四周單邊
三三六八　許鍾斗文集五卷　明許獬撰　明萬曆四十年洪聲鴻等刻本　九行十九字白口四周雙邊
三三六九　叢青軒集六卷　明許獬撰　明崇禎十三年許鏽刻本　九行十八字白口左右雙邊
三三七〇　虎谿詩選四卷　明袁懋謙撰　明天啟五年李得春刻本　八行十八字白口四周雙邊
三三七一　秋水閣墨副九卷　明董光宏撰　明刻本　八行十七字白口四周雙邊
三三七二　葛司農遺集不分卷　明葛寅亮撰　清吳允嘉抄本　十行二十二至二十四字無格
三三七三　曹叔玉先生遺稿二卷　明曹廷撰　清抄本　十行二十字無格
三三七四　曹季玉先生遺稿二卷　明曹玭撰　清抄本　十行二十字無格
三三七五　問次齋稿三十一卷續稿五卷西遊稿七卷　明公鼐撰　明末刻本　九行二十一字白口左右雙邊
存四十二卷　問次齋稿一至三、五至三十一　餘全
三三七六　止園集二十四卷續集一卷　明吳亮撰　明天啟刻本　十行二十字白口左右雙邊
三三七七　止園集二十八卷　明吳亮撰　明天啟刻本　十行二十字白口左右雙邊
存二十五卷　一至五、八至二十七
三三七八　蕢草子二卷　明彭惟成撰　明末刻本　十行二十字白口左右雙邊
赤牘篇一卷　銓述篇一卷
三三七九　睦東蓀先生集十六卷　明睦石撰　明萬曆四十六年刻本　八行十八字白口四周雙邊
三三八〇　睦東蓀先生集十六卷鎮江府均賦辯一卷　明睦石撰　明萬曆四十六年刻崇禎印本
三三八一　劉念臺先生鈔藁一卷　明劉宗周撰　稿本　清王棻跋
三三八二　劉蕺山先生遺集二十四卷年譜二卷　明劉宗周撰　清乾隆十七年雷鋐鄭肇奎等刻本　十行二十二字白口左右雙邊
三三八三　蕺山劉子詩集不分卷　明劉宗周撰　清抄本
三三八四　文抄不分卷語錄一卷　明劉宗周撰　清抄本　九行二十字黑格四周單邊
三三八五　劉蕺山文鈔不分卷　明劉宗周撰　清沈復粲抄本　七行二十二字黑格
三三八六　靜儉堂集二十卷　明熊化撰　明崇禎十四年刻本　八行十八字白口四周單邊
三三八七　侯中子亦詠草四卷又草一卷又草二卷　明侯正鵠撰　明萬曆三十八年侯提封刻本　八行十八字白口四周單邊
三三八八　瀟湘先生廉善堂集二十卷　明孫光階撰　明末刻本　九行二十字白口左右雙邊
三三八九　天谷山人集十卷　明薛三省撰　明末刻本　九行十八字小字雙行同白口左右雙邊
三三九〇　薛文介公文集四卷　明薛三省撰　明崇禎刻本　九行二十字白口四周雙邊
三三九一　陳先生適適齋鑑鬚集七卷　明陳玉輝撰　清初刻本　九行二十二字白口四周單邊
三三九二　薄遊小草一卷　明李標撰　明刻本　七行十六字白口左右雙邊
三三九三　劉練江先生集八卷離騷經纂註一卷　明劉永澄撰　清興讓堂刻本　十行十九字白口左右雙邊
三三九四　答問艸一卷年譜一卷　明郭尚友撰　明萬曆四十五年刻本　九行十六字白口四周單邊
三三九五　秀野堂集十卷　明楊師孔撰　明萬曆天啟間刻本　八行十八字白口四周單邊

問梅艸一卷　聽泉吟一卷　竹韻篇一卷　索笑集一卷、射虎齋小艸一卷　避暑錄一卷　塵香集一卷　澤畔吟一卷　石林艸一卷、古香亭咏梅唱和集一卷

三二九六 漱石山房集十六卷　明陳一元撰　明崇禎徐致遠刻本　九行十八字白口四周單邊

三二九七 綠雪樓集□□卷　明熊明遇撰　明天啟刻本　十行二十一字白口左右雙邊
存十種十九卷
鶴草三卷附集句一卷　緩草一卷　緩游劄一卷　掖草二卷　臺草一卷　素草□卷存三卷（二卷附一卷）　游劄一卷　琴草一卷　劍草一卷附握機經一卷　則草二卷附天官圖書一卷

三二九八 文直行書詩十三卷文選十七卷首一卷　明熊明遇撰　清順治十七年熊人霖刻本　詩九行十九字、文十行二十一字或九行十八字白口左右雙邊

三二九九 蓬池閣遺稿十卷　明雷思霈撰　明崇禎張景良刻本　八行二十字白口四周單邊
詩四卷　文十卷

三三〇〇 繆西垣先生文集十一卷　明繆國維撰　附錄一卷　清康熙繆彤刻本　十行十九字下黑口四周雙邊

十五上

三三〇一 靈山藏二十九卷懷玉藏六卷　明鄭以偉撰　明崇禎刻本　九行十八字小字雙行同白口左右雙邊
靈山藏
笨菴吟六卷　刪存篇二卷　杜吟五卷續一卷　緩鈴贊一卷　賦一卷　小草三卷
懷玉藏
洹泥集六卷　弥庚草二卷　鷺鷗草二卷　詩餘一卷　辭一卷　櫩奕稿二卷　滄海蟲二卷

三三〇二 譚凡同先生猬石居遺稿八卷　明譚昌言撰　明末刻本　九行十九字白口四周單邊

三三〇三 陳元凱集五卷　明陳勃撰　明天啟二年呂純如刻本　八行二十字白口四周單邊

三三〇四 侍御公書稿一卷　明彭宗孟撰　稿本

三三〇五 侍御公詩集不分卷　明彭宗孟撰　清抄本　八行二十一字无格

三三〇六 駃雪齋集一卷　明張可大撰　明刻本　八行十八字白口四周單邊

三三〇七 郭汝承集□卷　明郭應爵撰　清抄本　九行二十四字无格
存四卷（一至四）

三三〇八 雪堂文集十卷　明沈守正撰　附錄一卷　明崇禎三年沈尤含沈眞含刻本　九行十九字白口四周單邊

三三〇九 醉溪齋狂言初刻二卷　明劉士龍撰　楊鶴評　明刻本　七行二十字白口无直格四周單邊

三三一〇 雚議不分卷　明劉士龍撰　清初劉文龍刻本　七行二十字白口四周單邊

三三一一 紫薇堂集八卷　明陸明揚撰　附錄一卷　清抄本　八行二十二字

三三一二 紫薇堂集八卷　明陸明揚撰　附錄一卷　清抄本

三三一三 賜曲園今是堂集十一卷　明陶奭齡撰　明崇禎刻本　九行二十字白口四周單邊

三三一四 寧澹齋全集二十卷　明楊守勤撰　請恩疏稿一卷　明楊一琛撰　留芳錄一卷　明末刻本　九行十八字白口四周單邊

三三一五 高陽集二十卷　明孫承宗撰　清順治十二年孫之澋刻本　九行十八字白口四周單邊

三三一六 吳文端公澳亭存稿二十八卷　明吳宗達撰　明崇禎吳職思刻本　十行二十一字白口四周單邊

三三一七 落迦山房集□卷　明范汝梓撰　明刻本　九行二十字白口四周單邊
存奏疏書

三三一八 駱太史澹然齋存稿六卷　明駱從宇撰　明崇禎十年駱氏刻本　八行十八字白口左右雙邊

十五三

三三一九 四然齋藏稿十卷　明黃體仁撰　明萬曆刻本　九行二十字白口四周單邊

三三二〇 曼衍齋文集不分卷　明莊元臣撰　清抄本

三三二一 遼籌二卷奏草一卷陳謠雜咏一卷遼夷略一卷　明張鼐撰　明天啟刻本（遼夷略配清陳氏裛露軒抄本）　鄧邦述跋　八行十九字白口左右雙邊　陳謠雜咏六行十七字白口四周單邊

三三二二 遼籌二卷陳謠雜咏一卷　明張鼐撰　明天啟刻本　八行十九字白口左右雙邊　陳謠雜咏六行十七字

三三二三 寶日堂初集三十二卷　明張鼐撰　明崇禎二年刻本　九行十九字白口四周單邊

三三二四 梅中丞遺稿八卷　明梅之煥撰　西州淚一卷　清順治衛貞元刻本　九行二十字白口四周單邊

三三二五 梅中丞遺稿八卷　明梅之煥撰　清抄本　九行二十字至二十五字不等无格

三三二六 文水李忠肅先生集六卷　明李邦華撰　附一卷　清乾隆七年大鄧里刻本　九行十八字白口四周雙邊

三三二七 來鶴樓集四卷　明劉遵憲撰　明末刻本　九行十八字白口四周單邊
存三卷（一至二、四）

三三二八 㤪醉齋集不分卷　明劉遵憲撰　明崇禎十一年刻本　八行十八字白口四周單邊

先人文字拈八卷　明楊鶴撰　楊嗣昌輯　明崇禎刻本　陳乃乾跋　八行十八字白口四周單边　三三二九
五品稿九卷　明李若訥撰　明萬曆刻本　九行二十字白口四周双边　三三三〇
四品稿九卷　明李若訥撰　明天啟二年刻本　九行二十字白口四周双边　三三三一
〔萬曆〕甲午科鄉試硃卷不分卷　明王象晉撰　明萬曆刻本　九行二十字白口四周單边　三三三二
郢封里吟一卷　明王象晉撰　明末刻本　八行二十一字白口四周單边　三三三三
賜閑堂集四卷　明王象晉撰　清順治九年王與敕等刻本　九行十九字白口四周單边　三三三四
醒園文略二十卷集詠一卷疏草一卷　明李嵩撰　明萬曆刻本　九行二十字白口四周双边　三三三五
澹生堂集二十一卷　明祁承㸁撰　明崇禎刻本　九行二十字白口左右双边
存六卷　詩集一至六　三三三六
祁爾光先生全稿選八卷　明祁承㸁撰　明刻本　八行二十二字白口四周單边　三三三七
庚子順天硃卷一卷甲辰會試硃卷一卷易藝十絶一卷　明祁承㸁撰　明萬曆刻本　八行二十二字白口四周單边　三三三八
會試硃卷一卷　明祁承㸁撰　明抄本　十四行黑格　三三三九

一五四

五岳詩集四卷槐柳記略一卷二酉詩草四卷　明武國功撰　清康熙武氏家刻本　九行二十字白口四周双边，詩草四周單边　三三四〇
長馨軒集□□卷　明王維韮撰　清初抄本　唐仰杜跋　十一行二十四字无格
存一卷一　三三四一
張忠烈公存集□□卷　明張銓撰　明末刻本　九行二十字白口四周單边
存三十卷　六至三十、三十二至三十五　三三四二
匡山社集十一卷文集十二卷　明戴九玄撰　明崇禎八年刻本　九行十八字白口四周單边　三三四三
知希菴稿四卷　明惲厥初撰　清抄本　八行二十五字无格　三三四四
知希菴稿四卷　明惲厥初撰　清抄本　十二行二十三字无格　三三四五
王惺所先生文集十卷　明王以悟撰　明天啟二年刻本　九行二十字白口四周双边　三三四六
王惺所先生文集十卷　明王以悟撰　明天啟二年刻後代重修本　三三四七
萬曆丙午科浙江鄉試文魁徐行忠硃卷一卷　明徐行忠撰　明萬曆刻本　八行二十字白口四周單边　三三四八
獨賞編一卷勞勞語一卷洛如集一卷擬古樂府一卷花咏一卷　明薄鑑撰　清道光二十年李錫晴抄本　清李錫晴跋　三三四九
白毫庵内篇二卷外篇一卷雜篇二卷　明張瑞圖撰　明崇禎刻本　七行十八字白口左右双边　三三五〇
雲石堂集二十四卷　明成靖之撰　明崇禎十六年成克鞏刻本　九行二十字白口四周單边　三三五一
市南子二十二卷制勅六卷　明李光元撰　吳士元輯　明崇禎刻本　九行二十字白口左右双边　三三五二
槎菴詩集八卷　明來斯行撰　明末百順堂刻本　九行十八字白口四周双边　三三五三
裕愍公稿不分卷　明顧大章撰　清抄本　十一行二十四字无格　三三五四
徐忠烈公集四卷附錄一卷　明徐從治撰　明末刻清康熙乾隆補刻本　九行十八字白口左右双边　三三五五
樂中集一卷前集七卷近集七卷　明胡繼先撰　明天啟刻本　九行十九字白口四周單边　三三五六
韓文恪公文集二十一卷首一卷末一卷詩集十卷　明韓日纘撰　清康熙刻本　九行十九字白口四周單边　三三五七
浮丘左先生文集三卷　明左光斗撰　明崇禎刻本　九行十九字白口四周單边　三三五八
左忠毅公集三卷年譜二卷　明左光斗撰　清左宰撰　左侍御公集一卷　明左光先撰　清康熙元年刻本　十二行二十字白口左右双边　三三五九

一五五

左忠毅公集三卷　明左光斗撰　年譜二卷　清左宰撰　左侍御公集一卷　明左光先撰　清乾隆刻本　十行二十字白口左右双边　三三六〇
左忠毅公集五卷　明左光斗撰　清康熙敞𣏌堂刻本　九行二十字白口四周單边　三三六一
丁文遠集二十卷外集八卷　明丁紹軾撰　明天啟三年刻本　九行十八字白口四周單边　三三六二
丁文恪公續集六卷　明丁紹軾撰　明崇禎刻本　九行十八字白口左右双边　三三六三
木天館稿二卷恒南稿三卷　明傅振商撰　明萬曆刻本　九行十八字白口四周双边　三三六四
恒南稿八卷　明傅振商撰　明萬曆刻本　九行十九字白口四周單边　三三六五
西征稿八卷　明傅振商撰　明萬曆刻本　九行十九字白口四周單边　三三六六
南都稿三卷　明傅振商撰　明崇禎三年刻本　八行二十一字白口四周單边　三三六七
愛鼎堂全集選三十卷　明傅振商撰　楊廷鑑輯　清順治三年傅鶚祥刻本　八行十八字白口四周單边　三三六八
愛鼎堂遺集前集十卷後集二十卷首一卷　明傅振商撰　清乾隆五十五年傅應奎刻本　九行二十一字白口四周單边　三三六九
楊忠烈公文集六卷　明楊漣撰　清順治十七年李贊元刻本　九行二十字白口左右双边　三三七〇
楊忠烈公文集六卷　明楊漣撰　清抄本　九行十六字无格　三三七一

頌帚居士戒草一卷　明劉錫玄撰　明萬曆四十五年自刻本　八行二十字白口四周雙邊　三三七二

頌帚二集二卷　明劉錫玄撰　明萬曆刻本　八行二十字白口四周單邊　三三七三

頌帚三集二卷　明劉錫玄撰　明萬曆刻本　八行二十字白口四周雙邊　三三七四

方朔明心內篇一卷外篇一卷襍篇一卷掃餘之餘一卷　明劉錫玄撰　明末刻本　八行二十字白口四周雙邊　三三七五

掃餘之餘三卷　明劉錫玄撰　明末刻本　八行二十字白口四周雙邊　三三七六

黔南十集十一卷　明劉錫玄撰　明末刻本　八行二十字白口四周雙邊　三三七七

黔南學政附革面科武試錄一卷　黔南軍政一卷　黔南尺牘一卷　存燕約略一卷　圍城日錄附十景圖一卷　圍城襍錄一卷　圍城擊彙二卷　歸滇閒紀一卷　撫綏預違一卷　圍城夢卜一卷

中丞念山公集不分卷　明張瀓撰　明刻明清遞修本　九行十八字至二十字不等白口四周單邊或左右雙邊　三三七八

水蓮集四卷　明夏樹芳撰　明江陰夏氏清遠樓刻本　七行十六字白口四周單邊　三三七九

消暍集二十四卷　明夏樹芳撰　明崇禎刻本　七行十六字白口四周單邊　三三八〇

瑤草園初集口卷　明吳之鯨撰　明刻本　八行十八字白口左右雙邊　三三八一
存十一卷　一至十一

十五六

識匡齋全集十六卷　明劉原祉撰　清順治十一年馮如京刻本　十行二十字白口左右雙邊　三三八二

淨香池藁五卷詩藁四卷　明賀世壽撰　明崇禎刻本　九行二十字白口四周單邊　三三八三

役言集六卷　明宋統殷撰　清抄本　九行十六字黑格　三三八四

條議杞略一卷　彭城近草一卷　撫晉事跡一卷　自叙一卷　虞華偶燃一卷　必有事言一卷

憨生集十八卷　明陸夢龍撰　明末刻本　十行二十一字白口四周單邊　三三八五

妙遠堂詩集十四卷　明馬之駿撰　明萬曆刻本　九行十八字白口四周單邊　三三八六

妙遠堂全集四十卷　明馬之駿撰　明天啓七年刻本　八行十七字白口四周單邊　三三八七
存九卷　一至九

王聞修先生河渚集口口卷　明王志堅撰　清初王文謨等抄本　三三八八
存十四卷　三至十二、二十四至二十六、三十四

隱秀軒集三十三卷　明鍾惺撰　明天啓二年沈春澤刻本　八行十七字白口四周單邊　三三八九

隱秀軒集八卷　明鍾惺撰　明末書林近聖居刻本　八行十七字白口四周單邊　三三九〇

鍾伯敬先生遺稿四卷　明鍾惺撰　明天啓七年徐波刻本　九行十八字白口四周單邊　三三九一

鍾伯敬先生遺稿四卷　明鍾惺撰　明崇禎刻本　九行十八字白口四周單邊　三三九二

翠娛閣評選鍾伯敬先生合集文集十一卷詩集五卷　明鍾惺撰　陸雲龍評　明崇禎九年陸雲龍刻本　九行二十字白口四周單邊　三三九三

靜悱集十卷附錄一卷　明吳之甲撰　清乾隆四年吳重康刻本　九行二十字白口左右雙邊　三三九四

徐子卿近集十卷　明徐日久撰　明末刻本　九行二十一字白口四周單邊　三三九五

文太青先生全集五十三卷　明文翔鳳撰　明萬曆刻本　九行二十字白口四周單邊　三三九六

啓事六卷　雜錄四卷　皇極篇二十七卷　東極篇四卷　南極篇二十二卷

南都新賦不分卷　明文翔鳳撰　明萬曆四十八年刻本　九行二十字白口四周單邊　三三九七

紫庭草一卷　明文翔鳳撰　明刻三子小草本　九行二十字白口左右雙邊　三三九八

作聖齋吟草一卷　明文翔鳳撰　清抄本　八行二十八至三十一字無格　三三九九

太古堂遺編十四卷　明高弘圖撰　清抄本　八行二十字白口左右雙邊　三四〇〇

泊水齋詩集六卷　明張慎言撰　明崇禎十四年刻本　七行十八字白口四周單邊　三四〇一

勺水菴詩集一卷　明張慎言撰　明崇禎刻本　清王鐸批點　王獻虞跋並題詩　七行十八字白口四周單邊　三四〇二

虎谷詩集五卷　明張慎言撰　明末刻本　十一行二十一字白口左右雙邊　三四〇三

十五七

泊水齋文鈔三卷　明張慎言撰　清康熙三十九年張茂生刻本　九行二十字白口左右雙邊　三四〇四

拜環堂文集六卷　明陶崇道撰　明崇禎刻本　八行十八字白口四周雙邊　三四〇五

漆園卮言十七卷　明莊起元撰　明萬曆刻本　九行二十字白口四周單邊　三四〇六

明忠觀察洪雲蒸紫雲公文集五卷外編二卷　明洪雲蒸撰　清乾隆餘慶堂刻本　九行二十字白口四周雙邊　三四〇七

觀復菴綺集十二卷綦集四卷續集四卷緒集八卷　明吳爽撰　明萬曆刻本　九行十九字白口左右雙邊（緒集間有七行十八字白口四周單邊或八行十八字白口左右雙邊）　三四〇八

緒集：

輿中草一卷　舟中記一卷　淮上吟一卷　嘲夢詩一卷　城社紀畧一卷　空門游戲一卷　燕市悲歌一卷　丹霞彿譜一卷

偶然草二卷　明曾應祥撰　清抄本　八行二十字無格　三四〇九

張石初也足山房尤癯稾六卷　明張廷玉撰　明末刻本　八行十八字白口四周單邊　三四一〇

楊文弱先生集五十七卷　明楊嗣昌撰　清初刻本　有像　十行二十二字小字雙行同黑口左右雙邊　三四一一

地官集口口卷　明楊嗣昌撰　明天啓刻本　九行十九字白口四周單邊　三四一二
存十八卷　一至十八

紫雲亭初稿一卷　明徐培植撰　明萬曆刻本　八行十七字小字双行同白口四周單边　三四一三
景瞻論草不分卷　明賀仲軾撰　明天啟刻本　九行二十字白口四周双边　三四一四
景瞻論草不分卷　明賀仲軾撰　清賀鴻來刻本　九行二十一字白口四周双边　三四一五
學餘園初集五卷　明丘兆麟撰　明刻本　九行十九字白口四周双边　三四一六
玉書庭全集□□卷　明丘兆麟撰　明崇禎丘子旦丘子壽等刻本　八行十九字白口四周單边　三四一七
存詩文二十二卷
玉書庭全集三十二卷　明丘兆麟撰　明崇禎丘子旦丘子壽等刻清康熙雍正重修本　八行十九字白口四周單边　三四一八
玉書庭全集三十四卷　明丘兆麟撰　明崇禎丘子旦丘子壽等刻清康熙雍正重修增刻本　三四一九
問山亭詩十卷　明王象春撰　明萬曆刻本　八行十九字白口四周双边　三四二〇
丙戌草一卷　壬子草一卷　甲寅草一卷　小草草一卷　讀杜詩一卷　辛亥草二卷　癸丑草一卷　借居詩一卷　讀李詩評一卷
問山亭主人遺詩正集一卷續集一卷齊音一卷　明王象春撰　清王士驥輯　清抄本　清王祖昌跋　十行二十一字无格　三四二一

十五八

問山亭主人遺詩一卷續一卷補一卷　明王象春撰　清王士驥王士禛輯　清三十六硯齋抄本　九行二十字藍格白口四周双边　三四二二
問山亭遺詩拾遺一卷　明王象春撰　清王祖昌輯　清抄本　八行二十字无格　三四二三
王季木詩丙戌草一卷辛亥草二卷癸丑草一卷壬子草一卷甲寅草一卷　明王象春撰　清王士禛批點删定　明抄本　九行十九字白口四周双边　三四二四
濟南百咏一卷　明王象春撰　明萬曆四十四年刻本　八行十九字白口四周單边　三四二五
濟南百詠一卷　明王象春撰　清初抄本　清王士禛批校　九行二十六字无格　三四二六
覆瓿集十二卷　明徐㰖撰　明萬曆刻本　十行二十二字白口四周單边　三四二七
柱蠊初集七卷　明王谷績撰　明萬曆四十四年刻本　九行十八字白口四周双边　三四二八
九籥集四十七卷　明宋楙澄撰　明萬曆刻本　十行十九字白口左右双边　三四二九
九籥前集十一卷　九籥集文十卷　九籥前集詩八卷　九籥集詩四卷
九籥別集四卷　明宋楙澄撰　清初刻本　九行二十字白口左右双边　三四三〇
九籥續集十卷　九籥後集二卷　九籥中集一卷　瞻途紀聞一卷
寰
激楚齋初草六卷　明李東純撰　清抄本　九行二十字无格　三四三一

句注山房集二十卷　明張鳳翼撰　明孫傳庭刻本　十行十九字白口四周双边　三四三二
句注山房集七卷　明張鳳翼撰　明刻本　十行十九字白口四周双边　三四三三
癸丑科館閣試草一卷　明劉鴻訓撰　明萬曆刻本　九行二十字白口左右双边　三四三四
四素山房集十九卷皇華集一卷　明劉鴻訓撰　明崇禎十三年劉孔中刻清印本　九行二十一字白口四周單边　三四三五
胡維霖集三十四卷　明胡維霖撰　明崇禎刻本　九行二十字白口四周單边　三四三六
墨池浪語五卷　冷齋漫評一卷　石雲洞崇稿六卷　謀山吟四卷　長嘯山房彙稿十一卷　石門雜著三卷　工部嘯梅軒稿四卷
讀書堂稿十二卷　明葉燦撰　明崇禎刻本　八行十八字白口无直格四周單边　三四三七
存四卷九至十二
天柱集十七卷　明葉燦撰　明崇禎刻本　八行十九字白口四周單边　三四三八
素雯齋集三十八卷目錄二卷　明吳伯與撰　明天啟刻本　九行十八字白口左右双边　三四三九
西湖造游草一卷　明吳伯與撰　明末刻本　九行十八字白口左右双边　三四四〇
休夏十首一卷長安秋逸一卷游黃山紀一卷游黃山詩附一卷　明吳伯與撰　明刻本　休夏六行十三字白口四周單边　長安秋逸八行十六字白口左右双边　游黃山十行十九字白口左右双边　三四四一

十五九

鹿忠節公認真草十五卷　明鹿善繼撰　清鹿傳霖輯　清抄本　九行二十字无格　三四四二
存六卷：借發金花始末一卷　籽粒本末一卷　馬房本末一卷　扶孤始末一卷　邊餉一卷　營書草一卷
鹿忠節公集二十一卷　明鹿善繼撰　清刻本　九行二十字白口四周双边　三四四三
鹿奉常集二十一卷　明鹿善繼撰　清抄本　九行十八字紅格　三四四四
無欲齋詩鈔一卷　明鹿善繼撰　清乾隆刻本　八行二十一字无直格白口四周双边　三四四五
無欲齋詩草一卷　明鹿善繼撰　清抄本　六行十八字　三四四六
杜曲集十一卷　明戴澳撰　明崇禎刻本　八行十六字白口四周單边　三四四七
柳堂遺集十三卷　明胡胤嘉撰　明萬曆刻本　九行十九字白口四周單边　三四四八
雪虹閣集不分卷　明李繼貞撰　清抄本　十行二十八字无格　三四四九
從野堂存稿八卷　明繆昌期撰　明崇禎十年繆虞白刻本　八行十八字白口左右双边　三四五〇
繆文貞公文集二卷　明繆昌期撰　清雍正六年耕學草堂刻本　十行二十字黑口左右双边　三四五一
在魯齋文集五卷　明孔貞時撰　明崇禎四年孔尚豫刻本　九行二十字白口四周單边　三四五二
自娛草十卷詩餘一卷　明俞琬綸撰　明萬曆四十六年刻本　九行十八字白口四周單边　三四五三

自娛集十卷詩餘一卷 明俞琬綸撰 清康熙三十八年俞瑩俞蘇刻本 九行十八字白口四周單邊 二三五四
范文忠公文稿不分卷 明范景文撰 稿本 清張之洞、李鴻藻、陳寶琛、張佩綸、黃國瑾、孔魯封、錫縝、吳汝綸題詩 張之萬、廖壽恒、陸潤庠、王懿榮、劉恩溥、傅增湘、章梫跋 二三五五
范文忠公初集十二卷 明范景文撰 年譜一卷 清王棟錫撰 清康熙四十年范鋐考范繩祖等刻本 八行二十三字白口四周雙邊 二三五六
明德先生文集二十六卷制藝一卷 明呂維祺撰 附新安守禦全城記一卷 清張鼎延撰 明德先生年譜四卷 清施化遠等撰 清康熙二年呂兆璜等刻本 十行二十一字白口左右雙邊 二三五七
碩邁園集十卷 明[illegible]撰 明崇禎刻本 九行十八字無直格白口四周單邊 二三五八
逸園新詩一卷 明耿志煒撰 明崇禎刻本 八行十八字白口四周雙邊 二三五九
焦逄源先生逆旅集二十卷 明焦源溥撰 清初刻本 八行二十字白口四周雙邊 二三六〇
翠筠亭集十卷 明石文器撰 附錄一卷 明崇禎刻本 十行十九字白口四周雙邊 二三六一
翠筠亭集十三卷補遺一卷 明石文器撰 清初石氏刻本 八行十九字白口四周單邊 二三六二
李文敏公遺集定本二卷 明李國楷撰 附錄一卷 清康熙七年李蔚刻本 九行二十字白口四周單邊 二三六三

十六〇

雲黃集八十二卷 明傅國撰 明崇禎十三年刻本 八行十六字白口四周單邊 二三六四
存八十一卷 一至七十七、七十九至八十二
傳是堂合編五卷河東文告四卷奏議一卷 明李日宣撰 明天啟刻本 九行十八字白口四周雙邊 二三六五
蘭雪堂集八卷 明王心一撰 清乾隆刻本 十一行二十一字白口左右雙邊 二三六六
蘭雪堂燼餘集十卷 明王心一撰 清抄本 八行十七字無格 二三六七
吳越集二卷 明徐應亨撰 明萬曆三十一年自刻本 八行十六字白口四周單邊 二三六八
方玉堂集二十八卷 明宋應昇撰 明崇禎刻清乾隆二十四年宋璉重修本 方玉堂詩草七卷續詩草九卷方玉堂文稿九卷續文稿一卷文移類一卷方玉堂續刻四六啓稿一卷 八行十八字白口四周單邊 二三六九
酉玉山房詩集五卷九滐草一卷 明李燦箕撰 明刻本 八行十八字白口四周單邊 二三七〇
賜餘堂集十卷 明錢士升撰 年譜一卷 明許重熙撰 清乾隆四年錢佳刻本 十行二十三字小字雙行同白口左右雙邊 二三七一
來陽伯集二十卷 明來復撰 明天啟刻本 九行十九字白口左右雙邊 二三七二
來復齋稿十卷 明劉鐸撰 附錄一卷 明崇禎劉淑刻永曆重修清印本 八行十八字白口左右雙邊 二三七三

簡齋詩鈔十卷二刻秋水謠五卷剩吹五卷 明劉榮嗣撰 明崇禎刻本 八行十七字十八字不等白口四周單邊 二四七四
簡齋先生詩選十一卷文選四卷 明劉榮嗣撰 清康熙元年劉佑刻本 九行二十字白口四周單邊 二四七五
博望山人稿二十卷 明曹履吉撰 明崇禎十七年曹台望曹台岳等刻本 九行十九字白口左右雙邊 二四七六
世篤堂稿六卷 明郭如杞撰 外集一卷 風雲亭稿二卷 明[illegible]撰 清康熙四十五年耿鶴攀活字印本 九行十八字白口四周雙邊 二四七七
文園文集不分卷 明黃可師撰 清抄本 二四七八
和蕭集不分卷 明阮大鋮撰 明萬曆刻本 七行十五字白口四周單邊 二四七九
詠懷堂詩集四卷外集二卷 明阮大鋮撰 明崇禎八年刻本 九行十九字白口四周單邊 二四八〇
詠懷堂丙子戊寅詩二卷 明阮大鋮撰 明崇禎刻本 八行十七字白口四周單邊 二四八一
藏密齋集二十四卷 明魏大中撰 明崇禎刻本 九行十八字白口四周單邊 二四八二
藏密齋集二十四卷 明魏大中撰 明崇禎刻本 清吳騫跋 二四八三
藏密齋集二十五卷 明魏大中撰 明崇禎刻本 九行十八字白口四周單邊 二四八四
魏忠節遺著不分卷 明魏大中撰 清同治八年劉履芬抄本 清劉履芬、潘鍾瑞校並跋 九行二十五字白口四周雙邊 二四八五

十六十

魏忠節公札稿不分卷 明魏大中撰 清杏花春雨山莊抄本 二四八六
魏廓園先生尺牘不分卷 明魏大中撰 附一卷 清抄本 十一行二十二字無格 二四八七
劉止菴先生語錄五卷文集五卷 明劉永基撰 明崇禎二年刻本 九行二十字白口四周單邊 二四八八
落落齋遺集十卷 明李應昇撰 清康熙刻本 八行十八字白口左右雙邊 二四八九
節愍公遺集不分卷 明彭期生撰 清抄本 清吳騫題款 九行二十四字無格 二四九〇
黃忠端公文略三卷詩略二卷說略一卷 明黃尊素撰 正氣錄一卷 清康熙十五年許三禮清遠堂刻本 十二行二十四字白口左右雙邊 二四九一
明瞿忠宣公文稿不分卷 明瞿式耜撰 稿本 二四九二
虞山集十二卷 明瞿式耜撰 清瞿昌文輯 清寶恩堂抄本 九行二十二字白口左右雙邊 二四九三
虞山集十二卷 明瞿式耜撰 清瞿昌文輯 清寶恩堂抄本 二四九四
存十一卷 一至九、十一至十二
瞿中丞啟稿不分卷 明瞿式耜撰 清抄本 九行二十四字 二四九五
浩氣吟一卷 明瞿式耜撰 附錄一卷 清初東日堂刻本 八行十八字白口四周單邊 二四九六

恒遊草一卷燕游草一卷　明王琨撰　明刻本　八行十八字白口四周單边　三四九七

南遊草一卷　明王琨撰　明崇禎刻本　八行十八字白口四周單边　三四九八

林下吟三卷篋餘集一卷　明王琨撰　明崇禎四年刻本　八行十八字白口四周單边　三四九九

蹁庵集不分卷　明魏浣初撰　明抄本　八行二十字黑格四周双边　三五〇〇

四留堂襍著不分卷　明魏浣初撰　清抄本　九行二十一字无格　三五〇一

四留堂雜著二卷　明魏浣初撰　清咸豐抄本　九行二十四字无格　三五〇二

華榕外集一卷西湖行吟一卷杜騑剩語一卷羊角逸言一卷　明曾應瑞撰　明崇禎刻本　八行十八字白口四周單边　三五〇三

珂雪齋前集二十四卷外集十五卷　明袁中道撰　明萬曆四十六年刻本　九行十八字白口四周單边　三五〇四

珂雪齋近集十卷　明袁中道撰　楚狂之歌一卷小袁幼稿一卷近遊草一卷　明袁祈年撰　明書林唐振吾刻本　十行二十字白口四周單边　三五〇五

珂雪齋近草十卷　明袁中道撰　明刻本　九行十八字白口四周双边　三五〇六

珂雪齋遊居柹錄十三卷　明袁中道撰　明刻本　九行十八字白口四周單边　三五〇七

珂雪齋集選二十四卷　明袁中道撰　明天啟二年刻本　九行十八字白口四周單边　三五〇八

萬曆乙卯山東鄉試硃卷一卷　明寧光先撰　明萬曆刻本　九行二十字白口四周單边　三五〇九

萬曆丙辰會試硃卷一卷　明寧光先撰　明萬曆刻本　九行二十字白口四周單边　三五一〇

青來閣初集十卷　明方應祥撰　明萬曆四十五年刻本　九行十八字白口左右双边　三五一一

青來閣初集十卷　明方應祥撰　明萬曆四十五年刻本　鄧之誠題記　三五一二

青來閣二集十卷　明方應祥撰　明天啟四年易道暹等刻本　九行十八字白口左右双边　三五一三

方孟旋先生合集二十卷　明方應祥撰　清順治九年李際期刻本　九行二十字白口四周單边　三五一四

謝石渠先生詩集十三卷（計偕集一卷　游羅浮集一卷　男閣漫錄一卷　秋似亭集二卷　郢中集一卷　笑玉軒集一卷　懶寧集存一卷上　七星巖集一卷　燕臺集一卷　退食軒集一卷　巴音集一卷）　明謝士章撰　明天啟刻本　八行十八字白口四周双边　三五一五

清權堂集二十二卷　明沈德符撰　明刻本　明沈際昇沈紱祉周文燦批校並跋　九行十八字白口左右双边　三五一六

陳靖質居士文集六卷　明陳山毓撰　明天啟四年陳舒等刻本　九行十八字白口四周單边　三五一七

敬事草五卷　明孔貞運撰　明崇禎刻本　九行二十字白口四周單边　三五一八

禮部存稿八卷　明陳子壯撰　明崇禎刻本　九行二十字白口四周單边　三五一九

進講錄二卷秋痕二卷　明陳子壯撰　明崇禎十一年刻本　九行二十字白口四周單边　三五二〇

陳庶常遺集四卷　明陳萬言撰　附一卷　明崇禎三年王起隆等刻本　九行十九字白口四周單边　三五二一

鈃園集十四卷存七卷（一至七）　明陳萬言撰　明末刻本　九行十九字白口左右双边　三五二二

北征小草十二卷　明張泰階撰　明崇禎刻本　八行十九字白口四周單边　三五二三

北征小草十二卷　明張泰階撰　清看雲草堂抄本　十四行二十六字白口四周双边　三五二四

藍亞中文集十八卷　明藍近任撰　明崇禎八年紫芝館刻本　九行十八字白口四周双边　三五二五

侯太史遂園詩集十二卷　明侯恪撰　清順治十二年侯方岳等刻本　九行十八字白口左右双边　三五二六

吴麟瑞集□卷存二卷（三至四）　明吴麟瑞撰　清抄本　九行二十六字无格　三五二七

白谷山人詩集不分卷　明孫傳庭撰　稿本　九行十八字无格　三五二八

白谷山人詩鈔二卷　明孫傳庭撰　忠節錄一卷　明崇禎十六年孫世瑞孫世寧刻清順治增刻本　九行二十字白口四周單边　三五二九

青錦園文集選五卷存一卷（一）　明葉憲祖撰　許運鵬輯　明天啟刻本　九行十八字白口四周單边　三五三〇

斗酒堂集九卷補遺一卷詞一卷　明貢修齡撰　附集一卷　明崇禎刻本（有缺葉）　九行二十字白口四周單边　三五三一

中隱園草二卷嵩遊草一卷　明劉夢雷撰　崔泌之評　明崇禎九年刻本　九行十七字白口无直格四周單边　三五三二

清閟全集八十九卷（薇天集二卷　公槐集六卷　棘門集八卷　秋要集十卷二刻一卷續刻一卷　循滄集二卷　迦陵集四卷　升黄集二卷　響玉集十卷餘一卷　流湍集五卷　文遠集二十八卷補遺一卷　松瘳集二卷　風吟集六卷）　明姚希孟撰　明崇禎刻本　七行十八字或八行十八字白口左右双边　三五三三

飛蓬吟十卷存七卷（一至五、七、九）　明杜濬芳撰　明崇禎刻本　九行十八字白口四周双边　三五三四

鄭中丞公益樓集四卷　明鄭二陽撰　鄭氏家乘一卷　三代遺真錄一卷　清康熙刻本　九行二十字下黑口左右双边　三五三五

岱宗藏稾五十卷　明楊夢袞撰　明天啟秣陵廣譽堂刻本　九行二十字白口四周單边　三五三六

岱宗藏稾五十卷目錄二卷　明楊夢袞撰　明抄本　九行二十字无格　三五三七

岱宗藏稿五十卷補遺一卷　明楊夢袞撰　明末抄本　九行二十字白口四周双边　三五三八

代宗小槩十六卷 明楊鶴撰 明□□刻本 九行二十字白口四周单边 三五三九
周廷吹先生靜文堂稿四卷 明周詩雅撰 明崇禎刻本 八行二十一字白口四周单边 三五四〇
劍津集十卷 明邵捷春撰 明崇禎刻本 八行十八字白口四周单边 三五四一
次韻落花詩一卷 明邵捷春撰 明崇禎刻本 八行十八字白口四周单边 三五四二
方建元集十四卷佳日樓詞一卷續集師心草一卷 明方于魯撰 明萬曆刻本 八行十七字白口四周单边 三五四三
紉蘭閣詩集十四卷 明方孟式撰 清康熙三十四年張祁虔刻本 十一行二十一字黑口左右双边 三五四四
方鄭峁復初集三十六卷 明方承訓撰 明萬曆刻本 十一行十九字白口四周单边 存三十一卷 一至十四、二十至三十六 三五四五
蒼耳齋詩集十七卷 明方問孝撰 明萬曆蔣之蕃等刻本 九行十八字白口四周单边 三五四六
漱石居集□卷 明六洪勲撰 明萬曆刻本 八行十八字白口四周单边 存九卷 一至九 三五四七
唱喝集一卷 明唐仲賢撰 明萬曆二十五年唐仲賢折芰軒刻本 七行十六字白口四周单边 三五四八
酉陽山人編蓬集十卷後集十五卷 明唐汝詢撰 明萬曆刻本 九行二十字白口四周单边 三五四九

十六四

酉陽山人編蓬集十卷後集十五卷 明唐汝詢撰 明萬曆刻清乾隆二十四年唐元素重修本 九行二十字白口四周单边或左右双边 三五五〇
碧梧齋集一卷 明文從龍撰 明萬曆二十六年刻本 九行十八字白口左右双边 三五五一
停雲館詩選二卷 明文從龍撰 明萬曆刻本 九行十八字白口左右双边 三五五二
樂天集十卷 明辛全撰 明萬曆刻本 十一行二十二字黑口四周双边 三五五三
龍潭集□□卷 明龔黃撰 明刻本 八行十八字白口四周单边 存十七卷 四至二十 三五五四
雪鴻堂詩蒐逸三卷 明謝三秀撰 附錄一卷 清咸豐元年王介臣遵義刻本 清莫友芝批 十行二十一字白口左右双边 三五五五
謝耳伯先生初集十六卷全集八卷 明謝兆申撰 明崇禎玉樹軒刻本 九行十八字白口左右双边 三五五六
臥雲稿一卷 明許自昌撰 明萬曆三十年自刻本 八行十八字白口四周单边 三五五七
湖海長吟八卷操瑟迂譚二卷 明王文禎撰 清抄本 十一行二十四字无格 三五五八
詹詹言一卷 明王醒之撰 明詹煒齋刻本 八行十五字白口四周单边 三五五九
瑞雲樓稿□□卷 明王承勲撰 明刻本 九行十六字白口四周双边 三五六〇
存三卷 七至九
寶露園詩草一卷 明王宠乾撰 鄭明選評 明萬曆刻本 八行十八字白口四周单边 三五六一
聊聊草一卷 明王象明撰 明末刻本 八行十八字白口四周单边 三五六二
迂園詩十二卷 明王象良撰 明崇禎刻本 九行十八字白口四周单边 三五六三
磾園詩藁二卷 明王濬撰 明刻本 六行十六字白口四周单边 三五六四
鑴中弇山人稿五卷 明王士騏撰 明萬曆三十六年刻本 九行十八字白口左右双边 三五六五
耕心子漫稿二十二卷 明王太白撰 明萬曆四十二年王孫昌刻本 十行十八字白口四周双边 三五六六
客越集一卷 明王巽撰 明萬曆二十一年談脩刻本 七行十六字白口四周双边 三五六七
管涔集六卷 明丁惟暄撰 明刻本 九行十八字白口四周单边 三五六八
夏叔夏貧居日出言二卷仍園日出言二卷 明夏大寤撰 明刻本 七行十八字白口四周双边 三五六九
轂音集一卷 明于承祖撰 明萬曆芙蓉社刻本 八行十八字白口四周单边 三五七〇
松門稿一卷金臺稿一卷鳳臺稿一卷 明當暎撰 明抄本 八行十七字白口左右双边 三五七一
雙魚編二卷二編二卷三編二卷 明項桂芳撰 明萬曆二十三年周子文刻本 八行十八字白口四周单边 三五七二

十六五

滄漚集八卷 明張重華撰 明萬曆晴陽堂刻本 九行十九字白口四周单边 三五七三
南北遊草續一卷 明張重華撰 明萬曆二十二年萬世德刻本 七行十四字白口四周单边 三五七四
潛玉齋稿四卷春雪篇二卷近稿一卷解殘篇一卷 明張所敬撰 明萬曆刻本 九行十九字白口左右双边 三五七五
張公路詩集八卷 明張名由撰 明刻本 十四行二十八字白口四周双边 三五七六
檀心館集十二卷 明張灝撰 明萬曆刻本 八行十六字白口四周单边 三五七七
檀心館集六卷 明張灝撰 明萬曆刻本 七行十六字白口四周单边 三五七八
梅花草堂集十六卷 明張大復撰 明崇禎刻本 九行二十字白口左右双边 三五七九
張異度先生自廣齋集十六卷 明張世偉撰 明崇禎十一年刻本 九行十八字白口左右双边 三五八〇
張烈愍公全集四卷 明張振德撰 清張九華輯 清抄本 九行二十一字白口四周双边 三五八一
新刊孔部元法題四六參語二卷 明孔貞運撰 明萬曆刻本 十二行二十二字白口四周单边 三五八二
孫從周詩四卷 明孫文郁撰 明萬曆刻本 九行十八字白口左右双边 三五八三

三五八四　珠樹齋小草三卷　明孫毅撰　明刻本　八行十八字白口四周單邊

三五八五　端峰先生松菊堂集二十四卷　明孫鑾撰　明萬曆三十八年張塤刻本　九行十八字白口左右双边

三五八六　鍥旁釋雞肋集六卷　明鄧志謨撰　明末建陽書林積善堂陳奇泉刻本　八行二十字白口四周双边

三五八七　白雲巢集二十四卷　明邢大道撰　明萬曆四十五年刻本　十行二十字白口四周双边

三五八八　五亭長集一卷　明尹處壁撰　明萬曆刻本　九行十八字白口左右双边

三五八九　江汝社稿九卷　明耿汝忞撰　明萬曆四十六年刻本　十行二十字白口左右双边

三五九〇　章山文集四卷　明盧一元撰　明刻本　九行二十字白口四周單邊

三五九一　汲古堂集二十八卷　明何白撰　明萬曆刻本　九行十八字白口左右双边

三五九二　汲古堂集二十八卷續集一卷　明何白撰　明萬曆刻本　九行十八字白口左右双边

三五九三　汲古堂集二十八卷　明何白撰　明刻清康熙重修本　清周名爵跋　九行十八字白口左右双边

三五九四　汲古堂續集十二卷　明何白撰　清初抄本　佚名批校　九行二十七至三十字不等无格　存四卷（六至八、十一）

三五九五　汲古堂續集不分卷　明何白撰　清抄本　十行二十二字藍格白口四周双边

三五九六　環菴遺稿十卷　明虞原璩撰　清同治抄本　清孫鏘鳴批校並跋　十二行二十字藍格

三五九七　漉籬集二十五卷遺集一卷　明卓發之撰　明崇禎傳經堂刻本　八行十八字白口四周單邊

三五九八　卓澂甫詩集十卷　明卓明卿撰　明萬曆八年胡心得沈修刻本　九行十七字白口四周單邊

三五九九　卓澂甫詩集十卷　明卓明卿撰　明萬曆八年胡心得沈修刻本　清丁丙跋

三六〇〇　卓澂甫詩續集三卷　明卓明卿撰　明萬曆崧齋刻本　九行十七字白口四周單邊

三六〇一　卓光祿集三卷　明卓明卿撰　明萬曆卓爾昌刻本　清丁丙跋　八行十八字白口四周單邊

三六〇二　卓光祿集三卷　明卓明卿撰　明萬曆苑西家塾刻本　八行十七字白口四周双边

三六〇三　江樓雜咏（集唐句）不分卷　題峨眉洞天主人撰　明刻本　九行十六字白口四周双边

三六〇四　擊轅稿五卷　明朱璟境撰　明刻本　八行十六字白口四周單邊

三六〇五　韻譚八卷　明朱至遠撰　明天啟刻本　九行十八字白口左右双边

三六〇六　達隱先生獨醉庵集六卷補遺一卷　明朱元鄉撰　鍾祖保輯　明末刻本　九行十九字白口左右双边

三六〇七　朱宗良集十二卷　明朱多燐撰　明萬曆二十五年游及遠等刻本　九行十八字白口四周單邊

三六〇八　圖南館近草六卷　明朱存林撰　明萬曆刻本　八行十六字白口四周双边

三六〇九　梅雪軒詩藁四卷　明朱敬鑑撰　明萬曆二十七年朱誼猍刻本　八行十六字白口左右双边

三六一〇　梅雪軒詩稿四卷飲酒詩一卷　明朱敬鑑撰　明萬曆三十二年朱誼汜刻本　八行十六字白口四周單邊

三六一一　梅雪軒詩稿四卷　明朱敬鑑撰　明萬曆四十二年朱誼淵刻本　十行二十字白口四周單邊

三六一二　梅雪軒詩稿四卷飲酒詩一卷　明朱敬鑑撰　明[illegible]刻本　八行十八字白口四周單邊

三六一三　市隱堂詩草五卷　明朱頤爐撰　明崇禎十四年朱用漆刻本　九行二十字白口四周單邊

三六一四　居易子鏗鏗齋外稿續集一卷雜一卷　明朱謀㙔撰　明刻本　九行二十二字白口四周單邊

三六一五　雪杏園藏拙稿不分卷　明魏民仰撰　明抄本

三六一六　蓀堂集十卷　明吳文丞撰　明萬曆三十二年吳可中等刻本　九行十八字白口四周單邊

三六一七　集詩四卷　明吳褒撰　清抄本　八行十八字无格

三六一八　百花詩一卷　明吳可榮撰　明萬曆二十七年吳守周刻本　九行十八字白口四周單邊

三六一九　鷗園草二卷詩餘一卷　明吳廷諤撰　明萬曆三十九年高選易刻本　九行十八字白口四周單邊

三六二〇　玄蓋副草二十卷目錄二卷　明吳稼竳撰　明萬曆三十四年刻本　十行十九字白口左右双边

三六二一　吳虎臣詩集二卷　明吳守淮撰　明萬曆十七年吳新刻本　九行十八字白口左右双边

三六二二　刻吳虎侯遺集詩六卷文十一卷　明吳黃撰　明崇禎二年刻本　九行十八字白口四周單邊

三六二三　吳山人詩三卷　明吳兆撰　清抄本　九行十八字无格

三六二四　吳非熊詩二卷金陵稿三卷遊閩稿一卷　明吳兆撰　清抄本　九行十八字无格

三六二五　蘂桂軒詩二卷　明吳大經撰　明萬曆刻藍印本　九行十九字白口四周單邊

三六二六　在原咏一卷　明吳大經撰　題贈一卷　明萬曆刻本　七行十五字白口四周單邊

三六二七　射堂詩抄十四卷　明吳夢暘撰　附錄一卷　明刻本　九行十八字白口左右双边

三六二八　存笥詩草五卷　明吳桂森撰　明崇禎吳澄之刻本　九行二十一字白口左右双边

三六二九　冰壺集二卷詩餘一卷　明吳雄撰　稿本　八行二十三字黑格

三六三〇　兩洲集十卷　明吳時行撰　明崇禎刻本　九行二十字白口四周單邊

三六三一　吳曰南集十一卷　明吳敏道撰　明刻本　十行十八字白口邊欄不一

三六三二　觀槿續稿十卷（觀槿稿六卷　白雲稿一卷　水影堂編一卷　竹西集一卷　折麻集一卷　月榭集一卷）　明吳敏道撰　明萬曆吳大成等刻本　十行十八字白口四周双边

程會父青山草四卷 明程一極撰 明萬曆刻本 九行十七字白口四周雙邊 三六三三

程仲權先生詩集十卷文集十六卷 明程可中撰 明程胤萬程胤兆刻本 九行二十字白口左右雙邊 三六三四

玄對樓近體詩集五卷 明穆光胤撰 明萬曆刻本 九行十八字白口左右雙邊 三六三五

玄對樓己集七卷 明穆光胤撰 明刻本 有圖像 九行十八字白口左右雙邊 三六三六

陶菴遺稿詩二卷文一卷劄記二卷 明歸子慕撰 明萬曆刻本 八行十八字白口左右雙邊 三六三七

陶菴續稿一卷 明歸子慕撰 明萬曆四十一年顧紹芾刻本 八行十八字白口左右雙邊 三六三八

陶菴遺稿二卷劄記二卷 明歸子慕撰 清抄本 八行十八字无格 三六三九

陶菴集四卷 明歸子慕撰 明崇禎四年吳熙祖刻本 九行十九字白口四周單邊 三六四〇

假菴詩草不分卷 明歸昌世撰 稿本 清郭鳴之跋 三六四一

詩稿前集一卷劄稿內集一卷外集一卷 明詹伯麒撰 明萬曆吳懷保刻本 十行二十字白口左右雙邊 三六四二

印可編一卷續編一卷 明詹紹治撰 明崇禎四年十七年詹日昌刻本 九行二十字白口四周單邊 三六四三

詹東圖先生留都集不分卷玄覽編四卷 明詹景鳳撰 明抄本 清劉喜海題記 十行二十字上黑口四周雙邊 三六四四

十六八

花王閣賸稿一卷 明紀坤撰 清乾隆九年紀容舒抄本 清丁丙跋 三六四五

詠史詩一卷附近體一卷 明徐正舉撰 明刻本 八行二十字白口四周單邊 三六四六

徐筆峒先生十二部文集十二卷 明徐鑾鵬撰 明金陵光啟堂王鳳翔刻本 十行二十字无直格白口四周單邊 三六四七

徐民上先生集八卷 明徐來復撰 明末刻本 九行二十字白口四周單邊 三六四八

絡緯吟十二卷 明徐媛撰 明萬曆四十一年范允臨刻本 八行十八字白口四周單邊 三六四九

水月軒漫唫稿四卷 明徐月汀撰 明萬曆刻本 九行十八字白口左右雙邊 三六五〇

二餘齋詩集五卷 明寇學海撰 清刻本 九行十八字白口左右雙邊 三六五一

西林全集二十卷目錄二卷 明安紹芳撰 明萬曆四十七年刻本 八行十八字白口四周單邊 清安璿批校並跋 三六五二

西林全集二十卷 明安紹芳撰 明萬曆四十七年刻本 三六五三

西林全集二十卷目錄二卷 明安紹芳撰 附錄一卷 明萬曆四十七年刻清康熙印本 三六五四

宋化卿詩草二卷續集二卷花影編一卷 明宋守一撰 明萬曆刻本 七行十七字白口四周單邊 三六五五

麗農樓藏草二卷 明宋守一撰 明萬曆四十三年刻本 七行十五字白口左右雙邊 三六五六

汪六可先生集一卷幼兒問答一卷 明汪應時撰 明萬曆四十七年汪應照刻本 九行二十字白口四周單邊 三六五七

汪明生詩草一卷借研齋草一卷齊梁草一卷秦草二卷 明汪元範撰 清汪氏裘杼樓抄本 九行十八字白口左右雙邊 三六五八

畊牧山人創草二卷 明汪弘澤撰 明萬曆二十六年汪德和刻本 十行二十一字白口左右雙邊 三六五九

遠遊集十二卷 明汪聖教撰 明萬曆刻本 九行十八字白口四周單邊 三六六〇

北笥存稿一卷斷腸詩一卷山夏詩一卷燕再一卷 明汪逵撰 明萬曆刻本 九行十八字白口四周單邊 三六六一

韞璞齋稿一卷燕臺草一卷 明馮琦撰 明抄本 九行十六字藍格白口四周雙邊 三六六二

小有亭集二十六卷 明馮敏勳撰 明刻本 九行十八字无直格白口四周單邊 三六六三

筆花樓新聲一卷 明顧正誼撰 明萬曆刻本 有圖 三六六四

炳燭齋稿不分卷隨筆一卷 明顧大韶撰 清康熙十年顧嘉顏森刻本 九行二十字白口四周單邊 三六六五

潘象安詩集四卷 明潘緯撰 明萬曆刻本 九行十八字白口左右雙邊 三六六六

十六九

潘仲蔚詩稿不分卷 明潘蕃撰 稿本 八行十六字无格 三六六七

大夢軒草不分卷 明潘蕃撰 清抄本 八行十八字紅格 三六六八

問竹軒詩稿二卷 明梁南撰 稿本 清梁濟跋 八行二十字无格 三六六九

適適草一卷 明沈靜專撰 明崇禎[illegible]刻本 九行二十字小字雙行同白口左右雙邊 三六七〇

刻野鶴洪山人水雲詩選二卷 明洪戟撰 [illegible]陽春輯 明萬曆四十六年洪守[illegible]刻本 八行十六字白口四周單邊 三六七一

刻野鶴洪山人水雲續詩選二卷 明洪戟撰 周氏初輯 明天啟七年出雲樓刻本 八行十六字白口四周單邊 三六七二

續刻洪山人水雲草二卷 明洪戟撰 張應恩輯 清順治十六年雲影池館刻本 八行十六字白口四周單邊 三六七三

溫與亨先生詩草不分卷 明溫自知撰 稿本 清李因篤批校並跋 十行二十七字 三六七四

湯慈明詩集三十二卷 明湯有光撰 明天啟二年周長應刻本 九行十八字白口四周單邊 三六七五

借園雜集不分卷 明祝守範撰 清抄本 十行二十二字白口左右雙邊 三六七六

麗崎軒詩四卷詩餘一卷 明吉應光撰 明崇禎十二年歐陽鉉刻本 八行十八字白口无直格四周單邊 三六七七

湖山漫稿一卷 明查檢撰 明萬曆三十三年查應光刻本 九行十八字白口四周單邊 三六七八

三六七九　楚游稿二卷　明李多見撰　明刻本　九行十七字白口四周双边
三六八〇　水西全集十卷　明李培撰　明天啓元年刻本　九行二十字白口四周单边
三六八一　盟鷗集一卷　明李垓撰　明刻本　九行十八字白口四周单边
三六八二　新刻休徵先生玉淵軒摘藁六卷　明李國祥撰　明萬曆三十四年周如溟刻本　十行二十字白口四周单边
三六八三　叢筆齋集十四卷　明來臨撰　明萬曆刻本　九行十八字白口四周单边
三六八四　御鳳閣集十卷　明來臨撰　明崇禎刻本　九行十八字白口四周单边
三六八五　鳳筠館續集二卷　明柯元撰　明萬曆刻本　十行二十字白口左右双边
三六八六　寤歌室詩集不分卷　明彭宗因撰　清抄本
三六八七　選刻四六夢花四卷　明戴文棠撰　明刻本　九行二十字白口四周单边
三六八八　緒言四卷　明董斯張撰　明刻本　十行十六字白口四周单边
三六八九　靜嘯齋存草十卷　明董斯張撰　明萬曆刻本　八行十七字白口四周单边
三六九〇　我有軒集四卷　明范之欺撰　哀輓詩一卷　明萬曆四十四年范之熙刻本
三六九一　蜀都賦不分卷　明范禰撰　江瀅注　明萬曆刻本　九行二十字小字双行同白口四周单边
三六九二　十賚堂甲集詩五卷文十二卷乙集詩十七卷詞一卷北闈黃言二卷　明茅維撰　明萬曆吳興茅氏十賚堂刻本　九行十八字白口左右双边
三六九三　多雲館稿八卷　明蕭鸞撰　明萬曆刻本　十行二十字白口四周单边
三六九四　樊桐集十五卷　明樊維師撰　明天啓刻本　九行二十字白口四周单边
三六九五　蒹竹軒草二卷　明樊學曾撰　明萬曆刻本　九行十八字白口四周单边
三六九六　小雅堂詩稿不分卷　明莫雲卿撰　稿本
三六九七　小雅堂集八卷　明莫雲卿撰　明崇禎五年莫後昌莫逵刻本　八行十九字白口左右双边
三六九八　石秀齋集十卷　明莫雲卿撰　明刻本　九行十七字白口左右双边
三六九九　石秀齋集不分卷　明莫雲卿撰　清初抄本　十一行二十二字
三七〇〇　刻莫廷韓遺稿十六卷　明莫雲卿撰　明末沈氏稿居刻本　八行二十字白口四周单边
三七〇一　遂廬稿選十七卷浮丘業稿一卷韓孟郁雜稿選一卷仿騷一卷五惜一卷　明韓上桂撰　明天啓刻本　九行十八字白口四周单边
三七〇二　玩世齋集十二卷　明華師召撰　明天啓二年自刻本　八行十六字白口左右双边
三七〇三　被褐先生詩文稿十七卷存十一卷（一至六、十至十二、十六至十七）　明華壽述撰　明萬曆刻本　十行二十一字白口四周单边

十七〇

三七〇四　葛震甫詩集十七卷　明葛一龍撰　明崇禎刻本　八行十六字或十九字白口左右双边
三七〇五　葛震甫詩集十七卷　明葛一龍撰　明崇禎葛逆夏刻本　八行二十字白口四周单边
三七〇六　脩竹編一卷　明葛一龍撰　明崇禎葛逆夏刻葛震甫詩集本　吳梅跋
三七〇七　一哂齋漫稿十卷　明葛棐撰　明萬曆刻本　八行十七字白口四周单边
三七〇八　集玉山房稿十卷　明葛昕撰　清抄本（四庫底本）　九行二十一字黑格白口四周双边
三七〇九　天爵堂文集十九卷筆餘三卷　明薛岡撰　明崇禎刻本　九行十八字白口左右双边
三七一〇　奉和陸郡公落花詩三十首一卷　明薛岡撰　明崇禎刻本　陳勤跋　八行十八字白口左右双边
三七一一　聲園詩集三卷　明黃道充撰　明崇禎六年刻本　八行十八字白口四周单边
三七一二　綺石齋遺詩一卷　明黃樞撰　清康熙二十一年黃模玉刻本　九行二十字白口四周双边
三七一三　羅穎樓初稿一卷續稿二卷　明羅煥撰　明刻本　九行十八字白口四周单边
三七一四　淇筠志感吟部四卷搆遂集一卷逆城集一卷君子山堂編一卷裕山集一卷　明葉溭撰　明葉洲刻本　八行二十二字白口四周单边
三七一五　太霞洞集三十二卷　明杜文煥撰　明天啓刻本　十行二十字白口左右双边
三七一六　太霞集選二十八卷　明杜文煥撰　錢希言輯　明天啓刻本　九行十八字白口左右双边

十七一

三七一七　蘭陔堂稿十四卷　明杜闓美撰　明萬曆刻本　八行十六字白口四周单边
三七一八　碣石編二卷扣柁艸一卷紹衮艸一卷潤州草一卷白門草一卷蜩甲草一卷遠遊篇一卷秋水篇一卷敝帚草二卷行樂草一卷尺牘四卷　明楊承鯤撰　明萬曆極漢山房刻本　八行十六字白口左右双边
三七一九　胡伯良集六卷遊廬山詩一卷詩說記事二卷　明胡之驥撰　明萬曆刻本　九行十九字小字双行同白口四周单边
三七二〇　梅季豹居諸集八卷　明梅守箕撰　明萬曆刻本　九行十八字白口四周单边
三七二一　居諸二集十四卷　明梅守箕撰　明崇禎十五年楊為作等刻本　九行十八字白口四周单边
三七二二　鹿裘石室集六十五卷（詩二十五卷書牘十五卷文二十五卷）　明梅鼎祚撰　明天啓三年玄白堂刻本　九行十八字白口左右双边
三七二三　狂言二卷狂言別集二卷　明臧廷彥撰　明萬曆刻本　八行十七字白口四周单边
三七二四　劍吹樓詩十卷尺牘六卷筆記四卷　明曹司貞撰　明萬曆四十年刻本　八行十八字白口四周单边
三七二五　甲秀園集四十七卷　明黃克纘撰　明萬曆三十五年刻本　十行二十字白口四周单边

三七二六 轉情集二卷 明費元祿撰 明刻本 十行二十字白口四周單邊
三七二七 轉情集二卷 明費元祿撰 清康熙九年甲秀園刻本 九行二十字白口四周双边
三七二八 紅青絕句二卷 明呂天成撰 明萬曆刻本 八行二十字白口四周單邊
三七二九 呂李子甬東雜詠一卷 明呂光撰 明萬曆十二年刻本 九行十八字白口左右双边
三七三〇 綠蕉館集四卷 明曾念高撰 明萬曆刻本 九行十八字白口左右双边
三七三一 瞿同鄉集十四卷 明瞿汝稷撰 附一卷 明萬曆三十九年張養正刻本 九行十八字白口四周單邊
三七三二 雲松巢集口口卷目錄二卷 明嚴瀲撰 明天啟刻本 十行二十字白口四周單邊
存二十八卷 一至二十六、目錄
三七三三 樂群堂詩草不分卷 明單斗撰 清康熙五十年刻本 九行二十字白口四周單邊
三七三四 甜雪齋文口卷 明單恩恭撰 明刻本 八行十八字白口四周單邊
存九卷 一至九
三七三五 甜雪齋詩十卷文十卷 明單恩恭撰 清抄本
存十一卷 詩一至三、文一至八
三七三六 盟雞齋詩集不分卷 明阮述撰 明刻本 六行十五字白口四周單邊

一七二

三七三七 淮南集六卷 明馬斯臧撰 明萬曆四十年刻本 八行十七字白口四周單邊
三七三八 四六雕蟲三十一卷 明馬朴撰 明萬曆刻本 九行十九字下細黑口四周單邊
三七三九 閬風館文集口口卷 明馬朴撰 明崇禎刻本 九行二十字白口四周單邊
存二十八卷 五至二十八、三十三至三十六
三七四〇 夏父集一卷 明馬陞撰 明萬曆刻本 八行十八字白口四周單邊
三七四一 研寶齋遺藁十二卷 明劉世教撰 明天啟六年劉祖鍾等刻本 九行二十一字白口四周單邊
三七四二 江行稿一卷白門稿一卷武夷稿一卷燕草一卷笏谿草一卷東游草一卷洛草三卷帆前草一卷 明陸應陽撰 明萬曆刻本 八行十八字白口四周單邊
三七四三 正始堂詩集口口卷 明陸君弼撰 潘之恒等評 明刻本 九行十八字白口左右双边
存四卷 一至四
三七四四 正始堂詩集口口卷 明陸君弼撰 明刻本 九行十八字白口左右双边
存七卷 卷一 丁卯戊辰己巳稿 卷二 庚午辛未稿 卷三 壬申稿 卷四 癸酉甲戌稿 甲午稿 丙申稿 戊戌稿 甲辰稿 乙未稿 丁酉稿 乙亥稿

三七四五 正始堂詩集二十四卷 明陸君弼撰 清抄本 九行十八字無格
三七四六 考槃集六卷 明陸卿子撰 明萬曆刻本 九行十八字白口左右双边
三七四七 玄芝集三卷 明陸卿子撰 明萬曆刻本 九行十八字白口四周單邊或左右双边
三七四八 灌園吟一卷 明陳堯撰 明抄本 十二行三十一字
三七四九 苧蘿山藁六卷 明陳于朝撰 附錄一卷 明萬曆四十三年陳洪緒刻本 八行十八字白口左右双边
三七五〇 陳眉公集十七卷 明陳繼儒撰 明萬曆四十三年史兆伯刻本 九行二十字白口左右双边
三七五一 眉公先生晚香堂小品二十四卷 明陳繼儒撰 明湯大節簡綠居刻本 九行二十字白口四周單邊
三七五二 陳眉公先生全集六十卷 明陳繼儒撰 年譜一卷 明崇禎吳震元等刻本 八行十八字白口左右双边
三七五三 句曲游稿一卷 明陳魁文撰 明萬曆刻本 八行十八字白口四周單邊
三七五四 西漢州一卷 明陳桂文撰 明萬曆刻本 八行十八字白口无直格四周單邊
三七五五 招隱樓稿不分卷 明陳价夫撰 明抄本 九行二十字藍格
三七五六 湛然堂詩稿不分卷 明陳汝瑒撰 明崇禎陳邦綸刻本 八行十八字白口四周單邊

一七三

三七五七 陳安甫小草一卷 明陳堯德撰 清抄本 十行二十二字無格
三七五八 玄感軒稿四卷 明陳邦釗撰 明萬曆四十五年刻本 八行十八字白口四周單邊
三七五九 白雲集七卷 明陳昂撰 附錄一卷 明萬曆四十六年宋珏刻本 九行十九字白口左右双边
三七六〇 白雲集七卷 明陳昂撰 附錄一卷 同書跋 明萬曆四十六年宋珏刻本 清劉
三七六一 白雲集七卷 明陳昂撰 明刻本 八行二十字白口四周單邊
存四卷 一至四
三七六二 白雲集七卷 明陳昂撰 附錄一卷 清汪氏表杼樓抄本 八行二十字藍格
三七六三 白雲集十卷 明陳昂撰 清順治三年左楨抄本
三七六四 陳緩吉采芝堂文集十六卷 明陳孟祥撰 附一卷 明萬曆四十一年陳弘祖陳繩祖等刻本 九行十八字白口左右双边
三七六五 寄心集六卷 明陳第撰 明萬曆三十九年刻本 十行二十一字白口左右双边
三七六六 兩粵游草一卷 明陳第撰 明刻本 八行十八字白口四周双边
三七六七 大鄣山人詩七卷 明周士先撰 明天啟七年刻本 九行十八字白口四周單邊
三七六八 紫霞閣文集十三卷 明周如錦撰 清抄本 九行十九字無格
存十二卷 一至八、十至十三

紫霞閣文集不分卷　明門如鈞撰　清抄本　九行字不等　三七六九
螺冠子詠物詩二十六卷茶歌一卷酒詠一卷　明周履靖撰　明萬曆三十三年葉如春刻本　八行十八字白口四周單边　三七七〇
野人清嘯二卷　明周履靖撰　明萬曆金陵荊山書林刻本　九行十八字白口四周單边　三七七一
梅顛稿選二十卷　明周履靖撰　陳繼儒輯　明刻本　八行十九字白口四周單边　三七七二
遊歷集一卷附錄一卷　明周念東撰　明萬曆刻本　七行十三字白口四周單边　三七七三
鏡佩樓詩選六卷　明陶崇謙撰　明崇禎刻本　八行十八字白口四周單边　三七七四
屠德胤重暉堂集二十五卷　明屠中孚撰　明萬曆刻本　九行十七字白口左右双边　三七七五
褉堂憨語不分卷　明屠本畯撰　明萬曆刻天啟增修本　八行十六字白口四周單边　三七七六
屠田叔小品七種八卷　明屠本畯撰　明刻本　九行十八字白口四周單边　三七七七
霞爽閣空言一卷　賢政一卷　狀游雜一卷　游舟山籍一卷　憨聲觀一卷　笑詞芳鑿鬼三十闋一卷　狀游廿二復一卷
行藥吟一卷　明閻龍撰　明萬曆二十八年刻本　九行十八字白口四周單边　三七七八
歐子建集十七卷　明歐必元撰　清刻本　九行十九字白口四周双边　三七七九
琭玉齋稿十四卷　溪上草一卷　羅浮稿一卷　句漏草一卷

十七四

素蘭集二卷詩一卷　明翁孺安撰　清抄本　十行二十字无格　素蘭詩八行二十二字　三七八〇
素蘭集二卷　明翁孺安撰　清抄本　九行十八字　三七八一
素蘭集一卷　明翁孺安撰　清抄本　十行二十四字黑格白口四周双边　三七八二
狎鷗堂草二卷　明翁紹揚撰　明天啟六年徐燉刻本　九行十八字白口左右双边　三七八三
俞少卿集六卷　明俞彥撰　明崇禎刻本　九行二十字白口四周單边　三七八四
古樂府二卷　近體樂府一卷　詞餘一卷　擬古樂府題一卷　愛園詞話一卷
翏翏集四十卷　明俞安期撰　明萬曆刻本　九行十八字白口四周單边　三七八五
攜劍集四卷恒西游草一卷　明俞景寅撰　明萬曆刻本　九行十八字白口四周双边　三七八六
陟釐館詩十卷　明余儀撰　明刻本　九行十八字白口四周單边　三七八七
鍾貴溪先生四體詩藁一卷　明鍾夏撰　明復初堂刻本　九行二十字白口左右双边　三七八八
未學庵詩藁十卷　明錢謙貞撰　耐翁先生集外詩一卷　明錢謙貞撰　清錢龍惕輯　頤仲遺稿一卷　清錢孫艾撰　清順治二年至四年毛氏汲古閣刻本　十行十八字白口左右双边　三七八九
未學庵詩藁十卷　明錢謙貞撰　耐翁先生集外詩一　三七九〇

春雪館詩十六卷　明錢良胤撰　清抄本　八行十八字白口紅格四周單边　三七九一
伽音集六卷　明袁九淑撰　附錄一卷　明錢良胤撰　明抄本　八行十六字无格　三七九二
桃葉編一卷　明錢希言撰　明萬曆二十八年吳趨客傲齋刻本　八行十六字白口四周双边　三七九三
荊南詩二卷　明錢希言撰　附錄一卷　明萬曆二十八年吳趨欣湘樓刻本　八行十六字白口四周双边　三七九四
樟亭集三卷　明錢希言撰　附錄一卷　明萬曆二十八年吳趨雕霞館刻本　八行十六字白口四周双边　三七九五
織里草一卷　明錢希言撰　附錄一卷　明萬曆刻本　八行十六字白口四周双边　三七九六
二蕭篇一卷　明錢希言撰　附錄一卷　明萬曆三十三年刻本　八行十六字白口四周双边　三七九七
討桂篇二十卷　存十九卷（一至十九）　明錢希言撰　明萬曆四十一年錢氏挈恆堂刻本　八行十六字白口四周双边　三七九八
擊轅草六卷　明錢龠撰　附錄一卷　明刻本　九行十八字白口左右双边　三七九九
擊轅草一卷　明錢龠撰　清道光六年錢泰吉家抄本　清錢泰吉跋　十行二十二字无格　三八〇〇
城步宦遊詩集一卷　明竹密撰　清抄本　三八〇一
華嚴徑遺草二卷　明釋廣詢撰　明萬曆四十二年釋真非等刻本　九行十八字白口左右双边　三八〇二

十七五

憨山老人夢遊集五卷　存四卷（一至二、四至五）　明釋德清撰　明天啟元年釋海印刻本　九行十八字白口四周双边　三八〇三
憨山老人夢遊集四十卷　明釋德清撰　清順治十七年毛褒等刻本　十行二十字黑口四周双边　三八〇四
憨山大師夢遊全集一卷　明釋德清撰　清抄本　姚鑒俊題識　十行二十字无格　三八〇五
憨山大師夢遊集不分卷　明釋德清撰　清抄本　九行二十一字无格　三八〇六
憨山大師夢遊集不分卷　明釋德清撰　清抄本　九行二十四字　三八〇七
三峯藏禪師山居詩一卷三峯三十景詩一卷　明釋法藏撰　明萬曆刻本　九行十八字白口四周單边　三峯三十景詩七行十五字白口四周單边　三八〇八
雪山草九卷　明釋法杲撰　明萬曆刻本　九行十八字白口左右双边　三八〇九
雪浪集二卷　明釋洪恩撰　明萬曆釋通潔刻本　九行十八字白口四周單边　三八一〇
雪浪集二卷　明釋洪恩撰　明萬曆釋通潔刻本　清宋犖批並跋　三八一一
止啼齋集一卷　明釋如愚撰　袁宏道輯　明萬曆劉戡之刻本　九行十八字白口左右双边　三八一二
空華集二卷飲河集二卷石頭菴集五卷　明釋如愚撰　明萬曆刻本　九行十八字白口左右双边　三八一三
譚友夏先生評訂秀野軒集十二卷　柔巖較梓本七　三八一四

卷同波集五卷 明釋慧秀撰 明萬曆黃毓龍等刻本 九行十八字白口左右双边
一葦集二卷霞中吟一卷 明釋圓復撰 明刻本 八行十七字白口左右双边 三八一五
野野人不分卷 明許汝撰 明末刻本 九行十九字白口四周单边 三八一六
北海亭詩集四卷文集四卷 明虞化龍撰 明崇禎十二年花十揖刻本 九行二十字白口四周双边 三八一七
嬾園漫稿五卷 明王嘉洽撰 明崇禎王玄樞刻本 九行十八字白口四周单边 三八一八
重刻王仁子先生嬾園遺稿六卷 明王嘉洽撰 清初刻本 八行十九字白口左右双边 三八一九
張待軒先生遺集十二卷 明張次仲撰 清康熙刻本 十三行二十四字白口左右双边 三八二〇
唧唧吟一卷 明楊承論撰 明崇禎元年刻本 八行二十字白口四周单边 三八二一
葯園文集二十七卷 明文震孟撰 稿本 清吳翌鳳跋 十行二十四字无格 存二十二卷 一至十七、二十一至二十二、二十五至二十七 三八二二
葯園文集一卷 明文震孟撰 明末刻本 十行二十一字白口四周单边 三八二三
寶綸樓集六卷 明傅冠撰 明崇禎十七年傅練刻本 八行十八字白口四周单边 三八二四
陳太史無夢園初集三十四卷 明陳仁錫撰 明崇禎六年張一鳴刻本 九行十八字白口左右双边 三八二五

十七木

無夢園遺集八卷家乘一卷小品二卷 明陳仁錫撰 明崇禎八年陳禮錫、陳智錫刻本 九行十八字白口左右双边 三八二六
靜遠堂集十六卷 明秦堈撰 清順治刻本 八行二十字白口四周单边 三八二七
倪文貞公詩文稿不分卷 明倪元璐撰 稿本 三八二八
倪文貞公集殘稿一卷 明倪元璐撰 稿本 三八二九
代言選五卷講編二卷奏牘六卷 明倪元璐撰 明崇禎十貽棋刻本 九行二十字白口四周单边 三八三〇
鴻寶應本十七卷 明倪元璐撰 明崇禎刻本 八行二十字白口四周单边 三八三一
鴻寶應本十七卷 明倪元璐撰 明崇禎刻清順治十四年唐九經重修本 三八三二
倪文正公遺稿二卷 明倪元璐撰 清順治八年刻本 八行二十一字白口四周单边 三八三三
倪文正公遺稿三卷 明倪元璐撰 清康熙刻本 八行二十字白口无格四周单边 三八三四
倪文貞公文集二十卷詩集二卷奏議十二卷講編四卷 明倪元璐撰 首一卷 清乾隆三十七年倪安世刻本 十行二十一字白口四周单边 三八三五
崟陽草堂詩集八卷 明鄭鄤撰 明崇禎刻本 八行十八字白口四周单边 三八三六
崟陽草堂詩集二十卷 明鄭鄤撰 清康熙刻本 葉蔭勲跋 九行二十一字白口四周单边 存十九卷 一至十二、十四至二十 三八三七
盧忠烈公集三卷附錄一卷 明盧象昇撰 清乾隆刻本 十一行二十三字白口左右双边 三八三八
蔣氏敬日草十二卷外集十二卷 明蔣德璟撰 明崇禎刻隆武續刻本 九行十九字白口四周双边 三八三九
慤書□卷 明蔣德璟撰 清恩耕堂抄本 清□朋錄跋 九行二十二字白口四周单边 存十卷 二至五、七至十二 三八四〇
黄忠端公明誠堂十四札疏證不分卷 明黄道周撰 清黄彰年疏證 稿本 清諸可寶題詩 三八四一
續離騷經七卷 明黄道周撰 明萬曆刻本 九行十八字白口四周双边 有眉批 三八四二
續離騷經七卷別集一卷 明黄道周撰 明萬曆刻本 九行十八字小字双行二十字白口上栏单边，左右、下双边 三八四三
黄石齋先生續騷全集四卷 明黄道周撰 清抄本 九行二十五字无格 三八四四
黄石齋先生詩卅二卷 明黄道周撰 明崇禎刻本 鄭之誠題記 九行二十四字无直格白口四周单边 三八四五

十七七

石齋行業四卷 明黄道周撰 明末刻本 九行十九字白口左右双边 三八四六
詠業近集四卷焦桐山詩集二卷文一卷明誠堂詩集二卷浩然堂詩集一卷 明黄道周撰 明末刻本 八行十八字白口四周单边 三八四七
黄石齋先生大滌函書四卷 明黄道周撰 明崇禎十五年刻本 九行十九字白口四周单边 三八四八
黄石齋先生大滌函書六卷 明黄道周撰 明崇禎十五年刻清初何瑞圖、呂叔倫增修本 九行十九字白口四周单边 三八四九
騈枝別集二十卷 明黄道周撰 明末刻本 八行十六字白口四周单边 三八五〇
騈枝別集二十卷 明黄道周撰 明末大來堂刻本 八行十六字白口四周单边 三八五一
黄子錄六十六卷 明黄道周撰 清洪思考正、柯蔭集解 清抄本 九行十八字白口左右双边 存三十六卷 一、九至二十二、三十四至四十五、五十八至六十六 三八五二
黄子錄六十六卷 明黄道周撰 清洪思考正、柯蔭集解 清抄本 九行十八字白口四周双边 三八五三
黄石齋先生文集卅三卷 明黄道周撰 清康熙五十三年刻本 十行二十二字小字双行同黑口左右双边 三八五四
黄漳浦集□□卷 明黄道周撰 清侯名據清康熙五十三年刻本重編補抄本 三八五五

存二十一卷（十一至十七、二十四至二十九、三十一至三十六、四十至四十五）　明黃道周撰　清佳山堂抄本　八行二十四字黑格　三八五六

黃石齋集不分卷　明徐石麒撰　清順治八年徐柱臣刻本　十行二十字白口四周單邊　三八五七

可經堂集十二卷附一卷　明徐石麒撰　清順治八年徐柱臣刻增刻本　十行二十字白口四周單邊　三八五八

郭都賢南嶽詩文稿一卷　明郭都賢撰　稿本　三八五九

文園集十一卷（菉綺嘘餘二卷　園居隨抄一卷　病閣試牘二卷　廣展紀遊一卷　里言一卷　宦爲波餘一卷　存筍叢餘一卷　越嶺紀遊一卷　重建羅星亭紀略一卷）　明陳維新撰　明崇禎刻本　八行十八字白口四周單邊　三八六〇

理美堂集一卷沙上集一卷　明水佳胤撰　明崇禎刻本　八行二十字白口四周雙邊　沙上集七行十四字白口四周單邊　三八六一

留碩稿不分卷　明水佳胤撰　明末刻清康熙水賓璐棠印本　行格不一　三八六二

恒山遊一卷　明黃宗昌撰　和韻詩不分卷　明黃宗昌曾居等撰　明崇禎刻本　八行十八字白口四周單邊　三八六三

一七八

克新堂詩集九卷文集十三卷首一卷　明鄭之玄撰　明崇禎許自表刻本　九行十八字白口無直格四周單邊　三八六四

王忠端公文集十一卷　明王家彥撰　清順治十六年王曆恭等刻本　九行二十字白口四周單邊　三八六五

王忠端公文集六卷　明王家彥撰　清抄本　十行二十字無格　三八六六

檀雪齋集二百卷　明胡敬辰撰　明刻本　八行十九字白口四周單邊　三八六七

存二十一卷（一、七至二十二、二十六至二十九）

白雪堂詩稿一卷　明李喬撰　明末刻本　八行二十字白口四周單邊　三八六八

忠敏公遺文二卷　明張國維撰　清活字印本　三八六九

霞起樓詩八卷　明李之椿撰　明末刻本　七行十八字白口左右雙邊　三八七〇

祁忠敏公天啓壬戌會試硃卷不分卷　明祁彪佳撰　明抄本　十二行行字不一黑口四周單邊　書名係後擬　三八七一

祁忠敏稿五種不分卷　明祁彪佳撰　稿本　三八七二
（莅蒲公疏稿（殘）　匡臣要稿　公私雜稿　按吳請留州守疏稿（殘）　公牘書思貽先生贊）

遠山堂詩始不分卷　明祁彪佳撰　明末抄本　八行二十字黑格白口四周單邊　三八七三

遠山堂詩集十卷　明祁彪佳撰　清初祁氏東書堂抄本　清魏瑚園熙跋　定沈鈞業跋　八行二十字黑格白口四周單邊　三八七四

遠山堂文稿一卷　明祁彪佳撰　清初祁氏起元社抄本　九行二十字白口四周單邊　三八七五

禱雨文一卷　明祁彪佳撰　明崇禎十七年蘇州府刻藍印本　五行十四字白口四周單邊　三八七六

遠山堂尺牘不分卷　明祁彪佳撰　稿本　三八七七

遠山堂尺牘不分卷（在里尺牘二　致方外尺牘　致仕歸里尺牘　致兄及戚僕尺牘）　明祁彪佳撰　明末祁氏遠山堂抄本　第一冊八行二十一字藍格白口四周單邊　第二冊十行二十一字黑格白口四周單邊　三八七八

遠山堂尺牘不分卷　明祁彪佳撰　明末抄本　三八七九

莆陽讞牘不分卷勘語不分卷　明祁彪佳撰　明末抄本　八行二十字二十一字紅格白口四周單邊　三八八〇

莆陽稟牘不分卷評語不分卷褋錄不分卷　明祁彪佳撰　明末抄本　八行二十一字二十二字二十四字不等紅格白口四周單邊　三八八一

莆陽尺牘不分卷　明祁彪佳撰　明末抄本　三八八二

按吳尺牘不分卷　明祁彪佳撰　明末抄本　八行十九字紅格白口四周單邊　三八八三

按吳尺牘不分卷　明祁彪佳撰　明末抄本　三八八四

一七九

里中入都尺牘不分卷　明祁彪佳撰　明末祁氏遠山堂抄本　十行二十字藍格白口四周單邊　三八八五

里中入都尺牘不分卷　明祁彪佳撰　明末祁氏遠山堂抄本　三八八六

都門入里尺牘不分卷　明祁彪佳撰　明末祁氏遠山堂抄本　十行二十一字藍格白口四周單邊　三八八七

都門入里尺牘不分卷　明祁彪佳撰　明末祁氏遠山堂抄本　三八八八

林居尺牘不分卷　明祁彪佳撰　明祁氏遠山堂抄本　九行二十字　三八九〇

林居尺牘不分卷　明祁彪佳撰　明末抄本　三八九一

里居越言不分卷　明祁彪佳撰　明末祁氏遠山堂抄本　十行二十字黑格白口四周單邊　三八九二

里居越言不分卷　明祁彪佳撰　明末祁氏遠山堂抄本　三八九三

壬午里中書稿一卷　明祁彪佳撰　明祁氏遠山堂抄本　十行二十一字黑格白口四周單邊　三八九四

里中尺牘不分卷　明祁彪佳撰　明末祁氏遠山堂抄本　三八九五

撫吳尺牘不分卷　明祁彪佳撰　稿本　三八九六

閒園山人四部稿不分卷　明李明睿撰　清初趙開心吳偉業（傳）刻本　八行或九行十四、十八、十九字不等　四周雙邊或左右雙邊　三八九七

雲隱堂文集三十卷詩集十卷附錄四卷　明張鏡心撰　清康熙十一年張溍刻本　十二行二十五字白口四周雙邊　三八九八

入里尺牘不分卷　明祁彪佳撰　明末祁氏遠山堂抄本　三八八九

三八九九 雲隱堂文集三十卷詩集十卷 明張鏡心撰 清康熙十一年張溍刻本 鄧之誠題記 存二十五卷 文集十一至二十三 詩集全

三九〇〇 香國樓精選䇞簦草□□卷 明孫徵蘭撰 明天啓崇禎間孫陸孫、孫睿賢刻本 八行十八字白口四周單邊 存四卷 半日閒、芙蓉城、星鐵路峰、清肺丸

三九〇一 香國樓精選䇞簦草十卷 明孫徵蘭撰 明崇禎孫宜孫、孫順孫等刻本 八行十七字 徽望聲八行十六字白口四周單邊 柳桐茶一卷 半日閒一卷 星鐵路峰一卷 呼婦集一卷 徽望聲一卷 燕市重魔一卷 清肺丸一卷 芙蓉城一卷 雷薮獻一卷 懶餘一卷

三九〇二 半日閒一卷 明孫徵蘭撰 明末刻本 八行十六字白口四周單邊

三九〇三 吳忠節公遺集四卷 明吳麟徵撰 年譜一卷 明吳弘光刻本 九行十九字白口左右雙邊

三九〇四 吳忠節公遺集四卷 明吳麟徵撰 年譜一卷 明吳弘光刻清重修本

三九〇五 許大司成遺集四卷 明許士柔撰 清抄本

三九〇六 春浮園詩集一卷文集二卷偶錄二卷 明蕭士瑋撰 附錄一卷 清順治十四年蕭伯升刻康熙印本 八行十八字白口左右雙邊

三九〇七 晃巖集二十二卷 明池顯方撰 明崇禎十四年自刻本 八行十八字白口四周單邊

三九〇八 天傭子集一卷續集一卷 明艾南英撰 明末刻本 八行十八字白口四周單邊

三九〇九 新刻天傭子全集六卷 明艾南英撰 清康熙王居安刻本 九行二十字白口四周單邊

三九一〇 天傭子集二十卷 明艾南英撰 清張符驤評 首一卷末一卷 清康熙三十四年張符驤刻本 九行二十字大黑口四周單邊

三九一一 新刻天傭子全集十卷 明艾南英撰 清康熙三十八年艾為珖刻本 九行二十字白口四周單邊

三九一二 新刻天傭子全集十卷 明艾南英撰 清康熙三十八年艾為珖刻本 鄧之誠題記

三九一三 新刻天傭子全集十卷 明艾南英撰 清康熙三十八年艾為珖刻本 清蔡元鳳評 佚名批 存八卷 一至八

三九一四 艾天傭集七卷 明艾南英撰 清鄧雲書林刻本 十行二十字無直格白口四周單邊

三九一五 天傭子集不分卷 明艾南英撰 清抄本 九行二十字無格

三九一六 小築邇言十六卷 明徐熛撰 明崇禎刻本 八行十八字白口四周單邊

三九一七 小築邇言二十五卷首一卷 明徐熛撰 明崇禎刻本 八行十八字白口四周單邊

三九一八 小築邇言八卷徐公經濟錄一卷 明徐熛撰 清丁逢泰增輯 清道光十年陳鈞抄本 九行二十一字白口四周雙邊

三九一九 餘廉堂集八卷 明吳履中撰 清康熙元年王元緒刻本 九行二十一字黑口左右雙邊

三九二〇 持忠集二卷 明張瑮撰 清乾隆五年張瀛刻本 十行二十字白口四周雙邊

三九二一 刻金進士臨場近義不分卷 明金蘭撰 明天啓程元培、江元泰刻藍印本 八行十八字無直格白口四周單邊

三九二二 墨山草堂初集十卷 明萬元吉撰 明崇禎十七年刻本 九行十八字白口四周單邊

三九二三 浪吟二卷 明曾顧泰撰 清康熙四十三年曹三才刻本 九行二十四字白口左右雙邊

三九二四 方城公尺牘一卷疏草一卷 明曾顧泰撰 清抄本

三九二五 六柳堂遺集二卷 明袁繼咸撰 清咸峰樓抄本 九行十九字黑格白口四周單邊

三九二六 六柳堂遺集二卷餘一卷 明袁繼咸撰 清抄本 十一行二十一字黑格白口左右雙邊

三九二七 抱膝齋集三卷 明袁儀撰 明抱膝齋刻本（卷中下配抄本） 九行二十一字白口四周單邊

三九二八 凌忠清公集六卷 明凌義渠撰 凌桐窗遺詩一卷 明凌義業撰 清初刻本 九行十八字白口左右雙邊

三九二九 凌忠清公詩集四卷 明凌義渠撰 清抄本

三九三〇 緣蘿堂詩草不分卷 明岳凌霄撰 稿本

三九三一 奕餘一卷 明項煜撰 清初刻本 八行十九字白口左右雙邊

三九三二 敦化堂新刻藏稿不分卷 明項煜撰 清乾隆九年敦化堂刻本 九行二十六字白口四周單邊

三九三三 嶽歸堂合集十卷 明譚元春撰 明刻本 八行十八字白口四周單邊

三九三四 鄒菴訂定譚子詩歸十卷 明譚元春撰 明末嶽歸堂刻本 八行十八字白口四周單邊

三九三五 嶽歸堂未刻詩不分卷 明譚元春撰 明崇禎河抱堂刻本 八行十八字白口四周單邊

三九三六 鵠灣集九卷 明譚元春撰 遇莊一卷 明末刻本 九行二十字白口左右雙邊

三九三七 新刻譚友夏合集二十三卷 明譚元春撰 匕日齋詩草一卷 明張澤撰 明崇禎六年張澤刻本 九行二十字白口四周單邊

三九三八 王與游詩稿不分卷 明王志慶撰 稿本 清王昕簡跋 八行十九字無格

三九三九 槐川堂留稿六卷 明王治鼎撰 清抄本 九行二十一字無格

三九四〇 迦陵集一卷 明黎遂球撰 明崇禎十七年四知堂居士抄本 十一行二十一字無格

三九四一 蓮鬚閣集二十六卷 明黎遂球撰 清康熙黎延祖刻本 九行十九字小字雙行同白口四周雙邊

三九四二 蓮鬚閣文鈔十八卷 明黎遂球撰 清抄本 九行二十五字無格

三九四三 萬柳先生文稿一卷 明宋繼澄撰 明天啓抄本 九行二十四字

三九四四　猊嶠書屋文集十二卷　明江南錦撰　明崇禎十六年刻本　九行二十字白口四周單边　存三卷（一至三）

三九四五　唐先生遺稿一卷　明唐時升撰　清抄本　葉景葵題識　八行二十字无格

三九四六　文啟美詩集三卷　明文震亨撰　明崇禎十一年長安倡樹軒刻十七年采山堂續刻本　八行十六字或九行十七字白口左右双边　斗室倡和詩一卷　文生小草一卷　一葉一卷

三九四七　許任宇偶吟十種十卷　明許啓洪撰　明末刻本　八行十八字白口四周單边　存五種五卷　烟寺偶吟一卷　南園漫興一卷　破悶詩一卷　鷲龍集說一卷　白門游隨筆一卷

三九四八　簡平子集十六卷補遺一卷　明王道通撰　明崇禎元年爾齋刻本　九行十八字白口左右双边

三九四九　天耳堂文集四卷　明王杰撰　清康熙十二年王天壁刻本　十行二十字白口左右双边

三九五〇　龍鶩館集不分卷　明王與玫撰　清初抄本　清王士禛批點　徐元審跋　九行二十二字无格

三九五一　龍鶩館集二卷　明王與玫撰　清抄本　九行二十六字无格

三九五二　湖上編二卷白下編二卷蓬宅編二卷衰晚編二卷　明張遂辰撰　清初刻康熙二十七年金張補修本（蓬宅編卷二、衰晚編抄配）　鄧之誠題記　九行十九字白口左右双边

三九五三　湖上編二卷白下編二卷蓬宅編二卷衰晚編二卷　明張遂辰撰　清乾隆盧氏抱經堂抄本　清盧文弨校並跋　丁丙跋

十八二

三九五四　釋義美人染甲詩二卷　明孫繼統撰並註　明天啟刻本　十行二十字白口左右双边

三九五五　釋義鴈字詩二卷附釋義弔遼詩十律一卷　明孫繼統撰並註　明天啟刻本　十行二十字白口左右双边

三九五六　張公亮先生評選天湖近草八卷　明鄭列撰　明崇禎八年賀焉元刻本　九行二十字白口四周單边

三九五七　心月軒稿十七卷　明鄭士亮撰　明末刻本　八行十八字白口四周單边

三九五八　蕪園外集不分卷　明盧洪達撰　清順治刻本　八行十九字白口四周單边

三九五九　橫山艸堂詩集十一卷　明崔培元撰　明崇禎刻本　九行二十字白口四周單边

三九六〇　秋谷集二卷　明崔世召撰　明崇禎刻本　八行十八字白口左右双边

三九六一　綠曉齋集一卷　明卜舜年撰　稿本　清王昶跋　詩來一卷　附錄一卷　明卜舜年輯　明末抄本

三九六二　綠曉齋外集一卷雜文一卷　明卜舜年撰　清抄本　九行二十字无格

三九六三　魏子敬遺集八卷　明魏學洢撰　明崇禎元年錢棅刻本　九行二十字白口四周單边

三九六四　茅簷集八卷　明魏學洢撰　明崇禎刻本　九行十八字白口四周單边

三九六五　茅簷集八卷　明魏學洢撰　清抄本

三九六六　蓬蒿園詩集八卷　明吳晉垂撰　附刻一卷南州同社輓詩一卷　明崇禎刻本　七行十六字白口四周單边

三九六七　吳翼明先生存集文一卷詩二卷制義一卷玄言門唾餘一卷　明吳懷賢撰　明崇禎刻本　八行十八字白口左右双边

三九六八　落玄軒集選十二卷　明程于古撰　馮玄鑑輯　明天啟刻本　八行十八字白口左右双边

三九六九　不贏集一卷天敵園唾海集一卷粤雪篇口卷　明程于古撰　明崇禎刻本　八行十八字白口左右双边　存八卷（不贏集、天敵園唾海集、粤雪篇一、三至六　粤雪篇七）

三九七〇　黎績之遊稿一卷　明黎密撰　椒花初續贈言一卷　明天啟五年自刻本　九行十八字白口四周單边

三九七一　綴閒集二卷公孫龍子達辭一卷　明徐濟忠撰　明崇禎刻本　九行十九字白口左右双边

三九七二　墨華集不分卷　明安舒撰　稿本　六行十四字无格

三九七三　雌谿草堂初集十卷　明汪彥撰　明天啟刻本　八行十八字白口四周單边

十八三

三九七四　天益山堂遺集十卷續刻一卷　明馮元仲撰　清乾隆八年馮廷楷刻本　十四行二十六字黑口四周單边

三九七五　黄夫人卧月軒稿六卷續刻一卷　明顧若璞撰　清順治八年黄氏卧月軒刻本　九行十九字白口左右双边

三九七六　黄夫人卧月軒稿六卷續刻一卷　明顧若璞撰　清順治八年黄氏卧月軒刻本　陳乃乾跋

三九七七　中清堂集十七卷　明潘一桂撰　明崇禎刻本　八行十五字白口四周單边

三九七八　潘木公集六卷　明潘一桂撰　明崇禎刻本　十行十八字白口左右双边　賦三卷　文六卷　詩八卷

三九七九　玉蘭館詩草一卷　明潘燕卿撰　清抄本　九行二十五字

三九八〇　毛孺初先生評選即山集六卷　明沈承撰　附悼亡詩一卷　明薄少君撰　明天啟六年毛一鷺刻本　九行二十字无直格白口四周單边

三九八一　毛孺初先生評選即山集六卷　明沈承撰　明天啟六年毛一鷺刻本　清徐時棟跋

三九八二　沈君庸先生集二卷　明沈自徵撰　清抄本　十行二十四字

三九八三　山中逸趣不分卷　明木增撰　章台鼎評　明崇禎刻本　九行二十字白口左右双边

3984 西園前稿口口卷續稿口卷 明彭堯諭撰 明末刻本 八行十八字白口四周單邊
存五卷 前稿一 續稿一至四
3985 西園續稿二十卷 明彭堯諭撰 明末刻本 八行十八字白口四周單邊
存十八卷 二至十四 十六至二十
3986 四家評唱黍丘集十二卷 明彭堯諭撰 李維楨等評 明末刻本 八行十八字無直格白口四周單邊
3987 侯太史摘選黍丘文集三卷詩集六卷 明彭堯諭撰 侯恪輯 明末刻本 八行十八字白口四周單邊
3988 閒居集一卷 明姚宗文撰 明萬曆十八年陸寶刻本 八行十八字白口左右雙邊
3989 期期草四卷 明裘鏘撰 明崇禎刻本 八行十八字白口四周單邊
3990 石民未出集二十卷 明茅元儀撰 明天啓刻本 八行十八字白口四周單邊
霍謀十三卷 靖草三卷 留言四卷
3991 石民西崦集三卷 明茅元儀撰 明末刻本 八行十八字白口四周單邊
3992 石民四十集九十八卷 明茅元儀撰 明崇禎刻本 八行十八字白口四周單邊
3993 石民甲戌集口卷 明茅元儀撰 明崇禎刻本 八行十八字白口四周單邊
存五卷 一至五
3994 石民江村集二十卷 明茅元儀撰 明崇禎刻本 八行十八字白口四周單邊
3995 石民又峴集五卷 明茅元儀撰 明崇禎刻本 八行十八字白口四周單邊
3996 石民渝水集六卷 明茅元儀撰 明崇禎刻本 八行十八字白口四周單邊
3997 石民橫塘集十卷 明茅元儀撰 明崇禎刻本 八行十八字白口四周單邊
3998 石民賞心集八卷 明茅元儀撰 明崇禎刻本 八行十八字白口四周單邊
3999 聞川懷古詩一卷 明蔣之翹撰 清雍正六年王明福刻本 八行十七字黑口左右雙邊
4000 蘇子後集七卷 明蘇先撰 稿本 清翁同龢跋 十二行二十四字白口四周單邊
4001 溉園初集二卷二集三卷 明萬時華撰 明末刻本 九行二十字白口四周單邊
4002 韓子二十七卷 明韓錫撰 明刻本 八行十七字白口四周單邊
4003 希聲館藏稿十卷附錄一卷 明黃廷鵠撰 明崇禎刻本 九行二十字白口左右雙邊
甲寅集一卷 乙卯集一卷 丙辰集一卷 丁巳集一卷 戊午集二卷 己未集一卷 庚申集一卷 辛酉集一卷 壬戌集二卷 癸亥集一卷 甲子集二卷 乙丑集一卷 丙寅集二卷 丁卯集一卷 戊辰集一卷 己巳集二卷 庚午集一卷 辛未集二卷 壬申集二卷 癸酉集一卷

十八四

4004 黃玄龍先生詩集十卷小品四卷 明黃奐撰 清康熙刻本 九行二十字白口四周單邊
4005 石門藏稿不分卷 明葉偃撰 明崇禎刻本 九行十八字白口四周單邊
4006 剩草一卷 明楊宣撰 明崇禎六年自刻本 八行十八字白口四周單邊
4007 鍾山獻四卷續一卷再續二卷三續二卷 明楊□□撰 明天啓崇禎間茅氏玄稿居刻本 七行十六字白口四周雙邊
4008 鍾山獻四卷續一卷再續二卷 明楊宛撰 清抄本
4009 榴館初函集選十卷 明楊思本撰 清康熙十三年楊日升刻本 八行二十字白口四周雙邊
4010 文几山人集四卷附錄一卷 明曹臣撰 清康熙三十五年曹度聚存堂刻本 十行二十一字黑口左右雙邊
4011 隨菴詩草一卷 明曹銘撰 明崇禎刻本 八行十七字白口四周單邊
4012 怡寄館詩稿一卷續稿一卷 明時敏撰 明崇禎刻本 九行十九字白口四周單邊
4013 溪亭集二卷附錄一卷 明嚴衍撰 清抄本
4014 大江集二十一卷 明陳衎撰 明崇禎十二年刻本 九行十六字白口四周單邊
4015 大江草堂二集十八卷 明陳衎撰 明弘光元年陳湝等刻本 九行十六字白口四周單邊
4016 玄冰集十一卷 明陳衎撰 明崇禎刻本 九行十七字小字雙行同白口左右雙邊
4017 玄冰集十一卷 明陳衎撰 清抄本 十行二十四字無格
4018 采藍集四卷 明周應辰撰 明天啓三年李子啓刻本 九行十八字白口四周單邊
4019 松濤詩稿四卷 明周文濟撰 稿本 清孫家森、趙士隸跋
4020 藥草詩集七卷文集八卷二集二卷 明周元學撰 明崇禎木居館刻本 八行十九字白口左右雙邊
4021 北征草一卷 明陶崇政撰 明崇禎元年刻本 八行十九字白口四周單邊
4022 野絃閣草十四卷 明陶崇政撰 明刻本 九行二十字白口四周單邊
4023 續穀音草一卷附歐陽贈言一卷 明余純照撰 明天啓二年趙世顯刻本 九行十八字白口四周單邊
4024 皋亭山詩一卷 明釋崇光撰 清抄本
4025 雞足山悉檀寺本無禪師風響集四卷 明釋禪撰 明崇禎五年釋法潤遺源刻南明永曆印本 九行十九字白口四周單邊
4026 二楞庵詩卷一卷 明釋通潤撰 清初刻本 九行十九字白口左右雙邊
4027 黃葉庵詩草二卷 明釋智舷撰 明崇禎十年吳家騆刻本 八行十九字白口四周單邊

十八五

存一卷　上

淨信堂初集八卷　明釋智旭撰　明崇禎刻本　九行二十字白口四周單邊　四〇二八

絕餘編四卷　明釋智旭撰　明崇禎釋普潤等刻本　九行二十字白口四周單邊　四〇二九

戊辰科曹會元館課試草一卷　明曹勳撰　明崇禎金陵書林唐振吾廣慶堂刻本　十行二十字白口四周單邊　四〇三〇

金正希稿不分卷　明金聲撰　明崇禎石雲居刻本　九行二十七字白口四周單邊　四〇三一

金正希先生燕詒閣集七卷　明金聲撰　明崇禎刻弘光增修本　九行二十字白口四周單邊　四〇三二

金正希先生文集輯略九卷　明金聲撰　清初刻本　九行二十字白口四周單邊　四〇三三

金正希先生全稿不分卷　明金聲撰　清呂留良評點　清呂氏天蓋樓刻本　九行二十六字白口四周單邊　四〇三四

崇禎元年戊辰科會試卷一卷　明金聲撰　清袁氏漸西邨舍抄本　四〇三五

敬民堂小集三卷　明蔡邦俊撰　明崇禎刻本　九行十八字白口四周單邊　四〇三六

萬里吟二卷　明胥起宗撰　明末刻本　六行十六字無直格白口四周單邊　四〇三七

拙存堂逸稿詩四卷文牘六卷　明胥起宗撰　清順治刻本　八行二十字白口四周單邊　四〇三八

拙存堂逸稿文牘六卷　明胥起宗撰　清抄本　冒廣生題識　八行二十字無格　四〇三九

十六

史忠正公集四卷首一卷末一卷　明史可法撰　清乾隆四十九年敦忠堂活字印本　十行二十一字白口左右雙邊　四〇四〇

史忠正公集四卷首一卷末一卷　明史可法撰　清抄本　十行二十一字無格　四〇四一

史忠正公集四卷首一卷末一卷　明史可法撰　清抄本　十行二十一字　四〇四二

史閣部遺集不分卷補篇一卷　明史可法撰　清道光竹林山房抄本　佚名批校　有像　十行二十四字無直格白口左右雙邊　四〇四三

瑤光閣詩集四卷文集五卷新集四卷　明黄端伯撰　明崇禎刻本　九行十九字白口四周單邊　四〇四四

瑤光閣集十二卷外集二卷明夷集一卷　明黄端伯撰　清乾隆四年黄祐刻本　九行二十一字白口左右雙邊　四〇四五

知畏堂文存十二卷詩存四卷　明張采撰　清康熙刻本　九行十九字白口左右雙邊　四〇四六

映玉堂集二十卷　明蔣燦撰　明崇禎十二年蔣埈、蔣味刻本　七行十九字白口四周單邊　四〇四七

金忠節公文集八卷　明金鉉撰　清初刻本　九行十九字白口四周單邊　四〇四八

明徐勿齋日書詩卷贈倪鴻寶一卷　明徐汧撰　稿本　四〇四九

宛在堂文集三十四卷　明鄭□□撰　明崇禎刻本　八行二十字白口四周單邊　四〇五〇

隴首集一卷附錄一卷　明王與胤撰　清康熙刻本　十行十九字黑口左右雙邊　四〇五一

葛坡草堂集四卷　明韓國植撰　明崇禎刻本　九行十九字白口四周單邊　四〇五二

摩麟近詩九卷　明徐明彬撰　續我言一卷　前傳稿一卷　十載我言一卷　湘浙小草一卷　明崇禎建陽書坊刻本　八行十六字白口四周單邊　四〇五三

涂子一杯水五卷　明涂伯昌撰　清康熙四十五年涂晃刻本　八行十七字白口四周單邊　四〇五四

澹寧居文集十卷詩集三卷　明馬世奇撰　蝶園詩集一卷　清馬壬玉撰　清初刻本　九行二十一字白口左右雙邊　四〇五五

孫本芝先生詩稿不分卷　明孫朝讓撰　稿本　清鄧淵耀、翁同跋　四〇五六

孫光甫詩稿不分卷　明孫朝讓撰　清抄本　錄跋　七行十一字無格　四〇五七

薛寀詩文稿不分卷　明薛寀撰　稿本　十三行二十八字紅格白口四周雙邊　四〇五八

兼山集四卷　明楊廷麟撰　清康熙三十二年胡麟兆刻本　十行二十二字白口左右雙邊　四〇五九

七錄齋詩文合集十六卷　明張溥撰　明崇禎九年刻本　九行十八字白口左右雙邊　七錄齋文集近稿六卷　七錄齋詩稿五卷　論略一卷　館課一卷　四〇六〇

十七

七錄齋集六卷論略一卷　明張溥撰　明崇禎刻本　九行二十字白口四周單邊　七錄齋詩稿三卷　四〇六一

七錄齋文集論略二卷續刻六卷別集二卷　明張溥撰　明末刻本　九行二十字白口四周單邊　四〇六二

太原王二彌先生存稿十卷附名家贈言一卷　明王邵撰　清康熙十八年王岱刻本　九行二十字白口四周雙邊　四〇六三

羅紋山先生全集十六卷首一卷　明羅明祖撰　清初七處齋刻本　八行十八字白口四周雙邊　四〇六四

偶居集八卷　明鍾震陽撰　明崇禎刻本　九行二十字白口四周單邊　四〇六五

吳山集十二卷　明王範撰　明崇禎刻本　八行十八字白口四周單邊　存九卷　一至三、七至十二　四〇六六

韓芹城先生鄉墨一卷　明韓四維撰　明崇禎刻本　傳略一卷　清初抄本　清楊桐、楊穎跋　九行二十字無直格白口四周單邊　四〇六七

李映碧公餘錄二卷　明李清撰　明崇禎刻本　九行十九字白口四周單邊　四〇六八

增城集十六卷　明李埈撰　明崇禎賦鴻館刻本　八行二十字白口左右雙邊　四〇六九

梅花屋詩草一卷 明左懋第撰 稿本 袁左心然跋 八至九行行字不等 四〇七〇
左懋第全集九卷 明左懋第撰 清乾隆刻本 九行十九字 四〇七一
琅玕館合刻四卷 左忠貞公剩稿四卷 羅石山房文鈔四卷 梅花屋詩草一卷 明張三就撰 明末刻本 八行十八字白口四周雙邊 四〇七二
王玉屋文集三卷詩集一卷 明王斥撰 清周亮工等評 清順治二年周亮工等刻本 八行十九字白口四周單邊 四〇七三
王玉屋遺稿二卷 明王斥撰 清康熙王頊等刻本 八行十九字白口四周雙邊 四〇七四
陳恭潔公遺集一卷 明陳良謨撰 清古泉艸堂抄本 四〇七五
匪石堂詩三十二卷 明王璽撰 稿本 十行二十二字無格 四〇七六
妙遠堂詩三集一卷閩游草一卷 明王璽撰 清初王自超抄本 王璽校改並跋 十行二十二、三字不等白口四周單邊 四〇七七
劉文烈公全集十二卷 明劉理順撰 清順治刻康熙印本 九行二十字白口四周單邊 四〇七八
舫齋文集十卷 明陳組綬撰 明崇禎祜思廬刻本 十行二十字白口四周單邊 四〇七九
心遠堂遺集二十卷 明王永積撰 清刻本 九行二十字黑口四周雙邊 四〇八〇
十願齋全集十四卷 明吳鍾巒撰 清康熙刻本 九行二十字白口左右雙邊 四〇八一

十八

稺山先生殘集二卷 明吳鍾巒撰 清乾隆錢濬恭抄本 周大輔跋 十一行二十二字無格 四〇八二
退思堂集十二卷 明李陳玉撰 明崇禎刻本 八行十八字無直格白口四周單邊 四〇八三
退思堂焚香日錄六卷 明李陳玉撰 明崇禎刻本 八行十八字無直格白口四周單邊 四〇八四
文嘻堂詩集三卷 明朱苐煃撰 清康熙三十七年紫陽書院刻本 九行十八字白口左右雙邊 四〇八五
雅似堂文集十一卷詩集一卷訟過錄一卷 明文德翼撰 明末刻本 八行十八字白口四周單邊 四〇八六
雅似堂文集十卷 明文德翼撰 清順治刻本 九行二十一字白口四周雙邊 四〇八七
瞻六堂集二卷 明羅萬傑撰 清乾隆三十年餘軒刻本 九行十九字白口四周雙邊 四〇八八
兩紀事二卷 明陳函煇撰 明崇禎刻本 鄧之誠題記 八行十七字無直格白口左右雙邊 四〇八九
選刻小寒山詩集二十六卷 寒玉集十一卷 寒香集選七卷 選寒光集八卷 明陳函煇撰 明崇禎王爾剎本 九行十八字白口左右雙邊 四〇九〇
小寒山詩文合集十二卷 選寒綸集四卷 寒枝集選五卷 選寒江集三卷 明陳函煇撰 明崇禎王爾剎本 九行十八字白口左右雙邊 四〇九一
小寒山子集十四卷 容膝自删一卷 山樵戲草一卷 容樵再删一卷 青來了一卷 明陳函煇撰 明崇禎刻本 四〇九二
選寒江集三卷寒喜集二卷 明陳函煇撰 清郭毓祖 郭詒祖抄本 清郭協寅跋 選寒江集九行十八字無格，寒喜集十行十八、九字無格 容菴草一卷 容心草二卷 平虾杜集一卷 客山法一卷 删社和草一卷 盟倡一卷 題紅一卷 寧豆社約一卷 香飯喂韻一卷 四〇九三
太乙山房文集十五卷 明陳際泰撰 孝威論一卷 清陳士周撰 陳孝逸論一卷 清陳士驥撰 明崇禎六年李士奇刻本 九行二十字白口四周單邊 四〇九四
已吾集十四卷 明陳際泰撰 壺山集三卷 清陳孝威撰 凝山集六卷 清陳孝逸撰 清順治李來泰刻本 十二行二十四字白口四周單邊 四〇九五
陳大士先生稿不分卷 明陳際泰撰 清呂留良評 清初刻本 九行二十六字白口四周單邊 四〇九六
吳吏部集九卷 海棠堂詩二卷 西征集一卷 南還草二卷 秋脫篓一卷 北游集一卷 東曦集一卷 白嶽游一卷 明吳本泰撰 清順治刻本 九行十九字白口左右雙邊 四〇九七
吳吏部文集十二卷 明吳本泰撰 清順治十年夏允中刻本 九行二十字白口四周單邊 四〇九八
穀園集文一卷詩一卷 明楊彝撰 清道光二年譚天成家抄本 九行二十二字無格 四〇九九

十九

保閒堂集二十五卷補一卷蓬容詩草二卷 明趙士春撰 清抄本 丁祖蔭校並跋 四一〇〇
曹子玉詩集十卷 白娛集一卷 清啼集一卷 碎琴集一卷 青蘿集一卷 飲冰集一卷 天許集一卷 珠璧集一卷 指水集一卷 感遇集一卷 餘醉集一卷 明曹玑撰 明末刻本 六行十五字白口左右雙邊 四一〇一
忠介公正氣堂文集八卷越中集二卷南征集十卷 明錢肅樂撰 清金祖望輯 清抄本 十行二十六字無格 四一〇二
南征集十卷 存五卷（六至十） 明錢肅樂撰 清徐時棟抄本 徐時棟跋 九行二十字白口左右雙邊 四一〇三
堵文忠公集十卷 明堵胤錫撰 堵寅叔事實一卷 清張夏撰 清道光二十八年靜日軒刻本 清傅以禮題識 九行二十二字白口左右雙邊 四一〇四
湘真閣稿六卷 明陳子龍撰 明末刻本 九行十八字小字雙行同白口四周單邊 四一〇五
安雅堂稿十八卷 明陳子龍撰 明末刻本 九行二十字白口四周單邊 四一〇六
琴張子螢芝集七卷 明張明弼撰 評琴張子禪粟株 四一〇七

二卷 明張明弼撰 周鍾評 明天啟五年書林殷君宗刻本 九行十九字白口四周单边 四〇八
張公亮先生癸甲螢芝集二卷 明張明弼撰 明崇禎刻本 九行十八字白口四周单边
刻黃石齋蔣八公兩先生手批螢芝全集三十 四〇九
二卷 明張明弼撰 清初蔡似洵刻本 九行二十四字白口四周单边
天愚先生詩集六卷文集八卷詩鈔八卷文鈔 四一〇
八卷別集四卷 明謝泰宗撰 文鈔附錄一卷 清吳偉業等撰 清康熙五十五年致遠堂刻本 十二行二十二字黑口左右双边
操縵草十二卷 明熊人霖撰 明崇禎刻本 八行十八字白口左右双边 四一一
南榮集文選二十三卷詩選十二卷 明熊人霖撰 明崇禎十六年刻本 九行二十字白口左右双边 四一二
存三十四卷 文選一至十三、十五至二十三 詩選一至十二
醉石居未焚集不分卷 明周銓撰 明崇禎刻本 九行二十字下黑口四周单边 四一三
松月軒詩稿不分卷 明田嘉生撰 稿本 清魯仁壽跋 四一四
喻園集四卷 明梁朝鍾撰 清順治刻重修本 八行十五字白口四周单边 四一五
紡授堂集八卷二集十卷文集八卷 明曾異撰撰 明崇禎益友齋刻清康熙 四一六
五十七年曾天采補修本 八行二十字白口四周单边
紡授堂集八卷二集十卷文集八卷 明曾異撰撰 明崇禎益友齋刻清康熙五十七年曾天采補修本 鄭振鐸跋 四一七
留菴文集十八卷 明盧若騰撰 清抄本 十行二十二字白口无格 四一八
存三卷 十三至十五
留菴文集節抄口口卷 明盧若騰撰 清抄本 清孫鏘鳴批校並跋 十行二十五字无格 四一九
存三卷 八至九、十三
癸錦堂集不分卷 明胡周鼒撰 清初刻本 八行十八字白口左右双边 四二〇
郭孟履集五卷 明郭文祥撰 清抄本 九行二十四字无格 四二一
枯樹齋詩集二卷 明單恂撰 明崇禎刻本 八行十九字白口四周单边 四二二
旃鳳堂偶集一卷 明陸培撰 明崇禎刻本 九行二十字白口四周单边 四二三
倘湖手稿二十二卷 明來集之撰 稿本 四二四
存十四卷 一至十、十九至二十二
倘湖遺稿不分卷 明來集之撰 清倘湖小筑稿本 九行二十五字白口四周双边 四二五
存八冊 三至七、九至十一

倘湖遺稿不分卷 明來集之撰 稿本 四二六
倘湖遺稿口卷 明來集之撰 清抄本 九行二十字无格 四二七
存四卷 四言詩、六言詩、五言古詩、七言律詩
南行載筆六卷 明來集之撰 清順治倘湖小筑刻本 九行十八字白口四周单边 四二八
南行偶筆九卷 明來集之撰 清康熙元年倘湖小筑刻本 九行十八字白口四周单边 四二九
倘湖詩二卷 明來集之撰 清康熙十四年倘湖小築刻本 九行十八字白口四周单边 四三〇
倘湖詩二卷 明來集之撰 清康熙十四年倘湖小築刻本 鄭之誠跋 四三一
博學彙書十二卷 明來集之撰 清康熙倘湖小築刻本 九行二十字白口四周双边 四三二
崇禎十五年浙江壬午科鄉試硃卷一卷 明張煌言撰 清刻本 九行二十五字白口四周双边 四三三
奇零草六卷 明張煌言撰 清抄本 九行二十字 四三四
奇零草二卷 明張煌言撰 清二硯窩抄本 十行二十四字白口左右双边 四三五
奇零草二卷 明張煌言撰 清徐時棟抄本 九行二十字白口左右双边 四三六
奇零草二卷補遺一卷 明張煌言撰 清遺香樓抄本 十行二十一字无格 四三七
奇零草二卷續草一卷 明張煌言撰 清抄本 秦更年跋 十行二十五字无格 四三八
忠烈公文集一卷奇零草三卷 明張煌言撰 清抄本 文集九行二十字 奇零草十二行二十九字 四三九
奇零草一卷北征錄一卷文一卷 明張煌言撰 清青雷山館抄本 十行三十字白口左右双边 四四〇
奇零草不分卷北征錄一卷 明張煌言撰 張忠烈公 四四一
年譜一卷 清全祖望撰 清道光十二年抄本 清徐時棟題記 九行二十字无格
奇零草不分卷 明張煌言撰 清抄本 張鋆校並跋 八行二十字无格 四四二
奇零草不分卷 明張煌言撰 清抄本 九行二十五字无格 四四三
奇零草叙論書記一卷 明張煌言撰 清抄本 四四四
張忠烈公文集二卷奇零草四卷附一卷 明張煌言撰 清朱懋清輯 清光緒三年朱懋清抄本 九行二十五字白口四周双边 四四五
張忠烈詩文集七卷 明張煌言撰 張蒼水公奇零草詩集四卷 張忠烈公詩文集附錄一卷 清抄本 九行二十五字白口四周双边 張忠烈公文集二卷 四四六
張忠烈公文集七卷 明張煌言撰 清傅以禮輯 冰槎集一卷 詩錄一卷 奇零草一卷 補遺一卷 清傅以禮校並跋 清光緒十年傅以禮抄本 丁丙跋 四四七

四一四八 張忠烈公集十二卷補遺一卷 明張煌言撰 首一卷末一卷附錄二卷 清全祖望撰 清傅氏長恩閣抄本 十一行二十一字細黑口左右双边 北征錄一卷 張忠烈公年譜一卷 清全祖望撰 浙江十年秋試抄本一卷

四一四九 奇零草不分卷北征錄一卷崇禎十五年壬午科鄉試硃卷一卷 明張煌言撰 張忠烈公年譜一卷 清全祖望撰 清光緒十三年傅氏抄本 清傅以禮校並跋

四一五〇 張閣學文集二卷 明張煌言撰 清傅氏長恩閣抄本 清傅以禮校並跋

四一五一 張尚書集三卷首一卷 明張煌言撰 傅以禮重編 清傅氏長恩閣抄本 十一行二十三字黑格

四一五二 張蒼水詩文集不分卷 明張煌言撰 清抄本 佚名批校 九行二十一字黑口四周双边

四一五三 張蒼水集二卷 明張煌言撰 清抄本 十三行二十三字无格

四一五四 張蒼水先生文集二卷 明張煌言撰 清黃容輯 清抄本 十二行二十四字无格

四一五五 冰槎集五卷 明張煌言撰 清抄本 十行二十一字无格

四一五六 寒石先生文集三卷 明理密和撰 清乾隆十七年張遠覽刻本 八行十八字細黑口左右双边

四一五七 寒石先生文集三卷附錄一卷 明理密和撰 清乾隆刻本 八行二十字白口四周单边

四一五八 蕭林初集八卷 明錢棻撰 明末刻本 七行十五字白口四周单边

十九二

四一五九 遠遊篇十二卷 明周明撰 清初刻本 十行二十字白口四周单边

四一六〇 遠遊篇十二卷 明周明撰 清瞿東亭抄本 十行二十五字小字双行同白口四周双边

四一六一 柳潭遺集不分卷 明王自超撰 稿本

四一六二 柳潭遺集六卷 明王自超撰 清初平遠刻本 八行二十字白口四周双边

四一六三 天山集不分卷 明歸起先撰 清抄本 清俞鍾鑾跋 九行二十一字藍格

四一六四 影園詩稿文稿一卷 明鄭元勲撰 清鄭開基輯 清乾隆二十七年鄭開基拜影樓刻本 九行二十字、小字双行同白口左右双边

四一六五 影園詩稿一卷 明鄭元勲撰 清鄭開基輯 清乾隆二十七年鄭開基拜影樓刻本 清吳騫批點並跋

四一六六 留仙詩集二卷 明馮元飈撰 清抄本 十二行二十二字无格

四一六七 陶菴文集七卷詩集八卷吾師錄一卷 明黃淳耀撰 清康熙十五年張鍔賡刻本 九行十九字細黑口左右双边

四一六八 陶菴文集七卷詩集八卷吾師錄一卷 明黃淳耀撰

四一六九 谷簾學吟一卷 明黃淵耀撰 清康熙十五年張鍔賡刻康熙四十二年陸廷燦增修印本

四一七〇 懷謝軒遺詠不分卷 明釋弘塈撰 清康熙四十六年沈業刻本 九行二十二字上黑口四周双边

温寶忠先生遺稿十二卷 明温璜撰 清初貞石堂刻本 八行二十字白口四周单边

四一七一 温寶忠先生遺稿十二卷題記 明温璜撰 清初貞石堂刻本 鄭之誠

四一七二 張文烈公軍中遺稿一卷 明張家玉撰 清抄本 十二行二十八字无格

四一七三 錢仲子初集四卷 明錢默撰 明末刻本 八行十八字白口四周单边

四一七四 上海公遺稿不分卷 明彭長宜撰 清抄本 八行二十四字无格

四一七五 吳長興伯集一卷 明吳易撰 清佚名輯 稿本 柳棄疾跋 十一行二十九字无格

四一七六 嫩棋集十卷附錄一卷 明林嵋撰 清初求野堂刻本 九行二十字无直格白口四周单边

四一七七 嶠雅二卷 明鄺露撰 清海雪堂刻本 八行十五字白口四周单边

四一七八 嶠雅二卷 明鄺露撰 清海雪堂刻本 清鄭家升跋

四一七九 漫廬草一卷 明王自豐撰 明刻本 八行十七字白口四周单边

四一八〇 太古園詩集一卷 明王僩撰 清乾隆刻本 佚名批 九行二十二字白口左右双边

四一八一 華陽洞主集不分卷 明張𡶶撰 明崇禎淑素堂刻本 八行二十字白口上下双边

存上册（缺七言絶、五言絶、詩餘）

四一八二 芑山文集三十三卷 明張自烈撰 清初刻本 九行二十字白口四周单边

芑山文集疏説二卷 序五卷（卷五未刻） 策二卷 答問四卷 書牘十卷 傳記四卷 雜著四卷（卷四未刻） 詩一卷 制義一卷

十九三

四一八三 芑山先生文集二十四卷 明張自烈撰 清康熙二十六年俞王爵刻本 十行二十一字白口四周双边

四一八四 芑山先生文集十九卷 明張自烈撰 清陳紳抄本

四一八五 張忠烈公遺稿一卷 明張同敞撰 王禮培跋 清抄本 九行二十二字黑格

四一八六 肄雅集十卷 明孫臨撰 明崇禎刻本 九行十八字白口四周单边

四一八七 肄雅堂詩選十卷 明孫臨撰 清八千卷樓抄本 八行十八字黑口四周单边

存六卷 五至十

四一八八 觀復堂稿略不分卷 明朱集璜撰 明崇禎刻本 王德森跋 九行二十二字白口左右双边

四一八九 樓山堂集二十五卷 明吳應箕撰 明崇禎十二年刻本 九行二十字白口四周单边

論七卷 辨一卷 書三卷 議一卷 序三卷 傳記一卷 雜著一卷 詩五卷

四一九〇 樓山堂集二十七卷遺文六卷遺詩一卷 明吳應箕撰 清刻本 十行二十二字白口左右双边

四一九一 樓山堂集二十七卷 明吳應箕撰 清刻本 十行二十二字白口四周双边

四一九二 樓山堂集二十六卷 明吴應箕撰 清楚園活字印本 鄧之誠、[illegible]跋 九行二十二字白口左右双边

四一九三 松圓居士浪淘集六卷 明程嘉燧撰 稿本 清張雲章、張鵬翀、葉堂、陸維垣跋 十行十七字黑格

四一九四 程孟陽詩四卷 明程嘉燧撰 明天啟刻本 松圓詩一卷 八行十五字白口左右双边版心下鐫冷風臺 吳裝二卷 七行十二字白口左右双边版心下鐫偈庵 雪浪齋一卷 十行十七字白口左右双边版心下鐫玄暢室

四一九五 耦耕堂存稿詩三卷文二卷 明程嘉燧撰 明末孫石甫抄本 葉恭綽跋 十行十八字無格

四一九六 耦耕堂集詩三卷文二卷 明程嘉燧撰 松圓詩老小傳一卷 清錢謙益撰 清順治十二年金獻金望刻本 十行十八字細黑口左右双边

四一九七 松圓浪淘集十八卷耦耕堂存稿詩二卷文二卷 明程嘉燧撰 清汪氏裘杼樓抄本 十行十八字無格

四一九八 溪閣漫鈔三卷 明徐爾一撰 明崇禎刻本 八行二十字白口四周单边

四一九九 麗奇軒文集四卷 明紀克揚撰 清乾隆二十六年紀邁宜刻本 十行二十字下黑口四周双边

四二〇〇 率意吟一卷 明安廣居撰 清順治刻本 九行二十字白口四周单边

四二〇一 烟餘草一卷 明安廣譽撰 清安璿抄本

四二〇二 江止庵遺集八卷首一卷 明江天一撰 清康熙徐書受刻本 九行二十字白口四周双边

十九四

四二〇三 湘中草六卷 明湯傳楹撰 清康熙二十四年尤侗刻本 十行二十一字白口四周单边

四二〇四 月隱先生遺集四卷 明祝淵撰 清賞軒抄本 清陳敬璋校 九行二十三字黑格

四二〇五 祝子遺書六卷 明祝淵撰 清如貴齋抄本 十行二十四字白口四周单边

四二〇六 祝子遺書六卷 明祝淵撰 清抄本 佚名批校

四二〇七 蒹葭什一卷 明李們撰 明天啟六年刻本 八行十六字白口四周单边

四二〇八 河郵文集四卷 明戴重撰 清初張自烈刻本 十行二十二字白口左右双边

四二〇九 河村集四卷 明戴重撰 附錄一卷 清抄本 九行二十五字無格

四二一〇 中曲山房詩集一卷 明蘇宇撰 清順治蘇瀛齋刻本 七行十八字

四二一一 山水逸三卷 明楊文驄撰 贈言一卷 明崇禎刻本 八行十六字白口四周单边

四二一二 簡堂集不分卷 明馬元調撰 清抄本 九行二十六字無格

四二一三 簡堂集十二卷 明馬元調撰 清抄本

四二一四 日損堂初稿五卷 明劉孔和撰 清初抄本 八行十九字白口左右双边

四二一五 錢吉士先生全稿不分卷 明錢禧撰 清呂留良評點 清康熙二十年呂氏天蓋樓刻本 九行二十六字白口四周单边

四二一六 莪之詩存一卷 明程宇求撰 明崇禎毛氏刻本 八行十九字白口左右双边

四二一七 植聖草不分卷 明釋道威撰 明崇禎刻本 九行二十字白口四周双边

四二一八 和西溪百詠二卷附福勝庵八詠一卷曲水庵八詠一卷梅花十詠一卷 明釋大善撰 明崇禎刻本 八行十九字白口四周双边

四二一九 草玄居詩稿二卷 明高有恒撰 明崇禎刻本 八行十七字白口四周双边

四二二〇 許山集一卷承平雜咏一卷 明高學賓撰 清括齋王氏抄本 清李文田跋 十行二十字黑口四周单边

四二二一 文彥可先生遺藁不分卷 明文從簡撰 稿本 清邵彌跋

四二二二 譚盍之詩草編年十一卷 明譚爾進撰 清初抄本 九行二十一字無格

四二二三 虞山譚石城詩集一卷文集一卷 明譚爾進撰 清抄本

四二二四 墨巢集十六卷 明謝煌撰 明崇禎十年張肯堂汪宗友刻本 六行十二字白口四周单边

四二二五 石村詩集三卷文集三卷 明郭金臺撰 清康熙二十四年郭鵬年刻本 八行二十字白口四周双边

四二二六 寶藥栖詩不分卷 明王醇撰 清抄本 十行二十字無格

四二二七 春浮堂初集二卷言行世則鈔評四卷車塵筆記一卷秋曇草一卷公餘吟一卷枝吟一卷敬勝堂雜語一卷友聲一卷 明王佐撰 明崇禎刻本 九行十九字白口四周单边

十九五

四二二八 涉志一卷寤咏一卷讌賦一卷 明王若之撰 明刻本 八行十七字白口四周单边

四二二九 再游草一卷 明王若之撰 明崇禎刻本 八行十七字或二十二字白口四周单边

四二三〇 佚笈姑存十卷 明王若之撰 清順治二年傅敏刻本 津門草一卷 郡齋稿一卷 詩卷二卷 疏稿一卷 涉志一卷 簿游書牘一卷 寤咏一卷 續詩卷一卷 往蹇一卷 讌賦一卷

四二三一 王無瑕先生詩集五卷文集三卷 明王無瑕撰 清王揚宗等刻本 八行二十字白口左右双边

四二三二 碧漸堂詩草一卷 明王光魯撰 清順治十三年刻本 八行十七字白口四周单边

四二三三 葦下欹九卷鄴下草一卷後西湖草一卷 明王燕芳撰 明刻本 八行十七字白口四周单边 存九卷 葦下欹一至二、四至六、八至九 鄴下草一卷 後西湖草十一卷

四二三四 囈二集不分卷 明張文成撰 清初刻本 復廬居士跋 九行十九字白口四周单边 存記

四二三五 張司隸初集五十二卷 明張邁滑撰 明崇禎刻本 九行二十字白口四周单边

靜遠居詩選二卷（澤畔行吟十卷 奏章焚餘一卷 杞謀一卷 雪廢草殺六卷 閩寧鎮記一卷 寶莊城守規則一卷 贈言一卷 偶成一卷） 明張陛撰（澤畔行吟續九卷 古洲一卷 吳襄剩草十卷 不可不傳三卷 兵燹彌記一卷 澤畔行吟再續八卷） 清順治刻本 九行十九字白口四周单边 四二三六

鄴水吟一卷許閒居詩一卷秋詩二卷 明張羲素撰 明崇禎刻本 九行十八字白口左右双边或四周单边 四二三七

孫雪屋文集不分卷 明孫永祚撰 稿本 九行二十四字无格 四二三八

雪屋文集一卷 明孫永祚撰 稿本 清竹平安館跋 四二三九

雪屋集八卷 明孫永祚撰 明崇禎古嘯堂刻本 八行十九字白口左右双边 四二四〇

雪屋二集五卷 明孫永祚撰 清順治十七年古嘯堂刻本 九行二十字白口左右双边 四二四一

容菴詩集十卷辛卯集一卷 明孫爽撰 清順治十六年刻本 九行二十二字白口四周单边 四二四二

容菴文集二卷 明孫爽撰 清康熙三十一年許自期刻本 十一行二十字黑口四周单边 四二四三

孫壁聯先生文集不分卷 明孫璧聯撰 清抄本 十行二十四字无格 四二四四

荷新集一卷 明鄧慶采撰 明崇禎元年刻本 九行十八字白口左右双边 四二四五

十九六

塵韻一卷 明鄧慶采撰 明崇禎刻本 九行十八字白口左右双边 四二四六

還山草一卷 明鄧慶采撰 明崇禎刻本 九行十八字白口左右双边 四二四七

汲古閣集四卷 明毛晉撰 稿本 清王振聲校並跋 十行十九字白口左右双边 四二四八

何士龍詩一卷 明何雲撰 清初抄本 十行二十五字无格 四二四九

梨雲館集十二卷別論二卷 明何偉然撰 明末刻本 八行十八字白口四周单边 四二五〇

卓珂月先生全集十六卷（蕊淵集十二卷 蟾臺集四卷） 明卓人月撰 明崇禎十年傳經堂刻本 八行十八字白口四周单边 四二五一

息賢堂詩集八卷 明魏畊撰 清順治刻本 九行十九字白口左右双边 四二五二

吳大身先生遺集七卷附錄一卷 明吳瀨之撰 清乾隆刻本 十行二十一字白口四周双边 四二五三

滄園草一卷 明吳賢鳳撰 明崇禎十七年刻本 九行二十字白口四周单边 四二五四

亦頹集八卷 明倪大維撰 明末刻本 九行二十字白口四周单边 四二五五

雪花三十韻一卷 明鮑釗撰 明崇禎李標刻本 九行十八字白口四周单边 四二五六

寄菴雜稿不分卷 明繆潛撰 稿本 四二五七

核菴集二卷詩餘一卷二集二卷 明徐爾鉉撰 明崇禎刻本 八行二十一字白口四周单边 二集八行十八字白口四周单边 核菴集全、詩餘全、二集上存四卷 四二五八

紅雨樓集不分卷鼇峰文集不分卷 明徐𤊹撰 稿本 十行二十字藍格 四二五九

鼇峰集二十八卷 明徐𤊹撰 明天啟五年南居益刻本 九行十八字白口左右双边 四二六〇

紅雨樓題跋一卷 明徐𤊹撰 清康熙五十八年林佶蘭話堂抄本 清林佶、劉彥海跋 九行二十三字白口左右双边 四二六一

思訛室無事書二卷 明宋存標撰 明末刻本 八行二十字白口四周单边 四二六二

秋士偶編一卷附董劉春秋雜論一卷 明宋存標撰 明宋存標輯 明末刻本 九行二十字白口四周单边 四二六三

熹廟拾遺雜咏一卷天啟宮詞一卷 題明江南小臣撰 清抄本 十行二十字无格 四二六四

霞上緒言七卷玉水千花藏著述現存書目一卷 明汪珂玉撰 稿本 四二六五

綺詠續集一卷 明汪汝謙撰 明崇禎四年刻本 八行十八字白口四周单边 四二六六

存庚篇十卷 明汪柜撰 明弘光元年衷白軒刻本 九行十八字白口四周单边 四二六七

小青集一卷 題明馮小青撰 閱稿一卷 明末刻本 有像 六行十四字无直格白口四周单边 四二六八

十九七

小青焚餘集一卷 題明馮小青撰 清咸豐九年勞權抄本 十四行二十字黑格白口四周单边 四二六九

東海散人集六卷（于役草一卷 虎林游一卷 松風樓稿二卷 海棠樓七十二候詩一卷 來鶴軒草一卷） 明顧德基撰 清順治四年毛氏汲古閣刻本 十行十八字白口左右双边 四二七〇

詠七十二候詩一卷 明顧德基撰 清初抄本 八行二十字藍格四周双边 四二七一

苧莊集一卷 明沈章撰 清康熙四十三年沈樹閣等刻本 八行十八字白口四周单边 四二七二

澹遠集三卷 明祝謙吉撰 明崇禎刻本 八行十八字白口左右双边 四二七三

珠樹館集十卷 明李瓚撰 明崇禎刻本 九行十八字白口四周单边 四二七四

栩栩編□卷存一卷上 明李德星撰 明崇禎刻本 八行十六字白口四周单边 四二七五

李小有詩紀二十五卷（餞驅拙言一卷 殷園唱和一卷 鷄游譜一卷 秋浦詠一卷 狀懷詩紀一卷 巡隘詩一卷 感懷和韻一卷 杖友隨鷗一卷 暗馬歡一卷 無關吟一卷 茅城秋蒙一卷 十六景詩一卷 桂游雜詠一卷 廣武柝草一卷） 明李盤撰 清順治刻本 七行或八行十五、十六、十八字不等白口四周单边 四二七六

剡溪一卷　汴州夢一卷　刻風齋吟一卷　游子意一卷　京江詠一卷　香山憶一卷　青谿草一卷　晨風吟一卷　水雲谿一卷

4277 匪石齋詩草二卷　明李復泰撰　稿本　十行二十二字無格

4278 萍居集四卷　明李爲稷撰　清刻本　十行二十一字白口左右雙邊

4279 因應掇存一卷　明李景沆撰　明崇禎刻本　九行十八字白口四周單邊

4280 歌宜室集十六卷　明柯榮撰　明崇禎刻本　九行十八字白口四周雙邊

4281 雁字十詠一卷使秦吟畧一卷　明范汝楨撰　明崇禎刻本　八行十六字白口四周單邊

4282 煙霞外集一卷　明范汝楨撰　明崇禎刻本　八行十六字白口四周單邊

4283 胡繩集詩鈔三卷　明范壺貞撰　陳維儒評　清胡繩發輯　稿本　清沈大成校改並序　九行二十字

4284 胡繩集詩鈔三卷　明范壺貞撰　清乾隆天遊閣刻本　十行十九字白口左右雙邊

4285 楚遊小草一卷　明范愷撰　明崇禎澹然堂刻本　八行十二字白口左右雙邊

4286 無他技堂遺稿十六卷　明蔣臣撰　清康熙四十九年蔣子渭等刻本　十行二十字大黑口左右雙邊

4287 過宜言詩三卷文一卷　明華夏撰　明抄本　九行二十五字黑格

4288 過宜言八卷　明華夏撰　清抄本　清徐時棟跋　九行二十字無格

4289 蟫巢集二十一卷　明黃以陞撰　明末刻本　九行十八字白口左右雙邊

4290 吳游艸一卷紉蘭艸一卷涉園艸一卷氷壺艸一卷　明杜肇勳撰　清順治刻本　八行十八字小字雙行同白口四周單邊

4291 居易堂詩集一卷　明林空撰　明崇禎十七年刻本　八行十八字無直格白口四周單邊

4292 生緣堂文集六卷隨筆二卷續筆二卷　明楊聯撰　朱之臣評　明崇禎書林王紹川刻本　八行十六字白口四周單邊　存七卷（一至二、五至六、隨筆全、續筆六）

4293 熹廟拾遺雜詠一卷　明秦徵蘭撰　清抄本　清李文田校　十行二十一字綠格白口四周單邊

4294 熹廟拾遺雜詠一卷　明秦徵蘭撰　清抄本　九行二十一字無格

4295 小青傳一卷小青焚餘藁一卷　題明支盎居士撰　明崇禎四年黃來鶴抄本

4296 休菴前集一卷後集一卷　明盛于斯撰　清順治五年周亮工刻本　八行二十字白口四周單邊

4297 玄超堂藏藁一卷　明逌懷年撰　清初刻本　九行十九字白口四周單邊

4298 環玉莊草一卷續草一卷漢袊吟一卷　明劉鄴撰　明刻本　八行十八字白口四周單邊

4299 寒泉子牧石吟一卷　明劉寔撰　明末刻本　九行十八字白口四周雙邊

4300 禪悅七種七卷　明劉曰杲撰　明刻本　八行十八字白口四周單邊
後千字文一卷　傳山和尚傳一卷　博山八景詩一卷　蓮嚴一卷　懷西方賦一卷　涅槃頌一卷　博山十子詩一卷

4301 翠娛閣近言四卷　明陸雲龍撰　明末刻本　九行十九字白口四周單邊

4302 頤志堂詩稿五卷　明陸瑞徵撰　明崇禎刻本　九行十八字

4303 青溪小草一卷明山遊籍一卷補陀遊記一卷　明陸寶撰　明竹洲山房刻本　青溪小草七行十六字白口左右雙邊　明山遊籍、補陀遊記八行十八字白口左右雙邊

4304 霜鏡集十七卷　明陸寶撰　明崇禎刻本　八行十八字白口左右雙邊

4305 辟塵集四卷小物二卷四課四卷再來草一卷三金韻三卷　明陸寶撰　明崇禎刻本　八行十八字白口左右雙邊

4306 辟塵集四卷小物二卷四課四卷雙素影二卷附錄一卷潞草一卷舲草一卷台宕遊一卷再來草一卷三金韻三卷　明陸寶撰　明崇禎刻本　清沈德壽跋　八行十八字白口左右雙邊

4307 悟香集三十卷　明陸寶撰　清初刻本　八行十八字白口左右雙邊

4308 悟香集三十卷　明陸寶撰　清初刻本　清沈德壽跋

4309 補陀詩一卷　明陸符撰　明崇禎刻本　六行十六字白口左右雙邊

4310 五石居詩二卷　明陳紹英撰　清抄本　八行十八字無格

4311 天啓宮中詞一卷雪舫集一卷　明陳悰撰　清初刻本　九行十九字白口四周單邊

4312 天啓宮中詞一卷　明陳悰撰　清抄本　清魏錫曾校　周星詒批注並跋　翁同龢跋　九行十九字無格

4313 天啓宮詞百詠二卷　明陳悰撰　清康熙四十一年梅壑散人抄本　八行十五字左右黑口四周雙邊

4314 蜀使漫草一卷　明周光燦撰　明崇禎刻本　八行二十字白口四周單邊

4315 蕪巢拾藁一卷悲風艸一卷　明周之玠撰　清初刻本　九行十九字白口左右雙邊

4316 樂府一卷　明周道仁撰　明崇禎錠如館刻本　八行十八字白口四周單邊

4317 華陽館草不分卷　明歐陽奎撰　清順治六年歐陽士豹等刻本　八行二十字無直格白口四周單邊

4318 坻場集□□卷　明曾益撰　明末刻本　九行二十字白口四周單邊　存十九卷（一至十九）

4319 燕林藏稿十卷楚風一卷　明余紹祉撰　明崇禎刻本　八行十八字白口四周單邊

4320 余子畸先生雜著六卷　明余紹祉撰　明崇禎刻本　九行十八字白口左右雙邊
玄丘素話一卷　訪道日錄一卷　山居瑣談一卷　賦草一卷

山中吟草一卷　　詩草一卷

四三二一 芝山集一卷 明末抄本 八行十八字白口四周單边

四三二二 明人集不分卷 明末抄本 九行二十二字藍格白口四周双边

四三二三 中峯蒼雪大師集六卷 明釋讀徹撰 清抄本 九行二十四字元格

四三二四 蒼雪和尚南來堂詩集四卷詩集補編四卷遺文一卷 明釋讀徹撰 附錄四卷 清抄本 十行二十一字元格

四三二五 南來堂詩集四卷 明釋讀徹撰 清雍正元年比丘圓鼎抄本 十二行二十字下黑口四周双边

四三二六 南來堂拾稿一卷存二卷 五言律 五言斷句 明釋讀徹撰 清抄本 十三行二十四字元格

四三二七 千山詩集二十卷首一卷補遺一卷 明釋函可撰 清康熙刻本 十行二十一字白口四周双边

四三二八 千山詩集二十卷首一卷補遺一卷 明釋函可撰 清抄本

四三二九 剩祖心集一卷 明釋函可撰 清抄本 八行十八字元格

四三三〇 翛園集八卷 明釋通荷撰 明末刻本（卷三、八配抄本） 八行十八字白口四周單边

四三三一 檞菴草七卷 明釋通荷撰 清康熙刻本（卷四配抄本） 八行十八字白口四周單边

四三三二 擔當和尚詩集一卷 明釋通荷撰 清抄本

四三三三 釋無瑕詩稿不分卷 竹樵詩草不分卷 鷲門旅唫不分卷 明釋[illegible]撰 稿本 六行十八字元格

書名編号	收藏單位					
明别集类:						
二七六五	0101					
二七六六	1601					
二七六七	0101					
二七六八	0141	0201◎				
二七六九	1601					
二七七〇	0161	1615				
二七七一	0101					
二七七二	0101◎	0201				
二七七三	0101					
二七七四	0101◎	0102	0142◎	0242◎	2301◎	2401◎
二七七五	1601					
二七七六	0101					
二七七七	0141					
二七七八	0161					
二七七九	0101	0141	0181	0201	0301	1601
	1741	2702				
二七八〇	0141					
二七八一	0101	0145	0163	0201	1715	
二七八二	0101	0201	0291	1715	2541	
二七八三	0101					
二七八四	0141					
二七八五	0141	2001◎				
二七八六	0101	0141	0201	0242	1001◎	
二七八七	0161	0163	0201	1606		
二七八八	0101	0102◎				
二七八九	0141					
二七九〇	0101					
二七九一	0141					
二七九二	0101◎	0141	0181	0201◎	0541◎	2941
二七九三	0201					
二七九四	0101	0141	0144	1501◎		
二七九五	1601					
二七九六	1601					
二七九七	1582					
二七九八	2503					
二七九九	0201◎	1601	2702	2705◎		
二八〇〇	0161					

表四四

書名編号	收藏單位					
明别集类:						
二八〇一	1701					
二八〇二	0404					
二八〇三	0101					
二八〇四	0141	0161	0201	1582	1601	1605
	1741	2308	2541			
二八〇五	0101					
二八〇六	1601					
二八〇七	0144	0145	0198◎	0209	0301	0541
	1606	2302	2801			
二八〇八	0141	0142	0150	0161	0291	0441
	0520	1501	1510	1542	1581	1601
	1646	1701	1702◎	1705	1901	2541
二八〇九	0141◎	0161	0741	1142	1541	2041◎
	2301					
二八一〇	0101					
二八一一	1601					
二八一二	0201					
二八一三	0101◎	0141	0201	0301	1601	
二八一四	0101	1501				
二八一五	0161					
二八一六	0141					
二八一七	0101	0181	0541	2702		
二八一八	0141	0161	0301	1082	1501	1542
	1714	2703				
二八一九	0201	1601				
二八二〇	0161					
二八二一	0101	0161	1601			
二八二二	0101	0181	1501◎	1741	2441	
二八二三	0101	0201◎	1701◎			
二八二四	0141	0201	0241	1601		
二八二五	0101	0141	0142	0145	0161	0163
	0164	0201	0241	0301	0701	1641
	1701	1741	2702	2961◎		
二八二六	1601					
二八二七	0142	0161	0201			
二八二八	0101	0181	0301	1601		
二八二九	0301					

書名编号	收藏單位					
明别集类：						
二八三〇	0101					
二八三一	0141	0142	0150	0161◎	0201	0241
	0242	0301	0341·	0541	0701	0801
	1501	1503	1542	1581	1601	1615
	1616	1741	2041	2042	2201◎	2301
	2541	2702				
二八三二	1701					
二八三三	0201					
二八三四	0101	0146	1601	1641	2201◎	2341
二八三五	0141	0161	0144	0163	0201	0301
	0841	0842	1501	1581	1601	1606
	1701	1741	2041	2501		
二八三六	2541					
二八三七	0101	0141	0164	2501		
二八三八	0102	1501				
二八三九	0141	1501				
二八四〇	0141	0163	1701			
二八四一	0141					
二八四二	0101	0141				
二八四三	0142	0201	0741	1001	1701	
二八四四	0101	2301				
二八四五	2501					
二八四六	0101◎	1606				
二八四七	0161	0201				
二八四八	0101	0201	1501			
二八四九	0141	0201	0301	1601	1701	
二八五〇	0161					
二八五一	0101	0161	0301			
二八五二	1601					
二八五三	0142					
二八五四	0141	0161	0164◎			
二八五五	1501					
二八五六	0201					
二八五七	0541					
二八五八	0101◎					
二八五九	0161					
二八六〇	0101◎	1716				

表四五

書名编号	收藏單位					
明别集类：						
二八六一	0102	0150	0164	0241	0541	0520
	0591	1501	1605	1606	1701	1705
	2501	2742				
二八六二	0141	0144	0145	0201	0541	1042
	1641	2042	2201	2702		
二八六三	0141	0145	1601	1801	1901	
二八六四	0141	0142	0161	0164	1701	2702
二八六五	0163	0193	0342	0801	0841	1601
	1701					
二八六六	0145	0161◎	0201	1601	1701	1705◎
	2301					
二八六七	0171	0181	2041	2201		
二八六八	0101	0102◎	0163	0181	0201	0801◎
	1601◎	1705	1904◎	2041	2701◎	2702◎
二八六九	0141	0143	0144	0145	0150	0163◎
	0164	0201	0241	0301	1541	1601
	1606	1605	1701	2006◎		
二八七〇	0161	0341	0541	0701	2401	
二八七一	0101					
二八七二	1701					
二八七三	0142◎	0163	0201	0301◎	0541◎	0703◎
	0841◎	1501				
二八七四	0101	0141	0144	0161	0241	0404
	0341◎	1501	1741	1901◎		
二八七五	1701					
二八七六	0101◎	0141◎	1501			
二八七七	0201					
二八七八	0201					
二八七九	1601					
二八八〇	2702					
二八八一	0441					
二八八二	0161					
二八八三	0101	0141				
二八八四	1581					
二八八五	0161◎	1041	1881			
二八八六	0141	0144	0150	0242	0404	0701
	1701	2543	2701			

書名编号	收藏單位					
明别集类：						
二八八七	1601					
二八八八	0101					
二八八九	0101					
二八九〇	0141					
二八九一	0101◎	0161	0201	0242	1601	
二八九二	0101	0141	0161◎	0163	0201	0291
	0509	1541	1601	1605	2382	
二八九三	0161					
二八九四	2041					
二八九五	1601					
二八九六	0101	0102	0141◎	0142◎	0143◎	0145
	0161	0163	0301◎	0541	0842◎	1601
	1701◎	2201◎	2541			
二八九七	0201					
二八九八	0201					
二八九九	0101	0142	0161	0163		
二九〇〇	0101◎	0201	1801◎			
二九〇一	0150					
二九〇二	0141					
二九〇三	1701					
二九〇四	0141					
二九〇五	0101					
二九〇六	0101	0161◎	0201			
二九〇七	2501					
二九〇八	1601					
二九〇九	0201					
二九一〇	1901					
二九一一	0201	0541	0741			
二九一二	0141					
二九一三	0101					
二九一四	0101◎	0161	1601			
二九一五	1701					
二九一六	1705	2206				
二九一七	0101					
二九一八	0101	2591				
二九一九	0141					
二九二〇	0301	1601				

表四六

書名编号	收藏單位					
明别集类：						
二九二一	0101	0301				
二九二二	0520					
二九二三	0101	0141	1601			
二九二四	1601					
二九二五	0141	0201	0301	1601	1741	
二九二六	0163	2381				
二九二七	0101					
二九二八	0102	0144	0201	0242	0341	1301
	1615	1701	2401	2501		
二九二九	0102	0181	0703			
二九三〇	0141	0150	0161◎	0163	0201◎	0301
	0841◎	1601◎	2001◎	2041	2301◎	2541◎
	2745◎					
二九三一	1601					
二九三二	0102					
二九三三	1741	1801				
二九三四	1701					
二九三五	0163					
二九三六	0101	0163◎	0541	0841		
二九三七	0141	0161				
二九三八	0101	0141◎	0142◎	0144◎	0161◎	0181◎
	0301◎	0341◎	1501◎	1601	1605	1704
	2041◎	2401◎	2541◎	2701	2702◎	
二九三九	0201					
二九四〇	1581					
二九四一	0142					
二九四二	0101					
二九四三	0509					
二九四四	0161	1601◎				
二九四五	0101					
二九四六	0102	0141	0142	0163	0201	0301
	0341	0842	1101	1501	1581	1604
	2206	2702				
二九四七	0801					
二九四八	2541					
二九四九	0101					
二九五〇	0102	0701				

表四七

書名编号	收藏單位					
明别集类：						
二九五一	0101⊙	0161				
二九五二	1701					
二九五三	0101					
二九五四	2501	2583				
二九五五	0101					
二九五六	0161					
二九五七	0101					
二九五八	0101⊙	0141	0142	0144⊙	0173	0181
	0201	0241⊙	0243	0341⊙	0601⊙	0703
	0842	1241	1501	1510	1601	1701
	1705	1881	1910	2301⊙	2401⊙	2702
	2745	2746				
二九五九	0102	0161	0242	0291	0342⊙	0801
	1701⊙	2041	2042	2206⊙	2343	2401
	2541					
二九六〇	0101⊙	0142⊙	0143	0161	0163	0241
	0242⊙	0291	0842	1501	1541⊙	1601⊙
	1701	1801⊙	2541	2561	2591	
二九六一	1501	1881⊙				
二九六二	0101	0102	0141	0161	0201	1601
	1606	1701				
二九六三	1601					
二九六四	0101	1501⊙	1642⊙	1801⊙	2461	
二九六五	0142	0181	1642	1688	1705	2043
二九六六	1541					
二九六七	1510					
二九六八	2301					
二九六九	2541					
二九七〇	0141					
二九七一	0201					
二九七二	0102					
二九七三	0101	0141	0102	2702		
二九七四	0141	0201	2003⊙			
二九七五	0161					
二九七六	2591					
二九七七	0141⊙	0201	0291			
二九七八	0141					

書名编号	收藏單位					
明别集类：						
二九七九	0520⊙	1042				
二九八〇	0101	0141	0161	0164	0242	0301
	1601	1701	1741	2201	2301	2702
二九八一	0101	0142	0181	0201	0701	1601
二九八二	0101⊙	0141	1741	2702		
二九八三	0201					
二九八四	0141	0161	1601	2701⊙	2741	
二九八五	0161	0201	0301	1601		
二九八六	0201					
二九八七	0101	2702				
二九八八	0101	0201				
二九八九	0102	0163	1901	2301		
二九九〇	0141					
二九九一	0141					
二九九二	0201					
二九九三	0142	0201	0701	1701	2041	
二九九四	1606					
二九九五	0101	0141				
二九九六	2301					
二九九七	2301					
二九九八	0142	2201				
二九九九	1542					
三〇〇〇	0101					
三〇〇一	0161	0163	0181			
三〇〇二	1601					
三〇〇三	0161					
三〇〇四	0181					
三〇〇五	1601					
三〇〇六	0141					
三〇〇七	0141	0143	0145	0161	0201	0701
	1601	2041	2441			
三〇〇八	0101					
三〇〇九	2001					
三〇一〇	0101	2701				
三〇一一	0101⊙	0144	0161	0163	0181	0201
	0441	0520⊙	0841⊙	1601	1701	2501
	2701					

表四八

書名编号	收藏單位					
明别集类：						
三〇一二	0101	0141	0145⊙	0161	0201	2206⊙
	2603⊙	2901				
三〇一三	0101					
三〇一四	0101	0145⊙	0161	0163	0541	1501
三〇一五	0141					
三〇一六	0141	0161	0181	0291	0301	0841
	1501	1701	1705	2301	2702	
三〇一七	0102	0144	0145	0201	0502	0520
	1001	1041	1501	1601	1603	2701
三〇一八	0101	0102	0141	0142	0198	0242
	0541	0801	0841	1716	1901	2501
	2702					
三〇一九	0101⊙	0141	0161	1101⊙	1601	
三〇二〇	0101	0142	0143	0146	0201	
三〇二一	0281					
三〇二二	0101	0141	0142	0143⊙	0144⊙	0145
	0161	0163	0198	0201	0520	0703
	0841	1501⊙	1544⊙	1601	1606	1681
	1701	1741	1843⊙	2001⊙	2381	2701⊙
	2702⊙	2741⊙				
三〇二三	1601					
三〇二四	0141⊙	0143⊙	0201	1101	1701	2701⊙
三〇二五	0161					
三〇二六	0201					
三〇二七	0141					
三〇二八	0201					
三〇二九	0163	1881⊙				
三〇三〇	0201					
三〇三一	0101					
三〇三二	1501					
三〇三三	1502					
三〇三四	0141					
三〇三五	1601					
三〇三六	0101					
三〇三七	0141					
三〇三八	0102					
三〇三九	0301					

書名编号	收藏單位					
明别集类：						
三〇四〇	0101	0201⊙				
三〇四一	0201					
三〇四二	0141					
三〇四三	0101	2541⊙				
三〇四四	0141					
三〇四五	0501⊙	2301				
三〇四六	0161					
三〇四七	0101					
三〇四八	2561					
三〇四九	0141					
三〇五〇	0141	1601				
三〇五一	0161	1701				
三〇五二	0141	0841	1582			
三〇五三	0101	0141	0144	0161	0163	0164
	0201	0301	0541	1511	1581	1582
	1601					
三〇五四	0101	0144	0146	0163	0191	0601
	0642	0841	1091	1601	2501	2542
	2543	2742	2901			
三〇五五	0201					
三〇五六	0141	0143	0198	0201	1301	1501
	1541⊙	1701	1704⊙	2041	2042⊙	2401
	2441					
三〇五七	0143	0201				
三〇五八	1701					
三〇五九	0161⊙	0201⊙	1601	1801		
三〇六〇	1705					
三〇六一	0201					
三〇六二	0101	0141	0145	0201	1501	1601
	1705	2042	2702	2941		
三〇六三	2701					
三〇六四	1601					
三〇六五	0161					
三〇六六	1601	2001				
三〇六七	0701	2381	2401⊙			
三〇六八	0101					
三〇六九	0161	0342				

書名编号	收	藏	單	位		
明别集类：						
三〇七〇	0101					
三〇七一	0201					
三〇七二	0101	0141	0201	1601	1628	2702
三〇七三	1601					
三〇七四	0141	0201	1701◎	2401		
三〇七五	0201					
三〇七六	0141	0161	0201	1601	1605	2001
	2701◎					
三〇七七	0101					
三〇七八	0101◎	0141				
三〇七九	0101					
三〇八〇	0101					
三〇八一	0101◎	1601				
三〇八二	0101					
三〇八三	2001◎					
三〇八四	2041					
三〇八五	2001	2041●				
三〇八六	1901					
三〇八七	0101					
三〇八八	0242	1601	2501◎			
三〇八九	0101					
三〇九〇	0181	2541				
三〇九一	0101	0163	1601			
三〇九二	0102	0161	1506			
三〇九三	0197	0502	0701			
三〇九四	0141					
三〇九五	0101					
三〇九六	1501					
三〇九七	1501					
三〇九八	0101					
三〇九九	0161					
三一〇〇	0101	0142	0241			
三一〇一	0201					
三一〇二	0101					
三一〇三	0141	0161	0201◎			
三一〇四	0201					
三一〇五	1705					

書名编号	收	藏	單	位		
明别集类：						
三一〇六	0161					
三一〇七	0141	2041◎				
三一〇八	0102					
三一〇九	0201	0242	1501◎	1701	1741	
三一一〇	0141					
三一一一	0161	0801	1541	1701	2642	
三一一二	0143	0145	0150	0181	0201	0242
	0301	1501◎	1510◎	2261	2702	
三一一三	0141					
三一一四	0141	0143	0144	0161	0163	0201
	0241	0242	0291	0501	0502	0541
	0941	1082	1501	1503	1506◎	1582
	1601	1605	1628	1641	1701	1798◎
	1901	1904	2001◎	2041◎	2201	2342
	2381	2401	2501	2541	2841◎	
三一一五	0101	0142	0143	0144	0145◎	0161
	0163	0164	0181	0193	0201	0242
	0243	0291	0301	0341	0441	0520
	0801	0841	1101	1201	1501	1502
	1541	1542	1601	1606	1701	1741
	1791	1881◎	2041	2201	2301	2307
	2401	2501	2541	2701	2702	2941
三一一六	0141	0193	0242	0341	0801	0841
	1501	1601				
三一一七	0101	0141	0145	0161	0163	0201
	0241	0520	0801	0841	1501	1601
	1606	1701	1741	1801	1881	2201
	2301	2307	2461	2501	2701	2702
三一一八	0101	0102	0141	0143	0145	0146
	0163	0181	0201	0341	0342	0441
	0520	1501	1606	1701	1741	1801
	1881	2201	2307	2461	2501	2702
三一一九	2201					
三一二〇	0101	0141	0144	0145	0146	0163
	0164	0181	0201	0520	0703	1501
	1606	1701	1741	1801	1881	2201
	2307	2461	2501	2541	2702	

表四九

書名编号	收	藏	單	位		
明别集类：						
三一二一	0141	0163	0143	0201	0341	0441
	0520	1541	1606	1701	1741	1881
	2307	2461	2501	2541		
三一二二	0201	1601◎				
三一二三	0201					
三一二四	0161					
三一二五	1501					
三一二六	0201					
三一二七	0101					
三一二八	0101					
三一二九	0301					
三一三〇	0101	0141				
三一三一	0142					
三一三二	0101	0161	1601			
三一三三	0101	0161	1641			
三一三四	0181					
三一三五	0101					
三一三六	1601					
三一三七	0101					
三一三八	0161◎	2346◎	2401◎			
三一三九	2401					
三一四〇	0145	0301◎				
三一四一	0101	0141	0201	2541		
三一四二	0101					
三一四三	0101◎	0102◎	2220◎			
三一四四	2201					
三一四五	0101	0102	0141	0161	0163	0242
	0301	2001	2042			
三一四六	0101					
三一四七	0201					
三一四八	0101	0144				
三一四九	0141	0145				
三一五〇	0101◎	0144				
三一五一	0161	1601◎				
三一五二	0101◎	0141	0150◎	0161◎	0201◎	1101◎
	1281◎	1601◎	1621◎	1641◎	1705◎	1901
	2701	2745				

書名编号	收	藏	單	位		
明别集类：						
三一五三	1901					
三一五四	0101◎	0102◎	0141	0163	0164◎	0181◎
	0201◎	0301◎	0541◎	0842◎	1501◎	1601
	1705◎	1741◎	1881	2041◎	2541◎	2701◎
	0861	1646◎	2702◎			
三一五五	1201	1705				
三一五六	0201					
三一五七	0201					
三一五八	0144					
三一五九	0142					
三一六〇	0164					
三一六一	0141					
三一六二	0142	2001				
三一六三	0201					
三一六四	2701					
三一六五	0301					
三一六六	0163					
三一六七	0141	0201				
三一六八	0141					
三一六九	0101	2201				
三一七〇	1601					
三一七一	0101					
三一七二	0161					
三一七三	2041					
三一七四	0101					
三一七五	0101					
三一七六	0101					
三一七七	0141					
三一七八	0163					
三一七九	0101					
三一八〇	0161					
三一八一	0101	0141	1601			
三一八二	0141					
三一八三	1712					
三一八四	1702					
三一八五	0101					
三一八六	0102	0141	0161	0201	0501	0541
	1601	2041	2541	2702		

表五〇

書名编号	收藏单位					
明别集类：						
三一八七	0181					
三一八八	1705					
三一八九	0101◎	1301◎				
三一九〇	0141					
三一九一	0101					
三一九二	0150◎	0163	2702			
三一九三	1681					
三一九四	0201					
三一九五	0102					
三一九六	0101◎	2201◎				
三一九七	0241					
三一九八	0101					
三一九九	0201					
三二〇〇	1701					
三二〇一	1501					
三二〇二	0101	1716				
三二〇三	1787					
三二〇四	0141					
三二〇五	1616					
三二〇六	0201					
三二〇七	0201					
三二〇八	0101	0141	0163	0201	1501	1502◎
	1601	1701	2201◎	2541		
三二〇九	1601					
三二一〇	0141◎	0592	1741			
三二一一	0101	0161◎				
三二一二	0161					
三二一三	0163					
三二一四	2541					
三二一五	0301					
三二一六	1701					
三二一七	0101◎	0163◎	0201			
三二一八	0101◎	0141◎	0163◎	1587		
三二一九	0101					
三二二〇	0101◎	1501	1601◎	2561◎		
三二二一	0161					
三二二二	0101					

書名编号	收藏单位					
明别集类：						
三二二三	0141					
三二二四	0101	0142◎				
三二二五	0141					
三二二六	2701					
三二二七	0101					
三二二八	0101					
三二二九	2541					
三二三〇	0101	0201	0301◎	1601◎		
三二三一	0141◎	0145◎	0161	0163	0201	0541
	1041	1582◎	1601			
三二三二	1501◎	2201				
三二三三	0141	0163	0181◎	1601		
三二三四	0101◎	0141				
三二三五	2006					
三二三六	0161					
三二三七	0161					
三二三八	0505	1801				
三二三九	0101	0163	0201			
三二四〇	0102	0141	0201			
三二四一	0161	0201	0701			
三二四二	2001	2003	2010◎			
三二四三	0201					
三二四四	0161					
三二四五	1001					
三二四六	0101	2341◎				
三二四七	0101					
三二四八	1001					
三二四九	0101					
三二五〇	0101	0102	0141	0161◎	0163◎	0181
	0201	0301◎	0541	1601	1705◎	1901◎
	2301	2701				
三二五一	0102	0301◎	1606◎			
三二五二	0141	0801	0201◎	0242◎	1601	
三二五三	0141					
三二五四	0181	1701◎				
三二五五	0161					
三二五六	1705					

表五十

書名编号	收藏单位					
明别集类：						
三二五七	0101					
三二五八	0101					
三二五九	0101	0141				
三二六〇	0201					
三二六一	0101◎	0161				
三二六二	0142					
三二六三	0301					
三二六四	0181					
三二六五	0101	0102	0141	0143	0144	0150
	0161	0163	0164	0181	0201	0242
	0301	0341	0520	0541	0592	0703
	0801	0841	1241	1501	1601	1606
	1681	1682	1701	1704	1705	1741
	1843◎	2041	2501	2701	2702	2741
三二六六	0201	1705				
三二六七	0101	0141	0161	0164		
三二六八	0101	0145	0201	0701	0841◎	1541
	1601	1641	1741	2701	2702	
三二六九	0142	0161	0201	1501	1701	1741◎
	2001	2003	2042	2541	2701	
三二七〇	1901					
三二七一	0141	0301	1705			
三二七二	0101					
三二七三	2541					
三二七四	2541					
三二七五	2541					
三二七六	0101					
三二七七	0101					
三二七八	0142					
三二七九	0841					
三二八〇	0181					
三二八一	0101					
三二八二	1501					
三二八三	1701					
三二八四	0301					
三二八五	0201					
三二八六	0301					

書名编号	收藏单位					
明别集类：						
三二八七	0242					
三二八八	0141					
三二八九	0163	0841	1601	1705		
三二九〇	0150	0201	0301			
三二九一	0161					
三二九二	0101					
三二九三	0141					
三二九四	0101					
三二九五	0101					
三二九六	0101	0141◎	2041			
三二九七	0161◎	1601◎				
三二九八	0101	1541◎				
三二九九	0141					
三三〇〇	0141	0142				
三三〇一	0101◎	2301◎				
三三〇二	0201					
三三〇三	0163◎	1601				
三三〇四	0201					
三三〇五	0701					
三三〇六	1705					
三三〇七	0101					
三三〇八	0101	0161				
三三〇九	0201					
三三一〇	0101					
三三一一	0101					
三三一二	1701					
三三一三	0101					
三三一四	0101◎	0141◎	0161◎	0301◎	0341◎	1601
三三一五	0141	0142	0143	0146	0501◎	1501◎
	1716	2383◎				
三三一六	0163◎	0201◎	0242◎	0520	1501	
三三一七	1705					
三三一八	0241					
三三一九	2381					
三三二〇	1601					
三三二一	0101					
三三二二	0101					

表五十一

書名编号	收	藏	单	位		
明别集类：						
三三二三	0101	0161	0181	0201	0242	0520
	1701					
三三二四	0161	1701				
三三二五	2301					
三三二六	0301					
三三二七	0163					
三三二八	2541					
三三二九	0201					
三三三〇	0161	0163	0301	1606	1501	1542
三三三一	0161	1581	1601	1606		
三三三二	1701					
三三三三	0141					
三三三四	0101	0198	0301	0841	1501	1581
	2041					
三三三五	0181					
三三三六	0101					
三三三七	0101					
三三三八	0201					
三三三九	1601					
三三四〇	0701					
三三四一	1501					
三三四二	1501					
三三四三	0161					
三三四四	0241					
三三四五	0341					
三三四六	0141	0142	0143	0841	1741	0301
	0150					
三三四七	0102	2201				
三三四八	0101					
三三四九	0201					
三三五〇	0541	1704	2702			
三三五一	0201					
三三五二	0141	0161	2204⊙	2301		
三三五三	0101					
三三五四	0101					
三三五五	0101	0201	1601			
三三五六	0101					

表五丰

書名编号	收	藏	单	位		
明别集类：						
三三五七	2501					
三三五八	2301					
三三五九	1542					
三三六〇	0861	1501	2002⊙	2315		
三三六一	0161	1801	2401			
三三六二	0161					
三三六三	0141					
三三六四	0141					
三三六五	0161					
三三六六	0101					
三三六七	1101					
三三六八	0161					
三三六九	0141	0161⊙	0842			
三三七〇	0161	0201	0241	0703	1510	1601
三三七一	2461					
三三七二	0101					
三三七三	2702					
三三七四	0101					
三三七五	2201					
三三七六	1701	2001				
三三七七	0150					
三三七八	1501					
三三七九	0301					
三三八〇	0141					
三三八一	0101					
三三八二	0301					
三三八三	1601					
三三八四	0141					
三三八五	0161					
三三八六	2301					
三三八七	0201	2210⊙	2401⊙			
三三八八	1601					
三三八九	0101⊙	0102⊙	0141	0144	0161	0164
	0181	0193	0201	0241	0391	0941
	1101⊙	1601	1981	2301	2541	2701
	2702⊙	2741				
三三九〇	0141	0145				

書名编号	收	藏	单	位		
明别集类：						
三三九一	0101	0141	0201	2401		
三三九二	1701	1910				
三三九三	0201	0291⊙	0301	0520	0591	0842
	1241	2401	2543⊙	2561⊙		
三三九四	0101	0102	0201			
三三九五	0101					
三三九六	0101⊙	0141⊙	0142⊙	0161	0181⊙	0301⊙
	0701	1501⊙	1601	1701⊙		
三三九七	2001					
三三九八	0101					
三三九九	0101					
三四〇〇	0101					
三四〇一	2203					
三四〇二	0101					
三四〇三	0591					
三四〇四	0501	0520				
三四〇五	0101	0201	1601			
三四〇六	0101	0143	0181	2201⊙	2541⊙	
三四〇七	0142					
三四〇八	0101⊙	0181⊙				
三四〇九	0341					
三四一〇	0161	2561				
三四一一	0101					
三四一二	0101					
三四一三	0141					
三四一四	2206					
三四一五	0301					
三四一六	0163	0842				
三四一七	0201					
三四一八	0101	0141⊙	0163⊙	0201	2220⊙	
三四一九	2301					
三四二〇	1501					
三四二一	1581					
三四二二	1741					
三四二三	1501					
三四二四	0101					
三四二五	0101	0141	0143			

表五四

書名编号	收	藏	单	位		
明别集类：						
三四二六	0301					
三四二七	1741					
三四二八	0142					
三四二九	0161⊙	0291	1741⊙			
三四三〇	0161	1601				
三四三一	2301					
三四三二	0101	0141	0201	0501	0541	1605
	2702					
三四三三	0141	1605	2702⊙			
三四三四	0161					
三四三五	0141	0161	0163	0197	0201	0301
	0541	1501	1503	1581	1601	2201
	2541⊙					
三四三六	1901					
三四三七	0161					
三四三八	0201					
三四三九	0101	0161⊙	0201⊙			
三四四〇	0102					
三四四一	0161					
三四四二	0144					
三四四三	0703	1301	1741	1801	2301	2341
	2843					
三四四四	0201					
三四四五	2301					
三四四六	0842					
三四四七	0101	0161	0201	0241	1601	
三四四八	1541					
三四四九	0201					
三四五〇	0101	0141	0201	0703	1601	1702
	1705⊙	2001				
三四五一	0703					
三四五二	1601					
三四五三	0101	0102	0161	0163	0201	1705
	2501					
三四五四	0101					
三四五五	0101					
三四五六	2003	2341				

書名編号	收藏單位					
明别集類						
三四五七	0201	0520	0841⊗	1501⊗	1601	1604
	2041	2704⊗				
三四五八	2701					
三四五九	1701					
三四六〇	1642					
三四六一	0242					
三四六二	0161	0301	0541			
三四六三	0101					
三四六四	0101⊗	0161⊗	1581⊗			
三四六五	0101					
三四六六	0143	0161⊗	1601	1605	164[illegible]	1701
三四六七	0201					
三四六八	1601					
三四六九	1901					
三四七〇	0141					
三四七一	0101	2041				
三四七二	0101	0161⊗	0164	1601		
三四七三	0101					
三四七四	0141	1510				
三四七五	0101⊗	0142	0161	0841		
三四七六	0101	0141⊗	0144	0146	0511⊗	
三四七七	0101⊗	1605				
三四七八	1701					
三四七九	1705					
三四八〇	0101	0161	0201	0520⊗	1601	
三四八一	1601					
三四八二	0141	0145	0161	0201	0301	1701
	1741	2701	2745			
三四八三	0201					
三四八四	0141	0703	1741			
三四八五	0101					
三四八六	0201					
三四八七	0142					
三四八八	0201					
三四八九	0101	0142	0143	0161	0163	0197
	0201	0701	0703	1622⊗	2041	
三四九〇	0101					

表五五

書名編号	收藏單位				
明别集類：					
三四九一	0101	0201	1601		
三四九二	0201				
三四九三	0242				
三四九四	0201				
三四九五	0163				
三四九六	0201	1628			
三四九七	0101				
三四九八	0242	0301			
三四九九	0161				
三五〇〇	0101				
三五〇一	0101				
三五〇二	2401				
三五〇三	0101				
三五〇四	0141⊗	0161	0181	1501⊗	
三五〇五	0101	0241			
三五〇六	2702				
三五〇七	0141⊗	0241			
三五〇八	0141	0163	0201	0242	1705
三五〇九	0101				
三五一〇	0101				
三五一一	0101	0201	1501		
三五一二	0141				
三五一三	0101				
三五一四	0201				
三五一五	0101				
三五一六	2401				
三五一七	0101	0141	1501	1601	
三五一八	1601				
三五一九	0101				
三五二〇	0301				
三五二一	0101				
三五二二	1787				
三五二三	1701				
三五二四	1705				
三五二五	0201	1701			
三五二六	0241	1601			
三五二七	0201				

書名編号	收藏單位					
明别集類						
三五二八	0527					
三五二九	0201	0501				
三五三〇	0101					
三五三一	0141					
三五三二	0141					
三五三三	0101	0102	0141	0201		
三五三四	2202					
三五三五	0161	2201				
三五三六	0142	0161⊗	0301	0404		
三五三七	1581					
三五三八	1517					
三五三九	0142	0201				
三五四〇	1684					
三五四一	0141					
三五四二	2001					
三五四三	0163	0201	1601			
三五四四	0101					
三五四五	0101					
三五四六	0141	0161	1601	2201		
三五四七	0201					
三五四八	1502					
三五四九	0201					
三五五〇	1601	1741				
三五五一	1601					
三五五二	0101					
三五五三	0141					
三五五四	0101					
三五五五	1601					
三五五六	0141	0161	0163⊗	0201	0301	0541⊗
	1501	1605	1701	1741	2041	2201
	2702	2745⊗				
三五五七	0101					
三五五八	0101					
三五五九	1501					
三五六〇	0101					
三五六一	0201					
三五六二	0141					

表五六

書名編号	收藏單位					
明别集類						
三五六三	0141					
三五六四	0101					
三五六五	0141					
三五六六	0301					
三五六七	0101					
三五六八	0301	0201	0242⊗	1601		
三五六九	0101					
三五七〇	0101					
三五七一	1901					
三五七二	1541					
三五七三	0161	0201				
三五七四	0201					
三五七五	0201					
三五七六	0141					
三五七七	1601					
三五七八	0201					
三五七九	0161	0163	0201	0242	0841	2401
三五八〇	0161	0201	2301	2461	2702	
三五八一	2201					
三五八二	2741					
三五八三	1801					
三五八四	1689					
三五八五	0201					
三五八六	0142	0163				
三五八七	0141	0142	0161	0502	0541	0703
三五八八	0141					
三五八九	0161					
三五九〇	1601					
三五九一	0101	0141⊗	0144⊗	1601⊗	1741	2591
三五九二	2201					
三五九三	1701					
三五九四	1704					
三五九五	1741					
三五九六	1704					
三五九七	0101					
三五九八	1601					
三五九九	1601					

書名编号	收藏單位					
明别集类：						
三六〇〇	1601					
三六〇一	1601					
三六〇二	0102					
三六〇三	2702					
三六〇四	0141					
三六〇五	0101					
三六〇六	0201					
三六〇七	1601					
三六〇八	0141					
三六〇九	0101⊙	1601				
三六一〇	0601	2941				
三六一一	0842					
三六一二	2302					
三六一三	0101					
三六一四	0101					
三六一五	0182					
三六一六	0101					
三六一七	0101					
三六一八	0163					
三六一九	1601					
三六二〇	0201					
三六二一	1606					
三六二二	0102					
三六二三	0163					
三六二四	0301					
三六二五	0101	0198⊙				
三六二六	0101					
三六二七	0141	0341				
三六二八	0101					
三六二九	0201					
三六三〇	0101⊙	0181	0201	1601		
三六三一	0101⊙	0201	1601			
三六三二	0101	1601				
三六三三	0201					
三六三四	1601	1701				
三六三五	0520					
三六三六	0101					

表五七

書名编号	收藏單位					
明别集类：						
三六三七	0201	1042⊙				
三六三八	1042					
三六三九	2301					
三六四〇	1601					
三六四一	0101					
三六四二	0201	1702⊙				
三六四三	0101					
三六四四	0161					
三六四五	1601					
三六四六	1601					
三六四七	0101	0141				
三六四八	0161					
三六四九	0101	0163	0181	0201	0301	1601
	1701	1741	2401⊙	2701		
三六五〇	0201⊙	1701				
三六五一	0144					
三六五二	0101	0181	0301	1601	1741	
三六五三	1701					
三六五四	0141	0703				
三六五五	0101⊙	0201				
三六五六	0201					
三六五七	0144					
三六五八	0102					
三六五九	0163					
三六六〇	0101					
三六六一	0141					
三六六二	0101					
三六六三	0201					
三六六四	0101					
三六六五	0101⊙	0201⊙	1601			
三六六六	1601	1882	2702			
三六六七	0241					
三六六八	0241					
三六六九	1501					
三六七〇	1601					
三六七一	0101					
三六七二	0201					

書名编号	收藏單位					
明别集类						
三六七三	0201					
三六七四	1001					
三六七五	0102	1501				
三六七六	0701					
三六七七	0842	1605⊙	2701⊙			
三六七八	0141					
三六七九	0101					
三六八〇	0161	1601				
三六八一	0201					
三六八二	0161					
三六八三	0141					
三六八四	0541					
三六八五	0201					
三六八六	1701					
三六八七	1601					
三六八八	0101					
三六八九	0143					
三六九〇	0101	1601				
三六九一	0101					
三六九二	0201					
三六九三	0201					
三六九四	0181					
三六九五	0161					
三六九六	0101					
三六九七	0101					
三六九八	1601					
三六九九	0241					
三七〇〇	0141					
三七〇一	0101⊙	0141				
三七〇二	0101					
三七〇三	0163					
三七〇四	0101					
三七〇五	0101					
三七〇六	0101					
三七〇七	1701					
三七〇八	0101					
三七〇九	0141⊙	0161⊙	1601			

表五八

書名编号	收藏單位					
明别集类：						
三七一〇	0101					
三七一一	0341					
三七一二	0201					
三七一三	1881					
三七一四	0163					
三七一五	1501					
三七一六	0101					
三七一七	0101					
三七一八	1701					
三七一九	0101					
三七二〇	0101	0161				
三七二一	0101	0161	1606⊙			
三七二二	0141⊙	0161⊙	0541	2301⊙	2501⊙	
三七二三	0291					
三七二四	0181					
三七二五	0101⊙	0141	0201⊙	2301	2541	
三七二六	0201	1701				
三七二七	0161	0341	0701	0841	1501	1912
	2201					
三七二八	0101					
三七二九	1705					
三七三〇	0201					
三七三一	0161⊙	0201				
三七三二	0101⊙	0201⊙				
三七三三	1714					
三七三四	0141					
三七三五	1601					
三七三六	1705					
三七三七	1705					
三七三八	0144	1606				
三七三九	0102					
三七四〇	0141					
三七四一	0161	0201	0341			
三七四二	0101⊙	0161⊙	0201⊙			
三七四三	0841					
三七四四	0301					
三七四五	0201					

表五九

書名編号	收藏单位					
明别集类：						
三七四六	0701	1605	1628	1801		
三七四七	1684					
三七四八	0142					
三七四九	0141					
三七五〇	0101	0141	0144	0163	0201	0841
	1601	1606	1741	2701		
三七五一	0101	0102	0141	0143	0150	0161
	0163	0175	0201	0241	0242	0301
	0341	0701	0841	1341	1503	1541
	1601	1681	1741	1943	2201	2241
	2301	2461	2501	2543	2561	
三七五二	0102	0141	0161◎	0201	0242	0592
	0701◎	1601	2301			
三七五三	0101					
三七五四	0101					
三七五五	0201					
三七五六	2741					
三七五七	0703					
三七五八	0301					
三七五九	0102	0141	2301			
三七六〇	0101					
三七六一	0163					
三七六二	0201					
三七六三	1601					
三七六四	0101	0141	0161	0201		
三七六五	0163					
三七六六	2042					
三七六七	0163	1881				
三七六八	0101					
三七六九	1586					
三七七〇	0101					
三七七一	0141					
三七七二	0141					
三七七三	0201					
三七七四	0201					
三七七五	1601					
三七七六	0163					

書名編号	收藏单位			
明别集类：				
三七七七	1701			
三七七八	0101			
三七七九	0101◎	0291	2501	2543
三七八〇	0101			
三七八一	0241			
三七八二	0101			
三七八三	0201			
三七八四	0161◎	0201◎		
三七八五	0101	0141	0201	1801◎
三七八六	0101			
三七八七	0141			
三七八八	0201	1601		
三七八九	0101	0141◎	0201	
三七九〇	1601			
三七九一	0301			
三七九二	0701			
三七九三	0101			
三七九四	2401			
三七九五	2401			
三七九六	0201			
三七九七	0201	2401		
三七九八	2401			
三七九九	0201			
三八〇〇	0101			
三八〇一	1601			
三八〇二	1601			
三八〇三	0141			
三八〇四	1606	1628		
三八〇五	0301			
三八〇六	0701			
三八〇七	2541			
三八〇八	0101	0801	1603	
三八〇九	0201			
三八一〇	0161◎	2401		
三八一一	0101			
三八一二	0161	2702		
三八一三	2702			

表六〇

書名編号	收藏单位					
明别集类：						
三八一四	0141					
三八一五	0101					
三八一六	0161					
三八一七	0101	0141	0541			
三八一八	0161					
三八一九	2041					
三八二〇	0101	1601				
三八二一	0101					
三八二二	0701					
三八二三	0201	0901				
三八二四	0201	1701◎				
三八二五	0101	0161	0163	0164	0181	0201
	0301	1501	1510	1601◎	1605◎	1705
	2301	2701◎				
三八二六	1601	1801				
三八二七	1601					
三八二八	0101					
三八二九	0201					
三八三〇	0144◎	0201	1701			
三八三一	0102	0143	0144	0145	0150	0163◎
	0181	0201	0601	1641	1701	2301
	2501	2541	2901			
三八三二	0101	0141	0161	0197	0242	0520
	0861	1501	1601	1705	1741	2003
	2301					
三八三三	0143	0241	1501	1702		
三八三四	1715					
三八三五	0201	0541◎	2710◎			
三八三六	1701					
三八三七	2401					
三八三八	0142					
三八三九	0101					
三八四〇	0101					
三八四一	0101					
三八四二	1901					
三八四三	0142◎	0161				
三八四四	1741					

書名編号	收藏单位					
明别集类：						
三八四五	0161					
三八四六	0142					
三八四七	0101					
三八四八	0144					
三八四九	0301	0441	0501◎	1001	2301	
三八五〇	0101					
三八五一	0101	0141	0163	0301	0841	1301
	1601	1701	1741	1801	2301◎	2001
	2041	2702				
三八五二	0101					
三八五三	1501					
三八五四	0520	1628	2001	2010		
三八五五	0161					
三八五六	0201					
三八五七	0150	0163◎	1601			
三八五八	0141	0201	0242			
三八五九	2401					
三八六〇	0201					
三八六一	0101					
三八六二	0150◎	1701◎				
三八六三	0101	0341				
三八六四	0101◎	2001				
三八六五	0201					
三八六六	1601					
三八六七	0101◎	0201◎				
三八六八	0161					
三八六九	0101					
三八七〇	0201					
三八七一	1791					
三八七二	1701					
三八七三	0101					
三八七四	0101					
三八七五	0101					
三八七六	0101					
三八七七	0101					
三八七八	0101					
三八七九	1601					

書名編号	收藏单位
明別集类：	
三八八〇	0101
三八八一	0101
三八八二	1601
三八八三	0101
三八八四	1601
三八八五	0101
三八八六	1601
三八八七	0101
三八八八	1601
三八八九	1601
三八九〇	1701
三八九一	0101
三八九二	0101
三八九三	1601
三八九四	0201
三八九五	1601
三八九六	0101
三八九七	0163
三八九八	0101 2201⊗
三八九九	0161
三九〇〇	0101
三九〇一	0142
三九〇二	0101
三九〇三	0101 0161 0541 0841 1641 1712⊗
	2301
三九〇四	0102 0201 1605
三九〇五	1628
三九〇六	0101 1601
三九〇七	0301 1701⊗
三九〇八	0201 1705 2561
三九〇九	1462 1606 2041 2201
三九一〇	2750
三九一一	0101 0166 0201 0301 0520 1628
	1701 1922⊗ 2201 2401
三九一二	0161
三九一三	0201
三九一四	1705

書名編号	收藏单位
明別集类：	
三九一五	2702
三九一六	0101 0291
三九一七	0201
三九一八	1581
三九一九	0101 0341
三九二〇	0541
三九二一	1701
三九二二	0141
三九二三	0101 1601
三九二四	0101
三九二五	2561
三九二六	0101
三九二七	1601
三九二八	0101 0144 0241
三九二九	1601
三九三〇	1701
三九三一	0701
三九三二	2315
三九三三	0101 1501 2401⊗
三九三四	0102 0141 0143 0161 0181 0201
	0241 0243 1601 1801 2001 2702
	2741
三九三五	0201
三九三六	2301
三九三七	0101 0102 0141 0150 0163⊗ 0164
	0201 0841 1501 1541 1601 1701
	1704 1881 2001 2301 2401⊗ 2561
三九三八	0201
三九三九	0101
三九四〇	0101
三九四一	0101 0163⊗ 0201⊗ 0341⊗ 2541
三九四二	2501
三九四三	1586
三九四四	1901
三九四五	0201
三九四六	0101
三九四七	0161

表六十

書名編号	收藏单位
明別集类：	
三九四八	0301
三九四九	0101
三九五〇	0101
三九五一	0101
三九五二	0161
三九五三	1601
三九五四	0101
三九五五	0101⊗ 0841 1801
三九五六	1629
三九五七	0161
三九五八	1702
三九五九	0101
三九六〇	0161
三九六一	0701
三九六二	0201
三九六三	0101 0201
三九六四	0141 0161 0164 0201 0541 2301
三九六五	1601
三九六六	0201 0243
三九六七	2541
三九六八	0141 0161 1001
三九六九	1001
三九七〇	0101
三九七一	0101
三九七二	0101
三九七三	0102
三九七四	0164 2701
三九七五	0101 0592
三九七六	0201
三九七七	1601
三九七八	2541
三九七九	2003
三九八〇	0141 0201 1681
三九八一	0101
三九八二	0241
三九八三	2981
三九八四	0101

書名編号	收藏单位
明別集类：	
三九八五	0101
三九八六	2201
三九八七	0201
三九八八	1705
三九八九	1705
三九九〇	0101
三九九一	0163
三九九二	0101
三九九三	0101
三九九四	0101
三九九五	0101
三九九六	0101 0242
三九九七	0101
三九九八	0101
三九九九	2042
四〇〇〇	0101
四〇〇一	0541
四〇〇二	0101⊗ 0141 2001⊗
四〇〇三	1501
四〇〇四	0101 1628⊗
四〇〇五	0201
四〇〇六	0101
四〇〇七	0101⊗ 0201⊗ 1701⊗
四〇〇八	1601
四〇〇九	0101 0201 1601 1801
四〇一〇	0101 1601
四〇一一	0141
四〇一二	0241
四〇一三	1501
四〇一四	1601 2001
四〇一五	1601
四〇一六	1601
四〇一七	2001
四〇一八	0101
四〇一九	1501
四〇二〇	0141
四〇二一	0201

表六十一

書名編号	收藏單位					
明別集类：						
四〇二二	1601					
四〇二三	0201					
四〇二四	1601					
四〇二五	2901					
四〇二六	0101					
四〇二七	1601					
四〇二八	0301					
四〇二九	0101					
四〇三〇	0181					
四〇三一	1801					
四〇三二	0101	0201				
四〇三三	0101	0141	0142	0144	0145	0181
	0198	0841	1601	1628	1801	1883
	1901	2301⊕	2383	2541	2602	
四〇三四	2315					
四〇三五	1601					
四〇三六	0101					
四〇三七	0101					
四〇三八	0101⊕	0141⊕	0201	1601⊕	1701⊕	
四〇三九	0163					
四〇四〇	0241	0301	1461	2301		
四〇四一	0101					
四〇四二	0301					
四〇四三	2501					
四〇四四	0301					
四〇四五	0101⊕	0841⊕	1282⊕	1601⊕	1901	
四〇四六	0101					
四〇四七	0301					
四〇四八	0102					
四〇四九	1701					
四〇五〇	0161					
四〇五一	1710	2206				
四〇五二	0101					
四〇五三	0161					
四〇五四	0101⊕	0163	0201	1901		
四〇五五	0146⊕	0201	1601⊕	2501⊕		
四〇五六	0201					

表六三

書名編号	收藏單位					
明別集类：						
四〇五七	1628					
四〇五八	0101					
四〇五九	0141					
四〇六〇	0101	0102⊕	0161⊕	0201⊕	0241	0242
	0301	0842	1501⊕	1581⊕	1601	1701
	1702	1881	2001⊕			
四〇六一	0101	0163	0201	0501	1601	1901
	2041	2201	2401			
四〇六二	1705					
四〇六三	0198					
四〇六四	0101	1604	2041	2301		
四〇六五	0145⊕	0161	2701			
四〇六六	0181					
四〇六七	0101					
四〇六八	0101					
四〇六九	0141					
四〇七〇	1581					
四〇七一	0161⊕	2041				
四〇七二	0101					
四〇七三	0142					
四〇七四	2242					
四〇七五	1601					
四〇七六	0201					
四〇七七	0101					
四〇七八	0141	0142	0201	0342	1542	1581
	1605	1701	2041	2209	2541	2603
四〇七九	0181					
四〇八〇	1701					
四〇八一	1601					
四〇八二	1705					
四〇八三	0101	0201				
四〇八四	0101	1601				
四〇八五	0101	0198	0241			
四〇八六	0141	0341				
四〇八七	0161					
四〇八八	2503					
四〇八九	0161					

書名編号	收藏單位					
明別集类：						
四〇九〇	0101	0141	0161⊕	1720⊕	1787⊕	
四〇九一	0101	0163⊕	1601⊕			
四〇九二	0101					
四〇九三	1787					
四〇九四	0101⊕	0102⊕	0141	0142⊕	0161	0163⊕
	0181⊕	0201⊕	0241⊕	0242⊕	0520⊕	0842⊕
	1601	1606	1881	1901⊕	2401⊕	2541
四〇九五	0101⊕	0141	0161	0201⊕	0241⊕	1601⊕
	1701	1710⊕	1716⊕	1901⊕	2701	2501⊕
四〇九六	2041					
四〇九七	0101	0161				
四〇九八	1701					
四〇九九	0101					
四一〇〇	1606					
四一〇一	0101					
四一〇二	0101					
四一〇三	1705					
四一〇四	0201					
四一〇五	1601					
四一〇六	0201					
四一〇七	0101	0161	0201⊕	0841	0842	
四一〇八	0101					
四一〇九	1601					
四一一〇	0101	0201⊕	0241	1601		
四一一一	0101					
四一一二	0102					
四一一三	0842					
四一一四	1701					
四一一五	2501					
四一一六	0101	0141	0143	0145	0161	0163
	0201⊕	1501	2001	2006		
四一一七	0101					
四一一八	2001					
四一一九	1704					
四一二〇	0141	0201				
四一二一	0101					
四一二二	0101					

表六四

書名編号	收藏單位		
明別集类：			
四一二三	1601		
四一二四	1701		
四一二五	1702		
四一二六	1701⊕		
四一二七	0101		
四一二八	0101	0142	0241	1601
四一二九	0241	1601		
四一三〇	0101		
四一三一	0161		
四一三二	0241		
四一三三	0101		
四一三四	0101		
四一三五	0101		
四一三六	1705		
四一三七	2201		
四一三八	0301		
四一三九	0101		
四一四〇	0101		
四一四一	0161		
四一四二	1741		
四一四三	0509		
四一四四	1701		
四一四五	0198		
四一四六	2001		
四一四七	1601		
四一四八	0101		
四一四九	1701		
四一五〇	1701		
四一五一	0201		
四一五二	1705		
四一五三	0141		
四一五四	0144		
四一五五	2201		
四一五六	0101	0701	
四一五七	0142		
四一五八	0163		
四一五九	0101		

表六五

書名編號	收藏單位
明別集類：	
四一六〇	0101
四一六一	1601
四一六二	0101
四一六三	0241
四一六四	0101 0142 0841 1601 2501
四一六五	0101
四一六六	1705
四一六七	0142⊗ 0301 0542⊗ 0801 0841 1042 1601 1615 1628 2441⊗ 2481 2541 2701
四一六八	0141 0161 0291 0601 1641 1901 2042
四一六九	0161
四一七〇	0142 0201 0701 1601
四一七一	0161
四一七二	0201
四一七三	1601
四一七四	0101
四一七五	0101
四一七六	0101⊗ 0142 0161⊗
四一七七	0145 0241 0541 1501 1705 2543⊗
四一七八	0101
四一七九	0201
四一八〇	2501
四一八一	0201
四一八二	0101 0142 0163
四一八三	0101⊗ 1601 2301
四一八四	1601
四一八五	0201
四一八六	0161
四一八七	0161
四一八八	0842
四一八九	0101 0161⊗
四一九〇	0101
四一九一	0161
四一九二	0161
四一九三	0201

書名編號	收藏單位
明別集類：	
四一九四	0101⊗ 1681 1901⊗
四一九五	0101
四一九六	0201 1701 1702 2301
四一九七	0201
四一九八	0201
四一九九	0701
四二〇〇	1601
四二〇一	1606
四二〇二	0102 0161 0201 1601 1688 1701 2401
四二〇三	0161 0201 1544
四二〇四	0201
四二〇五	1701
四二〇六	1601
四二〇七	0101
四二〇八	0201
四二〇九	0161
四二一〇	2201
四二一一	0101 0201⊗ 0242⊗
四二一二	0842
四二一三	1701
四二一四	0163
四二一五	0101
四二一六	0101
四二一七	0141
四二一八	1601
四二一九	0101
四二二〇	0101
四二二一	0101
四二二二	0101
四二二三	1684
四二二四	0101
四二二五	0101 0201 0241
四二二六	1741
四二二七	0141 0142
四二二八	0101
四二二九	1001

表六六

書名編號	收藏單位
明別集類：	
四二三〇	0101⊗ 0141 0161⊗
四二三一	0161
四二三二	0201 1701 0841
四二三三	0201
四二三四	2541
四二三五	0102
四二三六	0541
四二三七	0141
四二三八	0101
四二三九	0201
四二四〇	0101
四二四一	0101
四二四二	0101
四二四三	0101
四二四四	1705
四二四五	1601
四二四六	1601
四二四七	1601
四二四八	0201
四二四九	0101
四二五〇	0141⊗ 0201⊗ 1050 1701
四二五一	0101 1601⊗ 2701⊗ 2702⊗
四二五二	0241
四二五三	1601
四二五四	0201
四二五五	0101
四二五六	0101
四二五七	0201
四二五八	0161⊗ 1601⊗
四二五九	0201
四二六〇	0141 0161 2501
四二六一	1501
四二六二	0201
四二六三	0161
四二六四	1705
四二六五	1601
四二六六	1881

書名編號	收藏單位
明別集類：	
四二六七	0141
四二六八	0101
四二六九	0101
四二七〇	0201
四二七一	0101
四二七二	0201
四二七三	0201
四二七四	0101
四二七五	0101
四二七六	0161 2701
四二七七	1581
四二七八	0161
四二七九	0201
四二八〇	1704
四二八一	1705
四二八二	0101
四二八三	0201
四二八四	0141
四二八五	1628
四二八六	0161
四二八七	0201
四二八八	0161
四二八九	0101
四二九〇	0101
四二九一	0161 0201
四二九二	0101
四二九三	0101
四二九四	0141
四二九五	1705
四二九六	0101
四二九七	1705 2501
四二九八	0201
四二九九	0201
四三〇〇	0242
四三〇一	0201
四三〇二	0201
四三〇三	0201⊗ 0271⊗

書名編号	收藏單位				
明别集类：					
四三〇四	0141⊕	0163⊕	0291⊕	1601	1741
四三〇五	0150⊕	0291	0841⊕	1705⊕	
四三〇六	1601				
四三〇七	0201	0241			
四三〇八	1601				
四三〇九	1705				
四三一〇	0101				
四三一一	0101				
四三一二	0101				
四三一三	0301				
四三一四	1705				
四三一五	0101				
四三一六	0101				
四三一七	0143				
四三一八	0101				
四三一九	0102				
四三二〇	0101	1601⊕			
四三二一	0101				
四三二二	0101				
四三二三	0101				
四三二四	0163				
四三二五	2901				
四三二六	0241				
四三二七	2501				
四三二八	1601				
四三二九	0101				
四三三〇	2901				
四三三一	2901				
四三三二	1701				
四三三三	2441				

表

清別集類

一　牧齋初學集一百十卷　清錢謙益撰　明崇禎十六年瞿式耜刻本　十行十八字白口四周雙邊
二　牧齋初學集詩註二十卷有學集詩註十四卷　清錢謙益撰　錢曾注　清刻玉詔堂印本　十行二十字小字雙行同下黑口四周單邊
三　牧齋初學集詩註二十卷有學集詩註十四卷　清錢謙益撰　錢曾注　清刻玉詔堂印本　清李符明錄查慎行評點
四　牧齋初學集詩註二十卷有學集詩註十四卷　清錢謙益撰　錢曾注　清刻春暉堂印本　十行二十字小字雙行同下黑口四周單邊
五　牧齋初學集詩註二十卷有學集詩註十四卷　清錢謙益撰　錢曾注　清刻春暉堂印本　鄭之誠批並跋
六　初學詩鈔二十卷有學詩鈔十四卷　清錢謙益撰　錢曾注
　初學文約鈔不分卷有學文約鈔不分卷　清錢謙益撰　清抄本　佚名批
七　牧齋初學集詩注十卷有學集詩註十四卷
　投筆集注一卷　清錢謙益撰　錢曾注　清抄本
八　牧齋初學集詩註二十卷有學集詩注十四卷　清錢謙益撰　錢曾注　清抄本　十行二十二字無格
九　牧齋有學集五十一卷　清錢謙益撰　清康熙金匱山房刻本　十行二十字白口左右雙邊
一〇　有學集五十卷　清錢謙益撰　清初抄本
　存四十卷（一至十一、十三至三十二、三十四至三十七、四十一、四十七至五十、錢氏讀書樓·集外文）
一一　牧齋有學集五十卷集外詩一卷　清錢謙益撰　清抄本　九行二十四字無格
一二　牧齋有學集五十卷　清錢謙益撰　清馮武抄本
　存二十一卷（一至七、十五至十九、三十五至三十八）
一三　錢牧齋先生有學集十四卷　清錢謙益撰　清初抄本　清錢陸燦批校　十行二十四字無格
一四　有學集箋注十四卷　清錢謙益撰　錢曾注　清初抄本　清黃丕烈校並跋　八行二十字黑格
一五　牧齋有學集十三卷　清錢謙益撰　清田氏忍冬齋抄本　吳翌鳳校
一六　牧齋有學集十二卷　清錢謙益撰　錢曾箋注　清張深抄本
一七　牧齋有學集五十卷　清錢謙益撰　清康熙刻本　十行二十字白口左右雙邊
一八　牧齋有學集五十卷　清錢謙益撰　清康熙刻本　葉昌熾校並跋　補遺一卷　清抄本

一九　牧齋有學集補遺不分卷　清錢謙益撰　清抄本　十三行二十九或三十字無格
二〇　牧齋有學集補遺不分卷　清錢謙益撰　清抄本　十二行三十字無格
二一　牧齋有學集補遺不分卷　清錢謙益撰　清抄本　白鳳批校　十三行三十字無格
二二　牧齋有學集補遺詩一卷投筆詩集一卷有學
　外集詩一卷文二卷續集文二卷外集補遺
　文一卷外集雜文一卷　清錢謙益撰　清抄本　十三行二十九字無格
二三　牧齋有學集補遺一卷外集補遺一卷　清錢謙益撰　清抄本　十三行二十八字無格
二四　牧齋有學集文鈔補遺十二卷　清錢謙益撰　清抄本　清宋賓王補目
　存六卷　三、五、六、九、十八、十二
二五　補遺詩一卷補遺文一卷　清錢謙益撰　清抄本　九行二十一字黑格
二六　有學外集補遺二十卷　清錢謙益撰　清抄本　十一行十九字無格
二七　投筆詩集一卷　清錢謙益撰　清戚望抄本　十二行二十四字黑格
二八　投筆集二卷　清錢謙益撰　清抄本　鄧邦述校並跋
二九　牧齋苦海集一卷　清錢謙益撰　清抄本
三〇　有學外集一卷　清錢謙益撰　清抄本　十五行無格
三一　牧齋外集二十五卷　清錢謙益撰　清抄本　十行二十五字無格
三二　牧齋外集二十五卷　清錢謙益撰　清抄本　丁祖蔭校並跋　十行二十字藍格
三三　錢牧齋先生集外詩一卷文集補遺三卷　清錢謙益撰　清抄本　九行二十四字無格
三四　錢牧齋先生集外詩一卷集外文十四卷　清錢謙益撰　清抄本　清佚名校　十二行二十五字無格（間有九行二十字）
三五　牧齋文集不分卷　清錢謙益撰　清沈懋華編　清抄本　十行二十字黑格
三六　牧齋詩鈔不分卷　清錢謙益撰　沈炘如輯　清康熙五十年沈炘如刻本　十二行二十二字黑口左右雙邊
三七　錢牧齋先生尺牘三卷　清錢謙益撰　清康熙顧氏如月樓刻本　十行二十字黑口左右雙邊
三八　柳如是詩一卷　清柳是撰　清康熙刻名媛詩選本　清佚名批校　惠兆壬跋　八行十八字白口四周單邊
三九　柳如是詩一卷　清柳是撰　清抄本　八行二十字黑格
四〇　戊寅草不分卷　清柳是撰　明崇禎刻本　八行十八字白口四周單邊

四一　河東君尺牘一卷湖上草一卷我聞室賸稿二卷　清柳是撰　附錄二卷　清袁瑛輯　清抄本
四二　河東君尺牘一卷湖上草一卷我聞室賸稿二卷　清柳是撰　附錄二卷　清袁瑛輯　清抄本
四三　尺牘一卷湖上草一卷　清柳是撰　明刻本　清林雲鳳、徐嵋、惠兆壬跋　清趙宗建題款　王國維題詩　八行十九字白口四周單邊
四四　柳如是尺牘一卷湖上草一卷　清柳是撰　清徐康抄本　丁祖蔭校
四五　尺牘一卷湖上草一卷　清柳是撰　清劉履芬抄本　十行二十一字細黑口左右雙邊
四六　平山堂詩集四卷　清劉應賓撰　清順治刻本　九行十九字白口四周雙邊
四七　平山堂詩集二卷　清劉應賓撰　清康熙刻本　八行十七字白口四周雙邊
四八　堅導堂集十四卷　清錢繼登撰　清康熙六年刻本　九行十九字白口四周單邊
四九　果玄堂集十卷存五卷（一至五）　清高道素撰　明天啟七年刻本
五〇　金文通公集二十卷又六卷詩集六卷外集八卷　清金之俊撰　清康熙二十五年懷天堂刻本　九行二十字白口左右雙邊
五一　金文通公集二十卷又六卷詩集六卷外集八卷　清金之俊撰　清康熙二十五年懷天堂刻本　黃秉楘跋
五二　金文通公集二十卷又六卷詩集存三卷外集八卷　清金之俊撰　清康熙二十五年懷天堂刻本　鄧之誠跋
五三　金文通公集二十六卷詩集六卷外集八卷　清金之俊撰　清雍正元年端介堂刻本　九行二十字白口左右雙邊
五四　息齋集四卷外集一卷續外集一卷外集補遺一卷　清金之俊撰　清順治刻本　八行行二十字白口四周雙邊
五五　息齋集四卷外集一卷續外集一卷外集補遺一卷　清金之俊撰　清順治刻本　鄧之誠跋
五六　息齋集十卷疏草五卷　清金之俊撰　清康熙五年刻本　八行二十字白口左右雙邊
五七　珥筆閒吟一卷　清金之俊撰　清順治刻本　七行十八字白口四周雙邊
五八　續淩滄草口卷　清王應斗撰　清刻本　八行十八字白口四周單邊
存一卷　雜著
五九　擬山園初集七十一卷首一卷末一卷　清王鐸撰　明崇禎刻本　九行十八字白口左右雙邊
六〇　王鐸詩集口卷　清王鐸撰　明末刻本　清顧翰跋　七行十五字白口四周單邊
存十二卷　五言古一卷、七言古一卷、五言排律二卷、七言律三卷、五言律四卷
六一　擬山園選集八十二卷　清王鐸撰　清順治十年王鑨等刻本　九行十八字白口左右雙邊
六二　擬山園詩稿不分卷　清王鐸撰　稿本
六三　王孟津詩文稿一卷　清王鐸撰　稿本　王獻唐跋
六四　王鐸詩稿不分卷　清王鐸撰　稿本
六五　王覺斯初集不分卷　清王鐸撰　明末抄本　佚名圈點　九行十九字黑格
六六　嶰谷危言十卷　清張鼎延撰　清康熙刻本　十一行二十一字白口左右雙邊
六七　硯廬詩不分卷峪園近草一卷吳越遊草一卷排青樓詩一卷賦一卷　清米之俊撰　清初刻本　硯廬詩八行十八字峪園詩草九行十八字白口四周單邊
六八　石園全集三十卷　清李元鼎撰　清康熙香雪堂刻本　十一行二十一字白口左右雙邊
六九　石園詩草十五卷　清李元鼎撰　石園五集六卷　清李元鼎　米中楫撰　清康熙刻本　八行十八字白口左右雙邊
七〇　隨草二卷續編一卷　清米中楫撰　清順治刻本　八行十八字白口左右雙邊
七一　隨草二卷續編一卷　清米中楫撰　清順治刻本　清吳騫跋
七二　大中丞涵吾侯先生文集八卷撫鄭雜錄一卷解鞍小錄一卷築樊文鈔一卷借鑄文鈔一卷巡蔡約言一卷　清苗胙土撰　清順治十二年苗士寅苗士容刻本　八行十八字白口四周雙邊
七三　尊水園集四卷　清盧世㴶撰　清順治刻本　九行十九字白口四周單邊
七四　尊水園集略十二卷補遺二卷　清盧世㴶撰　清順治刻十七年盧孝餘嘯修本
七五　白華堂詩一卷　清宋權撰　西眉草堂詩一卷　清宋犖撰　清康熙廿年宋犖刻本　十行十九字白口四周單邊
七六　何陋居集三卷　清方拱乾撰　清康熙刻本　十行十九字黑口四周單邊
七七　何陋居集一卷甦庵集二卷　清方拱乾撰　稿本　清吳棠、留庵生跋　八行二十字黑格　本書亦名方庵市蜉
七八　進賢堂稿二十八卷　清蔡元寬撰　清康熙刻本　九行二十字白口左右雙邊
七九　秣陵集二十六卷　清梁雲構撰　清順治十八年梁羽明刻康熙印本　八行十八字白口四周單邊

八〇 潞友軒文集十六卷 清薛所蘊撰 清順治十六年自刻本 八行十八字，白口，四周單边

八一 梓庵詩五卷 清薛所蘊撰 清順治刻本 八行十八字，小字双行同，白口，四周單边

八二 南溪詩草四卷東干詩草一卷 清曹勳撰 清初刻本 七行十八字，白口，四周單边

八三 曹宗伯全集十六卷 清曹勳撰 清初刻本 九行二十字，白口，左右双边

八四 通齋詩四卷二集二卷又二卷 清劉正宗撰 清順治刻本 八行十八字，白口，四周單边

八五 通齋詩四卷霧鴻齋草一卷 清劉正宗撰 清順治刻本 鄧之誠跋

八六 通齋詩選四卷 清劉正宗撰 王衣輯 清初王衣刻本 九行二十字，白口，四周單边

八七 谷口集七卷 清王含光撰 清初刻本 十行二十八字，白口，四周單边

八八 依水園文集前集二卷後集二卷 清張縉彥撰 清順治刻本 九行十八字，白口，四周單边

八九 菉居詩集一卷 清張縉彥撰 明末刻本 九行十九字，無直格，白口，四周單边

九〇 菉居文集二卷 清張縉彥撰 清順治刻本 八行二十字，白口，四周双边

九一 雪堂集選三卷雪堂先生文選十七卷詩選四卷偶鶴閣近集一卷遺集一卷恥廣近集二卷 清熊文舉撰 清初刻本 九行二十字，白口，四周單边

九二 雪堂先生集選十四卷 清熊文舉撰 錢謙益輯 清順治十六年刻本 九行十九字，白口，左右双边

九三 雪堂文集十五卷 清熊文舉撰 明崇禎九年刻本 清熊文舉跋 八行十八字，白口，四周單边

九四 雪堂先生文集二十八卷 清熊文舉撰 清初刻本 十行十九字，白口，左右双边

九五 梅村集四十卷目錄二卷 清吳偉業撰 清康熙七年顧湄等刻本 九行十九字，細黑口，左右双边

九六 梅村集四十卷目錄二卷 清吳偉業撰 清康熙七年顧湄等刻本 清趙執信批校並跋

九七 梅村集四十卷目錄二卷 清吳偉業撰 清康熙七年顧湄等刻本 佚名錄錢陸燦批 鄧之誠跋

九八 梅村集二十卷 清吳偉業撰 清康熙刻本 九行十九字，細黑口，左右双边

九九 梅村集二十卷 清吳偉業撰 清康熙刻本 清吳枋批並跋

一〇〇 吳詩集覽二十卷補註二十卷談藪二卷拾遺一卷 清吳偉業撰 清靳榮藩輯注 清乾隆四十年凌雲亭刻本 九行二十一字，上白口，下黑口，四周双边

一〇一 吳詩集覽二十卷補註二十卷談藪二卷拾遺一卷 清吳偉業撰 清靳榮藩輯注 清乾隆四十年凌雲亭刻本 清翁同龢批注並跋又錄錢陸燦翁同書批注

一〇二 吳詩集覽二十卷補註二十卷談藪二卷拾遺一卷 清吳偉業撰 靳榮藩注 清乾隆四十年凌雲亭刻本 清王[illegible]錄錢陸燦、[illegible]、吳[illegible]批校並跋

一〇三 吳詩集覽二十卷補注二十卷談藪二卷拾遺一卷 清吳偉業撰 靳榮藩注 清乾隆四十年凌雲亭刻本 清王[illegible]批校

一〇四 梅村詩集箋注十八卷 清吳偉業撰 吳翌鳳箋注 清嘉慶十九年滄浪吟榭刻本 清黃[illegible]芬批 張炳翔跋 十行二十一字，白口，左右双边

一〇五 梅村詩箋十二卷 清吳偉業撰 程穆衡箋注 稿本

一〇六 吳梅村詩箋十二卷附錄詩餘小令箋注一卷 清吳偉業撰 程穆衡箋注 清抄本 九行二十六字，無格

一〇七 吳梅村先生詩集十二卷詩餘小令一卷梅村詩話一卷 清吳偉業撰 程穆衡箋 楊學沆補注 清嘉慶十六年黃氏士禮居抄本 清黃丕烈校並跋 十行二十一字，無格

一〇八 梅村詩鈔不分卷 清吳偉業撰 清康熙四十年宋綱抄本 十二行行字不等，無格

一〇九 青溪遺稿二十八卷 清程正揆撰 清康熙天雙閣刻本 九行十九字，白口，左右双边

一一〇 青溪遺稿二十八卷 清程正揆撰 清康熙五十四年程元珠刻本 九行十九字，黑口，左右双边

一一一 晉司馬集六卷 清曹煒撰 晉孝廉文藁一卷 清曹應鶴撰 清康熙三十二年曹肩吾刻本 十行二十八字，黑口，左右双边

一一二 曹司馬集六卷 清曹煒撰 清康熙三十二年曹肩吾刻本 鄧之誠跋

一一三 敬亭集十卷補遺一卷附錄一卷 清姜埰撰 清康熙刻本 十行二十字，白口，左右双边

一一四 敬亭集十卷 清姜埰撰 清康熙刻本 清[illegible]鈔補 清張鵬程跋

一一五 香嚴齋詩集三卷 清龔鼎孳撰 清康熙五年刻本 十行二十八字，白口，左右双边

一一六 稻香樓集一卷 清龔鼎孳撰 清康熙刻本 八行二十字，白口，左右双边

一一七 定山堂詩集四十三卷詩餘四卷 清龔鼎孳撰 清康熙十五年吳興祚刻本 九行十九字，白口，四周双边

一一八 過嶺集一卷 清龔鼎孳撰 清初三十六芙蓉齋刻本 十行二十二字，白口，四周單边

一一九 過嶺集一卷 清龔鼎孳撰 清初三十六芙蓉齋刻本 清梁以樟跋

一二〇 尊拙齋詩集四卷 清龔鼎孳撰 清初楊曰齡刻本 九行十八字，白口，左右双边

一二一 尊拙齋詩集四卷 存三卷（二至四） 清龔鼎孳撰 清康熙刻本 十行二十一字，白口，左右双边

澄明野嘯不分卷　清裴希度撰　清順治刻本　九行十八字白口無直格　一一二二

寄園藏稿不分卷　清衛周胤撰　清初抄本　清鄒之麟跋　行格字數不一　一一二三

文嘯堂詩集三卷　清朱帝煌撰　寸知齋詩集二卷　清朱端撰　清康熙紫陽書院刻本　九行十八字白口左右雙邊　一一二四

廣東集二卷續集一卷　清李瑞和撰　清康熙刻本　八行二十字白口四周單邊　一一二五

定圃詩集十一卷文集一卷　清戴明說撰　清康熙戴氏東山存東閣刻本　九行二十一字白口左右雙邊　一一二六

南校艸一卷　清陳涓玄撰　清順治汪濬南刻本　八行十六字白口四周單邊　一一二七

蜂花館筆案序集五卷詩集一卷啟集四卷獻集二卷　清武備撰　明崇禎刻本　續序集三卷　清初刻本　八行十八字白口四周單邊　一一二八

匪棘堂集十二卷　清范士楫撰　清順治九年刻本　八行十八字白口四周單邊　一一二九

橘洲詩集六卷　清范士楫撰　清順治十六年刻本　八行十八字白口四周單邊　一一三〇

南陔詩稿十八卷　清蔣棻撰　清初刻本　八行十九字白口四周單邊　一一三一

×

東園詩集五卷　清黃國安撰　清順治十二年刻本　九行十八字白口四周單邊　一一三二

葉橋叟先生集十八卷首一卷末一卷　清葉應震撰　清乾隆二十八年楊國楨合刻本　十行二十二字白口左右雙邊　一一三三

鷗軒艸二卷古意新聲一卷　清林鳳儀撰　清順治寶月堂刻本　七行十六字白口四周單邊　一一三四

賦艸二卷　清劫千編撰刻本　七行十九字白口四周單邊　一一三五

九公山房詩稿二十二卷目錄二卷　清鄭鋒撰　清順治十三年刻本　九行十八字白口四周單邊　一一三六

保閒堂集二十六卷　清趙士春撰　清康熙刻本　九行二十字白口四周雙邊　一一三七

保閒堂集二十六卷　清趙士春撰　清乾隆四十五年趙渭鎔抄本　清趙元成校並跋　一一三八

保閒堂續集四卷　清趙士春撰　稿本　八行十八字黑格　一一三九

趙士春詩文底稿不分卷　清趙士春撰　稿本　一一四〇

靜惕堂詩集四十四卷　清曹溶撰　清雍正三年李維鈞刻本　十行二十一字白口左右雙邊　一一四一

靜惕堂詩集四十四卷　清曹溶撰　清雍正三年李維鈞刻本　鄭之誠跋　一一四二

德藻堂詩集一卷　清曹溶撰　稿本　清李因篤張廷濟鄭慶跋　九行二十一字黑格　一一四三

佬圃尺牘二卷　清曹溶撰　胡泰選　清康熙雍正間胡氏含暉閣刻本　清□商賢跋　十行□五字黑口左右雙邊　一一四五

浮雲集十一卷　清陳之遴撰　清康熙旋吉堂自刻本　十一行二十一字白口左右雙邊　一一四六

博依集十卷　清方以智撰　明崇禎刻本　九行十八字白口四周單邊　一一四七

方子流寓草九卷　清方以智撰　明崇禎刻本　九行二十二字白口左右雙邊　一一四八

方密之詩鈔三卷　清方以智撰　清抄本　一一四九

浮山文集前編三卷　清方以智撰　清初抄本　佚名校　十行二十三字紅格　一一五〇

浮山文集前編十卷後編二卷浮山此藏軒別集二卷　清方以智撰　清康熙此藏軒刻本　十行二十四字白口左右雙邊　一一五一

古歡堂集四卷　清高爾儼撰　清康熙五年高勵□刻本　八行二十字白口無直格四周單邊　一一五二

沚亭自刪詩一卷附琴譜指法省文一卷　清孫廷銓撰　清康熙十六年刻本　八行二十字白口四周單邊　一一五三

沚亭刪定文集二卷　清孫廷銓撰　清康熙十七年孫天頡刻本　八行二十字白口四周單邊　一一五四

懸燭編六卷　清徐芳撰　清康熙楊筆閣刻本　八行二十字白口四周單邊　一一五五

內省齋文集三十二卷　清湯來賀撰　清康熙棠林五車樓刻本　九行二十四字白口四周單邊　一一五六

禹峰先生詩集十五卷　清彭而述撰　王永吉等評　清順治刻本　八行十七字白口四周單邊　一一五七

禹峰先生文集二十四卷　清彭而述撰　張縉彥、夏□端評　清順治十六年張鈁刻本　八行十六字白口四周單邊　一一五八

禹峰先生文集二十六卷　清彭而述撰　清康熙二年石檀□刻本　八行十八字白口四周單邊　一一五九

讀史亭詩集十六卷文集二十二卷　清彭而述撰　清康熙四十七年彭始搏刻本　十一行二十八字黑口左右雙邊　一一六〇

讀史亭詩集十六卷文集二十二卷　清彭而述撰　清康熙四十七年彭始搏刻本　鄭之誠跋　一一六一

亦園全集六卷　清姚孫棐撰　清初瑞陽堂刻本　九行二十字白口左右雙邊　一一六二

夏為堂詩略刻十一卷　敝帚集一卷　西湖二戰詩一卷　閒情雜詠一卷　詠物詩一卷　鄂□頌一卷　湘越八景詩一卷　和獎女詩一卷　羽狗金詩集一卷　龍沙八有地仙姓名歌一卷　仙乩雜詠一卷　十二月讀書一卷　清黃周星撰　清順治十五年自刻本　九行二十字白口左右雙邊　一一六三

表詩一卷

一六四 留補堂文集四卷 自訂詩選六卷 清林時對撰 清抄本
存九卷 文集一至二、四 詩選全

一六五 留補堂文集三卷 詩選一卷 忠義傳二卷 清林時對撰
杜詩選不分卷 唐杜甫撰 清林時對選 稿本 九行二十四字無格

一六六 清止閣詩八卷 詩餘一卷 清趙進美撰 清順治刻本 八行二十字白口四周單邊

一六七 清止閣集十四卷 清趙進美撰 清抄本 十二行二十一字無格

一六八 清止閣集九卷 清趙進美撰 清初抄本 八行二十字無格
清止閣詩二卷 清止詩草一卷 燕市草一卷 南征草一卷 西征草一卷 楚役草一卷 伯鶡草一卷 江粵二咸草一卷

一六九 新齋初集八卷 清呂陽撰 清順治五年刻本 九行二十字白口四周單邊

一七〇 新齋二集八卷 清呂陽撰 黃家舒評 清順治刻本 九行二十字白口四周單邊

一七一 新齋三集八卷 清呂陽撰 清康熙刻本 九行二十字白口四周單邊

一七二 鶡笑齋詩集三卷 清陳台孫撰 補遺一卷 清段朝端輯 清同治五年山陽段氏抄本 清段朝端跋、冒廣生跋 十二行二十字無格

一七三 道山堂前集文不分卷詩不分卷後集文二卷
詩五卷 清陳軾撰 清康熙刻本 九行十九字細黑口四周單邊

一七四 賴古堂集二十四卷 清周亮工撰 附錄一卷 清康熙十四年周在浚刻本 十一行十九字黑口四周單邊

一七五 賴古堂詩集四卷 清周亮工撰 清康熙刻本 八行十九字白口左右雙邊

一七六 偶遂堂近詩一卷 清周亮工撰 清康熙刻本 九行十八字中黑口上下白口四周單邊

一七七 通憶集一卷 清周亮工撰 清抄本 六行十八字白口四周單邊

一七八 石渠閣訂刻玉讓公先生集十四卷 清王衣撰 清初刻本 八行或九行行字不等白口四周單邊

一七九 栖雲閣詩十六卷 清高珩撰 趙執信選定 清乾隆三年刻本 九行十九字白口四周單邊

一八〇 棲雲閣文集十五卷 清高珩撰 附錄一卷 清乾隆四十四年高鵬榮手刻本 九行十九字白口四周單邊

一八一 栖雲閣文集十五卷 詩十六卷 拾遺三卷 清高珩撰 清乾隆三年、四十四年刻合印本
留明堂遺詩四卷 清高璿撰

一八二 青箱堂詩三十三卷 文集十二卷 遺稿續刻一卷 年譜一卷 清王崇簡撰 清康熙刻本 九行十八字白口左右雙邊

一八三 青箱堂詩集三十三卷 文集十二卷 遺稿續刻一卷 年譜一卷 清王崇簡撰 清康熙十八年王熙刻本 十行十九字白口四周單邊

一八四 柳潭遺集六卷 清王含光撰 清初刻本 八行二十字白口四周單邊

一八五 撫山堂集九卷 清張惆撰 清初刻本

一八六 雪堂詩賦四卷 雪堂燕山集一卷 雪堂遊海集一卷 雪堂西征集一卷 雪堂南行集一卷 清傅作楫撰 清刻本 九行二十字白口左右雙邊

一八七 白東谷先生詩文全集三十四卷 東谷集詩二十六卷 文十二卷 清白胤謙撰 清順治十八年稿齋刻本 九行二十字白口左右雙邊

一八八 念園存稿四卷 清白胤謙撰 清康熙刻本 七行二十字白口四周單邊

一八九 春雨草堂全集三十四卷 別集三十卷 定稿五卷 清宮偉鏐撰 清康熙四十年刻本 九行二十一字白口左右雙邊

一九〇 抱真堂詩稿八卷 清宋徵璧撰 清初刻本 九行十八字白口左右雙邊

一九一 含真堂詩稿七卷 清宋徵璧撰 清初刻本 九行十八字白口左右雙邊

一九二 溧陽宋嶠雲先生遺稿全集四卷 清宋之繩撰 清康熙十八年周肇刻本 九行十九字白口四周雙邊 載石堂詩稿二卷

一九三 蕉林近稿一卷 清梁清標撰 清初刻本 九行二十字白口四周單邊 附載石堂尺牘一卷 秋碧堂年譜一卷

一九四 蕉林詩集十八卷 清梁清標撰 清康熙十七年梁允植刻本 九行十九字白口左右雙邊

一九五 蕉林詩集不分卷 文稿一卷 清梁清標撰 清抄本 八行二十字無格

一九六 蕉林文稿不分卷 清梁清標撰 清抄本 八行二十字無格

一九七 東村集一卷 清李呈祥撰 附刊一卷 清康熙儀一堂刻本 十行二十字白口左右雙邊

一九八 天閑閣文集□□卷 清李長祥撰 滋棠居初集一卷 清姚淑撰 清康熙刻本

一九九 閒葉居草一卷 清彭孫貽撰 稿本 八行二十四字無格

二〇〇 姚端恪公文集十八卷 詩集十二卷 外集十八卷 清姚文然撰 清康熙刻本 九行二十字白口四周雙邊

二〇一 漢村文集拾遺一卷 清曾光方撰 清抄本 十二行二十五字無格

二〇二 涉園集二十七卷 清嚴正矩撰 清康熙刻本 九行十九字黑口左右双边
二〇三 狐園詩集十一卷 清吳映斗撰 清順治五年魏琢柱刻本 九行十八字白口四周单边
二〇四 石雲居詩集七卷詞一卷 清陳名夏撰 清初刻本 九行二十字白口四周单边
二〇五 石雲居文集十五卷 清陳名夏撰 清順治五年刻本 九行二十字白口左右双边
二〇六 鄉袁堂文集四卷 清陳殿桂撰 清刻本 十行十九字黑口左右双边
二〇七 囊雲文集二卷 清周齊曾撰 清康熙刻本（卷二配清抄本） 八行十八字白口左右双边
二〇八 嵞山集十二卷續集四卷再續集五卷 清方文撰 清康熙古櫰堂刻本 十二行二十一字白口四周单边
二〇九 商攉集三卷 清高不騫撰 清康熙三十五年刻本 十行十九字白口左右双边
二一〇 從天集一卷 清高不騫撰 清康熙五十四年刻本 十行十九字白口左右双边
二一一 春靄亭雜錄文稿二卷 清高兆撰 稿本
二一二 啟禎宮詞一卷 清高兆撰 清鷗撰山兹抄本 清謝堂鈇校點并跋
二一三 雪交亭集十卷 清高宇泰撰 清抄本 清徐時棟跋 十二行二十一字無格
存三卷 甲申紀一卷 乙酉紀一卷
二一四 應潛齋文集不分卷 清應撝謙撰 清康熙五十年應菴刻本 十行二十字白口左右双边
二一五 應潛齋先生文集不分卷 清應撝謙撰 清鍾鈛抄本 十行二十二字白口藍格左右双边
二一六 應潛齋先生集十卷 清應撝謙撰 清咸豐四年刻本 十行二十一字白口左右双边
二一七 擬故宮詞一卷 清唐宇昭撰 清吳壽暘抄本 十二行二十二字無格
二一八 擬故宮詞一卷 清唐宇昭撰 清抄本
二一九 存戒堂詩五卷文二卷 清曹熙撰 清康熙刻本 九行二十二字白口四周双边
二二〇 晉之詩鈔三卷 清龔鼎孳撰 檀園詩鈔八卷 清龔士薦撰 清康熙五十六年趙佩數刻本 十五行二十六字黑口四周双边
二二一 晉之詩鈔三卷 清龔鼎孳撰 檀園詩鈔八卷 清龔士薦撰 清康熙五十六年趙佩數刻本 鄭之誠跋
二二二 改亭文集十六卷詩集六卷 清計東撰 清乾隆十五年計璸刻本
二二三 改亭文集十六卷詩集六卷 清計東撰 清乾隆十五年計璸刻本 鄭之誠跋 九行十九字黑口左右双边
二二四 甫里集六卷 清計東撰 清康熙刻本 十行二十一字白口左右四边黑直格
二二五 不共當四卷 清計東撰 清康熙十七年刻本 清江標批點並跋 八行十九字白口左右双边
二二六 畦園詩集四卷 清謝良琦撰 清康熙刻本 九行二十字白口四周单边
二二七 謝天童先生集五卷 清謝泰交撰 清康熙刻本 九行十八字白口四周单边
二二八 嘯閣集古五卷 清施瑞教撰 清順治刻本 九行二十字白口四周单边
存四卷 長安秋興二至五 秋閨辭二卷
二二九 春江別四集唐二卷 清施瑞教撰 清順治嘯閣刻本 九行十九字白口四周单边
二三一 鐵堂詩草二卷 清許珌撰 清乾隆五十五年蘭山書院刻本 九行十七字白口四周双边
二三二 鐵堂詩草二卷補逸二卷 清許珌撰 清楊芳燦、清楊氏海源閣抄本 九行二十一字白口紅格左右双边 版心下鐫海源閣鈔
二三三 天海山人詩抄一卷 清許珌撰 清抄本 十行十八字白口四周单边
二三四 棗瓢集四卷 清許山撰 清道光九年許鍵家抄本 清許廷鍷校並跋 周懷玉光鼎、張鑒玉跋 九行二十一字無格
二三五 青巖集十二卷 清許楚撰 清康熙五十四年白華堂刻本 十行十九字白口左右双边
二三六 青巖集十二卷 清許楚撰 清康熙五十四年白華堂刻本 鄭之誠跋
二三七 稽古堂詩草六卷 清許周任撰 清勒刻本 九行十九字白口左右双边
二三八 桐都軒豐溪詩草一卷 清許笠撰 稿本 清張修府跋
二三九 桐縣軒草稿一卷 清許笠撰 稿本
二四〇 粟林詩集不分卷 清戴遵撰 清抄本 清吳騫陳鱣校 九行二十一字無格
二四一 粟林詩集不分卷 清戴遵撰 清抄本 清朱涵然跋 十行二十一字無格
二四二 粟林集五卷 清戴遵撰 清抄本 十行二十七字無格
二四三 粟林集五卷 清戴遵撰 清嘉慶元年張鐘抄本 朱光勤跋 十四行二十六字無格
二四四 粟林詩選二卷 清戴遵撰 清吳翊鶴抄本
二四五 吠然子吟紅集三十卷 清王禮撰 清刻本 王禮媞跋 八行十八字白口四周单边
二四六 玉字雲集三種十卷 清王一翥撰 王家塋輯 栢林村詩稿二卷 續鈔一卷 捨遺一卷 文稿二卷 長江園遺稿二卷 集一卷 附錄一卷 清抄本 清葉井校 肖遠華
二四七 碩邁集四卷 清王雨謙撰 稿本 九行二十字無格
二四八 碩邁集不分卷附碧園遺草一卷 清王雨謙撰 清俞忠操抄本
二四九 頤菴詩集一卷文集一卷 清王弘祚撰 清康熙十年刻本 八行二十字白口四周单边
二五〇 祇齋集十二卷 清王弘撰撰 清康熙刻本 八行二十字白口左右双边
二五一 祇齋集十二卷 清王弘撰撰 清康熙刻本 鄭之誠跋

二五一 北行日札一卷 清王弘撰撰 清康熙刻本 九行二十字白口左右双边

二五二 西歸日札一卷待菴日札一卷 清王弘撰撰 李馥龍輯 清康熙三十七年李琰龍刻本 九行十九字白口四周單边

二五三 西歸日札一卷待菴日札一卷 清王弘撰撰 清抄本 十行二十四字無格

二五四 突星閣詩鈔四卷 清王戩撰 清康熙刻本 十行十九字黑口左右双边

二五五 異香集二卷 清王戩撰 清康熙二十二年孫祖庚映雪齋刻本 九行二十字白口四周單边

二五六 白田布衣集四卷 清王戩撰 清抄本

二五七 白田集二卷 清王戩撰 清確超草堂抄本 清王棻跋 九行二十四字黑格

二五八 了菴文集九卷 清王岱撰 清康熙四年刻本 十行二十字白口左右双边

二五九 了菴詩十一卷 清王岱撰 清康熙刻本 十一行二十一字黑口四周双边

二六〇 浮槎文集十一卷 清王岱撰 清刻本 十一行二十一字黑口四周双边

二六一 崑山王源菴先生遺稿不分卷 清王源菴撰 清抄本 十行二十字無格

二六二 水絃樓詩文稿一卷 清王啟叢撰 稿本 十六行二十五字無格

二六三 船山先生詩稿二卷 清王夫之撰 清康熙湘西草堂刻本 九行十七字白口四周双边

二六四 慮欽文先生六十壽言一卷孝壽觀一卷 清王夫之撰 稿本

二六五 隨菴詩稿一卷 清王撰撰 清抄本 八行二十字無格

二六六 揺山集十卷 清王撰撰 清康熙王氏王餘堂刻本 十行十九字白口左右双边

二六七 王巽公詩稿不分卷 清王撰撰 稿本

二六八 太倉王巽公文集不分卷 清王撰撰 稿本 十行二十字無格

二六九 耳鳴集十四卷 清王邦畿撰 清初古厚堂刻本 八行十八字白口四周單边

二七〇 大愚集六十七卷 清王鑨撰 翁同人尺牘一卷 清康熙四年刻本 九行十八字白口左右双边

二七一 紅藥壇十二卷擬壯亭一卷雙蝶夢六卷 清王鑨撰 附壯亭一卷 明湯顯祖撰 清順治十年刻本 九行十八字白口左右双边

二七二 紅藥壇集六卷 清王鑨撰 清初抄本 九行十八字無格

二七三 王于一遺稿五卷 清王猷定撰 清康熙元年程古堂刻本 九行二十字白口四周單边

二七四 四照堂文集五卷詩集二卷 清王猷定撰 清康熙二十二年王氏湖刻本 八行十九字白口四周双边

二七五 四照堂文集五卷 清王猷定撰 清嘉慶十一年撰福抄本 十一行二十四字無格

二七六 王于一遺稿不分卷 清王猷定撰 清康熙三十年鄒嵩桂抄本 十行二十七字白口四周双边

二七七 五公山人集十六卷 清王餘佑撰 清康熙五十四年枕釣齋刻本 十行二十一字黑口四周双边

二七八 甲申集不分卷 清王餘佑撰 清抄本

二七九 春湖草堂集五卷 清丁繼沆撰 清康熙四十三年丁策定刻雍正印本

二八〇 王樊丙戌集一卷補遺一卷 清夏憲吉撰 清抄本 佚名校

二八一 飽菴先生遺集五卷 清石璜撰 清康熙陳居仲刻本 九行十八字白口四周單边

二八二 艾陵文鈔十六卷補遺二卷詩鈔二卷 明富士俊撰 清康熙華樂堂刻本 十行十九字黑口四周單边

二八三 足餘居詩草二卷 清張瑞徵撰 清順治刻本 八行十八字白口四周双边

二八四 編響詩集口口卷 清張仁熙撰 清康熙日處刻本 九行二十字白口左右双边 存八卷 二刻一至八

二八五 梅坡詩集一卷 清張嵩撰 清康熙刻本 十行二十二字白口左右双边

二八六 張子文粃十八卷詩粃五卷 清張岱撰 稿本 八行十八字白口四周双边

二八七 瑯嬛文集二卷 清張岱撰 清抄本 九行二十一字無格

二八八 瑯嬛文集不分卷 清張岱撰 清抄本 八行十八字無格

二八九 雙虹堂五刻汝陰游一卷塞上游一卷 清張幼學撰 清初刻本

二九〇 鐵橋集不分卷 清張穆撰 清康熙刻本 八行二十字白口左右双边

二九一 青岩文稿一卷 清張以謙撰 稿本

二九二 客越近詠一卷 清張以恒撰 稿本 清王奇齡黃光耀鄧錫祺孔衍徐允哲等題辭 臧我田跋 八行二十字無格

二九三 鈍野文集二十卷 清張汝湖撰 清康熙視古堂刻本 十行二十字白口四周單边 存十八卷 一至十七、二十

二九四 江南草三卷 清張拱端撰 明崇禎刻本

二九五 張楊園先生文集不分卷 清張履祥撰 清正誼堂抄本

二九六 楊園先生未刻稿十二卷 清張履祥撰 陳敬璋輯 清咸豐六年徐楷信抄本

二九七 楊園張先生制藝不分卷 清張履祥撰 稿本

二九八 楊園先生未刻稿十二卷 清張履祥撰 陳敬璋輯 清抄本

二九九 古調堂集不分卷 清張養重撰 清康熙二十二年丘象升刻本 九行二十一字白口四周單边

三〇〇 白雲道者自述一卷雲謠九疊一卷玉光劍氣集一卷 清張怡撰 清抄本

三〇一　濯足菴文集鈔三卷　清張怡撰　虞文翃輯　清抄本　清吳翊鳳校　葉廷琯　汪曰楨跋
三〇二　濯足菴文集鈔三卷　清張怡撰　虞文翃輯　清同治五年淩霞抄本　十二行行字不等
三〇三　得閒人集六卷　清孫望雅撰　清康熙孫用楨等刻本　九行二十字白口四周單邊
三〇四　得閒人集二卷　清孫望雅撰　清康熙孫用楨等刻本　鄭之誠跋
三〇五　山曉閣詩十二卷　清孫琮撰　清康熙刻本　十行二十一字黑口四周單邊
三〇六　振岷自詩選一卷　清孫江撰　清康熙五十年刻本　十行十九字白口左右雙邊
三〇七　紺餘集四卷　清孫淑撰　清康熙斷道直抄本
三〇八　夏峯先生集十四卷　清孫奇逢撰　清康熙五十八年孫用楨刻本　九行二十字白口四周單邊
三〇九　夏峯先生集十四卷　清孫奇逢撰　清抄本　九行二十五字無格
三一〇　夏峯集補遺不分卷　清孫奇逢撰　清抄本　七或八行五十二字不等
三一一　孫夏峯文稿一卷　清孫奇逢撰　稿本
三一二　蘭雪軒集不分卷　清孫學稼撰　稿本　九行二十字無格
三一三　蘭雪軒集八卷　清孫學稼撰　清抄本　清楊深跋　九行二十一字無格
三一四　鷗波樵草不分卷　清孫學稼撰　清抄本
三一五　鏞庵北遊集不分卷　清孟遠撰　姜承烈跋　清抄本　九行二十五字無格
三一六　闕六集十二卷　清刁包撰　清康熙三年熊仲龍刻本　九行二十字白口左右雙邊
三一七　石白前集九卷後集七卷　清邢昉撰　清康熙刻本　十行十九字白口四周單邊
三一八　石白前集九卷後集七卷　清邢昉撰　清康熙刻本　鄭之誠跋
三一九　檮杌齋詩四卷　清邵標春撰　稿本　八行十七字無格
三二〇　新安遊草一卷　清邵標春撰　稿本　佚名批點　七行十七字無格
三二一　柘溪集一卷　清喬邁撰　清抄本　十行二十三字白口四周單邊
三二二　匡廬草二卷　清喬鉢撰　清順治刻本　八行十八字白口四周單邊
三二三　焦山人焦次康歲寒集十卷　清焦之夏撰　清抄本　八行二十字白口四周雙邊
三二四　北園詩二集不分卷　清李可撰　稿本　六行十七字無格
三二五　兩代龍合刻八卷　文集一卷　詩集一卷　清李嵩撰　清順治刻本　八行二十字白口四周單邊
三二六　兩代龍詩選不分卷　清李嵩撰　清順治刻本　八行二十字白口四周單邊
三二七　谷月集不分卷　清毛聚奎撰　清抄本　徐震陽跋　十行二十七字白口四周雙邊

三二八　端峰詩選六卷　清毛卿桂撰　清康熙五十三年刻本　十行二十一字細黑口四周單邊
三二九　毛馳黃集八卷　清毛先舒撰　清初刻本　十行二十字白口左右雙邊
三三〇　豐樂樓詩草六卷　清毛鳴岐撰　稿本　九行二十六字無格
三三一　采衣堂集八卷　清毛萬齡撰　清康熙刻本　九行二十字白口四周單邊
三三二　瀨中集十四卷常棣集二卷桂枝集四卷　清毛奇齡撰　清康熙文益館刻本　十行二十字白口四周單邊
三三三　蒲安先生集十卷　清何鳳仁撰　清康熙刻本　十行十八字白口左右雙邊
三三四　柴省軒先生文鈔十二卷外集一卷　清柴紹炳撰　清康熙刻本　十行二十字白口四周雙邊
三三五　亦言一卷　清仉俠撰　清抄本
三三六　湘帆堂集二十六卷　清傅石楫撰　清乾隆七年青峰館刻本　九行十八字白口左右雙邊
三三七　傅青主詩文稿一卷　清傅山撰　稿本　董壽平跋
三三八　霜紅龕集十二卷　清傅山撰　我詩集六卷　清傅眉撰　清乾隆十二年張氏先生堂刻本　清劉雷恒張震校　張廷鑑跋　十行二十一字白口左右雙邊
三三九　霜紅龕集十二卷　清傅山撰　清何紹基抄本　葉啟勳跋　十三行二十五字白口左右雙邊
三四〇　霜紅龕集十二卷　清傅山撰　清抄本　清高錫蕃錄　張廷鑑批校
三四一　霜紅龕拾遺不分卷　清傅山撰　張廷鑑等輯　清抄本　徐繼畬等批
三四二　太原段帖稿不分卷　清傅山撰　稿本
三四三　心孺詩選二十四卷　清傅仲辰撰　清康熙刻本　十行十九字黑口左右雙邊
三四四　築善堂文集十卷二集二卷　清傅感錫撰　清順治刻本　九行二十字白口四周單邊
三四五　抱犢山房集六卷　清嵇永仁撰　清雍正刻本　九行十九字黑口左右雙邊
三四六　之溪老生集八卷勸影堂詞三卷　清先著撰　清康熙刻本　十一行二十一字細黑口四周單邊
三四七　敬補堂集不分卷　清朱雍撰　清抄本
三四八　為可堂初集二十六卷（文十卷詩十六卷）　清朱一是撰　清順治十四年刻本　九行十八字白口四周單邊
三四九　為可堂初集四十二卷史論十卷外集二卷集選十卷梅里詞三卷　清朱一是撰　清順治康熙間朱顧鍔朱顧萬刻本　九行十八字白口四周單邊
三五〇　西谿草堂稿十二卷　清沈學撰　周世祥等選　清康熙刻本　九行十八字白口四周單邊

三五一 愚菴小集十五卷附録一卷 清朱鶴齡撰 清康熙刻本 九行二十一字白口左右双边

三五二 中露集一卷 清朱略撰 清康熙刻本 八行十八字黑口四周双边

三五三 亦巢詩草不分卷 清朱陵撰 稿本 十行二十六字無格

三五四 恐聞齋稿二卷 清朱隗撰 清康熙刻本 九行二十一字下黑口四周单边

三五五 朱柏廬先生愧訥集十二卷附戴一卷 清朱用純撰 清雍正五年呂廷章刻本 十一行二十三字白口、左右双边

三五六 朱柏廬先生愧訥集十二卷 清朱用純撰 附戴一卷 清雍正五年呂廷章刻本 鄧之誠跋

三五七 朱柏廬先生未刻稿不分卷 清朱用純撰 瑞通根跋 稿本 十行二十八字 紫格 本書亦名朱柏廬先生未刻稿

三五八 朱柏廬先生愧訥集未刻稿四卷 清朱用純撰 清抄本 十八行二十三字白口、左右双边

三五九 朱柏廬先生愧訥集未刻稿二卷 清朱用純撰 清抄本

三六〇 魏叔子文集外篇二十二卷 清魏禧撰 清康熙刻本 九行二十字白口、左右双边

三六一 晚香堂詩不分卷 清魏桐撰 稿本 九行十八字 無格

三六二 蕭窩雜稿一卷詩稿一卷 清吳謙牧撰 清抄本 清沈昀批 高均儒丁丙跋

三六三 吳志仁先生遺集□□卷 清吳謙牧撰 清抄本 十行二十四字無格 存二卷 卷四至五

三六四 獨園文集一卷詩集一卷 清吳穎撰 清抄本 八行二十字 無格

三六五 吳汝典詩稿三卷 清吳蔚撰 稿本 檪雲軒詩一卷 柳表亭詩初集一卷 偶寄軒詩一卷

三六六 豫章遊稿四卷 清吳懋謙撰 清康熙梅花書屋刻本 八行二十字白口 四周单边

三六七 祇欠庵集八卷 清吳蕃昌撰 清嘉慶二十五年刻本 十行二十一字黑口 左右双边

三六八 敝帚集十卷 清吳中蕃撰 清康熙嚳懷堂刻本 九行二十二字白口 四周双边

三六九 顑頷集八卷 清吳騏撰 清康熙刻本 十一行二十一字白口 左右双边

三七〇 顑頷集八卷 清吳騏撰 清康熙刻本 王培孫跋

三七一 顑頷集八卷 清吳騏撰 清抄本 十一行二十一字 無格

三七二 顑頷集十卷 清吳騏撰 清抄本 九行二十四字 無格

三七三 吳日千先生詩集五卷 清吳騏撰 清抄本

三七四 吳日千先生文集不分卷 清吳騏撰 清抄本 清宋大源跋 十行二十字無格

三七五 延陵處士集五十二卷附録一卷 清吳騏撰 方叢文輯 錢裕訂 稿本 十行二十字黑口 四周单边

三七六 天齋文鈔一卷 清吳風翊撰 清雍正四年吳昺刻本 九行十九字白口 左右双边

三七七 晚烟居集一卷 清吳兆淡撰 清康熙刻本 九行二十字白口 四周单边

三七八 崑侖草一卷 清程康莊撰 清初刻本

三七九 程崑崙先生詩文合集九卷 清程康莊撰 清康熙刻本 八行二十字白口 四周单边 自課堂詩集八卷 文集一卷

三八〇 海右陳人集二卷 清程先貞撰 清順治刻本 十行十九字小字双行 黑口四周单边

三八一 蕭然吟二卷 清程邃撰 清順治刻本

三八二 桐釣草堂十二卷 清程戡撰 清初刻本 十一行十九字黑口四周单边

三八三 山遊詩一卷恆軒詩一卷 清歸莊撰 清康熙刻本 九行二十字白口 左右双边

三八四 歸玄恭先生未刻稿一卷 清歸莊撰 稿本 過景鄭跋

三八五 歸玄恭先生詩文稿不分卷 清歸莊撰 稿本 俞鴻籌跋

三八六 歸恆軒詩集三卷遺集一卷附文十六篇 清歸莊撰 稿本 十二行二十四字 無格

三八七 恆軒詩稿不分卷 清歸莊撰 稿本

三八八 元恭文鈔七卷 清歸莊撰 清歸氏壽興譚書室抄本 十行二十三字黑口 左右双边

三八九 歸元恭文續鈔不分卷 清歸莊撰 清抄本 清佚名校并跋 十一行二十四字白口 左右双边

三九〇 南涉雜詩一卷泖上雜言一卷 清倪之煃撰 清順治饗勇草堂刻本 八行十八字白口 四周单边

三九一 壯悔堂文集十卷遺稿一卷四憶堂詩集六卷 清侯方域撰 清刻本 文集九行二十字 詩集九行十八字白口 左右双边

三九二 壯悔堂文集十卷遺稿一卷四憶堂詩集六卷遺稿一卷 清侯方域撰 清刻本 鄧之誠跋

三九三 壯悔堂文集十卷 清侯方域撰 清乾隆十四年陳履中、陳履平刻本 清李文藻批校 十行二十三字黑口 左右双边

三九四 四憶堂詩六卷 清侯方域撰 清侯必昌抄本 十行二十字 無格

三九五 宜雅堂集一卷 清侯方域撰 清初抄本 清佚名跋

三九六 江漢文集九卷 清侯方域撰 清抄本 羅振玉跋 九行十八字白口 無格

三九七 鄒遜菴詩集一卷 清鄒漢撰 清抄本 九行二十五字 無格

三九八 鄒荻翁集六卷雅笑編略一卷 清鄒枚撰 清康熙金陵書林刻本 八行十八字白口

四周單邊

三九九 雪屋未刻集一卷 清徐緘撰 稿本 九行二十四字 藍格

四〇〇 偶更堂文集二卷詩稿二卷 清徐作肅撰 清康熙傳劍社刻本 十行十九字、黑口、四周單邊

四〇一 澴齋新舊詩一卷 清徐波撰 明末刻本 八行十八字、白口、四周單邊

四〇二 天池落木菴存詩二卷 清徐波撰 清康熙刻本 王鳴孫 陳乃乾跋 八行十九字、白口、左右雙邊

四〇三 曲轅集二卷 清徐汾撰 清初刻本

四〇四 雁樓集二十五卷 清徐士俊撰 清康熙五年刻本 八行二十字、白口、四周單邊

四〇五 白榆山人詩不分卷 清徐貞木撰 清抄本

四〇六 居易堂集二十卷 清徐枋撰 清康熙刻本 十一行二十字、白口、左右雙邊

四〇七 一老庵文鈔不分卷 清徐枋撰 清抄本 清陳鱣跋 十行二十字 無格

四〇八 榆溪詩鈔二卷 清徐世溥撰 清康熙三十年宋犖刻本 十行十九字、白口、四周單邊

四〇九 榆溪集選不分卷補一卷 清徐世溥撰 清陳允衡評 清順治十七年陳允衡肥前齋刻本 十一行二十三字、白口、四周單邊

四一〇 愚谷詩藁六卷 清徐開任撰 清康熙刻本 十行二十字、細黑口、左右雙邊

四一一 愚谷詩藁六卷 清徐開任撰 清康熙刻本 鄭之城跋

四一二 徐猶庵集不分卷 清徐介撰 清抄本 十行十八字、白口、四周單邊

四一三 貞白齋詩集十卷集陶新詠六卷 清徐介撰 清抄本 十行二十二字 無格

四一四 貞白齋詩集不分卷 清徐介撰 清丁氏八千卷樓抄本

四一五 叢遺樓詩渖四卷詩餘一卷 清安璿撰 稿本

四一六 叢薰樓詩草二卷 清安璿撰 稿本 鄭之城跋 八行二十字 無格

四一七 孟公不在茲集二卷 清安璿撰 稿本

四一八 家乘拾遺一卷叢黃樓叢餘一卷孟公不在茲集一卷 清安璿撰 稿本 九行二十四字 無格

四一九 愚囊彙稿二卷補遺一卷 清宋雄撰 清抄本

四二〇 曉園文稿不分卷 清宋璉撰 清抄本 九行二十二字、無格

四二一 空居閣詩集二卷北征集二卷浮海集一卷 清馮舒撰 清初刻本 九行十六字、白口、左右雙邊

四二二 默菴遺藁八卷 清馮舒撰 清世有堂刻本 十三行二十二字、白口、左右雙邊

四二三 默菴遺藁八卷 清馮舒撰 清世彩堂刻本 傅增湘跋

四二四 鈍吟全集二十三卷 清馮班撰 清初毛氏汲古閣、康熙陸貽典等刻本 十四行二十一字、黑口、左右雙邊

馮氏小集五卷 鈍吟老人集外詩一卷 鈍吟集三卷 鈍吟樂府一卷 鈍吟別集一卷 鈍吟老人文稿一卷 鈍吟餘集一卷 鈍吟老人雜錄十卷 遊仙詩二卷

四二五 鈍吟全集二十三卷 清馮班撰 清初毛氏汲古閣、康熙陸貽典等刻本（文稿配清抄本） 清吳卓信跋、並臨馮武 王應奎評校 清錢朝鼒跋

四二六 鈍吟全集二十三卷 清馮班撰 清初毛氏汲古閣、康熙陸貽典等刻本 清錢良擇校並跋

四二七 鈍吟全集二十三卷 清馮班撰 清初毛氏汲古閣、康熙陸貽典等刻本 清張庚棠批

四二八 鈍吟全集二十三卷 清馮班撰 清初毛氏汲古閣、康熙陸貽典等刻本 鄭之城跋

四二九 鈍吟集詩箋注十二卷 清馮班撰 姚坡注 清抄本 十行二十字 無格

四三〇 織簾居詩四卷 清顧夢麐撰 清初刻本 十行十九字、黑口、四周雙邊

四三一 顧與治詩八卷 明顧夢游撰 清康熙元年施閏章、沈荃等刻本 九行十八字、白口、左右雙邊

四三二 顧與治詩八卷 清顧夢游撰 清抄本 清王德楷跋 吳寬題識 九行十八字、白口、無格

四三三 千里集一卷 清顧苓撰 稿本

四三四 卜居集一卷 清顧苓撰 稿本

四三五 斜陽集一卷 清顧苓撰 稿本

四三六 塔影園集不分卷 清顧苓撰 清天尺樓抄本 十行二十一字 無格

四三七 塔影園集不分卷 清顧苓撰 清抄本 九行二十一字、綠格

四三八 塔影園文集五卷詩集一卷 清顧苓撰 清抄本 九行二十一字 無格

四三九 亭林文集六卷詩集五卷 清顧炎武撰 清刻本 王國維校注並跋 十一行二十字、白口、左右雙邊

四四〇 亭林文集六卷 清顧炎武撰 清抄本 十二行二十二字、黑格

四四一 蔣山傭詩集六卷 清顧炎武撰 沈岱瞻輯 清抄本 清顧竹賢、戴望跋 十一行二十四字、無格

四四二 亭林詩集五卷 清顧炎武撰 清康熙刻本 清吳以辰校 十一行二十字、白口、左右雙邊

四四三 亭林詩集五卷 清顧炎武撰 清遂漱閣刻顧亭林遺書本 傅增湘校 十一行二十字、白口、左右雙邊

四四四 亭林詩集五卷 清顧炎武撰 清田玉泉等抄本 清翁同龢校注 十行二十字、綠格

四四五 亭林先生集外詩四卷 清顧炎武撰 清孫詒讓輯 亭林詩集校文一卷 清孫詒讓撰 稿本 十二行二十五字 藍格

四四六 南邨詩稾二十四卷 清潘高撰 清康熙十九年鶴江草堂刻本 九行二十一字、白口、四周單邊

四四七 南邨詩稾二十四卷 清潘高撰 清康熙十九年鶴江草堂刻本 鄭之城跋

四四八 木厓集二十六卷 清潘江撰 清康熙刻本 十行二十二字、細黑口、左右雙邊

四四九 木厓續集二十四卷木四卷 清潘江撰 清康熙河墅名山堂刻本 十行十八字、黑口、

四周單邊

四五〇 紅葉村稿六卷 清渠逸撰 清康熙刻本 鄧之誠跋 十行二十一字、黑口、左右雙邊

四五一 東江集鈔九卷別集五卷 清沈謙撰 附錄一卷 清康熙十五年沈聖昭沈聖暉刻本 十行二十字、白口、左右雙邊

四五二 狼籍在文藁七卷 清沈[illegible]撰 清抄本 九行二十四字、無格

四五三 晚聞集六卷 清沈卓撰 補遺一卷 清蔣侯輯 清乾隆九年蔣侯抄本 黃人訂補並跋 十一行二十字 無格

四五四 西溪先生文集十卷 清沈嘉客撰 清康熙三十九年沈寅清刻本 九行二十字、白口、四周單邊

四五五 姑山遺集三十卷 明沈壽民撰 清康熙有本堂刻本 九行二十字、白口、四周單邊

四五六 姑山遺集三十卷首者詩一卷 清沈壽民撰 清康熙有本堂刻本 倫明校

四五七 姑山遺集三十卷 明沈壽民撰 清康熙有本堂刻本 葉景葵校

四五八 姑山續集六卷 清沈壽民撰 清抄本

四五九 蒹葭遺集二卷 清沈攀撰 附錄一卷 清雍正沈育崖刻本 十一行二十二字、細黑口、左右雙邊

四六〇 凌秋諸落葉詩不分卷 清凌一飛撰 清初凌氏帶渠園刻本 八行十九字、白口、小字雙行同、左右雙邊

四六一 石秋子敔身錄不分卷 清湯思撰 清抄本 十行、二十四字、小字雙行同、無格

四六二 年年集一卷鮫珠集一卷從軍集一卷夢囈集一卷 清褚道潛撰 清抄本 十二行三十字、無格

四六三 年年集一卷鮫珠集一卷從軍集一卷夢囈齋集一卷 清褚道潛撰 清抄本 清翁同龢等跋並題詩 九行十八字、無格

四六四 知好好學錄不分卷 清祝石撰 稿本 十二行、二十八字、無格

四六五 小隱堂文稿一卷 清祁熊佳撰 清抄本

四六六 禪悅內外合集十卷 清祁駿佳撰 稿本 八行二十二字黑格、四周單邊

存二卷（一至二） 八行廿二字黑格、四周單邊

四六七 禪悅內外合集十卷 清祁駿佳撰 清學海堂抄本 十二行十五字紅格、四周單邊

四六八 沙河江遺稿四卷滇黔解餉紀略一卷 清沙鼎撰 清康熙四十六年沙鼎刻本 八行十九字、白口、左右雙邊

四六九 釣業不分卷 清查繼佐撰 稿本 六行行字不等、無格

四七〇 敔修堂釣業不分卷 清查繼佐撰 清查人偉抄本 清管庭芬跋 十行二十二字 無格

四七一 釣業不分卷粵遊雜詠不分卷 清查繼佐撰 稿本 清查羲題詩 查克照跋 十行二十二字黑格

四七二 敔修堂詩不分卷 清查繼佐撰 清抄本

四七三 穫書堂遺稿二卷題畫詩二卷 清查士標撰 清康熙四十三年查弘道刻本 十行十九字黑口、左右雙邊

四七四 始讀軒遺集五卷 清查正撰 清康熙刻本 十行二十一字、黑口、四周單邊

四七五 翠岩偶集六卷 清李雍熙撰 清康熙四十二年湛恩堂刻本 九行二十二字、黑口、左右雙邊

四七六 龍湫集五卷 清李天植撰 附刊一卷 清宋景關輯 明史稗詞一卷 清宋景濂撰 清乾隆十七年宋景濂刻本 十行二十一字、白口、左右雙邊

四七七 龍湫山人遺稿不分卷 清李天植（原題李確）撰 稿本 清錢當陸蘇跋 陳廷慶陸沅黃丕烈周如春題詩 陸奎勳嚴元照周芳頌顧邦杰徐熊飛朱壬林顧廣譽吳騫之跋

四七八 李潛夫先生遺文一卷 清李天植（原題李確）撰 清四古堂抄本 清吳騫跋 十行二十八字、白口、四周單邊

四七九 梅花百詠一卷 清李天植（原題李確）撰 清抄本 清姚燮跋

四八〇 罃鳴錄一卷 清李子金撰 清康熙王澍刻本 九行十八字、白口、單邊

四八一 凝玉堂詩三卷 清李[illegible]撰 清康熙三十五年李仙[illegible]刻本 九行十九字、白口、四周單邊 紀遺草一卷 西廬雜存一卷 後存草一卷

四八二 西山閣筆一卷 清李庄光撰 清順治汾西洞刻本 鄧之誠跋 九行二十一字、白口、四周單邊

四八三 隨筆草四卷 清李屺瞻撰 清康熙間刻本 七行十六字、白口、四周單邊

四八四 鷗嘯堂集詩八卷文一卷 清李沂撰 清康熙刻本 九行二十字白口、左右雙邊

四八五 焚餘集二卷 清李孫撰 李厚建輯 清抄本 張培基跋 九行二十五字、藍格、四周雙邊

四八六 李笠翁尺牘一卷 清李漁撰 清許嘉猷抄本

四八七 笠翁一家言初集十二卷 清李漁撰 清康熙翼聖堂刻本 九行二十字、無直格、四周單邊 文集四卷 詩集八卷

四八八 笠翁一家言全集十六卷 清李漁撰 清雍正芥子園刻本 九行二十字、無直格、四周單邊 笠翁文集四卷 笠翁詩集五卷 笠翁餘集一卷 笠翁別集二卷 笠翁偶集（閒情偶寄）六卷

四八九 果堂文鈔六卷詩鈔七卷 清李鄴嗣撰 清康熙刻本 九行行二十二字、黑口、左右雙邊

四九〇 李果堂文鈔不分卷 清李鄴嗣撰 清賀讀居抄本 九行二十一字黑口、左右雙邊

四九一 果堂內集六卷外集四卷文鈔四卷 清李鄴嗣撰 清衣德樓抄本 清李厚過校 九行二十字、藍格、四周雙邊

四九二 敦好堂集六卷 清李懷撰 清康熙刻本 八行二十字、白口、四周雙邊

四九三 南齋堂中面集八卷 清李式玉撰 清順治五年刻本 八行二十字、白口、四周雙邊

四九四 巴餘集十卷 清李式玉撰 清康熙刻本 十一行二十二字、白口、四周單邊

四九五 知還堂集四卷 清李芳蓮撰 徐燦輯 清康熙三十一年李湘刻本 八行十八字、白口、四周單邊

四九六 準勑草不分卷 清李芳蓤撰 清順治刻本 九行十八字、白口、四周單邊

四九七 寒支初集十卷二集六卷 清李世熊撰 李寒支先生歲紀一卷 清李權輯 清康熙刻本 九行二十字、白口、四周單邊

四九八 梅花書屋詩選四卷 清李中素撰 清康熙二十五年刻本 九行十九字、白口、四周單邊

四九九 樂志堂詩集四卷 清李明嶅撰 清康熙三十七年刻本 九行十九字、白口、單邊

五〇〇 甓戢樓詩集八卷 清李鏡撰 清康熙四十九年刻本 十一行二十一字、黑口、四周單邊

五〇一 老樹村集不分卷 清李煥章撰 清抄本 佚名校並跋 十一行二十八字、無格

五〇二 茗齋百花詩二卷 清彭孫貽撰 清彭蕎曾刻本 十行二十字、白口、左右雙邊

五〇三 茗齋百花詩二卷 清彭孫貽撰 清彭蕎曾刻本 清陳鱣跋

五〇四 茗齋百花詩二卷 清彭孫貽撰 清彭蕎曾刻本 張元濟跋

五〇五 茗齋詩十八卷 清彭孫貽撰 補一卷 張元濟輯 稿本 張元濟跋 十行二十四字、無格
存十五卷 二至六、八至十、十二至十八、補一卷全

五〇六 彭茗齋詩六卷 清彭孫貽撰 清陸大成抄本 十行二十七字、無格

五〇七 茗齋詩稿不分卷 清彭孫貽撰 清抄本 十行二十四字、無格

五〇八 茗齋詩七言律八卷 清彭孫貽撰 清抄本 九行二十字、無格

五〇九 閒窗集一卷 清彭琰撰 清抄本 九行二十字、藍格、白口、四周雙邊

五一〇 彭省廬先生文集七卷詩集十卷 清彭師度撰 清康熙六十一年彭士超隆峪堂刻本 十行二十一字、黑口、左右雙邊

五一一 偶存草二卷 清彭蘅撰 清初刻本 九行二十字、白口、四周單邊

五一二 彭燕又先生文集三卷詩集一卷 清彭蘅撰 清康熙六十一年彭士超隆峪堂刻本 十行二十八字、黑口、左右雙邊

五一三 嬾迂詩稿十二種十二卷 清姚廷瓚撰 清乾隆刻本 十行二十字、白口、左右雙邊
鷗水偶吟一卷又刻一卷 賦物蟫行詩一卷 十九秋詩一卷 鼠穴餘一卷二刻一卷 鶴湖花社詩一卷 嬾迂小彙一卷 十二春閒詩一卷 吟艷切編一卷續編一卷 詠花餞別詩一卷 十四影詩一卷 塵餘草一卷 八聲詩一卷

五一四 半可集四卷 清戴廷栻撰 清初刻本 十行十九字、白口、四周雙邊

五一五 墨陽集不分卷 清黃釗撰 清道光葉懋遇舊雲山房抄本 二十二行三十字、藍口、四周雙邊

五一六 默鏡居文集四卷 清范方撰 清乾隆二十六年范氏世恪堂刻本 九行二十八字、白口、四周雙邊

五一七 幽草軒詩集七卷 清范良撰 清初刻本 八行十八字、細黑口、左右雙邊

五一八 漫烟一卷 清范國祿撰 清初刻本 八行十九字、白口、左右雙邊

五一九 十山樓稿三十二卷 清范國祿撰 清初抄本
存二十九卷 一至二十一 二十五至三十二

五二〇 十山樓稿三十二卷 清范國祿撰 清抄本 十二行二十三字、無格
存二十九卷 一至二十四 二十八至三十二

五二一 十山樓稿二十卷 清范國祿撰 清抄本 鄧文媛跋 九行二十一至二十三字、黑口、四周單邊
存十九卷 一至十八 二十

五二二 試秦詩紀二卷潞公詩選二卷越唫三卷七松遊一卷重訂閨麗譜一卷 清范光文撰 清康熙刻本 八行十八字、白口、四周單邊

五二三 釋柯集一卷餘集一卷補遺一卷 清蕭中素撰 清康熙二十五年刻本〔補遺配清抄本〕 陳乃乾跋 九行十九字、白口、左右雙邊 本書亦名蕭山人集

五二四 留素堂詩删□□卷詩表一卷 清蔣棻撰 稿本 九行二十字、無格
存二十卷 一至十二 十五至二十一 詩表全

五二五 留素堂文集十卷詩删十三卷後集十三卷詩集一卷外集五卷 清蔣棻撰 清康熙刻本 九行十九字、白口、四周單邊

五二六 撫虔草十六卷 清蘇弘祖撰 清順治刻本 八行二十字、白口、四周單邊

五二七 三台傳稿一卷 清葛應隆撰 清魏錫曾抄本 清傅以禮跋

五二八 學古堂詩一卷文一卷 清韓詩撰 明崇禎刻本 九行二十字、白口、四周單邊

五二九 遂廬詩四卷詞一卷 清韓純玉撰 清康熙鳳晨堂刻本 九行二十一字、小字雙行同、白口、左右雙邊

五三〇 白松樓集略十卷 清韓程愈撰 清康熙刻本 九行二十字、白口、左右雙邊

五三一 秋巖集略十卷 清韓則愈撰 清康熙道安堂刻本 九行二十字、白口、左右雙邊

五三二 息齋遺稿不分卷 清華曠度撰 清抄本 清華墉題詩 秦瀛跋 七行十八字、無格

五三三 瀑音四卷碧濤箋逸存一卷 清黃蕃撰 清康熙四年刻本 八行十八字、白口、左右雙邊

五三四 臥龍山人集十四卷 清黃芝撰 清康熙九年自刻本 十行二十二字、下黑口、左右雙邊

五三五 名山藏二十八卷 清黃鉤撰 清道光二十七年黃彝之活字印本 十行二十二字、白口、四周單邊

五三六 薊縱館十一草一卷 清薛始亨撰 清抄本 十二行二十五字、紅格、四周雙邊

五三七 南囮草存六卷 清薛銘撰 清康熙刻本 九行二十字、白口、四周單邊

五三八 捫虱樓詩三十卷 清鍾瓊撰 清康熙四十四年吳宗清刻本 九行二十字、白口、四周單邊

五三九 和敬堂全集四十四卷 文部十六卷 詩部二十八卷 清黄世良撰 清康熙四十九年黄覺等刻本 十一行二十一字,黑口,左右双边

五四〇 黄攝六詩選二卷 清黄巽聖撰 清錢謙益選 清初刻本 八行十七字,白口,左右双边

五四一 黄攝六詩選二卷 清黄巽聖撰 清錢謙益選 清翁同龢跋並題款 清光緒二十六年潘明誥抄本 八行十七字,無格

五四二 夢澤堂文集四卷詩集三卷瀟江唱酬詩一卷 清黄師憲撰 清康熙刻本 九行二十一字,小字雙行同,白口,四周雙邊

五四三 一木堂詩稿十二卷 清黄生撰 清康熙刻本 十行二十一字,下黑口,左右双边

五四四 南雷文定十一卷後集四卷附録一卷 明黄宗羲撰 清康熙二十七年靳治荆刻本 十行二十字,黑口,四周单边

五四五 南雷文定十一卷後集四卷附録一卷 清黄宗羲撰 清康熙二十七年靳治荆刻本 清王芑孫批並跋

五四六 南雷文定十一卷後集四卷附録一卷 清黄宗羲撰 清康熙二十七年靳治荆刻本 清徐時棟跋

五四七 南雷文定十一卷後集四卷附録一卷 清黄宗羲撰 清康熙二十七年靳治荆刻本 鄧之誠跋

五四八 南雷文定三集三卷 清黄宗羲撰 清康熙刻本 十行二十字,黑口,四周单边

五四九 南雷文定四集四卷 清黄宗羲撰 清康熙刻本 十行二十字,黑口,四周单边

五五〇 南雷文定五集二卷 清黄宗羲撰 清乾隆二十六年程志隆刻本 十行二十字,黑口,四周单边

五五一 南雷文案十卷外卷一卷續文案吾悔集四卷撰杖集一卷子劉子行狀二卷南雷詩曆三卷 清黄宗羲撰 學箕初稿二卷 清黄百家撰 清康熙刻本 十二行二十二字,黑口,左右双边

五五二 黄梨洲先生南雷文約四卷 明黄宗羲撰 清乾隆鄭性刻本 十行二十字,黑口,四周单边

五五三 黄梨洲先生南雷文約四卷 清黄宗羲撰 清乾隆鄭性刻本

五五四 黄梨洲先生南雷文約四卷 清黄宗羲撰 清李鴻裔校並跋 清乾隆鄭性刻本

五五五 黄梨洲先生南雷文約四卷 清黄宗羲撰 清顧列星評點 清乾隆鄭性刻本 鄧之誠跋

五五六 南雷詩曆四卷 清黄宗羲撰 清康熙刻增修本

五五七 南雷詩曆一卷 明黄宗羲撰 清高士抄本 十行二十二字,無格

五五八 南雷詩曆三卷 清黄宗羲撰 清抄本 清陳鱣跋

五五九 南雷雜著不分卷 清黄宗羲撰 稿本

五六〇 南雷文鈔不分卷 清黄宗羲撰 清鄭祐抄本 清徐時棟跋

五六一 南雷集外文一卷 清黄宗羲撰 清光緒十五年蕭穆抄本

五六二 縮齋文集一卷 清黄宗會撰 清抄本 清黄澍跋 九行二十五字,無格

五六三 縮齋文集一卷 清黄宗會撰 清抄本 佚名校 九行二十六字,無格

五六四 紀遊雜草不分卷 清黄通王撰 清康熙刻本 九行二十六字,無直格

五六五 紫芝山房詩二卷 清黄大受撰 清康熙五十年刻本 九行十八字,白口,四周单边

五六六 聞園集一卷 清黄希聲撰 趙師尹評 清初刻本 九行十一字,白口,四周单边

五六七 清音閣詩草一卷雲溪嘯吟一卷硯餘存草一卷倚劍集一卷 清黄庭撰 稿本 清孫藩題詩

五六八 畚山堂壬戌詩曆不分卷 清黄燮撰 稿本 張元濟跋

五六九 歸田集不分卷 清黄日紀撰 清乾隆五十二年刻本 九行十九字,白口,四周双边

五七〇 操齋集不分卷 清梁衍鋭撰 清康熙刻本 九行二十字,白口,四周双边

五七一 清嘯堂集七卷 清黄耕撰 清康熙刻本 張元濟跋 九行二十字,白口,左右双边

五七二 葉白泉詩稿三卷 清葉閏華撰 清道光四年滿道根抄本 葉承慶文 王大隆跋 八至九行,二十七至三十二字,無格

五七三 蔚巷嫁衣集八卷 清裘鳴鸞撰 清康熙五年蔚廣刻本 八行二十字,白口,四周双边

五七四 楚婁吟五卷足底言二卷咏史詩一卷 存五卷(一至五) 清葉閏撰 稿本 九行二十字,無格

五七五 變雅堂文集五卷詩集四卷 清杜濬撰 清康熙刻本 九行十九字,詩八行十六字,白口,左右双边

五七六 變雅堂文集不分卷 清杜濬撰 清康熙刻本 九行十九字,小字双行,左右双边

五七七 茶邨詩三卷 清杜濬撰 汪觀選 清康熙五十三年静遠堂刻本 八行十九字,左右双边

五七八 椎枕吟一卷杜陵七歌一卷 清杜濬撰 清康熙刻本 九行十九字,白口,左右双边

五七九 杜茶村詩鈔八卷 清杜濬撰 清乾隆八年刻本 九行十九字,黑口,左右双边

五八〇 紫峯集十四卷 清杜越撰 清康熙十三年刻本 九行二十字,白口,四周单边

五八一 編年詩選三卷 存二卷(上、中) 清杜首昌撰 稿本 九行二十一字,無格

五八二 桅嶠草一卷 清杜首昌撰 稿本 清段朝端、宋焜跋 九行二十二字,無格

五八三 綰秀園詩選二卷詞選一卷 清杜首昌撰 清乾隆刻本 九行十八字,小字双行同,白口,左右双边

五八四 歲寒堂存稿十二卷 清林璐撰 清康熙二十五年紫適堂刻增修本 九行二十字,白口,左右双边

五八五 歲寒堂初集五卷 清林璐撰 清康熙刻本

五八六 林蔭之文草一卷賦草一卷 清林古度撰 明崇禎刻本 八行十七字，小字雙行同，白口，四周單邊

五八七 林茂之詩選二卷 清林古度撰 清王士禛選 清康熙七略書堂刻本 十行十九字，大黑口，左右雙邊

五八八 蘐竹亭詩編一卷 清林悉撰 清康熙刻本 八行十八字，白口，左右雙邊

五八九 十詠堂稿八卷 江城雜興一卷續集一卷 隋堤柳枝詞一卷 秦淮春泛一卷 蒿廬草一卷 西湖遊紀一卷 東遊紀草一卷 漢宮秋詠一卷 清林九棘撰 清康熙刻本 八行二十字，白口，四周單邊

五九〇 朋鶴草堂文集二卷詩留六卷初刻一卷詞一卷 清林嗣環撰 稿本 十行十七字，無格

五九一 水田居文集五卷 清賀貽孫撰 清康熙刻本 九行二十六字，白口，無直格，四周雙邊

五九二 水田居士集五卷 清賀貽孫撰 清抄本 十行二十八字，無格

五九三 激書二卷 清賀貽孫撰 清賀[illegible]山莊抄本 清謝章鋌校 十行二十四字，小字雙行同，紅格

五九四 蛻疣集不分卷 清賀裳撰 清初蔚葉閣刻本 九行二十字，白口，左右雙邊

五九五 格齋詩集四卷 清楊文鐸撰 清康熙閣刻本 十行十九字，黑口，左右雙邊

五九六 石民集二卷 清楊青藜撰 清乾隆十七年刻本 十行二十八字，白口，四周單邊

五九七 懷古堂詩選十二卷 清楊炤撰 懷古堂詩選二卷 遊黃山記一卷 清楊補撰 清康熙刻本 九行二十八字，白口，左右雙邊

五九八 懷古堂詩選十二卷 清楊炤撰 懷古堂詩選二卷 遊黃山記一卷 清楊補撰 清葉氏五百經幢館抄本

五九九 鄣蘭石集二十卷 西江秋鶴草二卷 桃源鶴餘草一卷 燕市清明草一卷 廣陵遊草一卷 江西賦錄一卷 北平行四草一卷 新兆篇二卷 江陽集一卷 見月篇一卷 臨渠園集二卷 積石山房日錄一卷 讀仙樓集二卷 羅跌齋集一卷 找蜀草二卷 廣陵竹枝詞一卷 清郝璧撰 清順治刻郝錫玄等增修本

六〇〇 鄣蘭石集十八卷 西江秋鶴草二卷 桃源鶴餘草一卷 燕市清明草一卷 江西賦錄一卷 北平行四草一卷 新兆篇二卷 江陽集一卷 廣陵遊草一卷 羅跌齋集一卷 積石山房日錄一卷 廣陵竹枝詞一卷 見月篇一卷 臨渠園集二卷 找蜀草二卷 清郝璧撰 清順治刻本 八行二十字，白口，四周單邊

六〇一 旅草一卷 清胡文龍撰 清康熙刻本 九行十八字，白口，四周單邊

六〇二 風山剩稿不分卷 清胡士梅撰 胡文燦等輯 清康熙二十五年寶慶堂刻本 八行二十字，白口，四周雙邊

六〇三 旅堂詩集一卷文集一卷 清胡介撰 陸嘉淑、沈象通輯 清康熙刻本 九行二十八字，白口，左右雙邊

六〇四 旅堂詩選六卷 清胡介撰 黃之翰輯 清康熙黃之翰刻本 九行二十字，白口，四周雙邊

六〇五 浭興集一卷 清梅庚撰 清康熙刻本 十行十九字，小字雙行字不等，黑口，左右雙邊

六〇六 天延閣刪後詩十二卷 清梅清撰 贈言集二卷 敬亭倡和集一卷 天延閣聯句唱和詩一卷 清梅清輯 清康熙刻本 九行二十字，白口，四周雙邊

六〇七 天延閣刪後詩十五卷後集十五卷 清梅清撰 贈言集四卷 敬亭倡和集一卷 天延閣聯句唱和詩一卷 清梅清輯 清康熙刻嘉修本 九行二十字，白口，四周雙邊

六〇八 瞿山詩略三十三卷 清梅清撰 清康熙三十二年刻本 十行十九字，黑口，左右雙邊

六〇九 趙清獻公集六卷 清趙廷臣撰 附刻一卷 刻本 九行二十字，白口，四周單邊

六一〇 趙谿叔詩一卷 清趙棠禮撰 稿本

六一一 沁雪堂詩鈔七卷 清趙沈壎撰 清抄本 清吳通批校並跋

六一二 玉峰堂詩鈔不分卷 清趙廷撰 清玉峰堂抄本

六一三 玉峰堂詩鈔六卷 清趙廷撰 清抄本 清甲辰鄭跋 九行十七字，無格

六一四 既耕堂詩集二卷 清秦松齡撰 清乾隆刻本 九行二十八字，白口，四周單邊

六一五 帶存堂集十卷 清曹度撰 清抄本 十行二十八字，無格

六一六 帶存堂集不分卷 清曹度撰 清初抄本

六一七 帶存堂詩集七卷文集十卷 清曹度撰 清抄本 清吳騫跋 十一行二十二字，黑口，左右雙邊

六一八 寄廬詩集十六卷 清曹允斌撰 清刻本 九行十九字，白口，左右雙邊

六一九 燕峰詩鈔二卷 清費密撰 清抄本 十行十九字，無格

六二〇 空香亭集一卷舫園十二種一卷孤館十韻一卷 清華沈森撰 劉廣曾撰 清初刻本 八行十八字，白口，無直格，四周單邊

六二一 天放翁集一卷 清呂顯良撰 清順治刻本 十行十八字，黑口，左右雙邊

六二二 晚邨慚書不分卷 清呂留良撰 清順治刻本 八行二十字，白口，無直格，左右雙邊

六二三 呂晚村先生古文二卷 清呂留良撰 清康熙五十九年捧學顏小滄溪山房刻本 十行二十八字，白口，四周雙邊

六二四 呂晚村先生文集八卷續集四卷附錄一卷 清呂留良撰 清雍正三年呂氏天蓋樓刻本 十行二十字，黑口，左右雙邊

六二五 呂晚村先生文集八卷續集四卷附錄一卷 清呂留良撰 清雍正三年呂氏天蓋樓刻本 倫明校

六二六 何求老人殘稿八卷 清呂留良撰 釋略一卷 清抄本 八行二十四字，無格

格 萬感集一卷 夢覺集一卷 零星集一卷 欬氣集一卷 僞僞集一卷 貞臘凝寒集一卷 東將集一卷 南前鳴紅詩一卷

六二七 何求老人殘稾七卷 清呂留良撰 清南陽[?]抄本 [?]行二十三字、黑口、四周雙邊 萬感集一卷 夢覺集一卷 零星稿一卷 欬氣集一卷 僞僞集一卷 貞臘凝寒集一卷 東將集一卷

六二八 何求老人殘稾七卷 清呂留良撰 清張鳴珂抄本 十一行二十二字、無格

六二九 何求老人詩稿七卷、集外詩一卷 清呂留良撰 清吳騫朱鴻燕跋 清抄本 九行二十五字、無格

六三〇 呂晚村詩稿舊鈔箋註不分卷 清呂留良撰 清抄本 清佚名校 十一行二十四字 無格

六三一 呂晚村詩七卷研銘一卷 清呂留良撰 清紫兜呂氏抄本

六三二 呂晚村先生文集八卷 清呂留良撰 清抄本 清張慶跋

六三三 呂晚村先生文集不分卷 清呂留良撰 清抄本 清佚名校 九行十九字、無格

六三四 呂東莊先生文集八卷附錄一卷 清呂留良撰 清抄本 九行二十五字、無格

六三五 樸巢詩選一卷文選五卷 清冒襄撰 張明弼、杜濬評點 清順治刻本 八行二十字、白口、四周單邊

六三六 巢民詩集六卷文集七卷 清冒襄撰 清康熙刻本 九行十九字、細黑口、左右雙邊

六三七 陋軒一卷 清羅萬象撰 清李楷定 清順治十五年刻本 八行十九字、白口、四周單邊

六三八 艸竿一卷 清羅萬象撰 清初刻本 六行十八字、白口、四周單邊

六三九 隱叢一卷 清羅萬象撰 清初刻本 八行十九字、白口、四周單邊

六四〇 葵園集一卷 清呼谷撰 清順治十三年葉方藹刻本 八行十九字、白口、左右雙邊

六四一 鬱蔥樵詩文集口卷始編讀周易臆二卷 清曉遇永撰 清抄本 九行二十六字 無格 存八卷（詩文集：二五三、六五九，始編二卷）

六四二 焚餘集三卷 清程有仲撰 稿本 清陳瑚批 十行十八字、無格

六四三 焚餘集三卷 清程有仲撰 清初鄭永華抄本 十行十八字、無格

六四四 嚴白雲詩集二十七卷 清嚴熊撰 清乾隆十九年嚴有禧刻本 鄧之誠跋

六四五 嚴白雲詩集二十七卷 清嚴熊撰 清乾隆十九年嚴有禧刻本 十行二十一字、白口、左右雙邊

六四六 嚴逸山先生文集十三卷 清嚴虞惇撰 善餘堂家乘後編一卷 清初嚴氏淨樂堂刻本 卷十二家傳原缺未刻 八行二十字、白口、左右雙邊

六四七 瀨園詩初集三卷後集不分卷文集十八卷詩話一卷識史四卷 清嚴首昇撰 清順治十四年劉然刻本 九行十八字、白口、左右雙邊

六四八 瀨園詩初集三卷後集不分卷文集二十卷識史六卷 清嚴首昇撰 清順治四年劉然刻康熙元年增修本 九行十八字、白口、左右雙邊

六四九 瀨園詩初集三卷後集不分卷補遺不分卷文集二十卷識史六卷 清嚴首昇撰 清順治十四年劉然刻康熙九年增修本 鄧之誠跋

六五〇 雪園集十九卷 清單隆周撰 清康熙刻本 九行二十字、小字雙行同、白口、四周單邊

六五一 古調堂初集十二卷（詩六卷文六卷） 清高之騊撰 清順治刻本 九行十八字、白口、四周單邊

六五二 風人近稿一卷 清高爲撰 稿本 九行、無格

六五三 青蓮閣風人稿不分卷 清高爲撰 稿本 十二行、無格

六五四 芝在堂文集十五卷 清劉醇驥撰 清康熙刻本 九行二十字、白口、四周單邊

六五五 東武高士劉翼明詩稿一卷 清劉翼明撰 稿本

六五六 鏡菴詩稿四卷 清劉翼明撰 清乾隆六十一年劉光緩抄本

六五七 西園幽話一卷 清劉[?]撰 清康熙刻本 八行十八字、白口、四周單邊

六五八 玄鶴吟不分卷 清劉峽撰 清初刻本 八行二十字、白口、四周單邊

六五九 香山草堂集七卷詩集一卷 清劉友光撰（一作劉脩老） 清康熙刻本

六六〇 劉初人存痂草一卷未刻草一卷 清劉機循撰 清初刻本 九行十八字、白口、四周雙邊或單邊

六六一 倚雲閣詩集一卷 清劉世燧撰 清順治刻本 鄧之誠跋 八行十八字、白口、四周單邊

六六二 虛直堂文集二十四卷 清劉榛撰 清康熙刻本 十行十九字、黑口、四周雙邊

六六三 虎溪漁叟集十八卷 清劉命清撰 清康熙三十八年帶玉堂刻本

六六四 楚村詩集六卷文集六卷 清丘石常撰 清康熙三十五年刻本 清蒲[?]文藻跋 十行二十二字、白口、四周單邊

六六五 邱邦士文集十七卷 清丘維屏撰 清康熙刻本 九行二十字、白口、左右雙邊

六六六 丘邦士文集十七卷 清丘維屏撰 清方功惠碧琳琅館抄本

六六七 菊隱詩選三卷 清陸元輔撰 蔚庭詩選一卷 清陸象珊撰 清乾隆刻本 八行十九字、白口、左右雙邊

六六八 陸菊隱先生文集十六卷詩集四卷 清陸元輔撰 清抄本 十行二十五字、無格

六六九 澄江集七卷 清陸次雲撰 清康熙十一年刻本 九行十九字、白口、左右雙邊

六七〇 北墅緒言二卷 清陸次雲撰 清康熙二十三年宛羽齋刻本 九行十八字，白口，左右雙邊

六七一 北墅緒言五卷 清陸次雲撰 清康熙二十三年宛羽齋刻增修本

六七二 射山詩選 清陸嘉淑撰 清乾隆十四年張伯魁刻本 十行二十一字，白口，左右雙邊

六七三 射山詩抄一卷 清陸嘉淑撰 清抄本 清管庭芬批校並跋

六七四 射山詩抄一卷 清陸嘉淑撰 清抄本 八行二十五字，無格

六七五 雲派草三卷 清陸奮飛撰 清初刻本 七行十七字，白口，左右雙邊

六七六 成園堂文集八卷 清陸圻撰 清康熙刻本 鄧之誠跋 八行二十一字，白口，四周單邊

六七七 成園堂偶錄一卷 清陸圻撰 明崇禎十四年刻本 九行二十字，白口，左右雙邊

六七八 陸桴亭先生文集五卷 清陸世儀撰 清康熙張伯行編刻正誼堂刻本 十行二十二字，白口，四周單邊

六七九 陸桴亭先生詩集十卷 清陸世儀撰 清抄本 清蘇加玉校 丁丙跋 陳文述 蕭（?）題款

六八〇 愁餘草一卷 清陸敬亭（?）撰 清抄本

六八一 觀菴詩鈔六卷 清陸貽典撰 清雍正元年張遠琛刻本 九行十九字，白口，四周單邊

六八二 觀菴詩鈔六卷 清陸貽典撰 清雍正元年張遠琛刻本 清魚元傳跋

六八三 觀菴詩稿漸于集四卷 清陸貽典撰 清抄本 十行十七字，無格

六八四 移情草一卷 清陳文沂撰 清順治二年刻本 九行二十字，白口，四周單邊

六八五 蘭居吟草一卷 清陳玉璂撰 清初刻本 七行十六字，小字雙行同，白口，四周單邊

六八六 乾初先生文集十八卷詩集十二卷別集十九卷首一卷 清陳確撰 清何氏借道味齋抄本 佚名校

六八八 確庵文藁四十卷 清陳瑚撰 清初毛氏汲古閣刻本 清顧嵇（?）修跋 内十七卷原注未刻

六八七 確庵文藁四十卷 清陳瑚撰 清初毛氏汲古閣刻本 十四行二十八字，白口，四周雙邊 内十七卷原注未刻

六八九 確庵文藁十一卷 清陳瑚撰 清陳澤輯 清康熙至雍正陳澤抄本 葉裕仁跋 十四行二十八字，白口，四周雙邊或九行二十五字，白口，四周雙邊 書二卷 古文一卷 治綱二卷 淮雲問答初編一卷續編一卷補遺一卷 雜文一卷 雜著一卷 典禮會通一卷

六九〇 確庵文藁不分卷 清陳瑚撰 清抄本 十四行二十八字，白口，無格

六九一 蓮山草堂集十卷陳國公行狀一卷 清陳什（?）廣撰 清陳□輯 清順治至康熙間刻本 八行二十字，白口，四周單邊 蔚園文稿三卷 遂山文稿二卷 鄧東代言一卷 昭潭雜撰一卷 遂山續文稿二卷 鄧東續編一卷

六九二 愚戒齋詩集四卷文鈔一卷 清陳鼎撰 清初刻本 九行十八字，白口，四周單邊

六九三 豫章陳子勤補堂顧學集一卷 清陳允衡撰 清康熙刻本 九行二十字，白口，四周單邊

六九四 愛琴館集二卷補詩一卷 清陳允衡撰 清乾隆趙熙典刻本 鄧之誠跋 八行十九字，小字雙行同，白口，左右雙邊

六九五 澂懷閣詩一卷 清陳允衡撰 清初抄本 丁士楨評并跋 八行十八字，無格

六九六 陳翼叔詩集五卷石榴集一卷 清陳伍才撰 清康熙刻本 清袁裛（?）校並跋 八行二十字或十八字，白口，四周單邊

六九七 島樵集抄十二卷 清陳之璥撰 清乾隆四十一年刻本 八行二十一字，白口，左右雙邊

六九八 避亂詩一卷 清陳洪綬撰 清抄本 清蔡名衡跋

六九九 陶菴全集二十卷 清陳立撰 稿本 八行二十字，白口，四周雙邊
存十二卷（五至七、十一至十四、十八至二十）

七〇〇 著娛齋詩集十四卷 清周茂源撰 清順治刻本 七行十八字，白口，四周單邊

七〇一 春酒堂詩六卷 清周容撰 清康熙四十六年袁（?）谷抄本 九行二十五字，無格

七〇二 春酒堂文集不分卷 清周容撰 清康熙五十二年抄本 九行二十五字，無格

七〇三 春酒堂文集二卷 清周容撰 清鄭南邃抄本 十行二十字，無格

七〇四 春酒堂選稿不分卷 清周容撰 清抄本 八行字不等，白口，四周雙邊 後部分無格

七〇五 遊吟一卷 清周士儀撰 清康熙刻本 八行二十二字，白口，無直格，四周雙邊

七〇六 南行句紀一卷杭游雜詠一卷 清周士儀撰 清康熙刻本 九行二十二字，白口，左右雙邊

七〇七 西湖賦一卷秋感十二詠一卷 清周士儀撰 清康熙刻本 八行二十二字，無直格，左右雙邊

七〇八 周篔谷先生詩文鈔不分卷 清周篔撰 清康熙許瑞抄本 沈炳垣 沈嘉塈跋 九行二十八字，無格

七〇九 采山堂遺文二卷 清周篔撰 清鄭煜抄本 清祝廷錫抄補並跋

七一〇 舟車集二十卷後集十卷集唐一卷 清周季撰 清康熙刻本 十行十九字，黑口，左右雙邊

七一一 舟車集二十卷 清周季撰 清康熙刻本 鄧之誠跋

七一二 延松巖文藁六卷詩藁八卷首一卷 清周之決撰 清康熙四十年刻本 九行二十字，黑口，四周單邊

七一三　榮木堂合集三十二卷 明閔汝霖撰 清順治康熙遞刻本 八行十九字，白口，四周單邊
詩集十卷、文集十二卷、詩集續編六卷、賦一卷、峽古三卷……
七一四　坐秋軒集十五卷 清閔鏞撰 清康熙二十五年閔溶刻本 九行二十字，白口，四周單邊
七一五　庚千草堂集十一卷 清屬廷楨撰 清康熙刻本 十行二十一字，白口，四周双边或單边
七一六　桐蔭堂詩鈔不分卷補遺一卷 ……撰 清康熙刻本 十一行二十一字，黑口，四周双边
七一七　寒玉居集二卷碎金集二卷 清閔南仲撰 潘尚仁選 清康熙六十一年潘尚仁刻本 十行十九字，白口，左右双边
七一八　忍泉詩漸五卷文恒十卷 清閔性道撰 清全氏鮚埼亭抄本 八行二十字，白口，四周双边 存十二卷 詩漸五卷全 文恒存卷一至六、八、十
七一九　白岳山人詩十一卷文集不分卷 清閔麟嗣撰 清初刻本 八行二十三字，白口，四周單边
七二〇　白岳山人詩十卷文集二卷 清閔麟嗣撰 清豹章堂刻本 八行二十三字，小字双行同，白口，四周單边

七二一　白岳山人詩十卷文集二卷 清閔麟嗣撰 清豹章堂刻本（卷四、七至九配清抄本）清魯一同批校
七二二　白岳山人詩選四卷 清閔麟嗣撰 魯一同選 清抄本 九行二十四字，無格
七二三　古古詩三卷 清閻爾梅撰 汪觀選 清康熙五十二年靜遠堂刻本 八行十九字，白口，四周双边
七二四　蹈東集一卷 清閻爾梅撰 清抄本
七二五　檇州一卷 魏興然選 人番繹撰 清初刻本 八行十八字，白口，四周單边
七二六　桑雪鄉先生文集四卷 清梁省撰 清乾隆十七年吳玉生刻本 九行十九字，白口，左右双边
七二七　古雪堂詩集十六卷 清全褒撰 清康熙四十三年沈日暎刻本 十行二十一字，白口，左右双边
七二八　醉鄉廬詩一卷 清全允中撰 清康熙刻本 九行十九字，白口，左右双边
七二九　貽安堂詩集六卷外集四卷 清金漸皋撰 清康熙五十六年刻本 十行十九字，白口，左右双边
七三〇　貽安堂集八卷外集四卷 清金漸皋撰 清抄本 丁丑誠跋
七三一　沉吟樓詩選不分卷 清金人瑞撰 劉獻廷選 附唱經堂遺書目錄二卷 清抄本 九行二十四字，無格

七三二　百花詩一卷百果詩一卷花王韻事一卷 清金侃撰 清康熙刻本 九行十九字，白口，左右双边
七三三　種月軒遺草十四卷 清俞梓撰 清乾隆十二年刻本 十行二十一字，白口，左右双边
……
七三五　俞漸川集四卷 清俞汝言撰 清鄒竹齋抄本 十一行二十五字，無直格
七三六　依隱堂詩略一卷 清曾大升撰 清康熙二年刻本 八行十八字，白口，黑边
七三七　曾庭聞詩三卷文集一卷 清曾畹撰 清康熙刻本 十二行二十二字，白口，左右双边
七三八　曾青藜初集一卷雪止山文集一卷于癸集一卷甲子詩一卷三度嶺南詩一卷 清曾燦撰 清初刻本（甲子詩、三度嶺南詩配清抄本） 八行十八字，白口，四周双边
七三九　六松堂詩集十卷文集五卷尺牘一卷 清曾燦撰 清抄本 十行二十一字
七四〇　潛滄集五卷 清余一元撰 清刻本（卷一至二配清抄本） 白口，四周單边
七四二　中郇逸稾二卷 清余思復撰 清康熙余士朴刻本 十行十八字，白口，四周單边
七四三　中郇逸稾二卷 清余思復撰 清康熙余士朴刻本 鄧之誠跋

七四四　吳遊集二卷 清余思復撰 清康熙刻本 十行十八字，白口，四周單边
七四五　五湖遊稿三卷甲申集七卷 清余懷撰 清初刻本 八行十九字，白口，四周單边
七四六　甲申集七卷江山集五卷 清余懷撰 清抄本
七四七　味外軒詩輯不分卷 清余懷撰 清姍冰寄廬抄本
七四八　一溉堂詩集不分卷 清余光耿撰 清康熙刻本 十行十九字，大黑口，四周單边
七四九　石湖草堂詩集十卷 清鍾元鉉撰 清雍正五年刻本 九行二十字，白口，四周單边
七五〇　半完園詩稿不分卷 清錢爾復撰 清抄本
七五一　田間集十卷 清錢澄之撰 清康熙元年姚文燮等刻本 十一行二十一字，白口，左右双边
七五二　藏山閣詩存十四卷文存六卷尺牘四卷 清錢澄之撰 清抄本 清蕭穆批校 十行二十一字，白口，紅格
七五三　藏山閣詩存十四卷文存六卷田間尺牘四卷 清錢澄之撰 清抄本 倫明校 十一行二十一字，無格
七五四　藏山閣存稿偶抄二十卷 清錢澄之撰 年譜一卷 清抄本 八行二十字，無格
七五五　藏山閣存稿二十卷 清錢澄之撰 清抄本 八行二十一字，無格

七五六 藏山閣存稿二十卷 清錢澄之撰 清抄本 十一行二十二字，小字雙行同，無格

七五七 田間藏山閣集二十卷 清錢澄之撰 清抄本

七五八 錢紫雲遺著一卷 清錢汝霖撰 清抄本 八行二十四字，無格

七五九 蕭林初集八卷 清錢棻撰 清初刻本 七行十五字，白口，四周單边

七六〇 十峯詩選七卷二集七卷史論一編一卷 清錢肅潤撰 清康熙刻本 九行二十字，白口，左右雙边
存二十卷（十峯詩選全 史論存一至四、六至七）

七六一 十峯詩選七卷 清錢肅潤撰 清康熙刻本 九行二十字，白口，左右雙边

七六二 東崖草堂選稿十卷文抄正集二卷外集一卷 清錢肅圖撰 清初抄本

七六三 澗邃齋詩文隨刻十一卷 清錢陸燦撰 清初朱茂初刻本 九行二十一字，白口，左右雙边或四周單边

七六四 圍沙文集七卷 清錢陸燦撰 稿本 十一行二十三字，無格

七六五 圍沙未刻稿不分卷 清錢陸燦撰 稿本

七六六 澗邃齋集不分卷 清錢陸燦撰 稿本

七六七 澗邃齋詩集十二卷錢後老人八十以後詩二卷（卷五、六）解脫臟八十以後詩二卷（卷六、七）再生錄一卷 清錢陸燦撰 清初抄本（再生錄配康熙刻本） 清江藻跋

七六八 澗邃齋集八卷 清錢陸燦撰 清抄本
存七卷（一、三至八）

七六九 錢湘靈先生詩集六卷 清錢陸燦撰 錢興國輯 清康熙六十一年抄本 十行二十六字，無格

七七〇 錢湘靈先生詩集九卷 清錢陸燦撰 清抄本

七七一 空齋遺集十二卷古質疑一卷春秋質疑一卷唐宋節錄一卷附一卷 清鄭廣吾撰 清康熙鄭惟儼鄭戴驄等刻本 九行二十字，白口，左右雙边

七七二 書帶草堂詩選十二卷文選二卷 清鄭濂撰 清康熙鄭性刻本 九行二十字，黑口，左右雙边

七七三 鄭長公確園集四卷 清鄭蕃撰 清乾隆五十三年鄭溱刻本 九行二十字，下黑口，四周雙边

七七四 玉蟬菴散編六卷 清鄭郢梓撰 清抄本 八行二十五字，無格

七七五 玉蟬菴散編七卷 清鄭郢梓撰 清康熙五十年鄭善述刻本 九行二十字，白口，四周單边

七七六 桐庵文集一卷函游詩一卷 清鄭敷教撰 清初徐枋抄本

七七七 鄭鳳超文集□□卷 清鄭鳳超撰 清初抄本 九行二十字，白口，四周雙边
存一卷（八）

七七八 高喻堂詩集七卷 清懷應聘撰 清康熙刻本 九行二十字，白口，雙边

七七九 功餘草一卷 清榮玉潔撰 稿本 清黃廷鑑跋 八行十六字，無格

七八〇 槃菴別錄八卷 清釋正志撰 釋通沖等輯 清康熙刻本 九行二十字，白口，左右雙边

七八一 槃菴別錄八卷 清釋正志撰 釋通沖等輯 清康熙刻本 清孫康陵跋

七八二 魚山剩稿八卷 清釋正志（一名熊開元）撰 清初刻本 九行二十字，白口，左右雙边

七八三 豁堂老人同凡草九卷 清釋正嵒撰 清初刻本 九行二十字，白口，四周雙边

七八四 黃山紀遊草一卷 釋元玉撰 清康熙刻本 十行十九字，白口，左右雙边

七八五 叶烟詩鈔一卷 清釋元玉撰 清康熙刻本 十行十九字，黑口，左右雙边

七八六 晦堂詩集二十卷 清釋函昰撰 清刻本 十行二十一字，白口，四周雙边

七八八 寒松大師拈來草不分卷 清釋寒松撰 力撰並選 清初刻本 十行二十一字，白口，四周雙边

七八九 百愚禪夢堂集四卷 清釋淨斯撰 清康熙刻本 十行二十字，白口，四周雙边

七九〇 冬關詩鈔六卷補遺一卷 清釋通復撰 清康熙四十八年戴遜汪森刻本 九行二十一字，黑口，左右雙边

七九一 牧雲和尚病遊初草一卷後草一卷 清釋通門撰 明崇禎毛氏汲古閣刻本 十行二十一字，白口，四周雙边

七九二 牧雲和尚嬾齋別集十四卷 清釋通門撰 清初毛氏汲古閣刻本 十行二十字，白口，四周雙边

七九三 牧雲和尚嬾齋後集六卷 清釋通門撰 清刻本 九行十八字，白口，四周單边

七九四 古南澹翁老人嬾齋遺稿四卷 清釋通門撰 清釋超志刻本 十行二十字，黑口，四周雙边

七九五 有城集三十卷 清釋通志撰 清康熙刻本 十行二十字，白口，四周雙边

七九六 寄巢詩二卷 清釋通濂撰 清順治刻本 十四行二十二字，黑口，左右雙边

七九七 豐草菴詩集十一卷 清釋南潛（董說）撰 清初刻本 八行十九字，白口，左右雙边

七九八 寶雲詩集七卷 清釋南潛（董說）撰 清康熙二十八年董耒董樵刻本 八行十九字，白口，左右雙边
存四卷（畫石編、洗藥池編、雨花編、積雨編）

八〇一 直木堂詩集七卷 清釋本畫撰 清康熙睡石庵刻本 九行十九字、白口、四周双边

八〇二 寒泉子直木堂詩集二卷 清釋本畫撰 李鄴嗣選 清康熙刻本 九行十九字、白口、四周單边

八〇三 晚雲樓近稿不分卷 清釋本畫撰 清康熙刻本 九行十九字、白口、四周双边

八〇四 高雲堂詩集十六卷恭和御制詩應制詩一卷 清釋曉青撰 清康熙華山刻本 十一行二十一字、黑口、左右双边

八〇五 高雲堂文集十六卷 清釋曉青撰 清康熙刻本 十一行二十一字、黑口、左右双边

八〇六 山曉和尚嘯堂初集二卷 清釋嘯堂撰 清初刻本 九行十八字、白口、四周双边

八〇七 太古卷集二卷附臺山紀勝一卷 清釋照正撰 清康熙刻本 十行二十字、白口、四周双边

八〇八 徧行堂集四十九卷目錄二卷續集十六卷 清釋今釋(金堡)撰 清乾隆五年釋繼起刻本 十行二十字、白口、四周双边

八〇九 徧行堂集尺牘五卷 清釋今釋(金堡)撰 清刻本 十行二十字、下黑口、四周双边

八一〇 阿字無禅師光宣台集二十五卷 清釋今無撰 清康熙刻本 九行十九字、白口、左右双边

八一一 萬壽詩一卷 清世祖福臨撰 清順治內府刻本 六行十三字、黑口、四周双边

八一二 壺蘭嘯歌二卷 清王依嵩撰 清順治十一年刻本 六行十八字、白口、四周單边

八一三 興近園詩選一卷 清王紫綬撰 清康熙刻本 九行十八字、白口、四周双边

八一四 張玄九詩集四卷 清張維初撰 清雍正王紫壽堂刻本 八行二十一字、白口、左右双边 本書亦名紫壽堂詩集

八一五 寒松堂詩藁初集不分卷 清張嘉撰 清順治十三年刻本 九行十八字、白口、四周單边

八一六 涑水編五卷 清翟鳳翥撰 清康熙蒲易叢林刻本 八行二十字、白口、四周双边 存四卷 一至三、五

八一七 四思堂文集八卷 清傅維鱗撰 清康熙十七年刻本 十行二十字、白口、左右双边

八一八 柏臺集一卷 清朱裴撰 清乾隆趙氏刻本 九行二十字、白口、左右双边

八一九 兼濟堂詩選十卷文選十四卷疏稿二卷 清魏裔介撰 清康熙七年刻本 九行十九字、白口、左右双边

兼濟堂詩集八卷文集二十四卷 清魏裔介撰 清康熙五十九年魏勳刻本 九行二十字、白口、左右双边

八二〇 嶼舫詩集七卷 清魏裔介撰 清順治刻本 九行二十字、白口、四周單边

八二二 乾林小品集三卷 清魏裔介撰 清初刻本 九行十九字、白口、左右双边 存二卷 上、下

八二三 寒松堂全集十二卷 清魏象樞撰 清康熙刻本 十行二十字、黑口、左右双边

八二四 望雲草一卷 清魏象樞撰 清順治刻本 八行十八字、白口、四周双边

八二五 嘯雲樓詩集四卷 清梁清寬撰 清康熙五十三年梁允昇刻本 九行二十字、白口、左右双边

八二六 祓園集文四卷詩四卷詞一卷 清梁清遠撰 清康熙梁允桓刻本 十行十九字、黑口、四周双边

八二七 黄山詩留十六卷 清法若真撰 清康熙刻本 十行二十一字、白口、左右双边

八二八 黄山集六卷 清法若真撰 清康熙刻本 九行十二字、白口、四周單边

八二九 黄山集二卷 清法若真撰 清抄本 十行二十一字、無格

八三〇 心遠堂詩集十二卷 清李霨撰 清康熙十六年李天馥毛際可等刻本 九行二十一字、白口、四周双边

八三一 陶菴詩集三卷年譜記事一卷 清李淶撰 清康熙刻本 十行十九字、黑口、四周單边 年譜左右双边

八三二 陶庵漫興一卷 清李淶撰 清順治刻本 六行十六字、白口、四周双边

八三三 聿修堂集不分卷 清甄澗撰 清抄本 八行二十字、無格

八三四 濼函十卷 清葉承宗撰 清順治十七年葉氏友聲堂刻本 九行十八字、白口、四周双边

八三五 石齋文集八卷 清楊遇昌撰 清康熙忠孝堂刻本 九行二十字、白口、左右双边

八三六 蜀吟一卷 清楊思聖撰 清初刻本 六行十六字、白口、四周單边

八三七 且亭詩六卷 清楊思聖撰 清康熙七年刻本 九行二十字、白口、四周單边

八三八 學易菴詩集八卷 清趙賓撰 清康熙二十四年刻本 九行十九字、白口、左右双边

八三九 西北文集四卷 清畢振姬撰 清康熙刻本 九行二十二字、白口、四周單边

八四〇 畢駿毅先生文集六卷 清畢振姬撰 清司昌齡抄本 鄧之誠跋 十二行三十字、無格

八四一 秦吟一卷 清王際有撰 清康熙二年刻本 八行十八字、白口、四周單边

八四二 王文靖公集二十四卷年譜一卷附一卷 清王熙撰 清康熙四十六年王克昌刻本 八行二十字、白口、左右双边

八四三 王文靖公集二十四卷 清王熙撰 清抄本 八行十八字、無格

八四四 愛日堂文集八卷詩集二卷外集一卷 清孫宗彝撰 清乾隆三十五年刻本 十一行二十字、白口、左右双边

八四五 致中堂禪喜集不分卷 清孫宗彝撰 稿本

八四六 林屋詩集九卷 清鄭旭撰 清道光三年鄭廷禎刻本 鄧之誠增錄 十一行二十字、小字双行同、白口、左右双边

聽江冷署四卷　清胥庭清撰　清順治刻本　八行二十二字、白口、四周單边　八四七

鍾山草堂二卷武林遊記一卷　清胥庭清撰　清康熙刻本　九行十八字、白口、四周單边　八四八

退思草堂十卷　清宋鳳台撰　清康熙刻本　八行二十四字、白口、四周單边　八四九

衛難堂集十一卷　清寶遜奇撰　清康熙十一年刻本　八行十七字、白口、四周單边　八五〇

安雅堂詩不分卷　清宋琬撰　稿本　八行二十字、綠栏、無直格。版心鐫安雅堂　八五一

安雅堂詩集十卷　清宋琬撰　清抄本　十行二十一字、無格　八五二

宋荔裳入蜀詩一卷　清宋琬撰　清抄本　清王士禛批點並跋，程東湖、李鍇、葉裕仁、張文虎、傅潮跋，陳倬、湯介蘩、趙金琛、莫友芝、錢寶琛、繆荃孫題詩，王原年、莫友芝、唐仁壽、李善蘭、戴望、高心夔、潘樹辰、翁慶祺題款　十一行二十一字、白口、左右双边　八五三

林屋文稿十六卷詩稿十四卷　清宋徵輿撰　清康熙中九籥樓刻本（詩稿配抄本一）　九行十九字、白口、左右双边　八五四

林屋文稿十六卷　清宋徵輿撰　清抄本　八五五

插天巢詩集五卷宗衡二卷　清宋學洙撰　清康熙刻本　八行十八字、白口、四周單边　八五六

佳山堂詩集十卷二集九卷　清湯[illegible]撰　清康熙刻本　九行十九字、黑口、左右双边　八五七

李文襄公文集二十九卷　清李之芳撰　李文襄公年譜一卷　清康熙彤錫堂刻本　十行二十二字、黑口、四周單边　八五八

退庵詩集十二卷文集九卷　清李敬撰　清康熙刻本　九行十九字、白口、左右双边　八五九

汪鷄初刻一卷　清蔣超撰　清順治刻本　八行二十字、白口、四周單边　八六〇

湄湖吟十一卷聽松軒遺文一卷　清杜濬撰　清康熙刻道光九年杜增修補本　十一行二十三字，小字双行同、無直格、白口、四周單边　八六一

山東乙酉科鄉試硃卷一卷順治四年丁亥科春秋房會試硃卷一卷　清杜漺撰　清順治刻朱印本　九行二十字、白口、四周單边　八六二

光啟堂文集不分卷　清方孝標撰　清刻本　九行二十一字、白口、左右双边　八六三

志壑堂詩集十二卷後集五卷文集十二卷後集三卷辛酉同遊倡和詩餘後集二卷　清唐夢賚撰　清康熙刻本　九行十九字、白口、四周單边　八六四

志壑堂詩集十二卷後集五卷文集十二卷後集三卷辛酉同遊倡和詩餘後集二卷　清唐夢賚撰　清康熙刻本　鄧之誠跋　八六五

阮亭選志壑堂詩十五卷　清唐夢賚撰　王士禛選並評　清康熙刻本　十一行二十字、黑口、左右双边　八六六

施愚山先生全集九十六卷　清施閏章撰　清康熙四十七年棟亭刻乾隆施念曾蒹露堂刻本　[illegible]文集二十八卷學餘詩集[illegible]　八六七

越遊草一卷　清施閏章撰　清順治刻本　清施閏章校改　九行二十字、白口、四周單边　八六八

使粤紀行一卷　清施閏章撰　清康熙刻本（清施閏章刪改施琮校並跋）　九行二十字、白口、四周單边　八六九

愚山殘稿一卷　清施閏章撰　稿本　十行二十字、無格　八七〇

學餘集二卷　清施閏章撰　稿本　八七一

學餘集稿一卷　清施閏章撰　學餘集客問隨述二卷　清施琮撰　稿本　八七二

滇行雜詠一卷　清許纘曾撰　東還瞻言一卷　清胡國柱等撰　清康熙刻本　八行行十九字、四周單边　八七三

寶綸堂稿十二卷　清許纘曾撰　稿本　八七四

秋閒詩卅口卷　存四卷（一至四）　清王庭撰　清初刻本　八行二十字、白口、四周單边　八七五

蘭雪堂詩稿七卷　清王廣心撰　清康熙刻本　十行十九字、黑口、四周單边　八七六

破夢齋詩草一卷落葉詩一卷　清王鉞撰　清康熙間刻本　十行十九字、黑口、左右双边　八七七

詒清堂集十二卷補遺四卷　清張習孔撰　清康熙刻本　八行十九字、白口、四周單边　八七八

使蜀紀事一卷　清張習孔撰　清刻本　八行十八字、白口、四周單边　八七九

求青園文集一卷詩集一卷　清張云翼撰　張伯琮輯　清張淑[illegible]抄本　八八〇

戇庵出關草一卷輯遺一卷冠月樓詩一卷輯遺一卷　清[illegible]撰　清康熙刻本　九行二十二字、白口、四周單边　八八一

四照堂文集三十五卷　清盧紘撰　清康熙二年汲古閣刻本　九行二十字、白口、四周單边　八八二

八八三 四照堂詩集十一卷樂府二卷詩餘一卷時曲一卷 清盧綋撰 清康熙汲古閣刻本 九行二十字、白口、四周單边

八八五 熊學士詩文集三卷 清熊伯龍撰 清康熙九年刻乾隆五十一年熊光補修本 鄧之誠跋

八八四 熊學士詩文集三卷 清熊伯龍撰 清康熙九年刻乾隆五十一年熊光補修本 九行二十字、白口、四周單边 封面題《敦拙堂全集》

八八六 熊鍾陵先生稿不分卷 清熊伯龍撰 清康熙年保憶堂刻本 佛中子詩選 清佚名錄王廷偶批點 清乾隆二十九 九行二十五字、白口、四周單边

八八七 松壺集二十卷 清程雲撰 清康熙刻本 十行十九字、黑口、左右双边

八八八 顧西巘先生合稿十卷 清顧如華撰 清康熙二年刻本 九行二十字、白口、四周單边

八八九 敝泉閣文集十六卷詩集十四卷 清董文驥撰 清康熙二十五年董元起刻本 九行十九字、白口、左右双边

八九〇 屺思堂集文八卷詩不分卷 清劉子壯撰 清康熙刻本 八行二十字、白口、四周双边

八九一 鶴静堂集十九卷 清周茂源撰 清康熙天馬山房刻本 九行二十字、白口、四周單边

八九二 詩鈔十六卷 清周體觀撰 清康熙十八年周曹刻本 九行二十字、白口、四周單边

八九三 虹峽堂集二十五卷 清郭滿撰 清順治刻本 九行十八字、白口、四周單边

八九四 學源堂文集十九卷詩集十卷 清郭棻撰 清康熙刻本 十行二十字、白口、四周單边

八九五 竹廣詩集五卷 清許[illegible]撰 稿本 清許廷鑅跋 丁祖蔭跋

八九六 覎鶴亭集十二卷 清王綱撰 清康熙刻本 八行二十字、白口、四周双边

八九七 南疑詩集十一卷 清[illegible]撰 清康熙刻本 九行二十字、白口、四周單边

八九八 得樹齋詩一卷 清張[illegible]撰 戒庵詩草六卷律陶一卷集杜一卷琵琶十七變一卷 清張書撰 清乾隆五十四年刻本 九行十七字、白口、四周双边

八九九 戒庵詩草六卷 清張書撰 孫枝蔚評 清乾隆五十四年刻本 九行十七字、白口、四周双边

九〇〇 讀書堂集十卷 清張[illegible]撰 清康熙二十六年刻本 十行十九字、白口、左右双边

九〇一 敬恕堂文集紀年十卷紀事略一卷 清耿介撰 萬陽先生傳一卷 清竇克勤撰 清康熙四十八年竇容莊、竇容邃刻本 九行二十字、白口、左右双边

九〇二 敬恕堂存稿不分卷 清耿介撰 清康熙濂澤堂刻本 九行二十一字、白口、四周單边

九〇三 嘯雪菴詩集一卷題咏一卷新集一卷 清吳綺撰 清康熙刻本 九行十八字、白口、左右双边

九〇四 嘯雪菴詩集一卷題咏一卷新集一卷 清吳綺撰 清康熙刻本 鄧之誠跋

九〇五 嘯雪菴題咏二集一卷詩餘一卷 清吳綺撰 清初抄本 九行十八字、四周單边

九〇六 贈藥編一卷 清吳綺撰 清抄本 十行二十四字、黑格、左右双边

九〇七 世書堂稿二十三卷 清吳國縉撰 清順治十七年吳氏世書堂刻本 九行二十二字、白口、四周單边

九〇八 介軒存稿一卷 清程邑撰 清順治刻本 八行十一字、白口、四周單边

九〇九 鶴巢詩選六卷 清顧大申撰 清順治刻本 九行十九字、白口、四周單边

九一〇 酬贈草一卷沈子律陶一卷 清沈因南撰 清抄本 八行十八字、黑格

九一一 潛菴先生遺稿五卷 清湯斌撰 清康熙刻本 九行二十字、小字双行同、白口、四周單边

九一二 湯潛菴先生文集節要八卷 清湯斌撰 彭定求輯 清康熙五十七年刻本 十行十九字、黑口、左右双边

九一三 湯子遺書十卷 清湯斌撰 年譜一卷 清王廷燦撰 附録一卷 清康熙四十二年王廷燦刻本 十行十九字、黑口、左右双边

九一四 湯子遺書十卷 清湯斌撰 年譜一卷 清王廷燦撰 附録一卷 清康熙四十二年王廷燦刻本 清石韞玉批並跋

九一五 湯文正文稿不分卷 清湯斌撰 稿本 清田蘭芳、吳大澂批 清王康跋

九一六 蓮龕集十六卷 清李來泰撰 清雍正十三年李繼華刻本 九行十八字、白口、四周單边

九一七 真山人前集四卷後集四卷 清李[illegible]撰 清康熙七年周有德刻本 九行二十字、白口、四周單边

九一八 范忠貞公文集五卷 清范承謨撰 肴一卷 清康熙四十七年刻本 十行十九字、黑口、四周單边

九一九 范忠貞公集十卷 清范承謨撰 劉可書編 清康熙范弘遇刻本 九行十九字、白口、四周双边

九二〇 畫壁遺稿三卷 清范承謨撰 清康熙刻本 九行十八字、白口、左右双边

九二一 范忠貞公畫壁集不分卷 清范承謨撰 清翁同龢抄本

九二二 丹林集五卷 清[illegible]撰 清康熙刻本 九行二十四字、白口、四周單边

九二三 紀游詩八卷 清葉先登撰 清康熙二十七年刻本 九行二十二字、白口、四周双边

九二四 東溪集二卷雁唳編一卷補註一卷 清葉燭然撰 清葉尚達等輯 清康熙刻本 九行十九字、小字双行同、白口、四周單边

九二五 見山樓詩集一卷 清楊素蘊撰 清康熙二十七年刻本 九行二十字、白口、四周單边

九二六 見山樓詩集一卷文集一卷 清楊素蘊撰 清康熙二十七年刻本 鄧之誠跋

九二七 通可軒詩集四卷 清胡文學撰 清康熙十二年刻本 八行二十字、白口、四周單边
九二八 芝瑞堂稿一卷詩一卷 清陸壽名撰 清順治刻本 九行二十四字、白口
九二九 大觀堂文集二十二卷首一卷 清余縉撰 清康熙刻本 九行二十字、白口、左右双边
九三〇 大觀堂文集二十二卷首一卷 清余縉撰 張美翊跋 清康熙刻本 清
九三一 松子閣詩集不分卷 清益重光撰 清初抄本
九三二 廣陵舊蹟詩一卷 清鄭士琛撰 清汪楠抄本 十一行二十四字、無格
九三三 鶴嶺山人詩集十六卷 清王澤弘撰 清康熙刻本 十行十八字、黑口、四周双边
九三四 十笏草堂詩選十一卷 清王士祿撰 梁熙、王士禛等輯 清初刻增修本
九三五 十笏草堂詩選九卷 清王士祿撰 梁熙、王士禛等輯 九行十九字、白口、左右双边
九三六 十笏草堂詩集一卷 清王士祿撰 晴川集一卷 清汪遴撰 清朱晚抄本 清李從跋
九三七 王西樵詩選六卷 清王士祿撰 顧有孝輯 詩紀一卷 清康熙刻本 十一行二十一字、黑口、左右双边
九三八 表餘堂詩一卷 清王士祿撰 稿本 王士禛評 九行十九字、藍格、四周單边
九三九 考功集選四卷 清王士祿撰 清康熙抄本 王士禛批校 十行二十字、無格
九四〇 蘆中集十卷 清王士禛撰 清康熙五十七年基學齋刻本 十行十九字、白口、左右双边
九四一 芝廛集十卷 清王士禛撰 清抄本 十行十九字、無格
九四二 卷素堂集外稿不分卷 清王懷撰 清抄本 十行二十五字、無格
九四三 恥躬堂文集二十卷 清王命岳撰 李光地輯 王命福等校 清初抄本 九行二十字、紅格、四周双边
九四四 恥躬堂文集二十卷 清王命岳撰 清康熙二十三年刻本 九行二十字、白口、四周双边
九四五 扶荔堂詩稿十三卷 清丁澎撰 清順治刻本 九行十九字、白口、四周單边
九四六 扶荔堂文集選十二卷詩選十二卷扶荔詞三卷別錄一卷 清丁澎撰 清康熙刻本 九行二十一字、白口、左右双边
九四七 返思軒詩集一卷 清張惟赤撰 清康熙刻本 九行二十一字、黑口、左右双边
九四八 膽餘軒集八卷 清張光祀撰 清康熙二十三年刻本 八行十八字、白口、四周双边
九四九 學古堂詩一卷 清盧廷簡撰 清康熙刻本 八行二十字、白口、四周双边
九五〇 話雨山房詩草二卷 清傅扆撰 稿本 八行二十二字、無格
九五一 漬槪堂近詩一卷燕南日征草一卷落花詩一卷漬槪堂集唐一卷 清傅扆撰 清順治刻本 鄭之誠跋 九行十八字、白口、四周單边
九五二 漬槪堂近詩六卷 清傅扆撰 清抄本 九行字不一、無格
九五三 堯峰文鈔四十卷詩十卷 清汪琬撰 清康熙三十二年刻本 十三行二十五字、黑口、左右双边
九五四 靜遠堂詩集一卷二集一卷三集一卷四集一卷五集一卷六集一卷七集一卷夢香詞一卷 清汪觀撰 清康熙刻本 八行十九字、白口、左右双边
九五五 約齋文集四卷 清馮雲驤撰 清順治十年刻本 鄧之誠跋 八行十八字、白口、四周單边
九五六 蜀游稿一卷 清馮雲驤撰 清康熙刻本 九行二十字、白口、四周双边
九五七 皆次齋稿十二卷 清梁熙撰 皆次齋同人尺牘一卷 皆次齋各家贈什一卷 清康熙刻本 九行十九字、黑口、四周双边
九五八 南沙文集八卷 清洪若皋撰 清康熙二十七年自刻本 九行二十字、白口、四周双边
九五九 望古齋集十二卷 清李繩白撰 清順治刻本 九行二十字、白口、左右双边
九六〇 眉三子半農齋集八卷 清蔣中和撰 清康熙二十年刻本 十行二十二字、白口、四周單边
九六一 潼水閣文集八卷詩集四卷補遺二卷 清楊端本撰 清乾隆二十一年刻本 十行二十一字、白口、四周双边
九六二 蒼峴山人集五卷微雲集詩餘一卷 清秦松齡撰 清康熙刻鄭開堂印本 九行十九字、黑口、左右双边
九六三 蒼峴山人集五卷微雲集詩餘一卷 清秦松齡撰 清康熙刻敦秀堂印本 九行十九字、黑口、左右双边
九六四 蒼峴山人集五卷微雲集詩餘一卷 清秦松齡撰 清嘉慶四年秦瀛刻本 鄧之誠跋 九行十九字、小字双行同、大黑口、左右双边
九六五 蒼峴山人文集六卷 清秦松齡撰 清嘉慶二年秦瀛刻本 十一行二十二字、白口、左右双边
九六六 七頌堂詩集九卷別集一卷附錄一卷文集四卷尺牘一卷 清劉體仁撰 清康熙刻本 九行十九字、白口、四周單边
九六七 南齋詩集不分卷附錄一卷 清丘象升撰 清康熙五十四年丘迥刻本 九行十九字、白口、左右双边
九六八 陸密菴文集二十卷錄餘二卷詩集十二卷 清陸求可撰 清康熙二十年王霖刻本 九行二十字、白口、左右双边
九六九 蒿山樓詩集二十四卷 清許虬撰 清康熙四十九年刻本 十行二十字、白口、四周双边
九七〇 蒿山樓詩鈔二卷 清許虬撰 顧有孝輯 清康熙刻本 十一行二十一字、白口、左右双边
九七一 帶經堂集九十二卷 清王士禛撰 清康熙四十九年至五十年程哲七略書堂刻本 十行十九字、白口、左右双边
九七二 漁洋山人詩合集十八卷 清王士禛撰 清康熙三十五年錫山子野草堂刻本 姚覲元錄清姚鼐評點 十

行二十一字，黑口，左右双边

九七三 入吳集一卷 清王士禛撰 清康熙刻本 八行二十一字，白口，左右双边

九七四 古夫于亭藁二卷 清王士禛撰 清康熙四十六年成文昭刻本 十行十九字，黑口，左右双边

九七五 阮亭詩選十七卷 清王士禛撰 清康熙元年刻本 九行十九字，白口，左右双边

九七六 漁洋山人乙亥文稿一卷 清王士禛撰 稿本 清韓崇、章綬銜跋 八行行字不等，紅格，四周双边

九七七 蠶尾續集二卷 清王士禛撰 稿本 清錢維喬、吳蔚光、翁同龢、翁斌孫、邵松年、許星箕、俞樾跋

九七八 王文簡公詩文殘稿一卷說部殘稿一卷 清王士禛撰 稿本

九七九 漁洋山房詩不分卷 清王士禛撰 清康熙年內府抄本 十行十九字，黑口，左右双边

九八〇 漁洋山人精華録十卷 清王士禛撰 清康熙三十九年林佶寫刻本 十一行二十一字，白口，左右双边

九八一 漁洋山人精華録十卷 清王士禛撰 清康熙三十九年林佶寫刻本 清吳騫録杭世駿閻熙並跋

九八二 漁洋山人精華録十卷 清王士禛撰 清康熙三十九年林佶寫刻本 清翁方綱批

九八三 漁洋山人精華録十卷 清王士禛撰 清康熙三十九年林佶寫刻本 清鄭鐘岳批校

九八四 漁洋山人精華録十卷 清王士禛撰 清康熙三十九年林佶寫刻本 清英有芝跋

九八五 漁洋山人精華録箋注十二卷補一卷年譜一卷附録一卷 清王士禛撰 金榮箋注 清鳳翽堂刻本 十一行二十字，白口，左右双边

九八六 漁洋山人精華録箋注十二卷補一卷年譜一卷附録一卷 清王士禛撰 金榮箋注 清鳳翽堂刻本 清蔣德馨批

九八七 漁洋山人精華録箋注十二卷補一卷年譜一卷附録一卷 清王士禛撰 金榮箋注 清鳳翽堂刻本 清葛恭壽評點 沈裕璜跋

九八八 漁洋山人精華録箋注十二卷補一卷年譜一卷 清王士禛撰 金榮箋注 清鳳翽堂刻本 清翁方綱批

九八九 漁洋山人精華録箋注十二卷補一卷 清王士禛撰 金榮箋注 清鳳翽堂刻本 清方功惠批校

九九〇 漁洋山人精華録箋注十二卷補一卷 清王士禛撰 金榮箋注 清鳳翽堂刻本 清文達録杭董浦批校 張仁黼跋

九九一 漁洋山人精華録箋注十二卷 清王士禛撰 金榮箋注 清鳳翽堂刻本 清姚瑩評注 姚永概、馬其昶跋

九九二 漁洋山人精華録箋注十二卷補一卷續補一卷續録箋注一卷年譜一卷附録一卷 清王士禛撰 金榮箋注 清鳳翽堂刻乾隆二年續刻本

九九三 漁洋山人精華録訓纂十卷補十卷年譜註補二卷金氏精華録箋註辯訛一卷 清惠棟撰 清惠氏紅豆齋刻本 十行二十一字，白口，四周双边

九九四 漁洋山人精華録訓纂十卷年譜註補二卷金氏精華録箋註辯訛一卷 清惠棟撰 清惠氏紅豆齋刻本 清吳騫批校

九九五 漁洋山人精華録訓纂十卷年譜注補二卷 清惠棟撰 清惠氏紅豆齋刻本 清嚴模批校

九九六 漁洋山人精華録訓纂十卷年譜注補二卷金氏精華録箋註辯訛一卷 清惠棟撰 清惠氏紅豆齋刻本 清佚名批校 王獻瑞跋

九九七 漁洋山人精華録註十卷 清王決禎撰 徐夔漢、惠棟注補 稿本 清葉昌熾跋

九九八 蒙春園集二卷 清王封溁撰 清抄本

九九九 槐軒集十卷 清王日高撰 清康熙八年自刻本 九行十九字，白口，左右双边

一〇〇〇 庸書二十卷 清張貞生撰 清康熙十七年刻本 九行十九字，白口，左右双边

一〇〇一 王山遺響六卷唾居隨録四卷正氣録三卷崇祀録一卷 清張貞生撰 清康熙張世坤、張世坊刻本 八行十九字，白口、單魚尾，左右双边

一〇〇二 安序堂文鈔十六卷 清毛際可撰 清康熙刻本 九行十九字，白口，四周單边

一〇〇三 安序堂文鈔二十卷 清毛際可撰 林雲銘等評 清康熙刻增修本 鄭杰跋

一〇〇四 安序堂文鈔二十四卷 清毛際可撰 清康熙刻增修本

一〇〇五 安序堂文鈔三十卷 清毛際可撰 清康熙刻增修本 鄧之誠跋

一〇〇六 松皋文集十卷 清毛際可撰 清康熙刻本 九行十九字，白口，四周單边

一〇〇七 松皋文集十二卷 清毛際可撰 清康熙十四年刻本 九行十九字，白口，四周單边

一〇〇八 松皋文集十四卷 清毛際可撰 張希良、毛先舒評 清康熙刻本 九行十九字，白口，四周單边

一〇〇九 松皋文集十四卷 清毛際可撰 張希良、毛先舒評 清康熙刻本 鄧瑞彩跋 葉景葵題識

一〇一〇 會侯先生文鈔二十卷 清毛際可撰 方楘如輯 清康熙刻本 十行二十二字，白口，左右双边

一〇一一 經義齋集十八卷 清熊賜履撰 清康熙二十九年刻本 九行二十字，白口，左右双边

一〇一二 澡修堂集十六卷 清熊賜履撰 清康熙四十二年澡修堂刻本 九行二十字，白口，左右双边

一〇一三 些餘集六卷 清熊賜履撰 稿本 九行十四至十六字，白口，四周双边

一〇一四 雨蕉齋詩選七卷 清吳淇撰 清康熙刻本 九行十八字，白口，四周單边

一〇一五 孝思堂文集一卷詩集一卷聯集一卷 清侯七乘撰 清康熙九年刻本 鄧之誠跋 七行十八字，白口，四周双边

一〇一六 頤息齋文集不分卷 清徐倩國撰 清康熙葆練齋刻本 九行二十字、白口、左右雙邊

一〇一七 瑟園詩草一卷 清馬鳴燕撰 清乾隆馬壽祺抄本 八行二十一字

一〇一八 青霞草堂詩七卷 清顧岱撰 清康熙刻本 九行二十一字、白口、無格、四周雙邊

一〇一九 青霞詩集四卷兩花集五卷後集一卷詞一卷澹雪詞一卷 清顧岱撰 清抄本 八行二十一字、無格

一〇二〇 四聞詩集五卷 清顧岱撰 清抄本 九行二十字、白口、四周雙邊

一〇二一 容齋千首詩八卷 清李天馥撰 吳奇齡等選 清康熙刻本 九行十九字、小字雙行同、下黑口、四周雙邊

一〇二二 谷口山房詩集三十二卷文集六卷 清李念慈撰 清康熙二十八年楊素蘊刻本 九行二十字、小字雙行同、白口、四周單邊

一〇二三 居東吟一卷 清李念慈撰 清康熙刻本 十行二十一字、白口、左右雙邊

一〇二四 松存軒集二卷 清蕭紉撰 清康熙間刻本 九行二十字、白口、四周雙邊

一〇二五 佃吟草八卷恭紀詩一卷 清蕭惟豫撰 清康熙四十年自刻本 十行十九字、黑口、左右雙邊

一〇二六 經緯堂文集十六卷詩集十卷 清杜臻撰 清康熙刻本 十行二十二字、黑口、四周單邊

一〇二七 損齋焚餘十卷 清林雲銘撰 清康熙十年洞刻本 八行十八字、白口、無直格、四周單邊

一〇二八 挹奎樓選稿十二卷 清林雲銘撰 清康熙三十五年陳一夔刻本 九行二十二字、白口、無直格、左右雙邊

一〇二九 挹奎樓選稿十二卷 清林雲銘撰 清康熙六十年書林聚升堂刻本 九行二十二字、白口、左右雙邊

一〇三〇 吳山彀音四卷 清林雲銘撰 清康熙損齋刻本 九行二十字、白口、左右雙邊

一〇三一 吳山彀音四卷 清林雲銘撰 清康熙損齋刻本 鄧之誠跋

一〇三二 吳山彀音八卷 清林雲銘撰 清康熙損齋刻增修本

一〇三三 尊聞堂集八十卷 清陳廷敬撰 清康熙刻本 十行十九字、白口、左右雙邊

一〇三四 午亭文編五十卷 清陳廷敬撰 清康熙四十七年林佶寫刻本 十一行二十一字、細黑口、左右雙邊

一〇三五 午亭山人第二集三卷 清陳廷敬撰 清乾隆七年子大椿刻本 十一行二十一字、細黑口、左右雙邊

一〇三六 栩栩園詩二卷京邸吟一卷 清屠粹忠撰 清康熙刻本 八行十九字、小字雙行同、白口、四周雙邊

一〇三七 卷平堂詩文集十二卷 清俞瀔撰 清康熙春草堂刻乾隆印本 十一行二十二字、白口、四周單邊

一〇三八 清風堂文集二十三卷 清曾王孫撰 清康熙四十六年曾安世刻本 十行二十三字、黑口、左右雙邊

一〇三九 黃湄詩選十卷 清王又旦撰 清康熙刻本 十行十九字、黑口、四周單邊

一〇四〇 欸壺編文二卷 清王有年撰 清康熙刻本 十行二十四字、白口、左右雙邊

一〇四一 世德堂文集四卷水西紀略一卷 清王鉞撰 清康熙四十年刻本 十行二十七字、白口、左右雙邊

一〇四二 燕遊草一卷 清王鉞撰 稿本 鄧之誠跋

一〇四三 誠正齋文集八卷 清上官鉝撰 清康熙刻本 十行十九字、白口、四周雙邊 本書又名桐山藏業

一〇四四 北遊草一卷 清秦養琬撰 清初刻本 八行二十字、白口、四周單邊

一〇四五 含經堂集三十卷別集二卷附錄二卷 清徐元文撰 清康熙刻本 十一行二十一字、白口、左右雙邊

一〇四六 含經堂集三十卷別集二卷附錄二卷 清徐元文撰 清咸豐潘道根抄本 清潘道根跋

一〇四七 今是園詩存六卷文存二卷 清李遴撰 清康熙刻本 十行二十字、白口、左右雙邊

一〇四八 無異堂文集十二卷 清姚文燮撰 清康熙刻本 十行十九字、黑口、左右雙邊

一〇五〇 松桂堂全集三十七卷南淮集三卷延露詞三卷 清彭孫遹撰 劉士鋁箋校 清乾隆八年彭景曾刻本 十行二十六字、白口、四周雙邊

一〇四九 雉麗吟十卷 清姚文燮撰 清順治十八年姚自弘吳敏家刻本 九行二十字、白口、四周雙邊

一〇五一 葉文敏公集四卷 清葉方藹撰 清抄本 十行二十字、無格

一〇五二 葉文敏公集十二卷 清葉方藹撰 清抄本 鄧之誠跋 十行二十一字、白口、左右雙邊

一〇五三 緩齋文題跋一卷尺牘一卷啟一卷 清曹玉珂撰 清康熙刻本 沙彥楷校並跋

一〇五四 尋遠樓近詩一卷曉柳軒近詩一卷 清劉佑撰 清初刻本 八行十八字、白口、四周單邊

一〇五五 慎餘堂詩集四卷文集四卷 清劉遇奇撰 清康熙雲津閣刻本 八行二十字、白口、四周雙邊

一〇五六 柯邨遺稿八卷 清丘元武撰 清康熙刻本 九行二十字、白口、左右雙邊

一〇五七 見山園存草四卷入越吟一卷下江集一卷亦吟一卷補遺一卷 清劉訓成撰 清康熙刻本 八行二十字、白口、四周雙邊

一〇五八 願學堂集二十卷使交紀事一卷使交吟一卷安南世系略一卷南交好音一卷 清周燦撰 清康熙刻本 九行二十字、小字雙行同、白口、四周雙邊

一〇五九 願學堂文集二十卷使交紀事一卷使交吟一卷安南世系略一卷南交好音一卷 清周燦撰 清康熙刻本 鄧之誠跋

一〇六〇 日知堂文集六卷 清鄭鴻撰 清康熙刻本 十行二十二字、白口、左

一〇六一 鄭靜菴先生詩集五卷文集五卷慈湖別集一卷誨世格言一卷　清鄭日奎撰　清鄭之楨刻本　九行二十字，白口，四周雙邊
一〇六二 漸細齋詩集十卷　清王睢仰撰　清康熙刻本　十行二十一字，白口，左右雙邊
一〇六三 張文貞公集十二卷　清張玉書撰　清乾隆五十七年張氏松蔭堂刻本　十一行二十一字，白口，左右雙邊
一〇六四 笠山詩選五卷　清孫蕙撰　王士禎選　清康熙刻本　十一行二十字，黑口，四周雙邊
一〇六五 古嗅初集一卷　清孫錄撰　清初刻本　八行十八字，白口，四周單邊
一〇六六 太古園詩草一卷　清臧振榮撰　清康熙二十九年臧堂理刻本　九行十八字，白口，左右雙邊
一〇六七 太史遺稿不分卷　清吳光撰　清抄本　九行二十二字，無格
一〇六八 易安齋文集一卷詩集一卷　清徐與喬撰　清抄本　九行二十字，無格
一〇六九 漁洋山人評選蘄村集五卷　清汪洸撰　鹿洲詩一卷　清汪河湄撰　清康熙四十四年汪梓琴等刻本　十行十九字，白口，左右雙邊
一〇七〇 水香園遺詩不分卷　清汪洸撰　清康熙刻本　八行十八字，白口，四周單邊
一〇七一 去來吟二卷　胥宇峰裒撰　李師泰等輯　清康熙刻本　九行十九字，白口，左右雙邊
一〇七二 藝葵草堂詩稿一卷　清董含撰　清康熙刻本　九行十九字，白口，左右雙邊
一〇七三 忠裕堂詩集六卷　清中涵昀撰　清抄本　鄭之城跋　十一行二十字，無格
一〇七四 馬太史匡安文集十二卷詩前集六卷詩集六卷附硯疇集詩四卷文二卷　清馬世俊撰　清馬宮撰　清康熙二十八年馬宮刻本　十一行二十字，細黑口，四周雙邊
一〇七五 研山堂詩草一卷　清周慶曾撰　清程氏悟證齋鈔本　清李鍔疇校並跋　十行二十字，藍格，白口，四周雙邊
一〇七六 研山堂集八卷　清周斯盛撰　清康熙刻本　十一行二十一字，黑口，四周雙邊
一〇七七 研山堂集八卷　清周斯盛撰　清康熙刻本　清徐時棟跋
一〇七八 梅谿文集六卷　清方都秦撰　清康熙二十五年刻乾隆十五年方洪賢補修本　鄭之城跋　九行二十字，白口，四周雙邊
一〇七九 白鹿山房詩集十五卷　清方中發撰　清康熙四十九年刻本　十行十九字，白口，四周單邊
一〇八〇 陪集十三卷續陪四卷　清方中通撰　文闢詩選一卷　清張偉撰　清康熙繼聲堂刻本　八行十九字或九行二十字，白口，左右雙邊
一〇八一 南園行叢二卷北墻漫錄三卷　清高維檜撰　清康熙十一年賈益謙齋刻本　九行十八字，白口，四周雙邊
一〇八二 西堤藏稿二卷　清高維檜撰　清康熙刻本　九行十八字，白口，四周雙邊
一〇八三 東籬存艸二卷　清高龍光撰　清康熙刻本　九行十八字，白口，四周雙邊
一〇八四 鄭靈齋纂稿前集二卷後集四卷　清萬應馨撰　清康熙二十三年至四十四年萬鈺鉉刻本　十行二十一字，白口，四周單邊
一〇八五 隨庵文集不分卷　清許遂撰　清抄本
一〇八六 綺合集八卷　清許世忠撰　清初抄本　九行二十一字，無格
一〇八七 萬壽社草一卷　清王璐卿撰　清抄本
一〇八八 西齋集十八卷　清王仲儒撰　清康熙夢華山房刻本　九行十九字，白口，左右雙邊
一〇八九 西齋集十八卷　清王仲儒撰　清康熙夢華山房刻乾隆二十年王之衍印本　鄭之城跋
一〇九〇 函玉集一卷　清王士禧撰　稿本　八行十八字，黑格，四周單邊
一〇九一 抱山堂小草一卷函玉集一卷　清王士禧撰　清抄本　十二行二十二字，無格
一〇九二 敦柑文集一卷　清丁灝撰　清康熙嬾雲閣刻本　九行二十一字，白口，左右雙邊
一〇九三 丁野鶴集十三卷　丁耀亢撰　清順治至康熙間刻本
逍遥遊二卷　椒丘詩二卷　家政須知一卷、陸舫詩草五卷　丁野鶴先生遺稿二卷
一〇九四 出劫紀略一卷　清丁耀亢撰　清順治刻本　九行二十四字，白口，四周單邊
一〇九五 逍遥遊二卷　清丁耀亢撰　清順治刻本　鄭之城跋　八行十八字，白口，四周單邊
一〇九六 遡園文集四卷　清賈開宗撰　清康熙六年何絜程世英刻本　八行二十一字，白口
一〇九七 太璞山人集三卷　清項琳撰　清康熙燕貽堂刻本　八行二十一字，白口，左右雙邊
一〇九八 水田詩鈔八卷　清張玉揚撰　清雍正刻本　九行十九字，白口，四周雙邊
一〇九九 萬養集三卷　清張國峻撰　附錄一卷　清乾隆三十八年胡德琳刻本　十一行二十一字，白口，左右雙邊
一一〇〇 張力臣先生遺集不分卷　清張弨撰　清道光丁晏等抄本　十行行字不等，無格
一一〇一 蕉雨齋詩稿一卷　清張永鑄撰　稿本　十行二十八字，無格
一一〇二 菉園詩稿七卷　清張守撰　清康熙刻本　九行十八字，白口，左右雙邊
一一〇三 平園道稾十四卷　清張景祁撰　清抄本　清何紹基跋　十行行字不等，無格
一一〇四 椿岑山人草一卷　清張若霳撰　稿本
一一〇五 東郊草堂集鈔九卷　清張瓚撰　清康熙張成標等刻本　十行二十八字，白口，四周雙邊
一一〇六 東郊草堂集鈔二卷　清張瓚撰　清抄本
一一〇七 東皋詩文集不分卷　清張石民撰　舊抄本　吳城校並題跋　九行十九字，無格
一一〇八 秦亭文集八卷　清張丹撰　清康熙從野堂刻本　十行二十字，白口，左右雙邊
一一〇九 聊園詩略前後集十三卷　清孔貞瑄撰　清康熙刻本　十一行二十二字，白口，左右雙邊

一一一〇 拱宇台集四十卷 清孫治撰 清康熙二十二年孫界頫刻本 十二行二十六字，小字雙行同，左右單邊
一一一一 孫宇台集四十卷 清孫治撰 清康熙二十三年孫孝楨刻本 丁丙跋
一一一二 墨憨詩概選四卷 清孫曰高撰 清康熙刻本 十行十九字、黑口、左右雙邊
一一一三 蔗菴詩選四種四卷 清孫暘撰 清康熙二十九年刻本 十一行二十一字、黑口、左右雙邊
渭西草一卷 入關草一卷 北遊草一卷 歸來草一卷
一一一四 懷舊集一卷 清孫暘撰 清抄本 八行二十字、無格
一一一五 椒蔗菴先生詩選五卷 清孫暘撰 清抄本 十一行二十字、無格 青嘗儼堂表述跋
一一一六 緩菴刪詩藁集八卷 清孫鋐撰 清康熙藏想居刻本 八行十八字、白口、四周雙邊
一一一七 浣花集一卷 清李來撰 清抄本
一一一八 秋聲閣大橫二卷 清吳學孔撰 古照堂詩稿一卷 清吳六益撰 清康熙四十七年吳士徇刻本 九行二十字、白口、四周雙邊
一一一九 半林詩稿三卷 清盧元昌撰 清抄本 清盧文弨校並跋
一一二〇 説安堂集八卷 清盧震撰 清康熙刻本 十行十九字、白口、左右雙邊
一一二一 説安堂集八卷 清盧震撰 清康熙刻本 鄭之誠跋 十行十九字、白口、左右雙邊
一一二二 覺思義十卷 清何文焕撰 何煜求錄 李宗瀚校 清何仰恩刻本 八行二十字、白口、四周雙邊
一一二三 非廢詩鈔二卷 清何文銓撰 稿本 八行二十字、無格
一一二四 貢思集二卷 清何延撰 清抄本 陳選跋
一一二五 汲冷堂詩草不分卷 清熊敘恩撰 清康熙刻本 八行十七字、白口、四周單邊
一一二六 直木齋全集十二卷 清任繩隗撰 清康熙刻本 九行二十一字、小字雙行同、白口、左右雙邊
一一二七 寬園詩鈔一卷 清米嵘撰 清康熙刻本 十行二十一字、白口、左右雙邊
一一二八 寬園詩鈔一卷 清米嵘撰 清康熙刻本 鄭之誠跋
一一二九 秋梁閣集□卷 清朱通逵撰 稿本 十一行二十一字、無格
存二卷
一一三〇 秋梁閣集十四卷 清朱通逵撰 清康熙刻本 十一行二十一字、白口、左右雙邊 清曾庭芬跋
存四卷 五至八
一一三一 日觀集九卷首一卷續集八卷續集首一卷 清朱通逵撰 清康熙馬思贊刻南園二家詩本 十二行二十二字、黑口、左右雙邊
一一三二 黃州文獻集五十四卷 清朱日濬撰 清黃大中抄本
文集十七卷 文補遺十七卷 詩四卷 詞補十二卷 樂府四卷
一一三三 留亭文稿不分卷詩稿不分卷 清魏一鰲撰 稿本

一一三四 采齋詩刪一卷 清魏允札撰 趙時道選 清抄本 清吳文開跋 張汝梯跋 十行二十一字
一一三五 懷舫集四十一卷 清魏禧撰 清康熙雍正間遞刻本 詩集十行二十一字、白口、左右雙邊
懷舫詩集十二卷續集九卷又八卷別集六卷 懷舫詞二卷續一卷別集一卷 雜著一卷續刻一卷 北思詩一卷 懷舫集二卷 續彈詞二卷 懷舫自述一卷 鄉愿一卷
一一三六 竹嶼集五卷 清吳弘緒撰 清康熙刻本 十行十八字、白口、左右雙邊
一一三七 林蕙堂全集二十六卷 清吳綺撰 清康熙三十九年刻本 九行二十一字、白口、左右雙邊
一一三八 藝圃詩為姜仲子賦一卷 清吳綺撰 和藝圃十二詠一卷 清王士禛王士祿撰 清康熙刻本 十行十九字、白口、左右雙邊
一一三九 黃葉邨莊詩集八卷續集一卷後集一卷 清吳之振撰 清康熙刻本 十行十九字、黑口、左右雙邊
一一四〇 黃葉邨莊詩集八卷續集一卷後集一卷 清吳之振撰 清康熙刻本 清沈閬崑跋
一一四一 秋笳集不分卷 清吳兆騫撰 清康熙徐乾學刻本 鄭之誠跋 十一行二十字、細黑口、左右雙邊
一一四二 秋笳集八卷 清吳兆騫撰 清康熙徐乾學刻雍正四年吳振臣遞修本 鄭之誠跋 十一行二十字、細黑口、左右雙邊
一一四三 秋笳集八卷 清吳兆騫撰 清康熙抄本 清鈍儕批 鈍康跋 九行二十四字、無格
一一四四 秋笳集八卷 清吳兆騫撰 清抄本 清葉志詵跋 十一行二十字、無格
一一四五 吳漢槎詩集不分卷 清吳兆騫撰 清抄本
一一四六 柳塘詩集十二卷 清吳祖修撰 清康熙四十四年刻本 十一行二十二字、白口、左右雙邊
一一四七 柳塘詩集十二卷 清吳祖修撰 清康熙四十四年刻本 鄧文誠跋
一一四八 梅花草堂詩集不分卷 清吳祖修撰 稿本 九行二十四字、無格
一一四九 陋軒詩六卷 清吳嘉紀撰 清康熙元年賴古堂刻本 八行十九字、白口、左右雙邊
一一五〇 陋軒詩六卷 清吳嘉紀撰 清康熙十八年刻本 清許廷鑅校 吳錫麒跋 十行十九字、白口、四周單邊
存五卷 一至五
一一五一 陋軒詩八卷 清吳嘉紀撰 清康熙元年賴古堂刻大業堂增修本 八行十九字、白口、左右雙邊
一一五二 陋軒詩不分卷 清吳嘉紀撰 清抄本 清柳友松題詩
一一五三 陋軒詩一卷 清吳嘉紀撰 稿本 清王士禛評點 劉峙跋
一一五四 陋軒詩續二卷 清吳嘉紀撰 夏荃輯 清抄本 清劉寶楠批 九行十九字、紅格
一一五五 宛鳩居詩十二卷 清吳尚誠撰 清康熙松石山房刻本 九行十九字、白口、四周單邊

一二五六 衎南文集二十卷 清吳藹公撰 清康熙二十八年吳承勳真隱堂刻本 九行二十字、白口、左右双边
一二五七 衎南續集七卷 清吳藹公撰 清康熙程士琦程士章刻本 九行二十字、白口、左右双边
一二五八 律陶一卷讀禮問三卷 清吳藹公撰 清刻本
一二五九 天門集六卷文集五卷 清吳盛藻撰 清康熙刻本 九行十八字、白口、左右双边
一二六〇 流鉛集十六卷 清吳農祥撰 稿本 清盧文弨跋 十二行三十二字 無格
一二六一 流鉛集十六卷 清吳農祥撰 清盧氏抱經堂抄本 清盧文弨校並跋 十一行二十一字、黑格
存十卷 一至三、六至十、十三至十四
一二六二 流鉛集十六卷 清吳農祥撰 清抄本 清劉履芬校 十行二十一字 無格
一二六三 梧園詩文集不分卷 清吳農祥撰 稿本 清丁丙跋 吳慶坻識
一二六四 梧園詩選十二卷 清吳農祥撰 清丁氏嘉惠堂抄本
一二六五 梧園文集不分卷 清吳農祥撰 清蔣氏仰山樓抄本 清丁丙跋
一二六六 南山堂自訂詩十卷 清吳景旭撰 清康熙二十一年刻本 九行十八字、白口、左右双边
一二六七 南山堂自訂詩十卷續訂詩五卷三訂詩四卷 清吳景旭撰 清康熙二十一年刻二十七年至二十九年續刻本 鄧之誠跋 九行十八字、白口、左右双边
一二六八 墨井詩鈔二卷畫跋一卷三巴集一卷 清吳歷撰 清康熙五十八年陸道淮鶴飛閣刻本 八行十九字、白口、左右双边
一二六九 寫憂集一卷嶴中雜詠一卷 清吳歷撰 稿本
一二七〇 古宮詞一卷託物草一卷 清吳文撰 清順治十五年刻本 十行十九字、白口、左右双边
一二七一 浮筠軒遺稿一卷 清吳鏌撰 清康熙五十五年刻本 九行十九字、白口、四周双边
一二七二 鼎卷詩集四卷 清程瑞禴撰 清康熙文山堂刻本 八行二十字、白口、四周双边
一二七三 海日堂集十卷 清程可則撰 清康熙二十八年陳恭尹程樹刻本 九行十九字、白口、四周双边
存七卷 詩一至五、文六至七
一二七四 刪後詩四卷 清程作舟撰 清康熙三十九年崇國刻本 九行二十字、白口、左右双边
存二卷 一、三
一二七五 紀素齋詩集四卷文集六卷 清秦士弘撰 行述一卷 清劉文基撰 清雍正二年秦敘選刻本 九行二十一字、白口、左右双边
一二七六 東白堂文集不分卷 清佟世南撰 清康熙刻本 九行二十字、黑口、左右双边
一二七七 心遠堂詩八卷 清紀炅鑑撰 清康熙刻本 九行二十字、白口、左右双边
一二七八 貞冷堂詩稿一卷 清紀映鍾撰 清順治刻本 八行十六字、白口、四周單边
一二七九 故宮詩一卷 清紀[illegible]撰 稿本 清[illegible]跋 李聯璟顧[illegible]並跋

一二八〇 憩叟詩鈔□卷 清紀映鍾撰 清煙畫東堂抄本 繆荃孫校 鄧之誠跋 九行二十字、白口、左右双边
一二八一 有涯文集二卷 清徐任師撰 清悠養齋抄本
一二八二 結翁艸一卷 清徐永昭（原題蠡珠宮小吏）撰 清抄本 九行二十六字 無格
一二八三 池上篇不分卷 清徐增撰 稿本
一二八四 九誥堂集三十六卷 詩二十五卷 文八卷 詩餘一卷 大□二卷 清徐增撰 清抄本 九行或十行十九字、無格
一二八五 吾丘閒閒言不分卷詩四卷詩餘三卷 清徐[illegible]撰 清胡刻本 清[illegible]熙跋 八行十八字、白口、四周單边
一二八六 紀城文稿四卷 清安致遠撰 清康熙五十四年蘭雪堂刻本 鄧之誠跋
一二八七 紀城文稿四卷 清安致遠撰 清康熙五十四年蘭雪堂刻本 九行十八字、白口、四周單边
一二八八 玉磑集四卷鼓音一卷青壞碑辭一卷吳江旅嘯一卷 清安致遠撰 清康熙四十一年安箕刻本 九行十八字、黑口、四周單边
一二八九 紀城詩稿四卷柳郵雜詠二卷偶遊草一卷嶽江草一卷 清安致遠撰 清康熙刻本 十行二十一字、白口、四周單边
一二九〇 宋定九新柳堂集十六卷首一卷末一卷集後一卷 清宋元鼎撰 清康熙刻本 九行二十一字、白口、左右双边
存十八卷 卷一至十六、首一卷、末一卷、集後一卷
一二九一 意園詩集五卷 清宋之瑞撰 清康熙刻本 八行二十字、白口、四周双边
一二九二 中巖文介先生文集六卷 清宋徵輿撰 清乾隆十六年宋文暻刻本 十行二十一字、白口、左右双边
一二九三 西湄草堂詩一卷 清宋炘撰 清康熙刻本 十行十九字、白口、四周單边
一二九四 西陂類稿五十卷 清宋犖撰 清康熙宋晟、宋懷金、高岑刻本 十行十九字、白口、四周單边
一二九六 綿津山人詩集二十二卷 清宋犖撰 清康熙刻本 佚名錄清王士禛批點 十行十九字、白口、四周單边
一二九七 綿津山人文稿一卷 清宋犖撰 清抄本 九行二十字、無格
一二九八 寶繖齋錄存所藏宋牧仲存劄十卷 清宋犖撰 清邵太湖抄本 李璋煜 清[illegible]跋
一二九九 緒餘漫錄十九卷 清江琬撰 附集不分卷 清康熙新安書院刻本 十行二十字、黑口、左右双边
一三〇〇 東溪草堂詩曆五卷 清江瀾撰 清康熙東溪草堂刻本 十一行二十一字、白口、四周單边

三儂嘯旨五卷 清汪价撰 清康熙刻乾隆補修本 十行二十一字 白口 左右雙邊 七子經墩一卷 天外天籟言一卷 當前淨業耳筆一卷 上元甲子百八詠一卷 半廚剩一卷 一二〇一

灤園集一卷 清汪志道撰 清康熙刻本 十行十八字 黑口 四周單邊 一二〇二

遥擲藁二十卷 清馮武撰 清康熙寶稼堂刻本 九行十九字 白口 左右雙邊 一二〇三

餘事集八卷 清馮行賢撰 清抄本 八行十七字 無格 一二〇四

餘事集八卷 清馮行賢撰 清抄本 一二〇五

秋水集十六卷 清馮如京撰 清乾隆四年馮氏峰堂刻本 九行二十字 白口 四周單邊 一二〇六

解舂集十卷 清馮景撰 清康熙刻本 十行二十一字 黑口 左右雙邊 一二〇七

有適集不分卷 清馮景撰 清抄本 一二〇八

德園遊草一卷 清馮俞昌撰 清康熙刻本 九行十八字 白口 四周單邊 一二〇九

玄覽閣集不分卷 清傅元貞撰 清初抄本 一二一〇

顧景行詩集二卷楚游詩一卷匏園詞一卷 清顧景文撰 清康熙三十一年黃閣堂刻本 鄧之誠跋 九行二十字 白口 四周雙邊 一二一一

白茅堂詩選九卷 清顧景星撰 清宋氏漫堂抄本 十行二十一字 白口 四周單邊 一二一二

白茅堂集四十六卷 清顧景星撰 清康熙刻本 十一行二十一字 白口 四周雙邊 一二一三

渚山樓詩集十一卷 清潘廷章撰 清康熙四十年刻本 九行二十字 白口 四周單邊 一二一四

靜園集四十卷別集一卷 清沈廷銘撰 陸又宣輯 清康熙二年刻本 八行二十字 白口 四周雙邊 一二一五

黑蝶齋詩鈔四卷 清沈岸登撰 清康熙沈翻熙著蒼存堂刻本 十行二十一字 白口 左右雙邊 一二一六

連漪堂遺稿一卷詩一卷理言一卷 清沈埈撰 清康熙刻本 鄧之誠跋 九行二十字 白口 左右雙邊 一二一七

漁莊詩草六卷 清沈堂撰 清康熙刻本 十行十九字 大黑口 左右雙邊 一二一八

嘉會堂集三卷 懷舊吟一卷 淮遊紀略一卷 漁莊一卷 清沈佳撰 清刻本 十行十九字 細黑口 左右雙邊 一二一九

藏書樓詩稿一卷 清祁理孫撰 清初祁氏奕慶堂抄本 八行二十字 黑格 白口 四周單邊 一二二〇

寓山詩稿一卷 清祁班孫撰 清初祁氏東書堂抄本 九行二十四字 黑格 白口 四周單邊 一二二一

江泠閣詩集十二卷首一卷末一卷文集四卷 清冷士嵋撰 清康熙刻本 九行十九字 白口 四周雙邊 一二二二

深寧齋詩集□卷 存三卷 清查詩繼撰 清抄本 吳浯跋 九行二十一字 無格 一二二三

查洴翁文集不分卷 清查容撰 清乾隆吳氏拜經樓抄本 清吳騫校 一二二四

查黟荒言縴詩一卷 清查容撰 清抄本 十行二十字 無格 一二二五

蓼齋集四十七卷 清李雯撰 清順治十四年石維崑刻本 九行十九字 白口 四周單邊 一二二六

蓼齋集四十七卷後集五卷 清李雯撰 清順治十四年石維崑刻本 鄧之誠跋 一二二七

藝靈篇文集十六卷 清李伍漢撰 清康熙懶雲堂刻本 九行二十字 白口 四周單邊 一二二八

李介文詩稿十二卷（傳字集一卷 谷口集一卷 備懷集一卷 鳴蟬集一卷 聽雨集病餘雜詠一卷 扮節集一卷 說齋集十卷 附遊集二卷 晴川集一卷 聽雨集咏餘雜咏一卷 聽雨集嘯餘雜詠一卷 憶影集一卷） 清李舜撰 清綏香居抄本 十行二十一字 小字雙行同 黑口 四周雙邊 一二二九

郘城遺稿一卷 清李用中撰 清康熙六十一年刻本 九行十八字 白口 四周單邊 一二三〇

課慎堂詩集十九卷詩餘一卷文集二十卷 清李興祖撰 清康熙江柳閣刻本 十行二十一字 白口 四周雙邊 一二三一

拂蓮堂集十四卷 清彭年撰 清順治刻本 九行二十字 白口 四周單邊 一二三二

叢桂軒近集十卷 清姚祖振撰 清康熙刻本 九行二十字 小字雙行同 白口 四周單邊 一二三三

餘生詩藁十卷不盡詩藁一卷 清戴本孝撰 清康熙守硯庵刻本 十行二十一字 黑口 左右雙邊 一二三四

正誼堂文集不分卷詩集二十卷蓉渡詞三卷 清董以寧撰 清康熙刻本 九行二十一字 白口 左右雙邊 一二三五

正誼堂文集不分卷詩集二十卷 清董以寧撰 清康熙刻本 鄧之誠跋 九行十八字 白口 四周單邊 一二三六

櫻亭詩稿十二卷 清董俞撰 清初刻本 一二三七

南村漁舍詩草一卷浮湘草一卷度嶺草一卷 清董俞撰 清康熙刻本 浮湘草 度嶺草配清抄本 十一行二十一字 白口 左右雙邊 一二三八

後知堂文集四十六卷 清黃與堅撰 清康熙五十六年刻本 十行二十一字 黑口 四周單邊 一二三九

深省堂詩不分卷 清萬斯備撰 清逸遠堂抄本 九行二十字 紅格 一二四〇

石園存稿一卷 清萬斯同撰 清抄本 一二四一

石園藏稿不分卷 清萬斯同撰 清抄本 九行二十一至二十四字 無格 一二四二

淩興篇不分卷 清茹蕃撰 清康熙十五年刻本 九行二十字 白口 四周雙邊 一二四三

玉窗遺稿一卷 清萬言撰 清乾隆四十六年朱墨抄本 清朱墅跋 九行二十五字 紅格 一二四四

半藏園集十五卷 清黃貞吉撰 潮湖集一卷 清黃居暇撰 清康熙六十一年刻本 九行二十字 白口 四周單邊 一二四五

一二四六 黄竹農家耳逆草不分卷 清黄百家撰 清康熙刻本 十一行二十二字，白口，四周單邊

一二四七 黄竹農家慰饑草一卷 清黄百家撰 清康熙刻本 十一行二十二字，白口，四周單邊

一二四八 學箕初稿二卷 清黄百家撰 清康熙箭山鋤經軒刻本 十二行二十四字，白口，左右雙邊

一二四九 黄大夏文一卷 清黄湖撰 清抄本 劉師培跋

一二五〇 淮南近詩不分卷 岸園近詩不分卷 清黄雉林撰 清初刻本 八行十八字，白口，四周單邊

一二五一 濟陽詩鈔不分卷 清黄湘撰 清抄本 八行二十一字，無格

一二五二 經鋤堂詩稿八卷花信詩一卷詩餘一卷偶和詩一卷文稿六卷樂府四卷 清葉奕苞撰 清康熙刻本 十行十九字，黑口，左右雙邊

一二五三 碧山草堂詩鈔二卷 清葉光澍撰 清乾隆六年葉廷勷刻本 九行二十字，白口，左右雙邊

一二五四 桐餘集一卷二集一卷三集一卷 清葉瀅撰 清康熙刻本 九行十九字，黑口，左右雙邊

一二五五 葉學山先生詩稿十卷 清葉舒穎撰 清嘉慶十七年葉明宣抄本 清葉奕苞 葉數騰跋 十行二十一字，無格

一二五六 尺五樓詩集九卷 清杜登春撰 清康熙刻本 十行十九字，白口，四周單邊

一二五七 杜如竹文稿不分卷 清杜如竹撰 稿本 九行約二十七字，無格

一二五八 辮香堂詩集十卷 清林正青撰 清抄本 十一行二十四字，無格

一二五九 泊齋別錄不分卷 清楊拯微生撰 清抄本 十行二十八字，無格

一二六〇 楊仲子小宛集不分卷 清楊兆杰撰 魏允楫等評 清康熙遥集居刻本 九行十八字，細黑口，左右雙邊或四周雙邊

一二六一 小宛集不分卷 清楊兆杰撰 江山留勝集一卷 清楊兆杰 陸鍾等撰 清初刻本 小宛集九行十八字，留勝集十一行二十一字

一二六二 顧中堂集十卷二集八卷 清楊繼芳撰 清康熙二年自刻本 八行十九字，白口，四周單邊

一二六三 三唐集韻二卷 清楊爲松撰 清初米輝堂刻本

一二六四 榴館初函集選十卷 清楊思本撰 清康熙十五年楊日升刻本 八行二十字，白口，四周雙邊

一二六五 梧岡集十二卷 清楊爲言撰 清康熙四十五年心遠堂刻本 十行二十一字，小字雙行同，白口，左右雙邊

一二六六 谷水集二十二卷 清胡夏客撰 陳光輝等 清康熙刻本 九行十九字，白口，左右雙邊

一二六七 續學堂詩鈔四卷首一卷文鈔六卷首一卷 清梅文鼎撰 清乾隆梅瑴成刻本 九行十九字，小字雙行同，白口，四周雙邊

一二六八 續學堂詩鈔四卷首一卷文鈔六卷首一卷 清梅文鼎撰 清乾隆梅瑴成刻本 鄧之誠跋

一二六九 梅贊吾先生集八卷 清梅調元撰 清康熙四年汝州刻本 十行二十字，白口，四周單邊

一二七〇 萬青閣全集八卷 清趙吉士撰 清康熙趙繼抃、趙繼微等刻本 十一行二十一字，小字雙行同，白口，左右雙邊

一二七一 萬青閣自訂詩八卷詩餘一卷 清趙吉士撰 清康熙刻本 十一行二十一字，小字雙行同，白口，左右雙邊

一二七二 林臥遙集二卷千疊波餘一卷續編一卷補遺一卷庚辰匝歲雜感詩四卷辛巳匝歲雜感詩不分卷壬午匝歲雜感疊韻詩一卷癸未三春雜感疊韻詩一卷甲申匝歲雜感疊韻詩不分卷 清趙吉士撰 清康熙刻本 九行十九字，小字雙行同，四周雙邊

一二七三 半硯冷雲集三卷蹤行偶和詩一卷 清曹三才撰 清康熙刻本 九行二十一字，白口，四周單邊

一二七四 繡虎軒尺牘八卷二集八卷三集八卷 清曹煜撰 清康熙傳萬堂刻本 九行十八字，小字雙行同，白口，左右雙邊

一二七五 永西近詠十卷 清田茂遇撰 清順治刻本 八行十九字，白口，四周雙邊

一二七六 何山艸堂詩二集五卷（遊西山詩一卷、獨鹿詩草一卷、夢歸草堂詩一卷、游瀚草堂詩一卷、擊鉢偶存一卷、流香一卷、佛國詩草一卷、兜率草一卷、細論軒近詩一卷、北征草一卷） 清吕師濂撰 清康熙二十三年刻本 九行十九字，細黑口，四周雙邊

一二七七 南廣小草二卷詞一卷 清嚴煒撰 南遊草一卷 清嚴曾樫撰 清康熙嚴氏澗松閣刻本 十行十九字，白口，四周雙邊

一二七八 劉薈亭詩選六卷 清劉可書撰 清康熙四十八年范時崇刻本 十行十九字，黑口，四周單邊

一二七九 漁山園詩集一卷 清劉中柱撰 清康熙間刻本 八行十八字，白口，四周單邊

一二八〇 莫定集三卷首一卷 清劉中柱撰 清抄本 十行十九字，白口，紅格，左右雙邊

一二八一 楚青園遺稿一卷 清王毗撰 清抄本

一二八二 水墨廬詩不分卷 清潘光祖撰 清康熙五年刻本 八行十八字，白口，左右雙邊

一二八三 爰始樓詩刪八卷 清陸弘定撰 清初刻本 八行十九字，白口，左右雙邊

一二八四 寧遠堂詩集不分卷 清陸弘定撰 清抄本 十行二十七至三十字不等，無格

一二八五 話山先生詩藁十二卷文藁十七卷別錄七卷 清陸次原撰 清康熙四十一年陸氏志遠堂刻本 十行二十字，黑口，左右雙邊

一二八六 情味集五卷 清陳玉齊撰 清康熙刻本 清魚元傅跋并臨馮行賢批點 九行十八字，白口，左右雙邊

一三八七 情味集五卷　清陳玉齊撰　清康熙刻本（卷五配清抄本）　清侯名臨、馮□行賢批

一三八八 鶴耕集七卷　清陳世培撰　清釋應隆跋　稿本　十行二十五字，無格

一三八九 柴村文集十二卷古今體詩鈔五卷賦集附一卷蝶庵詞藥一卷　清邵志廣撰　德滋堂歌詩附鈔一卷　清何性基撰　清雍正刻本　十一行二十二字，小字雙行同，白口，左右雙邊

一三九〇 蕉園遺稿一卷　清周文焌撰　稿本　清周彦章跋

一三九一 西村草堂集七卷　清周志嘉撰　清徐氏煙嶼樓抄本　十行二十一字，小紫格，左右雙邊

一三九二 擷芙蓉集□□卷　清周贊瑞撰　清初刻本　十行十九字，白口，四周單邊　存三卷（三、四、六）

一三九三 聖雨齋詩集五卷賦集二卷文集四卷詩餘二卷　清周拱辰撰　清初刻本　八行二十字，白口，四周單邊

一三九四 聖雨齋詩集五卷賦集二卷文集四卷詩餘二卷　清周拱辰撰　清初刻本　鄧之誠跋

一三九五 欣然堂集十卷　清陶孚尹撰　清康熙五十一年陶士鎧刻本　十行十九字，白口，左右雙邊　詩集存三卷（三至五）

一三九六 鈿園詩抄一卷　清陶式玉撰　清抄本　九行十八字，無格

一三九七 翁山詩外十八卷　清屈大均撰　凌鳳翔校　清康熙刻本　十一行十九字，黑口，四周單邊（卷十八原缺）

一三九八 翁山詩外十八卷　清屈大均撰　凌鳳翔校　清康熙刻本　鄧之誠跋

一三九九 屈翁山詩集八卷詞一卷　清屈大均撰　清康熙新鋟刻本　十行二十一字，白口，四周單邊

一四〇〇 道援堂集十三卷　清屈大均撰　清康熙刻本　十行二十一字，白口，四周雙邊

一四〇一 道援堂集十卷　清屈大均撰　沈用濟選　清康熙間刻本　十行十九字，黑口，四周單邊

一四〇二 道援堂集十三卷　清屈大均撰　清康熙刻本　宋肅祖跋

一四〇三 翁山文外二十卷　清屈大均撰　清抄本　清潘飛聲跋（卷六、十八至二十原缺）

一四〇四 翁山文外二十卷　清屈大均撰　清康熙刻本　十一行十九字，黑口，四周單邊（卷六、十八至二十原未刻）

一四〇五 安雅堂存稿一卷浮青軒稿一卷燕游草一卷南征草一卷自公堂稿一卷歸田草一卷蒙難草一卷粵游存草一卷歸來草一卷紀行詩餘一卷文稿不分卷　清何瑞撰　稿本　八行二十字，無格

一四〇六 木菴詩集一卷　清欽采撰　清刻本　十一行二十一字，白口，左右雙邊

一四〇七 柳下堂集文四卷詩四卷　清鄭康撰　清康熙五十四年陳光策刻本　九行十九字，無直格，四周單邊

一四〇八 栢湖小槀一卷　清鄭鉞撰　清康熙刻本　十行二十一字，黑口，四周雙邊

一四〇九 惲南田詩稿一卷　清惲壽平撰　稿本

一四一〇 石堂集十卷　清釋元玉撰　清康熙泰山寺照中刻本　九行二十四字，白口，四周雙邊

一四一一 腰雪堂詩集六卷　清釋德洋撰　清康熙六年刻本　十行十九字，白口，左右雙邊

一四一二 芋香詩鈔四卷贈言一卷　清釋紫清撰　清康熙刻本　十行十九字，白口，四周單邊

一四一三 憨休和尚敲空遺響十二卷　清釋如乾撰　清康熙刻本　十行二十字，白口，四周雙邊

一四一四 永嘉嘯翁彬遠和尚村居以後詩三卷　清釋鍾鵬撰　清丁文衡選　清康熙刻本　九行二十一字，白口，左右雙邊

一四一五 嘯翁老人村居以後詩二卷　清釋鍾鵬撰　丁文衡選　清吳氏繡谷亭抄本　清吳城校並跋

一四一六 倩菜集二卷　清釋原志撰　清初刻本　十行二十一字，白口，左右雙邊

一四一七 御製文集四十卷總目五卷二集五十卷總目六卷三集五十卷總目六卷　清聖祖玄燁撰　清康熙五十年內府刻本　六行十六字，白口，四周雙邊

一四一八 御制文第四集三十六卷總目四卷　清聖祖玄燁撰　清雍正內府刻本　六行十六字，白口，四周雙邊

一四一九 御製文第四集三十六卷附時文五篇　清聖祖玄燁撰　允禄等輯　稿本　八行十八字，無格

一四二〇 御製詩集十卷第二集十卷　清聖祖玄燁撰　清康熙四十二年宋犖刻本　六行十六字，白口，四周雙邊

一四二一 御製詩第三集八卷　清聖祖玄燁撰　清康熙內府刻本　六行十六字，白口，四周雙邊

一四二二 御製避暑山莊詩二卷　清聖祖玄燁撰　清康熙內府刻朱墨套印本　六行十七字，白口，四周雙邊，有圖

一四二三 御製避暑山莊詩二卷　清聖祖玄燁撰　清戴天瑞描繪彩圖　清康熙內府刻朱墨套印本

一四二四 九谷集六卷　清方殿元撰　清康熙刻本　九行十九字，白口，左右雙邊

一四二五 遺安堂詩集四卷　清王連瑛撰　清康熙四十五年王氏治古堂刻本　十行十九字，白口，左右雙邊

一四二六 戒山文存不分卷戒山詩存二卷河工見聞錄一卷熙朝聖德詩一卷　清郎遂年撰　清康熙刻本　十行二十四字，小字雙行同，白口，左右雙邊

一四二七 康立堂文集十二卷附一卷　清衛既齊撰　清乾隆刻本　十行二十一字，白口，左右雙邊

一四二八 已未新詠一卷　清吳玉綸撰　清康熙十八年刻本　九行十八字，白口，四周雙邊

一五二九 萬行草不分卷 清吳自肅撰 清康熙刻本 八行二十字，白口，四周雙邊

一五三〇 澹園集八卷 清林懋昭撰 清康熙刻本 八行十八字，白口，四周單邊

一五三一 耿巖文選初集十卷二集十卷 清沈珩撰 清康熙十五年沈氏古懿居刻本 九行二十字，白口，左右雙邊

一五三二 雲間集聲堂詩二卷 清楊才魄撰 清康熙刻本 九行十九字，白口，左右雙邊

一五三三 讀書堂綵衣全集四十六卷 清趙士麟撰 清康熙三十五年刻本 十行十九字，白口，四周雙邊

一五三四 紀盛集一卷 清趙士麟撰 清康熙刻本 九行十九字，白口，四周雙邊

一五三五 懷園集李詩八卷集杜詩八卷 清李滿青撰 清康熙自刻本 八行十八字，白口，四周雙邊

一五三六 未卷初集文稿四卷 清曹禾撰 清康熙十二年翁叔元刻增修本 九行十九字，黑口，四周單邊

一五三七 未卷初集詩稿四卷 清曹禾撰 清康熙浚園刻本 九行十九字，白口，四周單邊

一五三八 珂雪集一卷 清曹貞吉撰 清康熙刻本 十行二十一字，白口，四周單邊

一五三九 珂雪二集一卷 清曹貞吉撰 清康熙十一年曹申吉刻本 九行十九字，白口，左右雙邊

一五四〇 鴻爪集一卷 清曹貞吉撰 清康熙刻本 十行二十一字，白口，左右雙邊

一五四一 朝天集一卷 清曹貞吉撰 清康熙刻本 十行十九字，黑口，四周單邊

一五四二 黃山紀遊詩一卷 清曹貞吉撰 清康熙刻本 九行十九字，黑口，四周單邊

一五四三 珂雪詩集不分卷 清曹貞吉撰 清抄本 佚名批點 九行十九字，無格

一五四四 存菴詩集六卷 清嚴我斯撰 清康熙愛淨樓刻本 十行二十一字，小字雙行同，白口，左右雙邊

一五四五 尺五堂詩刪初刻六卷近刻四卷 清嚴我斯撰 清康熙二十七年刻本 十一行二十字，大黑口，左右雙邊

一五四六 陸英州集二卷 清陸舜撰 清陸氏雙虹堂刻本 十行二十字，白口，四周單邊

一五四七 靜觀堂詩集三十卷 清勞之辨撰 清康熙四十年刻本 十行十九字，黑口，左右雙邊

一五四八 健松齋集二十四卷 清方象瑛撰 清康熙世美堂刻本 十行二十字，白口，左右雙邊

一五四九 健松齋續集十卷 清方象瑛撰 清康熙四十年刻本 十行二十字，白口，左右雙邊

一五五〇 健松齋集口口卷存文集十卷 清方象瑛撰 清康熙刻本 九行十九字，白口，四周單邊

一五五一 樂圃集七卷補遺一卷 清顏光敏撰 清康熙刻十子詩略本 十行十九字，黑口，四周單邊

一五五二 未信堂近稿不分卷 清顏光敏撰 清康熙刻本 十行二十四字，白口，左右雙邊

一五五三 敬遺堂文集四卷詩集三卷 清王紀昭撰 清乾隆四十七年刻本 八行二十一字，白口，四周雙邊

一五五四 篤素堂文集十六卷詩集七卷存誠堂詩集五卷 清張英撰 清康熙刻本 九行十九字，黑口，左右雙邊

一五五五 篤素堂文集十六卷詩集七卷 清張英撰 清康熙刻本 十行十九字，黑口，左右雙邊

一五五六 篤素堂詩集七卷 清張英撰 清抄本

一五五七 存誠堂詩集二十五卷 清張英撰 清抄本

一五五八 直廬集不分卷歸田集不分卷應制集一卷使粵集一卷使粵日記一卷 清喬萊撰 清康熙刻本 十行十九字，黑口，左右雙邊

一五五九 柘溪草堂集一卷 清喬萊撰 清康熙刻本 十一行二十字，黑口，四周雙邊

一五六〇 樓賢山房文集五卷 清臧眉錫撰 清康熙刻本 十一行二十二字，白口，四周雙邊

一五六一 喟亭詩集八卷 清臧眉錫撰 清康熙刻本 九行十九字，白口，四周單邊

一五六二 喟亭文集三卷 清臧眉錫撰 毛先舒等評 清康熙刻本 九行十九字，白口，四周單邊

猪遯菴文集十二卷附錄一卷 清儲方慶撰 清康熙四十一年儲右文等刻本 九行二十字，白口，左右雙邊

一五六四 網都偶詠不分卷 清朱輪春撰 清康熙刻本 八行二十一字，白口，四周雙邊

一五六五 石屋詩鈔八卷補一卷 清魏麐徵撰 連育選 清康熙四十九年石濤刻本 九行二十一字，白口，左右雙邊

一五六六 石屋初集一卷二集一卷三集一卷四集一卷 清魏麐徵撰 清康熙刻本 十一行二十一字，黑口，左右雙邊

一五六七 石屋剩集二卷 清魏麐徵撰 清康熙五十二年雙菊山房刻本 九行二十一字，白口，左右雙邊

一五六八 石函三種三卷（西湖和蘇詩一卷 閩中吟一卷 閩行日記一卷） 清魏麐徵撰 清康熙刻本 十一行二十一字，黑口，左右雙邊

一五六九 石函三種四卷（西湖和蘇詩一卷 閩行日記一卷 附錄杭郡雜詠一卷 閩中吟一卷） 清魏麐徵撰 清抄本 八行二十字，無格

一五七〇 雙泉堂文集四十二卷 清繆彤撰 清康熙五十四年郭琇楊振藻刻本 十行十九字，黑口，四周雙邊 目錄原題四十二卷，全書未刻竣，存十七卷

一五七一 百尺梧桐閣集詩十六卷文三卷 清汪懋麟撰 清康熙十七年自刻本 十一行二十字，黑口，四周雙邊

一五七二 百尺梧桐閣集詩十六卷文十卷 清汪懋麟撰 清康熙十七年自刻增修本 十一行二十字，黑口，四周雙邊

一五七三 百尺梧桐閣遺稿十卷 清汪懋麟撰 清康熙五十四年汪文著晚芝堂刻本 十行十九字，白口，四周單邊

一五七四 采山堂近詩選八卷采山堂二集七卷 清沈歲筑撰 清康熙五十三

年刻本　九行二十字，白口，四周双边

一三七五　柳村詩集十二卷　清董訥撰　清康熙刻本　十行二十一字，白口，左右双边

一三七六　華瑠山房詩集四卷　清董訥撰　清康熙五十一年芝瑞堂刻本　十一行二十二字，黑口，左右双边

一三七七　五經堂文集五卷　清党鄖鼎撰　清康熙五經堂刻本　九行二十五字，无格，四周双边

一三七八　雅坪文稿十卷首一卷　清陸葇撰　清康熙陸濆勳刻本　九行十九字，白口，四周单边

一三七九　雅坪詩藁四十卷　清陸葇撰　清康熙四十七年陸濆勳傳經閣刻本　九行十九字，白口，四周单边

一三八〇　學文堂文集四十九卷詩集十三卷耕煙詞三卷棠祀錄一卷　清陳玉璂撰　清康熙刻本　九行十九字，白口，四周双边

一三八一　西田集四卷　清王枝撰　清康熙忠修堂刻本　十行十九字，白口，左右双边

一三八二　孫閣部詩集七卷　清孫在豐撰　稿本　九行二十字，黑格

一三八三　遊梁草一卷　清查做璧撰　清康熙刻本　十行十九字，白口，四周单边

一三八四　憺園文集三十六卷　清徐乾學撰　清康熙冠山堂刻本　十行十九字，白口，左右双边

一三八五　蘿隱園刪存詩七卷　清汪鴻然撰　汪璈、俞璞、汝濂選評　清康熙刻本　九行十八字，白口，四周单边

一三八六　晦園二集二卷　清李為觀撰　清康熙三十三年金一鳳刻本　九行二十字，白口，四周单边

一三八七　白石山房集二十七卷　清李振裕撰　清康熙舊雪堂刻本　十一行行二十一字，小字双行，行字無定數，白口，左右双边

一三八八　白石山房文稾十四卷　清李振裕撰　清康熙二十五年刻本　九行十九字，黑口，四周单边

一三八九　榕村全集四十卷別集五卷　清李光地撰　清乾隆元年李清植刻本　九行二十字，白口，左右双边

一三九〇　榕村藏稿四卷　清李光地撰　清刻本　九行二十五字，白口，四周单边

一三九一　萊園詩文稿不分卷詩餘不分卷二懷堂詩草不分卷　清韓菼撰　清康熙刻本　九行十八字，白口，四周单边

一三九二　己畦集二十二卷原詩四卷詩集十卷詩集殘餘一卷　清葉燮撰　午夢堂詩鈔三種三卷　鸝吹集一卷　明沈宜修撰　芳雪軒遺集一卷　明葉紈紈撰　疎香閣遺集一卷　明葉小鸞撰　清康熙葉氏二棄草堂刻本　十行十九字，白口，四周双边

一三九三　己畦詩舊存二卷語溪倡和一卷禾中倡和一卷　清葉燮撰　清康熙葉氏二棄草堂刻本　十行十九字，黑口，四周双边

一三九四　己畦詩選餘舊存二卷　清葉燮撰　楊永棨輯　清抄本

一三九七　趙恭毅公剩藁八卷　清趙申喬撰　趙裘萼公剩藁四卷　清趙熊詔撰　清乾隆二年趙侗斆刻本　十二行二十四字，黑口，四周双边

一三九八　三魚堂文集十二卷外集六卷附錄一卷　清陸隴其撰　清康熙四十年刻琴川書屋印本　九行二十字，白口，左右双边

一三九九　三魚堂文集十二卷外集六卷附錄一卷　清陸隴其撰　清康熙四十年刻嘉會堂印本　九行二十字，白口，左右双边

一四〇〇　陸隴其議據稿一卷　清陸隴其撰　稿本　陸樹基等跋　張廷濟題簽　字數不一，無格

一四〇一　松鶴山房詩集九卷文集二十卷　清陳夢雷撰　清康熙銅活字印本　九行二十字，白口，四周单边

一四〇二　閑止書堂集鈔二卷　清陳夢雷撰　清康熙刻本　九行二十字，白口，四周双边

一四〇三　征車草一卷　清宮華孟撰　清康熙刻本　八行二十二字，白口，無格，左右双边

一四〇四　鶴寄堂詩一卷　清宮華孟撰　清康熙刻本　九行十八字，黑口，左右双边

一四〇五　高户部詩一卷　清高以永撰　清康熙三十三年高杰刻本　十行十九字，白口，四周单边

一四〇六　天香閣文集八卷詩集十卷詞集六卷　清唐之鳳撰

梓玉合編二卷　清唐賓撰、唐德遜撰　清康熙四十三年刻本　十行十九字，黑口，四周单边

一四〇七　水明樓詩六卷　清顏光猷撰　清康熙刻本　十行十九字，白口，四周单边

一四〇八　顏瀞園藏稿一卷　清顏光猷撰　清康熙刻本　十行二十六字，白口，四周双边

一四〇九　横雲山人集三十一卷　清王鴻緒撰　清康熙刻本　十行十九字，黑口，左右双边

一四一〇　横雲山人集三十一卷　清王鴻緒撰　清康熙刻本　鄧之誠跋

一四一一　横雲山人集三十二卷　清王鴻緒撰　清康熙刻增修本

一四一二　王儼齋遊西山詩稿一卷　清王鴻緒撰　稿本

一四一三　培林堂文集不分卷　清徐秉義撰　清道光潘道根抄本　清潘宇校跋

一四一四　培林堂文集十四卷存十二卷（一至十二）　清徐秉義撰　清抄本

一四一五　修吉堂文稿八卷遺貴堂類稿十一種二十一卷耄餘殘瀋二卷　清徐倬撰　修吉堂遺稿二卷　清徐元正撰　清康熙刻乾隆四年續刻本　十行十九字，黑口，左右双边，續刻九行二十字，四周单边　本書一名蘋邨集　應制集三卷　寓園小草一卷　燕臺小草一卷　野航集二卷　錦鏡閣集二卷　塔下雜抄二卷　甲乙後抄一卷　汗漫集二卷　歎缶集三卷　黄螢集二卷　水香詞二卷

一四一六 鳳池園詩集八卷文集八卷 清顧汧撰 清康熙五十年刻本 九行十九字，白口，左右雙邊

一四一七 花聚卷詩集二卷 清李可汧撰 清康熙二十八年李氏花聚庵刻本 九行十八字，白口，左右雙邊

一四一八 華田文集十八卷補遺一卷 清蔣伊撰 清康熙刻本 九行二十二字，白口，左右雙邊

一四一九 有懷堂文稿二十二卷詩稿六卷 清韓菼撰 清康熙四十二年刻本 十一行二十一字，白口，四周單邊

一四二〇 慕廬先生有懷堂詩藁二卷 清韓菼撰 顧嗣立等注 清抄本

一四二一 慕廬文稾五卷 清韓菼撰 稿本

一四二二 耐寒堂詩集二卷 清高天選撰 清康熙三十七年刻本 十行二十字，黑口，四周雙邊

一四二三 蝶園甲寅詩一卷未學草一卷 清馬翀撰 清刻本 九行二十字，白口，左右雙邊

一四二四 留耕堂詩草六卷 清馬輝曾撰 清康熙刻本 九行十九字，白口，左右雙邊

一四二五 青銅自考十二卷 清俞益謨撰 清康熙刻本 九行二十字，白口，四周雙邊

一四二六 改蟲齋詩略八卷詞略一卷 清高層雲撰 清乾隆刻本 清王芑孫跋 十行二十一字，白口，左右雙邊

一四二七 金臺集一卷 清許承宣撰 清康熙衣德堂刻本 九行二十字，白口，左右雙邊

一四二八 畫舫齋詩十集□□卷 清王頊齡撰 清康熙刻本 十行間九行，行十九字，白口，左右雙邊 朱本 存十二卷（二集一至二、三集一至二、六集一至二、七集一至二、八集一至二、九集一至二）

一四二九 世恩堂詩集三十卷詞集二卷經進集三卷 清王頊齡撰 清康熙刻本 十行十九字，黑口，左右雙邊

一四三〇 華黍樓詩稿一卷衆笑樓詩稿一卷紫芝山館詩稿一卷賜詩樓詩稿一卷清峙堂詩稿一卷 清王頊齡撰 清康熙刻本

一四三一 旭華堂文集十四卷補遺一卷續編一卷 清王奐曾撰 清乾隆十六年顧然興刻本 十行十八字，白口，四周雙邊

一四三二 冰菴詩鈔八卷 清王吉武撰 清乾隆四年敦裕堂刻本 十一行十一字，白口，四周單邊

一四三三 賀蘭雪想詩集四卷 清孫楷端撰 清康熙刻本 書口題：賀蘭堂詩稿 十行二十一字，白口，四周單邊

一四三四 師善堂詩集十卷 清孫書箔撰 清雍正十三年刻本 九行十八字，白口，左右雙邊

一四三五 通志堂集二十卷 清納蘭性德撰 清康熙三十年徐乾學刻本 九行十九字，白口，左右雙邊

一四三六 通志堂集二十卷 清納蘭性德撰 清康熙三十年徐乾學刻本 清莫友芝跋

一四三七 飲水詩集二卷詞集三卷 清納蘭性德撰 清康熙三十年張純修刻本 九行二十字，細黑口，左右雙邊

一四三八 南畇文稿十二卷 清彭定求撰 清雍正四年刻本 十二行二十三字，小黑口，四周單邊

一四三九 春藻堂嘯廬稿四卷燃蜀稿四卷 清彭開祜撰 清康熙春藻堂刻本 十行二十一字，白口，四周雙邊

一四四〇 清芬堂存稿九卷 清胡會恩撰 清康熙刻本 十一行二十一字，黑口，左右雙邊

一四四一 兼山堂集八卷 清陳錫嘏撰 清康熙刻本 九行二十字，黑口，左右雙邊

一四四二 鐵菴古文全集八卷 清翁叔元撰 稿本 九行二十四字，無格

一四四三 翁鐵庵文集二卷 清翁叔元撰 清抄本 十行二十字，無格

一四四四 叢碧山房詩初集十四卷二集六卷三集十一卷四集十卷五集五卷和陶詩集一卷文集八卷雜著三卷 清龐塏撰 清康熙刻本 十行十九字，黑口，四周單邊

一四四五 叢碧山房詩鈔六卷 清龐塏撰 清康熙六十年王企靖刻本 十行二十一字，白口，左右雙邊

一四四六 叢碧山房詩稿一卷 清龐塏撰 稿本

一四四七 樸村集杜詩一卷 清王材任撰 清初刻本 九行二十字，白口，左右雙邊

一四四八 映日堂古體詩二卷近體詩四卷 清王企橋撰 清康熙刻本 十行十九字，黑口，左右雙邊

一四四九 傳恭堂詩集五卷 清張廷瓚撰 清康熙刻本 十行十九字，黑口，左右四邊

一四五〇 曝書亭集八十卷 清朱彝尊撰 附錄一卷笛漁小稿十卷 清朱昆田撰 清康熙五十三年朱稻孫刻本 十二行二十三字，白口，左右雙邊

一四五一 曝書亭集八十卷 清朱彝尊撰 附錄一卷笛漁小稿十卷 清朱昆田撰 清康熙五十三年朱稻孫刻本 清翁方綱陳鱣錄本校 葉志詵批跋

一四五二 曝書亭集八十卷 清朱彝尊撰 附錄一卷笛漁小稿十卷 清朱昆田撰 清康熙五十三年朱稻孫刻本 清李文藻批校 存六十八卷（一至十五、二十八至八十）

一四五三 曝書亭集八十卷 清朱彝尊撰 附錄一卷 清康熙五十三年朱稻孫刻本 清沈大成批校

一四五四 曝書亭集八十卷 清朱彝尊撰 附錄一卷 清康熙五十三年朱稻孫刻本 清何紹基批校

一四五五 曝書亭集八十卷 清朱彝尊撰 清康熙五十三年朱稻孫刻本 清錢載、翁方綱批 存十一卷（二至十二）

一四五六 曝書亭集詩注二十二卷 清朱彝尊撰 楊謙注 清楊氏木山閣刻本 清佚名批注 十一行二十二字，小字雙行三十字，白口，左右雙邊

一四五七 曝書亭集詩注二十二卷 清朱彝尊撰 楊謙注 清楊氏木山閣刻本 清吳穀人評點 吳元裕跋

一四五八 曝書亭集詩注二十二卷年譜一卷 清朱彝尊撰 楊謙注 清楊氏木山閣
刻本 清許儲蓉校注

一四五九 曝書亭詩錄十二卷 清朱彝尊撰 清江浩然箋注 清乾隆惺齋堂刻本 十一行二十一字白口四周單邊

一四六〇 曝書亭詩稿三卷 清朱彝尊撰 清錢廷錦輯 清嘉慶元年錢廷錦抄本 清錢廷錦跋

一四六一 騰笑集八集 清朱彝尊撰 清康熙二十五年曝書亭自刻本 十行十八字、黑口、四周單邊

一四六二 騰笑集八卷 清朱彝尊撰 清康熙二十五年曝書亭自刻本 清朱慰祖跋

一四六三 騰笑集八卷 清朱彝尊撰 清康熙二十五年曝書亭自刻本 清馮登府跋

一四六四 焦螟集八卷 清朱彝尊撰 清康熙抄本 清宋犖跋 傅增湘跋 九行二十一字、無格

一四六五 風懷鏡四卷 清俞國琛箋注 清嘉慶二十二年刻本 十行十二字、白口、四周單邊

一四六六 風懷詩補注一卷 清朱彝尊撰 清馮登府補注 清抄本 十一行二十二字、無格

一四六七 竹垞文類二十六卷 清朱彝尊撰 清康熙二十一年刻增修本 十行二十字、白口、左右雙邊

一四六八 竹垞文類二十六卷 清朱彝尊撰 清康熙二十一年刻增修本 鄧之誠跋

一四六九 曝書亭類稿不分卷 清朱彝尊撰 稿本 清馮登府、蔣鳳藻、翁綬祺跋 十一行二十一字、無格

一四七〇 朱竹垞先生草稿不分卷 清朱彝尊撰 稿本

一四七一 朱竹垞文稿不分卷 清朱彝尊撰 稿本 清柳東生跋

一四七二 朱竹垞文藁不分卷 清朱彝尊撰 稿本 魏家驊跋並錄 馮煦跋 翁同龢、金兆蕃、王大隆跋 十行二十四字
黑格

一四七三 朱竹垞文稿不分卷 清朱彝尊撰 稿本 十行十九字、無格

一四七四 朱竹垞文稿不分卷 清朱彝尊撰 稿本 清葉封評 張廷濟、吳[illegible]旗跋 鄧慶題款 九行二十字、折裝

一四七五 曝書亭文摘鈔不分卷 清朱彝尊撰 清康熙抄本 清徐釚跋 十行二十四字、無格

一四七六 晚樹樓詩藁五卷 清吳農方撰 清康熙間刻本 十一行二十一字、白口、左右雙邊

一四七七 抱經齋詩集十四卷文集不分卷 清徐嘉炎撰 焚餘
草一卷 清徐學森撰 清康熙三十八年刻本 十行二十字白口四周單邊

一四七八 抱經齋詩集十四卷文集不分卷 清徐嘉炎撰 焚餘
草一卷 清徐學森撰 清康熙三十八年刻本 郭象升跋

一四七九 抱經齋詩集十四卷 清徐嘉炎撰 稿本 九行二十字、無格

一四八〇 南州草堂集三十卷首一卷續集四卷菊莊詞
二卷詞話一卷 清徐釚撰 楓江漁父圖題詞一卷
青門集一卷 清徐釚輯 清康熙三十四年南州草堂刻本 十一行十九字黑口、四周單邊

一四八一 雙溪草堂詩集十卷西山草一卷 清汪薇撰 清康熙刻本 十行十九字、白口、
四周單邊

一四八二 悔齋詩六卷 清汪楫撰 稿本 丁鈞跋 七行十九字 無格

一四八三 遂初堂文集十五卷詩集十二卷 清潘耒撰 葉景葵校 清康熙刻本 十行二十一字、下黑
存二十六卷 文集全、詩集一至五、七至十二

一四八四 遂初堂詩集十六卷文集二十卷別集四卷 清潘耒撰
清康熙刻增修本 十行二十一字、白口、四周單邊

一四八五 遂初堂藁二卷 清潘耒撰 稿本 清黃遵、俞襄、袁廣樹、徐緣、徐康跋

一四八六 遂初堂外集不分卷 清潘耒撰 稿本 八行二十二字、無格

一四八七 不遮山閣詩鈔 清沈朝初撰 清康熙懷雲亭刻本 十行十九字白口、四周雙邊
〔前集六卷後集十卷詩餘二卷〕

一四八八 守經堂詩集一卷 清沈筠撰 清道光間抄本 清許瀚等跋 八行十九字、無格

一四八九 盤隱山樵詩集八卷 清李孚青撰 清康熙刻本 十行十九字、白口、左右雙邊

一四九〇 野香亭集十三卷 清李孚青撰 清康熙刻本 十行十九字、黑口、四周單邊

一四九一 白雲村文集四卷臥象山房詩正集七卷 清李澄中撰 清康
熙四十四年顧堂等刻本 十一行二十字、白口、四周單邊

一四九二 白雲村文集四卷臥象山房詩正集七卷 清李澄中撰 清康
熙四十四年顧堂等刻本 倫明校

一四九三 艮齋文選一卷臥象山房詩集□□卷文集一
卷賦集一卷滇南集一卷滇行日記二卷 清李澄中
撰 清康熙刻本

一四九四 臥象山房詩集二十四卷文集二卷艮齋筆記
八卷雜傳一卷 清李澄中撰 稿本 十行二十字、白口、四周單邊

一四九五 李漁村先生稿一卷 清李澄中撰 稿本 張石民跋

一四九六 受祺堂詩三十五卷 清李因篤撰 清康熙五十八年田少華刻本（卷四原注未出） 十行十九字、小字雙行同
黑口、四周雙邊

一四九七 露軒詩鈔五卷 清袁佑撰 清康熙刻本 十一行二十一字、白口、左右雙邊

一四九八 鶴棲堂稾詩五卷文五卷 清尤侗撰 清刻本 十行二十一字、黑
口、間有白口、左右雙邊

一四九九 尤太史律詩四卷 清尤侗撰 清康熙二十五年鄂氏首縣寓屋活字印本 十行十九字、白口、四周雙邊

一五〇〇 望古集一卷 清尤侗撰 清抄本 十行十九字，白口，黑格，四周單邊

一五〇一 秋谷七言詩八首一卷 清趙執信撰 稿本 五行九字，無格

一五〇二 秋谷詞翰一卷 清趙執信撰 稿本

一五〇三 飴山詩集九卷 清趙執信撰 稿本 十行二十一字，黑格

一五〇四 飴山詩集二十卷 清趙執信撰 清乾隆十七年因園刻本 十行二十一字，白口，四周單邊

一五〇五 飴山詩集二十卷 清趙執信撰 清乾隆十七年因園刻本 清方濬師跋

一五〇六 飴山文集十二卷附錄一卷 清趙執信撰 清乾隆三十九年因園刻本 十行二十一字，白口，左右双边

一五〇七 飴山文集十二卷附錄一卷 清趙執信撰 清乾隆三十九年因園刻本 清方濬師跋

一五〇八 秋水集十卷 清嚴繩孫撰 清康熙雨青堂刻本 九行十九字，白口，左右双边

一五〇九 秋水集四卷詩餘一卷 清嚴繩孫撰 清刻本 九行十九字，小字双行同，白口，左右双边

一五一〇 嚴繩孫詩文稿不分卷 清嚴繩孫撰 稿本

一五一一 陳檢討集二十卷 清陳維崧撰 程師恭注 清康熙刻本 十行二十二字，小字双行同，黑口，左右双边

一五一二 陳檢討集二十卷 清陳維崧撰 程師恭注 清康熙刻本 清吳錫麒批

一五一三 陳檢討集二十卷 清陳維崧撰 程師恭注 清康熙刻本 清段朝端批

一五一四 陳檢討集二十卷 清陳維崧撰 程師恭注 清康熙刻本 清武億錄翁方綱批校並跋

一五一五 湖海樓全集五十一卷 清陳維崧撰 清乾隆六十年浩然堂刻本 十行二十二字，白口，左右双边 詩二十卷附補遺一卷 散體文六卷 詞二十卷 儷體文十二卷

一五一六 半溪詩草十二卷 清錢二白撰 摘秋集詩草一卷 清錢大鏊撰 晚風集詩餘一卷 清錢大斌撰 長吟集雜著一卷 清錢大鏞撰 清康熙刻本 十行二十一字，黑口，左右双边

一五一七 莘香堂詩稿八卷 清王九齡撰 清康熙四十年刻本 十行二十字，白口，四周單邊

一五一八 聖武北征功成詩一卷 清王九齡撰 清康熙刻本 十行十九字，白口，四周單邊

一五一九 受祜堂集十二卷 清張泰交撰 清康熙四十五年高熙徵刻本 九行二十一字，白口，左右双边

一五二〇 擔峯詩四卷 清孫治撰 清康熙刻本 九行二十字，白口，四周單邊

一五二一 一齋舊詩一卷一齋新詩一卷 清魏學誠撰 清康熙刻本 八行二十二字，黑口，左右双边

一五二二 北黟山人詩十卷附錄一卷 清吳苑撰 清康熙刻本 十行十九字，白口，四周單邊

一五二三 北黟山人詩十卷附錄一卷 清吳苑撰 清康熙刻本 鄧之誠跋

一五二四 馮舍人遺詩六卷 清馮廷櫆撰 清雍正十一年刻本 十行十九字，黑口，四周單邊

一五二五 晴川集一卷 清馮廷櫆撰 王士禛批點 清抄本 十行十六字，白口，四周單邊

一五二六 被園詩集七卷文集一卷 清沈爾燝撰 清康熙刻本 九行二十字，白口，左右双边

一五二七 滄湄詩稿三十卷補遺三卷別稿二卷 清尤珍撰 清康熙刻本 十行十八字，黑口，左右双边

一五二八 滄湄詩鈔六卷 清尤珍撰 清康熙刻本 十一行二十一字，小字双行同，白口，左右双边

一五二九 恭紀聖恩詩一卷 清繆什元撰 清康熙刻本 九行十九字，白口，左右双边

一五三〇 使秦草一卷 清繆什元撰 清康熙刻本 九行十九字，白口，左右双边

一五三一 康熙壬戌科會試硃卷一卷 清郝林撰 清康熙刻本 九行二十二字，白口，無直格，四周双边

一五三二 東山草一卷滇遊草一卷燕邸草一卷 清吳琰撰 偭兄遺草一卷 清吳瑋撰 清康熙四十二年刻本 九行二十字，白口，左右双边

一五三三 飲醇堂文集二十卷抱鄣廬詩草十一卷娛暉草二卷和靖節集三卷西山紀遊一卷南浦詞三卷和鳴谷集一卷 清周金然撰 清康熙刻本 九行十九字，白口，左右双边

一五三四 礪巖續文部二十卷二集十三卷 清周金然撰 清康熙刻本 九行十九字，白口，左右双边

一五三五 歸興集唐一卷 清周金然撰 清康熙刻本 九行十九字，白口，左右双边

一五三六 居業齋詩鈔二十六卷文稿二十卷別集十卷 清金德嘉撰 清康熙五十八年蔣國祥刻本 十行十九字，白口，四周單邊

一五三七 瓛徵閣近詩一卷 清許承家撰 清康熙刻本 九行二十字，白口，左右双边

一五三八 正誼堂文集十二卷附錄一卷 清張伯行撰 清抄本 九行二十字，無格

一五三九 正誼堂文集十二卷附錄一卷 清張伯行撰 清乾隆刻本 九行二十字，白口，四周双边

一五四〇 洞庭文集十三卷 清張明先撰 清乾隆刻本 十一行二十一字，黑口，四周單邊

一五四一 鶴侶堂文存稿一卷 清孫勷撰 清封仲可抄本 佚名批校 十行二十五字，無格

一五四二 牛瀫洋陶史草四卷 清牛兆捷撰 清抄本 十二行三十字，無格

一五四三 髯湖草堂文集六卷賦一卷近詩二卷近集四卷 清吳世杰撰 清康熙刻本 十二行二十字，黑口，左右双边

一五四四 硯貽堂詩鈔二卷 清宮璟撰 清康熙刻本 九行二十一字，白口，四周單邊

一五四五 閑心堂詩一卷 清江鼎金撰 清康熙六十年刻本 十行十九字，黑口，左右双边

一五四六 詠古詩一卷　清汪薇撰　清康熙五十五年胡廷風賁錫禧刻本　八行十六字，白口，左右四边

一五四七 梅東草堂詩集九卷　清顧永年撰　清康熙刻本　十行二十字，白口，左右双边

一五四八 山鵠巢於松庭詩不分卷　清蔣陳錫等撰　清康熙刻本　十一行二十一字，白口，左右双边

一五四九 來青居詩稟不分卷　清蔣陳錫撰　清抄本

一五五〇 愛日堂詩集二十八卷　清陳元龍撰　清乾隆刻本　十行十九字，白口，左右双边
敝帚集四卷　延漏集一卷　卻掃集一卷　環召集五卷　南陔集三卷　重儆集一卷　宜人集二卷　歸覲集一卷　遥翔集二卷　蘭崎前集一卷　重臨集一卷　蘭崎后集二卷　黄扉集五卷　林泉集一卷

一五五一 皆春堂詩集八卷　清俞兆曾撰　清康熙刻本　九行十九字，黑口，左右双边

一五五二 皆春堂集二卷　清俞兆曾撰　清康熙刻本　九行十九字，黑口，左右双边

一五五三 俞寧世文集四卷　清俞長城撰　清刻本　九行二十字，白口，四周双边

一五五四 東江詩鈔十二卷　清唐孫華撰　清康熙五十六年刻本　十一行二十一字，白口，左右双边

一五五五 東江詩鈔十二卷　清唐孫華撰　清康熙五十六年刻本　倫明批點

一五五六 顏學山近稿一卷　清顏光敏撰　清康熙刻本　十行二十六字，白口，左右双边

一五五七 愛吾廬文集一卷　清張潛裕撰　稿本

一五五八 石里詩二卷　清張尚瑗撰　清康熙刻本　十行二十一字，黑口，四周單边　書口題：石里澤蒙集

一五五九 石里文稿不分卷　清張尚瑗撰　清抄本　佚名批

一五六〇 杕左堂詩六卷詞四卷　清孫致彌撰　清乾隆刻本　九行二十字，黑口，左右双边

一五六一 尚志館文述九卷補遺九卷　清盧錫晉撰　清康熙五十一年刻本　九行二十字，白口，四周單边

一五六二 南巡紀恩詩一卷　清吳世熹撰　清康熙刻本　十行十九字，黑口，四周單边

一五六三 西齋集十卷　清吳暻撰　清乾隆五十六年吳霈刻本　十行十九字，白口，左右双边

一五六四 西齋集十二卷　清吳暻撰　稿本　清陸貫志、靳咸跋　十行十八字，白口，左右双边

一五六五 西齋集十五卷　清吳暻撰　清雍正八年吳弘性抄本　十行二十字，無格

一五六六 西齋集十五卷刪遺一卷　清吳暻撰　清抄本　十行二十一字，無格

一五六七 西齋集十四卷　清吳暻撰　清抄本　十行二十一字，無格

一五六八 錦溪小集二卷　清吳暻撰　清康熙刻本　十行十八字，白口，左右双边

一五六九 芝雲堂詩稿四卷　清徐賓撰　清康熙刻本　十一行二十一字，白口，左右双边

一五七〇 芝雲堂雜言一卷詩稿一卷詞一卷　清徐賓撰　清康熙凝翠山房刻本　九行二十二字，白口，左右双边

一五七一 芋寧堂詩集四卷　清[illegible]撰　清抄本　十二行二十字，白口，四周双边

七一

一五七二 潘中丞文集四卷　清潘宗洛撰　清乾隆二十二年潘文熙刻本　九行二十一字，白口，左右双边

一五七三 六瑩堂集九卷二集八卷　清梁佩蘭撰　清康熙四十七年刻本　十行十九字，黑口，四周双边

一五七四 六瑩堂集九卷二集八卷　清梁佩蘭撰　清康熙四十七年刻本　清李芝綬跋又錄清孫星衍批並跋

一五七五 懷清堂集二十卷　清湯右曾撰　清乾隆七年黄鍾刻本　十行二十二字，白口，四周單边

一五七六 懷清堂集二十卷首一卷　清湯右曾撰　清乾隆十一年湯獬泰等刻本　十行二十一字，白口，左右双边

一五七七 懷清堂詩稿不分卷　清湯右曾撰　稿本

一五七八 使黔集二卷　清湯右曾撰　清康熙刻本　十行十九字，小字双行同，黑口，左右双边

一五七九 滌遠堂遺集不分卷　清查昇撰　清倫竹君廬抄本　十行二十一字，白口，四周双边

一五八〇 雙雲堂文稿六卷詩稿六卷行述一卷　清范光陽撰　清康熙四十六年鄭風刻本　九行二十字，黑口，左右双边

一五八一 企南軒文集三卷詩集一卷　清楊文倫撰　清雍正刻本　十行二十二字，黑口，左右双边

一五八二 紺寒亭文集四卷詩集十卷　清趙俞撰　清康熙刻本　十一行二十一字，白口，左右双边

一五八三 過江集四卷　清史申義撰　清康熙刻本　十行十九字，黑口，左右双边

一五八四 過江二集四卷　清史申義撰　清康熙五十一年刻本　十行十九字，黑口，左右双边

一五八五 使滇集二卷　清史申義撰　清康熙刻本　十行十九字，黑口，左右双边

一五八六 燕城集二卷　清史申義撰　清康熙刻本　十行十九字，黑口，四周單边

一五八七 才治樓詩不分卷　清史申義撰　清康熙刻本　十行十九字，黑口，四周單边

一五八八 甌香詩草備存二卷　清黄叔璥撰　清康熙五十二年刻本　九行十九字，黑口，左右双边

一五八九 賜書樓嶢山集四卷補刻一卷詩集一卷　清田從典撰　清雍正九年賜書樓刻本　九行二十二字，白口，四周双边

一五九〇 玉照亭詩鈔二十卷　清陳大章撰　清乾隆九年陳師晉刻黄岡二家詩鈔本　鄭之城跋　十一行二十一字，小字双行，黑口，左右双边

一五九一 南崖集四卷　清閻天淳撰　清貽清堂刻本　九行二十一字，黑口，左右双边

一五九二 南崖集四卷　清閻天淳撰　清貽清堂刻本　清翁同龢、楊沂孫跋

一五九三 子師先生文集不分卷　清閻天淳撰　稿本　十一行二十二字，無格

一五九四 志學集二卷　清閻天淳撰　清抄本

一五九五 研雲堂詩六卷　清錢以塏撰　清康熙刻本　十一行二十一字，黑口，左右双边

一五九六 寒村詩文選三十九卷　清鄭梁撰　清康熙紫蟾山房刻本　九行二十字，黑口，左右双边
見黄稿詩刪四卷　五丁詩稿五卷　安庸集一卷　玉堂後集一卷　寓舍生集二卷　歸省備錄一卷　遥翔詩存一卷

七二

白雲軒集二卷 高州詩集二卷 五丁集二卷 南行雜錄一卷 見黃稿二卷 安廣集四卷

一五九七 寒村詩文選三十六卷 清鄭梁撰 清康熙紫蟾山房刻謝傳本 九行二十字黑口左右雙邊
見黃稿詩刪五卷 安廣集一卷 歸省偶錄一卷 玉堂後集一卷 白雲軒集二卷 高州詩集二卷 五丁集二卷 雜錄二卷 半生亭集一卷
五丁詩稿五卷 玉堂集一卷 還朝詩存一卷 寶晉堂集二卷 南行雜錄一卷 見黃稿二卷 安廣集二卷 雜錄補一卷 息尚編四卷

一五九八 謹齋詩稿二十卷 清許志進撰 清康熙賁敬堂刻本

一五九九 謹齋詩稿不分卷 清許志進撰 稿本 清丁國鈞跋

一六〇〇 筠心堂存稿八卷 清張孝時撰 清抄本

一六〇一 靜菴草十二卷 清張增慶撰 清康熙刻本 十行二十二字黑口左右雙邊

一六〇二 養素堂文集不分卷 清黃叔琳撰 清抄本

一六〇三 蕪城校理集二卷春帆別集二卷 清楊中訥撰 清抄本 九行二十字無格 清吳仰賢批校並跋

一六〇四 研谿先生詩集七卷 清惠周惕撰 清康熙惠氏紅豆齋刻本 十一行二十二字白口左右雙邊
北征集一卷 岣嶁集二卷 東中集一卷 紅豆集一卷 嶺語集一卷 謫居集一卷

一六〇五 硯谿先生遺稿二卷 清惠周惕撰 清惠氏紅豆齋抄本 十行二十二字黑格四周雙邊

一六〇六 陳恪勤公詩集三十九卷 清陳鵬年撰 清道榮堂刻本 十一行二十字黑口四周單邊
耦耕集五卷 千山集二卷 陶山集二卷 浮石集七卷 水東集三卷 萬廬集三卷 武功集二卷 香山集二卷 淮海集三卷 秣陵集四卷 喝月詞六卷

一六〇七 滄洲近詩十卷 清陳鵬年撰 清乾隆二十七年刻本 九行十九字白口左右雙邊

一六〇八 道榮堂文集六卷 清陳鵬年撰 首一卷 清乾隆二十七年刻本 十行十九字白口左右雙邊

一六〇九 陳恪勤公集不分卷 清陳鵬年撰 稿本 八行十八字或二十字無格

一六一〇 取此居文集二卷 清周正撰 李應鼎評 清康熙刻本 清張謙宜批校并跋 八行十九字白口左右雙邊

一六一一 取此居文集二卷 清周正撰 李應鼎評 清康熙刻本鄧之誠跋

一六一二 丙寅集一卷 清陶爾穟撰 清刻本 十行二十一字黑口左右雙邊

一六一三 伊想集一卷 清陶爾穟撰 清刻本 十行二十一字黑口左右雙邊

一六一四 逸莪集二卷隙園詩餘一卷 清錢肇修撰 清康熙刻本 十行十九字白口左右雙邊

一六一五 墨莊詩鈔二卷文鈔一卷詞餘一卷 清林以寧撰 馮嫻 柴靜儀評 清康熙刻本 十行十九字白口左右雙邊

一六一六 和杜哀吟一卷 清方邁撰 清康熙古氏卽石倉刻本 八行二十字白口四周單邊

一六一七 方日斯先生詩稿不分卷 清方邁撰 稿本 九行二十二字無格

一六一八 方日斯先生文稿二卷 清方邁撰 稿本 清黃世發 汪闓解跋 八至九行行字不等無格

一六一九 居易堂小草不分卷 清康無疆撰 張大有評類 稿本 九至十行行二十五字

一六二〇 雲齋清籟二十一卷 清康行僴撰 清雍正十年刻本 九行二十字白口左右雙邊

一六二一 張大有詩賦不分卷 清張大有撰 稿本

一六二二 寓理集二卷 清殷元福撰 清抄本 十行二十六字無格

一六二三 雄雉齋選集六卷 清顧圖河撰 清康熙刻本 十行二十一字黑口左右雙邊

一六二四 雄雉齋選集六卷 清顧圖河撰 清康熙刻本 鄧之誠跋

一六二五 林樅址詩集三卷北行卽景一卷 清林孫吉撰 清康熙刻本 九行十八字白口四周雙邊有像

一六二六 偶存詩集八卷 清成永健撰 清康熙刻本 十行二十一字白口左右雙邊

一六二七 夢月巖詩集二十卷詩餘一卷 清呂履恒撰 清雍正三年呂憲實呂宣曾刻本 十行十九字白口左右雙邊

一六二八 冶古堂文集五卷 清呂履恒撰 清乾隆十五年呂宣曾刻本 十行十九字白口左右雙邊

一六二九 使滇草一卷 清呂履恒撰 清康熙四十九年刻本 十行十九字細黑口左右雙邊

一六三〇 陳清端文集八卷紀恩錄一卷 清陳瑸撰 清乾隆三十年兼山堂刻本 九行二十一字白口四周雙邊

一六三一 北園詩集三卷 清陳允恭撰 清刻本 九行二十字白口左右雙邊

一六三二 桐埜詩集一卷 清周起渭撰 清康熙五十五年江濬刻本 十行十九字白口四周單邊

一六三三 迴青山房詩二卷桐埜山人集一卷稼雨軒近詩一卷桐埜詩一卷漁璜宮詹世系一卷介眉集一卷 清周起渭撰 清抄本 清莫友芝校 十行二十字紅格左右雙邊

一六三四 匏葉山莊集一卷 清朱晨撰 清抄本 十行二十三字

一六三五 秋泉居士集十七卷 清汪士鋐撰 清乾隆清蔭堂刻本 十行十九字白口四周單邊

一六三六 栗亭詩集六卷 清汪士鋐撰 清康熙刻本 十行十九字白口四周單邊

一六三七 嚴太僕先生集十二卷 清嚴虞惇撰 清乾隆元年嚴有禧纘武堂刻本 十一行二十一字白口左右雙邊

一六三八 嚴太僕先生集十二卷 清嚴虞惇撰 清乾隆元年嚴有禧纘武堂刻本 鄧之誠跋

嚴太僕未刻稿一卷 清嚴虞惇撰 清抄本 清屈軼跋 十行二十字无格　一六三九
嚴思菴先生詩集不分卷文集不分卷 清嚴虞惇撰 清抄本 佚名録清江應銓校　一六四〇
莞青集十九卷 清陳至言撰 清康熙四十八年芝泉堂刻本 九行二十字白口四周單邊　一六四一
雪川詩稾十卷 清陳裒撰 清康熙刻本 十一行二十一字白口左右雙邊　一六四二
東甌紀遊一卷 清周彝撰 清康熙刻本 九行二十一字白口无直格四周單邊　一六四三
華鄂堂詩藁二卷研山十詠一卷 清周彝撰 清康熙刻本 九行二十一字白口无直格四周單邊或十行十九字上下黑口左右雙邊　一六四四
葦間詩集五卷 清姜宸英撰 清康熙五十二年唐執玉刻本 十一行十九字小字雙行字不等黑口左右雙邊　一六四五
葦間詩集五卷 清姜宸英撰 清康熙五十二年唐執玉刻本 清楊泰亨跋　一六四六
葦間詩稿不分卷 清姜宸英撰 稿本 鄧實跋　一六四七
姜西溟文鈔一卷 清姜宸英撰王心湛批點 稿本 九行二十字无格　一六四八
姜西溟文稿一卷 清姜宸英撰 稿本　一六四九
姜西溟先生文稿不分卷 清姜宸英撰 稿本　一六五〇
湛園未定藁六卷 清姜宸英撰 清康熙二老閣刻本 十行二十字下黑口左右雙邊　一六五一
湛園未定稿六卷 清姜宸英撰 清康熙二老閣刻本 清王士禛跋　一六五二
湛園未定稿六卷 清姜宸英撰 清康熙二老閣刻本 清馮登府跋　一六五三
湛園未定藁六卷 清姜宸英撰 清康熙二老閣刻本 清王定祥校并跋　一六五四
湛園未定稿一卷 清姜宸英撰 清抄本 十二行二十二字紅格四周單邊　一六五五
重訂湛園未刻稿不分卷 清姜宸英撰王定祥重訂 稿本 楊調衔王定祥黃侃柳詒徵馬浮余紹宋汪辟疆葉玉麐張宗祥跋　一六五六
姜西溟先生八股文一卷 清姜宸英撰 稿本 清尸元燁跋　一六五七
姜西溟先生文鈔四卷 清姜宸英撰 清乾隆四年趙何敦厖懈堂刻本 清王定祥批校并跋 十二行二十四字黑口四周雙邊　一六五八
姜西溟文鈔四卷 清姜宸英撰 清補堂抄本 十行二十三字白口四周雙邊　一六五九
槐野詩鈔四卷 清許迎年撰 清康熙刻本 十一行二十一字黑口左右雙邊　一六六〇
綠净軒詩鈔五卷 清徐德音撰 清康熙刻本 十一行二十一字黑口左右雙邊　一六六一
澄懷園詩選十二卷 清張廷玉撰 清乾隆二年刻本 十行十九字白口左右雙邊　一六六二
雪湖集二卷 清張開第撰 清抄本 九行十八字藍格四周雙邊　一六六三
茶坪詩鈔十卷 清徐永宣撰 清康熙刻本 十一行二十一字白口左右雙邊　一六六四

畏壘山人詩集四卷筆記四卷乙未亭詩集六卷 清徐昂發撰 清康熙徐氏德有鄰堂刻本 十一行二十一字白口左右雙邊　一六六五
畏壘山人詩集四卷乙未亭詩集六卷筆記四卷文集四卷 清徐昂發撰 清康熙徐氏德有鄰堂刻本 文集倫明抄配　一六六六
秋影樓詩集九卷 清汪繹撰 清康熙五十二年查慎行刻本 十二行二十三字白口左右雙邊　一六六七
沈端恪公文集一卷潁水集一卷闇齋詩集一卷天鑒堂集八卷附一卷 清沈近思撰 清雍正七年沈遵峯刻乾隆四年續刻本 十行二十三字下黑口四周雙邊　一六六八
燕京雜詩一卷 清查嗣瑮撰 清康熙刻本 九行二十二字黑口左右雙邊　一六六九
查浦詩鈔十二卷 清查嗣瑮撰 清刻本 十一行二十一字白口左右雙邊　一六七〇
查浦詩鈔十二卷 清查嗣瑮撰 清刻本 清沈廷芳校　一六七一
容子山人學詩存稿不分卷 清董新策撰 稿本 九行二十字无格　一六七二
松山草堂詩集六卷補遺一卷 清葉紹芳撰 清康熙刻本 八行十九字白口四周單邊　一六七三
清溪集十卷 清楊玠撰 清抄本　一六七四
清溪文稿不分卷詩草十卷炎州草一卷郎罍節婦考一卷 清楊玠撰 何其蕃録 清抄本 文稿目録分八卷 八行十九字黑格四周雙邊　一六七五
致軒詩鈔二十四卷 清楊中訥撰 清抄本 十行二十一字白口四周雙邊　一六七六
浮翠亭文鈔不分卷 清史貽直撰 清抄本　一六七七
錫穀堂詩五卷 清劉師恕撰 清乾隆十一年碧梧翠竹山房刻本 九行二十二字白口四周單邊　一六七八
玉屏山樵吟四卷東遊草一卷補遺一卷 清陸師撰 陸棨雲先生驗封礦洞紀畧一卷 清孫有韓輯 附録一卷 清乾隆八年刻本 九行十九字白口左右雙邊　一六七九
雙清閣詩稿八卷 清勵廷儀撰 清乾隆三年勵宗萬刻本 九行十八字白口左右雙邊　一六八〇
皆山堂詩草十卷 清段昕撰 清康熙四十九年自刻本 八行十八字白口四周雙邊　一六八一
思綺堂文集十卷 清章藻功撰 清康熙六十一年刻本 十行二十二字白口四周單邊　一六八二
思綺堂文集不分卷 清章藻功撰 清李遇孫抄本 清李集跋 九行二十七字无格　一六八三
竹深處集不分卷 清黨流功撰 清康熙二十四年刻本 十一行二十字白口四周雙邊　一六八四
赤快閣出畫詩集一卷 清許田撰 清康熙刻本 九行十九字黑口四周單邊　一六八五
許屏山集九卷 清許田撰 稿本 十行二十字无格 屏山西征集一卷 燕邨前集一卷 後集一卷 屏山對牀集一卷　一六八六

樓邨詩集二十五卷 雪蕉集一卷 瑞石山樓集二卷 柳葉集一卷 杜川游稿一卷 清王式丹撰 清雍正四年王懋竑刻本 十一行二十一字白口左右双边 一六八七
樓邨詩集二十五卷 清王式丹撰 清雍正四年王懋竑刻本 鄧之誠跋 一六八八
何學士集二卷尺牘一卷題跋一卷 清何焯撰 清勞權抄本 清勞權校 十行二十二字無格 一六八九
杜谿文稿四卷 清朱書撰 白柴古文稿一卷 清朱[illegible]撰 清乾隆元年朱紫閬刻本 十行二十一字白口四周双边 一六九〇
朱杜谿先生集七卷詩稿三卷又詩一卷遊歷記一卷 清朱書撰 清朱晚刻本（杜谿集配抄本） 十行二十一字白口四周双边 存十一卷 一之二 四之七 缺全 一六九一
緯蕭草堂詩六卷 清宋至撰 清康熙刻本 八行十八字白口四周單边 一六九二
静用堂偶編十卷續編十卷 清涂天相撰 清康熙雍正間道生堂刻本 九行二十字白口左右双边 一六九三
榮古堂集□□卷 清查嗣瑮撰 清乾隆二十二年查昌鉀抄本 存六卷 文集一至二 賦五至六 詩集偶鈔七至八 一六九四
敬業堂詩集四十八卷 清查慎行撰 清康熙五十八年刻本 十一行二十一字白口左右双边 一六九五
敬業堂詩集五十卷 清查慎行撰 清康熙五十八年刻雍正增修本 十一行二十一字白口左右双边 一六九六
敬業堂詩集五十卷 清查慎行撰 清康熙五十八年刻雍正增修本 清翁方綱、翁樹崑批校 一六九七
敬業堂詩集五十卷 清查慎行撰 清康熙五十八年刻雍正增修本 清翁方綱評點 存二十六卷 一至二十六 一六九八
敬業堂詩集五十卷 清查慎行撰 清康熙五十八年刻雍正增修本 清張誠之批 徐恕錄朱洪查奕照等評 一六九九
敬業堂詩集五十卷 清查慎行撰 清康熙五十八年刻雍正增修本 清陳用光批並跋 一七〇〇
敬業堂詩集五十卷 清查慎行撰 清康熙五十八年刻雍正增修本 洪汝奎録前人批校並跋 徐恕跋 一七〇一
敬業堂詩續集六卷 清查慎行撰 清查學查開刻本 十一行二十一字白口左右双边 一七〇二
敬業堂詩集五十四卷補遺一卷餘波詞一卷補遺一卷附録一卷 清查慎行撰 清許昂霄抄本（卷一至八配清康熙五十八年刻本） 清許昂霄跋 傅增湘、張元濟跋 十一行二十一字白口左右双边 一七〇三
敬業堂詩集參正二卷 清吳昂駒撰 稿本 清方成珪跋 朱洪校 十行二十一字無格 一七〇四
敬業堂詩集不分卷 清查慎行撰 稿本 清朱彝尊、唐孫華、姜宸英等評 [illegible]跋 一七〇五
敬業堂詩集四卷 清查慎行撰 吳翌鳳選 清乾隆[illegible]十四年吳翌鳳抄本 十行二十一字藍格 一七〇六

敬業堂詩鈔二卷 清查慎行撰 清朱鐵門抄本 十行二十一字無格 一七〇七
敬業堂近體詩選不分卷 清查慎行撰 清錢志澂抄本 十二行二十三字無格 一七〇八
查初白詩稿一卷 清查慎行撰 稿本 清張之洞題簽 一七〇九
壬申紀遊不分卷 清查慎行撰 稿本 一七一〇
查初白文集不分卷 清查慎行撰 清抄本 清吳騫、洪[illegible]跋 九行二十六字無格 一七一一
側翅集一卷 清查慎行撰 孫鍾端選 清光緒潘氏香禪精舍抄本 十行二十二字藍格 一七一二
恐學菴詩稿二卷 清查慎行撰 清同治元年樊彬抄本 一七一三
慎旃初集一卷二集一卷 清查慎行撰 清康熙刻本 十行二十字小字雙行同白口左右双边 一七一四
慎旃初集一卷二集一卷 清查慎行撰 清康熙刻本 鄧之誠跋 一七一五
慎旃二集一卷 清查慎行撰 清康熙刻本 清查慎行校 繆荃孫跋 一七一六
片雲集一卷 清蔣廷錫撰 清康熙四十一年刻本 一七一七
西山爽氣集三卷秋風集一卷 清蔣廷錫撰 清康熙刻本 一七一八
青桐軒詩集六卷破山集一卷 清蔣廷錫撰 清康熙刻本 一七一九
牡丹百詠一卷 清蔣廷錫撰 清乾隆十三年万戟高抄本 一七二〇
六堂詩存四卷續集一卷 清萬經撰 清乾隆三十四年刻增修本 九行十八字白口四周双边 一七二一
集虛齋學古文十二卷附離騷經解略一卷 清方楘如撰 清乾隆十九年佩古堂刻本 十一行二十五字白口左右双边 一七二二
望溪集不分卷 清方苞撰 王兆符、程崟輯 清乾隆十一年程崟刻本 清劉履芬抄補 章鈺跋 九行十九字白口左右双边 一七二三
望溪集不分卷 清方苞撰 王兆符、程崟輯 清乾隆十一年程崟刻本 清呂公溥跋 一七二四
望溪先生文不分卷 清方苞撰 王兆符、程崟輯 清同治十三年張鳴珂抄本 清張鳴珂跋 一七二五
方望溪先生文稿不分卷 清方苞撰 稿本 姚[illegible]、傅增湘跋 八行行字不等無格 一七二六
方望溪先生文稿不分卷 清方苞撰 稿本 傅增湘跋 八行行字不等無格 一七二七
望溪文集十八卷集外文十卷外文補遺二卷附録一卷年譜一卷 清方苞撰 清蘇惇元輯 清咸豐二年刻本 清平步青校 十一行二十一字白口左右双边 一七二八
望溪先生文補遺一卷 清方苞撰 清萬卷樓抄本 九行二十五字無格 一七二九
王石和文八卷 清王源撰 清雍正培風齋刻本 九行二十二字白口四周單边 一七三〇
二十四泉草堂集十二卷 清王苹撰 清康熙五十六年王熙學刻本 十二行二十二字白口左右双边 一七三一
二十四泉草堂集十二卷 清王苹撰 稿本 十二行二十二字無格 一七三二
蓼村集四卷 清王苹撰 清乾隆三十八年胡德琳刻本 十行二十一字白口左右双边 一七三三

七三四 鐵佛集不分卷 清喬崇烈撰 稿本
七三五 蕭葭書屋詩一卷 清喬崇烈撰 清康熙刻本 十行十九字白口四周双边
七三六 甲巳游草六卷 清宮鴻曆撰 清康熙刻本 十二行二十一字黑口左右双边
七三七 恕堂詩七卷 清宮鴻曆撰 清康熙刻本 十行二十一字黑口左右双边
七三八 恕堂詩口口卷 清宮鴻曆撰 稿本
七三九 恕堂詩二十六卷 清宮鴻曆撰 清抄本 存十三卷（西堂集二卷 居輔集一卷 金浙集二卷 用晦集一卷 瀛洲集三卷 柱史集四卷）
七四〇 雙遂堂遺集四卷 清查嗣庭撰 清抄本 九行二十八字无格
七四一 雙遂堂遺集四卷 清查嗣庭撰 清抄本 九行二十八字小字双行同无格
七四二 雙遂堂遺集四卷 清查嗣庭撰 清抄本 九行二十七字无格
七四三 雙松晚翠樓詩十卷 清莊令輿撰 清乾隆三十一年二知堂刻本 十行二十一字白口四周双边
七四四 雙松晚翠樓詩二十卷 清莊令輿撰 清莊怡孫莊蛻濟抄本
七四五 楊禹江集不分卷 清楊開沅撰 羅振常跋 清抄本 十行十九字无格
七四六 高陽山人文集十二卷詩集二十卷補遺一卷附録一卷 清劉青藜撰 清康熙四十九年劉青震刻本 九行十九字黑口左右双边
七四七 白麓文鈔五卷 清鄭亦鄒撰 清抄本 十行二十字无格
七四八 改堂先生文鈔二卷 清唐紹祖撰 清乾隆十八年刻本 十行十九字黑口四周双边
七四九 性影集八卷 清王時憲撰 清康熙五十年高珝刻本 十一行二十一字白口左右双边
七五〇 匠門書屋文集三十卷 清張大受撰 清雍正七年顧詒祿刻本 十行二十一字白口左右双边
七五一 張文敏公遺稿三卷 清張照撰 稿本 清陳大誥、長卿跋
七五二 張文敏公送朱南崖太夫子入都文一卷 清張照撰 稿本
七五三 日堂文鈔一卷 清盧軒撰 清刻本 清管庭芬跋 十一行二十一字白口左右双边
七五四 餘園詩鈔六卷 清繆沅撰 清乾隆蔭壽堂刻本 十行十九字白口左右双边
七五五 師經堂集十八卷 清徐文駒撰 清康熙五十一年擎古樓刻本 九行二十一字黑口左右双边
七五六 圭美堂集二十六卷 清徐用錫撰 清乾隆十五年刻本 九行二十一字白口左右双边
七五七 綠波園詩集八卷 清宋筠撰 清乾隆刻本 十一行二十一字白口四周双边
七五八 鴻雪齋儷體六卷 清汪卓撰 清康熙刻本 十行十九字白口四周單边
七五九 茂山堂詩草一卷二集一卷 清梁廸撰 清康熙刻本 十行二十一字黑口左右双边
七六〇 憂患集偶鈔不分卷附子遺録一卷 清戴名世撰 清康熙四十年尤雲鶚寶翰樓刻本 十行二十一字白口左右双边 子遺録九行二十字四周單边

七六一 南山集偶鈔不分卷 清戴名世撰 清康熙四十年尤雲鶚寶翰樓刻本 本書亦名憂患集偶鈔 十行二十一字白口左右双边
七六二 潛虛先生文集十四卷 清戴名世撰 尤雲鶚編 清康熙四十年刻本 十行二十四字白口四周單边
七六三 潛虛先生文集十四卷年譜一卷 清戴名世撰 清抄本
七六四 潛虛先生文集不分卷 清戴名世撰 清李文田家抄本 清李文田校注 十行二十字綠格白口四周單边
七六五 崧山集不分卷 清戴名世撰 清抄本 八行二十二字白口左右双边
七六六 綠楊紅杏軒詩集四卷續集六卷 清蔣仁錫撰 清康熙刻本 十行十九字黑口左右双边
七六七 使豫草一卷 清薛廸撰 清康熙五十八年刻本 郭則雲跋並題詩 十行十九字小字双行同白口四周双边
七六八 退谷文集二十二卷 清黄越撰 黄白麟校 清雍正五年光裕堂刻本 文集十五卷詩集七卷 八行二十一字白口左右双边
七六九 二希堂文集十一卷首一卷 清蔡世遠撰 清雍正十年刻本 九行二十字白口左右双边
七七〇 泉南山人存稿三卷首一卷微雲餘響一卷 清蔡道憲撰 清抄本 十一行二十一字无格
七七一 青要集十二卷 清呂謙恒撰 清雍正十三年刻本 十二行二十二字白口四周双边
七七二 青要山房詩選十二卷 清呂謙恒撰 清乾隆六年張人崧刻本 十行十九字小字双行同白口左右双边
七七三 医匪西北域記一卷医匪居業集一卷医匪以學集一卷 清謝濟世撰 清乾隆十三年抄本 十行二十八字无格
七七四 秋涯詩稿一卷詞稿一卷跋稿一卷雜文一卷 清王鴻蒙撰 清乾隆四十年陸時化翠華軒刻綠印本 十行二十一字白口左右双边
七七五 秋涯詩稿一卷詞稿一卷跋稿一卷雜文一卷 清王鴻蒙撰 清乾隆四十年陸時化翠花軒刻本
七七六 橘巢小藁四卷 清王世璟撰 清乾隆二十三年王愷伯刻本 九行十七字白口四周双边
七七七 張稚松先生文集二卷 清張謙宜撰 清抄本 八行二十五字无格
七七八 緄齋詩集十二卷焚餘一卷 清張謙宜撰 清抄本 八行二十四字无格
七七九 緄齋詩選二卷補遺一卷 清張謙宜撰 清乾隆二十四年法輝祖刻本 清李文淵批識 李文藻跋 十行二十一字白口左右双边
七八〇 閒青堂詩集十卷附録一卷 清宋倫瀚撰 清乾隆刻本 目録前鐫撰者像 鄧之誠跋
七八一 閒青堂詩集十卷附録一卷 清宋倫瀚撰 清乾隆刻本 十行二十二字白口左右双边

一七八二　今有堂詩集四卷後集三卷　清程夢星撰　清乾隆程氏刻本　九行十九字白口四周雙边

一七八三　奉使琉球詩三卷附詞一卷文一卷　清徐葆光撰　清雍正十一年汪櫰刻本　九行二十一字黑口左右双边

一七八四　閒丘詩集六十卷味蔬詩集三卷　清顧嗣立撰　清康熙刻本　十一行二十一字白口左右双边　目録卷三十八至四十八、卷五十七至六十原注未刻

一七八五　閒丘詩集二十卷　清顧嗣立撰　清康熙刻本　倫明跋　十一行二十一字白口左右双边

一七八六　書館閒吟十卷　清顧嗣立撰　清康熙刻本　十一行二十一字白口左右双边

一七八七　秀埜草堂詩集五卷小秀埜詩集三卷　清顧嗣立撰　清康熙刻本　十一行二十一字白口左右双边

一七八八　金焦集一卷山陰集一卷　清顧嗣立撰　清康熙刻本　十一行二十一字白口左右双边

一七八九　輪翁文略不分卷　清沈樹本撰　稿本

一七九〇　輪翁詩畧□□卷　清沈樹本撰　稿本
存十一卷　二十一卷至二十六卷、二十八卷至三十二卷

一七九一　曼真詩畧七卷　清沈樹本撰　稿本　十二行二十字无格

一七九二　查學庵雜稿不分卷　清查雲標撰　稿本

一七九三　查勉耘詩集七卷　清查雲標撰　稿本　十行二十一字白口四周双边黑格

一七九四　寶恩堂詩藁一卷　清譚海撰　清抄本　九行十九字白口四周双边

一七九五　雲川閣集詩六卷詞一卷　清杜銘撰　清康熙刻本　十行二十一字，小字双行同白口左右双边

一七九六　雲川閣集詩十四卷詞七卷　清杜詔撰　清雍正刻本　十行二十一字，小字双行同白口四周單边

一七九七　樸學齋詩藁十卷　清林信撰　清乾隆九年家刻本　十行十九字黑口左右双边

一七九八　祿璞堂詩集四卷文集四卷　清胡煦撰　清乾隆三十七年刻本　十行十九字白口左右四边

一七九九　秦休文集一卷　清秦休撰　稿本　九行字數不一，无格

一八〇〇　鄂文端公遺稿六卷　清鄂爾泰撰　清乾隆三十九年楊潮觀葆真堂刻本　十行十九字黑口左右双边

一八〇一　文蔚堂詩集八卷　清鄂爾泰撰　清竹虛齋抄本　八行十九字白口黑格四周双边

一八〇二　文蔚堂全集不分卷　清鄂爾泰撰　稿本　八行十九字无格

一八〇三　燭門詩四卷　清陳以剛撰　清康熙棣華書屋刻本　八行十九字白口左右双边

一八〇四　北遊文鈔不分卷　清陳見龍撰　稿本　十行二十七字无格
越西集一卷　湖干集一卷　淮南集一卷　江上集一卷

一八〇五　陶退菴先生文稿十二卷　清陶貞一撰　稿本　十二行二十字无格

一八〇六　竹樓詩鈔五卷　清王圖楝撰　清乾隆三十二年刻本　九行十九字白口四周双边

一八〇七　鴻寶堂詩稿一卷　清吴廷楨撰　清康熙刻本　十行二十字白口四周双边

一八〇八　二峯詩稿一卷　清程崟撰　清乾隆刻本　九行十八字白口左右双边

一八〇九　石帆軒詩集十一卷　清徐驗撰　清康熙刻本　十一行二十一字白口左右双边

一八一〇　堅蕉續藁不分卷　清徐駿撰　清抄本　十行二十字无格

一八一一　二水樓文集二十卷詩集十八卷首一卷　清李茹旻撰　清乾隆二十二年李祿元等刻本　九行二十字黑口左右双边

一八一二　甘莊恪公全集十六卷附一卷　清甘汝來撰　清乾隆甘氏賜福堂刻本　九行二十一字白口左右双边

一八一三　留都詩草不分卷　清陳治滋撰　清乾隆刻本　八行二十二字白口左右双边

一八一四　青瑶草堂詩集五卷　清吴應棻撰　清雍正刻本　十行二十一字白口四周單边
三使集二卷　倚雲草二卷

一八一五　横山詩文鈔二十二卷　清裘璉撰　清康熙裘氏絳雲居刻本　九行二十二字白口左右双边
横山初集十六卷　胡二齋先生評選横山初集不分卷　横山文鈔不分卷　易皆軒二集六卷

一八一六　横山文鈔二十四卷　清裘璉撰　稿本　十行二十字黑格

一八一七　陳士業先生全集十四卷敦宿堂留書二卷　清陳弘緒撰　清康熙二十六年陳玫刻雍正十二年重修本　九行二十字白口四周單边

一八一八　陳士業先生集十六卷　清陳弘緒撰　清康熙二十六年陳玫刻本
石莊初集六卷　敦宿堂留書二卷　鴻桷續集二卷　寒崖近稿二卷　鴻桷集二卷　恒山存藁二卷

一八一九　陳學士文集十八卷　清陳儀撰　清乾隆十八年蘭雪齋刻本　九行二十二字白口左右双边

一八二〇　白田草堂存稿二十四卷附行狀一卷　清王懋竑撰　崇祀鄉賢録一卷　清乾隆刻本　十二行二十二字白口左右双边

一八二一　白田草堂稿不分卷　清王懋竑撰　稿本　清王惟賢跋

一八二二　白田草堂續稿八卷　清王懋竑撰　稿本

一八二三　白田草堂存稿不分卷　清王懋竑撰　稿本

一八二四　詠花軒詩集六卷　清張廷璐撰　清乾隆刻本　十行十九字白口左右双边

一八二五　西塞雜著二卷　清徐聚倫撰　清乾隆四年徐育臨刻本　九行二十二字白口四周双边

一八二六 容安齋文集不分卷 清汪應銓撰 稿本

一八二七 閑録遺編一卷 清汪應銓撰 清抄本

一八二八 孟鄰堂文鈔十六卷 清楊椿撰 清嘉慶二十五年楊魯生刻本 十行二十字白口左右双边

一八二九 孟鄰堂文鈔十六卷 清楊椿撰 清嘉慶二十五年楊魯生刻本 清李慈銘跋

一八三〇 近道齋文集六卷詩集四卷 清陳萬策撰 附一卷 清乾隆刻本 九行二十字白口四周双边

一八三一 小蘭陔詩集八卷 清謝道承撰 清乾隆三十八年刻本 九行十九字白口左右双边

一八三二 崇雅堂稿八卷 清王植撰 王戇思先生傳一卷 清乾隆十一年刻本 九行二十字白口四周双边

一八三三 崇德堂藁四卷 清王植撰 清乾隆十一年刻本

一八三四 樓山詩集六卷 清王恕撰 清乾隆垂經堂刻本 八行十九字白口左右双边

一八三五 依歸草十八卷自長吟十二卷 清張符驤撰 清張謙宜評並題詩 清康熙刻本 九行二十字黑口四周單边 依歸草卷十五原缺未刻

一八三六 依歸草不分卷 清張符驤撰 清抄本 九行二十二字白口四周双边

一八三七 出塞集一卷 清盧見曾撰 清乾隆刻本 九行十九字白口无格

一八三八 謙齋詩集不分卷 清河濤撰 清乾隆五十五年慶寧抄本 八行二十四字紅格

一八三九 存研樓文集十六卷 清儲大文撰 清乾隆九年刻本 九行二十字白口左右双边

一八四〇 存硯樓二集二十五卷 清儲大文撰 清乾隆十九年刻本 十一行二十三字白口左右双边

一八四一 浮青水榭詩四卷 清儲雄文撰 清康熙刻本 十行二十一字白口左右双边

一八四二 涉江集一卷吴榜集一卷 清儲雄文撰 清康熙四十九年刻本 十行十九字白口左右双边

一八四三 歸田詩存三卷文存二卷 清曾煜撰 清雍正鳴野山房刻本 十行十九字白口左右双边

一八四四 秋塍文鈔十二卷 清曾煜撰 清乾隆刻本 九行二十二字白口四周單边

一八四五 青立軒詩藁八卷 清宋華金撰 清乾隆十六年刻本 十行二十二字白口四周單边

一八四六 萬卷樓賸稿不分卷 清顧棟高撰 稿本

一八四七 萬卷樓文稿十卷 清顧棟高撰 清抄本 十二行二十四字无格

一八四八 三華文集二卷 清梁機撰 清抄本 九行二十一字无格

一八四九 敬亭詩草七卷 清沈起元撰 清乾隆十九年刻本 十行十九字白口左右双边

一八五〇 敬亭文稿八卷敬亭公自訂年譜二卷 清沈起元撰 清乾隆刻道光二十七年沈宗約等續刻本 清佚名批點 十行十九字白口左右双边

一八五一 崇雅堂詩鈔十一卷 清李開業撰 清乾隆刻本 九行十九字白口左右双边

一八五二 西原草堂文集四卷 清蔣恭棠撰 清乾隆刻本 十行二十字白口左右双边

一八五三 香屑集十八卷首一卷末一卷 清黄之雋撰 清雍正十二年遂初園刻本 十行二十一字小字双行同黑口左右双边

一八五四 唐堂集五十卷續八卷補遺二卷附冬録一卷 清黄之雋撰 清乾隆刻本 十行二十一字白口左右双边

一八五五 直養齋稿不分卷 清楊弘緒撰 清抄本 九行十一字无格

一八五六 尊德堂詩鈔二十四卷 清胡國楷撰 清抄本

一八五七 墨麟詩十二卷 清馬維翰撰 清刻本 十行二十二字黑口左右双边

一八五八 陸堂詩集十六卷續集六卷 清陸奎勳撰 清乾隆小瀛山閣刻本 十一行二十一字白口左右双边

一八五九 陸堂文集二十卷 清陸奎勳撰 清乾隆四年小瀛山閣刻本 十一行二十四字白口左右双边

一八六〇 白蒲子詩編十二卷 清姜任脩撰 稿本 十行十九字黑格

一八六一 香樹齋文集二十八卷文集續鈔五卷詩集十八卷詩續集三十六卷 清錢陳群撰 清乾隆刻本 十行十九字白口左右双边

一八六二 錢文端公進呈詩一卷 清錢陳群撰 稿本 清許承堯跋

一八六三 二十七松堂集二十四卷 清廖燕著 清康熙刻本 九行二十字白口左右双边
存十八卷 一至十八

一八六四 二十七松堂集二十四卷 清廖燕撰 清抄本 容肇祖跋 八行二十四字无格 文卷一至十八、詩卷十九至二十四

一八六五 連理山人詩鈔金石集四卷江淮集三卷京華集二卷關河集五卷瀟灑集三卷 清方正瑗撰 清乾隆刻本 十二行二十二字小字双行同黑口左右双边

一八六六 石川詩鈔三卷 清方觀撰 清乾隆刻本 十行十九字黑口左右双边

一八六七 攄懷藁一卷 清席玕撰 清雍正刻本 十行十八字白口左右双边

一八六八 矩庵詩質十二卷 清高一麟撰 萬麓詩一卷 清高攀桂撰 清乾隆高其良刻本 九行二十字白口左右双边

一八六九 紗香國草一卷 清高斯映撰 清康熙刻本 八行二十字白口无直格四周單边

一八七〇 遺山堂集不分卷 清高沭撰 清抄本 十行二十字无格

一八七一 積翠軒詩集二卷 清高述明撰 清乾隆三年高晉刻本 九行二十字白口四周双边

一八七二 清吟堂全集十五種七十七卷 清高士奇撰 清康熙刻本 十一行二十字黑口四周單边

清吟堂集九卷　皇帝親平漠北頌一卷　扈從東巡日錄二卷附錄一卷　扈從西巡日錄一卷　隨輦集十卷　竹窗詞一卷　城北集八卷　歸田集十四卷　神功聖德詩一卷　恭奏漠北蕩平凱歌一卷　經進文稾六卷　隨輦續集一卷　蔬香詞一卷　苑西集十二卷　獨旦集八卷

一八七三　則原公遺稿不分卷　清高式青撰　清心太平室抄本

一八七四　味和堂詩集六卷　清高其倬撰　清乾隆五年高恪等刻本　十行十九字白口左右双边

一八七五　紅雪軒稿六卷　清高景芳撰　清康熙五十八年高欽刻本　七行十三字白口四周單边

一八七六　縱釣居文集八卷　清應昊撰　清乾隆四年刻本　九行二十字黑口左右双边

一八七七　三千里詩一卷萃野詩集一卷萃野集一卷　清康乃心撰　清康熙刻本　九行二十字白口左右双边

一八七八　萍草刪存一卷　清唐祖命撰　清康熙唐氏萍齋刻本　十行二十字白口四周單边

一八七九　晚春堂詩八卷　清文化遠撰　清康熙四十二年刻本　趙藩校　八行二十字白口四周單边

一八八〇　紫幢軒詩集三十二卷　清文昭撰　康熙雍正間刻本　十行十九字白口左右双边

一八八一　紫幢軒詩三十二卷　清文昭撰　清康熙雍正間刻本　清永忠題詩

一八八二　白坡詩選四卷　清章琦撰　清康熙刻本　十行十九字黑口左右双边

一八八三　貯月軒詩六卷　清章漢撰　清康熙四十年刻本　九行十九字白口左右双边

一八八四　後甲集二卷　清章大來撰　清康熙五十六年百可堂刻本　十行十九字黑口四周單边

一八八五　青鶴詩選二卷　清章大誠撰　清康熙刻本　清佚名批注　十行十九字黑口左右双边

一八八六　石史二卷青峯詩鈔不分卷　清章世法撰　附懷青峯詩二十首　清厲煌王蓋等撰　稿本　十行二十字無格

一八八七　青峯集不分卷　清章世法撰　稿本

一八八八　見山亭詩集二卷　清章畇撰　清康熙五十七年章廷標等刻本　九行十九字白口左右双边

一八八九　玉紅草堂詩文十六卷天津龍氏家譜存畧一卷　清龍震撰　清康熙刻本　十二行二十一字白口四周双边

一八九〇　梅谿譚士遠掘得書二卷附一卷　清譚文昭撰　戎式弘評　清康熙刻本　八行二十四字白口四周單边

一八九一　霞莊詩集四卷　清譚瑞撰　清雍正十一年刻本　十行二十一字白口左右双边

一八九二　荼菴詩集九卷　清龔克廣撰　稿本

一八九三　竹梧書屋詩稾不分卷　清龔培序撰　清康熙五十一年刻本　八行二十字白口四周双边

一八九四　龔半千詩稿不分卷坿尺牘不分卷　清龔賢撰　稿本

一八九五　杏村詩集七卷　清謝重輝撰　清康熙刻本　十行二十一字白口左右双边

一八九六　遊滇詩曆二卷　清謝爲霖撰　清康熙刻本　十行二十字黑口左右双边

一八九七　春草堂詩鈔十卷　清謝士驥撰　清乾隆刻本　八行十九字白口四周双边

一八九八　謝天懷輩歌雜著一卷　清謝泰履撰　謝起臣燕遊二十咏一卷　清謝賡昌撰　清初刻本　八行十八字白口四周單边

一八九九　說詩堂集二十卷　清諸匡鼎撰　清康熙五十六年諸璧發刻本　十一行二十字白口四周單边

一九〇〇　集虛堂小草一卷餘草一卷　清郭雍撰　清乾隆四年刻本　八行十八字白口四周單边

一九〇一　一鶴庵詩五卷　清郭元釪撰　清康熙四十年刻本　十行二十一字白口左右双边

一九〇二　一鶴庵詩二刻五卷　清郭元釪撰　卷次為卷六至卷十　清康熙刻本　十行二十一字白口左右双边

一九〇三　郭中州禹門集四卷　清郭振遐撰　清康熙二十二年刻本　八行十八字白口四周双边

一九〇四　虎丘百詠不分卷　清施於民撰　稿本　八行十八字無格

一九〇五　紅芋山莊集四卷　清施於民撰　清抄本　十二行二十一字

一九〇六　青門草九卷　清施敬熙撰　清康熙刻本　九行二十字黑口左右双边

一九〇七　瀲景堂宦遊小集五卷　清施鴻撰　鄧上袞評　清康熙刻本　九行十八字白口四周單边

一九〇八　南堂詩鈔十二卷詞賦一卷　清施世綸撰　清雍正四年施廷翰刻本　十行十九字白口左右双边

一九〇九　青笠山房詩鈔五卷文鈔六卷　清許登逢撰　清乾隆十三年許氏刻本　鄭之誠跋　九行二十字白口四周單边

一九一〇　竹素園詩畧二卷詩草二卷北征集一卷宣武集一卷續集一卷建陵叢集一卷南部集一卷　清許廷鑅撰　稿本

一九一一　竹素園詩鈔八卷　清許廷鑅撰　清乾隆刻本　十行十九字白口左右双边

一九一二　秋樹軒詩集不分卷　清許徽撰　稿本　十二行二十字無格

一九一三　暘谷焦風集三卷　清許徽撰　清抄本　清佚名批　十行二十一字

一九一四　畊間偶吟一卷　清許徐翀撰　稿本　清沈欽韓評改

一九一五　埜耕集三卷　清許士佐撰　清乾隆刻本　九行十九字白口左右双边

一九一六　米友堂詩集不分卷　清許友撰　稿本

一九一七　許有介先生詩稿一卷　清許友撰　稿本

一九一八　楚香亭集七卷　清許夢麟撰　詩六卷文一卷　清乾隆刻本　十行十九字白口左右双边

一九一九　四松堂集八卷　清許炳撰　清康熙刻本　十行十九字白口左右双边

一九二〇　釀川集十三卷　清許南賓撰　清刻本　十一行二十一字白口左右双边

一九二一　是山詩草八卷詞草三卷　清設九敘撰　清康熙刻本　九行二十一字黑口左右双边
一九二二　山暉稿八卷　清王度撰　清康熙刻本　九行十八字白口四周单边
一九二三　夢樓詩集二十四卷　清王文治撰　清乾隆六十年食舊堂刻本　十一行二十二字白口四周单边
一九二四　王夢樓詩稿一卷　清王文治撰　稿本
一九二五　昌志編二卷續編二卷附一卷三編二卷附一卷吴越游草一卷　清王文治撰　清康熙刻本　九行二十字黑口左右双边
一九二六　後村雜著三卷　清王文治撰　清康熙刻本　九行二十一字黑口左右双边
一九二七　轂音草三卷　清王文奎撰　清康熙刻本　十行二十一字白口左右双边
一九二八　雪郵歷年詩一卷二集一卷　清王訪撰　清康熙敬餘堂刻本　八行十九字白口四周双边
一九二九　慎餘堂詩集五卷　清王元弼撰　清康熙二十年自刻本　十一行二十一字白口四周双边
一九三〇　讀明史詩一卷　清王延年撰　清康熙刻本　九行二十字白口左右双边
一九三一　臨汀考言十八卷　清王廷掄撰　清康熙刻本　八行二十二字白口四周双边
一九三二　王碧瑩詩集一卷　清王順穗撰　稿本　九行二十二字无格
一九三三　山飛泉立堂文稿不分卷　清王繁撰　清康熙刻本　九行十八字白口四周双边
一九三四　竹嘯餘音不分卷　清王特選撰　清康熙刻本　八行十八字白口四周单边
一九三五　芸架詩稿二十二卷　清王續修撰　清乾隆刻本　十一行二十一字白口左右双边
一九三六　水雲集四卷水雲人長短句一卷　清王昇撰　清康熙東湖書院刻本　九行二十字白口四周单边
一九三七　瑯琊念菴王先生什一録四卷　清王沛憻撰　清康熙六十年黄日瑚刻本　九行二十字白口左右双边
一九三八　有懷堂筆八卷　清王永命撰　清康熙刻本　九行二十字白口四周单边
一九三九　匡山集六卷　清王沛恂撰　小匡廬集一卷　清王梠撰　清刻本　八行十六字黑口左右双边
一九四〇　居業堂文集二十卷　清王源撰　清道光十一年讀雪山房刻本　錢之誠跋　十三行二十二字黑口左右双边
一九四一　豐川全集正編二十五卷外編三卷續編二十二卷　清王心敬撰　清康熙五十五年額倫特刻本　十行二十字白口四周双边
一九四二　豐川續集三十四卷　清王心敬撰　清乾隆十六年刻本　十行二十一字白口四周单边
一九四三　王崑繩文集不分卷次刻六卷　清王源撰　清康熙信芳齋刻本　九行二十字白口四周双边
一九四四　磊園留艸二卷續一卷　清王道直撰　清康熙五十六年王居刻本　九行十八字白口四周单边
一九四五　怡懷集二卷　清王壇撰　清康熙刻本
一九四六　尺一堂詩抄七卷　清王彭澤撰　清雍正十一年查景瑞刻本　九行十九字白口四周双边
一九四七　息軒草一卷　清王樛撰　稿本　八行二十三字无格
一九四八　息軒草二集二卷　清王樛撰　清康熙十年王橘刻本　九行二十二字白口四周单边
一九四九　春秋二槐詩鈔一卷　清王栩撰　稿本
一九五〇　二槐草存一卷　清王栩撰　清康熙十一年王庭刻本　八行二十字白口四周单边
一九五一　蓮塘詩稿二卷　清王贊撰　清康熙刻本　九行二十字白口左右双边
一九五二　巢松集五卷　清王揆撰　清康熙刻本　錢陸燦跋　十行十九字白口左右双边
一九五三　如齋吟稾一卷　清王輔銘撰　清康熙刻本　九行十九字黑口左右双边
一九五四　慎齋詩存八卷　清王典撰　敬義堂贈言一卷　清康熙王廷燦刻本　十行十九字黑口左右双边
一九五五　硯園詩稿三十五卷詞稿一卷　清王巽撰　清康熙四十二年王良穀抄本　清王良穀跋并題詩　九行二十字黑格四周单边
一九五六　硯園詩稿三十卷　清王巽撰　清乾隆十二年王良穀刻本　十一行二十一字白口左右双边
一九五七　萬卷山房詩集十卷　清王輅撰　清康熙刻本　十行十九字白口四周单边
一九五八　霞舉堂集三十五卷　清王晫撰　清康熙刻本　九行二十字白口四周单边
南窗文略八卷　松溪漫興十卷　峽流詞三卷　尺牘二卷　雜著十卷　木庵外篇二卷
一九五九　霞舉堂集三十五卷　清王晫撰　清康熙三十年刻本　十行二十字白口四周双边
一九六〇　墻東雜鈔四卷　清王晫撰　清康熙霞舉堂刻本　十行二十字白口四周双边
一九六一　桂山堂文選十二卷　清王嗣槐撰　清康熙刻本
一九六二　含星集四卷　清王譽昌撰　清康熙二十一年薛熙刻本　十一行二十字黑口四周双边
一九六三　含星集十二卷　清王譽昌撰　清康熙二十一年薛熙刻增修本　十一行二十字黑口四周双边
一九六四　話山自選詩四卷　清王譽昌撰　清康熙刻本　十行十八字黑口左右双边
一九六五　含星別集崇禎宮詞二卷　清王譽昌撰　清康熙刻本　十行十八字黑口左右双边
一九六六　崇禎宮詞一卷　清王譽昌撰　清抄本
一九六七　含星別集崇禎宮詞二卷　清王譽昌撰　清抄本　十行十八字无格
一九六八　漁存別集三卷　清王譽昌撰　顧之珽翁弘學注　清初抄本　九行十八字无直格四周单边
一九六九　古雪堂文集十九卷　清王令撰　清康熙刻本　九行二十字白口四周双边
一九七〇　念西堂詩集八卷　清王令撰　清康熙刻本　八行十八字白口四周双边

一九七一 嘯竹堂集十六卷二集二卷北遊草一卷 清王錫撰 清康熙刻本 九行二十二字白口左右双边
一九七二 憶雪樓詩集二卷 清王煐撰 清康熙三十五年王氏貞久堂刻本 十行十九字黑口四周單边
一九七三 鴻逸堂稿五卷 清王煒撰 清康熙刻本 九行二十字白口左右双边
一九七四 泊如軒草文一卷詩藁六卷 清丁煃撰 稿本 清周在延評 魯仁跋
一九七五 蘭皋詩選四卷 清丁鶴撰 清刻本 十行十九字白口左右双边
一九七六 雪菴詩存二卷 清丁嗣澂撰 清雍正丁桂芬刻本 九行十九字黑口左右双边
一九七七 問山詩集十卷紫雲詞一卷 清丁煒撰 清康熙希鄴堂刻本 十行二十一字白口左右双边
一九七八 問山詩集十卷 清丁煒撰 王士禛、施潤章選 清康熙刻本 十行二十字白口四周双边
一九七九 問山文集八卷 清丁煒撰 清康熙希鄴堂刻本 十行二十一字白口左右双边
一九八〇 問山文集六卷 清丁煒撰 黄與堅、葉映榴選 清康熙刻本 十行二十字白口四周双边
一九八一 綠雪堂詩略一卷 清夏九叙撰 清康熙刻本 十行十九字黑口左右双边
一九八二 珠山集二十卷 清平一貫撰 清康熙刻本 十行二十字黑口左右双边
一九八三 石月川遺集三卷 清石泖撰 清康熙陳君仲法古堂刻本 九行十八字白口四周單边
一九八四 天外談初集三卷又三卷 清石龐撰 清康熙刻本 九行二十四字白口四周双边
一九八五 晦村初集四卷 清石龐撰 清康熙刻本 九行二十二字白口四周双边
一九八六 醉耕軒詩鈔不分卷 清雷鋐撰 清乾隆十四年孫諤刻本 十行十九字黑口左右双边
一九八七 西巖詩集一卷附琴譜一卷 清黄克明撰 清康熙刻本
一九八八 耘業堂遺稿二卷附錄一卷傳一卷 清項溶撰 東園詩存二卷 清陳張翼撰 清乾隆冰玉堂刻本 九行二十字白口左右双边
一九八九 寵壽堂詩集二十四卷 清張競光撰 清康熙二年石鏡山房刻本 十行十九字白口四周單边
一九九〇 寵壽堂詩集三十卷 清張競光撰 清康熙二年石鏡山房刻增修本
一九九一 亦有集二卷 清張文鏡撰 雲溪吟一卷 清張遐崇撰 清刻本 九行十九字白口左右双边
一九九二 綠艷亭稿十五卷 清張霍撰 清抄本 清張錫題款 九行二十六字无格
一九九三 香圃詩鈔六卷 清張霈撰 清康熙刻本 十行十九字黑口四周單边
一九九四 樸村文集二十四卷詩集十三卷 清張雲章撰 清康熙刻本 十三行二十五字黑口左右双边（文集卷十七原注缺刻、詩集卷十二原注別見）
一九九五 冷吟集一卷橘社唱和集一卷 清張雲章撰 清康熙刻本 十一行二十一字白口左右双边

一九九六 式古堂集五卷 清張雲翼撰 清康熙刻本 八行十八字白口左右双边 文一卷 詩四卷
一九九七 幽蘭山房藏稿二十六卷 清張環光撰 清康熙二十五年刻本 八行二十字白口四周單边
一九九八 野眺樓近草九卷 清張瑶芝撰 清康熙十九年刻本 十行二十二字白口左右双边
一九九九 當翠樓集唐□卷 清張瑞撰 稿本 清查繼左陸圻序 存五卷 一至四、七
二〇〇〇 雲門稿八卷 清張巽撰 清刻本 十一行二十一字白口左右双边
二〇〇一 竹雨亭詩集一卷 清張宇中撰 清抄本 九行二十三字无格
二〇〇二 鶴汀集三卷 清張毛健撰 清康熙刻本 九行十九字黑口左右双边
二〇〇三 烟舫集四卷 清張衍懿撰 清康熙迎瑞堂刻本
二〇〇四 渠亭山人半部稿五卷 清張貞撰 清康熙刻本 渠亭文稿一卷 晉州集一卷 遺稿一卷 或語一卷 娛老集一卷
二〇〇六 郗嘯文集二卷詩集十卷集唐二卷 清張拉瑕撰 清康熙刻本 九行十九字白口左右双边
二〇〇七 閑存堂文集十四卷詩集八卷 清張永銓撰 清康熙刻本 九行二十字白口左右双边
二〇〇八 閑存堂文集十四卷詩集八卷 清張永銓撰 鄒之誠跋 清康熙刻本
二〇〇九 四鳴集十卷詩餘一卷 清張崇楨撰 補遺一卷 汪觀選 清康熙五十九年刻本 九行十八字白口四周單边
二〇一〇 仙都紀遊集一卷 清張遠撰 清刻本 九行十八字黑口四周單边
二〇一一 無悶堂集十二卷 清張遠撰 清康熙二十四年刻本 十一行二十字黑口四周双边
二〇一二 無悶堂集二十三卷 清張遠撰 清抄本 九行二十八字无格
二〇一三 梅莊文集一卷梅莊集不分卷 清張遠撰 清康熙刻本 十行二十字白口四周單边
二〇一四 漪園詩二集一卷 清張過撰 黄利通等評 清康熙四十四年刻本 八行二十字白口四周双边
二〇一五 淮南詩鈔二卷 清張潮烈撰 清康熙刻本 十行二十字白口四周單边
二〇一六 游粵草二卷 清張祖昌撰 稿本 清尹盟鳳等批 吳盟康王文瑋跋 九行二十一字无格
二〇一七 奚囊寸錦不分卷 清張潮編 清康熙刻本 八行十八字白口四周双边
二〇一八 詩幻二卷 清張潮撰 清康熙二十五年刻本 八行十八字白口四周單边
二〇一九 心齋聊復集不分卷 清張潮撰 清康熙詒清堂刻本 八行十八字白口四周單边

通驛集四卷　清張祖年撰　清康熙四十六年刻本　十行二十字黑口左右双边　三〇二一
陶雲詩抄十五卷　清張大緒撰　清康熙增修本　三〇二二
陶雲詩鈔十四卷　清張大緒撰　清康熙五十三年刻本　十行十九字黑口四周单边　三〇二三
松齋戊辰吟草一卷松齋詩草一卷巖居雜詠一卷　清張大純撰　清康熙刻本　吟草九行十九字詩草九行二十字黑口四周双边　三〇二四
大雲樓集十二卷　清張韜撰　清康熙刻本　九行十九字黑口左右双边　三〇二五
大雲樓集十二卷續四聲猿四卷　清張韜撰　吳梅跋　清康熙刻本　十行十九字白口四周单边　三〇二六
天全六番稿六卷　清張韜撰　清康熙刻本
入峽詩一卷　出棧詩一卷　蓉城詩二卷　渡瀘詩一卷　碉門詩一卷　三〇二七
野眺樓近草八卷　清張若嶼撰　清徐氏煙嶼樓抄本　十行二十一字白口左右双边版心鐫「煙嶼樓初本」　三〇二八
汾山偶掇一卷　清張枚撰　清康熙四十六年刻本　八行十九字白口四周单边　三〇二九
丰園集不分卷　清張時升撰　清抄本　九行二十六字无格　三〇三〇
叢窗詩集十卷　清張令儀撰　清雍正二年姚仲芝刻本　十行十九字黑口四周单边　三〇三一
叢窗詩集十四卷文集續刻一卷　清張令儀撰　清雍正二年姚仲芝刻增修本　九行二十二字无格　三〇三二
何求集五卷　清張曾璜撰　清張恩庭張恩琵等抄本　三〇三三
崑崙山房詩集殘稿三卷百一詩二卷　清張篤慶撰　清抄本　三〇三四
漁洋山人評点崑崙山房詩稿三卷　清張篤慶撰　稿本　王士禛批　王獻唐跋　十行二十八字无格　三〇三五
崐崘山房集二卷　清張篤慶撰　王士禛評點　清抄本　十一行二十一字白口左右四边　三〇三六
崑崙山房詩稿一卷　清張篤慶撰　清抄本　筱堂跋　九行行字不等无格　三〇三七
崐崘山房集不分卷　清張篤慶撰　清抄本　三〇三八
賦清草堂詩鈔六卷　清張棠撰　清乾隆張卿雲刻本　十行十九字黑口左右双边　三〇三九
張湘門先生詩稿二卷　清張燦撰　稿本　五行十二字无格　三〇四〇
[illegible]

補閒集二卷　清孔傳鋕撰　清康熙四十五年刻本　九行十九字白口左右双边　三〇四二
申椒集二卷繪心集二卷盟鷗草一卷炊香詞三卷紅萼詞二卷　清孔傳鐸撰　清康熙刻本　九行十九字白口左右双边　三〇四三
安懷堂文集二卷申椒二集一卷紅萼詞二集一卷　清孔傳鐸撰　清孔氏紅萼書屋抄本　九行二十一字无格　三〇四四
湖海集十三卷　清孔尚任撰　清康熙介安堂刻本　九行十九字白口左右双边　三〇四五
湖海集十三卷　清孔尚任撰　清康熙介安堂刻本　鄧之誠跋　三〇四六
漁洋先生評點赤嵌集四卷　清孫元衡撰　清康熙刻本　十行十九字黑口左右双边　三〇四七
紉蘭堂集四卷　清孫弘鐸撰　清康熙刻本　九行二十一字黑口左右双边　三〇四八
嘉蔭樓集二卷　清孫允膺撰　清康熙刻本　九行十八字白口四周双边　三〇四九
省庵棄餘稿二集一卷　清孫漢撰　清抄本　三〇五〇
大雅堂詩初集六卷文集二卷詩餘二卷　清孫在中撰　清康熙刻本　九行二十字白口四周双边　三〇五一
溉堂前集九卷後集六卷續集六卷文集五卷詩餘二卷　清孫枝蔚撰　清康熙刻本　十一行二十一字白口四周单边　三〇五二
溉堂前集九卷後集六卷續集六卷文集五卷詩餘二卷　清孫枝蔚撰　清康熙刻康熙六十年增刻本　三〇五三
溉堂前集九卷　清孫枝蔚撰　清康熙十六年刻本　清程淑園校　十行二十一字白口四周单边　三〇五四
華黍莊詩集六卷補遺一卷詩餘一卷　清孫枝蔚撰　清孫忽晴編　清抄本　柳亞子跋　十行十九字　三〇五五
華黍莊詩後集四卷續集二卷　清孫枝蔚撰　稿本　八行十九字黑格　三〇五六
官梅集一卷　清鄧漢儀撰　清無近名齋抄本　三〇五七
思復堂文集十卷附載一卷　清邵廷采撰　清康熙刻本　九行二十五字白口四周单边　三〇五八
思復堂文集十卷附載一卷　清邵廷采撰　清康熙刻本　清傅以禮校並跋　三〇五九

二〇六〇 思復堂前集十卷附録一卷 清邵廷采撰 清會稽徐氏鑄學齋抄本 清徐維則校 十行二十字無格

二〇六一 邵子湘全集三十卷 清邵長蘅撰 邵氏家録二卷 清康熙青門草堂刻本 十行二十一字黑口左右双边 青門簏稿十六卷 青門旅稿六卷 青門賸稿八卷

二〇六二 青門詩集五卷 清邵陵撰 清抄本 鄧之誠跋並題籤 十行十八字無格

二〇六三 青門詩集五卷 清邵陵撰 清抄本 清翁同龢跋 十行十八字細黑口左右双边

二〇六四 青門詩集十二卷 清邵陵撰 清雍正十一年天中山人抄本 十行十八字黑格

二〇六五 青門詩集十二卷 清邵陵撰 清抄本 八行二十字無格

二〇六六 青門詩集十二卷 清邵陵撰 清抄本（第十二卷為附集）

二〇六七 問翁耿先生遺稿四卷 清耿埰撰 清雍正乾隆間屏山堂刻本 九行十二字白口左右双边

二〇六八 思居堂集十三卷 清喬于泂撰 清乾隆二十一年刻本 十一行二十一字白口左右双边

二〇六九 理詠堂集五卷 清喬寅撰 清康熙刻本 八行十九字白口左右双边

二〇七〇 碧瀾堂集一卷 清喬寅撰 吳嘉紀等選 清初刻本 九行十九字白口左右双边

二〇七一 樗林詩存六卷 清焦欽寵撰 清康熙五十三年刻本 九行二十字黑口左右双边

二〇七二 破崖居士詩稿一卷幸存稿一卷新詩稿一卷 清毛綏萬撰 清康熙三十八年毛氏汲古閣刻本 八行十八字白口左右双边

二〇七三 鯖豆集四十卷 清毛德遠撰 稿本 清吳國光王一辰跋 八行二十字無格 存三十七卷 一至三十七

二〇七四 菽畹集七卷 清毛遠公撰 清康熙刻本 十行二十字小字双行同白口四周單边 懷賴堂雜詩三卷 旅逰紀事三卷 賦一卷

二〇七五 半野居士詩集十四卷塞遊草一卷 清毛振翧撰 清乾隆五年刻增修本

二〇七六 玉笥山詩鈔八卷 清何嘉珝撰 清乾隆三十四年大觀堂刻本 十二行二十四字白口四周單边

二〇七七 書田近藁一卷簳山草堂續藁一卷三藁一卷 清何其偉撰 稿本 清趙遵源批校

二〇七八 晴江閣集三十卷 清何絜撰 清康熙十七年刻本 九行十九字細黑口四周双边

二〇七九 月溪集一卷城南草堂詩稿一卷 清衛詰撰 稿本 八行十六字無格

二〇八〇 宿花龕詩草一卷映閣詩草一卷 清熊湄撰 清道光七年徐鼎抄本 清徐鼎跋

二〇八一 宿花龕集一卷 清熊湄撰 清乾隆周某雅安書屋抄本 十行字不等白口四周單边

二〇八二 骨山詩録一卷 清柴世堂撰 稿本

二〇八三 介和堂集不分卷補遺二卷附録一卷 清任辰旦撰 清抄本 十行二十二字白口四周双边

二〇八四 素吟集八卷 清崔冕撰 清康熙刻本 九行十九字白口四周單边

二〇八五 綠綺堂暘谷集詩集十五卷文集五卷別集六卷 清傅為霖撰 清康熙十年刻本 九行十九字細黑口左右双边 存二十五卷 詩集一至十、十二至十五，文集、別集全

二〇八六 燕趙吟不分卷 清牟欽元撰 清康熙刻本 十行十九字黑口

二〇八七 立命堂二集六卷 清嵇宗孟撰 清康熙刻本 九行十九字白口四周双边

二〇八八 在陸草堂文不分卷 清儲欣撰 清康熙二十九年吳曹直等刻本 九行二十字黑口左右双边

二〇八九 在陸草堂文集六卷 清儲欣撰 清雍正元年儲掌文淑慎堂刻本 九行二十二字黑口左右双边

二〇九〇 繡餘詩藁一卷 清納蘭氏撰 清嫽牧堂刻本 六行十六字白口四周双边

二〇九一 改庵偶集三卷 清仲弘道撰 稿本 十行二十字白口四周双边

二〇九二 洞庭湖櫂歌一卷續一卷 清朱丕戭撰 清刻本 十一行二十一字白口左右双边

二〇九三 查吟集四卷 清朱維熊撰 清雍正四年朱芾刻本 十行二十一字白口左右双边

二〇九四 查今集四卷 清朱維熊撰 清抄本 九行二十二字無格

二〇九五 燕堂詩鈔八卷賦稿二卷兗東集二卷小紅詞集一卷 清朱經撰 清康熙刻本 十行十九字黑口左右双边

二〇九六 雪芽詩選二卷 清朱錀撰 清康熙刻本 九行二十字白口左右双边

二〇九七 楓香集二卷 清朱綱撰 清康熙刻本 十行十八字黑口左右双边

二〇九八 雲根清壑山房詩一卷 清朱綱撰 清康熙刻本 十行二十字黑口左右双边

二〇九九 鶴洲殘稿二卷 清朱崙蔚撰 清乾隆六年朱嵩齡刻本 十一行二十字白口四周單边

二一〇〇 蒼雪山房稿一卷 清朱綱撰 王士禛評 清刻本 十行十九字黑口左右双边

二一〇一 環溪集一卷 清朱約撰 師文堂詩一卷 清朱光進撰 二朱小傳 清朱綱撰 清抄本 清劉寶楠跋 十行二十四字

二一〇二 棗花書屋詩選一卷 清朱之璐撰 清道光二十一年朱士端抄本 十行十九字無格

二一〇三 拙齋集四卷 清朱奇齡撰 清抄本 十行二十五字無格

二一〇四 拙齋集五卷 清朱奇齡撰 清康熙介堂刻本（卷一至二配抄本） 十行二十五字白口四周單边

二一〇五 觀樹堂集十六卷 清朱樟撰 清乾隆刻本 十行十九字白口左右双边 叱馭集一卷 閒綃集一卷 冬秀亭集四卷 一半勾留集二卷

二二〇六 章江集二卷（白紵集二卷　刻曲集一卷）翟纓集一卷（古懸集四卷　郎潛集一卷）清朱載震撰　清康熙刻本　十行十九字白口四周單边

二二〇七 京華集一卷　清朱載震撰　清康熙刻本　十行十九字白口左右双边

二二〇八 東浦詩鈔□卷　存三卷（一至三）　清朱載震撰　清康熙刻本　十行十九字黑口四周單边

二二〇九 聖湖艸堂集一卷滇南草一卷上谷草一卷粵遊草一卷東粵草一卷大梁草一卷北遊草一卷慶陽草一卷晉遊草一卷台遊草一卷豫遊草一卷塞上草一卷魏塘十詠一卷禾中偶草一卷　清朱載曾撰　稿本　八行二十字无格

二二一〇 西湖懷古詩一卷漫遊草一卷上谷草一卷大梁草一卷豫章草一卷東粵草一卷金臺草一卷渤海草一卷慶陽草一卷晉遊草一卷台遊草一卷古北草一卷嘉禾草一卷魏塘草一卷海豐草一卷伴巖草一卷　清朱載曾撰　清康熙抄本　七行二十四字无格

二二一一 適我集二十卷　清宋世犛撰　清道光二十四年宋錫蕃抄本

二二一二 童初公遺稿一卷　清宋秉撰　清嘉慶抄本　清張澹校改並跋

二二一三 多師集八卷　清宋厚章撰　清乾隆刻本　八行十九字白口左右双边

二二一四 枕江堂詩八卷文二卷　清魏憲撰　清康熙十二年刻本　鄧之誠跋　九行十八字白口四周双边

二二一五 咀蔗居詩集八卷　清魏嘉琬撰　清乾隆十二年刻本　十行十八字黑口左右双边

二二一六 倚晴閣詩鈔七卷　清魏坤撰　清康熙五十四年刻本　十行二十一字黑口四周双边

二二一七 樵貴谷詩四卷　清吳麐撰　清康熙五十一年阿泰刻本　十行十九字黑口四周單边

二二一八 黍谷山房詩鈔不分卷　清吳麐撰　清抄本　九行十九字无格

二二一九 蓮洋集選十二卷　清吳雯撰　清乾隆十五年劉組曾刻本　九行十九字白口左右双边

二二二〇 蓮洋集十二卷補遺一卷　清吳雯撰　清乾隆十五年劉組曾刻十六年宋弼補修本

二二二一 吳徵君蓮洋詩鈔不分卷　清吳雯撰　清乾隆三十二年刻本　八行二十一字白口左右双边

二二二二 蓮洋集二十卷年譜一卷附録一卷　清吳雯撰　清乾隆三十九年刻國草堂刻本　十一行二十三字白口左右双边

二二二三 蓮洋集二十卷年譜一卷附録一卷　清乾隆三十九年刻國草堂刻本　汪編批校

二二二四 蓮洋詩選不分卷　清吳雯撰　清馬氏小玲瓏山館抄本　十行二十二至二十五字黑格版心下鐫小玲瓏山館

二二二五 蓮洋詩一卷　清吳雯撰　清馬氏小玲瓏山館抄本　十行二十一字黑格版心下鐫小玲瓏山館

二二二六 南陔堂遺集二卷補逸一卷附梅谷題照錄一卷松窗徵異錄一卷　清吳承勵撰　清乾隆四年吳元炳刻本　十行十九字白口四周單边

二二二七 苕隐拾稿二卷　清吳永和撰　清康熙五十七年吳穎刻雍正印本　十一行二十一字白口左右双边

二二二八 赤谷詩鈔十五卷　清吳之㻒撰　清刻本　十行十九字黑口左右双边

二二二九 研北詩存不分卷　清吳宗撰　清乾隆四世讀書堂刻本　十行十九字白口左右双边

二二三〇 履心集四卷從老集一卷　清吳宋信撰　清康熙刻本　九行十九字白口四周双边

二二三一 寒筠初集四卷　清吳鴻傳撰　清康熙刻本　九行二十字白口左右双边

二二三二 韋齋詩稿三卷　清吳祖謙撰　清康熙刻本　九行十九字黑口左右双边

二二三三 秀濯堂詩初集七卷二集七卷三集七卷　清吳啟元撰　清康熙雍正間刻本

二二三四 秀濯堂詩九卷　清吳啟元撰　稿本　九行二十字无格

二二三五 乙酉集四卷　清吳中撰　清康熙五十年刻本　清吳元傳跋　十行十八字白口左右双边

二二三六 花韻軒集二卷　清吳煌撰　清康熙刻本　十行二十字白口左右双边

二二三七 秋影園詩七卷二集五卷北遊草一卷　清吳闓思撰　清康熙刻本　十行十九字黑口四周單边

二二三八 復古詩十四卷（京雒塵集一卷　滇海集六卷　布帆集二卷　篙回集一卷　樵頭集一卷　杉青集一卷　金陀集一卷　秋樹集一卷）清吳銘道撰　清康熙刻本　十行十九字黑口四周單边

二二三九 葯園詩藁二卷　清吳焯撰　清康熙刻本　十行二十一字黑口左右双边

二二四〇 渚陸鴻飛集一卷　清吳焯撰　清雍正刻本　清吳文楷跋　十行二十一字黑口左右双边

二二四一 魚晚集一卷　清吳焯撰　清抄本　清吳焯校　九行十八字无格

二二四二 若菴集五卷　清程庭撰　清康熙刻本　十行十九字白口左右双边

二二四三 若菴集六卷　清程庭撰　清康熙刻雍正增修本

二二四四 槐江詩鈔四卷　清程瑞祊撰　清乾隆二年刻本　九行二十字白口四周双边

二二四五 槐江詩鈔四卷　清程瑞祊撰　清乾隆二年刻本　鄧之誠跋

二二四六 黄山紀游詩不分卷　清程瑞祊撰　清康熙刻本　十行二十一字白口左右双边

二二四七 飄風過耳集四卷　清程瑞祊撰　稿本　九行二十字无格

二一四八 岑樓詩鈔五卷 清程鑾撰 清康熙刻本 十一行二十一字左右双边
二一四九 岑樓詠物詩二卷 清程鑾撰 清康熙四十六年刻本 九行十八字黑口四周双边
二一五〇 只拙齋詩鈔七卷 清程鑾撰 清康熙刻本 十行十九字細黑口左右双边
二一五一 尺木樓詩稿□卷 清程世繩撰 稿本 十二行二十四字无格
二一五二 尺木樓詩集四卷存一卷三 清程世繩撰 清乾隆二十五年刻本 九行二十字白口四周双边
二一五三 翼菴遺艸一卷附一卷 清程其讓撰 清程穆衡抄本
二一五四 赤愛堂詩集十二卷 清程同昌撰 清康熙刻本 十一行二十字白口左右双边
二一五五 向惕齋先生集十卷 清向璿撰 清乾隆十二年刻本 十行二十二字白口四周單边
二一五六 與梅堂遺集十二卷耳書一卷鮓話一卷 清佟世思撰 清康熙四十年佟世集刻本 十行十九字白口四周單边
二一五七 沓渚詩不分卷 清佟鋐撰 稿本 十行二十字无格
二一五八 激志樓詩稿不分卷 清侯方曾撰 清抄本 九行二十六字无格
二一五九 松筠小草六卷 清侯承恩撰 清康熙六十一年刻本 九行十九字黑口四周單边
二一六〇 玩極堂詩集六卷 清侯運昌撰 周斯盛評 清抄本 九行二十二字白口左右双边
二一六一 鳳阿集不分卷 清侯開國撰 清抄本 十一行二十一字白口左右双边
二一六二 種墨齋詩集二卷 清伊麟撰 清雍正二年馬林條刻本 八行二十一字白口四周單边 二一六三 詩餘一卷 清伊麟撰 清抄本 八行十九字无格
二一六四 詹鐵牛文集十五卷詩集十五卷 清詹賢撰 清康熙刻本 九行二十字白口四周双边
二一六五 詹鐵牛文集十五卷詩集十五卷續集十二卷 清詹賢撰 清活字印本 九行二十字白口四周双边
二一六六 吹瑶集一卷 清鮑鈖撰 清康熙刻本 十行十九字黑口左右双边
二一六七 樂餘園百一偶存集三十二卷 清鄂山撰 清乾隆三年樂餘園刻本 九行二十一字白口左右双边
二一六八 北山詩存二卷 清徐麟吉撰 徐燮亮輯 清抄本
二一六九 完石齋集六卷 清徐琮撰 清康熙刻本 九行十九字下黑口左右双边
二一七〇 逃牟詩草十卷 清徐𢇁貞撰 清康熙思誠堂刻本 九行二十字白口左右双边
二一七一 滄浮子詩鈔十卷 清徐𢇁貞撰 鄧漢儀黄雲選 清康熙刻本 九行二十字白口左右双边
二一七二 紀遊集句一卷 清徐聰撰 清康熙五十二年懷文堂刻本 八行二十字白口竹節欄

二一七三 芸隱軼箋三卷 清徐貞啓撰 清康熙徐隆岦刻本 九行二十三字白口四周双边
二一七四 十二州詩文初集十卷 清徐浩撰 清康熙南州草堂刻本 九行二十字白口四周單边
二一七五 十峯集五卷 清徐基撰 清康熙刻本 九行十九字白口左右双边
二一七六 景蘇閣集句四卷 清徐基撰 清康熙四十九年自刻本 十一行二十一字白口左右双边
二一七七 凌雪軒詩六卷外集一卷 清徐夔撰 清乾隆刻本 十行十九字白口左右双边
二一七九 世經堂初集三十卷 清徐旭旦撰 清康熙四十六年刻本 九行二十字下黑口四周單边
二一八〇 世經堂集唐詩刪八卷 清徐旭旦撰 清康熙刻本 九行二十字黑口四周單边
二一八一 世經堂詩鈔二十一卷詞鈔五卷樂府鈔四卷 清徐旭旦撰 清康熙刻本 九行二十字黑口四周單边
二一八二 徐太拙詩稿三卷 楚萍草一卷 三素草一卷 滙溪草一卷 清徐振芳撰 清抄本
二一八三 賓洲山房文藁一卷 清徐掄元撰 稿本 清馮登府跋
二一八四 滄園紀年詩集四卷 清徐閣撰 徐世埰輯 清乾隆二十四年徐氏刻本 八行二十一字白口四周双边
二一八五 綺樹閣賦稿一卷詩稿一卷 清宋宜撰 清康熙刻本 十行十九字黑口四周單边
二一八六 紅椒山房詩八卷 清宋翼宸撰 清康熙四十九年刻本 十行十九字黑口左右双边
二一八七 蘭皋詩抄二十五卷首一卷 清宋廣業撰 清康熙刻本 十行十九字白口左右双边
二一八八 蓼溪怡雲集詩九卷蓼溪文集二卷續編一卷 清宋生撰 清康熙四十三年刻本 十行十九字黑口左右双边
二一八九 雪晴軒文稿不分卷詩集八卷 清宋和撰 清抄本 九行二十一字无格
二一九〇 雪晴軒文稿不分卷 清宋和撰 清抄本 九行二十一字无格
二一九一 黄山紀遊草一卷西山絶句一卷 清宋定業撰 清康熙刻本 十行二十字白口左右双边
二一九二 願學集一卷夢曉樓集一卷詩餘一卷附書一卷 清宋顧樂撰 稿本 佚名批
二一九三 授研齋詩一卷 清宋韋金撰 清康熙刻本 十行十九字白口四周双边
二一九四 遥青閣詩草一卷 清宋起撰 稿本 清宋榮評並跋 八行二十一字无格
二一九五 北田文略一卷江湖客詞一卷叢殘小語一卷 清江浩然撰 清乾隆江氏刻本 十一行二十二字白口四周單边

二一九六　倚雲樓文選四卷尺牘選一卷詞選一卷　清江闓撰
·厂樓詞一卷　清徐如蕙撰　清康熙刻本　八行十九字白口四周双边
二一九七　江辰六文集十六卷　清江闓撰　清康熙改在堂刻本　九行二十字白口四周单边
二一九八　江辰六文集二十四卷首一卷　清江闓撰　清康熙改在堂刻增修本
二一九九　汪立仁遺稿一卷　清汪立仁撰　稿本　清吳騫跋　九行二十六字无格
二二〇〇　古香樓吟藁三卷西山紀遊詩一卷詞藁一卷　清汪文柏撰　清康熙刻本　九行十九字黑口左右双边
二二〇一　柯庭餘習十二卷　清汪文柏撰　清康熙四十四年汪氏古香樓刻本　十行二十一字黑口左右双边
二二〇二　柯庭餘習不分卷　清汪文柏撰　清汪氏家抄本　鄧之誠跋　十行二十一字无格
二二〇三　攜藻堂詩稾一卷　清汪文柏撰　清康熙刻本　九行十九字黑口四周单边
二二〇四　攜藻堂續藁五卷　清汪文柏撰　清康熙刻本　九行十九字黑口四周单边
二二〇五　柯庭文藪不分卷　清汪文柏撰　清康熙刻本　九行十九字白口左右双边
二二〇六　蓮溪草堂詩集三卷　清汪元文撰　清康熙刻本　十一行二十字白口左右双边
二二〇七　金陀吟藁四卷　清汪紹焻撰　清康熙五十九年刻本　九行十九字黑口左右双边
二二〇八　津門雜事詩一卷　清汪沆撰　清乾隆四年刻本　十行二十一字白口四周单边
二二〇九　槐塘詩稿十六卷文稿四卷　清汪沆撰　清乾隆五十一年刻本　十行二十一字白口左右双边
二二一〇　息廬詩六卷　清汪洪度撰　清康熙刻本　九行十九字白口左右双边
二二一一　小方壺存稾十八卷　清汪淼撰　清康熙刻本　十行二十一字黑口左右双边
二二一二　小方壺文鈔六卷　清汪森撰　清康熙五十六年刻本　十行二十一字黑口左右双边
二二一三　浮谿館吟稾三卷裘杼樓詩稾六卷粵行吟稾一卷粵歸雜咏一卷粵行外稾一卷豫行吟稾一卷月河詞一卷桐扣詞二卷　清汪森撰　清康熙刻本　九行十九字黑口四周单边
二二一四　裘杼樓詩稾六卷　清汪森撰　清康熙刻本　章炳麟跋　九行十九字黑口四周单边
二二一五　梅雪堂詩藁二卷　清汪森撰　清康熙刻本　九行十九字黑口四周单边
二二一六　夕秀齋詩鈔不分卷　清汪援甲撰　清乾隆刻本　十行十九字黑口左右双边
二二一七　廣牧公詩集不分卷　清馮廷賓撰　稿本　八行二十四字无格
二二一八　東村集一卷　清馮修撰　清抄本　清趙宗建跋　九行二十四字无格
二二一九　半學菴集十五卷　清馮欽撰　稿本　十二行二十四字无格
二二二〇　海粟集六卷　清顧文淵撰　清雍正八年顧榮刻本　十行二十一字黑口左右双边
二二二一　海粟集六卷　清顧文淵撰　清雍正八年顧榮刻本　莫友芝跋
二二二二　徵緯堂詩二卷　清顧貞觀撰　清抄本　九行二十四字无格
二二二三　往深齋詩集八卷　清顧彩撰　清康熙四十六年孔毓圻辟疆園刻本　九行二十一字白口左右双边
二二二四　東巖詩藁一卷　清顧崧齡撰　清康熙顧景燮等刻本　九行十九字黑口左右双边
二二二五　游洞庭詩一卷　清顧我錡撰　稿本
二二二六　中郜詩草一卷　清顧仲撰　清康熙刻本　十一行二十一字白口左右双边
二二二七　亦間草一卷　清顧昉撰　稿本　九行十八字无格
二二二八　楞伽山人詩集八卷　清顧嗣協撰　清康熙刻本　十一行二十一字黑口左右双边
二二二九　敬一堂詩鈔十六卷　依園詩集二卷　冷齋集詩一卷　妙巖遊東詩三卷　玉壺集詩二卷　清顧八代撰　清乾隆十五年刻本　九行十八字白口左右双边
二二三〇　句溪詩稾三卷　清潘玠撰　清康熙二十二年鶴江草堂刻本　九行二十一字白口四周单边
二二三一　潁川文集十二卷　清潘書馨撰　清康熙刻本　九行二十字白口四周双边
二二三二　深秀亭詩集二十一卷　清潘鍾麟撰　清康熙深秀亭刻本　十一行二十三字白口左右双边
二二三三　藤塢詩集九卷　清梁允植撰　清康熙刻本　九行十八字白口左右双边
二二三四　懷葛堂文集十四卷詩集一卷　清梁份撰　清雍正刻本　九行二十字白口左右双边
二二三五　列翠軒詩一卷　清梁穉撰　清康熙刻本　九行十九字白口左右双边
二二三六　蘭扃前集八卷　清梁以壯撰　清康熙六十一年刻本　鄧之誠跋　七行十七字白口四周单边
二二三七　非水舟遺集二卷　清梁錫珩撰　清乾隆四年梁濟刻本　九行十八字白口左右双边
二二三八　嘉遇堂詩六卷　清沈廣輿撰　清康熙刻本　十行二十一字黑口左右双边
二二三九　大樵山人集二十卷　清沈元綸撰　清康熙瑞芝堂刻本　九行二十字黑口左右双边
二二四〇　白溇集十卷　清沈受宏撰　清康熙四十四年刻本　十行十九字白口左右双边
二二四一　白溇集十二卷　清沈受宏撰　清康熙四十四年刻增修本　十行十九字白口左右双边
二二四二　白溇先生文集四卷　清沈受宏撰　清乾隆三年沈起元學易堂刻本　十行二十字白口左右双边
二二四三　南疑集九卷　清沈季友撰　清康熙刻本　九行二十字白口左右双边
二二四四　梵夾集八卷　清沈名蓀撰　清康熙六十年趙昱刻本　十一行二十一字白口四周单边
二二四五　寒石詩鈔十二卷　清沈紹姬撰　清康熙五十九年刻本　十一行二十二字白口左右双边
二二四六　賜硯齋詩存四卷首一卷　清沈涵撰　清乾隆二十二年沈柱臣刻本　十行十九字黑口左右双边
二二四七　借題集句一卷　清沈堅撰　清康熙刻本　十行十九字黑口四周单边
二二四八　滇遊詩稿不分卷　清凌紹雯撰　稿本
二二四九　知松堂詩鈔四卷　清洪天柱撰　清康熙刻本　九行二十字白口左右双边

二二五〇 北遊集一卷 清洪璟撰 清康熙四十二年刻本 十行二十一字黑口左右雙邊
二二五一 稗畦集六卷 清洪昇撰 朱溶等選 清陸奎勳三間草堂抄本 鄭振鐸跋 十行二十字藍格
二二五二 稗畦續集一卷 清洪昇撰 清康熙刻本 九行二十字白口四周單邊
二二五三 七峯艸堂詩稿七卷首一卷 清洪鉽撰 清康熙刻本 十行十九字黑口四周單邊
二二五四 翃莊詩集六卷 清洪鉽撰 清康熙刻本 八行十八字黑口四周雙邊
二二五五 愧齋文集略一卷詩集略一卷 清連青撰 清康熙刻本 九行二十一字白口四周雙邊
二二五六 蓬窗詩稿不分卷詞稿一卷 清溫來恍撰 附錄一卷 清周慤輯 清抄本 清周慤跋 十一行二十一字無格
二二五七 百可堂詩集不分卷 清溫養度撰 清康熙二十五年刻本 九行二十字無格
二二五八 此村卷語一卷薄遊草一卷西湖偶吟一卷南湖詩一卷 清馮蓀撰 清康熙刻本 七行十八字白口四周單邊
二二五九 漁山詩草二卷 清邊汝元撰 清乾隆四十年刻本 九行十九字白口左右雙邊
二二六〇 江湖夜雨集四卷 清郎廷槐撰 清康熙蘿延齋刻本 十行二十一字黑口四周單邊
二二六一 野芩堂詩稿三卷 清塗暉撰 清刻本 八行二十字黑口四周雙邊
二二六二 硯北詩草一卷半緣詞一卷 清查學撰 清乾隆五年刻本 十一行二十一字白口左右雙邊
二二六三 伴鐸吟一卷 清李晉撰 清抄本 十二行二十四字紅格左右雙邊
二二六四 舒嘯閣詩集十二卷 清李兆齡撰 清乾隆刻本 九行十九字白口四周單邊
二二六五 集外錄一卷 清李贊元撰 清康熙二十九年刻本 八行十八字白口左右雙邊
二二六六 出門吟一卷 清李贊元撰 清康熙十五年帶白堂刻本 八行十八字白口左右雙邊
二二六七 紀年稾一卷 清李贊元撰 清康熙師白堂刻本 八行十八字白口左右雙邊
二二六八 邇園文集不分卷 清李贊元撰 清康熙刻本 八行十八字白口左右雙邊
二二六九 邇園草一卷 清李贊元撰 清康熙二十三年刻本 八行十八字白口左右雙邊
二二七〇 又新集一卷 清李贊元撰 清康熙二十五年刻本 八行十八字白口左右雙邊
二二七一 悔齋詩集一卷 清李贊元撰 清康熙十九年刻本 八行十八字白口左右雙邊
二二七二 怡老篇一卷 清李贊元撰 清康熙二十七年刻本 八行十八字白口左右雙邊
二二七三 匊庵文選不分卷詩選不分卷 清李豪坤撰 韓秋巖選 清攬秀軒抄本 九行二十字藍格四周單邊
二二七四 後圃編年稿十六卷 清李嶂瑞撰 清康熙刻本 十行十九字黑口左右雙邊
二二七五 詩史六十卷 清李室撰 清康熙刻本 九行二十三字白口左右雙邊
二二七六 秋錦山房集十卷 清李良年撰 清康熙三十五年李湖貸刻本 十一行二十一字黑口四周單邊

二二七七 三十六湖艸堂詩集八卷 清李必恒撰 清抄本
二二七八 三十六湖草堂詩集四卷 清李必恒撰 清馬石紅雨山房抄本 清郭柏蒼跋 十行二十二字小字雙行同白口左右雙邊
二二七九 巽園集六卷 清李大朗撰 清康熙刻本 九行十八字白口左右雙邊
二二八〇 禮山園詩集十卷文集八卷後編五卷續集一卷 清李來章撰 清康熙李氏賜書堂刻本 九至十行十九至二十一字黑口間有白口左右雙邊
二二八一 恕谷後集十三卷 清李塨撰 清雍正刻本 鄧之誠跋
二二八二 太白山人槲葉集五卷南遊小草一卷 清李柏撰 清康熙三十四年刻本 十行二十二字白口左右雙邊
二二八三 羸隱初集八卷二集八卷三集三卷珠塵集二卷 清李國宋撰 嚴菴稿一卷 清李瀚撰 清康熙滄浪水屋刻本（三集配清抄本） 十一行二十字黑口四周雙邊
二二八四 松梧閣詩集一卷二集一卷三集一卷四集一卷 清李暾撰 清雍正乾隆間刻本 鄧之誠跋 十一行十九字小字雙行同白口四周單邊
二二八五 虬峯文集二十卷首一卷 清李驎撰 清康熙四十五年刻本 九行十九字白口左右雙邊
二二八六 金沙集詩草不分卷 清李含和撰 稿本 九行二十四字無格
二二八七 皐軒文編十卷 清李光坡撰 清雍正三年李鍾份刻本 九行二十二字白口四周雙邊
二二八八 繡虎軒次集十二卷 清李煜撰 清康熙刻本 九行十八字白口左右雙邊
二二八九 中江紀年詩集二卷黃山紀遊詩一卷 清[illegible]旭撰 清康熙刻本 十行十九字黑口四周單邊
二二九〇 振雅堂稾九卷 清柯崇樸撰 清康熙刻本 十行二十一字黑口左右雙邊
二二九一 古愚心言八卷 清彭鵬撰 清康熙愚齋刻本 九行二十二字白口四周單邊
二二九二 心言不分卷 清彭鵬撰 清抄本 十行二十四字無格
二二九三 自知集二卷 清姚廷謙撰 清雍正刻本 十行十九字細黑口左右雙邊
二二九四 帆野集二卷 清姚宗烈撰 清乾隆刻本 九行十九字白口左右雙邊
二二九五 飲和堂詩十三卷文八卷 清姚夔撰 清康熙刻本 九行二十四字白口四周雙邊
二二九六 息園草二卷 清姚陶撰 清康熙刻本 九行十九字黑口左右雙邊
二二九七 筠齋詩稿八卷詞一卷 清尤瑔撰 稿本 九行十九字無格
二二九八 白燕栖詩草八卷 清博爾都撰 清康熙三十五年刻本 八行十九字白口左右雙邊
二二九九 越州詩存十一卷 清戴彥鎔撰 清康熙刻本 十行十九字小字雙行同黑口左右雙邊

二三〇〇 寤硯齋集二卷 清戴霖撰 清康熙戴有光等刻本 九行二十字黑口左右雙邊

二三〇一 西堂詩草一卷 清董帝甬撰 稿本 清趙嘉韓跋 八行二十字無格

二三〇二 春樹樓遺詩二卷 清董一甲撰 清康熙四十二年董璋刻本 十行十九字黑口左右雙邊

二三〇三 始學齋遠遊草四卷後遠遊草一卷 清董采撰 清康熙二十五年呂祥中刻本 十二行二十二字黑口左右雙邊

二三〇四 榴龕居士集十六卷 清董漢策撰 清康熙刻本 八行十九字（董詞八行二十字）小字雙行同白口左右雙邊
清霎堂詩集一卷 天目放歌一卷 遲閣詩平一卷 怡顏集一卷 蘅水遊詩一卷 寓巷詩一卷 和異人十二詠一卷 董詞一卷二集一卷 烟艇吟一卷 自在吟一卷 運游集一卷 四戴詩存一卷 遊龍虎山仙巖記一卷 醉漚吟一卷 雷香譜一卷

二三〇五 復園文集六卷 清董閎京撰 清康熙完璞堂刻本 八行十九字白口四周雙邊

二三〇六 采飲集十卷 清藍漣撰 清康熙五十二年趙光宗等刻本 十行十八字白口左右雙邊

二三〇七 石湖集十二卷 清范荃撰 清焦循抄本 十一行二十四字無格
竹隱居詩集五卷 論語詩一卷 秋吟一卷 卯酒寤語一卷 梅花十六詠一卷 春雨詞一卷 秋花雜詠一卷 石湖詞一卷

二三〇八 閏餘子續集九卷 清范芳撰 清抄本 十行二十字白口左右雙邊

二三〇九 蒲松齡文集一卷 清蒲松齡撰 稿本 八行二十六字無格

二三一〇 蒲松齡文集二卷 清蒲松齡撰 稿本 十行二十九、三十字不等無格

二三一一 聊齋詩集二卷詞集一卷 清蒲松齡撰 清抄本 蕭龍友批 王瀣佩 王獻唐跋 八行二十五字無格

二三一二 聊齋文集□□卷 清蒲松齡撰 稿本 張元濟 王獻唐 王統照跋 十行二十七八字不等無格

二三一三 聊齋文集四卷 清蒲松齡撰 清抄本 楊宣子跋 九行二十五字無格
存一卷 七

二三一四 聊齋文集四卷 清蒲松齡撰 清道光二十九年邢祖恪抄本 十行二十五字無格

二三一五 聊齋詩文集不分卷 清蒲松齡撰 清抄本 佚名錄王士禎跋 八行二十四字無格

二三一六 寤言堂詩五卷 清莊大鶴撰 清康熙刻本 十行十九字黑口左右雙邊

二三一七 東村遺集三卷自注年譜一卷 清蔣珩撰 清乾隆蔣泰刻本 十行二十一字黑口四周單邊

二三一八 賓松堂詩集二卷 清蔣廷銓撰 清康熙三十二年刻本 九行二十字白口四周雙邊

二三一九 天涯詩鈔四卷讀史一卷詩餘鈔一卷 清蔣楷撰 清康熙三十五年丘如升刻本 十一行二十一字黑口左右雙邊

二三二〇 東舍集二卷 清蔣果祁撰 清康熙蔣開泰刻本 十行二十一字黑口左右雙邊

二三二一 皆山堂詩鈔一卷 清萬高芬撰 徐嵌貞選 清康熙刻本 九行二十字白口左右雙邊

二三二二 管郁文稿六卷 清萬言撰 李鄴嗣輯 清刻本 十二行二十二字黑口左右雙邊

二三二三 管村編年詩六卷 清萬言撰 稿本 十行二十字無格

二三二四 管村先生文抄內編三卷 清萬言撰 清徐氏煙嶼樓抄本

二三二五 管郁先生文鈔內編三卷 清萬言撰 清抄本 十一行二十一字

二三二六 冰雪集五卷 清萬承勳撰 清康熙五十四年刻本 十行十九字黑口四周單邊

二三二七 冰雪集六卷 清萬承勳撰 稿本 十行十九字黑格

二三二八 冰雪集一卷 清萬承勳撰 稿本 十行二十一字無格

二三二九 勉力集二卷 清萬承勳撰 清雍正六年刻本 十行十九字黑口四周單邊

二三三〇 勉力集□卷 清萬承勳撰 稿本 十二行二十四字無格
存二卷 二至三

二三三一 恭壽堂編年文鈔二卷 清萬承勳撰 稿本 清全祖望跋

二三三二 千之草堂編年文鈔一卷雜著一卷 清萬承勳撰 清抄本 十一行二十一字無格

二三三三 璇璣碎錦二卷 清萬樹撰 清康熙刻本 十行二十四字白口四周單邊有圖

二三三四 璇璣碎錦二卷 清萬樹撰 清乾隆五年揚州江氏柏香堂刻本 十二行二十八字白口四周單邊有圖

二三三五 晚香堂稿不分卷 清韓文靖撰 清抄本 九行二十三字無格

二三三六 于役偶記三卷 清華蒲撰 清康熙刻本 九行二十字小字雙行同白口左右雙邊

二三三七 焦冥集二卷 清萬君稷撰 清康熙十九年知白齋刻本 九行十九字白口左右雙邊

二三三八 依歸集十卷 清薛熙撰 清康熙刻本 十行二十二字黑口左右雙邊

二三三九 勁草堂詩稿三卷詩餘一卷 清黃驚采撰 清康熙刻本 十行二十一字白口左右雙邊

二三四〇 友鷗堂集八卷 清甘國基撰 清方氏碧琳琅館抄本 七行二十字花口四周雙邊

二三四一 黃儀逋詩三卷 清黃逵撰 清康熙刻本 十行十九字細黑口左右雙邊

二三四二 葵村詩集十一卷 清黃河澂撰 清康熙刻本 十行十九字黑口四周單邊

二三四三 馬文堂集十一卷首一卷末一卷 清黃家舒撰 清康熙刻本 十行二十一字白口四周單邊

二三四四 尹灣小草不分卷 清黃逵撰 稿本 八行二十余字黑格

二三四五 四牧齋詩集一卷 清黃華撰 清康熙四十一年黃瓛刻本 八行二十字白口左右雙邊

二三四六 蓄齋集十二卷 清黃中堅撰 清康熙五十年黃氏棣華堂刻本 九行二十字白口左右雙邊

二三四七 蓄齋集十六卷 清黃中堅撰 清康熙五十年黃氏棣華堂刻五十三年增修本

二三四八 蓄齋集十六卷 清黃中堅撰 清康熙五十年黃氏棣華堂刻五十三年增修本 鄭之誠跋

二三四九 蓄齋二集十卷 清黃中堅撰 清乾隆三十年黃氏棣華堂刻本 九行二十字白口左右双边

二三五〇 蓄齋二集十卷 清黃中堅撰 清乾隆五十年黃氏棣華堂刻本 鄭之誠跋

二三五一 痛思堂南行日記略不分卷 清黃鉞撰 稿本 八行二十四字无格

二三五二 蔡寅倩集選十二卷 清蔡秋宗撰 清康熙刻本 九行二十字白口四周双边

二三五三 歸雅山房近詩一卷 清葉彥撰 曾丘豐評 清康熙刻本 十行十九字黑口左右双边

二三五四 也園詩草初集不分卷二集不分卷 清葉菁撰 清康熙刻本 八行十九字黑口左右双边

二三五五 葉忠節公遺稾十三卷 清葉映榴撰 清康熙刻本 十行十九字白口四周单边

二三五六 葉忠節公遺稾十三卷 清葉映榴撰 清康熙刻本 鄭之誠跋

二三五七 蒼霞山房詩意二集一卷三集一卷四集一卷 清葉映榴撰 清康熙刻本 十二行二十二字黑口左右双边

二三五八 秦中游草一卷 清杜天鑑撰 稿本 清沈宗敬汪士鋐手書序文

二三五九 瀧江集詩選七卷 清林之枚撰 清康熙二十二年攬秀堂刻本 九行十九字白口四周双边

二三六〇 塔江樓文鈔六卷 清林涵春撰 清康熙二十七年刻本 九行二十字白口四周单边

二三六一 雪巖集八卷 清林夢斗撰 清康熙刻本 九行十八字黑口左右双边

二三六二 瓦註草一卷課士論文一卷 清林世榕撰 清康熙刻本 九行二十字小字、字數不等黑口四周单边

二三六三 紀遊詩艸八卷文集三卷 清林徵俊撰 清康熙刻本 八行二十字白口左右双边

二三六四 蓑笠軒僅存稿□□卷 清樓儼撰 清康熙雍正間刻本 十行十八字白口四周单边
存八卷（容雨集一卷 餘清詩稿一卷 碧鑑集一卷 北飄集一卷 叩拙集附詞一卷 朝天初集附詞一卷 載月吟一卷 洗硯齋集一卷）

二三六五 蓑笠軒僅存稿□□卷 清樓儼撰 清康熙雍正間刻本 清鄒存淦跋
存十卷（容雨集一卷附詞一卷 叩拙集附詞一卷 朝天初集附詞一卷 載月吟附詞一卷 洗硯齋集一卷 餘清詩稿一卷 碧鑑集一卷 北飄集一卷附詞一卷）

二三六六 雲濤散人集六卷詩餘一卷 清賀炳撰 清康熙刻本 九行二十一字黑口左右双边

二三六七 愚齋梅花百詠二卷 清楊德建撰 清康熙四知堂刻本 九行二十字白口四周单边

二三六八 力耕堂詩稾三卷 清楊賓撰 清康熙刻本 九行十九字黑口四周单边

二三六九 晞髮堂詩五卷 清楊賓撰 清抄本

二三七〇 晞髮堂詩五卷 清楊賓撰 清抄本 清柯溁跋 八行十九字无格

二三七一 楊大瓢雜文不分卷 清楊賓撰 清葉廷琯家抄本 清葉廷琯校

二三七二 楊大瓢雜文殘稾一卷 清楊賓撰 清光緒凌霞抄本 清傅以禮校 許跋 十二行二十五字无格

二三七三 餘堂詩四卷 清楊北溟撰 清雍正九年刻本 九行十九字白口左右双边

二三七四 芙航詩櫝十二卷 清楊士凝撰 清康熙六十一年刻本 十一行二十一字白口左右双边

二三七五 芙航詩櫝二十九卷 清楊士凝撰 清康熙六十一年刻乾隆四十一年增修本

二三七六 潭西詩集二十一卷 清楊陸榮撰 清雍正刻本 九行二十一字白口左右双边
存十六卷（一至十六）

二三七七 露香閣摘稿五卷二刻一卷 清楊錫震撰 清康熙刻本 九行十七字白口左右双边

二三七八 娱老吟六卷 清郁楊勳撰 清康熙五十四年刻本 十行二十一字白口左右双边

二三七九 吟蘭書屋集六卷 清鄒世綬撰 清康熙刻本 十行十九字黑口四周单边

二三八〇 東坪詩集八卷 清胡虞稼撰 清乾隆三十二年刻本 十行十九字白口左右双边

二三八一 輯卷集二卷 清胡瑞遠撰 清康熙梅花書屋刻本 九行二十一字白口四周单边

二三八二 西野詩草一卷二刻一卷 清胡必奇撰 戴弘業評、□評 清康熙鄭日惠刻本 八行二十二字白口四周单边

二三八三 愧林吟稾二卷 清胡戒撰 清康熙四十三年胡氏家刻本 張廬跋 十行十九字白口左右双边

二三八四 谷園文鈔十卷 清胡介祉撰 稿本 八行二十字小綠格四周单边

二三八五 茨村詠史新樂府二卷附錄一卷 清胡介祉撰 鄭雲鶚訂 清鄭氏學種花莊刻本 九行十八字白口左右双边

二三八六 詠史新樂府一卷 清胡介祉撰 清抄本 九行字數不等无格

二三八七 容安詩草十卷 清胡業撰 陳遇麒洪昇等評 清康熙三色套印本 九行二十二字小字双行同白口四周单边

二三八八 馴鶴軒詩選一卷 清趙端撰 顧有孝選 清康熙刻本 八行二十字小字双行同白口四周单边

二三八九 自適吟四卷 清趙璉撰 清康熙二十五年刻本 九行二十字白口四周双边

二三九〇 槿園集十二卷 清趙維藩撰 清康熙刻本 九行二十字白口四周单边

二三九一 廿六草二卷續一卷 清趙祺映撰 清康熙刻本 九行二十字白口四周单边

二三九二 寶蘭堂遺詩二卷 清趙執端撰 清乾隆刻本 九行十八字黑口四周双边

二三九三 席帽山人集不分卷 清史焜撰 稿本

二三九四 塞外吟一卷 清中大成撰 清康熙五十六年地德堂刻本 八行十六字白口无格左右双边

一三九五 螢照閣集十六卷 清車騰芳撰 清乾隆二十年近溪山房刻本 九行十九字白口左右雙邊

一三九六 鹿苑集一卷桐陰雜詠一卷間岐集一卷雲園集一卷窮居集一卷卧遊集一卷 清秦闌佩撰 清抄本 九行十八字無格

一三九七 益戒堂文鈔二卷 清揆叙撰 清康熙謙牧堂刻本 九行二十一字白口四周雙邊

一三九八 益戒堂自訂詩集八卷詩後集八卷 清揆叙撰 清雍正二年謙牧堂刻本 九行二十一字白口四周雙邊

一三九九 益戒堂詩集八卷 清揆叙撰 清抄本 佚名校點

一四〇〇 雞肋集一卷 清揆叙撰 清康熙謙牧堂刻本 九行二十一字黑口四周雙邊

一四〇一 樂靜堂集二卷鷄肋集一卷 清揆叙撰 清抄本

一四〇二 薹鶴詩集五卷 清成文昭撰 清康熙刻本 十行十八字黑口左右雙邊

一四〇三 薹鶴詩二集三卷 清成文昭撰 清康熙刻本 十行十八字黑口左右雙邊

一四〇四 彭麓詩抄不分卷 清成達可撰 稿本 九行二十一字白口四周雙邊

一四〇五 笑門詩集二十五卷 清戚玾撰 黄周星選 清康熙四十五年林佳刻本 十行十九字黑口左右雙邊

一四〇六 蔵虎文詩稿一卷 清戚文炳撰 稿本

一四〇七 百堂初稿一卷夷門集一卷棉花篇一卷瓦屋閒吟一卷 清戚灝元撰 清王芑孫評并跋 清刻本 十行十九字黑口四周雙邊

一四〇八 悔亭翁會川集詩鈔二卷詞鈔一卷 清戚兆晉撰 清康熙刻本 十行二十一字白口左右雙邊 會川集亦名東西南北吟

一四〇九 丹山草九卷 清戚玾撰 清刻本 八行十九字白口四周雙邊

一四一〇 觀瀾堂文集八卷詩集九卷 清曹輋撰 清康熙曹氏刻本 九行十八字白口四周單邊

一四一一 白村詩七卷瞻雲集一卷賦一卷 清曹爽撰 清雍正八年刻本 十一行二十一字白口左右雙邊

一四一二 棗花田舍詩一卷 清曹森撰 稿本 九行十九字無格

一四一三 棟亭詩鈔八卷詩別集四卷詞鈔一卷詞鈔別集一卷文鈔一卷 清曹寅撰 清康熙刻本 十行十九字白口左右雙邊

一四一四 曹江集十卷 清曹恒吉撰 清康熙三十五年賜學堂刻本 九行十八字白口四周單邊

一四一五 掣鯨堂詩集十三卷 清曹錫謨撰 清康熙刻本 十行二十一字白口四周單邊

一四一六 貫道堂文集四卷 清曹錫瑞撰 清康熙汪文著刻本 九行二十字黑口左右雙邊

一四一七 黄滋衡詩五卷詞一卷 清曹錫璜撰 稿本

一四一八 紗峯山賴猷先生雲遊草五卷 題清賴猷撰 步虛子編輯 清康熙二十一年刻本 七行十七字白口四周雙邊

一四一九 黄山田先生逸德軒詩一卷 清田蘭芳撰 鄭康評 清康熙三十一年王式穀刻本 十行十九字黑口四周單邊

一四二〇 逸德軒遺詩二卷 清田蘭芳撰 清康熙四十二年胡范刻本 十行十九字黑口四周單邊

一四二一 逸德軒文稿四卷 清田蘭芳撰 清康熙三十一年刻本 十行十九字黑口四周單邊

一四二二 逸德軒閒一稿一卷 清田蘭芳撰 清康熙刻本 十行十九字黑口四周單邊

一四二三 逸德軒文集三卷詩集三卷 清田蘭芳撰 清康熙二十六年刻本 十行十九字黑口四周單邊

一四二四 逸德軒遺稿四卷 清田蘭芳撰 清康熙四十三年刻本 十行十九字黑口四周單邊

一四二五 詩未二卷 清田林撰 清雍正七年南墅堂刻本 十一行二十二字白口左右雙邊

一四二六 屺瞻樓集一卷詩鈔一卷 清田鳴岳撰 清康熙屺瞻樓刻本 十行二十二字白口四周單邊

一四二七 瑩心堂詩六卷 清畢守祥撰 清康熙刻本 九行二十字白口左右雙邊

一四二八 潤堂詩鈔一卷 清畢海珖撰 稿本 趙執信校 九行二十七字無格

一四二九 大野詩删六卷 清畢棠佐撰 清康熙刻本 十行十九字黑口左右雙邊

一四三〇 即子集不分卷 清呂楠撰 清抄本 八行二十二字無格

一四三一 世德堂雜著一卷 清時山漢撰 清乾隆二十七年時賞柱抄本 十行二十一字無格

一四三二 學吟草六卷 清嚴德座撰 清雍正六年刻本 十行十九字白口左右雙邊

一四三三 西江草一卷 清喻成龍撰 清康熙刻本 九行二十字白口四周雙邊

一四三四 自吟亭詩稿二卷補遺一卷 清阮晉撰 清康熙五十五年刻本 八行十八字白口左右雙邊

一四三五 敦好堂旅草一卷 清馬迅撰 清康熙刻本 八行十八字白口左右雙邊

一四三六 片石齋燼餘詩草五卷 清馬士琪撰 清康熙五十六年刻本 九行二十字白口左右雙邊

一四三七 皆山堂詩一卷 清馬思贊撰 清刻本 郭麐跋 六行十六字白口四周雙邊

一四三八 寒中詩四卷 清馬思贊撰 清康熙刻本 十行十九字黑口左右雙邊

一四三九 南樓吟香集六卷 清查惜撰 清康熙二十八年馬思贊刻本 十一行二十二字黑口左右雙邊

一四四〇 半處士詩集二卷 清馬惟敬撰 清康熙四十八年郎廷槐刻本 十一行二十一字小字雙行同黑口左右雙邊

一四四一 宛委山人詩集十二卷 清劉正誼撰 炊臼集一卷 清劉正誼陶變寀撰 西園詩選三卷 清劉大中劉大觀文蔚撰 清刻本 十行十九字白口左右雙邊

一四四二 宛委山人詩集十六卷 清劉正誼撰 清刻乾隆增修本

一四四三 蔦莊分體詩鈔十二卷補遺一卷 清劉廷璣撰 清康熙刻本 九行十九字綫黑口左右雙邊

二四四四 葛莊詩鈔十五卷 清劉廷璣撰 清康熙四十年刻本 九行十九字黑口四周單边

二四四五 葛莊詩鈔二十五卷 清劉廷璣撰 清康熙六十年刻後修本

二四四六 葛莊編年詩三十六卷補遺一卷 清劉廷璣撰 清康熙刻本 九行十九字白口左右双边

二四四七 廣陽詩集二卷 清劉獻廷撰 清抄本 十一行二十一字白口左右双边

二四四八 浮丘山房存稿一卷 清劉德新撰 清康熙十七年刻本 八行二十字白口四周單边

二四四九 蠖堂藁二卷 清劉家珍撰 清康熙刻本 十行十九字黑口四周單边

二四五〇 鹿沙集三卷首一卷 清劉家珍撰 清抄本 十行十九字紅格左右双边

二四五一 西渚詩存二卷 清劉沁區撰 清康熙四十三年刻本 九行十九字白口四周双边

二四五二 滄浪唫一卷沂西唫一卷魯遊紀事草一卷 清劉士瑗撰 清抄本

二四五三 懷古堂初集不分卷 清劉闓英撰 陶元淳等評 清康熙四十二年懷古堂刻三色套印本 七行十七字白口四周双边

二四五四 劉雞集三卷 清劉星撰 清康熙刻本 八行二十字白口四周單边

二四五五 西軒詩集六卷 清丘象隨撰 稿本 清梁山氏校 十行二十一字藍格

二四五六 西軒紀年集五十卷 清丘象隨撰 稿本

二四五七 芝源適意草一卷 清丘克承撰 清康熙刻本 九行二十二字白口四周双边

二四五八 東山草堂文集二十卷 清丘嘉穗撰 清康熙刻本 十行二十二字白口四周單边

二四五九 玉池生稿五卷附二卷 清岳端撰 清康熙三十五年自刻本 八行十八字白口左右双边
蓼汀集二卷 [illegible]詩一卷

二四六〇 玉池生稿十卷 清岳端撰 清康熙三十五年自刻四十五年續增刻本 八行十八字白口左右双边
紅蘭集一卷 出塞詩一卷 附雲翎詩一卷 續字軒詩一卷 [illegible]撰
紅蘭集一卷 出塞詩一卷 就樹堂集一卷 題畫絶句一卷 蓼汀集二卷 無題詩一卷 松間草堂集二卷 枇杷詩餘一卷

二四六一 陸仲子遺稿不分卷 清陸[illegible]撰 清宣統元年楊世沅抄本

二四六二 巢青閣集十卷紅幺集一卷倚雪詞三集一卷 清陸進撰 巢青閣學言六卷 清陸[illegible]撰 清康熙刻本 十一行二十字白口四周双边

二四六三 陸蓋思巢青閣詩三卷 清陸進撰 巢青閣偶集詩一卷 詠懐詩一卷 越遊草一卷 吳[illegible]書記一卷 清康熙刻本

二四六四 青緗堂詩六卷 清陸次雲撰 清康熙六十九年陸貽格刻本 十一行二十一字白口左右双边

二四六五 秋思草堂遺集一卷 清陸莘行撰 清吳騫抄本 吳騫跋 十行二十二字无格

二四六六 善卷堂集四卷集外文一卷 清陸繁弨撰 清康熙刻本 十二行二十二字白口左右双边

二四六七 善卷堂四六十卷 清陸繁弨撰 清乾隆刻本 九行二十一字白口左右双边

二四六八 廣州集十六卷續集二卷 清陳奕禧撰 清康熙陳世泰刻本 十行十九字黑口四周双边

二四六九 春藹堂集十八卷 清陳奕禧撰 清康熙四十六年刻本 十一行十九字白口左右双边

二四七〇 春藹堂續集二卷 清陳奕禧撰 清康熙四十七年刻本 十一行十九字白口左右双边

二四七一 時用集不分卷 清陳訏撰 清康熙刻本 十二行二十二字小字双行同黑口左右双边

二四七二 抱膝小草一卷 清陳訏撰 稿本 十二行十八字黑格

二四七三 潁谷集四卷林屋草一卷峰霞草一卷 清陳瑸撰 陳啟[illegible] 清抄本 九行二十字白口黑格四周双边

二四七四 拙修書屋文稿五卷詩稿一卷 清陳標撰 清道光十六年陳[illegible]抄本 十行二十字无格

二四七五 學吟稿不分卷 清陳石麒撰 清抄本 九行二十二字无格

二四七六 亦山草堂遺稿六卷遺詞二卷 清陳維嵋撰 崇祀鄉賢録一卷花萼倡和一卷 清康熙二十八年陳氏[illegible]堂刻本 十二行二十二字小字双行同上黑口左右双边

二四七七 素賞樓稿八卷破涕吟一卷 清陳曉永撰 清康熙五十六年楊大晟刻本 九行十九字黑口左右双边

二四七八 素賞樓稿八卷破涕吟一卷 清陳曉永撰 清嘉慶八年張步瀛抄本 九行十九字无格

二四七九 燕山草堂集五卷 清陳倩撰 清康熙刻本 九行二十二字白口左右双边

二四八〇 放下唫藁一卷 清陳綗撰 清抄本 八行二十五字无格

二四八一 蟬吟集不分卷 清陳浦撰 清乾隆十八年懷遠堂刻本 八行二十字黑口四周双边

二四八二 古處齋詩集十三卷 清陳祖法撰 清康熙刻本 九行二十四字白口四周單边

二四八三 稽留山人集二十一卷 清陳祚明撰 清康熙十五年刻本 十行二十二字白口左右双边 本書亦名采菽堂詩集

二四八四 名山集三十四卷 清陳啓永撰 清抄本 佚名校

二四八五 獨漉堂稾七卷 清陳恭尹撰 清康熙刻本 九行十九字白口左右双边

二四八六 獨漉堂詩集十五卷文集十五卷 清陳恭尹撰 清康熙陳氏晚成堂刻本 十行十九字黑口四周双边 存二十九卷 詩全 文一至八、十至十五

二四八七 含翠軒詩鈔七卷 清陳[illegible]撰 清康熙六十年刻本 十行二十一字白口左右双边

二四八八 紫岫編年草十六卷 清陳金珏撰 清康熙抄本 八行十九字小字双行同白口四周双边
二四八九 篔雲樓集三卷 清陳尚古撰 清康熙刻本 九行十八字白口四周双边
二四九〇 篔雲樓集三卷 清陳尚古撰 清康熙刻本 鄧之誠跋
存一卷說
二四九一 篔雲樓集三卷 清陳尚古撰 清康熙刻本 清管庭芬跋
存一卷
二四九二 陽山草堂集九卷 清陳炳撰 清康熙刻本 九行十九字黑口左右双边
二四九三 清照堂打包剩語二卷夢覺集一卷除豪集一卷 清陳惆撰 清康熙刻本 十行十九字白口四周单边
二四九四 恒齋詩集十六卷 清周龍藻撰 清刻本 十一行二十一字白口左右双边
二四九五 偶然草詩集五卷 清周纘緒撰 清康熙刻本 十行十九字黑口左右双边
二四九六 花萼樓集六卷 清周天錫撰 清康熙刻本 九行二十五字白口四周单边
二四九七 笠澤詩鈔三十二卷尊香詞三卷 清周廷揆撰 清抄本
存二、十一卷 一四至十六十四至十五二十七至三十尊香詞全
二四九八 容居堂詩鈔七卷詞鈔三卷 清周稚廉撰 清康熙刻本 九行二十字白口四周单边 詞鈔九行二十一字白口左右双边
二四九九 柯齋選稿二十卷 清周綸撰 清康熙平山艸堂刻本 九行二十字白口四周单边
二五〇〇 希碑齋集六卷 清周之方撰 清雍正刻本 十行二十一字白口左右双边
二五〇一 周灊岳詩稿不分卷 清周楨柱撰 稿本 九行十九字无格
二五〇二 乳峯堂詩集六卷 清周大樽撰 周吳蕃編 清康熙乳峯堂刻本 九行十九字白口四周双边
二五〇三 桑乾草一卷響山樓稿一卷餐雲書屋稿一卷雪舫吟一卷 清周右鄰撰 清康熙刻本 九行十九字小字双行同白口左右双边
二五〇四 西征草二卷 清周有德撰 清雍正刻本 九行十九字白口四周双边
二五〇五 勉廬詩鈔四卷試草一卷 清周孝學撰 清康熙刻本 十行十九字白口左右双边
二五〇六 意庭先生遺集二卷 清周訴業撰 清刻本 十行二十字白口左右双边
二五〇七 長征草一卷即次吟一卷 清周思撰 清康熙刻本 八行二十字白口左右双边
二五〇八 玉沙集四卷素聲集一卷十一草一卷 清周同谷撰 清道光九年潘遵根抄本 清潘遵根校並跋
二五〇九 十一草一卷玉沙集二卷素聲集二卷 清周同谷撰 清咸豐二年王建森抄本 九行二十一字小字双行同无格

二五一〇 隱餘堂詩鈔不分卷 清周復稿撰 稿本 八行十八字白口四周单边
二五一一 周林於詩稾五卷詞一卷 清周篁撰 稿本 清李良年評點 十行二十五字无格
二五一二 載雲舫集十卷 清閔奕仕撰 清康熙二十五年程牧刻本 八行十六字白口四周双边
二五一三 直志堂詩集五卷 清全執撰 清乾隆十一年尊經閣刻本 九行二十一字下黑口四周单边
二五一四 梧岡餘稿四卷文鈔一卷 清金集撰 清康熙平步青書屋刻本 九行十九字上黑口左右双边
二五一五 龍溪紀年詩集八卷 清金青玉撰 清康熙刻本 清小空山人跋 九行二十字白口左右双边
二五一六 浪淘集詩鈔一卷 清金人望撰 清康熙六十年丘璋刻本 十行十九字白口左右双边
二五一八 心齋詩稾不分卷 清金介復撰 稿本 黃實跋 十二行二十二字无格
二五一九 心齋詩稿不分卷 清金介復撰 稿本 羅振常跋 十二行字不等无格
二五二〇 胥毋山人詩集十卷 清金若谢撰 清康熙刻本 十行十九字小字二十八字黑口左右双边
二五二一 俞子第一書口口卷 清俞楫撰 清康熙十七年刻本 九行十八字小字双行同白口四周单边
存詩集十三卷 一至十五
二五二二 樂志堂文鈔四卷 清姜承烈撰 清康熙二十八年刻本 十行二十二字白口左右双边
二五二三 彭山詩稿不分卷 清姜公銓撰 清康熙刻本 九行十九字白口四周单边
二五二四 白侍亭詩鈔一卷語山堂詩鈔一卷嶺外吟一卷 清俞錫純撰 清康熙雍正間刻本 九行十九字黑口左右双边
二五二五 礙雲臺詩鈔一卷粵秀詩鈔一卷疊江吟一卷 清俞錫純撰 清雍正五年刻本 九行十九字黑口四周单边
二五二六 詅癡夢艸十二卷 清俞心穚撰 清康熙燕臺刻本 九行二十字白口四周单边
二五二七 石松堂集八卷 清俞為霖撰 清康熙刻本 八行二十字白口四周双边
二五二八 東廬遺稿不分卷 清錢康撰 清康熙四十五年刻本 九行二十字小字双行同黑口左右双边
二五二九 望舒樓詩集十卷文集一卷 清錢霍撰 清康熙刻本 十行二十一字白口左右双边
二五三〇 益翁文稿一卷 清錢元昌撰 清道光六年錢泰吉家抄本 清錢泰吉跋 十行二十二字无格
二五三一 益翁存詩五卷 清錢元昌撰 清抄本 清江瀚銓跋
二五三二 益翁存稿一卷 清錢元昌撰 清抄本
二五三三 琴餘八集一卷九集一卷十集一卷一年詩一卷琴餘歸集一卷辛集一卷 清錢霖撰 清康熙刻本 九行二十字白口四周双边
二五三四 西疇草堂詩稿二卷詩餘一卷 清錢杖撰 稿本 八行二十字无格

二五三五 長留集詩鈔二十二卷 清錢求基撰 清抄本 九行二十一字無格

二五三六 撫雲集九卷 清錢良擇撰 清雍正八年錢氏招隱堂刻本 九行十八字小字双行二十七字白口左右双边

二五三七 撫雲集九卷 清錢良擇撰 清雍正八年錢氏招隱堂刻本 清魚元傅跋

二五三八 撫雲集九卷 清錢良擇撰 清抄本 清查慎行題詩 李鈺張閑思跋 九行十八字無格

二五三九 撫雲集九卷 清錢良擇撰 清抄本 九行十八字下黑口四周單边

二五四〇 錢楚殷詩文稟十卷 清錢沅撰 清乾隆刻本 十行二十一字白口左右双边
存七卷 一至五、八至九

二五四一 汝謙詩集六卷 清錢鴻績撰 清康熙五十三年松筠堂刻本 九行二十字白口左右双边

二五四二 懷德堂女山人詩稿不分卷 清錢湄撰 稿本

二五四三 吟簫偶存二卷 清錢樟撰 清嘉慶二十五年錢泰吉家抄本 清錢泰吉跋 八行十六字無格

二五四四 金門稿六卷望廬集句一卷 清錢芳標撰 清康熙刻本 十一行二十一字白口左右双边

二五四五 獅絃集不分卷 清錢星撰 稿本 八行二十四字無格

二五四六 古香樓詩一卷雜著一卷詩餘一卷曲一卷 清錢鳳綸撰 清康熙刻本 十行十九字白口左右双边

二五四七 廢莪山房詩稿二十卷文稿四卷 清錢繡撰 錢泰吉校 清抄本 清
存十八卷 詩稿一至六、十三至二十，文稿全

二五四八 今吾集一卷 清錢曾撰 清康熙十一年刻本 九行二十字小字双行同白口左右双边

二五四九 今吾集一卷筆雲集一卷 清錢曾撰 清抄本 八行二十字無格

二五五〇 臨野堂文集十卷詩集十三卷詩餘二卷尺牘四卷 清鈕琇撰 清康熙刻本 十行十九字白口左右双边

二五五一 揖雲齋集不分卷 清鈕琇撰 稿本 十行二十七字無格

二五五二 南湖集八卷 清鄭嶅撰 清康熙四十八年鄭玫刻本 九行二十字白口左右双边

二五五三 隱圃詩文集不分卷 清鄭頤撰 清抄本 九行二十二字無格

二五五四 魚倉小草不分卷 清鄭承祉撰 清乾隆刻本 九行二十字白口四周單边

二五五五 耕餘居士詩集十八卷 清鄭世元撰 清康熙江翱刻本 十行二十一字小字双行同白口左右双边

二五五六 含英閣詩草十卷 清鄭熙績撰 清康熙二十六年刻本 九行二十字白口四周双边

二五五七 據梧詩集十五卷 清曾倫撰 清康熙刻本 十行二十一字白口四周單边

二五五八 冰齋文集四卷 清懷應聘撰 清康熙刻本 九行二十字白口左右双边

二五五九 廓菴行籟一卷 清僧廓菴撰 清康熙六年刻本 八行十九字白口四周双边

二五六〇 隨緣集雜著三卷尺牘一卷源流一卷詩偈一卷 清□□□撰 清康熙刻本 十行二十字白口四周双边

二五六一 完玉堂詩集十卷 清釋元璟撰 清刻本 十一行二十一字白口左右双边

二五六二 泊齋集三卷 清釋元尹撰 清康熙陳邦懷刻本 十行二十一字白口四周双边

二五六三 竹窗集三卷補遺一卷 清釋秀撰 嚴繩孫記錄 附銕諸名公知識偈和題贈一卷附西村二堂集一卷 清嚴霖撰 清康熙四十二年刻本 九行二十字白口四周双边

二五六四 浮雲草一卷 清釋行珠撰 清康熙五十九年劉錫玉思訓刻本 十行十九字黑口四周單边

二五六五 藕華園詩二卷 清釋德立撰 清康熙刻本 九行十八字白口左右双边

二五六六 珠江杲山草三卷 清釋德洪撰 清康熙刻本 十一行二十一字白口左右双边

二五六七 山居詩一卷 清釋德蜜撰 清康熙刻本 十行二十字白口四周双边

二五六八 宙亭詩集二十八卷 清釋紀蔭撰 清康熙刻本 十行二十一字白口左右双边

二五六九 冰堅子雲鞏二集不分卷 清釋冰壑撰 清康熙刻本 朱嘉徵批并跋 七行十八字白口四周單边

二五七〇 霜葉吟一卷一葦集一卷 清釋沙栴撰 清康熙刻本 八行二十字白口四周單边

二五七一 天台國清祖憲和尚憂雲草一卷已巳近集一卷 清釋祖憲撰 清康熙刻本 九行二十字白口四周單边

二五七二 黃山賦一卷 清釋海岳撰 清康熙刻本 十行十九字白口四周双边

二五七三 離六堂集十二卷近稿一卷 清釋大汕撰 清康熙懷古樓刻本 九行十九字黑口四周單边

二五七四 離六堂二集三卷潮行近草三卷 清釋大汕撰 清康熙刻本 八行十六字黑口左右双边

二五七五 海外紀事六卷首圖一卷 清釋大汕撰 清康熙刻本 九行十九字黑口四周單边

二五七六 雁黃布衲黃山遊草六卷 清釋大汕撰 清康熙刻本 十行二十一字白口左右双边
存四卷 一、二、五、六

二五七七 來鶴菴詩草四卷五峰詩草一卷 清釋懸光撰 清康熙刻本 十行十九字白口四周單边

二五七八 香谷集六卷 清釋蘊丘撰 清康熙五十九年刻本 九行十九字白口四周單边

二五七九 餘學集十二卷 清釋本黃撰 清康熙刻本 十行二十字黑口四周双边

二五八〇 咸陟堂詩集十七卷文集二十五卷 清釋成鷲撰 清康熙新樂堂刻本 九行十九字白口左右双边

二五八一 咸陟堂二集三卷 清釋成鷲撰 清康熙刻本 九行十九字白口左右双边

二五八二 石根小草一卷 清釋成岳撰 清乾隆刻本 八行十六字白口左右双边

拾遺編一卷 清釋圓敏撰 清康熙五十七年自刻本 九行十八字白口四周單邊 一五八三
蘭湖詩選□卷 清釋頻光撰 清康熙虎丘□□堂刻本 十行十九字黑口四周單邊 存十四卷（一至八、十至十五） 一五八四
詠松百絕一卷詠竹百絕一卷梅花百詠一卷 清釋岳碇撰 清康熙刻本 九行二十字白口左右雙邊 一五八五
采霞集九卷 清釋岳峙撰 清抄本 十行二十字無格 一五八六
衢州古祥符寺月海禪師倣梅集二卷 清釋月海撰 清康熙刻本 九行十八字白口左右雙邊 一五八七
盤谷詩集二卷 清釋智朴撰 清康熙刻本 九行二十字白口四周單邊 一五八八
盤谷集一卷 清釋智朴撰 清康熙刻本 十行二十字黑口四周單邊 一五八九
青溝偈語一卷 清釋智朴撰 清康熙刻本 十行二十字黑口四周單邊 一五九〇
盘谷后集一卷 清釋智朴撰 清康熙刻本 十行二十字黑口四周單邊 一五九一
盤山盤谷寺拙菴朴禪師尺牘一卷 清釋智朴撰 清康熙蔣國祥刻本 十行二十字黑口四周單邊 一五九二
辛壬夢草一卷 清釋智朴撰 清康熙四十二年刻本 十行二十字黑口四周單邊 一五九三
香域自求廣禪師內外集十四卷首一卷 清釋敏膺撰 清康熙刻本 十行二十一字白口左右雙邊 一五九四
妙明堂詩抄一卷 清釋燈岱撰 附錄一卷 清釋正曉撰 清雍正二年刻本 十行十九字黑口左右雙邊 一五九五
梅岑集五卷 清釋性綋撰 清康熙刻本 九行十八字白口四周雙邊 一五九六
世宗憲皇帝御製文集三十卷目錄四卷 清世宗胤禛撰 交輝園遺稿一卷 清允祥撰 清乾隆三年內府刻本 六行十六字白口四周雙邊 一五九七
詩禮堂古文五卷 清王又樸撰 清乾隆刻本 八行二十字白口四周雙邊 一五九八
已山先生文集十卷別集四卷 清王步青撰 傳一卷 清乾隆敦復堂刻本 九行二十字白口左右雙邊 一五九九
尹文端公詩集十卷 清尹繼善撰 清乾隆刻本 十一行二十一字黑口左右雙邊 一六〇〇
尹文端公詩集十卷 清尹繼善撰 清乾隆刻本 九行二十一字白口四周雙邊 一六〇一
蘭笋山房稾八卷 清宋鏞撰 清抄本 十行二十字無格 一六〇二
與我周旋集詩十二卷文二卷四六一卷雜體一卷附寧武府志序一卷年譜二卷 清魏元樞撰 清乾隆五十八年消積堂刻本 八行二十一字白口四周單邊 一六〇三
夢筆山房蘭甏集八卷續編一卷 清紀逵宜撰 附錄一卷 乾隆四十年家刻本 十行二十一字白口四周雙邊 一六〇四
夢筆山房蘭甏集八卷續編一卷閒雲詞一卷 清紀逵宜撰 清抄本 十行二十一字無格 一六〇五
南陔堂詩集十二卷 清梁以枏撰 清乾隆二十六年刻本 十行十九字黑口左右雙邊 一六〇六
涵有堂詩文集不分卷 清游紹安撰 稿本 十行十八字白口四周單邊 一六〇七
小幔亭詩集二卷月中簫譜二卷 清柯煜撰 清康熙刻本 九行二十字黑口左右雙邊 一六〇八
柯石庵先生遺詩一卷 清柯煜撰 清屯炳震抄本 十行二十二字紅格 一六〇九
浣浦詩鈔十八卷 清范咸撰 清乾隆二十五年刻本 十一行二十一字白口左右雙邊 一六一〇
讀孟居集四卷 清蔣汾功撰 清抄本 劉持原校 九行二十六字無格 一六一一
賀穎堂詩集一卷 清馬□撰 清雍正六年永壽刻本 六行十六字白口四周雙邊 一六一二
虛白齋詩集八卷 清欽璉撰 清乾隆刻本 十行二十一字白口左右雙邊 一六一三
蕉尾詩集十卷 清鄭方坤撰 清乾隆元年刻本 十行十九字白口左右雙邊 一六一四
蕉尾詩集十五卷 清鄭方坤撰 清乾隆元年刻增修本 十行十九字白口左右雙邊 一六一五
蕉尾文集二卷 清鄭方坤撰 清刻本 十行十九字白口四周雙邊 一六一六
絳跗閣詩稾十一卷 清諸錦撰 清乾隆二十七年刻本 十一行二十三字白口左右雙邊 一六一七
絳跗閣詩稾十一卷 清諸錦撰 清乾隆二十七年刻本 清翁方綱跋 一六一八
絳跗閣文集不分卷 清諸錦撰 稿本 十三行行字不等 一六一九
主艮齋詩集十卷文集四卷 清王峻撰 清乾隆蔣棨刻本 九行十九字黑口左右雙邊 一六二〇
箬園詩集二卷 清汪漋撰 清康熙五十一年浣月居刻本 十行二十一字白口左右雙邊 一六二一
松泉詩集二十六卷文集二十二卷 清汪由敦撰 清乾隆汪承霈刻本 十一行二十一字白口左右雙邊 一六二二
松泉詩一卷 清汪由敦撰 稿本 一六二三
松泉詩集四十八卷 清汪由敦撰 清抄本 十一行二十一字白口四周單邊 一六二四
松泉詩集二十六卷 清汪由敦撰 清抄本 清翁方綱、吳大澂題款 十一行二十一字黑格 存八卷（十七至二十四） 一六二五
休寧汪文端公詩一卷 清汪由敦撰 清抄本 十行二十字無格 一六二六
貞一齋集十卷詩說一卷 清李重華撰 清乾隆刻本 十行十九字白口左右雙邊 一六二七

集部 別集 清別集

書名編號	收藏單位代號					
	0101	0141	0142	0143	0144	0161
	0163	0164	0193	0197	0198	0201
	0241	0242	0291	0301	0387	0342
	0502	0701	0801	0803	0841	1041
	1103	1541	1601	1605	1615	1629
	1644	1651	1684			
二	0102	0520	0701	1141	1342	2202
	2802					
三	0201					
四	0404	0841	2042	2301	2742	
五	0161					
六	1601					
七	0101					
八	0201					
九	0141	0161	0193	0201	0701	1441
	1544	2201				
一〇	0101					
一一	0101					
一二	1601					
一三	0201					
一四	0201					
一五	0201					
一六	1601					
一七	0101	0241	0242	0291	0803	1001
	1501	1615	1616	1689	1941	2401
一八	0101					
一九	0101					
二〇	0201					
二一	0301					
二二	0201					
二三	0841					
二四	0201					
二五	0201					
二六	0241					
二七	0201					
二八	1601					
二九	0201					
三〇	0161					

一編副號

1701	1702	1704	1741	1803
1941	2001	2047	2201	2301
2302	2401	2541	2582	2701
2702				

表八

書名編號	收藏單位代號					
三一	0101					
三二	0201					
三三	0201					
三四	0241					
三五	0141					
三六	0101	1601				
三七	0101					
三八	0201					
三九	0101					
四〇	1701					
四一	0201					
四二	0161					
四三	1701					
四四	0201					
四五	0101					
四六	0101					
四七	1601					
四八	0101					
四九	1605					
五〇	0102⊗	0161				
五一	0201					
五二	0161					
五三	0101					
五四	0101⊗	0143	1001⊗	1601	2301	
五五	0161					
五六	0101	0191⊗	0142	0143	0201	0241⊗
			0341⊗	0301⊗	0444⊗	0703
				0801⊗	1041	1601⊗
五七	1601	2301				
五八	0163					
五九	0163⊗	1101	2201			
六〇	0201					
六一	0101	0161	1601	2201⊗		
六二	0101					
六三	1581					
六四	2283					
六五	0301					
六六	0201					
六七	0161	0198⊗	0502⊗	0541		

書名編號	收藏單位代號					
六八	0101	0161	0163	0241	0242	0291
	0301	0341	0541	0701	1601	1605
	1701	1901	2702			
六九	0198	1041⊗				
七〇	1601					
七一	0101					
七二	0101					
七三	0102					
七四	0102	0104	0143	0150	0161	0201
	0301	0341	0841	1001	1542	1601
	2044	2741	2782			
七五	0144	2201⊗				
七六	0241					
七七	0201					
七八	0841					
七九	0101⊗	0141	0161	0241	0802⊗	
八〇	0142	0201	0341	0520	2201	
八一	0142	0161	2206			
八二	0181	0201				
八三	0201					
八四	0101⊗	0161	0201⊗	0841	1501⊗	1503
	1581					
八五	0161					
八六	0101					
八七	0509	0520				
八八	0101	0404	1701	2301		
八九	0101					
九〇	0101	2206				
九一	0101⊗	0102	0161⊗	0201⊗	1901⊗	
九二	0101⊗	0301⊗	1901	2583		
九三	0141					
九四	0101					
九五	0102	0142	0244	0641	0903	1001
	1301	1541	1601	1629	1646	1701
	1705	1901	2041	2303	2601	2842
九六	1501					
九七	0161					
九八	0101	0142	0161	0442	1916	2302
九九	1629					

表十

書名編號	收藏單位代號					
一〇〇	0141	0501	0502	0504	0520	0525
	0641	0701	0901	1301	1802	1808
	2301	2342	2501	2504	2534	
一〇一	0101					
一〇二	1628					
一〇三	1501					
一〇四	0201					
一〇五	1601					
一〇六	0101					
一〇七	0101					
一〇八	1501					
一〇九	0161	0241	0301	1601	1791	
一一〇	0101	0163	0198	1501	2301	2501
一一一	0101	2201⊗				
一一二	0161					
一一三	0141	0161⊗	0163⊗	0201		
一一四	1501					
一一五	0301					
一一六	0102					
一一七	0141	0161	2201	2382		
一一八	0101					
一一九	0101					
一二〇	0101					
一二一	0101					
一二二	0342					
一二三	0501					
一二四	0163					
一二五	0241					
一二六	0101	0141	0161⊗	2201	1701	
一二七	0101					
一二八	1604					
一二九	0101					
一三〇	0163					
一三一	0141					
一三二	0102					
一三三	0301					
一三四	0242					
一三五	0202					
一三六	0142					

書名編號	收藏單位代號					
一三七	0101					
一三八	1601					
一三九	0101					
一四〇	0201					
一四一	0102	0143	0161	0198	0201	0241
	0301	0341	0703	0842	1001	1615
一四二	2401	2701	2741			
一四三	0161					
一四四	0201					
一四五	0241					
一四六	0101	0201	0242			
一四七	0101⊗	0141				
一四八	0141					
一四九	0101					
一五〇	0241					
一五一	0101⊗	2301				
一五二	0101	2041				
一五三	0161	0541				
一五四	0102	0201	0541			
一五五	0101	0161	0163	1601⊗	1901	
一五六	0101	1901⊗	2583⊗			
一五七	0141					
一五八	0101					
一五九	0101⊗	0161				
一六〇	0101	0201	0501	0541	2201	
一六一	0161					
一六二	0101					
一六三	1601⊗	1681				
一六四	0101					
一六五	0201					
一六六	0101	1101⊗				
一六七	0101					
一六八	1501					
一六九	0101	0201	0291	0841		
一七〇	0101	0201	0291	0841	1701	
一七一	0101	0201	0291	0841		
一七二	0241					

表三

書名編號	收藏單位代號					
一七三	0201⊗	0241	2041			
一七四	0101	0141	0163	0166	0197	0198
	0201	0203	0261	0301	0381	0404
	0841	1501	1601	1605	1653	1902
	2501	2701	2741			
一七五	0101	0141	0164	0201	0202	0341
	0803	1616	1705	1791	1910	2201
	2306	2401				
一七六	0101	0341				
一七七	0101					
一七八	0301					
一七九	0102	0381	1903			
一八〇	1910	2302				
一八一	0141	0198⊗	0201	0203	0701	0721
	0742	2041	2042	2701⊗		
一八二	0141⊗	0161	0198⊗	0201	0241⊗	0441⊗
	0701⊗	1542⊗	1606	1681	1801⊗	2001
	2341⊗					
一八三	0104⊗	0241⊗	0541	2308⊗	2401⊗	
一八四	1701					
一八五	0101					
一八六	0241	2302				
一八七	0141					
一八八	0101					
一八九	0163					
一九〇	0101					
一九一	0201					
一九二	0101⊗	0161⊗				
一九三	0101	0201	2301			
一九四	0161	0201	0241	0341	0404	0701
	1501	1601	2501			
一九五		1071				
一九六	0101					
一九七	0101	0101	0142	0161	0198	0301
	0381	0509	0541	1601	2541	2702
一九八	0301	2210				
一九九	0201					
二〇〇	0101	0141	0161	0201	0241	

書名編號	收藏單位代號					
二〇一	0101					
二〇二	0101					
二〇三	0181					
二〇四	0101					
二〇五	0161					
二〇六	0161					
二〇七	1601					
二〇八	0101	0163	1801	1843	2041	
二〇九	0101	0201				
二一〇	0341					
二一一	2001					
二一二	3381					
二一三	0101					
二一四	0101	1601				
二一五	0241					
二一六	0101	1601				
二一七	0101					
二一八	1601					
二一九	0241					
二二〇	1615					
二二一	0161					
二二二	0102⊗	0143	0145	0164	0198	0201
	0381	0501	0591⊗	0601	0703⊗	2001
	2401					
二二三	0161					
二二四	0101	1901				
二二五	0101					
二二六	0341					
二二七	0201					
二二八	0101					
二二九	0102					
二三〇	1001	2001				
二三一	0101	1501				
二三二	0141					
二三三	1628					
二三四	0261	0201	0262	1883	2301	2401
二三五	0161					
二三六	0241	0291				

表四

書名編號	收藏單位代號					
二三七	0101	0201				
二三八	0101					
二三九	0101					
二四〇	0101					
二四一	2001					
二四二	0101					
二四三	1701					
二四四	2401					
二四五	2301					
二四六	0101					
二四七	1701					
二四八	0198					
二四九	0101	0163	0241	0262	0301 ∧1601	2701
二五〇	0161					
二五一	0101	1001				
二五二	0101	0161				
二五三	0101					
二五四	0201					
二五五	0101					
二五六	1601					
二五七	0201					
二五八	0101	0141	0201	2401		
二五九	0161	0201	1541	1601	2401	
二六〇	2401					
二六一	0201					
二六二	1581					
二六三	0201					
二六四	2403					
二六五	0101					
二六六	0101					
二六七	0201					
二六八	0181					
二六九	0101	2501				
二七〇	0141	0161	0241	0301	1601	1701
	2201					
二七一	0101	0201	1741⊗			
二七二	2203					
二七三	0163					

書名編號	收藏單位代號					
二七四	0101	0163⊗	0161	0165	0301⊗	1501⊗
	1653					
二七五	0101					
二七六	0165					
二七七	0161	0341	0501	0581	0602	2001
二七八	0701					
二七九	0201					
二八〇	1601					
二八一	0101	0198	0541			
二八二	0101	0163	0301	1601		
二八三	0101					
二八四	0163					
二八五	0198					
二八六	0101					
二八七	0101					
二八八	1705					
二八九	0201					
二九〇	0241					
二九一	1681					
二九二	0101					
二九三	1606⊗	2083⊗				
二九四	1645					
二九五	1601					
二九六	0302					
二九七	0242					
二九八	2014					
二九九	0101	1601	1609			
三〇〇	1601					
三〇一	1601					
三〇二	0341					
三〇三	0161	2213				
三〇四	0161					
三〇五	0101	0163	0241	0901	1601	1684
三〇六	0201					
三〇七	1601					
三〇八	0166					
三〇九	2301					
三一〇	2206					

書名編號	收藏單位代號					
三一一	0201					
三一二	2001					
三一三	2001					
三一四	0101					
三一五	0341					
三一六	0141	0142	1601	2701		
三一七	0301	0801	1501	1605	1701	
三一八	0161					
三一九	0101⊗	2441⊗				
三二〇	2441					
三二一	0161					
三二二	0101					
三二三	1103					
三二四	0101					
三二五	0101					
三二六	0101					
三二七	0101					
三二八	0161	0201				
三二九	0101	1701				
三三〇	0101					
三三一	0101					
三三二	0101⊗	0161⊗	0163⊗	0201⊗		
三三三	0242					
三三四	0301	0241				
三三五	1601					
三三六	1606	1718				
三三七	0581					
三三八	0501					
三三九	2001					
三四〇	2441					
三四一	0502					
三四二	0581					
三四三	0301					
三四四	0302	2701				
三四五	0102	0142	0144	0161	0198	0301
	0341	0391	0701	1501	1601	1606
	1701	2301	2701	2702		

書名編號	收藏單位代號					
三四六	0101	0141	0198	0301	2301	2501⊗
	2701⊗					
三四七	1601					
三四八	0101⊗	0161⊗	0163⊗	0201	0301⊗	1701
三四九	0101	0201	1701			
三五〇	0301					
三五一	0101	0141	0161	0163	0164	0201
	0301	0501⊗	1601	2301		
三五二	0341					
三五三	0163					
三五四	0201					
三五五	0101	0341	1601	2502	2701	
三五六	0161					
三五七	0141					
三五八	0341					
三五九	1605					
三六〇	1207					
三六一	0101					
三六二	1601					
三六三	0101					
三六四	0184					
三六五	0163					
三六六	0101	1601				
三六七	0161					
三六八	0163					
三六九	0161					
三七〇	0701					
三七一	0101					
三七二	0101					
三七三	1601					
三七四	0101					
三七五	0301					
三七六	0161					
三七七	0301					
三七八	0101					
三七九	0146					
三八〇	0341	2401				
三八一	0301					

書名編號	收藏單位代號					
三八二	0241					
三八三	0101					
三八四	0201					
三八五	0701					
三八六	0163					
三八七	0101					
三八八	0101					
三八九	0341					
三九〇	0301					
三九一	0301	0520	1521	1701	1881	[illegible]
三九二	0161					
三九三	1501					
三九四	2303					
三九五	1581					
三九六	0703					
三九七	0301					
三九八	0142	0201	0281	1722		
三九九	0301					
四〇〇	0101	0161	0198	0261	0262	0301
	1082	1601				
四〇一	0201					
四〇二	0301					
四〇三	1601					
四〇四	0101	0201				
四〇五	1701					
四〇六	0161	0163	0198	0301	0541	[illegible]
	2301	2001				
四〇七	0301					
四〇八	0101	0351				
四〇九	0101	1601				
四一〇	0101					
四一一	0161					
四一二	0101					
四一三	0101					
四一四	1601					
四一五	1606					
四一六	0161					
四一七	1606					

書名編號	收藏單位代號					
四一八	0201					
四一九	1701					
四二〇	1501					
四二一	0201					
四二二	0201	0241				
四二三	0101					
四二四	0163	0201	0301	0602	0301	1501
	1601	2261	2701	2762		
四二五	0201					
四二六	0201					
四二七	0301					
四二八	0161					
四二九	0201					
四三〇	0101 ®	1601				
四三一	0101	0141	0201			
四三二	2541					
四三三	0201					
四三四	0241					
四三五	0101					
四三六	0163					
四三七	0201					
四三八	0101					
四三九	0101					
四四〇	0201					
四四一	1705					
四四二	0241					
四四三	0101					
四四四	0101					
四四五	1741					
四四六	1601					
四四七	0161					
四四八	0101					
四四九	0162 ®	0161				
四五〇	0161					
四五一	0101	0201 ®	1701 ®			
四五二	0161					
四五三	0101					
四五四	0161					

書名編號	收藏單位代號					
四五五	0241	1601	1701	1741	2901	
四五六	0101					
四五七	0201					
四五八	2901					
四五九	0101	1619				
四六〇	0201					
四六一	0161					
四六二	0101					
四六三	0103					
四六四	0163					
四六五	1701					
四六六	0201					
四六七	1716					
四六八	0201					
四六九	0144					
四七〇	0201					
四七一	0101					
四七二	0201					
四七三	0101	1801	1881			
四七四	0241					
四七五	0161	0241				
四七六	0101					
四七七	0101					
四七八	0101					
四七九	1701					
四八〇	0241					
四八一	0101					
四八二	0161					
四八三	0163					
四八四	0101	0201 ®	1619	1702		
四八五	1705					
四八六	0201					
四八七	0181	1843				
四八八	0102	0142	0173	0202	0301	0341
	0501	0504	0703	1501	1808	3082
	2841	2801	3502			
四八九	0101	0102	0150	0161	0201	0241
	0271	1601	1705	1910	2701	

書名編號	收藏單位代號					
四九〇	0161					
四九一	1705					
四九二	0201					
四九三	0161					
四九四	0241					
四九五	0101					
四九六	0181					
四九七	0141	0161	0163 ®	0201		
四九八	0251					
四九九	0161	0201	0241			
五〇〇	0251					
五〇一	0142					
五〇二	0161	0201	1601			
五〇三	0101					
五〇四	0141					
五〇五	0201					
五〇六	0301					
五〇七	0304					
五〇八	0201					
五〇九	0101					
五一〇	0201	0301				
五一一	0101					
五一二	0201					
五一三	0201					
五一四	0591					
五一五	1705					
五一六	0101	0241				
五一七	0101	0201				
五一八	1605					
五一九	1601					
五二〇	0101					
五二一	0161					
五二二	0241					
五二三	0301					
五二四	0101					
五二五	0101	0161 ®	0201 ®	1601		
五二六	0101					
五二七	0201					

書名編號	收藏單位代號					
五二八	0101					
五二九	0148	1629				
五三〇	0163					
五三一	2301					
五三二	0101					
五三三	0101 ®	2501				
五三四	0101	0201	0241	1605		
五三五	1601					
五三六	2501					
五三七	2001					
五三八	0101	0201	1616			
五三九	0141					
五四〇	0241					
五四一	0163					
五四二	0161					
五四三	2201					
五四四	0101	0142	0191	0196	0341	0582
	0841	1001	1629	1715	1901	2261
	2301	2401				
五四五	1601					
五四六	0101					
五四七	0181					
五四八	0181	0191	0341	0582	1627	2241
五四九	0101	0141	0161	0163	0542	2241
五五〇	0191					
五五一	0101	0191	0241	0242	0301	1042
五五二	0101	0341	0701	1501	1607	1651
	1715	1901	1910	1788	2209	2302
	2642	2701	[illegible]			
五五三	0242					
五五四	0201					
五五五	0141					
五五六	1601					
五五七	1705					
五五八	0161					
五五九	0201					
五六〇	0161					
五六一	0161					

書名編號	收藏單位代號					
五六二	0201					
五六三	0201					
五六四	0201					
五六五	0161					
五六六	0163					
五六七	1601					
五六八	0241					
五六九	2002					
五七〇	0151	0241⑧				
五七一	0301					
五七二	0241					
五七三	0141					
五七四	0101					
五七五	0101	0341⑧	1601			
五七六	0101	0161	0201	0391	2801	
五七七	0201					
五七八	0101					
五七九	0292	0581	2301	2701		
五八〇	0161					
五八一	0241					
五八二	0201					
五八三	0161					
五八四	0101	0161	2301			
五八五	0101	0201				
五八六	1676					
五八七	2141	1616	1705	2001		
五八八	0241	2501				
五八九	0101					
五九〇	0201					
五九一	0301					
五九二	0201					
五九三	2381					
五九四	0161	0141				
五九五	2541					
五九六	0163					
五九七	0161	0301				
五九八	1684					
五九九	0301					

書名編號	收藏單位代號					
六〇〇	0101⑧	0181	0161⑧	1101		
六〇一	0163					
六〇二	0163					
六〇三	0201					
六〇四	0201					
六〇五	0703					
六〇六	0101					
六〇七	0101⑧	0201	1601			
六〇八	0101					
六〇九	0101	0701				
六一〇	1701					
六一一	1601					
六一二	1726					
六一三	0201					
六一四	0241					
六一五	0101					
六一六	1601					
六一七	0341					
六一八	0241					
六一九	0201					
六二〇	0101					
六二一	0201					
六二二	0101	0141	0192	0161	0201	
六二三	0101	1601	1701			
六二四	0101	0162	0194	0201	0241	0262
	0271	0581	2301	2401	0561	
六二五	0101					
六二六	0101					
六二七	0101					
六二八	0201					
六二九	0101					
六三〇	0301					
六三一	0201					
六三二	1684					
六三三	0201					
六三四	0101					
六三五	0101	0201⑧				
六三六	0101	0201⑧				

書名編號	收藏單位代號					
六三七	1701					
六三八	1701					
六三九	1701					
六四〇	0241					
六四一	0101					
六四二	0201					
六四三	0201					
六四四	0161	0201				
六四五	0201					
六四六	0101	0192	0181	0201		
六四七	0101	0241				
六四八	0101					
六四九	0162					
六五〇	0161	0241⑧				
六五一	0151⑧	1703				
六五二	0201					
六五三	0201					
六五四	2201					
六五五	1501					
六五六	1701					
六五七	0301					
六五八	0164					
六五九	0161					
六六〇	2201					
六六一	0101					
六六二	0161	0198	0581	2201	2741	1242
	2701	2901				
六六三	0101	0141	0301	1701	1911	
六六四	0101	0201⑧				
六六五	0241					
六六六	2501					
六六七	0241					
六六八	0201					
六六九	0163					
六七〇	0102					
六七一	0101	0198	1242	2501		
六七二	0201					
六七三	1701					

書名編號	收藏單位代號					
六七四	0161					
六七五	0201	1601				
六七六	0161					
六七七	1601					
六七八	0481					
六七九	1601					
六八〇	0201					
六八一	0101					
六八二	0201					
六八三	0101					
六八四	0201					
六八五	0101					
六八六	1601					
六八八	0101					
六八七	0101	0201	0701			
六八九	0101					
六九〇	2541					
六九一	2201	2501⑧	2563⑧			
六九二	1601					
六九三	0161					
六九四	0181					
六九五	1581					
六九六	2901					
六九七	0241					
六九八	0201					
六九九	0101					
七〇〇	0101	0161⑧	0291			
七〇一	0101					
七〇二	0161					
七〇三	1705					
七〇四	0181					
七〇五	0101					
七〇六	0101					
七〇七	0101					
七〇八	0241					
七〇九	1601					
七一〇	0101	0163	0201⑧	0242⑧	0801⑧	
七一一	0161					

書名編號	收藏單位代號					
七一二	0101	0201⑥				
七一三	0101	0161	0201⑥	2401		
七一四	0101					
七一五	0201	0241				
七一六	0201	2401				
七一七	0142					
七一八	0161					
七一九	0101⑥	1601⑥				
七二〇	0101	0161	0201	0301	1501⑥	1510
	1601	1841	2701			
七二一	0101					
七二二	1643					
七二三	0101	1701⑥				
七二四	1601					
七二五	1601					
七二六	0221					
七二七	0101	0241	1701	2401	2702	
七二八	0241					
七二九	0241	1702				
七三〇	1601					
七三一	0163					
七三二	0101					
七三三	0142	0241				
七三五	0301					
七三六	0842					
七三七	0201					
七三八	0101					
七三九	0161					
七四〇	0101					
七四二	0101					
七四三	0161					
七四四	2001					
七四五	0101					
七四六	0102					
七四七	0201					
七四八	0163					

表十一

書名編號	收藏單位代號					
七四九	1928					
七五〇	1601					
七五一	0101	0341	2301			
七五二	1801					
七五三	0101					
七五四	2401					
七五五	0301					
七五六	0161					
七五七	1701					
七五八	0301					
七五九	0161					
七六〇	0101					
七六一	0101	0201	1701			
七六二	1601					
七六三	0101	0161	0201	0341	1628	1689
	2401					
七六四	0102					
七六五	0201					
七六六	0201					
七六七	0201					
七六八	0101					
七六九	0163					
七七〇	1601					
七七一	0101	0201⑥				
七七二	0101⑥	0198⑥	0201⑥			
七七三	0101					
七七四	0101					
七七五	0201					
七七六	0281					
七七七	0131					
七七八	0291					
七七九	0161					
七八〇	1628					
七八一	0101					
七八二	0201					
七八三	0161					
七八四	0178					
七八五	[illegible]					

書名編號	收藏單位代號					
七八六						
七八七	0198					
七八八	1701					
七八九	0241					
七九〇	0101	0201				
七九一	0101	0161	0198	0201		
七九二	0101	0141	0161	0198	0201	0301
	1601	1701	2401	2701		
七九三	0101					
七九四	0201					
七九五	0101	0201				
七九六	0101					
七九七	0101					
七九八	0101					
七九九						
八〇〇						
八〇一	0201					
八〇二	0142					
八〇三	0241					
八〇四	0101	0161	0201	0201		
八〇五	0201					
八〇六	0291					
八〇七	2901					
八〇八	0101	0201	1701	2501⑥		
八〇九	0101					
八一〇	0185					
八一一	0181					
八一二	0201					
八一三	2201					
八一四	0501					
八一五	0841					
八一六	0509					
八一七	0163					
八一八	0508					
八一九	2501					
八二〇	0101	0570				
八二一	0101					
八二二	0163					

表十一

書名編號	收藏單位代號					
八二三	0101	0141	0142	0150	0501	0502
	0601	0641	0701	0741	0803	0802
	1301	1501	1502	1641	1605	1616
	1628	1901	2201	2205	2209	2303
	2401	2501	2561	2602	2705	2741
八二四	0301					
八二五	0101					
八二六	0101	0161	1601	2701		
八二七	0102	0161	0198	0301	0341	0501
	0841	1601	1688			
八二八	0341					
八二九	0101					
八三〇	0101					
八三一	0101					
八三二	0161					
八三三	0101					
八三四	0101	0142	0161	0175⑥		
八三五	0101	2202				
八三六	0101	0201				
八三七	0101	0161				
八三八	0101	0161	2206			
八三九	0161	0520				
八四〇	0161					
八四一	0163					
八四二	0101	0142	0144	0161	0198	0201
	0241	0301	0401	0501	0842	1601
	1641	2002	2301	2401	2702	
八四三	0101					
八四四	0201	0291	0501	2010	2502	
八四五	1601					
八四六	0161					
八四七	0201					
八四八	0101	0163				
八四九	0201	1601	1616			
八五〇	0201	2702				
八五一	0201					
八五二	0161					
八五三	0101					

書名編號	收藏單位代號					
八五四	0201					
八五五	1601					
八五六	0201					
八五七	0101	0142	0161	0198①	0201	0301①
	1501①	1502	1581	2001	2041	2502
	2701	2701①				
八五八	0161					
八五九	0101①	0201				
八六〇	0181					
八六一	0101	0161	0241			
八六二	0101					
八六三	0201					
八六四	0101①	0142	0163①	0198	0201	
八六五	0161					
八六六	0142	0161	0164	0201	2501	
八六七	0101	0102	0143	0166①	0181①	0501
	0641	0701	1001①	1401	1705①	1803①
	2001	2042①	2206①	2301	2502	2901
八六八	0101					
八六九	0101					
八七〇	0101					
八七一	0101					
八七二	0101					
八七三	1601					
八七四	1601					
八七五	0101					
八七六	0201	0341	1701①			
八七七	0163					
八七八	0101	1881				
八七九	0101					
八八〇	2301					
八八一	0101					
八八二	0142①	1601	2701			
八八三	0101①	0141①	0161	0241①	0301①	1601①
八八五	0161					
八八四	0141	0201	0541	2002	2301	2308
八八六	2315					
八八七	0241					

書名編號	收藏單位代號					
八八八	0101					
八八九	0101	0142	0241	0301	0541	1605①
	2501					
八九〇	0341					
八九一	0143	0146	1501			
八九二	0101	1501				
八九三	0161①	1601				
八九四	0101					
八九五	0201					
八九六	1801					
八九七	0101	0141	0201	0741	1701	
八九八	0141	2782①				
八九九	0141					
九〇〇	0198	0141				
九〇一	0241	1201				
九〇二	2502					
九〇三	0101	0201				
九〇四	0161					
九〇五	0101					
九〇六	0101					
九〇七	0142					
九〇八	0201					
九〇九	0703					
九一〇	1629					
九一一	0101	0142	0166	0341	1904	2701
九一二	0102	0905				
九一三	0103	0161	0301	0501	0602	0701
	0901	0901	0902	1795	1891	2391
	2501					
九一四	1601					
九一五	1684					
九一六	0161	0501	1902	1914	2001	
九一七	0101	0161①	0204①			
九一八	0044	0161	0165	0201	0341	0501
	0842	0861	0902	2006	2201	2501
	2602	2701	2702			
九一九	0142	0161	0201	0520	0841	1801
	1801	2001				

書名編號	收藏單位代號					
九二〇	0161	0201	2003	2501		
九二一	0101					
九二二	2301					
九二三	0201					
九二四	2001					
九二五	0141					
九二六	0161					
九二七	0201					
九二八	0161					
九二九	0101	0162	0241	0541		
九三〇	1701					
九三一	1701					
九三二	0101					
九三三	0161					
九三四	0101	0142①	0161			
九三五	1601					
九三六	1502					
九三七	0101	2501				
九三八	1581					
九三九	1501					
九四〇	0101	0163	0201	1601		
九四一	0291					
九四二	0301					
九四三	0301					
九四四	0161	2001	2003	2044		
九四五	1601					
九四六	0101	0201①	1601			
九四七	0101					
九四八	0141	0201	2502			
九四九	0163					
九五〇	1501					
九五一	0161					
九五二	1501					
九五三	0141	0142	0145	0150	0161	0301
	0382	0443	0601	1101	1142	1201
	1301	1461	1705	1718	2001	2041
	2043	2206	2341	2306	2750	
九五四	1601					

書名編號	收藏單位代號					
九五五	0161					
九五六	0101					
九五七	0101	2301	2501			
九五八	0101	0142	0161	0241	1601	
九五九	0161					
九六〇	0161	0201	0201			
九六一	0201①	0241				
九六二	0101	0242	2301			
九六三	0241	0841	1601	1902		
九六四	0161					
九六五	0161					
九六六	0101①	0161	0163	0197①		
九六七	0101	0163	0241	1616		
九六八	0101	0143	0161	0163	0201	0341
	0541	1601				
九六九	0163	0201	1601			
九七〇	0101	1627				
九七一	0101	0141	0142	0161	0166	0198
	0201	0242	0243	0301	0341	0404
	0501	0542	0801	0803	0801	0861
	0901	0902	0962	1461	1718	1801
	1803	1843	1844	2042	2301	2302
	2341	2343	2401	2501	2543	2745
九七二	1802					
九七三	0101					
九七四	0141	0201	1601			
九七五	0101	0144	1501	1601	1605	1901
	2501					
九七六	0101					
九七七	0241					
九七八	0201					
九七九	0181					
九八〇	0103	0141	0142	0143	0198	0243
	0501	0581	0701	0843	0861	1101
	1481	1501	1506	1517	1544	1581
	1615	1632	1904	2001	2042	2701
	2206	2301	2302	2320	2341	2501
	2541	2541	2542	2501	2602	2603

書名編號	收	藏	單	位	代	號
九八一	0201					
九八二	0201					
九八三	1581					
九八四	0161					
九八五	0141	0142	0143	0150	0173	0182
	0241	0504	0508	0510	0582	0592
	0803	0861	0901	0903	0942	1341
	1401	1461	1606	1629	1646	2009
	2014	2041	2101	2102	2206	2301
	2411	2441	2501	2503	2561	2586
	2591	2601				
九八六	0201					
九八七	0201					
九八八	1601					
九八九	1501					
九九〇	1501					
九九一	0201					
九九二	0101	1501	1502	1902	2042	
九九三	0142	0161	0341①	0442	0901	0903①
	1101①	1628	1844①	2014①	2301	2343①
	2543①	2583①				
九九四	0701					
九九五	0302					
九九六	0101					
九九七	0101					
九九八	2301					
九九九	0141	1501				
一〇〇〇	0142	0146	0501	0520	1915①	
一〇〇一	0198	0501				
一〇〇二	0141	0161	2701			
一〇〇三	1701					
一〇〇四	0271					
一〇〇五	0161					
一〇〇六	1601	0164	0541			
一〇〇七	0143					
一〇〇八	0161	0341				
一〇〇九	0201					
一〇一〇	0201					

書名編號	收	藏	單	位	代	號
一〇一一	0141	0142	0301	0341	2041	2341
	2701					
一〇一二	0163					
一〇一三	1502					
一〇一四	0142①	2201				
一〇一五	0161					
一〇一六	1601					
一〇一七	2003					
一〇一八	1702					
一〇一九	0101					
一〇二〇	0101					
一〇二一	0142	0198	0242	2206		
一〇二二	0101					
一〇二三	0101					
一〇二四	2501					
一〇二五	0101	0141	0142	0161	0581	1503
一〇二六	0101①	0201	0341①			
一〇二七	0101	0142①	1601①			
一〇二八	0101	0142	0164	1601	1627	2001
	2004	2042	2701			
一〇二九	0201	0301	2002			
一〇三〇	0163	0301	2301			
一〇三一	0161					
一〇三二	0101					
一〇三三	1510	1601				
一〇三四	0161	0241	0242	0443	0501	0502
	0504	0541	0542	0591	0601	0641
	0782	0842	0903	1001	1101	2001
	2301	2302	2341	2343	2355	2401
	2503					
一〇三五	0161	0241	0501	1616	2341	
一〇三六	0101	0161①				
一〇三七	0142					
一〇三八	0101	0161	0204	1701		
一〇三九	0101	0142	0143	0198	0201	0501
	1705	2001				
一〇四〇	0341					
一〇四一	0101	0241	2541			

書名編號	收	藏	單	位	代	號
一〇四二	0201					
一〇四三	0301	0591				
一〇四四	0101					
一〇四五	0101	0163	0242	1681		
一〇四六	1601					
一〇四七	2201					
一〇四八	0101					
一〇四九	0161	0198	0241	0242	0302	2001
	2301					
一〇五〇	0101					
一〇五一	0151					
一〇五二	0161					
一〇五三	0201					
一〇五四	0142					
一〇五五	0262					
一〇五六	0201	1501				
一〇五七	0101	1601				
一〇五八	0101	0161	0501	1062	1601①	
一〇五九	0161					
一〇六〇	0101	0301				
一〇六一	0201					
一〇六二	0101					
一〇六三	0101	0142	0161	0341	0570	1141
	2002	2301	2302			
一〇六四	0201					
一〇六五	0101					
一〇六六	0141					
一〇六七	0161					
一〇六八	0101					
一〇六九	0163	0201	1881	1911		
一〇七〇	0101					
一〇七一	0101	0102	0163	0201	0241	2503
	2701					
一〇七二	0101					
一〇七三	0161					
一〇七四	0161①	0201	0241①	0541		
一〇七五	0101					
一〇七六	0201	0241				

書名編號	收	藏	單	位	代	號
一〇七七	0101					
一〇七八	0161					
一〇七九	0101	0163				
一〇八〇	0101①	0161	0163	2501①		
一〇八一	0101					
一〇八二	1601					
一〇八三	1601					
一〇八四	0101	0102				
一〇八五	0201					
一〇八六	0101					
一〇八七	0101					
一〇八八	0101	0161	0201	0591	1441	1601
	1615	2201				
一〇八九	0161					
一〇九〇	0101					
一〇九一	0101					
一〇九二	0101					
一〇九三	0101	0161①	1581			
一〇九四	0101	0164				
一〇九五	0161					
一〇九六	1601					
一〇九七	2501					
一〇九八	0101					
一〇九九	0101	0341	1844	2261	2314	
一一〇〇	0144					
一一〇一	1581					
一一〇二	0201					
一一〇三	0161					
一一〇四	0801					
一一〇五	0241					
一一〇六	1601					
一一〇七	0801					
一一〇八	0101					
一一〇九	0101	0141	0163	0541		
一一一〇	0101					
一一一一	1601					
一一一二	0801					
一一一三	0201					

書名編號	收藏單位代號					
一一一四	0101					
一一一五	0101					
一一一六	0161					
一一一七	0201					
一一一八	0101	0803				
一一一九	1601					
一一二〇	0150	0163	0301	1092	1701	
一一二一	0161					
一一二二	0102					
一一二三	1787					
一一二四	0201					
一一二五	0163					
一一二六	2041					
一一二七	0501					
一一二八	0161					
一一二九	0101					
一一三〇	0101					
一一三一	0101 ⊕	0201				
一一三二	2301					
一一三三	0101					
一一三四	0201					
一一三五	0101	1901 ⊕				
一一三六	0301					
一一三七	0102	0161	0201	0541	2041	
一一三八	0101					
一一三九	0102	0141	0201	1727	2042	
一一四〇	1705					
一一四一	0161					
一一四二	0142	0146	0164	0166	0198	0301
	0462	0520	0704	1001	2004	2011
	2042	2441	2501	2701		
一一四三	0161					
一一四四	0201					
一一四五	0101					
一一四六	0101	0163	0241	1601	1605	2501
一一四七	0161					
一一四八	0163					

書名編號	收藏單位代號					
一一四九	0161	1637				
一一五〇	0201					
一一五一	0101					
一一五二	1601					
一一五三	1581					
一一五四	0163					
一一五五	0241					
一一五六	0101	0141	1601	2441	2542	
一一五七	0141	0161	2041	2542		
一一五八	0141					
一一五九	2041					
一一六〇	2041					
一一六一	0201					
一一六二	0101					
一一六三	1701					
一一六四	1601					
一一六五	1601					
一一六六	0241					
一一六七	0161					
一一六八	0101	0141	0201	1601		
一一六九	0541					
一一七〇	1601					
一一七一	0161					
一一七二	0201					
一一七三	0101	0241				
一一七四	1901					
一一七五	0341	0701	0841	1701	1808	2001
	2042	2701				
一一七六	1601					
一一七七	0101					
一一七八	0101					
一一七九	0163					
一一八〇	0161					
一一八一	1701					
一一八二	0101					
一一八三	1601					
一一八四	2301					
一一八五	1601					

書名編號	收藏單位代號					
一一八六	0161					
一一八七	0101	0381	0281	1531		
一一八八	0101	0161 ⊕	0241	0381		
一一八九	0101	0241	0301			
一一九〇	0201					
一一九一	0201					
一一九二	0101	0142				
一一九三	0144	2301				
一一九五	0101	0142	0144	0145	0150	0161
	0166	0177	0201	0242	0301	0341
	0501	0502	0701	0703	0841	0901
	0902	1206	1301	1803	1841	2003
	2201	2203	2261	2281	2301	2341
	2346	2401	2501	2561	2642	2701
一一九六	1601					
一一九七	0145					
一一九八	0201					
一一九九	0241	1701				
一二〇〇	0101					
一二〇一	0102					
一二〇二	0201					
一二〇三	0101	0201	0241	0341	0801	1601
	1628					
一二〇四	0201					
一二〇五	1601					
一二〇六	0198	0201	0501	1082		
一二〇七	0161					
一二〇八	1601					
一二〇九	0101					
一二一〇	1601					
一二一一	0161					
一二一二	0101					
一二一三	0102	0141	0142	0341	0520	1082
	2001					
一二一四	0541					
一二一五	0141	0201				
一二一六	0201					

書名編號	收藏單位代號					
一二一七	0161					
一二一八	2542					
一二一九	0101					
一二二〇	0101					
一二二一	0101					
一二二二	0201					
一二二三	0101					
一二二四	0141					
一二二五	0161					
一二二六	0101	0102	0801	1201	1341	[illegible]
	1601					
一二二七	0161					
一二二八	0101					
一二二九	2701					
一二三〇	0163					
一二三一	0101	0102 ⊕				
一二三二	0163	0201				
一二三三	1628					
一二三四	0101					
一二三五	0101	0142	0166	0201	1341	188[illegible]
一二三六	0161					
一二三七	0101	0201				
一二三八	0201					
一二三九	0241	2001	2041	2042		
一二四〇	0101					
一二四一	0161					
一二四二	0161					
一二四三	0201	0341				
一二四四	0142					
一二四五	0201	0241				
一二四六	0101					
一二四七	0201					
一二四八	1606					
一二四九	1601					
一二五〇	1702					
一二五一	0241					
一二五二	0201	0201				
一二五三	2301					

表九

書名編號	收藏單位代號					
一二五四	0201					
一二五五	2401					
一二五六	0101	0201	0241			
一二五七	0161					
一二五八	2001					
一二五九	0161					
一二六〇	1646					
一二六一	0101					
一二六二	0101	1601◎				
一二六三	0101					
一二六四	0101					
一二六五	0161					
一二六六	0201					
一二六七	0101	0141	0142	0241	2401◎	
一二六八	0161					
一二六九	1788					
一二七〇	0101	0161	0201	0241	0341	0841
	1601					
一二七一	0241	1601				
一二七二	0101◎	0102◎	0141◎	0142	0161◎	0163
	0841◎	1601	2041◎			
一二七三	0141	0241				
一二七四	0143	0161	0166	0201	0291	0301
	0404	1542	1701	1881	2701	2703
一二七五	0101	0201				
一二七六	0102					
一二七七	0101					
一二七八	0198					
一二七九	0163					
一二八〇	1601					
一二八一	1601					
一二八二	0163					
一二八三	0161					
一二八四	0101					
一二八五	0101	0161	0201	0241	0243	0301
	1601					
一二八六	0101					
一二八七	0201					

書名編號	收藏單位代號					
一二八八	0163					
一二八九	0161					
一二九〇	1601					
一二九一	0101					
一二九二	0101◎	1613◎	2001◎			
一二九三	0101◎	0241				
一二九四	0161					
一二九五	0141	0142	0241	0841◎		
一二九六	0101					
一二九七	0101	0142	0520	1601	1641	2301
	2501	2541				
一二九八	0161					
一二九九	0161	0163	0201	0291	0361	0704
	0841	1601	1628	1654	1897	2001
一三〇〇	0161	1501	1701	2042		
一三〇一	0541	1141	1881			
一三〇二	0101					
一三〇三	0101					
一三〇四	0201	0841	2501			
一三〇五	0841					
一三〇六	0141	0201				
一三〇七	2201					
一三〇八	0101					
一三〇九	0201					
一三一〇	0141					
一三一一	0201					
一三一二	0201	0241	0243			
一三一三	0101	0163	2201			
一三一四	0201					
一三一五	0201					
一三一六	0201					
一三一七	0101	0102	0145	0161	0164	0181
	0197	0241◎	0501	0701	0801	0801
	0842◎	1007	1301◎	1601	1701	1843◎
	2201◎	2401◎	2702			
一三一八	0101	0105	0164	0191	0701	0241
	0197	0342	2501			
一三一九	0181					

表十

書名編號	收藏單位代號					
一三二〇	0141	0161	0193	0197	0181	0241
	0343	0701	0841	1301	1701	1712
	2301◎	2341	2401	2542	2642	
一三二一	0181	0197	0701	2401		
一三二二	0101	0147	0150	0181	0202	0281
	0423	0662	0701	0801	0903	0904
	1701	1801	1881	2401	2642	2702
	2901					
一三二三	0181					
一三二四	0101	0142	2541			
一三二五	0341	2201				
一三二六	0101	0341				
一三二七	0241	0341	0519	0520		
一三二八	1705					
一三二九	1601					
一三三〇	0141					
一三三一	0101	1601◎				
一三三二	0241					
一三三三	0141	0161	0201	1501	2901	
一三三四	0101					
一三三四	0101	0198	2301	2401	2501	2782
一三三六	0101	0161◎	2501			
一三三七	0101	0161◎				
一三三八	0101	0241	2541			
一三三九	0101	0241	2541			
一三四〇	0101	0241				
一三四一	0101	0241				
一三四二	0101	0241				
一三四三	0102					
一三四四	0101					
一三四五	0161◎	0541◎	0841	1601	1605	1843◎
	1853◎	1921◎	2301			
一三四六	1601					
一三四七	0101	0241	1601	1701		
一三四八	0101	0142	0161	0198	0201	0341
	1082	1601	2401	2501◎	2583◎	
一三四九	2301					
一三五〇	0163					

書名編號	收藏單位代號					
一三五一	0101	0201	1501	1544	1601	
一三五二	1544					
一三五三	0241					
一三五四	0142					
一三五五	0102◎	2301◎	2401	2701◎		
一三五六	1601					
一三五七	1601					
一三五八	0101	0161	0163	0201	1910◎	2401
一三五九	0241					
一三六〇	0101					
一三六一	1601					
一三六二	0163					
一三六三	0101	0242	1501	1681	1701	
一三六四	0842					
一三六五	0142	0701				
一三六六	0101					
一三六七	0163					
一三六八	0141					
一三六九	0101					
一三七〇	0101					
一三七一	0101	0143◎	0161	0201	0241	0442
	1544◎	1601				
一三七二	0163	0301	0341	1701	2501	
一三七三	0101	0161	0163	1653	2701	
一三七四	0196					
一三七五	0102	0181	0201	0841	1501	1601
	1701					
一三七六	0101					
一三七七	0165					
一三七八	0201					
一三七九	0201					
一三八〇	0101◎	0161◎	0163◎	1601◎		
一三八一	1601	2001				
一三八二	0201					
一三八三	0101					
一三八四	0102	0142	0144	0161	0163	0201
	0241	0242	0271	0301	0341	0342
	0572	0520	0531	0542	0701	0741

書名編號	收藏單位代號					
	0261	1681	1605	1606	1616	1681
	1911	2001	2002	2242	2301	2401
	2501	2503	2701	2702		
一三八五	1710					
一三八六	2006					
一三八七	0241⊙	0242	1601	1701⊙	1901⊙	1910⊙
一三八八	0101	0141	0241	2301		
一三八九	0145	0242	0520	0542	2502	
一三九〇	0101					
一三九一	2501					
一三九二	0101	0161	0241⊙	0341⊙	1001	2701⊙
一三九三	0801					
一三九四	1601					
一三九七	0142	0163	0201	0241	0291	0301
	1607	1628	1381	2001	2701	
一三九八	0161	0501	0505	0520	0512	1301
	2502	2507	2603			
一三九九	0166	0502	0509	0542	0903	2706
一四〇〇	0201					
一四〇一	0101	0161	1601⊙			
一四〇二	1605					
一四〇三	2501					
一四〇四	2501					
一四〇五	0201					
一四〇六	0201					
一四〇七	0201					
一四〇八	1544					
一四〇九	0198	0241	0203	2503		
一四一〇	0161					
一四一一	0142⊙	0143⊙	0201⊙	0241	0242⊙	0291⊙
	0341⊙	1653	1601	2702		
一四一二	0201					
一四一三	0201					
一四一四	0201					
一四一五	0101⊙	0142	0201	1587⊙	1601	1843
一四一六	0142	0143	0161	0201	0241	0291⊙

表二一

書名編號	收藏單位代號					
	0501	0703	0801	1514	1601	1701
	2501	2541	2702			
一四一七	0101	0301	0520	1605		
一四一八	0201					
一四一九	0102	0141	0142	0143	0150	0161
	0166	0201	0341	0404	0501	[illegible]
	0641	0701	0703	0861	0901	[illegible]
	1142	1501	1502	1592	1616	[illegible]
	2001	2042	2206	2301	2341	[illegible]
	2501	2601	2702	2701	2742	[illegible]
一四二〇	1601					
一四二一	1601					
一四二二	0163					
一四二三	0101					
一四二四	0201					
一四二五	0141					
一四二六	1601					
一四二七	0101	0161				
一四二八	0101⊙	0201⊙				
一四二九	0101	0241	2304			
一四三〇	0201					
一四三一	0201	0501	0520	2041	2401	
一四三二	0842					
一四三三	0541	2501				
一四三四	0201	0301	1606			
一四三五	0101	0141	0161	0163	0201	0241
	1501	1601	1609	2701	2702	
一四三六	0101					
一四三七	0101	0114	0201	1601	2501	2702
一四三八	0150	0163	2206			
一四三九	0201					
一四四〇	0161	2701	1701			
一四四一	0165	[illegible]	2001			
一四四二	0201					
一四四三	0101					
一四四四	0241	0161	0201	0241	0341	[illegible]
	1510	1601	1701⊙			
一四四五	0161					

書名編號	收藏單位代號					
一四四六	0198					
一四四七	0101					
一四四八	0141	1701				
一四四九	0161					
一四五〇	0141	0143	0150	0161	0198	0241
	0341	0342	0601	0701	0741	0801
	0803	0842	0901	0941	1104	1401
	1461	1503	1536	1702	1843	1844
	1882	2201	2202	2242	2284	2302
	2383	2401	2402	2501	2541	2601
	2682					
一四五一	0201					
一四五二	1581⊙					
一四五三	1783					
一四五四	2402					
一四五五	0201					
一四五六	0101					
一四五七	2561					
一四五八	0201					
一四五九	0141	0142	0143	0242	2301	2542
一四六〇	1710					
一四六一	0141	0301	0591	0842	1605	
一四六二	2042					
一四六三	0101					
一四六四	1581					
一四六五	0101	0201	1601	1628		
一四六六	0101					
一四六七	0101	0142	0161	0201	0242	1617
	2561					
一四六八	0161					
一四六九	0141					
一四七〇	0141					
一四七一	0141					
一四七二	0201					
一四七三	0201					
一四七四	1705					
一四七五	0101					
一四七六	0141	0161	0241			

表二二

書名編號	收藏單位代號					
一四七七	0181					
一四七八	0541					
一四七九	0201					
一四八〇	0101	0121	0161	0201	0242	0341
	0302	0701	0801	0842	1701	2001
	2301	2701				
一四八一	0102	0161				
一四八二	0101					
一四八三		0201				
一四八四	0141	0161	0164⊙	0198	0201	0541
	0801	1201	1606	1615	1646	[illegible]
	2001	2701				
一四八五	0101					
一四八六	0201					
一四八七	0182	0198	0201	0241⊙	0301	0391
	2006	2501				
一四八八	0301					
一四八九	2201	3501				
一四九〇	0141⊙	2401	2501			
一四九一	0161	0242	0302	1601		
一四九二	0101	1402				
一四九三	0101⊙	0161⊙	1601⊙			
一四九四	1501					
一四九五	1581					
一四九六	0101	0141	0142	0161	0201	0291
	0443	0501	2001	2301	2302	2501
	2701					
一四九七	1601					
一四九八	0141⊙	2301				
一四九九	1601					
一五〇〇	1092					
一五〇一	1504					
一五〇二	2401					
一五〇三	0201					
一五〇四	0141	0142	0166	0193	0201	0341
	0861	1907	2043	2301	2343	2354
	2401	2904				
一五〇五	0141					
一五〇六	0141	0142	0144	0166	0391	0701

書名編號	收藏單位代號					
	0703	0741	2301	2343	2354	
一五〇七	0141					
一五〇八	0101	0241	0341	1601		
一五〇九	0101					
一五一〇	0101					
一五一一	0142	0201	0301	0341	0861	1712
	1808	1902	2001	2261	2501	2705
一五一二	1982					
一五一三	0201					
一五一四	0301					
一五一五	0142	0173	0641	0701	0741	2301
	2342	2741				
一五一六	0101	0163①	0241	1607①	2501①	
一五一七	0101	1601				
一五一八	0101					
一五一九	0101	0142	0161	0241	0242	0541
	1601					
一五二〇	0141	0161	0198	0201	2213	2603
一五二一	0101	0161①				
一五二二	0101	0163	0197	0198	0301	0841
	1601	1701				
一五二三	0842					
一五二四	0141	0161	0341	0701	1501	1801
一五二五	1501					
一五二六	0141					
一五二七	0241					
一五二八	0111					
一五二九	0101					
一五三〇	0101	0341				
一五三一	0101					
一五三二	0161					
一五三三	0161①	0201	1601①			
一五三四	0178①	0201	1606①			
一五三五	0101					
一五三六	0161	2341	2602①			
一五三七	0101	1601				
一五三八	0241					
一五三九	0101					

書名編號	收藏單位代號					
一五四〇	2301					
一五四一	0341					
一五四二	0141					
一五四三	0101①	0142①	0144①	0161	0201	0341
	0841	1001				
一五四四	0101					
一五四五	0161					
一五四六	0201					
一五四七	0161					
一五四八	0201					
一五四九	1689					
一五五〇	0102	0163	0198	0201①	0341	[illegible]
	1601	1604	1646	2001		
一五五一	0201					
一五五二	0301					
一五五三	0161	0201				
一五五四	0141	0163	0201	0241	0291	0501
	0801	1001	1601	1607		
一五五五	0101					
一五五六	1504					
一五五七	1701					
一五五八	0141	1601	2901			
一五五九	1605					
一五六〇	0102	0181①	0163①			
一五六一	0201	0501①	2042①			
一五六二	0101					
一五六三	0101	0102	0142	0163	0201	0241
	1601	2501				
一五六四	0101					
一五六五	0201					
一五六六	1001					
一五六七	0241					
一五六八	0163					
一五六九	0241	1001				
一五七〇	0201					
一五七一	0582					
一五七二	0146					
一五七三	0101	0161	0201①	2501①		

書名編號	收藏單位代號					
一五七四	1701					
一五七五	0150	1501	1701	1903	2702	
一五七六	0102	0141	0161	0241	0243	0502
	0801	1501	1504	1601	1616	1627
	1628	1701	2301	2401	2501	2701
一五七七	0101					
一五七八	0101					
一五七九	0198					
一五八〇	0101	0141	0161	0201	0291	0361
	0391	0501				
一五八一	2203					
一五八二	0102	0161①	0201	1701		
一五八三	0161	0841				
一五八四	0142	0163	2501			
一五八五	0142	0161	1628			
一五八六	0142	0201				
一五八七	0101					
一五八八	0163	0201				
一五八九	0142	0501				
一五九〇	0161					
一五九一	0142	0161	0242	0341	0841	
一五九二	1628					
一五九三	0201					
一五九四	0201八					
一五九五	0101	1601				
一五九六	0101	0142				
一五九七	0101	0150	0161	0241	0281	0801
	0841	1601	1701①	1843	2261	2501
	2701①					
一五九八	0101	0291				
一五九九	0201					
一六〇〇	0201					
一六〇一	0241					
一六〇二	0341					
一六〇三	0201					
一六〇四	2541					
一六〇五	0101					
一六〇六	0141	0201				

書名編號	收藏單位代號					
一六〇七	0141	0144	0701	1308	2301	2401
	2504					
一六〇八	0143	0144	0161	0404	0701	1808
	2301	2401	2501	2503	2504	
一六〇九	0101					
一六一〇	1501					
一六一一	0161					
一六一二	0101					
一六一三	0101					
一六一四	2541					
一六一五	0101					
一六一六	0101					
一六一七	0101					
一六一八	0101					
一六一九	1006					
一六二〇	0520					
一六二一	1006					
一六二二	2206					
一六二三	0163	0741	1601	1881	2501	
一六二四	0161					
一六二五	0102	2001①				
一六二六	0341					
一六二七	0102	0141	0142	0161	0197	0198
	0201	0241	0291	0341	0342	0404
	0501	0701	0841	0802	1301	1501
	1601	1641	1681	1843	2201	2501
	2701					
一六二八	0241	2210				
一六二九	2201					
一六三〇	0197	2383	2501	2541	2524	
一六三一	0198					
一六三二	0101	0201	1601			
一六三三	0101					
一六三四	0201					
一六三五	0161	1606				
一六三六	0101	0201	0141	1701		
一六三七	0101	0141	0144	0150	0301	0503
	0341	1462	1601	1616	1804	1981

書名編號	藏書單位					
清別集類						
	2742					
一六三八	0161					
一六三九	0201					
一六四〇	1601					
一六四一	0201	0241	0341	1705	1731	
一六四二	0101①	0141	0541	1601	1629	1701
一六四三	0101					
一六四四	0101					
一六四五	0141	0150	0163	0201	0241	0542
	1601	1701	1703	1734	1901	2301
	1741					
一六四六	1705					
一六四七	0201					
一六四八	0201					
一六四九	0201					
一六五〇	0101					
一六五一	0101	0201	0341	0701	1616	2001
	2003	2301				
一六五二	2001					
一六五三	2401					
一六五四	1705					
一六五五	0101					
一六五六	1705					
一六五七	1705					
一六五八	1705					
一六五九	0101					
一六六〇	0101					
一六六一	0101	1601				
一六六二	1501	2541				
一六六三	0101					
一六六四	0101	0241				
一六六五	0101	0163	0197①	0201	0341①	1681
一六六六	0101					
一六六七	2342					
一六六八	0301	0241①				
一六六九	0201					

表十五

書名編號	藏書單位					
一六七〇	0141	0144	0161	0163	0198	0201
	0241	0291	0341	0541	0701	0801
	0841	0842	1241	1601	1616	1710
	1901	1910	2342	2401	2541	2542
	2701	2702	2741			
一六七一	0241					
一六七二	2701					
一六七三	0291					
一六七四	1601					
一六七五	0301					
一六七六	1801					
一六七七	1601					
一六七八	0342					
一六七九	1605					
一六八〇	0101	0163	0241	0301	0341	0701
	1601	2501	2541	2701		
一六八一	0101	2901				
一六八二	0161	0166	0341	0541	0701	1705
	1841	2001	2006	2304		
一六八三	0201					
一六八四	0163					
一六八五	0201					
一六八六	0101					
一六八七	0142	0144	0163	0198	0201	0242
	0301	0341	0494	0502	1701	1542
	1501	1615	1701	1910	2042	2301
	2341	2342				
一六八八	0161					
一六八九	0201					
一六九〇	0101					
一六九一	0101					
一六九二	0141	0201	0341	0842	2201	2203
	2401	2501	2701			
一六九三	0391					
一六九四	1601					
一六九五	0101	0201	0301	0703	1711	
一六九六	0101	0102	0142	0161	0150	0193
	0201	0242	0341	1501	0502	0701

書名編號	藏書單位					
清別集類						
	0801	0842	1701	1841	1862	1910
	2001	2002	2042	2206	2301	2383
	2401	2461	2502	2542	2543	2601
	2701					
一六九七	0301					
一六九八	0201					
一六九九	2301					
一七〇〇	0201					
一七〇一	2302					
一七〇二	0101	0162	0102	0101	0242	0701
	0801	2206	2301	2563	2401	2504
	2701					
一七〇三	0201					
一七〇四	1705					
一七〇五	0201					
一七〇六	0201					
一七〇七	0201					
一七〇八	0201					
一七〇九	0198					
一七一〇	1701					
一七一一	0101					
一七一二	0201					
一七一三	0101					
一七一四	0101	0301				
一七一五	2461					
一七一六	0141					
一七一七	0131	0701	1684	2001	2501	
一七一八	0101	0201	2301	2501		
一七一九	0101	0201	2001	2501		
一七二〇	1601					
一七二一	0142	1031				
一七二二	0160	0903	1729	1741	2301	
一七二三	0101					
一七二四	2205					
一七二五	1605					
一七二六	1541					

表十六

書名編號	藏書單位					
一七二七	1881					
一七二八	0201					
一七二九	0201					
一七三〇	0341	0502	0510	0520	0542	
一七三一	0142	0241	0541	2501		
一七三二	1501					
一七三三	0141					
一七三四	1601					
一七三五	0101					
一七三六	1101	1601				
一七三七	0101	0141	0150			
一七三八	1601					
一七三九	1616					
一七四〇	0198					
一七四一	0241					
一七四二	1781					
一七四三	2301					
一七四四	1601					
一七四五	0201					
一七四六	0142①	0241	2201①	2461①		
一七四七	2009					
一七四八	2301					
一七四九	0161					
一七五〇	0142	0141	0150	0161	0166	0201
	0241	0242	0291	0301	0502	0703
	0841	1606	1616	1681	1910	2501
	2702	2741				
一七五一	0201					
一七五二	1702					
一七五三	0101					
一七五四	0101	0150	0198	0201	0861	0903
	1701	2401				
一七五五	0101	0161	0163	0201	0241	2702①
一七五六	0141	0142	0161	0163	1701	2001
一七五七	2201					
一七五八	2701					
一七五九	0101					
一七六〇	0101	0201				

書名編號	藏書單位					
清别集類						
一七六一	0101					
一七六二	0341	0502				
一七六三	0101					
一七六四	0101					
一七六五	2401					
一七六六	0197①	2301	1581①			
一七六七	0161					
一七六八	0161①	0201	0241	0404	0520	
一七六九	0161	0166	0520	2582	2701	
一七七〇	0201					
一七七一	0141	2201				
一七七二	0141	0161				
一七七三	2501					
一七七四	0101					
一七七五	0321					
一七七六	0197	0201	0241	1701	2541	
一七七七	0161					
一七七八	0144					
一七七九	0101					
一七八〇	0101	0241	0301	0321	0701	0703
	2501					
一七八一	0161					
一七八二	0243	0381①	2042			
一七八三	0261	1601	1605	1627		
一七八四	0101	0341①				
一七八五	0101	0144	0163			
一七八六	0101	0142	0161	0163		
一七八七	0201					
一七八八	0101	0201				
一七八九	1601					
一七九〇	0163					
一七九一	0201					
一七九二	0101					
一七九三	1161					
一七九四	0161					
一七九五	0101	0201				

卷二七

書名編號	藏書單位					
一七九六	0161①	0163	0241	0242①	1601	2501
	2543①	2701				
一七九七	0101	0201	0241	2001	2042	
一七九八	0144①	0146①	0161	1045①	0704①	2201
	2206	2242	2243			
一七九九	1006					
一八〇〇	0101	1601				
一八〇一	0301					
一八〇二	0201					
一八〇三	0163					
一八〇四	0401					
一八〇五	0201					
一八〇六	0101	1601				
一八〇七	0141					
一八〇八	0163					
一八〇九	0161①	0201				
一八一〇	0181					
一八一一	0161					
一八一二	0141	0341	0702	2542		
一八一三	0241					
一八一四	0142					
一八一五	0101	0141	0142	0161	0401①	0541①
一八一六	0201					
一八一七	0241					
一八一八	0161	0201①	1601①			
一八一九	0141	0166	0201	0704	2042	2382
一八二〇	0141	0142	0242	0341	0403	0542
	1462	2001	2042	2301	2343	2502
	2542	2544				
一八二一	1601					
一八二二	0291					
一八二三	0141					
一八二四	0101	0141	0161	1601	2543	2702
一八二五	1741					
一八二六	1601					
一八二七	1601					
一八二八	0163					
一八二九	0101					

書名編號	藏書單位							
清别集類								
○一八三〇	0142	0301	2002①					
一八三一	2001	2042						
一八三二	0121							
一八三三	0142							
一八三四	2701							
一八三五	0101	0341①						
一八三六	0101							
一八三七	0101	1621						
一八三八	0121							
○一八三九	0301	0404	1241	2001	2042	2301	2302	
○一八四〇	0301	0707	2301					
一八四一	0201	0321						
一八四二	0201							
一八四三	0101	0341①						
○一八四四	0301	2301						
○一八四五	0301	0173	1701	2201				
一八四六	0201							
一八四七	0101							
一八四八	2542							
一八四九	0141	0201	2501					
一八五〇	0201							
一八五一	0701	2001						
一八五二	0146	1605	1701					
○一八五三	0142	0161	0701	0841	0903	0301	0721	
	1785							
一八五四	0102	0173	0301	0301	0701	1001	2201	
	2021	2301	2342	1201	1701			
一八五五	1701							
一八五六	1705							
○一八五七	0241	0301	0341	0741	1712	2501	2701	
一八五八	0198	0201①	0241					
○一八五九	0173	0301						
一八六〇	0201							
一八六一	0141	0142	2522①	0701	0903	2204①		
一八六二	1701							
一八六三	2501①							

卷二八

書名編號	藏書單位							
一八六四	2701							
一八六五	0141	0142①						
一八六六	0241							
一八六七	0241	1601						
一八六八	2201	2206						
一八六九	2901							
一八七〇	0321							
一八七一	0142	0701						
一八七二	0141	0142	0161①	0341	0701	0941	1308	1841
一八七三	1601							
○一八七四	0162	0161	0201	0301	2401			
一八七五	0101	0141	0161	0197	0501	2401		
一八七六	0141							
一八七七	0198	1006						
一八七八	2001							
一八七九	2901							
一八八〇	0101	0141	0201	0341①	1103			
一八八一	1001							
一八八二	0142	2342	2501					
一八八三	2341							
一八八四	0101	0163	1605	1705	1714			
一八八五	0201							
一八八六	0163							
一八八七	1721							
一八八八	1606							
○一八八九	0141①	0301	1301					
一八九〇	0191							
一八九一	0241							
一八九二	0201①	1187①						
一八九三	0161	0241						
一八九四	0201							
一八九五	0101	0102						
一八九六	0201							
一八九七	2001							
一八九八	0101	1701						
一八九九	1601							
一九〇〇	2001	2041						
一九〇一	0101	0201	0241					

書名編號	藏書單位					
清别集類						
一九〇二	0198	0241	0841			
一九〇三	0201					
一九〇四	1705					
一九〇五	0201					
一九〇六	0201					
一九〇七	0301					
一九〇八	0101	0150	0161	0241	0301	0701
	1501	1701@	2501	2701		
一九〇九	0161					
一九一〇	1601					
一九一一	0141	0150	0201	0242	0291	1605
一九一二	0101					
一九一三	0201					
一九一四	0201					
一九一五	0241	1701				
一九一六	2041					
一九一七	0198					
一九一八	0101	0241				
一九一九	0201					
一九二〇	0201	1601				
一九二一	0341	2542@				
一九二二	0201					
一九二三	0141	0198	0501	0504	0508	0701
	0942	2002	2301	2342	2343	3401
	3750					
一九二四	2801					
一九二五	0101	0142	0201	0541		
一九二六	0142	0242	0541	1019	2042	
一九二七	0141					
一九二八	0101					
一九二九	0101					
一九三〇	0142	1042				
一九三一	0161					
一九三二	1581					
一九三三	0101					
一九三四	0161					

表二九

書名編號	藏書單位					
一九三五	0341					
一九三六	0101@	0161	0241			
一九三七	0101	1581				
一九三八	0101	0541				
一九三九	0198	0841@				
一九四〇	0161					
一九四一	0161	0501@	0541			
一九四二	0404	0701				
一九四三	0161	0201@	0701@			
一九四四	0161	1601				
一九四五	1601					
一九四六	0241	1383				
一九四七	1581					
一九四八	0101					
一九四九	0201					
一九五〇	0101					
一九五一	0241					
一九五二	0101					
一九五三	0101					
一九五四	0101					
一九五五	0101					
一九五六	0101	0163	1681	1684		
一九五七	0101	0241				
一九五八	0141	0163@	2341			
一九五九	0161	1601	2001			
一九六〇	0101	0341				
一九六一	0161	0541				
一九六二	0161	0163				
一九六三	0301	1601@				
一九六四	1628					
一九六五	0142	0201	1605	2543		
一九六六	1601					
一九六七	0101					
一九六八	0201					
一九六九	0101	1082				
一九七〇	0101					
一九七一	0101@	0161@	0201	0241@	1606	2561@
一九七二	0101	0201	1001			

書名編號	藏書單位							
清别集類								
一九七三	0101	1681	2301					
一九七四	1601							
一九七五	0241							
一九七六	0101	0301	2001					
一九七七	0101@	1601	2003					
一九七八	1901							
一九七九	0142	0163	2003					
一九八〇	1901							
一九八一	0141							
一九八二	0163							
一九八三	0101	0541	1601					
一九八四	0141							
一九八五	0142							
一九八六	2501							
一九八七	0143							
一九八八	0241							
一九八九	0101	0198						
一九九〇	0241	0198						
一九九一	0101							
一九九二	0101							
一九九三	0101	0241						
一九九四	0101	0144	0161@	0163@	0201	0241		
	0501	0520@	0521@	1601	1605	1710@	1910@	2702
一九九五	0101@	0201	0241					
一九九六	0101	0163	0201	0541				
一九九七	0142							
一九九八	1705							
一九九九	0101							
二〇〇〇	0201							
二〇〇一	2201							
二〇〇二	0161							
二〇〇三	0241							
二〇〇四	0102	0142	0164	0198	0241	0301@		
	0341	0541	1701	2001	2041	2206		
	2741							

表三〇

書名編號	藏書單位					
二〇〇六	0121	0241	0242	2501		
二〇〇七	0163	0201	0241	0541	1601	1701
二〇〇八	0141					
二〇〇九	0141	0241				
二〇一〇	0101					
二〇一一	0101	1601				
二〇一二	2001					
二〇一三	0101@	0142@	0161	0163@		
二〇一四	0301					
二〇一五	1609					
二〇一六	0145					
二〇一七	0504					
二〇一八	0142					
二〇一九	0144	0341				
二〇二〇	0141					
二〇二二	0141	1014	2001			
二〇二三	0301@	0321	2501			
二〇二四	0341					
二〇二五	0541					
二〇二六	0101					
二〇二七	0101	0201				
二〇二八	1705					
二〇二九	0198					
二〇三〇	2701					
二〇三一	1701					
二〇三二	0341					
二〇三三	0101					
二〇三四	0101					
二〇三五	1501					
二〇三六	1581					
二〇三七	1581					
二〇三八	0161					
二〇三九	0201	0341				
二〇四〇	3401					
二〇四二	0143	0163				

書名編號	藏書單位					
清別集類						
二〇四三	0101	0161①	0201①	0541①	1544①	1601①
二〇四四	0101					
二〇四五	0101	0102	0141	0142	0182	0201
	0241	0541	0841	1544	1601	2501
	2503					
二〇四六	0161					
二〇四七	0101	0161	0502	1601	1684	
二〇四八	0241					
二〇四九	0201	0241				
二〇五〇	2201					
二〇五一	0141	0741				
二〇五二	0161	0164	0301	0391	0701	1051
二〇五三	0142	0241	0242	0341	0520	1501①
	1910①	2461	2501	2741①		
二〇五四	0201					
二〇五五	0201					
二〇五六	0201					
二〇五七	1501					
二〇五八	0201①	0141				
二〇五九	1701					
二〇六〇	0201					
二〇六一	0142	0143	0198	0201	0301①	0341①
	0701	0741	1301	1705	1710	1841①
	2521	2543	2744			
二〇六二	0161					
二〇六三	0142					
二〇六四	0201					
二〇六五	0201					
二〇六六	0201					
二〇六七	1701					
二〇六八	0241	0501				
二〇六九	0101	0201				
二〇七〇	1701					
二〇七一	0161					
二〇七二	0201					
二〇七三	1705					

表三一

書名編號	藏書單位					
二〇七四	1706					
二〇七五	0241①	2701				
二〇七六	0241					
二〇七七	0201					
二〇七八	0161	0201				
二〇七九	0101					
二〇八〇	1605					
二〇八一	1601					
二〇八二	2702					
二〇八三	0301					
二〇八四	0161					
二〇八五	0101					
二〇八六	0142					
二〇八七	0341					
二〇八八	0101	1601				
二〇八九	0101	0102	0142	0161	0241	0243
	0291	0301	0341	0381	1042	1501
	1542	1601	1604	1605	1671	1881
	1901	2001	2041	2209	2301	2343
二〇九〇	0101					
二〇九一	0101					
二〇九二	0101					
二〇九三	0161	0201	0241	0291	0301	0341
	2242	2501				
二〇九四	0101					
二〇九五	0163①	0201				
二〇九六	0201					
二〇九七	1501					
二〇九八	0161					
二〇九九	1710					
二一〇〇	1501					
二一〇一	0201					
二一〇二	0241					
二一〇三	0101					
二一〇四	0101					
二一〇五	0141①	0291①	1601	1605	2501	
二一〇六	1910	2501①				
二一〇七	0161					

書名編號	藏書單位					
清別集類						
二一〇八	0161					
二一〇九	0241					
二一一〇	0141					
二一一一	1601					
二一一二	0201					
二一一三	0141	0241				
二一一四	0161					
二一一五	0141					
二一一六	0101	0201	1910			
二一一七	0101					
二一一八	0141					
二一一九	0198	0501	0903	2009	2302	
二一二〇	0166	0501	0502	0542	0701	1342
	1742	2301	2401	2501		
二一二一	0242	0501	0502	0509	0511	0518
	2302					
二一二二	0102	0141	0143	0342	0501	0502
	0503	1701	2301			
二一二三	0141					
二一二四	0101					
二一二五	0201					
二一二六	0201					
二一二七	0141					
二一二八	0101					
二一二九	0301					
二一三〇	0341					
二一三一	0201					
二一三二	0201					
二一三三	0241	1701①	2501①			
二一三四	0241					
二一三五	0201					
二一三六	0101					
二一三七	0101					
二一三八	0101	1628				
二一三九	0101	1601	1701			
二一四〇	0242					

表三二

書名編號	藏書單位					
二一四一	0101					
二一四二	0101①	0141	0142	0163	0201	0241
	0341	1001	1042	1701	1821	
二一四三	0144					
二一四四	0163	0201	0241			
二一四五	0161					
二一四六	1701					
二一四七	0241					
二一四八	0701					
二一四九	0163	0201				
二一五〇	0198					
二一五一	0241					
二一五二	0241	0242	2401	2501		
二一五三	1601					
二一五四	0241					
二一五五	0701					
二一五六	0101	0161	0701	1701	2501	
二一五七	0201					
二一五八	0101					
二一五九	0201					
二一六〇	0241					
二一六一	0101					
二一六二	0101					
二一六三	0101					
二一六四	0101					
二一六五	0161					
二一六六	0101	0163				
二一六七	0101					
二一六八	0201					
二一六九	1001					
二一七〇	0161	0201				
二一七一	0201					
二一七二	0101					
二一七三	0201					
二一七四	0163					
二一七五	0201	2581				
二一七六	0101					
二一七七	0201	0341	0842	1701	2401	

書名編號	藏書單位					
清別集類						
二一七九	0101	0201	0241	0701		
	0161	1601				
二一八〇	1601					
二一八一	0701	1601				
二一八二	0161					
二一八三	1601					
二一八四	2501					
二一八五	0101	0241	0341			
二一八六	0541					
二一八七	0241					
二一八八	2201					
二一八九	0101					
二一九〇	0101					
二一九一	0141					
二一九二	1601					
二一九三	0102	0141	0143	0161	0163	0201
	2201	2706				
二一九四	2241					
二一九五	0241					
二一九六	0101					
二一九七	0101					
二一九八	0145	0201®	0541	2291	1601®	
二一九九	0201					
二二〇〇	0101	0101®	0241	1601	1701	
二二〇一	0101	0201	0242	1601	1606	2841
二二〇二	0161					
二二〇三	0101					
二二〇四	0101	0163	0201	1501		
二二〇五	0101	0163	0201	0241	2501	
二二〇六	0141					
二二〇七	0241					
二二〇八	0301					
二二〇九	0163®	2301	2502			
二二一〇	0101					
二二一一	0101	0163	0241	0541	1501	1601

表二十三

書名編號	藏書單位				
	1606	1741	2041		
二二一二	0142	0163	0241	0341	0541
二二一三	0101®	0201			
二二一四	0163				
二二一五	0201				
二二一六	2701				
二二一七	0101				
二二一八	0201				
二二一九	0163				
二二二〇	0101	0163	0241	2901	
二二二一	1601				
二二二二	0161				
二二二三	0101				
二二二四	0201				
二二二五	1601				
二二二六	0101				
二二二七	0201				
二二二八	0161®	1601			
二二二九	0163	0241	2242		
二二三〇	0161				
二二三一	1882				
二二三二	0201				
二二三三	0101	0161	0163	0241	2701
二二三四	0101	0161	0201	0341	1401
二二三五	0101				
二二三六	0141				
二二三七	0141	0143	0198	0341	2501
二二三八	0161				
二二三九	0201				
二二四〇	0164	0241®	2501		
二二四一	0201	0241	0291	0701	1401
二二四二	0141				
二二四三	0101	0164	0201		
二二四四	0101	0241			
二二四五	3201				
二二四六	0142	0241	2501		
二二四七	0101				
二二四八	1101				

書名編號	藏書單位					
清別集類						
二二四九	0141					
二二五〇	0142					
二二五一	0201					
二二五二	1601					
二二五三	0201	0241	1601	1606		
二二五四	0101					
二二五五	0101					
二二五六	0201					
二二五七	0841					
二二五八	0201					
二二五九	0102	0106	0141	0198	0341	0443
二二六〇	0101	0241	1501			
二二六一	2901					
二二六二	0201	1601	1606			
二二六三	0101					
二二六四	0161					
二二六五	0161	0241				
二二六六	0161	0163	0241			
二二六七	[illegible]	0301				
二二六八	0201	0301	1601			
二二六九	0161	0301				
二二七〇	0161	0241	1601			
二二七一	0101	0161	0241	1601		
二二七二	0161	0241	1601			
二二七三	1704					
二二七四	0101	0102	1601			
二二七五	0842	2541®				
二二七六	0241	0291	0341	1701	1712	2401
	2701					
二二七七	1601					
二二七八	2001					
二二七九	0201					
二二八〇	0141	0142®	0165®			
二二八一	0161					
二二八二	0161	2041				
二二八三	0101					

表二十四

書名編號	藏書單位					
二二八四	0161					
二二八五	0101	0241				
二二八六	2901					
二二八七	0520	2042				
二二八八	0161	0241				
二二八九	0101					
二二九〇	0101					
二二九一	0141	0143	0161	0163	0201	0301
	0341	0541	0701	0842	2601	2641
二二九二	0161					
二二九三	0241					
二二九四	0101					
二二九五	1601					
二二九六	1601					
二二九七	0201					
二二九八	0161					
二二九九	0141					
二三〇〇	1701					
二三〇一	1705					
二三〇二	0101					
二三〇三	0141					
二三〇四	0101					
二三〇五	0101	0241				
二三〇六	0101	2501				
二三〇七	0101					
二三〇八	0101					
二三〇九	1529					
二三一〇	1529					
二三一一	1581					
二三一二	1501					
二三一三	1531					
二三一四	2201					
二三一五	2541					
二三一六	0101	2501				
二三一七	2201					
二三一八	0163					
二三一九	0101	0161	0163			
二三二〇	0198	0241				

書名編號	藏書單位					
清別集類						
二三二一	0201					
二三二二	0101					
二三二三	1705					
二三二四	1705					
二三二五	0101					
二三二六	1705					
二三二七	0163					
二三二八	0101					
二三二九	0163					
二三三〇	1705					
二三三一	1705					
二三三二	0101					
二三三三	1881					
二三三四	0141	0144	0197	0201	0241	0243
	0501	0703	2601	2707		
二三三五	0161					
二三三六	0161					
二三三七	2501					
二三三八	0241	0341	1646			
二三三九	1101					
二三四〇	0101	0291				
二三四一	0201	0241				
二三四二	0241					
二三四三	1606					
二三四四	0101					
二三四五	2501					
二三四六	0141					
二三四七	0141	0142	0161	0241	0262	0341
二三四八	0161					
二三四九	0141					
二三五〇	0161					
二三五一	0101					
二三五二	0201①	0341				
二三五三	0142					
二三五四	0241					
二三五五	0142	0381				

書名編號	藏書單位		
二三五六	0161		
二三五七	0201		
二三五八	0201		
二三五九	0142		
二三六〇	2001		
二三六一	0241		
二三六二	0141	2501①	2505①
二三六三	0101		
二三六四	0201		
二三六五	0101	0201①	
二三六六	0201		
二三六七	0101		
二三六八	0101		
二三六九	1601		
二三七〇	0242		
二三七一	1601		
二三七二	0341		
二三七三	1778		
二三七四	0101	2701	
二三七五	0142	0163	2787
二三七六	0101		
二三七七	0101		
二三七八	0201		
二三七九	1601		
二三八〇	0241		
二三八一	0101		
二三八二	0141		
二三八三	2541		
二三八四	0101		
二三八五	0142	0161	0241
二三八六	0101		
二三八七	0101	0161	
二三八八	0161		
二三八九	1797		
二三九〇	0161		
二三九一	0101		
二三九二	0201		
二三九三	1601		

書名編號	藏書單位					
清別集類						
二三九四	0101					
二三九五	0141					
二三九六	0101					
二三九七	0101	0181				
二三九八	0101①	0141	0161	0181	0197	0198
	0241					
二三九九	0201					
二四〇〇	0101	0198				
二四〇一	0101					
二四〇二	0142	0161	0241			
二四〇三	0161	0163				
二四〇四	1701					
二四〇五	0201	1617				
二四〇六	0101					
二四〇七	0201					
二四〇八	0201					
二四〇九	0163					
二四一〇	0142①	0166	1701			
二四一一	0241					
二四一二	1581					
二四一三	0101	0141①	0142①	0163①	0164①	0161
	0201	0803①	0841	1601	1615	1616
	1342①	2501①	2701①	2702①		
二四一四	0241	0242	0391			
二四一五	0101					
二四一六	0101	2701				
二四一七	0163					
二四一八	0341					
二四一九	0141					
二四二〇	0141					
二四二一	0141					
二四二二	0141					
二四二三	0141	0241				
二四二四	0141	0201				
二四二五	0101					
二四二六	0163					

書名編號	藏書單位					
二四二七	0141					
二四二八	1581					
二四二九	0201					
二四三〇	0301					
二四三一	0141					
二四三二	0101					
二四三三	0101					
二四三四	0703					
二四三五	0101	2583				
二四三六	0241	2201				
二四三七	0101					
二四三八	0101					
二四三九	0101					
二四四〇	0161					
二四四一	0101	0163	0341	2361①		
二四四二	0142	0201				
二四四三	0142	0161	0162	0241	0301	0341
	0701	1701	2431			
二四四四	0101	0201	0701			
二四四五	0841					
二四四六	0102	0161	0301	0341	1201①	2591
二四四七	0241					
二四四八	0163					
二四四九	0101					
二四五〇	1601					
二四五一	0163	0703				
二四五二						
二四五三	0101					
二四五四	0101					
二四五五	0201					
二四五六	1601					
二四五七	1601					
二四五八	2002	1701				
二四五九	0143	0161	0301	1601	1701	
二四六〇	0101	0201	0341	0381	0701	0803
	1601	1603	1701			
二四六一	0144					
二四六二	0101	0161①	0163①			

書名編號	藏書單位					
清别集類						
二四六三	0142					
二四六四	0101	0241				
二四六五	0101					
二四六六	0201					
二四六七	0142	0701	2001	2261		
二四六八	0201	0241◎				
二四六九	0101	0241	1501	1601◎	2501	
二四七〇	0101					
二四七一	0101	0703				
二四七二	0201					
二四七三	2701					
二四七四	0201					
二四七五	0101					
二四七六	0161					
二四七七	0201					
二四七八	2301					
二四七九	0101◎	0161	0241			
二四八〇	0101					
二四八一	0142					
二四八二	0201					
二四八三	0101	0161	0341	1601		
二四八四	1601					
二四八五	0101	0142	0241	1601	2501	
二四八六	0101◎	1502◎				
二四八七	0163					
二四八八	1981					
二四八九	0241					
二四九〇	0161					
二四九一	1601					
二四九二	0161◎	0201				
二四九三	0241	1605				
二四九四	0241	2501				
二四九五	2901					
二四九六	1704					
二四九七	1601					
二四九八	0101					

表三七

書名編號	藏書單位					
二四九九	0101					
二五〇〇	0161					
二五〇一	0201					
二五〇二	2541					
二五〇三	0101	0161				
二五〇四	2701					
二五〇五	0163	1001				
二五〇六	0241					
二五〇七	0101					
二五〇八	1601					
二五〇九	2541					
二五一〇	0163					
二五一一	0201					
二五一二	0163	2041◎	2501			
二五一三	0509	2301				
二五一四	0101					
二五一五	0201					
二五一六	0241					
二五一七	1701					
二五一八	0101					
二五一九	0201					
二五二〇	0163					
二五二一	0141	0142				
二五二二	0101	1501				
二五二三	1601					
二五二四	0241					
二五二五	2544					
二五二六	0101					
二五二七	0541	0841	1001	2641		
二五二八	0161					
二五二九	0101	0241	1801			
二五三〇	0101					
二五三一	1601					
二五三二	1601					
二五三三	0142					
二五三四	0201					
二五三五	0201					
二五三六	0101	0102	0141	0198	0201	0241

書名編號	藏書單位					
清别集類						
	1601	1628	2001			
二五三七	0201					
二五三八	0101					
二五三九	0161					
二五四〇	1689					
二五四一	0201					
二五四二	1601					
二五四三	0101					
二五四四	0201					
二五四五	0163					
二五四六	0201					
二五四七	0201					
二五四八	0101					
二五四九	0101					
二五五〇	0101	0102	0161	0164	0201	0241
	0341	0520	0701	1361	1605	1606
	1684	1704	1910	2001	2042	2301
	2583					
二五五一	1501					
二五五二	0201					
二五五三	1001					
二五五四	2001					
二五五五	0101	0142	0161			
二五五六	0163					
二五五七	0101	0161	0841			
二五五八	0101					
二五五九	1705					
二五六〇	0301					
二五六一	0101	0163	0201	0241	0341	1701
	1901	2401				
二五六二	0101	0201				
二五六三	0241					
二五六四	0101					
二五六五	0201					
二五六六	0201					
二五六七	0201					
二五六八	0163	0181	0201	0241		

表五八

書名編號	藏書單位					
二五六九	2901					
二五七〇	0241					
二五七一	0201					
二五七二	0198	1244				
二五七三	0101	0201	0241	1601	1901◎	1915
	2101					
二五七四	0101					
二五七五	0201					
二五七六	0101◎					
二五七七	0101	0201				
二五七八	0241	0301				
二五七九	0241					
二五八〇	0101◎	0102	0241◎	1901		
二五八一	0101					
二五八二	0201					
二五八三	0101					
二五八四	0102					
二五八五	0101					
二五八六	0101					
二五八七	0201					
二五八八	0201					
二五八九	0101					
二五九〇	0101					
二五九一	0150					
二五九二	0143					
二五九三	0301					
二五九四	0241					
二五九五	0101					
二五九六	0101	0161	0201			
二五九七	0142	0181	0197	0241	0301	0701
	0783	0803	1601	1801	2401	
二五九八	2301					
二五九九	0142	0144	0201	0241	0400	1981
	2301					
二六〇〇	0241	0702				
二六〇一	0142	0241	0701	1704		
二六〇二	0701					
二六〇三	0142	0241	1701	2042		
二六〇四	0124	0404				

書名編號	藏書單位					
清別集類						
二六〇五	0301					
二六〇六	0144	0201	0404	0841		
二六〇七	1901					
二六〇八	0201					
二六〇九	0201					
二六一〇	0163					
二六一一	0144					
二六一二	0101					
二六一三	1716					
二六一四	0141	0201				
二六一五	0166	2001				
二六一六	2001					
二六一七	0101	0141	0142	0301	2041	
二六一八	0301					
二六一九	0241					
二六二〇	0101①	0242②	1684	1701③		
二六二一	2541					
二六二二	0141	0201	0701	0841	1741	2301
二六二三	1701					
二六二四	0241					
二六二五	0163					
二六二六	0101					
二六二七	0201	0142	0198	0201	2001	2301
	2501	2702				

（接清別集下册）

表三九

二六二八 居易堂文集八卷 清袁學瀾撰 清雍正十二年刻本 九行二十二字白口左右双边

二六二九 居易堂浙中新集四卷 清袁學瀾撰 清乾隆四年刻本 九行二十二字白口四周單边

二六三〇 松坪詩草十二卷 清呂守曾撰 清乾隆刻本 九行十九字白口四周双边

二六三一 海珊詩鈔不分卷 清嚴遂成撰 清乾隆十九年刻本 九行十九字白口左右双边

二六三二 海珊詩鈔十一卷補遺二卷 清嚴遂成撰 清乾隆刻本 十行二十一字白口四周双边

二六三三 明史雜詠四卷 清嚴遂成撰 清乾隆刻本 十行二十一字白口四周双边

二六三四 生香書屋詩集七卷文集四卷恩光集一卷 清陳浩撰 清乾隆刻本 九行十八字白口左右双边

二六三五 蘇村詩合集四十四卷 清邱上峯撰 清乾隆[illegible]堂刻本 十行二十一字白口左右双边

二六三六 賜書堂詩鈔八卷 清周長發撰 清乾隆刻本 十行二十一字白口左右双边

二六三七 玉[illegible]齋詩稿四卷 清王祖庚撰 稿本

二六三八 南華山房詩鈔六卷賦一卷南華山人詩鈔十六卷 [illegible]堂詩一卷 清[illegible]閒録一卷 [illegible]嘯軒詩一卷 鄒[illegible]詞一卷 清張鵬翀撰 清乾隆刻本 十一行十八字或十九字白口左右双边

二六三九 小山詩鈔十一卷 清鄒一桂撰 清乾隆三十四年刻本 九行二十一字黑口左右双边

十七

二六四〇 小山詩鈔十一卷 清鄒一桂撰 清乾隆四十五年刻本 清楊銓跋並題詩

二六四一 棠本山堂詩鈔十二卷 清徐時作撰 清乾隆刻本 十行十八字白口左右双边

二六四二 棠本山堂文集十二卷 清徐時作撰 清乾隆四十九年嘯月亭刻本 九行二十五字黑口左右双边

二六四三 芝庭詩稿十五卷文稿八卷 清彭啓豐撰 清乾隆刻增修本 九行十九字小字双行同白口左右双边

二六四四 彭大司馬詩稿四卷西江使草一卷芝庭詩鈔二卷瀟湘[illegible]草一卷 清彭啓豐撰 稿本 十行二十一字無格

二六四五 四知堂文集三十六卷 清楊錫紱撰 棠[illegible]録一卷 清楊[illegible]撰 清乾隆五十[illegible]年楊氏乙照齋遞刻本 十行二十字白口四周双边

二六四六 賀園詩集三十二卷 清商盤撰 清乾隆刻本 十行二十一字白口四周单边

二六四七 質園逸稿三卷 清商盤撰 清沈氏鳴野山房抄本 十行二十字[illegible]

二六四九 萵漪集詩選十卷續集詩選二卷萵漪殘集詩草一卷 清商埒撰 稿本 九行二十一字無格

二六五〇 道盥齋詩藁十卷又四卷 清孫灝撰 清抄本 十行二十一字白口左右双边

二六五一 道盥齋詩藁二十三卷 清孫灝撰 清抄本 八行二十字白口四周双边

二六五二 閒芳園詩鈔八卷 清何夢瑤撰 清乾隆[illegible]刻本 十行十九字黑口左右双边

二六五三 翼之文集八卷 清吳華孫撰 稿本 八行二十字黑格

二六五四 翼堂文集不分卷 清吳華孫撰 清抄本 十一行二十字無格

二六五五 夕陽書屋詩初編四卷 清程盛修撰 清乾隆四十八年刻本 十行十九字白口左右双边

二六五六 春及堂詩集四十三卷 清[illegible]著 清乾隆五十七年刻本 十行二十一字白口左右双边

二六五七 墨汀文録不分卷 清余廷燦撰 清抄本 十一行二十五字無格

二六五八 墨汀文補鈔不分卷 清余廷燦撰 清抄本 十行二十四字無格

二六五九 東浦草堂詩二卷 清顧成天撰 清雍正七年[illegible]刻本 十行二十一字黑口左右双边

二六六〇 花語山房詩文小鈔一卷金[illegible]集一卷[illegible]宋賦一卷 清顧成天撰 清雍正刻本 十行二十一字白口左右双边

二六六一 三重賦一卷 清顧成天撰 清刻本 九行二十二字四周单边

二六六二 東浦草堂餘文集十二卷後集二卷闕餘別集四卷 清顧成天撰 清抄本 八行二十字黑格

二六六三 玉山老人不是集不分卷 清浦起龍撰 清抄本 [illegible]跋 十一行二十至二十六字黑格

十八

二六六四 玉山老八不是集不分卷 清浦起龍撰 清抄本 清佚名校 九行二十五字無格

二六六五 天音集十卷 清梁時正撰 清乾隆清勤堂刻本 十行十九字白口四周双边

二六六六 白馬齋文集八卷詩集六卷 清曹一士撰 梯仙閣餘課一卷 清陸[illegible]撰 拂珠樓偶鈔二卷 清曹錫珪撰 清乾隆十四年曹錫端等刻本 十行二十一字白口左右双边

二六六七 杏禾山人詩集十卷 清田[illegible]撰 清康熙博雅堂刻本 十行十九字白口左右双边

二六六八 綠[illegible]堂詩鈔十五卷 清[illegible]撰 稿本 [illegible]跋 十行十九字黑格

二六六九 [illegible]堂古文初集一卷詩集二卷 清劉[illegible]撰 清乾隆[illegible]刻本 八行二十一字白口左右双边

二六七〇 寄吟山房詩集十二卷文集二十卷 清陳兆崙撰 清乾隆刻本 十行二十一字白口四周双边

二六七一 [illegible]詩草一卷 清陳兆崙撰 稿本 清陳[illegible]跋

二六七二 [illegible]存稿二卷 清閻[illegible]撰 清乾隆刻本 十一行二十一字黑口左右双边

二六七三 閻太常[illegible]一卷 清閻[illegible]撰 清抄本 清[illegible]跋 八[illegible]

二六七四 閻太常集不分卷 清閻[illegible]撰 清抄本 十行二十四字無格

二六七五　詩舫齋編年詩二十卷古文八卷　清袁之濬撰　清乾隆三十六年刻本　十行二十一字黑口左右双边

二六七六　毓征集三卷　清袁之濬撰　清乾隆十五年刻本　十行十九字白口左右双边

二六七七　玉山詩鈔四卷文鈔四卷附刻一卷　清項樟撰　清乾隆刻本　九行十八字小字双行同黑口左右双边

二六七八　柳漁詩鈔十二卷　清張湄撰　清乾隆刻本　九行二十一字黑口四周单边

二六七九　秋水齋詩十五卷　清張映斗撰　清乾隆十八年張学綍等刻本　清佚名批注　十一行二十一字黑口四周单边

二六八〇　露香書屋詩集十卷　清張映辰撰　清抄本　存九卷（一至六、八至十）

二六八二　上湖分類文編不分卷紀歲詩編四卷續編一卷　清汪師韓撰　稿本

二六八三　白鶴堂稿不分卷　清彭端淑撰　清乾隆三十六年刻本　十行十九字白口四周单边

二六八四　白鶴堂文稿不分卷　清彭端淑撰　清抄本

二六八五　璞甫集十四卷　清梁綱元撰　旌門錄一卷　清乾隆七年蘭陔草堂刻本　十一行二十字白口四周单边

二六八六　璞甫集三十卷　清梁綱元撰　清乾隆二十八年蘭陔草堂刻本　十一行二十字白口四周单边

二六八七　璞甫五嶽集二十卷（嵩山集二卷泰山集三卷恆山集七卷衡山集三卷華山集五卷）　清梁綱元撰　清乾隆修汲堂刻本　十一行二十字白口四周单边

二六八八　洞庭集二卷閩嶠集二卷　清梁綱元撰　清乾隆修汲堂刻本　十一行二十字白口左右双边或四周单边

二六八九　璞甫續集二十卷　清梁綱元撰　清乾隆修汲堂刻本　十一行二十一字白口四周单边

二六九〇　野園詩集三種三卷（野園詩集一卷西青散筆錄一卷留都集一卷）　清介福撰　清抄本　九行十八九字白口左右双边

二六九一　綠痕書屋詩稿十卷　清鄭方城撰　清乾隆十一年刻本　十行二十一字黑口四周双边

二六九二　石幢詩草一卷　清鄭方城撰　芥舟詩草一卷　清鄭天錦撰　清抄本

二六九三　固哉草亭詩一卷　清高斌撰　清乾隆五年刻本　九行二十一字白口四周双边

二六九四　固哉草亭文集二卷補遺一卷詩集四卷　清高斌撰　清乾隆二十六年高晉刻本　九行二十字白口左右双边

二六九五　雪鬘軒詩集十五卷　清高綱撰　清雍正刻增修本　九行二十一字白口左右双边

二六九六　雪鬘軒詩集十二卷　清高綱撰　清雍正刻本　九行二十一字白口左右双边

二六九七　南阜山人詩集類稿文存稿十卷　清高鳳翰撰　稿本　九行十八字白口左右双边　版心下鐫高氏家塾藏本　（擊林集一卷雲集一卷歸雲集二卷胡海集二卷湖曾集六卷）

二六九八　春草堂詩訂一卷江村草一卷竹西亭稿一卷鷗舫編餘一卷　清高鳳翰撰　稿本

二六九九　南阜山人詩集續稿三十九卷數文存稿十五卷　清高鳳翰撰　稿本

二七〇〇　南阜山人詩集類藁二十一卷數文存稿十五卷　清高鳳翰撰　清抄本　十行十八字無格

二七〇一　南阜山人詩集類稿七卷　清高鳳翰撰　清乾隆二十八年高元賓刻本　十行十九字白口左右双边

二七〇二　南阜山人全集四十四卷　清高鳳翰撰　清道光二十八年抄本　劉喜海跋

二七〇三　酸齋存稿二卷　清廖宏撰　清乾隆十一年刻本　十行十九字黑口左右双边

二七〇四　宛委山人遺藁二卷　清龔誠撰　清乾隆刻本　清惠兆傅跋並錄　慮金、汪沈琇校跋

二七〇五　蝸蜷詩鈔一卷　清施鎌撰　稿本　十行十八字黑格

二七〇六　當雨齋集八卷　清施安撰　清乾隆十八年刻本　十行二十一字白口四周单边

二七〇七　秉野軒暇集二卷　清許廷鑅撰　稿本

二七〇八　荼昆嶒稿二卷　清許大綸撰　清乾隆十九年刻本　十二行二十四字白口四周单边

二七〇九　槐廬小草一卷　清王麟超撰　稿本

二七一〇　春暉堂詩鈔四卷賦鈔一卷　清王丕烈撰　存樸齋詩鈔二卷　清王芳撰　清乾隆刻本　十行十九字白口左右双边　（存六卷：春暉堂詩鈔、賦鈔全，存樸齋詩鈔一）

二七一一　學稼堂文集六卷　清王業炳撰　清乾隆刻本　十行二十字白口四周单边

二七一二　棕軒詩稿十二卷　清王長穀撰　清乾隆刻本　十一行二十一字白口左右双边

二七一三　思復齋詩鈔不分卷　清王汝璧撰　稿本　清陸蒼培批　沈德潛批並跋　王鳴韶、英友芝、周心夔、張裕釗、方濬益、錢大昕跋　許增校並跋

二七一四　閒妙軒詩存十二卷　清王汝玉撰　稿本　清李錫晴、潘學、劉履芬、邵枝、孫世梅、楊遵春、董兆熙、葉廷琯、陳奐、楊文蓀、顧承等跋

二七一五　螺渡山房叢稿不分卷續稿一卷再續稿一卷

清王兆玉撰 稿本 清李錫嗥、董兆熙補遺稿、劉履芬批跋
二七一六 閒妙軒詩存十八卷 清王兆玉撰 清抄本 十行二十一字無格
二七一七 浩氣集十二卷 清王清撰 清乾隆十年刻本 九行十九字黑口左右双边
二七一八 江湖閒吟八卷 清王遒撰 清乾隆學詩堂刻本 十一行二十一字白口四周單边
二七一九 鹿皐詩集七卷 清王遒撰 清雍正刻本 九行十九字白口左右双边
二七二〇 牧坡居士詩一卷綱涤亭詩餘一卷 清王秉祺撰 稿本 清王時翔撰 清乾隆十一年王秉元刻本
二七二一 小山詩文全稿二十卷
小山詩初稿六卷 續稿八卷 小山文稿 文集八卷 續稿四卷 詩餘四卷
二七二二 搁芷園集不分卷 清王隨倪撰 清乾隆九年刻本 八行二十字黑口四周双边
二七二三 丁芝田詩草一卷蘭皐詩鈔一卷 清丁敬撰 清丁蘭裳撰 清乾隆五年沈國鈞抄本
二七二四 硯林詩集四卷 清丁敬撰 清嘉慶刻本 十一行二十二字白口左右双边
二七二五 硯林詩集四卷 清丁敬撰 清嘉慶刻本 清羅以智校
二七二六 自怡詩草一卷 清石芳撰 清乾隆八年刻本 九行二十字白口四周單边
二七二七 六湖先生遺集十二卷 清張文瑞撰 清乾隆九年孝友堂刻本 十行十九字白口左右双边
二七二八 綠筠軒詩二卷 清張元撰 清抄本 清沈廷芳跋 十行二十一字無格
二七二九 綠筠軒詩四卷 清張元撰 清乾隆四十二年張廷棨刻本 十一行二十一字白口左右双边
二七三〇 綠筠軒詩四卷 清張元撰 張廷棨輯 稿本 十一行二十一字無格
二七三一 聽雨樓詩二卷 清張作鍇撰 清抄本 李果備跋 九行十九字無格
二七三二 靈汀詩鈔四卷 清張肩鶴撰 清乾隆五十六年怡府刻本 八行十九字白口四周双边
二七三三 良貴堂文鈔不分卷 清張祖年撰 清雍正刻本 十行二十字黑口左右双边
二七三四 閒濤軒詩稿二卷 清張朝緯撰 清雍正間刻本 十行二十一字黑口左右双边
二七三五 吾友于齋詩鈔八卷 清張錫爵撰 清乾隆刻本 十行十九字白口左右双边
二七三六 澹?晚詩存不分卷 清張鵬撰 清抄本
二七三七 南滿先生遺集四卷 清張增撰 清乾隆刻本 十行十九字白口左右双边
二七三八 南滿先生遺集四卷 清張增撰 清乾隆刻本 清徐時棟跋
二七三九 澹?堂集八卷 清孔毓埏撰 清嘉慶八年孔傳鏞刻本 十一行十九字白口左右双边
二七四〇 ?剛集一卷 清孔毓埏撰 稿本 十一行十八字黑口四周双边
二七四一 ?秀堂集文二卷賦一卷詩一卷詞一卷拾籍餘聞一卷 清孔毓璣撰 清抄本 清孔繼涵校 九行二十一字無格
二七四二 在原詩集二卷 清孫綽撰 清乾隆望雲樓刻本 十行十九字黑口左右双边
二七四三 深竹映書堂續集三卷 清孫兆聲撰 清乾隆刻本 十行二十一字黑口四周双边
二七四四 緘齋集八卷 清孫開王撰 清抄本 九行二十一字或二十二字無格
二七四五 藥房詩集六卷藥房琴音詞草一卷 清鄧鍈撰 愛秋齋詩稿二卷 清鄧銀棠撰 曉向堂詩稿一卷 清鄧模撰 清乾隆刻本 八行十九字上白口 左右双边
二七四六 白雲詩集七卷詠梅詩一卷 清盧存心撰 題盧白雲集 清歙閒草堂刻本 十行十九字黑口左右双边
二七四七 白雲文集不分卷 清盧存心撰 清歙閒草堂抄本
二七四八 香草詩一卷 清何?撰 清乾隆書山堂刻本 十行二十字白口四周双边
二七四九 首一草堂集唐初刻二卷二刻二卷三刻二卷 清朱才撰 清乾隆二十五年首一草堂刻本 十行十九字白口四周單边
二七五〇 首一草堂集唐六卷 清朱才撰 清抄本 十行二十四字無格
二七五一 ?川集唐一卷邗江雜詠詩餘不分卷 清朱?撰 清抄本
二七五二 六有軒集八卷 清何?撰 丁晏校 阮鍾瑗輯 清嘉慶道光間淮安阮氏抄本 清
二七五三 拙園詩草四卷拙園吟嵩一卷 清崔應階撰 清乾隆刻本 九行二十字白口四周双边 清乾隆二十三年永城等刻本 九行十九字白口四周双边
二七五四 紫瓊巖詩鈔三卷 清允禧撰 清乾隆刻本 九行十九字白口四周双边
二七五五 紫瓊巖詩鈔續刻一卷 清允禧撰 清乾隆四十八年永瑢刻本 九行十九字白口四周双边
二七五六 隨獵詩草一卷 清允禧撰 清乾隆七年鄭燮寫刻 文盛堂刻本
二七五七 花間堂詩鈔不分卷 清允禧撰 清乾隆刻本 九行二十字白口左右双边
二七五八 花間堂詩鈔八卷 清允禧撰 稿本 八行二十一字無格
二七五九 嶰谷詩稿不分卷 清允禧撰 稿本 二十六字無格 劉?環、劉綸跋 九行
二七六〇 奉使紀行詩二卷春和堂詩集一卷紀恩詩一卷谢遊齋詩集十二卷倒得園文鈔一卷思賜紀一卷 清允禮撰 清雍正刻本 八行十六字白口四周双边 九行二十一字黑口
二七六一 嬾?萍堂詩鈔二卷 清傅澤洪撰 清雍正刻本 九行二十一字黑口左右双边
二七六二 向山堂集十八卷 清傅澤洪撰 清乾隆二十三年袁日璉等刻本 九行二十三字白口四周單边
二七六三 雲溪文集五卷 清褚寅亮撰 清乾隆三十六年儲氏在陸草堂刻本 九行二十二字黑口左右双边
二七六四 浣桐詩鈔六卷 清潘永季撰 任道南評 清乾隆二十四年朱錦昌刻本 十行十九字黑口左右双边

二六六五 浣桐詩鈔九卷 清朱一蜚撰 清抄本 十行十九字無格
二六六六 厚所詩稿八卷詩餘草一卷詩餘稿一卷文集四卷雜稿一卷 清朱元戴撰 清抄本 行字不等無格
二六六七 薑莊類稿十四卷 清朱雲駿撰 清乾隆三十六年刻四十一年增刻本 九行十九字黑口四周雙邊
二六六八 引翠軒詩草二卷詞草一卷 清朱廷鐘撰 清乾隆刻本 九行二十二字黑口左右雙邊
二六六九 東谿詩草二卷 清朱琰撰 清雍正十四年自刻本 八行十八字白口左右雙邊
二六七〇 木鳶集五卷 清朱受新撰 清乾隆刻本 十行十九字白口左右雙邊
二六七一 三農外集詩草四卷 清朱雝模撰 清乾隆元年刻本 九行二十字黑口左右雙邊
二六七二 六峯閣詩稿六卷 清朱稻孫撰 稿本 乾隆丙申至辛丑所作詩稿
二六七三 六峯閣詩稿不分卷 清朱稻孫撰 稿本 乾隆乙巳至甲戌所作詩稿
二六七四 六峰閣詩稾四卷 清朱稻孫撰 清康熙刻本 十二行二十五字白口左右雙邊
二六七五 朱止泉先生文集八卷 清朱澤澐撰 清乾隆頤天齋刻本 十行二十二字白口左右雙邊
二六七六 排山小集八卷續集十二卷後集六卷 清朱樟撰 遜詩鈔一卷 清顧以文撰 青□還稿一卷 清朱□撰 清乾隆刻本 十行十九字白口左右雙邊
二六七七 竹窗雜詠四卷 清魏希成撰 清乾隆六年魏茂驥刻本 十行二十三字白口雙邊
二六七八 嶺雲詩鈔一卷 清魏之琇撰 清乾隆二十一年魏廷博刻本 清吳騫跋 十行二十字黑口四周單邊
二六七九 柳洲遺稾二卷 清魏之琇撰 清乾隆刻本 葉景葵跋 十行二十四字白口四周單邊
二六八〇 字香亭梅花百詠一卷 清吳立撰 吳本涵、吳本庠注 清康熙字香亭自刻本 七行二十字白口左右雙邊
二六八一 玉亭集十四卷雜說一卷 清吳高增撰 清乾隆刻本 九行二十字白口左右雙邊
二六八二 吳山夫先生遺詩一卷 清吳玉搢撰 清抄本 清段朝端跋
二六八三 好山詩四卷 清吳修齡撰 清乾隆刻本 十行十九字白口左右雙邊
二六八四 丹檞林詩二卷 清吳楷撰 清乾隆刻本 九行十九字細黑口左右雙邊
二六八五 含薰詩五卷 清吳楷撰 清乾隆十年刻本 九行十九字細黑口左右雙邊
[illegible]十六卷雜著[illegible]卷 [illegible] 十二 左右雙邊
二六八七 半園詩文遺稾八卷 清吳莊撰 清乾隆刻本 九行十九字白口左右雙邊 洗心集一卷 聊寄草一卷 停梅草一卷 浩白吟一卷 端居草一卷 隱窗草一卷 閒津草一卷 太湖煙風一卷
二六八八 文木山房集四卷 清吳敬梓撰 春華小草一卷觀粧詞鈔一卷 清吳烺撰 清乾隆刻本 十行二十二字白口四周單邊
二六八九 金陵景物圖詩不分卷 清吳敬梓撰 [illegible]本
二六九〇 烏闌軒文集二卷 清吳中衡撰 清雍正刻本 十行十九字四周單邊 封面題《吳殿南駢體文集》
二六九一 鶴關詩集四卷 清吳邦治撰 清康熙刻本 九行十九字白口左右雙邊
二六九二 鶴關詩二集一卷黃山紀日一卷 清吳邦治撰 清乾隆刻本 九行十九字白口左右雙邊
二六九三 鶴關文賸三卷 清吳邦治撰 清乾隆博汲江上草堂刻本 九行十九字白口左右雙邊
二六九四 樸庭詩稾十卷 清吳燧文撰 清乾隆刻本 十行十九字白口四周單邊
二六九五 練江詩鈔八卷 清程之鵕撰 清乾隆十八年王曉刻本 十行十九字白口左右雙邊
二六九六 練江詩鈔八卷 清程之鵕撰 清抄本 十行十九字黑格
二六九七 黃山紀遊詩一卷 清程之鵕撰 清乾隆刻本 十行十九字白口左右雙邊
二六九八 林下堂詩二十卷 清程夢撰 清乾隆刻本 九行十九字白口左右雙邊
二六九九 緩齋詩稿不分卷 清程嗣立撰 稿本 十一行字不等無格
二七〇〇 漱泉山房古文存稿四卷詩集十七卷附刻一卷 清江為霖撰 清乾隆六十年刻本 九行二十五字白口四周單邊
二七〇一 芥船集一卷 清侯嘉繙撰 清洪濟煌抄本 黃協塤跋
二七〇二 彝門詩存一卷 清侯嘉繙撰 稿本 清汪度跋 吳世康題款 十行二十二字無格
二七〇三 海門初集十卷首一卷 清鮑皋撰 清乾隆刻本 十行二十字白口左右雙邊
二七〇四 海門二集七卷三集六卷 清鮑皋撰 稿本 周長發、沈世灃、郭肇鐄、秦大士等跋 十行二十字無格
二七〇五 海門二集四卷 清鮑皋撰 清錢為光輯 稿本 十行二十字白口左右雙邊
二七〇六 看梅紀遊草一卷 清陳元傅撰 稿本
二七〇七 對峯偶存稾十二卷 清鄭儒撰 清乾隆十八年西園刻本 九行二十二字白口左右雙邊
二七〇八 草訪集不分卷 清鄭儒撰 清抄本 十行二十六字無格
二七〇九 武黎堂詩前集十二卷後集八卷詩餘偶存一卷 清□之松撰 清雍正刻本 九行十九字白口左右雙邊
二七一〇 俗雪堂詩集十二卷詩餘一卷 清紀逵宜撰 清乾隆刻本 十行二十一字黑口左右雙邊
二七一一 志寧堂稿二卷 清孫文靖撰 清乾隆刻本 九行二十字白口四周雙邊
二七一二 友竹居狀龍吟草文集四卷詩集四卷詞集四卷 清孫廷柱撰 清抄本 清徐達源批 十五行二十五字無格

二八一三 晚香堂詩六卷 清徐廷煉撰 清乾隆刻本 十一行二十一字，白口，左右雙邊

二八一四 偶然集一卷 清徐瑤撰 清乾隆刻本 八行十九字，白口，左右雙邊

二八一五 磊園編年詩刪不分卷 清徐高撰 稿本 清朱大明、鄭羽逵、方蒞里跋 八行二十六字，無格

二八一六 玉巢詩集六卷 清徐紫芝撰 清乾隆刻本 十行十九字，黑口，左右雙邊

二八一七 玉巢詩草四卷 清徐紫芝撰 清刻本 十行十九字，黑口，左右雙邊

二八一八 根味齋詩集十七卷 清徐志鼎撰 清乾隆刻本 十一行二十一字，白口，左右雙邊

二八一九 玉屏山人詩集十二卷古樂府二卷 清徐標撰 清乾隆四年刻本 十行二十一字，黑口，左右雙邊

二八二〇 曉亭詩鈔四卷 清塞爾赫撰 鶴鳴集一卷 清伊都禮撰 清乾隆十四年鄂洛順刻本 十行十九字，白口，左右雙邊

二八二一 曉亭詩鈔四卷 清塞爾赫撰 鶴鳴集一卷 清伊都禮撰 清乾隆十四年鄂洛順刻本 鄭文焯跋

二八二二 網師吟草甲集二卷乙集二卷丙集二卷丁集二卷首一卷 清宋宗元撰 清乾隆南網堂刻本 九行十九字，白口，左右雙邊

二八二三 懷古堂偶存文稿四卷 清宋在詩撰 清乾隆三十年梁思熾刻本 九行二十一字，白口，左右雙邊

二八二四 康瓠集八卷 清汪烈撰 清抄本 十一行二十一字，無格

二八二五 蕉亭梅花集句四卷 清汪麟撰 清乾隆枕善樓刻本 九行二十字，白口，四周單邊

二八二六 沐青樓集七卷 清汪天與撰 清乾隆刻本 十行十九字，黑口，左右雙邊

二八二七 鹿園詩集四卷 清汪後來撰 清邵園刻本 九行十九字，白口，四周雙邊

二八二八 筠谿詩三卷 清汪宏撰 就斲詩二卷 清汪順撰 清雍正刻本 九行十八字，白口，四周雙邊

二八二九 太古山房詩集一卷 清汪沈琇撰 清雍正刻本 十行十九字，細黑口，左右雙邊

二八三〇 望古集六卷 清汪有典撰 清乾隆二十七年修竹廬刻本 十行二十一字，白口，四周雙邊

二八三一 春暉樓四六四卷 清汪芳藻撰 清雍正七年刻本 十行十九字，白口，四周單邊

二八三二 春暉樓四六一卷 清汪芳藻撰 清嘯雲堂刻本 十行十九字，白口，四周單邊

二八三三 春暉樓駢體一卷 清汪芳藻撰 清抄本 九行二十一字，無格

二八三四 澹慮堂選稿四卷補遺一卷 清汪棟撰 清乾隆刻本 十行十九字，白口，左右雙邊

二八三五 澹慮堂選稿四卷補遺一卷 清汪棟撰 清乾隆八年汪塤刻本 張元濟跋

二八三六 讀書堂詩稿二卷 清汪士模撰 清雍正刻本 十行二十一字，黑口，左右雙邊

二八三七 卅六灣[illegible]卷 清汪鏊撰 清抄本 清盧文弨校并跋 十一行二十一字，四周雙邊

二八三八 積山先生遺集十卷 清汪惟憲撰 清乾隆二十八年刻本 十二行二十五字，白口，左右雙邊

二八三九 漁村文集八卷詩集二十二卷 清汪灼撰 清抄本 胡[illegible]批點並跋 十行二十一字，白口，左右雙邊

二八四〇 不厭吟錄五卷 清馮□撰 稿本 清馮浩跋 九行二十一字，黑格，四周單邊

二八四一 不厭吟錄八卷 清馮□撰 清抄本 清錢大昕、馮浩題辭 吳騫跋 十行十九字，無格

二八四二 夢墨軒詩鈔八卷 清馮梓撰 清乾隆刻本 九行二十一字，白口，左右雙邊

二八四三 白蘭堂吳遊紀略一卷 清馮公亮撰 清乾隆刻本 九行十九字，白口，左右雙邊

二八四四 酌雅齋詩集四卷 清福增格撰 清乾隆刻本 八行十八字，白口，四周雙邊

二八四五 靜廉堂詩鈔六卷文鈔一卷 清儲深撰 清雍正刻本 九行十八字，白口，左右雙邊

二八四六 抱甕集不分卷 題清傾友于撰 稿本 清佚名批點 八行二十一字，無格

二八四七 洗桐軒文集九卷抱桐軒文集三卷八矢注字圖說一卷鐘律陳數一卷 清顧陳垿撰 清乾隆刻本 十行十九字，黑口，左右雙邊

二八四八 桐乳齋詩集十二卷 清梁文濂撰 清乾隆十二年梁啟心等刻本 十行十九字，白口，左右雙邊

二八四九 藥房詩稿七卷 清梁麟生撰 清雍正式穀堂刻本 九行十九字，黑口，左右雙邊

二八五〇 怡情集二卷 清梁鄰撰 清乾隆四十六年梁觀保等刻巾箱本 六行十二字，白口，四周雙邊

二八五一 劍虹齋集十二卷 清梁溶撰 清乾隆三十六年梁本榮一畝園刻本 十行十八字，白口，左右雙邊

二八五二 雲錦齋詩鈔八卷 清沈康撰 清乾隆五十年金永潞容德堂刻本 九行十九字，白口，左右雙邊

二八五三 滋蘭堂集十卷 清沈天濤撰 清乾隆十四年沈廷芳等刻本 九行二十一字，白口，四周單邊

二八五四 紫微山人詩鈔八卷 清沈維基撰 清乾隆刻本

二八五五 欈莊文稿十卷詩稿二卷尺牘一卷 清沈維材撰 清乾隆十八年刻本 十行二十二字，白口，左右雙邊

二八五六 菘甏詩鈔不分卷 清沈枚撰 清抄本 十行二十字，黑口，左右雙邊

二八五七 寫巖詩稿十卷泉川紀遊草五卷園居草五卷 清沈寧遠撰 稿本 八行二十二字，無格

二八五八 巒岩詩稿四卷 清沈寧遠撰 清抄本 九行二十四字，無格

二八五九 近稿拾存一卷 清沈祖惠撰 清抄本 十行二十四字，無格

二八六〇 學福齋詩文集殘稿□□卷 清沈大成撰 稿本 潘景鄭跋

二八六一 學福齋詩集三十七卷首一卷文集二十卷近遊詩鈔二卷 清沈大成撰 清乾隆刻本 十行二十一字，黑口，左右雙邊

二八六二 學福齋詩集三十七卷首一卷文集二十卷近

遊詩鈔二卷 清沈大成撰 清乾隆刻本 清劉履芬跋

二八六三 耶一軒遺稿一卷 清沈慧玉撰 清乾隆十年刻本 九行二十字黑口左右双边

二八六四 十笏齋詩八卷 清沈世楓撰 清乾隆刻本 九行十九字白口左右双边

二八六五 慈壽堂集八卷 清沈樹德撰 清抄本 九行二十五字無格

二八六六 蓮莊詩集六卷存五卷一至五 清沈栻撰 清刻本 十行二十一字白口左右双边

二八六七 果堂集十二卷 清沈彤撰 清乾隆刻本 十一行二十一字白口左右双边

二八六八 蠶桑樂府一卷 清沈炳震撰 清抄本 八行二十字白口紅格

二八六九 閑軒詩集六卷詞一卷 清沈文燕撰 清雍正十三年刻本 九行二十一字白口左右双边

二八七〇 臨漪園詩集四卷後集四卷偶存一卷文集三卷贅言二卷 清湯準撰 清康熙刻本 九行十九字白口四周单边

二八七一 御風蟬吟録二卷 清楊潞撰 稿本 清韓峻跋 九行二十五字四周回文花边

二八七二 亦廬詩三十卷 清湯斯祚撰 清乾隆二十二年刻本 十一行二十一字白口左右双边

二八七三 日新書屋稿不分卷 清祝淦撰 稿本

二八七四 近光川遺詩一卷 清近朗撰 清近鶴壽抄本

二八七五 古甌宮曲一卷 清查岐昌撰 清抄本 十行二十四字小字双行同無格

二八七六 蔗塘外集八卷 實菊堂和詩一卷 芸香閣遺稿一卷 蓮坡詩話三卷 花影庵雜記二卷 游盤日記一卷 清查為仁撰 稿本 十行二十一字無格

二八七七 蔗塘未定稿九卷外集八卷 清查為仁撰 清乾隆刻本 十行二十一字白口四周单边
未定稿九卷 花影庵集二卷 無題詩二卷 花甕集一卷 竹村花塢集一卷 押簾詞一卷 是夢集一卷 山游集一卷
外集八卷 實菊堂和詩一卷 花影庵雜記二卷 芸香閣遺稿一卷 游盤日記一卷 蓮坡詩話三卷

二八七八 富巖詩集四卷 清李平望撰 清乾隆寶樹堂刻本 十行十九字黑口左右双边

二八七九 敦古堂擬古雜文三卷 清李錫彤撰 清乾隆敦古堂刻本 十行二十四字白口左右双边

二八八〇 西湖百詠一卷 清李倩莊撰 清乾隆倚香樓刻本 八行十八字白口左右双边

二八八一 自怡集一卷 清李鳳翔撰 清抄本 八行二十三字無格

二八八二 居業堂詩稿□□卷 清李鍇撰 清抄本 十行十六字小字双行同細黑口四周双边
存二十九卷 武英消草三卷 北游草二十六卷

二八八三 居業堂詩續稿三卷 清李鍇撰 清抄本 九行十六字小字双行同細黑口四周双边

二八八四 [illegible]堂詩鈔二卷 清李宏撰 清乾隆五十七年刻本 九行十八字黑口左右双边

二八八五 瓦缶集三卷永懷集一卷 清李崇渭撰 清康熙刻本 十行十九字白口左右双边

二八八六 賀九山房詩四卷 清李其永撰 清乾隆四十一年紅樹樓刻本 九行十九字黑口左右双边

二八八七 藤笈藏稿七卷 遼陽集一卷 鳧鳴集一卷 半邃邃集一卷 剩燼集一卷 清李其永撰 稿本 八行十六字無格

二八八八 栖筠存草一卷 清李朝棟撰 稿本 俞鴻壽跋

二八八九 十甌齋詩稿不分卷 清李本柱撰 稿本 十行十九字黑口左右双边 版心鐫十甌齋

二八九〇 在亭叢稿十二卷 清李宋撰 清乾隆刻本 十行二十一字白口左右双边

二八九一 詠歸亭詩鈔八卷 清李宋撰 清乾隆十七年詠歸亭刻本 十行十九字白口左右双边

二八九二 石閭集二卷在亭集一卷溪堂集一卷藝圃集二卷 清李宋撰 清抄本

二八九三 漫恬詩鈔四卷詩餘一卷 清袁棟撰 清乾隆刻本 十行十九字白口左右双边

二八九四 蒹谿集十三卷 清姚炳撰 清康熙四十五年姚氏曉珠樓刻本 九行二十字白口四周单边

二八九五 尤徵君遺集三卷 清尤瑛撰 清抄本 清吳楫跋 十一行二十四字無格

二八九六 南園詩鈔十卷 清尤世求撰 清雍正乾隆間刻本 十行二十一字黑口左右双边

二八九七 鹿洲初集二十卷 清藍鼎元撰 清雍正刻本 九行二十字白口左右双边

二八九八 雪庵文集不分卷尚書札記一卷 清范爾梅撰 清刻本 佚名跋 十行二十四字白口左右双边

二八九九 畾晚集二卷范家居詩餘一卷 清范廷撰 清雍正十二年范氏刻本 十行十九字白口左右双边

二九〇〇 松存堂文初集不分卷 清滕樹撰 清乾隆刻本 九行二十字白口四周单边

二九〇一 宦遊草一卷秋浦驪歌一卷陵陽別言一卷 清孫正學撰 清乾隆清蔭堂刻本 八行十八字黑口四周单边

二九〇二 楳堂詩鈔二卷 清孫涵撰 清乾隆刻本 十行十九字白口左右双边

二九〇三 紅蘿草堂詩集十二卷 清高郎榮撰 清乾隆六年尊文然刻本 十行二十一字白口四周双边

二九〇四 聞漁閣續集不分卷貊屋谿棄不分卷 清高光基撰 稿本

二九〇五 栖坡居士集十二卷 清高光基撰 清乾隆二十一年環亞鋪刻本 十行二十三字白口四周单边

二九〇六 補蘇存稿六卷 清釋敬撰 清乾隆二十二年南落書屋刻本 八行十八字白口無格左右双边

二九〇七 小冰壺詩文稿九卷 清釋獻撰 稿本
借漁居曬飲集一卷 谷山野集一卷 耳耕集一卷 蒲淵集一卷二集一卷

二九〇八 昇綠堂詩稿七卷宛渠螺蜩稿一卷 清釋[illegible]撰 附補[illegible]鄰先生行略一卷 裴桐撰 清[illegible]
吳越遊草一卷 吳越偶存集一卷
補拙文稿一卷 宛渠螺蜩稿一卷

二九〇九 延綠閣集十二卷 清華希閔撰 清雍正刻本 十行二十字白口左右双边

二九一〇 蘭湄約墨八卷 清華彬撰 清抄本 九行二十四字藍格

二九一一 離垢集不分卷 清華嵒撰 稿本

二九一二 離垢集二卷 清華嵒撰 清抄本 十行二十字無格

二九一三 夢堂詩稿十五卷 清英廉撰 清乾隆延福堂刻本 十行二十二字白口四周双边

二九一四 永懷堂詩稿一卷 清[illegible]正芬撰 稿本

二九一五 一瓢齋詩存六卷詩話一卷 清薛雪撰 清雍正乾隆間掃葉村莊刻本 十一行二十字白口左右双边

二九一六 一瓢齋詩存六卷 清薛雪撰 清雍正乾隆間掃葉村莊刻本 清徐士林、高鶚翰跋

二九一七 折桂山房詩存六卷 清薛雪撰 清雍正乾隆間掃葉村莊刻本 十一行二十字白口左右双边

二九一八 挹珠軒詩存六卷 清薛雪撰 清乾隆掃葉村莊刻本 十一行二十字白口左右双边

二九一九 迎暉樓詩集二卷 清甘[illegible]撰 清康熙六十年刻本 八行二十字白口四周单边

二九二〇 香雲居詩草一卷 清[illegible]文[illegible]撰 清乾隆十六年黃[illegible]源等刻本 九行十九字黑口左右双边

二九二一 長吟閣詩集十卷 清黃子雲撰 清乾隆十八年刻本 九行十九字白口左右双边

二九二二 長吟閣詩集二卷 清黃子雲撰 清乾隆三十三年吳繼寬抄本 八行二十一字無格

二九二三 長吟閣詩集十卷 清黃子雲撰 清乾隆四十五年沈鳳抄本 佚名批

二九二四 秋江集六卷 清黃任撰 清乾隆刻本 十一行二十二字白口左右双边

二九二五 香草齋詩鈔六卷 清黃任撰 清乾隆二十五年秦朝元刻本 十一行二十一字白口四周单边

二九二六 香草箋不分卷 清黃任撰 清乾隆刻本 九行二十一字白口四周双边

二九二七 黃康訪詩草一卷 清黃岳牧撰 稿本 八行二十五字小字双行同無格

二九二八 瘦瓢山人蚊湖詩鈔不分卷 清黃慎撰 清抄本 十行十八字白口四周双边

二九二九 瘦瓢山人蚊湖詩鈔不分卷 清黃慎撰 清抄本 八行二十字無格

二九三〇 三山閒吟一卷吟越集一卷 清[illegible]升撰 稿本 十二行二十字無格

二九三一 小谷林詩集八卷詩二集八卷古文二卷文外二卷 清[illegible]士瑶撰 清乾隆刻本 十一行二十一字白口左右双边

二九三二 白華堂詩稿不分卷 清[illegible]敬撰 清抄本

二九三三 分干詩鈔四卷 清黃[illegible]撰 清雍正間刻本 十行二十一字白口左右双边

二九三四 霞坪詩存二卷 清杜鈞撰 清乾隆刻本 九行十九字白口左右双边

二九三五 餘齋存稿一卷 清林鵬光撰 清乾隆刻本 九行二十一字白口左右双边

二九三六 研堂詩十卷續稿二卷晚稿二卷拾遺一卷花外散吟一卷 清楊維坤撰 贈言三卷 清乾隆刻本 九行二十一字小字双行同黑口左右双边

二九三七 灌花集二卷 清楊宗時撰 清乾隆刻本 十行十九字白口左右双边

二九三八 古香堂詩稿十三卷 清楊大琛撰 清乾隆刻本 十行十九字白口左右双边

二九三九 寄閒詩草二卷附一卷 清楊模撰 清乾隆聽松草堂刻本 九行二十三字白口左右双边

二九四〇 梅花四体詩不分卷 清胡方撰 何夢瑤注 清乾隆刻本 九行十九字白口四周单边

二九四一 石笥山房文集六卷詩集十二卷 清胡天游撰 清道光二十六年[illegible]刻本 清高均儒批校 華祥襄跋 十行二十字白口四周双边

存文集六卷

二九四二 石笥山房文集六卷詩集四卷 清胡天游撰 清抄本 清高均儒批校

二九四三 石笥山房逸稿七卷 清胡天游撰 清[illegible]協等跋 清[illegible]抄本 清高均儒批校

二九四五 綠蘿山莊文集二十四卷 清胡浚撰 清乾隆二十一年刻本 十行二十二字小字双行同白口四周双边

二九四六 綠蘿山莊詩集三十二卷 清胡浚撰 清乾隆二十七年刻本 十行二十二字小字双行同白口四周双边

二九四七 百梅詩一卷 清胡志仁撰 稿本 八行二十字無格

二九四八 臥山詩鈔五卷 清胡桐撰 伴白草一卷 清王馥撰 清乾隆刻本 八行十八字大黑口左右双边

二九四九 湖靜庵詩稿不分卷 清胡欽撰 稿本 九行二十四字無格

二九五〇 綠筠軒詩草一卷 清梅[illegible]撰 清乾隆刻本 八行十八字白口左右双边

二九五一 杏華集十二卷 清趙弘恩撰 清雍正十二年至乾隆二年刻本 九行二十四字白口四周单边

二九五二 次山集不分卷 清[illegible]撰 清乾隆刻本 十二行二十四字黑口四周双边

二九五三 大隱集一卷[illegible]二集一卷蔚子瓜儷漫草一[illegible]稿一卷乾正集一卷 清[illegible]撰 稿本 九行二十字無格

二九五四 [illegible]五言詩草一卷七言詩草一卷詩餘一[illegible] 清乾隆二十一年刻本 九行二十五字白口四周单边

小山乙稿五卷　清□□□撰　稿本　十行二十字黑格　二九五六

愛日堂吟稾十三卷附稾二卷　清□□□撰　清乾隆刻本　十一行二十二字黑口四周單边　清佚名批　二九五七

瀛莊文鈔不分卷　清史鳳輝撰　清乾隆二十年胡鳴倩刻本　十行二十字白口左右双边　二九五八

陶陶軒詩稿十二卷　竹西集二卷　香雪集一卷　會吟樓集一卷　吹夢游蹤唱和集一卷　蒲翁集一卷　竹西後集一卷　會吟集一卷　揮林集一卷　清溪倦遊集一卷　嘐其集一卷　清史榮撰　清嘉慶十四年陳□棣寧山房抄本　九行二十二字白口四周單边　二九五九

陶陶軒詩稿十卷　竹西集一卷　香雪集一卷　吹夢集一卷　揮林集一卷　嘐其集一卷　竹西後集一卷　會吟集一卷　新游集一卷　清溪倦遊集一卷　嘐其續集一卷　清史榮撰　清林煒風荷書屋抄本　十行二十二字無格　二九六〇

松崖文鈔不分卷　清惠棟撰　清抄本　清蔣□校　十行二十二字無格　二九六一

詩飄八卷　清嵩□撰　嵩達選　清抄本　九行二十二字無格　二九六二

北溪漁唱集九卷　清□□□撰　清乾隆十年刻本　清□□□跋　九行十九字白口左右双边　秦元手[illegible]　二九六三

青嶁遺稿二卷　清武錦撰　沈德潛評　清乾隆二十六年刻本　十行十九字白口左右双边　二九六四

青嶁詩草十八卷　清武錦撰　稿本　二九六五

晚晴樓詩稿四卷詩餘一卷　清黄錫淑撰　行略一卷　清陸□□撰　清抄本　清陸□□題詩　八行二十字無格　二九六六

聽濤園集十八卷　清曾□撰　清乾隆二年刻本　九行二十一字黑口左右双边　二九六七

碧山堂詩鈔十六卷黔苗竹枝詞一卷　清田榕撰　清乾隆刻本　十行十九字白口左右双边　二九六八

西圃近稿一卷　清田同之撰　稿本　十行十九字黑口左右双边　二九六九

西圃文說二卷　清田同之撰　稿本　十行十九字黑口左右双边　二九七〇

□□詩卅一卷　清田同之撰　稿本　二九七一

枚簃集一卷隨□集一卷桃李園集一卷　清易宗瀛撰　清乾隆刻本　九行二十一字上下粗黑口左右双边　二九七二

蠡勺詩删一卷　清□□撰　稿本　清□□跋　九行二十一字無格　二九七三

吟風弄月詩稿四卷　小華□唫一卷　公餘唫弄一卷　紫□□集一卷　林下閑吟一卷　清□□撰　稿本　□□跋　九行行字不等　無格　二九七四

揺翠堂詩稿不分卷　清□□□撰　稿本　七行十八字白口四周双边　二九七五

愚睡詩鈔八卷　清呂□撰　清乾隆刻本　九行二十一字白口左右双边　二九七六

力園詩草十卷集古詩一卷　清□□□撰　清乾隆新安□氏刻本　九行十九字白口左右双边　二九七七

萬石堂詩文稿四卷　清□元□撰　清抄本　九行二十□字無格　二九七八

西圃草堂詩集四卷　清□□□撰　清乾隆十一年刻本　九行十八字白口左右双边　二九七九

寄閑堂詩集八卷　清□□□撰　東溪先生詩一卷　清□□□撰　二九八〇

東村先生詩一卷　清□□撰　清嘉慶□□□怨堂刻本　十行二十一字白口四周單边　二九八一

太簡堂全稿四卷　清明□撰　清抄本　□□跋　八行二十字無格　二九八二

咏菊百絕句一卷　清□□□撰　清乾隆二十七年鄭氏□□齋刻本　八行二十一字白口左右双边　二九八三

樊榭山房全集四十二卷集外文一卷　清厲鶚撰　輓辭一卷　清□胡□輯　秋事一卷　清□□撰　清光緒十年汪氏振綺堂刻本　□□跋並録　清□□□錄□□□題識　十一行二十一字黑口左右双边　二九八四

樊榭山房集十卷續集十卷　清厲鶚撰　清乾隆刻本　清□□□□□批　十二行二十四字白口四周單边　二九八五

樊榭小房集十卷續集十卷　清厲鶚撰　清乾隆刻本　清□□□批　沈□□□□□□題　二九八六

樊榭山房集十卷續集十卷　清厲鶚撰　清乾隆刻本　□□跋並録　汪師韓題識　二九八七

樊榭山房集外詩不分卷　清厲鶚撰　清乾隆刻本　清□□□　二九八八

樊榭山房文集八卷　清厲鶚撰　清刻本　葉□□跋　葉□□批校　十行二十字黑口左右双边　二九八九

厲先生文錄不分卷　清厲鶚撰　□□□編　清抄本　□□□跋　二九九〇

南宅詩稿六卷　清高位撰　清乾隆六年□□書堂刻本　九行十八字白口四周單边　二九九一

沙河逸老小稿六卷嶰谷詞一卷　清馬曰琯撰　清乾隆二十三年馬曰璐刻本　十行十九字白口四周單边　二九九二

南齋集六卷詞二卷　清馬曰璐撰　清乾隆刻本　十行十九字白口左右双边　二九九三

雷溪草堂詩一卷　清馬長海撰　清乾隆九年□□□刻本　二九九四

少木文集十三卷　清馬榮祖撰　清乾隆十七年□□堂刻本　八行十九字白口左右双边　二九九五

劉子鏡文稿不分卷　清劉應鼎撰　稿本　八行二十四字無格　二九九六

海石堂集鈔一卷　清劉仰寬撰　清乾隆三十二年劉文□抄本　九行二十餘字不等無格　二九九七

燕臺草一卷容程紀勝一卷　清□□□撰　清乾隆□□堂刻本　九行二十一字白口左右双边　二九九八

十竹山房近草不分卷　清陳□□撰　清乾隆□□□樓刻本　九行二十四字白口四周双边　二九九九

三〇〇〇 賞詩閣詩集前編一卷續編二卷集外詩一卷詩餘一卷 清陳汝楫撰 韓騏編 清抄本 九行二十四字無格

三〇〇一 賞詩閣詩集四卷文集六卷 清陳汝楫撰 韓騏編 清抄本

三〇〇二 寄嘯廬詩集四卷 清陳大猷撰 清乾隆四十二年刻本 十行二十二字白口左右双边

三〇〇三 陳古銘先生遺詩一卷 清陳梓撰 稿本

三〇〇四 古民雜識不分卷 清陳梓撰 稿本

三〇〇五 陳一齋先生集十六卷 清陳梓撰 清抄本 十二行二十三字無格

三〇〇六 浩觀堂集六卷 清邱璉撰 清乾隆刻本 十行二十一字白口左右双边

三〇〇七 綠雲集不分卷 清周京撰 稿本 清汪臺跋

三〇〇八 無悔齋集十五卷附錄一卷 清周京撰 清乾隆十七年刻本 十一行二十二字白口左右双边

三〇〇九 無悔齋集三十二卷又不分卷 清周京撰 稿本 清丁丙跋
存二卷（三十一至三十二不分卷）

三〇一〇 清悰堂集十卷 清周宗思撰 清乾隆刻本 十一行二十字黑口四周单边

三〇一一 存吾春軒集八卷 清周大樞撰 清乾隆二十七年刻本 十一行二十八字黑口左右双边

三〇一二 卜硯山房詩抄一卷 清周焯撰 清乾隆刻本 清劉位坦跋 十行十九字細黑口四周单边

三〇一三 清齋樓詩集一卷 清閻祉撰 清雍正六年刻本 九行十八字細黑口左右双边

三〇一四 弱水集二十二卷 清屈復撰 清乾隆七年刻本 十行二十一字白口左右双边

三〇一五 弱水集二十二卷 清屈復撰 清乾隆二十九年刻本 鄭之城跋 十行二十一字白口左右双边

三〇一六 金粟詩草二十卷 清屈復撰 清馬璞、陳長鎮評 清抄本 十行二十一字小字不等無格

三〇一七 綠筠書屋詩選不分卷 清金樹撰 稿本 清榮閎宏批點 十行二十四字無格

三〇一八 小樹軒詩集八卷 清金虞撰 清乾隆四十四年刻本 十行二十一字白口左右双边

三〇一九 雙江臥遊草一卷 清金房撰 清抄本 十行二十字無格

三〇二〇 詩存四卷 清金德瑛撰 清乾隆三十三年刻本 九行十九字小字双行字數不等白口左右双边

三〇二一 鶴門詩帶十卷附春堂三言詩吃一卷 清金埴撰 稿本 清丁丙跋

三〇二二 冬心先生集四卷冬心齋研銘一卷 清金農撰 清雍正十一年廣陵般若庵刻本 十行十八字白口左右双边有像

三〇二三 冬心先生集四卷 清金農撰 清雍正十一年廣陵般若庵刻本 清楊澥跋

三〇二四 冬心先生集四卷 清金農撰 清抄本 清錢大昕跋 十行十八字無格

三〇二五 冬心先生續集自序一卷 清金農撰 清乾隆刻本 四行十二字白口左右双边

三〇二六 冬心先生三體詩一卷 清金農撰 清乾隆刻本 十行十八字白口左右双边有像

三〇二七 冬心先生三體詩一卷 清金農撰 清乾隆刻本 吳昌綬跋

三〇二八 冬心先生續集一卷 清金農撰 清乾隆刻本 十二行二十四字白口四周单边

三〇二九 冬心先生續集二卷補遺一卷詩一卷甲戌近詩一卷 清金農撰 清道光十二年葉廷琯家抄本 清葉廷琯跋

三〇三〇 冬心先生詩續集二卷補遺一卷續補遺一卷三體詩一卷甲戌近詩一卷 清金農撰 清平江貝氏千墨庵抄本 十行二十一字藍格

三〇三一 杭塵齋詩略四卷 清金戴植撰 清乾隆刻本 十行十九字小字双行字數不等白口左右双边

三〇三二 野卷詩鈔四卷翡翠蘭若集五卷排悶集四卷 清金惟馭撰 清乾隆刻本 九行十九字黑口左右双边

三〇三三 排悶集四卷野卷詩鈔四卷翡翠蘭若集五卷 清金惟馭撰 稿本 清沈德潛評校并跋 十行十九字無格

三〇三四 向日堂存稿三卷梅友近咏存稿一卷 清翁文榜撰 名人題松竹梅像贊一卷 清翁文榜輯 稿本 八行二十字無格

三〇三五 蝸廬詩存七卷 清翁志琦撰 清乾隆五年刻本 九行十九字黑口左右双边

三〇三六 賜書堂詩稿四卷文稿六卷 清翁照撰 清乾隆刻本 九行十八字白口左右双边

三〇三七 龍池詩選三卷 清余廌撰 清乾隆三十九年余文儀刻本 十二行二十四字白口左右双边

三〇三八 清風草堂詩鈔六卷 清余崢撰 清抄本 清查禮、錢華恒跋 八行二十四字無格

三〇三九 東武山房詩集四卷 清余懋杞撰 清乾隆三十八年嘉樹堂刻本 十二行二十四字白口左右双边

三〇四〇 遊篋詩抄一卷 清錢東鉞撰 清乾隆刻本 九行二十字大黑口無直格四周单边

三〇四一 秋聲館吟稿一卷 清符之恒撰 清乾隆四年刻本 九行十九字白口左右双边

三〇四二 春鳧小稿二卷 清符曾撰 稿本 十行二十字無格

三〇四三 春帆吟稿三卷 清符曾撰 稿本 九行二十二字無格

三〇四四 月山詩集四卷首一卷末一卷 清恒仁撰 清刻本 十行二十一字白口四周双边

三〇四五 息影齋詩鈔三卷 清釋律然撰 清乾隆刻本 十行十九字白口左右双边

三〇四六 息影齋詩鈔三卷 清釋律然撰 稿本 十行十九字無格
存二卷（一至二）

三〇四七 西菴草一卷 清釋律然撰 稿本 清彭兆蓀、孫元培跋 十行二十字黑格左右双边

三〇四八 來鶴集一卷 清釋超源撰 清抄本 清佚名批校 九行十九字無格

三〇四九 樂善堂全集四十卷目錄四卷 清高宗弘曆撰 清乾隆內府刻本 七行十八字白口四周

双边

樂善堂全集定本三十卷目録一卷 清高宗弘曆撰 清乾隆二十[illegible]刻本 九行十七字白口四周双边

御製樂善堂集四卷 清高宗弘曆撰 姚培謙注 清乾隆六年刻本 七行十八字白口四周双边

御製詩初集四十四卷目録四卷 清高宗弘曆撰 蔣溥等編 清乾隆十四年內府刻本 九行十七字白口四周双边

御製詩二集九十卷目録十卷 清高宗弘曆撰 蔣溥等編 清乾隆內府刻本 九行十七字白口四周双边

御製詩三集一百卷目録十二卷 清高宗弘曆撰 于敏中等編 清乾隆內府刻本 九行十七字白口四周双边

御製詩四集一百卷目録十二卷 清高宗弘曆撰 梁國治等編 清乾隆內府刻本 九行十七字白口四周双边

御製詩五集一百卷目録十二卷 清高宗弘曆撰 王杰等編 清乾隆六十年內府刻本 九行十七字白口四周双边

御製詩餘集二十卷目録二卷 清高宗弘曆撰 彭元瑞等編 清嘉慶內府刻本 九行十八字白口左右双边

十三年

御製詩不分卷 清高宗弘曆撰 清內府刻本 清仁宗顒琰跋 八行二十一字黑格

御製紀實詩□□卷 清高宗弘曆撰 清抄本 九行十七字小字双行同四周双边 版心上鐫御製紀實詩 存四卷 十、十六、九十五、九十九

御製擬白居易新樂府不分卷 清高宗弘曆撰 清乾隆嵇璜寫本

御製擬白居易新樂府不分卷 清高宗乾隆弘曆撰 清乾隆曹文埴寫本

御製擬白居易新樂府不分卷 清高宗弘曆撰 清乾隆綿恩寫本

御製擬白居易新樂府不分卷 清高宗弘曆撰 清乾隆劉墉寫刻本 五行十字白口四周花边

御製擬白居易新樂府不分卷 清高宗弘曆撰 清乾隆于敏中寫刻本 五行十字白口四周花边

御製擬白居易新樂府不分卷 清高宗弘曆撰 清乾隆王杰寫刻本 五行十字白口四周花边

御製擬白居易新樂府不分卷 清高宗弘曆撰 清乾隆嵇璜寫刻本 五行十字白口四周花边

御製擬白居易新樂府不分卷 清高宗弘曆撰 清乾隆彭元瑞寫刻本 七行十六字白口四周双边

御製全韻詩五卷 清高宗弘曆撰 清乾隆劉墉寫刻本 七行十四字小字双行同白口四周双边

御製全韻詩五卷 清高宗弘曆撰 清乾隆于敏中寫刻本 七行十四字小字双行同白口四周双边

御製全韻詩五卷 清高宗弘曆撰 清乾隆姚頤寫刻本 七行十四字小字双行同白口四周双边

御製全韻詩五卷 清高宗弘曆撰 清乾隆彭元瑞寫刻本 七行十六字小字双行二十四字白口四周双边

御製平定廓爾喀詩一卷 清高宗弘曆撰 清乾隆董誥寫本

御製萬方歸化詩一卷 清高宗弘曆撰 清乾隆彭元瑞寫本

御製詠左傳詩二卷 清高宗弘曆撰 清乾隆內府刻本 六行十三字白口四周双边

御製月令七十二候詩不分卷 清高宗弘曆撰 清乾隆胡高望寫刻本 五行七字至十二字白口四周双边

御製圓明園詩二卷 清高宗弘曆撰 鄂爾泰、張廷玉注 清乾隆內府刻朱墨套印本 六行十六字小字双行同白口四周双边

御製盛京賦一卷 清高宗弘曆撰 鄂爾泰等注 清乾隆刻朱墨套印本 七行十八字白口四周双边

御製盛京賦一卷 清高宗弘曆撰 清乾隆汪由敦寫本

御製冰嬉賦一卷 清高宗弘曆撰 清乾隆十年內府刻朱墨套印本 六行十八字小字双行同白口四周双边

御製盛京賦三十二卷 清高宗弘曆撰 傅恒等編校 清乾隆武英殿刻本 五行七字白口四周双边 篆文

御製文初集三十卷目録二卷 清高宗弘曆撰 于敏中等編 清乾隆二十八年內府刻本 九行十七字白口四周双边

御製文二集四十四卷目録二卷 清高宗弘曆撰 梁國治等編 清乾隆五十一年內府刻本 九行十七字白口四周双边

御製文三集十六卷目録二卷 清高宗弘曆撰 沈初等編 清嘉慶內府刻本 九行十七字白口四周双边

御製文餘集二卷 清高宗弘曆撰 朱珪等編 清嘉慶五年內府刻本 九行十七字白口四周双边

御製文不分卷 清高宗弘曆撰 清乾隆內府抄本 八行二十一字黑格

御製文淵閣記一卷 清高宗弘曆撰 清乾隆陸錫熊寫本

御製文津閣記一卷詩一卷 清高宗弘曆撰 清乾隆劉墉之寫本

御製萬壽山五百羅漢堂記一卷 清高宗弘曆撰 清乾隆謝墉寫本

御製成得堂記一卷 清高宗弘曆撰 清乾隆謝墉寫本

御製八徵耄念之寶記一卷 清高宗弘曆撰 清乾隆五十四年彭元瑞寫本

三〇九一 御製平定兩金川告成太學碑文一卷 清高宗弘曆撰 清乾隆內府刻本 清周煌跋

三〇九二 御製古稀說一卷 清高宗弘曆撰 古稀頌一卷 清彭元瑞撰 清乾隆內府刻本 七行十六字，頌十八字，白口，四周雙邊

三〇九三 定武敦文一卷 清高宗弘曆撰 清乾隆內府刻本 九行十七字，小字雙行同，白口，四周雙邊

三〇九四 東山草堂集六卷 清潘安禮撰 廖璟注 清乾隆四年刻本 十行二十一字，黑口，左右雙邊

三〇九五 質菴文集五卷 清李漋撰 清乾隆好古書屋刻本 九行二十字，白口，左右雙邊

三〇九六 道古堂文集四十六卷詩集二十六卷 清杭世駿撰 清乾隆五十七年杭賓仁刻本 清李慈銘批校並跋 十行二十一字，白口，左右雙邊

三〇九七 道古堂文集四十六卷 清杭世駿撰 清抄本 鄭文焯跋 十行十九字，無格

三〇九八 道古堂外集二十六卷 清杭世駿撰 清乾隆五十三年補史亭刻本 清吳翌鳳校並跋 十一行二十二字，白口，四周單邊

三〇九九 嶺南集八卷 清杭世駿撰 清乾隆刻本 十行十九字，白口，左右雙邊

三一〇〇 全韻梅花詩一卷 清杭世駿撰 稿本

三一〇一 過春索一卷 清杭世駿撰 清吳城抄本 清丁丙跋

一三七

三一〇二 花安樓詩二十卷 清萬祖義撰 清乾隆刻本 十行二十字，白口，四周雙邊

三一〇三 南庄類稿八卷 清黃永年撰 清乾隆集思堂刻本 十行十九字，白口，左右雙邊

三一〇四 南莊類稿選鈔不分卷 清黃永年撰 清抄本 清王芑孫校並跋 十行二十一字，無格

三一〇五 白雲詩鈔二卷奉使集一卷靜子日記一卷 清黃永年撰 清乾隆集思堂刻本 十行十九字，白口，左右雙邊

三一〇六 緝齋文集八卷首一卷附錄二卷 清蔡新撰 清乾隆五十年刻本 九行二十一字，白口，四周雙邊

三一〇七 雲逗樓集二卷 清楊度汪撰 清乾隆三十二年刻本 九行十九字，白口，左右雙邊

三一〇八 漱芳居文鈔八卷二集八卷 清顧肯堂撰 清漱芳居刻本 十一行二十一字，白口，左右雙邊

三一〇九 史復齋文集四卷 清史調撰 清乾隆刻本 十行二十字，小字雙行，白口，左右雙邊

三一一〇 賜書堂稿二卷東巡八賦一卷移晴堂四六二卷 清曹秀先撰 清刻本 九行十九字，白口，左右雙邊

三一一一 省耕詩圖一卷 清曹秀先撰 清乾隆三十一年自刻本

三一一二 岣嶁集十卷內編六卷外編二卷 清曠敏本撰 清乾隆刻本 十行二十一字，黑口，左右雙邊

三一一三 岣嶁刪餘詩卅一卷 清曠敏本撰 清乾隆定性山房刻本 十行二十一字，黑口，左右雙邊

三一一四 緪庵內集十六卷外集八卷 清劉綸撰 清乾隆周瑞堂刻本 十一行二十一字，白口，左右雙邊

三一一五 結埼亭詩集十卷 清全祖望撰 清道光十四年鄭爾齡黃經閣刻本 清李慈銘跋 十行二十一字，小字雙行同，白口，左右雙邊

三一一六 結埼亭詩集十卷 清全祖望撰 清道光十四年鄭爾齡黃經閣刻本 徐時棟跋 清鄭爾齡 董秉純跋

三一一七 結埼亭詩集十卷 清全祖望撰 清道光十四年鄭爾齡黃經閣刻本 口鄭校並跋

三一一八 結埼亭詩集十卷 清全祖望撰 清抄本 十行二十一字，無格

三一一九 結埼亭詩集十卷 清全祖望撰 清補不足齋抄本 清佚名校 艾宗跋 九行二十六字，藍格

三一二〇 結埼亭詩集十卷 清全祖望撰 清抄本 孫鏘傳跋 十行二十字，無格

三一二一 結埼亭集三十八卷 清全祖望撰 世譜一卷年譜一卷 清嘉慶九年史夢蛟刻本 清嚴元照校跋并抄補 李元仲列傳 十行二十一字，白口，左右雙邊

三一二二 結埼亭集三十八卷 清全祖望撰 全謝山先生年譜一卷 清董秉純撰 清抄本 清楊鳳苞校 清葉友芝、勞權簽校 章鈺、鄭邦述跋

三一二三 結埼亭集三十八卷 清全祖望撰 全謝山先生年譜一卷 清董秉純撰 清乾隆五十五年龍尾山農抄本 葉景葵跋錄 清楊鳳苞校 十一行二十一字，黑格

三一二四 結埼亭內集三十八卷 清全祖望撰 清抄本 清蔣孝先校 九行二十字，黑格

一三八

三一二五 結埼亭集三十八卷 清全祖望撰 謝山先生世譜一卷 清董秉純撰 清抄本

三一二六 結埼亭集三十八卷 清全祖望撰 全謝山先生世譜一卷年譜一卷 清董秉純撰 清抄本 十行二十一字，無格

三一二七 結埼亭集三十八卷卷首一卷 清全祖望撰 清抄本 清蔣學鏞批校並跋 十行二十字，藍格
存三十三卷 一至二十八、三十四至三十八

三一二八 結埼亭集三十七卷 清全祖望撰 清吳氏拜經樓抄本 清吳騫批校並錄杭世駿批注 陳鱣校 章鈺跋 十二行二十二字，無格

三一二九 結埼亭集二十二卷 清全祖望撰 清抄本 十一行二十四字，無格

三一三〇 結埼亭集□□□卷 清全祖望撰 清抄本 清陳勱校並跋 十二行二十字，無格
存三十卷 一至三十

三一三一 結埼亭集三十八卷外編五十卷 清全祖望撰 清蕉隱軒抄本 十二行二十四字，藍格，白口，左右雙邊
存十五卷 二十六至二十八、外編十一至十五、三十一至三十五、三十九至四十

三一三二 鮚埼亭集外編五十卷 清全祖望撰 清嘉慶十六年刻本 清嚴元照校 十行十一字白口左右雙邊
三一三三 鮚埼亭集外編五十卷 清全祖望撰 清嘉慶十六年刻本 清臧鏞批點、□登孫錄嚴元照校並跋
三一三四 鮚埼亭外集五十卷 清全祖望撰 清嘉慶十六年刻本 清李慈銘校並跋
三一三五 鮚埼亭外集五十卷雜錄一卷 清全祖望撰 清抄本 十行二十字無格
三一三六 鮚埼亭外集五十卷附雜錄一卷 清全祖望撰 清抄本
三一三七 全謝山先生鮚埼亭集十六卷外集五十卷 清全祖望撰 清湖廣堂抄本 十行二十二字白口四周雙邊
三一三八 全謝山先生勾餘土音六卷 清全祖望撰 清抄本 十行二十字無格
三一三九 全謝山先生句餘土音六卷 清全祖望撰 清抄本
三一四〇 勾餘土音增註三十二卷 清全祖望撰 陳銘海注 清抄本 十行二十一字無格
三一四一 全東山文集十二卷 清全門韶撰 清乾隆刻本 十行二十二字白口左右雙邊
三一四二 樂阜山堂遺稿六卷 清王會汾撰 清抄本 十行二十一字無格
三一四三 于文襄公手札不分卷 清于敏中撰 稿本 何士祁、黃芳、陳垣跋
三一四四 最樂堂文集六卷 清喬光烈撰 清乾隆二十一年刻本 九行十九字白口左右雙邊
三一四五 南屏山人詩集十卷賦一卷 清任瑞書撰 清乾隆刻本 九行十八字白口四周雙邊

三一四六 樂賢堂詩鈔十三卷 清德保撰 稿本 十行二十一字白口左右雙邊
三一四七 樂賢堂詩鈔三卷 清德保撰 清乾隆五十六年英和刻本 九行十九字白口單邊
三一四八 定國先生遺稿不分卷 清德保撰 清抄本 清法式善跋
三一四九 攄梧齋詩集六卷文集八卷 清程穆衡撰 清道光十四年青琅玕館刻本 十二行二十三字白口左右雙邊
三一五〇 程迓亭先生詩集□卷 清程穆衡撰 稿本
存四種五卷（據鷹集一卷 韋絲集一卷 迷春集一卷 家帚集第二部二卷） 清施長裕跋、韋天樹、沈德傳、施鳳儀題詩
三一五一 家帚集不分卷 清程穆衡撰 稿本 九行二十六字無格
三一五二 家帚集十二卷 清程穆衡撰 清穆長杏香廬抄本
三一五三 織雲樓詩八卷附鈔一卷 清莊大中撰 清乾隆刻本 九行二十一字細黑口左右雙邊
三一五四 補亭先生遺稿不分卷 清觀保撰 稿本 清法式善、英和跋
三一五五 華陽散稿二卷 清史震林撰 清乾隆松槐書屋刻本 九行二十一字白口四周單邊
三一五六 海山存稿二十卷 清周煌撰 清乾隆五十八年孫秉家塾刻本 十行二十一字白口左右雙邊
三一五七 遂翠齋詩鈔十二卷別集二卷 清錢琦撰 清乾隆刻本 十一行二十一字白口左右雙邊
有像
三一五八 許紅橋先生文稿一卷雜說一卷 清許朝撰 稿本 清潘奕雋、吳蔚光等跋
三一五九 紅橋詩草三十卷 清許朝撰 稿本 清韓錫胙評
三一六〇 許紅橋先生文稿一卷 清許朝撰 清抄本
三一六一 許紅橋先生文集一卷 清許朝撰 清光緒二十七年翁同龢家抄本 清翁同龢補目並跋 十行行字不等綠格左右雙邊
三一六二 雙樹軒詩初稿十二卷 清儲麟趾撰 抱碧齋詩五卷 清儲國鈞撰 清乾隆刻本 九行二十二字白口四周雙邊
三一六三 依園詩草不分卷 清宮獻瑤撰 清抄本 八行二十四字白口無格
三一六四 蘭香草堂詩集四卷 清梁啟心撰 清乾隆刻本 十行十九字黑口左右雙邊
三一六五 沈德潛進呈詩稿一卷北上草一卷近草一卷 清沈德潛撰 清乾隆沈德潛寫本 十行十九字無格
三一六六 竹嘯軒詩鈔十八卷 清沈德潛撰 清雍正刻本 九行十九字細黑口左右雙邊
三一六七 竹嘯軒詩鈔十八卷 清沈德潛撰 清雍正刻乾隆印本
三一六八 一二齋詩十卷 清沈德潛撰 清刻本 九行十八字黑口左右雙邊
三一六九 歸愚詩鈔二十卷 清沈德潛撰 清抄本
三一七〇 沈文愨公書札一卷 清沈德潛撰 清抄本
三一七一 袁文箋正十六卷補注一卷 清袁枚撰 石韞玉箋 清嘉慶十七年臨壽山堂刻本 十行二十字小字雙行三十字白口左右雙邊

三一七二 隨園詩稿一卷 清袁枚撰 稿本
三一七三 隨園書詩稿不分卷 清袁枚撰 稿本
三一七四 述恩賦一卷 清裘曰修撰 清乾隆三十一年□寫進呈本 六行十二字四周單邊
三一七五 壺溪文集初稿不分卷 清黃可潤撰 清抄本 八行二十二字無格
三一七六 壺溪文集八卷 清黃可潤撰 稿本 佚名批點 八行二十二字無格
存七卷（一至二、四至八）
三一七七 蘭藻堂集十二卷 清舒瞻撰 清乾隆刻本 九行十九字白口左右雙邊
三一七八 青虛山房集十卷 清王太岳撰 稿本 清王昶校
三一七九 玉芝堂文集六卷詩集三卷 清邵齊燾撰 清乾隆刻本 十行二十字白口左右雙邊
三一八〇 紀行詩十卷歸程紀詠一卷匡廬游草一卷修水游草一卷度汀游草一卷 清熊為霖撰 清乾隆熊氏心松齋刻本 九行十九字白口四周雙邊

湘南遊草一卷　嶺南遊草一卷　使黔紀詠一卷　使粟紀詠一卷　歸帆紀詠一卷　衡游草一卷

三一八一 鶴嶠詩鈔二卷　清熊為霖撰　清乾隆十六年刻本　九行十九字黑口左右双边

三一八二 灌園餘事八卷附悼往詩一卷　清崔謨撰　問花樓遺稿三卷　清許權撰　清乾隆二十三年刻本　十行十八字白口四周双边

三一八三 李石亭文集六卷萬善堂集十卷　清李化楠撰　清乾隆滿春樓刻本　十行二十一字白口左右双边

三一八四 水南灌叟遺稿六卷　清羅遵春撰　乾隆四十八年二敬園刻本　八行二十一字左右双边

三一八五 今雨堂詩墨二卷　清金甡撰　清乾隆二十三年刻本　九行十九字小字双行字數不等白口四周双边

三一八六 枕翠樓詩續集一卷　清王湘撰　清道光十二年王延楷抄本　清王延楷、馮允懷跋

三一八七 振綺堂存稿不分卷　清汪憲撰　清抄本

三一八八 變溪詩集九卷　清顧奎光撰　清乾隆三十一年刻本　十行十九字白口左右双边

三一八九 夢喜堂詩六卷　清姜麟撰　清乾隆刻本　十行十九字白口左右双边

三一九〇 太谷山堂集六卷　清姜麟撰　清乾隆刻本　十一行二十一字白口左右双边

三一九一 北梁吟稿一卷賸稿一卷　清陳顧瀧撰　南樓遺稿不分卷　清陳顧瀧撰　陳灶輯錄　稿本

三一九二 西園瓣香集三卷　清王元常著　清乾隆刻本　八行十八字小字双行同白口四周双边

三一九三 梅厓居士文集三十卷外集八卷　清朱仕琇撰　清乾隆四十七年刻本　九行二十五字黑口左右双边

三一九四 籟谿古堂集二卷續稿一卷　清探堂撰　稿本　十行二十一字無格

三一九五 巽亭先生詩集一卷　清黃寬撰　清抄本　九行二十五字無格

三一九六 林西小築詩草一卷　清蔡鳴業撰　清抄本　清張燕謀跋

三一九七 凝齋先生遺集十卷末一卷　清陳道撰　清乾隆刻本　九行二十字白口左右双边

三一九八 陶適齋先生詩稿二卷　清閔金韶撰　清乾隆五十二年丁澧刻本　九行二十一字白口四周双边

三一九九 茘門詩錄九卷　清張賡撰　清抄本　清阮文藻跋　翁同書跋　九行十五字黑口左右双边

三二〇〇 柢平居士集三十卷　清王元啟撰　清嘉慶十七年王尚繩恭壽堂刻本　十一行二十二字白口左右双边

三二〇一 綠筠書屋詩鈔十八卷　清葉觀國撰　清乾隆五十七年刻本　十行二十一字白口左右双边

三二〇二 綠筠書屋詩鈔十一卷　清葉觀國撰　稿本　十行二十一字小字双行同白口紅格

三二〇三 坳堂小草四卷　清戈濤撰　稿本　七行十八字無格

三二〇四 玉汝堂詩二卷　清成文撰　年譜一卷　清乾隆五十六年成氏玉汝堂刻本　九行二十二字白口左右双边

三二〇五 玉汝堂詩集四卷　清成文撰　年譜一卷　清抄本　九行二十二字無格

三二〇六 見復文稾一卷詩稾一卷　清陳祖范撰　清雍正刻本　十行二十一字白口左右双边

三二〇七 見復文稾一卷詩稾一卷　清陳祖范撰　清雍正刻本　清夏鴻儀跋

三二〇八 聽鐘山房集二十卷　清謝墉撰　稿本

三二〇九 聽鐘山房集二十卷　清謝墉撰　清抄本

三二一〇 聽鐘山房集食味雜詠二卷　清謝墉撰　清抄本　九行二十一字紅格四周单边

三二一一 食味雜詠一卷　清謝墉撰　清抄本　清阮元校並跋

三二一二 南園詩草十六卷　清于豹文撰　清于巨淵抄本　十一行二十二字無格

三二一三 楙亭文稿十六卷　清鄭夢琴撰　清抄本　十行二十四字白口四周双边

三二一四 抱經堂詩鈔七卷　清盧文弨撰　清道光十六年李兆洛刻本　十一行二十字白口左右双边

三二一五 抱經堂文抄一卷　清盧文弨撰　清吳騫抄本　清吳騫、徐光濟跋　十行二十二字無格

三二一六 艮庭雜著一卷艮庭小慧一卷　清江聲撰　清乾隆江氏近市居刻本　十行二十一字至二十三字小字双行同白口左右双边

三二一七 響泉集十二卷　清顧光旭撰　清乾隆四十年刻本　十行十九字白口左右双边

三二一八 響泉集三十卷　清顧光旭撰　清乾隆四十年刻五十七年增修本

三二一九 頻螺蹇存稿一卷　清梁同書撰　稿本

三二二〇 梁山舟詩二卷　清梁同書撰　稿本　十行十六字白口四周单边

三二二一 梁山舟學士尺牘不分卷　清梁同書撰　清抄本　十行行十九至二十三字不等綠格

三二二二 蔣春農文集不分卷遺研齋集二卷　清蔣宗海撰　清抄本　十行二十二字藍格白口四周单边

三二二三 一樓集二十卷　清黃達撰　清乾隆刻本　十行二十一字白口左右双边

三二二四 春雨詩鈔四卷　清黃大齡撰　清刻本

三二二五 清獻堂集十卷　清趙佑撰　清刻本　九行二十字小字双行同白口左右双边

三二二六 石研齋集十二卷　清秦瀛撰　清嘉慶十六年秦恩復刻本　十一行二十字白口左右双边

三二二七 復初齋詩集十卷　清翁方綱撰　清乾隆刻本　清柯逢時跋　十一行二十一字白口左右双边

三二二八 復初齋詩集十二卷　清翁方綱撰　稿本　清何紹基批注　葉啟勳跋　十一行二十字白口四周双边

三二二九 復初齋自鈔詩不分卷　清翁方綱撰　清翁方綱寫本　七行九字白口左右双边

三二三〇 復初齋詩稿不分卷　清翁方綱撰　錢載評　清蔣自鍇抄本　八行二十二字無格

三二三一 復初齋詩稿不分卷　清翁方綱撰　稿本

三三三二 復初齋詩集七十卷 清翁方綱撰 清道光二十五年李彥章刻本 清李鴻裔批 褚德彝跋 十一行二十一字白口左
右双边

三三三三 復初齋詩集七十卷 清翁方綱 稿本 十一行十九字紅格
存三十四卷 一至二十、二十一、二十二、二十四至二十六、二十八至三十六

三三三四 復初齋詩集七十卷 清翁方綱撰 稿本 十三行二十字綠格
存二卷 六十三、六十四

三三三五 復初齋詩集七十卷 清翁方綱撰 清嘉慶清儀閣抄本 清張開福校 詳 十行二十一字無格

三三三六 翁覃谿詩不分卷 清翁方綱撰 清錢載評 稿本

三三三七 翁蘇齋手刪詩稿不分卷 清翁方綱撰 稿本 八行十九字無格

三三三八 翁詩錄映三卷 清翁方綱撰 何紹基輯 清咸豐何氏東洲草堂抄本 十二行二十五字小字雙行藍格白口四周雙邊

三三三九 翁覃溪先生芸窗改筆不分卷 清翁方綱撰 稿本
試帖詩不分卷 時文不分卷

三三四〇 復初齋文集三十五卷 清翁方綱撰 稿本
存十四卷 七至二十

三三四一 復初齋文集三十五卷 清翁方綱撰 清翁同龢批注 清道光十六年李彥章刻本 十一行二十一字白口四周
单边

一四三

三三四二 復初齋文集三十五卷 清翁方綱撰 清抄本 十一行二十一字紅格左右双边

三三四三 復初齋外集口卷 清翁方綱撰 清魏氏績語堂抄本

三三四四 復初齋集外文四卷 清翁方綱撰 清魏氏績語堂抄本

三三四五 復初齋外集不分卷 清翁方綱撰 清抄本 十一行二十字無格

三三四六 零文雅鈔不分卷 清翁方綱撰 稿本

三三四七 蘀石齋詩集四十九卷文集二十六卷 清錢載撰 乾隆刻本 清翁方綱等評
集 清梁承光跋並錄 清翁方綱等評注 十二行二十三字左右双边文集四周单边

三三四八 蘀石齋詩集四十九卷 清錢載撰 清乾隆刻本 清翁方綱批點

三三四九 蘀石齋詩集五十卷文集二十六卷 清錢載撰 清乾隆刻本 失名錄翁錢
春吉錄顧列星等評語 十二行二十三字左右双边文集四周单边

三三五〇 蘀石齋詩集五十卷 清錢載撰 清乾隆刻本 清錢聚朝跋並錄翁方綱、顧列星、錢儀吉評語

三三五一 蘀石齋詩集五十卷 清錢載撰 清乾隆刻本 清唐仁壽錄翁方綱等評

三三五二 蘀石齋詩集五十卷 清錢載撰 清乾隆刻本 清錢聚仁等錄翁方綱、朱休度、吳錫麒、吳文溥、錢儀吉批點

三三五三 春融堂集六十八卷 清王昶撰 年譜二卷 清嚴榮撰 清嘉慶十二年塾南書舍刻
本 清陳鱣、吳騫批 吳騫跋

三三五四 春融堂集六十八卷 清王昶撰 年譜二卷 清嚴榮撰 清嘉慶十二年塾南書舍刻
本 清李慈銘批並跋

三三五五 西莊始存稿三十九卷 清王鳴盛撰 清乾隆三十年刻本 十行十九字白口左右双边

三三五六 西莊始存稿三十九卷 清王鳴盛撰 清乾隆三十年刻本 倫明校

三三五七 西莊始存稿三十卷附一卷 清王鳴盛撰 清乾隆三十年刻三十一年重修本 十行十九字白口
左右双边

三三五八 竹素園詩草三卷日下集一卷 清王鳴盛撰 清乾隆十四年求野堂刻本 十行二十一字
白口、左右双边

三三五九 丁辛老屋集十卷 清王又曾撰 稿本

三三六〇 無不宜齋未定稾四卷 清程瀚撰 清乾隆十七年自刻本 十一行二十一字白口左右双边

三三六一 無不宜齋未定稾四卷 清程瀚撰 清乾隆十七年自刻本 清羅以智批校

三三六二 逌暇詩集不分卷 清仲鶴慶撰 稿本 八行二十五字無格

三三六三 椒花吟舫詩稿一卷 清朱筠撰 稿本

三三六四 笥河先生詩稿不分卷 清朱筠撰 稿本

一四四

三三六五 乙丑詩編一卷 清朱筠撰 清抄本 九行二十六字白口無格

三三六六 笥河文稿不分卷 清朱筠撰 稿本 清朱錫庚校並跋

三三六七 椒花吟舫文稿不分卷 清朱筠撰 稿本

三三六八 笥河文鈔二卷 清朱筠撰 清刻本 十行二十字白口左右双边

三三六九 紀文達公遺集三十二卷 清紀昀撰 紀樹馨編校 清嘉慶刻本

三三七〇 白玉瑠賦不分卷 清紀昀撰 清抄本 六行二十字經折裝

三三七一 廣東文鈔四卷詩鈔三卷應制詩一卷 清顧鎮撰 吳單信輯 稿本
十行白口、左右双边

三三七二 楞園詩鈔十二卷 清查虞昌撰 稿本 十行二十二字無格

三三七三 定齋詩鈔不分卷 清李光國撰 清乾隆師儉堂刻本 十行十九字黑口左右双边

三三七四 所存集二卷 清胡紹鼎撰 清乾隆四十一年刻本 八行十六字白口四周双边

三三七五 潛研堂文集五十卷 清錢大昕撰 清嘉慶十一年刻本 清李慈銘校 十行二十一字白口四周单边

三三七六 希音堂集六卷 清張保芳撰 泗州府君事輯一卷 清張㮾撰
清道光二十七年刻本

三三七七 對雪亭文集十卷 清張洲撰 清乾隆五十八年香遠堂刻本 九行二十三字白口左右双边

三三七八 程大中集不分卷 清程大中撰 稿本 十二行約三十六字無格

三三七九 曉窗詩鈔二卷詩續一卷 清徐四明撰 清乾隆刻本 八行十九字白口左右双边

三三八〇 恩餘堂經進初藁十二卷續藁二十二卷三藁十一卷策問存課二卷知聖道齋讀書跋尾二卷 清彭元瑞撰 清乾隆間刻本 八行十九字白口四周双边

三三八一 恩餘堂經進藁口口卷 清彭元瑞撰 稿本 存十五卷 初稿二至四、八、十一至十二，續稿八卷，三稿卷九

三三八二 恩餘堂輯稿五卷知聖道齋未刻文鈔一卷 清彭元瑞撰 清抄本 十二行二十五字

三三八三 恩餘堂輯稿四卷 清彭元瑞撰 清道光七年刻本 十行十九字白口左右双边

三三八四 心香室詩稿不分卷 清彭寵撰 雜錄不分卷 清彭寵輯 稿本 十二行二十字左右白口四周单边

三三八五 忠雅堂詩集二十七卷補遺二卷銅絃詞附南北曲二卷 清蔣士銓撰 清嘉慶三年揚州刻本 清黄以周評校 十二行二十四字黑口左右双边

三三八六 忠雅堂詩集二十七卷補遺二卷銅絃詞附南北曲二卷 清蔣士銓撰 清嘉慶三年揚州刻本 葉景葵跋

三三八七 忠雅堂文集三十卷 清蔣士銓撰 清道光刻本 清靜候齋主人評並跋 十二行十九字細黑口四周单边

三三八八 洛閒山人詩抄十卷 清薛寧廷撰 清抄本 十一行二十一字無格

三三八九 古雪齋詩八卷 清商錫寶撰 清乾隆刻本 十行十九字白口左右双边

三三九〇 詠素齋詩不分卷 清阮芝生撰 稿本

三三九一 愛吟草一卷愛吟前草一卷 清常紀撰 恩卿遺崇慶牧常君殉節錄一卷 清張洲撰並輯 慈愷圍庚寅草一卷 清恩國璋撰 王廣烈編 集錄題常理齋愛吟草後殉節錄詩二卷 清王廣烈輯 清乾隆五十三年刻五十五年王廣烈增修本

三三九二 蓼溪詩略二卷 清王中孚撰 清乾隆刻本 九行二十一字白口四周单边

三三九三 居易堂詩集五卷 清王賓撰 清乾隆王祖武刻本 十行二十一字白口四周双边

三三九四 石鼓硯齋全集六十二卷 清曹文埴撰 清嘉慶五年刻本 十二行二十一字白口四周单边 文鈔二十卷 詩鈔三十二卷 直廬集八卷 試帖二卷

三三九五 帶溪草堂詩鈔二卷 清曹文埴撰 清乾隆刻本 九行十九字白口左右双边

三三九六 靈巖山館文鈔不分卷 清畢沅撰 清抄本 十一行無格

三三九七 敦拙堂詩集十三卷 清陳本禮撰 清乾隆六十年刻本 十行二十一字白口四周双边

三三九八 謝中丞詩稿不分卷 清謝啟昆撰 稿本 胡思敬題識 九行二十字白口四周双边

三三九九 筱淳閣集二十六卷 清王杰撰 清刻本 十行二十字白口四周双边

三四〇〇 緘石齋詩稿四卷 清御秘書撰 清乾隆四十八年御秘書刻本 九行十九字白口四周双边

三四〇一 香亭文稿十二卷續編一卷 清吳玉綸撰 清乾隆六十年滋德堂刻本 九行二十一字白口四周双边

三四〇二 李南澗先生詩稿八卷 清李文藻撰 稿本 十行二十一字無格 恩平集一卷 潮陽集一卷 桂林集四卷

三四〇三 李南澗先生文集一卷 清李文藻撰 清抄本 清趙之謙跋 十行二十四字無格

三四〇四 南澗文稿不分卷 清李文藻撰 稿本 王獻唐跋 十二行字數不等四周双边

三四〇五 南澗先生文稿二卷 清李文藻撰 稿本

三四〇六 李南澗先生古文三卷 清李文藻撰 闕湘蕙輯 稿本 王獻唐跋

三四〇七 南澗文稿不分卷 清李文藻撰 稿本 十行二十字無格

三四〇八 儷藻外集十卷 清檀萃撰 吳廷評 徐數權注 清乾隆嘉慶間刻本 九行二十二字小字双行同白口四周单边

一四六

三四〇九 測海集六卷 清彭紹升撰 清嘉慶二十四年刻本 十一行二十三字白口左右双边

三四一〇 測海集五卷 清彭紹升撰 清抄本 七行十七字黑格

三四一一 彭尺木文稿不分卷 清彭紹升撰 稿本

三四一二 彭尺木先生文稿一卷 清彭紹升撰 稿本 清彭蘊燦跋

三四一三 甌北集二十七卷 清趙翼撰 清乾隆刻本 清孫星衍批 十一行二十一字白口左右双边

三四一四 養愚村囊吟稿一卷 清曹仁虎撰 稿本

三四一五 鳴春集一卷 清曹仁虎撰 清抄本 九行行二十一字白口四周双边

三四一六 篁村餘集不分卷 清陸錫熊撰 稿本

三四一七 寶奎堂餘集一卷 清陸錫熊撰 稿本

三四一八 寶奎堂餘集不分卷 清陸錫熊撰 清抄本 李詳、劉之泗跋

三四一九 固存齋遺文一卷 清周卜畋撰 蕭穆選 清同治八年蕭穆抄本 九行二十字無格

三四二〇 鬱文書屋集略八卷 清潘桐撰 清乾隆刻本 十一行二十三字白口左右双边

三四二一 御覽集四卷蘭韻堂詩集八卷 清沈初撰 清乾隆刻本 十行二十一字白口左右双边

三四二二 悅親樓詩集三十卷 清祝德麟撰 清嘉慶二年刻本 葉德輝跋 十一行二十一字白口四周单边

三四二三 看雲樓集二十二卷 清李調元撰 清乾隆刻本 十行十九字白口左右双边

三三二四　厚岡文集二十卷　清李紫陵撰　清[illegible]刻本　十一[illegible]白口無直格左右双边

三三二五　傳經堂詩鈔十二卷　清覃頤恒撰　清乾隆刻本　十行二十一字黑口四周双边

三三二六　惜抱軒文集十六卷文後集十卷筆記八卷法帖題跋三卷詩集十卷詩後集一卷外集一卷　清姚鼐撰　清嘉慶刻本　清何紹基批　十行二十一字黑口左右双边

三三二七　惜抱軒詩集十卷後集一卷外集一卷　清姚鼐撰　清嘉慶刻本　[illegible]後批校并跋

三三二八　惜抱軒文集十六卷後集十卷法帖題跋三卷　清姚鼐撰　清嘉慶刻本　清翁同龢批註

三三二九　惜抱軒文集十六卷　清姚鼐撰　清嘉慶刻本　清毛嶽生校　吴振棫批並跋

三三三〇　惜抱軒詩集十卷　清姚鼐撰　清嘉慶刻本　清汪士鐸批並跋

三三三一　姚姬傳詩一卷　清姚鼐撰　稿本　清吴鼒跋

三三三二　惜抱先生尺牘八卷　清姚鼐撰　陳用光輯　清道光三年[illegible]刻本　清陳用光批校　葉啟勳跋　十一行二十二字白口四周双边

三三三三　疎寮小草二卷知北游一卷德山公詩稿一卷　清張希賢撰　稿本　十行無格

三三三四　張若霭詩稿不分卷　清張希賢撰　清抄本　六行二十字無格

三三三五　申鄭軒遺文一卷　清孫志祖撰　清抄本　十行二十一字

三三三六　笠亭詩集十二卷　清朱琰撰　清乾隆三十八年樊桐山房刻本　十一行二十一字黑口左右双边

三三三七　瀛洲集一卷　清朱琰撰　稿本　九行十九字無格

三三三八　厚石齋詩集十二卷　清江孟錫撰　清刻本　十二行二十三字白口四周單边

三三三九　雨春軒詩草十卷經進詩一卷　清姚頤撰　清刻本　八行十七字白口四周双边

三三四〇　林太史集十四卷存十卷（一至七、十二至十四）　清林兆鯤撰　清乾隆林恭刻本　八行二十二字白口四周單边

三三四一　頤齋文稿不分卷　清陸費墀撰　清抄本　八行十八字紅格四周双边

三三四二　南屏山房集二十四卷　清陳昌圖撰　清乾隆五十六年刻本　十行二十一字白口四周双边

三三四三　西澗草堂集四卷詩集四卷　清閻循觀撰　清乾隆三十八年刻本　十行二十二字白口左右双边

三三四四　余秋室詩文集三種八卷　清余集撰　清刻本　十行二十一字白口左右双边
秋室學古錄六卷　梁園歸櫂錄一卷　憶漫庵賸稿一卷

三三四五　秋室百衲琴一卷　清余集撰　清嘉慶刻本　十行十八字白口左右双边

三三四六　倚松崖詩不分卷　清管許玲撰　稿本

三三四七　盧白齋存藁十二卷　清吴壽昌撰　清乾隆五十五年刻本　十行二十一字白口四周双边
冰街集二卷　直廬集一卷　細吟集二卷　細吟續集一卷　採綫集一卷　對薇集一卷　驛程雜詠一卷　直廬續集一卷　館課詩一卷　館課賦一卷

三三四八　虚白齋應酬詩藳鈔不分卷　清吴壽昌撰　稿本

三三四九　青柯館集三卷　清陳胡撰　清乾隆刻本　十行十九字小字双行同黑口左右双边

三三五〇　須庵詩集十一卷　清鄭際唐撰　稿本　九行十九字小字双行同無格

三三五一　須庵集不分卷　清鄭際唐撰　清抄本　八行二十五字無格

三三五二　雲門隨録詩一卷　清鄭際唐撰　稿本　楊浚跋

三三五三　澹如軒詩鈔五卷　清章銓撰　清抄本　十行二十一字白口四周單边

三三五四　澹靜齋詩鈔六卷文鈔不分卷　清[illegible]漸撰　稿本　清蔣因培校

三三五五　菊園詩草一卷　清王積熙撰　清丁養賢、郭杭之選　稿本　八行二十一字無格

三三五六　紅櫚書屋詩集九卷　清孔繼涵撰　清抄本　清孔繼涵改定　十行二十字無格

三三五七　南江文鈔十二卷詩鈔四卷　清邵晉涵撰　清道光十二年胡敬刻本

三三五八　南江札記四卷　清邵晉涵撰　清嘉慶八年面水層軒刻本　十行二十一字白口左右双边

三三五九　太庵詩稿九卷　清和象撰　稿本　八行二十一字白口四周双边

三三六〇　蕺園詩集十卷　清程晉芳撰　清乾隆二十七年故藏堂刻本　十行十九字白口四周單边

三三六一　山木居士外集四卷　清魯仕驥撰　清乾隆四十七年刻本　葉德輝跋　九行二十五字黑口四周單边

三三六二　山木居士文稿三卷　清魯仕驥撰　稿本　清姚鼐批注　李國松　葉玉麐跋　九行二十四字紅口四周双边

三三六三　山木居士文集不分卷　清魯仕驥撰　清抄本　版心鐫山木居士文集，書口標二編、三編、續編　九行二十四字紅格

三三六四　魯山木先生古文鈔不分卷　清魯仕驥撰　清抄本　清姚鼐批　冒廣生跋　九行二十五字無格

三三六五　惜分軒詩鈔四卷　清顧蔡撰　清乾隆刻本　六行二十字白口四周單边

三三六六　南陔草六卷　清林澍蕃撰　清刻本　九行二十二字白口四周双边

三三六七　南陔草六卷　清林澍蕃撰　清抄本　十行二十二字藍格上白口下綫藍口四周單边

三三六八　河干詩鈔四卷　清高慧裕撰　清嘉慶九年刻本　八行十七字白口四周双边

三三六九　八音律一卷　清高慧裕撰　清嘉慶十一年刻本　八行十六字白口四周双边

三三七〇　林波山房遺文不分卷　清周永年撰　清抄本　清葉名澧跋　九行二十五字無格

三三七一　林波山房遺文不分卷　清周永年撰　清葉氏寶芸齋抄本

居敬堂詩稿十卷　清施潤撰　清乾隆刻本　十一行二十一字白口左右双边　三五七一
寫十三經堂詩集一卷　清李堯棟撰　清汪氏環碧山房抄本　十一行二十字版心下鐫環碧山房秘鈔　三五七二
寄庵詩鈔十八卷　清劉大紳撰　清嘉慶刻道光補修本　九行十九字黑口四周单边　三五七三
淮西小草一卷　清鐵保撰　清嘉慶七年張茀穗、許經耀等刻本　八行十六字白口四周双边　三五七四
玉門詩鈔二卷　清鐵保撰　清嘉慶刻本　八行十六字白口四周双边　三五七五
愛吾軒詩鈔殘稿不分卷　清鐵保撰　稿本　八行十七字左右不等　三五七六
丁亥詩鈔一卷　清王念孫撰　清道光十四年王敬之刻本　十行二十一字白口左右双边　三五七七
王石臞先生文稿不分卷　清王念孫撰　稿本　三五七八
八一老人序存不分卷　清王念孫撰　清抄本　清黃聽跋　程荃題　三五七九
逸居小稿一卷有正味齋琴言一卷　清吳錫麒撰　清乾隆刻本　十行十九字白口四周单边　三五八〇
龍莊先生詩稿不分卷　清汪輝祖撰　稿本　清王曙昌跋　三五八一
月滿樓詩集二十卷詞集一卷　清顧宗泰撰　清乾隆刻本　九行十九字白口左右双边　三五八二
戴東原集十二卷　清戴震撰　覆校札記一卷　清段玉裁撰　清乾隆五十七年經韵樓刻本　十行二十一字白口左右双边　三五八三

十四

戴東原集十二卷　清戴震撰　覆校札記一卷　清段玉裁撰　清乾隆五十七年經韵樓刻本　陳鱣批校　十行二十一字白口左右双边　三五八四
戴東原集十二卷　清戴震撰　覆校札記一卷　清段玉裁撰　清乾隆五十七年經韵樓刻本　清顧廣圻校　鄧邦述跋　三五八五
戴東原集十二卷　清戴震撰　覆校札記一卷　清段玉裁撰　清乾隆五十七年經韵樓刻本　清諸可寶校　三五八六
戴東原集十二卷　清戴震撰　清光緒十年張氏秋樹根齋刻戴段合刻本　王國維注　十行二十一字小字双行同白口左右双边　三五八七
戴東原先生文一卷　清戴震撰　稿本　胡適跋　三五八八
治園詩稿二十六卷續稿一卷詩餘三卷補遺一卷　清范來宗撰　清范當誠抄本　十行二十四字綠格　三五八九
詩稿存十八卷　一至十六、二十五至二十六
采蘭堂詩文稿不分卷　清谷際岐撰　稿本　三五九〇
章氏遺著不分卷導窾集不分卷　清章學誠撰　清朱氏椒花唫舫抄本　清朱錫庚校並跋　翁同龢跋　三五九一

章實齋先生文集不分卷　清章學誠撰　清無涯齋抄本　清佚名校　十行二十二字藍格　三五九二
章實齋稿不分卷　清章學誠撰　稿本　十二行二十五字無格　三五九三
籜經堂初藁八卷　清汪[illegible]撰　清乾隆刻本　九行二十二字黑口左右双边　三五九四
師竹齋集十四卷　清李鼎元撰　清嘉慶綿州李氏刻本　十行二十一字白口左右双边　三五九五
經遺堂全集二十六卷　清章佩金撰　清道光二十一年丁光照刻本　十一行二十二字小字双行同白口左右双边　三五九六
翁笥樓集五卷　清翁霆霖撰　清乾隆刻本　九行二十五字小字不一黑口左右双边　三五九七
百泉詩稿口口卷　清錢世錫撰　稿本　十行二十一字白口左右双边　三五九八
存十卷　七至十六
知恥齋文集二卷詩集三卷補遺一卷　清謝振定撰　稿本　九行二十五字無格　三五九九
蓮城詩草不分卷　清張駿撰　清抄本　九行二十一字無格　三六〇〇
執虛詩鈔二卷詞鈔一卷　清吳蔚光撰　清乾隆三十九年刻本　十行十九字白口左右双边　三六〇一
吳竹橋詩稿不分卷　清吳蔚光撰　稿本　三六〇二
蘆艇詩存一卷　清程昌期撰　稿本　許承堯、李佩秋跋　三六〇三
存素堂文集四卷　清法式善撰　清嘉慶十二年程邦瑞刻本　十行二十二字白口左右双边　三六〇四

十五

存素堂文集四卷　清法式善撰　清嘉慶十二年程邦瑞刻本　清法式善校　十二行二十二字白口左右双边　三六〇五
存素堂文續集二卷　清法式善撰　清嘉慶十六年揚州程氏刻本　十二行二十二字白口左右双边　三六〇六
存素堂文續集一卷　清法式善撰　稿本　十二行二十四字黑格白口四周单边　三六〇七
存素堂文續集口卷　清法式善撰　稿本　十三行或十二行二十四字無格　三六〇八
存二卷　二、四
存素堂詩稿二卷　清法式善撰　清刻本　十二行二十四字上下黑口四周单边　三六〇九
詩龕詩稿一卷　清法式善撰　稿本　四行或五行字數不等無格　三六一〇
壽生居文集不分卷刪餘文稿一卷駢體文稿一卷詩集賸稿一卷　清李保泰撰　清抄本　清李賓生跋　十行二十一字無格　三六一一
瀫湖漫稿二卷補編一卷　清李惇撰　清乾隆三十年玉峰桑花齋刻本　九行十九字黑口左右双边　三六一二
蘭陔詩集二卷　清周大業撰　清乾隆五十五年抄本　清周廣業校並跋　九行二十字無格　三六一三
可石小草二卷　清段明撰　清嘉慶刻本　六行二十一字白口四周单边　三六一四
許雲嶠先生手書詩文稿一卷　清許鴻磐撰　稿本　八行十九至二十一字不等紅格四周双边　三六一五
許雲嶠文集一卷　清許鴻磐撰　稿本　王貢忱跋　八行二十字白口四周双边　三六一六

三四一七　六觀樓文集不分卷　清許鴻磐撰　稿本　八行十九至二十字白口四周双边
三四一八　金陵雜詠不分卷　清王友亮撰　清刻本　十行二十一字白口左右双边
三四一九　芝園詩鈔三卷補遺一卷詩餘一卷試帖一卷賦鈔一卷　清張鳳翼撰　清抄本
三四二〇　井福堂文稿十卷　清汪學金撰　清嘉慶十年汪彦博刻本　九行二十一字白口四周单边
三四二一　半廬文稿不分卷　清季騰蛟撰　清抄本　十行二十字黑格白口四周单边
三四二二　鶴泉文鈔續選九卷　清戚學標撰　張灼等評　清嘉慶十八年刻本　清李慈銘跋　十行二十二字白口左右双边
三四二三　曹文正公詩集一卷　清曹振鏞撰　稿本　清翁方綱評　沈維鐈跋　九行二十字無格
三四二四　穆堂初藁五十卷　清李紱撰　清乾隆五年無怒軒刻本　十一行二十五字小字双行同白口左右双边
三四二五　穆堂別稾五十卷　清李紱撰　清乾隆十二年奉國堂刻本　十二行二十一字白口左右双边
三四二六　驂鸞小草一卷南海小草一卷　清魏成憲撰　清抄本　清曹煐批　八行十八字無格
三四二七　葉栗垞集一卷　清葉蕃撰　清抄本　旭人跋　十行二十字白口左右双边
三四二八　孫伯淵先生文集六卷　清孫星衍撰　繆荃孫輯　清繆氏雲輪閣抄本　十一行二十四字黑口四周单边
三四二九　問字堂集六卷　清孫星衍撰　清乾隆五十九年蘭陵孫氏刻本　十行二十四字黑口四周单边
三四三〇　岱南集二卷嘉穀堂集一卷　清孫星衍撰　清嘉慶刻本　清孫星衍批校　十行二十四字黑口左右双边
三四三一　方雪齋詩集十二卷　清何道生撰　清嘉慶十二年何炳績、何耿繩刻本　清劉履芬批校並跋　十一行二十四字黑口四周单边
三四三二　盥伯齋詩鈔三卷　清劉永祿撰　清抄本　清桂屏跋
三四三三　女蘿亭詩稿六卷　清唐慶雲撰　清嘉慶十九年刻道光十一年續刻本　九行十九字白口四周双边
三四三四　炳燭齋詩集二卷　清游光繹撰　清赭根山莊抄本　清謝章鋌校并跋　十行二十四字小字双行同紅格
三四三五　林於末定稿不分卷　清彭雲鶴撰　稿本　喬熙、王濱、吳乃慶跋　七行十六字無格
隨在集四冊　燈前印象一冊　續詞續紀二冊　詩集四冊
三四三六　琅嬛仙館詩畧八卷　清阮元撰　清嘉慶十三年阮亨刻本　九行十九字小字双行同白口四周双边
三四三七　文選樓詩存四卷　清阮元撰　清嘉慶刻本　九行十九字小字双行同白口四周双边
三四三八　揅經室再續集六卷　清阮元撰　清道光阮氏文選樓刻本　清張文虎跋　十行二十字白口四周双边
三四三九　文選樓詩草一卷　清阮元撰　稿本　朱為弼跋
三四四〇　揅經室文集十八卷　清阮元撰　清嘉慶十二年自刻本　十行二十字白口四周双边或左右双边
三四四一　揅經室文集不分卷　清阮元撰　清刻本　十行二十字白口四周双边
三四四二　唐宋舊經樓詩稿七卷　清孔璐華撰　清刻本　九行十九字白口四周双边
三四四三　椒園詩稿一卷　清王定柱撰　清抄本　張問陶批並跋　九行二十一字黑口左右双边
三四四四　竹堂文類八卷　清石韞玉撰　清抄本　十行十八或二十字黑口左右双边
三四四五　竹堂文類八卷　清石韞玉撰　清抄本　十行二十字無格
三四四六　竹堂類稿十六卷　清石韞玉撰　清抄本　十行十八或十九字黑口左右双边
三四四七　獨學廬初稿詩八卷文三卷讀左卮言一卷漢書刊譌一卷　清石韞玉撰　清乾隆六十年長沙官舍刻本　清王芑孫批並跋　鄧邦述跋　章鈺題詩　十行十八字黑口左右双边
三四四八　獨學廬初稿詩八卷文三卷讀左卮言一卷漢書刊譌一卷　清石韞玉撰　清乾隆六十年長沙官舍刻本　石韞玉評改　王芑孫評校　清陳用光、吳嵩梁評　葉景葵跋　十行十八字黑口左右双边
三四四九　京朝集三卷　清張問陶撰　稿本
三四五〇　張船山手書詩稿一卷　清張問陶撰　稿本
三四五一　更生齋詩不分卷　清洪亮吉撰　稿本　十行字不一無格
三四五二　更生齋詩口卷存五卷（九至十一、十三、十四）　清洪亮吉撰　稿本
三四五三　洪北江詩稿一卷　清洪亮吉撰　稿本
三四五四　卷施閣近詩一卷　清洪亮吉撰　稿本　十行二十字無格
三四五五　擬兩晉南北史樂府二卷　清洪亮吉撰　清乾隆五十六年刻本　八行十九字小字双行同白口左右双边
三四五六　華玉堂日鈔一卷　清洪榜撰　稿本　十二行字數不等四周单边
三四五七　壹齋集二十五卷　清黄鉞撰　清嘉慶刻本　十二行二十四字小字双行同黑口四周单边
三四五八　榕林館詩集不分卷　清葉繼雯撰　葉志詵編　稿本　十二行二十四字藍格
三四五九　晚學集八卷末谷詩集四卷　清桂馥撰　清道光二十一年刻本　十行二十一字小字双行同黑口左右双边
三四六〇　晚學集七卷末谷詩集一卷　清桂馥撰　清道光二十七年毛氏尚友齋抄本　十行二十一字無格
三四六一　晚學集四卷　清桂馥撰　稿本　馮登府跋　十行十二行、二十至二十二字不等無格
三四六二　末谷詩集一卷　清桂馥撰　稿本　八行二十二字無格
三四六三　養方寸齋課本不分卷　清張燮撰　稿本
三四六四　雪蓮集七卷春波詞一卷　清殷圻撰　清抄本　十行二十一字無格
三四六五　思補堂文鈔一卷詩稿一卷附雜錄一卷有真意齋詩集不分卷　清潘世恩撰　稿本
三四六六　校禮堂詩集十四卷　清凌廷堪撰　清道光六年張其錦刻本　清李慈銘批並跋　十行二十一字白口左右双边
三四六七　校禮堂文集三十六卷　清凌廷堪撰　清嘉慶十八年張其錦刻本　清李慈銘批並校　十行二十一字白口左右

双边

三四六八 挍禮堂初稿文不分卷梅邊吹笛譜二卷 清凌廷堪撰 稿本 清口渠南跋 十行二十一字綠格

三四六九 戴簡恪公遺集八卷 清戴敦元撰 清道光二十六年吳鍾駿刻本 有像 九行二十二字白口四周双边

三四七〇 戴簡恪公遺集八卷 清戴敦元撰 清同治戴氏家抄本 八行二十二字白口四周双边

三四七一 思福堂詩集十二卷步魁集一卷植杖集一卷 清吳和撰 稿本 清許乃濟跋 九行十九字無格

三四七二 瀛洲集三卷容臺集一卷 清吳和撰 稿本 清張式曾(?)跋 張問陶評並跋 胡承珙高梁題款 九行十九字無格

三四七三 袁浦行吟一卷 清吳和撰 稿本 張寶蔭(?)、浦累沖(?)批並跋 八行十六字無格

三四七四 廣揚集不分卷 清吳和撰 清抄本 八行、九行不等,十七、十八、十九、二十字不等,無格 廣揚集六冊 制藝一冊 館刻一冊 撫務奏稿一冊 吏部集一冊 思福堂詩鈔一冊 欽奏摺(?)稿一冊 使青海草一冊 修蒙底稿一冊

三四七五 廣揚集不分卷 清吳和撰 清抄本 八行十九字無格

三四七六 蘭墅制藝不分卷 清高鶚撰 稿本 九行二十四五字無格 書衣題"月小山房"

三四七七 費山堂詩鈔十二卷 清江濬源撰 清嘉慶刻本 十行十九字白口左右双边

三四七八 敦艮齋遺書十七卷 清徐潤第撰 清道光二十八年徐繼畬刻本 清王熙棨批 十行二十四字白口左右双边

存十四卷 一至十四

三四七九 冠豸山堂文集二卷 清童能靈撰 清乾隆四十四年刻本 十行廿二字白口四周单边

三四八〇 二樹詩集四卷 清童鈺撰 清嘉慶十二年通濟莊刻本 八行十六字白口四周双边

三四八一 二樹山人寫梅歌不分卷 清童鈺撰 稿本 清蘇如溱、馮鱗墀(?)評 十行二十一字無格

三四八二 二樹山人寫梅歌一卷 清童鈺撰 稿本 清江授彝(?)評 十行二十一字無格

三四八三 補刻梅白圖詩不分卷 清童鈺撰 盧世昌批點 清乾隆二十四年刻本 九行十九字白口四周单边

三四八四 童二樹先生題畫詩一卷題梅詩一卷 清童鈺撰 奚

鐵生先生題畫詩一卷 清奚岡撰 清道光十四年管庭芬抄本 九行二十字無格

三四八五 瓊臺拙文稿一卷 清齊召南撰 清雍正九年齊圖南抄本 九行二十六字無格

三四八六 台山幼稿端竹堂詩四卷 清齊召南撰 清抄本 十行二十四字白口左右双边

三四八七 松嶺偶集一卷端竹堂詞一卷 清齊召南撰 稿本

三四八八 賜硯堂詩稿不分卷 清齊召南撰 稿本 九行行字不一

三四八九 不已言集二十卷 清方坤撰 清刻本 九行二十二字白口四周双边

三四九〇 飛崖詩刪八卷 清方熊撰 稿本 九行二十一字黑格

三四九一 方貞觀詩集六卷 清方貞觀撰 清乾隆五年汪廷璋刻本 十行十九字白口左右双边 一名南堂輯鈔

三四九二 方貞觀詩集六卷 清方貞觀撰 清乾隆三年汪廷璋刻本 有鄧之誠跋

三四九三 在璞堂吟稿一卷續稿一卷 清方芳佩撰 清乾隆刻本

三四九四 山靜居題畫詩不分卷 清方薰撰 稿本 八行十六字綠格

三四九五 春及堂初集一卷二集一卷三集一卷四集一卷蘭叢詩話一卷 清方世舉撰 南唐詩鈔一卷 清方世舉撰 清乾隆方觀承刻本 十行十九字白口左右双边

三四九六 寶氣亭詩一卷 清高岑撰 清乾隆刻本 十二行二十三字白口四周双边

三四九七 眺秋樓詩八卷 清高岑撰 清乾隆二十二年十研居刻本 九行十九字白口左右双边

三四九八 檞葉山房詩鈔不分卷 清卞擬忠撰 稿本 清吳進、王如楷、蔣楠(?)、楊禾、殷朝端跋 九行十九字無格

三四九九 閑人心語五卷續選十卷補遺一卷丙姬傳一卷 清唐英撰 清乾隆古柏堂刻本 八行十四字白口四周双边

三五〇〇 閑人心語稿二卷 清唐英撰 稿本 十行二十一字無格

三五〇一 石菌山齋詩稿一卷 清龍鐸撰 稿本 八行二十字無格

三五〇二 摩墨亭稿一卷種李園近稿一卷 清錢勳樂(?)撰 稿本 十行二十字無格

三五〇三 臨江閣集十二卷 清譚書(?)撰 稿本 十一行二十一字無格

三五〇四 雪舲吟初稿四卷續編一卷 清謝啓崑撰 清乾隆刻本(續編 謝啓崑撰 佚名錄 清陳梓批點) 九行二十一字白口左右双边

三五〇五 二勿齋文集六卷首一卷 清謝金鑾撰 稿本 九行二十四字白口黑格四周双边

三五〇六 安愚集十一卷 清鄒士彥撰 稿本 八行十九字白口四周双边

三五〇七 繪聲園詩鈔一卷 清鄒軾植撰 清乾隆刻本 十行十八字白口左右双边

三五〇八 光霽閣詩草二卷 清鄒福農(?)撰 趙履康(?)評 清乾隆三十五年刻本 五行九字四周双边

三五〇九 靈石山房稿二卷 清施紹武撰 稿本 清薛桐批注並跋 康焯、黃模評 姜宸英、施錫齡等題款

三五一〇 功園詩抄四卷 清施潤撰 清乾隆刻本 八行十八字白口四周单边

三五一一 懋齋詩鈔一卷 清敦敏撰 稿本 九行十九字白口黑格四周双边

三五一二 四松堂集五卷 清敦誠撰 清嘉慶元年家刻本 十行二十一字白口四周双边

三五一三 四松堂集不分卷鷦鷯庵筆麈一卷雜志一卷 清敦誠撰 稿本 胡適跋 八行字數不等白口四周双边

三五一四 聚名軒詩一卷松門睽稿一卷　清許立剛撰　稿本
三五一五 雪莊漁唱一卷　清許承祖撰　清乾隆刻本
三五一六 寒青室稿二卷　清許行健撰　清乾隆刻本　清王峻跋　九行十八字，白口，左右雙邊
三五一七 靡至吟一卷　清許道基撰　清乾隆刻本　十一行二十一字，白口，左右雙邊
三五一八 冬隱吟一卷　清許道基撰　清乾隆刻本　十一行二十一字，白口，左右雙邊
三五一九 小丁卯集摘本一卷梅花百詠一卷　清許在璞撰　稿本　十行二十二字，無格
三五二〇 圖極錄前編四卷後編四卷附觀化雜詠一卷　清許樾撰　清乾隆吳氏拜經樓鈔本　清吳騫校並跋　清詹肅跋　吳壽暘跋　章鈺跋　十行二十字，無格
三五二一 敬恕翁詩稿不分卷　清許巽行撰　稿本　七行十六字，無格
三五二二 戊戌吟草一卷庚子吟草一卷續遊梁草一卷遊燕小草一卷甲辰乙巳吟草一卷丁未吟草一卷　清許金棟撰　稿本　清陳鴻熙批校　翁大綸、李元滬等題識　清許金棟〔汾梅居士初稿〕
三五二三 晦堂詩鈔五卷　清許燦撰　清刻本　十行二十一字，白口，左右雙邊
三五二四 晦堂詩鈔五卷　清許燦撰　清刻本　清李兆熊跋
三五二五 晦堂詩鈔五卷　清許燦撰　清抄本　清馮登府跋　十行二十一字，無格

三五二六 晦堂詩稿一卷　清許燦撰　稿本
三五二七 聽葉山房詩鈔九卷　清王兆鳴撰　稿本
三五二八 賓竹居初稿不分卷　清王瑛撰　稿本
三五二九 集蘇一卷　清王祖肅撰　清抄本　九行二十字，無格
三五三〇 天香樓詩稿不分卷　清王望霖撰　稿本　九行二十四字，白口，左右雙邊
三五三一 北溪詩集二十卷文集二卷　清王元文撰　附集一卷　清嘉慶十七年隨喜齋刻本　十行二十一字，白口，左右雙邊
三五三二 硯鄉別咏四卷　清王秀升撰　清刻本　八行十九字，白口，左右雙邊
三五三三 斂齋存稿二十二卷　清王琛孟撰　稿本　九行二十字，白口，無格
三五三四 札堂初集二卷文集一卷私學二卷　清王椽撰　清乾隆四年刻本　清曾璟跋
三五三五 遊梁集不分卷　清王嵩高撰　清乾隆抄本　十一行二十一字，藍格，四周單邊
三五三六 湘山雜詠一卷　清王錫撰　清乾隆刻本　十行二十一字，白口，左右雙邊
三五三七 晚晴軒稿八卷詞一卷　清王復撰　清乾隆刻本　十行二十一字，黑口，左右雙邊
三五三八 玉子梅詩詞集六卷　清王鴻撰　稿本　張仲元、錢載跋　九行二十一字，白口，四周雙邊

三五三九 秋水亭遺稿一卷　清王祖湯撰　清嘉慶抄本　潘德輿跋　十行二十字，無格
三五四〇 清白堂存稿十卷　清王希伊撰　清抄本
三五四一 生水集一卷　清王孝壁撰　續集一卷　清王之醇撰　清乾隆刻本　鄭之誠跋　八行十九字，白口，左右雙邊
三五四二 鷺胫湖莊詩集十五卷　清王綠撰　清乾隆刻本　十行二十一字，白口，左右雙邊
三五四三 王鋏夫雜稿不分卷　清王芑孫撰　稿本
三五四四 王鐵夫先生山遊詩一卷　清王芑孫撰　稿本
三五四五 淵雅堂編年詩稿二十卷惕甫未定稿二十六卷詩外集二卷瑤想詞一卷讀賦卮言一卷文外集四卷文續稿一卷編年詩續稿一卷　清王芑孫撰　寫韻軒小稿二卷　清曹貞秀撰　波餘遺稿一卷　清王翼孫撰　稿本
三五四六 獨學廬詩稿一卷　清王芑孫撰　稿本
三五四七 漚波舫近文不分卷　清王芑孫撰　稿本
三五四八 漚波舫文近稿不分卷附淵雅堂編年詩稿十八卷　清王芑孫撰　稿本

三五四九 楞伽山人近稿一卷附題雜帖詩一卷　清王芑孫撰　稿本
三五五〇 惕甫未定稿四卷　清王芑孫撰　稿本
三五五一 惕甫外文稿一卷　清王芑孫撰　稿本　清孫高、吳嘉吉、何道生等跋　吳友莖題款
三五五二 穀堂詩鈔一卷　清王槐植撰　清乾隆二十五年刻本　十行十九字，黑口，左右雙邊
三五五三 紉餘漫草一卷　清王慧靖撰　稿本　清傅琛跋並題詩　閨人謝賓麟跋　九行二十字，無格
三五五四 煙霞萬古樓詩錄六卷　清王曇撰　清咸豐張鳴珂抄本
三五五五 煙霞萬古樓詩集一卷詞一卷　清王曇撰　清張鳴珂抄本　清張鳴珂選　清張鳴珂跋　清吳光跋
三五五六 煙霞萬古樓詩殘稿一卷　清王曇撰　清道光二十六年寒松閣刻本　鄭文焯校並跋　十一行二十二字，黑口，左右雙邊
三五五七 煙霞萬古樓文集六卷　清王曇撰　清道光刻本　十二行二十四字，黑口，四周單邊
三五五八 鶴貽文稿四卷　清王昌岳撰　稿本　清錢大昕、朱彝尊、王鳴盛跋　王蘭泉批校

介祉詩鈔四卷補遺一卷續補遺一卷 清王陸禧撰 清抄本 清孫原湘邵然並跋 丁祖蔭跋 十行二十四字無格 三五五九
冷香館未定稿二卷冷香詞偶刻一卷 清王金英撰 清乾隆刻本 封面書名題冷香山館詩鈔 十行十九字黑口左右雙邊 三五六〇
石壁山房初稿八卷 清王著撰 清乾隆十四年刻本 十行二十一字白口左右雙邊 三五六一
石壁山房二集十卷 清王著撰 清乾隆刻本 十行二十一字白口左右雙邊 三五六二
靜便齋集十卷 清王清祥撰 清乾隆二十八年刻本 十行二十一字白口四周單邊 三五六三
青箱存稿二卷詩餘一卷 清王娟倫撰 稿本 三五六四
江上怡雲集八卷 清丁廷彥撰 清乾隆江上草堂刻本 十行十九字白口左右雙邊 三五六五
與秋集二卷 清丁有煜撰 清乾隆刻本 八行十八字白口四周雙邊 三五六六
雙薇園集五卷 清丁有煜撰 清乾隆刻本 九行十八字白口四周單邊 三五六七
个道人詩稿不分卷 清丁有煜撰 稿本 三五六八
清綺軒初集四卷 清夏秉衡撰 清乾隆十五年刻本 十行二十字白口左右雙邊 三五六九
塞外橐中集四卷出塞日記一卷 清夏之璜撰 清乾隆刻本 十行二十字細黑口左右雙邊 三五七〇

一九七

曉堂集十四卷 清汪文炎撰 清乾隆刻本 十行十九字黑口四周單邊 三五七一
白山張鐫閣一卷 清石永寧撰 廌青山人集杜一卷 清李鍇撰 清乾隆石觀保刻本 九行十四字白口左右雙邊 三五七二
建平存稿三卷 清黃恩撰 清乾隆刻本 九行二十一字黑口左右雙邊 三五七三
曉樓詩鈔不分卷 清黃成祖撰 清乾隆刻本 九行十九字白口左右雙邊 三五七四
強恕齋文鈔五卷詩鈔四卷 清張庚撰 清乾隆二十二年刻本 十行二十一字黑口四周單邊 三五七五
荷塘詩集十卷 清張五典撰 清乾隆刻本 九行十九字黑口四周單邊 三五七六
荷塘詩集十八卷 清張五典撰 清乾隆五十二年刻增修本 九行十九字黑口左右雙邊 三五七七
但怡軒稿五卷 清張廷璐撰 稿本 三五七八
鷗閑詩一卷 但怡軒續稿一卷 張廷璐輯 鷗閑詩一卷 鷗閑續一卷 賞心詩一卷 張廷璐輯
職思居詩鈔二卷 清張洲撰 清乾隆三十一年刻本 十行十九字白口四周雙邊 三五七九
嘯華集不分卷 清張之瀚撰 清乾隆刻本 十二行行字不等白口四周單邊 三五八〇
捫腹齋詩鈔四卷 清張宗松撰 清嘉慶張保培等刻本 十行二十一字黑口左右雙邊 三五八一
捫腹齋詩鈔不分卷 清張宗松撰 清抄本 三五八二

貫桐軒集四卷 清張世坊撰 清乾隆刻本 十行十九字白口四周單邊 自適吟選一卷 蘆江遊草一卷 三五八三
桐閣存稿八卷 清張漢撰 清道光元年朱氏鈔抄本 清朱程跋 逍遊草一卷 三五八四
遂初集二卷 清張鳳翔撰 稿本 九行二十字無格 三五八五
鑄雪齋集十四卷年譜一卷 清張希傑撰 稿本 十行二十二字黑口左右雙邊 版心下鐫鑄雪齋 三五八六
鑄雪齋集七卷 清張希傑撰 稿本 十行二十二字黑口左右雙邊 欄外下鐫綠湖鑄雪齋 三五八七
著老書堂集八卷詞一卷 清張世進撰 清乾隆刻本 十一行二十一字白口左右雙邊 三五八八
頻迦偶吟六卷 清張世犖撰 清乾隆五十六年朱文藻抄本 清朱文藻跋 十一行二十字白口四周單邊 三五八九
看雲吟稿二十卷 清張棟撰 清乾隆刻本 十行十九字白口左右雙邊 三五九〇
竹葉庵文集三十三卷 清張塤撰 清乾隆五十一年自刻本 十二行二十一字黑口四周單邊 三五九一
竹葉庵文集三十三卷 清張塤撰 稿本 佚名批校 十二行二十四字黑口四周單邊 三五九二
寶閑堂集四卷首一卷末一卷 清張四科撰 清乾隆二十四年自刻本 十行十九字白口左右雙邊 卷首有撰者像 三五九三
寶峰山人詩抄一卷 清張湯撰 稿本 三五九四

一九八

竺顯詩存不分卷 清張錫采撰 稿本 清周京、張廷璐、吳鑒、吳泰跋 三五九五
海嶽集十卷 清張開東撰 清稿本 八行二十五字或十一行四十四字無格 三五九六
南坪詩鈔十四卷 清張迎擊撰 清乾隆二十二年有斐堂刻本 十行十九字白口左右雙邊 三五九七
思誠堂文鈔八卷末一卷詩鈔八卷冷香吟唱和稿合鈔一卷 清張鍾撰 稿本 存十三卷（文鈔卷一至四、七至八、卷末、詩鈔四至八、冷香吟唱和稿合鈔全） 三五九八
洛西先生集五卷 清張錫九撰 稿本 三五九九
蘇門山人詩鈔二卷 清張錫升撰 清乾隆五十六年刻本 九行十九字黑口左右雙邊 三六〇〇
月灣感遇集一卷月灣吟一卷行數集一卷 清張裕綬撰 稿本 九行二十四字版心下刻絃思學 三六〇一
雕虫小著一卷嵩遊草一卷 清裴希純撰 清抄本 九行二十五字無格 三六〇二
欽剡堂文存二卷 清弘曌撰 清乾隆九年永瑆抄本 八行十五字白口左右雙邊 三六〇三
稽古齋全集八卷 清弘晝撰 清乾隆十一年刻本 八行十八字白口四周雙邊 三六〇四
明善堂詩集十二卷 清弘曉撰 清乾隆刻本 十二行二十一字白口四周雙邊 三六〇五
明善堂詩三十卷詩餘一卷詞餘一卷 清弘曉撰 清乾隆刻本 九 三六〇六

行十九字，白口，四周双边

三六〇七 明善堂詩集四十二卷文集四卷詩餘一卷詞餘一卷 清弘曉撰 清乾隆四十一年刻本 八行十七字，白口，四周双边

三六〇八 經畬齋詩鈔一卷 清弘曉撰 清乾隆二十五年經畬齋刻本 九行二十一字，白口，四周双边

三六〇九 鳴盛集四卷樂府一卷 清弘曉撰 清乾隆二十三年經畬齋刻本 十行十九字，白口，四周双边

三六一〇 瑤華道人詩鈔十卷 清弘旿撰 清刻本 清弘旿校 九行十九字，白口，四周双边

三六一一 瑤華道人詩稿不分卷 清弘旿撰 稿本 六行十八至二十字無格

三六一二 賜宴宗室禮成恭紀七言排律一百韻一卷 清弘旿撰 清乾隆刻本 六行十二字，白口，四周花边

三六一三 藤梧館雜體文一卷 清孔廣栻撰 稿本 十行二十字無格

三六一四 藤梧館詩草一卷 清孔廣栻撰 稿本 十行行字不一無格

三六一五 藤梧館詩鈔一卷 清孔廣栻撰 清孔氏藤梧館抄本 十二行十九字，黑格，四周双边

三六一六 燿歷集二卷 清孔繼涵撰 稿本 九行十八字，白口，四周双边

三六一七 凝緒堂詩稿八卷 清孔憲培撰 清嘉慶刻本 八行十九字，白口，左右双边

三六一八 碧山樓詩殘稿二卷 清孫偉曾撰 稿本 清丁丙跋

三六一九 孫立菴文集一卷 清孫自務撰 清乾隆十七年李大本從穆堂刻本 九行二十字，白口，左右双边 又名花石山房文集 惜存撰序補定

三六二〇 蘇門山人詩存四卷 清孫宗承撰 稿本 八行二十二字無格

三六二一 庚寅詩稿不分卷 清孫世儀撰 稿本 十行十八字，白口，四周双边

三六二二 孫豁翁先生詩集一卷續稿一卷 清孫豁撰 清抄本 九行二十四或二十五字無格

三六二三 雪莊文集六卷續編四卷 清鄭作梅撰 清乾隆四十四年刻五十一年鄭鳴鑾續刻本 九行二十四字，白口，左右双边

三六二四 萬卷樓詩草一卷 清邵希熙撰 稿本 清沈瑾跋 九行二十字，朱格

三六二五 邵松阿詩文集二卷 清邵希熙撰 稿本

三六二六 小安樂窩詩鈔不分卷 清邵樹德撰 稿本 清邵恩多校 黃丕烈校並跋 八行二十一字無格

三六二七 鏡西閣詩選八卷 清邵颿撰 稿本 十一行二十二字，紅格

三六二八 夢餘詩鈔八卷 清邵颿撰 稿本 十二行行字不等，白口，四周双边

三六二九 歷代名媛雜詠三卷 清邵颿撰 清乾隆五十七年刻本 八行十八字，白口，無直格，四周双边

三六三〇 素履堂稿一卷小獨秀齋近草一卷集古一卷 清喬億撰 稿本 清方宜田評 九行二十一字，藍格

三六三一 窺園吟藁二卷江上吟一卷 清喬億撰 清乾隆刻本 十行十九字，黑口，左右双边

三六三二 黃葉樓詩鈔不分卷附題贈詩詞一卷 清喬煜撰 清抄本 佚名校 九行二十字，白口，無格

三六三三 里堂詩集八卷詞集二卷 清焦循撰 稿本 十行二十一字無格

三六三四 里堂書跋二卷 清焦循撰 稿本 十一行二十四字無格

三六三五 里堂文稿不分卷 清焦循撰 稿本 十行二十一字無格

三六三六 易餘集不分卷 清焦循撰 稿本

三六三七 雕菰集二十四卷 清焦循撰 稿本 十行二十一字無格 存六卷（一至六卷）

三六三八 揚州詩草一卷 清焦廷琥撰 清乾隆刻本 七行十六字，白口，四周单边

三六三九 俟盦賸稿二卷續編二卷 清焦廷琥撰 清道光十八年鄧觀齋刻本 清王振聲校補並跋 十行二十字，白口，四周单边

三六四〇 野客齋詩集八卷 清毛曦撰 清乾隆二十二年刻四十一年增修本 九行十九字，白口，左右双边

三六四一 磨碑集不分卷 清任載熙撰 清叢竹山房抄本 九行二十五字，白口，四周双边

一六〇

三六四二 盧山吟稿一卷 清盧長巠撰 清乾隆十八年刻本 十行二十一字，黑口，左右双边

三六四三 蕉園恬齋集七卷 清熊國均撰 清乾隆九年熊氏樹松園刻本 八行二十字，白口，四周双边

三六四四 金華山樵詩前集八卷後集十五卷內集一卷 清師範撰 大樹山堂詩鈔一卷 清師箴撰 鵰川天滇集一卷 清師道南撰 清嘉慶九年二餘堂刻本 九行二十二字，白口，左右双边

三六四五 鏡西漫稿四集不分卷 清潘衣祖撰 稿本 九行二十五字無格

三六四六 一峨草堂學藁不分卷 清任承恩撰 清翁方綱、吳錫麒選 稿本 八行二十三字無格

三六四七 後山古詩不分卷 清任陳晉撰 清乾隆刻本 八行二十字，白口，左右双边

三六四八 吾亦廬初稿四卷 清崔應榴撰 稿本 十行二十字，黑格

三六四九 吾亦廬文稿不分卷 清崔應榴撰 稿本 清周廣業校 張元濟跋 十行二十字，黑格

三六五〇 吾亦廬文集一卷 清崔應榴撰 稿本 清梁玉繩撰、許仁杰題款

三六五一 吾亦廬外集七卷 清崔應榴撰 稿本 存嘿編二卷 兩航清課三卷 東生嘆音二卷

三六五二 西圃軒集一卷 清崔應榴撰 稿本

三六五三 學忍堂詩詞小草二卷 清崔文煥撰 陳鍾先編 劉三益校跋 清抄本 八行二十字無格

无聞集二卷 清崔述撰 清抄本 十行二十二字白口四周双边 三六五四
知非集一卷 清崔述撰 清抄本 九行二十一字無格 三六五五
拜經堂文稿不分卷拜經日記十二卷詩攷四卷毛詩鄭箋校字一卷鄭注論語二卷釋繒一卷五岳釋一卷 清臧庸撰 清抄本 清費念慈題款 十行二十字白口四周双边 三六五六
拜經堂文集五卷 清臧庸撰 葉名澧輯 稿本 宋翔鳳跋 三六五七
受宜堂集四十卷目録四卷 清納蘭常安撰 清雍正十三年刻本 九行二十字白口四周单边 三六五八
班餘剪燭集十四卷 清納蘭常安撰 清乾隆五年刻本 九行二十字白口左右双边 三六五九
瀫水二卷集十二卷 清納蘭常安撰 清乾隆五年刻本 九行二十字白口左右双边 三六六〇
受宜堂駐淮集十二卷 清納蘭常安撰 清乾隆刻本 九行二十字白口四周单边 三六六一
荔亭詩草不分卷 清仲荔年撰 稿本 八行十七字紅格 三六六二
穎業齋詩稿一卷 清朱麟應撰 清乾隆八年刻本 十行二十一字白口左右双边 三六六三
螢窗草集八卷 清朱瓊撰 清乾隆五十三年玉衡堂刻本 九行二十字白口四周双边 三六六四
倚雲樓詩四卷 清朱琦撰 清乾隆刻本 十行十九字黑口左右双边 三六六五
鐵峯集一卷 清朱琦撰 稿本 十行十九字無格 三六六六
秋蟬吟草四卷 清朱穎撰 清乾隆二十六年刻本 十行十九字白口左右双边 三六六七
湖上草堂詩稿一卷 清朱崇酒撰 稿本 八行二十四字無格 三六六八
繪事遁還雜詠一卷 清朱棠厚撰 清乾隆慎彩堂刻本 八行十九字白口左右双边 三六六九
篔園稿三卷删稿三卷 清朱仕玠撰 清乾隆刻本 十行十九字黑口左右双边 三六七〇
小木子詩三刻六卷 清朱休度撰 清嘉慶十七年刻本 十二行二十三字白口左右双边 盤山白吟棠三卷 侯家居偶詠二卷 梓廬舊槀一卷 三六七一
鑑泉詩草不分卷 清朱霑撰 清抄本 清周棠批校並跋 八行二十字無格 三六七二
抱山堂詩集十卷 清朱彭撰 清乾隆五十五年刻本 十行十九字白口左右双边 三六七三
海愚詩鈔十二卷 清朱孝純撰 清乾隆五十九年刻本 十行二十一字白口左右双边 三六七四
鄧霊遺稿一卷鳴蛩草一卷 清朱林撰 清乾隆二十七年王立禮抄本 清徐運源跋 九行十九字無格 三六七五
湖山剩處吟二卷 清朱棣撰 清乾隆五十七年刻本 八行十七字白口左右双边 三六七六
龠經堂文集八卷詩集六卷詩續集四卷 清朱景英撰 清乾隆刻本 十一行二十一字白口左右双边 三六七七
冰壑詩全稿三卷 清朱令昭撰 稿本 行字不等無格
存二卷 二至三
冰壑堂詩稿二卷 清朱令昭撰 稿本 王公好 柳少師跋 十行十五至十七字無格 三六七九
皇華集一卷附石湖草一卷 清朱令昭撰 稿本 張希傑跋 九行二十三字無格
存一卷 二 三六八〇
養中之塾文集一卷續集一卷 清朱曾益撰 朱大田輯 稿本 单為鏓跋 十一行二十二字無格 三六八一
純甫文稿一卷 清朱曾益撰 稿本 成瓘、羊庭簡批 十一行二十三字無格 三六八二
璞存山房初藁一卷 清朱錫庚撰 清刻本 十行二十一字黑口左右双边 三六八三
未之思軒詩草拾遺一卷 清朱錫庚撰 清咸豐七年朱庭彝抄本 九行二十二字無格 三六八四
西垣集二十卷次集八卷 清保培基撰 清乾隆井谷園刻本 八行十九字白口左右双边 三六八五
清逸山房畫賸六卷 清魏碧撰 清嘉慶十七年陳瓏刻本 十行十九字白口左右双边 三六八六
羅林山人詩集五卷 清吳文溥撰 戴經編 清乾隆研山堂刻本 十行十九字白口左右双边 三六八七
南野堂詩集六卷看一卷 清吳文溥撰 清乾隆五十九年刻巾箱本 十行十九字白口左右双边 三六八八
吳孝廉詩一卷 清吳文暉撰 稿本 清吳騫、周爽批並跋 三六八九
燈唇未定稿三卷 清吳文暉撰 稿本 三六九〇
拙巢先生遺稿一卷 清吳霖撰 清抄本 十行二十一字無格 三六九一
芳蓀書屋存稿四卷制藝一卷 清吳瑛撰 清乾隆十八年刻本 八行二十字白口左右双边 三六九二
長吟閣詩集十卷 清吳子雲撰 清乾隆十八年刻本 八行十九字白口四周单边 三六九三
臨江鄉人詩四卷 清吳穎芳撰 清乾隆四十九年常歸草堂刻本 十一行二十二字白口双边 三六九四
石齋遺稿一卷 清吳嵘撰 清抄本 十行二十二字無格 三六九五
吳氏𣪠音三卷 清吳守撰 清乾隆四十九年刻本 八行十八字黑口左右双边 三六九六
蘭蕙林文鈔一卷詩鈔一卷詩餘二卷 清吳寬撰 清乾隆十八年刻本 十行二十一字白口四周单边 三六九七
一詠軒詩草二卷 清吳進撰 附録一卷 清乾隆五十年碧瀾堂刻本 九行十九字黑口左右双边 三六九八
一詠軒詩草二卷 清吳進撰 附録一卷 清乾隆五十年碧瀾堂刻本 清丁崇題詩 三六九九
一詠軒詩草二卷 清吳進撰 清乾隆五十年碧瀾堂刻本 清潘德輿批跋並題詩
存一卷 上 三七〇〇
綠綺樓詩文稿十四卷 清吳騫撰並輯 任安上 魏鉞 顧詳 稿本 清朱型 吳偁 徵甲跋 陳敬璋 顧駒 十行行字 三七〇一

不筆無格
荆南遊草一卷　陽羨摩厓紀錄一卷　江上吟編集一卷　可懷續錄一卷　中吳遊艸一卷　七秩贈言一卷　王昭平先生遺卷一卷　徐姬小傳一卷附詩一卷　一瓢小遊僊集一卷　拜經樓詩稿一卷　拜經樓續稿一卷　壽雪山房雜詩集一卷　十三經札記一卷

三七〇二 拜經樓詩草不分卷　清吳騫撰　稿本　孫毓秀跋　行字不等無格
三七〇三 愚谷文存不分卷　清吳騫撰　稿本
三七〇四 愚谷文稿不分卷　清吳騫撰　稿本
三七〇五 愚谷詩稿六卷　清抄本
中吳遊草一卷　清吳騫撰　東山紀遊唱和詩二卷　清吳騫沈樹撰　沈樹跋　述舊書鈔山中卷　清吳騫撰　泖水吟瓏集一卷　清吳騫查揆撰　袁蘭集些一卷　清吳騫撰
三七〇六 蠡塘漁乃一卷　清吳騫撰　稿本　十行二十字無格
三七〇七 蠡塘漁乃一卷　清吳騫撰　清乾隆四十三年吳氏拜經樓抄本　清吳騫校　十行二十一字無格
三七〇八 袁蘭集些　清吳騫撰　輓篇一卷　清吳騫輯　稿本　十行二十七字無格
十本
三七〇九 蘇閣吟一卷　清吳壽暘撰　稿本　十行二十三字無格
三七一〇 蘇閣文稿不分卷　清吳壽暘撰　稿本
三七一一 南雲草堂詩集四卷　清吳蘭庭撰　清乾隆三十五年刻本　十一行二十一字細黑口四周雙邊
三七一二 露香閣詩集十卷　清吳樹珠撰　稿本　九行十九字白口無格
三七一三 拜璧堂詩鈔五卷　清吳思九撰　清乾隆九年滋軒刻本　九行十九字白口左右雙邊
三七一四 卷峯草堂詩稿八卷　清吳熙撰　清乾隆刻本　十一行二十一字細黑口左右雙邊
三七一五 杉亭集十六卷　清吳烺撰　清抄本　十行十九字黑格
三七一六 杉亭集不分卷　清吳烺撰　清抄本　八行二十四字無格
三七一七 嘉樂堂詩集一卷　清和珅撰　芸香堂詩集二卷　清和琳撰　清嘉慶刻本　九行二十一字白口四周雙邊
三七一八 芸香堂詩集不分卷　清和琳撰　清抄本　述禧堂詩鈔一卷　清豐紳殷德撰　十行二十一字白口四周雙邊
三七一九 來山堂文鈔一卷詩鈔八卷　清程可式撰　清乾隆刻本　九行十九字黑口四周單邊
三七二〇 稻香樓詩集十卷　清程際盛撰　清乾隆刻本　十行二十一字白口左右雙邊
三七二一 蘭雪山人殘稿二卷末一卷　清程鏡撰　清乾隆五十九年李士榮刻本　十行十九字白口四周雙邊

三七二二 繡餘草一卷　清歸懋儀撰　稿本　十行十九字黑格
三七二三 繡餘續草不分卷再續草一卷三續草一卷四續草一卷　清歸懋儀撰　稿本　清祝德麟批　屏侶蘭　孫原湘　陳文述跋
三七二四 繡餘五續草不分卷　清歸懋儀撰　稿本
三七二五 繡餘近草一卷　清歸懋儀撰　稿本　清許兆桂等跋　九行二十一字藍格
三七二六 黎二樵未刻稿一卷　清黎簡撰　稿本
三七二七 鐵如意齋詩稿一卷　清倪承天撰　稿本　清羅有高批校　十行十八字無格
三七二八 九山類藁三卷詩文二卷近稿偶存一卷　清倪承天撰　稿本　十二行二十一字無格
三七二九 花韻軒詠物詩存一卷　清鮑廷博撰　清抄本　八行二十字白口四周單邊
三七三〇 花韻軒詠物詩存不分卷　清鮑廷博撰　清抄本　清丁履跋　八行二十字白口四周單邊
三七三一 荔支詩一卷　清鮑倚雲撰　清乾隆刻本　十行二十字白口四周單邊
三七三二 壽藤齋詩三十五卷　清鮑倚雲撰　清嘉慶十三年鮑桂星刻本　九行二十字白口四周單邊
三七三三 壽藤齋文集六卷　清鮑倚雲撰　清金榜汪炳炎評　稿本　九行二十五字無格
三七三四 小瀛洲吟稿四卷　清鮑蘭累撰　清刻本　清吳騫批校　十行十九字黑口左右雙邊
三七三五 大雅堂初稿十五卷　清鄒方鍔撰　清乾隆二十七年刻本　十行十九字白口左右雙邊
三七三六 大雅堂續稿十九卷　清鄒方鍔撰　清刻本　十行十九字細黑口左右雙邊
三七三七 西郊詩草二卷稿漁詞一卷　清鄒天泉撰　清乾隆十二年片石山房刻本　九行二十三字黑口左右雙邊
三七三八 南莊詩鈔十卷　清魯琢撰　清乾隆刻本　九行十九字白口左右雙邊
三七三九 山木居士文集十二卷外集二卷首一卷　清魯九皋撰　附魯賓之文鈔一卷魯習之文鈔一卷　清道光十四年桐華書屋刻本　十行二十四字黑口四周雙邊
三七四〇 山木居士外集四卷附一卷　清魯九皋撰　清乾隆四十七年刻本　九行二十五字黑口左右雙邊
三七四一 紀慎齋先生叢稿二卷　清紀大奎撰　稿本　費易廣跋
三七四二 心田詩稿不分卷　清徐灯撰　稿本　清張問陶批　王芑孫評　九行二十四字無格

三七四四 徐岳臉遺稿一卷　清徐崧撰　清乾隆刻本　八行十八字白口四周双边
三七四五 綠杉野屋集四卷　清徐以泰撰　清乾隆刻本　十一行二十二字黑口四周双边
三七四六 南樓吟稿二卷　清徐映玉撰　清乾隆五十年沈大成有華書塾刻本　九行十九字黑口左右双边
三七四七 硯園詩鈔八卷補遺一卷　清徐堅撰　清乾隆五十九年竹溪草堂刻本　九行十九字白口左右双边
三七四八 蔭泉亭文稿三卷於斯堂詩草二卷　清徐以望撰　稿本　十二行二十二至二十三字白口四周单边
三七四九 弁江詩鈔七卷　清徐錫爵撰　清乾隆精月軒刻本　九行十九字白口四周双边
三七五〇 紀行詩鈔二卷　清永珹撰　清乾隆抄本　十行二十一字無格
三七五一 凝瑞堂詩鈔六卷　清永瑛撰　稿本
三七五二 十二山人詩稿二卷　清安吉撰　稿本　十一行二十二字
三七五三 十二山人詩文草不分卷　清安吉撰　稿本
三七五四 十二山人文集不分卷　清安吉撰　清抄本　十行二十八至二十八字無格
三七五五 守坡居士詩集十二卷　清宮去矜撰　清乾隆頤志堂刻本　十行十九字白口左右双边
三七五六 守坡居士詩集十卷　清宮去矜撰　稿本　十行十九字白口四周单边
三七五七 蘊春齋初稿瀛海集八卷　清宋嗣光撰　清乾隆二十九年沈霖學刻本　十行十九字白口左右双边

一六五

三七五八 竹溪詩集三卷　清宋廷魁撰　清乾隆二十五年刻本　十一行二十一字白口左右双边
三七五九 學古集四卷詩論一卷牧牛村舍外集四卷　清宋大樽撰　清嘉慶刻本　八行十八字白口左右双边
三七六〇 甌剩詩鈔不分卷　清宋梅撰　清乾隆五十四年俞世寅刻本　十行二十一字白口四周单边
三七六一 賡興吟稿六卷附編一卷　清宋思仁撰　清乾隆四十一年刻五十七年重修本　八行十七字小字双行同白口四周双边
三七六二 逸亭詩草七卷　清宋鳴珊撰　清嘉慶十五年活字印本　九行二十一字白口四周双边
三七六三 江片石詩存不分卷　清江干撰　稿本　六行行字不等無格
三七六四 松泉詩集六卷　清汪昱撰　清乾隆二十六年小東軒刻本　十行二十一字白口左右双边
三七六五 西行集一卷　清汪天燁撰　清乾隆刻本　八行十六字白口左右双边
三七六六 汪劍潭詩稿一卷　清汪端光撰　稿本
三七六七 桐石草堂集九卷　清汪仲鈖撰　清乾隆刻本　十二行二十三字白口四周单边
三七六八 霧隱山房詩二卷　清汪淳修撰　清乾隆刻本　九行十九字黑口左右双边
三七六九 劬存詩存六卷　清汪啟淑撰　清乾隆刻本　八行十六字黑口左右双边
三七七〇 學[illegible]集七卷　清汪士慎撰　清乾隆九年刻本　十行十九字細黑口左右双边

三七七一 聽月樓遺草二卷　清汪凝玉撰　清乾隆四十七年刻本　九行十九字白口左右双边
三七七二 述學三卷　清汪中撰　清汪氏自刻本　九行二十一字白口左右双边
三七七三 述學內篇三卷外篇一卷補遺一卷別錄一卷　清汪中撰　清道光汪喜孫刻江都汪氏叢書本　清何紹基圈點　翁同龢批並跋　十三行三十字白口左右双边
三七七四 述學內篇二卷外篇一卷　清汪中撰　清刻本　清吳廷康校　十三行三十字白口左右双边
三七七五 述學內篇三卷外篇一卷補遺一卷別錄一卷　清汪中撰　清同治八年揚州書局刻本　嚴模校并跋　十三行三十字白口左右双边
三七七六 述學內篇三卷外篇一卷補遺一卷別錄一卷　清汪中撰　清同治八年揚州書局刻本　王禮培跋
三七七七 容甫先生遺詩五卷　清汪中撰　附錄一卷　清汪喜孫撰　清漢陽葉氏抄本　十二行二十四字白口四周双边
三七七八 傳書樓詩稿不分卷　清汪金順撰　清乾隆五十八年刻本　八行十九字下黑口左右双边
三七七九 蘋谷集六卷　清汪筠撰　清乾隆八年汪謝刻本　十二行二十二字細黑口左右双边
三七八〇 馮偉人文集不分卷　清馮偉撰　稿本　八行十九至二十字黑格
三七八一 完璞堂吟稿一卷　清馮兆麟撰　清乾隆七年刻本　八行二十字白口左右双边
三七八二 江遊草一卷　清馮念祖撰　稿本　清錢大昕批並跋　八行十六字無格
三七八三 東遊草一卷　清馮念祖撰　清乾隆刻本　清吳騫校　九行二十一字白口四周双边
三七八四 吳會吟一卷瀕海集一卷　清馮念祖撰　清抄本　十行二十字無格

一六六

三七八五 補亭詩抄五卷　清馮念祖撰　清抄本　八行十六字無格
三七八六 晏如齋古文簡鈔三卷詩鈔二卷　清顧應期撰　清道光十二年顧一堂刻本　清孫時楝跋　九行二十一字白口左右双边
三七八七 吹萬閣詩鈔五卷文鈔六卷詞鈔一卷　清顧詒祿撰　清乾隆刻本
三七八八 苦口居詩草不分卷　清顧水亭撰　清抄本　九行二十五字無格
三七八九 嘯軒詩鈔一卷　清顧大文撰　蔭衢草一卷　雕虫草十一卷　清顧望撰　清乾隆四十七年天綱書院刻本　八行二十一字白口四周双边
三七九〇 伴梅草堂詩存不分卷　清顧駉撰　稿本　清桂馥跋
三七九一 秋竹詩稾不分卷　清顧桐撰　稿本　清孫燦棣時楝跋　八行二十字無格
三七九二 九峰草堂詩初集一卷二集一卷三集一卷四集五卷五集五卷　清顧竹長撰　稿本　八行十八字無格
三七九三 南雲[illegible]詩鈔二卷　清[illegible]撰　稿本　清陳[illegible]校並跋　九行二十一字[illegible]

三七九四 桐韻詩删一卷 清[illegible]撰 清乾隆刻本 八行二十一字白口左右双边
三七九五 數紅竹枝詞一卷 題清浄香居主人撰 清抄本 清顧宸題並跋 八行十六字無格
三七九六 遯志齋集唐落花百詠一卷 題遯志主人撰 清梁嘉模撰 清乾隆十八年刻本 九行二十一字白口四周双边
三七九七 灞陵山人詩鈔四卷 清梁嘉模撰 清乾隆刻本 十行十九字白口左右双边
三七九八 敬思堂集六卷奏御詩集四卷詩集六卷 清梁國治撰 清嘉慶梁承霖等刻本 葉景葵跋 十行二十一字白口左右双边
三七九九 滄足軒詩集八卷 清梁履繩撰 清抄本
三八〇〇 依竹山房集十二卷 清沈可培撰 清抄本 九行二十字白口左右双边
三八〇一 晚巢詩草二卷 清沈廷奎撰 清抄本 八行無格
三八〇二 隱拙齋文鈔六卷 清沈廷芳撰 清乾隆十九年刻本 九行十九字白口四周双边
三八〇三 隱拙齋集五十卷續集五卷 清沈廷芳撰 清乾隆二十二年刻續集四十四年刻本 十行二十一字白口左右双边
三八〇四 嘉蔭堂文集三卷 清沈琨撰 清抄本
三八〇五 春雨樓集十四卷 清沈彩撰 題詞一卷 清乾隆刻本 九行十九字黑口左右双边
三八〇六 春雨樓集十四卷 清沈彩撰 題詞一卷 清乾隆刻本 鄭振鐸跋
三八〇七 春雨樓詩集四卷 清沈彩撰 稿本 羅振常跋
三八〇八 春雨樓集三卷 清沈彩撰 稿本 清羅莊輯詩附錄並跋 九行十九字白口左右双边 存三卷 三至五
三八〇九 逸溪詩草二卷 清沈培生撰 本書亦名偶存草 雜文一卷 悔存詞二卷 清抄本 清徐達源校 九行十九字無格
三八一〇 卷石山房詩三卷 清沈世勛撰 清乾隆刻本 十行十九字白口左右双边
三八一一 竹裏樓詩集不分卷 清沈光紀撰 清抄本
三八一二 迂齋學古編四卷 清沈坤宏撰 清乾隆二十九年海上廬刻本 十行十九字白口左右双边
三八一三 大愚藁十卷 清儲鳳翔撰 清乾隆刻本 十一行二十一字白口左右双边 卷八卷九原闕未刻
三八一四 大愚稿二集七卷 清儲鳳翔撰 清乾隆刻本 十一行二十一字白口左右双边
三八一五 秫昀齋詩草八卷 清邊繼祖撰 清抄本 七行十九字無格
三八一六 敦本堂詩稿不分卷 清邊中寶撰 稿本
三八一七 竹巖詩草二卷 清邊中寶撰 清乾隆四十年刻本 九行十九字白口左右双边
三八一八 隨園詩草八卷禪家公案頌一卷 清邊連寶撰 清乾隆四十年刻本 九行十九字白口左右双边
三八一九 夢墨堂稿十六卷續稿一卷 清孫錫武撰 清乾隆二十五年夢墨堂刻本 九行十九字白口左右双边
三八二〇 天游閣詩集十九卷文集十四卷 清查誠撰 清抄本 十行二十一字無格
三八二一 銅鼓書堂遺稾三十二卷 清查禮撰 清乾隆查淳刻本 十二行二十二字白口左右双边
三八二二 銅鼓書堂遺稿三十二卷 清查禮撰 稿本 十二行二十四字白口左右双边 存三卷 十九、二十、二十一
三八二三 袁江于役草一卷 清李廷芳撰 稿本 九行二十一字紅格
三八二四 碧梧紅豆草堂詩不分卷 清李廷芳撰 稿本 清吳觀瑞等批校並跋 八行廿八字紅格四周双边
三八二五 碧梧紅豆草堂詩一卷安蔬草堂五言排律一卷 清李廷芳撰 稿本 張文錦跋 十行字數不一
三八二六 李湘浦詩稿不分卷 清李廷芳撰 稿本 秋昀、王芑孫跋 十行二十字無格
三八二七 悅亭詩稿初集二卷 清李振撰 清乾隆刻本 九行十八字白口左右双边
三八二八 八松庵十五吟草不分卷 清李御撰 清顧鶴慶、張學仁、戈載、尤[illegible]、陳模、壽跋
三八二九 李少鶴詩鈔二卷 清李憲橋撰 稿本 十行二十字無格
三八三〇 歎夫文稿二卷時體詩七卷古詩稿一卷雜稿一卷 清李萱松撰 清抄本 八行二十字紅格四周双边
三八三一 嘯村近體詩選三卷 清李[illegible]撰 清乾隆二十一年稚雨堂刻本 清崔中備跋並題詩 九行二十一字白口左右双边
三八三二 春嘽集二卷都門集一卷楚南集九卷續集一卷北上集一卷歸田集一卷東川詞一卷 清李[illegible]撰 清乾隆刻本 九行十九字黑口四周单边
三八三三 澹竹軒草二卷 清李枝桂撰 清乾隆刻本 八行十九字白口左右双边
三八三四 西征路紀一卷 清李旭撰 清乾隆刻本 八行十八字白口四周双边
三八三五 青蓮館集六卷 清李世華撰 清乾隆刻本 十一行二十一字黑口左右双边
三八三六 青蓮館集六卷 清李世華撰 清乾隆刻本 清李通校並跋
三八三七 李忠毅公遺詩不分卷 清李亮度撰 十五字無格 李廷鈺編輯 稿本 六行二十
三八三八 睫巢集六卷 清李鍇撰 清乾隆六年法保刻本 十行二十一字小字双行同白口左右双边
三八三九 睫巢後集三卷 清李鍇撰 清乾隆十年杜甲刻本 十行二十一字白口左右双边
三八四〇 廌青山人集杜一卷 清李鍇撰 清刻本 九行十四字白口左右双边
三八四一 睫巢集二卷 清李鍇撰 稿本 清[illegible]跋 葉景葵跋 十行二十一字無格

樓居小草一卷　清袁杼撰　清抄本　三〇四二

笠山詩鈔四卷　清袁乾撰　清乾隆刻本　九行十八字，白口，左右雙邊　三〇四三

小桐廬詩草十卷　清袁秉輅撰　清乾隆刻本　十行十九字，白口，左右雙邊　三〇四四

陶門山人詩鈔一卷　清姚煇撰　稿本　三〇四五

剪愁吟一卷　清姚樸霞撰　清乾隆五十七年朱文琛抄本　清陳壽熙跋　九行二十五字，紅格　三〇四六

卧雲草堂詩鈔二卷　清姚惟邁撰　清乾隆四十三年姚湘刻本　十行十九字，白口，左右雙邊　三〇四七

水部尺牘二卷　清尤蔭撰　稿本　三〇四八

覆瓿集一卷　清尤錫章撰　清乾隆刻本　九行二十字，黑口，四周單邊　三〇四九

秋鶴詩鈔四卷　清戴如煌撰　清乾隆四十三年留餘堂刻本　八行十七字，白口，左右雙邊　三〇五〇

春雨樓文初刪稿四卷　清董秉純撰　清抄本　十行二十一字，藍格　三〇五一

帷園尺牘四卷　清董柴撰　稿本　十行十九字，黑格，白口，左右雙邊　三〇五二

紅豆詩人詩鈔不分卷詞鈔一卷　清董潮撰、清朱茂群校　清抄本　八行二十五字，無格　三〇五三

江行紀程一卷楚游草一卷倦游吟一卷　清范來芝撰　清道光二年一經書屋刻本　九行二十一字，白口，左右雙邊　三〇五四

一六九

雜助集二卷　清莊世清撰　清乾隆四十年刻本　九行二十字，白口，四周雙邊　三〇五五

鶴影山人詩藁一卷詞藁一卷　清范春林撰　清抄本　清翁同龢、陳懋宋跋　三〇五六

春庭記錄一卷　清莊兆麒撰　稿本　清惲敬、洪亮吉等批注，張惠言批並跋，程景衍、楊芳燦、錢維喬跋　三〇五七

白華樓詩鈔箋註五卷　清薩玉衡撰　清薩大年箋注　清光緒二十七年薩嘉曦抄本　九行二十一字，小字雙行同，無格　三〇五八

擁書樓詩稿不分卷櫻亭詩稿不分卷　清薩哈岱撰　清抄本　九行二十四字，小字雙行同，藍格，四周雙邊　三〇五九

櫻亭詩稿不分卷　清薩哈岱撰　清乾隆七年刻本　十行十九字，白口，左右雙邊　三〇六〇

月舫詩鈔五卷　清蕭鍾傳撰　清乾隆刻本　九行二十字，小字雙行同，白口，四周雙邊　三〇六一

青軒稾稿四卷　清蔣垣撰　清乾隆刻本　八行十九字，白口，左右雙邊　三〇六二

小蘭山房稿一卷　清葛之蘅撰　漪雲閣詩一卷　清錢元臨撰
秋懷唱和詩一卷　清史承豫等撰　清乾隆三十六年刻本　清吳壽跋　十行十九字，白口，左右雙邊　三〇六三

寒松稡子雜著十六卷雜唫四卷　清釋曉清撰　清抄本　九行二十一字，無格　三〇六四

客齋詩集二十卷　清茹綸常撰　清乾隆刻本　十行十九字，白口，左右雙邊　三〇六五

香聞遺集四卷　清薛起鳳撰　清乾隆三十九年刻本　十行十九字，白口，左右雙邊　三〇六六

帚垢山房詩鈔十卷　清黃文暘撰　稿本　十行十七字，無格　三〇六七

帚垢山房詩鈔十二卷　清黃文暘撰　清嘉慶七年孔憲增刻本　八行十七字，白口，左右雙邊　三〇六八

數音集四卷首一卷附卷二卷　清黃正維撰　清乾隆刻本　八行十八字，白口，四周單邊　三〇六九

大俞山房集十二卷　清黃璋撰　清乾隆五十二年黃徽刻本　十行二十一字，白口，左右雙邊　三〇七〇
詩集六卷　井射集一卷　春樹集一卷　雪窗草二卷　直園詞一卷

市曲茅堂詩一卷　清黃琛撰　清乾隆九年石香齋金星刻本　十行十八字，白口，左右雙邊　三〇七一

銀藤館詩集十卷　清黃仙根撰　清刻本　十行十九字，白口，左右雙邊　三〇七二

瘦石稿十卷　清黃振撰　舊雨題贈一卷　清乾隆四十二年柴生草堂刻本　八行十九字，白口，四周雙邊　三〇七三

悔存詩鈔八卷　清黃景仁撰　清嘉慶元年劉大觀刻本　清劉履芬批　十二行二十五字，白口，左右雙邊　三〇七四

兩當軒詩鈔十四卷悔存詞鈔二卷　清黃景仁撰　清嘉慶二十二年南河高堰署刻本　有像　清丁達長批校　何紹基、徐廷華跋　十一行二十三字，白口，左右雙邊　三〇七五

兩當軒全集二十卷攷異二卷附錄六卷　清黃景仁撰　黃志述輯　清咸豐八年家塾刻本　程東釗校　葉景葵跋　十一行二十二字，黑口，四周單邊　三〇七六

一七〇

兩當軒集二十卷攷異二卷附錄六卷　清黃景仁撰　清同治十二年吳齋活字印本　清黃如注　九行二十字，小字雙行同，黑口，四周單邊　三〇七七

兩當軒集二十二卷　清黃景仁撰　攷異二卷　清黃志述撰　附錄六卷　清同治六年劉履芬抄本　十三行二十四字，無格　三〇七八

黃仲則詩鈔一卷　清黃景仁撰　清朱錫庚抄本　九行二十五字，白口，四周單邊　三〇七九

鏡水集不分卷　清葉仁圃撰　清抄本　十行二十一至二十三字不等　三〇八〇

說學齋詩十二卷　清葉鳳毛撰　稿本　十行十九字，無格　三〇八一

說學齋詩三卷　清葉鳳毛撰　清抄本　十行二十一字，無格　三〇八二

樵餘草十卷　清杜應鰲撰　清乾隆元年刻本　十行二十一字，白口，單邊　三〇八三

檝亭詩稿不分卷　清林翰隆撰　清抄本　八行字數不等，無格　三〇八四

嶺南林睡廬詩選二卷　清林秀撰　清乾隆二十年詠春堂刻本　九行十九字，白口，無直格，四周單邊　三〇八五

宛舫居文集一卷　清林源撰　清抄本　八行十八字，白口，藍格，四周雙邊　三〇八六

漁城詩草一卷　清林適青撰　清乾隆刻本　九行十九字，白口，四周雙邊　三〇八七

邗江三百吟十卷　清林蘇門撰　清嘉慶十三年刻本　九行二十一字，白口，左右雙邊　三〇八八

雙樹生詩草一卷　清林鎬撰　稿本　清陸繼輅校並跋，洪亮吉、孫原湘、舒位、樓清仁等批校，楊懷玉、伊秉綬等題識　三〇八九

三八九〇 丁香亭詩選六卷 清如松撰 清乾隆十九年穗保抄本 八行十八字黑格

三八九一 蘆溪詩鈔三卷 清楊景青撰 清乾隆三十七年抱璞堂刻本 九行十八字白口左右双边

三八九二 楊妙泉詩集二卷 清楊東柏撰 清抄本 九行二十二字無格

三八九三 楊書巖先生古文鈔二卷師經堂存詩一卷 清楊鄉撰 清嘉慶抄本 丁培基李華甫跋 九行二十一字無格

三八九四 棠雅堂詩鈔十六卷青棱草一卷 清楊汝諧撰 稿本

存四卷（青棱草全、卷十四至十六）

三八九五 話雨齋稿三十二卷 清楊汝諧撰 清抄本

三八九六 真率齋初稿十卷詞二卷 清楊芳燦撰 清乾隆刻本 十行二十一字白口左右双边

三八九七 芙蓉山館詩稿六卷詞稿二卷 清楊芳燦撰 桐華吟館詩稿六卷詞稿二卷 清楊揆撰 清乾隆五十七年刻本

三八九八 芙蓉山館文鈔一卷 清楊芳燦撰 清何紹基顧植批校評點 清嘉慶十年刻本 十二行二十五字白口左右双边

三八九九 芙蓉山館詞鈔二卷拗蓮詞集溫庭筠詩一卷移箏語一卷 清楊芳燦撰 清抄本 朱希祖跋 九行二十三字無格

三九〇〇 芙蓉山館尺牘十六卷首一卷 清楊芳燦撰 劉嘉霈輯 清抄本 余一鼇校

存十五卷（一至十四、首一卷）

一七一

三九〇一 桐華吟館詩稿六卷瓔珞香龕詞一卷 清楊揆撰 清青浦王氏家塾抄本 清王昶校 十行二十一字黑格

三九〇二 夢符文稿不分卷 清楊興岑撰 稿本 清錢維喬周懷玉跋 九行十九至二十字黑格四周双边

三九〇三 斅耕書屋吟八卷 清孫承祖撰 清乾隆刻本 十行十九字白口左右双边

三九〇四 風滿樓詩稿十二卷 清胡適南撰 胡湄師詩稿 清乾隆二十六年刻本 十行二十字黑口左右双边 [illegible]

三九〇五 萬吹樓詩稿不分卷 清胡蔚撰 稿本

三九〇六 婷雅堂詩集八卷續集四卷詞集四卷別集六卷 清趙文哲撰 清乾隆刻本 十行十九或二十字白口左右双边

三九〇七 娵隅集十卷 清趙文哲撰 清乾隆五十四年刻本 十行二十一字白口左右双边

三九〇八 娵隅集十卷 清趙文哲撰 清抄本 十行二十一字無格

三九〇九 勿藥文稿一卷 清趙一清撰 清抄本 清全祖望批 九行十八字白口四周單边

三九一〇 東游文稿二卷 清趙一清撰 清乾隆五十九年小山堂刻本 十行二十二字白口左右双边

三九一一 倚虛詩鈔十卷試體詩二卷詞鈔三卷 清趙翊撰 清乾隆五十三年刻本 九行十九字白口四周單边

三九一二 四百三十二峯草堂詩鈔二十二卷 清趙希璜撰 清乾隆五十八年安陽縣署刻本 十一行二十二字白口左右双边

三九一三 巢寄先生遺文二卷 清趙同釗撰 清徐枚抄本

三九一四 蘧廬生詩稿一卷 清申發祥撰 稿本

三九一五 笑竹集十卷 清秦武域撰 薇郎集二卷 清秦知域撰 清乾隆四十樂草堂刻本 十行十九字黑口左右双边

三九一六 儋存集三卷入楚吟箋一卷 清戈守智撰 清乾隆衛雲堂刻本 九行二十一字小字双行三十余字不等白口四周單边

三九一七 柚堂文存四卷 清盛百二撰 清抄本 十行二十一字無格

三九一八 産鶴亭詩十集十卷 清曹庭棟撰 清乾隆遞刻本 十行二十一字黑口左右双边

三九一九 松風堂集不分卷 清曹培亨撰 清抄本

三九二〇 種瑶草堂集一卷 清曹對祖撰 清刻本 八行二十字白口四周双边

三九二一 草堂詩集九卷 清曹星谷撰 清乾隆五十年刻本 八行十九字白口左右双边

三九二二 北居詩稿二卷 清曹錫辰撰 清乾隆刻本 八行十九字白口左右双边

三九二三 織楚集一卷餘稿一卷 清李朝撰 清乾隆周東鑑易安書屋抄本 十行二十五至二十四字不等白口四周單边

一七二

三九二四 白雲草堂詩鈔三卷文鈔七卷首二卷 清呂星垣撰 清嘉慶八年刻本 葉德輝跋 十二行二十三字黑口四周單边

三九二五 遲删集六卷附文一卷 清呂堅撰 清嘉慶刻本 九行十九字黑口四周双边

三九二六 寸田詩草八卷詩餘一卷 清呂公溥撰 清乾隆五十五年刻本 十行十九字白口左右双边

三九二七 介亭詩草不分卷 清呂公路撰 清乾隆五十一年望柏堂刻本 八行十六字白口四周双边

三九二八 瘦竹山房詩鈔十六卷 清羅天尺撰 清乾隆刻本 十行十九字黑口左右双边

三九二九 瘦竹山房詩删十三卷續編一卷 清羅天尺撰 清乾隆二十五年石洞刻乾隆三十一年續刻本 十行二十一字白口左右双边

三九三〇 香葉草堂詩存一卷 清羅聘撰 清嘉慶元年刻本 九行十六字白口四周單边

三九三一 蓴閣居士集八卷 清羅有高撰 清乾隆四十七年刻本 十一行二十三字下黑口左右双边

三九三二 臺山詩集不分卷 清羅有高撰 清抄本 清徐時棟校并跋 十行二十字無格

三九三三 臺山文集不分卷 清羅有高撰 清抄本 清徐時棟校并跋

三九三四 臺山文稿一卷 清羅有高撰 清道光三年鄭喬遷抄本 清徐時棟跋 九行二十四字無格

三九三五 笠州文集十卷 清釋源淋撰 清乾隆十九年刻本 十行二十二字白口左右双边

三九三六 七録齋詩文稿不分卷 清阮葵生撰 稿本

三九三七 七錄齋詩鈔二十六卷 清阮葵生撰 稿本 李盛鐸跋 十行二十一字白口四周双边 存十七卷 十至二十六

三九三八 七錄齋文鈔十卷七錄齋詩鈔十卷 清阮葵生撰 稿本 十行十九字黑口四周双边

三九三九 春句集不分卷 清阮葵生撰 稿本 十行二十一字黑格

三九四〇 湘南集二卷邕管集一卷 清劉玉麐撰 稿本 清胡虔跋 八行十六字無格

三九四一 劉端臨先生文集一卷 清劉台拱撰 稿本 葉景葵跋

三九四二 夢鶴草堂集一卷 清劉組曾撰 清乾隆刻本 九行十九字白口左右双边

三九四三 九畹古文六卷 清劉紹攽撰 清乾隆刻本 九行二十字白口四周双边

三九四四 海峰文集不分卷 清劉大櫆撰 清乾隆刻本 清王芑孫跋

三九四五 二樟詩鈔四卷 清劉□拔撰 清乾隆五十二年刻本

三九四六 海桐書屋詩抄不分卷 清吳夢瀜撰 清乾隆刻本 清常庚西批點 八行十九字大黑口四周双边

三九四七 鷺洲詩鈔二卷 清陸晉撰 清乾隆刻本 十行十九字白口左右双边

三九四八 贅翁詩遺一卷雜著一卷 清陸瀛齡撰 稿本 八行十九字紅格

三九四九 紅樹樓續集二卷 清陸烝撰 清乾隆刻本 九行十九字黑口四周双边

一七三

三九五〇 放鴨亭小稿一卷環溪詞一卷 清陸鍾輝撰 清乾隆二十六年刻本 十一行十九字白口四周單边

三九五一 切問齋集十六卷 清陸燿撰 清乾隆五十七年暉吉堂刻本 九行二十字白口左右双边

三九五二 陸雪莊詩稿不分卷 清陸榮秝撰 稿本

三九五三 奉檄吟艸一卷 清陸榮昌撰 稿本 九行十六字白口紅格四周單边

三九五四 靜齋小稟一卷 清陳廣遜撰 清乾隆刻本 九行十九字黑口左右双边

三九五五 南園初集詩鈔一卷 清陳文棟撰 清乾隆刻本 八行十八字黑口左右双边

三九五六 孟晉齋詩集二十四卷 清陳章撰 清乾隆刻本 十行二十一字黑口四周單边

三九五七 孟晉齋文鈔不分卷 清陳章撰 稿本

三九五八 古漁詩概六卷 清陳毅撰 清乾隆二十五年眠雲草堂刻本 九行十九字白口四周單边

三九五九 思儼齋詩文鈔八卷 清陳廷栻撰 清乾隆二十六年刻本 十行十九字白口左右双边

三九六〇 堯封曠稿一卷 清陳岵撰 清惜陰堂抄本 九行二十五字白口四周双边

三九六一 東莊遺集四卷 清陳黃中撰 清乾隆大樹齋刻本 十一行二十一字白口左右双边

三九六二 東莊遺集四卷 清陳黃中撰 清乾隆三宿齋抄本 清錢壽祈跋 八行二十四字無格白口四周單边 存三卷 一至三

三九六三 誰園詩鈔一卷 清陳萊孝撰 清乾隆二十四年刻本 八行二十字白口左右双边

三九六四 誰園詩鈔二集一卷三集一卷四集一卷古文三卷駢儷文二卷古文拾遺二卷 清陳萊孝撰 稿本 行字不等無格

三九六五 華楠吟六卷 清陳樹蕃撰 清乾隆刻本 十行十八字小字双行同黑口左右双边

三九六六 北涇草堂集五卷外集三卷 清陳棟撰 清道光三年周之琦南宮刻本 十行二十一字白口左右双边

三九六七 北涇草堂集五卷外集三卷 清陳棟撰 清道光三年周之琦南宮刻本 吳梅批點并跋

三九六八 筠樵詩草口卷 清陳贊和撰 稿本 清袁枚批 黃廷鑑跋 孫原湘題詩 存三卷 七至九

三九六九 筠樵詩鈔八卷 清陳贊和撰 稿本 清王芑孫、史善長、顧王霖、鮑倚、王家相、李鑿宮批跋並題詞，楊多衍、孫原湘題詩 存四卷 五至八

三九七〇 玉几山房吟卷三卷 清陳撰撰 清康熙刻本 繡佚集十一行二十一字黑口左右双边 吟卷十行十九字白口四周單边 擬古詩十一行二十四字白口左右双边

三九七一 陳石閣詩三十卷 清陳景元撰 稿本 九行十九至二十字白口四周單边

一七四

八

三九七二 寒碧軒詩鈔六卷 清陳燮撰 題詠一卷 清陳昌錫輯 稿本

三九七三 翼堂詩集二卷 清邵迴撰 清乾隆十四年刻本 八行十九字白口左右双边

三九七四 蓮廬詩鈔二十卷 清周廣業撰 稿本 清王曇題詩

三九七五 蓮廬詩鈔二十二卷 清周廣業撰 稿本 九行二十二字無格

三九七六 周廣業詩稿不分卷 清周廣業撰 稿本 十三行二十八字左右無格

三九七七 耕屋文稿一卷 清周廣業撰 清周氏種松書塾抄本 九行二十三字綠格

三九七八 耕厓初稿二卷 清周廣業撰 稿本

三九七九 竇素軒自訂初稿十五卷 清周一鵬撰 稿本 九行二十一字白口左右双边

三九八〇 清閟齋詩存三卷 清周鼎樞撰 清桃觀天尺道齋抄本 十三行二十二字左右双边

三九八一 迂村文鈔二卷詩鈔一卷鶴阜集一卷瓢中集一卷迂村社稿一卷格葉集一卷黃海集一卷縈叟賸稿一卷虛室吟稿一卷 清周準撰 清乾隆刻本 十行十九字白口左右双边

三九八二 臺陽內編百咏一卷外編百咏一卷 清周澍撰 清抄本 清吳騫批 九行二十四字無格

三九八三 雲臥山房集不分卷 清周嘉猷撰 稿本 八行二十字藍格四周双边

三九八四 彤管遺徽二卷 清周邵撰 清抄本 清張郁光跋

三九八五 柳橋詩草八卷 清周天麟撰 稿本

三九八六 泊鷗山房集三十八卷 清陶元藻撰 清乾隆刻本 十行二十一字白口左右双边

三九八七 陶篁村詩文稿不分卷 清陶元藻撰 稿本 清孫鏡清 吳增祥跋

三九八八 聽秋軒詩集四卷 清駱綺蘭撰 清乾隆六十年金陵龔氏刻本 九行二十一字白口左右双边

三九八九 澄秋閣集四卷二集四卷三集四卷 清閔華撰 清乾隆十七年自刻本 十行十九字白口左右双边

三九九〇 御遠樓詩稿二卷 清金廷栴撰 清乾隆三十九年東位堂刻本 九行十八字白口左右双边

三九九一 江聲草堂詩集八卷 清金志章撰 清乾隆十九年刻本 清葉慶增跋 十一行二十二字白口左右双边

三九九二 金二木詩集八卷 清金甫撰 清乾隆二十九年一鷗艸堂刻本 十行十九字白口左右双边

三九九三 紅豁書屋匪心集不分卷 清金嘉撰 清乾隆抄本 十二行二十字小字双行無格

三九九四 播琴堂詩集十二卷文集六卷 清金學詩撰 清乾隆刻本 十行二十一字白口左右双边

三九九五 潛廬文鈔四卷詩鈔三卷 清翁咸封撰 清道光二十七年翁心存刻本 清王振聲批 十行二十一字黑口左右双边

一七五

三九九六 潛虛文鈔四卷 清翁咸封撰 清道光二十七年翁心存刻本 清翁同龢跋

三九九七 潛廬制義鈔不分卷 清翁咸封撰 清翁心存抄本 清翁心存跋 九行二十五字無格

三九九八 還浦集六卷丁卯集一卷 清余世度撰 清抄本 九行二十三至二十六字無格

三九九九 硯山樵詩集四卷 清錢孫鏜撰 清乾隆十八年刻本 九行十九字細黑口四周双边

四〇〇〇 浣青詩草四卷 清錢孟鈿撰 清乾隆刻本 九行二十字白口四周單边

四〇〇一 小學盦遺稿四卷附録一卷 清錢馥撰 清邵書稼抄本 十二行二十四字

四〇〇二 小學盦遺藁四卷 清錢馥撰 清抄本 清趙之謙跋 葉景葵題識 九行二十字無格

四〇〇三 小學盦遺藁四卷 清錢馥撰 清抄本 十行二十字小字双行同無格

四〇〇四 錢氏小學盦遺藁四卷 清錢馥撰 清剡下齋抄本 蔣光煦跋 十一行二十一字小字双行同黑口左右双边

四〇〇五 錢氏小學盦遺稿四卷 清錢馥撰 清抄本 十行二十一字無格

四〇〇六 小學盦遺橐不分卷 清錢馥撰 清同治八年趙之謙家抄本 清趙之謙校並跋

四〇〇七 南潯詩稿不分卷 清錢九韶撰 清聽瀨山房抄本 九行二十字無格

四〇〇八 蘭陔詩集二卷 清鄭王臣撰 清乾隆刻本 九行十八字白口左右双边

四〇〇九 蘭陔四六四卷蓮雪草一卷仿木杜詩一卷 清鄭王臣撰 清乾隆四十七年孫鍔刻本 九行二十一字白口左右双边

四〇一〇 書帶草堂詩鈔二卷 清鄭廷班撰 清乾隆刻本 七行十六字小字双行同白口四周双边

四〇一一 忍齋存草四卷 清鄭發貴撰 清乾隆刻本 八行十八字白口左右双边

四〇一二 醬花軒詩鈔一卷 清鄭咏撰 清怡穗山房抄本 九行字數不等小字双行不等白口四周双边

四〇一三 使粵草不分卷 清鄭辰撰 稿本 清朱雲驤題詩 清孫時棟跋 七行或六行字數不一無格

四〇一四 野雲居詩稿二卷文稿一卷 清鄭笠撰 清嘉慶刻本 十行二十字黑口左右双边

四〇一五 野雲居詩稿二卷 清鄭笠撰 蔣學鏞選 清鄭勳抄本 清鄭勳校 清蔡鴻鑑跋

四〇一六 蕉雪詩鈔一卷 清鄭巒撰 稿本 清蔣學鏞 鄭勳 桂海洲批注 十行二十一字無格

四〇一七 課餘吟草 清鄭維瓚撰 稿本 清王瑤跋 九行二十字藍格

四〇一八 蜨水齋雜俎不分卷 清舒位撰 稿本 張蘭恩校並跋

四〇一九 蜨水齋雜俎一卷 清舒位撰 清趙氏抄本 清趙宗建錄葉廷琯跋並題識 十一行二十二字無格

四〇二〇 晚菘堂吟稿一卷 清常清安撰 清乾隆刻本 九行十九字白口左右双边

四〇二一 大雲山房文藁初集四卷 清惲敬撰 清嘉慶二十年虞山堂刻本 清李慈銘校 十行二十二字黑口四周双边

四〇二二 大雲山房文藁二集四卷 清惲敬撰 清嘉慶二十一年宋楊光刻本 清李慈銘批並跋 十行二十二字黑口四周双边

一七六

四〇二三 大雲山房大案初集四卷二集四卷補編一卷 清惲敬撰 清同治八年雷位述刻本 清姚覲元校注並跋又録前人評語 十行二十二字黑口四周双边

四〇二四 水明山樓集四卷 清釋實懿撰 清乾隆刻本 九行二十一字白口左右双边

四〇二五 破山興福寺古跡小艾草一卷萬籟齊音一卷 禪機百物頌一卷 清釋宗安撰 清乾隆十七年刻本 八行十八字白口左右双边 百物頌十行二十字

四〇二六 小鮮天巷吟草四卷六内山野紀事詩一卷 清釋達慶撰 稿本

四〇二七 學夫集三卷 清釋清樅撰 清抄本 八行十八字無格

四〇二八 西溪詩存一卷 清釋徵拔撰 清乾隆二十七年刻本 八行十九字黑口左右双边

四〇二九 樊虛大師遺集三卷 清釋明中撰 清乾隆刻本 十行十九字黑口四周單边

四〇三〇 話墮集三卷 清釋篆玉撰 清刻本 十行十九字白口四周單边

四〇三一 皇考聖德神功全頌詩四卷 清仁宗顒琰撰 清嘉慶內府刻本 十行十六字小字双行二十四字白口四周双边

四〇三二 御製詩初集四十八卷目録六卷 清仁宗顒琰撰 清嘉慶八年內府刻本 九行十七字白口四周双边

御製詩二集六十四卷目錄八卷 清仁宗顒琰撰 清嘉慶十六年內府刻本 九行十七字白口四周双边 四三三
御製詩三集六十四卷目錄四卷 清仁宗顒琰撰 清嘉慶二十四年內府刻本 九行十七字白口四周双边 四三四
御製詩餘集六卷 清仁宗顒琰撰 清內府刻本 九行十七字白口四周双边 四三五
御製全史詩四卷 清仁宗顒琰撰 清嘉慶內府刻本 七行十八字白口四周双边 四三六
御製全史詩六十四卷首二卷 清仁宗顒琰撰 張師誠注 清嘉慶十六年內府刻本 七行十八字小字双行同白口四周双边 四三七
御製詩不分卷御製文不分卷 清仁宗顒琰撰 清嘉慶內府抄本 道光元年吳寧跋 八行十九字至二十一字無格 四三八
御製嗣統述聖詩二卷 清仁宗顒琰撰 清嘉慶內府刻本 七行十八字白口四周双边 四三九
御製嗣統述聖詩四卷 清仁宗顒琰撰 清嘉慶劉鐶之寫本 四四〇
御製文初集十卷 清仁宗顒琰撰 清嘉慶十年內府刻本 七行十五字白口四周双边 四四一
御製文二集十四卷 清仁宗顒琰撰 清嘉慶二十年內府刻本 七行十五字白口四周双边 四四二
御製文二卷 清仁宗顒琰撰 清穆彰阿跋 八行十六字小字双行同白口四周双边 四四三
御製文餘集二卷 清仁宗顒琰撰 清道光內府刻本 八行十六字小字双行同白口四周双边 四四四
御製詩文稿不分卷 清仁宗顒琰撰 稿本 四四五
御製盛京頌一卷 清仁宗顒琰撰 清嘉慶永瑆寫本 四四六
味餘書室全集定本四十卷目錄四卷隨筆二卷 清仁宗顒琰撰 清嘉慶五年內府刻本 九行十七字小字双行同白口四周双边 四四七
味餘書室文選二卷詩選十卷 清仁宗顒琰撰 清內府抄本 八行二十一字無格 四四八
味餘書室恭和詩八卷 清仁宗顒琰撰 清嘉慶張師誠寫本 四四九
清寧合撰二卷 清仁宗顒琰撰 清嘉慶內府刻本 六行十六字白口四周双边 四五〇
橋東集不分卷 清鄂恭禄撰 清抄本 八行二十二字白口綠格四周双边 四五一
海棲集一卷 清楊文楷撰 清抄本 四五二
小書巢詩課偶存註略四卷 清陸以莊撰 楊錫注 清玉荀山房抄本 四五三
碧琅館詩草不分卷 清陳鶴撰 稿本 清張濂等跋 四五四
桂門初稿十卷續稿三卷 清陳鶴撰 清歸安吳氏兩罍軒抄本 十行二十一字無格 四五五
王文簡公遺文不分卷 清王引之撰 稿本 十行二十至二十一字白口左右双边 四五六
澹香齋詩草四卷 清王廷紹撰 清抄本 九行十九字無格 四五七

茗柯文初編一卷二編二卷三編一卷四編一卷 清張惠言撰 清嘉慶十四年刻本 清勞權校 十行二十一字白口左右双边 四五八
張皋聞先生遺稿一卷 清張惠言撰 稿本 莊縕寬、戴光曾題識 四五九
茗柯文二編不分卷 清張惠言撰 稿本 十行二十一字藍格 四六一
篆易注元室文集五卷茗柯詩一卷詞一卷擬名家制藝一卷 清張惠言撰 稿本 清張琦跋 十行二十一字黑格 四六二
茗柯文稿初編一卷 清張惠言撰 稿本 清張績書、董士錫、劉逢祿跋 清張曜孫、鄧寶跋 清王灼、吳德旋 十行二十一字無格 四六三
經義堂存稿不分卷 清何蘭薇撰 清抄本 六行二十五字無格 四六四
花隱菴詩草一卷 清牛坤撰 稿本 胡兆松、王汝玉跋 八行二十四字無格 四六五
花隱菴詩草一卷 清牛坤撰 稿本 牛東跋 八行十八字無格 四六六
石雲山人詩稿不分卷 清吳榮光撰 稿本 四六七
勞薪集不分卷 清梁章鉅撰 稿本 八行十六字無格 四六八
遂雅堂集十卷續編一卷 清姚文田撰 清道光元年江寧使署刻本 續編道光八年刻本 清李慈銘批並跋 八行二十一字小字双行同白口左右双边 四六九
遂雅堂文集續編一卷 清姚文田撰 稿本 八行二十一字綠格 四七〇
求是齋自訂稿不分卷 清姚文田撰 清嘉慶刻本 清馮德興批 九行二十五字白口左右双边 清陳壽祺、葉繼雯、劉嗣綰跋 四七一
秋農詩草一卷 清姚文田撰 稿本 四七二
姚秋農文稿一卷 清姚文田撰 稿本 王大隆跋 八行十九字蝶裝 四七三
恭和御製詩一卷 清姚文田撰 稿本 四七四
貞定先生遺文一卷壽民詩鈔一卷附錄一卷 清吳與儀撰 稿本 十二行四十七字無格 四七五
向雲文集五卷詩集二卷 清陳斌撰 清嘉慶十二年刻本 九行二十一字白口四周双边 四七六
怡山館文稿不分卷 清宋鉐敬撰 清抄本 八行二十二字無格 四七七
太乙舟初藁一卷 清陳用光撰 稿本 九行二十一字黑格左右双边 四七八
花西腐齋集不分卷 清陳用光撰 稿本 十行二十四字無格 四七九
太乙舟待刪草二卷使浙草一卷乙未詩鈔一卷 清陳用光撰 清吳德旋批並跋 童槐、周松靄跋 湯金釗、梅曾亮、李彥章等題款 行字不等無格 稿本 四八〇
艷雪軒詩存四卷試帖詩存四卷日下賡歌集 四八一

三卷文稿一卷 清龔守正撰 稿本 九行二十五字白口四周單边

四八二 日下賡歌集十卷艷雪軒文稿一卷詩存四卷 清龔守正撰 稿本 行字不等無格

四八三 常惺惺齋詩二卷 清斯蘭生撰 稿本 八行十九至二十字白口四周双边

四八四 慎誠堂集不分卷 清鄧士憲撰 稿本 八行十九字白口四周双边

四八五 思無邪室詩集六卷 清顧純撰 稿本 清陳延恩序，陸嵩、陸懋修跋 俞岳校並跋

四八六 退菴文稿不分卷 清梁章鉅撰 稿本 九行二十二字紅格

四八七 梁茝林滄浪詩一卷 清梁章鉅撰 稿本

四八八 聞妙香室詩十二卷詞一卷文十九卷經進集五卷黔記四卷 清李宗昉撰 清道光自刻本 十一行二十四字黑口左右双边

四八九 聞妙香室詩鈔八卷 清李宗昉撰 稿本、清陸麟書批校並跋

四九〇 拾穗山房詩稿不分卷 清林軒開撰 稿本 八行行字不等白口四周双边

四九一 拾穗山房詩存三卷 清林軒開撰 稿本 八行二十四字無格

四九二 拾穗山房詩存十卷文鈔四卷 清林軒開撰 稿本 九行二十一字白口四周双边

四九三 拾穗山房文稿不分卷偶和集一卷 清林軒開撰 稿本 大行行二十二字或二十五字白口四周双边

四九四 公伯華堂集六十四卷遁庵筆記一卷 清畢槐撰 稿本 清阮元跋 十行二十二字白口四周双边

四九五 婁姿洋集一卷 清孫爾準撰 清道光刻本 九行十九字小字双行同白口左右双边

四九六 天真閣集六十卷 清孫原湘撰 附長真閣詩集七卷詩餘一卷 清席佩蘭撰 稿本 存八卷 天真閣集二十六至二十七、三十 長真閣詩集五至六 詩餘全

四九七 長真閣詩鈔七卷詩餘一卷 清席佩蘭撰 清抄本 清姚燮、許注補抄 八行二十四字無格

四九八 瑛寶齋文集三卷外集二卷 清鄧傳密撰 清抄本 九行二十五字白口四周單边

四九九 覺蘇集不分卷 清宋為璐撰 稿本 清林報曾、方廷瑚題款

五〇〇 撖空樵稿一卷 清宋為璐撰 稿本 清高錫蕃題款

五〇一 辨志書塾文鈔不分卷詩鈔不分卷詞鈔不分卷 清李兆洛撰 清抄本 十行二十五字紅格白口四周双边

五〇二 夢陔堂詩集五十卷文説十一卷文集十卷 清黃承吉撰 清道光家刻本 十行二十一字白口左右双边

五〇三 夢陔堂文説初稿不分卷 清黃承吉撰 清抄本 張鴻采跋 十行二十字無格

五〇四 求是堂詩集二十二卷詩餘一卷 清胡承珙撰 清道光十三年自刻本 十行二十二字白口左右双边

五〇五 求是堂文集六卷駢體文二卷 清胡承珙撰 清道光十七年刻本 十行二十二字白口左右双边

五〇六 掃落葉齋詩稿一卷 清時銘撰 稿本 十一行二十一字黑格四周單边

五〇七 介存齋詩四卷 清周濟撰 清道光刻本 十一行二十一字白口左右双边

五〇八 守約堂詩稿十五卷 清謝階樹撰 清守約堂抄本 十行二十一字白口四周双边

五〇九 留詩閣詩集一卷 清程際盛撰 稿本 七行二十字無格

五一〇 踈齋文存一卷詩餘一卷 清童元偁撰 稿本 九行十八字無格

五一一 賀稿庚遺文録存不分卷 清賀長齡撰 清抄本

五一二 是程堂集十四卷二集四卷耶溪漁隱詞二卷 清屠倬撰 清嘉慶刻本 十一行二十一字白口左右双边

五一三 衎石齋記事稿十卷 清錢儀吉撰 清道光刻本 清李慈銘校並跋 九行二十一字小字双行同黑口四周双边

五一四 衎石齋記事稾十卷續稾十卷刻楮集四卷旅逸小稾二卷 清錢儀吉撰 清光緒六年錢彝甫刻本 清李慈銘校並跋 九行二十一字黑口四周双边

五一五 衎石齋集不分卷 清錢儀吉撰 清戚濛江抄本 清翁方綱批 錢泰吉跋

五一六 衎石齋隨筆不分卷雜記不分卷 清錢儀吉撰 稿本 邵章跋

五一七 衎石詩不分卷 清錢儀吉撰 稿本 十行二十四字無格

五一八 衎石先生未刻稿不分卷 清錢儀吉撰 清道光間抄本 清楊象濟跋 十行二十字藍格

五一九 衎石齋詩集三十卷 清錢儀吉撰 清咸豐七年潘貽穀抄本 清錢泰吉校並跋 錢應溥跋

五二〇 衎石齋集十三卷 清錢儀吉撰 清抄本 存二十四卷 澂觀集八卷 旅逸續稿二卷 定廬集六卷 浮稿八卷 定廬集二卷 閒遊集一卷 澂觀集四卷 比鄂集四卷 家書一卷

五二一 澂觀集四卷 清錢儀吉撰 稿本 九行二十一字紅格

五二二 郭大理遺稿不分卷芳堅館題跋不分卷 清郭尚先撰 清抄本 九行二十五字白口紅格四周双边

五二三 疑香室詩存八卷 清麟慶撰 稿本 十行十九字白口四周單边

五二四 萩齋詩鈔一卷 清王家相撰 稿本 清吳蔚光題詞

四二五 六草齋蟲吟一卷 清李雲綴撰 稿本 十三行二十字至二十四字不等無格
四二六 路潤生先生文稿一卷 清路德撰 稿本 九行二十六字無格
四二七 研秋齋詩畧一卷文畧一卷筆記二卷 清劉彥焯撰 行述一卷 清劉鴻翱、劉鵬撰 清道光十七年至十八年五之堂刻本 九行十九字白口左右双边
四二八 次白文稿一卷 清劉鴻翱撰 稿本 九行字數不一無格
四二九 會稽王衍梅笠舫稟不分卷 清王衍梅撰 清抄本 九行二十五字無格
四三〇 辛卯生詩四卷 清吳衡照撰 清道光九年刻本 清馮登府評並跋 十行二十一字黑口左右双边
四三一 飛鴻軒吟存一卷 清程喬采撰 稿本 清張廷濟等跋、清釋達受、陳鑾、楊炳聲題詩 陸嵩題款 八行十八字無格
四三二 程侍郎遺集初編十卷 清程恩澤撰 清道光二十五年梁章鉅刻本 清翁同龢批點 十行二十一字白口左右双边
四三三 春海侍郎俟桐遺響不分卷 清程恩澤撰 稿本 清何紹基跋
四三四 潄石齋全集不分卷 清林天棻撰 稿本 八行二十四字白口左右双边
四三五 侯官林文忠公遺稿不分卷 清林則徐撰 稿本
四三七 雲左山房文鈔五卷 清林則徐撰 清抄本 九行二十字紅格
四三六 塞上詩塞上竹枝詞一卷回疆竹枝詞一卷珠江竹枝詞一卷 清林則徐撰 清抄本 十二行[illegible]字小字双行同無格
四三八 亦政堂詩集十二卷 清劉珊撰 清嘉慶二十三年刻本 十一行二十一字白口左右双边
四三九 內自訟齋古文彙十一卷 清周凱撰 清高澍然評點 清抄本 十行二十一字上白口下黑口四周双边
四四〇 內自訟齋古文彙十卷 清周凱撰 稿本
四四一 求真是齋詩鈔不分卷詩餘一卷 清顏伯燾撰 清抄本 九行二十一字無格
四四二 一笑堂詩集四卷 清謝三賓撰 清康熙刻本 十二行二十八字黑口左右双边
四四三 花宜館詩續鈔一卷 清吳振棫撰 稿本
四四四 花宜館文略一卷 清吳振棫撰 稿本
四四五 綏鈂亭詩文稿一卷 清邵懿辰撰 稿本
四四六 綏鈂亭詩集不分卷 清邵懿辰撰 稿本
四四七 綏鈂亭詩草一卷 清邵懿辰撰 稿本
四四八 綏鈂亭文稿不分卷 清邵懿辰撰 稿本
四四九 綏鈂亭詩卌不分卷詞卌一卷東巡扈從詩卌一卷使吳吟卌二卷 清邵懿辰撰 稿本
四五〇 綏鈂亭集三十二卷 清邵懿辰撰 稿本 十一行二十二字小字双行同白口四周双边
四五一 觀齋詩草不分卷 清邵懿辰撰 稿本
四五二 又華齋試律存草一卷 清邵懿辰撰 稿本
四五三 使吳吟草不分卷 清邵懿辰撰 稿本
四五四 勤學齋文草不分卷 清邵懿辰撰 稿本
四五五 律賦存稿一卷 清邵懿辰撰 稿本
四五六 淵復齋初稿一卷隨筆五卷綏鈂亭文稿[illegible]卷 清邵懿辰撰 稿本
四五七 劉禮部集十一卷 清劉逢祿撰 麟石文鈔一卷 清劉承寵撰 清道光十年思誤齋刻本 十一行二十一字黑口四周双边
四五八 劉禮部集十一卷 清劉逢祿撰 麟石文鈔一卷 清劉承寵撰 清道光十年思誤齋刻本 清李慈銘跋
四五九 芴庵詩鈔不分卷讀通鑑綱目一卷 清吳清鵬撰 稿本 清梅曾亮跋
四六〇 勉益齋偶存稿不分卷 清裕謙撰 清文苑閣抄本
四六一 勉益齋偶存稿不分卷 清裕謙撰 清抄本 九行二十一字無格
四六二 研六室文鈔十卷 清胡培翬撰 清道光十七年涇川書院刻本 九行二十二字小字双行同白口左右双边
四六三 簡學齋詩一卷 清陳沆撰 稿本 清魏源、龔自珍、吳嵩梁、包世臣批並跋 董桂敷、賀長齡、黄平甫、黄修存批 汪正鋆、黄之驥、潘曾瑩、陶澍、姚學塽、陸獻跋 本書原名白石山館詩
四六四 簡學齋詩存一卷 清陳沆撰 清抄本
四六五 秋舫詩鈔一卷 清陳沆撰 清白石山館抄本 清吳嵩梁批校 葉名澧題款
四六六 纖輔輶軒集一卷 清張祥河撰 稿本 八行二十一字藍格
四六七 朝天集一卷 清張祥河撰 稿本
四六八 如園詩鈔不分卷 清徐寶善撰 稿本 清吳嵩梁跋 桂星評 熊方受題詩 陳用光題款 八行十六字白口四周單边
四六九 石經閣詩略五卷小檇李亭詩錄二卷 清馮登府撰 石經閣鄭硯偶酬集一卷 清馮登府輯 清道光刻本 清馮登府重定 十一行二十三字黑口左右双边
四七〇 石經閣文稿一卷竹隱詞一卷 清馮登府撰 稿本 十一行二十三字紫格左右双边
四七一 石經閣集外文二卷 清馮登府撰 清忻寶華輯 稿本（據目錄缺十五） 十行二十一字藍格
四七二 石經閣文續集七卷 清馮登府撰 清史詮輯 清抄本 黄賓跋 十一行二十三字無格
四七三 拜竹詩龕集外詩不分卷 清馮登府撰 清忻寶華輯 稿本 十行二十一字藍格
四七四 拜竹詩堪詩集外稿一卷種芸詞初稿一卷拜

竹詩堪集外稿一卷　清馮登府撰　史詮輯　清抄本　十一行二十三字無格

四七五　馮柳東雜稿不分卷　清馮登府撰　稿本　十一行十九至二十字無格

四七六　柳東先生詩曠稿八卷竹樹詞一卷　清馮登府撰　稿本　末附象山縣志目及凡例

四七七　壓線集不分卷　清馮登府撰　稿本　十一行二十五字　白口　四周双边

四七八　壓綠集不分卷　清馮登府撰　清道光史詮抄本　十一行二十三字無格

四七九　燕京雜詠二卷　清潘挹奎撰　稿本　九行二十二字無格

四八〇　潘挹奎文稿不分卷　清潘挹奎撰　稿本　清張澍、丑芷泉批　八行二十字紅格

四八一　綺雪山房詩鈔二十卷　清楊慶琛撰　清抄本　十行二十二字　白口　左右双边

四八二　瑤研幽吟艸一卷　清方成珪撰　清道光二十七年活字印本　九行十九字　白口　四周双边

四八三　柳吠軒文集二十卷　清高澍然撰　清同治十年謝章鋌抄本　十行二十四字　白口　紅格

四八四　謝石臞詩草一卷　清謝壎撰　稿本　十二行行字不等無格

四八五　古皆公遺着不分卷　清郭尚皆撰　稿本　八行行字不等無格

四八六　石齋文稿不分卷　清郭協寅撰　清抄本　十行二十字　白口　左右双边

四八七　穠耕堂詩集三卷外集一卷　清施國祁撰　清抄本　十二行二十四字　綠格　四周單边

一八三

四八八　斗柄詩號一卷　清許經文撰　清抄本　十一行二十四字無格

四八九　紅杏山房詩鈔不分卷　清許肇祁撰　稿本　清國大士評　清段朗跋　九行十九字無格

四九〇　逭雨齋詩草十卷桅香詞一卷　清許肇封撰　清乾隆刻嘉慶六年續刻本　八行二十一字　白口　四周单边

四九一　青箱閣詩草六卷附詠東林諸子詩一卷詠西域諸回疆詩一卷　清王廷楷撰　稿本

四九二　紅蝠山房二編詩補鈔不分卷　清王乃斌撰　稿本　九行二十四字　紅格　四周双边

四九三　足雨簃詩鈔一卷　清王臻撰　清抄本　十行二十五字　紅格　四周双边

四九四　王琴蘭詩稿十四卷（古棍書屋詩抄試帖一卷、桂一樓詩集四卷、烟霞嘯客少時賦稿一卷、删餘存草一卷、蜃水雲帆山水諸詠二卷）　清王樹英撰　稿本

四九五　雲海集一卷　清王灼撰　稿本　九行十九至二十字無格

四九六　晴翠山樓詩鈔二卷　清王灼撰　稿本　九行十九字無格

四九七　遯園遺文四卷　清黃味里撰　清抄本　十一行二十字無格

四九八　詠齋未定稿不分卷　清申世增撰　稿本

四九九　瘦竹幽花之館詩存四卷　清石同福撰　稿本

五〇〇　瘦竹幽花之館詩存八卷　清石同福撰　稿本

五〇一　佩渠前集一卷後集一卷　清張騊元撰　稿本

五〇二　種玉堂集二卷　清張瀛三撰　稿本　清孫康湘評並跋

五〇三　遊楚吳吟不分卷　清張雲璈撰　稿本

五〇四　簡松草堂文稿一卷　清張雲璈撰　稿本　朱來燮跋

五〇五　抱山詩鈔四卷　清張雲璈撰　清乾隆刻本　九行十八字　白口　左右双边

五〇六　張叔未編年詩不分卷　清張廷濟撰　稿本　十一行二十一字無格

五〇七　清儀閣文稿不分卷　清張廷濟撰　稿本

五〇八　清儀閣詩稿不分卷　清張廷濟撰　稿本　九行二十三字藍格

五〇九　竹里耆舊詩一卷　清張廷濟撰　稿本　清張開福題識

五一〇　桂馨堂集三卷　清張廷濟撰　清道光十九年自刻本　十行十九字　白口　左右双边

清儀閣雜詠一卷　竹里耆者詩一卷

五一一　宛鄰草稿二卷隨錄一卷竹田樂府一卷　清張衎撰　稿本

五一二　逃禪閣稿四卷　清張奎撰　稿本　清吳式芬跋　八行十九字　白口　四周單边

五一三　滇遊草一卷迴風草一卷　清張賓和撰　清抄本

五一四　大滌山房詩錄八卷試帖一卷　清張嶽崧撰　清道光十四年刻本　清葉廷琯跋　十行二十一字　黑口　左右双边

五一五　一葉齋詩鈔不分卷　清張藻撰　稿本　十行二十字　白口　左右双边

五一六　綠秋書屋詩鈔一卷　清張固撰　清嘉慶刻本　八行十七字　白口　四周双边

五一七　彩雲百詠二卷續詠二卷　清張履程撰　清嘉慶刻本　八行二十二字　白口　四周双边

五一八　紅椒山館詩鈔□卷　存八卷（八至十、十六至十八、二十至二十一）　清張興鏞撰　稿本

五一九　愛日精廬文抄一卷　清張金吾撰　清道光抄本

五二〇　愛日精廬文稿六卷　清張金吾撰　稿本

五二一　今首館甲集六卷乙集八卷　清張鑑撰　清道光十九年二十六年刻本　十二行二十三字　黑口　左右双边

五二二　春草園蟲鳴草四卷　清孔昭恢撰　稿本　清蔡宗懋跋並題詩　方世張題詩　九行二十字無格

五二三　春夜園蟲鳴草選抄一卷　清孔昭恢撰　稿本　九行二十字無格

五二四　春雨樓詩略八卷　清孫韶撰　清嘉慶鮑晴崖刻本　十一行二十一字　白口　左右双边

一八四

四二五 南村草堂文鈔二十卷詩鈔二十四卷 清鄧顯鶴撰 清咸豐二年刻本 清何紹基批點 十一行二十二字，白口，左右雙邊

四二六 金粟山樓詩二十卷蘭絲集二卷小石城山房文集不分卷 清鄧淵耀撰 稿本 清孫原湘、李鍚暉、翁同龢、郭松年跋

四二七 盅友先生文藁不分卷 清邵淵耀撰 稿本 清翁同龢跋

四二八 金粟山樓詩集四卷 清邵淵耀撰 稿本

四二九 一枝集四卷 清邵士綽撰 稿本 十二行二十五字無格

四三〇 硯北書叢一卷茶夢广隨筆一卷續筆一卷 清改琦撰 稿本

四三一 玉壺箋寄一卷畫餘詞一卷 清改琦撰 稿本 沙彥楷跋

四三二 改七薌雜記一卷 清改琦撰 稿本

四三三 焦虎玉文稿一卷螢梅花館詩録四卷 清焦廷琥撰 稿本 十一行二十四字無格

四三四 螢梅花館詩録四卷 清焦廷琥撰 稿本 十一行二十四字無格

四三五 窓梅花館詩録一卷 清焦廷琥撰 清抄本 十行二十一字無格

四三六 因柳閣詩録三卷 清焦廷琥撰 稿本 十行二十一字無格

四三七 休復居詩集六卷文集六卷附一卷 清李兆洛撰 清道光二十四年李氏西路草廬刻本 十行二十一字，白口，四周雙邊

四三八 何氏學四卷 清何治運撰 清嘉慶二十四年愛日軒刻本 九行十八字，白口，左右雙邊

四三九 紫雲先生遺稿一卷 清何治運撰 清抄本 清錢泰吉校

四四〇 石二十盤山舊舍詩稿三卷 清崔應榴撰 清抄本 九行十九字，白口，四周單邊 李肯名詠史樂府

四四一 香南居士集六卷 清崔應榴撰 清道光二十二年刻本 九行十八字，白口，左右雙邊

四四二 棠雨舲中丞詩稿守岱集一卷 清崇恩撰 稿本

四四三 枕琴軒詩草不分卷 清崇恩撰 稿本 清陳森跋

四四四 夢花樓詩草三卷 清樂鈞撰 稿本 清史炳批並跋 郭慶和、吳慈鶴跋 九行二十一字，白口，四周雙邊

四四五 樂蓮裳詩冊一卷 清樂鈞撰 稿本

四四六 盧谿詩草一卷 清臧洛高撰 清道光刻本

四四七 春華秋實之齋詩集五卷詩餘一卷試帖詩一卷 清朱文瑚撰 附畫蘭室遺稿一卷 清潘佩芳撰 清道光六年朱文錦抄本 十行二十一字紅格

存六卷 詩集一至四、五，試帖詩、畫蘭室遺稿全

四四八 春華秋實齋詩不分卷應制詩一卷 清朱文瑚撰 稿本

四四九 蠶山詩稿八卷 清宋鳳林撰 清抄本

四五〇 玉堂存草二十四卷 清宋嶽中撰 稿本

四五一 岷源集一卷 清吳玉綸撰 稿本 十行十五字無格

四五二 蜀游吟稿不分卷 清吳玉綸撰 稿本 十二行二十一字無格

四五三 晚翠草堂詩存四卷 清吳玉綸撰 稿本 十行二十二字無格

四五四 歸田詩叢不分卷 清吳文琛撰 稿本 九行十八字藍格

四五五 興穡齋叢稿十六卷愛香詞四卷 清吳翌鳳撰 稿本 清李軒、蔡光典跋 八行十九字無格

四五六 駕顛樓詩草一卷詞草一卷 清吳瓊仙撰 稿本 十行二十一字，白口，四周雙邊

四五七 澹成居詩殘稿一卷 清吳平信撰 稿本

四五八 澹成居未刻稿不分卷 清吳平信撰 清抄本

四五九 澹成居文鈔不分卷 清吳平信撰 清王景洵聽秋聲館抄本

四六〇 吳頊儒文稿不分卷 清吳平信撰 清抄本

四六一 重訂香蘇山館詩鈔二卷 清吳嵩梁撰 清咸豐七年邵淵耀家抄本 清邵淵耀批並跋 八行二十一字無格

四六二 思亭近稿一卷居易居小草三卷湖山吟嘯集一卷 清吳修撰 清嘉慶九至十四年刻本 九行十九字，黑口，左右雙邊

四六三 細雲吟草二卷 清吳芳培撰 清道光二十八年守樸齋刻本 六行二十字，白口，四周單邊

四六四 贅言存稿一卷 清吳毅亭（原題洗心道人）撰 稿本

四六五 蟬餘詩鈔二卷 清吳國輔撰 清抄本 八行二十一字，白口，無格

四六六 攜鹿偶存草一卷學蛩唫草一卷 清程萬里撰 稿本 八行二十二字，白口，四周單邊

四六七 秋蟬吟草不分卷 清程萬里撰 稿本 七行二十四字，白口，無格

四六八 款花居詩文不分卷 清程炘撰 稿本 九行二十四字無格

四六九 猜齋詩二卷西江遊草一卷 清鄧志諧撰 稿本 十一行十九字無格

四七〇 安吳四種三十六卷 清包世臣撰 稿本 十行字不等，白口，左右雙邊

存三十卷 四至十三、十五至三十四，又海運不分卷、成心鑑、小倦遊閣文稿

四二七一 安樂居士未定稿十三卷補遺一卷 清包世臣撰 清包氏小倦遊閣抄本 十一行二十字白口左右雙邊
四二七二 包安吳文稿不分卷 清包世臣撰 清包氏小倦遊閣抄本
四二七三 小倦遊閣文稿二卷 清包世臣撰 稿本 十行二十二字白口四周雙邊 版心鐫小倦遊閣文稿
四二七四 小倦遊閣文稿不分卷 清包世臣撰 稿本 吳俊卿跋並題詩 九行字不等白口左右雙邊
四二七五 小倦遊閣遷稾一卷 清包世臣撰 稿本 俾禮相跋 俞明震校並題 張伯英跋並題簽
四二七六 小倦遊閣集十四卷 清包世臣撰 清包氏小倦遊閣抄本 吳承載校 十一行二十字藍格
四二七七 小倦遊閣集□卷 存三卷（八至十） 清包世臣撰 清包氏小倦遊閣抄本 十一行二十三字藍格
四二七八 小倦遊閣文集序目一卷 清包世臣撰 稿本 清方怡跋
四二七九 性不善米軒小草一卷思貽居偶吟稿一卷文一卷 清孫士毅撰 稿本 九行十九字綠格
四二八〇 頑石廬文集十卷 清徐養原撰 清抄本 十行二十字無格
四二八一 頑石廬文集十卷 清徐養原撰 清抄本 清黃□□跋
四二八二 詒晉齋集八卷後集一卷隨筆一卷 清永瑆撰 清道光二十八年載銓刻本
四二八三 詒晉齋集八卷後集一卷隨筆一卷 清永瑆撰 清道光二十八年載銓刻本 載銓跋 十二行二十二字黑口四周雙邊
一八七
四二八四 益齋詩稿七卷文稿一卷 清永璥撰 清抄本 九行二十三字黑口左右雙邊
四二八五 憶山堂詩錄六卷 清宋翔鳳撰 清嘉慶刻本 十行二十字白口左右雙邊
四二八六 乙丙集二卷 清汪藻撰 稿本 九行二十字無格
四二八七 伴月樓詩鈔三卷 清汪藻撰 清抄本 十行二十一字無格
四二八八 蓼莪唫館詩集不分卷 清潘源撰 稿本 清王棠、陳壽熙校並跋 八行二十字無格
四二八九 磊砢餘情不分卷愛竹山房詩草不分卷 清馮耕竹撰 稿本 九行二十二字，詩草十九字無格
四二九〇 思適齋集十八卷 清顧廣圻撰 清道光二十九年徐渭仁刻春暉堂叢書本 清李慈銘校注並跋 十行二十一字黑口左右雙邊
四二九一 思適齋集十八卷 清顧廣圻撰 清道光二十九年徐渭仁刻春暉堂叢書本 清戈載批校 葉廷琯跋
四二九二 思適齋集十八卷 清顧廣圻撰 清道光二十九年徐渭仁刻春暉堂叢書本 清王慶勳跋 王大隆校並跋
四二九三 思適齋集十八卷 清顧廣圻撰 清道光二十九年徐渭仁刻春暉堂叢書本 沈錫祚跋
四二九四 思適齋集十八卷 清顧廣圻撰 清道光二十九年徐渭仁刻春暉堂叢書本 王國維注
四二九五 百宋一廛賦一卷 清顧廣圻撰 清黃丕烈注 清嘉慶十年黃氏士禮居刻本 清周星詒批識 九行白口左右雙邊
四二九六 萬松山房詩鈔五卷 清潘正亨撰 清道光抄本 十一行二十三字白口四周單邊
四二九七 養一齋集不分卷 清潘德輿撰 稿本
四二九八 養一齋文集外編不分卷 清潘德輿撰 稿本 清魯一同跋 十行二十字紅格
四二九九 養一齋集一卷 清潘德輿撰 清呂顯抄本 何家琪寫呈跋 十行字不等無格
四三〇〇 養一齋集十卷 清潘德輿撰 清抄本 清許瀚批校並跋 十行二十二字四周雙邊
四三〇一 天花丈室詩稿不分卷 清梁雲鏡撰 清抄本 謝章鋌校 七行十六字白口四周單邊
四三〇二 虛白室偶存詩草一卷 清梁際高撰 清抄本 八行二十字白口無格
四三〇三 深柳堂文集不分卷 清沈瑩灝撰 丁桂鑰 清抄本 十二行二十四字無格
四三〇四 帚珍齋詩存二十卷 清沈奎撰 清抄本
四三〇五 生綠山房詩二卷 清沈樹撰 稿本 清鈕樹玉、孫雲鴻跋 十二行十九字無格
四三〇六 沈蘋濱先生詩文稿二十九卷 清沈毓蓀撰 稿本
四三〇七 聽松閣詩不分卷 清沈銘彝撰 清抄本 九行二十字白口左右雙邊
四三〇八 幼學堂詩稿十卷文稿四卷 清沈欽韓撰 清嘉慶十八年刻本 十行二十二字白口左右雙邊
四三〇九 幼學堂詩稿十七卷文稿八卷 清沈欽韓撰 清嘉慶刻道光續刻本 十行二十一字白口左右雙邊
小卜
四三一〇 幼學堂續稿□□卷 存四卷（十一至十四） 清沈欽韓撰 稿本 王大隆跋 十行二十三至二十四字藍格
四三一一 蒿米館吟稿十二卷文一卷 清沈銓撰 稿本 清陳兆壽、王賢渾題詩 九行十九字白口四周單邊
四三一二 思古堂詩鈔不分卷 清添瑞撰 稿本 八行二十一字小字雙行同無格
四三一三 筠軒文鈔四卷 清沈煥撰 清嘉慶九年刻本 十行二十一字黑口左右雙邊
四三一四 瘦竹詩鈔二卷 清程百五撰 清抄本 九行十九字白口無格
四三一五 思无齋全集七卷 清裕瑞撰 清嘉慶七年至十七年遞刻本 六行十四字白口四周單邊
萋香軒吟草一卷 沈學齋詩集一卷 笠樵邸小集一卷 東宮文藁二卷 清艷堂近稿一卷 眺松亭賦鈔一卷
四三一六 續刻棗窗文稿一卷再刻棗窗文稿一卷瀋居集詠一卷東行吟鈔一卷 清裕瑞撰 清道光刻本
四三一七 沙雪湖先生詩稿不分卷 清沙泽撰 稿本

焦蒼山人詩集二卷 清沙琛撰 清嘉慶十一年刻本 十行二十一字黑口左右双边 四三一八
萩原堂詩一卷江行小集一卷 清查揆撰 稿本 清郭麐跋 十行二十一字無格 四三一九
葦廬近草二卷外集一卷 清李東陽撰 清抄本 清葉酉等跋 李誥 九行十九字黑格 四三二〇
葦廬初集一卷葦廬續集一卷 清李東標撰 李憲喬題辭 清刻本 十行十九字白口左右双边 四三二一
生香館詩二卷詞二卷 清李保金撰 清嘉慶二十四年刻本 十行十九字白口左右双边 四三二二
小蓬萊閣詩存一卷 清李偉光撰 清李氏思永堂抄本 四三二三
五芝堂詩草不分卷 清李作舟撰 稿本 八行二十至二十二字無格 四三二四
意香閣詩草偶存一卷詞一卷 清李津撰 稿本 清李兆熊跋 九行十九字無格 四三二五
怡堂詩草不分卷 清李世治撰 稿本 隋郡桐跋 九行字不一無格 四三二六
鶴樓堂吟草二卷詩草不分卷文草不分卷 清曹錫麟撰 稿本 十行二十二字無格 四三二七
捧月樓詩四卷 清袁通撰 稿本 清楊芳燦批選並跋 十行二十一字白口綠格四周双边 四三二八
韡石鈔光生十國詞箋略一卷 清袁蘭撰 稿本 四三二九

十八

秋水池堂詩不分卷 清袁棠撰 稿本 清郭麐題款 四三三〇
潯陽詩稿一卷詞稿一卷翻川樂事一卷新調思春一卷 清戴全德撰 清嘉慶五年刻本 六行十八字白口左右双边 四三三一
齊物論齋文集六卷 清董士錫撰 稿本 清譚獻校並跋 十二行二十五字黑格 稿本九行二十四字無格 四三三二
聊寄集八卷 清莊炘撰 清抄本 十二行二十四字小字双行同無格 四三三三
師尚齋詩集八卷 清莊炘撰 清抄本 四三三四
海天長嘯樓集不分卷 清蔣志熙撰 清嘉慶刻本 十一行二十二字黑口左右双边 四三三五
來青閣遺稿二卷 清蔣樹撰 清咸豐四年許氏古均閣刻本 九行二十一字黑口左右双边 四三三六
青荃詩集二卷外集二卷 清蔣因培撰 稿本 八行二十一字無格 四三三七
望山書齋集一卷 清蔣因培撰 稿本 八行二十一字無格 四三三八
聽鐘樓自訂初稿十卷續稿一卷 清韓是升撰 稿本 清韓懷玉、沈式善批並跋 清丁式虔、甘運源、沈彥曾評 張問陶、鄭昭、王麗、趙翼題詞 四三三九
聽鐘樓詩鈔不分卷 清韓是升撰 稿本 清潘奕雋評並跋 四三四〇
拙宜園稿不分卷 清黃憲清撰 清抄本 十行二十一字黑格白口四周單邊 四三四一
橫海樓詩鈔四卷 清黃培芳撰 清孔繼昌抄本 八行十六字綠格 四三四二

醉經樓存稿六卷 清黃錫蕃撰 稿本 清朱彝尊批並跋 八行十八字藍格 四三四三
日下新謳一卷 清黃竹堂（原題新園居士）撰 稿本 白口四周双边 四三四四
借秋亭詩草五卷補遺一卷吳歙百絕一卷 清葉雲撰 清道光十年陸巖刻本 清葉廷琯跋 十二行二十二字白口四周双边 四三四五
落卷詩鈔一卷海棠巢吟稿一卷 清葉雷生撰 清祁寯藻抄本 七行十六字白口四周单边 四三四六
梅花書屋近體詩鈔四卷 清葉廷勳撰 清嘉慶十六年刻本 十行十六字小字双行同無直格四周单边 四三四七
詩草存刪一卷花凝生詞稿一卷文稿一卷 清葉丹撰 稿本 清汪端光、袁承福、李文旗、譯清、阮元、趙翼、趙懷玉、邵葆祺、鄭勳、鐵保、何承燕、徐嵩等題辭 九行二十字綠格白口四周双边 四三四八
白湖詩稿八卷文稿八卷時文一卷 清葉燕撰 清小隱山莊抄本 八行十六字無格 四三四九
改吟齋嘯餘什一卷 清葉樹枚撰 清道光十四年自刻本 十行二十一字黑口左右双边 四三五〇
改吟齋詩四卷 清葉樹枚撰 清嘉慶十三年自刻本 十一行二十二字白口（下黑口）左右双边 清葉樹枚校改並跋 四三五一
改吟齋集九卷 清葉樹枚撰 稿本 清仲湘跋 四三五二
蘇甘廊詩集十八卷文集二十卷樂府二卷 清杜煦撰 四三五三

十九

綠窗吟葉一卷小壺天課子草一卷詩餘一卷 清沈寶榮撰 清抄本 清陸眉生題簽 十行二十三字黑口左右双边 清刻本 清周緣堂校並跋 十一行二十三字白口左右双边 四三五四
味筍草堂詩集四卷 清楊麟洲撰 清抄本 九行十九字藍格 四三五五
詒硯齋詩鈔不分卷 清楊東仁撰 稿本 清楊沂孫校 十行 四三五六
秋室集十卷 清楊鳳苞撰 清光緒九年湖州陸氏刻本 清李文田批注 九行二十四字 存五卷 一至五
秋室遺文一卷南疆逸史跋一卷 清楊鳳苞撰 清傅以長 思閣抄本 四三五八
采蘭簃文集不分卷 清楊鳳苞撰 清同治七年淩霞抄本 清淩霞校並跋 十二行二十八至三十字不等 四三五九
劇賦草一卷覆瓿草一卷蠹餘草一卷篋中草一卷 清胡廷桂撰 稿本 八行十九字無格 吳肅中、書光藻評選 四三六〇
石窗山人小稿七卷 清胡焯撰 稿本 四三六一
綏服紀略圖詩不分卷 清松筠撰 清乾隆六十年刻本 六行二十字小字双行同四周双边 四三六二
綏服紀略圖詩一卷附中國貨物價值不分卷 清松筠撰 清道光七年抄本 四三六三

四三六四 學讀書堂文稿不分卷 清梅春撰 稿本 清王芑孫批並跋 十行二十一字白口四周雙邊
四三六五 吟齋筆存一卷梅樹君先生稿二卷 清梅成棟撰 念堂詩話一卷 清崔旭撰 梅成棟選 愈愚蓬舍詩稿一卷 清李佛桐撰 梅成棟選 清抄本
四三六六 曾益齋詩抄二卷 清狄坦撰 清抄本 清方保升批 十行二十一字無格
四三六七 琴士詩鈔十二卷文鈔六卷 清顧紹祖撰 清道光十二年顧氏古墨齋刻本 十行二十字白口左右雙邊
四三六八 保甓齋文錄二卷 清趙坦撰 清道光刻本 十行行二十一字白口四周雙邊
四三六九 鄦洋閣集十五卷 清趙同鈺撰 清抄本 八行二十一、二十二字不等無格
四三七〇 韞玉樓集詩四卷詞鈔一卷 清屈秉筠撰 清韞清仙館抄本
四三七一 凝神草堂詩存二卷詩餘一卷 清秦士豪撰 清抄本 清邵正笏、屈廣政、王學浩、陸淑曹題詩 孫慶熙題詞 九行十八字黑格白口左右雙邊
四三七二 皖遊吟草一卷 題清懶芥散人撰 稿本 清標康瀾等題詩
四三七三 蘊愫閣詩後集二卷 清盛大士撰 稿本 清湯德輿、蕭文業、丁晏題辭
四三七四 蘊愫閣詩集十二卷詩續集九卷琴竹山莊樂府二卷文集八卷別集四卷 清盛大士撰 嘯雨草堂集十卷 清盛徵璵撰 清道光元年至十二年刻本 十一行二十二字小字雙行同黑口左右雙邊

上九十

四三七五 收石隝吟草一卷 清盛采撰 稿本
四三七六 收石隝吟草一卷 清盛采撰 稿本 清戈載批並跋
四三七七 收石隝吟草三卷 清盛采撰 清抄本
四三七八 徵質堂詩正集八卷賡宋雜體詩二卷 清曹言純撰 清抄本 清曹毛、沈曾植、曹盛熙跋
四三七九 棲心庵遺稿一卷 清曹康撰 清道光十四年刻本 九行十九字白口左右雙邊
四三八〇 奕載堂文集不分卷 清雍中瀠撰 清道光十一年刻本 王大隆跋 十行二十字白口四周單邊
四三八一 柯家山館遺詩六卷詞三卷 清嚴元照撰 清嘉慶十八年至二十二年陳球刻本 王國維校 十行二十一字白口左右雙邊
四三八二 悔菴學詩不分卷 清嚴元照撰 稿本 清許宗彥、臧庸、成四象題跋 十行二十一字小字雙行同無格
四三八三 悔菴學文八卷補遺一卷 清嚴元照撰 清光緒陸心源刻湖州叢書本 王國維校並跋 九行二十一字黑口四周雙邊
四三八四 悔菴學文八卷 清嚴元照撰 稿本 十行二十一字無格

四三八五 悔菴學文八卷 清嚴元照撰 清光緒五年劉履芬抄本 清劉履芬跋 十行二十一字無格
四三八六 鐵橋漫稿不分卷附金石跋一卷 清嚴可均撰 清抄本 十一行二十四字無格
四三八七 鈞渚詩鈔十六卷外集一卷玉情詞鈔一卷 清單學傅撰 稿本
四三八八 蕙蓀堂燼存草二卷 清明旭撰 清抄本 十一行二十一字無格
四三八九 蕙蓀堂集一卷 清明旭撰 稿本 清洪梧、[illegible]、費念慈跋 十一行二十一字黑格
四三九〇 須筆不分卷 清沈福撰 清抄本 八行二十字紅格四周雙邊
四三九一 筠心集一卷 清劉沈藻撰 稿本 八行字不一無格
四三九二 夜餘詩草三卷 清劉士吟撰 清咸豐四年抄本
四三九三 東蘿遺稿三卷 清陸楨之撰 清道光二十五年乾靈刻本 十一行二十一字黑口左右雙邊
四三九四 雙仙燕堂酬應儷體文集五卷 清陸耀遹撰 清聽雲山館抄本 清湯成烈注
四三九五 惕園初稿十六卷外稿一卷 清陳庚煥撰 清道光活字印本 清吳賢湘、何治運、陳梅高批校並跋 十行二十三字下黑口四周單邊
四三九六 玉天仙梵三卷附錄一卷 清陳文述撰 清抄本
四三九七 對策六卷綴文六卷 清陳鱣撰 清嘉慶十年十二年陳氏士鄉堂刻本 [illegible]校並跋 十行二十一字黑口左右雙邊 文序後有撰者像

上九七

四三九九 新坂土風一卷 清陳經撰 清抄本 十行二十四字無格
四四〇〇 讀騷樓詩三集二卷 清陳逢衡撰 稿本
四四〇一 席門集十六卷 清陳潮撰 稿本 八行二十字白口左右雙邊
四四〇二 宮閨組韻二卷 清陳川撰 清鄭學渼抄本 清鄭章鈺跋 九行十六字無格
四四〇三 稽瑞樓文草一卷 清陳揆撰 稿本 九行二十五字無格
四四〇四 稽瑞樓文草一卷 清陳揆撰 清光緒十年翁同龢刻本 清翁同龢批注并跋
四四〇五 稽瑞樓文草一卷 清陳揆撰 清翁氏張氏金峨抄本 清翁同龢校 十行二十一字白口藍格左右雙邊
四四〇六 憶園詩鈔十二卷 清陳學撰 稿本
四四〇七 刻楮吟一卷顧學叢一卷蔓餘艸一卷 清周文鼎撰 稿本 九行二十字無格
四四〇八 刻楮吟一卷陟岵草一卷字字珠一卷蔓餘艸一卷 清周文鼎撰 清莊定謨、鄭廷魁題詩 稿本 九行二十字無格
四四〇九 蘭漪堂詩集不分卷 清周僖撰 稿本 清蔣因培、王鼎、張鑒玉跋

四四一〇 竹泉詩鈔二卷 清周懇懋撰 稿本

四四一一 小蓮廬雜綴二卷 清周懇懋撰 稿本 十行二十字 藍格 白口 左右雙邊

四四一二 夫椒山館詩口口卷 清周儀暐撰 稿本 [illegible] 存十八卷 一至三、五至十四、十六、十八至二十、二十二

四四一三 惟洛齋詩四卷 清周儀暐撰 稿本 [illegible]

四四一四 瘦華盦詩稿一卷 玉雷軒主草稿一卷 銅詩己 祈之遙詞藁三卷 秋花渡橋詞二卷 蘊閣詞話一卷 清周世緒撰 稿本 八行十九字 無格

四四一五 瘦華盦紹珊詩草一卷 二筆廬浸吟一卷 清周世緒撰 稿本 清倪鴻光跋 八行十九字 白口 四周單邊

四四一六 瘦華盦詩藁四卷 清周世緒撰 清孫文煒抄本 十行二十一字 紅格 白口 左右雙邊 [illegible]

四四一七 梯雲山館初稿二卷 清周鐵撰 稿本 [illegible]

四四一八 小適津山房詩稿一卷 文稿一卷 清周錫瓚撰 翠公 校贈詩文一卷 清周世敘抄本

四四一九 紫華樹詩初集四卷 竹處遊吟一卷 清朱為弼撰 清嘉慶刻本 十二行二十三字 黑口 左右雙邊

四四二〇 鳴鳳堂詩稿十卷 外稿一卷 清殷時炳撰 清抄本 [illegible]

四四二一 金鄣巖詩稿一卷 清金德輿撰 稿本 王大隆跋 七行十六至十八字不等 無格

四四二二 聽鶯居文鈔三十卷 清錢唐撰 清小[illegible]齋抄本

四四二三 聽鶯居文鈔三十卷 清錢唐撰 清葉氏五百經幢館抄本 十行二十四字 無格

四四二四 解香山房詩集十五卷 清[illegible]撰 清道光刻本 [illegible]

四四二五 東海半人詩鈔不分卷 清錢大昕撰 清抄本

四四二六 梅花溪詩草四卷 續草一卷 清錢永撰 [illegible] 一卷 清錢有斯撰 清嘉慶二十四年錢氏刻本 [illegible]

四四二七 松靄先生畫贊集二卷 清錢杜撰 清光緒[illegible]抄本 [illegible] 九行二十二至二十五字 無格 四周雙邊

四四二八 喬阪先生遺詩一卷 清鄒楠撰 清道光鄭照抄本 九行二十一字 無格

四四二九 墨泉先生遺稿一卷 清鄒勉撰 清孫致彌抄本 清許[illegible]跋 行字不一 無格 本書亦名帶草堂遺稿

四四三〇 二硯窩詩稿偶存五卷 詞一卷 清鄭勳撰 稿本 清徐時棟跋 九行二十四字 無格

四四三一 二硯窩文一卷 清鄭勳撰 稿本 行字不一 無格

四四三二 二硯窩文略不分卷 清鄭勳撰 清抄本 清徐時棟跋 十行二十字

四四三三 聽雪集四卷 清舒其紳撰 清抄本 九行二十字 小字雙行同 白口 左右雙邊

四四三四 萬綠草堂詩集二十卷 清管斯駿撰 稿本 八行十六字 無格

四四三五 心亨書屋存稿三卷 清管[illegible]撰 稿本 清管庭芬跋

四四三六 養正書屋全集定本四十卷 目錄四卷 清宣宗旻寧撰 清道光二年內府刻本 九行十七字 白口 四周雙邊

四四三七 御製詩初集二十四卷 目錄四卷 清宣宗旻寧撰 清道光九年內府刻本 九行行十七字 小字雙行同 白口 四周雙邊

四四三八 御製詩餘集十二卷 目錄二卷 清宣宗旻寧撰 清咸豐內府刻本 九行行十七字 小字雙行同 白口 四周雙邊

四四三九 御製文初集十卷 清宣宗旻寧撰 清道光十一年內府刻本 七行行十七字 小字雙行同 白口 四周雙邊

四四四〇 御製文餘集六卷 清宣宗旻寧撰 清咸豐內府刻本 七行行十五字 小字雙行同 白口 四周雙邊

四四四一 御製延年盛京詩一卷 清宣宗旻寧撰 清內府刻本 八行二十一字 白口 四周雙邊

四四四二 御製詩不分卷 御製文不分卷 清宣宗旻寧撰 清內府寫本 八行十九字至二十一字 無格

四四四三 聽松廬詩鈔六卷 清張維屏撰 黃爵滋編 清道光刻本 九行十八字 白口 四周單邊

四四四四 五經歲徧齋詩文存不分卷 清程恩澤撰 稿本 十行二十字 白口 四周單邊

四四四五 世恩堂文稿一卷 清鄭鳴鶴撰 清抄本 清李兆洛 蔣彤跋 董國華[illegible] 八行二十二字 無格

四四四六 雅齋雜稿不分卷 清李宗昉撰 稿本

四四四七 李文清公遺文一卷 清李宗昉撰 清抄本 行字不等 無格

四四四八 四素餘珍不分卷 清黃鉞撰 稿本 九行二十至二十二字 無格 經折裝

四四四九 翊提山房文集十六卷 駢文一卷 清梅曾亮撰 稿本 清高均儒 [illegible]跋 九行二十字 小紅格 四周雙邊

四四五〇 羅浮紀文一卷 行述一卷 清羅文俊撰 稿本 [illegible]

四四五一 榕亭詩鈔十四卷 清李彥彬撰 清抄本 十三行三十六字 無格 [illegible]

四四五二 榕亭詩詞文鈔十七卷 清李彥彬撰 清抄本

仙屏書屋初集詩錄十六卷後錄二卷 清黃爵滋撰 清道光二十六年韓金生泥活字印本 九行二十一字白口左右雙邊 四四五三

仙屏書屋文稿不分卷 清黃爵滋撰 稿本 九行十八字藍格四周雙邊 四四五四

僊屏書屋詩鈔一卷 清黃爵滋撰 清王家聲抄本 清王家聲跋 四四五五

聽香讀畫山房遺稿四卷 清陳經撰 清抄本 八行二十字白口四周單邊 四四五七

溫經堂詩鈔四卷 清朱雯鈞撰 清抄本 十二行二十七字無格 四四五八

佑啟堂詩稿十五卷 清葉璽撰 稿本 四四五九

定盦文集三卷定盦續集四卷續錄一卷古今體詩二卷己亥雜詩一卷庚子雅詞一卷 清龔自珍撰 清同治七年吳煦刻本 清李慈銘批注 十二行二十四字白口左右雙邊 四四六〇

定盦文集一卷餘集一卷 清龔自珍撰 清道光刻本 十四行二十四字白口左右雙邊 四四六一

定庵文集三卷餘集一卷 清龔自珍撰 清道光刻本 十行二十四字白口四周雙邊 四四六二

定盦文集三卷餘集一卷 清龔自珍撰 清道光刻本 清陳澧批 十行二十四字白口四周雙邊 四四六三

定盦文集三卷餘集一卷 清龔自珍撰 清道光刻本 王蓋餘 鄭振鐸跋 十行二十四字白口四周雙邊 四四六四

龔定盦先生佚定文稿不分卷 清龔自珍撰 稿本 魏源跋 八行二十五字紅格四周雙邊 四四六五

定盦續集己亥雜詩一卷 清龔自珍撰 清道光二十年龔氏羽琌山館刻本 九行二十一字白口左右雙邊 四四六六

定盦文集三卷續集四卷 清龔自珍撰 清同治七年吳煦刻本 清李慈銘跋 十二行二十四字白口左右雙邊 四四六七

定盦文集四卷續集四卷 清龔自珍撰 清同治七年吳煦刻本 清翁同龢批 四四六八

定盦龔先生集外文不分卷 清龔自珍撰 清同治元年魏錫曾抄本 清魏錫曾校 趙之謙、胡澍校並書簽 趙之謙跋並題簽 四四六九

定盦文集補編四卷 清龔自珍撰 清光緒十二年朱之榛刻本 鄭文焯批並跋 十行二十二字白口四周雙邊 四四七〇

定盦文集□卷附集外未刻詩一卷詞一卷詩集定本一卷 稿本 清魏源龔澄批 存八卷 文集九至十五、雜詩集定本各一卷 四四七一

定庵文集補一卷餘集一卷 清龔自珍撰 清戴啟長鈔本 十一行二十一字綠格 四四七二

咏雪齋吟草刪存十卷 清戴綱孫撰 稿本 四周雙邊 四四七三

石泉山人吟稿不分卷 清郭柏蔭撰 清抄本 郭柏蔭跋 八行二十四字白口四周雙邊 四四七四

匣劍集五卷 清戴熙撰 清咸豐刻本 九行十九字白口四周單邊 四四七五

訪粵集不分卷 清戴熙撰 仿雲偈和詩一卷 清戴熙、黃鐘芳等撰 清道光二十年刻本 八行二十一字小字雙行同白口左右雙邊 四四七六

野航詩草一卷 清戴熙撰 稿本 清魏錫曾批 四四七七

冬熙室小草一卷 清戴□□撰 稿本 四四七八

戊戌集一卷訪粵集二卷 清戴熙撰 稿本 清唐□批 四四七九

習苦齋詩集一卷 清戴熙撰 稿本 四四八〇

鹿床小稿不分卷 清戴熙撰 稿本 清魏錫曾批並跋 八行十八字黑口四周單邊 四四八一

籀經堂集十四卷補遺二卷 清陳慶鏞撰 何秋濤編 清同治十三年晉江龔氏活字印本 十一行二十四字細黑口四周單邊 四四八二

籀經堂類稿不分卷 清陳慶鏞撰 稿本 九行二十五字紅格 四四八三

太鶴山人文集不分卷 清端木國瑚撰 稿本 九行十二字無格 四四八四

太鶴山人集□□卷 清端木國瑚撰 稿本 十二行字數不一藍格四周單邊 存二卷 五、七 四四八五

太鶴山館初稿一卷 清端木國瑚撰 稿本 清祁寯藻題跋 九行二十字綠格四周雙邊 四四八六

蕉雨山房詩鈔不分卷 清黃士俊撰 稿本 十行二十五字白口四周雙邊 四四八七

黃贊湯孟稿二卷文稿一卷 清黃贊湯撰 稿本 四四八八

學稼軒遺集四卷 清松賓撰 清抄本 清陶濬宣題款 八行二十字或十行二十一字紅格或黑格 四四八九

鶴齋詩存六卷 清衛年撰 稿本 八行十六字白口四周雙邊 四四九〇

石泉書屋尺牘二卷 清李佐賢撰 稿本 宋晉、馮譽驥跋 四四九一

醒園詩草十四卷 清蕭榮撰 稿本 九行二十字小字雙行同白口綠格四周單邊 四四九二

集義軒咏史詩鈔六十卷 清羅惇衍撰 清光緒間福清抄本 八行二十字無格 四四九三

求志居詩稿四卷 清陳世鎔撰 稿本 清何剛德、許□湘、南嶽跋 九行二十一字無格 四四九四

東洲草堂詩鈔二十七卷詩餘一卷 清何紹基撰 清同治六年長沙無園刻本 清翁同龢批並跋 四四九五

東洲草堂詩一卷 清何紹基撰 稿本 四四九六

東洲草堂詩鈔一卷 清何紹基撰 清魏錫曾抄本 清魏錫曾跋 葉□ 四四九七

東洲草堂叢稿不分卷 清何紹基撰 稿本 四四九八

何蝯叟詩文稿不分卷 清何紹基撰 稿本 四四九九

四五〇〇 何蠖叟致楊龍石詩翰不分卷 清何紹基撰 稿本

四五〇一 何子貞文稿不分卷 清何紹基撰 稿本 八行行字不等白口四周雙邊

四五〇二 何蠖叟遺著稿不分卷 清何紹基撰 稿本 十二行行字不等白口四周雙邊

四五〇三 七十二硯齋癸甲集一卷 清吳步韓撰 稿本 九行二十字無格

四五〇四 馮魯川文錄不分卷 清馮志沂撰 清賭棋山莊抄本 清謝章鋌跋 十行二十四字白口四周雙邊

四五〇五 使西江草一卷重使西江草一卷附日記（咸豐元年至三年） 清沈兆霖撰 清抄本 七行十八字黑口四周單邊

四五〇六 黃雁山人詩錄四卷 清莊縉度撰 稿本 八行二十二字無格

四五〇七 黃雁山人詩錄一卷詩餘一卷文一卷 清莊縉度撰 稿本 清潘國燿湯開中跋

四五〇八 簡侯詩一卷 清楊能格撰 稿本

四五〇九 胡文忠公函稿不分卷（咸豐十年至十一年） 清胡林翼撰 清抄本佚名據刊本校

四五一〇 天香別墅學吟十一卷 清王振綱撰 清抄本 九行二十一字無格

四五一一 天香別墅漫存一卷 清王振綱撰 清抄本 十行二十一字無格

四五一二 儀宋堂文二集六卷 清尹嘉銓撰 清劉履芬抄本

四五一三 夔陀羅館詩集八卷 清金寶樹撰 稿本 清葉兆瑛跋 蔣德馨尤淞 顧蕘木沈批並跋

四五一四 芬草園文甲集不分卷乙集不分卷 清金寶樹撰 稿本

四五一五 求闕齋文鈔八卷 清曾國藩撰 清同治十一年刻本 清翁同龢校 十行二十二字白口左右雙邊

四五一六 曾國藩筆情文牘不分卷 清曾國藩撰 稿本

四五一七 曾文正公書牘不分卷 清曾國藩撰 清薛福成家抄本

四五一八 曾文正公批牘不分卷 清曾國藩撰 清薛福成家抄本

四五一九 曾國藩函稿不分卷 清曾國藩撰 稿本

四五二〇 求闕齋戊辰年函稿不分卷 清曾國藩撰 稿本 九行行二十二至二十三字紅格

四五二一 玉尺堂雜著不分卷 清熊兆鏞撰 稿本

四五二二 顧志堂稿外集四卷 清孫桂芬撰 清抄本（卷四配王大隆補輯本） 九行二十三字綠格

四五二三 念樓詩稿一卷 清劉寶楠撰 稿本 清伊秉綬評並跋 應讓錢之綰李周南潘文勤黃盛修汪喜孫吳廷琛阮亨題詩

四五二四 念樓集四卷 清劉寶楠撰 稿本

四五二五 念樓集不分卷 清劉寶楠撰 稿本

四五二六 念樓集八卷 清劉寶楠撰 稿本 清楊椿之跋 孔繼鑅評點並跋

四五二七 念樓集八卷外集二卷 清劉寶楠撰 清抄本 胡玉縉校

四五二八 念樓集八卷外集二卷 清劉寶楠撰 清抄本 佚名批校

四五二九 辨齋文稿不分卷 清翁同書撰 稿本

四五三〇 龍壁山房文集不分卷 清王拯撰 稿本 十行二十一字藍格左右雙邊

四五三一 王少鶴先生文稿不分卷 清王拯撰 稿本 清孫衣言批 吳大廷、吳嘉孫跋

四五三二 集詞楹帖一卷 清顧文彬撰 稿本 十行白口四周單邊

四五三三 過雲樓詩不分卷 清顧文彬撰 稿本

四五三四 蓼莪餘詠一卷 清潘曾瑩撰 稿本

四五三五 小鷗波館詩鈔一卷 清潘曾瑩撰 稿本

四五三六 小鷗波館詩鈔一卷 清潘曾瑩撰 稿本 清穆彰阿 蔡宗茂 桂文燿 惲光宸跋 沈祖望題款

四五三七 小鷗波館詩鈔□□卷 存六卷（九至十一、十三至十五） 清潘曾瑩撰 稿本 清張金鏞圖評並跋

四五三八 小鷗波館文稿一卷 清潘曾瑩撰 稿本 九行二十五字無格

四五三九 小鷗波館文鈔不分卷 清潘曾瑩撰 稿本

四五四〇 小鷗波館詩鈔三卷詞抄一卷 清潘曾瑩撰 清抄本

四五四一 王家璧編年稿不分卷 清王家璧撰 稿本

第一冊 道光二十四年至咸豐元年
第二至第三冊 咸豐元年
第四冊 咸豐六至七年
第五冊 咸豐七年
第六冊 咸豐八年
第七冊 咸豐八至九年
第八冊 咸豐九至十年
第九冊 咸豐十年三月至九月
第十冊 咸豐十年十月至十一年九月
第十一冊 咸豐十一年九月至同治元年十二月
第十二冊 同治二年至三年正月
第十三冊 同治三年至四年正月
第十四冊 同治四年至五年
第十五冊 同治六至八年
第十六冊 同治九年至十年八月
第十七冊 同治十年九月至十二年
第十八冊 同治十二至十三年
第十九冊 光緒二年至五年
第二十冊 光緒五年
第二十一冊 光緒五年十一月至五年三月
第二十二冊 光緒七至八年

四五四二 秋雲山館詩集六卷文集十卷 清王家璧撰 稿本

四五四三 洽上趨庭始存稿□卷 存二卷（三、六） 清邊浴禮撰 稿本 清湯瑺等跋 本書又名健修堂詩錄

四四四 健修堂詩錄口口卷 清邊浴禮撰 清抄本 清曹國藻批注 九行二十五字無格
存五卷（六至十）
四四五 一鐙精舍未定業一卷 清何秋濤撰 稿本 九行二十五字紅格
四四六 一鐙精舍甲部稿八卷 清何秋濤撰 清李慈銘手啟國抄本 八行二十一字紫格
四四七 古微堂詩稿不分卷 清魏源撰 清抄本 清魏源校 九行二十字白口四周雙邊
四四八 清夜齋詩稿一卷古微堂遺稿一卷 清魏源撰 稿本
四四九 古微堂詩集十卷 清魏源撰 清抄本 清魏源校 十行二十二字無格
存三卷（八至十）
四五〇 古微堂文稿不分卷 清魏源撰 稿本
四五一 古微堂文集不分卷 清魏源撰 清何氏小蓬萊仙館抄本 九行二十字白口四周雙邊
四五二 長吟手藁不分卷 清沈炳垣撰 稿本
四五三 祥止室詩草十卷 清沈炳垣撰 稿本 清湯煊跋 方炯 吳廷楨等題款
四五四 祥止室詩鈔四卷 清沈炳垣撰 稿本 清宋綬批校并跋 顧翃題識
四五五 斲研山房詩鈔八卷存吾春室詩牘三卷 清沈炳垣撰 稿本 宋咸熙題詩 顧翃批校並跋 九行二十二字白口左右雙邊

一九九

四五六 斲研山房詩抄十卷 清沈炳垣撰 稿本
四五七 閒齋詩鈔七卷 清沈炳垣撰 稿本 清譚獻跋
四五八 思益堂詩集二卷 清周壽昌撰 稿本 清戴望 胡賓參跋 十行二十字白口四周雙邊
四五九 澄園尚書遺墨詩冊不分卷 清徐樹銘撰 稿本
四六〇 李文忠公函稿不分卷 清李鴻章撰 稿本
四六一 李鴻章朋僚手札不分卷 清李鴻章撰 呈題識 稿本 劉介駿跋 楊千
四六二 閬樓雜稿不分卷 清黃彭年撰 稿本
四六三 閬樓文抄定稿不分卷 清黃彭年撰 清抄本 九行二十字藍格
四六四 娛老隨筆叢稿 清孫衣言撰 稿本 十二行藍格左右雙邊
四六五 孫琴西文稿一卷 清孫衣言撰 稿本 十行藍格左右雙邊
四六六 孫琴西娛老詞稿一卷 清孫衣言撰 書名本館擬 稿本 十二行藍格左右雙邊 清郭同龢批
四六七 遜學齋文鈔十卷 清孫衣言撰 清同治十二年刻本 清郭同龢批 十一行二十三字黑口左右雙邊
四六八 八瓊室文稿不分卷 清陸增祥撰 稿本 葉景葵跋 八行二十字無格
四六九 春在堂詩稿五卷 清俞樾撰 稿本 十行二十一字無格
四七〇 曲園詩翰不分卷 清俞樾撰 稿本

四七一 春在堂雜詩一卷 清俞樾撰 稿本 清林鈞鴻跋 八行二十字小字雙行同 黑格四周雙邊
四七二 春在堂詩文牘稿不分卷 清俞樾撰 稿本 本書原題名白杭州至福寧雜詩 十行二十一字無格
四七三 楹聯錄存一卷 清俞樾撰 稿本 十行二十一字
四七四 春在堂尺牘一卷金鵝山人尺牘一卷 清俞樾撰 稿本 八行十六字或十行二十一字
四七五 詁經精舍自課文一卷 清俞樾撰 稿本
四七六 二知軒詩鈔六卷 清方濬頤撰 稿本 清林昌彝 陳澧 江人鏡 陳???跋
四七七 二知軒文鈔三十二卷 清方濬頤撰 清抄本 十行二十四字藍格
四七八 暖春書屋詩刪三卷 清??撰 精抄本 白口四周單邊 清楊??跋
四七九 廣晦堂詩集四卷 清方??撰 稿本
四八〇 儀衛軒遺書不分卷 清方東樹撰 稿本
前集一卷 續遊集一卷 ??後集一卷 ??集一卷
四八一 易香齋遺稿不分卷 清??撰 稿本 八行二十字小字雙行同 紅格
四八二 託吟身館詩稿口卷 清??撰 稿本 八行二十字紅格 白口四周單邊
四八三 續東軒遺文不分卷 清??撰 清??紅荔山館抄本 清丁丙跋
四八四 蕉聞館詩鈔八卷 清??撰 稿本 十行二十一字無欄格左右雙邊
四八五 成山廬稿三卷 清??撰 清藍格抄本 十二行二十一字藍格左右雙邊
四八六 綠淨山莊詩十卷 清??撰 稿本
四八七 西江遊草二卷 清??撰 稿本
四八八 會稽山齋文十二卷詩五卷詞一卷文續六卷
詩續一卷經義一卷 清??撰 清抄本 佚名批校
四八九 果堂詩文雜存不分卷 清??撰 清抄本 十行十八字白口四周雙邊
四九〇 雲臥山莊文存二卷 清郭??撰 稿本
四九一 雲臥山莊詩稿九卷 清郭??撰 清抄本 清吳??跋
四九二 郭象蕙詩稿 清郭象蕙撰 稿本
四九三 冬學龕詩草不分卷 清郭??撰 稿本
四九四 瑞芍軒詩鈔二卷詞稿一卷 清許乃穀撰 清抄本 九行十九字無格 稿本 清嚴長順 徐??? 鄭???
四九五 晚香軒詩錄不分卷 清許??撰 稿本 ??跋
四九六 許印林雜文一卷 清許瀚撰 稿本
四九七 曙海樓詩鈔四卷 清王??撰 稿本

四五九八 松齋憶存草一卷 清王誠撰 清同治十年劉履芬抄本 九行二十一字白口左右雙邊
四五九九 不忘初齋輯稿不分卷 清王鯤熙撰 稿本 八行二十二三字無格
四六〇〇 笠雲山房詩集十五卷 清王檙撰 清王氏家抄本 八行二十字無格
四六〇一 頤志齋文稿二卷詩稿一卷雜鈔二卷 清丁晏撰 稿本 九行二十字紅格
四六〇二 頤志齋詩草一卷 清丁晏撰 稿本
四六〇三 頤志齋初稿十卷 清丁晏撰 稿本 清王錫麒跋
四六〇四 頤志齋詩文鈔不分卷 清丁晏撰 清抄本 十行二十一字黑口左右雙邊
四六〇五 頤志齋感舊懷人詩一卷 清丁晏撰 清抄本
四六〇六 金粟書屋詩稿四卷二知堂試帖偶存一卷 清平浩撰 稿本 清朱鳳梧跋 平疇梁文鑑平步青題詩
四六〇七 鏡煙閣紀事詩一卷 題清石耳山人撰 稿本 十行二十一字朱格
四六〇八 詩泉初稿二卷癸卯詩稿一卷武林後遊詩稿一卷梅石居初稿一卷 清雷葆廉撰 稿本
四六〇九 小墨林詩鈔一卷枯蘭集一卷雜著一卷 清項廷紀撰 稿本

四六一〇 小解元詩稿不分卷 清張慶榮撰 稿本
四六一一 通隱堂詩存四卷 清張永慶撰 清葉氏梛花盦抄本 清葉廷琯錄貝青喬評語 批 十行二十二字藍格 清葉廷琯評點并跋
四六一二 梵隱堂詩存八卷 清張永慶撰 清葉氏梛花盦抄本 清葉廷琯錄貝青喬評語 十行二十二字藍格
四六一三 微波小築夢痕錄九卷 清張承霖撰 稿本 清張承霓跋
四六一四 風雨茅堂外集三卷 清張寶璐撰 稿本 宋太忻跋 九行二十八字藍格
四六一五 歸根小草一卷 清張寶璐撰 稿本 柳丑子跋 六行二十一字紅格
四六一六 風雨茅堂稿三卷三編二卷 清張寶璐撰 外集不分卷 清張寶璐撰 清抄本 仲瀾批並跋 九行二十一字藍格
四六一七 海阜詩稿刪本一卷 清孔慶瑺撰 稿本
四六一八 述耐堂詩集八卷 清孔繼鑅撰 稿本
四六一九 韡齋稿四卷 清孔憲彝撰 稿本 十行二十一字版心鐫韡齋初稿
四六二〇 孔叔仲詩草四種六卷 清孔憲彝撰 稿本 清丁晏 盛大士 等評點 書名本館擬定 八行或九行行二十一字小字雙行同無格
四六二一 長嘯軒詩稿一卷詩餘一卷 清孫麟趾撰 稿本 翠雲館小草五卷 綿山詩草一卷 對嶽樓詩稿一卷 守宣館詩草一卷

四六二二 長嘯軒詩稿一卷月坡詞一卷 清孫麟趾撰 清袁學瀾序 清潘鍾瑞 孫麟趾詩評 劉履芬 潘鍾瑞抄本 清潘鍾瑞跋 葉廷琯 顧曾 祁寯藻題跋
四六二三 修業堂初集十八卷二集二卷 清程廷祚撰 留芳齋遺稿一卷 清程肯堂撰 清道光二十八年泥活字印本 二集刻本 九行二十一字白口四周單邊 雜著二卷 初集文鈔十卷 二集詩鈔二卷 騈雅堂詩鈔六卷
四六二四 泥板試印初編十一卷 清翟金生撰 清道光二十四年泥活字印本 八行十八字黑口左右雙邊
四六二五 泥板試印續編十二卷 清翟金生撰 清道光二十八年泥活字印本 九行二十一字白口左右雙邊
四六二六 邵位西先生詩稿一卷 清邵懿辰撰 稿本 清吳慶坻跋並題詩
四六二七 邵位西詩冊一卷 清邵懿辰撰 稿本 清徐慶陞 吳慶坻 孫衣言 韓振武 羅惇衍跋 馬新貽 王拯 孫衣言 沈兆霖 程恭壽 潘曾綬 題詩
四六二八 半巖廬詩二卷 清邵懿辰撰 稿本 邵章跋
四六二九 半巖廬詩冊一卷 清邵懿辰撰 稿本 清羅惇衍 孫衣言 彭年 沈兆霖 吳慶坻 范梁 袁昶 邵章跋 莊埔 李題詩
四六三〇 半巖廬遺詩一卷 清邵懿辰撰 稿本 清朱學勤 潘祖蔭 孫詒經 許彭壽 杜文瀾 林啟 陳豪 梁鼎芬 題詩 文豐 吳慶坻跋
四六三一 半巖廬集外詩卅一卷 清邵懿辰撰 清抄本 清邵懿辰撰 清抄本 清選保樞 邵章跋 十行二十二字無格
四六三二 半巖廬文稿不分卷 清邵懿辰撰 清抄本 邵章跋
四六三三 邵位西遺詩一卷 清邵懿辰撰 清王海樓抄本 十一行二十四字藍格
四六三四 柿澤亭文集不分卷 清喬重禧撰 稿本
四六三五 松壓齋詩稿一卷 清毛元勳撰 清沈毓蓀抄本
四六三六 桐花書屋詩草不分卷 清何秉棠撰 清倫德館抄本 九行二十四至二十六字紅格四周雙邊
四六三七 閒道近事竹枝詞不分卷 清何則賢撰 清抄本 清雪漢老人跋 行字不一無格
四六三八 小瀨草堂詩集一卷 清牟願相撰 稿本 六行二十字無格
四六三九 酌古堂時藁一卷文藁一卷 清宋鼎元撰 稿本
四六四〇 朱眉存先生遺集十卷 清朱道文撰 清抄本 八行二十字紅格
四六四一 吉金樂石山房詩集二卷又不分卷 清宋士端撰 稿本
四六四二 石广詩草不分卷 清宋英撰 稿本 十二行二十二字無格
四六四三 治經堂詩集十卷 清宋錦球撰 稿本
四六四四 玉香閣文稿一卷詩稿一卷 清吳元相撰 稿本
四六四五 有至樂齋吟稿四卷 清吳俊瑱撰 稿本 十二行二十一字無格
四六四六 歸真返璞堂詩草二卷 清吳鍾慶撰 稿本
四六四七 詠史新樂府一卷 清程鎣撰 稿本 九行二十一字細黑口四周單邊

四六四八 通甫類稿四卷 清魯一同撰 清咸豐沈芝湾資刻本 清李應鍇跋 十一行二十三字 細黑口 四周双边

四六四九 通甫類稿續編二卷 清魯一同撰 瑞芝室家傳一卷

四六四九 清楊彝珍撰 清賠模山莊抄本 十行二十四字 白口 四周双边

四六五〇 通甫類稿再續編二卷 清魯一同撰 清抄本 八行二十二至二十四字

四六五一 蘆葡花館詩詞不分卷 清徐鴻謨撰 稿本 清俞樾 吳隆修 鄧福保 管斯跋 半頁八行 行十四至十六字 折裝

四六五二 見真吾齋詩草十卷詩餘二卷 清徐大鏞撰 清抄本 高濱跋 八行二十字無格

四六五三 篛莊雜稿不分卷 清徐同柏撰 稿本

四六五四 宋栢耕文集十卷 清宋際春撰 清抄本 七行二十五字無格

四六五五 切桿改齋吟草四卷續草四卷 清顧師軾撰 稿本 清繆朝荃校並跋

四六五六 天游閣集不分卷詞選不分卷 清顧太清撰 稿本 冒廣生等跋 十行二十一字無格

四六五七 然松閣詩鈔五卷 清顧懷三撰 稿本 清魯一同校

四六五八 武陵山人文稿不分卷 清顧觀光撰 稿本 十一行二十四至二十五字無格

四六五九 拜石山房詩鈔八卷詞鈔四卷 清顧翰撰 清道光刻本 十一行二十二字 白口 四周双边

四六六〇 拜石山房近稿一卷 清顧翰撰 稿本 清汪紫棠 許〔?〕跋 九行十九字無格

四六六一 味蔗軒詩鈔四卷 清顧熙世撰 清同治七年李嘉績抄本 清石韞玉 呂燮采題款 九行二十一字

存三卷 二五五四

四六六二 飯香詩存一卷 清潘道根撰 稿本 九行二十字無格

四六六三 隱求草堂文稿二卷詩集二卷 清潘道根撰 稿本 清摩綸評校 九行二十二字無格

四六六四 梅心後集一卷徐村老農詩稿一卷 清潘道根撰 稿本

四六六五 徐郝老農文近藁不分卷 清潘道根撰 稿本 清葉裕仁跋

四六六六 徐郝詩後稾不分卷 清潘道根撰 稿本 十行二十四字無格

四六六七 潘夫雜著藁一卷 清潘道根撰 清潘駿生抄本

四六六八 芙村文鈔二卷學吟一卷 清沈濤撰 清道光十七年娛老堂刻本

四六六九 十經齋文集二卷 清沈濤撰 清嘉慶刻本 十二行二十四字 黑口 四周单边

四六七〇 十經齋文集四卷 清沈濤撰 清道光刻本 十一行二十一字 黑口 四周单边

四六七一 紫髯亭詩集四卷 清沈濤撰 清道光二十二年刻本 十行二十四字無格

四六七二 落颿樓文稿四卷 清沈垚撰 清道光二十七年靈石楊墨林刻連筠簃叢書本 清趙之謙跋 十行二十三字 白口 四周单边

四六七三 落颿樓文稿不分卷 清沈垚撰 稿本 十二行二十二字

四六七五 落颿樓文遺稿一卷 清沈垚撰 清抄本 繆荃孫校並跋 十行二十一字無格

四六七六 玉笙樓詩錄九卷 清沈壽榕撰 稿本 九行十六至十九字 黑口 四周单边

四六七七 齋雲山人文四卷 清沈符孫撰 清抄本

四六七八 淳則齋文鈔二卷 清洪齡孫撰 清抄本 清趙之謙 〔?〕實跋 十二行二十五字 黑格 白口 左右双边

四六七九 淳則齋文存二卷 清洪齡孫撰 清末安越堂抄本

四六八〇 燕晉紀遊草一卷 〔?〕恩撰 清抄本 九行十八字無格

四六八一 古藤書屋集不分卷 奘剡奈記一卷 退劉隨筆一卷 淳則齋雜錄一卷 清楊成烈撰 稿本 清張曜孫批並跋

四六八二 湯成烈雜著一卷 清湯成烈撰 附張曜孫節用議 清〔?〕抄本

四六八三 古藤書屋文甲集十二卷附錄一卷乙集六卷 詩稿六卷 清湯成烈撰 稿本

四六八四 野堂軒文集五卷詩集一卷 清〔?〕良撰 稿本 冒廣生跋 九行十六至二十字不等 紅格

四六八五 李五峯先生詩藁一卷 清李秉求撰 清抄本

四六八六 適園詩稿二卷屢隱集詩草一卷文稿一卷 清袁學瀾撰 稿本 清蔣敦復 潘鍾瑞 孫原跋 葉廷琯 潘遵祁題款

四六八七 適園勝稿不分卷 清袁學瀾撰 稿本 清劉〔?〕 孫〔?〕評

四六八八 適園叢稿四卷 清袁學瀾撰 稿本 清允樹 潘霨 凌溥 潘鍾瑞 潘曾〔?〕跋
適園詩草一卷 四山探桂集一卷 滄浪會友詩一卷 文稿一卷

四六八九 小謨觴館詩集注八卷詩餘附錄注一卷續集詩餘附錄注一卷文集注四卷文續集注二卷 清彭兆蓀撰 清孫元培 孫長熙注 清道光五年孫均刻本 清劉履芬圈點 葉秉瑩跋 十行二十三字 白口 左右双边

四六九〇 小謨觴館詩集八卷詩餘一卷文集四卷詩續集二卷詩餘附錄一卷文續集二卷 清彭兆蓀撰 清同治刻本

四六九一 小謨觴館文集四卷續集二卷 清彭兆蓀撰 清同治二年四年劉履芬抄本 清劉履芬跋 清李慈銘批注 十二行二十二字 白口 左右双边

四六九二 小謨觴館詩集八卷詩餘一卷文集四卷 清彭兆蓀撰 清嘉慶十一年韓江寓舍刻本 清章〔?〕批校

四六九三 遊山詩一卷 清彭兆蓀撰 稿本 清沈欽韓 楊芳燦 王春〔?〕跋 行位題詩 九行二十字紅格四周双边

四六九四 咀嚼詩草不分卷 清彭兆楨撰 稿本 清書園藩跋 七行二十二字無格

四六九五 南垓草堂詩集十六卷 清姚椿撰 稿本 丁祖蔭跋 十二行二十三字無格

四六九六 雙芙閣吟稿二卷 清姚峻頁撰 清咸豐五年南城草堂抄本 十行二十四字紅格

四六九七 復莊詩問三十四卷 清姚燮撰 清道光二十八年孫廷璋刻本 清譯偶錄 蔣敦復批並跋 十行二十一字白口左右双边

四六九八 復莊詩問不分卷 清姚燮撰 稿本 清曹德馨余文楨馮德與等批校並跋

四六九九 詩問稿一卷 清姚燮撰 稿本 清伴漱葉元階跋

四七〇〇 詩問稿口口卷 清姚燮撰 稿本 清吳超紫了燿跋 孔繼鑅孔繼渠題詩 十二行二十三字至二十四字紅格 存一卷 二十六至二十七

四七〇一 復莊詩初稿不分卷 清姚燮撰 稿本

四七〇二 西滬櫂歌一卷 清姚燮撰 稿本 十一行二十三字白口左右双边

四七〇三 紅犀館詩課口卷 清姚燮撰 稿本 十一行二十二字版心鐫大梅山館集 存三卷 五至七

四七〇四 復莊駢儷文榷二編八卷 清姚燮撰 稿本 清蔣敦復批校 趙宗夫跋 十行二十一字白口左右双边

四七〇五 復莊文錄六卷 清姚燮撰 稿本 清曹峋批

四七〇六 復莊文斷不分卷 清姚燮撰 稿本 清宗源瀚跋

四七〇七 復莊文稿不分卷 清姚燮撰 稿本 九行字數不一白口四周双边

四七〇八 行有恒堂初集二卷 清戴銓撰 清道光二十八年刻本 九行十九字白口左右双边

四七〇九 潑墨軒詩集一卷 清戴鑑撰 清慎遠堂抄本 許瀚跋 九行字不一白口四周单边

四七一〇 紫藤花館詩鈔一卷 清董恂撰 稿本 清俞樾潘祖蔭林嚴鉄題款

四七一一 董白鄉全集三十四卷 詩鈔十卷 文鈔四卷 詠史樂府二十卷 清董元亮撰 清道光二十九年樣衣金僖刻本 九行二十字白口四周双边

四七一二 萊陽竹枝詞一卷 清蒲田楷撰 稿本 十一行二十三四字不等無格 左右双边

四七一三 蠶江竹枝詞不分卷 清蕭翼芬撰 清路楊山莊抄本 清謝章鋌校並跋 十行二十四字小字双行同白口

四七一四 東使吟草一卷 出塞雜詠一卷 清花沙納撰 稿本 清方湖劉錦並跋 八行二十字無格

四七一五 東湖叢記六卷 清蔣光煦撰 清光緒江陰繆氏刻紅印本 清江標跋 十一行二十三字細黑口左右双边

四七一六 妙香館詠物全韻一卷 清蘇光銘撰 清道光十三年自刻本 九行十八字白口左右双边

四七一七 嬋紅集二卷 帆南集一卷 清樊封撰 清抄本 八行二十字無格

四七一八 讀有用齋雜著二卷 清韓應陛撰 稿本 十二行二十四字

四七一九 鄂亭詩文稿不分卷 書跋不分卷 清吳友芝撰 稿本

四七二〇 鄂亭詩文稿不分卷 清吳友芝撰 稿本 清徐子苓批改並跋 鄭珍 黎兆勳跋

四七二一 鄂亭詩鈔六卷 清吳友芝撰 清咸豐三年遵義湘川翻金刻同治五年江寧三山客舍重修本 清楊傳元批並跋 十行二十一字小字双行同細黑口左右双边

四七二二 鄂亭集外詩不分卷 清吳友芝撰 稿本

四七二三 鄂亭詩鈔一卷 清吳友芝撰 稿本 十行二十一字朱格左右双边

四七二四 鄂亭詩抄不分卷 清吳友芝撰 稿本 九行十六字綠格

四七二五 彩山草堂詩鈔三卷 清吳友芝撰 稿本 十二行四十六字藍格

四七二六 彩山草堂學吟稿三卷 鄂亭外集一卷 清吳友芝撰 清吳珠妹抄本 十行二十一字紅格

四七二七 鄂亭先生文集不分卷 清吳友芝撰 稿本

四七二八 鄂亭雜文燹餘錄一卷 清吳友芝撰 清咸豐五年抄本 十二行約四十五字白口左右双边

四七二九 鄂亭遺文八卷 清吳友芝撰 清吳氏抄本 清吳繩孫校 汪士鐸跋

四七三〇 桐月樓詩藁三卷 畸人詩草三卷 清甘煦撰 稿本 清梅曾亮題簽 管同吳厚等跋 十行二十四字紅格

四七三一 竹瑞堂詩鈔十四卷文鈔一卷 清黃德華撰 稿本 十行二十一字四周双欄

二〇六

四七三二 㻐芬書屋小草一卷 清黃杞孫撰 稿本 清胡志章于源跋

四七三三 㻐芬書屋小藁四種不分卷 清黃杞孫撰 稿本 清姚燮跋 晉卿小草不分卷、清芬粲小草不分卷、永嘯堂詩草不分卷、古城行草不分卷

四七三四 南陔草廬詩草八卷詩餘偶存一卷 清黃炳宸撰 稿本 清潘鍾瑞翁同龢張鴻跋

四七三五 碧螺山館詩草一卷 清葉廷琯撰 稿本

四七三六 病中摘句懷人詩一卷 清葉廷琯撰 稿本 清袁學瀾評並跋 劉禧延潘鍾瑞題詩 費敦艮顧肇熙吳大澂潘遵祁秦緗業貝青喬題款

四七三七 刦餘草一卷 清葉廷琯撰 稿本 清劉禧延顧肇熙吳大澂貝青喬袁學瀾潘遵祁評注 金黙甫潘鍾瑞金玉吳恩熙石渠費敦艮查光雷潘題詩 劉履芬題款

四七三八 海角畸人詩一卷 清葉廷琯撰 稿本 清王廷鉁題詞

四七三九 楙花盦詩憶存草一卷 清葉廷琯撰 稿本 清吳大澂潘遵祁評並題款 劉禧延評並跋 貝青喬評注 顧肇熙題並題詩 查光雷費敦艮陸以湉題詩 潘鍾瑞秦緗業題詞

四七四〇 楙花盦詩鈔一卷 清葉廷琯撰 稿本

四七四一 沂灣集一卷 清葉名灃撰 清道光二十九年刻本 十行二十一字白口左右双边

敦夙好齋詩集四卷　清葉名澧撰　稿本　清孔繼鑅批　四七四二
寶芸齋詩草不分卷　清葉名澧撰　稿本　佚名批評　四七四三
梧圖詩鈔不分卷　清林壽平撰　清抄本　八行二十一字小字雙行同無格　四七四四
韋門紀事草不分卷　清觀瑞撰　稿本　清張維屏跋　八行二十字小字雙行同紅格四周雙邊　四七四五
世澤堂詩文集不分卷　清楊堯撰　清抄本　十行二十五字小字雙行同無格　四七四六
海禪詩卷五卷　清楊文照撰　清抄本　清周星譽跋　九行二十一字白口四周雙邊　四七四七
耐軒文初鈔十卷卷首一卷　清楊士達撰　稿本　十二行二十字無格　四七四八
留香小閣詩一卷詞一卷文不分卷　清楊懋建撰　清光緒抄本　佚名錄長盛枝注　七行十七字小字雙行二十五字無格　四七四九
如不及齋就正草一卷詩續錄一卷　清胡學昕撰　清抄本　十一行二十一字無格　四七五〇
秫廎詩集十卷文集二卷　清梅植之撰　清道光十六年至二十四年刻本　十行二十一字白口左右雙邊　四七五一
小紅泉山莊詩稿七卷　清史麟撰　稿本　清謝元淮、汪仲洋等題款　清魏高麟、齋學裘等題詩　十二行二十四字白口藍格　四七五二
爾爾書屋草不分卷詩草不分卷　清史夢蘭撰　稿本　九行字不等紅格四周雙邊　四七五三
爾爾書屋詩續集不分卷文集不分卷　清史夢蘭撰　稿本　四七五四
全史宮詞不分卷　清史夢蘭撰　稿本　四七五四-1
留有餘齋文稿一卷詩稿一卷詞草一卷　清曹文卿撰　清抄本　清梁恩霖跋　四七五五
呫呫吟二卷　清貝清喬撰　清劉履芬抄本　十行二十一字細黑口左右雙邊　四七五六
羅以智文稿不分卷　清羅以智撰　清抄本　十二行二十四字無格　四七五七
恬養齋詩集五卷　清羅以智撰　稿本　四七五八
恬養齋文稿一卷　清羅以智撰　稿本　四七五九
紅蕉吟館詩選二卷　清嚴廷中撰　稿本　有圈點批改　七行十九字至二十二字不等無格　四七六〇
敦雅堂詩詞稿一卷　清俞懷信撰　稿本　十行二十四字小字雙行同無格　四七六一
敦雅堂詩鈔二卷　清俞懷信撰　稿本　十行二十四字小字雙行同無格　四七六二
厲伯符函牘不分卷　清厲雲官撰　稿本　四七六三
劉秀峰集一卷　清劉文芝撰　稿本　六行行二十四字無格　四七六四
悅雲山房初存文集一卷詩集八卷詞集四卷　清劉敦元撰　稿本　九行二十一字無格　四七六五

亞書龕遺稿一卷　清劉位坦撰　清抄本　四七六六
劉茱雲先生遺集四卷　清劉傳瑩撰　清抄本　清方宗誠批校並跋　四七六七
歸實齋遺集十卷首一卷末一卷　清劉泳之撰　清道光二十八年顧鎔刻本　清潘曾壽、潘鍾瑞校　劉履芬跋　十一行二十二字黑口左右雙邊　四七六八
求足齋文集一卷　清劉㟈撰　清抄本　樹勛跋　十行二十五字無格　四七六九
讀秋水齋詩十二卷　清陸繼輅撰　稿本　四七七〇
讀秋水齋詩六卷　清陸繼輅撰　稿本　清湯成彥、葉名澧、梅植之等題詩　四七七一
聞花樓詩鈔一卷詩話三卷詞話一卷　清陸鎣撰　稿本　四七七二
抱潛詩稿一卷　清陳天祿撰　稿本　清孫衣言、王鳴、沈兆麟跋　四七七三
綺餘書室詩稿一卷　清陳傑叟撰　稿本　清沈善寶題並跋　七行十九字無格　四七七四
運甓齋詩稿不分卷　清陳勱撰　稿本　四七七五
一間老屋吟稿不分卷　清陳繇撰　稿本　清錢泰吉等跋　七行二十字小字雙行同無格　四七七六
竹泉詩存前集五卷　清周熬撰　稿本　九行二十二字無格　四七七七
足頁語者齋吟草不分卷　清周樂撰　稿本　清張傑、周天爵、梁偶、劉燿樁、王鳴鳳跋　九行二十二字白口紅格四周雙邊　四七七八
靜遠草堂詩稿不分卷　清周樂撰　稿本　[illegible]　清[illegible]傳誌跋　行二十字無格　四七七九
靜遠草堂稿不分卷　清周樂清撰　稿本　清王懿榮跋　八行二十字無格　四七八〇
靜遠草堂初稿不分卷　清周樂清撰　稿本　九行二十一字白口四周雙邊　四七八一
高金齋遺稿二卷　清周士清撰　清抄本　十行二十一字紅格四周雙邊
詩集一卷　詞鈔一卷　四七八二
篤慎堂燼餘詩稿八卷　清金錫撰　清金應澍抄本　四七八三
嘯屋山人燼餘詩集一卷　清金錫撰　清金應澍抄本　清金應澍跋　四七八四
嘯屋山人賸稿八卷　清金錫撰　清金應澍抄本　清金應澍跋　四七八五
江鄉偶話不分卷　清金澤撰　清抄本　九行二十五字無格　四七八六
小吳山館詩稿不分卷、止止齋詩錄不分卷、小吳山館少作詩存不分卷、歸廬遺稿不分卷、笠東草堂遺稿不分卷　清俞蛮撰　稿本　行字不一無格　四七八七
香雨樓市蕭集六卷　清姜宋撰　清抄本　十行二十一字無格　四七八八
竹泉鄉人稿二十二卷　清錢泰吉撰　清道光二十九年陳錫麒等抄本　清錢泰吉校　十行二十一字紅格左右雙邊　四七八九

四七九〇 甘泉鄉人稿二十四卷 清錢泰吉撰 稿本
存五卷 十八至二十二
四七九一 甘泉鄉人餘稿不分卷 清錢泰吉撰 稿本
四七九二 甘泉鄉人殘稿不分卷 清錢泰吉撰 家乘不分卷 稿本
四七九三 深廬寤言一卷 清錢泰吉撰 稿本
四七九四 凝雅軒詩稿四卷 清錢熙撰 稿本 九行十九字無格
四七九五 入川吟草不分卷 清錢履和撰 清錢希顧抄本 十行二十字無格
四七九六 守山閣賸稿一卷 清錢熙祚撰 清抄本 十行二十六字無格
四七九七 西泠紀遊稿不分卷 清錢熙泰撰 稿本
四七九八 巢經巢詩鈔九卷 清鄭珍撰 清咸豐二年刻本 清莫友芝批校 十一行二十一字白口左右雙邊
四七九九 巢經巢未刻詩稿不分卷 清鄭珍撰 清抄本 清莫友芝批校 十一行十四字小字雙行間藍格
四八〇〇 鄭紫翁詩稿一卷 清鄭珍撰 稿本 傅增湘、邢端跋
四八〇一 綠綺軒詩鈔一卷文鈔一卷 清舒燾撰 清楊氏四經四史齋抄本 九行二十字白口四周雙邊
四八〇二 梵隱堂詩存十卷 清釋祖觀撰 稿本 八行二十字無格
四八〇三 梵隱堂集不分卷 清釋祖觀（原題覺阿）撰 清光緒八年凌霞抄本 十三行二十五、六字
四八〇四 梵隱堂詩存八卷 清釋祖觀撰 清同治劉履芬抄本 十行二十一字黑格
四八〇五 御製詩集八卷文集二卷 清文宗奕詝撰 清內府刻本 詩集九行十七字文集七行十五字白口四周雙邊
四八〇六 御製詩不分卷御製文不分卷 清文宗奕詝撰 清咸豐內府抄本 八行二十一字無格
四八〇七 章鋆詩文稿不分卷 清章鋆撰 稿本
四八〇八 拳峯館詩二卷 清許宗衡撰 稿本 清蔣超伯、何栻、蔡壽祺、葉衍祥、吳養原、耿泌、劉江南、金筆題跋 十行二十字藍格
四八〇九 拳峯館癸丑以後詩不分卷 清許宗衡撰 稿本 振楨題詩 九行二十二字白口四周雙邊
四八一〇 拳峯館詩二卷詞一卷 清許宗衡撰 稿本 清魯一同跋 程守先題詩 王闓運、黃養原、黃秋林題跋 十一行二十一字黑口四周雙邊
四八一一 許海秋文稿不分卷 清許宗衡撰 稿本
四八一二 函牘存稿不分卷 清王文韶撰 稿本
存 同治九年正月至十二月 十年正月至十二月 光緒元年九月至十二月 二年正月至十二月 四年正月至三月 五年正月至三月、六月、八月、九月至十月 七年二月、四月至七月、九月 八年正月至二月、五月
四八一三 詩稿一卷 清張廷學撰 清徐氏煙嶼樓抄本
四八一四 退過齋雜體詩存十二卷 清蕭培元撰 稿本 汪世澤、蘭霖跋 九行二十字紅格四周雙邊
存六卷 一至六
四八一五 畫虎集一卷畫虎續編一卷虎尾唫一卷 清文韜撰 稿本 八行十二、三字不等無格
四八一六 遼東吟草不分卷 清文韜撰 稿本 八行十六字白口
四八一七 桐音館詩草不分卷 清龔景僖撰 稿本 十行二十四字無格或九行十九字紅格
四八一八 峴樵山房詩草二卷 清董文渙撰 稿本 八行二十三、四字不等白口綠格四周雙邊
四八一九 笠華書屋試帖稿不分卷 清翁同龢撰 稿本 六行二十字紅格白口四周雙邊
四八二〇 瓶廬詩稿八卷 清翁同龢撰 翁斌孫輯 稿本
四八二一 所樂軒文草二卷詩草六卷 清錫縝撰 稿本 九行約二十多字白口四周雙邊
四八二二 烏石山房文稿不分卷 清龔易圖撰 稿本 行字不等無格
四八二三 二琴居士小集一卷 清王象嶠撰 稿本 十行二十五字無格
四八二四 悚齋遺書十八卷 清于蔭霖撰 于翰篤編 稿本 七行行字不等無格
奏議十卷 日記八卷（光緒四年三月二十七日至光緒三十年三月初六日）
四八二五 尊經齋詩集四卷外集一卷 清沈紹九撰 清抄本 十行二十字白口四周雙邊
四八二六 遵叟文稿不分卷 清嚴辰撰 稿本 盧學溥跋 十行二十一字無格
四八二七 隱蛛盦文集不分卷外集一卷詞稿一卷 清陳倬撰 稿本
四八二八 隱蛛盦詩集四卷詞稿一卷 清陳倬撰 稿本 清蔣德馨、馮芳緝、郁蘭賓、劉廷枚、陳韞觀、鍾文彬、王夢修、許廣顯、盛家勳跋 陳懋仲評
四八二九 枕經堂雜著不分卷 清方朔撰 清抄本 清郭樹勳、楊長年跋
四八三〇 松鶴堂紀事初草一卷私淑雜著一卷 清唐倬獻撰 稿本
四八三一 唯自勉齋文存不分卷 清唐翰題撰 稿本
四八三二 九思堂詩稿四卷 清奕譞撰 清同治十一年刻本 九行十七字白口四周雙邊
四八三三 樂循理齋詩稿八卷 清奕譓撰 清稿本 九行二十字白口四周雙邊
四八三四 文文達公紀事詩不分卷 清文祥撰 潘霨編 清抄本
四八三五 紅葉山房詩草五卷 清謝宗泰撰 稿本 十一行二十字白口四周雙邊
四八三六 靖侯詩草一卷 清郭綬之撰 稿本 九行二十一字無格
四八三七 尺牘偶存一卷 清郭綬之撰 稿本 八行行字不一無格
四八三八 說雲樓詩草不分卷 清郭式昌撰 清抄本 清郭曾炘跋 八行十一字無格
四八三九 可齋詩鈔二十卷 清施鴻保撰 稿本 九行十九字無格
存十六卷 一至七、九至十一、十五、十七至二十

四六四〇 雙瑞竹館吟鈔一卷 清許傳霈撰 稿本 清宗湘文、陳六宋、楊祥跋

四六四一 六君子齋稿一卷 清許兆熊撰 稿本

四六四二 靈蘭館詩稿不分卷 清許兆熊撰 稿本 清沈欽韓批並跋

四六四三 蓼紅閣詩稿二卷 清許旦復撰 清光緒十四年蔣錫紳抄本 十行二十二字綠格左右雙邊

四六四四 自怡軒詩存一卷 清王堂撰 稿本

四六四五 鐵硯齋詩草九卷 清王秀起撰 稿本

四六四六 學古齋詩鈔二卷 清王慶棻撰 亞棠棠詩鈔一卷 清王慶棻輯 稿本

四六四七 伊蔚室文集六卷詩集二卷詩餘一卷 清王成撰 清咸豐五年吳氏望三益齋刻本 清劉履芬跋並錄當代同時題跋 十一行行十四字白口四周雙邊

四六四八 寄通齋詩草一卷 清王儀鄭撰 稿本

四六四九 弢園未刻詩稿一卷 清王韜撰 稿本

四六五〇 弢園雜録一卷 清王韜撰 稿本 本書亦名弢園詩詞

四六五一 弢園集外詩存一卷 清王韜撰 稿本

四六五二 弢園文録□卷雜録一卷 清王韜撰 稿本

二一一

存七卷 二至六、八雜録全

四六五三 文村先生遺稿不分卷 清王振聲撰 稿本 十行二十四字無格

四六五四 遺難實録詩一卷 清王金桂撰 清同治七年抄本

四六五五 少蝨詩稿□□卷 清黄君楷撰 稿本 存九卷 九至十七

四六五六 旦安齋波餘賸草二卷驪轅近草二卷 清張其昊撰 稿本 九行行字不等

四六五七 張珠垣詩文集殘稿二卷 清張桂星撰 稿本

四六五八 越吟草一卷越中吟一卷 清張均撰 稿本

四六五九 張曜孫詩稿一卷 清張曜孫撰 稿本

四六六〇 後生雜文不分卷 清張曜孫撰 稿本 清吳鎮跋

四六六一 寒松閣詩詞一卷 清張鳴珂撰 稿本

四六六二 寒松閣詩三卷 清張鳴珂撰 稿本 清李慈銘序

四六六三 秋風紅豆樓詩七卷 清張鳴珂撰 稿本 清雷葆廉、楊仁淵評 胡述

四六六四 秋風紅豆樓詩鈔□卷 清張鳴珂撰 稿本 曾庭芳批並跋

存一卷

四六六五 秋溼雜綴不分卷 清張鳴珂撰 稿本

四六六六 寒冷閣集八卷 清張鳴珂撰 稿本

四六六七 杞園吟稾八卷 清孔昭炳撰 稿本 六行二十二字無格

四六六八 亢藝堂集六卷 清孫廷璋撰 清抄本 清李慈銘校 十行二十一字無格

四六六九 芸香館遺詩二卷 清邢述蘭、保運友撰 清同治十三年盛昱刻本 八行十九字黑口左右雙邊

四六七〇 夢若山房詩稿六卷 清朱林撰 稿本

四六七一 省吾軒文集一卷 清朱鍾撰 稿本 八行約三十字無格

四六七二 賅南山館詩鈔不分卷 清魏秀仁撰 九行二十一字無格

四六七三 九梅村詩集三十卷 清魏燮鈞撰 清抄本 九梅居士跋 九行二十三字無格

四六七四 二百蘭亭齋未定稿不分卷 清吳雲撰 稿本

四六七五 兩罍軒詩集一卷附詞一卷 清吳雲撰 稿本

四六七六 兩罍軒尺牘不分卷 清吳雲撰 稿本

四六七七 二百蘭亭齋尺牘一卷 清吳雲撰 稿本

四六七八 蘊珠室詩存不分卷 清吳棠復撰 稿本 清吳松炎跋

二一二

四六七九 小西腴山館詩鈔不分卷 清吳大廷撰 稿本 八行二十五字白口四周雙邊

四六八〇 萬少山人詩草不分卷 清吳士駿撰 稿本

四六八一 鄧譔詩集一卷 清鄧□撰 稿本

四六八二 武烈公遺墨不分卷 清繆梓撰 稿本

四六八三 避兵吟草一卷 清繆朝荃撰 稿本

四六八四 避兵吟草三卷乘桴唫草二卷 清繆朝荃撰 稿本

四六八五 神明鏡稾一卷 清徐康撰 稿本

四六八六 石室秘藏詩一卷神明鏡詩一卷 清徐康撰 清少本 清潘鍾瑞校並跋

四六八七 隨軒詩存二卷續存二卷 清徐渭仁撰 清沈慶樑抄本

四六八八 煙嶼樓詩初稿不分卷 清徐時棟撰 稿本 十一行行字不等藍格

四六八九 煙嶼樓編年詩集不分卷 清徐時棟撰 稿本 十行二十一字紅格版心鐫煙嶼樓校本

四六九〇 徐柳泉詩稿不分卷 清徐時棟撰 稿本 十行二十一字紅格版心鐫煙嶼樓校本

四六九一 徐舍人詩七卷 清徐時棟撰 稿本 清陳勱、王方照、董聞亨跋並批識 十行二十一字紅格版心鐫煙嶼樓校本

四六九二 宮爾鐸詩稿不分卷 清宮爾鐸（一名延齡，陽子一）撰 稿本 羅振常跋

四六九三 榔餘堂吟草不分卷 清江仲瑜撰 稿本 六行十二字無格

四六九四 煙嶼樓詩集不分卷 清徐時棟撰 稿本

南行雜感一卷　越中吟一卷　歸途瑣録一卷　燕遊草一卷　歸來集一卷

四六六一　鐵不分齋文集不分卷　清李桓望撰　清李氏半畝園抄本　八行二十一字白口四周双边

四六六二　晉陽游覽集不分卷　清李嘯秋撰　清抄本　九行十九字無格

四六六三　枕善居詩賸一卷　清李壓瑛撰　清抄本　八行二十字無格

四六六四　聽雪軒詩存三卷　清李壽蘭撰　清徐氏汲脩齋抄本　十一行二十一字白口四周單边

四六六五　龍川先生詩鈔不分卷　清李光炘撰　清抄本　十行二十一字無格

四六六六　戴子高先生詩札不分卷　清戴望撰　稿本

四六六七　樊榭山房詩集箋注八卷續集箋注八卷　清董兆熊撰　稿本

四六六八　樊榭山房詩集箋註九卷續集箋註八卷　清董兆熊撰　清董氏味無味齋抄本　十二行二十四字無格

四六六九　嘯古堂文集四卷　清蔣敦復撰　稿本

四六七〇　萬言書一卷嘯古堂文鈔一卷　清蔣敦復撰　稿本　清俞樾、莫友芝跋　八行二十字無格

四六七一　嘯古堂外集二卷　清蔣敦復撰　清抄本　十行二十四字白口藍格四周双边

四六七二　鑑敬書屋遺草二卷　清華良顯撰　清同治三年華氏家刻本　八行十九字黑口四周双边

四六七三　薛仁齋先生文集十二卷　清薛于瑛撰　王守恭編　清抄本　十行二十二字白口四周双边

四六七四　葉涵谿文稿一卷　清葉裕仁撰　稿本　清李勁晴、王振聲跋

四六七五　葉涵谿文稿一卷　清葉裕仁撰　稿本

四六七六　葉徵君文鈔一卷　清葉裕仁撰　清抄本　葉景葵跋　十行二十二字無格

四六七七　棲棲吟草一卷　清林敦宗撰　稿本　十七行二十二字無格

四六七八　井窗瑣唫集一卷　清林熙撰　清抄本　九行二十一字白口四周双边

四六七九　獨悟盦詩一卷　清楊引傳撰　清咸豐六年抄本　八行二十四字無格

四六八〇　峽中吟二卷詩餘一卷　清楊延緒撰　稿本　九行二十二字無格

四六八一　桂辛山人詩稿一卷書學雅言一卷　清楊鼎撰　稿本

四六八二　重遠齋吟稿一卷　清楊鼎撰　清抄本

四六八三　楊象濟文稿不分卷　清楊象濟撰　稿本

四六八四　白鶴峯詩屋初稿六卷欲寡過齋存稿四卷　清楊象濟撰　稿本　九行二十二字藍格

二一四

四六八五　青屏山房詩稿八卷　清汪瀛撰　稿本　十二行行字不等無格

四六八六　十二硯齋存稿一卷　清汪鋆撰　稿本　九行二十一字無格

四六八七　十二硯齋詩録不分卷北湖避寇草不分卷　清汪鋆撰

四六八八　儷花小榭詩抄不分卷　清汪曰楨撰　稿本

四六八九　玉鑑堂詩録不分卷　清汪曰楨撰　稿本　清蔣世錩、陳政鍾、葉廷琯等題識　十行紅格四周双边

四六九〇　玉鑑堂詩存一卷　清汪曰楨撰　清蔣錫榜抄本　十行二十五字綠格左右双边

四六九一　櫟寄詩存一卷　清汪曰楨撰　稿本　十行二十至二十二字白口四周双边

四六九二　雙桐圃詩鈔不分卷　清湯虺撰　稿本　十行二十一字黑口四周双边

四六九三　雙桐圃詩鈔不分卷　清湯虺撰　清抄本　佚名批校　十行二十一字綠格四周双边

四六九四　澄秋書堂詩稿七卷　清湯錘麟撰　清康熙刻本　十一行二十一字白口左右双边

四六九五　香禪精舍集八種八卷　清湯錘瑞撰　稿本　清陳瀛、元樹滋跋

湖上春游詩卌一卷　附湖上雜詩一卷　清元樹滋撰　西山游艸一卷　采梅草一卷　西山探梅集一卷　游南山記一卷　洞庭鄧尉探梅日記一卷　湖上春遊日記一卷

四六九六　香禪精舍集一卷　清湯錘瑞撰　稿本

四六九七　百不如人室詩草不分卷文草不分卷　清湯錘瑞撰　稿本　清管蘭滋跋

四六九八　百不如人室詩草三卷詞草七卷　清湯錘瑞撰　稿本　清管蘭滋、許鉞跋　葉廷琯、王蔚、汪華題識　杜元勳、吳嘉淦等題詞　劉稼延題詩　題並跋

四六九九　忍默恕退之齋詩鈔四卷求是齋甲申詩草一卷　清沈寶禾撰　稿本　清譚獻批並跋　十行二十字無格

四七〇〇　蒙廬詩存六卷蒙廬雜著一卷井花館論書一卷　清沈景修撰　稿本　十二行十九字黑格　雜著十行十六字紅格

四七〇一　少茗詩稿四十一卷　清沈介福撰　稿本　九行行二十[illegible]

四七〇二　小容齋詩稿一卷　清洪瑛撰　稿本

四七〇三　守拙軒詩集三卷軍中雜稿一卷　清海保撰　稿本　八行十四字小字双行同無格

四七〇四　左文襄公文集不分卷　清左宗棠撰　清抄本　八行字數不一無格

四七〇五　露華仙館詩存不分卷雲懷詩存不分卷　清李孝稱撰　稿本　八行二十一字小字双行同白口四周双边

四七〇六　華老詩存九卷　清李元庚撰　稿本

擬芳館詩鈔一卷　覆瓿草一卷　嫩碧吟一卷　汴梁近稿一卷

二一五

四九四二 觀濠居士文存二卷詩存二卷 清楊沂孫撰 稿本 十一行二十二字藍格
四九四三 吉祥止止室詩文稿一卷 清楊沂孫撰 稿本 十一行二十一字藍格
四九四四 觀濠居士集四卷 清楊沂孫撰 稿本 清趙烈文批注並跋 十一行字數不等無格
四九四五 濠叟文稿一卷 清楊沂孫撰 稿本 清徐子苓評點並跋
四九四六 冠悔堂文四卷詩二卷詞三卷 清楊浚撰 稿本 十行二十二字白口四周双边
四九四七 冠悔堂稿不分卷剩稿不分卷 清楊浚撰 稿本 十一行二十三字藍格左右双边
四九四八 王翁別集不分卷 清楊浚撰 稿本 十一行二十三字紅格左右双边
四九四九 鏡海樓詩文稿五卷 清楊振翰撰 稿本 清薛時雨書序并文並跋
四九五〇 蕉花書屋偶集四集不分卷 清胡錫昌撰 稿本 九行二十三字無格
四九五一 趙悲盦詩文稿不分卷 清趙之謙撰 稿本
四九五二 趙撝叔詩文稿不分卷 清趙之謙撰 稿本
四九五三 味古齋詩存六卷 清史一經撰 清抄本 九行二十三字無格
四九五四 小滄嶼山房詩存六卷 清史一經撰 清抄本 九行二十三字無格
四九五五 養晦堂初稿不分卷 清劉蓉撰 稿本 八行二十一字四周双边
四九五六 廣陵室未刊稿不分卷 清劉秉恩撰 稿本 清馮志沂等跋
四九五七 適義堂文集不分卷 清劉家謀撰 稿本 戴望、江士鐸、蔣希廣等跋 十二行二十五字無格
四九五八 樊餘吟四卷 清陸以湉撰 清抄本
四九五九 毋自欺齋録存十卷 清陳政鑰撰 稿本
四九六〇 知白齋詩草四卷續草八卷別草一卷吟草四卷知白齋雜文不分卷附一卷 清陳宗撰 稿本 清陳深少芳黃樹齋周保緒等批
四九六一 知白齋詩草八卷續草八卷 清陳宗撰 清抄本 十行二十一字小黃格四周双边
四九六二 蓬萊閣詩録四卷 清陳克家撰 清劉履芬抄本 清劉履芬校 十二行二十三字無格
四九六三 蓬萊閣詩録四卷 清陳克家撰 清抄本 十行二十四字無格
四九六四 天雲樓詩鈔不分卷 清陳如升撰 稿本 十行十六字無格
四九六五 靈石山房賸稿不分卷 清陳焜撰 稿本
四九六六 歸來軒遺稿四卷 清邵心炬撰 清光緒抄本 朝鮮鄭基世跋 十二行二十四字無格
四九六七 小停雲館詩稿二卷 清周之楨撰 稿本 十行二十三字無格
四九六八 秀竹山房吟稿不分卷 清周邦慶撰 稿本 清周垂墾批並跋
四九六九 采蘭齋詩二卷 清周騰虎撰 稿本 清包世臣跋 曾安瀕顧保題款
四九七〇 饗芍花館詩十卷 清周騰虎撰 清杜文瀾、邵懿辰、葉名灃題款 稿本 清戴望跋
四九七一 秋蟪吟館詩鈔八卷 清金和撰 稿本 清馮桂芬、張棠、宋陸光祖題辭
四九七二 寄梧軒詩草一卷 清金和撰 梁啟超題款 稿本 十行二十一字無格
四九七三 杉蔭橋邊舊草堂詩集二卷年譜一卷 清翁若梅撰 孔繼祿、胡志章、魏耆題款 稿本 清雷以諴跋 陳桂題辭
四九七四 吟雲山房詩艸一卷 清翁雲翰撰 稿本 八行紅格四周双边
四九七五 大雲山房稿十卷 文稿一卷補編一卷詩稿二卷續編一卷內編一卷 清俞剛撰 稿本 九行二十一至二十二字白口四周双边
四九七六 俞雲岑詩稿十二卷附雲岑殘稿二卷 同人集一卷 雜文稿一卷 勤秋詞稿一卷 清俞綸撰 稿本 九行二十一字無格 朱啟鈐跋
四九七七 鼓菜根齋詩鈔十卷 清常兆霖撰 稿本 九行二十一字小字双行同 黑口四周双边
四九七八 信美室集一卷 清鍾文烝撰 稿本 十一行二十二字無格
四九七九 芷湘吟稿不分卷 清曾庭芬撰 稿本
四九八〇 淳溪老屋自娛集二卷補遺七卷芷湘吟稿不分卷 清曾庭芬撰 稿本 清曾元燧跋（補遺配曾傳之抄本）
四九八一 淳溪老屋題畫詩不分卷 清曾庭芬撰 曾之撰抄本 曾之撰跋 清宣統三年 十行二十字無格
四九八二 怡古堂文鈔不分卷 清常茂徠撰 稿本 八行二十字藍格
四九八三 御製文集十卷詩集六卷 清穆宗載淳撰 清光緒內府刻本 九行十七字白口四周双边
四九八四 御製詩集不分卷 清穆宗載淳撰 稿本
四九八五 御製文集不分卷 清穆宗載淳撰 稿本
四九八六 御製詩不分卷 清穆宗載淳撰 清內府抄本
四九八七 御製文不分卷 清穆宗載淳撰 清內府抄本
四九八八 燃吟樓艸一卷 清平步青撰 清抄本 九行十八字無格
四九八九 安越堂外集十卷 清平步青撰 清抄本 十一行二十四字無格
四九九〇 娛香清字稿一卷 清張之洞撰 稿本 陳仁新雅蘇跋
四九九一 補琴子詩存七卷續編二卷 清陳錦撰 稿本 清孫文川跋
四九九二 寔齋詩稿二卷 清翁曾源撰 稿本 八行二十字紅格
四九九三 寔齋草一卷 清翁曾源撰 稿本 八行二十字白口左右双边

集唐聯語大觀一卷　清葛書澤撰　稿本　四九四
吳摯甫先生文稿不分卷雜稿不分卷詩稿不分卷　朋遊來牘不分卷　清吳汝綸撰　稿本　四九五
桐城吳摯甫稿不分卷　清吳汝綸撰　稿本　四九六
吳贄甫先生函稿一卷　清吳汝綸撰　稿本　八行十九字無格　四九七
郇亭詩一卷　清汪鳴鑾撰　稿本　四九八
萬宜樓詩錄二卷詩聯續錄一卷詩文目錄一卷書札一卷聯語一卷　清汪鳴鑾撰　稿本　四九九
袖海樓文稿不分卷　清何如璋撰　清抄本　九行行字不等無格　五〇〇
意齋公遺稿不分卷　清吳大澂撰　稿本　五〇一
吳清卿尺牘一卷　清吳大澂撰　稿本　五〇二
意齋文稿一卷　清吳大澂撰　稿本　五〇三
滄趣樓律賦一卷　清陳寶琛撰　清抄本　八行行字不等白口、四周單邊　五〇四
魚雅堂詩集一卷　清王拯撰　稿本　瞿熙邦跋　五〇五
王文村文稿不分卷　清王拯撰　稿本　五〇六

二一七

巴里客餘生詩草六卷　清丘逢甲撰　稿本　九行二十二字無格　五〇七
校經室文集不分卷　清孫葆田撰　稿本　九行二十四字紅格四周雙邊　五〇八
陸潤庠家書不分卷　清陸潤庠撰　稿本　五〇九
繪絳堂類藁不分卷　清陳榮仁撰　稿本　十行二十一字烏絲欄左右雙邊　五一〇
午清吟館詩鈔二十二卷退一步齋詩鈔二卷　清徐賡撰　稿本　九行二十一字白口、四周雙邊　五一一
甲午詩鈔不分卷　清尚賢撰　稿本　大行二十字無格　五一二
拙學齋詩草四卷續藁□□□辛草八卷　清□□□撰　稿本　五一三
思屺堂文存一卷雜著一卷盜屍自治官書四卷　清方德驥撰　稿本　清吳汝綸跋　九行二十字黑格　五一四
方德驥遺文一卷　清方德驥撰　稿本　八行二十五字無格　五一五
柏堂集九十四卷　清方宗誠撰　稿本　十行行字不等無格　五一六
存二十二卷　九至十六　二十七至二十九、附編六卷、續編二卷、外編三卷
柏堂集餘編一卷　清方宗誠撰　稿本　九行二十一字　五一七
輔仁錄四卷　清方宗誠撰　稿本　十行二十五字無格　五一八
方宗誠先生文稿一卷　清方宗誠撰　稿本　清李鴻章批　五一九
柏堂集不分卷　清方宗誠撰　清抄本　十行二十字黑格　五二〇
方恮文稿一卷　清方恮撰　清稍氏能靜居抄本　十行二十六字白口、四周單邊　五二一
颯宇室詩集一卷　清唐仁壽撰　清唐氏颯宇室抄本　唐嘉瑩跋　五二二
郭慶藩詩稿不分卷　清郭慶藩撰　稿本　七行行字不等白口、四周單邊　五二三
敝齋詩稿不分卷
龍書秋樹根園題詠不分卷
遊齋詩稿不分卷
吾悔集一卷　清郭傳樸撰　稿本　五二四
隱吾草堂詩稿二卷靜寄齋詩稿一卷　清郭照撰　清郭似壎抄本　八行二十一字白口、四周雙邊　五二五
澤雅堂文集八卷　清施補華撰　稿本　清李慈銘批　五二六
澤雅堂集一卷　清施補華撰　稿本　清樊增祥跋　五二七
澤雅堂詩二集十二卷　清施補華撰　稿本　清李慈銘校並跋　五二八
澤雅堂詩二集十二卷　清施補華撰　清抄本　五二九
革心吟館駢體文初鈔二卷　清許玉瑑撰　稿本　清邵聲跋　五三〇

二一八

詩契齋駢體文鈔一卷外集一卷　清許玉瑑撰　稿本　章鈺校　五三一
詩契齋駢體文鈔不分卷革心唫館駢體文初鈔不分卷外集不分卷　清許玉瑑撰　清抄本　佚名批　五三二
大梁詩集一卷　清王廉撰　稿本　五三三
大梁集六卷　清王廉撰　稿本　五三四
水琴詞三卷綏雅堂駢文一卷　清王鉛壽撰　稿本　五三五
綏雅堂詩稿二卷戊辰詞一卷迦雲詞一卷　清王鉛壽撰　稿本　清李□□跋　五三六
綏雅堂詩鈔二卷秋舫笛語一卷　清王鉛壽撰　稿本　葉□□跋　五三七
扶荔生覆瓿集九卷　清王濟撰　稿本　五三八
判花軒燈稿一卷　清王祖源撰　稿本　五三九
判花軒集詩一卷文一卷　清王祖源撰　清抄本　十二行二十五字無格　五四〇
松夢寮文集三卷　清丁丙撰　清抄本　五四一
寄綠軒類稿不分卷　清丁顯撰　稿本　五四二
鱗州詩草八卷　清張珝偁撰　稿本　五四三

五〇四四 賁齋詩鈔不分卷 清張佩綸撰 稿本 清佚名評
篝燈小草一卷 麻鞋草一卷 分齋消課一卷 鷇清集一卷 寠儒集一卷 續斷腸草一卷 斷腸集一卷 春申江上錄一卷

五〇四五 澗于集詩四卷補一卷尺牘六卷譯署函稿一卷 清張佩綸撰 稿本

五〇四六 賁齋詩鈔四卷附春秋左氏傳續紀三卷 清張佩綸撰 稿本

五〇四七 賁齋函牘稿不分卷 清張佩綸撰 稿本

五〇四八 湘雨樓詩鈔不分卷 清張祖同撰 稿本 陳三立跋 王先謙題詩

五〇五〇 商聲集不分卷 清朱庭珍撰 稿本 張篁松跋

五〇五一 如心室未定草不分卷 清魏錫曾撰 稿本 習廣生跋

五〇五二 祛宜楙室隨筆不分卷 清吳受福撰 稿本 十行字不一 白口 左右雙邊

五〇五三 小檀字林隨筆不分卷 清吳受福撰 稿本 十行字不一 白口 左右雙邊

五〇五四 如不及齋務實勝集四卷守寧隨筆不分卷 清吳鴻恩撰 稿本 清丁丙、王家璧、倪文蔚跋

五〇五五 穿溪生詩鈔四卷 清蔡汝鏢撰 稿本 十行二十一字 白口 四周雙邊

五〇五六 桐華舸詩稿不分卷 清鮑瑞駿撰 稿本 十行二十四字或九行二十五字

五〇五七 桐華舸詩鈔不分卷 清鮑瑞駿撰 稿本 清□葦跋

五〇五八 桐華舸詩稿一卷附褒忠詞一卷 清鮑瑞駿撰 稿本 清曾□周、王□方、小東等跋

五〇六〇 唫海集五卷 清沈祥龍撰 稿本 清張鳴珂、袁旭跋 七行行二十二至二十九字紅格

五〇六一 湯伯石先生遺稿不分卷 清湯紀尚撰 稿本 十行二十一字紅格

五〇六二 槃邁紀事初稿四卷 清湯紀尚撰 清抄本 十行二十二字紅格

五〇六三 瀲園詩選一卷詞存三卷瀲園詞存一卷 清李承源撰 稿本

五〇六四 鹿門文稿一卷詩草一卷雜稿一卷 清陳錫麒撰 稿本

五〇六五 林居雜稿不分卷 清李鴻裔撰 稿本 鄭文焯、易順鼎校並跋

五〇六六 代耕堂雪鴻草二卷 清李嘉績撰 稿本 十一行二十三字黑格 左右雙邊

二一九

五〇六七 代耕堂初藁六卷 清李嘉績撰 稿本 樊增祥批 十二行二十四字黑格

五〇六八 木青山人詩稿七卷 清袁棚撰 稿本 清潘鍾瑞批並題詩

五〇六九 扁舟子文稿不分卷 清范寅撰 清抄本

五〇七〇 庸庵文稿不分卷 清薛福成撰 稿本

五〇七一 安蔬齋詩詞一卷 清黃恩綬撰 稿本

五〇七二 病餘詩草一卷 清黃儒安撰 稿本 清張書紳跋

五〇七三 遲鴻軒詩稿續一卷文續一卷 清楊峴撰 稿本

五〇七四 能靜居函稿不分卷 清趙烈文撰 稿本

五〇七五 舊山樓詩錄一卷 清趙宗建撰 稿本 清宗廷輔、俞鍾鑾、沈瑾校 十行二十二字黑格

五〇七六 林屋紀游詩一卷 清趙宗建撰 稿本 清吳大澂等跋

五〇七七 琴鶴山房文鈔不分卷 清楊鎮撰 清抄本 清郭嵩燾等校並跋 十行二十四字 白口 四周雙邊

五〇七八 受庵文鈔二卷詩鈔一卷 清嚴咸撰 稿本

五〇七九 江都劉雲齋先生詩集六卷 清劉倬撰 稿本 清徐鼒批並跋 梁培元等題識 十行二十五字黑格
祥隱軒詩鈔一卷、吟秋小草一卷 澄江小草一卷 冰蔗軒詩鈔一卷 夢琴軒詩集不分卷、南陔集一卷 雅遊小草一卷 賞霞詩草不分卷

五〇八〇 嘉蔭簃雜著一卷石墨聯吟一卷 清劉喜海撰 清張開福撰 清劉氏嘉蔭簃抄本 八行綠格 四周單邊

五〇八一 劉燕庭先生手書叢稿不分卷 清劉喜海撰 稿本 八行綠格 四周單邊

五〇八二 劉燕庭詩稿不分卷 清劉喜海撰 稿本 江芑批並跋 十行二十二字黑格

五〇八三 傅雅堂文集不分卷 清劉壽曾撰 稿本 清吳汝綸序 十行約二十八字藍格 四周雙邊

五〇八四 養清盦詩草二卷年譜一卷 清劉鳳翔撰 瀟雪集二卷 清劉鳳翔輯 稿本

五〇八五 秋心廢稿一卷呆廣偶成一卷淮浦閒草一卷 清劉履芬撰 稿本

五〇八六 擘海樓詩初集九卷 清陳寶晴撰 稿本 九行二十一字 下黑口 四周雙邊

五〇八七 翕園詩存二卷 清陶在新撰 稿本 清陶濬宣跋

五〇八八 曾劼剛手札詩稿不分卷 清曾紀澤撰 稿本 清吳敏跋

五〇八九 靜觀齋詩稿一卷 清錢彝銘撰 稿本 九行二十一字藍格

五〇九〇 檢書看劍草堂賸稿五卷 清錢桂林撰 稿本 十行二十一字藍格

二二〇

蔓草集四卷 清鄭大鶴撰 清同治四年刻本 葉名灃跋 九行二十二字白口四周雙邊 五〇九一
猗恕堂詩集不分卷 清舒瑚撰 稿本 清高心夔跋 胡志蓮題 五〇九二
御製詩不分卷 清德宗載湉撰 清內府抄本 八行二十字無格 五〇九三
御製文不分卷 清德宗載湉撰 清內府抄本 六行二十字無格 五〇九四
袁忠節公乙未草一卷丁酉草二卷 清袁昶撰 稿本 行字不一無格 五〇九五
訓真書屋雜存不分卷 清黃國瑾撰 稿本 十行二十四字藍格 九行十七字紅格 五〇九六
幼丹先生詩文遺墨一卷 清劉心源撰 稿本 六行二十字無格 五〇九七
湘麋閣遺詩四卷 清閻才琦撰 清光緒十六年刻本 清閻詞光批校並跋 十一行二十一字小黑口左右雙邊 五〇九八
湘麋館遺墨粹存一卷 清閻才琦撰 稿本 清樊增祥批 五〇九九
漢廬初稿四卷 清閻才琦撰 稿本 清孫德祖跋 五一〇〇
隨湘學使詩文遺稿不分卷 清閻才琦撰 稿本 五一〇一
謝枚如先生文稿一卷 清謝章鋌撰 稿本 薛裁棠跋 十行行字不等白口紅格四周雙邊 五一〇二
賭棋山莊集六卷 清謝章鋌撰 稿本 九行二十二字
存二卷 一至二 五一〇三
賭棋山莊餘集不分卷 清謝章鋌撰 稿本 十行二十四字白口紅格四周雙邊 五一〇四
餘集剩筆一卷 清謝章鋌撰 稿本 八行行字不等白口四周單邊 五一〇五
賭棋山莊遺稿不分卷 清謝章鋌撰 稿本 十行二十四字白口紅格四周雙邊 五一〇六
刪餘偶存不分卷 清謝章鋌撰 稿本 九行行字不等白口紅格四周雙邊 五一〇七
幸草亭詩稿二卷 清楊文瑩撰 稿本 譚獻 林紓 潘鴻等跋 譚獻評 八行二十四字藍格 五一〇八
豐州集稿十五卷 清陳國仕撰 稿本 十一行二十五字白口四周雙邊 五一〇九
陋軒詩鈔不分卷 清郭崇圻撰 稿本 五一一〇
江上驪鵠館詩選一卷 清丁芳撰 清抄本 十行二十一字無格 五一一一
似玉堂手稿不分卷漢書天文志攷一卷溝洫志攷二卷五行志攷一卷 清孫灝撰 稿本 十三行二十五字藍格 五一一二
越縵堂詩文鈔不分卷 清李慈銘撰 安越堂抄本 十二行二十四字紅格紅口四周雙邊 五一一三
越縵堂集杏華香雪齋詩鈔九卷 清李慈銘撰 稿本 十二行二十二字無格 五一一四
越縵堂杏花香雪齋詩十卷 清李慈銘撰 稿本 五一一五
越縵堂詩詞稿不分卷 清李慈銘撰 稿本 五一一六
越縵堂曠詩一卷 清李慈銘撰 稿本 七行字數不一白口紅格四周單邊 五一一七
越縵生手稿不分卷 清李慈銘撰 稿本 五一一八
越縵堂稿一卷 清李慈銘撰 稿本 五一一九
越縵堂遺稿二卷 清李慈銘撰 稿本 九行二十字無格 五一二〇
湖唐林館駢體文二卷 清李慈銘撰 清光緒十年刻本 清李慈銘校 十行二十一字白口四周單邊 五一二一
蓼綏閣詩鈔一卷滁衕詞一卷 清黃紹第撰 稿本 五一二二
鄭東甫文稿一卷 清鄭杲撰 稿本 五一二三
瓊州雜事詩不分卷 清程秉釗撰 清蓮梗齋抄本 十行二十字無格 五一二四
醉吟草不分卷 清王繼香撰 稿本 五一二五
止軒文習初草四卷文蜺一卷 清王繼香撰 稿本 五一二六
止軒集不分卷 清王繼香撰 稿本 五一二七
醉盦詞別集二卷 清王繼香撰 清抄本 清李慈銘 [illegible] 孫德祖等跋 五一二八
筆諫堂文牘草稿不分卷 清柳堂撰 稿本 八行二十四五字不等紅格四周雙邊 五一二九
蕉盦詩鈔七卷詩餘一卷 清吳寶鎔撰 稿本 九行字不等 五一三〇
初篁書廬文稿不分卷 清宋書升撰 稿本 九行二十四至二十八字不等白口四周單邊 五一三一
宋晉之遺稿不分卷 清宋書升撰 稿本 五一三二
自然室詩鈔一卷 清李楷明撰 稿本 九行二十字白口四周單邊 五一三三
守拙齋初稿不分卷 清蔣式瑆撰 稿本 十行二十字白口紅格四周雙邊 五一三四
林國賡手稿不分卷 清林國賡撰 稿本 五一三五
叢溪遺稿不分卷 清林灝山撰 稿本 十五行字數不等無格 五一三六
朱又勞先生遺文不分卷 清朱啟勳撰 稿本 八行十八字綠格 五一三七
辛齋詩文集六卷 清花沼撰 稿本 十行十八字二十一字不等白口左右雙邊 五一三八
金鐘山房詩存二卷 清桂坫撰 稿本 楊峴 汪芑 潘鍾瑞跋 五一四〇
正學堂集不分卷 清王仁俊撰 稿本〔散葉〕 五一四一
王湘綺詩文稿不分卷 清王闓運撰 稿本 五一四二
小方壺齋叢稿二十八卷 清王錫祺撰 稿本 五一四三
西溪懷古詩不分卷西泠懷古詩不分卷附松仕府君年譜一卷 清丁立中撰 稿本 五一四四
前後桃塢百絕二卷 清石方洛撰 稿本 五一四五
南皮張氏文集不分卷 清張宗瑛撰 稿本 十二行二十五字紅格 五一四六
進修齋集八卷 清張福鎮撰 稿本 九行二十字黑口 五一四七

五一四八 萬香樓初集六卷萬香樓二集不分卷萬香樓筆記不分卷分釵集一卷 清鄒輝撰 稿本

五一四九 長言永歎二卷 清孫同康撰 稿本 十二行二十五字黄格左右雙邊

五一五〇 夬盦獄中集三卷 清孫鼐撰 清抄本 九行二十六、七字不等無格
國學講演錄二卷 夬盦獄中詩一卷

五一五一 使低玉稿一卷 清邵友濂撰 稿本

五一五二 師古堂詩文抄不分卷 清傅衡撰 稿本

五一五三 元蓋寓廬詩存一卷 吳俊卿撰 稿本 清楊峴序 方還吳救韓照跋

五一五四 元蓋寓廬偶存一卷 吳俊卿撰 稿本 八行二十字無格

五一五五 缶廬詩稿不分卷詩緒不分卷題畫詩不分卷 吳俊卿撰 稿本 潘石泉黄俞樾序文題跋

五一五六 味靜齋詩存十八卷文稿不分卷 清徐嘉撰 稿本 十二行二十六字白口四周雙邊

五一五七 乾隱齋詩草不分卷 清徐人俊撰 稿本 清王樹柟批 六行行字不等紅格

五一五八 谿廬詩略一卷 清汪宗沂撰 稿本

五一五九 青史吟斑二卷 清汪謙撰 稿本 九行二十字至二十一字不等小字雙行同無格

五一六〇 冬心書屋詩存十五卷續存一卷 清李恩綬撰 稿本 清陸士金蔣兆蘭跋

五一六一 嵩陰書屋詩集四卷 清李錫恩撰 李繼璋輯 稿本 八行二十字紅格左右雙邊

五一六二 蛻私軒文稿一卷 清姚永樸撰 稿本 清方宗誠批 十行二十四字無格

五一六三 補蘿遺稿不分卷 清姚錫鈞撰 稿本 清尹伊校

五一六四 式古止遺不分卷 清史澄撰 稿本

五一六五 敬孚文稿不分卷 清蕭穆撰 稿本 □行十九字

五一六六 遂初詩鈔一卷 清蘇成龍撰 稿本 九行二十五字無格

五一六七 黄研堂先生遺稿不分卷 清黄炳堃撰 稿本 十行二十八字左右無格

五一六八 吮墨軒集二卷 清林旭撰 稿本 十行二十字藍格

五一六九 惺齋詩稿一卷偶校詩草一卷北游詩草一卷
世間吟稿一卷 清楊作雨撰 稿本 十行字不等白口四周雙邊

五一七〇 愜偽吟稿八卷 清楊作雨撰 稿本

五一七一 晦明軒稿一卷 清楊守敬撰 光緒二十七年自刻本 清楊守敬校 九行二十字白口左右雙邊

五一七二 雲林廬文稿不分卷 清楊守敬撰 稿本 九行二十一字藍格

五一七三 玉銘詩稿一卷南旋記略一卷 清楊恒福撰 稿本 九行二十四字無格

五一七四 胡氏雜稿不分卷 清胡傳撰 稿本 八行字數不等

五一七五 抱潤軒文一卷 清馬其昶撰 稿本 清吳汝綸圈點並評 十行二十一字無格

五一七六 隨菴遺稿一卷 清劉三才撰 清抄本

五一七七 二樂堂初稿二卷 清劉明良撰 清抄本 七行二十五字無格

五一七八 陳福綬遺稿不分卷 清陳福綬撰 稿本

五一七九 稷山文存二卷詩存一卷雜文一卷 清陶濬宣撰 稿本

五一八〇 修初堂詩草二卷 清陶濬宣撰 稿本 十行二十二字紅格
存一卷 下

五一八一 稷山居士客定海廳萍蹤一卷 清陶濬宣撰 稿本

五一八二 味道軒集十二卷 清周藻珊撰 清抄本
胡海吟八卷 西征草三卷 文鈔一卷

五一八三 陶廬雜憶補詠一卷 清金武祥撰 稿本 清陳昭常曹秉章世英李實淦陳錫

五一八四 乙仲氏詩集八種八卷 清鄧國祥撰 稿本 清葉廷琯潘鍾瑞評跋
幼學吟草一卷 韜晦吟草一卷 菜梓集一卷 敬逅集一卷

五一八五 大鶴山人詩稿不分卷 清鄭文焯撰 稿本
冷紅詞一卷 瘦碧吟一卷 樵風樂府一卷
補根書屋詩稿三冊 李夏一冊 存稿一冊 瘦碧盦詩草二冊

五一八六 三湖詩稿一卷 清史四美撰 稿本 清王符跋

表四〇

書名編號	收藏單位代號					
二六二八	0201					
二六二九	0241					
二六三〇	0241					
二六三一	0142					
二六三二	1062	2501	2602	2901		
二六三三	0142	0201	1052	2206	2301	2602
	2701					
二六三四	0141	0242	2242 ⊗			
二六三五	0241					
二六三六	0141	0142	0441	0542		
二六三七	0201					
二六三八	0102 ⊗	0144	0241	0803	1841 ⊗	2001 ⊗
	2042	2341	2541			
二六三九	1687					
二六四〇	1601					
二六四一	2001					
二六四二	2041	2701				
二六四三	0143 ⊗	0803 ⊗	2206			
二六四四	0141					
二六四五	0201	0501				
二六四六	0142	0201	1716	2701		
二六四七	0201					
二六四九	0131					
二六五〇	2541					
二六五一	0198					
二六五二	0241	2501				
二六五三	0163					
二六五四	2401					
二六五五	0101	0241				
二六五六	0542	2701				
二六五七	1741					
二六五八	1741					
二六五九	0201					
二六六〇	0201					
二六六一	0201					
二六六二	0201					
二六六三	0141					

書名編號	收藏單位代號					
二六六四	0201					
二六六五	0142	0143	0144	0163	0181	0201
	0291	0701	1082	2041	2441	
二六六六	0141	0142 ⊗	0144	0150	0201	0242
	0301	0341				
二六六七	0101					
二六六八	0201					
二六六九	0142					
二六七〇	0444					
二六七一	1701					
二六七二	0201					
二六七三	0201					
二六七四	0141					
二六七五	0101 ⊗	0144 ⊗	0163	0542 ⊗	1141 ⊗	1701 ⊗
	2354 ⊗					
二六七六	1701					
二六七七	2041					
二六七八	0241					
二六七九	0201	0446				
二六八〇	0201					
二六八二	0201					
二六八三	0341					
二六八四	0741					
二六八五	0102	0141	0145	0201	0242	0701
	0841	1646	1701	1710	2001	2042
	2301					
二六八六	0141	0145	0841	2301	2701	
二六八七	0102	0141	0145	0163	0166	0201
	0241	0242	0301	0542	0701	0801
	0841	0903	1101	1616	1628	1701
	1710	2301	2501	2741		
二六八八	0145	0701				
二六八九	0201	0841				
二六九〇	0101					
二六九一	0241					
二六九二	2701					
二六九三	0101	0241	0803	0942	1501	2501

表四一

書名編號	收藏單位代號					
二六九四	0101	0501	0291 ⊗	0301	0841	0942
	1791	2042				
二六九五	0101					
二六九六	0142	0163	0301	1601	1701	
二六九七	0101(?)					
二六九八	1681					
二六九九	0291					
二七〇〇	0101(?)					
二七〇一	0142	0161	0198	0341	1601	
二七〇二	1281(?)					
二七〇三	0661(?)					
二七〇四	0201(?)					
二七〇五	0301(?)					
二七〇六	0101	0241	2701			
二七〇七	1601					
二七〇八	0201					
二七〇九	0198					
二七一〇	0241	1701 ⊗				
二七一一	0241					
二七一二	0241					
二七一三	1601					
二七一四	[illegible]					
二七一五	[illegible]					
二七一六	2141(?)					
二七一七	0341(?)	2501				
二七一八	0142					
二七一九	0201					
二七二〇	1201(?)					
二七二一	0101(?)	0142	0198	0201 ⊗	0271	
二七二二	2501					
二七二三	0142					
二七二四	1653(?)					
二七二五	0101					
二七二六	0241					
二七二七	0101	2542				
二七二八	1581					
二七二九	0201					
二七三〇	1501					

書名編號	收藏單位代號				
二七三一	1581				
二七三二	0198	0701			
二七三三	0241	2541			
二七三四	0142				
二七三五	0241	0242			
二七三六	0102				
二七三七	0101				
二七三八	1705				
二七三九	0101				
二七四〇	1581				
二七四一	0101				
二七四二	0141	0163			
二七四三	0241				
二七四四	2207				
二七四五	0241				
二七四六	0141				
二七四七	1601				
二七四八	0241				
二七四九	0142	1701 ⊗			
二七五〇	0201				
二七五一	1708				
二七五二	0241				
二七五三	0101 ⊗	0142	2242 ⊗		
二七五四	0101	0197	0241	0242	1601
二七五五	0101				
二七五六	0201				
二七五七	0163				
二七五八	0701				
二七五九	0163				
二七六〇	0101	0141	0161	0701	
二七六一	0341				
二七六二	0141				
二七六三	0142	0241			
二七六四	0101	0163	1501	1601	
二七六五	0102				
二七六六	0241				
二七六七	0201				
二七六八	0241				

書名編號	收藏單位代號					
二七六九	0101					
二七七〇	0241	1701				
二七七一	0241	2501				
二七七二	0201					
二七七三	0141					
二七七四	0101	0163	0201	1601	1605	
二七七五	0163	0244	2301	2401		
二七七六	0142	0143				
二七七七	0142					
二七七八	1501					
二七七九	0101					
二七八〇	0101	2501				
二七八一	1710					
二七八二	0201					
二七八三	0201					
二七八四	0163	0241	1701			
二七八五	0163	0201	2542			
二七八七	0201	1684②				
二七八八	0141					
二七八九	0163					
二七九〇	0101					
二七九一	0101	0241	2501			
二七九二	0101	2501				
二七九三	0161	0163				
二七九四	0101	0201				
二七九五	0101	0163	0201	2501		
二七九六	0201					
二七九七	1501					
二七九八	0101					
二七九九	0162					
二八〇〇	0291					
二八〇一	1787					
二八〇二	1787					
二八〇三	0142	0201	2301			
二八〇四	0101					
二八〇五	0146					
二八〇六	0301					

書名編號	收藏單位代號					
二八〇七	0162					
二八〇八	2501					
二八〇九	0301	1601①				
二八一〇	0142	1082				
二八一一	2542					
二八一二	0201					
二八一三	0143					
二八一四	0142					
二八一五	1705					
二八一六	0241					
二八一七	0101					
二八一八	0241					
二八一九	0201②	0341				
二八二〇	0101	0197	0241	0701		
二八二一	0161					
二八二二	0142					
二八二三	0141					
二八二四	0163					
二八二五	0241	1801				
二八二六	2041					
二八二七	0241					
二八二八	0201					
二八二九	0163	0201				
二八三〇	0241					
二八三一	0102					
二八三二	0101					
二八三三	0101					
二八三四	0241					
二八三五	0241					
二八三六	0101					
二八三七	2702					
二八三八	0141	0241	1601			
二八三九	0101					
二八四〇	0101					
二八四一	0101					
二八四二	0241					
二八四三	0101					
二八四四	0141					

書名編號	收藏單位代號					
二八四五	0241					
二八四六	0341					
二八四七	0241	1689				
二八四八	0301					
二八四九	2501					
二八五〇	0101					
二八五一	0201	0241	0701			
二八五二	0101	0142				
二八五三	0201					
二八五四	0162					
二八五五	0141	0142				
二八五六	2041					
二八五七	0141					
二八五八	0163					
二八五九	0301					
二八六〇	0301					
二八六一	0141	0301	0341	1741	2001	2301①
	2401	2501	1601			
二八六二	0101					
二八六三	0241					
二八六四	0241					
二八六五	0241					
二八六六	1701					
二八六七	0141	0142	0143	0150	0291	0341
	0542	0706	0841	0901	1001	2001
	2012	2301	2542	2701		
二八六八	0101					
二八六九	0291					
二八七〇	0241	2201				
二八七一	1705					
二八七二	0142	0241	1616			
二八七三	1616					
二八七四	1601					
二八七五	0101					
二八七六	0243					
二八七七	0101	0143	0161	0197	0201	0301
	0242	0501	0581	0501	0701	1001
	1501	1617	1843	2501	2702	

書名編號	收藏單位代號					
二八七八	0241	2501①				
二八七九	0101					
二八八〇	2301					
二八八一	0141					
二八八二	2041					
二八八三	2001					
二八八四	0241	2501				
二八八五	0241					
二八八六	0142	0201				
二八八七	0146					
二八八八	0201					
二八八九	0703					
二八九〇	0101	0142	0201	0241	0262	2301
	0341	1601	1605	1627	2401	
二八九一	0163	0241	0701	1601	1605	2401
	2541					
二八九二	1601					
二八九三	0173	0241	1629	1684		
二八九四	0101	0241				
二八九五	0101					
二八九六	0241					
二八九七	0142	0341	2501	2601	2602	
二八九八	0161					
二八九九	0241					
二九〇〇	0201					
二九〇一	2591					
二九〇二	0241					
二九〇三	2701					
二九〇四	0101					
二九〇五	0101	0201	0942	1601		
二九〇六	0341	0243	0701	2041	2501	
二九〇七	1601					
二九〇八	0163					
二九〇九	0161	0164				
二九一〇	0163					
二九一一	1701					
二九一二	2541					
二九一三	0141	0142	0701			

書名編號	收	藏	單	位	代號	
二九一四	1601					
二九一五	0163	0301	0901	1701	2401	
二九一六	2702					
二九一七	0163	0241	1701			
二九一八	0101	1701				
二九一九	0701					
二九二〇	0201					
二九二一	0141	0842	1605	1843	2301	2901
二九二二	0201					
二九二三	1601					
二九二四	2642					
二九二五	0198					
二九二六	2001					
二九二七	2103					
二九二八	1542					
二九二九	0145					
二九三〇	0241					
二九三一	0163	0201⊗	1883			
二九三二	0241					
二九三三	0163					
二九三四	0241					
二九三五	0241					
二九三六	0101	0141	1607	1701		
二九三七	0241					
二九三八	0241					
二九三九	0241	2502				
二九四一	0504					
二九四二	1501					
二九四三	1501					
二九四四	1501					
二九四五	0141	0166	0520			
二九四六	0141	0166				
二九四七	0241					
二九四八	0241					
二九四九	0163					
二九五〇	0241					
二九五一	0841	1207	2501			

書名編號	收	藏	單	位	代號	
二九五二	0241	2501				
二九五三	0201					
二九五四	0241					
二九五五	1601					
二九五六	0201					
二九五七	0101	2701				
二九五八	0241					
二九五九	1705					
二九六〇	1705					
二九六一	0241					
二九六二	1701					
二九六三	0242					
二九六四	0142					
二九六五	1601					
二九六六	0101					
二九六七	0241					
二九六八	0101	2501				
二九六九	1581					
二九七〇	1581					
二九七一	1501					
二九七二	0201					
二九七三	1501					
二九七四	1501					
二九七五	1501					
二九七六	0241					
二九七七	2201					
二九七八	2541					
二九七九	0201					
二九八〇	0101					
二九八一	0141					
二九八二	0101					
二九八三	0101					
二九八四	0201					
二九八五	1781					
二九八六	0201					
二九八七	2401					
二九八八	2401					
二九八九	0141	1802	2301			

書名編號	收	藏	單	位	代號	
二九九〇	0201					
二九九一	0201					
二九九二	0101	0201	0241	1601	2501	
二九九三	0101	0163	0701	0241	1601	2501
二九九四	0101					
二九九五	0141	0142	0163	0242	0262	0841
	1001					
二九九六	2701					
二九九七	1501					
二九九八	0163					
二九九九	2461					
三〇〇〇	0201					
三〇〇一	0201					
三〇〇二	0142					
三〇〇三	0201					
三〇〇四	1701					
三〇〇五	0241					
三〇〇六	0241					
三〇〇七	0201					
三〇〇八	0201					
三〇〇九	1601					
三〇一〇	0241					
三〇一一	0142					
三〇一二	0141					
三〇一三	0101					
三〇一四	0301	0520	0841	2201	2401	2741
三〇一五	0161					
三〇一六	2704					
三〇一七	0241					
三〇一八	0201	2542⊗				
三〇一九	0101					
三〇二〇	0701					
三〇二一	1601					
三〇二二	0101	0163	0198	0201	0241	0841
	1001	1601	1701	1705	1781	2301
	2401	2701				
三〇二三	0201					
三〇二四	0198					

書名編號	收	藏	單	位	代號	
三〇二五	0101					
三〇二六	0101	1615	1705			
三〇二七	0101					
三〇二八	0241					
三〇二九	1601					
三〇三〇	0201					
三〇三一	0141					
三〇三二	0241					
三〇三三	0201					
三〇三四	0163					
三〇三五	2501					
三〇三六	0163	0242	0291	1601	2401	
三〇三七	0142					
三〇三八	0301					
三〇三九	0142	2001				
三〇四〇	0142					
三〇四一	2301					
三〇四二	0241					
三〇四三	0241					
三〇四四	0197	0242				
三〇四五	0101	0141	0201	1628		
三〇四六	0201					
三〇四七	0101					
三〇四八	0201					
三〇四九	0142	0164	0181	0201	0242	0243
	0401	0801	0841	0842	2701	
三〇五〇	0142	0150	0166	0181	0520	0601
	1301	1501	2001⊗			
三〇五一	0142	0301	0591	1842		
三〇五二	0181	0197	0701	0901	0903	1801
	2001	2201	2401	2342	2901	
三〇五三	0181	0197	0701	0901	0903	1801
	1207	2001	2901			
三〇五四	0181	0197	0601	0701	2305⊗	
三〇五五	0181	0197	0701	0903		
三〇五六	0181	0197	0701			
三〇五七	0181	0197	0701			
三〇五八	0181					

書名編號	收藏單位代號					
三〇五九	2301					
三〇六〇	0181					
三〇六一	2041					
三〇六二	0181					
三〇六三	0162	0150	0181	0842		
三〇六四	0181					
三〇六五	0181					
三〇六六	0181					
三〇六七	0181	0701	1801			
三〇六八	0101	0181	0241	2201		
三〇六九	0101	0701	0901	1841		
三〇七〇	0181	2504				
三〇七一	0181	2301				
三〇七二	1542					
三〇七三	0141					
三〇七四	0102	0181	0197	0701	0802	
三〇七五	0181					
三〇七六	0101	0141	0162	0181	0182	0197
	0301	0507	0701	2401		
三〇七七	0102	0168	0181	0341	0701	0703
	0803	0842	1801	2301	2501	2541
三〇七八	2501					
三〇七九	0151	0701				
三〇八〇	0162	0144	0181	0741		
三〇八一	0162	0181	0701	2043		
三〇八二	0181	0197	0701	0905	2346	2586
三〇八三	0181	0701				
三〇八四	0181	0197		0701		
三〇八五	0181					
三〇八六	1542					
三〇八七	0101					
三〇八八	0101					
三〇八九	1542					
三〇九〇	1542					
三〇九一	0101					
三〇九二	0181	0701	0703	0801		
三〇九三	0101	0141	0181	0701		
三〇九四	0142					

書名編號	收藏單位代號		
三〇九五	0141		
三〇九六	0101		
三〇九七	0161		
三〇九八	1601		
三〇九九	0102	0142	
三一〇〇	1701		
三一〇一	1601		
三一〇二	1501		
三一〇三	0101	0142	
三一〇四	0242		
三一〇五	0141		
三一〇六	2001		
三一〇七	0141	0142	0198
三一〇八	0142		
三一〇九	0141		
三一一〇	0162		
三一一一	0101	0142	0301
三一一二	0861		
三一一三	0341		
三一一四	0701	1282	2701
三一一五	0101		
三一一六	2301		
三一一七	0101		
三一一八	0163		
三一一九	0201		
三一二〇	0101		
三一二一	0201		
三一二二	0201		
三一二三	0201		
三一二四	0201		
三一二五	0101		
三一二六	0101		
三一二七	1705		
三一二八	0201		
三一二九	1705		
三一三〇	0101		
三一三一	0101		
三一三二	0201		

書名編號	收藏單位代號			
三一三三	0201			
三一三四	0101			
三一三五	0101			
三一三六	0201			
三一三七	1705			
三一三八	0101			
三一三九	1601			
三一四〇	0101			
三一四一	0101	0201	2001	
三一四二	2301			
三一四三	0101			
三一四四	0162	0201	0262	0502
三一四五	0201	0701	1001	
三一四六	0163			
三一四七	0142			
三一四八	0101			
三一四九	1684			
三一五〇	1601			
三一五一	0341			
三一五二	1601			
三一五三	0201 ④	2301		
三一五四	0101			
三一五五	0101	1601		
三一五六	0520	2701		
三一五七	2001			
三一五八	1601			
三一五九	1601			
三一六〇	1601			
三一六一	0101			
三一六二	0141	0241 ③		
三一六三	2001			
三一六四	0141	0801		
三一六五	0181			
三一六六	0142			
三一六七	0130	2301	2601	
三一六八	1701			
三一六九	2201			
三一七〇	0241			

書名編號	收藏單位代號					
三一七一	0703	2201	2401			
三一七二	0101					
三一七三	1701					
三一七四	0181					
三一七五	2001					
三一七六	2001					
三一七七	0101	0102 ⑧	0142	0241	2501	
三一七八	0201					
三一七九	0141					
三一八〇	2501					
三一八一	2301					
三一八二	0301	2501				
三一八三	0166					
三一八四	2342					
三一八五	2583					
三一八六	1628					
三一八七	1601					
三一八八	0102					
三一八九	0141	0201	0281			
三一九〇	0101					
三一九一	1881					
三一九二	1082					
三一九三	0702 ⑤	0742	2002	2301	2401	2504
	2583					
三一九四	0291					
三一九五	2001					
三一九六	0201					
三一九七	2001					
三一九八	0241					
三一九九	0101					
三二〇〇	0101	2301				
三二〇一	2001					
三二〇二	2001					
三二〇三	0142					
三二〇四	0241					
三二〇五	0161					
三二〇六	0291	1601				
三二〇七	0242					

書名編號	收藏單位代號				
三二〇八	0201				
三二〇九	1701				
三二一〇	0161				
三二一一	0201				
三二一二	0501				
三二一三	0161				
三二一四	0201				
三二一五	0101				
三二一六	0201	1684⊗			
三二一七	2301				
三二一八	0102	2301	2401	2701	
三二一九	1801				
三二二〇	1701				
三二二一	0201				
三二二二	0101				
三二二三	0201	2401			
三二二四	1701				
三二二五	0141	2401			
三二二六	0101	0102	0163	0241	2501
三二二七	2302				
三二二八	2401				
三二二九	0161				
三二三〇	0161				
三二三一	0101				
三二三二	1601				
三二三三	0101				
三二三四	0101⊗	0201⊗			
三二三五	2261				
三二三六	0101				
三二三七	0101				
三二三八	0161				
三二三九	0163				
三二四〇	0101				
三二四一	0101				
三二四二	0101				
三二四三	0141⊗	0841⊗			
三二四四	0241				
三二四五	2001				

表中小

書名編號	收藏單位代號		
三二四六	0101		
三二四七	0101		
三二四八	0101		
三二四九	0101		
三二五〇	0101		
三二五一	0201		
三二五二	0241		
三二五三	0301		
三二五四	0101		
三二五五	0141	0150	
三二五六	0101		
三二五七	0101	0592	2741
三二五八	0101	0241	
三二五九	0101		
三二六〇	0141	0201	2401
三二六一	0101		
三二六二	0161		
三二六三	0201		
三二六四	0141		
三二六五	0703		
三二六六	0141	0201	
三二六七	0101		
三二六八	0141		
三二六九	0549		
三二七〇	0842		
三二七一	0101		
三二七二	0201		
三二七三	0241		
三二七四	2301		
三二七五	0101		
三二七六	0101		
三二七七	1082		
三二七八	0161		
三二七九	0101		
三二八〇	2301		
三二八一	0101		
三二八二	1801		
三二八三	2301		

書名編號	收藏單位代號				
三二八四	0101				
三二八五	[illegible]				
三二八六	0261				
三二八七	0201				
三二八八	0101				
三二八九	0141	0241	2701		
三二九〇	0163				
三二九一	0701				
三二九二	1501				
三二九三	0861				
三二九四	[illegible]				
三二九五	2401				
三二九六	2201				
三二九七	1801	2401			
三二九八	1901				
三二九九	1010				
三三〇〇	0542				
三三〇一	0241	0243	2242	2304	2501
三三〇二	0101				
三三〇三	0201				
三三〇四	1531				
三三〇五	1531				
三三〇六	1501⊗	1581⊗			
三三〇七	0101				
三三〇八	2701				
三三〇九	2401				
三三一〇	0144				
三三一一	0101				
三三一二	0101				
三三一三	0201				
三三一四	0201				
三三一五	2401				
三三一六	1601				
三三一七	1601				
三三一八	1601				
三三一九	0201				
三三二〇	0101				
三三二一	0101				

表中小

書名編號	收藏單位代號					
三三二二	2401					
三三二三	0101	0161	0701	0741	0842	
三三二四	0101					
三三二五	0142					
三三二六	0201					
三三二七	0242					
三三二八	0101					
三三二九	1601					
三三三〇	0341					
三三三一	1701					
三三三二	2401					
三三三三	0201					
三三三四	0201					
三三三五	0201					
三三三六	0101	0141	0201	0241	2041	2501⊗
三三三七	0201					
三三三八	2401					
三三三九	1701					
三三四〇	2006					
三三四一	0101					
三三四二	0241					
三三四三	1506⊗	1530⊗	2001			
三三四四	0101					
三三四五	0101	1601				
三三四六	2401					
三三四七	0101	0141	0142	0741		
三三四八	2461					
三三四九	0141	0241	0803			
三三五〇	2001					
三三五一	2001					
三三五二	0141					
三三五三	0101					
三三五四	2203					
三三五五	1501					
三三五六	0101					
三三五七	0101	0241	2301			
三三五八	0241					
三三五九	0701					

卷五〇

書名編號	收藏單位代號					
三三六〇	2401					
三三六一	1703					
三三六二	2201					
三三六三	1704					
三三六四	1701					
三三六五	0141					
三三六六	0161					
三三六七	1601					
三三六八	1601					
三三六九	2101					
三三七〇	1601					
三三七一	0201					
三三七二	1687					
三三七三	2901					
三三七四	0101					
三三七五	0101					
三三七六	0141					
三三七七	0101	1601				
三三七八	2101					
三三七九	0241					
三三八〇	0201 ⊗	0241				
三三八一	1701					
三三八二	0142					
三三八三	0141	0166	0542	0903	1843	2001
	2701	2702				
三三八四	1601					
三三八五	0201					
三三八六	0241					
三三八七	0101					
三三八八	0141					
三三八九	0201					
三三九〇	1705					
三三九一	0101					
三三九二	0201					
三三九三	0201					
三三九四	2001					
三三九五	2701					
三三九六	0101					

書名編號	收藏單位代號					
三三九七	2006					
三三九八	0141					
三三九九	2481					
三四〇〇	0101					
三四〇一	0142					
三四〇二	0201					
三四〇三	1701					
三四〇四	0101	0102	0161	0163	0201	0841
三四〇五	1601					
三四〇六	0101 ⊗	0201				
三四〇七	0101					
三四〇八	0101					
三四〇九	0101					
三四一〇	0101					
三四一一	0101					
三四一二	0141					
三四一三	1711					
三四一四	2901					
三四一五	1581					
三四一六	1531					
三四一七	0101					
三四一八	0141					
三四一九	0201					
三四二〇	0201					
三四二一	2501					
三四二二	0101					
三四二三	0201					
三四二四	0141 ⊗	0142	0165	0166	0201	0301
	2042	2301	2302			
三四二五	0201	0701	2042	2341		
三四二六	0201					
三四二七	1702					
三四二八	0161					
三四二九	0504					
三四三〇	2401					
三四三一	1601					
三四三二	2001					
三四三三	0101					

卷五一

書名編號	收藏單位代號					
三四三四	2341					
三四三五	1401					
三四三六	1617	1616				
三四三七	1601					
三四三八	0201					
三四三九	1701					
三四四〇	0101	2261				
三四四一	0161					
三四四二	0101					
三四四三	0178					
三四四四	0141					
三四四五	[illegible]					
三四四六	[illegible]					
三四四七	1601					
三四四八	0201					
三四四九	0201					
三四五〇	2701					
三四五一	1581					
三四五二	0201					
三四五三	0198					
三四五四	1581					
三四五五	0101	2001				
三四五六	0161					
三四五七	2701					
三四五八	0201					
三四五九	2401					
三四六〇	0101					
三四六一	1581					
三四六二	1681					
三四六三	0201					
三四六四	0101					
三四六五	1684					
三四六六	0101					
三四六七	0101					
三四六八	0201					
三四六九	2401					
三四七〇	0161					
三四七一	0201					

書名編號	收藏單位代號					
三四七二	0101					
三四七三	0141					
三四七四	0703					
三四七五	0161					
三四七六	0141					
三四七七	2301					
三四七八	1601					
三四七九	2001					
三四八〇	2201					
三四八一	0101					
三四八二	0201					
三四八三	0241					
三四八四	0101					
三四八五	0841					
三四八六	1801					
三四八七	1787					
三四八八	1787					
三四八九	2001					
三四九〇	0241					
三四九一	0141	1601 ⊗	1605	2001	2702	
三四九二	0161					
三四九三	0101	0142 ⊗	0161	0906	2042	
三四九四	0181					
三四九五	0161	0163	0541			
三四九六	0141					
三四九七	0141	0150	0701			
三四九八	0241					
三四九九	0101	0141	0142 ⊗	0861 ⊗		
三五〇〇	0101					
三五〇一	1581					
三五〇二	1501					
三五〇三	0801					
三五〇四	2501					
三五〇五	2001					
三五〇六	0161					
三五〇七	0241					
三五〇八	0141					
三五〇九	1601					

書名編號	收藏單位代號					
三五一〇	0241					
三五一一	0101					
三五一二	1701					
三五一三	0101					
三五一四	0163					
三五一五	0101	0241	0701	0764	1601	
三五一六	0201					
三五一七	0141					
三五一八	0141					
三五一九	0163					
三五二〇	0201					
三五二一	1701					
三五二二	0201					
三五二三	0241					
三五二四	0101					
三五二五	0101					
三五二六	1701					
三五二七	0201					
三五二八	0201					
三五二九	0101					
三五三〇	0241					
三五三一	0163					
三五三二	0163					
三五三三	1701					
三五三四	0201					
三五三五	0145					
三五三六	2042					
三五三七	0141					
三五三八	1501					
三五三九	1581					
三五四〇	1601					
三五四一	0161					
三五四二	1601	2301				
三五四三	0101					
三五四四	1684					
三五四五	0301					
三五四六	0101					
三五四七	0341					

書名編號	收藏單位代號					
三五四八	0201					
三五四九	1701					
三五五〇	0201					
三五五一	0101					
三五五二	0241					
三五五三	0101					
三五五四	1601					
三五五五	0301					
三五五六	0201					
三五五七	0101					
三五五八	2401					
三五五九	0201					
三五六〇	0141					
三五六一	0142					
三五六二	0241					
三五六三	0141	2501				
三五六四	0163					
三五六五	2501					
三五六六	0241	1601				
三五六七	1601					
三五六八	1604					
三五六九	0163⊗	0701				
三五七〇	0101	0241	1801	2301		
三五七一	0241					
三五七二	0101	0141	0201			
三五七三	0201					
三五七四	0341					
三五七五	0101	0201				
三五七六	1082	1092				
三五七七	2041					
三五七八	1601					
三五七九	0142	0201	0241			
三五八〇	2001					
三五八一	0201					
三五八二	1601					
三五八三	0141					
三五八四	0150					
三五八五	1501					

書名編號	收藏單位代號					
三五八六	1501					
三五八七	0301					
三五八八	0101	0241	0841	2542		
三五八九	0101					
三五九〇	0142	0241⊗	2543⊗			
三五九一	0101	0475	0201	0291	0841	1601
	1605	1684	2001	2301	2401	
三五九二	2461					
三五九三	0101	0143	0241	0842	1001	1604
	1616	1687	2702			
三五九四	0161					
三五九五	0201					
三五九六	2301					
三五九七	1701					
三五九八	0241					
三五九九	1008					
三六〇〇	0701					
三六〇一	2206					
三六〇二	2206					
三六〇三	0101					
三六〇四	0101	0142	0161	0181	0197	0701
	0841	1601	2501			
三六〇五	0143					
三六〇六	0101					
三六〇七	0701					
三六〇八	0101					
三六〇九	0141	0197	1601			
三六一〇	0242					
三六一一	1704					
三六一二	0101	0141				
三六一三	0101					
三六一四	1501					
三六一五	0101					
三六一六	0161					
三六一七	0101	0201	0841	1201		
三六一八	1701					
三六一九	0141					
三六二〇	0201					

書名編號	收藏單位代號					
三六二一	1705					
三六二二	2901					
三六二三	2001					
三六二四	0201					
三六二五	0201					
三六二六	0101					
三六二七	0163					
三六二八	0101					
三六二九	0947	2041	2342			
三六三〇	0201					
三六三一	1701					
三六三二	1541					
三六三三	0101					
三六三四	0201					
三六三五	0201					
三六三六	1601					
三六三七	0101					
三六三八	0201					
三六三九	0201					
三六四〇	0141	0241				
三六四一	2541					
三六四二	0201					
三六四三	0141					
三六四四	0101	2901⊗				
三六四五	0163					
三六四六	0201					
三六四七	2042					
三六四八	0201					
三六四九	0201					
三六五〇	1601					
三六五一	1601					
三六五二	0201					
三六五三	2401					
三六五四	0101					
三六五五	0141					
三六五六	0101					
三六五七	0201					
三六五八	0101	0161	0201	0342	0404	0701

書名編號	收藏單位代號					
	2501					
三六五九	0101	0101				
三六六〇	0101					
三六六一	0101	0132	0242	0701	0842	1601
	2301					
三六六二	1705					
三六六三	0101	0841				
三六六四	0141	1501				
三六六五	0101					
三六六六	1901					
三六六七	0201	0201				
三六六八	1501					
三六六九	[illegible]					
三六七〇	[illegible]					
三六七一	0101					
三六七二	1501					
三六七三	0701					
三六七四	2301					
三六七五	0701					
三六七六	0241					
三六七七	2501					
三六七八	1501					
三六七九	1501					
三六八〇	1501					
三六八一	1501					
三六八二	1501					
三六八三	0101					
三六八四	0101					
三六八五	0141	0163 ⓧ	0241 ⓧ			
三六八六	0101					
三六八七	0101					
三六八八	2542					
三六八九	0201					
三六九〇	0201					
三六九一	0101					
三六九二	0101	0201				
三六九三	2501					
三六九四	0142					

書名編號	收藏單位代號			
三六九五	0101			
三六九六	0103	0201		
三六九七	0201			
三六九八	0341			
三六九九	1601			
三七〇〇	0201			
三七〇一	0101			
三七〇二	0101			
三七〇三	0101			
三七〇四	0101			
三七〇五	0101			
三七〇六	0101			
三七〇七	0101			
三七〇八	0101			
三七〇九	0241			
三七一〇	0101			
三七一一	0141			
三七一二	2541			
三七一三	0241			
三七一四	0141	0162	0241	2561
三七一五	0163			
三七一六	1881			
三七一七	0101	1601	1910	
三七一八	0161			
三七一九	2301			
三七二〇	0291			
三七二一	0201			
三七二二	0201			
三七二三	1601			
三七二四	0201			
三七二五	0301			
三七二六	0201			
三七二七	1705			
三七二八	1705			
三七二九	0101			
三七三〇	2541			
三七三一	0101	1601		
三七三二	0101	2203 ⓧ		

書名編號	收藏單位代號					
三七三三	1901					
三七三四	0201					
三七三五	0144	0201				
三七三六	0201					
三七三七	0141	0150				
三七三八	2383					
三七三九	2301					
三七四〇	0741	2301				
三七四一	0201					
三七四二	0201					
三七四四	0201					
三七四五	0131	0186	0198	0201	0241	0541
三七四六	0101	1601				
三七四七	1604					
三七四八	0101					
三七四九	0241					
三七五〇	0701					
三七五一	1601					
三七五二	0201					
三七五三	1606					
三七五四	2001					
三七五五	0142	0741				
三七五六	1542					
三七五七	0141					
三七五八	0701					
三七五九	0701					
三七六〇	0142					
三七六一	0701	2501				
三七六二	2701					
三七六三	0201					
三七六四	0101					
三七六五	0241					
三七六六	0198					
三七六七	0142	1710				
三七六八	0141					
三七六九	0101	1601	1605			
三七七〇	0101	1601	1616			

書名編號	收藏單位代號					
三七七一	0142					
三七七二	0341	1701	1702	2203		
三七七三	1601					
三七七四	0101					
三七七五	0242					
三七七六	2401					
三七七七	0141					
三七七八	0141					
三七七九	0101	0161	0163	0241		
三七八〇	0201					
三七八一	0201	0241				
三七八二	1711					
三七八三	0201					
三七八四	0101					
三七八五	0101					
三七八六	0101					
三七八七	0101	0201 ⓧ	0201 ④	1601	2501	
三七八八	0142					
三七八九	0142					
三七九〇	1705					
三七九一	1705					
三七九二	0201					
三七九三	2501					
三七九四	0101					
三七九五	2901					
三七九六	0101					
三七九七	0241					
三七九八	0201					
三七九九	1601					
三八〇〇	0101					
三八〇一	0161					
三八〇二	0201	0341				
三八〇三	0141	0341	2301			
三八〇四	1601					
三八〇五	0201	0241	0242	0591	1601	1616
三八〇六	0101					
三八〇七	0101					
三八〇八	0101					

書名編號	收藏單位代號					
三八〇九	0201					
三八一〇	0241					
三八一一	1601					
三八一二	0101	0142	0143	0341	2301	
三八一三	0101	0201				
三八一四	0201					
三八一五	0241					
三八一六	0142					
三八一七	0101	0102	0404			
三八一八	0001	0143	0144	0150	0342	0404
	0805	0841	0842	0861	0912	1042
	1708	2401				
三八一九	0101					
三八二〇	0163					
三八二一	0101	0104	0141	0142	0198	0501
	0542	0592	0711	0702	0861	0901
	0941	1001	1034	1801	1803	1911
	2301	2302	2341	2401	2542	2601
	2701					
三八二二	0161					
三八二三	1541					
三八二四	1501					
三八二五	1501					
三八二六	1581					
三八二七	0163	0201	0241	2501		
三八二八	1601					
三八二九	1581					
三八三〇	0101					
三八三一	0201					
三八三二	0241					
三八三三	0101					
三八三四	0106					
三八三五	0241	0501				
三八三六	0201					
三八三七	2062					
三八三八	0101	0141	0142	0161	0163	0201
	0841	1501	1601	2501		
三八三九	0101	0141	0161	1601	2501	

書名編號	收藏單位代號		
三八四〇	0101		
三八四一	0201		
三八四二	1701		
三八四三	0241		
三八四四	0101	1001	
三八四五	0201		
三八四六	0201		
三八四七	0201		
三八四八	1601		
三八四九	0142		
三八五〇	0241		
三八五一	1181		
三八五二	0101		
三八五三	0201		
三八五四	0201		
三八五五	0142		
三八五六	1601		
三八五七	0281		
三八五八	2001		
三八五九	0161		
三八六〇	0701		
三八六一	0141		
三八六二	0241		
三八六三	0201		
三八六四	0101		
三八六五	0522	0542	
三八六六	0341	1684	2002
三八六七	1501		
三八六八	0101		
三八六九	0241		
三八七〇	0142		
三八七一	0201		
三八七二	0241		
三八七三	0142		
三八七四	1601		
三八七五	2401		
三八七六	0201		
三八七七	2702		

書名編號	收藏單位代號			
三八七八	2201			
三八七九	0381			
三八八〇	0241			
三八八一	0201			
三八八二	0201			
三八八三	0142			
三八八四	2201			
三八八五	0101	0141	0144	2501
三八八六	0162			
三八八七	0110			
三八八八	0101	2301		
三八八九	0201			
三八九〇	0163			
三八九一	1501			
三八九二	2401			
三八九三	1381			
三八九四	0282			
三八九五	0282			
三八九六	0241			
三八九七	0178			
三八九八	2401			
三八九九	0101			
三九〇〇	0201			
三九〇一	0701			
三九〇二	1705			
三九〇三	1042			
三九〇四	0281			
三九〇五	1701			
三九〇六	0291			
三九〇七	0141	0142		
三九〇八	0161			
三九〇九	0101			
三九一〇	0101	0241	0341	
三九一一	0142			
三九一二	0201			
三九一三	1628			
三九一四	1701			
三九一五	0141	0291 ⊗		

書名編號	收藏單位代號				
三九一六	0101	0241			
三九一七	0291				
三九一八	0141	0201 ⊗	0241 ⊗	2501	2701 ⊗
三九一九	0201				
三九二〇	0163				
三九二一	0141				
三九二二	0141				
三九二三	1601				
三九二四	2401				
三九二五	0141	2541			
三九二六	2201				
三九二七	2206	2541			
三九二八	0241	2501			
三九二九	2501	2541	2544	2591	
三九三〇	0101	0201			
三九三一	2301				
三九三二	0241				
三九三三	1641				
三九三四	1705				
三九三五	0520				
三九三六	1616				
三九三七	0141				
三九三八	0161				
三九三九	0241				
三九四〇	0101				
三九四一	0201				
三九四二	0142				
三九四三	2741				
三九四四	0201				
三九四五	0241				
三九四六	2201				
三九四七	0201				
三九四八	0201				
三九四九	0241				
三九五〇	0101	0201	1601		
三九五一	0141	0143	1804	2301	2542
三九五二	1701				
三九五三	0241				

書名編號	收藏單位代號					
三九五四	1501					
三九五五	0101					
三九五六	0241					
三九五七	1515					
三九五八	2542					
三九五九	0541					
三九六〇	1501					
三九六一	0201	2301	2701			
三九六二	0161					
三九六三	0101					
三九六四	0101					
三九六五	1906					
三九六六	0101	1601				
三九六七	0101					
三九六八	1625					
三九六九	0201					
三九七〇	0178	0201	0841	1601		
三九七一	0101					
三九七二	0701					
三九七三	0241	0702	2701			
三九七四	1601					
三九七五	0201					
三九七六	0141					
三九七七	0201					
三九七八	1781					
三九七九	1705					
三九八〇	2702					
三九八一	0163④	0101	0241			
三九八二	0201					
三九八三	1501					
三九八四	1601					
三九八五	2101					
三九八六	2542					
三九八七	2701					
三九八八	0703					
三九八九	0163	0241				
三九九〇	0141	0241				
三九九一	1701					

表五八

書名編號	收藏單位代號					
三九九二	0842					
三九九三	0141					
三九九四	1701③	1401				
三九九五	0241					
三九九六	1601					
三九九七	0101					
三九九八	0301					
三九九九	1001					
四〇〇〇	1701					
四〇〇一	0201					
四〇〇二	0201					
四〇〇三	0101					
四〇〇四	0161					
四〇〇五	0201					
四〇〇六	0101					
四〇〇七	2201					
四〇〇八	2001					
四〇〇九	2001	2006				
四〇一〇	2001					
四〇一一	0102					
四〇一二	2001					
四〇一三	0101					
四〇一四	0101					
四〇一五	1705					
四〇一六	1705					
四〇一七	1705					
四〇一八	0101					
四〇一九	0201					
四〇二〇	0301					
四〇二一	0101					
四〇二二	0101					
四〇二三	0101					
四〇二四	0241					
四〇二五	1628					
四〇二六	1781					
四〇二七	0201					
四〇二八	0141					
四〇二九	0141					

書名編號	收藏單位代號					
四〇三〇	0101					
四〇三一	0181	0197	0301	0701	2401	
四〇三二	0102	0181	0197	0701		
四〇三三	0181	0701				
四〇三四	0181	0701	2201			
四〇三五	0181	0701				
四〇三六	0181					
四〇三七	0150	0181				
四〇三八	0181					
四〇三九	0181	0197				
四〇四〇	0102					
四〇四一	0101	0181	0150			
四〇四二	0181					
四〇四三	0241	0701				
四〇四四	0181	0701				
四〇四五	0181					
四〇四六	0181					
四〇四七	0181	0197	0701			
四〇四八	0181					
四〇四九	0181					
四〇五〇	0101	0161	0181	0341	1601	2201
四〇五一	0242					
四〇五二	0201					
四〇五三	2501					
四〇五四	1701					
四〇五五	0201					
四〇五六	0101					
四〇五七	2383					
四〇五八	0201					
四〇五九	0201					
四〇六一	0201					
四〇六二	0241					
四〇六三	0201					
四〇六四	2541					
四〇六五	1501					
四〇六六	1501					
四〇六七	2506					

表五九

書名編號	收藏單位代號					
四〇六八	0163					
四〇六九	0101					
四〇七〇	0201					
四〇七一	0241					
四〇七二	1605					
四〇七三	0241					
四〇七四	1629					
四〇七五	0201					
四〇七六	2301					
四〇七七	2001					
四〇七八	2701					
四〇七九	0163					
四〇八〇	0101					
四〇八一	0102					
四〇八二	0101					
四〇八三	0101					
四〇八四	2541					
四〇八五	0201					
四〇八六	0201					
四〇八七	1701					
四〇八八	0101					
四〇八九	1615					
四〇九〇	2001					
四〇九一	2001					
四〇九二	2001					
四〇九三	2001					
四〇九四	1705					
四〇九五	0101					
四〇九六	1601					
四〇九七	1705					
四〇九八	2541					
四〇九九	1712					
四一〇〇	1712					
四一〇一	0101					
四一〇二	0101	0163④	2301			
四一〇三	0163					
四一〇四	0101	0163	2301			
四一〇五	0163					

書名編號	收藏單位代號		
四一〇六	1641		
四一〇七	0101		
四一〇八	0161		
四一〇九	0201		
四一一〇	0161		
四一一一	0150		
四一一二	0102	0163②	1701②
四一一三	0101		
四一一四	0101		
四一一五	1601		
四一一六	0201		
四一一七	0201		
四一一八	1741		
四一一九	0101		
四一二〇	0101		
四一二一	0241		
四一二二	0101		
四一二三	0198		
四一二四	1601		
四一二五	2301		
四一二六	2701		
四一二七	0101		
四一二八	1501		
四一二九	2541		
四一三〇	0201		
四一三一	1654		
四一三二	0101		
四一三三	0101		
四一三四	2041		
四一三五	0201		
四一三六	0146		
四一三七	1701		
四一三八	0197		
四一三九	2301		
四一四〇	1701		
四一四一	2501		
四一四二	0101		
四一四三	1701		

書名編號	收藏單位代號	
四一四四	1701	
四一四五	0101	
四一四六	1601	
四一四七	0501	
四一四八	0101	
四一四九	1601	
四一五〇	0161	
四一五一	1601	
四一五二	0201	
四一五三	1601	
四一五四	1601	
四一五五	0201	
四一五六	0201	
四一五七	2301	
四一五八	0101	
四一五九	0201	
四一六〇	1701	
四一六一	0161	1701
四一六二	0101	
四一六三	0201	
四一六四	2301	
四一六五	0301	
四一六六	0101	
四一六七	0201	
四一六八	1901	
四一六九	0101	
四一七〇	0101	
四一七一	0201	
四一七二	0101	
四一七三	0201	
四一七四	0101	
四一七五	0201	
四一七六	1701	
四一七七	0101	
四一七八	0701	
四一七九	1101	
四一八〇	1101	
四一八一	2001	

書名編號	收藏單位代號
四一八二	0101
四一八三	2541
四一八四	2901
四一八五	2401
四一八六	1787
四一八七	0101
四一八八	0101
四一八九	0241
四一九〇	0241
四一九一	0150
四一九二	2541
四一九三	2001
四一九四	1701
四一九五	0201
四一九六	0341
四一九七	1541
四一九八	1701
四一九九	0201
四二〇〇	1605
四二〇一	2201
四二〇二	0201
四二〇三	1701
四二〇四	0201
四二〇五	0201
四二〇六	0101
四二〇七	0101
四二〇八	0201
四二〇九	0101
四二一〇	0101
四二一一	1581
四二一二	0151
四二一三	1701
四二一四	1605
四二一五	1787
四二一六	0101
四二一七	2901
四二一八	0301
四二一九	0591

書名編號	收藏單位代號	
四二二〇	0201	
四二二一	0101	0161
四二二二	0101	
四二二三	0101	
四二二四	2401	
四二二五	0201	
四二二六	1689	
四二二七	1601	
四二二八	0201	
四二二九	1581	
四二三〇	0101	
四二三一	0201	
四二三二	0281	
四二三三	0101	
四二三四	0101	
四二三五	0181	
四二三六	0101	
四二三七	0101	
四二三八	0101	2301
四二三九	0301	
四二四〇	0501	
四二四一	0882	
四二四二	1502	
四二四三	1701	
四二四四	0101	
四二四五	1701	
四二四六	1501	
四二四七	1601	
四二四八	1601	
四二四九	0842	
四二五〇	1601	
四二五一	0201	
四二五二	0243	
四二五三	0201	
四二五四	1641	
四二五五	0201	
四二五六	0101	
四二五七	0101	

書名編號	收藏單位代號				
四二五八	0201				
四二五九	1601				
四二六〇	1601				
四二六一	0241				
四二六二	0201				
四二六三	0163				
四二六四	1501				
四二六五	2001				
四二六六	2401				
四二六七	2001				
四二六八	2407				
四二六九	1701				
四二七〇	1101				
四二七一	0141				
四二七二	1601				
四二七三	2401				
四二七四	0101				
四二七五	0101				
四二七六	1801				
四二七七	0124				
四二七八	0201				
四二七九	0201				
四二八〇	0241				
四二八一	1601				
四二八二	2301				
四二八三	0101				
四二八四	0501				
四二八五	0101				
四二八六	0101				
四二八七	0201				
四二八八	2541				
四二八九	0161				
四二九〇	0101				
四二九一	0101				
四二九二	0241				
四二九三	2702				
四二九四	0101				
四二九五	0401				

書名編號	收藏單位代號				
四二九六	2542				
四二九七	0241				
四二九八	0201				
四二九九	1501				
四三〇〇	0341				
四三〇一	2001				
四三〇二	2001				
四三〇三	0241				
四三〇四	1701				
四三〇五	0201				
四三〇六	1601				
四三〇七	0101				
四三〇八	0101	0301	1605	1681	2401
四三〇九	0101	1601	1843		
四三一〇	0241				
四三一一	0101				
四三一二	2541				
四三一三	0201				
四三一四	2541				
四三一五	0101				
四三一六	1616				
四三一七	2701				
四三一八	2901				
四三一九	0201				
四三二〇	0301				
四三二一	2206				
四三二二	0101				
四三二三	0201				
四三二四	2901				
四三二五	0201				
四三二六	1501				
四三二七	0163				
四三二八	0101				
四三二九	1601				
四三三〇	0201				
四三三一	0101				
四三三二	0201				
四三三三	0241				

書名編號	收藏單位代號			
四三三四	0701			
四三三五	1689			
四三三六	0101			
四三三七	0101			
四三三八	0201			
四三三九	1601			
四三四〇	1601			
四三四一	1702			
四三四二	2501			
四三四三	1601			
四三四四	0101			
四三四五	0101			
四三四六	0102			
四三四七	0101			
四三四八	0101			
四三四九	1705			
四三五〇	0101			
四三五一	0101			
四三五二	0101			
四三五三	0101			
四三五四	0101			
四三五五	0201			
四三五六	0201			
四三五七	0101			
四三五八	1701			
四三五九	0541			
四三六〇	0163			
四三六一	1601			
四三六二	1101			
四三六三	0161			
四三六四	0161			
四三六五	0161			
四三六六	2301			
四三六七	0101	0161	1601	2301
四三六八	0101	1601		
四三六九	0163			
四三七〇	0201			
四三七一	0101			

書名編號	收藏單位代號		
四三七二	0201		
四三七三	1601		
四三七四	0101①	0201②	1087③
四三七五	1601		
四三七六	1601		
四三七七	1601		
四三七八	1781		
四三七九	0163		
四三八〇	0241		
四三八一	0101		
四三八二	0101		
四三八三	0101		
四三八四	0201		
四三八五	0101		
四三八六	0201		
四三八七	1601		
四三八八	0101		
四三八九	0201		
四三九〇	0101		
四三九一	1501		
四三九二	2901		
四三九三	1684		
四三九四	1501		
四三九五	2001		
四三九六	0281		
四三九七	0101		
四三九九	0101		
四四〇〇	1601		
四四〇一	0101		
四四〇二	0101		
四四〇三	0101		
四四〇四	0101		
四四〇五	0101		
四四〇六	1616		
四四〇七	0101		
四四〇八	0101		
四四〇九	0201		

書名編號	收	藏	單	位	代	號
四四一〇	1781					
四四一一	0101					
四四一二	1605					
四四一三	1605					
四四一四	1705					
四四一五	1705					
四四一六	0101					
四四一七	1701					
四四一八	1701					
四四一九	0101					
四四二〇	2901					
四四二一	0241					
四四二二	1601					
四四二三	0201					
四四二四	0242	1654				
四四二五	0163					
四四二六	0101	1678				
四四二七	1606					
四四二八	0301					
四四二九	1502					
四四三〇	1705					
四四三一	1705					
四四三二	0161					
四四三三	2541					
四四三四	0301					
四四三五	1701					
四四三六	0102	0181	0197			
四四三七	0181	0701				
四四三八	0181	0701				
四四三九	0181	0701	2201			
四四四〇	0101	0450	0701			
四四四一	0181					
四四四二	0181					
四四四三	2401					
四四四四	0163					
四四四五	0101					
四四四六	2206					
四四四七	2156					

書名編號	收	藏	單	位	代	號
四四四八	2501					
四四四九	0101					
四四五〇	2541					
四四五一	2001					
四四五二	2001					
四四五三	0241	1601	1701	1710	1901	2242
	2541					
四四五四	1901					
四四五五	1601					
四四五七	0101					
四四五八	0163					
四四五九	1701					
四四六〇	0101					
四四六一	0101	1616				
四四六二	1704					
四四六三	2541					
四四六四	0101					
四四六五	0161					
四四六六	0101	1601				
四四六七	0101					
四四六八	1601					
四四六九	0101					
四四七〇	1601					
四四七一	0201					
四四七二	1601					
四四七三	2901					
四四七四	2001					
四四七五	1601					
四四七六	0101					
四四七七	1741					
四四七八	1741					
四四七九	1761					
四四八〇	0201					
四四八一	1741					
四四八二	0161					
四四八三	2042					
四四八四	1788					

書名編號	收	藏	單	位	代	號
四四八五	1788					
四四八六	1788					
四四八七	0161					
四四八八	1601					
四四八九	0161					
四四九〇	0101					
四四九一	1536					
四四九二	2201					
四四九三	0201					
四四九四	1101					
四四九五	1681					
四四九六	0201					
四四九七	0201					
四四九八	0301					
四四九九	2401					
四五〇〇	0101					
四五〇一	2401					
四五〇二	2461					
四五〇三	1501					
四五〇四	2381					
四五〇五	0161					
四五〇六	0101					
四五〇七	1601					
四五〇八	1701					
四五〇九	0301					
四五一〇	0101					
四五一一	0101					
四五一二	0201					
四五一三	1605					
四五一四	1605					
四五一五	1601					
四五一六	2401					
四五一七	1601					
四五一八	1601					
四五一九	1601					
四五二〇	0241					
四五二一	1701					
四五二二	0241					

書名編號	收	藏	單	位	代	號
四五二三	0101					
四五二四	1601					
四五二五	0163					
四五二六	1601					
四五二七	0201					
四五二八	0161					
四五二九	0101					
四五三〇	2301					
四五三一	1601					
四五三二	1605					
四五三三	1605					
四五三四	1684					
四五三五	1684					
四五三六	1684					
四五三七	1684					
四五三八	1684					
四五三九	1684					
四五四〇	1684					
四五四一	2301					
四五四二	2301					
四五四三	1701					
四五四四	1716					
四五四五	0241					
四五四六	0241					
四五四七	0101					
四五四八	0201					
四五四九	0101					
四五五〇	0101					
四五五一	2001					
四五五二	1701					
四五五三	0101					
四五五四	1701					
四五五五	0101					
四五五六	0201					
四五五七	0201					
四五五八	2541					
四五五九	2401					
四五六〇	0201					

書名編號	收藏單位代號		
四五六一	0201		
四五六二	0101		
四五六三	0104		
四五六四	1704		
四五六五	1788		
四五六六	1758		
四五六七	1601		
四五六八	0201		
四五六九	0201		
四五七〇	2401		
四五七一	1788		
四五七二	0161		
四五七三	0242		
四五七四	0242		
四五七五	0201		
四五七六	1601		
四五七七	0101		
四五七八	1701		
四五七九	1802		
四五八〇	1806		
四五八一	2561		
四五八二	0163		
四五八三	1601		
四五八四	1710		
四五八五	0141		
四五八六	0201		
四五八七	0161		
四五八八	2541		
四五八九	2001		
四五九〇	2401		
四五九一	2001		
四五九二	2401		
四五九三	1601		
四五九四	1701		
四五九五	0242		
四五九六	2581		
四五九七	0201		
四五九八	0101		

書名編號	收藏單位代號		
四五九九	2001		
四六〇〇	0161		
四六〇一	0201		
四六〇二	0201		
四六〇三	1601		
四六〇四	0701		
四六〇五	1601		
四六〇六	0101		
四六〇七	0841		
四六〇八	0163		
四六〇九	1615		
四六一〇	0201		
四六一一	0201		
四六一二	0201		
四六一三	1601		
四六一四	0201		
四六一五	0201		
四六一六	0101		
四六一七	1501		
四六一八	1501		
四六一九	2541		
四六二〇	2301		
四六二一	0201		
四六二二	0201		
四六二三	0842		
四六二四	0101 ⊗	1801	2501
四六二五	0101		
四六二六	0101		
四六二七	0101		
四六二八	0101		
四六二九	0101		
四六三〇	0101		
四六三一	0101		
四六三二	0101		
四六三三	1741		
四六三四	0201		
四六三五	1601		
四六三六	0101		

集六六

書名編號	收藏單位代號	
四六三七	2001	
四六三八	1528	
四六三九	1601	
四六四〇	1501	
四六四一	0101	
四六四二	0163	
四六四三	1601	
四六四四	1601	
四六四五	0201	
四六四六	1605	
四六四七	1841	
四六四八	0201	
四六四九	2381	
四六五〇	0241	
四六五一	0161	
四六五二	0301	
四六五三	0101	
四六五四	1006	
四六五五	1601	
四六五六	0161	
四六五七	1601	
四六五八	0241	
四六五九	0101	
四六六〇	0201	
四六六一	1101	
四六六二	0201	
四六六三	0201	
四六六四	1601	
四六六五	1605	
四六六六	0201	
四六六七	1601	
四六六八	2301	
四六六九	0101	1601
四六七〇	0101	2301
四六七一	0101	
四六七二	0101	
四六七三	0201	

書名編號	收藏單位代號			
四六七五	0201			
四六七六	2701			
四六七七	0341			
四六七八	0101			
四六七九	0163			
四六八〇	0101			
四六八一	0201			
四六八二	0163			
四六八三	0301			
四六八四	0193			
四六八五	1601			
四六八六	1601			
四六八七	1601			
四六八八	1701			
四六八九	0201			
四六九〇	0101			
四六九一	0101			
四六九二	0201			
四六九三	0101			
四六九四	2201			
四六九五	0201			
四六九六	0163			
四六九七	1601			
四六九八	1705			
四六九九	1701			
四七〇〇	0201			
四七〇一	1705			
四七〇二	1705			
四七〇三	1705			
四七〇四	1705			
四七〇五	1791			
四七〇六	0201			
四七〇七	1705			
四七〇八	0101	0161	1601	2702
四七〇九	1501			
四七一〇	1601			
四七一一	1901			
四七一二	1581			

集六七

表六八

書名編號	收藏單位代號
四七一三	2381
四七一四	0101
四七一五	0242
四七一六	0101
四七一七	0701
四七一八	0201
四七一九	0101
四七二〇	1601
四七二一	0101
四七二二	0163
四七二三	0101
四七二四	2881
四七二五	0201
四七二六	0163
四七二七	0163
四七二八	0145
四七二九	1601
四七三〇	0201
四七三一	1801
四七三二	1601
四七三三	1701
四七三四	0201
四七三五	1601
四七三六	1601
四七三七	1601
四七三八	1601
四七三九	1601
四七四〇	1601
四七四一	0101
四七四二	2501
四七四三	1701
四七四四	2001
四七四五	0101
四七四六	0181
四七四七	0241
四七四八	2301
四七四九	2541
四七五〇	0163

書名編號	收藏單位代號
四七五一	0101
四七五二	0101
四七五三	0101
四七五四	0101
四七五四--	0101
四七五五	1601
四七五六	0101
四七五七	0161
四七五八	0201
四七五九	1601
四七六〇	2901
四七六一	2902
四七六二	2902
四七六三	1601
四七六四	2001
四七六五	0201
四七六六	1601
四七六七	2301
四七六八	0201
四七六九	1501
四七七〇	1601
四七七一	1601
四七七二	1601
四七七三	1701
四七七四	0101
四七七五	1705
四七七六	0161
四七七七	0201
四七七八	1501
四七七九	1501
四七八〇	1501
四七八一	2541
四七八二	0163
四七八三	1601
四七八四	1601
四七八五	1601
四七八六	0301
四七八七	0163

表六九

書名編號	收藏單位代號	
四七八八	0145	
四七八九	0101	
四七九〇	0201	
四七九一	0201	
四七九二	0101	
四七九三	0201	
四七九四	2501	
四七九五	2901	
四七九六	0241	
四七九七	0203	
四七九八	0201	
四七九九	2861	
四八〇〇	0101	
四八〇一	0101	
四八〇二	0101	
四八〇三	0341	
四八〇四	0201	
四八〇五	0181	0701
四八〇六	0181	
四八〇七	1701	
四八〇八	0101	
四八〇九	0101	
四八一〇	0101	
四八一一	1601	
四八一二	1681	
四八一三	1705	
四八一四	1501	
四八一五	2541	
四八一六	0842	
四八一七	2881	
四八一八	0391	
四八一九	0101	
四八二〇	0101	
四八二一	0145	
四八二二	2001	
四八二三	1581	
四八二四	1101	
四八二五	2001	

書名編號	收藏單位代號
四八二六	0201
四八二七	0201
四八二八	1601
四八二九	1601
四八三〇	1502
四八三一	0201
四八三二	0101
四八三三	0161
四八三四	0150
四八三五	2001
四八三六	1501
四八三七	1501
四八三八	2001
四八三九	2541
四八四〇	1701
四八四一	1601
四八四二	1601
四八四三	0101
四八四四	0201
四八四五	0201
四八四六	0201
四八四七	0101
四八四八	1701
四八四九	0201
四八五〇	0201
四八五一	0201
四八五二	1601
四八五三	0241
四八五四	2206
四八五五	1843
四八五六	2201
四八五七	2541
四八五八	1701
四八五九	0161
四八六〇	2301
四八六一	0201
四八六二	0241
四八六三	1601

書名編號	收藏單位代號
四八六四	1843
四八六五	0201
四八六六	0941
四八六七	1501
四八六八	0101
四八六九	2301
四八七〇	1701
四八七一	2001
四八七二	0163
四八七三	0165
四八七四	1605
四八七五	1601
四八七六	1605
四八七七	1605
四八七八	1701
四八七九	2001
四八八〇	1701
四八八一	1881
四八八二	1701
四八八三	1601
四八八四	1601
四八八五	0201
四八八六	1605
四八八七	0701
四八八八	1705
四八八九	1705
四八九〇	1705
四八九一	1705
四八九二	0101
四八九三	0142
四八九四	2542
四八九五	2701
四八九六	0201
四八九七	1601
四八九八	0201
四八九九	0101
四九〇〇	0101
四九〇一	0101

表七〇

書名編號	收藏單位代號
四九〇二	2542
四九〇三	2541
四九〇四	1601
四九〇五	1601
四九〇六	1605
四九〇七	1684
四九〇八	0101
四九〇九	0201
四九一〇	0201
四九一一	2207
四九一二	1541
四九一三	0703
四九一四	2461
四九一五	0161
四九一六	1607
四九一七	0101
四九一八	0142
四九一九	0201
四九二〇	0101
四九二一	0241
四九二二	1601
四九二三	0201
四九二四	1601
四九二五	1701
四九二六	0101
四九二七	0241
四九二八	1912
四九二九	0161
四九三〇	1601
四九三一	1601
四九三二	0201
四九三三	1501
四九三四	2001
四九三五	0163
四九三六	0201
四九三七	1701
四九三八	1701
四九三九	1601

書名編號	收藏單位代號
四九四〇	0201
四九四一	0201
四九四二	1601
四九四三	0201
四九四四	1651
四九四五	1601
四九四六	2001
四九四七	2001
四九四八	2001
四九四九	1701
四九五〇	0201
四九五一	0101
四九五二	2042
四九五三	0101
四九五四	0101
四九五五	2481
四九五六	0144
四九五七	0161
四九五八	0131
四九五九	0150
四九六〇	2001
四九六一	0101
四九六二	0201
四九六三	0310
四九六四	0201
四九六五	1601
四九六六	0842
四九六七	0163
四九六八	1605
四九六九	1605
四九七〇	1605
四九七一	0101
四九七二	1601
四九七三	1601
四九七四	0161
四九七五	0141
四九七六	0201
四九七七	1701

表七一

書名編號	收藏單位代號	
四九七八	0201	
四九七九	1701	
四九八〇	1711	
四九八一	1701	
四九八二	2242	
四九八三	0181	0701
四九八四	0181	
四九八五	0181	
四九八六	0181	
四九八七	0181	
四九八八	0101	
四九八九	0101	
四九九〇	1501	
四九九一	1701	
四九九二	0201	
四九九三	1628	
四九九四	1628	
四九九五	0101	
四九九六	0150	
四九九七	1801	
四九九八	0163	
四九九九	1605	
五〇〇〇	2591	
五〇〇一	0201	
五〇〇二	0301	
五〇〇三	0201	
五〇〇四	2001	
五〇〇五	1601	
五〇〇六	0201	
五〇〇七	2501	
五〇〇八	1501	
五〇〇九	0201	
五〇一〇	0161	
五〇一一	1501	
五〇一二	0701	
五〇一三	0201	
五〇一四	0201	
五〇一五	2541	

書名編號	收藏單位代號
五〇一六	1801
五〇一七	0701
五〇一八	1802
五〇一九	1806
五〇二〇	0141
五〇二一	1601
五〇二二	0101
五〇二三	2401
五〇二四	1701
五〇二五	1710
五〇二六	0201
五〇二七	1101
五〇二八	2501
五〇二九	1184
五〇三〇	1301
五〇三一	0201
五〇三二	1601
五〇三三	1501
五〇三四	1501
五〇三五	1702
五〇三六	0201
五〇三七	1301
五〇三八	1601
五〇三九	0301
五〇四〇	0101
五〇四一	1701
五〇四二	0241
五〇四三	1705
五〇四四	0201
五〇四五	2431
五〇四六	0231
五〇四七	0701
五〇四八	1601
五〇五〇	2901
五〇五一	0201
五〇五二	1001
五〇五三	1001

書名編號	收藏單位代號
五〇五四	0150
五〇五五	0201
五〇五六	0163
五〇五七	1701
五〇五八	1701
五〇六〇	0241
五〇六一	0141
五〇六二	0163
五〇六三	1601
五〇六四	2481
五〇六五	1501
五〇六六	1101
五〇六七	1101
五〇六八	1601
五〇六九	0150
五〇七〇	1601
五〇七一	1701
五〇七二	0201
五〇七三	1701
五〇七四	1601
五〇七五	0201
五〇七六	1710
五〇七七	0801
五〇七八	1001
五〇七九	0124
五〇八〇	0101
五〇八一	0161
五〇八二	1702
五〇八三	0161
五〇八四	0131
五〇八五	1701
五〇八六	2001
五〇八七	1701
五〇八八	0150
五〇八九	0163
五〇九〇	0163
五〇九一	2012

書名編號	收藏單位代號
五〇九二	0201
五〇九三	0181
五〇九四	0181
五〇九五	0201
五〇九六	0201
五〇九七	2501
五〇九八	2001
五〇九九	1701
五一〇〇	1701
五一〇一	1701
五一〇二	3001
五一〇三	0001
五一〇四	2001
五一〇五	2001
五一〇六	1001
五一〇七	2001
五一〇八	0163
五一〇九	2042
五一一〇	2001
五一一一	0161
五一一二	0201
五一一三	0101
五一一四	0101
五一一五	0201
五一一六	0101
五一一七	1716
五一一八	0198
五一一九	1705
五一二〇	0249
五一二一	1601
五一二二	1188
五一二三	0201
五一二四	1102
五一二五	1741
五一二六	1701
五一二七	1701
五一二八	1701
五一二九	1501

書名編號	收藏單位代號
五一三〇	0163
五一三一	1581
五一三二	1581
五一三三	0161
五一三四	0141
五一三五	2561
五一三六	0241
五一三七	1741
五一三八	2701
五一四〇	1501
五一四一	0101
五一四二	2001
五一四三	0101③　1606②
五一四四	0201
五一四五	1605
五一四六	0141
五一四七	0141
五一四八	0102
五一四九	0161
五一五〇	0161
五一五一	1658
五一五二	2581
五一五三	0201
五一五四	0201
五一五五	1751
五一五六	0163
五一五七	2702
五一五八	1601
五一五九	1802
五一六〇	1601
五一六一	1501
五一六二	1801
五一六三	1687
五一六四	1804
五一六五	0201
五一六六	0801
五一六七	2581

五七四

書名編號	收藏單位代號
五一六八	0201
五一六九	2701
五一七〇	2701
五一七一	2302
五一七二	0701
五一七三	0201
五一七四	0141
五一七五	1801
五一七六	2001
五一七七	0101
五一七八	0161
五一七九	0201
五一八〇	0201
五一八一	0201
五一八二	1461
五一八三	0201
五一八四	1601
五一八五	2702
五一八六	1701

總集類
地方藝文

一 十五國風高言集□□卷 清田茂遇選 清順治十六年刻本 九行十八字白口四周單邊
存一卷 咸通詩卷一
二 畿輔明詩十二卷 清王崇簡輯 清順治十七年刻本 八行十九字白口四周單邊
三 北京八景詩一卷 明朱孫鐵輯 明是實閲刻本 十一行二十一字白口左右雙邊
四 人海詩區四卷 清抄本 清彭光瑞傳增湘跋 九行十八字小字雙行同無格
五 米家四奇詩四卷 明米萬鍾輯 明刻本 九行十八字白口左右雙邊
六 畿輔七名家詩鈔四十六卷 清王摽編 清康熙敬事堂刻本 十行二十一字白口左右雙邊
桂山堂詩鈔八卷 清紀炅撰 且亭詩鈔八卷 清楊思聖撰 泛葭集詩鈔六卷 清王樹撰 讀書山房詩鈔六卷 清龐塏撰 中山集詩鈔六卷 清郝浴撰 聰山詩鈔六卷 清申涵光撰 學源堂詩鈔六卷 清郭棻撰
七 津門詩鈔三十卷 清梅成棟輯 清道光四年思誠書屋刻本 高凌雯批並跋 十二行二十一字小字雙行同白口左右雙邊
八 沽上梅花詩社存稿二十卷 清王崇峻輯 稿本
九 南和十二景詩一卷 清周齋魏裔介等撰 清康熙刻本 八行二十字白口四周單邊
一〇 吴楚詩鈔十八卷 清尋少元輯 清乾隆三十年蘇湞樓刻本 八行十九字白口左右雙邊
一一 江南風雅六卷 清謝履厚輯 清康熙刻本 十行十九字白口四周單邊
一二 吴風二卷 清宋犖輯 清康熙三十三年刻本 十行十九字黑口四周單邊
一三 七十二峯足徵集八十八卷文集十六卷 清吴定璋輯 清乾隆十年吴氏依緑園刻本〔文集卷三原注未刻〕 九行十九字白口左右雙邊
一四 林屋唱酬録五卷 清馬曰琯、馬曰璐、陳章、閔華、樓錡撰 清乾隆刻本 十行二十一字白口四周單邊
一五 吴郡文編二百四十六卷 清顧沅輯 稿本 王同愈跋
一六 吴中往哲詩選不分卷 稿本
一七 秣陵集六卷圖考一卷 清陳文述輯 清道光二年刻本 十一行二十二字黑口左右雙邊
一八 吴都文粹十卷 宋鄭虎臣輯 清活字印本 清李錫嶙録宋賓王校跋 九行二十一字白口左右雙邊
一九 吴都文粹十卷 宋鄭虎臣輯 清活字印本 清貝墉跋
二〇 吴都文粹十卷 宋鄭虎臣輯 清活字印本 孟超然校
二一 吴都文粹十卷 宋鄭虎臣輯 清活字印本 清韓崇批校並跋 附佚名校清永瀲入吴都文粹校記鉛印本二册
二二 吴都文粹十卷 宋鄭虎臣輯 清活字印本 傅增湘校跋並録錢校李希望題識
二三 吴都文粹十卷 宋鄭虎臣輯 清活字印本 章鈺校跋並録清李希望錢校題識 鄭邦述跋
二四 吴都文粹十卷 宋鄭虎臣輯 清活字印本 葉德輝校
二五 吴都文粹十卷 宋鄭虎臣輯 明抄本
存三卷 六至八
二六 吴都文粹十卷 宋鄭虎臣輯 清抄本〔四庫底本〕 九行二十一字無格
二七 吴都文粹十卷 宋鄭虎臣輯 清抄本 九行二十一字無格
二八 吴都文粹十卷 宋鄭虎臣輯 清抄本 九行十八字無格
二九 吴都文粹十卷 宋鄭虎臣輯 清抄本 九行二十一字無格
三〇 吴都文粹十卷 宋鄭虎臣輯 清抄本
三一 吴都文粹十卷 宋鄭虎臣輯 清抄本 十行十九至二十字無格
三二 吴都文粹十卷 宋鄭虎臣輯 清抄本
三三 吴都文粹十卷 宋鄭虎臣輯 清抄本 九行二十字無格
三四 吴都文粹十卷 宋鄭虎臣輯 清抄本 九行二十字無格
三五 吴都文粹十卷 宋鄭虎臣輯 清康熙錢校抄本 清宋賓王、黄丕烈校並跋 丁丙跋
三六 吴都文粹十卷 宋鄭虎臣輯 清雍正十年謝浦泰抄本 清宋賓王、謝浦泰校並跋 黄丕烈跋
三七 吴都文粹十卷 宋鄭虎臣輯 清乾隆五十年陸湛抄本 清陸湛録宋賓王校
三八 吴都文粹十卷 宋鄭虎臣輯 清王聞遠家抄本 清王聞遠校並跋 貝墉跋 趙光照題跋
三九 吴都文粹十卷 宋鄭虎臣輯 清抄本 清黄丕烈校
四〇 吴都文粹續集五十六卷補遺二卷 明錢穀輯 清抄本 九行二十二字無格
四一 吴都文粹續集五十六卷 明錢穀輯 稿本
存十二卷 二至四、六、十九至二十、三十三至三十七、四十一至四十二
四二 吴都文粹續集五十六卷補遺一卷 明錢穀輯 清抄本〔四庫底本〕
存五十五卷 一至五十二、五十五至五十六、補遺
四三 吴都文粹續集五十六卷補遺二卷 明錢穀輯 清顧氏謏聞齋抄本
四四 吴都文粹續集五十六卷補遺二卷 明錢穀輯 清抄本 清丁丙跋
四五 新刊中吴論選二卷 明嘉清二十八年封日卷屋刻本 十三行二十四字白口四周單邊
四六 姑蘇雜詠合刻四卷 明周希曾編 明萬曆四十六年周氏刻本 八行十八字白口左右雙邊
姑蘇雜詠二卷 明高啟撰 姑蘇續詠二卷 明周南老撰
四七 姑蘇雜詠合刻四卷 明周希曾編 明萬曆四十六年周氏刻本 清黄丕烈校 八行十八字白口左右雙邊
姑蘇雜詠二卷 明高啟撰 姑蘇續詠二卷 明周南老撰
四八 吴門雜詠十二卷 清徐元灝輯 清康熙三十八年刻本 九行十九字白口左右雙邊
四九 寒山寺名賢記詠一卷 明釋叔慶輯 明天啟刻本 九行十八字白口四周單邊
五〇 南岡風雅二卷 清王恭撰 清乾隆王氏小山堂刻本 十行十九字白口四周雙邊

51 湖山靈秀集十六卷 清席纾輯 清乾隆二十一年凝和堂刻本 九行十九字，白口，左右双边
52 國朝松陵詩徵二十卷 清袁景輅輯 清乾隆三十二年愛吟齋刻本 十行二十一字，白口，左右双边
53 松陵文徵二十八卷 清朱鶴齡輯 清抄本 清俞岳校並跋
54 續松陵詩不分卷 清袁景輅輯 稿本
55 吳江集口口卷 明龐淑輯 清抄本，陳去病跋
56 吳江詩略十卷 清董二酉等輯 清康熙刻本 九行十九字，白口，左右双边
存三册
57 吳江詩粹三十卷 清周廷諤輯 清抄本 清顧我鈞校
58 閭川泛櫂集四卷 清宋景關輯 清乾隆三十五年刻本 十行十九字，白口，左右双边
59 琴川逸響一卷 清陸世沛輯 清康熙三十六年刻本 八行十八字，白口，左右双边
60 海虞文苑二十四卷 明張應遴輯 明萬曆三十八年刻本 十行二十一字，白口，四周單边
61 海虞詩苑十八卷 清王應奎輯 清乾隆二十四年刻本 十行十九字，黑口，左右双边
62 海虞詩苑十八卷 清王應奎輯 清乾隆二十四年刻本 十行十九字，黑口，左右双边 清邵淵耀評點
63 海虞詩苑續編六卷 清瞿紹基輯 屈振鏞校訂 稿本
64 海虞元明詩選不分卷 清佚名輯 稿本
65 古虞文錄二卷文章表錄一卷 明楊儀輯 清初抄本
66 古虞文錄二卷文章表錄一卷 明楊儀輯 清抄本
67 古虞文錄二卷續錄一卷古虞文章表錄一卷 明楊儀輯 清鼎氏閑止樓抄本 清魚元傅校
68 古虞文錄二卷續錄一卷古虞文表一卷 明楊儀輯 清抄本 丁祖蔭校
69 虞邑遺文錄十卷補集五卷 清陳揆輯 稿本
存九卷 五至十、補集二至四
70 虞邑遺文錄十卷補集六卷 清陳揆輯 清道光二十八年鄒氏隱華吟館抄本 清翁心存校並跋
71 增輯唐墅詩存四卷 清譚天成輯 清抄本
72 甫里逸詩二卷 清周東鑑輯 清乾隆五十八年周氏易安書屋活字印本
倡酬集三卷逸文一卷聞見集一卷詩文選一卷假年錄四卷 清周東鑑輯 竹素園詩選二卷
古文三卷拾遺一卷 清許廷鑅撰 清乾隆周氏易安書屋活字印本
易安詩稾一卷 清周東鑑撰 清嘉慶十年周氏易安書屋活字印本
73 吳郡甫里詩編十二卷國朝甫里詩編八卷 清徐達源輯 稿本
74 名筆芳傳不分卷 清鄭德懋輯 清抄本
75 雲山酬倡不分卷 清徐崧輯 清康熙八年刻本 十一行二十一字，白口，左右双边，版心下鐫横秋閣
76 雲山酬倡不分卷 清徐崧輯 清康熙莫竹齋刻本 十一行二十一字，白口，左右双边，版心下鐫莫竹齋聚遠樓
77 天平志六卷 明釋宗密輯 清抄本
78 天平志三卷 明釋宗密輯 清抄本
79 西林纂一卷 明安紹芳輯 明崇禎九年安璿刻本 九行十九字，白口，四周單边
80 岑洛詩錄不分卷 清葉廷琯輯 稿本
81 明紫琅詩八卷 清陳心穎等輯 清乾隆二十九年柳園刻本 十行十九字，白口，四周双边
82 麗則集十二卷 清顧有孝輯 清初刻本 八行十九字，白口，左右双边，版心下鐫寧遠堂
83 東泉詩存四十八卷詩餘四卷 清汪之珩輯 清乾隆三十一年文園刻本 十行二十一字，白口，左右双边
84 崑山雜詠三卷 宋龔昱輯 宋開禧三年崑山縣齋刻本 八行十五字，白口，左右双边
85 崑山褉詠六卷 明王理之輯 明嘉靖二十年孟紹曾刻本 清陸樹聲並跋 九行十九字，白口，左右双边
86 崑山雜詠二十八卷 明俞允文輯 明隆慶四年孟紹曾刻本 十行十八字，白口，四周單边
87 崑山雜詠二十八卷 明俞允文輯 明隆慶四年孟紹曾刻本 清徐時棟跋 十行十八字，白口，四周單边
88 崑山雜詠二十八卷 明俞允文輯 明隆慶四年孟紹曾刻本 鄭振鐸跋 十行十八字，白口，四周單边
89 崑山詩徵稿前集二卷後集一卷續集一卷附集一卷 清潘道根輯 稿本
90 崑山詩存補遺稿不分卷 清潘道根輯 稿本
91 玉峯詩纂六卷 明周複俊輯 明隆慶六年孟紹曾刻本 十一行十八字，白口，四周單边
92 顧仲瑛玉山草堂集八卷 元顧瑛輯 明崇禎元年刻本 九行十九字，白口，左右双边
93 玉山名勝集二卷 元顧瑛輯 明抄本 明朱存理校補 顧湄跋 清何焯校並跋
94 玉山名勝集二卷 元顧瑛輯 明抄本 清黃廷鑑校並跋
95 玉山名勝集二卷 元顧瑛輯 清乾隆鮑氏知聖道齋抄本
96 玉山名勝集二卷 元顧瑛輯 清抄本 十三行二十五字，無格
97 玉山名勝集二卷 元顧瑛編 清抄本 十行二十四字，無格
98 玉山名勝集二卷 元顧瑛輯 清抄本
99 玉山名勝集二卷外集一卷 元顧瑛輯 清抄本

一〇〇 玉山名勝集四卷 元顧瑛輯 清抄本 十行二十字無格
一〇一 玉山名勝集六卷 元顧瑛輯 清抄本 八行二十二字無格
一〇二 玉山名勝集六卷 元顧瑛輯 清抄本 八行二十二字無格
一〇三 玉山名勝集九卷外集一卷 元顧瑛輯 清抄本 八行二十字無格
一〇四 玉山名勝集二十六卷外集二卷 元顧瑛輯 清抄本 清鮑廷博校
一〇五 玉山草堂名勝集八卷外集一卷 元顧瑛輯 清徐洪鑑、丁丙跋
一〇六 玉山草堂名勝集八卷外集一卷 元顧瑛輯 清抄本 清勞權校並跋 勞格校 丁丙跋
一〇七 玉山名勝外集二卷 元顧瑛輯 清雍正九年戴光雲抄本
一〇八 玉山名勝外集二卷 元顧瑛輯 玉山紀遊一卷 明袁華輯 清抄本 清丁申、丁丙跋
一〇九 玉山名勝集不分卷外集一卷 元顧瑛輯 清抄本 清黃廷鑑校並跋
一一〇 玉山名勝集不分卷外集一卷草堂雅集十六卷 元顧瑛輯 清初抄本 清佚名錄何焯校
一一一 玉山名勝集不分卷 元顧瑛輯 清錢大昕抄本

五

一一二 玉山名勝集不分卷 元顧瑛輯 清抄本 八行二十一字無格
一一三 玉山名勝集不分卷 元顧瑛輯 清抄本 九行二十一字無格
一一四 玉山名勝集不分卷 元顧瑛輯 清抄本 十一行二十一字無格
一一五 玉山名勝集不分卷 元顧瑛輯 清抄本 十二行二十六字無格
一一六 玉山紀遊一卷 明袁華輯 清抄本 清黃廷鑑校
一一七 靜安八詠詩集一卷 明釋壽寧輯 事蹟一卷 明錢肅撰 明刻本 八行十八字，白口，四周單邊
一一八 雲間校士錄不分卷 明刻本 九行十九字，白口，四周單邊
一一九 雲間棠溪詩選八卷 清閔懋蕃等輯 清初刻本 九行十八字，白口，四周單邊
一二〇 高言集四卷 清田茂遇、董俞輯 清康熙九年刻本 九行十八字，白口，四周單邊
一二一 于野集十卷 清王原輯 清康熙遂安堂刻本 十行十九字，黑口，四周單邊
一二二 此水軒删後錄三卷 清朱袞輯 稿本
一二三 松風餘韻五十卷末一卷 清姚宏緒輯 清乾隆九年寶雲堂刻本 十一行二十一字，白口，左右雙邊
一二四 娛暉堂聲畫錄二卷 清周金然輯 清抄本
一二五 婁東五先生詩選五卷附錄三卷 清毛濟美輯 清嘉慶五年刻本 十行十九字，白口，左右雙邊
一二六 婁東詩派二十八卷 清汪學金輯 清嘉慶九年詩志齋刻本 十行二十一字，黑口，左右雙邊
一二七 錫山遺響十卷 明莫息、湯繼芳輯 明正德刻本 十行二十字，白口，四周單邊
一二八 錫山遺響十卷 明莫息輯 清抄本 二冊
一二九 錫山文集四十一卷 清王貞醞輯 清抄本
一三〇 惠山集六卷 明邵寶輯 明刻遞修本 十行十八字，白口或黑口，左右雙邊
一三一 竹爐圖詠四卷駐蹕惠山詩一卷 清吳鉞輯 清乾隆二十七年吳鉞刻本 八行十七字，白口，四周雙邊，有圖
一三二 包山集四卷 明蔡雲程輯 明萬曆三十九年刻本 九行十八字，白口，四周單邊
一三三 包山集不分卷 明蔡雲程輯 明抄本 九行二十四字無格
一三四 國朝盛湖詩萃四卷 清王鯤輯 稿本
一三五 澄江詩選前集三十七卷後集五卷續集二卷 明卯維賢輯 江陰詩粹不分卷續選不分卷 清陳芝英輯 清乾臨題識 明抄本 清昌廣生跋
一三六 楳華溪上圖題詠一卷翁莊小築圖題詠一卷 清錢泳輯 稿本

六

一三七 護碑圖題詩一卷 清錢泳輯 稿本
一三八 投贈集一卷 清錢泳輯 稿本
一三九 蘭林集一卷 清錢泳輯 稿本 清伊立勳跋
一四〇 寫經樓題贈集一卷養竹山房題贈一卷 清錢泳輯 稿本
一四一 毗陵六逸詩鈔二十四卷 清孫讀編 清康熙五十六年刻敬義堂印本 十一行二十一字，黑口，左右雙邊
南田詩鈔五卷 清惲格撰 白雲樓詩鈔一卷 清楊宗發撰 香草堂詩鈔五卷 清胡香昊撰 西林詩鈔五卷 清陳鍊撰 芑野詩鈔四卷 清董懷憲撰 楠坪詩鈔三卷 清董大倫撰 六逸詩話一卷 清莊柱等撰
一四二 毗陵六逸詩鈔二十四卷 清孫讀編 清康熙五十六年刻壽岡堂印本 十一行二十一字，黑口，左右雙邊
南田詩鈔五卷 清惲格撰 白雲樓詩鈔一卷 清楊宗發撰 香草堂詩鈔五卷 清胡香昊撰 西林詩鈔五卷 清陳鍊撰 芑野詩鈔四卷 清董懷憲撰 楠坪詩鈔三卷 清董大倫撰 六逸詩話一卷 清莊柱、徐永宣輯
一四三 溧詩選初集八卷 清吳顧輯 清順治吳氏農山堂刻本 九行二十二字，白口，四周單邊
一四四 晉陵校士錄不分卷 明刻本 九行十九字，白口，四周單邊
一四五 清暉贈言十卷 清徐永宣輯 清康熙五十三年刻本 十行二十二字，白口，四周單邊
一四六 同音集八卷 清王昶將賓等選 石嘉吉編次 清乾隆刻本 十行十九字，黑口，左右雙邊

一四七 淮安詩城八卷 清邱象隨輯 清初刻本 九行十九字，白口，四周單边

一四八 山陽耆舊詩不分卷 清吳玉搢輯 清抄本

一四九 山陽耆舊詩不分卷 清吳玉搢輯 清抄本 八行二十一字，白口，四周双边，版心下鐫目耕書屋

一五〇 山陽耆舊詩不分卷 清吳玉搢輯 吳進續輯 清抄本 十二行二十四字，小字双行同，無格

一五一 山陽詩徵二十六卷 清丁晏輯 丁壽昌校 稿本

一五二 瓊花集五卷 明曹璿輯 明抄本

一五三 明廣陵詩五十六卷 明盧純學、祝棫淑輯 明萬曆二十二年刻本 九行十八字，白口，左右双边

一五四 海陵詩彙二十二卷 清鄒熊輯 清道光二十一年至二十二年口文田硯鄉抄本

一五五 海陵詩彙二十三卷補遺一卷 清鄒熊輯 清同治抄本

一五六 海陵詩錄不分卷 稿本 曹月湖校 二十一行三十六字

一五七 揚州東園題詠四卷 清賀君召輯 清乾隆十一年刻本 鄭板橋跋 有圖 十行二十一字，白口，左右双边

一五八 高郵四家詩鈔四卷 清碧盧齋抄本

一五九 平山堂詩詞三卷 清曹溶等撰 樊桐詩鈔一卷 清張嶸撰 書巢賣改存一卷 清劉永和撰 黎山詩鈔一卷 清端木守謙撰 楹聯存稿一卷 清賈田祖撰 清康熙十五年刻本 十一行十九字，黑口，四周單边

一六〇 山心室倡和甲乙集一卷城南聯句詩一卷 清程夢星輯 清乾隆十年刻本 十行二十一字，白口，四周單边

一六一 詩存二卷法古堂偶集一卷 清鄭漢儀、顧光祚等輯 清古愚齋刻本 八行二十字，白口，四周單边

一六二 甓湖聯吟集七卷 清李光國輯 清乾隆刻本 十行十九字，黑口，左右双边

一六三 影園瑤華集三卷 明鄭元勳輯 清乾隆二十七年鄭開基刻本 九行二十字，白口，左右双边

一六四 白田風雅前編五卷 清喬載繇輯 稿本 清朱士彥、喬守敬、朱百遂跋

一六五 象求集五卷二集三卷三集一卷 清劉寶楠輯 稿本

一六六 雅選四卷 清劉寶楠輯 稿本

一六七 太倉文略四卷 明陸之裘輯 明嘉靖二十二年王夢祥刻本 十一行二十字，白口，左右双边

一六八 太倉十子詩選十卷 清吳偉業輯 清順治刻本 十一行二十字，黑口，左右双边
東園集一卷 清周肇撰
秋水集一卷 清許旭撰
三餘集一卷 清王撰撰
健菴集一卷 清王抃撰
水鄉集一卷 清顧湄撰
芝廛集一卷 清王揆撰
忍菴集一卷 清黃與堅撰
硯園集一卷 清王昊撰
東皋集一卷 清王曜升撰
步檐集一卷 清王攄撰

一六九 明練音續集十卷首一卷末一卷 清王輔銘輯 清雍正間雍堂刻本 十一行二十一字，白口，左右双边

一七〇 國朝練音初集十卷首一卷末一卷 清王輔銘輯 清乾隆八年飛霞閣刻本 十一行二十一字，白口，左右双边

一七一 練音集補四卷首一卷附卷一卷外卷一卷 明翟校輯 清王輔銘補輯 清乾隆八年金南樂刻本 十一行二十一字，白口，左右双边

一七二 嘉定四先生集八十七卷 明謝三賓輯 明崇禎刻清康熙陸廷燦重修本 十行十八字或九行十八字，白口或細黑口，左右双边
吳歈小草十卷 學古緒言二十五卷 明婁堅撰
松圓浪淘集十八卷 松圓偈菴集二卷 明程嘉燧撰
檀園集十二卷 明李流芳撰
三易集二十卷 明唐時升撰

一七三 沙頭里志詩文徵二卷 清曹煒輯 清乾隆三十八年陸思訓抄本

一七四 沙頭里志詩徵五卷 清曹煒輯 清初抄本

一七五 衢謳徵實集四卷 清邵梓等輯 清康熙紫琅刻本 八行十九字，白口，左右双边

一七六 雷音十二卷 清師範輯 清嘉慶十一年師荀刻本 九行二十二字，白口，四周双边

一七七 龍眠風雅六十四卷 清潘江輯 清康熙十七年潘氏石經齋刻本 十一行二十一字，黑口，四周双边

一七八 龍眠風雅續集二十七卷末一卷 清潘江輯 清康熙二十九年潘氏石經齋刻本 十一行二十一字，黑口，四周双边

一七九 停雲集不分卷 清汪志伊輯 稿本 清鄧廷楨跋 葉兼恭跋

一八〇 濡須詩志四卷二集六卷 清吳元桂輯 清康熙五十七年擁蔭齋刻本 九行十九字，白口，左右双边

一八一 皇明徽詩彙編四十二卷附錄一卷 明李敏輯 明嘉靖四十年刻本 十行二十字，白口，四周單边

一八二 徽郡詩八卷詩人爵里一卷 明李敏輯 明嘉靖三十八年汪淮刻本 十行十八字，白口，四周單边

一八三 徽郡詩略二十一卷 明李敏輯 明嘉靖三十九年刻本 十行二十字，白口，四周單边

一八四 新安文獻志一百卷先賢事略二卷目錄二卷 明程敏政輯 明弘治十年祁司員彭哲等刻本 十三行二十七字，白口，左右双边

一八五 新安文獻志一百卷先賢事略二卷目錄二卷 明程敏政輯 明弘治十年祁司員彭哲等刻本 清丁丙跋 十三行二十七字，白口，左右双边

一八六 新安文獻志一百卷先賢事略二卷目錄二卷 明程敏政輯 明萬曆刻本 九行二十字，小字双行同，白口，四周單边

一八七 新都秀運集二卷 明王寅輯 清康熙二十七年刻本 九行十八字，白口，左右双边

一八八 新都風雅三種三卷 清汪士鋐輯 清康熙刻本 十一行二十一字，黑口，左右双边
傳㭊集一卷 明程守等撰
信今集一卷 清黃元治、吳蓥等撰
懷古集一卷 明吳化龍忠勳等撰

一八九 大鄣風雅二卷 清釋普拔等輯 稿本

一九〇 奕園雜詠一卷奕園史一卷 明孫光宗輯 明萬曆刻本 八行十六字，白口，四周單边

一九一 休陽詩雋前編四卷後編八卷 明汪先岸輯 明天啓四年刻本 九行十八字白口四周單邊

一九二 潔川足徵錄二十八卷 明羅斗羅倫羅大章輯 清紹衣堂抄本

一九三 聖僧庵集不分卷 明吳應賓輯 明末刻本 九行十八字白口四周單邊

一九四 新安二布衣詩八卷 清王士禎輯 清康熙四十五年汪洪度等刻本 十行十九字白口四周單邊
吳非熊集四卷 明吳兆撰 程孟陽集四卷 明程嘉燧撰

一九五 宛雅十卷 明梅鼎祚輯 續宛雅八卷 清蔡蓁春施閏章輯 清初刻本 九行二十字白口左右雙邊

一九六 宛雅初篇八卷 明梅鼎祚輯 二篇八卷 清施閏章蔡蓁春輯 三篇二十四卷 清施念曾張汝霖輯 清乾隆十四年西陂艸堂刻本 十行二十一字白口左右雙邊

一九七 宛疋十六卷 明鄧啓愚輯 明萬曆二十八年刻本 九行二十字白口四周單邊

一九八 宣城右集二十八卷 明湯賓尹輯 明天啓六年刻本 九行十九字白口四周單邊

一九九 考溪書屋題詠不分卷 明程台輯 明萬曆十三年刻本 九行二十一字白口四周雙邊

二〇〇 桃花潭文徵六卷 清翟大根輯 清乾隆四十年抱甕齋刻本 十行二十二字白口左右雙邊

二〇一 池上詩人四卷本末雜錄一卷 明劉是鑒輯 清抄本

二〇二 池陽遺愛集五卷何公去思奏議一卷 明李呈祥施宗道輯 明嘉靖元年刻遞修本 十行二十一字白口四周雙邊

二〇三 青山詩選六卷 清桂超萬劉瑞芬輯 稿本

二〇四 太平三書十二卷 清張萬選輯 清順治五年褱古堂張萬選刻本（卷一原缺） 八行二十字白口四周單邊

二〇五 半山亭詩集不分卷 明丁鉄輯 明弘治刻本 十行二十一字黑口四周雙邊

二〇六 南滁會景編十二卷 明趙廷瑞輯 明嘉靖三十四年高□刻本 十一行二十字白口左右雙邊

二〇七 南滁會景編十四卷 明李覺斯輯 明崇禎九年刻本 九行二十字白口四周單邊

二〇八 醉翁亭集三卷 明曾顯輯 明弘治刻本 清梁同書跋 九行十八字黑口四周雙邊

二〇九 晋風選十卷 清趙瑾評選 清康熙刻本 九行十九字白口四周單邊

二一〇 河汾諸老詩集八卷 元房祺輯 明弘治十一年李瀚刻本 十行十七字黑口四周雙邊

二一一 河汾諸老詩集八卷 元房祺輯 清乾隆四十三年放翼堂刻本 十行二十一字白口左右雙邊

二一二 河汾諸老詩集八卷 元房祺輯 清小網川抄本

二一三 河汾諸老詩集八卷 元房祺輯 清抄本

二一四 河汾諸老詩集八卷 元房祺輯 清抄本 清丁丙跋

二一五 河汾諸老詩集八卷 元房祺輯 清抄本 清繆荃孫校

二一六 晋國垂棘二十卷 明范弘嗣輯 清初刻本 九行十九字白口四周單邊

二一七 續垂棘編初集六卷二集十卷三集十卷四集九卷 清范鄗鼎輯 清康熙十一年至三十四年五經堂刻本 九行二十五字白口左右雙邊

二一八 三晋詩選十四卷 清范鄗鼎輯 清康熙五經堂刻本 九行二十五字白口四周雙邊

二一九 王官谷集三卷 明丁守中輯 明嘉靖刻本 十行二十二字白口左右雙邊

二二〇 北嶽廟集十一卷 明萬曆刻藍印本 九行二十字白口四周雙邊

二二一 晋四人詩四卷 清戴廷栻編 清初刻本 八行十八字白口四周單邊
霜紅龕詩略一卷 清傅山撰 嘐人之詩一卷 清明庭撰
剩魚詩略一卷 清白孕彩撰 代詩略一卷 清傅眉撰

二二二 滿溪吟社三家詩鈔四卷 清顧貽祿編 清平嵐書屋抄本 八行十九字白口四周雙邊
雪巖詩鈔一卷 清翁令琮撰 雙溪詩鈔一卷續鈔一卷 清張文華撰
西軒詩鈔一卷 清張承編撰

二二三 方山菽文志不分卷 同治元年息園抄本 十一行二十四字藍格藍口四周雙邊

二二四 綿山四山人詩集十卷 清董棨輯 清乾隆二十四年半壁山房刻本 十行十九字白口左右雙邊
擬古草堂詩鈔二卷 清王佑撰 愛餘書屋詩稿二卷 清倪大庸撰
宙志山房詩稿二卷 清梁濬撰 半壁山房詩集四卷 清董棨撰

二二五 魯蜀文獻二卷 清陳簡芝輯 清乾隆五十年自刻本 九行十九字白口左右雙邊

二二六 山左明詩鈔三十五卷 清宋弼輯 清乾隆三十六年刻本 十一行二十一字黑口左右雙邊

二二七 歷下十六景不分卷 明劉勅輯 明萬曆三十六年陳陛刻本 九行十八字白口四周雙邊

二二八 曲阜詩鈔八卷 清孔憲彝輯 稿本 十行二十一字小字雙行同黑口左右雙邊

二二九 渠風集略七卷 清馬長淑輯 清乾隆八年餘慶堂刻本 十行二十二字白口左右雙邊

二三〇 蓬萊閣詩集不分卷 明喻宗府輯 明弘治十四年何刻本 十行二十字白口四周雙邊

二三一 蓬萊閣集十卷 明王雲鷺輯 明萬曆十九年王雲鷺鄒文灝等刻本 十行十八字黑口四周單邊

二三二 蓬萊閣集十卷 明王雲鷺輯 程試等續輯 明萬曆三十一年馬行健刻本 九行二十字黑口四周雙邊

二三三 國朝昌陽詩綜十卷外集一卷 清王先鸞輯 稿本

二三四 武定明詩鈔不分卷 清李衍孫輯 稿本 張綍林惟儉跋

二三五 國朝武定詩鈔不分卷 清李衍孫輯 稿本

二三六 武定詩補鈔不分卷 稿本

二三七 安德明詩選遺一卷 清田同之輯 稿本 清孫光祺跋 十行十九字無格

二三八 安德詩擇一卷 清程先貞輯 稿本 清石環跋 十行字數不等無格

二三九 海嶽靈秀集二十二卷 明陳觀陽輯 明隆慶馬瀚永剛書院刻本 九行二十字白口四周雙邊

二四〇 海岱會集三卷 明石存禮等撰 清抄本

二四一 荆山集二卷 明王寵輯 明正德十五年傅余準刻本 八行十九字黑口左右雙邊

二四二 太白樓集三卷 明唐禎輯 明萬曆二十五年唐氏刻本 八行十六字白口四周雙邊

二四三 泰山蒐玉集三卷 明袁褫輯 明萬曆七年刻本 九行十九字白口四周單邊

泰山輯瑞集二卷　清林杭學輯　清康熙八年泰安岱署東恩樓刻本　九行二十字白口四周双边　二四四
濤音集八卷　清王士祿王士禛輯　清乾隆五十七年掖縣儒學刻本　十行二十字黑口左右双边　二四五
新城古文鈔不分卷　清耿回榕輯　稿本　二四六
南池集不分卷　清沈廷芳輯　清孫文丹抄本　孫文丹校並跋　二四七
中州名賢文表三十卷　明劉昌輯　明成化刻本　十行二十字黑口四周双边　二四八
中州名賢文表三十卷　明劉昌輯　清康熙四十五年汪立名刻本　十二行二十二字黑口左右双边　二四九
梁園風雅二十七卷　明趙彥復輯　明刻本　九行十八字白口四周单边　有刻工　二五〇
梁園風雅二十七卷　明趙彥復輯　清康熙四十三年陸廷燦刻本　十行十九字白口左右双边　二五一
梁園志餘□卷　清宋帽郊輯　稿本　存四卷　三、五至七　二五二
秦藻幽勝錄十二卷蜀藻幽勝錄四卷　明傅振商輯　明萬曆四十七年刻本　九行十九字白口四周单边　二五三
雍音四卷　明胡纘宗輯　明嘉靖二十七年清清草堂刻本　十行二十字白口四周单边　二五四
周雅續十六卷　明費鴻涞輯　明崇禎刻本　九行二十字白口四周单边　二五五
關中同官詩鈔三卷附錄一卷　清李文瀚輯　稿本　二五六

潁陽集四卷　明劉光輯　明萬曆十二年刻本　九行二十字白口四周单边　二五七
商山題咏二卷　明南鎮輯　明正德十一年刻本　九行十八字黑口四周双边　二五八
吳越詩選二十二卷　清朱士稚等輯　清初冠山堂刻本　九行十九字白口左右双边　二五九
兩浙輶軒錄不分卷　清阮元輯　稿本　十一行二十二字紅格　存四册　三十四册至三十七册　二六〇
輶軒續錄一卷　清吳騫輯　稿本　十行二十二字無格　二六一
越風三十卷　清商盤輯　清乾隆三十七年王大治刻嘉慶十六年徐兆印本　九行二十一字白口左右双边　二六二
越風三十卷　清商盤輯　清乾隆三十七年王大治刻嘉慶十六年徐兆印本　清李慈銘注並跋　二六三
越郡詩選四卷　清黃還泰毛奇齡輯　清初刻本　九行十九字白口四周单边　二六四
山陰道上集不分卷　清抄本　本書亦名越中耆舊詩　書名依書簽題　二六五
浙江采風錄不分卷　清張顧可輯　稿本　九行二十一字無格　二六六
越中三子詩三卷　清鄭觀輯　清乾隆十八年鄭觀刻本　九行十九字白口四周单边
丹棘園詩一卷　清陳法乾撰
補蕉館詩一卷　清劉鳴玉撰
把彩隱詩一卷　清章鉽撰　二六七
浙西六家詩鈔六卷　清吳應和等輯　清道光七年紫微山館刻本　清黃培芳批並題詩　九行十九字黑口左右双边　二六八
壺隱居選錄越七十一家詩集八卷　清唐燮光輯　稿本　二六九

國朝杭郡詩續輯四十六卷　清吳振棫輯　稿本　清吳士鑑跋　存九卷　一至八上、十三下　二七〇
武林耆舊集不分卷　清吳允嘉輯　稿本　二七一
武林耆舊集殘帙不分卷　清吳允嘉輯　清抄本　清丁丙跋　二七二
武林耆舊詩不分卷　稿本　二七三
西湖竹枝集一卷　元楊維楨廣集并撰　楊鐵崖香奩集一卷　元楊維楨撰　明刻本　九行二十字白口左右双边　二七四
西湖竹枝詞一卷　元楊維楨等撰　明萬曆林有麟刻本　八行十六字白口四周单边　二七五
西湖竹枝詞續集一卷　明徐士俊陸進輯　清順治十六年刻本　八行十八字白口左右双边　二七六
西湖竹枝詞一卷　清陳璨撰　孫衡并照評　清乾隆三十六年静康齋刻本　九行十九字白口左右双边　二七七
西湖遊詠一卷　明黃省曾田汝成撰　明嘉靖十七年田汝成刻本　十二行二十字白口左右双边　二七八
西湖欸乃集一卷　清抄本　十二行二十四字藍格　二七九
西湖八社詩帖一卷　明方九敘輯　清抄本　八行十六字無格　二八〇
一草亭藝花詩八詠一卷　清傅光遇輯　清康熙三十四年刻本　十行二十字白口四周单边　二八一
石門詩存不分卷　清屈熾輯　稿本　九行二十一字白口藍格四周双边　二八二

鹽邑藝文前編甲集二卷乙集四卷　明樊維城輯　明天啓刻本　十行十九字白口左右双边　二八三
鹽邑藝文前編甲集二卷乙集四卷　明樊維城輯　明天啓刻清乾隆十三年重修本　十行十九字白口左右双边　二八四
海昌詩繫二十卷　清周廣業輯　周勳懋續輯　稿本　清周勳懋跋　吳騫題詩　二八五
海昌詩人遺稿四種四卷　清許氏古吟閣抄本
蘭佩集一卷　清張曾璣撰
享金齋詩一卷　清周士清撰
百一山房詩一卷　清應時良撰
颯宇室詩一卷　清唐仁壽撰　二八六
峽川詩鈔二十卷　清曹宗載輯　顧潤校　清東山樓抄本　二八七
鹽邑藝文續鈔附補編殘稿不分卷　清張聆輯　清抄本　二八八
蛟橋折柳圖題詠一卷　清吳騫輯　稿本　二八九
桐陰小牘一卷　清吳騫輯　清周元濂抄本　十行二十二字無格　二九〇
郭西詩選四卷　清趙昕敬輯　清乾隆二十四年刻本　九行十九字白口左右双边　二九一
檇李英華集十六卷　明朱韜輯　明成化十七年刻本　十一行二十字黑口四周双边　二九二
檇李英華集八卷附二卷　明朱韜輯　清康熙三十一年邵長蘅抄本　清邵長蘅校並跋　二九三
檇李詩繫四十二卷　清沈季友輯　清康熙四十九年刻本　十一行二十一字白口左右双边　二九四

二九五 續檇李詩繫四十卷 清胡昌基輯 稿本

二九六 再續檇李詩繫不分卷附鴛湖詞識不分卷 清王成瑞輯 稿本 本書亦名鴛湖詩識

二九七 檇李金明寺放生倡和詩集一卷 清釋真炯輯 清康熙士隆刻本 鄧之誠跋 八行十八字白口四周單邊

二九八 梅會詩選十二卷二集十六卷三集四卷附刻一卷 清李稻塍、李集輯 清乾隆三十二年寸碧山堂刻本 十一行二十一字黑口左右雙邊

二九九 梅會詩人遺集十三種三十九卷 清李維鈞輯 清康熙六十一年刻本 十二行二十三字黑口左右雙邊
漱琵齋詩集四卷 明李衷純撰 秋琬堂詩集二卷 明王翃撰 靈蘭館詩集二卷 明范路撰 大樫室詩集二卷 明屠爌撰 附一卷 明屠濬遠撰 米山堂詩集八卷 清周篔撰 懷古堂詩集一卷補遺一卷 清徐真木撰 詩轄詩集四卷 清繆泳撰 漁莊詩集一卷 清□焞撰 濱鷗詩集一卷 清徐柱撰 草園二史詩集二卷 清史憲綸、史翼經撰 道南堂詩集四卷 清李濤撰 花嶼老屋詩集五卷 清李符撰 嬾人詩集一卷 清蔡燿撰

三〇〇 嘉禾八子詩選八卷 清沈德潛、錢陳群輯 清乾隆二十四年刻本 十行十九字白口左右雙邊 李集、屠鏊、陸以謙、沈初四家詩未刻，實刻八卷
笠亭詩選二卷 清朱琰撰 春橋詩選二卷 清朱方藹撰 東亭詩選二卷 清董潮撰 厚齋詩選二卷 清李旦華撰

一三

三〇一 南湖懷古不分卷 明王逵、李寄撰 清抄本

三〇二 沈南疑先生檇李詩繫四十二卷 清沈季友輯 清康熙四十九年金南鍈、敦素堂刻本 十一行二十一字白口左右雙邊

三〇三 沈南疑先生檇李詩繫四十二卷 清沈季友輯 清康熙四十九年金南鍈、敦素堂刻本 鄭振鐸跋

三〇四 涉園脩禊集一卷 清吳騫輯 清吳氏拜經樓抄本 十行二十字無格

三〇五 涉園題詠一卷永安湖秋泛詩一卷 清張惟赤輯 清張慎嫺輯 清嘉慶十二年張慎刻本 九行二十一字白口左右雙邊

三〇六 魏塘詩存三十卷首一卷 清曹庸翥輯 稿本
存十八卷 一至二、五至七、九、十二至十四、十六、十八、十九、二十四、二十六至三十

三〇七 幽湖百詠一卷 清沈濟撰 稿本 十行二十一字無格

三〇八 幽湖百詠一卷 清沈濤撰 待刊鶴根稿本

三〇九 虎溪聯吟一卷 清李丰求輯 清抄本

三一〇 桐鄉十二家詩稿一卷 清鍾賢錄等撰 清抄本 佚名批

三一一 桐鄉詩鈔二卷 清盧景昌輯 清抄本 九行二十五字無格

三一二 欲桄間唫二卷 清朱林度輯 清管庭芬抄本 十行二十五字無格

三一三 柘上遺詩四卷 清鄭開國、沈季友輯 清康熙十九年學古堂刻本 十行二十字白口左右雙邊

三一四 鐭評釋湖州弄丸集翰墨四卷 明吳之鵬纂選 周紹胤校釋 明萬曆余彰德刻本 七行十九字白口四周雙邊

三一五 雙溪詩匯二十二卷 清孔憲采輯 稿本

三一六 道場山歸雲庵題詠三卷歸雲庵留題墨跡人物志略四卷 清陳焯輯 清乾隆抄本 清陳焯跋

三一七 善權寺古今文錄十卷 明釋方策輯 清嘉慶九年黃歡郎抄本 清黃宙、張燕、吳騫校

三一八 吳興藝文補七十卷 明董斯張輯 明崇禎六年刻本 九行二十一字白口四周單邊

三一九 甬上耆舊詩三十卷 清胡文學輯 清李鄴嗣傳 清康熙十五年胡氏敬義堂刻本 十一行二十二字白口四周單邊

三二〇 續甬上耆舊詩□□卷 清全祖望輯 稿本 十一行至十三行字數不等

三二一 續甬上耆舊詩不分卷 清全祖望輯 清蔣學鏞補 清初全氏雙韭山房抄本 董氏

三二二 續甬上耆舊集不分卷 清全祖望輯 清抄本 十行二十一字白口左右雙邊

三二三 續甬上耆舊詩不分卷 清全祖望輯 清萬竹堂抄本 十行二十六字 盧址抱經樓心鋪算

一四

三二四 續甬上耆舊詩十六卷 清全祖望輯 清抄本 佚名批校

三二五 續甬上耆舊詩七十九卷 清全祖望輯 清初抄本

三二六 續甬上耆舊詩七十九卷 清全祖望輯 清抄本 九行二十字白口四周單邊

三二七 續甬上耆舊詩八十卷 清全祖望輯 清抄本 十二行二十四字無格

三二八 續甬上耆舊詩一百四十卷 清全祖望輯 清蔣學鏞抄本 十一行二十二字無格
存六十三卷 卷一至六十三

三二九 甬上續耆舊集一百四十卷 清全祖望輯 清抄本 八行二十一字至二十六字不等無格

三三〇 甬上續耆舊集一百四十卷 清全祖望輯 清抄本 八行二十字至二十二字不等無格 書名從目錄卷端題續耆舊，中國叢書綜錄題續甬上耆舊詩集

三三一 甬上續耆舊集一百四十卷 清全祖望輯 清抄本 八行二十字至二十四字不等無格

三三二 續甬上耆舊詩一百四十卷 清全祖望輯 清抄本
存一百十六卷 一至五十三、七十四至一百十、一百十五至一百四十

三三三 續甬上耆舊詩補編七卷再補編四卷 清董秉純編 清抄本 十一行二十二字無格

三三四 本朝甬上耆舊詩四十卷 清全祖望輯 名今續甬東耆舊詩 清抄本 又

三三五 本朝甬上耆舊詩四十卷續甬上耆舊詩四十

八卷 清全祖望輯 董秉純盧鎬編 清末抄本 佚名校

三三六 本朝甬上耆舊詩十八卷 清全祖望輯 董秉純編 清抄本 十二行二十八字無格

三三七 甬上高僧詩二卷 清李鄴嗣輯 清康熙十七年敬義堂刻本 十一行二十二字白口四周單邊

三三八 甬東詩括十三卷 明楊德周等輯 明崇禎刻本 十行二十一字白口四周雙邊

三三九 甬上明詩略一卷 清董沛輯 清六一山房稿本 十行二十一字白口四周雙邊版心鐫六一山房集

三四〇 甬東正氣集四卷 清董琅輯 清六一山房稿本 十行二十一字白口四周雙邊版心鐫六一山房集

三四一 寓山十六景不分卷 明祁彪佳輯 稿本

三四二 寓山題詠不分卷 稿本

三四三 句餘八景不分卷 明呂元調輯 明萬曆二年刻本 八行十七字白口左右雙邊

三四四 四明文獻誌十卷 明李堂輯 明嘉靖刻本 十二行二十一字黑口四周雙邊

三四五 四明文獻二卷 明鄭真輯 清鄭喬遷家抄本 清馮登府跋

三四六 四明文獻不分卷 明鄭真輯 清抄本 九行二十字無格

三四七 四明文獻集十卷 明鄭真輯 清抄本 清錢經潘跋

三四八 皇朝四明風雅四卷 明宋弘之輯 戴鯨 張時徹刪補 明萬曆刻本 十一行二十二字白口左右雙邊

三四九 明州八家選詩八卷 清李文胤 徐鳳垣輯 清初刻本 八行十八字白口左右雙邊

一五

三五〇 四明四友詩六卷 清鄭梁編 清康熙四十八年刻本 十一行十九字白口四周單邊
續騷集一卷 清萬泰撰 覲秋集一卷 清余泳撰 曉采集一卷 清萬斗權撰 飛鶯集一卷 清魏世效撰
霜華集一卷 清徐鳳垣撰 大滌集一卷 清余鵬撰 尊興集一卷 清李文胤撰 洪口集一卷 清高斗魁撰
東門開閣草一卷 蔣軒草一卷 清李鄴嗣撰 湖鶴僅存集一卷 清鄭性撰 小漁見山集一卷 清謝緒章撰 四郭吟一卷 冰雪集一卷 清顧承劬撰

三五一 四明詩萃三十卷 清袁鈞輯 清六一山房抄本 十二行二十五字白口左右雙邊版心鐫六一山房鈔

三五二 四明詩鈔一卷 清鄭辰輯 清抄本 清徐時棟跋

三五三 蛟川唱和集二卷 清鄭勳涑撰輯 稿本

三五四 蛟川詩繫三十一卷 清姚燮撰 稿本

三五五 蒹葭集一卷 明俞水殷輯 明刻本 九行十八字白口四周單邊

三五六 城遊錄一卷 明游本輯 明嘉靖四十年刻公文紙印本 九行十八字白口四周雙邊

三五七 慈湖耆舊詩二卷 清顧棡纂 稿本

三五八 同人吟稿一卷 清周維序輯 稿本 清周崇仁跋

三五九 會稽掇英總集二十卷 宋孔延之輯 校正會稽掇英總集札記一卷 清杜丙杰撰 清道光元年杜氏浣花宗塾刻本 十行二十字黑口左右雙邊 清徐時棟批校並跋

三六〇 續會稽掇英集五卷 宋黃康弼輯 清抄本 八行二十字無格

三六一 續會稽掇英集五卷 宋黃康弼輯 徐鑅雲校 清抄本

三六二 續會稽掇英集五卷 宋黃康弼輯 清抄本 清丁丙跋

三六三 國朝紹興詩錄四卷 清陶濬宣輯 稿本

三六四 墟中十八詠一卷圖一卷 清章大來輯 清康熙四十一年刻本 九行二十字白口四周單邊

三六五 柯園十詠不分卷 清沈栖光輯 清刻本 十一行二十一字白口四周單邊

三六六 苧蘿集二卷 清趙汝纂輯 清康熙四十五年瀧雪居刻本 九行二十二字白口左右雙邊有圖

三六七 蕭山藝文彙鈔不分卷 清壺隱居抄本

三六八 永興集不分卷 清魯燮光輯 稿本

三六九 餘姚海隄集四卷 明葉翼輯 清抄本 清丁丙跋

三七〇 姚江逸詩十五卷 清黃宗羲輯 清康熙南雷懷謝堂刻五十七年倪繼宗重修本 十二行二十二字白口左右雙邊

三七一 續姚江逸詩十二卷 清倪繼宗輯 清康熙六十年倪繼宗小靈林刻本 十二行二十二字白口左右雙邊

三七二 國朝姚江詩存十二卷 清張廷枚輯 清乾隆三十八年張氏寶墨齋刻本 十行二十字白口左右雙邊

三七三 三逸詩鈔不分卷 清陳坤 戚綱 沈廣暻撰 清抄本

三七四 皇明古虞詩集二卷 明謝讜輯 明隆慶刻本 羅振常跋 九行十八字白口左右雙邊

一六

三七五 剡川詩鈔十二卷 清許須方 董彥琦輯 清徐氏煙嶼樓抄本 十行二十一字小字雙行同左右雙邊

三七六 嵊江贈言三卷 明鍾淑 萬娓輯 明萬曆十一年刻本 八行十八字白口四周雙邊

三七七 赤城集十八卷 宋林表民輯 明弘治十年謝鐸刻本 十行十八字黑口四周雙邊

三七八 赤城集十八卷 宋林表民輯 清抄本 清丁丙跋

三七九 赤城後集三十三卷 明謝鐸輯 明弘治十年謝鐸刻本 十行十八字黑口四周雙邊
存三十卷（一至三十）

三八〇 赤城詩集六卷 明謝鐸 黃孔昭輯 明成化十八年建陽書坊刻本 九行二十二字黑口四周雙邊

三八一 赤城詩集六卷 明謝鐸 黃孔昭輯 清抄本 清王閣遠校並跋

三八二 三台文獻錄二十三卷 明李時漸輯 明萬曆五年刻本 十行二十一字白口四周雙邊

三八三 三台名媛詩輯五卷詞一卷 清黃瑞輯 稿本 清王棻 王維翰批校

三八四 三台詩遺不分卷 稿本 九行字數不等無格

三八五 台州文徵內編一百二十卷外編六十卷目錄二卷 清王舟瑤輯 稿本 十行二十二字白口左右雙邊
存內編一百一十七卷（一至一百、一百三至一百六、一百八至一百二十）外編全 目錄全

三八六 天台前集三卷續集三卷 宋李庚輯 林師蕆增輯 前集別編一卷續集別編六卷 宋林表民輯 明刻本 十行二十二字 白口 四周單邊

三八七 天台續集三卷拾遺一卷 宋李庚輯 林師蕆增輯 明正德二年刻本 十行二十二字 白口 四周單邊

三八八 天台前集三卷續集三卷 宋李庚輯 林師蕆增輯 前集別編一卷拾遺一卷續集別編六卷 宋林表民輯 續集拾遺一卷 宋林師蕆等輯 清抄本

三八九 天台續集三卷 宋李庚編 林師蕆增輯 續集別編六卷 宋林表民輯 清末抄本 清王舟瑤批校 十行二十二字 白口 四周單邊

三九〇 天台前集三卷續集二卷 宋李庚輯 林師蕆增輯 前集別編一卷拾遺一卷續集別編六卷 宋林表民輯 續集拾遺一卷 宋林師蕆等輯 清抄本 清丁丙跋

三九一 天台詩選五卷 明許鴻遠輯 明崇禎十五年刻本 九行二十字 白口 左右雙邊

三九二 天台詩徵內編六卷 清張廷琛輯 稿本

三九三 方城遺獻六卷 清李誠輯 清乾隆五十二年自刻本 十行十九字 白口 四周單邊

三九四 台典不分卷 清宋世犖輯 稿本

三九五 台詩三錄八卷附錄三卷 清宋世犖輯 清末抄本 清伯舟批校 十行二十一字 白口 左右雙邊

三九六 台郡文獻補不分卷 清汪度輯 稿本

三九七 台嶠文徵不分卷 清黃瑞輯 稿本

三九八 臨海詩輯五卷 清黃瑞輯 稿本

三九九 金華文統十三卷 明趙鶴輯 明正德七年趙鶴、李紀刻本 十行十八字 黑口 四周單邊

四〇〇 金華文統十三卷 明趙鶴輯 明正德七年趙鶴、李紀刻萬曆補修本 十行十八字 黑口 四周單邊

四〇一 金華文統十三卷 明趙鶴輯 明萬曆刻本 九行二十字 白口 四周雙邊

四〇二 金華正學編十卷 明趙鶴輯 明正德七年楊鳳刻遞修本 清丁丙跋 十行十八字 黑口 四周雙邊

四〇三 金華正學編十二卷 明趙鶴輯 兪朝端重輯 明萬曆十八年刻本 十行二十字 白口 四周單邊

四〇四 金華文徵二十卷 明阮元聲 高偉選評 楊德周 戴應鰲輯 明崇禎五年刻本 十行二十字 白口 四周單邊

四〇五 金華文徵二十卷 明阮元聲 高偉選評 楊德周 戴應鰲輯 明崇禎五年刻本 清丁丙跋 十行二十字 白口 四周單邊

四〇六 金華詩粹十二卷 明阮元聲 戴應鰲輯 明崇禎刻本 九行二十字 白口 四周單邊

四〇七 金華文略二十卷 清王崇炳輯 清康熙四十八年刻本 十行二十二字 白口 四周單邊

四〇八 金華詩錄六十卷外集六卷別集四卷書後一卷 清黃琳、朱琰輯 清乾隆三十八年金華府學刻本 十行二十一字 白口 左右雙邊

四〇九 婺賢文軌四卷 明戚雄輯 明嘉靖三十八年戚寵刻本 十一行二十二字 白口 左右雙邊

四一〇 婺詩補三卷 清盧標輯 清道光十九年映台樓刻本 十行二十字 白口 左右雙邊

四一一 麟溪集十二卷 明鄭太和輯 明初刻本 十二行二十字 黑口 四周雙邊

四一二 麟溪集十二卷 明鄭太和輯 明刻本 丁丑中跋 十二行二十字 黑口 四周雙邊 賀集末附刻嘉靖丙午毛鳳韶撰倪氏墓志銘

四一三 麟溪集二十二卷別篇二卷 明鄭太和輯 鄭璽續輯 附錄二卷 明成化十一年鄭珊鄭琥刻本 十二行二十字 黑口 四周雙邊

四一四 麟溪集二十二卷 明鄭太和輯 鄭璽續輯 別篇一卷 明鄭崇嶽輯 清初刻本 十行二十二字 白口 四周單邊

四一五 靈洞山房集三卷 明趙志皐輯 明萬曆十七年自刻本 八行十六字 白口 四周雙邊

四一六 敬鄉錄十四卷 元吳師道輯 清抄本

四一七 石洞貽芳集不分卷 清鄭鍾傑輯 清康熙十六年行素齋刻本 九行二十字 白口 四周雙邊

四一八 青溪詩集六卷 明凌瑛輯 明嘉靖刻本 十行二十字 白口 四周雙邊

四一九 青溪先正詩集三卷 清鮑楹輯 清康熙二十九至三十年刻本 十行二十一字 白口 左右雙邊 青溪詹道原先生詩集一卷 元詹淵撰 青溪玄同子雪舟脞詩一卷 元邵桂子撰 青溪何介夫詩集一卷 元何景福撰

四二〇 東陽歷朝詩九卷 清董肇勳輯 清乾隆五十五年學稼堂刻本 十一行二十一字 白口 四周雙邊

四二一 九峰文鈔二卷 清宋景關輯 清乾隆五十八年刻本 十行二十一字 白口 左右雙邊

四二二 武川文鈔十七卷 清何德潤輯 稿本 九行十九字 紅格

四二三 武川詩鈔十七卷 清何德潤輯 稿本 存四卷 十四至十七

四二四 嚴陵集九卷 宋董棻輯 清抄本 清俠君校 八行二十一字 無格

四二五 嚴陵八景詩不分卷 明李德恢輯 明弘治七年刻本 有圖 十行二十二字 黑口 四周雙邊

四二六 釣臺集八卷 明吳希孟輯 明嘉靖十五年焦煜刻本 九行十八字 白口 左右雙邊

四二七 釣臺集八卷 明吳希孟輯 明嘉靖十五年焦煜刻本 清丁丙跋

四二八 釣臺集二卷 明楊束輯 明萬曆十三年刻本 九行十八字 白口 四周雙邊

四二九 釣臺集二卷 明楊束等輯 明萬曆十三年楊束刻遞修本 有圖

四三〇 選刻釣臺集五卷 清錢廣居、潘與賓輯 清順治七年錢廣居刻本 有圖 九行二十字白口四周單邊

四三一 釣臺拾遺集四卷 明尊琥編 明刻清遞修本 九行十八字白口四周雙邊

四三二 東甌詩集七卷續集八卷補遺一卷 明趙諫輯 明刻本 九行二十字白口四周單邊

四三三 永嘉四靈詩□□卷 清初抄本 清毛扆跋
存四卷 徐照上、中、下 徐璣上

四三四 永嘉四靈詩八卷 清抄本 清孫詒讓跋
存四卷 甲至丁

四三五 永嘉四靈詩四卷 清抄本 清蔣德昭跋

四三六 永嘉四靈詩四卷 清嘉慶七年焦循抄本 清焦循跋
芳蘭軒集一卷 宋徐照撰 二薇亭集一卷 宋徐璣撰
葦碧軒集一卷 宋翁卷撰 清苑齋集一卷 宋趙師秀撰

四三七 永嘉集外編二十六卷 清孫衣言輯 清抄本
存二十五卷 一至八、十至二十六

四三八 江右古文選四十卷 清應麟輯 清乾隆三十一年刻本 九行二十五字白口左右雙邊

四三九 臨川文獻二十五卷 清胡亦堂編 清康熙十九年夢川亭刻本 十二行二十二字白口左右雙邊
晏同叔先生集二卷 宋晏殊撰 晏叔原先生集一卷 宋晏幾道撰
王介甫先生集二卷 宋王安石撰 章介庵先生集二卷 明章袞撰
陳明水先生集二卷 明陳九川撰 帥惟審先生集二卷 明帥機撰
湯義仍先生集二卷 明湯顯祖撰 丘毛伯先生集二卷 明丘兆麟撰
章大力先生集一卷 明章世純撰 艾千子先生集一卷 明艾南英撰
羅文止先生集一卷 明羅萬藻撰 陳大士先生集一卷 明陳際泰撰
揭蕙庵先生集一卷 明揭重熙撰 傅平叔先生集二卷 明傅占衡撰

四四〇 臨川文選十一卷 清劉玉瓚編 清康熙刻本 十一行二十三字白口四周單邊
湘碧堂集二卷 明傅占衡撰 天傭子集二卷 明艾南英撰
大乙山房集一卷 明陳際泰撰 此觀堂集一卷 明羅萬藻撰
仰止堂集一卷 明鄧履中撰 章柳州集四卷 明章世純撰

一九

四四一 皇明豫章詩選二十四卷 明舒日敬輯 明崇禎九年刻本 八行十八字白口四周單邊

四四二 南昌文考二十卷 清徐午輯 清乾隆六十年刻本 十行二十字至二十二字黑口四周雙邊

四四三 滕王閣集十卷 明董遵輯 明刻本 九行十八字黑口四周雙邊

四四四 滕王閣集十六卷 明董遵輯 明崇禎刻本 八行十八字白口四周單邊

四四五 滕王閣續集十九卷 明吳嗣京輯 明崇禎七年刻本 八行十八字白口四周單邊

四四六 滕王閣全集十三卷徵案詩文不分卷 清蔡士英輯 清順治十四年刻本 九行二十字白口四周單邊

四四七 廬山詩紀七卷 明袁懋貞輯 明刻本 九行二十一字白口四周雙邊

四四八 輯刻琵琶亭詩一卷 清唐英輯 清乾隆十一年唐氏古柏堂刻本 九行二十一字白口四周雙邊

四四九 里先忠三先生文選十四卷 明胡捷輝輯 明崇禎刻本 九行二十字白口四周單邊

四五〇 皇明西江詩選十卷 明韓陽輯 明景泰六年刻本 十行二十一字黑口四周雙邊

四五一 皇明西江詩選十卷 明韓陽輯 明景泰六年刻本 清丁丙跋

四五二 西江風雅十二卷補編一卷 清金德瑛選 清沈瀾編 清乾隆十八年刻本 十行十九字黑口左右雙邊

四五三 麻姑集十二卷 明陳九昌輯 明嘉靖二十二年朱廷臣刻本 十行二十字白口四周單邊

四五四 七大家文選一百二十九卷 明宋益來輯 明崇禎刻本 九行二十字白口四周單邊

四五五 望湖亭集四卷 清徐聯奎輯 清乾隆四十年刻本 清徐時棟跋 九行十九字白口左右雙邊

四五六 楚風補四十八卷前編一卷末編一卷 清廖元度輯 清乾隆十四年瀠灩堂刻本 十二行二十字白口四周雙邊

四五七 黃岡二家詩鈔三十四卷 清陳師晉編 清乾隆五年王旅亭刻本 十一行二十一字黑口左右雙邊
尊道堂詩鈔八卷別集六卷 清王材任撰
玉照亭詩鈔二十卷 清陳大章撰

四五八 漢陽五家詩選十四卷 清吳代湖輯 清乾隆十八年刻本 十行十九字黑口左右雙邊

四五九 古黃遺蹟集一卷 明盧濬輯 明弘治刻本 九行二十字黑口四周雙邊

四六〇 垌軒韻事一卷 清余國楨輯 稿本

二〇

四六一 湖湘校士錄八卷 明臧春輯 明萬曆四十二年臧氏自刻本 九行二十字白口四周單邊

四六二 岳陽紀勝彙編四卷 明楊濬輯 明萬曆十五年張振先刻本 九行二十一字白口四周雙邊

四六三 岳陽紀勝彙編四卷 明楊濬輯 明崇禎三年程道行刻本 九行二十一字白口四周雙邊

四六四 岳陽古集不分卷 明王廷輯 明萬曆二年自刻遞修本 九行十六字白口四周雙邊

四六五 岳陽樓詩集二卷 明胥文相輯 明萬曆元年鍾崇文刻本 有圖 九行十六字白口四周雙邊

四六六 洞庭湖君山詩集三卷 明胥文相輯 明萬曆元年晉烽刻本 九行十六字白口四周雙邊

四六七 慈原錄一卷 明梁汝璧輯 明嘉靖刻本 九行二十字黑口四周單邊

四六八 桃源洞集□卷 明陳一檍輯 明嘉靖三十二年吳琛刻本 九行二十字白口四周雙邊
存三卷 一至三

四六九 訂補浯溪集二卷首一卷 明陳斗輯 明嘉靖刻本 七行十五字黑口四周雙邊
存二卷 卷上、卷首

四七〇 新刊石山百詠詩二卷 明唐瑛等撰 明弘治十三年崇明院前葉宅刻本 十行十六字白口四周雙邊

四七一 朝陽巖集一卷 明黃焯輯 明嘉靖刻本 九行十七字白口左右雙邊

四七二 全蜀藝文志六十四卷 明楊慎輯 明嘉靖刻本(序、卷一至四抄配) 有圖 十三行二十六字白口四周雙邊

四七三 全蜀秇文志六十四卷 明楊慎輯 補續五十六卷 明杜應芳、

胡承詔輯　明萬曆刻本　九行二十字白口四周單邊

四七四 全蜀埶文志六十四卷　明楊慎輯　補續五十六卷　明杜應芳、胡承詔輯　明萬曆刻本　清丁丙跋

四七五 全蜀埶文志六十四卷　明楊慎輯　明萬曆刻本　傅增湘校並跋

四七六 成都文類五十卷　宋扈仲榮等輯　明刻本　十行二十二字黑口四周双边
存三卷　十六至十八

四七七 成都文類五十卷　宋扈仲榮等輯　清初抄本

四七八 劍閣芳華集二十卷　清費經虞輯　稿本　九行二十字小字双行同無格
存十卷　一至五、十一至十五

四七九 劍閣芳華集二十卷　明費經虞輯　費密補　清抄本　九行二十一字小字双行同無格

四八〇 蜀藻幽勝錄四卷　明傅振商輯　明刻本　九行十九字白口四周單边

四八一 平定金川藝文不分卷　清高宗弘曆、傅恒、張廷玉等撰　清內府抄本

四八二 平定金川藝文不分卷　清高宗弘曆、傅恒、張廷玉等撰　清乾隆十四年武英殿刻本　七行十九字黑口四周双边

四八三 平石城和韻詩二卷　明管漳輯　明嘉靖刻本　九行二十字白口左右双边
存一卷　卷下

二一

四八四 閩賢遺墨不分卷　明曹學佺、清張遠等撰　稿本　清梁章鉅跋

四八五 閩中正聲七卷　明鄭原善輯　明刻本　九行十八字白口左右双边

四八六 閩詩傳初集四卷附錄一卷　清曾士甲輯　清康熙刻本　九行十八字白口四周單边

四八七 全閩詩錄四十卷　清鄭杰輯　稿本　九行二十字小字双行字不等墨格四周双边

四八八 國朝全閩詩錄初集二十一卷續十一卷　清鄭杰輯　清嘉慶刻本　九行二十字白口四周双边

四八九 國朝閩詩選二卷　清黃景棠輯　稿本　八行字數不一無格

四九〇 乾嘉全閩詩傳十二卷首一卷　稿本

四九一 閩中十子詩十種三十卷　明袁表、馬熒編　明萬曆刻本　鄭振鐸跋　九行十九字白口四周單边
閩林膳部詩集五卷　明林鴻撰
閩高待詔詩集五卷　明高廷禮撰
閩唐觀察詩集一卷　明唐泰撰
閩王檢討詩集五卷　明王偁撰
閩周判官詩集一卷　明周玄撰
閩陳徵君詩集四卷　明陳亮撰
閩王典籍詩集五卷　明王恭撰
閩鄭博士詩集一卷　明鄭定撰
閩王翰林詩集二卷　明王褒撰
閩黃博士詩集一卷　明黃玄撰

四九二 八閩興頌集不分卷　清三山共學書院輯　清康熙刻本　十行十九字小字双行同黑口四周單边

四九三 建陽詩鈔外編一卷　清江遠涵輯　清刻本　九行二十一字白口左右双边

四九四 閩南唐雅十二卷　明費道用輯　明崇禎刻本　九行十八字白口左右双边

四九五 閩海風雅十卷　清朱霞輯　清雍正刻本　九行二十一字白口四周双边

四九六 福唐風雅集不分卷　明葉向高輯　清抄本

四九七 東冶國朝文編三十五卷　清王大經輯　稿本　九行二十二字黑格

四九八 東嵐謝氏明詩略不分卷　清謝世南輯　稿本　七行二十四字白口四周双边

四九九 清源文獻十八卷　明何炯輯　明萬曆二十五年楊朝京刻本　十行二十字白口四周双边

五〇〇 清源文獻纂續合編三十六卷　清柯輅纂輯　稿本　七行十六字無格

五〇一 郊居詩抄八卷　明呂應呼輯　林文豪校　明萬曆六年刻本　九行十九字白口四周双边

五〇二 晉安風雅十二卷　明徐𤊹輯　明萬曆刻本　九行十八字白口四周單边

五〇三 溫陵留墨三種四卷　明朱炳如輯　丁一中補次　明萬曆元年丁一中刻本　十行二十字白口左右双边
宋王梅溪先生溫陵留墨一卷　宋王十朋撰
宋真西山先生溫陵留墨二卷　宋真德秀撰
明朱伯野先生溫陵留墨一卷　明朱炳如撰

五〇四 螺陽文鈔不分卷　清莊永祉輯　稿本　九行二十字無格

五〇五 武夷詩集二卷　清抄本　九行二十字無格

五〇六 樵川二家詩四卷　宋嚴羽、元黃鎮成撰　清朱霞輯　清康熙六十一年朱霞嘐嘐山房刻本　八行十八字白口左右双边

五〇七 樵川二家詩四卷　宋嚴羽、元黃鎮成撰　清朱霞輯　清康熙六十一年朱霞嘐嘐山房刻本　傅增湘校並跋

二二

五〇八 綏安二布衣詩二卷　清朱霞輯　清康熙五十四年刻本　八行二十字白口四周双边
丁布衣詩鈔一卷　明丁之賢撰
朱布衣詩鈔一卷　明朱國漢撰

五〇九 綏安二布衣詩鈔二卷　清何嶠編　清康熙刻本　九行十九字白口四周双边
丁布衣詩鈔一卷　明丁之賢撰
朱布衣詩鈔一卷　明朱國漢撰

五一〇 使署閒情四卷　清六十七輯　清乾隆十二年刻本　九行二十二字白口四周双边

五一一 廣東詩粹十二卷補編一卷　清梁善長輯　清乾隆十二年遺經堂刻本　十行二十一字黑口左右双边

五一二 廣東文選四十卷　清屈大均輯　清康熙二十六年三閭書院刻本　十一行十九字白口四周單边

五一三 廣東文集口口卷　清屈大均編　清康熙刻本　十行二十字白口四周單边
存十六卷
陳議郎集二卷　漢陳元撰
劉柳史集二卷　唐劉軻撰
楊文懿集二卷　明楊起元撰
紫水僕集三卷　明黎遂球撰
楊太守集二卷　漢楊孚撰
譚處士集二卷　明譚清湖撰
林光祿集三卷　明林培撰

五一四 粵風續九四卷　清吳淇輯　清康熙二年刻本　八行二十字白口四周單边

五一五 西關集一卷　清抄本　八行二十四字無格

五一六 嶺南文獻三十二卷　明張邦翼輯　明萬曆四十三年至四十四年刻本　十行二十字白口四周單边

五一七 嶺南文獻軌範補遺六卷　明楊瞿崍輯　明刻本　九行十八字白口四周單边

嶺南五朝詩選三十七卷 清黃登輯 清康熙三十九年刻本 九行二十字，白口，四周双边 五一八

嶺南三大家詩選二十四卷 清王隼編 清康熙刻本 十行十九字，黑口，四周單边 五一九
六瑩堂詩八卷 清梁佩蘭撰 獨漉堂詩八卷 清陳恭尹撰 道援堂詩八卷 清屈大均撰

嶺南風雅三卷 清陳蘭芝輯 清乾隆刻本 九行十九字，白口，四周双边 五二〇

嶺南羣雅初集三卷二集三卷 清劉彬華輯 清嘉慶十八年玉壺山房刻本 十二行二十四字，白口，四周單边 五二一

國朝峽山寺留題詩合刻二卷 清何青輯 清乾隆六十年刻本 八行十九字，黑口，四周双边 五二二

潮雅拾存不分卷 清楊天培編 清抄本 五二三

三瀧詩選十卷 清陳華封、彭汝輯 清乾隆二十五年思藏閣刻本 八行十八字，黑口，左右双边 五二四

白沙風雅八卷 清張逵輯 清雍正十年雙桐軒刻本 九行二十一字，白口，左右双边 五二五

岡州遺藁六卷 清顧嗣協顧嗣立輯 清康熙四十九年綠屏書屋刻本 十行二十一字，白口，左右双边 五二六

粵東詩海一百卷補遺六卷 清溫汝能輯 清嘉慶十八年文畬堂刻本 十行二十一字，小字双行同，白口，四周双边 五二七

粵東七子詩六卷 清武大士輯 清道光二年刻本 清潘德輿批 十行二十一字，黑口，左右双边 五二八

粵西詩載二十五卷文載七十五卷叢載三十卷 清汪森輯 清康熙四十三年汪氏梅雪堂刻本 十一行二十一字，黑口，左右双边 五二九

江皐小築集二卷附稿一卷 明李元弼輯 洪信等校 明萬曆四十年自刻本 八行十七字，白口，四周双边 五三〇

柳州詩集十卷 清毛奇陳增新等輯 清初刻本 九行十九字，白口，左右双边 五三一

滇文不分卷 明謝肇淛輯 明謝氏小草齋抄本 九行十八字，無格，版心鐫小草齋抄本 五三二

建寧詩選不分卷 明楊亘輯 明正統刻本 十行二十字，黑口，四周双边 五三三

明滇南詩畧十卷 清袁文典輯 清嘉慶四年賦雅堂刻本 八行十九字，白口，四周双边 五三四

國朝滇南詩畧二十二卷 清袁文揆輯 清嘉慶四年賦雅堂刻本 八行十九字，白口，四周双边 五三五

滇南游宦流寓詩存不分卷 清張訓昭輯 稿本 九行二十一字，無格 五三六

紅葉樓鳴玉集二卷 清孫琇輯 稿本 五三七

全黔詩萃六十七卷 清宗棨輯 稿本 存六十五卷 一至三十三、三十六至六十七 五三八

黔詩紀略三十三卷 清莫友芝輯 稿本 存二十三卷 卷一、五至二十六 五三九

黔詩紀略後編三十卷 清莫庭芝 黎汝謙輯 稿本（卷之一配清刻本） 十行二十一字，白口，四周双边，版心鐫□□書屋 五四〇

黔詩紀略後編不分卷 清莫庭芝 黎汝謙輯 稿本 十一行字數不一，無格 五四一

所至錄八卷 清唐□等輯 清咸豐四至七年駒雪林刻本 清莫友芝校 有圖 九行二十字，白口，四周双边 五四二

吳中二集九卷 明黃魯曾輯 明嘉靖刻本 九行十七字，白口，左右双边 又四五
存八卷
兩華合璧集五卷 明王寵黃魯曾撰 存四卷一至四
王孫有藍集四卷 明王守蓀羽撰

靈巖三家詩選四卷 清章日照編 清乾隆四十年朱蘭書屋刻本 十行十九字，白口，左右双边 又五一
青嶂遺稿二卷 清盛錦撰 竹鄉詩選一卷 清黃子雲撰 卿芳遺稿一卷 清張錫祚撰

虞山四子集四卷 清王材任編 清乾隆刻本 九行十八字，黑口，左右双边 又七〇
白谷山人遺藁一卷 明龔誠撰 北林小集一卷 明張霖撰 秋谷遺詩一卷 明姚俊撰 存素堂詩鈔一卷 明馬旦撰

華亭二家詩詞三卷 清抄本 十二行二十二字，無格 又一二三
蒼暉集二卷 清姚嶸撰 雕菰集一卷 清王叢溉撰

國朝山左詩補鈔七卷 清宋弼輯 清抄本 十行行字不一，無格 又二二六

嶗山藝文志二十四卷 清黃肇顎撰 清抄本 又二四五

明文西四卷 清薛詩輯 明崇禎薛詩學古堂刻本 十行二十字，白口，四周双边 又二五八

國朝湖州詩錄三編不分卷 清吳鐘奇輯 稿本 十二行二十二字，無格 又三一四甲

國朝湖州詩錄三編續二卷國朝湖州遺詩一卷 清吳鐘奇輯 稿本 九行二十五字，無格 又三一四乙

斗間寶氣集二卷 明留暎輯 明萬曆四十六年徐鑾刻本 八行十七字，小字双行同，白口，左右双边，有刻工 又四四〇

閩中三宋人集三卷 清小山堂抄本 八行十八字，白口，左右双边 又四八四
山居存藁一卷 宋陳必復撰 端隱吟藁一卷 宋林尚仁撰 靜佳龍尋藁一卷 宋朱繼芳撰

廣中五先生詩集二卷附刻五卷 明談愷編 明嘉靖三十六年王國楨刻本 十行二十字，白口，四周双边 又五一八甲

南園五先生詩選二卷 清李嘮明編 清康熙五十九年李嘮明刻本 八行二十字，白口，左右双边 又五一八乙

雲南諸蠻竹枝詞一卷 清張履程撰 清刻本 又五三七

總集類　地方藝文

書名編號	收	藏	單	位	代	號
一	0201					
二	0201	0242	0501			
三	1601					
四	0101					
五	0181	0201				
六	0404					
七	0301					
八	0301					
九	0101					
一〇	1601					
一一	1601					
一二	0142	0150	0201	0241	0242	0501
	1705	1343	2206			
一三	0101	0102	0141	0201	0241	0242
	0501	1601	1605	1685	1684	[illegible]
	2401					
一四	0101					
一五	1684					
一六	0101					
一七	2401					
一八	1601					
一九	0241					
二〇	2401					
二一	2301					
二二	0101					
二三	0101					
二四	0201					
二五	0101					
二六	0101					
二七	0101					
二八	0201					

書名編號	收	藏	單	位	代	號
二九	0201					
三〇	1601					
三一	1688					
三二	1701					
三三	2441					
三四	2501					
三五	1601					
三六	1601					
三七	2541					
三八	0101					
三九	0161					
四〇	0842					
四一	0101	0201				
四二	0101					
四三	0201					
四四	1601					
四五	0201					
四六	1541⊗	1601⊗				
四七	0201					
四八	0163	0201	1601			
四九	0201					
五〇	0241	0243	1601			
五一	0201⊗	0241	0701	1684	1701	
五二	0102	0142	0243	0763	1741	1401
	2301	2501				
五三	1601					
五四	1605					
五五	1684					
五六	0201					
五七	1601					
五八	0201	0243				
五九	0201					
六〇	0101	0163	0291⊗	1601	1689	

書名編號	收	藏	單	位	代	號
六一	0142	0242	0542			
六二	0201					
六三	0201					
六四	0201					
六五	1628					
六六	0101					
六七	0201					
六八	0201					
六九	0101					
七〇	0101					
七一	0101					
七二	0101⊗	0201⊗	0301⊗	1601⊗	1628⊗	
七三	1605					
七四	0201					
七五	0201					
七六	2301					
七七	0101					
七八	1601					
七九	1601	1606				
八〇	0201					
八一	2041					
八二	1688					
八三	0141	0163	0861			
八四	0101					
八五	0101					
八六	0201					
八七	0201					
八八	0101	0201				
八九	1605					
九〇	1601					
九一	0101	0163				
九二	0201					
九三	0101					

書名編號	收	藏	單	位	代	號
九四	0101					
九五	1741					
九六	0101					
九七	0161					
九八	1681					
九九	0201					
一〇〇	0101					
一〇一	0201					
一〇二	0242					
一〇三	1705					
一〇四	0101					
一〇五	1601					
一〇六	1601					
一〇七	0101					
一〇八	1601					
一〇九	0101					
一一〇	0201					
一一一	0201					
一一二	0101					
一一三	2441					
一一四	1684					
一一五	0144					
一一六	0101					
一一七	1601					
一一八	0201					
一一九	0101					
一二〇	0201					
一二一	0101	0201⊗	0241			
一二二	0201					
一二三	0102	0163	0181	0341	0841	0901
	2042	2501				
一二四	0301					
一二五	0201					

書名編號	收藏單位代號
一二六	1601
一二七	0101
一二八	1601
一二九	1601
一三〇	0101
一三一	0101 0102 0141 0142 0241 0841
一三二	0141 1605
一三三	0241
一三四	0163
一三五	0201
一三六	0201
一三七	0201
一三八	0201
一三九	0201
一四〇	0201
一四一	0101 0161 0501 0241 1701
一四二	0101 0243 0301 1601 1901◎ 2301
一四三	0703
一四四	0201
一四五	0201
一四六	0241 0941
一四七	0101
一四八	1601
一四九	0101
一五〇	2301
一五一	2301
一五二	0141
一五三	0141
一五四	0101
一五五	1687
一五六	0241
一五七	0101 0501 2561◎
一五八	1801

表三

書名編號	收藏單位代號
一五九	1705
一六〇	0201
一六一	1601
一六二	0141 0144 0241 0244 0301 1001 2702
一六三	0101 0201 1001 2301 2501
一六四	1601
一六五	0101
一六六	0201
一六七	0101 1741
一六八	0101 1605 1646
一六九	0141 0143 0163 1629 1651
一七〇	0141 0161 0163 1629
一七一	0101 0163 1601 1627
一七二	0141 0163 0201 0541◎ 0841◎ 1601 2041 2201◎ 2501◎ 2701◎ 2702◎
一七三	1601
一七四	1601
一七五	0101
一七六	0101
一七七	0101 0141 0201 0241
一七八	0101 1501
一七九	0201
一八〇	0243
一八一	0161 2702
一八二	0141 0241 1601 2702
一八三	1605
一八四	0101 0141◎ 0163 0201 0291 1606 1705 1843 1881 2002 2341 2702
一八五	1601
一八六	0102 0143 0144 0161 0164 0201 0242 0841 1501 1641 1801 1926 2541

書名編號	收藏單位代號
一八七	0291
一八八	0101
一八九	0201
一九〇	0101
一九一	0161 2301
一九二	0101
一九三	1881
一九四	0102 0143 0161 0198 0201 0241 0301 0541 0701 0741 0842 1601 1701 1705 1941 2042 2301
一九五	0142 0201
一九六	0102 0144◎ 0163 0181 0201 0242 0803 0903 2042 2401 2541
一九七	1601
一九八	0141 1741 0261
一九九	0201
二〇〇	0142 1601
二〇一	0101
二〇二	0141 0201 2701
二〇三	0242
二〇四	0101 0141 0142 2301
二〇五	1701
二〇六	0101 0141 2501◎
二〇七	1601
二〇八	0101
二〇九	0241
二一〇	0201
二一一	0141 0173 0198 0501 0542 0546
二一二	0101
二一三	0101
二一四	1601
二一五	2701
二一六	0141 0841◎

表四

書名編號	收藏單位代號
二一七	0141 0142 0201 0509◎
二一八	0302 0509 0201
二一九	0163 0201
二二〇	0101
二二一	0501
二二二	0301
二二三	0161
二二四	0520
二二五	2501 2517
二二六	0142 0281 0301 2041 2301
二二七	0101◎ 0161
二二八	0161
二二九	0101
二三〇	0101
二三一	0101
二三二	0101 0141 0142 0161
二三三	1582
二三四	1501
二三五	1501
二三六	1501
二三七	0101
二三八	1501
二三九	0161 0701
二四〇	1601
二四一	0201
二四二	2541
二四三	0161
二四四	1501
二四五	0101 0141 [illegible] 0241 1501 2041
二四六	1501
二四七	1501
二四八	0101 1705
二四九	0101 0143 0150 0163 0198 0201

書名編號	收藏單位代號					
	0520	0701	1901	2242	2314	2501
	2561	2641				
二五〇	0741	1606⊕				
二五一	0102	0141	0143	0144	0146 0150	0291
	0701	0841	0861	1943	2001	2501
二五二	2242					
二五三	0141⊕	0161⊕	2201			
二五四	0141	0161	0181	0241	0301	0342
	1041	1801	2401			
二五五	0141	1041				
二五六	0201					
二五七	0101	0163	0301	1082	1601	
二五八	0197					
二五九	0163	0201⊕	1616⊕			
二六〇	0201					
二六一	0201					
二六二	0141	0142	0163	0198	0201	0291
	1242					
二六三	0101					
二六四	1705					
二六五	0301					
二六六	0141					
二六七	0101	0146	1705			
二六八	2301					
二六九	1601					
二七〇	1701					
二七一	1605					
二七二	1601					
二七三	0101					
二七四	0101	2341⊕				
二七五	0201					
二七六	0201					
二七七	2461					

書名編號	收藏單位代號					
二七八	0201					
二七九	0301					
二八〇	0201					
二八一	0201					
二八二	2901					
二八三	1601					
二八四	0163					
二八五	1601					
二八六	1601					
二八七	1701					
二八八	0201					
二八九	0201					
二九〇	0201					
二九一	0201	2301				
二九二	0101					
二九三	0101					
二九四	0146					
二九五	0201					
二九六	0201					
二九七	0161					
二九八	0101	0701	1601	2001		
二九九	0101	0201	1601	1615		
三〇〇	0163					
三〇一	1601					
三〇二	0101	0141	0144	0161	0163	0201
	0841	0842	1601	1710	1781	1841
	2001	2701				
三〇三	0101					
三〇四	0301					
三〇五	0301					
三〇六	1701					
三〇七	0241					
三〇八	0201					

書名編號	收藏單位代號					
三〇九	1601					
三一〇	1701					
三一一	0101					
三一二	0201					
三一三	1616					
三一四	0145					
三一五	1701					
三一六	2701					
三一七	0101					
三一八	0198	0241				
三一九	0101	0141	0143	0161	0201	0291
	0341	0342	0520	0542	1705	2301
	2302	2401				
三二〇	1701⊕	1705⊕				
三二一	1701					
三二二	0101					
三二三	1701					
三二四	1701					
三二五	1701					
三二六	1705					
三二七	2541					
三二八	0201					
三二九	0101					
三三〇	0842					
三三一	0198					
三三二	0101					
三三三	0101					
三三四	1701					
三三五	1701					
三三六	0501					
三三七	0101	0201				
三三八	0301					
三三九	1705					

書名編號	收藏單位代號					
三四〇	0101					
三四一	0101					
三四二	1701					
三四三	1705					
三四四	0701					
三四五	1601					
三四六	0101					
三四七	0101					
三四八	0101					
三四九	1705					
三五〇	0101	0141	0161	0198	0201	0241
	0901	1704	1705	2401	2501	
三五一	0101					
三五二	0161					
三五三	1705					
三五四	0101					
三五五	1705					
三五六	1601					
三五七	0201					
三五八	1705					
三五九	0101					
三六〇	0161					
三六一	1701					
三六二	1601					
三六三	1701					
三六四	0201	2702				
三六五	0701					
三六六	0201					
三六七	0161					
三六八	1601					
三六九	1601					
三七〇	0101	0163	0197	1601	2301	
三七一	0101	0163	2301			
三七二	0142					

表七

書名編號	收藏單位代號
三七三	0201
三七四	0101
三七五	0161
三七六	0701
三七七	0101
三七八	1601
三七九	0101
三八〇	0101 1705 1720
三八一	0101
三八二	0101 0801⊕ 1787
三八三	1787
三八四	1787
三八五	1787
三八六	0163
三八七	0201
三八八	0201
三八九	1785
三九〇	1601
三九一	1785
三九二	1701
三九三	0101
三九四	1787
三九五	1787
三九六	1787
三九七	1787
三九八	1787
三九九	0101 0291 0701 1722 2441
四〇〇	0141 0161 2701
四〇一	0841
四〇二	0261 1601
四〇三	0181 0242 1501 1601 1701
四〇四	0141 0161 0301 2702
四〇五	1601
四〇六	1605

書名編號	收藏單位代號
四〇七	1717
四〇八	0142 1701
四〇九	1701⊕ 2001
四一〇	1797
四一一	0101
四一二	0301
四一三	0101 1581⊕ 1705⊕ 2001
四一四	0101 0142 1601
四一五	0101
四一六	2541
四一七	1797
四一八	0101
四一九	0242
四二〇	1797
四二一	0201
四二二	1722
四二三	1722
四二四	0201
四二五	0201
四二六	0101 0201 0241⊕ 1701⊕ 2561
四二七	1601
四二八	0145 0161 0201 1701
四二九	0101 0141 0142 0143 0181 0201 1501 1601 2103 2301 2541 2702
四三〇	0101
四三一	1601
四三二	0201 1701⊕ 1704
四三三	0101
四三四	1741
四三五	0201
四三六	0101
四三七	1704
四三八	2001

表八

書名編號	收藏單位代號
四三九	0101 1601
四四〇	0101 1901
四四一	0102 2301
四四二	0161 1701 2343 0301⊕ 0301
四四三	0101 1705
四四四	0201
四四五	0201
四四六	0101 0141 0541 1981⊕ 2001
四四七	1601
四四八	0101 0163 1628
四四九	0741 0841⊕
四五〇	0141 0161
四五一	1601
四五二	0141 0341 2041
四五三	0141⊕ 0161 0201 0242 1701
四五四	1605
四五五	0101
四五六	0141 0142 0201 0701 2301 2302 2401
四五七	0101⊕ 0141 0142 0150⊕ 0241 0704 1901 2301 2302⊕ 2341⊕
四五八	2301
四五九	1601
四六〇	0201
四六一	0743
四六二	0141 0201 0301 2220 2541
四六三	0164 0201
四六四	0101
四六五	0101 0141
四六六	0101 0141⊕
四六七	0161
四六八	0101

書名編號	收藏單位代號
四六九	0161
四七〇	1701
四七一	0101
四七二	0141
四七三	0101 1741 2001⊕ 2401⊕ 2741⊕
四七四	1601
四七五	0101
四七六	0101
四七七	0201
四七八	0141
四七九	2701
四八〇	0101 2702
四八一	0150
四八二	0181
四八三	0161
四八四	0101
四八五	2001
四八六	2001
四八七	2001
四八八	0241
四八九	2001
四九〇	0101
四九一	0101 0141 2001 2801⊕
四九二	2001
四九三	2012
四九四	0141 0161 2301
四九五	2001
四九六	2001
四九七	0201
四九八	2001
四九九	0101 1601⊕
五〇〇	2001
五〇一	0301
五〇二	0101 0141 2001 2041 2441

表九

書名編號	收藏單位代號					
五〇三	0141					
五〇四	2003					
五〇五	0101					
五〇六	0101	0443	2001	2041		
五〇七	0101					
五〇八	1701					
五〇九	0141					
五一〇	0101					
五一一	0243	0701	1702	2041	2501	2541
五一二	0101	0201	2501	2541	2543	
五一三	1601					
五一四	1702					
五一五	0241					
五一六	0101	0541	2501	2541⊕		
五一七	0101	0541	2501	2541		
五一八	0101	2541⊕				
五一九	0141	0142	0161	0301	0841	0901
	1301	1604	1802	1843	2001	2305
	2381	2501				
五二〇	2501	2541				
五二一	0241					
五二二	0142					
五二三	0101					
五二四	0101					
五二五	0142	0242				
五二六	0241	2501				
五二七	2541					
五二八	0201					
五二九	0101⊕	0150	0181	0201	0241	1605⊕
	2001⊕	2201	2641⊕			
五三〇	0301					
五三一	0101					
五三二	2001					

書名編號	收藏單位代號
五三三	2941
五三四	2901
五三五	2901
五三六	0163
五三七	2901
五三八	0201
五三九	0201
五四〇	2881
五四一	0201
五四二	0163

表十

書名編號	收藏單位代號	
又四五	1705	
又五一	0341	
又七〇	1701	
又一二三	0241	
又二二六	1501	
又二四五	1501	
又二五八	0181	0342
又三一四甲	0201	
又三一四乙	0201	
又四四〇	1901	
又四八四	1041	
又五一八甲	0701	
又五一八乙	2541	
又五五七	2901	

總集類

家集

一　列雅詩鈔不分卷　宋方岳等撰　清抄本　十行十九字黑口左右雙边

二　述本堂詩集十八卷續集五卷　清方登嶧、方式濟、方觀承撰　乾隆二十年及嘉慶十四年刻本　十行十九字白口左右雙边

依園詩略一卷　方登嶧撰
屋硯齋存稿一卷　方登嶧撰
垠硯吟一卷　方登嶧撰
滌素齋集二卷　方登嶧撰
如是齋集一卷　方登嶧撰
澄塘初稿一卷　方式濟撰
出關詩一卷　方式濟撰
龍沙紀略一卷　方式濟撰
東閒剩稿一卷　方觀承撰
入塞耕一卷　方觀承撰
懷南草一卷　方觀承撰
豎步吟一卷　方觀承撰
叩舷吟一卷　方觀承撰
宜田彙稿一卷　方觀承撰
看蠶詞一卷　方觀承撰
松漠草一卷　方觀承撰
薇香集一卷　方觀承撰
燕香集二卷　方觀承撰
燕香二集二卷　方觀承撰

三　高氏家集四種九卷　清高士奇編　清抄本　清丁丙跋

江邨遺稿四卷　宋高選、高邁、高賓嶽、高遹羽撰
疎寮小集一卷補遺一卷　宋高似孫撰
信天巢遺藁一卷補遺一卷　宋高翥撰
林湖遺稿一卷　宋高鵬飛撰

四　唐氏三先生集三十卷附錄三卷　明正德十三年張芹刻本　十行二十字白口四周單边

筠軒詩稿八卷文藁五卷　元唐元撰
白雲詩藁四卷文稿三卷　明唐桂芳撰
梧岡詩稿四卷文稿六卷　明唐文鳳撰

五　文氏家藏詩集八種十八卷　明文肇祉編　明萬曆十六年文肇祉刻本　十二行二十字白口左右雙边

文涞水詩一卷遺文一卷　明文洪撰
文溫州詩一卷　明文林撰
文中丞詩一卷　明文森撰
文太史詩四卷　明文徵明撰
明文博士詩集二卷　明文彭撰
文和州詩一卷　明文嘉撰
文碌事詩集五卷　明文肇祉撰
蘭雪齋詩集二卷　明文元發撰

六　海岱人文三十一種三十九卷　清王獻唐編　清抄本　十行二十一字白口左右雙边

水明樓詩六卷　清顏光猷撰
燕園集一卷　清顏懋倫撰
不鏡齋集一卷　清顏懋倫撰
履月軒稿一卷　清顏懋倫撰
亞甄山房集一卷　清顏懋倫撰
旅園集補遺一卷　清顏懋倫撰
面華行卷一卷　清顏懋倫撰
半江樓詩一卷　清顏懋倫撰
十笏樓詩一卷　清顏懋倫撰
雪浪山居稿一卷　清顏懋倫撰
懷軒遺稿一卷　清顏光敏撰
嘉戲堂遺草一卷　清顏肇亮撰
水屋賸詩一卷　清顏懋□撰
秋水閣遺草一卷　清顏懋價撰
小顏家詩一卷　清顏崇𣏌撰
秋廬吟草一卷　清顏懋倫撰
蒿止草堂集一卷　清顏懋倫撰
岑門遊草一卷　清顏□□撰
伏乙編一卷　清顏懋倫撰
什一編一卷　清顏懋倫撰
西邨集一卷　清顏懋企撰
拙存園集四卷　清顏伯珣撰
佳木堂稿一卷　清顏伯珣撰
煙草亭詩略一卷　清顏懋價撰
杏蔚山房稿一卷　清顏懋價撰
近日吟詩稿一卷　清顏懋價撰
尾箕吟一卷　清顏懋價撰
易徽吟一卷　清顏懋價撰
鴛臺偶吟一卷　清顏懋價撰
倒緯剩詩一卷　清顏懋價撰
瑤雨草堂集一卷　清顏懋價撰

七　顏氏三家集不分卷　稿本　王獻唐跋

巢園集不分卷　清顏光敏撰
祇芳園集三卷附錄一卷　清顏伯珣撰
樵園集不分卷　清顏懋倫撰

八　三謝詩一卷　劉宋謝靈運、謝惠連、南齊謝朓撰　明正德十六年明璫刻本　十行二十字白口四周單边

九　三謝詩集一卷　劉宋謝靈運、謝惠連、南齊謝朓撰　明刻本　九行十七字白口左右雙边

一〇　三謝詩集八卷　劉宋謝靈運、謝惠連、南齊謝朓撰　明道藩朱觀漢楠間齋屋刻本　十行二十字白口四周雙边

一一　郭氏聯珠集二十二卷　明郭紘、郭武、郭登撰　郭登編　明成化八年刻本　十一行二十字黑口四周雙边

一二　江都許氏家集十二卷　清許承家輯　清乾隆刻本　十一行二十一字細黑口左右雙边

棣野詩鈔四卷　清許宗年撰
湘術閣詩集一卷　清許承家撰
碧厚亭集一卷　清許昌齡撰
林中郵草五卷　清許遽音撰
碧雨山房詩鈔一卷　清許天球撰

一三　二妙詩集二卷　明王沂、王佑撰　趙鬯輯　附錄一卷　清抄本　十行字數不等　蔡焯跋

一四　牆東詩錄十八種十八卷　清王敏編　清雍正四年白刻本　八行十八字白口左右雙边

健菴草一卷　明王賓撰
嵒峰稿一卷　明王賓撰
歸田稿一卷　明王會撰
竹軒稿一卷　明王節撰
升齋草一卷　明王志遠撰
緱嫁稿一卷　明王志遠撰
如江集一卷　明王忠道撰
蘆菴稿一卷　明王篡世撰
鳩巢草堂稿一卷　明王屏世撰
焚餘集一卷　明王振世撰
拙逸堂草一卷　清王煥世撰
吾廬集一卷　□王□增撰
簾雲草一卷　□王仍辰撰
近易堂草一卷　□王仍□撰
味壞集一卷　□王仍駱撰
竹亭偶草一卷　□王□仁撰
思齋集一卷　清王濟撰
虎跳草一卷　清王敏撰

一五　東滄家乘二十六卷　明王汝梅、王汝等撰　王廷煜輯　明崇禎十七年王廷煜風月軒刻本　九行二十字白口左右雙边

一六　片玉集前編不分卷　清王如璿輯　王家璧校補　清洪良品評校　後編不分卷　清王家璧輯　稿本

一七　福山王氏傳家集八卷　清王懿榮編　清抄本　十行二十二字藍格白口四周單边

片香書屋文集一卷　清王執宜撰
比茶村舍稿一卷　清王執慎撰
窗城釣叟集一卷　清王積光撰
嘯崖草一卷　清王頫熙撰
峪崎出草一卷　清王體恭撰
鄂米齋集一卷　清王延慶撰
尚書公養素堂詩集一卷　清王懿榮撰
乾津瑣一卷　清張恩□撰

一八　孟津詩十九卷　清王鐸、王鑨撰　續一卷　清王與齡、王鑨等撰　清康熙五年王允明刻本　九行十八字白口左右雙边

一九　瑯琊二子近詩合選十一卷　清王士祿、王士禛撰　周南、王士祜等輯　清順治刻本　九行十九字白口左右雙边

二〇　新城王氏雜文詩詞十一種十一卷　清康熙刻本　十一行二十三字小字雙行同白口四周單边　或九行二十字小字雙行同白口四周單边

阮亭壬寅詩一卷　清王士禛撰
阮亭癸卯詩一卷　清王士禛撰
阮亭甲辰詩一卷　清王士禛撰
蜀岡禪智寺唱和詩一卷　清王士禛輯
焦山古鼎圖詩一卷　清王士禛輯
秦淮雜詩一卷　清王士禛撰
阮亭詩餘一卷　清王士禛撰
紅橋倡和詞一卷　清王士禛輯
金陵遊紀一卷　清王士禛撰
燃脂集例一卷　清王士祿撰
憶洞庭詩倡和集一卷　清王士禛輯

二一 新城王氏遺稿不分卷 清王祖熙、王心測等撰 稿本
剝號八十一號一卷餘八遺稿一卷 清王祖熙撰
聖祇寺二十八紀詩一卷 清口口撰
半圃偶集一卷讀書堂近草一卷 清王心測撰

二二 高郵王氏家集四種十九卷 清咸豐七年王恩沛、王恩恭刻本 十行二十一字白口左右双边
王文肅公遺文一卷 清王安國撰 王文祿遺文集六卷 清王念孫撰
王文簡公遺集八卷 清王引之撰 文集四卷 清王壽昌撰

二三 西湖近稿不分卷 清王丹墀、王丹地撰 稿本 八行字數不等無格

二四 于氏家藏詩略四卷 明于玭等撰 明萬曆刻本 十行十八字白口無格

二五 裏上編二十一卷 明萬曆二十八年張氏木雁軒刻本 九行十八字白口左右双边
存十九卷
文林先生遺詩一卷 明張能撰 渤齡先生遺辭一卷 明張注撰
清隱先生遺詩一卷 明張鎣撰 三張先生遺詩附録一卷
歸閒集二卷 明張寛撰 附録一卷 玉山艸堂集二卷 明張迓撰 附録一卷
張心父集十卷 明張士瀹撰

二六 賜書樓九世詩文錄四十卷 清張經畬輯 清抄本 十行二十字無格
存二十七卷 一至十三、十五至十六、十八至十九、二十一至二十二、三十三至四十

二七 易菴蒲塘二翁詩稿二卷 明張時、張介撰 明萬曆八年張諧刻本 九行十八字白口四周單边
易菴遺稿一卷 明張時撰 蒲塘遺稿一卷 明張介撰

二八 高郵張氏遺藁七種十六卷 清張廷極編 稿本
張南湖先生文集遺藁一卷詩餘集一卷詩集遺珠一卷 明張綖撰
中憲裕齋張公文集一卷詩集四卷附録一卷詞集遺編一卷附小曲一卷 明張守中撰
張為庵先生詩文遺藁一卷 明張綖撰 張南墩先生詩文遺藁一卷 明張紘撰
張秉庵先生詩文遺藁一卷 明張繪撰 張益齋先生詩文遺藁一卷 明張守謙撰
張礪齋先生詩文遺藁一卷 明張聆撰

二九 張氏藝文詩集二種二卷 明張重齡編 明刻本 九行二十字白口四周單边
桂陰公詩集一卷 明張大有撰 華胥公詩集一卷 明張孝文撰

三〇 張氏一家言三卷 清張遺錫 稿本 清李方湛題款

三一 遂閒堂張氏詩草二卷附詩星閣筆記八則一卷 清張虎士輯 清抄本 八行二十字無格

三二 張氏先世詩集不分卷 清張聆輯 清抄本 九行二十字無格

三三 三孔先生文集五卷 宋孔文仲、孔武仲、孔平仲撰 明孔尚斌刻本 八行二十字白口四周單边

三四 三孔先生詩集三卷 宋孔文仲、孔武仲、孔平仲撰 清抄本 八行二十字無格

三五 三孔先生清江文集四十卷孔氏雜說一卷 宋孔文仲、孔武仲、孔平仲撰 明抄本 十行二十或二十五六字黑口四周双边
存二十二卷 孔平仲文一至二十一 孔氏雜說

三六 三孔先生清江文集三十卷 宋孔文仲、孔武仲、孔平仲撰 明抄本（卷一至二十二、二十七至三十配清抄本） 佚名校

三七 三孔先生清江文集三十卷 宋孔文仲、孔武仲、孔平仲撰 清初抄本 十四行二十四字無格

三八 三孔先生清江文集三十卷 宋孔文仲、孔武仲、孔平仲撰 清呂氏鋤習堂抄本 九行二十字無格 版心下書鋤習堂

三九 三孔先生清江文集三十卷 宋孔文仲、孔武仲、孔平仲撰 清抄本 九行十八字無格

四〇 三孔先生清江文集三十卷 宋孔文仲、孔武仲、孔平仲撰 清抄本 八行二十字無格

四一 三孔先生清江文集三十卷 宋孔文仲、孔武仲、孔平仲撰 清抄本

四二 三孔先生清江文集三十卷 宋孔文仲、孔武仲、孔平仲撰 清彭氏知聖道齋抄本 清彭元瑞校

四三 三孔先生清江文集三十卷 宋孔文仲、孔武仲、孔平仲撰 清抄本 清鮑廷博校並跋 九行十八字無格

四四 三孔先生清江文集四十卷 宋孔文仲、孔武仲、孔平仲撰 清抄本 傅增湘校並跋 十行二十二字白口無格

四五 闕里孔氏詩鈔十四卷 清孔憲彝輯 稿本 十行二十一字小字双行同 黑口 左右双边

四六 旗陽林氏三先生詩集五卷 明孫昌裔編 明崇禎九年林價刻本 八行十七字白口四周單边
入瑞齋集二卷 明林春澤撰 少華草堂集二卷 明林應亮撰
碧麓堂集一卷 明林如楚撰

四七 孫氏家集四十六卷歷代著書目一卷歷代著書年表一卷 清孫峻輯 稿本 王祖畐跋

四八 艮背閣三世詩選三卷 清翟濤、翟宴謀編 稿本
綠槐軒詩一卷 清翟恰撰 鐵硯齋詩一卷 清翟賓撰
小隱園詩八卷 清翟圖訥撰

四九 昭文邵氏聯珠集六卷 清邵褒亨編 稿本 清翁同龢、蔣鶴齡校跋 吳慶增題款
凝道堂集一卷 清邵齊烈撰 王芝堂詩集一卷梓餘詩一卷 清邵齊熹撰
隱几山房詩集一卷 清邵齊熊撰 聊存草一卷 清邵齊然撰
柴門閣集一卷 清邵齊鰲撰

五〇 邵氏四家詩冊一卷 清邵帝曾、邵志純、邵書稼、邵懿辰撰 稿本 邵章跋

五一 江都焦氏家集七種九卷 清焦循編 清焦循抄本 十一行二十四字無格
瞻齋主人杜明集一卷 清焦憬撰（清焦循跋）
憑軒遺筆二卷 清焦鉞撰 花巢稿一卷 清焦壯熙撰
海棲遺草一卷 清焦輪撰 晚翠集二卷 清焦繼撰
翦堂詩草一卷 清焦汝敦撰 蜥牛草堂詩稿一卷 清焦永撰（清焦循跋）

五二 二盧先生集二卷 明盧雍、盧襄撰 明崇禎元年盧鈐刻本 九行十六字白口左右双边

五三 柴氏四隱詩集六卷 宋柴望等撰 明柴復貞編 清符之恒抄本 十二行二十六字無格

五四 柴氏四隱集五卷 宋柴望等撰 秋堂集補遺一卷 宋柴望撰

附錄一卷　清嘉慶三年鮑氏知不足齋抄本　清鮑廷博校　十行二十一字，白口，四周双边

五五　柴氏四隱集六卷目錄二卷　宋柴望等撰　清抄本　十行二十字，無格

五六　柴氏四隱集三卷　宋柴望等撰　清抄本

五七　卜氏三世詩草三卷　清卜夢人、卜寧一、卜祚光撰　清抄本　清許瀚題款　九行二十五字，無格
海屋詩集一卷　清卜夢人撰
尋樂齋詩集一卷　清卜寧一撰
誦帚書屋詩集一卷　清卜祚光撰

五八　廣陵朱氏二先生集二種四十一卷　明李源編　明萬曆刻本　十行十九字，白口，四周單边
凌溪先生集十八卷　明朱應登撰
山帶閣集三十三卷　明朱曰藩撰

五九　瀋國勉學書院集十二卷　明朱珵堯編　明崇禎元年瀋國勉學書院刻本　八行十八字，白口，四周單边
凝齋稿一卷　明朱銓鉥撰
保和齋稿五卷　明朱允楃撰
綠筠軒稿四卷　明朱恬烄撰
晴寰堂稿二卷　明朱珵堯撰

六〇　棣華書屋近刻三卷　清乾隆刻本　十行十九字，黑口，左右双边
嶺南草一卷　明朱統鉷撰
瀟湘草一卷　明朱統鍘撰

六一　朱氏詩文世珍不分卷　清朱致靖輯　清道光二年朱致靖抄本　清朱士端跋

六二　魏氏忠孝全集二種三十二卷　明魏學濂編　明崇禎戴家齋刻清乾隆五年補刻本　九行十八字，白口，四周單边
茅簷集八卷　明魏學洢撰
藏密齋集二十四卷　清魏大中撰

六三　寧都三魏全集八十三卷　清林時益編　清康熙易堂刻本　九行二十字，白口，左右双边
魏伯子文集十卷　清魏際瑞（魏祥）撰
魏叔子文集外篇二十二卷詩集八卷日錄三卷　清魏禧撰
魏季子文集十六卷　清魏禮撰
魏興士文集六卷　清魏世傑撰
魏昭士文集十卷　清魏世傚撰
魏敬士文集八卷　清魏世儼撰

六四　休寧吳氏濟美集一卷　唐吳少微、吳鞏撰　清吳騫輯　清抄本　清吳騫校　九行二十字，無格

六五　歸安前邱吳氏詩存六卷坿閨閣詩存一卷　清吳開輯　稿本

六六　洞庭吳氏集選十二卷　明吳士穀輯　明天啟三年刻本　九行十八字，白口，左右双边，有刻工

六七　家雞集不分卷　明吳克輯　明崇禎九年吳克刻本　行字不一，無欄格

六八　延陵合璧二十七卷　清康熙李振裕刻本　十行二十二字，白口，左右双边
西亭詩六卷　清吳屯侯撰
非庵雜著四卷　清吳莊撰
無罪草十六卷　清吳莊撰
偶存篇一卷　清吳莊撰

六九　吳氏傳家集九卷末一卷　清吳我鐵輯　清乾隆清穆草堂刻本　九行十九字，白口，左右双边

七〇　率濱程氏社錄二卷　明程曨等輯　明嘉靖刻本　九行十八字，白口，四周單边

七一　明侯忠節尺牘手稿一卷侯文節尺牘手稿一卷　明侯峒曾、侯岐曾撰　稿本

七三　嘉定侯氏三忠集不分卷　清抄本　清金蕊硯跋
太常集不分卷　明侯震暘撰
內言集不分卷　明侯峒曾撰
文節集不分卷　明侯岐曾撰

七四　侯氏叢書十種二十二卷　清侯長松編　清抄本
開疆小草一卷　清侯光棨撰
味雪堂詩集五卷　清侯運盛撰
既樞堂詩集六卷　清侯運昌撰
閒可堂詩集一卷　清侯運濬撰
曉齋存遺稿一卷　清侯兆仁撰
紺瑞亭詩集二卷　清侯方曾撰
鵠珠堂詩集三卷　清侯東曾撰
居業堂遺稿一卷　清侯如曾撰
餐花詞一卷　清侯作楫撰
二頃園遺稿一卷　清侯作霖撰

七五　番禺黎氏存詩彙選二十一卷　清陳恭尹編　清康熙三十三年黎延祖刻本　九行十九字，白口，四周双边
啟壺集一卷　明黎瞻撰
嶼石山人詩稿一卷　明黎民表撰
清居集一卷　明黎民衷撰
旅中稿一卷　明黎邦琰撰
藹鳴集一卷　明黎密撰
文水居集一卷　明黎崇勅撰
粵音一卷　明黎淳先撰
昭清堂集一卷　明黎崇宣撰
雪窗集一卷　明黎玉書撰
瓜園小草一卷　明黎延祖撰
壹中集一卷　明黎留撰
司封集一卷　明黎民懷撰
希瞻稿一卷　明黎民衷撰
□□集一卷　明黎邦瑊撰
蠹鳴集一卷　明黎紫勳撰
憫發稿一卷　明黎兆鍪撰
泖石集一卷　明黎邦瑊撰
道爇齋集一卷　明黎遂球撰
笑眼集一卷　明黎彭齡撰
嘯瞠堂集一卷　明黎翁祖撰

七六　二徐公存稿十一卷附錄一卷　明徐鑒輯　明萬曆四十二年徐鑒刻本　九行二十字，白口，左右双边
宋寺伯徐清正公存稿六卷　宋徐鹿卿撰　附錄一卷
宋學士徐文惠公存稿五卷　宋徐經孫撰　附錄一卷

七七　貽穀堂集二種十八卷　明徐啟東編　明萬曆二十年徐啟東刻本　八行十六字，白口，四周單边
丹崖先生文集十三卷　明徐子熙撰
平山先生詩集五卷　明徐應豐撰

七二　嘉定侯氏三先生集不分卷　清抄本　九行二十字，白口，左右双边
侯太常集不分卷　明侯震暘撰
侯文節集不分卷　明侯岐曾撰
侯通政集不分卷　明侯峒曾撰

七八　古虞徐氏一家言詩集四卷　清徐迎惠輯　稿本　許承堯跋　十二行二十五字，無格

七九　安氏家集不分卷　清安熙卿輯　稿本　八行字數不等，無格

八〇　竇氏聯珠集五卷　唐竇常等撰　宋淳熙五年王崧刻本　清錢謙益題簽　何焯批校　九行十七字，白口，左右双边

八一　竇氏聯珠集不分卷　唐竇常等撰　褚藏言輯　明影宋淳熙五年王崧刻藍印本　九行十七字，白口，四周單边

八二　竇氏聯珠集五卷　唐竇常等撰　清影宋抄本　九行十七字，白口，四周單边

八三　竇氏聯珠集五卷　唐竇常等撰　明末毛氏汲古閣刻唐人四集本　清馮行嚴校　何焯校並跋　十二行二十字，黑口，左右双边

八四　竇氏聯珠集五卷　唐竇常等撰　明末毛氏汲古閣刻唐人四集本（四庫底本）

八五　竇氏聯珠集五卷　唐竇常等撰　清許永禧家抄本　清許永禧跋　黄丕烈抄補並跋　勞權錄許述祖跋並錄何焯題識　九行十九字，無格

八六　竇氏聯珠集五卷　唐竇常等撰　清抄本　清丁丙跋

八七　竇氏聯珠集五卷　唐竇常等撰　褚藏言輯　清抄本　齊召南校並跋　六行十九字，白口，四周双边

八八　竇氏聯珠集不分卷　唐竇常等撰　清抄本　九行十七字，無格

八九 竇氏聯珠集一卷 唐竇常等撰 唐褚藏言輯 明毛氏汲古閣抄本 明毛晉校 清姜渭跋 十行十九字無格

九〇 竇氏聯珠集一卷 唐竇常等撰 唐褚藏言輯 清袁氏貞節堂抄本 清袁廷檮校 清唐翰題跋

九一 竇氏聯珠集一卷 唐竇常等撰 唐褚藏言輯 清繆氏藝風堂影宋抄本 九行十七字白口四周單邊

九二 商丘宋氏三世遺集三種五卷 清宋犖編 清康熙六年刻本 十行十九字白口四周單邊
莊敏公遺集一卷 明宋纁撰 福山公遺集一卷 明宋沾撰
文康公遺集二卷 清宋權撰 文康公年譜一卷 清宋犖撰

九三 新安二江先生集八卷附二卷 清江振鴻編 清嘉慶九年揚州康山草堂刻本 十行十八字白口左右雙邊
隨月讀書樓集三卷 清江春撰
晴綺軒集一卷練溪漁唱二卷集山中白雲詞一卷 清江昉撰
附玉笛詩鈔一卷 清江振鷺撰 文蔭書稿一卷 清江振先撰

九四 汪氏家傳集不分卷 清汪宗琦撰 清抄本 佚名校 十二行二十二字無格

九五 新刊環谷杏山二先生詩稿六卷 宋汪晫 汪夢斗撰 明嘉靖二十年汪哉槐等刻本 九行十八字黑口四周單邊
西園康範詩集一卷 宋汪晫撰 實錄一卷外集一卷 明汪哉槐輯
杏山摭稿一卷續錄一卷北遊詩集一卷 宋汪夢斗撰

九六 環谷杏山二先生詩稿六卷 明隆慶三年汪遐任刻本 九行十八字細黑口四周單邊
西園康範詩集一卷 宋汪晫撰 西園康範先生實錄一卷續錄一卷附錄外集一卷
北遊詩集一卷 宋汪夢斗撰 杏山摭稿一卷 宋汪夢斗撰

九七 汪氏家集三種十九卷附一種一卷 清汪懋麟編 清康熙十八年刻本 十一行二十一字黑口四周雙邊
環谷集八卷附錄一卷 元汪克寬撰 檗菴集二卷 明汪禔撰
石西集八卷 明汪子祐撰 附崇禮堂詩一卷 清汪伯薦撰

家七

九八 春星堂詩集十卷 清汪師韓輯 清抄本 十行二十四字白口無格

九九 且孺合集五卷 清汪天祐 汪天麟撰 清康熙刻本 九行十八字黑口左右雙邊
澗上草堂詩集三卷 清汪天祐撰 青影軒詩集二卷 清汪天麟撰

一〇〇 馮氏五先生集五卷 明馮琦編 明萬曆刻本 九行十九字白口四周單邊
方伯集一卷 明馮裕撰 陂門集一卷 明馮惟健撰
大行集一卷 明馮惟重撰 石門集一卷 明馮惟敏撰
光祿集一卷 明馮惟訥撰

一〇一 玉峯雍里顧氏六世詩文集五十二卷 清顧登鱗 清雍正十年桂雲堂刻本 十行二十一字白口左右雙邊
先祖新府君（顧恂）年譜一卷 清顧易撰 永思錄一卷附贈言一卷
桂軒先生全集十一卷 明顧恂撰 西湖紀遊詩一卷
藍峰藁五卷
百詠天香集一卷洲水居八詠一卷 吹蕉餘甘詞一卷
斯文會詩一卷 明沈周、顧恂撰 朋壽圖詩一卷 明顧左等撰
先伯如府君（顧左）年譜一卷 清顧易編 疚賓錄九卷續錄二卷 明顧夢圭撰
節觀堂集十四卷 明顧潛撰
炳燭軒詩集五卷南雍草一卷附覽思賦一卷 明顧懋宏撰
雙巖館集一卷 明朱栗英撰 遠字集詩四卷 明顧天埈撰

一〇二 興化顧氏四種 清乾隆嘉慶間刻本 九行十九字白口左右雙邊
澥陸詩鈔九卷 清顧于觀撰 藕怡詩鈔四卷 清顧仙根撰
彥湘詩餘不分卷 清顧進撰 稿本 彥湘詩鈔四卷補遺一卷

一〇三 沈氏三先生文集六十二卷 明刻本（卷十一至二十二、四十一、四十三至五十一、長興集卷一至十二、三十一、三十三至四十一）原缺未刻 九行二十字白口四周雙邊
西溪文集十卷 宋沈遘撰 長興集四十一卷 宋沈括撰
雲巢編十卷附錄一卷 宋沈遼撰

一〇四 沈氏三先生文集六十一卷 清抄影宋抄本（卷十一至十二、據清吳允嘉補輯本抄配，卷五十二、五十七至五十八抄配） 九行二十字
存四十卷 一至十二、二十三至四十、五十二至六十一
西溪文集十卷 宋沈遘撰 長興集二十卷 宋沈括撰
雲巢編十卷 宋沈遼撰

一〇五 沈氏三先生文集六十二卷附錄二卷 清康熙吳允嘉抄本（卷五至七、二十三至三十二、五十八至六十一配清抄本） 清吳允嘉校補並跋 丁丙跋
存四十三卷
西溪文集十卷 宋沈遘撰 長興集二十卷 宋沈括撰
雲巢編十卷 宋沈遼撰 附沈學士詩一卷 宋沈晞撰
附錄二卷 清吳允嘉輯

一〇六 吳江沈氏詩集十二卷 清沈祖禹編 清乾隆五年刻本 十一行二十一字小字雙行同白口左右雙邊

一〇七 三洪公集三卷 清吳允嘉抄本 佚名校
洪忠宣公詩文一卷 宋洪皓撰 盤洲集鈔一卷 宋洪适撰
小隱集一卷 宋洪遵撰

家八

一〇八 三洪集七卷 清王氏十萬卷樓抄本 佚名校 丁丙跋
洪龜父集二卷 宋洪朋撰 老圃集二卷補遺一卷 宋洪芻撰
西渡詩集一卷補遺一卷 宋洪炎撰

一〇九 二洪遺稿九卷 清洪朴 洪榜撰 清道光刻本 十行二十二字白口左右雙邊
伯初文存二卷詩鈔一卷 清洪朴撰 初堂遺稿六卷 清洪榜撰

一一〇 南遊壎篪集不分卷 清邊中寶 邊連寶撰 清乾隆刻本 九行十八字白口左右雙邊

一一一 祖氏遺編十卷 清祖之望編 清皆山草堂刻本 九行二十一字白口四周雙邊 板心下鐫皆山草堂

一一二 海昌查氏詩鈔前集八卷續集八卷別集一卷附錄一卷 清查有鈺輯 稿本 十行二十一字白口左右雙邊

一一三 六李集三十五卷 明萬曆刻本 九行十八字白口四周單邊
李杏山詩集九卷 明李宗木撰 李太史詩集六卷 明李蓘撰
李北部集九卷 明李蔭撰 李侍御集四卷 明李雲鵠撰
李伯羽集二卷 明李雲鵬撰 李秋羽集五卷 明李雲鴻撰

一一四 澄遠堂三世詩存三種八卷 清李繩遠編 清康熙三十六年李繩遠刻本 十一行二十一字黑口四周單邊
蘿園詩存六卷 明李應徵撰 蒼雪齋詩存一卷 明李士標撰
梘硯齋詩存一卷 明李寅撰

一一五 桐廬李氏家集不分卷 清乾隆抄本 清李華跋 十四行二十八字無格

近山詩集不分卷 明李文撰 沖鵬山人吟稿不分卷 明李恭撰 耕逸稿一卷 明李琥撰

一一六 雪鴻堂全集二十四卷 清康熙五十七年刻本 十一行二十一字黑口左右雙邊
雪鴻堂文集十八卷 清李蕃撰 雪鴻堂文集四卷 清李鍾壁撰 雪鴻堂文集二卷 清李鍾莪撰

一一七 李氏家集四種四十三卷 清李菊房編 清康熙刻乾隆續刻本 十一行二十一字黑口四周單邊或左右雙邊
秋錦山房集二十二卷外集三卷 清李良年撰 鼻墅外言五卷 清李繩遠撰 香草居集七卷 清李符撰 耒邊館集六卷 清李旦華撰

一一八 二客吟一卷 宋氏點 清李懷民 李憲喬撰 清同治六年劉履芬抄本 十三行二十三字

一一九 武定李氏家集不分卷 清李衍孫 李友曦撰 稿本
皆蘆公稿 清李友曦撰 炊瓜亭詩 清李衍源撰 姚頤草堂詩 清李衍孫撰

一二〇 秦雅世業十一卷 明來日升 來集之 來燕雯撰 清初來氏倚湖小築刻本 九行十八字白口四周單邊
三峯論一卷 三峯策一卷 三峯表一卷 以上明來日昇撰 元成表一卷 元成策一卷 元成論一卷 元成判一卷 以上明來集之撰 拂霞表一卷 拂霞策一卷 拂霞論一卷 拂霞判一卷 以上明來燕雯撰

一二一 三袁先生集五卷 明曾可前編 明刻本 九行二十字白口四周單邊
新鐫玉蟠袁會元集二卷 明袁宗道撰 鐫袁中郎未刻遺稿二卷 明袁宏道撰 鐫袁小修集一卷 明袁中道撰

家九

一二二 彭氏二文合集十三卷 明彭萬福編 清康熙五十三年彭志禎刻本 八行二十字白口左右雙邊
彭文憲公文集四卷附錄一卷殿試策一卷 明彭時撰 彭文思公文集七卷附錄一卷 明彭華撰

一二三 姚氏世刻十五卷 明姚堦編 明嘉靖三十五年三十六年姚堦刻本 九行十七字白口左右雙邊
澂菴集選十卷 明姚綬撰 附錄一卷 蘇頤齋稿一卷 明姚旬撰 附錄一卷 東濟稿略一卷 明姚惟片撰 附濟美錄摘略一卷

一二四 董氏詩萃二十卷 清董熜輯 清乾隆十年刻本 十二行二十三字白口左右雙邊

一二五 合刻范文正公忠宣公全集二十九卷 明毛一鷺編 明萬曆三十六年毛一鷺刻本 九行二十字白口四周單邊
范文正公集十二卷 宋范仲淹撰 附錄七卷 范忠宣公集十卷 宋范純仁撰

一二六 范文正公忠宣公全集七十三卷 宋范仲淹 范純仁撰 清康熙四十六年范氏歲寒堂刻本 十一行二十一字白口左右雙邊
范文正公集四十八卷 范忠宣公集二十五卷

一二七 鄞西范氏楫殘內集不分卷外集不分卷 清范邦瓊輯 清四明遂感山房稿本

一二八 蘭氏詠集十卷 明蘭嵎鳳 蘭廷瑞撰 徐渭輯 明萬曆刻本 九行二十字白口四周單邊

一二九 蕭氏宗集三種十五卷 清蕭之玉編 清光緒二十三年抄本
湖山遺芝編先生類稿五卷 明蕭龍撰 蕭太史澂峯先生遺稿四卷 明蕭與成撰 同野先生文集六卷 明蕭鳴鳳撰 道日新書 劉志楨刊 何鐘波

一三〇 蕭山長河朮氏詩鈔四卷 清朮學謙輯 清光緒朮氏懷德堂刻本 十行二十二字白口左右雙邊 凡例版心下鐫懷德堂

一三一 東萊標註三蘇文集五十九卷 宋蘇洵 蘇軾 蘇轍撰 呂祖謙編 宋刻本 十五行二十七字白口左右雙邊
存五十一卷 老泉先生文集十一卷全 東坡先生文集一至二十五 潁濱先生文集一至十五

一三二 標題三蘇文六十二卷 宋蘇洵 蘇軾 蘇轍撰 宋刻本 十五行二十一字白口四周單邊
存三十四卷 二十九至六十二

一三三 三蘇先生文集七十卷 宋蘇洵 蘇軾 蘇轍撰 明成化二十年許仁刻本 十四行二十六字黑口四周雙邊或左右雙邊

一三四 三蘇先生文集七十卷 宋蘇洵 蘇軾 蘇轍撰 明成化二十年許仁刻本 清翁同龢跋
存四十三卷 一至四十三

一三五 三蘇先生文集七十卷 宋蘇洵 蘇軾 蘇轍撰 明刻本 十行二十四字白口四周雙邊 有刻工（余元來、黃八、來二、黃毛、胡芳、邵吳壽等）

家一〇

一三六 三蘇先生文集七十卷 宋蘇洵 蘇軾 蘇轍撰 明嘉靖四十三年[illegible]仁翻刻本 十行二十四字白口四周單邊

一三七 三蘇先生文粹七十卷 宋蘇洵 蘇軾 蘇轍撰 宋婺州吳宅桂堂刻本 十四行二十六字白口四周雙邊

一三八 三蘇先生文粹七十卷 宋蘇洵 蘇軾 蘇轍撰 宋婺州吳宅桂堂刻元宅桂堂修補印本 十四行二十六字白口四周雙邊

一三九 重廣分門三蘇先生文粹七十卷 宋蘇洵 蘇軾 蘇轍撰 宋刻本（卷十三至十五卷配婺州吳宅桂堂刻本） 清翁同龢跋 十四行二十四、五字黑口四周雙邊
存十一卷 十三至十五、二十七至三十、三十七、四十二、五十、五十一

一四〇 三蘇先生文粹七十卷 宋蘇洵 蘇軾 蘇轍撰 明嘉靖十年俞憲刻本 十四行二十六字白口左右雙邊

一四一 三蘇先生文粹七十卷 宋蘇洵 蘇軾 蘇轍撰 明刻本 十四行二十六字白口左右雙邊

一四二 大宋眉山蘇氏家傳心學文集大全七十卷 宋蘇洵 蘇軾 蘇轍撰 明正德十二年劉弘毅慎獨齋刻本 十二行二十五字白口四周雙邊

一四三 大宋眉山蘇氏家傳心學文集大全七十卷首一卷 宋蘇洵 蘇軾 蘇轍撰 明刻本 十三行二十五字細黑口四周雙邊

一四四 三蘇文集七十一卷首一卷 宋蘇洵 蘇軾 蘇轍撰 明嘉靖十二年楊照刻本 十行二十字白口四周雙邊

一四四五 重廣眉山三蘇先生文集八十卷 宋蘇洵蘇軾蘇轍撰 宋紹興三十年饒州德興縣莊谿董應夢集古堂刻本 十三行二十七字白口四周雙邊 存七十卷 一至四十五 五十六至八十

一四四六 讀依眉陽正本大宋真儒三賢文宗二十卷 宋蘇洵蘇軾蘇轍撰 明刻本 十行二十一字白口四周單邊

一四四七 三蘇文盛二十卷 宋蘇洵蘇軾蘇轍撰 明鍾惺輯 明刻本 九行二十一字白口四周單邊

一四四八 嘉樂齋三蘇文範十八卷首一卷 宋蘇洵蘇軾蘇轍撰 明楊慎輯 明天啟二年刻本 九行十八字白口四周單邊

一四四九 合諸名家評註三蘇文定十八卷 宋蘇洵蘇軾蘇轍撰 明楊慎輯 李維楨評注 明崇禎刻本 九行二十字小字雙行同白口四周單邊

一四五〇 合諸名家評註三蘇文選十八卷 宋蘇洵蘇軾蘇轍撰 明楊慎輯 李維楨評註 明崇禎刻本 九行二十字小字雙行同白口四周單邊

一四五一 三蘇文鈔十二卷 宋蘇洵蘇軾蘇轍撰 明陳仁錫輯 明刻本 九行二十字白口四周單邊

一四五二 選輯諸名家評註批點蘇文八卷 宋蘇洵蘇軾蘇轍撰 明虞登光輯 明萬曆六年虞斗光兵元標刻本 十行二十字白口四周單邊

一四五三 彙鍥註釋三蘇文苑八卷 宋蘇洵蘇軾蘇轍撰 明李叔元輯 明萬曆三十二年余泗泉萃慶堂刻本 十行二十字白口四周雙邊

一四五四 新刻徐陳二先生評選三蘇文則八卷 宋蘇洵蘇軾蘇轍撰 明徐渭 陳繼儒評 明萬曆四十八年陳孫賢刻本 九行二十二字白口四周單邊

一四五五 鐫李相國九我先生評選蘇文彙精六卷 宋蘇洵蘇軾蘇轍撰 明李廷機評選 明書林師儉堂蕭少衢刻本 九行二十一字白口四周單邊

一四五六 新刻批選三蘇文要三卷 宋蘇洵蘇軾蘇轍撰 明萬曆六年刻本 九行二十二字白口四周單邊

一四五七 三蘇文抄二十卷 明李贄輯 明崇禎宜和堂刻本 九行二十字白口四周單邊 版心下鐫宜和堂
老泉文抄四卷 宋蘇洵撰 明李贄輯 東坡文抄十二卷 宋蘇軾撰 明李贄輯評
東坡詩選二卷 宋蘇軾撰 明鄭德徵輯 潁濱文抄二卷 宋蘇轍撰 明李贄輯

一四五八 蘇集選九卷 宋蘇軾蘇轍撰 明陳仁錫評選 明末刻本 八行二十字白口四周單邊

一四五九 三蘇文選十卷 明江淡輯 明刻本 九行十九字白口四周單邊

一四六〇 三蘇文纂五卷目錄一卷 明馮沚淵輯 明嘉靖二十一年刻本 九行二十字白口左右雙邊

一四六一 三蘇文滙六十卷 明茅坤錢穀瞿景淳等評 明末刻本 九行二十字白口四周單邊
合刻三先生老泉文滙十卷 宋蘇洵撰 合刻三先生東坡文滙四十卷 宋蘇軾撰
合刻三先生潁濱文滙十卷 宋蘇轍撰

一四六二 三蘇文鈔選五十八卷 明茅坤評 明金閶萬玉堂刻本 九行二十字白口四周單邊

一四六三 新刻三蘇論策選粹八卷 明吳時亨評 明萬曆刻本 十行二十字白口四周雙邊

一四六四 靜觀室三蘇文選十六卷 明錢穀輯 明萬曆刻本 十行二十字白口四周單邊

一四六五 靜觀室三蘇文選十六卷 明錢穀輯 錢心遠校 明萬曆三十九年重刻本 十行二十字白口四周單邊

一四六六 蘇雋五卷 明王世元輯 明湯賓尹評 明萬曆四十一年王世元刻本 九行十八字白口四周單邊

一四六七 蘇雋五卷 明王鳳翔輯 湯賓尹評 明萬曆刻本 九行十八字白口四周單邊
老泉先生集一卷 宋蘇洵撰 東坡先生集三卷 宋蘇軾撰
潁濱先生集一卷 宋蘇轍撰

一四六八 眉山蘇氏三大家文選四卷 明董應舉輯並評 明崇禎董應舉刻本 九行十九字白口四周單邊
宋大家蘇老泉文選一卷 宋大家蘇東坡先生文選二卷
宋大家蘇子由先生文選一卷

一四六九 新鐫張太史評選眉山橋梓名文雋三卷 明張鼐輯 明末書林蕭世輒刻本 九行二十字白口四周單邊

一四七〇 鼎鐫黃狀元批選眉山三蘇文狐白四卷 明黃士俊輯 明萬曆刻新齋余紹崖刻本 版分二欄 上欄二十一行七字 下欄十行二十字 白口四周單邊

一四七一 曹縣萬氏詩文集六種七卷 清萬名煒輯 清抄本 七行二十字無格
朝鮮遊稿一卷 明萬燮民撰 樂園遺稿一卷 清萬惟檀撰
乃園集一卷 清萬士濂撰 寒樹詩文集二卷 清萬濬濂撰
靈岩青山行窩碑文一卷 清萬瑜撰 繪紙餘一卷 清萬毓瑚撰

一四七二 華氏聯集八種十一卷 元華幼武 明華察等撰 清抄本
黃楊集二卷 元華幼武撰 巖居稿三卷 明華察撰
鐵笛吟一卷 華之望撰 聽花莊集一卷 清華天衢撰
吳歈新詩稿一卷 清華碩修撰 高凡詩集一卷 清華龍翔撰
蒼潤齋詩集一卷 清華士方撰 環翁詩草一卷 清華永撰

一四七三 蓮溪萬氏詩文稿五種七卷 清萬忠鞠輯 稿本 九行十八字無格
蜀程紀略一卷 清萬忠鞠撰 愧漏齋屋文集一卷 清萬忠鞠撰
秋蟲吟草三卷 清萬忠鞠撰 亦農山人詩稿一卷 清萬靈璣撰
恭壽文堂遺詩一卷 清萬鏡海撰

一四七四 甬東薛氏世風刪二卷 明薛岡輯 明刻清印本 八行十六字白口左右雙邊

一四七五 世綸堂詩集六卷 明黃張 黃宗習等撰 明萬曆刻本 八行十八字白口四周單邊

一四七六 黃氏攟殘集七卷附六卷 明黃宗羲編 清康熙四十一年黃炳刻本 十一行二十二字白口四周雙邊
文僖公集一卷 明黃珣撰 道南先生集一卷 明黃韶撰
半山先生集一卷 明黃嘉仁撰 穎州集一卷 明黃嘉愛撰
丁山先生集一卷 明黃元釜撰 景州集二卷 明黃尚質撰
竹橋十詠一卷 明黃河倪宗正等撰 附黃氏家錄一卷 明黃宗羲撰
續錄五卷 清黃炳輯

一四七七 家學淵源集不分卷 明黃麟趾等撰 清黃由德等輯 稿本 十一行二十二字無格

一四七八 江陰黃氏家集十一種十六卷 清丁寶義編 清抄本
書前詩草一卷 湖蕭一卷 什詩一卷 明黃道撰 心所錄稿一卷 明黃僑立撰
魁齋詩鈔一卷 明黃景撰

黃氏五世吟稾十五卷 清黃瑞輯 稿本 十行二十一字白口四周單邊 版心下鐫述思齋 志喜詩稿一卷 明黃孔彰撰 長思老人吟稿一卷 附錄一卷 明黃□撰 靜余詩稿一卷 明黃□撰 子心詩稿一卷 附錄一卷 清黃晫撰 子醫詩稿一卷 清黃大淵撰 子□詩稿一卷 清黃聲撰 其仁詩稿一卷 清黃元壽撰 月峨詩稿一卷 清黃安濤撰 一七九

花溪逸叟合稿四卷 明蔡可教 蔡可賢 蔡可行撰 明萬曆三十九年蔡可行刻本 八行十七字白口四周雙邊 一八〇

蔡氏九儒書九卷首一卷 清蔡重輯 清雍正十一年刻本 十行二十二字白口四周單邊 一八一

南陽葉氏詩存二卷 明葉盛等撰 清葉道根輯 清咸豐滿道根抄本 九行 一八二

午夢堂集十二種二十三卷 明葉紹袁編 明崇禎刻本 九行二十字白口四周單邊 鸝吹二卷 明沈宜修撰 附集二卷 愁言一卷 明葉紈紈撰 附集一卷 返生香一卷 明葉小鸞撰 附集一卷 鴛鴦夢一卷 明葉小紈撰 疏香閣一卷續一卷 明葉紹袁撰 伊人思一卷 明沈宜修輯 百旻遺草一卷 明葉世偁撰 附集一卷 秦齋怨一卷 春綠編附一卷 葉燦一卷 明葉紹袁撰 屺雁哀一卷 明葉紹袁輯 彤奩續些二卷 明葉紹袁輯 靈護集一卷 明葉世佺撰 附集一卷 一八三

午夢堂集十二種二十三卷 明葉紹袁編 明崇禎刻本 吳梅跋 一八四

午夢堂集八種九卷 明葉紹袁編 清乾隆二十三年葉燈刻本 九行二十字白口四周單邊 鸝吹二卷 明沈宜修撰 伊人思一卷 明沈宜修撰 香雪吟一卷 明葉紈紈撰 秣香一卷 明葉小紈撰 一八五

家一三

午夢堂集八種九卷 明葉紹袁編 清乾隆二十四年葉燈刻本 鄧之誠跋 一八六

午夢堂六種八卷 明葉紹袁編 清謝麟刻本 清沈欽韓跋 鸝吹（一名午夢堂遺集）二卷 明沈宜修撰 愁言（一名芳雪軒遺集）一卷 明葉紈紈撰 返生香（一名疏香閣遺集）一卷 明葉小鸞撰 鴛鴦夢一卷 明葉小紈撰 窈聞一卷續一卷 明葉紹袁撰 伊人思一卷 明沈宜修撰 一八七

午夢堂詩鈔四卷 清葉燮輯 清康熙二年草堂刻本 郭麐跋 十行十九字白口四周雙邊 鸝吹詩鈔（舊名鸝吹集）一卷 明沈宜修撰 芳雪軒詩鈔（舊名愁言集）一卷 明葉紈紈撰 疏香閣詩鈔（舊名返生香）一卷 明葉小鸞撰 存餘草一卷 明葉小紈撰 一八八

織雲樓詩合刻三種三卷 清周映清等撰 清乾隆四十六年懷宗書屋刻本 八行十九字白口左右雙邊 花南吟榭遺草一卷 清葉令儀撰 梅笑集一卷 清周映清撰 繁香詩草一卷 清葉令嘉撰 一八九

雲間杜氏詩選七卷 清杜世祺輯 清康熙十五年自刻本 九行十八字白口四周雙邊 一九〇

慈水桂氏清芬集四卷 清桂廷蘭 桂發枝輯 清芬集一卷 清桂福源撰 清乾隆三十九年桂氏卯月草堂刻本 九行十九字白口左右雙邊 一九一

趙氏淵源集十卷 清趙紹祖輯 清嘉慶古墨齋刻本 十行十九字白口左右雙邊 一九二

李卓吾批點曹氏一門二卷 魏曹操等撰 明李贄批選 明刻本 九行十八字白口左右雙邊 一九三

東山倡集一卷 清曹三德 曹三才撰 清初刻本 八行二十一字黑口左右雙邊 一九四

安邱曹氏家集三種九卷 清曹益學編 清康熙刻本 行款不一 澹餘樓集四卷 朝行日記一卷 清曹申吉撰 朝天集一卷 瀉瓜集一卷 黃山紀遊詩一卷 清曹貞吉撰 黃山紀遊詩一卷 清曹霦撰 一九五

曹貞吉父子詩稿不分卷 清曹貞吉 曹淑撰 稿本 八行二十四字無格 一九六

二文公文集二種十三卷 清甲秀園刻本 八行十八字白口四周單邊 明太保費文憲公文集選要七卷 明費宏撰 明少保費文通公文集選要六卷 明費寀撰 明劉同升輯 一九七

羅氏世徽集十七卷 存三卷 十五至十七 明刻本 十行二十一字白口四周單邊 一九八

梁溪馬氏三世遺集三種十五卷 清馬翀輯 清初刻乾隆二十一年周熙溥重修本 瀼亭居文集十卷 詩集三卷 明馬世奇撰 澹寧居山甫集一卷 明馬士奇撰 蠨園詩集一卷 明馬翀撰 一九九

小峨嵋山館五種十八卷 清馬國偉 馬用俊編 清嘉慶十八年棣圖刻本 九行十九字黑口左右雙邊 白洋里墓田丙舍錄二卷 附錄二卷 清馬國偉輯 鄂韡聯吟遺翰二卷 續錄二卷 清馬國偉輯 鄂韡聯吟稿六卷 清馬國偉 馬用俊撰 抱膝居吟二卷 續編二卷 清馬□撰 思□詩滿一卷 存稿一卷 續稿一卷 清馬□撰 二〇〇

家一四

新喻三劉文集六卷卷首一卷 宋劉敞等撰 清乾隆十五年水西劉氏刻本 十行二十一字白口左右雙邊 公是集四卷 宋劉敞撰 公非集一卷 宋劉攽撰 □看集一卷 宋劉奉世撰 二〇一

三劉先生家集不分卷 宋劉渙 劉恕 劉義仲撰 劉元高輯 清抄本 傅增湘跋 九行十八字無格 二〇二

劉簡齋祖孫遺集九種二十一卷 清劉佑編 清康熙三年繡煙亭刻本 九行二十字白口四周單邊 簡齋詩選十一卷文選四卷 明劉榮嗣撰 清劉佑輯 易遠樓近詩一卷 梵樹軒近詩一卷 玉壺雜著一卷 容閒近稿一卷 魚丘雜著一卷 楚遊小紀一卷 清劉佑撰 二〇三

劉氏二家詩錄六卷 清劉寶楠編 稿本 十行二十二字無格 鹿沙集三卷 清劉家珍撰 □□集三卷 清劉中柱撰 二〇四

義烏世稿十二卷 明李堅輯 明萬曆三年刻本 十行二十字白口四周單邊 二〇五

二陳先生全集二十三卷 明陳繼武編 明萬曆四十五年陳玉陛刻本 九行十九字白口左右雙邊 都御史陳廣山先生集十三卷 明陳槃撰 參議琴溪陳先生集八卷 明陳襄撰 附一卷 二〇六

陳廣山琴溪二先生家書不分卷 明陳槃 陳襄撰 稿本 二〇七

高郵陳氏詩鈔二十種二十卷 清抄本 九行十九字無格 述先堂一卷 明陳□撰 午亭竹派一卷 清陳之□撰 六樂堂一卷 清陳昌言撰 世德堂遺稿一卷 清陳□撰 二〇八

二〇九 宜興陳氏家言十四卷 清陳維嶽等編 清陳淑陳氏惠立堂刻本 十二行二十二字黑口左右双边
梅莊詩集一卷 清陳[illegible]撰
桑乾集一卷 清陳[illegible]撰
梅莊唱和集一卷 清陳[illegible]撰
蘭畢詩一卷 清陳[illegible]撰
改菴詩集一卷 清陳名儀撰
蝶憶詩一卷 清陳燈撰
竟男近稿一卷 清陳從潮撰
乙巳丙午集一卷 清陳師貢撰
北上偶吟一卷 清陳[illegible]撰
玉屑山莊詩鈔八卷 清陳[illegible]撰
立誠齋詩集一卷 清陳[illegible]撰
仰山詩一卷 清陳[illegible]撰
撰軒詩一卷 清陳[illegible]撰
愈愚集一卷 清陳沛霖撰
阿津集一卷 清陳貢懿撰
自怡小草一卷 清陳金淵撰
山湯詠一卷 清陳貞甚撰
秋間雜帆一卷 清陳玉墉撰
冰山草堂遺詞二卷 清陳維嵋撰
崇祀鄉賢錄一卷
書事七則一卷 清陳貞懸撰
冰山草堂遺稿六卷 清陳維岳等撰
竟篆渦和一卷 清陳維嵋撰
紀序傳表一卷 清陳維岳等撰

二一〇 長洲二陳先生詩集十四卷 清陳燿編 清乾隆十三年陳氏家刻本 十一行二十一字白口左右双边
西田詩集十卷 清陳學洙撰
梅[illegible]詩集四卷 清陳學洄撰

二一一 長洲二陳先生詩集十四卷 清陳燿編 清乾隆十三年陳氏家刻本 鄭之誠跋

二一二 高都陳氏傳家集三卷 清陳良焯編 清乾隆高都陳氏刻本 十行二十一字白口左右双边

二一三 陳氏歷代詩文徵三十卷 存三卷 二十八至三十 清陳壇輯 稿本

二一四 海寧陳太宜人姊妹合稿二卷 清陳自源、陳貞淑撰 清抄本
江西草一卷
香往懷詩詞鈔一卷
快吟詩稿

二一五 陶氏世吟草七卷 明陶銓等撰 明崇禎四年[illegible]刻本 十行十九字白口四周双边

二一六 陶氏世吟草七卷 明陶銓等撰 清初抄本

二一七 陶氏世吟集五卷 明陶銓等撰 陶登輯 明萬曆二十七年刻藍印本 九行十八字白口四周双边

二一八 陶氏世吟集五卷 明陶銓等撰 陶登輯 明萬曆二十七年刻本 九行十八字白口四周双边

二一九 安成周氏家集五卷 明周宗編 明萬曆十七年十九年周宗刻本 十行十六字白口四周双边
涯樂集一卷 明周靜撰
愚直存稿一卷 明周[illegible]撰
歸溪集一卷 明周濂撰
佩韋子存稿二卷 明周正方撰

二二〇 安成周氏家集八卷 明周宗編 清抄本 十行十六字無格
遠山集三卷 明周[illegible]撰
愚直存稿一卷 明周[illegible]撰
歸溪集一卷 明周濂撰
佩韋子存稿二卷 明周正方撰
提擧集一卷 明周靜撰

二二一 淵源錄稿三卷 清周沖輯 稿本

二二二 合刻屠氏家藏二集十二卷 明萬曆四十三年屠繼總刻崇禎補刻本 九行十九字白口四周單边
屠康僖公文集六卷 明屠勳撰 附錄一卷
太史屠漸山文集四卷 明屠應埈撰 附錄一卷

二二三 合刻屠氏家藏二集十三卷 清初刻本 九行十九字白口四周單边
屠康僖公文集六卷 明屠勳撰 附錄一卷
太史屠漸山文集四卷 明屠應埈撰 附錄一卷

二二四 番禺屈氏家集十三卷 清屈最士等撰 清抄本 十行二十字無格 白口四周單边
職井文稿二卷 清屈[illegible]士撰
[illegible]園詩稿四卷 清屈江撰
介堂詩稿一卷 清屈[illegible]撰
醉鄉詩稿六卷 清屈仲仔撰

二二五 吳興閔氏兩尚書詩集十五卷 明閔一范編 明萬曆十年閔一范刻本 九行十八字白口四周双边
閔莊懿公詩集八卷 明閔珪撰
閔午塘先生詩集七卷 明閔如霖撰

二二六 嘉定金氏五世家集十一卷 清金望編 清康熙刻本 九行十八字白口左右双边
詒翼堂詩一卷 明金大有撰
詒翼堂詩三卷 清金德開撰
詒翼堂自怡草一卷 清金塋撰
詒翼堂集三卷 明金兆登撰
詒翼堂蘭揚草一卷啓此草一卷附樂府一卷 清金起士撰

二二七 南豐曾氏遺書不分卷 明曾翔龍編 明嘉靖四十二年家刻本 九行二十字白口四周双边
南豐類稿六卷 清曾曉撰
曾蒼天沖一卷 清曾[illegible]撰

二二八 金石堂詩十五卷 清康熙刻本 十二行二十四字白口四周單边
曾青藜詩八卷 清曾燦撰

二二九 蘭堂詩集二種二卷 明毛一鷺編 明萬曆二十九年嚴陵余氏刻本 九行十七字白口四周單边 有刻工
間齋先生詩集一卷 明余思寬撰
四山先生詩集一卷 明余[illegible]撰

二三〇 四賢集三十卷 明鄭心材輯 明萬曆二十八年刻本 十行十九字白口左右双边
鄭東谷[illegible]集六卷 明鄭[illegible]撰
端簡鄭公文集十二卷 明鄭曉撰
續史[illegible]八卷 明鄭[illegible]撰
鄭少卿文集四卷 明鄭履淳撰

二三一 吳越錢氏傳芳集一卷 清錢泳輯 清嘉慶十五年錢氏家刻本 十行二十一字白口左右双边

二三二 錢氏詩滙不分卷 清錢侯吉輯 稿本 九行二十一字無格

二三三 文滙不分卷 清錢泰吉輯 稿本 清錢泰吉校 十行二十三字無格

二三四 錢氏在茲集不分卷 清錢康輯 清抄本 十行二十一字無格

二三五 鄭氏家集三卷附錄一卷 清抄本
洪靖公詩一卷 宋鄭居肖撰
介庵公詩一卷 明鄭文康撰
明懷公詩一卷 元鄭元祐撰

二三六 義門鄭氏奕葉吟集三卷 明鄭允宣輯 明末鄭氏書種堂刻本 九行二十字白口四周單边

二三七 鄭氏一家言不分卷 明鄭長輯 鄭時肅重輯 稿本 九行二十字黑口左右双边

二三八 明延平二王遺集不分卷 明鄭成功、鄭經撰 清抄本 八行二十字

二三九 延平二王遺集二卷 明鄭成功、鄭經撰 清抄本 十行十六字無格

二四〇 義門鄭氏奕葉文集十卷 清鄭應虛等輯 清鄭[illegible]重[illegible] 清康熙五十四年鄭氏書種堂刻本 十行二十五字白口左右双边 末有九行二十五字白口四周單边

二四一 鄭氏詩集不分卷 清鄭允升抄本 八行十八字
石帆詩抄 清鄭方城撰
竹舫詩抄 清鄭天錦撰

二四二 惲氏家集十八卷附感懷詩一卷 明惲厥初編 明崇禎惲氏刻本（感懷詩清康熙十六年惲煥刻本） 八行十八字白口左右双边
裕昆集二卷 明惲應翼撰
林居集十二卷 明惲紹芳撰
感懷詩一卷 明惲厥初撰

總集類 家集

書名編號	收藏單位代號					
一	0163					
二	0102	0142	0198	0241	0291	0301
	0703	0842	0903	1101	1201	2041
	2301					
三	1601					
四	0101					
五	0101	0201	1601(殘)			
六	1581					
七	1581					
八	0101					
九	1705					
一〇	0101					
一一	1705					
一二	0163					
一三	0703					
一四	0101					
一五	0101					
一六	2301					
一七	1581					
一八	0101	0142	0841	2203(殘)	2401	
一九	0101					
二〇	0101					
二一	1581					
二二	0101	0241(殘)				
二三	2541					
二四	1501					
二五	0101					
二六	0101					
二七	1701					
二八	1615					

書名編號	收藏單位代號
二九	0201
三〇	1701
三一	0301
三二	0201
三三	2501
三四	0201
三五	0101
三六	1601
三七	2301
三八	0101
三九	0201
四〇	0301
四一	1701
四二	0201
四三	0101
四四	0141
四五	0102
四六	0101
四七	1601
四八	1501
四九	1601
五〇	0101
五一	0101
五二	1605
五三	0201
五四	0101
五五	0101
五六	1628
五七	1501
五八	0242
五九	0101
六〇	1501

家表一

書名編號	收藏單位代號					
六一	1617					
六二	0141					
六三	0101	0161	0241	0242	0541(殘)	0520
	0582	0841	1301	1501(殘)	1502(殘)	1507(殘)
	2201(殘)	2603	2703	2742		
六四	0101					
六五	1701					
六六	0703					
六七	0101					
六八	0101(殘)	0201(殘)	0520			
六九	2042					
七〇	0101					
七一	0201					
七三	1705					
七四	0141					
七五	0101					
七六	0141(殘)	0701	0703(殘)、1701			
七七	0181	1601				
七二	0101					
七八	1701					
七九	0102					
八〇	0101					
八一	1701					
八二	0101					
八三	0101					
八四	0101					
八五	0101					
八六	1601					
八七	0301					
八八	0101					
八九	0201					
九〇	0201					
九一	0201					
九二	0841					

書名編號	收藏單位代號					
九三	0163	0198	0201			
九四	1601					
九五	1681					
九六	0101					
九七	0141	0541	0703	2304		
九八	2401					
九九	0142					
一〇〇	0101	0141	0201	1501	1502	1581
	1601	1701	2301			
一〇一	0141(殘)	0142(殘)	0161	0163(殘)	0201	1601(殘)
	1741(殘)	2041				
一〇二	0201					
一〇三	0101	1701				
一〇四	0201					
一〇五	1601					
一〇六	0150	0161	0163	0701	07[illegible]	
一〇七	1601					
一〇八	1601					
一〇九	0101					
一一〇	0701					
一一一	0141					
一一二	0163					
一一三	0101					
一一四	0101	0241				
一一五	1741					
一一六	0101	0141	0161	0301	0703	0841
	2701					
一一七	0101	0102(殘)	0142(殘)	0143(殘)	0161	0163(殘)
	0201	0241	0541	1710(殘)	2001(殘)	2042(殘)
	2301					
一一八	0101					
一一九	1501					
一二〇	0101(殘)	1601	1705(殘)			

家表二

書名編號	收藏單位代號					
一二一	0101	0201	2001	2301	2401	
一二二	0141	0143	0541	2041		
一二三	0101	0141				
一二四	0142	0163	0201	0241		
一二五	0141⊗	0142⊗	0143⊗	0144⊗	0146⊗	0161⊗
	0181⊗	0182	0201⊗	0241⊗	0301⊗	0501⊗
	0542⊗	0641⊗	0701⊗	0803⊗	1101⊗	1541⊗
	1601	1701⊗	1741⊗	1801	2043⊗	2301
	2401	2702	2941⊗			
一二六	0142	0192	0842	0903	1301	1705
	2041	2301	2381	2501	2601	
一二七	0201					
一二八	0241					
一二九	0142					
一三〇	0142					
一三一	0101					
一三二	0101					
一三三	0101	0163	0201	1501	2785	
一三四	0101					
一三五	0198	0201	1601	1701	1901	
一三六	1705					
一三七	0101⊗	0201				
一三八	0101					
一三九	0201					
一四〇	1701					
一四一	0101	0141	0144	0146	0163	0198
	0201	0241	0242	0261	0301	0341
	0542	0741	0803	1142	1343	1501
	1506	1601	1705	1741	1801	1901
	1981	2302	2341	2401⊗	2602	2701
	2742	2785	2789	2941		
一四二	0201	0261	1101	1541	2701	
一四三	0101⊗	1501				

家表三

書名編號	收藏單位代號					
一四四	0201	1701	2241	2785		
一四五	0141					
一四六	0141	1701				
一四七	0141					
一四八	0102	0141	0142	0143	0146	0163
	0181	0201	0841⊗	1001	1048	1441
	1501	1541	1581	1601	1606	1627
	1641	1702	1704	1712	1716	1801
	1882	2001	2042	2242	2302	2381
	2441	2561	2641	2701	2702	2741
	2785					
一四九	0143	0532	1606	1622	1642	2201
	2765					
一五〇	0241	0402	0781	1881	2042	2302
	2561					
一五一	2361	2561				
一五二	1601	1602	1606	1701	1801	
一五三	0701	0842	1505	1606	2702	2765
一五四	2702					
一五五	0141	0142	0145	1701	2041	
一五六	0801					
一五七	1541					
一五八	2201					
一五九	0242					
一六〇	0142	1604	1606			
一六一	0142	0143⊗	0161	0801⊗	1048	1501
	1541	1604	1606	1701	2402	2701
一六二	0141					
一六三	0402	1705				
一六四	0141	1048	1541	2302		
一六五	0142	0143	0301	1705	2785	
一六六	0143	0942	1881	1714	1929	2201
一六七	0145	2041	2542			
一六八	0701					
一六九	0701	1501				

書名編號	收藏單位代號					
一七〇	0142	1801	2042			
一七一	1501					
一七二	1701					
一七三	1501					
一七四	1701					
一七五	1705					
一七六	0101	0201	1715			
一七七	2901					
一七八	0301					
一七九	1787					
一八〇	0161					
一八一	0341					
一八二	1005					
一八三	0101	0141	0143	0144⊗	0201	0241⊗
	0301⊗	1042	1541	1701	2041	2401
一八四	0101					
一八五	0101	0166	0301	0701	2301	2944
一八六	0161					
一八七	0161					
一八八	0163					
一八九	0142					
一九〇	0101					
一九一	2342					
一九二	0102					
一九三	0142	0144	0161	0301	1601	
一九四	0101					
一九五	0101					
一九六	1581					
一九七	1901	2201	2541			
一九八	0101					
一九九	0101					
二〇〇	0201					
二〇一	2301	2341				
二〇二	0101					

家表四

書名編號	收藏單位代號					
二〇三	0142					
二〇四	1601					
二〇五	1741					
二〇六	0101	0141				
二〇七	0201					
二〇八	0101					
二〇九	1601					
二一〇	0161	2702				
二一一	0161					
二一二	0161					
二一三	1601					
二一四	1711					
二一五	0101	1705				
二一六	1701					
二一七	2541					
二一八	0101	0198				
二一九	0101					
二二〇	2301					
二二一	1701					
二二二	0101	0142⊗	0161	0201	1701⊗	2541⊗
二二三	0101	1701⊗				
二二四	2541					
二二五	0301					
二二六	0241	1701				
二二七	0161					
二二八	0101					
二二九	1801					
二三〇	1601					
二三一	0101					
二三二	0201					
二三三	0201					

書名編號	收藏單位代號	
二三四	0161	
二三五	1001	
二三六	0101	
二三七	0161	
二三八	0241	
二三九	2542	
二四〇	0201	0501
二四一	2701	
二四二	1701	

家表五

集部　總集類　叢編

通代

一　文紀十五種二百七十一卷　明梅鼎祚輯　明崇禎刻本　十行二十字，小字双行同，白口，左右双边

二　皇霸文紀十三卷

三　西漢文紀二十四卷

四　東漢文紀三十二卷

五　三國文紀二十四卷

六　晉文紀二十卷

七　東晉文紀二十四卷（清順治刻本）

八　宋文紀十八卷

九　南齊文紀十卷

一〇　梁文紀十四卷

一一　陳文紀八卷

一二　後魏文紀二十卷（清抄本）

一三　北齊文紀三卷

一四　後周文紀八卷

一五　隋文紀八卷

一六　釋文紀四十五卷

一七　文紀十五種二百七十一卷　明梅鼎祚輯　明崇禎刻本（後魏文紀卷一至二十配清抄本）　清丁丙跋

存十四種二百四十七卷（全書缺東晉文紀一種二十四卷）

一八　七十二家集三百四十六卷附錄七十二卷　明張燮編　明天啟崇禎間刻本　九行十八字，小字双行同，白口，左右双边

宋大夫集三卷　周宋玉撰　附錄一卷

司馬文園集二卷　漢司馬相如撰　附錄一卷

東方大中集二卷　漢東方朔撰　附錄一卷

揚侍郎集五卷　漢揚雄撰　附錄一卷

班蘭臺集四卷　漢班固撰　附錄一卷

蔡中郎集十三卷　漢蔡邕撰　附錄一卷

諸葛丞相集二卷　蜀諸葛亮撰　附錄一卷

魏文帝集十卷　魏文帝曹丕撰　附錄一卷

王侍中集三卷　漢王粲撰　附錄一卷

阮步兵集五卷　魏阮籍撰　附錄一卷

傅鶉觚集六卷　晉傅玄撰　附錄一卷

夏侯常侍集二卷　晉夏侯湛撰　附錄一卷

傅中丞集四卷　晉傅咸撰　附錄一卷

陸平原集八卷　晉陸機撰　附錄一卷

郭弘農集二卷　晉郭璞撰　附錄一卷

陶彭澤集五卷　晉陶潛撰　附錄一卷

顏光祿集五卷　劉宋顏延之撰　附錄一卷

謝法曹集二卷　劉宋謝惠連撰　附錄一卷

謝宣城集六卷　南齊謝朓撰　附錄一卷

梁武帝御製集十二卷　梁武帝蕭衍撰　附錄一卷

梁昭明太子集五卷　梁蕭統撰　附錄一卷

梁元帝御製集十卷　梁元帝蕭繹撰　附錄一卷

梁簡文帝御製集十六卷　梁簡文皇帝蕭綱撰　附錄一卷

江醴陵集十四卷　梁江淹撰　附錄一卷

陶隱居集四卷　梁陶弘景撰　附錄一卷

王左丞集三卷　梁王僧孺撰　附錄一卷

劉户曹集二卷　梁劉孝標撰　附錄一卷

劉秘書集二卷　梁劉孝綽撰　附錄一卷

劉庶子集二卷　梁劉孝威撰　附錄一卷

賈長沙集三卷　漢賈誼撰　附錄一卷

董膠西集二卷　漢董仲舒撰　附錄一卷

王諫議集二卷　漢王褒撰　附錄一卷

馮曲陽集二卷　漢馮衍撰　附錄一卷

張河間集六卷　漢張衡撰　附錄一卷

孔少府集二卷　漢孔融撰　附錄一卷

魏武帝集五卷　魏曹操撰　附錄一卷

陳思王集十卷　魏曹植撰　附錄一卷

陳記室集二卷　漢陳琳撰　附錄一卷

嵇中散集六卷　魏嵇康撰　附錄一卷

孫馮翊集二卷　晉孫楚撰　附錄一卷

潘黄門集六卷　晉潘岳撰　附錄一卷

潘太常集二卷　晉潘尼撰　附錄一卷

陸清河集八卷　晉陸雲撰　附錄一卷

孫廷尉集二卷　晉孫綽撰　附錄一卷

謝康樂集八卷　劉宋謝靈運撰　附錄一卷

鮑參軍集六卷　劉宋鮑照撰　附錄一卷

謝光祿集三卷　劉宋謝莊撰　附錄一卷

王寧朔集四卷　南齊王融撰　附錄一卷

沈隱侯集十六卷　梁沈約撰　附錄一卷

任中丞集六卷　梁任昉撰　附錄一卷

陸太常集二卷　梁陸倕撰　附錄一卷

王詹事集二卷　梁王筠撰　附錄一卷

劉豫章集二卷　梁劉潛撰　附錄一卷

庾度支集四卷　梁庾肩吾撰　附錄一卷

何記室集三卷　梁何遜撰　附錄一卷

陳後主集三卷　陳後主陳叔寶撰　附錄一卷

徐僕射集十卷　陳徐陵撰　附錄一卷

江令君集五卷　陳江總撰　附錄一卷

高令公集二卷　北魏高允撰　附錄一卷

邢特進集二卷　北齊邢邵撰　附錄一卷

庾開府集十六卷　北周庾信撰　附錄一卷

隋煬帝集八卷　隋煬帝楊廣撰　附錄一卷

李懷州集二卷　隋李德林撰　附錄一卷

薛司隸集二卷　隋薛道衡撰　附錄一卷

吳朝請集三卷　梁吳均撰　附錄一卷

沈侍中集三卷　陳沈炯撰　附錄一卷

張散騎集二卷　陳張正見撰　附錄一卷

溫侍讀集二卷　北魏溫子昇撰　附錄一卷

魏特進集二卷　北齊魏收撰　附錄一卷

王司空集三卷　北周王褒撰　附錄一卷

盧武陽集三卷　隋盧思道撰　附錄一卷

牛奇章集三卷　隋牛弘撰　附錄一卷

一九　屈陶合刻十六卷　明毛晉編

屈子七卷　楚屈原撰　評一卷　明毛晉輯　楚辭二卷　參疑一卷　明毛晉參定

明萬曆四十六年毛氏綠君亭刻本　八行十八字，白口，四周單边，版心下鐫綠君亭。

陶靖節集詩一卷文一卷　晉陶潛撰　總評一卷　明毛晉輯

撰　雜附一卷　明天啟五年毛氏綠君亭刻本　八行十八字，白口，四周單边，版心下鐫綠君亭

二〇　屈陶合刻十六卷　明毛晉編　鄭振鐸跋

存十一卷

屈子七卷　楚屈原撰　存四卷（一至四）　楚辭二卷參疑一卷　明毛晉參定　明萬曆四十六年毛氏綠君亭刻本

陶靖節集詩一卷文一卷　晉陶潛撰　叅疑一卷　明毛晉撰　雜附一卷　明天啟五年毛氏綠君亭刻本

二一　漢魏六朝二十一名家集一百二十三卷　明汪士賢輯　明萬曆天啟間新安汪氏刻本　九行二十字（間十八字），白口，四周單边（間左右双边）

董仲舒集一卷　漢董仲舒撰

東方先生集一卷　漢東方朔撰

蔡中郎集八卷　漢蔡邕撰

嵇中散集十卷　晉嵇康撰

陸士衡集十卷　晉陸機撰

司馬長卿集一卷　漢司馬相如撰

揚子雲集三卷　漢揚雄撰

曹子建集十卷　魏曹植撰

阮嗣宗集二卷　晉阮籍撰

陸士龍文集十卷　晉陸雲撰

潘黃門集六卷　晉潘岳撰

謝康樂集四卷　劉宋謝靈運撰

顏延之集一卷　劉宋顏延之撰

謝宣城集五卷　南齊謝朓撰

江文通文集十卷　劉宋江淹撰

庾開府集十二卷　北周庾信撰

陶靖節集十卷　晉陶潛撰

謝惠連集一卷　劉宋謝惠連撰

鮑明遠集十卷　劉宋鮑照撰

任彥升集六卷　梁任昉撰

陶貞白集二卷　梁陶弘景撰

二二　漢魏六朝二十一名家集一百二十三卷　明汪士賢輯　明萬曆天啟間新安汪氏刻本　姚瑩俊跋

存十四種九十八卷

陶靖節集十卷　陸士衡集十卷　陸士龍文集十卷　潘黃門集六卷　嵇中散集十卷　謝宣城集五卷　梁昭明太子文集五卷　任彥升集六卷　顏延之集一卷　謝惠連集一卷　陶貞白集二卷　鮑明遠集十卷　江文通文集十卷　庾開府集十二卷

（梁昭明太子文集、鮑明遠集係明遵府寶訓堂刻八行十六字本，為汪氏得版后印行者）

二三　漢魏諸名家集二十一種一百二十四卷附一種八卷　明汪士賢輯　明萬曆十一年南城翁少麓刻本　九行二十字，白口，左右双边（間有四周單边）

董仲舒集一卷　漢董仲舒撰

東方先生集一卷　漢東方朔撰

蔡中郎集八卷　漢蔡邕撰

陶靖節集十卷總論一卷　晉陶潛撰　宋湯漢箋注

陸士衡集十卷　晉陸機撰

阮嗣宗集二卷　魏阮籍撰

庾開府集十二卷　北周庾信撰

鮑明遠集十卷　劉宋鮑照撰

謝惠連集一卷　劉宋謝惠連撰

謝宣城集五卷　南齊謝朓撰

任彥升集六卷　梁任昉撰

司馬長卿集一卷　漢司馬相如撰

揚子雲集三卷　漢揚雄撰

曹子建集十卷　魏曹植撰

陸士龍文集十卷　晉陸雲撰

謝康樂集四卷　劉宋謝靈運撰

嵇中散集十卷　魏嵇康撰

陶貞白集二卷　梁陶弘景撰

江文通文集十卷　梁江淹撰

顏延之集一卷　劉宋顏延之撰

潘黃門集六卷　晉潘岳撰

附：

海瓊玉蟾先生文集六卷續集二卷 宋葛長庚撰

二四 漢魏六朝諸家文集二十二種一百二十九卷
明刻本 九行二十字或十八字，白口，左右双边（間有四周单边）
董仲舒集一卷 漢董仲舒撰 司馬長卿集一卷 漢司馬相如撰
東方先生集一卷 漢東方朔撰 揚子雲集三卷 漢揚雄撰
蔡中郎集八卷 漢蔡邕撰
陶靖節集十卷 晉陶潛撰 宋湯漢等箋注 總論一卷
嵇中散集十卷 魏嵇康撰 陸士衡集十卷 晉陸機撰
曹子建集十卷 魏曹植撰 陸士龍文集十卷 晉陸雲撰
阮嗣宗集二卷 魏阮籍撰 潘黄門集六卷 晉潘岳撰
謝康樂集四卷 劉宋謝靈運撰 顏延之集一卷 劉宋顏延之撰
謝惠連集一卷 劉宋謝惠連撰 謝宣城集五卷 南齊謝朓撰
梁昭明太子文集五卷 梁蕭統撰 任彥升集六卷 梁任昉撰
江文通文集十卷 梁江淹撰 陶貞白集二卷 梁陶弘景撰
鮑明遠集十卷 劉宋鮑照撰 庾開府集十二卷 北周庾信撰
（總名係據卷目所題，另有金閶世裕堂印本，封面題：六朝文集）

二五 漢魏六朝諸家文集二十二種一百二十九卷
明刻本 傅增湘校並跋

二六 漢魏六朝諸家文集二十二種一百二十九卷
明刻本 清劉喜海跋 九行二十字白口左右双边
存十種三十三卷
董仲舒集一卷 漢董仲舒撰 司馬長卿集一卷 漢司馬相如撰
揚子雲集三卷 漢揚雄撰 東方先生集一卷 漢東方朔撰
阮嗣宗集二卷 魏阮籍撰 嵇中散集十卷 魏嵇康撰

二七 漢魏六朝一百三家集一百十八卷 明張溥編 明婁東張氏刻本 九行十八字白口左右双边
賈長沙集一卷 漢賈誼撰 司馬文園集一卷 漢司馬相如撰
董膠西集一卷 漢董仲舒撰 東方大中集一卷 漢東方朔撰
漢褚先生集一卷 漢褚少孫撰 王諫議集一卷 漢王褒撰
漢劉中壘集一卷 漢劉向撰 揚侍郎集一卷 漢揚雄撰
漢劉子駿集一卷 漢劉歆撰 馮曲陽集一卷 漢馮衍撰
班蘭臺集一卷 漢班固撰 東漢崔亭伯集一卷 漢崔駰撰
張河間集二卷 漢張衡撰 漢蘭臺令李伯仁集一卷 漢李尤撰
東漢馬季長集一卷 漢馬融撰 東漢荀侍中集一卷 漢荀悅撰
蔡中郎集二卷 漢蔡邕撰 東漢王叔師集一卷 漢王逸撰
孔少府集一卷 漢孔融撰 諸葛丞相集一卷 蜀諸葛亮撰
魏武帝集一卷 漢曹操撰 魏文帝集二卷 魏文帝曹丕撰
陳思王集二卷 魏曹植撰 陳記室集一卷 漢陳琳撰
王仲宣集一卷 漢王粲撰 魏阮元瑜集一卷 漢阮瑀撰
魏劉公幹集一卷 漢劉楨撰 魏應德璉集一卷 漢應瑒撰
魏應休璉集一卷 魏應璩撰 阮步兵集一卷 魏阮籍撰
嵇中散集一卷 魏嵇康撰 魏鍾司徒集一卷 魏鍾會撰
晉杜征南集一卷 晉杜預撰 魏荀公曾集一卷 晉荀勗撰
傅鶉觚集一卷 晉傅玄撰 晉張司空集一卷 晉張華撰
孫馮翊集一卷 晉孫楚撰 晉摯太常集一卷 晉摯虞撰
晉束廣微集一卷 晉束晳撰 夏侯常侍集一卷 晉夏侯湛撰
潘黄門集一卷 晉潘岳撰 傅中丞集一卷 晉傅咸撰
潘太常集一卷 晉潘尼撰 陸平原集二卷 晉陸機撰
陸清河集二卷 晉陸雲撰 晉成公子安集一卷 晉成公綏撰
晉張孟陽集一卷 晉張載撰 晉張景陽集一卷 晉張協撰
晉劉越石集一卷 晉劉琨撰 郭弘農集二卷 晉郭璞撰
晉王右軍集二卷 晉王羲之撰 晉王大令集一卷 晉王獻之撰
孫廷尉集一卷 晉孫綽撰 陶彭澤集一卷 晉陶潛撰
宋何衡陽集一卷 劉宋何承天撰 宋傅光祿集一卷 劉宋傅亮撰
謝康樂集二卷 劉宋謝靈運撰 顏光祿集一卷 劉宋顏延之撰
鮑參軍集二卷 劉宋鮑照撰 宋袁陽源集一卷 劉宋袁淑撰
謝法曹集一卷 劉宋謝惠連撰 謝光祿集一卷 劉宋謝莊撰
南齊竟陵王集二卷 南齊蕭子良撰 王文憲集一卷 南齊王儉撰
王寧朔集一卷 南齊王融撰 謝宣城集一卷 南齊謝朓撰
齊張長史集一卷 南齊張融撰 南齊孔詹事集一卷 南齊孔稚珪撰
梁武帝御製集一卷 梁武帝蕭衍撰 梁昭明太子集一卷 梁蕭統撰
梁簡文帝御製集二卷 梁簡文帝蕭綱撰 梁元帝集一卷 梁元帝蕭繹撰
江醴陵集二卷 梁江淹撰 沈隱侯集二卷 梁沈約撰
陶隱居集一卷 梁陶弘景撰 梁丘司空集一卷 梁丘遲撰
任中丞集一卷 梁任昉撰 王左丞集一卷 梁王僧孺撰
陸太常集一卷 梁陸倕撰 劉户曹集一卷 梁劉峻撰
王詹事集一卷 梁王筠撰 劉秘書集一卷 梁劉孝綽撰
劉豫章集一卷 梁劉潛撰 劉庶子集一卷 梁劉孝威撰
庾度支集一卷 梁庾肩吾撰 何記室集一卷 梁何遜撰
吳朝請集一卷 梁吳均撰 陳後主集一卷 陳後主陳叔寶撰
徐僕射集一卷 陳徐陵撰 沈侍中集一卷 陳沈炯撰
江令君集一卷 陳江總撰 陳張散騎集一卷 陳張正見撰
高令公集一卷 後魏高允撰 溫侍讀集一卷 後魏溫子昇撰
邢特進集一卷 北齊邢邵撰 魏特進集一卷 北齊魏收撰
庾開府集二卷 北周庾信撰 王司空集一卷 北周王褒撰
隋煬帝集一卷 隋煬帝楊廣撰 盧武陽集一卷 隋盧思道撰
李懷州集一卷 隋李德林撰 牛奇章集一卷 隋牛弘撰
薛司隸集一卷 隋薛道衡撰

二八 漢魏六朝一百三家集一百十八卷 明張溥編 明婁東張氏刻本 佚名錄清何焯批校

二九 漢魏六朝一百三家集一百十八卷 明張溥編 明婁東張氏刻本 清何紹基跋

三〇 建安七子集二十八卷 明楊德周編 明崇禎十一年陳朝輔刻本 九行二十字白口左右双边
曹子建集十卷 魏曹植撰 王仲宣集四卷 漢王粲撰
阮元瑜集二卷 漢阮瑀撰 應德璉集二卷 漢應瑒撰
徐偉長集六卷 漢徐幹撰 陳孔璋集二卷 漢陳琳撰
劉公幹集二卷 漢劉楨撰

三一 合刻忠武靖節二編二十一卷 明楊時偉編 明萬曆四十七年楊時偉刻本 九行十八字

三二 合刻忠武靖節二編二十一卷 明楊時偉編 明萬曆四十七年楊時偉刻本 許源耀跋 小字双行同，白口，四周单边
諸葛忠武書十卷 明楊時偉輯
陶靖節集八卷 晉陶潛撰 宋湯漢等注 附錄一卷
蘇東坡和陶詩二卷 宋蘇軾撰

三三 阮陶合集二種十一卷 明潘璁編 明崇禎刻本 九行十八字白口左右双边
阮嗣宗集二卷 魏阮籍撰 陶靖節集八卷 晉陶潛撰
附：東坡和陶集一卷 宋蘇軾撰

三四 六朝詩集二十四種五十五卷 明嘉靖刻本 行十八字白口左右双边
梁武帝集一卷 梁武帝蕭衍撰 梁簡文帝集二卷 梁簡文帝蕭綱撰
梁宣帝集一卷 梁宣帝蕭詧撰 梁元帝集一卷 梁元帝蕭繹撰

三五 六朝詩集二十四種五十五卷 明嘉靖刻本 鄭振鐸跋
後周明帝集一卷 北周明帝宇文毓撰
隋煬帝集一卷 隋煬帝楊廣撰
阮嗣宗集五卷 魏阮籍撰
陸士衡集七卷 晉陸機撰
謝康樂集一卷 劉宋謝靈運撰
謝宣城集五卷 南齊謝朓撰
鮑氏集八卷 劉宋鮑照撰
梁劉孝綽集一卷 梁劉孝綽撰
何水部集一卷 梁何遜撰
王子淵集一卷 北周王褒撰
陳後主集一卷 陳後主陳叔寶撰
陳思王集四卷 魏曹植撰
嵇中散集一卷 魏嵇康撰
陸士龍集四卷 晉陸雲撰
謝惠連集一卷 劉宋謝惠連撰
江文通集四卷 梁江淹撰
梁沈約集一卷 梁沈約撰
梁劉孝威集一卷 梁劉孝威撰
陰常侍集一卷 陳陰鏗撰
庾開府集二卷 北周庾信撰

三六 六朝詩集二十四種五十五卷 明嘉靖刻本 鄧邦述跋

三七 六朝詩集二十四種五十五卷 明嘉靖刻本 清周煥文跋

三八 蕭梁文苑五種三十八卷 明闕光世輯 明末刻本 九行二十字，白口，四周單邊，眉上鐫評
梁武帝集八卷 梁武帝蕭衍撰
梁簡文帝集十四卷 梁簡文帝蕭綱撰
梁代帝王合集二卷 梁宣帝蕭詧等撰
昭明太子集六卷 梁蕭統撰
梁元帝集八卷 梁元帝蕭繹撰

三九 文選逸集七種六十四卷 明闕光世編 明末笙臺刻本 九行二十字，白口，四周單邊
梁武帝集八卷 梁蕭衍撰
梁簡文帝集十四卷 梁蕭綱撰
梁代帝王合集二卷 梁宣帝蕭詧等撰
庾子山集十六卷 北周庾信撰
梁昭明太子集六卷 梁蕭統撰
梁元帝集八卷 梁蕭繹撰
徐孝穆集十卷 陳徐陵撰

四〇 陰何詩集二卷 明洪瞻祖編 明洪瞻祖刻本 十行二十字，白口，四周單邊
陰常侍詩集一卷 陳陰鏗撰
何水部詩集一卷 梁何遜撰

四一 陰何詩集二卷 清初抄本 十行十六字
陰常侍詩集一卷 陳陰鏗撰
何水部詩集一卷 梁何遜撰

四二 徐庾集二種二十六卷 明屠隆評 明刻本 九行二十字，白口，四周單邊
徐孝穆集十卷 陳徐陵撰
庾子山集十六卷 北周庾信撰

四三 三家詩十一卷 清卓爾堪編 清康熙刻本 十一行二十一字，小字雙行二十八字，細黑口，左右雙邊
曹集二卷 魏曹植撰 總評一卷
陶集四卷 晉陶潛撰 總評一卷
謝集二卷 劉宋謝靈運撰 總評一卷

四四 三家詩十一卷 清卓爾堪編 清康熙刻本 清何焯之批點並跋

四五 陶謝詩集十三卷 清姚培謙編 清乾隆二十九年姚培謙刻本 六行十四字，白口，左右雙邊
陶彭澤詩四卷 晉陶潛撰 清翁同龢批注並跋
謝康樂詩三卷 劉宋謝靈運撰 清翁同龢批注
謝法曹詩二卷 劉宋謝惠連撰
謝宣城詩四卷 南齊謝朓撰

四六 陶謝四家詩十三卷 清抄本 六行十四字 紅格 清翁同龢跋並臨何焯校
陶彭澤詩四卷 晉陶潛撰
謝康樂詩三卷 劉宋謝靈運撰
謝法曹詩二卷 劉宋謝惠連撰
謝宣城詩四卷 南齊謝朓撰

四七 李卓吾先生合選陶王集四卷 明李贄輯 明萬曆四十三年鍾人傑刻本 九行十九字，白口，四周單邊，有刻工陳文字、徐玉陽
李卓吾批選陶淵明集二卷 晉陶潛撰
李卓吾批選王摩詰集二卷 唐王維撰

四八 李卓吾先生合選陶王集四卷 明李贄輯 明刻本 九行十九字，白口，四周單邊，有刻工
李卓吾批選陶淵明集二卷 晉陶潛撰
李卓吾批選王摩詰集二卷 唐王維撰

四九 陶韋合集十九卷 明凌濛初刻朱墨套印本 八行十八字，白口，四周單邊，眉上鐫評
陶靖節集八卷 晉陶潛撰 宋湯漢等箋注 總論一卷
韋蘇州集十卷拾遺一卷 唐韋應物撰 宋劉辰翁、明高棅、顧璘、楊慎、鍾惺、譚元春等評

五〇 陶李合刻九卷 明王錫袞編 明白鹿齋刻本 七行十七字，白口，下雙邊，左右及上單邊，仿竹冊式
陶淵明全集四卷 晉陶潛撰
李長吉詩集四卷外集一卷 唐李賀撰

五一 古詩選九種三十三卷附均藻四卷 明楊慎輯 焦竑批點 明曼山館刻本 八行十八字，小字雙行同，白口，四周單邊，版心下鐫曼山館
五言律祖前集四卷後集六卷
絕句辯體八卷附錄一卷
唐絕揆奇一卷
五言絕句一卷
五言律細一卷 以上明楊慎輯 焦竑評點
絕句衍義四卷
唐絕增奇五卷
六言絕句一卷
七言律細一卷 焦竑評點 以上明焦竑輯並評

五二 古詩選九種三十三卷 明楊慎輯 樓培跋 明曼山館刻本

五三 萬端調編次諸家文集二十二家二十一卷 明萬鳳等編 明崇禎九年刻本 十行二十七字，白口，四周單邊
顏魯公文集選一卷 唐顏真卿撰
李文饒集選一卷 唐李德裕撰
韓忠獻王安陽集選一卷 宋韓琦撰
司馬文正公傳家集選一卷 宋司馬光撰
二程全書選一卷（明道先生文集 宋程顥撰 伊川先生文集 宋程頤撰）
陸宣公奏議選一卷 唐陸贄撰
杜樊川文集選一卷 唐杜牧撰
范文正公文集選一卷 宋范仲淹撰
范忠宣公文集選一卷 宋范純仁撰
李盱江文集選一卷 宋李覯撰
黃山谷文集選一卷 宋黃庭堅撰
王龜齡文集選一卷 宋王十朋撰
陸象山文集選一卷 宋陸九淵撰
真西山文忠公文集選一卷 宋真德秀撰
劉靜修文集選一卷 元劉因撰
張文潛文集選一卷 宋張耒撰
龜山先生文集選一卷 宋楊時撰
朱子大全選一卷 宋朱熹撰
陳龍川文集選一卷 宋陳亮撰
文文山先生文集選一卷 宋文天祥撰
虞道園類藁選一卷 元虞集撰

五四 十家宮詞十二卷 清初毛氏汲古閣影宋抄本 清金嘉采跋 十行十八字，白口，左右雙邊
宮詞一卷 唐王建撰
宮詞一卷 宋王珪撰
宮詞一卷 後蜀和凝撰
宮詞一卷 宋王仲脩撰
宮詞三卷 宋徽宗趙佶撰
宮詞一卷 後蜀花蕊夫人撰
宮詞一卷 宋胡偉撰
宮詞一卷 宋張公庠撰
宮詞一卷 宋周彥質撰
宮詞一卷 宋宋白撰

五五 十家宮詞十二卷 康熙刻本 十行十八字，白口，左右雙邊
宮詞三卷 宋徽宗趙佶撰
宮詞一卷 唐王建撰
宮詞一卷 宋王珪撰
宮詞一卷 後蜀和凝撰
宮詞一卷 宋王仲脩撰
宋文安公宮詞一卷 宋宋白撰
宮詞一卷 後蜀花蕊夫人撰
宮詞一卷 宋胡偉撰
宮詞一卷 宋張公庠撰
宮詞一卷 宋周彥質撰

五六 十家宮詞十二卷 清倪燦編 清康熙二十八年胡介祉貞曜堂刻乾隆八年史開基重修本 十行十八字，白口，左右雙邊
宮詞三卷 宋徽宗趙佶撰
宮詞一卷 唐王建撰
宮詞一卷 宋王珪撰
宮詞一卷 後蜀和凝撰
宮詞一卷 宋王仲脩撰
宋文安公宮詞一卷 宋宋白撰
宮詞一卷 後蜀花蕊夫人撰
宮詞一卷 宋胡偉撰
宮詞一卷 宋張公庠撰
宮詞一卷 宋周彥質撰

五七 十家宮詞十二卷 清倪燦編 清康熙二十八年胡介祉貞曜堂刻乾隆八年史開基重修本 傅增湘校並跋

五八 十家宮詞十二卷 清倪燦編 清康熙三十四年胡介祉谷園刻本 八行十八字,白口,四周單边
宮詞三卷 宋徽宗趙佶撰　宋文安公宮詞一卷 宋宋白撰
宮詞一卷 唐王建撰　宮詞一卷 後蜀花蕊夫人撰
宮詞一卷 宋王珪撰　宮詞一卷 宋胡偉撰
宮詞一卷 後晉和凝撰　宮詞一卷 宋張公庠撰
宮詞一卷 宋王仲脩撰　宮詞一卷 宋周彥質撰

五九 什伯詩鈔不分卷 清沈可培輯 稿本 十行十八字,無格
唐宮詞一百首 唐王建撰　蜀宮詞一百首 後蜀花蕊夫人撰
宋宮詞一百首 宋王珪撰　石晉宮詞 後晉和凝撰
宮詞 宋徽宗趙佶撰　鴛鴦湖櫂歌一百首 清朱彝尊撰
中峰和尚梅花百詠附小窗枝似梅花詩一百首

六〇 四家宮詞六卷 宋刻本 十行十八字,白口,左右双边
宮詞三卷 宋徽宗趙佶撰　宮詞一卷 宋張公庠撰
宮詞一卷 宋王仲脩撰　宮詞一卷 宋周彥質撰

六一 編選四家宮詞四卷 明黃魯曾編 明嘉靖三十一年郭雲鵬刻本 九行十八字,白口,左右双边
王建宮詞一卷 唐王建撰　花蕊夫人宮詞一卷 後蜀花蕊夫人撰
徽宗宮詞一卷 宋徽宗趙佶撰　王珪宮詞一卷 宋王珪撰

六二 四家宮詞不分卷 明尊良柱編 明萬曆七年刻本 十行十八字,白口,左右双边
唐王建宮詞不分卷 唐王建撰
蜀花蕊夫人宮詞不分卷 後蜀花蕊夫人撰
宋王珪宮詞一卷 宋王珪撰　宋楊太后宮詞一卷 宋楊皇后撰

七

六三 三體宮詞三卷 明萬曆二十二年吳氏壺梅館刻本 小行十八字,白口,左右双边
唐王建宮詞一卷 唐王建撰　蜀花蕊夫人宮詞一卷 後蜀花蕊夫人撰
宋王岐公宮詞一卷 宋王珪撰

六四 三家宮詞三卷 明毛晉編 明末毛氏綠君亭刻本 八行十八字,白口,四周單边,版心下鐫綠君亭
宮詞一卷 唐王建撰　宮詞一卷 後蜀花蕊夫人撰
宮詞一卷 宋王珪撰

六五 三家宮詞三卷 明毛晉編 明末毛氏綠君亭刻本 傅增湘校並跋

六六 三家宮詞三卷 清初毛氏汲古閣抄本 十行十八字,白口,左右双边
唐王建宮詞一卷 唐王建撰　花蕊夫人宮詞一卷 後蜀花蕊夫人撰
宋王岐公宮詞一卷 宋王珪撰

六七 二家宮詞二卷 明毛晉編 明末毛氏綠君亭刻本 八行十八字,白口,四周單边,版心下鐫綠君亭
宮詞一卷 宋徽宗趙佶撰　宮詞一卷 宋楊太后撰

六八 重刻韓柳歐蘇文抄四種八卷 明凌榮編 徐師伯校 明刻本 十行十九字,白口,左右双边
韓文抄二卷 唐韓愈撰　柳文抄二卷 唐柳宗元撰
歐文抄二卷 宋歐陽修撰　蘇文抄二卷 宋蘇軾撰

六九 唐宋八大家文鈔一百四十四卷 明茅坤編 明萬曆七年茅一桂刻本 九行十九字,白口,左右双边,有刻工
唐大家韓文公文抄十六卷 唐韓愈撰　唐大家柳柳州文抄十二卷 唐柳宗元撰
宋大家歐陽文忠公文抄三十二卷 宋歐陽修撰　宋大家蘇文公文抄十卷 宋蘇洵撰
宋大家蘇文忠公文抄二十八卷 宋蘇軾撰　宋大家蘇文定公文抄二十卷 宋蘇轍撰
宋大家王文公文抄十六卷 宋王安石撰　宋大家曾文定公文抄十卷 宋曾鞏撰

七〇 唐宋八大家文鈔一百四十四卷 明茅坤編 明萬曆七年茅一桂刻本 清丁丙跋

七一 唐宋八大家文鈔一百六十六卷 明茅坤編 明崇禎四年茅著刻本 九行二十字,白口,四周單边,眉上鐫評
唐大家韓文公文抄十六卷 唐韓愈撰　唐大家柳柳州文抄十二卷 唐柳宗元撰
宋大家歐陽文忠公文抄三十二卷、五代史抄二十卷、新唐書抄二卷 宋歐陽修撰
宋大家蘇文公文抄十卷 宋蘇洵撰　宋大家蘇文忠公文抄二十八卷 宋蘇軾撰
宋大家蘇文定公文抄二十卷 宋蘇轍撰　宋大家曾文定公文抄十卷 宋曾鞏撰
宋大家王文公文抄十六卷 宋王安石撰

七二 唐宋八大家文鈔一百六十六卷 明茅坤編 明崇禎四年茅著刻本 清祁班孫批
存六家四十一卷
唐大家韓文公文抄十六卷 唐韓愈撰 存一卷 九
唐大家柳柳州文鈔十二卷 唐柳宗元撰 存五卷 五、八至十、十二
宋大家歐陽文忠公文抄三十二卷 宋歐陽修撰 存十三卷 一至五、十二至十六、十九、三十一至三十二
宋大家蘇文公文抄十卷 宋蘇洵撰 存五卷 一、六至九
宋大家蘇文忠公文抄二十八卷 宋蘇軾撰 存八卷 一、十九至二十三、二十七至二十八
宋大家蘇文定公文抄二十卷 宋蘇轍撰 存九卷 一、十二至十八、二十

七三 唐宋八大家文鈔一百六十六卷 明茅坤編 明崇禎四年茅著刻本 邵章錄清方苞批點

七四 八大家文選三十八卷 明歸有光輯 明末刻本 九行二十字,白口,四周單边,眉上行間鐫評
唐大家韓昌黎文公文選四卷 唐韓愈撰　唐大家柳柳州文選四卷 唐柳宗元撰
宋大家歐陽文忠公文選四卷 宋歐陽修撰　宋大家曾南豐文選六卷 宋曾鞏撰

八

七五 古文讀編八種二十九卷 明王志堅編 明崇禎刻本 九行二十字,白口,四周單边
宋大家王荊公文選六卷 宋王安石撰　宋大家蘇老泉文選三卷 宋蘇洵撰
宋大家蘇文忠公文選九卷 宋蘇軾撰　宋大家蘇潁濱文選三卷 宋蘇轍撰
昌黎集錄三卷 唐韓愈撰　河東集錄三卷 唐柳宗元撰
居士集錄六卷 宋歐陽修撰　嘉祐集錄二卷 宋蘇洵撰
東坡集錄七卷 宋蘇軾撰　欒城集錄三卷 宋蘇轍撰
南豐集錄二卷 宋曾鞏撰　臨川集錄三卷 宋王安石撰

七六 陸君啟先生評選唐宋四大家四十四卷 明陸夢龍評選 明崇禎四年顧懋樊刻本 九行二十字,白口四周單边
韓退之集選四卷 唐韓愈撰　柳子厚集選四卷 唐柳宗元撰
歐陽永叔集選十六卷 宋歐陽修撰　蘇子瞻集選二十卷 宋蘇軾撰

七七 合刻丙張先生集十七卷 明崇禎六年張時行刻本 九行二十字,白口,四周單边
張文昌集八卷 唐張籍撰
張于湖集八卷附錄一卷 宋張孝祥撰 傅增湘校補並跋

七八 詩詞雜俎十二種二十五卷 明毛晉編 明天啟崇禎間毛氏汲古閣刻本 八行十九字(間有十八字),白口,左右双边
衆妙集一卷 宋趙師秀編　剪綃集二卷 宋李龏撰
石湖詩集一卷 宋范成大撰　月泉吟社一卷 宋吳渭輯
谷音二卷 元杜本輯　河汾諸老詩集八卷 元房祺輯
三家宮詞三卷 明毛晉輯　王建宮詞一卷 唐王建撰
花蕊夫人宮詞一卷 後蜀花蕊夫人撰　王珪宮詞一卷 宋王珪撰
二家宮詞二卷:宋徽宗宮詞一卷 宋徽宗趙佶撰　楊太后宮詞一卷 宋楊太后撰
元宮詞一卷 明蘭窗勤主人撰　漱玉詞一卷 宋李清照撰
斷腸詞一卷 宋朱淑真撰　女紅餘志二卷 元龍輔撰

七九　汲古閣合訂唐宋元詩五集十三卷　明毛晉編　明崇禎毛氏汲古閣刻本
八行十九字白口左右雙邊
衆妙集一卷　宋趙師秀編
忠義集七卷　元趙景良編　明何喬新訂定
宋遺民錄一卷
谷音二卷　元杜本編
龍輔女紅餘志二卷　元龍輔撰

八〇　八代文鈔一百六種一百六卷　明李賓編　明末刻本　九行二十字白口左右雙邊
屈平文抄一卷　楚屈原撰
宋玉文抄一卷　楚宋玉撰
董仲舒文抄一卷　漢董仲舒撰
司馬長卿文抄一卷　漢司馬相如撰
班孟堅文抄一卷　漢班固撰
揚子雲文抄一卷　漢揚雄撰
東方曼倩文抄一卷　漢東方朔撰
諸葛孔明文抄一卷　蜀諸葛亮撰
蔡中郎文抄一卷　漢蔡邕撰
王仲宣文抄一卷　漢王粲撰
魏武帝文抄一卷　漢曹操撰
魏文帝文抄一卷　魏曹丕撰
曹子建文抄一卷　魏曹植撰
嵇叔夜文抄一卷　魏嵇康撰
阮嗣宗文抄一卷　魏阮籍撰
潘安仁文抄一卷　晉潘岳撰
陸士衡文抄一卷　晉陸機撰
陸士龍文抄一卷　晉陸雲撰
王右軍文抄一卷　晉王羲之撰
陶淵明文抄一卷　晉陶潛撰
鮑明遠文抄一卷　劉宋鮑照撰
謝靈運文抄附謝玄暉一卷　劉宋謝靈運、南齊謝朓撰
梁昭明文抄一卷　梁蕭統撰
陶通明文抄一卷　梁陶弘景撰
江文通文抄一卷　梁江淹撰
梁簡文文抄一卷　梁簡文帝蕭綱撰
劉孝標文抄一卷　梁劉峻撰
任彥升文抄一卷　梁任昉撰
徐孝穆文抄一卷　陳徐陵撰
沈休文文抄一卷　梁沈約撰
陳伯玉文抄一卷　唐陳子昂撰
庾子山文抄一卷　北周庾信撰
張子壽文抄一卷　唐張九齡撰
張道濟文抄一卷　唐張說撰
王子安文抄一卷　唐王勃撰
王無功文抄一卷　唐王績撰
盧昇之文抄一卷　唐盧照鄰撰
楊盈川文抄一卷　唐楊炯撰
王摩詰文抄一卷　唐王維撰
駱賓王文抄一卷　唐駱賓王撰
元次山文抄一卷　唐元結撰
李太白文抄一卷　唐李白撰
歐陽行周文抄一卷　唐歐陽詹撰
韓退之文抄一卷　唐韓愈撰
柳子厚文抄一卷　唐柳宗元撰
劉夢得文抄一卷　唐劉禹錫撰
李文饒文抄一卷　唐李德裕撰
李習之文抄一卷　唐李翱撰
孫可之文抄一卷　唐孫樵撰
李遐叔文抄一卷　唐李華撰
皇甫持正文抄一卷　唐皇甫湜撰
元微之文抄一卷　唐元稹撰
白樂天文抄一卷　唐白居易撰
沈下賢文抄一卷　唐沈亞之撰
段柯古文抄一卷　唐段成式撰
杜牧之文抄一卷　唐杜牧撰
李義山文抄一卷　唐李商隱撰
皮襲美文抄一卷　唐皮日休撰
陸魯望文抄一卷　唐陸龜蒙撰
羅昭諫文抄一卷　唐羅隱撰
司空表聖文抄一卷　唐司空圖撰
劉蛻文抄一卷　唐劉蛻撰
劉軻文抄一卷　唐劉軻撰
歐陽永叔文抄一卷　宋歐陽修撰
王介甫文抄一卷　宋王安石撰
司馬君實文抄一卷　宋司馬光撰
范希文文抄一卷　宋范仲淹撰
蘇老泉文抄一卷　宋蘇洵撰
蘇子瞻文抄一卷　宋蘇軾撰
蘇子由文抄一卷　宋蘇轍撰
曾子固文抄一卷　宋曾鞏撰
秦少游文抄一卷　宋秦觀撰
黃魯直文抄一卷　宋黃庭堅撰
晁無咎文抄一卷　宋晁補之撰
張文潛文抄一卷　宋張耒撰
陳無己文抄一卷　宋陳師道撰
李方叔文抄一卷　宋李廌撰
陸務觀文抄一卷　宋陸游撰
蔡君謨文抄一卷　宋蔡襄撰
陳同甫文抄一卷　宋陳亮撰
葉正則文抄一卷　宋葉適撰
唐子西文抄一卷　宋唐庚撰
劉彥沖文抄一卷　宋劉子翬撰
虞伯生文抄一卷　元虞集撰
劉夢吉文抄一卷　元劉因撰
歐陽元功文抄一卷　元歐陽玄撰
元裕之文抄一卷　金元好問撰
宋景濂文抄一卷　明宋濂撰
劉伯溫文抄一卷　明劉基撰
王子充文抄一卷　明王禕撰
崔仲鳧文抄一卷　明崔銑撰
李獻吉文抄一卷　明李夢陽撰
何仲默文抄一卷　明何景明撰
徐昌穀文抄一卷　明徐禎卿撰
楊用修文抄一卷　明楊慎撰
王伯安文抄一卷　明王守仁撰
唐應德文抄一卷　明唐順之撰
歸熙父文抄一卷　明歸有光撰
王允寧文抄一卷　明王維楨撰
李于鱗文抄一卷　明李攀龍撰
王元美文抄一卷　明王世貞撰
汪伯玉文抄一卷　明汪道昆撰
徐文長文抄一卷　明徐渭撰
袁中郎文抄一卷　明袁宏道撰
湯若士文抄一卷　明湯顯祖撰
鍾伯敬文抄一卷　明鍾惺撰

八一　黃茅岡四賢合璧四卷　清楊妍輯　清順治刻本　九行二十一字白口左右雙邊
韓退之集選一卷　唐韓愈撰
蘇東坡集選一卷　宋蘇軾撰
楊龜山集選一卷　宋楊時撰
陳后山集選一卷　宋陳師道撰

八二　十二代詩吟解集七十四卷　清汪楷解　稿本　十一行二十二字無格
漢詩吟解集五卷
魏詩吟解集一卷
晉詩吟解集三卷
宋詩吟解集一卷
齊詩吟解集一卷
梁詩吟解集一卷
陳詩吟解集一卷
隋詩吟解集一卷
唐詩吟解集一卷
宋詩吟解集六卷
附金詩吟解集二卷
元詩吟解集四卷
明詩吟解集二十卷

八三　唐宋八大家文鈔十九卷　清張伯行編　清康熙張氏正誼堂刻本　十行二十二字白口四周單邊版心下鐫正誼堂
韓文公文集三卷　唐韓愈撰
柳柳州文集一卷　唐柳宗元撰
歐陽文忠公文集二卷　宋歐陽修撰
蘇文公文集一卷　宋蘇洵撰
蘇文忠公文集一卷　宋蘇軾撰
蘇文定公文集二卷　宋蘇轍撰
曾文定公文集七卷　宋曾鞏撰
王文公文集二卷　宋王安石撰

八四　唐宋大家全集錄十種五十二卷　清儲欣編　清康熙刻本　九行二十五字黑口左右雙邊
昌黎先生全集錄八卷　唐韓愈撰
河東先生全集錄六卷外集錄一卷　唐柳宗元撰
習之先生全集錄二卷　唐李翱撰
可之先生全集錄二卷　唐孫樵撰
六一居士全集錄五卷外集錄二卷　宋歐陽修撰
老泉先生全集錄五卷　宋蘇洵撰
東坡先生全集錄九卷　宋蘇軾撰
欒城先生全集錄六卷　宋蘇轍撰
南豐先生全集錄二卷　宋曾鞏撰
臨川先生全集錄四卷　宋王安石撰

八五　唐宋大家全集錄十種五十二卷　清儲欣編　清康熙刻本　清王芑孫沈欽韓評點　王芑孫跋
昌黎先生全集錄八卷　唐韓愈撰
河東先生全集錄六卷外集錄一卷　唐柳宗元撰
六一居士全集錄五卷（存卷三至五）外集錄二卷　宋歐陽修撰
老泉先生全集錄五卷　宋蘇洵撰
東坡先生全集錄九卷　宋蘇軾撰
欒城先生全集錄六卷　宋蘇轍撰
南豐先生全集錄二卷　宋曾鞏撰
臨川先生全集錄四卷　宋王安石撰
存四十六卷

八六　唐宋八家詩五十二卷　清姚培謙編　清雍正六年遂安堂刻本　九行十九字黑口左右雙邊
昌黎詩鈔八卷　唐韓愈撰
河東詩鈔四卷　唐柳宗元撰
廬陵詩鈔八卷　宋歐陽修撰
老泉詩鈔一卷　宋蘇洵撰
東坡詩鈔十八卷　宋蘇軾撰
欒城詩鈔四卷　宋蘇轍撰
半山詩鈔六卷　宋王安石撰
南豐詩鈔三卷　宋曾鞏撰

八七　五名臣遺集二十四卷　清張純修編　清康熙刻本　九行二十字白口左右雙邊
張乖崖事文錄四卷　宋張詠撰
孝肅包公奏議十卷　宋包拯撰
余忠宣公青陽山房集五卷　元余闕撰
廬陽周忠愍公垂光集二卷　明周新撰
史道鄰先生遺稿三卷　明史可法撰

八八　宋金三家詩選五卷　清沈德潛編　清乾隆三十四年刻本　九行二十一字白口左右雙邊

八九 唐宋元三朝名賢小集二十九種四十九卷 清趙典編 清乾隆嘉慶間趙之玉星鳳閣抄本 清趙典趙之玉批校並跋又錄翁方綱鮑廷博批校題識 王禮培批校並跋 十行二十一字黑格黑口左右雙邊 版心下鐫星鳳閣 正本題某泉手抄

東坡詩選二卷 宋蘇軾撰
遺山詩選一卷 金元好問撰
宗元先生文集三卷 唐吳筠撰
南統大君內丹九章經一卷 唐吳筠撰
待清軒讀書錄一卷 宋潘音撰
赤道集一卷 宋顧禧撰
燕堂詩稿一卷 宋趙公豫撰
義豐文集一卷 宋王阮撰
雲林集二卷補錄一卷 明危素撰
翰林珠玉六卷 元虞集撰
竹素山房集三卷續增附錄一卷 元吾丘衍撰
木玄集六卷 元劉本仁撰
山林清氣集一卷續一卷 元釋懋淨撰
碎錦詞一卷 元李好古撰
樵庵詞一卷 元趙禧老撰
宣卿詞一卷 元袁去華撰
簫臺公餘詞一卷 元姚述堯撰
章華詞一卷
放翁詩選二卷 宋陸游撰
宗元先生元綱論一卷 唐吳筠撰
待清軒遺稿一卷 宋潘音撰
牧谿詩集別錄一卷 宋徐僑撰
春卿遺稿一卷補錄一卷 宋蔣堂撰
郴江百詠一卷 宋阮閱撰
真山民詩集一卷 宋真山民撰
左貴嬪集一卷 晉左芬撰
敦交集一卷 元魏壽延（仲遠）撰
附集一卷 元仇遠等撰
雙溪詞一卷 元馮取洽撰
燕喜詞一卷 元曹冠撰
龜峰詞一卷 宋陳人傑撰
省齋詩餘一卷 元廖行之撰
蓬萊鼓吹一卷 元夏元鼎撰

九〇 四婦人集五卷 清沈恕編 清嘉慶十五年、二十四年沈氏古倪園刻本 魚玄機詩十行十八字 薛濤詩綠窗遺藁八行十六字 楊太后宮詞七行十二字 白口左右雙邊

唐女郎魚玄機詩一卷 唐魚玄機撰
楊太后宮詞一卷 宋楊皇后撰
附傅若金詩一卷 元傅若金撰
薛濤詩一卷 唐薛濤撰
綠窗遺藁一卷 元孫淑撰

九一 四婦人集五卷 清沈恕編 清嘉慶十五年、二十四年沈氏古倪園刻本 清徐渭仁跋

九二 唐宋詩詞六種九卷 清吉鄰齋抄本

元和三舍人詩一卷 唐王涯、令狐楚、張仲素撰
南唐二主詞一卷 南唐李璟、李煜撰
山谷詞三卷 宋黃庭堅撰
簡齋詞一卷 宋陳與義撰
陽春集一卷 南唐馮延巳撰
淮海詞二卷 宋秦觀撰

九三 詩約八卷 清佟文化輯 清抄本 十一行二十二字小字雙行同無格

宋詩約四卷
元詩約三卷
金詩約一卷

九四 宋元詩四十二種二百八卷 明潘是仁編 明萬曆四十三年自刻本 九行十九字白口四周單邊 有刻工

宋林和靖先生詩集六卷 宋林逋撰
米襄陽詩集五卷 宋米芾撰
秦少游詩集六卷 宋秦觀撰
嚴滄浪詩集六卷 宋嚴羽撰
白玉蟾詩集九卷 宋葛長庚撰
趙清獻公詩集五卷 宋趙抃撰
曾茶山詩集二卷 宋曾幾撰
放翁詩集八卷 宋陸游撰
石屏詩集六卷 宋戴復古撰
戴東埜詩集五卷 宋戴昺撰
清苑齋詩集四卷 宋趙師秀撰
二薇亭詩集四卷 宋徐璣撰
花蕊夫人詩集一卷 後蜀花蕊夫人撰
元遺山詩集十卷 金元好問撰
陳剛中詩集六卷 元陳孚撰
困學齋詩集二卷 元鮮于樞撰
吳草廬詩集六卷 元吳澄撰
馬石田詩集三卷 元馬祖常撰
楊浦城詩集四卷 元楊載撰
虞邵庵詩集七卷 元虞集撰
王陽庵詩集二卷 元王士熙撰
唐眉山詩集七卷 宋唐庚撰
蘇黃門詩集六卷 宋蘇轍撰
文與可詩集九卷 宋文同撰
王梅溪詩集六卷 宋王十朋撰
陳后山詩集四卷 宋陳師道撰
裘竹齋詩集六卷 宋裘萬頃撰
陳簡齋詩集五卷 宋陳與義撰
晞髮吟集五卷 宋謝翱撰
雪巖詩集三卷 宋宋伯仁撰
葦碧軒詩集四卷 宋翁卷撰
芳蘭軒詩集五卷 宋徐照撰
真山民詩集四卷 宋真山民撰
斷腸詩集四卷 宋朱淑真撰
劉靜修詩集三卷 元劉因撰
貫酸齋詩集二卷 元貫雲石撰
松雪齋詩集七卷 元趙孟頫撰
盧疏齋詩集三卷 元盧摯撰
范錦江詩集五卷 元范梈撰
石屋禪師山居詩六卷 元釋清珙撰
揭秋宜詩集五卷 元揭傒斯撰
薛象峰詩集二卷 元薛漢撰

九五 宋元詩六十一種二百七十三卷 明潘是仁編 明萬曆四十三年自刻天啟二年重修本 九行十九字白口四周單邊 有刻工

宋林和靖先生詩集六卷 宋林逋撰
米襄陽詩集五卷 宋米芾撰
秦少游詩集六卷 宋秦觀撰
嚴滄浪詩集六卷 宋嚴羽撰
白玉蟾詩集九卷 宋葛長庚撰
趙清獻詩集五卷 宋趙抃撰
曾茶山詩集二卷 宋曾幾撰
放翁詩集八卷 宋陸游撰
石屏詩集六卷 宋戴復古撰
戴東埜詩集五卷 宋戴昺撰
清苑齋詩集四卷 宋趙師秀撰
二薇亭詩集四卷 宋徐璣撰
花蕊夫人詩集一卷 宋花蕊夫人撰
元遺山詩集十卷 金元好問撰
陳剛中詩集六卷 元陳孚撰
困學齋詩集二卷 元鮮于樞撰
吳草廬詩集六卷 元吳澄撰
馬石田詩集三卷 元馬祖常撰
楊浦城詩集四卷 元楊載撰
虞邵庵詩集七卷 元虞集撰
王陽庵詩集二卷 元王士熙撰
薩天錫詩集八卷 元薩都剌撰
陳筠溪詩集三卷 元陳旅撰
倪雲林詩集六卷 元倪瓚撰
傅與礪詩集四卷 元傅若金撰
張蛻庵詩集四卷 元張翥撰
李五峰詩集二卷 元李孝光撰
貢玩齋詩集五卷 元貢師泰撰
陸湖峰詩集一卷 元陸景龍撰
松谷詩集二卷 元丁鶴年撰
春暉軒詩集一卷 元鄭允端撰
唐眉山詩集七卷 宋唐庚撰
蘇黃門詩集六卷 宋蘇轍撰
文與可詩集九卷 宋文同撰
王梅溪詩集六卷 宋王十朋撰
陳后山詩集四卷 宋陳師道撰
裘竹齋詩集六卷 宋裘萬頃撰
陳簡齋詩集五卷 宋陳與義撰
晞髮吟集五卷 宋謝翱撰
雪巖詩集三卷 宋宋伯仁撰
葦碧軒詩集四卷 宋翁卷撰
芳蘭軒詩集五卷 宋徐照撰
真山民詩集四卷 宋真山民撰
斷腸詩集四卷 宋朱淑真撰
劉靜修詩集三卷 元劉因撰
貫酸齋詩集二卷 元貫雲石撰
松雪齋詩集七卷 元趙孟頫撰
盧疏齋詩集三卷 元盧摯撰
范錦江詩集五卷 元范梈撰
石屋禪師山居詩六卷 元釋清珙撰
揭秋宜詩集五卷 元揭傒斯撰
薛象峰詩集二卷 元薛漢撰
句曲張外史詩集六卷 元張雨撰
貢南湖詩集七卷 元貢性之撰
楊鐵崖古樂府三卷 元楊維禎撰
柳初陽詩集二卷 元柳貫撰
泰顧北詩集一卷 元泰不花撰
余竹窗詩集二卷 元余闕撰
成柳莊詩集四卷 元成廷珪撰
廼前岡詩集三卷 元廼賢撰
龍麟洲詩集二卷 元龍從雲撰

九六 宋元詩六十一種二百七十三卷 明潘是仁編 明萬曆四十三年自刻天啟二年重修本 鄭振鐸跋

九七 宋元人詩集八十二種二百七十卷 清汝式慧編 清汝氏存素堂抄本 十行二十餘字不等白口四周雙邊 版心下鐫存素堂鈔本

武夷新集五卷 宋楊億撰
祖英集二卷 宋釋重顯撰
忠正德文集二卷 宋趙鼎撰
三餘集二卷 宋黃彥平撰
北湖集一卷 宋吳則禮撰
豫章文集一卷 宋羅從彥撰
歐陽修撰集三卷 宋歐陽澈撰
高東溪集一卷 宋高登撰
五峯集一卷 宋胡宏撰
文定集一卷 宋汪應辰撰
拙齋文集一卷 宋林之奇撰
夾漈遺稿一卷 宋鄭樵撰
海陵集一卷 宋周麟之撰
陶邕州小集一卷 宋陶弼撰
西塘集一卷 宋鄭俠撰
建康集二卷 宋葉夢得撰
默成集一卷 宋潘良貴撰
藏海居士集一卷 宋吳可撰
郴江百詠一卷 宋阮閱撰
東萊先生詩集二十卷 宋呂本中撰
胡澹菴先生文集六卷 宋胡銓撰 附錄一卷
斐然集三卷 宋胡寅撰
唯室集一卷 宋陳長方撰
太倉稊米集三十九卷 宋周紫芝撰
燕堂詩稿一卷 宋趙公豫撰
鄂州小集一卷 宋羅願撰

梁谿遺稿詩鈔一卷文鈔一卷 宋尤袤撰
香山集十六卷 宋喻良能撰
盤洲文集三卷 宋洪适撰
南湖集九卷 宋張鎡撰
蓮峯集二卷 宋史堯弼撰
山房集二卷 宋周南撰
林湖遺稿一卷 宋高鵬飛撰
性善堂稿四卷 宋度正撰
平齋文集一卷 宋洪咨夔撰
安晚堂詩集四卷 宋鄭清之撰
可齋雜稿六卷 宋李曾伯撰
默齋遺稿二卷 宋游九言撰
拙軒集四卷 宋張侃撰
嘉禾百詠一卷 宋張堯同撰
閬風集九卷 宋舒岳祥撰
真山民集一卷 宋真山民撰
存雅堂遺稿一卷 宋方鳳撰
剩語二卷 元艾性夫撰
玉斗山人集一卷 元王奕撰
畏齋集四卷 元程端禮撰
玉井樵唱一卷 元尹廷高撰
艮齋集十四卷 元侯克中撰
翠寒集一卷 元宋无撰
筠軒集八卷 元唐元撰
鯨背吟集一卷 元朱晞顏撰
金臺集一卷 元廼賢撰
午溪集一卷 元陳鎰撰
花谿集一卷 元沈夢麟撰
襄陵劉文簡公文集二卷 題宋劉燴撰
野處類稿二卷 題宋洪邁撰
頤安居士集二卷 宋劉應時撰
客亭類稿三卷 宋楊冠卿撰
省齋集四卷 宋廖行之撰
菊磵集一卷 宋高翥撰
疏寮小集一卷 宋高似孫撰
龍洲道人詩集十卷 宋劉過撰
康範詩集一卷 宋汪晫撰
寒松閣集一卷 宋詹初撰
鐵菴集一卷 宋方大琮撰
彝齋文編二卷 宋趙孟堅撰
蘭皋集一卷 宋吳錫疇撰
覆瓿集一卷 宋趙必𤩽撰
秋聲集四卷 宋衛宗武撰
廬山集五卷英溪集一卷 宋董嗣杲撰
紫巖詩選三卷 宋于石撰
屏巖小稿一卷 元張觀光撰
小亨集五卷 元楊弘道撰
秋巖詩集二卷 元陳宜甫撰
蒲室集一卷 元釋大訢撰
惟實集一卷 元劉鶚撰
杏庭摘稾一卷 元洪焱祖撰
俟菴集一卷 元李存撰
近光集一卷 元周伯琦撰
子淵詩集六卷 元張仲深撰
一山文集二卷 元李繼本撰
東山存稿一卷 元趙汸撰

九八 三間草堂集錄二十一種一百二十九卷內三種不分卷 清陸香圃三間草堂抄本

寶晉山林集拾遺八卷 宋米芾撰
湛然居士文集十四卷 元耶律楚材撰
蒲室集十五卷 元釋大訢撰
鉅鹿東觀集十卷 宋魏野撰
林外野言二卷 元郭翼撰
梅花菴稿一卷 元吳鎮撰
宗氏四隱集三卷 宋陳望等撰 明宗濱貞輯
存悔齋詩一卷 元龔璛撰 附補遺一卷 明宗存理輯
玉井樵唱三卷 元尹廷高撰
高峯先生文集七卷 宋廖剛撰
巴西鄧先生文集不分卷 元鄧文原撰
梅花字字香前集一卷後集一卷 元郭豫亨撰
丁鶴年先生詩集四卷 元丁鶴年撰
句曲外史集補遺不分卷 元張雨撰
蘭皋集二卷 宋吳錫疇撰
素履齋稿一卷 元鄧文原撰
小畜外集十三卷 宋王禹偁撰
梅道人遺墨不分卷 元吳鎮撰
蛻菴集五卷 元張翥撰
北郭詩集六卷附補遺一卷 元許恕撰
滋溪文稿三十卷 元蘇天爵撰

九九 宋元四家詩鈔四卷 清戴熙編 稿本 清丁丙跋 十行二十字細黑口四周單邊

林君復詩一卷 宋林逋撰
倪雲林詩一卷 元倪瓚撰
姜白石詩一卷 宋姜夔撰
王元章詩一卷 元王冕撰

一〇〇 御選宋金元明四朝詩三百二卷首二卷姓名爵里十三卷 清張豫章等輯 清康熙四十八年內府刻本 十一行二十一字白口左右雙邊

宋詩七十八卷姓名爵里二卷
元詩八十一卷首一卷姓名爵里二卷
金詩二十四卷首一卷姓名爵里一卷
明詩一百二十卷姓名爵里八卷

一〇一 梅花百詠三卷 明嘉靖三十二年朱蒙谿刻本 十行或十一行二十二字黑口四周雙邊

馮海粟梅花百詠詩一卷 元馮子振撰
中峯和馮海粟梅花詩一卷 元釋明本撰
廣和中峯詩韻一卷 明朱堪撰

一〇二 元明七大家古文選十三卷 清劉肇虞編並評 清乾隆二十九年步月樓刻本 十行二十一字上白口下黑口左右雙邊

虞道園文選二卷 元虞集撰
王陽明文選二卷 明王守仁撰
唐荊川文選二卷 明唐順之撰
艾東鄉文選二卷 明艾南英撰
揭曼碩文選一卷 元揭傒斯撰
歸震川文選二卷 明歸有光撰
王遵巖文選二卷 明王慎中撰

一〇三 三家詠物詩三卷 清賀光烈編 清康熙五十三年刻本 十一行二十一字黑口左右雙邊

元詠物詩一卷 元謝宗可撰
今詠物詩一卷 清張劭撰
明詠物詩一卷 明瞿佑撰

一〇四 燈傳集三種四卷 清順治刻本 八行十九字白口左右雙邊

柏天亭稿一卷 明釋弘本撰
龍華院稿二卷 清釋中英撰
龍樹齋稿一卷 明釋宗顧撰

一〇五 歸錢尺牘五卷 清顧棫編 清康熙三十八年顧氏如月樓刻本 十行二十字黑口左右雙邊

歸震川先生尺牘二卷 明歸有光撰
錢牧齋先生尺牘三卷 清錢謙益撰

一〇六 海昌麗則十卷 清吳騫編 清乾隆嘉慶間吳氏拜經樓刻本 九行十七字黑口左右雙邊

靜菴賸稿一卷 明朱妙端撰 附錄一卷 清乾隆五十九年吳氏拜經樓刻本
玉窗遺稿一卷 清葛宜撰 清乾隆三十七年吳氏拜經樓刻本
拙政園詩集二卷詩餘三卷 清徐燦撰 附錄一卷 清嘉慶八年吳氏拜經樓刻本
梅花園存稿一卷詩餘一卷 清鍾韞撰 清乾隆五十七年吳氏拜經樓刻本
月珠樓吟稿一卷 清黃蘭雪撰 清嘉慶十一年吳氏拜經樓刻本

一〇七 李詩集遺四種四卷 清李克若編 清三十六硯居抄本 九行十九字藍格白口四周雙邊版心下鐫三十六硯居

一〇八 東海詩選二十九種三十卷 清抄本 清葛繼常圖校補注 十行二十七字無格

遐溪草一卷 明李中行撰
遯山堂詩一卷 清李含章撰
萬九標集選一卷 明萬徵奇撰
祝開美遺詩一卷 明祝淵撰
吳若谷遺詩一卷 明吳水沖撰
乾初詩文偶錄一卷
待軒遺詩二卷 明張次仲撰
飽墨堂吟草一卷 明吳啟熙撰
止溪詩集一卷 明朱嘉徵撰
劍南雜詩一卷 明朱嘉徵撰
曹淑道詩一卷 明曹元芳撰
進樵吟一卷 明葛定遠撰
洪柳懷古詩一卷 明朱一是撰
盘南新詩選一卷 清查詩繼撰
朱方菴蜀游草一卷 清朱昇撰
塞滄偶編偶錄一卷 □術闓大撰
西疇草堂遺詩一卷 □同文熠撰
春暉堂詩一卷 清李斐章撰
織齋集一卷 清李煥章撰
梅里遺詩一卷 明吳本泰撰
容菴存稿一卷 明許令瑜撰
陳匪苂詩選一卷 明陳道永撰
陳仲固遺詩一卷 □陳鼎新撰
留鋧堂詩選一卷 明張次仲撰
徐醫化遺詩一卷 明徐于撰
止溪雜詩一卷 明朱嘉徵撰
止溪詩選一卷 明朱嘉徵撰
汲古齋詩選一卷 明葛定辰撰
陳薑芥詩選一卷 明陳殷桂撰
朱倚迂六言絕一卷
方菴詩選一卷 清朱昇撰
西征稿偶錄一卷 清蔣薰撰
汾游草選一卷

一〇九 名家制義六十一種六十一卷 清抄本 九行二十六字無格

馮具區稿一卷 明馮夢禎撰
歸震川稿一卷 明歸有光撰
陶慎菴稿一卷 明陶澤撰
顧涇陽稿一卷 明顧憲成撰
方孟旋稿一卷 明方應祥撰
張昂一稿一卷 明張以誠撰
文湛持稿一卷 明文震孟撰
徐思曠稿一卷 明徐方廣撰
楊貞復稿一卷 明楊起元撰
周萊峰稿一卷 明周思兼撰
海剛峰稿一卷 明海瑞撰
鄧炯山稿一卷 明鄧德溥撰
許鍾斗稿一卷 明許獬撰
章大力稿一卷 明章世純撰
黃石齋稿一卷 明黃道周撰
錢吉士稿一卷 明錢禧撰

鄒水莊稿一卷　清鄒溶撰
金敷似稿一卷　清金居敬撰
石亭常稿一卷　明石有恒撰
成价人稿一卷　口成濬撰
張聞成稿一卷　清張永祺撰
顧未齋稿一卷　明顧鼎臣撰
鄒謙之稿一卷　明鄒守益撰
章實學稿一卷　清章金牧撰
茅鹿門稿一卷　明茅坤撰
葉水溪稿一卷　明葉峰撰
錢學樂稿一卷　明錢士鰲撰
岳蒙泉稿一卷　明岳正撰
丘仲深稿一卷　明丘濬撰
羅一峰稿一卷　明羅倫撰
謝木齋稿一卷　明謝遷撰
顧東江稿一卷　明顧清撰
孫百川稿一卷　明孫樓撰
顏修來稿一卷　清顏光敏撰
嵇川南稿一卷　明嵇世臣撰
胡思泉稿一卷　明胡友信撰
胡二溪稿一卷　明胡定撰
許敬菴稿一卷　明許孚遠撰
孫月峰稿一卷　明孫鑛撰
沈憲吉稿一卷　清沈受祺撰
顧瑞屏稿一卷　明顧錫疇撰
王房仲稿一卷　明王士驌撰
李石臺稿一卷　清李來泰撰
董中峰稿一卷　明董圯撰
唐虞佐稿一卷　明唐龍撰
楊升庵稿一卷　明楊慎撰
趙明遠稿一卷　口趙炳撰
瞿昆湖稿一卷　明瞿景純撰
張魯叟稿一卷　明張壽朋撰
陳句沙稿一卷　明陳獻章撰
王宗貫稿一卷　明王恕撰
李西涯稿一卷　明李東陽撰
林亨大稿一卷　明林瀚撰
錢鶴灘稿一卷　明錢福撰
袁太沖稿一卷　明袁福徵撰
王方麓稿一卷　明王樵撰
李厚庵稿一卷　清李光地撰
張小越稿一卷　明張元忭撰
鄧定宇稿一卷　明鄧以讚撰
王荊石稿一卷　明王錫爵撰
黃葵陽稿一卷　明黃洪憲撰

總集類

叢編

斷代

一一〇 西漢三子至文二十一卷　明朱節編　明刻本　十一行二十二字白口四周單邊

西漢董氏至文四卷　漢董仲舒撰
西漢司馬氏至文七卷　漢司馬遷撰
西漢賈氏至文十卷　漢賈誼撰

一五

一一一 晉二俊文集二十卷　清影宋抄本　清趙懷玉錄俞同書校並跋　顧光□批注並跋又錄盧文弨校

陸士衡文集十卷　晉陸機撰
陸士龍文集十卷　晉陸雲撰

一一二 晉二俊文集二十卷　明正德十四年陸元大刻本　十行十八字白口左右雙邊

陸士衡文集十卷　晉陸機撰
陸士龍文集十卷　晉陸雲撰

一一三 晉二俊文集二十卷　明正德十四年陸元大刻本　明□一穗校　曹元忠跋

一一四 晉二俊文集二十卷　明正德十四年陸元大刻本　清丁丙跋

一一五 晉二俊文集二十卷　明刻本　十行二十七字白口四周單邊

一一六 晉二俊文集二十卷　明刻本　九行二十字白口四周單邊間左右雙邊

一一七 晉二俊文集二十卷　明末刻本　七行十八字白口左右雙邊

陸士衡文集十卷　晉陸機撰
陸士龍文集十卷　晉陸雲撰

一一八 晉三家集合鈔三卷　清吳松巖抄本　九行十六字無格

晉成公子安集一卷　晉成公綏撰
晉張景陽集一卷　晉張協撰
晉張孟陽集一卷　晉張載撰

一一九 三謝詩七卷　明嘉靖刻本　十行十八字白口左右雙邊

謝康樂集一卷　劉宋謝靈運撰
謝惠連集一卷　劉宋謝惠連撰
謝宣城集五卷　南齊謝朓撰

一二〇 劉沈合集二十卷　明沈光裕編　明崇禎六年刻本　九行二十字白口四周單邊　眉上鐫評

劉孝標集二卷　梁劉峻撰　附錄一卷
沈隱侯集十六卷　梁沈約撰　附錄一卷

一二一 唐四傑集四卷　明嘉靖二十七年張明刻本　十一行二十一字白口四周單邊

王勃詩集一卷　唐王勃撰
盧照鄰詩集一卷　唐盧照鄰撰
楊炯詩集一卷　唐楊炯撰
駱賓王詩集一卷　唐駱賓王撰

一二二 初唐四子集四十八卷　明張燮編　明崇禎十三年張燮□荃刻本　九行十八字白口左右雙邊

王子安集十六卷　唐王勃撰　附錄一卷
楊盈川集十三卷　唐楊炯撰　附錄一卷
盧昇之集七卷　唐盧照鄰撰　附錄一卷
駱丞集八卷　唐駱賓王撰　附錄一卷

一二三 前唐十二家詩二十四卷　明許自昌編　明萬曆三十一年霏玉軒刻本　九行十九字白口左右雙邊

王勃集二卷　唐王勃撰
盧照鄰集二卷　唐盧照鄰撰
陳子昂集二卷　唐陳子昂撰
沈佺期集二卷　唐沈佺期撰
孟浩然集二卷　唐孟浩然撰
高常侍集二卷　唐高適撰
楊炯集二卷　唐楊炯撰
駱賓王集二卷　唐駱賓王撰
杜審言集二卷　唐杜審言撰
宋之問集二卷　唐宋之問撰
王摩詰集二卷　唐王維撰
岑嘉州集二卷　唐岑參撰

一二四 前唐十二家詩二十四卷　明許自昌編　明萬曆三十一年霏玉軒刻本　清翁同龢跋
存十一家二十二卷　缺王摩詰二卷

一二五 前唐十二家詩二十四卷　明許自昌編　明萬曆三十一年霏玉軒刻本　傅增湘校跋並錄黃丕烈題識

一二六 前唐十二家詩二十四卷　明許自昌編　明萬曆三十一年霏玉軒刻本　鄭振鐸跋

一二七 前唐十二家詩二十四卷　明許自昌編　明鄭能刻本　九行十九字白口四周單邊

一六

一二八 十二家唐詩二十四卷　明張遜業編　明嘉靖黃埻東壁圖書府刻本　九行十九字白口四周單邊　版心上鐫東壁圖書府

王勃集二卷　唐王勃撰
盧照鄰集二卷　唐盧照鄰撰
陳子昂集二卷　唐陳子昂撰
沈佺期集二卷　唐沈佺期撰
孟浩然集二卷　唐孟浩然撰
高常侍集二卷　唐高適撰
楊炯集二卷　唐楊炯撰
駱賓王集二卷　唐駱賓王撰
杜審言集二卷　唐杜審言撰
宋之問集二卷　唐宋之問撰
王摩詰集二卷　唐王維撰
岑嘉州集二卷　唐岑參撰

一二九 十二家唐詩二十四卷　明張遜業編　明嘉靖黃埻刻本　清丁丙跋

一三〇 十二家唐詩二十四卷　明張遜業編　明嘉靖黃埻刻本　王同愈跋

一三一 唐十二家詩十二卷　明楊一統編　明萬曆十二年刻本　九行二十字白口四周單邊

王勃集一卷　唐王勃撰
盧照鄰集一卷　唐盧照鄰撰
陳子昂集一卷　唐陳子昂撰
沈佺期集一卷　唐沈佺期撰
孟浩然集一卷　唐孟浩然撰
高適集一卷　唐高適撰
楊炯集一卷　唐楊炯撰
駱賓王集一卷　唐駱賓王撰
杜審言集一卷　唐杜審言撰
宋之問集一卷　唐宋之問撰
王維集一卷　唐王維撰
岑參集一卷　唐岑參撰

一三二 唐十二家詩四十九卷　明刻本　十行十八字白口左右雙邊

王勃集二卷　唐王勃撰
盧照鄰集二卷　唐盧照鄰撰
陳伯玉集二卷　唐陳子昂撰
沈雲卿集三卷　唐沈佺期撰
孟浩然集四卷　唐孟浩然撰
高常侍集十卷　唐高適撰
楊炯集二卷　唐楊炯撰
駱賓王集二卷　唐駱賓王撰
杜審言集二卷　唐杜審言撰
宋之問集二卷　唐宋之問撰
王摩詰集十卷　唐王維撰
岑嘉州集八卷　唐岑參撰

一三三
唐詩二十六家五十卷　明黄貫曾編　明嘉靖三十三年黄氏浮玉山房刻本　十行十九字白口左右雙邊
李嶠集三卷　唐李嶠撰
虞世南集一卷　唐虞世南撰
李頎集三卷　唐李頎撰
崔顥集二卷　唐崔顥撰
祖詠集一卷　唐祖詠撰
嚴武集一卷　唐嚴武撰
皇甫曾集二卷　唐皇甫曾撰
李益集二卷　唐李益撰
嚴維集二卷　唐嚴維撰
韓君平集三卷　唐韓翃撰
李嘉祐集二卷　唐李嘉祐撰
秦隱君集一卷　唐秦系撰
包何集一卷　唐包何撰
蘇廷碩集二卷　唐蘇頲撰
許敬宗集一卷　唐許敬宗撰
王昌齡集二卷　唐王昌齡撰
崔曙集一卷　唐崔曙撰
常建集二卷　唐常建撰
皇甫冉集三卷　唐皇甫冉撰
權德輿集二卷　唐權德輿撰
司空曙集二卷　唐司空曙撰
顧況集二卷　唐顧況撰
武元衡集三卷　唐武元衡撰
耿湋集三卷　唐耿湋撰
郎士元集二卷　唐郎士元撰
包佶集一卷　唐包佶撰

一三四
唐人詩集　明銅活字印本　九行十七字細黑口左右雙邊
存五十種一百五十九卷
唐太宗皇帝集二卷　唐太宗李世民撰
虞世南集一卷　唐虞世南撰
駱賓王集二卷　唐駱賓王撰
李嶠集三卷　唐李嶠撰
楊炯集二卷　唐楊炯撰
陳子昂集二卷　唐陳子昂撰
唐玄宗皇帝集二卷　唐玄宗李隆基撰
張九齡集六卷　唐張九齡撰
孫逖集一卷　唐孫逖撰
王昌齡集二卷　唐王昌齡撰
王摩詰集六卷　唐王維撰
崔顥集二卷　唐崔顥撰
儲光羲集五卷　唐儲光羲撰
秦隱君集一卷　唐秦系撰
嚴維集二卷　唐嚴維撰
包何集一卷　唐包何撰
李嘉祐集二卷　唐李嘉祐撰
皇甫冉集三卷　唐皇甫冉撰
嚴武集一卷　唐嚴武撰
戴叔倫集二卷　唐戴叔倫撰
韋蘇州集十卷　唐韋應物撰
司空曙集二卷　唐司空曙撰
盧綸集六卷　唐盧綸撰
羊士諤集二卷　唐羊士諤撰
權德輿集二卷　唐權德輿撰
許敬宗集一卷　唐許敬宗撰
盧照鄰集二卷　唐盧照鄰撰
杜審言集二卷　唐杜審言撰
王勃集二卷　唐王勃撰
沈佺期集四卷　唐沈佺期撰
張說之集八卷　唐張說撰
蘇廷碩集二卷　唐蘇頲撰
孟浩然集三卷　唐孟浩然撰
李頎集三卷　唐李頎撰
祖詠集一卷　唐祖詠撰
高常侍集八卷　唐高適撰
崔曙集一卷　唐崔曙撰
常建集二卷　唐常建撰
劉隨州集十卷　唐劉長卿撰
岑嘉州集八卷　唐岑參撰
包佶集一卷　唐包佶撰
錢考功集十卷　唐錢起撰
皇甫曾集二卷　唐皇甫曾撰
郎士元集二卷　唐郎士元撰
耿湋集三卷　唐耿湋撰
韓君平集三卷　唐韓翃撰
李端集四卷　唐李端撰
李益集二卷　唐李益撰
武元衡集三卷　唐武元衡撰
顧況集二卷　唐顧況撰

一七

一三五
唐人詩集　明銅活字印本（高常侍集卷一至八、李嶠集卷下配清抄本）　清丁丙跋
存十九種七十一卷
唐太宗皇帝集二卷　唐太宗李世民撰
嚴武集一卷　唐嚴武撰
許敬宗集一卷　唐許敬宗撰
李嘉祐集二卷　唐李嘉祐撰
唐玄宗皇帝集二卷　唐玄宗李隆基撰
虞世南集一卷　唐虞世南撰
戴叔倫集二卷　唐戴叔倫撰
張說之集八卷　唐張說撰

高常侍集八卷　唐高適撰
儲光羲集五卷　唐儲光羲撰
皇甫冉集三卷　唐皇甫冉撰
沈佺期集四卷　唐沈佺期撰
李益集二卷　唐李益撰
李嶠集三卷　唐李嶠撰
皇甫曾集二卷　唐皇甫曾撰

一三六
唐五十家集七十二卷　明刻本　十行十八字白口左右雙邊
杜審言詩集一卷　唐杜審言撰
許敬宗集一卷　唐許敬宗撰
劉廷芝集一卷　唐劉廷芝撰
王勃集二卷　唐王勃撰
駱賓王集二卷　唐駱賓王撰
李嶠集三卷　唐李嶠撰
李頎詩集一卷　唐李頎撰
常建詩集二卷　唐常建撰
崔曙集一卷　唐崔曙撰
郎士元詩集一卷　唐郎士元撰
嚴維詩集一卷　唐嚴維撰
唐包秘監詩集一卷　唐包佶撰
耿湋詩集一卷　唐耿湋撰
于鵠詩集一卷　唐于鵠撰
權德輿集二卷　唐權德輿撰
呂衡州詩集一卷　唐呂溫撰
許渾詩集一卷　唐許渾撰
周賀詩集一卷　唐周賀撰
喻鳧詩集一卷　唐喻鳧撰
章孝標詩集一卷　唐章孝標撰
鄭巢詩集一卷　唐鄭巢撰
儲嗣宗詩集一卷　唐儲嗣宗撰
虞世南集一卷　唐虞世南撰
董思恭集一卷　唐董思恭撰
楊師道集一卷　唐楊師道撰
盧照鄰集二卷　唐盧照鄰撰
宋之問集二卷　唐宋之問撰
王昌齡詩集三卷　唐王昌齡撰
祖詠集一卷　唐祖詠撰
顏魯公詩集一卷　唐顏真卿撰
嚴武集一卷　唐嚴武撰
皇甫御史詩集一卷　唐皇甫曾撰
韓君平集三卷　唐韓翃撰
沈雲卿集二卷　唐沈佺期撰
華陽真逸詩二卷　唐顧況撰
戴叔倫集二卷　唐戴叔倫撰
唐張處士詩集五卷　唐張祜撰
孟貫詩集一卷　唐孟貫撰
詩集三卷　唐李洞撰
曹鄴詩集一卷　唐曹鄴撰
項斯詩集一卷　唐項斯撰
劉兼詩集一卷　唐劉兼撰
于鄴詩集一卷　唐于鄴撰
唐姚鵠詩集一卷　唐姚鵠撰

一八

劉威詩集一卷　唐劉威撰
唐女郎魚玄機詩一卷　唐魚玄機撰
李丞相詩集二卷　南唐李建勳撰
殷文圭詩集一卷　唐殷文圭撰
唐貫休詩集一卷　唐釋貫休撰
于濆詩集一卷　唐于濆撰

一三七
唐四十七家詩一百三十一卷　明抄本　九行十七字或十行十八字無格　清何焯校
唐皇帝詩一卷　唐太宗李世民等撰　清錢陸燦跋
沈雲卿集二卷　唐沈佺期撰
追昔遊詩三卷　唐李紳撰
韓君平詩集五卷　唐韓翃撰
丁卯集二卷續集二卷　唐許渾撰
鮑溶詩集六卷集外詩一卷　唐鮑溶撰
張蠙詩集一卷　唐張蠙撰
于鄴詩集一卷　唐于鄴撰
林寬詩集一卷　唐林寬撰
李群玉詩集三卷後集五卷　唐李群玉撰
張喬詩集四卷　唐張喬撰
孟貫詩集一卷　唐孟貫撰
文化集一卷　唐許棠撰
項斯詩集一卷　唐項斯撰
周賀詩集一卷　唐周賀撰
殷文圭詩集一卷　唐殷文圭撰
李丞相詩集二卷　南唐李建勳撰
李昌符詩集一卷　唐李昌符撰
劉叉詩集三卷　唐劉叉撰　清錢陸燦跋
王周詩集一卷　唐王周撰
邵謁詩一卷　唐邵謁撰
浣花集十卷　唐韋莊撰　清黃丕烈校
詩集一卷　唐郎士元撰
戎昱詩集一卷　唐戎昱撰
王建詩集十卷　唐王建撰　清何焯校
姚少監詩集十卷　唐姚合撰
常建詩集二卷　唐常建撰
賈浪仙長江集十卷　唐賈島撰　清黃丕烈校並跋
朱慶餘詩集一卷　唐朱慶餘撰
唐姚鵠詩集一卷　唐姚鵠撰
于濆詩集一卷　唐于濆撰
曹松詩集一卷　唐曹松撰
薛許昌詩集十卷　唐薛能撰
儲嗣宗詩集一卷　唐儲嗣宗撰
僧無可詩集二卷　唐釋無可撰
詩集三卷　唐李洞撰　清何焯校並跋
唐司空文明詩集三卷　唐司空曙撰
李君虞詩集二卷　唐李益撰
唐包秘監詩集一卷　唐包佶撰
崔塗詩集一卷　唐崔塗撰
唐秦隱君詩集一卷　唐秦系撰
于武陵詩集一卷　唐于武陵撰
司馬扎先輩詩集一卷　唐司馬扎撰
蘇拯詩集一卷　唐蘇拯撰
于鵠詩集一卷　唐于鵠撰
唐英歌詩三卷　唐吳融撰　清錢曾校

一三八　唐十八家詩二十一卷　明初抄本　十行十八字黑口四周雙邊　清黃丕烈跋

唐李嶠詩一卷　唐李嶠撰
高常侍集一卷　唐高適撰
李頎詩集一卷　唐李頎撰
鄭巢詩集二卷　唐鄭巢撰
劉叉詩一卷　唐劉叉撰
李昌符詩集一卷　唐李昌符撰
唐包祕監詩集一卷　唐包佶撰
于鄴詩集一卷　唐于鄴撰
李中碧雲集詩選一卷　唐李中撰
雲臺編詩上三卷　唐鄭守愚撰
會昌進士詩集一卷　唐馬戴撰
顧非熊詩集一卷　唐顧非熊撰
許琳詩集一卷　唐許琳撰
楊凝詩集一卷　唐楊凝撰
李丞相詩集二卷　南唐李建勳撰
王周詩集一卷　唐王周撰
于濆詩集一卷　唐于濆撰
韋碣詩集一卷　唐韋碣撰

一三九　唐百家詩一百七十一卷　唐詩品一卷　明朱警編　明嘉靖十九年刻本　十行十八字白口左右雙邊間有四周單邊

初唐二十一家
唐太宗文皇帝集一卷　唐太宗李世民撰
虞世南集一卷　唐虞世南撰
李百藥集一卷　唐李百藥撰
董思恭集一卷　唐董思恭撰
王勃集二卷　唐王勃撰
盧照鄰集二卷　唐盧照鄰撰
唐喬知之詩集一卷　唐喬知之撰
杜審言詩集一卷　唐杜審言撰
宋之問集二卷　唐宋之問撰
蘇廷碩集二卷　唐蘇頲撰
張九齡集六卷　唐張九齡撰
盛唐十家
唐玄宗皇帝集二卷　唐玄宗李隆基撰
李頎詩集一卷　唐李頎撰
許敬宗集一卷　唐許敬宗撰
楊師道集一卷　唐楊師道撰
劉廷芝集一卷　唐劉廷芝撰
楊炯集二卷　唐楊炯撰
駱賓王集二卷　唐駱賓王撰
陳伯玉集二卷　唐陳子昂撰
沈雲卿集二卷　唐沈佺期撰
李嶠集三卷　唐李嶠撰
張説之集八卷　唐張説撰
盧僎集一卷　唐盧僎撰
崔顥詩集一卷　唐崔顥撰
祖詠集一卷　唐祖詠撰
孟浩然集三卷　唐孟浩然撰
常建詩集二卷　唐常建撰
崔曙集一卷　唐崔曙撰
中唐二十七家
郎士元詩集一卷　唐郎士元撰
皇甫御史詩集一卷　唐皇甫曾撰
李端詩集四卷　唐李端撰
嚴維詩集一卷　唐嚴維撰
唐皎然詩集一卷　唐釋皎然撰
唐包祕監詩集一卷　唐包佶撰
華陽真逸詩二卷　唐顧況撰
李益集二卷　唐李益撰
戴叔倫集二卷　唐戴叔倫撰
武元衡集三卷　唐武元衡撰
唐張處士詩集五卷　唐張祜撰
唐秦隱君詩集一卷　唐秦系撰
張司業樂府集一卷　唐張籍撰
李嘉祐集五卷　唐李嘉祐撰
晚唐四十二家
劉滄詩集一卷　唐劉滄撰
朱慶餘詩集一卷　唐朱慶餘撰
喻鳧詩集一卷　唐喻鳧撰
詩集二卷　唐曹鄴撰
李昌符詩集一卷　唐李昌符撰
崔塗詩集一卷　唐崔塗撰
張蠙詩集一卷　唐張蠙撰
劉駕詩集一卷　唐劉駕撰
劉叉詩集五卷　唐劉叉撰
章孝標詩集一卷　唐章孝標撰
李丞相詩集二卷　南唐李建勳撰
王昌齡詩集三卷　唐王昌齡撰
顏魯公詩集一卷　唐顏真卿撰
嚴武集一卷　唐嚴武撰
皇甫冉詩集二卷　唐皇甫冉撰
唐司空文明詩集三卷　唐司空曙撰
耿湋詩集一卷　唐耿湋撰
唐竇一詩集一卷　唐竇常一撰
韓君平集三卷　唐韓翃撰
唐包刑侍詩集一卷　唐包何撰
戎昱詩集一卷　唐戎昱撰
于鵠詩集一卷　唐于鵠撰
權德輿集二卷　唐權德輿撰
羊士諤詩集一卷　唐羊士諤撰
會昌進士詩集一卷　唐馬戴撰
呂衡州詩集一卷　唐呂溫撰
李長吉集四卷　唐李賀撰
盧仝詩集二卷集外詩一卷　唐盧仝撰
周賀詩集一卷　唐周賀撰
項斯詩集一卷　唐項斯撰
詩集三卷　唐李洞撰
李山甫詩集一卷　唐李山甫撰
張喬詩集一卷　唐張喬撰
邵謁詩一卷　唐邵謁撰
唐李推官披沙集六卷　唐李咸用撰
蘇拯詩集一卷　唐蘇拯撰
于濆詩集一卷　唐于濆撰
唐女郎魚玄機詩一卷　唐魚玄機撰
比紅兒詩一卷　唐羅虬撰
唐齊己詩集一卷　唐釋齊己撰
曹松詩集一卷　唐曹松撰
鄭巢詩集一卷　唐鄭巢撰
于鄴詩集一卷　唐于鄴撰
章碣詩集一卷　唐章碣撰
唐姚鵠詩集一卷　唐姚鵠撰
羅鄴詩集一卷　唐羅鄴撰
經進周曇詠史詩三卷　唐周曇撰
秦韜玉詩集一卷　唐秦韜玉撰
唐詩品一卷　明徐獻忠撰
唐貫休詩集一卷　唐釋貫休撰
僧無可詩集二卷　唐釋無可撰
劉兼詩集一卷　唐劉兼撰
王周詩集一卷　唐王周撰
儲嗣宗詩集一卷　唐儲嗣宗撰
伍喬詩集一卷　南唐伍喬撰
李遠詩集一卷　唐李遠撰
林寬詩集一卷　唐林寬撰
劉威詩集一卷　唐劉威撰
殷文珪詩集一卷　唐殷文珪撰

一四〇　唐百家詩一百七十一卷　唐詩品一卷　明朱警編　明嘉靖十九年刻本　清丁丙跋

一四一　唐百家詩一百七十一卷　唐詩品一卷　明朱警編　明嘉靖十九年刻本　清沈之琪校並跋

存二十八家三十九卷

許敬宗集一卷　唐許敬宗撰
楊炯集二卷　唐楊炯撰
陳伯玉集二卷　唐陳子昂撰
沈雲卿集二卷　唐沈佺期撰
蘇廷碩集二卷　唐蘇頲撰
崔顥詩集一卷　唐崔顥撰
祖詠集一卷　唐祖詠撰
會昌進士詩集一卷　唐馬戴撰
朱慶餘詩集一卷　唐朱慶餘撰
王勃集二卷　唐王勃撰
唐喬知之詩集一卷　唐喬知之撰
杜審言詩集一卷　唐杜審言撰
宋之問集二卷　唐宋之問撰
盧僎集一卷　唐盧僎撰
李頎詩集一卷　唐李頎撰
崔曙集一卷　唐崔曙撰
劉滄詩集一卷　唐劉滄撰
喻鳧詩集一卷　唐喻鳧撰
項斯詩集一卷　唐項斯撰
李洞詩集三卷　唐李洞撰
劉叉詩集三卷　唐劉叉撰
曹松詩集一卷　唐曹松撰
王周詩集一卷　唐王周撰
詩集二卷　唐曹鄴撰
李昌符詩集一卷　唐李昌符撰
蘇拯詩集一卷　唐蘇拯撰
劉兼詩集一卷　唐劉兼撰
李遠詩集一卷　唐李遠撰

一四二　百家唐詩□□種□□卷　清初抄本　九行二十或二十二字藍格白口四周雙邊　版心間書百家唐詩

存五十四種

樊川文集不分卷外集一卷別集一卷拾遺一卷　唐杜牧撰
李端集四卷拾遺一卷　唐李端撰
賈浪仙詩九卷拾遺一卷　唐賈島撰
薛能詩不分卷　唐薛能撰
李商隱詩不分卷　唐李商隱撰
竇氏連珠集五卷　唐竇常等撰
僧無可詩集二卷　唐釋無可撰
王建詩不分卷　唐王建撰
唐風集不分卷　唐杜荀鶴撰
徐安貞詩一卷　唐徐安貞撰
曹鄴詩集二卷　唐曹鄴撰
沈亞之詩一卷　唐沈亞之撰
劉威詩一卷　唐劉威撰
顧非熊詩一卷　唐顧非熊撰
溫庭筠詩七卷別集一卷　唐溫庭筠撰
崔補闕集一卷　唐崔峒撰
唐元英方先生家集十卷　唐方干撰
于武陵詩集一卷　唐于武陵撰
顧況集二卷　唐顧況撰
李君虞詩集一卷　唐李益撰
盧仝詩一卷集外詩一卷　唐盧仝撰
薛逢詩不分卷　唐薛逢撰
裴度詩一卷　唐裴度撰
竇叔向詩一卷　唐竇叔向撰
呂和叔文集二卷　唐呂溫撰
梨嶽詩集不分卷　唐李頻撰
姚合詩不分卷　唐姚合撰
碧雲集不分卷　唐李中撰
段成式詩一卷　唐段成式撰
曹唐詩一卷　唐曹唐撰
牟融詩集一卷　唐牟融撰
楊凝詩一卷　唐楊凝撰
追昔遊詩三卷拾遺一卷　唐李紳撰
唐司空表聖詩集二卷拾遺一卷　唐司空圖撰
司馬札先輩詩集一卷　唐司馬札撰
浣花集十卷補遺一卷　唐韋莊撰
唐求詩集一卷　唐唐求撰
無名氏詩集一卷
孟貫詩集一卷　唐孟貫撰

蘇許公詩集一卷　唐蘇頲撰　清塞詩一卷　唐周賀撰
尚顏詩集一卷　唐尚顏撰　吳融詩不分卷　唐吳融撰
李益詩不分卷　唐李益撰　許渾詩一卷　唐許渾撰
許棠詩一卷　唐許棠撰　鄭巢詩一卷　唐鄭巢撰
雲臺編不分卷　唐鄭谷撰　李群玉詩不分卷　唐李群玉撰
白蓮集五卷拾遺四卷　唐釋齊己撰　杼山集十卷拾遺一卷　唐釋皎然撰
甲乙集十卷拾遺一卷　唐羅隱撰　唐韓校書集一卷　唐韓渥撰
周太朴詩一卷　唐周朴撰　唐詩鈔不分卷

一四三　十家唐詩十二卷　明畢效欽編　明萬曆畢懋謙刻本　九行十九字，白口，四周雙邊

初唐
李嶠詩集一卷　唐李嶠撰　張說詩集二卷　唐張說撰
張九齡詩集二卷　唐張九齡撰　蘇頲詩集一卷　唐蘇頲撰
盛唐
儲光羲詩集一卷　唐儲光羲撰　李頎詩集一卷　唐李頎撰
常建詩集一卷　唐常建撰　崔顥詩集一卷　唐崔顥撰
王昌齡詩集一卷　唐王昌齡撰　祖詠詩集一卷　唐祖詠撰

一四四　十家唐詩十二卷　明畢效欽編　明萬曆畢懋謙刻本　清丁丙跋

一四五　十家唐詩二十三卷　明畢效欽編　明萬曆畢懋謙刻增刻本　九行十九字，白口，四周雙邊

初唐
李嶠詩集一卷　唐李嶠撰　張說詩集二卷　唐張說撰
張九齡詩集一卷　唐張九齡撰　蘇頲詩集一卷　唐蘇頲撰
盛唐
儲光羲詩集一卷　唐儲光羲撰　李頎詩集一卷　唐李頎撰
常建詩集一卷　唐常建撰　崔顥詩集一卷　唐崔顥撰
王昌齡詩集一卷　唐王昌齡撰　祖詠詩集一卷　唐祖詠撰
中唐

二一

張祜詩集一卷　唐張祜撰　錢珝詩集一卷　唐錢珝撰
秦系詩集一卷　唐秦系撰　耿湋詩集一卷　唐耿湋撰
晚唐
項斯詩集一卷　唐項斯撰　溫庭筠詩集一卷　唐溫庭筠撰
許渾詩集一卷　唐許渾撰　李咸用詩集一卷　唐李咸用撰
李洞詩集一卷　唐李洞撰　曹松詩集一卷　唐曹松撰
于鄴詩集一卷　唐于鄴撰　劉滄詩集一卷　唐劉滄撰
以上共二十二家，係陸續增刻，未改總名。

一四六　二張詩集四卷　明嘉靖三十三年黄榜刻本　十行十八字，白口，四周單邊

張燕公詩集二卷　唐張說撰　張曲江詩集二卷　唐張九齡撰

一四七　二張集四卷　明高叔嗣編　明刻本　十一行十八字，白口，四周單邊

一四八　三聖詩集不分卷　明釋淨成輯　明永樂十四年刻本　十二行二十一字，黑口，四周雙邊

寒山子詩　唐寒山子撰
拾得詩　唐釋拾得撰　豐干禪師詩　唐釋豐干撰

一四九　儲王合集不分卷　明萬曆四十七年抄本　八行十九字，白口，四周單邊

王昌齡詩不分卷　唐王昌齡撰　儲光羲詩不分卷　唐儲光羲撰

一五〇　李杜全集八十三卷　明鮑松編　明正德八年自刻本　十行二十字，白口，四周單邊

李翰林集三十卷　唐李白撰
杜工部集五十卷外集一卷文集二卷　唐杜甫撰　年譜一卷　宋趙子櫟撰

一五一　李杜全集八十三卷　明鮑松編　明正德八年自刻本　清丁耀亢跋

一五二　李杜全集八十三卷　明鮑松編　明正德八年自刻本　清趙叔文批

一五三　李杜詩選十二卷　明顧明編　史秉直評釋　明嘉靖三十七年盛渢刻本　九行十八字，白口，四周單邊

李詩選六卷　唐李白撰　杜詩選六卷　唐杜甫撰

一五四　李杜詩合刻十九卷　明李齊芳編　明萬曆二年李齊芳刻本　九行十八字，白口，四周單邊

李翰林分類詩八卷賦一卷　唐李白撰　杜工部分類詩十卷　唐杜甫撰

一五五　唐二家詩鈔十二卷　明梅鼎祚輯　明萬曆六年鹿裘石室刻本　八行十六字，白口，四周雙邊，版心下鐫鹿裘石室

李詩鈔四卷　唐李白撰　杜詩鈔八卷　唐杜甫撰

一五六　唐二家詩鈔評林十二卷　明梅鼎祚編　屠隆集評　明萬曆刻本　九行二十字，小字雙行同，白口，四周單邊

李詩選評四卷　唐李白撰　杜詩選評八卷　唐杜甫撰

一五七　合刻李杜二家鈔評八卷　明梅鼎祚編　屠隆集評　明余紹崖刻本　九行二十字，小字雙行同，白口，四周單邊，眉上鐫評

李詩鈔評四卷　杜詩鈔評四卷

一五八　李杜全集四十七卷　明許自昌輯　明萬曆三十年許自昌刻本　九行二十字，小字雙行同，白口，左右雙邊

分類補註李太白詩二十五卷　唐李白撰　宋楊齊賢集註　元蕭士贇補註　年譜一卷　宋薛仲邕撰
集千家註杜工部詩集二十卷文集二卷　唐杜甫撰

一五九　李杜全集四十七卷　明許自昌輯　明萬曆三十年許自昌刻明末書林汪復初印本

分類補註李太白詩二十五卷　唐李白撰　宋楊齊賢集注　元蕭士贇補註　年譜一卷　宋薛仲邕撰
集千家註杜工部詩集二十卷文集二卷　唐杜甫撰

二二

一六〇　合刻分體李杜全集一百二十卷　明劉世教編　明萬曆四十年刻本　九行十八字，白口，左右雙邊

李翰林全集四十二卷目錄四卷　唐李白撰　年譜一卷　明薛仲邕撰
杜工部全集六十六卷目錄六卷　唐杜甫撰　年譜一卷　宋黄鶴撰

一六一　李杜五言律註二種五卷附一種一卷　明汪瑗註　明萬曆四十一年刻本　九行十九字，白口，四周單邊

李詩五言排律一卷　杜律五言補註四卷

汪玉卿遺稿一卷　明汪瑗撰

一六二　李杜全集四十二卷　明闞啟祥編　明崇禎二年闞啟祥刻本　九行二十字，白口，四周單邊，間有左右雙邊

李太白詩集二十二卷　唐李白撰　宋嚴羽評點
杜子美詩集二十卷　唐杜甫撰　宋劉辰翁評點

一六三　李杜詩選十一卷　明張含輯　楊慎等評　明刻朱墨套印本　八行十八字，白口，四周單邊，眉上行間鐫評

李詩選五卷　唐李白撰　杜詩選六卷　唐杜甫撰

一六四　李杜詩通六十一卷　明胡震亨撰　清順治七年朱茂時刻本　九行十九字，細黑口，左右雙邊

李詩通二十一卷　杜詩通四十卷

一六五　詩緯十一卷　清丁谷雲編　應時刪定　清康熙十七年刻本　九行二十字，白口，左右雙邊

詩緯李集四卷　唐李白撰　詩緯杜集七卷　唐杜甫撰

唐人小集六種十九卷　明刻本　十行十八至二十字不等，白口，左右雙邊　一六六
孟浩然集四卷　唐孟浩然撰　司空曙集二卷　唐司空曙撰
嚴維集二卷　唐嚴維撰　李頎集二卷　唐李頎撰
王昌齡集二卷　唐王昌齡撰　張司業詩集六卷　唐張籍撰

韋孟全集七卷　宋劉辰翁批點　明袁宏道評　明刻本　九行十九字，白口，四周單邊　一六七
韋蘇州集五卷　唐韋應物撰　孟襄陽集二卷　唐孟浩然撰

盛唐四名家集二十四卷　明凌濛初刻閔氏朱墨套印本　八行十九字，白口，左右雙邊　一六八
王摩詰詩集七卷　唐王維撰　宋劉辰翁、明顧璘評
孟浩然詩集二卷　唐孟浩然撰　宋劉辰翁、明李夢陽評
李長吉歌詩四卷外詩集一卷　唐李賀撰　宋劉辰翁評
孟東野詩集十卷　唐孟郊撰　宋國材、劉辰翁評

唐四家詩二十四卷　明歐陽景編　明王吉倩、歐陽景刻本　九行十八字，白口，四周單邊　一六九
韓昌黎詩集十卷　唐韓愈撰　柳河東詩集四卷　唐柳宗元撰
王右丞詩六卷　唐王維撰　孟襄陽詩四卷　唐孟浩然撰

唐四家詩八卷　清汪立名編　清康熙三十四年汪立名刻本　十行十九字，黑口，左右雙邊　一七〇
王右丞詩集二卷　唐王維撰　孟襄陽詩集二卷　唐孟浩然撰
韋蘇州詩集二卷　唐韋應物撰　柳河東詩集二卷　唐柳宗元撰

唐四家詩八卷　清汪立名編　清康熙三十四年汪立名刻本　清王偶臧批　一七一

唐四家詩八卷　清汪立名編　清康熙三十四年汪立名刻本　清鄭珍批校並跋　一七二

唐四家詩八卷　清汪立名編　清康熙三十四年汪立名刻本　清張鳴珂批校　一七三

唐四家詩八卷　清汪立名編　清康熙三十四年汪立名刻本　清王慶麟批　一七四

唐四家詩八卷　清汪立名編　清康熙三十四年汪立名刻本　清黃二梧批校　一七五

唐四家詩八卷　清汪立名編　清康熙三十四年汪立名刻本　清張澍批校並跋　一七六

唐四家詩八卷　清汪立名編　清康熙三十四年汪立名刻本　傅增湘校並跋　一七七

大曆二皇甫詩集八卷　明劉成德編　明正德十三年劉成德刻本　十行十六字，白口，四周單邊　一七八
唐皇甫冉詩集七卷　唐皇甫冉撰　唐皇甫曾詩集一卷　唐皇甫曾撰

大曆二皇甫詩集八卷　明劉成德編　明正德十三年劉成德刻本（四庫底本）　十行十六字，白口，四周單邊　一七九
皇甫冉詩集七卷　唐皇甫冉撰　皇甫曾詩集一卷　唐皇甫曾撰

唐大曆十子詩集□□卷　存五種十七卷　明劉成德編　明正德刻本　十一行十六字，白口，四周單邊　一八〇
唐崔峒詩集四卷　唐崔峒撰　唐苗發詩集二卷　唐苗發撰
唐吉中孚詩集一卷　唐吉中孚撰　唐司空曙詩集七卷　唐司空曙撰
唐盧綸詩集三卷　唐盧綸撰（十行十四字，黑口，四周雙邊）

唐十一家集二十八卷　明刻配抄本　十行二十字（間有十九字），白口，左右雙邊　一八一
唐張燕國公詩集二卷　唐張說撰　毘陵集三卷　唐獨孤及撰
劉廷芝集一卷　唐劉廷之撰　郎士元集二卷　唐郎士元撰
耿湋集二卷　唐耿湋撰　包佶集一卷　唐包佶撰
包何集一卷　唐包何撰　盧綸集十卷　唐盧綸撰

中唐十二家詩集七十八卷　明蔣孝編　明嘉靖二十九年蔣孝刻本　十行二十字，白口，左右雙邊　一八二
唐韓刺史詩集二卷　唐韓翃撰　唐秦校書詩集一卷　唐秦系撰
李嘉祐集二卷　唐李嘉祐撰　秦隱君集一卷　唐秦系撰
唐儲光羲詩集五卷　唐儲光羲撰　毘陵集三卷　唐獨孤及撰
唐劉隨州詩集十一卷外集一卷　唐劉長卿撰　錢起詩集十卷　唐錢起撰
唐盧戶部詩集十卷　唐盧綸撰　唐崔補闕詩集一卷　唐崔峒撰
唐孫集賢詩集一卷　唐孫逖撰　唐張司業詩集六卷　唐張籍撰
唐劉賓客詩集六卷　唐劉禹錫撰　唐賈浪仙長江集十卷　唐賈島撰
唐王建詩集八卷　唐王建撰
唐李義山詩集六卷　唐李商隱撰

中唐十二家詩集十一卷　明朱之蕃編　明萬曆金陵書坊王世茂刻本　九行十九字，白口，四周雙邊　一八三
卷一　唐儲光羲詩集　唐儲光羲撰　唐孫集賢詩集　唐孫逖撰
卷二　毘陵詩集　唐獨孤及撰
唐崔補闕詩集　唐崔峒撰
卷三　唐錢起詩集　唐錢起撰　卷四　唐劉隨州詩集　唐劉長卿撰
卷五　唐劉賓客詩集　唐劉禹錫撰　卷六　唐劉賓客外集　唐劉禹錫撰
卷七　唐盧戶部詩集　唐盧綸撰　卷八　唐張司業詩集　唐張籍撰
卷九　唐王建詩集　唐王建撰　卷十　唐賈浪仙長江詩集　唐賈島撰
卷十二　唐李義山詩集　唐李商隱撰

晚唐十二家詩集　明朱之蕃編　明萬曆刻本　九行十九字，白口，四周單邊　一八四
孟東野先生詩集十卷　唐孟郊撰　雲臺編一卷　唐鄭谷撰
許渾丁卯詩集一卷　唐許渾撰　刺史姚合詩集一卷　唐姚合撰
杜牧之樊川詩集一卷　唐杜牧撰　薛能集一卷　唐薛能撰
李中碧雲集一卷　唐李中撰　吳融集一卷　唐吳融撰
甲乙集一卷　唐羅隱撰　李頻集一卷　唐李頻撰
許棠集一卷　唐許棠撰　杜荀鶴詩一卷　唐杜荀鶴撰

廣十二家唐詩八十一卷　明陸汴編　明刻本　十行二十字，白口，左右雙邊　一八五
唐孫集賢詩集一卷　唐孫逖撰　唐儲光羲詩集五卷　唐儲光羲撰　附　唐儲進士詩一卷　唐儲嗣宗撰
唐劉隨州詩集十一卷　唐劉長卿撰　唐錢考功詩集十卷　唐錢起撰
毘陵集三卷　唐獨孤及撰　唐崔補闕詩集一卷　唐崔峒撰
唐盧戶部詩集十卷　唐盧綸撰　唐張司業詩集八卷　唐張籍撰
唐劉賓客詩集六卷拾遺一卷　唐劉禹錫撰　唐賈浪仙長江集十卷　唐賈島撰
唐王建詩集八卷　唐王建撰
唐李義山詩集六卷　唐李商隱撰

唐五家詩六卷　明正德十四年陸氏刻本　十行十八字，白口，左右雙邊　一八六
郎士元詩集一卷　唐郎士元撰　包刑侍詩集一卷　唐包何撰
包祕監詩集一卷　唐包佶撰　皇甫冉詩集二卷　唐皇甫冉撰
皇甫御史詩集一卷　唐皇甫曾撰

唐十子詩十四卷　明王準編　明嘉靖二十六年王準刻本　十行十八字，白口，左右雙邊　存四種八卷　一八七
常建詩集三卷　唐常建撰　郎士元詩集一卷　唐郎士元撰
嚴維詩集一卷　唐嚴維撰　劉叉詩集三卷　唐劉叉撰

唐十子詩十四卷　明王準編　清光緒三十三年閔氏涉園影抄明嘉靖本　一八八
常建詩集三卷　唐常建撰　郎士元詩集一卷　唐郎士元撰
嚴維詩集一卷　唐嚴維撰　劉叉詩集三卷　唐劉叉撰
于鵠詩集一卷　唐于鵠撰　于濆詩集一卷　唐于濆撰
于武陵詩集一卷　唐于鄴撰　邵謁詩一卷　唐邵謁撰
伍喬詩集一卷　唐伍喬撰　唐女郎魚玄機詩一卷　唐魚玄機撰

唐四十四家詩九十八卷　明抄本　十行二十字，黑格，白口，四周雙邊，欄直格　一八九

綦灊君詩集一卷　唐綦毋潛撰
郎士元詩集一卷　唐郎士元撰
戎昱詩集一卷　唐戎昱撰
包刑侍詩集一卷　唐包何撰
皇甫補闕詩集三卷　唐皇甫冉撰
唐司空文明詩集三卷　唐司空曙撰
姚少監詩集十卷　唐姚合撰
李遠詩集一卷　唐李遠撰
曹唐詩集一卷　唐曹唐撰
章孝標詩集一卷　唐章孝標撰
樊川詩集四卷外集一卷　唐杜牧撰
伍喬詩集一卷　唐伍喬撰
于武陵詩集一卷　唐于武陵撰
曹祠部詩集二卷　唐曹鄴撰
李山甫詩集一卷　唐李山甫撰
張喬詩集四卷　唐張喬撰
唐李推官披沙集六卷　唐李咸用撰
李洞詩集三卷　唐李洞撰
王周詩集一卷　唐王周撰
唐英歌詩三卷　唐吳融撰
章碣詩集一卷　唐章碣撰
張蠙詩集一卷　唐張蠙撰

韓君平詩集五卷　唐韓翃撰
李君虞詩集二卷　唐李益撰
嚴維詩集一卷　唐嚴維撰
包祕監詩集一卷　唐包佶撰
皇甫御史詩集一卷　唐皇甫曾撰
耿湋詩集一卷　唐耿湋撰
盧仝詩集二卷集外詩一卷　唐盧仝撰
喻鳧詩一卷　唐喻鳧撰
朱慶餘詩集一卷　唐朱慶餘撰
顧非熊詩集一卷　唐顧非熊撰
李商隱詩集七卷　唐李商隱撰
孟貫詩集一卷　唐孟貫撰
邵謁詩一卷　唐邵謁撰
李昌符詩集一卷　唐李昌符撰
于濆詩集一卷　唐于濆撰
甲乙集十卷　唐羅隱撰
李丞相詩集二卷　南唐李建勳撰
曹松詩集一卷　唐曹松撰
唐風集三卷　唐杜荀鶴撰
林寬詩集一卷　唐林寬撰
秦韜玉詩集一卷　唐秦韜玉撰
崔塗詩集一卷　唐崔塗撰

一九〇 唐詩二十家四十一卷　清初抄本　清丁丙跋

司空曙集二卷　唐司空曙撰
權德輿集二卷　唐權德輿撰
李益集二卷　唐李益撰
包何集一卷　唐包何撰
韓君平集三卷　唐韓翃撰
李嘉祐集二卷　唐李嘉祐撰

武元衡集三卷　唐武元衡撰
羊士諤集二卷　唐羊士諤撰
秦隱君集一卷　唐秦系撰
包信集一卷　唐包佶撰
顧況集二卷　唐顧況撰
戴叔倫集二卷　唐戴叔倫撰

祖詠集一卷　唐祖詠撰
嚴維集二卷　唐嚴維撰
盧綸集六卷　唐盧綸撰
皇甫曾集二卷　唐皇甫曾撰

崔曙集一卷　唐崔曙撰
嚴武集一卷　唐嚴武撰
皇甫冉集三卷　唐皇甫冉撰
郎士元集二卷　唐郎士元撰

一九一 韓文杜律二卷　明郭正域編　明閔齊伋刻套印本　八行十八字白口左右雙邊
韓文一卷　唐韓愈撰　明萬曆四十五年閔齊伋刻朱墨套印本
杜子美七言律一卷　唐杜甫撰　明閔齊伋刻三色套印本

一九二 韓柳文一百卷　明游居敬編　明嘉靖十六年游居敬刻本　十二行二十二字白口左右雙邊

一九三 韓柳文一百卷　明游居敬編　明嘉靖十六年游居敬刻本　清丁丙跋
韓文四十卷外集十卷遺集一卷　唐韓愈撰　集傳一卷
柳文四十三卷別集二卷外集二卷　唐柳宗元撰　附錄一卷

一九四 韓柳文一百卷　明游居敬編　明嘉靖三十五年莫如士刻本　十一行二十二字白口左右雙邊

一九五 王荊石先生批評韓柳文二十二卷　明刻本　九行十九字白口四周單邊　眉上鐫評
王荊石先生批評韓文十卷　唐韓愈撰　明王錫爵評
王荊石先生批評柳文十二卷　唐柳宗元撰　明王錫爵評

一九六 韓柳全集一百四卷　明蔣之翹編　明崇禎六年蔣氏三徑草堂刻本　九行十七字小字雙行同白口左右雙邊　版心下鐫三徑藏書
唐韓昌黎集四十卷外集十卷遺文一卷　唐韓愈撰　明蔣之翹輯注　附錄一卷
唐柳河東集四十五卷外集五卷遺文一卷　唐柳宗元撰　明蔣之翹輯注　附錄一卷

二五

一九七 韓柳全集一百四卷　明蔣之翹編　明崇禎豹變齋刻本　九行十七字白口左右雙邊
唐韓昌黎集四十卷外集十卷遺文一卷　唐韓愈撰　明蔣之翹輯注　附錄一卷
唐柳河東集四十五卷外集五卷遺文一卷　唐柳宗元撰　明蔣之翹輯注　附錄一卷

一九八 韓柳合刻八卷　明凌夢龍編並評　明崇禎刻本　九行二十字白口四周單邊
韓昌黎集選四卷　唐韓愈撰
柳柳州集選四卷　唐柳宗元撰

一九九 韓柳合評十卷　明黃應舉編並評　明崇禎刻本　九行十九字白口左右雙邊
韓文六卷　唐韓愈撰
柳文四卷　唐柳宗元撰

二〇〇 元白長慶集三十一卷　明徐守銘編　明萬曆三十一年徐氏寧壽堂刻本　九行十八字白口四周單邊　版心上鐫寧壽堂
王鳳洲先生校選元稹長慶集九卷　唐元稹撰
王鳳洲先生校選白樂天長慶集二十二卷　唐白居易撰

二〇一 元白長慶集一百四十一卷　明馬元調編　明萬曆松江馬元調刻魚樂軒印本　十行二十一字白口左右雙邊
元氏長慶集六十卷補遺六卷附錄一卷　唐元稹撰　萬曆三十二年刊
白氏長慶集七十一卷目錄二卷附錄一卷　唐白居易撰　萬曆三十四年刊

二〇二 元白長慶集一百四十一卷　明馬元調編　明萬曆馬氏刻寶儉堂印本

二〇三 五唐人詩集二十六卷　明毛晉編　明末毛氏汲古閣刻本　九行十九字白口左右雙邊　版心下鐫汲古閣
孟襄陽集三卷　唐孟浩然撰
孟東野集十卷附一卷　唐孟郊撰
金荃集七卷別集一卷　唐溫庭筠撰
追昔遊集三卷　唐李紳撰
香奩集一卷　唐韓偓撰

二〇四 五唐人詩集二十六卷　明毛晉編　明末毛氏汲古閣刻本　鄭振鐸跋

二〇五 唐人六集四十二卷　明毛晉編　明崇禎毛氏汲古閣刻本　九行十九或二十一字白口左右雙邊
常建詩集三卷　唐常建撰　附錄一卷
王建詩八卷　唐王建撰
姚少監詩集十卷　唐姚合撰
韋蘇州集十卷拾遺一卷　唐韋應物撰
鮑溶詩六卷集外詩一卷　唐鮑溶撰
韓內翰別集一卷補遺一卷　唐韓偓撰

二〇六 合刻西崑集不分卷　明姚希孟編　明天啟刻本　九行十九字白口四周單邊
唐太常寺奉禮郎李長吉詩集不分卷　唐李賀撰
唐方城令溫飛卿詩集不分卷　唐溫庭筠撰
唐駕部侍郎知制誥中書舍人韓君平詩集不分卷　唐韓翃撰
唐翰林學士中書舍人韓致光香奩集不分卷　唐韓偓撰

二〇七 唐人四集十二卷　明毛晉編　明崇禎毛氏汲古閣刻本　十二行二十字細黑口左右雙邊　版心鐫汲古閣
歌詩編四卷集外詩一卷　唐李賀撰
唐風集三卷　唐杜荀鶴撰
唐英歌詩三卷　唐吳融撰
竇氏聯珠集一卷　唐竇常等撰

二〇八 唐人四集十二卷　明毛晉編　明崇禎毛氏汲古閣刻本　清陳公孟過錄陸貽典何焯校並跋

二〇九 唐人四集十二卷　明毛晉編　明末毛氏汲古閣刻本　清翁同書節錄跋

二一〇 唐人四集十二卷　明毛晉編　明崇禎毛氏汲古閣刻本　繆荃孫錄錢曾陸貽典毛扆何焯校

二一一 唐人四集十二卷　明毛晉編　明崇禎毛氏汲古閣刻本　清佚名臨何焯校

二一二 唐人四集十二卷　明毛晉編　明崇禎毛氏汲古閣刻本　陳祺壽跋

二六

二一三　唐人四集十二卷　明毛晉編　明崇禎毛氏汲古閣刻本　徐德輝跋

二一四　唐人八家詩四十二卷　明毛晉編　明崇禎十二年毛氏汲古閣刻本　十二行二十字細黑口左右雙邊
丁卯集二卷　唐許渾撰　甲乙集十卷　唐羅隱撰　李文山詩集三卷　唐李羣玉撰　碧雲集三卷　唐李中撰　李義山集三卷　唐李商隱撰　許昌詩集十卷　唐薛能撰　長江集十卷　唐賈島撰　臺閣集一卷　唐李嘉祐撰

二一五　唐人八家詩四十二卷　明毛晉編　明崇禎十二年毛氏汲古閣刻本　清錢陸燦批

二一六　唐人八家詩四十二卷　明毛晉編　明崇禎十二年毛氏汲古閣刻本　甲乙集、薛許昌詩集、李文山詩集清何焯校並跋　臺閣集清何焯校　何煌校並跋

二一七　唐人八家詩四十二卷　明毛晉編　明崇禎十二年毛氏汲古閣刻本　清佚名錄毛扆校跋

二一八　唐人八家詩四十二卷　明毛晉編　明崇禎十二年毛氏汲古閣刻本　薛許昌詩集、臺閣集、李義山集吳慈培錄清查校　長江集吳慈培錄清查何焯校及蔣杲跋

二一九　三唐人文集三十四卷　明毛晉編　明末毛氏汲古閣刻本　九行十九字白口左右雙邊版心下鐫汲古閣
皇甫持正集六卷　唐皇甫湜撰　李文公集十八卷　唐李翺撰　孫可之集十卷　唐孫樵撰

二二〇　三唐人文集三十四卷　明毛晉編　明末毛氏汲古閣刻本　清何焯批校並跋　鄭郁述傳增湘章鈺跋

二二一　三唐人文集三十四卷　明毛晉編　明末毛氏汲古閣刻本　清李芝綬王振聲跋

二二二　三唐人文集三十四卷　明毛晉編　明末毛氏汲古閣刻本
李文公集十八卷　唐李翺撰　李士棻錄清李芝綬跋並錄李芝綬臨黃廷鑑校　皇甫持正集六卷　唐皇甫湜撰　清石家紹校並跋　孫可之集十卷　唐孫樵撰　清李芝綬跋並錄黃廷鑑校及顧千里跋

二七

二二三　三唐人文集三十四卷　明毛晉編　明末毛氏汲古閣刻清嘉慶道光間重修本　章鈺臨何焯校跋
皇甫持正集六卷　唐皇甫湜撰　李文公集十八卷　唐李翺撰　清王臨批校並跋　孫可之集十卷　唐孫樵撰

二二四　三唐人文集三十四卷　明毛晉編　明末毛氏汲古閣刻清嘉慶道光間重修本　清翁同龢校跋並錄胡周書校語　錯欣等評點

二二五　唐三家集九卷　明姜道生刻本　九行十八字白口四周單邊
李商隱詩集七卷　唐李商隱撰　韓君平詩集一卷　唐韓翃撰　韓致光香奩集一卷　唐韓偓撰

二二六　唐三高僧詩集四十七卷　明毛晉編　明末毛氏汲古閣刻本　八行十九字白口左右雙邊
禪月集二十五卷補遺一卷　唐釋貫休撰　白蓮集十卷　唐釋齊己撰　杼山集十卷補遺一卷　唐釋皎然撰

二二七　唐三高僧詩集四十七卷　明毛晉編　明末毛氏汲古閣刻本　清佚名錄何焯校（缺杼山集補遺一卷）

二二八　唐三高僧詩集四十七卷　明毛晉編　明末毛氏汲古閣刻本（鳳騷香格抄配）　清邵恩多校並跋

二二九　唐三高僧詩集四十七卷　明毛晉編　明末毛氏汲古閣刻本　鄭振鐸跋

二三〇　唐四家詩四卷　明抄本　十行十九字白口四周單邊
唐李賀詩集一卷　唐李賀撰　唐朱慶餘詩集一卷　唐朱慶餘撰　唐皎然詩集一卷　唐釋皎然撰　唐靈一詩集一卷　唐釋靈一撰

二三一　唐詩百名家全集三百二十六卷　清席啓寓編　清康熙席氏琴川書屋刻本　十行十八字白口左右雙邊。本書又名唐人百家詩、百家唐詩
劉隨州詩集十卷補遺一卷　唐劉長卿撰
錢考功詩集十卷補遺一卷　唐錢起撰
包刑侍詩集一卷　唐包何撰
包祕監詩集一卷　唐包佶撰
臺閣集一卷　唐李嘉祐撰
韓君平詩集一卷補遺一卷　唐韓翃撰
張祠部詩集一卷　唐張繼撰
皇甫補闕詩集二卷補遺一卷　唐皇甫冉撰
皇甫御史詩集一卷補遺一卷　唐皇甫曾撰
毘陵集三卷　唐獨孤及撰
韋蘇州集十卷拾遺一卷　唐韋應物撰
郎刺史詩集一卷　唐郎士元撰
秦公緒詩集一卷　唐秦系撰
嚴正文詩集一卷　唐嚴維撰
顧逋翁詩集四卷　唐顧況撰
耿拾遺詩集一卷補遺一卷　唐耿湋撰
李君虞詩集二卷　唐李益撰
盧戶部詩集十卷　唐盧綸撰
臨淮詩集二卷　唐武元衡撰
楊凝詩集一卷　唐楊凝撰
羊士諤詩集一卷　唐羊士諤撰
戎昱詩集一卷補遺一卷　唐戎昱撰
劉虞部詩集一卷　唐劉商撰
戴叔倫詩集二卷補遺一卷　唐戴叔倫撰
唐司空文明詩集三卷　唐司空曙撰
陳羽詩集一卷　唐陳羽撰
昌黎先生詩集十卷外集一卷遺詩一卷　唐韓愈撰
柳河東先生詩集三卷　唐柳宗元撰
張司業詩集八卷拾遺一卷附錄一卷　唐張籍撰
孟東野詩集十卷　唐孟郊撰
王建詩集十卷　唐王建撰
權文公詩集十卷　唐權德輿撰
于鵠詩集一卷　唐于鵠撰
楊少尹詩集一卷　唐楊巨源撰
歐陽助教詩集一卷　唐歐陽詹撰
鮑溶詩集六卷補遺一卷　唐鮑溶撰
呂衡州詩集二卷補遺一卷　唐呂溫撰
張祜詩集二卷　唐張祜撰
李衛公詩集一卷　唐李德裕撰
追昔遊詩集三卷　唐李紳撰
朱慶餘詩集一卷　唐朱慶餘撰
姚少監詩集十卷　唐姚合撰
樊川集六卷補遺一卷　唐杜牧撰
李商隱詩集三卷　唐李商隱撰
溫庭筠詩集七卷集外詩一卷別集一卷　唐溫庭筠撰
李遠詩集一卷　唐李遠撰
丁卯詩集二卷續集一卷續補一卷
渭南詩集二卷　唐趙嘏撰
集外遺詩一卷　唐許渾撰
會昌進士詩集一卷補遺一卷　唐馬戴撰
喻鳧詩集一卷　唐喻鳧撰
唐姚鵠詩集一卷　唐姚鵠撰
梨岳集一卷　唐李頻撰

二八

項斯詩集一卷　唐項斯撰
段成式詩一卷　唐段成式撰
顧非熊詩集一卷　唐顧非熊撰
唐鄭嵎詩一卷　唐鄭嵎撰
唐隱居詩一卷　唐唐求撰
李羣玉詩集三卷後集五卷補遺一卷　唐李羣玉撰
曹祠部詩集二卷補遺一卷　唐曹鄴撰
儲嗣宗詩集一卷　唐儲嗣宗撰
司馬札先輩詩集一卷　唐司馬札撰
鹿門詩集三卷拾遺一卷
賈浪仙長江集十卷　唐賈島撰
續補詩一卷　唐唐彥謙撰
陳嵩伯詩集一卷　唐陳陶撰
李昌符詩集一卷　唐李昌符撰
李嶠詩集四卷　唐李嶠撰
羅鄴詩集一卷　唐羅鄴撰
元英先生詩集十卷　唐方干撰
甲乙集十卷補遺一卷　唐羅隱撰
于鄴詩集一卷　唐于鄴撰
于濆詩集一卷　唐于濆撰
文化集一卷　唐許棠撰
曹從事詩集一卷　唐曹唐撰
李山甫詩集一卷　唐李山甫撰
許彬詩集一卷　唐許彬撰
邵謁詩集一卷　唐邵謁撰
周見素詩集一卷　唐周朴撰
司空表聖詩三卷　唐司空圖撰
韋碣詩集一卷　唐韋碣撰
秦韜玉詩集一卷　唐秦韜玉撰
雲臺編三卷　唐鄭谷撰
李才江詩集三卷　唐李洞撰
韓內翰香奩集三卷　唐韓偓撰
韓翰林詩集一卷　唐韓偓撰
唐英歌詩三卷　唐吳融撰
杜荀鶴文集三卷　唐杜荀鶴撰
浣花集十卷補遺一卷　唐韋莊撰
詩集三卷　唐徐寅撰
張蠙詩集一卷　唐張蠙撰
翁拾遺詩集一卷　唐翁承贊撰
唐任藩詩小集一卷　唐任藩撰
孟一之詩集一卷　唐孟貫撰
唐李推官披沙集六卷　唐李咸用撰
詩集二卷　唐黃滔撰
林寬詩集一卷　唐林寬撰
曹松詩集二卷補遺一卷　唐曹松撰
李丞相詩集二卷　南唐李建勳撰
碧雲集三卷　唐李中撰
伍喬詩集一卷　唐伍喬撰
王周詩集一卷　唐王周撰

二三二　唐詩百名家全集三百二十六卷　清席啓寓編　清康熙席氏琴川書屋刻本　清傅增湘吳慈培章鈺朱文鈞校補並跋

合刻陸魯望皮襲美二先生集三十八卷　明許自昌編　明萬曆許自昌刻本　九行二十字白口左右双边　二三三

甫里先生集二十卷　唐陸龜蒙撰
皮日休文藪十卷皮從事倡酬詩八卷　唐皮日休撰

唐文呂選四種十三卷　清呂留良編　董采評　清康熙四十三年呂學刻本　十行二十四字白口左右双边版心下鐫因學闇　二三四

唐韓文公文五卷　唐韓愈撰　唐杜樊川文三卷　唐杜牧撰
唐柳柳州文三卷　唐柳宗元撰　唐李文公文二卷　唐李翺撰

十三唐人詩十五卷附八劉唐人詩八卷　清劉云份編　清康熙野香堂刻本　九行十九字白口左右双边　二三五

姚合詩一卷　唐姚合撰　周賀詩一卷　唐周賀撰
戎昱詩一卷　唐戎昱撰　唐求詩一卷　唐唐求撰
沈亞之詩一卷　唐沈亞之撰　儲嗣宗詩一卷　唐儲嗣宗撰
曹鄴詩一卷　唐曹鄴撰　姚鵠詩一卷　唐姚鵠撰
邵謁詩一卷　唐邵謁撰　韓偓詩一卷補遺一卷
林寬詩一卷　唐林寬撰　香奩集一卷　唐韓偓撰
孟貫詩一卷　唐孟貫撰　伍喬詩一卷　唐伍喬撰
八劉唐人詩：
劉乂詩一卷　唐劉乂撰　劉商詩一卷　唐劉商撰
劉言史詩一卷　唐劉言史撰　劉得仁詩一卷　唐劉得仁撰
劉駕詩一卷　唐劉駕撰　劉滄詩一卷　唐劉滄撰
劉兼詩一卷　唐劉兼撰　劉威詩一卷　唐劉威撰

十三唐人詩十五卷附八劉唐人詩八卷　清劉云份編　清康

二九

熙野香堂刻金閣綠蔭堂印本　二三六

十三唐人詩十五卷附八劉唐人詩八卷　清劉云份編　清康熙野香堂刻寶翰樓印本　二三七

中晚唐詩五十五卷　清劉云份編　清康熙野香堂貞隱堂玉持堂夢香閣刻本　九行十九字或十二行二十一字白口左右双边　版心下鐫野香堂貞隱堂玉持堂等　二三八

中唐十三卷　野香堂刻本
劉長卿詩一卷　唐劉長卿撰　劉禹錫詩一卷別集一卷　唐劉禹錫撰
姚合詩一卷　唐姚合撰　周賀詩一卷　唐周賀撰
儲嗣宗詩一卷　唐儲嗣宗撰　沈亞之詩一卷　唐沈亞之撰　附劉畋
唐求詩一卷　唐唐求撰　詩一首劉昪詩一首
劉商詩一卷　唐劉商撰　附劉昪詩　劉言史詩一卷　唐劉言史撰　附劉軻詩一首
二首劉猛詩三首　劉乂詩一卷　唐劉乂撰
裴度詩一卷　唐裴度撰　附劉公輿　戎昱詩一卷　唐戎昱撰　附劉瓌詩一
詩三首劉山甫詩一首劉遵古詩一　首劉虛白詩二首劉昭禹詩二首劉郇
首劉道昌詩一首劉闢詩二首劉太　伯詩一首劉昭濟詩一首
真詩二首劉志堅詩一首
晚唐十六卷　野香堂刻本
劉得仁詩一卷　唐劉得仁撰　劉兼詩一卷　唐劉兼撰
孟貫詩一卷　唐孟貫撰　姚鵠詩一卷　唐姚鵠撰
伍喬詩一卷　唐伍喬撰　曹鄴詩一卷　唐曹鄴撰
李遠詩一卷　唐李遠撰　劉駕詩一卷　唐劉駕撰
劉威詩一卷　唐劉威撰　韓偓詩一卷補遺一卷香奩集一卷　唐韓偓撰
喻鳧詩一卷　唐喻鳧撰　附劉蛻　林寬詩一卷　唐林寬撰
詩一首　邵謁詩一卷　唐邵謁撰　附劉綺莊詩
劉滄詩一卷　唐劉滄撰　附劉耕詩一　一首劉魯風詩一首劉象詩十首
首劉莊物詩一首劉鄴詩一首劉駿
詩一首劉谷詩一首
中唐十卷　貞隱堂刻本　張祜詩一卷　唐張祜撰　玉持堂刻本
鮑溶詩一卷　唐鮑溶撰　竇庠詩一卷　唐竇庠撰
竇常詩一卷　唐竇常撰　竇鞏詩一卷　唐竇鞏撰
竇羣詩一卷　唐竇羣撰　竇叔向詩一卷　唐竇叔向撰　附吉中
竇牟詩一卷　唐竇牟撰　孚詩一首
陳去疾詩一卷　唐陳去疾撰　附陳　張籍詩一卷　唐張籍撰
通方詩一首邵楚長詩一首許稷詩
一首周匡物詩四首陳翊詩七首潘
存實詩一首
晚唐十六卷　貞隱堂刻本
項斯詩一卷　唐項斯撰　鄭谷詩一卷　唐鄭谷撰　附江爲詩六首
黄滔詩一卷　唐黄滔撰　徐寅詩一卷　唐徐寅撰
陳陶詩一卷　唐陳陶撰　趙嘏詩一卷　唐趙嘏撰
馬戴詩一卷　唐馬戴撰　歐陽詹詩一卷　唐歐陽詹撰　附歐陽
曹唐詩一卷　唐曹唐撰　袞詩九首歐陽玭詩五首歐陽澥詩一首
周朴詩一卷　唐周朴撰　翁承贊詩一卷　唐翁承贊撰
曹松詩一卷　唐曹松撰　方干詩一卷　唐方干撰
汪遵詩一卷　唐汪遵撰　女才子詩一卷　唐薛濤等撰（唐女校
女唐詩一卷　唐張夫人等撰（張　書詩　唐薛濤撰　夢香閣刻本　唐
夫人三首劉瑤三首劉氏婦二首劉　女冠詩　唐元淳二首李冶十六首魚玄
采春八首劉淑柔一首劉氏五首）　機四十二首附劉媛妃一首）

唐代劉氏詩集七十種七十卷　清劉云份編　清康熙野香堂刻本　九行十九字白口左右双边　二三九
存五十九種五十九卷

初唐
劉允濟詩一卷　唐劉允濟撰　劉孝孫詩一卷　唐劉孝孫撰
劉斌詩一卷　唐劉斌撰　劉希夷詩一卷　唐劉希夷撰

三〇

劉憲詩一卷　唐劉憲撰　劉坰詩一卷　唐劉坰撰
劉友賢詩一卷　唐劉友賢撰　劉禕之詩一卷　唐劉禕之撰
劉懷一詩一卷　唐劉懷一撰　劉元叔詩一卷　唐劉元叔撰
劉元濟詩一卷　唐劉元濟撰
盛唐
劉眘虛詩一卷　唐劉眘虛撰　劉夷道詩一卷　唐劉夷道撰
劉廷琦詩一卷　唐劉廷琦撰　劉幽求詩一卷　唐劉幽求撰
劉子玄詩一卷　唐劉子玄撰　劉昇詩一卷　唐劉昇撰
劉方平詩一卷　唐劉方平撰　劉長川詩一卷　唐劉長川撰
劉復詩一卷　唐劉復撰
中唐
劉長卿詩一卷　唐劉長卿撰　劉眞詩一卷　唐劉眞撰
劉昭禹詩一卷　唐劉昭禹撰　劉乂詩一卷　唐劉乂撰
劉商詩一卷　唐劉商撰　劉禹錫詩一卷　唐劉禹錫撰
劉猛詩一卷　唐劉猛撰　劉皁詩一卷　唐劉皁撰
劉太真詩一卷　唐劉太真撰　劉言史詩一卷　唐劉言史撰
劉闢詩一卷　唐劉闢撰　劉軻詩一卷　唐劉軻撰
劉虛白詩一卷　唐劉虛白撰　劉畋詩一卷　唐劉畋撰
晚唐
劉駕詩一卷　唐劉駕撰　劉得仁詩一卷　唐劉得仁撰
劉威詩一卷　唐劉威撰　劉兼詩一卷　唐劉兼撰
劉滄詩一卷　唐劉滄撰　劉駿詩一卷　唐劉駿撰
劉瑤詩一卷　唐劉瑤撰　劉綺莊詩一卷　唐劉綺莊撰
全唐
劉遵古詩一卷　唐劉遵古撰　劉志堅詩一卷　唐劉志堅撰
劉瓌詩一卷　唐劉瓌撰　劉公輿詩一卷　唐劉公輿撰
劉昭禹詩一卷　唐劉昭禹撰　劉蛻詩一卷　唐劉蛻撰
劉山甫詩一卷　唐劉山甫撰　劉道昌詩一卷　唐劉道昌撰
女流
劉郇伯詩一卷　唐劉郇伯撰

劉瑕詩一卷　唐劉瑕撰
劉氏詩一卷　唐劉氏撰
劉媛詩一卷　唐劉媛撰
劉氏婦詩一卷　唐劉氏婦撰
劉云詩一卷　唐劉云撰
劉采春詩一卷　唐劉采春撰
劉蘭翹詩一卷　唐劉蘭翹撰
劉淑柔詩一卷　唐劉淑柔撰

二四〇 中晚唐詩紀六十二卷　清龔賢編　清康熙半畝園刻本　九行十九字或十二行二十一字，白口，左右双边

中唐張籍詩一卷　唐張籍撰
中唐秦系詩一卷　唐秦系撰
中唐孟郊詩一卷　唐孟郊撰
晚唐溫庭筠詩一卷　唐溫庭筠撰
晚唐楊巨源詩一卷　唐楊巨源撰
晚唐方干詩一卷　唐方干撰
晚唐于鄴詩一卷　唐于鄴撰
晚唐于濆詩一卷　唐于濆撰
晚唐許棠詩一卷　唐許棠撰
晚唐汪遵詩一卷　唐汪遵撰
中唐朱放詩一卷　唐朱放撰
中唐熊孺登詩一卷　唐熊孺登撰
中唐張南史詩一卷　唐張南史撰
中唐朱灣詩一卷　唐朱灣撰
晚唐王貞白詩一卷　唐王貞白撰
晚唐李咸用詩一卷　唐李咸用撰
中唐張祜詩一卷　唐張祜撰
晚唐曹唐詩一卷　唐曹唐撰
晚唐鄭谷詩一卷　唐鄭谷撰
晚唐黃滔詩一卷　唐黃滔撰
晚唐周朴詩一卷　唐周朴撰
中唐歐陽詹詩一卷　唐歐陽詹撰
晚唐歐陽澥詩一卷　唐歐陽澥撰
中唐李嘉祐詩一卷　唐李嘉祐撰
中唐韓翃詩一卷　唐韓翃撰
中唐賈島詩一卷　唐賈島撰
中唐朱慶餘詩一卷　唐朱慶餘撰
晚唐楊衡詩一卷　唐楊衡撰
晚唐項斯詩一卷　唐項斯撰
中唐于鵠詩一卷　唐于鵠撰
晚唐李洞詩一卷　唐李洞撰
晚唐許琳詩一卷　唐許琳撰
晚唐裴說詩一卷　唐裴說撰
中唐楊當詩一卷　唐楊當撰
中唐張繼詩一卷　唐張繼撰
中唐朱長文詩一卷　唐朱長文撰
中唐李郢詩一卷　唐李郢撰
晚唐朱景玄詩一卷　唐朱景玄撰
中唐鮑溶詩一卷　唐鮑溶撰
晚唐趙嘏詩一卷　唐趙嘏撰
晚唐徐寅詩一卷　唐徐寅撰
晚唐馬戴詩一卷　唐馬戴撰
晚唐陳陶詩一卷　唐陳陶撰
晚唐翁承贊詩一卷　唐翁承贊撰
晚唐歐陽袞詩一卷　唐歐陽袞撰
晚唐歐陽玭詩一卷　唐歐陽玭撰
晚唐江爲詩一卷　唐江爲撰
中唐竇常詩一卷　唐竇常撰
中唐竇群詩一卷　唐竇群撰
中唐竇鞏詩一卷　唐竇鞏撰
中唐許稷詩一卷　唐許稷撰
中唐陳羽詩一卷　唐陳羽撰
中唐陳去疾詩一卷　唐陳去疾撰
中唐吉中孚詩一卷　唐吉中孚撰
中唐竇叔向詩一卷　唐竇叔向撰
中唐竇牟詩一卷　唐竇牟撰
中唐竇庠詩一卷　唐竇庠撰
中唐陳通方詩一卷　唐陳通方撰
中唐周匡物詩一卷　唐周匡物撰
中唐潘存實詩一卷　唐潘存實撰
中唐邵楚萇詩一卷　唐邵楚萇撰
中唐張夫人詩一卷　唐張夫人撰

二四一 六家七律詩選十二卷　清周曰沆輯　清乾隆三十四年静觀草廬刻本　六行十二字，黑口，左右双边

劉夢得詩二卷　唐劉禹錫撰
白樂天詩二卷　唐白居易撰
李義山詩二卷　唐李商隱撰
元微之詩二卷　唐元稹撰
杜樊川詩二卷　唐杜牧撰
溫飛卿詩二卷　唐溫庭筠撰

二四二 唐人集四種三十五卷　清陳文田編　清陳氏晚晴軒抄本　十行二十字，藍口，藍格，左右双边

唐秘書省正字先輩徐公釣磯文集存九卷　唐徐寅撰
唐劉蛻集五卷　唐劉蛻撰
廣成集十七卷　前蜀杜光庭撰
沈雲卿文集四卷　唐沈佺期撰

二四三 唐人選唐詩六種十二卷　明嘉靖刻本　十行十八字，白口，左右双边

中興間氣集二卷　唐高仲武輯
極玄集二卷　唐姚合輯
國秀集三卷　唐芮挺章輯
篋中集一卷　唐元結輯
搜玉小集一卷
河嶽英靈集三卷　唐殷璠輯

二四四 唐人選唐詩六種十二卷　明程明恕刻本　十行二十字，白口，左右双边

二四五 唐人選唐詩六種十二卷　明刻本　九行十五字，白口，四周单边

二四六 唐人選唐詩六種十二卷　明刻本　鄭振鐸跋

二四七 六家詩選十二卷　明楊巍編　明隆慶三年楊徠刻本　九行十八字，白口，四周双边

國秀集三卷　唐芮挺章輯
中興間氣集二卷　唐高仲武輯
搜玉小集一卷
河嶽英靈集三卷　唐殷璠輯
極玄集二卷　唐姚合輯
篋中集一卷　唐元結輯

二四八 唐人選唐詩八種二十三卷　明毛晉編　明崇禎元年毛氏汲古閣刻本　八行十九字，白口，左右双边，版心下鐫汲古閣

御覽詩一卷　唐令狐楚編
國秀集三卷　唐芮挺章輯
中興間氣集二卷　唐高仲武輯
極玄集二卷　唐姚合輯
篋中集一卷　唐元結輯
河嶽英靈集三卷　唐殷璠輯
搜玉小集一卷
才調集十卷　唐韋縠輯

二四九 唐人選唐詩八種二十三卷　明毛晉編　明崇禎元年毛氏汲古閣刻本　清陸貽典校

二五〇 唐人選唐詩八種二十三卷　明毛晉編　明崇禎元年毛氏汲古閣刻本　清王士禛跋

二五一 唐人選唐詩八種二十三卷　明毛晉編　明崇禎元年毛氏汲古閣刻本　清何焯批校

二五二 唐人選唐詩八種二十三卷　明毛晉編　明崇禎元年毛氏汲古閣刻本　吳景恩校跋並錄清葉奕、陸貽典、何焯等批校題識

二五三 唐人選唐詩八種二十三卷　明毛晉編　明崇禎元年毛氏汲古閣刻本　傅增湘校跋並錄何焯批校題識

二五四 唐人選唐詩八種二十三卷　明毛晉編　清康熙三十二年黃廣學稼草堂刻本　八行十九字，白口，左右双边，版心下鐫學稼草堂

御覽詩一卷　唐令狐楚輯
國秀集三卷　唐芮挺章輯
中興間氣集二卷　唐高仲武輯
極玄集二卷　唐姚合輯
篋中集一卷　唐元結輯
河嶽英靈集三卷　唐殷璠輯
搜玉小集一卷
才調集十卷　唐韋縠輯

二五五 唐詩緒箋三十四卷　明程元初編　明閔望齡參訂　明刻本　八行二十字，小字双行同，白口，四周单边

初唐風緒箋九卷
初唐頌緒箋二卷
盛唐雅緒箋二卷
初唐雅緒箋五卷
盛唐風緒箋十二卷
附歷代名賢詩四卷

二五六 詩壇合璧十六卷　明李洪宇編　明金陵書坊李洪宇刻本　十行二十字，白口，四周单边

唐詩選註八卷　明李攀龍輯　陳繼儒箋釋
詩韻輯要五卷　明李攀龍輯　陳繼儒校
唐詩聯選二卷　明王贊輯
附刻諸名家評批一卷

二五七 唐詩艷逸品四卷　明楊肇祉輯　明刻本　八行十八字，白口，四周单边，有圖

唐詩香奩集一卷
唐詩觀妓集一卷
唐詩名媛集一卷
唐詩名花集一卷

二五八 唐詩豔逸品四卷　明楊肇祉輯　明天啟元年閔一栻刻朱墨套印本　八行十八字，白口，四周单边

唐詩名媛集一卷
唐詩觀妓集一卷
唐詩香奩集一卷
唐詩名花集一卷

二五九 汲古閣景鈔南宋六十家小集九十七卷　宋陳起編　清初毛氏汲古閣影宋抄本

石屏續集四卷長短句一卷　宋戴復古撰
龍洲道人詩集一卷　宋劉過撰

方泉先生詩集三卷　宋周文璞撰
野谷詩藁六卷　宋趙汝鐩撰
雲泉詩集一卷　宋釋永頤撰
橘潭詩藁一卷　宋何應龍撰
芸隱勸游一卷橫舟藁一卷　宋施樞撰
梅屋詩藁一卷融春小綴一卷梅屋第三藁一卷第四藁一卷詩餘一卷　宋許棐撰
雲泉詩一卷　宋薛嵎撰
菊磵小集一卷　宋高翥撰
雅林小藁一卷　宋王琮撰
學詩初藁一卷　宋王同祖撰
皇荂曲一卷　宋鄧林撰
靖逸小集一卷　宋葉紹翁撰
癖齋小集一卷　宋杜旃撰
竹所吟藁一卷　宋徐集孫撰
吾竹小藁一卷　宋毛珝撰
雪林刪餘一卷　宋張至龍撰
抱拙小藁一卷　宋趙希楷撰
心游摘藁一卷　宋劉翼撰
東齋小集一卷　宋陳鑒之撰
漁溪詩藁二卷乙藁一卷　宋俞桂撰
骳藁一卷　宋利登撰
雲臥詩集一卷　宋吳汝弌撰
臞翁詩集二卷　宋敖陶孫撰
山居存藁一卷　宋陳必復撰
斗野藁支卷一卷　宋張蘊撰
采芝集一卷續藁一卷　宋釋斯植撰
雪窗小集一卷　宋張良臣撰
雪蓬藁一卷　宋姚鏞撰
芸居乙藁一卷　宋陳起撰
白石道人詩集一卷附詩說一卷　宋姜夔撰
安晚堂詩集十二卷存卷六至十二　宋鄭清之撰
棠湖詩一卷　宋岳珂撰
菊潭詩集一卷　宋吳惟信撰
雪巖吟草一卷　宋宋伯仁撰
汶陽端平詩雋四卷　宋周弼撰
竹溪十一藁詩選一卷　宋林希逸撰
雪坡小藁二卷　宋羅與之撰
疎寮小集一卷　宋高似孫撰
學吟一卷　宋朱南杰撰
梅屋吟一卷　宋鄒登龍撰
庸齋小集一卷　宋沈說撰
秋江煙草一卷　宋張弋撰
巽齋小集一卷　宋危稹撰
北窗詩藁一卷　宋余觀復撰
西麓詩藁一卷　宋陳允平撰
鷗渚微吟一卷　宋趙崇鉘撰
蒙泉詩藁一卷　宋李濤撰
竹莊小藁一卷　宋胡仲參撰
適安藏拙餘藁一卷乙卷一卷　宋武衍撰
檜庭吟藁一卷　宋葛起耕撰
露香拾藁一卷　宋黃大受撰
無懷小集一卷　宋葛天民撰
招山小集一卷　宋劉仙倫撰
端隱吟藁一卷　宋林尚仁撰
靜佳龍尋藁一卷乙藁一卷　宋朱繼芳撰
看雲小集一卷　宋黃文雷撰
小山集一卷　宋劉翰撰
順適堂吟藁甲集一卷乙集一卷丙集一卷丁集一卷戊集一卷　宋葉茵撰

三三

二六〇　六十家名賢小集七十八卷　宋陳起編　清冰遊閣抄本　清彭元瑞校補並跋　九行十六字白口左右雙邊版心下鐫冰遊閣鈔藏

野處類藁二卷　題宋洪邁撰
雪坡小藁二卷　宋羅與之撰
梅屋吟一卷　宋鄒登龍撰
鷗渚微吟一卷　宋趙崇鉘撰
雅林小藁一卷　宋王琮撰
菊潭詩集一卷　宋吳惟信撰
雲泉詩集一卷　宋釋永頤撰
橘潭詩藁一卷　宋何應龍撰
吾竹小藁一卷　宋毛珝撰
竹莊小藁一卷　宋胡仲參撰
竹所吟藁一卷　宋徐集孫撰
適安藏拙餘稿二卷　宋武衍撰
靖逸小草一卷　宋葉紹翁撰
雪林刪餘一卷　宋張至龍撰
招山小集一卷　宋劉仙倫撰
看雲小集一卷　宋黃文雷撰
檜庭吟藁一卷　宋葛起耕撰
雲泉詩一卷　宋薛嵎撰
雪窗小集一卷　宋張良臣撰
漁溪詩藁二卷乙藁一卷　宋俞桂撰
露香拾藁一卷　宋黃大受撰
臞翁詩集二卷　宋敖陶孫撰
芸隱勸游稿一卷橫舟稿一卷　宋施樞撰
心游摘藁一卷　宋劉翼撰
雪岩吟草一卷　宋宋伯仁撰
棣華館小集一卷　宋楊甲撰
蒙泉詩藁一卷　宋李濤撰
巽齋小集一卷　宋危稹撰
菊磵小集一卷　宋高翥撰
北窗詩藁一卷　宋余觀復撰
學吟一卷　宋朱南杰撰
芸居乙藁一卷　宋陳起撰
庸齋小集一卷　宋沈說撰
學詩初藁一卷　宋王同祖撰
西麓詩藁一卷　宋陳允平撰
皇荂曲一卷　宋鄧林撰
東齋小集一卷　宋陳鑒之撰
雲臥詩集一卷　宋吳汝弌撰
疎寮小集一卷　宋高似孫撰
秋江煙草一卷　宋張弋撰
癖齋小集一卷　宋杜旃撰
華谷集一卷　宋嚴粲撰
抱拙小藁一卷　宋趙希楷撰
骳藁一卷　宋利登撰
無懷小集一卷　宋葛天民撰
小山集一卷　宋劉翰撰
斗野稿支卷一卷　宋張蘊撰
竹溪十一藁詩選一卷　宋林希逸撰
靜佳龍尋稿一卷靜佳乙藁一卷　宋朱繼芳撰
順適堂吟藁五卷　宋葉茵撰
梅花衲一卷　宋李龏撰
石屏續集四卷　宋戴復古撰
陶邕州小集一卷　宋陶弼撰
退菴先生遺集二卷　宋吳淵撰
瓜廬詩一卷　宋薛師石撰　附錄一卷
采芝集一卷續稿一卷　宋釋斯植撰
端隱吟稿一卷　宋林尚仁撰
[illegible]菴村稿一卷　宋何耕撰
山居存稿一卷　宋陳必復撰
雪蓬稿一卷　宋姚鏞撰

二六一　江湖小集四十二種五十七卷　宋陳起編　清初抄本　九行二十一字無格

華谷集一卷　宋嚴粲撰
石屏續集一卷　宋戴復古撰
清獻集一卷　宋杜範撰
無懷小集一卷　宋葛天民撰
端平詩雋三卷　宋周弼撰
斗野藁支卷一卷　宋張蘊撰
翠寒集一卷　元宋无撰
竹齋詩集三卷　宋裘萬頃撰
玉楮詩藁四卷　宋岳珂撰
芸隱勸游藁一卷　宋施樞撰
西麓詩藁一卷　宋陳允平撰
西山先生詩集三卷　宋真德秀撰
雪林刪餘一卷　宋張至龍撰
[illegible]新外集一卷　宋楊備撰
臞翁詩集二卷詩評一卷　宋敖陶孫撰
疏寮小集一卷　宋高似孫撰
飲冰詩集一卷　宋宋慶之撰
南岳詩稿二卷　宋劉克莊撰
學詩初藁一卷　宋王同祖撰
龍洲道人集三卷　宋劉過撰
鷗渚微吟一卷　宋趙崇鉘撰
斷腸全集二卷　宋朱淑真撰
瑞州集一卷　宋陳□□撰
小山集一卷　宋劉翰撰
梅屋詩藁一卷　宋許棐撰
四明吟稿一卷　宋吳潛撰
棣華館小集一卷　宋楊甲撰
方泉先生詩集三卷　宋周文璞撰
雲泉詩一卷　宋薛嵎撰
白石道人詩集二卷　宋姜夔撰　李盛鐸跋
瓜廬集一卷　宋薛師石撰　附錄一卷
芸隱橫舟藁一卷　宋施樞撰
東閣吟稿一卷　宋趙汝回撰
學吟一卷　宋朱南杰撰
山居存稿一卷　宋陳必復撰
古遺小集一卷　元釋信同撰
[illegible]小集一卷　宋邵桂子撰
癖齋小集一卷　宋杜旃撰
皇荂曲一卷　宋鄧林撰
東齋吟藁一卷　宋陳峴撰
待清軒遺稿一卷　宋潘音撰
秋堂遺稿一卷　宋柴望撰
鶴山詩集一卷　宋魏了翁撰

二六二　江湖後集二十四卷　宋陳起編　清乾隆四十七年鮑氏知不足齋抄本　清鮑廷博校並跋　李盛鐸跋　十行二十一字黑格

卷一羅堅等詩集
卷三周端臣詩集
卷五、六鄭清之詩集
卷八趙庚夫等詩集
卷十林希逸等詩集
卷十二胡仲弓詩集
卷十四程炎子等詩集
卷十六釋圓悟等詩集
卷十八、九敖陶孫詩集
卷二十一黃文雷等詩集
卷二十三吳惟信詩集
卷二劉子澄等詩集
卷四趙汝績等詩集
卷七趙汝鐩等詩集
卷九姚寬等詩集
卷十一万俟紹之等詩集
卷十三曾由基等詩集
卷十五王志道等詩集
卷十七吳仲方詩集
卷二十李龏詩集
卷二十二俞桂詩集
卷二十四陳起詩集

三四

二六三　兩宋名賢小集三百六十六卷　宋陳思編　元陳世隆補　清抄本　目錄清孔繼涵抄補　九行二十一字或十行十八字無格

文公集四卷　宋楊億撰
納齋小集一卷　宋王[illegible]撰
副使遺稿一卷　宋陳洎撰
咸平詩集一卷　宋田錫撰
皇雅一卷　宋尹洙撰
英公雜詩一卷　宋夏竦撰
西州猥稿一卷　宋宋祁撰
蜀公詩集一卷　宋范鎮撰
忠肅集一卷　宋劉摯撰
都官集一卷　宋袁光撰
侍郎詩集一卷　宋蘇頌撰
資堂集一卷　宋鄭[illegible]撰
肥川小集一卷　宋劉均撰
東堂小集一卷　宋毛滂撰
淩園小藁一卷　宋王[illegible]撰
廣平別集一卷　宋宋白撰
潞公詩集一卷　宋文彥博撰
[illegible]公集七卷　宋晁[illegible]撰
文恭詩集一卷　宋胡宿撰
草堂集三卷　宋魏野撰
元獻詩稿一卷　宋晏殊撰
伐檀集二卷　宋黃庶撰
岐公詩集一卷　宋王珪撰
獨樂園詩稿六卷　宋司馬光撰
珠溪詩集一卷　宋李師中撰
魚樂軒吟稿一卷　宋張[illegible]撰
竹友集七卷　宋謝邁撰
鄭公集一卷　宋富弼撰
公是集六卷　宋劉敞撰
安樂窩吟一卷　宋邵雍撰

諫議詩集一卷　宋梅摯撰
校理集一卷　宋王安國撰
公非集一卷　宋劉攽撰
映雪齋詩集一卷　宋孫抗撰
五桃軒集一卷　宋夏倪撰
老泉詩集一卷　宋蘇洵撰
蔡齋小集一卷　宋華鎮撰
安岳吟稿二卷　宋馮山撰
文定集一卷　宋許將撰
青山集二卷　宋郭祥正撰
古靈詩集一卷　宋陳襄撰
無為子小集一卷　宋楊傑撰
待剛詩集一卷　宋竹寶撰
四休堂詩集一卷　宋周鍔撰
龍雲小集一卷　宋劉弇撰
龜山先生詩集三卷　宋楊時撰
初寮小集一卷　宋王安中撰
演山集一卷　宋黃裳撰
十洲閣小集一卷　宋汪亘撰
據梧小集一卷　宋蔡肇撰
倚松老人詩集二卷　宋饒節撰
東湖居士集一卷　宋徐俯撰
西渡詩集二卷　宋洪炎撰
章簡集一卷　宋張綱撰
嵩呼小稿一卷　宋李維撰
艇齋小集一卷　宋曾季貍撰
方叔遺稿一卷　宋李廌撰
飄然集一卷　宋歐陽澈撰
荊谿詩集一卷　宋游酢撰
幻雲居詩稿一卷　宋鄭獬撰
杏花村詩一卷　宋唐鼎撰
樂圃餘稿二卷　宋朱長文撰
齊州吟稿一卷　宋曾鞏撰
景迂小集一卷　宋晁説之撰
祁公遺稿一卷　宋杜衍撰
忠惠詩集二卷　宋蔡襄撰
王惺集一卷　宋蔣之奇撰
邠老小集一卷　宋潘大臨撰
曼卿詩集一卷　宋石延年撰
歸愚集一卷　宋葛立方撰
題畫詩一卷　宋劉叔贛撰
祖龍學詩集四卷　宋祖無擇撰
曲洧存稿一卷　宋朱弁撰
姑溪詩集二卷　宋李之儀撰
邕州小集一卷補遺一卷　宋陶弼撰
了齋詩集一卷　宋陳瓘撰
紫微集三卷　宋呂本中撰
友松閣遺稿一卷　宋張商英撰
狎鷗檻詩稿一卷　宋蔡確撰
蕭新外集一卷　宋晏殊撰
鄱陽集一卷　宋彭汝礪撰
玉瀾小集一卷　宋李彭撰
横齋小集一卷　宋張方平撰
慶湖集三卷　宋賀鑄撰
石羊山房集一卷　宋鄭剛中撰
中允詩集一卷　宋沈括撰
忠肅公集一卷　宋傅察撰
明道先生詩集一卷　宋程顥撰
寄亭詩遺一卷　宋章粢撰
苕溪詩集二卷　宋劉一止撰

子高遺稿一卷　宋陳克撰
梁溪集二卷　宋李綱撰
環碧亭詩集一卷　宋沈晦撰
忠簡詩集一卷　宋宗澤撰
忠武遺稿一卷　宋岳飛撰
栟櫚詩集一卷　宋鄧肅撰
方舟詩集一卷　宋李石撰
五峰集一卷　宋胡宏撰
椒亭小集一卷　宋李光撰
南澗小集一卷　宋韓元吉撰
文簡詩集一卷　宋李燾撰
椒亭小集一卷　宋康與之撰
大倉稊米集二卷　宋周紫芝撰
東溪集一卷　宋高登撰
艮齋詩集一卷　宋謝諤撰
葆真居士集一卷　宋折彥質撰
敷文詩集一卷　宋李易撰
捫膝稿一卷　宋俞汝礪撰
茶山集一卷　宋曾幾撰
雲莊詩集一卷　宋劉爚撰
林泉結契五卷　宋王質撰
文溪集一卷　宋李昴英撰
擷衣軒集一卷　宋方信孺撰
默堂集一卷　宋陳淵撰
南軒集一卷　宋張栻撰
象山先生集一卷　宋陸九淵撰
慈湖小集一卷　宋楊簡撰
桂巖吟稿一卷　宋米晞撰
東萊集一卷　宋呂祖謙撰
退菴遺集一卷　宋吳淵撰
拙齋別集一卷　宋王子思撰
和靖集一卷　宋尹焞撰
琴溪詩集一卷　宋李宏撰
于湖集三卷　宋張孝祥撰
盤洲集二卷　宋洪适撰
撫松集一卷　宋呂愿中撰
嘉禾百咏一卷　宋張堯同撰
野處類稿二卷　題宋洪邁撰
悦齋小集一卷　宋唐仲友撰
梅溪詩集一卷　宋王十朋撰
文杏山房雜稿一卷　宋鄭克己撰
梅山小稿一卷　宋姜特立撰
澗泉吟稿一卷　宋韓淲撰
澹庵詩集一卷　宋胡銓撰
香山詩集一卷　宋俞良能撰
網山集三卷　宋林亦之撰
雲溪詩集三卷　宋王銍撰
竹谿集一卷　宋李彌遜撰
方壺存稿三卷　宋汪莘撰
盧溪逸稿一卷　宋王庭珪撰
北山集三卷　宋程俱撰
樂軒集一卷　宋陳藻撰
鄂州小集一卷　宋羅願撰
性理吟二卷　宋朱熹撰
豫章先生詩集一卷　宋羅從彥撰
魯齋詩集一卷　宋王柏撰
洺水小集一卷　宋程珌撰
文惠詩集一卷　宋徐經孫撰
勉齋先生集一卷　宋黃榦撰
栗齋詩集一卷　宋盧璧撰

三五

遂初小稿一卷　宋尤袤撰
滄浪詩集一卷　宋嚴羽撰
菊坡集一卷　宋崔與之撰
東閣吟稿一卷　宋趙汝回撰
介軒詩集一卷　宋趙汝譔撰
方是閒居士小稿一卷　宋劉學箕撰
靜軒詩集一卷　宋徐鹿卿撰
翠微南征錄十卷　宋華岳撰
清獻集一卷　宋杜範撰
鶴山詩集一卷　宋魏了翁撰
蒙泉詩藁一卷　宋李濤撰
轉菴集一卷　宋潘檉撰
雪坡小稿二卷　宋羅與之撰
梅屋吟一卷　宋鄒登龍撰
鷗渚微吟一卷　宋趙崇鉘撰
雅林小稿一卷　宋王琮撰
芸居乙藁一卷　宋陳起撰
庸齋小集一卷　宋沈說撰
學詩初藁一卷　宋王同祖撰
橘潭詩稿一卷　宋何應龍撰
星卷曲一卷　宋鄭林撰
竹莊小稿一卷　宋胡仲參撰
東齋小集一卷　宋陳鑑之撰
竹所吟稿一卷　宋徐集孫撰
雲臥詩集一卷　宋吳汝弌撰
疎寮小集一卷　宋高似孫撰
秋江烟草一卷　宋張弋撰
癖齋小集一卷　宋杜旃撰
華谷集一卷　宋嚴粲撰
抱拙小藁一卷　宋趙希[illegible]撰
章泉詩集一卷　宋趙蕃撰
蕙庵詩稿一卷　宋何耕撰
野谷詩集一卷　宋趙汝鐩撰
安晚堂詩集六卷　宋鄭清之撰
延月樓詩稿一卷　宋李若川撰
孝詩一卷　宋林同撰
雍軒外集一卷　宋楊備撰
竹齋詩集三卷　宋裘萬頃撰
西山先生詩集三卷　宋真德秀撰
端平詩雋四卷　宋周弼撰
可齋詩集一卷　宋李曾伯撰
巽齋小集一卷　宋危稹撰
菊磵小集一卷　宋高翥撰
北窗詩藁一卷　宋余觀復撰
學吟一卷　宋朱南杰撰
采芝集二卷　宋釋斯植撰
菊潭詩集一卷　宋吳惟信撰
雲泉詩集一卷　宋釋永頤撰
西麓詩稿一卷　宋陳允平撰
吾竹小稿一卷　宋毛珝撰
梅屋詩稿四卷融春小綴一卷梅屋雜著一卷　宋許棐撰
芸隱橫舟稿一卷芸隱勸遊稿一卷　宋施樞撰
適安藏拙餘稿二卷　宋武衍撰
靖逸小集一卷　宋葉紹翁撰
雪林刪餘一卷　宋張至龍撰
招山小集一卷　宋劉仙倫撰
看雲小集一卷　宋黃文雷撰
檜庭吟稿一卷　宋葛起耕撰

骳藁一卷　宋利登撰
無懷小集一卷　宋葛天民撰
小山集一卷　宋劉翰撰
斗野藁支卷一卷　宋張蘊撰
竹溪十一藁一卷　宋林希逸撰
靜佳龍尋稿一卷靜佳乙稿一卷　宋朱繼芳撰
雪蓬藁一卷　宋姚鏞撰
雪磯叢藁五卷　宋樂雷發撰
石屏續集四卷　宋戴復古撰
龍洲小集一卷　宋劉過撰
白石道人詩一卷　宋姜夔撰
江湖紀行集句七卷　宋釋紹嵩撰
增廣高僧詩集一卷後集三卷續集一卷　宋陳起編
附　永樂大典補詩不分卷
雲泉詩一卷　宋薛嵎撰
漁溪詩藁二卷乙藁一卷　宋俞桂撰
雪牕小集一卷　宋張良臣撰
露香拾藁一卷　宋黃大受撰
臞翁詩集二卷　宋敖陶孫撰
山居存藁一卷　宋陳必復撰
端隱吟稿一卷　宋林尚仁撰
心游摘藁一卷　宋劉翼撰
雪岩吟草一卷　宋宋伯仁撰
順適堂吟稿五卷　宋葉茵撰
梅花衲一卷剪綃集二卷　宋李龏撰
方泉詩三卷　宋周文璞撰
前賢小集拾遺五卷　宋陳起編
退菴遺稿二卷　宋吳淵撰
瓜廬詩一卷　宋薛師石撰

兩宋名賢小集二百二十五卷　宋陳思編　元陳世隆補　清抄本　二六四

楊文公集四卷　宋楊億撰
陳副使遺稿一卷　宋陳洵撰
草堂集二卷東觀集七卷　宋魏野撰
蓮亭小集一卷　宋劉筠撰
古靈詩集一卷　宋陳襄撰
元憲詩稿一卷　宋宋庠撰
伐檀集二卷　宋黃庶撰
竹友集一卷　宋謝邁撰
歸愚集一卷　宋葛立方撰
祖龍學詩集四卷　宋祖無擇撰
蔡忠惠公詩集一卷　宋蔡襄撰
文潞公詩集一卷　宋文彥博撰
寇忠愍公詩集六卷　宋寇準撰
蘇侍郎詩集一卷　宋蘇頌撰
魚樂軒吟稿一卷　宋張維撰
劍潭吟稿一卷　宋陳摶撰
西州猥稿一卷　宋宋祁撰
陶邕州小集一卷　宋陶弼撰
倚松集二卷　宋饒節撰
東湖居士集一卷　宋徐俯撰
艇齋小集一卷　宋曾季貍撰
捫膝稿一卷　宋俞汝礪撰

三六

公是集六卷 宋劉敞撰
梁谿集一卷 宋李綱撰
老泉詩集一卷 宋蘇洵撰
題畫詩一卷 宋劉叔贛撰
石曼卿詩集一卷 宋石延年撰
了翁詩集一卷 宋陳瓘撰
紫微集一卷 宋呂本中撰
雪溪詩稿二卷 宋王銍撰
宗忠簡詩集一卷 宋宗澤撰
溪堂集一卷 宋謝逸撰
舒待制詩集一卷 宋舒亶撰
潘邠老詩集一卷 宋潘大臨撰
王岐公詩集一卷 宋王珪撰
珠溪詩集一卷 宋李師中撰
龍雲小集一卷 宋劉弇撰
十洲閣小集一卷 宋王直撰
西渡詩集二卷 宋洪炎撰
栟櫚詩集一卷 宋鄧肅撰
華谷集一卷 宋嚴粲撰
洺水小集一卷 宋程珌撰
順適堂吟稿二卷 宋葉茵撰
棄齋詩集一卷 宋鞏豐撰
撫松集一卷 宋呂愿中撰
吾竹小稿一卷 宋毛珝撰
李方叔遺稿一卷 宋李廌撰
南澗小集二卷 宋韓元吉撰
菊潭集一卷 宋吳惟信撰
梅屋吟一卷 宋鄧登龍撰
性理吟二卷 宋朱熹撰
圃亭詩一卷 宋章粲撰

龜山集三卷 宋楊時撰
五峯集一卷 宋胡宏撰
王校理集一卷 宋王安國撰
青山集二卷 宋郭祥正撰
公非集一卷 宋劉攽撰
友松閣遺稿一卷 宋張商英撰
鄱陽集一卷 宋彭汝礪撰
雲莊詩集一卷 宋劉爚撰
姑溪居士集十卷 宋李之儀撰
樂圃餘稿二卷 宋朱長文撰
竹溪集一卷 宋林希逸撰
演山集一卷 宋黃裳撰
東閣吟稿一卷 宋趙汝回撰
于湖集三卷 宋張孝祥撰
曲洧存稿一卷 宋朱弁撰
初寮小集一卷 宋王安中撰
支離集鈔一卷 宋黃希旦撰
東谿集一卷 宋高登撰
北牕詩稿一卷 宋余觀復撰
心游摘稿一卷 宋劉翼撰
勉齋先生集一卷 宋黃榦撰
遂初小稿一卷 宋尤袤撰
漁溪詩稿三卷 宋俞桂撰
南軒集一卷 宋張栻撰
盤州集三卷 宋洪适撰
澹菴詩集一卷 宋胡銓撰
東齋小集一卷 宋陳鑒之撰
芸隱勸游稿一卷芸隱橫舟稿一卷 宋施樞撰
象山先生集一卷 宋陸九淵撰

雲泉詩集一卷 宋王柟撰
傅忠肅公集一卷 宋傅察撰
臞翁詩集二卷 宋敖陶孫撰
陳子高遺稿一卷 宋陳克撰
澗泉吟稿一卷 宋韓淲撰
適安藏拙餘稿二卷 宋武衍撰
斗野稿一卷 宋張蘊撰
東萊集一卷 宋呂祖謙撰
慶湖集一卷 宋賀鑄撰
梅谿詩集八卷 宋王十朋撰
疏寮小集一卷 宋高似孫撰
竹溪十一稿詩選一卷 宋林希逸撰
橘潭詩稿一卷 宋何應龍撰
骳稿一卷 宋利登撰
抱拙小稿一卷 宋趙希㯝撰
雪林刪餘一卷 宋張至龍撰
露香拾稿一卷 宋黃大受撰
靖逸小集一卷 宋葉紹翁撰
雪坡小稿二卷 宋羅與之撰
孝詩一卷 宋林同撰
靜佳龍尋稿一卷靜佳乙稿一卷 宋朱繼芳撰
嬾隱吟稿一卷 宋喬起樹撰
皇荂曲一卷 宋鄧林撰
山居存稿一卷 宋陳必復撰
南岳詩稿二卷 宋劉克莊撰
小山集一卷 宋劉翰撰
西塍稿二卷續稿一卷西塍遺一卷 宋宋伯仁撰

蒙川詩集一卷 宋劉黻撰
觀我軒集一卷 宋方信孺撰
雪窗小稿一卷 宋張良臣撰
嘉禾百咏一卷 宋張堯同撰
龍洲集三卷 宋劉過撰
癖齋小集一卷 宋杜旃撰
豫章先生詩集一卷 宋羅從彥撰
退庵遺集一卷 宋吳淵撰
飄然集一卷 宋歐陽澈撰
西麓詩稿一卷 宋陳允平撰
雪蓬稿一卷 宋姚鏞撰
雲臥詩集一卷 宋吳汝弌撰
竹所吟稿二卷 宋徐集孫撰
采芝集二卷 宋釋斯植撰
看雲小集一卷 宋黃文雷撰
招山小集一卷 宋劉仙倫撰
白石道人詩集一卷 宋姜夔撰
竹齋詩集五卷 宋裘萬頃撰
石屏續集四卷 宋戴復古撰
菊磵小集一卷 宋高翥撰
端隱吟稿一卷 宋林尚仁撰
梅屋詩稿三卷 宋許棐撰
竹莊小稿一卷 宋胡仲參撰
巽齋小集一卷 宋危稹撰
端平詩雋四卷 宋周弼撰
秋江煙草一卷 宋張弋撰
學吟一卷 宋朱南杰撰

三七

兩宋名賢小集一百九卷 宋陳思編 元陳世隆補 清抄本 二六五

甲集
獨樂園詩稿六卷 宋司馬光撰
安樂窩吟一卷 宋邵雍撰
西渡詩集一卷 宋洪炎撰
乙集
景迂小集一卷 宋晁說之撰
胡文恭詩集一卷 宋胡宿撰
蘇齋小集一卷 宋劉過撰
雪溪詩集五卷 宋王銍撰
丙集
野處類藁二卷 宋洪邁撰
蕙巷詩藁一卷 宋何耕撰
丁集
說劍吟一卷 宋呂定撰
桂巖吟稿一卷 宋朱晞撰
西山先生詩集三卷 宋真德秀撰
葛無懷小集一卷 宋葛天民撰
戊集
方泉先生詩集三卷 宋周文璞撰
章泉詩集一卷 宋趙蕃撰
己集
雁山吟一卷 宋呂聲之撰
四明吟藁一卷 宋吳潛撰
鷗渚微吟一卷 宋趙崇鉘撰
庚集
方是閒居士小藁一卷 宋劉學箕撰
滄浪詩集一卷 宋嚴羽撰
文谿集一卷 宋李昴英撰

范蜀公詩集一卷 宋范鎮撰
漫園小稿一卷 宋王琪撰
草澤狂歌一卷 明王恭撰〔注〕
怡雲軒詩集一卷 宋姚孝錫撰
五桃軒詩集一卷 宋黃倪撰
北山律式二卷 宋程俱撰
陶邕州小集一卷 宋陶弼撰
林泉結契五卷 宋王質撰
東齋吟藁一卷 宋陳峴撰
鶴山詩集一卷 宋魏了翁撰
雅林小稿一卷 宋王琮撰
梅屋雜著一卷 宋許棐撰
翠微南征錄十卷 宋華岳撰
清獻集一卷 宋杜範撰
古梅吟藁一卷 宋吳龍翰撰
安晚堂詩集六卷 宋鄭清之撰
靜軒詩集一卷 宋徐鹿卿撰
芸居乙藁一卷 宋陳起撰
文惠詩集一卷 宋徐經孫撰

辛集
玉楮詩藁七卷 宋岳珂撰
道州苔衣集一卷 宋柴望撰
雪磯叢藁四卷 宋樂雷發撰
疊山集一卷 宋謝枋得撰
壬集
瓜廬集一卷 宋薛師石撰
飲冰詩集一卷 宋宋慶之撰
裨幄集一卷 宋趙萬年撰
月洞吟一卷 宋王鎡撰
癸集
山村遺藁二卷 宋仇遠撰
詠六朝遺事一卷 宋楊備撰
靈泉詩集一卷 宋釋永頤撰
〔注〕此種疑係誤入

學吟一卷 宋朱南杰撰
農歌續集一卷 宋戴昺撰
雲泉詩集二卷 宋薛嵎撰
水雲村泯藁一卷 宋劉壎撰
庸齋小集一卷 宋沈說撰
翠寒集一卷 元宋无撰
圖詩一卷 宋鄭思肖撰
石堂集一卷 宋陳普撰
瓊山道人集三卷 宋葛長庚撰
古遺小集一卷 宋韓信同撰
柳塘外集二卷 宋釋道璨撰

三八

羣賢小集六十八種一百二十二卷 宋陳思編 清抄本（前賢小集拾遺配） 二六六

另一清抄本，九行十九字，左右雙邊） 十行十八字無格

野處類藁二卷 題宋洪邁撰
華谷集一卷 宋嚴粲撰
竹莊小藁一卷 宋胡仲參撰
適安藏拙餘藁二卷 宋武衍撰
方泉集四卷 宋周文璞撰
芸隱勸游藁一卷橫舟藁一卷 宋施樞撰
巽齋小集一卷 宋危稹撰
露香拾稿一卷 宋黃大受撰
漁溪詩藁二卷乙藁一卷 宋俞桂撰
石屏續集四卷 宋戴復古撰
庸齋小集一卷 宋沈說撰

招山小集一卷 宋劉仙倫撰
陶邕州小集一卷 宋陶弼撰
梅屋吟一卷 宋鄧登龍撰
野谷詩藁六卷 宋趙汝鐩撰
雪岩吟草一卷 宋宋伯仁撰
癖齋小集一卷 宋杜旃撰
蒙泉詩藁一卷 宋李濤撰
白石道人集一卷補遺一卷 宋姜夔撰
芸居乙藁一卷 宋陳起撰
瓜廬詩一卷附錄一卷 宋薛師石撰
葛無懷小集一卷 宋葛天民撰

疎寮小集一卷　宋高似孫撰
端平詩雋四卷　宋周弼撰
西麓詩藁一卷　宋陳允平撰
靖逸小集一卷　宋葉紹翁撰
端隱吟藁一卷　宋林尚仁撰
東齋小集一卷　宋陳鑑之撰
竹溪十一藁一卷　宋林希逸撰
雪蓬小藁一卷　宋姚鏞撰
北窗詩藁一卷　宋余觀復撰
臞翁詩集二卷　宋敖陶孫撰
雪林刪餘一卷　宋張至龍撰
檜庭吟藁一卷　宋葛起耕撰
皇荂曲一卷　宋鄧林撰
雲泉詩集一卷　宋釋永頤撰
秋江煙草一卷　宋張弋撰
鷗渚微吟一卷　宋趙崇鉘撰
龍洲集三卷補遺一卷　宋劉過撰
雲卧詩集一卷　宋吳汝弌撰
看雲小集一卷　宋黃文雷撰
雪窗小集一卷　宋張良臣撰
斗野藁支卷一卷　宋張蘊撰
小山集一卷　宋劉翰撰
孝詩一卷　宋林同撰
江湖紀行集句詩七卷　宋釋紹嵩撰

橘潭詩藁一卷　宋何應龍撰
學詩初藁一卷　宋王同祖撰
竹所吟藁一卷　宋徐集孫撰
山居存稿一卷　宋陳必復撰
靜佳乙藁一卷靜佳龍尋稿一卷　宋朱繼芳撰
心游摘稿一卷　宋劉翼撰
雲泉詩一卷　宋薛嵎撰
菊潭詩集一卷　宋吳惟信撰
骳稿一卷　宋利登撰
雅林小稿一卷　宋王琮撰
吾竹小藁一卷　宋毛珝撰
采芝集一卷續集一卷　宋釋斯植撰
菊磵小集一卷續稿一卷　宋高翥撰
學吟一卷　宋朱南杰撰
梅花衲一卷剪綃集二卷　宋李龏撰
抱拙小藁一卷　宋趙希㯝撰
雪坡小藁二卷　宋羅與之撰
雪磯叢稿五卷　宋樂雷發撰
梅屋詩藁一卷融春小綴一卷梅屋第三藁一卷梅屋第四藁一卷梅屋雜著一卷　宋許棐撰
退菴先生遺集二卷　宋吳淵撰
順適堂吟藁五卷　宋葉茵撰
前賢小集拾遺五卷　宋陳起輯

二六七 南宋群賢小集六十八種九十一卷　宋陳思編　清抄本　清周星詒校　丁丙跋

葛無懷小集一卷　宋葛天民撰
龍洲小集二卷　宋劉過撰
野處類藁二卷　宋洪邁撰
適安藏拙餘藁二卷　宋武衍撰
吾竹小藁一卷　宋毛珝撰
山居存稿一卷　宋陳必復撰
竹所吟藁一卷　宋徐集孫撰
靜佳龍尋稿一卷靜佳乙藁一卷　宋朱繼芳撰
芸居乙藁一卷　宋陳起撰
西麓詩藁一卷　宋陳允平撰
雪篷小藁一卷　宋姚鏞撰
雪坡小藁二卷　宋羅與之撰
北窗詩藁一卷　宋余觀復撰
露香拾藁一卷　宋黃大受撰
蒙泉詩藁一卷　宋李濤撰
臞翁詩集二卷　宋敖陶孫撰
癖齋小集一卷　宋杜旃撰
皇荂曲一卷　宋鄧林撰
秋江煙草一卷　宋張弋撰
梅屋吟一卷　宋鄒登龍撰
雪巖吟草一卷　宋宋伯仁撰
鷗渚微吟一卷　宋趙崇鉘撰
雪林刪餘一卷　宋張至龍撰
雪磯叢稿五卷　宋樂雷發撰
學吟一卷　宋朱南杰撰
庸齋小集一卷　宋沈說撰
斗野稿支卷一卷　宋張蘊撰
梅屋詩藁一卷　宋許棐撰
梅屋第三藁一卷　宋許棐撰
梅屋雜著一卷　宋許棐撰
芸隱横舟藁一卷　宋施樞撰
竹溪十一藁詩選一卷　宋林希逸撰

石屏續集四卷　宋戴復古撰
招山小集一卷　宋劉仙倫撰
疎寮小集一卷　宋高似孫撰
橘潭詩藁一卷　宋何應龍撰
菊磵小集一卷續稿一卷　宋高翥撰
端隱吟藁一卷　宋林尚仁撰
東齋小集一卷　宋陳鑑之撰
靖逸小集一卷　宋葉紹翁撰
華谷集一卷　宋嚴粲撰
順適堂吟藁前集一卷續集一卷　宋葉茵撰
竹莊小藁一卷　宋胡仲參撰
檜庭吟藁一卷　宋葛起耕撰
雅林小稿一卷　宋王琮撰
雲卧詩集一卷　宋吳汝弌撰
漁溪詩藁二卷漁溪乙藁一卷　宋俞桂撰
雪窗小集一卷　宋張良臣撰
小山集一卷　宋劉翰撰
看雲小集一卷　宋黃文雷撰
骳稿一卷　宋利登撰
瓜廬詩一卷附錄一卷　宋薛師石撰
巽齋小集一卷　宋危稹撰
抱拙小藁一卷　宋趙希㯝撰
退菴先生遺集二卷　宋吳淵撰
雲泉詩集一卷　宋釋永頤撰
學詩初藁一卷　宋王同祖撰
菊潭詩集一卷　宋吳惟信撰
雲泉詩一卷　宋薛嵎撰
融春小綴一卷　宋許棐撰
梅屋第四藁一卷　宋許棐撰
芸隱倦游藁一卷　宋施樞撰
端平詩雋四卷　宋周弼撰
[illegible]小集一卷　宋[illegible]撰

三九

心游摘稿一卷　宋劉翼撰
翦綃集二卷　宋李龏撰
孝詩一卷　宋林同撰
梅花衲一卷　宋李龏撰

二六八 南宋羣賢小集九十六卷　宋陳起編　清趙氏小山堂抄本（汶陽端平詩雋十行十八字白口四周單邊，汶陽端平詩雋十一行二十一字白口左右雙邊）

芸居乙藁一卷　宋陳起撰
漁溪詩藁二卷乙藁一卷　宋俞桂撰
蕭臺公餘詞一卷附蕭臺詩一卷　宋姚述堯撰
梅花衲一卷　宋李龏撰
疎寮小集一卷　宋高似孫撰
北牕詩藁一卷　宋余觀復撰
學吟一卷　宋朱南杰撰
雪窗小集一卷　宋張良臣撰
斗野藁支卷一卷　宋張蘊撰
骳藁一卷　宋利登撰
端隱吟藁一卷　宋林尚仁撰
抱拙小藁一卷　宋趙希㯝撰
庸齋小集一卷　宋沈說撰
學詩初藁一卷　宋王同祖撰
露香拾藁一卷　宋黃大受撰
山居存藁一卷　宋陳必復撰
雪巖吟草一卷　宋宋伯仁撰
雪林刪餘一卷　宋張至龍撰
臞翁詩集二卷　宋敖陶孫撰
靜佳龍尋藁一卷靜佳乙藁一卷　宋朱繼芳撰
采芝集一卷采芝續藁一卷　宋釋斯植撰
癖齋小集一卷　宋杜旃撰

橘潭詩藁一卷　宋何應龍撰
雲泉詩集一卷　宋釋永頤撰
方泉先生詩集三卷　宋周文璞撰
白石道人詩集一卷詩說一卷　宋姜夔撰
剪綃集二卷　宋李龏撰
雅林小藁一卷　宋王琮撰
吾竹小藁一卷　宋毛珝撰
竹溪十一藁詩選一卷　宋林希逸撰
適安藏拙餘藁一卷乙卷一卷　宋武衍撰
小山集一卷　宋劉翰撰
汶陽端平詩雋四卷　宋周弼撰
心游摘藁一卷　宋劉翼撰
芸隱倦游藁一卷橫舟藁一卷　宋施樞撰
菊潭詩集一卷　宋吳惟信撰
檜庭吟藁一卷　宋葛起耕撰
雲卧詩集一卷　宋吳汝弌撰
順適堂吟藁甲集一卷乙集一卷丙集一卷丁集一卷戊集一卷　宋葉茵撰
支離集一卷　宋黃希旦撰
石屏續集四卷　宋戴復古撰
增廣聖宋高僧詩選前集一卷後集三卷續集一卷　宋陳起輯
秋江煙草一卷　宋張弋撰
菊磵小集一卷　宋高翥撰

梅屋吟一卷　宋鄒登龍撰
瓜廬詩一卷附錄一卷　宋薛師石撰
西麓詩藁一卷　宋陳允平撰
東齋小集一卷　宋陳鑑之撰
雲泉詩一卷　宋薛嵎撰
融春小綴一卷　宋許棐撰
巽齋小集一卷　宋危稹撰
招山小集一卷　宋劉仙倫撰
雪篷藁一卷　宋姚鏞撰
蒙泉詩藁一卷　宋李濤撰

竹所吟藁一卷　宋徐集孫撰
皇荂曲一卷　宋鄧林撰
鷗渚微吟一卷　宋趙崇鉘撰
竹莊小藁一卷　宋胡仲參撰
梅屋詩藁一卷梅屋第三藁一卷梅屋第四稿一卷　宋許棐撰
靖逸小集一卷　宋葉紹翁撰
葛無懷小集一卷　宋葛天民撰
看雲小集一卷　宋黃文雷撰
前賢小集拾遺五卷　宋陳起輯

四〇

二六九 南宋群賢小集七種七卷　清吳允嘉抄本　十行二十二字無格

庸齋小集一卷　宋沈說撰
學詩初藁一卷　宋王同祖撰
雲卧詩集一卷　宋吳汝弌撰
梅花詩一卷　宋張道洽撰
菊潭詩集一卷　宋吳惟信撰
檜庭吟藁一卷　宋葛起耕撰
露香拾藁一卷　宋黃大受撰

二七〇 南宋群賢小集十一種二十卷　清抄本　十行十八字無格

汶陽端平詩雋四卷　宋周弼撰
野谷詩藁六卷　宋趙汝鐩撰
癖齋小集一卷　宋杜旃撰
鷗渚微吟一卷　宋趙崇鉘撰
梅屋詩藁一卷　宋許棐撰
采芝集一卷續集一卷　宋釋斯植撰
竹莊小藁一卷　宋胡仲參撰
秋江煙草一卷　宋張弋撰
菊磵小集一卷　宋高翥撰
東齋小集一卷　宋陳鑑之撰
融春小綴一卷　宋許棐撰

二七一 南宋羣賢小集十種二十一卷　清抄本　十行十八字或十行二十字無格
存十種十六卷

梅屋吟一卷　宋鄒登龍撰
芸居乙藁一卷　宋陳起撰
西麓詩藁一卷　宋陳允平撰
靖逸小集一卷　宋葉紹翁撰　清郭尚先跋
雲泉詩一卷　宋薛嵎撰
學詩初藁一卷　宋王同祖撰
菊潭詩集一卷　宋吳惟信撰
庸齋小集一卷　宋沈說撰
雪林删餘一卷　宋張至龍撰　清郭尚先跋
安晚堂詩集十二卷存七卷（六至十二）　宋鄭清之撰

二七二　南宋群賢小集五種十卷　清抄本　清丁丙跋
竹莊小藁一卷　宋胡仲參撰
石屏續集四卷　宋戴復古撰
漁溪詩稿二卷乙稿一卷　宋俞桂撰
東齋小集一卷　宋陳鑑之撰
葛無懷小集一卷　宋葛天民撰

二七三　南宋群賢小集補遺十三種十五卷　清抄本　九行二十字藍格
燕堂詩藁一卷　宋趙公豫撰
棠湖詩藁一卷　宋岳珂撰
艇齋詩抄一卷　宋曾季貍撰
雲莊詩集一卷　宋劉爚撰
[illegible]詩藁一卷　宋何耕撰
志道集一卷　宋顧禧撰
江村遺藁一卷　宋高選撰
竹溪集一卷　宋李彌遜撰
柳塘外集二卷　宋釋道璨撰
北山律式二卷　宋程俱撰
棣華館小集一卷　宋楊甲撰
西渡集一卷　宋洪炎撰
林湖遺藁一卷　宋高鵬飛撰

二七四　南宋羣賢詩六十家九十九卷　清抄本　吳湖帆跋
皇荂曲一卷　宋鄧林撰
疎寮小集一卷　宋高似孫撰
端隱吟藁一卷　宋林尚仁撰
雪窗小集一卷　宋張良臣撰
秋江煙草一卷　宋張弋撰
山居存藁一卷　宋陳必復撰
竹莊小藁一卷　宋胡仲參撰
菊磵小集一卷　宋高翥撰
小山集一卷　宋劉翰撰
漁溪詩藁二卷漁溪乙藁一卷　宋俞桂撰
靖逸小集一卷　宋葉紹翁撰
巽齋小集一卷　宋危稹撰
檜庭吟藁一卷　宋葛起耕撰
北磵詩藁一卷　宋余觀復撰
庸齋小集一卷　宋沈說撰
招山小集一卷　宋劉仙倫撰
芸隱倦游稿一卷橫舟稿一卷　宋施樞撰
雪林删餘一卷　宋張至龍撰
學詩初稿一卷　宋王同祖撰
白石道人詩集一卷詩說一卷　宋姜夔撰
斗野稿支卷一卷　宋張蘊撰
石屏續集四卷　宋戴復古撰
臞翁詩集二卷　宋敖陶孫撰
抱拙小稿一卷　宋趙希䆷撰
雲泉詩集一卷　宋薛嵎撰
看雲小集一卷　宋黃文雷撰
鷗渚微吟一卷　宋趙崇鉘撰
適安藏拙餘稿二卷　宋武衍撰
西麓詩稿一卷　宋陳允平撰
雅林小稿一卷　宋王琮撰
骳稿一卷　宋利登撰
雪篷稿一卷　宋姚鏞撰
方泉先生詩集三卷　宋周文璞撰
雲泉詩集一卷　宋釋永頤撰
高僧詩選前集一卷後集三卷續集一卷　宋陳起撰
雪巖吟草一卷　宋宋伯仁撰
支離集鈔一卷　宋黃希旦撰
蒙泉詩藁一卷　宋李濤撰
采芝集一卷續集一卷　宋斯植撰
東齋小集一卷　宋陳鑑之撰
癖齋小集一卷　宋杜旃撰
雲卧詩集一卷　宋吳汝弌撰
梅屋詩稿二卷融春小綴一卷梅屋雜著一卷　宋許棐撰
葛無懷小集一卷　宋葛天民撰
橘潭詩稿一卷　宋何應龍撰
竹溪十一稿一卷　宋林希逸撰
梅屋吟一卷　宋鄒登龍撰
靜佳龍尋稿一卷靜佳乙稿一卷　宋朱繼芳撰
心游摘稿一卷　宋劉翼撰
順適堂吟稿五卷　宋葉茵撰
露香拾稿一卷　宋黃大受撰
梅花衲一卷剪綃集二卷　宋李龏撰
林同孝詩一卷　宋林同撰
學吟一卷　宋朱南杰撰
竹所吟稿一卷　宋徐集孫撰
菊潭詩集一卷　宋吳惟信撰
芸居乙稿一卷　宋陳起撰
亞愚江浙紀行絕句七卷　宋釋紹嵩撰
前賢小集拾遺五卷　宋陳起撰
瓜廬詩一卷　宋薛師石撰
吾竹小稿一卷　宋毛珝撰
簫臺公餘詞一卷附錄一卷　宋姚述堯撰

四一

二七五　羣賢集十二種十二卷　清抄本　九行二十字無格

陶邕州小集一卷　宋陶弼撰
[illegible]文集一卷　宋[illegible]撰
燕堂詩稿一卷　宋趙公豫撰
[illegible]剩稿一卷
[illegible]南翁一百二十詠詩集一卷　宋[illegible]撰
林湖遺稿一卷　宋高鵬飛撰
春卿遺稿一卷　宋蔣堂撰
西渡詩集一卷　宋洪炎撰
志道集一卷　宋顧禧撰
竹溪集一卷　宋李彌遜撰
友石山人遺稿一卷　宋王翰撰
江邨遺藁一卷　宋高選撰

二七六　宋四十名家小集六十一卷　清抄本　清胡重跋　十行十八字無格
陶邕州小集一卷　宋陶弼撰
裘竹齋詩集六卷　宋裘萬頃撰
招山小集一卷　宋劉仙倫撰
小山集一卷　宋劉翰撰
玉楮詩藁八卷　宋岳珂撰
東齋小集一卷　宋陳鑑之撰
學詩初藁一卷　宋王同祖撰
西麓詩藁一卷　宋陳允平撰
露香拾藁一卷　宋黃大受撰
庸齋小集一卷　宋沈說撰
皇荂曲一卷　宋鄧林撰
吾竹小藁一卷　宋毛珝撰
菊潭詩集一卷　宋吳惟信撰
北磵詩藁一卷　宋余觀復撰
骳藁一卷　宋利登撰
斗野藁一卷　宋張蘊撰
鷗渚微吟一卷　宋趙崇鉘撰
鐔津文集二卷　宋釋契嵩撰
采芝集一卷續集一卷　宋釋斯植撰
簫臺公餘詞一卷　宋姚述堯撰
雪窗小集一卷　宋張良臣撰
龍洲道人詩集一卷　宋劉過撰
芸居乙藁一卷　宋陳起撰
適安藏拙餘藁二卷　宋武衍撰
學吟一卷　宋朱南杰撰
雲卧詩藁一卷　宋吳汝弌撰
看雲小集一卷　宋黃文雷撰
竹莊小藁一卷　宋胡仲參撰
檜庭吟藁一卷　宋葛起耕撰
蒙泉詩藁一卷　宋李濤撰
橘潭詩藁一卷　宋何應龍撰
雅林小集一卷　宋王琮撰
梅屋吟一卷　宋鄒登龍撰
華谷集一卷　宋嚴粲撰
竹所吟藁一卷　宋徐集孫撰
抱拙小藁一卷　宋趙希䆷撰
野谷詩藁六卷　宋趙汝鐩撰
雲泉詩集一卷　宋釋永頤撰
柳塘外集二卷　宋釋道璨撰
玉照堂詞鈔一卷　宋張鎡撰

二七七　宋人小集三十二種七十卷　清初抄本　十行二十一字無格
鉅鹿東觀集七卷　宋魏野撰
西渡詩集一卷　宋洪炎撰
東溪文集一卷　宋高登撰
雪溪詩五卷　宋王銍撰
巽齋小集一卷　宋危稹撰
雪林删餘一卷　宋張至龍撰
東齋小集一卷　宋陳鑑之撰
梅花衲一卷　宋李龏撰
西麓詩稿一卷　宋陳允平撰
邕州小集一卷　宋陶弼撰
采芝集一卷　宋釋斯植撰
吾竹小稿一卷　宋毛珝撰
雪磯叢稿五卷　宋樂雷發撰
竹所吟稿一卷　宋徐集孫撰
白石道人詩集一卷　宋姜夔撰
西塍集一卷　宋宋伯仁撰
春卿遺稿一卷　宋蔣堂撰
雅林小稿一卷　宋王琮撰
義豐文集一卷　宋王阮撰
疎寮小集一卷　宋高似孫撰
皇荂曲一卷　宋鄧林撰
汶陽端平詩雋四卷　宋周弼撰
竹莊小稿一卷　宋胡仲參撰
芸窗橫舟稿一卷　宋施樞撰
滄洲先生集五卷　宋羅公升撰
支離子詩一卷　宋黃希旦撰
瓜廬詩一卷　宋薛師石撰
靖逸小集一卷　宋葉紹翁撰
癖齋小集一卷　宋杜旃撰
野谷詩稿六卷　宋趙汝鐩撰
石屏續集四卷　宋戴復古撰
秋江煙草一卷　宋張弋撰

四二

二七八　宋人小集五十五種七十五卷　清[illegible]閣抄本　九行十六字白口四周單邊版心下鐫[illegible]
[illegible]
秋江煙草一卷　宋張弋撰
巽齋小集一卷　宋危稹撰
斗野稿支卷一卷　宋張蘊撰
雪窗小集一卷　宋張良臣撰
檜庭吟稿一卷　宋葛起耕撰
雪林删餘一卷　宋張至龍撰
露香拾藁一卷　宋黃大受撰
適安藏拙餘稿一卷　宋武衍撰
癖齋小集一卷　宋杜旃撰
雪坡小藁二卷　宋羅與之撰
小山集一卷　宋劉翰撰
抱拙小稿一卷　宋趙希䆷撰
骳稿一卷　宋利登撰
疎寮小集一卷　宋高似孫撰
雲卧詩集一卷　宋吳汝弌撰
吾竹小藁一卷　宋毛珝撰

皇荂曲一卷　宋鄧林撰
静佳龍尋稿一卷静佳乙藁一卷　宋朱繼芳撰
山居存稿一卷　宋陳必復撰
竹所吟稿一卷　宋徐集孫撰
雲泉詩一卷　宋薛嵎撰
陶邕州小集一卷　宋陶弼撰
華谷集一卷　宋嚴粲撰
招山小集一卷　宋劉仙倫撰
雪蓬稿一卷　宋姚鏞撰
菊潭詩集一卷　宋吳惟信撰
學詩初稿一卷　宋王同祖撰
臞翁詩集二卷　宋敖陶孫撰
北窗詩藁一卷　宋余觀復撰
葛無懷小集一卷　宋葛天民撰
漁溪詩藁二卷乙藁一卷　宋俞桂撰
雪磯叢稿五卷　宋樂雷發撰
瓜廬詩一卷　宋薛師石撰　附録一卷
心游摘稿一卷　宋劉翼撰
順適堂吟藁前集一卷續集五卷　宋葉茵撰
龍洲集三卷　宋劉過撰
竹莊小藁一卷　宋胡仲參撰
端隱吟藁一卷　宋林尚仁撰
東齋小集一卷　宋陳鑒之撰
西麓詩稿一卷　宋陳允平撰
芸隱橫舟稿一卷勸游藁一卷　宋施樞撰
蒙泉詩稿一卷　宋李濤撰
雅林小稿一卷　宋王琮撰
看雲小集一卷　宋黃文雷撰
庸齋小集一卷　宋沈説撰
芸居乙稿一卷　宋陳起撰
退菴先生遺集二卷　宋吳淵撰
學吟一卷　宋朱南杰撰
鷗渚微吟一卷　宋趙崇鉘撰
梅屋吟一卷　宋鄒登龍撰
菊磵小集一卷　宋高翥撰
雪岩吟草西塍集一卷　宋宋伯仁撰
竹溪十一藁詩選一卷　宋林希逸撰
端平詩雋四卷　宋周弼撰
石屏續集四卷　宋戴復古撰

二七九　宋人小集六十八種一百六卷　清金氏文瑞樓抄本　清宋賓王、戴天樹校並跋　十一行二十一字白口、左右雙邊、版心下鐫文瑞樓

心游摘藁一卷　宋劉翼撰
臞翁詩集二卷　宋敖陶孫撰
端隱吟藁一卷　宋林尚仁撰
鷗渚微吟一卷　宋趙崇鉘撰
學吟一卷　宋朱南杰撰
雅林小藁一卷　宋王琮撰
招山小集一卷　宋劉仙倫撰
華谷集一卷　宋嚴粲撰
看雲小集一卷　宋黃文雷撰
庸齋小集一卷　宋沈説撰
芸居乙藁一卷　宋陳起撰
雲泉詩集一卷　宋釋永頤撰
雲臥詩集一卷　宋吳汝弌撰
斗野藁支卷一卷　宋張蘊撰
雪牕小集一卷　宋張良臣撰
檜庭吟藁一卷　宋葛起耕撰
吾竹小藁一卷　宋毛珝撰
竹莊小藁一卷　宋胡仲參撰
竹所吟藁一卷　宋徐集孫撰
漁溪詩稿一卷乙稿一卷　宋俞桂撰
雪蓬稿一卷雜著一卷　宋姚鏞撰
巽齋小集一卷　宋危稹撰
菊磵小集一卷續編一卷　宋高翥撰
瓜廬詩一卷　宋薛師石撰
石屏續集四卷　宋戴復古撰
順適堂吟藁前集一卷後集一卷丙集一卷丁集一卷戊集一卷　宋葉茵撰
雪溪集五卷　宋王銍撰
宋貞士羅滄洲先生集四卷　宋羅公升撰
陶邕州小集一卷　宋陶弼撰
疏寮小集一卷　宋高似孫撰
秋江煙草一卷　宋張弋撰
靖逸小集一卷　宋葉紹翁撰
雪磯叢藁一卷　宋樂雷發撰
竹溪十一藁詩選一卷　宋林希逸撰
静佳龍尋藁一卷静佳乙藁一卷　宋朱繼芳撰
山居存稿一卷　宋陳必復撰
梅屋吟一卷　宋鄒登龍撰
北窗詩藁一卷　宋余觀復撰
采芝集一卷續稿一卷　宋釋斯植撰
芸隱橫舟藁一卷勸游藁一卷　宋施樞撰
蒙泉詩稿一卷　宋李濤撰
橘潭詩藁一卷　宋何應龍撰
學詩初稿一卷　宋王同祖撰
菊潭詩集一卷　宋吳惟信撰
露香拾稿一卷　宋黃大受撰
適安藏拙餘稿一卷乙卷一卷　宋武衍撰
小山集一卷　宋劉翰撰
抱拙小稿一卷　宋趙希𢷤撰
骳藁一卷　宋利登撰
皇荂曲一卷　宋鄧林撰
東齋小集一卷　宋陳鑒之撰
西麓詩藁一卷　宋陳允平撰
葛無懷小集一卷　宋葛天民撰
汶陽端平詩雋四卷　宋周弼撰
雪坡小藁二卷　宋羅與之撰
雲泉詩一卷　宋薛嵎撰
西塍集一卷　宋宋伯仁撰
梅花衲一卷剪綃集一卷　宋李龏撰
孫耕閒集一卷　宋孫鋭撰
方泉先生詩集三卷　宋周文璞撰
柳塘外集二卷　宋釋道璨撰
北山小集二卷　宋程俱撰
紹陶錄[illegible]卷　宋王質撰
雪林删餘一卷　宋張至龍撰
癖齋小集一卷　宋杜旃撰
西渡詩集一卷　宋洪炎撰
野處類藁二卷　宋洪邁撰

四三

二八〇　宋人小集四十一種五十八卷　清海寧陳氏抄本　十行二十字無格

陶邕州小集一卷　宋陶弼撰
華谷集一卷　宋嚴粲撰
皇荂曲一卷　宋鄧林撰
東齋小集一卷　宋陳鑒之撰
西麓詩藁一卷　宋陳允平撰
伐檀集一卷　宋黃庶撰
菊潭詩集一卷　宋吳惟信撰
檜庭吟藁一卷　宋葛起耕撰
露香拾藁一卷　宋黃大受撰
梅屋吟一卷　宋鄒登龍撰
學吟一卷　宋朱南杰撰
采芝集一卷續藁一卷　宋釋斯植撰
橘潭詩藁一卷　宋何應龍撰
蕭臺公餘詞一卷　宋姚述堯撰
柳塘外集二卷　宋釋道璨撰
龍洲道人詩集一卷　宋劉過撰
雪牕小集一卷　宋張良臣撰
適安藏拙餘藁一卷　宋武衍撰
小山集一卷　宋劉翰撰
招山小集一卷　宋劉仙倫撰
野谷詩藁六卷　宋趙汝鐩撰
蒙泉詩藁一卷　宋李濤撰
吾竹小藁一卷　宋毛珝撰
竹莊小藁一卷　宋胡仲參撰
竹所吟藁一卷　宋徐集孫撰
鐔津文集二卷　宋釋契嵩撰
庸齋小集一卷　宋沈説撰
學詩初藁一卷　宋王同祖撰
雲臥詩藁一卷　宋吳汝弌撰
鷗渚微吟一卷　宋趙崇鉘撰
北窗詩藁一卷　宋余觀復撰
雅林小集一卷　宋王琮撰
芸居乙藁一卷　宋陳起撰
雲泉詩集一卷　宋釋永頤撰
玉照堂詞鈔一卷　宋張鎡撰
裘竹齋詩集四卷　宋裘萬頃撰
玉楮詩藁七卷　宋岳珂撰
抱拙小藁一卷　宋趙希𢷤撰
斗野藁支卷一卷　宋張蘊撰
骳藁一卷　宋利登撰
看雲小集一卷　宋黃文雷撰

二八一　宋人小集二十種二十二卷　清抄本　十行十八字或二十字無格

鷗渚微吟一卷　宋趙崇鉘撰
學吟一卷　宋朱南杰撰
雅林小稿一卷　宋王琮撰
小山集一卷　宋劉翰撰
梅屋吟一卷　宋鄒登龍撰
北窗詩稿一卷　宋余觀復撰
采芝集一卷采芝續稿一卷　宋釋斯植撰
雪窗小集一卷　宋張良臣撰

四四

二八二　宋人小集十七種二十卷　清掃葉山房抄本

抱拙小稿一卷　宋趙希𢷤撰
骳稿一卷　宋利登撰
庸齋小集一卷　宋沈説撰
華谷集一卷　宋嚴粲撰
看雲小集一卷　宋黃文雷撰
適安藏拙餘稿一卷乙卷一卷　宋武衍撰
芸居乙藁一卷　宋陳起撰
雲臥詩集一卷　宋吳汝弌撰
招山小集一卷　宋劉仙倫撰
漁溪乙藁一卷　宋俞桂撰
靖逸小集一卷　宋葉紹翁撰
臞翁詩集二卷　宋敖陶孫撰
采芝集一卷續集一卷　宋釋斯植撰
竹所吟藁一卷　宋徐集孫撰
庸齋小集一卷　宋沈説撰
檜庭吟稿一卷　宋葛起耕撰
橘潭詩稿一卷　宋何應龍撰
學詩初稿一卷　宋王同祖撰
蒙泉詩藁一卷　宋李濤撰
臥雲詩集一卷　宋吳汝弌撰
斗野稿支卷一卷　宋張蘊撰
露香拾藁一卷　宋黃大受撰
斗野藁支卷一卷　宋張蘊撰
漁溪詩藁二卷　宋俞桂撰
檜庭吟藁一卷　宋葛起耕撰
東齋小集一卷　宋陳鑒之撰
梅屋吟一卷　宋鄒登龍撰
菊潭詩集一卷　宋吳惟信撰
鷗渚微吟一卷　宋趙崇鉘撰

二八三　宋人小集十種十六卷　清抄本　十行二十字無格

雪磯叢稿五卷　宋樂雷發撰
芸隱橫舟稿一卷　宋施樞撰
心游摘稿一卷　宋劉翼撰
山居存稿一卷　宋陳必復撰
臞翁詩集二卷　宋敖陶孫撰
東齋小集一卷　宋陳鑒之撰
芸隱勸游稿一卷　宋施樞撰
端隱吟稿一卷　宋林尚仁撰
静佳龍尋稿一卷静佳乙稿一卷　宋朱繼芳撰
竹溪十一稿詩選一卷　宋林希逸撰

二八四　南宋小集九家二十七卷　清金氏文瑞樓抄本　清蟬花居士跋　佚名錄黃丕烈跋　十一行二十一字黑格

西渡詩集一卷　宋洪炎撰
雪溪詩五卷　宋王銍撰

野處類稿二卷 宋洪邁撰 竹齋先生詩集四卷 宋裘萬頃撰
白石道人詩集一卷 宋姜夔撰 野谷詩藁六卷 宋趙汝鐩撰
雪磯叢藁五卷 宋樂雷發撰 汪水雲詩一卷 宋汪元量撰
方是閒居士小藁二卷 宋劉學箕撰

二二八五 宋人小集五種十卷 清吳允嘉抄本 清吳允嘉跋 十一行二十二字無格
文潞公集鈔二卷詩鈔二卷 宋文彥博撰 范蜀公詩鈔一卷 宋范鎮撰
王岐公文鈔一卷詩鈔一卷 宋王珪撰 張侍郎詩一卷 宋張維撰
附一卷 宋汪晫撰 張子野詩一卷 宋張先撰

二二八六 宋人小集六種不分卷 清抄本 十二行二十二字無格
滄浪吟鈔 宋嚴羽撰 竹齋集鈔 宋裘萬頃撰
疊山集鈔 宋謝枋得撰 所南集鈔 宋鄭思肖撰
魯齋集鈔 宋王柏撰 仲安集鈔 宋呂定撰

二二八七 宋人小集三種六卷 清抄本 清湯溢撰 九行二十一字無格
方泉先生詩集三卷 宋周文璞撰 疎寮小集一卷 宋高似孫撰
臞翁詩集二卷 宋敖陶孫撰

二二八八 宋人小集四種四卷 清乾隆二十八年吳氏池北草堂刻本 □廣丕批校 十行十八字黑口左右双边
無懷小集一卷 宋葛天民撰 菊潭詩集一卷 宋吳惟信撰
靖逸小集一卷 宋葉紹翁撰 雲卧詩集一卷 宋吳汝弌撰

二二八九 三宋人集四十八卷 清光緒六年方功惠刻本 十行二十一字黑口左右双边
河東先生集十五卷 宋柳開撰 行狀一卷 宋張景撰 傅增湘校跋並錄唐翰題題識
穆參軍集三卷 宋穆修撰 遺事一卷 徐鴻寶校並錄朱彝尊題識
河南先生文集二十七卷 宋尹洙撰 附錄一卷 傅增湘校跋並錄黃丕烈題識

四五

二二九〇 宋兩名相集六十卷 明康丕揚編 明萬曆三十六年康丕揚刻本 九行十九字白口四周单边
韓魏公集三十八卷 宋韓琦撰 別錄一卷 宋王巖叟撰 遺事一卷 宋强至撰
忠獻韓魏王家傳十卷 宋劉白狀撰
宋文正范先生文集十卷 宋范仲淹撰

二二九一 韓范兩集合刻七十七卷 明康丕揚編 明萬曆三十六年康丕揚刻三十七年重修本 九行十九字白口四周单边
韓魏公集三十八卷 宋韓琦撰 忠獻韓魏王別錄一卷 宋王巖叟撰 韓魏公遺事一卷 宋强至撰 忠獻韓魏王家傳十卷
范文正公集二十四卷 宋范仲淹撰 年譜一卷 宋樓鑰撰 年譜補遺一卷
附錄一卷

二二九二 蘇黃題跋二種十二卷 明楊鶴編 明刻本 九行十九字白口四周单边
蘇東坡題跋雜書六卷 宋蘇軾撰 黃山谷題跋書後六卷 宋黃庭堅撰

二二九三 蘇黃尺牘八卷 明張所望輯 明萬曆十九年刻本 十行二十字白口左右双边
蘇文忠公尺牘四卷 宋蘇軾撰 黃文節公尺牘四卷 宋黃庭堅撰

二二九四 蘇黃尺牘九卷 明萬曆刻本 九行十八字白口左右双边
東坡尺牘五卷 宋蘇軾撰 山谷尺牘四卷 宋黃庭堅撰

二二九五 蘇黃尺牘選八卷 明鍾惺譚元春編 明刻本 九行十八字白口四周单边
蘇長公尺牘選二卷 宋蘇軾撰 黃山谷尺牘選六卷 宋黃庭堅撰

二二九六 聽嚶堂選蘇黃尺牘四卷 清黃始輯 清謀花書屋刻本 王泳志批校 九行二十四字白口左右双边
聽嚶堂選蘇長公尺牘二卷 宋蘇軾撰 聽嚶堂選黃山谷尺牘二卷 宋黃庭堅撰

二二九七 蘇門六君子文粹七十卷 題宋陳亮編 明崇禎六年胡濬刻本 九行十九字白口左右双边
淮海先生文粹十四卷 宋秦觀撰 宛丘先生文粹二十二卷 宋張耒撰
濟北先生文粹二十一卷 宋晁補之撰 豫章先生文粹四卷 宋黃庭堅撰
後山居士文粹四卷 宋陳師道撰 濟南先生文粹五卷 宋李廌撰

二二九八 蘇門六君子文粹七十卷 題宋陳亮編 明崇禎六年胡濬刻本 清丁丙跋

二二九九 蘇門六君子文粹七十卷 明抄本

二三〇〇 蘇黃風流小品十六卷 明黃嘉惠編 明崇禎爾如堂刻本 九行二十字白口四周单边 眉上鐫評
東坡題跋四卷東坡尺牘二卷東坡小詞二卷 宋蘇軾撰
山谷題跋四卷山谷尺牘二卷山谷小詞二卷 宋黃庭堅撰

二三〇一 蘇黃風流小品十六卷 明黃嘉惠編 明刻本 清王芑孫跋 九行二十字白口四周单边
東坡題跋四卷東坡尺牘二卷東坡小詞二卷 宋蘇軾撰
山谷題跋四卷山谷尺牘二卷山谷小詞二卷 宋黃庭堅撰

二三〇二 四家四六四卷 宋刻本 十行十九字細黑口左右双边
壺山先生四六一卷 臞軒先生四六一卷 宋王邁撰
後村先生四六一卷 宋劉克莊撰 巽齋先生四六一卷 宋歐陽守道撰

四六

二三〇三 五家四六五卷 清抄本 十行十九字無格
格齋先生四六一卷 宋王子俊撰 壺山先生四六一卷
臞軒先生四六一卷 宋王邁撰 南塘先生四六一卷
巽齋先生四六一卷 宋歐陽守道撰

二三〇四 合刻浮溪鄂州二集二十二卷 明羅懋康編 明萬曆四十五年羅懋康刻本 九行十九字白口四周单边
浮溪文粹十五卷 宋汪藻撰
羅鄂州小集六卷 宋羅願撰 羅願遺事 附錄一卷

二三〇五 重訂成仁遺稿七卷 明舒芬編 明正德十五年書林余氏刻本 九行二十字細黑口四周双边
文山先生集五卷 宋文天祥撰 疊山謝先生文集二卷 宋謝枋得撰

二三〇六 宋詩鈔初集一〇六卷存九十五卷 清呂留良吳之振吳爾堯編 清康熙十年吳氏鑑古堂刻本 十二行二十二字黑口左右双边
小畜集鈔一卷 宋王禹偁撰 騎省集鈔一卷 宋徐鉉撰
安陽集鈔一卷 宋韓琦撰 滄浪集鈔一卷 宋蘇舜欽撰
乖崖詩鈔一卷 宋張詠撰 清獻詩鈔一卷 宋趙抃撰
宛陵詩鈔一卷 宋梅堯臣撰 武溪詩鈔一卷 宋余靖撰
歐陽文忠詩鈔一卷 宋歐陽修撰 和靖詩鈔一卷 宋林逋撰
徂徠詩鈔一卷 宋石介撰 武仲清江集鈔一卷 宋孔武仲撰
文仲清江集鈔一卷 宋孔文仲撰 平仲清江集鈔一卷 宋孔平仲撰

南陽集鈔一卷　宋韓維撰
東坡詩鈔一卷　宋蘇軾撰
廣陵詩鈔一卷　宋王令撰
丹淵集鈔一卷　宋文同撰
山谷詩鈔一卷　宋黃庭堅撰
具茨集鈔一卷　宋晁沖之撰
雞肋集鈔一卷　宋晁補之撰
淮海集鈔一卷　宋秦觀撰
雲巢詩鈔一卷　宋沈遼撰
龜谿集鈔一卷　宋沈與求撰
簡齋詩鈔一卷　宋陳與義撰
雙溪詩鈔一卷　宋王炎撰
鴻慶集鈔一卷　宋孫覿撰
建康集鈔一卷　宋葉夢得撰
浮溪集鈔一卷　宋汪藻撰
屏山集鈔一卷　宋劉子翬撰
玉瀾集鈔一卷　宋朱槔撰
竹洲詩鈔一卷　宋吳儆撰
文公集鈔一卷　宋朱熹撰
石湖詩鈔一卷　宋范成大撰
止齋詩鈔一卷　宋陳傅良撰
浪語集鈔一卷　宋薛季宣撰
水心詩鈔一卷　宋葉適撰
艾軒詩鈔一卷　宋林光朝撰
攻媿集鈔一卷　宋樓鑰撰
清苑齋詩鈔一卷　宋趙師秀撰
芳蘭軒詩鈔一卷　宋徐照撰
知稼翁集鈔一卷　宋黃公度撰
盧溪集鈔一卷　宋王庭珪撰
義豐集鈔一卷　宋王阮撰

臨川詩鈔一卷　宋王安石撰
西塘詩鈔一卷　宋鄭俠撰
後山詩鈔一卷　宋陳師道撰
襄陽詩鈔一卷　宋米芾撰
宛丘詩鈔一卷　宋張耒撰
陵陽詩鈔一卷　宋韓駒撰
道鄉詩鈔一卷　宋鄒浩撰
江湖長翁詩鈔一卷　宋陳造撰
西溪集鈔一卷　宋沈遘撰
節孝詩鈔一卷　宋徐積撰
盱江集鈔一卷　宋李覯撰
眉山詩鈔一卷　宋唐庚撰
蘆川歸來集鈔一卷　宋張元幹撰
橫浦詩鈔一卷　宋張九成撰
香溪集鈔一卷　宋范浚撰
韋齋詩鈔一卷　宋朱松撰
北山小集鈔一卷　宋程俱撰
益公省齋藁鈔一卷　益公平園續藁鈔一卷　宋周必大撰
劍南詩鈔一卷　宋陸游撰
誠齋江湖集鈔一卷　荊溪集鈔一卷　西歸集鈔一卷　南海集鈔一卷　朝天集鈔一卷　江西道院集鈔一卷　朝天續集鈔一卷　江東集鈔一卷　退休集鈔一卷　宋楊萬里撰
葦碧軒詩鈔一卷　宋翁卷撰
二薇亭詩鈔一卷　宋徐璣撰
後村詩鈔一卷　宋劉克莊撰
漫塘詩鈔一卷　宋劉宰撰
東皋詩鈔一卷　宋戴敏撰

石屏詩鈔一卷　宋戴復古撰
秋崖小稿鈔一卷　宋方岳撰
晞髮集鈔一卷　晞髮近稿鈔一卷　附天地間集　宋謝翱撰並輯
白石樵唱鈔一卷　宋林景熙撰
水雲詩鈔一卷　宋汪元量撰
潛齋詩鈔一卷　宋何夢桂撰
石門詩鈔一卷　宋釋惠洪撰

農歌集鈔一卷　宋戴昺撰
清雋集鈔一卷　宋鄭起撰
文山詩鈔一卷　宋文天祥撰
先天集鈔一卷　宋許月卿撰
山民詩鈔一卷　宋真山民撰
隆吉詩鈔一卷　宋梁棟撰
參寥詩鈔一卷　宋釋道潛撰
花蕊詩鈔一卷　後蜀費氏撰

四七

宋詩鈔一百六卷　清呂留良吳之振吳自牧編　清康熙十年吳氏鑑古堂刻本　清張宗柟補目錄並跋　陸莘行跋　顧元溥跋　三〇七

宋十五家詩選十六卷　清陳訏編　清康熙三十二年刻本　十一行二十二字　黑口　左右双边　三〇八

宛陵詩選一卷　宋梅堯臣撰
南豐詩選一卷　宋曾鞏撰
東坡詩選一卷　宋蘇軾撰
山谷詩選一卷　宋黃庭堅撰
劍南詩選二卷　宋陸游撰
梅溪詩選一卷　宋王十朋撰
菊磵詩選一卷　宋高翥撰
文山詩選一卷　宋文天祥撰

廬陵詩選一卷　宋歐陽修撰
臨川詩選一卷　宋王安石撰
欒城詩選一卷　宋蘇轍撰
石湖詩選一卷　宋范成大撰
誠齋詩選一卷　宋楊萬里撰
朱子詩選一卷　宋朱熹撰
秋崖詩選一卷　宋方岳撰

宋四名家詩二十七卷　清周之鱗柴升編　清康熙三十二年弘訓堂刻本　十行二十一字　小字双行同　黑口　左右　三〇九

收近：
東坡先生詩鈔七卷　宋蘇軾撰
石湖先生詩鈔六卷　宋范成大撰
山谷先生詩鈔七卷　宋黃庭堅撰
放翁先生詩鈔七卷　宋陸游撰

宋百家詩存二十卷　清曹庭棟編　清乾隆六年曹氏二六書堂刻本　十一行二十一字　小字双行同　白口　左右双边　三一〇

卷一
慶湖集一卷　宋賀鑄撰
東觀集一卷　宋魏野撰
卷二
穆參軍集一卷　宋穆修撰
景文詩集一卷　宋宋祁撰
伐檀集一卷　宋黃庶撰
公是集一卷　宋劉敞撰
陳副使遺藁一卷　宋陳洎撰
卷三
傳家集一卷　宋司馬光撰
文潞公集一卷　宋文彥博撰
無為集一卷　宋楊傑撰
卷四
鄱陽集一卷　宋彭汝礪撰
樂靜居士集一卷　宋李昭玘撰
姑溪集一卷　宋李之儀撰
卷五
青山集一卷　宋郭祥正撰
倚松老人集一卷　宋饒節撰
卷六
龍雲集一卷　宋劉弇撰
紫微集一卷　宋呂本中撰
竹友集一卷　宋謝邁撰
棣華館小集一卷　宋楊甲撰
卷七
西渡詩集一卷　宋洪炎撰
竹谿集一卷　宋李彌遜撰
松隱集一卷　宋曹勛撰
卷八
雅林小藁一卷　宋王球撰
醉軒集一卷　宋姚孝錫撰
傅忠肅集一卷　宋傅察撰
華陽集一卷　宋張綱撰
苕溪集一卷　宋劉一止撰
栟櫚集一卷　宋鄧肅撰
卷九
雪溪集一卷　宋王銍撰
網山月魚集一卷　宋林亦之撰
太倉稊米集一卷　宋周紫芝撰
洺水集一卷　宋程珌撰
漁溪詩藁一卷　宋俞桂撰
卷十
樂軒集一卷　宋陳藻撰
歸愚集一卷　宋葛立方撰
默堂集一卷　宋陳淵撰
秋堂遺藁一卷　宋柴望撰
于湖集一卷　宋張孝祥撰
小山集一卷　宋劉翰撰
卷十一
蠹齋鉛刀編一卷　宋周孚撰
雪窗小藁一卷　宋張良臣撰
臞翁詩集一卷　宋敖陶孫撰
巽齋小集一卷　宋危稹撰
龍洲道人集一卷　宋劉過撰
梅屋吟藁一卷　宋鄒登龍撰
卷十二
招山小集一卷　宋劉仙倫撰
皇荂曲一卷　宋鄭林撰
順適堂吟藁一卷　宋葉茵撰
玉楮集一卷　宋岳珂撰
卷十三
野谷詩集一卷　宋趙汝鐩撰
白石道人集一卷　宋姜夔撰
靜佳詩集一卷　宋朱繼芳撰
鷗渚微吟一卷　宋趙崇鉘撰
卷十四
翠微南征錄一卷　宋華岳撰
秋江煙草一卷　宋張弋撰
檜庭吟藁一卷　宋葛起耕撰
沃洲鴈山吟一卷　宋呂聲之撰
橘潭詩藁一卷　宋何應龍撰
杜清獻集一卷　宋杜範撰
芸居乙藁一卷　宋陳起撰
山居存藁一卷　宋陳必復撰
卷十五
方泉集一卷　宋周文璞撰
方壺存藁一卷　宋汪莘撰
雪林刪餘一卷　宋張至龍撰
端平集一卷　宋周弼撰
庸齋小集一卷　宋沈說撰
露香拾藁一卷　宋黃大受撰
卷十六
雪蓬詩藁一卷　宋姚鏞撰
東齋小集一卷　宋陳鑑之撰
竹莊小藁一卷　宋胡仲參撰
骳藁一卷　宋利登撰
適安藏拙餘藁一卷　宋武衍撰
芸隱詩集一卷　宋施樞撰
竹溪詩集一卷　宋林希逸撰
卷十七
無懷小集一卷　宋葛天民撰
抱拙小藁一卷　宋趙希樀撰

四八

蟫谷集一卷　宋嚴粲撰
吾竹小藁一卷　宋毛珝撰
雪泉詩集一卷　宋嵒嵎撰
卷十八
靖逸小藁一卷　宋葉紹翁撰
端隱吟藁一卷　宋林尚仁撰
梅屋集一卷　宋許棐撰
癖齋小集一卷　宋杜旃撰
卷十九
可齋詩藁一卷　宋李曾伯撰
竹所吟藁一卷　宋徐集孫撰
佩韋齋集一卷　宋俞德鄰撰
卷二十
菊潭詩集一卷　宋吳惟信撰
月洞吟一卷　宋王鎡撰
柳塘外集一卷　宋釋道璨撰
瓜廬集一卷　宋薛師石撰
雪坡小藁一卷　宋羅與之撰
斗野支藁一卷　宋張蘊撰
實齋詠梅集一卷　宋張道洽撰
雪磯叢藁一卷　宋樂雷發撰
學吟一卷　宋朱南杰撰
野趣有聲畫一卷　宋楊公遠撰
西麓詩藁一卷　宋陳允平撰
古梅吟藁一卷　宋吳龍翰撰
滄洲集一卷　宋羅公升撰
采芝集一卷　宋釋斯植撰

三一一　宋十家小集十七卷　清初抄本
雪磯叢稿五卷　宋樂雷發撰
雪林刪餘一卷　宋張至龍撰
雅林小藁一卷　宋王諫撰
靜佳龍尋藁一卷附佳乙藁一卷　宋朱繼芳撰
雲卧詩集一卷　宋吳汝弌撰
疎寮小集一卷　宋高似孫撰
癖齋小集一卷　宋杜旃撰
采芝集一卷續藁一卷　宋釋斯植撰
露香拾稿一卷　宋黃大受撰
適安藏拙餘藁一卷乙卷一卷　宋武衍撰

三一二　宋四家律選五卷　清彭元瑞編　清乾隆彭元瑞抄本　彭元瑞跋　九行十九字小字雙行，白口，四周雙邊
陸放翁詩二卷　宋陸游撰
楊誠齋詩一卷　宋楊萬里撰
范石湖詩一卷　宋范成大撰
劉後村詩一卷　宋劉克莊撰

四九

三一三　宋八家詩鈔十二卷　清知不足齋抄本　十行十八字，小字雙行同，白口，左右雙邊
瓜廬詩一卷　宋薛師石撰　附錄一卷
葦碧軒集一卷補遺一卷　宋翁卷撰
二薇亭集一卷補遺一卷　宋徐璣撰
翦綃集二卷　宋李龏撰
芸居遺詩一卷　宋陳起撰
清苑齋集一卷補遺一卷　宋趙師秀撰
芳蘭軒集一卷補遺一卷　宋徐照撰
梅花衲一卷　宋李龏撰
退菴先生遺集二卷　宋吳淵撰

三一四　微波榭鈔詩三種八卷　清孔繼涵編　清孔繼涵抄本　清孔繼涵校並跋　九行二十一字無格
古梅吟稿五卷　宋吳龍翰撰
張泗州集一卷　宋張公庠撰
南岳詩稿二卷　宋劉克莊撰

三一五　元人集十種五十四卷　明毛晉編　明崇禎十一年毛氏汲古閣刻本　九行十九字，白口，左右雙邊，版心下鐫汲古閣
遺山先生詩集二十卷　金元好問撰
金臺集二卷　元迺賢撰
翠寒集一卷　元宋无撰
倪雲林先生詩集六卷附錄一卷　元倪瓚撰
霞外詩集十卷　元馬臻撰
薩天錫詩集三卷　元薩都剌撰
玉山草堂集二卷　元顧瑛撰
啽囈集一卷　元宋无撰
南邨詩集四卷　明陶宗儀撰
句曲外史集三卷　元張雨撰　附錄一卷

三一六　元人集十種五十四卷　明毛晉編　明崇禎十一年毛氏汲古閣刻本　鄭振鐸跋

三一七　元人集十種六十二卷　明毛晉編　明崇禎十一年毛氏汲古閣刻清初增刻本　九行十九字，白口，左右雙邊，版心下鐫汲古閣
遺山先生詩集二十卷　金元好問撰
金臺集二卷　元迺賢撰
薩天錫詩集五卷集外詩一卷　元薩都剌撰
玉山草堂集二卷集外詩一卷　元顧瑛撰
翠寒集一卷　元宋无撰
倪雲林先生詩集六卷附錄一卷集外詩一卷　元倪瓚撰
霞外詩集十卷　元馬臻撰
啽囈集一卷　元宋无撰
南邨詩集四卷　明陶宗儀撰
句曲外史集三卷集外詩一卷補遺三卷附錄二卷　元張雨撰

三一八　元四大家詩集二十七卷　明毛晉編　明崇禎毛氏汲古閣刻本　九行十九字，白口，左右雙邊，版心下鐫汲古閣
虞伯生詩八卷補遺一卷　元虞集撰
范德機詩七卷　元范梈撰
楊仲弘詩八卷　元楊載撰
揭曼碩詩三卷　元揭傒斯撰

三一九　梅花百詠三卷　明王化醇編　明刻本　九行二十字，白口，四周單邊
馮海粟梅花百詠一卷　元馮子振撰
中峯禪師梅花百詠七言絕句一卷　元釋明本撰
韋德珪梅花百詠一卷　元韋珪撰

三二〇　三元人集八卷　清初抄本　十行二十字，無格
靜春堂詩集四卷　元袁易撰
林外野言二卷　元郭翼撰
梅花字字香前集一卷後集一卷　元郭豫亨撰

三二一　元人十二家小集二十卷　清抄本　清丁丙跋
茗溪漁者一卷　元劉詔撰
丹丘生藁一卷　元柯九思撰
野航亭藁一卷　元姚文奐撰
巴西詩集一卷　元鄧文原撰
寧極齋藁一卷　元陳深撰
新山稿二卷　元曹文晦撰
樵川集一卷　元黃清老撰
梅花庵藁七卷　元吳鎮撰
丹丘小集一卷　元柯九思撰
快雪齋小集一卷　元郭畀撰
困學齋藁一卷　元鮮于樞撰
方叔淵先生遺藁一卷　元方瀾撰
江鄉集一卷　元潘伯修撰

五〇

三二二　盛明百家詩三百二十四卷　明俞憲編　明嘉靖隆慶間刻本　十行二十一字，白口，四周單邊
前編
高楊張徐集三卷
高季迪集　明高啓撰
楊孟載集　明楊基撰
張來儀集　明張羽撰
徐幼文集　明徐賁撰
王舍人集一卷　明王紱撰
錢翰撰集一卷　明錢仲益撰
陳白沙集一卷　明陳獻章撰
邵文莊公集一卷　明邵寶撰
夏赤城集一卷　明夏鍭撰
李空同集二卷　明李夢陽撰
桑思玄集一卷　明桑悅撰
二杭詩集一卷
杭世卿集　明杭濟撰
杭東卿集　明杭淮撰
王渼陂集一卷　明王九思撰
二朱詩集一卷
朱升之集　明朱應登撰
朱子价集　明朱曰藩撰
王浚川集一卷　明王廷相撰
邊華泉集一卷　明邊貢撰
二俞詩集一卷
俞國昌集　明俞泰撰
俞國光集　明俞暉撰
孟有涯集一卷　明孟洋撰
鄭少谷集一卷　明鄭善夫撰
戴學憲集一卷　明戴冠撰
宋學士集一卷　明宋濂撰
劉誠意伯集一卷　明劉基撰
林員外集一卷　明林鴻撰
袁海叟集一卷　明袁凱撰
王學士集一卷　明王達撰
浦舍人集一卷　明浦源撰
李文正公集二卷　明李東陽撰
莊定山集一卷　明莊昶撰
石閒老集一卷　明石瑤撰
秦修敬集一卷　明秦旭撰
沈石田集一卷　明沈周撰
史山人集一卷　明史鑑撰
張□□集一卷　明張□翔撰
顧司寇集一卷　明顧璘撰
熊侍御集一卷　明熊卓撰
王陽明集一卷　明王守仁撰
左中川集一卷　明左國璣撰
孫山人集一卷　明孫一元撰
何大復集二卷　明何景明撰
康獻元集一卷　明康海撰
徐崙書集一卷　明徐問撰
祝枝山集一卷　明祝允明撰
徐迪功集一卷　明徐禎卿撰
殷石川集一卷　明殷雲霄撰
王太僕集一卷　明王韋撰
韓□□集一卷　明韓邦靖撰
方棠陵集一卷　明方豪撰

常評事集一卷　明常倫撰
張禺山集一卷　明張含撰
蔣南泠集一卷　明蔣山卿撰
王夢澤集一卷　明王廷陳撰
馬西玄集一卷續集一卷　明馬汝驥撰
許雲村集一卷　明許相卿撰
二周詩集一卷
周光麟集　明周祚撰
周得華集　明周沛撰
陸虛龍集一卷　明陸果撰
蘇舶月集一卷　明蘇羽撰
唐伯虎集一卷　明唐寅撰
傅山人集一卷　明傅汝舟撰
華學士集一卷　明華察撰
王少泉集一卷　明王格撰
屠漸山集一卷　明屠應峻撰
田豫陽集一卷　明田汝成撰
二黃集一卷
黃五嶽集　明黃省曾撰
黃質山集　明黃姬水撰
陳后岡集一卷　明陳束撰
宗室匡南詩集一卷　明朱拱樋撰
張崑崙集一卷　明張詩撰
皇甫昆季集二卷
皇甫華陽集　明皇甫沖撰
皇甫少玄集　明皇甫涍撰
皇甫百泉集　明皇甫汸撰
皇甫理山集　明皇甫濂撰
孔方伯集一卷　明孔天胤撰
王槐野集一卷　明王維楨撰

楊升菴集一卷　明楊慎撰
薛考功集一卷　明薛蕙撰
李嵩渚集一卷　明李濂撰
陳行御集一卷　明陳沂撰
許少華集一卷　明許宗魯撰
黃泰泉集一卷　明黃佐撰
徐相公集一卷　明徐階撰
高蘇門集一卷　明高叔嗣撰
栗太行集一卷　明栗應宏撰
傅夢求集一卷　明傅起岩撰
文翰詔集一卷續文翰詔集一卷　明文徵明（原名"文璧"）撰
王恭武集一卷　明王慎中撰
樊南溟集一卷　明樊鵬撰
陸貞山集一卷　明陸粲撰
袁胥臺集一卷　明袁袠撰
王履吉集一卷　明王寵撰
唐中丞集一卷　明唐順之撰
羅念菴集一卷　明羅洪先撰
沈鳳峰集一卷　明沈愷撰
任少海集一卷　明任瀚撰
薛浮休集一卷　明薛章憲撰
陳鳴野集一卷　明陳鶴撰
續皇甫百泉集一卷　明皇甫汸撰
蔡白石集一卷續蔡白石集一卷　明蔡汝楠撰
朱鎮山集一卷　明朱衡撰
王巖潭集一卷　明王廷幹撰
許茗山集一卷　明許應元撰
薛方山集一卷　明薛應旂撰

陳於磯集一卷　明陳鳳撰
王僉憲集一卷　明王問撰
侯二谷集一卷　明侯一元撰
吳霽寰集一卷　明吳維嶽撰
何刑部集一卷　明何遷撰
謝中丞集一卷　明謝東山撰
萬履菴集一卷　明萬士和撰
姚山人集一卷　明姚咨撰
宗室武岡王集一卷　明朱顯槐撰
張王屋集一卷　明張文象撰
鄭山人集一卷　明鄭若庸撰
李學憲集一卷　明李攀龍撰
李尚寶集一卷　明李先芳撰
吳川樓集一卷　明吳國倫撰
宗子相集一卷　明宗臣撰
盧次楩集一卷　明盧柟撰
謝茂秦集一卷　明謝榛撰
史文學集一卷　明史臣紀撰
王上舍集一卷　明王穉登撰
梁園子生集一卷　明梁辰魚撰
俞編修集一卷　明俞憲撰
龔內監集一卷　明龔鑾撰
釋雪江集一卷　明釋明秀撰
釋半菴集一卷　明釋果斌撰
後編
廣中四傑集一卷
孫仲衍集　明孫蕡撰
王彥舉集　明王佐撰
黃庸之集　明黃哲撰
李仲修集　明李德撰

喬三石集一卷　明喬世寧撰
馮少洲集一卷　明馮惟訥撰
孟衛源集一卷　明孟思撰
范中方集一卷　明范惟一撰
華比部集一卷　明華雲撰
洪芳洲集一卷　明洪朝選撰
施武陵集一卷　明施漸撰
鄧山人集一卷　明鄧儀撰
許長史集一卷　明許邦才撰
鄭石南集一卷　明鄭坤撰
羅山人集一卷　明羅庶齡撰
王副使集一卷　明王世懋撰
徐龍灣集一卷　明徐中行撰
梁比部集一卷　明梁有譽撰
張居來集一卷　明張佳胤撰
周山人集一卷　明周詩撰
俞仲蔚集一卷　明俞允文撰
王澄泉集一卷　明王寅撰
張敉集一卷　明張獻翼撰
郭秀遠集一卷　明郭第撰
俞二子集一卷續集一卷　明俞淵俞泝撰
周真人集一卷　明周思得撰
釋魯山集一卷　明釋魯山撰
釋同石集一卷　明釋希復撰
汪右丞集一卷　明汪廣洋撰
張翰講集一卷　明張以寧撰
史隱君集一卷　元史謹撰
吳玉一集一卷　明吳思濬撰
蔡丹崖集一卷　明蔡淵撰

王忠文公集一卷　明王褘撰
郭子章集一卷　明郭奎撰
華氏黃楊集一卷　明華幼武撰
韓中丞集一卷　明韓守益撰
練榜眼集一卷　明練子寧撰
姚少師集一卷　明姚廣孝撰
曾狀元集一卷　明曾棨撰
王翰檢集一卷　明王偁撰
高漫士集一卷　明高棅撰
聶學教集一卷　明聶大年撰
張東海集一卷　明張弼撰
謝文肅公集一卷　明謝鐸撰
湯將軍集一卷　明湯胤勣撰
王古直集一卷　明王佐撰
顧東江集一卷　明顧清撰
周草庭集一卷　明周瑛撰
王方伯集一卷　明王尚絅撰
孫鷺沙集一卷　明孫偉撰
湛甘泉集一卷　明湛若水撰
顧同府集一卷　明顧存大撰
莫南沙集一卷　明莫止撰
齊憲副集一卷　明齊鷲撰
鄭九峯集一卷　明鄭璧撰
錢逸人集一卷　明錢百川撰
張學士集一卷　明張袞撰
張通參集一卷　明張寰撰
二謝詩集一卷
謝野全集　明謝承舉撰
謝與槐集　明謝少南撰
潘尚書集一卷　明潘恩撰

趙鳴秋集一卷　明趙迪撰
郁學士集一卷　明郁繼撰
解學士集一卷　明解縉撰
二倪詩集一卷
倪維嶽集　明倪嶽撰
倪汝欽集　明倪謙撰
郭定襄伯集一卷　明郭登撰
林登州集一卷　明林弼撰
王省山集一卷　明王紱撰
劉忠愍公集一卷　明劉大夏撰
張約齋集一卷　明張綺撰
薛檢討集一卷　明薛格撰
羅太守集一卷續集一卷　明羅柔撰
錢山人集一卷　明錢文撰
秦端敏公集一卷　明秦金撰
錢太守集一卷　明錢琦撰
朱湯南集一卷　明朱應撰
楊通府集一卷　明楊中撰
周尚書集一卷　明周金撰
陸文裕公集一卷　明陸深撰
顧憲副集一卷　明顧可久撰
王僉事集一卷　明王韶撰
敖東谷集一卷　明敖英撰
朱福州集一卷　明朱豹撰
二浦詩集一卷
浦文玉集　明浦瑾撰
浦道微集　明浦應麒撰
王止一集一卷　明王珂撰
傅山人集一卷　明傅汝舟撰
張司馬集一卷　明張時徹撰

顧康訪集一卷　明顧夢圭撰
田華野集一卷　明田汝棘撰
孫漁人集一卷　明孫宜撰
馮三石集一卷　明馮世雍撰
沈少參集一卷　明沈謐撰
唐山人集一卷　明唐詩撰
薛兵憲集一卷　明薛甲撰
沈石灣集一卷　明沈翰卿撰
續黃五嶽集一卷　明黃省曾撰
岳山人集一卷　明岳岱撰
高光州集一卷　明高應冕撰
蔡叔君集一卷　明蔡淑先撰
包侍御集一卷　明包節撰
張德州集一卷　明張仕撰
駱翰編集一卷　明駱文盛撰
陸文學集一卷　明陸九州撰
舒東岡集一卷　明舒纓撰
尹洞山集一卷　明尹臺撰
續王僉憲集一卷　明王問撰
二莫詩集一卷
莫中江集　明莫如忠撰
莫少江集　明莫是龍撰
龔副使集一卷　明龔秉德撰
何翰目集一卷　明何良俊撰
李青霞集一卷　明李時行撰
劉魏比玉集一卷
劉子成集　明劉鳳撰
魏季朗集　明魏學禮撰
續吳川樓集一卷　明吳國倫撰
周太僕集一卷　明周復俊撰

蘇給諫集一卷　明蘇祐撰
續傅夢求集一卷　明傅起岩撰
金子有集一卷　明金大車撰
吳少參集一卷　明吳子孝撰
續沈鳳峰集一卷　明沈愷撰
續姚山人集一卷　明姚咨撰
張憲副集一卷　明張意撰
姚太僕集一卷　明姚淶撰
陳山人集一卷　明陳鳳撰
顧給舍集一卷　明顧存仁撰
趙文學集一卷　明趙炯撰
秦方伯集一卷　明秦梁撰
王侍御集一卷　明王瑛撰
蔡瑤石集一卷　明蔡民表撰
陳陽士集一卷　明陳東川撰
許石城集一卷　明許穀撰
林介山集一卷　明林應麒撰
溫太谷集一卷　明溫新撰
茅副使集一卷　明茅坤撰
曹子野集一卷　明曹大同撰
呂山人集一卷續集一卷　明呂時臣撰
續萬履菴集一卷　明萬士和撰
萬總戎集一卷　明萬表撰
王督楓集一卷　明王懋古撰
續皇甫理山集一卷　明皇甫濂撰
李武選集一卷　明李文麟撰
胡苑卿集一卷　明胡安撰
方員外集一卷　明方攸躋撰
王鳳洲集二卷　明王世貞撰
張周田集一卷　明張九一撰

三三二三 盛明百家詩三百二十四卷 明俞憲編 明嘉靖隆慶間刻本 清丁丙跋

續徐龍灣集一卷 明徐中行撰
李內翰集一卷 明李蓘撰
續李滄溟集一卷 明李攀龍撰
王氏紫雲集一卷 明王用章撰
方侍御集一卷 明方新撰
吳之山集一卷 明吳擴撰
張心父集一卷 明張士淪撰
歐司訓集一卷 明歐大任撰
梁中舍集一卷 明梁孜撰
魯藩二宗室詩集一卷 明朱健根 朱觀熰撰
李千戶集一卷 明李元昭撰
顧山人集一卷 明顧聖之撰
周東田集一卷 明周□□撰
王遠人集一卷 明王崑崙撰
王儀初集一卷 明王懋明撰
潘象安集一卷 明潘緯撰
續王上舍集一卷 明王穉登撰
黃姬客集一卷 明黃道撰
莫公遠集一卷 明莫叔明撰
張文學集一卷 明張文柱撰
釋淨觀集一卷 明釋守仁撰
盧羽士集一卷 明盧大雅撰
錢羽士集一卷 明錢月齡撰
馬氏芷居集一卷 明馬閑卿撰
潘氏詩集一卷 明潘氏撰
續俞伯子集一卷 明俞𡶒撰
李生集一卷 明李英撰
余蕙劍集一卷 明余應舉撰
范中吳集一卷 明范惟丕撰
王儀部集一卷 明王世懋撰
沈青門集一卷 明沈仕撰
沈嘉則集一卷 明沈明臣撰
朱仲開集一卷 明朱永年撰
陸若集一卷 明陸弼撰
丁少鶴集一卷 明丁一中撰
金白嶼集一卷 明金鑾撰
馮海浮集一卷 明馮惟敏撰
徐文學集一卷 明徐渭撰
葉茖集一卷 明葉芳撰
林公子集一卷 明林世璧撰
李公子集一卷 明李言恭撰
王貢士集一卷 明王淶撰
康裕卿集一卷 明康從理撰
董賓集一卷 明董嘏撰
朱山人集一卷 明朱察卿撰
顧伯子集一卷 明顧允默撰
釋全室集一卷 明釋宗泐撰
釋方澤集一卷 明釋方澤撰
鄭羽士集一卷 明鄭也宗撰
楊狀元妻詩集一卷 明黃峨撰
孫夫人詩集一卷 明楊文儷撰
續俞繡峯集一卷 明俞寰撰
續俞仲子集一卷 明俞沂撰

五三

三三二四 九家詩九卷 明嘉靖三十二年湖濱居士抄本

丁鶴年詩集一卷 明丁鶴年撰
少岱子嶽稿一卷
華氏祈韻稿一卷 明華燧撰
金川玉屑集一卷 明練安撰
椅林雜詩一卷 明蕭世賢撰
晉菴純行小稿一卷 明陳霽撰
王忠文公華川集一卷 明王禕撰
觀海集一卷 明姚宗正 方𤀹撰
野翁山居乙未稿一卷 明施康撰

三三二五 明初四家詩四十一卷 明陳邦瞻輯 明萬曆三十七年汪汝淳刻本 十行二十字白口四周單邊 清丁丙跋

重刻高太史大全集十八卷 明高啟撰
重刻楊孟載眉菴集十二卷補遺一卷 明楊基撰
重刻張來儀靜居集四卷 明張羽撰
重刻徐幼文北郭集六卷 明徐賁撰

三三二六 文瑞樓彙刻書 清金檀輯 清康熙雍正間桐鄉金氏文瑞樓燕翼堂刻本 十一行二十一字或二十二字白口左右雙邊

青邱高季迪先生詩集十八卷遺詩一卷 明高啟撰 清金檀輯注（封面題高青邱詩集注）
扣舷集一卷鳧藻集五卷 明高啟撰
高季迪先生年譜一卷 清金檀撰 附錄一卷 清金檀輯
清江貝先生詩集十卷文集三十卷 明貝瓊撰 清金檀編
巽隱程先生文集二卷詩集二卷 明程本立撰 清金檀編

三三二七 曾王二翰林存稿六種十卷 明陳璉輯 清康熙六十年宋氏抄本 清宋賓王補抄序及缺頁 十行二十字

翰林曾學士存稿四卷 明曾棨撰
王侍講存稿六卷 明王洪撰

三三二八 秦藩世德錄三種□卷 明弘治十六年秦府刻本 十行十八字黑口四周雙邊

存二種六卷
默菴稿三卷 明朱志壕撰
賓竹遺稿三卷 明朱誠泳撰

三三二九 丘海二公文集合編十六卷 清焦映漢輯 賈棠編 清康熙四十七年刻本 十行二十二字白口四周雙邊

丘文莊公集十卷 明丘濬撰
海忠介公集六卷 明海瑞撰

三三三〇 皇明十六名家小品三十二卷 明丁允和 陸雲龍編 明崇禎六年陸雲龍刻本 九行十九字白口四周單邊

翠娛閣評選屠赤水先生小品二卷 明屠隆撰
翠娛閣評選徐文長先生小品二卷 明徐渭撰
翠娛閣評選王季重先生小品二卷 明王思任撰
翠娛閣評選虞德園先生小品二卷 明虞淳熙撰
翠娛閣評選黃貞父先生小品二卷 明黃汝亨撰
翠娛閣評選董思白先生小品二卷 明董其昌撰
翠娛閣評選陳眉公先生小品二卷 明陳繼儒撰
翠娛閣評選湯若士先生小品二卷 明湯顯祖撰
翠娛閣評選張侗初先生小品二卷 明張鼐撰
翠娛閣評選陳明卿先生小品二卷 明陳仁錫撰
翠娛閣評選李本寧先生小品二卷 明李維楨撰
翠娛閣評選袁中郎先生小品二卷 明袁宏道撰
翠娛閣評選袁小修先生小品二卷 明袁中道撰
翠娛閣評選鍾伯敬先生小品二卷 明鍾惺撰
翠娛閣評選文太青先生小品二卷 明文翔鳳撰
翠娛閣評選曹能始先生小品二卷 明曹學佺撰

三三三一 李何二先生詩四十八卷 明李三才編 明萬曆三十年刻本 十行二十字白口左右雙邊

李崆峒先生詩集三十三卷 明李夢陽撰
何仲默先生詩集十五卷 明何景明撰

五四

三三三二 李何近體詩選七卷 明來復輯 明萬曆刻本 八行十七字白口左右雙邊

李空同先生近體詩選四卷 明李夢陽撰
何大復先生近體詩選三卷 明何景明撰

三三三三 選明四大家詩集四卷 清藍庚生編 明崇禎八年刻本 十行二十字白口四周單邊

李崆峒詩一卷 明李夢陽撰
何大復詩一卷 明何景明撰
李滄溟詩一卷 明李攀龍撰
王鳳洲詩一卷 明王世貞撰

三三三四 四傑詩選二十四卷 清姚佺 孫枝蔚輯並評 清初刻本 八行十九字無直格白口左右雙邊

空同集選六卷 明李夢陽撰
大復集選六卷 明何景明撰
滄溟集選六卷 明李攀龍撰
弇州集選六卷 明王世貞撰

三三三五 名家尺牘選二十卷 明馬齊卿編 清刻本 七行十五字無直格白口四周單邊

李獻吉尺牘一卷 明李夢陽撰
何仲默尺牘一卷 明何景明撰
楊用修尺牘一卷 明楊慎撰
王稚欽尺牘一卷 明王廷陳撰
陸子餘尺牘一卷 明陸粲撰
趙孟靜尺牘一卷 明趙貞吉撰
茅順甫尺牘一卷 明茅坤撰
袁伯修尺牘一卷 明袁宗道撰
袁中郎尺牘一卷 明袁宏道撰
袁小修尺牘一卷 明袁中道撰
湯義仍尺牘一卷 明湯顯祖撰
屠長卿尺牘一卷 明屠隆撰
佘僧杲尺牘一卷 明佘翔撰
王辰玉尺牘一卷 明王衡撰
文天瑞尺牘一卷 明文翔鳳撰
鍾伯敬尺牘一卷 明鍾惺撰
譚友夏尺牘一卷 明譚元春撰
王百穀尺牘一卷 明王穉登撰
徐文長尺牘一卷 明徐渭撰
陳仲醇尺牘一卷 明陳繼儒撰

三三六 皇明十大家文選二十五卷 明陸弘祚編 明刻本 九行二十字白口四周單邊
空同文選四卷 明李夢陽撰
陽明文選三卷 明王守仁撰
槐野文選二卷 明王維楨撰
南明文選二卷 明汪道昆撰
遵巖文選二卷 明王慎中撰
鳳洲文選四卷 明王世貞撰
鹿門文選二卷 明茅坤撰
潯陽文選二卷 明董份撰
滄溟文選二卷 明李攀龍撰
荊川文選二卷 明唐順之撰

三三七 皇明十大家文選二十五卷 明陸弘祚編 鍾惺訂 明末刻本 九行二十字白口四周單邊
空同文選四卷 明李夢陽撰
南明文選二卷 明汪道昆撰
槐野文選二卷 明王維楨撰
遵巖文選二卷 明王慎中撰
鹿門文選二卷 明茅坤撰
陽明文選三卷 明王守仁撰
潯陽文選二卷 明董份撰
滄溟文選二卷 明李攀龍撰
鳳洲文選四卷 明王世貞撰
荊川文選二卷 明唐順之撰

三三八 皇明五先生文雋二百四卷目錄五卷 明麻文耀編 明天啟四年麻氏刻本 九行二十字白口左右雙邊
李空同集八卷 明李夢陽撰
王弇州集一百十五卷 明王世貞撰
唐荊川集四十二卷 明唐順之撰
李滄溟集七卷 明李攀龍撰
汪伯玉集三十二卷 明汪道昆撰

三三九 陳沈兩先生稿二十二卷 明陳仁錫編 明萬曆四十三年陳氏閱帆堂刻本 九行十九字白口四周雙邊
陳白陽集十卷 明陳淳撰 附錄一卷
石田先生集十一卷 明沈周撰

三四〇 徐高二家集選二卷 清抄本 清王士禛校
迪功集一卷 明徐禎卿撰 清王士禛輯
蘇門集一卷 明高叔嗣撰 清王士禛輯

五五

三四一 四家詩選七卷 清王士禛編 清康熙三十九年刻王漁洋遺書本 清翁方綱批 十行十九字黑口左右雙邊
迪功集選一卷 明徐禎卿撰
蘇門集選一卷 明高叔嗣撰
華泉先生集選四卷 明邊貢撰
睡足軒詩選一卷 明邊習撰

三四二 朱宗伯旁註五雲箋六卷 明王衡編 明萬曆三十二年南都王氏刻本 七行二十字白口四周雙邊
夢澤先生集一卷 明王廷陳撰
南明先生集一卷 明汪道昆撰
紫溪先生集二卷 明蘇濬撰
屠赤水先生集一卷 明屠隆撰
祝石林先生集一卷 明祝時撰

三四三 秦淮四美人詩四集四卷 明冒愈昌輯 明萬曆四十六年冒愈昌刻本 有圖 八行十八字白口四周單邊
馬美人詩一集一卷 明馬守真撰
趙美人詩一集一卷 明趙彩姬撰
朱美人詩一集一卷 明朱無瑕撰
鄭美人詩一集一卷 明鄭如英撰

三四四 李卓吾先生批評三大家文集三種二十八卷 明李贄評 葉敬池輯 明萬曆葉敬池書種堂刻本 九行二十字白口四周單邊
李卓吾先生讀升菴集二十卷 明楊慎撰
趙文肅公集四卷 明趙貞吉撰
張文忠公奏疏抄四卷 明張居正撰

三四五 三異人文集二十三卷附錄四卷 明俞允諧編 李贄評 明武林俞氏求古堂刻本 九行二十字白口四周單邊
李卓吾評選方正學文集十一卷 明方孝孺撰
李卓吾評于節闇集九卷 明于謙撰
李卓吾評于節闇奏疏四卷
李卓吾評選于節闇詩集三卷文集一卷補遺一卷
李卓吾評楊椒山集三卷 明楊繼盛撰
李卓吾批評楊椒山奏疏一卷
李卓吾評選楊椒山詩集一卷文集一卷
附李卓吾評方正學于忠肅楊椒山四卷

三四六 三異人文集二十三卷 明俞允諧編 明刻本 九行二十字白口四周單邊
徐文長評方正學文集十一卷 明方孝孺撰
徐文長評于節闇集奏疏四卷文集一卷詩集一卷補遺一卷 明于謙撰
徐文長評選楊椒山奏疏一卷詩集一卷文集一卷 明楊繼盛撰

三四七 明四家文選十四卷 明孫鑛 卜世昌等選校 明刻本 九行二十字白口
子相文選二卷 明宗臣撰
明卿文選六卷 明吳國倫撰
子與文選二卷 明徐中行撰
子成文選四卷 明劉鳳撰

三四八 四大家文選四種八卷 明孫鑛評選 明末刻本 九行二十字白口四周單邊
韓文公集選二卷 唐韓愈撰
歐陽文忠公集選二卷 宋歐陽修撰
柳柳州集選二卷 唐柳宗元撰
蘇文忠公集選二卷 宋蘇軾撰

三四九 明八大家文集七十六卷 清張汝瑚編 清康熙刻本 十行二十字白口四周單邊
宋文憲集十一卷 明宋濂撰
方正學集十三卷 明方孝孺撰
唐荊川集十六卷 明唐順之撰
歸震川集十卷 明歸有光撰
劉文成集五卷 明劉基撰
王文成集十三卷 明王守仁撰
王遵巖集十卷 明王慎中撰
茅鹿門集八卷 明茅坤撰

三五〇 明鈔九種十八卷 明抄本 明文徵明跋
祠山雜辨一卷 明周瑛撰
赤霽雜輯一卷 明黎久撰
古史輪論一卷
史剡一卷 宋司馬光撰
楊公筆錄一卷 宋楊彥齡撰
青瑣高議全集十卷 宋劉斧撰
日損齋筆記一卷 元黃溍撰
六書綱領一卷
胡文穆公雜著一卷 明胡廣撰

五六

三五一 明十二家詩選三十九卷 明趙南星輯 明萬曆刻本 九行二十字白口四周雙邊
李崆峒集五卷 明李夢陽撰
薛西原集二卷 明薛蕙撰
邊華泉集二卷 明邊貢撰
喬三石集二卷 明喬世寧撰
王鳳洲集四卷 明王世貞撰
盧浮丘集四卷 明盧柟撰
何大復集四卷 明何景明撰
鄭少谷集四卷 明鄭善夫撰
高蘇門集二卷 明高叔嗣撰
李滄溟集四卷 明李攀龍撰
吳川樓集四卷 明吳國倫撰
徐昌穀集二卷 明徐禎卿撰

三五二 二友詩二卷 明[illegible]編 清林氏樸學齋抄本 九行二十字小黑口左右雙邊
沈仕詩一卷 明沈仕撰
古九叙詩一卷 明[illegible]九叙撰

三五三 雲閒二韓詩十八卷 清曹炳曾編 清康熙五十五年曹炳曾城書室刻本 十一行二十一字白口四周單邊
石秀齋集十卷 明莫是龍撰
米遠草一卷 明莫秉清撰
小叢齋集六卷 明韓熙斗撰
拾書草一卷 [illegible]防之撰

三五四 五家合集十八卷 明吳國倫等撰 明末卜世昌刻本 九行二十字白口
明卿文選六卷 明吳國倫撰 [illegible]選
伯玉文選四卷 明汪道昆撰 卜世昌選
子成文選四卷 明劉鳳撰 卜世昌選
子相文選二卷 明宗臣撰 孫鑛選
子與文選二卷 明徐中行撰 卜世昌選

三五五 四子集二十卷 明方翀編 清初刻本 九行二十字，白口，左右双边
師石堂集選六卷 明葉甲撰 白湖集選八卷 明周闕撰
紅琉璃集選九卷 明方鎔撰 房江集選七卷 明林蔚撰

三五六 翠娛閣評選行笈必攜十種二十一卷 明陸雲龍編 明崇禎峥霄館刻本 九行十九字，白口，四周單边
翠娛閣評選行笈必攜詩最二卷 明丁允和品定 陸雲龍評注
翠娛閣評選文奇四卷 明丁允和品定 陸雲龍選
翠娛閣評選文韻四卷 明丁允和品定 陸雲龍注
翠娛閣評選書隽二卷 明丁允和品定 陸雲龍注
翠娛閣評選行笈必攜小札簡二卷 明陸雲龍選注
翠娛閣評張清詔部一卷 明陸雲龍輯
翠娛閣評選四六儷二卷 明陸雲龍評注
翠娛閣評選格言集一卷 明陸雲龍評輯
翠娛閣評選紀游一卷 明陸雲龍評注
翠娛閣評選詞菁二卷 明陸雲龍評選

三五七 人琴集七種七卷 明成繼章編 清初刻本 八行十八字，白口，左右双边
嫣齊遺稿一卷 明譚光春撰 石林西墅遺稿一卷 明卜舜年撰
裴村遺稿一卷 明閔裴撰 貫崇菴遺稿一卷 明釋智韜撰
琳璺遺稿一卷 明潘炳孚撰 清嘯齋遺稿一卷 明劉芳撰
素水居遺稿一卷 明魏澤涑撰

三五八 馬東田孫沙溪兩公遺集合編二種三十八卷 清賈棠編 清康熙四十六年賈氏刻本 十行二十二字，下黑口，左右双边
東田集十五卷 明馬中錫撰 沙溪集二十三卷 明孫緒撰

五七

三五九 澗著堂選十八家詩六集一百三十九卷 清初抄本 九行二十字
徐渭詩九卷 明徐渭撰 王百穀詩六卷 明王穉登撰
李本寧詩七卷 明李維楨撰 屠長卿詩七卷 明屠隆撰
袁中郎詩九卷 明袁宏道撰 袁小修詩六卷 明袁中道撰
鄒彥吉詩七卷 明鄒迪光撰 陳仲醇詩七卷 明陳繼儒撰
董玄宰詩六卷 明董其昌撰 王辰玉詩八卷 明王衡撰
鍾伯敬詩八卷 明鍾惺撰 譚友夏詩十卷 明譚元春撰
王季重詩七卷 明王思任撰 湯嘉賓詩八卷 明湯賓尹撰
曹能始詩八卷 明曹學佺撰 馬仲良詩九卷 明馬之駿撰
湯義仍詩九卷 明湯顯祖撰 梅禹金詩八卷 明梅鼎祚撰

三六〇 國朝大家制義四十二種四十二卷 明陳名夏編 明末沐氏石雲居刻本 九行二十七字，白口，四周單边
王守溪稿一卷 明王鏊撰 錢鶴灘稿一卷 明錢福撰
李崆峒稿一卷 明李夢陽撰 王陽明稿一卷 明王守仁撰
董中峰稿一卷 明董玘撰 唐荆川稿一卷 明唐順之撰
諸理齋稿一卷 明諸燮撰 薛方山稿一卷 明薛應旂撰
茅鹿門稿一卷 明茅坤撰 瞿昆湖稿一卷 明瞿景淳撰
王方麓稿一卷 明王樵撰 周萊峰稿一卷 明周思兼撰
錢濂山稿一卷 明錢有威撰 王荆石稿一卷 明王錫爵撰
許敬菴稿一卷 明許孚遠撰 歸太僕稿一卷 明歸有光撰
胡思泉稿一卷 明胡友信撰 鄧文潔稿一卷 明鄧以讚撰
黄葵陽稿一卷 明黄洪憲撰 孫月峰稿一卷 明孫鑛撰
趙夢白稿一卷 明趙南星撰 馮開之稿一卷 明馮夢禎撰
蘇紫溪稿一卷 明蘇濬撰 楊貞復稿一卷 明楊起元撰
顧涇陽稿一卷 明顧憲成撰 湯若士稿一卷 明湯顯祖撰
李九我稿一卷 明李廷機撰 鄒泗山稿一卷 明鄒德溥撰
萬二愚稿一卷 明萬國欽撰 郭明龍稿一卷 明郭正域撰
葉永溪稿一卷 明葉修撰 陶歇菴稿一卷 明陶望齡撰
董思白稿一卷 明董其昌撰 郝京山稿一卷 明郝敬撰
吳因之稿一卷 明吳默撰 顧開雍稿一卷 明顧天埈撰
沈何山稿一卷 明沈演撰 許礪石稿一卷 明許田斌撰
湯睡菴稿一卷 明湯賓尹撰 孫淇澳稿一卷 明孫慎行撰
黄貞父稿一卷 明黄汝亨撰 許子遜稿一卷 明許獬撰

三六一 詩慰初集二十家二十四卷二集十家十一卷續集四家四卷 清陳允衡編 清順治澄懷閣刻本 十一行二十三字，白口，四周單边
初集
四溟山人集選一卷詩統一卷 明謝榛撰
附雪集選一卷 明吳夢暘撰
雪鴻集選一卷 明鄭三秀撰
溉園集選一卷 明葛時華撰
蘊璞集選一卷 明徐燉撰
不已集選一卷 明蔡祖功撰
河郵集選一卷 明戴重撰
汉上集選一卷 明程可中撰
自娛齋集選一卷 明閔啟祥撰
涉江集選一卷 明潘之恒撰
嗤餘集選一卷 明梅士勳撰
澗上集選一卷 明王留撰
林考廉集選一卷 明林雲撰
嶽歸堂集選一卷遺集選一卷嫣潭集選一卷 明譚元春撰
松圓浪淘集選一卷耦耕堂集選一卷 明程嘉燧撰
嵂桐坂集選一卷 明劉城撰
石臼後集選一卷 明邢昉撰
運甓閣集選一卷 明蔡遂球撰
青郊園集選一卷 明余正垣撰
織紅集選一卷 明周立勳撰
二集
作明集選二卷 明嚴調御嚴武順嚴勅撰
澤雁集選一卷 明湯開先撰
横草選一卷 明于奕正撰
嗅約齋集選一卷 明汪應婁撰
王學人遺集選一卷 明王玄度撰
清宮集選一卷 明王啟茂撰
禍塞新集選一卷 明紓忠讓撰
天爵堂集選一卷 明薛岡撰
時術堂集選一卷 明方其義撰
袁堂集選一卷 明釋行導撰
續集
梁一儒詩一卷 明梁一儒撰 馮明期詩一卷 明馮明期撰
沈師昌詩一卷 明沈師昌撰 楊恒休詩一卷 明楊恒休撰

五八

三六二 詩慰初集二十家二十四卷 清陳允衡編 清順治澄懷閣刻本 鄧振鐸跋

三六三 詩慰初集二十家二集十家續集四家 清陳允衡編 清順治刻本 有鄧文誠題記

三六四 百名家詩鈔五十九卷 清聶先編 清康熙刻本 十一行二十一字，黑口，左右双边
蕉林書屋集一卷 清梁清標撰 宛平習齋堂集一卷 清王熙撰
澱川詩集一卷 清熊賜履撰 容齋集一卷 清李天馥撰
漁洋山人集一卷 清王士禛撰 牧齋詩集一卷 清宋犖撰
山薑書屋集一卷 清田雯撰 溪川集一卷 清曹玉孫撰
匀石山房稿一卷 清李振裕撰 也園月上軒草一卷 清袁芳撰
萬青閣集一卷 清趙吉士撰 澄江集一卷 清陸次雲撰
雨水亭餘草一卷 清姜宸英撰 欽巖集一卷 清蔡松齡撰
嬡麗集一卷 清徐乾學撰 貴膏詩略一卷 清曹貞吉撰
樂圃詩集一卷 清秋[illegible]撰 濯雪齋集一卷 清顧岱撰
雅坪山房集一卷 清陸棻撰 浴雲樓集一卷 清梁鵬燧撰
琉海草堂集一卷 清浪彥文撰 散木集一卷 清徐來撰
耘齋初稿一卷 清倪璠撰 綠江遺集一卷 清江闓撰
見山樓詩集一卷 清楊素蘊撰 撫齋賸餘集一卷 清林雲銘撰
瀨園詩集一卷 清劉爆撰 心遠居詩集一卷 清張潮撰
乾亞集一卷 清馮士升撰 滄村集一卷 清吳興祚撰
山曉閣詩一卷 清孫琮撰 鶴峯近詩一卷 清沈五集撰
秋水集一卷 清嚴繩孫撰 樹影樓集一卷 清陳大成撰
文思新集一卷 清周燦撰 秀野堂詩一卷 清狄億撰

玉池詩草一卷　清岳端撰
賁綸堂稿一卷　清許纘曾撰
儼嶺集一卷　清王鴻緒撰
南樓詩鈔一卷　清宋廷鉉撰
介軒集一卷　清王晉撰
綺懸吟藁一卷　清曾安世撰
西河南使集一卷　清毛奇齡撰
健松齋集一卷　清方象瑛撰
扶荔堂集一卷　清丁澎撰
在園詩集一卷　清劉廷璣撰
石屋詩集一卷　清魏麟徵撰
南北遊草一卷　清劉曉撰
息游堂詩集一卷　清胡北龍撰
谷園集一卷　清胡介祉撰
雙泉堂集一卷　清繆彤撰
履閣詩集一卷　清張坦撰
心齋詩集一卷　清張潮撰
花嶼草一卷　清鄭熙績撰
南沙文集一卷　清洪若皋撰
桂山堂集一卷　清王嗣槐撰
松溪漫興一卷　清王晫撰
鏡烟山房集一卷　清薛良嗣撰
西田吟草一卷　清張益撰

三六五 西園詩選三種三卷　清初刻本　十行十九字，白口，左右雙邊
柳村集一卷　清劉大申撰
石帆集一卷　清劉大任撰
繭山集一卷　清劉大臨撰

三六六 熊劉詩集二卷　清易履泰編　清刻本　九行二十字，白口，四周雙邊
熊鍾陵詩一卷　清熊伯龍撰
劉雅川詩一卷　清劉子壯撰

三六七 孫苑合唱集四種四卷　清孫弘喆、苑光燮撰　苑光燮編　清順治十二年刻本　八行十九字，宦草九行二十六字，白口，四周單邊
潛川唱和集一卷　清苑光燮編
偶吟篇一卷　清苑光燮撰
嚶鳴合唱集一卷　清孫弘喆、苑光燮撰
宦草一卷

三六八 九誥堂詩選元氣集七種七卷　清徐增編　清順治十七年九誥堂刻本　十行二十字，白口，四周單邊
賴古集一卷　清周亮工撰
四照堂集一卷　清盧綋撰
僅齋集一卷　清戴沆撰
澤月齋集一卷　清何士濂撰
比部集一卷　清申繼揆撰
寬園集一卷　清董漢策撰
珠樹堂集一卷　清何士域撰

三六九 燕臺七子詩刻七卷　清嚴津輯　清順治刻本　九行十八字，白口，四周單邊
存六種六卷
斗齋詩選一卷　清張文光撰
安雅堂詩選一卷　清宋琬撰
顥亭詩選一卷　清嚴沆撰
學易庵詩選一卷　清趙賓撰
愚山詩選一卷　清施閏章撰
信美軒詩選一卷　清丁澎撰

三七〇 詩媛八名家集八卷　清鄒漪編　清順治十二年鄒氏鷖宜齋刻本　八行十八字，白口，四周單邊
王玉映詩一卷　清王端淑撰
吳冰仙詩一卷　清吳綃撰
黃皆令詩一卷　清黃媛介撰
吳巖子詩一卷　清吳山撰
吳蕊仙詩一卷　清吳琪撰
柳如是詩一卷　清柳是撰
季靜姎詩一卷　清季嫻撰
卞玄文詩一卷　清卞夢珏撰

三七一 名家詩選三十種　清鄒漪輯　清康熙刻本　九行二十字，白口，左右雙邊
存二十四種二十四卷
金豈凡詩選一卷　清金之俊撰
程端伯詩選一卷　清程正揆撰
周櫟園詩選一卷　清周亮工撰
彭禹峰詩選一卷　清彭而述撰
姜真源詩選一卷　清姜圖南撰
薛行屋詩選一卷　清薛所蘊撰
曹秋岳詩選一卷　清曹溶撰
趙韞退詩選一卷　清趙進美撰
柯素培詩選一卷　清柯聳撰
王玉叔詩選一卷　清王錫琯撰
曾顧庵詩選一卷　清曾畹撰
劉岸先詩選一卷　清劉鐵撰
王敬哉詩選一卷　清王崇簡撰
楊猶龍詩選一卷　清楊思聖撰
施愚山詩選一卷　清施閏章撰
黃雪琢詩選一卷　清黃永撰
錢日庵詩選一卷　清錢升撰
劉航石詩選一卷　清劉振芳撰
董文友詩選一卷　清董以寧撰
魏石生詩選一卷　清魏裔介撰
盧澹巖詩選一卷　清盧紘撰
王貽上詩選一卷　清王士禎撰
嚴灝亭詩選一卷　清嚴沆撰
鄒訏士詩選一卷　清鄒祗謨撰

三七二 大家詩鈔十三種十三卷　清吳藹編　清康熙學古堂刻本　九行二十一字，白口，四周單邊
賴古堂詩集一卷　清周亮工撰
綿津詩鈔選一卷　清宋犖撰
琅琊草選一卷　清牟欽元撰
近思堂詩選一卷　清周在建撰
漁洋詩鈔選一卷　清王士禎撰
階水詩稿一卷　清吳藹撰
階水文稿一卷　清吳藹撰
愜齋詩抄選一卷　清喻成龍撰
楝亭詩鈔選一卷　清曹寅撰
超然堂詩選一卷　清趙永齡撰
懷餘詩集選一卷　清施閏章撰
葛莊詩鈔選一卷　清劉廷璣撰
西江偶和詩一卷　清吳藹撰

三七三 江左三大家詩鈔九卷　清顧有孝、趙澐編　清康熙七年綠蔭堂刻本　十一行二十一字，小字雙行同，黑口，左右雙邊
牧齋詩鈔三卷　清錢謙益撰
芝麓詩鈔三卷　清龔鼎孳撰
梅村詩鈔三卷　清吳偉業撰

三七四 八家詩選八卷　清吳之振編　清康熙十一年吳氏鑑古堂刻本　十二行二十二字，黑口，左右雙邊
荔裳詩選一卷　清宋琬撰
愚山詩選一卷　清施閏章撰
西樵詩選一卷　清王士祿撰
阮亭詩選一卷　清王士禎撰
顧菴詩選一卷　清曹爾堪撰
繹堂詩選一卷　清沈荃撰
湛園詩選一卷　清程可則撰
說巖詩選一卷　清陳廷敬撰

三七五 八家詩選八卷　清吳之振編　清康熙十一年吳氏鑑古堂刻本　清宋犖評並跋

三七六 國朝六家詩鈔八卷　清劉執玉編　清乾隆三十二年詒燕樓刻本　清黃爵滋批　十行二十一字，下細黑口，左右雙邊
荔裳詩鈔一卷　清宋琬撰
阮亭詩鈔二卷　清王士禎撰
竹垞詩鈔一卷　清朱彝尊撰
愚山詩鈔一卷　清施閏章撰
秋谷詩鈔一卷　清趙執信撰
初白詩鈔二卷　清查慎行撰

三七七 國朝六家詩鈔八卷　清劉執玉編　清乾隆三十二年詒燕樓刻本　清石渠老人批並錄沈德潛批語

三七八 國朝六家詩鈔八卷　清劉執玉編　清乾隆三十二年刻本　清沈景修錄顧列星評

三七九 慎墨堂名家詩品□□種□□卷　清鄧漢儀編　清康熙刻本　十一行二十一字，黑口，四周單邊
存三種六卷
彭桂詩二卷　清彭桂撰
梁清標詩二卷　清梁清標撰
施閏章詩二卷　清施閏章撰

三八〇 依園七子詩選七卷　清徐行、曾燦編　清康熙十九年刻本　十行二十字，黑口，左右雙邊
迸巖集一卷　清金侃撰
寄心編一卷　清曹基撰
睡菴集一卷　清金賁撰
怡雲集一卷　清顧嗣協撰
石帆吟一卷　清潘鏐撰
耕煙集一卷　清黃珍撰
花塢吟一卷　清蔡元翼撰

三八一 輦下和鳴集十三種　清蔣景祁編　清康熙三十一年刻本　十行十八字，黑口，四周單邊

三八二 汪柯庭彙刻賓朋詩七種十一卷　清汪文柏編　清康熙三十一年自刻本　十行二十一字黑口四周單邊
蓮洋詩一卷　清吳雯撰
紅蘭集一卷　清岳端撰
岸堂稿一卷　清孔尚任撰
晴雲書屋稿一卷　清索芬撰
若谷小集一卷　清汪士鋐撰
一席雲集一卷　清朱襄撰
嶺雲集一卷　清駱靜撰
白燕栖詩草一卷　清博爾都撰
中江詩略一卷　清袁啓旭撰
小丹丘詩集一卷　清柯煜撰
秋邊[illegible]一卷　清倪孝友撰
蘭秋介雅堂詩略一卷　清畢大生撰
斷水集一卷　清陳曾蔚撰
題照集一卷
西河懸湖詩二卷補遺一卷
湯餅辭一卷
同心言初集一卷二集一卷
龍硯錄二卷
綠蘿及堂偶和詩一卷
華萼嚶鳴一卷

三八三 國朝三家文鈔三十二卷　清宋犖　許汝霖編　清康熙三十三年刻本　十二行二十三字黑口左右雙邊
侯朝宗文鈔八卷　清侯方域撰
汪鈍翁文鈔十二卷　清汪琬撰
魏叔子文鈔十二卷　清魏禧撰

三八四 二家詩六卷　清傅澤洪編　清康熙三十四年晚堂刻本　十行十九字白口四周單邊
拜鵑堂詩集四卷　清潘問奇撰
埋照集二卷　清田登撰

三八五 二家詩鈔二十卷　清邵長蘅編　清康熙三十四年刻本　十行二十一字黑口四周單邊
王氏漁洋詩鈔十二卷　清王士禛撰
宋氏綿津詩鈔八卷　清宋犖撰

三八六 江左十五子詩選十五卷　清宋犖編　清康熙四十二年宋氏宛委堂刻本　十行十九字黑口左右雙邊
王式丹詩選一卷　清王式丹撰
宮鴻曆詩選一卷　清宮鴻曆撰
錢名世詩選一卷　清錢名世撰
管棆詩選一卷　清管棆撰
顧嗣立詩選一卷　清顧嗣立撰
蔣廷錫詩選一卷　清蔣廷錫撰
王圖炳詩選一卷　清王圖炳撰
郭元釪詩選一卷　清郭元釪撰
吳廷楨詩選一卷　清吳廷楨撰
徐昂發詩選一卷　清徐昂發撰
張大受詩選一卷　清張大受撰
吳士玉詩選一卷　清吳士玉撰
李必恒詩選一卷　清李必恒撰
繆沅詩選一卷　清繆沅撰
徐永宣詩選一卷　清徐永宣撰

三八七 小南郡集六種七卷二集八種八卷　清徐昂發　金國棟編　清康熙芳潤堂刻本　十一行二十一字白口左右雙邊
漫興詩稿一卷　清朱襄撰
芳潤堂詩稿二卷　清金國棟撰
草草亭詩稿一卷　清蔡應陽撰
香山詩稿一卷　清蔣夢蘭撰
桐郊詩稿一卷　清繆宗儼撰
峴谷詩稿一卷　清繆嗣寅撰
二集八卷
漫興詩稿一卷　清朱襄撰
芳潤堂詩稿一卷　清金國棟撰
迂壑詩稿一卷　清錢宗侃撰
安詩集一卷　清徐昂發撰
香小詩稿一卷　清蔣夢蘭撰
桐孙詩稿一卷　清繆宗儼撰
在亭詩稿一卷　清李果撰
嶰谷詩稿一卷　清繆嗣寅撰

三八八 滄江詩選三卷　清王之醇編　清康熙五十三年王氏松南堂刻本　九行二十字白口左右雙邊
汝謙詩集一卷　清戴鴻績撰
述初詩集一卷　清王簪撰
秋珍詩集一卷　清王琮撰

三八九 長留集孔劉合刻二十卷　清劉廷璣　孔尚任輯　清康熙五十四年岱寶樓刻本　九行十九字細黑口左右雙邊
長留集九卷　清孔尚任撰
長留集十一卷　清劉廷璣撰

三九〇 中山詩文集十八種十八卷　清王登瀛等輯　清康熙六十年刻本　八行二十字白口四周單邊
存十六種十六卷
奉送翰林汪先生還朝序一卷　清向貞撰
中山詩（隨林）一卷
觀光堂遊艸一卷　清蔡鐸撰
雪堂燕遊草一卷　清程順則撰
琉球國創建關帝廟記一卷　清程順則撰
贈言一卷　清徐葆光撰
廟學紀略一卷　清程順則撰
中山自了傳一卷　清陳元輔撰
中山詩（題畫）一卷　清曾益撰
執圭堂詩艸一卷　清程順則輯
雪堂紀榮詩一卷　清程順則撰
雪堂雜組一卷
雪堂贈言一卷　清陳文輝徵集
琉球國新建至聖廟記一卷
景陽蔡總一卷　清蔡彬撰
翠雲樓詩箋一卷　清周新命撰

三九一 宗冷二子合刻二十六卷　清康熙刻本　九行十九字白口四周雙邊
焚餘稿三卷　清宗元鼎撰
江泠閣詩集十二卷首一卷末一卷文集四卷續二卷　清冷士嵋撰
江泠閣續風嗟五卷　清冷士嵋撰

三九二 我友合稿三種四卷　清蔣登雲編　清康熙刻本　十行二十一字白口左右雙邊
塔灣詩草二卷　清蔣天錫撰
花溪遺稿一卷　清蔣和撰
西城遺稿一卷　清周光龍撰

三九三 鴛鴦湖櫂歌四種四卷　清抄本（[illegible]）
鴛鴦湖櫂歌一卷　清朱彝尊撰　清抄本
鴛鴦湖櫂歌和韻一卷　清譚吉璁撰　清乾隆五年抄本
鴛湖竹枝詞一卷　清馬壽穀撰　清康熙刻本
續鴛鴦湖櫂歌一卷　清朱麟應撰　清抄本

三九四 鴛鴦湖櫂歌五種五卷　清朱芳衡抄本
鴛鴦湖櫂歌一卷　清朱彝尊撰
鴛鴦湖櫂歌一卷　清陸以誠撰
續鴛鴦湖櫂歌一卷　清譚吉璁撰
鴛鴦湖櫂歌和韻一卷　清譚吉璁撰
鴛鴦湖櫂歌一卷　清張燕昌撰

三九五 鴛鴦湖櫂歌七種七卷　清抄本
鴛鴦湖櫂歌一卷　清朱彝尊撰
鴛鴦湖櫂歌一百首次朱太史竹垞原韻一卷　清陸以誠撰
續鴛鴦湖櫂歌一百首一卷　清朱麟應撰
鴛鴦湖櫂歌和韻一卷續鴛鴦湖櫂歌三十首一卷　清譚吉璁撰
鴛鴦湖櫂歌一百首一卷　清張燕昌撰
鴛湖竹枝詞一卷　清馬壽穀撰

三九六 陸張合刻三種九卷　清雍正時與軒刻本　九行十九字白口左右雙邊
觀鶯詩鈔六卷　清陸奎撰　張文瑞評　周楨校
亦有集二卷　清張文瓚撰
雪鴻吟一卷　清張道宗撰

三九七 荔枝志餘四種四卷　清抄本　清廖炳跋
妃子笑一卷　清吳道榮撰
荔枝百詠一卷　清廖炳撰
荔枝吟一卷　清曾滄洲撰
荔枝雜著一卷　清廖炳撰

三九八 石倉世纂六種三十三卷　清曹錫黼編　清乾隆十四年曹氏五畝園刻本　十行二十一字上下細黑口左右雙邊
道腴堂集四卷　清曹煜曾撰
長嘯軒詩集六卷　清曹煥曾撰
梯仙閣餘課一卷　清陸鳳池撰
放言居詩集六卷　清曹炳曾撰
四焉齋詩集六卷文集八卷　清曹一士撰
拂珠樓偶鈔二卷　清曹錫淑撰

三九九 七子詩選十四卷 清沈德潛編 清乾隆刻本 十行十九字白口左右雙邊
耕養齋集二卷 清王鳴盛撰 硯山堂集二卷 清吳泰來撰
履二齋集二卷 清王昶撰 聽雨樓集二卷 清黃文蓮撰
娵雅堂集二卷 清趙文哲撰 存碩吟藁二卷 清錢大昕撰
宛委山房集二卷 清曹仁虎撰

四〇〇 晚壑裒刊八卷 清王世鈞編 清乾隆刻本 葉承慶跋 九行二十一字白口四周雙邊
靜觀樓几席末(卷一) 清王世鈞輯 會老堂詩(卷二) 清王世鈞輯
息老堂詩(卷三) 清王世銘王世鈞輯 憇舟圖續詩(卷四) 清王世鈞輯
小蓬萊贈言(卷五) 清王世鈞輯 晚壑詩餘江村草(卷六) 清王世鈞撰
晚壑偶和詩(卷七) 清王世鈞輯 閒耕偶和詩(卷八) 清王世鈞輯

四〇一 名集叢鈔七種 清程川潘思齊輯 清乾隆東皋遜樓刻本 十一行二十字黑口四周單邊
天瓢文鈔不分卷 清吳鳳翔撰 倚霞詩鈔一卷 清張所撰
西莊詞鈔一卷 清黃廷撰 雪蕉集鈔一卷 清張宇撰
晴沙文鈔一卷 清程川撰 鐵唐集鈔一卷 清程川撰
家泉詩鈔一卷 清潘思齊撰

四〇二 萊漪園懷舊集七種七卷 清永恩編 清乾隆四十二年刻本 九行二十字白口左右雙邊
華山集一卷 清陳淳柟撰 閑青堂詩集一卷 清米倫衡撰
應臣集一卷 清吳孝登撰 謙益堂詩一卷 清貴慶龍撰
恒靜齋詩鈔一卷 清廖雲鶴撰 崑崖詩鈔一卷 清吳大辰撰
雲菴詩鈔雲巖詞鈔一卷 清黃德溥撰

六三

四〇三 國朝女史詩合鈔四種九卷 清秋聲館抄本

四〇四 焦里堂手鈔詩文集十三種十九卷 清焦循輯 清焦循手抄本 焦循跋
秘叢集一卷 清范貢儀撰 茹雪山房詩鈔六卷 清熊璉撰
洗青詩草四卷 清顧玉銅撰 藕香館詩鈔二卷 清何佩玉撰
漪卷遺集一卷 崇谷詩一卷 清王方岐撰
蔎汀詩餘一卷 清羅煜撰 既上人詩集一卷 清姜生彝撰
瑶房詩一卷 清張增應撰 閒情偶寄一卷又附錄 清徐去疾撰
夢鴻居遺詩二卷 清吳寅撰 清渠詩鈔三卷 清吳寅撰
玉山集二卷 清郭朝獻撰 鶴野詩鈔二卷 清謝九成撰
寧步編二卷 清謝九成撰 遣閒偶集一卷 清謝旭撰
秋青軒詩鈔一卷 清謝天露撰

四〇五 十家詩十卷 清潘鍾瑞抄本
鷗天閣遺著一卷 清印康祚撰 安度廬稿一卷 清印鴿祚撰
靜遠堂集一卷 清陳壽熊撰 荒江老屋詩識一卷 清姜基撰
桐蔭剩稿一卷 清陳長孺撰 南遠山人遺稿一卷 清王祇撰
生餘留草一卷 清張世槃撰 冒苦齋詩約鈔一卷 清錢熙撰
赤淨堂詩鈔一卷 清宋兆礿撰 修悲室詩草一卷 清陳湘芬撰

四〇六 崑山片玉三種三卷 清潘鍾瑞編 稿本
亭林先生餘集一卷 清顧炎武撰 樊榭山房集外詩一卷 清厲鶚撰
有正味齋集外詩一卷 清吳錫麒撰

四〇七 寒松閣鈔書四種五卷 清張鳴珂編 清張鳴珂抄本
百末詞一卷 清尤侗撰 西堂[illegible]一卷 清尤侗撰
西堂集外圓竹枝詞注一卷 清尤珍撰 湖[illegible]二卷 清湯傳楹撰

四〇八 名家詩詞叢抄二十八卷 清抄本
景鄭齋詩錄一卷 清汪獻玗撰 峒安堂詩錄一卷 清汪獻玗撰
枕水簃論詩絕句一卷 清舒位撰 浣花詞一卷 清宋志沂撰
月匠詞一卷 烟波閣詩一卷 清王復撰
藏秋聲館詞錄一卷 清練潛撰 味無味齋詩鈔一卷 清董兆熊撰
口芷草一卷 清孫麐趾撰 靈芬館詩一卷雜著一卷詩話一卷續一卷 清郭麐撰
椅園銷夏錄一卷 棋道堂外集詩二卷 清江浚撰
登臨叢話一卷 蕙綢室初藁一卷 清蔣濬壇撰
傳研堂詩一卷 清張僕祖撰 印軒吟稿一卷 清朱綬撰
迦齒盦詩鈔一卷 清莊縉度撰 楓樹山房詩一卷 清彥光玉撰
鸛領軒吟草一卷 清戚鼐撰 耕心齋詩鈔一卷 清徐本元撰
歇石詩存一卷 清楊㠯撰 冷香居詩一卷
少溪詩草一卷 清徐庚煒撰
翠螺閣吟藁一卷 清凌祉媛撰

四〇九 清詩鈔六種八卷 清抄本
詠素樓今樂府一卷 清方登嶧撰 卜魁竹枝詞一卷 清方觀承撰
方氏圖碑詩一卷 清方式濟撰 附 前田樂府一卷 清蕭蜜撰
東粵竹枝詞一卷 新齋音風渝集一卷 清范垌撰
三省平定歌一卷 清范垌撰 附宋人絶句一卷

四一〇 宗風師法眞傳五卷 清道光三年黃氏士禮居刻本 十行二十一字白口左右雙邊
養恬書屋偶存稿二卷附錄一卷 清黃時撰 芥山詩鈔二卷 清王元辰撰

四一一 玉連環草二卷 清金文淵于曉霞撰 清道光二十年刻本 九行二十一字白口左右雙邊
笑吟軒稿一卷 清金文淵撰 小瓊華仙館稿一卷 清于曉霞撰

六四

四一二 楹帖叢鈔七種十七卷 存十三卷 清許照編
楹聯玉集四卷 清沈蕃撰 楹聯集錦八卷存四卷(一至四) 清胡鳳丹輯
吟止軒集楹帖一卷 清李濂撰 楹聯諸詩一卷 清蔣廷錫輯
花間楹帖一卷 清鳳宜孺撰 花隱居士楹聯一卷 清花隱居士輯
夢樵山房楹聯一卷 趙

總集類　叢編　通代

書名編號	收藏單位代號					
一	0101⊗	0141⊗	0201⊗	1282⊗	1606⊗	
二	0101	0141	0181	0145	0163	0201
	1282	1501	1601	1606	1701	
三	0101	0141	0161	1282	2401⊗	
四	0146	0842	1705			
五	0101⊗	0201	1741			
六	0101	0146	0182	0197	0201	1209
	1282	1501	1605	1705	2701	
七	0141					
八	0101	0144	1282	1606	2401	
九	0101	0842				
一〇	0141	1282	1606	2403		
一一	0101	0141	1082			
一二	1601					
一三	0141	1606				
一四	0141	1282	1606			
一五	1601	1606				
一六	0141	0201	2201			
一七	1601					
一八	0101	0181	2010⊗	2210⊗		
一九	0101	0141	0142	0144	0161⊗	0182
	0591	0701	1501	1601	1881	2201
	2702					
二〇	0101					
二一	0141	0163				
二二	0301					
二三	0101	0141	0142	0197	0201	0243
	0291	0342	0520	0942	1141⊗	1242
	1705	2242	2401	2745		
二四	0181	0801	1601	1641	2501	2701
二五	0101					
二六	1501					

47

書名編號	收藏單位代號					
二七	0101⊗	0141	0142	0143	0146	0171
	0181	0201	0242	0243	0520	0701
	0706	0841	0903	1103	1282	1301
	1341	1501	1510	1541	1601	1628
	1881	2001	2041	2043	2201	2301
	2342	2401	2441	2443	2641	2750
	2944					
二八	1701					
二九	2341					
三〇	0101	0150	0163	0201	0301	0741
	0942					
三一	0141	0142	0161	0182	0201	2944
三二	0101					
三三	0143⊗	0145⊗	0161⊗	0301⊗	0541⊗	1501
	1542⊗	1705⊗	2301⊗	2701		
三四	0101	0141	0143	0201	0841	1541
	1601	1701	1705	1781⊗	1901	2441⊗
	2701	2782	2941			
三五	0101					
三六	0201					
三七	0291					
三八	2701	2901				
三九	0102	0142	1601⊗			
四〇	0141					
四一	1701					
四二	0144⊗	0242⊗	0801⊗	0942⊗	1641⊗	1681⊗
	1701⊗	2001⊗	2301			
四三	0141	0198	0201	0701	1601	1605
	1802	2301				
四四	0101	0150				
四五	0101					
四六	0201					
四七	1881	2041				

表一

書名編號	收藏單位代號					
四八	0163⊗	0781	1705⊗	1716	2201⊗	
四九	0101	0143	0144	0145	0146	0163
	0181	0201	0301	0520⊗	0701	0801⊗
	0841	1001⊗	1081	1182	1601	1701
	2201	2401	2881			
五〇	0201	0402	0841			
五一	0101	0141	0163	0201	0241	0301
	1605⊗	2301⊗				
五二	0141					
五三	2341	2381⊗				
五四	0101					
五五	0141					
五六	1601					
五七	0101					
五八	1601					
五九	0201					
六〇	0101					
六一	0101					
六二	2301					
六三	0101					
六四	0142	0144				
六五	0101					
六六	0101					
六七	0142	0144				
六八	1701					
六九	0143	0150	0163	0181	0291	0301
	0941	1241	1525	1541⊗	1582	1601
	1642	1701	1705	1803⊗	1843	2201
	2301	2341				
七〇	1601					
七一	1881	2301				
七二	1601					

書名編號	收藏單位代號					
七三	0161					
七四	0291					
七五	0842	1501	2881			
七六	0141	0145	0201	0241⊗		
七七	0101					
七八	0102⊗	0141	0142⊗	0143⊗	0144⊗	0163⊗
	0193⊗	0198⊗	0291⊗	0301	0341⊗	0342⊗
	0701	0801⊗	0841⊗	0942	1301⊗	1441
	1501	1788⊗	2042	2491	2441	2543
	2702⊗	2745				
七九	0243	2381				
八〇	0141	0143	0163	0181	0301	1501
	1541⊗	1688	1912⊗	2381		
八一	2401					
八二	0101					
八三	0902					
八四	0341	2645				
八五	0241					
八六	0141	0143	2301			
八七	0141					
八八	2301					
八九	2401					
九〇	0101	0163	1605	2301		
九一	2701					
九二	2401					
九三	2301					
九四	0101	0201	1501	1582	1701⊗	
九五	0141⊗	0150⊗	0198⊗	0242⊗	0342⊗	0661⊗
	0701⊗	1101	1301	1501⊗	2702⊗	
九六	0101					
九七	0101					
九八	2702					
九九	1601					
一〇〇	0145	0150	0163	0181	0197	0198

表二

書名編號	收藏單位代號					
	0201	0291	0301	0341	0404	0701
	0801	0841	0902	0941	2401⊗	2702⊗
一〇一	0101					
一〇二	2001					
一〇三	1705	2201				
一〇四	0131					
一〇五	0101⊗	0142	0143	0193	0198⊗	0242⊗
	0903	1282⊗	1581	1582⊗	1843⊗	1901⊗
	2301	2541	2701			
一〇六	0101	0193				
一〇七	0101					
一〇八	2301					
一〇九	0101					
一一〇	0291					
一一一	0101					
一一二	0101	0141	0197	0201	1441	2401
	2541	2702				
一一三	1601					
一一四	1601					
一一五	0198	2501				
一一六	0341					
一一七	0101					
	0201⊗					
一一八	0141					
一一九	0201					
一二〇	0142	0150	0842	1601	2301	
一二一	0101					
一二二	0101					
一二三	0141	0144	0201	0241	0242	0342
	0841	2401	2702	2901		
一二四	0101					
一二五	0101					
一二六	0101					
一二七	0101⊗	0163	0291	0701	1041	1601
	1701					

表三

書名編號	收藏單位代號					
一二八	0101	0143	0150	0161	0171⊗	0198
	0201	0291⊗	0591	0841	1701⊗	1705⊗
	2441⊗	2701⊗	2841			
一二九	1601					
一三〇	0201					
一三一	0102	0141	0142	0144⊗	0193	0201
	0342	0741	1042	1501	2541⊗	2702
一三二	0101⊗	0141	0163⊗	0301⊗	0701⊗	0801
	1501	1701⊗	1704			
一三三	0101	0141	0144	0197⊗	0201	0591⊗
	1701⊗	2401				
一三四	0101	1705⊗	1741⊗			
一三五	1601					
一三六	2702					
一三七	0101					
一三八	0101					
一三九	0101⊗	0102⊗	0141	0144⊗	0201	0842
	1041	1501⊗	1705⊗	2002⊗	2701	2782⊗
一四〇	1601					
一四一	1601					
一四二	0101					
一四三	0163	1701				
一四四	1601					
一四五	0141⊗	2341				
一四六	0101					
一四七	0101	0102⊗	0141	0201	1201⊗	1501⊗
	1705	2501⊗	2544⊗	2701		
一四八	0201					
一四九	2944					
一五〇	0150	0163⊗	0201	0241	2782	
一五一	1741					
一五二	2701					
一五三	2702					
一五四	0163					

書名編號	收藏單位代號					
一五五	0197	0198	0201	2782		
一五六	0242					
一五七	0183					
一五八	0102	0144	0161	0163	0201	0241
	0242	0291	0301	0701	0801	0842
	1048	1501	1510	1541	1582	1601
	1628	1641	1642	1701	1705	2401
	2541	2543	2551	2641	2702	2782
	2841	2941				
一五九	0141	0201	1788	1808	2401	
一六〇	0141⊗	0144⊗	0150	0161⊗	0163⊗	0201
	0301	1045	1501⊗	1601⊗	1701⊗	1741
	1881⊗	2541⊗	2701⊗	2782⊗		
一六一	2941					
一六二	0142	0173	0242⊗	0291	0301⊗	0803⊗
	1501	1506	1641⊗	1701⊗	2301⊗	2641⊗
	2702⊗	2782⊗				
一六三	0142	0144	0163	0181	0197	0301
	1041	1541	1601	1701	1705	1881
	2401	2411	2701	2782		
一六四	0181	0241	0243	0341	0342	1601
	1605	1606	2341	2702	2767	
一六五	0142					
一六六	0201					
一六七	0101⊗	0201⊗	0241	0341⊗	1501⊗	1641⊗
	1701	2301⊗	2401			
一六八	0101	0141	0143⊗	0144	0163⊗	0181
	0201	0301	0701	0841	1081⊗	1501
	1601	1641	1701	1741	1801⊗	1881⊗
	2201⊗	2401⊗	2701⊗	2782⊗		
一六九	0101					
一七〇	0141	0142	0201	0701	0903	1629
	1712	1841	2002	2041	2042	2301
	2304	2381	2401	2541		

表四

書名編號	收藏單位代號					
一七一	0341					
一七二	2701					
一七三	0201					
一七四	0201					
一七五	0241					
一七六	0342					
一七七	0101					
一七八	0101	1705				
一七九	0101					
一八〇	0101⊗	1627⊗				
一八一	0201					
一八二	0101	0201	1501	1506⊗	2201⊗	
一八三	0102	0141⊗	0144	0241⊗	1601	1901
	2206⊗					
一八四	0141					
一八五	0201					
一八六	0101					
一八七	1705					
一八八	1601					
一八九	0101					
一九〇	1601					
一九一	0163	0181	0201	0241	0243	0591
	0701	1601	2201	2301	2304	2314
	2541	2702	2782			
一九二	0101	0143⊗	0146⊗	0161	0163⊗	0164⊗
	0193	0197	0201	0241	0341	0592⊗
	0701⊗	0741⊗	0801⊗	0841⊗	0941	1101
	1501	1503⊗	1541	1542⊗	1701	1705
	1720	1741⊗	1843⊗	1881⊗	1901⊗	2041⊗
	2202⊗	2307⊗	2401⊗	2701⊗	2702	2881
	2901	2941⊗				
一九三	1601					
一九四	0101	0141	0143⊗	0144	0163⊗	0193⊗

表五

書名編號	收藏單位代號					
	0198	0201	0242	0291	0501⊗	0542
	0701	0801⊗	0901	1001⊗	1142	1301⊗
	1301	1501	1582⊗	1601	1701⊗	1705
	1701	1801	1901	2041⊗	2201⊗	2202⊗
	2301⊗	2401	2501	2541⊗	2604⊗	2701
	2702	2706⊗	2742			
一九五	0181	0201⊗	0242⊗	0301	0342⊗	1101⊗
	1601⊗	1606⊗	1701⊗	2001⊗	2206	2301⊗
一九六	0102	0141	0181	0198	0201⊗	0242
	0262	0291	0301	0701	0801	0841
	0902	1103	1541	1601	1617	1701
	1720	1801	1981	2302	2501	2541
	2501	2701	2941			
一九七	0291⊗	0903⊗	1101⊗	1542	1701⊗	
一九八	1701	2401				
一九九	2041					
二〇〇	0142	1642				
二〇一	0101	0198	1601	1641	1642	1655
	1581	1704	1741	1881	2042	2043
	2201	2304	2381	2641	2744	
二〇二	0102	0141	0142	0150	0161	0168
	0173	0181	0193	0201	0241	0291
	0301	0501	0520	0542	0801	0803
	0841	0903	1101	1142	1441	1541
	1542	1701	1801	1842	1901	2041
	2201	2301	2501	2642	2701	2702
	2741	2745	2841	2941	2944	
二〇三	0101	0163	0201	0301	0591	0701
二〇四	0101					
二〇五	0101	0141	0142	0144	0161	0163
	0201	0301	0342	0701	0841	1601
	1646	1741	2201⊗	2401	2501	2541⊗

書名編號	收藏單位代號					
	2702					
二〇六	0143					
二〇七	0144	0198	0201	0342	0441	0701
	0841	1101	1601			
二〇八	0201					
二〇九	0101					
二一〇	0163					
二一一	0201					
二一二	0291					
二一三	2401					
二一四	0141	0161	0201	0701	0841	1501
	1541	1601	1606	1741	2702	
二一五	0201					
二一六	0101					
二一七	1601					
二一八	0201					
二一九	0141	0144	0150	0163	0201	0241
	0291	0301	0701	0801	0902	1501
	1601	1705	2301			
二二〇	0101					
二二一	0201					
二二二	0201					
二二三	0101					
二二四	0101					
二二五	0101					
二二六	0144	0163	0197	0242	0701	1501
	1601	1741				
二二七	0201					
二二八	0201					
二二九	0101					
二三〇	0101					
二三一	0141	0181⊗	0198	0342	0701	0803
	1301	2401⊗	2541	2561	2701	2941

表六

書名編號	收藏單位代號					
二三二	0101					
二三三	0101	0141⊗	0142⊗	0163⊗	0201	0242
	0591	0701⊗	0842⊗	1705	1701	
二三四	0142	0241	0501	1701		
二三五	0101	0141⊗	0291	0941⊗	1501⊗	1541
	1622					
二三六	0141	0142	0163			
二三七	0201	0146				
二三八	0101	1743				
二三九	0243					
二四〇	0142⊗	0163	0243	0301⊗	0841	1042
	1082	1501	1843	2001	2343⊗	2441
	2541⊗					
二四一	2301					
二四二	0243					
二四三	0101	0141⊗	0201	1601	2702⊗	
二四四	0241					
二四五	1601					
二四六	0101					
二四七	0201	0301	0341			
二四八	0102	0141	0142	0144	0146⊗	0153
	0164	0181	0198	0201	0241	0243
	0301⊗	0342	0520	0591	0701	0803
	0841	0842	0902	0941	0942	1501
	1504	1510	1542	1581	1612	1615
	2001	2201⊗	2441	2501	2561	2644
	2702	2745	2782	2881		
二四九	0201					
二五〇	2601					
二五一	0201					
二五二	0101					
二五三	0101					

書名編號	收藏單位代號					
二五四	2401					
二五五	0241⊗	0841⊗	1881	2381⊗		
二五六	0181					
二五七	0101	0162	0141	0143	0197	1701
二五八	0101	0141	0181	0508	0701	1701
二五九	0201					
二六〇	0101					
二六一	0141					
二六二	0141					
二六三	2702					
二六四	2001					
二六五	1641					
二六六	0101					
二六七	1601					
二六八	0141					
二六九	0101					
二七〇	0101					
二七一	0101					
二七二	1601					
二七三	0509					
二七四	0201					
二七五	0141					
二七六	0101					
二七七	0201					
二七八	0101					
二七九	0101					
二八〇	0141					
二八一	0141					
二八二	1601					
二八三	1041					
二八四	0201					
二八五	0101					
二八六	2401					

書名編號	收藏單位代號					
二八七	0341					
二八八	2301					
二八九	0101					
二九〇	0101	0163	0201	0241⊗	0341⊗	0741⊗
	1501⊗	2501⊗	2702			
二九一	0101	0141	0143⊗	0163⊗	0197⊗	0241⊗
	0291⊗	0301⊗	0801⊗	0841⊗	0842⊗	1501⊗
	1653⊗	1701⊗	1901⊗	2201⊗	2401⊗	2543⊗
	2561⊗	2701⊗	2702⊗			
二九二	1701	2581				
二九三	0201	1541				
二九四	1629					
二九五	0903					
二九六	1501					
二九七	0102	0141	0144	0161	0163	0164
	0181	0198	0201	0342	0701	0801
	0841	1601	1615	1701⊗	1901⊗	2001
	2301	2401⊗	2642			
二九八	1601					
二九九	0141					
三〇〇	0141	0143	0201	0701	1101	1601
	1641	1705	2041			
三〇一	2401					
三〇二	0101					
三〇三	0101					
三〇四	0163⊗	0164	0201⊗			
三〇五	0101					
三〇六	0141	0142	0241	0342	0443	0501
	0541	0701	0841	0903	2001	2201⊗
	2341	2541	2701			
三〇七	0201					
三〇八	0102	0146	0342	2301	2343	
三〇九	0903	0941	2301			
三一〇	0102	0141	0142	0146	0181	0198

表七

書名編號	收藏單位代號					
	0841	0842	0942	1710	1782	2301
	2341	2343	2501	2542	2704	
三一一	0241					
三一二	0509					
三一三	0901					
三一四	1501					
三一五	0101	0102	0141	0145	0182	0198
	0291	0301	0342	0591	0741	
三一六	0101					
三一七	0101	0142	0144	0161	0163	0164
	0198	0201	0241	0291	0404⊗	0701
	0801	0841	1201	1241	1242	1501
	1601	1606	1901	2501	2542⊗	2702
三一八	0144	0145	0161	0163	0198	0201
	0291	0342⊗	0402	0591	0701	0703
	0801	0841	1542	1601	1843	2041
	2241	2501⊗				
三一九	0101					
三二〇	0241					
三二一	1601					
三二二	0101	0102⊗	0141	0201	0501	1301
	1510⊗	1541⊗	1701	1606⊗	2201	
三二三	1601					
三二四	1601					
三二五	1601					
三二六	0101	0141	0143	0163	0198	0291⊗
	0701	0801	0841	0901⊗	1601	1701
	2401	2501	2701	2702⊗		
三二七	0201					
三二八	1601					
三二九	0150	0161	0165	0201	0341	0501
	0542	0703⊗	1705	2301	2401⊗	2461
	2501⊗	2583⊗				
三三〇	0101	0102	0141	0143	0144	0150

書名編號	收藏單位代號					
	0161⊗	0163⊗	0198⊗	0201	0241⊗	0243⊗
	0281	0301⊗	0592	0841	1282	1542⊗
	1601	1605⊗	1701	1705	2401⊗	2541
	2701	2702⊗				
三三一	0141					
三三二	0101	0842				
三三三	0301					
三三四	0142					
三三五	0102					
三三六	0102	0145	0291	1701	1901	
三三七	1101	1216	1541	1542	1601	2501
	2541					
三三八	1501⊗	1606⊗	1701	2801		
三三九	0141	0520	1601	1741		
三四〇	0101					
三四一	0201					
三四二	0121	0197				
三四三	1681	1781				
三四四	0701	1041	2701			
三四五	0101	0141	0145	0201	0241	0291
	0341	1341	1541	1701	2301	
三四六	0161	1501				
三四七	1701					
三四八	2701					
三四九	0161⊗	0201	2541			
三五〇	0201					
三五一	0121⊗	1501	1510			
三五二	0101					
三五三	0101	0163	0201	0241	0703	0841
	1601					
三五四	0197					
三五五	0101					
三五六	0101	0142⊗	0161⊗	0163	0201⊗	0241
	0801⊗	0841⊗	1001	2041⊗	2701⊗	

表八

書名編號	收藏單位代號					
三五七	0101					
三五八	0201					
三五九	2941					
三六〇	0101					
三六一	0101⊗	0161	0241	1615	1702⊗	1901⊗
三六二	0101					
三六三	0161					
三六四	0101					
三六五	0241					
三六六	0141					
三六七	1705					
三六八	0201					
三六九	0201					
三七〇	0101					
三七一	0201					
三七二	0161					
三七三	0101	0141	0142	0143	0161	0901
	1301	1501	1901	2001	2401	
三七四	0141	0161	0241	0501	0341	0803
	1544	1716	2301			
三七五	0145					
三七六	2301					
三七七	2301					
三七八	0201					
三七九	0101					
三八〇	0101					
三八一	0161⊗	0201				
三八二	0101	0201				
三八三	0141	0143	0144	0146	0163	0242
	0243	0701	0741	0802	0841	1101
	1616	1705	1718	1843	1881	2041
	2042	2043	2242	2301	2302	2542
	2401	2541	2741			

書名編號	收藏單位代號					
三八四	0163	0201				
三八五	0141(○)	0142(○)	0143	0198	0201(○)	0701
	0801	0803	0841	0842	0961(○)	1241
	1301	1701(○)	2202	2203	2205	2302(○)
	2542	2461(○)	2541			
三八六	0102	0141	0142	0143	[illegible]	0146
	0150	0161	[illegible]	0341	0541	0542
	0842	[illegible]	[illegible]	0741	[illegible]	0942
	1542	[illegible]	1841	2041	2206	2301
	[illegible]	[illegible]	2451	[illegible]		
三八七	0101	0163(○)	0201(○)	1646		
三八八	[illegible]					
三八九	[illegible]	0142(○)	0161	0198	0301(○)	1601
三九〇	[illegible]					
三九一	[illegible]					
三九二	0241					
三九三	[illegible]					
三九四	[illegible]					
三九五	[illegible]					
三九六	0161					
三九七	0101					
三九八	0101	0142	0163(○)	1501	1601	
三九九	0141	0242	0520	0942	1784	2301
	2401					
四〇〇	0241					
四〇一	0201					
四〇二	0701					
四〇三	1601					
四〇四	0201					
四〇五	1605					
四〇六	1601					

表九

書名編號	收藏單位代號
四〇七	0101
四〇八	0101
四〇九	0701
四一〇	0101
四一一	0163
四一二	0241

總集類

通代

一 文選六十卷 梁蕭統輯 明隆慶六年琵少澗山房刻本 九行十八字白口左右双边

二 文選六十卷 梁蕭統輯 明萬曆六年蔡府刻本 九行十八字白口左右双边

三 文選六十卷 梁蕭統輯 明萬曆十三年吳勤刻本 十行二十二字白口四周双边

四 昭明文選六十卷 梁蕭統輯 清抄本 佚名錄俞瑒評 清鄒祚燦跋

五 文選十二卷 梁蕭統輯 明萬曆十九年張居仁刻本 九行十九字白口四周双边

六 文選十二卷 梁蕭統輯 明[illegible]音釋 明萬曆吳勉學刻本 九行十七字白口左右双边[illegible]

七 文選十二卷 梁蕭統輯 音注十二卷 明萬曆二十三年吳近仁刻本 十行二十字白口左右双边

八 文選十二卷 梁蕭統輯 音注十二卷 明萬曆二十三年吳近仁刻本 明瞿式耜批點 清瞿昌文跋

九 文選十二卷 梁蕭統輯 音注十二卷 明萬曆二十三年吳近仁刻本 清孫淇錄何焯錢陸燦評並跋 清王式金跋

一〇 文選十二卷 梁蕭統輯 音注十二卷 明萬曆二十三年吳近仁刻本 清汪文炳批校

一一 文選十二卷 梁蕭統輯 音注十二卷 明萬曆二十三年吳近仁刻本 清汪禮堉批校並跋

一二 文選十二卷 梁蕭統輯 附音注十二卷 明吳近仁撰 明萬曆二十三年吳近仁刻本 清佚名錄錢陸燦評點

一三 文選二十四卷 梁蕭統輯 清乾隆二十一年梁同書抄本 清陳治策錄何焯批校 吳芝瑛跋

一四 昭明文選三十卷 梁蕭統輯 唐呂延濟註 昭明文集二卷 梁蕭統撰 唐五臣等注 明刻本 [illegible]八字小字双行同白口四周单边

一五 文選六十卷 梁蕭統輯 唐李善注 北宋刻遞修本 傅增湘跋 十行十七字小字双行二十五六字白口左右双边 存二十一卷 十七至十九、三十至三十一、三十六至三十八、四十六至四十七、四十九至五十八、六十

一六 文選六十卷 梁蕭統輯 唐李善注 李善與五臣同異一卷 宋淳熙八年池陽郡齋刻本 丁約跋 十行二十一字小字双行同白口左右双边 有刻工

一七 文選六十卷 梁蕭統輯 唐李善注 宋淳熙八年池陽郡齋刻遞修本 清楊守敬跋 存四十八卷 十三至六十

一八 文選六十卷 梁蕭統輯 唐李善注 宋淳熙八年池陽郡齋刻遞修本 李善與五臣同異一卷 清抄本

一九 文選六十卷 梁蕭統輯 唐李善注 宋淳熙八年池陽郡齋刻本 十行二十一字小字双行同白口左右双边 有刻工 文選存三十七卷 一至六、十一至二十、三十一至三十九、四十九至六十 存三卷 二十五至二十七

二〇 文選六十卷 梁蕭統輯 唐李善注 清嘉慶十四年胡克家影宋刻本 清張敦仁校

二一 文選六十卷 梁蕭統輯 唐李善注 清嘉慶十四年胡克家影宋刻本 清胡珽跋

二二 文選六十卷 梁蕭統輯 唐李善注 清嘉慶十四年胡克家影宋刻本 清江廷珍批校並錄何焯批校

二三 文選六十卷 梁蕭統輯 唐李善注 清同治八年金陵書局刻本 清陳倬批校並跋

二四 文選六十卷 梁蕭統輯 唐李善注 考異十卷 清胡克家撰 清同治八年湖北崇文書局刻本 清吳大澂批注

二五 文選六十卷 梁蕭統輯 唐李善注 攷異十卷 清胡克家撰 清同治八年湖北崇文書局刻本 葉昌熾批校

二六 文選六十卷 梁蕭統輯 唐李善注 元池州路張伯顏刻本（卷四十一配明嘉靖元年汪諒刻本） 清黃丕烈跋 十行二十一字小字双行同白口（補版黑口）左右双边

二七 文選六十卷 梁蕭統輯 唐李善注 明成化二十三年唐藩朱芝址刻本 十行二十二字小字双行同黑口四周双边

二八 文選六十卷 梁蕭統輯 唐李善注 明成化二十三年唐藩朱芝址刻本 清傅山批

二九 文選六十卷 梁蕭統輯 唐李善注 明成化二十三年唐藩朱芝址刻本 清湯武校並跋

三〇 文選六十卷 梁蕭統輯 唐李善注 明成化二十三年唐藩朱芝址刻本 清張保蔭趙松濊錄何焯批校 清翁同書跋

三一 文選六十卷 梁蕭統輯 唐李善注 明成化二十三年唐藩朱芝址刻本 清孫延評校

三二 文選六十卷 梁蕭統輯 唐李善注 明成化二十三年唐藩朱芝址刻本（一序清莫友芝抄補） 清莫繩孫跋

三三 文選六十卷 梁蕭統輯 唐李善注 明成化二十三年唐藩朱芝址刻本 清佚名錄何焯批跋

三四 文選六十卷 梁蕭統輯 唐李善注 明隆慶五年唐藩朱碩熿刻本 十行二十二字小字双行同黑口四周双边

三五 文選六十卷 梁蕭統輯 唐李善注 明嘉靖元年汪諒刻本 十行二十一字小字双行同白口左右双边

三六 文選六十卷 梁蕭統輯 唐李善注 明嘉靖元年汪諒刻本 清楊紹和、高均儒跋

三七 文選六十卷 梁蕭統輯 唐李善注 明嘉靖元年汪諒刻本 清丁申、丁丙跋

三八 文選六十卷 梁蕭統輯 唐李善注 明嘉靖元年汪諒刻本 清徐北文跋

三九 文選六十卷 梁蕭統輯 唐李善注 明嘉靖四年晉府養德書院刻本 十行二十二字小字双行同黑口四周双边 存三十卷 二至七、十一至十三、十八至二十二、二十四至二十五、二十九、五十九至六十

四〇 文選六十卷 梁蕭統輯 唐李善注 明嘉靖四年晉府養德書院刻本 清丁丙跋

四一 文選六十卷 梁蕭統輯 唐李善注 明嘉靖四年晉府養德書院刻本 清[illegible]珍批校

四二 文選六十卷 梁蕭統輯 唐李善注 明晉藩文思寶刻本 清佚名批校 十行二十二字小字双行同白口四周單边 存三十一卷 十五至四十五

四三 文選六十卷 梁蕭統輯 唐李善注 明萬曆二十九年鄧原岳刻本 十行二十一字小字双行同白口左右双边

四四 文選六十卷 梁蕭統輯 唐李善注 明萬曆二十八年鄧原岳刻本 清王芑孫跋

四五 文選六十卷 梁蕭統輯 唐李善注 明刻本 九行十七字小字雙行同 黑口 四周雙邊

四六 文選六十卷 梁蕭統輯 唐李善注 明末毛氏汲古閣刻本 清張玉榖批並跋 十二行二十五字小字雙行三十七字 白口 左右雙邊

四七 文選六十卷 梁蕭統輯 唐李善注 明末毛氏汲古閣刻本 清朱彝尊批 存三十卷 八至二十二、三十一至三十八、五十四至六十

四八 文選六十卷 梁蕭統輯 唐李善注 明末毛氏汲古閣刻本 清汪由敦錄何焯批校

四九 文選六十卷 梁蕭統輯 唐李善注 明末毛氏汲古閣刻本 清蕭塭錄何焯批校並跋

五〇 文選六十卷 梁蕭統輯 唐李善注 明末毛氏汲古閣刻本 清沈元批

五一 文選六十卷 梁蕭統輯 唐李善注 明末毛氏汲古閣刻本 清梁章鉅批校

五二 文選六十卷 梁蕭統輯 唐李善注 明末毛氏汲古閣刻本 清邵齊燾錄何焯批校 存四十二卷 一至三十、四十六至五十四、五十八至六十

五三 文選六十卷 梁蕭統輯 唐李善注 明末毛氏汲古閣刻本 清許乃濟跋 佚名校

五四 文選六十卷 梁蕭統輯 唐李善注 明末毛氏汲古閣刻本 清鄭澐跋並錄何焯批校 佚名錄清何焯批校題識

五五 文選六十卷 梁蕭統輯 唐李善注 明末毛氏汲古閣刻本 清蕭應椿批校

五六 文選六十卷 梁蕭統輯 唐李善注 清張□元注 明末毛氏汲古閣刻清康熙二十五年士倫重修本

五七 文選六十卷 梁蕭統輯 唐李善注 明末毛氏汲古閣刻清康熙二十五年士倫重修本 清張天士錄陸貽典批注跋

五八 文選六十卷 梁蕭統輯 唐李善注 明末毛氏汲古閣刻清康熙二十五年士倫重修本 清王惟淵錄前人批校並跋 張亦山題識

五九 文選六十卷 梁蕭統輯 唐李善注 明末毛氏汲古閣刻清康熙二十五年士倫重修本 佚名錄清何焯、翁揚評 清姚元之跋

六〇 文選六十卷 梁蕭統輯 唐李善注 明末毛氏汲古閣刻清乾隆二十四年口氏重修本 清姚鼐批並增識並錄何焯批跋

六一 文選六十卷 梁蕭統輯 唐李善注 明末毛氏汲古閣刻清乾隆二十七年孫氏儀禮堂重修本 清姚元之跋並錄馮武、陸貽典、顧廣圻批跋

六二 文選六十卷 梁蕭統輯 唐李善注 明末毛氏汲古閣刻清衆仙堂重修本 清潘德輿批校

六三 文選六十卷 梁蕭統輯 唐李善注 明末毛氏汲古閣刻清修本 佚名校並錄何焯批

六四 文選六十卷 梁蕭統輯 唐李善注 清乾隆二十五年葛山書屋刻本 清葛川唐士錄何焯批校 十二行二十五字小字雙行三十七字 白口 左右雙邊

六五 文選六十卷 梁蕭統輯 唐李善注 清賀仁堂刻本 錢□獻批校 十二行二十五字小字雙行三十七字 白口 左右雙邊

六六 文選六十卷 梁蕭統輯 唐李善注 清刻本 清褚元昭錄何焯批校 清□默吉跋 十二行二十五字小字雙行三十七字 白口 左右雙邊

六七 文選六十卷 梁蕭統輯 唐李善注 清刻本 清董增儒錄何焯批校

六八 文選六十卷 梁蕭統輯 唐李善注 清刻本 清何惟傑跋並錄清許贊曾批校

六九 文選六十卷 梁蕭統輯 唐李善注 清何焯評 清乾隆三十七年葉氏海錄軒朱墨套印本 清曾國藩批 十二行二十五字小字雙行三十七字 白口 左右雙邊

七〇 文選六十卷 梁蕭統輯 唐李善注 清何焯評 清乾隆三十七年葉氏海錄軒朱墨套印本 清□□跋 □□錄□□□□□□□

七一 文選六十卷 梁蕭統輯 唐李善注 清何焯評 清乾隆三十七年葉氏海錄軒朱墨套印本 清周貞亮跋

七二 文選六十卷 梁蕭統輯 唐李善注 清何焯評 清乾隆三十七年葉氏海錄軒朱墨套印本 黃叔元批

七三 文選六十卷 梁蕭統輯 唐李善注 清乾隆懷德堂刻本 清陳廷桂批校 十二行二十五字小字雙行三十七字 白口 左右雙邊

七四 文選六十卷 梁蕭統輯 唐李善注 清乾隆懷德堂刻本 清鐵珏跋並錄何焯評

七五 文選六十卷 梁蕭統輯 唐李善注 清乾隆懷德堂刻本 清劉鵬振錄明陳

七六 文選六十卷 梁蕭統輯 唐李善注 清乾隆懷德堂刻本 清許乘衍校 興朝嚴長明、陳淡然批點並跋

七七 文選六十卷 梁蕭統輯 唐李善注 清乾隆懷德堂刻本 清蔣漣初錄何焯 盧文弨批並跋

七八 文選六十卷 梁蕭統輯 唐李善注 清乾隆三十五年張書勲等寫本

七九 文選六十卷 梁蕭統輯 唐李善注 清乾隆內府朱墨寫本

八〇 校正昭明文選六十卷 梁蕭統輯 唐李善注 清乾隆十二年歐陽正煥等寫本

八一 古香齋鑒賞校正昭明文選六十卷 梁蕭統輯 唐李善注 清乾隆十四年王際華等寫本

八二 古香齋鑒賞校正昭明文選六十卷 梁蕭統輯 唐李善注 清乾隆十九年梁國治等寫本

八三 文選三十卷 梁蕭統輯 唐呂延濟、劉良、張銑、呂向、李周翰注 宋紹興二十八年明州刻本 十一行十八字小字二十七字白口 左右雙邊 存二卷 二十九、三十

八四 文選三十卷 梁蕭統輯 唐呂延濟、劉良、張銑、呂向、李周翰注 宋紹興三十年建陽崇化書坊陳八郎宅刻本 十二行二十三字 細黑口 左右雙邊 存二卷 抄配

八五 文選六十卷 梁蕭統輯 唐李善、呂延濟、劉良、張銑、呂向、李周翰注 宋明州刻遞修本 十行二十字小字雙行三十字白口 左右雙邊 存二十八卷 三至五、九至十一、十五至十七、二十至二十一、二十五、四十至四十七

八六 文選六十卷 梁蕭統輯 唐李善、呂延濟、劉良、張銑、呂向、李周翰注 宋贛州州學刻宋元明遞修本 九行十五字小字雙行二十字白口 左右雙邊

八七 六臣注文選六十卷 梁蕭統輯 唐李善、呂延濟、劉良、張銑、呂向、李周翰注 宋刻本 十行十八至十九字小字雙行二十三至二十四字 黑口 左右雙邊

八八 增補六臣註文選六十卷 梁蕭統輯 唐李善、呂延濟、劉良、張銑、呂向、李周翰注 元陳仁子輯補 元大德三年陳仁子古迂書院刻本 十行十八字小字雙行二十三字 白口 左右雙邊 存九卷 二十、二十二、三十三至三十四、三十七至三十八、四十一至四十二、四十九至五十

八九 六家文選六十卷 梁蕭統輯 唐李善呂延濟劉良張銑李周翰呂向注 明嘉靖十三年至二十八年袁褧嘉趣堂刻本 十一行十八字，小字雙行二十六字，白口，左右雙邊

九〇 六家文選六十卷 梁蕭統輯 唐李善呂延濟劉良張銑呂向李周翰注 明嘉靖十三年至二十八年袁褧嘉趣堂刻本 清莊虎孫跋

九一 六家文選六十卷 梁蕭統輯 唐李善呂延濟劉良張銑呂向李周翰注 明丁覲刻本 十行十八字，小字雙行二十六字，白口，四周單邊，有刻工

九二 六家文選六十卷 梁蕭統輯 唐李善呂延濟劉良張銑呂向李周翰注 明丁覲刻本 清丁丙跋

九三 六家文選六十卷 梁蕭統輯 唐李善呂延濟劉良張銑呂向李周翰注 明丁覲刻本 清焦循錄何焯跋並批校 存五十一卷 一至十六、二十六至六十

九四 六臣註文選六十卷 梁蕭統輯 唐李善呂延濟劉良張銑呂向李周翰注 明萬曆二年崔孔昕刻本 九行十八字，小字雙行同，白口，四周雙邊

九五 六臣註文選六十卷 梁蕭統輯 唐李善呂延濟劉良張銑呂向李周翰注 明萬曆二年崔孔昕刻六年徐成位重修本

九六 六臣註文選六十卷 梁蕭統輯 唐李善呂延濟劉良張銑呂向李周翰注 明萬曆二年崔孔昕刻六年徐成位重修本 清孫原湘 陸鴻熊跋

九七 六臣註文選六十卷 梁蕭統輯 唐李善呂延濟劉良張銑呂向李周翰注 明潘惟時潘惟德刻本 九行十八字，小字雙行同，白口，左右雙邊 存四十卷 二十一至六十

九八 六臣註文選六十卷 梁蕭統輯 唐李善呂延濟劉良張銑呂向李周翰註 明潘惟時潘惟德刻吳勉學重修本

九九 六臣註文選六十卷 梁蕭統輯 唐李善呂延濟劉良張銑呂向李周翰注 明潘惟時潘惟德刻吳勉學許光興遞修本

一〇〇 六臣註文選六十卷 梁蕭統輯 唐李善呂延濟劉良張銑呂向李周翰註 諸儒議論一卷 元陳仁子輯 明嘉靖二十八年洪楩刻本 十行十八字，小字雙行二十三字，白口，四周單邊

一〇一 六臣註文選六十卷 梁蕭統輯 唐李善呂延濟劉良張銑呂向李周翰注 明嘉靖二十八年洪楩刻萬卷堂重修本

一〇二 六臣註文選六十卷 梁蕭統輯 唐李善呂延濟劉良張銑呂向李周翰註 諸儒議論一卷 元陳仁子輯 明刻本 十行十七至十八字，小字雙行二十三字，細黑口，四周單邊

一〇三 六臣註文選六十卷 梁蕭統輯 唐李善呂延濟劉良張銑呂向李周翰註 諸儒議論一卷 元陳仁子輯 明刻本 清查瑩評校 存五十六卷 一至四、九至六十

一〇四 六臣註文選六十卷 梁蕭統輯 唐李善呂延濟劉良張銑呂向李周翰注 諸儒議論一卷 元陳仁子輯 明刻本 清丁丙跋

一〇五 文選六十卷 梁蕭統輯 明何孟倫輯注 諸儒議論一卷 元陳仁子輯 明嘉靖刻本 十行二十二字，小字雙行同，白口，四周雙邊

一〇六 鼎雕增補單篇評釋昭明文選八卷 梁蕭統輯 明李光縉評釋 鄭維嶽增補 明萬曆刻本 十行二十字，小字雙行同，白口，四周單邊

一〇七 文選十二卷 梁蕭統輯 明張鳳翼纂註 明萬曆十年書林余碧泉刻本 十一行二十二字，小字雙行同，白口，左右雙邊

一〇八 文選十二卷 梁蕭統輯 明張鳳翼纂注 明萬曆刻本 十一行二十二字，小字雙行同，白口，左右雙邊，有刻工

一〇九 文選十二卷 梁蕭統輯 明張鳳翼纂注 明萬曆刻本 清隨赫德圖默跋

一一〇 文選十二卷 梁蕭統輯 明張鳳翼纂注 明萬曆刻本 十一行二十二字，小字雙行同，白口，左右雙邊，無刻工

一一一 文選十二卷 梁蕭統輯 明張鳳翼纂注 明萬曆刻本 清汪學金錄前人評

一一二 文選十二卷 梁蕭統輯 明張鳳翼纂注 明萬曆刻本 清邵璜批 十一行二十二字，小字雙行同，白口，四周單邊

一一三 文選十二卷 梁蕭統輯 明張鳳翼纂注 明萬曆刻本 十一行二十二字，小字雙行同，白口，四周單邊，眉欄鐫評，目錄及版心鐫文選纂註評林

一一四 文選十二卷 梁蕭統輯 明張鳳翼纂注 明孫鑛評 王狀元跋 明萬曆刻本 清華長發評點並錄

一一五 文選十二卷 梁蕭統輯 明張鳳翼纂注 何焯評 明萬曆刻本 清沈叔埏錄朱彝尊評並校

一一六 文選十二卷 梁蕭統輯 明張鳳翼纂注 明萬曆刻本 清陸烜批校

一一七 文選十二卷 梁蕭統輯 明張鳳翼纂注 明何敬塘刻本 十一行二十二字，小字雙行同，白口，四周單邊，眉欄鐫評，封面鐫文選纂註評林

一一八 文選十二卷 梁蕭統輯 明張鳳翼纂注 明黃嶔家刻本 十一行二十二字，小字雙行同，白口，四周單邊，眉欄鐫評

一一九 文選十二卷 梁蕭統輯 明張鳳翼纂注 明末刻本 十一行二十二字，小字雙行同，白口，四周單邊，眉欄鐫評，版心鐫文選纂註評林

一二〇 梁昭明文選十二卷 梁蕭統輯 明張鳳翼纂註 明萬曆二十九年惲紹龍刻本 十一行二十二字，小字雙行同，白口，四周單邊，眉欄鐫評，目錄及版心鐫文選纂註評林

一二一 文選十二卷 梁蕭統輯 明張鳳翼注 惲紹龍參訂 明萬曆二十九年惲紹龍刻本 陳焯評

一二二 文選十二卷 梁蕭統輯 明張鳳翼纂註 惲紹龍參訂 明萬曆二十九年三衢舒氏四泉刻本 十一行二十二字，小字雙行同，白口，四周單邊

一二三 梁昭明文選十二卷 梁蕭統輯 明張鳳翼纂註 明萬曆刻本 十一行二十二字，小字雙行同，白口，四周雙邊，眉欄鐫評，目錄及版心鐫文選纂註評林

一二四 梁昭明文選十二卷 梁蕭統輯 明張鳳翼纂注 清康熙十一年顧豹文刻本 清王芑孫批校

一二五 梁昭明文選十二卷 梁蕭統輯 明張鳳翼纂注 清康熙十一年顧豹文刻本 清梁章鉅批校

一二六 梁昭明文選二十四卷 梁蕭統輯 明張鳳翼纂注 明末盧之頤刻本 九行二十字，小字雙行同，白口，四周單邊，眉上鐫評

一二七 梁昭明文選二十四卷 梁蕭統輯 明張鳳翼纂注 明末盧之頤刻本 清汪沚屋評校

一二八 新纂六臣註漢文選二十四卷 梁蕭統輯 明張鳳翼纂注 明萬曆十四年刻本 十一行二十二字，小字雙行同，白口，左右雙邊

一二九 文選纂註評苑二十六卷 梁蕭統輯 明張鳳翼纂注 陸弘祚訂 明萬曆克勤齋余碧泉刻本 九行十八字，小字双行同，白口，四周單边

一三〇 孫月峯先生評文選三十卷 梁蕭統輯 明孫鑛評 閔齊華注 明末烏程閔氏刻本 九行十九字，小字双行同，白口，四周單边

一三一 孫月峯先生評文選三十卷 梁蕭統輯 明孫鑛評 閔齊華注 明末烏程閔氏刻清康熙二十年柯維楨重修本 九行十九字，小字双行同，白口，四周單边

一三二 文選章句二十八卷 明陳與郊撰 明萬曆二十五年刻本 十行二十字，小字双行同，白口，左右双边

一三三 文選章句二十八卷 明陳與郊撰 明萬曆二十五年刻本 清聖壽跋

一三四 文選刪註十二卷 明王象乾撰 明萬曆刻本 九行十六字，小字双行字不等，白口，四周双边，眉欄鐫評，下欄鐫音釋

一三五 文選刪註旁訓十二卷 明王象乾撰 明馬夢禎增訂 明刻本 九行十六字，白口，四周双边，眉欄鐫評二十一行九字，下欄鐫音釋

一三六 文選尤十四卷 梁蕭統輯 明鄒思明删訂 明天啟二年刻三色套印本 八行十八字，白口，四周單边

一三七 風雅翼十四卷 元劉履輯 明正統何景春刻本 八行二十字，黑口，四周双边 存十二卷 選詩補註八卷 元劉履撰 選詩續編四卷 元劉履撰

一三八 選詩補註八卷 元劉履撰 補遺二卷 續編四卷 元劉履輯 明初刻本 八行二十字，黑口，四周双边

一三九 選詩補注八卷 元劉履撰 補遺二卷 續編四卷 元劉履輯 明宣德九年陳本深刻本 十行二十字，黑口，四周双边，有刻工

一四〇 選詩補註八卷 元劉履撰 補遺二卷 續編四卷 元劉履輯 明成化四年刻本 十行十九字，白口，左右双边

一四一 選詩補注八卷 元劉履撰 補遺二卷 續編四卷 元劉履輯 明弘治十四年毛璽刻本 十行二十字，黑口，四周双边

一四二 選詩補註八卷 元劉履撰 明嘉靖四年清梅林刻本 十行十九字，白口，左右双边

一四三 選詩補註八卷 元劉履撰 補遺二卷 續編四卷 元劉履輯 明嘉靖三十一年顧存仁養吾堂刻本 十行十九字，白口，左右双边

一四四 選詩補注八卷 元劉履撰 補遺二卷 續編四卷 元劉履輯 明嘉靖三十一年顧存仁養吾堂刻本 清丁丙跋

一四五 選詩補註八卷 元劉履撰 補遺二卷 續編四卷 元劉履輯 明刻本 十行二十字，黑口，四周双边

一四六 選詩補註八卷 元劉履撰 補遺二卷 元劉履輯 明刻本 十行二十字，白口，四周双边

一四七 選詩續編四卷 元劉履輯 明刻本 清周星詒跋 十行二十字，白口，左右双边

一四八 刻漢魏六朝選詩補註四卷 元劉履撰 明李蔚然增訂 明萬曆衡山堂刻本 九行二十一字，小字双行同，白口，四周双边

一四九 選詩三卷 明許大華輯 明嘉靖六年劉士元王臺刻本 十行十八字，白口，左右双边

一五〇 選詩三卷 明嘉靖刻本 十行二十字，白口，左右双边

一五一 選詩三卷 明刻本 清徐應增批點 十行二十字，白口，左右双边

一五二 選詩八卷 梁蕭統輯 明馮惟訥注 評識一卷 明馮惟訥輯 明萬曆九年屯思孝刻本 八行十九字，小字双行同，白口，左右双边

一五三 選詩三卷補一卷 明顧大猷輯 明萬曆二十八年劉大文刻本 十行二十字，小字双行同，白口，左右双边

一五四 選詩七卷 梁蕭統輯 明郭正域評點 凌濛初輯評 詩人爵里一卷 明凌濛初刻朱墨套印本 八行十八字，白口，四周單边

一五五 文選詩集七卷 梁蕭統輯 明廣九章訂註 明萬曆刻本 六行十八字，白口，左右双边

一五六 文選詩鈔四卷 清吳學濂 沈鈇輯 清康熙五十八年刻本 清陳奐跋 十行二十字，小字双行同，黑口，左右双边

一五七 選詩句圖一卷 宋高似孫撰 沈少虞抄本 清丁丙跋

一五八 選賦六卷 梁蕭統輯 明郭正域評點 名人世次爵里一卷 明凌氏鳳笙閣刻朱墨套印本 八行十八字，白口，四周單边

一五九 文選刪要二卷 存一卷 明蔡應嶸選 明萬曆刻本 十行二十字，白口，四周單边

一六〇 文選拔萃三卷 明王弘禎撰 明嘉靖二十年吳萬懋刻本 行二十五字，白口，四周單边

一六一 梁昭明文選越裁十一卷 清洪若皋撰 清康熙刻本 九行二十字，小字双行同，白口，四周双边

一六二 文選學正不分卷 清陳景雲撰 清咸豐七年周鎮抄本 清翁同書跋

一六三 文選理學權輿八卷 清汪師韓撰 補一卷 清孫志祖撰 清嘉慶四年顧修刻讀畫齋叢書本 清顧廣圻批校 蔣慎齋 王大濟跋 九行二十一字，黑口，左右双边

一六四 文選李注補正四卷 清孫志祖撰 清嘉慶四年顧修刻讀畫齋叢書本 清劉喜海批校並題識

一六五 文選考異四卷 清孫志祖撰 清嘉慶四年顧修刻讀畫齋叢書本 清姚椿批校並跋

一六六 文選紀聞三十卷 清余蕭客撰 清抄本 十行二十一字，小字双行同，無格

一六七 文選紀聞三十卷 清余蕭客撰 清張木積書齋抄本 十行二十二字，小字双行同，黑口，四周双边

一六八 重訂文選集評十五卷首一卷末一卷 清于光華輯 清乾隆四十三年啟秀堂刻本 清飛鴻批校 十行二十四字，小字双行三十六字，白口，左右双边

一六九 昭明文選李善注拾遺二卷補編一卷文選賸言一卷補編一卷 清王煦撰 清抄本 清錢世叙校

一七〇 文選箋證三十二卷 清胡紹煐撰 清抄本 清唐仁壽校並跋

一七一 選學膠言二十卷補遺一卷 清張雲璈撰 清道光十一年張氏簡松艸堂刻本 十行二十字白口左右雙邊

一七二 文選旁證四十六卷 清梁章鉅撰 稿本 十二行二十四字
存三十九卷 八至四十六

一七三 文選古字通疏證續編六卷 清杜宗預撰 稿本 八行二十字紅格版心下鐫元起樓

一七四 新刻選文選二十四卷 梁蕭統輯 明萬曆二十五年刻本 明吳道淳刪定批點

一七五 文館詞林一千卷 唐許敬宗等輯 清同治三年劉履芬抄本 十行二十字無格
存四卷 六百六十二、六百六十四、六百六十八、六百九十五

一七六 文館詞林一千卷 唐許敬宗等輯 敘錄一卷 清傅以禮撰 清光緒二十三年傅氏七林書堂抄本
存二十卷 一百五十六至一百五十八、三百四十七至三百四十八、四百五十二至四百五十三、四百五十七、六百五十九、六百六十二、六百六十四至六百六十八、六百七十、六百九十一、六百九十五、六百九十九、敘錄全

一七七 文苑英華一千卷 宋李昉等輯 宋嘉泰元年至四年周必大刻本 十三行二十二字白口左右雙邊
存一百三十卷 二百三十一至二百四十、二百五十一至二百六十、二百九十一至三百、六百一至七百

一七八 文苑英華一千卷 宋李昉等輯 明隆慶元年胡維新戚繼光刻本 十一行二十二字白口四周單邊

一七九 文苑英華一千卷 宋李昉等輯 明隆慶元年胡維新戚繼光刻本 傅增湘校跋並錄清黃蕘圃校語

一八〇 文苑英華一千卷 宋李昉等輯 明隆慶元年胡維新戚繼光刻隆慶六年萬曆六年三十六年遞修本

一八一 文苑英華一千卷 宋李昉等輯 明隆慶元年胡維新戚繼光刻隆慶六年萬曆六年三十六年遞修本 張元濟校 傅增湘校跋

一八二 文苑英華一千卷 宋李昉等輯 明抄本 十行二十二至二十四字藍格白口左右雙邊

一八三 文苑英華一千卷 宋李昉等輯 明抄本（卷四百九十六至五百配清抄本）

一八四 文苑英華一千卷 宋李昉等輯 明抄本 十二行二十四字黑格白口四周單邊
存九百九十六卷 一至六百三十五、六百三十六至六百五十九、六百六十一至九百五十一、九百五十三至一千

一八五 文苑英華一千卷 宋李昉等輯 明抄本（卷一百四十一至一百五十五、四百三十一至五百四十配另一明抄本） 十三行二十二字藍格白口四周雙邊
存九百四十卷 一至二百十、二百二十一至三百四十一、三百五十一至五百四十、五百五十一至七百四十一、七百五十一至八百、八百十一至一千

一八六 文苑英華一千卷 宋李昉等輯 明抄本 十行二十二字藍格白口四周單邊
存一百六十一卷 七十一至八十、九十一至一百、一百五十一至一百六十、二百五十一至二百六十、二百九十一至三百、三百四十一至三百七十三、三百九十一至四百、四百九十一至五百、五百七十一至五百八十、六百四十一至六百五十、八百六十一至九百

一八七 蓬海珠叢一千卷 宋李昉等輯 明抄本 傅增湘跋 十三行二十三字藍格白口四周雙邊
存七百四十三卷 七至二十三、二十五至三十六、四十八至五十、七十九至一百、一百十一至一百二十、一百二十二至一百五十一、一百六十八至一百七十、一百八十八至二百二十、二百二十一至三百四十、三百五十一至四百五十、四百六十一至四百七十、四百九十一至五百、五百五十一至五百六十、五百七十一至六百、六百十一至七百、七百三十一至七百八十、八百十一至八百九十、九百一至九百十、九百二十一至九百四十、九百五十一至九百六十、九百六十六至一千

一八八 文苑英華纂要八十四卷 宋高似孫輯 宋刻元修本（卷一至六配清抄本） 十三行二十三至二十七字小字雙行間細黑口左右雙邊 清黃丕烈校並跋 邵淵耀跋

一八九 文苑英華纂要八十四卷 宋高似孫輯 宋刻元修本 十行十七字小字雙行間細黑口左右雙邊 蔡蓮跋
存八十三卷 一至七十、七十二至八十四

一九〇 會通館印正文苑英華纂要八十四卷 宋高似孫輯 辨證十卷 宋彭叔夏撰 明刻本 十四行十三字白口左右雙邊

一九一 文苑英華纂要八十四卷 宋高似孫輯 辨證十卷 宋彭叔夏撰 清康熙內府抄本 十二行二十三字白口四周雙邊

一九二 文苑英華辨證十卷 宋彭叔夏撰 宋刻元修本 十行十七字白口左右雙邊

一九三 文苑英華辨證十卷 宋彭叔夏撰 明刻本 七行十五字小字雙行間白口左右雙邊
存八卷 一至八

一九四 文苑英華辨證十卷 宋彭叔夏撰 明萬曆四十二年熊祺刻本 九行十八字小字雙行間白口四周單邊

一九五 文苑英華辨證十卷 宋彭叔夏撰 明萬曆四十二年熊祺刻本 清何焯校

一九六 文苑英華辨證十卷 宋彭叔夏撰 清抄本 清李文藻校並跋

一九七 文苑英華辨證十卷 宋彭叔夏撰 清孔繼涵抄本 清周書昌校跋並錄馮文藻題識 丁丙跋

一九八 文苑英華辨證十卷 宋彭叔夏撰 清吳城家抄本 清吳城校並跋

一九九 文苑英華辨證十卷 宋彭叔夏撰 清抄本 清盛大士校並跋 李慈銘跋 十行十九字無格

二〇〇 文苑英華擷粹十卷 明張獻翼輯 明萬曆十七年賀邦泰刻本 十行二十字白口左右雙邊

二〇一 文苑英華鈔十卷 明周詩雅輯 明崇禎二年刻本 九行二十一字白口四周單邊

二〇二 文苑英華選雋二十八卷 明傅振商輯 明崇禎六年刻本 九行十八字白口四周單邊

二〇三 文苑英華律賦選四卷 清錢陸燦輯 清康熙二十五年吳氏蔡閣銅活字印本 十行十八字黑口四周單邊

二〇四 文苑英華詩抄二十二卷 清抄本 清嚴虞惇校 十行二十四字無格

二〇五 古文苑九卷 宋刻本 十行十八字白口左右雙邊

二二〇六 古文苑九卷 明趙均影宋抄本 張元濟跋 十行十八字無格

二二〇七 古文苑九卷 清初影宋抄本 十行十八字無格

二二〇八 古文苑九卷 清影宋抄本 清蔣光煦校 十行十八字

二二〇九 古文苑九卷 明抄本（卷二至三配清抄本） 十行十八字黑口四周双边

二二一〇 古文苑九卷 明崇禎十四年孫江陸貽典家抄本 清孫江跋 陸貽典顧廣圻校並跋

二二一一 古文苑二十一卷 宋章樵注 宋端平三年常州軍刻淳祐六年盛如杞重修本 十行字數不等小字双行白口左右双边有刻工

二二一二 古文苑二十一卷 宋章樵注 明成化十八年張世用刻本 十行十八字小字双行同白口四周单边

二二一三 古文苑二十一卷 宋章樵注 明成化十八年張世用刻本 清鶴翁人行撰跋

二二一四 古文苑二十一卷 宋章樵注 明成化十八年張世用刻本 清丁丙跋

二二一五 古文苑二十一卷 宋章樵注 明弘治十二年王鏊刻本 十行十八字小字双行同黑口四周双边有刻工

二二一六 古文苑二十一卷 宋章樵注 明刻藍印本 九行十七字小字双行同白口左右双边有刻工

二二一七 古文苑二十一卷 宋章樵注 明刻本 九行十七字小字双行同白口左右双边有刻工

二二一八 古文苑二十一卷 宋章樵注 明刻本 清丁丙跋 九行十七字小字双行同白口左右双边有刻工

二二一九 古文苑二十一卷 宋章樵注 明刻本 十行十八字小字双行同白口四周单边

二二二〇 古文苑二十一卷 宋章樵注 明刻本 十行十八字小字双行同黑口四周双边

二二二一 古文苑二十一卷 宋章樵注 明萬曆張象賢刻本 八行十八字小字双行同白口左右双边

二二二二 古文苑二十一卷 宋章樵注 明萬曆張象賢刻本 清[illegible]校並跋

二二二三 古文苑二十一卷 宋章樵注 明萬曆刻本 八行十八字小字双行同白口左右双边

二二二四 古文苑二十一卷 宋章樵注 明萬曆刻本 清傅山批校
存四卷 六至九

二二二五 文選補遺四十卷 元陳仁子輯 明刻本 十行十八字白口左右双边

二二二六 文選補遺四十卷 元陳仁子輯 明抄本 九行二十字黑口四周双边

二二二七 新刊續補文選纂註十二卷 明陳仁錫 張鳳翼增訂 明萬曆二十二年刻本 十一行二十二字小字双行同左右双边

二二二八 廣文選六十卷 明劉節輯 明嘉靖十六年陳蕙刻本 十一行二十一字白口四周单边

二二二九 廣文選八十二卷目錄二卷 明劉節輯 明嘉靖十二年刻本 十二行二十一字白口左右双边

二二三〇 詩文類範十八卷 明史直臣輯 明隆慶刻本 十一行二十四字黑口四周双边

二二三一 檄餘錄八卷 明楊瀍輯 明隆慶元年刻本 八行十八字白口四周单边
存四卷 一、二、五、八

二二三二 詞海遺珠四卷 明芳選輯 明萬曆四年盧崟吳邦刻本 九行二十字白口四周双边

二二三三 詞海遺珠四卷 明芳選輯 明萬曆四年盧崟吳邦刻本 清丁丙跋 九行二十字白口四周双边

二二三四 古抄八卷 明劉一相輯 明抄本 九行二十字藍格藍口四周双边

二二三五 天佚草堂重刊文選二十卷詩選十卷 明馬維銘輯 明萬曆四十三年刻本 九行二十字白口四周单边

二二三六 衡原草堂刊定廣文選二十五卷選詩六卷 明馬維銘輯 明萬曆刻本 九行二十字白口四周单边

二二三七 天佚草堂刊定廣文選二十五卷選詩六卷 明馬維銘輯 明萬曆刻本 九行二十字白口四周单边

二二三八 廣廣文選二十四卷 明周應治輯 明崇禎八年周元孚刻本 九行十九字白口四周双边

二二三九 續文選十四卷著作人姓名錄一卷 明胡震亨輯 明萬曆刻本 九行十八字小字双行字不等白口左右双边

二二四〇 續文選十四卷著作人姓名錄一卷 明胡震亨輯 孫燁姬瑩評 明崇禎刻本 八行十八字白口左右双边

二二四一 續文選三十二卷 明湯紹祖輯 明萬曆三十年希貴堂刻本 十行二十字白口左右双边版心下鐫希貴堂

二二四二 千古斯文二十二卷 明徐奮鵬輯 明萬曆尊沃字刻本 八行二十字白口四周单边眉欄鐫評

二二四三 千古斯文二十二卷 明徐奮鵬輯 明萬曆五車館刻本 八行二十字小字双行同白口四周单边眉欄鐫評
詩集十一卷 文集三卷 書集八卷
存詩集八卷 一至三、六至十一

二二四五 文選增定二十三卷 明大梁書院刻本 十一行二十二字白口左右双边版心下鐫大梁書院刻

二二四六 竹洲詩文集一卷 宋吳儆 明程叔春等撰 友梅堂詩卷一卷 明吳儀中輯 明抄本 明張寧吳儆姚綬題詩

二二四七 清風祠錄六卷 明王琥輯 明正德九年刻本 十行二十字白口四周双边

二二四八 衡門集十五卷 明鄭履淳輯 鄭心材續輯 明隆慶三年至萬曆十三年刻本 十行二十字白口四周单边

二二四九 舟枕山欣賞古文辭六卷 明鄭之惠輯 明童子僑朱大章等刻本 九行十八字白口四周单边

二二五〇 精刻古今女史十二卷詩集八卷姓氏字里詳節一卷 明趙世杰輯 明崇禎問奇閣刻本 九行二十字白口四周单边

二二五一 精刻古今女史十二卷詩集八卷姓氏字里詳節一卷 明趙世杰輯 明崇禎刻本 九行二十字白口四周单边眉上鐫評

二二五二 翼譜叢談不分卷 稿本 十二行字數不等藍格白口四周双边

二五三 嚶鳴集十四卷首一卷末一卷 清張爵輯 清乾隆三十八年刻本 十行十九字黑口左右双边

二五四 玉臺新詠十卷 陳徐陵輯 明崇禎六年趙均刻本 十五行三十字細黑口左右双边

二五五 玉臺新詠十卷 陳徐陵輯 明崇禎六年趙均刻本 清葉樹校並跋 許世忠校

二五六 玉臺新詠十卷 陳徐陵輯 明崇禎六年趙均刻本 清翁方綱許乃普跋 舊文炳周叔弢題款

二五七 玉臺新詠十卷 陳徐陵輯 明崇禎六年趙均刻本 佚名臨清馮武諫並跋

二五八 玉臺新詠十卷 陳徐陵輯 明崇禎六年趙均刻本 清伊秉綬王霖楊志跋 陳鴻壽傳劉頤鎬汪喜孫管司楊曾虎鄧琛李士棻等題款 壽跋

二五九 玉臺新詠十卷 陳徐陵輯 明崇禎六年趙均刻本 清馮登府郭麐跋

二六〇 玉臺新詠十卷 陳徐陵輯 明崇禎六年趙均刻本 清周鑾詒跋 黎蔓青華放發跋

二六一 玉臺新詠十卷 陳徐陵輯 明崇禎六年趙均刻本 清丁丙跋

二六二 玉臺新詠十卷 陳徐陵輯 明崇禎六年趙均刻本 鄧邦述跋

二六三 玉臺新詠十卷 陳徐陵輯 明崇禎六年趙均刻本 鄧之誠張爾田跋

二六四 玉臺新詠十卷 陳徐陵輯 明五雲溪館銅活字印本 十行十九字白口左右双边

二六五 玉臺新詠十卷 陳徐陵輯 明五雲溪館銅活字印本 鄧邦述校並跋又錄尊姚燧馮班葉萬題識

二六六 玉臺新詠十卷 陳徐陵輯 清嘉慶十六年翁心存影抄馮知十影宋抄本 十五行三十字无格 清翁心存跋

二六七 玉臺新詠十卷 陳徐陵輯 清影明抄本 清翁心存跋 十五行三十字無格

二六八 玉臺新詠十卷 陳徐陵輯 明崇禎二年馮班抄本 清馮班何士龍校並跋 清葉樹廉錢孫艾趙璉錢同書跋 九行十九字黑口左右双边

二六九 玉臺新詠十卷 陳徐陵輯 清初抄本 清曹炎批校並錄馮舒馮班葉萬題識 吳卷培跋並錄吳名校語 十五行三十字無格

二七〇 玉臺新詠十卷 陳徐陵輯 清抄本 十五行三十字藍格白口左右双边

二七一 玉臺新詠十卷 陳徐陵輯 續五卷 明鄭玄撫輯 明嘉靖十九年鄭玄撫刻本 十行十八字白口左右双边

二七二 玉臺新詠十卷 陳徐陵輯 續五卷 明鄭玄撫輯 明嘉靖十九年鄭玄撫刻本 鄭振鐸跋

存六卷 一至四、九至十，續全。

二七三 玉臺新詠十卷 陳徐陵輯 續五卷 明鄭玄撫輯 明嘉靖二十二年楊士開刻本 十行十八字白口左右双边

二七四 玉臺新詠十卷 陳徐陵輯 續五卷 明鄭玄撫輯 明嘉靖二十二年楊士開刻本 清錢慶曾校並跋 丁丙跋

二七五 玉臺新詠十卷 陳徐陵輯 續五卷 明鄭玄撫輯 明萬曆七年茅元禎刻本 九行十八字白口左右双边

二七六 玉臺新詠十卷 陳徐陵輯 續五卷 明鄭玄撫輯 明萬曆七年茅元禎刻本 清宋琰跋並錄馮舒馮班題識 馮鰲校跋批注

二七七 玉臺新詠十卷 陳徐陵輯 續五卷 明鄭玄撫輯 明萬曆七年茅元禎刻本 藝庵居士跋

二七八 玉臺新詠十卷 陳徐陵輯 續四卷 明鄭玄撫輯 袁宏道評 明天啓二年沈逢春刻本 九行十九字白口、四周单边

二七九 玉臺新詠十卷 陳徐陵輯 續四卷 明鄭玄撫輯 袁宏道評 明天啓二年沈逢春刻本 清何吳美校點

二八〇 玉臺新詠十卷 陳徐陵輯 明刻本 十行十八字白口左右双边

二八一 玉臺新詠十卷 陳徐陵輯 明陳垣芳訂正 明刻本 十二行十九字細黑口左右双边

二八二 玉臺新詠十卷 陳徐陵輯 明陳垣芳訂正 明刻本 鄧之誠跋 十二行十九字黑口左右双边

二八三 玉臺新詠十卷 陳徐陵輯 清吳兆宜注 程琰刪補 清乾隆三十九年刻本 王文叢錄紀昀批校 十行二十一字白口、四周双边

二八四 玉臺新詠十卷 陳徐陵輯 清吳兆宜注 程琰刪補 清乾隆三十九年刻本 清佚名錄紀昀批校 十行二十一字小字双行同白口、四周双边

二八五 玉臺新詠考異十卷 陳徐陵輯 清紀容舒考異 清乾隆河間紀氏抄本 十行二十一字白口四周双边版心下鐫河間紀氏

二八六 玉臺新詠考異十卷 陳徐陵輯 清紀容舒考異 清抄本 十行二十一字

二八七 玉臺新詠校正十卷 陳徐陵輯 清紀昀校正 稿本 十行十九字白口左右双边

二八八 玉臺新詠校正十卷 陳徐陵輯 清紀昀校正 清擷英書屋抄本 十行十九字小字双行同緑格白口四周双边版心下鐫擷英書屋

二八九 玉臺新詠定本十卷 陳徐陵輯 清梁章鉅注 稿本 九行二十五字小字双行同紅格四周双边版心下鐫茝鄰手編

二九〇 樂府詩集一百卷目錄二卷 宋郭茂倩輯 宋刻本（卷一至十九、二十六、九十六至一百配元至正元年集慶路儒學刻本，卷二十七至三十四配清抄本） 傅增湘跋 十三行二十三或二十四字白口左右双边有刻工

二九一 樂府詩集一百卷 宋郭茂倩輯 宋刻本 十三行二十三或二十四字白口左右双边有刻工

存九卷 五十八至六十一、八十四至八十八

二九二 樂府詩集一百卷目錄二卷 宋郭茂倩輯 元至正元年集慶路儒學刻本 十一行二十字細黑口左右双边

二九三 樂府詩集一百卷目錄二卷 宋郭茂倩輯 元至正元年集慶路儒學刻明修本

二九四 樂府詩集一百卷 宋郭茂倩輯 元至正元年集慶路儒學刻明修本 明王戚毛晉校並跋

二九五 樂府詩集一百卷目錄二卷 宋郭茂倩輯 元至正元年集慶路儒學刻明修本 清陸貽典校並跋

二九六 樂府詩集一百卷 宋郭茂倩輯 元至正元年集慶路儒學刻明修本 清劉戲盧跋

二九七 樂府詩集一百卷 宋郭茂倩輯 元至正元年集慶路儒學刻明修本 清丁丙跋

二九八 樂府詩集一百卷 宋郭茂倩輯 明末毛氏汲古閣刻本 清陸烜校 丁丙跋 十一行二十一字白口左右双边

二九九 樂府詩集一百卷目錄二卷 宋郭茂倩輯 明毛氏汲古閣刻公文紙印本 清翁同龢翁曾文跋 十一行二十一字白口左右双边

三〇〇 樂府詩集一百卷目錄二卷 宋郭茂倩輯 明毛氏汲古閣刻本 清李權校並跋

三〇一 樂府詩集一百卷 宋郭茂倩輯 明抄本 十一行二十字黑格白口四周單边

存七卷 一至七。

三〇二 古樂府十卷 元左克明輯 元至正刻明修本 九行二十一字，黑口，左右雙邊

三〇三 古樂府十卷 元左克明輯 元至正刻明修本 清黃丕烈、李錫暉、翁松年跋

三〇四 古樂府十卷 元左克明輯 明正德四年孫璽刻本 十一行二十一字，白口，左右雙邊 存八卷 一至二、五至十

三〇五 古樂府十卷 元左克明輯 明刻本 十二行二十一字，白口，四周雙邊

三〇六 古樂府十卷 元左克明輯 明刻本 明茹欽批校 十二行二十一字，細黑口，四周雙邊

三〇七 古樂府十卷 元左克明輯 明刻明修本 十二行二十一字，小字雙行同，白口，四周雙邊或左右雙邊

三〇八 古樂府十卷 元左克明輯 明嘉靖二十三年蕭一中刻本 九行十八字，小字雙行同，白口，左右雙邊，有刻工

三〇九 古樂府十卷 元左克明輯 明嘉靖二十三年蕭一中刻本 清丁丙跋

三一〇 古樂府十卷 元左克明輯 明嘉靖二十六年汪[illegible]刻本 九行十八字，小字雙行同，白口，左右雙邊，有刻工

三一一 古樂府十卷 元左克明輯 明王文元刻萬曆七年田藝蘅重修本 九行十八字，小字雙行同，白口，左右雙邊，有刻工

三一二 古樂府十卷 元左克明輯 明王文元刻萬曆七年田藝蘅重修本 清周星詒跋

三一三 古樂府十卷 元左克明輯 明刻本 九行十八字，小字雙行同，白口，左右雙邊，有刻工

三一四 古樂府十卷 元左克明輯 明萬曆三十年何汝敎刻本 九行十八字，白口，四周單邊，有刻工

三一五 古樂府四卷 元左克明輯 明萬曆二十九年鄭舜賓刻本 六行十四字，白口，四周單邊

一五

三一六 古樂府三卷 明何景明輯 明崦西精舍刻本 十行十六字，白口，左右雙邊，版心鐫崦西精舍

三一七 九代樂章二十三卷 明劉濂輯 明嘉靖二十九年刻本 十行二十字，白口，四周單邊

三一八 古歌謠殘稿不分卷 明茹欽輯 稿本

三一九 風雅廣逸十卷附錄一卷 明馮惟訥輯 明嘉靖三十年喬承[illegible]刻本 九行二十二字，白口，四周單邊

三二〇 樂府原十五卷 明徐獻忠輯 明嘉靖四十年萬虞愷刻本 十行二十字，細黑口，左右雙邊

三二一 樂府原十五卷 明徐獻忠輯 張所望校 明萬曆刻本 九行十八字，上細黑口，下白口，四周雙邊

三二二 樂府源十五卷 明徐獻忠輯 清康熙盧[illegible]抄本 清鄭建跋 九行二十字，白口，無格

三二三 古詩類苑一百三十卷 明張之象輯 俞顯卿補訂 明萬曆三十年俞顯謨、王顯服甲刻本 十行二十一字，白口，左右雙邊

三二四 古樂苑五十二卷前卷一卷衍錄四卷目錄一卷 明梅鼎祚輯 明萬曆呂胤昌刻本 十行二十一字，白口，左右雙邊

三二五 古樂苑五十二卷前卷一卷衍錄四卷目錄二卷 明梅鼎祚輯 明萬曆呂胤昌刻本 清丁丙跋 十行二十一字，白口，左右雙邊

三二六 詩治二十六卷 明黃廷鵠評註 明末黃叅芑刻本 九行二十字，白口，四周雙邊

三二七 古詩解二十四卷 明唐汝諤輯 明蒙楨蕃瀾刻本 九行二十字，小字雙行同，白口，四周單邊

三二八 古樂苑不分卷 明梅鼎祚輯 稿本 姜宸英跋 八行二十字，紅格，白口，四周單邊

三二九 古逸詩載十二卷 明麻三衡輯 明末刻本 九行十七字，白口，左右雙邊

三三〇 樂府廣序三十卷詩集廣序十卷 清朱嘉徵撰 清康熙清遠堂刻本 十一行二十一字，白口，左右雙邊

三三一 古詩鈔不分卷 明祁理孫輯 稿本 清祁安期跋

三三二 樂府英華十卷 清顧有孝輯 清許潤堂刻本 九行二十五字，白口，左右雙邊

三三三 樂府辨類三十卷 清曹焱輯 稿本 八行二十三字

三三四 望舒樓古詩選不分卷 清臧霍輯並評 稿本 八行二十字，白口，四周單邊

三三五 阮亭選古詩三十二卷 清王士禛輯 清康熙天藜閣刻本 十行二十一字，黑口，左右雙邊

三三六 阮亭選古詩三十二卷 五言詩十七卷 七言詩歌行鈔十五卷 清王士禛輯 清康熙天藜閣刻本 清翁方綱批並跋

三三七 阮亭選古詩三十二卷 清王士禛輯 清康熙天藜閣刻本 清王慶麟批

三三八 阮亭選古詩三十二卷 清王士禛輯 清康熙天藜閣刻本 清王綱錄曾燠、朱琰評點並題款

三三九 阮亭選古詩三十二卷 清王士禛輯 清康熙天藜閣刻本 清黃文[illegible]錄曾燠、厲鶚評點並跋

三四〇 阮亭選古詩三十二卷 清王士禛輯 清康熙天藜閣刻本 清徐渭仁批校

一六

三四一 王阮亭古詩選三十二卷 清王士禛輯 清康熙天藜閣刻乾隆元年印本 清黃運興錄曾燠批語及題款

三四二 王阮亭古詩選三十二卷 清王士禛輯 清康熙天藜閣刻乾隆元年印本 清唐仲實批校並跋

三四三 古詩箋三十二卷 清王士禛輯 聞人倓箋 清乾隆三十一年芷蘭堂刻本 十行二十一字，白口，左右雙邊，版心下鐫芷蘭堂

三四四 古詩箋三十二卷 五言詩十七卷 七言詩歌行鈔十五卷 清王士禛輯 聞人倓箋 清乾隆三十一年芷蘭堂刻本 清翁方綱批校

三四五 古詩箋三十二卷 清王士禛輯 聞人倓箋 清乾隆三十一年芷蘭堂刻本 清張衣奇跋並錄翁方綱批語

三四六 古詩箋三十二卷 清王士禛輯 聞人倓箋 清乾隆三十一年芷蘭堂刻本 清董建龍錄董爔評點 存三十卷 五言詩一至十七 七言詩一至七、十至十五

三四七 古詩肆及六卷唐詩肆及十八卷 清汪[illegible]輯 清康熙二十一年刻本 十行二十五字，白口，左右雙邊

三四八 古逸漢魏六朝唐宋詩選不分卷 清張[illegible]輯 稿本

三四九 聚螢齋古詩半解不分卷 清劉敬輿輯 清抄本 十行二十四字，小字雙行同，無格

三五〇 古詩源十四卷 清沈德潛輯 清康熙刻本 清商方婍批校 十行十九字，上下黑口，左右雙邊

三五一 古詩源十四卷 清沈德潛輯 清刻本 清潘德輿批校並跋 十行十九字，上下黑口，左右雙邊

三五二 古詩源十四卷 清沈德潛輯 清刻竹嘯軒印本 清佚名錄潘德輿批校並跋 十行十九字，黑口，左右雙邊，無刻工

353 古詩源十四卷 清沈德潛輯 清刻本 清佚名錄潘德輿批校 九行二十一字，黑口，左右雙邊

354 采菽堂古詩選三十八卷補遺四卷 清陳祚明輯 清康熙刻本 十行二十字，小字雙行同，白口，左右雙邊

355 采菽堂古詩選三十八卷補遺四卷 清陳祚明輯 清康熙刻乾隆印本 十行二十字，白口，左右雙邊

356 采菽堂古詩選三十八卷補遺四卷 清陳祚明輯 清乾隆刻本 清黎庶昌批校 十行二十字，白口，左右雙邊

357 古詩刋誤十卷 清黃之紀撰 清乾隆嶠硯堂刻本 十行二十一字，細黑口，四周雙邊

358 古詩麗則四卷唐詩麗則四卷 清汪湛輯 稿本 佚名批

359 古詩管一卷三唐詩管五卷五朝詩管八卷 清文昭輯 稿本 清文昭、儲同錄跋

360 多歲堂古詩存八卷 清成書輯並評 清道光多歲堂刻本 九行十九字，白口，四周單邊

361 詩竹堂五七言古詩讀本不分卷 清乾隆三十一年孔繼涵抄本 八行二十二字，無格

362 五言古詩選十五卷 清抄本 清溫葆淳校跋 康有為跋 九行二十四字，無格

363 宛鄰書屋古詩錄十二卷 清張琦輯 清嘉慶二十年宛鄰書屋刻本 清汪喜孫評 十一行二十三字，白口，左右雙邊

一七

364 漢魏詩集十四卷 明劉成德輯 明正德十二年何景暘刻本 十一行二十字，白口，左右雙邊

365 漢魏詩集十四卷 明劉成德輯 明萬曆陳堂刻本 十一行二十字，白口，四周單邊

366 漢魏詩紀二十卷 明馮惟訥輯 談藝錄一卷 明徐禎卿撰 明嘉靖三十八年刻本 九行二十二字，白口，四周雙邊

367 漢魏詩紀二十卷 明馮惟訥輯 明嘉靖王應璧刻本 九行二十二字，白口，四周單邊

368 漢魏詩紀二十卷 明馮惟訥輯 明嘉靖王應璧刻本 清朱彝尊圈點並跋

369 漢魏詩選二卷附錄一卷 明呂陽輯 明萬曆刻本 王獻唐跋 十行十八字，細黑口，四周雙邊

370 漢魏詩選不分卷 清李澄中輯 稿本 十行二十字，白口，四周單邊，版心上鐫臥象山房

371 漢魏六朝詩選八卷 清李貞輯 清康熙十五年餘閒堂刻本 九行二十一字，白口，四周雙邊

372 漢魏詩鈔五卷 清鈕孝思輯 清乾隆二十五年刻本 佚名批 十行十九字，無直格，白口，左右雙邊

373 漢魏六朝詩鈔不分卷 清沈歆韓抄本 清沈歆韓批

374 六朝聲偶集七卷 明徐獻忠輯 明嘉靖徐氏文房刻本 十行十六字，白口，左右雙邊，框外左上鐫嘉靖徐氏文房，各卷後鐫長水書院刻

375 六朝聲偶集七卷 明徐獻忠輯 明抄本

376 六朝聲偶刪補七卷 明卯一儒輯 明泰昌元年刻本 九行十八字，小字雙行同，白口，四周單邊

377 六朝詩彙一百十四卷目錄九卷詩評一卷 明張謙輯 王宗聖增輯 明嘉靖三十一年金城潘師道刻本 九行二十字，白口，左右雙邊

378 六朝選詩定論十八卷 清吳淇撰 清康熙九年刻本 九行二十一字，白口，左右雙邊

379 新刊古今歲時雜詠四十六卷目錄一卷 宋蒲積中輯 明石城書屋抄本 十二行二十至三十一字，藍格，白口，四周單邊，版心鐫石城書屋，或十二行二十四字，藍格，白口，四周單邊

380 新刊古今歲時雜詠四十六卷 宋蒲積中輯 明抄本 十二行十八字或二十字不等，藍格，白口，四周單邊

381 新刊古今歲時雜詠四十六卷 宋蒲積中輯 明抄本 十一行二十字，藍格，白口，四周單邊 存二十八卷 十九至四十六

382 新刊古今歲時雜詠四十六卷 宋蒲積中輯 明抄本 清何焯、黃丕烈跋 九行二十字，藍格

383 古今歲時雜詠四十卷 宋蒲積中輯 明抄本 清彭元瑞跋 九行二十字，無格

384 新刊古今歲時雜詠四十六卷目錄二卷 宋蒲積中輯 清初抄本 清陳鱣校 十一行二十字，黑格

一八

385 新刊古今歲時雜詠四十六卷 宋蒲積中輯 清抄本 十一行二十字，無格

386 新刊古今歲時雜詠四十六卷 宋蒲積中輯 清抄本 十一行二十字，無格

387 新刊古今歲時雜詠四十六卷 宋蒲積中輯 清抄本 清丁丙跋

388 古今歲時雜詠四十六卷 宋蒲積中輯 清抄本 十行二十字，無格

389 古今歲時雜詠四十六卷 宋蒲積中輯 清抄本 十行二十四字，無格

390 古今歲時雜詠四十二卷 宋蒲積中輯 清抄本

391 麗澤集口口卷 宋刻本 十二行二十二字，白口，四周雙邊，有刻工 存三十五卷 詩一至三十五

392 古今絕句三卷 宋吳說輯 宋刻本（卷中配清抄本） 十行十四字，白口，左右雙邊

393 回文類聚四卷 宋桑世昌輯 明張之象補 明萬曆四十四年刻本 九行二十七字，小字雙行同，白口，四周雙邊

394 聲畫集八卷 宋孫紹遠輯 明抄本 十行二十字，藍格

395 聲畫集八卷 宋孫紹遠輯 清初抄本 清朱彝尊跋 王士禛跋 十行二十三字，無格

396 詩準四卷詩翼四卷 宋何無適、倪希程輯 宋刻本 十一行十八字，白口，左右雙邊 存四卷 詩準一至二 詩翼一至二

397 詩準四卷詩翼四卷 宋何無適、倪希程輯 明刻本 十行十八字，白口，左右雙邊

三九八 詩準四卷詩翼四卷 宋何兢通、倪希程輯 明刻本 清丁丙跋

三九九 分門纂類唐宋時賢千家詩選前集口口卷後集口口卷 宋劉克莊輯 元刻本 繆荃孫跋 十一行二十一字，細黑口，左右雙邊 存二十一卷 前集一至四、八至十五、十八至二十，後集二至四、八至十。

四〇〇 分門纂類唐宋時賢千家詩選二十五卷 宋劉克莊輯 明抄本 十二行二十二字，無格

四〇一 新刻草字千家詩二卷 宋謝枋得輯 題明李贄書 明觀成堂陳居莫刻本 四行七至九字，白口，四周單邊，有圖

四〇二 明解增和千家詩註口口卷 宋謝枋得輯 明抄彩繪本 上圖下文，九行十五字，細格，白口，四周雙邊 存一卷 二

四〇三 千家詩不分卷 明抄彩繪本 上圖下文，五行七字

四〇四 瀛奎律髓四十九卷 元方回輯 明成化三年紫陽書院刻本 十行二十一字，小字雙行同，黑口，四周雙邊

四〇五 瀛奎律髓四十九卷 元方回輯 明刻本 九行二十二字，小字雙行同，細黑口，四周雙邊

四〇六 紫陽方先生瀛奎律髓四十九卷 元方回輯 清康熙四十九年陳士泰刻本 佚名錄清馮舒、馮班評點題識 清翁心存跋 八行十八字，白口，四周單邊

四〇七 紫陽方先生瀛奎律髓四十九卷 元方回輯 清康熙四十九年陳士泰刻本 佚名錄清馮舒、馮班評點題識

四〇八 瀛奎律髓四十九卷 元方回輯 清康熙五十一年吳寶芝黃葉邨莊刻本 佚名錄清馮舒、馮班批 清沈鼎跋 十行十九字，白口，左右雙邊

四〇九 瀛奎律髓四十九卷 元方回輯 重刻紀言一卷 清吳寶芝撰 清康熙五十一年吳寶芝黃葉邨莊刻本 佚名錄查慎行評點 清馮思贊、沈建芳跋

四一〇 瀛奎律髓四十九卷 元方回輯 清康熙五十一年吳寶芝黃葉邨莊刻本 清沈炯批並跋

四一一 瀛奎律髓四十九卷 元方回輯 清康熙五十一年吳寶芝黃葉邨莊刻本 清沈廷璣錄前人批 清翁同龢跋

四一二 瀛奎律髓四十九卷 元方回輯 清康熙五十一年吳寶芝黃葉邨莊刻本 清許士英錄前人校

四一三 瀛奎律髓四十九卷 元方回輯 清紀昀刊誤 清嘉慶五年雙桂堂刻本 清錢泰吉錄馮舒、馮班、查慎行評 十行十九字，白口，左右雙邊

四一四 瀛奎律髓四十九卷 元方回輯 清紀昀刊誤 清嘉慶五年雙桂堂刻本 清倪章鍵跋

四一五 刪正方虛谷瀛奎律髓四卷 清紀昀輯 清嘉慶刻鏡烟堂十種本 清張章紱批 十行二十一字，小字雙行三十二字，白口，四周單邊

四一六 三聖詩一卷 唐釋寒山子、元釋梵琦撰 元刻本 十二行二十四字，細黑口，四周雙邊

四一七 光嶽英華十五卷 明許中麗輯 明洪武十九年自刻遞修本 十一行二十字，黑口，四周雙邊

四一八 光嶽英華十五卷 明許中麗輯 清抄本 十行二十字，無格

四一九 光嶽英華十五卷 明許中麗輯 清韓吉璁抄本 清韓吉補遺一卷 邃校並跋 徐時棟跋 存九卷 八至十、十一至十五、補遺全

四二〇 五倫詩內集五卷 明沈易輯 明洪武二十年刻本 十二行二十字，黑口，左右雙邊

四二一 幼學日誦五倫詩選五卷 明沈易輯 清初抄本

四二二 幼學日誦五倫詩選內集五卷 明沈易輯 清抄本 十二行二十字，無格

四二三 曹孝娥名賢題詠一卷 明張居傑輯 明刻本 八行十五字，黑口，四周雙邊

四二四 周詩遺軌十卷 明劉弼輯 明嘉靖刻本 十二行二十一字，白口，四周單邊

四二五 詠史絕句詩註一卷 明程敏政輯 唐貴補註 明刻本 九行十八字，小字雙行同，細黑口，左右雙邊，有刻工

四二六 風雅逸篇十卷 明楊慎輯 明嘉靖十四年刻本 九行二十字，細黑口，四周單邊

四二七 風雅逸篇十卷 明楊慎輯 明刻本 九行十八字，白口，四周單邊

四二八 風雅逸篇十卷 明楊慎輯 明抄本 清丁丙跋

四二九 選詩三卷外編三卷拾遺二卷 明楊慎輯 朱曰藩增定 明嘉靖卜大有刻萬曆重修本 九行二十字，拾遺十行二十一字，白口，四周單邊

四三〇 楊升菴輯要三種十二卷 明楊慎輯 明嘉靖刻本 五行十字，白口，四周單邊 詩選四卷 詩韻五卷 詩餘三卷

四三一 絕句辨體八卷 明楊慎輯 明萬曆二十五年張檁張氏山房刻本 九行十八字，白口，四周單邊

四三二 千里面譚二卷 明楊慎撰 明萬曆四年蔡翱臣琳琅館刻本 十行十九字，白口，左右雙邊

四三三 五言律祖六卷 明楊慎輯 明九芝山房刻本 十行十四字，白口，四周單邊

四三四 五言律祖六卷 明楊慎輯 清抄本 十行十四字，白口，四周單邊

四三五 四家宮詞二卷 明林志尹輯 楊慎評 明刻本 九行十八字，白口，四周單邊

四三六 詩林辨體十六卷 明潘援輯 明刻本 十一行二十一字，黑口，四周雙邊 存八卷 一至八

四三七 月泉詩派不分卷 明李循輯 清同治九年抄本 清孫鏘鳴校跋 九行二十五字，無格

四三八 新刊古今名賢品彙註釋玉堂詩選八卷 明舒芬輯 舒琛增補 楊淙注 明萬曆七年金陵唐氏富春堂刻本 十行二十字，白口，四周雙邊

四三九 新刊古今名賢品彙註釋玉堂詩選八卷 明舒芬輯 舒琛增補 楊淙注 明萬曆七年金陵唐氏富春堂刻積秀堂遞遷堂重修本

四四〇 雲巖詩集六卷 明朱承和輯 明正德九年刻本 九行二十一字，黑口，四周雙邊，有圖

四四一 詩學正宗十六卷 明滿南金輯 明嘉靖三十六年五藥堂刻本 九行十八字，白口，左右雙邊，版心下鐫五藥堂

四四二　苑詩類選三十卷　明包節輯　明嘉靖二十五年何城刻本　十行二十一字，白口，四周雙邊，有刻工

四四三　苑詩類選三十卷　明包節輯　明嘉靖三十八年包檉芳刻本　十行二十一字，白口，四周雙邊

四四四　選詩三卷　明華金輯　明嘉靖二十八年湯易刻明公文紙印本　清佚名批點　十行十八字，白口，四周單邊

四四五　詩紀一百三十卷前集十卷外集四卷別集十二卷　明馮惟訥輯　明嘉靖三十九年甄敬刻本　九行二十一字，小字雙行同，白口，四周單邊

四四六　詩紀一百三十卷前集十卷附錄一卷外集四卷別集十二卷　明馮惟訥輯　明萬曆四十一年黃承玄馮琦刻本　九行十九字，小字雙行同，白口，左右雙邊

四四七　詩紀一百三十卷前集十卷外集十四卷別集十二卷　明馮惟訥輯　明萬曆四十一年黃承玄馮琦刻本　逯欽立批校　九行十九字，白口

四四八　詩紀一百五十六卷目錄三十六卷　明馮惟訥輯　明萬曆吳琯、謝陛、陸弼、俞策刻本　九行十九字，小字雙行同，白口，四周雙邊

四四九　詩紀一百五十六卷　明馮惟訥輯　明萬曆吳琯、謝陛、陸弼、俞策刻本　清丁晏批校　九行十九字，小字雙行同，白口，四周雙邊

四五〇　詩紀一百五十六卷　明馮惟訥輯　明萬曆吳琯、謝陛、陸弼、俞策刻本　清吳棠跋　陳允倩校　存二十九卷（一至二十九）

四五一　詩紀一百五十六卷目錄三十六卷　明馮惟訥輯　明萬曆吳琯、謝陛、陸弼、俞策刻本　清丁丙跋

四五二　詩紀一百五十六卷目錄三十六卷　明馮惟訥輯　明萬曆吳琯、謝陛、陸弼、俞策刻方夫眷什本　佚名錄清陳祚明評點　清吳棠跋　九行十九字，白口，四周雙邊

四五三　詩紀一百五十六卷目錄三十四卷　明馮惟訥輯　明萬曆吳琯、謝陛、陸弼、俞策刻聚錦堂印本　清王闓運批校　九行十九字，白口，四周雙邊　存一百六十六卷（詩紀一百三十二卷一至五十一、五十七至七十四、八十八至一百五十，目錄三十四卷）

四五四　馮汝言詩紀匡謬一卷　清馮舒撰　清抄本

四五五　彤管新編八卷　明張之象輯　明嘉靖三十三年魏留耘刻本　十行十八字，白口，左右雙邊

四五六　彤管新編八卷　明張之象輯　明萬曆二十五年茅文燿刻本　十行十八字，白口，左右雙邊，單白魚尾

四五七　古今詩刪三十四卷目錄二卷　明李攀龍輯　徐中行訂　明汪時元刻本　九行十八字，白口，四周單邊

四五八　古今詩刪三十四卷　明李攀龍輯　徐中行訂　明刻本　十一行二十字，白口，四周單邊

四五九　詩刪評苑三十四卷　明李攀龍輯　徐中行訂　明泰昌元年蔣一梅刻本　十行二十字，白口，四周單邊

四六〇　詩刪二十三卷　明李攀龍輯　鍾惺、譚元春評　明刻朱墨套印本　九行十九字，白口，四周單邊

四六一　詩體明辯二十六卷　明徐師曾輯　沈芬、沈騏箋注　明崇禎十三年刻本　九行二十五字，小字雙行同，白口，四周單邊

四六二　詩體明辯十卷論詩一卷　明徐師曾輯　清順治十五年還讀齋刻本　八行二十字，白口，左右雙邊

四六三　古今名公百花鼓吹十五卷　明王化醇輯　明萬曆三十六年九松居士尊生齋刻本　九行二十字，白口，四周單邊　唐詩百花鼓吹五卷　宋元名家梅花鼓吹二卷　梅花百詠八卷

四六四　選詩補遺二卷　明唐堯臣輯並評　明吳芳書舍抄本　佚名批校　十行二十六字，藍格，白口，四周單邊，版心上鐫吳芳書舍

四六五　名賢詩評二十卷　明俞允文、李仲芳輯　明刻本　十行二十字，白口，左右雙邊

四六六　八代詩乘四十五卷吳詩一卷總錄一卷補遺一卷　明梅鼎祚輯　明萬曆十一年劉文顯、徐家慶等刻三十四年寧國郡續刻本　十行二十字，小字雙行同，白口，左右雙邊，有刻工

四六七　詩女史十四卷拾遺一卷　明田藝蘅輯　明嘉靖三十六年刻本　十行二十字，白口，四周雙邊

四六八　絕祖三卷　明茅翁積輯　明茅兆河刻茅暨金印本　八行十八字，白口，四周單邊

四六九　姑蘇新刻彤管遺編前集四卷後集十卷續集三卷附集一卷別集二卷　明酈琥輯　明隆慶元年刻本　十行十八字，白口，四周雙邊

四七〇　雲韶叶雅四卷　明黃鳳翔、詹仰庇輯　明萬曆刻本　十行二十字，小字雙行同，白口，四周雙邊

四七一　詩淵不分卷　明抄本　二十二行，小字雙行三十三字，紅格，四周單邊

四七二　詩史十卷　明董傳性輯並注　明萬曆二年董傳敎三餘齋活字印本　十一行二十二字，白口，四周單邊

四七三　養蒙詩一卷　明范淶輯　明萬曆刻本　八行十六字，白口，四周單邊

四七四　鍥古今名公詩調連腴十六卷　明楊起元輯　黃志清注　明萬曆二十九年萃慶堂刻本　九行二十二字，白口，四周雙邊

四七五　詩宿二十八卷詩人考世二卷　明劉一相輯　明萬曆三十六年刻本　九行十九字，白口，四周雙邊

四七六　詩所五十六卷歷代名氏爵里一卷　明臧懋循輯　明萬曆雕蟲館刻本　十行二十一字，白口，四周單邊

四七七　詩所五十六卷歷代名氏爵里一卷　明臧懋循輯　明萬曆雕蟲館刻臧爾廣重修本

四七八　近體始音五卷　明羅壽序輯　明萬曆刻本　八行十八字，白口，左右雙邊

四七九　百梅一韻四卷　明汪元英輯　百花一韻一卷　明汪元英撰　明刻本　九行十九字，白口，四周單邊

四八〇　世外品四卷　明顧台垣輯　明刻本　八行二十字，白口，左右雙邊，版直格

四八一　鐫歷朝列女詩選名媛璣囊四卷　題明池上客輯　女論語一卷　明萬曆二十三年書林鄭雲竹刻本　九行二十字，白口，四周雙邊

四八二　名媛璣囊二卷　題明池上客輯　明萬曆刻本　九行二十字，白口，四周單邊

四八三　詩家全體十四卷　明李之用輯　明萬曆二十六年邵武府學刻本　九行二十字，小字雙行同，白口，四周雙邊

四八四　類選唐宋四時絕句不分卷　明華自巖輯　稿本　九行二十字，無格

石倉十二代詩選口口卷 明曹學佺輯 明崇禎刻本 九行十八字，白口，左右雙邊 存九百二十四卷 古詩十三卷 唐詩一百卷拾遺十卷 宋詩一百七卷 元詩五十卷 明詩初集八十六卷 明詩次集一百四十卷 明詩三集一百卷 明詩四集一百三十一卷 一至一百、一百二至一百三十二 明詩五集五十卷 明詩六集六十六卷 一至六十六 明詩七集二十二卷 六十、十八、二十四至二十七、二十九至三十、三十七至四十、四十二 明詩八集十三卷 四十四至四十八、五十四至五十五 明詩再續集四卷 三十七至四十一、四十六至四十七 明詩杜集十五卷 明詩閨閣秀集一卷 明詩續五集一卷 明詩三續集十五卷 明詩楚集一卷 明詩閩集一卷 四八五

補石倉詩選不分卷 清魏憲輯 清康熙十年枕江堂刻本 九行十八字，白口，左右雙邊，版心下鐫枕江堂 四八六

南華集古八卷 明周宗邠輯 明萬曆刻本 十行二十字，白口，四周單邊 四八七

情釆編三十六卷目錄二卷 明高本畯輯 明萬曆二十六年自刻本 九行十八字，白口，四周單邊 四八八

古今女詩選六卷 明郭煒輯並評 明天啓刻本 九行二十字，白口，四周單邊 四八九

風雅元音六卷 明傅振商輯 明末刻本 八行十九字，白口，四周單邊 四九〇

詩歸五十一卷 明鍾惺譚元春輯 明萬曆四十五年刻本 九行十八字，小字雙行同，白口，左右雙邊 古詩歸十五卷 唐詩歸三十六卷 四九一

古詩歸十五卷 明鍾惺譚元春輯 明萬曆四十五年刻詩歸本 明鱗乙尤序批 九行十八字，白口，四周單邊 四九二

詩歸五十一卷 明鍾惺譚元春輯 明刻本 九行十八字，白口，四周單邊 古詩歸十五卷 唐詩歸三十六卷 四九三

二三

詩歸五十一卷 明鍾惺譚元春輯 明君山堂刻本 九行十八字，小字雙行同，白口，左右雙邊 古詩歸十五卷 唐詩歸三十六卷 四九四

詩歸五十一卷 明鍾惺譚元春輯 明崇禎刻本 八行二十二字，白口，四周單邊 古詩歸十五卷 唐詩歸三十六卷 四九五

詩歸五十一卷 明鍾惺譚元春輯 明閔振業閔振聲刻三色套印本 九行十八字，白口，四周單邊 古詩歸十五卷 唐詩歸三十六卷 四九六

詩歸五十一卷 明鍾惺譚元春輯 劉玂重訂 明末刻本 十行十九字，白口，左右雙邊 古詩歸十五卷 唐詩歸三十六卷 四九七

古詩歸十五卷 明鍾惺譚元春輯 劉玂重訂 明末刻詩歸本 清彭瑞跋 十行十九字，白口，左右雙邊 四九八

詩歸五十一卷 明鍾惺譚元春輯 林夢熊重訂 明末刻本 九行二十字，白口，四周單邊，眉上鐫評語 古詩歸十五卷 唐詩歸三十六卷 四九九

名媛詩歸三十六卷 題明鍾惺輯 明刻本 九行十九字，小字雙行同，白口，左右雙邊 五〇〇

名姝文璨十卷 明張嘉和輯 陳允奎評 明刻本 九行二十字，白口，四周單邊 五〇一

青樓韻語四卷 明朱元亮輯註 張夢徵輯 明萬曆刻本 九行十八字，白口，四周單邊，有圖 五〇二

花鏡雋聲元集三卷亨集五卷利集四卷貞集四卷韻語一卷 明馬嘉松輯 明天啓四年雪林草堂刻本 九行十八字，白口，四周單邊 五〇三

唐宋元明千家宮詞十七卷 明周履靖輯 明萬曆刻本 七行十五字，白口，四周單邊 五〇四

古今宮閨詩十六卷 明周履靖輯 明刻本 七行十五字，白口，四周單邊 存四卷 一至四 五〇五

詩雋類函一百五十卷 明俞安期輯 梅鼎祚增輯 明萬曆刻本 十行二十字，黑口，四周單邊 五〇六

古今禪藻集二十八卷歷代詩僧履歷畧節一卷 明釋普文輯 釋正勉性通選 明萬曆刻本 九行二十字，白口，左右雙邊 五〇七

古今名媛彙詩二十卷 明鄭文昂輯 明泰昌元年張正岳刻本 九行十八字，小字雙行同，白口，四周單邊 五〇八

古今名媛彙詩二十卷 明鄭文昂輯 明泰昌元年張正岳刻本 清三泉乾批點 存十七卷 一至十二、十六至二十 五〇九

維風詩集三十二卷 明趙嘉謨輯 清抄本 存二十六卷 二至十五、二十一至三十二 五一〇

詩鏡九十四卷 明陸時雍輯並評 明刻本 九行十八字，白口，左右雙邊 古詩鏡三十六卷總論一卷目錄一卷 唐詩鏡五十四卷目錄二卷 五一一

二四

詩禪不分卷 明石萬程輯 明崇禎八年刻本 九行二十一字，白口，四周單邊 五一二

古今青樓集選四卷 明周公輔輯 明天啓三年劍吳印本 六行十六字，白口，四周單邊 五一三

閒情女肆四卷 明張夢徵輯 易萬化重訂 明崇禎六年刻本 九行十八字，白口，四周單邊 五一四

閒情女肆四卷 明張夢徵輯 清抄本 九行十八字，白口，左右雙邊，有圖 五一五

陶蘇合璧詩三卷 明黃一熙輯 明崇禎十三年刻本 清王引之批 八行十八字，白口，四周單邊 五一六

菊花百詠一卷菊花集句一卷 明劉常泰輯 題明寄傲居士輯 明刻本 九行二十字，白口，四周單邊 五一七

歷代應制詩選十卷澹應試詩三卷 明吳汝紀吳英輯 明末吳門文霽堂刻本 九行十八字，白口，四周單邊，無直格 五一八

詩錄九卷 明王屖輯 清初刻本 九行二十字，白口，四周單邊 五一九

頌詩錄七卷 明滑宇印本 九行二十字，白口，四周單邊 五二〇

晚山堂選樂府三卷 口椽輝楨輯 清初抄本 十行二十四字，黑格 五二一

扶輪集十四卷 清黃傳祖輯 明崇禎十五年刻本 九行十九字，白口，四周單邊 五二二

扶輪續集十五卷 清黃傳祖陸朝瑛輯 清順治八年刻本 十行二十二字，白口，四周雙邊 五二三

扶輪廣集十四卷補遺一卷 清黃傳祖輯 清順治十二年黃氏儂嶽草堂刻本 十行二十二字，白口，四周單邊 五二四

五二五 扶輪廣集十四卷 清黃傳祖輯 清順治十二年黃氏儂麟草堂刻本 清曹貞吉批校

五二六 扶輪新集十四卷 清黃傳祖、陸朝瑛輯 清順治十六年刻本 十行二十二字白口四周單邊

五二七 歷代詩家初集五十六卷二集八十六卷 清蔣明凱、施士楫、允升輯 清順治十三年毛氏汲古閣刻本 九行二十一字白口左右雙邊

五二八 鼓吹新編十四卷 清程棅、施譔選 清順治金閶濮定宇刻本 九行十九字白口左右雙邊

五二九 唐宋明詩不分卷 清歸莊輯 稿本

五三〇 王船山古近體詩評選不分卷 清王夫之輯並評 清抄本 八行二十字白口無格

五三一 詩源初集十七卷 清姚佺輯 清初抱經樓刻本 九行十九字小字雙行同白口四周單邊

五三二 詩苑天聲二十二卷 應制集四卷 館課集六卷 應試集三卷 歷代樂章二卷 朝堂集七卷 清范良輯並評 清初金閶書賈之武林還讀齋刻本 十行二十二字白口左右雙邊

五三三 詩苑天聲二十二卷 應制集四卷 館課集六卷 應試集三卷 歷代樂章二卷 朝堂集七卷 清范良輯並評 清順治十七年從來堂刻本 十行二十二字白口左右雙邊

五三四 玉堂才調集不分卷 清于朋舉輯 清康熙二十九年金壇于氏刻本 十行二十一字白口左右雙邊

五三五 宋元詩會一百卷 清陳焯輯 清康熙二十二年程仕刻本 十二行二十四字小字雙行同白口左右雙邊

五三六 宋元詩會一百卷 清陳焯輯 清汪氏存素堂抄本 十二行二十四字小字雙行同白口四周單邊版心下鐫存素堂抄本

五三七 詩原一集四卷二集五卷三集五卷四集四卷五集七卷 清顧大申輯 清順治和鶴堂刻本 十行二十一字白口左右雙邊

五三八 閨閣語林一卷 清王士祿輯 稿本 行字不一無格

五三九 王文簡公五七言詩鈔三十二卷 清王士禛輯 清嘉慶十年翁方綱刻蘇齋叢書本 清顧莼批並跋 龍啟瑞跋

五四〇 大小雅堂五七言古今體詩歌行鈔不分卷 清王士禛輯 清于朋舉鶴嘯精舍抄本 十行二十一字藍格欄外鐫鶴嘯精舍

五四一 七言詩歌行鈔十五卷 清王士禛輯 宋犖校 清康熙三十六年蔣景祁刻本 十行二十一字黑口左右雙邊

五四二 古今鴈字詩選五卷 清馮如京輯 清順治十一年秋水閣刻本 八行十八字小字雙行同白口四周單邊版心下鐫秋水閣

五四三 嘯閣集韻詩全稿八卷 清施端教輯 清順治嘯閣刻本 九行二十字白口四周單邊版心下鐫嘯閣

五四四 江鄉集一卷 清牛天宿輯 清順治十四年刻本 九行二十字白口四周單邊

五四五 先儒詩集一卷 清楊圻輯 古詩別選一卷 清初刻本 九行二十一字小字雙行同白口左右雙邊

五四六 藝苑遺編不分卷 清初張瀛堂抄本

五四七 古歡堂讀七言律詩不分卷 清田雯輯 清抄本 清葛光熙跋

五四八 榕村詩選八卷首一卷 清李光地輯 清雍正七年方觀刻本 九行十九字白口左右雙邊

五四九 十家宮詞不分卷 清朱彝尊輯 清孔氏紅櫚書屋抄本 清孔繼涵跋 十一行二十至二十二字不等白口四周單邊

五五〇 本事詩十二卷 清徐釚輯 清康熙十一年刻本 十一行二十一字白口左右雙邊

五五一 昭君怨詩集一卷 清嚴瑆輯 稿本

五五二 聖廟詩集一卷聖塋詩集一卷 清孔胤淳輯 清康熙六年刻本 八行二十字白口四周單邊

五五三 宋金元詩永二十卷 清吳綺輯 清康熙十七年思永堂刻本 九行十九字白口左右雙邊

五五四 濂洛風雅九卷 清張伯行輯 清康熙張氏正誼堂刻本 十一行二十一字白口左右雙邊

五五五 詩倫二卷 清汪薇輯 清康熙五十六年寒木堂刻本 十行十九字小字雙行同白口四周單邊版心下鐫寒木堂

五五六 詩倫二卷 清汪薇輯 清康熙五十六年寒木堂刻本 鄭之城跋

五五七 御選唐宋元明詩不分卷唐宋詞一卷 清聖祖玄燁輯 清康熙內府寫本 九行二十二字白口四周雙邊

五五八 古竹圃文選詩抄不分卷 清宋犖輯 清康熙宋氏漫堂抄本 清宋至跋 八行二十字白口四周雙邊

五五九 朱絃集四卷 清宋犖輯 清宋氏漫堂抄本 十行二十字藍格白口四周單邊

五六〇 朱絃集八卷 清宋犖輯 吳士玉、聶必恒增訂 清抄本 十行二十一字小字雙行無格

五六一 詩風初集十八卷 清徐崧、汪文楨、汪森輯 清康熙十二年刻本 陳去病跋 十一行二十一字下黑口左右雙邊 存十六卷（一至二、五至十八）

五六二 歷朝閨雅十二卷 清揆敘輯 清康熙刻本 十行二十字白口四周雙邊

五六三 近光集二十八卷 清汪士鋐輯 徐倬仁注 清康熙五十八年刻本 九行十九字小字雙行同上白口下黑口左右雙邊

五六四 近光集二十八卷 清汪士鋐輯 徐倬仁注 清康熙五十八年刻本 清陳鼎跋

五六五 道家詩紀四十卷 清張謙輯 稿本 十行二十一字無格 存二十二卷（十二至十六、二十四至四十）

五六六 何義門選詩不分卷 清何焯輯 清鄒氏六行堂抄本 清解慶蓀跋 即據跋並錄何焯批識

五六七 五朝詩善鳴集十二卷 中唐詩二卷 金詩一卷 晚唐詩二卷補遺一卷 元詩一卷 五代詩一卷 明詩二卷 宋詩二卷 清陸次雲輯 清康熙鬱江懷古堂刻本 九行十九字白口左右雙邊

五六八 真吾廬中集不分卷 清胡貞方輯 清康熙抄本 八行二十二字無格

五六九 錦樹堂詩鑑十二卷 清戚岳輯 清康熙二十八年錦樹堂刻本 十行二十字白口左右雙邊

五七〇 玉臺遺響六卷 清顧萬祺輯 清康熙刻本 九行二十一字白口四周單邊

五七一 擷藻瓊琚四卷 清高士奇輯 清康熙內府寫本 七行十六字白口四周雙邊

五七二 詩品輯要三卷 清高士奇輯 清康熙高士奇寫本 八行十六字白口四周雙邊

五七三 佩文齋詩選四百八十六卷 清高輿等輯 清康熙四十六年內府刻本 十一

行二十一字，白口，左右双边。

五七四 御定歷代題畫詩類一百二十卷 清陳邦彥輯 清康熙四十六年內府刻本 十一行二十三字，黑口，左右双边

五七五 歷代詩發四十二卷 清范大士輯並評 清康熙三十七年歷白山房刻本 十一行二十二字小字双行同，白口，左右双边或四周单边，版心下鐫歷白山房

五七六 芳言二集二卷 題清平湖合邑公輯 清康熙三十六年刻本 九行十九字，白口，四周单边

五七七 詩林韶濩二十卷 清顧嗣立輯 清康熙四十四年顧氏秀野草堂刻本 十一行二十一字，白口，左右双边

五七八 詩林韶濩二十卷 清顧嗣立輯 清康熙弘文書屋刻本 清沈岩錄何焯批校 鄭蕃跋

五七九 詩林韶濩選二十卷 清顧嗣立輯 周煌重輯 清乾隆刻本 十行二十四字，黑口，左右双边

五八〇 八代詩揆五卷補遺一卷 清陸奎勳輯 清康熙刻本 十一行二十一字，白口，左右双边

五八一 八代詩揆五卷補遺一卷 清陸奎勳輯 清乾隆十八年懷永堂刻本 清孫蔚升批並跋 十一行二十一字，白口，左右双边

五八二 八代詩揆一卷 清陸奎勳輯 清董昇抄本 十行二十字，无格

五八三 歷代名家詩賦鈔一卷 清濮松齡輯 稿本 九行三十二、三字不等，无格

五八四 唐詩玉林三十七卷別集七卷古詩玉林十卷 清萬寯輯 稿本 十行二十二字，无格，版心下有穉松書

五八五 歷代詩選二十四卷 清魯超輯 清康熙百尺堂刻本 十行十九字，白口，左右双边

五八六 五朝絕句詩選十卷 清周儀輯 清康熙五十九年曉晴堂刻本 八行十八字，白口，左右双边

五八七 清暑偶錄第二集七卷 清康熙抄本 九行二十二字，白口，四周双边

五八八 呂祖編年詩集九卷呂氏詩鈔一卷 題火西月輯 清康熙刻本 十行二十一字，黑口，左右双边

五八九 名人畫題錄稿一卷 佚名輯 清抄本 十二行，行字不一，無格

五九〇 詠物詩詞十二卷 清抄本

五九一 咏物詩選八卷 清俞琰輯 清雍正三年寧儉堂刻本 十行二十一字，黑口，左右双边

五九二 八代詩淘四十一卷目錄一卷 清張宇輯 清雍正六年景宜堂刻本 九行十八字小字双行同，白口，四周单边

五九三 讀本詩六卷 清顧成琦輯並評 稿本

五九四 詩類編三十六卷 清陸琦輯 清乾隆二十九年陸滋抄本

五九五 御選唐宋詩醇四十七卷 清高宗弘曆輯 清乾隆十五年內府刻四色套印本 九行十九字，白口，四周单边

五九六 御選唐宋詩醇四十七卷目錄二卷 清高宗弘曆輯 清乾隆間東萬四色

六二一 十八家詩鈔不分卷 清曾國藩輯 稿本 十行二十五字，綠格，版心上鐫曾氏家刻長編

六二二 歷代名人詩鈔不分卷 清袁芳瑛輯 清袁氏卧雪樓抄本 十行十八、九字不等，無格

六二三 四朝詩史六十二卷 清史夢蘭輯 稿本 九行字數不一，紅格，白口，四周双边

六二四 四朝詩史九十卷 清史夢蘭輯 稿本 十行二十三字，小字双行同，藍格，白口，四周双边

六二五 詩晬不分卷 稿本

六二六 選錄山川古蹟風土詩十卷 清抄本 九行二十一字，無格

六二七 今體詩類鈔一卷 清同治十年閔濬抄本

六二八 古賦辯體十卷 元祝堯輯 明成化二年金宗潤刻本 九行二十字，黑口，四周双边

六二九 古賦辯體十卷 元祝堯輯 明嘉靖十一年刻本 九行二十字，白口，四周双边，無直格

六三〇 古賦辯體十卷 元祝堯輯 明嘉靖十一年刻本 清丁丙跋

六三一 古賦辯體十卷 元祝堯輯 明嘉靖十一年刻本 李一氓跋

六三二 古賦辯體十卷 元祝堯輯 明嘉靖十六年刻本 十行十八字，白口，四周单边

六三三 古賦辯體十卷 元祝堯輯 明嘉靖十六年刻本 清胡森仁、王丹善跋

六三四 古賦辯體十卷 元祝堯輯 明嘉靖三十一年蘇祐刻本 九行十七字，白口，左右双边

六三五 四六菁華二卷 明胡松輯 明嘉靖三十一年劉大賓刻本 十行二十字，白口，四周单边

六三六 四六菁華二卷 明胡松輯 明萬曆二年刻本 十行二十字，白口，四周单边

六三七 新刊小篇四六文精六卷 明王世貞輯 明崇禎刻本 九行十八字，白口，四周单边

六三八 四六藻語二卷 明遠標輯 明萬曆十八年王鍵刻藍印本 九行十八字，白口，四周双边

六三九 古今四六古集七卷今集六卷 明張應泰輯 明萬曆刻本 九行二十一字，白口，四周单边

六四〇 精鐫古今麗賦十卷 明袁宏道輯 王三餘補 明崇禎四年刻本 九行二十二字，白口，四周单边

六四一 賦海補遺三十卷 明周履靖、劉鳳、屠隆輯 明書林葉如春刻本 八行十八字，白口，四周单边

六四二 賦苑八卷 明李鴻輯 明萬曆刻本 十行二十字，白口，四周单边

六四三 賦珍八卷 明施重光輯 明刻本 十行二十字，白口，四周双边

六四四 藘中四六碎金四卷 明周士顯輯 明刻本 九行二十三字，白口，四周单边

六四五 辭賦標義十八卷 明俞王言撰 明萬曆二十九年林鼎金氏潭濱居刻本 六行十七字，白口，四周单边，行間有夾注，眉欄鐫評

六四六 四六法海十二卷 明王志堅輯 明天啟七年刻本 九行二十字，白口，四周单边，無直格

六四七 四六法海十二卷 明王志堅輯 明天啟七年刻本 清殷振批校

六四八 四六法海十二卷 明王志堅輯 明天啟七年刻養正堂印本 清蕭松跋並錄汪蔭甚批點

六四九 文儷十四卷 明陳翼飛輯 明末刻本 九行十八字，白口，四周双边

六五〇 四大選銳二卷 明曾孔遇輯 明刻本 八行二十字，白口，四周单边

今古四六彙編十卷目錄四卷 明游之光輯　明萬曆四十五年刻本　九行二十字，白口，四周單邊　六五一

賦畧三十四卷緒言一卷列傳一卷外篇二十卷 明陳山毓輯　明崇禎七年陳軾陳昌等刻本　九行十八字，白口，四周單邊　六五二

四六揪腴二十卷 明陳鍾盛撰　明崇禎三年刻本　八行十八字，白口，左右雙邊　六五三

夢澤張先生手授選評四六燦花二卷 明毛應翔輯　明天啟三年刻本　九行十八字，白口，四周單邊　六五四

諸子連珠不分卷 題明酣子輯　明天啟五年酣子樵刻本　九行十八字，白口，四周單邊　六五五

翠娛閣評選文韻四卷 明陸雲龍評註　明崇禎四年刻本　九行十九字，白口，四周單邊　六五六

類編古賦二十四卷 明抄本　十行二十三至二十六字，藍格，白口，四周單邊　六五七

四六琯朗集十卷 清周之標輯　清順治十年刻本　九行二十二字，白口，四周單邊　六五八

歷朝賦格三集十五卷 清陸葇輯並評　清康熙二十五年刻本　九行十九字，白口，四周單邊　六五九

御定歷代賦彙一百四十卷外集二十卷逸句二卷補遺二十二卷目錄三卷 清陳元龍輯　清康熙四十五年內府刻本　十一行二十一字，黑口，左右雙邊　六六〇

歷朝賦楷八卷首一卷 清王修玉輯　清康熙尚德堂刻本　十行二十一字，白口，四周單邊　六六一

四六纂組九卷歷代官制一卷 清胡吉豫輯　清康熙十八年西爽堂刻本　九行二十二字，白口，左右雙邊　六六二

歷代賦鈔三十二卷 清趙維烈輯　清康熙二十五年刻本　九行二十二字，白口，左右雙邊　六六三

集英閣賦選二卷 清林佶輯　清抄本　十行二十六字，無格　六六四

四六文鈔五卷 清康熙內府寫本　九行二十二字，白口，四周雙邊　六六五

四六文鈔五卷 清內府寫本　九行二十字，白口，四周雙邊　六六六

駢體分類選晬四卷 清金紹曾輯　清抄本　八行二十字，紅格，白口，左右雙邊　六六七

歷朝賦選箋釋十卷首一卷 清沈德潛輯　清乾隆刻本　佚名批校　九行二十字，小字雙行同，白口，四周雙邊　六六八

宋金元明賦選八卷 清江蕙輯　清抄本　清汪鳴鑾跋　十一行二十六字，黑格，白口，左右雙邊　六六九

麗則堂歷朝賦鈔不分卷 清謝璇輯　清抄本　十行二十五字，無格　六七〇

賦海類編二十卷 清劉熾輯　清抄本　八行二十二字，紅格　六七一

存十四卷 一至三、五至八、十一至十七

駢體探珠不分卷 清張瓚抄本　清翁同書、翁同龢跋　十行三十二字，無格　六七二

賦鈔箋略十五卷 清雷琳、張杏濱輯　清乾隆三十一年刻本　九行十九字，白口，左右雙邊　六七三

賦鈔箋略十五卷 清雷琳、張杏濱輯　清乾隆三十一年刻本　清徐琳批校並跋　九行十九字，白口，左右雙邊　六七四

七十家賦鈔六卷 清張惠言輯　清抄本　閔祖光跋　六七五

駢體文鈔三十一卷 清李兆洛輯　清合河康氏家塾刻本　清陳澧批校　十三行二十二字，黑口，左右雙邊　六七六

駢體文鈔三十一卷 清李兆洛輯　清合河康氏家塾刻本　清翁同龢錄翁同書批點　六七七

駢體文鈔三十一卷 清李兆洛輯　清合河康氏家塾刻本　清李慈銘批校　六七八

駢體文鈔三十一卷 清李兆洛輯　清合河康氏家塾刻本　譚獻批並跋　郭扶良跋　六七九

駢體文鈔三十一卷 清李兆洛輯　清合河康氏家塾刻本　清陳澧批點　姚永概錄　六八〇

駢體文鈔三十一卷 清李兆洛輯　清合河康氏家塾刻本　邵章錄譚獻批校　六八一

駢體文鈔三十一卷 清李兆洛輯　清合河康氏家塾刻同治六年婁江徐氏印本　清平埭山批校　六八二

駢體文鈔三十一卷 清李兆洛輯　清合河康氏家塾刻同治六年婁江徐氏印本　周之楨錄譚獻、莊士駿、楊佩瓌批校　周之楨、周北溟跋　六八三

騷賦雜文不分卷 清丁履恒輯並注　稿本　秦更年跋　十一行二十二字，藍格，白口，四周單邊　六八四

秦漢文鑑十八卷 宋李昉輯　明刻本　十行十九字，白口，四周單邊　六八五

秦書疏文鑑三卷　西漢書疏文鑑六卷

東漢書疏文鑑九卷

東萊先生古文關鍵二卷 宋呂祖謙輯　明嘉靖十一年李成刻本　八行二十字，白口，四周雙邊　六八六

東萊先生古文關鍵二卷 宋呂祖謙輯　明嘉靖十九年楚府崇本書院刻本　八行二十字，黑口，四周雙邊　六八七

東萊先生古文關鍵二卷 宋呂祖謙輯　明刻本　八行二十字，黑口，四周雙邊　六八八

東萊先生古文關鍵二卷 宋呂祖謙輯　明刻本　八行二十字，黑口，四周雙邊　六八九

東萊先生古文關鍵二卷 宋呂祖謙輯　明刻本　八行二十字，黑口，四周雙邊　六九〇

東萊先生古文關鍵二卷 宋呂祖謙輯　明刻本　清靳方錡等題款　八行二十字，黑口，四周雙邊　六九一

增註東萊呂成公古文關鍵二十卷 宋呂祖謙輯　蔡文子注　宋刻本　十二行二十三字，小字雙行同，左右雙邊，有刻工　六九二

東萊先生古文關鍵二卷 宋呂祖謙輯　蔡文子註　清徐樹屏秀異　清冠山堂刻本　九行二十一字，小字雙行同，白口，左右雙邊　六九三

東萊先生古文關鍵二卷 宋呂祖謙輯　蔡文子註　清徐樹屏秀異　清錫山華綺刻本　熊文龍批校　九行二十一字，白口，左右雙邊　六九四

東萊集註類編觀瀾文集甲集二十五卷乙集二十五卷 宋呂祖謙輯　宋刻本　十一行十九字，小字雙行二十四字，細黑口，左右雙邊　六九五

存三十二卷 甲集全　乙集一至七

六九六　東萊集註觀瀾文丙集二十卷　宋呂祖謙輯　宋刻本　十二行十九字小字雙行二十四字細黑口左右雙邊
存八卷　一至八

六九七　迂齋先生標註崇古文訣二十卷　宋樓昉輯　宋刻本　鄧邦述跋　十二行二十三字細黑口左右雙邊
存十卷　四至十一　十九至二十

六九八　迂齋先生標註崇古文訣三十五卷　宋樓昉輯　元刻本　十一行二十一字黑口四周單邊

六九九　迂齋先生標註崇古文訣三十五卷　宋樓昉輯　明正德二年姚鏜桂林學宮刻本　十行二十一字白口左右雙邊

七〇〇　迂齋先生標註崇古文訣三十五卷　宋樓昉輯　明嘉靖十二年王鴻漸刻本　十行二十一字白口左右雙邊

七〇一　新刊迂齋先生標註崇古文訣三十五卷　宋樓昉輯　明刻本　九行十九字白口左右雙邊

七〇二　新刊迂齋先生標註崇古文訣三十五卷　宋樓昉輯　明刻本　清丁丙跋　九行十九字白口左右雙邊

七〇三　迂齋標註諸家文集五卷　宋樓昉輯　宋刻本　九行十九字白口左右雙邊
存三卷（未標卷次）

七〇四　續增歷代奏議麗澤集文十卷附關鍵增廣麗澤集文一卷　宋刻本　十二行二十二字白口左右雙邊

七〇五　文章正宗二十四卷　宋真德秀輯　元至正元年高仲文刻明修本　十行二十字細黑口（補版黑口）左右雙邊　刻工章德明、潘仲、呂甫、鄭應、田工等

七〇六　文章正宗二十四卷　宋真德秀輯　元至正元年高仲文刻明修本　羅振常、沈曾植跋
存一卷　三

七〇七　文章正宗二十四卷　宋真德秀輯　元刻本（卷一、二十四配抄本）十行二十字細黑口左右雙邊　有刻工
存十卷　一　五至八　十六至十七　十九至二十　二十四

七〇八　西山先生真文忠公文章正宗二十四卷　宋真德秀輯　明初刻本　十行二十一字黑口左右雙邊或四周雙邊　有刻工景舟、士遠、吳原札、貞吉、龍開、壽開等

七〇九　西山先生真文忠公文章正宗二十四卷　宋真德秀輯　明初刻本　十行二十一字黑口左右雙邊或四周雙邊　間有刻工游琦、沈洪、何妙、吳名、張朋、海二等

七一〇　西山先生真文忠公文章正宗二十四卷　宋真德秀輯　明正德十五年馬卿刻本　十行二十一字白口四周單邊　版心魚尾　有刻工申、濮、曾、恭、遷、相、寬等

七一一　西山先生真文忠公文章正宗二十四卷　宋真德秀輯　明正德十五年馬卿刻本　清丁丙跋

七一二　西山先生真文忠公文章正宗二十四卷　宋真德秀輯　明嘉靖十五年宋鴻漸刻本　十行二十一字小字雙行同白口四周單邊

七一三　西山先生真文忠公文章正宗二十四卷　宋真德秀輯　明嘉靖十五年宋鴻漸刻本　清葉廣龍跋

七一四　西山先生真文忠公文章正宗二十四卷　宋真德秀輯　明嘉靖四十三年孫錡、薛鏊刻本　十行十九字白口左右雙邊　有刻工夏文祿、劉坤、何金鹿、林李、楊章、彬、張寵、章儒等

七一五　西山先生真文忠公文章正宗二十四卷續二十卷　宋真德秀輯　明嘉靖四十三年杜陵蔣氏家塾刻本　十行二十一字小字雙行同白口左右雙邊　有刻工

七一六　西山先生真文忠公文章正宗二十四卷續二十卷　宋真德秀輯　明嘉靖四十四年鍾沂刻本　十行二十一字小字雙行同白口四周單邊　有刻工

七一七　西山先生真文忠公文章正宗二十四卷　宋真德秀輯　明吳江書堂刻本　十行二十一字白口四周單邊　有刻工余光善、余道宗、丘景春、葉順、鄧記保、劉景福、張渚

七一八　集古評釋西山真先生文章正宗二十四卷　宋真德秀輯　明唐順之批點　俞思沖補訂　明萬曆四十六年武林野計齋刻本　十行二十字白口四周單邊　眉欄鐫評　版心下鐫野計齋

七一九　集古評釋西山真先生文章正宗二十四卷　宋真德秀輯　明唐順之批點　俞思沖補訂　明容與堂刻本　十行二十字白口四周單邊　眉欄鐫評　版心下鐫容與堂

七二〇　西山先生真文忠公文章正宗二十四卷續二十卷　宋真德秀輯　明李開鄴、戚斯升評　明末刻本　九行十九字小字雙行同白口左右雙邊

七二一　西山先生真文忠公文章正宗二十六卷　宋真德秀輯　明唐順之批點　明歸仁齋刻本　十行二十一字白口四周單邊

七二二　集錄真西山文章正宗三十卷　宋真德秀輯　明嘉靖二十五年孔天胤刻本　九行十八字小字雙行同白口左右雙邊　有刻工袁寵、唐恩、李潮等

七二三　集錄真西山文章正宗三十卷　宋真德秀輯　明嘉靖二十三年孔天胤刻三十九年范惟一重修本　九行十八字小字雙行同白口左右雙邊　有刻工

七二四　集錄真西山文章正宗三十卷　宋真德秀輯　明刻本　九行十八字小字雙行同白口左右雙邊　有刻工周金、朱玉、樂潮、上有等

真文忠公續文章正宗二十卷 宋真德秀輯 宋刻本 十一行二十一字白口左右雙邊 存四卷 五至八 七二五

真文忠公續文章正宗二十卷 宋真德秀輯 宋刻元大德七年慶元路儒學馮福京重修本 十行二十一字白口左右雙邊有刻工 存四卷 八至十一 七二六

真文忠公續文章正宗二十卷 宋真德秀輯 明嘉靖二十一年胡松刻本 十行二十一字白口四周單邊有刻工 七二七

續真文忠公文章正宗四十卷 明鄭柏輯 明正德十五年劉氏日新堂刻本 十行二十五字黑口四周單邊 七二八

續真文忠公文章正宗四十卷 明鄭柏輯 明刻本 十一行二十五字黑口四周雙邊 七二九

續真文忠公文章正宗四十卷 明鄭柏輯 明刻本 十行二十字黑口四周雙邊 存七卷 一至七 七三〇

文章正宗鈔四卷 明胡汝嘉輯 明萬曆三年刻本 十行二十一字小字雙行同白口左右雙邊 七三一

文章正宗鈔四卷 明胡汝嘉輯 明萬曆三年刻本 清葉開懷跋 七三二

文章正宗鈔四卷 明連標輯 明萬曆十八年刻本 十行二十一字小字雙行同白口左右雙邊 七三三

文章正宗鈔口卷 明刻本 十行二十一字小字雙行同白口左右雙邊有刻工福建余生刊余和刊福建林京刊 存四卷 一至四 七三四

文章正宗選四卷 明學時成輯 明萬曆七年刻本 十行二十字白口四周雙邊 七三五

東萊先生妙絕今古文選四卷 宋湯漢輯 元刻本 十行十八字黑口左右雙邊 七三六

妙絕古今不分卷 宋湯漢輯 明嘉靖四十二年衢州府刻本 八行十七字小字雙行同白口左右雙邊有刻工 七三七

妙絕古今不分卷 宋湯漢輯 明蘭氏古翰樓刻本（序、篇目、第一至三頁卷尾殘葉抄配） 八行十七字小字雙行同白口左右雙邊有刻工介見臧等 七三八

妙絕古今不分卷 宋湯漢輯 明刻本 八行十七字小字雙行同白口左右雙邊 七三九

妙絕古今不分卷 宋湯漢輯 明刻本 清許乃普跋 八行十七字白口左右雙邊 七四〇

妙絕古今不分卷 宋湯漢輯 明松陵顧氏英賢堂刻本 八行十七字白口左右雙邊 七四一

妙絕古今四卷 宋湯漢輯 明刻本 九行十八字白口四周雙邊 七四二

妙絕古今不分卷 宋湯漢輯 明大雅堂刻本 十行二十字白口四周雙邊 七四三

批點分格類意句解論學繩尺十卷諸先輩論行文法一卷 宋魏天應輯 林子長箋解 明成化五年游明刻本 十一行二十二字小字雙行同黑口四周雙邊眉欄鐫評注 七四四

新刻諸儒批點古文集成前集七十八卷 宋王霆震輯 宋刻本（甲集卷六、乙集卷一、丁集卷九配清抄本 四庫底本） 沈曾植跋 十三行二十五字細黑口左右雙邊 存七十六卷 甲集六卷 乙集八卷 丙集十卷 丁集九卷 戊集八卷 己集八卷 庚集一至六 辛集七卷 壬集八卷 癸集九卷 七四五

文體九卷附錄一卷 宋周應龍注 明宣德三年周汝鳳刻本 十一行二十字小字雙行同黑口四周雙邊 七四六

疊山先生批點文章軌範七卷 宋謝枋得輯 元刻本 十行二十二字黑口左右雙邊 七四七

疊山先生批點文章軌範七卷 宋謝枋得輯 元刻本 清錢謙益批點 許運昌跋 十行二十二字黑口左右雙邊 七四八

疊山先生批點文章軌範七卷 宋謝枋得輯 元刻本（卷一至三配清抄本） 清丁丙跋 七四九

文章軌範七卷 宋謝枋得輯 明嘉靖十三年姜時和刻公文紙印本（卷一至三配清抄本） 十行十八字白口四周單邊 七五〇

文章軌範七卷論學統宗二卷 明鄒邦潘輯 明嘉靖四十年鄒邦潘常熟縣齋刻本 十一行二十一字黑口左右雙邊 七五一

文章軌範七卷 宋謝枋得輯 明劉氏刻本 十行二十字白口四周單邊 七五二

文章軌範七卷 宋謝枋得輯 明朱三畏映旭齋刻本 九行二十五字白口四周單邊 七五三

文章軌範七卷 宋謝枋得輯 明刻本 十行二十字白口左右雙邊 七五四

文章軌範七卷 宋謝枋得輯 明刻本（卷二至七卷端題疊山先生批點文章軌範） 九行二十字白口四周雙邊或四周單邊 七五五

文章軌範七卷 宋謝枋得輯 清康熙三十五年戴特光刻本 十行二十字白口左右雙邊 七五六

文章軌範七卷 宋謝枋得輯 清康熙五十七年姚廷謙澹成堂刻本 十行二十字小字雙行同白口左右雙邊 七五七

文章軌範七卷 宋謝枋得輯 清姚廷謙刻本 清羅以智批校 十行二十字小字雙行同白口左右雙邊 七五八

鼎雕謝疊山先生正選文章軌範七卷 宋謝枋得輯 明刻本 十行二十字白口四周單邊 七五九

疊山謝先生文章軌範七卷 宋謝枋得輯 清抄本 清龐鍾璐跋 七六〇

石渠閣校刻庭訓百家評註文章軌範七卷 宋謝枋得輯 明顧充等評 茅坤訓注 順治十七年蔣時機刻本 九行二十二字細黑口四周單邊眉欄鐫評 七六一

古文正宗十卷 宋謝枋得輯 明王守仁續輯 張鼎增訂 明刻本 九行十八字白口四周單邊 七六二

新刻續選批評文章軌範七卷 明王守仁輯 鄒守益評 明萬曆四十三年余完初怡慶堂刻本 十行二十字白口四周單邊 七六三

金陵新刊續文章軌範七卷 明鄒琥輯 明嘉靖三十三年刻本 八行二十二字白口四周單邊 七六四

虞邵庵批點文選心訣一卷 元虞集輯 明刻本 八行二十字黑口四周雙邊 七六五

古文會選十卷 元王子欽輯 元至正二十四年王氏家塾刻本（目錄抄配） 九行十八字黑口四周雙邊 七六六

策準三卷 元孫可淵輯 明刻本 十一行二十字白口左右雙邊 七六七

標音古文句解精粹大全前集四卷後集四卷 七六八

元何如愚輯　元刻本　十一行二十字小字双行同，黑口，四周双边，有闕
存二卷　前集一至二

類編層瀾文選前集十卷後集十卷續集十卷別集十卷　元雲坡家塾刻本　十三行二十二字，細黑口，四周单边　七六九

魁本大字諸儒箋解古文真寶前集十卷後集十卷　題口黄堅輯　元刻本　十一行二十一字，細黑口，四周双边
存十卷　前集六至十　後集一至五　七七〇

諸儒箋解古文真寶前集十卷後集十卷　題口黄堅輯　明刻本　八行十八字，黑口，四周双边　七七一

諸儒箋解古文真寶前集十卷後集十卷　題口黄堅輯　明萬曆十一年司禮監刻本　八行二十字，黑口，四周双边　七七二

文章類選四十卷　明朱𣚦輯　明初刻本　十四行二十字，黑口，四周双边　七七三

文章類選四十卷　明朱𣚦輯　明初刻本　清賀濤跋　賀培新跋　十四行二十字，黑口，四周双边　七七四

文章變體七卷　明刻本　九行二十字，黑口，四周单边，有刻工倍高等　七七五

文章辨體五十卷外集五卷總論一卷目錄二卷　明吳訥輯　明天順八年劉孜等刻本　十三行二十四字，黑口，四周双边　七七六

文章辨體五十卷外集五卷總論一卷　明吳訥輯　明天順八年劉孜等刻本　清丁丙跋　七七七

文章辨體五十卷外集五卷總論一卷　明吳訥輯　明天順八年劉孜等刻遞修本　十三行二十四字，黑口，四周双边，補版行款同，細黑口，左右双边　七七八

文章辨體五十卷外集五卷總論一卷　明吳訥輯　明嘉靖三十四年徐洛刻本　十二行二十四字，白口，四周双边　七七九

文章辨體五十卷外集五卷總論一卷　明吳訥輯　明刻本　十三行二十四字，細黑口，左右双边　七八〇

文章辨體三十五卷外集五卷總論一卷　明吳訥輯　明鍾庶刻本　十行二十三字小字双行同，白口，四周单边　七八一

古學備體前集二十一卷後集十四卷　明吳訥輯　明祝文彦刻本　十行二十三字，白口，四周单边，無魚尾　七八二

古學備體前集二十一卷後集十四卷外集五卷　明吳訥輯　祝文彦刻　明梁頊刻本　十行二十三字，白口，四周单边，無魚尾　七八三

群英珠玉五卷　明范士衡輯　明末抄本　十一行二十字，無格　七八四

古文精粹十卷　明成化十一年刻本　十行二十字小字双行同，黑口，四周双边　七八五

文翰類選大成一百六十三卷　明李伯璵　馮厚輯　明成化淮府刻弘治十四年增刻本　十二行二十三字，黑口，四周双边或左右双边　七八六

文翰類選大成一百六十三卷　明李伯璵　馮厚輯　明成化淮府刻弘治十四年嘉靖二十五年遞修本　七八七

古文會選三十卷　明謝朝宣輯　明弘治十二年刻本　九行十七字，黑口，四周双边
存二十卷　一至十　五二十六至三十　七八八

文端集二卷　明顧璘輯　明刻本　九行十八字，白口，四周双边　七八九

古文集四卷　明何景明輯　明嘉靖十五年鄭綱刻本　十行二十字，白口，四周单边　七九〇

學約古文二卷　明何景明輯　何大復論一卷　明何景明撰　明嘉靖十二年毋黄呼刻本　九行十八字，白口，四周单边　七九一

何大復先生學約古文十卷　明何景明輯　明萬曆三十六年賈斷(?)堂刻本　九行二十二字，白口，左右双边，版心下鐫寶樹堂藏板　七九二

何大復先生學約古文十二卷　明何景明輯　岳俞肯定　明崇禎五年葛好善刻本　八行　七九三

學約古文三卷　明岳倫編　明嘉靖十年楊撫刻本　九行十八字，白口，四周单边，眉上鐫評　七九四

學約古文三卷　明岳倫編　明李時漸刻本　十行二十字，白口，四周双边，有刻工　七九五

學約古文三卷　明岳倫編　明刻本　十行二十字，白口，左右双边，無刻工　七九六

學約古文二卷　明岳倫編　王之綱增定　明嘉靖刻萬曆元年王之綱增修本　九行十八字，白口，四周单边　七九七

學約古文三卷　明陳善輯　明嘉靖三十七年刻本　十行二十字，白口，四周单边，眉欄鐫評　七九八

新刊四大家文選四卷　明王坊輯　明嘉靖三十六年刻本　九行十九字，白口，左右双边　七九九

文苑春秋四卷　明崔銑輯　明嘉靖十七年刻本　十行二十字，白口，左右双边，無刻工　八〇〇

文苑春秋四卷　明崔銑輯　明嘉靖十七年刻本　清丁丙跋　八〇一

文苑春秋四卷　明崔銑輯　明萬曆二十年陳聞刻本　十行二十字，白口，左右双边，有刻工尤來鳳秀等　八〇二

古文會編八卷　明黄如金輯　明正德四年刻本　九行二十字，白口，四周单边　八〇三

重刊全補古文會編十二卷　明黄如金輯　明嘉靖三十年呂炌寶彩山堂刻本　十行十九字，白口，左右双边　八〇四

秦漢文四卷　明胡纘宗輯　明嘉靖三年刻本　十一行二十字，白口，左右双边，有刻工　八〇五

秦漢文四卷　明胡纘宗輯　明嘉靖一中刻本　十一行二十字小字双行同，白口，左右双边　八〇六

807　秦漢文四卷　明胡纘宗輯　明刻本　十一行二十字白口左右雙邊無刻工

808　秦漢文四卷　明胡纘宗輯　明嘉靖刻本　十一行二十字白口左右雙邊無刻工

809　秦漢文八卷　明胡纘宗輯　明嘉靖二十二年楊良錫刻本　九行十八字白口左右雙邊

810　秦漢文八卷　明胡纘宗輯　明嘉靖二十四年金陵樊僑全氏刻本　九行十八字白口左右雙邊

811　秦漢文八卷　明胡纘宗輯　明刻本　九行十八字白口左右雙邊

812　續文章軌範百家評註七卷　明鄒守益輯　王世貞注　明萬曆十九年三建書林喬山堂刻本　十行二十二字小字雙行同白口左右雙邊眉欄鐫評

813　續文章軌範百家批評註釋七卷　明鄒守益輯　焦竑評　明萬曆二十七年余紹崖自新齋刻本　十行二十字白口四周雙邊眉欄鐫評

814　續文章軌範百家批評註釋七卷　明鄒守益輯　焦竑評　明萬曆三十四年陳氏存德堂刻本　十行二十字小字雙行同白口四周雙邊眉欄鐫評無刻工

815　古雋八卷　明楊慎輯　明刻本　九行十六字白口四周雙邊有眉欄

816　古今翰苑瓊琚十二卷皇明宸藻一卷　明楊慎輯　孫鑛續輯並評　明天啟刻本　九行二十字小字雙行同白口左右雙邊

817　藝贊三卷　明鄘瀾輯　明嘉靖二十年任慶雲刻本　九行十八字白口左右雙邊

818　會心編六卷　明徐桐輯　明正德十六年刻本　十一行二十一字白口左右雙邊

819　新刊批點古文類抄十二卷　明林希元輯　明嘉靖三十年陳堂刻本　九行二十字白口左右雙邊

820　新刊正續古文類鈔二十卷　明林希元輯　明嘉靖四十年余氏自新齋刻本　十行二十字白口四周雙邊

821　六藝流別二十卷　明黃佐輯　明嘉靖四十一年歐大任刻本　十行二十字白口四周雙邊

822　古文類選十六卷　明王三省輯　明嘉靖十五年揚州清慎堂刻本　十行二十字白口四周單邊版心鐫揚州清慎堂

823　驪珠隨錄十卷存五卷（一至五）　明楊儀輯　明萃清齋抄本　十行二十字四周雙邊版心上鐫萃清齋

824　唐宋四大家文抄八卷　明陸粲輯　明隆慶元年杜氏刻本　十一行二十字左右雙邊

825　文編六十四卷　明唐順之編　明嘉靖胡帛刻本　十行二十字白口四周單邊

826　文編六十四卷　明唐順之輯　明嘉靖胡帛刻本　清丁丙跋

827　文編六十四卷　明唐順之輯　明天啟刻本　十行二十一字白口四周單邊

828　六家文略十二卷六家始末一卷　明唐順之、徐瀛輯　明萬曆三十年蘇望卿刻本　九行十八字白口四周雙邊

829　唐會元精選批點唐宋名賢策論文粹八卷　題明唐順之輯　[illegible]　明書林桐泉胡氏刻本　十行二十字白口左右雙邊

830　唐會元精選諸儒文要八卷　明刻本　十行二十一字白口左右雙邊

831　大家文選二十二卷　明薛甲輯　明嘉靖十□年刻本　九行二十二字白口四周雙邊

832　大家文選二十二卷　明薛甲輯　明嘉靖十八年刻三十四年少莖山房補修本

833　大家文選二十二卷　明薛甲輯　明嘉靖四十四年刻本　十一行二十一字白口四周單邊有刻工何昇

834　二賢集三卷　明楊名輯　明嘉靖十二年自刻本　九行二十二字白口四周雙邊

835　唐宋元名表二卷　明胡松輯　明嘉靖二十一年刻本　十行二十字白口四周雙邊

836　唐宋元名表二卷　明胡松輯　明嘉靖二十一年刻藍印本　四周單邊

837　唐宋元名表二卷　明胡松輯　明嘉靖二十一年刻本　清丁丙跋

838　唐宋元名表二卷　明胡松輯　明刻本　十行二十字白口四周雙邊

839　三史文類五卷　明范文齡輯　明嘉靖十六年刻本　九行十八字白口四周雙邊

840　羅念菴精選十二家文粹四卷　明羅洪先輯　明濤虔刻本　十行二十字白口左右雙邊

841　名家表選八卷　明陳鑑輯　明嘉靖二十六年崇正書院刻本　十一行二十二字細黑口四周單邊

842　古文選要五卷　明張齊徑輯　明嘉靖三十三年黎堯勳刻本　九行二十字白口四周雙邊

843　翰林古文鈔八卷　明任瀛輯　明嘉靖四十一年魯藩刻本　十二行二十四字黑口四周單邊

844　周秦兩漢文選十二卷　明尤瑛輯　明萬曆四十三年周子文刻本　九行十八字小字雙行同白口四周單邊眉上鐫評

845　新刊鳳洲王先生精選歷代文宗八卷　明王世貞輯　明萬曆十三年金陵周西堂刻本　十行二十一字白口左右雙邊

846　文則四卷　明張雲路輯　明嘉靖三十四年自刻本　九行二十二字白口四周雙邊

847　文則四卷　明張雲路輯　明嘉靖三十四年自刻本　清丁丙跋

848　歷代文選十四卷　明凌雲翼輯　明嘉靖四十年宋守志、謝敏等刻本　十行二十字白口左右雙邊有刻工

849　新刻古文選正八卷　明楊美益、祿鉻輯　明嘉靖三十五年李懿刻本　九行十八字小字雙行同白口四周單邊

850　文範六卷　明史直臣輯　明徐廣刻本　十一行二十四字黑口四周雙邊

851　古文採華旁訓四卷　明徐鵠輯　明天啟二年徐振英刻本　七行二十字白口四周單邊

852　續古文會編五卷　明錢璠輯　明東湖書院活字印本　八行二十字白口左右雙邊

853　論學鉤玄六卷　明金庚龍輯　明嘉靖三十四年刻本　十二行二十二字白口四周單邊

854　新刊彙編秦漢精華十四卷　明汪道昆、盧惟修輯　明萬曆十三年刻本　十行二十二字白口四周單邊

855　秦漢六朝文十卷　明汪道昆輯　俞王言評　明萬曆刻本　九行二十字小字雙行同白口四周單邊

856　文體明辯六十一卷首一卷目錄六卷附錄十四卷附錄目錄二卷　明徐師曾輯　明萬曆建陽游榕銅活字印本　十行十九字白口四周單邊

857 文體明辯六十一卷首一卷 明徐師曾輯 明萬曆建陽游榕銅活字印本 鄭振鐸跋
存三卷 一至三

858 文體明辯六十一卷首一卷目錄六卷附錄十四卷附錄目錄二卷 明徐師曾輯 明萬曆十九年刻本 十行十九字小字雙行同白口左右雙邊

859 文體明辯六十一卷首一卷目錄六卷附錄十四卷 明徐師曾輯 明抄本

860 文體明辯四十八卷 明徐師曾輯 沈芬 沈駿瓷注 明崇禎十三年刻本 九行二十五字白口四周單邊眉上鐫注

861 文章正論二十卷 明劉祜輯 明萬曆十九年徐圖刻本 十行二十字小字雙行同白口四周雙邊眉上鐫評

862 古文類選六卷 明陳鳴輯 明隆慶元年胡忠夔刻本 十行二十二字白口四周單邊眉欄鐫評

863 古文類選十八卷 明鄭旻輯 明隆慶六年顧知頤徐宏等刻本 十行二十字白口四周雙邊

864 歷代文粹八卷 明陳省輯 明隆慶四年刻本 十一行二十二字白口左右雙邊

865 新刻翰林諸名公評註先秦兩漢文穀五卷 明王錫爵輯 明萬曆十八年書林余南扶刻本 十行二十四字白口四周雙邊

866 荊石王相國段註百家評林班馬英鋒選十卷 明王錫爵輯 周文炜訂 明萬曆二十九年周時泰刻本 十行二十字白口四周單邊

867 文浦玄珠六卷 明穆文熙輯 明萬曆十四年沈槐刻本 九行二十字白口四周單邊

868 集古文英八卷 明顧祖武輯 明嘉靖四十一年自刻本 十行十九字白口左右雙邊

869 古今振雅雲箋十卷通俗雲箋二卷 明徐渭輯 明刻本 九行十八字小字雙行同白口四周單邊有眉欄

870 書記洞詮一百二十卷目錄十卷 明梅鼎祚輯 明萬曆二十五年至二十七年玄白堂刻本 存一百十七至一百二十 原注未刻 十行二十字小字雙行同白口左右雙邊

871 古今寓言十二卷 明詹世賢、曾景曇輯 車大任批點 明刻本 九行二十字白口四周雙邊

872 秦漢魏晉文選十卷 明余寅、鄭玄撫輯 明嘉靖三十四年洪遂捕刻本 十行十八字白口左右雙邊

873 新刊司成精選歷代奇英鴻製正續古文宗範十卷我朝奇英鴻製古文宗範十卷 明俞時豐輯 明建邑書林楨善堂張氏刻本 十行二十四字白口四周單邊眉上鐫評
存十八卷 歷代一至六 九至十 明文十卷全

874 滑耀編四卷 明賈三近輯 明萬曆刻本 十行十八字白口四周雙邊

875 滑耀編四卷 明賈三近輯 明萬曆刻本 清方濬師跋

876 滑耀編四卷 明賈三近輯 明末毛氏汲古閣刻本 八行十九字白口左右雙邊

877 新鐫光學士評選聖世諸大家名文品節十五卷 明黃光學輯並評 明萃慶堂余彰德刻本 十行二十一字白口四周單邊眉上鐫註

878 續刻溫陵四太史評選古今名文珠璣八卷 明黃鳳翔等輯 明萬曆二十三年余紹崖自新齋刻本 十行二十字小字雙行同白口四周單邊眉欄鐫注

879 崇正文選十二卷 明施策輯 明萬曆三十八年瞿汝說刻本 九行十九字白口左右雙邊

880 批點崇正文選十二卷 明施策輯 朱之蕃批點 明萬曆四十二年金陵東壽堂刻本 九行十九字白口四周雙邊

881 歷代文宗十卷皇明文宗六卷 明廣懷忠輯 明萬曆五年刻本 十行二十四字白口四周雙邊

882 辛未會元定宇鄧先生翰林精選古今論苑英華五卷 明鄧以讚輯 明閩文台書坊刻本 十二行二十八字白口四周單邊

883 新鍥續補註釋古今名文經國大業七卷 明黃洪憲參閱 尊述職校正 傅何高稍重 明末余秀峰刻本 十行二十二字白口四周雙邊

884 新刊名世文宗三十卷 明胡時化輯 明萬曆四年刻本 十行二十四字小字雙行同黑口四周單邊有刻工唐林、章右之、顧禎等

885 新刊名世文宗三十卷 明胡時化輯 明萬曆七年許孝先寶刻本 十行二十二字白口四周雙邊版心鐫張嘉謨、董邦治、萬等刻工唐林、金汝南、夏郁彥等

886 新刊名世文宗三十卷 明胡時化輯 明萬曆八年刻本 十行二十二字白口四周雙邊有刻工

887 新刊名世文宗三十卷 明胡時化輯 明刻本 十行二十二字白口四周單邊無刻工

888 名世文宗三十卷談藪一卷 明胡時化輯 陳仁錫訂 明崇禎元年刻本 九行十八字小字雙行同白口四周單邊眉欄鐫評

889 名世文宗三十卷談藪一卷 明胡時化輯 陳仁錫訂 明崇禎元年刻書林鄭少藏印本 九行十八字小字雙行同白口四周單邊眉欄鐫評

890 新刊名世文宗三十一卷 明胡時化輯 明唐廷仁刻本 十行二十二字小字雙行同白口四周單邊眉上鐫蝉語音釋

891 名世文宗二十卷外集四卷 明胡時化輯 郭子章參輯 明萬曆五年瀛淑南顧閣堂刻本 十行二十字小字雙行同白口四周雙邊眉上鐫音釋

892 刻續名世文宗評林十卷 明胡時化輯 明唐廷仁刻本 佚名批校 十行二十一字白口四周雙邊

893 正續名世文宗十六卷 題明王世貞輯 錢允治續輯 陳繼儒校註 明萬曆四十五年刻本 九行二十字小字雙行同白口左右雙邊

894 正續名世文宗十六卷 題明王世貞輯 錢允治續輯 陳繼儒校註 明萬曆四十五年刻金陵唐玉予印本 九行二十字小字雙行同白口左右雙邊

八九五 正續名世文宗十六卷 題明王世貞輯 錢允治續輯 陳繼儒校註 明萬曆四十五年刻 南城翁少麓印本

八九六 名世文宗二十二卷 題明王世貞輯 鍾惺增定 明刻本 九行二十字 小字雙行同 白口 左右雙邊 眉上鐫評

八九七 陳眉公先生批點名世文宗拔粹八卷 題明王世貞輯 陳繼儒批點 明刻本 九行二十字 白口 四周單邊 眉欄鐫評

八九八 新刻青陽翁狀元精選四續名世文宗四卷 明翁正春輯 林有標評 明萬曆二十三年光裕堂刻本 十行二十字 白口 四周單邊

八九九 古文雋十六卷 明趙燿輯 明萬曆六年余由行刻本 十行二十字 白口 四周雙邊

九〇〇 古文雋十六卷 明趙燿輯 明崇禎元年趙濬昌刻本 十行二十字 白口 四周單邊 有刻工

九〇一 三史文彙三十一卷 明劉玉成輯 稿本 十行二十二字 綠格 版心鐫樱寧齋

九〇二 新刊王三楚秦漢魏晉近古文選六卷 明王之綱輯 明隆慶四年嚴至式等刻本 十行二十字 白口 四周單邊

九〇三 新刻選註秦漢文六卷 明董思輯 明萬曆元年刻 南陽蘇氏印本 十一行二十二字 白口 四周單邊

九〇四 新刻選註秦漢文六卷 明董思輯 明萬曆元年刻 紹南唐氏印本

九〇五 新刊君子亭群書摘草五卷 明王周賓輯 明萬曆十一年刻本 八行十八字 白口 四周單邊

九〇六 文府滑稽十二卷 明鄒迪光輯 明萬曆三十七年鄒國光刻本 十行二十字 白口 四周雙邊

九〇七 匯古菁華二十四卷 明張國璽 劉一相輯 明萬曆二十四年積秀刻本 九行十九字 白口 四周單邊

九〇八 歷朝文選五十卷 明姚翼輯 明萬曆十年萬卷樓刻本 九行二十字 白口 四周雙邊 版心下鐫萬卷樓

九〇九 刻李卓吾先生文章又玄二十卷 題明李贄輯 明萬曆刻本 十一行二十二字 白口 四周單邊

九一〇 古文抄約一卷 明魏允貞輯 明萬曆二十四年刻本 九行二十字 白口 四周雙邊

九一一 讀古詩弋十卷 明李一陽輯 明天啟三年眾墨館刻本 九行十九字 黑格 白口 四周單邊

九一二 鉅文十二卷 明屠隆輯 明刻本 九行十九字 白口 左右雙邊

九一三 鉅文十二卷 明屠隆輯 明刻童山館印本

九一四 詞致錄十六卷 明李天麟輯 明萬曆十五年刻本 十行二十字 白口 四周單邊 此書書刻時改名八代四六全書 內容同

九一五 詞致錄十六卷 明李天麟輯 明萬曆十五年刻本 清楊漂秀跋 存十二卷 一至十二

九一六 詞致錄選六卷 明李天麟輯 清抄本 清翁同書批點並跋

九一七 八代四六全書十六卷 明李天麟輯 明刻本 十行二十字 白口 四周單邊 眉欄鐫評 本書即詞致錄之重刻時改名八代四六全書

九一八 古文鈔四卷 明吳士昌輯 明萬曆刻本 十行二十字 白口 四周雙邊

九一九 文選後集五卷 明郭正域評 明閔于忱刻朱墨套印本 八行十九字 白口 四周單邊

九二〇 古今論宗二卷 明連標輯 明王鍵刻藍印本 十行十八字 白口 四周雙邊

九二一 新鍥翰林精選註釋左國評苑十二卷 明李廷機輯 明盧祐批點 明萬曆刻本 十行二十二字 白口 四周雙邊

九二二 新刊李九我先生編纂大方萬文一統內外集二十二卷 明李廷機輯 明建邑書林余泰斗刻本 十行二十字 上白口 下黑口 四周雙邊 有眉欄

九二三 馬史彙錦評林六卷 明劉怠伏論 明萬曆嘉賓堂刻本 十行二十字 白口 四周雙邊 版心下鐫嘉賓堂 眉上鐫評

九二四 新刻八代文宗評註八卷 明袁黃撰 楊子淑評 劉宜化注 明汪道昆書齋凝遠刻本 九行十九字 小字雙行同 白口 四周單邊

九二五 共賞編八卷 明錢士鰲輯 明萬曆清芬館刻本 九行十八字 白口 四周單邊

九二六 新鍥焦太史彙選百家評林歷代古文珠璣十九卷 明焦竑輯 明萬曆刻本 十行二十二字 白口 四周單邊 眉欄鐫評

九二七 新鍥焦太史彙選百家評林名文珠璣十三卷 明焦竑輯 明刻本 十行二十字 小字雙行同 白口 四周單邊 眉欄鐫評

九二八 新鐫重訂增補名文珠璣不分卷 明焦竑輯 明刻本 九行二十字 小字雙行同 白口 四周單邊

九二九 新鍥焦太史彙選中原文獻經集六卷史集六卷子集七卷文集四卷通考一卷 明焦竑輯 陶望齡評 明宋之藩註 明萬曆二十四年汪元湛等刻本 十行二十一字 白口 四周單邊

九三〇 陶石簣先生批選唐宋六家表啟八卷 明陶望齡輯 明天啟元年茅兆海刻本 九行十九字 白口 四周單邊

九三一 不多集二十二卷 明吳士奇輯 明萬曆四十年刻本 九行二十字 白口 四周單邊

九三二 文章又玄二十卷 明吳士奇輯 明刻本 九行二十二字 白口 四周單邊

九三三 古文世編一百卷 明潘士達輯 明萬曆三十四年自刻本 九行十八字 白口 四周雙邊

九三四 孫宗伯精選唐宋八大家文抄六卷 明孫慎行輯 明崇禎二年刻本 九行二十字 白口 左右雙邊

九三五 新鍥百大家評註再廣曆子品粹十二卷 明湯賓尹輯 余泉評註 明萬曆刻本 九行十九字 黑口 四周雙邊

九三六 秦漢六朝人文選五六卷 明王衡輯 明閩建書林余泗泉刻本 十行二十字 白口 四周雙邊 眉上鐫評

史海洞人二十卷 明黃汝亨評輯 明刻本 九行十八字白口四周單邊眉欄鐫評 九三七

文璣奇選四十八卷 明華國才輯 明崇禎四年茲青堂刻本 十行二十字白口左右雙邊版心下鐫茲青堂 九三八

文略二卷 明周廣生輯 明萬曆四十六年自刻本 九行二十字白口左右雙邊 九三九

新鐫張狀元遴輯評林秦漢狐白四卷 明張以誠輯 明萬曆三十三年許以忠堂刻本 十行二十字小字雙行同白口四周單邊眉欄鐫評 九四〇

古文鈔不分卷 明曹銑輯 明末抄本 十行二十字無格 九四一

必讀古文正宗十卷 明張鼐輯並評 明刻本 九行十八字白口四周單邊 九四二

鐫張侗初先生評定古文獨貴四卷 明張鼐輯並評 陳繼儒訂 明末光啟堂刻本 九行二十字小字雙行同白口四周單邊 九四三

古文選粹十一卷 明吉人輯 明末刻本 七行二十字白口四周雙邊 九四四

古文選粹十一卷 明吉人輯 明末李從心刻本 清佚名批 七行二十字白口四周雙邊 九四五

新刻楊太史評註內外品百氏名文文家鏡三部稿十四卷 明楊守勤評 明萬曆三十四年錦溪曾崇少溪刻本 八行十九字小字雙行同白口四周單邊 九四六

施會元彙選歷代名文通考便讀評林八卷 明施鳳來輯 明刻本 九行十七字白口四周單邊眉上鐫評 九四七

刻張太史精選古文藍田玉四卷 明張瑞圖輯 明萬曆三十九年王懷初刻本 十行二十字白口四周單邊 九四八

新刻合諸名家評選古文啟秀六卷 明王納諫輯 明刻本 八行二十字白口四周單邊 九四九

珠淵異寶十二卷 明傅振商輯 明萬曆四十七年刻本 九行二十字小字雙行同白口四周單邊 九五二

古論玄箸八卷 明傅振商輯 明萬曆四十年順德國士書院刻本 九行二十字白口四周單邊 九五三

古論玄箸八卷 明傅振商輯 明萬曆四十六年刻本 九行二十字白口四周單邊 九五四

古文選要四卷 明傅振商輯 明萬曆刻本 九行十八字白口四周單邊 九五五

古文瀾編二十卷 明王志堅輯 明崇禎五年刻本 九五六

古文瀾編二十卷 明王志堅輯 明崇禎五年刻槐蔭堂印本 九行二十字小字雙行同白口四周單邊 九五七

臥雪齋選四卷 明袁鳴泰輯 周王錫校 明刻本 八行十六字小字雙行同白口四周雙邊 九五八

清音集三卷 明賀長輯 明刻本 九行十九字白口四周單邊 九五九

文儷十八卷 明陳翼飛輯 明萬曆刻本 十行二十字白口四周單邊 九六〇

秦漢文懷二十卷 明鍾惺輯 明崇禎六年刻本 九行二十字白口左右雙邊眉欄鐫評 九六一

歷代文歸一百六卷 明鍾惺輯 明崇禎刻本 九行二十五字或二十六字白口四周單邊 左傳文歸十卷 國語文歸六卷 秦文歸十卷 漢文歸二十卷 後漢三國兩晉總歸四卷 晉文歸八卷 南北朝文歸四卷 唐文歸二十四卷 宋文歸二十卷 九六二

秦漢文歸三十卷 明鍾惺輯並評 明末古香齋刻本 九行二十六字白口四周單邊版心下鐫古香齋 秦文歸十卷 漢文歸二十卷 九六三

漢魏南北朝唐宋文歸七十六卷 明鍾惺輯並評 明末古香齋集賢堂刻本 九行二十六字白口四周單邊 存六十二卷 漢文歸二十卷 晉文歸八卷 南北朝文歸四卷 唐文歸存十卷一至十 宋文歸二十卷 九六四

南北朝文歸四卷 明鍾惺輯並評 明末古香齋刻本 九行二十六字白口四周單邊 九六五

唐宋十二大家文歸十四卷 明鍾惺輯並評 國朝大家文歸二卷 明鄭元勳輯並評 明末刻本 九行十八字白口四周單邊眉欄鐫評 國朝大家文歸係卷十五至十六 九六六

唐宋十二大家文歸十四卷 明鍾惺輯並評 國朝大家文歸二卷 明鄭元勳輯並評 明末刻本 清林茹批校 九行十八字白口四周單邊眉欄鐫評 國朝大家文歸係卷十五至十六 九六七

唐宋八大家選二十四卷 明鍾惺輯並評 汪應魁刪訂 明崇禎五年汪應魁刻本 九行十八字白口左右雙邊 九六八

古文備體奇鈔十二卷 明鍾惺輯 黃道周評 明崇禎寶拜堂刻本 九行二十字小字雙行同白口四周單邊 九六九

古文備體奇鈔十二卷 明鍾惺輯 黃道周評 明崇禎閶門兼善堂刻本 佚名批注 九行二十字小字雙行同白口四周單邊 九七〇

精選百家古髓二卷 明周之標輯 明萬曆四十五年刻本 九行十八字白口四周單邊 九七一

新刻周季侯評選名文衡八卷 明周宗建輯並評 明刻本 九行二十一字白口四周單邊 九七二

古文奇艷八卷 明徐應秋輯 明萬曆刻本 九行二十字白口四周單邊 九七三

藜閣傳燈十三卷 明劉萬春輯 明崇禎十年刻本 九行二十字白口四周單邊眉欄鐫評 九七四

秦漢鴻文二十五卷 明顧錫疇輯 明崇禎刻本 九行二十字白口四周單邊眉上鐫評 先秦鴻文五卷 兩漢鴻文二十卷 九七五

新鐫古表選十二卷 明張一卿輯 明萬曆四十八年刻本 九行二十一字白口四周單邊 九七六

文字會寶不分卷 明朱文治輯 明萬曆三十六年自刻本 以名家墨迹上版行字不一五至十行十至二十四字白口四周單邊 九七七

文字會寶不分卷 明朱文治輯 明萬曆三十六年自刻本 清張叔言跋 九七八

文字會寶不分卷 明朱文治輯 明萬曆三十六年自刻本 清時大斷跋 九七九

廣文字會寶不分卷 明朱文治輯 明閩建書林葉見遠刻本 行字不一白口四周單邊 九八〇

古文鈔十六卷　明吳承光輯　明萬曆六年刻本　十行二十二字白口四周单边　九八一

秦漢文準十二卷　明羅萬爵輯　明萬曆四十四年刻本　九行二十字白口左右双边　九八二

秦漢文準十二卷　題明許捷輯　明萬曆四十四年刻　崇禎四年印本　九行二十字白口左右双边　九八三

適志編不分卷　明詹軫光輯　明萬曆刻本　九行二十字白口四周单边眉上鐫評　九八四

新刻彙編秦漢文選十四卷　明詹應鵬輯　明萬曆三十一年書林鄭少齋刻本　十行二十二字白口四周单边　九八五

精刻徐陳二先生評選歷代名文則五卷續選熙朝明文則一卷　明徐虞輯　陳繼儒評　明萬曆陳孫賢刻本　九行二十二字白口四周单边眉欄鐫評　九八六

鐫今古曠世文淵評林三十卷　明徐奮鵬輯並評　明萬曆二十七年刻本　馮儒批　九行十八字小字双行同白口四周单边眉欄鐫評　批校　九八七

文壇列俎十卷　明汪廷訥輯　明萬曆三十九年汪氏環翠堂刻本　十行二十字白口四周单边版心下鐫環翠堂藏板　九八八

秦漢文鈔不分卷　明馮有翼輯　明萬曆十一年清音館刻本　九行二十字小字双行同白口左右双边版心下鐫清音館眉欄鐫評　九八九

秦漢文鈔十二卷　明馮有翼輯　汪懷秀刻　明萬曆刻本　九行十七字小字双行同白口四周单边眉欄鐫評　九九〇

古今人物論三十六卷　明鄭賢輯　明萬曆余彰德刻本　十行二十四字白口四周单边　九九一

新刊陳眉公先生精選古論大觀四十卷　明陳繼儒輯　明刻本　九行二十四字白口四周单边　九九二

鐫陳眉公評選秦漢文雋四卷　明陳繼儒輯　明天啟書林蕭少衢師儉堂刻本　九行二十一字白口四周单边　九九三

先秦兩漢文膾五卷　明陳繼儒輯　明鄒彥吉刻本　九行二十字白口左右双边　九九四

古文品外錄十二卷　明陳繼儒輯並評　明天啟五年朱蔚然刻本　十行二十字小字双行同白口四周单边　九九五

古文品外錄十二卷　明陳繼儒輯並評　明天啟五年朱蔚然刻本　清陳洪綬批點　九九六

古文品外錄二十四卷　明陳繼儒評　明高山堂劉龍田刻本　九行二十一字小字双行同白口四周单边　九九七

古文品外錄二十四卷　明陳繼儒輯　明刻本　九行二十一字小字双行同白口四周单边　九九八

刻陳眉公先生古文品內錄二十卷　明陳繼儒輯　明末刻本　十一行二十二字白口四周单边　九九九

藝林粹言四十一卷　明陳繼儒輯　明刻本　十一行二十一字白口四周单边　一〇〇〇

松窗隨錄一百卷存九十七卷　明韓昌箕輯　稿本　本書亦名廣古文品外錄　禮函存十卷（二至十一）　樂函十九卷　射函存二十一卷（一至九、十一至二十一）　御函十五卷　書函二十二卷　數函存十一卷（一至六、八至十二）　一〇〇一

秦漢文鈔六卷　明閔邁德等輯　楊融博批點　明萬曆四十八年閔氏刻朱墨套印本　九行十九字白口四周单边　一〇〇二

三國兩晉南北朝文選十二卷附輯一卷　明陸弘祚輯　陸上鳳輯　明來復堂刻本　九行十九字白口左右双边　一〇〇三

古逸書三十卷首一卷末一卷　明潘基慶輯　明萬曆刻本　八行二十字小字双行同白口四周单边　一〇〇四

古逸書三十卷首一卷末一卷　明潘基慶輯　明末刻本　八行二十字白口四周单边　一〇〇五

游翰寓言四卷徵言四卷別編三卷　題明無名生輯　明萬曆十四年刻本　十行二十字白口左右双边　一〇〇六

丰韻情書四卷情詞一卷情詩一卷　題明竹溪主人輯　南洋居士評　明萬曆四十六年刻本　有圖　八行二十字白口四周单边　一〇〇七

香豔文藪六卷　明萬曆刻本　九行十九字白口四周单边　一〇〇八

歷代古文國瑋集一百四十一卷　明方岳貢輯　明刻本　九行二十字白口四周单边眉上鐫評　一〇〇九

諸子國瑋集七十四卷　明方岳貢輯　明刻本　九行二十字小字双行字不等白口四周单边　一〇一〇

國瑋集五十五卷　明方岳貢輯　明刻本　九行十九字白口左右双边眉上鐫評　一〇一一

新選註釋古文蒙求不分卷　明文安之等輯　明刻本　八行二十四字小字双行白口四周单边　一〇一二

秦漢文九十二卷　明倪元璐輯　明末書林來儀堂刻本　九行二十字白口四周单边　一〇一三

秦漢文定十二卷　明倪元璐輯　明末刻本　九行二十字小字双行同白口四周单边眉欄鐫評　一〇一四

文奇二十卷　明陳仁錫輯並評　明萬曆四十六年雲起堂刻本　九行二十六字白口四周单边眉上鐫評版心下鐫雲起堂　一〇一五

秦漢文鈔八卷　明陳仁錫輯並評　明崇禎刻本　九行二十字白口四周单边　一〇一六

古文奇賞二十二卷續古文奇賞三十四卷奇賞齋廣文苑英華二十六卷四續古文奇賞五十三卷明文奇賞四十卷　明陳仁錫輯　明萬曆四十六年至天啟刻本　十行二十字小字双行同白口四周单边　一〇一七

古文奇賞二十二卷續古文奇賞三十四卷　明陳仁錫輯　明萬曆四十六年至天啟刻本　清楊以增跋　一〇一八

奇賞齋古文彙編二百三十六卷　明陳仁錫輯並評　明崇禎七年刻本　十行二十字小字双行同白口四周单边眉上鐫評　一〇一九

文心內符十卷　明貢道周輯　明末刻本　九行十九字白口四周单边　一〇二〇

新鐫三太史評選歷代名文鳳采五卷　明項煜等輯　明末喬山堂劉朝琯刻本　佚名批校　十行二十二字白口四周单边　一〇二一

一〇二二 古文奇奇賞二十四卷 明李一鵬輯 明崇禎十四年刻本 十行二十字白口四周單邊
一〇二三 古今名文夾盤珠四卷讀古喻言一卷 明施澤深輯 明天啓登壁堂鄭思鳴刻本 九行二十字白口四周單邊
一〇二四 玉臺文菀八卷 明江元禧輯 續四卷 明江元祚輯 明崇禎刻本 九行二十字白口四周單邊
一〇二五 史漢文統十五卷 明童養正輯 明崇禎刻本 九行二十字白口四周單邊眉上鐫評 史記文統五卷 西漢文統五卷 東漢文統五卷
一〇二六 古今文範四卷 明李士淳輯 明崇禎刻本 九行二十二字白口四周單邊
一〇二七 古文選刪五十二卷 明張溥輯 明末錢君定刻本 九行十九字白口左右雙邊 文選刪十二卷 廣文選刪十四卷 唐文粹刪十卷 宋文鑑刪十二卷 元文類刪四卷
一〇二八 張太史評選秦漢文範十三卷 明張溥輯 明末刻本 八行二十字白口四周單邊眉欄鐫評 清汪□題跋
一〇二九 漢魏六朝百名家題詞一卷 明張溥輯 清抄本 十行二十三字黑格
一〇三〇 文致不分卷 明劉士鏻輯 明娛兮閣刻本 九行二十字白口四周單邊
一〇三一 文致不分卷 明劉士鏻輯 明末刻本 九行二十字無直格白口四周單邊
一〇三二 文致不分卷 明劉士鏻輯 閔無頗閔昭明集評 明天啓元年閔元衢刻朱墨套印本
一〇三三 文致不分卷 明劉士鏻輯 閔無頗閔昭明集評 明天啓元年閔元衢刻朱墨套印本 八行十八字無直格白口四周單邊 清黃叔琳翁方綱跋

四七

一〇三四 蘭雪齋增訂文致八卷 明劉士鏻輯 明崇禎元年刻本 九行二十字白口四周單邊眉上鐫評
一〇三五 刪補古今文致十卷 明劉士鏻輯 王宇增刪 明天啓刻本 九行二十字白口四周單邊眉上鐫評
一〇三六 刪補古今文致十卷 明劉士鏻輯 王宇增刪 明天啓刻賀鳴樓印本
一〇三七 刪補古今文致十卷 明劉士鏻輯 王宇增刪 明末刻本 九行二十字白口四周單邊眉上鐫評
一〇三八 刪補古今文致十卷 明劉士鏻輯 王宇增刪 明末鄒少麓刻本 九行二十字白口四周單邊眉上鐫評
一〇三九 古文提奇五卷 明顧氏獻輯 明崇禎刻朱墨套印本 九行二十字白口四周單邊
一〇四〇 古今文統十六卷 明張以忠輯 陳仁錫評 明崇禎刻本 十行二十字小字雙行同白口四周單邊眉欄鐫評
一〇四一 漢魏六朝正史文選二十四卷 明許清胤顧在觀輯 明崇禎八年刻本 九行二十字小字雙行同白口四周單邊
一〇四二 古文意八卷 明王淇輯 明崇禎十三年刻本 九行二十字白口四周單邊眉欄鐫評
一〇四三 古文正業彙箋十二卷 明符遇中輯 明崇禎刻本 九行二十四字白口四周單邊
一〇四四 古今文英四卷 明程佰明輯 明崇禎刻本 九行二十字白口左右雙邊
一〇四五 天壤遺文七卷 明徐奮鵬輯並評 徐春茂徐春藏注釋 明刻本 八行二十字白口四周單邊
一〇四六 古今表略四卷 明顧夢麟輯 明天啓刻本 十行二十字小字雙行同白口四周單邊
一〇四七 千古文章不分卷 明祖功輯 明抄本 八行二十字無直格四周單邊
一〇四八 古文正集十卷 明萬嘉篇輯 明崇禎水懷堂刻本 十行二十七字白口四周單邊
一〇四九 古文正集十卷二編不分卷 明萬嘉篇輯 明崇禎刻本 十行二十七字白口四周單邊
一〇五〇 古文正集二編不分卷 明萬嘉篇輯 明崇禎金閶葉聚甫刻本 十行二十七字白口四周單邊
一〇五一 古今議論參五十五卷 明林爆輯 明崇禎刻本 九行二十字白口四周單邊
一〇五二 古今辭命達八卷 明胡正心輯 明崇禎十二年胡氏十竹齋刻本 八行十八字白口四周單邊
一〇五三 趙氏三注三卷 明趙師尹撰 明末刻本 九行二十二字白口四周單邊
一〇五四 古文奇略十三卷 明陳宗露輯 明崇禎刻本 十行二十七字白口四周單邊眉上鐫評
一〇五五 文纂不分卷 明貢周基輯 清初抄本 清佚名批注 存八冊 四至十一
一〇五六 二十一史文選一百卷 明周鍾輯 明崇禎十五年刻本 九行十九字白口四周單邊
一〇五七 八大家文鈔自怡集不分卷 明鄭卿輯 稿本 九行二十二字無格
一〇五八 新鍥溫陵鄭孩如先生約選古文四如編四卷 明鄭維嶽輯 李光縉評 明末書林仙源堂刻本 九行二十一字白口四周單邊
一〇五九 新鍥溫陵鄭孩如先生約選古文四如編四卷 明鄭維嶽輯 明書林余泉泉刻本 十行二十字小字雙行同白口四周單邊

四八

一〇六〇 純師集十二卷 明余鋐輯並評 明末刻本 十行二十字小字雙行同白口四周單邊眉上鐫評
一〇六一 文腴十四卷 明唐時輯 明崇禎十七年刻本 十行二十字小字雙行同白口四周單邊
一〇六二 漢魏名文乘不分卷 明張運泰余元熹輯 明末刻本 十行二十七字白口四周單邊
一〇六三 合諸名家點評古文鴻藻十二卷 明貢士京輯 明末刻本 十行二十一字小字雙行同白口四周單邊眉欄鐫評
一〇六四 金莖流瀣不分卷 明湯槿禎輯 明抄本 十行二十字白口左右雙邊
一〇六五 春花集十二卷 明釋行岡輯 清順治刻本 十一行二十一字白口左右雙邊
一〇六六 春花集十五卷 明釋行岡輯 清初刻本 十一行二十一字白口左右雙邊無直格
一〇六七 隋唐五代小簡精選一卷仙釋小簡精選一卷 題明萬壽堂主人輯 明刻本 九行十七字白口四周單邊
一〇六八 尚友編十卷 明宋寶王輯 清抄本 十行二十六字無格
一〇六九 魏晉六朝文選三卷皇明文一卷 明紫薇軒抄本 十行二十一字藍格版心上鐫紫薇軒
一〇七〇 古文選不分卷 明末刻本 九行二十字白口左右雙邊版心刻篇名
一〇七一 古文選不分卷 明抄本 佚名批校 十行二十二字藍格白口四周單邊

六朝文苑十卷　清沈志斌輯　清順治四年□錦齋刻本　九行二十六字白口四周單邊版心下鐫三餘齋　一〇七二

賴古堂文選二十卷　清周亮工輯　清康熙六年刻本　九行二十字白口四周單邊　一〇七三

買愁集四卷　清錢尚濠輯　清初刻本　八行二十二字白口四周單邊無直格　一〇七四

買愁集四卷二集四卷　清錢尚濠輯　清刻本　一集八行二十二字　二集九行二十六字　一〇七五

古文選詩二卷　清初內府抄本　九行十七字白口四周雙邊　一〇七六

歷代記文不分卷　清初抄本　十行二十二字無格　一〇七七

林泉逸想不分卷　清初抄本　八行二十二字藍格　一〇七八

墨池新組不分卷　清抄本　八行二十四字紅格竹簡式　一〇七九

古文輯略不分卷　清曹本榮輯　清抄本　九行二十字白口四周雙邊　一〇八〇

嶺雲編不分卷　清徐越輯　清康熙二十二年刻本　九行二十六字白口左右雙邊　一〇八一

燃脂集□□□卷首五卷引用書目一卷宮閨氏籍藝文考略□卷　清王士祿輯　稿本　清汪楫跋　存二十九卷（首全　賦一、二、四、五、七　詩一、三、四至八、十四至十八、十九、二十一、二十五、二十四、二十六　引用書目全　宮閨氏籍藝文考略一）　一〇八二

古文析義十六卷　清林雲銘評註　清康熙五十五年寶文堂刻本　九行二十三字白口左右雙邊　一〇八三

養根集十卷　清許遇輯並評　稿本　十行二十六字無格　一〇八四

古學文存辨體八卷　清王吳徐與喬輯　清康熙五年耕耕堂刻本　九行二十六字白口四周雙邊　一〇八五

初學辨體增刪定本不分卷　清徐與喬輯　清康熙十七年刻本　九行二十六字白口四周單邊　一〇八六

古學鴻裁十五卷　清范樫輯　清順治十七年泌樂堂刻本　九行二十五字白口四周單邊版心下鐫泌樂堂　一〇八七

古學鴻裁十五卷詩學鴻裁二卷　清范樫　周從輯　清順治金閶振鄴堂刻本　九行二十五字小字雙行同白口四周單邊　一〇八八

古文小品冰雪攜六卷名文小品冰雪攜六卷　清衛泳輯　清順治十一年刻本　九行十八字白口左右雙邊　一〇八九

冰雪攜三選稿不分卷　清衛泳輯　稿本　十行二十六字無格　存第一、三冊　一〇九一

文津二卷　清王晫輯　清康熙三年王氏霞舉堂刻本　九行二十字白口四周單邊版心下鐫霞舉堂　一〇九二

古文淵鑒六十四卷　清徐乾學等輯　清內府抄本　一〇九三

古文淵鑒六十四卷　清徐乾學等輯並注　清康熙內府刻四色套印本　九行二十字小字雙行同黑口四周單邊　一〇九四

榕村講授三卷　清李光地輯　清刻本　十一行二十字白口左右雙邊　一〇九五

朱子論定文鈔二十卷　清吳震方輯　清康熙四十四年刻本　十行二十五字小字雙行同白口左右雙邊　一〇九六

斯文正宗十六卷　清張伯行輯　清康熙六十一年張氏正誼堂刻本　十行二十二字白口左右雙邊版心下鐫正誼堂　一〇九七

可儀堂一百二十名家制義不分卷　清俞長城輯　清康熙三十八年可儀堂刻本　九行二十六字白口四周單邊版心下鐫可儀堂　一〇九八

古文雅正十四卷　清蔡世遠輯並評　清雍正三年慈恪堂刻本　八行二十四字白口左右雙邊無直格　一〇九九

蘭雪齋韓歐文批評一卷國策選評一卷　清陳代瑞並評　清乾隆抄本　九行二十四字無格　一一〇〇

欽定四書文四十一卷　清方苞輯　清乾隆五年武英殿刻本　九行二十五字白口四周雙邊　一一〇一

古文知新十二卷　清高嶽璞輯並評　清康熙四十五年蓄者堂刻本　清佚名校　九行二十三字版心下鐫蓄者堂　一一〇二

古文卓觀十二卷首一卷　清王以誠　徐東升輯　清康熙春秀堂刻本　九行二十二字黑口左右雙邊　一一〇三

古文未曾有集八卷　清王復禮輯　清康熙尊行齋刻本　九行二十四字白口左右雙邊　一一〇四

文章尚論集二十八卷　清夏一璉輯　清康熙澄懷草堂刻本　九行二十字白口四周單邊版心鐫澄懷草堂　一一〇五

讀書堂精選古文晨書十二卷　清徐陳發　宋景琛輯　清康熙三十一年刻本　九行二十一字黑口四周單邊　一一〇六

積書巖古文選略十二卷　清顧貞觀輯　清康熙二十七年刻本　十行二十二字白口左右雙邊　一一〇七

文韻集十二卷　清李士麟輯　清康熙三十年飲光堂刻本　九行二十一字白口左右雙邊版心下鐫飲光堂　一一〇八

歷朝古文選十七卷　清董漢策輯　清康熙漢源草堂刻本　八行二十字白口左右雙邊　一一〇九

古今文繪稗集四卷　清陸次雲輯　清康熙二十八年懷古堂刻本　九行十九字白口左右雙邊　一一一〇

晚邨先生八家古文精選八卷　清呂留良輯　呂葆中批點　清康熙四十三年呂氏家塾刻本　十行二十五字細黑口左右雙邊　一一一一

慧眼山房原本古今文小品八卷　清陳天衷輯並評　清康熙正萬成堂刻本　八行二十字白口四周單邊　一一一二

憑山閣增定留青全集二十四卷　清陳枚輯　清康熙二十三年刻本　九行二十字白口四周單邊　一一一三

憑山閣彙輯四六留青采珍前集十二卷　清陳枚　陳德裕校　清康熙憑山閣刻本　九行二十字白口左右雙邊　一一一四

憑山閣增輯留青新集三十卷　清陳枚輯　清康熙大觀堂刻本　十一行二十一字白口四周單邊　存八卷（一至二、六至九、十三至十四）　一一一五

憑山閣留青二集十卷　清陳枚輯　清康熙憑山閣刻本　九行二十四字白口四周單邊　一一一六

古文賞音十二卷　清謝有煇輯　清康熙四十六年師儉閣刻本　十行二十四字小字雙行字不等黑口左右雙邊　一一一七

一一一八　華國編文選八卷　清孫濩孫輯　清乾隆二十四年孫氏天心閣刻本　十行二十四字白口左右双边

一一一九　古文斲前集十六卷後集十八卷　清姚培謙輯並注　清康熙六十一年至雍正元年刻本　九行二十一字小字双行同黑口左右双边

一一二〇　悅心集四卷　清世宗胤禛輯　清雍正四年武英殿刻本　九行二十二字白口四周单边

一一二一　斯文精萃不分卷　清尹繼善輯　清乾隆刻本　丁福保批注　八行二十一字白口左右双边

一一二二　斯文精萃不分卷　清尹繼善輯　清乾隆刻三槐堂印本　八行二十一字白口左右双边或四周单边

一一二三　汪文端評點古文不分卷　清汪由敦輯　清乾隆抄本　清汪由敦批　劉瑞冲跋　九行二十五字無格

一一二四　古文約選不分卷　清允禮輯　清雍正十一年果親王府刻本　九行十九字白口四周双边眉上鐫評

一一二五　御選唐宋文醇五十八卷　清高宗弘曆輯　清乾隆三年武英殿刻四色套印本　九行二十二字白口四周单边

一一二六　御選唐宋文醇五十八卷　清高宗弘曆輯　清乾隆內府四色抄本　二十行三十六字白口四周单边

一一二七　秦文恭公古文鈔不分卷　清秦蕙田輯　清抄本　十行十八字無格

一一二八　唐文約選不分卷宋文約選不分卷元文約選不分卷　清抄本　九行十九字白口四周双边

一一二九　花嶼叢鈔五卷古經齋經鈔一卷　清莊經畬輯　稿本　清莊裕普跋　十一行二十三字無格

五一

一一三〇　文轍二卷　清程嵩齡輯並評　清衍真堂刻本　清黃晴芳批校　九行二十五字白口左右双边版心下鐫衍真堂

一一三一　經史藝文不分卷　清劉墉抄本　清劉墉朱筆序跋　劉喜海題款　九行十五字無格

一一三二　滋德堂古文續集二卷　清王贊緒輯　稿本　□少嵒　秦瀛跋　十行二十二字無格

一一三三　古文辭類纂七十四卷　清姚鼐輯　清道光合河康氏家塾刻本　清錢泰吉校　十三行二十二字上下黑口左右双边

一一三四　古文辭類纂七十四卷存五十八卷一至五十八　清姚鼐輯　清道光合河康氏家塾刻本　清龍啟瑞跋並錄方苞批點

一一三五　古文辭類纂七十四卷　清姚鼐輯　清道光合河康氏家塾刻本　清劉庠批　宋育德跋

一一三六　古文辭類纂七十四卷　清姚鼐輯　清道光合河康氏家塾刻本　清項傳霖錄姚鼐、梅曾亮評點

一一三七　古文辭類纂七十四卷　清姚鼐輯　清道光合河康氏家塾刻本　清翁同書批識並錄梅曾亮批點　清翁同龢跋

一一三八　秦漢文鈔不分卷　清吳錫麒輯　稿本

一一三九　祖氏遺編十卷　清祖之望輯　清皆山草堂刻本　九行二十一字小字双行同白口四周双边版心下鐫皆山草堂藏刊

一一四〇　古文後選一卷　清許瀛翰輯　稿本　十二行二十一字無格

一一四一　龍尾山房文鈔不分卷　清胡永煥輯　清抄本　十行二十字白口四周双边版心下鐫龍尾山房

一一四二　天崇名文讀本一卷國朝名文讀本不分卷賦鈔一卷試帖備法分類約鈔二卷排律金丹一卷舉業入門一卷　清秦恩復等輯　清秦氏石研齋抄本　九行二十五字無格

一一四三　古文披金二十四卷　清洲瀚常興輯　清乾隆受宜堂刻本　九行二十字白口四周单边

一一四四　金鰲山集不分卷　清馮膺寧輯　稿本　清黃瑞批校

一一四五　古文彙鈔補五卷　清莊承篕輯　稿本　清盧文弨跋

一一四六　古文約集正解三卷　清嶠澤輯　清抄本　佚名錄清盧文弨跋　八行二十一字小字双行同紅格

一一四七　古文徵一卷　清戚百二輯　稿本　葉景葵跋　八行二十五字無格

一一四八　八表停雲錄三十八卷　清嚴長明輯　清抄本

一一四九　會心集不分卷　清曾闓風輯　稿本　清曾庚芬跋

一一五〇　七體彙抄不分卷　清內府抄本　六行十六字白口左右双边

一一五一　古文百家簡鈔不分卷　清俠本輯　稿本

一一五二　映雪樓古文練要正編□□卷　清莊仲方輯　稿本　清金鶚跋

五二

存三十卷一至四、九至三十四

一一五三　全上古三代秦漢三國六朝文七百四十一卷　清嚴可均輯　稿本　章鈺、葉景葵跋

一一五四　全上古三代文八卷全秦文一卷　清彭兆蓀輯　稿本　文嘉崧　葉景葵跋

一一五五　六朝文絜四卷　清許槤輯並評　清道光五年許氏享金寶石齋刻朱墨套印本　九行十八字黑口左右双边

一一五六　清芬外集八卷　清劉寶楠輯　清抄本　十行二十三字小紅方格白口四周单边

一一五七　賞心集不分卷　清程南嵋輯並評　清蔣研廬抄本　清姚椿跋

一一五八　剪燈集十四卷後集六卷　清郭麐輯　清郭氏靈芬閣抄本

一一五九　蘇選古文備要二十卷　清蘇積功輯　稿本

一一六〇　經史百家選本不分卷　清陳與輯　稿本　十行二十字無格

一一六一　正始集八卷補遺一卷　清姚椿程嘉輯　稿本　九行二十一字無格

一一六二　續古文辭類纂不分卷　清容盛昌輯　稿本　九行二十字黑口左右双边

一一六三　古文樵鈔不分卷　清抄本

一一六四　歷代名家文選一卷續一卷唐宋四大家文選一卷　清抄本

一一六五　八代文苑不分卷　清抄本　十行二十一字紅格

一一六六　中州啓劄四卷　元吳弘道輯　丁申校并跋　清張氏愛日精廬抄本　佚名錄清黃丕烈跋

一一六七　中州啓劄四卷　元吳弘道輯　清抄本　十三行二十二字黑格

一一六八　赤牘清裁五卷　明楊慎輯　明嘉靖十三年刻本　十行二十字白口四周单边

一一六九　赤牘清裁十卷　明楊慎輯　明刻本　九行十八字白口四周双边

一一七〇　赤牘清裁十卷　明楊慎輯　赤牘清裁補遺四卷　明吳弛增輯　明吳勉學刻本　九行十八字白口左右双边

一一七一　赤牘清裁四卷　明楊慎輯　明抄本　十行二十二字藍格白口四周单边

一一七二　赤牘清裁二十八卷　明楊慎輯　王世貞增輯　明嘉靖三十七年刻本　十行二十字小字双行同白口左右双边

一一七三　赤牘清裁二十八卷　明楊慎輯　王世貞增輯　明刻本　十行二十字白口四周单边

一一七四　尺牘清裁六十卷補遺一卷　明王世貞輯　明隆慶五年自刻本　九行十八字小字双行同白口左右双边

一一七五　尺牘清裁六十卷補遺一卷　明王世貞輯　明刻本　九行二十字小字双行同白口左右双边

一一七六　尺牘清裁六十卷補遺一卷　明王世貞輯　明萬曆三年金陵徐龍洲徐東山刻本　十一行二十二字白口四周双边

一一七七　筆媚牋十二卷　明楊慎輯　明刻本　九行二十字小字双行同白口左右双边

五三

一一七八　尺牘補遺四卷　明公鼐輯　明萬曆刻本　十一行二十七字白口四周双边

一一七九　歷朝尺牘大全十二卷　明王錫爵輯　明萬曆三十九年書林周近泉刻本　九行二十字白口四周单边

一一八〇　新刊精選古今大家翰牘遺矩六卷精選國朝諸先生手翰一卷　明顧治輯　致齋居士手翰一卷　明顧治撰　吳森輯　明嘉靖三十六年吳森刻本　十行二十六字白口四周双边

一一八一　古今振雅雲箋十卷　明徐渭輯　明刻本　九行十八字小字双行同白口四周单边眉欄鐫評

一一八二　新刊古今尺牘聞見拔尤八卷　明潘文淵輯　明嘉靖四十四年雙璧書屋刻本　九行二十字白口四周单边

一一八三　新鐫古今名公尺牘彙編選註四卷　明王穉登輯　俞[illegible]光注　明黃起元刻本　九行二十字小字双行同白口四周单边

一一八四　新鐫歷世諸大名家往來翰墨分類纂註品粹十卷　明黃志清輯　明萬曆二十五年書林余象斗刻本　十行二十字上白口下黑口四周双边

一一八五　尺牘雋言十二卷　明陳臣忠輯　明閔[illegible]刻朱墨套印本　九行二十字白口四周单边眉上鐫評

一一八六　尺牘雋言十二卷　明陳臣忠輯　明刻本　九行二十字小字双行同白口四周单边

一一八七　尺牘雋言四卷　明陳臣忠輯　明曾鳳儀評　明刻本　九行二十字小字双行同白口四周单边眉上鐫評

一一八八　刻精釋古今名翰六卷　明丘兆麟輯　明末書林張輔刻本　八行二十字小字双行同白口四周单边

一一八九　新刊大家通用古今翰墨文宗後集八卷首一卷　明楊濂輯　明萬曆六年金陵錦江書屋刻本　十二行二十四字白口四周单边

一一九〇　赤牘隨筆二卷　明周詩雅輯　明萬曆刻本　八行二十字白口四周单边

一一九一　春雪箋八卷　明許以忠、王焞輯　明王世烘刻本　九行十八字白口四周单边

一一九二　評選古尺牘八卷　明王納諫輯　明天啟元年刻本　八行十八字白口左右双边

一一九三　新刻三方家兄弟註點校正昭曠諸文品粹魁華十九卷　明王士驌等注　明萬曆余氏雙峰堂刻本　九行十八字小字双行同白口四周双边眉欄鐫評

一一九四　車書樓選刻歷朝翰墨鼎彝十卷　明王世茂輯　明金陵黃擴宇刻本　九行十九字小字双行同白口四周单边

一一九五　新鐫註釋歷代尺牘綺穀四卷　明馮汝宗輯　王大醇註釋　明萬曆三十一年書林鄭氏少齋刻本　九行二十字小字双行同白口四周单边

一一九六　古今濡削選章四十卷　明李國祥輯　明萬曆刻本　十行二十字白口左右双边

一一九七　搜採歷朝賢豪筆舌珠璣六卷　明葉如璧輯　明萬曆浙衢葉滌尹譽傳刻本　九行二十字白口四周双边

五四

一一九八　繡梓尺牘雙魚十一卷又四卷補選捷用尺牘雙魚四卷　明陳繼儒輯並評注　明金閶書林葉啓元、玉夏齋刻本　九行二十二字小字双行同白口四周单边

一一九九　新鐫增補較正寅幾熊先生尺牘雙魚九卷補選捷用尺牘雙魚四卷　明陳繼儒輯　明末刻本　九行二十四字小字双行同白口四周单边　補選捷用尺牘雙魚四卷九行二十二字小字双行同白口四周单边

一二〇〇　翰海十二卷　明沈佳胤輯　明崇禎刻本　九行二十字白口四周单边

一二〇一　翰海十二卷　明沈佳胤輯　明末刻本　九行二十三字白口四周单边無直格

一二〇二　尺牘青蓮鈢十二卷　明何偉然輯　明崇禎刻本　八行十八字白口四周单边

一二〇三　新刻小窗清箋四卷　明吳從先輯　陳繼儒評　明書林季潮刻本　八行十九字白口四周单边

一二〇四　新鐫歷代名家翰墨備覽六卷　明黃光輯　明末王光猷刻本　上欄十二行八字下欄十行十六字白口四周双边

一二〇五　宋元小簡精選二卷　題明萬玉堂主人輯　明刻本　九行十七字白口四周单边

一二〇六　牘雋四卷　明蕭士珂輯　清初刻本　八行十九字白口左右双边

一二〇七　賴古堂名賢尺牘新鈔十二卷二選藏弆集十六卷三選結鄰集十六卷　清周亮工輯　清康熙周氏賴古堂刻本　九行二十字小字双行同細黑

口，四周單邊

賴古堂名賢尺牘新鈔十二卷二選藏弆集十六卷 清周亮工輯 清康熙周氏賴古堂刻本 清龔文照批校 一二〇八

何山近鈔尺牘小品一集十二卷自稿二卷二集十二卷補遺一卷自稿一卷 清周京輯 清康熙二十四年刻本 十行二十一字，白口，左右雙邊 一二〇九

尺牘新編甲集二卷乙集一卷丙集三卷丁集三卷 清楊賓輯 阮亭遊記一卷 清王士禛撰 楊賓輯 清抄本 陸僎跋 一二一〇

分類尺牘新語二十四卷 清徐士俊、汪淇輯並評 清康熙二年刻本 九行二十四字，白口，四周雙邊，版心下鐫蜩寄自怡 一二一一

分類尺牘新語二編二十四卷 清徐士俊、汪淇輯並評 清康熙六年刻本 九行二十四字，白口，四周雙邊，版心下鐫蜩寄自怡 一二一二

分類尺牘新語廣編二十四卷補編一卷 清汪淇、吳雯清輯並評 清康熙七年刻本 九行二十四字，白口，四周雙邊，版心下鐫蜩寄自怡 一二一三

古今尺牘大全八卷 清汪淇輯 清康熙二十七年沈肯潤刻本 八行十八字，白口，四周單邊 一二一四

五五

賞奇堂尺牘四卷 清陳遇麟輯 清康熙三十四年刻本 九行十九字，白口，左右雙邊 一二一五

新刊博識群書文場備用掄元經濟十卷 明方一桂輯 王甘泉增補 明刻本 十一行二十一字，白口，四周雙邊 一二一六

舉業式程二卷 明趙增輯 明嘉靖丁以忠刻本 十行二十字，白口，左右雙邊 程墨一卷 麻文一卷 一二一七

新刊批釋舉業切要古今文則五卷 明顧有光輯並評 明隆慶六年書林鄭子明刻本 十行二十四字，小字雙行同，白口，四周單邊 一二一八

新刻沈相國續選百家舉業奇珍四卷 明沈一貫輯 明周曰校萬卷樓刻本 九行二十二字，白口，四周單邊 一二一九

新鐫李卓吾評釋名文捷錄四卷 明袁宏道輯並評 李贄批 明萬曆余應興刻本 十行二十字，小字雙行同，白口，四周單邊，眉欄鐫評 一二二〇

歷朝翰墨選註十四卷 明唐瓊輯 明萬曆二十四年唐廷仁世德堂刻本 十一行二十三字，小字雙行同，白口，四周單邊 一二二一

新鐫十翰林評選註釋名家程墨策纂二卷論纂二卷 明李廷機、張位等輯並評 明萬曆書林萬曆堂熊鄉刻本 十一行二十四字，白口，四周雙邊，有眉欄 一二二二

歷科廷試狀元策八卷總考一卷 明焦竑輯 清初大業堂刻本 十行二十五字，白口，四周雙邊 一二二三

歷科廷試狀元策十卷總考一卷 明焦竑輯 清雍正十一年懷德堂刻本 十二行二十五字，白口，四周單邊 一二二四

刻劉太史彙選古今舉業文弢註釋評林四卷 明劉曰寧輯 朱之蕃註 明萬曆二十四年金陵書坊周曰校刻本 九行二十字，白口，四周單邊，眉欄鐫註 一二二五

鍥顧太史續選諸子史漢國策舉業玄珠三卷 明顧起元輯 明萬曆書林熊沖宇刻本 九行二十一字，白口，四周單邊，眉上鐫評 一二二六

兩太史評選二三場程墨分類注解學府秘寶不分卷 明周延儒輯 賀逢聖註 精選二三場程墨分類註釋學府秘寶不分卷 清呂五青輯並註 清順治周氏大業堂刻本 九行二十二字，小字雙行同，白口，四周單邊，眉欄鐫注 一二二七

新刻古今名儒翰藻三場百段文錦六卷 明方應祥輯 明萬曆金陵書林唐文鶴刻本 十行二十二字，小字雙行同，白口，四周單邊 一二二八

新刊陳太史評選舉業捷徑古文爭奇十二卷 明陳仁錫評 郭忠恕輯 明周道英刻書林學少渠印本 十行二十字，白口，四周單邊，眉欄鐫評 一二二九

五六

總集類　通代

書名編號	收藏單位代號					
一	2702					
二	0101	0141				
三	0144	1501				
四	1701					
五	0201					
六	0102	1501	2702			
七	0145	0201	0441	1601	2704	
八	0101					
九	1701					
一〇	2341					
一一	2401					
一二	0201					
一三	0841					
一四	0181					
一五	0101					
一六	0101					
一七	0141					
一八	0101					
一九	0201					
二〇	0201					
二一	2401					
二二	0341					
二三	1601					
二四	0241					
二五	0242					
二六	0101					
二七	0101	0141	0144	0161	0164	0171
	0201	0241	0501	0782	0801	0841
	1082	1101	1142	1541	1601	1615
	1641	1705	2201	2202	2501	2541
	2702	2901				

書名編號	收藏單位代號					
二八	0591					
二九	1689					
三〇	1628					
三一	0201					
三二	1701					
三三	0201					
三四	0101	0145	0242	2401		
三五	0101	0201	0301	1501⊗	1541	1581
	1601	1701	1801	1841	2304⊗	
三六	0101					
三七	1601					
三八	1501					
三九	0101	0144	0182	0198	0201	0301
	0341	0501	0701	0703	0801	0941
	1603	1646	1681	1701	1705	2201⊗
	2304⊗	2401	2541⊗	2701	2901⊗	
四〇	1601					
四一	1501					
四二	0144					
四三	0144	0242	0591	1581		
四四	0161					
四五	0101	0163				
四六	1601					
四七	0591					
四八	0201					
四九	1702					
五〇	1101					
五一	2041					
五二	0701					
五三	0201					
五四	0101					
五五	1502					
五六	2742					

表一

書名編號	收藏單位代號				
五七	0145				
五八	0201				
五九	1701				
六〇	1601				
六一	0101				
六二	0201				
六三	1601				
六四	1705				
六五	0201				
六六	0291				
六七	1701				
六八	2301				
六九	0341				
七〇	0242				
七一	2341				
七二	2301				
七三	2541				
七四	0241				
七五	0701				
七六	0145				
七七	0501				
七八	0181				
七九	0181				
八〇	0161				
八一	0101				
八二	0181				
八三	0101⊗	0141⊗			
八四	0141				
八五	0101				
八六	0101	0201⊗	0801	1501⊗	1581⊗
八七	0101	0142⊗	0201⊗		
八八	0101				

書名編號	收藏單位代號					
八九	0101	0102	0141	0144	0146	0161
	0163	0182	0197	0198	0201	0241
	0291	0301	0341	0701	0747	0832
	1001	1051	1105	1201	1341	1501
	1601	1681	1705	1741	1747	1801
	1901	2001	2002	2201	2301	2304
	2401	2501	2542	2561	2701	2702
	2901					
九〇	0101					
九一	0101	0198	0201	0442	1501	1541
	1542	1701	1881			
九二	1601					
九三	2541					
九四	0101	0193	0281	0291	1101⊗	2301
	2341	2501⊗				
九五	0101	0102	0141	0144	0146	0163
	0181	0193	0198	0201	0301	0705
	0741	0941	0942	1501	1541	1581
	1601	1628	1644	1701	1702	1705
	1714	1901	2203⊗	2341	2441	2701
	2702	2704	2745	2801		
九六	0145					
九七	0101	0143	0144	0161	0163	0193
	0201	0542	0801	0803	0901	1441
	1641	1701	2001	2401	2542	2701
	2803	2881				
九八	0802	0942	1701	2043	2302	2601
九九	1341	2302	2346			
一〇〇	0101	0194	0198	0201	1441	2343
一〇一	0102	0141	0146	0181	0201⊗	0241
	0301	0801	1461			
一〇二	0101	0144	0182	0193	0198	0201
	0342	0841	0842	0941	1241	1601

表二

書名編號	收藏单位代號					
	1605	1701	2302	2602		
一〇三	0201					
一〇四	1601					
一〇五	0201	0342	2702			
一〇六	1606					
一〇七	0101	0201	1541	1801	2701	
一〇八	0146	0161	1601	1801		
一〇九	1601					
一一〇	0101	0102	0142	0144	0150	0163
	0182	0201	0241	0261	0301	0341
	0342	0542	0701	0841	1105	1141
	1441	1582	1629	1710	1796	2242
	2401	2501	2641	2702	2745	
一一一	0201					
一一二	2206					
一一三	0144	0201	0241	0243	0601	0703
	0841	1541	1542	1628	1704	1802
	1841	1843	1881	1941	2501	2582
	2941	2944				
一一四	0241					
一一五	1781					
一一六	2561					
一一七	2042	2641				
一一八	0703					
一一九	0941	1615	1705	2702		
一二〇	0142	0144	0201	0801	1642	1801
	1943	2001	2201	2301		
一二一	0241					
一二二	0704					
一二三	0141	0143	0164	0241	0291	0443
	0601	0702	0841	0941	1441	1531
	1541	1542	1629	1641	1642	1653
	1701	1881	2043	2301	2401	2750
	2907					

表三

書名編號	收藏单位代號					
一二四	0341					
一二五	0341					
一二六	0103	0142	0201	0241	0701	0941
	0942	1501	1542	1613	1642	1705
	1881	2001	2320	2342	2541	2746
	2802					
一二七	0201					
一二八	0145	0201	0842	1441	1641	2702
一二九	0141⑧	1604	1704	1801	1901	
一三〇	0141	0142	0143	0144	0146	0150
	0181	0291	0602	1501	1541	1615
	2201②	2301	2401	2441	2702	2745
	2750					
一三一	0102	0142	1701	2042	2301	2341
一三二	0102	0141	0142	0143	0144	0145
	0150	0163	0181	0201	0291	0301
	0841	0842	1101	1502	1506	1601
	1605	1653	1701	1705	1781	2702
一三三	0242					
一三四	0163	0181	0198	0201	0342	0701
	0941	1501	1601	1604	1705	1716
	2241	2301	2702	2704		
一三五	0102					
一三六	0142	0144	0145	0146	0150	0161
	0181	0301	0341	0441	0701	0801
	0841	1082	1341	1501	1502	1601
	1606	1641	1701	1705	1801	2201
	2202	2401	2601	2750		
一三七	1541					
一三八	0201⑧	0242⑥	1541⑧	1684⑧		
一三九	0201	0241				
一四〇	0242					
一四一	1601					
一四二	0101					

書名編號	收藏单位代號					
一四三	0101	0102	0141	0173	0201	0241
	0243	0291	0301⑧	0841	1541	1605②
	1701	1705	1741	1911③	2343	2401
	2441③	2701	2702	2742		
一四四	1601					
一四五	0101	0201	0701	0842③	1541③	2301
	2401⑧	2543	2907			
一四六	0161					
一四七	0101					
一四八	0161	0201				
一四九	0181	1501	1541	1705	2741	
一五〇	0163	0201	0823			
一五一	2401					
一五二	0101	0161	1605	1881	2701	
一五三	0101	0141	0144	0163	0171	0242
	0291	0342	0601	0841	1501	2702
一五四	0101	0102	0142	0143	0161	0163
	0181	0193	0201	0243	0301	0441
	0521	0701	0741	0801	0842	0901
	0941	1142	1341	1501	1544	1641
	1642	1681	1701	1705	1881	1901
	2206	2301	2342	2401	2501	2541
	2701	2702				
一五五	1501	2541				
一五六	0141					
一五七	1601					
一五八	0102	0142	0143	0144	0161	0181
	0193	0201	0242	0301	0341	0591
	0701	0741	0801	0841	0842	0861
	0901	1101	1142	1341	1501	1502
	1544	1582	1601	1642	1701	1841
	1901	2001	2342	2401	2541	2543
	2706					

表四

書名編號	收藏单位代號					
一五九	0201					
一六〇	0141					
一六一	0161	2641				
一六二	0101					
一六三	0241					
一六四	0201					
一六五	1619					
一六六	0861					
一六七	2001					
一六八	1801					
一六九	0241					
一七〇	0201					
一七一	0101	0161	0841			
一七二	0201					
一七三	0142					
一七四	0142					
一七五	0101					
一七六	1601					
一七七	0101					
一七八	0102②	0141	0143	0146	0150	0161
	0163	0165	0197	0201	0241	0242
	0261	0291	0301	0341	0404	0520
	0541	0701	0703	0801	0942	0961
	0901	1042	1082	1101	1301	1501
	1511	1541	1542	1581	1582	1601
	1605	1641	1701	1741	1843	1901
	1941	2041	2042	2201②	2301	2341
	2381	2401	2501	2541	[illegible]	2641
	2701	2702	2704	2742	2901	2741
	2961					
一七九	0101					
一八〇	0102	0142	0143	0144	0145	0201
	0243	0501	0741	0842	1601	1642

書名編號	收藏單位代號					
	1681	1701	1901	2001	2242	2301
	2501	2543	2701	2741	2743	2941
一八一	0101					
一八二	0161					
一八三	1604					
一八四	0101					
一八五	0101					
一八六	0201					
一八七	0141					
一八八	0101					
一八九	0101					
一九〇	0101	0141	0201⊗	0801	1101⊗	
一九一	0181					
一九二	0201					
一九三	0101					
一九四	0101	0161				
一九五	0201					
一九六	0101					
一九七	1601					
一九八	1601					
一九九	0201					
二〇〇	2702					
二〇一	0145	0163	0301⊗			
二〇二	0163	1703	2441	2941		
二〇三	0101	0141	0144	0201	0301	1601
	1628	1741	2702			
二〇四	0201					
二〇五	0101					
二〇六	0243					
二〇七	0101					
二〇八	0101					
二〇九	0101					
二一〇	0101					

書名編號	收藏單位代號					
二一一	0101					
二一二	0141	0143	0201	1705	1741	2501
	2701					
二一三	0242					
二一四	1601					
二一五	0161	1601				
二一六	0101					
二一七	0241	0801	1901	2702		
二一八	1601					
二一九	0101	0163	0341	2702	2742	
二二〇	0141	0150	0201	0301	2001	1601
	2301					
二二一	0101	0141	0143	0144	0182	0198
	0291	0541	0842	1101	1501	1503
	1601	1604	1642	1843	2702	2941
二二二	0201					
二二三	0101	0141	0342	0601		
二二四	0591					
二二五	0141	0142	0161	0181	0201	0301
	0342	0642	0842	1582	1601	1701
	2201	2541	2702	2704		
二二六	0101					
二二七	0142	0181	0241	1622	1705	
二二八	0102	0141	0145	0150	0163	0197
	0201	0291	0301	0501	0842	1501
	1507	1541	1601	1606	1701⊗	1705⊗
	2201⊗	2341	2501	2702		
二二九	0144	0146⊗	0201	0801	0842	1701⊗
	1787⊗	1901	2401	2901		
二三〇	0141	0242⊗	2220⊗			
二三一	0201					
二三二	0101	0163				

書名編號	收藏單位代號					
二三三	1601					
二三四	0102					
二三五	0541	1544	1601			
二三六	0841					
二三七	0291	1531				
二三八	0142	1411⊗				
二三九	0144	0163	0201	0241	0541	1601
	2943	2750				
二四〇	1641	1701				
二四一	0101	0141	0144	0201	0541	0841
	0942	1005	1101	1341	1441	1601
	1041	165[illegible]	1701	1901	2201	2301
	2381	2541	2702	2704	2741	
二四二	0193⊗	0841⊗	1511⊗	1615⊗	2302⊗	
二四三	1182					
二四五	0101	0242	1701	1981		
二四六	0101					
二四七	2561					
二四八	0141	0201	0301	1041	1701⊗	
二四九	0141	0241	1701			
二五〇	0150	0301	1701			
二五一	0141	0182	0201	1601	1605	1701
	1705	2301				
二五二	0201					
二五三	0142					
二五四	0101	0141	0142	0150	0182	0182
	0193	0201	0241	0291	0301	0341
	0342	0841	0901	1501	1605	1661
	1741	2581	2701	2702	2741	2792
二五五	0101					
二五六	0101					

書名編號	收藏單位代號					
二五七	0101					
二五八	0101					
二五九	0201					
二六〇	2401	2401				
二六一	1601					
二六二	0201					
二六三	0161					
二六四	1601					
二六五	0101					
二六六	0101					
二六七	0101					
二六八	0101					
二六九	0101					
二七〇	0101					
二七一	0101⊗	0182	0201	1701	2401	
二七二	0101					
二七三	0141	0163	0341⊗	1705	2541	
二七四	1601					
二七五	0101	0142⊗	0201	0301⊗	0701	2201
	2301	2702⊗				
二七六	0141					
二七七	0141					
二七八	0101⊗	0141	0143	0145⊗	0161⊗	0201
	0242	0341	1701	2301	2441	2541⊗
	2702					
二七九	0201					
二八〇	0101					
二八一	0201	1601	1701	2702		
二八二	0161					
二八三	0201					
二八四	0301					
二八五	0243					

表七

書名編號	收藏單位代號					
二八六	0201					
二八七	0101					
二八八	0101					
二八九	2301					
二九〇	0101					
二九一	0201⑧	1601⑧				
二九二	0101⑧	0241	1710⑧	1741⑧	2304⑧	
二九三	0141	0150	0163	0201	0241	0301③
	0342	0701③	0901	1606	1654③	1701
	1705③	1781	1791	1801	1841	2201④
	2253①	2401⑧	2541⑧	2702	2782⑧	
二九四	0101					
二九五	0201					
二九六	0161					
二九七	1601					
二九八	1601					
二九九	0201					
三〇〇	0201					
三〇一	0101					
三〇二	0101					
三〇三	0101					
三〇四	1541					
三〇五	0101	0141	0201	1701	1705	1901
	2702					
三〇六	1705					
三〇七	0163	0301	0841	1601		
三〇八	0101	0144	0163	0198	0201	0271
	0301	0342	0443	0520	0841	0842⑧
	1701	1702	1705	2343	2441	2702
三〇九	1601					
三一〇	0175	0201	0242	1901	2401	2707
三一一	0101	1601	1801	2541⑧	2745	

書名編號	收藏單位代號					
三一二	2301					
三一三	0141	1701	2701	2742		
三一四	0101	0201	1541	2042	2241	2701
三一五	1601					
三一六	2701					
三一七	0175⑧	0181	0201	0301	0842	1701
三一八	0101					
三一九	0142	0173	0201	1801	2702	2741
三二〇	0144③	0201				
三二一	0141	0144	0201	0842		
三二二	2001					
三二三	0101	0102	0141	0142	0153	0161⑧
	0201	0241	0242	0520	0941	1082
	1541	1601	1642	1701⑧	1702	1801④
	1881⑧	2142	2421⑧	2585④	2741	2907⑧
三二四	0101	0102	0141	0144	0163	0181
	0201	0241	0242	0247	0301	0542④
	1042	1101	1103	1561	1601	1605
	1841	1881③	2001	2441	2702	2901
三二五	1601					
三二六	0101	1605				
三二七	0163	0241				
三二八	1741					
三二九	0101③	0141⑧	0201	1601④	1801	
三三〇	0142③	0163③	0173③	0201	0241	0242③
	0243	0744	2042③	2241③	2701	
三三一	1601					
三三二	0161	0163	0201			
三三三	2745					
三三四	0241					
三三五	0141	0201	0307	1009	1531	1741
	2301	2401	2701			
三三六	0141					

表八

書名編號	收藏單位代號					
三三七	0201					
三三八	1711					
三三九	0501					
三四〇	2341					
三四一	1101					
三四二	2541					
三四三	0142	0144	0243	0443	0541	0701
	0842	1142	1144	2001	[illegible]	2301③
	2701	2750				
三四四	0162					
三四五	1741					
三四六	0201					
三四七	1042					
三四八	1601					
三四九	0197					
三五〇	2541					
三五一	0201					
三五二	1609					
三五三	0141					
三五四	0142	0143	0404	1082		
三五五	0141	0803	2042	2301	2343	
三五六	2701					
三五七	0101	0142				
三五八	1601					
三五九	0163					
三六〇	2901					
三六一	1581					
三六二	0201					
三六三	0201					
三六四	0201	0241	1342	1601	1705	1901
	2441	2701				
三六五	0101	0142	1541	1701	2541	2702

書名編號	收藏單位代號					
三六六	0101	0201⑧	0242	1741	1901⑧	2104
三六七	0163	0201	1531	1601	1702	2001
三六八	0142					
三六九	1501					
三七〇	1501					
三七一	1710					
三七二	2301					
三七三	1601					
三七四	0101	0201	0701	2541		
三七五	0201					
三七六	0161	0173③	1510	2041		
三七七	0101	0141③	0201			
三七八	0142	0143	0163	0201	0443	2201
	2301	2531	2541			
三七九	0101					
三八〇	0101					
三八一	0101					
三八二	0201					
三八三	0201					
三八四	0201					
三八五	0101					
三八六	1843					
三八七	1601					
三八八	0201					
三八九	2702					
三九〇	0201					
三九一	0101					
三九二	0101					
三九三	0101					
三九四	0201					
三九五	0201					

書名編號	收藏單位代號					
三九六	0101					
三九七	0142	0201⑧	2401②			
三九八	1601					
三九九	0141					
四〇〇	0101					
四〇一	0101					
四〇二	0101					
四〇三	0101					
四〇四	0101	0201	0401	1601	1705②	
四〇五	0102	0131①	0301	1601⑧		
四〇六	0101					
四〇七	0101					
四〇八	1601					
四〇九	0101					
四一〇	0145					
四一一	0201					
四一二	0201					
四一三	2343					
四一四	2001					
四一五	0201					
四一六	0101⑦					
四一七	0101					
四一八	0101					
四一九	1601					
四二〇	1601					
四二一	0201					
四二二	0101					
四二三	0101					
四二四	0101	0141	0201⑧	2441⑧		
四二五	0142					
四二六	0201					
四二七	1705					

書名編號	收藏單位代號					
四二八	1601					
四二九	0141	0142	0161	342		
四三〇	1684					
四三一	0101	0301				
四三二	0101					
四三三	1605					
四三四	0101					
四三五	0141	0142	0201	1601	1741	2501
四三六	1801					
四三七	1704					
四三八	0101	0102	0142	0144	0161	0181
	0242	1705	1901	2241		
四三九	0701	1501	2782			
四四〇	2501					
四四一	0101	0141	1701	2401	2441	2701⑧
四四二	0101	0102①	0141	0163③	0201	0301
	0801	1881①				
四四三	0102	0146	1601	2701		
四四四	0201					
四四五	0101	0141	0163	0164	0241⑧	0291
	0520	0841③	0842⑧	1501⑧	1001	1701
	2043	2220②	2541⑧	2702	2741	2745
	2701					
四四六	0101	0102	0243	0341⑧	1501	1542
	1587	1642	2301	2401	2701	2742
四四七	0842					
四四八	0101	0141	0142	0143	0144	0146
	0181	0182	0193	0197	0198	0201
	0241	0242	0301	0701	0803	0842
	0902	0941	1001	1041	1082	1101
	1181	1501	1510	1541	1542	1643
	1641	1642	1701	1704	1705	1747
	1801	1943	2041	2201	2242	2342
	2443	2641	2702	2745	2801	2843

表九

書名編號	收藏單位代號					
四四九	0101					
四五〇	1541					
四五一	1801					
四五二	0301					
四五三	2201					
四五四	0201					
四五五	0101	0161	0201			
四五六	0201					
四五七	0101	0141	0143	0163	0842	0201
	0242	1041	1601	2301	2401	2701
四五八	0161	0201	1142③			
四五九	0161	2782				
四六〇	0141①	0144	0161	0181	0701	0841
	0842	1502	1541	2401	2601	2782
四六一	0942⑧	1544	1604	1605	1606	
四六二	0141	0142	0163	0201	2342	
四六三	0142	0163	0441	1606		
四六四	2901					
四六五	0101	0142③	0144⑧	0242	0243⑧	1881
	2301					
四六六	0101⑧	0141	0143③	0144⑧	0145②	0146⑧
	0161	0163⑧	0164③	0181⑧	0193⑧	0201
	0241③	0242⑧	0243②	0262	0291	0301
	0341	0404⑧	0542③	0803	0841⑧	0842⑧
	0941⑧	1082⑧	1501	1601	1646	1701
	1702⑧	1705	1710⑧	1741⑧	1883⑧	1901⑧
	2201	2301	2343③	2401⑧	2441③	2541
	2561⑧	2701⑧	2746⑧	2782⑧		
四六七	0201					
四六八	0701					
四六九	0101①	0141	0144	0163	0201	0291
	1511⑧	1601	1741			
四七〇	2901					
四七一	0101					

書名編號	收藏單位代號					
四七二	0201					
四七三	0101					
四七四	0341	1601⑧				
四七五	0141	0163	0201⑧	0301	0841	1050
	1101	1501	1581	1601	1741	2213③
	2441	2543⑧	2901			
四七六	0141	0144	0145	0161	0163	0164
	0175	0198	0201	0241	0291	0301
	0701	0703	0806	0841	1001	1048
	1101	1201	1301	1501	1541	1601
	1606	1701	1801	1881	1901	1904
	2201	2341	2401	2501	2561	2701
	2702	2742	2750	2782	2881	
四七七	0601	1601				
四七八	0163					
四七九	0142②	1701				
四八〇	1441					
四八一	0101					
四八二	1601	1701	1785	1801		
四八三	0101②	0141	0181	0201	0301	0404
	0741	0842③	1562	1606	1701	1881
四八四	1501					
四八五	0101⑧	0102①	0181⑧	0201⑧	0242⑧	0841③
	1705⑧	1788⑧	2702⑧			
四八六	0163					
四八七	0161③	1601				
四八八	0101	0141				
四八九	0101③	1741				
四九〇	2401					
四九一	0141	0142	0145	0150	0161	0181
	0301	0542	0841	0903	0942	1041
	1501	1503	1541	1542	1628	1701
	1705	1901	2341	2401	2702	2881
四九二	0201					

表一〇

書名編號	收藏單位代號					
四九三	0291	0342	0601	1101	1341	2741
四九四	1601	2801				
四九五	0241	1541	1646			
四九六	0144	0173	0181	0201	0241	0301
	0701	0803	1701	2006	2301	2843
四九七	0301	0701	0941	1541	1544	1843
	2301	2341	2342	2381	2841	
四九八	2301					
四九九	0150⊗	0201	1716⊗	2702		
五〇〇	0101	0102	0143	0144	0145	0150
	0161	0164	0193	0201	0241	0242
	0243	0291	0341	0342	0501	0901
	0941	0942	1301	1441	1501	1541
	1605	1606	1641	1653	1701	1881
	2001	2201	2301	2461	2541	2701
	2702	2741	2881			
五〇一	0141					
五〇二	0101					
五〇三	0141	0201	0941⊗	1701⊗	2701⊗	
五〇四	1601					
五〇五	1601⊗					
五〇六	1501					
五〇七	0201	2383				
五〇八	0101	0141	0164	1881		
五〇九	1802					
五一〇	0101					
五一一	0141⊗	0142⊗	0201	0406	1501⊗	1601
	1716⊗	1843	2501			
五一二	0141	0291	0841	2401		
五一三	0101					
五一四	0201					
五一五	2041					
五一六	0201					

表一一

書名編號	收藏單位代號					
五一七	1605					
五一八	0181	0241				
五一九	0181					
五二〇	0201					
五二一	0241					
五二二	0101	0142	0201	0741	1701	2413
五二三	1653					
五二四	0101	0161	0198	0201	0703	1501
	1601	2701				
五二五	1581					
五二六	0101⊗	1601	2301			
五二七	0141	0142⊗	0163	0201	0242	0301
	0942	1795	2201⊗	2701⊗		
五二八	0141	1601				
五二九	1601					
五三〇	2401					
五三一	0101	0161	0201	1629		
五三二	0101					
五三三	0102	0146	0163	0181⊗	0201⊗	0842
	0941	1701				
五三四	0142					
五三五	0141	0142	0181	2301		
五三六	0101					
五三七	0101	0161	0163	1501	1646⊗	
五三八	1581					
五三九	1601					
五四〇	0201					
五四一	0142					
五四二	0102	0242				
五四三	2041					
五四四	0142					
五四五	2401					
五四六	0201					

書名編號	收藏單位代號					
五四七	1601					
五四八	0141	0142	0144	0193	0242	0341
	0404	0501	0701	0703	0941	1201
	1806	1882	2203	2302	2401	2501
	2561					
五四九	1581					
五五〇	1542					
五五一	0101					
五五二	1544					
五五三	0903					
五五四	0803					
五五五	0142	0164	0197	0241	0242	0341
	0701	2041	2301	2401	2541	2741
五五六	0161					
五五七	0181					
五五八	1041					
五五九	0101					
五六〇	2701					
五六一	0201					
五六二	0101	0141	0142	0146	0163	0181⊗
	0201	0701				
五六三	0141	0142	0166	0173	0404	0542
	0509	0642	0701	0903	0961	1461
	1501	1542	1544	1841	2009	2041
	2301	2343	2403	2750		
五六四	2401					
五六五	0201					
五六六	0101					
五六七	0141	0142	0201	0501	2041	2541
五六八	2642					
五六九	0201					
五七〇	0201					

表一二

書名編號	收藏單位代號					
五七一	0181					
五七二	0181					
五七三	0102	0141	0144	0181	0193	0197
	0201	0241	0301	0402	0601	0701
	0801	0802	0841	0904	1602	1701
	1841	2201	2301	2342	2382	2401
	2501	2702				
五七四	0102	0141	0144	0150	0163	0164
	0181	0193	0198	0281	0301	0405
	0542	0601	0701	0703	0704	0802
	0803	0841	0941	0942	0945	1042
	1301	1701	1705	2001	2242	2301
	2501	2547	2641	2702	2981	
五七五	0143	0163	0181	0241	0601	2041⊗
五七六	0201					
五七七	0143	0144	0193	0701	0741	0942
	2301	2302	2342	2381	2441	
五七八	0198					
五七九	0701					
五八〇	0141	0142	0243	0282	0701	
五八一	1601					
五八二	0201					
五八三	1589					
五八四	0201					
五八五	2301					
五八六	0142	0291				
五八七	0181					
五八八	1705					
五八九	1882					
五九〇	0201					
五九一	0142	0341	0541	0601	0701	0741
	0861	1441	1844	2242		

表一三

書名編號	收藏單位代號					
五九二	0142					
五九三	1629					
五九四	0163					
五九五	0101	0181	0301	0441	0501	0701
	0703	0741	0801	0842	0942	1841
	2401	2642				
五九六	0181					
五九七	0201					
五九八	0101					
五九九	0146					
六〇〇	1601					
六〇一	0101					
六〇二	0201					
六〇三	1501					
六〇四	1881					
六〇五	1741					
六〇六	0841①					
六〇七	0143					
六〇八	2401					
六〇九	0201					
六一〇	0242					
六一一	0121	0173	0243	0342	0701	0803
	0901	0961	1041	1712	2041	2242
六一二	0198					
六一三	1501					
六一四	2541					
六一五	0342	0541	1784	2001	2501	2543
六一六	0201					
六一七	0301					
六一八	1501					
六一九	2501					
六二〇	1601					

書名編號	收藏單位代號					
六二一	0201					
六二二	2401					
六二三	0141					
六二四	0101					
六二五	0201					
六二六	1920					
六二七	0201					
六二八	1601					
六二九	0201	0241	1701	1702②		
六三〇	1601					
六三一	0101					
六三二	0102	0143	0144	0146	0165	0301
	0701②	1901	2745			
六三三	1701					
六三四	0141	1601	1615	1629	1705	2541②
六三五	0141	0150	0201	1601		
六三六	0161					
六三七	0243					
六三八	0141	0201				
六三九	0101					
六四〇	0801	1001	1041			
六四一	0101	0144	0161	2461		
六四二	0144	0146	0501	0701	1501	1541
	1601	1705	1741①	2001	2041	2702
六四三	0101	0141	1041			
六四四	2461					
六四五	0142	0143	0145	1081	1142	1701
	1705	1741	2741			
六四六	0141	0142	0201	0241	0242	0301
	1601	1606	1653	1681	1701	1702
	1705	1712	1881	2601	2201	2242
	2301	2461	2602	2702		
六四七	0144					
六四八	0161					

表一四

書名編號	收藏單位代號					
六四九	0141②	1041	1601			
六五〇	1501	2561				
六五一	0142	0342	0842			
六五二	0101	1629②				
六五三	0146	0201	0821	0841	1901	2702
六五四	0102					
六五五	0198					
六五六	0201	1701	2541			
六五七	1705					
六五八	0161					
六五九	0142	0291	0404	2301②		
六六〇	0141	0142	0143	0150	0163	0181
	0198	0241	0242	0301	0541	0520
	0541	0601	0641	0642	0701	0703
	0801	1048	1701	1803	1841	1881
	2001	2009	2041	2042	2302	2342
	2504	2541	2542	2701	2843	
六六一	0141	2001	2012			
六六二	0141	2342	2346			
六六三	2042	2301				
六六四	0441					
六六五	0181					
六六六	0181					
六六七	0242					
六六八	2001					
六六九	0101					
六七〇	2041					
六七一	0201					
六七二	0101					
六七三	0901	2301	2603	2843		
六七四	2301					
六七五	0163					
六七六	2541					
六七七	0101					

書名編號	收藏單位代號					
六七八	0101					
六七九	0201					
六八〇	1801					
六八一	2561					
六八二	1701					
六八三	0163					
六八四	0242					
六八五	0181					
六八六	0101	0144				
六八七	2342					
六八八	0101	2541				
六八九	0301					
六九〇	0141	0145				
六九一	0145					
六九二	0101					
六九三	0144	0342				
六九四	1501					
六九五	0101					
六九六	0101					
六九七	0101					
六九八	0101					
六九九	0201					
七〇〇	0144	0301	0801	1501	1601	1701
	1901	2441	2541	2702		
七〇一	0101	0102	0141	0142	0163	0201
	0241	0341	0801	0803	0842	1101
	1501	1601	1605	1606	1682	1705
	2241	2401	2701			
七〇二	1601					
七〇三	0101					
七〇四	0101					
七〇五	0101	0201	0841	1581①	1615②	1681③
	2782②					
七〇六	0201					
七〇七	0101①	0142②	0163③			

書名編號	收藏單位代號					
七〇八	0101	0102⊗	0701	1501⊗	2261⊗	
七〇九	0101	0141	0175	0201	1741	1901⊗
七一〇	0102	0201	0301	0701	1681	1701
	1705⊗	2242⊗	2401	2542		
七一一	1601					
七一二	0241	4701⊗				
七一三	2501					
七一四	0141	0142	0145	0146	0181	0182
	0197	0201	0241	0291	0342	0404
	0703	0801	0803	0841	1501	1601
	1704	1801⊗	1843⊗	1901	2001	2041
	2201⊗	2203⊗	2242	2301	2346	2541
	2601	2602	2741	2750	2901	
七一五	0101	0102	0141	0142⊗	0143⊗	0144⊗
	0163	0193⊗	0198	0201⊗	0301	0341⊗
	0342⊗	0801⊗	1223	1241	1341	1441
	1542⊗	1582⊗	1601	1701	1705⊗	1901⊗
	2001	2501⊗	2541⊗	2702		
七一六	0291⊗	1501⊗	1642	1701⊗	2701⊗	2702⊗
七一七	0102	0161⊗				
七一八	1710	2401	2561			
七一九	1705	1881	2043			
七二〇	0142⊗	0143⊗	0241⊗	1501	2201⊗	2401⊗
	2461⊗					
七二一	0144	0241	1501	1541	1701	1741
七二二	0143	0181	0193	0201	0501	0542
	0701	1341	1601	1701	1702	1841
	2001⊗	2201⊗				
七二三	0242⊗	0341	0701	0801	0842	1101
	1142	2702				
七二四	0141	0802	2401			
七二五	0701					
七二六	0101⊗	0161⊗				
七二七	0101	0542	0901	1501	1653	1701
	1702	2701				

表十五

書名編號	收藏單位代號					
七二八	1801					
七二九	0101					
七三〇	0101					
七三一	0801	0803	1101	1544		
七三二	0861					
七三三	0291	0524	2001	2401		
七三四	2001					
七三五	0341	1101	1601			
七三六	0101					
七三七	0101	0144				
七三八	0102					
七三九	0102	0141	0143	0145	0163	0193
	0201	0242	0441	0701	0703	0801
	0841	1542	1705	2041	2701	2702
七四〇	1722					
七四一	2301					
七四二	0198					
七四三	0193					
七四四	0141	0801				
七四五	0101					
七四六	1901					
七四七	0163	0281⊗				
七四八	0101					
七四九	1601					
七五〇	1601					
七五一	0101					
七五二	0241					
七五三	1544					
七五四	1601	1801				
七五五	0150					
七五六	1601	1701	1785			
七五七	0701					
七五八	1701					
七五九	0142					

書名編號	收藏單位代號					
七六〇	1601					
七六一	2302					
七六二	0142					
七六三	0142					
七六四	1601					
七六五	0101	0201				
七六六	0141					
七六七	0163					
七六八	0242					
七六九	0201					
七七〇	1716					
七七一	0161					
七七二	0141	0145	0150	0201	0301	0803
	1501	1705	2701			
七七三	0101					
七七四	0101					
七七五	1601					
七七六	0801					
七七七	1601					
七七八	0101					
七七九	0101	0141⊗	0142	0143	0144	0161
	0201	0242	0301	0801	1441	1601
	1615	1628	1701	1801	2441	
七八〇	1606	1704	1705	2001	2201	
七八一	0181	1605	1881	2401		
七八二	0201					
七八三	0141					
七八四	2501					
七八五	0101	0102	0141	1701		
七八六	0101	0201⊗				
七八七	0102	0141	0161	0301	0701	0703
	1501	1606				
七八八	1705					

表十六

書名編號	收藏單位代號					
七八九	1705					
七九〇	0144	0201	0301			
七九一	0141					
七九二	0201	0701	2201			
七九三	0101	1050				
七九四	0144	0145	1601	2341		
七九五	0291					
七九六	1606					
七九七	0141					
七九八	0171					
七九九	1705					
八〇〇	0101	0141	0145	0161	0301	1705
	2201	2205	2209			
八〇一	1601					
八〇二	0141	0144	0150	0181	1601	1606
	2901					
八〇三	0144	2001				
八〇四	1705					
八〇五	0141	0163	0201	0291	1041	2702
八〇六	0501					
八〇七	0101					
八〇八	1801					
八〇九	0841	1701	1704	2542		
八一〇	0141					
八一一	0201					
八一二	1801					
八一三	2541					
八一四	1801					
八一五	0291	0341	1601	2441		
八一六	0102	0141	0142	0144	0161	0164
	0182⊗	0198	0242	0520	0801	0861
	1601	1719	1801	2001	2702	2752
八一七	0101	0141	2702			
八一八	0703					

書名編號	收藏單位代號					
八一九	0146	0591②	2401	2541		
八二〇	1881					
八二一	0520	2501	2541	2701②		
八二二	1741					
八二三	0201					
八二四	0201					
八二五	0143	0144	0150	0201	0242②	0301
	0342	0701	1501	1641	1681	1688
	2001	2342	2401①	2541	2583⑧	2702
八二六	1601					
八二七	0141	0142	0143	0161	0201	0242②
	0404	0441	0520	0701	0703	0801
	1301	1501	1541	1601	1606	1615
	1701	1705	2201	2314	2501	2801
八二八	0142	0145	0501	0841	1628	2541
八二九	0101	0141	0142	0301	1741	2541
八三〇	0101	0341				
八三一	1705					
八三二	0163					
八三三	1715					
八三四	1689					
八三五	0101	0141	0201	1881⑧	2401	
八三六	1705					
八三七	1601					
八三八	0163					
八三九	0201	0301				
八四〇	1901					
八四一	0101	1501				
八四二	2702					
八四三	0201①	1801				
八四四	0201	0301				
八四五	0181					
八四六	0101	0146	1601	0163	0201	1741
八四七	1601					

書名編號	收藏單位代號					
八四八	0101	0201	1704⑧	1705	1901	
八四九	0842	1981				
八五〇	0161	0201				
八五一	1606					
八五二	1705					
八五三	0201					
八五四	0144	1501	1701			
八五五	0142	1701				
八五六	0101②	0141	0291	1041	1705⑧	2042⑧
	2401⑧					
八五七	0101					
八五八	0101⑧	0141	0163	0181	0201	0241
	0242	0301	0509	0941	1101	1501
	1524	1541	1542	1582	1701	1843
	2301					
八五九	0201					
八六〇	0102	0241	0291	0301	0842	1544
	1605	1703	1843	2201		
八六一	0102	0144	0145	0181	0201	0241
	0242	0262	0842	1501	1541	1582
	1601	1605	1606	1615	1701	2401
	2702					
八六二	1705					
八六三	1301	1501	1606	1701	2001⑧	2220②
	2401					
八六四	0542	0841				
八六五	0701					
八六六	0701					
八六七	1701					
八六八	0101	1701				
八六九	1605					
八七〇	0101	0102	0141	0142	0143	0144
	0146	0150	0161	0163	0165	0181
	0197	0201	0301	0501⑧	0701⑧	0801
	0841	1301	1541⑧	1001	1641	1701
	2001	2201	2401	2541②	2543	2701
八七一	0101⑧	0201	1701			

卷十七

書名編號	收藏單位代號					
八七二	0101	0141	0201	0301	1701	1881
八七三	2709					
八七四	0101	0161	0163	0404	0841	1601
	1701	2201②	2702			
八七五	0201					
八七六	0101	0197	0201	0301	0701	2041
八七七	0145	0201				
八七八	0102	1001	1704⑧	2702		
八七九	0101	1501③	1510			
八八〇	1701					
八八一	0201					
八八二	0141					
八八三	0242					
八八四	0193	0201	0801	1501	1601	1841
	2301					
八八五	0146	0842	1606	1642	1705	2342
八八六	0141	0146	0201	1501	1542	1601
	2201	2202	2205	2501		
八八七	0201	0801	2541			
八八八	0141	0142	0144	0150	0161	0202
	0242	0291	1441	1601	1605	1606
	1712	1801	1843	1882	2042	2341
	2401	2544	2702	2742		
八八九	1042	1341	1501	1641	1701	1905
八九〇	1341	2541	2702			
八九一	0201	0520	1705	2042	2801	
八九二	1501					
八九三	0142	0145	0150	0161	0301	0342
	0501	0521	0601	0801	0841	0842
	1301	1441	1582	1622	1741	1801
	1881	1901	1910	2041	2201	2301
	2702	2745				
八九四	0143	1501	2702			
八九五	0903					

卷十八

書名編號	收藏單位代號					
八九六	0143	2301	2461	2541		
八九七	0391	2405				
八九八	1622					
八九九	0145	0201	1101			
九〇〇	0542	1501	1542			
九〇一	0201					
九〇二	1541					
九〇三	0102					
九〇四	2201					
九〇五	0342					
九〇六	0101	0102⑧	0141⑧	0144	0161	0163
	0201	0701	0801	1501	1601	1605
	1606	1701	1943③	2301	2702	
九〇七	0161	0181	0801	0841	1501	1601
	1606	1615	2702			
九〇八	2001	2541				
九〇九	1606					
九一〇	0182					
九一一	0150					
九一二	0141	0142	0291	1541	1716③	2001
九一三	1601					
九一四	0141	0142	0144	0163	0201	0291
	0741	0801	0841	0842	0941	1001
	1501	1542	1601	1701⑧	1702	1741
	2001	2041	2301	2501	2702	
九一五	0591					
九一六	1681					
九一七	0142	0144	0198	0242	0301	0842
	1601⑧	2201	2701⑧			
九一八	0541	0842				
九一九	0143	0144	0181	0197	1501	2401
	2701					
九二〇	1601					

書名編號	收藏單位代號					
九二一	1041					
九二二	0161	0181	1601	1606	1701	1705
	1741	2561				
九二三	0201					
九二四	1641					
九二五	0101					
九二六	0146⊗	1541	2201⊗			
九二七	0242	1605	1653	1716	2461	
九二八	0242	0301	1501	1606		
九二九	0102⊗	0121	0142	0161	1501	1601
	1605	1606				
九三〇	0101	0142	0242	1605	2941	
九三一	0141	0142	0144	0201	0242	0542
	1741	2702				
九三二	0142	0541⊗	1601	1881⊗		
九三三	1501	1615⊗				
九三四	0201					
九三五	1582					
九三六	1843	1701	2461			
九三七	0141	0142	1801			
九三八	0181	1615	1681	1881	2301	
九三九	0161	0163	2506			
九四〇	0144					
九四一	0197					
九四二	0242	1701				
九四三	2301					
九四四	2206					
九四五	1843					
九四六	0143					
九四七	0201					
九四八	1501					
九四九	1601	1615	1702			

表一九

書名編號	收藏單位代號					
九五二	1292	1601	1688			
九五三	0102	0161	1601	1603	2201	2302
九五四	0141					
九五五	1701					
九五六	0144	1606	1646		2342	
九五七	2301					
九五八	0703					
九五九	0198	1601				
九六〇	0163	0201	0241	0841	0842⊗	1701
	1881	2041⊗	2201	2701		
九六一	0141	0146	0342	0701	1301⊗	2041
	2201	2541	2705			
九六二	0181					
九六三	0142⊗	0143	0144	1020⊗	1542⊗	1606
	1783⊗	1801				
九六四	1501					
九六五	0842	2201	2750	1606		
九六六	0181	0841	1541	2702		
九六七	2801					
九六八	0142	0198	0701	1628	1981⊗	2042
	2301					
九六九	0301	1601				
九七〇	1701					
九七一	0201					
九七二	0145					
九七三	0102⊗	0141	0142	0145	0146	1701
九七四	0101	0141	0142			
九七五	0142	0144	0181	0242	0301	0341
	0501	0801	1441⊗	1510⊗	1606⊗	1653⊗
	1685⊗	1701	1781⊗	2001⊗	2042⊗	2461⊗
	2403⊗	2541	2702			
九七六	0161					

書名編號	收藏單位代號					
九七七	0141	0142	0161	0197	0242	0281
	0291	0301	0404	0701	0703	0803
	0841	1081	1101	1501	1705	1801
	2394	2441	2561	2702		
九七八	2401					
九七九	1541					
九八〇	0144	0201	0542	0842	1601	1701
	2001	2602				
九八一	0342	1601				
九八二	0142	0150	1101	1542	1801	
九八三	2541					
九八四	0101					
九八五	0141	1801	1903			
九八六	0841					
九八七	0141⊗	0181	1606	2201⊗	2302	
九八八	0141	0161	0163	0173⊗	0520	1601
	1701	2441	2701⊗			
九八九	0102	0142	0144	0173	0201	0509
	0801⊗	1341	1441	1462	1501	1541
	1601	1641	1705	1881	2301	2401
	2543					
九九〇	0144	0145	0301	0841	1501	1542
	1606	1622	1688	1702	1705	1801
	1843	2041	2941			
九九一	0101	0141	0144	0145	0181	0501
	0842	1101	1601	1881	2001	2041
	2461	2843				
九九二	0102	0161	1501	1601	2046	2401
	2561					
九九三	0146	0242	1601	2041		
九九四	2201					
九九五	0142	0161	0163	0842	1541	1606
	1615	1701				
九九六	0301					

表七〇

書名編號	收藏單位代號					
九九七	1101	1502				
九九八	0143	0145	0146	0150	0181	0201
	0244	0291	0301	0341	0404	0601
	0741	0801	0842	0903	1341	1441
	1501	1542	1601	1606	1688	1701
	1741	1801	1841	2041	2301	2341
	2501	2701				
九九九	0291	0841				
一〇〇〇	0102	0201	0291	0841	1101⊗	1601
	2702					
一〇〇一	2401					
一〇〇二	0143	0144	0145	0150	0163	0193
	0201	0241	0242	0243	0291	0301
	0541	0701	0741	0841	0842	0941
	0942	1042	1050	1101	1142	1441
	1501	1541	1601	1701	1741	1801
	2342	2401	2461	2501	2602	2701
	2702					
一〇〇三	0145	0198	0242	1541	1601	2301
一〇〇四	0141	0142	0143	0144	0161	0173
	0198	0201	0301	0341	0520	0701
	0841	0842	0903	1141	1301	1501
	1542	1601	1603	1615	1641	1653
	1701	1712	1715	1802	1841	1901
	2001	2041	2046	2206	2301	2401
	2441	2541	2542	2601	2701	2702
	2750	2843	2901	2944		
一〇〇五	0150	0166	0241	0301	0342	0501⊗
	1601					
一〇〇六	0201					
一〇〇七	0101⊗	0201				
一〇〇八	0201					
一〇〇九	0146	1701⊗	2301⊗			
一〇一〇	2701					
一〇一一	1542⊗	1601⊗	2701			
一〇一二	0142					
一〇一三	1001	1701	1781	2001⊗	2701	

書名編號	收藏單位代號
一〇一四	0143 0145 0242 0803 0901 1606
	1702
一〇一五	0201
一〇一六	2302
一〇一七	0102 0141 0142⊗ 0143 0144⊗ 0201⊗
	0301 0342⊗ 0501 0542⊗ 0562⊗ 0601⊗
	0741⊗ 0801⊗ 0803⊗ 0841⊗ 0842⊗ 0942⊗
	1441⊗ 1501⊗ 1510⊗ 1541⊗ 1542⊗ 1701
	1881⊗ 2001⊗ 2043⊗ 2201⊗ 2204⊗ 2242⊗
	2301⊗ 2302⊗ 2311 2401⊗ 2501⊗ 2583⊗
	2601⊗ 2701⊗ 2702⊗ 2881⊗
一〇一八	1501
一〇一九	0102 0141 0145 0161 0501 0601⊗
	1341⊗ 1501 1601 1701 2001 2041⊗
	2201⊗ 2401 2541 2712
一〇二〇	0141 1601
一〇二一	1501
一〇二二	2201
一〇二三	0102 0142 18..
一〇二四	0143 0144 0181 0301 1601 1605
	2341
一〇二五	0142⊗ 0144⊗ 1701⊗ 1710⊗ 1881⊗ 2701
	2701⊗
一〇二六	0181
一〇二七	0141⊗ 0145⊗ 0181 0241⊗ 0301⊗ 0342⊗
	1541⊗ 1542⊗ 1606 2001⊗ 2206⊗ 2301⊗
	2501⊗
一〇二八	0142 0801 1542 1601 2001 2041
一〇二九	0201
一〇三〇	0187 1629
一〇三一	0141 0142 0193 0201 0701 1606
一〇三二	0102 0143 0144 0145 0146 0161
	0163 0181 0193 0201 0241 0261
	0291 0301 0341 0342 0441 0601
	0642 0842 1001 1042 1045 1501

書名編號	收藏單位代號
	1544 1601 1606 1615 1701 1788
	1801 1841 2201 2203⊗ 2401 2501⊗
	2541 2881
一〇三三	1501
一〇三四	0161 0841 1701 1843
一〇三五	0141 0142 0150 0161 0243 0291
	0301 0404 0601 0703 0801 0842
	0902 1501 1503 1541 1606 1615
	1642 1686 1701 1702 1705 1741
	1881 2041 2201 2301 2342 2401
	2543 2701 2702 2745
一〇三六	0144
一〇三七	0145 2301
一〇三八	0102 0241
一〇三九	1741
一〇四〇	0144 0301 1541 1606
一〇四一	0142 0150 0201 0301 2401 2541
一〇四二	2701
一〇四三	0145
一〇四四	2543
一〇四五	0144
一〇四六	0242 2301
一〇四七	2401
一〇四八	0181⊗ 0201 1628
一〇四九	0144 2201⊗ 2242⊗
一〇五〇	0781
一〇五一	0141 0142 0146 1701 1905⊗ 2701
一〇五二	0101
一〇五三	0101
一〇五四	2201
一〇五五	2462⊗
一〇五六	0144 0181 2203 2401 2441 2901
一〇五七	0201
一〇五八	1701
一〇五九	0144

書名編號	收藏單位代號
一〇六〇	0102 0145 0161 0201 0183 1510
一〇六一	0144 0161 0181 0242 2641 2201
	2541
一〇六二	0141 0242 0291 1653 2014 2561
	2602 2704 2944
一〇六三	0142 1541 2242
一〇六四	1042
一〇六五	0201
一〇六六	2501
一〇六七	0201
一〇六八	1705
一〇六九	1541
一〇七〇	1705
一〇七一	1501
一〇七二	0201
一〇七三	0101 0102 0144 0161 0198 0241
	0701 1601 2041
一〇七四	0141 0161 0201 0701 0703 2901
一〇七五	0201
一〇七六	0187
一〇七七	0201
一〇七八	0201
一〇七九	0201
一〇八〇	1901
一〇八一	2001
一〇八二	0201
一〇八三	0141
一〇八四	2001
一〇八五	2201
一〇八六	1705
一〇八七	0161
一〇八八	1701 2041
一〇八九	0101⊗ 0141⊗ 0142 0163⊗ 0201 0701⊗
	0841⊗ 1142⊗
	0242

書名編號	收藏單位代號
一〇九一	0102
一〇九二	0101 0161 0163 0201 0301 2302
一〇九三	1681
一〇九四	0101 0102 0142 0143 0144 0146
	0181 0193 0198 0242 0301 0342
	0402 0443 0520 0542 0544 0549
	0584 0592 0601 0641 0642 0701
	0724 0801 0802 0841 0842 0903
	0941 0942 1381 1501 1542 1544
	1587 1701 1705 1802 1804 1843
	1844 1852 1863 2001 2006 2010
	2042 2043 2201 2206 2402 2342
	2343 2401 2402 2410 2501 2542
	2543 2701 2702 2746 2801 2846
	2902 2982
一〇九五	0143
一〇九六	0142 0201 0541 1701
一〇九七	0142 0144
一〇九八	0141
一〇九九	0342 0520 1301 2542
一一〇〇	0301
一一〇一	0181 0941
一一〇二	0201
一一〇三	2583
一一〇四	0241
一一〇五	2701
一一〇六	0201 2001
一一〇七	2002 2301
一一〇八	0163 0201
一一〇九	0741
一一一〇	0201
一一一一	0101 0142 0201 0241 0301 0342
	0404 0441 0501 0520 0521 0802
	0903 1501 1503 1616 1701 1711

書名編號	收藏單位代號					
	1716	1841	2001	2201	2203	2205
	2301	2302	2314	2341	2461	
一一一二	0142	2001				
一一一三	0570	1883				
一一一四	0301					
一一一五	1500					
一一一六	1506					
一一一七	1841					
一一一八	0142	0241	2001			
一一一九	0141	2001				
一一二〇	0142	0173㊄	0803	1029		
一一二一	2041					
一一二二	0142	1808	2381			
一一二三	1101					
一一二四	0142	0143	0150	0241	0243	0342
	0303	0801	2802	0803	1341	2301
一一二五	0101	0102	0140	0181	0198	0301
	0341	0520	0501	0701	0801	0802
	0803	0841	0842	0861	0941	0942
	1201	1701	2001	2345	2346	2382
	2401	2501	2523	2541	2543	2642
	2644	2651				
一一二六	0181					
一一二七	0198					
一一二八	2701					
一一二九	2701					
一一三〇	2501					
一一三一	0101					
一一三二	1501					
一一三三	0201					
一一三四	2541					
一一三五	0201					
一一三六	1704					
一一三七	0101					

書名編號	收藏單位代號					
一一三八	1601					
一一三九	0101					
一一四〇	1541					
一一四一	1981					
一一四二	0241					
一一四三	0150	0701	0803	2301		
一一四四	1787					
一一四五	0502					
一一四六	0301					
一一四七	0201					
一一四八	1701					
一一四九	1701					
一一五〇	0181					
一一五一	0241					
一一五二	1701㊄					
一一五三	0201					
一一五四	0201					
一一五五	0101	0105	0144	0301	1601	1181
	1801	2202	2302	2314	2401	
一一五六	0101					
一一五七	0201					
一一五八	1701					
一一五九	0241					
一一六〇	0201					
一一六一	0701					
一一六二	2802					
一一六三	0201					
一一六四	0201					
一一六五	0201					
一一六六	1601					
一一六七	0101					
一一六八	0141					

書名編號	收藏單位代號					
一一六九	0101					
一一七〇	1701					
一一七一	0101					
一一七二	0143	0163	0291	1501	2701	2742
一一七三	0141	1663				
一一七四	0101㊄	0141	0142	0161	0163	0201
	0243	0291	0301	0701	0841	0941
	1541	1622	1701	1705㊄	2041	2602
	2701	2702	2881			
一一七五	0141	0143㊄	0144	0145	0193㊄	0241
	0242	0342㊄	0841	1601	1605	1684
	1701	1702	1801	1881	1905	2341
	2408	2461				
一一七六	0242	1682				
一一七七	1605					
一一七八	1701	1702				
一一七九	0101	0141	0144			
一一八〇	1601					
一一八一	0141	0142	0145㊄	0150	0163	0201
	0242	0842	1501	1605	1701	1702
	1741	1881㊄				
一一八二	1705					
一一八三	2702					
一一八四	0701	1601				
一一八五	0102	0143	0181	0201	0301	0701
	0801㊄	1392	2701㊄			
一一八六	1801	2001				
一一八七	2001					
一一八八	0161	1605				
一一八九	0141					
一一九〇	0201					
一一九一	0101	0144	0163	1001	1601	1605

書名編號	收藏單位代號					
一一九二	1615					
一一九三	0102					
一一九四	0142	1601				
一一九五	0101	0163				
一一九六	0102	0141	0142	0143	0146	0161
	0181	0201	0241	0242	0301	0701
	1601	1606	1701	1705	2401㊄	2541㊄
	2702㊄					
一一九七	0141					
一一九八	0141	0143	0161㊄	0163	0193㊄	0801	1681㊄
一一九九	0102	0161㊄				
一二〇〇	0142	0144	0161	0197	0198	0201
	0241	0243	0342	0841	0942	1501
	1541	1601	1605	1701	1705	1741
	1881	2041	2042	2541	2702	
一二〇一	0101	0291	0301	1101	1601	1702
	2301					
一二〇二	0102	0141	0161	0201	0701	2065㊄
一二〇三	0141	0142	0201	0841		
一二〇四	0102					
一二〇五	0141					
一二〇六	0141	0142	1705			
一二〇七	0101	0121㊄	0142㊄	0143	0161	0801
	0841	1501㊄	1601			
一二〇八	1628㊄					
一二〇九	0161	0201㊄	2001㊄			
一二一〇	0101					
一二一一	0141	0201	2301			
一二一二	0141	0241				
一二一三	0141	0201	0242	2701		
一二一四	0141	0142	0201			
一二一五	0141	0301				

書名編號	收藏單位代號		
一二一六	0163		
一二一七	0161		
一二一八	0141		
一二一九	1601		
一二二〇	2451		
一二二一	0197	0201	2012③
一二二二	0242		
一二二三	0841		
一二二四	0141	2542	
一二二五	0701		
一二二六	0841		
一二二七	0161		
一二二八	0161		
一二二九	1841		

表三五

總集類

斷代

一 春秋詞命三卷 明王鏊輯 王𤩽注 明正德刻本 九行二十一字白口左右雙邊

二 春秋詞命三卷 明王鏊輯 王𤩽注 明正德刻本 十一行二十字白口左右雙邊

三 春秋詞命三卷 明王鏊輯 王𤩽注 明萬曆二十七年俞𢡟祖刻本 十行二十一字白口四周單邊

四 春秋詞命三卷 明王鏊輯 王𤩽注 明刻本 佚名批校 九行二十字白口四周單邊

五 春秋詞命三卷 明王鏊輯 王𤩽注 明刻本 八行二十字白口四周單邊

六 春秋詞命三卷 明王鏊輯 王𤩽注 明萬曆刻本 八行十七字小字雙行同白口左右雙邊

七 春秋詞命三卷 明王鏊輯 清周明瑛註 清康熙三十二年周金然刻本 清丁丙跋 八行十七字白口左右雙邊

八 春秋戰國文選三十四卷 明姚三才輯 明萬曆七年萬卷樓刻本 九行二十字小字雙行同白口四周雙邊 版心下鐫萬卷樓梓

九 春秋戰國文選三十四卷 明姚三才輯 明萬曆七年萬卷樓刻本 清胡培翬校並跋

一〇 春秋戰國文選十三卷 明李國祥輯 明萬曆刻本 九行十七字白口左右雙邊 眉上鐫評

一一 周文歸二十卷 明鍾惺輯 明崇禎刻本 九行十九字小字雙行同白口四周單邊 眉上鐫評

一二 新鍥鄭孩如先生精選先秦兩漢旁訓便讀六卷 明鄭維嶽輯 明楊九經刻本 七行二十字白口四周單邊

一三 新鍥鄭孩如先生精選左傳旁訓便讀四卷 明鄭維嶽輯 明楊九經刻本 七行二十字白口四周單邊

一四 新鍥鄭孩如先生精選戰國策旁訓便讀四卷 明鄭維嶽輯 明楊九經刻本 七行二十字白口四周單邊或雙邊

一五 新鍥鄭孩如先生精選國語旁訓便讀三卷 明鄭維嶽輯 明楊九經刻本 七行二十字白口四周單邊

一六 新鍥鄭孩如先生精選史記旁訓便讀八卷 明鄭維嶽輯 明萬曆二十七年同仁齋楊氏刻本 七行二十字白口四周雙邊

一七 漢詩十卷 清李因篤音評 清康熙萬卷樓刻本 九行二十字白口左右雙邊

一八 漢詩十卷 清李因篤音評 清抄本 清沈吉氏批 張臣杖跋 九行二十字無格

一九 漢詩音注十卷 清李因篤撰 康熙三十六年王梓刻本 九行十九字白口四周單邊

二〇 容與堂漢詩釋二卷 清錢二白撰 清康熙二十二年晁溪錢氏刻本 九行二十一字白口四周雙邊

二一 漢詩說十卷總說一卷 清沈用濟 費錫璜撰 清康熙聲鯨堂刻本 九行十九字黑口左右雙邊

二二 漢詩統箋三卷 清陳本禮撰 清嘉慶五年裛露軒刻本 清吳大澂批校 八行二十一字黑口四周雙邊 又名漢樂府三歌箋注

二三 漢鐃歌十八曲集解一卷 譚獻撰 稿本

二四 西漢文類四十卷 宋陶叔獻輯 宋紹興十年臨安府刻本 十三行二十四字小字雙行二十七字白口左右雙邊 存四卷（三十六至四十）

二五 應氏類編西漢文章十八卷 宋刻本 清宋賜庚跋 十三行二十四字黑口左右雙邊

二六 西漢文類三十五卷目錄二卷 明劉節輯 明抄本 十行二十至二十三字紅格白口四周單邊 存三十卷（五至十四 十八至三十五 目錄全）

二七 西漢文粹八卷 明吳尚儉輯 明萬曆十年吳安國刻本 十一行二十二字白口四周雙邊

二八 西漢文苑十卷 明申用嘉輯 明萬曆二十八年寶綸堂刻本 九行二十字白口左右雙邊

二九 西漢文苑十卷 明申用嘉輯 明萬曆二十八年寶綸堂刻本 清張師誠跋

三〇 西漢文不分卷 明抄本 十行二十二字紅格白口四周單邊

三一 李卓吾先生批選晁賈奏疏二卷 漢賈誼 晁錯撰 明李贄評 明刻本 九行十八字白口左右雙邊

三二 西漢文選不分卷 清初抄本 清馬斯同批校 八行二十四字無邊欄

三三 兩漢策要十二卷 宋陶叔獻輯 清乾隆五十六年張朝樂刻本（卷三未刻） 六行字數不等黑口四周雙邊

三四 西漢文鑑二十一卷東漢文鑑二十卷 宋陳鑑輯 明嘉靖二年劉弘毅慎獨齋刻本 十行二十一字黑口四周雙邊

三五 西漢文鑑二十一卷東漢文鑑二十卷 宋陳鑑輯 明刻本 九行十八字白口四周單邊（大字本）

三六 西漢文鑑二十一卷東漢文鑑二十卷 宋陳鑑輯 明刻本 九行十八字白口四周單邊

三七 西漢文鑑二十一卷東漢文鑑二十卷 宋陳鑑輯 明刻巾箱本 九行十八字白口四周單邊 存三十三卷（西漢文鑑五至十七 東漢文鑑全）

三八 東漢文鑑二十卷 宋陳鑑輯 明弘治十八年建安劉氏日新堂刻本 十行二十一字黑口四周雙邊

三九 兩漢文選不分卷 明衛獻輯 明萬曆三十七年衛拱宸刻本 九行二十字白口左右雙邊

四〇 兩漢文選四十卷 明張采輯 明崇禎金閶麥兒齋刻本 九行十九字小字雙行同白口左右雙邊

四一 西漢文二十卷 東漢文二十卷 東漢文二十卷 明張采輯 明崇禎金閶麥兒齋刻本 清查守驂跋

四二 兩漢文選四十卷 明張采輯 明崇禎刻五雲居印本 九行十九字小字雙行同白口左右雙邊

四三 刻陳眉公先生選註兩漢龍驤二卷 明陳繼儒輯 明張鼎校 明末三古館刻本 十行十八字白口四周雙邊 兩漢文二十卷 東漢文二十卷

四四 兩漢文删二十四卷 明宗元豫輯 清康熙刻本 九行二十字白口左右雙邊

四五 全漢文初藁□□卷 清蔣敦學、傅寅龍輯 稿本
存四十六卷 樂府二十一卷總目一卷選目三卷 詩十卷總目一卷 碑文存一至四卷總目一卷選目三卷 冊書總目一卷 漢書文目表一卷

四六 全漢文□□卷 清蔣敦學、傅寅龍輯 稿本
存十八卷 樂府存一至十三卷 碑文存一至二卷 選目三卷

四七 東漢文類三十六卷目錄二卷 明劉節輯 明抄本 十行二十字藍格白口四周單邊
存三十三卷 一至二十二、二十六至三十六

四八 東漢文類三十六卷目錄二卷 明劉節輯 明抄本 十行藍格白口四周單邊
存二卷 目錄一至二

四九 三國文章類鈔殘帙不分卷 明錢穀輯 稿本

五〇 三國文章類鈔不分卷 明錢穀輯 明抄本 十行十八字藍格四周單邊

五一 三國文二十卷 明張采輯 明崇禎刻本 九行十九字小字雙行同白口左右雙邊

五二 三國文二十卷 明張采輯 明崇禎刻金閶五雲居印本 九行十九字白口左右雙邊

五三 新雕校正三國志文類六十卷 明抄本 十行二十字紅格

五四 三國志文類六十卷 清味書室抄本 十行二十字小字雙行同白口四周雙邊 版心下有味書室白鈔五字

五五 建安七子集不分卷 明范欽輯 稿本 十行二十字藍格

五六 晉詩選雅九卷附錄一卷 明呂湯輯 明萬曆六年刻本 十行八字白口四周雙邊

五七 兩晉文鈔十卷 明朱隗輯 明崇禎刻本 九行二十五字白口四周單邊

五八 西晉文二十卷 明張采輯 明崇禎刻本 九行十九字白口左右雙邊

五九 西晉文二十卷 明張采輯 明崇禎刻金閶五雲居印本 九行十九字白口左右雙邊

六〇 東晉文四十卷 明張采輯 明崇禎刻本 九行十九字白口左右雙邊

六三 南朝宋文二十八卷 明張采輯 明崇禎刻本 九行十九字白口左右雙邊 眉上鐫評

六四 南朝齊文十二卷 明張采輯 明崇禎刻本 九行十九字白口左右雙邊 眉上鐫評

以上漢魏六朝

六五 文粹一百卷 宋姚鉉輯 宋紹興九年臨安府刻本 清顧廣圻抄補 十五行二十四至三十字不等白口左右雙邊

六六 文粹一百卷 宋姚鉉輯 明初刻本 十五行二十五字黑口左右雙邊

六七 文粹一百卷 宋姚鉉輯 明初刻遞修本 十五行二十五字黑口左右雙邊

六八 文粹一百卷 宋姚鉉輯 明初刻本（卷二十二至三十六、四十四至七十一、七十六至八十一配另一明刻本，卷二十六下、三十下、三十三下、五十五下配清抄本） 清丁丙跋 十五行二十五字黑口左右雙邊

六九 文粹一百卷 宋姚鉉輯 明初刻遞修本 清佚名錄顧廣圻跋 李盛鐸跋
存六十八卷 一至六十八

七〇 重校正唐文粹一百卷 宋姚鉉輯 明嘉靖三年徐焴刻本 十四行二十五字白口左右雙邊有刻工

七一 重校正唐文粹一百卷 宋姚鉉輯 明嘉靖三年徐焴刻本 清陸貽典校並跋

七二 重校正唐文粹一百卷 宋姚鉉輯 明嘉靖三年徐焴刻本 清何焯校並跋

七三 重校正唐文粹一百卷 宋姚鉉輯 明嘉靖三年徐焴刻本 清顧廣圻抄並跋

七四 重校正唐文粹一百卷 宋姚鉉輯 明嘉靖三年徐焴刻本 清王芑孫校並跋

七六 重校正唐文粹一百卷 宋姚鉉輯 明嘉靖三年徐焴刻本 清江沅校並跋 王芑孫跋

七七 重校正唐文粹一百卷 宋姚鉉輯 明嘉靖三年徐焴刻本 清楊淡校並跋 又錄王芑孫校跋

七八 重校正唐文粹一百卷 宋姚鉉輯 明嘉靖三年徐焴刻本 清朱學勤過錄清江沅校跋

七九 重校正唐文粹一百卷 宋姚鉉輯 明嘉靖三年徐焴刻本 清丁丙跋

八〇 重校正唐文粹一百卷 宋姚鉉輯 明嘉靖三年徐焴刻本 清王聞遠跋

八一 重校正唐文粹一百卷 宋姚鉉輯 明嘉靖三年徐焴刻本 清佚名錄何焯校跋 陳純簪校
存八十五卷 一至五十七、七十三至一百

八二 重校正唐文粹一百卷 宋姚鉉輯 明嘉靖三年徐焴刻本 王東愚校

八三 重校正唐文粹一百卷 宋姚鉉輯 明嘉靖三年徐焴刻萬曆二十六年俞氏重修本 十四行二十五字白口左右雙邊、有刻工

八四 重校正唐文粹一百卷 宋姚鉉輯 明嘉靖六年張大輪刻本 十四行二十五字白口左右雙邊

八五 唐文粹一百卷 宋姚鉉輯 明嘉靖八年晉府養德書院刻本 十三行二十一字白口四周單邊

八六 重校正唐文粹一百卷 宋姚鉉輯 明萬曆四十六年鄧漢刻本 十行二十字白口四周單邊

八七 唐文粹一百卷 宋姚鉉輯 明末刻本 九行二十字白口左右雙邊 眉上鐫評

八八 唐文粹一百卷 宋姚鉉輯 明末刻本 清潘嘉淑評 陸篛跋

存二十九卷 一至二十九

八九 唐文粹一百卷 宋姚鉉輯 明末刻本 清沈欽韓批校

九〇 唐文粹一百卷 宋姚鉉輯 明末刻本 清周方埼批點

九一 文粹一百卷 宋姚鉉輯 清光緒十六年許增榆園刻本 清許增校並跋 四行二十五字小字雙行同 黑口 左右雙邊

九二 文粹一百卷 宋姚鉉輯 清光緒十六年許增榆園刻本 許增校

存十一卷 一至十一

九三 文粹一百卷 宋姚鉉輯 文粹補遺二十六卷 清郭麐輯 清光緒十六年許增榆園刻本 [illegible]清顧廣圻[illegible]批校

九四 文粹一百卷 宋姚鉉輯 清光緒十六年許增榆園刻本 傅增湘校並跋

九五 唐文粹補遺二十六卷 清郭麐輯 清嘉慶二十四年[illegible]刻本 清[illegible]校並跋 十二行二十三字 白口 左右雙邊

九六 高氏三宴詩集三卷 香山九老詩一卷 唐高正臣輯 清抄本 清丁丙跋 九行二十一字 紅格

九七 篋中集一卷 唐元結輯 明刻本 繆荃孫校並跋 十行十八字 白口 左右雙邊

九八 篋中集一卷 唐元結輯 清抄本 清丁丙跋

九九 河岳英靈集二卷 唐殷璠輯 宋刻本 清季振宜題款 十行十八字 白口 左右雙邊

一〇〇 河岳英靈集二卷 唐殷璠輯 宋刻本 清黃丕烈校 十行十八字 白口 左右雙邊

一〇一 河岳英靈集三卷 唐殷璠輯 明刻公文紙印本 十行十八字 白口 左右雙邊

一〇二 河岳英靈集三卷 唐殷璠輯 明刻本 清毛扆校並跋 黃丕烈跋 邵恩多題款 十行十八字 白口 左右雙邊

一〇三 河嶽英靈集三卷 唐殷璠輯 明刻本 清錢求赤校跋 毛扆校 九行十七字 白口 四周單邊 有刻工

一〇四 河嶽英靈集三卷 唐殷璠輯 明崇禎元年毛氏汲古閣刻唐人選唐詩本 清[illegible]校並跋 八行十九字 白口 左右雙邊

一〇五 河嶽英靈集三卷 唐殷璠輯 明抄本 七行二十字

一〇六 國秀集三卷 唐芮挺章輯 明刻本 清[illegible]校 十行十八字 白口 左右雙邊

一〇七 國秀集三卷 唐芮挺章輯 明萬曆汪宗尼刻本 十行二十字 白口 左右雙邊

一〇八 國秀集三卷 唐芮挺章輯 明萬曆汪宗尼刻本 清佚名校 王文壽補目

一〇九 國秀集三卷 唐芮挺章輯 明萬曆張世才刻唐詩六集本 九行二十字 白口 左右雙邊

一一〇 國秀集一卷 唐芮挺章輯 明嘉靖三十六年周曰東抄本 明周曰東 清趙[illegible]跋 清丁丙跋 八行十五字 無格

一一一 唐御覽詩一卷 唐令狐楚輯 明趙均抄本 清黃丕烈跋 八行十八字 無格

一一二 唐中興間氣集二卷 唐高仲武輯 清初毛氏汲古閣影宋抄本 十行十八字 白口 左右雙邊

一一三 中興間氣集二卷 唐高仲武輯 明刻本 明馮舒 清黃丕烈校並跋 勞健跋 十行十八字 白口 左右雙邊

一一四 中興間氣集二卷 唐高仲武輯 明刻本 九行十五字 白口 四周雙邊 刻工

一一五 中興間氣集二卷 唐高仲武輯 明萬曆汪宗尼刻本 清佚名校 王文[illegible]撰序 十行二十字 白口 左右雙邊

一一六 中興間氣集二卷 唐高仲武輯 明崇禎元年毛氏汲古閣刻唐人選唐詩本 清佚名錄何焯校 八行十九字 白口 左右雙邊

一一七 中興間氣集二卷 唐高仲武輯 明崇禎元年毛氏汲古閣刻唐人選唐詩本 清佚名錄何焯校

一一八 極玄集一卷 唐姚合輯 明毛氏汲古閣影宋抄本 十行十八字 白口 左右雙邊

一一九 極玄集二卷 唐姚合輯 明刻本 清莫棠跋 楊守敬題款 九行十八字 黑口 四周雙邊

一二〇 極玄集二卷 唐姚合輯 明萬曆張世才刻唐詩六集本 九行二十字 白口 左右雙邊

一二一 極玄集二卷 唐姚合輯 明崇禎元年毛氏汲古閣刻唐人選唐詩本 佚名錄清顧廣圻批校 八行十九字 白口 左右雙邊

一二二 極玄集二卷 唐姚合輯 明崇禎元年毛氏汲古閣刻唐人選唐詩本 高世異校跋並錄清黃丕烈題識

一二三 唐詩極玄集二卷 唐姚合輯 明又玄齋秦四麟抄本 清[illegible]跋

一二四 極玄集參二卷 唐姚合輯 明邵重生參 明萬曆刻本 清丁丙跋 九行十九字 白口 四周雙邊

一二五 松陵集十卷 唐皮日休陸龜蒙撰 清初影宋刻本 十二行二十二字 白口 左右雙邊

一二六 松陵集十卷 唐皮日休陸龜蒙撰 明弘治十五年劉濟民刻本 十行十八字 細黑口 左右雙邊

一二七 松陵集十卷 唐皮日休陸龜蒙撰 明崇禎九年顧氏詩瘦閣刻本 九行十九字 白口 左右雙邊 版心下鐫詩瘦閣

一二八 松陵集十卷 唐皮日休陸龜蒙撰 明末毛氏汲古閣刻本 八行十九字 白口 左右雙邊 版心下鐫汲古閣

一二九 松陵集十卷 唐皮日休陸龜蒙撰 明末毛氏汲古閣刻本 清陸貽典校並跋

一三〇 松陵集十卷 唐皮日休陸龜蒙撰 明末毛氏汲古閣刻本 清盧文弨校 丁丙跋

一三一 松陵集十卷 唐皮日休陸龜蒙撰 明末毛氏汲古閣刻本 傅增湘校並跋

一三二 松陵集十卷 唐皮日休陸龜蒙撰 明末毛氏汲古閣刻本 鄭振鐸跋

一三三 松陵集十卷 唐皮日休陸龜蒙撰 明末毛氏汲古閣刻清因樹樓印本 [illegible]鐸批校

一三四 松陵集十卷 唐皮日休陸龜蒙撰 明末毛氏汲古閣刻清因樹樓印本 章鈺校

一三五 松陵集十卷 唐皮日休陸龜蒙撰 明抄本 清錢求赤校 十行十八字 黑口 左右雙邊

一三六 才調集十卷 蜀韋縠輯 宋臨安府陳宅經籍鋪刻本（卷一、六至十配清抄本） 十行十八字 白口 左右雙邊

一三七 才調集十卷 蜀韋縠輯 明沈春澤刻本 八行十八字 白口 四周單邊

一三八 才調集十卷 蜀韋縠輯 明沈春澤刻本 清沈寶錄何焯校 張宗松跋 八行十八字 白口 四周單邊

一三九 才調集十卷 蜀韋縠輯 明末毛氏汲古閣刻唐人選唐詩本 明孫永祚批校並跋 莫棠跋

一四〇 才調集十卷 蜀韋縠輯 明刻補修本 清佚名錄明徐[illegible]清馮班陸貽典批 八行十八字 白口 四周單邊

一四一 才調集十卷 蜀韋縠輯 明刻補修本 清佚名錄馮舒馮班批點

一四二 才調集十卷 蜀韋縠輯 明刻補修本 清佚名錄何焯批校 葉啓勳葉啓發跋

一四三 才調集十卷 蜀韋縠輯 明刻補修本 清潘[illegible]批校

一四四 才調集十卷 蜀韋縠輯 清康熙四十三年汪氏垂雲堂刻本 清馮武批並跋 八行十九字 白口 左右雙邊

一四五 才調集十卷 蜀韋縠輯 清康熙四十三年汪氏垂雲堂刻本 清趙執信批校並跋

一四六 才調集十卷 蜀韋縠輯 清康熙四十三年汪氏垂雲堂刻本 清蔡圓錄何焯跋

一四七 才調集十卷 蜀韋縠輯 清康熙四十三年汪氏垂雲堂刻本 清狄名錄何焯校

一四八 才調集十卷 蜀韋縠輯 清康熙四十三年汪氏垂雲堂刻本 清顧超遵跋並跋

一四九 才調集集注十卷 蜀韋縠輯 清周禎集注 稿本 十二行二十八字無格

一五〇 才調集補註十卷 蜀韋縠輯 清殷元勳箋註 宋邦綏補註 清乾隆五十八年思補堂刻本 清馬壽齡跋 十行二十一字白口四周雙邊

一五一 才調集箋註十卷 蜀韋縠輯 清吳兆宜箋註 清吳慈抄本 清翁同壽跋 十行二十一字藍格

一五二 才調集選三卷 清王士禛編 清康熙刻本 清王晨跋並臨趙執信沈德潛批校 十行十九字黑口左右雙邊

一五三 搜玉小集一卷 明刻本 明馮舒校並跋 十行十八字白口左右雙邊

一五四 唐百家詩選二十卷 宋王安石輯 宋刻遞修本 九行二十字白口左右雙邊
存八卷 九至十六

一五五 王荆公唐百家詩選二十卷 宋王安石輯 宋紹興□州刻本（目錄卷二、卷六有抄配） 十行十八字白口左右雙邊
存九卷 一至九

一五六 王荆公唐百家詩選二十卷 宋王安石輯 清康熙四十三年宋犖丘迥刻本 十行十八字白口左右雙邊

一五七 王荆公唐百家詩選二十卷 宋王安石輯 清康熙四十三年宋犖丘迥刻雙清閣印本

一五八 王荆公唐百家詩選二十卷 宋王安石輯 清康熙四十三年宋犖丘迥刻雙清閣印本 清方功惠跋

一五九 萬首唐人絕句一百一卷 宋洪邁輯 明嘉靖十九年陳敬學德星堂刻本 十行二十字白口左右雙邊 版心下鐫德星堂

一六〇 萬首唐人絕句一百一卷 宋洪邁輯 明嘉靖十九年陳敬學德星堂刻本 清朱彭壽跋

一六一 萬首唐人絕句一百一卷 宋洪邁輯 明嘉靖十九年陳敬學德星堂刻本 陳矩跋

一六二 萬首唐人絕句一百一卷 宋洪邁輯 明嘉靖十九年陳敬學德星堂刻本 鄭振鐸跋

一六三 萬首唐人絕句一百一卷 宋洪邁輯 明嘉靖十九年陳敬學德星堂刻本 葉樾常跋
存二十六卷 一至二十六

一六四 宋洪魏公進萬首唐人絕句四十卷目錄四卷 宋洪邁輯 明趙宧光黃習遠補 明萬曆三十五年趙宧光刻本 十行十八字小字雙行同白口左右雙邊

一六五 宋洪魏公進萬首唐人絕句四十卷目錄四卷 宋洪邁輯 明趙宧光黃習遠補 明萬曆三十五年趙宧光刻本 清唐彥猷批

一六六 宋洪魏公選萬首唐人絕句四十卷目錄四卷 宋洪邁輯 明趙宧光黃習遠補 明萬曆三十五年趙宧光刻本 葉景葵跋

一六七 分門纂類唐歌詩一百卷 宋趙孟奎輯 宋刻本 清毛扆顧廣圻倪模孫跋 嚴元照跋並題詩 十行十八字白口左右雙邊
存十一卷 天地山川類五卷 草木蟲魚類三至八卷

一六八 分門纂類唐歌詩一百卷 宋趙孟奎輯 清初毛氏汲古閣影宋抄本 清毛扆跋 十行十八字白口左右雙邊
存七卷 十八、二十四、九十一、九十三至九十六

一六九 分門纂類唐歌詩一百卷 宋趙孟奎輯 明抄本 清曹寅跋 十行十八字無格
存十三卷 天地山川類三十二、九十一至九十六 草木蟲魚類三至八

一七〇 分門纂類唐歌詩一百卷 宋趙孟奎輯 清抄本 清吳騫唐翰題跋
存十卷 天地山川類四卷 草木蟲魚類三至八卷

一七一 分門纂類唐歌詩一百卷 宋趙孟奎輯 清抄本 十行十八字白口左右雙邊
存十一卷 十八、二十、二十一、六十二、九十一至九十六

一七二 箋註唐賢絕句三體詩法二十卷 宋周弼輯 元釋圓至注 明嘉靖二十八年吳春刻本 九行十七字小字雙行同黑口四周雙邊

一七三 箋註唐賢絕句三體詩法二十卷 宋周弼輯 元釋圓至註 明刻本 九行十七字小字雙行同大黑口四周雙邊（開本較大）

一七四 箋註唐賢絕句三體詩法二十卷 宋周弼輯 元釋圓至注 明刻本 九行十七字小字雙行同黑口四周雙邊

一七五 箋註唐賢絕句三體詩法二十卷 宋周弼輯 元釋圓至註 明刻本 清姚世鈺、佚名錄何焯批校 九行十七字小字雙行同黑口四周雙邊

一七六 箋註唐賢絕句三體詩法二十卷 宋周弼輯 元釋圓至註 明刻本 佚名批點並錄清何焯評點 九行十七字黑口四周雙邊

一七七 箋註唐賢絕句三體詩法二十卷 宋周弼輯 元釋圓至註 明刻本 清袁芳瑛批校 前人錄何焯批校並跋 九行十七字小字雙行同黑口四周雙邊

一七八 箋註唐賢絶句三體詩法二十卷 宋周弼輯 元釋圓至註 明刻本 葉德輝跋並錄清何焯、袁芳瑛批校題識 九行十七字黑口四周双边

一七九 箋註唐賢三體詩法二十卷 宋周弼輯 元釋圓至註 明火鋐刻本 十一行十九字小字双行同白口左右双边

一八〇 新刊唐賢絶句三體詩註二十卷 宋周弼輯 元釋圓至註 明刻本 十行二十二字黑口四周双边 存八卷 一至八

一八一 唐三體詩六卷 宋周弼輯 清高士奇補注 續唐三體詩八卷 清高士奇輯 清康熙朗潤堂刻本 十一行十九字續編十一行二十字黑口四周單边

一八二 磧砂唐詩三卷 宋周弼輯 元釋圓至注 清盛傳敏、王鏻輯 清康熙十九年刻本 十行二十一字細黑口左右双边

一八三 衆妙集一卷 宋趙師秀輯 明抄本 十行十八字無格

一八四 二妙集一卷 宋趙師秀輯 明抄本 清何焯跋 十行十八字無格

一八五 唐僧弘秀集十卷 宋李龏輯 宋刻本 清黃丕烈跋 李盛鐸、袁克文跋 十行十八字白口左右双边 存八卷 一至八

一八六 唐僧弘秀集十卷 宋李龏輯 明黃貫曾刻本 十二行二十字白口左右双边

一八七 唐僧弘秀集十卷 宋李龏輯 明黃貫曾刻本（八卷一至八配清抄本） 清丁丙跋

一八八 唐僧弘秀集十卷 宋李龏輯 明黃貫曾刻本 朱文鈞跋

一八九 唐僧弘秀集十卷 宋李龏輯 明萬曆四十七年沈春澤刻本 八行十八字白口四周單边

一九〇 唐僧弘秀集十卷 宋李龏輯 明萬曆四十七年沈春澤刻本 清陸貽典校並跋 錢孫保校並跋

一九一 唐僧弘秀集十卷 宋李龏輯 清刻本 清施[illegible]跋 十行二十一字白口四周單边

一九二 唐僧弘秀集十卷 宋李龏輯 明末毛氏汲古閣刻本 八行十八字白口四周單边

一九三 唐僧弘秀集十卷 宋李龏輯 明末毛氏汲古閣刻本 李盛鐸校

一九四 唐僧弘秀集十卷 宋李龏輯 明末毛氏汲古閣刻本 傅增湘校跋並錄清黃丕烈[illegible]題識

一九五 唐僧弘秀集十卷 宋李龏輯 清初毛氏汲古閣刻本 九行十九字白口左右双边

一九六 唐僧弘秀集十卷 宋李龏輯 清初毛氏汲古閣刻本 傅增湘校

一九七 唐僧弘秀集十卷 宋李龏輯 清初毛氏汲古閣刻本 周叔弢校

一九八 唐詩絶句五卷 宋趙蕃、韓淲輯 謝枋得注 明刻本 八行十七字黑口四周双边

一九九 註解章泉澗泉二先生選唐詩五卷 宋趙蕃、韓淲輯 謝枋得注 明刻本 清黃丕烈、丁丙跋 明顧孔教、張國祥、清孫文林、徐仲則題識 八行十六字白口左右双边

二〇〇 唐詩集註五卷 宋趙蕃、韓淲輯 謝枋得註 明王[illegible]刻本 八行十六字黑口四周單边

二〇一 唐詩鼓吹大全十卷 金元好問輯 元郝天挺注 元刻本 十二行二十一字黑口四周双边

二〇二 唐詩鼓吹十卷 金元好問輯 元郝天挺注 元劉氏日新堂刻本 十三行二十二字黑口四周双边

二〇三 唐詩鼓吹十卷 金元好問輯 元郝天挺注 元中和書堂刻本 十三行二十二字黑口四周双边

二〇四 註唐詩鼓吹十卷 金元好問輯 元郝天挺注 明刻本 十行二十字白口左右双边

二〇五 註唐詩鼓吹十卷 金元好問輯 元郝天挺註 明刻本 八行二十字黑口左右双边

二〇六 註唐詩鼓吹十卷 金元好問輯 元郝天挺註 明刻本 九行十六字黑口四周双边

二〇七 高明選增便蒙唐詩鼓吹大全十卷 金元好問輯 元郝天挺注 明書林劉氏本誠堂刻本 十一行十六字白口四周双边

二〇九 新刊三訂便蒙唐詩鼓吹大全十卷 金元好問輯 元郝天挺注 新增草堂辭調賦歌十卷 明嘉靖十七年廣勤書堂刻本 上欄"新增草堂辭調賦歌"十八行四字，存五卷一至五；下欄"新刊三訂便蒙唐詩鼓吹大全"十二行二十三字，存五卷一至五 黑口（間有白口）四周双边

二一〇 唐詩鼓吹十卷 金元好問輯 元郝天挺注 明廖文炳解 清順治十六年陸貽典、錢朝鼒等刻本 清何焯批校 何煌箋注並識 十一行二十一字小字双行同黑口左右双边

二一一 唐詩鼓吹十卷 金元好問輯 元郝天挺注 明廖文炳解 清順治十六年陸貽典、錢朝鼒等刻本 清陳景雲評跋並錄何焯批校 顧廣圻題識 王大隆跋

二一二 唐詩鼓吹十卷 金元好問輯 元郝天挺注 明廖文炳解 清順治十六年陸貽典、錢朝鼒等刻本 清佚名錄何焯、[illegible]批

二一三 唐詩鼓吹十卷 金元好問輯 元郝天挺注 明廖文炳解 清順治十六年陸貽典、錢朝鼒等刻本 清法式善、黃文暘批校並跋

二一四 東嵒草堂評訂唐詩鼓吹十卷 金元好問輯 元郝天挺註 明廖文炳解 清朱三錫評 清康熙刻本 清紀昀批並跋又錄趙執信評 十一行二十一字白口四周双边

二一五 東嵒草堂評訂唐詩鼓吹十卷 金元好問輯 元郝天挺註 明廖文炳解 清朱三錫評 清康熙刻本 清朱記榮錄何焯批校

二一六 東嵒草堂評訂唐詩鼓吹十卷 金元好問輯 元郝天挺註 明廖文炳解 清朱三錫評 清康熙刻本 清金武祥批校

二一七 唐音十卷 元楊士弘輯 明初葉氏仁實堂刻本（缺卷配另一明刻本） 十一行二十字黑口四周双边

二一八 唐音十卷 元楊士弘輯 明成化二十三年楊清書堂刻本（唐音遺響配另一明刻本） 十行十八字黑口四周双边 存九卷 唐詩始音一卷 正音六卷 唐音遺響二卷

二一九 唐音十卷 元楊士弘輯 明刻本 十行十八字白口左右双边

二二二〇　唐音十卷　元楊士弘輯　明刻重修遞印本　十行十八字白口左右雙邊

二二二一　唐音十一卷　元楊士弘輯　明初刻本（唐音遺響配另一明初刻本）　十行十八字黑口四周雙邊

二二二二　唐音十一卷　元楊士弘輯　明正統七年道立書堂刻本　十一行二十字黑口四周雙邊

唐音存五卷　始音　正音一上　三下　四下　五上

二二二三　唐音輯注十四卷　元楊士弘輯　□張震注　明葉氏廣勤堂刻本　九行十八字小字雙行同黑口四周雙邊

二二二四　唐音輯注十四卷　元楊士弘輯　□張震注　明刻本　九行十八字小字雙行同黑口四周雙邊

二二二五　唐音十四卷　元楊士弘輯　明顧璘批點　明嘉靖二十年溫秀刻本　十行□十字白口四周單邊

二二二六　批點唐音十五卷　元楊士弘輯　明顧璘批點　明嘉靖二十一年溫秀刻四十年李裳重修本　十行二十字小字雙行同白口四周單邊　華邊有刻工

二二二七　批點唐音十五卷　元楊士弘輯　明顧璘批點　明嘉靖二十一年溫秀刻四十年李裳重修本　青丁兩跋

二二二八　唐音十五卷　元楊士弘輯　明顧璘批點　明刻朱墨套印本　九行十八字白口四周單邊

二二二九　唐音十五卷　元楊士弘輯　明顧璘批點　明崇禎三年吳興閔映璧刻本　九行十八字白口四周單邊

二二三〇　七體唐詩正音補註一卷　元楊士弘輯　明王惠注　明成化十一年刻本　八行二十字黑口四周雙邊

二二三一　唐詩合選十五卷　元楊士弘　明高棅選　明萬曆十一年□□□刻本　十行二十字白口四周雙邊有刻工

二二三二　唐人五言排律選十卷　元李存輯　清刻本　十一行二十二字白口四周單邊

二二三三　唐詩品彙九十卷拾遺十卷　明高棅輯　明弘治六年張璁刻本　十行二十一字黑口四周雙邊

二二三四　唐詩品彙九十卷拾遺十卷　明高棅輯　明弘治六年張璁刻嘉靖十六年姚芹泉遞修本　十一行二十一字

二二三五　唐詩品彙九十卷拾遺十卷詩人爵里詳節一卷　明高棅輯　明嘉靖十六年姚芹泉刻本　十一行二十一字白口四周單邊

二二三六　唐詩品彙九十卷拾遺十卷　明高棅輯　明嘉靖十六年姚芹泉刻本（卷七十一至七十五配清抄本）　青雲史後批校

二二三七　唐詩品彙九十卷拾遺十卷　明高棅輯　明嘉靖十八年牛斗刻本　十行二十字小字雙行同白口左右雙邊

二二三八　唐詩品彙九十卷拾遺十卷詩人爵里詳節一卷　明高棅輯　明汪宗尼刻本　八行十六字白口四周單邊有刻工

二二三九　唐詩品彙九十卷拾遺十卷　明高棅輯　明萬曆三十□年□□□刻本　十行二十字小字雙行同白口左右雙邊

二二四〇　唐詩品彙九十卷　拾遺十卷　明高棅輯　明刻本　十行二十字白口左右雙邊

二二四一　唐詩品彙九十卷拾遺十卷　明高棅輯　明刻本　十行二十一字小字雙行同白口左右雙邊　版心下鐫"月到天心處風來水面時一般清意味料得少人知"為卷帙次序

二二四二　唐詩品彙九十卷拾遺十卷　明高棅輯　明刻本　十行二十字小字雙行同白口左右雙邊

二二四三　唐詩品彙九十卷拾遺十卷詩人爵里詳節一卷　明高棅輯　汪宗尼校訂　明刻本　十行二十字白口左右雙邊

二二四四　唐詩品彙九十卷拾遺十卷　明高棅輯　張恂重訂　明末張恂刻本　十行二十字小字雙行同白口左右雙邊

二二四五　唐詩正聲二十二卷　明高棅輯　明正統七年彭勗刻藍印本　十行二十一字白口左右雙邊

唐詩存六卷　一至六

二二四六　唐詩正聲二十二卷　明高棅輯　明正統七年彭勗刻本　十行十

二二四七　唐詩正聲二十二卷　明高棅輯　明嘉靖二十四年何城刻本　十行十九字黑口左右雙邊

二二四八　唐詩正聲二十二卷　明高棅輯　明嘉靖二十四年何城刻本　清丁丙跋

二二四九　唐詩正聲二十二卷　明高棅輯　明嘉靖三十五年錢□刻本　十行二十字小字雙行同白口左右雙邊有刻工馮相陸倫孫第等

二二五〇　唐詩正聲二十二卷　明高棅輯　明萬曆七年許儒亨刻本　十行二十字白口左右雙邊有刻工

存二十一卷　一至十七　十九至二十二

二二五一　唐詩正聲二十二卷　明高棅輯　明刻本　十行二十字白口左右雙邊

二二五二　唐詩正聲二十二卷　明高棅輯　明刻本　佚名錄清宋犖批校　十行二十字小字雙行同白口左右雙邊

二二五三　唐詩正聲二十二卷　明高棅輯　明刻本　十行二十字白口四周單邊

二二五四　唐詩正聲二十二卷　明高棅輯　明延陵吳氏西爽堂刻本　九行二十字白口左右雙邊

二二五五　唐詩正聲二十二卷　明高棅輯　明書林種德堂熊沖宇刻本　八行十六字白口四周單邊

二二五六　唐詩正聲二十二卷　明高棅輯　明刻本　九行十八字白口左右雙邊

二二五七　唐詩正聲二十二卷　明高棅輯　古詩正聲七卷　明刻藍印本　九行十八字白口左右雙邊

二二五八　唐詩正聲二十二卷　明高棅輯　明刻玉堂印本　前人錄清宋犖批校　陳書跋　九行十八字小字雙行二十七字白口左右雙邊

二二五九　唐詩正聲二十二卷　明高棅輯　古詩正聲七卷　明刻白棠閣印本（唐詩正聲卷十六至十八配清抄本）　清吳時忠批注並跋　九行十八字小字雙行二十七字細黑口左右雙邊

二二六〇　批點唐詩正聲二十二卷　明高棅輯　桂天祥批點　明萬世德刻本　十行二十字白口四周單邊有刻工劉文存劉文登等

二二六一　增定評註唐詩正聲十二卷　明高棅輯　郭濬評點　明天啟六年郭濬刻本　九行二十字小字雙

行同白口、四周單邊

二六二 雅音會編十二卷 明康麟輯 明嘉靖二十四年瀋藩勉學書院刻本 九行二十字白口、四周雙邊

二六三 雅音會編十二卷 明康麟輯 明萬曆二十二年瀋藩刻本 九行二十字白口、左右雙邊

二六四 重選唐音大成十五卷 明邵天和輯 明嘉靖五年葉良佩刻本 十行二十字黑口、四周雙邊

二六五 唐雅八卷 明胡纘宗輯 明嘉靖二十八年文斗山堂刻本 十行二十字白口、四周單邊 版心下鐫文斗山堂

二六六 唐絕增奇五卷 明楊慎輯 明刻本 十一行十八字白口、四周雙邊

二六七 全唐詩選十八卷 明李默、鄒守愚輯 明嘉靖二十六年曾才漢刻本 十行二十一字白口、四周單邊

二六八 類編唐詩七言絕句一卷 明敖英輯並批點 王交刪訂 明嘉靖刻本 八行十七字白口、四周單邊

二六九 唐詩絕句類選四卷總評一卷人物一卷 明敖英、凌雲翼輯 英等評 明凌濛刻三色套印本 八行十九字白口、四周單邊 眉上行間鐫評語

二七〇 唐詩選玄集不分卷 明萬表輯 明張好德抄本 九行二十一字藍格白口、四周雙邊 版心上鐫緊好樓 存五言律詩一冊

二七一 山中集一卷 明萬表輯 明嘉靖刻本 十行十八字白口、左右雙邊

二七二 唐詩絕句精選四卷附刻一卷拾遺一卷 明張含輯 楊慎批 明嘉靖二十六年張氏萬卷堂刻本 九行二十字白口、左右雙邊 版心鐫萬卷堂

一三

二七三 初唐詩三卷 明樊鵬輯 明嘉靖十三年李一中刻本 九行二十一字白口、左右雙邊

二七四 唐律類鈔二卷 明蔡雲程輯 明嘉靖刻本 十行二十字白口、四周單邊

二七五 唐李杜詩集十六卷 明萬虞愷、邵勳輯 明嘉靖二十一年萬虞愷刻本 十二行二十二字白口、左右雙邊

二七六 唐李杜詩集十六卷 明萬虞愷、邵勳輯 明嘉靖二十一年萬虞愷刻本 清尹繼善、光燦、恩澤、文泰跋

二七七 新刻翰林攷正京本李詩評選四卷杜詩評選四卷 明何炷輯 李廷機評 明萬曆宗文書舍刻本 十行二十字小字雙行同白口、四周雙邊 版心下鐫宗文書舍

二七八 李杜律詩四卷 明嘉靖二十一年刻本 十行二十一字白口、四周雙邊

二七九 刪正唐詩品彙五十卷 明俞憲輯 明嘉靖三十二年瀋藩刻本 十行二十一字白口、四周單邊

二八〇 唐音類選二十四卷拾遺一卷 明高光毓輯 明黃佐訂 古今律呂考一卷詩人名氏一卷 明黃佐撰 明嘉靖四十三年刻本 十行二十字白口、四周單邊

二八一 唐詩類苑二百卷 明張之象輯 明萬曆二十九年曹仁甫刻本 十行二十字白口、四周雙邊

二八二 唐詩類苑一百卷 明卓明卿輯 明萬曆十四年崧齋雕活字印本 十行二十字白口、四周單邊 版心下印崧齋雕木

二八三 唐詩類苑纂五集不分卷 清蔣伊輯 蔣陳錫補訂 清抄本 十二行二十字小字雙行同白口、左右雙邊

二八四 唐雅二十六卷 明張之象輯 明嘉靖三十一年長水書院刻本 九行十七字白口、左右雙邊

二八五 唐雅二十六卷 明張之象輯 明嘉靖三十一年無錫縣刻本 九行十七字白口、左右雙邊

二八六 唐雅二十六卷 明張之象輯 明嘉靖三十一年無錫縣刻本 清丁丙跋

二八七 唐雅二十一卷 明張之象輯 明萬曆吳勉學刻本 九行十九字白口、四周雙邊

二八八 唐詩類鈔八卷 明顧應祥輯 明嘉靖三十一年自刻本 九行十八字白口、四周單邊

二八九 唐詩類鈔八卷 明顧應祥輯 明嘉靖三十一年自刻本 清丁丙跋

二九〇 唐詩類鈔八卷 明顧應祥輯 明嘉靖三十一年自刻本 沈濂增跋

二九一 唐詩彙鈔不分卷 明顧應祥輯 明卓文通抄本 清朱彝尊、何焯、朱者題 訊彬跋

二九二 詩宗彙韻二十六卷 明司馬泰輯 明抄本 十一行二十字藍格四周單邊

二九三 唐詩選七卷 明李攀龍輯 王穉登評 明閔氏刻朱墨套印本 八行十八字白口、左右雙邊 無直格

二九四 李于鱗唐詩廣選七卷 明李攀龍輯 凌濛初、凌瀛初輯評 明凌氏刻朱墨套印本 八行十八字白口、四周單邊 無直格

二九五 鍾伯敬評註唐詩選七卷附錄一卷 明李攀龍輯 鍾惺評註 劉孔敦批點 明末刻本 十行二十字小字雙行同白口、四周單邊 無直格

二九六 唐詩選七卷附錄一卷 明李攀龍輯 蔣一葵箋釋 明萬曆二十八年武林一初齋刻本 九行十八字小字雙行同白口、四周單邊

一四

二九七 唐詩選七卷附錄一卷 明李攀龍輯 蔣一葵箋釋 明萬曆刻本 九行十八字白口、四周單邊

二九八 唐詩選註七卷附錄一卷 明李攀龍輯 蔣一葵箋釋 明萬曆刻本 清佚名批注 九行十八字白口、四周雙邊

二九九 唐詩選七卷 明李攀龍輯 蔣一葵箋釋 陳繼儒訂 明刻本 九行二十字小字雙行同白口、左右雙邊

三〇〇 唐詩選七卷 明李攀龍輯 蔣一葵箋釋 高江批點 明刻本 九行二十字小字雙行同白口、四周單邊

三〇一 唐詩選七卷彙釋七卷 明蔣一葵撰 詩韻輯要五卷 明王穉登輯 附錄一卷 明[illegible]大獻刻朱墨套印本 八行十九字小字雙行同白口、四周單邊

三〇二 郗庵重訂李于鱗唐詩選七卷 明李攀龍輯 蔣一葵箋釋 郗庵增訂唐詩評一卷 明黃家鼎輯 明崇禎元年黃家鼎刻本 九行十八字小字雙行同白口、四周單邊

三〇三 鐫李及泉參于鱗箋釋唐詩選七卷 明李攀龍輯 宗閩 明晏良棨刻本 九行十九字白口、左右雙邊

三〇四 硃批唐詩苑七卷附錄一卷 明李攀龍輯 [illegible]評點 明刻朱墨套印本 八行二十字小字雙行同白口、四周單邊

三〇五 新刻李袁二先生精選唐詩訓解七卷 明李攀龍選 袁宏道校 明萬曆四十六年居仁堂余獻可刻本 九行二十字小字雙行同白口、四周單邊 有行欄

三〇六 鐫校釋唐四傑文集四卷 唐王勃楊炯盧照鄰駱賓王撰 明熊清校釋 明萬曆二十八年鄭雲竹宗文書舍刻本 九行十八字小字雙行同白口四周雙邊版心下鐫宗文書舍

三〇七 十二家唐詩類選十二卷 明何東序輯 明隆慶四年刻本 九行二十一字白口四周單邊有刻工

三〇八 唐詩會選十卷 明李栻輯 明萬曆二年李栻刻本 十行二十字白口左右雙邊

三〇九 唐詩會選十卷 明李栻輯 明萬曆二年李栻刻本 梁上椿跋

三一〇 唐詩紀一百七十卷目錄三十四卷 明黃德水吳琯輯 明萬曆十三年吳琯刻本 九行十九字白口四周雙邊

三一一 唐詩紀一百七十卷 明黃德水吳琯輯 明萬曆十三年吳琯刻本 傅增湘跋並錄清何焯批校題識 存十卷 二十一至三十

三一二 唐詩紀一百七十卷目錄三十四卷 題明方一元輯 明萬曆十三年吳琯刻明方天眷重修本 九行十九字白口四周雙邊有刻工

三一三 唐詩紀一百七十卷目錄三十四卷 題明方一元輯 明萬曆十三年吳琯刻明方天眷重修後印本 清王士禎批

三一四 琬琰清音十二卷 明高思翔瞿汝底輯 明萬曆刻本 十行二十字白口四周雙邊 朱捷批點 卷一至六：唐七言律選 卷七至十二：唐五言律選

一五

三一五 新鐫名公批評分門釋類唐詩[illegible]四卷 明李惟[illegible]注 明[illegible]刻本 九行二十字白口四周單邊眉上鐫評

三一六 唐雅同聲五十卷目錄二卷 明毛懋宗輯 明萬曆十六年毛鏻依仁山館刻本 十行二十字白口四周雙邊版心下鐫依仁山館

三一七 唐雅同聲五十卷目錄二卷 明毛懋宗輯 明萬曆十六年毛鏻刻崇禎六年朱[illegible]重修本 十行二十字白口四周雙邊

三一八 類選唐詩助道微機六卷 明周汝登輯 助道微機或問記一卷 明胡正言撰 明十竹齋刻本 八行十八字白口四周單邊版心下鐫十竹齋

三一九 唐詩所四十七卷 明臧懋循輯 明萬曆刻本 十行二十一字小字雙行同白口左右雙邊

三二〇 唐詩三集合編七十四卷首一卷 明沈子來輯 明天啟四年[illegible]山房刻本 九行二十字白口四周單邊

三二一 全唐風雅十二卷唐詩八姓字爵里一卷 明黃克纘衛一鳳輯 明萬曆四十六年黃克纘刻本 十行二十字白口左右雙邊

三二二 唐詩類選六卷 明張居仁輯 明萬曆二十四年自刻本 九行十七字白口左右單邊上下雙邊

三二三 唐詩類選六卷 明張居仁輯 明萬曆二十四年刻本 [illegible]

三二五 初唐彙詩七十卷詩人氏系履歷一卷目錄十卷 明吳勉學輯 明萬曆三十年吳勉學刻四唐彙詩本 九行十八字白口左右雙邊

三二六 盛唐彙詩一百二十四卷詩人氏系履歷一卷目錄二十二卷 明吳勉學輯 明萬曆三十年吳勉學刻四唐彙詩本 九行十八字白口左右雙邊

三二七 唐樂府十八卷 明吳勉學輯 明刻本 九行十九字白口四周雙邊

三二八 唐詩選句十二卷 明張䤼輯 明天啟程從約刻本 十行二十字白口左右雙邊

三二九 唐詩歸折衷四卷 明鍾惺譚元春輯 清劉邦彥重訂 稿本

三三〇 精選唐詩分類評釋繩尺九卷要語一卷 明[illegible]輯 明萬曆刻本 十一行二十一字白口四周單邊 存八卷 一至三 五至九 要語全

三三一 唐詩類韻二十九卷 明于承祖撰 明萬曆四年[illegible]齋刻本 十行二十字白口左右雙邊版心下鐫[illegible]齋

三三二 唐詩類韻四卷 明吳可大撰 明萬曆刻本 九行二十字白口四周單邊

三三三 詳註百家唐詩彙選三十卷 明徐[illegible]註 明萬曆世美堂刻本 十行二十字小字雙行同白口四周單邊

一六

三三四 唐世精華十二卷 明余應虬輯 明萬曆四其軒刻本 十行十八字白口四周單邊版心下鐫四其軒藏版

三三五 彙編唐詩十集四十一卷目錄七卷 明唐汝詢輯 明天啟刻本 九行十八字小字雙行同白口四周單邊眉上鐫評

三三六 唐詩解五十卷 明唐汝詢輯 明萬曆四十三年楊鶴刻本 九行二十字小字雙行同白口四周單邊

三三七 唐詩解五十卷詩人爵里一卷 明唐汝詢輯 清順治十六年趙孟龍萬笈堂刻本 九行十九字白口四周單邊版心下鐫萬笈堂

三三八 刪訂唐詩解二十四卷 明唐汝詢輯 清吳昌祺評 清康熙四十年[illegible]刻本 九行二十一字白口左右雙邊 眉欄鐫評

三三九 弄石庵唐詩名花集四卷 明楊肇祉輯 明末弄石庵刻本 八行十八字白口四周單邊 又名唐詩花卉集

三四〇 重廣草木蟲魚雜詠詩集□□卷 明刻本 十行二十一字黑口四周雙邊 存十卷 六至七 十一至十八

三四一 唐詩類編□卷 明仕[illegible]輯 抄本 存三卷 □□類 時令類 地理類

三四二 刪補唐詩選脈箋釋會通評林六十卷 明周珽集注 陳繼儒批點

明崇禎八年敦采齋刻本　十行十八字小字雙行同　白口　左右雙邊　周爾鎔評

刪補唐詩選脉箋釋會通評林六十卷　明周珽輯　明陳繼儒批點　明崇禎八年敦采齋刻本　清周廣業跋　三四三

唐詩近體集韻二十卷　明姚希孟輯　明周履靖（？）刻本　八行十九字白口　左右雙邊　明刻本　九行十八字白口　四周雙邊　三四四

唐詩援二十卷　明李沂輯　明末刻本　三四五

唐詩選一卷　明蕭士瑋輯　稿本　清胡慰曾跋　九行十八字藍格　三四六

唐音統籤一千三十六卷　明胡震亨輯　清康熙刻本（丙籤己籤辛籤壬籤闕有抄配）　十行十九字白口　左右雙邊

甲籤唐帝王詩七卷　乙籤初唐詩七十九卷　丙籤盛唐詩一百二十五卷　丁籤中唐詩三百四十三卷　戊籤晚唐人集詩二百一卷餘閏國主詩一卷餘閏六十二卷　己籤五唐雜詩五十四卷　庚籤唐僧詩三十九卷唐進士詩六卷唐宮閨詩九卷唐外夷詩一卷　辛籤唐樂章十卷樂府四五卷唐填詞十卷唐歌謠諺語四卷唐題詩判語一卷唐蛇祝一卷唐占辭一卷唐謎戒一卷唐書宄四卷唐偈頌二十四卷　壬籤唐仙詩三卷唐神詩一卷唐鬼詩二卷唐夢詩一卷唐他怪詩一卷　癸籤唐詩史三十三卷　三四七

唐音戊籤二百一卷餘閏六十三卷餘諸國主詩一卷　明胡震亨輯　清康熙二十六年胡氏刻本　十行十九字白口　左右雙邊　三四八

唐音戊籤二百一卷餘閏六十三卷餘諸國主詩一卷　明胡震亨輯　清康熙二十六年胡氏南益堂刻本　清何焯校　三四九

唐音戊籤二百一卷餘閏六十三卷餘諸國主詩一卷　明胡震亨輯　清康熙二十六年胡氏南益堂刻本　清姚嚴錄何焯等校　三五〇

唐音戊籤二百一卷餘閏六十三卷餘諸國主詩一卷　明胡震亨輯　清康熙二十六年胡氏南益堂刻本　清張增錄何焯批校

存一百九十六卷　統籤五百五十三至七百三十九、八百八至八百十七　三五一

僧詩選不分卷　明抄本　三五二

唐詩類苑選三十四卷　清顧明恭輯　清順治十六年刻本　九行二十字白口　四周雙邊　三五三

唐詩快十六卷選詩前後諸詠一卷　清黃周星輯　清康熙三十二年刻本　清□二十字白口　四周單邊　三五四

唐詩快十六卷選詩前後諸詠一卷　清黃周星輯　清康熙刻本　十行二十一字黑口　左右雙邊　三五五

唐詩英華二十四卷　清顧有孝輯　清初顧氏萬遠堂刻本　（清……二十四康汪潤跋）　十一行二十一字小字雙行同　細黑口　左右雙邊　三五六

貫華堂選批唐才子詩甲集七言律八卷　清金人瑞輯　金雍注　清初刻本　九行二十一字小字雙行同　白口　左右雙邊　三五七

貫華堂選批唐才子詩甲集七言律八卷　清金人瑞輯　金雍注　清初刻本　馮文炳批校並跋　三五八

貫華堂選批唐才子詩甲集七言律八卷　清金人瑞輯　金雍注　清初刻本　清李香源批校　三五九

唐風懷十卷論一卷　清張懋謙輯　翠微庵詩存一卷　清張謙慎撰　清順治十七年兩花草堂刻本　十行二十五字白口　左右雙邊　三六〇

近體秋陽十七卷　清譚宗輯　清初刻本　九行二十一字白口　左右雙邊　三六一

唐人萬首絕句選七卷　清王士禛輯　清康熙松花塵刻本　十行十九字黑口　左右雙邊　清李德銘批校並跋　三六二

唐賢三昧集三卷　清王士禛輯　清康熙刻本　清汪洪度過錄□　十行十九字黑口　左右雙邊　清□□素部跋　三六三

唐賢三昧集三卷　清王士禛輯　清康熙刻本　清□素部錄汪洪度批　三六四

唐賢三昧集三卷　清王士禛輯　清康熙刻本　清邵叔武錄潘德輿評點　史曼入跋　三六五

唐賢三昧集三卷　清王士禛輯　清乾隆五十二年聽雨齋刻本　姚椿之錄姚鼐批校　十行二十一字白口　左右雙邊　三六六

唐賢三昧集三卷　清王士禛輯　清抄本　九行二十六字藍格　白口　四周單邊　三六七

十種唐詩選五卷　清王士禛輯　清宋氏漫堂抄本　十行十九字藍格白口　版心下鐫漫堂抄本　三六八

唐文粹詩選六卷　清王士禛輯　清康熙刻本　十行十九字黑口　左右雙邊　三六九

唐詩擥香集十六卷　清俞南史輯　清初刻本　九行二十一字白口　四周單邊　三七〇

唐詩正三十卷　清俞南史　汪森輯　清康熙十四年刻本　十行二十一字黑口　左右雙邊　三七一

唐詩韻滙不分卷　清施端教輯　清康熙嘯閣刻本　十一行二十字白口　左右雙邊　版心下鐫嘯閣　三七二

唐詩七百十七卷目錄五卷　清季振宜輯　稿本　清季振宜跋　鄧邦述並題跋　八行二十一字藍格白口

存七百十六卷　一至一百八十一、一百八十六至三百六十一、三百六十四至七百十七　目錄全　三七三

全唐詩七百十七卷　清季振宜輯　清康熙抄本　十一行二十一字黑格白口　三七四

全唐詩九百卷目錄十二卷　清曹寅等輯　清康熙四十四至四十六年揚州詩局刻本　十一行二十一字細黑口　左右雙邊　三七五

全唐詩九百卷目錄十二卷　清曹寅等輯　清康熙四十四至四十六年揚州詩局刻本　清張爾耆錄沈學子批校　清姚椿張九垂跋　三七六

全唐詩九百卷　清曹寅等輯　清道光十年江西彭年刻本　顧復批校　十一行二十一字黑口　左右雙邊　三七七

御選唐詩不分卷　清聖祖玄燁輯　對類不分卷　清康熙內府寫本　七行十七字　三七八

字白口四周双边

御選唐詩三十二卷目録三卷 清聖祖玄燁輯 陳廷敬等注 清康熙五十二年内府刻朱墨套印本 七行十七字小字双行字不等白口四周双边 三七九

御定全唐詩錄一百卷 清徐倬等輯 清康熙四十五年揚州詩局刻本 十一行二十一字黑口左右双边 三八〇

御定全唐詩錄一百卷 清徐倬等輯 清康熙四十五年揚州詩局刻本 清翁方綱跋並錄錢載批 存十卷 二十四至三十三 三八一

全唐詩錄一百卷 清徐倬輯 清康熙四十二年抄本 九行二十一字白口四周单边 三八二

載雲舫詩畊不分卷 清閔奕仕輯 清抄本 三八三

柳元山水譜二卷 唐柳宗元元結撰 清黄中通輯 清順治刻本 清丁彬批校 八行十八字白口四周单边 三八四

唐詩選勝直解不分卷 清吴延撰 清康熙刻本 九行二十字白口四周单边 三八五

唐近體詩永十四卷首一卷 清吴綺輯 清康熙二十八年林蕙堂刻本 九行十九字白口左右双边版心下鐫林蕙堂 三八六

唐詩掞藻八卷 清高士奇輯 清康熙三十二年刻本 十一行十九字黑口左右双边 三八七

唐詩掞藻八卷 清高士奇輯 清康熙内府抄本 十一行二十字黑口左右双边 三八八

一九

圖說二卷 清史流芳輯 清康熙刻本 八行十八字黑口四周单边 三八九

唐詩選評十卷 清王堯衢輯並評 清康熙三十四年刻本 九行二十一字白口左右双边 三九〇

寒瘦集一卷 唐孟郊賈島撰 清薪謅輯評 清康熙三十八年紅蘭室刻朱墨套印本 八行十八字白口四周双边 三九一

韓柳詩選不分卷 唐韓愈柳宗元撰 清汪森輯 稿本 十行二十一字黑口左右双边版心鐫裘杼樓 三九二

中晚唐詩叩彈集十二卷續集三卷 清杜詔杜庭珠輯 清康熙四十三年采山亭刻本 十二行二十一字小字双行字不等白口左右双边版心下鐫采山亭有刻工 三九三

中晚唐詩叩彈集十二卷續集三卷 清杜詔杜庭珠輯 清康熙四十三年采山亭刻本 清高啟封跋 三九四

唐七律選四卷 清王鴻等評 清康熙刻本 十行二十字白口四周单边 三九五

唐七律選四卷 清王鴻等輯 清康熙刻本 清許承堯跋 佚名批 三九六

丙子消夏錄五卷 清顧安輯 清刻本 九行十九字白口左右双边 三九七

唐律消夏錄五卷 清顧安輯 清乾隆二十七年何文煥刻本 九行十八字小字双行同黑口左右双边 三九八

唐詩體經六卷 清吴廷楨輯 顧光奎注 清康熙四十二年賜書堂刻本 八行十九字小字双行同白口左右双边 三九九

唐音審體二十卷 清錢良擇輯 清康熙昭質堂刻本 十一行二十三字白口左右双边 四〇〇

唐音審體二十卷 清錢良擇輯 清康熙昭質堂刻本 清張文虎批 四〇一

唐音審體二十卷 清錢良擇輯 清康熙刻本 九行二十字小字双行字同白口左右双边 四〇二

唐七律雋一卷 清張世煒輯 稿本 四〇三

唐古詩則六卷 清程功輯 清康熙四十六年刻本 十行二十一字黑口左右双边 四〇四

唐詩貫珠六十卷 清胡以梅輯並箋釋 清康熙五十四年硤川胡氏泰心堂刻本 九行二十二字小字双行同白口左右双边版心下鐫泰心堂 四〇五

唐五言六韻詩豫四卷 題清沈德潛主人輯 清康熙刻本 十一行二十三字白口左右双边 四〇六

唐詩排律七卷 清牟欽元輯 清牟瀜箋注 清康熙五十四年刻本 九行二十字小字双行三十字白口四周双边 四〇七

唐詩玉臺新詠十卷 清朱存孝輯 清康熙五十六年刻本 十一行二十一字黑口左右双边 四〇八

晚唐詩鈔二十六卷 清查克弘輯 清康熙四十二年凌紹周刻本 十行十八字小字双行字不一白口左右双边版心下鐫十千詩鳩 四〇九

唐帝后詩七卷諸國詩二卷 清康熙内府抄本 十一行二十一字白口四周单边 四一〇

唐宮閨詩二卷女校書詩一卷女冠詩一卷 清劉雲份輯 清康熙夢香閣刻本 九行十九字小字双行同白口左右双边版心下鐫夢香閣 四一一

唐賢小三昧集三卷 清史水赤輯 續集三卷 清周球棨輯 清抄本 佚名批 四一二

華國編唐賦選二卷 清源達輯 清雍正十一年刻本 九行二十二字白口四周双边 四一三

二〇

唐詩宗不分卷 清沈德潛輯 稿本 存五古一冊、七古一冊、五律一冊、七絶閏編一冊 四一四

唐詩別裁集十卷 清沈德潛陳培脉輯 清康熙五十六年碧梧書屋刻本 清朱狀批並跋 十行十九字黑口左右双边 四一五

唐詩別裁集十卷 清沈德潛陳培脉輯 清康熙五十六年碧梧書屋刻本 清趙信圖跋 清佚名錄朱批 四一六

唐詩別裁集十卷 清沈德潛陳培脉輯 清康熙五十六年碧梧書屋刻本 清鮑衍甫曇分批校並跋 四一七

唐詩別裁集十卷 清沈德潛陳培脉輯 清康熙五十六年碧梧書屋刻本 清唐仁壽批 四一八

唐詩別裁集十卷 清沈德潛陳培脉輯 清康熙五十六年碧梧書屋刻本 清宗廷輔批 四一九

重訂唐詩別裁集二十卷 清沈德潛輯 清乾隆二十八年教忠堂刻本 清朱伏批 四二〇

重訂唐詩別裁集二十卷 清沈德潛輯 清乾隆二十八年教忠堂刻本 清沈炳垣臨朱琰評點、徐渭仁跋 十行十九字白口左右双边 四二一

唐詩韶音五卷 清沈廷芳輯 清乾隆二十三年沈廷芳寫本 八行十八字白口四周双边 四二二

唐人小律花雨集二卷續集一卷 清薛雪輯 清乾隆掃葉莊刻本 八行十九字白口左右双边版心鐫掃葉莊 四二三

唐詩觀瀾集二十四卷唐人小傳一卷 清平司培輯 孫應曾注 四二四

乾隆二十四年刻本　九行二十一字白口左右双边

唐詩成法十二卷　清屈復輯　清抄本　佚名批點　十行二十字　小字双行二十四字無格　四二五

世美堂唐詩選八卷　清范崃輯　清乾隆刻本　十一行二十一字白口左右双边　四二六

唐音存雅十卷　清鄒猶輯　稿本　九行十九字黑格板心下鐫竹虛齋　四二七

唐音拔萃六卷　清袁棟輯　稿本　十行十九字無格　四二八

唐律酌雅七卷　清周京王寳序等輯　清乾隆二十二年赤壽堂刻本　七行十六字小字双行同白口左右双边　四二九

唐百三十家詩選三十卷　清朱琰輯　清抄本　四三〇

唐試律箋二卷　清朱琰輯　清乾隆二十五年明德堂刻本　九行二十一字小字双行二十八字黑口左右双边　四三一

全唐詩鈔八十卷補十六卷　清吳成儀輯　清乾隆二十四年積川書屋刻本　十一行二十一字白口左右双边　四三二

唐詩牘不分卷　清王淵輯　清抄本　清張之洞跋　十行二十一字藍格版心下鐫應考詩書屋　四三三

唐八詩選不分卷　清張宗樞張哉卿輯　清張宗樞抄本　張九鉞跋　十一行二十一字無格　四三四

全唐近體詩鈔五卷　清沈棨輯　清乾隆三十五年西嵐刻本　十行二十一字黑口左右双边　四三五

網師園唐詩箋十八卷　清宋宗元輯　清乾隆刻本　十行二十一字白口左右双边　四三六

大歷詩略六卷　清喬億輯　清乾隆居安樂玩之堂刻本　十行二十一字細黑口左右双边　四三七

佳春堂詩選不分卷　清焦眉輯並評　稿本　十行十八至二十一字小字双行不等白口四周單边　四三八

唐詩品八十五卷　清魏梓墨輯　清抄本　九行二十一字黑格　四三九

何選唐詩不分卷　清何紹基輯　稿本　、行字數不等紫格白口四周双边　四四〇

全唐七絶分韻集三十卷七律分韻三十卷七排分韻集二卷　清程祖潤輯　稿本　九行二十一字無格　四四一

唐詩五律讀本選註一卷　清翁同龢輯並註　稿本　十二行行字不等紅格紅口左右双边　四四二

全唐詩蟠根集十六卷　清李長祥輯　稿本　四四三

全唐詩選不分卷　清沈氏讀書堂抄本　清沈映鈴韓廣鶴批校　十一行二十一字白口四周單边　四四四

全唐詩選十二卷　清抄本　十行十九字無格　四四五

王狀元標目唐文類十二卷　題宋王十朋輯　明祁東李氏銅活字印本　十行二十字白口四周單边　四四六

唐文鑑二十一卷　明賀泰輯　明正德六年孫佐刻本　十行二十一字小字双行同細黑口四周双边　四四七

唐文鑑二十一卷　明賀泰輯　明正德六年孫佐刻本　清丁丙跋　四四八

增注唐策十卷　明正德十四年汪燦刻本　十行十八字小字双行同白口四周單边　四四九

唐策十卷　明張延登輯　明崇禎五年張氏青居樓刻本　八行十六字白口四周單边　四五〇

唐名家文鈔不分卷　清過廣烈輯　清抄本　清過純批校　四五一

欽定全唐文□□卷目錄□卷　稿本　九行二十二字白口四周單边紅直格
存十九卷　七十二、七十七、四百五十四至四百五十五、七百七、七百十五、七百三十九、七百四十二、七百四十八至七百四十九、七百六十六、八百四十二、八百六十一至八百六十四、八百六十七、九百九十三、目錄一卷　四五二

欽定全唐文一千卷首四卷　清董誥等輯　清嘉慶內府刻本　九行二十二字白口四周双边　四五三

全唐文一千卷序例職名一卷目錄三卷　清董誥等輯　清內府抄本　四五四

欽定全唐文校檔□□卷　清全唐文纂修館抄本　九行二十二字大小字不一白口四周單边
存四十卷　三百五十一至三百九十　四五五

揅經室全唐文補遺一卷　清抄本　四五六

以上唐代

西崑詶唱集二卷　宋楊億等撰　明嘉靖十六年張綖玩珠堂刻本　十二行二十字白口四周双边版心上鐫玩珠堂　四五七

西崑詶唱集二卷　宋楊億等撰　明抄本　清丁丙跋　四五八

西崑詶唱集二卷　宋楊億等撰　明末馮班抄本　清馮班跋　葉萬何焯顧廣圻校並跋　十二行二十字無格　四五九

西崑詶唱集二卷　宋楊億等撰　清初毛氏汲古閣抄本　十二行二十字白口左右双边　四六〇

西崑詶唱集二卷　宋楊億等撰　清康熙四十七年帶戴堂刻本　八行十八字白口左右双边　四六一

西崑詶唱集二卷　宋楊億等撰　清康熙四十七年辨義堂刻聽香樓印本　莫棠校　四六二

西崑酬唱集二卷　宋楊億等撰　清光緒徐幹刻邵武徐氏叢書本　傅增湘校並跋　九行二十一字白口左右双边版心下鐫邵武徐氏刊　四六三

坡門酬唱二十三卷　宋邵浩編　清彭宗抄本　九行十六字白口左右双边　四六四

坡門酬唱二十三卷　宋邵浩編　清抄本　十一行二十五字無格　四六五

古洋遺響集不分卷　宋文同等撰　明刻本　八行十六字黑口四周單边　四六六

歲時雜詠不分卷　宋蒲積中輯　明抄本　十行二十字白口無格　四六七

歲時雜詠今集二卷　宋蒲積中輯　清抄本　四六八

南嶽唱酬集一卷　宋朱熹張栻林用中撰　明弘治刻本　九行二十五字黑口四周双边　四六九

南嶽倡酬集一卷附錄一卷　宋朱熹張栻林用中撰　清抄本　清丁丙跋　四七〇

詩家鼎臠二卷　清抄本　九行十八字小字双行同無格　四七一

詩家鼎臠二卷　清抄本　佚名錄清吳翌鳳跋　清丁丙跋　四七二

詩家鼎臠二卷　清抄本　清陸惠疇跋　八行十八字無格　四七三

前賢小集拾遺五卷　宋陳起輯　清初毛氏汲古閣影宋抄本　十行十八字白口左右双边　四七四

前賢小集拾遺五卷　宋陳起輯　清抄本　清王士禎批點　十行二十字無格　四七五

四七七六 前賢小集拾遺五卷 宋陳起輯 清乾隆抄本 十行十八字白口左右雙邊
四七七七 羣公吟稾戊集七卷 宋陳起輯 宋刻本 清戈宙襄黄丕烈跋 十行十八字細黑口左右雙邊
四七七八 中興羣公吟稾戊集七卷 宋陳起輯 清抄本 十行十八字無格
四七七九 增廣聖宋高僧詩選前集一卷後集三卷續集一卷 宋陳起輯 清初毛氏汲古閣影宋抄本 十行十八字白口左右雙邊
四七八〇 增廣聖宋高僧詩選前集一卷後集三卷續集一卷 宋陳起輯 清初毛氏汲古閣影宋抄本 十行十八字白口左右雙邊
四七八一 增廣聖宋高僧詩選前集一卷後集三卷續集一卷 宋陳起輯 清抄本 清黄丕烈跋並題詩 十行十八字無格
四七八二 增廣聖宋高僧詩選前集一卷後集三卷續集一卷 宋陳起輯 清嘉慶六年何世璜抄本 十行十八字白口左右雙邊
四七八三 增廣聖宋高僧詩選前集一卷後集三卷續集一卷 宋陳起輯 清抄本 清丁丙跋
四七八四 增廣聖宋高僧詩選前集一卷 宋陳起輯 清道光二十年吳江翁氏抄本 清孫麟跋 九行十八字無格
四七八五 增廣聖宋高僧詩選後集三卷續集一卷 宋陳起輯 清張燮學抄本 清黄丕烈校並跋 十行十八字無格
四七八六 聖宋高僧詩選三卷後集三卷續集一卷 宋陳起輯 宋僧詩選補三卷 元陳世隆輯 清抄本 清丁丙跋
四七八七 九僧詩一卷 宋釋希晝等撰 清初毛氏汲古閣影宋抄本 十行十八字白口左右雙邊
四七八八 九僧詩一卷 宋釋希晝等撰 清初毛氏汲古閣影宋抄本 清[illegible]跋
四七八九 九僧詩一卷 宋釋希晝等撰 清抄本 十行十八字小字雙行同白口左右雙邊
四七九〇 九僧詩一卷 宋釋希晝等撰 清抄本 十行十八字無格
四七九一 九僧詩一卷 宋釋希晝等撰 清抄本 十行十八字無格
四七九二 九僧詩一卷 宋釋希晝等撰 清乾隆四十一年徐懷祖抄本 清吳翌鳳黃丕烈校並跋 十一行二十二字無格
四七九三 九僧詩一卷 宋釋希晝等撰 清嘉慶五年吳嘉泰抄本 清丁丙跋
四七九四 九僧詩一卷 宋釋希晝等撰 清抄本 八行二十字無格
四七九五 九僧詩一卷 宋釋希晝等撰 清抄本
四七九六 九僧集一卷 宋釋希晝等撰 清康熙五十七年刻本 十行二十一字白口四周單邊
四七九七 月泉吟社一卷 宋吳渭輯 明末毛氏汲古閣刻詩詞雜俎本 八行十九字白口左右雙邊
四七九八 月泉吟社一卷 宋吳渭輯 清康熙五十五年吳寶芝刻本 清宋廷輔批並錄明呂柟校 十行十九字白口左右雙邊
四七九九 月泉吟社一卷 宋吳渭輯 清積學齋林佶抄本 九行十九字黑口左右雙邊
四八〇〇 月泉吟社一卷 宋吳渭輯 清咸豐十年韓應陛抄本 清韓應陛跋 周叔弢跋 十二行二十五字
四八〇一 月泉吟社一卷 宋吳渭輯 清小綱川抄本 清丁丙跋
四八〇二 月泉吟社一卷 宋吳渭輯 清抄本 八行十九字
四八〇三 濂洛風雅七卷 元金履祥輯 明弘治十五年刻本 十一行二十字黑口四周雙邊 存五卷（一至三、六至七）
四八〇四 濂洛風雅七卷 元金履祥輯 清抄本 九行二十一字無格
四八〇五 宋詩拾遺二十三卷 元陳世隆輯 清抄本 清丁丙跋
四八〇六 宋詩正體四卷 明符觀輯 明正德元年刻本 九行十九字黑口四周雙邊
四八〇七 宋藝圃集二十二卷續集三卷 明李蓘輯 明萬曆五年李蓘等刻本 十行二十字白口四周雙邊 續集四周單邊
四八〇八 宋詩啜醨集四卷 清潘問奇 祖應世輯 清康熙刻本 八行十八字白口四周單邊
四八〇九 宋詩啜醨集四卷 清潘問奇 祖應世輯 清刻本 八行十八字白口四周單邊
四八一〇 宋詩英華四卷 清順治丁雄飛抄本 八行二十字無格
四八一一 宋人絕句一卷 清王士禛輯 清乾隆宋犖園抄本
四八一二 積書巖宋詩删二十五卷 清顧貞觀輯 清康熙刻本 九行十九字黑口左右雙邊
四八一三 積書巖宋詩選二十五卷 清顧貞觀輯 清康熙刻寶翰樓印本
四八一四 積書巖宋詩選二十五卷 清顧貞觀輯 清康熙刻秀草堂印本
四八一五 積書巖宋詩選一卷 清顧貞觀輯 清姚氏咫進齋抄本
四八一六 宋詩選二十卷 清吳曹直 儲右文輯 清康熙二十六年刻本 十行二十一字黑口四周雙邊
四八一七 宋詩選二十卷 清吳曹直 儲右文輯 清康熙二十六年刻本 清[illegible]居士跋
四八一八 宋詩善鳴集二卷 清陸次雲輯 清康熙吟江懷古堂刻本 九行十九字白口左右雙邊
四八一九 南宋羣賢詩選十二卷 清陸鍾輝輯 清雍正九年陸氏水雲漁屋刻本 九行二十一字白口左右雙邊
四八二〇 南宋羣賢詩選十二卷 清陸鍾輝輯 清雍正九年陸氏水雲漁屋刻[illegible]印本
四八二一 宋詩百一鈔八卷 清張景星 姚培謙 王永祺輯 清乾隆二十六年讀書樓刻本 七行十五字白口左右雙邊
四八二二 宋詩略十八卷 清汪景龍 姚壎輯 清乾隆三十五年竹雨山房刻本 十行十九字白口左右雙邊
四八二三 宋詩略十八卷 清汪景龍 姚壎輯 清乾隆三十五年竹雨山房刻本 清[illegible]跋
四八二四 千首宋人絕句十卷 清嚴長明輯 清乾隆三十五年[illegible]刻本 十一行二十一字黑口左右雙邊
四八二五 千首宋人絕句十卷 清嚴長明輯 清乾隆三十五年[illegible]刻本 清[illegible]批校

五二六 宋百家詩存二十卷 清曾庭棣輯 清乾隆刻本 十一行二十一字，白口，左右雙邊

五二七 聖宋文選全集三十二卷 宋刻本（卷一至二十三、二十七至三十二配清影宋抄本） 清丁丙跋 十六行二十八字，白口，左右雙邊

五二八 聖宋文選全集三十二卷 宋刻本（卷七至九配清影宋抄本） 十六行二十八字，白口，左右雙邊
存五卷 一至二、七至九

五二九 新刊國朝二百家名賢文粹三百卷 宋慶元三年書隱齋刻本 十四行二十四字，白口，左右雙邊
存一百九十七卷 一至一百九十七卷次俱經剜改

五三〇 新刊國朝二百家名賢文粹三百卷 宋慶元三年書隱齋刻本
存十卷 二十、二百六至二百七、二百七十二至二百七十七、二百八十五，又卷二百五存九至十三葉，卷二百八存一葉半，二百八十六存二葉

五三一 新刊國朝二百家名賢文粹三百卷 宋慶元三年書隱齋刻本
存六卷 一百三十五至一百四十

五三二 新刊國朝二百家名賢文粹三百卷 宋刻本 袁克文跋
存十九卷 六十八至七十二、一百六十五至一百六十八、一百七十至一百七十六、一百八十八至一百九十

五三三 新雕聖宋文海一百二十卷 宋江鈿輯 宋刻本 十三行二十二字，白口，左右雙邊
存六卷 四至九

五三四 皇朝文鑑一百五十卷目錄三卷 宋呂祖謙輯 宋嘉泰四年新安郡齋刻本（序、目錄下、卷一至三、二十八、四十八至六十八、七十五至七十七、一百五至一百三十五、一百四十二至一百五十配清張蓉鏡抄本） 清邵淵耀、錢天樹、方若蘅跋 孫雲鴻、程恩澤、徐康題款 十行十九字，白口，左右雙邊

五三五 皇朝文鑑一百五十卷目錄三卷 宋呂祖謙輯 宋嘉泰四年新安郡齋刻本 十行十九字，白口，左右雙邊
存十卷 二十三至二十九、七十七至七十九

五三六 皇朝文鑑一百五十卷 宋呂祖謙輯 宋嘉泰四年新安郡齋刻宋元遞修本
存二十四卷 十七至十九、三十三至三十五、四十一、四十三、四十八至四十九、六十五至七十、七十六、八十七至九十三

五三七 皇朝文鑑一百五十卷目錄三卷 宋呂祖謙輯 宋嘉泰四年新安郡齋刻宋元明初遞修本
存六十九卷 目錄中、六至九、十四至十六、三十至三十三、三十五、三十九至四十一、五十五、六十八至七十三、八十七至九十三、九十八至一百十二、一百十六至一百十九、一百二十一、一百二十四、一百三十四至一百四十三、一百四十六至一百四十八

五三八 皇朝文鑑一百五十卷目錄三卷 宋呂祖謙輯 宋麻沙劉將仕宅刻本 有抄配及明刻本配補 十三行二十一字，黑口，左右雙邊

五三九 皇朝文鑑一百五十卷目錄三卷 宋呂祖謙輯 明抄本 清顧之逵、黃丕烈跋 十行十九字，黑口，四周雙邊

五四〇 新雕宋朝文鑑一百五十卷目錄三卷 宋呂祖謙輯 明天順八年嚴州府刻本 十三行二十一字，黑口，左右雙邊

五四一 新雕宋朝文鑑一百五十卷目錄三卷 宋呂祖謙輯 明天順八年嚴州府刻本 清丁丙跋

五四二 新雕宋朝文鑑一百五十卷 宋呂祖謙輯 明天順八年嚴州府刻弘治十七年胡韶補修本 十三行二十一字，黑口，左右雙邊

五四三 新雕宋朝文鑑一百五十卷 宋呂祖謙輯 明天順八年嚴州府刻弘治十七年胡韶補修本 清沈欽韓校

五四四 新雕宋朝文鑑一百五十卷目錄三卷 宋呂祖謙輯 明天順八年嚴州府刻弘治十七年胡韶補修本（目錄下、卷八十至八十五、一百二至一百四、一百十二配清抄本） 清丁丙跋

五四五 大宋文鑑一百五十卷目錄三卷 宋呂祖謙輯 明正德十三年慎獨齋刻本 十二行二十五字，細黑口，四周雙邊

五四六 大宋文鑑一百五十卷目錄三卷 宋呂祖謙輯 明正德十三年慎獨齋刻本 清陸僎跋
存一百五十二卷 文鑑全、目錄上下

五四七 宋文鑑一百五十卷目錄三卷 宋呂祖謙輯 明嘉靖五年晉藩朱知烊養德書院刻本 十三行二十一字，黑口，左右雙邊

五四八 宋文鑑一百五十卷目錄三卷 宋呂祖謙輯 明嘉靖五年晉藩朱知烊養德書院刻本 清丁丙跋

五四九 宋文鑑一百五十卷目錄三卷 宋呂祖謙輯 明嘉靖五年晉藩朱知烊養德書院刻本 康有為跋

五五〇 宋文鑑一百五十卷目錄三卷 宋呂祖謙輯 明刻本 十三行二十一字，黑口，左右雙邊

五五一 校正重刊官版宋朝文鑑一百五十卷目錄三卷 宋呂祖謙輯 明刻本 十行二十字，白口，四周單邊

五五二 校正重刊官板宋朝文鑑一百五十卷目錄三卷 宋呂祖謙輯 明刻金陵唐錦池印本

五五三 校正重刊官板宋朝文鑑一百五十卷目錄三卷 宋呂祖謙輯 明刻文林閣印本

校正重刊官板宋朝文鑑一百五十卷目錄三卷 宋呂祖謙輯　明刻五經堂印本　五五四

校正重刊官板宋朝文鑑一百五十卷目錄三卷 宋呂祖謙輯　明刻五經堂印本　傅增湘跋　五五五

聖宋名賢五百家播芳大全文粹□□卷目錄□卷 宋魏齊賢　葉棻輯　宋刻本　十四行二十五字白口左右雙邊
存一百七卷（文粹一百卷、目錄七卷，卷次多經剜改）　五五六

聖宋名賢五百家播芳大全文粹□□卷 宋魏齊賢　葉棻輯　宋刻本　十四行二十五字白口左右雙邊
存四卷（二十八至三十一）　五五七

聖宋名賢五百家播芳大全文粹□□卷目錄□卷 宋魏齊賢　葉棻輯　宋刻本　十四行二十五字白口左右雙邊
存二卷（三十二至三十三）　五五八

聖宋名賢五百家播芳大全文粹一百五卷目錄七卷 宋魏齊賢　葉棻輯　明抄本　十行二十字藍格　五五九

聖宋名賢五百家播芳大全文粹一百卷目錄七卷 宋魏齊賢　葉棻輯　明抄本　十行二十二字白口四周雙邊
存一百六卷（一至十九、二十一至一百、目錄全）　五六〇

聖宋名賢五百家播芳大全文粹一百十卷 宋魏齊賢　葉棻輯　明抄本　十一行二十四字黑口左右雙邊　五六一

聖宋名賢五百家播芳大全文粹一百十卷目錄七卷 宋魏齊賢　葉棻輯　清抄本　五六二

聖宋名賢五百家播芳大全文粹一百五十卷目錄十卷 宋魏齊賢　葉棻輯　清抄本　清孫均　姚椿　丁國鈞跋　八行二十字無格　五六三

聖宋名賢五百家播芳大全文粹一百十卷 宋魏齊賢　葉棻輯　清孔廣陶嶽雪樓抄本　傅增湘校補並跋　十行二十字無格　五六四

校正重刊單篇批點論學繩尺十卷 宋魏天應輯　林子長箋解　明天順游明刻本　十二行二十四字小字雙行同黑口四周雙邊　五六五

精選皇宋策學繩尺十卷 清抄本　八行二十一字無格　五六六

經義模範一卷 明嘉靖二十六年王廷表刻本　清丁丙跋　九行二十二字白口左右雙邊　又五六六

新編四六寶苑群公妙語四十三卷 宋祝穆輯　明抄本　九行十八至二十字白口四周單邊
存二十五卷（一至二十五）　五六七

二十先生回瀾文鑑二十卷後集二十卷 宋虞祖南輯　曲坪虞夔注　宋江仲達群玉堂刻本（前集卷十三至二十、後集卷八配清抄本）　清陸心源　丁丙跋　十二行十九字白口左右雙邊
存二十三卷（前集十三至二十、後集一至八、十四至二十）　五六八

二十先生回瀾文鑑二十卷後集二十卷 宋虞祖南輯　虞夔注　明抄本　八行二十四字白口四周雙邊
存二十二卷（十三至二十、後集一至八、十五至二十）　五六九

新編聖朝科舉詞格二卷 清抄本　五七〇

重編宋警纓四十六卷 明抄本　十行二十字白口四周單邊
存（附字條一冊）　五七一

蘇黃文集不分卷 宋蘇軾　黄庭堅撰　明抄本　清何紹基跋　十二行二十五字白口左右雙邊　五七二

文房四友除授集一卷 宋鄭清之等撰　清汪氏裘杼樓抄本　九行二十字白口左右雙邊版心下鐫裘杼樓　五七三

在茲篇二卷 元胡一桂輯　清抄本　十行二十四字無格　五七四

論學統宗二卷 元祁邦傑輯　明寶善堂刻本　十一行十九字白口四周雙邊　五七五

諸儒奧論前集二卷後集二卷續集二卷別集二卷 元陳□□輯　明萬曆四十五年張惟任刻本　九行十八字白口四周單邊　五七六

宋諸名家表不分卷 明汪用極輯　明刻本　八行二十字白口四周單邊　五七七

辟疆園宋文選三十卷 清顧貞觀輯　清順治十八年顧氏辟疆園刻本　九行二十一字白口左右雙邊　五七九

辟疆園宋文選三十卷 清顧貞觀輯　清康熙十九年顧氏辟疆園刻本　清冒廣生跋　九行二十一字白口左右雙邊　五八〇

姜西溟選評歐曾老蘇三家文不分卷 清姜宸英輯並評　稿本　清沈□□跋　十行二十七字無格　五八一

宋四六選二十四卷 清彭元瑞　曹振鏞輯　清乾隆四十一年曹振鏞刻本　九行二十五字白口左右雙邊　五八二

宋四六選二十四卷 清彭元瑞　曹振鏞輯　清乾隆四十一年曹振鏞刻本　清翁同龢錄翁同書批跋　五八三

宋四六選二十四卷 清彭元瑞　曹振鏞輯　清乾隆四十一年曹振鏞刻五十一年增輯印本　五八四

南宋文錄錄二十四卷 清董兆熊輯　稿本　十行二十五字紅格　五八五

南宋文鑑殘帙不分卷 清吳允嘉輯　稿本　五八六

中州集十卷　金元好問輯　元至大三年曹氏進德齋刻本　清王起泰跋　十五行二十八字白口四周雙邊
存八卷　一至八　五八七

中州集十卷　金元好問輯　元至大三年曹氏進德齋刻遞修本
存四卷　三至六　五八八

中州集十卷　金元好問輯　元至大三年曹氏進德齋刻遞修本　清黃丕烈跋　五八九

中州集十卷樂府一卷　金元好問輯　元至大三年曹氏進德齋刻遞修本（中州樂府配影元抄本）　傅增湘跋　五九〇

中州集十卷樂府一卷　金元好問輯　明弘治九年李瀚刻本　十一行二十一字黑口四周雙邊　五九一

中州集十卷樂府一卷　金元好問輯　明弘治九年李瀚刻本　清丁丙跋　五九二

中州集十卷中州樂府一卷　金元好問輯　明末毛氏汲古閣抄本　八行十九字白口左右雙邊　五九三

中州集十卷首一卷樂府一卷　金元好問輯　明末毛氏汲古閣刻本　八行十九字白口左右雙邊　版心下鐫汲古閣　五九四

中州集十卷首一卷樂府一卷　金元好問輯　明末毛氏汲古閣刻本　章鈺校跋並錄清馮舒批校題識及何焯批校　五九五

中州集十卷首一卷樂府一卷　金元好問輯　明末毛氏汲古閣刻本　清佚名錄清馮舒批校　五九六

中州集十卷首一卷樂府一卷　金元好問輯　明末毛氏汲古閣刻本　清佚名錄清馮班批校　傅增湘跋　五九七

中州集十卷首一卷樂府一卷　金元好問輯　明末毛氏汲古閣刻本　清何焯批校並跋　五九八

中州集十卷首一卷樂府一卷　金元好問輯　明末毛氏汲古閣刻本　佚名錄清何焯批校題識　五九九

中州集十卷首一卷樂府一卷　金元好問輯　明末毛氏汲古閣刻本　清吳蔚光校　六〇〇

中州集十卷首一卷樂府一卷　金元好問輯　明末毛氏汲古閣刻本　清錢曾錄沈巖校　六〇一

中州集十卷首一卷樂府一卷　金元好問輯　明末毛氏汲古閣刻本　清徐鴻熙批點　六〇二

中州集十卷樂府一卷　金元好問輯　明末毛氏汲古閣刻本　清陳浙袁錄吳慎思評點　六〇三

中州集十卷樂府一卷　金元好問輯　明末毛氏汲古閣刻本　王灃跋　六〇四

中州集十卷樂府一卷　金元好問輯　清抄本　清袁廷檮跋並錄何焯校跋　丁丙跋　六〇五

御訂全金詩增補中州集七十二卷首二卷　金元好問輯　清郭元釪補輯　清康熙五十年內府刻本　八行十九字細黑口四周單邊　六〇六

御訂全金詩增補中州集七十二卷首二卷　金元好問輯　清郭元釪補輯　清康熙五十年內府刻乾隆五十四年重修本　六〇七

程孟陽先生中州詩選一卷　明程嘉燧輯　明崇禎刻本　八行二十二字白口左右雙邊　六〇八

中州詩選一卷　明程嘉燧輯　清順治十六年戴子果刻本　八行二十二字白口左右雙邊　六〇九

金詩選四卷　清顧奎光輯　清乾隆十六年刻本　十行十九字白口左右雙邊　六一〇

金詩選四卷　清顧奎光輯　清乾隆十六年刻本　清丁丙跋　六一一

金文選三十卷　清張金吾輯　清抄本　十行二十四字無格　六一二

金文最一百二十卷　清張金吾輯　清道光六年張金吾愛日精廬抄本　九行二十字黑口左右雙邊　六一三

金文最一百二十卷　清張金吾輯　清抄本　清丁丙跋　六一四

金文最一百卷　清張金吾輯　清抄本　清黃廷鑑跋　九行二十字黑格四周雙邊　六一五

金文最定本目次一卷　清張金吾輯　清抄本　肖集述明校　六一六

金文最拾遺一卷　清曹廷煜輯　稿本　六一七

谷音二卷　元杜本輯　明天啟崇禎間毛氏汲古閣刻詩詞雜俎本　八行十九字白口左右雙邊　清何焯校並跋　傅增湘跋　六一八

谷音二卷　元杜本輯　清抄本　清彭元瑞校　十行十六字無格　六一九

月泉吟社谷音河汾諸老詩中州集中州樂府序目小傳一卷　清金俊明輯　清康熙金俊明抄本　清金俊明黃丕烈跋　六二〇

忠義集七卷　元趙景良輯　明抄本　明毛晉跋　八行十六字無格　六二一

忠義集七卷　元趙景良輯　明末毛氏汲古閣刻本　八行十九字小字雙行同白口左右雙邊　清陸貽典毛扆校並跋　六二二

皇元風雅六卷　元傅習孫存吾輯　元刻本　十三行二十一字細黑口左右雙邊　六二三

皇元風雅後集六卷　元孫存吾輯　元李氏建安書堂刻本　十三行二十一字細黑口左右雙邊　六二四

皇元風雅前集十二卷　元傅習孫存吾輯　後集十二卷　元孫存吾輯　清抄本　六二五

皇元風雅前集六卷　元傅習孫存吾輯　後集六卷　元孫存吾輯　清抄本　清黃丕烈跋　九行二十字無格　六二六

皇元風雅前集六卷　元傅習孫存吾輯　後集六卷　元孫存吾輯　清抄本　清丁丙跋　六二七

皇元風雅前集十二卷　元傅習孫存吾輯　後集十二卷　元孫存吾輯　清抄本　九行十八字白口左右雙邊　六二八

皇元風雅後集六卷　元孫存吾輯　清初抄本　清申乾寧題校　六二九

皇元朝野詩集前集口卷　元傅習孫存吾輯　虞集校選　後集口卷　元孫存吾輯　虞集校選　元刻本　十一行二十一字黑口左右雙邊間有四周雙邊
存十卷　前集五卷　後集五卷　六三〇

元詩前集六卷後集六卷　元孫存吾輯　明刻本　九行二十字白口四周雙邊　六三一

存九卷（丁集四至六…）

632 皇元風雅三十卷 元蔣易輯 元建陽張氏梅溪書院刻本 清黄丕烈跋 十二行二十一字黑口四周雙邊

633 皇元風雅三十卷 元蔣易輯 元刻本 十行十八字細黑口四周雙邊 存八卷（一、八至十、十六、二十六至二十八）

634 國朝風雅不分卷雜編三卷 元蔣易輯 元刻本 清黄丕烈跋 十行十八字黑口四周雙邊

635 大雅集八卷 元賴良輯 楊維楨評 清汪氏[illegible]抄本 九行十六字黑口四周雙邊

636 大雅集八卷 元賴良輯 楊維楨評 清抄本 九行十六字無格

637 大雅集八卷 元賴良輯 楊維楨評 清抄本 九行十八字無格

638 大雅集八卷 元賴良輯 楊維楨評 清抄本 清黄丕烈校 十行二十五字無格

639 大雅集八卷 元賴良輯 楊維楨評 清抄本 佚名錄清黄丕烈、劉喜海題 九行二十一字無格

640 草堂雅集十三卷 元顧瑛輯 清影元抄本 佚名校

641 草堂雅集十三卷 元顧瑛輯 明末抄本 清李文田跋 八行二十六字白口四周單邊

642 草堂雅集十三卷 元顧瑛輯 清初抄本（目錄配朱文鈞抄本） 十行二十二字黑口四周單邊

643 草堂雅集十三卷 元顧瑛輯 清抄本

644 草堂雅集十三卷 元顧瑛輯 清抄本

645 草堂雅集十三卷 元顧瑛輯 清朱墨藍三色抄本 佚名校 十一行二十字黑格左右雙邊

646 草堂雅集十三卷 元顧瑛輯 清抄本 清胡珽跋 十二行二十二字白口左右雙邊

647 草堂雅集十三卷 元顧瑛輯 清抄本 清翁同龢摹金粟道人小像並跋 孫衣言跋 八行二十四字無格

648 草堂雅集十三卷 元顧瑛輯 清趙氏小山堂抄本（卷一至七、十一至十三配清抄本） 清丁丙跋

649 草堂雅集十三卷 元顧瑛輯 清抄本 羅振常校並跋 十行二十字無格

650 草堂雅集十三卷後四卷 元顧瑛輯 清抄本 清鮑廷博抄補並校 八行二十二至二十四字

651 草堂雅集十三卷後四卷 元顧瑛輯 清抄本 九行二十一字無格 存九卷（一至六、後一至三）

652 草堂雅集十六卷 元顧瑛輯 清抄本 清楊[illegible]跋 九行十九至二十字無格

653 草堂雅集十六卷 元顧瑛輯 清抄本 清宋賓王校並跋 十二行二十四字無格 存五卷（一、二、九、六至七 內有與目錄不合）

654 玉山草堂雅集十六卷補遺一卷 元顧瑛輯 清抄本 十行二十三字

655 草堂雅集十卷 元顧瑛輯 清張蓉鏡抄本 清周錫瓚校並跋 九行二十字無格

656 玉山倡和一卷遺什一卷附錄一卷 元顧瑛等撰 遺什 元顧瑛撰 清抄本

657 玉山倡和一卷遺什一卷附錄一卷 元顧瑛等撰 遺什 元顧瑛撰 清[illegible]抄本 十一行二十二字藍格白口四周雙邊

658 玉山倡和一卷遺什一卷附錄一卷 元顧瑛等撰 遺什 元顧瑛撰 清抄本 清丁丙跋

659 敦交集一卷 元魏壽延輯 清初抄本 九行二十字無格

660 敦交集一卷 元魏壽延輯 清抄本 九行二十字無格

661 敦交集一卷 元魏壽延輯 清抄本

662 敦交集一卷 元魏壽延編 補一卷 清朱彝尊輯 續補一卷 清羅以智輯 清抄本

663 梅花百詠一卷 元馮子振、釋明本撰 梅花百詠一卷 元釋明本撰 清乾隆三十七年釋寶滋抄本（四庫底本） 九行二十一字白口左右雙邊

664 圭塘欸乃一卷 元許有壬等撰 清吳翌鳳抄本

665 圭塘欸乃集一卷 元許有壬等撰 清初曹氏倦圃抄本 八行十七字白口四周單邊

666 圭塘欸乃集一卷 元許有壬等撰 清嘉慶吳省蘭刻藝海珠塵本 佚名錄清[illegible]校跋並錄清吳騫批 鮑廷博題識 十行二十一字白口左右雙邊

667 圭塘欸乃集一卷 元許有壬等撰 清李氏研錄山房抄本 十一行二十字白口左右雙邊

668 圭塘欸乃一卷 元許有壬等撰 清抄本 十一行二十一字無格

669 圭塘欸乃一卷 元許有孚等撰 清乾隆抄本 清勵元鵬跋 十二行二十字無格

670 圭塘欸乃一卷 元許有壬等撰 清抄本 十一行二十一字無格

671 圭塘欸乃一卷 元許有壬等撰 清道光四年東武劉氏味經書屋抄本 清劉喜海跋 十一行二十字白口四周雙邊

672 元音遺響十卷 元胡布等撰 清抄本 十一行二十字

673 荊南倡和詩集一卷附錄荊南集後一卷 元周砥、馬治撰 明成化五年李廷芝刻本 清黄丕烈跋 十行二十字白口四周雙邊

674 荊南倡和詩集一卷附錄一卷 元周砥、馬治撰 明刻本 清丁丙跋 十行二十字黑口四周雙邊

675 荊南倡和詩集一卷 元周砥、馬治撰 清汪氏裘杼樓抄本 十行二十字黑格上黑口

676 荊南倡和詩集一卷 元周砥、馬治撰 清抄本 十行二十字無格

677 元音十二卷 明孫原理輯 明初刻遞修本 十二行二十二字黑口四周雙邊

678 元音十二卷 明孫原理輯 明初刻遞修本（四庫底本） 清徐受廣跋 存九卷（一至三、七至十二）

元音十二卷　明孫原理輯　明抄本　十行二十二字白口四周双边　六七九

元音十二卷　明孫原理輯　清孔繼涵家抄本　清孔繼涵校並跋　十行二十二字白口左右双边　六八〇

元人才調集十四卷　清初抄本　[illegible]跋　八行二十字無直格四周单边　存七卷　一至七　六八一

元人才調集十四卷　清[illegible]抄本　十二行二十字無格　存七卷（八至十四）　六八二

乾坤清氣十四卷　明偶桓輯　清初抄本　清鮑廷博校　九行十六字無格　六八三

乾坤清氣集十四卷　明偶桓輯　清抄本　清丁丙跋　六八四

乾坤清氣集十四卷　明偶桓輯　清道光四年劉氏味經書屋抄本　清劉喜海批校並跋　十一行二十一字紅格白口四周双边　六八五

乾坤清氣集十五卷　明偶桓輯　清抄本　六八六

乾坤清氣集十五卷　明偶桓輯　清抄本　十行二十一字　六八七

乾坤清氣十五卷　明偶桓輯　清抄本　九行二十字無格　六八八

元詩體要十四卷　明宋緒輯　明宣德八年姚肇刻本　十一行二十一字黑口四周双边　六八九

元詩體要十四卷　明宋緒輯　明正德十四年[illegible]刻本　九行十八字黑口四周双边　六九〇

元詩體要十四卷　明宋緒輯　明抄本　十行二十一字白口四周双边　六九一

元詩體要十四卷　明宋緒輯　清初抄本　莫棠跋　十一行二十一字無格　六九二

至治之音三卷　明朱燧抄本　清翁同書跋　六九三

至治之音一卷　清黃丕烈家抄本　清丁丙跋　六九四

元詩選十集首一卷、二集八集、三集八集　清顧嗣立輯　清康熙三十二年顧氏秀野草堂刻二集四十一年三集五十九年續刻本（第十集癸集未刻）
癸集十集　清顧嗣立輯　清席世臣補　清嘉慶三年席氏掃葉山房刻本　十三行二十三字白口（癸集細黑口）左右双边　六九五

元詩選十集　清顧嗣立輯　清康熙三十二年顧氏秀野草堂刻本（第十集癸集未刻）　清翁方綱錄　清[illegible]評　莫棠跋　六九六

元詩自攜七言律詩十六卷、七言絶句五卷　清姚培謙　[illegible]輯　清康熙六十一年姚氏遂安堂刻雍正四年續刻本　九行十九字黑口左右双边　六九七

元詩選六卷補遺一卷　清顧奎光輯　清[illegible]評　清乾隆十六年刻本　十行十九字白口左右双边　六九八

元詩嗣音集十六卷　清[illegible]輯　清抄本　十行二十一字無格　六九九

元詩選一卷　清[illegible]抄本　十二行二十三字斷格　七〇〇

澹游集三卷　明釋來復輯　清抄本　十行二十字無格　七〇一

國朝文類七十卷　元蘇天爵輯　元至元二年西湖書院刻本　十行十九字細黑口左右双边　七〇二

國朝文類七十卷目錄三卷　元蘇天爵輯　元至元二年西湖書院刻明修本　存二十卷（五至六、三十至三十二、三十九至四十、四十二至四十六、五十一至五十四、五十七至六十）　七〇三

國朝文類七十卷目錄三卷　元蘇天爵輯　元至元二年西湖書院刻明修本　清張蓉鏡題款　七〇四

國朝文類七十卷目錄三卷　元蘇天爵輯　元至元二年西湖書院刻明修本（序目卷一配清影元抄本）　清吳嘉泰校並跋　七〇五

國朝文類七十卷目錄三卷　元蘇天爵輯　元至元二年西湖書院刻明修本　清丁丙跋　七〇六

國朝文類七十卷目錄三卷　元蘇天爵輯　元至元二年西湖書院刻明修本　錢坊　許[illegible]跋　七〇七

國朝文類七十卷　元蘇天爵輯　元刻本　十三行二十四字細黑口四周双边　存二十七卷（目錄上、十六至十七、二十至三十二、三十六至四十五、五十七、六十七至七十）　七〇八

國朝文類七十卷　元蘇天爵輯　元刻本　鄧邦述跋　七〇九

國朝文類七十卷目錄三卷　元蘇天爵輯　元刻本　十二行二十三字細黑口左右双边　七一〇

國朝文類七十卷目錄三卷　元蘇天爵輯　元劉君佐翠巖精舍刻本　十三行二十四字細黑口四周双边　七一一

元文類七十卷目錄三卷　元蘇天爵輯　明嘉靖十六年晉藩刻本　十行十九字白口四周单边　七一二

元文類七十卷目錄三卷　元蘇天爵輯　明嘉靖十六年晉藩刻修本　七一三

元文類七十卷目錄三卷　元蘇天爵輯　明刻本　十二行二十三字白口左右双边　七一四

元文類七十卷目錄三卷　元蘇天爵輯　明刻本　清朱澂跋　十二行二十三字白口左右双边　七一五

元文類七十卷目錄三卷　元蘇天爵輯　明末修德堂刻本　九行二十字白口四周单边版心下鐫修德堂　七一六

元文類七十卷目錄三卷　元蘇天爵輯　明末修德堂刻本　清錢泰吉批校並跋　七一七

元文類七十卷目錄三卷　元蘇天爵輯　明末修德堂刻本　清唐仁壽錄錢泰吉校跋　七一八

元文類七十卷目錄三卷　元蘇天爵輯　明末修德堂刻本（卷二十至二十四配清抄本）　清顧[illegible]跋　翁之繕跋　七一九

天下同文前甲集五十卷　元周南瑞輯　清康熙四十二年馬思贊家抄本　清馬思贊跋　十四行二十四字無格　存四十三卷（一至十六、十九至二十九、三十二至三十三、三十六至四十、四十二至五十）　七二〇

天下同文前甲集五十卷　元周南瑞輯　清抄本　存四十三卷（一至十六、十九至二十九、三十二至三十三、三十六至四十、四十二至五十）　七二一

天下同文前甲集五十卷　元周南瑞輯　清抄本　清袁廷檮校　存四十三卷（一至十六、十九至二十九、三十二至三十三、三十六至四十、四十二至五十）　七二二

天下同文前甲集五十卷　元周南瑞輯　清抄本　清袁廷檮校　存四十三卷（一至十六、十九至二十九、三十二至三十三、三十六至四十、四十二至五十）　七二三

七二四 天下同文前甲集五十卷 元周南瑞輯 清抄本 清丁丙跋
存四十三卷 一至十六、十九至二十九、三十二至三十三、三十六至四十、四十四至五十

七二五 新刊類編歷舉三場文選庚集八卷辛集口卷 元劉貞輯 元至正元年余氏勤德堂刻本 十四行二十四字黑口，左右雙邊
存九卷 庚集占賦一至六 辛集詔誥一至二、章表三

以上金元

七二六 吳氏叢書堂外集不分卷 明吳寬輯 稿本 明吳奕桢跋 十行二十字白口，左右雙邊

七二七 瓊瑰錄二卷 明李堂輯 明嘉靖元年句刻藍印本 十行二十字藍口，四周雙邊

七二八 陶園後集一卷 明楊亘輯 明抄本 十二行二十四字，藍格

七二九 孝感瑞芝錄三卷 明陶治輯 明嘉靖刻本 十行二十四字黑口，四周單邊

七三〇 麗澤錄二十四卷 明宋口口輯 明嘉靖三十六年宋氏玄暢齋胡刻本 十行二十字白口，四周單邊

七三一 祁門金吾謝氏仲宗文集一卷吟集一卷 明抄本 十一行二十四字藍格藍口四周雙邊

七三二 祁門金吾謝氏仲宗文集一卷詩集一卷 明抄本 十一行二十四字（詩集二十一字）藍格藍口四周雙邊

七三三 白嶽遊稿一卷 明沈明臣吳守淮撰 明刻本 十行十八字白口，左右雙邊

七三四 棣垞前集一卷後集詩冊一卷 明李正華輯 明抄本 九行二十字細黑口，四周單邊

七三五 督撫兩浙定變輿頌錄口卷 明萬曆刻本 九行二十字白口，四周雙邊
存二卷 四至五

七三六 敦義編十二卷 明高宗呂輯 明抄本 清高北桑跋 八行二十二字不等白口，左右雙邊

七三七 崇祀嘉頌錄十六卷 明耿庭栢輯 明萬曆四十二年耿氏刻本 九行十九字，小字雙行同白口，四周單邊有刻工

七三八 梅塢貽瓊四卷 明周履靖輯 姚士粦刪定 明刻本 八行十九字白口，四周單邊

七三九 南征錄六卷 明沈思孝輯 明萬曆十二年刻本 九行十七字白口，四周單邊

七四〇 中和遺直集十卷 明萬曆十七年休寧縣儒學刻本 十行二十四字白口，四周單邊

七四一 霑化銘功集一卷 胡鲜徐多等撰 明萬曆刻本 九行十七字白口，四周單邊

七四二 蘭嵎朱宗伯彙選當代名公鴻筆百壽類函八卷 明朱之蕃輯 徐燦吳明鄉注 明萬曆四十三年王世茂王鳳翔東壽樓刻本 九行十九字白口，邊欄不一

七四三 清德誥謀集不分卷 明黃文華輯 明萬曆三十五年畢仲禮刻本 九行十八字白口，四周雙邊

七四四 真隱范先生壽言十六卷 明崇禎刻本 八行十九字白口，左右雙邊

七四五 同時尚論錄十六卷 明蔡士順輯 明崇禎刻本 十行二十一字白口，四周單邊

七四六 同時尚論錄十六卷 明蔡士順輯 清李文田家抄本 清李文田校注 十行二十一字，綠格白口四周單邊

七四七 皇明朝野記錄口口卷 明抄本 九行二十二字紅格白口，四周單邊
存二十二卷

七四八 明文鈔不分卷詩鈔不分卷 明抄本 九行十九或二十字藍格白口四周雙邊

七四九 霜聲集四卷 清周齊曾等撰 清初刻本 八行十九字白口，四周單邊，眉上鐫評

七五〇 霜聲集二卷 清周齊曾等撰 清抄本

七五一 聽嚶堂新書別集四卷前行偶刻一卷 清黃始輯 清康熙二十一年武闈寶翰樓刻本 九行二十二字白口，左右雙邊

七五二 如椽彙編六卷 清史煒輯 稿本

七五三 明人詩文選集一卷 清王仲啓輯 稿本 書名本館擬定

七五四 雅頌正音五卷 明劉仔肩輯 明洪武三年王鑾直刻本 十一行二十字黑口，四周雙邊

七五五 雅頌正音五卷 明劉仔肩輯 明洪武三年王鑾直刻本（四庫底本）

七五六 金蘭集四卷補錄一卷 明徐達左輯 清錢氏萃古齋抄本 十行二十字黑格白口，四周單邊

七五七 金蘭集四卷補錄一卷 明徐達左輯 清抄本 清朱之赤校並跋 黃丕烈跋 九行二十一字，無格

七五八 金蘭集四卷 明徐達左輯 清抄本 清袁廷檮校 九行十九字，無格

七五九 金蘭集四卷補一卷 明徐達左輯 清梅益徵輯 清抄本 清梅益徵校 十行二十字，無格

七六〇 金蘭集三卷 明徐達左輯 續集一卷 清徐堅輯 畊漁軒遺書一卷 明徐達左撰 清初曹氏倦圃抄本（續集畊漁軒遺書配另一清抄本） 清丁丙跋

七六一 金蘭集三卷 明徐達左輯 續集一卷 清徐堅輯 畊漁軒遺書一卷 明徐達左撰 清乾隆二十四年、二十五年徐堅浙溪草堂刻本 十行二十字白口，左右雙邊

七六二 金蘭集三卷 明徐達左輯 續集一卷 清徐堅輯 畊漁軒遺書一卷 明徐達左撰 清乾隆二十四年二十五年徐堅浙溪草堂刻本 傅增湘校並跋

七六三 治世正音前集十卷後集二十一卷 明歐陽滄輯 明李芳刻本 十二行二十字黑口，四周雙邊

七六四 滄海遺珠四卷 明成化十三年陳璚刻本 十行二十字黑口，四周雙邊

七六五 滄海遺珠四卷 清寶谷山房抄本 十行十九字白口，左右雙邊

七六六 皇明風雅四十卷詩人名氏一卷 明徐泰輯 明嘉靖十二年張祈刻本 十行二十字白口左右雙邊

七六七 皇明風雅四十卷詩人名氏一卷 明徐泰輯 明嘉靖四年徐盛刻本 十行二十字白口，左右雙邊

七六八 皇明詩抄十卷目錄二卷 明楊慎輯 明嘉靖三十七年陳仕賢刻本 十行二十字白口，左右雙邊

存六卷 一至五、目錄上

七六九 皇明詩抄十卷 明程[illegible]輯 明嘉靖十五年沈繼芳刻本 十一行二十一字，白口，四周單邊

七七〇 明音類選十二卷 明黄佐 黎民表輯 明嘉靖三十七年潘光統刻本 十行二十字，白口，四周單邊

七七一 國雅二十卷續四卷雜附一卷 明顧起綸輯 國雅品一卷 明顧起綸撰 明萬曆元年顧氏奇字齋刻本 十行二十一字，細黑口，左右雙邊，有刻工

七七二 明詩選十二卷首一卷 明李攀龍輯 陳子龍增刪 明崇禎豹變齋刻本 九行二十字，小字雙行同，白口，四周單邊

七七三 皇明近體詩抄二十三卷 明[illegible]東山輯 明嘉靖四十五年刻本 十行二十字，白口，四周單邊

七七四 皇明近體詩抄二十六卷 明[illegible]泉山輯 明刻本 十行二十字，白口，四周雙邊 存二十卷 六至十、十五至二十九

七七五 皇明近體詩抄不分卷 明[illegible]泉山輯 楊慎批點 明陸穩刻本 九行十八字，白口，左右雙邊

七七六 明詩摘鈔四卷 明說惟一鈔 明萬曆十八年范氏玉[illegible]堂刻本 九行十七字，白口，四周雙邊

七七七 皇明律詩類抄二十四卷 明狄斯彬輯 明萬曆六年刻本 十行二十字，白口，四周單邊，有刻工

七七八 皇明詩選七卷 明慎蒙輯 明萬曆刻本 十行二十字，小字雙行同，白口，左右雙邊，有刻工

七七九 明詩絕句一卷 明祝興輯並注 明抄本 八行十八字，無格

七八〇 批點明詩七言律十二卷 明穆文熙輯並批 明萬曆九年劉懷恕刻本 九行二十字，白口，四周雙邊，眉欄鐫批，有刻工

七八一 明詩正聲六十卷 明盧純學輯 明萬曆十九年江一麐刻本 九行十八字，白口，左右雙邊，有刻工

七八二 明詩正聲十八卷 明穆光胤輯 明萬曆陳束縕刻本 八行十八字，白口，左右雙邊

七八三 皇明詩統四十二卷 明李騰鵬輯 明萬曆刻本 九行二十字，小字雙行同，白口，四周單邊

七八四 皇明詩統四十二卷 明李騰鵬輯 明萬曆刻崇禎八年孟兆祥補修本 存四十一卷 一至二、四至四十二

七八五 盛明百家詩選三十四卷首一卷 明朱之蕃輯 明萬曆閒[illegible]刻本 九行二十字，白口，四周單邊

七八六 皇明詩選前集□□卷 明沈士儀輯 明抄本 九行二十字，白口，四周單邊 存八卷 八至十五

七八七 皇明律範二十三卷 明鄒元極輯 明刻本 九行十八字，白口，四周雙邊，有刻工

七八八 國朝名公詩選十二卷 明陳繼儒輯 陳元素注 明天啟元年書林蕭氏刻本 九行二十一字，小字雙行同，白口，左右雙邊

七八九 明詩選十二卷 明華淑輯 明[illegible]黃玉堂刻本 九行二十字，白口，四周單邊

七九〇 明詩選最八卷 明華淑輯 王鶯訂校 明金陵書林蔡洪宇刻本 十行二十字，白口，四周單邊

七九一 明詩選八卷續八 明詩選七卷 明周詩雅輯 明崇禎刻本 八行二十一字，白口，四周單邊

七九二 明詩選八卷 明[illegible]輯 明崇禎刻本 清陳維崧批 許[illegible]跋

七九三 皇明詩選十三卷 明陳子龍 清李雯 宋徵輿輯 明末刻本 九行十八字，白口，四周單邊

七九四 明詩選不分卷 明陳子龍輯 清初抄本 十行二十八字，無欄

七九五 明僧弘秀集十三卷 明毛晉輯 明崇禎十六年毛氏汲古閣刻本 九行十九字，白口，左右雙邊

七九六 明僧弘秀集十三卷 明毛晉輯 明崇禎十六年毛氏汲古閣刻本 清[illegible]跋

七九七 三先生詩十九卷 明[illegible]輯 明[illegible]九年自刻本 明岳正清[illegible]本 十一行十八字，黑口，四周雙邊

七九八 明詩十二家十二卷 明李[illegible]輯 明[illegible]刻本 九行十八字，白口，四周雙邊，有刻工

七九九 明詩十二家十二卷 明[illegible]輯 明穆[illegible]刻本 九行十八字，白口，四周雙邊，有刻工

八〇〇 盛明十二家詩選十二卷 明朱翊鈏輯並批點 明萬曆十三年益藩刻本 九行十八字，小字雙行同，白口，四周單邊

八〇一 盛明十二家詩選十二卷 明朱翊鈏輯並批點 明萬曆十三年益藩刻本 清許[illegible]跋

八〇二 新鐫明詩十二家類抄八卷 明穆光胤輯 明萬曆三十九年金陵李氏聚奎樓刻本 十行二十二字，小字雙行同，白口，四周單邊

八〇三 鐫翰林攷正國朝七子詩集註解七卷 明李攀龍 王世貞等撰 李廷機攷正 明萬曆二十二年鄭雲竹宗文書舍刻本 十行二十字，白口，四周雙邊，版心下鐫宗文書舍

八〇四 鐫翰林攷正國朝七子詩集註解七卷 明李攀龍 王世貞等撰 李廷機攷正 明刻本 十行二十二字，白口，四周單邊，眉欄鐫音注

八〇五 新鐫翰林攷正國朝七子註釋詩選七卷 明李攀龍 王世貞等撰 李廷機攷正 江一禮校註 明刻本 八行十九字，小字雙行同，白口，四周雙邊

八〇六 新刻陳眉公攷正國朝七子詩集註解七卷 明李攀龍 王世貞等撰 陳繼儒句解 李士安補註 明刻本 十行二十二字，白口，四周單邊

八〇七 明七子詩選註七卷 明李攀龍 王世貞等撰 清汪淇 汪惆訂正 清初還讀齋刻本 八行二十字，小字雙行同，白口，四周單邊

八〇八 女中七才子蘭咳集五卷 明周之標輯 周君建鑒定 古牌譜二卷 明胡貞波輯 明末刻本 八行二十字，白口，四周單邊

八〇九 女中七才子蘭咳二集八卷 清周之標輯 清抄本 八行二十字，無欄

八一〇 轅門十詠二卷 明朱戌等撰 明崇禎安國贊刻本 九行十八字，白口，四周單邊

八一一 會稽懷古詩一卷 明唐之淳 戴冠撰 清嘉慶十五年沈復燦抄本 清沈復燦 丁丙跋

八一二 存耕曹先生挽詩一卷 明羅當 陸愉等撰 明抄本

八一三 曹存耕妻陳孺人輓詩一卷 明李延路 陸擎等撰 明抄本

八一四 瞿氏二親挽詩一卷 明瞿迪等輯 明景泰刻本 八行十三字黑口四周雙邊

八一五 士林詩選二卷 明懷悅輯 明天順五年何刻本 十行二十一字黑口四周雙邊

八一六 聯句錄一卷 明李東陽輯 明成化二十三年河正刻本 十行二十字黑口四周雙邊

八一七 聽雨亭聯句一卷 明吳希賢等撰 明刻本 八行十八字白口四周雙邊 此書係聽雨亭存稿之附錄

八一八 輔臣贊和詩集一卷 明楊一清等撰 清抄本 清丁丙跋

八一九 湖山唱和二卷 明謝遷瀟蘭撰 清抄本

八二〇 夢草集四卷 明王銓輯 清初抄本 十行二十字無格

八二一 宗室孝行詩一卷 明弘治十四年刻本 八行十四字黑口四周雙邊

八二二 振鷺集一卷 明陳鎬輯 明正德元年刻本 十行十九字白口四周單邊

八二三 江南春一卷 明沈周等撰 明嘉靖刻本 李氏鐸跋 十行二十字白口左右雙邊

八二四 落花詩一卷 明沈周□化龍等撰 明萬曆三十七年朱鼎刻本 九行十八字白口四周雙邊

八二五 東歸倡和一卷 明楊慎劉澄甫藍田撰 清某禎刻本 九行二十字白口左右雙邊

八二六 朝正倡和一卷朝正歸途倡和一卷附錄唱和一卷 明趙鶴輯 明正德刻本 八行十九字白口左右雙邊

八二七 小瀛洲十老社詩六卷 明錢璠劉鐘祖述輯 瀛洲社十老小傳一卷 明錢璠撰 清順治刻本 有圖 九行二十字白口左右雙邊

八二八 忠靖江淮詩一卷 明陳揚鳴輯 明正德七年刻本

八二九 參玄集六卷續集一卷別集一卷 明實惟遠輯 明抄本 十一行二十字藍格

八三〇 泰山紀遊一卷 明湯惟學楊撫撰 明嘉靖二年陳宣刻本 八行十六字白口四周雙邊

八三一 弘正詩抄十卷 明楊口輯 明嘉靖二十六年曹忭刻本 八行十八字白口四周單邊

八三二 清泉精舍小志一卷 明郁邑撰 明隆慶三年刻本 九行十七字白口左右雙邊

八三三 武林怡老會詩集一卷 明姚綸撰 清抄本 清丁丙跋

八三四 歸桃花嶺詩集六卷 明楊浤輯 明萬曆四十三年楊氏家塾刻本 八行十八字白口四周雙邊 存五卷 一至五

八三五 桃花嶺集七卷歸桃花嶺詩集六卷 明楊諫輯 明萬曆刻本 八行十八字白口四周雙邊

八三六 題贈錄口口卷 明朱拱樞輯 明嘉靖刻本 十行二十字白口四周單邊 存十五卷 一至六、八至十六

八三七 遊嵩集一卷 明劉字暐慈撰 明嘉靖二十二年薛寅刻本 七行十六字白口四周雙邊

八三八 棠陰遺祝一卷 明嘉靖十二年刻本 九行十六字白口左右雙邊

三九

八三九 聯句私抄四卷 明毛紀輯 明嘉靖刻本 十行二十字白口四周雙邊

八四〇 騷壇白戰錄一卷 明司馬泰輯 清勞氏丹鉛精舍抄本 清勞格校并跋

八四一 鉛山聯句不分卷 明費口口甘口口撰 明嘉靖二十年刻本 十行十九字白口四周單邊

八四二 新都秀運集二卷 明王寅輯 明刻本 九行十八字白口左右雙邊

八四三 南明紀遊詩一卷 明黃中等撰 明嘉靖三十三年章士元刻藍印本 八行二十字白口四周雙邊

八四四 儷德偕壽錄四卷 明朱睦㮮輯 明嘉靖四十年刻本 十行十八字白口左右雙邊

八四五 劍崖詩抄十卷 明盛黃汝輯 明嘉靖張應文刻本 十行二十六字白口四周雙邊

八四六 今雨瑤華一卷 明孫岱輯 明抄本 清王士禛跋 十一行十九字藍格藍口四周雙邊

八四七 新鐫淥水新聲三卷 明馮廷槐輯 明末刻本 九行二十一字白口四周單邊

八四八 西湖八社詩帖一卷 明祝時泰等撰 清抄本 清羅以智校 丁丙跋

八四九 友雅三卷 明朱多煃輯 明隆慶三年旅隱亭刻本 十二行二十字白口左右雙邊

八五〇 二仲詩二卷 明汪道貫汪道會撰 清王士禛輯 清康熙五十二年汪氏五世讀書園刻本 十行十九字白口左右雙邊

八五一 比玉集一卷 明劉鳳雞鳴撰 明刻本 九行十八字白口左右雙邊

八五二 康莊集一卷 明吳秀輯 清抄本 九行十六字無格

八五三 新刻翰林類選苑詩秀句十二卷 明顧起綸輯 明萬曆十三年汪余氏刻本 有圖 九行二十字白口四周雙邊

八五四 海國宣威圖題詠一卷 明劉一龍丘一龍等撰 明抄繪本 有圖

八五五 泛舟詩一卷 明汪道會輯 明萬曆八年刻本 九行十八字白口左右雙邊 有刻工

八五六 劍江倡和詩一卷 明喻即登等撰 明萬曆四十六年刻本 八行十九字白口四周單邊

八五七 詩鈔不分卷 明高進孝輯 明萬曆三十四年刻藍印本 八行十七字無直格白口四周單邊

八五八 昭代選屑三十卷 明李本緯輯 明刻本 九行十九字白口四周雙邊

八五九 壬辰四友二老詩贊不分卷 明畢自嚴輯 明崇禎五年自刻本 九行十九字白口四周單邊

八六〇 留計東歸贈言八卷 明畢自嚴輯 明崇禎刻本 八行十九字白口四周單邊

八六一 餞送白陽畢大司農歸里詩一卷 明顧起元輯 稿本 清朱長孺跋

八六二 萬竹園倡和集一卷 明王思義等撰 明萬曆二十三年王思義刻本 八行二十字白口四周雙邊

八六三 松蘿社草二卷 明程涓輯 明萬曆二十四年吳彥輝刻本 九行十八字白口四周單邊

八六四 明詩存不分卷 明曹學佺輯 稿本 八行十八字白口四周雙邊

八六五 新選七襄章十一卷 明米之蘅輯 明萬曆三十七年刻本 九行十八字白口四周單邊

八六六 新鐫註釋出像皇明千家詩四卷 明汪萬頃輯 明周文卿刻本 有圖 九行二十字白口四周單邊

四〇

八六七 明詩妙絕五卷 明凌應曙輯 明萬曆三十九年凌子錫(?)刻本 九行二十一字白口左右雙邊

八六八 環翠堂華袞集不分卷 明汪廷訥輯 明萬曆汪氏環翠堂刻本 八行十六字白口四周單邊 版心下鐫環翠堂

八六九 拜梅詩集三卷 明鮑士章輯 明刻本 九行十八字白口四周單邊

八七一 知希齋詩不分卷 明王人鑑輯 明萬曆刻本 八行十六字白口左右雙邊

存疑贈詩

八七二 紫芝社稿二卷 明汪澈芳汪道芳撰 明刻本 九行十八字白口四周單邊

八七三 清音集三卷 明賀烺輯 明刻本 九行十九字白口四周單邊

八七四 緝玉錄五卷 明傅振商輯並評 明萬曆四十七年刻本 九行十八字白口四周單邊

八七五 志姜堂贈言一卷 明周有科等輯 明萬曆刻本 八行十八字白口四周單邊

八七六 寒山蔓草十卷 明趙宧光輯 明刻本 十行二十字白口左右雙邊

存四卷 一至四

八七七 洞庭唱和四卷 明楊文驄清邢昉撰 明崇禎刻本 七行十五字白口四周單邊

八七八 耦園圖詠不分卷 明宋(?)僕輯 明天啟刻本 有圖 九行十八字白口四周單邊 有刻工

八七九 皇明七山人詩集七卷 明劉鳳選輯 明天啟五年自刻本 九行二十字白口四周單邊

八八〇 瑞穀新謠不分卷 明張肯堂輯 明崇禎四年刻本 七行二十字白口四周單邊

八八一 明詩平論二集二十卷 明朱隗輯 明崇禎十七年長洲朱氏刻本 九行二十一字白口四周單邊

八八二 明賢詩不分卷 明卓文通輯 稿本 清楊賓汪士鋐曹寅梅文鼎宋恭貽(?)跋

八八三 崇禎八大家詩選八卷 明夏雲鼎輯 明崇禎六年刻本 九行十八字白口四周單邊 眉上鐫評

八八四 彙刻瑞花詩集二卷 明馮爭之輯 明崇禎九年自刻本 八行十九字白口四周單邊

八八五 綴雪齋詩草一卷 明嚴調御陳齡撰 明崇禎二年刻本 八行十八字白口四周單邊

八八六 珠玉纓頭一卷 明宋珏等撰 明崇禎顧侯斸(?)刻本 行字不一白口四周單邊

八八七 舞雩社草一卷 明朱國佐輯 明崇禎異撰堂(?)刻本 八行十八字白口四周單邊

八八八 萍社詩選八卷 明徐䢼臣輯 明崇禎十年刻本 九行十九字白口四周單邊

八八九 過江詩略十二卷 明吳德操錢秉鐙輯 明崇禎刻本 九行二十一字白口四周單邊

八九〇 三子新詩合稿九卷 明陳子龍清李雯宋徵輿撰 明夏完淳輯 明末刻本 九行十八字白口四周單邊

八九一 三子新詩合稿九卷 明陳子龍清李雯宋徵輿撰 明夏完淳輯 明末刻本 鄧之誠跋

八九二 三子新詩合稿九卷 明陳子龍清李雯宋徵輿撰 明夏完淳輯 清抄本 章鈺校 九行十八字無格

八九三 幾社六子詩選不分卷 明周立勳陳子龍等撰 清初抄本 十行三十字無格

八九四 東池詩集五卷 明釋偈(?)陳悅等撰 清初抄本 八行二十一字無格

八九五 西曹秋思一卷 明葉廷秀董養河黃道周撰 清抄本 十二行二十字無格

八九六 蓮香集五卷 明彭(?)日貞輯 清乾隆三十年西城竹(?)堂刻本 八行十八字白口四周單邊

八九七 皇華集五卷附錄一卷 明華察薛廷寵輯 明嘉靖刻本 八行十六字白口左右雙邊

八九八 皇華集五卷 明華察梅(?)廷寵輯 明抄本 十行十八字藍格白口四周單邊

八九九 明詩選不分卷 清錢謙益輯 稿本 清蔣鳳藻翁同龢跋 十二行三十字無格

九〇〇 列朝詩集乾集二卷甲集前編十一卷甲集二十二卷乙集八卷丙集十六卷丁集十六卷閏集六卷 清錢謙益輯 清順治九年毛晉刻本 十五行二十八字白口四周雙邊

九〇一 列朝詩集乾集二卷甲集前編十一卷甲集二十二卷乙集八卷丙集十六卷丁集十六卷閏集六卷 清錢謙益輯 清順治九年毛晉刻本 清毛晉陸貽典校

九〇二 明五七言律詩選不分卷 清錢謙益輯 稿本 清楊希銓邵淵燿黃廷鑑詹騏題 沈梧跋

九〇三 明詩歸八卷 清程如馨朱衣輯 清順治刻本 八行二十二字小字雙行同白口四周單邊

九〇四 明詩鈔不分卷 清范允文輯 清抄本 九行或十行二十二至二十四字

九〇五 明詩選鈔三卷續集不分卷 清抄本 八行二十一字藍格 續集十行二十一字無格

九〇六 明詩彙選十三卷 清朱之京輯 清順治十六年刻本 九行二十字白口四周單邊

九〇七 明詩綜一百卷 清朱彝尊輯 清康熙刻本 十一行二十一字小字雙行三十一字白口左右雙邊

九〇八 明詩綜一百卷 清朱彝尊輯 清康熙刻本 清吳騫跋

九〇九 明詩綜一百卷 清朱彝尊輯 清康熙刻白蓮紙印本

九一〇 明詩綜一百卷 清朱彝尊輯 清康熙刻雍正朱氏六峰閣印本

九一一 明詩綜詩話不分卷 清朱彝尊輯 清乾隆四年江浩抄本 清姚世錡蔡雨椽姚倚雲跋 十行二十二字無格

九一二 明代詩甄彙編一百卷 清朱彝尊輯 清抄本

九一三 明詩選七卷 清彭孫貽輯 稿本 清張開福跋 張元濟跋 十行二十四字無格

九一四 廣明詩彙選二卷明詩續選一卷嚮山堂集快筆一卷 清黃蘭輯 清抄本 十行行字不等無直格白口四周單邊

九一五 明詩百三十名家集鈔二十四卷 清王企埥輯 清康熙六十一年刻本 十行二十一字白口四周單邊

九一六 明詩去浮四卷 清姚何牧輯 清康熙姚氏臨暇(?)軒刻本 十一行二十一字白口左右雙邊

九一七 明詩去浮四卷 清姚何牧輯 清抄本 十一行二十字無格

九六五 皇明經濟文錄四十一卷 明萬表輯 明嘉靖三十三年曲入繩居敬刻本 十行二十二字白口四周單边有刻工

九六六 皇明文選二十卷 明汪宗元輯 明嘉靖三十三年刻本 十行二十字白口左右双边

九六七 鍥二王分類批點註釋國朝名儒垂世矑言六卷 明王世貞輯 王世懋注 明王錫爵刻本 十行二十四字白口四周双边间有四周单边左右双边眉欄镌評注

九六八 明儁十卷 明李先芳輯 明萬曆二十一年刻本 九行十八字白口左右双边

九六九 皇明文則二十二卷 明慎蒙輯 明萬曆刻本 十行二十字白口左右双边有刻工

九七〇 皇明百家文範八卷 明王乾章輯 明萬曆三年刻本 九行二十字白口四周双边

九七一 皇明百家文範八卷 明王乾章輯 明萬曆三年刻本 清丁丙跋

九七二 皇明近代文範六卷 明張嶔輯 明刻本 九行十八字黑口四周双边有刻工

九七三 皇明文纂五十卷 明張士瀹輯 明銅活字印本 九行十八字白口四周单边

九七四 皇明文教錄五卷 明畢懋輯 謝守淳校正 明隆慶二年刻本 九行十九字白口四周双边

九七五 新鐫國朝名儒文選百家評林十二卷 明沈一貫輯 明唐廷仁刻本 十一行二十一字白口四周双边眉欄镌評

九七六 新鐫國朝名儒文選百家評林十二卷 明沈一貫編 明萬曆十四年葉任宇刻本 十一行二十一字白口四周双边

九七七 皇明翰閣文宗十二卷 明黃洪憲 何大通輯 明萬曆五年金陵書坊周竹潭刻本 十二行二十二字細黑口四周双边

九七八 皇明文宗六卷 明虞懷忠輯 明刻本 十行二十四字白口四周双边

九七九 魏仲雪增補李卓吾名文捷錄六卷 明李贄輯 魏浣初增補 明萬曆四十年余應興刻本 九行二十字白口四周单边

九八〇 精選繩尺論二卷 明隆慶三年王建熙刻本 十一行二十二字小字双行同白口四周双边

九八一 皇明經世考八十卷 明抄本 十行二十二字白口四周双边

九八二 皇明歷朝文選類抄不分卷 明抄本 九行二十二或二十三字紅格四周单边

九八三 今文選十四卷 明孫鑛 余寅 唐鶴徵輯並評 稿本 十行二十二字無格

九八四 今文選十二卷 明孫鑛 余寅 唐鶴徵輯 明萬曆三十一年坊刻本 十行十九字白口左右双边

九八五 國朝名公經濟宏詞選十一卷 明鄒世科輯 明萬曆十八年萬卷樓刻本 十行二十四字白口四周单边

九八六 皇明百大家文選十七卷 明朱國祚輯 明萬曆金陵書坊周家孔刻本 十二行二十二字白口四周双边

九八七 新刻精選當代臺閣精華八卷 明朱國祚 唐文獻 焦竑輯 明萬曆二十年書林周宗孔刻本 十一行二十四字白口四周单边间有左右双边

九八八 國朝名公經濟文鈔十卷第一續不分卷 明張文炎輯 明萬曆十五年玉屑齋刻本 九行二十字白口四周双边版心下镌玉屑齋元版

九八九 皇明文徵七十四卷 明何喬遠輯 明崇禎四年刻本 九行十八字小字双行同白口左右双边

九九〇 新刊焦太史續選百家評林明文珠璣十卷 明焦竑輯 明萬曆刻本 十行二十字白口四周单边有眉欄

九九一 鼎鐫諸方家彙編皇明名公文雋八卷 明袁宏道輯 丘兆麟補 明師儉堂蕭少衢刻本 九行二十字白口四周单边有眉欄

九九二 鼎鐫諸方家彙編皇明名公文雋八卷 明袁宏道輯 丘兆麟補 明金陵奎壁堂鄭思鳴刻本 九行二十字白口四周单边有眉欄

九九三 新鍥施會元精選旁訓皇明鴻烈集十卷 明顧起元輯 施鳳來等評 魯史旁訓 明萬曆書林詹霖宇刻本 九行二十二字無直格白口四周单边眉欄镌評

九九四 石倉歷代文選二十卷 明曹學佺輯 明崇禎刻本 鄭振鐸跋 十行十九字白口左右双边

九九五 皇明文準八卷 明張鼐輯 明萬曆刻朱墨套印本 十行二十五字白口四周单边

九九六 皇明文準不分卷 明張鼐輯 明刻本 八行二十字白口四周单边

九九七 新刻施會元輯註國朝名文英華十一卷 明施鳳來輯並注 明萬曆三十七年熊振宇種德堂刻本 九行十九字小字双行同白口四周双边

九九八 新刻內閣校正當朝鳳藻經國鴻謨八卷 明施鳳來輯 明萬曆金陵王氏車書樓刻本 十一行二十四字白口四周单边

九九九 明文致二十卷 明蔣如奇輯 明崇禎二年詠蘭堂刻本 九行二十字白口四周单边版心下镌詠蘭堂

一〇〇〇 陳太史昭代經濟言十四卷 明陳子壯輯 明天啟刻本 八行二十字白口四周单边

一〇〇一 新刻陳太史經濟言輯要十二卷 明陳子壯輯 明天啟刻本 十行二十一字白口四周单边眉上镌評

一〇〇二 皇明經濟文輯二十三卷 明陳其愫輯 明天啟七年刻本 八行十八字白口四周单边

一〇〇三 經世名編二十三卷 明沈懋允輯 明末刻本 八行十八字白口四周单边

一〇〇四 金陵新鐫皇明史館名公經世宏辭十四集十四卷 明施浩 凌稚隆輯 明刻本 十行二十字白口四周单边

一〇〇五 新鐫增訂皇明史館名公經世宏辭十四集十四卷 明施浩 凌稚隆輯 項鴻秋增訂 明萬曆刻本 十行二十四字白口四周单边

明文奇賞四十卷 明陳仁錫輯 明天啓三年刻本 十行二十一字白口四周單邊眉上鐫評 一〇〇六

明文霱二十卷 明劉士鏻輯並評 明崇禎刻本 九行二十字白口四周單邊眉上鐫評 一〇〇七

今文韻品二卷 明湯靈鵷輯 明崇禎六年自刻本 九行二十字白口四周單邊 一〇〇八

皇明經世文編五百四卷補遺四卷 明陳子龍等輯 明崇禎平露堂刻本 九行二十字白口四周單邊版心下鐫平露堂 一〇〇九

物望志十四卷 明劉堯吟輯 明崇禎十六年刻本 九行二十字白口四周單邊 一〇一〇

媚幽閣文娛不分卷 明鄭元勲輯 明崇禎三年鄭元化刻本 九行二十字白口四周單邊 一〇一一

媚幽閣文娛二集十卷 明鄭元勲輯 明崇禎十二年刻本 九行二十字白口四周單邊 一〇一二

皇明今文定不分卷 明艾南英輯 明崇禎刻本 九行二十七字白口四周單邊 一〇一三

翠娛閣評選明文歸初集三十四卷 明陸雲龍輯 明崇禎陸氏翠娛閣刻本 九行十九字白口四周單邊 一〇一四

翠娛閣評選明文奇艷十二卷 明陸雲龍輯 明崇禎陸氏翠娛閣刻本 九行十九字白口四周單邊 一〇一五

第一鳳傳不分卷第一人傳不分卷第一品傳不分卷 明徐照輯 明末抄本 一〇一六

四七

明文鈔一卷 明抄本 十一行三十三字藍格白口四周双边 一〇一七

幾社文選二十卷 明杜騏徵、徐鳳彩、盛翼進輯 明末刻本 九行十九字白口左右双边 一〇一八

幾社壬申合稿二十卷 明杜騏徵、徐鳳彩、盛翼進輯 清初小樊堂刻靜貴草堂印本 九行十九字白口左右双边 一〇一九

幾社壬申合稿二十卷 明杜騏徵、徐鳳彩、盛翼進輯 清初小樊堂刻本 一〇二〇

明文海四百八十二卷目錄三卷 清黄宗羲輯 稿本 十至十一行，行十八至二十四字不等 一〇二一
存二十三卷 十九至二十二、三十八至四十二、五十一至五十四、一百十四至一百十八、一百二十二至一百二十六。其中一冊無卷次

明文海四百八十二卷目錄三卷 清黄宗羲輯 清抄本 九行約二十一字白口四周双边 一〇二二
存四百八十三卷 一至四百八十、目錄全

明文海四百八十二卷 清黄宗羲輯 清抄本 十行二十一字藍格 一〇二三

明文海四百八十二卷 清黄宗羲輯 清抄本 佚名批校 一〇二四
存四百七十七卷 一至四百六十、四百六十五至四百八十一

明文海四百八十二卷 清黄宗羲輯 清顧沅藝海樓抄本 八行二十一字白口綠格左右双边 一〇二五
存十四卷 一百三十三至一百三十七、一百六十至一百六十八

明文案□□卷 清黄宗羲輯 稿本 一〇二六
存七卷 十七至十八、二十二至二十四、四十一、四十五

明文案二百十卷 清黄宗羲輯 稿本 張宗柟跋 十二行行約二十四字藍格白口左右双边 一〇二七
存一百八十八卷 一至三十七、四十二至一百十四、一百十九至一百三十一、一百三十六至一百四十七、一百五十一至二百三

明文案□□卷 清黄宗羲輯 清抄本 一〇二八
存二百十七卷 一至二百十七

明文授讀六十二卷 清黄宗羲輯 清康熙三十八年張錫琨味芹堂刻本 九行二十字白口左右双边版心下鐫味芹堂 一〇二九

明文授讀六十二卷 清黄宗羲輯 清康熙三十八年張錫琨味芹堂刻本 清吳騫批 一〇三〇

明文授讀六十二卷 清黄宗羲輯 清康熙三十八年張錫琨味芹堂刻本 清李慈銘校並跋 一〇三一

今文類體不分卷 明黄□□輯 清黄澄量藏 稿本（以多種明刻本剪貼成編）一百三十八冊 一〇三二
目錄六冊 行狀五冊 碑四冊 論五冊 書十四冊 記八冊 詩三十五冊 辨附雜辨一冊
傳五冊 祭文六冊 贊一冊 解附雜解一冊 序十八冊 說一冊
墓誌銘十七冊 墓表三冊 議制公移三冊 策三冊 題跋一冊 考附雜考一冊

四八

山曉閣選明文全集二十四卷續集八卷 清孫琮輯 清康熙十六年、二十一年文雅堂刻本 九行二十五字白口四周單边 一〇三三

人文大觀八卷 清陳介輯 陳介、陳瑜評 清康熙熙儒堂刻本 九行二十四字藍格白口四周双边 一〇三四

明文英華十卷 清顧有孝輯 清康熙二十六年刻本 九行二十二字下黑口左右双边 一〇三五

明文在一百卷 清薛熙輯 清康熙三十二年古淥水園刻本 十二行二十五字黑口左右双边 一〇三六

明文遠二十一卷 清徐文駒輯 清學古堂刻本 九行二十二字黑口左右双边 一〇三七

借綠軒刪訂湯霍林先生讀書譜四卷 清周清原輯 清康熙二十八年借綠軒刻本 九行二十五字白口四周單边 一〇三八

明文鈔初編不分卷二編不分卷三編不分卷四編不分卷五編不分卷 清高嵣輯 清乾隆五十一年刻本 九行二十五字藍直格白口四周双边 一〇三九

八十一家文碧不分卷 清趙之濂輯 清尋帚軒抄本 九行二十五字藍直格白口四周單边 一〇四〇

國朝名公翰藻五十二卷氏名爵里一卷 明凌迪知輯 明萬曆十年刻本（卷五十二明余中元輯） 九行二十字白口四周單边有刻工 一〇四一

國朝名公翰藻五十二卷氏名爵里一卷 明凌迪知輯 明萬曆十年刻本 卷五十二明余中元輯 清梁振聲跋 一〇四二

一〇四三　鐫國朝名公翰藻超奇十四卷　明徐宗夔輯　明萬曆唐廷仁周曰校刻本　十行二十二字白口四周單边

一〇四四　赤牘寶珠編十卷　明王樨登輯　明萬曆二十八年徐應瑞刻本　八行十八字白口四周双边

一〇四五　四六徽音集四卷　明馮夢禎輯並評　後集四卷　明閔士選輯並評

一〇四六　續集四卷徽集四卷　明湯賓尹輯並評　明徐思山余尚崖刻本　八行十八字白口四周双边

一〇四七　四六徽音集四卷　明馮夢禎輯並評　後集四卷　明閔士選輯並評

續集四卷羽集四卷　明湯賓尹輯並評　明刻本　八行十七字白口边欄不一

一〇四七　新刻國朝名公尺牘類選十二卷　明吳之英輯　明萬曆刻本　十行二十字白口左右双边

一〇四八　國朝小簡抄四卷　題明萬玉堂主人輯　明刻本　九行十七字白口四周单边

一〇四九　徽郡新刻名公尺牘三卷　明程大約輯　明萬曆四年程氏滋蘭堂刻本　九行二十字上黑口四周单边版心下鐫滋蘭堂刊

一〇五〇　徽郡新刻國朝名公尺牘三卷　明程大約輯　明書林沖泉詹氏刻本　十二行二十四字白口四周单边

四九

一〇五一　名家竿牘四卷　明殷弘宸輯　明刻本　十行二十二字白口四周单边

一〇五二　刻卓吾李先生批評國朝名公書啓狐白六卷　明李贄評　湯賓尹輯　丘兆麟注　明余文杰刻本　八行十九字白口四周单边扁上鐫評

存刊集一卷

一〇五三　風教雲箋四卷　明黃河清輯　明萬曆十三年刻本　八行十八字白口四周单边

一〇五四　風教雲箋四卷　明黃河清輯　明萬曆舒用中天香書屋刻本　八行十八字白口四周双边

一〇五五　風教雲箋後集四卷　明黃河清輯　明萬曆舒用中天香書屋刻本　八行十八字白口四周双边

一〇五六　風教雲箋續集四卷　明黃河清輯　明萬曆舒用中刻本　八行十八字白口四周双边

一〇五七　風教雲箋四卷後集四卷　明黃河清輯　明萬曆三十四年朱江伏刻本　八行十八字白口左右双边

一〇五八　新鐫通俗雲箋二卷　明徐渭輯　明刻本　九行十八字小字双行同白口四周单边

一〇五九　新鐫通俗雲箋二卷　明徐渭輯　明刻天祿閣印本　九行十八字白口四周单边扁欄鐫評

一〇六〇　鍥熙朝名公書啓連腴八卷　明顧起元輯　明萬曆二十九年萃慶堂刻本　九行二十二字白口四周双边

一〇六一　張夢澤先生評選名家四六燦花十二卷　明毛應翔注　明毛氏刻本　九行十八字白口四周单边

一〇六二　鐫昭代名公四六類編二十四卷補遺一卷　明汪呼瀾輯　明萬曆四十二年汪士晉刻本　十行二十一字白口四周单边

一〇六三　新刻學餘園類選名公四六鳳采四卷附錄一卷　明丘兆麟輯並注　明萬曆劉大易刻本　十行二十一字白口四周单边

一〇六四　岳石帆先生鑒定四六宙函三十卷　明李自榮輯　王世茂注　明天啓六年蔣時機刻本　九行二十字小字双行同白口四周单边或左右双边

一〇六五　岳石帆先生鑒定四六宙函三十卷　明李自榮輯　王世茂注　明天啓六年蔣時機刻文遠堂印本

一〇六六　岳石帆先生鑒定四六宙函三十卷　明李自榮輯　王世茂注　明天啓六年蔣時機刻石渠閣印本

一〇六七　車書樓選註名公新語滿紙千金八卷　明李自榮輯　王世茂注　明天啓七年刻本　九行二十字白口四周单边

一〇六八　車書樓選註名公新語滿紙千金八卷　明李自榮輯　王世茂注　明天啓七年刻映旭齋印本

一〇六九　車書樓選註名公新語滿紙千金八卷　明李自榮輯　王世茂注　明天啓七年刻東吳鎬新齋印本

五〇

一〇七〇　新刻旁註四六類函十二卷　明朱錦輯　閔靳孔注　明萬曆三十六年王世茂刻本　七行二十四字白口四周单边间有左右双边

一〇七一　車書樓彙輯旁註當代名公四六瑤函六卷首一卷　明朱錦輯　明萬曆四十七年金陵裴少台刻本　七行二十字白口边欄不一

一〇七二　車書樓選註當代名公新製四六明珠八卷首一卷　明朱錦輯　王世茂廣印譽注　明金陵書林王鳳翔刻本　九行十九字白口四周单边

一〇七三　恕銘朱先生彙選當代名公四六新函十二卷　明朱□□輯　許以忠等校　徐榛等註　明萬曆四十二年金陵王氏車書樓刻本　七行二十字白口四周双边

一〇七四　車書樓彙輯各名公新製四六珍函六卷首一卷　明許以忠輯　張一中尊姓　明張鍾福刻本　七行二十字白口四周双边

一〇七五　車書樓彙輯皇明四六叢珠四卷　明許以忠輯　王世茂廣印譽注　官制事實一卷　明萬曆四十八年金陵傅夢龍刻本　九行十九字小字双行同白口四周单边

一〇七六　車書樓彙輯各名公四六爭奇八卷　明許以忠輯　明萬曆四十八年刻本　九行十八字小字双行同白口四周单边

一〇七七 車書樓彙輯各名公四六爭奇八卷 明許以忠輯 明萬曆四十八年刻[illegible]齋印本

一〇七八 車書樓彙輯各名公四六爭奇八卷 明許以忠輯 明萬曆四十八年刻鼎[illegible]堂印本

一〇七九 車書樓彙輯各名公四六爭奇八卷 明許以忠輯 明天啓三年刻本 九行十八字白口四周單邊間有四周雙邊左右雙邊

一〇八〇 車書樓選註當代名公四六天花八卷 明許以忠輯 王世茂注 明書林龔[illegible]刻本 八行二十字小字雙行同白口四周雙邊

一〇八一 車書樓新刻當代名公尺牘類函八卷 明許以忠輯 明萬曆金陵書坊王敬宇刻本 七行二十字白口四周單邊

一〇八二 精選分註當代名公啓牘琅函六卷 明許以忠輯 潘鴻撰注 明金陵書坊王鳳翔刻本 九行十九字白口四周單邊

一〇八三 旁註雲箋一統八卷 明許以忠輯 明萬曆三十八年王世茂刻本 八行十八字白口左右雙邊間有四周單邊

一〇八四 精選當代各名公短札字字珠八卷 明許以忠輯 首一卷 明王焞輯 明刻本 九行十八字白口邊欄不一

五十一

一〇八五 精選當代各名公短札字字珠八卷 明許以忠輯 首一卷 明王焞輯 明金陵書坊傅春渠刻本 九行十八字白口邊欄不一

一〇八六 精選當代各名公短札字字珠八卷 明許以忠輯 首一卷 明王焞輯 明金陵書坊吳小山刻本 九行十八字白口邊欄不一

一〇八七 車書樓選刻各名公短札字字珠新集六卷 明許以忠 項煁芳輯 王世茂注 明金陵書坊傅春渠刻本 九行十八字白口邊欄不一

一〇八八 車書樓選刻各名公短札字字珠新集六卷 明許以忠 項煁芳輯 王世茂注 明金陵書坊吳小山刻本 九行十八字白口邊欄不一

一〇八九 名公貽牘四卷 明項煁芳輯 明萬曆四十三年自刻本 九行十八字白口左右雙邊有刻工

一〇九〇 瑤箋四卷 明鄒脩棨輯 明萬曆刻本 七行十九字白口四周單邊

一〇九一 彙選註釋名公全啓四六雲韶六卷 明陳士蘭輯 王召註 明刊本 九行十八字白口四周雙邊兩節板

一〇九二 四六雲蒸八卷 明萬曆二十三年金陵錦繡堂吳少渠刻本 八行十八字白口四周單邊

一〇九三 四六新函十二卷 明鍾惺輯並注 明刻本 九行二十四字白口四周單邊

一〇九四 新鐫選註名公四六雲濤十卷 明鍾惺編並注 陸雲龍增定 明刻本 九行十八字白口四周單邊

一〇九五 如面談十六卷 明鍾惺輯 馮夢龍訂釋 明末刻本 九行二十字小字雙行同白口四周單邊

一〇九六 如面談十六卷 明鍾惺輯 馮夢龍訂釋 明末刻閶門葉碧山印本 九行二十字小字雙行同白口四周單邊

一〇九七 如面譚二集十八卷 明鍾惺輯 明末刻本 九行十九字小字雙行同白口四周單邊

一〇九八 如面譚二集十八卷 明鍾惺編 明末刻金閶雅齋堂印本 九行十九字小字雙行同白口左右雙邊

一〇九九 啟集狐白十五卷 明羅九皋 閔望齡等撰 周時泰校 明末刻本 九行二十一字白口四周單邊

一一〇〇 四六狐白十六卷 明羅九皋 閔望齡等撰 明李少渠刻本 九行二十一字白口四周單邊

一一〇一 提用雲箋六卷 明陳繼儒輯 明末刻本 八行十八字小字雙行同白口四周單邊

一一〇二 新刊陳眉公先生精選論膾八卷 明陳繼儒輯 明末刻本 九行二十四字白口四周單邊

一一〇三 方孟旋先生評選郵筒類雋十二卷 明方應祥輯 毛應翔注 明天啓間呼翰刻本 九行十八字白口四周單邊

一一〇四 浣竹山堂選註四六排沙集十七卷 明王焞輯並注 明萬曆王焞浣竹山堂自刻本 十行二十字白口四周單邊版心下鐫浣竹山堂

一一〇五 萬樹梅書集四卷 明王世茂 周時泰輯 明萬曆二十九年刻本 八行二十字白口四周雙邊

五十二

一一〇六 車書樓選刻舉業必用四六津梁十二卷 明鄧茂林輯 明刻本 九行十七字或十八字白口左右雙邊

一一〇七 車書樓精選名公四六篇篇錦十二卷 明王世茂輯並注 明崇禎二年書林王鳳翔刻本 八行十九字小字雙行同白口四周單邊

一一〇八 四六函十三卷 明陳仁錫輯 明刻本 九行二十三字白口四周單邊眉上鐫評

一一〇九 新刻國朝萬民通寶書簡百震春雷四卷 文品第函三卷 賦品曾函二卷 書品詞函一卷 啟品宥函二卷 史品來函四卷 明徐京元輯 明建邑書林刻本 三節板下欄十二行十六字中欄十三行八字上欄十三行六字黑口四周單邊

一一一〇 尺牘爭奇八卷 明張一中輯 明刻本 九行十八字白口四周單邊

一一一一 明尺牘谷音七卷 明汪之綺輯 明崇禎七年刻本 九行二十字白口四周單邊

一一一二 尺牘類便四卷 明孫應瑞輯 明崇禎十二年休寧孫氏刻本 八行十八字白口四周單邊

一一一三 四六類編十三卷 明李日華輯 魯重民補訂 明崇禎刻本 九行二十字小字雙行同白口四周單邊

一一一四 四六類編十六卷 明李日華輯 魯重民補訂 明崇禎刻本 九行二十字小字雙行同白口四周單邊

一一一五 鍥評釋湖州弄丸集翰墨四卷 明刻本 七行十九字白口四周雙邊

一一一六 明人尺牘不分卷 明抄本 十二行二十一字藍格白口四周雙邊

一一二一七　明人尺牘不分卷　明抄本　九行二十一字，藍格，白口，四周双边

一一二一八　明人尺牘選四卷　清王元勳、楊化騄輯　清康熙四十四年鶴雲樓刻本　十行二十一字，白口，左右双边

一一二一九　明人手簡序録三卷　清光永祺輯　清陳同夫抄本　清陳勱跋

一一二二〇　思園選輯明人尺牘不分卷　清姚台階輯　稿本　十行二十字，藍格，四周单边

一一二二一　忠賢遺翰藏真五卷　清抄本　十一行二十字，藍格，下藍口，左右双边

一一二二二　盧忠肅彭節愍家書合鈔二卷　明盧象昇、彭期生撰　清吳爲昂駒輯　清吳氏竹素山房抄本　九行二十五字，無格

一一二二三　新刊舉業明儒論宗八卷　明薛應旂輯並批點　明隆慶元年金陵三山書坊刻本　九行二十二字，白口，四周单边或四周双边

一一二二四　舉業式程程論一卷　明趙[illegible]輯　明嘉靖丁以忠刻本　十行二十字，白口，左右双边

一一二二五　舉業正式六卷　明萬曆刻本　十二行二十五字，小字双行同，白口，四周双边

一一二二六　舉業正式一卷　明刻本　十二行二十五字，白口，四周双边

一一二二七　續編球琳瀚海表學啓蒙三卷　明李[illegible]輯　明刻本　十行二十三字，白口，四周单边，有刻工

一一二二八　皇明館課口口卷　明陳經邦輯　明萬曆施可大刻本　十行二十字，白口，左右双边
存五十卷　一至四十八、五十一至五十二

一一二二九　增定國朝館課經世宏辭十五卷　明王錫爵、沈一貫輯　明萬曆十八年周曰校萬卷樓刻本　十二行二十四字，白口，四周单边，眉欄鐫評

一一二三〇　皇明館課經世宏辭續集十五卷　明王錫爵、陸翀之輯　明萬曆二十一年周曰校刻本　十二行二十四字，白口，四周单边，眉欄鐫評

一一二三一　經世宏辭十卷　明王錫爵、沈一貫輯　清康熙二年周在浚刻本　十二行二十四字，白口，四周单边，眉欄鐫注

一一二三二　新刊國朝歷科翰林文選經濟宏猷十六卷續一卷　明沈一貫輯　明萬曆廣慶堂唐氏刻本　十行十九字，白口，四周单边，有眉欄

一一二三三　國朝名公經濟宏詞選十二卷　明汪以時輯　明萬曆十八年汪氏刻本　十行二十四字，白口，四周单边

一一二三四　北畿賀文宗批點論學指南二卷　明萬曆萬世德刻本　八行二十字，白口，四周双边

一一二三五　北畿賀文宗批點策學指南四卷　明萬曆萬世德刻本　八行二十字，白口，四周双边

一一二三六　新鐫翰林評選註釋二場表學司南四卷　明李廷機等輯　明萬曆二十三年余[illegible]刻本　十一行二十四字，白口，四周单边

一一二三七　新刻翰林評選註釋程策會要五卷　明李廷機輯　葉向高注　明萬曆新安柳溪書院刻本　九行二十二字，白口，四周单边

一一二三八　皇明歷科狀元全策十二卷　明舒石泉刻本　八行二十字或十行一十三字，白口，四周单边

一一二三九　歷科廷試狀元策二卷首一卷　明焦竑輯　吳道南校　明刻本　十一行二十四、二十五字，白口，四周双边，間有四周单边，左右双边

一一二四〇　程文選四卷　明沈位續輯並評　續程文選一卷　明張榜輯並評　明萬曆二十二年刻本　九行二十字，白口，四周单边

一一二四一　新鐫太史許先生精選助捷輝珍論鈔註釋評林六卷　明張以誠輯　明萬曆三十一年閩書林余良史刻本　十行二十五字，白口，四周单边

一一二四二　鼎鍥青螺郭先生註釋小試論穀評林六卷　明郭子章輯　明萬曆二十四年余仙源刻本　十行二十二字，小字双行同，白口，四周单边

一一二四三　刻註釋論學識耳三卷　明楊九經註釋　明萬曆二十六年余紹崖自新齋刻本　十一行二十一字，小字双行同，白口，四周单边，有眉欄

一一二四四　皇明四書文選三集六卷　明田大年輯　李堯民評　明萬曆二十四年任成季氏刻本　九行二十字，白口，四周双边

一一二四五　皇明會元文選十一卷　明錢時俊、錢文光輯　明萬曆刻本
存皇明會元文選目錄一卷、皇明會元姓氏考一卷、馮具區會元缺藝一卷

一一二四六　歷科會解元脉不分卷　明施鳳來輯　明萬曆四十七年刻朱墨套印本　十行二十八字，白口，四周单边

一一二四七　皇明寶藏天集一卷地集一卷　明林釬輯　明刻本　十行二十六字，白口，四周单边

一一二四八　翰林訂証歷科墨卷判選粹一卷　明刻本　十一行三十字，白口，四周单边

一一二四九　皇明策衡二十六卷　明茅維輯　明萬曆三十二年、四十一年刻本　十行二十一字，小字双行同，白口，左右双边

一一二五〇　皇明表程文選八卷論程文選六卷　明陳仁錫輯　明崇禎六年刻本　十行二十一字，白口，左右双边

一一二五一　皇明策程文選六卷　明陳仁錫輯　明白松堂刻本　十行二十一字，白口，左右双边

一一二五二　新刻批評註釋程墨表選四卷續刻四卷　明鄭光術輯　明末刻本　八行十八字，白口，四周单边

一一二五三　皇明歷朝四書程墨同文錄十五卷　明楊廷樞、錢禧編並評　明崇禎金閶葉聚甫張叔籟刻本　十行二十六字，白口，四周单边

一一二五四　歷科墨場鳴悦不分卷　明徐如翰輯　明末東觀閣刻本　九行二十四字，白口，四周单边，版心下鐫東觀閣

一一二五五　新刻註釋二三場合刪五卷　明朱浣輯並評　明崇禎刻本　十行二十六字，白口，四周单边

一一二五六　醉石居評次名山業皇明論雋不分卷皇明小論不分卷　明周鍾、張明弼等撰　明末醉石居刻本　十行二十六字，無直格，白口，四周单边，版心下鐫醉石居

醉石居增删皇明論名山業不分卷　明周鍾輯並評　明醉石居刻本　九行二十六字，無直格，白口，四周單邊，版心鐫醉石居。　一一五七

猛虎齋時文選不分卷　明刻本　八行二十字，白口，四周單邊　一一五八

明嘉靖至萬曆科會試策問彙鈔不分卷　明抄本　九行二十一字，無直格　一一五九

九會元集九卷　明吳默、湯賓尹等撰　閔齊華輯　明天啟元年閔齊華刻朱墨套印本　十行二十五字，白口，四周單邊　一一六〇

湯若士先生點閱湯許二會元制義十二卷　明湯□□許獬撰　湯顯祖點閱　明萬曆刻本　八行二十字，白口，左右雙邊，眉欄鐫評。　一一六一

精刻卯辰註釋二三場青雲得筏程策二卷　明萬曆刻本　十行二十四字，白口，四周單邊，眉欄鐫評註　一一六二

新鍥溫陵二太史選釋卯辰科二三場司訓蜚英六卷　明鄭維嶽輯　明末余良史刻本　十一行二十四字，白口，四周單邊。　一一六三

皇明館課標奇二十一卷　明劉孔當等撰　趙洪陽、張先生輯　明萬春堂刻本　十行十九字，白口，四周雙邊，眉欄鐫評，版心下鐫萬春堂　一一六四

壬辰翰林館課纂二十三卷　明郭正域、焦竑等撰　明萬曆劉孔當刻本　九行十八字，白口，四周單邊　一一六五

五五

刻壬辰翰林館課纂二十三卷　明劉孔當等輯　明見岡書屋刻本　九行十八字，白口，四周單邊　一一六六
　存十九卷　一至十九

刻壬辰翰林館課纂二十三卷　明龔□□輯　明萬曆二十二年刻本　九行十八字，無直格，白口，四周單邊，有眉欄。　一一六七

新刻經館課玉堂標筆錄十四卷　明陸伸之輯　明萬曆書林周日校刻本　十一行二十字，白口，四周單邊，兩節版。　一一六八

鐫麓屏評註午未二三場卓冠詞林二卷　明陸士鰲評註　鄭□標輯　明萬曆二十四年陳懷宇有美堂刻本　兩節版，上欄十行九字，下欄十行十七字，白口，四周單邊，版心下鐫有美堂　一一六九

新刻乙未科翰林館課東觀弘文十卷　明劉元震、劉楚先輯　明萬曆嘉賓堂刻本　十一行二十二字，白口，四周單邊，版心下鐫嘉賓堂刊　一一七〇

萬曆二十三年乙未科館閣試草□□卷　明萬曆二十五年金臺越人王氏刻本　九行二十字，白口，四周單邊　一一七一
　存一卷　一

馮太史評選丙戌二三場程式旁訓不分卷　明馮夢禎輯　明末刻本　許承先跋　六行二十一字，白口，左右雙邊。　一一七二

新刻辛丑科翰林館課八卷　明曾朝節、敖文禎輯　明萬曆三十一年金陵周氏傳古堂刻本　十行二十字，白口，四周單邊　一一七三

新刻甲辰科翰林館課十二卷　明李廷機、楊道賓輯　明萬曆刻本　十行二十字，白口，四周單邊　一一七四

新刻甲辰科翰林館課續卷不分卷　明李廷機、楊道賓輯　明刻本　十行二十字，白口，四周單邊。　一一七五

彙刊甲辰科翰林館閣試草十六卷　明萬曆刻本　九行二十二字，白口，左右雙邊　一一七六
　存十三卷　四至十六

易一房同門稿不分卷　明金□輯並批　明萬曆三十二年刻本　九行二十字，白口，四周單邊　一一七七

新刻重校訂丁未科翰林館課全編八卷　明萬曆三十七年金陵唐振吾廣慶堂刻本　十行二十字，白口，四周單邊　一一七八

新刻癸丑科翰林館課四卷　明顧秉謙輯　明萬曆四十三年金陵書林唐振吾廣慶堂刻本　十行二十字，白口，四周單邊　一一七九

萬曆墨卷選不分卷　明末刻本　八行二十字，白口，左右雙邊　一一八〇

新刻壬戌科翰林館課五卷後集五卷　明周如磐、汪煇輯　一一八一

五六

新刻己未科翰林館課一卷　明鄭以偉輯　明天啟金陵唐國達廣慶堂刻本　十行二十字，白口，四周單邊

新刻乙丑科翰林館課八卷　明楊景辰輯　明天啟七年金陵唐振吾廣慶堂刻本　十行二十字，白口，四周單邊　一一八二

匪莪四書明文選十卷補格一卷　清錢禧輯　清順治刻本　十行二十七字，白口，四周單邊　一一八三

批選六大家論二卷　明錢普輯並評　明刻本　九行二十一字，白口，左右雙邊，有刻工。　一一八四

皇明四大家文選五卷　明孫慎行輯　明萬曆刻本　九行二十字，白口，左右雙邊　一一八五

國朝七名公尺牘八卷　明潘膺祉輯　明萬曆文艾堂刻本　九行二十字，白口，左右雙邊　一一八六

王郭兩先生崇論十五卷　明王世貞、郭子章撰　李袞紀輯　明天啟四年刻本　十行二十字，白口，四周單邊　一一八七
　王弇州先生崇論七卷　郭青螺先生崇論八卷

李江洲遺墨題跋一卷　清王乃昭抄本　一一八八

玉堂外集二卷　明呂邀輯　明萬曆十一年漳浦呂氏藏書樓刻本　十行十八字，白口，四周單邊　一一八九

張可菴先生往來書牘不分卷　清顧郊輯　清雍正五年玉山草堂抄本　十一行二十三字，白口，左右雙邊　一一九〇

11191 名臣觀感集二卷 明陳麻輯 明嘉靖二十二年常熟河陽里徐栄氏刻本 九行十八字白口左右双边
11192 龍惕書一卷 明尋本義、豹尋熙麟偶等撰 明萬曆三十一年劉毅刻本 八行十八字白口左右双边有刻工
11193 野航雜抄不分卷 明朱存理輯 稿本 清王廣跋 十行二十四字無格
11194 交游書翰四卷 明朱時徹輯 明萬曆三年自刻本 十一行二十二字白口左右双边
11195 慎氏交誼集八卷 明慎蒙輯 明萬曆九年慎懋賞刻本 十行二十字白口左右双边
11196 三子金蘭翰墨四卷金蘭翰墨評林續集四卷 明王世懋輯 郝世科增補 明萬曆書林安正堂刻本 八行十六字白口四周单边
11197 瑶翰二卷 明蔣以化輯 俚號二卷 明蔣以化撰 明萬曆三十二年自刻本 九行十八字白口四周双边
11198 好我篇二卷 明米朝鹽輯 明萬曆三十八年刻本 七行十四字白口四周双边
11199 好我篇二卷 明米朝鹽輯 明萬曆三十八年藍印本 清丁丙跋 七行十四字白口四周双边
11200 留餘堂名公尺牘八卷 明潘大復輯 明萬曆刻本 八行二十字白口四周单边
11201 勤凱編四卷 明陳一元輯 明天啓刻本 八行十八字白口四周单边有刻工
11202 南畿代射錄一卷 明楊希淳、曾惟道等撰 明刻藍印本 十行二十二字白口四周单边
11203 人瑞錄一卷 明林紹泰、羅□等輯 明萬曆劉坤刻本 十行十七字白口四周双边
11204 祭潘充菴文彙錄不分卷 明萬曆刻本 九行十八字白口左右双边

11205 久德堂內集二卷外集二卷 明方昇輯 明崇禎十二年自刻本 十行二十字白口四周单边
11206 黃蔡合璧未刻稾二卷 明黃道周、蔡玉卿撰 清呂留良輯 清抄本 佚名錄清呂留良批並跋
11207 升恒編十二卷 明孫安國、陳卓輯 明崇禎六年張鯤化刻本 九行二十字白口左右双边

以上明代

11208 蕭公祖德政頌一卷 清宋學顯等輯 清順治刻本 八行十九字小字双行同白口四周单边
11209 懷嵩堂贈言四卷 清耿介輯 清康熙二十四年懷嵩堂刻本 九行十九字白口四周单边版心下鐫懷嵩堂
11210 晚香續錄二卷 清馮甦輯 清康熙刻本 十一行二十一字白口四周单边
11211 同人集十二卷 清冒襄輯 清康熙冒氏水繪庵刻本 十行二十三字白口左右双边或四周单边版心下鐫水繪庵
11212 同人集十二卷 清冒襄輯 清康熙冒氏水繪庵刻本 鄭之城跋
11213 同人集十二卷 清冒襄輯 清乾隆十七年冒氏水繪庵刻本 十一行二十三字白口左右双边或四周单边
11214 同人集十二卷 清冒襄輯 清咸豐九年冒溶活字印本（有抄配） 九行二十三字白口四周双边版心下印水繪庵
11215 瑞木紀不分卷 清周亮工、周亮節輯 清康熙刻本 八行十九字白口左右双边
11216 羣雅集四卷 清李振裕輯 清康熙二十四年自刻本 鄭振鐸跋 九行二十字白口左右双边
11217 今文選八卷 清陳維崧、冒禾書、冒丹書輯 清初刻本 九行十八字白口四周单边
11218 傳社唱和一卷贈言二卷 清田雯撰輯 清順治刻本 十一行二十一字白口左右双边

11219 竹笆集二卷 清蕭仲升輯 清康熙刻本 九行十八字細黑口四周双边
11220 皇清文穎六十卷總目二卷 清陳廷敬、王鴻緒輯 清康熙五十一年內府抄本 十行十九字白口左右双边朱絲格
11221 皇清文穎一百卷首二十四卷目錄六卷 清張廷玉等輯 清乾隆十二年武英殿刻本 八行二十字白口四周双边
11222 皇清文穎續編一百八卷首五十六卷目錄十卷 清董誥等輯 清嘉慶十五年武英殿刻本 八行二十字白口四周双边
11223 耆年讌集詩一卷贈言一卷 清王日藻撰 清康熙三十二年刻本 九行十八字黑口四周单边
11224 公歸集三卷首一卷 清陳紹馨輯 清抄本 九行二十字小字双行同白口左右双边
11225 蘭言集二十四卷 清王晫輯 清康熙霞舉堂自刻本 白口四周双边版心下鐫霞舉堂
11226 琅玕集三卷文一卷 清汪森輯 清康熙三十二年刻本 九行十九字黑口四周单边
11227 南邦黎獻集十六卷 清鄂爾泰輯 南國清風集二卷 清鄂容安、鄂容寶輯 清雍正三年慎時齋刻本 十行二十二字白口左右双边
11228 本朝應制琳瑯集十卷首一卷 清鄒一桂輯並評 清乾隆十九年承鄒留嬛藏遺堂刻本 十行十九字白口左右双边
11229 嘉禾集不分卷 清陳兆翀輯 清雍正刻本 九行二十一字白口左右双边
11230 本朝應制和聲集六卷首三卷 清沈德潛、王居正輯並評 清乾隆九年承鄒琥瑯藏遺堂刻本 十行十九字白口左右双边
11231 本朝應制和聲集六卷首三卷二集三卷首一卷二集補編一卷 清沈德潛、王居正輯並評 清乾隆刻本 十行十九字白口左右双边
11232 因樹樓贈言文一卷詩五卷詩餘一卷 清洪振玉等輯 清乾隆自刻本 十二行十九字小字双行同黑口四周单边
11233 讀畫齋偶輯十一卷 清鮑廷博等輯 清嘉慶十四年顧氏讀畫齋刻本 有圖 十行十九字白口左右双边版心下鐫讀畫齋
11234 詩龕聲聞集□卷續編□卷存五卷 七至八、續編五、九至十 清法式善輯 清法式善詩龕抄本 十二行二十一字無格
11235 日下題襟合集不分卷 清朱文藻輯 清道光羅以智抄本 十行二十一字無格
11236 讀畫齋題畫詩十九卷 清顧修輯 清嘉慶元年顧氏讀畫齋自刻本 有圖 十行十九字白口左右双边
11237 漁隱錄一卷 清袁廷檮輯 清嘉慶七年自刻本 九行十八字小字双行同白口四周双边有耳
11238 時賢題詠卞氏牡丹詩一卷首一卷 清金陵甘氏講局活字印本 十行二十一字白口四周双边

1239 繡谷圖卷題咏彙鈔一卷 清蔣壽彬編 清咸豐二年吳門蔣氏抄本

1240 嘉會堂詩文彙編四卷 清秦國璋輯 稿本 八行二十三字白口四周雙邊

1241 國雅初集不分卷 清陳允衡輯 清康熙刻本 十一行二十三字白口無直格四周單邊

1242 詩持一集四卷二集十卷三集十卷 清魏憲輯 清康熙十年魏氏枕江堂刻本 九行十八字白口四周單邊版心下鐫枕江堂

1243 詩持四集一卷 清魏憲輯 清康熙十九年魏氏枕江堂刻本 九行十八字白口四周單邊版心下鐫枕江堂

1244 百名家詩選八十九卷 清魏憲輯 清康熙十年魏氏枕江堂刻本 九行十八字白口左右雙邊版心下鐫枕江

1245 百名家詩選八十九卷 清魏憲輯 清康熙十年魏氏枕江堂刻二十一年聚錦堂印本 九行十八字白口左右雙邊版心下鐫枕江堂

1246 百名家詩選八十九卷 清魏憲輯 清康熙十年魏氏枕江堂刻二十一年聚錦堂印本 鄭之誠跋

1247 百名家詩選八十九卷 清魏憲輯 清康熙十年魏氏枕江堂刻二十四年聖益齋印本 九行十八字白口左右雙邊版心下鐫枕江堂

1248 百名家詩選八十九卷 清魏憲輯 清康熙十年魏氏枕江堂刻二十四年聖益齋印本 鄭振鐸跋

1249 補石倉詩選十四卷 清魏憲撰 清康熙魏氏枕江堂刻本 九行十八字白口左右雙邊版心下鐫枕江堂

1250 詩觀初集十二卷二集十四卷閨秀別卷一卷三集十三卷閨秀別卷一卷 清鄧漢儀輯 清康熙慎墨堂刻本 十行二十三字白口四周單邊 初集版心下鐫慎墨堂藏板 二集三集版心下鐫慎墨堂定本

五九

1251 詩觀初集十二卷二集十四卷閨秀別卷一卷三集十三卷閨秀別卷一卷 清鄧漢儀輯 清康熙慎墨堂刻乾隆十五年至十七年仲之琮深柳讀書堂重修本

1252 詩觀廣集十二卷 清鄧蓮青輯 稿本 十行二十五字無格

1253 輿囊集八卷 清曾棨輯 清初抄本 佚名批 九行十八字無格

1254 今樂府二卷 清吳炎潘檉章撰 清初刻本 九行二十字小字雙行同白口四周單邊

1255 今樂府二卷 清吳炎潘檉章撰並評 清抄本 九行二十字無格

1256 今樂府二卷 清吳炎潘檉章撰並評 繆氏煙畫東堂抄本 繆荃孫校 十二行二十二字綠格綠口左右雙邊

1257 明樂府二卷 清吳炎潘檉章撰 清抄本 十行二十二字黑格黑口四周雙邊

1258 國門集六卷 清陳祚明輯評 清順治刻本 八行十九字白口四周雙邊

1259 國門集六卷 清陳祚明輯評 清順治刻本 鄭之誠跋

1260 觀始集十二卷 清魏裔介輯 清順治十三年刻本 九行十九字白口四周單邊

1261 溯洄集十卷詩論一卷詩話一卷 清魏裔介輯並評 清康熙刻本 九行十九字小字雙行同白口左右雙邊

1262 今詩粹十五卷 清魏畊錢价人輯 清初刻本 九行二十字白口左右雙邊

1263 今詩粹十五卷 清魏畊錢价人輯 清初餘翠堂刻本 清王士禎批校 九行二十字白口左右雙邊

1264 詩源燕詩選一卷吳詩選一卷閩詩選一卷齊魯詩選一卷豫詩選一卷越詩選一卷楚詩選一卷秦詩選一卷粵東詩選一卷 清姚佺輯 清初抄本 清王士禎跋 九行二十四字無格

1265 感舊集十六卷 清王士禎輯 盧見曾補傳 清乾隆十七年盧見曾刻本 十一行二十一字白口左右雙邊

1266 感舊集十六卷 清王士禎輯 盧見曾補傳 清乾隆十七年盧見曾刻本 鄭之誠跋

1267 感舊集四卷 清王士禎輯 清初抄本 十行二十字無格

1268 完鏡集不分卷 清朱嘉徵等輯 清康熙刻本 九行二十字白口左右雙邊

1269 驪珠集十二卷 清顧有孝輯 清康熙九年刻本 十一行二十一字黑口左右雙邊

1270 尊聞詩藏十七卷 清趙炎輯 清康熙刻本 十一行二十一字白口左右雙邊

1271 過日集二十卷名媛詩一卷石堂詩一卷 清曾燦撰 諸體評論一卷 清曾燦撰 曾庭聞詩六卷 清曾畹撰 曾青藜詩八卷 清曾燦撰 曾畝天詩一卷 清曾炤撰 清康熙曾氏六松草堂刻本 十二行二十四字白口四周單邊

六〇

1272 過日集二十卷名媛詩一卷 清曾燦輯 諸體評論一卷 清曾燦撰 曾青藜詩八卷 清曾燦撰 曾畝天詩一卷 清曾炤撰 清康熙曾氏六松草堂刻本 鄭振鐸跋

1273 昭代詩存四卷 清席居中輯 清康熙十八年帆影樓刻本 十一行二十一字黑口左右雙邊

1274 東華絕句十卷 清黃容王維翰輯 藕花莊近詠一卷 清黃元晃撰 綺雪齋近詠一卷 清黃森撰 獨倚樓近詠一卷 清王維翰撰 清康熙十八年五松軒刻本 八行二十字白口左右雙邊

1275 皇清詩選十二卷 清陸次雲輯 清康熙刻本 九行十八字小字雙行同白口左右雙邊版心上鐫竹平所集

1276 皇清詩選十二卷 清陸次雲輯 清康熙刻本 鄭之誠跋

1277 清詩初集十二卷 清蔣鑨翁介眉輯 清康熙二十年蔣鑨刻本 十一行二十一字白口左右雙邊

1278 清詩初集十二卷 清蔣鑨翁介眉編 馬道畊重訂 清康熙二十年蔣鑨刻四十二年馬道畊補修本 清詩二集分編七卷 清馬道畊輯 清康熙刻本 十一行二十一字白口左右雙邊 二集十行二十字黑口四周單邊

1279 清詩初集十二卷 清蔣鑨翁介眉輯 清康熙鄧執中刻本 十一行二十一字白口左右雙邊

1280 振雅堂彙編詩最十卷 清倪匡世輯 清康熙二十七年懷遠堂刻本 九行二十一字白口四周單邊

皇清詩選三十卷首一卷 清孫鋐輯 清康熙二十七年鳳嘯軒刻本 九行十九字白口四周雙邊版心下鐫鳳嘯軒 一二二八一

盛朝詩選初集十二卷二集十二卷 清顧施禎輯 清康熙二十八年心耕堂刻本 九行二十字白口左右雙邊版心下鐫心耕堂 一二二八二

篋衍集十二卷 清陳維崧輯 稿本 十行二十一字黑口左右雙邊框外鐫曼壽堂滄別業 一二二八三

篋衍集十二卷 清陳維崧輯 清康熙三十六年蔣國祥刻本 十行十九字黑口左右雙邊 一二二八四

篋衍集十二卷 清陳維崧輯 清康熙三十六年蔣國祥刻本 鄧之誠跋 一二二八五

篋衍集十二卷 清陳維崧輯 清乾隆二十六年華綺刻本 十行十九字黑口左右雙邊 一二二八六

篋衍集十一卷 清陳維崧輯 清抄本 十行十九字黑口四周單邊 一二二八七

清詩鼓吹四卷 清周佑予輯 清康熙刻本 十行二十一字白口左右雙邊 一二二八八

詩乘初集十二卷 清劉然輯並評 詩乘發凡一卷 清劉然撰 清康熙玉穀堂刻抽真堂增刻本 九行二十二字白口左右雙邊 一二二八九

鳳池集十卷 清沈玉亮吳陳琰輯 清康熙四十四年刻本 十一行二十一字黑口四周單邊 一二二九〇

國朝詩正六卷 清宋犖輯並評 清康熙五十三年光裕堂刻本 九行二十字小字雙行同白口左右雙邊 一二二九一

應制體排律自得編四卷 清陳九松輯 清康熙五十四年金閶寶翰樓刻本 九行十九字白口左右雙邊 一二二九二

歲華紀勝二卷 清朱觀輯 清康熙刻本 八行二十字白口左右雙邊 一二二九三

名家詩選四卷 清吳藹輯 清康熙四十九年學古堂刻本 九行二十一字白口四周單邊 一二二九四

國朝詩的六十三卷 清陶煊張璨輯 清康熙六十年刻本 九行二十一字小字雙行同白口左右雙邊
存序跋凡例姓氏一卷 滿洲一卷 盛京二卷 直隸二卷 江南十六卷續刻一卷 江西二卷 浙江八卷 福建二卷 湖廣十卷附石濤詩鈔一卷石漁詩鈔一卷 山西一卷 陝西二卷 山東二卷 河南二卷 四川一卷 廣東一卷 廣西一卷 貴州一卷 雲南一卷 方外二卷 閨秀二卷 一二二九五

國朝詩品二十一卷 清陳以剛等輯 清雍正十二年棣華書屋刻本 十一行二十一字白口左右雙邊
存十三卷 一至十三 一二二九六

國朝詩品二十一卷 清陳以剛等輯 清雍正十二年棣華書屋刻本 鄧之誠跋
存二十卷 一至二十 一二二九七

清詩大雅不分卷二集不分卷 清江觀輯 清雍正十一年至十二年靜遠堂刻本 八行十九字白口左右雙邊 一二二九八

國朝詩因不分卷 清查義查岐昌輯 稿本 十一行二十一字無格 一二二九九

兩朝詩傳補二卷 清何敬思撰 稿本 十行二十字藍格版心鐫梅松書塾抄本 一二三〇〇

國朝詩隱不分卷 清抄本 一二三〇一

當代詩鈔不分卷 清抄本 六行十八字 一二三〇二

國朝詩鈔不分卷 稿本 十二行二十四字 一二三〇三

國朝詩選十四卷 清彭廷梅輯 清乾隆據梧樓刻十二年金陵書坊印本 九行十八字白口四周單邊版心下鐫據梧樓 一二三〇四

國朝詩選十四卷 清彭廷梅輯 清乾隆據梧樓刻十四年金陵書坊印本 九行十八字白口四周單邊版心下鐫據梧樓 一二三〇五

昭代詩針十六卷 清吳元桂輯 清乾隆十三年刻本 九行十九字白口左右雙邊 一二三〇六

本朝館閣詩二十卷附錄一卷續附錄一卷 清阮學濬輯 清乾隆二十三年困學書屋刻本 十行二十一字黑口左右雙邊 一二三〇七

如蘭集二十卷 清董崇輯 清乾隆二十五年古綿上駁坐壁山房刻本 十行十九字白口四周單邊 一二三〇八

國朝詩別裁集三十六卷 清沈德潛輯並評 清乾隆二十四年刻本 十行十九字白口左右雙邊 一二三〇九

國朝詩別裁集三十六卷 清沈德潛輯並評 清乾隆二十四年刻本 鄧之誠跋 一二三一〇

國朝詩選三十卷歸愚詩鈔不分卷 清沈德潛輯並評 清余集抄本 十行十七字黑口左右雙邊 一二三一一

國朝詩觀十六卷二集六卷 清王錫侯輯 清乾隆三十年三樹堂刻二集三十五年刻本 十行十九字白口左右雙邊 一二三一二

盛朝律楷十二卷 清姚光繪輯 清乾隆迎曉書屋刻本 九行二十一字白口四周雙邊 一二三一三

本朝五言近體瓣香集十六卷 清許英輯並注 清乾隆二十八年心遠堂刻本 十行二十三字黑口左右雙邊 一二三一四

國朝詩正聲集五卷首一卷 清順章輯 清乾隆四十四年儀昕堂刻本 九行十九字白口四周雙邊 一二三一五

所知集初編十二卷二編八卷三編十二卷 清陳毅輯 清乾隆三十二年、三十八年、五十六年眠雲閣刻本 九行十九字白口左右雙邊 一二三一六

國朝五言長律賡颺集十六卷 清張日昀邱先德輯並注 清乾隆五桂堂刻本 九行二十一字黑口左右雙邊 一二三一七

國朝詩選十卷外編一卷 清吳翌鳳輯 稿本 九行十九字無格 一二三一八

國朝詩選五卷附錄一卷 清吳翌鳳輯 稿本 十行二十一字四周單邊 一二三一九

吳枚庵懷舊集四卷作者姓氏摘錄一卷 清吳翌鳳輯 清王安伯抄本 九行二十一字無格 一二三二〇

欽定熙朝雅頌集一百六卷首集二十六卷餘集二卷 清鐵保等輯 清嘉慶九年內府刻本 十行二十二字白口左右雙邊 一二三二一

國朝詩鈔六卷 清黃元烺輯 稿本 一二三二二

國朝詩源二卷 清高同雲輯 稿本 七行十九字白口四周雙邊 一二三二三

燹珍詩選集八卷 清曹雅瓊輯 稿本 一三二四

國朝七律詩鈔十卷 清曹金籀輯 六十 一三二五

國朝名家詩鈔不分卷 清錢□□選 □長胡評 稿本 清徐鑾跋 十行二十字 一三二六

國朝詩萃□□卷 清劉世馨輯 稿本 一三二七
存七十八卷 三至八十

國朝詩萃二百一十卷後編一卷補編□□卷方外補編三卷閨秀補編十二卷首一卷 清劉□輯 稿本 一三二八
存一百七十三卷 一至九十二、一百十五至一百十八、一百二十一至二十五、卷首全、補編康熙朝一至三、雍正朝一至九、乾隆朝一至四、又一至九、又一至三、嘉慶朝全、方外補編全、閨秀補編全

詩媛名家紅蕉集二卷 清鄒漪輯 清初刻本 八行十八字白口四周單邊 一三二九
存一卷 下

本朝名媛詩鈔六卷 清胡孝思輯 清康熙五十五年凌雲閣刻本 九行二十字白口左右雙邊 一三三〇

擷芳集八十卷 清汪啓淑輯 清乾隆五十年飛鴻堂刻本 十行二十一字小字雙行同白口左右雙邊 一三三一

國朝閨秀香奩集十卷附錄一卷 清許夔輯 稿本 八行二十一字白口四周雙邊 一三三二

國朝閨秀正始集二十卷附錄一卷補遺一卷 清惲珠輯 稿本 九行二十一字無格 一三三三
存十一卷 一至十、附錄一、補遺一

國朝閨秀正始續集十卷附錄一卷補遺一卷 清惲珠輯 補遺 清程孟梅輯 稿本 九行一九字小字雙行同無格 一三三四

國朝閨秀滴珠集不分卷 清黃睿輯 清同治四年葉裕初抄本 一三三五

吾炙集二卷 清錢謙益輯 清抄本 十行二十二字無格 一三三六

萬山中詩不分卷 清周亮工等撰 清順治四年刻本 八行十六字白口四周單邊 一三三七

養疾唱和詩二卷 清傅燕等撰 稿本 九行二十字無格 一三三八

西陵十子詩選十六卷 清毛先舒輯 清順治七年刻還讀齋印本 九行十九字白口四周單邊 一三三九

西陵十子詩選十六卷 清毛先舒輯 清順治七年刻烟山堂印本 九行十九字白口四周單邊 一三四〇

五大家詩鈔不分卷 清鄒漪輯 清康熙刻本 九行二十字白口左右雙邊 一三四一

隱湖倡和詩三卷 清陳瑚輯 清初毛氏汲古閣刻本 十行十九字黑口左右雙邊 一三四二

從遊集二卷 清陳瑚輯 清初刻本 十四行二十八字白口四周雙邊 一三四三

□□集二卷 清□□輯 清抄本 十行二十一字至二十三字不等 一三四四

留行贈別二詩□卷 清宮偉鏐輯 清順治刻本 八行十五字白口四周單邊 一三四五
存五卷 一至五

姑蘇楊柳枝詞一卷 清周枚輯 清初刻本 有圖 十行十九字小字雙行同黑口左右雙邊 一三四六

紅橋倡和第一集一卷 清王士禛等撰 清康熙刻本 九行十九字白口左右雙邊 一三四七

江北七子詩選七卷 清陸舜輯 清康熙十六年謝廷璐刻本 八行二十字白口四周單邊 一三四八

郢雪初編一卷 清程□輯 清王家璧抄本 十一行二十三字白口四周單邊 一三四九

客滬集六卷詩餘一卷 清鄒祗謨輯 清康熙三年刻本 九行二十一字白口左右雙邊 一三五〇

聽琴詩一卷 清□□輯 清康熙六年刻本 八行二十字白口四周單邊 一三五一

彭王倡和一卷 清彭孫遹撰 清康熙刻本 十行二十一字白口四周單邊 一三五二

王漁洋畫象題詠集□卷 稿本 九行二十字無格 一三五三

聽雲閣雷琴篇十卷 清張衡輯 清康熙刻本 十一行二十字黑口四周單邊 一三五四

山塘唱和詩不分卷 清宋思玉等撰 清康熙刻本 九行二十字白口四周單邊 一三五五

寄園詩一卷 清趙吉士輯 寄園十六詠一卷 清汪灝撰 清康熙刻本 九行十九字白口左右雙邊 一三五六

寄園集詩四卷 清趙吉士輯 清康熙刻本 九行十九字白口左右雙邊 一三五七

寄園七夕集字詩一卷四夕緣□二卷七夕別韻倡和一卷七夕集字補遺一卷 清趙吉士等撰 清康熙十九年刻本 九行 一三五八

希聖堂倡和詩二卷 清范光燮都士華等撰 清康熙刻本 八行二十字白口四周雙邊 一三五九

中丞公署磬階梅華詩一卷 清許維枟輯 清康熙刻本 十八字黑口四周單邊

輦下送行詩十二卷補遺一卷 清杜臻輯 清康熙三十九年刻本 十行二十一字黑口四周單邊 一三六〇

豐草亭詩一卷 清徐釚輯 清徐氏菊莊抄本 十一行二十一字上黑口四周單邊版心下鐫菊莊 一三六一

同人雅集詩一卷 清鄧錫蔭輯 清康熙二十四年刻本 九行十九字白口四周雙邊 一三六二

大司冦新城王公載書圖詩不分卷 清朱彝尊張起麟等撰 禹之鼎繪圖 清康熙刻本 有圖 十行十九字白口左右雙邊 一三六三

洛如詩鈔六卷 清朱彝尊輯 清康熙四十七年徐氏尊道堂刻本 十三行二十三字白口左右雙邊版心下鐫尊道堂 一三六四

秋笳餘韻不分卷 清吳之道顧貞觀等撰 張廷濟輯 稿本 一三六五

西城別墅倡和集不分卷 清王晫等撰 清康熙刻本 十行二十字小字雙行同黑口左右雙邊 一三六六

素心集不分卷 清孫鋐等輯 清康熙三十二年王世紀撫鬆刻本 十行十二字白口四周雙邊 一三六七

彙鳴集不分卷 清朱紫天孫靜言撰 清刻本 行格不等 一三六八

花果倫唱和詩二卷 清梅清輯 清康熙刻本 十一行二十一字黑口左右雙邊 一三六九

一三七〇 橘社唱和集一卷 清魯嗣[illegible]張雲章撰 清抄本 費寅跋 九行二十六字無格
一三七一 冰花唱和詩二卷 清許山輯 清抄本 九行二十字無格
一三七二 遂園禊飲集三卷 清徐乾學輯 清康熙三十三年自刻本 十一行二十一字白口左右雙邊
一三七三 東湖倡和集一卷 清陸棻等撰 清康熙刻本 九行十九字黑口四周雙邊
一三七四 雙溪倡和詩六卷 清徐倬輯 清康熙刻本 十行十九字黑口左右雙邊
一三七五 無題唱和詩十八卷 清姜遴孫遜等撰 清康熙刻本 九行十九字白口四周雙邊
一三七六 蘭言集八卷 清何之銑輯 清康熙三十四年刻本 八行二十字白口四周單邊
一三七七 今詩兼一卷近詩兼一卷明詩兼一卷 清蔣鈍玉輯 清抄本 清俞樾跋 九行二十八、二十二字不等無格
一三七八 東皋唱和詩一卷 清博爾都等撰 晴雲書屋唱和詩一卷 清索芬等撰 清康熙三十五年刻本 十行十九字黑口四周單邊
一三七九 娑羅草堂詩五卷 清吳菘吳騏撰 顧嗣立輯 清康熙三十七年顧嗣立刻本 十行十八字白口左右雙邊版心下鐫娑羅草堂
一三八〇 萬口碑輯十卷東南輿誦不分卷 清陸鳴球徐允哲輯 清康熙三十九年刻本 八行十九字白口四周單邊 輯悼念頌揚于成龍諸作成編
一三八一 詩存今鈔三卷 清釋夜川釋觀樹澗惜指撰 黃容輯 清康熙四十一年天江黃氏刻本 九行二十字白口四周單邊
一三八二 法性禪院倡和詩六卷續集六卷 清周淦泉輯 清康熙四十一年蒼蔔樓刻本 八行十九字白口左右雙邊
一三八三 竹林唱和詩集五卷 清盛遠輯 清康熙四十四年刻本 十行十九字黑口左右雙邊
一三八四 華及堂視昔編六卷 清汪森輯 清康熙四十六年自刻本 十行二十一字黑口左右雙邊
一三八五 鴛湖倡和二卷 清楊廷鑒輯 清康熙刻本 十行二十二字黑口左右雙邊
一三八六 紅苗歸化恭紀詩一卷 清達禮善輯 清康熙五十二年拳石堂刻本 十行二十字白口左右雙邊版心下鐫拳石堂
一三八七 鶚湖花社詩三卷 清姚廷瓚于東衆陸奎勳撰 花龕詩一卷 清陸奎勳撰 清康熙刻本 十行二十字白口左右雙邊
一三八八 祭輓彙錄二十二卷續錄四卷 清康熙刻本 十一行二十一字白口四周單邊 輯悼金璜憲諸作成編
一三八九 舊雨集七卷 清馬維翰輯 清康熙馬維寰刻本 十行二十字下黑口四周雙邊
一三九〇 白田倡和集一卷 清劉南陀輯 清抄本 清劉寶楠跋 十行二十四字無格
一三九一 半研居題詠一卷 清王宗鍔輯 清雍正七年棟花書屋刻本 十行十九字白口左右雙邊版心下鐫棟花書屋
一三九二 舊雨集二卷 清孔傳鐸輯 清抄本 葉賓跋 九行二十一字無格
一三九三 石林倡和詩不分卷 清許泉陳學良撰 清康熙刻本 九行十九字白口左右雙邊
一三九四 千叟宴詩四卷 清聖祖玄燁等撰 清康熙六十一年內府刻本 六行十六字白口左右雙邊
一三九五 攝山紀遊集一卷 清厲鶚王藻閔華陸鍾輝張四科等撰 清乾隆刻本 十一行十九字白口四周單邊
一三九六 三圖詩三卷 清刻本 三冊 有圖 八行十七字白口左右雙邊 第一冊[illegible]車 第二冊觀碑 第三冊花溆
一三九七 衛藏和聲集一卷 清抄本 八行二十字紅格四周雙邊
一三九八 名教罪人不分卷 清徐元夢等輯 清雍正四年內府刻朱墨套印本 六行十六字白口四周雙邊
一三九九 半春唱和詩四卷 清符曾唐學潮俞大受符元嘉撰 雪泥記遊稿一卷 清符曾撰 紅椒山館詩稿二卷（存下卷） 清符曾撰 清乾隆九年刻本 十行十九字白口左右雙邊
一四〇〇 沽上題襟集八卷 清查為仁查禮等撰 清乾隆六年自刻本 十行二十[illegible]
一四〇一 廣陵倡和集四卷 清程夢星輯 清乾隆八年刻本 十行二十一字白口四周單邊
一四〇二 御製避暑山莊詩二卷 清聖祖玄燁高宗弘曆撰 沈崳繪圖 揆敘鄂爾泰等注 清乾隆六年武英殿刻朱墨套印本 有圖 六行，行約十五、六字，小字雙行行二十一字無直格白口四周雙邊
一四〇三 韓江雅集十二卷 清全祖望等撰 清乾隆十二年刻本 十行二十一字白口四周單邊
一四〇四 禁林集八卷 清杭世駿輯 清乾隆二十三年刻本 十行二十字白口四周單邊
一四〇五 禁林集八卷 清杭世駿輯 清乾隆二十三年刻本 清丁丙跋
一四〇六 聖駕南巡恭紀詩四卷 清顧汝修等撰 清乾隆顧汝修馬景霄寫本
一四〇七 雪窗雅詠一卷 清弘曕允禧撰 清乾隆刻本 六行十一字白口四周雙邊
一四〇八 五言詩多師集八卷七言詩餘師集七卷 清翁方綱輯 稿本 十行二十字無格 存七言詩餘師集五卷（三至七） 五言詩多師集全
一四〇九 五言多師集八卷五言詩餘師集□卷七言詩餘師集七卷 清翁方綱輯 清光緒道陽楊氏留耕抄本 十二行二十三字紅格 存五言多師集一卷（五） 五言詩餘師集二卷（四至五） 七言詩餘師集四卷（三至四、六至七）
一四一〇 續補七言詩激行鈔□□卷 清翁方綱輯 清抄本 清翁方綱批 八行十六字 存二卷（卷六陽羨謝詩 清厲鶚撰 卷七錢塘[illegible]詩 清錢載撰）
一四一一 三元詩不分卷 清翁方綱等撰 清乾隆刻本 六行十五字白口四周雙邊
一四一二 翁覃谿雲宴鹿鳴贈詩不分卷 清[illegible]陳壽祺等撰 稿本
一四一三 分韻長律詩鈔不分卷 清[illegible]士輯 清抄本 十行二十字紅格
一四一四 明[illegible]四十六卷 清王昶輯 清嘉慶八年青浦王氏三泖漁莊刻本 [illegible]

一四一五 薰風協奏集三卷首一卷 清王大曾輯 清乾隆二十三年文映書屋刻本 九行二十一字小字雙行同白口左右雙邊

一四一六 花傳新律四卷 清薛四玉、吳峻輯 清乾隆刻本 七行十八字小字雙行同白口左右雙邊

一四一七 桂綿莊錢竹汀是仲明遺墨不分卷 清程廷祚、錢大昕、是鏡撰 稿本 清表校跋

一四一八 苔岑集二十四卷附二卷 清王鳴盛輯 清乾隆三十二年三槐堂刻本 十行十九字白口左右雙邊

一四一九 蕉林揮麈圖題詠一卷 清畢沅、王鳴盛等撰 稿本

一四二〇 卜硯集二卷蘇文忠公生日設祀詩一卷 清畢沅輯 清乾隆四十九年畢氏經訓堂刻本 十一行二十一字黑口左右雙邊

一四二一 三家長律詩鈔三卷 清[illegible]輯 清乾隆刻本 八行十九字黑口左右雙邊

一四二二 小瀛洲續社詩不分卷 清奚易[illegible]等輯 清抄本 九行十九字黑格細黑口左右雙邊

一四二三 虎丘唱和詩一卷 清[illegible]、黃丕烈等撰 稿本 一冊

一四二四 雙節詩文初集二卷 清汪輝祖輯 清乾隆三十二年自刻本 十一行二十二字白口左右雙邊

一四二五 簾鉤倡和詩不分卷 清吳錫麒等撰 清[illegible]刻本 九行二十一字黑口四周單邊

一四二六 國朝[illegible]什一卷 清鐵保輯 清乾隆六十年刻本 九行二十一字白口四周雙邊

一四二七 大東景運集四十二卷 存二卷（一至二） 清鐵保輯 稿本 十行二十一字黑格

一四二八 萬壽屏頌不分卷 清尹繼善等撰 清乾隆三十八年寫本 六行行字不等無格

一四二九 上書房消寒詩錄一卷 清蔡新、永瑆等撰 清乾隆詒晉齋刻本 十一行二十一字黑口四周單邊

一四三〇 清閟臣和純廟御製詩搨不分卷 清董誥、阮元等撰 稿本 行字不一無格

一四三一 八甎吟館刻燭集二卷 清阮元輯 清嘉慶阮氏八甎吟館刻本 十行二十字小字雙行同白口四周雙邊

一四三二 朋舊及見錄六十四卷 清法式善輯 稿本 十二行二十四字小字雙行同白口四周單邊版心下鐫玉延秋館定本

一四三三 朋舊及見錄不分卷 清法式善輯 清法氏玉延秋館抄本 十二行二十四字黑格白口四周單邊版心下鐫玉延秋館定本

一四三四 淵雅堂朋舊詩鈔不分卷 清王芑孫輯 稿本 十二行二十四字無格

一四三五 石韞玉夫婦倡和稿一卷 清石韞玉等撰 稿本

一四三六 同調集不分卷 清龍鐸、舒位撰 稿本 清舒位跋

一四三七 本朝廿二家詩不分卷 清桂馥輯 清抄本 十行二十一字白口四周雙邊

一四三八 乾隆諸臣和御製詩不分卷 清黃鉞、裘曰修、松筠等撰 稿本

一四三九 千叟宴詩三十四卷首二卷 清高宗弘曆等撰 清乾隆五十年武英殿刻本 九行十九字小字雙行同白口四周雙邊

一四四〇 乾隆六十一年千叟宴詩三十四卷首二卷 清高宗弘曆等撰 清嘉慶元年武英殿活字印本 十一行二十五字小字雙行同白口四周雙邊

一四四一 南宋樵事詩七卷 清沈嘉轍等撰 清武林眉香齋刻本 十一行二十一字白口左右雙邊

一四四二 舊雨集三卷補遺一卷 清周準輯 清抄本 王大隆跋 十行二十一字無格

一四四三 天台齊氏家藏清代名人詩稿不分卷 清齊召南等撰 稿本

一四四四 觀[illegible]集詩一卷 清[illegible]輯 清乾隆十五年刻本 八行二十字黑口四周雙邊

一四四五 攝山遊草一卷 清馬曰琯等撰 清乾隆二十一年刻本 十行十九字白口四周單邊

一四四六 同林倡和一卷 清趙信輯 清乾隆刻本 五行九至十一字上黑口左右雙邊

一四四七 同林倡和一卷 清趙信輯 清乾隆二十四年增刻本 五行九至十一字上黑口左右雙邊

一四四八 聽濤圖徵題一卷家牘寶言一卷 清周在恩輯 清周氏[illegible]書塾抄本 十行十八字藍格藍口左右雙邊

一四四九 漳江興頌不分卷附小學注鈔六卷蒙求釋註一卷 清許元[illegible]撰 清乾隆刻本 漳江興頌九行二十一字白口左右雙邊 蒙求釋註八行十九字小字雙行同白口四周單邊 小學注鈔九行二十字白口左右雙邊

一四五〇 剡中集四卷 清周熙文輯 清乾隆二十八年活字印本 八行十八字小字雙行同白口四周單邊

一四五一 霄崢集八卷 清宮國苞輯 清乾隆三十三年春雨草堂刻本 九行十九字白口左右雙邊

一四五二 整舟壽言不分卷 清汪世鈞輯 清乾隆抄本 葉承慶跋 十二行二十字無格

一四五三 時齋倡和詩集不分卷 清張允和、張錫麟輯 清乾隆三十三年時齋刻本 九行二十字白口四周雙邊

一四五四 沈遠翁壽杯歌一卷 清吳蘅輯 清抄本 九行二十字無格

一四五五 桐陰小牘一卷 清吳騫輯 清抄本 十行二十五字無格

一四五六 商卣唱和詩一卷 清俞思謙、吳騫撰 清抄本 清吳騫校 八行二十一字無格

一四五七 涉園脩禊集一卷 清吳騫等撰 清吳氏拜經樓抄本 清蔡廷楊瀛光題 十行十九字細黑口左右雙邊

一四五八 洗香亭滄香吟集一卷 清席[illegible]輯 清乾隆刻本 十行十九字白口左右雙邊

一四五九 蜀遊詩鈔六卷 清陸炳輯 清乾隆三十九年且朴堂刻本 十行十九字黑口左右雙邊

一四六〇 國朝海上詩鈔八卷首一卷末一卷初續集二卷 清曹錫辰輯 清乾隆間刻本 十行二十字白口左右雙邊

一四六一 西磧探梅倡和詩一卷 清鄭[illegible]、王昭嗣等撰 吳岡繪圖 稿本 清[illegible]

一四六二 桐溪詩艸不分卷 清沈鵬等撰 清抄本 清朱文藻跋 嚴果跋

一四六三 酒帘唱和詩六卷 清汪啟淑輯 清乾隆六十年飛鴻堂刻本 九行十八字白口左右雙邊

一四六四 江南觀風詩集三卷 清黃[illegible]祐輯 清乾隆靜遠堂刻本 九行二十一字下黑口左右雙邊

一四六五 瑞園合選詩三卷 清佟慶[illegible]輯 清乾隆刻本 九行十九字白口左右雙邊

一四六六 金石叢吟不分卷 清程顧廣輯 清程氏竹吉堂抄本

一四六七 霜哺遺音六卷 清袁廷檮輯 清嘉慶卧雪艸堂刻本 十行二十一字白口四周双边

一四六八 清内庭聯句十種十卷 清寫本 五行十二字小字双行同無格
平定台湾聯句一卷 平定回疆聯句一卷 戡定安南摆封黎惟祁為國王功成聯句一卷 千叟宴聯句一卷 舉千叟宴於皇極殿禮成聯句一卷 丙寅正月十日召諸王臣工集重華宮聯句一卷 耕織圖聯句一卷 避北口行宮觀燈同庭譯儒臣聯句一卷 新正詠雪聯句一卷 庚午九月十有二日遊避州小憩柏林寺閒毅登吳道子畫水舊積召庭譯文臣誤詩 正等列景聯吟一卷

一四六九 沛甘賡喜一卷 清仁宗顒琰等撰 清嘉慶黃絨寫本

一四七〇 鼉甎集十卷 清戚裳吉輯 清錢氏竹石齋抄本 十行二十二字無格

一四七一 雲左山房酬贈詩彙鈔不分卷 竹雲左山房抄本 十二行二十五字小字双行同 紅格白口四周双边 版心下鐫雲左山房

一四七二 試帖詩一卷 清抄本 清郑寓鏇批 九行二十二字白口四周双边

一四七三 牡丹唱和詩一卷 清張廷濟等撰 稿本

一四七四 渚山樓牡丹分詠一卷 清潘寧寿東重亭撰 清抄本 清曹宗載高惟峻跋 九行二十五字無格

一四七五 海棠英靈集二卷 清伍晉興輯 稿本 八行十八字無格

一四七六 清代名人詩箋不分卷 清屠倬陳文述等撰 稿本

一四七七 慈谿鄭氏詩輯殘稿不分卷 清鄭氏二老閣抄本 九行行字不一 紅格白口左右双边 版心下鐫二老閣

一四七八 雲南倡和編三卷 清陳鑾王直洲温日鑑陳經撰 清嘉慶二十五年陳氏説劍樓刻本 十二行二十三字白口左右双边 版心下鐫説劍樓

一四七九 七旬學易圖題詠册不分卷 清丁晏輯 稿本

一四八〇 長洲陶鳧鄉小象詩册一卷 清何紹基黄爵滋祁寯藻邵懿辰等撰 稿本

一四八一 綵雲山房二卿詩草□□卷 清勞蓉君陳鄰撰 稿本 周蓉伍跋 八行行字不一無格
存二卷 二至三

一四八二 國朝兩浙校官詩錄□□卷 清許正綬輯 稿本 七行二十五字
存一卷 十二

一四八三 國朝兩浙校官詩録不分卷 清許正綬輯 清謝家抄本

一四八四 清尊集十六卷 清汪遠孫輯 清道光十九年振綺堂刻本 十一行二十四字黑口左右双边有刻工

一四八五 刦餘所見詩錄前編九卷後編一卷 清葉廷琯輯 稿本 清雷浚評 潘鍾瑞 潘貢枚艮題詩

一四八六 清真謁和集八卷 題清吉庵居士輯 清道光二十五年王氏活字印本 清蔣樑勞校 吳易峻跋 八行二十字白口四周單边

一四八七 海鷗吟社同人集六卷 清韓鑒輯 稿本 九行二十一字紅格

一四八八 研樵山房倡和詩存二卷 清董文煥翁同龢等撰 稿本

一四八九 同聲集十四卷 清王振綱輯 清抄本 十行二十一字無格

一四九〇 咸同間名人詩箋不分卷 清李慈銘陶方琦等撰 稿本

一四九一 求蘭詩伴手稿一卷 清朱雖吳蕭應楠撰 稿本 孫松齡跋

一四九二 海棠酬唱集一卷 清汪鳳藻輯 稿本 八行二十六字無格

一四九三 望蘅閣詠一卷 清江標繪圖 稿本 清江標 唐才常 蔡鍾濬 江前顯 黄人 蔣智由 陳去病 沈唯緯 裴超 黄漢侃 李祖芬 宋翊題詩 吳梅題詞 章炳麟 華震跋

一四九四 風木庵圖題詠一卷 清丁丙輯 清丁氏嘉惠堂抄本 十一行十八字黑口左右双边

一四九五 清五七言古體詩鈔五卷 清王光謙輯 稿本

一四九六 燕臺文選初集八卷補遺一卷 清田茂遇輯 韓詩等評 清順治十三年松筠山房刻本 九行十八字白口四周單边

一四九七 今文典洞集十卷 清魏裔介選 清順治刻本 九行十九字白口左右双边

一四九八 文瀫初編二十卷首一卷 清錢肅潤輯 清康熙錢氏十峯草堂刻本 九行二十四字白口四周單边

一四九九 導經堂集十卷 清章天寅輯 清康熙刻本 九行二十字白口四周單边

一五〇〇 四六初徵二十卷 清李漁輯 沈心友編 清康熙十年金陵翼聖堂刻本 九行二十字小字双行同白口四周單边

一五〇一 昭代文選□□卷 清丁灝輯 清抄本 清丁丙跋
存一百五十八卷 賦十卷序十卷記二十一卷碑記七卷傳十七卷策四卷論十一卷説六卷議四卷解一卷考四卷書十三卷頌一卷銘一卷題詞七卷引四卷募疏二卷書後八卷奏疏七卷行狀三卷行略一卷行述二卷墓誌銘十四卷

一五〇二 今文短篇十五卷 清諸匡鼎輯 清康熙二十六年諸氏古橘園刻本 十一行二十三字白口四周單边

一五〇三 今文大篇二十卷 清諸匡鼎輯 清康熙三十三年諸氏説詩堂刻本 十一行二十三字白口四周單边

一五〇四 呂晚村評選四書文不分卷 清呂留良輯並評 清抄本 清丁吉臣跋

一五〇五 質亡集不分卷 清呂留良輯並評 清康熙刻本 十行二十七字白口四周單边
存 上編上半部 下編下半部 大學 中庸

一五〇六 彙選質亡集不分卷 清呂留良輯並評 清董氏壽洛齋抄本 九行二十六字無格

一五〇七 聞鵲軒錄見彙鈔五卷 清盧焌輯 清雍正刻本 九行十九字白口四周單边

一五〇八 切問齋文鈔三十卷 清陸燿輯 清乾隆四十年刻本 十二行二十五字白口左右双边

一五〇九 今文粹編八卷二編二卷 清趙魏興輯 清乾隆五十一年刻本 十行十九字白口左右双边

一五一〇 國朝文鈔初編不分卷二編不分卷三編不分

卷四編不分卷五編不分卷論文二卷 清高塘輯 清乾隆二十一年刻本 九行二十五字無直格 白口 四周雙邊

一五一一 明道堂公鈔不分卷 清范□□輯 清抄本

一五一二 椎俎一卷 清吳騫輯 清抄本 清吳騫跋

一五一三 汪義婦辭一卷 清吳騫輯 清抄本 十行二十二字無格

一五一四 國朝駢體正宗十二卷 清曾燠輯 清嘉慶十一年曾氏賞雨茆屋刻本 佚名錄姚燮張素錄評點 十一行二十二字 白口 左右雙邊

一五一五 國朝駢體正宗續編八卷 清張鳴珂輯 稿本 十一行二十三字 小字雙行同 綠格 綠口 左右雙邊

一五一六 國朝駢體正聲不分卷 清黃金臺輯 稿本

一五一七 國朝文述八卷 清王寶輯 清道光二十三年藝海堂刻本 清李慈銘批 十行二十三字 白口 左右雙邊

一五一八 張楊園先生寒風佇立圖題跋不分卷 清嚴英秀等過孫等撰 稿本

一五一九 四勿軒叢鈔不分卷 清李錫疇輯 清抄本 十行二十五字 黑格 版心下鐫四勿軒抄本

一五二〇 瓊貽副墨四十六卷 清姚燮輯 稿本 十一行二十三字 紅格 白口 四周雙邊
蘭如集十四卷 浮香閣本事四卷 採梅圖題辭一卷 尺素二十四卷 二石花塵畫爆題跋一卷 織綺圖卷題辭一卷 吳門西山紀游圖卷題辭一卷

一五二一 國朝名家文精選二卷 清吳卓信輯 稿本 九行二十五字無格

一五二二 靜遠草堂雜鈔不分卷 清周樂清輯 稿本 周莉伍跋

一五二三 詞苑撰文四卷 清盛熙輯 稿本 清振鐵沈跋 鄧之誠跋 八行二十字無格

一五二四 斯友堂選輯尺牘新編一卷 明蔣嶟輯 清抄本 九行二十五字無格

一五二五 歸來草堂尺牘一卷 清吳晉錫吳兆騫撰 清海鹽吳氏石蓮盦抄本 吳重憙跋

一五二六 雙魚藏弃一卷 清張嵩慶輯 清抄本 王獻唐跋 九行二十六字無格

一五二七 緇林尺牘不分卷 清釋道忻輯 清康熙十年刻本 九行二十字 白口 四周雙邊

一五二八 憑山閣新輯尺牘寫心集四卷二集六卷 清陳枚輯 清康熙三十五年憑山閣刻本 九行二十四字 白口 四周單邊

一五二九 曹李尺牘合選二卷 清曹溶李良年撰 茅復輯 清世德堂刻本 十行二十三字 黑口 左右雙邊

一五三〇 曹李尺牘合選二卷 清曹溶李良年撰 茅復輯 清河澗堂刻本 十行二十三字 黑口 左右雙邊

一五三一 友聲五卷後集五卷新集五卷 清張潮輯 尺牘偶存十一卷 清張潮撰 清乾隆四十五年心齋刻本 八行二十字 白口 四周單邊 版心下鐫心齋

一五三二 南山堂浣海峯諧抱尺牘精選四卷 清蕭穆輯 稿本 劉之泗 王大隆跋

一五三三 玉堂名翰賦四卷附南巡御試卷二卷 清張賓程邵欽輯 清乾隆十六年刻本 九行二十五字 白口 四周單邊

一五三四 國朝律賦偶箋四卷 清潘世嘏撰 清乾隆二十四年春素齋刻本 九行十九字 黑口 左右雙邊

一五三五 本朝試賦新硎五卷首一卷補編一卷失編一卷 清陸貽殿等輯 清乾隆二十九年金陵李氏三多齋刻本 九行二十二字 小字雙行十九字 白口 四周單邊 失編存目錄

一五三六 律賦鳳樓集四卷 清吳紀興輯 清乾隆二十九年附月山房刻本 九行二十五字 白口 左右雙邊

一五三七 本朝館閣賦前集十二卷 清諸德程詢等輯 清乾隆二十九年刻本 後集七卷補遺一卷附錄一卷 清周日運程琰等輯 清乾隆三十三年刻本 十行二十二字 黑口 左右雙邊

一五三八 國朝律賦揀金錄初刻十二卷二刻十二卷 清朱一飛輯 清乾隆四十一年初刻五十七年二刻本 九行二十一字 黑口 邊欄不一

一五三九 名家事賦不分卷 清冗甲申等撰 清抄本 九行十九字無格

一五四〇 惹香居合稿不分卷 清張清標 孫清寬 孫清遠撰 清順治刻本 九行二十四字 白口 四周單邊

一五四一 順治九年壬辰科翰林院館課不分卷 清鄒忠倚等撰 清抄本 九行不等 紅格 白口 四周雙邊

一五四二 康熙三十三年甲戌科會試墨卷□卷 清康熙刻本 九行二十九字 白口 左右雙邊
存一卷

一五四三 康熙癸未科會試硃卷 清康熙刻本 九行二十四字無直格 白口 四周雙邊
存八卷
易三房會試同門硃卷一卷 清蔣書升等撰
易四房會試同門硃卷一卷 清張秉鈞等撰
易五房會試同門硃卷一卷 清張伯超等撰
書二房會試同門硃卷一卷 清滿泚蘭等撰
書四房會試同門硃卷一卷 清春源覺等撰
詩五房會試同門硃卷一卷 清應熟等撰
禮記房會試同門硃卷一卷 清許四科等撰
春秋房會試同門硃卷一卷 清張叔寺等撰

一五四四 康熙四十二年癸未科會試墨卷□卷 清康熙刻本 九行二十五字 白口 左右雙邊
存四卷 一至四

一五四五 康熙辛酉科順天鄉試詩一房同門硃卷一卷 清田畇等撰 清康熙刻本 九行二十二字無直格 白口 四周雙邊

一五四六 康熙壬午科順天鄉試禮記房硃卷一卷 清孔尚先等撰 清□□刻本 九行二十二字無直格 白口 四周雙邊

一五四七　康熙三十五年丙子科江南鄉試墨卷□卷　清康熙刻本　九行二十五字白口左右雙邊　存一卷　四

一五四八　康熙三十五年丙子科廣東鄉試墨卷□卷　清康熙刻本　九行二十五字白口左右雙邊　存一卷　二

一五四九　康熙三十五年丙子科雲南鄉試墨卷□卷　清康熙刻本　九行二十五字白口左右雙邊　存一卷　一

一五五〇　康熙三十八年己卯科順天鄉試墨卷□卷　清康熙刻本　九行二十五字白口左右雙邊　存二卷　四十

一五五一　康熙三十八年己卯科山西鄉試墨卷□卷　清康熙刻本　九行二十五字白口左右雙邊　存一卷　二

一五五二　康熙三十八年己卯科浙江鄉試墨卷□卷　清康熙刻本　九行二十五字白口左右雙邊　存二卷　三至四

一五五三　康熙三十八年己卯科福建鄉試墨卷□卷　清康熙刻本　九行二十五字白口左右雙邊　存一卷　一

一五五四　康熙三十八年己卯科湖廣鄉試墨卷□卷　清康熙刻本　九行二十五字白口左右雙邊　存一卷　二

一五五五　康熙四十一年壬午科湖廣鄉試墨卷□卷　清康熙刻本　九行二十五字白口左右雙邊　存二卷　二至三

一五五六　康熙丁酉科順天鄉試硃卷　清康熙刻本　九行二十六字無直格白口四周雙邊　存三卷
詩五房鄉試硃卷一卷　清張成乃等撰
詩□房鄉試硃卷一卷　清梁溎等撰
春秋二房鄉試硃卷一卷　清丁灼等撰

一五五七　康熙浙江鄉試硃卷　清康熙刻本　九行二十二字無直格白口四周雙邊　存十卷
康熙戊子科浙江鄉試硃卷一卷　清馮巽贊撰
康熙戊子科浙江鄉試硃卷一卷　清何[illegible]撰
康熙戊子科浙江鄉試硃卷一卷　清陳世倌撰
康熙甲午科浙江鄉試硃卷一卷　清董允序撰
康熙甲午科浙江鄉試硃卷一卷　清朱[illegible]撰
康熙甲午科浙江鄉試硃卷一卷　清張[illegible]觀撰
康熙甲午科浙江鄉試硃卷一卷　清魏祖[illegible]撰
康熙庚辰科會魁硃卷一卷　清周光斗撰
康熙乙卯科浙江鄉試硃卷一卷　清曹三才撰

一五五八　浙江薦舉博學鴻詞試帖不分卷　清嚴遂成等撰　清光緒十三年丁氏八千卷樓抄本　清丁丙跋

一五五九　狀元策不分卷　清康熙六十年京都瑠璃廠[illegible]碑堂刻乾隆續刻本　十行二十字白口四周雙邊

一五六〇　狀元策不分卷（康熙甲辰科至乾隆丙戌科）　清乾隆刻本　十行二十字白口四周雙邊

一五六一　嘉慶辛酉科第十三房同門會試硃卷一卷　會試薦卷一卷　清吳世美王之蕃等撰　清嘉慶刻本　九行二十五字無直格白口四周雙邊

一五六二　嘉慶辛酉恩科第十七房同門會試硃卷一卷　會試薦卷一卷　清丁步曾張式金等撰　清嘉慶刻本　九行二十五字無直格白口四周雙邊

一五六三　嘉慶乙丑科會試第四房門硃卷一卷　清[illegible]等撰　清嘉慶刻本　九行二十五字無直格白口四周雙邊

一五六四　嘉慶辛未科會試第十四房同門硃卷一卷　清[illegible]等撰　清嘉慶刻本　九行二十五字無直格白口四周雙邊

一五六五　嘉慶癸酉科順天鄉試第壹房同門硃卷一卷　清朱成科等撰　清嘉慶刻本　九行二十五字無直格白口四周雙邊

一五六六　嘉慶辛酉科順天鄉試第十七房同門硃卷一卷　清李[illegible]等撰　清嘉慶刻本　九行二十五字無直格白口四周雙邊

一五六七　海鹽朱氏宗人誠究師門歷科鄉會試卷十六卷　清朱彭壽輯　清道光至光緒刻本　九行二十五字白口四周雙邊

一五六八　進呈冊不分卷　清汪霖等撰　清抄本　六行二十字白口四周雙邊

以上清代

總集類 斷代

書名編號	收藏單位代號					
一	2301	0701	1705	2702		
二	0201					
三	1705					
四	1701					
五	1606	2543				
六	1601	2304				
七	1601					
八	2302	2021				
九	0144					
一〇	0181	1701				
一一	0142	0143	0144	0145	0181	0201
	0242	0301	0342	0501	0703	0842
	1501	1541	1601	1615	2201	2301
	2501	2541	2741			
一二	0145	1701	2302			
一三	2302					
一四	2242	2302				
一五	2302					
一六	0163	0342	1801			
一七	0201	2302				
一八	0201					
一九	1201	2301	2302	2701		
二〇	0142					
二一	0101	0144	0163	0741	1501	1601
	1607					
二二	2261					
二三	1701					
二四	0101					
二五	0101					
二六	1705					
二七	0201					
二八	0341	1101	1501	1603	1605	1741
	2541					

書名編號	收藏單位代號					
二九	0181					
三〇	1705					
三一	0101					
三二	0141					
三三	0321③	0501③	0701	1841①	2301③	2342③
	2401	2542③				
三四	0101②	0201	1441	1701②	2401	2441
三五	0101②	0132②	0201	1651		
三六	0201②	0441	1705	1741	2702②	
三七	0161②					
三八	2041					
三九	1301	1544	1701	1709	2601	2702
四〇	0102	0141	0142	0145	0161	0242
	0404	0801	1282	1441	2201	2401
四一	2401					
四二	0143	0144	0150	0241	0301	0341
	0342	0509	0601	0742	1103	1461
	1501	1605	1606	1609	1701	1795
	2001	2242	2301	2302	2401	2441
	2701	2702				
四三	0145					
四四	0181	0342	2301	2642		
四五	1601					
四六	1601					
四七	1705					
四八	1705					
四九	0101②	1601③	1628②			
五〇	0101					
五一	0101②	0102	0141	0143	0197	0198
	0242	1501	1542			
五二	0142	0201	1601	1605	1668	2341
五三	0201					
五四	0101					

書名編號	收藏單位代號					
五五	0201					
五六	0243②	2501				
五七	0201	1606	2301			
五八	0143	0144	0151	0197	0301	0341
	1282	1501	1541	1601	1701	1901
	2001	2201	2302	2441		
五九	1606					
六〇	0181	0201	1701	2302		
六三	0141	0150	1606	1755	1842	2501
六四	0141	0201	0842	2201	2301	
六五	0101					
六六	0101	0142	0201	0551②	0701②	
六七	0101	0231				
六八	1601					
六九	0141					
七〇	0101	0102	0141	0143	0145	0150
	0161	0163	0175	0193	0197	0201
	0241	0301	0341	0441	0542	0611
	0701	0801	0901	0902	0941	1001
	1101	1142	1149	1301	1491	1501
	1601	1646	1681	1701	1705	1741
	1801②	1901②	2001	2043	2047	2202
	2241	2401	2541	2601	2602	2641
	2701	2702	2745	2782	2801	2901
七一	0101					
七二	0101					
七三	0101					
七五	0201②	1701②				
七六	0201					
七七	2001					
七八	0201					

書名編號	收藏單位代號					
七九	1601					
八〇	0241					
八一	0201					
八二	0201					
八三	2702					
八四	0141	0181	0198	0201	0402	0841
	1101	1501	1581	1601	1605	1701
	2304②	2241	2542	2601		
八五	0101	0141	0144	0193	0197	0198
	0201	0291	0301	0661	0801	1001
	1501	1503	1506	1541	1701	1720
	1741	2391	2401	2501	2504	2702
	2543	2901				
八六	0241	0946	1101	1681	1701	2001②
	2301	2441				
八七	0102	0181	0174	0201	0241	0301
	0706	1101	1103	1501	1586	1605
	1702	2342	2351	2541		
八八	0201					
八九	0701					
九〇	2041					
九一	1601					
九二	1701					
九三	0301					
九四	0101					
九五	1601					
九六	0301					
九七	0101					
九八	1601					
九九	0101					
一〇〇	0101					
一〇一	1024					
一〇二	0101					
一〇三	0201					
一〇四	1781					

書名編號	收藏單位代號					
一〇五	0101					
一〇六	1701					
一〇七	2042					
一〇八	0201					
一〇九	0144					
一一〇	0101					
一一一	0101					
一一二	0101					
一一三	0101					
一一四	0193					
一一五	0201					
一一六	0101					
一一七	0441					
一一八	0201					
一一九	0101					
一二〇	0142					
一二一	2401					
一二二	0163					
一二三	0101					
一二四	1601					
一二五	0101					
一二六	0101	0201	1701			
一二七	0101	0141	0143	0301	2042	
一二八	0101	0142	0144	0161	0163	0173
	0182	0193	0201	0241	0301	0341
	0342	0441	0801	0803	0841	0741
	1501	1541	1542	1606	1701	1705
	1901	2401	2541	2561	2702	
一二九	2841					
一三〇	1601					
一三一	0101					
一三二	0101					
一三三	0191					
一三四	0101					

書名編號	收藏單位代號					
一三五	0201					
一三六	0201					
一三七	0291	1502⑦	1601			
一三八	0281					
一三九	2702					
一四〇	2701					
一四一	2301					
一四二	2401					
一四三	2701					
一四四	1142					
一四五	1581					
一四六	2301					
一四七	0242					
一四八	0341					
一四九	0201					
一五〇	0242					
一五一	0201					
一五二	1501					
一五三	0101					
一五四	0101					
一五五	0201					
一五六	0101	0142	0144	0146	0198	0342
	0542	0601	0741	0902	0742	1601
	1801	1901	1941	2042	2241	2301
	2401	2441	2501	2701		
一五七	0141	0181	0198	0442	0703	0801
	1101	2501	2043			
一五八	2501					
一五九	0101	0141	0142	0143	0193	0201
	0301	0801	1010	1101	1581	1681
	1701	1705⑦	1501⑦	2201	2401	2501
	2701⑦	2702	2741			
一六〇	1441					
一六一	0841					
一六二	0101					

書名編號	收藏單位代號					
一六三	0101⑦					
一六四	0102	0141	0144	0145	0161	0163
	0181	0198	0201	0221	0291	0541
	0642	0701	0801	0841	0941	1001
	1101	1501	1601	1606	1651	1681
	1701	1801	1841	1881	1901	2042
	2301	2501	2702			
一六五	0201					
一六六	0201					
一六七	0201					
一六八	0101					
一六九	1581					
一七〇	0101					
一七一	0161					
一七二	0163	0201				
一七三	0141	0181	0301			
一七四	0164	0181	0261	0841	1606	1901
	2041					
一七五	1702					
一七六	0121					
一七七	0181					
一七八	0101					
一七九	0101	0141	0144	0163	0201	0301
一八〇	0142					
一八一	0141	0142⑦	0243	0701⑦		
一八二	2301	2441				
一八三	0101					
一八四	0101					
一八五	0141					
一八六	0101					
一八七	1601					
一八八	0101					
一八九	0201	0243				
一九〇	0101					

書名編號	收藏單位代號			
一九一	1042			
一九二	0163			
一九三	0141			
一九四	0101			
一九五	0101	0841	0842	2401
一九六	0201			
一九七	0101			
一九八	1705			
一九九	1401			
二〇〇	2541			
二〇一	0201			
二〇二	0101⑦	0201		
二〇三	1701			
二〇四	0193	0195	0201	
二〇五	0341			
二〇六	0101	0201⑦	0301	
二〇七	0201	2782		
二〇九	3301			
二一〇	0101			
二一一	0241			
二一二	0163			
二一三	0501			
二一四	0163			
二一五	0942			
二一六	0198			
二一七	0101			
二一八	0201⑦			
二一九	0144	0198	1601	
二二〇	1601⑦	1741		
二二一	0101	0163⑦		
二二二	0101			
二二三	0141	0801		
二二四	0101	0201		

書名編號	收藏單位代號					
二二五	0141	1701	1705			
二二六	0101	0146	0163	0201	0241	1501
	1603	2541	2543	2702	2802	
二二七	1601					
二二八	0181	1501	1881			
二二九	0841	1601	2042			
二三〇	1705					
二三一	0141	0201	1501②			
二三二	0101					
二三三	0201③	1542	1701	2701		
二三四	1601					
二三五	0102	0146	0201	0801	0841③	0842
	1501①	1541	1943	2201	2401	2741
	2901					
二三六	0501					
二三七	0101	0143	0145	0193	0198	0242
	0243	0342	0861③	0941	1501	1541
	1601	1701	1705	2201③	2541②	2702
	2742	2782	2901			
二三八	0145	0241	0301	0701	1606	1841
	1843					
二三九	0181	0201	1629②	1843		
二四〇	0741	2782				
二四一	0101	0146	0261	0841	2042	2301
	2346	2501	2702	0301	0341	0701②
	1601	1688	2541			
二四二	0144	2001	0198	2741		
二四三	0141	0291	0542	0701	0842	2041
	2341	2541				
二四四	0121	0143	0161	0182	0242	0291
	0404	0801	0841	1501	1582	1601
	1603	1616	1642	1843	2001	2201
	2202	2241	2301	2401	2518	2541
	2843					

表五

書名編號	收藏單位代號					
二四五	0201					
二四六	0201					
二四七	0201	0291				
二四八	1601					
二四九	1142					
二五〇	0101					
二五一	0101	2242				
二五二	0145					
二五三	0144					
二五四	0193	1701	1841			
二五五	1541	1701				
二五六	0243	1843				
二五七	1881					
二五八	0301					
二五九	0142					
二六〇	0163	0201	0301	1081	1603	2782
二六一	0241	0243	0442	0842	1601	2201
	2301	2342	2542	2745		
二六二	0101	0141	0161	0197	0201①	0291
	1601	1701③	2745			
二六三	0101					
二六四	0181③	1601	1801③	2702		
二六五	0101	0181	0241	1501	1801	2341
	2401					
二六六	1705					
二六七	0142②	0241				
二六八	0198					
二六九	0141	0144	0181	0198	0201	0241
	1501	1541	1601	1741	1843	
二七〇	0101					
二七一	1705					
二七二	1705					

書名編號	收藏單位代號					
二七三	1601					
二七四	0144					
二七五	0101	0141	0201	0301③	1701	1791
	2782					
二七六	0201					
二七七	0142①	2401②				
二七八	0201					
二七九	1601					
二八〇	0201					
二八一	0141	0144	0163	0164	0193	0197
	0201	0241	0291	0301	0701	0861
	1501	1542	1582	1601	1641	1701
	1702	1705	1910	2201①	2220③	2401
	2541	2543	2561	2601	2701	2702
	2742	2782	2901			
二八二	0101	0701	2401			
二八三	1702					
二八四	0197③	0161	1542③	1701		
二八五	0101	0141	0144	0163	0198	0201
	0243	0291	0591③	0803	1501	1601
	1606	1701	1716	1791	2701	
二八六	1601					
二八七	0141	0701	1501	1541	1881	2201
二八八	0101	0141	0198	0201	1501	1601
	1701	2501	2561			
二八九	1601					
二九〇	1601					
二九一	0201					
二九二	2241					
二九三	0241	0941	1501	1541	2741	2782
二九四	0141	0143	0144	0146	0161	0163
	0181	0193	0201	0243	0291	0341
	0542	0701	0841①	1001	1541	1581
	1615	1701	1801	2041	2301	2501

表六

書名編號	收藏單位代號					
	2701	2782				
二九五	1881	2301				
二九六	1641					
二九七	1501	1511				
二九八	0142					
二九九	0198	1605	1607	1901③		
三〇〇	0701	1515	2702			
三〇一	0101	0142②	0198④	0201③	0701	1501
	1510④	1843③	2201③	2301③	2701③	2782⑤
三〇二	0161	0163	1701			
三〇三	2702					
三〇四	0142					
三〇五	0701	1741				
三〇六	0101					
三〇七	0102	0291	0509	1141	1605	
三〇八	0144	0181	0201	2301		
三〇九	2701					
三一〇	0101	0141	0144	0181	0201	0301
	0342	0541	0701	0803	0841	1001
	1042	1601	1653	1701	1941	2042
	2204	2241	2343	2702	2782	2901
三一一	0101					
三一二	0142	0150	0161	0163	0242	0801
	1501	1510	1601	1605	1641	1741
	2041	2202③	2541	2941		
三一三	0102					
三一四	0181	1701③				
三一五	0201					
三一六	0142					
三一七	0102	0301	0342	1501	1601	
三一八	2401					
三一九	0141	0146	0161	0201	0241	0291
	0701	1082	1101	1501	1541	1601

書名編號	收藏單位代號					
	1701	1706	1741	1943	2001⊗	2006⊗
	2401	2702				
三二〇	0102	0141	0142	0443	0701⊗	0841
	1501	1541	1701	1741	1801	2401
	2701					
三二一	0141	0201⊗	0301	1601		
三二二	0101	0201	1001			
三二三	2901					
三二五	0101	1603	1801			
三二六	0101	0102	0144	0842	1701	2301
	2741					
三二七	0101	0141	0301	0841	0842	2561
	2702					
三二八	1601					
三二九	0201					
三三〇	0141⊗					
三三一	1041					
三三二	1041					
三三三	0701					
三三四	2782					
三三五	0142	0141	0143	0201	1605	1881
三三六	0142	0841	1441	1506⊗	1604	1702
	1704	1801	1841	1941	2201⊗	2278⊗
	2043	2702	2741			
三三七	0101	0142	0163	0201	0241	0301
	0542	1541	1542	1701	1716	1797
	2001	2041	2401	2541	2701	2703
三三八	0141	0146	0193	0341	0541	2041
	2042	2301				
三三九	0701					
三四〇	0101					
三四一	1601					

書名編號	收藏單位代號					
三四二	0142	0198	0201	0241	0703	1142
	1605	1606	1801	2201	2701	2782
三四三	2750					
三四四	0301					
三四五	0141	2541				
三四六	0201					
三四七	0145⊗	0181	0201⊗			
三四八	0102	0141	0142	0163	0164	0201
	0243	0291	0301	0342⊗	0701	0841
	1541	1641	1710⊗	2042	2301	2541
	2701					
三四九	0201					
三五〇	0201					
三五一	1601					
三五二	0101					
三五三	0181	0201	0701	2042		
三五四	0102	0145	0701	1681⊗		
三五五	0201					
三五六	0101	0141	0142	[illegible]	[illegible]	[illegible]
	1042⊗	1101	2001⊗	2301		
三五七	0141	0142	0161	0181	0193	0201
	0242	0520	1710	2401	[illegible]	[illegible]
三五八	1501					
三五九	0198					
三六〇	0201					
三六一	0142	0163	0181	1601		
三六二	0101					
三六三	0101					
三六四	0201					
三六五	0241					
三六六	1806					
三六七	0101					
三六八	0101					

表七

書名編號	收藏單位代號					
三六九	1911					
三七〇	0101	0161	0181			
三七一	0163	1042	2301			
三七二	0291	0701	1501			
三七三	0101					
三七四	0181					
三七五	0141	0142	0143	0144	0146	0150
	0163	0166	0181	0182	0191	0193
	0301	0342	0343	0402	0501	0520
	0584	0601	0701	0741	0801	0803
	0841	0842	0861	0901	0902	1141
	1142	1144	1201	1461	1501	1715
	1741	1795	1801	1841	2001	2002⊗
	2042	2261	[illegible]	2401①	2501	2701
	2901	2741				
三七六	1101					
三七七	0242					
三七八	0181					
三七九	0102	[illegible]	0143	0144	0150	0163
	0181	[illegible]	0193	0197	0198	0241
	0243	0301	0342	0343	0402	[illegible]
	0541	0542	0601	0701	0703	0801
	0803	0841	0842	0907	0941	0942
	1201	1541	1441	[illegible]	1801	1811
	1881	2041	2042	2301	2302	2342
	2401	2441	2501	2564	2541	2601
	2702	2741	2841	2843		
三八〇	0141	0142	0143	0144	0164	0181
	0301	0341	0342	0541	0701	0841
	1141	1701	1705	1806	1841	1881
	2001	2002	2003	2042	2201	2205
	2206	2301	2302	2304	2343	2381
	2401	2542	2561	2644	2702	

書名編號	收藏單位代號					
三八一	2782					
三八二	1681					
三八三	1701⊗	1981⊗				
三八四	0241					
三八五	0163					
三八六	0541	2301				
三八七	0142	0163	0181	0701	2301	
三八八	0181					
三八九	0241					
三九〇	0142					
三九一	0101	0142	0201	0243	0701	1501
	1601	1701	2302			
三九二	0241					
三九三	0141	0142	0173	0181	0198	0243
	0342	0502	0526	0542	0601	0641
	0701	0841	1461	2041	2042	2301
	2342	2401	2501	2504	2541	[illegible]
	2642					
三九四	2042					
三九五	0701	2301				
三九六	1881					
三九七	0201	2001	2301			
三九八	0143	[illegible]	0701			
三九九	0241⊗	2042				
四〇〇	0243	0291	0701	[illegible]	1801	2041
	2341	2401				
四〇一	0201					
四〇二	0142	0443	0701	1542		
四〇三	1601					
四〇四	2301					
四〇五	0141	0142	0291	0341	0641	1542
	2001	2041	2401			

表八

表九

書名編號	收	藏	單	位	代	號
四〇六	0102	0520	0701	2042		
四〇七	0142	0143	0144	0701	0842	
四〇八	0241	0301	0701	0741	2701	
四〇九	0142	0144	0301	1001	1705	2343
	2501	2561				
四一〇	0181					
四一一	0101②	0142	0146①	0201	0241	
四一二	1601					
四一三	0142	1501	2042	2301		
四一四	0163					
四一五	2302					
四一六	2501					
四一七	0201					
四一八	0241					
四一九	1628					
四二〇	0201					
四二一	0201					
四二二	0181					
四二三	0163					
四二四	0342	1042	2301	2341	2901	
四二五	0501					
四二六	0142	0197				
四二七	0201					
四二八	0201					
四二九	0141					
四三〇	1601					
四三一	1901	1911				
四三二	2301					
四三三	0141					
四三四	0201					
四三五	2301					
四三六	0193	0342	0701	2041	2301	

書名編號	收	藏	單	位	代	號
四三七	0142	0301	0703	2301	2541	
四三八	1101					
四三九	0241					
四四〇	0243					
四四一	2703					
四四二	0101					
四四三	0241					
四四四	0801					
四四五	0201					
四四六	0141	1705⊗				
四四七	0201	1691	1705⊗			
四四八	1601					
四四九	0101	0201	1682	1705⊗		
四五〇	0141					
四五一	1701					
四五二	0141					
四五三	0102	0143	0181	0191	0197	0198
	0501	0601	0642	0741	0801	0802
	0861	0901	0941	0942	1001	1042
	1341	2401				
四五四	0201					
四五五	0141					
四五六	1701					
四五七	0101					
四五八	1601					
四五九	0101					
四六〇	0101					
四六一	0141	0243	0542	2301		
四六二	0201					
四六三	0101					
四六四	0101					
四六五	0101					
四六六	0782					

表一〇

書名編號	收	藏	單	位	代	號
四六七	2001					
四六八	1701					
四六九	0101					
四七〇	1601					
四七一	0591					
四七二	1601					
四七三	0201					
四七四	0101					
四七五	0101					
四七六	2041					
四七七	0301					
四七八	0101					
四七九	0101					
四八〇	0101					
四八一	0101					
四八二	0101					
四八三	1601					
四八四	0201					
四八五	0101					
四八六	1601					
四八七	0101					
四八八	0141					
四八九	0101					
四九〇	0201					
四九一	2301					
四九二	0101					
四九三	1601					
四九四	0163					
四九五	1701					
四九六	1883					
四九七	0161					
四九八	1628					
四九九	0101					

書名編號	收	藏	單	位	代	號
五〇〇	0101					
五〇一	1601					
五〇二	0101					
五〇三	1705					
五〇四	0101					
五〇五	1601					
五〇六	0201					
五〇七	0101	0341	1510⊗	1601	2441	2702
五〇八	2541					
五〇九	0201					
五一〇	1501					
五一一	1601					
五一二	0101					
五一三	0101					
五一四	0161					
五一五	1601					
五一六	0281	0342	1881			
五一七	0201					
五一八	0201					
五一九	0101	0102	0143	0198	0201	1601
	1701	2301				
五二〇	0141	0142	2001			
五二一	0141	0142				
五二二	0142					
五二三	2542					
五二四	2301					
五二五	1615					
五二六	0173					
五二七	1601					
五二八	0101					
五二九	0101					
五三〇	0201					
五三一	0141					

書名編號	收藏單位代號					
五三二	0101					
五三三	0101					
五三四	0101					
五三五	1581					
五三六	0101					
五三七	0101					
五三八	0141					
五三九	0101					
五四〇	0164	0197⑧	0201	0241	2741	
五四一	1601					
五四二	0141⑥	0201	0801	0841	1501	1506
	1681	1701	1801⑧	2302⑧	2341	2702
	2941					
五四三	0201					
五四四	1601					
五四五	0144	0301	0611	1605	1641	1701
	1705⑧	1901③	2401			
五四六	0101					
五四七	0101	0141	0143	0145	0150	0161
	0171	0197	0201	0291	0301	0481
	0542	0701	0703③	0741	0841	0932
	0901	1201	1501①	1506②	1741	1901③
	2201	2207	2210②	2301	2391	2401
	2441	2501	2541①	2701	2702	2901
五四八	1501					
五四九	0201					
五五〇	0141	0164	0198	1101	2441	
五五一	0102	0146	0150	0181	0701	1048
	1462	1501	1582⑧	1705	1717	1803
	1843	2001⑧	2401	2522	2601	2701
	2702					
五五二	0241	1704	2201⑧	2242	2301	2302
五五三	0141	0201	0301⑧	1049	2745	
五五四	0241					

書名編號	收藏單位代號					
五五五	0101					
五五六	0101					
五五七	0141					
五五八	0201					
五五九	0201					
五六〇	0101					
五六一	0141					
五六二	1701					
五六三	0101					
五六四	0101					
五六五	0241					
五六六	0101					
又五六六	1601					
五六七	2541					
五六八	1601					
五六九	1705					
五七〇	1601					
五七一	1705					
五七二	0291					
五七三	0101					
五七四	0201					
五七五	1701					
五七六	0101⑥	0802				
五七七	0141					
五七九	0102	0142	0291	1501	2001	2401
	2533	2561	2703	2741		
五八〇	1843					
五八一	0201					
五八二	0901	2301	2355	2750		
五八三	0101					
五八四	0141					
五八五	0201					
五八六	1601					
五八七	0201					

書名編號	收藏單位代號					
五八八	0101					
五八九	0101					
五九〇	0101					
五九一	0101	0142①	0163			
五九二	1601					
五九三	0201					
五九四	0102	0141	0143	0144	0145	0146
	0150	0161	0175	0181	0193	0197
	0198	0231	0242	0281	0291	0301
	0341	0441	0442	0541	0542	0591
	0601	0701	0801	0803	0901	0941
	0942	1142	1144	1201	1301	1441
	1501	1502	1541	1701	1718	1801
	1803	1841	1851	1901	1910	1943
	2001	2041	2043	2201	2202	2203
	2261	2301	2302	2304	2342	2401
	2441	2501	2543	2561	2602	2641
	2702	2801	2843	2944		
五九五	0101					
五九六	0241					
五九七	0201					
五九八	0163					
五九九	0101					
六〇〇	1601					
六〇一	0201					
六〇二	0241					
六〇三	1042					
六〇四	1705					
六〇五	1601					
六〇六	0141	0142	0143	0164	0181	0201
	0243	0291	0701	0842	1242	2041
	2343	2401	2501	2702		
六〇七	0201	0242				
六〇八	1615	1881				

書名編號	收藏單位代號					
六〇九	0701					
六一〇	0142	0342	0542	0701	0981	1808
	1841	1844	1902	2543	2602	
六一一	0201					
六一二	0201					
六一三	0164					
六一四	1601					
六一五	0101					
六一六	1601					
六一七	1601					
六一八	0141					
六一九	0101					
六二〇	0141					
六二一	0101					
六二二	0101					
六二三	0101					
六二四	0101					
六二五	1601					
六二六	0101					
六二七	1601					
六二八	2001					
六二九	1601					
六三〇	0141					
六三一	1705					
六三二	0101					
六三三	0201					
六三四	0101					
六三五	0101					
六三六	0101					
六三七	1101					
六三八	0101					
六三九	0163					
六四〇	1601					
六四一	0101					
六四二	0101					

書名編號	收	藏	單位	代	號	
六四三	0101					
六四四	1701					
六四五	2301					
六四六	0101					
六四七	0101					
六四八	1601					
六四九	0101					
六五〇	0101					
六五一	0101					
六五二	0101					
六五三	0101					
六五四	0161					
六五五	0341					
六五六	0101					
六五七	0101					
六五八	1601					
六五九	0141					
六六〇	0101					
六六一	1701					
六六二	1001					
六六三	1601					
六六四	1601					
六六五	2702					
六六六	0101					
六六七	0101					
六六八	0101					
六六九	0701					
六七〇	0342					
六七一	0101					
六七二	0201					
六七三	0141					
六七四	1601					
六七五	0201					
六七六	0201					
六七七	0101	0201	0241			
六七八	0201					

書名編號	收	藏	單位	代	號	
六七九	0101					
六八〇	0101					
六八一	0141					
六八二	0201					
六八三	2941					
六八四	1601					
六八五	0101					
六八六	1701					
六八七	2241					
六八八	0101					
六八九	0101⑧	0163⑧	1601⑧	1705⑧		
六九〇	0201					
六九一	2702					
六九二	0201					
六九三	0201					
六九四	1601					
六九五	0141⑧	0144	0146⑧	0150	0161⑧	0173⑧
	0181⑧	0198	0201	0341⑧	0501⑧	0520⑧
	0541⑧	0542	0642⑧	0701	0801⑧	0803⑧
	0841⑧	0901⑧	0903⑧	0941⑧	0942⑧	1142⑧
	1201⑧	1301⑧	1705⑧	1710	1801⑧	1841⑧
	1881⑧	2041⑧	2301	2343⑧	2401⑧	2501
	2541	2642⑧				
六九六	0201					
六九七	0141	0197	0201	0243	0341	0842
	0903					
六九八	0141	0142⑧	0144	0642	0701	0803
	0901	2006	2042	2642	2644	
六九九	0201					
七〇〇	0101					
七〇一	0101					
七〇二	0101					
七〇三	0101	0201	0241	0441	0591⑧	1701
	1741	2304⑧				
七〇四	0101					
七〇五	0101					
七〇六	1601					
七〇七	0701					
七〇八	0101	0141	0150	0161⑧	0201	0301
	1716⑧					

表一三

書名編號	收	藏	單位	代	號	
七〇九	0201					
七一〇	0141	2541				
七一一	0801⑧	2702				
七一二	0137	0163	0168	0201	0301	0341
	0644	0701	0801	0902	1041	1042
	1101	1501	1628	1701	1741	1787
	1841	1951	2201	2401	2441	2541
	2701	2702	2801			
七一三	0101	0141	0145	0150	0197	0201
	1201	2501				
七一四	0173					
七一五	0201					
七一六	0141	0143	0146	0161	0163	0181
	0201	0241	0342	0592	0661	0701
	0842	0844	0901	1001	1101	11[illegible]
	1461	1501	1601	1681	1710	1801
	2041	2047	2314	2381	2401	2501
	2541	2542	2601	2602	2750	
七一七	0101					
七一八	0201					
七一九	1101					
七二〇	0101					
七二一	0201					
七二二	0341					
七二三	0198					
七二四	1601					
七二五	0101					
七二六	0101					
七二七	0101					
七二八	0201					
七二九	0101	1705				
七三〇	0101					
七三一	0101					
七三二	0101					
七三三	0101					

書名編號	收	藏	單位	代	號	
七三四	0161					
七三五	0101					
七三六	0101					
七三七	0161					
七三八	0142					
七三九	2541					
七四〇	0101					
七四一	0101					
七四二	0101	0102	2541			
七四三	0201					
七四四	0101					
七四五	0101	0201	1601			
七四六	0101					
七四七	0101					
七四八	0101					
七四九	0701					
七五〇	1601					
七五一	2241					
七五二	1601					
七五三	1501					
七五四	0101	0201				
七五五	0101					
七五六	0101					
七五七	0101					
七五八	0201					
七五九	0201					
七六〇	1601					
七六一	0141	0142	0150	0198	0703⑧	0941
	1601	1646	2301	2541	2702	
七六二	0101					
七六三	1787					
七六四	1801					
七六五	0101					
七六六	0101	0141	0201	0301	0842	1741

表一四

書名編號	收藏單位代號					
七六七	0201					
七六八	0163					
七六九	0201					
七七〇	0101	2041◯	2501	2701		
七七一	0101	0141	0161	0163	0201	1541
	1601	1701	1710	2001	2541	2701
七七二	0102	0143◯	0198	0301	0441	0842
	1501	1701	1714	2301	2381	2504
	2561					
七七三	0141					
七七四	1705					
七七五	1241					
七七六	2704					
七七七	0150					
七七八	0141	0301	1201	1605		
七七九	0201					
七八〇	0101	0141	0163	0301	1510	
七八一	0101	0141	0161	1501	1701	
七八二	1502◯	2041				
七八三	0141	0161◯	0163◯	0164	0201	0301
	2201					
七八四	0101					
七八五	0101	0242	2702◯			
七八六	1705					
七八七	0141	0161	1601			
七八八	0141	0142	0163	0201	0242◯	1601
	1605	2001◯	2201◯			
七八九	0102	0141	0142	0198	1605	1702
七九〇	0181	1601				
七九一	0201◯	0841◯	1701	2541◯		
七九二	1681					
七九三	0102	0141	0142	0144	0163	0201
	0242	0243	0291	0341	0841	1101

書名編號	收藏單位代號					
	1501	1503	1506◯	1601	1704	1705
	1716	1901	2001	2301	2381	2401
	2501	2553	2701	2702		
七九四	1796					
七九五	0101	0201	2701◯			
七九六	1601					
七九七	0101					
七九八	0141	1601◯				
七九九	1702					
八〇〇	0101	0142	0201	1606	1701	2001◯
	2401					
八〇一	2541					
八〇二	0144					
八〇三	0101	0142	0841	0842		
八〇四	0101					
八〇五	2201					
八〇六	0141					
八〇七	2041					
八〇八	0101◯	1601				
八〇九	0201					
八一〇	2001					
八一一	1601					
八一二	0101					
八一三	0101					
八一四	0101					
八一五	0101					
八一六	1601					
八一七	0841					
八一八	1601					
八一九	1601					
八二〇	0241					
八二一	0101					
八二二	1701					
八二三	0141					

表一五

書名編號	收藏單位代號					
八二四	2201					
八二五	0101					
八二六	0161					
八二七	0101	0141	0142	0163	0201	1601
	1701					
八二八	0101					
八二九	0201					
八三〇	0101					
八三一	0101	0201				
八三二	0141					
八三三	1001					
八三四	0101					
八三五	0101	0161				
八三六	0101					
八三七	0101	0141				
八三八	1705					
八三九	0101					
八四〇	0101					
八四一	1705					
八四二	0141					
八四三	0101					
八四四	1705					
八四五	0141					
八四六	1581					
八四七	1581					
八四八	1661					
八四九	0101					
八五〇	0101	0701	2301	2561		
八五一	0141					
八五二	0201					
八五三	0201					
八五四	0101					
八五五	0161					

書名編號	收藏單位代號					
八五六	1901					
八五七	0201					
八五八	0841					
八五九	0141	0161	2041			
八六〇	0101	0161				
八六一	1501					
八六二	0163					
八六三	2441					
八六四	1501					
八六五	1601					
八六六	1601					
八六七	0201					
八六八	0141					
八六九	0142					
八七一	0163					
八七二	0101					
八七三	0144					
八七四	2702					
八七五	0101					
八七六	0101					
八七七	2301					
八七八	0101					
八七九	0101	0163				
八八〇	0744					
八八一	0101	0161	0163	0201	1601	2702
八八二	0201					
八八三	0141	0201	1684			
八八四	1701					
八八五	0201					
八八六	0163					
八八七	0101					
八八八	1701					

表一六

表十七

書名編號	收藏單位代號					
八八九	0201					
八九〇	0101	0102	0141	0142	0163	0243
	0283	1101	1601	1605	2041	2541
	2701					
八九一	0161					
八九二	2314					
八九三	1798					
八九四	0101					
八九五	0101					
八九六	0101	2501				
八九七	1682					
八九八	0101					
八九九	0101					
九〇〇	0141	0143	0161	0163	0166	0193
	0201	0241	0291	0301	0342	0501
	0541	0801	0803	0841	0842	0941
	1101	1503	1524	1542	1601	1604
	1616	1622	1628	1659	1741	1918
	1941	2042	2242	2261	2381⊗	2401
	2445	2501	2541	2561	2704	2742
九〇一	0101					
九〇二	0201					
九〇三	0161	2401	2701			
九〇四	1705					
九〇五	0163					
九〇六	0163					
九〇七	0173	0301	0601	0642	0703	0741
	0803	1716	1801	1803	2302	
九〇八	1702					
九〇九	0141	0161	0542	0703	0741	1101
九一〇	0102	0164	0341	0701	0841	1301
	1401	1441	1542	1712	2001	2042
	2241	2242	2301	2302	2346	2401

書名編號	收藏單位代號					
	2504					
九一一	0301					
九一二	0201					
九一三	0201					
九一四	2001					
九一五	2201					
九一六	0101					
九一七	0642					
九一八	0341					
九一九	0301	2301				
九二〇	0101	0144	0197	0241	1701	
九二一	0161	0198	0341	1601	1616	1705
九二二	0143	0163				
九二三	0141	0142	0150	0173	0242	0301
	0342	0509	0541	0641	0642	0741
	0803	0942	1461	1501	1519	1741
	1801	1802	1806	1808	1841	1882
	2001	2002	2042	2242	2301	2302
	2342	2381	2401	2521	2704	
九二四	0142	0201	0342	0404	0741	0842
	0942	1041	1141	1441	1501	1506
	1587	1701	1913⊗	2301	2601	2704
九二五	0301					
九二六	0141	0142	2301			
九二七	0101					
九二八	0243					
九二九	0141	0198	2701			
九三〇	0101	0161	0102	0163⊗	0201	0241
	0841⊗	1601	2001			
九三一	2501					
九三二	1701					
九三三	0102	0241	2301			

表十八

書名編號	收藏單位代號					
九三四	0142	2242	2301	2343		
九三五	0142	0161	0163	0201	2301	
九三六	0902					
九三七	0163	0242	0291			
九三八	2301					
九三九	0101					
九四〇	0101					
九四一	1601					
九四二	1701					
九四三	2941					
九四四	0101					
九四五	0201					
九四六	0101					
九四七	0201					
九四八	1601					
九四九	1605					
九五〇	2301					
九五一	1701					
九五二	0101⊗	0161⊗	0201			
九五三	1601					
九五四	0101					
九五五	0201					
九五六	1601					
九五七	0241	0541				
九五八	0101	0141	0150	0161	0163	0201
	0241	1701	1705	2401	2701	2702
九五九	0201					
九六〇	1601					
九六一	0101	0181	0201	0291	1741	
九六二	0161					
九六三	0101⊗	0201	0582⊗	1606		
九六四	0101⊗	0102	0141	0143	0161	0163
	0164	0181⊗	0201	1581⊗	1605	1901
	2201	2301	2702			

書名編號	收藏單位代號					
九六五	0141	0145⊗	0161	0201	0703	0841⊗
	0842⊗	1601	1605	1705⊗	2201⊗	2203⊗
	2301					
九六六	0101	0141	0142	0150	0161	0291
	0301	1501	1601	1605	1881	2041
	2401	2702				
九六七	0141					
九六八	0161	0201				
九六九	0141	0161	0164	0741	2042⊗	2301⊗
九七〇	0101	0301	1541			
九七一	1601					
九七二	1601	2401⊗				
九七三	0101	0201				
九七四	1701					
九七五	0101					
九七六	1843					
九七七	0143	0301				
九七八	0102	1981				
九七九	0201					
九八〇	0144					
九八一	0141					
九八二	0101					
九八三	2301					
九八四	0101	0141	0146	0701	1605	1641
	2041	2301				
九八五	1601					
九八六	0161					
九八七	0102	0142	0241⊗	2381		
九八八	0101	0141	0841⊗	1705⊗		
九八九	0102	0141	0161⊗	0163	0201	0242
	0291	0520	0801	0841	0842	0844
	1241	1562⊗	1601	1605	1701⊗	2041⊗
	2201	2701⊗				
九九〇	0161					
九九一	0144	0145⊗	0163	0301	0641	1601

表一九

書名編號	收藏單位代號					
九九二	0102	0141	0201⊗	0842	1101	1541
	1581	1601	1688	2745		
九九三	0141	2541				
九九四	0101					
九九五	0101					
九九六	1601					
九九七	1622	1901				
九九八	0161					
九九九	0141	0142	0241	1601	1606	
一〇〇〇	0101	0141	0161	0201	0301	1601
	1705	2541				
一〇〇一	0201					
一〇〇二	0101	[illegible]	0141	0143	0145⊗	0150
	0161	[illegible]	[illegible]	0703	1601	2702
一〇〇三	1641	[illegible]				
一〇〇四	0142					
一〇〇五	2441					
一〇〇六	0141	0142	0143	0144	0146	0161
	0241	0242	0243	0641	0741	0842
	1144	[illegible]	1501	1528	1541	1542
	1601	1606	1622	1629	1641	1658
	1705	1701	2001	2041	2242	2261
	2301	2401	2441	2461	2501	2541
	2701⊗	2702	2742	2745		
一〇〇七	0141	0144	0161	0201	0301	1501
	1701					
一〇〇八	0101	1605				
一〇〇九	0141	0161	0201	0301	0703	1101⊗
	1141	1641				
一〇一〇	0201					
一〇一一	0102	0141	0143	0144	0145	0201
	0241	0301	0841	0941	1091	1606
	1701	1705	1881	2041	2042	2201
	2261	2941				
一〇一二	0142	0161	0701	0841		

書名編號	收藏單位代號					
一〇一三	0141					
一〇一四	0242	0501	1601	2041		
一〇一五	1601	2042				
一〇一六	0841					
一〇一七	0101					
一〇一八	0101	2541⊗				
一〇一九	0101					
一〇二〇	0142	0161	0201	0242	[illegible]	2401
	2501	2701	2941			
一〇二一	1705					
一〇二二	0101					
一〇二三	0201					
一〇二四	1701					
一〇二五	2401					
一〇二六	1701					
一〇二七	1705					
一〇二八	1701					
一〇二九	0142	0151	0166	0201	0520	0542
	1747	1803	2001	2042	[illegible]	2701
一〇三〇	0201					
一〇三一	0101					
一〇三二	1705					
一〇三三	0101⊗	1614	1716⊗	2701⊗	2911⊗	
一〇三四	0142	2161				
一〇三五	0161	0301	1715			
一〇三六	0101	0141	0142	0146	[illegible]	2241
	0242	0520	0542	0741	1141	1501
	1601	1628	2001	2043	2541	2544
一〇三七	0164					
一〇三八	0102					
一〇三九	2301					
一〇四〇	0141⊗					
一〇四一	0201	0241	0591⊗	1601		
一〇四二	0201					

表二〇

書名編號	收藏單位代號					
一〇四三	0141⊗	0161	0541⊗	1001	1601	2201⊗
一〇四四	0201					
一〇四五	2201	2541				
一〇四六	0163	0842	2301⊗			
一〇四七	0842⊗	2702				
一〇四八	0181					
一〇四九	1601	1881				
一〇五〇	0701					
一〇五一	0102					
一〇五二	0201					
一〇五三	0141					
一〇五四	0201					
一〇五五	1601					
一〇五六	0101					
一〇五七	0163					
一〇五八	1601	2702				
一〇五九	0141					
一〇六〇	2702					
一〇六一	0151					
一〇六二	0141	0142	1041	1701	1710⊗	
一〇六三	0842	[illegible]				
一〇六四	0143	0151	0591	0842	1101	1542
	1601	1615	1688	1701⊗	1705	1801
	1841	2702⊗				
一〇六五	0141					
一〇六六	0144	2301				
一〇六七	0142	2541	2701			
一〇六八	1506					
一〇六九	0141					
一〇七〇	0141	0145	0301	0542	0842	1441
	1541	1603	1705	1881	2041	
一〇七一	0842	1843	2702			
一〇七二	0141					

書名編號	收藏單位代號					
一〇七三	0301	2301	2501			
一〇七四	0841					
一〇七五	0161	1601	2201			
一〇七六	0143	0201	0242	0301	0341	1441
	1606	1701	1741	1801	1843	2702
	2842					
一〇七七	0144	0182				
一〇七八	2541					
一〇七九	0841	1601	1701			
一〇八〇	0141	0301⊗	0701⊗	1001		
一〇八一	1601					
一〇八二	0101					
一〇八三	0141	1682				
一〇八四	1541	2201⊗				
一〇八五	0101⊗	0141	0145	0201⊗		
一〇八六	0161					
一〇八七	1881⊗	2302				
一〇八八	0161	2541				
一〇八九	0101	1101	1601			
一〇九〇	0141	0842	1801⊗			
一〇九一	0842					
一〇九二	0802					
一〇九三	0241	0601	0842	0601		
一〇九四	0291	1881	2541	2702		
一〇九五	0201	0241	0841	1082	1601	2041
	2750					
一〇九六	0143					
一〇九七	0201	0341	2241	2541	2742	
一〇九八	2201					
一〇九九	0141					
一一〇〇	1601	1702				
一一〇一	0161					
一一〇二	1542					

書名編號	收藏單位代號
一一〇三	0101⊗ 0142
一一〇四	0242 1701 1843 2301
一一〇五	0163
一一〇六	0842
一一〇七	1843
一一〇八	0144⊗ 0161⊗ 0642⊗
一一〇九	1801
一一一〇	0141 0143 0161 0163⊗ 1701 2001 2701
一一一一	2702
一一一二	0102 0141 0142 2461
一一一三	0145 0161 1101 1701 1710 2042 2322⊗
一一一四	0142 0201 0242 0642 1001 1541 2541 2702
一一一五	1541
一一一六	0101
一一一七	0141
一一一八	0141 0142 0241 0641 0903 2301 2701
一一一九	0101
一一二〇	2301
一一二一	1042
一一二二	0241
一一二三	0101 0141 0143 0241 0842 1701 1881 2001⊗ 2203⊗
一一二四	2702
一一二五	1605
一一二六	0201
一一二七	0101
一一二八	0201⊗ 0841⊗
一一二九	0102 0141 0143 0144 0161 0164 0201 0301 0703 1601 2001 2201 2541⊗ 2603 2702

書名編號	收藏單位代號
一一三〇	0101 0102 0141 0145 0161 0242 0601 1881 2441
一一三一	0161
一一三二	0161 1501
一一三三	1606
一一三四	0101
一一三五	1201
一一三六	0141
一一三七	0141
一一三八	0441
一一三九	0141 0198
一一四〇	0144
一一四一	0141
一一四二	1702
一一四三	0144
一一四四	0141
一一四五	0141
一一四六	0181
一一四七	0842
一一四八	0101
一一四九	0101⊗ 0141 0842⊗ 2541
一一五〇	0801⊗ 0841
一一五一	0141
一一五二	0841
一一五三	0141 0142 1606⊗
一一五四	0301
一一五五	1615
一一五六	0164
一一五七	1881
一一五八	0141
一一五九	2201
一一六〇	0101 0181 1606
一一六一	0101

表二十一

書名編號	收藏單位代號
一一六二	1705
一一六三	0242
一一六四	0301
一一六五	0701
一一六六	1501
一一六七	0161 0701 1501⊗
一一六八	1701
一一六九	0141
一一七〇	0141 0143 0161 1881 2541
一一七一	0101
一一七二	1881
一一七三	0161
一一七四	0201
一一七五	0163
一一七六	0161⊗
一一七七	0201
一一七八	0181
一一七九	0181
一一八〇	0141
一一八一	0181 0701 0703⊗ 2301
一一八二	0181
一一八三	0101
一一八四	0143 1787
一一八五	0141 0181 0801 0841 1101 1601 1606 1701 1881 2541
一一八六	0101 0141 0144 0163⊗ 0198 0703 1701 1741
一一八七	0141
一一八八	0201
一一八九	0201
一一九〇	0201
一一九一	0201

書名編號	收藏單位代號
一一九二	0101 1601
一一九三	0101
一一九四	0101
一一九五	1641
一一九六	0241
一一九七	0101
一一九八	0141
一一九九	1601
一二〇〇	1881
一二〇一	1605
一二〇二	0101
一二〇三	0101
一二〇四	0101
一二〇五	0101 0201
一二〇六	1601
一二〇七	0141 0144 0161
一二〇八	0101
一二〇九	0101 1601 2201
一二一〇	0201
一二一一	0144 0505 0520 1501
一二一二	0161
一二一三	0443 0542 1142
一二一四	2941
一二一五	0101
一二一六	0101
一二一七	0101
一二一八	1601
一二一九	0301
一二二〇	0703
一二二一	0181 0701
一二二二	0181 0701
一二二三	0201
一二二四	0161
一二二五	0101 2401

表二十二

書名編號	收藏單位代號
一二二六	0163
一二二七	0142 0242 0301 0525 0941 1601⊗ 2041 2541 2701 2712 2901
一二二八	0142
一二二九	0241
一二三〇	2242
一二三一	0141 0144⊗
一二三二	0101
一二三三	0101
一二三四	0101
一二三五	0141
一二三六	0101
一二三七	0101
一二三八	0101
一二三九	1701
一二四〇	0842
一二四一	0101
一二四二	0101 0201 0703⊗ 0841
一二四三	0141
一二四四	0301 0841 2401
一二四五	0142 0201
一二四六	0161
一二四七	0198 1601 2701
一二四八	0101
一二四九	0101
一二五〇	0143⊗ 0161⊗ 0163 0164⊗ 1601 1901⊗ 2701⊗
一二五一	0101 0198 0520 2301
一二五二	0163
一二五三	0520
一二五四	0163 1601
一二五五	0701
一二五六	0141

書名編號	收藏單位代號
一二五七	2301
一二五八	0101
一二五九	0161
一二六〇	0201 2206⊗
一二六一	0101 0141 0201 1605
一二六二	0161⊗ 0201
一二六三	1501
一二六四	1581
一二六五	0142 0150 0198 0301 0342 0502 0641 0701 0803 0941 0942 1142 1301 1441 1461 1506 1542 1544 1642 1795 2001 2042 2043 2201 2202 2206 2302 2341 2342 2366 2401 2461 2541 2543 2642 2702 2750
一二六六	0161
一二六七	0198
一二六八	0101
一二六九	0161⊗ 0201 0301 2301 [illegible]
一二七〇	0101 0163⊗
一二七一	0101 0141 0201⊗ 2401⊗
一二七二	0101
一二七三	0163
一二七四	0161⊗ 1601
一二七五	0101 0201
一二七六	0161
一二七七	0163 0201⊗
一二七八	0101 1501⊗
一二七九	1601 2301
一二八〇	0161⊗ 1601 2220⊗
一二八一	0143 0161 0198 0201 0301 [illegible]
一二八二	0201⊗ 0301⊗ 2301⊗
一二八三	0161
一二八四	0141 0142 0146 0166 0193 0243

表二三

書名編號	收藏單位代號
	0301 0341 0342 0641 0861 0901 0942 1461 1501 1601 1615 1617 1621 1633 1943 2001 2041 2042 2301 2461 2501 2742
一二八五	0161
一二八六	0144 1801 2342
一二八七	2401
一二八八	1601
一二八九	0841
一二九〇	0141 0142 2542
一二九一	0143⊗ 2301
一二九二	2301
一二九三	2042
一二九四	2301
一二九五	0161 0163 1619 1701 1710 2461
一二九六	0163
一二九七	0161
一二九八	0142
一二九九	0101
一三〇〇	0201
一三〇一	1601
一三〇二	0241
一三〇三	0241
一三〇四	1902 2501
一三〇五	0141 0142 2001 2301 2302
一三〇六	1808 1891
一三〇七	0141 0143 0242 0601 0701 0801 0941 0942 1461 2542
一三〇八	0141 0142 0143 0241 0501 2301
一三〇九	0142 0143 0502 0541 0701 0803 0901 1401 1882 2041 2042 2206 2242 2301 2542 2601
一三一〇	0161
一三一一	0145

書名編號	收藏單位代號
一三一二	0101⊗ 0142 1901⊗
一三一三	0701 2583
一三一四	0143 0144 2301
一三一五	0142
一三一六	0142⊗ 0942⊙ 1042⊗ 1701⊗
一三一七	0141
一三一八	0101
一三一九	1710
一三二〇	0241
一三二一	0701
一三二二	1701
一三二三	0193
一三二四	1701
一三二五	1701
一三二六	0241
一三二七	1601
一三二八	1601
一三二九	0301
一三三〇	0161 0144 2001
一三三一	0101 0201 0201 0243 [illegible]
一三三二	1741
一三三三	0701
一三三四	0701
一三三五	1701
一三三六	0101
一三三七	0163
一三三八	0101
一三三九	0101 2041⊗
一三四〇	0201
一三四一	0803
一三四二	0101
一三四三	0701
一三四四	0241
一三四五	1616
一三四六	0101

表二四

書名編號	收藏單位代號					
一三四七	0101					
一三四八	2301					
一三四九	2301					
一三五〇	0201					
一三五一	0201					
一三五二	0101					
一三五三	1581					
一三五四	0101					
一三五五	0101					
一三五六	0101					
一三五七	0101	1042⊗	1601			
一三五八	1705					
一三五九	0101					
一三六〇	0201					
一三六一	0101					
一三六二	0163					
一三六三	1701					
一三六四	0101	0201	1601			
一三六五	0101					
一三六六	0101	2501				
一三六七	0101	0163				
一三六八	0101					
一三六九	0101					
一三七〇	0101					
一三七一	0101					
一三七二	0101	1601	1881			
一三七三	0201					
一三七四	0101	0142	0173	0201	0242	1301
	1601	2301				
一三七五	0101					
一三七六	2301					
一三七七	2301					
一三七八	0163					
一三七九	0198					
一三八〇	0701					

卷二五

書名編號	收藏單位代號					
一三八一	0201					
一三八二	2501					
一三八三	2042					
一三八四	0101	0241	1601	1881	2041	2702
一三八五	0101					
一三八六	0101	0143	0150	0201		
一三八七	0101					
一三八八	0101					
一三八九	0201					
一三九〇	0201					
一三九一	0143					
一三九二	0201					
一三九三	2001					
一三九四	0181	0301	0701			
一三九五	0241					
一三九六	0182					
一三九七	2501					
一三九八	0181					
一三九九	0101⊗	0142				
一四〇〇	0101	0143	0163	1601	2001	2542
	2702					
一四〇一	0163					
一四〇二	0150	0181	0198	0201	0301	0542
	0701	0801	0842	1801	2541	
一四〇三	0101	0102	0141⊗	0142	0143	0163
	0198	0201	0501	0841	0901⊗	1301
	1605	1653	1686	1791	1881	2041
	2301					
一四〇四	0781					
一四〇五	0241					
一四〇六	0181					
一四〇七	0101					
一四〇八	0201					
一四〇九	0201					

書名編號	收藏單位代號					
一四一〇	0903					
一四一一	0141					
一四一二	0101					
一四一三	0201					
一四一四	1601					
一四一五	2041					
一四一六	0150					
一四一七	0101					
一四一八	0102	2301				
一四一九	0101					
一四二〇	2301					
一四二一	2301					
一四二二	1601					
一四二三	0101					
一四二四	0142					
一四二五	0101					
一四二六	2301					
一四二七	0163					
一四二八	0181					
一四二九	0101					
一四三〇	1501					
一四三一	0101					
一四三二	0161					
一四三三	0101					
一四三四	0101					
一四三五	0201					
一四三六	1601					
一四三七	0301					
一四三八	0198					
一四三九	0144	0181	0197	0405	0701	
一四四〇	0181	0197				
一四四一	0102	0143	0342	1881	2001	2042
	2301	2561	2583	2602	2842	
一四四二	0241					

卷二六

書名編號	收藏單位代號					
一四四三	1701					
一四四四	2501					
一四四五	1801					
一四四六	0101	1601				
一四四七	0101	0141				
一四四八	0101					
一四四九	0141					
一四五〇	1702					
一四五一	0142					
一四五二	0241					
一四五三	2002					
一四五四	0101					
一四五五	0101					
一四五六	0201					
一四五七	0101					
一四五八	0241					
一四五九	2001					
一四六〇	1701					
一四六一	1701					
一四六二	1601					
一四六三	1702					
一四六四	0241					
一四六五	0341					
一四六六	0201					
一四六七	0101					
一四六八	0150					
一四六九	0181					
一四七〇	0201					
一四七一	0161					
一四七二	0145					
一四七三	1792					
一四七四	0101					
一四七五	0201					

書名編號	收藏單位代號					
一四七六	0101					
一四七七	0101					
一四七八	0101					
一四七九	1601					
一四八〇	0101					
一四八一	1501					
一四八二	0201					
一四八三	1701					
一四八四	2301					
一四八五	1605					
一四八六	0201					
一四八七	0141					
一四八八	0501					
一四八九	0101					
一四九〇	0101					
一四九一	1501					
一四九二	0141					
一四九三	1646					
一四九四	0241					
一四九五	2401					
一四九六	0101	0181	0201	2041		
一四九七	0101	0161	0841			
一四九八	0101	1919				
一四九九	0101					
一五〇〇	1601					
一五〇一	1601					
一五〇二	0142	0201				
一五〇三	0101	0301				
一五〇四	1701					
一五〇五	2315					
一五〇六	1912					
一五〇七	2003					
一五〇八	0162	0706	0901	2301	2542	2603

卷十七

書名編號	收藏單位代號				
	2703				
一五〇九	0142				
一五一〇	2301				
一五一一	1705				
一五一二	0101				
一五一三	0101				
一五一四	2401				
一五一五	1605				
一五一六	1701				
一五一七	0145				
一五一八	0101				
一五一九	0201				
一五二〇	0101				
一五二一	0201				
一五二二	1501				
一五二三	0141				
一五二四	0201				
一五二五	0201				
一五二六	1501				
一五二七	2001				
一五二八	0141	0201⊗	2502⊗	2541⊗	2542
一五二九	0143				
一五三〇	0141				
一五三一	0141	0161⊗	0701	2401⊗	
一五三二	0241				
一五三三	0242	0510			
一五三四	0141	2042			
一五三五	0141				
一五三六	0142				
一五三七	0141⊗	0142	0601	2542	
一五三八	2042				
一五三九	0142				
一五四〇	0101				

書名編號	收藏單位代號
一五四一	0101
一五四二	0101
一五四三	0101
一五四四	0101
一五四五	0101
一五四六	0101
一五四七	0101
一五四八	0101
一五四九	0101
一五五〇	0101
一五五一	0101
一五五二	0101
一五五三	0101
一五五四	0101
一五五五	0101
一五五六	0101
一五五七	0101
一五五八	1601
一五五九	0161
一五六〇	0141
一五六一	0101
一五六二	0101
一五六三	0101
一五六四	0101
一五六五	0101
一五六六	0101
一五六七	0161
一五六八	2301

卷十八

集部　詩文評

一　文心雕龍十卷　梁劉勰撰　元至正十五年刻明修本　十行二十字細黑口左右雙邊　有刻工

二　文心雕龍十卷　梁劉勰撰　明弘治十七年馮允中刻本　十行十八字細黑口　無刻工

三　文心雕龍十卷　梁劉勰撰　明嘉靖十九年汪一元刻本　十行二十字白口四周單邊　間有左右雙邊

四　文心雕龍十卷　梁劉勰撰　明嘉靖十九年汪一元刻本　清吳翌鳳校並錄馮舒校跋　張紹仁校　丁丙跋

五　文心雕龍十卷　梁劉勰撰　明嘉靖十九年汪一元刻本　清褚德儀校

六　文心雕龍十卷　梁劉勰撰　明嘉靖二十二年佘誨刻本　十行二十字白口左右雙邊

七　文心雕龍十卷　梁劉勰撰　明嘉靖二十二年佘誨刻本　明朱文相陳紹祉跋

八　文心雕龍十卷　梁劉勰撰　明嘉靖二十二年佘誨刻本　傅增湘錄明徐𤊹校

九　文心雕龍十卷　梁劉勰撰　明刻本　十行二十字白口左右雙邊

一〇　文心雕龍十卷　梁劉勰撰　明隆慶三年晉藩三畏堂刻本　清觀河老人錄明錢允治清馮班校跋

一一　文心雕龍十卷　梁劉勰撰　明萬曆七年張之象刻本　十行十九字白口左右雙邊

一二　文心雕龍十卷　梁劉勰撰　明萬曆七年張之象刻本　清徐渭仁校

一三　文心雕龍十卷　梁劉勰撰　明萬曆八年刻本　九行二十字白口左右雙邊　有刻工

一四　文心雕龍十卷　梁劉勰撰　明刻本　九行二十字白口左右雙邊

一五　文心雕龍十卷　梁劉勰撰　明萬曆十年原一魁刻兩京遺編本　清姚培謙校並跋　九行十七字白口四周單邊

一六　文心雕龍十卷　梁劉勰撰　明萬曆十年原一魁刻兩京遺編本　清常熙批校

一七　文心雕龍十卷　梁劉勰撰　明天啟七年謝恒抄本　清馮舒校並跋　九行二十字黑口四周單邊

一八　文心雕龍十卷　梁劉勰撰　清初馮班抄本　清馮班跋並錄錢允治跋　九行二十字黑口左右雙邊

一九　楊升菴先生批點文心雕龍十卷　梁劉勰撰　明楊慎批點　明梅慶生音註　明萬曆三十七年梅慶生刻本　九行十八字小字雙行同白口左右雙邊

二〇　楊升菴先生批點文心雕龍十卷　梁劉勰撰　明楊慎批點　明梅慶生音註　明萬曆三十七年梅慶生刻本　荀暗溪錄清顧廣圻及譚獻批校

二一　楊升菴先生批點文心雕龍十卷　梁劉勰撰　明楊慎批點　明梅慶生音註　明萬曆三十七年梅慶生刻天啟二年重修本

二二　楊升菴先生批點文心雕龍十卷　梁劉勰撰　明楊慎批點　明梅慶生音註　明萬曆三十七年梅慶生刻天啟二年重修本　清沈巖錄何焯校跋

二三　楊升菴先生批點文心雕龍十卷　梁劉勰撰　明楊慎批點　明梅慶生音註　明萬曆三十七年梅慶生刻天啟二年重修本　清胡虔偶校

二四　楊升菴先生批點文心雕龍十卷　梁劉勰撰　明楊慎批點　明梅慶生音註　明萬曆三十七年梅慶生刻天啟二年重修本　傅增湘校並跋

二五　楊升菴先生批點文心雕龍十卷　梁劉勰撰　明楊慎批點　明梅慶生音註　明萬曆三十七年梅慶生刻天啟二年重修陳長卿印本

二六　楊升菴先生批點文心雕龍十卷　梁劉勰撰　明楊慎批點　明梅慶生音註　明萬曆三十七年梅慶生刻天啟二年重修金陵聚錦堂印本

二七　楊升菴先生批點文心雕龍十卷　梁劉勰撰　明楊慎批點　梅慶生註　明天啟六年刻本　九行十八字白口四周單邊

二八　劉子文心雕龍二卷　梁劉勰撰　明楊慎曹學佺等批點　註二卷　明梅慶生撰　明閔繩初刻五色套印本　九行十九字小字雙行同白口四周單邊無直格眉上鐫評

二九　文心雕龍十卷　梁劉勰撰　明楊慎曹學佺評　明刻本　九行二十字白口四周單邊眉上鐫評

三〇　合刻五家言文心雕龍文言十卷　梁劉勰撰　明楊慎曹學佺鍾惺評　明末刻合刻五家言本　佚名錄明錢允治跋　九行二十字白口四周單邊

三一　文心雕龍十卷　梁劉勰撰　明梅慶生音註　鍾惺評　明刻本　九行二十字小字雙行同白口四周單邊

三二　文心雕龍訓故十卷　梁劉勰撰　明王惟儉訓故　明萬曆三十九年自刻本　十行二十字白口四周單邊

三三　文心雕龍訓故十卷　梁劉勰撰　明王惟儉訓故　明刻本　九行十八字白口四周單邊

三四　文心雕龍十卷　梁劉勰撰　清黃叔琳輯注　清乾隆六年黃氏養素堂刻本　九行十九字白口左右雙邊　版心下鐫養素堂

三五　文心雕龍十卷　梁劉勰撰　清黃叔琳輯注　清乾隆六年黃氏養素堂刻本　清陳鱣校並跋

三六　文心雕龍十卷　梁劉勰撰　清黃叔琳輯注　清乾隆六年黃氏養素堂刻本　清孫詒讓跋並清人錄黃丕烈顧廣圻批校

三七　文心雕龍十卷　梁劉勰撰　清黃叔琳輯注　清乾隆六年黃氏養素堂刻本　清陳澧批校

三八　文心雕龍十卷　梁劉勰撰　清黃叔琳輯注　清乾隆六年黃氏養素堂刻本　清吳騫孫錄諸家批校

三九　文心雕龍十卷　梁劉勰撰　清黃叔琳輯注　清乾隆六年黃氏養素堂刻本　王文燾錄諸家校並跋

四〇　文心雕龍十卷　梁劉勰撰　清黃叔琳輯注　清乾隆六年黃氏養素堂刻本　劉潘錄清馮舒黃丕烈顧廣圻及譚獻等人批校

四一　文心雕龍十卷　梁劉勰撰　清黃叔琳輯注　清乾隆六年黃氏養素堂刻本　邵章錄清顧廣圻及譚獻批校

四二　鍾嶸詩品三卷　梁鍾嶸撰　明沈氏繁露堂刻本　清張蓉鏡跋　十行十六字白口四周單邊　版心下鐫繁露堂雕

四三　鍾嶸詩品三卷　梁鍾嶸撰　明刻本　十行二十字白口左右雙邊

四四　詩品三卷　梁鍾嶸撰　明正德元年退翁書院抄本　清黃丕烈跋　十行十六字藍格白口四周單邊　版心下鐫退翁書院

四五　詩品三卷　梁鍾嶸撰　清香雪齋抄本　九行十八字藍格

四六　文章緣起一卷　梁任昉撰　明陳懋仁注　續文章緣起一卷　明陳懋仁撰　清抄本　清吳騫校

四七 樂府古題要解二卷 唐吳兢撰 明抄本 傅增湘跋 吳昌綬題詩 十行二十一字白口四周雙邊

四八 樂府古題要解二卷 唐吳兢撰 清抄本 清朱玟跋 十一行二十一字黑格

四九 詩式五卷 唐釋皎然撰 明抄本 明毛晉校 十行十八字無格

五〇 詩式五卷 唐釋皎然撰 清抄本 十一行二十字白口左右雙邊

五一 詩式五卷 唐釋皎然撰 清抄本 九行二十或二十一字小字雙行同無格

五二 詩式五卷 唐釋皎然撰 清抄本

五三 主客圖一卷 唐張為撰 清鮑昀輯 清嘉慶五年鄭寶樹抄本 九行二十一字小字雙行同白口四周單邊

五四 本事詩一卷 唐孟棨撰 明吳琯刻增定古今逸史本 吳闓生校並跋 十行二十字白口左右雙邊

五五 本事詩一卷 唐孟棨撰 清抄本 十一行二十字白口左右雙邊

五六 詩話八種八卷 明弘治刻本 十行二十字黑口四周雙邊
劉貢父詩話一卷 宋劉攽撰 六一居士詩話一卷 宋歐陽修撰
司馬溫公詩話一卷 宋司馬光撰 後山居士詩話一卷 題宋陳師道撰
東萊呂紫微詩話一卷 宋呂本中撰 竹坡老人詩話一卷 宋周紫芝撰
許彥周詩話一卷 宋許顗撰 張表臣詩話一卷 宋張表臣撰

五七 東坡先生詩話一卷 宋蘇軾撰 明抄本 李盛鐸跋 九行二十字藍格白口四周單邊

五八 東坡文談錄一卷東坡詩話錄三卷 元陳秀民輯 清抄本 清吳騫跋

五九 東坡詩話不分卷 清潘世恩輯 稿本 九行行約十八字

半

六〇 後山居士詩話一卷 題宋陳師道撰 明萬曆商濬刻稗海本 傅增湘校並跋 九行二十字白口四周單邊或四周雙邊

六一 石門洪覺範天廚禁臠三卷 宋釋惠洪撰 明活字印本 九行十八字白口

六二 石門洪覺範天廚禁臠三卷 宋釋惠洪撰 明抄本 九行十八字紅格白口四周單邊

六三 臨漢隱居詩話一卷 宋魏泰撰 清抄本 清盧文弨校並跋 十一行二十一字黑格白口四周雙邊

六四 歷代吟譜八卷 宋蔡傳撰 明抄本 十行二十五字藍格白口四周單邊

六五 優古堂詩話一卷 宋吳幵撰 明抄本 九行二十二至二十四字藍格白口四周單邊

六六 優古堂詩話一卷 宋吳幵撰 明抄本 清陳鱣 蔣因培 錢天樹 黃丕烈 顧莼 程恩澤 陶廷杰 張爾旦及李盛鐸跋 十一行二十字無格

六七 優古堂詩話一卷 宋吳幵撰 清抄本 清鮑廷博校 章懷新鳳藻跋 九行二十五字無格

六八 優古堂詩話一卷 宋吳幵撰 清抄本 十行二十字無格

六九 優古堂詩話一卷 宋吳幵撰 清嘉慶四年顧修刻讀畫齋叢書本 傅增湘校並錄明袁表題識 九行二十一字黑口左右雙邊

七〇 王公四六話二卷 宋王銍撰 宋刻百川學海本 十二行二十字細黑口左右雙邊

七一 王公四六話二卷 宋王銍撰 清靈谷山堂抄本 十一行二十一字白口左右雙邊版心下鐫靈谷山堂

七二 王公四六話二卷 宋王銍撰 清黃氏醉經樓抄本 清丁丙跋

七三 葉先生詩話三卷 宋葉夢得撰 元陳仁子刻本 十行十七字黑口左右雙邊

七四 葉先生詩話三卷 宋葉夢得撰 清影元抄本 清葉廷琯校 十行十七字白口左右雙邊

七五 葉先生詩話三卷 宋葉夢得撰 清抄本 十行十七字白口左右雙邊

七六 石林詩話三卷 宋葉夢得撰 附錄一卷 清葉廷琯輯 清道光二十四年葉名澧等刻本 清葉廷琯校並跋 九行二十字白口左右雙邊

七七 葉夢得詩話三卷 宋葉夢得撰 影元抄本 葉德輝跋 十行十七字無格

七八 增修詩話總龜四十八卷後集五十卷 宋阮閱輯 明嘉靖二十四年月窗道人刻本 十一行二十二字白口四周單邊

七九 增修詩話總龜四十八卷後集五十卷 宋阮閱輯 明嘉靖二十四年月窗道人刻本 清丁丙跋

八〇 增修詩話總龜四十八卷後集五十卷 宋阮閱輯 明嘉靖二十四年月窗道人刻本 傅增湘校補並跋

八一 增修詩話總龜前集四十八卷後集五十卷 宋阮閱輯 清抄本 佚名增訂並評點 十一行二十二字白口四周單邊

八二 增修詩話總龜五十卷後集五十卷 宋阮閱輯 明抄本 清丁丙跋

八三 增修詩話總龜前集五十卷後集五十卷 宋阮閱輯 明抄本 莫棠跋 九行十七至二十一字無格

中

八四 增修詩話總龜前集五十卷後集五十卷 宋阮閱輯 清抄本 九行十八或十九字無格

八五 增修詩話總龜十二卷 清初抄本

八六 珊瑚鉤詩話三卷 宋張表臣撰 明抄本 十二行十九二十字不等白口四周單邊

八七 歲寒堂詩話一卷 宋張戒撰 明正德十二年俞弁抄本 八行十八字黑格

八八 歲寒堂詩話一卷 宋張戒撰 清抄本 九行二十四字無格

八九 歲寒堂詩話一卷 宋張戒撰 清咸豐九年韓應陛抄本 清韓應陛跋 九行十八字無格

九〇 唐詩紀事八十一卷 宋計有功撰 明嘉靖二十四年張子立刻本 十行二十一字白口四周單邊

九一 唐詩紀事八十一卷 宋計有功撰 明嘉靖二十四年洪楩清平山堂刻本 十行二十字白口四周單邊 孔天胤序版心上鐫清平山堂

九二 唐詩紀事八十一卷 宋計有功撰 明嘉靖二十四年洪楩清平山堂刻本（卷一至四、四十、五十至五十三配抄本）（四庫底本）

九三 唐詩紀事八十一卷 宋計有功撰 明嘉靖二十四年洪楩清平山堂刻本 清丁丙跋

九四 唐詩紀事八十一卷 宋計有功撰 明嘉靖二十四年洪楩清平山堂刻本 清[illegible]校

九五 唐詩紀事八十一卷 宋計有功撰 明崇禎五年毛氏汲古閣刻本 八行十九字白口左右雙邊版心下鐫汲古閣

九六 唐詩紀事八十一卷 宋計有功撰　明抄本　八行二十四字藍格白口、四周雙邊
存十八卷 一至十八

九七 陳學士吟窗雜錄五十卷 宋陳應行輯　明嘉靖二十七年崇文書堂刻本　十二行二十字白口、左右雙邊

九八 陳學士吟窗雜錄五十卷目錄三卷 宋陳應行輯　明抄本　十三行二十字無格

九九 歷代吟譜四卷 宋陳應行輯　清抄本　九行二十四字無格

一〇〇 藏海詩話一卷 宋吳可撰　清乾隆四庫全書館抄本　清丁丙跋

一〇一 韻語陽秋二十卷 宋葛立方撰　宋乾道二年刻本　十四行二十四字白口間有細黑口、左右雙邊

一〇二 韻語陽秋二十卷 宋葛立方撰　明正德二年葛諶刻本　十行二十字白口、左右雙邊間有四周雙邊

一〇三 韻語陽秋二十卷 宋葛立方撰　明正德二年葛諶刻本　清丁丙跋

一〇四 韻語陽秋二十卷 宋葛立方撰　明正德二年葛諶刻本　繆荃孫校

一〇五 韻語陽秋二十卷 宋葛立方撰　明正德二年葛諶刻本（卷一至三、五至七、十八至二十配抄本）　曹元忠跋

一〇六 碧溪詩話十卷 宋黃徹撰　清乾隆武英殿活字印聚珍版叢書本　清盧文弨批校　清丁丙跋

一〇七 碧溪詩話十卷 宋黃徹撰　清乾隆二十九年吳城抄本　九行二十一字白口、四周雙邊　吳城跋

一〇八 碧溪詩話十卷 宋黃徹撰　清抄本　十行二十字

一〇九 觀林詩話一卷 宋吳聿撰　明抄本（四庫底本）　清丁丙跋

一一〇 文錄一卷 題宋强行父撰　清曹球抄本　十行十八字無格

一一一 梃齋詩話一卷 宋曾季貍撰　明抄本　十行二十字無格

一一二 梃齋詩話一卷 宋曾季貍撰　清咸豐三年胡珽活字印琳琅祕室叢書本　佚名錄清勞格校　丁丙跋　九行二十一字黑口、四周單邊

一一三 四六談麈一卷 宋謝伋撰　清彭氏知聖道齋抄本　清彭元瑞批校　八行十九字白口、四周雙邊

一一四 四六談麈一卷 宋謝伋撰　清蜜谷山堂抄本　十一行廿一字白口、左右雙邊，版心下鐫蜜谷山堂

一一五 四六談麈一卷 宋謝伋撰　清抄本　十行二十字或十九字，小字雙行同，無格

一一六 環溪詩話三卷 宋吳沆撰　明抄本　九行十七字無格

一一七 環溪詩話一卷 宋吳沆撰　清乾隆四庫全書館抄本　清丁丙跋

一一八 環溪詩話三卷 宋吳沆撰　清抄本　九行十七字無格

一一九 漁隱叢話前集六十卷 宋胡仔輯　宋刻本（卷一至十四配明抄本）　十三行二十三字白口、左右雙邊
存四十五卷 一至四十五

一二〇 漁隱叢話前集六十卷 宋胡仔輯　元翠巖精舍刻本　十三行二十三字細黑口、左右雙邊　傅增湘跋
存五十卷 一至五十

一二一 苕溪漁隱叢話後集四十卷 宋胡仔輯　宋刻本　十一行二十二字白口、左右雙邊
存三十八卷 一至六、九至四十

一二二 漁隱叢話前集六十卷後集四十卷 宋胡仔輯　明嘉靖七年柳渠抄本　九行十九至二十一字無格

一二三 漁隱叢話前集六十卷後集四十卷 宋胡仔輯　明抄本　十三行二十二字白口、四周單邊
存六十四卷 前集一至二十、三十一至六十　後集一至七、三十五至三十六

一二四 漁隱叢話前集六十卷後集四十卷 宋胡仔輯　清乾隆五年至六年楊佑啟耘經樓刻本　十三行二十一至二十三字不等黑口、左右雙邊

一二五 漁隱叢話前集六十卷後集四十卷 宋胡仔輯　清乾隆五年至六年楊佑啟耘經樓刻本　傅增湘校並跋

一二六 漁隱叢話前集六十卷後集四十卷 宋胡仔輯　清乾隆五年至六年楊佑啟耘經樓刻本　傅增湘校並跋

一二七 苕溪漁隱詩評叢話前集六十卷後集四十卷 宋胡仔輯　清呂氏南陽講習堂抄本　清王銑跋　十行二十五字無格

一二八 苕溪漁隱叢話前集六十卷後集四十卷 宋胡仔輯　清抄本　九行二十字黑格

一二九 漁隱叢話前集六十卷後集四十卷 宋胡仔輯　清抄本　九行十八字

一三〇 苕溪漁隱叢話前集六十卷後集四十卷 宋胡仔輯　清抄本

一三一 苕溪漁隱叢話前集六十卷後集四十卷 宋胡仔輯　清抄本　十行二十一字白口、無格
存八十三卷 前集全　後集一至八、二十六至四十

一三二 漁隱叢話六十卷後集四十卷 宋胡仔輯　清抄本　清佚名批校　九行十八字無格

一三三 漁隱叢話後集四十卷 宋胡仔輯　明抄本　九行十七字無格
存十六卷 一至十六

一三四 苕溪漁隱詩評叢話後集四十卷 宋胡仔輯　清抄本　九行二十一字白口、左右雙邊

一三五 文則一卷 宋陳騤撰　明成化刻本　十行十九字，小字雙行同，黑口、四周雙邊

一三六 文則一卷 宋陳騤撰　明成化刻弘治二年重修本　清黃丕烈跋　十行十九字

一三七 文則一卷 宋陳騤撰　明刻本　十行十九字黑口、四周雙邊

一三八 文則一卷 宋陳騤撰　明嘉靖二十七年趙瀛刻本　八行十六字白口、四周雙邊

一三九 文則一卷 宋陳騤撰　明[illegible]本暇刻本　九行十八字白口、四周單邊

一四〇 文則一卷 宋陳騤撰　明[illegible]刻本　清何焯批校圈點　八行十七字白口、左右雙邊

一一四一　文則一卷　宋陳騤撰　明汲古閣影元抄本　黃丕烈跋　十行十九字小字雙行同　黑口　四周雙邊
一一四二　楊誠齋詩話一卷　宋楊萬里撰　清抄本　十行二十字　無格
一一四三　誠齋詩話一卷　宋楊萬里撰　清星鳳閣趙之玉抄本　十行二十一字　黑格　上下黑口　左右雙邊　版心下鐫星鳳閣正本　胡某泉手抄
一一四四　全唐詩話三卷　題宋尤袤撰　明正德二年暴昇刻本　九行十七字　黑口　四周雙邊
一一四五　全唐詩話三卷　題宋尤袤撰　明正德十二年鮑繼文然養堂刻本　十行十八字　黑口　四周雙邊
一一四六　全唐詩話三卷　題宋尤袤撰　明正德十二年鮑繼文敬養堂刻本（卷下配清抄本）　清丁丙跋
一一四七　全唐詩話三卷　題宋尤袤撰　明刻藍印本　九行十八字　白口　左右雙邊
一一四八　全唐詩話六卷　題宋尤袤撰　明嘉靖二十二年王致王政刻本　九行十七字　白口　四周單邊
一一四九　全唐詩話六卷　題宋尤袤撰　明嘉靖三十二年張鶚翼伊蔚堂刻萬曆十七年張自憲重修本　九行十七字　白口　四周單邊　版心下鐫伊蔚堂
一一五〇　全唐詩話六卷　題宋尤袤撰　明萬曆三十六年沈儆炌刻藍印本　九行十七字　白口　四周雙邊
一一五一　全唐詩話六卷　題宋尤袤撰　明萬曆三十六年沈儆炌刻本
一一五二　全唐詩話六卷　題宋尤袤撰　明萬曆四十二年凌子□刻本　九行十九字　白口　四周單邊
一一五三　全唐詩話六卷　題宋尤袤撰　清乾隆十二年徐文上抄本　十行二十四字　無格
一一五四　全唐詩話八卷　題宋尤袤撰　清孫濤續輯　清乾隆三十九年孫濤清芬堂刻本　十行二十一字　白口　左右雙邊
一一五五　朱文公游藝至論二卷　宋朱熹撰　明余祐輯　明嘉靖刻本　十行二十二字　白口　四周雙邊
一一五六　朱文公游藝至論二卷　宋朱熹撰　明余祐輯　清康熙五十年張潛光刻本　十行十九字　黑口　左右雙邊
一一五七　晦庵先生詩話一卷　宋朱熹撰　沈繪輯　明抄本　九行二十一字　藍格　白口　四周單邊
一一五八　剡溪詩話一卷　宋高似孫撰　明正德十二年俞弁抄本　八行十八字　黑格
一一五九　剡溪詩話一卷　宋高似孫撰　清抄本　九行二十四字　無格
一一六〇　滄浪嚴先生詩談一卷　宋嚴羽撰　明萬曆刻本　八行十八字　白口　四周單邊
一一六一　娛書堂詩話二卷　宋趙與虤撰　清抄本　清鮑廷博校　九行二十五字　無格
一一六二　娛書堂詩話二卷　宋趙與虤撰　清抄本　清丁丙跋
一一六三　詩人玉屑二十卷　宋魏慶之輯　宋刻本　清周春跋　十一行二十一字　細黑口　左右雙邊　存四卷　四至七
一一六四　詩人玉屑二十卷　宋魏慶之輯　元刻本　十一行二十一字　細黑口　左右雙邊
一一六五　詩人玉屑二十卷　宋魏慶之輯　明嘉靖六年洪都潘仙刻本　十一行二十一字　細黑口　四周單邊
一一六六　詩人玉屑二十卷　宋魏慶之輯　明刻本　十一行二十一字　黑口　四周雙邊
一一六七　詩人玉屑二十卷　宋魏慶之輯　明刻本　十一行二十一字　黑口　四周雙邊　存十卷　一至十
一一六八　詩人玉屑二十卷　宋魏慶之輯　明汪元臣刻遞修本　十一行二十一字　白口　四周雙邊
一一六九　詩人玉屑二十卷　宋魏慶之輯　明謝天瑞刻本　十行二十二字　白口　四周單邊
一一七〇　詩人玉屑二十卷　宋魏慶之輯　明謝天瑞刻本　佚名批校　清丁丙跋
一一七一　詩人玉屑二十卷　宋魏慶之輯　明處順堂刻本　十一行二十一字　黑口　四周雙邊或白口　左右雙邊
一一七二　新刊古今錦繡詩人玉屑二十卷　宋魏慶之輯　明刻本　十二行十九字　黑口　四周雙邊
一一七三　詩人玉屑十卷補遺一卷　宋魏慶之輯　清刻本　十一行二十一字　黑口　四周雙邊
一一七四　後村詩話十四卷　宋劉克莊撰　明抄本　十行　白口　四周雙邊　存六卷　九至十四
一一七五　後村詩話十四卷　宋劉克莊撰　清抄本　清盧文弨校並跋　十一行二十一字　白口　四周雙邊　存七卷　三至九
一一七六　後村詩話前集二卷後集二卷續集四卷新集六卷　宋劉克莊撰　清抄本
一一七七　後村詩話八卷　宋劉克莊撰　明抄本　十行二十字　白口　四周單邊
一一七八　後村詩話四卷　宋劉克莊撰　清抄本　十行二十字
一一七九　後村詩話二卷　宋劉克莊撰　清抄本　清鮑廷博校　九行二十一字　無格
一一八〇　林下偶談四卷　宋吳子良撰　清抄本　清丁丙跋
一一八一　諸家老杜詩評五卷　宋方深道輯　明抄本　九行十六字　白口　四周單邊　存三卷　一至三
一一八二　諸家老杜詩評五卷　宋方深道輯　清抄本　九行二十字　無格
一一八三　懷古錄三卷　宋陳模撰　清抄本　傅增湘校並跋　十行二十二字　無格
一一八四　雲莊四六餘話一卷　宋楊囦道撰　宋刻本　十一行十九字　白口　四周雙邊
一一八五　深雪偶談一卷　宋方嶽撰　清曹炎抄本　十行十八字　無格
一一八六　深雪偶談一卷　宋方嶽撰　清抄本　十行十九字　無格
一一八七　太學新編黼藻文章百段錦二卷　宋方頤孫輯　明弘治刻本　十行二十字　黑口　四周雙邊
一一八八　文章百段錦二卷　宋方頤孫輯　明隆慶二年河間府刻本　十行二十字　白口　四周單邊
一一八九　黼藻文章百段錦三卷　宋方頤孫輯　明嘉靖元年方鉉刻本　十行十七字　黑口　左右雙邊
一一九〇　新刻古今名儒黼藻三場百段文錦五卷　宋方頤孫輯　明金陵書林唐廷瑞刻本　十行二十二字　白口　四周雙邊
一一九一　浩然齋雅談三卷　宋周密撰　清乾隆武英殿活字印武英殿聚珍版叢書本　清吳騫跋並錄盧文弨校　九行二十一字　白口　四周雙邊
一一九二　浩然齋雅談三卷　宋周密撰　清乾隆浙江刻武英殿聚珍版叢書本　清盧文弨校　[illegible]校　九行二十一字　白口　左右雙邊

一九九三 浩然齋雅談三卷 宋周密撰 清乾隆浙江刻武英殿聚珍版叢書本 清盧文弨校 丁丙跋

一九九四 浩然齋雅談三卷 宋周密撰 清同治江西書局刻聚珍版叢書本 清李慈銘批校 九行二十一字白口左右雙邊

一九九五 對牀夜語五卷 宋范晞文撰 明祁氏淡生堂抄本 明祁承㸁跋 清張紱藩校 丁丙跋 十行二十字

一九九六 對牀夜語五卷 宋范晞文撰 清乾隆盧文弨抄本 清盧文弨校並跋 嚴元照 丁丙跋

一九九七 對牀夜語五卷 宋范晞文撰 清抄本 清吳壽暘校並錄鮑廷博跋 十行十八字無格

一九九八 對牀夜話五卷 宋范晞文撰 清乾隆十八年曹炎抄本 清曹炎跋 十一行二十八或二十九字白口左右雙邊

一九九九 對牀夜話五卷 宋范晞文撰 清抄本 十行十八字無格

二〇〇〇 對牀夜話五卷 宋范晞文撰 清道光十一年六安晁氏活字印學海類編本 傅增湘校跋並錄清黃丕烈題識 九行二十一字白口左右雙邊

二〇〇一 梅磵詩話三卷 宋韋居安撰 明嘉靖二十七年萬會抄本 明袁袠、清蕭應陛跋 明顧飛卿批並跋 十行二十字

二〇〇二 梅磵詩話三卷 宋韋居安撰 明抄本 十行二十字無格

二〇〇三 梅磵詩話三卷 宋韋居安撰 清雍正十一年厲鶚家抄本 清厲鶚、翁方綱跋 王昶 王芑孫 何道生題款 九行二十字無格

二〇〇四 梅磵詩話三卷 宋韋居安撰 清抄本 十一行二十四字無格

二〇〇五 梅磵詩話三卷 宋韋居安撰 清嘉慶四年顧修刻讀畫齋叢書本 傅增湘跋 周叔弢校跋並錄明顧飛卿、袁表題識 九行二十一字黑口左右雙邊

二〇〇六 梅磵詩話三卷 宋韋居安撰 清嘉慶四年顧修刻讀畫齋叢書本 傅增湘校跋並錄清厲鶚、何道生、翁方綱題識

二〇〇七 精選古今名賢叢話詩林廣記十卷後集十卷 宋蔡正孫輯 元刻本 八行十六字黑口左右雙邊 存十五卷 一至三、七至十 後集一至八

二〇〇八 精選古今名賢叢話詩林廣記十卷後集十卷 宋蔡正孫輯 明弘治十年張鼒刻本 十行二十字小字低三字行二十一字白口四周單邊

二〇〇九 精選古今名賢叢話詩林廣記十卷後集十卷 宋蔡正孫輯 明弘治十年張鼒刻本 清丁丙跋

二〇一〇 精選古今名賢叢話詩林廣記前集十卷後集十卷 宋蔡正孫輯 明正德十三年刻本 八行十六字細黑口四周單邊

二〇一一 精選古今名賢叢話詩林廣記十卷後集十卷 宋蔡正孫輯 明刻本 八行十六字黑口左右雙邊 存十七卷 前集全 後集一至七

二〇一二 精選古今名賢叢話詩林廣記十卷後集十卷 宋蔡正孫輯 明刻本 清丁丙跋 八行十六字黑口左右雙邊

二〇一三 精選古今名賢叢話詩林廣記十卷後集十卷 宋蔡正孫輯 明刻本 十行二十一字白口左右雙邊

二〇一四 精選古今名賢叢話詩林廣記十卷後集十卷 宋蔡正孫輯 明刻本 九行十八至二十字黑口四周雙邊

二〇一五 精選詩林廣記四卷 宋蔡正孫輯 明隆慶二年王圻、劉子四刻本 十行二十二字白口四周雙邊

二〇一六 精選詩林廣記四卷 宋蔡正孫輯 明萬曆十六年吳萬化刻本 九行二十字小字雙行同白口四周雙邊

二〇一七 精選詩林廣記四卷 宋蔡正孫輯 明萬曆十七年費邦彥刻本 九行二十字白口四周雙邊

二〇一八 精選詩林廣記四卷 宋蔡正孫輯 明刻本 九行二十字白口四周雙邊

二〇一九 精選詩林廣記四卷 宋蔡正孫輯 明金閶十乘樓刻本 九行二十字白口四周雙邊

二〇二〇 詩林廣記四卷 宋蔡正孫輯 明萬曆四十年刻本 八行二十字白口四周單邊

二〇二一 詩源一卷 宋張炎撰 明抄本 八行字數不一紅格框外右下有蒼雪庵日抄五字

二〇二二 虛谷評五謝詩一卷 元方回撰 明抄本 十行十五字白口左右雙邊

二〇二三 文選顏鮑謝詩評四卷 元方回撰 清抄本（四庫底本） 八行二十一字白口四周雙邊

二〇二四 性學李先生古今文章精義一卷 元李塗撰 明刻本 十行二十一字黑口四周雙邊

二〇二五 修辭鑑衡二卷 元王構輯 元至順四年集慶路儒學刻本 十行二十字白口左右雙邊

二〇二六 修辭鑑衡二卷 元王構輯 明抄本 清黃丕烈跋 十行二十字無格

二〇二七 修辭鑑衡二卷 元王構輯 清抄本（四庫底本） 十行二十字無格

二〇二八 修辭鑑衡二卷 元王構輯 清抄本 清丁丙跋

二〇二九 詩學禁臠一卷 元范梈撰 明野竹家刻本 清翁同龢跋 八行十六字白口左右雙邊

二〇三〇 詩學禁臠一卷 元范梈撰 清吳翌鳳抄本 清吳翌鳳跋並錄毛表、馮武題識 丁丙跋

二〇三一 吳禮部別集一卷 元吳師道撰 清乾隆五十二年吳騫家抄本 清吳騫校並跋 十行二十字無格

二〇三二 吳禮部詩話二卷 元吳師道撰 繆氏藕香簃抄本

二〇三三 文式二卷古文矜式一卷 元陳繹曾撰 明刻本 十行二十一、二字黑口四周雙邊

二〇三四 文章歐冶文譜七卷詩譜三卷 元陳繹曾撰 明初刻本 九行二十四字黑口四周雙邊

二〇三五 文說一卷 元陳繹曾撰 清抄本（四庫底本） 八行二十一字紅格

二〇三六 作義要訣一卷 元倪士毅撰 科場備用書義斷法六卷 元刻本 作義要訣十一行二十字黑口四周雙邊 科場備用書義斷法十四行二十三字黑口四周雙邊

二〇三七 傅與礪詩法四卷 元傅若金撰 明刻本 八行十九字白口四周雙邊

二〇三八 蓮堂詩話二卷 元祝誠撰 明嘉靖三十一年遼陽精舍抄本 十行十八字無格

二〇三九 蓮堂詩話二卷 元祝誠撰 清咸豐三年胡珽活字印琳琅祕室叢書本 佚名校 清勞格跋 丁丙跋 九行二十一字黑口四周單邊

二二四〇 學詩管見一卷 元俞遠撰 明尹岩刻本 八行十七字黑口四周双边
二二四一 文原一卷 明宋濂撰 清抄本 清丁丙跋
二二四二 妙集吟堂詩話三卷 明瞿佑撰 明初刻本 十行二十字黑口四周双边
二二四三 存齋詩話一卷 明瞿佑撰 明抄本 十行二十五字藍格白口四周双边
二二四四 歸田詩話三卷 明瞿佑撰 明刻本 十一行二十二字黑口四周双边
二二四五 歸田詩話三卷 明瞿佑撰 明成化刻本 十一行二十二字黑口四周双边
二二四六 歸田詩話三卷 明瞿佑撰 明弘治刻本 十一行二十二字黑口四周双边
二二四七 歸田詩話三卷 明瞿佑撰 明弘治刻本 明貫大化批並跋 清丁丙跋
二二四八 歸田詩話三卷 明瞿佑撰 清初抄本 清吳允嘉跋
二二四九 歸田詩話三卷 明瞿佑撰 清曹炎抄本 周叔弢跋 周一良廿補 十行二十二字
二二五〇 文斷不分卷 明唐之淳輯 明天順黃瑜刻本 十三行二十三字黑口四周双边
二二五一 文斷不分卷 明唐之淳輯 明成化十六年唐瑜刻本 十行二十一字黑口四周双边
二二五二 文斷不分卷 明唐之淳輯 明成化十六年唐瑜刻本 葉德輝跋
二二五三 文斷不分卷 明唐之淳輯 清抄本
二二五四 西江詩法一卷 明朱權撰 明嘉靖十一年刻本 十二行二十二字黑口四周双边
二二五五 西江詩法一卷 明朱權撰 清抄本 十行二十字白口四周单边欵直格
二二五六 菊坡叢話二十六卷 明單宇輯 明成化刻本 十一行二十三字黑口四周双边
二二五七 新編名賢詩法三卷 明史潛刻本 十一行二十六字小字双行同黑口四周双边
二二五八 南溪筆錄羣賢詩話前集一卷後集一卷續集一卷 明王[illegible]輯 明正德五年程啟充刻本 九行十六字白口四周单边
二二五九 詩學權輿二十二卷 明黃溥輯 明成化五年自刻本 十行二十一字黑口四周双边
存二十一卷 一至九、十一至二十二
二二六〇 詩學權輿二十二卷 明黃溥輯 明成化六年熊斌刻本 十行二十一字黑口四周双边
二二六一 詩學權輿二十二卷 明黃溥輯 明天啟五年復禮堂刻本 九行二十一字小字双行同白口四周单边 版心下鐫復禮堂
二二六二 詩學梯航一卷 明周鳴撰 明抄本 十行二十字藍格白口四周单边
二二六三 松石軒詩評一卷 明朱奠培撰 明成化刻本 九行十七字白口四周双边
二二六四 吟窗小會□卷 明沈周撰 清抄本 九行二十二字斜格
二二六五 詩法十卷 明瑞天璣輯 明復古齋刻本 九行十九字白口四周单边
存一卷 上
二二六六 詩法十卷 明瑞天璣輯 明刻本 九行十九字白口四周单边
二二六七 詩法五卷 明刻本 九行十九字白口四周双边
二二六八 詩法五卷詩法源流三卷 明嘉靖刻本 九行十九字白口四周单边
二二六九 瓊臺先生詩話二卷 明蔣冕撰 明萬曆二十六年許有昌刻本 八行二十字白口四周单边
二二七〇 瓊臺詩話二卷 明蔣冕撰 明崇禎十一年[illegible]刻本 八行二十字白口四周单边
二二七一 詩筌六卷 明王述古撰 明刻本 九行二十字白口四周双边
二二七二 詩話十卷 明楊成玉輯 明弘治三年馮忠刻本 十行二十字黑口四周双边
存七卷 一至七
二二七三 頤山詩話一卷 明安磐撰 明抄本 十行二十五字白口四周双边
二二七四 詩學體要類編三卷 明宋孟清輯 明弘治刻本 九行二十字黑口四周双边
二二七五 談藝錄一卷 明徐禎卿撰 明刻本 八行十八字白口左右双边
二二七六 談藝錄一卷 明徐禎卿撰 明刻本 九行二十二字白口四周双边
二二七七 談藝錄一卷 明徐禎卿撰 清惠氏紅豆齋抄本 十行二十一字黑格四周双边 框外有紅豆齋藏書抄本一行
二二七八 升庵詩話四卷 明楊慎撰 明嘉靖刻本 九行二十字白口四周双边
二二七九 升庵詩話四卷 明楊慎撰 明嘉靖刻本 丁鈞跋
二二八〇 升庵詩話四卷 明楊慎撰 明刻本 九行十八字白口左右双边
二二八一 詩話補遺三卷 明楊慎撰 明嘉靖三十五年曹命刻本 九行十六字白口四周单边
二二八二 詩話補遺三卷 明楊慎撰 明嘉靖三十五年曹命刻本 清丁丙跋
二二八三 詩話補遺三卷 明楊慎撰 明嘉靖三十五年曹命刻本（四庫底本）
二二八四 詩話補遺三卷 明楊慎撰 明祁氏淡生堂抄本 十行二十字藍格白口四周单边 版心下鐫淡生堂抄本
二二八五 汝南詩話一卷 明張鼒撰 明正德九年楊棨刻本 七行十八字黑口四周双边
二二八六 杜氏文譜三卷 明杜浚撰 明刻本 十行二十字小字双行同白口左右双边
二二八七 詩法源流三卷 明王用章輯 明嘉靖刻本 九行十九字小字双行同白口四周单边
二二八八 詩法源流三卷 明王用章輯 明刻本 九行十九字黑口四周双边
存一卷 上
二二八九 名家詩法八卷 明黃省曾編 明嘉靖二十四年結緣龕刻本 十行二十字白口四周单边
白樂天金鍼集一卷 范德機木天禁語一卷 詩家一指一卷 沙中金集二卷 嚴滄浪詩體一卷 楊仲弘詩法一卷 詩學禁臠一卷
二二九〇 名家詩法八卷 明黃省曾編 明嘉靖三十四年詹氏西清館刻本 十行二十字白口四周单边 有刻工
二二九一 藝苑卮言八卷 明王世貞撰 明刻本 十行二十字白口左右双边
二二九二 新刻增補藝苑卮言十六卷 明王世貞撰 明萬曆十七年武林樵雲書舍刻本 九行二十字白口左右双边

弇州山人藝苑巵言十二卷　明王世貞撰　明萬曆郁[illegible]元刻本　八行十九字白口四周單邊　二九三

巵言觚八卷　明王世貞撰　[illegible]　明[illegible]刻本　九行十九字[illegible]　二九四

名家詩法八卷　明黃省曾輯　明嘉靖[illegible]刻本　十行二十字白口四周單邊　二九五

詩家直說一卷　明謝榛撰　明[illegible]刻本　九行十八字白口四周雙邊　二九六

四溟詩話四卷　明謝榛撰　清[illegible]刻本　二九七

四溟詩話四卷　明謝榛撰　清[illegible]刻本　二九八

文式二卷　明曾鼎撰　明嘉靖八年刻本　九行二十四字左右雙邊　二九九

逸老堂詩話二卷　明俞弁撰　清抄本　清盧文弨校並跋　十一行二十一字白口四周雙邊　三〇〇

蓉塘詩話二十卷　明姜南撰　明嘉靖二十六年洪楩刻本　十行二十一字白口左右雙邊　三〇一

蓉塘詩話二十卷　明姜南撰　明嘉靖二十六年洪楩刻本　清王士禛批　三〇二

蓉塘詩話一卷　明姜南撰　明鈕氏世學樓抄本　三〇三

過庭詩話二卷　明劉世偉撰　明嘉靖刻本　十行二十四字白口四周雙邊　三〇四

冰川詩式十卷　明梁橋撰　明隆慶四年[illegible]刻本　十行二十字[illegible]　三〇五

冰川詩式十卷　明梁橋撰　明萬曆積秀堂刻本　十行二十字白口左右雙邊　三〇六

冰川詩式十卷　明梁橋撰　明萬曆積秀堂刻本　清高鳳翰批校　三〇七

冰川詩式十卷　明梁橋撰　明萬曆刻本　十行二十字白口左右雙邊　寫體　三〇八

冰川詩式十卷　明梁橋撰　[illegible]　明刻本　九行二十字白口四周單邊　三〇九

蘭莊詩話一卷　明閔文振撰　明抄本　十行二十五字藍格白口四周雙邊　三一〇

詩說解頤四卷　明季本撰　明抄本　十行二十字藍格白口四周雙邊　三一一

歸震川先生論文章體則一卷　明歸有光撰　清[illegible]抄本　清[illegible]跋　十行二十四字白口四周雙邊　版心上鐫娛小齋　三一二

焚範六卷　明[illegible]之象撰　明刻本　九行十八字白口四周單邊　三一三

玉笥詩談二卷續一卷　明朱孟震撰　清抄本　三一四

藝海泂酌四卷唐乘二卷　明[illegible]時可撰　明萬曆三十年刻本　九行十八字白口左右雙邊　存四卷　三一五

豫章詩話六卷　明郭子章撰　明萬曆三十年吳獻台刻本　九行二十一字白口四周雙邊　三一六

豫章詩話六卷　明郭子章撰　清抄本　清丁丙跋　三一七

作論秘訣心法不分卷　明汪宗撰　明抄本　六行二十字無格　三一八

排律辨體十卷　明許學夷撰　明末刻本　九行十八字白口四周單邊　三一九

詩藪內編六卷外編六卷雜編六卷續編二卷　明胡應麟撰　明刻本　十行二十字細黑口左右雙邊　三二〇

詩藪內編六卷外編六卷雜編六卷續編二卷　明胡應麟撰　明萬曆三十七年[illegible]刻本　九行十八字白口左右雙邊　三二一

詩藪內編六卷外編六卷雜編六卷續編二卷　明胡應麟撰　明刻本　九行二十字白口四周單邊　三二二

詩藪續編二卷　明胡應麟撰　清李文田注　明萬曆十六年[illegible]刻本　九行十八字白口四周單邊　版心下鐫少室山房　三二三

詩藪內編六卷外編六卷續編二卷雜編六卷　明胡應麟撰　清抄本　九行二十字無格　三二四

詩宗類品六卷　明李文輯　明萬曆刻本　十行二十字白口左右雙邊　三二五

執藪訣宗六卷　明周子文輯　明萬曆二十五年刻本　九行十九字白口四周單邊　三二六

游藝塾文規十卷　明袁黃撰　明書林葉仰山刻本　十行二十五字白口四周單邊　三二七

游藝塾續文規十八卷　明袁黃撰　明刻本　九行二十字白口四周單邊　三二八

董思白論文宗旨一卷舉業蓓蕾一卷　明董其昌撰　清[illegible]輯　清康熙刻本　八行二十字白口四周單邊　三二九

重訂舉業巵言二卷　明武之望撰　明萬曆二十七年刻本　九行二十字白口四周單邊　三三〇

新刻官板舉業巵言五卷首一卷　明武之望撰　明陸[illegible]評　明[illegible]閔氏萬卷樓刻本　九行十八字白口四周單邊　三三一

小草齋詩話五卷　明謝肇淛撰　清刻本　九行十八字無格　三三二

古今詩話纂六卷　明李本緯輯　明萬曆刻本　九行十九字白口四周雙邊　三三三

譚氏集二種六卷　明譚浚撰　明萬曆刻本　十行二十字白口四周單邊　言文三卷　說詩三卷　三三四

言文四卷　明譚浚撰　明萬曆刻譚氏集增修本　十行二十字白口四周單邊　三三五

從先文訣內篇一卷外篇一卷　明劉元卿撰　明萬曆刻本　八行十九字白口四周單邊　三三六

蜀中詩話四卷　明曹學佺撰　明刻本　十行二十字白口四周雙邊　三三七

重校刻藝林古今文法碎玉集二卷　明[illegible]撰　明[illegible]刻本　八行二十字白口四周單邊　三三八

[illegible]要語不分卷　明汪時躍撰　明刻本　九行十八字白口四周雙邊　三三九

竹里館詩說五卷　明汪時元撰　明萬曆二十五年[illegible]刻本　九行十八字白口四周單邊　三四〇

詩言五至十卷　明屠本畯撰　明萬曆二十六年刻本　九行十八字小字双行同白口四周单边　三四一
文壇列俎十卷　明汪廷訥輯　明萬曆三十五年汪氏環翠堂刻本　十行二十字白口四周单边版心下鐫環翠堂藏板　三四二
詩法指南二卷　明王檟輯　明萬曆藴古堂刻本　十行十八字白口四周单边　三四三
說詩補遺八卷　明馮復京撰　清初抄本　九行十九字　三四四
客齋詩話六卷　明陳基虞撰　明刻本　九行二十字白口四周双边　三四五
堯山堂偶雋七卷　明蔣一葵撰　明刻本　八行十九字白口四周单边　三四六
偶雋七卷　明蔣一葵撰　明刻本　八行十九字白口四周单边　三四七
木石居精校八朝偶雋七卷　明蔣一葵撰　明木石居刻本　八行十九字白口四周单边　三四八
詩源辯體十六卷許伯清詩稿一卷　明許學夷撰　明萬曆四十一年刻本　十行二十字白口四周单边　三四九
詩源辯體三十六卷後集纂要二卷　明許學夷撰　明崇禎十五年陳所學刻本　十行二十二字白口左右双边　三五〇
詩話類編三十二卷　明王昌會輯　明萬曆刻本　九行二十字白口四周单边　三五一
流翠山房輯選八大家論文要訣八卷　明汪應鼎輯　明萬曆刻本　八行二十字白口四周单边　三五二

十五

詩說紀事三卷　明胡之驥撰　明萬曆刻本　九行十九字白口四周单边　三五三
詩學雜言二卷　明冒愈昌撰　明末刻本　九行十八字白口左右双边　三五四
鍾伯敬先生硃評詞府靈蛇四卷　明鍾惺李光祚輯　明金陵唐建元刻朱墨套印本　八行十六字白口四周单边　三五五
新刊全相萬家詩法六卷　明汪彪撰　汪廷祖繪圖　明書林翠坡刻本　八行十四字白口四周单边　三五六
古今詩話八卷　明陳繼儒輯　清初刻本　九行二十字白口左右双边　三五七
詩話隨鈔上集四卷下集四卷附集一卷　明楊春光輯　明抄本　三五八
彈雅十八卷　明趙宧光撰　明末刻本　十行二十字白口左右双边　三五九
詩評密諦四卷　明王良臣輯　明天啓刻本　九行十八字白口四周单边　三六〇
唐音癸籤三十三卷　明胡震亨撰　清順治十五年世興堂刻本　十行十九字小字双行同白口左右双边　三六一
詩譚十卷續錄一卷　明葉廷秀撰　明崇禎八年胡正言十竹齋刻本　八行十八字白口四周单边版心下鐫十竹齋　三六二
藕居士詩話二卷　明陳懋仁撰　清初抄本　清宋筠校並跋　九行十八字無格　三六三
藕居士詩話二卷　明陳懋仁撰　清抄本　九行十八字無格　三六四
文通三十卷閏一卷　明朱荃宰撰　明天啓六年刻本　九行二十字白口四周单边眉上鐫評　三六五

藝海瀝液五卷　明趙顧俊輯　明崇禎元年刻本　十行二十字白口四周单边　三六六
綠天耕舍燕鈔四卷　明雪崎子撰　清抄本　九行二十一字無格　三六七
詩紀不分卷總論二卷　明張次仲撰　清康熙十三年張氏一經堂刻本　十行二十一字白口左右双边　三六八
瓶花供口口卷　明末刻本　八行二十字白口四周单边　存二卷　七至八　三六九
詩家譚藪一卷　明抄本　九行二十四字無格　三七〇
求集之先生詩話稿不分卷　清求集之撰　稿本　九行行字不一　黑格白口四周单边　三七一
救文格論二卷詩律蒙告一卷　清顧炎武撰　清抄本　八行二十字無格　三七二
詩辯坻四卷　清毛先舒撰　清初毛氏思古堂刻本　十行二十字白口左右双边版心上鐫詩辯坻　三七三
歷代詩話八十卷　清吳景旭撰　清抄本　十一行二十字無格　三七四
歷代詩話十集八十卷　清吳景旭撰　清抄本　三七五
圍爐詩話六卷　清吳喬撰　清初抄本　九行二十一字無格　三七六
圍爐詩話六卷　清吳喬撰　清抄本　十二行二十三字無格　三七七
圍爐詩話六卷　清吳喬撰　清抄本　九行十九字　三七八
圍爐詩話六卷　清吳喬撰　清抄本　九行十九字無格　三七九

十六

圍爐詩話六卷　清吳喬撰　清鄭傳緒抄本　三八〇
圍爐詩話六卷　清吳喬撰　清初抄本　清毛琛校　十二行二十五字無格　三八一
圍爐詩話六卷　清吳喬撰　清初抄本　清宋賓王校並跋　十一行二十一字無格　三八二
圍爐詩話六卷　清吳喬撰　清抄本　清盧文弨校　十行二十一字白口左右双边　三八三
龍性堂詩話口卷　清葉矯然撰　清乾隆慕閑軒刻本　十行二十一字白口左右双边　存二卷　初集卷上　續集卷下　三八四
詩法初津三卷儀汝軒詩草一卷　清葉弘勳撰　清初刻本　八行十八字小字双行同黑口四周单边　三八五
增訂詩法四卷　清葉弘勳撰　錢思敏等增訂　清乾隆三十四年古娘金石社刻本　十行二十字白口左右双边　三八六
五代詩話十二卷　清王士禛輯　稿本　十行二十四字無格　三八七
五代詩話十二卷　清王士禛輯　清乾隆十三年養素堂刻本　九行十九字白口左右双边　三八八
五代詩話十卷　清王士禛輯　鄭方坤刪補　清乾隆十五年杞菊軒刻本　十一行二十一字白口左右双边版心下鐫杞菊軒　三八九
帶經堂詩話三十卷首一卷　清王士禛撰　張宗柟輯　清乾隆二十七年南曲揚秉刻本　十二行二十三字細黑口左右双边　三九〇
漁洋詩話提要一卷　清翁方綱撰　稿本　三九一

三九二 漁洋詩話拾唾不分卷 清安濤輯 稿本 十二行二十四字藍格白口四周双边 清依宗沂跋 潘承弼跋

三九三 詩問四卷 清王士禛撰 清康熙刻本 十行十九字白口左右双边

三九四 詩問二卷 清王士禛撰 洪楠靈錄 清乾隆四十二年春暉草堂刻本 八行十八字黑口左右双边

三九五 王文簡公論七言古體平仄一卷 清王士禛撰 清乾隆五十二年刻本 九行十九字黑口四周双边

三九六 漁洋詩法三卷 清王士禛撰 寄門培雷訂 律詩定體一卷 清王士禛撰 趙秋谷先生聲調譜近體一卷 清乾隆二十三年畫錦堂刻本 十行二十一字白口左右双边

三九七 諧聲別部六卷 清王士禛撰 喻端士輯 清乾隆刻本 九行二十字白口四周双边

三九八 燃燈記聞一卷 題清王士禛授 何世璂錄 清抄本 八行二十字無格

三九九 師友詩傳錄一卷 清郎廷槐編 續錄一卷 清劉大勤編 清抄本（四庫底本） 九行二十一字白口四周双边

四〇〇 詩法火傳十六卷 清馬上巘撰 清順治十八年刻本 九行二十二字白口四周單边

四〇一 窮愁漫語一卷 清戚興祖撰 稿本

四〇二 雅倫二十四卷 清費經虞撰 費密補 清康熙四十九年刻本 九行二十一字白口左右双边

四〇三 雅倫二十四卷 清費經虞撰 費密補 清康熙四十九年刻雍正四年汪玉球重修本

四〇四 明詩話初編四卷 清蘇之琨輯 清刻本 清楊用霖跋 十行二十二字白口四周單边

四〇五 古今詩話鈔不分卷 清初抄本 八行十九字二十字不等

四〇六 涵暉書屋詩話不分卷 清抄本 十行二十至二十三字紅格

四〇七 載酒園詩話五卷 跛水軒詞筌一卷 清賀裳撰 清初賀氏載酒園跛水軒刻本 十行二十一字白口左右双边 版心下鐫載酒園跛水軒

四〇八 呂晚邨先生論文彙抄不分卷 清呂留良撰 清康熙五十三年呂氏家塾刻本 九行十八字上下黑口四周双边

四〇九 山蘊詩話一卷 清田雯撰 清初抄本 宋振仁跋 十行十九字黑口四周双边

四一〇 而菴說唐詩二十二卷首一卷 清徐增撰 清康熙九誥堂刻本 九行十九字白口左右双边 版心下鐫九誥堂

四一一 原詩四卷 清葉燮撰 清康熙二棄草堂刻本 十行十九字上黑口四周双边

四一二 原詩四卷 清葉燮撰 清抄本 八行二十字白口四周單边

四一三 江西詩社宗派圖錄一卷 清張泰來輯 清雍正趙氏小山堂抄本 清趙一清校並錄厲鶚跋 [illegible]跋 十行二十一字無格

四一四 聲調譜一卷 談龍錄一卷 清趙執信撰 清乾隆刻本 十行二十一字白口四周單边 [illegible]錄 九行十九字左右双边

四一五 聲調前譜一卷後譜一卷續譜一卷 談龍錄一卷 清趙執信撰 清咸豐三年傅氏池北春草軒抄本 清傅以禮校並跋

四一六 聲調譜二十卷 清趙執信撰 佚名增輯 清抄本 八行十六字

四一七 談龍錄一卷 清趙執信撰 清乾隆李文藻抄本

四一八 談龍錄一卷 清趙執信撰 清徐喚玉抄本 封文權跋 九行二十一字無格

四一九 談龍錄一卷 清趙執信撰 清鄭傳綺抄本

四二〇 全閩詩話十二卷 清鄭方坤輯 清乾隆十九年詩話軒刻本 十一行二十一字白口左右双边

四二一 全閩詩話十二卷 清鄭方坤輯 清杞菊軒抄本（卷一至六配清乾隆十九年詩話軒刻本）

四二二 榕海詩話八卷 清林正青輯 稿本 十行二十四字無格 存三卷（一至三）

四二三 本事詩十二卷 清徐釚輯 清康熙四十三年吳中立刻本 十一行二十一字白口左右双边

四二四 本事詩十二卷 清徐釚輯 清康熙四十三年吳中立刻重修本

四二五 本事詩十二卷 清徐釚輯 [illegible]增訂 清雍正汪永芳堂刻本 十一行二十一字白口左右双边

四二六 本事詩十二卷 清徐釚輯 [illegible]增訂 清雍正汪永芳堂刻重修本 十一行二十一字白口左右双边

四二七 本事詩十二卷 清徐釚輯 清乾隆二十二年汪肯堂雪松書屋刻本 十一行二十一字白口左右双边

四二八 靜志居詩話偶鈔一卷 清朱彝尊撰 清乾隆孟超然抄本 行字不一無格

四二九 漢詩評十卷 清李因篤撰 清康熙萬卷樓刻本 九行二十四字小字双行同白口左右双边

四三〇 一百二十名家制義題辭一卷 清俞長城撰 清乾隆沈敏埏抄本 九行二十字無格

四三一 俞長城題各大家稿不分卷 清俞長城撰 清抄本 十行二十二字白口四周双边

四三二 詩學問津二卷 清鄭磊撰 稿本 九行二十七八字不等無格

四三三 詩林叢說七十三卷 清抄本 十行二十字黑格

四三四 讀杜隨筆四卷 清陳訏撰 清雍正松筠堂刻本 清陳德宗 陳其善跋 八行十八字黑口四周單边

四三五 讀杜隨筆四卷 清陳訏撰 清雍正松筠堂刻本 清陳其晉過錄 張元濟跋

四三六 說詩樂趣類編二十卷 清伍涵芬輯 清康熙四十年華日堂刻本 九行二十二字白口四周單边

四三七 初白菴詩評三卷 詞綜偶評一卷 清查慎行撰 張載華輯 清乾隆四十二年張氏涉園觀樂堂刻本 十二行二十三字小字双行三十四字細黑口左右双边

四三八 初白菴詩評三卷 詞綜偶評一卷 清查慎行撰 張載華輯 清乾隆四十二年張氏

步園觀槃堂刻本　朱之濟跋

四三九　時藝書評一卷　清何焯撰　稿本　清許乃釗、戴熙、毛庚、翁有年跋

四四〇　西江詩話十二卷　清裘君弘撰　清康熙四十二年裘氏妙貫堂刻本　九行十九字白口四周單邊版心下鐫妙貫堂

四四一　鐵立文起前編十二卷後編十卷首一卷　清王之績撰　清康熙四十二年刻本　十行二十三字小字雙行同白口四周單邊無直格

四四二　柳亭詩話三十卷　清宋長白撰　清康熙天苗園刻本　十行二十一字小字雙行同白口左右雙邊版心下鐫天苗園

四四三　聲詩微旨一卷　清田同之撰　稿本　十行十九字黑口左右雙邊

四四四　此木軒論韓文說略一卷　清焦袁熹撰　清咸豐九年韓應陛抄本

四四五　蘭臯詩話三卷　清丁鶴撰　清抄本　九行二十一字無格

四四六　輟鍛錄一卷　清方貞觀撰　稿本　清方貞觀、張鳴珂跋　王大隆跋

四四七　詩談一卷　清張謙宜撰　稿本　八行二十二字小字雙行同無格

四四八　詩談一卷　清張謙宜撰　清抄本　八行二十四字無格

四四九　家學堂遺書二種十四卷　清張謙宜撰　清乾隆二十五年法輝祖刻本　十行二十一字白口左右雙邊
絸齋詩談八卷　絸齋論文六卷

四五〇　家學堂遺書二種十四卷　清張謙宜撰　清乾隆二十五年法輝祖刻本　清李文淵批識　李文藻跋

十九

四五一　寒廳詩話二卷　清顧嗣立撰　清嘉興沈氏十經齋抄本　十一行二十三字黑格

四五二　排律元響十卷　清黃璵評注　清康熙五十五年刻本　八行十八字小字雙行同白口四周雙邊

四五三　我儂說詩二十二卷說原三卷　清賈來大、蘇酣涵、文督齋輯　清趙觀雅抄本　九行二十一字無格

四五四　我儂說詩四卷　清抄本　八行二十一字無格

四五五　楚天樵話二卷　清張清標撰　清刻本　清劉大櫆批校　九行二十二字白口四周雙邊

四五六　槐塘詩話不分卷　清汪沆撰　清抄本

四五七　詩詞學則三卷　清康熙內府抄本　六行十六字白口四周單邊

四五八　詩法詞譜不分卷　清康熙內府抄本　九行二十五字四周雙邊　與詩詞學則內容類次同

四五九　宋詩紀事一百卷　清厲鶚輯　清乾隆十一年厲鶚樊榭山房刻本　十一行二十二字細黑口左右雙邊

四六〇　宋詩紀事一百卷　清厲鶚輯　清乾隆十一年厲鶚樊榭山房刻本　清翁方綱評　存九十二卷　一至十二、二十一至一百

四六一　宋詩紀事摘錄一百卷　清翁同書輯　清光緒二年翁氏抄本　九行二十四字小字雙行同綠格

四六二　榕城詩話三卷　清杭世駿撰　清乾隆刻本　十行二十一字小字雙行同白口左右雙邊

四六三　野鴻詩的一卷　清黃子雲撰　清乾隆長吟閣刻本　九行十八字白口左右雙邊版心下鐫長吟閣

四六四　野鴻詩的不分卷　清黃子雲撰　清嘉慶三年爲菲增抄本　九行十八字

四六五　愁窗隨筆一卷　清馬位撰　清乾隆澗雨書堂刻本　八行十八字白口四周單邊版心下鐫澗雨書堂

四六六　隨園詩話十六卷補遺十卷　清袁枚撰　清乾隆五十五年至嘉慶七年小倉山房刻本　十一行二十一字白口左右雙邊　存二十五卷　詩話全　補遺一至九

四六七　隨園詩話摘抄不分卷　清袁枚撰　清梁同書抄本　清郭尚先跋　吳贊皓跋

四六八　隨園詩話摘艷一卷　清袁枚撰　清道光元年梁德繩抄本　九行二十五字無格　李筠青跋

四六九　一瓢齋詩話一卷　清薛雪撰　清掃葉村莊刻本　十一行二十字小字雙行同白口左右雙邊版心下鐫掃葉村莊

四七〇　一瓢齋詩話一卷　清薛雪撰　清掃葉村莊刻本　清高鳳翰跋並錄椽士林跋

四七一　詩說二種三卷　清宋弼撰　清乾隆燃藜書院刻本　十行二十一字白口四周單邊

四七二　聲調譜說二卷通韻譜說一卷蠡說一卷　清吳紹澯撰　清道光二年刻本　十二行二十四字小字雙行同白口左右雙邊
聲調衆說二卷　通韻譜說一卷

四七三　澉浦詩話二卷　清吳文暉撰　續四卷　清吳東發撰　清嘉慶刻本　九行二十一字白口左右雙邊

二〇

四七四　說詩次編一卷　清喬億撰　稿本　十行十九字

四七五　劍溪說詩又編一卷　清喬億撰　稿本

四七七　定風軒活句參十一卷　清朱紹本撰　清抄本　八行二十一字白口四周單邊

四七八　唐詩偶評六卷附唐詩人小傳一卷　清楊逢春撰　清臥遊軒抄本

四七九　春秋詩話五卷　清勞孝輿撰　清乾隆十六年張枉圖刻本　九行二十字白口左右雙邊

四八〇　元遺山論詩絕句附說一卷王文簡戲仿元遺山論詩絕句附說一卷　清翁方綱撰　稿本　清俞樾跋　十一行十餘字不等白口左右雙邊

四八一　小石帆亭著錄六卷　清翁方綱撰　清乾隆五十七年刻本　十行二十字小字雙行同白口左右雙邊

四八二　石洲詩話五卷　清翁方綱撰　清抄本　十二行二十三字

四八三　遼詩話一卷　清周春輯　清抄本　清盧文弨校　顧竹贇批校

四八四　遼詩話二卷　清周春輯　清抄本　九行二十二字無格

四八五　耄餘詩話十卷　清周春撰　清抄本　十行二十二字無格

四八六　耄餘詩話十卷　清周春撰　清抄本　十行二十二字無格

四八七　滿褐山房詩話一卷　清王□撰　清鄭喬遷抄本　九行二十四字無格

四八八 彙纂詩法度鍼三十三卷首一卷 清徐文弼輯 清乾隆刻本 十行二十二字小字双行同，白口，左右双边

四八九 新刻詩料裁對典故二卷 清巴永爵輯 清乾隆二十五年積德堂刻本 九行，白口，左右双边

四九〇 全浙詩話□□卷補遺□卷 清陶元藻輯 稿本 存三卷 九、十二、補遺一

四九一 全浙詩話三十卷 清陶元藻輯 清杏雲書屋抄本 十行二十一字，綠格，白口，四周双边

四九二 定泉詩話五卷 清陳梓撰 清抄本 十一行二十四字，無格

四九三 學詩津逮八種十卷 清朱琰編 清乾隆二十五年朱琰刻本 九行十八字，黑口，左右双边

詩品三卷 梁鍾嶸撰
二十四詩品一卷 唐司空圖撰
白石道人詩說一卷 宋姜夔撰
枕圃擷餘一卷 明王世懋撰
詩式一卷 唐釋皎然撰
滄浪詩話一卷 宋嚴羽撰
談藝錄一卷 明徐禎卿撰
古夫于亭詩問一卷 清劉大勤問 王士禛答

四九四 歷代詩話二十七種五十七卷考索一卷 清何文煥編 清乾隆三十五年刻本 九行十八字小字双行同，黑口，左右双边

詩品三卷 梁鍾嶸撰
二十四詩品一卷 唐司空圖撰
六一詩話一卷 宋歐陽修撰
中山詩話一卷 宋劉攽撰
臨漢隱居詩話一卷 宋魏泰撰
紫微詩話一卷 宋呂本中撰
詩式一卷 唐釋皎然撰
全唐詩話六卷 宋尤袤撰
溫公續詩話一卷 宋司馬光撰
後山詩話一卷 宋陳師道撰
竹坡詩話一卷 宋周紫芝撰
彥周詩話一卷 宋許顗撰
石林詩話三卷 宋葉夢得撰
珊瑚鉤詩話三卷 宋張表臣撰
二老堂詩話一卷 宋周必大撰
滄浪詩話一卷 宋嚴羽撰
詩法家數一卷 元楊載撰
詩學禁臠一卷 元范梈撰
枕圃擷餘一卷 明王世懋撰
夷白齋詩話一卷 明顧元慶撰
唐子西文錄一卷 宋強幼安撰
韻語陽秋二十卷 宋葛立方撰
白石道人詩說一卷 宋姜夔撰
山房隨筆一卷 元蔣正子撰
木天禁語一卷 元范梈撰
談藝錄一卷 明徐禎卿撰
存餘堂詩話一卷 明朱承爵撰
歷代詩話考索一卷 清何文煥撰

四九五 詩學叢書三十四種四十一卷 清抄本 十一行二十一字

詩學淺說一卷 清李其彭輯
詩筏彙說一卷 清李曦編
望溪種韻法一卷 清丁憬曾撰
詞旨一卷 元陸輔之述
白石道人詩說一卷 宋姜夔撰
詩評一卷 宋釋景淳撰
詩譜一卷 元陳繹曾撰
答嚴有才論詩書一卷 明宋濂撰
談藝錄一卷 明徐禎卿撰
枕圃擷餘一卷 明王世懋撰
漁洋詩法一卷 清王士禛口授 何世璂述
律詩定體一卷 清王士禛撰
詩辯一卷 清仇兆鰲輯
聲調譜三卷 清趙執信撰
重訂聲調譜一卷 清趙執信撰 宋弼重訂
西圃詩說一卷 清田同之撰
古詩平仄舉隅一卷 清翁方綱撰
詩述卷二卷 清李其彭輯
通韻譜說一卷 清宋弼訂
樂府指迷一卷 宋張炎撰
滄浪詩話一卷 宋嚴羽撰
詩格一卷 宋釋文彧撰
詩論一卷 宋釋普聞撰
文章辨體二十四論一卷 元吳訥撰
麓堂詩話一卷 明李東陽撰
藝苑卮言說詩一卷 明王世貞撰
詩藪二卷 明胡應麟撰
詩論王宋三卷 清王延綸校訂
王文簡古詩平仄論一卷 清王士禛撰
漫堂說詩一卷 清宋犖撰
聲韻譜一卷 清劉灤撰
談龍錄一卷 清趙執信撰
說詩晬語二卷 清沈德潛撰
七言詩三昧舉隅一卷 清翁方綱撰

四九六 二山說詩四卷 清何忠相撰 清乾隆三十一年刻本 十一行十九字小字双行同，白口，左右双边

四九七 全宋詩話十三卷 清鐘廷瑛輯 稿本

四九八 全宋詩話十二卷 清孫濤輯 稿本 清施爵跋 十行二十一字

四九九 全宋詩話十二卷 清孫濤輯 清抄本 清馮登府校並跋

五〇〇 全閩詩儁六卷 清黃日紀輯 清乾隆刻本 九行十九字，白口，四周双边

五〇一 南濠詩譜五卷 清顧九同輯 稿本 九行二十字，白口，四周双边

五〇二 拜經樓詩話一卷 清吳騫撰 稿本

五〇三 拜經樓詩話三卷 清吳騫撰 稿本

五〇四 拜經樓詩話續編二卷 清吳騫撰 清程宗伊抄本 清程宗伊校

五〇五 罨畫樓詩話八卷 清鄭景文撰 清乾隆三十六年刻本 八行二十字，黑口，左右双边

五〇六 蔭椿書屋詩話一卷 清鄭蔚撰 稿本

五〇七 青梅軒詩話二卷 清史承豫撰 清刻本 清吳騫陳鱣批點 九行二十字，白口，左右双边

五〇八 高密三李詩話不分卷 清李懷民、李憲暠、李憲喬撰 稿本 十二行三十字，無格

五〇九 重訂中晚唐詩主客圖說一卷 清李懷民撰 清道光二年李蓮抄本 九行二十字，無格

五一〇 偶論四名家詩四卷 清李憲喬撰 稿本 十一行二十字，無格 存二卷

五一一 閒遊詩話三卷喙書亭集錄一卷苹經堂集錄一卷 清徐永祚撰 清乾隆刻本 十行二十一字，黑口，左右双边

五一二 藝苑名言八卷 清蔣瀾輯 清乾隆四十年蔣氏懷谷軒刻本 八行十六字，白口，四周单边

五一三 藝苑名言八卷 清蔣瀾輯 清乾隆五十六年懷古軒刻本 八行十六字，白口，左右双边

五一四 廣聲調譜二卷 清李汝襄輯 清乾隆四十二年刻本 九行二十一字，白口，四周双边

五一五 賦話十二卷 清李調元撰 清乾隆四十三年刻本 九行二十字，白口，左右双边

五一六 龍山詩話十二卷 清雷國楫撰 清乾隆四十三年味經堂刻本 七行十五字，白口，左右双边

五一七 梧門詩話十二卷八旗詩話一卷 清法式善撰 稿本 清法式善注之遛跋 十二行二十四字，黑格，四周单边；八旗詩話九行二十四字，無格 存九卷 梧門詩話存一至七、十二 八旗詩話全

五一八 古今詩話選雋二卷 清盧衍仁輯 清抱青閣刻本 八行十八字，白口，四周双边

五一九 古今詩話探奇二卷 清蔣鳴珂輯 清乾隆刻本 八行十八字，白口，四周双边

五二〇 歷代賦話十四卷續歷代賦話十四卷 清浦銑輯 復小齋賦話二卷 清浦銑撰 清乾隆五十三年復小齋刻本 十一行二十一字，白口，左右双边

五二一 文香亭筆談四卷 清阮元撰 清嘉慶五年阮氏琅嬛仙館刻本 十一行二十字，白口，四周双边

五二二 朱欽山千金譜二十九卷三韻易知十卷 清朱燮撰 清乾隆五十五年尚恕齋刻本 九行二十一字白口左右双边
五二三 詩剩一卷 清王毓芝輯 清抄本 九行十八字黑格
五二四 蘭言萃腋十卷拾遺二卷 清吳展成撰 稿本 清沈蓮校並跋 九行十七字
五二五 魚計軒詩話不分卷 清計發撰 清抄本 十二行二十二字無格
五二六 閩川詩話口口卷 清梁章鉅撰 清賭棋山莊抄本 清謝章鋌跋 十行二十四字紅格白口四周双边版心上印賭棋山莊
五二七 眉山詩案廣證六卷 清張鑑撰 清抄本 九行二十三字黑格
五二八 匏廬詩話三卷 清沈濤撰 清道光二十年刻本 十一行二十字黑口四周单边
五二九 香石詩話四卷 清黃培芳撰 清嘉慶十五年嶺海樓刻本 八行十六字白口四周双边
五三〇 詩法舉要不分卷 清黃培芳撰 稿本 九行十八字無格
五三一 香雪園詩話六卷 清王賦撰 清抄本 十行二十一字無格
五三二 竹間詩話八卷 清武大士撰 稿本 十六行二十七至三十二字不等無格
五三三 春陵館詩話口口卷 清周昌基撰 清郭麐抄本 十二行二十三字無格
存四卷 二至五
五三四 尊西詩話未定草不分卷 清張曰斑撰 稿本 十行行字不一綠格白口四周双边

二三

五三五 昭昧詹言節錄四卷 清方東樹撰 方宗誠輯 清抄本 十行二十五字無格
五三六 卧園詩話四卷補編二卷 清潘煥龍撰 消陽送別詩
一卷 清張廷澍等撰 韻芳閣吟稿一卷 清潘煥棠撰 浣芳
閣吟稿一卷 清潘煥吉撰 碧筠樓吟稿一卷 清楊清材
撰 清抄本 九行二十字無格
五三七 詩苑雅談三卷 清羅以智撰 稿本 十行二十四字白口四周双边
五三八 詩苑雅談五卷 清羅以智撰 稿本 清丁丙跋
五三九 櫂寮詩話三卷 清姚椿撰 稿本 十行二十二字紅格
五四〇 倚劍詩譚不分卷 清黃裔撰 稿本
五四一 歷體詩話二十二卷 清楊東杷撰 清張爾耆抄本 十行二十一字藍格
五四二 寄心盦詩話不分卷 清符葆森撰 稿本 七行十九字紅格
五四三 韻語雜記十七卷 清柳青源撰 稿本 清徐達源跋 九行二十一字黑格
五四四 詩箋筆記一卷 清翁葆庵撰 稿本 清溫綸跋 十行二十一字無格
五四五 酌雅堂駢體文評語不分卷 清莫枝樸卜貞甫等評 稿本
五四六 陔南山館詩話十卷 清魏秀仁撰 稿本 九行二十一字無格
五四七 陔南山館詩話十卷 清魏秀仁撰 清抄本 九行二十一字無格
五四八 春雪亭詩話一卷 清徐熊飛撰 清咸豐十年夢花軒抄本 十行二十四字黑格白口四周单边版心下鐫夢花軒
五四九 鄉詩摭譚正集十卷首一卷續集十卷 清楊希閔撰 清抄本 十一行二十三字小紅格
五五〇 冠悔堂詩評選一卷書評選一卷 清楊浚撰 稿本 九行二十二字紅格上紅口左右双边
五五一 伯山詩話三續集二卷四續集二卷 清康發祥撰 清咸豐十年刻本 清康發祥校跋 楊葆光批校並跋 十一行二十四字黑口左右双边
五五二 濂亭評文一卷 清張裕釗撰 稿本
五五三 歷代詩話十二卷 清石林鳳輯 清抄本 九行二十二字白口
五五四 海天琴思錄八卷 清林昌彝輯 清抄本 十行二十四字藍格
五五五 復莊詩評不分卷 清陶方琦撰 稿本
五五六 越縵堂詩話一卷 清李慈銘撰 稿本 九行三十至三十二字紅格四周双边
五五七 雪橋詩話餘集八卷 清楊鍾羲撰 稿本 十二行二十五字紅格紅口左右双边
五五八 蘇亭詩話六卷 清張道撰 清張預抄本
五五九 閩川閨秀詩話續一卷 清丁蕓撰 清光緒楊滋輝抄本 十二行二十六字白口四周双边

二四

五六〇 蛟川詩話四卷 清張懋延撰 清抄本
五六一 松兆堂讀詩隨筆九卷 清丁紹恩撰 清抄本
五六二 騷餘賸錄十卷 清周琰圻撰 稿本 六行二十五字紅格
五六三 湘綺老人論詩冊子一卷 王闓運撰 稿本 夏壽田冒廣生等跋
五六四 文章溯原 章炳麟撰 稿本
五六五 金石三例十五卷 清盧見曾編 清乾隆二十年盧見曾刻本 十行二十二字白口左右双边
金石例十卷 元潘昂霄撰 金石要例一卷 清黃宗羲撰 墓銘舉例四卷 明王行撰
五六六 金石三例十五卷 清盧見曾編 清乾隆二十年盧見曾刻本 金石例清顧廣圻校 尊試鏐跋 墓銘舉例清黃丕烈校
五六七 金石三例十五卷 清盧見曾編 清乾隆二十年盧見曾刻本 清王芑孫校並跋
五六八 金石三例十五卷 清盧見曾編 清乾隆二十年盧見曾刻本 清王芑孫批注 清王鎣錄
五六九 金石三例十五卷 清盧見曾編 清乾隆二十年盧見曾刻本 清佚名錄 清王芑孫批點
五七〇 金石三例十五卷 清盧見曾編 清乾隆二十年盧見曾刻本 清闕應陞跋並錄佚名及姚樗寮批點
五七一 金石三例十五卷 清盧見曾編 清乾隆二十年盧見曾刻本 清潘仕紱批校並手書李淦文章精義一卷
五七二 金石三例十五卷 清盧見曾編 清嘉慶十六年饒句宗刻本 清王鎣錄王芑孫批 十行二十二字白口左右双边

金石三例十五卷 清盧見曾編 清嘉慶十六年[illegible]刻本 清[illegible]校並跋 五七三

存二種五卷 墓銘舉例四卷 明王行撰 金石要例一卷 清黄宗羲撰

金石三例十五卷 清盧見曾編 王芑孫評點 清光緒抄本 清馮[illegible]元 馮[illegible]光跋 十行二十字無格 五七四
金石例十卷 元潘昂霄撰 墓銘舉例四卷 明王行撰
金石要例一卷 清黄宗羲撰

校補金石例四種十七卷 清李瑤編 清道光十二年李瑤泥活字印本 九行二十字黑口左右雙邊 五七五
金石例十卷 元潘昂霄撰 墓銘舉例四卷 明王行撰
金石要例一卷 清黄宗羲撰 金石例補二卷 清郭麐撰

校補金石例四種十七卷 清李瑤編 清道光十二年李瑤泥活字印本 清王[illegible]並跋 五七六

蒼崖先生金石例十卷 元潘昂霄撰 元刻本 九行十八字白口四周雙邊 存六卷 一至六 五七七

蒼崖先生金石例十卷 元潘昂霄撰 明初刻本 清顧廣圻校 十行二十字黑口四周雙邊 五七八

蒼崖先生金石例十卷 元潘昂霄撰 明刻本 十行二十二字黑口、四周雙邊 五七九

蒼崖先生金石例十卷 元潘昂霄撰 明刻本 清金錫鬯跋 五八〇

蒼崖先生金石例十卷 元潘昂霄撰 明刻本 清丁丙跋 五八一

蒼崖先生金石例十卷 元潘昂霄撰 明刻本 別卷附錄一卷 清抄本 清顧廣圻校並跋 十行二十二字白口四周雙邊 五八二

蒼崖先生金石例十卷 元潘昂霄撰 明[illegible]刻本 十行二十二字白口四周雙邊 五八三

蒼崖先生金石例十卷 元潘昂霄撰 明刻本 九行十九字白口四周單邊 存五卷 三至八 五八四

蒼崖先生金石例十卷 元潘昂霄撰 清[illegible]抄本 十行二十二字小字雙行同白口四周單邊 五八五

蒼崖先生金石例十卷 元潘昂霄撰 清初抄本 九行二十二字黑格 五八六

蒼崖先生金石例十卷 元潘昂霄撰 清抄本 十行二十二字無格 五八七

蒼崖先生金石例十卷 元潘昂霄撰 清抄本 十行二十二字無格 五八八

蒼崖先生金石例十卷 元潘昂霄撰 清抄本 九行二十二字小字雙行同無格 五八九

蒼崖先生金石例十卷 元潘昂霄撰 清抄本 清姚尹題識 九行二十至二十二字無格 五九〇

蒼崖先生金石例十卷 元潘昂霄撰 清抄本 清丁丙跋 五九一

蒼崖先生金石例十卷 元潘昂霄撰 清吳興姚氏疇守齋抄本 清姚宗申[illegible]校跋 十行二十二字無格 五九二

墓銘舉例三卷 明王行撰 明抄本 九行二十二字 五九三

墓銘舉例四卷 明王行撰 清初抄本 秦更年跋 九行二十二字無格 五九四

墓銘舉例四卷 明王行撰 清吳焯抄本 五九五

墓銘舉例四卷 明王行撰 清乾隆二十年盧見曾雅雨堂刻金石三例本 清顧廣圻跋並臨黄丕烈錄惠棟批校 十一行二十二字白口左右雙邊 五九六

金石要例一卷 清黄宗羲撰 清[illegible]山堂抄本 五九七

碑版文廣例十卷 清王芑孫撰 清道光二十一年王[illegible]等刻本 清傅以禮批注 十行二十字小字雙行同白口左右雙邊 五九八

碑版文廣例十卷 清王芑孫撰 清抄本 十行二十字無格 五九九

漢魏六朝志墓金石例三卷庶人志墓諸例一卷附論一卷 清吳鎬撰 清嘉慶十七年蟫波閣刻本 十行二十一字白口左右雙邊 六〇〇

金石綜例四卷 清馮登府撰 稿本 九行二十五字 六〇一

金石綜例四卷 清馮登府撰 稿本 十行二十三字 六〇二

金石綜例四卷 清馮登府撰 清道光刻本 清李慈銘批校 十一行二十三字黑口左右雙邊 六〇三

漢石例六卷 清劉寶楠撰 稿本 十行二十三字 六〇四

漢石例六卷 清劉寶楠撰 稿本 十二行二十八字 六〇五

集部　詩文評

書名編號	收藏单位代號					
一	0201					
二	0101					
三	0101	0141	[illegible]	[illegible]		
四	1601					
五	0101					
六	0101	0143	0201	1881		
七	0201					
八	0101					
九	0101					
一〇	0241					
一一	0101	[illegible]	[illegible]	0197	1101	2541
一二	0101					
一三	1461					
一四	0143	0906				
一五	1642					
一六	2445					
一七	0101					
一八	1628					
一九	0201	0241	[illegible]	1341	1541	1641
	1701	1801	[illegible]	2003	[illegible]	
二〇	0141					
二一	0142	0143	0146	0150	0161	0198
	0201	0301	0509	0642	0782	0841
	1501	1502	1582	1586	1603	1605
	1606	1801	1881	1901	2201	2204
	2541	2601	2602	2741		
二二	1601					
二三	0241					
二四	0101					
二五	0141	1441	1741	2302	2401	
二六	0102	0142	0144	0145	0181	0201
	0243	0342	0402	0542	0703	0842

書名編號	收藏单位代號					
	0942	2001	2342	2401	2501	2701
	2901					
二七	0241	0301	1701			
二八	0101	0141	0142	0144①	0161	0164
	0181	0182	0201	0241	0301	0481
	0701	0801	0803	0841	0842	1045
	1082	1641④	1704	1881③	1901	2201
	2301	2543	2701	2742		
二九	0142	0201				
三〇	1541					
三一	1541					
三二	0101	0143	0201			
三三	1501					
三四	[illegible]	0158	0321	[illegible]	0842	[illegible]
	[illegible]	[illegible]	1042	2003	2203	2341
	2501	[illegible]				
三五	0101					
三六	1741					
三七	2541					
三八	0201					
三九	0201					
四〇	2314					
四一	2561					
四二	0101					
四三	1705					
四四	0171					
四五	0201					
四六	0201					
四七	0101					
四八	1601					
四九	0101					
五〇	0101					
五一	0101					

書名編號	收藏单位代號					
五二	1601					
五三	0101					
五四	0101					
五五	0101					
五六	1705					
五七	0141					
五八	1601					
五九	1684					
六〇	0101					
六一	0101					
六二	0101					
六三	0101					
六四	2542					
六五	0101					
六六	0141					
六七	0101					
六八	0101					
六九	0101					
七〇	0101					
七一	0101					
七二	1601					
七三	0101					
七四	0201					
七五	0101					
七六	1601					
七七	2401					
七八	0101	0141	0163⊗	0197	0198	0201
	0241	0242	0301	0842	1101	1501⊗
	1601	1689	1701	1704	1705⊗	2343
	2501	2702	2782			
七九	1601					
八〇	0101					
八一	0164					

書名編號	收藏单位代號					
八二	1601					
八三	0101					
八四	0101					
八五	1701					
八六	0141					
八七	0201					
八八	0101					
八九	0101					
九〇	0101	0143	0146	0164	0198	0201
	0501	0701⊗	0841	0941	1501	1581
	1601	1705	1741	1901	1981	2201⊗
	2401⊗	2701	2762	2742	2782	
九一	0101	0141	0144	0161	0163	0201
	0242	0341	0701	1601	1681	1701
	2541	2702				
九二	0201					
九三	1601					
九四	0201					
九五	0144	0163	0184	0193	0198	0246
	0404	0701	0801	0803	0841	0894
	1601	1627	1901	2241	[illegible]	2302
	2401	2501	2741	2841		
九六	1101					
九七	0141	0164	0201	0801	1705⊗	2201⊗
	2541⊗	2702				
九八	0101					
九九	0198					
一〇〇	1601					
一〇一	0201					
一〇二	0101	0141	0201	0592	0841⊗	1716⊗
	2042	2541	2701	2702		
一〇三	1601					
一〇四	2702					

書名編號	收藏單位代號					
一〇五	0101					
一〇六	1601					
一〇七	1701					
一〇八	0101					
一〇九	1501					
一一〇	0101					
一一一	0101					
一一二	1601					
一一三	0101					
一一四	0101					
一一五	0101					
一一六	0101					
一一七	1601					
一一八	0201					
一一九	0101					
一二〇	0141					
一二一	0141					
一二二	0101					
一二三	0161					
一二四	0102	0146	0150	0198	[illegible]	0701
	0741	0902	0903	1141	1712	2001
	2041	2043	2201	2202	2301	2302
	2341	2342	2401	2501	2541	2561
	2583					
一二五	0101					
一二六	0101					
一二七	0101					
一二八	0201					
一二九	0801					
一三〇	0150					
一三一	0703					
一三二	0201					
一三三	0101					
一三四	1501					

表三

書名編號	收藏單位代號					
一三五	0101					
一三六	0101					
一三七	0201					
一三八	0242					
一三九	0101					
一四〇	2501					
一四一	2401					
一四二	0101					
一四三	0101					
一四四	0101	0164	0201	0701	0741	1501
	1501⊗	[illegible]	1701	2702		
一四五	0101	0201	1705	2901		
一四六	1601					
一四七	0101					
一四八	0101	1541	1901	2541		
一四九	0201	0341	2441	2561	2702	
一五〇	0101	0201				
一五一	0503	0802				
一五二	2543					
一五三	0201					
一五四	0143	0144	0341	2201		
一五五	0101					
一五六	0141	2401				
一五七	1705					
一五八	0201					
一五九	0161					
一六〇	0201	0703				
一六一	0101					
一六二	1601					
一六三	0141					
一六四	0141⊗	0201				
一六五	0101	0141	0163	0201	1605	2702
一六六	0201					
一六七	0101					

書名編號	收藏單位代號		
一六八	0101	1606	
一六九	0201	1701	
一七〇	1601		
一七一	2741		
一七二	0101		
一七三	0101⊗	1105	
一七四	1705		
一七五	0101		
一七六	1601		
一七七	0101		
一七八	0241		
一七九	0101		
一八〇	1601		
一八一	0101		
一八二	0101		
一八三	0101		
一八四	0101		
一八五	0101		
一八六	0101		
一八七	0101	0141	0201
一八八	0701		
一八九	0101		
一九〇	0841		
一九一	0101		
一九二	0201		
一九三	1601		
一九四	0101		
一九五	0201		
一九六	1601		
一九七	0101		
一九八	0101		
一九九	0101		
二〇〇	0101		

表四

書名編號	收藏單位代號					
二〇一	0101					
二〇二	0101					
二〇三	0101					
二〇四	0101					
二〇五	0101					
二〇六	0101					
二〇七	0101					
二〇八	0101	0141	0150	0161	0163	0201
	0242	1511	1606	1705	2702⊗	
二〇九	1601					
二一〇	0201	2501				
二一一	0101					
二一二	0101	1601				
二一三	1701					
二一四	0141					
二一五	0141	[illegible]				
二一六	0143	[illegible]				
二一七	0102	0841	2701	2702		
二一八	0291	[illegible]	[illegible]			
二一九	0144	[illegible]	[illegible]			
二二〇	0201					
二二一	1605					
二二二	0101					
二二三	0141					
二二四	0101					
二二五	0201					
二二六	0101					
二二七	0141					
二二八	1601					
二二九	0201					
二三〇	1601					
二三一	0101					
二三二	1701					
二三三	0101					

書名編號	收藏單位代號					
二三四	1521					
二三五	0201					
二三六	0141					
二三七	1605					
二三八	0101					
二三九	1501					
二四〇	0141					
二四一	1601					
二四二	1601					
二四三	0101					
二四四	0101					
二四五	1705					
二四六	0101	0201				
二四七	1601					
二四八	0201					
二四九	0101					
二五〇	0101					
二五一	0101					
二五二	0101					
二五三	1501					
二五四	1705					
二五五	2201					
二五六	0101	0163①				
二五七	0101					
二五八	0102	0142	0201⑧	1615①	1741	2201⑧
	2441	2542				
二五九	0101					
二六〇	1641					
二六一	1605					
二六二	1705					
二六三	0141	1705				
二六四	1844					

書名編號	收藏單位代號					
二六五	0101					
二六六	0150					
二六七	0101					
二六八	0101⑧	0301				
二六九	1627					
二七〇	0509	0701				
二七一	2701					
二七二	0201					
二七三	0101					
二七四	0101					
二七五	0141	0342				
二七六	0201					
二七七	0201					
二七八	0101⑧	1601	2701⑧			
二七九	1705					
二八〇	0201	2701				
二八一	2701					
二八二	1601					
二八三	1501					
二八四	0101					
二八五	0191					
二八六	2941					
二八七	1605	1705				
二八八	2702					
二八九	0102	0701				
二九〇	1581					
二九一	1001⑧	1881				
二九二	0101	0143	0164	0201	0242	0342
	2541					
二九三	0841	2702				
二九四	2941					
二九五	1705					
二九六	0141					
二九七	0802	0861	2301	2541		

書名編號	收藏單位代號					
二九八	0145					
二九九	2561					
三〇〇	0101					
三〇一	0141	1705				
三〇二	0101					
三〇三	0201					
三〇四	0101					
三〇五	0161	1501				
三〇六	0101	0102	0141	0144	0198	0201
	0342	1701	1861	1881	1743	2542
三〇七	0301					
三〇八	0201	1587	2501			
三〇九	1701	2701				
三一〇	0101					
三一一	0141					
三一二	2381					
三一三	0161	2441				
三一四	1601					
三一五	0142					
三一六	0191①	[illegible]	1901			
三一七	1601					
三一八	0101					
三一九	0201					
三二〇	0198	0341	0342	0520⑧	0541	0841
	1701	2702				
三二一	0181⑧	1601⑧				
三二二	0181	0841	0941⑧	1601⑧	1701	
三二三	0101					
三二四	0201					
三二五	0841					
三二六	0144	0197				
三二七	0101⑧	0142	1881			

書名編號	收藏單位代號					
三二八	0101	1801⑧				
三二九	0201					
三三〇	0841					
三三一	0144	1641	1741⑧			
三三二	0201					
三三三	1881					
三三四	0141					
三三五	0142					
三三六	0142	1606				
三三七	2001					
三三八	0201					
三三九	0146					
三四〇	0101					
三四一	0161					
三四二	1501					
三四三	0701					
三四四	0241					
三四五	0101	0163				
三四六	0101	0141	0142	0150	0161	0181
	0201	0342	1101	1501	[illegible]	[illegible]
	2702					
三四七	1501					
三四八	0101	1741	2702			
三四九	0101	2702⑧				
三五〇	0101					
三五一	0101	0102	0121	0142	0161	0163
	0301	0520	0841	1605	1702	2201⑧
	2301					
三五二	1601					
三五三	0201					
三五四	0241					
三五五	0101					
三五六	1701					

書名編號	收藏單位代號					
三五七	0701					
三五八	1601					
三五九	010[illegible]⊗	0181	1541⊗			
三六〇	0[illegible]1					
三六一	0141	[illegible]	0145	0146	0161	0163
	[illegible]	[illegible]	0341	0801	0841	1601
	[illegible]	1705	[illegible]	2541	2701	2741
	[illegible]					
三六二	[illegible]	[illegible]	[illegible]	[illegible]	1557	1601
三六三	[illegible]					
三六四	[illegible]					
三六五	0101	[illegible]	[illegible]	[illegible]	0164	0201
	[illegible]	1601	[illegible]	[illegible]	1642	2141
	2702					
三六六	[illegible]					
三六七	[illegible]					
三六八	[illegible]					
三六九	[illegible]					
三七〇	[illegible]					
三七一	1701					
三七二	1601					
三七三	2201					
三七四	0201					
三七五	1701					
三七六	0201					
三七七	0101					
三七八	1682					
三七九	0801					
三八〇	1601					
三八一	0201					
三八二	0201					
三八三	2561					

卷七

書名編號	收藏單位代號					
三八四	2542					
三八五	0142⊗	2901				
三八六	0198					
三八七	0101					
三八八	0141	0142	0144	0150	0242	2401
	2602					
三八九	0641					
三九〇	0102	0542	0901	2301	2302	2501
	2703					
三九一	0201					
三九二	1501					
三九三	0201					
三九四	0141					
三九五	0131					
三九六	0142					
三九七	2301	2542				
三九八	1501					
三九九	0161					
四〇〇	0101	0141	0142	0163	0243	[illegible]
	1841	2001	2041			
四〇一	0201					
四〇二	0145	0161				
四〇三	0101	0242				
四〇四	2001					
四〇五	0241					
四〇六	0251					
四〇七	0101⊗	0141	1616	1701⊗	1705	[illegible]⊗
四〇八	0101	1601	1701	1901	2301	
四〇九	0243					
四一〇	0291	0842	1158	2341	2301	2547⊗
四一一	0141	0161	0163	0201		
四一二	2001					

書名編號	收藏單位代號					
四一三	0201					
四一四	0342	1241				
四一五	[illegible]					
四一六	0241					
四一七	[illegible]					
四一八	[illegible]					
四一九	[illegible]					
四二〇	0142	[illegible]	[illegible]	2301	2542	
四二一	[illegible]					
四二二	2301					
四二三	[illegible]	2343				
四二四	[illegible]	[illegible]	[illegible]	[illegible]		
四二五	[illegible]					
四二六	[illegible]	[illegible]	[illegible]	2206		
四二七	[illegible]	[illegible]	[illegible]	[illegible]	[illegible]	1841
	[illegible]	[illegible]	[illegible]	[illegible]	2341	[illegible]
四二八	[illegible]					
四二九	[illegible]	[illegible]	[illegible]			
四三〇	[illegible]					
四三一	[illegible]					
四三二	2001					
四三三	[illegible]					
四三四	2782					
四三五	0201	2782				
四三六	0141	0142	0143			
四三七	0101	0142⊗	0198	0243	0301	0342
	0842	0861	1141	1561	2042	2301
	2342	2401	2501	2702		
四三八	1601					
四三九	0201					
四四〇	0101	0102	0141	2301		

卷八

書名編號	收藏單位代號					
四四一	0141	0142	0161			
四四二	0141	0142	0161	0173	0342	1141
	1718	1841	2342	2542	2601	
四四三	1581					
四四四	0201					
四四五	0101					
四四六	0241					
四四七	2301					
四四八	0201					
四四九	0142	0161	2501⊗			
四五〇	0101					
四五一	0201					
四五二	0102					
四五三	0201					
四五四	0197					
四五五	1801					
四五六	1001					
四五七	0181					
四五八	0181					
四五九	0162	0181	0701	0803	0901	1141
	2301	2341	2342	2343	2401	2642
	2644	2944				
四六〇	0201⊗					
四六一	0241					
四六二	0142	1891				
四六三	1665	1843				
四六四	0241					
四六五	0101					
四六六	0141					
四六七	0150					
四六八	1501					
四六九	0101	1605				

書名編號	收藏單位代號
四七〇	2702
四七一	0141 2301
四七二	0242
四七三	0101
四七四	0201
四七五	1201
四七七	0101
四七八	1601
四七九	0142
四八〇	0141
四八一	0142 0163 0741 2002 2401 2541
四八二	2441
四八三	0201
四八四	0942
四八五	0241
四八六	0101
四八七	0251
四八八	1711 2001 2326 2383 2601 2644
四八九	0142
四九〇	1601
四九一	0291
四九二	0163
四九三	0141 0201
四九四	0101 0142 0642 0701 1042 1778 2301 2501 2561⊗ 2701 2781
四九五	0241
四九六	0144 0163 2001 2301
四九七	0102
四九八	0201
四九九	0142

表九

書名編號	收藏單位代號
五〇〇	0150 2041
五〇一	0141
五〇二	0201
五〇三	0201
五〇四	1601
五〇五	0142
五〇六	2901
五〇七	0201
五〇八	1581
五〇九	0341
五一〇	1142
五一一	2001 2041
五一二	0142 2002 2301
五一三	0141
五一四	0843 1806
五一五	0942
五一六	0173
五一七	0101
五一八	0741
五一九	0141 1041 2441
五二〇	0141 0142 0942
五二一	2401
五二二	0525 2241
五二三	0201
五二四	0241
五二五	0581
五二六	2351
五二七	0201
五二八	0104
五二九	0101
五三〇	2501
五三一	0201

書名編號	收藏單位代號
五三二	0301
五三三	0201
五三四	1502
五三五	1802
五三六	0342
五三七	1701
五三八	1601
五三九	0201
五四〇	1101
五四一	0201
五四二	0241
五四三	0201
五四四	0201
五四五	1701
五四六	0153
五四七	0201
五四八	0241
五四九	0101
五五〇	2001
五五一	0241
五五二	0241
五五三	0842
五五四	0141
五五五	1701
五五六	2541
五五七	0198
五五八	1701
五五九	0145
五六〇	1701
五六一	1701

表十

書名編號	收藏單位代號
五六二	0341
五六三	2461
五六四	0201
五六五	0441 0505 0741 1803 2242 2341 2541
五六六	0141
五六七	0201
五六八	1101
五六九	0241
五七〇	0101
五七一	0201
五七二	0201
五七三	1601⊗
五七四	0841
五七五	0301 1501⊗ 1801⊗ 2201 2446 2541
五七六	1601
五七七	0101
五七八	0201
五七九	0101 0141
五八〇	0101
五八一	1601
五八二	0101
五八三	0201
五八四	0141
五八五	0542
五八六	0201
五八七	0101
五八八	0241
五八九	0101
五九〇	0301

書名編號	收藏單位代號	
五九一	1601	
五九二	0141	
五九三	0201	
五九四	0242	
五九五	0201	
五九六	0101	
五九七	0201	
五九八	[illegible]	
五九九	[illegible]	
六〇〇	[illegible]	0841
六〇一	0201	
六〇二	[illegible]	
六〇三	[illegible]	
六〇四	[illegible]	
六〇五	[illegible]	

表一一

短篇

一 虞初志三十二卷 明弦歌精舍如隱草堂刻本 八行十五字白口左右雙邊
續齊諧記一卷 題梁吳均撰
離魂記一卷 唐陳鴻撰
柳毅傳一卷 唐李朝威撰
長恨傳一卷 唐陳鴻撰
周秦行記一卷 唐韋瓘撰
南柯記一卷
廣陵妖亂志一卷
南岳魏夫人傳一卷
謝小娥傳一卷 唐李公佐撰
李娃傳一卷 唐白行簡撰
霍小玉傳一卷 唐蔣防撰
非煙傳一卷 唐皇甫枚撰
東城老父傳一卷
異聞錄一卷
蔣琛傳一卷
白猿傳一卷
集異記二卷 唐薛用弱撰
虬髯客傳一卷 題唐張說撰
紅線傳一卷
韋安道傳一卷
枕中記一卷 唐沈既濟撰
嵩岳嫁女記一卷
崔少玄傳一卷
無雙傳一卷
揚娼傳一卷
鶯鶯傳一卷 唐元稹撰
柳氏傳一卷
高力士外傳一卷 唐郭湜撰
古鏡記一卷 唐王度撰
任氏傳一卷
東陽夜怪錄一卷

二 虞初志二十卷 明弦歌精舍鳳橋別墅刻本 八行十五字白口左右雙邊
續齊諧記一卷 題梁吳均撰
枕中記一卷 唐沈既濟撰
高力士外傳一卷 唐郭湜撰
東城老父傳一卷
集異記二卷 唐薛用弱撰
嵩岳嫁女記一卷
虬髯客傳一卷 題唐張說撰
柳毅傳一卷 唐李朝威撰
韋安道傳一卷
古鏡記一卷 唐王度撰
周秦行紀一卷 唐韋瓘撰
蔣琛傳一卷
白猿傳一卷
東陽夜怪錄一卷
廣陵妖亂志一卷
離魂記一卷
異聞錄一卷
南柯記一卷
任氏傳一卷

三 虞初志七卷 明袁宏道評 明凌性德刻朱墨套印本 八行十九字白口四周單邊

四 虞初志八卷 明凌氏刻朱墨套印本 八行十九字白口四周單邊

五 虞初志八卷 明湯顯祖評點 續四卷 明湯顯祖輯 明末刻本 九行十九字白口四周單邊

六 廣虞初志四卷 明鄧喬林輯 明末刻本 九行十九字白口四周單邊

七 新刊項橐小兒論彙纂張子房歸山詩選一卷 明書林徐崙成刻本 上欄十一行七字 下欄十行十六字白口四周單邊

八 新編宋文忠公蘇學士東坡詩話二卷 清二酉堂刻本 十一行二十五字白口四周雙邊有圖

九 彙纂較正解學士詩選一卷 明書林鄭雲竹刻本 上欄十行七字 下欄十行十八字白口四周單邊

一〇 飛燕外傳一卷 題漢伶玄撰 清吳氏古歡堂抄本 九行十八字無格

一一 梅妃傳一卷 清吳氏古歡堂抄本 九行十八字無格

一二 綠珠傳一卷 宋樂史撰 清初抄本 十行十八字

一三 楊太真外傳二卷 題宋樂史撰 明正德嘉靖間顧元慶刻陽山顧氏文房小說本 清趙宗建校並跋 十行十八字白口左右雙邊

一四 楊太真外傳二卷 題宋樂史撰 清吳氏古歡堂抄本 清吳翌鳳校並跋 九行十八字無格

一五 楊太真全紀四卷圖一卷 明李九標編 明刻本 八行十八字白口四周單邊 存二卷 三至四

一六 唐貴妃楊太真全史三卷 題西湖梅道人補輯 明末刻本 九行二十字白口左右雙邊

一七 增編會真記四卷 明顧玄緯輯 明隆慶三年顧氏衆芳書齋刻本 十行二十字白口左右雙邊

一八 重刊會真記辯一卷 明弘治十六年蔡蘇刻本 九行十六字黑口四周雙邊

一九 李師師外傳一卷附錄一卷 清道光七年黃廷鑑抄本 清黃廷鑑跋 十行二十二字無格

二〇 宮豔二卷 題西吳酒國主人輯並註 明刻朱墨套印本 八行十八字白口四周單邊

二一 新刊奇見異聞筆坡叢脞一卷 明曾棨撰 明弘治十七年書林江氏宗德堂刻本 十四行二十四字黑口四周雙邊

二二 剪燈新話四卷 明瞿佑撰 剪燈餘話四卷 明李昌祺撰 明刻本 十行十九字白口左右雙邊

二三 新刊京傳足本剪燈新話二卷 明瞿佑撰 新刊校正足本剪燈餘話二卷 明李昌祺撰 明張光啟刻本 十六行三十字白口四周單邊有圖 存新話卷二下半卷、餘話全

二四 剪燈叢話十二卷 明末刻本 九行二十字白口左右雙邊

二五 綠窗新話二卷 題皇都風月主人撰 明抄本 十行二十字藍格 存一卷 上

二六 新刻京臺公餘勝覽國色天香十卷 明吳敬所輯 清初光霽堂刻本 上欄十六行十四字 下欄十五行十六字白口四周單邊

二七 幽怪詩譚六卷 題碧山臥樵撰 有圖 明崇禎刻本 九行二十字白口左右雙邊

二八 幽怪詩譚六卷 題碧山臥樵撰 柯菴居士評 清抄本 九行二十字無格

二九 重刻增補燕居筆記十卷 明何大掄編 明崇禎六年金陵書林李澄源刻本 上欄十五行十三字 下欄十三行十五字白口四周單邊

三〇 聊齋志異十六卷 清蒲松齡撰 王士禛評 清乾隆三十一年趙起杲青柯亭刻本 九行二十一字黑口左右雙邊

三一 聊齋志異十六卷 清蒲松齡撰 王士禛評 清乾隆三十一年趙起杲青柯亭刻本 清徐康批校并跋

三二 聊齋志異不分卷 清蒲松齡撰 稿本 九行字不等

存二百三十一篇

聊齋誌異十二卷 清蒲松齡撰 清乾隆嶠湖鑄雪齋抄本 十行字不等 深口左右雙邊 三三

聊齋志異二十四卷 清蒲松齡撰 清抄本 三四

聊齋續志□卷 清吳元楫撰 稿本 三五

豆棚閒話十二卷 題艾衲居士撰 清初刻本 九行二十二字白口四周單邊有圖 三六

豆棚閒話十二卷 題艾衲居士撰 清乾隆四十六年書業堂刻本 十行二十五字白口四周單邊 三七

豆棚閒話十二卷 題艾衲居士撰 百懶道人重訂 清乾隆六十年三德堂刻本 十行二十五字白口四周單邊 三八

新訂螢窗清玩花柳佳談四卷 題煙花子評 清抄本 九行二十四字無格 三九

合刻名公案斷法林灼見二卷首一卷 題清虛子撰 明書林蕭少陽生刻本 上欄九行九字下欄十行十七字白口左右雙邊 四〇

新鐫國朝名公神斷詳刑公案八卷 明南閩浮邑劉太華刻本 十一行十八字白口四周單邊 四一

新鐫國朝名公神斷詳情公案六卷 明存仁堂陳懷軒刻本 十行十七字白口四周單邊 存三卷 四至六（卷六存五頁半） 四二

三

新刊京本通俗演義增像包龍圖判百家公案十卷一百回 明安遇時撰 明書林楊文高刻本 十三行二十四字白口四周單邊上圖下文 存五卷四十九回 卷一至五 一至四十九回 四三

新刊皇明諸司廉明奇判公案四卷 明余象斗撰 明萬曆二十六年余氏文臺刻本 十行十七字上白口下黑口四周雙邊上圖下文 四四

新刻全像海剛峯先生居官公案四卷七十一回 明李春芳撰 明萬曆三十四年金陵萬卷樓刻本 十二行二十五字白口四周單邊有圖 四五

鼎雕國朝憲臺折獄蘇冤神明公案□□卷 明刻本 十行二十四字白口四周雙邊有圖 存二卷 一二 四六

新評龍圖神斷公案十卷 清乾隆四十年書業堂刻本 九行二十字白口四周單邊 四七

龍圖剛峯公案合編十二卷 題雲崖主人編 清嘉慶十四年刻本 龍圖公案六卷 剛峯公案六卷 四八

七十二朝人物演義四十卷 明刻本 九行二十字白口四周單邊有圖 存三十五卷 一至四 十五至四十 四九

新編紅白蜘蛛小說□卷 元刻本 十一行二十字細黑口四周雙邊 存一葉 五〇

清平山堂話本二集十二種 明洪楩輯 明清平山堂刻本 十一行二十一字白口四周單邊 五一

雨窗集五種

花燈轎蓮女成佛記　曹伯明錯勘贓記　錯認屍　董永遇仙傳　戒指兒記

欹枕集七種

羊角哀死戰荊軻　生死交范張雞黍　老馮唐直諫漢文帝　漢李廣世號飛將軍　夔關姚卞弔諸葛　霅川蕭琛貶霸王　李元吳江救朱蛇

拍案驚奇三十六卷 明淩濛初（原題即空觀主人）撰 清消閒居刻本 十一行二十四字白口四周單邊有圖 五二

拍案驚奇三十六卷 明淩濛初（原題即空觀主人）撰 清蘇州松鶴齋刻本 十二行二十五字白口四周單邊 五三

二刻拍案驚奇四十卷 明淩濛初撰 明崇禎五年尚友堂刻本 十行二十字白口四周單邊 存二十二卷 一至十二、三十一至四十 五四

幻影八卷三十回 題夢覺道人、西湖浪子撰 明末刻本 九行二十字白口四周單邊 存七回 一至七 本書亦名型世奇觀，或題三刻拍案驚奇 五五

醉醒石十五回 題東魯古狂生撰 明末刻本 九行十九字白口四周單邊有圖 五六

中

醉醒石十四回 題東魯古狂生撰 明末刻清乾隆五十四年瀛經堂印本 九行十九字白口四周單邊有圖 五七

石點頭十四卷 題天然癡叟撰 明馮夢龍評 明末葉敬池刻遞修本 九行二十字白口四周單邊 五八

石點頭十四卷 題天然癡叟撰 明馮夢龍（原題墨憨主人）評 清同人堂刻本 十一行二十二字白口四周單邊 五九

石點頭十四卷 題天然癡叟撰 明馮夢龍（原題墨憨主人）評 清帶月樓刻本 十一行二十二字白口四周單邊 六〇

今古奇觀四十卷 明題抱甕老人輯 清初刻本 十一行二十三字白口四周單邊 六一

拾珥樓新鐫繡像小說一枕奇二卷八回 題華陽散人輯 清留東坊刻本 八行二十字白口四周單邊 六二

拾珥樓新鐫繡像小說雙劍雪二卷八回 題華陽散人輯 清東吳赤綠山房刻本 八行二十字白口四周單邊 六三

西湖二集三十四卷西湖秋色一百韻一卷 明周楫撰 明末雲林聚錦堂刻本 十行二十字白口四周單邊有圖 六四

西湖佳話古今遺蹟十六卷 題墨浪子撰 清康熙金陵王衙刻五色套印本 九行二十字白口四周單邊有圖 六五

西湖拾遺四十八卷四十八篇 清陳樹基輯 清乾隆五十六年自怡軒刻本 九行二十字白口左右雙邊有圖 六六

新鐫出像批評通俗小說鼓掌絕塵四集四十回 題金木散人編 明崇禎刻本 九行二十字白口四周單邊有圖 六七
鼎刻江湖歷覽杜騙新書四卷 明張應俞撰 明刻本 九行二十字白口四周單邊有圖 六八
翡翠軒一卷 梅杏爭春一卷 明洪氏清平山堂刻本 十一行二十二字白口四周單邊 六九
闕
吳生三美集一卷 明刻本 九行十九字白口四周單邊 七一
新鐫出像小說五更風五卷十回 題五一居士人撰 清初刻本 八行二十四字白口四周單邊 七二
存四卷八回 一至四卷 一至八回
雲仙嘯五種 題天花主人編次 清刻本 九行二十字白口四周單邊 七三
拙書生禮斗登高第一冊 都家郎女裝殺淫婦二冊 張昌伯厚德免奇冤一冊 裴節女完節全夫婦一冊 一碗飯報德勝千金一冊
花幔樓批評寫圖小說生綃剪十九回 題集芙主人批評 清初活字印本 八行二十四字白口四周單邊 七四
女才子十二卷首一卷 清徐震（原題煙水散人）撰 清初刻本 八行十九字白口四周單邊有圖 七五
女才子十二卷首一卷 清徐震（原題煙水散人）撰 清乾隆大德堂刻本 八行十九字白口四周單邊有圖 七六
末
美人書四卷 清徐震撰 清順治刻本 十行二十五字白口四周單邊 七七
筆鍊閣編述五色石八卷 清徐述夔撰 清刻本 九行二十字白口四周單邊有圖 七八
覺世名言三十八回 清李漁（原題覺世稗官）撰 杜濬（原題睡鄉祭酒）評 清順治刻本 九行十九字白口四周單邊 本書又名十二樓 七九
覺世名言三十八回 清李漁（原題覺世稗官）撰 杜濬（原題睡鄉祭酒）評 清康熙消閑居印本 九行十九字白口四周單邊有圖 本書又名十二樓 八〇
無聲戲合集十二回 清李漁（原題覺世稗官）撰 清初刻本 馬廉跋 八行二十字白口四周單邊有圖 八一
存二回 一至二

小說類

長篇

英雄譜四卷 明刻本 三國志一百四十回目錄一卷圖一卷 水滸傳一百五回目錄一卷圖一卷 八二
英雄譜四卷 明末刻本 三國志二百四十回目錄一卷圖一卷 水滸傳一百五回目錄一卷圖一卷 八三
古本宣和遺事二卷 明刻本 九行二十字白口四周單邊 八四
宣和遺事二卷 明刻本 九行二十字白口四周單邊 八五
新刊大宋宣和遺事四卷 明金陵王氏洛川刻本 九行二十字白口四周雙邊 顧廣圻校並跋 八六
宣和遺事四卷 清修綆山房刻本 九行十八字白口左右雙邊 八七
水滸傳一百二十卷 元施耐菴撰 明刻本 十行二十二字白口四周雙邊 八八
存八卷 四十七至四十九回（卷十） 五十一至五十五回（卷十一）
李卓吾先生批評忠義水滸傳一百卷引首一卷圖 元施耐菴撰 明李贄評 明容與堂刻本 十一行二十二字白口四周單邊有圖 八九
忠義水滸傳一百卷 元施耐菴撰 羅本纂修 明李卓吾評閱 明萬曆刻清康熙五年石渠閣重修本 十二行二十四字白口左右雙邊 九〇
忠義水滸傳一百回 元施耐菴撰 明刻本 十行二十二字白口四周單邊有圖 九一
存六十六回 一至二十、二十六至七十一
忠義水滸傳一百回 元施耐菴撰 明末芥子園刻本 十行二十二字白口四周單邊 九二
忠義水滸傳一百回 元施耐菴撰 明末芥子園刻三多齋印本 十行二十二字白口四周單邊 九三
忠義水滸傳一百回 元施耐菴撰 明末刻本 十行二十二字白口四周單邊有圖 九四
存九十六回 一至四十四、四十五至九十六
新刻出像京本忠義水滸傳十卷一百十五回 元施耐菴撰 清初懷聚堂文星堂刻本 十四行三十字白口四周單邊 九五
末
新刻忠義水滸傳八卷一百十五回 元施耐菴撰 清刻本 十四行三十六字白口四周單邊 九六
忠義水滸全書一百二十回引首一卷 元施耐菴撰 明李贄評
宣和遺事一卷 清初郁郁堂刻楊定見改編本 十行二十二字白口四周單邊有圖 九七
忠義水滸全書一百二十回引首一卷 元施耐菴撰 明李贄評
宣和遺事一卷 水滸忠義一百八人籍貫出身一卷 清初刻楊定見改編本 十行二十二字白口四周單邊有圖 九八
第五才子書施耐庵水滸傳七十五卷七十回 元施耐菴撰 清金人瑞刪評 明崇禎貫華堂刻本 八行十九字白口左右雙邊 九九
第五才子書施耐菴水滸傳七十五卷七十回 元施耐菴撰 清金人瑞刪評 明崇禎貫華堂刻本 清李尚暲跋 一〇〇
第五才子書施耐菴水滸傳七十五卷 元施耐菴撰 清金人瑞評 清初刻本 九行二十字白口左右雙邊 一〇一
評論出像水滸傳七十五卷七十回 元施耐菴撰 清金人瑞（原題王望如）評 清順治十四年醉畊堂刻本 八行十九字白口四周單邊 一〇二

水滸後傳十卷四十回 明陳忱撰 清乾隆刻本 九行二十五字白口四周雙邊 一〇三

水滸後傳八卷四十回 明陳忱撰 清紹裕堂刻本 九行二十字白口四周單邊 一〇四

新鐫施耐菴先生藏本後水滸全傳四十五回 琅玕館主人輯 清初刻本 八行二十字白口左右雙邊有圖 一〇五

水滸傳註畧二卷 清程穆衡撰 王開沃補 清道光二十五年王氏聽香館刻本 九行二十一字白口左右雙邊 一〇六

水滸傳註略二卷 清程穆衡撰 清抄本 清王開沃訂補 九行二十三字無格 一〇七

精訂綱鑑二十一史通俗衍義二十六卷四十回 清呂撫撰 清雍正活字印本 十行二十二字白口四周單邊有圖 一〇八

孫武子救孔聖雷砲興兵全傳八卷 清大盛堂刻本 十二行二十一字白口四周單邊 一〇九

新刻按鑑編纂開闢衍繹通俗志傳六卷八十回 明周游撰 王黌釋 明崇禎八年刻本 九行十八字白口四周單邊有圖 一一〇

新刻按鑑編纂開闢衍繹通俗志傳六卷八十回 明周游撰 王黌釋 明崇禎八年刻清書林麟瑞堂重修本 九行十八字白口四周單邊有圖 一一一

按鑑演義帝王御世有夏誌傳六卷按鑑演義帝王御世有商誌傳四卷 題明鍾惺撰 清嘉慶十九年稽古堂刻本 九行二十一字白口四周單邊 一一二

新鐫陳眉公先生批評春秋列國志傳十二卷 明余邵魚撰 陳繼儒評 明傳清閣粲吾刻本 十一行二十字白口四周單邊有圖 一一三

新鐫陳眉公先生批評春秋列國志傳十二卷 明余邵魚撰 陳繼儒評 明龔紹山刻本（卷八配影明抄本） 十行二十字白口四周單邊有圖 一一四

新刊京本春秋五霸七雄全像列國志傳八卷 明余邵魚撰 余象斗評林 明萬曆書林余象斗刻本 十五行二十字上白口四周雙邊有圖 一一五

新刻京本春秋五霸七雄全像列國志傳八卷 明余邵魚撰 清康熙五十三年刻本 孫楷第跋 十五行三十二字白口四周單邊 一一六

新刻史綱總會列國志傳十九卷 明余邵魚撰 清乾隆四十九年刻本 十行二十二至二十三字白口四周單邊有圖 一一七

新列國志一百八回 明馮夢龍撰 明末刻本 十行二十二字白口左右雙邊有圖 一一八

新列國志一百八回 明馮夢龍撰 明末刻賜言堂印本 十行二十二字白口左右雙邊 一一九

新列國志一百八回 明馮夢龍撰 清初刻本 十行二十二字白口左右雙邊 一二〇

新編批評後七國樂田演義十八回 清徐震（原題煙水散人）撰 清聚秀堂刻本 八行二十字白口四周單邊 一二一

新刊京本編集二十四帝通俗演義二十卷 明謝詔撰 明書林余文台刻本 十三行二十八字白口四周單邊有圖 西漢志傳十卷 卷一至十 東漢志傳十卷 卷十一至二十 一二二

新刻劍嘯閣批評西漢通俗演義八卷 明甄偉撰 新刻劍嘯閣批評東漢通俗演義十卷 明謝詔撰 明末刻本 十行二十二字白口四周單邊有圖 一二三

西漢演義六卷 明甄偉撰 東漢演義四卷 明謝詔撰 清初抚萃席刻本 十一行二十八字白口四周單邊有圖 一二四

新鐫東西晉演義十二卷五十回 明楊爾曾撰 明泰和堂刻本 十行二十四字白口四周單邊有圖 一二五

三國志通俗演義二十四卷 明羅本撰 明嘉靖元年刻本 九行十七字黑口四周雙邊 一二六

新刻湯學士校正古本按鑑演義全像通俗三國志傳二十卷 明羅本撰 湯賓尹校正 明刻本 十五行二十五字白口四周單邊有圖 一二七

新刻攷訂按鑑通俗演義全像三國志傳二十卷 明羅本撰 明天啓三年黃正甫刻本 十五行三十四字白口四周單邊 一二八

新刊校正古本出像大字音釋三國志傳通俗演義十二卷 明羅本撰 明萬曆金陵周曰校刻本 十三行二十六字白口四周單邊有圖 一二九

李卓吾先生批評三國志一百二十回 明羅本撰 明李贄評 明刻本 十行二十二字白口四周單邊有圖 一三〇

李卓吾先生批評三國志一百二十回 明羅本撰 李贄評 明末書林藜光樓植槐堂刻本 十行二十二字白口四周單邊有圖 一三一

李卓吾先生批評三國志一百二十回 明羅本撰 李贄評 清康熙藜堂刻本 十行二十二字白口四周單邊有圖 一三二

李卓吾先生批評三國志真本一百二十回 明羅本撰 李贄評 清初刻本 十行二十二字白口四周單邊 一三三

李笠翁批閱三國志一百二十回 明羅本撰 清李漁評 清兩衡堂刻本 十行二十二字白口四周單邊有圖 封面題第一才子書 一三四

三國志二十四卷一百二十回 明羅本撰 清李漁評 清初刻彩色套印本 十行二十二 一三五

十字白口四周單邊有圖
存十二卷六十回 卷一至二、七至八、十三至十九、二十一，第一至十四、二十一至四十四、六十一至九十五回、一百一至一百五四

一三六 四大奇書第一種六十卷一百二十回 明羅本撰 清毛宗崗批 杭永年評定 讀三國志法一卷 清康熙刻本 八行二十四字白口四周單邊

一三七 新刻續編三國志後傳十卷一百三十九回 題酉陽野史編次 明萬曆三十七年刻本 十二行二十八字白口四周單邊

一三八 新鍥重訂出像註釋通俗演義西晉志傳題評四卷東晉志傳題評八卷紀元傳一卷 題陳氏尺蠖齋評釋 明書林周氏大業堂刻本 十二行二十四字白口四周單邊有圖

一三九 新鍥重訂出像註釋通俗演義西晉志傳題評四卷東晉志傳題評八卷紀元傳一卷 題陳氏尺蠖齋評釋 明書林周氏大業堂刻明月樓重修本 十二行二十四字白口四周單邊有圖

一四〇 北史演義六十四卷南史演義三十二卷 清杜綱撰 許寶善批評 清乾隆五十八年刻本 九行二十字白口左右雙邊有圖

一四一 精繡通俗全像梁武帝西來演義十卷四十回 題天花藏主人編 清康熙余郁生永慶堂刻本 十行二十七字白口四周單邊

一四二 後三國石珠演義三十回 題梅溪遇安氏撰 清初畊書屋刻本 八行二十字白口四周單邊有圖

一四三 鐫楊升菴批點隋唐兩朝史傳十二卷一百二十回 明羅本編 楊慎評 明萬曆刻本 九行二十字四周單邊有圖

一四四 新刊徐文長先生評隋唐演義十卷 明徐渭評 明末刻本 十行二十一字白口四周單邊有圖

一四五 新鐫徐文長先生評隋唐演義八卷一百十四節 明徐渭評 清刻本 孫楷第跋 十四行三十一字白口四周單邊

一四六 四雪草堂重訂通俗隋唐演義二十卷一百回 清褚人穫撰 清康熙四雪草堂刻本 十行二十二字白口四周單邊有圖

一四七 四雪草堂重訂通俗隋唐演義二十卷一百回 清褚人穫撰 清康熙文成堂重刻四雪草堂本 十行二十二字白口四周單邊有圖

一四八 大隋志傳四卷四十六回 明鍾惺編次 李贄參訂 清刻本 十一行二十八字白口四周單邊有圖

一四九 劍嘯閣批評祕本出像隋史遺文十二卷六十回 清袁于令撰 明崇禎刻本 九行二十九字白口四周單邊

一五〇 新鐫全像通俗演義隋煬帝艷史八卷四十回 題齊東野人撰 明崇禎人瑞堂刻本 九行二十字白口四周單邊

一五一 新鐫全像通俗演義隋煬帝艷史八卷四十回 題齊東野人撰 明末刻本 九行二十字白口四周單邊

一五二 新刊參采史鑑唐書志傳通俗演義八卷 明熊大木撰（原題熊鍾谷撰） 明嘉靖三十二年書林楊氏清江堂刻本 十二行二十五字黑口四周雙邊

一五三 新刊出像補訂參采史鑑唐書志傳通俗演義題評八卷 明熊大木撰 李氏尺蠖齋評釋 明書林周氏大業堂刻本 鄭振鐸跋 十二行二十四字白口四周單邊有圖 存七卷 一至四、六至八

一五四 混唐後傳八卷三十二回首一卷五回 題鍾惺編次 清芥子園刻本 十行二十五字白口四周單邊有圖

一五五 鐫李卓吾批點殘唐五代史演義傳八卷 明羅本撰 李贄評 明末刻本 九行二十字白口四周單邊有圖

一五六 鐫李卓吾批點殘唐五代史演義傳八卷六十回 明羅本撰 李贄評 清初刻本 九行二十字白口四周單邊有圖

一五七 增異說唐祕本後傳十一卷五十五回 清崇榮堂刻本 十行二十字白口四周單邊有圖

一五八 大宋演義□卷 明內府抄彩繪本 蕭璋跋 十二行二十一至二十四字紅格四周雙邊有圖 存五卷 四至六、八至九

一五九 鐫出像楊家府世代忠勇演義志傳八卷 題秦淮墨客校閱 煙波釣叟參訂 明萬曆三十四年刻卧松閣印本 十行二十二字白口四周單邊有圖

一六〇 飛龍傳六十回 清吳璿删定 清乾隆崇德書院刻本 十行二十一字白口四周單邊有圖

一六一 說呼全傳十二卷四十回 清乾隆四十四年金閶書業堂刻本 九行十八字白口左右雙邊有圖

一六二 龍圖耳錄一百二十回 清石玉崑撰 清抄本 十行二十八字無格

一六三 新鐫玉茗堂批評按鑑參補出像南宋志傳十卷北宋志傳十卷 題研石山樵訂正 織里畸人校閱 明末刻清修本 十行二十一字白口四周單邊有圖

一六四 新刊出像補訂參采史鑑南宋志傳通俗演義題評十卷五十回北宋志傳通俗演義十卷五十回 題陳氏尺蠖齋評釋 明萬曆書林余文台雙峰堂刻本 十二行二十四字白口四周單邊有圖

一六五 新刊出像補訂參采史鑑南宋通俗演義題評

十卷五十回 題陳氏尺蠖齋評釋 明唐氏世德堂刻本 十行二十四字白口四周雙邊有圖
存四卷 三至四、九至十

一六六 新鐫全像武穆精忠傳八卷 明李春芳評 明末萃錦堂刻本 十一行二十字白口四周單邊有圖

一六七 新鐫全像武穆精忠傳八卷 明熊大木撰 清初刻天德堂印本 十行二十一字白口四周有圖

一六八 新鐫全像武穆精忠傳八卷 明熊大木撰 清初刻映秀堂印本 十一行二十一字白口四周單邊有圖

一六九 岳武穆盡忠報國傳七卷 明于華玉刪訂 明末友益齋刻本 十行二十字白口四周單邊

一七〇 岳武穆精忠傳六卷六十八回 明鄒元標編訂 清刻本 十一行二十八字白口四周雙邊或四周單邊有圖

一七一 岳武穆精忠傳六卷六十八回 明鄒元標編訂 清乾隆四十一年大光堂刻本 十二行二十八字白口四周單邊

一七二 增訂精忠演義說岳全傳二十卷八十回 清錢彩撰 清康熙二十三年金氏餘慶堂刻本 十行二十字白口四周單邊

一七三 皇明英烈傳四卷 題明徐渭撰 明文□堂刻本 十二行二十四字白口四周單邊

一七四 新刻皇明開運輯略武功名世英烈傳六卷首一卷 明刻本 十三行二十六字白口四周雙邊有圖

一七五 全像演義皇明英烈志傳四卷 明書林余應詔刻本 十四行二十五字白口四周單邊上圖下文

一七六 國朝英烈傳十二集六十卷 明□□抄本 九行十六字藍格四周雙邊
存十集五十卷 寅集至亥集卷十一至六十

一七七 續英烈傳五卷三十四回 題空谷老人撰 清刻本 九行二十一字白口四周單邊

一七八 繡像雲合奇蹤二十卷 題明徐渭撰 明刻本 十行二十字白口四周單邊有圖

一七九 繡像京本雲合奇蹤玉茗英烈全傳十卷八十回 題明徐渭撰 清初刻本 十二行二十六字白口四周單邊有圖

一八〇 新刻全像三寶太監西洋記通俗演義二十卷一百回 明羅懋登撰 明三山道人刻本 十二行二十五字白口四周雙邊有圖

一八一 新刻全像三寶太監西洋記通俗演義二十卷一百回 明羅懋登撰 明三山道人刻清初步月樓重修本 十二行二十五字白口四周雙邊有圖

一八二 新刻逸田叟女仙外史大奇書一百回 清呂熊撰 清康熙釣璜軒刻本 十行二十二字白口四周單邊

一八三 于少保萃忠全傳十卷 明孫高亮撰 明末刻本 九行二十四字白口四周單邊

一八四 鐫于少保萃忠傳十卷七十回 明孫高亮撰 沈國元訂 明刻本 十行二十字白口四周單邊有圖

一八五 胡少保平倭記一卷 題西湖漁隱撰 清抄本 九行十七字無格

一八六 崢霄館評定出像通俗演義魏忠賢小說斥奸書四十回 題吳越草莽臣撰 明崇禎刻本 十行二十一字白口四周單邊
存二十四回 一至十二、二十三至三十四

一八七 鎮海春秋二十回 題吳門嘯客撰 明崇禎刻本 九行二十字白口四周單邊
存十四回 十至二十

一八八 京鍥皇明通俗演義全像戚南塘勦平倭寇志傳□卷 明刻本 鄭振鐸跋 十三行二十四字白口四周單邊
存三卷 一至三

一八九 樵史通俗演義八卷四十回 題江左樵子撰 錢江拗生批點 清刻本 十行二十二字白口四周單邊

一九〇 臺灣外記三十卷 清江日昇撰 清求無不獲齋活字印本 十行二十三字白口四周雙邊

一九一 臺灣外志五十卷一百回 清江日昇撰 清鄭楨書堂抄本 九行二十一字藍格

一九二 臺灣外誌五十卷一百回 清江日昇撰 清嘉慶間抄本 九行二十五字無格

一九三 新編勦闖孤忠小說十卷 明末刻本 八行二十字白口四周單邊有圖

一九四 勦闖小說十回 題懶道人口授 清初刻本 九行二十六字白口四周單邊 版心上題名忠孝傳

一九五 勦闖小史十卷 題懶道人口授 清抄本 七行十四字藍格四周單邊 本書亦名勦闖小說

一九六 勦闖小史二卷十回 題懶道人口授 清抄本 十行二十五字綠格

一九七 新編勦闖通俗小說五卷 題懶道人口授 清抄本 傅以禮跋 九行十九字無格

一九八 海角遺編一卷六十回 題七峰樵道人撰 清抄本 十一行二十四字無格

一九九 七峰遺編六十回 題七峰樵道人撰 清抄本 九行二十四字無格

二〇〇 新世鴻勳二十二回 題蓬蒿子編 清順治慶雲樓刻本 九行二十字白口四周單邊有圖

二〇一 新世弘勳二十二回 題蓬蒿子編 清敦進堂刻本 九行二十字白口四周單邊

二〇二 墨憨齋新編醒名花十六回 明馮夢龍撰 清刻本 八行二十字白口四周單邊

二〇三 新鐫批評繡像列女演義六卷 明馮夢龍撰 清長春閣刻本 八行二十字白口四周單邊有圖

二〇四 警世陰陽夢十卷四十回 題長安道人國清編次 明崇禎元年刻本 八行十八字白口四周單邊有圖

二〇五 快士傳十六卷 題五色石主人撰 清初刻本 八行二十字白口四周單邊

二〇六 新刻繡像批評金瓶梅二十卷一百回 題蘭陵笑笑生撰 明刻本

二〇七　新刻繡像批評金瓶梅二十卷一百回　題蘭陵笑笑生撰　明刻本　十行二十二字白口四周單邊有圖

二〇八　續金瓶梅十二卷六十四回　清丁耀亢撰　清順治刻本　九行二十字白口四周單邊有圖

二〇九　續金瓶梅後集十二卷六十四回　清丁耀亢撰　清抄本　九行二十字無格

二一〇　新演續金瓶梅全集六十四回　清丁耀亢撰　清抄本　九行二十字白口四周雙邊

二一一　醒世姻緣傳一百回　題西周生撰　燃藜子較定　清刻本　十二行二十五字白口四周單邊

二一二　醒世姻緣傳一百回　題西周生撰　然藜子較訂　清刻本　十行二十五字白口左右雙邊

二一三　脂硯齋重評石頭記八十回　清曹霑撰　脂硯齋主人評　清抄本（傳錄乾隆庚辰脂硯齋批注本世稱庚辰本）　十行字數不等小字雙行

存七十八回　一至六十三、六十五至六十六、六十八至八十

二一四　脂硯齋重評石頭記八十回　清曹霑撰　脂硯齋主人評　清抄本（第二十一至三十回失名抄補　傳錄乾隆己卯脂硯齋抄本世稱己卯本）　十行或十一行二十五至三十字無格

存五十回　一至四十、六十一至七十

二一五　紅樓夢八十回　清曹霑撰　清抄本（夢覺主人甲辰序世稱甲辰本）　九行二十一字白口四周雙邊

二一六　石頭記八十卷八十回　清曹霑撰　清抄本

二一七　紅樓夢稿一百二十回　清曹霑、高鶚撰　清乾隆抄本（第四十一至五十回配清楊繼振抄本）　清楊繼振跋

二一八　石頭記十二卷一百二十回　清曹霑、高鶚撰　清抄本（第五十七回至六十二回、八十一回至一百二十回配另一清抄本）　九行二十字紅格四周雙邊

二一九　紅樓夢一百二十回　清曹霑、高鶚撰　清乾隆五十六年萃文書屋活字印本　十行二十四字白口四周雙邊有圖

二二〇　紅樓夢一百二十回　清曹霑、高鶚撰　清乾隆五十六年萃文書屋活字印本　張汝執批

存八十回　一至八十

二二一　紅樓夢一百二十回　清曹霑、高鶚撰　清乾隆五十七年萃文書屋活字印本　十行二十四字白口四周雙邊有圖

二二二　紅樓夢一百二十回　清曹霑、高鶚撰　清乾隆五十七年萃文書屋活字印本　清陳其泰批校並跋

二二三　紅樓夢一百二十回　清曹霑、高鶚撰　清刻本　十行二十四字白口左右雙邊有圖

二二四　紅樓夢一百二十回　清曹霑、高鶚撰　清東觀閣刻本　十行二十字白口四周單邊有圖

二二五　紅樓夢一百二十回　清曹霑、高鶚撰　論讚一卷　清涂瀛撰　總評一卷　清王希廉撰　題詞一卷　清周綺撰　問答一卷　清王雪香撰　清光緒二年聚珍堂活字印本　十行二十二字白口四周雙邊

二二六　評訂紅樓夢六卷一百二十回　清張模恒撰　稿本　九行二十字白口四周雙邊

二二七　讀紅樓夢隨筆十六卷　清洪錫綬撰　清抄本　八行二十二字無格

二二八　棗窗閒筆不分卷　清裕瑞撰　稿本　鄭乃誠跋

二二九　儒林外史五十六回　清吳敬梓撰　清嘉慶八年卧閑草堂刻本　九行十八字白口四周單邊

二三〇　儒林外史五十六回　清吳敬梓撰　清嘉慶二十一年藝古堂刻本　九行十八字白口四周單邊

二三一　儒林外史五十六回　清吳敬梓撰　清同治八年群玉齋活字印本　九行二十字白口四周單邊

二三二　儒林外史五十六回　清吳敬梓撰　清同治八年群玉齋活字印本　徐允臨批識並跋　清張文虎批　九行二十字白口四周單邊

二三三　儒林外史五十六回　清吳敬梓撰　清抄本　清黃世恩跋　潘祖蔭補鈔敘梓傳並題識　十行二十五字無格

二三四　歧路燈二十卷一百五回　清李海觀撰　清抄本　九行二十五字無格

二三五　歧路燈十八卷一百六回　清李海觀撰　清抄本　九行二十六字無格

二三六　歧路燈二十四卷一百八回　附綠園家訓諄言一卷　清李海觀撰　清抄本　九行二十五字無格

二三七　貫華堂評論金雲翹傳四卷二十回　題青心才人撰　清初刻本　八行二十字白口四周單邊

二三八　貫華堂評論金雲翹傳四卷二十回　題青心才人撰　清衛花軒刻本　十行二十五字白口四周單邊

二三九　第一奇書野叟曝言二十卷一百五十二回　清夏敬渠撰　清光緒七年毗陵彙珍樓活字印本　十行二十八字白口左右雙邊

二四〇　野叟曝言二十卷一百五十四回　清夏敬渠撰　清抄本　十行二十五字無格

二四一　新鐫繡像鶯夢啼六回　題天花主人編次　清刻本　八行二十字白口四周雙邊

二四二　快心編初集五卷十回二集五卷十回三集六卷十二回　題天花才子編　四橋居士評　清課花書屋刻本　十行二十二字白口四周單邊

二四三　玉支璣四卷二十回　題天花藏主人撰　清華文堂刻本　十行二十八字白口四周單邊

二四四　畫圖緣四卷十六回　題步月主人訂　清益智堂刻本　十二行二十八字白口四周單邊

二四五　女開科十二回　題岐山左臣編次　清名山聚刻本　八行十八字白口四周單邊有圖

二四六　駐春園小史六卷二十四回　題吳航野客編　水箬散人評　清乾隆三餘堂刻本　八行十六字白口四周單邊

二四七　新鐫繡像小說英江雪四卷　題佩蘅子撰　清初刻本　八行二十二字白口四周雙邊

二四八　新編賽花鈴十六回　清徐震（原題白雲道人）撰　清初刻本　八行十八字白口四周雙邊有圖

二四九　新鐫批評繡像合浦珠傳四卷十六回　清徐震（原題檇李烟水散人）撰　清初刻本　八行十九字白口四周單邊

二五〇 好逑傳四卷十八回　題名教中人編次　清洛雲閣刻本　十行二十七字白口四周單邊

二五一 情夢柝四卷二十四回　題安陽酒民撰　蕙蓊散人評　清康熙嘯花軒刻本　十行二十五字白口四周單邊

二五二 情夢柝四卷二十回　題安陽酒民撰　蕙蓊散人評　清解穀堂刻本　九行十七字左右雙邊

二五三 爭春園全傳四十八回　題寄生氏撰　清嘉慶二十四年文德堂刻本　八行十八字白口左右雙邊

二五四 草木春秋演義五卷三十二回　清江洪（原題雲間子）撰　清蔚獻堂刻本　九行二十字白口左右雙邊

二五五 孤山再夢四卷六回　題渭濱笠夫編次　蘇庵題客跋　抄本　八行二十四字無格

二五六 醒風流奇傳二十回　題鶴市主人編　清刻本　九行二十字白口四周單邊

二五七 新刊意中緣十二回　題南嶺居士蔚然遯人撰　清嘯花樓刻本　八行二十字白口四周單邊

二五八 新鐫奇傳空空幻十六回　題梧崗主人編　夢覺居士評　清三本堂刻本　八行二十字白口四周單邊

二五九 新刻世無匹傳奇四卷十六回　題娥川主人編次　清金閶刻本　八行二十字白口四周單邊

二六〇 新鐫繡像小說蘇庵二集歸蓮夢十二回　題蘇庵主人撰　清初刻本　八行二十字白口四周單邊

二六一 飛花艷想十八回　題樵雲山人編次　清刻本　九行二十字白口四周單邊

二六二 新鐫批評繡像玉嬌梨小傳二十回　題荑荻散人編次　清初刻本　九行二十四字白口四周單邊

二六三 新編批評繡像平山冷燕二十回　題荻岸散人撰　清初刻本　九行二十字白口四周單邊

二六四 新刻批評繡像平山冷燕六卷二十回　題荻岸散人撰　冰玉主人批點　清靜寄山房刻本　九行二十二字白口四周單邊

二六五 天花藏批評平山冷燕六卷二十回　清正誼堂刻本　十行二十字白口四周單邊

二六六 引鳳簫四卷十六回　題楓江半雲友輯　清刻本　十行二十二字白口四周單邊

二六七 草閒堂新編繡像五鳳吟二十回　題嗤嗤道人撰　清刻本　九行二十字白口四周單邊有圖

二六八 五鳳吟四卷二十回　題嗤嗤道人撰　清穌文齋刻本　十行二十六字

二六九 春柳鶯十回　題南北鶡冠史者編　清初刻本　八行二十字白口四周單邊有圖

二七〇 燕山外史四卷　清陳球撰　稿本

二七一 雪月梅傳五十回十卷　清陳朗撰　董孟汾評　清乾隆四十年德華堂刻本　十行二十一字上黑口左右雙邊

二七二 金蘭筏四卷二十回　題惜陰堂主人編輯　清刻本　十行二十字白口四周單邊

二七三 新編鳳凰池續四才子書十六回　題煙霞散人編　清耕書屋刻本　九行二十字白口

二七四 蜃樓志八卷二十四回　題庸勞人撰　清嘉慶十一年刻本　十三行三十字白口四周單邊

二七五 新編繡像簇新小說麟兒報十六回　清刻本　八行二十字白口四周單邊

二七六 新編四才子二集兩交婚小傳十八回　清刻本　八行二十字白口四周單邊

二七七 新鐫批評繡像飛花詠小傳十六回　清初刻本　八行二十字白口四周單邊

二七八 新鐫批評繡像秋本定情人十六回　清初刻本　八行二十字白口四周單邊

二七九 新鐫批評繡像賽紅絲小說十六回　清初刻本　八行二十字白口左右雙邊

二八〇 新鐫才美巧相逢宛如約十六回　清初刻本　九行二十至二十一字白口四周單邊

二八一 新刻蕉葉帕四卷十六回　清刻本　九行二十三字白口四周單邊

二八二 新編繡像畫圖緣小傳十六回　清刻本　八行二十字白口四周單邊

二八三 鳳凰池十六回　清刻本　十行二十八字白口四周單邊

二八四 關帝歷代顯聖誌傳四卷　明刻本　九行十七字白口四周單邊有圖

二八五 新刻鍾伯敬先生批評封神演義十九卷一百回　明陸西星撰　鍾惺評　清康熙四雪草堂刻本　十一行二十四字白口四周單邊

二八六 新刻鍾伯敬先生批評封神演義二十卷一百回　明陸西星撰　鍾惺評　清康熙刻本　十行二十字白口四周單邊有圖

二八七 新刻鍾伯敬先生批評封神演義十卷一百回　明陸西星撰　鍾惺評　清康熙金陵德聚堂刻本　十三行二十四字白口四周單邊有圖

二八八 詮解封神演義一百回　清俞景撰　稿本

二八九 新鐫批評出像通俗奇俠禪真逸史八集四十回　明方汝浩（原題清溪道人）撰　明末刻本　九行二十二字白口四周單邊有圖

二九〇 新鐫批評出像通俗奇俠禪真逸史八集四十回　明方汝浩（原題清溪道人）撰　心心僊侶等評　清初文新堂刻本　九行二十二字白口四周單邊有圖

二九一 新鐫批評出像通俗奇俠禪真逸史八集四十回　明方汝浩（原題清溪道人）撰　清初爽閣刻本　九行二十二字白口四周單邊

二九二 新鐫批評出像通俗奇俠禪真逸史八集四十回　明方汝浩（原題清溪道人）撰　清奇暢樓刻本　九行二十二字白口四周單邊

二九三 新鐫批評出像通俗演義禪真後史十集六十

回　明方汝浩（題清溪道人）撰　沖和居士評　明崇禎刻本　九行二十字白口四周單邊有圖

二九四　新鐫批評出像通俗演義禪真後史十集六十回　明方汝浩（題清溪道人）撰　沖和居士評　明末金閶刻本　九行二十字白口四周單邊有圖

二九五　新編東度記二十卷一百回　明方汝浩（原題清溪道人）撰　明刻本　十行二十二字白口四周單邊　本書又名東遊記

二九六　新編東遊記二十卷一百回　明方汝浩（原題清溪道人）撰　清康熙雲林刻本　十行二十二字白口四周單邊　本書又名東度記

二九七　新刊八仙出處東遊記二卷　明吳元泰撰　明末刻本　十行十七字白口四周單邊有圖

二九八　李卓吾先生批評西遊記一百回　明吳承恩撰　明刻本　十行二十二字白口四周單邊有圖

二九九　鍋像古本西遊證道書一百回　明吳承恩撰　清黃太鴻汪象旭箋評　清初刻本　九行二十六字白口四周雙邊有圖

三〇〇　西遊補十六回　明董說撰　明崇禎刻本　八行二十字白口四周單邊

三〇一　新刻全像牛郎織女傳四卷　明朱名世撰　明書林余成章刻本　十行十八字白口四周雙邊有圖

三〇二　新鐫批評出相韓湘子三十回　明楊爾曾撰　明天啟武林人文聚刻本　九行二十字白口四周單邊

三〇三　新鐫批評出相韓湘子三十回　明楊爾曾撰　明天啟刻本　十行二十二字白口左右雙邊有圖

三〇四　新鐫批評出相韓湘子三十回　明楊爾曾撰　明天啟刻金陵九如堂印本　十行二十二字白口左右雙邊有圖

三〇五　三遂平妖傳四卷二十回　明羅本撰　明王慎修刻本　九行二十字白口四周單邊有圖

三〇六　繡像平妖全傳四十回　明羅本撰　馮夢龍增補　清得月樓刻本　十行二十一字白口四周單邊有圖

三〇七　平妖傳八卷四十回　明羅本撰　馮夢龍補　清刻本　十二行二十四字黑口四周單邊有圖

三〇八　新訂晉代許旌陽得道擒蛟鐵樹記二卷十五回　明鄧志謨（原題竹溪散人）撰　明萃慶堂刻[illegible]印本　十二行二十六字白口四周單邊

三〇九　刻全像五顯靈官大帝華光天王傳四卷　明余象斗撰　清聚文堂刻本　十行十七字白口四周單邊有圖

三一〇　新鐫濟顛大師醉菩提全傳二十回　題天花藏主人編次　清寶仁堂刻本　九行二十字白口左右雙邊

三一一　新鐫繡像濟顛大師全傳三十六則　題香嬰居士重編　鬘道人評閱　清康熙刻本　八行二十字白口四周單邊有圖

三一二　新鐫繡像濟顛大師全傳三十六則　題香嬰居士重編　鬘道人評閱　清康熙刻本

三一三　濟顛語錄不分卷　清初刻本　十行二十八字白口四周單邊

三一四　繪圖度世金繩三卷十五回　題天花藏主人編　劉永石校訂　清劉修元刻本　八行二十字白口四周雙邊有圖

三一五　續野仙踪一百回　清李百川撰　清抄本　十一行二十六字無格

三一六　綠野仙踪一百回　清李百川撰　清抄本　九行二十五字白口四周雙邊

三一七　梅魂幻二卷六回　題瀟湘迷津渡者輯　清刻本　十行二十五字白口四周單邊

三一八　劍仙傳演義前編五十回後編五十八回前後圖傳十回　題松間客撰　附錄一卷　清抄本

書名編號	藏書單位					
小説類						
一	0101	0201				
二	0101	1501				
三	0101	0102	0163	0181	0201	0241
	0301	0701	1606	1642		
四	0141	0173				
五	0102	0161	0703	1142	1615	
六	0141	0703	1182			
七	0101					
八	0101	1843				
九	0101					
一〇	0101					
一一	0161					
一二	0201					
一三	1618					
一四	0101					
一五	0201⊕					
一六	0841					
一七	0101					
一八	0101					
一九	0101					
二〇	1601					
二一	0101					
二二	0101					
二三	0201					
二四	0101	1615⊕				
二五	1705					
二六	0241	0842				
二七	0101⊕	1641				
二八	0141					
二九	0101	0163	0241	0701⊕		
三〇	0102	0142	0301	0522	1401	2701
三一	1142					
三二	0701					
三三	0141					
三四	1591					
三五	1601					

書名編號	藏書單位					
三六	0161	0163⊕				
三七	0707					
三八	0163					
三九	1541					
四〇	0101					
四一	0703					
四二	0201					
四三	0163					
四四	0101					
四五	0101	0102	0141	0161	0182	0201
四六	0161					
四七	0701	2042⊕	2201⊕			
四八	0241					
四九	0101					
五〇	1182					
五一	0141					
五二	0141	0182	0201	0301	0703	1881⊕
五三	[illegible]					
五四	0101					
五五	0101					
五六	0101	0174	0102	1701	1801	
五七	1601					
五八	0101	0102⊕	0174	0703		
五九	0141	0142				
六〇	0141					
六一	0101	0102	0163	0182	2401	
六二	0163					
六三	0703					
六四	0101	0102⊕	0141	0217		
六五	0101	0102	0141	0161	0201	0341
	0601					
六六	0703					
六七	0705					
六八	0703					
六九	0101					
七一	0161					
七二	0163					

書名編號	藏書單位					
小説類						
七三	0703					
七四	0703					
七五	0101	0102	0271⊕			
七六	0141	0142	0201	0703		
七七	0163					
七八	0261⊕	0703				
七九	0101	0141	0242	1701		
八〇	0163					
八一	0141					
八二	0101					
八三	0101					
八四	1601					
八五	0101					
八六	0161					
八七	0102					
八八	0101					
八九	0101	0163⊕				
九〇	0101					
九一	0101					
九二	0101					
九三	0141					
九四	0101⊕	1702⊕				
九五	0101					
九六	0143	0342	1601			
九七	0101	0142	0163	0201	0301	0521⊕
	0701	0841	1586⊕	1601	2241	
九八	0102	0173	0182	0201	0242⊕	1301
	1541	1841	2401			
九九	0141	0142	0182	0201	0241	0242
	0841	1041	1142	1701	2701	
一〇〇	0301					
一〇一	0101					
一〇二	0101	0142				
一〇三	0141	0341	0703	0902	2541	
一〇四	0141	0143	0242	0301	1701	2401
一〇五	0703					

書名編號	藏書單位					
一〇六	0101	1601				
一〇七	0101					
一〇八	0301					
一〇九	0101					
一一〇	0101	0163	1601			
一一一	0102	0141	0174	0201	0301	0703
	0781	1042	1601	1701	2401	
一一二	0141	0241	0342			
一一三	0101					
一一四	0101					
一一五	0101⊕	0201	0703⊕			
一一六	0141					
一一七	0163					
一一八	0101	0143	0281	0301	0841	
一一九	1042					
一二〇	0101	0163	0182	0201	0701	1601
一二一	0342					
一二二	0161					
一二三	0141	0174	1701	2401⊕	2601	
一二四	0703					
一二五	0101	0102	1201	0842	1801	
一二六	0101	0301⊕	1101			
一二七	0101					
一二八	0161					
一二九	0141					
一三〇	1601					
一三一	0101					
一三二	0163	3102				
一三三	0144	0201				
一三四	0101	0102	0163			
一三五	0101					
一三六	0101					
一三七	0201					
一三八	0101	0141	0173	1601⊕	1501⊕	
一三九	0163	0301	2205			
一四〇	0102	0703⊕				
一四一	0141					
一四二	0201					

書名編號	藏書單位					
小說類						
一四三	0201					
一四四	0102					
一四五	0141					
一四六	0102	0141	0143	0150	0161	0182
	0381	0301	0704	0702	0901	2241
	2401	2301	2941			
一四七	0201	0701	1501	1701		
一四八	0703					
一四九	0101	0141				
一五〇	0141	0144	0161	0163	0173	0182
	0201	0242	0381	0291	0301	0703
	0801	1601	1701			
一五一	0142	0242	0702	1901	2202	2401
一五二	0101					
一五三	0101					
一五四	0703					
一五五	0102	0174	0703	1881	2702	
一五六	0102	0141	0165	0173	0201	
	0242	0301	1341	2241		
一五七	0201					
一五八	0101					
一五九	0101	0141	0174	0703①	1701	
一六〇	0301	2205				
一六一	0861	0163	0703	2241		
一六二	0701					
一六三	0201					
一六四	0141					
一六五	0163					
一六六	0703					
一六七	0101	0102①	0143	0182	0192	0201
	1601	2241				
一六八	0101	0163①	0703	2201		
一六九	0101	0201				
一七〇	0101					
一七一	0163	1701				
一七二	1703					

表三

書名編號	藏書單位					
一七三	0201					
一七四	0101					
一七五	0163①	2702				
一七六	1705					
一七七	0163					
一七八	0201	0703				
一七九	0201	0342				
一八〇	0101	0102	0144	0161①	0301①	0341①
	1801①					
一八一	0101	0163	0182①	0201	1601	0701
	0703	1601	1701	2042	2702	
一八二	0101	0102	0141	0174	0201	0241
	0242	0291	0501	0701	1633	1701
	1801①	2401				
一八三	1701					
一八四	0101①	1701				
一八五	0201					
一八六	0141					
一八七	0165					
一八八	0101					
一八九	0201					
一九〇	0201	1006	2002			
一九一	1705					
一九二	0703					
一九三	0101					
一九四	0861					
一九五	0141					
一九六	0341					
一九七	0101					
一九八	0201					
一九九	0144					
二〇〇	0141①	0703				
二〇一	0201	0703				
二〇二	0703					
二〇三	0102	0141	0142	0201	0841	
二〇四	0703					
二〇五	0101					
二〇六	0141	0201				

書名編号	藏書單位					
小說類						
二〇七	0201	0301				
二〇八	0121①	0201①				
二〇九	0101					
二一〇	0101					
二一一	2042					
二一二	0141					
二一三	0141					
二一四	0101					
二一五	0101					
二一六	1601					
二一七	0163					
二一八	0101					
二一九	0141	0163	0174			
二二〇	0101					
二二一	0101	0141	0143	0144	0182	0201
	0301	0793	2901			
二二二	1702					
二二三	0101					
二二四	0101					
二二五	0101					
二二六	1501					
二二七	2702					
二二八	0101					
二二九	0241					
二三〇	0163	1701				
二三一	0101	0102	0163	0193	0341	1501
	1842	2241	2401			
二三二	0201					
二三三	0201					
二三四	0101					
二三五	0201					
二三六	2203					
二三七	0703					
二三八	0101					
二三九	0101	0102				
二四〇	0141					

表四

書名編號	藏書單位					
二四一	0703					
二四二	0143①	0701	0703	0902	1501	2024
	2201①					
二四三	0703					
二四四	0703					
二四五	0703					
二四六	0144	0703①				
二四七	0101					
二四八	0163①	0201	0703			
二四九	0341①	0703				
二五〇	0703					
二五一	0703					
二五二	0241					
二五三	2701					
二五四	0142	0703	2301			
二五五	0145					
二五六	0705					
二五七	0163					
二五八	0163	0701				
二五九	0703					
二六〇	0201					
二六一	0703					
二六二	0703					
二六三	0703	0101①				
二六四	0102	0201	1541			
二六五	0101					
二六六	0705					
二六七	0703					
二六八	0301					
二六九	0703					
二七〇	0201					
二七一	0101	0102	0142	0701	0741	0702
	1301	2042	2201①	1262	1241	1601
二七二	0703					
二七三	0703					
二七四	0701					
二七五	0703					
二七六	0703					

書名編號	藏書單位					
小說類						
二七七	0703					
二七八	0703					
二七九	0703					
二八〇	0163					
二八一	0163					
二八二	0703					
二八三	0163					
二八四	0101					
二八五	0842	0701	0704	1653		
二八六	0101					
二八七	0141					
二八八	0701					
二八九	0101	0141				
二九〇	1202					
二九一	0102	0201	0703	0842	1701	1716
	2241					
二九二	2201					
二九三	0101					
二九四	0101	0141	0142	0124	0201	0701
	0703	1542	1701	2201	2241	1308③
	2702					
二九五	0141					
二九六	0102	0141	0163	0201	0301	0703
	2241					
二九七	1601					
二九八	0182	2201				
二九九	0101					
三〇〇	0101					
三〇一	0101					
三〇二	0163①	1141	1901			
三〇三	0102	0841	1501	2702		
三〇四	0102	0141	0145	0173	0174	0197
	0201	0341	1261	0301	0404	1701
	0703	0801	0842	1701		
三〇五	0141					
三〇六	0141					

表五

書名編號	藏書單位				
三〇七	0703	0702	1716	1461	2941
三〇八	0801				
三〇九	0102				
三一〇	0703				
三一一	0703				
三一二	0101				
三一三	0101				
三一四	0141				
三一五	0101				
三一六	3141				
三一七	0241				
三一八	1701				

詞類

叢編

南詞十三種十六卷　董氏誦芬室抄本　吳昌綬、朱祖謀校　十行二十一字藍格細黑口四周單邊框外左下鐫誦芬室叢鈔

南唐二主詞一卷　南唐中主李璟後主李煜撰
耐軒詞一卷　明王達撰
省齋詩餘一卷　宋廖行之撰
樂齋詞一卷　宋向鎬撰
松坡詞一卷　宋京鏜撰
白雪詞一卷　宋陳德武撰
僑菴詩餘一卷附錄一卷　明李禎撰
竹窗詞一卷附錄一卷　元沈禧撰
古山樂府二卷　元張埜撰
信齋詞一卷　宋葛郯撰
竹齋詞一卷　宋沈瀛撰
竹洲詞一卷　宋吳儆撰
雲林樂府一卷　元倪瓚撰

百家詞□□□卷　明吳訥編　明抄本　梁啟超跋　十二行二十字紅格
存一百二十二卷　一

花間集二卷　後蜀趙崇祚輯
尊前集一卷
稼軒詞甲集一卷乙集一卷丙集一卷丁集一卷　宋辛棄疾撰
小山詞一卷　宋晏幾道撰
張子野詞一卷　宋張先撰
相山居士詞一卷　宋王之道撰
笑笑詞一卷　宋郭應祥撰
于湖詞二卷　宋張孝祥撰
樵隱詩餘一卷　宋毛幵撰
樂齋詞一卷　宋向鎬（一作向滈）撰
酒邊集一卷　宋向子諲撰
東堂詞一卷　宋毛滂撰
放翁詞一卷　宋陸游撰
友古居士詞一卷　宋蔡伸撰
竹坡老人詞三卷　宋周紫芝撰
竹齋詞一卷　宋沈瀛撰
簡齋詞一卷　宋陳與義撰
信齋詞一卷　宋葛郯撰
初寮詞一卷　宋王安中撰
竹齋詩餘一卷　宋黃機撰
金谷遺音一卷　宋石孝友撰
苕溪詞一卷　宋劉一止撰
克齋詞一卷　宋沈端節撰
後村居士詩餘二卷　宋劉克莊撰
晦菴詞一卷　宋李處全撰
呂聖求詞一卷　宋呂渭老撰
西樵語業一卷　宋楊炎正撰
姑溪詞　原缺
石林詞一卷　宋葉夢得撰
烘堂詞一卷　宋盧炳撰
溪堂詞一卷　宋謝逸撰
龍川詞一卷　宋陳亮撰
歸愚詞一卷　宋葛立方撰
樵歌二卷　宋朱敦儒撰
六一詞四卷附錄樂語一卷　宋歐陽修撰　校記一卷　明林大椿校
東坡詞二卷拾遺一卷　宋蘇軾撰
審齋詞一卷　宋王千秋撰
淮海詞三卷　宋秦觀撰
介菴趙寶文雅詞四卷　宋趙彥端撰
逃禪詞一卷　宋楊无咎撰
南唐二主詞一卷　南唐中主李璟後主李煜撰
陽春集一卷　南唐馮延巳撰
柳屯田樂章集三卷　宋柳永撰
滄浪詞　原缺
虛齋詞　原缺
竹屋詞一卷　宋高觀國撰
玉林詞一卷　宋黃昇撰
書舟詞一卷　宋程垓撰
竹洲詞一卷　宋吳儆撰
坦菴詞　原缺
珠玉詞一卷　宋晏殊撰
丹陽詞一卷　宋葛勝仲撰
養拙堂詞一卷　宋管鑑撰
松坡居士詞一卷　宋京鏜撰
知稼翁詞集一卷　宋黃公度撰
省齋詩餘一卷　宋廖行之撰
友竹詞　原缺
蘆川詞一卷　宋張元幹撰
東浦詞一卷　宋韓玉撰
杜壽域詞一卷　宋杜安世撰
文溪詞一卷　宋李昴英撰
王周士詞一卷　宋王以寧撰
盧溪詞一卷　宋王庭珪撰
山谷詞三卷　宋黃庭堅撰
龍洲詞二卷　宋劉過撰
半山詞　原缺
[illegible]　原缺
逍遙詞　原缺
梅溪詞一卷　宋史達祖撰
空同詞一卷　宋洪瑹撰

百家詞□□□卷　明吳訥編　明抄本　十行　行約十六至二十三字藍格藍口左右雙邊
存二十卷　三

蒲江居士詞一卷　宋盧祖皋撰
履齋先生詩餘一卷續集一卷　宋吳潛撰
石屏詞一卷　宋戴復古撰
片玉集十卷抄補一卷　宋周邦彥撰
白雪詞一卷　宋陳德武撰
水雲詞集一卷　宋汪元量撰
遯菴樂府一卷　金段克己撰
靜修詞一卷　元劉因撰
蛻巖詞二卷　元張翥撰
樂府補題一卷　宋陳恕可輯
玉田詞二卷　宋張炎撰
鳴鶴餘音一卷　元虞集撰
虛靖詞　原缺
草窗詞集二卷　宋周密撰　附錄一卷
玉笥山人詞集一卷　宋王沂孫撰
耐軒詞一卷　宋王達撰
雲林樂府一卷　元倪瓚撰
後山居士詞一卷　宋陳師道撰
龜峰詞一卷　宋陳經國撰
附宋舊宮人贈水雲詞一卷　宋劉辰翁批點
菊軒樂府一卷　金段成己撰
遺山樂府一卷　金元好問撰
貞居詞一卷　元張雨撰
古山樂府二卷　元張埜撰
松雪詞一卷　元趙孟頫撰
蓬萊鼓吹一卷　宋夏元鼎撰
撫掌詞　原缺
靜春詞一卷　元袁易撰
竹山詞二卷　宋蔣捷撰
酒邊集二卷　宋向子諲撰
白雪詞一卷　宋陳德武撰
逍遙詞一卷　宋潘閬撰
烘堂集一卷　宋盧炳撰
蒲江詞稿一卷　宋盧祖皋撰
東浦詞一卷　金韓玉撰
履齋先生詩餘一卷續集一卷
蛻巖詞二卷　元張翥撰
知稼翁詞一卷　宋黃公度撰
半山詞一卷　宋王安石撰
竹窗詞一卷附錄一卷　宋沈禧撰
鳴鶴餘音一卷　元虞集撰
東澤綺語一卷　宋張輯撰
白石先生詞一卷　宋姜夔撰
初寮詞一卷　宋王安中撰
僑菴詩餘一卷附錄一卷　明李禎撰

詞壇合璧四種十五卷　明吳之鯨編　明刻本　八行十八字白口四周單邊　四

花間集四卷　後蜀趙崇祚輯　明湯顯祖評
草堂詩餘五卷　明楊慎評點
詞的四卷　明茅暎輯並評
四家宮詞二卷　明楊慎評

詞苑英華四十五卷　明毛晉編　明末毛氏汲古閣刻本　九行二十字或九行十九字白口左右雙邊　五

花間集十卷　後蜀趙崇祚輯
花菴絕妙詞選十卷又十卷　宋黃昇輯
草堂詩餘四卷
尊前集二卷
詩餘圖譜三卷　明張綖撰
秦張兩先生詩餘合璧二卷　明王象晉編
少游詩餘一卷　宋秦觀撰
南湖詩餘一卷　明張綖撰
詞林萬選四卷　明楊慎輯

宋元明三十三家詞五十三卷　明石村書屋抄本　十行十八字藍格白口四周雙邊
版心下鐫石村書屋　六

片玉集十卷　宋周邦彥撰
白石先生詞一卷　宋姜夔撰
龜峰詞一卷　宋陳經國撰
松坡詞一卷　宋京鏜撰
[illegible]詞一卷　宋張[illegible]撰
耐軒詞一卷　明王達撰
淮海詞二卷　宋秦觀撰
逃禪詞一卷　宋楊无咎撰
酒邊集一卷　宋向子諲撰
相山居士詞一卷　宋王之道撰
竹坡老人詞三卷　宋周紫芝撰
蓬萊鼓吹一卷　宋夏元鼎撰
[illegible]
金谷遺音二卷　宋石孝友撰
蘆川詞一卷　宋張元幹撰
文溪詞一卷　宋李昴英撰

坦庵長短句一卷　宋趙師使撰　介庵詞一卷　宋趙彥端撰
貞居詞一卷　元張雨撰　清朱彝尊跋　姑溪詞一卷　宋李之儀撰
笑笑詞一卷　宋郭應祥撰
玉田集二卷　宋張炎撰
玉笥山人詞集一卷　宋王沂孫撰　清朱彝尊題款
苕溪詞一卷　宋劉一止撰　孏窟詞一卷　宋侯寘撰
古山樂府二卷　元張埜撰
履齋先生詩餘一卷續集一卷　宋吳潛撰　清朱彝尊題款
遯庵樂府一卷　金段克己撰　清朱彝尊題款
菊軒樂府一卷　金段成己撰　清毛扆校並跋　滄浪詞一卷　宋嚴羽撰
靜脩詞一卷　元劉因撰　鳴鶴餘音一卷　元虞集撰
靜春詞一卷　元袁易撰
晦菴詞一卷　宋李處全撰

宋元名家詞七十種九十七卷　明抄本　清毛扆校　唐翌跋　九行十五字　黑格　白口　左右雙邊　版心下鐫紫芝漫抄　七

東坡詞二卷　宋蘇軾撰
渭南詞二卷　宋陸游撰
逃禪詞一卷　宋楊無咎撰
稼軒詞丙集一卷　宋辛棄疾撰
知稼翁詞一卷　宋黃公度撰
孏窟詞一卷　宋侯寘撰
空同詞一卷　宋洪瑹撰
石屏詞一卷　宋戴復古撰
苕溪詞一卷　宋劉一止撰
竹齋詞一卷　宋沈瀛撰
雲林樂府一卷　元倪瓚撰
三增集一卷　元許有孚撰
樂章集三卷　宋柳永撰
白石詞選一卷　宋姜夔撰
竹山詞一卷　宋蔣捷撰
竹屋癡語一卷　宋高觀國撰
西樵語業一卷　宋楊炎正撰
初寮詞一卷　宋王安中撰
蘆川詞一卷　宋張元幹撰
省齋詩餘一卷　宋廖行之撰
烘堂集一卷　宋盧炳撰
僑菴詩餘一卷　明李禎撰
松雪詞一卷　元趙孟頫撰
斷腸詞一卷　宋朱淑真撰

三

石林詞一卷　宋葉夢得撰
東山詞一卷　宋賀鑄撰
竹洲詞一卷　宋吳儆撰
溪堂詞一卷　宋謝逸撰
信齋詞一卷　宋葛郯撰
王周士詞一卷　宋王以寧撰
菊軒樂府一卷　金段成己撰
東浦詞一卷　宋韓玉撰
龜峰詞一卷　宋陳經國撰
笑笑詞一卷　宋郭應祥撰
虛靖詞一卷　宋張繼先撰
玉林詞一卷　宋黃昇撰
玉笥山人詞一卷　宋王沂孫撰
審齋詞一卷　宋王千秋撰
白雪詞一卷　宋陳德武撰
竹友詞一卷　宋謝邁撰
克齋詞一卷　宋沈端節撰
鶴山長短句一卷　宋魏了翁撰
龍川詞一卷　宋陳亮撰
竹齋先生詩餘一卷　宋黃機撰
[illegible]一卷　宋[illegible]撰
秋崖先生樂府一卷　宋[illegible]撰
片玉集十卷　宋周邦彥撰
丹陽詞一卷　宋葛勝仲撰
樵隱詩餘一卷　宋毛幵撰
盧溪詞一卷　宋王庭珪撰
平齋詞一卷　宋洪咨夔撰
歸愚詞一卷　宋葛立方撰
竹坡老人詞三卷　宋周紫芝撰
遯庵居士詞一卷　金段克己撰
樂齋詞一卷　宋向鎬（一作向滈）撰
滄浪詞一卷　宋嚴羽撰
于湖先生長短句五卷　宋張孝祥撰
竹齋詞一卷　宋沈瀛撰
夢菴詞一卷　明張肯撰
虛齋樂府二卷　宋趙以夫撰
金谷遺音一卷　宋石孝友撰
姑溪詞一卷　宋李之儀撰
得全居士詞一卷　宋趙鼎撰
樵歌二卷　宋朱敦儒撰
梅溪詞一卷　宋史達祖撰
文溪詞一卷　宋李公昴撰
相山居士詞一卷　宋王之道撰
澗泉詩餘一卷　宋韓淲撰
坦庵長短句一卷　宋趙師使撰
花間集二卷　後蜀趙崇祚輯

宋明九家詞九卷附北樂府一卷　明抄本　清丁丙跋　八

逍遙詞一卷　宋潘閬撰
文湖州詞一卷　宋文同撰
[illegible]一卷　宋[illegible]撰
[illegible]一卷　宋[illegible]撰
半山詞一卷　宋王安石撰
竹友詞一卷　宋謝邁撰
東澤綺語一卷　宋張輯撰
滄浪詞一卷　宋嚴羽撰
僑菴詩餘一卷　明李禎撰

宋元四家詞四卷　清初抄本　清梁同書丁丙跋　十行二十一字　黑格　白口　左右雙邊　九

寧極齋樂府一卷　宋陳深撰
近體樂府一卷　宋周必大撰
王周士詞一卷　宋王以寧撰
吳文正公詞一卷　元吳澄撰

十名家詞集十卷　清侯文燦編　清康熙二十八年侯氏亦園刻本　九行二十一字　白口　左右雙邊　版心下鐫亦園藏本　十

二主詞一卷　南唐中主李璟後主李煜撰
陽春集一卷　南唐馮延巳撰
信齋詞一卷　宋葛郯撰
子野詞一卷　宋張先撰
松雪齋詞一卷　元趙孟頫撰
古山樂府一卷　元張埜撰
東山詞一卷　宋賀鑄撰
竹洲詞一卷　宋吳儆撰
虛齋樂府一卷　宋趙以夫撰
天錫詞一卷　元薩都剌撰

汲古閣未刻詞二十六種二十七卷　清彭元瑞編　清光緒抄本　清[illegible]跋　十一行二十三字　紅格　一一

陽春集一卷　南唐馮延巳撰
信齋詞一卷　宋葛郯撰
樵歌詞拾遺一卷　宋朱敦儒撰
晦菴詞一卷　宋朱熹撰
梅屋詩餘一卷　宋許棐撰
和清真詞一卷　宋楊澤民撰
文山樂府一卷　宋文天祥撰
漱玉詞一卷　宋李清照撰
松雪齋詞一卷　元趙孟頫撰
樵菴詞一卷　元劉因撰
古山樂府一卷　元張埜撰
演山先生詞二卷　宋黃裳撰
雪坡詞一卷　宋姚勉撰
東山詞一卷　宋賀鑄撰
樂齋詞一卷　宋向鎬（一作向滈）撰
梅詞一卷　宋朱雍撰
竹洲詞一卷　宋吳儆撰
虛齋樂府一卷　宋趙以夫撰
風雅遺音一卷　宋林正大撰
白玉蟾詞一卷　宋葛長庚撰
斷腸詞一卷　宋朱淑真撰
雪樓先生樂府一卷　元程文海撰
雁門集一卷　元薩都剌撰
雲林詞一卷　元倪瓚撰
梁谿詞一卷　宋李綱撰
澹菴長短句一卷　宋胡銓撰

四

唐宋八家詞十卷　清鮑氏知不足齋抄本　吳騫校跋　十行二十一字　綠格　白口　左右雙邊　版心下鐫知不足齋正本　一二

金奩集一卷補一卷　題唐溫庭筠撰　清魏之琇校　鮑廷博跋
逍遙詞一卷　宋潘閬撰　清魏之琇校
石湖詞一卷補遺一卷　宋范成大撰　清江立鮑廷博校並跋
和石湖詞一卷　宋陳三聘撰　清鮑廷博跋　同叔跋校並跋
龜峰詞一卷　宋陳經國撰　清魏之琇校　鮑廷博跋　同叔校跋並錄毛扆題識
樂齋詞一卷　宋向鎬撰　清魏之琇校並跋
相山居士詞一卷　宋王之道撰
綺川詞一卷　宋倪偁撰　清鮑廷博跋

十家詞鈔十卷　清何元錫家抄本　清何元錫校　丁丙跋　一三

金奩集一卷　題唐溫庭筠撰
近體樂府一卷　宋周必大撰
和石湖詞一卷　宋陳三聘撰
蓮社詞一卷　宋張掄撰
半軒詞一卷　明王行撰
逍遙詞一卷　宋潘閬撰
石湖詞一卷　宋范成大撰
寧極齋樂府一卷　宋陳深撰
吳文正公詞一卷　元吳澄撰
夢菴詞一卷　明張肯撰

宋元明八家詞九卷　清何元錫家抄本　清丁丙跋　一四

半山詞一卷　宋王安石撰
克齋詞一卷　宋沈端節撰
白雪詞一卷　宋陳德武撰
研北詞一卷　明王達撰
僑菴詩餘一卷附北樂府一卷　明李禎撰
蘆川詞一卷　宋張元幹撰
竹齋詞一卷　宋沈瀛撰
文湖州集詞一卷　元[illegible]撰

詞學叢書二十三卷　清秦恩復編　清嘉慶道光間享帚精舍刻本　一五

樂府雅詞三卷拾遺二卷　宋曾慥輯
陽春白雪八卷外集一卷　宋趙聞禮輯

詞源二卷 宋張炎撰
日湖漁唱一卷補遺一卷續補遺一卷 宋陳允平撰
精選名儒草堂詩餘三卷 題鳳林書院輯
詞林韻釋一卷

宋元明六家詞六卷 清道光咸豐間勞權抄本 清勞權校跋並錄趙輯寧題識 丁丙跋 一六
蓮社詞一卷 宋張掄撰
梅屋詩餘一卷 宋許棐撰
半軒詞一卷 明王行撰
梅詞一卷 宋朱雍撰
五峯詞一卷 元李孝光撰
夢菴詞一卷 明張肯撰

宋金元明十六家詞十七卷 清抄本 佚名錄清勞權校跋 丁丙跋 一七
逍遙詞一卷 宋潘閬撰
樂齋詞一卷 宋向鎬撰
省齋詩餘一卷 宋廖行之撰
簫臺公餘詞一卷 宋姚述堯撰
養拙堂詞一卷 宋管鑑撰
蓬萊鼓吹一卷 宋夏元鼎撰
遺山樂府一卷 金元好問撰
眉菴詞一卷 明楊基撰
綺川詞一卷 宋倪偁撰
滑川居士詞一卷 宋呂勝己撰
撫掌詞一卷 宋歐良撰
龜峰詞一卷 宋陳經國撰
文定公詞一卷 宋丘崈撰
雙溪詞一卷 宋王炎撰
無絃琴譜二卷 元仇遠撰
扣舷詞一卷 明高啓撰

又次齋詞編十種十二卷 清汪曰楨編 稿本 八行十六字無格 一八
雙溪詞一卷 宋王炎撰
澹菴長短句一卷 宋胡銓撰
釣月詞一卷 宋趙聞禮撰
松雪詞一卷補遺一卷 元趙孟頫撰
趙待制詞一卷 元趙雍撰
清閟閣詞一卷 元倪瓚撰
得全居士詞一卷 宋趙鼎撰
水雲詞一卷 宋汪元量撰
藏春詞一卷 元劉秉忠撰
牧菴詞二卷 元姚燧撰

宋元十家詞十二卷 清汪曰楨編 清又次齋抄本 清汪曰楨校 吳昌綬校 八行十六字小字双行同無格 一九
雙溪詞一卷 宋王炎撰
澹菴長短句一卷 宋胡銓撰
釣月詞一卷 宋趙聞禮撰
松雪詞一卷補遺一卷 元趙孟頫撰 清汪曰楨校並跋
趙待制詞一卷 元趙雍撰
清閟閣詞一卷 元倪瓚撰 清汪曰楨校
得全居士詞一卷 宋趙鼎撰
水雲詞一卷 宋汪元量撰
藏春詞一卷 元劉秉忠撰
牧菴詞二卷 元姚燧撰

五

四印齋所刻詞二十一種六十六卷 清王鵬運編 清光緒王氏四印齋刻本 朱祖謀校 二〇
存六種七卷
陽春集一卷補遺一卷 南唐馮延巳撰
東山寓聲樂府一卷 宋賀鑄撰
樂府指迷一卷 宋沈義父撰
南宋四名臣詞集一卷 清王鵬運輯
梅溪詞一卷 宋史達祖撰
東山寓聲樂府補鈔一卷 宋賀鑄撰

四印齋所刻詞二十一種六十六卷 清王鵬運編 清光緒王氏四印齋刻本 傅增湘校 二一
存十九種六十二卷
東坡樂府二卷 宋蘇軾撰
白石道人詞集三卷別集一卷 宋姜夔撰
山中白雲詞二卷補二卷續補一卷 宋張炎撰
詞旨一卷 元陸行直撰
詞林正韻三卷發凡一卷 清戈載撰
陽春集一卷補遺一卷 南唐馮延巳撰
東山寓聲樂府一卷 宋賀鑄撰
樂府指迷一卷 宋沈義父撰
稼軒長短句十二卷 宋辛棄疾撰
花外集一卷 宋王沂孫撰
梅溪詞一卷 宋史達祖撰
東山寓聲樂府補鈔一卷 宋賀鑄撰

南宋四名臣詞集一卷 清王鵬運輯
天籟集二卷 元白樸撰
花間集十卷 後蜀趙崇祚輯
精選名賢詞話草堂詩餘二卷 宋何士信輯
清真集二卷集外詞一卷 宋周邦彥撰
蕭閑老人明秀集注六卷（卷四至六原缺） 金蔡松年撰 魏道明注
蛾術詞選四卷 元邵亨貞撰

宋明十六家詞十六卷 清丁氏嘉惠堂抄本 十一行二十字小字双行同黑格上下黑口左右双边框外左下鐫"嘉惠堂鈔本" 二二
須溪詞一卷 宋劉辰翁撰
王周士詞一卷 宋王以寧撰
履齋先生遺集一卷 宋吳潛撰
水雲詞一卷 宋汪元量撰
竹友詞一卷 宋謝逸撰
滄浪詞一卷 宋嚴羽撰
夢庵詞一卷 明張肯撰
白雪詞一卷 宋陳德武撰
竹齋詞一卷 宋沈瀛撰
本堂詞一卷 宋陳著撰
省齋詩餘一卷 宋廖行之撰
蓮社詞一卷 宋張掄撰
東澤綺語一卷 宋張輯撰
僑菴詩餘一卷 明李禎撰
寧極齋樂府一卷 宋陳深撰
耐軒詞一卷 明王達撰

宋金元明人詞十七種二十八卷 清光緒三十四年繆荃孫藝風堂抄本 繆荃孫校 十二行二十一或二十二字綠格左右双边 二三
東山寓聲樂府三卷補遺一卷 宋賀鑄撰
後村詩餘二卷長短句五卷 宋劉克莊撰
寧極齋樂府一卷 宋陳深撰
吳文正公詞一卷 元吳澄撰
牧庵詞二卷 元姚燧撰
定宇詩餘一卷 元陳櫟撰
瓢泉詩餘一卷 元朱晞顏撰
趙待制遺稿一卷 元趙雍撰
莊靖樂府一卷 金李俊民撰
養吾齋詩餘一卷 元劉將孫撰
漢泉詞一卷 元曹伯啓撰
燕石集近體樂府一卷 元宋褧撰
樂齋詞一卷 宋向鎬撰
龜巢詞一卷補遺一卷 元謝應芳撰
石門先生樂府近體一卷 元梁寅撰

六

宋金明人九家詞十卷 清抄本 十行十八字白口左右双边版心下鐫"汲古閣" 非毛氏汲古閣傳抄汲古閣本 二四
半軒詞一卷 明王行撰
清閟閣樂府一卷 元倪瓚撰
初寮詞一卷 宋王安中撰
知稼翁詞一卷 宋黃公度撰
滑川居士詞一卷 宋呂勝己撰
空同詞一卷 宋洪瑹撰
僑菴詩餘一卷附錄北樂府一卷 明李禎撰
東浦詞一卷 宋韓玉撰
和石湖詞一卷 宋范成大 陳三聘撰
竹屋癡語一卷 宋高觀國撰
菊軒樂府一卷 金段成己撰

宋元八家詞八卷 清抄本 八行十八字無格 二五
梁谿詞一卷 宋李綱撰
梅詞一卷 宋朱雍撰
雪坡詞一卷 宋姚勉撰
待制詞一卷 元趙雍撰
演山詞一卷 宋黃裳撰
梅屋詞一卷 宋許棐撰
文定公詞一卷 宋邱崈撰
五峰詞一卷 元李孝光撰

宋元名家詞鈔二十二種二十六卷 清抄本 二六
陽春集一卷 南唐馮延巳撰
竹坡老人詞三卷 宋周紫芝撰
東澤綺語一卷 宋張輯撰
白雪詞一卷 宋陳德武撰
遺山樂府一卷 金元好問撰
遯菴樂府一卷 金段克己撰
草窗詞二卷 宋周密撰
日湖漁唱一卷 宋陳允平撰
虛齋先生詩餘一卷續一卷 宋趙以夫撰
古山樂府一卷 元張埜撰
張子野詞一卷 宋張先撰
明汲古閣輯
呂聖求詞一卷 宋呂渭老撰
烘堂集一卷 宋盧炳撰
省齋詩餘一卷 宋廖行之撰
菊軒樂府一卷 金段成己撰
五窗山人詞鈔一卷 元王沂撰
宋吳潛撰
貞居詞一卷 元張雨撰
元草堂詩餘一卷
王周士詞一卷 宋王以寧撰

養拙堂詞一卷　宋管鑑撰
苕溪詞一卷　宋劉一止撰

二七　彊村叢書十六種二十二卷　朱祖謀編　稿本（以丁氏嘉惠堂抄本作底本重編並校）　十一行二十字黑口左右双边
張子野詞二卷補遺二卷　宋張先撰
湘川居士詞一卷　宋呂勝己撰
寧極齋樂府一卷　宋陳深撰
和石湖詞一卷　宋陳三聘撰
半山詞一卷　宋王安石撰
方壺詞三卷　宋汪莘撰
燕喜詞一卷　宋曹冠撰
樂齋詞一卷　宋向鎬撰
虛靖真君詞一卷　宋張繼先撰
夢庵詞一卷　明張肯撰
蓮社詞一卷　宋張掄撰
石湖詞一卷補遺一卷　宋范成大撰
冰雲詞一卷　宋汪元量撰
履齋先生詩餘一卷　宋吳潛撰
篁㟪詞一卷　宋劉子寰撰
蓬萊鼓吹一卷　宋夏元鼎撰

二八　宜秋館詩餘叢抄七卷　宜秋館抄本　況夔笙批校　朱祖謀校
浮山詩餘一卷　宋仲并撰
雲莊詞一卷　宋曾協撰
青山詩餘一卷補遺一卷　宋李洪撰
芸庵詩餘一卷　元趙文撰
稼村樂府一卷　元王義山撰
漢濱詩餘一卷　宋王之望撰
臞軒詩餘一卷　宋王邁撰

二九　典雅詞十種十卷　清勞權抄本　勞權校並跋　十行十八字無格
丞相李忠定公長短句一卷　宋李綱撰
撫掌詞一卷　宋歐良撰
清江漁譜一卷　宋張輯撰
袁宣卿詞一卷　宋袁去華撰
燕喜詞一卷　宋曹冠撰
碎錦詞一卷　宋李好古撰
東澤綺語一卷　宋張輯撰
雙溪詞一卷　宋馮取洽撰
文簡公詞一卷　宋程大昌撰
拙庵詞一卷　宋趙磻老撰

三〇　典雅詞十四種十四卷　清抄本
西麓繼周集一卷　宋陳允平撰
拙庵詞一卷　宋趙磻老撰
雙溪詞一卷　宋馮取洽撰
文簡公詞一卷　宋程大昌撰
章華詞一卷
巢令君阮戶部詞一卷　宋阮閱撰
龍川詞一卷　宋陳亮撰
燕喜詞一卷　宋曹冠撰
碎錦詞一卷　宋李好古撰
袁宣卿詞一卷　宋袁去華撰
澹庵長短句一卷　宋胡銓撰
篁㟪詞一卷　宋劉子寰撰
知稼翁詞一卷　宋黃公度撰
嬾窟詞一卷　宋侯寘撰

七

三一　宋名家詞六十一種九十卷　明毛晉編　明崇禎毛氏汲古閣刻本　八行十八字白口左右双边版心下鐫汲古閣
第一集
珠玉詞一卷　宋晏殊撰
樂章集一卷　宋柳永撰
山谷詞一卷　宋黃庭堅撰
小山詞一卷　宋晏幾道撰
放翁詞一卷　宋陸游撰
六一詞一卷　宋歐陽修撰
東坡詞一卷　宋蘇軾撰
淮海詞一卷　宋秦觀撰
東堂詞一卷　宋毛滂撰
稼軒詞四卷　宋辛棄疾撰
第二集
片玉詞二卷補遺一卷　宋周邦彥撰
梅溪詞一卷　宋史達祖撰
石林詞一卷　宋葉夢得撰
溪堂詞一卷　宋謝逸撰
竹山詞一卷　宋蔣捷撰
坦庵詞一卷　宋趙師俠撰
白石詞一卷　宋姜夔撰
酒邊詞二卷　宋向子諲撰
樵隱詞一卷　宋毛幵撰
書舟詞一卷　宋程垓撰
第三集
惜香樂府十卷　宋趙長卿撰
竹屋癡語一卷　宋高觀國撰
夢窗甲稿一卷乙稿一卷丙稿一卷丁稿一卷補遺一卷　宋吳文英撰
近體樂府一卷　宋周必大撰
西樵語業一卷　宋楊炎正撰
竹齋詩餘一卷　宋黃機撰
金谷遺音一卷　宋石孝友撰
和清真詞一卷　宋方千里撰
散花庵詞一卷　宋黃昇撰
後村別調一卷　宋劉克莊撰
第四集
盧川詞一卷　宋張元幹撰
洺水詞一卷　宋程珌撰
龍洲詞一卷　宋劉過撰
龍川詞一卷補一卷　宋陳亮撰
友古詞一卷　宋蔡伸撰
于湖詞三卷　宋張孝祥撰
歸愚詞一卷　宋葛立方撰
初寮詞一卷　宋王安中撰
姑溪詞一卷　宋李之儀撰
石屏詞一卷　宋戴復古撰
第五集
海野詞一卷　宋曾覿撰
空同詞一卷　宋洪瑹撰
平齋詞一卷　宋洪咨夔撰
丹陽詞一卷　宋葛勝仲撰
克齋詞一卷　宋沈端節撰
逍遙詞一卷　宋潘閬撰
介庵詞一卷　宋趙彥端撰
文溪詞一卷　宋李公昴撰
嬾窟詞一卷　宋侯寘撰
芸窗詞一卷　宋張榘撰
第六集
竹坡詞三卷　宋周紫芝撰
壽域詞一卷　宋杜安世撰
東浦詞一卷　宋韓玉撰
無住詞一卷　宋陳與義撰
蒲江詞一卷　宋盧祖皋撰
烘堂詞一卷　宋盧炳撰
聖求詞一卷　宋呂渭老撰
審齋詞一卷　宋王千秋撰
知稼翁詞一卷　宋黃公度撰
後山詞一卷　宋陳師道撰
琴趣外篇六卷　宋晁補之撰

三二　宋名家詞六十一種九十卷　明毛晉編　明崇禎毛氏汲古閣刻本　清陸貽典黃儀毛扆季錫疇熙邦校並跋　何煌何元錫校

三三　宋二十家詞二十六卷　明抄本　清許宗彥丁丙跋
珠玉詞一卷　宋晏殊撰　清丁丙跋
六一詞一卷　宋歐陽修撰　清丁丙跋
柳屯田樂章三卷　宋柳永撰
淮海詞三卷　宋秦觀撰　明張綖校並跋　清丁丙跋
小山詞二卷　宋晏幾道撰
白石先生詞一卷　宋姜夔撰
書舟詞一卷　宋程垓撰　清丁丙跋
蘆川詞一卷　宋張元幹撰
初寮詞一卷　宋王安中撰　清丁丙跋
姑溪詞一卷　宋李之儀撰　清丁丙跋
友古居士詞一卷　宋蔡伸撰
逍遙詞一卷　宋潘閬撰　清丁丙跋
呂聖求詞一卷　宋呂渭老撰　清丁丙跋
杜壽域詞一卷　宋杜安世撰
後山詞一卷　宋陳師道撰
山谷詞一卷　宋黃庭堅撰
東堂詞二卷　宋毛滂撰　清丁丙跋
溪堂詞一卷　宋謝逸撰　清丁丙跋
東浦詞一卷　宋韓玉撰　清丁丙跋
烘堂集一卷　宋盧炳撰

八

三四　宋名賢七家詞七卷　明抄本　清紀廷傳校　丁丙跋
逍遙詞一卷　宋潘閬撰
樂齋詞一卷　宋向鎬撰
[illegible]詞一卷　宋[illegible]撰
滄浪詞一卷　宋[illegible]撰
信齋詞一卷　宋葛郯撰
竹齋詞一卷　宋沈瀛撰
竹洲詞一卷　宋吳儆撰

三五　宋五家詞六卷　明抄本　十二行二十字藍格白口四周單边
龍川詞一卷　宋陳亮撰
西樵語業一卷　宋楊炎撰
樵隱詩餘一卷　宋毛幵撰
龍洲詞二卷　宋劉過撰
石屏詞一卷　宋戴復古撰

三六　宋五家詞十卷　清初毛氏汲古閣抄本　清丁丙跋　八行十八字黑格白口左右双边版心下鐫汲古閣
東溪詞一卷　宋高登撰
拙庵詞一卷　宋趙磻老撰
澹庵詞一卷　宋胡銓撰
可齋詞六卷　宋李曾伯撰

碎錦詞一卷　宋李好古撰

三七　大小晏詞四卷　清抱經齋抄本　十二行二十四字無格　中縫下端有抱經齋
　晏同叔珠玉詞一卷拾遺一卷　宋晏殊撰
　晏叔原小山詞一卷拾遺一卷　宋晏幾道撰

三八　宋八家詞八卷　清初抄本　十行十八字無格副葉有鮑廷博寫目錄
　燕喜詞一卷　宋曹冠撰
　拙庵詞一卷　宋趙磻老撰
　丞相李忠定公長短句一卷　宋李綱撰
　東澤綺語一卷　宋張輯撰
　撫掌詞一卷　宋歐良撰
　袁宣卿詞一卷　宋袁去華撰
　雙溪詞一卷　宋馮取洽撰
　文簡公詞一卷　宋程大昌撰

三九　宋人詞二卷　清抄本　清馮登府校并跋　九行字數不等無格
　呂聖求詞一卷　宋呂渭老撰
　竹山詞一卷　宋蔣捷撰

四〇　宋九家詞九卷　清道光許氏別下齋抄本　清許光清跋　十一行二十一字黑格細黑口左右雙邊版心下鐫別下齋校本
　撫掌詞一卷　宋歐良撰
　松坡居士詞一卷　宋京鏜撰
　玉笥山人詞集一卷　宋王沂孫撰
　文簡公詞一卷　宋程大昌撰
　袁宣卿詞一卷　宋袁去華撰
　西麓繼周集一卷　宋陳允平撰
　碎錦詞一卷　宋李好古撰
　雙溪詩餘一卷　宋馮取洽撰
　章華詞一卷

四一　五家詞五卷　清十萬卷樓抄本　十一行二十一字藍格白口左右雙邊版心下鐫十萬卷樓鈔本
　碎錦詞一卷　宋李好古撰
　拙菴詞一卷　宋趙磻老撰
　燕喜詞一卷　宋曹冠撰
　袁宣卿詞一卷　宋袁去華撰

四二　汪氏二家詞四卷　清抄本　清丁丙跋
　龜峯詞一卷　宋陳經國撰
　方壺詞三卷　宋汪莘撰
　水雲詞一卷　宋汪元量撰

四三　宋六家詞六卷　清抄本　十行十八字無格
　碎錦詞一卷　宋李好古撰
　雙溪詞一卷　宋馮取洽撰
　拙庵詞一卷　宋趙磻老撰
　燕喜詞一卷　宋曹冠撰
　袁宣卿詞一卷　宋袁去華撰
　章華詞一卷

四四　宋詞六種六卷　清抄本　朱祖謀校
　蓮社詞一卷　宋張掄撰
　拙庵詞一卷　宋趙磻老撰
　松坡詞一卷　宋京鏜撰
　文簡公詞一集　宋程大昌撰
　碎錦詞一卷　宋李好古撰
　雙溪詞一卷　宋馮取洽撰

四五　彊村所刻詞甲編七種　朱孝臧編　朱氏刻本　朱祖謀批校
存五種十一卷
　無住詞一卷　宋陳與義撰
　東坡樂府三卷　宋蘇軾撰
　石川先生歌曲一卷　宋王以寧撰
　稼軒詞補遺一卷　宋辛棄疾撰
　後村長短句五卷　宋劉克莊撰

四六　百名家詞鈔初集六十卷　清聶先曾王孫編　清康熙綠蔭堂刻本　九行二十字黑口四周單邊有抄配
存五十八種五十八卷
　梅村詞一卷　清吳偉業撰
　香嚴齋詞一卷　清龔鼎孳撰
　寓言集一卷　清曹溶撰
　文江酬唱一卷　清李元鼎撰
　休園詩餘一卷　清鄭俠如撰
　二鄉亭詞一卷　清宋琬撰
　秋閒詞一卷　清王庭撰
　南溪詞一卷　清曹爾堪撰
　衍波詞一卷　清王士禛撰
　百末詞一卷　清尤侗撰
　扶荔詞一卷　清丁澎撰
　容齋詩餘一卷　清李天馥撰
　金粟詞一卷　清彭孫遹撰
　玉鳧詞一卷　清董俞撰
　蔭綠詞一卷　清徐喈鳳撰
　秋水詞一卷　清嚴繩孫撰
　彈指詞一卷　清顧貞觀撰
　玉山詞一卷　清陸次雲撰
　菊莊詞一卷　清徐釚撰
　耕煙詞一卷　清陳玉璂撰
　峽流詞一卷　清王晫撰
　溉堂詞一卷　清孫枝蔚撰
　青城詞一卷　清魏學渠撰
　螺舟綺語一卷　清王頊齡撰
　松溪詩餘一卷　清王九齡撰
　映竹軒詞一卷　清毛際可撰
　錦瑟詞一卷　清汪懋麟撰
　迦陵詞一卷　清陳維崧撰
　藝香詞一卷　清吳綺撰
　棣華堂詞一卷　清馮[illegible]撰
　東白堂詞一卷　清佟世南撰
　萬青閣詩餘一卷　清趙吉士撰
　月聽軒詩餘一卷　清張淵懿撰
　秋雪詞一卷　清余懷撰
　竹香亭詩餘一卷　清曹貞吉撰
　飲水詞一卷　清納蘭性德撰
　柯亭詞一卷　清[illegible]撰
　紅藕莊詞一卷　清龔翔麟撰
　柯[illegible]詩餘一卷　清周綸撰
　志壑堂詞一卷　清唐夢賚撰
　吳山鷇音一卷　清林雲銘撰
　蕉閣詩餘一卷　清汪鶴孫撰
　柳塘詞一卷　清沈雄撰
　玉壺詞一卷　清葉尋源撰
　月團詞一卷　清沈爾燝撰
　蘭舫詞一卷　清趙維烈撰
　守齋詞一卷　清呂師濂撰
　藥庵詞一卷　清呂洪烈撰
　探酉詞一卷　清邵錫榮撰
　澄暉堂詞一卷　清江尚質撰
　響泉詞一卷　清徐允哲撰
　畫餘譜一卷　清畢[illegible]撰
　[illegible]詞一卷　清鄭熙績撰
　碧巢詞一卷　清汪森撰
　粵游詞一卷　清吳之登撰
　藕花詞一卷　清陳見鑨撰
　夢花窗詞一卷　清江士式撰
　容居堂詞一卷　清周稚廉撰

四七　百名家詞鈔一百卷　清聶先曾王孫編　清康熙綠蔭堂刻本　九行二十字黑口四周單邊
　梅村詞一卷　清吳偉業撰
　香嚴齋詞一卷　清龔鼎孳撰
　寓言集一卷　清曹溶撰
　文江酬唱一卷　清李元鼎撰
　休園詩餘一卷　清鄭俠如撰
　二鄉亭詞一卷　清宋琬撰
　秋閒詞一卷　清王庭撰
　南溪詞一卷　清曹爾堪撰
　衍波詞一卷　清王士禛撰
　百末詞一卷　清尤侗撰
　扶荔詞一卷　清丁澎撰
　容齋詩餘一卷　清李天馥撰
　金粟詞一卷　清彭孫遹撰
　江湖載酒集一卷　清朱彝尊撰
　玉鳧詞一卷　清董俞撰
　蔭綠詞一卷　清徐喈鳳撰
　秋水詞一卷　清嚴繩孫撰
　彈指詞一卷　清顧貞觀撰
　玉山詞一卷　清陸次雲撰
　菊莊詞一卷　清徐釚撰
　耕煙詞一卷　清陳玉璂撰
　峽流詞一卷　清王晫撰
　溉堂詞一卷　清孫枝蔚撰
　青城詞一卷　清魏學渠撰
　螺舟綺語一卷　清王頊齡撰
　松溪詩餘一卷　清王九齡撰
　映竹軒詞一卷　清毛際可撰
　錦瑟詞一卷　清汪懋麟撰
　迦陵詞一卷　清陳維崧撰
　月團詞一卷　清沈爾燝撰
　柯[illegible]詩餘一卷　清周綸撰
　志壑堂詞一卷　清唐夢賚撰
　棣華堂詞一卷　清馮[illegible]撰
　東白堂詞一卷　清佟世南撰
　飲水詞一卷　清納蘭性德撰
　柯亭詞一卷　清[illegible]撰
　紅藕莊詞一卷　清龔翔麟撰
　吳山鷇音一卷　清林雲銘撰
　蕉閣詩餘一卷　清汪鶴孫撰
　柳塘詞一卷　清沈雄撰
　[illegible]閣詞一卷　清張[illegible]撰
　玉壺詞一卷　清葉尋源撰
　蘭舫詞一卷　清趙維烈撰
　守齋詞一卷　清呂師濂撰
　藥庵詞一卷　清呂洪烈撰
　探酉詞一卷　清邵錫榮撰
　萬青閣詩餘一卷　清趙吉士撰
　月聽軒詩餘一卷　清張淵懿撰
　秋雪詞一卷　清余懷撰
　竹香亭詩餘一卷　清曹貞吉撰
　澄暉堂詞一卷　清江尚質撰
　響泉詞一卷　清徐允哲撰
　畫餘譜一卷　清畢[illegible]撰
　[illegible]詞一卷　清鄭熙績撰
　碧巢詞一卷　清汪森撰
　粵游詞一卷　清吳之登撰

藕花詞一卷　清陳見鑨撰
容居堂詞一卷　清周稚廉撰
湖山詞一卷　清徐瑤撰
一曲灘詞一卷　清徐來撰
曠觀樓詞一卷　清路傳經撰
寒山詩餘一卷　清馮雲驤撰
藝香詞一卷　清吳綺撰
柳圃詞一卷　清陳[illegible]傳撰
仿橘詞一卷　清葉滕玉撰
南耕詞一卷　清曹亮武撰
梅沜詞一卷　清孫致彌撰
嘆霞閣詞一卷　清沈永令撰
南磵詞一卷　清何采撰
香膽詞一卷　清[illegible]樹撰
楓香詞一卷　清宋犖撰
當樓詞一卷　清毛奇齡撰
紫雲詞一卷　清丁煒撰
句雲堂詞一卷　清郭士璟撰
影樹樓詞一卷　清陳大成撰
珂雪詞一卷　清曹貞吉撰
萬卷山房詞一卷　清王輅撰
浣香詞一卷　清江皋撰
夢花窗詞一卷　清江士式撰
雙溪泛月詞一卷　清徐瑤撰
攝閑詞一卷　清吳秉仁撰
綺霞詞一卷　清狄億撰
課鵡詞一卷　清吳秉鈞撰
紅藕詞一卷　清何五雲撰
團扇詞一卷　清余蘭碩撰
玉艷詞一卷　清何思撰
閬村詞一卷　清王允持撰
風車詞一卷　清吳棠禎撰
荔軒詞一卷　清曹寅撰
棠村詞一卷　清梁清標撰
橫江詞一卷　清徐倬撰
蔬香詞一卷　清高士奇撰
留村詞一卷　清吳興祚撰
白茅堂詞一卷　清顧景星撰
微雲詞一卷　清秦松齡撰
香草詞一卷　清何鼎撰
改蟲齋詞一卷　清高層雲撰
澹雪詞一卷　清顧岱撰
竹西詞一卷　清楊通佺撰
罨畫溪詞一卷　清蔣景祁撰

四八

百名家詞鈔二十卷　清聶先、曾王孫編　清康熙綠蔭堂刻本　九行二十字黑口四周單邊　卷前有總目分二十卷有封面

與百名家詞鈔初集封面同。

卷一　梅村詞　清吳偉業撰　寓音集　清曹溶撰　棠村詞　清梁清標撰　香嚴齋詞　清龔鼎孳撰　文江酬唱　清李元鼎撰

卷二　容齋詩餘　清李天馥撰　南溪詞　清曹爾堪撰　百末詞　清尤侗撰　楓香詞　清宋犖撰　衍波詞　清王士禎撰　荔軒詞　清曹寅撰

卷三　扶荔詞　清丁澎撰　金粟詞　清彭孫遹撰　玉鳧詞　清董俞撰　語石軒詞　清張純修撰　江湖載酒集　清朱彝尊撰　蔭綠詞　清徐喈鳳撰

卷四　浣香詞　清江皋撰　玉山詞　清陸次雲撰　耕煙詞　清陳玉璂撰　彈指詞　清顧貞觀撰　菊莊詞　清徐釚撰

卷五　溉堂詞　清孫枝蔚撰　螺舟綺語　清王頊齡撰　映竹軒詞　清毛際可撰　青城詞　清魏學渠撰　松溪詩餘　清王九齡撰

卷六　迦陵詞　清陳維崧撰　棣華堂詞　清馮瑞撰　萬青閣詩餘　清趙吉士撰　藝香詞　清吳綺撰　東白堂詞　清佟世南撰

卷七　秋雪詞　清余懷撰　飲水詞　清成德撰　紅藕莊詞　清龔翔麟撰　竹香亭詩餘　清曹垂璨撰　柯亭詞　清姜垚撰

卷八　志壑堂詞　清唐夢賚撰　[illegible]閑詩餘　清汪鶴孫撰　嘯閣餘聲　清張錫懌撰　吳山鷇音　清林雲銘撰　柳塘詞　清沈雄撰　玉壺詞　清[illegible]撰

卷九　月團詞　清沈爾燝撰　蘭舫詞　清趙維烈撰

十一

卷十　守齋詞　清[illegible]師濂撰　探酉詞　清邵錫榮撰　休園詩餘　清鄭俠如撰　碧巢詞　清汪森撰　藕花詞　清陳見鑨撰　[illegible]詞　清馮洪烈撰　澄暉堂詞　清江尚質撰　蕊棲詞　清鄭熙績撰　東皋詩餘　清劉壯國撰　夢花窗詞　清江士式撰

卷十一至十四（總目缺）　二鄉亭詞　清宋琬撰　南磵詞　清何采撰　浣初詞　清周清原撰　留村詞　清吳興祚撰　白茅堂詞　清顧景星撰　微雲詞　清秦松齡撰　香草詞　清何鼎撰　改蟲齋詞　清高層雲撰　澹雪詞　清顧岱撰　竹西詞　清楊通佺撰　秋閑詞　清王庭撰　橫江詞　清徐倬撰　蔬香詞　清高士奇撰　當樓詞　清毛奇齡撰　紫雲詞　清丁煒撰　句雲堂詞　清郭士璟撰　影樹樓詞　清陳大成撰　珂雪詞　清曹貞吉撰　萬卷山房詞　清王輅撰

卷十五　玉艷詞　清何思撰　閬村詞　清王允持撰　邀笛詞　清張玲撰　仿橘詞　清葉滕玉撰　南耕詞　清曹亮武撰

卷十六　風車詞　清吳棠禎撰　誦庵詞　清魯超撰　響泉詞　清徐允哲撰　梅沜詞　清孫致彌撰　嘆霞閣詞　清沈永令撰

卷十七　秋水詞　清嚴繩孫撰　雙溪泛月詞　清徐瑤撰　罨畫溪詞　清蔣景祁撰　湖山詞　清徐瑤撰

卷十八　攝閑詞　清吳秉仁撰

十二

寒山詩餘　清馮雲驤撰　一曲灘詞　清徐來撰　曠觀樓詞　清路傳經撰　紅[illegible]詞　清何五雲撰　綺霞詞　清狄億撰　花影詞　清張潮撰

卷十九　峽流詞　清王晫撰　月聽軒詩餘　清張淵懿撰　柯窗詩餘　清周綸撰　錦瑟詞　清汪懋麟撰　[illegible]圃詞　清陳[illegible]撰

卷二十　香膽詞　清[illegible]樹撰　畫餘譜　清華胥撰　團扇詞　清余蘭碩撰　課鵡詞　清吳秉鈞撰　[illegible]詞　清吳之[illegible]撰　容居堂詞　清周稚廉撰

名家詞鈔三十卷　清聶先、曾王孫編　清康熙刻本　九行二十字黑口四周單邊　卷前有目錄　四庫存目底本　九

四九

梅村詞一卷　清吳偉業撰
寓音集一卷　清曹溶撰
二鄉亭詞一卷　清宋琬撰
秋閑詞一卷　清王庭撰
百末詞一卷　清尤侗撰
容齋詩餘一卷　清李天馥撰
江湖載酒集一卷　清朱彝尊撰
彈指詞一卷　清顧貞觀撰
錦瑟詞一卷　清汪懋麟撰
棣華堂詞一卷
飲水詞一卷　清納蘭性德撰
志壑堂詞一卷　清唐夢賚撰
藝香詞一卷　清吳綺撰
東白堂詞一卷　清佟世南撰
藕花詞一卷　清陳見鑨撰
香嚴齋詞一卷　清龔鼎孳撰
棠村詞一卷　清梁清標撰
青城詞一卷　清魏學渠撰
南溪詞一卷　清曹爾堪撰
衍波詞一卷　清王士禎撰
紫雲詞一卷　清丁煒撰
柳塘詞一卷　清[illegible]撰
螺舟綺語一卷　清王頊齡撰
菊莊詞一卷　清徐釚撰
金粟詞一卷　清彭孫遹撰
扶荔詞一卷　清丁澎撰
柯亭詞一卷　清姜垚撰
月團詞一卷　清沈爾燝撰
碧巢詞一卷　清汪森撰

六家詩餘十二卷 清孫默編 清康熙六年孫氏留松閣刻本 九行二十一字，白口，左右双边，版心下鐫留松閣。 五〇
麗農詞二卷 清鄒祗謨撰　延露詞三卷 清彭孫遹撰
衍波詞二卷 清王士禛撰　南溪詞二卷 清曹爾堪撰
炊聞詞二卷 清王士祿撰　百末詞二卷 清尤侗撰

四家詩餘十一卷 清孫默編 清康熙七年孫氏留松閣刻本 九行二十一字，白口，左右双边，版心下鐫留松閣。 五一
含影詞二卷 清陳世祥撰　烏絲詞四卷 清陳維崧撰
蓉渡詞三卷 清董以寧撰　玉鳬詞二卷 清董俞撰

國朝名家詩餘四十卷附二卷 清孫默編 清康熙孫氏留松閣刻本 九行二十一字，白口，左右双边，版心下鐫留松閣 五二
梅村詞二卷 清吳偉業撰　香嚴詞二卷 清龔鼎孳撰
棠村詞三卷 清梁清標撰　南溪詞二卷 清曹爾堪撰
二鄉亭詞二卷 清宋琬撰　百末詞二卷 清尤侗撰
炊聞詞二卷 清王士祿撰　溪南詞二卷 清黃永撰
含影詞二卷 清陳世祥撰　麗農詞二卷 清鄒祗謨撰
月湄詞四卷 清陸求可撰　衍波詞二卷 清王士禛撰
延露詞三卷 清彭孫遹撰　烏絲詞四卷 清陳維崧撰
蓉渡詞三卷 清董以寧撰　衍愚詞一卷 清程康莊撰
玉鳬詞二卷 清董俞撰
附
紅橋唱和第一集一卷 清孫金礪輯
廣陵唱和詞一卷 清孫金礪輯

國朝名家詩餘四十卷 清孫默編 清康熙孫氏留松閣刻本 鄧之誠跋 五三

名家詞鈔六十種六十卷 清孔傳鐸編 清抄本 九行二十字，黑格，黑口，四周單边 五四
湖紅詞一卷 清茅麐撰
海虹詞一卷 清袁佑大撰
牧雲詞一卷 清徐旭旦撰
倚樓詞一卷 清黃雲撰
芙蓉詞一卷 清宋元鼎撰
嘯月詞一卷 清洪昇撰
騷屑詞一卷 清屈大均撰
問月軒詞一卷 清平漢英撰
團紅詞一卷 清劉浦撰
格皐詞一卷 清許顧青撰
晒園詞一卷 清陳見智撰
始存詞一卷 清米漢雯撰
樓雲詞一卷 清王鴻緒撰
茶村集一卷 明杜濬撰
楚江詞一卷 清楊春星撰
柳村詞一卷 清梁允植撰
奎峰詞一卷 清唐夢賚撰
綺絲詞一卷 清孔傳鐸撰
月湄詞一卷 清陸求可撰
蝶菴詞一卷 清史維圜撰
梨莊詞一卷 清周在浚撰
蒼梧詞一卷 清董元愷撰
金管集一卷 清李珍撰
鸞情集一卷 清毛先舒撰
洴鉛詞一卷 清張台柱撰
春暉詞一卷 清徐昌薇撰
瓊枝詞一卷 清毛[illegible]撰
[illegible]窗詞一卷 清黃承[illegible]撰
秋佳詞一卷 清丁[illegible]撰
大椿樹集一卷 清柯[illegible]撰
涂雅詞一卷 清方大猷撰
香雲詞一卷 清周卜年撰
蘭思詞一卷 清沈豈塤撰
青廳詞一卷 清鄭俠儀撰
洗花詞一卷 清黃泰來撰
粘影詞一卷 清許承欽撰
心齋詞一卷 清張潮撰
惜軒詞一卷 清侯晰撰
隔木詞一卷 清葉本晫撰
南陽詞一卷 清葉奕宥撰
隨室詞一卷 清毛漵撰
雁園詞一卷 清倪燦撰
海閭香詞一卷 清宋徵輿撰
研山詞一卷 明余懷撰
菊醉詞一卷 清孫繼登撰
緣華詞一卷 清錢芳標撰
雲門詞一卷 清羅[illegible]撰
溪南詞一卷 清黃永撰
衍條雙草一卷 清李[illegible]撰
青堂詞一卷 清史鑑宗撰
漱水詞一卷 清田茂遇撰
月河詞一卷 清汪森撰
東江詞一卷 明沈謙撰
碧山詞一卷 清徐乾學撰
桐魚詞一卷 清[illegible]撰
螺雜詞一卷 清梅[illegible]撰
桂坡詞一卷 清毛奇齡撰
梅里詞一卷 明朱一是撰
原莊詞一卷 清方正瑗撰
清濤詞一卷 清孔傳鋕撰

四家詞選四卷 清孫國筵編 清乾隆二十三年可儀堂刻本 六行十六字，小字双行同，白口，左右双边 五五
選夢詞一卷 清俞大雅撰　南香詞一卷 清俞圻撰
掃紅詞一卷 清汪龍光撰　修月詞一卷 清繆祖培撰

古紅梅閣詞錄三卷 清劉履芬編 稿本 五六
洮瓊館詞一卷 清袁棠撰　倚夢詞一卷 清郭麐撰
浮眉樓詞一卷

倡和詩餘六卷 清順治刻本 九行二十字，白口，左右双边 五七
秋士香詞一卷 清宋存標撰　歌浦倡和香詞一卷 清宋徵壁撰
海閭倡和香詞一卷 清宋徵輿撰　倡和香詞一卷 清錢穀撰
湘真閣存稿一卷　棣萼軒詞一卷 清宋思玉撰

梁溪詞選八卷 清侯晰編 清康熙醉書閣刻本 九行二十二字，白口、左右双边、版心下鐫醉書閣藏稿。 五八
春水詞一卷 清華侗撰　香眉亭詞一卷 清鄒祗洛撰
問石詞一卷 清鄒祥撰　惜軒詞一卷 清侯晰撰
鶴閒詞二卷 清侯文燿撰　迴雪詞一卷 清侯文燈撰
棲香閣詞一卷 清顧氏撰

浙西六家詞十一卷 清龔翔麟編 清康熙龔氏玉玲瓏閣刻本 十行二十字，白口、左右双边 五九
江湖載酒集三卷 清朱彝尊撰　秋錦山房詞一卷 清李良年撰
柘西精舍集一卷 清沈皞日撰　耒邊詞二卷 清李符撰
黑蝶齋詞一卷 清沈岸登撰　紅藕莊詞三卷 清龔翔麟撰

桐谿三家詩餘三卷 清陳敬璋抄本 八行或七行二十二字，無格、 六〇
倚兒詩餘一卷 清陳敬璋撰　夢惠詩餘一卷 清吳玉輝撰
楚畹詩餘一卷 清徐嘉遠撰

詞類
總集

金奩集一卷 題唐溫庭筠撰 清抄本 清蔣曰南校並跋 六一

金奩集一卷 題唐溫庭筠撰 清勞權抄本 清勞權校 曹元忠跋 六二

金奩集一卷補一卷 題唐溫庭筠撰 清抄本 清翁同書跋、翁之潤 十行二十一字，紅格，白口、四周單边。 六三

花間集十卷 後蜀趙崇祚輯 宋刻遞修公文紙印本 楊保彝題款 十行十七、十八字，白口、左右双边 六四

花間集十卷 後蜀趙崇祚輯 清影宋抄本 葉景葵校並跋 十行十七字，白口、四周單边 六五

花間集十卷 後蜀趙崇祚輯 宋紹興十八年建康郡齋刻本 八行十七字，白口、左右双边 六六

花間集十卷 後蜀趙崇祚輯 明正德十六年陸元大刻本 十行十八字，白口，左右双边 六七

花間集十卷 後蜀趙崇祚輯 明正德十六年陸元大刻本 清丁丙跋 六八

花間集十卷 後蜀趙崇祚輯 明正德十六年陸元大刻本 沈曾植、鄧邦述跋 六九

花間集十卷 後蜀趙崇祚輯補二卷 明溫博輯 音釋二卷 明茅一楨撰 明萬曆八年茅氏凌霞山房刻本 九行十八字，白口、左右双边 七〇

花間集十卷 後蜀趙崇祚輯 補二卷 明溫博輯 音釋二卷 明茅一楨

撰　明萬曆八年茅氏凌霞山房刻萬曆四十年重修本

七二　花間集十卷　後蜀趙崇祚輯　明刻本　十行十八字，白口，左右双边

七三　花間集十卷　後蜀趙崇祚輯　明湯顯祖評　明刻朱墨套印本　八行十八字，无直格，白口，四周單边

七四　花間集十卷　後蜀趙崇祚輯　清光緒王氏四印齋刻四印齋所刻詞本　鄭文焯校並跋　十行十七字，白口，四周單边

七五　花間集十卷　後蜀趙崇祚輯　清光緒王氏四印齋刻四印齋所刻詞本　張鴻校並跋　曹元忠校

七六　花間集十二卷　後蜀趙崇祚輯　補二卷　明溫博輯　明萬曆三十年玄覽齋刻本　六行十五字，白口，四周單边

七七　花間集四卷　後蜀趙崇祚輯　明湯顯祖評　明刻本　八行十八字，无直格，白口，四周單边

七八　花間集四卷　後蜀趙崇祚輯　明湯顯祖評　明刻朱墨套印本　八行十八字，无直格，白口，四周單边

七九　花間集四卷　後蜀趙崇祚輯　明湯顯祖評　明文治堂刻本　八行十八字，无直格，白口，四周單边

八〇　花間集二卷　後蜀趙崇祚輯　明刻本　清葉樹廉校　十行二十二字，白口，左右双边

八一　花間集二卷　後蜀趙崇祚輯　題明楊慎選並評注　鍾仁傑增定　明天啓四年讀書堂刻花間草堂合集本　九行十九字，白口，四周單边

八二　花間詞選不分卷　清曹貞吉輯　稿本　朱祖謀、沙彥楷跋

八三　尊前集二卷　明刻本　九行十八字，白口，四周單边　存一卷　下

八四　樽前集一卷　明抄本　九行十五字　白口，四周單边

八五　樽前集一卷　明抄本　清丁丙跋

八六　增修箋註妙選羣英草堂詩餘前集二卷後集二卷　宋何士信輯　明洪武二十五年遵正書堂刻本　十三行二十三字，小字双行字不等，黑口，左右双边

八七　增修箋註妙選羣英草堂詩餘前集二卷後集二卷　宋何士信輯　明成化刻本　十三行二十三字，小字双行字不等，黑口，左右双边

八八　增修箋註妙選羣英草堂詩餘前集二卷後集二卷　宋何士信輯　明刻本　九行十八字，黑口，四周双边

八九　草堂詩餘前集二卷後集二卷　宋何士信輯　明嘉靖二十三年楊金刻本　十行十八字，白口，左右双边

九〇　草堂詩餘前集二卷後集二卷　宋何士信輯　明嘉靖二十三年楊金刻本　清江藩跋

九一　類編草堂詩餘四卷　宋何士信輯　明武陵逸史編次　明嘉靖二十九年顧汝所刻本　十一行十九字，細黑口，左右双边

九二　類編草堂詩餘四卷　宋何士信輯　明武陵逸史編次　明嘉靖二十九年顧汝所刻本　清丁丙跋

九三　類編草堂詩餘四卷　宋何士信輯　明武陵逸史編次　崑石山人校輯　明刻本　八行十六字，白口，四周單边

九四　類編草堂詩餘四卷　宋何士信輯　明武陵逸史編次　崑石山人校輯　明刻致和堂印本

九五　類編草堂詩餘四卷　宋何士信輯　明武陵逸史編次　續四卷　題明一真子輯　明末刻本　十行二十三字，白口，左右双边或四周單边

九六　類編草堂詩餘四卷　題明唐順之解註　田一儁輯　明萬曆十二年書林張東川刻本　八行十六字，下黑口，四周單边

九七　草堂詩餘四卷　宋何士信輯　明武陵逸史編次　明刻本　九行十八字，白口，左右双边

九八　類編草堂詩餘四卷　明顧從敬編次　崑石山人輯　明刻本　葉景葵跋　八行十六字，白口，四周單边

九九　類編草堂詩餘四卷　明顧從敬編次　韓俞臣校正　明何雅堂刻本　十一行十九字，白口，左右双边

一〇〇　類編草堂詩餘三卷　宋何士信輯　明胡桂芳重輯　明萬曆三十五年黃作霖等刻本　九行二十字，白口，四周單边

一〇一　草堂詩餘五卷　明楊慎評點　明閔暎璧刻朱墨套印本　八行十八字，白口，四周單边

一〇二　草堂詩餘五卷　明楊慎評點　明刻本　八行十八字，白口，四周單边

一〇三　草堂詩餘五卷　宋何士信輯　清荼綠軒主人重訂　清抄本　九行二十字

一〇四　草堂詩餘九卷　明楊慎輯　明末刻本　卷一至五：八行十八字，白口，四周單边；卷六至九：九行十八字，白口，四周單边

一〇五　新刻題評名賢詞話草堂詩餘六卷　明李攀龍補遺　明陳繼儒校正　明萬曆四十三年書林余文杰刻本　十行二十字，白口，四周單边

一〇六　新刻李于鱗先生批評註釋草堂詩餘雋四卷　明吳從先輯　明書林蕭少衢師儉堂刻本　九行二十字，白口，四周單边

一〇七　重刻類編草堂詩餘評林六卷　題明唐順之解註　田一儁輯　李廷機評　明萬曆十六年書林詹聖謨刻本　十行二十三字，白口，四周單边

一〇八　新刻註釋草堂詩餘評林六卷　題明李廷機批評　翁正春校正　明萬曆二十三年書林鄭世豪宗文書堂刻本　九行十八字，白口，四周双边

一〇九　新刻分類評釋草堂詩餘六卷　明李廷機評釋　新刻分類評釋續草堂詩餘二卷　明陳仁錫評釋　明李良臣東壁軒刻本　九行十八字，白口，四周單边

一一〇　新刻硃批註釋草堂詩餘評林四卷　明李廷機評註　明天啓五年閩文耀刻朱墨套印本　上下兩欄，下欄九行二十字，无直格，白口，四周單边

一一一　新鍥訂正評註便讀草堂詩餘七卷　明董其昌評訂　曾六德參釋　明萬曆三十年喬山書舍刻本　十行二十字，白口，四周單边

一一二　類選箋釋草堂詩餘六卷　明顧從敬輯　續選草堂詩餘二卷　明錢允治箋釋　類編箋釋國朝詩餘五卷

明錢允治輯　陳仁錫釋　明萬曆四十二年刻本　九行二十字、白口、左右双边

一二三 古香岑草堂詩餘四集十七卷　明末刻本　九行十九字、小字双行同，上下两栏，下栏无直格，白口，四周单边　草堂詩餘正集六卷　明顧從敬輯　沈際飛評　草堂詩餘續集二卷　題明長湖外史輯　沈際飛評　草堂詩餘別集四卷　明沈際飛輯並評　國朝詩餘新集五卷　明錢允治輯　沈際飛評選

一二四 古香岑草堂詩餘四集十七卷　明末刻翁少麓印本

一二五 古香岑草堂詩餘四集十七卷　明末刻重濟泉印本

一二六 類編草堂詩餘四卷　明顧從敬輯　續編草堂詩餘二卷　題明長湖外史輯　詞韻括畧一卷　清毛先舒撰　詞學論畧一卷　清康熙刻本　十一行十九字（續編九行十九字）　白口、左右双边

一二七 唐宋諸賢絶妙詞選三卷　宋黃昇輯　清初毛氏汲古閣影宋抄本　十行十七字、白口、四周单边

一二八 中興以來絶妙詞選十卷　宋黃昇輯　宋淳祐九年劉誠甫刻本　十三行二十三字、細黑口、左右双边

一二九 唐宋諸賢絶妙詞選十卷　宋黃昇輯　明萬曆四年舒伯明刻本　十行二十至二十二字不等、白口、四周单边、有刻工

一三〇 唐宋諸賢絶妙詞選十卷中興以來絶妙詞選十卷　宋黃昇輯　明萬曆四十二年秦堣刻本　十行二十字、細黑口、左右双边、宋淳祐序上有刻工何鑑

一三一 唐宋諸賢絶妙詞選十卷中興以來絶妙詞選十卷　宋黃昇輯　明萬曆四十二年秦堣刻本　清顧嘉中跋

一三二 中興以來絶妙詞選十卷　宋黃昇輯　清丁丙跋　明萬曆四十二年秦堣刻本

一三三 花菴絶妙詞選十卷又十卷　宋黃昇輯　明末毛氏汲古閣刻詞苑英華本　清許廷鑅校並跋　九行二十字、白口、左右双边

一三四 花庵詞選前集十卷後集十卷　宋黃昇輯　清抄本

一三五 精選名儒草堂詩餘三卷　題宋鳳林書院輯　元刻本　九行十八字、黑口、左右双边

一三六 精選名儒草堂詩餘三卷　題鳳林書院輯　明崇禎十二年葉氏模學齋抄本　清黃丕烈跋　九行十八字、无格

一三七 精選名儒草堂詩餘三卷　題鳳林書院輯　清嘉慶十六年秦恩復享帚精舍刻本　曹元忠校　十行二十字、白口、左右双边

一三八 精選名儒草堂詩餘三卷　題鳳林書院輯　清抄本　清丁丙跋

十七

一二九 元草堂詩餘三卷　題鳳林書院輯　清[illegible]書樓抄本　十行二十二字、白口、左右双边

一三〇 天下同文一卷　元周南瑞輯　清初毛氏汲古閣抄本

一三一 百琲明珠五卷　明楊慎輯　杜祝進訂補　明萬曆四十一年刻本　清葉志詵跋　十行二十字、白口、四周单边

一三二 新刊古今名賢草堂詩餘六卷　明李謹輯　明嘉靖十六年劉時濟刻本　十行二十字、白口、四周单边

一三三 精選名賢詞話草堂詩餘二卷　明陳鍾秀刻本　十行二十二字、小字双行同、白口、四周单边

一三四 彙選歷代名賢詞府全集九卷首一卷　題明鏞溪逸史輯　中原音韻一卷　元周德清撰　明嘉靖二十六年刻本　十一行二十字、白口、左右双边

一三五 花草粹編十二卷　明陳耀文輯　樂府指迷一卷　宋沈義父撰　明萬曆十一年自刻本　十行二十字、白口、左右双边

一三六 花草粹編十二卷　明陳耀文輯　樂府指迷一卷　宋沈義父撰　明萬曆十一年自刻本　清劉[illegible]跋
存八卷　一至三、五至七、九、十一

一三七 花草粹編十二卷　明陳耀文輯　樂府指迷一卷　宋沈義父撰　明萬曆十一年自刻本　清丁丙跋並題詩

一三八 花草粹編二十四卷　明陳耀文輯　樂府指迷一卷　宋沈義父撰　清咸豐七年金繩武評花仙館活字印本　九行二十五字、黑口、四周双边

一三九 花草粹編二十二卷附錄二卷　明陳耀文輯　樂府指迷一卷　宋沈義父撰　清抄本　八行二十一字

一四〇 新刊增修箋註妙選群英草堂詩餘二卷　明鍾惺輯　明[illegible]刻本　九行二十一字、小字双行同、白口、四周单边

一四一 陽春白雪□卷　明刻本　篆文七行九字、楷書十四行二十四字、白口、四周单边
存一卷

一四二 新鐫出像詞林白雪八卷　明宗芳輯　清抄本　有圖　十行十八字、无格

一四三 詞壇艷逸品四卷　明楊肇祉輯　明刻本　有圖　八行十八字、白口、四周单边

一四四 詞的四卷　明茅暎輯並評　明刻朱墨套印本　九行十八字、无直格、白口、四周单边

一四五 詞的四卷　明茅暎輯　明刻本　九行十八字、白口、四周单边

一四六 精選古今詩餘醉十五卷　明潘游龍輯　明崇禎胡氏十竹齋刻本　八行十八字、白口、四周单边

十八

一四七 詩餘廣選十六卷雜說一卷 明卓人月彙選 徐士俊參評 徐卓晤歌一卷 明徐士俊、卓人月撰 明崇禎刻本 九行二十字、白口、四周單邊

一四八 草堂詩餘十六卷雜說一卷 題明陳繼儒評選 卓人月彙選 徐士俊參評 徐卓晤歌一卷（同） 明徐士俊、卓人月撰 明崇禎刻本（與詩餘廣選版同） 九行二十字、白口、四周單邊

一四九 古今詞統十六卷雜說一卷 明卓人月彙選、徐士俊參評 徐卓晤歌一卷 明徐士俊、卓人月撰 明崇禎刻本（與詩餘廣選版同） 九行二十字、白口、四周單邊

一五〇 倚聲初集二十卷前編四卷 清鄒祇謨、王士禛輯 清順治十七年大冶堂刻本 十行二十四字、白口、四周單邊

一五一 詩餘花鈿集四卷首一卷末一卷 清宋元鼎輯 清初東原草堂刻本 九行二十字、白口、左右雙邊

一五二 今詞初集二卷 清顧貞觀、納蘭性德輯 清康熙刻本 九行二十字、下細黑口、左右雙邊

一五三 今詞初集二卷 清顧貞觀、納蘭性德輯 繆氏藝風堂抄本 十一行二十字、黑口、左右雙邊

一五四 林下詞選十四卷 清周銘輯 清康熙十年周氏寧靜堂刻本 九行二十字、白口、左右雙邊、版心下鐫寧靜堂三字

一五五 林下詞選十四卷 清周銘輯 清康熙十年周氏寧靜堂刻金成棟增修本 九行二十字、白口、左右雙邊、版心下無寧靜堂三字

十九

一五六 見山亭古今詞選三卷 清陸次雲、章昞輯 清康熙十四年見山亭刻本 八行十八字白口左右雙邊

一五七 見山亭古今詞選三卷 清陸次雲、章昞輯 清康熙十四年見山亭刻本 劉之誠跋

一五八 詞綜三十卷 清朱彝尊輯 汪森增輯 清康熙十七年汪氏裘杼樓刻本 十行二十一字黑口左右雙邊

一五九 詞綜三十卷 清朱彝尊輯 汪森增輯 清康熙十七年汪氏裘杼樓刻本 清王元啟錄清許昂霄批並跋

一六〇 詞綜三十六卷 清朱彝尊輯 汪森增輯 清康熙十七年汪氏裘杼樓刻三十年增刻本

一六一 詞綜三十六卷 清朱彝尊輯 汪森增輯 清康熙十七年汪氏裘杼樓刻三十年增刻本 清馮登府校

一六二 詞綜三十六卷 清朱彝尊輯 汪森增輯 清康熙十七年汪氏裘杼樓刻三十年增刻乾隆九年汪氏碧梧書屋重修本 清譚獻校

一六三 東白堂詞選初集十五卷 清佟世南輯 詞論十三則一卷 清張星耀撰 清康熙十七年刻本

一六四 古今詞匯初編十二卷二編四卷三編八卷 清卓回輯 清康熙十八年刻本 九行二十字白口四周雙邊

一六五 詞緯三十六卷 清胡宗楷輯 稿本 十行二十字無格

一六六 古今名媛百花詩餘一卷 清歸淑芬等輯 清康熙二十四年刻本 九行二十一字白口左右雙邊

一六七 清暉集二卷 清項從濬輯 清康熙刻本 九行二十字白口左右雙邊

一六八 象香詞六卷 清徐樹敏、錢岳輯 清康熙二十九年錢氏錦樹堂刻本 九行十八字小字雙行同白口四周雙邊

一六九 紅萼軒詞牌一卷 清孔傳鐸輯 清刻本 序六行十五字 詞五行十三字白口四周雙邊（花邊）

一七〇 筠亭詞選二卷 清孔傳鋕定 抄本 八行十七字無格

一七一 詞潔六卷前集一卷 清先著、程洪輯 清康熙刻本 九行二十字白口四周雙邊

一七二 詞潔六卷 清先著、程洪輯 清康熙刻本 余一鼇錄吳梅跋劉炳照題款

一七三 撰長集四卷 清汪森輯 清道光二十二年沈復粲抄本 清沈復粲跋

一七四 御選歷代詩餘一百二十卷 清聖祖玄燁定 沈辰垣、王奕清等輯 清康熙四十六年內府刻本 十一行二十一字白口左右雙邊

一七五 古今別腸詞選四卷 清趙式輯 陳維崧、彭孫遹、王士禛、尤侗評點 清康熙四十八年遺經堂刻本 十行二十二字白口左右雙邊

一七六 古今詞選十二卷 清沈時棟輯 清康熙五十五年沈氏瘦吟樓刻本 九行二十字白口左右雙邊

一七七 古今詞選十二卷 清沈時棟輯 清清河郡抄本 十行二十四字黑格

一七八 清綺軒詞選十三卷 清夏秉衡輯 清乾隆刻本 六行十二字黑口左右雙邊

一七九 清綺軒詞選十三卷 清夏秉衡輯 清乾隆芥子園刻本 六行十二字黑口左右雙邊

一八〇 清綺軒詞選十三卷 清夏秉衡輯 清乾隆文萃堂刻本 六行十二字黑口左右雙邊

一八一 晴雪雅詞四卷 清許寶善輯 清乾隆四十六年張氏涉園刻本 十一行二十一字黑口左右雙邊

一八二 歷代詞鈔一卷 清孫星衍輯 清抄本 八行二十四字無格

二〇

一八三 晚香室詞錄八卷 清周之琦輯 清抄本 十行二十一字小紅格白口左右雙邊

一八四 浣綠居詞鈔六卷 清顧元熙輯 清顧元熙抄本 十一行二十三字黑格

一八五 浮筠山館詞鈔八卷 清蔣方增輯 稿本

一八六 唐五代詞十三卷 清吳友芝輯 稿本

一八七 琴洲水榭心賞詞選不分卷 題清半樵山人輯 稿本 十行二十字綠格綠口左右雙邊

一八八 雲部集二十六卷名人詞目一卷 清陳世焜輯 詞壇叢話一卷 清陳世焜撰 清抄本

一八九 詞綜補遺二十卷 清陶樑輯 清道光十四年紅豆樹館刻本 十行二十一字小字雙行同黑口左右雙邊

一九〇 唐五代十國詞選一卷北宋引令選一卷南宋引令選一卷金元引令選一卷 清陳倬輯 稿本

一九一 復堂詞錄十一卷 清譚獻輯 稿本 十行字不等紫格紫口左右雙邊 存八卷（一至八）

一九二 唐詞紀十六卷 明董逢元輯 明萬曆刻本 九行二十字白口左右雙邊

一九三 唐詞紀十六卷 明董逢元輯 明萬曆刻本 明王嗣奭評點並跋

一九四 樂府雅詞三卷拾遺二卷 宋曾慥輯 清嘉慶秦氏石研齋抄本 清秦恩復校並跋 翁同書跋並錄秦恩復、

復盦識，

一九五 樂府雅詞三卷拾遺二卷 宋曾慥輯 清顧[illegible]家抄本 葉景葵跋 九行二十一字無格

一九六 全芳備祖樂府六卷 宋陳景沂輯 清宋[illegible]校並跋 清[illegible]竹樓抄本 十行十九字白口四周雙边

一九七 陽春白雪八卷外集一卷 宋趙聞禮輯 清鮑氏知不足齋抄本 清鮑廷博校

一九八 陽春白雪八卷外集一卷 宋趙聞禮輯 清抄本 卷一至四配清黄氏士禮居抄本 清黄丕烈校並跋 十三行二十字

一九九 陽春白雪八卷外集一卷 宋趙聞禮輯 攷異一卷 清瞿世瑛撰 清道光十年瞿氏清吟閣刻本 十行二十一字黑口四周單边

二〇〇 陽春白雪八卷外集一卷 宋趙聞禮輯 清抄本 清[illegible]浴禮跋 清道光十九年[illegible]浴禮 十一行二十四字無格

二〇一 絕妙好詞七卷 宋周密輯 清初毛氏汲古閣抄本 朱祖謀跋 十二行二十字無格

二〇二 絕妙好詞七卷 宋周密輯 清康熙二十四年柯崇樸小幔亭刻本 九行二十字黑口左右雙边

二〇三 絕妙好詞七卷 宋周密輯 清康熙二十四年柯崇樸小幔亭刻本 卷七配清抄本 清[illegible]批並跋

二〇四 絕妙好詞七卷 宋周密輯 清康熙二十四年柯崇樸小幔亭刻本 清陳撰評

二十

二〇五 絕妙好詞七卷 宋周密輯 清康熙三十七年高士奇清吟堂刻本 九行二十字黑口左右雙边

二〇六 絕妙好詞七卷 宋周密輯 清康熙三十七年高士奇清吟堂刻本 清[illegible]跋

二〇七 絕妙好詞七卷 宋周密輯 清康熙小瓶廬刻本 九行二十字黑口左右雙边

二〇八 絕妙好詞七卷 宋周密輯 清雍正三年項絪群玉書堂刻本 十一行二十一字細黑口四周單边

二〇九 絕妙好詞七卷 宋周密輯 清雍正三年項絪群玉書堂刻本 清戴熙録 清[illegible]校 丁丙跋

二一〇 絕妙好詞七卷 宋周密輯 清雍正三年項絪群玉書堂刻本 清周之琦跋

二一一 絕妙好詞箋七卷 宋周密輯 清查為仁 厲鶚箋 清乾隆十五年查氏澹宜書屋刻本 九行二十一字白口四周單边

二一二 絕妙好詞箋七卷 宋周密輯 清查為仁 厲鶚箋 清乾隆十五年查氏澹宜書屋刻本 譚獻批並跋 周貞亮批並跋

二一三 絕妙好詞箋七卷 宋周密輯 清查為仁 厲鶚箋 續鈔一卷 清余集輯 清同治十一年章氏刻本 清李慈銘評並跋 十一行二十三字白口左右雙边

二一四 樂府補遺一卷 清初毛氏汲古閣抄本

二一五 花草新編五卷 明吳承恩輯 明抄本 九行十八字無格
存三卷 三至五

二一六 詩餘類集四卷 明楊肇祉輯 明萬曆三十一年楊[illegible]刻本 十行二十字小字雙行同白口左右雙边

二一七 六十名家詞選不分卷 清[illegible]輯 清道光二十八年[illegible]抄本 清[illegible]跋 八行二十[illegible]
边

二一八 詞選不分卷 清徐[illegible]輯 清徐氏[illegible]山館抄本 九行行字不一藍格白口左右雙边

二一九 中州樂府一卷 金元好問輯 清彭元瑞抄本 清[illegible]校並跋 八行十五行二十八字白口四周雙边

二二〇 中州樂府一卷 金元好問輯 明嘉靖十五年[illegible]刻本 八行十六字白口四周單边

二二一 情籟四卷 題新羅軒輯 明末刻本 七行十六字無格

二二二 蘭皋明詞彙選八卷 清顧璟芳 李葵生 胡應宸輯 詩餘近選二卷 清顧璟芳等撰 清康熙元年顧璟芳奎桂軒刻本 九行二十字白口左右雙边

二二三 三子倡和詞一卷 清曹爾堪 王士祿 宋琬撰 清康熙四年刻本 八行十八字白口左右雙边

二二四 清平初選後集十卷 清張淵懿 田茂遇輯 清康熙刻本 十行二十四字白口四周單边

二二五 千秋歲倡和詞一卷 清王晫輯 清康熙王氏霞舉堂刻本 十行二十字白口四周單边

二二六 瑤華集二十二卷附二卷詞人姓氏爵里表一卷 清蔣景祁輯 清康熙二十五年天藜閣刻本

二二七 詞覯六卷 清傅燮詷輯 清抄本 清金天翮跋

二二八 草堂嗣響四卷 清顧彩輯 清康熙辟疆園刻本 十行二十一字小字雙行同白口左右雙边

二二九 本朝名媛詩餘四卷 清[illegible]輯 清康熙五十七年金氏[illegible]刻本 八行十六字白口左右雙边

二十

二三〇 同詞詞一卷詩餘集句一卷 清孔傳鐸輯 稿本 九行二十一字無格

二三一 絕妙好辭今輯二卷 清抄本 九行十八字無格

二三二 琴畫樓詞鈔二十五卷 清王昶輯 清乾隆三[illegible]刻本 十行二十一字白口左右雙边

二三三 國朝詞綜四十八卷 清王昶輯 清嘉慶七年自刻本 清戈載批選 十行二十一字黑口左右雙边

二三四 昭代詞選三十八卷 清蔣重光輯 清乾隆三十二年經鉏堂刻本 十行二十一字黑口左右雙边

二三五 國朝詞選二卷 清[illegible]輯 稿本 九行二十一字無格

二三六 國朝詞雅二十四卷 清姚階輯 清嘉慶三年刻本 十行二十一字白口左右雙边

二三七 樊桐山館倡和集不分卷 清[illegible]輯 清嘉慶十三年[illegible]刻本 十行二十一字黑口左右雙边

二三八 百二十家詞鈔六卷 清蔣方增輯 稿本

二三九 國朝詞選下集不分卷 題清平湖山人輯 稿本 十行二十五二十二字綠格綠口左右雙边

二四〇 國朝詞鵠九卷 清張逸蓀輯 稿本 十行二十一字無格

二四一 香禪精舍叢詞不分卷 清潘鍾瑞輯 稿本 [illegible]並跋 十二行二十四字無格

二四二 篋中詞六卷 清譚獻輯 清光緒八年刻本 十行二十四字小字雙行同黑口左右雙边 清張鳴珂批並跋

二四三 篋中詞今集續四卷 清譚獻輯 稿本

二四四 國朝詞綜補十八卷 清丁紹儀輯 稿本 清譚獻周星詒還保相蔡爾康校 余一鰲跋

二四五 國朝詞綜補□□卷 清丁紹儀輯 稿本 十行二十一字藍格四周双边 存十四卷 十三 五十五至五十七 五十九至六十 卷數不明八卷

二四六 國朝詞綜補五十八卷二集□卷 清丁紹儀輯 稿本 存四十五卷 國朝詞綜補一至四十二 二集六 九 十

二四七 國朝詞綜補五十八卷 清丁紹儀輯 清光緒九年刻本 清譚獻校 十行二十一字黑口四周双边

二四八 闕里孔氏詞鈔五卷 清孔昭薰輯 清道光十九年孔氏玉虹樓刻本 九行二十一字黑口左右双边

二四九 廣陵倡和詞七卷 清王士祿曹爾堪等撰 清康熙刻本 九行二十一字小字双行同白口左右双边

二五〇 梁園倡和詞一卷 清程大衡佟世思傅世垚撰 清初刻本 八行十二字白口四周双边

二五一 荊溪詞初集七卷 清陳維崧曹亮武潘眉輯 史吏評 清康熙刻本 九行十九字白口左右双边

二五二 荊溪詞初集七卷 清曹亮武蔣景祁潘眉輯 史吏評 清康熙十七年刻本 九行十九字白口左右双边

二五三 拜門雙管二卷附一卷 清陳玉璂宋德宏撰 清抄本 清潘鍾瑞批校並跋 十行二十二字黑口左右双边

二五四 松陵絕妙詞選四卷 清周銘輯 華胥語業一卷 清周銘撰 清康熙十一年寧靜堂刻本 九行二十字白口左右双边 版心下鐫寧靜堂三字

二五五 西陵詞選八卷宦游詞選一卷 清陸進俞士彪輯 清康熙刻本 八行十八字白口左右双边

二三

二五六 柳州詞選六卷 清戈元穎錢士貴錢焕陳詩道等輯 清初刻本 九行二十字白口左右双边

二五七 梅里詞緒不分卷 清薛廷文輯 稿本

二五八 梅里詞輯八卷 清薛廷文原輯 馮登府重編 清道光九年馮登府稿本

二五九 四明近體樂府十四卷 清袁鈞輯 四明近體樂府附卷一卷 清周世緒撰 清嘉慶二十五年鄭喬遷抄本 十行二十字黑格白口左右双边

二六〇 國朝安徽詞錄不分卷閨集不分卷 劉世珩輯 稿本

二六一 閨詞鈔四卷 清葉中薌輯 稿本 八行二十一字藍格白口四周双边

二六二 閨詞鈔四卷 清葉中薌輯 清道光十四年葉氏自刻本 十行二十一字小字双行同白口四周双边

二六三 秋水軒倡和詞二十二卷 清曹爾堪等撰 清康熙十年遙連堂刻本 九行二十一字白口左右双边

二六四 秋水軒倡和詞二十六卷 清曹爾堪等撰 清康熙十年至十一年遙連堂刻本 九行二十一字白口左右双边

詞別集類

二六五 南唐二主詞一卷 南唐中主李璟後主李煜撰 明萬曆四十八年呂遠刻本 七行十六字白口四周双边

二六六 南唐二主詞一卷 南唐中主李璟後主李煜撰 清康熙五十四年蕭江聲抄本 十行二十字細黑口左右双边

二六七 南唐二主詞一卷 南唐中主李璟後主李煜撰 清抄本

二六八 南唐二主詞一卷 南唐中主李璟後主李煜撰 清光緒三十四年王國維抄本 王國維跋 九行二十一字藍格白口四周双边

二六九 陽春集一卷 南唐馮延巳撰 清康熙五十四年蕭江聲抄本 十行二十字細黑口左右双边

二七〇 珠玉詞一卷 宋晏殊撰 明抄本 八行十四字無格

二七一 珠玉詞一卷 宋晏殊撰 清光緒十四年汪氏刻宋名家詞本 朱祖謀校 十一行二十一字黑口左右双边

二七二 張子野詞一卷 宋張先撰 明抄本 清丁丙跋 十行十八字黑格白口四周双边

二七三 張子野詞一卷 宋張先撰 清初抄本 八行二十字無格

二七四 張子野詞二卷補遺二卷 宋張先撰 清抄本 八行十八字黑格白口左右双边

二七五 安樂集詞四卷 宋張先撰 清鮑氏知不足齋抄本 存三卷 二至四

二七六 醉翁琴趣外篇六卷 宋歐陽修撰 清初毛氏汲古閣抄本 十行十八字黑口左右双边

二七七 柳屯田樂章三卷 宋柳永撰 明梅禹金抄本 清丁丙跋 十行藍格 版心下有禹金三字

二七八 柳屯田樂章集三卷 宋柳永撰 清道光元年吳氏雙照樓抄本 王國維校並跋 十行十八字無格

二七九 樂章集三卷續添曲子一卷 宋柳永撰 清勞權抄本 勞權校 十行十八字藍格白口左右双边

二八〇 樂章集二卷 宋柳永撰 明抄本 明趙琦美校並跋 同叔雅校 十二行二十四字無格

二八一 樂章集二卷 宋柳永撰 清抄本 清筠料女史錄明趙琦美校跋

二八二 樂章集一卷 宋柳永撰 清張文虎校訂 清同治十一年唐仁壽家抄本 清唐仁壽校並跋 十一行二十二字藍格白口左右双边

二八三 樂章集一卷 宋柳永撰 清光緒十四年汪氏刻宋名家詞本 朱祖謀校 十一行二十一字黑口左右双边

二八四 東坡樂府二卷 宋蘇軾撰 元延祐七年葉辰南阜書堂刻本 清黃丕烈跋 十行十八字白口左右双边

二八五 東坡樂府二卷 宋蘇軾撰 清抄本 清王鵬運校 十行十八字無格

二八六 東坡詞一卷 宋蘇軾撰 明崇禎毛氏汲古閣刻宋名家詞本 清黃丕烈跋並錄張紹仁校 八行十八字白口左右双边

二八七 蘇詞簽畧正編二卷類編一卷 清柳兆薰輯 稿本

二八八 演山先生詞二卷 宋黃裳撰 清抄本 清勞權校 十行二十字無格

二八九 山谷詞一卷 宋黃庭堅撰 明刻本 十二行二十一字白口四周双边 版心鐫山谷詞

二九〇 山谷詞一卷 宋黃庭堅撰 明崇禎毛氏汲古閣刻宋名家詞本 清黃丕烈校並跋 八行十八字白口左右双边

二九一 山谷詞三卷 宋黃庭堅撰 明抄本 清丁丙跋 闕大鍼題款

二九二 山谷琴趣外編三卷 宋黃庭堅撰 清抄本 沈曾植校並跋 十行二十字無格

二九三 淮海居士長短句三卷 宋秦觀撰 宋乾道刻本卷中下配明朱絲欄抄本 清黃丕烈跋 蔣因培沈樹鏞朱孝臧鄧邦述跋 冒廣生題詩 徐士鴻冒廣生吳梅題款 十行二十一字白口左右双边

二九四 淮海居士長短句三卷 宋秦觀撰 明刻本 十行二十字白口四周單边

二九五 淮海詩餘三卷 宋秦觀撰 淮海詩餘補遺一卷 明□□□輯 清抄本

二四

本　十行二十一字白口四周雙邊

二九六 淮海集長短句一卷 宋秦觀撰 明戲鴻館刻本 清[illegible]張允亮校並跋 八行二十字白口四周單邊版心下鐫戲鴻館

二九七 書舟詞一卷 宋程垓撰 明抄本 清丁丙跋

二九八 小山詞一卷 宋晏幾道撰 明抄本 清丁丙跋 八行二十字藍格白口左右雙邊

二九九 小山詞一卷 宋晏幾道撰 清四窗齋抄本 九行十八字紅格版心下鐫四窗齋

三〇〇 小山詞一卷 宋晏幾道撰 清光緒十四年汪氏刻宋名家詞本 朱祖謀校

三〇一 小山詞一卷 宋晏幾道撰 清抄本 朱祖謀批校 十一行二十一字黑口左右雙邊

三〇二 閒齋琴趣外篇六卷 宋晁元禮撰 清初毛氏汲古閣影宋抄本 十行十八字黑口左右雙邊

三〇三 閒齋琴趣外篇六卷 宋晁元禮撰 清抄本（目錄卷六配抄本） 十行十八字無格中縫下書汲古閣影抄汲古閣抄本

三〇四 晁氏琴趣外篇六卷 宋晁補之撰 清初影宋抄本 十行十八字黑口左右雙邊

三〇五 晁无咎詞六卷 宋晁補之撰 清乾隆翰林院抄本 八行二十一字無格

三〇六 晁无咎詞六卷 宋晁補之撰 清抄本 清丁丙跋

三〇七 片玉集十卷 宋周邦彥撰 清咸豐六年勞權抄本 清勞權校並跋 十四行二十字黑格四周單邊

三〇八 片玉集十卷 宋周邦彥撰 清宣統元年吳氏甘遯邨居抄本 王國維校並跋 九行十六字小字雙行同無格

三〇九 評註周美成詞片玉集十卷 宋周邦彥撰 陳元龍評註 宋刻本 清黃丕烈校跋並題詩 李盛鐸跋 十行十七字細黑口四周雙邊

三一〇 評註周美成詞片玉集十卷 宋周邦彥撰 陳元龍評註 宋刻本 李盛鐸跋 朱孝臧校並跋 十行十七字細黑口左右雙邊

三一一 評註周美成詞片玉集十卷 宋周邦彥撰 陳元龍評註 蔡慶之校正 清抄本 毛扆批校圈點 十行十七字小字雙行同黑格

三一二 片玉詞二卷補遺一卷 宋周邦彥撰 清光緒十一年[illegible]氏刻本 清譚獻校 十二行二十三字白口左右雙邊

三一三 片玉詞考異二卷補遺一卷 清譚獻撰 稿本

三一四 清真詞二卷 宋周邦彥撰 清抄本 朱祖謀校並錄毛晉題識

三一五 清真集二卷集外詞一卷 宋周邦彥撰 清光緒王氏四印齋刻四印齋所刻詞本 鄭文焯批校

三一六 清真集二卷集外詞一卷 宋周邦彥撰 清光緒王氏四印齋刻四印齋所刻詞本 朱祖謀批校

三一七 和清真詞一卷 宋方千里撰 又一卷 宋楊澤民撰 清咸豐七年勞權抄本 清勞權校並跋 十四行二十四字黑格白口四周單邊

三一八 和清真詞一卷 宋方千里撰 清光緒十四年汪氏刻宋名家詞本 [illegible]校 十一行二十一字黑口左右雙邊

三一九 和清真詞一卷 宋楊澤民撰 清趙氏小山堂抄本 十行二十字白口四周單邊

三二〇 和清真詞一卷 宋楊澤民撰 清抄本 清丁丙跋

三二一 和清真詞一卷 宋楊澤民撰 清光緒二十一年江標刻宋元名家詞本 鄭文焯校並跋 吳昌綬校 十一行二十字黑口左右雙邊

三二二 聊復集一卷 宋趙令畤撰 王國維輯 稿本 十行二十至二十三字不等紅格白口四周雙邊

三二三 東山詞二卷 宋賀鑄撰 宋刻本 十行十八字白口左右雙邊
存一卷 上

三二四 東山寓聲樂府三卷補遺一卷 宋賀鑄撰 清眠雲精舍抄本 清丁丙跋

三二五 東山寓聲樂府三卷補遺一卷 宋賀鑄撰 清抄本 清王鵬運校 況周儀朱祖謀校 十行二十字無直格

三二六 賀方回詞二卷東山詞二卷 宋賀鑄撰 清抄本 清鮑廷博校 十行二十字無格
存三卷 賀方回詞全 東山詞存卷上

三二七 賀方回詞二卷 宋賀鑄撰 吳氏雙照樓抄本 朱祖謀校 九行十九字黑格白口左右雙邊

三二八 丹陽詞一卷 宋葛勝仲撰 明抄本 十行十八字藍格白口四周雙邊

三二九 御製宮詞一卷 宋徽宗趙佶撰 清光緒二十四年朱文藻抄本 清朱文藻跋

三三〇 初寮詞一卷 宋王安中撰 明抄本

三三一 石林詞一卷 宋葉夢得撰 清葉廷琯校正 補遺一卷 清葉廷琯輯 清道光二十九年葉氏[illegible]刻本 朱祖謀校 九行二十字白口左右雙邊

三三二 石林詞一卷 宋葉夢得撰 清光緒十四年汪氏刻宋名家詞本 朱祖謀校 十一行二十字黑口左右雙邊

三三三 酒邊詞二卷 宋向子諲撰 明崇禎毛氏汲古閣刻宋名家詞本 吳昌綬校並跋 八行十八字白口左右雙邊

三三四 酒邊集一卷 宋向子諲撰 明抄本 清丁丙跋

三三五 酒邊集一卷 宋向子諲撰 清初毛氏汲古閣影宋抄本 八行十四字白口左右雙邊

三三六 筠谿樂府一卷 宋李彌遜撰 清抄本 清丁丙跋

三三七 漱玉詞一卷 宋李清照撰 清莫友芝家抄本 十行二十至二十一字無格

三三八 漱玉詞一卷 宋李清照撰 易安居士事輯一卷 清俞正燮撰 清抄本 清丁丙跋

三三九 簡齋詞一卷 宋陳與義撰 清康熙五十四年蕭江聲抄本 清蕭江聲跋 [illegible] 十行二十字細黑口左右雙邊

三四〇 簡齋詞一卷 宋陳與義撰 清抄本

三四一 相山居士詞一卷 宋王之道撰 明[illegible]樓抄本 清丁丙跋

三四二 相山居士詞一卷 宋王之道撰 清抄本 清勞權校並跋 周叔弢校 十行二十一字無格

三四三 相山居士詞一卷 宋王之道撰 清光緒吳氏雙照樓抄本 吳昌綬校 十行二十二字無格

樵歌三卷 宋朱敦儒撰 清抄本 十行二十一字無格 三四四

呂聖求詞一卷 宋呂渭老撰 明抄本 十三行二十字藍格白口四周雙邊 三四五

松隱詞三卷 宋曹勛撰 清抄本 清丁丙跋 三四六

蘆川詞二卷 宋張元幹撰 宋刻本 清黃丕烈跋 七行十三字白口左右雙邊 三四七

蘆川詞二卷 宋張元幹撰 明影宋抄本 清何焯跋 黃丕烈校跋題詩 士禮居影宋抄補 繆荃孫跋 七行十三字無格 三四八

于湖先生長短句五卷拾遺一卷 宋張孝祥撰 清抄本 十行十八字無格 三四九

于湖先生長短句五卷拾遺一卷 宋張孝祥撰 清抄本 十行十八字無格 三五〇

于湖先生長短句五卷拾遺一卷 宋張孝祥撰 抄本 吳昌綬校 十四行二十一字無格 三五一

于湖長短句四卷補遺一卷 宋張孝祥撰 董氏誦芬室抄本 董康校 吳昌綬朱祖謀批校 九行二十一字藍格 三五二

王周士詞一卷 宋王以寧撰 明抄本 清丁丙跋 十行十八字小字雙行同 藍格白口四周雙邊 三五三

華陽長短句一卷 宋張綱撰 清抄本 朱祖謀校 三五四

袁宣卿詞一卷 宋袁去華撰 清初抄本 三五五

近體樂府一卷 宋周必大撰 清抄本 三五六

十七

松坡居士詞一卷 宋京鏜撰 明抄本 十三行二十字藍格白口四周雙邊 三五七

松坡詞不分卷 宋京鏜撰 清吳氏雙照樓抄本 朱祖謀批校 三五八

方舟詩餘不分卷 宋李石撰 康範詩餘不分卷 宋汪晫撰 清吳氏雙照樓抄本 朱祖謀批校並跋 三五九

燕喜詞一卷 宋曹冠撰 清抄本 八行二十一字無格 三六〇

稼軒詞四卷 宋辛棄疾撰 清初毛氏汲古閣影宋抄本 十行十八字白口左右雙邊 三六一

稼軒詞四卷 宋辛棄疾撰 明崇禎毛氏汲古閣刻宋名家詞本 清姚椿評校 八行十八字白口左右雙邊 三六二

稼軒長短句十二卷 宋辛棄疾撰 元大德三年廣信書院刻本 清黃丕烈跋 顧廣圻抄補並跋 陶梁 瞿中溶 江沅 [illegible] 王鵬運 許玉瑑題款 九行十六字細黑口左右雙邊 三六三

稼軒長短句十二卷 宋辛棄疾撰 明李濂評 明嘉靖十五年王詔刻本 九行二十字白口四周單邊 三六四

稼軒長短句十二卷 宋辛棄疾撰 明李濂評 明嘉靖十五年王詔刻本 清何紹基跋 三六五

稼軒長短句十二卷 宋辛棄疾撰 明刻本 八行十七字白口四周單邊 三六六

稼軒長短句十二卷 宋辛棄疾撰 清光緒王氏四印齋刻四印齋所刻詞本 沈曾植批校 三六七

稼軒長短句十二卷 宋辛棄疾撰 清光緒王氏四印齋刻四印齋所刻詞本 朱祖謀校並跋 三六八

辛稼軒詞十二卷 宋辛棄疾撰 明李濂評 明嘉靖二十四年何五倫刻本 九行二十字白口四周雙邊 三六九

辛稼軒詞十二卷 宋辛棄疾撰 明李濂評 明嘉靖二十四年何五倫刻本 清黃丕烈校並跋 [illegible]藏 三七〇

稼軒詞疏證六卷 梁啟超 梁啟勳撰 稿本 三七一

龍川詞補一卷 宋陳亮撰 清趙氏小山堂抄本 十行二十字黑格 三七二

西樵語業一卷 宋楊炎正撰 清抄本 三七三

樵隱詩餘一卷 宋毛幵撰 清抄本 三七四

晦菴詞一卷 宋李處全撰 明抄本 十三行二十字藍格白口四周雙邊 三七五

梅溪詞一卷 宋史達祖撰 清抄本 周叔弢校並跋 十行十八字白口左右雙邊 三七六

白石道人歌曲四卷別集一卷 宋姜夔撰 清乾隆八年陸鍾輝刻白石道人四種本 清方成培批 十一行十九字白口左右雙邊 三七七

白石道人歌曲四卷別集一卷詩說一卷 宋姜夔撰 清乾隆八年陸鍾輝刻白石道人四種本 鄭文焯校 張祥齡跋 三七八

白石道人歌曲六卷別集一卷 宋姜夔撰 清乾隆十四年張奕樞松桂讀書堂刻本 十一行十九字黑口左右雙邊 三七九

白石道人歌曲六卷別集一卷 宋姜夔撰 清乾隆十四年張奕樞松桂讀書堂刻本 清周南跋 吳梅圈點批注並跋 三八〇

白石道人歌曲六卷別集一卷 宋姜夔撰 清乾隆十四年張奕樞松桂讀書堂刻本 清張文虎校並跋 三八一

白石道人歌曲六卷別集一卷 宋姜夔撰 清乾隆十四年張奕樞松桂讀書堂刻本 清沈祥龍校並跋 三八二

白石道人歌曲六卷別集一卷 宋姜夔撰 清乾隆十四年張奕樞松桂讀書堂刻嘉慶二十五年張應時印本 三八三

白石道人歌曲三卷別集一卷 宋姜夔撰 清抄本 清蔣鳳藻跋 十一行二十字白口四周雙邊 三八四

白石詞一卷 宋姜夔撰 清初汲古閣抄本 三八五

金谷遺音二卷 宋石孝友撰 朱祖謀輯 稿本 三八六

簫臺公餘詞一卷 宋姚述堯撰 清吳氏繡谷亭抄本 清吳焯跋 清黃丕烈校並跋 三八七

簫臺公餘詞一卷 宋姚述堯撰 清丁氏八千卷樓抄本 清丁丙校並跋 三八八

渭川居士詞一卷 宋呂勝己撰 明抄本 清周錫瓚 王振聲校並跋 十行十八字白口左右雙邊 三八九

蓮社詞一卷 宋張掄撰 清抄本 朱祖謀校 三九〇

介庵琴趣外篇六卷 宋趙彥端撰 清抄本 十行十八字黑格 三九一

十八

省齋詩餘一卷宋廖行之撰 和石湖詞一卷宋陳三聘撰 清抄本 十行十八字黑格 三九二
玉照堂詞鈔一卷宋張鎡撰 清吳氏繡谷亭抄本 清吳焯校並跋 三九三
潤泉詩餘一卷宋韓淲撰 明抄本 清丁申校補並跋 丁丙跋 三九四
養拙堂詞一卷宋管鑑撰 明抄本 清丁丙跋 十三行二十字藍格白口四周雙邊 三九五
風雅遺音二卷宋林正大撰 明刻本 清黃丕烈、丁丙跋 九行十八字白口左右雙邊 三九六
風雅遺音二卷宋林正大撰 清抄本 清翁同書校並跋 十行二十一字無格 三九七
履齋詩餘二卷補遺一卷宋吳潛撰 清抄本 八行十八字，補遺十一行二十四至二十六字藍格藍口左右雙邊 三九八
履齋先生遺集一卷宋吳潛撰 清眠雲精舍抄本 清丁丙跋 三九九
鶴山長短句一卷宋魏了翁撰 清抄本 清[illegible]校並跋 朱祖謀綴校補並跋 十行十九字無格 四〇〇
海瓊子詞一卷宋葛長庚撰 明抄本 八行二十八字藍格白口四周單邊 四〇一
朱淑真斷腸詞一卷宋朱淑真撰 清初錢曾述古堂抄本 清[illegible]跋 八行十八字藍格白口左右雙邊版心下有述古堂 四〇二
後村詩餘二卷宋劉克莊撰，林秀發輯 明抄本 清鮑廷博校 丁丙跋 十三行二十字藍格白口四周雙邊 四〇三
後村先生長短句五卷宋劉克莊撰 清劉氏嘉蔭簃抄本 朱祖謀校補並跋 十行二十字藍格白口四周單邊版心下鐫嘉蔭簃 四〇四

三九

後村別調補一卷宋劉克莊撰 王國維抄本 王國維跋 十行二十三字無格 四〇五
夢窗詞集不分卷宋吳文英撰 明抄本 九行十六字無格 四〇六
夢窗甲稾一卷乙稾一卷丙稾一卷丁稾一卷補遺一卷宋吳文英撰 清咸豐十一年刻曼陀羅華閣叢書本 清孫衣言校 九行二十一字白口左右雙邊版心鐫曼陀羅華閣 四〇七
夢窗稾四卷補遺一卷續補一卷宋吳文英撰 清杜文瀾輯 清抄本 九行二十字無格 四〇八
仙源居士惜香樂府十卷宋趙長卿撰 清初汲古閣抄本 十行十八字白口左右雙邊版心下有汲古閣三字 四〇九
存四卷 六至九
虛齋樂府二卷宋趙以夫撰 清初毛氏汲古閣影宋抄本 清黃丕烈跋 十行十八字白口左右雙邊 四一〇
虛齋樂府二卷宋趙以夫撰 清初錢氏述古堂影宋抄本 清錢[illegible]校並跋 黃丕烈跋 十行十八字白口左右雙邊匡外左上有述古堂藏書一行 四一一
虛齋樂府二卷宋趙以夫撰 明抄本 清鮑廷博校並跋 丁申 丁丙跋 四一二
虛齋樂府二卷宋趙以夫撰 清活字印本 九行二十字白口四周單邊 四一三
虛齋樂府二卷宋趙以夫撰 清抄本 九行十八字黑格黑口四周單邊 四一四
梅屋詩餘一卷宋許棐撰 清初錢曾述古堂抄本 八行十八字藍格白口左右雙邊 四一五
雙溪詞一卷宋[illegible]撰 清抄本 四一六
龜峯詞一卷宋陳經國撰 明抄本 十行二十字藍格藍口四周雙邊 四一七
可齋雜藁詞四卷續藁三卷宋李曾伯撰 清初毛氏汲古閣影宋抄本 十一行二十字白口左右雙邊 四一八
可齋詞六卷宋李曾伯撰 繆氏雲輪閣抄本 繆荃孫校 十二行二十二字黑口四周單邊 四一九
可齋詞六卷宋李曾伯撰 吳氏雙照樓抄本 朱祖謀跋 [illegible]校並跋 十行二十一字藍格白口四周單邊 四二〇
弁陽老人詞一卷宋周密撰 清江昱閣之室抄本 十行二十字小字雙行同版心下鐫江昱閣之室 四二一
蘋洲漁笛譜二卷集外詞一卷宋周密撰 清乾隆四年抄本 清江昱批並跋 九行十七字無格 四二二
蘋洲漁笛譜二卷集外詞一卷宋周密撰 清江昱疏證 清乾隆五十一年江恂刻本 九行十七字小字雙行同白口左右雙邊 四二三
蘋洲漁笛譜二卷宋周密撰 清江昱疏證 清乾隆五十一年江恂刻本 清王[illegible]跋 四二四

四〇

草窗詞一卷宋周密撰 清抄本 佚名校 清丁丙跋 四二五
草窗詞二卷詞補二卷宋周密撰 清咸豐十一年刻曼陀羅華閣叢書本 清孫衣言批並跋 九行二十一字白口左右雙邊版心鐫曼陀羅華閣 四二六
陳允平詞一卷宋陳允平撰 明抄本 十行二十字黑格白口四周單邊 四二七
日湖漁唱三卷補遺一卷續補遺一卷宋陳允平撰 清徐氏[illegible]抄本 清徐時棟批校 十一行二十字綠格白口四周單邊 四二八
日湖漁唱一卷補遺一卷續補遺一卷宋陳允平撰 清同治十年劉履芬抄本 清潘鍾瑞校 九行二十一字無格 四二九
日湖漁唱一卷西麓繼周集一卷宋陳允平撰 清抄本 清丁丙跋 四三〇
日湖漁唱一卷西麓繼周集一卷宋陳允平撰 清抄本 鄭文焯、吳昌綬校 九行二十字無格 四三一
西麓繼周集一卷宋陳允平撰 清咸豐七年勞權抄本 清勞權校並跋 十四行二十字黑格白口四周單邊 四三二
西麓繼周集一卷宋陳允平撰 清抄本 清丁丙跋 四三三
西麓繼周集一卷宋陳允平撰 清光緒吳氏雙照樓抄本 吳昌綬 朱祖謀校並跋 十行二十一字藍格四周單邊匡外左上鐫雙照樓 四三四

四三五 西麓繼周集一卷 宋陳允平撰 清康熙□年文氏文瑞樓抄本 朱祖謀校 九行十六字藍格白口四周單邊 版心下鐫文瑞樓
四三六 撫掌詞一卷 宋歐良撰 清抄本
四三七 張玉田詞二卷 宋張炎撰 明水竹居抄本 十行二十五字藍格白口四周雙邊 版心上鐫水竹居淺刻
四三八 玉田集二卷 宋張炎撰 清抄本 清丁丙跋
四三九 山中白雲八卷 宋張炎撰 清康熙龔氏玉玲瓏閣刻本 十行二十字白口左右雙邊
四四〇 山中白雲八卷 宋張炎撰 清康熙龔氏玉玲瓏閣刻乾隆元年實□堂印本 清許廷語批並跋 許元愷跋
四四一 山中白雲詞八卷樂府指迷一卷 宋張炎撰 清康熙六十一年曹炳曾城書室刻本 九行十九字小字雙行同白口左右雙邊 版心下鐫城書室
四四二 山中白雲詞八卷樂府指迷一卷附錄一卷 宋張炎撰 清康熙六十一年曹炳曾城書室刻本 清趙宗建跋並錄吳蔚光批跋
四四三 山中白雲詞八卷 宋張炎撰 清康熙六十一年曹炳曾刻重修本 清鄧□□錄吳蔚光許廷諾批跋
四四四 山中白雲詞疏證八卷 清江昱撰 稿本（以清刻本為底本） 十行二十字白口左右雙邊（首載俊加入疏證） 朱康壽跋
四四五 蕭閒老人明秀集六卷 存三卷（一之三） 金蔡松年撰 魏道明注 金刻本 十二行二十三字白口左右雙邊
四四六 蕭閒老人明秀集六卷 存三卷（一之三） 金蔡松年撰 魏道明注 清道光四年張蓉鏡□□錄跋 十二行二十三字
四四七 遯菴樂府一卷菊軒樂府一卷 金段克己段成己撰 清道光□年吳氏雙照樓抄本 清□□綫跋 九行十六字黑格黑口四周單邊
四四八 遺山樂府一卷 金元好問撰 明抄本 清丁丙跋
四四九 遺山先生新樂府五卷 金元好問撰 清抄本 清□錦校並跋 八行二十字無格
四五〇 遺山先生新樂府五卷 金元好問撰 清抄本 八行二十一字黑格
四五一 遺山先生新樂府五卷 金元好問撰 清抄本 清丁丙跋
四五二 遺山先生新樂府五卷 金元好問撰 清丁氏遲雲樓抄本
四五三 天籟集二卷摭遺一卷 元白樸撰 清康熙楊友敬刻本 九行二十一字白口四周單邊 有圖像
四五四 天籟集二卷 元白樸撰 清初抄本（四庫底本） 十行二十一字無格
四五五 天籟集二卷 元白樸撰 清抄本 清勞權校
四五六 天籟集二卷 元白樸撰 清光緒壬戌四印齋刻四印齋所刻詞本 清李慈銘校並跋 九行二十一字小字雙行同白口四周單邊
四五七 天籟詞二卷附錄一卷 元白樸撰 清趙氏小山堂抄本 十行二十字白口四周單邊 版心下鐫小山堂鈔本

三一

四五八 天籟詞二卷附錄一卷 元白樸撰 清抄本 十行二十一字無格
四五九 天籟詞二卷附錄一卷 元白樸撰 清抄本 清盧□校 丁丙跋
四六〇 蘭谷先生天籟集一卷附錄一卷 元白樸撰 清抄本 十行二十四字無格
四六一 靜修詞一卷 元劉因撰 明抄本 清丁丙跋
四六二 無絃琴譜二卷 元仇遠撰 清道光九年孫爾準刻本 十行二十字白口左右雙邊
四六三 玉斗山人詞一卷 元王奕撰 吳昌綬抄本 朱祖謀校 吳昌綬王國維跋
四六四 貞居詞一卷 元張雨撰 清初抄本 清黃丕烈校並跋 七行二十字無格
四六五 貞居詞一卷 元張雨撰 清抄本 七行二十字無格
四六六 蛻巖詞二卷 元張翥撰 清初抄本 十二行二十四字無格
四六七 蛻岩詞二卷 元張翥撰 清汪氏振綺堂抄本
四六八 道園樂府一卷附一卷 元虞集撰 吳昌綬抄本 吳昌綬跋 朱祖謀校並錄目 十二行二十四字白口四周單邊
四六九 蟻術詞選四卷 元邵亨貞撰 清抄本 十一行二十一字無格
四七〇 樂府遺音一卷 明瞿佑撰 明抄本 十行二十字無格
四七一 樂府遺音一卷 明瞿佑撰 清抄本 清丁丙跋

三十

四七二 夢菴詞一卷 明張肯撰 明抄本 清鮑廷博校
四七三 楊升菴先生長短句四卷 明楊慎撰 楊升菴先生夫人樂府詞餘五卷 明黃峨撰 明刻本 九行二十字白口左右雙邊
四七四 升庵長短句四卷 明楊慎撰 明刻本 十行二十字黑口四周雙邊
四七五 升菴長短句三卷續集三卷 明楊慎撰 明嘉靖十六年李發刻本 十行二十字白口長短句左右雙邊間四周雙邊續集四周雙邊
四七六 桂洲詞一卷 明夏言撰 明嘉靖十九年石遷高刻本 九行十六字白口四周單邊
四七七 桂洲集六卷 明夏言撰 明嘉靖二十年朱選刻本 十二行二十字白口左右雙邊
四七八 桂翁詞六卷鷗園新曲一卷 明夏言撰 明嘉靖四十五年□□重氏刻本 十行十八字白口左右雙邊
四七九 陳建安詩餘一卷 明陳德文撰 明嘉靖刻藍印本 九行十八字白口四周單邊
四八〇 玉霄僊明珠集二卷 明吳子孝撰 明嘉靖刻本 九行十七字小字雙行同白口左右雙邊
四八一 碧山詩餘二卷 明王九思撰 明嘉靖三十年宋廷琦刻本 十行二十字白口四周單邊
四八二 葵軒詞一卷 明夏暘撰 明刻本 十行十八字白口左右雙邊
四八三 芳芷栖詞二卷 明高濂撰 清抄本 清丁丙校並跋

四八四 支機集三卷 明蔣平階撰 周積賢沈億年輯 明萬曆刻本 八行十八字白口四周單邊

四八五 陸射山詩餘一卷 明陸鈺撰 清周氏種松書塾抄本 清周慶業校 十行二十字黑格

四八六 耿山詩餘一卷 明陸鈺撰 清書帶草堂抄本 八行二十字白口四周單邊 版心下鐫書帶草堂

四八七 瓊臙集詞選一卷 明唐世濟撰 明崇禎程尚刻本 八行十八字白口四周單邊

四八八 草賢堂詞箋十卷蘗絃齋詞箋一卷雜箋一卷 明王屋撰 雪堂詞箋一卷 明錢繼章撰 非水居詞箋三卷 明吳熙撰 明崇禎八年至九年吳熙等刻本 八行十八字白口左右雙邊

四八九 風入松八十一闋一卷 題明曹叒子撰 清抄本 王獻恩校補並跋 八行十九字黑口左右雙邊

四九〇 梅里詞三卷 明朱一是撰 清初清遠堂刻本 九行二十一字白口左右雙邊

四九一 秋佳軒詩餘十二卷 明易震吉撰 明崇禎刻本 八行十八字白口四周單邊

四九二 玉琴齋詞不分卷 明余懷撰 稿本 清吳偉業尤侗題辭 顧與治 孫星衍 魏錫曾 許增 丁丙跋

四九三 吳梅村詞一卷 清吳偉業撰 清王仁俊批注並跋 清光緒十六年湖北官書處刻本 十一行二十一字白口四周雙邊

四九四 香嚴齋詞一卷詞話一卷 清龔鼎孳撰 清康熙十一年徐釚刻本 十行十九字黑口四周雙邊

四九五 靜惕堂詞不分卷 清曹溶撰 清康熙四十六年朱彝尊刻本 十一行二十一字白口左右雙邊

四九六 棠村詞一卷 清梁清標撰 清康熙十二年梁允植刻本 十行十九字黑口四周雙邊

四九七 棠村詞一卷二集一卷 清梁清標撰 詞話一卷 清康熙十二年梁允植刻康熙續增本 十行十九字黑口四周雙邊

四九八 棠村詞一卷 清梁清標撰 清抄本 八行十六字無格

四九九 拙政園詩餘三卷 清徐燦撰 清乾隆吳氏拜經樓刻本 九行十七字黑口左右雙邊

五〇〇 耐歌詞四卷首一卷笠翁詞韻四卷 清李漁撰 清康熙刻本 八行十九字白口四周單邊

五〇一 摘錄李笠翁詞一卷附笠翁偶集頤養部一卷 清李漁撰 清焦廷琥抄本

五〇二 清涼散一卷 清沈木公撰 清順治十三年刻本 八行十六字白口四周單邊

五〇三 二鄉亭詞不分卷 清宋琬撰 清抄本

五〇四 春娀詞三卷 清魏學渠撰 清康熙刻本 九行二十一字黑口左右雙邊

五〇五 秋閒詞一卷 清王庭撰 清康熙二十二年自刻本 九行二十字白口四周雙邊

五〇六 萬青閣詩餘三卷補遺一卷 清趙吉士撰 清康熙刻本 九行十九字白口四周雙邊

五〇七 蕭瑟詞一卷 清吳綺撰 稿本 八行十六至十八字黑格白口四周單邊

五〇八 藝香詞六卷 歌吹詞一卷 扶荔詞一卷 登樓詞一卷 蕭瑟詞一卷 水憶詞一卷 團鄉詞一卷 清吳綺撰 清康熙刻本 十行二十字天頭格白口左右雙邊

五〇九 扶荔詞三卷別錄一卷 清丁澎撰 清康熙刻本 九行二十一字小字雙行同白口左右雙邊

五一〇 扶荔詞四卷存二卷 小令一卷 中調一卷 清丁澎撰 清抄本 九行二十字無格

五一一 公車詞譜一卷秣陵刪一卷 清黃永撰 清康熙刻本 八行十八字

五一二 句雲堂詞三卷 清鄒士璟撰 清初鄒氏句雲堂刻本 八行二十一字小字雙行同天頭格白口四周單邊

五一三 阮亭詩餘一卷 清王士禛撰 丘石常徐夜評 清刻本 九行二十一字白口四周單邊

五一四 春詞二卷秋辭二卷 清張一鵠撰 清順治刻本 八行十六字白口四周單邊

五一五 浣雪詞鈔二卷 清毛際可撰 李天馥王士禛評 清康熙刻本 九行十九字白口四周單邊

五一六 古宮詞一卷 清李天馥撰 清康熙刻本 鄧之誠跋 八行十八字白口四周單邊

五一七 容齋詩餘一卷 清李天馥撰 清初刻本 清丁丙跋 八行十八字白口四周單邊

五一八 延露詞三卷 清彭孫遹撰 鄒祗謨王士禛評 清抄本

五一九 延露詞三卷 清彭孫遹撰 衍波詞二卷 清王士禛撰 清抄本

五二〇 蒼梧詞十二卷 清董元愷撰 清康熙刻本 九行二十字白口左右雙邊

五二一 峽流詞三卷 清王晫撰 清霞舉堂刻本 九行二十字白口四周單邊

五二二 蜀游詞二卷懊儂詞二卷沙麓詞二卷大梁詞二卷貴蠶詞二卷運甓詞二卷 清傅世堯撰 稿本 八行二十字黑格白口四周單邊

五二三 東齋詞略四卷 清龔允札撰 柯煜輯 清康熙活字印本 九行十九字黑口左右雙邊

五二四 岸舫詞三卷 清宋俊撰 清康熙刻本 十一行二十四字白口四周單邊

五二五 栖香閣詞二卷 清顧貞立撰 清道光四年李氏聞妙香室刻本 十一行十九字黑口左右雙邊

五二六 柳村詞一卷 清梁允植撰 清康熙刻本 十行十九字黑口四周雙邊

五二七 初蓉詞三卷 清彭桂撰 清康熙刻本 九行二十一字白口左右雙邊

五二八 枕書樓詩餘三卷 清姚大禎撰 清康熙刻本 九行二十字白口四周單邊

五二九 春蕪詞二卷 清孫閣撰 清康熙孫氏留松閣刻本 九行二十一字白口左右雙邊 版心下鐫留松閣

五三〇 新樂府詞二卷 清湯斯祁撰 清抄本 八行十六字無格

五三一 紅牙集一卷 清龔翔麟撰 清初刻本 九行二十字白口無直格左右雙邊

五三二 南耕詞六卷南耕草堂詩稿二卷 清曹亮武撰 清康熙刻本 九行二十字細黑口左右

右双边

五三三 疊韻詞一卷歲寒詞一卷 清曹亮武撰 清康熙刻本 九行十九字白口四周单边或左右双边

五三四 巢青閣集付雪詞三卷悼亡詞一卷紅●么集一卷 清陸進撰 清康熙刻本 十一行二十字白口四周双边

五三五 凭西閣長短句一卷 清陸宏定撰 清周氏種松書塾抄本 清周勝業校

五三六 梨莊詞一卷 清周在浚撰 清康熙刻本 十行十九字黑口四周单边

五三七 花之詞一卷 清周在浚撰 清康熙刻本 九行十八字黑口左右双边

五三八 綺霞詞初編三卷二編二卷 清金烺撰 清康熙觀文堂刻本 九行二十一字白口左右双边

五三九 夢花詞一卷 清余光耿撰 清康熙刻本 十行十九字黑口四周单边

五四〇 夢花詞一卷 清余光耿撰 清抄本 鄧之誠跋 十行十九字无格

五四一 休園詩餘一卷 清鄭俠如撰 清康熙刻本 九行二十字白口无直格四周单边

五四二 柳烟詞四卷 清鄭景會撰 詞許一卷 清紅蕉軒刻本 九行二十字白口左右双边

五四三 含英閣詩餘三卷 清鄭熙績撰 清康熙二十六年含英閣自刻本 九行二十字小字双行同白口四周双边

五四四 珂雪詞二卷補遺一卷 清曹貞吉撰 清康熙刻本 十行二十一字白口左右双边

五四五 彈指詞二卷 清顧貞觀撰 清乾隆十八年顧氏刻本 鄧之誠跋 九行十八字小字双行同黑口左右双边

五四六 彈指詞二卷 清顧貞觀撰 清乾隆四十九年積書巖刻本 清嚴元照校並跋 九行十八字黑口左右双边

五四七 湘瑟詞四卷望廬集句一卷 清錢芳標撰 清康熙刻本 十一行二十一字細黑口左右双边

五四八 錦瑟詞三卷 清汪懋麟撰 詞話一卷 清康熙刻本 十行十九字黑口四周双边

五四九 雅坪詞譜三卷 清陸葇撰 清康熙刻本 胡士瑩跋 九行十九字

五五〇 納蘭詞五卷補遺一卷 清納蘭性德撰汪元治輯 清道光十二年汪元治結鐵網齋刻本 十行二十一字白口左右双边

五五一 納蘭詞五卷補遺一卷 清納蘭性德撰汪元治輯 清道光十二年汪元治結鐵網齋刻本 清李慈銘跋

五五二 納蘭詞五卷 清納蘭性德撰汪元治輯 清道光十二年汪元治結鐵網齋刻本 清秦元第批並跋 楊繼振題詞

五五三 飲水詞一卷 清納蘭性德撰 清道光二十六年金粱外史刻本 八行十九字竹冊式白口四周单边

五五四 飲水詞鈔二卷 清納蘭性德撰 清抄本 十二行二十三字白口四周双边

五五五 迦陵詞稿不分卷 清陳維崧撰 稿本 八行二十四字无格

五五六 陳檢討詞鈔十二卷 清陳維崧撰 清蔣景祁刻本 十行二十一字黑口左右双边

五五七 迦陵詞全集三十卷 清陳維崧撰 清康熙二十八年陳宗石患立堂刻本 十二行二十二字上黑口左右双边

五五八 曝書亭集詞不分卷 清朱彝尊撰 清抄本 九行二十五字无格

五五九 曝書亭集詞註七卷 清朱彝尊撰 清李富孫注 清嘉慶十九年[illegible]刻本 清沈[illegible]批校 十一行二十三字小字双行同

三五

一字

五六〇 曝書亭詞拾遺一卷 清朱彝尊撰 翁之潤輯 清[illegible]書室抄本 十行二十六字綠格白口四周单边

五六一 月團詞三卷二集一卷 清沈皥日撰 清康熙刻本 九行二十四字白口左右双边

五六二 披雲閣詞一卷 清汪灝撰 清刻本 九行二十四字小字双行同黑口上下双边左右单边

五六三 梅沂詞一卷 清孫致彌撰 清抄本 九行十九字无格

五六四 栩園詞弃稾四卷 清陳[illegible]撰 清康熙四十三年陳氏且樸齋刻本 十行十九字黑口左右双边

五六五 玉玲瓏山閣集一卷 清沈樹本撰 清康熙刻本 十行十九字黑口四周单边

五六六 幻花菴詞鈔八卷 清張梁撰 清乾隆二十四年刻本 十行十九字小字双行同白口左右双边

五六七 樊榭山房詞二卷 清厲鶚撰 清初刻本 清厲鶚校 十行二十字黑口左右双边

五六八 秋林琴雅四卷 清厲鶚撰 清康熙六十一年[illegible]刻本 十行二十字白口左右双边

五六九 秋林琴雅一卷 清厲鶚撰 清抄本 清馮登府校並跋 十一行二十五字小字双行同无格

五七〇 鏤空集四卷 清姚之駰撰 清康熙刻本 九行二十字白口左右双边

五七一 桑者新詞二卷 清方[illegible]撰 稿本 十一行三十字无格

五七二 倚和詞不分卷 清方炳撰 清刻本 九行二十字白口左右双边

五七三 羅帛草五卷 清高不騫撰 清康熙刻本 十行十九字白口左右双边

五七四 歲寒詠物詞一卷 清王一元撰 清康熙四十一年芙蓉舫刻本 十行二十一字小字双行同白口四周单边

五七五 百憶篇一卷 清張潊撰 清康熙刻本 九行十九字白口左右双边

五七六 續古宮詞一卷 清孔尚任撰 清康熙介安堂刻本 八行二十字白口四周单边

五七七 清濤詞二卷 清孔傳鋕撰 清康熙刻本 九行十九字白口左右双边

五七八 清濤詞二卷 清孔傳鋕撰 清抄本 九行十九字无格

五七九 蜓庵詞一卷 清孔傳鋕撰 清抄本 十行二十一字无格

五八〇 燕友樓集一卷 清吳綺撰 百花凡譜一卷 清吳綺輯 清康熙刻本 十行二十一字小字双行同黑口左右双边

五八一 綠意詞一卷秋屏詞續編一卷 清吳貫勉撰 清康熙五十二年揚州書局刻雍正二年續刻本 綠意詞十一行二十一字白口左右双边 秋屏詞續編十行二十字白口左右双边

五八二 秋屏詞鈔□卷存一卷 清吳貫勉撰 清健碧山房刻本 十行二十字白口左右双边 版心下鐫健碧山房

五八三 玲瓏簾詞一卷 清吳焯撰 清雍正刻本 十行十九字黑口左右双边

五八四 清懷詞草一卷滇南稿清洞天二十四詠一卷 清徐[illegible]撰 徐[illegible]評 清康熙刻本 八行十八字白口四周双边

三六

五八五 柘西精舍詩餘二卷 清沈□□撰 東湖曲一卷 瞻園倡和一卷 清康熙刻本 七行十八字白口四周單邊

五八六 擷花詞稿二卷 月夜詠懷一卷 清李□熙撰 清康熙刻朱墨套印本 八行十八字小字雙行同白口左右雙邊

五八七 以耕堂詞鈔一卷 清李大觀撰 清抄本

五八八 杜陵綺語一卷 清蔣光祖撰 清康熙刻本 九行十九字黑口左右雙邊

五八九 繡餘詞草二卷 清葉弘緗撰 清康熙六十年刻本 十行十九字白口左右雙邊

五九〇 翠羽詞一卷 清曹士勳撰 清康熙刻本 九行二十字白口左右雙邊

五九一 詩竹詞一卷 清田同之撰 稿本 叔白君批校 十行十九字無格

五九二 凝香集四卷 清陳祥裔撰 清康熙刻本 九行十九字黑口左右雙邊

五九三 吟壑集不分卷 清姜汝彪撰 清姜虬綠刻本 九行二十字黑口無直格四周單邊

五九四 小丹丘詞一卷 擷影詞一卷 清柯煜撰 清康熙刻本 小丹丘詞九行十九字黑口左右雙邊 擷影詞十行十九字黑口四周單邊

五九五 白蕉詞四卷 清陸培撰 清雍正八年刻本 十行二十一字白口左右雙邊

五九六 琢春詞二卷 清江炳炎撰 清乾隆刻本 十行二十一字白口四周單邊

三七

五九七 冬心先生自度曲一卷 清金農撰 清乾隆二十五年自刻本 八行十八字細黑口左右雙邊

五九八 補閒詞偶存不分卷 清朱若炳撰 清乾隆二十六年朱氏家刻本 九行十九字黑口左右雙邊

五九九 菉庵詩餘一卷 清吳□文撰 清抄本

六〇〇 青柯館詞二卷 清陳朗撰 清陳循古抄本 清陳循古跋

六〇一 花嶼詞一卷 清儲秘書撰 清嘉慶刻本 九行十九字小字雙行同白口四周雙邊

六〇二 竹初詞樂府□卷 清錢維喬撰 稿本 存第二卷五十八闋

六〇三 碧簫詞五卷 瓷青館悼亡詞一卷 清張塤撰 清乾隆□□莊刻本 八行十八字白口四周單邊

六〇四 尼防雜事詞一卷 清孔繼涵撰 稿本

六〇五 斲冰詞三卷 清孔繼涵撰 清抄本 十二行二十四字無格

六〇六 玉雨詞二卷 清徐志鼎撰 清乾隆五十年刻本 十行十九字白口四周雙邊

六〇七 芙蓉山館詞鈔二卷 拗蓮詞 集溫庭筠詩一卷 清楊芳燦撰 清抄本 朱希祖跋 九行二十三字無格

六〇八 雪惟韻竹詞不分卷 清□□撰 清乾隆刻本 八行十九字白口四周單邊

六〇九 享帚詞三卷 清□□□撰 清道光十一年刻本 九行二十字白口左右雙邊

六一〇 香研居詞麈五卷 清方成培撰 清乾隆四十二年刻本 九行二十一字白口四周單邊

六一一 滄齋詞二卷 清□□撰 清乾隆二十二年懷谷樓刻本 八行十八字白口四周單邊

六一二 響山詞四卷 清汪□□撰 清乾隆刻本 十行二十字白口左右雙邊

六一三 雙溪樂府一卷 花鳥詞一卷 清任安上撰 稿本 清吳騫校

六一四 小長蘆漁唱四卷 清朱方藹撰 清乾隆刻本 十一行二十三字白口四周單邊

六一五 萬花漁唱一卷 清吳□撰 稿本 十行二十二字無格

六一六 春華閣詞二卷 清汪棣撰 清乾隆刻本 九行二十字白口四周雙邊

六一七 風雨閉門詞不分卷 清顧列星撰 清乾隆刻本 十行十九字白口左右雙邊

六一八 澗琴詞學不分卷 清李欽淑撰 林鴻評 清抄本 九行二十字無格

六一九 捧月樓詞□卷 清袁通撰 稿本 十行二十字無格 存一卷（五）

六二〇 捧月樓詞二卷 清袁通撰 清嘉慶九年楊芳燦刻本 汪□孫批校 十二行二十三字黑口左右雙邊

六二一 晦存詩餘三卷 清黃采仁撰 清抄本 清吳翰光跋 十行二十一字無格

六二二 倚玉詞一卷 清葉□□撰 稿本

三八

六二三 莞爾詞四卷 清陸綸撰 清刻本 十一行二十一字白口左右雙邊

六二四 餘杭覽古詞一卷 清陳璨撰 清乾隆二十五年靜廉齋刻本 九行十九字白口左右雙邊

六二五 吾盡吾意齋樂府二卷 清陳星撰 清乾隆刻本 十行二十一字白口四周單邊

六二六 小波詞鈔一卷 清陳沆撰 清乾隆刻本 八行十八字黑口左右雙邊

六二七 玠堂詞鈔二卷 清金捧閶撰 清光緒三十一年抄本

六二八 水影蘋香閣詞稿不分卷 清符曾撰 清抄本 九行二十四字無格

六二九 洒邊餘外詞一卷 清余集抄本 八行十六字黑格

六三〇 漱水草堂詞集二卷 清陳希濂撰 稿本 十二行二十四字無格

六三一 茗柯詞一卷 清張惠言撰 稿本 十行二十三字藍格

六三二 金粱夢月詞二卷 懷夢詞一卷 清周之琦撰 清李□□批並跋 清道光□□刻本 十行二十一字小字雙行同白口左右雙邊

六三三 金粱夢月詞二卷 懷夢詞一卷 清周之琦撰 清□□□抄本

六三四 小庚詞存不分卷 清宋中翰撰 稿本 八行二十一字藍格白口左右雙邊

六三五 小庚詞存二卷 清宋中翰撰 稿本 八行二十一字藍格白口四周單邊

六三六 小庚詞存二卷 清宋中翰撰 清道光十四年天籟軒刻本 八行二十一字白口左右雙邊

六三七 味無味齋外集四卷 清汪林撰 稿本 清王栢心謝元淮跋 鄧[illegible]等題記 九行二十字

六三八 種芸詞二卷 清馮登府撰 清道光刻本 清郭麐刪訂並題記 九行二十字白口四周雙邊

六三九 種芸仙館詞二卷又二卷月湖秋瑟一卷 清馮登府撰 清道光刻本 十一行二十二字黑口左右雙邊 [種芸仙館詞即[illegible]一卷運山[illegible]譜一卷花坡移祖二卷]

六四〇 種芸仙館詞二卷釣船笛譜一卷月湖秋瑟二卷 清馮登府撰 清道光刻本 十一行二十三字黑口左右雙邊 [種芸仙館詞二卷即花坡移祖二卷另一部道光刻種芸仙館詞二卷底同]

六四一 種芸仙館集外詞二卷 清馮登府撰 清[illegible]題 稿本 十行二十一字綠格

六四二 柳東居士長短句五卷 清馮登府撰 清抄本 九行二十三字無格 [柳陰漁笛譜一卷 虎清韵銷琴趣一卷 第四橋漁唱一卷 紅蘭春雨詞一卷 梨華館悼亡辭一卷]

六四三 蘅夢樓詞三卷 清郭麐撰 稿本 清孫原湘跋 十行二十一至二十二字不等白口四周雙邊

六四四 聽雨樓詞二卷 清孫雲鶴撰 清嘉慶十九年吳門桐花閣刻本 九行二十字白口左右雙邊

六四五 玉壺山人詞稿一卷瀏東夏課一卷 清改琦撰 稿本

六四六 玉壺山房詞選二卷 清改琦撰 清道光五年南雨刻本 沙馥跋 八行十八字黑口左右雙邊

三九

六四七 玉壺山房詞選二卷 清改琦撰 清道光八年沈文偉木樨軒刻本 八行十六字白口四周雙邊

六四八 紅薇翠竹詞一卷拾遺一卷仲軒詞一卷 紅薇翠竹詞箋註自記一卷 清[illegible]撰 清劉[illegible]年抄本 十一行二十一字

六四九 蘆中秋瑟譜不分卷 清倪稻孫撰 清嘉慶二十三年沈徵抄本

六五〇 夢隱詞不分卷酒邊花外詞一卷 清倪稻孫撰 清嘉慶二十三年沈徵抄本

六五一 海漚賸詞不分卷 清倪稻孫撰 清嘉慶沈徵抄本

六五二 宋樓詩餘四種五卷 清倪稻孫撰 清道光二年吳縣情人抄本 十行二十字小字雙行同無格 [蘆中秋瑟譜二卷 酒邊花外詞一卷 夢隱詞一卷 海漚賸詞一卷]

六五三 紫藤花館詞一卷 清徐達源撰 稿本

六五四 春花秋月詞一卷 清徐昆撰 稿本 九行二十四字黑格白口四周雙邊

六五五 九曲漁莊詞二卷 清沈清瑞撰 稿本 十一行二十一字黑口左右雙邊

六五六 紅杏詞二卷 清李文藻撰 清抄本

六五七 意香閣詩餘二卷 清李鎏撰 稿本

六五八 蘇甘廊詞集二卷 清杜煦撰 稿本

六五九 蘇甘廊詞集二卷 清杜煦撰 清抄本 十行二十五字無格

六六〇 柯家山館詞三卷 清嚴元照撰 清[illegible]抄本

六六一 餐花吟館詞鈔七卷 清嚴駿生撰 清嘉慶二十四年至道光十年刻本 十一行二十一字白口左右雙邊

六六二 續琴趣四卷 清劉嗣綰撰 稿本 清顧大昌跋 潘[illegible]題識
存二卷 三至四

六六三 紫鸞笙譜四卷 清陳文述撰 稿本

六六四 吟紅閣詞鈔三卷 清金翀撰 稿本

六六五 雨花盦詩餘一卷 清錢泳撰 稿本 清錢謙升楊[illegible]題詞並序跋

六六六 思秋吟館詞集五卷 清朱[illegible]撰 蔣[illegible]跋 清秦氏石研齋抄本 清[illegible] 十二行二十四字無格

六六七 席月山房詞一卷 清桂文燦撰 清抄本 清陳澧批校 六行十八字無格

六六八 定盦詞五卷 清龔自珍撰 清抄本 清龔橙校並跋 十行二十字無格 [無著詞一卷 懷人館詞一卷 小奢摩詞一卷 影事詞一卷 庚子雅詞一卷]

六六九 百納琴言七卷 清顧文彬撰 稿本

六七〇 小鷗波館詞鈔□卷 清潘曾瑩撰 稿本 六行二十字
存一卷 三

四〇

六七一 小鷗波館詞鈔□卷花間笛譜一卷 清潘曾瑩撰 稿本 十一行二十四字黑格
存二卷 三 花間笛譜全

六七二 瘦紅館詞二卷題詞一卷 清謝玉樹撰 稿本 清顧成慶跋 九行二十字藍格

六七三 養默山房詩餘三卷 清謝元淮撰 碎金詞譜十四卷續譜六卷詞韻四卷 清謝元淮輯 清道光二十八年刻本 六行十五字白口四周雙邊

六七四 養默山房詩餘三卷 清謝元淮撰 碎金詞譜十四卷續譜六卷詞韻四卷 清謝元淮輯 清道光二十八年刻本

六七五 晚香軒詞錄不分卷 清許達生撰 稿本 十行二十一字

六七六 秋蓮子詞前稿一卷後稿二卷 清王僧保撰 清道光二十九年自刻本 十行二十一字小字雙行同白口左右雙邊

六七七 三十六湖漁唱三卷 清王敬之撰 清道光刻本 清戈載刪訂 十行二十一字白口左右雙邊

六七八 憶雲詞甲稾一卷乙稾一卷丙稾一卷丁稾一卷 清項鴻祚撰 清道光刻本 十一行十九字白口左右雙邊

六七九 立山詞一卷 清張琦撰 稿本 八行十六字

六八〇 昇甫詞三卷 清張曜孫撰 稿本 十行二十四字藍格白口四周双边
六八一 絳趺山館詞錄三卷 清張金鏞撰 清許氏娛園抄本
六八二 宜雅堂詞二卷 清仲湘撰 稿本 清戈載潘鍾瑞楊廷棟宋志沂評點 十一行二十四字藍格白口左右双边
六八三 宜雅堂詞續錄一卷 清仲湘撰 稿本 清戈載評選潘鍾瑞楊廷棟宋志沂評注並跋
六八四 種豆園初稿略存四卷 清释達三撰 稿本 六行二十五字小字双行同紅格白口四周双边
六八五 洞簫詞一卷 清宋翔鳳撰 清道光九年自刻本 十一行二十一字白口左右双边
六八六 石舫園詞鈔不分卷 清梁齡增撰 稿本 佚名評點
六八七 沈夢塘詞稿一卷 清沈學淵撰 清抄本 九行二十五字小字双行同无格
六八八 清淮詞稿二卷 清湯成烈撰 稿本 十行二十二字藍格
六八九 清淮詞稿二卷 清湯成烈撰 稿本 清張曜孫跋 十行二十二字藍格
六九〇 自賞音齋詞存不分卷自賞音齋詞草不分卷 清姚文撰 稿本 徐本立跋 十行二十字无格
六九一 醒花軒詞稿一卷 清姚詩雅撰 稿本 八行二十字紫格
六九二 玉遂樓詞一卷 清姚燮撰 稿本 十行二十一字藍格白口左右双边或十一行二十一字紅格左右双边
六九三 苦海航一卷 清姚燮撰 稿本 十一行約二十余字藍格白口左右双边

中十

六九四 苦海航一卷 清姚燮撰 稿本 沈鍊經等題詩 十行字不等藍格藍口左右双边
六九五 疏影樓詞五卷 清姚燮撰 稿本 清姚儒俠跋
六九六 疏影樓詞續鈔一卷 清姚燮撰 稿本
六九七 疏影樓詞續鈔一卷 清姚燮撰 稿本 十一行二十一字紅格左右双边
六九八 山中和白雲一卷拈花詞一卷 清蔣敦復撰 稿本 八行二十字二十一字黃格白口四周双边
六九九 影山詞二卷外集一卷 清吳文之撰 稿本 九行二十一字紅格
七〇〇 騰香館詞鈔一卷 清華長卿撰 稿本 汪兆鏞等跋 十行二十字无格
七〇一 鐵盦詞甲藁一卷 清黃錫慶撰 清道光刻本 十一行十九字白口左右双边
七〇二 鐵盦詞甲藁一卷 清黃錫慶撰 清道光刻本 清王瑀校尤成跋
七〇三 蘋香水閣琴雅一卷清雪草堂摘句一卷 清陳丙綬撰 稿本 十行二十字小字双行同白口左右双边
七〇四 翦梅詞一卷 清陳守撰 稿本 十行二十一字黃格白口四周双边
七〇五 墨潞詞二卷 清馮澤甫撰 稿本 清宋志曾跋 八行二十一、二十二字不等白口黃格四周双边
七〇六 淨綠軒詞不分卷 清王起撰 稿本 清高望曾浮吳枚裴鐵王案高金繩武吳滋孫恩詞鉢升金繩武高望曾批校並跋唐詠裳跋

七〇七 花間小集樂府□□卷 清王起撰 稿本 清潘鍾瑞張景祁高望曾金繩武批注並跋潘鍾瑞題詞並跋 存一卷 二
七〇八 吟碧山館詞鈔四卷 清王壽庭撰 清同治六年劉履芬抄本 清潘鍾瑞校並跋 十三行二十三字无格
七〇九 東武箏音不分卷 清費敦艮撰 稿本 清張鴻卓戴綬曾王叔釗魏謙升潘遵璈潘鍾瑞宋志沂劉觀藻批注並跋
七一〇 秋風紅豆樓詞一卷 清張鳴珂撰 稿本 十一行二十三字藍格
七一一 秋風紅豆樓詞一卷 清張鳴珂撰 稿本 九行二十一字黑格白口四周单边
七一二 秋風紅豆樓詞鈔□卷 清張鳴珂撰 稿本 清戈載黃燮清批點並跋 陳鴻誥趙銘孫仁淵等題詩 九行二十一字白口四周双边
七一三 寒松閣詞一卷綠蠡詞一卷 清張鳴珂撰 稿本 清譚獻張景祁等題跋
七一四 寒松閣詞二卷 清張鳴珂撰 稿本
七一五 寒松閣詞四卷 清張鳴珂撰 稿本 清程秉釗評 李慈銘跋 十一行二十三字藍格左右双边 存三卷 一 三至四
七一六 寒松閣詞四卷 清張鳴珂撰 稿本 佚名批 十一行二十二字藍格左右双边 存一卷 三

四十

七一七 月坡詞二卷 清孫麟趾撰 清潘鍾瑞抄本 十行二十二字綠格
七一八 修真館詞稿四卷 清戴綬曾撰 稿本 徐炳燈楊國鼎夏鳳翔徐方增跋 十行二十一字无格
七一九 紫藤軒瓊簫詞一卷斜陽詞一卷刪夢詞一卷繡鴛詞一卷聽雁詞一卷 清劉觀藻撰 稿本
七二〇 古紅梅閣未定藁□卷 清劉履芬撰 稿本 清蔣敦復潘鍾瑞評並跋 存一卷 二
七二一 鐵園集□卷 清陸璣撰 稿本 十行二十五字白口藍格左右双边 存鐵簫詞三卷 四至六
七二二 雪經齋初稿一卷 清葉大昕撰 稿本 十一行二十三字紅格紅口四周单边
七二三 半塘乙稿一卷己稿一卷 清王鵬運撰 稿本 鄭文焯校
七二四 梁苑集不分卷 清王鵬運撰 稿本
七二五 袖墨詞一卷 清王鵬運撰 稿本
七二六 復堂詞一卷 清譚獻撰 稿本
七二七 詩契齋詞鈔一卷 清許玉瑑撰 稿本 陳少春潘鍾瑞跋 十行二十一字方格
七二八 癸辛詞不分卷 清項瓊撰 清同治刻本 清孫衣言批點 十行二十字黑口左右双边

蠡竇遺稿不分卷 清金應麐撰 稿本 清陶方琦批注並跋 七二九
願為明鏡室詞九卷 清江順詒撰 稿本 八行二十一字 七三〇
賭棋山莊詞稿一卷雜抄不分卷 清謝章鋌撰 稿本 七三一
雲起軒詞不分卷 清文廷式撰 稿本 七三二
醉盦詞幸草不分卷 清王蘊香撰 稿本 七三三
草田詩餘一卷 清張用禧撰 稿本 林啟彤跋 八行二十一字无格 七三四
梅邊吹笛詞一卷 清汪鋆撰 稿本 清吳讓之題識 七三五
梅邊吹笛詞續存一卷詩存一卷 清汪鋆撰 稿本 十行二十一字无格 七三六
凝香室詩餘一卷 清葉煥宣撰 適廬詞草一卷 清葉裕仙撰 七三七
蘊香齋詞稿一卷 清葉靜宜撰 稿本 清張鳴珂批改並附手札
鵬華詞集一卷 清胡啟元撰 稿本 七行二十字无格 七三八
楚楚詞一卷憶鷗詞一卷 清余一鼇撰 稿本 七三九
亦云詞一卷 清余一鼇撰 心禪居士生傳一卷 清孫其棻撰 稿本 七四〇
覺夢詞一卷 清余一鼇撰 稿本 七四一
春草四卷 清孫沁撰 附錄一卷 清林子威撰 清抄本 九行二十字小字雙行同白口四周單邊 七四二

四三

原上草一卷 清李裕撰 梵餘草一卷 清李鈞撰 清抄本 七四三
百尺樓詩餘集句二卷 清陳源世撰 稿本 七四四
香月亭詩餘不分卷 清錢孫鍾撰 稿本 七四五
彊邨語業三卷 朱祖謀撰 稿本 汪兆鏞跋 七四六
存一卷（三）
冷紅詞四卷 鄭文焯撰 稿本 七四七
樵風樂府不分卷 鄭文焯撰 稿本 七四八
苕雅四卷餘集一卷苕華詩餘一卷 鄭文焯撰 稿本 七四九
比竹餘音□卷 鄭文焯撰 稿本 七五〇

詞話

碧雞漫志五卷 宋王灼撰 明抄本 清錢曾校並跋 十一行二十字白口四周雙邊 七五一
碧雞漫志五卷 宋王灼撰 清乾隆嘉慶間鮑廷博刻知不足齋叢書本 傅增湘校並跋 九行二十一字黑口左右雙邊 七五二
碧雞漫志三卷 宋王灼撰 明抄本 九行二十字不等无格 七五三
碧雞漫志一卷 宋王灼撰 清初抄本（四庫底本） 十行二十字无格 七五四
碧雞漫志一卷 宋王灼撰 清初抄本 九行二十字无格 七五五
詞源二卷 宋張炎撰 明抄本 十行二十字无格 七五六

詞源二卷 宋張炎撰 清嘉慶十五年秦氏享帚精舍刻本 清鮑廷博校（一題士恭代筆） 秦恩復跋 十行二十字白口左右雙邊 七五七
詞源二卷 宋張炎撰 清光緒八年許增榆園刻本 鄭文焯批注並跋 十二行二十三字白口左右雙邊 七五八
詞源二卷 宋張炎撰 清抄本 七五九
渚山堂詞話三卷 明陳霆撰 清抄本 清丁丙跋 七六〇
楊升庵辭品四卷 明楊慎撰 明萬曆四十六年周懋宗刻本 九行二十字白口四周單邊 七六一
楊升菴詞品四卷 明楊慎撰 王弇州詞評一卷 曲藻 七六二
一卷 明王世貞撰 明刻本 九行二十字白口左右雙邊
楊升菴詞品四卷 明楊慎撰 王弇州詞評一卷 曲藻 七六三
一卷 明王世貞撰 明刻本 清杜文瀾校點並抄補
辭品六卷 明楊慎撰 明拜江書屋刻本 九行十六字白口四周雙邊 七六四
辭品六卷拾遺一卷 明楊慎撰 詞評一卷 明刻本 九行十九字白口四周單邊或 七六五
左右雙邊 詞評左右雙邊
歷代史略十段錦詞話二卷 明楊慎撰 清初刻本 九行二十二字白口四周單邊 七六六
草堂詩餘別錄一卷 明張綖輯 明黎儀抄本 七六七
詞苑叢談十二卷 清徐釚撰 清康熙二十七年丁煒刻本 九行二十字白口左右雙邊 七六八

四四

詞苑叢談十二卷 清徐釚撰 清康熙二十七年丁煒刻菊莊印本 七六九
詞苑叢談十二卷 清徐釚撰 清康熙二十七年丁煒刻蛾術堂印本 七七〇
古今詞話八卷（詞話二卷 詞品二卷 詞辨二卷 詞評二卷） 清沈雄輯 江尚質增輯 清康熙二十八年澄輝堂刻本 七七一
讀書堂詞話偶鈔十卷 清范鍇撰 清初抄本 十一行二十字黑格 七七二
西圃詞說一卷 清田同之撰 稿本 十一行二十一字无格 七七三
西崦山人詞話二卷 清王初撰 稿本 清馮登府跋 九行二十六字无格 七七四
詞林紀事二十二卷 清張宗橚輯 樂府指迷一卷 宋張炎撰 七七五
詞旨一卷 宋陸韶撰 詞韻考略一卷 清許昂霄撰 清乾隆四十四年樂足廬刻嘉慶三年陳敬銘印本 十一行二十一字黑口左右雙邊
詞林紀事二十二卷 清張宗橚輯 樂府指迷一卷 宋張炎撰 七七六
詞旨一卷 宋陸韶撰 詞韻考略一卷 清許昂霄撰 清乾隆四十四年樂足廬刻嘉慶三年陳敬銘印本 張元濟跋
香嚴詞約二卷 清舒夢蘭輯 清抄本 九行二十四字无格 七七七
本事詞二卷 清葉申薌輯 清道光十二年天籟軒刻本 十行二十一字白口无直格四周雙邊 七七八

七七九 詞源校正一卷 清戈載校撰 稿本
七八〇 介存齋論詞雜著一卷 清周濟撰 詞辨兩卷 清周濟輯 清抄本 清譚獻校點並跋 九行二十字無格
七八一 詞學標準不分卷 清姚燮輯 稿本
七八二 憩園詞話不分卷 清杜文瀾撰 稿本 九行二十一字部分無格部分白口紅格左右雙邊
七八三 憩園詞話六卷 清杜文瀾撰 清抄本 九行二十一字小字雙行同
七八四 寄漁詞話不分卷 清劉莊年撰 清抄本 清徐慶陞校並跋 九行二十字無格
七八五 歷代詞話十二卷首一卷 蕉農詞話二卷 清石林撰 賭棋山莊詞話錄要一卷 清謝章鋌撰 清同治九年石介抄本 九行二十二字小字雙行同無格
七八六 琳清仙館詞藁二卷 清周方埼撰 稿本 九行十九字小字雙行同綠格白口左右雙邊
七八七 賭棋山莊詞學纂說一卷 清謝章鋌撰 稿本 十行字不等下黑口左右雙邊
七八八 詞學辨體二卷附錄調亡諸體𣧑隊詞二十體 擷春主人自著詞論二十則補遺續集一卷 清徐根撰 稿本

中五

詞譜

七八九 絕妙好詞旁證一卷校錄一卷 鄭文焯撰 稿本
七九〇 絕妙好詞旁證一卷 鄭文焯撰 稿本
七九一 詞學筌蹄八卷 明周瑛輯 清初抄本 十行二十字藍格
七九二 詩餘圖譜六卷 明張綖撰 補遺六卷 明謝天瑞撰 明萬曆二十七年謝天瑞刻本 九行二十字白口四周單邊
七九三 詩餘圖譜三卷 明張綖撰 明刻本 十一行二十一字白口四周單邊
七九四 詩餘圖譜三卷 明張綖撰 明刻本 九行十八字白口左右雙邊
七九五 增正詩餘圖譜三卷 明張綖撰 游元涇增訂 明萬曆二十九年游元涇刻本 十行二十字白口四周單邊
七九六 詩餘圖譜補略一卷 明毛晉撰 清抄本 九行二十字黑格
七九七 詞海評林三卷 明毛晉撰 明末抄本 清毛扆跋 十行二十五字白口四周單邊
七九八 詩餘圖譜二卷 明萬惟檀撰 明崇禎十年自刻本 九行二十字白口四周單邊
七九九 記紅集三卷詞韻簡一卷 清吳綺 程洪輯 清康熙二十五年自刻本 九行二十字白口四周雙邊
八〇〇 記紅集三卷詞韻簡一卷 清吳綺 程洪輯 清康熙二十五年自刻本 清李曰華校注
八〇一 記紅集三卷詞韻簡一卷 清吳綺 程洪輯 清五禾堂刻本 九行二十字白口四周雙邊
八〇二 選聲集三卷詞韻簡一卷 清吳綺 程洪輯 清大來堂刻本 八行十八字小字雙行同白口四周單邊

八〇三 詞鵠初編十五卷 清孫致彌輯 樓儼補訂 樂府指迷一卷 宋張炎撰 清康熙四十四年刻本 九行二十字白口四周單邊
八〇四 詞譜四十卷 清王奕清等撰 清康熙五十四年內府刻朱墨套印本 八行二十一字小字雙行同白口四周雙邊
八〇五 詞家玉律十六卷 清丘元撰 稿本 羅振常跋 八行二十字
八〇六 詩餘譜式二卷 清郭鞏撰 清康熙五十一年刻本
八〇七 詩餘牌不分卷 清孔傳鐸輯 清刻本
八〇八 詞律二十卷 清萬樹撰 清康熙二十六年萬樹堆絮園刻本 七行二十一字白口左右雙邊
八〇九 詞律二十卷 清萬樹撰 清康熙二十六年萬樹堆絮園刻本 清任大椿批校並跋
八一〇 詞律二十卷 清萬樹撰 清康熙二十六年萬樹堆絮園刻本 清華秋蘋批注
八一一 詞律二十卷 清萬樹撰 清康熙二十六年萬樹堆絮園刻本 清潘鍾瑞校
八一二 詞律二十卷 清萬樹撰 清康熙二十六年萬樹堆絮園刻本 清張預批校 鄭道乾跋
八一三 詞律二十卷 清萬樹撰 清康熙二十六年萬樹堆絮園刻本 清朱懷新校
八一四 詞律二十卷 清萬樹撰 清康熙二十六年萬樹堆絮園刻尺木堂印本 清沈道寬批
八一五 詞律二十卷 清萬樹撰 清康熙二十六年萬樹堆絮園刻保滋堂印本 清李慈銘校注
八一六 詞律補案二十卷 清萬樹撰 張僅恒重輯 稿本

中六

八一七 詞律補案二十卷 清萬樹撰 殘僅恒重輯 稿本
八一八 三百詞譜六卷 清鄭元慶輯 清康熙二十八年鄭元慶刻本 九行二十字白口四周單邊
八一九 詞譜六卷 清許寶善輯 清乾隆三十七年刻朱墨套印本 六行十六字白口左右雙邊
八二〇 詞鏡平仄圖譜三卷 清賴以邠撰 查繼超輯 清乾隆四十八年林栖梧刻朱墨套印本
八二一 天籟軒詞譜六卷 清葉申薌輯 稿本 八行二十一字綠格白口四周雙邊
八二二 詞繫二十四卷逸調備考一卷宋樂類編一卷宮譜錄要一卷詞旨叢說一卷調名彙辨一卷 清秦巘輯 稿本
八二三 詞繫二十四卷逸調備考一卷宋樂類編一卷宮譜錄要一卷詞旨叢說一卷調名彙辨一卷 清秦巘輯 稿本
八二四 詞比三卷 清陳銳撰 稿本 十行二十至二十三字綠格

詞韻

八二五 式古堂詞譜證異五卷 清趙國祥撰 稿本 十行二十一字綠格白口四周單邊
八二六 北隱先生北詞韻選不分卷 明祁氏遠山堂抄本 存韻選八至九、十二、十四、十七至十九

聲韻指南不分卷　清劉藻撰　清抄本　八行二十三字無格　八二七

榕園詞韻一卷發凡一卷　清吳寧撰　清乾隆四十九年冬青山館刻本　八行十八字黑口左右雙邊　八二八

學宋齋詞韻一卷　清吳烺江昉吳鎮程名世輯　清乾隆刻本　七行八字細黑口左右雙邊　八二九

南北詞等韻音切合參不分卷　清禮忌鵬撰　稿本　八三〇

詞餘協律二卷　清李文林輯　詞韻略一卷　清沈謙撰　清乾隆刻本　八行二十字白口四周雙邊　八三一

四七

詞學辨體式二卷　清呂德本輯　清乾隆三十一年刻本　八行二十二字白口無直格四周雙邊　八三二

詞源約指不分卷　清任以治撰　稿本　黃丕烈跋　八三三

詞律補遺一卷詞晚二卷　清陳元鼎輯　清抄本　十行二十一字無格　八三四

收藏情況表

書名編號	藏書單位					
詞類　叢編						
一	0101					
二	0301					
三	1716					
四	0102⊗	0141	0241	1541		
五	0101	0102	0150⊗	0181	0201	0301	0404
	0701⊗	0703⊗	0801	1705	1741		
六	0101					
七	0141					
八	1601					
九	1601					
一〇	0101	0141	0142	0201	1601	2001	2401
一一	0201					
一二	0101					
一三	1601					
一四	1601					
一五	1701					
一六	1601					
一七	1601					
一八	0101					
一九	0101					
二〇	1701					
二一	0101					
二二	0101					
二三	0101					
二四	0101					
二五	0101					
二六	0201					
二七	0201					
二八	1701					
二九	0101					
三〇	1601					
三一	0102	0141	0143	0163	0164	0181	0198
	0201	0291	0301	0341	0342⊗	0701	0703
	0803	0902	1301	1541	1601	1606	1705
	1741	1801	1843	1901	2001⊗	2201	2401

表十

書名編號	藏書單位						
	2441	2543	2701	2801	2901	2941	
三二	0101						
三三	1601						
三四	1601						
三五	0101						
三六	1601						
三七	0101						
三八	0101						
三九	0301						
四〇	0101						
四一	0301						
四二	1601						
四三	0101						
四四	0201						
四五	1701						
四六	0101						
四七	0101	0142⊗	0161⊗	0201	0841⊗	1605	2041⊗
	2301	2701⊗					
四八	0101						
四九	0101						
五〇	0142						
五一	0101	1601					
五二	0101⊗	0141	0163	0201			
五三	0161						
五四	0101						
五五	0163						
五六	0201						
五七	0101						
五八	0201						
五九	0201	0142	0701	0741	1704		
六〇	0101						
詞類　總集							
六一	1701						
六二	0201						
六三	0101						
六四	0101						
六五	0201						
六六	0101						

書名編號	藏書單位
詞類　總集	
六七	0101 0201 0341
六八	1601
六九	0201
七〇	0101 0201
七一	0101
七二	0141 0145 0163
七三	0101 0141 0145 0181
七四	0201
七五	0241
七六	0201
七七	0201 0241 1606 1701 2403
七八	0101 0144 0161 0164 0182 0193 0201 0242 0301 0441 0701 0703 0704 0801 0841 1541 1601 1701 1705 1741 1901 2301 2501 2541 2701 2702 2745 2786
七九	1301 1542
八〇	0201
八一	0201 1582
八二	0241
八三	0101
八四	0101
八五	1601
八六	0141 0201
八七	0101
八八	0201 0591⊗
八九	0101 1601
九〇	0101
九一	0101 0141 0201 1681 1705 1801 2301
九二	1601
九三	0173 0198 0301 0342 0441 0542 0701 2001 2741
九四	0198 0591
九五	1501
九六	0101 0201
九七	2841
九八	0201
九九	0201 0701

書名編號	藏書單位
一〇〇	0101
一〇一	0101 0144 0161 0163 0181 0193 0201 0241 0291 0301 0701 0791 0801 0841 0842 0902 1001 1501 1502 1601 1603 1615 1641 1701 2201 2302 2401 2501 2701 2702 2741 2745 2881
一〇二	0193⊗ 0201
一〇三	1705
一〇四	1653
一〇五	0101 0201 2201
一〇六	0201 1142 1601
一〇七	1601 2541
一〇八	0101⊗ 0143 0201 1881 1901⊗
一〇九	0242 0301⊗ 0701
一一〇	0193 1001
一一一	0101 1881⊗
一一二	0101 0102 0141 0142 0193 0201 0243 0701 0801 1101⊗ 1541 1582 1601 1605 1616 1701 1704 1801 2041⊗ 2202 2642 2750 2801⊗
一一三	0161 0198 0201 0241 0341 0342 0504⊗ 0781⊗ 1082 1341 1501 1604 1642 1646 1688 1704⊗ 1716⊗ 1801 1802⊗ 2001 2012 2201⊗ 2342⊗ 2542 2701 2702 2741 2791
一一四	0301 1502 1581 1601 1641 1701 1881 2601 2745
一一五	0145 0342 0701 1541 1601 1641 1701 1705⊗ 1843 2201 2242 2302 2745
一一六	0142 0601
一一七	0101
一一八	0101
一一九	0201
一二〇	0101 0141⊗ 0701⊗ 0841⊗ 1582⊗ 1641⊗ 2301⊗ 2401
一二一	0201
一二二	1601
一二三	0201
一二四	1601

書名編號	藏書單位
詞類　總集	
一二五	0101 0201
一二六	0101
一二七	1601
一二八	1601
一二九	1241
一三〇	0101
一三一	0201
一三二	1601 1705
一三三	0101
一三四	0163⊗ 0201
一三五	0101 0141 1705 2341
一三六	0201
一三七	1601
一三八	1601
一三九	0163
一四〇	0102
一四一	0101
一四二	1501
一四三	0101
一四四	0701 1646
一四五	1601
一四六	0161 0198 0201⊗ 1101 1603 1702 1943
一四七	0101 1541 1601
一四八	0102 0701 1843 2301⊗ 2518
一四九	0141 0145 0150 0161 0201 1601 1701⊗ 2401⊗
一五〇	0101 0102⊗ 0198⊗ 0841⊗ 1541 1601 2001 2358
一五一	0101 0241
一五二	0101 0161 0201 0301 0841 1601
一五三	0141
一五四	0101 0183 0201 0509
一五五	0101 0241 2401
一五六	0142
一五七	0161
一五八	0181 0193 0501 0907 2702
一五九	1628

書名編號	藏書單位
一六〇	2001 2301 2401 2501
一六一	0301
一六二	0201
一六三	0101 0163 0201 1541 1601
一六四	0101⊗ 0141⊗ 0161 0163⊗ 0201 0241
一六五	0841
一六六	1702
一六七	0101
一六八	0101 0241
一六九	0101 1544⊗
一七〇	0142
一七一	0101 0163 0201 1541 1653 2501
一七二	0101
一七三	1601
一七四	0102 0141 0144 0150 0161 0173 0181 0182 0201 0242 0301 0342 0442 0601 0701 0741 0801 0842 0861 1241 1242 1844 2001 2042 2301 2341 2342 2401 2501 2642 2741 2843
一七五	0101
一七六	0101 0201 0842 0961
一七七	0201
一七八	0146 2201 2541
一七九	0701
一八〇	0142
一八一	0201
一八二	1501
一八三	0101
一八四	0201
一八五	1601
一八六	0201
一八七	0241
一八八	1601
一八九	0101 2301
一九〇	0201
一九一	0101
一九二	0161
一九三	0201

書名編號	藏書單位
詞類總集	
一九四	1601
一九五	0201
一九六	0111
一九七	0301
一九八	0101
一九九	0101 0113
二〇〇	0101
二〇一	0101
二〇二	0101
二〇三	2701
二〇四	0201
二〇五	0301
二〇六	0141
二〇七	0198 1741
二〇八	0101 0242 0241 1601 2701
二〇九	1601
二一〇	1601
二一一	0101 0143 0198 0243 0301 0241 1741
二一二	1681
二一三	0101
二一四	0101
二一五	0201
二一六	2701
二一七	2541
二一八	2501
二一九	0101
二二〇	0101
二二一	0101
二二二	0101⊗ 0201 0243 1601 2343 2701
二二三	0201
二二四	0101 0201
二二五	0101
二二六	0101 0142 0163 0197 0198 0201 0301 0341 0842 1601
二二七	1601
二二八	0101
二二九	0101

書名編號	藏書單位
二三〇	0101
二三一	0101
二三二	0142 0243
二三三	0101
二三四	0102 0163 0198 0241 0242 0243 0701 0741 1629 2001 2301 2342 2542 2514
二三五	0201
二三六	0198
二三七	1341
二三八	1601
二三九	0241
二四〇	0141
二四一	0201
二四二	1601
二四三	0201
二四四	1601
二四五	0101
二四六	0201
二四七	0201
二四八	0101
二四九	0101
二五〇	0101
二五一	0101⊗ 1601
二五二	0141 0201
二五三	1628
二五四	0201
二五五	0101 1601
二五六	0101
二五七	0201
二五八	1701
二五九	1841
二六〇	1601
二六一	0101
二六二	0101
二六三	0101
二六四	0101 1601
二六五	0201
二六六	0101

書名編號	藏書單位
二六七	1601
二六八	0101
二六九	0101
二七〇	0101
二七一	1701
二七二	1601
二七三	0201
二七四	0141
二七五	0201
二七六	0101
二七七	1601
二七八	0101
二七九	0101
二八〇	0101
二八一	0201
二八二	0101
二八三	1701
二八四	0101
二八五	0201
二八六	0101
二八七	0201
二八八	0101
二八九	0101 2441
二九〇	0101
二九一	1601
二九二	0201
二九三	0281
二九四	1705
二九五	2441
二九六	0101
二九七	1601
二九八	1601
二九九	0201
三〇〇	1701
三〇一	1701
三〇二	0101
三〇三	0101
三〇四	0101

書名編號	藏書單位
三〇五	0141
三〇六	1601
三〇七	0101
三〇八	0101
三〇九	0101
三一〇	0101
三一一	2301
三一二	0201
三一三	1701
三一四	1701
三一五	0198
三一六	1701
三一七	0101
三一八	0101
三一九	0101
三二〇	1601
三二一	0101
三二二	2281
三二三	0101
三二四	1601
三二五	0201
三二六	0101
三二七	0101
三二八	0101
三二九	1601
三三〇	1601
三三一	0101
三三二	0101
三三三	1601
三三四	1601
三三五	0101
三三六	1601
三三七	0241
三三八	1601
三三九	0101
三四〇	1601
三四一	1601
三四二	0101

書名編號	藏書單位
三四三	0101
三四四	0101
三四五	0101
三四六	1601
三四七	0101
三四八	0101
三四九	0101
三五〇	0101
三五一	0101
三五二	0341
三五三	1601
三五四	1701
三五五	1605
三五六	0201
三五七	0101
三五八	1701
三五九	1701
三六〇	0101
三六一	0101
三六二	0201
三六三	0101
三六四	0101 0141 0161 0502 0701 1705◎
三六五	0101
三六六	0141
三六七	1701
三六八	1701
三六九	0441 2745
三七〇	0101
三七一	0163
三七二	0201
三七三	0201
三七四	0201
三七五	0101
三七六	0101
三七七	1883
三七八	1710
三七九	0642 2394
三八〇	0101

表六

書名編號	藏書單位
三八一	0201
三八二	0201
三八三	0101
三八四	0101
三八五	0601
三八六	0201
三八七	0201
三八八	1601
三八九	0101
三九〇	1701
三九一	0101
三九二	0841
三九三	0201
三九四	1601
三九五	1601
三九六	1601
三九七	0201
三九八	0101
三九九	1601
四〇〇	0101
四〇一	0101
四〇二	1628
四〇三	1601
四〇四	0101
四〇五	0101
四〇六	0101
四〇七	1741
四〇八	0141
四〇九	0141
四一〇	0101
四一一	0101
四一二	1601
四一三	1601
四一四	0101
四一五	1628
四一六	1605
四一七	0101
四一八	0101

書名編號	藏書單位
四一九	0141
四二〇	0101
四二一	0101
四二二	1741
四二三	1601
四二四	0101
四二五	1601
四二六	1741
四二七	0101
四二八	1705
四二九	0101
四三〇	1601
四三一	0201
四三二	0101
四三三	1601
四三四	0101
四三五	0101
四三六	1605
四三七	0101
四三八	1601
四三九	0141 0142 0701 0801 1704 2301
四四〇	1601
四四一	0101 0141 0142 0198 0903 1601 2401 2542
四四二	1601
四四三	1601
四四四	0101
四四五	0101
四四六	0101
四四七	0101
四四八	1601
四四九	0101
四五〇	0301
四五一	1601
四五二	1601
四五三	0101 0163 1808
四五四	0201
四五五	0201

表七

書名編號	藏書單位
四五六	0101
四五七	0101
四五八	0101
四五九	1601
四六〇	0101
四六一	1601
四六二	0101 1601 1616
四六三	0201
四六四	0201
四六五	0101
四六六	0141
四六七	0101
四六八	0101
四六九	2501
四七〇	0101
四七一	1601
四七二	1601
四七三	0101 0201 1701 2401
四七四	0201
四七五	0201◎ 1601 1705◎
四七六	0101
四七七	0201
四七八	0101
四七九	0101
四八〇	0101
四八一	0101
四八二	0101
四八三	1601
四八四	0201
四八五	0201
四八六	2541
四八七	1701
四八八	0101
四八九	1501
四九〇	0101
四九一	1601
四九二	1601
四九三	1601

書名編號	藏書單位
四九四	0101 0201
四九五	0141
四九六	0101
四九七	0101⊗ 0198⊗ 1601
四九八	0101
四九九	0144 0198
五〇〇	0101 2941⊗
五〇一	0201
五〇二	0198
五〇三	1701
五〇四	0101
五〇五	0101
五〇六	0101⊗ 0141 0201
五〇七	0101
五〇八	0101
五〇九	0101 2001 2601⊗
五一〇	0163
五一一	0201
五一二	0101
五一三	0301
五一四	0198
五一五	0101 0201 2001
五一六	0161
五一七	1601
五一八	1701
五一九	1701
五二〇	0101 1629
五二一	0101 0201
五二二	2701
五二三	0102
五二四	0341
五二五	0101
五二六	0101
五二七	0101
五二八	0201
五二九	0161 0301
五三〇	2301
五三一	0101 0141

書名編號	藏書單位
五三二	0101 0201⊗
五三三	0101
五三四	0101
五三五	0201
五三六	0101
五三七	0101
五三八	0163
五三九	0101
五四〇	0161
五四一	1542
五四二	0101
五四三	0101
五四四	0101 0141 0143 0241 1541 1601 1901 1910 2541 2701
五四五	0161
五四六	0201
五四七	0101 1601⊗
五四八	0101 0161 0201⊗ 1901⊗
五四九	0201
五五〇	0101 1601 2301
五五一	0101
五五二	1601
五五三	0101
五五四	0101
五五五	0341
五五六	1808
五五七	0141 0142 0161 0173 0291 0509 0542 2401 2701 2703
五五八	0145
五五九	0101
五六〇	0101
五六一	0101⊗ 0201
五六二	0101
五六三	2701
五六四	0101 1601 1604
五六五	0101
五六六	0141 0150 0901
五六七	1801

書名編號	藏書單位
五六八	0101 1601
五六九	0101
五七〇	0101
五七一	2541
五七二	0142
五七三	0101 1601
五七四	0101
五七五	0161
五七六	0341
五七七	0101 0172 0163
五七八	0101
五七九	0101
五八〇	0101
五八一	0101
五八二	0101
五八三	0101 1601 2001
五八四	0101
五八五	0201
五八六	0101
五八七	1601
五八八	0101
五八九	0201
五九〇	0101
五九一	1581
五九二	0101
五九三	0142
五九四	0101
五九五	0201
五九六	0141
五九七	0101
五九八	0142
五九九	1701
六〇〇	1601
六〇一	2301
六〇二	0198
六〇三	0101⊗ 0201
六〇四	0141
六〇五	0101

書名編號	藏書單位
六〇六	0142
六〇七	0101
六〇八	0141
六〇九	0201 2301
六一〇	1883
六一一	0241
六一二	1608 2701
六一三	0201
六一四	0243
六一五	0141
六一六	0101
六一七	0142
六一八	1704
六一九	2789
六二〇	1341
六二一	0201
六二二	1601
六二三	0141
六二四	2461
六二五	0101 0701
六二六	0101
六二七	1601
六二八	2601
六二九	0141
六三〇	1702
六三一	0201
六三二	0101
六三三	1601
六三四	2001
六三五	2381
六三六	0101
六三七	1601
六三八	0163
六三九	0101
六四〇	1601
六四一	0201
六四二	0101
六四三	0241

表十

書名編號	藏書單位
六四四	0101
六四五	0201
六四六	0201
六四七	0101
六四八	0201
六四九	1701
六五〇	1701
六五一	1701
六五二	2701
六五三	1605
六五四	0101
六五五	1710
六五六	1601
六五七	0201
六五八	1741
六五九	0101
六六〇	1701
六六一	0163
六六二	0201
六六三	1601
六六四	1601
六六五	0241
六六六	1601
六六七	0341
六六八	0101
六六九	1605
六七〇	1604
六七一	1684
六七二	0301
六七三	0102
六七四	2701
六七五	0201
六七六	0101
六七七	0101
六七八	0101
六七九	1681
六八〇	2702
六八一	1601

書名編號	藏書單位
六八二	0101
六八三	1601
六八四	2001
六八五	0101
六八六	1701
六八七	2001
六八八	0201
六八九	0201
六九〇	1702
六九一	2201
六九二	0101
六九三	0101
六九四	0101
六九五	1705
六九六	0101
六九七	0101
六九八	0101
六九九	2881
七〇〇	0301
七〇一	0101
七〇二	1522
七〇三	2701
七〇四	2001
七〇五	2051
七〇六	1701
七〇七	1701
七〇八	0101
七〇九	1701
七一〇	0201
七一一	0241
七一二	0101
七一三	0241
七一四	0201
七一五	1601
七一六	1601
七一七	0201
七一八	1705
七一九	0201

表十一

書名編號	藏書單位
七二〇	1601
七二一	0163
七二二	2001
七二三	0201
七二四	0201
七二五	0201
七二六	1567
七二七	1705
七二八	1704
七二九	1701
七三〇	0241
七三一	2001
七三二	0163
七三三	1701
七三四	2001
七三五	0201
七三六	0101
七三七	1702
七三八	2701
七三九	0842
七四〇	0842
七四一	0842
七四二	2701
七四三	1701
七四四	1701
七四五	1701
七四六	0201
七四七	1601
七四八	1601
七四九	0101
七五〇	2702
七五一	0101
七五二	0101
七五三	0101
七五四	0201
七五五	0201
七五六	0101
七五七	0201

書名編號	藏書單位
七五八	0101
七五九	1601
七六〇	1601
七六一	1701⊗ 1705
七六二	0101 0141 0144 0243 0801 0841 2701
七六三	0201
七六四	0101 0145⊗ 2401⊗ 2441⊗
七六五	0101 0161⊗ 1601⊗
七六六	0201
七六七	0201
七六八	0141 0198 0242 0642 1701 2041 2301 2343 2701
七六九	0201 0841 0861 0941
七七〇	0102 0161 0173 0198 0341 0741 0901 1001 2001 2342 2504
七七一	0142⊗ 0242 2041 2301 2401
七七二	0201
七七三	1581
七七四	0201
七七五	0161 0198
七七六	2201
七七七	2001
七七八	0101
七七九	0201
七八〇	0201
七八一	0101
七八二	1601
七八三	2041
七八四	0241
七八五	0842
七八六	1702
七八七	2001
七八八	0145
七八九	0101
七九〇	0241
七九一	0201
七九二	0101
七九三	0201
七九四	0101

書名編號	藏書單位
七九五	0101 [illegible]
七九六	0201
七九七	0101
七九八	0101
七九九	0101 0141⊕ 0144 0163⊕ 0201 0501 1601 1681 1712
八〇〇	0101
八〇一	0102
八〇二	0143
八〇三	0101
八〇四	0101⊕ 0102 0141 0143 0147 0150 0161 0163 0164 0175 0181 0193 0197 0201 0242 0261 0281 0291 0301 0341 0342 0701 0801 0841 0861 0942 1041 1072 1601 1606 1641 1653 1701 1741⊕ 1801 2201 2401⊕ 2501 2543 2702 2843
八〇五	1606
八〇六	0161
八〇七	1041
八〇八	0142 0341 0701 0841 0901 0903 1461 1603 1808 2041 2301 2542 2701
八〇九	2401
八一〇	2301
八一一	0201
八一二	1782
八一三	0201
八一四	1601
八一五	0101
八一六	0201
八一七	0201
八一八	0141 0142 0201
八一九	0102 0141 0173 0175 0841 2301
八二〇	0141 0144 0342
八二一	2381
八二二	0144
八二三	0141
八二四	0241
八二五	1641
八二六	1701
八二七	2641
八二八	0142 0144 0741 2001
八二九	0101 0142
八三〇	0201
八三一	0201
八三二	0141
八三三	1701
八三四	0102

曲類

諸宮調

一　劉知遠十二卷　金刻本
存五卷（卷四十二葉　卷一存十葉　卷二全（十葉）　卷三存二葉　卷十一存七葉　卷十二全（十三葉））

二　古本董解元西廂記八卷　明嘉靖三十六年張羽刻本　十行二十字白口左右双边

三　古本董解元西廂記八卷　明適適子刻本　十行二十字白口四周单边

四　董解元西廂四卷　明湯顯祖評　明刻朱墨套印本　八行十八字小字双行同白口左右双边　有圖

五　董解元西廂四卷　明湯顯祖評　明刻朱墨套印本　清姚燮跋　徐時棟題款

六　董解元西廂四卷　明臧懋循點定　明閔氏刻朱墨套印本　八行十八字白口左右双边

七　新刊合併董解元西廂記二卷　明萬曆二十八年周居易刻本　十行二十四字小字双行同白口四周双边

八　新刊合併董解元西廂記二卷　明萬曆二十八年周居易刻本　清葉鈞　吳梅校並跋

九　玉茗堂董西廂藏本二卷　明文彭、何良俊、張鳳翼校閱　湯顯祖批訂　明刻本　八行二十字小字双行同白口四周单边

一〇　董解元西廂記二卷　明黃嘉惠刻本　九行十八字白口四周单边　有圖及眉評

一

一一　董解元西廂記二卷　明黃嘉惠刻本　有圖　清王筠批校並跋

一二　董解元西廂記二卷　明黃嘉惠刻本　鄭振鐸跋

雜劇

一三　古今雜劇三十種三十卷　元刻本　十四行二十四字或十六行二十五字黑口左右双边

古杭新刊關目的本李太白貶夜郎一卷　元王伯成撰
新刊關目嚴子陵垂釣七里灘一卷　元宮天挺撰
大都新編楚昭王疎者下船一卷　元鄭廷玉撰
古杭新刊的本尉遲恭三奪槊一卷　元尚仲賢撰
古杭新刊的本關目風月紫雲庭一卷　元石君寶（一作戴善甫）撰
大都新編關張雙赴西蜀夢一卷　元關漢卿撰
新刊關目詐妮子調風月一卷　元關漢卿撰
新刊的本泰華山陳摶高臥一卷　元馬致遠撰
趙氏孤兒一卷　元紀君祥撰
新刊的本薛仁貴衣錦還鄉一卷　元張國賓撰
古杭新刊關目輔成王周公攝政一卷　元鄭光祖撰
大都新刊關目的本東窗事犯一卷　元孔文卿（一作金仁傑）撰
古杭新刊關目霍光鬼諫一卷　元楊梓撰
新刊關目張鼎智勘魔合羅一卷　元孟漢卿撰
古杭新刊的本關大王單刀會一卷　元關漢卿撰
新刊關目晉文公火燒介子推一卷　元狄君厚撰
新刊關目馬丹陽三度任風子一卷　元馬致遠撰
新刊關目閨怨佳人拜月亭一卷　元關漢卿撰
新栞關目全蕭何追韓信一卷　元金仁傑撰
大都新編關目公孫汗衫記一卷　元張國賓撰
新刊關目漢高皇濯足氣英布一卷　元尚仲賢撰
新刊關目好酒趙元遇上皇一卷　元高文秀撰
新刊關目陳季卿悟道竹葉舟一卷　元范康撰
新刊關目諸葛亮博望燒屯一卷
新刊死生交范張雞黍一卷　元宮天挺撰
新編岳孔目借鐵拐李還魂一卷　元岳伯川撰
新編足本關目張千替殺妻一卷
古杭新刊小張屠焚兒救母一卷
新刊的本散家財天賜老生兒一卷　元武漢臣撰

一四　古雜劇二十種二十卷　明王驥德編　明顧曲齋刻本　九行二十字小字双行同白口左右双边

望江亭中秋切鱠旦一卷　元關漢卿撰
溫太真玉鏡臺一卷　元關漢卿撰
白敏中㑳梅香一卷　元鄭德輝撰
錢大尹智勘緋衣夢一卷　元關漢卿撰
玉簫女兩世姻緣一卷　元喬吉撰
江州司馬青衫淚一卷　元馬致遠撰
洞庭湖柳毅傳書一卷　元尚仲賢撰
李太白匹配金錢記一卷　元喬吉撰
李亞仙花酒曲江池一卷　元石君寶撰
蕭淑蘭情寄菩薩蠻一卷　明賈仲名撰
迷青瑣倩女離魂一卷　元鄭德輝撰
杜蘂娘智賞金線池一卷　元關漢卿撰
臨江驛瀟湘夜雨一卷　元楊顯之撰
荊楚臣重對玉梳一卷　明賈仲名撰
李雲英風送梧桐葉一卷　元喬吉撰
漢元帝孤雁漢宮秋一卷　元馬致遠撰
唐明皇秋夜梧桐雨一卷　元白仁甫撰
秦脩然竹塢聽琴一卷　元石子章撰
宋太祖龍虎風雲會一卷　元羅本撰
謝金蓮詩酒紅梨花一卷　元張壽卿撰

二

一五　新鐫古今名劇柳枝集二十六種二十六卷　明孟稱舜編　明崇禎刻本　九行二十字白口四周單边

倩女離魂一卷　元鄭德輝撰
青衫淚一卷　元馬致遠撰
詩酒揚州夢一卷　元喬吉撰
玉鏡臺一卷　元關漢卿撰
牆頭馬上一卷　元白樸撰
詩酒紅梨花一卷　元張壽卿撰
二郎收豬八戒一卷　元吳昌齡撰
柳毅傳書一卷　元尚仲賢撰
誤入桃源一卷　明王子一撰
重對玉梳記一卷　明賈仲名撰
三度小桃紅一卷　明朱有燉撰
風月牡丹仙一卷　明朱有燉撰
桃源三訪一卷　明孟稱舜撰
翰林風月一卷　元鄭光祖撰
兩世姻緣一卷　元喬吉撰
金錢記一卷　元喬吉撰
智賞金線池一卷　元關漢卿撰
秋夜瀟湘雨一卷　元楊顯之撰
張生煮海一卷　元李好古撰
竹塢聽琴一卷　元石子章撰
月明和尚度柳翠一卷
三度城南柳一卷　明谷子敬撰
蕭淑蘭情寄菩薩蠻一卷　明賈仲名撰
春風慶朔堂一卷　明朱有燉撰
泣賦眼兒媚一卷　明孟稱舜撰
花前一笑一卷　明孟稱舜撰

一六　新鐫古今名劇酹江集三十種三十卷　明孟稱舜編　明崇禎刻本　九行二十字白口四周單边

孤雁漢宮秋一卷　元馬致遠撰
雷轟薦福碑一卷　元馬致遠撰
范張雞黍一卷　元宮天挺撰
竇娥冤一卷　元關漢卿撰
李逵負荊二卷　元康進之撰
東堂老一卷　元秦簡夫撰
三度任風子一卷　元馬致遠撰
秋夜梧桐雨一卷　元白樸撰
王粲登樓一卷　元鄭光祖撰
鐵拐李一卷　元岳伯川撰
誶范叔一卷　元高文秀撰
趙氏孤兒一卷　元紀君祥撰

高貴麗春堂一卷 元王德信撰
燕青博魚一卷 元李文蔚撰
天賜老生兒一卷 元武漢臣撰
龍虎風雲會一卷 元羅本撰
智勇魔合羅一卷 元孟漢卿撰
隔江鬬智一卷
黑旋風仗義疏財一卷 明朱有燉撰
沽酒遊春一卷 明王九思撰
中山狼一卷 明康海撰
一世不伏老一卷 明馮惟敏撰
崑崙奴一卷 明梅鼎祚撰
紅線女一卷 明梁辰魚撰
鬱輪袍一卷 明王衡撰
狂鼓史漁陽三弄一卷 明徐渭撰
雌木蘭替父從軍一卷 明徐渭撰
真傀儡一卷
鞭歌妓一卷 明沈自徵撰
鄭節度殘唐再創一卷 明孟稱舜撰

一七 元明雜劇四種四卷 明陳氏繼志齋刻本 十行二十字小字雙行同 白口四周單邊

新鎸半夜雷轟薦福碑雜劇一卷 元馬致遠撰
新鎸李太白匹配金錢記一卷 元喬吉撰
新鎸鐵拐李度金童玉女一卷 明賈仲名撰
新鎸杜子美沽酒遊春雜劇一卷 明王九思撰

一八 元曲選一百種一百卷 明臧懋循編 論曲一卷 明涵虛子等撰

元曲論一卷 明萬曆刻本 九行二十字白口左右雙邊 有圖

破幽夢孤鴈漢宮秋雜劇一卷 元馬致遠撰
李太白匹配金錢記雜劇一卷 元喬吉撰
包待制陳州糶米雜劇一卷
玉清菴錯送鴛鴦被雜劇一卷
隨何賺風魔蒯通雜劇一卷
溫太真玉鏡臺雜劇一卷 元關漢卿撰
楊氏女殺狗勸夫雜劇一卷
相國寺公孫合汗衫雜劇一卷 元張國賓撰
錢大尹智寵謝天香雜劇一卷 元關漢卿撰
爭報恩三虎下山雜劇一卷
張天師斷風花雪月雜劇一卷 元吳昌齡撰
趙盼兒風月救風塵雜劇一卷 元關漢卿撰
東堂老勸破家子弟雜劇一卷 元秦簡夫撰
同樂院燕青博魚雜劇一卷 元李文蔚撰
臨江驛瀟湘秋夜雨雜劇一卷 元楊顯之撰
李亞仙花酒曲江池雜劇一卷 元石君寶撰
楚昭公疎者下船雜劇一卷 元鄭廷玉撰
龐居士誤放來生債雜劇一卷
薛仁貴榮歸故里雜劇一卷 元張國賓撰
裴少俊牆頭馬上雜劇一卷 元白樸撰
唐明皇秋夜梧桐雨雜劇一卷 元白樸撰
散家財天賜老生兒雜劇一卷 元武漢臣撰
硃砂擔滴水浮漚記雜劇一卷
便宜行事虎頭牌雜劇一卷 元李直夫撰
包龍圖智賺合同文字雜劇一卷
凍蘇秦衣錦還鄉雜劇一卷
翠紅鄉兒女兩團圓雜劇一卷 元楊文奎撰
李素蘭風月玉壺春雜劇一卷 元武漢臣撰
呂洞賓度鐵拐李雜劇一卷 元岳伯川撰
小尉遲將鬬將認父歸朝雜劇一卷
陶學士醉寫風光好雜劇一卷 元戴善夫撰
魯大夫秋胡戲妻雜劇一卷 元石君寶撰
神奴兒大鬧開封府雜劇一卷
半夜雷轟薦福碑雜劇一卷 元馬致遠撰
謝金吾詐拆清風府雜劇一卷
呂洞賓三醉岳陽樓雜劇一卷 元馬致遠撰
包待制三勘蝴蝶夢雜劇一卷 元關漢卿撰
說鱄諸伍員吹簫雜劇一卷 元李壽卿撰
河南府張鼎勘頭巾雜劇一卷 元孫仲章撰

三

黑旋風雙獻功雜劇一卷 元高文秀撰
迷青瑣倩女離魂雜劇一卷 元鄭德輝撰
西華山陳摶高臥雜劇一卷 元馬致遠撰
龐涓夜走馬陵道雜劇一卷
救孝子賢母不認屍雜劇一卷 元王仲文撰
邯鄲道省悟黃粱夢雜劇一卷 元馬致遠撰
杜牧之詩酒揚州夢雜劇一卷 元喬吉撰
醉思鄉王粲登樓雜劇一卷 元鄭德輝撰
昊天塔孟良盜骨雜劇一卷
包待制智斬魯齋郎雜劇一卷 元關漢卿撰
朱太守風雪漁樵記雜劇一卷
江州司馬青衫淚雜劇一卷 元馬致遠撰
四丞相高會麗春堂一卷 元王德信撰
孟德耀舉案齊眉雜劇一卷
包龍圖智勘後庭花雜劇一卷 元鄭廷玉撰
死生交范張雞黍雜劇一卷 元宮大用撰
玉簫女兩世姻緣雜劇一卷 元喬吉撰
宜秋山趙禮讓肥雜劇一卷 元秦簡夫撰
鄭孔目風雪酷寒亭雜劇一卷 元楊顯之撰
桃花女破法嫁周公雜劇一卷
陳季卿悞上竹葉舟雜劇一卷 元范子安撰
布袋和尚忍字記雜劇一卷 元鄭廷玉撰
謝金蓮詩酒紅梨花雜劇一卷 元張壽卿撰
鐵拐李度金童玉女雜劇一卷 明賈仲名撰
包待制智賺灰闌記雜劇一卷 元李行道撰
崔府君斷冤家債主雜劇一卷
㑳梅香騙翰林風月雜劇一卷 元鄭德輝撰
尉遲恭單鞭奪槊雜劇一卷 元尚仲賢撰
呂洞賓三度城南柳雜劇一卷 明谷子敬撰
須賈大夫誶范叔雜劇一卷
李雲英風送梧桐葉雜劇一卷
花間四友東坡夢雜劇一卷 元吳昌齡撰
杜蕊娘智賞金線池雜劇一卷 元關漢卿撰
王月英元夜留鞋記雜劇一卷 元曾瑞卿撰
漢高皇濯足氣英布雜劇一卷
兩軍師隔江鬬智雜劇一卷
馬丹陽度脫劉行首一卷 元楊景賢撰
月明和尚度柳翠雜劇一卷
劉晨阮肇悞入桃源雜劇一卷 明王子一撰
張孔目智勘魔合羅雜劇一卷 元孟漢卿撰
玎玎璫璫盆兒鬼雜劇一卷
逞風流王煥百花亭雜劇一卷
秦脩然竹塢聽琴雜劇一卷 元石子章撰
金水橋陳琳抱粧盒雜劇一卷
趙氏孤兒大報讐雜劇一卷 元紀君祥撰
感天動地竇娥冤雜劇一卷 元關漢卿撰
梁山泊李逵負荊雜劇一卷 元康進之撰
蕭淑蘭情寄菩薩蠻雜劇一卷 明賈仲名撰
錦雲堂暗定連環計雜劇一卷
羅李郎大鬧相國寺雜劇一卷 元張國賓撰
看錢奴買冤家債主雜劇一卷
都孔目風雨還牢末雜劇一卷 元李致遠撰
洞庭湖柳毅傳書雜劇一卷 元尚仲賢撰
風雨像生貨郎旦雜劇一卷
望江亭中秋切鱠雜劇一卷 元關漢卿撰
馬丹陽三度任風子雜劇一卷 元馬致遠撰
薩真人夜斷碧桃花雜劇一卷
沙門島張生煮海雜劇一卷 元李好古撰
包待制智賺生金閣雜劇一卷 元武漢臣撰
馮玉蘭夜月泣江舟雜劇一卷

四

一九　元曲選一百種一百卷　明臧懋循編　論曲一卷　明陶宗儀等撰
　元曲論一卷　明萬曆刻尚古堂印本

二〇　元曲選圖一卷　明萬曆刻本

二一　盛明雜劇三十種三十卷　明沈泰編　明崇禎刻本　九行二十字，白口，左右雙邊

高唐夢一卷　明汪道昆撰　五湖遊一卷　明汪道昆撰
遠山戲一卷　明汪道昆撰　洛水悲一卷　明汪道昆撰
漁陽三弄一卷　明徐渭撰　翠鄉夢一卷　明徐渭撰
雌木蘭一卷　明徐渭撰　女狀元一卷　明徐渭撰
昭君出塞一卷　明陳與郊撰　文姬入塞一卷　明陳與郊撰
袁氏義犬一卷　明陳與郊撰　霸亭秋一卷　明沈自徵撰
鞭歌妓一卷　明沈自徵撰　簪花髻一卷　明沈自徵撰
北邙說法一卷　明葉憲祖撰　團花鳳一卷　明葉憲祖撰
桃花人面一卷　明孟稱舜撰　死裏逃生一卷　明孟稱舜撰
中山狼一卷　明康海撰　鬱輪袍一卷　明王衡撰
紅線女一卷　明梁辰魚撰　崑崙奴一卷　明梅鼎祚撰
花舫緣一卷　明孟稱舜撰　春波影一卷　明徐翽撰
廣陵月一卷　明汪廷訥撰　真傀儡一卷
男王后一卷　題秦樓外史撰　再生緣一卷　題蘅蕪室撰
一文錢一卷　題破慳道人撰　齊東絕倒一卷　題竹癡居士撰

二二　盛明雜劇三十種三十卷　明沈泰編　明崇禎刻本　清曹貞吉批校　王筠跋
存四種四卷

鬱輪袍一卷　明王衡撰　紅線女一卷　明梁辰魚撰
崑崙奴一卷　明梅鼎祚撰　花舫緣一卷　明孟稱舜撰

二三　盛明雜劇二集三十種三十卷　明沈泰編　明崇禎刻本　九行二十字，白口，左右雙邊，有圖

風月牡丹仙一卷　明朱有燉撰　香囊怨一卷　明朱有燉撰
蘭亭會一卷　明許潮撰　武陵春一卷　明許潮撰
寫風情一卷　明許潮撰　午日吟一卷　明許潮撰
南樓月一卷　明許潮撰　赤壁遊一卷　明許潮撰
龍山宴一卷　明許潮撰　同甲會一卷　明許潮撰
易水寒一卷　明葉憲祖撰　夭桃紈扇一卷　明葉憲祖撰
碧蓮繡符一卷　明葉憲祖撰　丹桂鈿合一卷　明葉憲祖撰
素梅玉蟾一卷　明葉憲祖撰　有情癡一卷　明徐陽輝撰
脫囊穎一卷　明徐陽輝撰　曲江春一卷　明王九思撰
魚兒佛一卷　明寓山居士撰　雙鶯傳一卷　清袁于令撰
不伏老一卷　明馮惟敏撰　虬髯翁一卷　明凌濛初撰
英雄成敗一卷　明孟稱舜撰　紅蓮債一卷　明陳汝元撰
絡冰絲一卷　明徐翽撰　錯轉輪一卷　明祁元孺撰
蕉鹿夢一卷　明車任遠撰　櫻桃園一卷　明王澹撰
逍遙遊一卷　明王應遴撰　相思譜一卷　明吳中情奴撰

二四　改定元賢傳奇十六種十六卷　明李開先編　明嘉靖刻本　九行十八字，黑口，四周雙邊　有刻工
存六種六卷

江州司馬青衫淚一卷　元馬致遠撰
西華山陳摶高臥一卷　元馬致遠撰
杜牧之詩酒揚州夢一卷　元喬吉撰
唐明皇秋夜梧桐雨一卷　元白樸撰
玉簫女兩世姻緣一卷　元喬吉撰
劉晨阮肇誤入天台一卷　明王子一撰

二五　古名家雜劇□□種□□卷　明陳與郊編　明刻本　十行二十一字，白口，四周單邊或四周雙邊
存三十四種三十四卷

劉盼春守志香囊怨一卷　明朱有燉撰
唐明皇秋夜梧桐雨一卷　元白樸撰
忠義士豫讓吞炭一卷　元楊梓撰
杜牧之詩酒揚州夢一卷　元喬吉撰
尉遲公單鞭奪槊一卷　元尚仲賢撰
玉簫女兩世姻緣一卷　元喬吉撰
金翠寒衣記一卷　明葉憲祖撰
李亞仙花酒曲江池一卷　明朱有燉撰
李雲英風送梧桐葉一卷　元李唐賓撰
趙貞姬身後團圓夢一卷　明朱有燉撰
謝金蓮詩酒紅梨花一卷　元張壽卿撰
蘇子瞻醉寫赤壁賦一卷　元□□撰
荊楚臣重對玉梳記一卷　明賈仲名撰
灌將軍使酒罵座記一卷　明葉憲祖撰
裴少俊牆頭馬上一卷　元白樸撰
羅李郎大鬧相國寺一卷　元張國賓撰
鄭孔目風雪酷寒亭一卷　元楊顯之撰
漢鍾離度脫藍采和一卷　元□□撰
大婦小妻還牢末一卷　元馬致遠撰
秦脩然竹塢聽琴一卷　元石子章撰
宋太祖龍虎風雲會一卷　元羅本撰
李太白匹配金錢記一卷　元喬吉撰
劉晨阮肇誤入天台一卷　明王子一撰
馬丹陽度脫劉行首一卷　元楊景賢撰
龍濟山野猿聽經一卷　元□□撰
清河縣繼母大賢一卷　明朱有燉撰
醉思鄉王粲登樓一卷　元鄭光祖撰
杜蕊娘智賞金線池一卷　元關漢卿撰
錢大尹智寵謝天香一卷　元關漢卿撰
附帝妃春遊一卷　明程士廉撰
紫陽仙三度常椿壽一卷　明朱有燉撰
東華仙三度十長生一卷　明朱有燉撰
群仙慶壽蟠桃會一卷　明朱有燉撰
呂洞賓花月神仙會一卷　明朱有燉撰

二六　環翠堂精訂五種曲五卷　明刻本　九行二十字，白口，左右雙邊

真傀儡一卷　一文錢一卷
再生緣一卷　齊東絕倒一卷
男王后一卷

二七　新續古名家雜劇二十卷　明刻本　徐嘉錫跋　十行二十一字，白口，四周單邊
存六卷

趙盼兒風月救風塵一卷　元關漢卿撰
羅李郎大鬧相國寺一卷　元張國賓撰
包待制三勘蝴蝶夢一卷　元關漢卿撰
漢鍾離度脫藍采和一卷
河南府張鼎勘頭巾一卷　元孫仲章撰
張孔目智勘魔合羅一卷　元孟漢卿撰

二八　陽春奏□□卷　明萬曆三十七年黃氏尊生館刻本

楚襄王夢遊高唐記一卷　明汪道昆撰
鴟夷子扁舟五湖記一卷　明汪道昆撰
陳思王悵舊洛神記一卷　明汪道昆撰
張京兆閨閣畫眉記一卷　明汪道昆撰
王羲之蘭亭顯才藝一卷　明許潮撰
陶處士栗里致交遊一卷　明許潮撰
桓元帥龍山會僚友一卷　明許潮撰
漢相如晝錦歸西蜀一卷　明許潮撰
衛將軍元宵會僚友一卷　明許潮撰
元微之重訪清東寺一卷　明許潮撰

存十卷

古今雜劇一百四十二種　明抄本（內十五種配明刻息機子雜劇選本、五十五種配明刻古名家雜劇本）　清黃丕烈錄目並跋　明抄本七十二種十行二十一字無格　古名家雜劇本五十五種十行二十字白口四周單邊　息機子本十五種九行十八字白口左右雙邊

二九

孤雁漢宮秋一卷　元馬致遠撰　明刻古名家雜劇本
馬丹陽三度任風子一卷　元馬致遠撰　明抄本　明趙琦美跋
呂洞賓三醉岳陽樓一卷　元馬致遠撰　古名家雜劇本　清錢曾抄補
江州司馬青衫淚一卷　元馬致遠撰　古名家雜劇本
半夜雷轟薦福碑一卷　元馬致遠撰　古名家雜劇本　明趙琦美校
西華山陳摶高臥一卷　元馬致遠撰　古名家雜劇本
孟浩然踏雪尋梅雜劇一卷　元馬致遠撰　明刻息機子雜劇選本
開壇闡教黃粱夢一卷　元馬致遠撰　古名家雜劇本
蘇子瞻風雪貶黃州一卷　元費唐臣撰　明抄本
四丞相歌舞麗春堂一卷　元王實甫撰　古名家雜劇本
呂蒙正風雪破窯記一卷　元王實甫撰　明抄本　明趙琦美校並跋
死生交范張雞黍雜劇一卷　元宮大用撰　息機子本　清何煌校並跋
杜蘂娘智賞金線池一卷　元關漢卿撰　古名家雜劇本
劉夫人慶賞五侯宴雜劇一卷　元關漢卿撰　明抄本　明趙琦美校
單刀會一卷　元關漢卿撰　明抄本　清何煌校
趙盼兒風月救風塵一卷　元關漢卿撰　古名家雜劇本
溫太真玉鏡台一卷　元關漢卿撰　古名家雜劇本
望江亭中秋切鱠旦一卷　元關漢卿撰　息機子本　明趙琦美校並跋
錢大尹智寵謝天香一卷　元關漢卿撰　古名家雜劇本　明趙琦美校
鄧夫人苦痛哭存孝雜劇一卷　元關漢卿撰　明抄本　明趙琦美校
錢大尹智勘緋衣夢一卷　元關漢卿撰　古名家雜劇本
包待制三勘蝴蝶夢一卷　元關漢卿撰　古名家雜劇本　明趙琦美跋
感天動地竇娥冤一卷　元關漢卿撰　古名家雜劇本
山神廟裴度還帶雜劇一卷　元關漢卿撰　明抄本　明趙琦美校並跋
尉遲恭單鞭奪槊一卷　元關漢卿撰　明抄本
狀元堂陳母教子雜劇一卷　元關漢卿撰　明抄本
唐明皇秋夜梧桐雨一卷　元白樸撰　古名家雜劇本　明趙琦美校並跋
董秀英花月東牆記一卷　元白樸撰　明抄本　明趙琦美校並跋
裴少俊牆頭馬上一卷　元白樸撰　古名家雜劇本　明趙琦美校並跋
保成公徑赴澠池會雜劇一卷　元高文秀撰　明抄本　明趙琦美校並跋
好酒趙元遇上皇一卷　元高文秀撰　明抄本　明趙琦美校並跋
劉玄德獨赴襄陽會雜劇一卷　元高文秀撰　明抄本　明趙琦美校並跋
立成湯伊尹耕莘雜劇一卷　元鄭德輝撰　明抄本　明趙琦美校並跋
鍾離春智勇定齊雜劇一卷　元鄭德輝撰　明抄本
㑳梅香騙翰林風月雜劇一卷　元鄭德輝撰　息機子本
醉思鄉王粲登樓一卷　元鄭德輝撰　古名家雜劇本　清何煌校並跋
迷青瑣倩女離魂一卷　元鄭德輝撰　古名家雜劇本
虎牢關三戰呂布雜劇一卷　元鄭德輝撰　明抄本
張子房圯橋進履一卷　元李文蔚撰　明抄本　明趙琦美校並跋
同樂院燕青博魚雜劇一卷　元李文蔚撰　明抄本
破苻堅蔣神靈應雜劇一卷　元李文蔚撰　明抄本　明趙琦美校並跋
老莊周一枕蝴蝶夢一卷　元史樟撰　明抄本　明趙琦美校並跋

七

張孔目智勘魔合羅一卷　元孟漢卿撰　古名家雜劇本　明趙琦美清何煌校並跋
陶學士醉寫風光好一卷　元戴善夫撰　古名家雜劇本
東堂老勸破家子弟雜劇一卷　元秦簡夫撰　息機子本　明趙琦美校並跋
孝義士趙禮讓肥雜劇一卷　元秦簡夫撰　息機子本
陶母剪髮待賓一卷　元秦簡夫撰　明抄本　明趙琦美跋
宋上皇御斷金鳳釵一卷　元鄭廷玉撰　明抄本
布袋和尚忍字記雜劇一卷　元鄭廷玉撰　息機子本　明趙琦美校
楚昭公疏者下船雜劇一卷　元鄭廷玉撰　明抄本　明趙琦美校並跋
看錢奴買冤家債主雜劇一卷　元鄭廷玉撰　息機子本　明趙琦美清何煌校並跋
包龍圖智勘後庭花一卷　元鄭廷玉撰　古名家雜劇本
斷冤家債主一卷　元鄭廷玉撰　明抄本
宋太祖龍虎風雲會一卷　元羅貫中撰　古名家雜劇本
諸葛亮博望燒屯雜劇一卷　明抄本　明趙琦美校並跋
龐涓夜走馬陵道雜劇一卷　明抄本
忠義士豫讓吞炭一卷　古名家雜劇本
錦雲堂美女連環記雜劇一卷　息機子本　明趙琦美校並跋
蘇子瞻醉寫赤壁賦一卷　古名家雜劇本
鄭月蓮秋夜雲窗夢一卷　明抄本　明趙琦美校並跋
王月英元夜留鞋記一卷　息機子本
河南府張鼎勘頭巾一卷　元孫仲章撰　古名家雜劇本　明趙琦美校並跋
硃砂擔滴水浮漚記一卷　明抄本　明趙琦美校並跋
貨郎旦雜劇一卷　明抄本
敬德不伏老一卷　明抄本
施仁義劉弘嫁婢雜劇一卷　明抄本　明趙琦美校並跋
劉千病打獨角牛雜劇一卷　明抄本　明趙琦美校並跋
斷殺狗勸夫一卷　明抄本　清顧河之跋
大婦小妻還牢末一卷　明抄本
鬭陰陽八卦桃花女雜劇一卷　明抄本　明趙琦美校並跋
玎玎璫璫盆兒鬼雜劇一卷　明抄本
劉玄德醉走黃鶴樓雜劇一卷　明抄本　明趙琦美校並跋
玉清菴錯送鴛鴦被一卷　古名家雜劇本
關雲長千里獨行一卷　明抄本
孟光女舉案齊眉雜劇一卷　明抄本
雁門關存孝打虎一卷　明抄本　明趙琦美校並跋
狄青復奪衣襖車雜劇一卷　明抄本　明趙琦美校並跋
閥閱舞射柳捶丸記雜劇一卷　明抄本　明趙琦美校並跋
百花亭一卷　明抄本　明董其昌跋
龍濟山野猿聽經一卷　古名家雜劇本
二郎神醉射鎖魔鏡一卷　古名家雜劇本
漢鍾離度脫藍采和一卷　古名家雜劇本
李雲英風送梧桐葉一卷　古名家雜劇本
摩利支飛刀對箭雜劇一卷　明抄本　明趙琦美校並跋
降桑椹蔡順奉母雜劇一卷　明抄本　明趙琦美校並跋
羅李郎大鬧相國寺一卷　元張國賓撰　古名家雜劇本
馬丹陽度脫劉行首一卷　元楊景賢撰　古名家雜劇本
趙匡義智娶符金錠一卷　息機子本　明趙琦美校並跋
包待制智賺生金閣一卷　息機子本　明趙琦美校並跋
包待制智斬魯齋郎一卷　元關漢卿撰　古名家雜劇本　明趙琦美校並跋
張公藝九世同居雜劇一卷　息機子本　明趙琦美校並跋
獨步大羅天一卷　明抄本　明趙琦美校並跋
卓文君私奔相如一卷　明抄本　明趙琦美校並跋
劉晨阮肇誤入天台一卷　明王子一撰　息機子本　明趙琦美校並跋
黃廷道夜走流星馬一卷　明黃元吉撰　明抄本　明趙琦美校並跋
呂洞賓三度城南柳一卷　明谷子敬撰　古名家雜劇本　明趙琦美校並跋
鐵拐李度金童玉女一卷　明賈仲名撰　古名家雜劇本　明趙琦美校並跋
呂洞賓桃柳昇仙夢一卷　明賈仲名撰　古名家雜劇本
蕭淑蘭情寄菩薩蠻一卷　明賈仲名撰　古名家雜劇本　明趙琦美校並跋
荊楚臣重對玉梳一卷　明賈仲名撰　古名家雜劇本

八

翠紅鄉兒女兩團圓雜劇一卷	明楊文奎撰	息機子本	
洞天玄記一卷	明楊慎撰	古名家雜劇本	
司馬入相傳奇一卷	明桑紹良撰	明抄本	
灌將軍使酒罵座記一卷	明葉憲祖（題槲園居士）撰	古名家雜劇本	
金翠寒衣記一卷	明葉憲祖（題槲園居士）撰	古名家雜劇本	
漁陽三弄一卷	古名家雜劇		
玉通和尚罵紅蓮一卷	古名家雜劇		
月明和尚度柳翠一卷	古名家雜劇		
木蘭女一卷	古名家雜劇		
黃崇嘏女狀元一卷	古名家雜劇		
僧尼共犯傳奇一卷	明抄本		
東華仙三度十長生一卷	明朱有燉撰	古名家雜劇本	
群仙慶壽蟠桃會一卷	明朱有燉撰	古名家雜劇本	
呂洞賓花月神仙會一卷	明朱有燉撰	古名家雜劇本	
惠禪師三度小桃紅一卷	明朱有燉撰	明抄本	
張天師明斷辰鉤月一卷	明朱有燉撰	明抄本	明趙琦美校並跋
洛陽風月牡丹仙一卷	明宋有燉撰	明抄本	明趙琦美校並跋
清河縣繼母大賢一卷	明朱有燉撰	古名家雜劇本	
趙貞姬身後團圓夢一卷	明朱有燉撰	古名家雜劇本	
劉盼春守志香囊怨一卷	明朱有燉撰	古名家雜劇本	
李亞仙花酒曲江池一卷	明朱有燉撰	古名家雜劇本	
紫陽仙三度常椿壽一卷	明朱有燉撰	古名家雜劇本	
福祿壽仙官慶會一卷	明朱有燉撰	明抄本	
十美人慶賞牡丹園一卷	明朱有燉撰	明抄本	
善知識苦海回頭一卷	明朱有燉撰	古名家雜劇本	
瑤池會八仙慶壽雜劇一卷	明朱有燉撰	明抄本	
黑旋風仗義疏財雜劇一卷	明朱有燉撰	明抄本	
伍子胥鞭伏柳盜跖雜劇一卷	明抄本		
十八國臨潼鬬寶雜劇一卷	明抄本		明趙琦美注並跋
田穰苴伐晉興齊雜劇一卷	明抄本		明趙琦美校並跋

收七國樂毅圖齊雜劇一卷	明抄本	明趙琦美校並跋
吳起敵秦掛帥印雜劇一卷	明抄本	
守貞節孟母三移雜劇一卷	明抄本	明趙琦美校並跋　董其昌跋
漢公卿衣錦還鄉雜劇一卷	明抄本	明趙琦美校並跋
運機謀隨何騙英布雜劇一卷	明抄本	明趙琦美校並跋
隨何賺風魔蒯徹雜劇一卷	明抄本	明趙琦美校並跋
韓元帥暗度陳倉雜劇一卷	明抄本	明趙琦美校並跋
司馬相如題橋記一卷	明抄本	明趙琦美校並跋
馬援撾打聚獸牌雜劇一卷	明抄本	明趙琦美校並跋
雲臺門聚二十八將雜劇一卷	明抄本	明趙琦美校並跋
漢姚期大戰邳仝雜劇一卷	明抄本	明趙琦美校並跋
孝義士趙禮讓肥雜劇一卷	明抄本	明趙琦美校並跋
寇子翼定時捉將雜劇一卷	明抄本	
鄧禹定計捉彭寵雜劇一卷	明抄本	明趙琦美校並跋
十樣錦諸葛論功雜劇一卷	明抄本	
曹操夜走陳倉路雜劇一卷	明抄本	
陽平關五馬破曹雜劇一卷	明抄本	明趙琦美校並跋
走鳳雛龐掠四郡雜劇一卷	明抄本	明趙琦美校並跋
周公瑾得志娶小喬雜劇一卷	明抄本	明趙琦美校並跋
張翼德單戰呂布雜劇一卷	明抄本	明趙琦美校並跋
莽張飛大鬧石榴園雜劇一卷	明抄本	
關雲長單刀劈四寇雜劇一卷	明抄本	
壽亭侯怒斬關平雜劇一卷	明抄本	
關雲長大破蚩尤雜劇一卷	明抄本	明趙琦美校並跋
劉關張桃園三結義雜劇一卷	明抄本	
張翼德三出小沛一卷	明抄本	
張翼德大破杏林莊雜劇一卷	明抄本	
陶淵明東籬賞菊雜劇一卷	明抄本	
長安城四馬投唐雜劇一卷	明抄本	
立功勳慶賞端陽雜劇一卷	明抄本	明趙琦美校並跋

九

賢達婦龍門隱秀雜劇一卷	明抄本	
招涼亭賈島破風詩雜劇一卷	明抄本	
殷像友喜賞浣花溪一卷	明抄本	明趙琦美校並跋
魏徵改詔風雲會雜劇一卷	明抄本	
程咬金斧劈老君堂雜劇一卷	明抄本	明董其昌校並跋
徐茂公智降秦叔寶雜劇一卷	明抄本	明趙琦美校並跋
小尉遲將鬬將將鞭認父雜劇一卷	明抄本	明趙琦美校並跋
尉遲恭鞭打單雄信一卷	明抄本	
十八學士登瀛洲一卷	明抄本	明趙琦美校並跋
唐李靖陰山破虜雜劇一卷	明抄本	
李嗣源復奪紫泥宣雜劇一卷	明抄本	
飛虎峪存孝打虎雜劇一卷	明抄本	明趙琦美校並跋
壓關樓疊掛午時牌雜劇一卷	明抄本	
存仁心曹彬下江南雜劇一卷	明抄本	
八大王開詔救忠臣雜劇一卷	明抄本	明趙琦美校並跋
楊六郎調兵破天陣雜劇一卷	明抄本	
焦光贊活拏蕭天佑雜劇一卷	明抄本	
宋大將岳飛精忠雜劇一卷	明抄本	明趙琦美校並跋
十探子大鬧延安府雜劇一卷	明抄本	明趙琦美校並跋
張于湖誤宿女貞觀一卷	明抄本	明趙琦美校並跋
女學士明講春秋一卷	明抄本	明趙琦美校並跋
趙匡胤打董達雜劇一卷	明抄本	明趙琦美校並跋
穆陵關上打韓通雜劇一卷	明抄本	
相國寺公孫汗衫記雜劇一卷	明抄本	明趙琦美校並跋
海門張仲村樂堂雜劇一卷	明抄本	明趙琦美校並跋
王閏香夜月四春園雜劇一卷	明抄本	
女姑姑說法陞堂記雜劇一卷	明抄本	明趙琦美校並跋
清廉官長勘金環雜劇一卷	明抄本	
雷澤遇仙記一卷	明抄本	明趙琦美校並跋
若耶溪漁樵閑話一卷	明抄本	

徐伯株貧富興衰記一卷	明抄本		
薛包認母一卷	明抄本		
認金梳孤兒尋母一卷	明抄本		明趙琦美校
四時花月賽嬌容一卷	明抄本		
王文秀渭塘奇遇記一卷	明抄本		明趙琦美校並跋
月夜[illegible]奇記一卷	明抄本		明趙琦美校並跋
風月南牢記一卷	明抄本		明趙琦美校並跋
秦月娥誤失金環記一卷	明抄本		明趙琦美校並跋
釋迦佛雙林坐化一卷	明抄本		明趙琦美校
觀音菩薩魚籃記雜劇一卷	明抄本		明趙琦美校並跋
許真人拔宅飛昇雜劇一卷	明抄本		明趙琦美校並跋
祁真人南極登仙會雜劇一卷	明抄本		明趙琦美校並跋
呂翁三化邯鄲店一卷	明抄本		明趙琦美校並跋
呂純陽點化度黃龍雜劇一卷	明抄本		明趙琦美校並跋
邊洞玄慕道昇仙雜劇一卷	明抄本		明趙琦美校並跋
李雲卿得悟昇真雜劇一卷	明抄本		明趙琦美校並跋
王蘭卿服[illegible]明真傳一卷	明抄本		
太平仙記一卷	明抄本		
瘸李岳詩酒翫江亭雜劇一卷	明抄本		
太乙仙夜斷桃符記一卷	明抄本		明趙琦美校並跋
南極星度脫海棠仙一卷	明抄本		明趙琦美校並跋
張天師斷風花雪月雜劇一卷	元吳昌齡撰	明抄本	
時真人四聖鎖白猿雜劇一卷	明抄本		
猛烈那吒三變化雜劇一卷	明抄本		
二郎神鎖齊天大聖雜劇一卷	明抄本		明趙琦美校並跋
灌口二郎斬健蛟雜劇一卷	明抄本		明趙琦美校並跋
二郎神射鎖魔鏡雜劇一卷	明抄本		明趙琦美校並跋
魯智深喜賞黃花峪一卷	明抄本		明趙琦美校
梁山五虎大劫牢雜劇一卷	明抄本		明趙琦美校並跋
梁山七虎鬧銅臺雜劇一卷	明抄本		明趙琦美校並跋

一〇

正陽虎大鬧東平府雜劇一卷　明抄本　明趙琦美校并跋
宋公明排九宮八卦陣雜劇一卷　明抄本
黑旋風雙獻功雜劇一卷　明抄本
奉天命三保下西洋雜劇一卷　明抄本　明趙琦美校并跋
寶光殿天真祝萬壽雜劇一卷　明抄本　明趙琦美校并跋
衆群仙慶賞蟠桃會雜劇一卷　明朱有燉撰　明抄本　明趙琦美校并跋
祝聖壽金母獻蟠桃雜劇一卷　明抄本　明趙琦美校并跋
降丹墀三聖慶長生一卷　明抄本　明趙琦美校并跋
衆神聖慶賀元宵節一卷　明抄本　明趙琦美校并跋
祝聖壽萬國來朝一卷　明抄本
爭玉板八仙過滄海雜劇一卷　明抄本　明趙琦美校并跋
慶豐年五鬼鬧鍾馗雜劇一卷　明抄本　明趙琦美校并跋
河嵩神靈芝慶壽一卷　明抄本　明趙琦美跋
紫微宮慶賀長春壽一卷　明抄本　明趙琦美校并跋
賀萬壽五龍朝聖雜劇一卷　明抄本　明趙琦美校并跋
衆天仙慶賀長生會雜劇一卷　明抄本　明趙琦美校并跋
慶冬至共享太平宴雜劇一卷　明抄本　明趙琦美校并跋
賀昇平群仙祝壽雜劇一卷　明抄本
慶千秋金母賀延年雜劇一卷　明抄本　明趙琦美校并跋
廣成子祝賀齊天壽雜劇一卷　明抄本　明趙琦美校并跋
黃眉翁賜福上延年雜劇一卷　明抄本　明趙琦美校并跋
感天地群仙朝聖雜劇一卷　明抄本

雜劇三集二十六種二十六卷　清鄒式金編　清順治十八年鄒式金刻本　九行十九字，白口，左右雙邊　有圖　三〇
通天台一卷　清吳偉業撰　臨春閣一卷　清吳偉業撰
讀離騷一卷　清尤侗撰　弔琵琶一卷　清尤侗撰
醉新豐一卷　明茅維撰　蘇園翁一卷　明茅維撰
鞭歌妓一卷　明茅維撰　金門戟一卷　明茅維撰
鬧門神一卷　明茅維撰　翠鈿緣一卷　題清南山逸史撰
鸚鵡洲一卷　清鄭瑜撰　汨羅江一卷　清鄭瑜撰
黃鶴樓一卷　清鄭瑜撰　滕王閣一卷　清鄭瑜撰
眼兒媚一卷　明孟稱舜撰　孤鴻影一卷　清周如璧撰
夢幻緣一卷　清周如璧撰　續西廂一卷　清查繼佐撰
不了緣一卷　清碧蕉軒主人撰　櫻桃宴一卷　清張源撰
城南寺一卷　清黃家舒撰　西臺記一卷　清陸世廉撰
衛花符一卷　清堵廷棻撰　鯁詩讖一卷　題清土室道民撰
風流塚一卷　清鄒式金撰　空堂話一卷　清鄒兑金撰

一一

珊影雜識三卷　清道光十九年嚴保庸刻本　吳梅跋　九行二十五字，白口，四周雙邊　三一
孤蓮隱雨緣一卷　清嚴保庸撰　玉簫夢傳奇一卷　清嚴保庸撰
盂蘭夢曲譜一卷　清釋祖同撰

雜劇十種十卷　清抄本　九行二十一字，無格　三二
滕王閣一卷　慶長生一卷
千秋祝一卷　寶梁園一卷
函谷關一卷　天宮現慶一卷
慶千秋一卷　三辰拱壽一卷
蟠桃會群仙祝慶一卷　小山叢桂一卷

會真六幻十九卷　明閔齊伋編　明末刻本　十行二十字，小字雙行同，白口，四周雙邊　三三
會真記一卷　唐元稹撰
會真詩一卷　會真賦一卷　會真說一卷
董解元西廂記三卷　錢塘夢一卷
王實甫西廂記四卷　元王德信撰

新刊合併西廂記□種□卷　明閔齊伋刻本　十行二十四字，小字雙行同，白口，四周雙邊　有圖　三四
新刊合併董解元西廂記二卷
新刊合併王實甫西廂記二卷　元王德信撰
新刊合併陸天池西廂記二卷　存一卷（上）　明陸采撰
關漢卿續西廂記一卷　元關漢卿撰
圍棋闖局一卷　五劇箋疑一卷
李日華南西廂記二卷　明李日華撰
陸天池南西廂記二卷　明陸采撰

北西廂記二卷　元王德信、關漢卿撰　明萬曆三十年繼志齋刻本　九行十八字，白口，左右雙邊　有圖　三五

北西廂記二卷　元王德信、關漢卿撰　會真記一卷　唐元稹撰　明萬曆四十四年何璧刻本　十行二十二字，白口，四周單邊　三六

元本出相北西廂記二卷　元王德信、關漢卿撰　明王世貞、李贄評　會真記一卷　唐元稹撰　釋義一卷　明萬曆三十八年起鳳館刻本　十行二十二字，小字雙行同，白口，四周單邊　有圖　三七

元本出相北西廂記二卷　元王德信、關漢卿撰　釋義一卷　明刻本　十行二十二字，小字雙行同，白口，四周單邊　有圖　三八

元本出相北西廂記二卷　元王德信、關漢卿撰　釋義一卷　明刻本　吳梅跋　三九

一二

元本出相北西廂記二卷　元王德信、關漢卿撰　會真記詩詞跋序辯證年譜碑文附後一卷　明萬曆汪氏玩虎軒刻本　十行二十二字，小字雙行同，白口，四周單邊，版心下鐫玩虎軒　四〇

重校北西廂記二卷　元王德信、關漢卿撰　附錄二卷　明刻本　十行二十六字，小字雙行同，白口，四周雙邊　有圖　四一

新刻徐文長公參訂西廂記二卷　元王德信撰　明□佑卿評釋　會真記一卷　唐元稹撰　蒲東詩一卷　新刻錢塘夢一卷　圍林午夢記一卷　明書林蕭騰鴻刻本　九行二十五字，小字雙行同，白口，四周單邊　有圖　四二

新訂徐文長先生批點音釋北西廂二卷　元王德信撰　明徐渭評　會真記一卷　唐元稹撰　附錄蒲東詩一卷　明末刻本　十一行二十五字，小字雙行同，白口，四周單邊　有圖　四三

西廂記傳奇二卷　元王德信撰　明末刻本　九行二十四字，白口，四周單邊　四四

西廂記演劇二卷　元王德信撰　明李書樓參訂　清初刻本　九行二十字，白口，左右雙邊　四五

李卓吾先生批評北西廂記二卷　元王德信、關漢卿撰　明李贄評　會真記一卷　唐元稹撰　蒲東詩一卷　明張楷撰　明容與堂刻本　十行二十二字，白口　四六

四周單边，版心鐫容與堂，有圖

四七 李卓吾先生批點西廂記真本二卷 元王德信撰 明李贄批點 錢塘夢一卷圍林午夢一卷 明崇禎刻本 九行二十字，白口，四周單边 有圖

四八 李卓吾先生批點西廂記真本二卷 元王德信、關漢卿撰 明李贄評點 會真記一卷 唐元稹撰 錢塘夢一卷圍林午夢一卷圍棋闖局一卷西廂摘句一卷西廂骰譜一卷 明湯顯祖輯 明崇禎天章閣刻本 九行二十字，白口，四周單边 有圖

四九 重刻元本題評音釋西廂記二卷 元王德信、關漢卿撰 明余瀘東校正 附錄一卷蒲東崔張珠玉詩集一卷錢塘夢一卷 明書林喬山堂劉龍田刻本 十行二十字，白口，四周單边

五〇 重刻元本題評音釋西廂記二卷 元王德信、關漢卿撰 釋義大全一卷字音大全一卷會真記一卷 唐元稹撰 錢塘夢一卷圍林午夢記一卷 明萬曆刻本 十行二十字，白口，左右雙边，眉欄鐫評，有刻工

五一 詳校元本西廂記二卷 元王德信撰 會真記一卷 唐元稹撰

一三

清劉岳刻本 十行二十一字，白口，四周單边

五二 鼎鐫陳眉公先生批評西廂記二卷 元王德信、關漢卿撰 明陳繼儒評 會真記一卷 唐元稹撰 圍林午夢一卷蒲東詩一卷 明書林蕭騰鴻師儉堂刻本 十行二十六字，小字雙行同，白口，四周單边 有圖

五三 鼎鐫陳眉公先生批評西廂記二卷 元王德信、關漢卿撰 明陳繼儒評 釋義二卷圍林午夢一卷錢塘夢一卷 明書林蕭騰鴻師儉堂刻本 佚名批點 附吳梅書札

五四 鼎鐫西廂記二卷 元王德信、關漢卿撰 明陳繼儒評 明書林蕭騰鴻刻本 十行二十六字，小字雙行同，白口，四周單边 有圖

五五 湯海若先生批評西廂記二卷 元王德信、關漢卿撰 明湯顯祖評 圍林午夢一卷錢塘夢一卷蒲東詩一卷 明書林蕭騰鴻師儉堂刻本 十行二十六字，白口，四周單边 有圖

五六 新刻魏仲雪先生批點西廂記二卷 元王德信、關漢卿撰 明魏浣初評 李裔蕃注 蒲東詩一卷錢塘夢一卷圍林午夢記一卷 明刻本 十行二十七字，小字雙行同，白口，四周單边 有圖

五七 新刻魏仲雪先生批點西廂記二卷 元王德信、關漢卿撰 明魏浣初評 李裔蕃注 會真記一卷 唐元稹撰 蒲東詩一卷錢塘夢一卷圍林午夢記一卷 清初陳長卿刻本 十行二十七字，白口，四周單边，眉欄鐫音註及評 有圖

五八 新刻徐筆峒先生批點西廂記二卷 元王德信、關漢卿撰 明徐奮鵬評 明筆峒山房刻本 十行二十七字，小字雙行同，白口，四周單边

五九 袁了凡先生釋義西廂記二卷 元王德信、關漢卿撰 明袁黃釋義 明汪氏刻環翠堂樂府本 十二行二十五字，白口，四周單边，版心上鐫環翠堂樂府

六〇 西廂定本二卷 元王德信、關漢卿撰 題明槃邁碩人改定 明刻本 上欄鐫評，下欄八行十八字，白口，四周雙边

六一 西廂清玩定本二卷 題明槃邁碩人改定 明萬曆刻本 十行二十字，白口，四周單边 存一卷 下

六二 硃訂西廂記二卷首一卷 元王德信、關漢卿撰 明孫鑛批點 硃批蒲東詩一卷釋義二卷 明末刻朱墨套印本 十行二十一字，白口，四周單边 有圖

六三 全像註釋西廂記四卷 元王德信撰 明羅懋登註釋 明刻本 十一行二十字，白口，四周單边 有圖

六四 新刊攷正全像評釋北西廂記四卷 元王德信、關漢卿撰 明文秀堂刻本 十行二十字，小字雙行同，白口，四周單边，有圖

六五 奇妙全相註釋西廂記五卷 元王德信、關漢卿撰 附增相

一四

錢塘夢一卷珠玉詩集一卷海翁詩集一卷 明弘治十一年金臺岳家刻本 十二行十八字，黑口，四周雙边，上欄鐫圖

六六 三先生合評元本北西廂五卷 元王德信、關漢卿撰 明湯顯祖、李贄、徐渭評 明刻本 九行二十字，白口，左右雙边，有圖

六七 新校注古本西廂記五卷 元王德信、關漢卿撰 明王驥德校注 明萬曆四十二年王氏香雪居刻本 十行二十字，白口，四周單边，版心下鐫香雪居 有圖

六八 新校注古本西廂記五卷 元王德信撰 明王驥德校注 彙考一卷 明王驥德撰 明萬曆四十二年王氏香雪居刻本（序目配清抄本） 吳梅跋

六九 田水月山房北西廂藏本五卷 元王德信撰 明徐渭評 明刻本 八行二十字，小字雙行同，白口，四周單边

七〇 張深之先生正北西廂秘本五卷 元王德信、關漢卿撰 明張深之校正 明崇禎刻本 九行二十字，白口，四周單边，眉上鐫評 有圖

七一 張深之先生正北西廂秘本五卷 元王德信、關漢卿撰 明張深之校正 明崇禎刻本 清姚燮跋

七二 西廂記五卷 元王德信、關漢卿撰 明凌濛初評 解證五卷 明凌濛初撰

會真記一卷 唐元稹撰 附錄一卷 明凌濛初刻朱墨套印本 八行十八字，白口，左右雙邊 有圖

七三 北西廂五卷 元王德信、關漢卿撰 題明延閣主人訂正 會真記一卷 唐元稹撰 明崇禎三年李廷謨刻本 九行二十字，白口，四周單邊 有圖

七四 重刻訂正元本批點畫意北西廂五卷 元王德信、關漢卿撰 明徐渭評注 會真記一卷 唐元稹撰 明刻本 八行二十字，小字雙行同，白口，左右雙邊 有圖

七五 西廂會真傳五卷 元王德信、關漢卿撰 明湯顯祖、沈伯英評 會真記 唐元稹撰 明刻三色套印本 八行十八字，白口，四周單邊

七六 西廂記五卷 元王德信、關漢卿撰 清毛甡論釋 會真記一卷 唐元稹撰 末一卷 清毛甡輯 清康熙學者堂刻本 十行二十二字，白口，四周單邊

七七 貫華堂第六才子書西廂記八卷 元王德信、關漢卿撰 清金人瑞批點 清貫華堂刻本 [illegible]跋 九行十九字，白口，左右雙邊，版心下鐫貫華堂

七八 芥子園繪像第六才子書八卷 元王德信撰 清康熙芥子園刻巾箱本 八行十六字，白口，四周雙邊 有圖

七九 懷永堂繪像第六才子書八卷 元王德信、關漢卿撰 清金人瑞評 清康熙五十九年懷永堂刻巾箱本 八行十六字，白口，四周雙邊 有圖

一五

八〇 西廂記不分卷 元王德信撰 清吳蘭修校 清道光二年秀琨刻本 十行二十一字，黑口，四周雙邊

八一 西廂記不分卷 元王德信撰 清汪瑔抄本 清汪[illegible]跋

八二 西來意四卷 元王德信、關漢卿撰 清潘廷章評 前一卷後一卷 清康熙刻本 九行二十字，白口，四周單邊

八三 校定北西廂絃譜二卷 清沈遠輯 清順治刻本 十行字不等，白口，四周單邊

八四 較正北西廂譜二卷 題明墨憨散人撰 明崇禎十二年明世[illegible]刻本 八行二十字，白口，四周雙邊，版心下鐫[illegible] 存一卷 上

八五 西廂記考五卷 明刻本 八行十八字，白口，四周單邊

八六 杜子美沽酒遊春記一卷 明王九思撰 明刻本 十行二十字，白口，四周單邊

八七 杜子美沽酒遊春記一卷 明王九思撰 中山狼院本一卷 明康海撰 明崇禎刻本 吳梅跋 九行二十二字，白口，四周單邊

八八 誠齋雜劇三十卷 明朱有燉撰 明永樂宣德正統間自刻本 十行二十字，黑口，四周雙邊

新編河嵩神靈芝慶壽一卷　新編瑤池會八仙慶壽一卷　新編美姻緣風月桃源景一卷　新編紫陽仙三度常椿壽一卷　群仙慶壽蟠桃會一卷　惠禪師三度小桃紅一卷

新編四時花月賽嬌容一卷　新編呂洞賓花月神仙會一卷　新編蘭紅葉從良烟花夢一卷　新編東華仙三度十長生一卷　新編宣平巷劉金兒復落娼一卷　新編搊搜判官喬斷鬼一卷

新編豹子和尚自還俗一卷　新編關雲長義勇辭金一卷　新編十美人慶賞牡丹園一卷　新編張天師明斷辰鉤月一卷　新編南極星度脫海棠仙一卷　新編劉盼春守志香囊怨一卷　新編趙貞姬身後團圓夢一卷　新編福祿壽仙官慶會一卷　新編李亞仙花酒曲江池一卷

新編甄月娥春風慶朔堂一卷　新編小天香半夜朝元一卷　新編孟浩然踏雪尋梅一卷　新編李妙清花裏悟真如一卷　新編文殊菩薩降獅子一卷　新編清河縣繼母大賢一卷　新編神后山秋獮得騶虞一卷　新編黑旋風仗義疏財一卷　新編天香圃牡丹品一卷

八九 雜劇十段錦十集十卷 明朱有燉撰 明嘉靖三十七年鷗閣室刻本 袁克文跋 九行十九字，小字雙行同，白口，四周單邊

九〇 歌代歗雜劇一卷 明徐渭撰 清抄本

九一 歌代歗雜劇一卷 明徐渭撰 抄本 吳梅校並跋

九二 四聲猿四卷 明徐渭撰 明刻本 十行二十字，白口，四周單邊 有圖

九三 四聲猿四卷 明徐渭撰 明刻袖珍本 六行十五字，白口，四周單邊

九四 四聲猿四卷 明徐渭撰 明延閣刻本 九行二十字，白口，四周單邊，版心下鐫延閣 有圖

九五 四聲猿四卷 明徐渭撰 明延閣刻本 吳梅批點並跋

九六 四聲猿四卷 明徐渭撰 題澂道人評 明刻本 九行二十字，白口，四周單邊

九七 四聲猿四卷 明徐渭撰 題澂道人評 明刻文盛堂印本 九行二十字，白口，四周單邊 有圖

一六

九八 四聲猿四卷 明徐渭撰 題澂道人評 明刻大成齋印本 九行二十字，白口，四周單邊 有圖

九九 四聲猿四卷 明徐渭撰 袁宏道評 明末刻本 清步廷跋 九行二十字，白口，四周單邊 有圖

一〇〇 徐文長四聲猿四卷 明徐渭撰 袁宏道評點 明萬曆四十二年鍾人傑刻本 九行二十字，白口，四周單邊 有圖

一〇一 徐文長四聲猿四卷 明徐渭撰 袁宏道評點 明刻遞修本 九行二十字，白口，四周單邊 有圖

一〇二 大雅堂雜劇四卷 明汪道昆撰 明刻本 十行二十字，白口，四周單邊 有圖

一〇三 北紅拂一卷 明凌濛初撰 明刻朱墨套印本 八行十八字，白口，四周單邊

一〇四 山水鄰新鐫出像四大癡傳奇四卷 明[illegible]撰 清初刻本 九行二十字，小字雙行同，白口，四周單邊 有圖

一〇五 一笑散二卷 明李開先撰 清抄本 九行十八字，無格

打啞禪院本一卷　園林午夢院本一卷

一〇六 一笑散不分卷 明李開先撰 清抄本 佚名錄清陸貽典跋 十二行二十五字，無格

一〇七 兩紗二卷附一卷 明來集之（原題來鎔）撰 明末燈語館刻本 九行二十字，白口，四周單邊，版心下鐫燈語齋

女紅紗塗抹試官一卷　禿碧紗炎涼秀士一卷
附小青娘挑燈閒看牡丹亭一卷

一〇八 兩紗二卷附一卷 明來集之撰 清初來氏倘湖小築刻本 有圖 九行十八字，白口，四周單邊，版心下鐫倘湖小築

女紅紗塗抹試官一卷 荒碧紗炎涼秀士一卷 附小青娘挑燈閒看牡丹亭一卷

一〇九 秋風三疊三卷 明來集之撰 清初來氏倘湖小築刻本 九行十八字白口，四周單邊，版心下鐫倘湖小築

一一〇 四豔記四卷 明葉憲祖撰 明刻本 九行二十字白口，四周單邊

一一一 昆侖奴一卷 明梅鼎祚撰 明萬曆四十五年劉壽龍刻本 九行二十字白口，四周單邊，版心下鐫帕藏

一一二 六觀樓北曲六種六卷 清許鴻磐撰 清道光二十六年刻巾箱本 七行十六字白口，四周雙邊
西遼記一卷 女雲台一卷 儒吏完城一卷 雁帛書一卷 孝女存孤一卷 三釵夢一卷

一一三 飼蠶記四卷 清王文治撰 清乾隆抄本 十行十九字白口，四周單邊

一一四 浙江迎鑾樂府九卷 清王文治撰 清道光刻本 八行十八字白口，四周雙邊
三農得澍一卷 祥徵冰繭一卷 迎燃法界一卷 仙醞延齡一卷 瀛波海晏一卷 龍井茶歌一卷 海宇歌一卷 萬壽丹爐一卷 瑞獻天台一卷

一一五 花間九奏九卷 清石韞玉撰 清石氏花韻庵刻本 九行二十字，小字雙行同，上白口，下黑口，左右雙邊
伏生授經一卷 桃葉渡江一卷 梅妃作賦一卷 賈島祭詩一卷 對山救友一卷 羅敷采桑一卷 桃源漁父一卷 樂天開閣一卷 琴操參禪一卷

一七

一一六 續四聲猿四卷 清張韜撰 清康熙刻本 九行二十二字黑口，四周單邊
杜秀才痛哭霸亭廟一卷 王節使重續木蘭詩一卷 戴院長神行薊州道一卷 李翰林醉草清平調一卷

一一七 幼頟孔氏所撰傳奇雜劇二種四卷 清孔廣林撰 稿本
東城老父鬥雞懺傳奇二卷 女專諸雜劇一卷 璿璣錦雜劇一卷

一一八 蕩婦秋思一卷葬花一卷 清孔昭虔撰 稿本

一一九 蕩婦秋思一卷葬花一卷 清孔昭虔撰 清抄本 清孔昭薰跋

一二〇 姽嫿一卷白牡丹一卷 題清紫樵老叟撰 清抄本

一二一 續離騷四卷 清嵇永仁撰 清刻本 九行十九字黑口，左右雙邊
劉國師教習扯淡歌一卷 癡和尚街頭笑布袋一卷 杜秀才痛哭泥神廟一卷 憤司馬夢裏罵閻羅一卷

一二二 通天臺一卷臨春閣一卷 清吳偉業撰 清初刻本 九行十九字白口，左右雙邊

一二三 坦菴詞曲六種九卷 清徐石麒撰 清初南湖享書堂刻本 九行二十字，小字雙行同，白口，四周單邊
坦菴詩餘現吟四卷 坦菴買花錢雜劇一卷 清焦循跋 坦菴樂府黍香集一卷 徐延境抄補並跋
坦菴大轉輪雜劇一卷 坦菴拈花笑雜劇一卷 坦菴浮西施雜劇一卷

一二四 寫心雜劇十八種十八卷 清徐爔撰 清乾隆五十四年徐氏夢生堂刻蝶夢龕詞曲本 八行十八字白口，左右雙邊 有圖
遊湖一卷 述夢一卷 醒鏡一卷 遊梅遇仙一卷 癡祝一卷 虱談一卷 青樓濟困一卷 哭弟一卷 湖山小隱一卷 酬魂一卷 祭牙一卷 月夜談禪一卷 問卜一卷 悼花一卷 原情一卷 七十壽言一卷 覆墓一卷 入山一卷

一二五 香谷四種曲四卷 清汪應培撰 清嘉慶刻本 九行二十一字，小字雙行同，黑口，左右雙邊
不垂楊一卷 簾外秋光一卷 催生帖一卷 南枝鶯囀一卷

一二六 斷緣夢雜劇一卷江梅夢雜劇一卷曇花夢雜劇一卷 清梁廷枏撰 清刻本 八行十八字白口，四周雙邊

一二七 小四夢四卷 清梁廷枏撰 清道光刻本 八行十八字白口，四周雙邊 有圖
江梅夢雜劇一卷 斷緣夢雜劇一卷 圓香夢雜劇一卷 曇花夢雜劇一卷

一二八 四嬋娟四卷附錄一卷 清洪昇撰 清抄本 九行二十一字，無格

一二九 桂岩嘯客雜劇二種六卷 清邊汝元撰 清抄本 十行二十二字白口，四周雙邊，版心上鐫書圖鈔本
鞭督郵雜劇二卷 傲妻兒雜劇四卷

一三〇 玉田樂府八種八卷 清裘璉撰 清乾隆刻本 十行二十字白口，左右雙邊

一八

一三一 明翠湖亭四韻事四卷 清裘璉撰 清康熙裘氏絳雲居刻玉湖樓第三種傳奇本 十行二十二字白口，四周單邊
陶朱公一卷 白玉樓一卷 昆明池一卷 賺蘭亭一卷 鄭虎臣一卷 集翠裘一卷 江采蘋一卷 鐵龍書一卷 鑑湖隱一卷 姚平仲一卷 桃花源一卷 旗亭館一卷

一三二 紅樓夢散套十六卷 題荊石山民撰 清嘉慶蟾波閣刻本 八行十九字，小字雙行十七字，白口，左右雙邊，版心下鐫蟾波閣

一三三 紅樓夢散套十六卷 題荊石山民撰 清嘉慶蟾波閣刻本 吳梅跋

一三四 西堂樂府七卷 清尤侗撰 清康熙刻本 吳梅批注並跋 十行二十一字，白口，四周單邊，眉欄鐫評
讀離騷一卷 弔琵琶一卷 桃花源一卷 黑白衛一卷 清平調一卷 鈞天樂二卷

一三五 西江祝嘏四種四卷 清蔣士銓撰 清乾隆刻本 十行十九字，小字雙行同，白口，左右雙邊
康衢樂一卷 忉利天一卷 長生籙一卷 昇平瑞一卷

一三六 離騷影一卷 清黃之雋（原題楚客）填詞 吳鉏正譜 清乾隆五十八年正氣樓刻本 八行二十字，小字雙行同，白口，四周雙邊

一三七 唐堂樂府五種六卷 清黃兆森撰 清康熙五十五年自刻本 十行二十字，黑口，左右雙邊
鬱輪袍一卷 夢揚州一卷 飲中仙一卷 藍橋驛一卷 忠孝福二卷

一三八 四才子奇書四卷 清黃兆森撰 清康熙五十五年自刻博古堂印本 十行二十字，黑口，左右雙邊
鬱輪袍一卷 夢揚州一卷 飲中仙一卷 藍橋驛一卷

一三九 春燈玉簪記一卷春燈雁書記一卷 清黃治（原題今樵居士）撰 稿本

清寧調瓊鳳瓢章啓昆題詞

一四〇 後四聲猿散套四卷 清桂馥撰 清嘉慶九年刻本 十行字不等，白口，四周雙邊 放楊枝北調一卷 題門聯南調一卷 投溷中南調一卷 謁府帥北調一卷

一四一 後四聲猿散套四卷 清桂馥撰 清嘉慶九年刻本 吳嵩梁批並跋

一四二 後四聲猿四卷 清桂馥撰 吳嵩抄本 吳嵩跋 十行二十二字，白口，四周雙邊

一四三 吟風閣四卷譜一卷 清楊潮觀撰 清乾隆二十九年楊氏恰好處刻本 九行十九字，白口，四周雙邊

一四四 吟風閣四卷譜二卷 清楊潮觀撰 清乾隆二十九年楊氏恰好處刻本 吳梅跋

一四五 吟風閣四卷 清楊潮觀撰 清乾隆二十九年楊氏恰好處刻本 清姚燮批並跋

一四六 吟風閣四卷 清楊潮觀撰 清抄本 吳梅跋

一四七 北紅拂記一卷 題鶴玉亭填詞 清康熙刻本 十行十九字，白口，左右雙邊

一四八 四名家傳奇摘齣四卷 清軍江吳撰 清雍正刻本 五行二十四字，小字雙行同，白口，左右雙邊 盛間富一卷 柳州烟一卷 醉翁亭一卷 遊赤壁一卷

一四九 太平樂事一卷 清曹寅撰 清康熙四十八年刻本 十行十九字，白口，左右雙邊

一五〇 太平樂事一卷 清曹寅撰 清康熙四十八年刻本 清溪幽批

一五一 無町詞餘二種五卷 清曹錫黼撰 清乾隆二十一年五鼓園刻本 九行十八字，白口，四周單邊 桃花吟一卷 四色石四卷

一九

一五二 嘯夢軒新演楊狀元進諫謫滇南雜劇一卷 清劉墨撰 方廷璜評 清乾隆刻本 九行十八字，黑口，四周雙邊

一五三 小螺齋賸瀋春迴傳奇一卷 題金中湖半部主人撰 清抄本 十行二十七字，無格

一五四 雅趣藏書一卷 清錢書撰 清康熙刻朱墨套印本 九行二十五字，白口，四周單邊 有圖

一五五 餅笙館修簫譜四種四卷 清舒位撰 清道光汪氏振綺堂刻本 七行十七字，白口，四周單邊 有圖 卓女當爐一卷 樊姬擁髻一卷 酉陽修月一卷 博望訪星一卷

一五六 衣錦還鄉一卷 清內府四色抄本

一五七 文氏家慶一卷 清南府抄本 八行二十字，無格

一五八 六祖講經長沙求子一卷 清南府抄本 八行二十字，無格

一五九 正則成仙漁家言樂一卷 清南府抄本 八行二十字，無格

一六〇 玉女獻盆金仙奏樂一卷 清昇平署抄本 八行行字不等，無格

一六一 靈符濟世一卷 清南府抄本 八行二十字，無格

一六二 天香慶節一卷 清抄本 八行二十字，無格

一六三 天中景不分卷 清抄本 七行行字不等，無格

一六四 天人普慶十四齣不分卷 清抄本 六行十七字，白口，四周單邊

一六五 雲峰集瑞一卷 清秋水山房抄本 九行二十字，藍格，左右雙邊

一六六 賈島祭詩一卷 清昇平署抄本 六行行字不等，無格

一六七 列宿遐臨雙星永慶一卷 清昇平署抄本 八行二十字，無格

一六八 聖母巡行群仙赴會一卷 清南府抄本 八行二十字，無格

一六九 千春燕喜百花獻壽一卷 清昇平署抄本 四行十三字，無格

一七〇 雙福壽一卷 清南府抄本

一七一 衍慶長生一卷 清乾隆三十六年南府抄本

一七二 虞庭集福不分卷 綏豐協慶不分卷 太和保和不分卷 繁禧懋錫不分卷 綿長協慶不分卷 清抄本 八行行字不等

一七三 虞庭集福一卷 清南府抄本

一七四 豐綏穀寶一卷 清南府抄本

一七五 豐樂秋登一卷 清南府抄本 八行二十字，無格

一七六 仙翁放鶴洛陽贈丹一卷 清南府抄本 六行十六字，無格

一七七 山靈瑞應一卷 清南府抄本 八行二十字，無格

一七八 佛旨渡魔魔王答佛一卷 清南府抄本 八行二十字，無格

一七九 冬至永應玉女獻盆一卷 清昇平署抄本 八行二十字，無格

一八〇 螽斯衍慶一卷 清南府抄本 八行二十字，無格

一八一 寰宇咸寧一卷 清南府抄本

一八二 寶塔凌空一卷 清乾隆四十六年南府抄本 八行二十字，無格

一八三 竊兵符不分卷 題清奇貴氏輯 稿本

一八四 江州送酒東籬嘯傲一卷 清南府抄本 七行二十字，無格

一八五 福壽同天一卷 清南府抄本

一八六 近福迎祥一卷 清南府抄本 八行二十字，無格

一八七 蒙正祭竈一卷 清昇平署抄本 四行十八字，無格

一八八 法宮雅奏四十八卷 清昇平署抄本 皇上大婚承應 列宿遐觀一卷 豐富永遐一卷 皇上定婚承應 紅線協吉一卷 蟾月呈祥一卷 誕生承應 慈雲增頌一卷 吉曜先臨一卷

二〇

洗三承應
　大士顯靈一卷　羣仙呈技一卷
彌月承應
　山川鍾秀一卷　福壽呈祥一卷
皇子成婚承應
　列宿還臨一卷　雙星永慶一卷
献捷承應
　八佾舞虞庭一卷
大萬還宮承應
　神霄清蹕一卷　羣星拱護一卷
迎鑾承應
　慶昌朔吉曜承歡一卷
行幸御苑承應
　華山導路一卷　學士登瀛一卷
行圍承應
　行圍得瑞獻舞稱觴一卷
召試詠古承應
　邊臣進石一卷　翰苑獻詩一卷
酒宴承應
　御營會飲一卷　玉馬歸朝一卷
　玉旋獻瑞一卷　五方康阜一卷
　清平見喜一卷　和合呈祥一卷
　年年康泰一卷　昇平集慶一卷
　山靈呈瑞應一卷　萬花獻瑞一卷
　瑞應祥徵一卷　天官祝福一卷
　普溢寰區一卷　嶽瀆鍾靈一卷
　萬民感仰一卷　瑞穀豐登一卷
　瑤林香世界一卷　財源輻輳一卷
　萬年如意春燈一卷　祝長清平安如意一卷
　合璧聯珠光呈治一卷　萬年長春富貴燈一卷
　數億化芝含雨露一卷　慶安瀾四海昇平一卷
　句芒晨敬獻琪花一卷　洋洋喜氣滿寰區一卷
　海宇慶時雍光華文治一卷

二一

一八九　清內廷承應劇本二十種二十卷　清昇平署抄本　八行十九字无格
　古佛朝天一卷　老人呈技一卷　賜酺陳一卷
　擊壤來恰一卷　恩霑草木一卷　鶴舞呈祥一卷
　蓬壺海近一卷　欣上壽一卷　待明昇一卷
　從聞上林元一卷　鸞歌式鼎一卷　千秋綿宗一卷
　蹴踘毬塲一卷　三星昭慶一卷　綵雪占年一卷
　萬福攸同一卷　禹會開圖一卷　九天闢阯一卷
　萬方祿養一卷　勸農官一卷

一九〇　祥芝應瑞一卷　清乾隆三十六年南府抄本　八行二十字无格

一九一　九九大慶五十二卷　清昇平署抄本
皇太后萬壽承應
　雲日暉輝一卷　人天普慶一卷　芝眉介壽一卷　寶塔凌空一卷
　三元百福一卷
皇帝萬壽承應
　老佛西來祝聖壽一卷　寶鏡開祥一卷　壽祝萬年一卷
　萬福駢臻一卷　慶壽萬年一卷　九如歌頌一卷　福祿壽一卷
　大地通天獻壽徵一卷　萬年呈祥一卷　青牛獨駕一卷
　環中九九一卷　三壽作朋獻紫觴一卷　羣仙祝壽一卷
皇后千秋承應
　百福駢臻一卷　萬年太平一卷　靈山稱慶一卷　金斯衍慶一卷
皇子千秋承應
　純陽祝圓一卷
貴妃祝壽承應
　恭祝千秋一卷　吾洽祥和一卷
親王祝壽承應
　昇平集慶一卷　益金增恭祝無疆一卷　五福五代慶壽柄一卷
　慶昇平佈圍攢福一卷　三代一卷　福祿天長一卷
　嵩山控鶴一卷　五代登祿一卷　南極增輝一卷　萬壽同春一卷
　祥徵仁壽一卷　長生祝壽一卷　壽山呈瑞一卷　花甲天開一卷
　鴻禧日永一卷　金蓮呈瑞一卷　膺受多福一卷　萬福攸同一卷
　星靈景慶一卷　蓮仙佈福一卷　萬載恒春一卷　仙子效靈一卷
　蓬島仙圓一卷　寶祚綿長一卷　添籌稱慶一卷　金爐獻瑞一卷
　萬福雲集一卷

一九二　九九大慶十卷　清抄本　八行二十至二十一字无格
　四靈效徵一卷　吉星叶慶一卷　太平王會一卷　瓜瓞綿長一卷
　萬壽無疆一卷　昇平雅頌一卷　洞仙共祝一卷　天保九如一卷
　天開壽域一卷　中秋慶節一卷

一九三　九九大慶十卷　清抄本　八行二十字小字雙行同无格
存九卷
　四靈效徵一卷　吉星叶慶一卷　太平王會一卷　瓜瓞綿長一卷
　萬壽無疆一卷　昇平雅頌一卷　洞仙共祝一卷　天保九如一卷
　天開壽域一卷

一九四　九蓮燈一卷　清抄本　九行行字不等无格

一九五　九華品菊衆美飛霞一卷　清南府抄本　八行二十字无格

二二

一九六　九如歌頌一卷　清嘉慶元年南府抄本　八行二十字无格

一九七　九如歌頌樂奏大羅天一卷　清乾隆五十八年南府抄本　八行二十字无格

一九八　太平班雜劇五卷　清抄本　九行二十字白口四周花邊

一九九　太平祥瑞不分卷　清內府抄本　八行十七字无格

二〇〇　太平錢一卷貪歡報一卷　清抄本

二〇一　太僕陳儀金吾勘箭一卷　清南府抄本　八行二十字无格

二〇二　太和報最司命錫禧一卷　清南府抄本　八行二十字无格

二〇三　堯天雅奏一卷　清南府抄本　八行二十字無格

二〇四　古佛朝天老人呈技一卷　清嘉慶二十四年南府抄本　八行二十字无格

二〇五　壽朝五位歲發四時一卷　清南府抄本　八行二十字无格

二〇六　七襄報章仕女乞巧一卷　清昇平署抄本　六行行字不等无格

二〇七　式圍受祿一卷　清乾隆二十六年南府抄本　八行十八字无格

二〇八　地湧金蓮一卷　清南府抄本　八行二十字无格

二〇九　花甲天開鴻禧日永一卷　清南府抄本　八行二十字无格

二一〇　萬象春輝一卷　清南府抄本

二一一 藏鈎家慶瑞應三星一卷 清南府抄本 八行二十字無格

二一二 如願迎新一卷 清南府抄本 八行二十字無格

二一三 中秋會一卷百鳥陣一卷 清抄本 八行二十字無格

二一四 奉敕除妖祛邪應節一卷 清南府抄本 八行二十字無格

二一五 東皇佈令斂福錫民一卷 清南府抄本 八行二十字無格

二一六 四海安瀾一卷 清乾隆三十六年南府抄本

二一七 四海清寧一卷 清南府抄本

二一八 四海昇平一卷 清乾隆六十年南府抄本

二一九 恩榮爵秩一卷 清內府四色抄本

二二〇 昇平雅頌一卷 清乾隆三十六年南府抄本

二二一 早春朝賀對雪題詩一卷 清南府抄本 八行二十字無格

二二二 昇平除歲彩炬祈年一卷 清南府抄本 八行二十字無格

二二三 異豔堂六種曲 清抄本 八行二十字無格

二二四 月令承應九十卷 清昇平署抄本 七行或八行二十字無格

元旦承應
喜朝五位一卷　歲發四時一卷　眷朝五位一卷　祥曜三星一卷
敝柏屠蘇一卷　放生古俗一卷　文氏家慶一卷　五位迎祥一卷
七肇獻歲一卷　開筵稱慶一卷　賀蔣談諧一卷　壽山福海一卷
立春承應
早春朝賀一卷　對雪題詩一卷
上元前一日承應
懸燈預慶一卷　捧爵娛親一卷　景星協慶一卷　燈月交輝一卷
上元承應
萬花向榮一卷　御苑獻瑞一卷　紫姑占福一卷
上元後承應
海不揚波一卷　太平王會一卷
燕九承應
聖母巡行一卷　羣仙赴會一卷
花朝承應
千春燕喜一卷　百花獻壽一卷
寒食承應
追敍綿山一卷　高懷沂水一卷
浴佛承應
佛化金身一卷　光開寶座一卷　六祖講經一卷　長沙求子一卷
端午承應
靈符濟世一卷　采藥降魔一卷　祛邪應節一卷　蒲劍闢邪一卷
賞荷承應
玉井標名一卷　鄉綻獻瑞一卷
七夕承應
七襄報章一卷　仕女乞巧一卷　銀河鵲渡一卷
中元承應
佛旨度魔一卷　魔王答佛一卷
中秋承應
天街踏月一卷　憨儒拾桂一卷　丹桂飄香一卷　霓裳獻舞一卷
會蟾宮一卷　廣寒法曲一卷　廣寒法曲舞霓裳一卷

二三

重九承應
九華品菊一卷　叔美飛霞一卷　九華品菊一卷　叔美飛霞一卷
江州送酒一卷　東籬嘯傲一卷
冬至承應
瀛洲佳話一卷　綵線添長一卷　玉女獻盆一卷　金仙奏樂一卷
太僕陳儀一卷　金吾勘箭一卷　太僕陳儀一卷　金吾勘箭一卷
臘日承應
仙翁放鶴一卷　洛陽贈丹一卷　孤山送臘一卷　蕭寺尋僧一卷
賞雪承應
瑤花延賞一卷　兔園作賦一卷　再時拾畫一卷　僧寮寒社一卷
謝庭詠絮一卷　香雪因緣一卷
祀竈承應
太和報最一卷　司命錫禧一卷　紫江繁竈一卷
除夕承應
善門集慶一卷　如願迎新一卷　藏鈎家慶一卷　瑞應三星一卷
金庭奏事一卷　錫福通明一卷　賈島祭詩一卷　南山歸妹一卷
儒門歡燕一卷　迎年獻歲一卷　昇平除歲一卷　彩炬祈年一卷

二二五 丹桂飄香霓裳獻舞一卷 清南府抄本 八行二十字無格

二二六 長生祝壽一卷 清南府抄本 八行二十字無格

二二七 金庭奏事錫福通明一卷 清南府抄本 八行二十字無格

二二八 節節好音□□卷 清內府五色抄本 八行二十一字，白口，四周雙邊

存八十六卷

二四

傳奇

二二九 繡刻演劇六十種一百二十卷 明毛晉編 明末毛氏汲古閣刻本 九行十九字，白口，左右雙邊

荊釵記二卷　明朱權撰
浣紗記二卷　明梁辰魚撰
千金記二卷　明沈采撰
八義記二卷　明徐元撰
鳴鳳記二卷　明王世貞撰
西廂記二卷　明李日華撰
明珠記二卷　明陸采撰
紅拂記二卷　明張鳳翼撰
紫釵記二卷　明湯顯祖撰
南柯記二卷　明湯顯祖撰
春蕪記二卷　明汪錂撰
玉鏡臺記二卷　明朱鼎撰
綵毫記二卷　明屠隆撰
驚鴻記二卷　明葉憲祖撰
金蓮記二卷　明陳汝元撰
繡襦記二卷　明徐霖撰
紅梨記二卷　明徐復祚撰
霞箋記二卷
投梭記二卷　明徐復祚撰
金雀記二卷
錦箋記二卷　明周履靖撰
紫簫記二卷　明湯顯祖撰
玉玦記二卷　明鄭若庸撰
種玉記二卷　明汪廷訥撰
獅吼記二卷　明汪廷訥撰
香囊記二卷　明邵璨撰
尋親記二卷
琵琶記二卷　元高明撰
精忠記二卷　明姚茂良撰
三元記二卷　明沈受先撰
幽閨記二卷　元施惠撰
玉簪記二卷　明高濂撰
還魂記二卷　明湯顯祖撰　碩園刪定
邯鄲記二卷　明湯顯祖撰
西廂記二卷　元王德信撰
琴心記二卷　明孫柚撰
懷香記二卷　明陸采撰
運甓記二卷　明吾丘端撰
玉合記二卷　明梅鼎祚撰
四喜記二卷　明謝讜撰
青衫記二卷　明顧大典撰
焚香記二卷　明王玉峯撰
西樓記二卷　清袁于令撰
玉環記二卷　明楊柔勝撰
贈書記二卷
蕉帕記二卷　明單本撰
水滸記二卷　明許自昌撰
灌園記二卷　明張鳳翼撰
雙烈記二卷　明張四維撰
義俠記二卷　明沈璟撰

白兔記二卷
曇花記二卷 明屠隆撰
飛丸記二卷
節俠記二卷
四賢記二卷
殺狗記二卷 明徐𤱶撰 馮夢龍重訂
龍膏記二卷 明楊珽撰
東郭記二卷 明孫仁孺撰
雙珠記二卷 明沈鯨撰
還魂記二卷 明湯顯祖撰

二三〇 繡刻演劇六十種一百二十卷 明毛晉編 明末毛氏汲古閣刻本 清石韞玉批校

存二十六種五十二卷

幽閨記二卷 元施惠撰
紅拂記二卷 明張鳳翼撰
紫釵記二卷 明湯顯祖撰
南柯記二卷 明湯顯祖撰
琴心記二卷 明孫柚撰
懷香記二卷 明陸采撰
三元記二卷 明沈受先撰
鳴鳳記二卷 明王世貞撰
紅梨記二卷 明徐復祚撰
殺狗記二卷 明徐𤱶撰 馮夢龍重訂
龍膏記二卷 明楊珽撰
白兔記二卷
四賢記二卷
明珠記二卷 明陸采撰
還魂記二卷 明湯顯祖撰
邯鄲記二卷 明湯顯祖撰
春蕪記二卷 明汪錂撰
玉鏡臺記二卷 明朱鼎撰
綵毫記二卷 明屠隆撰
投梭記二卷 明徐復祚撰
飛丸記二卷
千金記二卷 明沈采撰
玉環記二卷 明楊柔勝撰
曇花記二卷 明屠隆撰
香囊記二卷 明邵璨撰
節俠記二卷

二三一 十種傳奇二十二卷 明末刻本 九行二十字，白口，四周單邊 有圖

喜逢春二卷 題清嘯生撰
詠懷堂新編十錯認春燈謎記二卷 明阮大鋮撰
鴛鴦棒二卷 明范文若撰
斐堂戲墨蓮盟（一名荷花蕩）二卷 明馬佶人撰
望湖亭記二卷 明沈自晉撰
山水鄰新鐫花筵賺二卷 明范文若撰
長命縷二卷 明梅鼎祚撰
拌熙鳳求凰二卷 題灌園居士撰
山水鄰新鐫出像四大癡傳奇四卷 明李逢時撰
金印合縱記二卷 明蘇復之撰

二五

二三二 六合同春十二卷 明書林蕭騰鴻刻清乾隆十二年修文堂印本 十行二十六字，小字雙行同，白口，四周單邊 有圖

鼎鐫西廂記二卷 元王德信、關漢卿撰 明陳繼儒評
鼎鐫幽閨記二卷 元施惠撰 明陳繼儒評
鼎鐫琵琶記二卷 元高明撰 明陳繼儒評
鼎鐫紅拂記二卷 明張鳳翼撰 明陳繼儒評
鼎鐫玉簪記二卷 明高濂撰 明陳繼儒評
鼎鐫繡襦記二卷 明薛近兗撰 明陳繼儒評

二三三 繡刻演劇十本二十八卷 明金陵書林富春堂刻本 十行二十一字，白口，四周單邊 有圖

新刻出像音註宋江水滸青樓記四卷
新刻出像音註花將軍虎符記二卷
新刻出像音註薛仁貴跨海征東白袍記二卷
新刻出像音註蘇英皇后鸚鵡記二卷
新刻出像點板音註李十郎紫簫記四卷 明湯顯祖撰
新刻出像音註韋臯玉環記四卷
新刻出像音註花欄韓信千金記四卷
新刻出像音註齊世子灌園記二卷 明張鳳翼撰
新刊出像音註花欄裴度香山還帶記二卷
新刻出像音註劉漢卿白蛇記二卷 明鄭國軒撰

二三四 墨憨齋新曲□種□□卷 明末刻本 八行二十一字，小字雙行同，白口，四周雙邊

存四種四卷

墨憨齋重定三會親風流夢二卷 明湯顯祖撰 馮夢龍重訂
墨憨齋重定邯鄲夢傳奇二卷 明湯顯祖撰 馮夢龍重訂 吳梅跋
墨憨齋重定雙雄傳奇二卷 明馮夢龍撰
墨憨齋訂定萬事足傳奇二卷 明馮夢龍撰

二三五 墨憨齋新曲十種二十卷 明末刻乾隆五十七年重修本 八行二十一字，小字雙行同，白口，左右雙邊

墨憨齋新灌園傳奇二卷 明張鳳翼撰 馮夢龍重訂
墨憨齋詳定酒家傭傳奇二卷 明陸弼欽虹江撰 馮夢龍重訂
墨憨齋重定女丈夫傳奇二卷 明張鳳翼、劉方撰 馮夢龍重訂
墨憨齋重定量江記二卷 明余聿雲撰 馮夢龍重訂
墨憨齋新訂精忠旗傳奇二卷 明李梅實撰 馮夢龍重訂
墨憨齋重定雙雄傳奇二卷 明馮夢龍撰
墨憨齋訂定萬事足傳奇二卷 明馮夢龍撰
墨憨齋重定夢磊傳奇二卷 明史槃撰 馮夢龍重訂
墨憨齋新定灑雪堂傳奇二卷 明梅孝己撰 馮夢龍重訂
墨憨齋重定西樓楚江情傳奇二卷 明袁于令撰 馮夢龍重訂

二三六 墨憨齋定本十種傳奇二十卷 明馮夢龍編 明末刻清初印本 八行二十一字，小字雙行同，白口，左右雙邊

墨憨齋新灌園傳奇二卷 明張鳳翼撰 馮夢龍重訂
墨憨齋重定雙雄傳奇二卷 明馮夢龍撰
墨憨齋詳定酒家傭傳奇二卷 明陸弼欽虹江撰 馮夢龍重訂
墨憨齋重定女丈夫傳奇二卷 明張鳳翼撰 馮夢龍重訂
墨憨齋新訂精忠旗傳奇二卷 明李梅實撰 馮夢龍重訂
墨憨齋重定量江記二卷 明余聿雲撰 馮夢龍重訂
墨憨齋重定夢磊傳奇二卷 明史槃撰 馮夢龍重訂
墨憨齋訂定萬事足傳奇二卷 明馮夢龍撰
墨憨齋重定西樓楚江情傳奇二卷 明袁于令撰 馮夢龍重訂
墨憨齋新定灑雪堂傳奇二卷 明梅孝己撰 馮夢龍重訂

二六

二三七 墨憨齋定本十種傳奇二十卷 明馮夢龍編 明末刻清鐵崳書屋印本 八行二十一字，小字雙行同，白口，左右雙邊

墨憨齋新灌園傳奇二卷 明張鳳翼撰 馮夢龍重訂
墨憨齋詳定酒家傭傳奇二卷 明陸弼欽虹江撰 馮夢龍重訂
墨憨齋重定女丈夫傳奇二卷 明張鳳翼、劉方撰 馮夢龍重訂
墨憨齋重定量江記二卷 明余聿雲撰 馮夢龍重訂
墨憨齋重定雙雄傳奇二卷 明馮夢龍撰
墨憨齋新訂精忠旗傳奇二卷 明李梅實撰 馮夢龍重訂
墨憨齋訂定萬事足傳奇二卷 明馮夢龍撰
墨憨齋重定夢磊傳奇二卷 明史槃撰 馮夢龍重訂
墨憨齋新定灑雪堂傳奇二卷 明梅孝己撰 馮夢龍重訂
墨憨齋重定西樓楚江情傳奇二卷 明袁于令撰 馮夢龍重訂

二三八 笠翁傳奇十二種曲二十四卷 清大知堂刻本 九行十八字，白口，左右雙邊

憐香伴傳奇二卷
蜃中樓傳奇二卷
比目魚傳奇二卷
慎鸞交傳奇二卷
南柯記傳奇二卷
風箏誤傳奇二卷
凰求鳳傳奇二卷
玉搔頭傳奇二卷
以上清李漁撰
以上明湯顯祖撰
意中緣傳奇二卷
奈何天傳奇二卷
巧團圓傳奇二卷
邯鄲夢傳奇二卷

二三九 戲曲二十一種二十一卷 清抄本 行字不一，無格

鳳臺關一卷
萬里封侯一卷
小磨房一卷
四門陣一卷
青峰嶺一卷
琪玉莊一卷
查關一卷
錢塘縣一卷
蔡家莊一卷
惡虎村一卷
雙沙河一卷
擋亮一卷
竹林記一卷
湯湖船一卷
小顯一卷
臨江會一卷

求計閒答一卷　擬武樹一卷　無底洞一卷　鬧騎虎一卷
閒茶館一卷

二四〇 傳奇十一種十九卷 清初刻本 八行二十字，白口，四周單邊
萬金記二卷　雙緣記二卷　四元記二卷　雙講記二卷
補天記二卷　倫甲記二卷　羔藍記二卷　十醋記二卷
笠欄閒戲一卷　萬古情一卷　萬家春一卷

二四一 演劇十三種不分卷 清抄本 八行二十字，無格
聖世壽徵二冊　萬木咸恩二冊　百子呈祥一冊　豐樂狀登二冊
壽叶三朋一冊　戚世新猷一冊　永祝長清一冊　寰曉五福一冊
壽徵蟠籙一冊　太平有象一冊　多壽記一冊　門金爐十冊
玉獅記十冊

二四二 校梓註釋圖證蔡伯喈三卷 元高明撰 明劉弘毅註 雜卷一卷 明萬曆五年金陵唐對溪刻本 九行十八字，白口，四周雙邊，三節版

二四三 琵琶記三卷 元高明撰 明萬曆二十五年汪光華玩虎軒刻本 十行二十二字，白口，四周單邊 有圖

二四四 琵琶記三卷 元高明撰 釋義一卷 明刻本 十行二十二字，白口，四周單邊 有圖

二四五 琵琶記三卷 元高明撰 明刻本 凌文蔚跋 十行二十二字，白口，四周單邊

二四六 琵琶記三卷 元高明撰 明刻本 十行二十二字，白口，四周單邊 有圖

二四七 元本大板釋義全像音釋琵琶記三卷 元高明撰 明書林劉雲劉本
二七
十行二十五字，小字双行同，白口，四周單邊 有圖

二四八 重校琵琶記四卷 元高明撰 釋義大全一卷 明萬曆二十六年陳氏繼志齋刻本 鄭振鐸跋 十行二十字，小字双行同，白口，四周單邊 有圖

二四九 新刻重訂出像附釋標註琵琶記四卷 元高明撰 明戴君賜註釋 明金陵唐晟刻本 八行二十一字，小字双行同，白口，四周單邊，兩節版 有圖

二五〇 琵琶記四卷 元高明撰 附錄一卷 明凌濛初刻朱墨套印本 八行十八字，白口，四周單邊 有圖

二五一 蔡中郎忠孝傳四卷 元高明撰 明刻本 十行二十字，白口，左右双边

二五二 伯喈定本二卷 元高明撰 明樂通碩人改定 明刻本 八行十八字，白口，四周單邊，眉欄鐫評

二五三 重訂元本評林點板琵琶記二卷 元高明撰 明萬曆元年閩建書林種德堂熊成冶刻本 十行二十五字，白口，四周單邊，眉上鐫評 有圖

二五四 李卓吾先生批評琵琶記二卷 元高明撰 明李贄評 明容與堂刻本 十行二十二字，白口，四周單邊，版心下鐫容與堂 有圖

二五五 鼎鐫陳眉公先生批評琵琶記二卷 元高明撰 明陳繼儒評 釋義二卷 明書林蕭騰鴻師儉堂刻本 十行二十六字，小字双行同，白口，四周單邊 有圖

二五六 鼎鐫琵琶記二卷 元高明撰 明陳繼儒評 明書林蕭騰鴻師儉堂刻本 十行二十六字，小字双行同，白口，四周單邊 有圖

二五七 三先生合評元本琵琶記二卷 元高明撰 明李贄、湯顯祖、徐渭評 明末刻本 劉之泗跋 九行二十字，白口，四周單邊 有圖

二五八 新刻魏仲雪先生批評琵琶記二卷 元高明撰 明魏浣初評 明書林余少江刻本 十行二十七字，小字双行同，白口，四周單邊，眉欄鐫評 有圖

二五九 新刻魏仲雪先生批點琵琶記二卷 元高明撰 明魏浣初評 李裔蕃註 明末刻本 十行二十七字，白口，四周單邊，眉欄鐫評

二六〇 新刻魏仲雪先生批點琵琶記二卷 元高明撰 明魏浣初評 李裔蕃注 清初書林雎衛堂刻本 十行二十七字，小字双行同，白口，四周單邊，眉欄鐫評

二六一 新刊元本蔡伯喈琵琶記二卷 元高明撰 清康熙十三年陸貽典抄本 清陸貽典校並跋 十四行三十字，白口，左右双边

二六二 繪風亭評第七才子書琵琶記六卷 元高明撰 清毛宗崗評 清陳方平輯 才子琵琶寫情篇一卷釋義一卷 清陳方平輯 清映秀堂刻本 八行十九字，小字双行同，白口，左右双边 有圖

二六三 繪風亭評第七才子書琵琶記六卷 元高明撰 清毛宗崗評 清陳方平輯 才子琵琶寫情篇一卷釋義一卷 清陳方平輯 清映秀堂刻五鳳齋印本
二八
八行十九字，小字双行同，白口，左右双边 有圖

二六四 繪風亭評第七才子書琵琶記六卷 元高明撰 清毛宗崗評 釋義一卷 清書林龍文堂刻本 八行十九字，小字双行同，白口，四周双边

二六五 鏡香園毛聲山評第七才子書十二卷首一卷 元高明撰 清毛宗崗評 清金陵張元振刻聚錦堂印本 九行二十二字，白口，四周單邊 有圖 本書原名琵琶記

二六六 鏡香園毛聲山評第七才子書十二卷首一卷 元高明撰 清毛宗崗評 清金陵張元振刻三益堂印本 九行二十二字，白口，四周單邊 有圖 本書原名琵琶記

二六七 琵琶記一卷 元高明撰 清抄本 八行行字不等，无格

二六八 李卓吾先生批評幽閨記二卷 元施惠撰 明李贄評 明容與堂刻本 十行二十二字，白口，四周單邊，版心下鐫容與堂 有圖

二六九 鼎鐫陳眉公先生批評幽閨記二卷 元施惠撰 明陳繼儒評 釋義二卷 明書林蕭騰鴻師儉堂刻本 十行二十六字，小字双行同，白口，四周單邊 有圖

二七〇 鼎鐫幽閨記二卷 元施惠撰 明陳繼儒評 明書林蕭騰鴻師儉堂刻本 十行二十六字，小字双行同，白口，四周單邊 有圖

二七一 重校拜月亭記二卷 元施惠撰 明羅懋登註釋 明德壽堂刻本 十一行二十字，小字双行同，白口，四周單邊 有圖

二七二 重校拜月亭記二卷 元施惠撰 明羅懋登註釋 明德壽堂刻本 王國維跋

二七三 新刊重訂出相附釋標註拜月亭記二卷 元施惠撰 明萬曆十七年唐氏世德堂刻本 八行二十一字白口四周双边 有圖

二七四 幽閨怨佳人拜月亭記四卷 元施惠撰 明凌延喜刻朱墨套印本 八行十八字白口四周单边

二七五 鼎鐫陳眉公先生批評玉簪記二卷 釋義二卷 明高濂撰 陳繼儒評 明書林蕭騰鴻師儉堂刻本 十行二十六字小字双行同白口四周单边 有圖

二七六 鼎鐫玉簪記二卷 明高濂撰 陳繼儒評 明書林蕭騰鴻刻本 十行二十六字小字双行同白口四周单边

二七七 重校玉簪記二卷 明高濂撰 明陳氏繼志齋刻本 十行二十字小字双行同白口四周单边 有圖

二七八 李卓吾先生批評玉簪記二卷 明高濂撰 李贄評 明青藜館刻本 十行二十二字白口四周单边

二七九 新鐫女貞觀重會玉簪記二卷 明高濂撰 明觀化軒刻本 十行二十字白口四周单边

二八〇 新鐫女貞觀重會玉簪記二卷 明高濂撰 明黃德時還雅齋刻本 鄭振鐸跋 十行二十字白口四周单边 有圖

二八一 玉簪記傳奇二卷 明高濂撰 清乾隆十年抄本 行字不一 无格

二八二 鍥重訂出像註釋節孝記二卷 明高濂撰 明唐氏世德堂刻本 八行二十一字小字双行同白口四周双边

二九

二八三 新刻出相音釋點板留伯仁八黑收精劍丹記二卷 明謝天祐撰 明萬曆金陵唐振吾廣慶堂刻本 十行二十字白口四周单边 有圖

二八四 蝴蝶夢二卷 明謝國撰 明桂芴齋刻本 九行二十字白口四周单边

二八五 玉茗堂批評節俠記二卷 明許自昌改訂 明刻本 十行二十一字白口四周单边

二八六 華采齋訂定二奇緣傳奇二卷 明許恒撰 明崇禎十六年華采齋刻本 九行二十字白口四周单边版心下鐫華采齋 有圖

二八七 新刻玉茗堂批評焚香記二卷 明王玉峯撰 湯顯祖評 明刻本 十行二十一字白口四周单边

二八八 弄珠樓二卷 明王异撰 明武林凝瑞堂刻本 十行二十二字白口四周单边

二八九 新編全像點板竇禹鈞全德記二卷 明王稺登撰 明金陵唐氏廣慶堂刻本 十一行二十字小字双行同白口四周单边 有圖

二九〇 全德記不分卷 明王稺登撰 清初抄本

二九一 連環記二卷 明王濟撰 清抄本 十行二十二字小字双行同 无格

二九二 連環記不分卷 明王濟撰 清抄本 九行十九字紅格四周双边

二九三 連環記一卷 明王濟撰 清抄本 八行行字不等 无格

二九四 寶晉齋鳴鳳記二卷 明王世貞撰 明刻清初讀書坊重修本 十行二十二字白口四周单边

二九五 鳴鳳記一卷 明王世貞撰 清刻本 十行二十四字白口四周双边 有圖

二九六 重校韓夫人題紅記二卷 明王驥德撰 明陳氏繼志齋刻本 十行二十字小字双行同白口四周单边 有圖

二九七 泊庵芙蓉影二卷 題西泠長撰 明末刻本 九行二十字白口四周单边 有圖

二九八 新鐫全像藍橋玉杵記二卷 題雲水道人撰 附一卷 明萬曆三十四年浣月軒刻本 九行二十字白口四周单边版心下鐫浣月軒 有圖

二九九 粧樓記二卷 題玩花主人撰 明刻本 九行二十二字白口四周单边

三〇〇 白雪齋新樂府五種十卷 明張楚（原題西湖居士）撰 明刻本 九行二十字白口四周单边 有圖

明月環傳奇二卷 鬱輪袍傳奇二卷 詩賦盟傳奇二卷 金鈿盒傳奇二卷 靈犀錦傳奇二卷

三〇一 新鐫紅拂記二卷 明張鳳翼撰 明汪氏玩虎軒刻本 十行二十二字白口四周单边版心下鐫玩虎軒，有圖

存一卷 下

三〇二 李卓吾先生批評紅拂記二卷 明張鳳翼撰 李贄評 明容與堂刻本 十行二十二字白口四周单边版心下鐫容與堂 有圖

三〇

三〇三 李卓吾先生批評紅拂記二卷 明張鳳翼撰 李贄評 明書林游敬泉刻本 十行二十四字白口四周单边 有圖

三〇四 鼎鐫紅拂記二卷 明張鳳翼撰 陳繼儒評 明書林蕭騰鴻刻本 十行二十六字小字双行同白口四周单边

三〇五 重校紅拂記二卷 明張鳳翼撰 湯顯祖評 明陳氏繼志齋刻本 十行二十字小字双行同白口四周单边，有圖

三〇六 紅拂記傳奇二卷 明張鳳翼撰 明末刻本 九行二十四字白口四周单边 有圖

三〇七 紅拂記四卷 明張鳳翼撰 湯顯祖評 明凌玄洲刻朱墨套印本 八行十八字白口四周单边，有圖

三〇八 重校孝義祝髮記二卷 明張鳳翼撰 明陳氏繼志齋刻本 十行二十字小字双行同白口四周单边 有圖

三〇九 新刻出像音註點板徐孝克孝義祝髮記二卷 明張鳳翼撰 明金陵唐氏富春堂刻本 十行二十一字小字双行同白口四周花边版心下鐫富春堂 有圖

三一〇 新刊音註出像齊世子灌園記二卷 明張鳳翼撰 明金陵唐氏富春堂刻本 十行二十一字小字双行同白口四周花边版心下鐫富春堂，有圖

三一一 竊符記二卷 明張鳳翼撰 清抄本 盧前題款 八行行字不一 无格

三一二 識閒堂第一種飜西廂二卷 明研雪子撰 儋道人評 清康熙刻本 九行二十字白口四周单边 眉欄鐫評 有圖

三一三 新刻出像音註司馬相如琴心記四卷 明孫柚撰 明金陵唐氏富春

堂刻本　十行二十一字，小字双行同，白口，四周双边

三三一四 白雪樓二種四卷　明孫鍾齡撰　明崇禎刻本　十行二十字，白口，四周單边
東郭記二卷　醉鄉記二卷

三三一五 白雪樓二種四卷　明孫鍾齡撰　明崇禎刻本　鄭振鐸跋
東郭記二卷　醉鄉記二卷

三三一六 白雪樓二種四卷　明孫鍾齡撰　明崇禎刻清夢園印本　吳梅跋　十行二十字，白口，四周單边
東郭記二卷　醉鄉記二卷

三三一七 東郭記二卷　明孫鍾齡撰　明末刻清致和堂印本　十行二十一字，白口，四周單边，版心鐫边羽亭

三三一八 東郭記二卷　明孫鍾齡撰　明末刻清咲倪齋印本　十行二十一字，白口，四周單边，版心鐫边羽亭

三三一九 新鐫節義鴛鴦塚嬌紅記二卷　明孟稱舜撰　明崇禎刻本　陳洪綬評點　九行二十字，白口，四周單边

三三二〇 張王娘閨房三清鸚鵡墓貞文記二卷　明孟稱舜撰　明末刻本　九行二十字，白口，四周單边

三三二一 百拙生傳奇四種八卷　明鄭志讀撰　清王楚藏抄本　九行二十二字，白口，左右双边，版心鐫乎定齋
並頭花記二卷　瑪瑙簪記二卷　鳳頭鞋記二卷　新鐫樂府人氏生八珠環記二卷

三一

三三二二 新刊重訂出相附釋標註香囊記四卷　明邵璨撰　明唐氏世德堂刻本　八行二十一字，小字双行同，白口，四周双边　有圖

三三二三 重校五倫傳香囊記二卷　明邵璨撰　明陳氏繼志齋刻本　十行二十字，小字双行同，白口，四周單边

三三二四 譚友夏批點想當然傳奇二卷　題明盧柟撰　譚元春評　明繭室刻本　九行二十字，白口，四周單边，版心下鐫繭室新書　有圖

三三二五 冬青記二卷附談詞一卷　明卜世臣撰　明刻本　八行十八字，白口，四周單边

三三二六 小青娘風流院二卷小青傳一卷　明朱京藩撰　小青焚餘一卷　題明馮小青撰　明末德聚堂刻本　吳梅跋　九行二十字，白口，四周單边

三三二七 李卓吾先生批評古本荊釵記二卷　明朱權撰　李贄評
補刻舟中相會舊本荊釵記一卷　明刻本　十行二十二字，白口，四周單边

三三二八 古本荊釵記二卷　明朱權撰　屠隆評　明刻本　十行二十字，小字双行同，白口，左右双边　有圖

三三二九 古本荊釵記二卷　明朱權撰　屠隆評　明刻本　吳梅、金兆蕃跋

三三三〇 重校古荊釵記二卷　明朱權撰　明刻文林閣印本　十行二十字，小字双行同，白口，四周單边

三三三一 新刻原本王狀元荊釵記二卷　明朱權撰　影抄明姑蘇葉氏刻本　九行十八字，小字双行同，无格

三三三二 刻新編奇選玉丸記二卷　明朱期撰　明刻本　九行二十字，白口，左右双边

三三三三 匡山烈傳奇不分卷　明朱九經撰　清康熙二十年口起貞抄本　九行字不一，无格

三三三四 如是觀二卷　明吳玉虹撰　清抄本　九行三十五字至三十八字，无格

三三三五 新刻出相音釋點板東方朔偷桃記二卷　明吳德修撰　明唐振吾刻本　十行二十字，白口，四周單边

三三三六 新鍥重訂出像附釋標註驚鴻記題評二卷　明吳世美撰　明唐氏世德堂刻本　八行二十一字，小字双行同，白口，四周双边　有圖

三三三七 粲花齋新樂府四種八卷　明吳炳撰　明末刻兩衡堂印本　九行二十字，白口，四周單边
綠牡丹傳奇二卷　療妒羹記二卷　畫中人傳奇二卷　西園記二卷

三三三八 粲花齋新樂府四種八卷　明吳炳撰　明末刻金陵三美堂印本
綠牡丹傳奇二卷　療妒羹記二卷　畫中人傳奇二卷　西園記二卷

三三三九 粲花齋新樂府四種八卷　明吳炳撰　清初刻本　九行二十字，白口，四周單边
綠牡丹傳奇二卷　療妒羹記二卷　畫中人傳奇二卷　西園記二卷

三三四〇 情郵傳奇二卷　明吳炳撰　明崇禎刻本　九行二十字，白口，四周單边　有圖

三二

三三四一 情郵傳奇二卷　明吳炳撰　明崇禎刻本　吳梅跋

三三四二 情郵二卷　明吳炳撰　清青藜書屋刻本　九行二十字，黑口，四周單边

三三四三 八義記不分卷　明徐元撰　清抄本

三三四四 新鐫趙狀元三錯認紅梨記二卷　明徐復祚撰　明萬曆刻本　吳梅跋　九行十九字，白口，四周單边

三三四五 新刻趙狀元三錯認紅梨記二卷　明徐復祚撰　明刻本　鄭振鐸跋　九行十九字，白口，四周單边　有圖

三三四六 紅梨記二卷　明徐復祚撰　清抄本　十行二十二字，无格

三三四七 校正原本紅梨記四卷　明徐復祚撰　紅梨花雜劇一卷　元張壽卿撰　明刻朱墨套印本　八行十八字，白口，四周單边　有刻工及圖

三三四八 紅梨記不分卷　明徐復祚撰　清雍正十年抄本　七行字數不一，无格

三三四九 新刻出相點板宵光記二卷　明徐復祚撰　明唐振吾刻本　十行二十字，白口，四周單边　存一卷　上

三三五〇 宵光劍二卷　明徐復祚撰　清抄本　八行十八字，紅格，白口，四周双边

三三五一 異夢記二卷　明徐需頓撰　陳繼儒評　明師儉堂刻本　九行二十四字，小字双行同，白口，四周單边　有圖

三五二 丹桂記二卷 明徐爾穎刪潤 陳繼儒批評 明書林寶珠堂刻本 九行二十四字，小字双行同，白口，四周單边

三五三 殺狗記二卷 明徐𤱶撰 馮夢龍重訂 明末毛氏汲古閣刻繡刻演劇本 吳梅跋 九行十九字，白口，左右双边

三五四 新編孔夫子周遊列國大成麒麟記二卷 題明[illegible]撰 明長庚館刻本 九行二十一字，白口，四周單边 有圖

三五五 芙蓉記二卷 明江楫撰 清康熙江鼎金刻本 九行二十字，白口，左右双边

三五六 投桃記二卷 明汪廷訥撰 明汪氏環翠堂刻環翠堂樂府本 十行二十字，小字双行同，白口，四周單边 有圖

三五七 彩舟記二卷 明汪廷訥撰 明汪氏環翠堂刻環翠堂樂府本 十行二十字，小字双行同，白口，四周單边 有圖

三五八 義烈記二卷 明汪廷訥撰 明汪氏環翠堂刻環翠堂樂府本 十行二十字，小字双行同，白口，四周單边

三五九 三祝記二卷 明汪廷訥撰 明汪氏環翠堂刻環翠堂樂府本 吳梅跋 姚華題辭 十行二十字，小字双行同，白口，四周單边 有圖

三六〇 重訂天書記二卷 明汪廷訥撰 明汪氏環翠堂刻環翠堂樂府本 十行二十字，小字双行同，白口，四周單边 有圖

三六一 玉茗堂批評種玉記二卷 明汪廷訥撰 許自昌改訂 湯顯祖評 明刻本 十行二十一字，白口，四周單边

三六二 獅吼記不分卷 明汪廷訥撰 清內府五色抄本 八行二十一字，白口，四周双边

三六三 葛衣記二卷 明顧大典撰 清抄本 八行二十六至二十八字不等

三六四 新刻浙江新編出像題評范睢綈袍記二卷 明顧覺宇撰 明書林朱仁齋刻本 十行二十二字，白口，四周双边，眉欄鐫評 有圖

三三

三六五 梁狀元不伏老玉殿傳臚記二卷僧尼共犯傳奇一卷 明馮惟敏撰 明刻本 九行十七字，白口，左右双边

三六六 新刻出像音註何文秀玉釵記四卷 題明心一山人撰 明金陵唐氏富春堂刻本 十行二十二字，小字双行同，白口，四周双边，版心下鐫富春堂 有圖

三六七 新編何文秀玉釵記一卷 題明心一山人撰 清陳則清改編 稿本 八行二十二字，無格

三六八 重校浣紗記四卷 明梁辰魚撰 明刻本 十行二十字，小字双行同，白口，四周單边 有圖

三六九 重刻出像浣紗記四卷 明梁辰魚撰 明金陵唐富春刻本 十一行二十字，小字双行同，白口，四周單边，眉欄音釋

三七〇 李卓吾先生批評浣紗記二卷 明梁辰魚撰 李贄評 明刻本 十行二十二字，白口，四周單边，眉欄鐫評

三七一 怡雲閣浣紗記二卷 明梁辰魚撰 明末讀書坊刻本 十行二十二字，白口，四周單边

三七二 浣紗記二卷 明梁辰魚撰 清抄本 十行，行字不等，無格

三七三 新刻吳越春秋樂府二卷 明梁辰魚撰 明刻本 本書亦名浣紗記 十行二十一字，小字双行同，白口，四周單边

三七四 立命說傳奇二卷 題明蒙齋園主人撰 清刻本 八行二十字，白口，左右双边 存十一至三十三齣

三七五 重校十無端巧合紅蕖記二卷 明沈璟撰 明陳氏繼志齋刻本 吳梅跋 十行二十字，白口，四周單边，眉欄音注

三七六 重校義俠記二卷 明沈璟撰 明陳氏繼志齋刻本 十行二十字，小字双行同，白口，四周單边 有圖

三七七 重校雙魚記二卷 明沈璟撰 明陳氏繼志齋刻本 十行二十字，小字双行同，白口，四周單边，眉欄音注 有圖

三七八 重校埋劍記二卷 明沈璟撰 明陳氏繼志齋刻本 十行二十一字，小字双行同，白口，四周單边，眉欄音注 有圖

三七九 桃符記一卷 明沈璟撰 清抄本 十行二十字，無格

三八〇 桃符記傳奇二卷 明沈璟撰 清抄本 十行二十至二十三字，無格

三八一 一種情傳奇二卷 明沈璟撰 清康熙二十八年抄本 沈華枚跋 八行三十二字，無格

三八二 新刻出像音註花欄韓信千金記四卷 明沈采撰 明金陵唐氏富春堂刻本 十行二十一字，小字双行同，白口，四周花边，版心下鐫富春堂 有圖

三八三 鼎鐫出相點板千金記二卷 明沈采撰 明紫文堂刻本 十行二十三字，白口，四周單边

三八四 鼎鐫出相點板千金記二卷 明沈采撰 明刻清初積書坊重修本 十行二十二字，白口，四周單边

三八五 千金記二卷 明沈采撰 清抄本 十行二十二字，無格

三八六 新刊重訂出相附釋標註裴度香山還帶記二卷 明沈采撰 明唐氏世德堂刻本 八行二十一字，小字双行，白口，四周双边

三四

三八七 譚友夏鍾伯敬先生批評綰春園傳奇二卷 明沈孚中撰 明末鄭鱗齋刻還讀齋印本 十行二十一字，白口，四周單边，眉欄鐫評，版心下鐫鄭鱗齋

三八八 且居批評息宰河傳奇二卷 明沈孚中撰 明末且居齋刻本 九行二十字，白口，四周單边，版心下鐫且居藏

三八九 雙珠記傳奇二卷 明沈鯨撰 清康熙五十九年蘇州戲蝙卿抄本 十行三十至三十四字，無格

三九〇 鮫綃記傳奇二卷 明沈鯨撰 清順治沈仁甫抄本 八行二十七至二十九字，無格

三九一 新刻全像易鞋記二卷 明沈鯨撰 明刻本 十一行二十字，小字双行同，白口，四周單边，眉欄鐫評

三九二 望湖亭記二卷 明沈自晉撰 清初刻本 九行二十字，小字双行同，白口，四周單边 有圖

三九三 翠屏山傳奇二卷 明沈自晉撰 清雍正九年葛氏瑞宜堂抄本 十行三十三至三十六字，無格

三九四 濁深居點次玉茗堂傳奇二種四卷 明湯顯祖撰 沈際飛評點 明刻本 九行二十字，白口，四周單边 牡丹亭還魂記二卷 邯鄲夢二卷

三九五 玉茗堂四種傳奇八卷 明湯顯祖撰 明末刻本 十行二十一字，白口，四周單边 湯義仍先生還魂記二卷 湯義仍先生紫釵記二卷 湯義仍先生邯鄲記二卷 湯義仍先生南柯記二卷

三九六 玉茗堂四種傳奇八卷 明湯顯祖撰 臧懋循訂 明刻清乾隆二十六年書業堂重修本 九行十九字，白口，左右双边 有圖 還魂記二卷 紫釵記二卷 邯鄲記二卷 南柯記二卷

三九七 牡丹亭還魂記二卷 明湯顯祖撰 明萬曆刻本 十行二十二字小字雙行同白口四周單邊 有圖

三九八 牡丹亭還魂記二卷 明湯顯祖撰 明萬曆刻□□九我堂印本 十行二十二字小字雙行同白口四周單邊 有圖

三九九 牡丹亭還魂記二卷 明湯顯祖撰 明朱元鎮校 明末刻本 十行二十二字小字雙行同白口四周雙邊 有圖

四〇〇 牡丹亭還魂記二卷 明湯顯祖撰 朱元鎮跋 明萬曆刻朱氏玉海堂印本 十行二十二字小字雙行同白口四周雙邊 有圖

四〇一 牡丹亭還魂記二卷 明湯顯祖撰 明朱元鎮校 明末刻懷德堂印本 十行二十二字小字雙行同白口四周雙邊 有圖

四〇二 鈕少雅格正牡丹亭二卷 明湯顯祖撰 清康熙三十三年胡介祉谷園刻本 十行二十五字白口四周單邊 版心下鐫谷園

四〇三 吳吳山三婦合評牡丹亭還魂記二卷 明湯顯祖撰 清陳同談則錢宜評點 或問一卷 清吳儀一撰 清康熙刻夢園印本 十行二十字白口四周單邊 有圖

四〇四 吳吳山三婦合評牡丹亭還魂記二卷 明湯顯祖撰 清陳同談則錢宜評點 或問一卷 清吳儀一撰 清康熙刻夢園印本 吳梅跋並題詩

四〇五 吳吳山三婦合評牡丹亭還魂記二卷 明湯顯祖撰 清陳同談則錢宜評點 或問一卷 清吳儀一撰 清康熙刻綠野山房印本 十行二十字黑口四周單邊 有圖

四〇六 批點牡丹亭記二卷 明湯顯祖撰 袁宏道評 明刻本 九行二十字白口左右雙邊 有圖

三五

四〇七 清暉閣批點玉茗堂還魂記二卷 明湯顯祖撰 明末張弘毅著壇刻本 九行二十字白口四周單邊 元刻工 版心下鐫著壇藏板

四〇八 清暉閣批點玉茗堂還魂記二卷 明湯顯祖撰 明末張弘毅著壇刻本 鄭振鐸跋

四〇九 還魂記定本二卷 明湯顯祖撰 清初刻本 九行十九字白口左右雙邊 版心下鐫半園刪定

四一〇 玉茗堂還魂記二卷 明湯顯祖撰 清乾隆五十年冰絲館刻本 九行二十字白口四周單邊 眉欄鐫注 版心下鐫冰絲館 有圖

四一一 玉茗堂還魂記二卷 明湯顯祖撰 清乾隆五十年冰絲館刻本 吳梅批校並跋

四一二 玉茗堂還魂記二卷 明湯顯祖撰 清乾隆五十年冰絲館刻本 吳梅跋

四一三 還魂記二卷 明湯顯祖撰 臧懋循訂 明萬曆刻□□□本 九行十九字白口左右雙邊 有圖

四一四 還魂記傳奇二卷 明湯顯祖撰 王思任批點 明安雅堂刻本 九行二十四字白口四周單邊

四一五 新刻牡丹亭還魂記四卷 明湯顯祖撰 明唐氏文林閣刻本 十一行二十字小字雙行同白口四周單邊 有圖

四一六 新刻牡丹亭還魂記四卷 明湯顯祖撰 明唐氏文林閣刻本 吳梅跋

四一七 牡丹亭四卷 明湯顯祖撰 明茅暎評 明茅暎刻朱墨套印本 九行十八字白口四周單邊 有圖

四一八 牡丹亭還魂記四卷 明湯顯祖撰 明天啓五年梁臺卿刻詞壇雙豔本 九行二十二字白口四周單邊 有圖

四一九 牡丹亭還魂記八卷 明湯顯祖撰 清康熙五十九年抄本

四二〇 牡丹亭還魂記八卷 明湯顯祖撰 清怡府刻本 吳梅跋 九行十六字白口左右雙邊 有圖

四二一 才子牡丹亭不分卷 明湯顯祖撰 題笠閣漁翁評 清刻本 吳梅跋 上欄二十四行三十二字 下欄九行十七字白口四周單邊

四二二 箋注牡丹亭不分卷 明湯顯祖撰 題笠閣漁翁箋注 清乾隆二十七年刻本 上欄二十四行三十二字 下欄九行十七字白口四周單邊

四二三 重校紫釵記二卷 明湯顯祖撰 明萬曆三十年陳氏繼志齋刻本 十行二十字白口四周單邊 有圖

四二四 柳浪館批評玉茗堂紫釵記二卷 明湯顯祖撰 明刻本 十行二十一字白口四周單邊 有圖

四二五 紫釵記二卷 明湯顯祖撰 明刻玉茗堂全集本 七行十八字白口四周單邊

四二六 紫釵記二卷 明湯顯祖撰 臧懋循訂 明萬曆刻□□□本 九行十九字白口左右雙邊 有圖

四二七 紫釵記二卷 明湯顯祖撰 臧懋循訂 明萬曆刻□□□本 吳梅批校並跋

四二八 邯鄲夢二卷 明湯顯祖撰 明萬曆刻本 十行二十字小字雙行同白口四周單邊 有圖

四二九 邯鄲夢二卷 明湯顯祖撰 明刻玉茗堂全集本 七行十八字白口四周單邊

四三〇 邯鄲夢三卷 明湯顯祖撰 枕中記一卷 唐李泌撰 明天啓元年閔光瑜刻朱墨套印本 八行十八字小字雙行同白口四周單邊 有圖

三六

四三一 邯鄲記二卷 明湯顯祖撰 臧懋循訂 明萬曆刻□□□本 九行十九字白口左右雙邊 有圖

四三二 南柯夢二卷 明湯顯祖撰 明刻玉茗堂全集本 七行十八字白口四周單邊

四三三 南柯夢二卷 明湯顯祖撰 明刻本 十行二十字白口四周單邊 有圖

四三四 柳浪館批評玉茗堂南柯夢記二卷 明湯顯祖撰 明刻本 十行二十一字白口四周單邊

四三五 南柯記二卷 明湯顯祖撰 臧懋循訂 明萬曆刻□□□本 九行十九字白口左右雙邊 有圖

四三六 新刻出像點板音註李十郎紫簫記四卷 明湯顯祖撰 明金陵唐氏富春堂刻本（卷一至二配攝影本） 十行二十一字白口四周雙邊

四三七 新鐫出像註釋李十郎霍小玉紫簫記題評二卷 明湯顯祖撰 明萬曆二十四年世德堂刻本 八行二十一字小字雙行同白口四周雙邊 有圖

四三八 玉茗堂批評異夢記二卷 明湯顯祖評 明萬曆刻本 鄭振鐸跋 十行二十一字白口四周單邊 有圖

四三九 玉茗堂批評異夢記二卷 明湯顯祖評 明刻本 吳梅跋 十行二十一字白口四周單邊

四四〇 玉茗堂丹青記二卷 明湯顯祖撰 徐肅穎刪潤 陳繼儒評 明刻本 九行二十四字白口四周單邊 眉欄鐫評 有圖

四四一 方來館合選古今傳奇四集八卷 題明玉茗堂主人戲輯 附萬錦清音□種□卷 明末刻本 十行十八字白口四周單邊 有圖

存古今傳奇六卷 風集上下 花集上下 雪集上 月集上 萬錦清音四
種六卷 名家雜詠三卷 幽窗雅奏一卷 弦索調一卷

評點鳳求凰二卷 題明濟𢙭居士撰 明末刻本 十行二十二字白口左右双边 四四二

評點鳳求凰二卷 題明濟𢙭居士撰 明末刻本 吳梅盧前跋 四四三

元宵鬧傳奇二卷 明李素甫撰 清抄本 八行二十四字无格 四四四

仇池洞天李西廂藏本二卷 明李日華撰 梁辰魚批訂 明刻本 八行二十字小字双行同白口
四周单边 四四五

南西廂記二卷 明李日華撰 明刻本 九行二十二字白口四周单边 四四六

新編林冲寶劍記二卷 明李開先撰 明嘉靖二十六年自刻本 十行二十字黑口四周单边 四四七

精忠旗二卷 明李梅實撰 馮夢龍改訂 清内府抄本 八行二十字紅格白口四周双边 四四八

存一卷 上

上林春不分卷 明姚子翼撰 清抄本 七行二十六至二十八字无格 四四九

祥麟現傳奇不分卷 明姚子翼撰 清抄本 七行行字不一无格 四五〇

新刻出像音註張許雙忠記二卷 明姚茂良撰 明金陵唐氏富春堂刻本 十行二
十二字小字双行同白口四周双边版心下鐫富春堂 有圖 四五一

三七

精忠記二卷 明姚茂良撰 明末毛氏汲古閣刻繡刻演劇六十種本 吳梅跋 九行十九字白口左右双边 四五二

范氏博山堂三種曲六卷北曲譜十二卷 明末刻清初 九行二十字白口四周单边
印本 鴛鴦棒二卷 明范文若撰 花筵賺二卷 明范文若撰 夢花酣二卷 明范文若撰 北曲譜十二卷 明來權撰 四五三

麗句亭評點鴛鴦棒樂府二卷 明范文若撰 清初烏衣巷刻本 九行二十字白口四周单边 四五四

李卓吾先生批評金印記二卷 明蘇復之撰 李贄評 明刻本 十行二十二字白口四周
单边 有圖 四五五

重校蘇季子金印記二卷 明蘇復之撰 明陳氏繼志齋刻本 十行二十字小字双行同白口四周单边眉
欄音釋 有圖 四五六

重校金印記四卷 明蘇復之撰 羅懋登釋義 明刻本 十一行二十字白口四周单边眉欄音釋 有圖 四五七

重校呂真人黃粱夢境記一卷 明蘇漢英撰 明陳氏繼志齋刻本 十行二十字小字双行
同白口四周单边 有圖 四五八

重校綉襦記二卷 明薛近兗撰 明萬曆金陵文林閣刻本 十一行二十字眉欄鐫評 有圖 四五九

鼎鐫繡襦記二卷 明薛近兗撰 陳繼儒評 明書林蕭騰鴻刻本 十行二十六字小字双行同白口四周单边 四六〇

繡襦記二卷 明薛近兗撰 明末刻本 九行十九字白口左右双边 有圖 四六一

寶晉齋繡襦記二卷 明薛近兗撰 明刻清初寶晉齋重修本 十行二十二字白口四周单边 四六二

繡襦記四卷 明薛近兗撰 明刻朱墨套印本 八行十八字白口四周单边 有圖 四六三

玉茗堂批評新着續西廂昇仙記二卷 明黃粹吾撰 明
來儀山房刻本 九行二十二字小字双行同四周单边 西諦跋 四六四

琥珀匙傳奇二卷 明葉稚斐撰 清康熙四十六年楊復吉抄本 八行十七至二十八字无格 四六五

金鎖記二卷 題明葉憲祖撰 清初抄本 十行二十二字无格 四六六

金鎖記不分卷 題明葉憲祖撰 清乾隆抄本 十二行二十四字无格 四六七

新刻出像音註管鮑分金記四卷 明葉良表撰 明金陵唐氏富春堂刻本 十行二
十二字小字双行同白口四周花边版心下鐫富春堂 有圖 四六八

玉合記二卷 明梅鼎祚撰 明金陵唐氏世德堂刻本 九行十七字小字双行同白口四周单边眉欄鐫評 四六九

玉合記二卷 明梅鼎祚撰 徐肅穎删潤 陳繼儒評 明刻本 九行二十四字小字双行同白口四周单边眉欄鐫評 有圖 四七〇

李卓吾先生批評玉合記二卷 明梅鼎祚撰 李贄評 明容與堂刻本 十行二十二字白
口四周单边版心下鐫容與堂 有圖 四七一

重校玉合記四卷 明梅鼎祚撰 明陳氏繼志齋刻本 十行二十字白口
四周单边 有圖 四七二

三八

長命縷二卷 明梅鼎祚撰 明末刻本 九行二十字小字双行行十九字白口四周单边 有圖 四七三

墨憨齋新定灑雪堂傳奇二卷 明梅孝己撰 馮夢龍改訂 明末刻墨憨齋四十種藏文
館印本 四七四

新刻出相點板櫻桃記二卷 明文槃撰 明末刻本 十行二十二字白口四周单边 四七五

新刻宋璟鸛釵記二卷 明史槃撰 明書林楊居寀刻本 十行二十五字白口四周单边 四七六

新刻出相點板八義雙盃記二卷 題秦淮墨客校正 明唐振吾廣慶堂刻本 十行
二十字小字双行同白口四周单边 有圖 四七七

新刻出像葵花記二卷 題秦淮墨客校正 明唐振吾廣慶堂刻本 十行二十字小字双行同白口四周单边 四七八

存一卷 上

新刊校正全相音釋折桂記二卷 題秦淮墨客校正 明唐振吾廣慶堂刻本 十行
二十字小字双行同白口四周单边 有圖 四七九

才貌緣二卷 題衆山茹野撰 明末汝騰軒刻本 黃裳跋 九行二十字小字双行同白口四周单边版心下鐫汝騰軒 有圖 四八〇
四周单边，有圖

滑稽館新編三報恩傳奇二卷 明畢魏撰 馮夢龍改定 明崇禎刻本 九行二十字白口 四八一

新編五鬧蕉帕記二卷 明單本撰 明刻本 十行二十字白口四周单边 有圖 四八二

鴛鴦絛傳奇二卷 明路迪入迟懶游采道人以撰 評竹居士評 明崇禎刻本 王立承跋 九行二十字白口四周单边眉上鐫 四八三

評 有圖

四八四 石巢傳奇四種八卷 明阮大鋮撰 明末吳門毛恒所刻本 吳梅跋 九行二十字白口四周單邊
詠懷堂新編勘蝴蝶雙金榜記二卷
詠懷堂新編燕子箋記二卷
詠懷堂新編十錯認春燈謎記二卷
遥集堂新編馬郎俠牟尼合記二卷

四八五 詠懷堂新編十錯認春燈謎記二卷 明阮大鋮撰 明末刻本 吳梅跋 九行二十字白口

四八六 詠懷堂新編十錯認春燈謎記二卷 明阮大鋮撰 明末刻本 九行二十字白口四週單邊 有圖

四八七 遥集堂新編馬郎俠牟尼合記二卷 明阮大鋮撰 明末刻本 九行二十字白口四周單邊

四八八 遥集堂新編馬郎俠牟尼合記二卷 明阮大鋮撰 明末刻本 王立承跋

四八九 雪韵堂批點燕子箋記二卷 明阮大鋮撰 明末刻本 九行二十字白口四周雙邊 有圖

四九〇 雪韵堂批點燕子箋記二卷 明阮大鋮撰 明末刻本 清無名氏跋並題詩

四九一 懷遠堂批點燕子箋二卷 明阮大鋮撰 清初刻本 九行二十四字白口四周雙邊

四九二 懷遠堂批點燕子箋二卷 明阮大鋮撰 清初刻本 吳梅跋

四九二－一 荣堂戲墨遊盟二卷 明馬信人撰 明末刻本 九行二十字白口四周單邊 有圖 本書亦名荷花蕩

三九

四九三 天馬媒二卷 明劉方撰 明崇禎四年章慶堂刻本 十行二十一字白口左右雙邊 有圖

四九四 李丹記二卷 明劉還初撰 陳繼儒評 明刻本 十行二十字白口四周單邊 眉欄鐫評 有圖

四九五 李丹記二卷 明劉還初撰 明陳繼儒彭幼朔評 明刻朱墨套印本 十行二十字白口四周單邊

四九六 存一卷上 洒家傭三卷 明陸弼歐虹江撰 馮夢龍訂 清初刻本 九行二十四字白口左右雙邊

四九七 寶晉齋明珠記二卷 明陸采撰 明刻清初續書坊重修本 十行二十二字白口四周單邊

四九八 寶晉齋明珠記二卷 明陸采撰 湯海若評 明刻本 十行二十二字白口四周單邊

四九九 明珠記二卷 明陸采撰 陳繼儒批評 明師儉堂刻本 九行二十四字小字雙行同白口四周單邊版心下鐫師儉堂梓 有圖

五〇〇 明珠記二卷 明陸采撰 陳繼儒評 明末爆齡生刻本 九行二十四字白口四周單邊 有圖

五〇一 李卓吾先生批評無雙傳明珠記二卷 明陸采撰 李贄評 明刻本 十行二十二字白口四周單邊 有圖

五〇二 明珠記五卷 明陸采撰 王無雙傳一卷 明刻朱墨套印本 八行十八字小字雙行同無直格四周單邊 有圖

五〇三 金蓮記二卷 明陳汝元撰 明萬曆刻本 十行二十字白口四周單邊版心鐫陳氏函三館 有圖

五〇四 紅蓮記一卷 明陳汝元撰 明萬曆三十四年陳氏函三館刻本 十行二十字白口四周單邊版心鐫函三館

五〇五 新刻出像音注姜詩躍鯉記四卷 明陳羆齋撰 明金陵唐氏富春堂刻本 十行二十二字小字雙行同白口四周雙邊版心下鐫富春堂 有圖

五〇六 躍鯉記不分卷 明陳羆齋撰 舊抄本 四行二十五字無格

五〇七 麒麟罽二卷 明陳與郊撰 陳繼儒評 明刻師儉堂印本 十行二十二字白口四周單邊眉欄鐫評

五〇八 麒麟罽二卷 明陳與郊撰 明刻清白堂印本 吳梅跋 十行二十二字白口四周單邊眉欄鐫評

五〇九 靈寶刀二卷 明陳與郊撰 任誕軒重編 明萬曆四十八年林於閣刻本 十行二十二字白口四周單邊

五一〇 靈寶刀二卷 明陳與郊撰 明萬曆四十五年自刻本 九行十八字小字雙行同白口四周單邊眉欄鐫音注 有圖

五一一 鸚鵡洲二卷 明陳與郊撰 明萬曆四十五年自刻本 九行十八字白口四周單邊眉欄鐫音注 有圖

五一二 鸚鵡洲二卷 明陳與郊撰 陳廣野重編 明刻師儉堂印本 十行二十一字白口四周單邊 有圖

五一三 櫻桃夢二卷 明陳與郊撰 明萬曆四十四年刻本 九行十八字白口四周單邊 有圖

五一四 櫻桃夢二卷 明陳與郊撰 明萬曆四十四年刻本 清姚燮校並跋

五一五 重校班仲升投筆記二卷 明邱濬撰 明陳氏繼志齋刻本 十行二十字小字雙行同白口四周單邊 有圖

五一六 重校投筆記二卷 明邱濬撰 羅懋登註釋 明末刻清重修本 十一行二十字白口四周單邊 有圖

五一七 新刻魏仲雪先生批評投筆記二卷 明邱濬撰 魏浣初評 李裔蕃註 明書林存誠堂刻本 十行二十七字小字雙行同白口四周單邊 有圖

四〇

五一八 玉茗堂批評紅梅記二卷 明周朝俊撰 湯顯祖評 明刻本 十行二十一字白口四周單邊 有圖

五一九 新刻袁中郎先生批評紅梅記二卷 明周朝俊撰 袁宏道評 明三元堂刻本 九行二十一字小字雙行同白口四周單邊

五二〇 重校錦箋記二卷 明周履靖撰 明萬曆二十六年陳氏繼志齋刻本 十行二十字小字雙行同白口四周單邊 有圖

五二一 重校錦箋記二卷 明周履靖撰 明刻本 十一行二十字小字雙行同白口四周單邊 有圖

五二二 李卓吾先生批評錦箋記二卷 明周履靖撰 李贄評 明刻本 十行二十二字白口四周單邊眉欄鐫評 有圖

五二三 曇花記二卷 明屠隆撰 明天繪樓刻本 八行二十字小字雙行同白口四周單邊版心鐫天繪樓

五二四 曇花記二卷 明屠隆撰 明末毛氏汲古閣刻繡刻演劇本 清金兆綸跋

五二五 曇花記二卷 明屠隆撰 明末毛氏汲古閣刻繡刻演劇本 吳梅跋

五二六 玉茗堂重校音釋曇花記二卷 明屠隆撰 明刻本 十行二十二字小字雙行同白口四周單邊 有圖

五二七 曇花記四卷 明屠隆撰 明刻套印本 九行十九字白口四周單邊眉欄鐫評 存二卷 一至二

五二八 新鐫繡像本圖像音釋崔探花合襟桃花記二卷

明金懷玉撰　明刻本　鄭振鐸跋　十一行二十一字，白口，四周單邊　有圖

存一卷　下

529 存廬新編宣和譜傳奇二卷　題介石逸叟撰　清初刻本　九行二十字，白口，四周單邊　本書亦名傳奇翻水滸記

530 傳奇翻水滸記二卷　題介石逸叟撰　清初刻紱遠堂印本　本書亦名存廬新編宣和譜傳奇

531 新鐫量江記二卷　明佘翹撰　明陳氏繼志齋刻本　十行二十字，白口，四周單邊

532 千祥記傳奇二卷　題無心子撰　清康熙六十一年益曜堂抄本　八行字數不一，無格

533 重校旗亭記二卷　明鄭之文撰　明繼志齋刻本　十行二十字，小字雙行同，白口，四周單邊，眉欄音注　有圖

534 鼎鐫鄭道圭先生評點紅杏記一卷　明鄭之玄評點　謝維升注釋　明荊城豐黃啟戒刻本　九行二十五字，小字雙行同，白口，四周單邊，眉欄鐫評　有圖

535 新編目連救母勸善戲文三卷　明鄭之珍撰　明萬曆十年鄭氏高石山房刻本　十行二十四字，小字雙行同，白口，四周單邊，有刻工黃鋌等　有圖

536 新編目連救母勸善戲文三卷　明鄭之珍撰　明萬曆十年鄭氏高石山房刻清初印本　十行二十四字，小字雙行同，白口，四周單邊　有圖

537 新刻出相音注勸善目連救母行孝戲文八卷　明鄭之珍撰　明金陵唐氏富春堂刻本　十行二十一字，小字雙行同，白口，四周雙邊，版心下鐫富春堂　有圖

四一

538 新鐫王商玉玦記二卷　明鄭若庸撰　明刻本　九行二十字，小字雙行同，白口，左右雙邊　有圖

539 重校玉玦記二卷　明鄭若庸撰　明刻本　十行二十字，白口，四周單邊，眉欄鐫評　有圖

540 新刻出像音註釋義王商忠節癸靈廟玉玦記四卷　明鄭若庸撰　明萬曆九年金陵唐氏富春堂刻本　十行二十一字，白口，四周單邊，版心下鐫富春堂　有圖

541 新刻出像音註劉漢卿白蛇記二卷　明鄭國軒編　朱少齋校　明金陵唐氏富春堂刻本　十行二十二字，小字雙行同，白口，四周雙邊，版心下鐫富春堂　有圖

542 二刻京本出像音釋高彥真葵花記全傳二卷　明刻本　九行二十五字，无直格，四周單邊

543 新刻全像高文舉珍珠記二卷　明刻本　十一行二十字，小字雙行同，白口，四周單邊，眉欄音釋　有圖

544 鐫唐韋狀元自製箜篌記二卷　明會稽商氏半埜堂刻本　九行二十字，小字雙行同，白口，四周單邊

545 三社記二卷　明□□此撰　公孫淡評　明崇禎光白堂刻本　九行二十字，白口，四周單邊

546 鐫新編全像三桂聯芳記二卷　明樵寄堂刻本　十一行二十字，小字雙行同，白口，四周單邊　有圖

547 新編全相點板西湖記二卷　明唐振吾刻本　十行二十字，白口，四周單邊，眉欄釋音

548 刻李九我先生批評破窰記二卷　明書林陳含初詹林我刻本　十行二十四字，白口，四周單邊　有圖

549 新鐫圖像音註周羽教子尋親記四卷　明王錂重訂　明金陵唐氏富春堂刻本　十行二十二字，小字雙行同，白口，四周花邊，版心下鐫富春堂　有圖

550 紅梨花記二卷　明書林楊居寀刻本　九行二十字，白口，四周單邊

551 快活庵批評紅梨花記二卷　明刻本　十行二十一字，白口，四周單邊，眉欄鐫評　有圖

552 鴛鴦夢一卷　清初抄本

553 冰壺玉屑不分卷　明刻本（殘葉）　三節板，上欄十行十字，中欄十二行四字，下欄十行十五字，白口，版心鐫硯露、玉簪等劇名

554 韋鳳翔古玉環記二卷　明慎餘館刻本　九行二十二字，小字雙行同，白口，四周單邊，版心下鐫慎餘館

555 新刻全像古城記二卷　明刻本　十一行二十字，小字雙行同，白口，四周單邊，眉欄音釋　有圖

556 新刻出像音註范雎綈袍記四卷　明金陵唐氏富春堂刻本　十行二十一字，小字雙行同，白口，四周花邊，版心下鐫富春堂　有圖

557 水簾館新編芍藥記二卷　明萬曆潘氏繼志齋刻本　十行二十字，小字雙行同，白口，四周單邊，眉欄音釋　有圖

四二

558 新刻出像音註蘇英皇后鸚鵡記二卷　明金陵唐氏富春堂刻本　十行二十一字，小字雙行同，白口，四周雙邊，版心下鐫富春堂

559 新刻出像音註薛仁貴跨海征東白袍記二卷　明金陵唐氏富春堂刻本　十行二十一字，小字雙行同，白口，四周雙邊，版心下鐫富春堂

560 新刻出像音註增補劉智遠白兔記二卷　明金陵唐氏富春堂刻本　十行二十一字，小字雙行同，白口，四周花邊，版心下鐫富春堂　有圖

561 新刊全像觀音魚籃記二卷　明金陵書舖唐氏刻本　十一行二十字，白口，四周單邊，眉欄鐫評

562 新刻出像音注韓朋十義記二卷　明羅祐音注　明金陵唐氏富春堂刻本　十行二十二字，小字雙行同，白口，四周花邊，版心下鐫富春堂　有圖

563 新刻校正全相音釋青袍記二卷　明刻本　十一行二十字，白口，四周單邊

564 重校四美記二卷　明萬曆金陵文林閣刻本　十一行二十字，小字雙行同，白口，四周單邊，眉欄音注　有圖

565 新刻全像易鞋記二卷　明刻本　十一行二十字，小字雙行同，白口，四周單邊，眉欄音注　有圖

566 新刻出像音注劉玄德三顧草廬記四卷　明金陵唐氏富春堂刻本　十行二十一字，小字雙行同，白口，四周雙邊。

五六七 新刻出像音註岳飛破虜東窻記二卷　明金陵唐氏富春堂刻本　十行二十一字，小字双行同，白口，四周花边，版心下鐫富春堂，有圖

五六八 新刻全像臙脂記二卷　明刻本　十一行二十字，小字双行同，細口，四周单边，眉欄音註，有圖

五六九 新刻出像音註薛平遼金貂記五卷　明金陵唐氏富春堂刻本　十行二十一字，小字双行同，白口，四周双边，版心下鐫富春堂，有圖

五七〇 劉希必金釵記一卷　明宣德七年勝口钞圖抄本　八行行字不等

五七一 新鐫點板金雀記二卷　明刻清初讀書坊重修本　十行二十二字，白口，左右双边

五七二 柴桑樂一卷　題清方翰子撰　稿本

五七三 遺眞記六卷　清廖景文撰　題詞一卷詩話一卷　清乾隆惺心堂刻本　八行十九字，白口，左右双边

五七四 雷峯塔傳奇四卷　清方成培重訂　清乾隆三十七年刻本　吴梅跋

五七五 雷峯塔傳奇四卷　清方成培重訂　清乾隆三十七年刻本　七行十五字，白口，四周双边

五七六 鐙月閒情十七種二十卷　清唐英撰　清乾隆嘉慶間唐氏古柏堂刻本　九行二十字，小字双行不等，白口，四周双边

轉天心二卷　天緣債二卷　長生殿補闕一卷　十字坡一卷　英雄報一卷　巧換緣一卷　蘆花絮一卷　梁上眼一卷　雙釘案一卷　三元報一卷

四三

五七七 江花夢二卷芙蓉城記一卷　清龍燮撰　清乾隆刻本　八行二十字，白口，左右双边
情中人一卷　茄騷一卷　女彈詞一卷　虞兮夢一卷　梅龍鎮一卷　題紅買一卷　雙釘案二卷

五七八 雙龍墜二卷　題新鄭茅花齋撰　清順治茅花齋刻本　九行二十字，白口，四周单边，有圖

存一卷上

五七九 絲毫緣傳奇二卷　清謝庭撰　稿本　冰壽林名篤壽夢

五八〇 春草堂黄河遠二卷　清謝堃撰　清道光十年謝氏春草堂刻本　吴梅批校並跋　八行十九字，下黑口，左右双边

五八一 五鹿塊傳奇二卷　清許廷錄撰　清抄本　十行二十一字，无格

五八二 揚州鶴傳奇三卷　題清三原賈生撰　清抄本　十行二十四字

五八三 寬大詔一卷　清王昕撰　清嘉慶二十年刻本　八行十七字，白口，四周双边

五八四 昭代簫韶十本二十卷首一卷　清王廷章、范聞賢撰　清嘉慶十八年內府刻朱墨套印本　八行二十二字，白口，四周双边

五八五 昭代簫韶十本二十卷首一卷　清王廷章、范聞賢撰　清嘉慶十八年內府刻朱墨套印本　鄭振鐸跋
存十七卷　一至七上、八下至九下、十下

五八六 昭代簫韶十本二十卷首一卷　清王廷章、范聞賢撰　清嘉慶十八年內府刻朱墨套印本

眞伯騏跋

五八七 昭代簫韶十本二十卷首一卷　清王廷章、范聞賢撰　清朱墨抄本　八行二十二字，无格

五八八 紅情言二卷　清王翊撰　清初刻本　八行二十二字，白口，四周单边

五八九 三星圓初集二卷二集二卷三集二卷四集二卷　清王懋昭撰　清嘉慶十五年大水堂刻本　九行二十字，白口，四周双边，版心下鐫謹武堂書　有圖

五九〇 拜針樓一卷　清王墅撰　楊夭祚批點　清康熙四十八年楊氏研露齋刻本

五九一 拜針樓一卷　清王墅撰　清貫德堂刻本　吴梅跋　八行二十字，白口，四周单边，眉欄鐫評　八行十六字，白口，四周单边，眉欄鐫評

五九二 秋虎丘二卷　清王鑨撰　清康熙刻本　九行十八字，白口，左右双边，眉欄鐫評

五九三 惺齋新曲六種十三卷　清夏綸撰　清乾隆十八年夏氏世光堂刻本　十行二十字，白口，四周单边
無瑕璧傳奇二卷　杏花村傳奇二卷　瑞筠圖傳奇二卷　廣寒梯傳奇二卷補一卷　南陽樂傳奇二卷　花萼吟傳奇二卷

五九四 南陽樂傳奇二卷　清夏綸撰　清乾隆十年叠翠書堂刻本　九行二十字，白口，四周单边，版心鐫雪堂

五九五 秋水堂詩中聖傳奇二卷　清夏秉衡撰　清乾隆三十九年秋水堂刻本　九行十六字，白口，四周双边，版心鐫秋水堂，有圖

五九六 秋水堂雙翠圓傳奇二卷　清夏秉衡撰　清乾隆秋水堂刻本　九行十六字，白口，四周双边，版心鐫秋水堂，有圖

五九七 八寶箱傳奇二卷　清夏秉衡撰　清翁廬清崎刻本　八行十九至二十字，白口，四周单边，版心鐫清崎軒

四四

五九八 化人遊詞曲一卷　清丁耀亢撰　清順治五年刻本　九行二十四字，白口，四周单边

五九九 赤松遊傳奇三卷　清丁耀亢撰　清順治刻本　九行二十二字，白口，四周单边

六〇〇 新修楊忠愍蚺蛇膽表忠記二卷　清丁耀亢撰　清順治刻本　九行二十字，白口，四周单边

六〇一 進呈楊忠愍蚺蛇膽表忠記二卷　清丁耀亢撰　佚名批　清抄本　八行字不等，无格

六〇二 西湖扇傳奇二卷　清丁耀亢撰　清康熙刻本　九行二十字，白口，四周单边

六〇三 石恂齋傳奇四種十二卷　清石琰撰　清乾隆清素堂刻本　九行二十四字，白口，左右双边
天燈記三卷　忠烈傳三卷　酒家傭三卷　蟬香亭三卷

六〇四 兩度梅三卷　清石琰撰　清抄本　行字不等，无格

六〇五 點金丹二卷　題西泠詞客撰　清刻本　九行二十字，白口，左右双边

六〇六 梅花引一卷　題雲槎外史撰　清抄本

六〇七 譜定紅香傳不分卷　題雪卧山人撰　清紅杏山房抄本

六〇八 鸚鵡會傳奇二卷　題雲坡居士撰　清初抄本

六〇九 醉高歌傳奇不分卷　清張雍敬撰　清乾隆三年靈芬齋刻本　九行二十二字，白口，左右双边，版心鐫靈芬齋

六一〇 鴛鴦帕傳奇二卷 清張瀧撰 清乾隆十六年佩蘭堂刻本 九行二十字，白口，左右双边

六一一 芙蓉碣傳奇二卷 清張雲驤撰 清光緒刻本 吳梅批校並跋 九行十八字，黑口，左右双边

六一二 賢賢堂芙蓉樓傳奇二卷 清張衢撰 清乾隆刻本 十行二十二字，白口，四周单边

六一三 長生樂不分卷 清張勻撰 清抄本 六行二十二字，无格

六一四 萬花臺二卷 清張瀾撰 清康熙凝禧齋刻本 九行二十四字，白口，左右双边

六一五 快活三二卷 清張大復撰 清抄本 吳梅跋 十行二十二字，白口，四周双边

六一六 金剛鳳傳奇二卷 清張大復撰 稿本

六一七 金剛鳳不分卷 清張大復撰 清抄本 吳梅跋 十行字不等，无格

六一八 紫瓊瑤二卷 清張大復撰 清康熙四十一年天喜樓抄本 十行三十字，无格

六一九 紫瓊瑤二卷 清張大復撰 清雍正八年抄本 十行字不等，无格

六二〇 玉指環傳奇四卷 清張夢祺撰 稿本

六二一 玉指環傳奇四卷 清張夢祺撰 清抄本 八行二十字，无格

六二二 玉田春雨軒雜齣一卷 清張聲玠撰 清抄本

六二三 勸善金科十本二十卷首一卷 清張照等撰 清乾隆内府刻五色套印本 八行二十二字，白口，四周双边

四五

六二四 勸善金科十本不分卷 清張照等撰 清雍正抄本 九行二十字，白口，四周双边

六二五 昇平寶筏十本不分卷 清張照撰 清抄本 八行二十一字，无格

六二六 新琵琶四卷 清張錦撰 成鍚田評定 清嘉慶四年財壽樓刻本 九行二十字，白口，四周双边

六二七 玉燕堂四種曲八卷 清張堅撰 清乾隆刻本 十行二十字，白口，四周单边，眉欄鐫評
夢中緣二卷 梅花簪二卷 懷沙記二卷 玉獅墜二卷

六二八 軟羊脂傳奇二卷 清孔傳鋕撰 稿本 清西華樵人跋

六二九 軟郵筒二卷 清孔傳鋕撰 稿本 九行二十字，无格

六三〇 桃花扇傳奇二卷 清孔尚任撰 清康熙刻本 十行二十字，白口，四周单边，眉欄鐫評

六三一 桃花扇傳奇二卷 清孔尚任撰 清康熙刻本 吳梅跋

六三二 桃花扇傳奇二卷 清孔尚任撰 清康熙西園刻本 十行十九字，白口，四周单边，眉欄鐫評

六三三 桃花扇傳奇二卷 清孔尚任撰 清許少懷批校 王紫緒重訂 清許少懷燕山堂抄本

六三四 桃花扇傳奇二卷 清孔尚任撰 清抄本 十行行字不等，无格

六三五 桃花扇傳奇四卷 清孔尚任撰 清蘭雪堂刻本 伏辰校並跋

六三六 桃花扇傳奇後序詳註四卷 清吳穆撰 花庭開塞編 清嘉慶二十一年刻本 八行二十四字，小字双行同，白口，左右双边

六三七 賢星聚院本二卷 題孤嶼學人撰 清抄本 九行二十字，白口，四周单边

六三八 鍚六環二卷 存一卷下 清孫埏撰 清雍正十年刻本 九行二十字，下黑口，四周双边

六三九 雙絃記傳奇不分卷 清孫小嵐撰 清抄本 八行二十二字，小字双行二十字

六四〇 桃花影傳奇二卷 題清硯雲齋主人譜 清刻本 齊丹批校並跋 八行二十二字，白口，四周双边 本書亦名華蟾記、五色線

六四一 如意緣二卷 題信天齋癡道人撰 清抄本 九行二十四字，无格

六四二 研露樓兩種曲二卷 清崔應階撰 清乾隆刻本 八行十八字，白口，四周双边
烟花債傳奇一卷 情中幻傳奇一卷

六四三 情中幻傳奇二卷 清崔應階撰 清刻本 八行十八字，白口，左右双边

六四四 情中幻不分卷 清崔應階撰 清乾隆元年抄本

六四五 雙仙記傳奇二卷 清崔應階撰 清乾隆香雪山房刻本 十行二十字，白口，左右双边

六四六 玉尺樓傳奇二卷 清盧見曾撰 清乾隆盧氏雅雨堂刻本 十行二十一字，白口，左右双边，版心鐫雅雨堂

六四七 玉尺樓二卷 清盧見曾撰 清初抄本 八行二十四字，无格

六四八 香雪亭新編耆英會記一卷 清喬萊撰 清康熙刻本 清喬載繇題詩 十行十九字，黑口，四周双边

六四九 雙報應二卷 清嵇永仁撰 清刻本 九行十九字，黑口，左右双边

四六

六五〇 揚州夢二卷 清嵇永仁撰 清刻本 九行十九字，黑口，左右双边

六五一 藍雲亭二卷 清朱佐朝撰 清抄本 陳萬里跋 七行二十五字，无格
存三折 翻竊 獸香 遣休

六五二 龍燈賺二卷 清朱實綻撰 清抄本 九行二十字，无格

六五三 新刻回春記一卷 明朱葵心撰 清初刻本 九行二十二字，白口，四周单边

六五四 十五貫傳奇二卷 清朱㿥撰 清抄本 八行二十字，无格

六五五 翡翠園二卷 清朱㿥撰 稿本 九行二十字，白口，四周双边

六五六 聚寶盆不分卷 清朱㿥撰 清抄本

六五七 錦衣歸二卷 清朱㿥撰 清抄本 十行行字不等，无格

六五八 秦樓月二卷 清朱㿥撰 二分明月集一卷 清陳素素撰 名媛題詠一卷 清康熙文喜堂刻本 九行二十字，白口，左右双边

六五九 秦樓月二卷 清朱㿥撰 二分明月集一卷 清陳素素撰 名媛題詠一卷 清康熙文喜堂刻本 吳梅題詩 王立承跋

六六〇 萬年觴二卷 清朱㿥撰 清抄本 九行三十一字，无格

六六一 玉勾書屋十三種傳奇十四卷 清吳可堂撰 清乾隆刻本 九行二十字，白口，四周单边

心上鶴太平樂府　天降福一卷　世外歡一卷　秦州樂一卷
換身榮一卷　樂安春一卷　生平足一卷　萬年希一卷
成雙譜一卷　臨濠善一卷　人難賽一卷　三多全一卷
閣蘇州一卷
地行仙二卷

六六二　秣陵春傳奇二卷　清吳偉業撰　清初振古齋刻本　九行十九字，小字双行同，白口，左右双边，此書一名雙影記

六六三　秣陵春傳奇二卷　清吳偉業撰　清初振古齋刻本　樸盦題詞

六六四　秣陵春傳奇二卷　清吳偉業撰　清初刻乾隆五十九年重修本　九行十九字，白口，左右双边

六六五　秣陵春傳奇二卷　清吳偉業撰　清初刻乾隆五十九年重修本　吳梅批跋並題詩

六六六　義貞記二卷　清吳恒宣撰　清乾隆四十三年聊月山房刻本　十行二十字，白口，四周单边

六六七　一江風傳奇二卷　清和睦州撰　清抄本　十行二十字，无格，有圖

六六八　一斛珠二卷　清程枚撰　清乾隆刻本　九行二十字，白口，左右双边

六六九　蜃宮操傳奇二卷　清程鑣撰　清康熙四十五年自刻本　九行二十二字，白口，左右双边，有圖

六七〇　合浦珠傳奇二卷　清程瀚撰　清道光十六年刻本　七行十七字，黑口，左右双边

六七一　月殿緣傳奇二卷　清程聰撰　稿本

六七二　龍沙劍傳奇二卷　清程填撰　夢熊鈞璧二吾居士評點　清世瑞堂抄本　九行二十字，白口，四周单边

六七三　青衿俠傳奇一卷　清紀聖宣撰　清道光抄本　八行二十五字，无格

四七

六七四　修真寶傳因果全集一卷　題清復性子撰　清抄本　九行三十字，无格

六七五　珊瑚鞭二卷附采石紅一卷　清徐石麒撰　袁于令評　清抄本　九行二十字，无格

六七六　曲波園傳奇二種四卷　清徐士俊撰　清初徐氏曲波園刻本　十行二十字，白口，四周单边，版心下鐫曲波園，有圖
香草吟傳奇二卷　載花舲傳奇二卷

六七七　雨花臺傳奇二卷　清徐昆撰　周櫊鍋評　清乾隆貯書樓刻本　十行二十字，黑口，四周单边

六七八　碧天霞傳奇二卷　清徐昆撰　周櫊鍋評　清乾隆刻本　十行二十字，黑口，四周单边

六七九　杏花山二卷　清徐鳳撰　清抄本　九行二十字，无格

六八〇　鏡光緣傳奇二卷　清徐爔撰　清乾隆四十三年夢生堂刻本　八行十八字，白口，四周单边

六八一　鏡光緣傳奇二卷　清徐爔撰　清乾隆五十四年徐氏夢生堂刻蝶夢龕詞曲本　八行十八字，白口，左右双边

六八二　綺園四種八卷附一卷　清永恩撰　清乾隆禮王府刻本　十行十九字，黑口，四周双边
四友記二卷　三世記二卷　雙兎記二卷
五虎記二卷　附度藍關一卷

六八三　四友記二卷　清永恩撰　清抄本　十行十九字，黑口，四周双边

六八四　介山記二卷　清宋廷魁撰　清乾隆刻本　十行二十四字，白口，左右双边

六八五　廣寒香傳奇二卷　清江光被撰　清初文治堂刻本　九行二十字，白口，左右双边，有圖

六八六　芙蓉樓傳奇二卷　清江光被撰　清叩鉢齋刻本　九行二十字，白口，左右双边，有圖

六八七　小忽雷傳奇二卷　清顧彩、孔尚任撰　清乾隆宜竹齋抄本

六八八　小忽雷傳奇二卷　清顧彩、孔尚任撰　清抄本　清葉德輝跋

六八九　小忽雷傳奇二卷大忽雷傳奇一卷　清顧彩、孔尚任撰　清劉喜海味經書屋抄本

六九〇　天人怨二卷　清顧秋坪撰　稿本　十行二十字，无格

六九一　雨蝶痕傳奇二卷　題清浣霞子撰　清順治朗潤齋刻本　九行二十字，白口，四周单边

六九二　鴛鴦塚一卷課叢餘錄一卷　清沈玉亮撰　清康熙刻本　九行二十字，白口，四周单边

六九三　沈簣漁四種曲八卷　清沈起鳳撰　清古香林刻本　九行二十字，黑口，左右双边
報恩緣二卷　才人福二卷　文星榜二卷　伏虎韜二卷

六九四　伏虎韜不分卷　清沈起鳳撰　清抄本　九行行字不等，无格

六九五　長生殿傳奇二卷　清洪昇撰　清康熙稗畦艸堂刻本　十行二十字，黑口，四周单边

六九六　長生殿傳奇四卷　清洪昇撰　清乾隆年內府抄本　六行十八字，无格

六九七　畫圖緣傳奇二卷　題清汾上雖菴撰　清乾隆寧拙齋刻本　十行二十字，白口，四周双边

六九八　陰陽判傳奇二卷　清查慎行撰　清康熙刻本　九行二十字，白口，四周单边

六九九　蘭桂仙傳奇二卷　清左潢撰　程秉銓評　曲譜一卷　清沈起鳳撰　清嘉慶七年至八年勝花書塾刻本　九行二十二字，白口，左右双边，有圖

四八

七〇〇　桂花塔二卷　清左潢撰　清嘉慶十七年天香館刻本　九行二十二字，白口，左右双边，有圖

七〇一　梅花詩二卷　清李應桂撰　清康熙刻本　九行二十二字，白口，四周单边

七〇二　小河洲傳奇二卷　清李應桂撰　清刻本　九行二十二字，白口，四周单边

七〇三　味塵軒曲四種八卷　清李文瀚撰　清道光刻本　九行十八字，黑口，四周双边
紫荊花傳奇二卷　胭脂舄傳奇二卷
團扇樓傳奇二卷　銀漢槎傳奇二卷

七〇四　胭脂舄傳奇二卷　清李文瀚撰　清道光刻本　吳梅批點並跋　九行十八字，黑口，四周双边

七〇五　一笠庵四種曲八卷　清李玉編　清乾隆五十九年寶研齋刻本　八行二十一字，小字双行同，白口，左右双边
一笠庵新編一捧雪傳奇二卷　墨憨齋訂定人獸關傳奇二卷
墨憨齋重定永團圓傳奇二卷　一笠庵新編占花魁傳奇二卷

七〇六　麒麟閣二卷　清李玉撰　清初抄本　九行二十二字，无格

七〇七　麒麟閣二卷　清李玉撰　清康熙十七年抄本　十行行字不等，无格

七〇八　一笠菴新編一捧雪傳奇二卷　清李玉撰　清初刻本　九行二十字，白口，左右双边，有圖

七〇九　一笠菴新編兩鬚眉傳奇二卷　清李玉撰　清順治刻本　九行二十字，白口，左右双边，有圖

七一〇　千鍾祿不分卷　清李玉撰　清康熙抄本　十行行字不等，无格

七一一　一笠菴新編占花魁傳奇二卷　清李玉撰　清初萃錦堂刻本　九行二十字，白口，四周单边，有圖

七一二 一笠菴新編占花魁傳奇二卷 清李玉撰 清吳梅批訂並跋 清初萃錦堂刻本

七一三 牛頭山二卷 清李玉撰 清抄本 九行二十五字無格

七一四 墨憨齋重訂永團圓傳奇二卷 清李玉撰 明馮夢龍改訂 明末刻本 八行二十一字，白口，左右雙邊

七一五 一笠菴新編永團圓傳奇二卷 清李玉撰 清初刻本 九行二十字，白口，四周單邊，有圖

七一六 一笠菴彙編清忠譜傳奇二卷 清李玉撰 清初刻寶英堂印本 九行十八字，白口，四周單邊

七一七 一笠菴新編第七種傳奇眉山秀二卷 清李玉撰 清初刻本 九行二十字，白口，四周單邊

七一八 一笠菴新編人獸關傳奇二卷 清李玉撰 清初刻本 九行二十字，白口，四周單邊，有圖

七一九 太平錢二卷 清李玉撰 清抄本

七二〇 寒香亭傳奇四卷 清李凱撰 清范椿評 清乾隆懷古堂刻本 九行二十字，白口，左右雙邊，眉欄鐫評

七二一 歲星記傳奇不分卷 清李斗撰 清嘉慶間刻本 八行十九字，白口，左右雙邊，眉欄鐫評

七二二 御爐香二卷 清李漫翁撰 稿本 九行二十一字無格

七二三 御爐香二卷 清李漫翁撰 清抄本 九行二十一字無格

七二四 意中緣傳奇二卷 清李漁撰 清順治刻本 九行二十二字，白口，四周單邊，有圖

七二五 意中緣一卷 清李漁撰 清抄本 八行行字不等，無格

七二六 笠翁傳奇十種二十卷 清李漁撰 廣陵杞評 清芥子園刻本 九行二十字，白口，四周單邊，有圖
憐香伴傳奇二卷 風箏誤傳奇二卷 意中緣傳奇二卷 蜃中樓傳奇二卷 鳳求凰傳奇二卷 奈何天傳奇二卷 比目魚傳奇二卷 玉搔頭傳奇二卷 巧團圓傳奇二卷 慎鸞交傳奇二卷

七二七 笠翁傳奇十種二十卷 清李漁撰 清刻本 十行二十四字，白口，左右雙邊，有圖
憐香伴二卷 風箏誤二卷 意中緣二卷 蜃中樓二卷 鳳求凰二卷 奈何天二卷 比目魚二卷 玉搔頭二卷 巧團圓二卷 慎鸞交二卷

七二八 笠翁傳奇十種二十卷 清李漁撰 清康熙刻本 十一行二十二字，白口，四周單邊，有圖
憐香伴二卷 風箏誤二卷 意中緣二卷 蜃中樓二卷 鳳求凰二卷 奈何天二卷 比目魚二卷 玉搔頭二卷 巧團圓二卷 慎鸞交二卷

七二九 秘奇樓外書二卷封禪書樂府新編四卷 題清杏花使者撰 清康熙秘奇樓刻本 九行二十二字，白口，四周單邊

七三〇 臨川玉茗堂批評西樓記二卷 清袁于令撰 題明湯顯祖評 明末刻本 十行二十至二十二字，白口，四周單邊，有圖

七三一 西樓記傳奇二卷 清袁于令撰 明陳繼儒評 明末師儉堂刻本 九行二十二字，小字雙行同，白口，四周單邊，有圖

七三二 劍嘯閣自訂西樓夢傳奇二卷 清袁于令撰 明刻清初劍嘯閣印本 九行十七字，白口，四周單邊

七三三 西樓記傳奇二卷 清袁于令撰 清順治兩衡堂刻本 九行二十四字，白口，四周單邊，有圖

七三四 怡雲閣西樓記二卷 清袁于令撰 明刻清初讀書坊重修本 十行二十一字，白口，四周單邊

七三五 西樓記四卷 清袁于令撰 清乾隆五十五年寶賢齋刻巾箱本 九行十八字，白口，左右雙邊

七三六 劍嘯閣鷫鸘裘記二卷 清袁于令撰 清初劍嘯閣刻本 十行二十字，白口，四周單邊

七三七 天隨願不分卷 清袁權撰 清抄本 吳梅跋 九行二十三字無格

七三八 茗雪山房二種曲四卷 清彭劍南撰 清道光六年彭氏茗雪山房刻本 九行二十二字，白口，左右雙邊
影梅菴傳奇二卷 香畹樓二卷

七三九 某心雪傳奇不分卷 清姚燮撰 稿本

七四〇 夢中因傳奇二卷 題清尤泉山人撰 清抄本 九行二十字，藍格，白口，四周單邊

七四一 玉湖樓第三種傳奇明翠湖亭四卷 清裘璉撰 清康熙絳雲居刻本 十行二十二字，白口，四周單邊
昆明池一卷 集翠裘一卷 鑑湖隱一卷 旗亭館一卷

七四二 玉湖樓傳奇第六種女崑崙二卷 清裘璉撰 清裘亦新抄本 十行行字不等，藍格，白口，四周雙邊

七四三 新編雙南記二卷 題清越雪山人編 清康熙欣醉堂刻本 九行二十字，白口，四周雙邊

七四四 紫霞巾傳奇二卷 題嵇西遷客撰 清嘉慶六年自刻本 七行二十四字，白口，四周雙邊

七四五 紫霞巾傳奇二卷 題嵇西遷客撰 清嘉慶六年自刻本 吳梅跋

七四六 花月痕傳奇二卷 題嵇西遷客撰 清道光七年刻本 七行二十四字，白口，四周雙邊

七四七 芝龕記六卷 清董榕撰 清乾隆十六年刻本 十行十九字，黑口，四周單邊

七四八 紅雪樓九種曲十三卷 清蔣士銓撰 清乾隆蔣氏紅雪樓刻本 九行二十二字，白口，四周單邊
香祖樓二卷 空谷香二卷 冬青樹一卷 桂林霜二卷 臨川夢二卷 四絃秋一卷 雪中人一卷 一片石一卷 第二碑一卷

七四九 藏園九種曲十三卷 清蔣士銓撰 清乾隆經綸堂刻本 九行二十二字，白口，四周單邊
香祖樓二卷 一片石一卷 雪中人一卷 空谷香二卷 第二碑一卷 冬青樹一卷 桂林霜二卷 臨川夢二卷 四絃秋一卷

七五〇 廣寒香傳奇二卷 題蒼山子撰 寒水生評 清文治堂刻本 九行二十字，白口，左右雙邊，有圖

七五一 叢海扁舟一卷 清道池居士撰 稿本 八行十九字，無格

七五二 鳳凰樓傳奇二卷 清朱子京撰 清抄本 李大翀跋 八行十九字，無格

七五三 雙痣記傳奇二卷 題清蕉窗主人撰 清乾隆十四年承恩堂刻本 九行二十四字，白口，四周單邊

七五四 擁雙艷三種六卷 清萬樹撰 清康熙萬氏粲花別墅刻本 九行二十字 白口 四周單邊 眉欄鐫評
風流棒傳奇二卷 念八翻傳奇二卷 空青石傳奇二卷

七五五 擁雙艷三種六卷 清萬樹撰 清康熙萬氏粲花別墅刻本 吳梅跋

七五六 青溪笑二卷 題慕鶴漫叟撰 清嘉慶刻本 九行二十字 白口 左右雙邊

七五七 續情燈傳奇二卷 清薛旦撰 明崇禎薛氏繡霞堂刻本 九行二十字 白口 四周單邊 眉欄鐫評

七五八 醉月緣傳奇二卷 清薛旦撰（原題聽嵩子編） 清初薛氏繡霞堂刻本 九行二十字 白口 四周單邊 眉欄鐫評

七五九 忠孝福二卷 清黄兆森撰 清刻本 十行二十一字 小字雙行同 黑口 左右雙邊

七六〇 石榴記傳奇四卷 清黄振撰 清乾隆三十七年柴灣村舍刻本 九行十九字 白口 四周雙邊 眉欄鐫評
名人月圖

七六一 看山閣樂府雷峰塔二卷 清黄圖珌撰 清乾隆黄氏看山閣刻本 十行十九字 黑口 左右雙邊

七六二 看山閣樂府樓雲石二卷 清黄圖珌撰 清乾隆黄氏看山閣刻本 十行十九字 黑口 左右雙邊 水墨本

七六三 夏為堂人天樂傳奇二卷 清黄周星撰 清初夏為堂刻本 九行二十一字 白口 左右雙邊

七六四 漁邨記二卷 清□□□撰 清乾隆妙有山房刻本 九行二十二字 黑口 左右雙邊

七六五 幻烟緣傳奇二卷 清胡寫年撰 清刻本 八行十九字 白口 四周單邊 水滸又名灯下草

七六六 潛莊删訂增補紫玉記二卷 清蘇應龍撰 清乾隆四年潛莊山房刻本 十行二十字 白口 四周單邊

五一

七六七 新製增補全琵琶重光記二卷摘錦弁言一卷 清蘇應龍撰 清刻本 十行二十字 白口 四周單邊

七六八 晉春秋傳奇二卷 清蔡廷弼（原題蔦雷主人）撰 清嘉慶刻本 十行二十二字 白口 左右雙邊

七六九 椿軒六種曲十四卷 題椿軒居士撰 清同治三年刻本 十行二十五字 白口 四周雙邊
鳳凰琴二卷 雙獻珠二卷 金媄山四卷 回覽配二卷 孝感天二卷 天賜壽二卷

七七〇 鴛水仙緣不分卷 清楊寶璇（原題小鐵山人）撰 清抄本 九行二十五字 無格

七七一 鴛水仙緣不分卷 清楊寶璇（原題小鐵山人）撰 清抄本

七七二 後一捧雪二卷 清胡□□撰 清天壇閣刻本 十行二十三字 白口 四周單邊

七七三 珊瑚鞭傳奇二卷 清胡鍾宏撰 清乾隆四十三年寶仰亭刻本 十行二十字 白口 四周單邊

七七四 長生樹傳奇不分卷 清姚宜楫撰 清抄本 吳梅跋 十一行二十一字 無格

七七五 鷫鷞夢記二卷 清趙閒夏撰 清初刻本 十行二十字 黑口 四周單邊
存一卷下

七七六 玉門關二卷 題清溪泓撰 清乾隆刻本 十行十九字 黑口 左右雙邊

七七七 如意珠傳奇四卷 清秦子陵撰 稿本

七七八 紅羅記傳奇四卷 清秦子陵撰 稿本

七七九 胭脂雪二卷 清戚際時撰 清內府四色抄本 八行二十一字 白口 左右雙邊
存一卷下

七八〇 風前月下填詞二卷 清曹錫撰 清初刻本 八行二十四字 小字雙行同 白口 四周雙邊

七八一 登懷堂偶輯溫柔鄉傳奇二卷 題屋堂主人撰 清抄本 九行二十四字 無格
存一卷上

七八二 補天記二卷 題四願居士撰 清康熙刻本 八行二十字 白口 四周單邊

七八三 洛神廟傳奇二卷 清呂履恒（原題青要山樵）撰 清康熙刻本 九行二十字 白口 四周單邊

七八四 汜黄濤二卷 題思齋主人撰 清抄本 九行二十四字 無格

七八五 鶴歸來傳奇二卷 清瞿頡撰 清乾隆秋水閣刻本 九行二十四字 白口 左右雙邊

七八六 玉馬珮銀箏記二卷 清路術淳撰 清康熙展據齋刻本 九行二十一字 白口 四周單邊
存一卷上

七八八 繡旂記二卷 清劉可培撰 清抄本 十行二十字 無格

七八九 一亭霜二卷 清劉永安撰 清抄本 八行十六字 白口 四周雙邊

五二

七九〇 鸑鷟扇二卷 清劉永安撰 清抄本 八行十六字 白口 四周雙邊

七九一 遊仙夢不分卷 清劉熙堂撰 心鶴散人堂 清嘉慶刻本 十行二十字 白口 四周雙邊 版

七九二 合劍傳奇二卷 清劉睫祁撰 清初刻本 九行十九字 白口 左右雙邊 有圖

七九三 揚州夢傳奇二卷 清岳端撰 清康熙四十年啟賢堂刻本 九行二十二字 白口 左右雙邊 有圖

七九四 揚州夢傳奇二卷 清岳端撰 清康熙四十年啟賢堂刻本 吳梅跋

七九五 洞庭緣一卷 清李樹經撰 清抄本 十二行二十四字 無格

七九六 東海傳奇二卷 清陳寶撰 清抄本 八行二十字 無格

七九七 雙冠誥一卷 清陳二白撰 稿本 十行二十二字 白口 四周雙邊

七九八 雙冠誥二卷 清陳二白撰 清抄本 七行行字不等

七九九 春草吟廬外史八卷附竇生本傳 清陳烺撰 明馮夢禎撰 清嘉慶十二年抄本 陳球 吳起常跋 八行二十一字 無格

八〇〇 梅花夢傳奇二卷 清陳森撰 稿本 清吳企寬、莊縉度、劉沅、梁昭、冒廣生、鄧邦述、莊蘊寬等題辭 挑惠音題詞 張威濂跋 九行行字不等 無格

八〇一 梅花夢傳奇二卷 清陳森撰 清道光抄本 八行行字不等 無格

八〇二 紅樓夢傳奇八卷 清陳鍾麟撰 清道光刻本 九行十九字 白口 左右雙邊

八〇三 幻緣箱二卷 清邱園撰 清抄本 十二行行字不等，無格

八〇四 補天石傳奇八種八卷 清周文泉撰 清道光十年靜遠草堂刻本 六行十六字，白口，四周雙邊，眉欄鐫評，有圖
宴金臺一卷 定中原一卷 河梁歸一卷 琵琶語一卷 紉蘭佩一卷 碎金牌一卷 紞如鼓一卷 波弋香一卷

八〇五 補天石傳奇八種八卷 清周文泉撰 稿本 呂恩湛、張時跋 八行二十字，無格

八〇六 黃鶴樓填詞二卷 清周墰撰 清乾隆六十年蔭槐堂刻本 十行十八字，白口，四周單邊

八〇七 容居堂三種曲六卷 清周稚廉撰 清壽佛草堂刻本 九行二十字，白口，四周單邊
珊瑚玦傳奇二卷 雙忠廟傳奇二卷 新編元寶媒傳奇二卷

八〇八 紅樓佳話不分卷 清周宜撰 清趙麟趾抄本 趙麟趾跋 六行行字不等，無格

八〇九 鼎峙春秋十卷 清周祥鈺等撰 清抄本 九行二十字，無格

八一〇 鼎峙春秋不分卷 清周祥鈺等撰 清抄本 九行二十字，無格

八一一 鼎峙春秋十卷 存卷一下至卷十 清周祥鈺等撰 清抄本 八行二十二字，白口，四周雙邊

八一二 鼎峙春秋不分卷 存四十二齣 清周祥鈺等撰 清內府朱墨抄本 八行二十二字，無直格，四周雙邊
西川圖十齣 草船借箭十二齣 全本大快人心傳奇二十齣

五三

八一三 鼎峙春秋不分卷 清周祥鈺等撰 清抄本 八行行字不等，無格

八一四 鼎峙春秋十卷 存四卷 一上、二至四 清周祥鈺等撰 清朱墨抄本 八行二十四字，紅格，白口，四周雙邊

八一五 十出奇傳奇二卷 清周大榜撰 清抄本 十二行二十五字，無格

八一六 玉鴛鴦三卷 清周坦綸撰 清抄本 六行行字不等，無格

八一七 魚水緣傳奇二卷 清周書撰 清乾隆二十六年傳文堂刻本 八行二十字，白口，左右雙邊

八一八 據梧軒玉環緣二卷 清周昂撰 清乾隆五十三年此宜閣刻本 十行二十六字，白口，左右雙邊

八一九 西江瑞傳奇二卷 清周昂撰 清乾隆此宜閣刻本 十行二十六字，白口，左右雙邊

八二〇 西江瑞傳奇一卷 清周昂撰 清乾隆刻本

八二一 一簾春傳奇二卷 題閒止亭浙墨居士撰 清抄本 九行二十六字，無格

八二二 旗亭記二卷 清金兆燕撰 盧見曾改訂 清乾隆盧氏雅雨堂刻本 十行二十一字，白口，四周單邊，版心下鐫雅雨堂

八二三 旗亭記二卷 清金兆燕撰 盧見曾改訂 清刻本 十行二十一字，白口，四周單邊

八二四 旗亭記二卷 清金兆燕撰 盧見曾改訂 清抄本 羅振常跋

八二五 嬰兒幻傳奇三卷 清金兆燕撰 清抄本 十行二十字，白口，四周單邊

八二六 紅牙小譜二卷溧陽詩稿一卷詞稿一卷西調一卷小曲一卷 清金綸撰 清嘉慶三年刻本 六行十八字，白口，左右雙邊，無直格

八二七 雙星圖二卷 清桐[illegible]撰 清樂餘園刻本 九行二十一字，黑口，黑魚尾，左右雙邊

八二八 新編夕畫調留仙鏡傳奇二卷 題知我道人撰 清同治十一年抄本 十行行字不等，無格

八二九 赤壁記傳奇二卷 清婁鴻儒撰 清九經堂刻本 九行二十字，白口，左右雙邊

八三〇 乞食圖二卷 清錢維喬撰 清乾隆小林樓刻本 十行二十三字，白口，左右雙邊

八三一 乞食圖二卷 清錢維喬撰 清乾隆小林樓刻本 吳梅跋

八三二 鸚鵡媒二卷 清錢維喬撰 清乾隆小林樓刻本 十行二十五字，白口，左右雙邊

八三三 異方便淨土傳燈歸元鏡三祖實錄二卷附錄一卷 清釋智達撰 清康熙三十八年靈穩寺刻本 十行二十字，小字雙行同，白口，四周單邊

八三四 異方便淨土傳燈歸元鏡三祖實錄二卷 清釋智達撰 清刻本 十行二十字，小字雙行同，細黑口，四周雙邊

八三五 富貴神仙二卷 清鄭含成撰 清刻本 十行二十一字，白口，四周單邊

八三六 金瓶梅二卷 清鄭小白撰 清抄本 八行二十八字，無格

八三七 新編麒麟閣待傳奇二卷 題晴簡社主人撰 清刻本 九行十九字，白口，左右雙邊，無直格

八三八 慶安瀾傳奇二卷 清抄本 八行行字不等，無格

五四

八三九 享千秋不分卷 清抄本 盧前題款 九行二十餘字，無格

八四〇 調元樂不分卷 清抄本 九行十九字，小字雙行同，無格

八四一 三世姻緣二卷 清抄本 九行十九字，白口，四周雙邊

八四二 三鳳緣全傳三卷 清抄本 十行行字不等，無格

八四三 三義節不分卷 清抄本 十二行二十五、六字，無格

八四四 正昭陽二卷 清雍正二年沈膺生抄本 盧前題款 八行二十八字，無格

八四五 玉盃記一卷 清抄本 十三行二十四字，無格

八四六 五香球二卷 存一卷 上 清抄本 八行二十三、四字，無格

八四七 琉璃塔不分卷 清抄本 九行二十餘字，無格

八四八 雪梅教子不分卷 清抄本 四行二十字，無格

八四九 不夜天不分卷 清抄本 八行行字不等，無格

八五〇 下河東一卷 清內府抄本

八五一 下南唐二卷 清內府抄本

八五二 平蠻圖二卷 清抄本 九行二十四字，無格

八五三 平齡會十卷 清抄本 九行二十四字，无格

八五四 天宮寶傳奇二卷 清初太原王氏曲房抄本 清姚燮跋

八五五 天星聚不分卷 清抄本 八行二十餘字，无格

八五六 天門關一卷 清昇平署抄本

八五七 再生緣傳奇不分卷 清抄本 盧前題款 八行二十字，无格

八五八 西樓夢二卷 清初耐閒堂刻本 九行十八字，小字双行同，白口，左右双边

存一卷下

八五九 武香球傳奇六十三齣 清抄本 九行二十字，白口，四周双边

八六〇 醒世魔傳奇一卷 清抄本 九行行字不等，无格

八六一 雙珠球不分卷 清抄本 六行行字不等，无格

八六二 雙紅絲傳奇二卷 清超然閣抄本 九行二十字，白口，四周双边

八六三 千秋鑑不分卷 清抄本 七行行字不等，无格

八六四 征西異傳不分卷 清光緒内府抄本 六行十五字，无格

八六五 貞節報不分卷 清抄本 八行行字不等，无格

八六六 稱心緣二卷 清抄本 六行行字不等，无格

八六七 後西遊記不分卷 清雍正二年沈氏響風堂抄本 盧前題款 九行二十字，无格

八六八 後尋親記二卷 清抄本 八行行字不等，无格

八六九 出師表二卷 清抄本 十一行行字不等，无格

八七〇 綉鞋記一卷 清抄本 十行二十字，黑格

八七一 德政芳十六卷 清昇平署抄本 七行十八字，无格

八七二 續琵琶二卷 清抄本 八行二十字，无格

八七三 續春秋二卷 清抄本 十行二十五字，白口，四周单边

八七四 生辰綱不分卷 清抄本 八行行字不等，无格

八七五 新編繡春舫二卷 清抄本 十行行字不等，无格

八七六 多福緣不分卷 清伏名撰 清抄本 十行行字不等，无格

八七七 名花榜不分卷 清抄本 十行行字不等，无格

八七八 幻奇緣二卷 清抄本 八行二十四字，无格

八七九 祭瀘江不分卷 清抄本 八行二十四字，无格

八八〇 綠牡丹一卷 清抄本 九行行字不等，无格

八八一 牧羊記二卷 清内府抄本 十行二十二字，无格

五五

八八二 牧羊記不分卷 清抄本 八行行字不等，无格

存一卷下

八八三 牧羊記二卷 清貫善堂抄本 九行行字不等，无格

八八四 秋竹山房傳奇二種二卷 清秋竹山房刻本 九行二十二字，白口，四周双边

阿修羅一卷 肖子屋一卷

八八五 遊瓜記不分卷 清内府四色抄本 清翁某芬跋

八八六 寶藏不分卷 清抄本 六行行字不等，无格

八八七 定風珠二卷 清抄本 盧前題款 八行二十字，无格

八八八 江流記不分卷 清内府四色抄本

八八九 福星照不分卷 清抄本 七行行字不等，无格

八九〇 逵觀記二卷 清抄本 九行二十四字，无格

八九一 神天叶慶不分卷 清抄本 八行二十字，无格

八九二 渾儀鏡不分卷 清抄本 九行行字不等，无格

八九三 通仙枕二卷 清抄本 八行行字不等，无格

八九四 游龍傳不分卷 清抄本 行字不等，无格

八九五 雄黃陣不分卷 清抄本 十行約三十字，无格

八九六 大造化□卷 清抄本

存一卷上

八九七 南樓傳不分卷 清抄本 六行二十三至二十五字，无格

八九八 古城記一卷 清内府抄本 十行二十二字，无格

八九九 杏花山二卷 清抄本 九行二十字，白口，四周单边

九〇〇 七子圖不分卷 清抄本 十行三十餘字，无格

九〇一 封神天榜十卷 清内府抄本 八行二十一字，小字双行同，无格

存七卷一、三、五、七至九

九〇二 萬倍利不分卷 清抄本 行字不等，无格

九〇三 英雄蘂二卷 清抄本 十行二十一字，无格

九〇四 勘離騷院本二卷 清抄本 九行二十字，白口，四周单边

存一卷下

九〇五 舊邑謳思長庚永慶不分卷 清抄本 九行十八字，无格

九〇六 楚漢春秋十卷 清内府抄本 九行二十字，无格

五六

九〇七 黃土關不分卷 清抄本 九行十七、八字，無格
九〇八 如意寶册十本不分卷 清抄本
九〇九 報恩猿不分卷 清咸豐三年順命堂抄本 五行行字不等，無格，有曲譜
九一〇 極樂世界傳奇十三卷 題觀劇道人撰 誠齋女史叙評 清抄本 九行二十字，無格
九一一 摘星樓傳奇二卷 清抄本 九行二十字，黑格，白口，四周單邊
九一二 忠義傳十八本不分卷 清南府抄本
存十七本 缺第十六本二、三兩齣
九一三 未央天二卷 清抄本 行字不等，無格
九一四 東周列國傳奇四種四卷 清昇平署抄本 八行二十二字，無格
晏嬰獻計一卷 四兵解圍一卷 金霞搭救一卷 仙翁救急一卷
九一五 蟠桃會二卷 清抄本 十行行字不等
九一六 蟠桃會□卷 清四色抄本 八行二十一字，白口，四周雙邊
存雪夜訪賢一折
九一七 盛世鴻圖六卷 清內府抄本 八行二十字，無格
九一八 盛世鴻圖不分卷附提綱一卷 清內府抄本 九行二十二字，無格

五七

九一九 盛世奇英三卷 清抄本 九行二十字，黑格，白口，左右雙邊
九二〇 挾忠烈傳奇二卷 清乾隆十五年湛懷堂抄本 八行行字不等，無格
九二一 四美圖不分卷 清抄本 行字不等，無格
九二二 睢陽節不分卷 清抄本 八行二十字，無格
九二三 吐絨記不分卷 清抄本 十一行行字不等，無格
九二四 財星照二卷 烏絲欄本 八行二十字，白口，四周雙邊
九二五 雅觀樓不分卷 清抄本 七行二十四字，無格
九二六 辟兵珠傳奇十卷 清抄本 九行二十字，白口，上下雙欄
九二七 長葉林一卷 清南府抄本
九二八 風雲會一卷 清同治十二年昇平署抄本
九二九 月香亭新鍋傳奇育英才不分卷 清抄本 十行二十三、四字，無格
九三〇 鬭嬋娟不分卷 清抄本 行字不等，無格
九三一 陰陽鏡不分卷 清抄本 八行二十至二十三字，無格
九三二 八方向化一卷 清南府抄本
九三三 金璧配二卷 清抄本 十行行字不等，無格
九三四 金龍印不分卷 清抄本 十行二十字，白口，四周雙邊，無直格
九三五 無底洞不分卷 清抄本 九行行字不等，無格
九三六 新編義忠烈四卷 清抄本 行字不一，無格
九三七 義忠恩二卷 清抄本 十行二十字，無格
九三八 鍾情緣傳奇不分卷 清初抄本
九三九 鍾情緣二卷 清抄本 十二行行字不等，無格
九四〇 鐵旗陣十五本不分卷 清南府抄光緒昇平署外學增補本
九四一 鐵冠圖一卷 清刻本 十行二十四字，白口，四周雙邊，有圖
九四二 錦繡旙一卷 清抄本 十一至十二行，行字不等，無格
九四三 鋒劍春秋五卷 清抄本 行字不一，無格
九四四 鎖陽關一卷 清昇平署抄本
九四五 火焰山不分卷 清抄本 十二行二十五至二十七字，無格
九四六 燈宴不分卷 清同江濃邊緝抄本 二十三行二十九字，無格，有彩圖
九四七 情中義傳奇二卷 清初大原王氏曲局抄本
九四八 爛柯山傳奇二卷 清康熙陳益儒抄本 九行行字不等，無格

五八

散曲

九四九 樂府小令七種八卷 清乾隆刻本 九行十八字，白口，左右雙邊
張小山小令二卷 元張可久撰 喬夢符小令一卷 元喬吉撰
葉兒樂府一卷 清朱彝尊撰 北樂府小令一卷 清厲鶚撰
西堂樂府一卷 清尤侗撰 揚州竹枝詞一卷 清吳偉業撰
板橋道情一卷 清鄭燮撰
九五〇 張小山小令二卷 元張可久撰 明李開先輯 明嘉靖刻本 九行十八字，黑口，四周雙邊
九五一 張小山小令二卷 元張可久撰 明李開先輯 明嘉靖刻本 清丁丙跋
九五二 張小山樂府一卷 元張可久撰 明抄本 八行十九至二十三字，無格
九五三 北曲聯珠集五卷 元張可久撰 明抄本 馮虞跋 十行二十字，白口，四周單邊
九五四 新刊張小山北曲聯樂府三卷外集一卷 元張可久撰 清初毛氏汲古閣抄本 清毛扆校 十二行二十四字，白口，左右雙邊
九五五 新刊張小山北曲聯樂府三卷外集一卷 元張可久撰 清抄本 卷下外集清[illegible]何焯、清黃丕烈、張蓉鏡跋 十行二十二字，無格
九五六 新刊張小山北曲聯樂府三卷外集一卷補遺一卷 元張可久撰 補遺一卷清黃丕烈輯 清抄本 清勞權校 丁丙跋
九五七 新刊張小山北曲聯樂府三卷外集一卷 元張可久撰 清抄本

本　清丁丙跋

九五八　小山樂府六卷　元張可久撰　清抄本　十行二十字無格

九五九　小山樂府六卷　元張可久撰　清抄本　十行二十字、白口、左右双边

九六〇　小山樂府六卷　元張可久撰　清抄本　十行二十字、白口、左右双边

九六一　雲莊張文忠公休居自適小樂府一卷　元張養浩撰　明成化十九年邃靖之刻本　九行十七字、黑口、四周双边

九六二　喬夢符小令一卷　元喬吉撰　明李開先輯　明隆慶元年李開先刻本

九六三　喬夢符小令一卷　元喬吉撰　清抄本　九行二十一字、黑格

九六四　朝野新聲太平樂府九卷　元楊朝英輯　元刻本　十六行二十七字、黑口、左右双边

存八卷　一至八

九六五　朝野新聲太平樂府九卷　元楊朝英輯　元刻明汲古閣毛氏補抄本（序目卷一至五抄配，又卷九抄配三葉）

九六六　朝野新聲太平樂府九卷　元楊朝英輯　明刻本　十行二十字、白口、四周双边

九六七　朝野新聲太平樂府九卷　元楊朝英輯　明抄本　十行二十字無格

九六八　朝野新聲太平樂府九卷　元楊朝英輯　清抄本　清黃丕烈跋　十行二十字無格

九六九　朝野新聲太平樂府九卷　元楊朝英輯　清抄本　清黃丕烈、倩人抄補並校跋　十行二十字無格

五九

九七〇　朝野新聲太平樂府九卷　元楊朝英輯　中州樂府音韻類編一卷　元卓從之撰　明刻本　清孫胤伽、何煌校並跋　十一行二十字、白口、左右双边

九七一　朝野新聲太平樂府九卷　元楊朝英輯　明刻本　清黃丕烈、袁克文跋　十四行字不等、黑口、四周单边

九七二　朝野新聲太平樂府九卷　元楊朝英輯　明刻本　吳楠跋

存六卷　一至六

九七三　朝野新聲太平樂府九卷　元楊朝英輯　清抄本　清何元錫抄補並校　丁丙跋

九七四　樂府陽春白雪前集四卷後集五卷　元楊朝英輯　清黃氏士禮居抄本　清黃丕烈校並跋　十行二十字

九七五　樂府新編陽春白雪前集五卷後集五卷　元楊朝英輯　元刻本　清柳是校　黃丕烈、丁丙跋　十六行二十七字、黑口、左右双边、無刻工

九七六　樂府新編陽春白雪□卷　元楊朝英輯　元刻本　清黃丕烈、丁丙跋　十七行二十八至三十字、黑口、左右双边

九七七　梨園按試樂府新聲三卷　元刻本　十七行三十字、細黑口、四周双边

存二卷　一至二

九七八　梨園按試樂府新聲三卷　明抄本　袁盛鐸跋　十七行三十字

九七九　二太史樂府聯璧四卷　明刻本　九行二十字、白口、四周双边

九八〇　二太史樂府聯璧四卷　明刻清修補印本　碧山樂府二卷　明王九思撰　沜東樂府二卷　明康海撰

九八一　二太史樂府聯璧四卷　明刻本　碧山樂府二卷　明王九思撰　沜東樂府二卷　明康海撰

九八二　四詞宗合刻五卷　明汪氏環翠堂刻本　十行二十字、白口、四周单边　坐隱先生精訂金白嶼蕭爽齋樂府一卷　明金鑾撰　坐隱先生精訂馮海浮山堂詞稿二卷　明馮惟敏撰　坐隱先生精訂王西樓樂府一卷　明王磐撰　坐隱先生精訂梁少白江東白苧一卷　明梁辰魚撰

九八三　沜東樂府二卷　明康海撰　明嘉靖三年康浩刻本　十行二十一字、細黑口、四周双边

九八四　沜東樂府二卷　明康海撰　明刻本　八行十七字、白口、四周单边、无刻工

九八五　碧山樂府二卷　明王九思撰　明正德刻本　十行二十一字、白口、四周单边

九八六　碧山樂府二卷拾遺一卷　明王九思撰　明正德刻清印本　十行二十一字、白口、四周单边

九八七　碧山樂府二卷　明王九思撰　明嘉靖三十四年張書紳刻本　十行二十一字、白口、四周单边

九八八　碧山樂府二卷拾遺一卷　明王九思撰　南曲次韻一卷　明李開先、王九思撰　明嘉靖刻本　十行二十一字、白口、四周单边

九八九　碧山樂府一卷拾遺一卷續稿一卷　明王九思撰　明嘉靖康浩刻本　明□□、清丁丙跋　八行十七字、白口、四周单边

六〇

九九〇　碧山新稿一卷續稿一卷　明王九思撰　南曲次韻一卷　明李開先、王九思撰　明嘉靖刻本　十行二十一字、白口、四周单边或双边

九九一　秋水菴花影集五卷　明施紹莘撰　明末刻本　八行二十字、四周单边、无直格

九九二　王西樓先生樂府一卷　明王磐撰　明嘉靖三十年張守中刻本　九行二十字、白口、四周单边

九九三　王西樓先生樂府一卷　明王磐撰　明嘉靖三十年張守中刻本　清丁丙跋

九九四　王十嶽樂府一卷　明王寅撰　明萬曆十三年刻本　九行十九字、白口、四周单边

九九五　適暮稿一卷　明王克篤撰　清嘉慶二十一年王宏超抄本

九九六　吳騷集四卷　明王穉登輯　二集四卷　明張琦、王煇輯　明萬曆刻本　十行二十一字、白口、四周单边、有圖

九九七　續小令集不分卷　明丁惟恕撰　明崇禎十三年刻本　九行十九字、白口、四周单边、无直格

九九八　白雪齋選訂樂府吳騷合編四卷衡曲麈譚一卷　明張楚叔、張旭初輯　曲律一卷　明魏良輔撰　明崇禎十年張師齡刻本　九行二十字、白口、四周单边、有圖

九九九　白雪齋選訂樂府吳騷合編四卷　明張楚叔、張旭初輯　明崇禎刻本　九行二十字、白口、四周单边、有圖

彩筆情辭十二卷　明張栩輯　明天啟四年刻本　九行二十字、白口、四周单边、有圖

一〇〇〇 誠齋樂府二卷 明朱有燉撰 明宣德九年自刻本 吳梅跋 十行二十字，黑口，四周双边
一〇〇一 古今奏雅六卷 明吳長公輯 明崇禎九年刻本 八行二十二字，白口，四周单边，有圖
一〇〇二 新刻點板情詞昔昔鹽五卷 明魏之皋撰 明刻本 九行十九字，白口，四周单边
一〇〇三 明農軒樂府一卷 明殷士儋撰 明萬曆六年刻本 九行十九字，白口，四周双边
一〇〇四 太霞新奏十四卷 明馮夢龍（顧曲散人）輯 明天啓刻本 八行二十字，白口，左右双边，有圖
一〇〇五 海浮山堂詞稿四卷 明馮惟敏撰 明嘉靖刻本 九行十七字，白口，左右双边
存三卷 大令一卷 小令一卷 歸田小令一卷
一〇〇六 筆花樓新聲不分卷 明顧正誼撰 明萬曆刻本 八行十六字，白口，四周双边
一〇〇七 江東白苧二卷續二卷 明梁辰魚撰 明末刻本 八行十八字，白口，左右双边
一〇〇八 鞠通樂府三卷 明沈自晉撰 吳梅抄本
黍離續奏一卷 越溪新詠一卷 不殊堂近草一卷
一〇〇九 南音三籟散曲二卷戲曲二卷 明凌濛初輯 明崇禎刻本 九行二十二字，白口，四周单边，无直格，有圖
一〇一〇 月露音四卷 明靜常齋（凌虚子）等輯 明杭州豐樂橋三官巷口李衙刻本 十行二十二字，白口，四周单边，有圖
一〇一一 中麓小令不分卷 明李開先撰 跋語不分卷 清抄本 九行十八字，无格

六一

一〇一二 四時悼内一卷 明李開先撰 附録一卷 清抄本 九行十八字，无格
一〇一三 臥病江皋一卷 明李開先撰 清抄本 九行十八字，无格
一〇一四 謗謨一卷曲典一卷 題明真如子撰 明萬曆刻本 九行二十字，白口，左右双边
一〇一五 南北詞曲隨筆不分卷 明[illegible]撰 明刻本 九行二十字，白口，四周单边
一〇一六 林石逸興十卷 明薛論道撰 明萬曆刻本 十行十八字，白口，四周双边
一〇一七 金山雅調北小令一卷 明薛崗撰 明抄本 八行十六字，无格
一〇一八 太平樂府一卷 明黄魯曾輯 明黄魯曾刻本 黄丕烈跋 九行十八字，白口，左右双边
一〇一九 西藏聞見録一卷 清林喬蔭撰 清嘉慶十八年抄本
一〇二〇 樂府餘音一卷 明楊廷和撰 明嘉靖刻本 鄭振鐸跋 八行二十字，白口，左右双边
一〇二一 陶情令一卷 明楊[illegible]撰 清抄本 十行二十二字，无格
一〇二二 南峯樂府一卷 明楊循吉撰 明刻本 九行十八字，白口，左右双边
一〇二三 陶情樂府四卷續集一卷拾遺一卷 明楊慎撰 明嘉靖三十年簡紹芳刻本 九行二十字，黑口，四周双边，續集十行十八字，白口
一〇二四 陶情樂府四卷 明楊慎撰 明嘉靖三十年簡紹芳刻本 清丁丙跋
一〇二五 樂府詞餘五卷 明黄峨撰 明萬曆三十六年楊禹聲刻本 十行二十字，白口，四周单边
一〇二六 楊升菴先生夫人樂府詞餘五卷 明黄峨撰 明刻本 九行二十字，白口，左右双边
一〇二七 徐文長重訂楊升菴夫人詞曲五卷 明黄峨撰 明萬曆刻本 九行二十字，白口，左右双边
一〇二八 徐文長重訂楊升菴夫人詞曲五卷 明黄峨撰 明萬曆刻本 吳梅批校
一〇二九 芳茹園樂府一卷 明胡汝嘉撰 明刻本 九行十八字，白口，四周单边
一〇三〇 秦詞正訛二卷 明秦時雍撰 陳子晁輯 明嘉靖刻本 鄭振鐸跋 八行十八字，黑口，四周双边
存一卷 上
一〇三一 精選點板崑調十部集樂府先春二卷首一卷 明陳繼儒輯 明刻本 鄭振鐸跋 十行二十一字，白口，四周单边，有圖
一〇三二 新鐫古今大雅北宮詞紀六卷 明陳所聞輯 明萬曆三十二年陳氏繼志齋刻本 十行二十字，白口，四周单边
一〇三三 新鐫古今大雅北宮詞紀六卷 明陳所聞輯 明萬曆三十二年陳氏繼志齋刻本 王立承跋
一〇三四 新鐫古今大雅北宮詞紀六卷 明陳所聞輯 明萬曆三十二年陳氏繼志齋刻本 鄭振鐸跋
一〇三五 新鐫古今大雅南宮詞紀六卷 明陳所聞輯 明萬曆三十三年陳氏繼志齋刻本 十行二十字，白口，四周单边

六二

一〇三六 坐隱先生精訂陳大聲樂府全集七種十二卷 明陳鐸撰 汪廷訥訂 明萬曆三十九年汪氏環翠堂刻本 十行二十字，白口，四周单边
坐隱先生精訂梨雲寄傲二卷 坐隱先生精訂月香亭稿二卷 坐隱先生精訂[illegible]一卷 坐隱先生精訂草堂餘意二卷 坐隱先生精訂可雪齋稿二卷 坐隱先生精訂秋碧軒稿二卷 坐隱先生精訂大平樂事一卷
一〇三七 梨雲寄傲一卷秋碧樂府一卷 明陳鐸撰 明抄本 十行十九字，黑格，白口，四周单边
一〇三八 良辰樂事不分卷 明劉效祖撰 清康熙二十九年劉芳永刻本 八行十八字，白口，四周双边
一〇三九 詞臠一卷 明劉效祖撰 清康熙三十五年胡介祉谷園刻本 吳梅跋並題辭 八行十八字，白口，四周单边
一〇四〇 醒夢戲曲一卷 清高奕撰 清初刻本 繆濟頤批校並跋 七行十九字，白口，四周单边
一〇四一 自怡軒樂府四卷 清許寶善撰 清乾隆五十八年刻本 七行十六字，白口，左右双边
一〇四二 棣萼香詞二卷 清宋徵璧等撰 清順治刻本 八行二十字，白口，四周单边
一〇四三 棠村樂府不分卷 清梁清標撰 清抄本 八行二十字，紅格
一〇四四 桃花聖解盦樂府二卷 清李慈銘撰 清抄本
一〇四五 鵲亭樂府四卷 清[illegible]著 清康熙三十一年[illegible]園草堂刻本 九行十九字，黑口，四周单边
一〇四六 流楚[illegible]不分卷 清初[illegible]刻本 八行二十字，白口，四周单边
一〇四七 古今奏雅□卷 明刻本 八行二十二字，白口，四周单边

存一卷 典六

月香小稿不分卷 明抄本 十行十九字白口黑格四周双边 一〇四八

曲選

雍熙樂府二十卷 明郭勛輯 明嘉靖十年刻本 十行二十一字白口四周双边 一〇四九

雍熙樂府二十卷 明郭勛輯 明嘉靖十九年刻本 十行二十一字白口四周双边 一〇五〇

雍熙樂府二十卷 明郭勛輯 明嘉靖四十五年春山刻本 十行二十一字白口四周双边 一〇五一

雍熙樂府二十卷 明郭勛輯 明嘉靖四十五年春山刻本 清丁丙跋 一〇五二

雍熙樂府十三卷 明郭勛（題西湖廣氏）輯 明萬曆刻本 九行十八字白口左右双边 一〇五三

詞林逸響四卷 明許宇編 明天啟三年刻本 九行二十七字白口四周單边 有圖 刻工胡邦賢 一〇五四

詞林摘艷十卷 明張祿輯 明嘉靖三十年徽藩刻本 八行十八字白口四周單边 一〇五五

詞林摘艷十卷 明張祿輯 明嘉靖三十年徽藩刻本 鄧光忠吳梅跋 一〇五六

詞林摘艷十卷 明張祿輯 明嘉靖三十年徽藩刻本 任訥跋 一〇五七

詞林摘艷十卷 明張祿輯 明萬曆二十五年內府刻本 九行二十一字白口四周双边 一〇五八

新鐫出像點板北調萬壑清音八卷 明止雲居士輯 明天啟四年西爽堂刻本 九行二十字白口四周單边 六三 一〇五九

新刊呂涇野先生校正中秘元本二十卷 明楊慎輯 明金陵三餘館刻本 九行十九字白口左右双边 一〇六〇

新鐫歌林拾翠六卷 題凝花主人輯 西湖漫史評 明崇禎刻本 九行二十三字白口四周單边 眉欄鐫評 一〇六一

選古今南北劇十卷 明徐渭輯 明清遠齋刻本 八行十八字白口四周單边 一〇六二

新鐫出像點板縷頭百練二集六卷 題明沖和居士輯 明崇禎刻本 九行二十字白口四周单边 有圖 一〇六三

新鐫出像點板怡春錦曲六卷 題明沖和居士輯 明末刻本 九行二十字白口四周單边 有圖 一〇六四

來鳳館合選古今傳奇四卷 題選月主人輯 清初刻本 上欄十二行十二字 下欄八行十八字白口四周双边 存一卷 六 一〇六五

詞珍雅調八種十三卷 明□□輯 明金陵書肆刻本 十行二十二字白口四周双边 龄苑詞珍殘缺三卷 慶賀詞珍一卷 風月詞珍五卷 夏景遣懷雅調一卷 秋景遣懷雅調一卷 冬景遣懷雅調一卷 江湖遣懷雅調一卷 時興道情雅調二卷 一〇六六

新鐫綴白裘合選四卷 題明蘭陰積金山人合輯 清康熙翼聖堂刻本 十行二十字白口四周單边 有圖 一〇六七

彩雲乘新鐫樂府遏雲編三卷 明塊愚、吳之俊輯 明末刻本 九行二十五字白口四周單边 有圖 一〇六八

吳歈萃雅四卷 題梯月主人輯 明萬曆刻本 九行二十一字白口四周單边 有圖 一〇六九

新刻出像點板增訂樂府珊珊集四卷 明周之標輯 明崇禎刻本 十行二十二字白口四周單边 有圖 存二卷 一至二 一〇七〇

溫經樓遊戲翰墨二十卷續錄一卷 清孔廣林撰 清嘉慶十七年孔廣林抄本 十行二十字白口四周單边 一〇七一

南音三籟四卷 清袁也學輯 譚曲雜劄一卷 明凌濛初撰 清康熙七年刻本 九行二十二字白口四周單边 眉欄鐫評 一〇七二

詞餘偶抄不分卷 清彭湖輯並評 稿本 吳梅跋 十二行二十二字 無格 一〇七三

復莊今樂府選五百四十五卷 清姚燮編 稿本 一〇七四

新刻出像點板時尚崑腔雜曲醉怡情八卷 題清青溪菰蘆釣叟輯 清初致和堂刻本 九行二十二字白口四周單边 一〇七五

新刻出像點板時尚崑腔雜出醉怡情八卷 題清青溪菰蘆釣叟輯 清刻本 十行二十五字白口四周單边 六四 一〇七六

類聚名賢樂府羣玉五卷 明四明胡氏文一閣抄本 吳梅校並跋 羅振常跋 十行二十字 一〇七七

新鐫樂府爭奇三卷 明汪公亮刻本 十行二十四字白口四周單边 存二卷 上、中 一〇七八

新鐫彙選辨真崑山點板樂府名詞二卷 明書林周敬吾刻本 一〇七九

徽歌集□□卷 明汪光華玩虎軒刻本 十行二十二字白口四周單边 存一卷 一 一〇八〇

秋夜月四卷 明燕石居刻本 上欄九行十字 下欄九行十四字白口四周單边 新鍥天下時尚南北新調二卷 明殷啟聖輯 新鍥天下時尚南北徽池雅調二卷 明熊稔寰輯 一〇八一

萬錦清音四卷 明末刻本 八行十八字白口左右双边 一〇八二

盛世新聲十二卷 明正德戊寅刻本 十行二十字黑口四周双边 存九卷 正宮、仙呂、中呂、南呂、双調、越調、商調、萬花集、南曲各一卷 一〇八三

盛世新聲十二卷 明正德戊寅刻本 袁克文跋 一〇八四

一〇八五 盛世新聲十二卷 明正德十二年刻本 十二行二十四字黑口左右雙邊
一〇八六 盛世新聲十二卷 明萬曆二十四年刻本 九行二十一字白口四周雙邊
一〇八七 盛世詞林十二卷 明抄本 九行二十字白口四周雙邊
一〇八八 曲選不分卷 明抄本 八行藍格白口四周單邊
一〇八九 名田選九不分卷 清抄本 壬戌□跋 十八行二十七字無格
一〇九〇 審音鑒古錄不分卷 清道光十四年王繼善刻本 十行二十四字白口四周雙邊，有圖
一〇九一 清音小集四卷 清乾隆四十八年敬修堂刻本 八行十四字白口四周雙邊
一〇九二 南北詞廣韻選十九卷 清抄本 九行十九字無格
一〇九三 崑弋腔選曲不分卷 清四色抄本 八行二十一字無格四周雙邊

彈詞

一〇九四 陳眉公正廿一史彈詞二卷 明楊慎撰 明刻本 九行二十二字白口四周單邊
一〇九五 重刊二十一史彈詞二卷 明楊慎撰 王起隆增定 明崇禎朱武時刻本 十行二十二字白口四周雙邊
一〇九六 廿一史彈詞二卷 明楊慎撰 王起隆增定 明天啓四年葉小鸞抄本 十二行二十字無格
一〇九七 廿一史彈詞注□卷 明楊慎撰 清張仲璜注 稿本 顧□□□□□跋 存三卷 南北朝一卷、隋唐一卷、後五代一卷
一〇九八 廿一史彈詞註十卷 明楊慎撰 清張三異增定 張仲璜注 明紀彈詞註一卷 清張三異撰 張仲璜注 清雍正五年張以誠刻本 十二行二十一字白口四周單邊
一〇九九 二十一史彈詞輯注十卷 明楊慎撰 清孫德威輯注 清康熙四十年刻本 十行二十字小字雙行三十字黑口左右雙邊
一一〇〇 歷代史略十段錦詞話旁註二卷附歷代帝王紀一卷 明楊慎撰 楊中林註 明末朱墨套印本 六行二十二字小字雙行同白口四周單邊
一一〇一 明史彈詞一卷 清龍柏撰 清抄本
一一〇二 明史彈詞一卷 清龍柏撰 清抄本
一一〇三 續彈詞二卷 清許文炳撰 清康熙二十五年水月齋刻本 十行二十二字白口四周雙邊
一一〇四 繡像雙珠鳳全傳十二卷八十回 題一笑山人撰 清刻本 八行二十六字白口四周單邊
一一〇五 羣英傳二十八卷 清江鶴棠撰 稿本 存十一卷 二至十二卷
一一〇六 繡像倭袍傳十二卷一百回 清滿蘭清撰 清乾隆五十四年刻本 十一行二十二字白口左右雙邊，有圖

六五

一一〇七 果報錄十二卷一百回 清滿蘭清撰 清澹寄軒抄本 本書又名倭袍傳
一一〇八 繪真記四十卷 題清邀月樓主人撰 清刻本 九行二十一字白口左右雙邊
一一〇九 赤玉蓮花彈詞三十六卷 清黄小默撰 稿本
一一一〇 三生石彈詞二十四回 清黄小默撰 清抄本 八行十六字無格
一一一一 來生福彈詞三十六回 題瀾中逸史撰 清刻本 八行二十字黑口左右雙邊
一一一二 新編灼蛇傳雷峰塔十卷 題野花老人撰 清抄本 九行約三十字無格
一一一三 再生緣二十卷 清陳端生撰 梁德繩續 清抄本 十行二十三字無格
一一一四 犀釵記八卷 清陳琬璘撰 清抄本 九行字不等無格
一一一五 新編時調唱口文明秋鳳三十八集一百八卷點默熙然五十六回一百六十八卷 清刻本 十行或十一行二十一字白口四周單邊
一一一六 繡像一捧雪全傳八卷三十二回 清刻本 十行二十字白口四周單邊
一一一七 三度韓文公六卷 清抄本 八行字不等無格
一一一八 三國志玉璽傳二十卷 清乾隆元年至二十年抄本 十二行二十三至三十字不等無格
一一一九 新編玉鴛鴦全傳八卷三十六回 清道光十一年史鵲蘭抄本 十行二十一字白口無格

六六

一一二〇 新編後玉蜻蜓嬌紅傳二十四卷 清抄本
一一二一 真本玉釧緣三十二卷 清抄本 十行二十三字無格
一一二二 新刻五壽傳十二卷 清春小堂刻本 十二行二十五字白口四周單邊 本書又名混元盒全傳
一一二三 天緣記八卷 清抄本 十二行二十一字至二十四字白口無格
一一二四 晉陽外史十二卷 清抄本 十行二十一字無格
一一二五 晉陽外史十六卷 清壽壽堂抄本 九行二十一字無格
一一二六 石破天驚不分卷 清玉筍抄本 十行字不等
一一二七 北史遺文四十卷 清乾隆五十七年錦箕堂抄本 十一行二十三字無格
一一二八 水心鏡六卷 清咸豐十一年翁曾源抄本 清翁曾源跋 十行二十三字無格
一一二九 孝義真蹟珍珠塔二十四回 清同治十二年抄本 十行二十八字無格
一一三〇 新刻雙玉鐲十五卷後集十卷 清乾隆五十二年刻本 十二行二十八九字白口四周單邊
一一三一 新譜奇合釧全傳三十卷 清康熙抄本 九行二十一字無格
一一三二 後唐誌續集十卷 清抄本 八行二十三字無格
一一三三 後唐誌續集十卷 清抄本 八行十一字無格
一一三四 改本白仙傳四卷 清嘉慶十五年抄本 八行二十三字無格

新翻鶯鶯佩二十回二集二十四回 清道光抄本 清張千里題辭 一一三五

新刻唱句時調沈香閣初集二十四集 清閩忠恕堂刻本 十行二十六字白口、四周單邊 本書亦名十美圖 一一三六

增删十粒金丹六十八回 清抄本 八行二十四字無格 一一三七

花鳥緣十六回 清抄本 六節版、行六字 一一三八

重校訂正說唱柳狀元鑄花針報冤傳二卷 清刻本 十三行三十二字白口、四周單邊 一一三九

畫錦堂十六卷 清抄本 九行二十一字白口、無格 一一四〇

青石山八卷 清抄本 八行十七至二十六字無格 一一四一

轆龍鏡十七卷 清乾隆三十一年集賢齋刻本 三節版十二行七字白口、四周單邊 一一四二

明史遺文新柳詩八卷 清抄本 十三行二十一字白口、無格 一一四三

鳳凰山七十二卷七十二回 清海陵刻本 十行二十四字黑口、四周單邊 一一四四

新調陰陽鏡莫奈何全傳二十卷 清刻本 十三行二十八字白口、四周單邊 一一四五

精奇雅調金孔雀十五卷 清蔣中遠抄本 十行二十九字無格 一一四六

新編灑雪堂合情緣分絃記二卷 清抄本 三節版上行行七字 一一四七

新刻古本大金錢全傳二十五卷 清刻本 四節版每節十五行七字間有不分節者行三十二字 一一四八

新編儒雅小金錢彈詞二十四卷二十四回餘文一卷 清刻本 四節版十二行行七字白口、四周單邊 一一四九

六七

寶卷

巍巍不動太山深根結果寶卷一卷 明正德刻萬曆四十七年重修本 半開四行字數不等、上下双边、有圖 一一五〇

巍巍不動太山深根結果寶卷不分卷 明萬曆元年刻本 半開四行十五字上下双边 一一五一

混元教弘陽中華寶卷一卷 明萬曆北京真武大經鋪刻本 半開四行十四字 本書亦名弘陽嘆世經 一一五二

苦功悟道經一卷 明正德十三年刻本 本書亦名苦行悟道卷 一一五三

藥師本願功德寶卷一卷佛說三十五佛名經一卷 明嘉靖二十二年趙妃張氏刻本 半開五行十五字上下双边 有彩色圖 一一五四

目連救母出離地獄生天寶卷一卷 明抄彩繪本 半開十二行十六字 一一五五

嘆世無為卷一卷 明正德四年刻本 半開四行字數不等、上下双边 一一五六

嘆世無為卷一卷 明刻本 半開四行十三字、上下双边 一一五七

銷釋金剛科儀一卷 明刻本 半開四行十五字 有圖 一一五八

銷釋孟姜忠烈貞節賢良寶卷二卷 明刻遞修本 半開五行十七字 一一五九

天仙聖母源留泰山寶卷五卷 清康熙元年刻本 半開四行十五字、上下双边 一一六〇

護國佑民伏魔寶卷二卷 清初刻本 半開四行十五字、上下双边 一一六一

雜曲

山歌十卷 明馮夢龍輯 明末刻本 八行二十一字白口、無直格、左右双边 一一六二

黃鶯兒一卷吳儂巧偶一卷補遺一卷 明馮夢龍撰 明末刻本 八行二十一字白口、四周單邊 一一六三

掛枝兒一卷夾竹桃頂針千家詩山歌一卷 明馮夢龍（題墨憨主人）撰 明末刻本 八行二十一字白口、四周單邊 一一六四

掛枝兒十卷 明馮夢龍輯 明末刻本 八行二十一字白口、四周單邊 存九卷 一至九 一一六五

六八

俗曲不分卷 明嘉靖天王寺抄本 一一六六

新編四季五更駐雲飛一卷 明刻本 十二行二十字黑口、四周双边 一一六七

明成化說唱詞話十六種十九卷附傳奇一種一卷 明成化永順堂刻本 一一六八

新編全相說唱足本花關索出身傳一卷
新編全相說唱足本花關索認父傳一卷
新編足本花關索下西川傳續集一卷
新編說唱足本花關索貶雲南傳一卷
新編說唱全相石郎駙馬傳一卷
新刊全相唐薛仁貴跨海征遼故事一卷
新刊全相說唱包待制出身傳一卷
新刊全相說唱包龍圖陳州糶米記一卷
新刊全相說唱足本仁宗認母傳一卷
新編說唱包龍圖公案斷歪烏盆傳一卷
新刊說唱包龍圖斷曹國舅公案傳一卷
新刊全相說唱張文貴傳二卷
新編說唱包龍圖斷白虎精傳一卷
全相說唱師官受妻劉都賽上元十五夜看燈傳一卷
全相說唱包龍圖斷趙皇親孫文儀公案傳一卷
新刊全相鶯哥孝義傳一卷
新刊全相說唱開宗義富貴孝義傳二卷
新編劉知遠還鄉白兔記一卷
附注：看燈傳與孫文儀公案傳乃一種分為二卷

一一六九 初陽山人漁鼓曲一卷 清顧[illegible]撰 清乾隆三十四年刻本 十行二十字白口左右雙邊

一一七〇 蘇會圖十回 [illegible]撰 清抄本

一一七一 蘇繪圖十回 清抄本

一一七二 霓裳續譜八卷 清王廷紹編 清乾隆六十年集賢堂刻本 十行二十字白口左右雙邊

一一七三 賈鳧西鼓詞一卷 清賈應寵撰 清抄本 八行十八字無格

一一七四 歷代史略鼓兒詞二卷 清賈鳧西撰 清抄本 九行二十字無格

一一七五 粵風四卷 清李調元輯 清刻本 十行二十字白口四周雙邊

一一七六 東郭傳詞一卷 清蒲松齡撰 清抄本 十行字不等無格

一一七七 禳妒咒二卷三十三回 清蒲松齡撰 清抄本

一一七八 慈悲曲一卷 清蒲松齡撰 清抄本 十行二十六字至二十九字無格

一一七九 白雪遺音四卷 清華廣生輯 清道光八年玉慶堂刻本 十行二十字白口四周單邊

一一八〇 西調黃鸝調集抄不分卷 清[illegible]輯 清乾隆四十三年抄本 十行十六字無格

一一八一 庚戌水災傳鼓兒詞一卷 清[illegible]撰 清抄本 十行行字不等 [illegible]四周雙邊

一一八二 上元承應大鑼迎一卷 清南府抄本

一一八三 新編東調大雙蝴蝶□□卷 清刻本 十行二十二字白口四周單邊 存三卷（一至三）

六九

一一八四 閨艷秦聲一卷 清抄本 九行二十四字無格

曲譜

一一八五 北雅三卷 明[illegible]輯 明萬曆三十年[illegible]刻本 八行十九字白口左右[illegible]

一一八六 太和正音譜十二卷 明朱權撰 明萬曆二十三年[illegible]何鈁刻本 八行二十字左右雙邊

一一八七 太和正音譜二卷 明朱權撰 清影明洪武抄本 清丁丙跋

一一八八 太和正音譜三卷 明朱權撰 明抄本 九行十七字白口藍格四周單邊

一一八九 太和正音譜二卷 明朱權撰 清內府抄本 [illegible]行十六字白口四周雙邊

一一九〇 南九宮十三調曲譜四卷首一卷 明[illegible]撰 中原音韻一卷 元周德清撰 明程明善校 明末刻本 九行二十字白口左右雙邊

一一九一 嘯餘譜十一卷 明程明善輯 明萬曆刻本 九行二十字白口四周單邊

一一九二 彙纂元譜南曲九宮正始不分卷 明徐慶卿輯 清鈕少雅訂 清抄本 九行二十字白口四周雙邊

一一九三 彙纂元譜南曲九宮正始不分卷 明徐慶卿輯 清鈕少雅訂 清抄本

一一九四 北詞譜十四卷臆論一卷附一卷 明徐慶卿輯 清抄本 七行二十字白口[illegible]格四周單邊

一一九五 增定南九宮曲譜二十一卷附錄一卷 明沈璟撰 明刻本 七行十八字白口四周單邊

一一九六 增訂南九宮曲譜二十一卷附錄一卷 明沈璟撰 明三樂齋刻印本 七行十八字白口四周單邊

一一九七 增定南九宮曲譜二十一卷附錄一卷 明沈璟撰 明文治堂印本 七行十八字白口四周單邊

一一九八 廣緝詞隱先生增定南九宮詞譜二十六卷 明沈自晉撰 清順治十二年沈氏不殊堂刻本 八行十八字白口四周單邊

一一九九 南九宮譜大全□□卷 明[illegible]撰 [illegible]本 六行 [illegible]

一二〇〇 舊編南九宮譜不分卷 明蔣孝輯 明嘉靖刻本 十二行二十四字白口四周單邊

一二〇一 舊編南九宮譜十卷 明蔣孝輯 明三徑草堂刻本 八行二十字白口左右雙邊

一二〇二 骷髏格一卷 [illegible]一卷 清[illegible]撰 清初抄本 十[illegible]

七〇

一二〇三 重訂南九宮詞譜二卷 清康熙五十年新[illegible]堂抄本 [illegible]行二十五字無格

一二〇四 曲譜十二卷首一卷末一卷 清王奕清等撰 清康熙內府刻[illegible]印本 八行二十一字白口四周雙邊

一二〇五 新定十二律崑腔譜十六卷 清王正祥撰 清康熙停雲室刻本 八行二十字白口四周雙邊

一二〇六 新定宗北歸音六卷 清王正祥撰 清康熙二十五年停雲室刻本 八行二十字白口四周雙邊

一二〇七 新定十二律京腔譜十六卷 清王正祥撰 清康熙二十三年停雲室刻本 八行二十字小字雙行同白口四周雙邊

一二〇八 南詞便覽不分卷 清張心其撰 清抄本 十一行十八字無格

一二〇九 元詞備考五卷 清張心其撰 清康熙三十七年[illegible]抄本 十行二十二至二十五字無格

一二一〇 玉尺樓曲譜六卷 清盧見曾撰 清抄本

一二一一 一笠庵北詞廣正譜十八卷附南戲北詞正譌 清李玉撰 清康熙青蓮書屋刻文靖書院印本 六行二十[illegible]左右雙邊

一二一二 吟香堂曲譜四卷 清馮起鳳撰 清乾隆五十四年刻本 七行十四字白口左右雙邊

一二一三 太古傳宗琵琶調西廂記曲譜二卷宮詞曲譜

二卷絃索調時劇新譜二卷 清湯斯質輯 朱廷鏐、朱廷璋訂 清乾隆十四年允祿刻本 七行行字不等，白口，四周双边

一二一四 夢餘老人曲譜大成六卷 題清逸甫輯 清抄本 十一行行字不等，无格

一二一五 納書楹曲譜正集四卷續集四卷補遺四卷外集二卷納書楹玉茗堂四夢曲譜八卷 清葉堂撰 清乾隆五十七至五十九年葉氏納書楹刻本 六行十八字，白口，四周双边

一二一六 西厢記譜五卷 清葉堂撰 清乾隆葉氏納書楹刻本 五行十六字，白口，左右双边

一二一七 猗蘭雅操四卷 清楊承晉輯 稿本 三行十六字，紅格

一二一八 白雪新聲不分卷 題清青蓮道人輯 清抄本 三行二十一字，无格

一二一九 蟫縣發明一卷法曲秘譜一卷 題清春園主人紫霞輯 清嘉慶十一年抄本 六行行字不等，白口，四周双边

一二二〇 九宮譜定十二卷總論一卷 題東山釣史、鴛湖逸者輯 清初金閶綠蔭堂刻本 七行十八字，白口，四周单边

一二二一 吟碧居曲譜八卷 清蔡恩復輯 清抄本 八行十七字，无格

一二二二 御製北調宮詞樂譜四卷 清乾隆四十七年三保抄本

七一

一二二三 御製南調宮詞樂譜四卷 清乾隆四十七年三保抄本

一二二四 雜劇曲譜不分卷 清抄本 三行十九字，无格

一二二五 崑弋身段譜甲編不分卷 清抄本

一二二六 崑弋身段譜乙編不分卷 清抄本

一二二七 伶官曲譜不分卷 清嘉慶劉氏積善堂抄本

一二二八 連城璧曲譜不分卷 清抄本 五行行字不等，无格

一二二九 芥舟書屋全集曲譜八卷 清抄本 四行二十七字，藍格，四周单边 存七卷 一至七

一二三〇 味餘山館曲譜不分卷 清抄本 三行十六字，綠格

一二三一 雅歌拍選三集不分卷 清抄本 十六行行字不等

一二三二 金聲玉振不分卷 清抄本 八行行字不等，无格

一二三三 笛曲箋一卷 清乾隆十五年永春堂抄本

一二三四 南北詞簡譜十卷 吳梅撰 稿本

曲律

一二三五 曲律四卷附曲律後語一卷 明王驥德撰 明天啟四年毛以燧刻本 十行二十字，白口，四周单边，版心下鐫方諸館

一二三六 絃索辨訛二卷 明沈寵綏撰 明崇禎十二年刻本 八行二十二字，白口，四周单边

一二三七 度曲須知二卷 明沈寵綏撰 明崇禎十二年刻本 八行二十二字，白口，四周单边

一二三八 度曲須知二卷絃索辨訛二卷 明沈寵綏撰 明崇禎十二年刻清順治六年沈標重修本

一二三九 樂府傳聲不分卷 清徐大椿撰 清乾隆十三年刻本 十行十九字，白口，左右双边

一二四〇 新編南詞定律十三卷首一卷 清呂士雄等撰 清康熙五十九年刻朱墨套印本 八行十八字，白口，四周双边 吳梅批注

一二四一 新編南詞定律十三卷卷首一卷 清呂士雄等撰 清康熙五十九年刻朱墨套印本

一二四二 新編南詞定律十三卷首一卷 清呂士雄等撰 清康熙五十九年刻薈蘭閣印本

一二四三 新定九宮大成南北宮詞譜八十一卷閏一卷總目三卷 清周祥鈺、鄒金生等輯 清乾隆十一年允祿刻朱墨套印本

曲韻

一二四四 中原音韻二卷 元周德清撰 明刻本 十二行二十字，黑口，四周双边

一二四五 中州音韻不分卷 元周德清撰 明王文璧增注 明弘治十七年張鼒刻本、錢式義跋 十行二十字，黑口，四周双边

一二四六 中原音韻不分卷 元周德清撰 明刻本 王稷培跋 十行十四至十七字，黑口，四周双边

一二四七 中原音韻二卷 元周德清撰 明正德刻本 九行十六字，黑口，四周双边

一二四八 中原音韻二卷 元周德清撰 明王文璧增注 明刻本 九行十八字，白口，四周单边

一二四九 中原音韻二卷 元周德清撰 明刻寶翰樓印本 九行十八字，白口，四周单边

一二五〇 中原音韻二卷 元周德清撰 明王文璧增注 明刻三槐堂印本 九行十八字，白口，四周单边

一二五一 瓊林雅韻不分卷 明朱權撰 明洪武三十一年刻本 清丁丙跋 九行行字不等，黑口，四周双边

一二五二 中州全韻十九卷 清范善溱纂 清嘉慶間抄本

一二五三 中州全韻二十二卷首一卷 清周昂輯 清乾隆北宜閣刻本 八行二十字，白口，左右双边

一二五四 周德清中原音韻二卷 題清傳天山民增刪補注 稿本

一二五五 詞林韻釋不分卷 清馬氏小玲瓏山館抄本 清翁同書校並跋 十行行字不等，白口，四周单边

一二五六 新定考正音韻大全一卷新定重較問奇一覽二卷 清康熙傳雲堂刻本 八行二十字，白口，四周双边

七二

曲評・曲話

一二五七 南詞叙錄一卷 明徐渭撰 清抄本

一二五八 南詞叙錄一卷 明徐渭撰 清曾氏□隱居抄本

一二五九 鶯嘯小品十二卷 明潘之恒撰 陳元素選 明崇禎二年刻本 九行十九字白口左右雙邊

一二六〇 顧曲雜言一卷 明沈德符撰 清抄本 清李文田校注並跋 九行二十六字黑格白口四周雙邊

一二六一 遠山堂曲品一卷 明祁彪佳撰 稿本 清祁晉批 九行二十字藍格白口四周單邊版心鐫遠山堂抄本

一二六二 遠山堂曲品一卷 明祁彪佳撰 清初祁氏起元社刻本 九行二十字白口四周單邊

一二六三 曲品一卷（殘） 明祁彪佳撰 明山陰祁氏遠山堂抄本 九行二十字藍格白口四周單邊版心下鐫遠山堂抄本

一二六四 遠山堂劇品一卷 明祁彪佳撰 明末祁氏遠山堂抄本 九行二十字藍格白口四周單邊版心鐫遠山堂抄本

一二六五 續識資諧□卷 明鍾朝選輯 明末書林王守謙珍華堂刻本 存一卷 一

一二六六 曲品三卷 明呂天成撰 王驥德閱 清乾隆五十六年暢安鴻抄本 九行十八字無格

一二六七 詞謔不分卷 明嘉靖刻本 九行十八字黑口四周雙邊

一二六八 劇說六卷 清焦循撰 稿本 十一行二十四字無格

曲目

七三

一二六九 錄鬼簿二卷 元鍾嗣成撰 續編一卷 明抄本 鄭振鐸跋 九行二十字藍格白口四周單邊

一二七〇 錄鬼簿二卷 元鍾嗣成撰 清康熙四十五年揚州詩局刻本 王國維校 十一行二十一字細黑口左右雙邊

一二七一 新編錄鬼簿二卷 元鍾嗣成撰 清抄本 羅振常跋 十行二十字無格

一二七二 錄鬼簿二卷 元鍾嗣成撰 錄鬼簿續編一卷 清晶初齋抄本 十行二十字藍格版心鐫晶初齋

一二七三 曲目新編一卷 清支豐宜撰 清道光二十三年棣梓堂刻本 十一行白口左右雙邊

一二七四 樂府考畧不分卷 清抄本

一二七五 樂府考畧十卷 清抄本

一二七六 樂府考畧不分卷（殘） 清抄本 十行二十四字無格

一二七七 曲錄六卷 曲考原一卷 詞錄一卷 王國維撰 稿本

一二七八 昇平署臉譜不分卷 清彩色繪本

收藏情況表

表一

書名編號	藏書單位						
曲類 1	0101						
2	0201						
3	0101						
4	0101	0201					
5	1701						
6	1601						
7	0172	1601					
8	0101						
9	1601						
10	2541						
11	1501						
12	0101						
13	0101						
14	0101	0201⊗					
15	0101	0201					
16	0101	0102⊗	0201				
17	0101						
18	0101	0141	0144	0163	0165	0174	0175⊗
	0181⊗	0182	0193	0201	0241	0281	0291
	0301	0341	0801	1001	1601	1606	1691
	1701	1881	2001	2201	2202⊗	2401	2501
	2701	2704					
19	0102	0145	0161	0197	0701	0842	1142
	2702						
20	0101	0201					
21	0101	0703					
22	1501						
23	0101	1701					
24	1601						
25	0101⊗	1601⊗	1705⊗				
26	0141						
27	0101						
28	0101						
29	0101						
30	0101						
31	0101						
曲類 32	0101						
33	0101	0173	0174	1101⊗			
34	0101						
35	0201						
36	0201						
37	0101	0174	0201	1601⊗			
38	1601						
39	0101						
40	0101⊗	1881⊗					
41	0163						
42	0101						
43	0101	0242					
44	0101						
45	0201						
46	0101	0163⊗	0201⊗				
47	0101	0163⊗					
48	0101	0142	2702⊗				
49	0101						
50	0101	0201					
51	0101	0242					
52	0101						
53	0201						
54	0101	0242	2341				
55	0201						
56	0101						
57	0101	0102	1601				
58	0101						
59	0201						
60	0101						
61	0201						
62	0101						
63	0101						
64	0101	0141					
65	0141						
66	0101	0144	0163				
67	0101	0201⊗	1716⊗				
68	0101						
69	0101	1601					

表二

書名編号	藏書単位						
曲類 70	0101	1781					
71	1701						
72	0101	0141	0163	0174	0182	0201	0801
	0841	1615					
73	0101	0201					
74	0101	0163					
75	0141	0201	0701				
76	0101						
77	0501						
78	0161						
79	0201	0242	0701				
80	0201						
81	0201						
82	0101	1701					
83	0101						
84	0101						
85	0101	0163					
86	0101						
87	0101						
88	0101						
89	0101						
90	1601						
91	0101						
92	0101						
93	2944						
94	0144	0163	0174	0201	0281	0701	0861
	1042	1101	1541	1655	1705	1801	1881
95	0101						
96	0102	0143	0175	0745	1601	1701	2042
	2241						
97	0142						
98	0142						
99	0201						
100	0101	0141	0148	0174	0201	1541	1705
	1843						
101	0101	0191					
102	0101						
103	0201						

書名編号	藏書単位						
曲類 104	0101	0163					
105	0101						
106	0101						
107	0101						
108	0101	0174	0201	1705⊗			
109	0101	0174	1705				
110	0101						
111	0101	1701					
112	0143	0163					
113	0101						
114	0101						
115	0101	0201					
116	0101						
117	0201						
118	1581						
119	1501						
120	0201						
121	0101	0174	0243	2701			
122	0101	0102	0142	0163	0201	0301	
123	0101	0102	0163	0201	1601	2401	2701
124	0101	0102	0141	0163	0201		
125	0101						
126	0101						
127	0101						
128	0101						
129	0301						
130	0163	1601					
131	0101	0201					
132	0701	1844					
133	0101						
134	0101						
135	0101	0201⊗					
136	0163						
137	0101	0282⊗					
138	0101						
139	0101						
140	0163	2901					
141	0101						

表三

書名編号	藏書単位						
曲類 142	0101						
143	0101	0102	0145	0163	0174	0201	0247
	0271	1042	1301	1601	2401	2702	
144	0101						
145	1761						
146	0101						
147	0201						
148	0201						
149	0201						
150	1601						
151	0101	0201②					
152	0101	0201					
153	0101						
154	0101	0102	0141	0144	0242	0281	0301
	0701	0801	1041	1301	1841	2041	2342
	2401	2541					
155	2701	2702					
156	1682						
157	0181						
158	0181						
159	0181						
160	0181						
161	0181						
162	0101						
163	0101						
164	0101						
165	0101						
166	0181						
167	0181						
168	0181						
169	0181						
170	0181						
171	0181						
172	0102						
173	0181						
174	0181						
175	0181						
176	0181						

書名編号	藏書単位
曲類 177	0181
178	0181
179	0101
180	0181
181	0181
182	0181
183	0201
184	0181
185	0181
186	0181
187	0181
188	0101
189	0101
190	0181
191	0101
192	0174
193	0101
194	0101
195	0181
196	0181
197	0181
198	0101
199	0174
200	0201
201	0181
202	0181
203	0181
204	0181
205	0181
206	0181
207	0181
208	0181
209	0181
210	0181
211	0181
212	0181
213	0201

書名編号	藏書單位
曲類 214	0181
215	0181
216	0181
217	0181
218	0181
219	1682
220	0181
221	0181
222	0181
223	0163
224	0101
225	0181
226	0181
227	0181
228	0101
229	0101 0141 0143 0144 0198 0242 0291 0301 0501 0941 1601 1701⊗ 1705⊗ 1741 2214⊗ 2401 2601 2702
230	0241
231	0101 0102
232	0101 0141
233	1601
234	0101
235	0101 0201 2541
236	0163 0174 0201 0241 2701
237	0141 0142
238	2355
239	0101
240	0101 0141⊗ 0163⊗ 0174⊗ 0201⊗ 1701⊗
241	0101
242	0404
243	0101
244	0101 0163 0173 0201 0261 1684 2401⊗
245	0241
246	0291
247	0101
248	0101
249	0101 0141

表四

書名編号	藏書單位
曲類 250	0101 0144 0163 0182 0201 0701 0841 1701 1881
251	0101
252	0101
253	0201
254	0101 0182 0201
255	0101
256	0101 0201 0242
257	0101
258	0102
259	0101
260	1601
261	0101
262	0142 0182 0201 0291 0908 2001 2302 2342 2401
263	0141 1301
264	2401
265	0198 0701 2001
266	0201
267	0105
268	0101 0182
269	0101
270	0101 0242 1601
271	0101 2702
272	0101
273	0101
274	0201
275	0703
276	0101 0242 1601
277	0101
278	0201
279	0201
280	0101
281	0174
282	0101
283	0201
284	0201
285	0101 0201

書名編号	藏書單位
曲類 286	1701
287	0101
288	1701
289	0101
290	1601
291	0101 0102
292	0101
293	0101
294	0101
295	0102
296	0101
297	0101
298	0101
299	0101
300	0101
301	0101
302	0101 0182 0201
303	0201
304	0101
305	0101 0201
306	0101
307	0101 0201 1601⊗ 2401
308	0101
309	0101 0201
310	0141
311	0101
312	0101 0201
313	0141
314	0101⊗ 0144⊗ 0163⊗ 0174 0201 0282⊗
315	0101
316	0101
317	0101 0141 0861 2042
318	0163
319	0101
320	1701
321	0101
322	0101 0141

表五

書名編号	藏書單位
曲類 323	0101
324	0101
325	0101
326	0101
327	0101
328	0201
329	0101
330	0101 1502
331	0101
332	0101 0201
333	0101
334	0174
335	0101
336	0141 2702
337	0101 0102⊗ 0141 0142 0173 0174 0201 0701 1541⊗ 1701
338	0163 1542
339	0101
340	0101 0174 1701 1705
341	0101
342	0101 0174
343	1601
344	0101
345	0101
346	0101
347	0101
348	0141
349	0101
350	0101
351	0101
352	0101
353	0101
354	0101 1701
355	0163
356	0101
357	0101
358	0101

書名編号	藏書單位
曲類	
359	0101
360	0101
361	0101 1601
362	0174
363	0174
364	0101
365	0201
366	0101
367	0201
368	0101
369	0101
370	0101 0201
371	2702
372	0101
373	0101
374	0163
375	0101
376	0141
377	0101
378	0141
379	0201
380	0174
381	0101
382	0101
383	0101
384	0101
385	0101
386	0141
387	0101 0201
388	1642
389	0174
390	0174
391	0101 0141
392	0101 0102 0201
393	0174
394	0101⊗ 0201⊗
395	0101 0201 0291⊗ 0701 1041

表六

書名編号	藏書單位
曲類	
396	0101 0141 0144 0161 0174 0201 2561
397	0101 0174 0201 0241 1101 1701 1705 1801 2702
398	1881
399	0101 0142 0161 0201 0241 0301 0902 2745
400	0102 1582
401	0141 0163 0242 0281 0701 0781 1041 1601 1741 2501
402	0101 0201
403	0102 0182 0201 0242 0243 0291 0902 0904 1501 1541 1641 1642 1701 1705 1801 1843 2343 2394 2401 2602 2641 2901
404	0101
405	1541 1542 2341 2343 2394 2401
406	0101
407	0102 0163 0173 1601
408	0101
409	0101
410	0101 0102 0141 0144 0173 0182 0201 0241 0242 0243 0342 0591 0704 1501 1601 1615 1653 1684 1843 1901 2202 2241 2301 2341 2501 2701
411	0101
412	1691
413	0173⊗ 0242 1142 1241 1601 1681 1701 1843 2642
414	0141
415	0101 0141
416	1642
417	0101 0163
418	0101
419	1601
420	0101
421	0101
422	0101 0201

書名編号	藏書單位
曲類	
423	0101
424	0101 0201
425	0101
426	0182 0241 0842 1601 1642 1881
427	0101
428	0101 0201
429	0201 2601
430	0101 0701 1601
431	0141 0841 1142 1653 1701 2741
432	0101
433	0101
434	0101
435	0145 0174 0182 0242 0704 1642 1701 2342 2742
436	0101
437	0703
438	0101
439	0101
440	0101
441	0201
442	0174 0201
443	0101
444	0174
445	1601
446	0101
447	0101
448	0101
449	0101
450	0174
451	0101 0141 0201
452	0101
453	0101 0201
454	0201
455	0198 0201
456	0101
457	0101
456	0101

表七

書名編号	藏書單位
曲類	
459	0201
460	0163 0242 1601
461	0701
462	0101
463	0101 1705⊗
464	0141
465	0174
466	0201
467	0174
468	0141 0201 1701
469	0101
470	0101
471	0101 1801⊗
472	0101
473	0163 0174
474	0101
475	0101
476	0101
477	0101⊗ 0163 0201
478	0101⊗
479	0101
480	0101
481	0101
482	0201
483	0101
484	0101
485	0101 0174 0301 1601
486	0101
487	0141 1701
488	0101
489	0141 0201 0241 0242 0301 0842 0902 1601
490	0101
491	0201 0281 1705 2602
492	0101
492-1	0174 0201
493	0101
494	0201

書名編号	藏書單位
曲類 495	0101
496	0841
497	0101
498	0201
499	0163 1601
500	0201
501	0703
502	0701
503	0101 1705
504	0101
505	0141 0201
506	0101
507	0201
508	0101
509	0201
510	0101
511	0101 1641
512	0201
513	1601
514	1701
515	0101
516	1701
517	0101
518	0101 0198 0201 1701
519	0141
520	0101
521	0141
522	0101 2461⊗
523	0101
524	0101
525	0101
526	1601
527	0101
528	0101
529	0101 0201
530	0101
531	0101

表八

書名編号	藏書單位
曲類 532	0174
533	0101
534	0101
535	0101 0102 0141 0145 0161 0163 0173 0174 0175 0182 0193 0241 0247 0301 0441 1042 1062 1101 1441 1501 1541 1542 1641 1701 1801 1843 1881 2001 2241 2343 2401 2701 2741
536	0201 1601 1642
537	0101 0141⊗ 0173 0174 0201
538	0101
539	0201
540	0141
541	0141
542	0101
543	0101
544	0101
545	0201
546	0101
547	0101
548	0101
549	0101 0141
550	0101
551	0101
552	1712
553	0201
554	0101
555	0101
556	0101 0201
557	1582
558	0101
559	0141
560	0101 0201
561	0141
562	0201
563	0201
564	0101 0163

書名編号	藏書單位
曲類 565	0101
566	0101
567	0101 0141 0174
568	0141
569	0101 0141 0201
570	2583
571	0101
572	1601
573	0101
574	0101
575	0102 0142 0201 0241 0701
576	0101 1798⊗
577	0101 0141
578	0101
579	0201
580	0101
581	0101
582	0201
583	0101
584	0163 0181 0197 0701 0842 1601 1681
585	0101
586	0201
587	0101
588	1701
589	0101 0102 0163 0242 0291
590	0101 0174
591	0101
592	0101
593	0101 0102 0142 0291 0701 0741 1142 2343 2701
594	0142 0201
595	0201 2782
596	0102 0163 0174 2701
597	1701
598	0101 0163 0174
599	0101 0163 0174 0201 0902
600	0101 0163 0174 0201 1001

表九

書名編号	藏書單位
曲類 601	1581
602	0101 0163 0201
603	0101⊗ 0163⊗ 0174
604	0101
605	0101 0102 0163 0241
606	2201
607	1601
608	1601
609	0163 1705
610	0101 0174 0201
611	0101
612	0163 0174
613	0101
614	0101
615	0101
616	0201
617	0101
618	0101
619	0174
620	1601
621	0201
622	0201
623	0101 0102 0141 0148 0163 0174 0175 0181 0197 0201 0291 0301 0701 0801 0803 1341 1601 1681 1741 2042 2702
624	0102
625	0181
626	0703
627	0102 0201 0902 1642 2301 2401 2501 2701
628	0201
629	0201
630	0101 0174 0303 0542 0582 0701 0961 1001 1301 1601 1802 1841 1843 1881 1901 2501 2601 2641 2642
631	0101

書名編号	藏書單位						
曲類							
632	0141	0142	0143	0582	1501⊗	1741	1844
	1881	2701					
633	1501						
634	0241						
635	0201						
636	0102	2541					
637	0101						
638	0201						
639	0591						
640	1501						
641	0101						
642	0101	0201					
643	0163						
644	0101						
645	0101	0102	0142	0163	0174	0201	0241
646	0101	0142	0174	0201			
647	0201						
648	0241						
649	0101	0102	0142	0163	0174	0243	2701
650	0101	0102	0173	0174	0201	0243	1705
	2541	1701					
651	0201						
652	0101						
653	0201						
654	0174						
655	0201						
656	0174						
657	0101						
658	0301						
659	0101						
660	0101						
661	0101						
662	0102	0142	0163	0201	0301	0342	1041
	1642	1705					
663	0201						
664	0101						
665	0101						

書名編号	藏書單位						
曲類							
666	0102						
667	0101						
668	0201						
669	0101						
670	0101						
671	0163						
672	0903						
673	1581						
674	1501						
675	0201						
676	0101	0141	0163	0201	0841⊗	1601	1681
677	0102	0174					
678	0102	0174					
679	0201						
680	0101	0141	0163	1601			
681	0163						
682	0101	0174					
683	0101						
684	0103	0142	0241	0301	0341	0501	
685	0141	0163	0201	0801	1906		
686	0101						
687	1601						
688	0201						
689	1601						
690	0201						
691	0201	0241					
692	0101						
693	0101	0102	0163	0841	1601		
694	0101						
695	0101	0142	0174	0201	0301	1841	
696	0181						
697	0141						
698	0201	0247					
699	0101						
700	0101	0201	0241				
701	0201						
702	0201						

書名編号	藏書單位						
曲類							
703	0102	0291					
704	0101						
705	0101	1601	2301				
706	0201						
707	0163						
708	0101	0163	0174	1541			
709	0101						
710	0174						
711	0101	0174	0201				
712	0101						
713	0101						
714	0101	0141	0142	0174			
715	0101	0201	1701				
716	0101	0201					
717	0101	0141					
718	0101	0163	0242				
719	0101						
720	1741						
721	0163						
722	0101						
723	0174						
724	0101						
725	0101						
726	0102	0198	1701				
727	1722	1943					
728	0201	0[illegible]	0501	1701	1791	2042	2201
	2241	2242	2501	2541	2602	2703	2741
	2746						
729	0142						
730	0101	0201⊗	1601				
731	0174						
732	0201						
733	0201						
734	0101						
735	0174	0201					
736	1701						
737	0101						

書名編号	藏書單位						
曲類							
738	0101	0241					
739	1701						
740	0174						
741	0142	0161	0201				
742	0101						
743	0102						
744	0101						
745	0101						
746	0101						
747	0166	0201	0803	1201	2041	2701	
748	0142	0441	0701	1841⊗	2042	2043	2301
	2323	2342	2701				
749	0141						
750	0101						
751	0201						
752	0201						
753	0201						
754	0101	0102	0141	0163	0173	0174	0182
	0191	1541	1601	1642	1681	2701	
755	1701						
756	0101						
757	0201						
758	0201						
759	0101	0232					
760	0201	0291	0342	0542	0902	0903	2343
	2701	2741					
761	0101	0201	1601				
762	0201	1601	1701				
763	0201	1701					
764	0174	0241	0247	2701	2901		
765	0163						
766	0101	1701	2041				
767	0201						
768	0102	0163					
769	0163						
770	0141						
771	1601						

書名編号	藏	書	單	位		
曲類 772	0101	0201				
773	0101	0174	1601			
774	0101					
775	0101					
776	0201					
777	1601					
778	1601					
779	0101					
780	0101					
781	0101					
782	0261					
783	0101	0102	0141	0174		
784	0101					
785	0201					
786	0101					
788	0101					
789	0101					
790	0101					
791	0101					
792	0163					
793	0101	0102	0142	0174	0201	0241	0281
	2441	2701					
794	0101					
795	0163					
796	0163					
797	1705					
798[1]	0174					
799	0842					
800	0101					
801	0163					
802	0701	2301				
803	0101					
804	0102					
805	1501					
806	0102	0174	0201			

書名編号	藏	書	單	位			
曲類 807	0101	0102	0163	0164	0198	0201	0241
	1701						
808	0144						
809	0102						
810	0201						
811	0201						
812	0181						
813	0181						
814	0101						
815	0101						
816	0101						
817	0101 ⊗	0102	0174	0201	1702	2301	2701
818	0101	0141	0221	0241			
819	0241	1601					
820	1601						
821	0101						
822	0101	0174	0241	1141			
823	0101	0102	0142	0145	0163	0201	0247
	0841	1701	2541	2701			
824	2241						
825	0101						
826	0101						
827	0174						
828	0163						
829	0201						
830	0101	0182	0201	0241	1601	1653	1941
	2301	2401					
831	0101						
832	0101	1941	2301				
833	0247	2341					
834	0143						
835	0102	0201					
836	0101						
837	1605						
838	0101						
839	0101						
840	0101						

書名編号	藏書單位
曲類 841	0101
842	0101
843	0101
844	0101
845	0101
846	0101
847	0101
848	0101
849	0101
850	0181
851	0181
852	0101
853	0101
854	1701
855	0101
856	0181
857	0101
858	0101
859	0102
860	0101
861	0101
862	0102
863	0101
864	0101
865	0101
866	0101
867	0101
868	0101
869	0101
870	0201
871	0102
872	0101
873	0101
874	0101
875	0101
876	1282
877	0101

書名編号	藏書單位
曲類 878	0201
879	0101
880	0101
881	0101
882	0101
883	0174
884	0101
885	0201
886	0101
887	0101
888	0201
889	0101
890	0201
891	0181
892	0101
893	0101
894	0101
895	0101
896	0101
897	0101
898	0101
899	1645
900	0101
901	0101
902	0101
903	0101
904	0101
905	0101
906	0101
907	0101
908	0102
909	0101
910	1541
911	0101
912	0181
913	0101
914	0102

表十四

書名編号	藏書單位
曲類	
915	0101
916	1705
917	0101
918	0174
919	0101
920	0174
921	0101
922	0101
923	0101
924	0201
925	0101
926	0102
927	0181
928	0181
929	0101
930	0101
931	0101
932	0181
933	0101
934	0101
935	0101
936	0101
937	0101
938	0241
939	0101
940	0181
941	0102
942	0101
943	0101
944	0181
945	0174
946	1501
947	1701
948	0174
949	0101 0102
950	0101 0141 1601
951	1601

書名編号	藏書單位
曲類	
952	0101
953	1705
954	0101
955	0101
956	1601
957	1601
958	0161
959	2401
960	2541
961	0141
962	0201
963	0841
964	0101
965	0201
966	0102ⓧ 1705
967	0101
968	0161
969	0101
970	0101
971	0101
972	0101
973	1601
974	0101
975	1601
976	1601
977	0101
978	0141
979	0102 0141 0142 0841 1301 1701ⓧ 2041 2401 2741
980	2201
981	0101 0301ⓧ
982	0101 0141
983	1601
984	1701
985	0101
986	0101
987	0201

表十五

書名編号	藏書單位
曲類	
988	1601
989	0101
990	0102 0141 0143 0161 0201 0241 0242 0243 0291 0301 0701 0801 0841 1042 1501 1541 1601 1653 1701 1801 1881 2201ⓧ 2401 2541 2702 2750
991	0101 0201
992	1601
993	0101
994	1501
995	0101ⓧ 0141ⓧ 0142ⓧ 1605ⓧ 1801ⓧ 2401ⓧ
996	0101
997	0101 0141 0144 0163 0174 0201 0281 1501 1601 1605 1741 2042
998	0102 0141 0182 0801 1101 1701 2263 2401 2702
999	0101
1000	0101
1001	0201
1002	0201
1003	0101
1004	0101 0141 1601
1005	0201ⓧ 1501ⓧ 1581ⓧ
1006	0163
1007	0101 0102 0141 0201 0291 0701 1601 1701 2702
1008	0101
1009	0201 1601ⓧ 2201ⓧ
1010	0703
1011	0101
1012	0101
1013	0101
1014	0201
1015	0101
1016	0101 0241ⓧ
1017	1581
1018	0141

書名編号	藏書單位
曲類	
1019	1501
1020	0101
1021	0101
1022	0141
1023	0101 0141ⓧ
1024	1601
1025	0201
1026	0101
1027	0201
1028	0101
1029	0198 0201
1030	0101
1031	0101
1032	0102 0141 0142 0143 0144 0148 0161 0163 0173 0182 0193 0201 0241 0243 0247 0301 0341 0342 0501 0542 0641 0661 0701 0704 0801 0841 0901 0941 1101 1501 1541 1601 1605 1641 1653 1688 1701 1702 1705 1716 1801 1881 1883 1941 2042 2201 2301 2302 2342 2343 2461 2504 2701 2702 2703 2741 2750
1033	0101
1034	0101
1035	0102 0141 0143 0144 0145 0148 0161 0163 0173 0182 0193 0201 0241 0242 0301 0341 0501 0542 0701 0801 0841 0901 0941 1101 1342 1501 1541 1601 1605 1641 1653 1688 1701 1702 1705 1716 1801 1843 1881 1883 1941 2042 2218 2302 2343 2401 2504 2541 2701 2702 2706 2741
1036	0101
1037	0101
1038	0101
1039	0101
1040	1501

書名編号	藏書單位
曲類	
1041	2301
1042	0101
1043	0101
1044	1701
1045	0101
1046	0101
1047	0101
1048	0101
1049	0141
1050	0141 0193
1051	0101 0141 0142 0161 0501 1701 1705⊗ 2702
1052	1601
1053	0201
1054	0101 0102 0161 0163⊗ 0175 0201 0291⊗ 0801 0842 1541 1601 1701 2501
1055	0101 1787⊗
1056	0101
1057	0101
1058	0101 0141
1059	0101
1060	0201
1061	0101 1701
1062	0101
1063	0101 0201⊗
1064	0101⊗ 0161 0201⊗
1065	0101
1066	0101
1067	0101⊗ 0141
1068	1601
1068	0101 0102 0142 0143 0163 0241 0301 2702
1070	0101
1071	0102
1072	0101
1073	0101
1074	0101⊗ 1701⊗ 1705⊗

表十六

書名編号	藏書單位
曲類	
1075	0102 0143 0201 0342 0801
1076	0163 0201 0291 0902 1501 1702 1801 2401 2701
1077	0201
1078	0101
1079	0101
1080	0101
1081	0101
1082	0101
1083	0163
1084	0201
1085	0101 0441② 1705
1086	0141
1087	0101
1088	0101
1089	1501
1090	0102 0142 0174 2042 2301 2701 2702
1091	0142
1092	0101
1093	0441
1094	0101
1095	2701
1096	2301
1097	0201
1098	0141 0142 0191 0341 1581 1705 2043 2701 2501
1099	0541 1881
1100	0143 0197 0201 1801 2541 2702 2745 2901
1101	0241
1102	2201
1103	0101
1104	0701
1105	0201
1106	2041
1107	0701 0741
1108	0163

書名編号	藏書單位
曲類	
1109	0201
1110	0201
1111	0701
1112	0101
1113	0101
1114	0102
1115	2750
1116	0142
1117	0141
1118	2202
1119	0102
1120	0201
1121	0301
1122	0142
1123	0842
1124	0163
1125	2541
1126	1501
1127	0841
1128	0101
1129	0101
1130	0141
1131	0102
1132	0201
1133	0144
1134	0101
1135	0101
1136	0201
1137	0241
1138	0241
1139	0201
1140	0842
1141	0101
1142	0241
1143	0842
1144	0701
1145	0241

表十七

書名編号	藏書單位
曲類	
1146	0201
1147	0241
1148	0241
1149	0241
1150	1784
1151	1582
1152	1541
1153	1784
1154	0101
1155	0101
1156	1784
1157	0102
1158	1501
1159	0101
1160	0198
1161	0198
1162	0101
1163	0201
1164	0201
1165	0201
1166	0101
1167	0201
1168	0281
1169	1716
1170	1301
1171	1501
1172	0102 0141 0173 0701
1173	1581
1174	1581
1175	0173
1176	1581
1177	1501
1178	1581
1179	0101 0148
1180	0102
1181	1501
1182	0181
1183	0101

表十八

書名编号	藏書单位
曲類	
1184	0101
1185	0101
1186	1701
1187	1601
1188	0101⊗ 2742⊗
1189	0181
1190	0101⊗ 0201
1191	0101 0102⊗ 0141 0144 0150 0161 0163 0181 0197 0201 0241 0291 0301 1501 1601 1701 2041 2401⊗
1192	0101
1193	0247
1194	0101
1195	0141 0201 0241 0841 1042 1501 1701 1881 2314 2901
1196	0102 0141 1701 2301
1197	0101 0163
1198	0101 0241 1701 2701
1199	0101
1200	1601 1705
1201	1601
1202	0101
1203	0201
1204	0101 0102 0142 0150 0175 0197 0201 0241 0242 0261 0281 0301 0701 0801 0841 1601 1701 1801 1906⊗ 2304 2401 2702
1205	0101 0102⊗ 0141 0144 0175 0781
1206	0101 0141 0175 0201 0301
1207	0101 0144 0161⊗ 1601 2401
1208	0101
1209	0101
1210	0201
1211	0101 0102 0142 0143 0163 0198 0201 0242 0741 1241 1601 1605 1681 1701 1741 2301 2342 2602 2701 2706 2901

書名编号	藏書单位
曲類	
1212	0102 0141 0175 0201 0701 1798 2001⊗
1213	0101 0102 0141 0142 0163 0174 0175 0197 0201 0701 0861 1501⊗ 1601 1798 1901⊗ 2341⊗
1214	1801
1215	0141 0142 0161 0175 0191⊗ 0201⊗ 0341 0342⊗ 0404⊗ 0501 0502 0591 0701 0774⊗ 1201 1301 1341⊗ 1718 1414⊗ 2001⊗ 2042⊗ 2301 2302 2342 2343⊗ 2346 2401 2541⊗ 2583 2601 2642 2649⊗ 2701⊗ 2741 2841
1216	0101 0122 0201 0744
1217	0241
1218	0241
1219	0181
1220	0101 0142 0801 1681⊗ 1798 2001
1221	1501
1222	0161
1223	0101
1224	0701
1225	0201
1226	0201
1227	0201
1228	0174
1229	0101
1230	0241
1231	0744
1232	2702
1233	0174
1234	0101
1235	0101 0201
1236	0145 0173 0241 1601 1701
1237	0145 0161 0163 0175 0242 0501 0801 0841 1042 1601 1701 1705 2702 2901
1238	0101 0141 0142 0158 0174 0197 0201⊗ 0246⊗ 0301⊗ 0701 1301 2001 2042 2401 2461

表十九

書名编号	藏書单位
曲類	
1239	0142 0173 0291 1701 2301
1240	0102 0161 0703 0174 0175 1601 1798 2441
1241	0101
1242	0141 0193 0197 0201 0241 0247 0291 0701 2541 2742
1243	0101 0102 0144 0161 0173 0174 0175 0181 0261 0241 0301 0701 0744 1001 1341 1501 1601 1646 1681 1701 1843 1941 2342 2401 2541 2701 2702 2750
1244	0101
1245	0201
1246	2401
1247	0163
1248	0781 0201 0341 1601 2042 2701
1249	0161 0178
1250	0301
1251	1601
1252	0102
1253	0174 0241
1254	0201
1255	0101
1256	0101 0102 0141 1601
1257	0201
1258	1601
1259	0201
1260	0101
1261	0101
1262	0101
1263	0201
1264	0101
1265	0301
1266	0142
1267	0101
1268	0101
1269	0101
1270	0701

書名编号	藏書单位
曲類	
1271	0101
1272	0201
1273	0101
1274	0201
1275	1601
1276	0101
1277	0201
1278	0101

叢書部

彙編叢書

儒學警悟六種四十卷　宋俞鼎孫俞經編　明抄本　繆荃孫校　傅增湘跋　十三行二十二字黑格白口四周單邊　一
石林燕語辨十卷　宋汪應辰撰　演繁露六卷　宋程大昌撰
嬾真子錄五卷　宋馬永卿撰　考古編十卷　宋程大昌撰
捫蝨新話八卷　宋陳善撰　螢雪叢說一卷　宋俞成撰

百川學海一百七十九卷　宋左圭編　宋刻本　序自聖門事業圖學齋佔畢前定錄續前定錄選詩句圖許彥周詩話庚溪詩話竹坡老人詩話寶章待訪錄書譜配一九二七年陶氏涉園刻本　十二行二十字細黑口左右雙邊　二
甲集
聖門事業圖一卷　宋李元綱撰　漁樵對問一卷　宋邵雍撰
學齋佔畢四卷　宋史繩祖撰　獨斷二卷　漢蔡邕撰
李涪刊誤二卷　唐李涪撰　九經補韻一卷　宋楊伯嵒撰
中華古今注三卷　後唐馬縞撰　釋常談三卷
乙集
隋遺錄二卷　唐顏師古撰　翰林志一卷　唐李肇撰
宋朝燕翼詒謀錄五卷　宋王栐撰　春明退朝錄三卷　宋宋敏求撰
淳熙玉堂雜紀三卷　宋周必大撰　揮麈錄二卷　題宋楊萬里撰
丁晉公談錄一卷　王文正公筆錄一卷　宋王曾撰
開天傳信記一卷　唐鄭綮撰
丙集
厚德錄四卷　宋李元綱撰　韓忠獻公遺事一卷　宋強至撰
文正王公遺事一卷　宋王素撰　濟南先生師友談記一卷　宋李廌撰
可談一卷　宋朱彧撰　河東先生龍城錄二卷　題唐柳宗元撰
前定錄一卷續前定錄一卷　唐鍾輅撰
國老談苑二卷　宋王君玉撰　晁氏客語一卷　宋晁說之撰

一

丁集
道山清話一卷
畫簾緒論一卷　宋胡太初撰　官箴一卷　宋呂本中撰
祛疑說一卷　宋儲泳撰　因論一卷　唐劉禹錫撰
宋景文公筆記三卷　宋宋祁撰　鼠璞一卷　宋戴埴撰
善誘文一卷　宋陳錄撰
戊集
東坡先生志林集一卷　宋蘇軾撰　螢雪叢說二卷　宋俞成撰
蘇黃門龍川略志十卷　宋蘇轍撰　西疇老人常言一卷　宋何坦撰
欒城先生遺言一卷　宋蘇籀撰　東谷所見一卷　宋李之彥撰
雞肋一卷　宋趙崇絢撰　孫公談圃三卷　宋孫升述　劉延世撰
己集
王公四六話二卷　宋王銍撰　四六談麈一卷　宋謝伋撰
文房四友除授集一卷　耕祿藁一卷　宋胡錡撰
子略四卷目一卷　宋高似孫撰　騷略三卷　宋高似孫撰
獻醜集一卷　宋許棐撰
庚集
選詩句圖一卷　宋高似孫撰　石林詩話三卷　宋葉夢得撰
六一居士詩話一卷　宋歐陽修撰　東萊呂紫微詩話一卷　宋呂本中撰
珊瑚鉤詩話三卷　宋張表臣撰　劉攽貢父詩話一卷　宋劉攽撰
後山居士詩話一卷　題宋陳師道撰　許彥周詩話一卷　宋許顗撰
司馬溫公詩話一卷　宋司馬光撰　庚溪詩話二卷　宋陳巖肖撰
竹坡老人詩話三卷　宋周紫芝撰
辛集
法帖釋文十卷　宋劉次莊撰　海岳名言一卷　宋米芾撰
寶章待訪錄一卷　宋米芾撰　米元章書史一卷　宋米芾撰
書斷四卷　唐張懷瓘撰　續書譜一卷　宋姜夔撰
歐陽文忠公試筆一卷　宋歐陽修撰　書譜一卷　唐孫過庭撰
法帖刊誤二卷　宋黃伯思撰　高宗皇帝御製翰墨志一卷　宋高宗趙構撰
法帖譜系二卷　宋曹士冕撰

壬集
端溪硯譜一卷　硯譜一卷
歙州硯譜一卷歙硯說一卷辨歙石說一卷　古今刀劍錄一卷　梁陶弘景撰
硯史一卷　宋米芾撰　茶經三卷　唐陸羽撰
香譜二卷　茶錄一卷　宋蔡襄撰
煎茶水記一卷　唐張又新撰　酒譜一卷　宋竇苹撰
東溪試茶錄一卷　宋宋子安撰　筍譜一卷　宋釋贊寧撰
本心齋疏食譜一卷　宋陳達叟撰　蟹譜二卷　宋傅肱撰
菌譜一卷　宋陳仁玉撰
癸集
荔枝譜一卷　宋蔡襄撰　橘錄三卷　宋韓彥直撰
南方草木狀三卷　晉嵇含撰　竹譜一卷　宋戴凱之撰
菊譜一卷　宋劉蒙撰　菊譜一卷　宋范成大撰
菊譜一卷　宋史正志撰　梅譜一卷　宋范成大撰
洛陽牡丹記一卷　宋歐陽修撰　牡丹榮辱志一卷　宋丘璿撰
揚州芍藥譜一卷　宋王觀撰　海棠譜三卷　宋陳思撰
師曠禽經一卷　晉張華注　名山洞天福地記一卷　前蜀杜光庭撰

百川學海一百七十九卷　宋左圭編　宋刻本　袁克文跋　十二行二十字細黑口左右雙邊
存四種五卷
丁晉公談錄一卷　王文正公筆錄一卷　宋王曾撰
國老談苑二卷　宋王君玉撰　欒城先生遺言一卷　宋蘇籀撰

百川學海一百七十九卷　宋左圭編　明弘治十四年華珵刻本　十二行二十字白口左右雙邊
甲集
聖門事業圖一卷　宋李元綱撰　漁樵對問一卷　宋邵雍撰
學齋佔畢四卷　宋史繩祖撰　獨斷二卷　漢蔡邕撰
李涪刊誤二卷　唐李涪撰　九經補韻一卷　宋楊伯嵒撰
中華古今注三卷　後唐馬縞撰　釋常談三卷
乙集
隋遺錄二卷　唐顏師古撰　翰林志一卷　唐李肇撰

二

宋朝燕翼詒謀錄五卷　宋王栐撰　春明退朝錄三卷　宋宋敏求撰
淳熙玉堂雜紀三卷　宋周必大撰　揮麈錄二卷　題宋楊萬里撰
丁晉公談錄一卷　王文正公筆錄一卷　宋王曾撰
開天傳信記一卷　唐鄭綮撰
丙集
厚德錄四卷　宋李元綱撰　韓忠獻公遺事一卷　宋強至撰
文正王公遺事一卷　宋王素撰　濟南先生師友談記一卷　宋李廌撰
可談一卷　宋朱彧撰　河東先生龍城錄二卷　題唐柳宗元撰
前定錄一卷續前定錄一卷　唐鍾輅撰
國老談苑二卷　宋王君玉撰　晁氏客語一卷　宋晁說之撰
道山清話一卷
丁集
畫簾緒論一卷　宋胡太初撰　官箴一卷　宋呂本中撰
祛疑說一卷　宋儲泳撰　因論一卷　唐劉禹錫撰
宋景文公筆記三卷　宋宋祁撰　鼠璞一卷　宋戴埴撰
善誘文一卷　宋陳錄撰
戊集
東坡先生志林集一卷　宋蘇軾撰　螢雪叢說二卷　宋俞成撰
蘇黃門龍川略志十卷　宋蘇轍撰　西疇老人常言一卷　宋何坦撰
欒城先生遺言一卷　宋蘇籀撰　東谷所見一卷　宋李之彥撰
雞肋一卷　宋趙崇絢撰　孫公談圃三卷　宋孫升述　劉延世撰
己集
王公四六話二卷　宋王銍撰　四六談麈一卷　宋謝伋撰
文房四友除授集一卷　耕祿藁一卷　宋胡錡撰
子略四卷目一卷　宋高似孫撰　騷略三卷　宋高似孫撰
獻醜集一卷　宋許棐撰
庚集
選詩句圖一卷　宋高似孫撰　石林詩話三卷　宋葉夢得撰
六一居士詩話一卷　宋歐陽修撰　東萊呂紫微詩話一卷　宋呂本中撰
珊瑚鉤詩話三卷　宋張表臣撰　劉攽貢父詩話一卷　宋劉攽撰
後山居士詩話一卷　題宋陳師道撰　許彥周詩話一卷　宋許顗撰

司馬溫公詩話一卷　宋司馬光撰
竹坡老人詩話三卷　宋周紫芝撰
庚溪詩話二卷　宋陳巖肖撰

辛集
法帖釋文十卷　宋劉次莊撰
寶章待訪錄一卷　宋米芾撰
書斷四卷　唐張懷瓘撰
試筆一卷　宋歐陽脩撰
法帖刊誤二卷　宋黃伯思撰
法帖譜系二卷　宋曹士冕撰
海岳名言一卷　宋米芾撰
米元章書史一卷　宋米芾撰
續書譜一卷　宋姜夔撰
書譜一卷　唐孫過庭撰
高宗皇帝御製翰墨志一卷　宋高宗趙構撰

壬集
端溪硯譜一卷
歙州硯譜一卷歙硯説一卷辨歙石説一卷
硯史一卷　宋米芾撰
香譜二卷　宋洪芻撰
煎茶水記一卷　唐張又新撰
東溪試茶錄一卷　宋宋子安撰
本心齋疏食譜一卷　宋陳達叟撰
菌譜一卷　宋陳仁玉撰
硯譜一卷
古今刀劍錄一卷　梁陶弘景撰
茶經三卷　唐陸羽撰
茶錄一卷　宋蔡襄撰
酒譜一卷　宋竇苹撰
筍譜一卷　宋釋贊寧撰
蟹譜二卷　宋傅肱撰

癸集
荔枝譜一卷　宋蔡襄撰
南方草木狀三卷　晉嵇含撰
菊譜一卷　宋劉蒙撰
菊譜一卷　宋史正志撰
洛陽牡丹記一卷　宋歐陽修撰
揚州芍藥譜一卷　宋王觀撰
師曠禽經一卷　晉張華撰
橘錄三卷　宋韓彥直撰
竹譜一卷　晉戴凱之撰
菊譜一卷　宋范成大撰
梅譜一卷　宋范成大撰
牡丹榮辱志一卷　宋丘璿撰
海棠譜三卷　宋陳思撰
名山洞天福地記一卷　前蜀杜光庭撰

五　百川學海一百種一百七十九卷　宋左圭編　明弘治十四年華珵刻本　清丁丙跋　十二行二十字白口左右双边

六　百川學海一百種一百七十九卷　宋左圭編　明弘治十四年華珵刻遞修本　獨斷、可談瓜置批注　宋朝燕翼詒謀錄、丁晉公談錄、王文正公筆錄、厚德錄、文正王公遺事、國老談苑、欒城先生遺言傅增湘校並跋

七　百川學海　宋左圭編　明弘治十四年華珵刻本　清王棠蘭跋

存四十三種七十六卷
翰林志一卷　唐李肇撰
揮麈錄二卷　宋楊萬里撰
王文正公筆錄一卷　宋王曾撰
文正王公遺事一卷　宋王素撰
可談一卷　宋朱彧撰
前定錄一卷續前定錄一卷　唐鍾輅撰
國老談苑二卷　宋王君玉撰
官箴一卷　宋呂本中撰
東坡先生志林一卷　宋蘇軾撰
蘇黃門龍川略志十卷　宋蘇轍撰
四六談麈一卷　宋謝伋撰
緯略三卷　宋高似孫撰
選詩句圖一卷　宋高似孫撰
珊瑚鉤詩話三卷　宋張表臣撰
六一居士詩話一卷　宋歐陽修撰
後山居士詩話一卷　題宋陳師道撰
司馬溫公詩話一卷　宋司馬光撰
竹坡老人詩話三卷　宋周紫芝撰
茶經三卷　唐陸羽撰
茶錄一卷　宋蔡襄撰
酒譜一卷　宋竇苹撰
菌譜一卷　宋陳仁玉撰
淳熙玉堂雜記三卷　宋周必大撰
丁晉公談錄一卷
韓忠獻公遺事一卷　宋強至撰
濟南先生師友談記一卷　宋李廌撰
河東先生龍城錄二卷　題唐柳宗元撰
畫簾緒論一卷　宋胡太初撰
鼠璞一卷　宋戴埴撰
螢雪叢說二卷　宋俞成撰
王公四六話二卷　宋王銍撰
子略四卷目一卷　宋高似孫撰
獻醜集一卷　宋許棐撰
石林詩話三卷　宋葉夢得撰
東萊呂紫微詩話一卷　宋呂本中撰
劉攽貢父詩話一卷　宋劉攽撰
許彥周詩話一卷　宋許顗撰
庚溪詩話二卷　宋陳巖肖撰
香譜二卷　宋洪芻撰
煎茶水記一卷　唐張又新撰
東溪試茶錄一卷　宋宋子安撰
本心齋疏食譜一卷　宋陳達叟撰

八　百川學海一百種一百七十九卷　宋左圭編　明弘治十四年華珵刻本　清陳[illegible]仁校並跋

存十五種三十一卷
聖門事業圖一卷　宋李元綱撰
學齋佔畢二卷　宋史繩祖撰
李涪刊誤二卷　唐李涪撰
中華古今注三卷　後唐馬縞撰
宋朝燕翼詒謀錄五卷　宋王栐撰
揮麈錄二卷　宋楊萬里撰
王文正公筆錄一卷　宋王曾撰
厚德錄四卷　宋李元綱撰
漁樵對問一卷　宋邵雍撰
獨斷二卷　漢蔡邕撰
九經補韻一卷　宋楊伯嵒撰
隋遺錄二卷　唐顏師古撰
淳熙玉堂雜記三卷　宋周必大撰
丁晉公談錄一卷
開天傳信記一卷　唐鄭棨撰

九　百川學海二十卷　宋左圭編　明嘉靖十五年鄭氏宗文堂刻本　十四行二十八字白口左右双边

總卷一
聖門事業圖一卷　宋李元綱撰
學齋佔畢四卷　宋史繩祖撰

總卷二
釋常談三卷
中華古今注三卷　後唐馬縞撰
九經補韻一卷　宋楊伯嵒撰
李涪刊誤二卷　唐李涪撰
漁樵對問一卷　宋邵雍撰
獨斷二卷　漢蔡邕撰

總卷三
開天傳信記一卷　唐鄭棨撰
春明退朝錄三卷　宋宋敏求撰
宋朝燕翼詒謀錄五卷　宋王栐撰

總卷四
揮麈錄二卷　題宋楊萬里撰
王之正公筆錄一卷　宋王曾撰
翰林志一卷　唐李肇撰
丁晉公談錄一卷
隋遺錄一卷　唐顏師古撰
淳熙玉堂雜記三卷　宋周必大撰

總卷五
文正王公遺事一卷　宋王素撰
可談一卷　宋朱彧撰
前定錄一卷續前定錄一卷　唐鍾輅撰
濟南先生師友談記一卷　宋李廌撰
河東先生龍城錄二卷　題唐柳宗元撰

總卷六
國老談苑二卷　宋王君玉撰
厚德錄三卷　宋李元綱撰
道山清話一卷
韓忠獻公遺事一卷　宋強至撰
晁氏客語一卷　宋晁說之撰

總卷七
鼠璞一卷　宋戴埴撰
官箴一卷　宋呂本中撰
畫簾緒論一卷　宋胡太初撰

總卷八
袪疑說一卷　宋儲泳撰
宋景文公筆記三卷　宋宋祁撰
因論一卷　唐劉禹錫撰
善誘文一卷　宋陳錄撰

總卷九
西疇老人常言一卷　宋何坦撰
東谷所見一卷　宋李之彥撰
孫公談圃三卷　宋孫升述　劉延世撰
欒城先生遺言一卷　宋蘇籀撰
雞肋一卷　宋趙崇絢撰

總卷十
東坡先生志林一卷　宋蘇軾撰
蘇黃門龍川略志十卷　宋蘇轍撰
螢雪叢說二卷　宋俞成撰

總卷十一
緯略三卷　宋高似孫撰
王公四六話二卷　宋王銍撰
文房四友除授集一卷
獻醜集一卷　宋許棐撰
四六談麈一卷　宋謝伋撰

總卷十二
子略四卷目一卷　宋高似孫撰
耕祿藁一卷　宋胡錡撰

總卷十三
庚溪詩話二卷　宋陳巖肖撰
司馬溫公詩話一卷　宋司馬光撰
選詩句圖一卷　宋高似孫撰
竹坡老人詩話三卷　宋周紫芝撰
石林詩話三卷　宋葉夢得撰

總卷十四
東萊呂紫微詩話一卷　宋呂本中撰
後山居士詩話一卷　題宋陳師道撰
劉攽貢父詩話一卷　宋劉攽撰
珊瑚鉤詩話三卷　宋張表臣撰

六一居士詩話一卷　宋歐陽修撰　　許彥周詩話一卷　宋許顗撰
總卷十五
寶章待訪錄一卷　宋米芾撰　　米元章書史一卷　宋米芾撰
書斷列傳三卷雜編一卷　唐張懷瓘撰
續書譜一卷　宋姜夔撰　　試筆一卷　宋歐陽修撰
總卷十六
法帖釋文十卷　宋劉次莊撰　　書譜一卷　唐孫過庭撰
翰墨志一卷　宋高宗趙構撰　　海岳名言一卷　宋米芾撰
法帖刊誤二卷　宋黃伯思撰　　法帖譜系二卷　宋曹士冕撰
總卷十七
筍譜一卷　宋釋贊寧撰　　端溪硯譜一卷
歙州硯譜一卷歙硯說一卷辨歙石說一卷　　蟹譜二卷　宋傅肱撰
硯譜一卷　　硯史一卷　宋米芾撰
總卷十八
古今刀劍錄一卷　梁陶弘景撰　　酒譜一卷　宋竇苹撰
菌譜一卷　宋陳仁玉撰　　煎茶水記一卷　唐張又新撰
東溪試茶錄一卷　宋宋子安撰　　香譜二卷　宋洪芻撰
本心齋疏食譜一卷　宋陳達叟撰　　茶經三卷　唐陸羽撰
茶錄一卷　宋蔡襄撰
總卷十九
海棠譜三卷　宋陳思撰　　師曠禽經一卷　晉張華注
荔枝譜一卷　宋蔡襄撰　　橘錄三卷　宋韓彥直撰
南方草木狀三卷　晉嵇含撰
總卷二十
名山洞天福地記一卷　前蜀杜光庭撰
菊譜一卷　宋劉蒙撰　　菊譜一卷　宋范成大撰
菊譜一卷　宋史正志撰　　梅譜一卷　宋范成大撰
洛陽牡丹記一卷　宋歐陽修撰　　牡丹榮辱志一卷　宋丘璿撰
揚州芍藥譜一卷　宋王觀撰　　竹譜一卷　宋戴凱之撰

五

一〇　百川學海二十卷　宋左圭編　翁祇孫跋　明嘉靖十五年鄭氏宗文堂刻本　清吳焯抄補序目並跋

一一　百川學海一百種一百七十九卷　宋左圭編　明抄本

存四十五種六十七卷

濟南先生師友談記一卷　宋李廌撰　　開天傳信記一卷　唐鄭綮撰
東坡先生志林集一卷　宋蘇軾撰　　欒城先生遺言一卷　宋蘇籀撰
學齋佔畢四卷　宋史繩祖撰　　孫公談圃三卷　宋孫升述　劉延世錄
螢雪叢說二卷　宋俞成撰　　獨斷二卷　漢蔡邕撰
子略四卷目一卷　宋高似孫撰　　東谷所見一卷　宋李之彥撰
書譜一卷　唐孫過庭撰　　晁氏客語一卷　宋晁說之撰
西疇老人常言一卷　宋何坦撰　　可談一卷　宋朱彧撰
因論一卷　唐劉禹錫撰　　厚德錄四卷　宋李元綱撰
前定錄一卷續一卷　唐鍾輅撰　　畫簾緒論一卷　宋胡太初撰
國老談苑二卷　宋王君玉撰　　善誘文一卷　宋陳錄撰
祛疑說一卷　宋儲泳撰　　選詩句圖一卷　宋高似孫集
珊瑚鉤詩話三卷　宋張表臣撰　　六一居士詩話一卷　宋歐陽修撰
王公四六話二卷　宋王銍撰　　法帖譜系二卷　宋曹士冕撰
漁樵對問一卷　宋邵雍撰　　騷略三卷　宋高似孫撰
歐陽文忠公試筆一卷　宋歐陽修撰　　硯史一卷　宋米芾撰
海岳名言一卷　宋米芾撰　　名山洞天福地記一卷　前蜀杜光庭撰
古今刀劍錄一卷　梁陶弘景撰　　文房四友除授集一卷
耕祿稾一卷　宋胡錡撰　　獻醜集一卷　宋許棐撰
九經補韻一卷　宋楊伯嵒撰　　師曠禽經一卷　晉張華注
相鶴經一卷　宋王安石訂　　牡丹榮辱志一卷　宋丘璿撰
菊譜一卷　宋劉蒙撰　　茶錄一卷　宋蔡襄撰
酒譜一卷　宋竇苹撰　　本心齋疏食譜一卷　宋陳達叟撰
鼠璞一卷　宋戴埴撰

一二　百川學海一百種一百七十九卷　宋左圭編　明抄本　九行二十字，黑口，四周雙邊

存四十二種六十八卷

九經補韻一卷　宋楊伯嵒撰　　官箴一卷　宋呂本中撰
雞肋一卷　宋趙崇絢撰　　梅譜一卷　宋范成大撰
河東先生龍城錄二卷　題唐柳宗元撰
竹坡老人詩話三卷　宋周紫芝撰　　文正王公遺事一卷　宋王素撰
厚德錄四卷　宋李元綱撰　　子略四卷目錄一卷　宋高似孫撰
宋景文公筆記三卷　宋宋祁撰　　東萊呂紫微詩話一卷　宋呂本中撰
國老談苑二卷　宋王君玉撰　劉梅真校
欒城先生遺言一卷　宋蘇籀撰　劉梅真校
六一居士詩話一卷　宋歐陽修撰　　善誘文一卷　宋陳錄撰
米元章書史一卷　宋米芾撰　　學齋佔畢四卷　宋史繩祖撰
螢雪叢說二卷　宋俞成撰　　後山居士詩話一卷　題宋陳師道撰
釋常談三卷　　高宗皇帝御製翰墨志一卷　宋高宗趙構撰
中華古今注三卷　後唐馬縞撰　　前定錄一卷續一卷　唐鍾輅撰
西疇老人常言一卷　宋何坦撰　　道山清話一卷
庚溪詩話二卷　宋陳巖肖撰　　漁樵對問一卷　宋邵雍撰
選詩句圖一卷　宋高似孫撰　　寶章待訪錄一卷　宋米芾撰
南方草木狀三卷　晉嵇含撰　　蟹譜二卷　宋傅肱撰
歙州硯譜一卷　　茶錄一卷　宋蔡襄撰
海岳名言一卷　宋米芾撰　　丁晉公談錄一卷　劉梅真校
荔枝譜一卷　宋蔡襄撰　　揚州芍藥譜一卷　宋王觀撰
硯譜一卷　　煎茶水記一卷　唐張又新撰
菌譜一卷　宋陳仁玉撰　　筍譜一卷　宋釋贊寧撰
本心齋疏食譜一卷　宋陳達叟撰

說郛一百卷　明陶宗儀編　明鈕氏世學樓抄本

六

存九十七卷　一至九十　九十四至一百

卷一
經子法語　宋洪邁輯
卷二
古典錄略
三墳書
伏生尚書　　尚書大傳
尚書璇璣鈐　　孝經援神契
孝經緯　　禮含文嘉
詩含神霧　　易飛候　漢京房撰
京房易傳　漢京房撰　　五經通義　漢劉向撰
五經要義　漢劉向撰　　春秋漢含孳
春秋考異　　春秋說題辭
春秋繁露　漢董仲舒撰　　春秋運斗樞
春秋元命包　　春秋感精符
春秋潛潭巴　　春秋緯
春秋符　　吳越春秋　漢趙曄撰
晉陽秋　晉庾翼撰　　齊春秋　梁吳均撰
九州春秋　晉司馬彪撰　　晏子春秋
朝野僉載　題唐張鷟撰　　雜志　宋江休復撰
隱窟雜志　宋溫革撰　　梁溪漫志　宋費袞撰
博物志　題晉張華撰　　續博物志　題宋李石撰
劇談錄　唐康駢撰　　東皐雜錄　宋孫宗鑑撰
澠水燕談錄　宋王闢之撰　　北戶錄　唐段公路撰
卷三
談壘
樂府雜錄　唐段安節撰　　明皇雜錄　唐鄭處誨撰
芝田錄　唐丁用晦撰　　北戶錄　唐段公路撰
紀異錄　宋秦再思撰　　幽明錄　劉宋劉義慶撰
歸田錄　宋歐陽修撰　　稽神錄　宋徐鉉撰
使遼錄

談賓錄
聞見雜錄　宋趙槩撰
異聞錄
東軒筆錄　宋魏泰撰
松窗雜錄　唐李濬撰
東臯雜錄　宋孫宗鑑撰
江南錄
江南野錄　宋龍袞撰
瀟湘錄　唐李隱撰
吳錄　晉張勃撰
吉凶影響錄　宋岑象求撰
三朝聖政錄　宋石永進撰
韓忠獻別錄　宋王巖叟撰
賓退錄　宋趙與時撰
四朝聞見錄　宋葉紹翁撰
紹陶錄　宋王質撰
卷四
墨娥漫錄
關中記　晉潘岳撰
益州記　晉任豫撰
會稽記
宜都記　晉袁山松撰
秦州記
潯陽記　晉張僧鑒撰
南嶽記　劉宋徐靈期撰
丹陽記　劉宋山謙之撰
太康地記
廣州記　晉顧微撰
湘中記　晉羅含撰
襄陽記　晉習鑿齒撰
兩京雜記
青城山記
華山記
西征記　晉戴祚撰
成都古今記　宋趙抃撰
燕北雜記　宋武珪撰
述異記　題梁任昉撰
乘異記
金鑾密記　唐韓偓撰
洞冥記　漢郭憲撰
續搜神記　題晉陶潛撰
東方朔記
博物記
青箱雜記
仇池筆記　宋蘇軾撰
老學庵筆記　宋陸游撰
筆記　宋宋祁撰
西齋話記　宋祖士衡撰
老學庵續筆記　宋陸游撰
暇日記　宋劉跂撰
卷五
鶴林玉露　宋羅大經撰
常侍言旨　唐柳珵撰
藏一話腴　宋陳郁撰
雜纂　唐李商隱撰　宋王君玉蘇軾續
雲溪友議　唐范攄撰
卷六
讀子隨識
尹文子
庚桑子

談錄　宋李宗諤撰
見聞錄　宋胡納撰
該聞錄　宋李畋撰
雲齋廣錄　宋李獻民撰
幕府燕閒錄　宋畢仲詢撰
北山錄
江南別錄　宋陳彭年撰
三輔決錄　漢趙岐撰
會稽典錄　晉虞預撰
靈怪錄
樹萱錄　唐劉燾撰
集古目錄　宋歐陽修撰
聞見錄　宋葉紹翁撰
實賓錄　宋馬永易撰
隨隱漫錄　宋陳世崇撰
古杭夢游錄　題宋灌圃耐得翁撰
風土記　晉周處撰
河東記
梁州記　南齊劉澄之撰
三齊略記　晉伏琛撰
鄴中記　晉陸翽撰
三秦記
始興記　劉宋王韶之撰
涼州記　北涼段龜龍撰
齊地記　南燕晏模撰
豫章記　劉宋雷次宗撰
南康記　晉鄧德明撰
荊州記　劉宋盛弘之撰
番禺記　唐鄭熊撰
廬山記
嵩高山記
羅浮山記
北征記
玄中記
景龍文館記
廣異記　唐戴孚撰
異林記
玉箱雜記
搜神記　題晉干寶撰
舊聞記
洽聞記　唐鄭常撰
東觀奏記　唐裴廷裕撰
老學庵筆記　宋陸游撰
封氏聞見記　唐封演撰
三夢記　唐白行簡撰
建炎以來朝野雜記　宋李心傳撰
松窗雜記　唐杜荀鶴撰
古杭雜記　元李有撰
洛陽伽藍記　北魏楊衒之撰
溪蠻叢笑　宋朱輔撰
家世舊聞　宋陸游撰
傳載　宋釋贊寧撰
說選
管子
文子

尸子
申子
劉子
淮南子　漢劉安撰
石林燕語　宋葉夢得撰　宋宇文紹奕考異
杜陽雜編　唐蘇鶚撰
廣知
物類相感志
博物志　題谷神子撰
括異志　宋張師正撰
異物志
長安志　宋宋敏求撰
北里志　唐孫棨撰
續翰林志　宋蘇易簡撰
方外志
西域志　晉釋道安撰
九域志　宋李昕撰
名山志
卷七
諸傳摘玄
神仙傳　晉葛洪撰
列仙傳　題漢劉向撰
王氏神仙傳　前蜀杜光庭撰
高道傳　宋賈善翔撰
孝子傳　晉徐廣撰
烈女傳
長沙耆舊傳　晉劉彧撰
汝南先賢傳　晉周斐撰
陳留風俗傳　晉江微撰
杜蘭香別傳　晉曹毗撰
楊妃外傳　題宋樂史撰
韓詩外傳　漢韓嬰撰
軒渠錄　宋呂本中撰
牧豎閑談　宋景渙撰
夢溪筆談　宋沈括撰
桂苑叢談　唐馮翊撰
卷八
錢唐遺事　元劉一清撰
玉澗雜書　宋葉夢得撰
貴耳集　宋張端義撰
捫蝨新話　宋陳善撰
乙卯避暑錄　宋葉夢得撰
松漠記聞　宋洪皓撰
虜廷事實　宋文惟簡撰
志雅堂雜抄　宋周密撰
卷九
感應經　題元陳櫟撰
中朝故事　南唐尉遲偓撰
吹劍錄　宋俞文豹撰
西溪叢語　宋姚寬撰
嬾真子錄　宋馬永卿撰
涑水紀聞　宋司馬光撰
緗素雜記　宋黃朝英撰
卷十
事始　唐劉存撰
卷十一
玉泉子真錄
燈下閒談
意林　唐馬總輯
卷十二

墨子
慎子
傅子
雞肋　宋莊綽撰
宣室志　唐張讀撰
獨異志　唐李亢撰
祖異志　宋聶田撰
臨海異物志　吳沈瑩撰
南越志　晉沈懷遠撰
翰林志　唐李肇撰
廣志　晉郭義恭撰
華陽國志　晉常璩撰
雞林志
陳留志　晉江敞撰
續仙傳　唐沈汾撰
仙傳拾遺　前蜀杜光庭撰
高士傳　晉皇甫謐撰
高僧傳　梁釋慧皎撰
名臣傳
益部耆舊傳　晉陳壽撰
陳留耆舊傳　魏蘇林撰
廣州先賢傳　□鄒閎甫撰
扶南傳
漢武內傳　漢班固撰
鄴侯家傳　唐李繁撰
戎幕閒談　唐韋絢撰
豹隱紀談　宋周遵道撰
佩楚軒客談　元戚輔之撰
葦航紀談　宋蔣津撰
雞林類事　宋孫穆撰
野客叢書　宋王楙撰
緯略　宋高似孫撰
玉壺清話　宋釋文瑩撰
明道雜志　宋張耒撰
兼明書　唐丘光庭撰
抱朴子　晉葛洪撰
賈氏談錄　宋張洎撰
步里客談　宋陳長方撰
聞見錄　宋羅點撰
娛書堂詩話　宋趙與虤撰
冷齋夜話　宋釋惠洪撰
該聞錄　宋李畋撰
鑑戒錄　後蜀何光遠撰
續事始　五代馮鑑撰
金華子雜編　南唐劉崇遠撰
清尊錄　宋廉布撰

悅生隨抄　宋賈似道撰
野雪鍛排雜說　宋許棐述撰
東軒筆錄　宋魏泰撰
教坊記　唐崔令欽撰
北里志　唐孫棨撰
畢氏俊耳目志　宋畢豐撰
洞天清祿集　宋趙希鵠撰
卷十三
畫鑒　元湯垕撰
卷十四
就日錄　題宋潘圖耐得翁撰
茅亭客話　宋黃休復撰
閑談錄　宋蘇耆撰
卻掃編　宋徐度撰
倦游雜錄　宋張師正撰
桯神錄　宋徐鉉撰
游宦紀聞　宋張世南撰
芥隱筆記　宋龔頤正撰
楚史檮杌
幕府燕閒錄　宋畢仲詢撰
博異志　題谷神子撰
卷十五
因話錄　唐趙璘撰
幽怪錄　唐王惲撰
續幽怪錄　唐李復言撰
泊宅編　宋方勺撰
相鶴經
相貝經　漢朱仲撰
土牛經　宋向孟撰
質龜論　唐李淳風撰
養魚經
師曠禽經　晉張華注
漢武帝別國洞冥記　題漢郭憲撰
卷十六
三器圖義　宋程迥撰
雲林石譜　宋杜綰撰
宣和石譜　宋釋祖秀撰
漁陽公石譜
卷十七
希通錄　宋蕭參撰
野人閑話　宋景煥撰
愛日齋叢鈔
卷十八
坦齋筆衡　宋葉寘撰
負暄雜錄　宋顧文薦撰
碧雞漫志　宋王灼撰
卷十九
打馬圖經　題宋李清照撰
遂昌山樵雜錄　元鄭元祐撰
志懷錄　宋沈括撰
因話錄　宋曾三異撰
甘澤謠　唐袁郊撰
鐵圍山叢談　宋蔡絛撰
中吳紀聞　宋龔明之撰
卷二十
浩然齋意抄　宋周密撰
浩然齋視聽鈔　宋周密撰
視聽鈔　宋吳萃撰
儒林公議　宋田況撰
行都紀事　宋楊和甫撰
西京雜記　題晉葛洪撰
南唐近事　宋鄭文寶撰
述異記　題梁任昉撰
洛中記異錄　宋秦再思撰
讀書隅見　宋鄭震撰
幽閒鼓吹　唐張固撰
琵琶錄　唐段安節撰
卷二十一
隋唐嘉話　唐劉餗撰
劉賓客嘉話錄　唐韋絢撰
天隱子　唐司馬承禎撰
植杖閒談　宋錢康功撰
楊文公談苑　宋楊億撰
雲莊四六餘話　宋楊囦道撰
葦居聽輿　宋陳直撰
三柳軒雜識　元程棨撰
稗史　元仇遠撰
船窗夜話　宋顧文薦撰
漁樵閒話　宋蘇軾撰
昨夢錄　宋康與之撰
臆乘　宋楊伯嵒撰
卷二十二
清波雜志　宋周煇撰
清波別志　宋周煇撰
山家清供　宋林洪撰
山家清事　宋林洪撰
卷二十三
賓退錄　宋趙與時撰
諧史　宋沈俶撰
歸田錄　宋歐陽修撰
卷二十四
孔氏雜說　宋孔平仲撰
麈史　宋王得臣撰
湘山野錄　宋釋文瑩撰
吹劍續錄　宋俞文豹撰
墨客揮犀　宋彭乘撰
續墨客揮犀　宋彭乘撰
感應類從志　晉張華撰
遂史

西征記　宋盧襄撰
碧雲騢錄　宋梅堯臣撰
肯綮錄　宋趙叔向撰
卷二十五
小說　梁殷芸撰
卓異記　題唐李翺撰
集異記　唐薛用弱撰
荊楚歲時記　梁宗懍撰
桐譜　宋陳翥撰
北風揚沙錄　宋陳準撰
白獺髓　宋張仲文撰
卷二十六
宣政雜錄　宋江萬里撰
洛陽名園記　宋李格非撰
洛陽花木記　宋周師厚撰
卷二十七
雲仙散錄　唐馮贄撰
高齋漫錄　宋曾慥撰
山房隨筆　元蔣子正撰
三朝野史　元吳萊撰
卷二十八
遂初堂書目　宋尤袤撰
卷二十九
桃源手聽　宋陳賓撰
東坡手澤　宋蘇軾撰
坦齋通編　宋邢凱撰
碧湖雜記　宋蘇采之撰
朝野遺記
澹山雜識　宋錢功撰
昭德新編　宋晁迥撰
岩下放言　宋葉夢得撰
玉堂逢辰錄　宋錢惟演撰
家王故事　宋錢惟演撰
卷三十
蜀道征討比事　宋袁申儒撰
愧永錄
拾遺記　題前秦王嘉撰
雲谷雜記　宋張淏撰
卷三十一
紫微雜記　宋呂本中撰
侯鯖錄　宋趙令畤撰
藝圃折中　宋鄭厚撰
東齋記事　宋范鎮撰
文昌雜錄　宋龐元英撰
談藪　宋龐元英撰
卷三十二
遯齋閒覽　宋范正敏撰
迷樓記
海山記
趙飛燕外傳　題漢伶玄撰
趙飛燕別傳　宋秦醇撰
明皇雜錄　唐鄭處誨撰
群居解頤　唐高懌撰
拊掌錄　元元懷撰
卷三十三
二老堂詩話　宋周必大撰
歲寒堂詩話　宋張戒撰
搜神秘覽　宋章炳文撰
睽車志　宋郭彖撰
宜春傳信錄　宋羅誘撰
吟嘯集　元宋元撰
畫史　宋米芾撰
瀟湘錄　唐李隱撰
三水小牘　唐皇甫枚撰
卷三十四
春明退朝錄　宋宋敏求撰
[illegible]事類
麟臺故事　宋程俱撰
靈異秘纂
耳目記
辨疑志　唐陸長源撰
談淵　宋王陶撰
嶺表錄異記　題唐劉恂撰
卷三十五
世聞錄　唐韓昱撰
青瑣錄　宋李遠撰
省心詮要　宋林逋撰
能改齋漫錄　宋吳曾撰
續釋常談　宋龔頤正撰
卷三十六
酉陽雜俎　唐段成式撰
酉陽雜俎續集　唐段成式撰
續古叢編
艇齋詩話　宋曾季貍撰
䂬溪詩話　宋黃徹撰
蟹略　宋高似孫撰
雲南志略　元李京撰
卷三十七
揮麈錄　宋王明清撰
揮麈餘話　宋王明清撰
河源志　元潘昂霄撰
倦游錄　宋張師正撰
野史　宋林子中撰
琴書類集　宋釋居月撰
摭青雜記　宋王明清撰

卷三十八
綠珠傳　宋樂史撰　　梅妃傳　唐曹鄴撰
楊太真外傳　題宋樂史撰　　重編燕北錄　宋王易撰
異聞記　宋何光撰　　續骫骳說　宋朱弁撰
傳載　唐劉餗撰
卷三十九
侯鯖錄　宋趙令畤撰　　陶朱新錄　宋馬純撰
真臘風土記　元周達觀撰　　投轄錄　宋王明清撰
卷四十
友會談叢　宋上官融撰　　南窗紀談
三楚新錄　宋周羽翀撰　　慎子
野說　宋邵思撰　　先公談錄　宋李宗諤撰
卷四十一
宣室志　唐張讀撰　　驂鸞錄　宋范成大撰
吳船錄　宋范成大撰　　攬轡錄　宋范成大撰
曲洧舊聞　宋朱弁撰　　使耳目志　宋鞏豐撰
卷四十二
山水純全集　宋韓拙撰　　春渚紀聞　宋何薳撰
春夢錄　元鄭禧撰　　化書　五代譚峭撰
卷四十三
蛩靖妖化錄　宋孔倜撰　　炙轂子雜錄　唐王叡撰
陵陽先生室中語　宋范季隨撰　　發明義理　宋呂希哲撰
酬酢事變　　感知錄　宋陸游撰
緒訓　宋陸游撰　　詩詞餘話　元俞焯撰
列仙傳　題漢劉向撰　　神仙傳　晉葛洪撰
續仙傳　唐沈汾撰　　集仙傳　宋曾慥撰
卷四十四
禮範　　靖康朝野僉言
澗泉日記　宋韓淲撰　　次柳氏舊聞　唐李德裕撰
稿簡贅筆　宋章淵撰　　絕倒錄　宋朱暉撰
煬帝開河記　　括異志　宋張師正撰
酒經　宋朱翼中撰　　續北山酒經　宋李保撰
卷四十五
錢氏私志　宋錢愐撰　　默記　宋王銍撰
平陳記　　幸蜀記　唐宋居白撰
田間書　宋林昉撰　　蜀檮杌　宋張唐英撰
卷四十六
松窗雜錄　唐李濬撰　　瑞桂堂暇錄
墨子　　子華子
曾子　　尹文子
孔叢子　題漢孔鮒撰
卷四十七
公孫龍子　　鬻子　唐逢行珪注
鄧析子　　韓非子
卷四十八
聱隅子歔欷瑣微論　宋黃晞撰　　考古編　宋程大昌撰
北夢瑣言　宋孫光憲撰　　退齋雅聞錄　宋侯延慶撰
退齋筆錄　宋侯延慶撰　　五總志　宋吳炯撰
卷四十九
唾玉集　宋俞文豹撰　　過庭錄　宋樓昉撰
談拔　　金玉詩話　宋蔡絛撰
南遊記舊　宋曾紆撰　　小說舊聞記　唐柳公權撰
卷五十
識遺　宋羅璧撰　　桂海虞衡志　宋范成大撰
卷五十一
豫章古今記　劉宋雷次宗撰　　呂侍講雜記　宋呂希哲撰
洛陽縉紳舊聞記　宋張齊賢撰　　安南行記　元徐明善撰
卷五十二
北邊備對　宋程大昌撰　　漢孝武故事　題漢班固撰
大觀茶論　宋徽宗趙佶撰　　困學齋雜錄　元鮮于樞撰

二

卷五十三
鉤玄　　四朝聞見錄　宋葉紹翁撰
甲申雜記　宋王鞏撰　　聞見雜錄　宋王鞏撰
隨手雜錄　宋王鞏撰　　席上腐談　元俞琰撰
石林家訓　宋葉夢得撰
卷五十四
文子通玄真經　　北轅錄　宋周煇撰
蒙韃備錄　宋孟珙撰
卷五十五
聖武親征錄
卷五十六
安雅堂酒令　元曹紹撰
卷五十七
鯨背吟集　元朱晞顏撰　　演繁露　宋程大昌撰
姑蘇筆記　宋羅志仁撰　　雪舟脞語　元邵桂子撰
大業雜記　唐杜寶撰
卷五十八
江表志　宋鄭文寶撰　　江南別錄　宋陳彭年撰
資暇集　唐李匡乂撰　　醉鄉日月　唐皇甫松撰
卷五十九
史記法語　宋洪邁輯
卷六十
五代新說　宋徐炫撰　　藏一話腴　宋陳郁撰
品茶要錄　宋黃儒撰　　宣和北苑貢茶錄　宋熊蕃撰
北苑別錄　宋趙汝礪撰
卷六十一
清異錄　宋陶穀撰
卷六十二
蘭亭博議　宋桑世昌撰　　王氏蘭譜　宋王貴學撰
卷六十三
金漳蘭譜　宋趙時庚撰　　蘭譜奧法　宋趙時庚撰
卷六十四
積善錄　宋黃光大撰　　續積善錄　元馮夢周撰
景行錄　元史弼撰　　漫堂隨筆　宋吳幵撰
真率記事　　瑣語　宋司馬光撰
[illegible]暇語　　五國故事
韓魏公遺事　宋強至撰　　韓魏公事　宋趙寅撰
范文正公遺事　　九河公語錄　宋張畋撰
卷六十五
羯鼓錄　唐南卓撰　　開顏錄　宋周文玘撰
善謔集　題宋天和子撰　　觀時集
臨漢隱居詩話　宋魏泰撰　　續齊諧記　梁吳均撰
采異記　宋宋祁撰　　神異記
香譜　宋洪芻撰
卷六十六
酒譜　宋竇苹撰　　竹譜　晉戴凱之撰
續竹譜　元劉美之撰
卷六十七
孫公談圃　宋孫升述　劉延世撰　　平泉山居記　唐李德裕撰
國史異纂　　驃國樂頌
詩論　宋釋普聞撰
卷六十八
釋常談
卷六十九
善誘文　宋陳錄撰　　官箴　宋呂本中撰
論墨志　宋高似孫撰　　螢雪叢說　宋俞成撰
續雞肋　宋趙崇絢撰　　庚溪詩話　宋陳巖肖撰
卷七十
菊譜　宋劉蒙撰　　石湖菊譜　宋范成大撰
史老圃菊譜　宋史正志撰　　范村梅譜　宋范成大撰

三

牡丹榮辱志　宋丘璿撰　　蔬食譜　宋陳達叟撰
菌譜　宋陳仁玉撰　　笋譜　宋釋贊寧撰
芍藥譜　宋王觀撰　　海棠譜　宋陳思撰
卷七十一
亢倉子　　關尹子
文中子　隋王通撰　　揚子　漢揚雄撰
鬼谷子
卷七十二
顏子　　老子
龍城錄　題唐柳宗元撰　　法帖譜系　宋曹士冕撰
卷七十三
刀劍錄　梁陶弘景撰　　荊州記　劉宋盛弘之撰
鄴中記　晉陸翽撰　　成都古今記　宋趙抃撰
暘谷漫錄　宋洪巽撰　　無名公傳　宋邵雍撰
畫訣墨藪　唐韋續撰　　南楚新聞　唐尉遲樞撰
談藪錄　　記文譚　前蜀潘遺撰
真誥　梁陶弘景撰
卷七十四
大中遺事　唐令狐澄撰　　秦中歲時記　唐李淖撰
芝田錄　唐丁用晦撰　　江南錄
辨惑論　元謝應芳撰　　大事記　宋呂祖謙撰
褚氏遺書　南齊褚澄撰
卷七十五
蘇氏演義　唐蘇鶚撰　　談助　宋晁載之撰
洞微志　宋錢易撰　　雞跖集　宋王子韶撰
國史補　唐李肇撰　　青瑣後集
橘錄　宋韓彥直撰　　初學記　唐徐堅等撰
卷七十六
青箱雜記　宋吳處厚撰　　獨斷　漢蔡邕撰
續書譜　宋姜夔撰　　六一筆記　宋歐陽修撰
祛疑說　宋儲泳撰
卷七十七
東谷所見　宋李之彥撰　　荔枝譜　宋蔡襄撰
西域志　晉釋道安撰　　雞林志
法顯記　　青城山記
北征記　　玄中記
燕北雜記　宋武珪撰　　嵩山記
番禺雜記　唐鄭熊撰　　金坡遺事　宋錢惟演撰
卷七十八
欒城遺言　宋蘇籀撰　　隋遺錄　唐顏師古撰
硯史　宋米芾撰　　硯譜
端溪硯譜　宋范纂撰　　法書苑　宋周越撰
卷七十九
玉堂雜記　宋周必大撰　　王公四六話　宋王銍撰
西疇常言　宋何坦撰　　海岳名言　宋米芾撰
卷八十
雲麓漫抄　宋趙彥衛撰　　韓詩外傳　漢韓嬰撰
諸集拾遺　　盛事美談
比紅兒詩　唐羅虬撰　　呂氏鄉約　宋呂大忠撰
獻醜集　宋許棐撰　　樵談　宋許棐撰
卷八十一
學齋佔嗶　宋史繩祖撰　　試筆　宋歐陽修撰
茶錄　宋蔡襄撰　　煎茶水記　唐張又新撰
卷八十二
道山清話
卷八十三
後山詩話　題宋陳師道撰　　茶經　唐陸羽撰
卷八十四
保生要錄　宋蒲處貫撰
師友雅言　宋魏了翁撰　　錢譜　明董遹撰

一三

卷八十五
護法論　宋張商英撰
卷八十六
遼志　宋葉隆禮撰　　金國志　題宋宇文懋昭撰
洞天福地記　前蜀杜光庭撰
卷八十七
南方草木狀　晉嵇含撰　　吳下田家志　元陸泳撰
稽古論　明曹昭撰
卷八十八
竹坡詩話　宋周紫芝撰　　貢父詩話　宋劉攽撰
紫微詩話　宋呂本中撰　　司馬溫公詩話　宋司馬光撰
珊瑚鉤詩話　宋張表臣撰
卷八十九
晝簾緒論　宋胡太初撰
卷九十
師友談記　宋李廌撰　　翰林志　唐李肇撰
素書
卷九十四
厚德錄　宋李元綱撰
卷九十五
志林　宋蘇軾撰　　白虎通德論　漢班固撰
卷九十六
燕翼詒謀錄　宋王林撰
卷九十七
金山志　宋釋惠凱撰　　遼東志略　元戚輔之撰
稽古定制　　勸善錄　明仁孝皇后徐氏撰
夷堅志　宋洪邁撰　　神僧傳
卷九十八
古今注　後唐馬縞撰　　折獄龜鑑　宋鄭克撰
樂善錄　宋李昌齡輯　　皇朝類苑　宋江少虞撰
橫浦語錄　宋張九成撰
卷九十九
鼠璞　宋戴埴撰
卷一百
前定錄　唐鍾輅撰　　續前定錄　唐鍾輅撰
論衡　漢王充撰　　隨筆　宋洪邁撰

說郛一百卷　明陶宗儀編　明抄本（卷一至二十五配明吳氏叢書堂抄本，卷　十六至三十　九十六至一百配明弘農楊氏抄本）

卷一
經子法語　宋洪邁輯
卷二
古典錄略
三墳書　　伏生尚書
尚書大傳　　尚書璇璣鈐
孝經援神契　　孝經緯
禮含文嘉　　詩含神霧
易飛候　漢京房撰　　京房易傳　漢京房撰
五經通義　漢劉向撰　　五經要義　漢劉向撰
春秋漢含　　春秋考異
春秋説題　　春秋繁露　漢董仲舒撰
春秋運斗樞　　春秋元命包
春秋感精圖符　　春秋潛潭巴
春秋緯　　春秋符
吳越春秋　漢趙曄撰　　晉春秋　晉庾翼撰
齊春秋　梁吳均撰　　九州春秋　晉司馬彪撰
晏子春秋
朝野僉載　題唐張鷟撰　　雜志　宋江休復撰
隱居雜志　宋溫革撰　　梁溪漫志　宋費衮撰
博物志　題晉張華撰　　續博物志　題宋李石撰
劇談錄　唐康駢撰　　東齋紀錄　宋范鎮撰

一四

澠水閒談錄 宋王闢之撰
卷三
談曼
明皇雜錄 唐鄭處誨撰
談錄 □賈黄中撰
芝田錄 唐丁用晦撰
紀異錄 宋秦再思撰
歸田錄 宋歐陽修撰
東軒筆錄 宋魏泰撰
見聞錄 宋胡訥撰
使遼錄
談錄 宋李宗諤撰
松窗雜錄 唐李濬撰
東皋雜錄 宋孫宗鑑撰
江南錄
江南野錄 宋龍袞撰
瀟湘錄 唐李隱撰
吳錄 晉張勃撰
吉凶影響錄 宋岑象求撰
三朝聖政錄 宋石永進撰
韓忠獻別錄 宋王巖叟撰
賓退錄 宋趙與旹撰
異聞錄
隨隱漫錄 宋陳世崇撰
古杭夢游錄 題宋灌圃耐得翁撰
卷四
墨娥漫錄
風土記 晉周處撰
河東記
梁州記
三齊略記 晉伏琛撰
始興記 劉宋王韶之撰
齊地記 南燕晏謨撰
豫章記 劉宋雷次宗撰
南康記 晉鄧德明撰
宜都記 晉袁山松撰
秦州記
潯陽記
番禺雜記 唐鄭熊撰
廬山記
嵩高山記
羅浮山記
北征記
玄中記
景龍文館記
廣異記 唐戴孚撰
異祥記
玉箱雜記
搜神記 題晉干寶撰
舊聞記
法顯記
東觀奏記 唐裴廷裕撰
老學庵筆記 宋陸游撰
封氏聞見記 唐封演撰
卷五
三夢記 唐白行簡撰
建炎以來朝野雜記 宋李心傳撰
松窗雜錄 唐杜荀鶴撰
古杭雜記 元李有撰
洛陽伽藍記 北魏楊衒之撰

北戶錄 唐段公路撰
樂府雜錄 唐段安節撰
北戶錄 唐段公路撰
幽明錄 劉宋劉義慶撰
稽神錄 宋徐鉉撰
該聞錄 宋李畋撰
聞見錄 宋趙槩撰
異聞錄
談賓錄
雲齋廣錄 宋李獻民撰
幕府燕閒錄 宋畢仲詢撰
北山錄
江南別錄 宋陳彭年撰
三輔決錄 漢趙岐撰
會稽典錄 晉虞預撰
窮怪錄
樹萱錄 唐劉燾撰
集古目錄 宋歐陽修撰
四朝聞見錄 宋葉紹翁撰
實賓錄 宋馬永易撰
四朝聞見錄 宋葉紹翁撰
紹陶錄 宋王質撰
關中記 晉潘岳撰
益州記 晉任豫撰
會稽記
荊州記 劉宋盛弘之撰
丹陽記 劉宋山謙之撰
大康地記
廣州記 晉顧微撰
湘中記 晉羅含撰
鄴中記 晉陸翽撰
三秦記
襄陽記 晉習鑿齒撰
西京雜記
青城山記
華山記
西征記
成都古今記 宋武珪撰
燕北雜記
述異記
甄異記
金鑾密記 唐韓偓撰
洞冥記 漢郭憲撰
續搜神記 題晉陶潛撰
東方朔記
洽聞記 唐鄭常撰
青箱雜記
仇池筆記 宋蘇軾撰
老學庵筆記 宋陸游撰
筆記 宋宋祁撰
西齋話記 宋祖士衡撰
老學庵續筆 宋陸游撰
暇日記 宋劉跂撰

卷六
玉澗雜書 宋葉夢得撰
貴耳集 宋張義端撰
卷七
諸傳摘玄
神仙傳 晉葛洪撰
列仙傳 題漢劉向撰
王氏神仙傳 前蜀杜光庭撰
高道傳 宋賈善翔撰
孝子傳 晉徐廣撰
烈女傳
長沙耆舊傳 晉劉彧撰
汝南先賢傳 晉周斐撰
扶南傳
漢武內傳
鄴侯家傳 唐李繁撰
軒渠錄 宋呂本中撰
牧豎閒談 宋景渙撰
豹隱紀談 宋周遵道撰
佩楚軒客談 元戚輔之撰
葦航紀談 宋蔣津撰
卷八
緯略 宋高似孫撰
玉壺清話 宋釋文瑩撰
明道雜志 宋張耒撰
兼明書 唐丘光庭撰
抱朴子 晉葛洪撰
卷九
感應經 題元陳櫟撰
中朝故事 唐尉遲偓撰
卷十
吹劍錄 宋俞文豹撰
西溪叢語 宋姚寬撰
懶真子錄 宋馬永卿撰
涑水紀聞 宋司馬光撰
緗素雜記 宋黄朝英撰
卷十一
事始 唐劉存撰
玉泉子真錄
燈下閒談
卷十二
意林 唐馬總輯
悅生隨抄 宋賈似道撰
東軒筆錄 宋魏泰撰
北里志 唐孫棨撰
觀雜書
卷十三
雜論
洞天清錄集 宋趙希鵠撰
卷十四
就日錄 題宋灌圃耐得翁撰
閒譚錄 宋蘇耆撰
倦遊雜錄
游宦紀聞 宋張世南撰
楚史檮杌
博異志 題谷神子撰
卷十五
因話錄
續幽怪錄 唐李復言撰
相鶴經

野客叢書 宋王楙撰
續仙傳 唐沈汾撰
仙傳拾遺 前蜀杜光庭撰
高士傳 晉皇甫謐撰
高僧傳 梁釋慧皎撰
名臣傳
益部耆舊傳 晉陳壽撰
陳留耆舊傳 魏蘇林撰
陳留風俗傳 晉江微撰
杜蘭香別傳 晉曹毗撰
楊妃外傳 題宋樂史撰
韓詩外傳 漢韓嬰撰
戎幕閒談 唐韋絢撰
雞林類事 宋孫穆撰
夢溪筆談 宋沈括撰
桂苑叢談 唐馮翊撰
錢唐遺事 元劉一清撰
捫蝨新話 宋陳善撰
乙卯避暑錄話 宋葉夢得撰
松漠記聞 宋洪皓撰
虜廷事實 宋文惟簡撰
志雅堂雜鈔 宋周密撰
賈氏談錄 宋張洎撰
步里客談 宋陳長方撰
聞見錄 宋羅點撰
娛書堂詩話 宋趙與虤撰
冷齋夜話 宋釋惠洪撰
該聞錄 宋李畋撰
鑑戒錄 後蜀何光遠撰
續事始 前蜀馮鑑
金華子雜錄 唐劉崇遠撰
清尊錄 宋廉布撰
野雪鍛排雜說 宋許景迂撰
教坊記 唐崔令欽撰
輦氏後耳目志 宋輦豐撰
摭言
茅亭客話 宋黄休復撰
郤掃編 宋徐度撰
稽神錄 宋徐鉉撰
芥隱筆記 宋龔頤正撰
幕府燕閒錄 宋畢仲詢撰
幽怪錄 唐牛僧孺撰
泊宅編 宋方勺撰
相貝經 漢朱仲撰

土牛經　宋何孟撰　質龜論　唐李淳風撰
養魚經　師曠禽經　晉張華注
漢武帝別國洞冥記　題漢郭憲撰　廣知
卷十六
三器圖義　宋程迥撰　雲林石譜　宋杜綰撰
宣和石譜　宋釋祖秀撰　漁陽公譜石
卷十七
希通錄　宋蕭參撰　野人閒話　宋景渙撰
愛日齋叢鈔
卷十八
坦齋筆衡　宋葉寘撰　負暄雜錄　宋顧文薦撰
卷十九
打馬圖經　題宋李清照撰　遂昌山樵雜錄　元鄭元祐撰
忘懷錄　宋沈括撰　因話錄　宋曾三異撰
甘澤謠　唐袁郊撰　鐵圍山叢談　宋蔡絛撰
中吳紀聞　宋龔明之撰
卷二十
浩然齋意抄　宋周密撰　浩然齋視聽　宋周密撰
視聽抄　宋吳萃撰　儒林公議　宋田況撰
行都紀事　宋楊和甫撰　西京雜記　題晉葛洪撰
南唐近事　宋鄭文寶撰　述異記　題梁任昉撰
洛中紀異錄　宋秦再思撰　諸書要見　宋鄭寰撰
幽閒鼓吹　唐張固撰　植跋簡談　宋錢康公撰
葆光錄　桐陰舊話　宋韓元吉撰
琵琶錄　唐段安節撰
卷二十一
隋唐嘉話　唐劉餗撰　劉賓客嘉話錄　唐韋絢撰
天隱子　唐司馬承禎撰　楊文公談苑　宋楊億撰
雲莊四六餘話　宋楊囦道撰　韋居聽輿　宋陳直撰
三柳軒雜識　元程棨撰　稗史　元仇遠撰

船窗夜話　宋顧文薦撰　漁樵閒話　宋蘇軾撰
昨夢錄　宋康譽之撰　臆乘　宋楊伯嵒撰
卷二十二
讀子隨識
尹文子　管子
庚桑子　文子
尸子　墨子
申子　慎子
劉子　北齊劉晝撰　傅子　晉傅玄撰
淮南子　漢劉安撰
石林燕語　宋葉夢得撰
雞肋編　宋莊綽撰　杜陽雜編　唐蘇鶚撰
廣知
續博物志　宋林登撰　宣室志　唐張讀撰
博異志　題谷神子撰　獨異志　唐李亢撰
括異志　宋張師正撰　祖異志　宋聶田撰
異物志　臨海異物志　吳沈瑩撰
長安志　宋宋敏求撰　南越志　晉沈懷遠撰
北里志　唐孫棨撰　翰林志　唐李肇撰
續翰林志　宋蘇易簡撰　廣知
方外志　華陽國志　晉常璩撰
西域志　晉釋道安撰　雞林志
九域志　宋李昕撰　陳留志　晉江敞撰
名山志
卷二十三
畫鑒　元湯垕撰
卷二十四
碧雞漫志　宋王灼撰
卷二十五
鶴林玉露　宋羅大經撰　溪蠻叢笑　宋朱輔撰

常侍言旨　唐柳珵撰　家世舊聞　宋陸游撰
藏一話腴　宋陳郁撰　傳載　吳越釋贊寧撰
雜纂　唐李義山撰　雲溪友議　唐范攄撰
談選
卷二十六
洛陽花木記　宋周師厚撰　洛陽名園記　宋李格非撰
卷二十七
雲仙散錄　唐馮贄撰　高齋漫錄　宋曾慥撰
山房隨筆　元蔣子正撰　三朝野史　元吳萊撰
卷二十八
遂初堂書目　宋尤袤撰
卷二十九
桃源手聽　宋陳鵠撰　東坡手澤　宋蘇軾撰
坦齋通編　宋邢凱撰　碧湖雜記　宋蔡宗之撰
朝野遺記　瀘山雜識　宋錢功撰
昭德新編　宋晁迥撰　巖下放言　宋葉夢得撰
玉堂逢辰錄　宋錢惟演撰　家王故事　宋錢惟演撰
卷三十
蜀道征討比事　宋袁仲儒撰　儆永錄
拾遺記　晉王嘉撰
卷三十一
侯鯖錄　宋趙令畤撰
卷三十二
北邊備對　宋程大昌撰　漢武故事　題漢班固撰
大觀茶論　宋徽宗趙佶撰　困學齋雜錄　元鮮于樞撰
卷三十三
松窗雜錄　唐李濬撰　瑞桂堂暇錄
卷三十四
河源志　元潘昂霄撰　倦游錄　宋張師正撰
野史　宋林子中撰　琴書類集　宋釋居月撰

摭青雜說　宋王明清撰
卷三十五
䂬溪詩話　宋黃徹撰　蟹略　宋高似孫撰
雲南志略　元李京撰
卷三十六
酉陽雜俎　唐段成式撰　酉陽雜俎續集　唐段成式撰
續古叢編　艇齋詩話　宋曾季貍撰
卷三十七
揮麈錄　宋王明清撰　揮麈餘話　宋王明清撰
卷三十八
綠珠傳　宋樂史撰　梅妃傳　唐曹鄴撰
楊太真外傳　題宋樂史撰　重編燕北錄　宋王易撰
異聞　宋何光撰　續骫骳說　宋朱弁撰
傳載　唐劉餗撰
卷三十九
陶朱新錄　宋馬純撰　真臘風土記　元周達觀撰
投轄錄　宋王明清撰
卷四十
友會談叢　宋上官融撰　南窗紀談
三楚新錄　宋周羽翀撰　慎子
野說　宋邵思撰　先公談錄　宋李宗諤撰
卷四十一
宣室志　唐張讀撰　驂鸞錄　宋范成大撰
吳船錄　宋范成大撰　攬轡錄　宋范成大撰
曲洧舊聞　宋朱弁撰　後耳目志　宋董豐撰
卷四十二
山水純全集　宋韓拙撰　春渚紀聞　宋何薳撰
春夢錄　元鄭禧撰　化書　五代譚峭撰
卷四十三
宣靖妖化錄　宋孔倜撰　炙轂子雜錄　唐王叡撰

發明義理 宋呂希哲撰
感知錄 宋陸游撰
詩詞餘話 元俞焯撰
神仙傳 晉葛洪撰
集仙傳 宋曾慥撰
卷四十四
禮說
澗泉日記 宋韓淲撰
稿簡贅筆 宋章淵撰
煬帝開河記
酒經 宋朱翼中撰
續添麴法
卷四十五
錢氏私誌 宋錢愐撰
平陳記
田間書 宋林昉撰
卷四十六
子華子
尹文子
卷四十七
公孫龍子
鄧析子
墨子
卷四十八
聱隅子歔欷瑣微論 宋黃晞撰
北夢瑣言 宋孫光憲撰
退齋筆錄 宋侯延慶撰
卷四十九
唾玉集 宋俞文豹撰
談諧
卷五十
南游記舊 宋曾紆撰
識遺 宋羅璧撰
卷五十一
豫章古今記 劉宋雷次宗撰
洛陽搢紳舊聞記 宋張齊賢撰
卷五十二
文子通玄真經
卷五十三
鈎玄
卷五十四
北轅錄 宋周煇撰
卷五十五
聖武親征錄
卷五十六
安雅堂酒令 元曹紹撰
卷五十七
鯨背吟集 元朱晞顏撰
卷五十八
姑蘇筆記 宋羅志仁撰
大業雜記 唐杜寶撰
卷五十九
史記法語 宋洪邁撰
卷六十
五代新說 宋徐炫撰
品茶要錄 宋黃儒撰
北苑別錄 宋趙汝礪撰
卷六十一
清異錄 宋陶穀撰
卷六十二

酬酢事變
緒訓 宋陸游撰
列仙傳 題漢劉向撰
續仙傳 唐沈汾撰
請東潮野食言
次柳氏舊聞 唐李德裕撰
絕倒錄 宋朱暉撰
括異志 宋張師正撰
續北山酒經一篇 宋李保撰
神仙酒法
默記 宋王銍撰
幸蜀記 唐宋居白撰
蜀檮杌 宋張唐英撰
曾子
孔叢子 題漢孔鮒撰
鬻子
韓非子
子華子
程氏則古 宋程大昌撰
退齋雅聞錄 宋侯延慶撰
五總志 宋吳坰撰
過庭錄 宋樓昉撰
金玉詩話 宋蔡絛撰
小說舊聞記 唐柳公權撰
桂海虞衡志 宋范成大撰
侍講雜記 宋呂希哲撰
安南行記 元徐明善撰
四朝聞見錄
蒙韃備錄 宋孟珙撰
演繁露 宋程大昌撰
雪舟脞語 元邵桂子撰
藏一話腴 宋陳郁撰
宣和北苑貢茶錄 宋熊蕃撰

蘭亭博議 宋桑世昌撰
卷六十三
金漳蘭譜 宋趙時庚撰
卷六十四
積善錄 宋黃光大撰
瑣語 宋司馬光撰
景行錄 元史弼撰
五國故事
范文正公遺事
卷六十五
羯鼓錄
呂語集 題宋天和子撰
臨漢隱居詩話 宋魏泰撰
采異記 宋宋沂撰
卷六十六
香譜 宋洪芻撰
酒譜 宋竇苹撰
續竹譜 元劉美之撰
卷六十七
孫公談圃 宋孫升述 劉延世撰
國史異纂
卷六十八
詩論 宋釋普聞撰
釋常談
卷六十九
善誘文 宋陳錄撰
翰墨志 宋高宗趙構撰
續雞肋 宋趙崇絢撰
卷七十
菊譜 宋劉蒙撰
卷七十一
亢倉子
文中子
鬼谷子
卷七十二
顏子
龍城錄 唐柳宗元撰
卷七十三
刀劍錄 梁陶弘景撰
鄴中記 晉陸翽撰
無名公傳 宋邵雍撰
南楚新聞 唐尉遲樞撰
記文譚 前蜀潘遠撰
真誥 梁陶弘景撰
卷七十四
大中遺事 唐令狐澄撰
芝田錄 唐丁用晦撰
辨惑論 元謝應芳撰
褚氏遺書 南齊褚澄撰
卷七十五
雞跖集 宋王子韶撰
貴積後集
士林紀實
橘錄 宋韓彥直撰
洽聞記 唐鄭常撰
甲申雜記 宋王鞏撰
隨手雜錄 宋王鞏撰
石林家訓 宋葉夢得撰
卷七十六
續書譜 宋姜夔撰

蘭譜奧法 宋趙時庚撰
續積善錄 元馮夢周撰
溪畦暇語
真率記事
韓魏公遺事 宋強至撰
九河公語錄 宋張畋撰
閒顏錄 宋周文玘撰
觀時錄
續齊諧記 梁吳均撰
神異記
竹譜 晉戴凱之撰
平泉山居記 唐李德裕撰
饒國樂頌
官箴 宋呂本中撰
螢雪叢書 元俞成撰
庚溪詩話 宋陳巖肖撰
關尹子
揚子
老子
法帖譜系 宋曹士冕撰
荊州記 劉宋盛弘之撰
暘谷漫錄 宋洪巽撰
書訣墨藪 唐韋續撰
談賓錄
雜說 唐盧言撰
秦中歲時記 唐李淖撰
江南錄
大事記 宋呂祖謙撰
國史補 唐李肇撰
金鑾密記 唐韓偓撰
水衡記
東觀奏記 唐裴廷裕撰
初學記 唐徐堅等撰
聞見近錄 宋王鞏撰
席上腐談 元俞琰撰
六一筆記 宋歐陽修撰

袪疑說　宋儲泳撰
卷七十七
東谷所見　宋李之彥撰
雞林志
青城山記
玄聊記
嵩山記
金坡遺事　宋錢惟演撰
卷七十八
樂城遺言　宋蘇籀撰
硯史　宋米芾撰
端溪硯譜　題宋范纂撰
卷七十九
玉壺雜記　宋周必大撰
西疇常言　宋何坦撰
卷八十
雲麓漫抄　宋趙彥衛撰
諸集拾遺
比紅兒詩　唐羅虬撰
獻醜集　宋許棐撰
卷八十一
學齋佔畢　宋史繩祖撰
茶錄　宋蔡襄撰
卷八十二
道山清話
卷八十三
樓山詩話　題宋陳師道撰
卷八十四
保生要錄　宋蒲虔貫撰
師友雅言　宋魏了翁撰
卷八十五
遺珠論　宋張商英撰
卷八十六
江表志　宋鄭文寶撰
卷八十七
江南別錄
卷八十八
資暇集　唐李匡乂撰
卷八十九
青箱雜記　宋吳處厚撰
卷九十
世說　劉宋劉義慶撰
桯史　宋岳珂撰
卷九十一
二輔黄圖
卷九十二
書斷　唐張懷瓘撰
卷九十三
漁樵問對　宋邵雍撰
卷九十四
國老談苑　宋王君玉撰
卷九十五
晁氏客語　宋晁說之撰
卷九十六
北墅錄　宋王楙撰
卷九十七
金山志　宋釋惠凱撰
稽古定制
夷堅志隱德　宋洪邁撰
救荒集　明趙鍘撰

荔枝譜　宋蔡襄撰
涼顥記
北征記
燕北雜記　宋武珪撰
番禺雜記　唐鄭熊撰
景龍文館記
隋遺錄　唐顏師古撰
硯譜
法書苑　宋周越撰
王公四大話　宋王銍撰
海岳名言　宋米芾撰
韓詩外傳　漢韓嬰撰
盛事美談
呂氏鄉約　宋呂大忠撰
㮣談　宋許棐撰
試筆　宋歐陽修撰
煎茶水記　唐張又新撰
茶經　唐陸羽撰
錢譜　明董逌撰
醉鄉日月　唐皇甫松撰
獨斷　漢蔡邕撰
物類相感志　宋蘇軾撰
武侯心書　蜀諸葛亮撰
夢華錄　宋孟元老撰
遼東志略　元戚輔之撰
獻替錄　明仁孝皇后徐氏撰
神僧傳

卷九十八
古今注　後唐馬縞撰
樂善錄　宋李昌齡撰
橫浦語錄　宋張九成撰
卷九十九
鼠璞　宋戴埴撰
卷一百
前定錄　唐鍾輅撰
論衡　漢王充撰

折獄龜鑑　宋鄭克撰
星槎勝覽　宋江少虞撰
談錄　宋丁謂撰
中華古今注　後唐馬縞撰
續前定錄　唐鍾輅撰
隨筆　宋洪邁撰

一五 說郛一百卷　明陶宗儀編　明抄本
存九十一卷　一至二、五至二十、二十二至八十五、九十一至一百

一六 說郛一百卷　明陶宗儀編　明抄本
存六十一卷　二、四至六、九至二十一、二十三至五十三、五十五至六十一、六十四至七十

一七 說郛一百卷　明陶宗儀編　明澹南書舍抄本
存五十五卷　六至十一、十五至十六、二十二至四十三、六十四至八十、八十五至九十一

一八 說郛一百卷　明陶宗儀編　明抄本
存五十二卷　九至十、十六至十九、二十三至三十、三十三至三十七、三十九至四十四、五十、五十二至五十三、五十五至六十一、六十五至六十六、七十五至七十二、七十九至八十二、八十八至九十、九十二至九十四

一九 說郛一百卷　明陶宗儀編　明抄本
存四十五卷　一至九、十一、十三至十五、十八至二十四、三十八至四十五、四十五至四十七、五十至五十五

二〇 說郛不分卷　明陶宗儀編　明抄本

二一 說郛目錄一卷說郛續目錄一卷　明陶宗儀編　清陶珽續編　清順治三年李際期宛委山堂刻本　清翁方綱批校　清葉志詵、沈維鐈跋　九行二十字白口左右双边

二二 說郛一百二十卷　明陶宗儀編　清順治三年李際期宛委山堂刻本　九行二十字白口左右双边
弓一
大學石經
大學古本　明陶宗儀輯
中庸古本　明陶宗儀輯
詩小序
詩傳
詩說　漢申培撰
弓二
元包　北周衛元嵩撰
乾鑿度
京氏易略　漢京房撰
潛虛　宋司馬光撰
周易略例　魏王弼撰
關氏易傳　題後魏關朗撰
周易古占　宋程迥撰
弓三
讀易私言　元許衡撰
周易舉正　題唐郭京撰
續翼記　元劉因撰
元包數義　宋張行成撰
論語拾遺　宋蘇轍撰
論語筆解　唐韓愈撰
詁咒　題漢孔鮒撰
疑孟　宋司馬光撰
翼莊　晉郭象撰
弓四

毛詩草木鳥獸蟲魚疏　吳陸璣撰
三禮敘錄　元吳澄撰
月令問荅　漢蔡邕撰
小爾雅　漢孔鮒撰
弟五
三墳書
易洞林　晉郭璞撰
易心靈圖
尚書旋璣鈐
尚書考靈耀
詩含神霧
春秋元命苞
春秋文曜鉤
春秋孔演圖
春秋感精符
春秋佐助期
春秋後語　晉孔衍撰
禮稽命徵
禮斗威儀
樂稽耀嘉
孝經鉤命決
孝經右契
五經析疑　魏邯鄲綽撰
龍魚河圖
河圖稽命徵
河圖始開圖
遁甲開山圖
弟六
聖門事業圖　宋李元綱撰
希通錄　宋蕭參撰
弟七
譚子化書　五代譚峭撰
枕中書　晉葛洪撰
陰符經
弟八
二教論衡　唐白居易撰
漁樵對問　宋邵雍撰
藝圃折中　宋鄭厚撰
弟九
鹿門隱書　唐皮日休撰
兩同書　唐羅隱撰
武侯新書　題蜀諸葛亮撰
弟十
正朔考　宋魏了翁撰
綱目疑誤　宋周密撰
新唐書糾謬　宋吳縝撰
弟十一
輶軒絕代語　漢揚雄撰
臆乘　宋楊伯嵒撰
宜齋野乘　宋吳枋撰
弟十二
中華古今注　後唐馬縞撰
刑書釋名　宋王鍵撰
續釋常談　宋龔頤正撰
袖中記　梁沈約撰
弟十三
演繁露　宋程大昌撰
李氏刊誤　唐李涪撰
弟十四
鼠璞　宋戴埴撰
賓退錄　宋趙與旹撰

詩說　宋張耒撰
夏小正
九經補韻　宋楊伯嵒撰
易飛候　漢京房撰
易稽覽圖
易通卦驗
尚書帝命期
尚書中候
詩紀曆樞
春秋運斗樞
春秋合誠圖
春秋說題辭
春秋潛潭巴
春秋緯
春秋繁露　漢董仲舒撰
禮含文嘉
大戴禮逸
孝經援神契
孝經左契
孝經內事
五經通義
河圖括地象
河圖稽耀鉤
洛書甄曜度
淮南畢萬術　漢劉安撰
兼明書　五代丘光庭撰
實賓錄　宋馬永易撰
素書
參同契　漢魏伯陽撰
令旨解二諦義　梁蕭統撰
西疇老人常言　宋何坦撰
發明義理　宋呂希哲撰
山書　唐劉蛻撰
迂書　宋司馬光撰
權書　宋蘇洵撰
史剡　宋司馬光撰
揚子新注　唐柳宗元撰
遂初堂書目　宋尤袤撰
獨斷　漢蔡邕撰
芥隱筆記　宋龔頤正撰
古今考　宋魏了翁撰
釋常談
事原　唐劉孝孫撰
學齋佔畢　宋史繩祖撰
孔氏雜說　宋孔平仲撰
資暇錄　唐李匡乂撰
紀談錄　宋晁迥撰

二三

過庭錄　宋范公偁撰
弟十五
螢雪叢說　宋俞成撰
墨客揮犀　宋彭乘撰
弟十六
宋景文公筆記　宋宋祁撰
丁晉公談錄
欒城先生遺言　宋蘇籀撰
弟十七
愛日齋叢抄
識遺　宋羅璧撰
南墅閑居錄
廬陵官下記　唐段成式撰
渚宮故事　唐余知古撰
五國故事
弟十八
侯鯖錄　宋趙令畤撰
燕青雜說　宋王明清撰
隱窟雜志　宋溫革撰
墨城漫錄
弟十九
寓簡　宋沈作喆撰
晁氏客語　宋晁說之撰
雲麓漫抄　宋趙彥衛撰
兩鈔摘腴　宋史浩撰
西林日記　元姚燧撰
牧豎閑談　宋景渙撰
弟二十
巖下放言　宋葉夢得撰
石林燕語　宋葉夢得撰
深雪偶談　宋方岳撰
葦航紀談　宋蔣津撰
悅生隨抄　宋賈似道撰
邇言志見　宋劉炎撰
弟二十一
青箱雜記　宋吳處厚撰
癸辛雜識　宋周密撰
龍川別志　宋蘇轍撰
鶴林玉露　宋羅大經撰
弟二十二
後山談叢　宋陳師道撰
湘素雜記　宋黃朝英撰
研北雜志　元陸友撰
壺中贅錄
弟二十三
因話錄　唐趙璘撰
[illegible]
金樓子　梁元帝蕭繹撰
投荒雜錄　唐房千里撰
抒情錄　宋盧瓌撰
絕倒錄　宋朱暉撰
辨疑志　唐陸長源撰
原化記　唐皇甫□撰
澄懷錄　元袁桷撰
弟二十四
王氏談錄　宋王欽臣撰
槁簡贅筆　宋章淵撰
繼古叢編　宋施青臣撰
後耳目志　宋梁豐撰
雁門野說　宋邵思撰
負暄雜錄　宋顧文薦撰

楮記室　明潘塤撰
孫公談圃　宋孫升述　宋劉延世撰
師友談記　宋李廌撰
王文正筆錄　宋王曾撰
楊文公談苑　宋楊億撰
能改齋漫錄　宋吳曾撰
退齋雅聞錄　宋侯延慶撰
雪浪齋日記
玉溪編事
麟臺故事　宋程俱撰
郡閣雅言　宋潘若同撰
畫墁錄　宋張舜民撰
樂郊私語　元姚桐壽撰
梁溪漫志　宋費袞撰
三水小牘　唐皇甫枚撰
碧雞漫志　宋王灼撰
涪翁雜說　宋黃庭堅撰
黃氏筆記　元黃溍撰
碧湖雜記　宋謝枋得撰
搜神秘覽　宋章炳文撰
紫薇雜記　宋呂本中撰
玉澗雜書　宋葉夢得撰
避暑錄話　宋葉夢得撰
豹隱紀談　宋周遵道撰
齊東埜語　宋周密撰
[illegible]　宋鄭克撰
冷齋夜話　宋釋惠洪撰
墨莊漫錄　宋張邦基撰
羅湖野錄　宋釋曉瑩撰
雲谿友議　唐范攄撰
林下偶談　宋吳子良撰
捫虱新話　宋陳善撰
清波雜志　宋周煇撰
物類相感志　題宋蘇軾撰
同話錄　宋曾三異撰
五總志　宋吳炯撰
乾𦠆子　唐溫庭筠撰
炙轂子錄　唐王叡撰
啓顏錄　唐侯白撰
唾玉集　宋俞文豹撰
開成錄　唐李石撰
蠡海錄　明王逵撰
先公談錄　宋李宗諤撰
傳講雜記　宋呂希哲撰
南窗紀談
群居解頤　唐高擇撰
三柳軒雜識　元程棨撰
中吳紀聞　宋龔明之撰

二四

緯略 宋高似孫撰
卷二十五
遯齋閒覽 宋范正敏撰
志林 宋蘇軾撰
晉問 唐柳宗元撰
席上腐談 宋俞琰撰
[illegible] 宋[illegible]撰
判決錄 唐張鷟撰
卷二十六
東園友聞
西墅記譚 五代潘遠撰
[illegible] 宋[illegible]撰
龍城錄 唐柳宗元撰
義山雜記 唐李商隱撰
法苑珠林
青瑣高議 宋劉斧撰
耕餘博覽
卷二十七
雞肋編 宋莊季裕撰
吹劍錄 宋俞文豹撰
鑑戒錄 後蜀何光遠撰
佩楚軒客談 元戚輔之撰
浩然齋視聽抄 宋周密撰
陵陽室中語 宋范季隨撰
昭德新編 宋晁迥撰
卷二十八
雞肋 宋趙崇絢撰
雲谷雜記 宋張淏撰
野人閒話 宋景煥撰
東齋記事 宋許觀撰
[illegible] 宋[illegible]撰
[illegible] 宋陳[illegible]撰
卷二十九
[illegible] 宋[illegible]撰
野老記聞 宋[illegible]撰
澗泉日記 宋韓淲撰
[illegible] 宋[illegible]撰
西齋話記 宋祖士衡撰
西軒客談 宋[illegible]撰
[illegible] 宋[illegible]撰
[illegible]閒話 宋蘇軾撰
卷三十
游宦紀聞 宋張世南撰
[illegible] 宋江休復撰
湘湘故事 宋闕名撰
卷三十一
[illegible] 元[illegible]撰
[illegible]日錄 宋[illegible]撰
[illegible]
[illegible] 唐[illegible]撰
[illegible] 宋陳[illegible]撰
[illegible] 五代[illegible]撰
[illegible] 宋王[illegible]撰
[illegible] 宋[illegible]撰
[illegible] 元[illegible]撰
[illegible]
[illegible]

鈎玄
[illegible] 元[illegible]撰
因論 唐劉禹錫撰
窮愁志 唐李德裕撰
[illegible]
[illegible]
劉馮事始 唐劉存 五代馮鑑撰
[illegible] 宋[illegible]撰
南部新書 宋錢易撰
桂苑叢談 唐馮翊撰
文藪雜著 唐皮日休撰
[illegible] 宋[illegible]撰
[illegible]
[illegible] 宋[illegible]撰
[illegible] 宋王明清撰
[illegible] 宋劉[illegible]撰
[illegible] 宋周密撰
[illegible]
[illegible] 宋[illegible]撰
[illegible] 元[illegible]撰
[illegible] 宋[illegible]撰
[illegible] 宋[illegible]撰
[illegible] 宋錢[illegible]撰
[illegible] 宋錢[illegible]撰
[illegible] 宋陳[illegible]撰
[illegible] 題宋蘇軾撰
[illegible] 宋上官[illegible]撰
[illegible] 宋[illegible]撰
[illegible] 宋[illegible]撰
[illegible] 元[illegible]撰
[illegible] 宋[illegible]撰
[illegible] 唐[illegible]撰
[illegible] 宋[illegible]撰
[illegible] 宋[illegible]撰
[illegible] 宋司馬光撰
[illegible] 宋[illegible]撰
[illegible]
[illegible] 宋[illegible]撰
[illegible] 宋[illegible]撰
[illegible] 元[illegible]撰
[illegible] 宋[illegible]撰
[illegible]
[illegible]
[illegible]
[illegible]

二五

[illegible]
下帷短牒
卷三十二
嫏嬛記 元伊世珍撰
宣室志 唐張讀撰
[illegible] 宋釋贊寧撰
[illegible] 宋[illegible]撰
樹萱錄 唐劉燾撰
紹陶錄 宋王質撰
卻掃編 宋徐度撰
[illegible] 宋王[illegible]撰
聞見錄 宋羅點撰
三水小牘 宋皇甫枚撰
閒談錄 宋蘇耆撰
延漏錄 宋章望之撰
[illegible]
卷三十三
西溪叢語 宋姚寬撰
虛谷閒抄 元方回撰
[illegible] 宋[illegible]撰
卷三十四
昨夢錄 宋康與之撰
[illegible] 題宋[illegible]撰
軒渠錄 宋呂本中撰
諧噱錄 唐劉納言撰
[illegible]
[illegible] 宋[illegible]撰
卷三十五
摭言 五代王定保撰
可談 宋朱彧撰
談藪 宋龐元英撰
[illegible] 元[illegible]撰
卷三十六
尚書故實 唐李綽撰
隋唐嘉話 唐劉餗撰
[illegible] 宋[illegible]撰
卷三十七
春渚紀聞 宋何薳撰
[illegible] 宋[illegible]撰
避戎嘉話 宋石茂良撰
儒林公議 宋田況撰
[illegible] 宋江[illegible]撰
退齋筆錄 宋侯延慶撰
珩璜新論 宋孔平仲撰
卷三十八
白獺髓 宋張仲文撰
[illegible] 宋張端義撰
[illegible] 宋何[illegible]撰
避亂錄 宋王明清撰
[illegible] 唐韓偓撰
卷三十九
揮麈錄 宋王明清撰
避暑漫抄 宋陸游撰
洞微志 宋錢易撰
[illegible] 宋陳世崇撰
青溪寇軌 宋方勺撰
卷四十
[illegible] 宋趙[illegible]撰
陶朱新錄 宋馬純撰

[illegible]
[illegible]
[illegible]
[illegible] 唐[illegible]撰
[illegible] 唐李[illegible]撰
[illegible] 唐張[illegible]撰
[illegible] 題宋[illegible]撰
[illegible] 宋[illegible]撰
[illegible] 宋[illegible]撰
[illegible] 唐[illegible]撰
[illegible] 唐[illegible]撰
[illegible] 元[illegible]撰
[illegible] 宋[illegible]撰
[illegible] 宋[illegible]撰
[illegible] 宋王明清撰
[illegible]
[illegible] 宋[illegible]撰
[illegible] 元[illegible]撰
[illegible] 宋蘇軾撰
[illegible] 宋蘇軾撰
[illegible] 宋[illegible]撰

二六

[illegible] 宋[illegible]撰
[illegible] 宋王[illegible]撰
[illegible] 唐[illegible]撰
[illegible] 唐[illegible]撰
[illegible] 宋晁迥撰
[illegible] 宋[illegible]撰
[illegible] 宋[illegible]撰
[illegible] 宋[illegible]撰
[illegible] 宋[illegible]撰
[illegible] 宋[illegible]撰
[illegible] 宋俞文豹撰
[illegible] 宋[illegible]撰
[illegible] 唐[illegible]撰
[illegible] 元[illegible]撰
[illegible] 宋王明清撰
[illegible] 宋[illegible]撰
[illegible] 宋[illegible]撰
[illegible] 宋[illegible]撰
[illegible] 宋[illegible]撰
[illegible] 宋[illegible]撰
[illegible] 宋[illegible]撰

東軒筆錄　宋魏泰撰
十友瑣説　宋溫革撰
丙四十一　春明退朝錄　宋宋敏求撰
幕府燕閒錄　宋畢仲詢撰
蓼花洲閒錄　宋高文虎撰
丙四十二　大唐創業起居注　唐溫大雅撰
御寨行程　宋趙彥衛撰
唐年補錄　唐馬總撰
丙四十三　東觀奏記　唐裴庭裕撰
明道雜志　續　宋張耒撰
丙四十四　燕翼貽謀錄　宋王栐撰
宜春傳信錄　宋羅誘撰
小説舊聞記　唐柳公權撰
丙四十五　玉堂雜記　宋周必大撰
道山清話
錢氏私誌　宋錢愐撰
桐陰舊話　宋韓元吉撰
丙四十六　北夢瑣言　宋孫光憲撰
金華子雜編　南唐劉崇遠撰
松窗雜記　唐杜荀鶴撰
中朝故事　南唐尉遲偓撰
商芸小説　梁殷芸撰
丙四十七　景龍文館記　唐武平一撰
行營雜錄　宋趙葵撰
閒見雜錄　宋蘇舜欽撰
文昌雜錄　宋陳襄撰
宣政雜錄　宋江萬里撰
錢塘遺事　元劉一清撰
丙四十八　朝野僉載　題唐張鷟撰
唐闕史　唐高彥休撰
大唐新語　唐劉肅撰
三聖記　唐李德裕撰
皮子世錄　唐皮日休撰
零陵總記　唐陸龜蒙撰
丙四十九　四朝聞見錄　宋葉紹翁撰
會昌解頤錄　唐包湑撰
鐵圍山叢談　宋蔡絛撰
金鑾密記　唐韓偓撰
朝野遺記
大中遺事　唐令狐澄撰
涑水紀聞　宋司馬光撰
大事記　宋呂祖謙撰
丙五十　甲申雜記　宋王鞏撰
聞見近錄　續　宋王鞏撰
燕北雜記　宋武珪撰
家世舊事　宋程頤撰
丙五十一　卓異記　唐李翱撰
續翰林志　宋蘇易簡撰

山房隨筆　元蔣子正撰
澠水燕談錄　宋王闢之撰
老學菴筆記　續　宋陸游撰
秀水閒居錄　宋朱勝非撰
乾淳起居注　宋周密撰
熙豐日曆　宋王明清撰
國老談苑　宋王君玉撰
玉堂逢辰錄　宋錢惟演撰
洛陽搢紳舊聞記　宋張齊賢撰
廣陵妖亂志　唐鄭廷誨撰
玉壺清話　宋釋文瑩撰
家世舊聞　宋陸游撰
家王故事　宋錢惟演撰
杜陽雜編　唐蘇鶚撰
玉泉子真錄
南楚新聞　唐尉遲樞撰
戎幕閒談　唐韋絢撰
封氏聞見記　唐封演撰
江行雜錄　宋廖瑩中撰
養痾漫筆　宋趙溍撰
遂昌雜錄　元鄭元祐撰
古杭雜記　元李有撰
默記　宋王銍撰
唐國史補　唐李肇撰
唐語林　宋王讜撰
大唐奇事　唐馬總撰
先友記　唐柳宗元撰
盧氏雜説　唐盧言撰
玉堂閑話
三朝聖政錄　宋石承世撰
洛中紀異錄　宋秦再思撰
困學齋雜抄　元鮮于樞撰
常侍言旨　唐柳珵撰
朝野僉言
西朝寶訓
蜀道征討比事　宋袁申儒撰
三朝野史　元吳萊撰
隨手雜錄　宋王鞏撰
南游記舊　宋曾紆撰
山居新語　元楊瑀撰
翰林志　唐李肇撰
翰林壁記　唐丁居晦撰

二七

御史臺記
唐科名記　宋高似孫撰
趨朝事類
上壽拜舞記　宋陳世崇撰
明禋儀注　宋王偁撰
婚雜儀注　唐段成式撰
稽古定制
丙五十二　明皇十七事　唐李德裕撰
傳信記　唐鄭棨撰
摭異記　唐李濬撰
新城錄　唐沈亞之撰
丙五十三　南渡典儀　宋周密撰
燕射記　宋周密撰
天基聖節排當樂次　宋周密撰
雜劇段數　宋周密撰
藝流供奉志　宋周密撰
丙五十四　晉史乘
蜀檮杌　宋張唐英撰
五代新説　唐徐炫撰
江南野錄　宋龍袞撰
丙五十五　金志　宋宇文懋昭撰
松漠記聞　宋洪皓撰
虜廷事實　宋文惟簡撰
北風揚沙錄　宋陳準撰
丙五十六　蒙韃備錄　宋孟珙撰
燕北錄　宋王易撰
西使記　元劉郁撰
安南行記　元徐明善撰
陷虜記　五代胡嶠撰
丙五十七　群輔錄　題晉陶潛撰
真靈位業圖　梁陶弘景撰
高士傳　晉皇甫謐撰
丙五十八　汝南先賢傳　晉周斐撰
會稽先賢傳　吳謝承撰
楚國先賢傳　晉張方撰
長沙耆舊傳　晉劉彧撰
廣州先賢傳
西州後賢志　晉常璩撰
列女傳　晉皇甫謐撰
漢中士女志　晉常璩撰
幼童傳　梁劉昭撰
方外志
神仙傳　晉葛洪撰
集仙傳　宋曾慥撰
丙五十九　漢官儀　漢應劭撰
玄晏春秋　晉皇甫謐撰
帝王世記　晉皇甫謐撰
東宮舊事　晉張敞撰
大業拾遺錄　唐杜寶撰
山公啟事　晉山濤撰
陸機要覽　晉陸機撰

上庠錄　宋呂榮義撰
五代登科記　宋韓思撰
紹熙行禮記　宋周密撰
封禪儀記　漢馬第伯撰
梁雜儀注　唐段成式撰
朝會儀記　漢蔡質撰
開元天寶遺事　五代王仁裕撰
幽閒鼓吹　唐張固撰
愧郯錄　宋岳珂撰
乾淳御教記　宋周密撰
唱名記　宋周密撰
乾淳教坊樂部　宋周密撰
高宗幸張府節次略　宋周密撰
楚史檮杌
幸蜀記　唐宋居白撰
三楚新錄　宋周羽翀撰
遼志　宋葉隆禮撰
雞林類事　宋孫穆撰
夷俗考　宋方鳳撰
北邊備對　宋程大昌撰
北轅錄　宋周煇撰
使高麗錄　宋徐兢撰
高昌行記　宋王延德撰
英雄記鈔　魏王粲撰
東林蓮社十八高賢傳
陳留耆舊傳　魏蘇林撰
益都耆舊傳　晉陳壽撰
襄陽耆舊傳　晉習鑿齒撰
零陵先賢傳　晉司馬彪撰
閩川名士傳　唐黃璞撰
文士傳　晉張隱撰
梓潼士女志　晉常璩撰
孝子傳　晉徐廣撰
高道傳　宋賈善翊撰
列仙傳　題漢劉向撰
續神仙傳　南唐沈汾撰
江淮異人錄　宋吳淑撰
獻帝春秋
九州春秋　晉司馬彪撰
魏晉世語　晉郭頒撰
元嘉起居注
建康宮殿簿　唐張著撰
八王故事　晉盧綝撰
桓譚新論　漢桓譚撰

二八

譙周法訓　蜀譙周撰
虞喜志林　晉虞喜撰
魏春秋　晉孫盛撰
晉陽秋　晉庾翼撰
晉中興書　劉宋何法盛撰
會稽典錄　晉虞預撰
建康實錄
鄴中記　晉陸翽撰
弓六十
靈憲注　漢張衡撰
徐整長曆　吳徐整撰
玉符瑞圖　梁顧野王撰
五行記
發蒙記　晉束晳撰
在窮記　□孔元舒撰
雞林志
九國志　□劉昱撰
十道志　唐李吉甫撰
寰宇記　宋樂史撰
神境記　劉宋王韶之撰
三輔黃圖
西都雜記　唐韋述撰
敦煌新錄　後魏劉昞撰
南宋市肆記　宋周密撰
弓六十一
三秦記
關中記　晉潘岳撰
梁州記　南齊劉澄之撰
宜都記　晉袁山松撰
荊州記　劉宋盛弘之撰
武陵記　□鮑堅撰
南雍州記　劉宋王韶之撰
南康記　晉鄧德明撰
鄱陽記　南齊劉澄之撰
丹陽記　劉宋山謙之撰
永嘉郡記　劉宋鄭緝之撰
南越志　晉沈懷遠撰
廣志　晉郭義恭撰
始興記　劉宋王韶之撰
涼州記　北涼段龜龍撰
沙州記　劉宋段國撰
弓六十二
雲南志略　元李京撰
桂海虞衡志　宋范成大撰
真臘風土記　元周達觀撰
成都古今記　宋趙抃撰
臨海異物志　吳沈瑩撰
弓六十三
吳地記　唐陸廣微撰
北戶錄　唐段公路撰
約齋燕遊志　宋張鎡撰
弓六十四
入越記　宋呂祖謙撰
廬山錄　後錄　宋周必大撰
金華遊錄　宋方鳳撰
弓六十五
來南錄　唐李翱撰
攬轡錄　宋范成大撰
吳船錄　宋范成大撰
乾道庚寅奏事錄　宋周必大撰

裴啓語林　晉裴啓撰
魏臺訪議　魏王肅撰
齊春秋　梁吳均撰
續晉陽秋　劉宋檀道鸞撰
宋拾遺錄　梁謝綽撰
三國典略　晉魚豢撰
三輔決錄　漢趙岐撰
吳錄　晉張勃撰
玉曆通政經
孫氏瑞應圖　□孫柔之撰
地鏡圖
玄中記
決疑要注　晉摯虞撰
河東記
湘山錄
九域志　宋李昉撰
十三州記　晉黃義仲撰
風土記　晉周處撰
西征記　晉戴祚撰
三輔舊事　唐袁郊撰
大康地記
扶南土俗　吳康泰撰
長安志　宋宋敏求撰
洛陽記　晉陸機撰
梁京寺記
益州記　晉任豫撰
湘中記　晉羅含撰
漢南記　□張瑩撰
安城記　□王孚撰
潯陽記　晉張僧鑒撰
九江志　晉何晏撰
會稽記　晉孔曄撰
三齊略記　晉伏琛撰
廣州記　晉顧微撰
番禺雜記　唐鄭熊撰
林邑記
交州記　晉劉欣期撰
遼東志略　元戚輔之撰
岳陽風土記　宋范致明撰
陳留風俗傳　晉江微撰
臨海水土記
遊城南注　宋張禮撰
湖山勝槩　宋周密撰
吳郡諸山錄　宋周必大撰
九華山錄　宋周必大撰
大嶽志　明方升撰
入蜀記　宋陸游撰
驂鸞錄　宋范成大撰
泛舟錄　宋周必大撰
河源志　元潘昂霄撰

二九

于役志　宋歐陽修撰
述異記　題梁任昉撰
弓六十六
佛國記　晉釋法顯撰
拾遺名山記　後秦王嘉撰
洞天福地記　前蜀杜光庭撰
西京雜記　題晉葛洪撰
弓六十七
豫章古今記　劉宋雷次宗撰
南海古蹟記　元吳萊撰
洛陽伽藍記　北魏楊衒之撰
益部方物略記　宋宋祁撰
溪蠻叢笑　宋朱輔撰
南宋故都宮殿　宋周密撰
弓六十八
東京夢華錄　宋孟元老撰
錢塘瑣記　宋于肇撰
汴故宮記　元楊奐撰
艮嶽記　宋張淏撰
吳興園林記　宋周密撰
終南十志　唐盧鴻撰
平泉山居草木記　唐李德裕撰
弓六十九
歲華紀麗譜　元費著撰
乾淳歲時記　宋周密撰
秦中歲時記　唐李淖撰
四民月令　漢崔寔撰
四時寶鏡
歲華紀麗　題唐韓鄂撰
弓七十
晝簾緒論　宋胡太初撰
政經　宋真德秀撰
女孝經　唐鄭□撰
女誡　漢班昭撰
弓七十一
涑水家儀　宋司馬光撰
石林家訓　宋葉夢得撰
蘇氏族譜　宋蘇洵撰
呂氏鄉約　宋呂大忠撰
世範　宋袁采撰
弓七十二
厚德錄　宋李元綱撰
前定錄　續　唐鍾輅撰
報應記　唐唐臨撰
弓七十三
袪疑說　宋儲泳撰
善誘文　宋陳錄撰
東谷所見　宋李之彥撰
弓七十四
山家清供　宋林洪撰
忘懷錄　宋沈括撰
臥遊錄　宋呂祖謙撰
農家諺　漢崔寔撰
弓七十五
經鉏堂雜誌　宋倪思撰
天隱子養生書　唐司馬承禎撰
保生月錄　唐韋行規撰
攝生要錄　明沈仕撰
林下清錄　明沈仕撰
輞川集　唐王維裴迪撰

峽程記　唐韋莊撰
神異經　漢東方朔撰
海內十洲記　題漢東方朔撰
別國洞冥記　題漢郭憲撰
南部煙花記　唐馮贄撰
睦州古蹟記　宋謝翶撰
遊南東山水古蹟記　元吳萊撰
寺塔記　唐段成式撰
嶺表錄異記　唐劉恂撰
函潼關要志　宋程大昌撰
古杭夢遊錄　題宋灌園耐得翁撰
六朝事迹　宋張敦頤撰
汴都平康記　宋張邦基撰
洛陽名園記　宋李格非撰
廬山草堂記　草堂三謠　唐白居易撰
平泉山居雜記　唐李德裕撰
荊楚歲時記　梁宗懍撰
輦下歲時記
玉燭寶典　隋杜臺卿撰
千金月令　唐孫思邈撰
歲時雜記　宋呂原明撰
影燈記
官箴　宋呂本中撰
忠經　漢馬融撰
女論語　唐宋若昭撰
顏氏家訓　北齊顏之推撰
緒訓　宋陸游撰
訓學齋規　宋朱熹撰
義莊規矩　宋范仲淹撰
鄭氏家範　元鄭太和撰
省心錄　宋林逋撰
還冤記　北齊顏之推撰
辨惑論　元謝應芳撰
樂善錄　宋李昌齡輯
山家清事　宋林洪撰
登涉符籙　晉葛洪撰
對雨編　宋洪遵撰
吳下田家志　元陸泳撰
保生要錄　宋蒲處貫撰
養生月錄　宋姜蛻撰
齊民要術　北魏賈思勰撰
蘭亭集　晉王羲之等撰
洛中耆英會　宋司馬光等撰

三〇

洛中九老會　唐白居易等撰
册七十六
錦帶書　梁蕭統撰
新橡筆　宋胡銓撰
水族加恩簿　宋毛勝撰
禪本草　宋釋慧日撰
義山雜纂　唐李商隱撰
雜纂續　宋王銍撰
雜纂二續　宋蘇軾撰
册七十七
小名錄　唐陸龜蒙撰
侍兒小名錄　宋王銍撰
侍兒小名錄　宋溫豫撰
侍兒小名錄　宋洪遂撰
侍兒小名錄　宋張邦幾撰
敘小志　唐朱揆撰
妝樓記　南唐張泌撰
妝臺記　唐宇文士及撰
靚妝錄　唐溫庭筠撰
髻鬟品　唐段成式撰
册七十八
織錦璇璣圖　前秦蘇蕙撰
北里志　唐孫棨撰
教坊記　唐崔令欽撰
青樓集　元夏庭之撰
麗情集　宋張君房撰
册七十九
文則　宋陳騤撰
文錄　宋唐庚撰
詩品　梁鍾嶸撰
詩式　唐釋皎然撰
詩譜　元陳繹曾撰
二十四詩品　唐司空圖撰
詩談
詩論　宋釋普聞撰
詩病五事　宋蘇轍撰
杜詩箋　宋黃庭堅撰
册八十
風騷旨格　唐釋齊己撰
韻語陽秋　宋葛立方撰
藝苑雌黃　宋嚴有翼撰
譚苑醍醐　明楊慎撰
竹林詩評
謝氏詩源
潛溪詩眼　宋范溫撰
本事詩　唐孟棨撰
續本事詩　□聶奉先撰
册八十一
碧溪詩話　宋黃徹撰
環溪詩話　宋吳沆撰
東坡詩話　宋蘇軾撰
西清詩話　宋蔡絛撰
艇齋詩話　宋曾季貍撰
梅澗詩話　宋韋居安撰
后村詩話　宋劉克莊撰
漫叟詩話
桐江詩話
蘭莊詩話　明閔文振撰
逸齋詩話
金玉詩話　宋蔡絛撰
漢皋詩話
陳輔之詩話　宋陳輔撰
敖器之詩話　宋敖陶孫撰
潘子真詩話　宋潘子真撰
青瑣詩話　宋劉斧撰
玄散詩話
册八十二
六一居士詩話　宋歐陽修撰
司馬溫公詩話　宋司馬光撰
劉攽貢父詩話　宋劉攽撰
後山居士詩話　題宋陳師道撰
許彥周詩話　宋許顗撰
册八十三
滄浪詩話　宋嚴羽撰
珊瑚鉤詩話　宋張表臣撰
石林詩話　宋葉夢得撰
烏臺詩案
册八十四
庚溪詩話　宋陳巖肖撰
紫微詩話　宋呂本中撰
竹坡老人詩話　宋周紫芝撰
臨漢隱居詩話　宋魏泰撰
苕溪漁隱叢話　宋胡仔撰
歲寒堂詩話　宋張戒撰
娛書堂詩話　宋趙與虤撰
二老堂詩話　宋周必大撰
比紅兒詩話　宋馮曾撰
林下詩談
詩話雋永　元喻正己撰
詩詞餘話　元俞焯撰
詞品　明朱權撰
詞旨　元陸行直撰
四六餘話　宋楊囦道撰
月泉吟社　宋吳渭輯
册八十五
佩觿　宋郭忠恕撰
千祿字書　唐顏元孫撰
金壺字考　宋釋適之撰
俗書證誤　隋顏愍楚撰
字書誤讀　宋王雱撰
字格　唐竇臮撰
字林　晉呂忱撰
册八十六

六義圖解　明王應電撰
筆勢論略　晉王羲之撰
筆陣圖　晉衛鑠撰
筆髓論　唐虞世南撰
書法　唐歐陽詢撰　明王道焜注
五十六種書法　唐韋續撰
九品書
書品優劣　唐韋續撰
續書品　唐韋續撰
書評　唐韋續撰
書評　梁袁昂撰
論篆　唐李陽冰撰
冰陽筆訣　唐李陽冰撰
張長史十二意筆法　唐顏真卿撰
四體書勢　晉衛恒撰
法書苑　宋周越撰
衍極　元鄭杓撰
册八十七
書譜　唐孫過庭撰
續書譜　宋姜夔撰
書斷　唐張懷瓘撰
書品　梁庾肩吾撰
書評　梁武帝蕭衍撰
後書品　唐李嗣真撰
能書錄　齊王僧虔撰
册八十八
書史　宋米芾撰
海岳名言　宋米芾撰
翰墨志　宋高宗趙構撰
思陵書畫記　宋周密撰
歐公試筆　宋歐陽修撰
册八十九
寶章待訪錄　宋米芾撰
譜系雜說　宋曹士冕撰
法帖刊誤　宋黃伯思撰
法帖刊誤　宋陳與義撰
集古錄　宋歐陽修撰
册九十
古畫品錄　南齊謝赫撰
後畫品錄　陳姚最撰
續畫品錄　唐李嗣真撰
益州名畫錄　宋黃休復撰
名畫記　唐張彥遠撰
名畫獵精　唐張彥遠撰
采畫錄　唐馬朗撰
廣畫錄　□釋仁顯撰
册九十一
貞觀公私畫史　唐裴孝源撰
林泉高致　宋郭熙撰
畫論　宋郭若虛撰
紀藝　宋郭若虛撰
畫梅譜　宋釋仲仁撰
畫竹譜　元李衎撰
墨竹譜　元管道昇撰
畫學祕訣　唐王維撰
册九十二
畫史　宋米芾撰
畫品　宋李廌撰
畫鑒　元湯垕撰
畫論　元湯垕撰
册九十三
茶經　唐陸羽撰
茶錄　宋蔡襄撰
試茶錄　宋宋子安撰
大觀茶論　宋徽宗趙佶撰
宣和北苑貢茶錄　宋熊蕃撰
北苑別錄　宋趙汝礪撰
品茶要錄　宋黃儒撰
本朝茶法　宋沈括撰
煎茶水記　唐張又新撰
十六湯品　唐蘇廙撰
述煮茶小品　宋葉清臣撰
採茶錄　唐溫庭筠撰
鬬茶記　宋唐庚撰
册九十四
酒譜　宋竇苹撰
續北山酒經　宋李保撰
酒經　宋蘇軾撰
酒經　宋朱肱撰
安雅堂觥律　元曹紹撰
觴政述　宋趙與時撰
醉鄉日月　唐皇甫松撰
罰爵典故　宋李廌撰
熙寧酒課　宋趙珣撰
新豐酒法　宋林洪撰
酒乘　元韋孟撰
觥記注　宋鄭獬撰
麴本草　宋田錫撰
酒爾雅　宋何剡撰
酒小史　宋宋伯仁撰
酒名記　宋張能臣撰
册九十五
食譜　唐韋巨源撰
食經　□謝諷撰
食珍錄　劉宋虞悰撰
膳夫錄　唐鄭望之撰
玉食批　題宋司膳內人撰
士大夫食時五觀　宋黃庭堅撰
糖霜譜　宋洪邁撰
中饋錄
刀劍錄　梁陶弘景撰
洞天清錄　宋趙希鵠撰
册九十六
硯史　宋米芾撰
硯譜　宋李之彥撰

硯譜　宋蘇易簡撰　端溪硯譜
歙州硯譜　歙硯說　辨歙石說
雲林石譜　宋杜綰撰　漁陽石譜　宋漁陽公撰
宣和石譜　宋常懋撰　太湖石志　宋范成大撰
弓九十七　吳氏印譜　宋吳孟思撰　王厚之攷　學古編　元吾丘衍撰
傳國璽譜　宋鄭文寶撰　玉璽譜　唐徐令信撰
相貝經　漢朱仲撰　相手板經
帶格　宋陳世崇撰　三器圖義　宋程迥撰
寶記　三代鼎器錄　唐吳協撰
鼎錄　梁虞荔撰　錢譜　宋董逌撰
泉志　宋洪遵撰
弓九十八　香譜　宋洪芻撰　名香譜　宋葉廷珪撰
墨經　宋晁貫之撰　墨記　宋何薳撰
筆經　晉王羲之撰　蜀牋譜　元費著撰
蜀錦譜　元費著撰　衛公故物記　唐韋端符撰
弓九十九　古玉圖攷　元朱德潤撰　文房圖贊　宋林洪撰
文房圖贊續　元羅先登撰　燕几圖　宋黃伯思撰
弓一百　琴曲譜錄　宋釋居月撰　雅琴名錄　劉宋謝莊撰
琴聲經緯　宋陳暘撰　琴箋圖式　明陶宗儀撰
雜書琴事　宋蘇軾撰　古琴疏　宋虞汝明撰
樂府解題　唐吳兢撰　驃國樂頌
唐樂曲譜　宋高似孫撰　籟紀　陳陳叔齊撰
嘯旨　唐孫廣撰　玄真子漁歌記　唐張志和撰
觱篥格　唐段成式撰　柘枝譜　宋樂史撰
管絃記　□凌秀撰　鼓吹格
樂府雜錄　唐段安節撰
弓一百一　尤射　魏繆襲撰　射經　唐王琚撰
九射格　宋歐陽修撰　投壺儀節　宋司馬光撰
投壺新格　宋司馬光撰　丸經
打馬圖　題宋李清照撰　蹴踘圖譜　明汪雲程撰
譜雙　宋洪遵撰
弓一百二　除紅譜　元楊維楨撰　醉綠圖　□戢光撰
骰子選格　唐房千里撰　樗蒲經略　宋程大昌撰
藝經　魏邯鄲淳撰　五木經　唐李翺撰
彈棊經　晉徐廣撰　傳棋格　魏□肇撰
棊訣　宋劉仲甫撰　棋經　宋張擬撰
棋手勢　□徐泓撰　謏品　梁沈約撰
圍棋義例　宋徐鉉撰　古局象棋圖　宋司馬光撰
琵琶錄　唐段安節撰　羯鼓錄　唐南卓撰
弓一百三　金漳蘭譜　宋趙時庚撰　王氏蘭譜　宋王貴學撰
菊譜　宋范成大撰　菊譜　宋劉蒙撰
菊譜　宋史正志撰　海棠譜　宋陳思撰
海棠譜詩　宋陳思輯
弓一百四　洛陽牡丹記　宋歐陽修撰　洛陽牡丹記　宋周師厚撰
陳州牡丹記　宋張邦基撰　天彭牡丹譜　宋陸游撰
牡丹榮辱志　宋丘璿撰　揚州芍藥譜　宋王觀撰
梅譜　宋范成大撰　梅品　宋張鎡撰
花經　宋張翊撰　花九錫　唐羅虬撰
洛陽花木記　宋周師厚撰　桂海花木志　宋范成大撰
魏王花木志　楚辭芳草譜　宋謝翱撰
弓一百五　南方草木狀　晉嵇含撰　園林草木疏　唐王方慶撰

三三

桐譜　宋陳翥撰　竹譜　晉戴凱之撰
續竹譜　元劉美之撰　筍譜　宋釋贊寧撰
荔枝譜　宋蔡襄撰　橘錄　宋韓彥直撰
打棗譜　元柳貫撰
弓一百六　菌譜　宋陳仁玉撰　蔬食譜　宋陳達叟撰
野菜譜　明王磐撰　茹草紀事　宋林洪撰
藥譜　唐侯寧極撰　藥錄　晉李當之撰
何首烏錄　唐李翺撰　彰明附子記　宋楊天惠撰
種樹書　元俞宗本撰
弓一百七　禽經　晉張華注　肉攫部　唐段成式撰
麟書　宋汪若海撰　蠶書　宋秦觀撰
養魚經　漁具詠　唐陸龜蒙撰
相鶴經　題□浮丘公撰　相牛經
相馬書　宋徐咸撰　蟹譜　宋傅肱撰
蟫史　禽獸決錄　南齊卞彬撰
解鳥語經　題□和菟撰
弓一百八　風后握奇經　漢公孫弘解　握奇經續圖　八陣總述　晉馬隆撰
算經　宋謝察微撰　望氣經　唐邵諤撰
星經　相雨書　唐黃子發撰
水衡記　峽船誌　南唐王周撰
水經　漢桑欽撰
弓一百九　太乙經　起世經
克經　木經　宋李誡撰
耒耜經　唐陸龜蒙撰　褚氏遺書　南齊褚澄撰
脈經　晉王叔和撰　子午經
玄女房中經　唐孫思邈撰　相地骨經
相兒經　晉嚴助撰　龜經
卜記　宋王寂撰　筴龜論　宋陳師道撰
百怪斷經　宋俞誨撰　土牛經　宋向孟撰
漏刻經　感應經　元陳櫟撰
感應類從志　題宋釋贊寧撰　夢書
數術記遺　漢徐岳撰　北周甄鸞注
弓一百十　漢雜事祕辛　大業雜記　唐杜寶撰
大業拾遺記　唐顏師古撰　元氏掖庭記　明陶宗儀撰
焚椒錄　遼王鼎撰　開河記
迷樓記　海山記
弓一百十一　東方朔傳　題漢郭憲撰　漢武帝內傳
趙飛燕外傳　題漢伶玄撰　飛燕遺事
趙后遺事　宋秦醇撰　楊太真外傳　題宋樂史撰
梅妃傳　題唐曹鄴撰　長恨歌傳　唐陳鴻撰
高力士傳　唐郭湜撰
弓一百十二　綠珠傳　宋樂史撰　非煙傳　唐皇甫枚撰
謝小娥傳　唐李公佐撰　霍小玉傳　唐蔣防撰
劉無雙傳　唐薛調撰　虬髯客傳　題唐張說撰
韓仙傳　唐韓若雲撰　神僧傳　晉釋法顯撰
劍俠傳
弓一百十三　穆天子傳　唐蘇鶚撰　鄴侯外傳　唐李蘩撰
同昌公主傳　梁四公記　唐張說撰
林靈素傳　宋趙與時撰　希夷先生傳　宋龐覺撰
梁清傳　劉宋劉敬叔撰　西王母傳　漢桓驎撰
魏夫人傳　唐婺偉撰　杜蘭香撰　晉曹毗撰
麻姑傳　晉葛洪撰　白猿傳

三四

柳毅傳　唐李朝威撰　李林甫外傳
汧國夫人傳　唐白行簡撰　靈鬼志　晉荀□撰
才鬼記　宋張君房撰
弓一百十四
太清樓侍宴記　宋蔡京撰　延福宮曲宴記　宋李邦彥撰
保和殿曲宴記　宋蔡京撰　周秦行記　題唐牛僧孺撰
東城老父傳　唐陳鴻撰　登西臺慟哭記　宋謝翺撰
東陽夜怪錄　唐王洙撰　冥通記　梁陶弘景撰
冥音錄　唐朱慶餘撰　三夢記　唐白行簡撰
古鏡記　隋王度撰　記錦裾　唐陸龜蒙撰
弓一百十五
甘澤謠　唐袁郊撰　夢遊錄　唐任蕃撰
博異志　題谷神子撰　集異記　唐薛用弱撰
續齊諧記　梁吳均撰　春夢錄　元鄭禧撰
會真記　唐元稹撰
弓一百十六
諾皋記　唐段成式撰　金剛經鳩異　唐段成式撰
集異志　唐陸勳撰　括異志　題宋張師正撰
括異志　宋魯應龍撰
弓一百十七
異聞實錄　唐李玫撰　甄異小錄　宋曾忭撰
異苑　劉宋劉敬叔撰　幽明錄　劉宋劉義慶撰
續幽明錄　唐劉孝孫撰　搜神記　題晉干寶撰
搜神後記　題晉陶潛撰　稽神錄　宋徐鉉撰
幽怪錄　唐牛僧孺撰　幽怪錄　唐王惲撰
續幽怪錄　唐李復言撰　窮怪錄
玄怪記　唐徐炫撰　續玄怪錄
志怪錄　唐陸勳撰　志怪錄　晉祖台之撰
吉凶影響錄　宋岑象求撰　靈應錄　唐傅亮撰
聞奇錄　五代于逖撰
弓一百十八
錄異記　前蜀杜光庭撰　纂異記　唐李玫撰
采異記　宋陳達叟撰　乘異記　宋張君房撰
廣異記　唐戴孚撰　獨異志　唐李冗撰
甄異記　劉宋戴祚撰　祖異記　宋聶田撰
祥異記　述異錄　劉宋劉質撰
旌異記　宋侯君素撰　冥祥記　晉王琰撰
集靈記　太清記　劉宋王韶之撰
妖化錄　宋皇靖撰　宣驗記　劉宋劉義慶撰
睽車志　宋郭彖撰　睽車志　元歐陽玄撰
鬼國記　續　宋洪邁撰　瀧上記　唐蘇遹撰
物異考　宋方鳳撰
弓一百十九
雲仙雜記　題唐馮贄撰
弓一百二十
清異錄　宋陶穀撰

說郛一百二十卷　明陶宗儀編　清順治三年李際期宛委山堂刻本　傅增湘校並跋　二三

說郛續四十六弓　明陶珽編　清順治三年李際期宛委山堂刻本　九行二十字白口左右雙邊　二四

弓一
正學編　明陳琛撰　聖學範圍圖說　明佚允翼撰
元圖大衍　明馬一龍撰　周易稽疑　明朱睦㮮撰
周易會占　明程鴻烈撰　戊申立春考　明邢雲路撰
讀史訂疑　明王世懋撰　書傳正誤　明郭孔太撰
莊子闕誤　明楊慎撰　廣莊　明袁宏道撰
弓二
草木子　明葉子奇撰　鬘龍子　明曾叔撰

觀微子　明朱安㴸撰　海樵子　明王崇慶撰
沆瀣子　明薛鎬撰　郁離子微　明劉基撰
潛溪邃言　明宋濂撰　蘿山雜言　明宋濂撰
何子雜言　明何景明撰　華川卮辭　明王褘撰
青巖叢錄　明王褘撰　廣成子解　宋蘇軾撰
空同子　明李夢陽撰　續志林　明王褘撰
弓三
冥影契　明董穀撰　宵練匣　明朱得之撰
玄機通　明仇俊卿撰　求志編　明王文祿撰
從政錄　明薛瑄撰　迪甸編　明葉秉敬撰
海涵萬象錄　明黃潤玉撰　補衍　明王文祿撰
機警　明王文祿撰　筆疇　明陳世寶撰
古言　明鄭曉撰　燕書　明宋濂撰
庸書　明崔銑撰　松窗寤言　明崔銑撰
後渠漫記　明崔銑撰　仰子遺語　明胡憲仲撰
蒙泉雜言　樵蘇燕語　明宋斯行撰
客臺隨筆　明黃其昌撰
弓四
木齋雜言　明黎久撰　南山素言　明潘府撰
類博雜言　明岳正撰　思玄庸言　明桑悅撰
東田辜言　明馬中錫撰　俟城雅誡　明方孝孺撰
西原約言　明薛蕙撰　林齋筆語　明王鴻儒撰
方山紀述　明薛應旂撰　經世要談　明鄭善夫撰
儼山纂錄　明陸深撰　奇子雜言　明楊春芳撰
枸虛晤言　明陳沂撰　文昌旅語　明王文祿撰
雞鳴偶記　明蘇濬撰　讀書筆記　明祝允明撰
淑古叢語　明陸樹聲撰　病榻寤言　明陸樹聲撰
清暑筆談　明陸樹聲撰
弓五
蓬閒錄　明梁億撰　賢識錄　明陸釴撰
左田錄　明張宸撰　逐鹿記　明王褘撰
謇起雜事　明楊儀撰　龍興慈記　明王文祿撰
聖君初政記　明沈文撰　一統肇基錄　明夏原吉撰
東朝紀　明王泌撰　撫安攝事　明王達撰
復辟錄　明楊瑄撰　保孤記
秘錄　明李夢陽撰
弓六
明良錄略　明沈士謙撰　明良記　明楊儀撰
明臣十節　明崔銑撰　建邦賢勳錄略　明王禕撰
備遺錄　明張芹撰　明輔起家考　明徐伯世撰
椒宮名臣錄　明王鴻儒撰　殉身錄　明黃玉撰
致身錄　明史仲彬撰
弓七
翊運錄　明劉基撰　遜國記　明朱鷺撰
革除遺事　明黃佐撰　楡巢近談
天順日錄　明李賢撰　九朝野記　明祝允明撰
玉池談屑　嵩陽雜識
溶溪雜記　郊外農談
冶城客論　明陸采撰　西墅雜記
滄江野史　澤山雜記
沂陽日記　海上紀聞
琢樹瑣談　明李默撰　西墅雜記　明楊穆撰
弓八
蕃獻記　明朱謀㙔撰　瀛環錄　明楊廉撰
瑣綴錄　明尹直撰　代醉編　明張鼎思撰
明興雜記　明陳敬則撰　水東記略　明葉盛撰
玉堂叢語　明胡應麟撰　良常仙系記　明鄒迪光撰
賜遊西苑記　明李賢撰　延休堂漫錄
灌纓亭筆記　明戴冠撰
弓九

三六

錦衣志　明王世貞撰
冀越通　明唐樞撰
制府雜錄　明楊一清撰
征藩功次　明王守仁撰
十家牌法　明王守仁撰
冊十
備倭事略　明歸有光撰
雲中事記　明蘇祐撰
北還錄　明陸深撰
西征記　明宋臣撰
北征錄　明金幼孜撰
北征事蹟　明袁彬撰
冊十一
平夏錄　明黃標撰
平定交南錄　明丘濬撰
哈密國王記　明馬文升撰
渤泥入貢記　明宋濂撰
日本寄語　明薛俊撰
建州女直考　題明天都山臣撰
冊十二
否泰錄　明劉定之撰
彭公筆記　明彭時撰
庭聞述略　明王文祿撰
觚不觚錄　明王世貞撰
玉堂漫筆　明陸深撰
冊十三
皇明盛事　明王世貞撰
使渠雜識　明侯銑撰
震澤紀聞　明王鏊撰
蘋野纂聞　明伍餘福撰
客座新聞　明沈周撰
尊俎餘功
平江記事　元高德基撰
冊十四
南翁夢錄　安南黎澄撰
中洲野錄　明程文憲撰
懸笥瑣探　明劉昌撰
吳中故語　明楊循吉撰
續已編　明郎瑛撰
快雪堂漫錄　明馮夢禎撰
聞雁齋筆談　明張大復撰
冊十五
胡氏雜說　明胡儼撰
丹鉛雜錄　明楊慎撰
田居乙記　明方大鎮撰
聽雨紀談　明都穆撰
意見　明陳于陛撰
語言談　明張獻翼撰
冊十六
西樵野記　明侯甸撰
寒檠膚見　明毛元仁撰
詢蒭錄　明陳沂撰
涉異志　明閔文振撰
維園鉛摘　明謝廷讚撰
墨池浪語　明胡維霖撰
春雨雜述　明解縉撰
冊十七
簷曝偶談　明顧元慶撰
蜩笑偶言　明鄭瑗撰
蓬軒別記　明楊循吉撰

馬政志　明歸有光撰
邊紀略　明鄭曉撰
醫閭漫記　明賀欽撰
兵符節制　明王守仁撰
保民訓要　明劉宗周撰
北虜紀略　明汪道昆撰
南巡日錄　明陸深撰
北使錄　明李賓撰
北征記　明楊榮撰
北征後錄　明金幼孜撰
平夷錄　明趙輔撰
撫安東夷記　明馬文升撰
滇南慟哭記　明王紳撰
琉球使略　明陳侃撰
朝鮮紀事　明倪謙撰
夷俗記　明蕭大亨撰
還恩錄　明劉仲璟撰
翦勝野聞　明徐禎卿撰
今言　明鄭曉撰
金臺紀聞　明陸深撰
雙槐歲抄　明黃瑜撰
古穰雜錄　明李賢撰
菽園雜記　明陸容撰
駒陰冗記　明闌莊撰
枝山前聞　明祝允明撰
漱石閒談　明王元禎撰
公餘日錄　明湯沐撰
三餘贅筆　明都卬撰
蘇談　明楊循吉撰
庚巳編　明陸粲撰
長安客話　明蔣一葵撰
雲夢藥溪談　明文翔鳳撰
鬱岡齋筆麈　明王肯堂撰
劉氏雜志　明劉定之撰
書肆說鈴　明葉秉敬撰
碧里雜存　明董穀撰
宦遊紀聞　明張誼撰
識小編　明周賓所撰
子元案垢　明何孟春撰
甲乙剩言　明胡應麟撰
語窺今古　明洪文科撰
新知錄　明劉仕義撰
前定錄補　明朱佐撰
攬茝微言　明顧其志撰
雪濤談叢　明江盈科撰
世說舊注　梁劉孝標撰　明楊慎輯
病逸漫記　明陸釴撰
東谷贅言　明敖英撰
蓬窗續錄　明馮時可撰

三七

瑯琊漫抄　明文林撰
水南翰記　明李如一撰
霏雪錄　明劉績撰
夢餘錄　明唐錦撰
江漢叢談　明陳士元撰
洗硯新錄　明姜南撰
輟築記　明姜南撰
冊十八
雙溪雜記　明王瓊撰
窺天外乘　明王世懋撰
近峰聞略　明皇甫庸撰
寓圃雜記　明王錡撰
方洲雜錄　明張寧撰
宛委餘編　明王世貞撰
委巷叢談　明田汝成撰
冊十九
逌旃璅言　明蘇祐撰
林泉隨筆　明張綸撰
讕言長語　明曹安撰
桑榆漫志　明陶輔撰
戒庵漫筆　明李詡撰
農田餘話　明長谷真逸撰
菊坡叢語　明單宇撰
野航史話　明茅元儀撰
大賓辱語　明姜南撰
冊二十
寶櫝記　明滑惟善撰
望崖錄　明王世懋撰
閩中今古錄　明黃溥撰
春風堂隨筆　明陸深撰
蒹葭堂雜抄　明陸楫撰
願豐堂漫書　明陸深撰
蟹疏　明淩登名撰
戲瑕　明錢希言撰
談剩　明胡江撰
冊二十一
墨林遺事　明顧元慶撰
墐戶錄　明楊慎撰
病榻手欥　明楊慎撰
群碎錄　明陳繼儒撰
俗呼小錄　明李翊撰
傷逝記　明顧起元撰
冊二十二
景仰撮書　明王達撰
見聞紀訓　明陳良謨撰
畜德錄　明陳沂撰
國寶新編　明顧璘撰
西州合譜　明張鴻磐撰
冊二十三
兒世說　明趙瑜撰
女俠傳　明鄒之麟撰
冊二十四
客越志　明王穉登撰
明月篇　明王穉登撰
閩部疏　明王世懋撰
黃山行六頌　明吳士權撰
冊二十五
瀛涯勝覽　明馬歡撰
吳中勝記　明華鑰撰
南隆志　明崔銑撰

高坡異纂　明楊儀撰
藝林灑餘　明陸濬原撰
己瘧編　明劉玉撰
祐山雜說　明馮汝弼撰
投甕隨筆　明姜南撰
丘左日記　明姜南撰
二酉委譚　明王世懋撰
百可漫志　明陳鼐撰
近峰記略　明皇甫庸撰
青溪暇筆　明姚福撰
遼邸記聞　明錢希言撰
儼山餘話　明陸深撰
無用閒談　明孫緒撰
井觀瑣言　明鄭瑗撰
推篷寤語　明李豫亨撰
震澤長語　明王鏊撰
延州筆記　明唐覲撰
暖姝由筆　明徐充撰
雨航雜錄　明馮時可撰
玄亭涉筆　明王志遠撰
西峯淡話　明茅元儀撰
抱璞簡記　明姜南撰
腳氣集　宋車若水撰
燕閒錄　明陸深撰
綠雪亭雜言　明敖英撰
雲蕉館紀談　明孔邇撰
鳳凰臺記事　明馬生龍撰
天爵堂筆餘　明薛岡撰
譚輅　明張鳳翼撰
塵餘　明謝肇淛撰
比事摘錄
[illegible]筆　明楊慎撰
枕譚　明陳繼儒撰
記事珠　唐馮贄撰
名公像記　明顧起元撰
仰山脞錄　明閔文振撰
先進遺風　明耿定向撰
新倩籍　明徐禎卿撰
分石契　明祝肇撰
香案牘　明陳繼儒撰
貧士傳　明黃姬水撰
雨航記　明王穉登撰
荊溪疏　明王穉登撰
入蜀紀見　明都穆撰
海槎餘錄　明顧岕撰
泉南雜志　明陳懋仁撰
貴陽山泉志　明張蒙撰

三八

雲南山川志　明楊慎撰
弓二十六
廬陽客記　明楊循吉撰
武夷游記　明吳栻撰
半塘小志　明潘之恒撰
西千十寺記　明謝廷讚撰
楚小志　明鍾希言撰
烏蠻瀧夜談記　明董傳策撰
滇行紀略　明馮時可撰
游台宕路程　明陶望齡撰
西吳枝乘　明謝肇淛撰
弓二十七
居家制用　元陸梳山撰
鼂采清課　明費元祿撰
林水錄　明彭年撰
玉壺冰　明都穆撰
弓二十八
帝城景物略　明劉侗撰
賞心樂事　宋張鎡撰
武陵競渡略　明楊嗣昌撰
林下盟　明沈仕撰
古今諺　明楊慎撰
南陔六舟記　明潘之恒撰
弓二十九
明經會約　明林希恩撰
林間社約　明馮時可撰
生日會約　明高光麟撰
紅雲社約　明徐𤊹撰
浣俗約　明李日華撰
霞外雜俎　明杜巽才撰
禪門本草補　明袁中道撰
讀史　明陳梁撰
弓三十
陰符經解　明湯顯祖撰
析骨分經　明甯一玉撰
葬度　明王文祿撰
友論　意大利利瑪竇撰
居家宜忌　明瞿佑撰
弓三十一
長者言　明陳繼儒撰
歸有園麈談　明徐學謨撰
偶譚　明李鼎撰
寓林清言　明黃汝亨撰
弓三十二
切韻射標　明李世澤撰
讀書十六觀　明陳繼儒撰
歌學譜　明林希恩撰
陽關三疊圖譜　明田藝蘅撰
弓三十三
談藝錄　明徐禎卿撰
詩文浪談　明林希恩撰
南濠詩話　明都穆撰
敬君詩話　明葉秉敬撰
麓堂詩話　明李東陽撰
存餘堂詩話　明朱承爵撰
升菴辭品　明楊慎撰
弓三十四
千里面譚　明楊慎撰
詩談　明徐泰撰
西園詩麈　明張蔚然撰

金陵冬遊記略　明羅洪先撰
居山雜志　明楊循吉撰
太湖泉志　明潘之恒撰
諸寺奇物記　明顧起元撰
西浮籍　明錢希言撰
朔雪北征記　明屠隆撰
邊堠紀行　元張德輝撰
銀山鐵壁謾談　明李元陽撰
榕城隨筆　明淩登名撰
禮白嶽紀　明李日華撰
清齋位置　明文震亨撰
巖棲幽事　明陳繼儒撰
山棲志　明慎蒙撰
熙朝樂事　明田汝成撰
吳社編　明王穉登撰
清閑供　明程羽文撰
田家曆　明程羽文撰
書舫約　明汪汝謙撰
秣陵二水評　明潘之恒撰
讀書社約　明丁奇遇撰
勝蓮社約　明虞淳熙撰
月會約　明嚴武順撰
紅雲續約　明謝肇淛撰
運泉約　明李日華撰
韋弦佩　明屠本畯撰
蘇氏家語　明蘇士潛撰
胎息經疏　明王文祿撰
醫先　明王文祿撰
農說　明馬一龍撰
田家五行　明婁元禮撰
放生辯惑　明陶望齡撰
清言　續　明屠隆撰
木几冗談　明彭汝讓撰
玉笑零音　明田藝蘅撰
狂言紀略　明黃汝亨撰
發音錄　明張位撰
文章九命　明王世貞撰
三百篇聲譜　明張蔚然撰
秋圃擷餘　明王世懋撰
歸田詩話　明瞿佑撰
蓉塘詩話　明姜南撰
蜀中詩話　明曹學佺撰
夷白齋詩話　明顧元慶撰
娛書堂詩話　宋趙與虤撰
詩家直說　明謝榛撰
香宇詩談　明田藝蘅撰
雪濤詩評　明江盈科撰

三九

閨秀詩評　明江盈科撰
樂府指迷　宋張炎撰
弓三十五
書畫史　明陳繼儒撰
論畫瑣言　明董其昌撰
繪妙　明茅一相撰
畫說　明莫是龍撰
竹派　明釋蓮儒撰
弓三十六
射經　明李呈芬撰
名劍記　明李承勳撰
古奇器錄　明陸深撰
琴譜銘　明屠隆撰
古今印史　明徐官撰
弓三十七
水品　明徐獻忠撰
茶譜　明顧元慶撰
茶疏　明許次紓撰
茶解　明羅廩撰
岕茶箋　明馮可賓撰
煎茶七類　明徐渭撰
弓三十八
觴政　明袁宏道撰
醉鄉律令　明田藝蘅撰
奕問　明王世貞撰
奕律　明王思任撰
宣和牌譜　明瞿佑撰
朝京打馬格　明文翔鳳撰
弓三十九
[illegible]譜　明鄭[illegible]撰
兼三圖　明屠幽叟撰
楚騷品　明汪道昆撰
葉子譜　續　明潘之恒撰
牌經　馬吊腳例　明馮夢龍撰
弓四十
瓶史　明袁宏道撰
瓶史月表　明屠本畯撰
花小名　明程羽文撰
學圃雜疏　明王世懋撰
花疏
瓜蔬疏
藥圃同春　明夏旦撰
草花譜　明高濂撰
牡丹八書　明薛鳳翔撰
弓四十一
荔枝譜　明徐𤊹撰
荔枝譜　明曹蕃撰
記荔枝　明吳載鰲撰
種芋法　明黃省曾撰
野蔌品　明高濂撰
弓四十二
蠶經　明蔣德璟撰
虎苑　明王穉登撰
促織志　明袁宏道撰
海味索隱　明屠本畯撰
弓四十三
冥寥子游　明屠隆撰
洞簫記　明陸粲撰
一瓢道士傳　明袁中道撰
拙效傳　明袁宏道撰

閒書杜律　明楊慎撰
墨池瑣錄　明楊慎撰
書畫金湯　明陳繼儒撰
丹青志　明王穉登撰
畫麈　明沈顥撰
畫禪　明釋蓮儒撰
鄉射直節　明何景明撰
玉名詁　明楊慎撰
紙箋譜　元鮮于樞撰
十友圖贊　明顧元慶撰
硯譜　明沈仕撰
煮泉小品　明田藝蘅撰
茶錄　明馮時可撰
茶箋　明聞龍撰
羅岕茶記　明熊明遇撰
茶寮記　明陸樹聲撰
焚香七要　明朱權撰
文字飲　明屠本畯撰
小酒令　明田藝蘅撰
弈旦評　明馮元仲撰
詩牌譜　明王良樞撰
壺矢銘　明袁九齡撰
彩選百官鐸
六博譜　明潘之恒撰
數錢葉譜　明汪道昆撰
嘉賓心令　明巢玉菴撰
運掌經　明黎遂球撰
胸陣譜　明袁福徵撰
瓶花譜　明張謙德撰
花曆　明程羽文撰
果疏
亳州牡丹表　明薛鳳翔撰
募種兩堤桃柳議　明聞啓祥撰
荔枝譜　明宋珏撰
荔枝譜　明鄧慶寀撰
廣菌譜　明潘之恒撰
野菜箋　明屠本畯撰
獸經　明黃省曾撰
名馬記　明李翰撰
促織志　明劉侗撰
魚品　明顧起元撰
廣寒殿記　明宣宗朱瞻基撰
周顛仙人傳　明太祖朱元璋撰
醉叟傳　明袁宏道撰
李公子傳　明陳繼儒撰

四〇

楊幽妍別傳 明陳繼儒撰
義虎傳 明祝允明撰
煮茶夢記 元楊維禎撰
卷四十四
女紅餘志 元龍輔撰
蓮臺仙會品 明曹大章撰
秦淮士女表 明曹大章撰
金陵妓品 明潘之恆撰
曲艷品 後 續 明潘之恆撰
卷四十五
艾子後語 明陸灼撰
應諧錄 明劉元卿撰
談言 明江盈科撰
□□三續 明黃允文撰
卷四十六
猥談 明祝允明撰
語怪 明祝允明撰

阿寄傳 明田汝成撰
倉庚傳 明楊慎撰
西玄青鳥記 明□元儀撰
燕都妓品 明曹大章撰
廣陵女士殿最 明曹大章撰
曲中志 明潘之恆撰
秦淮劇品 明潘之恆撰
劇評 明潘之恆撰
雪濤小說 明江盈科撰
笑禪錄 明潘游龍撰
權子 明耿定向撰
異林 明徐禎卿撰
幽怪錄 明田汝成撰

二五 小四書五卷 明朱升編 明嘉靖八年頤明善刻本 八行八字，黑口，四周雙邊，眉欄鐫評
名物蒙求一卷 宋方逢辰撰
歷代蒙求一卷 元陳櫟撰
性理字訓一卷 宋程若庸撰
史學提要二卷 宋黃繼善撰

二六 朱楓林先生註釋小四書五卷 明朱升編 明崇禎十年程性初刻本 八行二十字，白口，左右雙邊
名物蒙求一卷 宋方逢辰撰
歷代蒙求一卷 元陳櫟撰
性理字訓一卷 宋程若庸撰
史學提要二卷 宋黃繼善撰

二七 藝海彙函九十二種一百六十一卷 明梅純編 明抄本
四一
洪武聖政記補亡二卷
禮賢錄一卷
皇朝平吳錄三卷 明吳寬撰
北平錄一卷
水東日記二卷 明葉盛撰
否泰錄一卷 明劉定之撰
使夷錄一卷
性理齋訓三卷 宋王考友撰
北溪陳先生嚴陵講義一卷 宋陳淳撰
黃石公素書一卷
鹿門隱書一卷 唐皮日休撰
草廬先生原理二卷
豫章要語一卷 宋羅從彥撰
胡子知言六卷 宋胡宏撰
魯齋許先生心法一卷 元許衡撰
續宋論三卷 明楊維禎撰
東坡先生史評一卷 宋蘇軾撰
博物志十卷 題晉張華撰
皇明海外諸夷志一卷
冀越集一卷 元熊太古撰
爾雅三卷
圖畫要略一卷 明朱凱撰
花譜一卷 □金潤撰
滄浪詩說一卷 宋嚴羽撰
後村詩話二卷 宋劉克莊撰
東坡先生詩話一卷 宋蘇軾撰
南濠居士詩話一卷 明都穆撰
冷齋夜話二卷補遺一卷 宋釋惠洪撰
文章精義一卷 元李塗撰
文則一卷 宋陳騤撰

王朝聖諭錄三卷 明楊士奇輯
聖駕臨雍錄一卷 明周洪謨撰
平蜀記一卷
天順日錄三卷 明李賢撰
北征錄一卷 明金幼孜撰
奉使錄一卷 明張寧撰
南征錄一卷 明張瑄撰
讀易私言一卷 元許衡撰
迂書一卷 宋司馬光撰
筆疇一卷 明陳道撰
盱江潛書二卷附錄一卷 宋李覯撰
蒙泉雜言二卷 明岳正撰
延平先生要語二卷 宋李侗撰
疑義一卷附錄一卷 明程敏政輯
涉史隨筆一卷 宋葛洪撰
南軒張先生漢論一卷 宋張栻撰 附錄一卷
東萊先生史說一卷 宋呂祖謙撰
吳城志一卷 元陶致中撰
瀛涯勝覽二卷 明馬歡撰
古今注三卷 題晉崔豹撰
六書綱領一卷
洞天清錄一卷 宋趙希鵠撰
茶譜一卷 明朱權撰
白石詩說一卷 宋姜夔撰
木天禁語二卷 題元范梈撰
對床夜語五卷 宋范晞文撰
麓堂詩話一卷 明李東陽撰
文章緒論一卷 元宋緒撰
古文矜式一卷 元陳繹曾撰
文說一卷 元陳繹曾撰
迂齋文說一卷補遺一卷
童蒙須知一卷
鄭氏女孝經一卷
鄭氏家範一卷 元鄭太和撰
投壺新格一卷 宋司馬光撰
韓忠獻公別錄三卷 宋王巖叟撰
劉文靖公遺事一卷 元蘇天爵撰
許文清公遺事一卷 明閻禹錫撰
宋氏傳芳錄五卷附錄一卷
祠山雜辨一卷 明周瑛撰
求齋雅釋一卷 明黎久撰
史剡一卷 宋司馬光撰
古史餘論一卷
黃文獻公筆記一卷 元黃溍撰
青箱雜記十卷 宋吳處厚撰
山房隨筆一卷 元蔣子正撰

文錄一卷 宋唐庚撰
管氏弟子職一卷
曹大家女誡一卷 漢班昭撰
呂氏鄉約一卷 宋呂大鈞撰
釋冀衍義一卷
西山政訓一卷 宋真德秀撰
范文正公言行拾遺一卷
陶學士先生事蹟一卷 明黃宏撰
翊運錄三卷 明劉基輯
尊孟辨一卷 宋余允文撰
敖氏雜錄一卷 明閻璞撰
續編宋史辨一卷 明陳桂撰
日損齋筆記一卷 元黃溍撰
楊公筆錄一卷 宋楊彥齡撰
宋紀受終考三卷 明程敏政撰
懸笥瑣探一卷 明劉昌撰
青溪暇筆二卷 明姚福撰

二八 山海經水經合刻五十八卷 明黃省曾編 明嘉靖十三年黃省曾刻本 十二行二十字，小字雙行同，白口，左右雙邊
山海經十八卷 晉郭璞撰
水經注四十卷 北魏酈道元撰

二九 合刻山海經水經五十八卷 明吳琯編 明萬曆十三年吳琯刻本 十行二十字，小字雙行同，白口，左右雙邊
山海經十八卷 晉郭璞撰
水經注四十卷 北魏酈道元撰

三〇 合刻山海經水經五十八卷 明吳琯編 明萬曆十三年吳琯刻本 傅增湘跋並錄清王念孫校 傅增湘校 王國維校並跋
山海經十八卷 晉郭璞傳
水經注四十卷 北魏酈道元撰

四二

三一 漢唐三傳十四卷 明黃魯曾編 明嘉靖三十一年、三十二年黃魯曾刻本 十二行二十字，白口，左右雙邊
高士傳三卷 晉皇甫謐撰 明黃省曾頌
劉向古列女傳七卷 漢劉向撰 明黃魯曾贊 續一卷
列仙傳二卷 題漢劉向撰 明黃省曾贊 續仙傳一卷 唐沈汾撰 明黃省曾贊

三二 欣賞編十種十四卷 明沈津編 明萬曆茅一相刻本 行字不一，白口，四周單邊
集古考圖一卷 元朱德潤撰
文房圖贊一卷 宋林洪撰
茶具圖贊一卷
燕几圖一卷 宋黃伯思撰
譜雙五卷 題宋洪遵撰
漢晉印章圖譜一卷 宋王厚之撰
續文房圖贊一卷 宋羅先登撰
硯譜一卷
古局象棋圖一卷
打馬圖一卷 題宋李清照撰

三三 欣賞續編十種十卷 明茅一相編 明萬曆八年茅一相刻本 行字不一，白口，四周單邊
詩法一卷 明茅一相撰
繪妙一卷 明茅一相撰
曲藻一卷 明王世貞撰
茶譜一卷 明顧元慶撰
牌譜一卷 明顧應祥撰
奕選一卷
詞評一卷 明王世貞撰
大石山房十友譜一卷 明顧元慶撰
除紅譜一卷 題宋朱河撰
保生心鑑一卷

三四 陽山顧氏文房小說四十種五十八卷 明顧元慶編 明正德嘉靖間顧元慶夷白齋刻本 十行十八或十九字，白口，左右雙邊
古今注三卷 晉崔豹撰
周秦行紀一卷 唐韋瓘撰
博異志一卷 題谷神子撰
臥游錄一卷 宋呂祖謙撰
隋唐嘉話三卷 唐劉餗撰
南嶽魏夫人傳一卷
楊太真外傳二卷 題宋樂史撰
山家清事一卷 宋林洪撰

張太史明道雜志一卷　宋張耒撰
松窗雜錄一卷　唐李濬撰
芥隱筆記一卷　宋龔頤正撰
梅妃傳一卷
虬髯客傳一卷　題前蜀杜光庭撰
幽閒鼓吹一卷　唐張固撰
張元錄三卷
趙飛燕外傳一卷　題漢伶玄撰
開元天寶遺事二卷　五代王仁裕撰
海內十洲記一卷　題漢東方朔撰
松漠紀聞二卷補遺一卷　宋洪皓撰
白猿傳一卷
劉賓客嘉話錄一卷　唐韋絢撰
文錄一卷　題宋唐庚撰
鍾嶸詩品三卷　梁鍾嶸撰
德隅齋畫品一卷　宋李廌撰

宜齋野乘一卷　宋吳枋撰
次柳氏舊聞一卷　唐李德裕撰
東坡居士艾子雜說一卷
集異記二卷　唐薛用弱撰
資暇集三卷　唐李匡乂撰
小爾雅一卷　宋宋咸注
洛陽名園記一卷　宋李格非撰
高力士外傳一卷　唐郭湜撰
續齊諧記一卷　題梁吳均撰
卓異記一卷　題唐李翱撰
漢武帝別國洞冥記四卷　題漢郭憲撰
碧雲騢一卷　宋梅堯臣撰
嘯旨一卷
深雪偶談一卷　宋方岳撰
本事詩一卷　唐孟棨撰
鼎錄一卷　題陳虞荔撰

顧氏明朝四十家小說四十種四十三卷　明顧元慶編　明嘉靖十八年至二十年顧氏大石山房刻本　十行十八字　白口　左右双边　三五

稗史集傳一卷　元徐顯撰
避戎夜話二卷　宋石茂良撰
翦勝野聞一卷　明徐禎卿撰
茶譜一卷　明顧元慶撰
病逸漫記一卷　明陸釴撰
讀書筆記一卷　明祝允明撰
聖明天全先生遺事一卷　明徐千陽輯
清夜錄一卷　宋俞文豹撰
談藝錄一卷　明徐禎卿撰

西征記一卷　宋盧襄撰
雲林遺事一卷附錄一卷　明顧元慶撰
近言一卷　明顧璘撰
續編宋史斷一卷　明陳槿撰
夷白齋詩話一卷　明顧元慶撰
存餘堂詩話一卷　明朱承爵撰
聽雨紀談一卷　明都穆撰
君子堂日詢手鏡一卷　明王濟撰　四三

顧氏明朝四十家小說四十種四十三卷　明顧元慶編　明嘉靖十八年至二十年顧氏大石山房刻本　太湖新錄配清抄本　清戴光曾跋　三六

陽山新錄一卷　明顧元慶、岳岱撰
新倩籍一卷　明徐禎卿撰
簷曝偶談一卷　明顧元慶撰
大石山房十友譜一卷　明顧元慶撰
國寶新編一卷　明顧璘撰
寓意編一卷　明都穆撰
吳郡二科志一卷　明閻秀卿撰
青溪暇筆一卷　明姚福撰
景仰撮書一卷　明王達撰
彭文憲公筆記二卷　明彭時撰
吳中往哲記一卷　明楊循吉撰
太湖新錄一卷　明徐禎卿等撰

海槎餘錄一卷　明顧岕撰
今雨瑤華一卷　明岳岱輯
金石契一卷　明祝肇撰
琅琊漫抄一卷　明文林撰
七人聯句詩記一卷　明楊循吉撰
懸笥瑣探一卷　明劉昌撰
瘞鶴銘考一卷　明顧元慶撰
蠶衣一卷　明祝允明撰
寶櫝記一卷
否泰錄一卷　明劉定之撰
蘇談一卷　明楊循吉撰

天一閣奇書□□種□□卷　明范欽編　明范氏天一閣刻本　九行十八字　白口　左右双边　三七
存二十四種七十一卷

乾坤鑿度二卷
竹書紀年二卷　題梁沈約注
素履子三卷　唐張弧撰
郭子翼莊一卷　明高賁輯
周易古占法二卷　宋程迥輯
潛虛一卷　宋司馬光撰
孔子集語二卷　宋薛據輯
元包數總義二卷　宋張行成撰

周易乾鑿度二卷　漢鄭玄注
穆天子傳六卷　晉郭璞注
廣成子解一卷　題宋蘇軾撰
三墳一卷
麻衣道者正易心法一卷
潛虛發微論一卷　宋張敦實撰
元包經傳五卷　後周衛元嵩撰　唐蘇源明傳　李江注
周易略例一卷　魏王弼撰　唐邢璹注

周易舉正三卷　唐郭京撰
關氏易傳一卷　題北魏關朗撰　唐趙蕤注
兩同書二卷　唐羅隱撰
新語二卷　漢陸賈撰

京氏易傳三卷　漢京房撰　吳陸績注
論語筆解二卷　唐韓愈、李翱撰
商子五卷
虎鈐經二十卷　宋許洞撰

奚囊廣要十三種十四卷　明童氏樂志堂刻本　九行十八字　白口　四周單边　三八

田家五行二卷　□婁元禮撰
洞天清錄一卷　宋趙希鵠撰
名物法言一卷
風水問答一卷　元朱震亨撰
草木幽微經一卷
丹溪治痘要法一卷
獸經一卷　明黃省曾撰

種樹書一卷　明俞宗本撰
物類相感志一卷
語助一卷　元盧以緯撰
地理正言一卷　明朱權撰
保產育嬰錄一卷
備急海上仙方一卷　題唐孫思邈撰

古今說海一百三十五種一百四十二卷　明陸楫等編　明嘉靖二十三年陸楫儼山書院雲山書院刻本　八行十六字　白口　左右双边　三九

說選部
小錄家
北征錄一卷　明金幼孜撰
北征記一卷　明楊榮撰
偏記家
平夏錄一卷　明黃標撰
三楚新錄三卷　宋周羽翀撰
遼志一卷　宋葉隆禮撰
蒙韃備錄一卷　題宋孟珙撰
北邊備對一卷　宋程大昌撰
真臘風土記一卷　元周達觀撰

北征後錄一卷　明金幼孜撰
江南別錄一卷　宋陳彭年撰
溪蠻叢笑一卷　宋朱輔撰
金志一卷　題宋宇文懋昭撰
桂海虞衡志一卷　宋范成大撰
北戶錄一卷　唐段公路撰　四四

說淵部
西使記一卷　元劉郁撰
滇載記一卷　明楊慎撰
別傳家
鶯鶯傳一卷
夢遊錄一卷　唐任蕃撰
崑崙奴傳一卷
李章武傳一卷　唐李景亮撰
趙合傳一卷
裴伷先別傳一卷
袁氏傳一卷　五代顧夐撰
李林甫外傳一卷
蚍蜉傳一卷
顏濬傳一卷
板橋記一卷
洛京獵記一卷
姚生傳一卷
獨孤穆傳一卷
中山狼傳一卷　宋謝良撰
陸顒傳一卷
李衛公別傳一卷
魚服記一卷
袁天綱外傳一卷
蔣子文傳一卷　唐羅鄴撰
侯元傳一卷
睦仁蒨傳一卷　唐陳鴻撰
張令傳一卷
許昭傳一卷
烏將軍記一卷
柳參軍傳一卷

北轅錄一卷　宋周煇撰
星槎勝覽四卷　明費信撰
洛神傳一卷　唐薛瑩撰
吳保安傳一卷
鄭德璘傳一卷　唐薛瑩撰
韋自東傳一卷
杜子春傳一卷　唐鄭還古撰
震澤龍女傳一卷　唐薛瑩撰
少室仙姝傳一卷
遼陽海神傳一卷
甘棠靈會錄一卷
張無頗傳一卷
鄴侯外傳一卷　唐李蘩撰
玉壺記一卷
唐晅手記一卷
王恭伯傳一卷
崔煒傳一卷
潤玉傳一卷
齊推女傳一卷
[illegible]陽娘傳一卷
曾季衡傳一卷
張遵言傳一卷
同昌公主外傳一卷　唐蘇鶚撰
韋鮑二生傳一卷
李娃傳一卷
王實傳一卷
賈玉傳一卷
人虎傳一卷

馬自然傳一卷
白蛇記一卷
柳歸舜傳一卷
知命錄一卷
五真記一卷
林靈素傳一卷　宋趙與旹撰
說略部
雜記家
默記一卷　宋王銍撰
請廣朝野僉言一卷
墨客揮犀一卷　宋彭乘撰
聞見雜錄一卷　宋蘇舜欽撰
諧史一卷　宋沈俶撰
三朝野史一卷
孔氏雜說一卷　宋孔平仲撰
三水小牘一卷　唐皇甫枚撰
清尊錄一卷　宋廉布撰
話腴一卷　宋陳郁撰
古杭雜記一卷　宋李有撰
文昌雜錄一卷　宋龐元英撰
碧湖雜記一卷
遂昌山樵雜錄一卷　元鄭元祐撰
桐陰舊話一卷　宋韓元吉撰
東園友聞一卷
說纂部
逸事家
漢武故事一卷　題漢班固撰
青溪寇軌一卷　宋方勺撰
煬帝迷樓記一卷
散錄家
江行雜錄一卷　宋廖瑩中撰
避暑漫抄一卷　宋陸游撰
虛谷閒抄一卷　宋方回撰
雜纂家
樂府雜錄一卷　唐段安節撰
孫內翰北里誌一卷　唐孫棨撰
雜纂三卷　唐李商隱撰　宋王君玉、蘇軾續
損齋備忘錄一卷　明梅純撰
靖難功臣錄一卷

寶應錄一卷
巴西侯傳一卷
求心錄一卷
山莊夜怪錄一卷
小金傳一卷
海陵三仙傳一卷
宣政雜錄一卷　宋江萬里撰
朝野遺記一卷
續墨客揮犀一卷　宋彭乘撰
山房隨筆一卷　元蔣子正撰
昨夢錄一卷　宋康與之撰
鐵圍山叢談一卷　宋蔡絛撰
瀟湘錄一卷　題唐李隱撰
談藪一卷　宋龐元英撰
睽車志一卷　宋郭彖撰
朝野僉載一卷　唐張鷟撰
蒙齋筆談一卷　題宋鄭景望撰
就日錄一卷
錢氏私誌一卷　宋錢愐撰
高齋漫錄一卷　宋曾慥撰
霏雪錄一卷　明劉績撰
拊掌錄一卷　元元懷撰
艮嶽記一卷　宋張淏撰
煬帝海山記一卷
煬帝開河記一卷
行營雜錄一卷　宋趙葵撰
養痾漫筆一卷　宋趙溍撰
蓼花洲閒錄一卷　宋高文虎撰
教坊記一卷　唐崔令欽撰
青樓集一卷　元夏庭芝撰
復辟錄一卷　明楊暄撰
備遺錄一卷　明張芹撰　姜南續增

四五

古今說海一百三十五種一百四十二卷　明陸楫等編　清道光元年邵氏酉山堂刻本
傅增湘校並跋　八行十八字白口左右双边

四〇

說選部
小錄家
北征錄一卷　明金幼孜撰
北征記一卷　明楊榮撰
偏記家
平夏錄一卷　明黃標撰
三楚新錄三卷　宋周羽翀撰
遼志一卷　宋葉隆禮撰
蒙韃備錄一卷　題宋孟珙撰
桂海虞衡志一卷　宋范成大撰
北戶錄一卷　唐段公路撰
北轅錄一卷　宋周煇撰
星槎勝覽四卷　明費信撰
說淵部
別傳家
靈應傳一卷
夢遊錄一卷　唐任蕃撰
崑崙奴傳一卷

北征後錄一卷　明金幼孜撰
江南別錄一卷　宋陳彭年撰
溪蠻叢笑一卷　宋朱輔撰
金志一卷　題宋宇文懋昭撰
北邊備對一卷　宋程大昌撰
真臘風土記一卷　元周達觀撰
西使記一卷　元劉郁撰
滇載記一卷　明楊慎撰
洛神傳一卷　唐薛瑩撰
吳保安傳一卷
鄭德璘傳一卷　唐薛瑩撰

李章武傳一卷　唐李景亮撰
趙合傳一卷
裴伷先別傳一卷
袁氏傳一卷　五代顧夐撰
李林甫外傳一卷
蚍蜉傳一卷
顏濬傳一卷
板橋記一卷
洛京獄記一卷
姚生傳一卷
獨孤穆傳一卷
中山狼傳一卷　宋謝良撰
陸顒傳一卷
李衛公別傳一卷
魚服記一卷
袁天綱外傳一卷
蔣子文傳一卷　唐羅鄴撰
侯元傳一卷
睦仁蒨傳一卷　唐陳鴻撰
張令傳一卷
薛昭傳一卷
烏將軍記一卷
柳參軍傳一卷
馬自然傳一卷
白蛇記一卷
柳歸舜傳一卷
知命錄一卷
五真記一卷
林靈素傳一卷　宋趙與旹撰
說略部
雜記家
默記一卷　宋王銍撰
請廣朝野僉言一卷
墨客揮犀一卷　宋彭乘撰
聞見雜錄一卷　宋蘇舜欽撰
諧史一卷　宋沈俶撰
三朝野史一卷
孔氏雜說一卷　宋孔平仲撰
三水小牘一卷　唐皇甫枚撰
清尊錄一卷　宋廉布撰
話腴一卷　宋陳郁撰
古杭雜記一卷　宋李有撰
文昌雜錄一卷　宋龐元英撰
碧湖雜記一卷
遂昌山樵雜錄一卷　元鄭元祐撰
桐陰舊話一卷　宋韓元吉撰
東園友聞一卷
說纂部
逸事家
漢武故事一卷　題漢班固撰
青溪寇軌一卷　宋方勺撰
煬帝迷樓記一卷
散錄家
江行雜錄一卷　宋廖瑩中撰
避暑漫抄一卷　宋陸游撰
虛谷閒抄一卷　宋方回撰
雜纂家
樂府雜錄一卷　唐段安節撰
孫內翰北里誌一卷　唐孫棨撰
雜纂三卷　唐李商隱撰　宋王君玉、蘇軾續

韋自東傳一卷
杜子春傳一卷　唐鄭還古撰
震澤龍女傳一卷　唐薛瑩撰
少室仙姝傳一卷
遼陽海神傳一卷
甘棠靈會錄一卷
張無頗傳一卷
劉俠外傳一卷　唐李繁撰
玉壺記一卷
唐晅手記一卷　唐唐晅撰
王恭伯傳一卷
崔煒傳一卷
潤玉傳一卷
齊推女傳一卷
聶隱娘傳一卷
曾季衡傳一卷
張遵言傳一卷
同昌公主外傳一卷　唐蘇鶚撰
韋鮑二生傳一卷
李清傳一卷
王賈傳一卷
竇玉傳一卷
人虎傳一卷
寶應錄一卷
巴西侯傳一卷
求心錄一卷
山莊夜怪錄一卷
小金傳一卷
海陵三仙傳一卷
宣政雜錄一卷　宋江萬里撰
朝野遺記一卷
續墨客揮犀一卷　宋彭乘撰
山房隨筆一卷　元蔣子正撰
昨夢錄一卷　宋康與之撰
鐵圍山叢談一卷　宋蔡絛撰
瀟湘錄一卷　題唐李隱撰
談藪一卷　宋龐元英撰
睽車志一卷　宋郭彖撰
朝野僉載一卷　唐張鷟撰
蒙齋筆談一卷　題宋鄭景望撰
就日錄一卷
錢氏私誌一卷　宋錢愐撰
高齋漫錄一卷　宋曾慥撰
霏雪錄一卷　明劉績撰
拊掌錄一卷　元元懷撰
艮嶽記一卷　宋張淏撰
煬帝海山記一卷
煬帝開河記一卷
行營雜錄一卷　宋趙葵撰
養痾漫筆一卷　宋趙溍撰
蓼花洲閒錄一卷　宋高文虎撰
教坊記一卷　唐崔令欽撰
青樓集一卷　元夏庭芝撰

四六

損齋備忘錄一卷　明楊純撰
靖難功臣錄一卷
復辟錄一卷　明楊暄撰
備遺錄一卷　明張芹撰　姜南續增

金聲玉振集五十種六十三卷　明袁褧編　明嘉靖二十九年至三十年袁氏嘉趣堂刻本　十行二十字白口左右雙邊　四一

帝王紀年纂要一卷　元□□撰
國初禮賢錄一卷
天潢玉牒一卷
平漢錄一卷　明童承叙撰
雲南機務抄黃一卷　明張紞撰
今人刑賞錄一卷　明袁褧撰
□窓議前一卷　明范表撰
平蜀記一卷
前北征錄一卷　明金幼孜撰
後北征記一卷　明楊榮撰
平番始末一卷　明許進撰
北虜事蹟一卷　明王瓊撰
馬端肅公三記三卷　明馬文升撰
西征石城記一卷
撫安東夷記一卷
廣右戰功一卷　明唐順之撰
茂邊紀事一卷　明朱紈撰
呂梁洪志一卷　明馮世雍撰
海道經一卷　海運以遠紀近則例之圖一卷　供祀記一卷　江湖行省興復海道漕運記一卷
海運編二卷　明崔旦撰
平胡錄一卷　明陸深撰
水東日記一卷　明葉盛撰
蒙泉類博稿一卷　明岳正撰
蘇材小纂一卷　明祝允明撰
太藪外史一卷　明黎炯撰
小爾雅一卷　明崔銑撰
空同子一卷　明李夢陽撰
讀書筆記一卷　明祝允明撰
居敬堂集一卷　明朱厚煜撰
洪武聖政記一卷　明宋濂撰
國初事蹟一卷　明劉辰撰
周顛仙傳一卷　明太祖朱元璋撰
皇明平吳錄一卷　明吳寬撰
革除遺事六卷　明黃佐撰
北征事蹟一卷　明袁彬撰
海寇後編二卷　明吳中撰
北平錄一卷
後北征錄一卷　明金幼孜撰
設險守邊圖說一卷　明馬汝驥撰
西番事蹟一卷　明王瓊撰
興復哈密記一卷
六詔紀聞二卷　明彭汝實撰
問水集一卷　明劉天和撰
三吳水利論一卷　明伍餘福撰
震澤紀聞一卷　明王鏊撰
寓圃雜記二卷　明王錡撰
國寶新編一卷　明顧璘撰
薛公讀書錄一卷　明薛瑄撰
易大象說一卷　明崔銑撰
松窗寤言一卷　明崔銑撰
大復論一卷　明何景明撰
浮物一卷　明祝允明撰

四七

明世學山五十種五十七卷　明鄭梓編　明嘉靖三十三年鄭梓刻本　十行二十字白口左右雙邊　四二

郁離子微一卷　明劉基撰
潛溪邃言一卷　明宋濂撰
黎子雜釋一卷　明黎久撰
白沙語要一卷　明陳獻章撰
方洲雜錄一卷　明張寧撰
青巖叢錄一卷　明王褘撰
空同子纂一卷　明李夢陽撰
新論一卷　明湛若水撰
陰陽管見一卷　明何瑭撰
儼山纂錄一卷　明陸深撰
海樵子一卷　明王崇慶撰
擬詩外傳一卷　明黃省曾撰
理生玉鏡稻品一卷　明黃省曾撰
蠶經一卷　明黃省曾撰
藝菊書一卷　明黃省曾撰
薛子道論一卷　明薛瑄撰
海沂子五卷　明王文祿撰
醫先一卷　明王文祿撰
□座一卷　明王文祿撰
文脈三卷　明王文祿撰
求志編一卷　明王文祿撰
與物傳一卷　明王文祿撰
華川卮辭一卷　明王褘撰
俟城雜誡一卷　明方孝孺撰
海涵萬象錄一卷　明黃潤玉撰
類博雜言一卷　明岳正撰
思玄庸言一卷　明桑悅撰
凝齋筆語一卷　明王鴻儒撰
傳習則言一卷　明王守仁撰
后渠庸書一卷　明崔銑撰
蜩笑偶言一卷　明鄭瑗撰
經世要談一卷　明鄭善夫撰
答問一卷　明黃省曾撰
吳風錄一卷　明黃省曾撰
種芋法一卷　明黃省曾撰
養魚經一卷　明黃省曾撰
蓺越通一卷　明唐樞撰
粲堂摘奇一卷　明王佐撰
廉矩一卷　明王文祿撰
機警一卷　明王文祿撰
補衍二卷　明王文祿撰
龍興慈記一卷　明王文祿撰
文昌旅語一卷　明王文祿撰
庭聞述略一卷　明王文祿撰
禮元剩語一卷　明唐樞撰
冥影契一卷　明董穀撰
邊紀略一卷　明鄭曉撰
近峯記略一卷　明皇甫庸撰
詩談一卷　明徐泰撰
宵練匣一卷　明朱得之撰

丘陵學山七十四種　明王完編　明隆慶二年刻本　十行二十字白口四周單邊　四三

存三種
大學古本旁釋一卷　大學古本問一卷
大學石經古本旁釋一卷　申釋一卷　序引一卷
中庸古本旁釋一卷　前引一卷　後中一卷

百陵學山一百種一百十九卷　明王完編　明萬曆刻本　十行二十字細黑口左右雙邊　四四

大學古本旁釋一卷　大學古本問一卷
中庸古本旁釋一卷　前引一卷　後中一卷
詩說一卷　漢申培撰
白沙語要一卷　明陳獻章撰
方洲雜錄一卷　明張寧撰
青巖叢錄一卷　明王褘撰
空同子纂一卷　明李夢陽撰
新論一卷　明湛若水撰
陰陽管見一卷　明何瑭撰
儼山纂錄一卷　明陸深撰
海樵子一卷　明王崇慶撰
擬詩外傳一卷　明黃省曾撰
理生玉鏡稻品一卷　明黃省曾撰
蠶經一卷　明黃省曾撰
藝菊書一卷　明黃省曾撰
薛子道論一卷　明薛瑄撰
大學石經古本旁釋一卷　申釋一卷　序引一卷
詩傳孔氏傳一卷
海涵萬象錄一卷　明黃潤玉撰
類博雜言一卷　明岳正撰
思玄庸言一卷　明桑悅撰
凝齋筆語一卷　明王鴻儒撰
傳習則言一卷　明王守仁撰
后渠庸書一卷　明崔銑撰
蜩笑偶言一卷　明鄭瑗撰
經世要談一卷　明鄭善夫撰
答問一卷　明黃省曾撰
吳風錄一卷　明黃省曾撰
種芋法一卷　明黃省曾撰
養魚經一卷　明黃省曾撰
蓺越通一卷　明唐樞撰
粲堂摘奇一卷　明王佐撰
海沂子五卷　明王文祿撰
醫先一卷　明王文祿撰
□座一卷　明王文祿撰
文脈三卷　明王文祿撰
求志編一卷　明王文祿撰
與物傳一卷　明王文祿撰
禮元剩語一卷　明唐樞撰
冥影契一卷　明董穀撰
邊紀略一卷　明鄭曉撰
廣成子疏略一卷　明王文祿撰
胎息經疏略一卷　明王文祿撰
郁離子微一卷　明劉基撰
潛溪邃言一卷　明宋濂撰
黎子雜釋一卷　明黎久撰
□言一卷　明馬中錫撰
草木子一卷　明葉子奇撰
閑說一卷　[illegible]
觀微子一卷　[illegible]
玄機通一卷　[illegible]
仰子遺語一卷　[illegible]
竹下寤言二卷　[illegible]
秦默錄一卷　[illegible]
墅談一卷　[illegible]
詩的一卷　[illegible]
藝書一卷　[illegible]
錢子語測一卷　明錢琦撰
海石子一卷　[illegible]
易圖一卷　[illegible]
東溪□測一卷　[illegible]
丘陽意見一卷　[illegible]
廉矩一卷　明王文祿撰
機警一卷　明王文祿撰
補衍二卷　明王文祿撰
龍興慈記一卷　明王文祿撰
文昌旅語一卷　明王文祿撰
庭聞述略一卷　明王文祿撰
近峯記略一卷　明皇甫庸撰
詩談一卷　明徐泰撰
宵練匣一卷　明朱得之撰
陰符經疏略一卷　明王文祿撰
通言一卷　宋劉炎撰
華川卮辭一卷　明王褘撰
俟城雜誡一卷　明方孝孺撰
古言一卷　明鄭曉撰
約言一卷　明薛蕙撰
[illegible]
錢子語測一卷　明錢琦撰
[illegible]

四八

國史參同類疏略一卷 明王文祿撰
天傳真訣一卷
六煉九煉法一卷
闕里問答一卷 明舒芬撰

國朝典故六十二種一百十六卷 明朱當㴐編 明抄本

天潢玉牒一卷
翦勝野聞一卷 明徐禎卿撰
國初禮賢錄二卷
北平錄一卷
洪武聖政記一卷 明宋濂撰
奉天靖難記四卷
金文靖公北征前錄一卷後北征錄一卷 明金幼孜撰
建文遺蹟一卷
御製官箴一卷
正統臨戎錄一卷 明楊銘撰
否泰錄一卷 明劉定之撰
農業集錄一卷 明貴宏撰
御著大狩龍飛錄二卷 明世宗朱厚熜撰
三家世典一卷 明郭勛撰
三朝聖諭錄三卷 明楊士奇撰
燕對錄一卷 明李東陽撰
畜德錄一卷 明陳沂撰
王文恪公筆記一卷 明王鏊撰
清溪暇筆二卷 明姚福撰
病逸漫記一卷 明陸釴撰
彭文憲公筆記一卷 明彭時撰
懸笥瑣探一卷 明劉昌撰
君子堂日詢手鏡二卷 明王濟撰

隨筆北一卷 宋洪邁撰
多男五訣法歌一卷 題□鄭□晉撰
四箴雜言一卷 明何大復撰
讀略一卷 明張鳳翼撰

皇明本紀一卷
國初事蹟一卷 明劉辰撰
皇朝平吳錄二卷 明吳寬撰
平蜀記一卷
欽定滁陽王廟碑歲祀冊一卷敕賜滁陽王廟碑一卷 明張來儀撰
壬午功臣爵賞錄一卷壬午功臣爵賞別錄一卷 明都穆撰
北征記一卷 明楊榮撰
革除遺事六卷 明黃佐撰
宣宗御製詩一卷 明宣宗朱瞻基撰
李侍郎使北錄一卷 明李實撰
野記四卷 明祝允明撰
敕議或問一卷 明世宗朱厚熜撰
立齋閒錄四卷 明宋端儀撰
御製周顛仙人傳一卷 明太祖朱元璋撰
天順日錄一卷 明李賢撰
損齋備忘錄二卷 明梅純撰
蹇齋瑣綴錄八卷 明尹直撰
前聞記一卷 明祝允明撰
寓圃雜記二卷 明王錡撰
蓬軒類記四卷 明黃暐撰
菽園雜記十一卷 明陸容撰
琅琊漫鈔一卷 明文林撰
朝鮮紀事一卷 明倪謙撰

四五

四九

朝鮮賦一卷 明董越撰
平定交南錄一卷 明丘濬撰
議處安南事宜一卷
東征紀行錄一卷 明張瓚撰
平番始末二卷 明許進撰
使琉球錄一卷 明陳侃撰
星槎勝覽二卷 明費信撰
後鑒錄三卷 明謝蕡撰

國朝典故六十二種一百十二卷 明朱當㴐編 明抄本 清李文田跋

皇朝本紀一卷
國初禮賢錄二卷
北平錄一卷
洪武聖政記一卷 明宋濂撰
奉天靖難記四卷
金文靖公北征錄一卷後北征錄一卷 明金幼孜撰
北征錄一卷 明楊榮撰
革除遺事六卷 明黃佐撰
御製廣寒殿記一卷 明宣宗朱瞻基撰
正統臨戎錄一卷 明楊銘撰
否泰錄一卷 明劉定之撰
農業集錄一卷 明貴宏撰
御著大狩龍飛錄二卷 明世宗朱厚熜撰
三家世典一卷 明郭勛撰
三朝聖諭錄三卷 明楊士奇撰
燕對錄一卷 明李東陽撰
畜德錄一卷 明陳沂撰
前聞記一卷 明祝允明撰
寓圃雜記二卷 明王錡撰

平夷賦一卷 明趙輔撰
安南奏議一卷
平蠻錄一卷 明王軾撰
馬端肅公三記三卷 明馬文升撰
雲中紀變一卷
日本國考略一卷補遺一卷 明薛俊撰
瀛涯勝覽一卷 明馬歡撰
華夷譯語一卷
國初事蹟一卷 明劉辰撰
皇朝平吳錄二卷 明吳寬撰
平蜀記一卷
欽定滁陽王廟碑歲祀冊一卷敕賜滁陽王廟碑一卷 明張來儀撰
壬午功臣爵賞錄一卷壬午功臣爵賞別錄一卷 明都穆撰
建文帝蹟一卷
御製官箴一卷 明宣宗朱瞻基撰
宣宗皇帝御製詩一卷 明宣宗朱瞻基撰
李侍郎使北錄一卷 明李實撰
野記四卷 明祝允明撰
敕議或問一卷 明世宗朱厚熜撰
立齋閒錄四卷 明宋端儀撰
御製周顛仙人傳一卷 明太祖朱元璋撰
天順日錄一卷 明李賢撰
損齋備忘錄二卷 明梅純撰
蹇齋瑣綴錄八卷 明尹直撰
青溪暇筆二卷 明姚福撰
病逸漫記一卷 明陸釴撰

四六

蓬軒類記四卷　明黃暐撰
菽園雜記十一卷　明陸容撰
鄉鄉漫抄一卷　明文林撰
朝鮮紀事一卷　明倪謙撰
平夷賦一卷　明趙輔撰
安南奏議一卷
平蠻錄一卷　明王軾撰
馬端肅公三記三卷　明馬文升撰
雲中紀變一卷
日本國考略一卷　明薛俊撰
瀛涯勝覽一卷　明馬歡撰
華夷譯語一卷

彭文憲公筆記一卷　明彭時撰
懸笥瑣探一卷　明劉昌撰
君子堂日詢手鏡二卷　明王濟撰
朝鮮賦一卷　明董越撰
平定交南錄一卷　明丘濬撰
議處安南事宜一卷
東征紀行錄一卷　明張瓚撰
平番始末二卷　明許進撰
使琉球錄一卷　明陳侃撰
星槎勝覽二卷　明費信撰
復辟錄三卷　明謝蕡撰

國朝典故□□種□□卷　明朱當㴐編　明抄本　清沈讚文、吳曉鉦校並跋　四七

存九種

皇明本紀一卷
國初禮賢錄二卷
北平錄一卷
洪武聖政記一卷　明宋濂撰
奉天靖難記存二卷一至二

國初事蹟一卷　明劉辰撰
平吳錄二卷　明吳寬撰
平蜀記一卷
敕賜滁陽王廟碑一卷　明張來儀撰

國朝典故六十種一百十二卷　明鄧士龍編　明刻本　十行二十字白口四周單邊　四八

天潢玉牒一卷
剪勝野聞一卷　明徐禎卿撰
國初禮賢錄一卷
北平錄一卷
洪武聖政記一卷　明宋濂撰
奉天靖難記四卷
壬午功臣爵賞錄一卷壬午功賞別錄一卷　明都穆撰
北征前錄一卷後錄一卷　明金幼孜撰
遵文皇帝遺蹟一卷
御製宮蔵一卷　明宣宗朱瞻基撰
正統臨戎錄一卷　明楊銘撰
否泰錄一卷　明劉定之撰
世宗實錄四卷
三朝世典一卷　明郭勛撰
三朝聖諭錄三卷　明楊士奇撰
燕對錄一卷　明李東陽撰
高掁錄一卷　明陳沂撰
王文恪公筆記一卷　明王鏊撰
青溪暇筆二卷　明姚福撰
病逸漫記一卷　明陸釴撰
彭文憲公筆記一卷　明彭時撰
懸笥瑣探一卷　明劉昌撰
君子堂日詢手鏡二卷　明王濟撰
朝鮮賦一卷　明董越撰
平定交南錄一卷　明丘濬撰
議處安南事宜一卷
東征紀行錄一卷　明張瓚撰
平番始末二卷　明許進撰
使琉球錄一卷　明陳侃撰
星槎勝覽前集一卷後集一卷　明費信撰
復辟錄三卷　明謝蕡撰

皇明本紀一卷
國初事蹟一卷　明劉辰撰
平吳錄一卷　明吳寬撰
平夏錄一卷
欽定滁陽王廟碑歲祀冊一卷　五〇
北征記一卷　明楊榮撰
革除遺事錄六卷　明黃佐撰
宣宗皇帝御製詩一卷　明宣宗朱瞻基撰
李侍郎使北錄一卷　明李實撰
野記四卷　明祝允明撰
立齋閒錄四卷　明宋端儀撰
御製周顛仙人傳一卷　明太祖朱元璋撰
天順日錄一卷　明李賢撰
損齋備忘錄二卷　明梅純撰
謇齋瑣綴錄八卷　明尹直撰
前聞記一卷　明祝允明撰
寓圃雜記二卷　明王錡撰
蓬軒類記四卷　明黃暐撰
菽園雜記十一卷　明陸容撰
鄉鄉漫抄一卷　明文林撰
朝鮮紀事一卷　明倪謙撰
平夷賦一卷　明趙輔撰
安南奏議一卷
平蠻錄一卷　明王軾撰
馬端肅公三記三卷　明馬文升撰
雲中紀變一卷
日本考略一卷　明薛俊撰
瀛涯勝覽一卷　明馬歡撰
華夷譯語一卷

今獻彙言三十九種三十九卷 明高鳴鳳編 明刻本 十行二十一或二十三字，白口，四周單边 四九

正學編一卷 明陳琛撰
比事摘錄一卷
蒙泉雜言一卷
南山素言一卷 明潘府撰
井觀瑣言一卷 明鄭瑗撰
擬連珠編一卷 明劉基撰
西軒客談一卷
讕言編一卷 明曹安撰
竹下寤言一卷 明王文祿撰
桑榆漫志一卷 明陶輔撰
春雨堂隨筆一卷 明陸深撰
遵聞錄一卷 明梁億撰
守溪長語一卷 明王鏊撰
菽園雜記一卷 明陸容撰
平吳錄一卷 明吳寬撰
平胡錄一卷 明陸深撰
撫安東夷記一卷 明馬文升撰
興復哈密記一卷 明馬文升撰
東征紀行錄一卷
醫閭漫記一卷 明賀欽撰
明斷編一卷 明梁潛撰
蘿山雜言一卷 明宋濂撰
永衍稿言一卷 明黎久撰
松窗寤言一卷 明崔銑撰
演連珠編一卷 明王褘撰
璅語編一卷 明楊慎撰
韵藝鈔一卷
拘虛晤言一卷 明陳沂撰
青溪暇筆一卷 明姚福撰
林泉隨筆一卷 明張綸撰
賢識錄一卷 明陸釴撰
損齋備忘錄一卷 明梅純撰
雙溪雜記一卷 明王瓊撰
平夏錄一卷 明黃標撰
北平錄一卷
平定交南錄一卷 明丘濬撰
西征石城記一卷 明馬文升撰
平夷錄一卷 明趙輔撰
江海殲渠記一卷 明祝允明撰

今獻彙言三十九種三十九卷 明高鳴鳳編 明刻本 張元濟跋 五〇

今獻彙言八集二十五種二十五卷 明高鳴鳳編 明刻本 十行二十三字，白口，四周單边 五一

存七集二十二種 一至五、七至八、

集之一
賢識錄一卷 明陸釴撰
平夏錄一卷 明黃標撰
遵聞錄一卷 明梁億撰
否泰錄一卷 明劉定之撰
集之二
北狩事蹟一卷 明楊銘撰
守溪長語一卷 明王鏊撰
可齋雜記一卷 明彭時撰
雙溪雜記一卷 明王瓊撰
集之三
損齋備忘錄一卷 明梅純撰
縣笥瑣探一卷 明劉昌撰
蘇談一卷 明楊循吉撰
鄉鄉漫抄一卷 明文林撰
聽雨紀談一卷 明都穆撰
奉曝偶談一卷 明顧元慶撰
集之四
塞齋瑣綴錄一卷 明尹直撰
集之五
菽園雜記一卷 明陸容撰
集之七
青溪暇筆一卷 明姚福撰
庚巳編一卷 明陸粲撰
石田雜記一卷 明沈周撰
集之八
林泉隨筆一卷 明張綸撰
竹下寤言一卷 明王文祿撰
綠雪亭雜言一卷 明敖英撰

新刊皇明小說今獻彙言二十五種二十五卷 明高鳴鳳編 明刻本 十行二十三字，白口，四周單边 五二

賢識錄一卷 明陸釴撰
平夏錄一卷 明黃標撰
北狩事跡一卷 明楊銘撰
守溪長語一卷 明王鏊撰
損齋備忘錄一卷 明梅純撰
縣笥瑣探一卷 明劉昌撰
蘇談一卷 明楊循吉撰
遵聞錄一卷 明梁億撰
否泰錄一卷 明劉定之撰
可齋雜記一卷 明彭時撰
雙溪雜記一卷 明王瓊撰
鄉鄉漫抄一卷 明文林撰
聽雨紀談一卷 明都穆撰
奉曝偶談一卷 明顧元慶撰

五一

塞齋瑣綴錄一卷 明尹直撰
西征石城記一卷 明馬文升撰
西樵野記一卷 明侯甸撰
石田雜記一卷 明沈周撰
林泉隨筆一卷 明張綸撰
竹下寤言一卷 明王文祿撰
菽園雜記一卷 明陸容撰
興復哈密記一卷 明馬文升撰
青溪暇筆一卷 明姚福撰
庚巳編一卷 明陸粲撰
綠雪亭雜言一卷 明敖英撰

小十三經十三種十六卷 明顧玄緯、顧起經編 明嘉靖祇洹館刻本 十行十八字，白口，左右双边 五三

忠經一卷 題漢馬融撰 鄭玄注
佛說四十二章經一卷 題漢釋迦葉摩騰、竺法蘭譯 唐釋守遂註
胎息經一卷 題幻真先生註
黃帝宅經二卷
青烏先生葬經一卷 金兀欽仄注
風后握奇經一卷
丸經二卷
文始經一卷
通占大象曆星經二卷
黃帝授三子玄女經一卷
墨經一卷 宋晁貫之撰
耒耜經一卷 唐陸龜蒙撰
五木經一卷 唐李翱撰 元革註

畜德十書十卷 明李懋編 明隆慶四年刻本 十行二十字，黑口，四周單边 五四

薛子粹言一卷 明薛瑄撰 吳廷舉輯
胡子粹言一卷 明胡居仁撰 吳廷舉輯
蘇氏六條一卷 北魏蘇綽撰
薛文清公從政名言一卷 明薛瑄撰 胡纘宗輯
政議一卷 明崔銑撰
玉壺冰一卷 明都穆輯
攝生纂要一卷 題□鐵腳道人撰 明敖英輯
官箴一卷 宋呂本中撰
山家清事一卷 宋林洪撰
天隱子一卷

煙霞小說十三種二十三卷 明萬曆十八年刻本 十行十八字，白口，左右双边 五五

吳中故語一卷 明楊循吉撰
馬氏日抄一卷 明馬愈撰
椽曹名臣錄一卷 明王鴻儒撰
紀周文襄公見鬼事一卷
語怪四編一卷 明祝允明撰
高坡異纂三卷 明楊儀撰
說聽四卷 明陸延枝撰
蓬軒吳記二卷別記一卷 明黃暐撰
紀善錄一卷 明杜瓊撰
庚巳編四卷 明陸粲撰
異林一卷 明徐禎卿撰
猥談一卷 明祝允明撰
艾子後語一卷 明陸灼撰

古四家選二十卷 明施觀民輯 明萬曆元年華露刻本 十行二十二字，白口，左右双边 五六

左傳十卷
列子二卷
莊子四卷
淮南子四卷

文林綺繡五種五十九卷 明凌迪知編 明萬曆四年至五年凌氏桂芝館刻本 八行十七字，白口，左右双边 五七

左國腴詞八卷 明凌迪知輯
文選錦字錄二十一卷 明凌迪知輯
楚騷綺語六卷 明張之象輯
太史華句八卷 明凌迪知輯
兩漢雋言十六卷 宋林越輯

兩京遺編十二種七十三卷 明胡維新編 明萬曆十年原一魁刻本 九行十七字，白口，四周双边 五八

新語二卷 漢陸賈撰
春秋繁露八卷 漢董仲舒撰
白虎通德論二卷 漢班固撰
仲長統論一卷 漢仲長統撰
徐幹中論二卷 漢徐幹撰
申鑒五卷 漢荀悅撰 明黃省曾注
賈子十卷 漢賈誼撰
鹽鐵論十卷 漢桓寬撰
潛夫論十卷 漢王符撰
風俗通義十卷 漢應劭撰
人物志三卷 魏劉邵撰 西涼劉昞注
文心雕龍十卷 梁劉勰撰

由醇錄十三種三十七卷 明沈節甫編 明萬曆二十四年忠恕堂刻本 九行十八字，白口，左右双边 五九

忠書一卷 元吳亮輯
忠書續編三卷 明沈節甫輯

五二

食色紳言一卷 明龍遵敘撰
世範三卷 宋袁采撰
教家要略二卷 明姚儒撰
藍田呂氏遺書二卷 宋呂大鈞撰
增修藍田鄉約四卷提綱一卷
勸善錄一卷新編五則一卷
茶經十卷 宋[illegible]撰
許氏貽謀四則一卷 明許相卿撰
宋儀一卷家人箴一卷 明方孝孺撰
增損呂氏鄉約一卷 宋呂大鈞撰宋朱熹增訂
摩瓌錄四卷 吳季元編撰

紀錄彙編一百二十三種二百二十四卷 明沈節甫編 明萬曆四十五年陳于廷刻本 十行二十字白口四周單邊 六〇

御製皇陵碑一卷 明太祖朱元璋撰
御製平西蜀文一卷 明太祖朱元璋撰
御製孝慈錄一卷 明太祖朱元璋撰
御製周顛仙人傳一卷 明太祖朱元璋撰
御製廣寒殿記一卷 明宣宗朱瞻基撰
宣宗皇帝御製詩一卷 明宣宗朱瞻基撰
敕議或問一卷 明世宗朱厚熜撰
皇朝本紀一卷
龍興慈記一卷 明王文祿撰
遇恩錄一卷 明劉仲璟撰
北使錄一卷 明李實撰
正統臨戎錄一卷
復辟錄一卷
古穰雜錄摘抄一卷 明李賢撰
大駕北還錄一卷 明陸深撰
北平錄一卷 明吳寬撰
平夷錄一卷 明黃標撰
後北征錄一卷 明金幼孜撰
西征石城記一卷 明馬文升撰
興復哈密國王記一卷 明馬文升撰
平夷賦一卷 明趙輔撰
西征日錄一卷 明楊一清撰
雲中事記一卷 明蘇祐撰
雲南機務抄黃一卷 明張紞輯
平定交南錄一卷 明丘濬撰
南翁夢錄一卷 明黎澄撰
防邊紀事一卷 明高拱撰
撻虜紀事一卷 明高拱撰
綏廣紀事一卷 明高拱撰
星槎勝覽集一卷 明費信撰
瀛涯勝覽集一卷 明張昇撰
朝鮮紀事一卷 明倪謙撰
鴻猷錄十六卷 明高岱撰
繼世紀聞六卷 明陳洪謨撰
靖難功臣錄一卷
國寶新編一卷 明顧璘撰
明詩評四卷 明王世貞撰
新倩籍一卷 明徐禎卿撰
守溪筆記一卷 明王鏊撰
彭文憲公筆記一卷 明彭時撰
青溪暇筆摘抄一卷 明姚福撰
翦勝野聞一卷 明徐禎卿撰
金臺紀聞摘抄一卷 明陸深撰
續停驂錄摘抄一卷 明陸深撰
科場條貫一卷 明陸深撰
今言四卷 明鄭曉撰
鳳洲雜編六卷 明王世貞撰
譯語一卷 明岷峨山人撰
君子堂日詢手鏡一卷 明王濟撰
四友齋叢說摘抄七卷 明何良俊撰
諭對錄一卷 明張孚敬撰
天潢玉牒一卷
國初禮賢錄一卷
否泰錄一卷 明劉定之撰
北征事蹟一卷 明袁彬撰
正統北狩事蹟一卷
天順日錄一卷 明李賢撰
聖駕南巡日錄一卷 明陸深撰
平胡錄一卷 明陸深撰
平漢錄一卷 明童承敘撰
平蜀記一卷
前北征錄一卷 明金幼孜撰
北征記一卷
撫安東夷記一卷 明馬文升撰
平番始末二卷 明許進撰
平蠻錄一卷 明王軾撰
制府雜錄一卷 明楊一清撰
張司馬定浙二亂志一卷 明王世貞撰
滇載記一卷 明楊慎撰
安南傳二卷 明王世貞撰
勘處播州事情疏一卷 明何喬新撰
伏戎紀事一卷 明高拱撰
靖夷紀事一卷 明高拱撰
炎徼紀聞四卷 明田汝成撰
瀛涯勝覽一卷 明馬歡撰
奉使安南水程日記一卷 明黃福撰
使琉球錄一卷 明陳侃撰
治世餘聞錄上篇四卷下篇四卷 明陳洪謨撰
名卿績紀四卷 明王世貞撰
國琛集二卷 明唐樞撰
續吳先賢讚十五卷 明劉鳳撰
吳郡二科志一卷 明閻秀卿撰
金[illegible]一卷 明祝允明撰
震澤長語摘抄一卷 明王鏊撰
畜德錄一卷 明陳沂撰
閒中今古錄摘抄一卷 明黃溥撰
玉堂漫筆摘抄一卷 明陸深撰
停驂錄摘抄一卷 明陸深撰
豫章漫抄摘錄一卷 明陸深撰
水東日記摘抄七卷 明葉盛撰
餘冬序錄摘抄六卷 明何孟春撰
醫閭漫記一卷 明賀欽撰
海槎餘錄一卷 明顧岕撰
庚巳編十卷 明陸粲撰
菽園雜記摘抄七卷 明陸容撰

五三

留青日札摘抄四卷 明田藝蘅撰
漫記一卷 明陳霆撰
百可漫志一卷 明陳鼐撰
星變志引一卷 題明沈璧小史撰
病榻遺言一卷 明高拱撰
蘇談一卷 明楊循吉撰
前聞記一卷 明祝允明撰
蒹葭堂雜著摘抄一卷 明陸楫撰
二酉委譚摘錄一卷 明王世懋撰
江西輿地圖說一卷 明趙秉忠撰
志怪錄一卷 明祝允明撰
奇聞類紀摘抄四卷 明施顯卿撰
新知錄摘抄一卷 明劉仕義撰
松窗寤言摘錄一卷 明崔銑撰
近峰紀略摘抄一卷 明皇甫庸撰
錦衣志一卷 明王世貞撰
瑯琊漫抄摘錄一卷 明文林撰
懸笥瑣探摘抄一卷 明劉昌撰
病逸漫記一卷 明陸釴撰
寓圃雜記二卷 明王錡撰
窺天外乘一卷 明王世懋撰
閩部疏一卷 明王世懋撰
饒南九三府圖說一卷 明王世懋撰
涉異志一卷 明閔文振撰
見聞紀訓二卷 明陳良謨撰

紀錄彙編一百二十三種二百二十四卷 明沈節甫編 明萬曆四十五年陳于廷刻本 清趙烈文跋 六一

紀錄彙編一百二十三種二百十六卷 明沈節甫編 明萬曆四十五年陳于廷刻本 清韓鳳藻跋 六二

歷代小史一百六種一百六卷 明李栻編 明刻本 十一行二十六字白口四周雙邊 六三

路史一卷 宋羅泌撰
西京雜記一卷 題晉葛洪撰
世說新語一卷 劉宋劉義慶撰
煬帝海山記一卷
煬帝迷樓記一卷
隋唐嘉話一卷 唐劉餗撰
翰林志一卷 唐李肇撰
次柳氏舊聞一卷 唐李德裕撰
卓異記一卷 唐李翱撰
開元天寶遺事一卷 五代王仁裕撰
中朝故事一卷 南唐尉遲偓撰
避暑漫鈔一卷 宋陸游撰
北夢瑣言一卷 宋孫光憲撰
集異記一卷 唐薛用弱撰
三楚新錄一卷 宋周羽翀撰
默記一卷 宋王銍撰
燕翼詒謀錄一卷 宋王林撰
閒見雜錄一卷 宋蘇舜欽撰
鐵圍山叢談一卷 宋蔡絛撰
談淵一卷 宋王陶撰
玉堂雜記一卷 宋周必大撰
桐陰舊話一卷 宋韓元吉撰
王氏揮麈錄一卷 宋王明清撰
王文正公筆錄一卷 宋王曾撰
古杭雜記一卷 元李有撰
清夜錄一卷 宋俞文豹撰
艮嶽記一卷 宋張淏撰
退齋雅聞錄一卷 宋侯延慶撰
朝野僉言一卷
白獺髓一卷 宋張仲文撰
桯史一卷 宋岳珂撰
金志一卷 題宋宇文懋昭撰
北狩錄一卷 宋[illegible]撰
北邊備對一卷 宋程大昌撰
自警編一卷 宋趙善璙撰
韓忠獻遺事一卷 宋強至撰
蔡公遺事一卷
遂昌山樵雜錄一卷 元鄭元祐撰
王子年拾遺記一卷 題前秦王嘉撰
漢武故事一卷 題漢班固撰
大業雜記一卷 唐杜寶撰
煬帝開河記一卷
隋遺錄一卷 唐顏師古撰
唐語林一卷 宋王讜撰
松窗雜錄一卷 唐李濬撰
朝野僉載一卷 唐張鷟撰
開天傳信記一卷 唐鄭棨撰
江行雜錄一卷 宋廖瑩中撰
龍城錄一卷 唐柳宗元撰
幽閒鼓吹一卷 唐張固撰
杜陽雜編一卷 唐蘇鶚撰
鄴侯外傳一卷 唐李繁撰
江南別錄一卷 宋陳彭年撰
蜀檮杌一卷 宋張唐英撰
孫公談圃一卷 宋孫升述 劉延世撰
行營雜錄一卷 宋趙葵撰
高齋漫錄一卷 宋曾慥撰
春明退朝錄一卷 宋宋敏求撰
錢氏私誌一卷 宋錢愐撰
揮麈錄一卷 宋楊萬里撰
晉公談錄一卷
貴耳集一卷 宋張端義撰
國老談苑一卷 宋王君玉撰
宣政雜錄一卷 宋江萬里撰
閒燕常談一卷 宋董弅撰
避戎嘉話一卷 宋石茂良撰
朝野遺記一卷
齊東野語一卷 宋周密撰
遼志一卷 宋葉隆禮撰
松漠紀聞一卷 宋洪皓撰
蒙韃備錄一卷 宋孟珙撰
西使記一卷 元劉郁撰
厚德錄一卷 宋李元綱撰
王文正遺事一卷 宋王素撰
南村輟耕錄一卷 明陶宗儀撰
東園友聞一卷

五四

蠡海談一卷　稗史集傳一卷　元徐顯撰
翦勝野聞一卷　明徐禎卿撰　野記一卷　明祝允明撰
平夏錄一卷　明黃標撰　清溪暇筆一卷　明姚福撰
琅琊漫鈔一卷　明文林撰　病逸漫記一卷　明陸釴撰
震澤紀聞一卷　明王鏊撰　皇明紀略一卷　明皇甫錄撰
北征錄一卷　明金幼孜撰　北征記一卷　明楊榮撰
西征石城記一卷　明馬文升撰　興復哈密記一卷　明馬文升撰
復辟錄一卷　明楊瑄撰　可齋雜記一卷　明彭時撰
否泰錄一卷　明劉定之撰　蹇齋瑣綴錄一卷　明尹直撰
古穰雜錄一卷　明李賢撰　兩湖麈談錄一卷　明許浩撰
復齋日記一卷　明許浩撰　繼世紀聞一卷　明陳洪謨撰
江海殲渠記一卷　明祝允明撰　損齋備忘錄一卷　明梅純撰
靖難功臣錄一卷　明朱當㴐撰　備遺錄一卷　明張芹撰
星槎勝覽一卷　明費信撰　真臘風土記一卷　元周達觀撰
炎徼紀聞一卷　明田汝成撰　滇載記一卷　明楊慎撰

歷代小史一百六種一百六卷　明李栻編　明刻本　清丁丙跋　六四

咀華書鈔五種五卷　明胡效臣編　明萬曆二十一年刻本　九行二十字，白口，左右雙邊　六五
新刻左傳書鈔一卷　新刻六子書鈔一卷
新刻子彙書鈔一卷　新刻劉子書鈔一卷
新刻百家書鈔一卷

三代遺書六種二十八卷　明趙標編　明萬曆二十二年趙氏刻本　十行十八字，白口，四周雙邊　六六
竹書紀年二卷　梁沈約注　汲冢周書十卷　晉孔晁注
批點考工記二卷　漢鄭玄注　元吳澄考注　檀孟批點二卷　宋謝枋得批點　明楊慎注
穆天子傳六卷　晉郭璞注
六韜六卷

五五

莊騷合刻二種七卷　明董逢元編　明萬曆二十五年董氏秋聲閣刻本　清佚名臨潘耒批點　九行十八字，白口，左右雙邊　六七
莊子南華真經五卷　楚辭二卷

莊騷合刻二種十二卷　明俞安期編　明萬曆三十五年俞安期翏翏閣刻本　九行十八字，白口，左右雙邊　六八
莊子南華真經十卷　楚辭二卷

夷門廣牘一百七種一百六十五卷　明周履靖編　明萬曆二十五年金陵荊山書林刻本　六九
藝苑
文章緣起一卷　題梁任昉撰　釋名一卷　漢劉熙撰
詩品一卷　梁鍾嶸撰　文錄一卷　題宋唐庚撰
談藝錄一卷　明徐禎卿撰　騷壇祕語三卷　明周履靖撰
詩源撮要一卷　明張懋賢輯　籟紀三卷　陳陳叔齊撰
嘯旨一卷　廣易千文一卷　明周履靖撰
博雅
異域志二卷　元周致中撰　溪蠻叢笑一卷　宋朱輔撰
格古要論三卷　明曹昭撰　群物奇制一卷　明周履靖輯
墨經一卷　宋晁貫之撰
尊生
胎息經一卷　題□幻真先生注　天隱子一卷
赤鳳髓三卷　明周履靖輯　煉形內旨一卷
玉函秘典一卷　金笥玄玄一卷
逍遙子導引訣一卷　修真演義一卷　明鄧希賢撰
純陽演正孚佑帝君既濟真經一卷　明鄧希賢注
唐宋衛生歌一卷　明周履靖輯　益齡單一卷　明周履靖輯
怪疴單一卷　元朱震亨撰
書法
法書通釋二卷　明張紳撰　干祿字書一卷　唐顏元孫撰
學古編二卷附錄一卷　元吾丘衍撰
畫藪
畫評會海二卷　明周履靖撰　天形道貌一卷　明周履靖撰
淇園肖影二卷　明周履靖撰　羅浮幻質一卷　明周履靖撰
九畹遺容一卷　明周履靖撰　春谷嚶翔一卷　明周履靖撰
繪林題識一卷　明汪顯節輯
食品
山家清供二卷　宋林洪撰　茹草編四卷　明周履靖撰
水品全秩二卷　明徐獻忠撰　茶品要錄一卷　宋黃儒撰
茶寮記一卷附一卷　明陸樹聲撰　湯品一卷
易牙遺意二卷　明韓奕撰　酒經一卷附一卷　宋朱翼中撰
士大夫食時五觀一卷　題宋黃庭堅撰
娛志
綠綺新聲三卷　明徐時琪撰　玉局鉤玄一卷　明項世芳撰
投壺儀節一卷　明汪禔撰　馬戲圖譜一卷　題宋李清照撰
五木經一卷　唐李翺撰　元革注　詩牌譜一卷　明王良樞撰　明周履靖校續
丸經二卷　腳陣局一卷　明袁福徵撰
雜占
黃帝授三子玄女經一卷　黃帝宅經二卷
葬經一卷　金兀欽仄注　探春歷記一卷　題漢東方朔撰
握奇經一卷握奇經續圖一卷　題漢公孫弘解　祿嗣奇談二卷附一卷
八陣總述一卷　晉馬隆述　相法十六篇一卷　題漢許負撰
靈臺寶章一卷　土牛經一卷　宋向孟撰
四字經一卷　題唐釋德行撰　占驗錄一卷　明周履靖輯
天文占驗一卷　寶龜論一卷
黃石公望氣四字數一卷
禽獸
禽經一卷　晉張華注　獸經一卷　明黃省曾撰　周履靖增
相鶴經一卷　魚經一卷　明黃省曾撰
蠶書一卷　宋秦觀撰　促織經二卷　宋賈似道撰　明周履靖續增

五六

草木
種樹書三卷　農桑撮要一卷　元魯明善撰
蘭譜奧法一卷　梅品一卷　宋張鎡撰
菊譜二卷　明黃省曾撰　耒耜經一卷　唐陸龜蒙撰
理生玉鏡稻品一卷　明黃省曾撰　羊經一卷　明黃省曾撰
招隱
逸民傳二卷　明皇甫涍撰　劉鳳補遺　香案牘一卷　明陳繼儒撰
列仙傳一卷　題漢劉向撰　神仙傳一卷　題晉葛洪撰
續神仙傳一卷　南唐沈汾撰　梅墟先生別錄二卷　明李日華　鄭琰撰
梅塢貽瓊六卷　明汪顯節輯
閑適
五柳賡歌四卷　晉陶潛撰　明周履靖和　閑雲稿四卷　明周履靖撰
中峰禪師梅花百詠一卷　元釋明本撰　燦松吟一卷　明周履靖撰
羣仙降乩語一卷　明周履靖輯　千片雪二卷　元馮子振撰　明周履靖和
野人清嘯二卷　明周履靖撰　山家語一卷　明周履靖撰
尋芳咏二卷　明周履靖撰　毛公壇倡和詩一卷　明周履靖撰
鴛湖唱和稿一卷　明周履靖撰　鶴月瑤笙四卷　明周履靖撰
泛泖吟一卷　明周履靖撰
香奩詩草二卷　明桑貞白撰
觴詠
青蓮觴詠二卷　唐李白撰　明周履靖和　香山酒頌二卷　唐白居易撰　明周履靖和
唐宋元明酒詞二卷　明周履靖輯　狂夫酒語二卷　明周履靖撰

藏說小萃十集十一種二十七卷　明李如一編　明萬曆三十四年李銓前書樓刻本（沐彬錄配清抄本）　清盧翰題，李葆恂、吳重熹跋　九行十八字，白口，左右雙邊　七〇
湯退耕公餘日錄一卷　明湯沐撰　宦遊紀聞一卷　明張誼撰

水南翰記一卷　明張袞撰
暖姝由筆二卷　明徐充撰
戒菴老人漫筆八卷　明李詡撰
漁洞記事抄一卷續抄一卷　明羅鋐撰
明良記四卷　明楊儀撰
存餘堂詩話一卷　明朱承爵撰
汴遊錄一卷　明徐充撰
延州筆記四卷　明唐覲撰
保孤記一卷　明楊儀撰

藏說小萃十集十一種二十七卷　明李如一編　清趙氏舊山樓抄本　十行十四字黑格　七一

稗海四十六種二百八十五卷續稗海二十四種一百四十一卷　明商濬編　明萬曆商氏半埜堂刻本　九行二十字白口四周單邊　七二

第一套
博物志十卷　題晉張華撰　宋周日用注
西京雜記六卷　題晉葛洪撰
搜神記八卷　題晉干寶撰
續博物志十卷　題宋李石撰
小名錄二卷　唐陸龜蒙撰
獨異志三卷　唐李冗撰
王子年拾遺記十卷　題前秦王嘉撰
述異記二卷　題梁任昉撰
摭言一卷　五代王定保撰
雲溪友議十二卷　唐范攄撰

第二套
杜陽雜編三卷　唐蘇鶚撰
大唐新語十三卷　唐劉肅撰
因話錄六卷　唐趙璘撰
樂善錄二卷　宋李昌齡撰
東觀奏記三卷　唐裴庭裕撰
北夢瑣言二十卷　宋孫光憲撰
玉泉子一卷

第三套
蠡海集一卷　明王逵撰
泊宅編三卷　宋方勺撰
搜采異聞錄五卷　宋永亨撰
青箱雜記十卷　宋吳處厚撰
過庭錄一卷　宋范公偁撰
閑窗括異志一卷　宋魯應龍撰
東軒筆錄十五卷　宋魏泰撰
避暑錄話二卷　宋葉夢得撰

第四套
畫墁錄一卷　宋張舜民撰
游宦紀聞十卷　宋張世南撰
侍兒小名錄拾遺一卷　宋張邦幾撰
續補侍兒小名錄一卷　宋溫豫撰
夢溪筆談二十六卷　宋沈括撰
補侍兒小名錄一卷　宋王銍撰
墨莊漫錄十卷　宋張邦基撰

第五套
懶真子五卷　宋馬永卿撰
東坡先生志林十二卷　宋蘇軾撰
澠水燕談錄十卷　宋王闢之撰
老學庵筆記十卷　宋陸游撰
歸田錄二卷　宋歐陽修撰
蘇黃門龍川別志二卷　宋蘇轍撰
冷齋夜話十卷　宋釋惠洪撰

第六套
雲麓漫抄四卷　宋趙彥衛撰
石林燕語十卷　宋葉夢得撰
墨客揮犀十卷　宋彭乘撰
遂昌雜錄一卷　元鄭元祐撰
蒙齋筆談二卷　宋葉夢得撰
清波雜志三卷　宋周煇撰
異聞總錄四卷

續稗海

第七套
酉陽雜俎二十卷　唐段成式撰
鶴林玉露十六卷　宋羅大經撰
宣室志十卷補遺一卷　唐張讀撰

第八套
儒林公議二卷　宋田況撰
江隣幾雜志一卷　宋江休復撰
睽車志六卷　宋郭彖撰
侯鯖錄八卷　宋趙令畤撰
癸辛雜識一卷外集一卷新集一卷後集一卷　宋周密撰

第九套
桯史十五卷　宋岳珂撰
山房隨筆一卷　元蔣子正撰
許彥周詩話一卷　宋許顗撰
厚德錄四卷　宋李元綱撰
補筆談一卷　宋沈括撰
隨隱漫錄五卷　宋陳世崇撰
楓窗小牘二卷　宋袁褧撰　袁頤續
耕祿稿一卷　宋胡錡撰
西溪叢語二卷　宋姚寬撰

第十套
野客叢書三十卷附錄一卷　宋王楙撰
後山居士詩話一卷　題宋陳師道撰
龍城錄二卷　唐柳宗元撰
儲華谷祛疑說纂一卷　宋儲泳撰
螢雪叢說二卷　宋俞成撰
孫公談圃三卷　宋孫升述　劉延世撰
學齋佔畢纂一卷　宋史繩祖撰

稗海四十八種二百八十八卷續二十二種一百六十一卷　明商濬編　明萬曆商氏半埜堂刻本　清傅山批　七三

存六種二十六卷
王子年拾遺記十卷　題前秦王嘉撰
蠡海集一卷　明王逵撰
補侍兒小名錄一卷　宋王銍撰
雲溪友議十二卷　唐范攄撰
侍兒小名錄拾遺一卷　宋張邦幾撰
續補侍兒小名錄一卷　宋溫豫撰

稗海四十八種二百八十八卷續二十二種一百六十一卷　明商濬編　明萬曆商濬刻清康熙振鷺堂重編補刻本　九行二十字白口四周單邊　七四

第一函
博物志十卷　題晉張華撰　宋周日用注
西京雜記六卷　題晉葛洪撰
搜神記八卷　題晉干寶撰
續博物志十卷　題宋李石撰
小名錄二卷　唐陸龜蒙撰
獨異志三卷　唐李冗撰
王子年拾遺記十卷　題前秦王嘉撰
述異記二卷　題梁任昉撰
摭言一卷　五代王定保撰
雲溪友議十二卷　唐范攄撰

第二函
杜陽雜編三卷　唐蘇鶚撰
大唐新語十三卷　唐劉肅撰
玉泉子一卷
東觀奏記三卷　唐裴庭裕撰
因話錄六卷　唐趙璘撰
北夢瑣言二十卷　宋孫光憲撰

第三函
樂善錄二卷　宋李昌齡撰
過庭錄一卷　宋范公偁撰
閑窗括異志一卷　宋魯應龍撰
東軒筆錄十五卷　宋魏泰撰
蒙齋筆談二卷　宋葉夢得撰
蠡海集一卷　明王逵撰
泊宅編三卷　宋方勺撰
搜采異聞錄五卷　宋永亨撰
青箱雜記十卷　宋吳處厚撰
畫墁錄一卷　宋張舜民撰

第四函
游宦紀聞十卷　宋張世南撰
學齋佔畢纂一卷　宋史繩祖撰
墨莊漫錄十卷　宋張邦基撰
補侍兒小名錄一卷　宋王銍撰
夢溪筆談二十六卷補筆談一卷　宋沈括撰
儲華谷祛疑說纂一卷　宋儲泳撰
侍兒小名錄拾遺一卷　宋張邦幾撰
續補侍兒小名錄一卷　宋溫豫撰

第五函
懶真子五卷　宋馬永卿撰
東坡先生志林十二卷　宋蘇軾撰
澠水燕談錄十卷　宋王闢之撰
老學庵筆記十卷　宋陸游撰
歸田錄二卷　宋歐陽修撰
蘇黃門龍川別志二卷　宋蘇轍撰
冷齋夜話十卷　宋釋惠洪撰

第六函
雲麓漫抄四卷　宋趙彥衛撰
避暑錄話二卷　宋葉夢得撰
墨客揮犀十卷　宋彭乘撰
遂昌雜錄一卷　元鄭元祐撰
石林燕語十卷　宋葉夢得撰
清波雜志三卷　宋周煇撰
異聞總錄四卷

續集

第七函
酉陽雜俎二十卷　唐段成式撰
龍城錄二卷　唐柳宗元撰
宣室志十卷補遺一卷　唐張讀撰
鶴林玉露十六卷補遺一卷　宋羅大經撰

第八函
儒林公議二卷　宋田況撰
睽車志六卷　宋郭彖撰
侯鯖錄八卷　宋趙令畤撰
江隣幾雜志一卷　宋江休復撰

桯史十五卷　宋岳珂撰　　隨隱漫錄五卷　宋陳世崇撰
楓窗小牘二卷　宋袁褧撰　袁頤續　　耕祿藁一卷　宋胡錡撰
厚德錄四卷　宋李元綱撰
第九函
西溪叢語二卷　宋姚寬撰　　野客叢書三十卷附錄一卷　宋王楙撰
螢雪叢說二卷　宋俞成撰　　孫公談圃三卷　宋孫升述　劉延世撰
許彥周詩話一卷　宋許顗撰　　後山居士詩話一卷　題宋陳師道撰
第十函
齊東野語二十卷　宋周密撰　　癸辛雜識前集一卷後集一卷續集二卷別集二
山房隨筆一卷　元蔣子正撰　　卷　宋周密撰

稗海四十八種二百八十八卷續二十二種一百六十一卷　明商濬編　明萬曆商濬刻清康熙振鷺堂重編補刻本　清許瑤光跋　七五

稗海四十八種二百八十八卷續二十二種一百六十一卷　明商濬編　明萬曆商濬刻清康熙振鷺堂重編補刻本　傅增湘校並跋　七六

漢魏叢書三十五種二百八卷　明程榮編　明萬曆二十年程榮刻本　傅增湘校並跋　九行二十字、白口、左右双边　七七
經籍
京氏易傳三卷　漢京房撰　吳陸績注
周易略例一卷　晉王弼撰　唐邢璹注
古三墳一卷　　詩說一卷　漢申培撰
韓詩外傳十卷　漢韓嬰撰　　大戴禮記十三卷　漢戴德撰
春秋繁露十七卷　漢董仲舒撰　　白虎通德論二卷　漢班固撰
獨斷二卷　漢蔡邕撰　　忠經一卷　題漢馬融撰　鄭玄注
輶軒使者絕代語釋別國方言十三卷　漢揚雄撰　晉郭璞解
史籍
元經薛氏傳十卷　唐薛收撰　宋阮逸注
逸周書十卷　晉孔晁注　　西京雜記六卷　題晉葛洪撰
趙飛燕外傳一卷　題漢伶玄撰　　南方草木狀三卷　晉嵇含撰
子籍
素書一卷　宋張商英注　　新語二卷　漢陸賈撰
孔叢子三卷　題漢孔鮒撰　　新書十卷附錄一卷　漢賈誼撰
潛夫論十卷　漢王符撰　　申鑒五卷　漢荀悅撰　明黃省曾注
中論二卷　漢徐幹撰　　顏氏家訓二卷　北齊顏之推撰
商子五卷　　人物志三卷　魏劉邵撰　西涼劉昞注
風俗通義十卷　漢應劭撰　　劉子新論十卷　北齊劉晝撰　唐袁孝政注
神異經一卷　題漢東方朔撰　　別國洞冥記四卷　題漢郭憲撰
述異記二卷　題梁任昉撰　　王子年拾遺記十卷　題前秦王嘉撰
通占大象曆星經二卷　　古今刀劍錄一卷　題梁陶弘景撰
論衡三十卷　漢王充撰

五九

漢魏叢書三十八種二百五十一卷　明程榮編　明萬曆二十年程榮刻本　九行二十字、白口、左右双边　七八
經籍
京房易傳三卷　漢京房撰　吳陸績注
周易略例一卷　晉王弼撰　唐邢璹注
古三墳一卷　　詩說一卷　漢申培撰
韓詩外傳十卷　漢韓嬰撰　　大戴禮記十三卷　漢戴德撰
春秋繁露十七卷　漢董仲舒撰　　白虎通德論二卷　漢班固撰
獨斷二卷　漢蔡邕撰　　忠經一卷　題漢馬融撰　鄭玄注
輶軒使者絕代語釋別國方言十三卷　漢揚雄撰　晉郭璞解
史籍
元經薛氏傳十卷　唐薛收撰　宋阮逸注
逸周書十卷　晉孔晁注　　穆天子傳六卷　晉郭璞注
西京雜記六卷　題晉葛洪撰
子籍
素書一卷　宋張商英注　　新語二卷　漢陸賈撰
孔叢子三卷　題漢孔鮒撰　　新序十卷　漢劉向撰
說苑二十卷　漢劉向撰　　新書十卷附錄一卷　漢賈誼撰
法言十卷　漢揚雄撰　　潛夫論十卷　漢王符撰
申鑒五卷　漢荀悅撰　明黃省曾注　　中論二卷　漢徐幹撰
顏氏家訓二卷　北齊顏之推撰　　商子五卷
人物志三卷　魏劉邵撰　西涼劉昞注　　風俗通義十卷　漢應劭撰
劉子新論十卷　北齊劉晝撰　唐袁孝政注
神異經一卷　題漢東方朔撰　　別國洞冥記四卷　題漢郭憲撰
述異記二卷　題梁任昉撰　　王子年拾遺記十卷　題前秦王嘉撰
通占大象曆星經二卷　　趙飛燕外傳一卷　題漢伶玄撰
古今刀劍錄一卷　題梁陶弘景撰　　論衡三十卷　漢王充撰

漢魏叢書鈔四卷　明張邦翼輯　明萬曆四十八年曹熙丙刻本　九行二十字、白口、四周單边　七九
卷一
周易略例　晉王弼撰　　古三墳
韓詩外傳　漢韓嬰撰　　大戴禮記　漢戴德撰
春秋繁露　漢董仲舒撰　　白虎通　漢班固撰
獨斷　漢蔡邕撰　　忠經　漢馬融撰
方言　漢揚雄撰　　元經薛氏傳　唐薛收撰
逸周書
卷二
西京雜記　題晉葛洪撰　　素書
新語　漢陸賈撰　　孔叢　題漢孔鮒撰
新序　漢劉向撰　　說苑　漢劉向撰
卷三
新書　漢賈誼撰　　法言　漢揚雄撰
潛夫論　漢王符撰　　中鑒　漢荀悅撰

六〇

漢魏叢書抄六卷　明吳世濟編　明天啟三年刻本　九行二十字、白口、四周單边　八〇
卷一
周易略例　晉王弼撰　　逸周書
韓詩外傳　漢韓嬰撰　　春秋繁露　漢董仲舒撰
大戴禮記　漢戴德撰
卷二
白虎通德論　漢班固撰　　素書
孔叢子　題漢孔鮒撰　　新書　漢賈誼撰
卷三
新序　漢劉向撰
卷四
說苑　漢劉向撰
卷五
法言　漢揚雄撰　　趙飛燕外傳　題漢伶玄撰
中鑒　漢荀悅撰　　風俗通義　漢應劭撰
論衡　漢王充撰　　人物志　魏劉邵撰
卷六
西京雜記　題晉葛洪撰　　劉子新論　北齊劉晝撰
別國洞冥記　題漢郭憲撰　　神異經　題漢東方朔撰
拾遺記　題前秦王嘉撰　　述異記　題梁任昉撰

廣漢魏叢書七十六種四百三十九卷　明何允中編　明刻本　九行二十字白口左右雙邊　八一

經翼　易傳三卷　漢京房撰　吳陸績注　焦氏易林四卷　題漢焦延壽撰
周易略例一卷　魏王弼撰　唐邢璹注　古三墳一卷
詩傳孔氏傳一卷　詩說一卷　漢申培撰
韓詩外傳十卷　漢韓嬰撰　大戴禮記十三卷　漢戴德撰　北周盧辯注
春秋繁露十七卷　漢董仲舒撰　白虎通德論四卷　漢班固撰
獨斷一卷　漢蔡邕撰　忠經一卷　題漢馬融撰
孝傳一卷　題晉陶潛撰　方言十三卷　漢揚雄撰　晉郭璞注
釋名四卷　漢劉熙撰　博雅十卷　魏張揖撰　隋曹憲音釋
小爾雅一卷　漢孔鮒撰

別史　吳越春秋六卷　漢趙曄撰　元徐天祐音注　十六國春秋十六卷　北魏崔鴻撰
越絕書十五卷　漢袁康撰　汲冢周書十卷　晉孔晁注
元經薛氏傳十卷　唐薛收撰　宋阮逸注　穆天子傳六卷　晉郭璞注
竹書紀年二卷　梁沈約注　飛燕外傳一卷　題漢伶玄撰
漢武帝內傳一卷　題漢班固撰　羣輔錄一卷　晉陶潛撰
雜事秘辛一卷　高士傳三卷　晉皇甫謐撰
神僊傳十卷　晉葛洪撰
英雄記鈔一卷　魏王粲撰

子餘　參同契一卷　漢魏伯陽撰　陰符經一卷
素書一卷　宋張商英注　心書一卷　題蜀諸葛亮撰
新語二卷　漢陸賈撰　新書十卷　漢賈誼撰
新序十卷　漢劉向撰　新論十卷　北齊劉晝撰
淮南鴻烈解二十一卷　漢劉安撰　高誘注　孔叢子二卷　詰墨一卷　題漢孔鮒撰
法言十卷　漢揚雄撰　申鑒五卷　漢荀悅撰　明黃省曾注
中論二卷　魏徐幹撰　中說二卷　隋王通撰
潛夫論十卷　漢王符撰　天祿閣外史八卷　題漢黃憲撰

載籍　說苑二十卷　漢劉向撰　論衡三十卷　漢王充撰
搜神記八卷　題晉干寶撰　神異經一卷　題漢東方朔撰
海內十洲記一卷　題漢東方朔撰　述異記二卷　題梁任昉撰
續齊諧記一卷　梁吳均撰　別國洞冥記四卷　題漢郭憲撰
西京雜記六卷　題晉葛洪撰　拾遺記十卷　題前秦王嘉撰
博物志十卷　晉張華撰　宋周日用注　風俗通義十卷　漢應劭撰
古今注三卷　晉崔豹撰　詩品三卷　梁鍾嶸撰
人物志三卷　魏劉邵撰　涼劉昞注　顏氏家訓二卷　北齊顏之推撰
文心雕龍十卷　梁劉勰撰　華陽國志十四卷　晉常璩撰
書品一卷　梁庾肩吾撰　水經二卷　漢桑欽撰
鹽鐵論十二卷　漢桓寬撰　明張之象注　荊楚歲時記一卷　梁宗懍撰
三輔黃圖六卷　竹譜一卷　晉戴凱之撰
洛陽伽藍記五卷　北魏楊衒之撰　鼎錄一卷　梁虞荔撰
墨經二卷　晉松含撰
南方草木狀三卷　晉嵇含撰
古今刀劍錄一卷　梁陶弘景撰

古今逸史四十二種一百六十三卷　明吳琯編　明吳琯刻本　十行二十字白口左右雙邊　八二

逸志
合志　輶軒使者絕代語釋別國方言十三卷　漢揚雄撰　晉郭璞注
釋名八卷　漢劉熙撰　白虎通德論二卷　漢班固撰
風俗通義四卷　漢應劭撰　小爾雅一卷　題漢孔鮒撰　宋宋咸注
獨斷一卷　漢蔡邕撰　古今注三卷　晉崔豹撰
博物志十卷　題晉張華撰　宋周日用等注
續博物志十卷　題宋李石撰
分志　山海經十八卷　晉郭璞傳　吳地記一卷後集一卷　唐陸廣微撰
岳陽風土記一卷　宋范致明撰　桂海虞衡志一卷　宋范成大撰
洛陽名園記一卷　宋李格非撰　海內十洲記一卷　題漢東方朔撰
北邊備對一卷　宋程大昌撰　真臘風土記一卷　元周達觀撰
三輔黃圖六卷　洛陽伽藍記五卷　北魏楊衒之撰
樂府雜錄一卷　唐段安節撰　教坊記一卷　唐崔令欽撰
九經補韻一卷　宋楊伯嵒撰

逸紀
紀　三墳一卷　穆天子傳六卷　晉郭璞注
竹書紀年二卷　題梁沈約注　西京雜記六卷　題晉葛洪撰
別國洞冥記四卷　題漢郭憲撰　六朝事迹編類二卷　宋張敦頤撰
世家　晉史乘一卷　楚史檮杌一卷
吳越春秋六卷　漢趙曄撰　元徐天祐音注　華陽國志十二卷　晉常璩撰
越絕書十五卷　漢袁康撰
列傳　高士傳三卷　晉皇甫謐撰　列仙傳二卷　題漢劉向撰
劍俠傳四卷　遼志一卷　宋葉隆禮撰
金志一卷　題宋宇文懋昭撰　松漠紀聞一卷　宋洪皓撰
續齊諧記一卷　梁吳均撰　博異記一卷　題谷神子撰
集異記一卷　唐薛用弱撰

古今逸史四十二種一百六十三卷　明吳琯編　明吳琯刻本（海內十洲記、洛陽伽藍記、穆天子傳清袁廷檮校並跋）　八三

古今逸史四十二種一百六十三卷　明吳琯編　明吳琯刻本　傅增湘校並跋　八四

增定古今逸史五十五種二百二十三卷　明吳琯編　明吳琯刻本　十行二十字白口左右雙邊　八五

逸志
合志　輶軒使者絕代語釋別國方言十三卷　漢揚雄撰　晉郭璞注
釋名八卷　漢劉熙撰　白虎通德論二卷　漢班固撰
廣雅十卷　魏張揖撰　隋曹憲音解　風俗通義四卷　漢應劭撰
小爾雅一卷　題漢孔鮒撰　宋宋咸注　獨斷一卷　漢蔡邕撰
刊誤二卷　唐李涪撰　古今注三卷　晉崔豹撰
中華古今注三卷　後唐馬縞撰　博物志十卷　題晉張華撰　宋周日用等注
續博物志十卷　題宋李石撰　拾遺記十卷　題前秦王嘉撰
分志　山海經十八卷　晉郭璞傳　海內十洲記一卷　題漢東方朔撰
吳地記一卷後集一卷　唐陸廣微撰　岳陽風土記一卷　宋范致明撰
洛陽名園記一卷　宋李格非撰　桂海虞衡志一卷　宋范成大撰
北邊備對一卷　宋程大昌撰　真臘風土記一卷　元周達觀撰
三輔黃圖六卷　雍錄十卷　宋程大昌撰
洛陽伽藍記五卷　北魏楊衒之撰　教坊記一卷　唐崔令欽撰
樂府雜錄一卷　唐段安節撰　九經補韻一卷　宋楊伯嵒撰

逸紀
紀　三墳一卷　穆天子傳六卷　晉郭璞注
竹書紀年二卷　題梁沈約注　汲冢周書十卷　晉孔晁注
西京雜記六卷　題晉葛洪撰　別國洞冥記四卷　題漢郭憲撰
漢武故事一卷　題漢班固撰　趙后外傳一卷　題漢伶玄撰
海山記一卷　迷樓記一卷
開河記一卷　六朝事迹編類二卷　宋張敦頤撰
世家　晉史乘一卷　楚史檮杌一卷
越絕書十五卷　漢袁康撰　吳越春秋六卷　漢趙曄撰　元徐天祐音注
華陽國志十二卷　晉常璩撰

列傳

高士傳三卷　晉皇甫謐撰
劍俠傳四卷
本事詩一卷　唐孟棨撰
博異記一卷　題谷神子撰
遼志一卷　宋葉隆禮撰
松漠紀聞一卷　宋洪皓撰
列仙傳二卷　題漢劉向撰
神僧傳九卷　明成祖朱棣撰
續齊諧記一卷　梁吳均撰
集異記一卷　唐薛用弱撰
金志一卷　題宋宇文懋昭撰

秘册彙函二十四種一百四十三卷　明沈士龍、胡震亨編　明萬曆刻本　八行十八字白口左右双边　八六

道德指歸論六卷　題漢嚴遵撰
周髀算經二卷　題漢趙君卿注　北周甄鸞重述　唐李淳風等注釋
音義一卷　宋李籍撰
數術記遺一卷　題漢徐岳撰　北周甄鸞注
漢雜事秘辛一卷
搜神記二十卷　題晉干寶撰
異苑十卷　劉宋劉敬叔撰
銅劍讚一卷　梁江淹撰
周氏冥通記三卷　梁陶弘景撰
易傳十卷　唐李鼎祚撰
易解附錄一卷　明胡震亨輯
歲華紀麗四卷　題唐韓鄂撰
東京夢華錄十卷　宋孟元老撰
泉志十五卷　宋洪遵撰
南唐書十八卷　宋陸游撰　音釋一卷　元戚光撰
佛國記一卷　晉釋法顯撰
山海經圖讚二卷補遺一卷　晉郭璞撰
搜神後記十卷　題晉陶潛撰
於陵子一卷
靈寶真靈位業圖一卷　梁陶弘景撰
齊民要術十卷　北魏賈思勰撰
周易鄭康成注一卷　漢鄭玄撰　宋王應麟輯
大唐創業起居注三卷　唐溫大雅撰
錄異記八卷　前蜀杜光庭撰
益部方物略記一卷　宋宋祁撰

格致叢書□□□種□□□卷　明胡文煥編　明萬曆胡氏文會堂刻本　十行二十字白口左右双边　八七

存一百九十八種六百四卷

新刻詩傳綱領一卷圖要一卷　明胡文煥輯
新刻詩序辨說一卷　明胡文煥輯
新刻讀詩一得一卷　宋黃震撰
新刻爾雅三卷　晉郭璞注
新刻廣雅十卷　魏張揖撰
新刻千祿字書一卷　唐顏元孫撰
新刻篆法辨訣一卷　□應在止編
新刻漢隸分韻七卷　明胡文煥輯
新刻皇輿要覽四卷　明胡文煥輯
新刻古今事物考八卷　明王三聘撰
新刻聖賢群輔錄一卷　題晉陶潛撰
新刻列女傳八卷　漢劉向撰
新刻華夷風土志四卷　明胡文煥輯
新刻西湖竹枝詞一卷　元楊維楨撰
新刻歲時廣記四卷圖說一卷　宋陳元靚撰
新刻科命曆一卷
新刻連珠曆一卷
新刻東方朔探春曆記一卷　明婁元禮輯
新刻大明一統賦四卷　明莫旦撰
新刻大明律圖一卷真犯雜犯死罪一卷
新刻法家裒集一卷
新刻官緘由陛二卷
新刻律條告示活套二卷
新刻新官軌範二卷
新刻蕭曉山致判一卷
新刻風憲忠告一卷　元張養浩撰
新刻問刑條例七卷
新刻律例類抄六卷
新刻讀詩錄一卷　明薛瑄撰
新刻文獻詩攷二卷　元馬端臨撰
新刻爾雅翼三十二卷　宋羅願撰
新刻埤雅二十卷　宋陸佃撰
新刻佩觿三卷考異一卷辨證一卷　宋郭忠恕撰
新刻字學備考四卷　明胡文煥撰
新刻古字便覽一卷　元虞集撰
新刻古今原始十五卷　明趙釴撰
新刻歷代聖賢像贊二卷　明葉一蘭輯
新刻綱目提要十卷
新刻山海圖經二卷　晉郭璞撰
新刻水陸路程八卷　明黃汴撰
新刻古今碑帖考一卷　宋朱長文撰
新刻大明曆一卷
新刻附曆令覽二卷
新刻刑統賦一卷　宋傅霖撰
新刻官禮制考一卷　明胡文煥撰
欽定各項儀注便覽一卷　明吳遵撰
新刻初仕錄一卷　明吳遵撰
新刻居官格言一卷　明許堂撰
新刻為政九要一卷
新刻風世俚言前集一卷後集一卷續集一卷　明李人本輯
新刻問刑條例題稿略一卷
新刻名例律一卷

六三

新刻洗冤錄二卷
新刻招擬假如行移體式四卷
新刻文公家禮十二卷
新刻三略一卷
新刻武侯心法一卷　題蜀諸葛亮撰
新刻脈訣刊誤二卷
新刻諸子緒要二卷　明胡文煥撰
新刻楷法大成一卷　明姜立綱撰
新刻傳古圖十卷總說一卷　宋王黻等撰
新刻古器具名二卷總說一卷　明胡文煥撰
新刻燕几圖一卷
新刻墨池璅錄四卷　明楊慎撰
新刻碎璧珠一卷　明胡文煥輯
新刻物原一卷　明羅頎撰
新刻事物異名二卷　明余庭璧輯
新刻群書備數十二卷　明張九韶撰
新刻金光明經四卷
新刻月上女經二卷
新刻楞伽阿跋多羅寶經四卷
新刻華嚴金獅子章一卷
新刻大佛頂如來密因修證了義諸菩薩萬行首楞嚴經十卷
新刻大方廣圓覺修多羅了義經二卷
新刻禪髓一卷　明釋袾宏撰
新刻禪考一卷　明釋袾宏撰
新刻法師選擇記一卷
新刻佛遺教經一卷
新刻佛說觀無量壽佛經一卷
新刻虛實訣一卷　宋釋保暹撰
新刻證佛名諱一卷
新刻摩訶般若波羅蜜多心經一卷
新刻無冤錄一卷
新刻廟堂忠告一卷　元張養浩撰
新刻女誡一卷　漢班昭撰
新刻尉繚子一卷
新刻太公六韜一卷
新刻諸子纂要四卷　明黎堯卿撰
新刻文房四譜摘要四卷總論一卷　宋蘇易簡撰
新刻文會堂琴譜六卷　明胡文煥撰
新刻格古論要五卷　明曹昭撰　王佐增補
新刻墨藪二卷　唐韋續輯
新刻小學紺珠十卷　宋王應麟輯
新刻事物紀原十卷　宋高承撰
新刻臝蟲錄四卷
新刻瑣言摘附一卷　明胡文煥撰
新刻金剛般若波羅蜜經一卷
新刻妙法蓮華經七卷
新刻觀世音菩薩普門品經一卷
新刻禪學一卷　明釋袾宏撰
新刻禪偈一卷　明釋袾宏撰
新刻禪宗旨要二卷　明圓滿撰
新刻佛說四十二章經一卷
新刻佛說阿彌陀經一卷
新刻佛說大阿彌陀經二卷
新刻維摩詰所說經六卷　後秦鳩摩羅什譯
新刻六度集經八卷
新刻道德經二卷

六四

新刻金符經一卷
新刻金丹語錄一卷　宋范純仁撰
新刻臞仙神隱四卷　明朱權撰
新刻感應篇一卷
新刻黃庭內景經一卷外景經一卷
新刻內觀經一卷
新刻沙中金集一卷
新刻神僊可學論一卷
新刻法寶壇經一卷　唐釋惠能撰
新刻列子沖虛至德真經八卷
新刻天元玉曆祥異賦一卷
新刻郭子翼莊一卷　明高箕撰
新刻諸家占法一卷
新刻六祖大師法寶壇經一卷
新刻文昌帝君帝略一卷
新刻文始經一卷
新刻傳真秘要一卷
新刻詩文要式一卷　明胡文煥撰
新刻文選錦語二卷　明胡文煥輯
新刻文斷二卷
新刻翰府通式四卷　明胡文煥輯
新刻群音類選二十六卷　明胡文煥輯
新刻六言詩集一卷　明胡文煥輯
新刻詩式一卷　唐釋皎然撰
新刻詩家一指一卷
新刻詩法正論一卷　元傅若金撰
新刻詩宗正法眼藏一卷　元揭傒斯撰
新刻詩法家數一卷　元楊載撰
新刻詩學事類二十四卷　明李攀龍輯
新刻詩學規範一卷　宋張鎡撰
新刻金丹集問三卷附一卷　明蕭廷芝撰
新刻陰符經注一卷
新刻感應紀述靈驗一卷　明張邦濟撰
新刻趨避檢三卷　明胡泰撰
新刻莊子南華真經八卷
新刻太上靈寶淨明洞神上品經一卷
新刻初真十誡一卷　宋真德秀撰
新刻清靜經一卷　元李道純注
新刻流類手鑑一卷　明釋虛中撰
新刻天地萬物造化論一卷　宋王柏撰　周顯注
新刻許真君玉匣記一卷
新刻郭璞先生神會曆一卷
新刻廣成子一卷
新刻文昌帝君文辭一卷
新刻廣嗣要語二卷　□俞橋撰
新刻臨鑑機要三卷　明[illegible]撰
新刻詩文正法一卷　明傅若金撰
新刻文字談苑四卷　明胡文煥輯
新刻語苑五卷　明張所敬撰
新刻翰林要訣一卷　明陳繹曾撰
新刻詩議一卷　唐釋皎然撰
新刻詩評一卷　宋釋景淳撰
新刻詩家集法一卷
新刻詩法正宗一卷　元揭傒斯撰
新刻詩學禁臠一卷　元范梈撰
新刻詩要格律一卷　明王夢簡撰

新刻詩人玉屑二十二卷 宋魏慶之撰
新刻山堂詩考一卷 宋章如愚撰
新刻梅氏詩評一卷 宋梅堯臣撰
新刻嚴滄浪詩法一卷 宋嚴羽撰
新刻木天禁語一卷 元范梈撰
新刻續律歌一卷 明胡文煥輯
新刻直菴三法一卷 明謝賓撰
新刻詩中密旨一卷 唐王昌齡撰
新刻雅道機要一卷 明徐寅撰
新刻胡氏詩識三卷 明胡文煥輯
新刻風騷旨格一卷 唐釋齊己撰
新刻文彧詩格一卷 明釋神彧撰
新刻詩中旨格一卷 明王玄撰
新刻金針詩格一卷 唐白居易撰
新刻魏文帝詩格一卷 魏文帝曹丕撰
新刻炙轂子詩格一卷 唐王叡撰
新刻樂府粹選二卷 明胡文煥輯
新刻文會堂詞韻二卷 明胡文煥撰
新刻冠丘詩說一卷 宋張表臣撰
新刻黃氏詩法一卷 明黃子肅撰
新刻文會堂詩韻五卷 明胡文煥撰
新刻中序一卷 唐釋皎然撰
新刻韻學事類十二卷 明李攀龍輯
新刻二南密旨一卷 唐賈島撰
新刻正字千文二卷 明李登輯
新刻胡子知言四卷 宋胡宏撰
新刻風騷要式一卷 明徐衍撰
新刻文苑詩格一卷 唐白居易撰
新刻評詩格一卷 唐李嶠撰
新刻王少伯詩格一卷 唐王昌齡撰
新刻續金針詩格一卷 宋梅堯臣撰
新刻緣情手鑑詩格一卷 明李洪宣撰
新刻四家宮詞四卷
新刻詞學指南一卷 宋王應麟輯

格致叢書□□種□□卷 明胡文煥編 明萬曆胡氏文會堂刻本 清丁晏、鄭依鋒跋 八八

存六十七種八十卷

新刻詩傳一卷
新刻小爾雅一卷 題漢孔鮒撰
新刻神異經一卷
新刻溪蠻叢笑一卷 宋朱輔撰
新刻晝簾緒論一卷 宋胡太初撰
新刻保生心鑑一卷
新刻琴堂五星四卷附錄一卷總斷法例一卷傳授源流一卷
新刻詩說一卷
新刻宜齋野乘一卷 宋吳枋撰
新刻古今注三卷 晉崔豹撰
新刻黃石公素書一卷 宋張商英註
新刻慎言集二卷 明救英輯
新刻情真秘要一卷
新刻望斗經一卷 明歐陽友山撰 歐陽忠注
新刻三餘贅筆一卷 明都卬撰
新刻述異記二卷 題梁任昉撰 清丁晏跋
新刻戴氏鼠璞二卷 宋戴埴撰 清丁晏跋
新刻芥隱筆記一卷 宋龔頤正撰
新刻釋常談三卷
新刻治安藥石一卷
新刻名物法言一卷
新刻談藝錄一卷 明徐禎卿撰
新刻文錄一卷 宋唐庚撰
新刻師曠禽經一卷 題晉張華撰 清丁晏跋
新刻二南密旨一卷 唐賈島撰
新刻金針詩格一卷 唐白居易撰
新刻梅氏詩評一卷 宋梅堯臣撰
新刻緣情手鑑詩格一卷 明李洪宣撰
新刻風騷旨格一卷 唐釋齊己撰
新刻處囊訣一卷 宋釋保暹撰
新刻詩式一卷 唐釋皎然撰
新刻評詩格一卷 唐李嶠撰
新刻滄浪詩法一卷 宋嚴羽撰
新刻詩文正法一卷 元傅若金撰
新刻續金針詩格一卷 宋梅堯臣撰
新刻黃氏詩法一卷 明黃子肅撰
新刻詩宗正法眼藏一卷 元揭傒斯撰
新刻木天禁語一卷 元范梈撰
新刻詩法家數一卷 元楊載撰
新刻炙轂子詩格一卷
新刻詩家一指一卷 明王叡撰
新刻六言詩集一卷 明李攀龍輯
新刻聽雨紀談一卷 明都穆撰
新刻獸經一卷 明黃省曾撰
新刻種樹書一卷 元俞宗本撰
新刻詩品一卷 梁鍾嶸撰
新刻錦帶補註一卷 宋杜門撰
新刻助語辭一卷 元盧以緯撰
新刻詩學規範一卷 宋張鎡撰
新刻王少伯詩格一卷 宋王昌齡撰
新刻文苑詩格一卷 唐白居易撰
新刻文彧詩格一卷 明釋文彧撰
新刻流類手鑑一卷 明釋虛中撰
新刻中序一卷 唐釋皎然撰
新刻詩中密旨一卷 唐王昌齡撰
新刻詩議一卷 唐釋皎然撰
新刻沙中金集一卷
新刻雅道機要一卷 明徐寅撰
新刻詩法正論一卷 元傅若金撰
新刻詩法正宗一卷 元揭傒斯撰
新刻詩學禁臠一卷 元范梈撰
新刻詩中旨格一卷 明王玄撰
新刻詩要格律一卷 明王夢簡撰
新刻直菴三法一卷
新刻五倫詩選一卷 明李攀龍輯

六五

新刻世範集事詩鑒一卷

百家名書一百種二百二十三卷 明胡文煥編 明萬曆胡氏文會堂刻本 十行二十字白口左右雙邊 八九

新刻詩傳一卷
新刻詩攷一卷 宋王應麟撰
新刻詩地理攷六卷 宋王應麟撰
新刻絕代語釋別國方言十三卷 漢揚雄撰
新刻獨斷一卷 漢蔡邕撰
新刻戴氏鼠璞二卷 宋戴埴撰
新刻風俗通義十卷 漢應劭撰
新刻博物志十卷 題晉張華撰
新刻釋常談三卷
新刻小爾雅一卷 題漢孔鮒撰
新刻忠經一卷 題漢馬融撰
新刻呂氏官箴一卷 宋呂本中撰
新刻山海經十八卷 晉郭璞注
新刻述異記二卷 題梁任昉撰
新刻實中雜記二卷 明胡文煥輯
新刻宜齋野乘一卷 宋吳枋撰
新刻慎言集二卷 明救英輯
新刻唐宋三家雜纂三卷
新刻孔氏雜說一卷 宋孔平仲撰
新刻溪蠻叢笑一卷 宋朱輔撰
新刻玉清金笥寶籙青華秘文三卷 宋張伯端撰
新刻規中指南二卷 元陳沖素撰
新刻養生導引法一卷
新刻黃石公素書一卷 宋張商英注
新刻參同契金書三卷 漢魏伯陽撰
新刻壽親養老書一卷 宋陳直撰
新刻詩說一卷
新刻韓詩外傳十卷 漢韓嬰撰
新刻白虎通德論二卷 漢班固撰
新刻李氏刊誤二卷 唐李涪撰
新刻急就篇四卷 漢史游撰 唐顏師古注
新刻釋名八卷 漢劉熙撰
新刻續博物志十卷 題唐李石撰
新刻古今注三卷 晉崔豹撰
新刻顏氏家訓二卷 北齊顏之推撰
新刻晝簾緒論一卷 宋胡太初撰
新刻治安藥石一卷
新刻神異經一卷 題漢東方朔撰
新刻名物法言一卷 明胡文煥輯
新刻芥隱筆記一卷 宋龔頤正撰
新刻三餘贅筆一卷 明都卬撰
新刻聽雨紀談一卷 明都穆撰
新刻資暇集三卷 唐李匡乂撰
新刻星槎勝覽一卷 明費信撰
新刻陰符經三皇玉訣三卷
新刻傳真秘要一卷
新刻黃庭內景五臟六腑說一卷
新刻譚子化書六卷 五代譚峭撰
新刻悟真篇三卷續集一卷外集一卷 宋張伯端撰
新刻保生心鑑一卷

六六

新刻華佗內照圖一卷
新刻醫學權輿一卷
新刻相字心法一卷 明胡文煥輯
新刻火珠林一卷
新刻風水問答一卷 元朱震亨撰
新刻麻衣相一卷
新刻琴堂五星四卷
新刻文錄一卷 宋唐庚撰
新刻談藝錄一卷 明徐禎卿撰
新刻書斷四卷 唐張懷瓘撰
新刻書法三昧一卷
新刻繪事指蒙一卷 明鄒德中撰
新刻茶譜一卷 明顧元慶輯
新刻東溪試茶錄一卷 宋宋子安撰
新刻續文房圖贊一卷 元羅先登撰
新刻文房清事一卷
新刻洞天清錄一卷 宋趙希鵠撰
新刻樂府雜錄一卷 唐段安節撰
新刻牌譜一卷 明胡文煥輯
新刻山家清事一卷 宋林洪撰
新刻種樹書一卷 元俞宗本撰
新刻南方草木狀三卷 晉嵇含撰
新刻獸經一卷 明黃省曾撰
新刻奕選一卷 明蘇小峰輯
新刻袖中錦一卷
新刻脈訣一卷 宋崔嘉彥撰
新刻玉洞金書一卷
新刻神光經一卷 明胡文煥輯
新刻大小六壬課一卷
新刻逃虛子地理正言一卷
新刻麻衣相神異賦一卷
新刻望斗經一卷 明歐陽友山撰 歐陽忠注
新刻詩品一卷 梁鍾嶸撰
新刻助語辭一卷 元盧以緯撰
新刻續書譜一卷 宋姜夔撰
新刻圖畫要略一卷 明朱凱撰
新刻茶經三卷 唐陸羽撰
新刻茶錄一卷 宋蔡襄撰
新刻茶具圖贊一卷 丹房一桐撰
新刻文房圖贊一卷 宋林洪撰
新刻山房十友圖贊一卷 明顧元慶撰
新刻香譜二卷 宋洪芻輯
新刻教坊記一卷 唐崔令欽撰
新刻色譜一卷 題宋朱河撰
新刻四家五行二卷拾遺一卷 明婁元禮撰
新刻草木幽微經一卷 明蔣寶撰
新刻師曠禽經一卷 晉張華注
新刻字學源流一卷 明呂道爔撰
新刻大隱子一卷
新刻錦帶補註一卷 宋杜門撰

百家名書一百三種二百二十九卷 明胡文煥編 明萬曆胡氏文會堂刻本 清方功惠跋 九〇

新刻詩傳一卷
新刻詩攷一卷 宋王應麟撰
新刻詩說一卷
新刻韓詩外傳十卷 漢韓嬰撰

新刻詩地理攷六卷　宋王應麟撰
新刻絕代語釋別國方言十三卷　漢揚雄撰　晉郭璞注
新刻獨斷一卷　漢蔡邕撰
新刻戴氏鼠璞二卷　宋戴埴撰
新刻風俗通義十卷　漢應劭撰
新刻博物志十卷　題晉張華撰
新刻釋常談三卷
新刻小爾雅一卷　題漢孔鮒撰
新刻忠經一卷　題漢馬融撰
新刻呂氏官箴一卷　宋呂本中撰
新刻山海經十八卷　晉郭璞注
新刻述異紀二卷　題梁任昉撰
新刻寰宇雜記二卷　明胡文煥輯
新刻宣齋野乘一卷　宋吳枋撰
新刻慎言集二卷　明敖英輯
新刻唐宋三家雜纂三卷
新刻孔氏雜說一卷　宋孔平仲撰
新刻溪蠻叢笑一卷　宋朱輔撰
新刻玉清金笥寶錄青華秘文三卷　宋張伯端撰
新刻規中指南二卷　元陳冲素撰
新刻養生導引法一卷
新刻黃石公素書一卷　宋張商英注
新刻參同契全書三卷　漢魏伯陽撰
新刻壽親養老書一卷　宋陳直撰
新刻華陀內照圖一卷
新刻溫隱居海上仙方前集一卷
新刻醫[illegible]一卷
新刻相字心法一卷　明胡文煥輯
新刻火珠林一卷
新刻風水問答一卷　元朱震亨撰
新刻白虎通德論二卷　漢班固撰
新刻李氏刊誤二卷　唐李涪撰
新刻急就篇四卷　漢史游撰　唐顏師古注
新刻釋名八卷　漢劉熙撰
新刻續博物志十卷　題唐李石撰
新刻古今注三卷　晉崔豹撰
新刻顏氏家訓二卷　北齊顏之推撰
新刻晝簾緒論一卷　宋胡太初撰
新刻治安藥石一卷
新刻神異經一卷　題漢東方朔撰
新刻名物法言一卷　明胡文煥輯
新刻芥隱筆記一卷　宋龔頤正撰
新刻三餘贅筆一卷　明都卬撰
新刻[illegible]紀談一卷　明鄭瑗撰
新刻資暇集二卷　唐李匡乂撰
新刻星槎勝覽一卷　明費信撰
新刻陰符經三皇玉訣三卷
新刻修真秘要一卷
新刻黃庭內景五臟六腑說一卷
新刻譚子化書六卷　五代譚峭撰
新刻悟真篇二卷續集一卷外集一卷　宋張伯端撰
新刻保生心鑑一卷
新刻脈訣一卷　宋崔嘉彥撰
新刻孫真人海上仙方後集一卷
新刻玉洞金書一卷
新刻神光經一卷
新刻大小六壬課一卷　明胡文煥輯
新刻涵虛子地理正言一卷

六七

新刻秋衣裀一卷
新刻琴堂五聲四卷
新刻文錄一卷　宋唐庚撰
新刻談藝錄一卷　明徐禎卿撰
新刻書斷四卷　唐張懷瓘撰
新刻字學源流一卷　明呂道爔撰
新刻圖畫要略一卷　明朱凱撰
新刻茶經三卷　唐陸羽撰
新刻茶錄一卷　宋蔡襄撰
新刻茶具圖贊一卷　明茅一相撰
新刻文房圖贊一卷　宋林洪撰
新刻山房十友圖贊一卷　明顧元慶撰
新刻洞天清錄一卷　宋趙希鵠撰
新刻樂府雜錄一卷　唐段安節撰
新刻交選一卷　明岑一峰輯
新刻色譜一卷　題宋朱何撰
新刻四聲五行二卷拾遺一卷　明樂才傳撰
新刻錦帶補註一卷　宋杜門撰
新刻種樹書一卷　元俞宗本撰
新刻南方草木狀三卷　晉嵇含撰
新刻獸經一卷　明黃省曾撰
新刻麻衣相神異賦一卷
新刻望斗經一卷　明歐陽友山撰　歐陽忠注
新刻詩品一卷　梁鍾嶸撰
新刻助語辭一卷　元盧以緯撰
新刻續書譜一卷　宋姜夔撰
新刻書法三昧一卷
新刻繪事指蒙一卷　□鄒德中撰
新刻茶譜一卷　明顧元慶輯
新刻東溪試茶錄一卷　宋宋子安撰
新刻文房清事一卷
新刻續文房圖贊一卷　元羅先登撰
新刻香譜二卷　宋洪芻輯
新刻教坊記一卷　唐崔令欽撰
新刻牌譜一卷　明胡文煥輯
新刻山家清事一卷　宋林洪撰
新刻紀曆撮要一卷
新刻袖中錦一卷
新刻草木幽微經一卷
新刻師曠禽經一卷　晉張華注
新刻農圃四書四卷　明黃省曾撰

百家名書□□種　明胡文煥編　明萬曆胡氏文會堂刻本

存七十五種一百六十二卷

新刻詩傳一卷
新刻詩譜一卷　漢鄭玄撰
新刻田家五行二卷　明婁元禮撰
新刻祝壽編年一卷　明胡文煥校
新刻詩說一卷　明黃省曾撰
新刻[illegible]
新刻[illegible]錄一卷　明董穀撰
新刻玉清金笥寶錄青華秘文三卷　宋張伯端撰

九一

新刻[illegible]須知一卷
新刻農桑輯要七卷　元司農司撰
新刻袁氏世範存卷上　宋袁采撰
赤松子中誡經一卷
新刻茶集一卷附說四篇一卷
新刻茶經二卷　唐陸羽撰
新刻東溪試茶錄一卷　宋宋子安集
新刻茶具圖贊一卷　明茅一相撰
新刻續文房圖贊一卷　元羅先登撰
新刻山家清事一卷　宋林洪撰
新刻玄髓一卷　明胡文煥撰
新刻天隱子一卷
新刻印古詩語一卷　明朱得之撰
新刻玉海紀詩一卷　宋王應麟撰
新刻絕代語釋別國方言十三卷　漢揚雄撰
新刻獨斷二卷　漢蔡邕撰
新刻風俗通義十卷　漢應劭撰
新刻顏氏家訓二卷　北齊顏之推撰
新刻紀曆撮要一卷　明婁元禮撰
新刻寰宇雜記二卷
新刻北戶錄二卷　唐段公路撰
歷世統譜圖一卷　明胡文煥撰
梓潼帝君化書一卷
新刻通天竅大十洋圖一卷　明胡綬撰
新刻遠詩一卷　明胡文煥撰
新刻墨學指要存卷上　明胡文煥撰
新刻全真活法一卷　元李道純撰
新刻悟真篇續集一卷外集一卷　宋張伯端撰
新刻食色紳言一卷　明龍遵敘撰
新刻明善要言一卷　明胡文煥撰
新刻白虎通德論二卷　漢班固撰
新刻士範一卷
梓潼帝君救劫寶章一卷
太微仙君功過格一卷附錄一卷
文房圖贊一卷　宋林洪撰
新刻茶錄一卷　宋蔡襄撰
茶譜一卷　明顧元慶輯
新刻韓詩外傳存三卷　漢韓嬰撰
新刻山房十友圖贊一卷　明顧元慶撰
新刻種樹書一卷　元俞宗本撰
新刻長春劉真人語錄一卷　明邵以正輯
陰符經三皇玉訣三卷
新刻讀詩錄一卷　明薛瑄撰
新刻困學紀詩一卷　宋王應麟撰
新刻師曠禽經一卷　晉張華注
新刻續博物志十卷　題晉李石撰
東方朔探春歷記一卷　明婁元禮輯
新刻獸經一卷　明黃省曾撰
新刻文翰指南二十卷　宋任廣撰
新刻歷世統譜四卷　明胡文煥撰
新刻學海探珠一卷　明胡文煥撰
新刻規中指南二卷　元陳冲撰
新刻黃庭內景五臟六腑說一卷
新刻省身格言一卷　明胡文煥撰
新刻詩經小序四卷

六八

新刻慎言集二卷　明敖英撰
新刻宣齋野乘一卷　宋吳枋撰
新刻溪蠻叢笑一卷　宋朱輔撰
新刻考古謚法一卷　明胡文煥撰
新刻黃石公素書一卷　宋張商英注
新刻五倫書抄一卷　明胡文煥撰
新刻世範集事對鑒一卷
新刻寶貨辨疑一卷
新刻星槎勝覽一卷　明費信撰
新刻四書圖要存卷上　明胡文煥撰
新刻從祀考一卷　明胡文煥撰
新刻譚子化書六卷　五代譚峭撰
新刻五倫詩選一卷

壽養叢書三十五種七十二卷　明胡文煥編　明胡文煥刻本　十行二十字，白口，左右双边

新刻三元參贊延壽書四卷首一卷
新刻修真秘要一卷
新刻保生心鑑一卷
新刻養生月覽二卷　宋周守中撰
新刻養生類纂二卷　宋周守中撰
新刻攝生集覽一卷
新刻山居四要四卷　元汪汝懋撰
新刻食鑑本草二卷　明寧源撰
新刻幼幼集三卷　□孟繼孔撰
新刻救荒本草二卷　明胡文煥輯
新刻醫學權輿一卷
新刻心印紺珠經二卷
新刻素問心得二卷　明胡文煥輯
新刻參真圖要一卷　明胡文煥輯
新刻應急良方一卷　明胡文煥輯
新刻天隱子一卷
新刻醫經小學三卷首一卷　明劉純撰
新刻玄髓一卷　明胡文煥輯
新刻類修要訣二卷續附一卷　明胡文煥輯
新刻錦身機要三卷　題混沌子撰　明魯至剛注
新刻厚生訓纂六卷　明周臣撰
新刻攝生要義一卷
新刻養生導引法一卷
新刻壽親養老書一卷
新刻食物本草二卷　明盧和撰
新刻養生食忌一卷
新刻藥證類明二卷
新刻醫學便覽四卷　□解楨撰
新刻褚氏遺書一卷　齊褚澄撰
新刻靈樞心得二卷　明胡文煥輯
新刻丹房百問一卷　宋丘江山撰
新刻探真機要三卷　明魯至剛撰
新刻亢倉子洞靈真經一卷
新刻怪證奇方二卷續錄一卷　□李樓輯
新刻長春劉真人語錄一卷　明邵以正輯

九二

九三 胡氏粹編五種二十卷 明胡文煥編 明胡氏文會堂刻本 十行二十字白口左右雙邊
新刻稗家粹編八卷　新刻遊覽粹編六卷
新刻諧史粹編二卷　新刻寸札粹編二卷
新刻寓文粹編二卷

九四 尚白齋鐫陳眉公訂正秘笈二十一種四十九卷 明陳繼儒編 明萬曆三十四年沈氏尚白齋刻本 八行十八字白口四周單邊
玉照新志六卷 宋王明清撰　宋周公謹雲烟過眼錄四卷 宋周密撰
雲烟過眼續錄一卷 元湯允謨撰　陳眉公重訂學古編一卷 元吾丘衍撰
筆疇二卷 明王達撰　陳眉公重訂書品一卷 梁庾肩吾撰
樂郊私語一卷 元姚桐壽撰　清暑筆談一卷 明陸樹聲撰
貧士傳二卷 明黃姬水撰　焚椒錄一卷 遼王鼎撰
陳眉公重訂歸有園麈談一卷 明徐學謨撰
婆羅館清言二卷 明屠隆撰　續婆羅館清言一卷 明屠隆撰
婆羅館逸稿二卷 明屠隆撰　冥寥子游二卷 明屠隆撰
甲乙剩言一卷 明胡應麟撰　新刻陳眉公重訂廣莊一卷 明袁宏道撰
陳眉公重訂瓶史一卷 明袁宏道撰　寶顏堂訂正偶譚一卷 明李鼎撰
陳眉公重訂野客叢書十二卷附錄一卷 宋王楙撰
陳眉公考槃餘事四卷 明屠隆撰

九五 尚白齋鐫陳眉公訂正秘笈二十一種四十九卷 明陳繼儒編 明萬曆三十四年沈氏尚白齋刻本 傅增湘校並跋

九六 寶顏堂續秘笈五十種一百卷 明陳繼儒編 明萬曆刻本 八行十八字白口四周單邊
陳眉公訂正南唐近事一卷 宋鄭文寶撰
寶顏堂訂正朱文公政訓一卷 宋朱熹撰
寶顏堂訂正真西山政訓一卷 宋真德秀撰
寶顏堂訂正談苑四卷 宋孔平仲撰
寶顏堂訂正荊溪林下偶談四卷 宋吳子良撰
寶顏堂訂正桂苑叢談一卷 唐馮翊撰
陰符經解一卷　元始上真眾仙記一卷 晉葛洪撰
寶顏堂訂正後山談叢四卷 宋陳師道撰
寶顏堂訂正元上祕要一卷　寶顏堂訂正省心錄一卷 宋林逋撰
陳眉公訂正觚不觚錄一卷 明王世貞撰
鶴山渠陽讀書雜抄二卷 宋魏了翁撰
寶顏堂訂正脈望八卷 明趙台鼎撰
寶顏堂訂正賢奕編四卷 明劉元卿撰
煮泉小品一卷 明田藝蘅撰　大學士高中玄公伏戎紀事一卷 明高拱撰
刻皇明吳郡丹青志一卷 明王穉登撰
寶顏堂訂正畫說一卷 明莫是龍撰
寶顏堂訂正次柳氏舊聞一卷 唐李德裕撰
寶顏堂訂正溪山餘話一卷 明陸深撰
寶顏堂訂正耄餘雜識一卷 明陸樹聲撰
寶顏堂訂正西堂日記一卷 明楊循吉撰
寶顏堂訂正知命錄一卷 明陸深撰
寶顏堂訂正樂府指迷二卷 宋張炎撰　元陸友仁撰
寶顏齋訂正續仙傳一卷 宋王簡撰
寶顏堂訂正可談一卷 宋朱彧撰　寶顏堂訂正玉堂漫筆一卷 明陸深撰
陳眉公訂正蜀都雜抄一卷 明陸深撰
寶顏堂訂正四夷考八卷 明葉向高撰
寶顏堂訂正集異志四卷 唐陸勳撰
寶顏堂訂正慎言集訓二卷 明敖英撰
寶顏堂訂正鼎錄一卷 梁虞荔撰　陳眉公訂正古奇器錄一卷附江東藏書目錄小序一卷 明陸深撰

六九

寶顏堂井觀瑣言三卷 明鄭瑗撰　寶顏堂訂正長松茹退二卷 明釋真可撰
鄭省齋蜩笑偶言一卷 明鄭瑗撰
新刻寶顏堂虎薈六卷 明陳繼儒撰
寶顏堂訂正羅湖野錄四卷 宋釋曉瑩撰　寶顏堂訂正吳社編一卷 明王穉登撰
觴政一卷 明袁宏道撰
寶顏堂訂正願豐堂漫書一卷 明陸深撰
寶顏堂訂正金臺紀聞一卷 明陸深撰
寶顏堂訂正長水日抄一卷 明陸樹聲撰
寶顏堂訂正寤言一卷 明陸樹聲撰
大司寇蕭岳峯公夷俗記一卷 明蕭大亨撰
寶顏堂訂正三事遡真一卷 明李豫亨撰
銷夏四卷 明陳繼儒撰　辟寒部四卷 明陳繼儒撰

九七 寶顏堂續秘笈五十種一百卷 明陳繼儒編 明萬曆刻本（南唐近事、桂苑叢談傅增湘校）

九八 亦政堂鐫陳眉公家藏廣秘笈五十四種一百三卷 明陳繼儒編 明萬曆刻本 八行十八字白口四周單邊
寶顏堂訂正兩同書二卷 唐羅隱撰
寶顏堂訂正羯鼓錄一卷 唐南卓撰
寶顏堂訂正荊楚歲時記一卷 梁宗懍撰
寶顏堂訂正丙丁龜鑑六卷續錄一卷 宋柴望撰
滄浪嚴先生詩談一卷 宋嚴羽撰
陳眉公訂正入蜀記四卷 宋陸游撰　陳眉公訂正遊城南記一卷 宋張禮撰
高奇齋訂正吳船錄一卷 宋范成大撰
陳眉公訂正楓窗小牘二卷 宋袁褧撰 袁頤續
寶顏堂訂正鶴山渠陽經外雜抄二卷 宋魏了翁撰
寶顏堂訂正物類相感志一卷 宋蘇軾撰
陳眉公訂正還冤志一卷 北齊顏之推撰
寶顏堂訂正正朔考一卷 宋魏了翁撰
寶顏堂訂正古今考一卷 宋魏了翁撰　高奇齋訂正武林舊事六卷 宋周密撰
陳眉公訂正風月堂詩話二卷 宋朱弁撰
陳眉公訂正文則二卷 宋陳騤撰
寶顏堂後集武林舊事五卷 宋周密撰
寶顏堂訂正老子解四卷 宋蘇轍撰
寶顏堂訂正貴耳集二卷 宋張端義撰
寶顏堂訂正王氏談錄一卷 宋王洙撰
寶顏堂訂正海內十洲記一卷 題漢東方朔撰　寶顏堂訂正歲華紀麗譜一卷 元費著撰
農田餘話二卷 題明長谷真逸撰　蜀錦譜一卷 元費著撰
牋紙譜一卷 元費著撰
寶顏堂訂正庚申外史二卷 明權衡撰
寶顏堂訂正玉華先生脚氣集二卷 宋車若水撰
化書六卷 五代譚峭撰　寶顏堂訂正傳疑錄一卷 明陸深撰
寶顏堂訂正春風堂隨筆一卷 明陸深撰
寶顏堂訂正燕閒錄一卷 明陸深撰
亦政堂訂正讀書筆記一卷 明祝允明撰
亦政堂訂正意見一卷 明陳于陛撰　陳眉公訂正海槎餘錄一卷 明顧岕撰
薛文清公從政錄一卷 明薛瑄撰
寶顏堂訂正東谷贅言二卷 明敖英撰
寶顏堂訂正丹鉛續錄八卷 明楊慎撰
刻皆春居士飲食紳言一卷 題明龍遵叙撰
刻皆春居士男女紳言一卷 題明龍遵叙撰
寶顏堂訂正閱部疏一卷 明王世懋撰
高奇齋訂正學圃雜疏一卷 明王世懋撰
寶顏堂訂正瓶花譜一卷 明張謙德撰
寶顏堂訂正汲古叢語一卷 明陸樹聲撰　蠙衣生劍記一卷 明郭子章撰
蠙衣生馬記一卷 明郭子章撰
寶顏堂訂正兩航雜錄二卷 明馮時可撰
邵康節先生外紀四卷 明陳繼儒撰

七〇

寶顏堂訂正龜采館清課二卷　明費元祿撰　寶顏堂訂正金丹四百字解一卷　明張伯端撰
戊申立春考證一卷　明邢雲路撰
高奇齋訂正友論一卷　意大利利瑪竇撰
寶顏堂訂正木几冗談一卷　明彭汝讓撰
寶顏堂訂正席上腐談二卷　宋俞琰撰

亦政堂鐫陳眉公家藏廣祕笈五十四種一百三卷　明陳繼儒編　傅增湘校並跋　明萬曆刻本　九九

亦政堂鐫陳眉公普祕笈一集五十種八十八卷　明陳繼儒編　明刻本　八行十八字或十九字、九行十八字或二十字、白口、四周單邊　一〇〇

陳眉公訂正朝野僉載六卷　唐張鷟撰
毛詩草木鳥獸蟲魚疏二卷　吳陸璣撰
亦政堂訂正別國洞冥記一卷　題漢郭憲撰　陳眉公訂正卓異記一卷　唐李翱撰
陳眉公訂正三輔黃圖二卷
陳眉公訂正卧游錄一卷　宋呂祖謙撰
陳眉公訂正孔氏雜說四卷　宋孔平仲撰
寶顏堂訂正春渚紀聞六卷　宋何薳撰
陳眉公訂正問答錄一卷　宋蘇軾撰
陳眉公訂正漁樵閑話錄一卷　宋蘇軾撰
陳眉公訂正洛陽名園記一卷　宋李格非撰　陳眉公訂正驂鸞錄一卷　宋范成大撰
捫虱新話四卷　宋陳善撰
陳眉公訂正攬轡錄一卷　宋范成大撰
陳眉公訂正麟書一卷　宋汪若海撰
陳眉公訂正曲洧舊聞四卷　宋朱弁撰
陳眉公訂正震澤長語二卷　明王鏊撰
陳眉公訂正農說一卷　明馬一龍撰
陳眉公訂正遊名山記四卷　明都穆撰
孑對錄一卷　明申時行撰　桃園攝餘一卷　明王世懋撰
陳眉公訂正茶寮記一卷　明陸樹聲撰
陳眉公訂正許然明先生茶疏一卷　明許次紓撰
寶顏堂訂正真珠船八卷　明胡侍撰
亦政堂訂正古今印史一卷　明徐官撰
寶顏堂訂正同異錄二卷　明陸深撰
駢語雕龍四卷　明游日章撰　林世勤註
高奇齋訂正會仙女誌一卷　明鄒璣撰　虞子集靈節略一卷　明虞淳熙撰
孝經一卷　孝經宗旨一卷　明羅汝芳述　楊起元記
孝經引證一卷　明楊起元撰
陳眉公訂正祈嗣真詮一卷　明袁黃撰
陳眉公訂正備倭圖記一卷　明卜大同撰
陳眉公訂正薛方山紀述一卷　明薛應旂撰
陳眉公訂正祐山雜說一卷　明馮汝弼撰
聖學範圍圖說一卷　明安元聲撰　陳眉公訂正山行雜記一卷　明宋彥撰
陳眉公先生訂正冬官紀事一卷　明賀仲軾撰
陳眉公訂正研北雜志二卷　元陸友撰
靈心齋客問一卷　明萬尚文撰　陳眉公訂正畫禪一卷　明釋蓮儒撰
陳眉公訂正金華遊錄一卷　宋謝翺撰
陳眉公訂正彈紙子一卷　明張翀撰
高奇齋訂正方洲雜言一卷　明張寧撰
陳眉公訂正玉笑零音一卷　明田藝蘅撰　陳眉公訂正幽閒鼓吹一卷　唐張固撰
酒史二卷　明馮時化撰　陳眉公訂正劉奴識撮一卷　明于燕芳撰
逸陽圖記一卷

亦政堂鐫陳眉公普祕笈一集五十種八十八卷　明陳繼儒編　明刻本　傅增湘校並跋　一〇一

寶顏堂彙祕笈四十二種八十六卷　明陳繼儒編　明刻本　一〇二

陳眉公訂正清異錄四卷　宋陶穀撰
寶顏堂訂正道德寶章一卷　宋白玉蟾註
寶顏堂訂正兼明書五卷　唐丘光庭撰
寶顏堂訂正靖康緗素雜記十卷　宋黃朝英撰
陳眉公訂正世範三卷　宋袁采撰　鍾呂二仙傳一卷　明黃[illegible]撰
金丹詩訣二卷　題唐呂巖撰　南嶽遇師本末一卷　宋[illegible]撰
陳眉公訂正韓仙傳一卷　題唐韓若雲撰
寶顏堂訂正衍極一卷　元鄭杓撰　新鐫校評葛稚川全書內篇四卷外篇四卷　晉葛洪撰
周易尚占三卷　元李道純撰　陳眉公訂正畫品一卷　宋李廌撰
明誠意伯連珠一卷　明劉基撰　陳眉公訂正春雨雜述一卷　明解縉撰
陳眉公訂正海語三卷　明黃衷撰　訂補升菴先生異魚圖贊四卷　明楊慎撰
江隣幾雜誌一卷　宋江休復撰　亦政堂訂正讕言長語二卷　明曹安撰
陰符經解一卷　明焦竑撰　支談三卷　明焦竑撰
問奇集一卷　明張位撰　祝子小言一卷　明祝世祿撰
先進遺風二卷　明耿定向撰　毛在增補
陳眉公訂正夢溪補筆談二卷　宋沈括撰　方洲先生奉使錄二卷　明張寧撰
見聞紀訓一卷　明陳良謨撰
陳眉公訂正黃帝祠額解一卷　明李[illegible]撰　游喚一卷　明王思任撰
天目遊紀一卷　明黃汝亨撰　田居乙記四卷　明方大鎮撰
黃山[illegible]一卷續一卷　明李文燭撰
陳眉公訂正一庵雜問錄一卷　明唐樞撰
新鐫煙波釣叟奇門定局一卷　明劉基撰
亦政堂訂正瀛涯勝覽一卷　明馬歡撰
陳眉公訂正建州女直考一卷　明天都山臣撰
陳眉公訂正燕市雜詩一卷　明于燕芳撰
陳眉公訂正物異考一卷　宋方鳳撰
陳眉公訂正夷俗考一卷　宋方鳳撰
陳眉公訂正文湖州竹派一卷　題明釋蓮儒撰
泉南雜志二卷　明陳懋仁撰
陳眉公訂正碧里雜存一卷　明董穀撰

寶顏堂彙祕笈四十二種八十六卷（[illegible]）　明陳繼儒編　明刻本（物異考夷俗考傅增湘校）　二十四冊　一〇三

尚白齋鐫陳眉公寶顏堂祕笈十七種四十九卷　明陳繼儒撰　明萬曆沈氏尚白齋刻本　八行十八字，白口，四周單邊　一〇四

眉公見聞錄八卷　陳眉公珍珠船四卷
枕譚一卷　眉公群碎錄一卷
偃曝談餘二卷　岩棲幽事一卷
書蕉二卷　陳眉公太平清話四卷
眉公書畫史一卷　眉公筆記二卷
安得長者言一卷　書畫金湯一卷
香案牘一卷　狂夫之言五卷
寶顏堂清明曲一卷　寶顏堂訂讀書鏡十卷

五子雋七卷　明陳繼儒評註　明書林[illegible]刻本　九行二十字，白口，四周單邊。　一〇五

新刻眉公陳先生評註老子雋一卷　鐫眉公陳先生評註莊子南華經雋內篇一卷
鐫眉公陳先生評選管子雋二卷　[illegible]

官常政要十一種二十一卷　明萬曆十二年金陵書坊王慎吾刻本　十二行二十二字，白口，四周雙邊　一〇六

初試錄一卷　明吳遵撰　新官軌範一卷
新刻招擬假如行移體式四卷　居官格言一卷
洗冤錄一卷　宋宋慈撰　問刑條例七卷
平冤錄一卷　無冤錄二卷
新刻法家裒集二卷

許公政訓一卷

一〇七 官常政要二十二種四十一卷 明崇禎金陵書坊唐錦池唐惠疇刻本 十二行二十四字白口四周單邊
重刻初仕錄一卷 明吳遵撰
新鍥文移選要二卷
重刻聖朝欽定各項新官到任儀註一卷拾遺一卷
新刻為政九要一卷 明舒化等撰
問刑條例七卷
新刻牧民忠告一卷 元張養浩撰
新刻呂氏官箴一卷 宋呂本中撰
新刻居官必要為政便覽四卷
新刻法家裒集六卷
忠官格言一卷
重刻律條告示活套二卷
重刻釋音參審批駁四語活套四卷 明蕭良洋等輯 康應乾校注
初仕要覽一卷
新官軌範一卷
重修問刑條例題稿二卷 明舒化等撰
新刻招擬假如行移體式四卷
新刻牧民政要一卷
重刻官員品級考二卷
新刻晝簾緒論一卷 宋胡太初撰
國子先生璞山蔣公政訓一卷 明蔣廷璧撰
新纂四六合律判語二卷
新纂四六讞語一卷 明孔世撰

一〇八 重刻合併官常政要全書二十九種五十卷 明崇禎金陵書坊唐錦池唐惠疇刻增修本 十八行二十四字白口四周單邊
官刻初仕錄一卷 明吳遵撰
官刻聖朝欽定各項新官到任儀註一卷拾遺一卷
新官軌範一卷
新刻招擬假如行移體式四卷
重修問刑條例題稿一卷 明舒化等撰
洗冤錄一卷 宋宋慈編
平冤錄一卷
新刻牧民政要二卷
新刻文移選要二卷
初仕要覽一卷
新刻法家裒集二卷
新刻為政九要一卷
問刑條例七卷 明舒化等撰
無冤錄一卷
新刻牧民忠告一卷 元張養浩撰
新刻呂氏官箴一卷 宋呂本中撰
重刻官員品級考二卷

七五

一〇九 程氏叢刻九種十三卷 明程百二編 明萬曆四十三年程百二、胡之衍刻本
重刻律條告示活套二卷
重刻孔部孔法題四六恭語二卷 明孔貞運撰
重刻釋音參審批駁四語活套四卷 明蕭良洋等輯 康應乾校注
新纂四六讞語一卷 明孔恒撰
居官格言一卷 元張養浩撰
新刻廟堂忠告一卷 元張養浩撰
當官日鏡二卷 口沈大德撰
新纂四六合律判語二卷
國子先生璞山蔣公政訓一卷 明蔣廷璧撰
新刻居官必要為政便覽二卷
新刻風憲忠告一卷 元張養浩撰
新刻晝簾緒論一卷 宋胡太初撰

一一〇 三注鈔十六卷 明鍾惺編 明萬曆四十五年刻本 九行十九字白口四周單邊
雲林石譜三卷 宋杜綰撰
觴政一卷 明袁宏道撰
品茶要錄一卷 宋黃儒撰
茶寮記一卷 明陸樹聲撰
畫鑒一卷 宋湯垕撰
酒經三卷 宋朱翼中撰
醉鄉記一卷 唐王績撰
品茶要錄補一卷 明程百二撰
茶說一卷 明黃龍德撰
三國志注鈔八卷
水經注鈔六卷
世說新語注鈔二卷

一一一 合刻五家言二十八卷 明鍾惺編 明刻本 九行二十字白口四周單邊
道言十二卷 唐徐靈府、宋宋齊丘、元杜道堅注
德言二卷 北齊劉晝撰 唐袁孝政注
辨言三卷
術言一卷
文心雕龍文言十卷 梁劉勰撰

一一二 秘書九種六十六卷 明鍾惺編 明刻本 九行二十五字白口四周單邊
韓詩外傳十卷 漢韓嬰撰
白虎通德論四卷 漢班固撰

一一三 枈略堂秘書史拾九種十四卷附四種四卷 明鍾惺編 明末刻本 八行二十字白口左右雙邊
竹書紀年一卷 題梁沈約注
拾遺記一卷 題前秦王嘉撰 明吳弘基纂
高士傳一卷 晉皇甫謐撰
呂氏月令一卷
南遷錄一卷 宋龔參撰
附孔林危述一卷 明吳弘基輯
中書奏牘一卷 宋王寧撰
穆天子傳六卷 晉郭璞注
群輔錄一卷 晉陶潛撰
禹貢一卷 明孫鑛評 吳弘基纂
雞肋一卷 宋趙崇絢撰
山樵抄一卷 明吳弘基輯
金壺字考一卷 宋釋適之撰
風俗通義十卷 漢應劭撰
天祿閣外史八卷 題漢黃憲撰
新序十卷 漢劉向撰
新語二卷 漢陸賈撰
汲冢周書六卷 晉孔晁注
鹽鐵論十二卷 漢桓寬撰
孔叢四卷 題漢孔鮒撰

一一四 刻金粟頭陀青蓮露六幾七卷 明葉華編 明書林鄭氏麗正堂刻本 八行十七字白口四周單邊
金粟園清語一卷
逸園清史一卷
浮生八蘂霏玉一卷
心經石點頭一卷
太平清調迦陵音一卷 指迷十六觀一卷
養生主一卷

一一五 陳眉公吳寧野精校青蓮露六幾六卷 明葉華編 陳繼儒等校 明樹德堂刻本 八行十七字白口四周單邊
金粟清語一卷
逸園清史一卷
浮骨霏玉一卷
石點頭一卷
迦陵音一卷
養生主一卷

一一六 史拾遺聞四種四卷 明吳弘基輯 明末刻本 八行二十字白口左右雙邊
拾遺記一卷 題前秦王嘉撰
高士傳一卷 晉皇甫謐撰
竹書紀年一卷 題梁沈約注
孔林危述一卷 明吳弘基輯

七四

一一七 合諸家真評先秦十五種一百四十九卷附一種二卷 明黃汝亨編 明刻本 九行二十字白口左右雙邊
周禮注十八卷 明陳深注
穆天子傳六卷 晉郭璞注
檀弓二卷 晉郭璞注
春秋穀梁傳十二卷
管子二十四卷 唐房玄齡注
荀子二十卷 唐楊倞注
八十一難二卷 明張世賢注
古逸詩二卷 明鍾惺評
逸周書十卷 晉孔晁注
山海經十八卷 晉郭璞注
考工記二卷 唐杜牧注
春秋公羊傳十二卷
家語十卷
孫子十三篇一卷 唐杜牧注
楚辭十卷 漢王逸章句
附孟子二卷 宋蘇洵評

一一八 三先生逸書四卷 明萬曆清響齋刻本 八行十九字白口四周單邊
一枝堂稿二卷 明徐渭撰
金屑編一卷 明袁宏道撰
柞林紀譚一卷 明李贄撰

一一九 三先生逸書五卷 明萬曆清響齋刻本 八行十九字白口四周單邊
一枝堂稿二卷 明徐渭撰
牛業錄二卷 明馮昌曆撰
柞林紀譚一卷 明李贄撰

一二〇 彙刻養蒙四要四種七卷 明梁綱編 明萬曆四十六年梁綱刻本 八行十八字或十八字白口四周雙邊有圖
重刻養蒙類要一卷
孝經一卷孝經宗旨一卷
八行圖說二卷
新刊朱文公小學句讀二卷 明陳選集註

煙花小史八種二十二卷　明王路輯　明萬曆刻本　八行二十字白口左右雙边　一二一
有情痴十集　題長水是岸主編
薛洪度詩集一卷　明王路輯
美人詩一卷　明宋無瑕撰
仙仙集二卷　明王路輯
古今佚史五卷　明黃元禄撰
名姬離訣一卷　明黃元禄撰
香奩八詠一卷　明黃元禄撰
十字歌一卷　明黃元禄集

文苑三絕□卷　明萬曆四十六年刻本　九行十九字白口四周單边　一二二
存二種四卷
楚辭二卷
檀弓批點二卷　宋謝枋得批點　明楊慎注

閒情小品二十七種二十八卷附錄一卷　明華淑編　明刻本　八行十八字白口四周單边　一二三
書紳要語一卷
花案一卷
書史一卷
四溪詩一卷
花間笑譜一卷
千古一朋一卷　明陳繼儒撰
燕府錄論一卷
品茶八要一卷
偶憲雜約一卷　明華淑撰
豔素小語一卷　明華淑撰
枕中秘錄一卷　明王郵姓撰
吳郡丹青志一卷　明王穉登撰
寶顏堂訂正畫說一卷　明莫是龍撰
寶顏堂訂正蔬餘雜識一卷　明陸樹聲撰
大學士高中玄公伏戎紀事一卷　明高拱撰
曠古書一卷
雨窗隨筆一卷
述仙志一卷
清涼帖一卷
文章九命一卷
揚州夢一卷補一卷
酒考一卷
香韻一卷
療言一卷　明華淑撰
書齋清事一卷　明華淑撰
蕉窗小品一卷　明田藝蘅撰
寶顏堂訂正谿山餘話一卷　明陸深撰
附錄一卷

七五

類編古今名賢彙語二十二種二十二卷　明刻本　十行二十三字白口四周單边　一二四
庚巳編一卷　明陸粲撰
客座新聞一卷　明沈周撰
志怪錄一卷　明祝允明撰
苹野纂聞一卷　明伍餘福撰
涉異志一卷　明閔文振撰
近峰聞略一卷　明皇甫錄撰
三餘贅筆一卷　明都卬撰
聽雨紀談一卷　明都穆撰
仰山脞錄一卷　明閔文振撰
續已編一卷　明郎瑛撰
寓圃雜記一卷　明王錡撰
西樵野記一卷　明侯甸撰
閒中今古錄一卷　明黃溥撰
綠雪亭雜言一卷　明敖英撰
枝山前聞一卷　明祝允明撰
百可漫志一卷　明陳鼐撰
蓄德錄一卷　明陳沂撰
駒陰冗記一卷　明闌莊撰
西墅雜記一卷　明楊穆撰
中洲野錄一卷　明程文憲撰
蘇談一卷　明楊循吉撰
可齋雜記一卷　明彭時撰

今賢彙說□□種□□卷　明刻本　十行二十三字白口四周單边　一二五
存二十八種二十八卷
古穰雜錄一卷　明李賢撰
霏雪錄一卷　明劉績撰
百可漫志一卷　明陳鼐撰
枝山前聞一卷　明祝允明撰
駒陰冗記一卷　明闌莊撰
近峰聞略一卷　明皇甫錄撰
玉堂漫筆一卷　明陸深撰
客座新聞一卷　明沈周撰
可齋雜記一卷　明彭時撰
琅琊漫抄一卷　明文林撰
蓬軒類記一卷　明黃暐撰
志怪錄一卷　明祝允明撰
簷曝偶談一卷　明顧元慶撰
懸笥瑣探一卷　明劉昌撰
聽雨紀談一卷　明都穆撰
苹野纂聞一卷　明伍餘福撰

蘇談一卷　明楊循吉撰
中洲野錄一卷　明程文憲撰
蓄德錄一卷　明陳沂撰
涉異志一卷　明閔文振撰
閒中今古錄一卷　明黃溥撰
西墅雜記一卷　明楊穆撰
仰山脞錄一卷　明閔文振撰
紀善錄一卷　明杜瓊撰
庚巳編一卷　明陸粲撰
西樵野記一卷　明侯甸撰
綠雪亭雜言一卷　明敖英撰
續已編一卷　明郎瑛撰

澹生堂叢鈔二十一種三十六卷　明祁氏澹生堂淡水軒抄本　一二六
官釋七卷　明郭子章撰
晁氏儒言一卷　宋晁說之撰
通言二卷　宋劉炎撰
南阜雜言一卷　明周洪謨撰
黃石公測變一卷　唐李靖傳李筌注
東明薦五卷　唐王元庭撰
慶曆民言一卷　宋李覯撰
哲說一卷　明蘇伯衡撰
海涵萬象錄四卷　明黃潤玉撰
漫叟拾遺一卷　唐元結撰
渭南雜說一卷　宋陸游撰
庚申外史二卷　明權衡撰
天地萬物造化論一卷　宋王柏撰
虛齋雜言一卷　明蔡清撰
五行撥一卷
太玄闡一卷　明唐本嵘撰（淡水軒抄本）
晁氏客語一卷　宋晁說之撰
劉呆齋雜著一卷　明劉定之撰
執齋雜著一卷　明劉玉撰
洪範木響一卷　明余洪撰
笠澤雜說一卷　唐陸龜蒙撰

枕函小史五種四卷　明閔于忱編　明閔于忱松筠館刻朱墨套印本　七行十七字白口四周單边　一二七
蘇長公譚史
東坡居士艾子雜說　以上二種二卷
晁客酌評林一卷
米襄陽譚史
癖顛小史一卷

閔刻十種三十卷　明閔元衢編　明閔元衢刻本　八行十八字白口四周單边　一二八
見聞紀訓二卷　明陳良謨撰
遊名山記四卷　明都穆撰
歐餘漫錄十三卷附錄一卷　明閔元衢撰
書肆說鈴二卷　明葉秉敬撰
文字樂一卷　明葉秉敬撰
咫園吟一卷　明閔元衢撰
增定玉壺冰二卷補一卷　題明避園氏輯　明都穆撰
草堂議錄一卷　明葉秉敬撰
坐塵精語一卷　明葉秉敬撰
吳興雜說一卷　明葉秉敬撰

七六

合刻周秦經書十種二十八卷　明盧之頤編　明溪香書屋刻本　九行二十字小字雙行同白口四周單边　一二九
存二十七卷
檀弓記二卷　題宋謝枋得評點　明楊慎注
考工記二卷　漢鄭玄註
孟子二卷　宋蘇洵評點
老子道德真經二卷　存一卷　魏王弼注
列子沖虛至德真經八卷　晉張湛注
黃石公素書一卷　題宋張商英注　明楊慎評
譚子化書六卷　五代譚峭撰　明楊慎評
詩經三卷　明鍾惺評點
黃帝陰符經一卷　題唐李筌等註　明虞淳熙評點
鶡冠子一卷　題宋蘇軾註

三經晉註十七卷　明盧復編　明劉氏溪香館刻本　一三〇
周易三卷　魏王弼注　略例一卷　唐邢璹注
老子道德真經二卷　魏王弼注　道德經古本考證一卷
莊子南華真經十卷　晉郭象注

合刻宋劉須溪點校書九種一百一卷附一種八卷　明天啟刻本　九行二十字白口四周單边　一三一
老子道德經二卷
列子沖虛真經二卷
世說新語三卷　劉宋劉義慶撰　梁劉孝標注
王摩詰詩集六卷　唐王維撰
李長吉歌詩四卷外卷一卷　唐李賀撰
莊子南華真經三卷
班馬異同三十五卷
杜子美詩集二十卷　唐杜甫撰
□吳正子箋註

蘇米[?]詩集二十五卷　宋蘇軾撰
附劉須溪先生記鈔八卷　宋劉辰翁撰

忠經孝經合刊四卷　明姜光霊劉欽恩刻本　十行二十七字，小字雙行同，白口，四周單边　一三二
忠經疏義集註一卷備考一卷
通鑑孝經疏義集註一卷　宋邢昺、元董鼎撰　首一卷

快書五十種五十卷　明閔景賢編　明天啟六年快書刻本　八行十八字，白口，四周單边　一三三
秋濤一卷　明王宗俞撰
晉壘一卷　明楊夢袞撰
月鏡一卷
白雲操一卷　明李何需撰
鐫古頌辭一卷　明徐從清撰
鵝雪亭雜言一卷　明敖英撰
矜迷一卷　明王廷相撰
冷論一卷　題明人白野人撰
玉板一卷　明呂藏撰
頂門針一卷　明徐卷石撰
閒情十二憮一卷　明蘇士琨撰
姝聯一卷　宋周守忠撰
雙門綱一卷　明鄭元夫撰
擬易一卷　明張武略撰
史遺一卷　明丘兆麟撰
讀書通一卷　明張伯觀撰
觀老莊影響論一卷　明釋德清撰
草木子一卷　明葉子奇撰
七觴一卷　明傅汝舟撰
鏡虛一卷　明支華平撰
光明藏一卷　明倪允昌撰
螢燈一卷　題明無如子撰
禪餘一卷　明張鳳翼撰
驚退翻一卷　明張廣儀撰
黃嗣一卷　明黃翰言撰
竹窗合筆一卷　明釋袾宏撰
枕餘一卷　明徐汝芳撰
環碧齋小言一卷　明祝世祿撰
郎川答問一卷　明余佛音撰
德山暑譚一卷　明袁宏道撰
鷽鸞譜一卷　清衛泳撰
怒將俠一卷　明林□撰
含少論略一卷　明葛見堯撰
石枕內含草一卷　明薛若卿撰
書憲一卷　明吳季子撰
諸子斟淑一卷　明宋君僕撰
溯莊一卷　題明石人隱士撰
交友觀一卷　明吳從先撰
九發一卷　明支華平撰
粵齋俠令一卷　明俞寔禮撰

七七

廣快書五十種五十卷　明何偉然編　明崇禎刻本　八行十八字，白口，左右雙边　一三四
採蓮燕語一卷　明來斯行撰
一聲鶯一卷　明張來初撰
秋妝樓眉判一卷　明何偉然撰
瀾堂夕話一卷　明張次仲撰
燕書燈一卷　明來斯行撰
千一錄略說一卷　明方弘靜撰
玉笑零音一卷　明田藝蘅撰
世書一卷　明吳穎撰
月映一卷　明淩仲望撰
桂枝六千詩一卷
花錦新示一卷　明余君翼撰
弋說一卷　明沈長卿撰
雜記一卷　明于慎行撰
松霞館贅言一卷　明李長卿撰
苔易老言一卷　明吳穎撰
瀟園上語一卷　明鮑汝睿撰
王法眼一卷　明余章雲撰
有情癡一卷　明吳季子撰
叢天志一卷　明沈弘正撰
識小編一卷　明周宮所撰
照心舟一卷　明薛應旂撰
長嘯餘一卷　明張燕翼撰
磁石宮鶯語一卷　明阮堅之撰
何之子一卷　明周子寧撰
偈禪一卷　明吳從先撰
史論一卷　明吳穎撰
郎山論一卷　明沈君烈撰
海撫子一卷　明王承慶撰
尋常事一卷　題明西輔生撰
燕貽法錄一卷　明方定之撰
秋水鏡一卷　明洪月誠撰
塞曼快一卷　明張精之撰
丹歌一卷　明袁宏道撰
緣書一卷　明于慎行撰
窗中柚史一卷　明鄭子晴撰
獨璧錄一卷　題明穀齋主人撰
讀五湖載記一卷　明歐陽于玉撰
青鏤管夢一卷　明項德純撰
倉庚集一卷　明魏麗陽撰
山遊六觀一卷　明沈懋功撰
白語一卷　題明大部遺史撰
硃采一卷
小令一卷　明郭子章、黃富庵撰
嘔綠一卷　明何偉然撰

斷肉編一卷　明閻含卿撰
天爵堂筆餘一卷　明薛岡撰
十影君傳一卷　明支廷訓撰
瞻禮舍利記一卷　明李封若撰
戲瑕一卷　明錢希言撰
游味東隱一卷　明唐本曉撰

快閣藏書十種五十八卷　明唐琳編　明天啟唐氏快閣刻本　九行二十字，白口，四周單边　一三五
古三墳一卷
古孫[?]微經三卷傳五卷　明曹胤儒注
素書一卷　宋張商英注
新書十卷附錄一卷　漢賈誼撰
博物志十卷　題晉張華撰　宋周日用等注
古今注三卷　晉崔豹撰
陰符經一卷解一卷
穆天子傳六卷　晉郭璞注
韓詩外傳十卷　漢韓嬰撰
西京雜記六卷　題晉葛洪撰

蘉古介書前集十五種十八卷後集九種二十卷　明邵闇生編　明天啟七年刻本　九行二十字，白口，左右雙边　一三六
前集
大學古本一卷
古三墳一卷
爾雅一卷　晉郭璞注
山海經圖讚一卷　晉郭璞撰
參同契三卷　題漢魏伯陽撰
天官書一卷
楚衡嶽神禹碑文一卷
吳季公碑一卷
大學石經古本一卷
穆天子傳一卷　晉郭璞注
麟書一卷　宋汪若海撰
元包一卷　北周衛元嵩撰
述將一卷　論語會心詩一卷
南華遂篇一卷
漢縣公石卿銘一卷
後集
史匐一卷
左遺一卷
羅九一卷
史遺一卷
小易一卷
謎[?]神一卷
明胡文煥輯

七八

搞奇編一卷
勝義譜一卷
奇門賦專征十一卷奇門數略一卷

郭子式先生校刻書三種六卷　明末刻本　九行二十字，白口，四周單边　一三七
古越書四卷　明郭鈺輯
保越錄一卷　元徐勉之撰
武備志一卷　明郭鈺輯

韓氏叢抄七種十六卷　明天啟韓錫抄本　明韓錫跋　一三八
存七種十四卷
韓詩外傳十卷　漢韓嬰撰　存卷一至十
詩說一卷　題漢申培撰
玄覽文一卷
趙飛燕外傳一卷　題漢伶玄撰
班固白虎通德論纂一卷
石鼓文一卷
嶧山刻石文一卷

艷雪齋叢書八種十一卷　明高應編　稿本　一三九
詞評二卷　明高應撰
曲評一卷　明王世貞撰
硯譜一卷　明高應撰
書品二卷
詞評一卷　明高應撰
涵盧子評元詞一卷　明高應撰
思誠一卷　明朱獨撰
畫苑二卷　明高應撰

宋三大臣彙志二十一卷　明鄭鄤編　明崇禎元年大觀堂刻本　九行十八字，白口，四周單边　一四〇
宋丞相韓忠獻公家傳十二卷
宋忠獻韓魏王君臣相遇傳十卷
宋丞相李忠定公別集三卷
宋忠獻韓魏王君臣相遇遺事一卷
宋忠獻韓魏王君臣相遇別錄一卷

靖康傳信錄一卷　建炎進退志一卷
建炎時政記一卷
宋丞相文山先生別集五卷
文山先生紀年錄一卷　文山先生指南錄一卷後錄一卷
文山先生吟嘯集一卷　文山先生集杜詩一卷
附文丞相督府忠義傳一卷　宋鄧光薦撰

璅探十種十卷　明孝衡編　明崇禎三年自刻本　九行二十字，白口，四周單邊　一四一
雲林遺事一卷　明顧元慶撰　翻句詩紀一卷　明楊循吉撰
杜曲錄一卷　明楊循吉撰　遊戎夜話一卷　宋石茂良撰
瑯琊漫抄一卷　明文林撰　二科志一卷　明閻秀卿撰
西征記一卷　宋盧襄撰　稗傳一卷　元徐顯撰
存餘堂詩話一卷　明朱承爵撰　聽雨紀談一卷　明都穆撰

閒中八種十六卷　明張如蘭編　明崇禎四年自刻本　九行十八字，白口，四周單邊　一四二
考工記一卷　應僧詩四卷　明張如蘭輯
只朵吟紅一卷　宋吳澄輯　學古編一卷　元吾丘衍撰
詠月露三卷　秋潭月一卷　明黃松林輯
玉壺冰一卷　明都穆撰
荷葉露一卷　明張如蘭撰
山園集記一卷　明沈文閣撰
歸有園塵談一卷　明徐學謨撰
附雜語雜錄十卷廣雜語一卷　明董光宏撰
桁花集二卷　明釋宗林撰　張如蘭輯

叢書集要五種二十九卷　明吳公遠編　明崇禎五年吳氏尚白齋刻本　十行二十二字，白口，四周單邊　一四三
元經十卷　晉郭璞撰　趙載注　杜律瑯嬛集註一卷　括要一卷　晉趙載撰

七九

權謫秘書四種四卷　明金堡編　明書林龔炎源刻本　九行二十五字，白口，四周單邊　一四四
陽明按索圖五卷　明顧陵心注　陳漢卿補注
佐玄直指圖解八卷首一卷　明劉基撰
陰陽寶海三元玉鏡奇書三卷　元釋幕講撰
越絕書奇賞一卷　明陳仁錫輯　鬼谷子一卷
黃石公素書一卷　明唐順之評　公孫龍子一卷　明楊慎評

漢魏別解十六卷　明黃澍、葉紹泰編　明崇禎十一年香谷山房刻本　九行二十六字，白口，四周單邊　一四五
兩漢文
卷一　吳越春秋　漢趙曄撰　越絕書
卷二　素書　新語　漢陸賈撰
孔叢子　題漢孔鮒撰　新書　漢賈誼撰
韓詩外傳　漢韓嬰撰
卷三　鴻烈解　大戴禮記　漢戴德撰
卷四　春秋繁露　漢董仲舒撰　法言　漢揚雄撰
卷五　說苑　漢劉向撰
新序　漢劉向撰
卷六　白虎通　漢班固撰　論衡　漢王充撰
卷七　鹽鐵論　漢桓寬撰　潛夫論　漢王符撰
忠經　漢馬融撰
卷八　風俗通　漢應劭撰　天祿閣外史　題漢黃憲撰
昌言　漢仲長統撰　獨斷　漢蔡邕撰
後漢三國文
卷九　中論　漢徐幹撰　申鑒　漢荀悅撰
人物志　漢劉邵撰
卷十　心書　題蜀諸葛亮撰　曹子建集　魏曹植撰
阮嗣宗集　魏阮籍撰　嵇中散集　魏嵇康撰
兩晉文
卷十一　汲冢周書　陸士衡集　晉陸機撰
潘黃門集　晉潘岳撰
卷十二　抱朴子　晉葛洪撰　易略例　魏王弼撰
陶靖節集　晉陶潛撰
南北朝文
卷十三　謝康樂集　劉宋謝靈運撰　昭明太子集　梁蕭統撰
江文通集　梁江淹撰　任彥升集　梁任昉撰
陶通明集　梁陶弘景撰
卷十四　文心雕龍　梁劉勰撰　家訓　北齊顏之推撰
卷十五　劉子新論　北齊劉晝撰　徐孝穆集　陳徐陵撰
卷十六　庾子山集　北周庾信撰　中說　隋王通撰
元經傳　唐薛收撰

八〇

增定漢魏六朝別解六十二卷　明葉紹泰編　明崇禎十五年采隱山居刻本　九行二十六字，白口，四周單邊　一四六
經部
卷一　古三墳　卷二　汲冢周書
卷三　乾坤鑿度　卷四　韓詩外傳　漢韓嬰撰
卷五　春秋繁露　漢董仲舒撰　卷六　春秋陰陽　漢董仲舒撰
卷七　大戴禮記　漢戴德撰　北周盧辯注
卷八　易林　題漢焦延壽撰　卷九　易傳　漢京房撰
卷十至十一　洪範五行傳　漢劉向撰　卷十二　太玄經　漢揚雄撰
卷十三　忠經　漢馬融撰　卷十四　易略例　魏王弼撰
史部
卷十五　越絕書　漢袁康撰　卷十六　吳越春秋　漢趙曄撰
卷十七　天祿閣外史　題漢黃憲撰　卷十八　魏氏春秋　晉孫盛撰
卷十九　元經傳　隋王通撰　唐薛收傳
子部
卷二十　素書　卷二十一　新語　漢陸賈撰
卷二十二、二十三　孔叢子　題漢孔鮒撰　卷二十五　新書　漢賈誼撰
卷二十四、二十五　淮南子鴻烈解　漢劉安撰　卷二十六　鹽鐵論　漢桓寬撰
卷二十七　劉子說苑　漢劉向撰　卷二十八　劉子新序　漢劉向撰
卷二十九　揚子法言　漢揚雄撰　卷三十　班子白虎通　漢班固撰
卷三十一　王子論衡　漢王充撰　卷三十二　王子潛夫論　漢王符撰
卷三十三　應子風俗通　漢應劭撰　卷三十四　王子楚辭章句　漢王逸撰
卷三十五　蔡子獨斷　漢蔡邕撰　卷三十六　仲子昌言　漢仲長統撰
卷三十七　諸葛心書　題蜀諸葛亮撰　卷三十八　徐子中論　漢徐幹撰
卷三十九　荀子申鑒　漢荀悅撰　卷四十　劉子人物志　魏劉邵撰
卷四十一　文章流別　晉摯虞撰　卷四十二　抱朴子　晉葛洪撰
卷四十三　劉子文心雕龍　梁劉勰撰　卷四十四　顏氏家訓　北齊顏之推撰
卷四十五　劉子新論　北齊劉晝撰　卷四十六　文中子中說　隋王通撰
集部
卷四十七　賈長沙集　漢賈誼撰　董膠西集　漢董仲舒撰

劉子政集 漢劉向撰
卷四十八 揚侍郎集 漢揚雄撰 劉子駿集 漢劉歆撰
卷四十九 班蘭臺集 漢班固撰 崔亭伯集 漢崔駰撰
張河間集 漢張衡撰 荀侍中集 漢荀悅撰
卷五十 蔡中郎集 漢蔡邕撰 孔少府集 漢孔融撰
諸葛武侯集 蜀諸葛亮撰
卷五十一 魏武帝集 魏武帝曹操撰 魏文帝集 魏文帝曹丕撰
陳思王集 魏曹植撰
卷五十二 陳記室集 漢陳琳撰 王侍中集 漢王粲撰
阮元瑜集 漢阮瑀撰 應休璉集 魏應璩撰
卷五十三 阮步兵集 魏阮籍撰 嵇中散集 魏嵇康撰
卷五十四 杜征南集 晉杜預撰 潘黃門集 晉潘岳撰
陸平原集 晉陸機撰
卷五十五 劉越石集 晉劉琨撰 郭弘農集 晉郭璞撰
陶彭澤集 晉陶潛撰
卷五十六 何衡陽集 劉宋何承天撰 謝康樂集 劉宋謝靈運撰
顏光祿集 劉宋顏延之撰 鮑參軍集 劉宋鮑照撰
卷五十七 王寧朔集 南齊王融撰 孔詹事集 南齊孔稚珪撰
卷五十八 梁武帝集 梁武帝蕭衍撰 梁簡文帝集 梁簡文帝蕭綱撰
梁元帝集 梁元帝蕭繹撰
卷五十九 昭明太子集 梁蕭統撰 江文通集 梁江淹撰
沈隱侯集 梁沈約撰 陶隱居集 梁陶弘景撰
卷六十 任中丞集 梁任昉撰 王左丞集 梁王僧孺撰
庾度支集 梁庾肩吾撰
卷六十一 徐僕射集 陳徐陵撰 江令君集 陳江總撰
卷六十二 庾開府集 北周庾信撰 王司空集 北周王褒撰
盧武陽集 隋盧思道撰 薛司隸集 隋薛道衡撰

津逮秘書十五集一百四十一種七百四十八卷 明毛晉編 明崇禎毛氏汲古閣刻本 八行十九字，小字雙行同，白口，左右 一四七
雙邊

第一集
詩序辨說一卷 宋朱熹撰 詩傳孔氏傳一卷
詩說一卷 漢申培撰 詩外傳十卷 漢韓嬰撰
毛詩草木鳥獸蟲魚疏廣要二卷 明毛晉撰
詩攷一卷 宋王應麟撰 詩地理攷六卷 宋王應麟撰
爾雅三卷 宋鄭樵注

第二集
京氏易傳三卷 漢京房撰 吳陸績注
關氏易傳一卷 北魏關朗撰 唐趙蕤注
蘇氏易傳九卷 宋蘇軾撰 焦氏易林四卷 題漢焦延壽撰
周易集解十七卷 唐李鼎祚撰 易釋文一卷 唐陸德明撰
周易略例一卷 魏王弼撰 唐邢璹注
元包經傳五卷 北周衛元嵩撰 唐蘇源明傳 李江注
元包數總義二卷 宋張行成撰 周易舉正三卷 唐郭京撰
麻衣道者正易心法一卷

第三集
通鑑地理通釋十四卷 宋王應麟撰
通鑑問疑一卷 宋劉羲仲撰 小學紺珠十卷 宋王應麟撰
齊民要術十卷雜說一卷 北魏賈思勰撰
急就篇四卷 漢史游撰 唐顏師古注 宋王應麟音釋
漢制攷四卷 宋王應麟撰

第四集
佛說四十二章經一卷 漢釋迦葉摩騰竺法蘭譯 宋釋守遂注
道德指歸論六卷 題漢嚴遵撰
青烏先生葬經一卷 金兀欽仄注 古本葬經內篇一卷 金兀欽仄注
葬經翼一卷 明繆希雍撰 雜解二十四篇一卷
葬圖一卷
周髀算經二卷 題漢趙君卿注 北周甄鸞重述 唐李淳風注釋 音義一卷 宋李籍撰

八一

數術記遺一卷 題漢徐岳撰 北周甄鸞注
古文參同契集解一卷 箋註集解一卷 題漢魏伯陽撰 明蔣一彪輯
三相類集解一卷 漢淳于叔通補遺 明蔣一彪輯
黃帝授三子玄女經一卷 胎息經一卷 題幻真先生注
風后握奇經一卷 漢公孫弘注 握奇經續圖一卷 八陣總述一卷 題晉馬隆撰
耒耜經一卷 唐陸龜蒙撰 五木經一卷 唐李翱撰 元革注
女孝經一卷 丸經二卷
通占大象曆星經二卷 忠經一卷 漢馬融撰 鄭玄注
黃帝宅經二卷 墨經一卷 宋晁貫之撰

第五集
全唐詩話六卷 宋尤袤撰 六一詩話一卷 宋歐陽修撰
滄浪詩話一卷 宋嚴羽撰 後山詩話一卷 宋陳師道撰
彥周詩話一卷 宋許顗撰 二老堂詩話一卷 宋周必大撰
紫微詩話一卷 宋呂本中撰 石林詩話一卷 宋葉夢得撰
中山詩話一卷 宋劉攽撰 竹坡詩話一卷 宋周紫芝撰
續詩話一卷 宋司馬光撰

第六集
法書要錄十卷 唐張彥遠撰 東觀餘論二卷附錄一卷 宋黃伯思撰
廣川書跋十卷 宋董逌撰 宣和書譜二十卷

第七集
圖畫見聞誌六卷 宋郭若虛撰 歷代名畫記十卷 唐張彥遠撰
古畫品錄一卷 南齊謝赫撰 續畫品錄一卷 唐李嗣真撰
宣和畫譜二十卷 圖繪寶鑑六卷補遺一卷 元夏文彥撰 明韓昂續
後畫錄一卷 唐釋彥悰撰 續畫品一卷 陳姚最撰
畫繼十卷 宋鄧椿撰 畫史一卷 宋米芾撰

第八集
詩品三卷 梁鍾嶸撰 詩品二十四則一卷 唐司空圖撰
風騷旨格一卷 唐釋齊己撰 芥隱筆記一卷 宋龔頤正撰
冷齋夜話十卷 宋釋惠洪撰 西溪叢語二卷 宋姚寬撰
益部方物略記一卷 宋宋祁撰 捫蝨新話十五卷 宋陳善撰
歲華紀麗四卷 題唐韓鄂撰 玉蘂辨證一卷 宋周必大撰
桯史十五卷附錄一卷 宋岳珂撰 夷志十五卷 宋洪邁撰

第九集
酉陽雜俎二十卷續集十卷 唐段成式撰 甘澤謠一卷附錄一卷 唐袁郊撰
誠齋雜記二卷 元林坤撰 五色線二卷
本事詩一卷 唐孟棨撰 劇談錄二卷 唐康駢撰
却掃編三卷 宋徐度撰 輟耕錄三十卷 明陶宗儀撰
瑯嬛記三卷 元伊世珍撰

第十集
洛陽伽藍記五卷 北魏楊衒之撰 洛陽名園記一卷 宋李格非撰
靈寶真靈位業圖一卷 梁陶弘景撰 東京夢華錄十卷 宋孟元老撰
西京雜記六卷 題晉葛洪撰 佛國記一卷 晉釋法顯撰
大唐創業起居注三卷 唐溫大雅撰 老學庵筆記十卷 宋陸游撰
漢雜事秘辛一卷 淳熙玉堂雜記三卷 宋周必大撰
焚椒錄一卷 遼王鼎撰 唐國史補三卷 唐李肇撰

第十一集
搜神記二十卷 題晉干寶撰 搜神後記十卷 題晉陶潛撰
錄異記八卷 前蜀杜光庭撰 稽神錄六卷拾遺一卷 宋徐鉉撰
周氏冥通記四卷 梁陶弘景撰 異苑十卷 劉宋劉敬叔撰

第十二集
東坡題跋六卷 宋蘇軾撰 山谷題跋九卷 宋黃庭堅撰
无咎題跋一卷 宋晁補之撰 宛丘題跋一卷 宋張耒撰
淮海題跋一卷 宋秦觀撰 姑溪題跋二卷 宋李之儀撰
放翁題跋六卷 宋陸游撰 鶴山題跋七卷 宋魏了翁撰
石門題跋二卷 宋釋德洪撰 西山題跋三卷 宋真德秀撰

第十三集
六一題跋十一卷 宋歐陽修撰 益公題跋十二卷 宋周必大撰
水心題跋一卷 宋葉適撰 止齋題跋二卷 宋陳傅良撰
後村題跋四卷 宋劉克莊撰 晦菴題跋三卷 宋朱熹撰
魏公題跋一卷 宋蘇頌撰

八二

容齋題跋二卷　宋洪邁撰　海岳題跋一卷　宋米芾撰
第十四集
樂府古題要解二卷　唐吳兢撰
癸辛雜識前集一卷後集一卷續集二卷別集二卷　宋周密撰
紹興內府古器評二卷　宋張掄撰
揮麈前錄四卷後錄十一卷三錄三卷餘話二卷　宋王明清撰
第十五集
夢溪筆談二十六卷　宋沈括撰　湘山野錄三卷續錄一卷　宋釋文瑩撰
春渚紀聞十卷　宋何薳撰　齊東野語二十卷　宋周密撰
茅亭客話十卷　宋黃休復撰　河南邵氏聞見前錄二十卷　宋邵伯溫撰
河南邵氏聞見後錄三十卷　宋邵博撰　避暑錄話二卷　宋葉夢得撰
錦帶書一卷　梁蕭統撰
貴耳集三卷　宋張端義撰

津逮秘書十五集一百四十一種七百四十八卷　明毛晉編　明崇禎毛氏汲古閣刻本〔芥隱筆記、冷齋夜話、玉蕊辨證、桯史、揮麈前錄後錄三錄餘話、齊東野語、河南邵氏聞見後錄清李慈銘校〕　一四八
芥隱筆記一卷　宋龔頤正撰　清李慈銘校
冷齋夜話十卷　宋釋惠洪撰　清李慈銘校
玉蕊辨證一卷　宋周必大撰　清李慈銘校
桯史十五卷附錄一卷　宋岳珂撰　清李慈銘校
揮麈前錄四卷後錄十一卷三錄三卷餘話二卷　宋王明清撰　清李慈銘校
齊東野語二十卷　宋周密撰　清李慈銘校
河南邵氏聞見後錄三十卷　宋邵博撰　清李慈銘校

津逮秘書十五集一百四十一種七百四十八卷　明毛晉編　明崇禎毛氏汲古閣刻本〔焦氏易林、齊民要術、滄浪詩話、詩品、西溪叢語、捫蝨新話、劇談錄、甘澤謠、洛陽伽藍記、洛陽名園記、靈寶真靈位業圖、大唐創業起居注、唐國史補、搜神記、錄異記、搜神後記、異苑、益公題跋、樂府古題要解、揮麈前錄、後錄、三錄、餘話、河南邵氏聞見前錄、河南邵氏聞見後錄、茅亭客話、貴耳集　傅增湘校並跋〕　一四九
存一百四十種七百四十四卷

八五

津逮秘書十五集一百四十六種七百五十卷　明毛晉編　明崇禎毛氏汲古閣刻本　清惠棟批校並跋　一五〇
存九種三十七卷
京氏易傳三卷　漢京房撰　吳陸績注
關氏易傳一卷　北魏關朗撰　唐趙蕤注　易釋文一卷　唐陸德明撰
周易集解十七卷　唐李鼎祚撰
周易略例一卷　魏王弼撰　唐邢璹注
元包經傳五卷　北周衛元嵩撰　唐蘇源明傳　李江注
元包數總義二卷　宋張行成撰　周易舉正三卷　唐郭京撰
漢制考四卷　宋王應麟撰

津逮秘書十五集一百四十一種七百四十八卷　明毛晉編　明崇禎毛氏汲古閣刻本　清惠棟校　一五一
存七種二十四卷
詩序辨說一卷　宋朱熹撰　清惠棟校　詩說一卷　漢申培撰
詩傳孔氏傳一卷
詩外傳十卷　漢韓嬰撰　清惠棟校
毛詩草木鳥獸蟲魚疏廣要四卷　明毛晉撰　清惠棟校
詩地理攷存四卷（一至四）　宋王應麟撰　清惠棟校
爾雅三卷　宋鄭樵撰　清惠棟校

津逮秘書十五集一百四十一種七百四十八卷　明毛晉編　明崇禎毛氏汲古閣刻本　一五二
存三十一種一百六十六卷
詩攷一卷　宋王應麟撰　京氏易傳三卷　漢京房撰　吳陸績注
關氏易傳一卷　北魏關朗撰　唐趙蕤注　清楊灝校並跋
蘇氏易傳九卷　宋蘇軾撰　易釋文一卷　唐陸德明撰　清楊灝校
周易集解略例一卷　魏王弼撰　唐邢璹注　清楊灝校並跋
詩品三卷　梁鍾嶸撰　詩品二十四則一卷　唐司空圖撰
風騷旨格一卷　唐釋齊己撰
芥隱筆記一卷　宋龔頤正撰　清楊灝、趙烈文校並跋
冷齋夜話十卷　宋釋惠洪撰　益部方物略記一卷　宋宋祁撰
捫蝨新話十五卷　宋陳善撰　清趙烈文校
歲華紀麗四卷　題唐韓鄂撰　清楊灝校
酉陽雜俎二十卷續集十卷　唐段成式撰　清趙烈文校並跋
誠齋雜記二卷　元林坤撰　清趙烈文跋
甘澤謠一卷附錄一卷　唐袁郊撰　清趙烈文跋
本事詩一卷　唐孟棨撰　清趙烈文校並跋
卻掃編三卷　宋徐度撰　清趙烈文跋　洞玄靈寶真靈位業圖一卷　梁陶弘景撰
洛陽名園記一卷　宋李格非撰　清楊灝校並跋
東京夢華錄十卷　宋孟元老撰　止齋題跋二卷　宋陳傅良撰
後村題跋四卷　宋劉克莊撰　清趙烈文跋
魏公題跋一卷　宋蘇頌撰　清趙烈文跋
晦菴題跋三卷　宋朱熹撰　清趙烈文跋
容齋題跋二卷　宋洪邁撰　海岳題跋一卷　宋米芾撰　清趙烈文校並跋
河南邵氏聞見前錄二十卷　宋邵伯溫撰　清楊灝校並跋
河南邵氏聞見後錄三十卷　宋邵博撰
錦帶書一卷　梁蕭統撰　清楊灝校並跋

山居小玩十種十四卷　明毛晉編　明末毛氏汲古閣刻本　八行十八字白口左右雙邊　一五三
鼎錄一卷　題梁虞荔撰　刀劍錄一卷　題梁陶弘景撰
研史一卷　宋米芾撰　石譜一卷　宋杜綰撰
瓶史二卷　明袁宏道撰　奕律一卷　明王思任撰
王氏蘭譜一卷　宋王貴學撰
茗笈二卷　明屠本畯撰　蝶几譜一卷　明戈汕撰
茗笈品藻一卷　明王嗣奭等撰
香國二卷　明毛晉輯

八四

群芳清玩十二種十六卷　明李璵編　明末毛氏汲古閣刻本　八行十八字白口左右雙邊或四周單邊　一五四
鼎錄一卷　題梁虞荔撰　刀劍錄一卷　題梁陶弘景撰
研史一卷　宋米芾撰　畫鑒一卷　元湯垕撰
石譜一卷　宋杜綰撰　瓶史二卷　明袁宏道撰
奕律一卷　明王思任撰　王氏蘭譜一卷　宋王貴學撰
茗笈二卷　明屠本畯撰
茗笈品藻一卷　明王嗣奭等撰
香國二卷　明毛晉輯　采菊雜詠一卷　明馬弘衛撰
蝶几譜一卷　明戈汕撰

群芳清玩十二種十六卷　明李璵編　明末毛氏汲古閣刻本　鄧邦述抄補並跋　一五五
鼎錄一卷　題梁虞荔撰　刀劍錄一卷　題梁陶弘景撰
研史一卷　宋米芾撰　畫鑒一卷　元湯垕撰
石譜一卷　宋杜綰撰　瓶史二卷　明袁宏道撰
奕律一卷　明王思任撰　王氏蘭譜一卷　宋王貴學撰
茗笈二卷　明屠本畯撰
茗笈品藻一卷　明王嗣奭等撰
香國二卷　明毛晉輯　采菊雜詠一卷　明馬弘衛撰
蝶几譜一卷　明戈汕撰

雪堂韻史七十六種七十九卷　明王道焜編　明崇禎竹與刻本　九行二十字，白口，左右雙邊　一三

歲時第一
錦帶書一卷　梁蕭統撰　月令演一卷　明程羽文輯
四時歡一卷　明程羽文輯　二六課一卷　明程羽文輯
四時幽賞一卷　明高濂撰　四時逸事一卷　明高濂撰
賞心樂事一卷　宋張鎡撰　歲華紀麗譜一卷　元費著撰
熙朝樂事一卷　明田汝成撰

山水第二
卧遊錄一卷　宋呂祖謙撰　林水錄一卷　明彭年輯
山棲志一卷　明慎蒙撰　林下盟一卷　明沈仕輯
洞天福地記一卷　前蜀杜光庭撰　吳船錄一卷　宋范成大撰
雨航記一卷　明王穉登撰　驂鸞錄一卷　宋范成大撰
攬轡錄一卷　宋范成大撰

花木第三
花曆一卷　明程羽文撰　花小名一卷　明程羽文輯
花項事一卷　明許系系輯　花疏一卷　明王世懋撰
瓶花譜一卷　明張謙德撰　藝花譜一卷　明高濂撰
畫梅譜一卷　題元華光道人撰　蘭譜一卷　明高濂撰
藝菊一卷　明黄省曾撰　牡丹榮辱志一卷　宋丘璿撰
芍藥譜一卷　宋王觀撰　海棠譜一卷　宋陳思撰

翰墨第四
書品一卷　梁庾肩吾撰　書法一卷　唐歐陽詢撰
書畫史一卷　明陳繼儒撰　衍極一卷　元鄭杓撰
筆陣圖一卷　晉衛鑠撰　書畫金湯一卷　明陳繼儒撰
畫塵一卷　明沈顥撰　畫說一卷　明莫是龍撰
畫禪一卷　明釋蓮儒撰　丹青志一卷　明王穉登撰
墨箋一卷　明屠隆撰　墨經一卷　宋晁貫之撰
硯譜一卷　明沈仕輯

清燕第五
香箋一卷　明屠隆撰　茶疏一卷　明許次紓撰
文房器具箋一卷　明屠隆撰　起居器服箋一卷　明屠隆撰
燕几圖一卷　宋黄長睿撰　畫舫約一卷　明汪汝謙撰
琴箋一卷　明屠隆撰　觴政一卷　明袁宏道撰
鎖客約一卷　明王道焜撰

藝戲第六
奕律一卷　明王思任撰　打馬圖一卷　題宋李清照撰
譜雙一卷　宋洪遵撰　投壺格一卷　宋司馬光撰
葉子譜一卷續一卷　明潘之恒輯　除紅譜一卷　元楊維楨撰
古局象棋圖一卷　宋司馬光撰　宣和牌譜一卷　明瞿佑輯
馬弔牌經一卷馬弔例一卷　明馮夢龍撰

品藻第七
二十四詩品一卷　唐司空圖撰　詞評一卷　明王世貞撰
曲藻一卷　明王世貞撰　曲艷品一卷　明潘之恒撰
讀書十六觀一卷　明陳繼儒撰　辨帖箋一卷　明屠隆撰

諧謔第八
雪濤小說一卷　明江盈科撰　艾子雜說一卷　宋蘇軾撰
應諧錄一卷　明劉元卿輯　調謔編一卷　宋蘇軾撰
談言一卷　明江盈科撰　諧言一卷續一卷　明屠隆撰
歸有園麈談一卷　明徐學謨撰　偶譚一卷　明李鼎撰
指屏語一卷　明王道焜輯

八五

芝園秘錄初刻七種十四卷　明茅瑞徵編　明崇禎茅氏浣花居刻本　八行十八字，白口，左右雙邊　一五七
易說二卷　宋呂祖謙撰　詩編一卷　宋程大昌撰
二老堂雜誌五卷　宋周必大撰　東南防守利便三卷　宋陳克、吳若撰
楊公筆錄一卷　宋楊彥齡撰　華陽宮紀事一卷　宋釋祖秀撰
續千文一卷　宋侍其良器撰

續百川學海十集一百十三種一百四十八卷　明吳永編　明刻本　九行二十字，白口，左右雙邊　一五八

甲集
令旨解二諦義一卷　梁蕭統撰　毛詩草木鳥獸蟲魚疏二卷　吳陸璣撰
古今考一卷　宋魏了翁撰　中華古今注三卷　五代後唐馬縞撰
小爾雅一卷　漢孔鮒撰　兼明書五卷　五代丘光庭撰
兩同書一卷　唐羅隱撰　希通錄一卷　宋蕭參撰
資暇錄一卷　唐李匡乂撰　鼠璞二卷　宋戴埴撰

乙集
晉史乘一卷　楚史檮杌一卷
趙后遺事一卷　宋秦醇撰　焚椒錄一卷　遼王鼎撰
元氏掖庭記一卷　明陶宗儀撰　鄴中記一卷　晉陸翽撰
北轅錄一卷　宋周煇撰　西使記一卷　元劉郁撰
北邊備對一卷　宋程大昌撰　蒙韃備錄一卷　宋孟珙撰
夷俗考一卷　宋方鳳撰　三楚新錄一卷　宋周羽翀撰
江南別錄一卷　宋陳彭年撰　遼志一卷　宋葉隆禮撰
金志一卷　題宋宇文懋昭撰

丙集
松漠紀聞一卷續一卷　宋洪皓撰　明道雜志一卷續一卷　宋張耒撰
東觀奏記三卷　唐裴庭裕撰　幽閑鼓吹一卷　唐張固撰
隋唐嘉話一卷　唐劉餗撰　南唐近事一卷　宋鄭文寶撰
開元天寶遺事一卷　五代王仁裕撰　朝野遺記一卷　唐張鷟撰
朝野僉言一卷　桂苑叢談一卷　唐馮翊撰
樂郊私語一卷　元姚桐壽撰

丁集
國老談苑二卷　宋王君玉撰　孫公談圃二卷　宋孫升述　劉延世撰
螢雪叢說二卷　宋俞成撰　道山清話一卷
晁氏客語一卷　宋晁說之撰　劉賓客嘉話錄一卷　唐韋絢撰
鄰幾雜誌一卷　宋江休復撰　避暑漫抄一卷　宋陸游撰
深雪偶談一卷　宋方岳撰　桐陰舊話一卷　宋韓元吉撰

戊集
養痾漫筆一卷　宋趙溍撰　遂昌雜錄一卷　元鄭元祐撰
宣政雜錄一卷　宋江萬里撰　聞見雜錄一卷　宋蘇舜欽撰
文昌雜錄一卷　宋陳襄撰　江行雜錄一卷　宋廖瑩中撰
行營雜錄一卷　宋趙葵撰　鐵圍山叢談一卷　宋蔡絛撰
碧湖雜記一卷　宋謝枋得撰　青溪寇軌一卷　宋方勺撰
南海古蹟記一卷　元吳萊撰　北戶錄一卷　唐段公路撰
溪蠻叢笑一卷　宋朱輔撰
北里志一卷　唐孫棨撰

八六

己集
吳船錄一卷　宋范成大撰　驂鸞錄一卷　宋范成大撰
攬轡錄一卷　宋范成大撰　入蜀記一卷　宋陸游撰
入越記一卷　宋呂祖謙撰　吳地記一卷　唐陸廣微撰
吳郡諸山錄一卷　宋周必大撰　廬山錄一卷後錄一卷　宋周必大撰
九華山錄一卷　宋周必大撰　金華游錄一卷　宋方鳳撰

庚集
臥遊錄一卷　宋呂祖謙撰　歸田錄一卷　宋歐陽修撰
省心錄一卷　宋林逋撰　厚德錄一卷　宋李元綱撰
樂善錄一卷　宋李昌齡撰　還冤記一卷　北齊顏之推撰
博異志一卷　題谷神子撰　集異記一卷　唐薛用弱撰
集異志一卷　唐陸勳撰

辛集
歲華紀麗譜一卷　元費著撰　武林舊事六卷　宋周密撰
教坊記一卷　唐崔令欽撰　青樓集一卷　元夏庭芝撰
小名錄一卷　唐陸龜蒙撰　侍兒小名錄一卷　題宋洪遂撰
麟書一卷　宋汪若海撰　尤射一卷　魏繆襲撰
煎茶水記一卷　唐張又新撰

壬集
詩式一卷　唐釋皎然撰　詩品三卷　梁鍾嶸撰
二十四詩品一卷　唐司空圖撰　書品一卷　梁庾肩吾撰
書法一卷　唐歐陽詢撰　筆陣圖一卷　晉衛鑠撰
衍極一卷　元鄭杓撰　續畫品錄一卷　唐李嗣真撰

貞觀公私畫史一卷　唐裴孝源撰
益州名畫錄三卷　宋黃休復撰
畫梅譜一卷　元華光道人撰
畫竹譜一卷　元李衎撰
墨竹譜一卷　元管道昇撰

癸集
樂府雜錄一卷　唐段安節撰
羯鼓錄一卷　唐南卓撰
嘯旨一卷　唐孫廣撰
風后握奇經一卷　漢公孫弘解　續圖一卷八陣總述一卷　晉馬隆撰
女孝經一卷　唐鄭氏撰
墨經一卷　宋晁貫之撰
丸經一卷
棋經一卷　宋張擬撰
五木經一卷　唐李翱撰　元革注
鼎錄一卷　梁虞荔撰
蜀錦譜一卷　元費著撰
蜀箋譜一卷　元費著撰

廣百川學海一百三十種一百五十六卷　明馮可賓編　明末刻本　九行二十字白口，左右雙邊　一五九

甲集
聖學範圍圖說一卷　明岳元聲撰
戊申立春考證一卷　明邢雲路撰
正朔考一卷　宋魏了翁撰
龍興慈記一卷　明王文祿撰
在田錄一卷　明張定撰
一統肇基錄一卷　明夏原吉撰
聖君初政記一卷　明沈文撰
遜國記一卷　明王禕撰
東朝紀一卷　明王泌撰
壟起雜事一卷　明楊儀撰
椒宮舊事一卷　明王達撰
造邦賢勳錄略一卷　明王禕撰
掾曹名臣錄一卷　明王鴻儒撰
明良錄略一卷　明沈士謙撰

乙集
從政錄一卷　明薛瑄撰
致身錄一卷　明史仲彬撰
殉身錄一卷　明裘玉撰
備遺錄一卷　明張芹撰
平夏錄一卷　明黃標撰
復辟錄一卷　明楊瑄撰
女直考一卷　明天都山臣撰
夷俗記一卷　明蕭大亨撰
北征錄一卷　北征後錄一卷　明金幼孜撰
北征記一卷　明楊榮撰
使高麗錄一卷　宋徐兢撰
玉堂漫筆一卷　明陸深撰
願豐堂漫書一卷　明陸深撰
金臺紀聞一卷　明陸深撰
制府雜錄一卷　明楊一清撰

八七

丙集
北虜紀略一卷　明汪道昆撰
觚不觚錄一卷　明王世貞撰
翦勝野聞一卷　明徐禎卿撰
清暑筆談一卷　明陸樹聲撰
谿山餘話一卷　明陸深撰
甲乙剩言一卷　明胡應麟撰
吳中故語一卷　明楊循吉撰
熙朝樂事一卷　明田汝成撰
三朝野史一卷　元吳萊撰
蝸笑偶言一卷　明鄭瑗撰
委巷叢談一卷　明田汝成撰
春雨雜述一卷　明解縉撰
玉笑零音一卷　明田藝蘅撰
褚氏遺書一卷　南齊褚澄撰
病榻寤言一卷　明陸樹聲撰

丁集
瀟湘錄一卷　唐李隱撰
清尊錄一卷　宋廉布撰
昨夢錄一卷　宋康與之撰
就日錄一卷　宋題灌園耐得翁撰
驚聽錄一卷　唐皇甫枚撰
劇談錄一卷　宋鄭景璧撰
解醒語一卷　元李材撰
己瘧編一卷　明劉玉撰
耳目記一卷　唐張鷟撰
括異志一卷　宋魯應龍撰

戊集
枕譚一卷　明陳繼儒撰
猥談一卷　明祝允明撰
語怪一卷　明祝允明撰
異林一卷　明徐禎卿撰
群碎錄一卷　明陳繼儒撰
物異考一卷　宋方鳳撰
真靈位業圖一卷　梁陶弘景撰

己集
空同子一卷　明李夢陽撰
冥寥子游一卷　明屠隆撰
廣莊一卷　明袁宏道撰
貧士傳二卷　明黃姬水撰
長者言一卷　明陳繼儒撰
香案牘一卷　明陳繼儒撰
清言一卷　續清言一卷　明屠隆撰
歸有園麈談一卷　明徐學謨撰
偶譚一卷　明李鼎撰
木几冗談一卷　明彭汝讓撰
金石契一卷　明祝肇撰

庚集
考槃餘事十七卷　明屠隆撰
書箋一卷
帖箋一卷
辨帖箋一卷
畫箋一卷
紙箋一卷
筆箋一卷
墨箋一卷
研箋一卷
琴箋一卷
香箋一卷
文房器具箋一卷
起居器服箋一卷
游具箋一卷
山齋志一卷
茶箋一卷
盆玩品一卷
金魚品一卷
岩棲幽事一卷　明陳繼儒撰
友論一卷　意大利利瑪竇撰
農說一卷　明馬一龍撰
山棲志一卷　明慎蒙撰
林水錄一卷　明彭年撰
吳社編一卷　明王穉登撰
客越志一卷　明王穉登撰
雨航記一卷　明王穉登撰
荆溪疏一卷　明王穉登撰
大嶽志一卷　明方升撰

辛集
蜀都雜抄一卷　明陸深撰
金山雜志一卷　明楊君謙撰
泉南雜志一卷　明陳懋仁撰
武夷雜記一卷　明吳栻撰
海槎餘錄一卷　明顧岕撰
瀛涯勝覽一卷　明馬歡撰
滇載記一卷　明楊慎撰
閩部疏一卷　明王世懋撰
吳中勝記一卷　明華鑰撰
田家五行二卷　明婁元禮撰
明月篇一卷　明王穉登撰

壬集
丹青志一卷　明王穉登撰
書畫史一卷　明陳繼儒撰
畫說一卷　明莫是龍撰
畫塵一卷　明沈顥撰
畫禪一卷　明釋蓮儒撰
竹派一卷　明釋蓮儒撰
詞旨一卷　元陸行直撰
詞評一卷　明王世貞撰
曲藻一卷　明王世貞撰
曲豔品一卷　後一卷　續一卷　明潘之恒撰
樂府指迷一卷　宋張炎撰
陽關三疊圖譜一卷　明田藝蘅撰
藝圃擷餘一卷　明王世懋撰
學古編一卷　元吾丘衍撰
古今印史一卷　明徐官撰
古奇器錄一卷　明陸深撰
硯譜一卷　明沈仕撰

八八

癸集
弈律一卷　明王思任撰
葉子譜一卷　續一卷　明潘之恒撰
茶疏一卷　明許次紓撰
岕茶牋一卷　明馮可賓撰
觴政一卷　明袁宏道撰
瓶史一卷　明袁宏道撰
瓶花譜一卷　明張丑撰
藝花譜一卷　明高濂撰
藝菊一卷　明黃省曾撰
蘭譜一卷　明高濂撰
種蘭訣一卷　明李奎撰
種樹書三卷　元俞宗本撰
學圃雜疏一卷　明王世懋撰
野蔌品一卷　明高濂撰
稻品一卷　明黃省曾撰
蠶經一卷　明黃省曾撰
養魚經一卷　明黃省曾撰
獸經一卷　明黃省曾撰
虎苑二卷　明王穉登撰

唐宋叢書九十種三百二十一卷　明鍾人傑張遂辰編　明刻本　九行二十字白口，左右雙邊　一六〇

經翼
關氏易傳一卷　題北魏關朗撰
潛虛一卷　宋司馬光撰
詩小序一卷
集譜二卷　唐薛據輯
經外雜抄二卷　宋魏了翁撰
鶴山渠陽讀書雜抄二卷　宋魏了翁撰
鼠璞二卷　宋戴埴撰

別史
大唐創業起居注三卷　唐溫大雅撰
唐國史補三卷　唐李肇撰
歲華紀麗四卷　題唐韓鄂撰
東京夢華錄十卷　宋孟元老撰
大業雜記一卷　題劉宋劉義慶撰
東林蓮社十八高賢傳一卷
聞見近錄一卷　宋王鞏撰
春明退朝錄三卷　宋宋敏求撰
燕翼貽謀錄五卷　宋王栐撰
佛國記一卷　晉釋法顯撰
吳地記一卷　唐陸廣微撰
夷俗考一卷　宋方鳳撰
南唐書三十卷　宋馬令撰
南唐近事三卷　宋鄭文寶撰
武林舊事六卷　宋周密撰

子餘
譚子化書六卷　五代譚峭撰
新書一卷　題蜀諸葛亮撰

枕中書一卷　題晉葛洪撰
談苑四卷　宋孔平仲撰
靖康緗素雜記十卷　宋黃朝英撰
羅湖野錄一卷　宋釋曉瑩撰
後山談叢四卷　宋陳師道撰
補筆談二卷　宋沈括撰
野老記聞一卷　宋王楙撰
研北雜志二卷　元陸友撰
隣幾雜誌一卷　宋江休復撰
藝譜
山海經圖讚三卷　晉郭璞撰
陳后公訂工文則二卷　宋陳騤撰
墨藪十卷　唐韋續撰
籟記一卷　陳陳叔齊撰
風后握奇經一卷　題漢公孫弘解
禽經一卷　題晉張華注
茶經三卷　唐陸羽撰
筍譜二卷　宋釋贊寧撰
續竹譜一卷　元劉美之撰
宣和畫譜二十卷
貞觀公私畫史一卷　唐裴孝源撰
桂海虞衡志十三卷　宋范成大撰
洞天清錄一卷　宋趙希鵠撰
異苑十卷　劉宋劉敬叔撰
還冤記一卷　北齊顏之推撰
集異記一卷　唐薛用弱撰
甘澤謠一卷　唐袁郊撰
夢遊錄一卷　唐任蕃撰
揮塵錄二卷　題宋楊萬里撰
清異錄四卷　宋陶穀撰
續博物志十卷　題宋李石撰
雲仙雜記十卷　題唐馮贄撰
玉照新志六卷　宋王明清撰
井觀瑣言三卷　明鄭瑗撰

道德指歸論六卷　題漢嚴遵撰
孔氏雜說四卷　宋孔平仲撰
捫虱新話四卷　宋陳善撰
林下偶談四卷　宋吳子良撰
演繁露一卷　宋程大昌撰
野客叢談十二卷　宋王楙撰
楓窗小牘二卷　宋袁褧撰
石林四筆四卷　宋葉夢得撰
王氏談錄一卷　宋王洙撰
周髀算經二卷　題漢趙爽注
詩式五卷　唐釋皎然撰
佩觿三卷　宋郭忠恕撰
尤射一卷　魏繆襲撰
相貝經一卷
酒譜一卷　宋竇苹撰
香譜一卷　宋洪芻撰
桐譜一卷　宋陳翥撰
雲林石譜三卷　宋杜綰撰
畫鑒一卷　元湯垕撰
益州名畫錄三卷　宋黃休復撰
學古編一卷　元吾丘衍撰
世範三卷　宋袁采撰
異林四卷　宋李榮輯
前定錄一卷　唐鍾輅撰
博異志一卷　題谷神子撰
周氏冥通記四卷　梁陶弘景撰
本事詩一卷　唐孟棨撰
因話錄三卷　唐趙璘撰
搜神後記十卷　晉陶潛撰
明道雜志一卷續志一卷　宋張耒撰
碧雞漫志一卷　宋王灼撰
東觀奏記三卷　唐裴庭裕撰
雲烟過眼錄二卷　宋周密撰

八九

八公遊戲叢談八種九十四卷　明末刻本　九行二十字白口左右雙邊　一六一

雪濤諧史十卷
雪濤小說一卷　明江盈科撰
權子一卷　明耿定向撰
應諧錄一卷　明劉元卿撰
諧噱錄一卷　唐朱揆撰
艾子雜說一卷　宋蘇軾撰
槐根挽聽十卷
解酲語一卷　元李材撰
清尊錄一卷　宋廉宣撰
瀟湘錄一卷　唐李隱撰
耳目記一卷　唐張鷟撰
漫笑錄一卷　宋徐慥撰
快活風光十六卷
吳社編一卷　明王穉登撰
月令演一卷　明程羽文撰
二六課一卷　明程羽文撰
四時幽賞一卷　明高濂撰
醉鄉日月一卷　唐皇甫崧撰
金魚品一卷　明屠隆撰
洛中九老會一卷　唐白居易撰
畫舫記一卷　明汪汝謙撰
春社猥談十卷
猥談一卷　明祝允明撰

談言一卷　明江盈科撰
摭言一卷　五代王定保撰
調謔編一卷　宋蘇軾撰　明王世貞輯
拊掌錄一卷　宋邢居實撰
艾子後語一卷　明陸灼撰
已瘧編一卷　明劉玉撰
昨夢錄一卷　宋康與之撰
就日錄一卷　元虞集撰
驚聽錄一卷　宋皇甫牧撰
劇談錄一卷　宋鄭景璧撰
錦帶書一卷　梁蕭統撰
四時歡一卷　明程羽文撰
四時逸事一卷　明高濂撰
賞心樂事一卷　宋張鎡撰
盆玩品一卷　明屠隆撰
志從纖一卷　明袁宏道撰
洛中耆英會一卷　宋司馬光撰
畫舫約一卷
浴考一卷　宋洪遵撰

語怪一卷　明祝允明撰
記事珠一卷　唐馮贄撰
義山雜纂一卷　題唐李商隱撰
雜纂二續一卷　宋蘇軾撰
正香說鬼十三卷
冥感記一卷　元羅貫中撰
睽車志一卷　唐歐陽炯撰
再生記一卷　唐閻選撰
冤債志一卷　唐吳融撰
靈鬼傳一卷　唐包何撰
見鬼傳一卷　唐陳鴻撰
才鬼記一卷　唐鄭蕡撰
熙朝樂事十卷
武林歲時記一卷　明田藝蘅撰
委巷叢談一卷　明田汝成撰
南宋故都宮殿一卷　宋周密撰
乾淳教坊樂部一卷　宋周密撰
高宗幸張府節次略一卷　宋周密輯
清涼飲子十三卷
論[illegible]兒一卷　題空青先生撰
視履約一卷　明屠本畯撰
模世語一卷　明陳繼儒撰
善誘文一卷　宋陳錄撰
樂志編一卷　明屠本畯撰
清閑供一卷　明程羽文撰
東谷所見一卷　宋李之彥撰
太平清話十二卷
香案牘一卷　明陳繼儒撰
讀書十六觀一卷　明陳繼儒撰
書畫金湯一卷　明陳繼儒撰

異林一卷　明徐禎卿撰
袖中錦一卷　題太平老人撰
雜纂續一卷　宋王君玉撰
雜纂三續一卷　明黃允交撰
冥音錄一卷　唐朱慶餘撰
鬼塚志一卷　唐褚遂良撰
還冤記一卷　北齊顏之推撰
尸媚傳一卷　唐張泌撰
奇鬼傳一卷　唐杜青荑撰
靈鬼志一卷　唐常沂撰
西宋市肆紀一卷　宋周密撰
名姬傳一卷　明陶宗儀輯
偏安藝流一卷　宋周密撰
雜劇段數一卷　宋周密輯
古杭雜記一卷　元李有撰
韋弦佩一卷　明屠本畯撰
論相一卷　宋吳處厚撰
大藏治病藥一卷　唐釋靈澈輯
對雨編一卷　宋洪邁撰
林下盟一卷　明高濂撰
病榻寤言一卷　明陸樹聲撰
書畫史一卷　明陳繼儒撰
巖棲幽事一卷　明陳繼儒撰
山家清事一卷　宋林洪撰
十六湯品一卷　唐蘇廙撰
煎茶水記一卷　唐張又新撰
[illegible]箋一卷　明屠隆撰

煎茶七類一卷　明高叔嗣撰
洞天福地記一卷　前蜀杜光庭撰
香箋一卷　明屠隆撰

九〇

稽古堂新鐫群書秘簡二十一種七十九卷　明高承埏編　明末刻本　八行十八字白口四周單邊　一六二

子夏易傳十一卷
隋唐嘉話錄三卷　唐劉餗撰
劇談錄二卷　唐康駢撰
玄怪錄十一卷　唐牛僧孺撰
續玄怪錄二卷　唐李復言撰
松窗雜錄一卷　唐李濬撰
博異志一卷　題谷神子撰
江淮異人錄一卷　宋吳淑撰
梁谿漫志十卷　宋費袞撰
友會談叢三卷　宋上官融撰
平江記事一卷　元高德基撰
續偃曝談餘一卷　明陳繼儒撰

劉賓客嘉話錄一卷　唐韋絢撰
石藥爾雅二卷　唐梅彪撰
雲仙散錄十卷　題唐馮贄撰
集異記二卷　唐薛用弱撰
續齊諧記一卷　題梁吳均撰
南部新書十卷　宋錢易撰
史剡一卷　宋司馬光撰
瑯嬛記三卷　元伊世珍輯
灌畦暇語一卷
墨畦一卷　明袁宏道撰

合刻五志八十一卷　題明冰華居士編　明末刻本　九行二十字白口左右雙邊　一六三

志奇類
偽吏傳一卷
異僧傳一卷　唐李中撰
怪男子傳一卷　唐許唐撰
三異人傳一卷　唐陸龜蒙撰
豪客傳一卷　前蜀杜光庭撰
狂奴傳一卷　唐李延壽撰
麗珠傳一卷　前秦王嘉撰
俊婢傳一卷　宋楊萬里輯

神僧傳一卷　晉釋法顯撰
怪道士傳一卷　唐韓愈撰
梁四公記一卷　梁沈約撰
英雄傳一卷　唐雍陶撰
續劍俠傳一卷　元喬吉撰
神女傳一卷　唐孫頠撰
義妓傳一卷　明張獻翼撰
駿僕傳一卷　漢王褒撰

志怪類
志怪錄一卷　唐陸勳撰
靈怪錄一卷
夜怪錄一卷　唐王洙撰
語怪一卷　明祝允明撰
志異類
述異記一卷　題梁任昉撰
齊諧記一卷
博異志一卷　題谷神子撰
異林一卷　明徐禎卿撰
妖妄傳一卷　前蜀牛希濟撰
妖蠹傳一卷　前蜀[illegible]承班撰
夜叉傳一卷　唐段成式撰
獵狐記一卷　唐孫洞撰
袁氏傳一卷　後蜀顧夐撰
志幻類
幻戲志一卷　唐蔣防撰
幻異志一卷　唐孫頠撰
[illegible]民傳一卷　唐沈既濟撰
鸚鵡舍利塔記一卷　唐韋皐撰
五方神傳一卷　□柳湖撰
志鬼類
冥遇傳一卷　唐牛僧孺撰
冥音記一卷　唐朱慶餘撰
峽東志一卷　唐歐陽炯撰
瀧上記一卷　唐蘇頲撰
見鬼傳一卷　唐陳鴻撰
尸媚傳一卷　南唐張泌撰
奇鬼傳一卷　唐杜青荑撰
才鬼記一卷　唐鄭蕡撰

閒奇錄一卷　唐于逖撰
物怪錄一卷　唐徐鉉撰
幽怪錄一卷　明陶宗儀撰
諾皋記一卷　唐段成式撰
集異記一卷　唐薛用弱撰
纂異記一卷　唐李濬撰
物異考一卷　宋方鳳撰
廣陵妖亂志　唐羅隱撰
妖巫傳一卷　前蜀尹鶚撰
異疾志一卷　唐段成式撰
任氏傳一卷　唐沈既濟撰
白猿傳一卷　陳江總撰
幻影傳一卷　前蜀薛昭蘊撰
神呪志一卷　唐[illegible]撰
古鏡記一卷　隋王度撰
琵琶傳一卷　□何曾撰
稽神錄一卷　唐[illegible]陶撰
冥怨記一卷　元羅貫中撰
異遊記一卷　梁陶弘景撰
[illegible]志一卷　唐褚遂良撰
再生記一卷　後蜀閻選撰
冤債志一卷　唐吳融撰
貴鬼傳一卷　唐包何撰
靈鬼志一卷　唐常沂撰

九一

志夢類
夢遊錄一卷　唐任蕃撰
揚州夢記一卷　唐于鄴撰
志寓類
責髯奴辭一卷　漢黃香撰
中山狼傳一卷　唐姚合撰
琵琶婦傳一卷　唐白居易撰
李謩吹笛記一卷　唐楊巨源撰
靈應錄一卷　唐于逖撰

南柯記一卷枕中記一卷　唐李公佐撰
巫山神女夢一卷
黑心符一卷　唐于義方撰
東城老父傳一卷　唐陳鴻撰
杜秋傳一卷　唐杜牧撰
衛公故物記一卷　唐韋端符撰
前定錄一卷　唐鍾輅撰

錦囊小史四十一種四十二卷　明末刻本　九行二十字白口左右雙邊

文章九命一卷　明王世貞撰
二十四詩品一卷　唐司空圖撰
詞評一卷　明王世貞撰
樂府指迷一卷　題宋張炎撰
書法一卷　唐歐陽詢撰
臨帖箋一卷　明屠隆撰
畫塵一卷　明沈顥撰
紙箋一卷　明屠隆撰
墨經一卷　宋晁貫之撰
硯譜一卷　明沈仕撰
學古編一卷　元吾丘衍撰
茶疏一卷　明許次紓撰
芥茶箋一卷　明馮可賓撰
煮泉小品一卷　明田藝蘅撰
瓶史一卷　明袁宏道撰
文房器具箋一卷　明屠隆撰
起居器服箋一卷　明屠隆撰
牌經十三篇一卷　明馮夢龍撰

詩歎一卷　明朱一栢撰
詞旨一卷　元陸輔之撰
曲藻一卷　明王世貞撰
書箋一卷　明屠隆撰
帖箋一卷　明屠隆撰
畫箋一卷　明屠隆撰
繪妙一卷　明茅一相撰
墨箋一卷　明屠隆撰
研箋一卷　明屠隆撰
筆箋一卷　明屠隆撰
古玩品一卷　明高濂撰
茶箋一卷　明屠隆撰
煎茶七類一卷　明高叔嗣撰
觴政一卷　明袁宏道撰
香箋一卷　明屠隆撰
遊具箋一卷　明屠隆撰
馬弔腳例一卷　明馮夢龍撰
續葉子譜一卷　明潘之恒撰

一六四

六博譜一卷　明潘之恒撰
投壺格一卷　題宋司馬光撰
志促織一卷　明袁宏道撰

骰陣譜一卷　明袁福徵撰
丸經二卷

綠窗女史十四卷　題明秦淮寓客編　明末心遠堂刻本　九行二十字白口左右雙邊

卷一閨閣部
懿範
女論語　唐宋若昭撰
女誡　漢班昭撰
女紅
刺繡圖　吳[illegible]撰
中饋錄
才品
閨秀詩評（原缺）
打馬圖　題宋李清照撰
容儀
粧臺記　唐宇文士及撰
悅容編　清衛泳撰
卷二宮閨部上
寵遇
李夫人傳　唐陳翰撰
薛靈芸傳　前秦王嘉撰
麗娟傳　前秦王嘉撰
漢雜事秘辛
鬱輪袍傳　唐鄭還古撰
菊部頭傳　宋陳忠撰
臥聽聲傳　宋吳師直撰
遣放
王昭君傳　劉宋范曄撰

女孝經　唐鄭□撰
女範
織錦璇璣圖　前秦蘇蕙撰
蠶經　明黃省曾撰
女紅餘志　元龍輔撰
粧樓記　南唐張泌撰
婚雜儀注　唐段成式撰
趙夫人傳　前秦王嘉撰
馮淑妃傳　唐李延壽撰
上官昭容傳
同昌公主傳　唐蘇鶚撰
女冠耿先生傳
陳盼兒傳　宋李祉撰
劉無雙傳　唐薛調撰

九二

杜秋傳　唐杜牧撰
卷三宮闈部下
蠱惑
趙飛燕外傳　題漢伶玄撰
潘妃傳　唐李延壽撰
倉庚傳　明楊慎撰
怨恨
樂昌公主傳　唐孟棨撰
梅妃傳　唐曹鄴撰
卷四緣偶部上
才艷
西閣寄梅記　明瞿祐撰
聯芳樓記
慕戀
洞簫記　明陸粲撰
桃帕傳　宋王右撰
卷五緣偶部下
幽期
鶯鶯傳　唐元稹撰
賈午傳　唐[illegible]撰
尤悔
霍小玉傳　唐蔣防撰
王魁傳　元柳貫撰
卷六冥感部上
神遇
丹青扇記　元閻士撰
離魂記　唐陳玄祐撰
夢寐
櫻桃青衣傳　唐任蕃撰
司馬才仲傳（原缺）　宋王宇撰

趙后遺事　宋秦醇撰
楊太真外傳二卷　題宋樂史撰
黑心符　唐于義方撰
長恨歌傳　唐陳鴻撰
[illegible]米和雪記　明李禎撰
春夢錄　元鄭禧撰
[illegible]傳　明潘之恒撰
非烟傳　唐皇甫枚撰
陳子高傳　明李翊撰
金縷裙記
賈雲華還魂記　宋陳仁玉撰
渭塘奇遇傳　明馬龍撰
獨孤見夢記（原缺）　唐孫頠撰

一六五

卷七冥感部下
重生 崔護傳 唐孟棨撰
賈雲會記 明李禎撰
遇合 吳女紫玉傳 漢趙曄撰
金鳳釵記 元如貫撰
綠衣人傳 元宗吉佑撰
卷八妖艷部
狐 任氏傳 唐沈既濟撰
獨孤記 唐孫恂撰
猿 袁氏傳 後蜀顧夐撰
鬼靈 秦女賣枕記 晉干寶撰
聚景園記 明瞿祐撰
趙喜奴傳
崔書生傳 明張璽撰
王玄之傳 明陳音撰
幻妾 桃花仕女傳 明沈仕撰
蓮塘二姬傳 元徐覯撰
紅裳女子傳 宋鄭素璧撰
卷九節俠部
義烈 麗娟傳 晉皇甫謐撰
蘇娥訴冤記 晉干寶撰
節烈 文烈女傳 明李夢陽撰
義俠 烈女傳 晉皇甫謐撰
女俠傳 明鄒之麟撰
劍俠 紅線傳 唐楊巨源撰
聶隱娘傳 唐鄭文寶撰
卷十神仙部
星娥 織女星傳 宋張君房撰
仙姬 西王母傳 漢桓驎撰
杜蘭香傳 晉曹毗撰
太上玉女記 宋賈善翔撰
神媪 薛昭傳
華嶽神女記
紫姑神傳 宋沈括撰
卷十一妾禪部
遺俗 綠珠傳 宋樂史撰
章臺柳傳 唐許堯佐撰
蓬臺仙會品 明曹大章撰
麗情集 宋張君房撰
祖異 鄭嬰傳
河間傳 唐柳宗元撰
董漢州女傳
名呼 侍兒小名錄 題宋溫豫撰

玉簫傳 □江□撰
夜察決賭記 明孫緒撰
遼陽記 宋劉斧撰
杜丹燈記 元陳增撰
小蓮記 宋劉斧撰
白猿傳
冥音錄 唐朱慶餘撰
崔玄微記（原缺）
韋十娘傳（原缺）
柳參軍傳
江亭龍女傳
南樓美人傳 元楊維楨撰
謝小娥傳 唐李公佐撰
曹娥碑 漢邯鄲淳撰
七烈傳 明江道昆撰
昆侖奴傳 唐楊巨源撰
三女星傳 元吾丘衍撰
魏夫人傳 唐蔡偉撰
麻姑傳 晉葛洪撰
裴諶傳
西玄青鳥記 明茅元儀撰
嵩嶽嫁女記
張女郎傳 宋劉斧撰
翔風傳 前秦王嘉撰
燕子樓傳 題宋王惲撰
叙小志 唐朱揆撰
鄉字書 明黃姬撰
秋氏傳 題宋康與之撰
湯賽師傳 題宋王惲撰
續侍兒小名錄 宋張邦幾撰

三續侍兒小名錄 宋洪遂撰
卷十二青樓部（上）
才名 蘇小小傳 宋□□撰
歐陽詹傳 宋蔡王撰
馬湘蘭傳 明王穉登撰
志節 啞娼志 元楊維楨撰
汧國夫人傳 唐白行簡撰
嚴蕊傳 宋曹嘉撰
卷十三青樓記（下）
平康 北里志 唐孫棨撰
青樓集 元夏庭芝撰
品藻 江花品藻 明楊慎撰
燕都妓品 明曹大章撰
卷十四翰撰部
詔令 敕鄧子弟詔 漢鄧皇后撰
又報章帝詔 漢馬皇后撰
賜崔亮璽書 後魏胡皇后撰
表疏 上元皇后謝表 晉左芬撰
為夫請戍邊自贖表 唐溫□撰
牋奏 奏成帝 漢趙皇后撰
上書 上宣帝書 漢烏孫公主撰
為兄上書 漢班昭撰
啟牘 問上元夫人書
與揚夫人袁氏書 魏卞夫人撰
與相如書 漢卓文君撰
再答夫秦嘉書 漢徐淑撰
與千牛文護書 北齊閻姬撰
復楊素書 晉魏鐶撰
序傳 題留新嘉驛壁詩序
金石錄後序 宋李清照撰
牛應貞傳 唐宋若昭撰
贊頌 論語贊 晉謝道韞撰
誄祭 司馬相如誄 漢卓文君撰
祭夫徐敬業文（原缺） 梁劉令嫺撰
譜錄 畫陣圖 晉衛鑠撰
花蕊事 明薛素素撰
辭詠 胡笳十八拍 漢蔡琰撰
白頭吟 漢卓文君撰
比紅兒詩 唐羅虬撰

四續侍兒小名錄 宋王銍撰
薛濤傳 唐李□撰
楊幽妍別傳 明陳繼儒撰
小青傳 題明戔戔居士撰
楊娼傳 唐房千里撰
蘇小娟傳 宋王□撰
王幼玉記（原缺） 宋柳師尹撰
教坊記 唐崔令欽撰
曲中志 明潘之恆撰
廣陵女士殿最 題明萍鄉花史撰
不封外戚詔 漢馬皇后撰
下四益宋令 後魏胡皇后撰
訪祖越王墳狀 唐李□真撰
讓長秋宮表 魏甄皇后撰
乞歸疏 唐鮑君徽撰
報漢元帝 漢王嬙撰
為父上書 漢緹縈撰
答西王母書
答卞夫人書 魏袁夫人撰
答夫秦嘉書 漢徐淑撰
答夫許邁書 晉孫□撰
答趙象書 唐步非煙撰
望湖亭題壁詩自序 宋錢□撰
觀音大士傳 元管道昇撰
鬱金頌 晉左芬撰
張倫誄（原缺）
墨竹譜 元管道昇撰
十索 梁丁六娘撰
子夜歌 梁王金珠撰

居家必備十卷 明末刻本 九行二十字，白口，左右雙邊
卷一家儀 居家儀注 □張一棟撰
鄭氏家範 元鄭太和撰
顏氏家訓 北齊顏之推撰
涑水家儀 宋司馬光撰
訓學齋規 宋朱熹撰
蘇氏家語 明蘇士潛撰

生日會約　明□□撰
女誡　漢班昭撰
卷二　懿訓
達生寶訓　明高濂輯
居家制用　元陸梳山撰
葉張佩　明屠本畯撰
食觀酒鑒（原缺）
大藏治病藥　唐釋靈澈撰
論鴿兒　題空青先生撰
辨惑編　宋謝應芳撰
卷三　治生上
齊民要術　北魏賈思勰撰
種果疏　元俞宗本撰
瓜蔬疏　明王世懋撰
耒耜經　唐陸龜蒙撰
納貓經　元俞宗本撰
田牧志　元俞宗本撰
卷四　治生下
田家五行　明婁元禮撰
探春曆記　題漢東方朔撰
農家諺　漢崔寔撰
袖中錦　題宋太平老人撰
卷五　奉養
天隱子養生書　唐司馬承禎撰
攝生要錄　明沈仕撰
按摩導引訣　明高濂撰
守庚申法　明高濂撰
服食方　明高濂撰
褚氏遺書　南齊褚澄撰
藝度　明王文祿撰

呂氏鄉約（原缺）
文範
座右箴言　明高濂撰
起伽箴　宋便思撰
視履約　明屠本畯撰
擬世諺　明陳繼儒撰
論相　宋吳處厚撰
勸善錄　宋秦觀撰
種樹書　元俞宗本撰
種藥疏　元俞宗本撰
稻品　明黃省曾撰
蠶經　明黃省曾撰
養魚經　明黃省曾撰
紀曆撮要
田家曆　明程羽文撰
吟事方　明瞿祐撰
保生要錄　宋蒲處貫撰
四時攝生消息論　明高濂撰
治萬病坐功訣　明高濂撰
絕三尸符咒　明高濂撰
解百毒方　明高濂撰
醫先　明王文祿撰

九五

卷六　趨避
宅經
太乙經
三才避忌　明高濂撰
神咒錄　宋呂圖撰
相地骨經
卷七　飲饌
醞造譜　明高濂撰
法製譜　明高濂撰
脯鮓品　明高濂撰
粉麵品　明高濂撰
湯品　明高濂撰
茶譜　明顧元慶撰
饌器約　明王道焜撰
卷八　藝學上
六義圖解　明王應電撰
書法　唐歐陽詢撰
俗書證誤　唐顏愍楚撰
切韻射標　宋李世澤撰
古今諺　明楊慎撰
俗考　宋洪邁撰
卷九　藝學下
詩訣　明第一相輯
琴箋圖式　明陶宗儀撰
投壺新格　宋司馬光撰
宣和牌譜　明瞿祐撰
六博譜　明潘之恒撰
牌經十三篇　明馮夢龍撰
卷十　清課
清齋位置　明文震亨撰

相宅要說　明高濂撰
選擇曆說　明高濂撰
四時宜忌　明瞿祐撰
百怪斷經　宋俞誨撰
甜食品　明高濂撰
粥糜品　明高濂撰
煎茶七類　明徐渭撰
陽冰筆訣　唐李陽冰撰
書譜　唐孫過庭撰
字書誤讀　宋王雰撰
俗呼小錄　明李翊撰
釋常談
畫塵　明沈顥撰
棋經　宋張擬撰
蹴踘圖譜　明汪雲程撰
譜雙　宋洪遵撰
除紅譜　元楊維楨撰
腳陣譜　明袁福徵撰
起居器服箋　明屠隆撰

一六七　士商必要三種十二卷　題江湖散人編　明末刻本　九行二十二字，小字雙行同，白口，四周單邊
洞天清錄　宋趙希鵠撰
洞天紙錄　宋趙希鵠撰
洞天筆錄　宋趙希鵠撰
洞天書錄　宋趙希鵠撰
古玩品　明高濂撰
洞天墨錄　宋趙希鵠撰
洞天硯錄　宋趙希鵠撰
新刻水陸路程八卷　明黃汴撰
釋□便覽二卷　明周於德撰　葛郎景增補
占驗書一卷　附錄一卷

一六八　破愁一夕話十種十卷　題溪白主人編　明末刻本　八行二十字，白口，四周單邊
笑林一卷
謎語一卷
笑儀巧偶一卷
酒令一卷
央竹桃源針千家詩山歌一卷
雅謔一卷
黃鶯兒一卷
山歌一卷
牌譜一卷
掛枝兒一卷

一六九　尚友叢書七種七卷　明夏洪基編　明末刻本　九行二十字，白口，四周單邊
讀書十六觀一卷　明陳繼儒撰
讀書筏一卷　明夏洪基撰
讀書樂一卷　明陳朗撰
書齋清事一卷　明華淑輯
書憲一卷　明吳從先撰
藏書譜一卷　明夏洪基撰
芸窗廷語一卷　明夏洪基訂

一七〇　山居便覽□種□□卷　明抄本　十行二十字，白口，左右雙邊
存十三種二十二卷
太上洞房內經注一卷　題宋陳摶撰
漢武帝內傳一卷外傳一卷
呂純陽真人沁園春丹詞註解一卷　元王玠撰
青天歌註釋一卷　元王玠撰
胎息經註一卷　題幻真先生撰
華陽陶隱居傳三卷　宋賈嵩撰
續仙傳三卷　南唐沈汾撰
陰真君還丹歌注一卷
崔公入藥鏡註解一卷　元王玠撰
宋俞琰撰
枕中記一卷
太清真人絡命訣一卷
高士傳三卷　晉皇甫謐撰
疑仙傳三卷　宋王簡撰

九六

一七一　約齋選錄四種六卷　明俞宣衛編　清抄本
三朝聖諭錄三卷　明楊士奇輯
琅琊漫抄一卷　明文林撰
清泉元傳跋
彭文憲公筆記一卷　明彭時撰
沈氏客談一卷　明沈周撰

一七二　四朝子史彙鈔□□種□□卷　明抄本　十行二十字，白口，四周單邊
存十三種六十八卷
西京雜記六卷　題晉葛洪撰
古今注三卷　題晉崔豹撰
灌畦暇語一卷
江南別錄一卷　宋陳彭年撰
齊史隨筆一卷　宋葛洪撰
湘山野錄三卷續錄一卷　宋釋文瑩撰
夢溪筆談二十六卷　宋沈括撰
蘇黃門龍川別志八卷　宋蘇轍撰
揮麈後錄二卷　宋王明清撰
泊宅編三卷　宋方勺撰
游宦紀聞十卷　宋張世南撰
唐語林二卷　宋王讜撰
楚漢餘談一卷　明高岱撰

一七三　說集六十種一百二卷　明抄本　十一行二十四字，藍格，白口，四周雙邊
復齋日記二卷　明許浩撰
卓異記一卷　唐李翱撰

朝野類要五卷　宋趙升撰
穆天子傳六卷　晉郭璞注
趙飛燕別傳一卷　宋秦醇撰
次柳氏舊聞一卷　唐李德裕撰
釣磯立談一卷
山房隨筆一卷　元蔣子正撰
東園友聞一卷　明[illegible]道易輯
澄懷錄二卷　宋周密撰
劉賓客嘉話錄一卷　唐韋絢撰
投轄錄一卷　宋王明清撰
宜齋野乘一卷　宋吳枋撰
玄真子外篇三卷　唐張志和撰
灌畦暇語一卷
海內十洲記一卷　題漢東方朔撰
古杭夢遊錄一卷　題宋灌圃耐得翁撰
幽閒鼓吹一卷　唐張固撰
述異記二卷　題梁任昉撰
後山先生談叢六卷　宋陳師道撰
王氏談錄一卷　宋王洙撰
孫內翰北里誌一卷　唐孫棨撰
春夢錄一卷　元鄭禧撰
畫墁錄一卷　宋張舜民撰
青樓集一卷　元夏庭芝撰
錄鬼簿一卷　元鍾嗣成撰
閒力記一卷
續搜神記一卷
登西臺慟哭記一卷　宋謝翱撰
皇明平吳錄三卷　明吳寬撰
青溪暇筆一卷　明姚福撰
赤松子一卷
西京雜記二卷　題晉葛洪撰
虬髯客傳一卷　題唐張說撰
南唐近事二卷　宋鄭文寶撰
開元天寶遺事二卷　五代王仁裕撰
閑居錄一卷　元吾衍撰
懷古錄三卷　宋陳模撰
唐小說一卷　唐劉餗撰
松窗雜錄一卷　唐李濬撰
巖下放言三卷　宋葉夢得撰
書齋夜話四卷　宋俞琰撰
王鼎翁文集一卷　宋王炎午撰
開顏集一卷　宋周文玘輯
神異經一卷　題漢東方朔撰
瀛涯勝覽一卷　明馬觀撰
青箱雜記十卷　宋吳處厚撰
北戶錄三卷　唐段公路撰
月河所聞集一卷　宋莫君陳撰
楊公筆錄一卷　宋楊彥齡撰
姬侍類偶一卷　宋周守忠撰
補筆談一卷
綠窗紀事一卷
[illegible]化緣疏一卷
續齊諧記一卷　梁吳均撰
還冤志一卷　北齊顏之推撰
續幽怪錄二卷　唐李復言撰
國初事蹟一卷　明劉辰撰
大理戰書一卷
嘯旨一卷

九七

一七四　雜抄五種五卷　明百靈洞抄本　十行二十字白口四周單邊
廣異記選一卷
隨筆抄可一卷
感應編注畧一卷
餘冬錄選一卷
吹劍錄畧一卷

一七五　明鈔五種六卷　明抄本
病逸漫記一卷　明陸釴撰
鄉琅漫鈔一卷　明文林撰
君子堂日詢手鏡二卷　明王濟撰
懸笥瑣探一卷　明劉昌撰
日本國考略一卷　明薛俊撰

一七六　枕中秘二十二種二十三卷　清衛泳編　明末刻本　九行二十字白口四周單邊
閒賞一卷　清衛泳輯
國士譜一卷　明王路撰
讀書觀一卷　清衛泳輯
悅容編一卷
園史一卷　清衛泳輯
奩史一卷　明高濂撰
酒箴一卷　明吳從先撰
棋經一卷　宋張擬撰
畫譜一卷　宋姜夔撰
[illegible]旨一卷　清衛泳輯
[illegible]指南一卷　明袁福徵撰
二六時令一卷　明張翮撰
書憲一卷　明吳從先撰
護書一卷　清衛泳輯
勝境一卷
瓶花史一卷　明袁宏道撰
茶寮記一卷　明陸樹聲撰
香禪一卷　明屠隆撰
詩訣一卷　清衛泳輯
繪妙一卷　清衛泳輯
曲調一卷　明黃華撰
破俗支言一卷

一七七　鄭秋湘所輯鑒賞小品十七種二十卷　清鄭瀚編　明崇禎十五年鄭瀚抄本
存十六種十九卷
藏書約一卷　明祁承㸁撰
裝書[illegible]一卷　宋[illegible]希鵠撰
洞天清錄四卷
書齋樂事一卷　明鄭瀚輯
國士譜一卷　明[illegible]撰
瓶[illegible]一卷　明[illegible]撰
二六時令一卷　明[illegible]撰
洞天清錄集[illegible]一卷　宋趙希鵠撰
易牙遺意一卷　元韓奕撰
搜書一卷
讀書雜記一卷
芸臺藏鑑一卷　明鄭瀚輯
洞天清錄石錄一卷　宋趙希鵠撰
書憲一卷　明吳從先撰
山家清事一卷　宋林洪撰
閒賞編一卷　明鄭瀚輯

一七八　冶遊編五種七卷　清初抄本
北里誌一卷　唐孫棨撰
青樓集一卷　元夏庭芝撰
山[illegible]一卷　[illegible]撰
教坊記一卷　唐崔令欽撰
板橋雜記一卷　明余懷撰

一七九　水邊林下五十九種不分卷　題澗南漫士輯　清初刻本　九行二十字白口左右雙邊
林[illegible]鏡　明彭年撰
廬山草堂記　唐白居易撰
金石契　明祝肇撰
讀書十六觀　明陳繼儒撰
山齋志　明高濂撰
藝菊　明黃省曾撰
二六課　明程羽文撰
[illegible]寄言　明陸樹聲撰
相鶴經　題宋王安石訂
對雨篇　宋洪邁撰
清言　明屠隆撰
仙靈衛生歌　明高濂撰
賞心樂事　宋張鎡撰
樂善錄　宋李昌齡撰
林下盟　明沈仕撰
花曆　明程羽文撰
種蘭訣　明李奎撰
畫禪　明釋蓮儒撰
十六湯品　唐蘇廙撰
月令演　明程羽文撰
相牛經
岕茶箋　明馮可賓撰
諧言　明江盈科撰
田家曆　元俞宗本撰

九八

一八〇　碧溪叢書八種八卷　清抄本　十二行二十一字無格
吳武安公功績記一卷
紹興正論一卷　題宋湘山樵夫撰
順昌戰勝破賊錄一卷　宋楊汝翼撰
松漠紀聞一卷　宋洪皓撰
偽豫傳一卷　宋楊克弼撰
北狩行錄一卷　宋蔡鞗撰
皇太后回鑾事實一卷　宋万俟卨撰
金國文具錄一卷　宋洪皓撰

一八一　喬氏叢刻五種八卷　清初刻本　八行十八字白口四周單邊
苦吟三卷　清喬鉢撰
毛詩[illegible]一卷
野語一卷　清喬鉢撰

益聚庵讀翁子海外夾心一卷　清喬鉢閒性道撰
雲石會二卷　清包暘三撰

一八二　槐下新編雅說集十九種十九卷　清魏裔介輯　清康熙書林陳子秋刻本　清□如康跋　九行二十字白口四周單邊

劄記內外篇一卷　明王世貞撰
小心齋劄記一卷　明顧憲成撰
忠節語錄一卷　明金伯玉撰
大中一卷　清張蓬玄撰
居學錄一卷　清曹厚庵撰
好善編一卷　清成我存撰
野語一卷　清喬文衣撰
芝在堂語一卷　清劉千里撰
剩言一卷　清吳玄羽撰
退居瑣言（康熙辛酉夏日記）一卷　清王軒蘇撰
閒居擇言一卷　明趙南星撰
南臯日說一卷　明王世之撰
歲寒居答問一卷　明孫鍾元撰
迷古自警一卷　清魏裔介撰
庸言一卷　清魏象樞撰
荊園小語一卷　清申涵光撰
知至編一卷　清韓聖秋撰
嘗言一卷　清張肇祥撰
中語一卷　清宋學道撰

一八三　函宇通二種四卷　清熊志學編　清初書林友于堂刻本　九行十八字或八行十八字白口左右雙邊

枯致草二卷　明熊明遇撰
地緯二卷　明熊人霖撰

一八四　學海類編四百三十種八百十四卷　清曹溶輯　陶越增訂　清道光十一年晁氏活字印本　九行二十一字白口左右雙邊

經翼
易說二卷　宋呂祖謙撰
周易議卦二卷　明王崇慶撰
尚書蔡注考誤一卷　明袁仁撰
古文尚書考一卷　清陸隴其撰
詩經協韻考異一卷　宋輔廣撰
毛詩或問二卷　明袁仁撰
春秋集傳微旨三卷　唐陸淳撰
春秋胡傳考誤一卷　明袁仁撰
春秋日食質疑一卷　清吳守一撰
三禮考一卷　宋真德秀撰
周禮五官考一卷　明陳仁錫撰
檀弓訂誤一卷　清毛奇齡撰
大學發微一卷大學本旨一卷　宋黎立武撰
中庸指歸一卷圖一卷中庸分章一卷　宋黎立武撰
孔子論語年譜一卷　元程復心撰
孝經集靈一卷　明虞淳熙撰
讀易私言一卷　元許衡撰
讀書叢說六卷　元許謙撰
禹貢圖註一卷　明艾南英撰
尚書古文辨一卷　清朱彝尊撰
詩論一卷　宋程大昌撰
詩問略一卷　明陳子龍撰
九九
春秋金鎖匙一卷　元趙汸撰
讀左漫筆一卷　明陳懿典撰
禮經奧旨一卷　宋鄭樵撰
月令七十二候集解一卷　元吳澄撰
三禮指要一卷　清陳廷敬撰
讀禮志疑十二卷　清陸隴其撰
孟子年譜一卷　元程復心撰

史參
訂正史記真本一卷　宋洪遵撰
兩漢解疑二卷　明唐順之撰
兩晉解疑一卷　明唐順之撰
南北朝雜記一卷　明劉□撰
新舊唐書雜論一卷　明余□□撰
安祿山事蹟三卷　唐姚汝能撰
鑑誡錄十卷　後蜀何光遠撰
江表志三卷　宋鄭文寶撰
三楚新錄三卷　宋周羽翀撰
涑水紀聞十六卷補遺一卷　宋司馬光撰
蜀檮杌二卷　宋張唐英撰
五代春秋二卷　宋尹洙撰
靖康紀聞一卷拾遺一卷　題宋丁特起撰
張邦昌事略一卷　宋王偁撰
北狩見聞錄一卷　宋曹勛撰
南燼紀聞錄一卷　題宋辛棄疾撰
竊憤錄一卷續錄一卷　題宋辛棄疾撰
阿計替傳一卷　題宋辛棄疾撰
南遷錄一卷　金張師顏撰
讀史漫筆一卷　明陳懿典撰
三國雜事一卷　宋唐庚撰
五[illegible]一卷　[illegible]近年撰
[illegible]
[illegible]　宋[illegible]撰
[illegible]一卷
五國故事二卷
南唐拾遺記一卷　清毛先舒撰
西夏事略一卷　宋王偁撰
江南別錄一卷　宋陳彭年撰
劉豫事蹟一卷
北狩行錄一卷　宋蔡鞗撰
春明退朝錄三卷　宋宋敏求撰
朔□遺記一卷

三朝野史一卷
陳張事略一卷　明吳國倫撰
明氏實錄一卷　明楊學可撰

子類
宋景文雜說一卷　宋宋祁撰
晁氏客語一卷　宋晁說之撰
樵談一卷　宋許棐撰
勤有堂隨錄一卷　元陳櫟撰
潛溪邃言一卷　明宋濂撰
青巖叢錄一卷　明王禕撰
薛子道論三卷　明薛瑄撰
白沙語要一卷　明陳獻章撰
空同子纂一卷　明李夢陽撰
傳習則言一卷　明王守仁撰
近峯記略一卷　明皇甫庸撰
石渠庸書一卷　明崔銑撰
經世要談一卷　明鄭善夫撰
方山紀述四卷　明薛應旂撰
學古緒言二卷　明鄭曉撰
海涵萬象錄一卷　明黃潤玉撰
涇齋內言一卷外言一卷　明楊繼益撰
海樵子一卷　明王崇慶撰
客問一卷　明黃省曾撰
海沂子五卷　明王文祿撰
日錄裏言一卷　清魏禧撰
鄉術辨一卷　清陸隴其撰

集餘一　行誼
孝詩一卷　宋林同撰
白鹿書院教規一卷　宋朱熹撰
程董二先生學則一卷　宋程端蒙、董銖撰　饒魯輯

庚申外史二卷　明權衡撰
元史備忘錄一卷　明王光魯撰
天啟宮詞一卷　明蔣之翹撰
晁氏儒言一卷　宋晁說之撰
省心錄一卷　宋林逋撰
讀書錄存遺一卷　元滿音撰
郁離子一卷　明劉基撰
華川卮辭一卷　明王禕撰
侯城雜誡一卷　明方孝孺撰
錢子測語二卷　明錢琦撰
類博雜言一卷　明岳正撰
甘泉新論一卷　明湛若水撰
心齋約言一卷　明王艮撰
桑子庸言一卷　明桑悅撰
蜩笑偶言一卷　明鄭瑗撰
陰陽管見一卷　明何瑭撰
讀書筆記一卷　明祝允明撰
儼山外集一卷　明陸深撰
二谷讀書記三卷　明侯一元撰
黎子雜釋一卷　明黎久之撰
擬詩外傳一卷　明黃省曾撰
凝齋筆語一卷　明王鴻儒撰
常語筆存一卷　清湯斌撰
業儒臆說一卷　清陶圻撰
饒魯輯

桐陰舊話一卷　宋韓元吉撰
萬柳溪邊舊話一卷　宋尤玘撰
諭俗文一卷　宋真德秀撰
集慶路江東書院講義一卷　元程端禮撰
鄭氏規範一卷　元鄭太和撰
楊忠愍公遺筆一卷　明楊繼盛撰
元祐黨籍碑考一卷慶元偽學黨籍一卷　明海瑞撰
致身錄一卷　明史仲彬撰
人譜正篇一卷續篇一卷三篇一卷　明劉宗周撰
庭幃雜錄二卷　明袁衷、袁襄等記　錢曉訂
家誡要言一卷　明吳麟徵撰
初學備忘二卷　清張履祥撰
溫氏母訓一卷　明溫璜撰

集餘二　事功
愧郯錄十五卷　宋岳珂撰
歷代銓政要略一卷　宋[illegible]撰
歷代銓選志一卷　清[illegible]撰
旗軍志一卷　清金德純撰
邦計彙編一卷　宋李維編
救荒事宜一卷　清張陛撰
元海運志一卷　明危素撰
錢法纂要一卷　明邱濬撰
明漕運志一卷　清曾[illegible]撰
東宮備覽六卷　宋陳模撰
貢舉敘略一卷　宋陳彭年撰
樂律舉要一卷　明韓邦奇撰
文廟從祀先賢先儒考一卷　清郎廷極撰
臚傳紀事一卷　清蔣彤撰
紀琉球入太學始末一卷　清王士禎撰
陽明先生鄉約法一卷　明王守仁撰　陳龍正錄

錢氏私誌一卷　宋錢世昭撰
諭儒屬文一卷　宋真德秀撰
東谷隨筆一卷　宋李之彥撰
建文忠節錄一卷　明張芹撰
廉矩一卷　明王文祿撰
證人社約一卷　明劉宗周撰
宋林始末一卷　明薛平階撰
教習堂條約一卷　清徐乾學撰
翰苑遺事一卷　宋洪遵撰
官爵志三卷　明徐石麒撰
捕蝗考一卷　清陳芳生撰
楊公政績紀一卷　清黃家遴撰
拯荒事略一卷　元歐陽玄撰
煮粥條議一卷　明陳繼儒撰
鹽法考略一卷　明邱濬撰
國賦紀略一卷　明倪元璐撰
御試備官日記一卷　宋趙朴撰
歷代關市征稅記一卷　清彭寧求撰
歷代貢舉志一卷　明馮夢禎撰
學科考略一卷　明董其昌撰
歷代郊祀志一卷
一〇〇

陽明先生保甲法一卷　明王守仁撰　陳龍正錄
莅戎要略一卷　明戚繼光撰
歷代武舉考一卷　清譚吉璁撰
東南防守利便三卷　宋陳克、吳若撰
青溪寇軌一卷　宋方勺撰
平濠記一卷　明錢德洪輯
備倭記二卷　明卜大同撰
江防總論一卷　清姜宸英撰
江防集要一卷　清趙寧撰
江防述略一卷　清張鵬翮撰
棠陰比事一卷　宋桂萬榮輯　續編一卷　補編一卷　明吳訥輯
刑法叙略一卷　宋劉筠撰
折獄卮言一卷　清陳士鑛撰
河防記一卷　元歐陽玄撰
兩宮鼎建記三卷　明賀仲軾撰
明江南治水記一卷　清陳士鑛撰

歷代車戰叙略一卷　清張泰交撰
保越錄一卷　題元徐勉之撰
歷代馬政志一卷　清柴方炳撰
明倭寇始末一卷　清谷應泰撰
海防總論一卷　清姜宸英撰
海防集要一卷　清韓奕撰
海防述略一卷　清杜臻撰
續刑法叙略一卷　清揭暄撰
河源記一卷　元潘昂霄撰
常熟水論一卷　明薛尚質撰
西北水利議一卷　清許承宣撰
浮梁陶政志一卷　清吳允嘉撰

集餘三　文詞

文章緣起一卷　梁任昉撰　明陳懋仁注
續文章緣起一卷　明陳懋仁撰
二南密旨一卷　唐賈島撰
碧溪詩話十卷　宋黃徹撰
四六談麈一卷　宋謝伋撰
文錄一卷　宋唐庚撰
玉壺詩話一卷　宋釋文瑩撰
臨漢隱居詩話一卷　宋魏泰撰
容齋四六叢談一卷　宋洪邁撰
歲寒堂詩話一卷　宋張戒撰
吳氏詩話二卷　宋吳子良撰
碧雞漫志一卷　宋王灼撰
東坡文談錄一卷　元陳秀明輯

樂府雜錄一卷　唐段安節撰
詩式一卷　唐釋皎然撰
樂府指迷一卷　宋張炎撰
韻語陽秋二十卷　宋葛立方撰
環溪詩話三卷　宋吳沆撰
庚溪詩話一卷　宋陳巖肖撰
容齋詩話六卷　宋洪邁撰
詩讞一卷　宋周紫芝撰
姜氏詩說一卷　宋姜夔撰
深雪偶談一卷　宋方岳撰
對牀夜話五卷　宋范晞文撰
東坡詩話錄三卷　元陳秀明輯

一〇一

木天禁語一卷　元范梈撰
製曲十六觀一卷　元顧瑛撰
文原一卷　明宋濂撰
夢蕉詩話一卷　明游潛撰
詩談一卷　明徐泰撰
詩評一卷　明王世貞撰
文脈三卷　明王文祿撰
存餘堂詩話一卷　明朱承爵撰
顧曲雜言一卷　明沈德符撰
玉笥詩談二卷　續一卷　明朱孟震撰
棗林藝簣一卷　清談遷撰
唐詩談叢五卷　明胡震亨撰
師友詩傳錄一卷　清郎廷槐、王士禛等撰
詞統源流一卷　清彭孫遹撰
漫堂說詩一卷　清宋犖撰
詞家辨證一卷　清李良年撰
四六金針一卷　清陳維崧撰
集唐要法一卷　清郎廷極撰

集餘四　記述

封氏聞見記十卷　唐封演撰
幽閒鼓吹一卷　唐張固撰
北窗炙輠錄二卷　宋施德操撰
珩璜新論四卷　宋孔平仲撰
西畬瑣錄一卷　宋孫宗鑑撰
[illegible]齋筆談一卷　宋葉夢得撰
昨夢錄一卷　宋康與之撰
蘆浦筆記十卷　宋劉昌詩撰
袖中錦一卷　題宋太平老人撰
王氏三錄二卷　宋王鞏撰
甲申雜錄一卷

詞品一卷　明朱權撰
詞旨一卷　元陸輔之撰
談藝錄一卷　明徐禎卿撰
餘冬詩話二卷　明何孟春撰
全唐詩說一卷　明王世貞撰
文評一卷　明王世貞撰
藝圃擷餘一卷　明王世懋撰
夷白齋詩話一卷　明顧元慶撰
佘山詩話三卷　明陳繼儒撰
聲韻叢說一卷　清毛先舒撰
恬致堂詩話四卷　明李日華撰
詞藻四卷　清彭孫遹撰
詞壇紀事三卷　清李良年撰
論學三說一卷　清黃與堅撰
南州草堂詞話三卷　清徐釚撰
劉賓客嘉話錄一卷　唐韋絢撰
灌畦暇語一卷
宋景文筆記三卷　宋宋祁撰
明道雜志一卷　續一卷　宋張耒撰
鐵圍山叢談六卷　宋蔡絛撰
碧湖雜記一卷
高齋漫錄一卷　宋曾慥撰
南窗紀談一卷
聞見近錄一卷

隨手雜錄一卷
楊公筆錄一卷　宋楊彥齡撰
梁谿漫志十卷　宋費衮撰
湘山野錄三卷　宋釋文瑩撰
養痾漫筆一卷　宋趙溍撰
志雅堂雜鈔十卷　宋周密撰
默記三卷　宋王銍撰
後山叢談四卷　宋陳師道撰
賓退錄十卷　宋趙與旹撰
歸潛志八卷　元劉祁撰
北軒筆記一卷　元陳世隆撰
東園友聞一卷
遂昌山樵雜錄一卷　元鄭元祐撰
蔗山筆麈一卷　明商輅撰
方洲雜言一卷　明張寧撰
敝帚軒剩語三卷　補遺一卷　明沈德符撰
瓶花齋雜錄一卷　明袁宏道撰
莘野纂聞一卷　明伍餘福撰
石田雜記一卷　明沈周撰
寒夜錄三卷　明陳弘緒撰

集餘五　考據

資暇集三卷　唐李匡乂撰
格物粗談二卷　宋蘇軾撰
就日錄一卷　元虞集撰
文昌雜錄一卷　宋龐元英撰
辨誤錄二卷　宋吳曾撰
歲時廣記四卷　宋陳元靚撰
肯綮錄一卷　宋趙叔向撰
文待詔題跋二卷　明文徵明撰
辨物小志一卷　明陳絳撰

木筆雜鈔二卷
醴泉筆錄二卷　宋江休復撰
談藪一卷　宋龐元英撰
鶴山筆錄一卷　宋魏了翁撰
話腴一卷　宋陳郁撰
誠齋揮麈錄二卷　宋楊萬里撰
二老堂雜志五卷　宋周必大撰
羅氏識遺十卷　宋羅璧撰
佩韋齋輯聞四卷　元俞德鄰撰
學易居筆錄一卷　元俞鎮撰
漱石軒筆記一卷　宋李隱撰
震澤紀聞一卷　明王鏊撰
井觀瑣言三卷　明鄭瑗撰
瑯琊漫鈔一卷　明文林撰
秋涇筆乘一卷　明方鳳翔撰
餘菴雜錄三卷　明陳洵撰
贅齋雜著一卷　明陸垹撰

北戶錄一卷　唐段公路撰
猗覺寮雜記六卷　宋朱翌撰
緗素雜記十卷　宋黃朝英撰
月下偶談一卷　宋俞琰撰
文苑英華辨證十卷　宋彭叔夏撰
野服考一卷　宋方鳳撰
霏雪錄一卷　明劉績撰
損齋備忘錄一卷　明梅純撰
群碎錄一卷　明陳繼儒撰

一〇二

枕譚一卷　明陳繼儒撰
婦女雙名記一卷　明李肇亨撰
秦璽始末一卷　明沈德符撰
歷代甲子考一卷　清黃宗羲撰
握蘭軒隨筆二卷　清卜陳彝撰
孔子弟子考一卷　孔子門人考一卷　孟子弟子考一卷
姓氏考略一卷　清陳廷煒撰
廣事同纂一卷　清沈廷文撰

集餘六　藝能

文房四譜五卷　宋蘇易簡撰
學醫隨筆一卷　宋魏了翁撰
文湖州竹派一卷　元吳鎮撰
寓意編一卷　明都穆撰
燕閒九錄九卷　明項元汴撰
青烏緒言一卷　明李豫亨撰
琴言十則一卷　指法譜一卷　元吳澄撰
[illegible]
飛鳧語略一卷　[illegible]
北墅抱甕錄一卷　清高士奇撰
硯錄一卷　清曹溶撰

集餘七　[illegible]

延壽第一紳言一卷　題宋愚谷老人撰
賞心樂事一卷　宋張鎡撰
[illegible]
攝生消息論一卷　元邱處機撰
四時宜忌一卷　元瞿佑撰
二六功課一卷　題明石室道人撰

男子雙名記一卷　[illegible]
方言據二卷　明岳元聲撰
與古人書二卷　明張自烈撰
改元考同一卷　[illegible]
謚法考一卷　[illegible]
[illegible]
星象考一卷　宋鄒淮撰
墨記一卷　宋何薳撰
古今畫鑑一卷　元湯垕撰
印章集說一卷　明甘暘撰
文具雅編一卷　明屠隆撰
奕史一卷　明王穉登撰
上池雜說一卷　明馮時可撰
[illegible]
書法雅言一卷　明項穆撰
說硯一卷　清朱彝尊撰

林泉結契五卷　宋王質撰
爐火鑒戒錄一卷　宋俞琰撰
飲食須知八卷　元賈銘撰
[illegible]
修齡要指一卷　明冷謙撰
攝生要語一卷　題明息齋居士撰

養生膚語一卷　明陳繼儒撰
花裏活三卷補遺一卷　明陳詩教撰
怡情小錄一卷　清馮大年輯
馬氏日鈔一卷　明馬愈撰
華原一卷　宋劉孝孫撰
刑書釋名一卷　宋王鍵撰
攝生三要一卷　明袁黄撰
養小錄三卷　清顧仲撰
鹿門隱書一卷　唐皮日休撰
明皇十七事一卷　唐李德裕撰
新書一卷　題蜀諸葛亮撰

集錄八　遊覽
居易錄談三卷續談一卷　清王士禛撰
燕臺筆錄一卷　清項維貞輯
封長白山記一卷　清方象瑛撰
山左筆談一卷　明黄淳耀撰
遊勞山記一卷　清張道濬撰
金華遊錄一卷　宋方鳳撰
夢梁錄二十卷　宋吳自牧撰
吳地記一卷　唐陸廣微撰
蘇談一卷　明楊循吉撰
中吳紀聞六卷　宋龔明之撰
豫志一卷　明王士性撰
晉錄一卷　明沈思孝撰
蜀部談資四卷　明何宇度撰
臺灣隨筆一卷　清徐懷祖撰
遊羅浮記一卷　清潘耒撰
桂海虞衡志　宋范成大撰
滇記一卷　明楊慎撰
黔志一卷　明王士性撰
溪蠻叢笑一卷　宋朱輔撰
西使記一卷　元劉郁撰
西南夷風土記一卷　明朱孟震撰
朝鮮國紀一卷　明黄洪憲撰
西方要紀一卷　意大利利類思、比利時南懷仁等撰
京東考古錄　清顧炎武撰
先聖廟林記一卷　清屈大均撰
山東考古錄二卷　清顧炎武撰
古杭雜記一卷　元李有撰
嘉禾百詠一卷　宋張堯同撰
樂郊私語一卷　元姚桐壽撰
吳風錄一卷　明黄省曾撰
遊城南記一卷　宋張禮撰
華陽宮紀事一卷　宋釋祖秀撰
秦錄一卷　明沈思孝撰
楚書一卷　明陶晉英撰
粤南雜志二卷　明陳懋仁撰
廣州遊覽小志一卷　清王士禛撰
桂林風土記一卷　唐莫休符撰
成都遊寶記一卷　元費著撰
滇遊記一卷　清陳鼎撰
黔遊記一卷　清陳鼎撰
星槎勝覽四卷　明費信撰
使西域記一卷　明陳誠撰
興復哈密國王記一卷　明馬文升撰

一〇三

西陲聞見錄一卷　清黎士宏撰
遊具雅編一卷　明屠隆撰
安南雜記一卷　清李仙根撰

一八五 學海類編目錄一卷　清翁方綱抄本

一八六 秘書二十一種九十四卷　清汪士漢編　清康熙七年汪士漢據明刻古今逸史版重編本　清俞國錄批　十行二十字，白口，左右雙邊
汲冢周書十卷　晉孔晁注
吳越春秋六卷　漢趙曄撰　宋徐天祜音注
拾遺記十卷　題前秦王嘉撰
山海經十八卷　晉郭璞傳
博物志十卷　題晉張華撰　宋周日用等注
續博物志十卷　題宋李石撰
博異記一卷　題谷神子撰
劍俠傳四卷
晉史乘一卷
中華古今注三卷　後唐馬縞撰
三墳一卷
列仙傳二卷　題漢劉向撰
續齊諧記一卷　梁吳均撰
白虎通德論二卷　漢班固撰
桂海虞衡志一卷　宋范成大撰
高士傳三卷　晉皇甫謐撰
楚史檮杌一卷
竹書紀年二卷　題梁沈約注
古今注三卷　晉崔豹撰
風俗通義四卷　漢應劭撰
集異記一卷　唐薛用弱撰

一八七 昭代叢書甲集五十種五十卷乙集五十種五十卷丙集五十種五十卷　清張潮編　清康熙三十六年至四十二年詒清堂刻本　九行二十字，白口，四周單邊
甲集
第一帙　禮
更定文章九命一卷　清王晫撰
五行問一卷　清吳肅公撰
天官考異一卷　清吳肅公撰
學曆說一卷　清梅文鼎撰
改元考同一卷　清吳肅公撰
進賢說一卷　清張能麟撰
第二帙　樂
藝講規約一卷　清施璜撰
夙興語一卷　清甘京撰
語小一卷　清毛先舒撰
日錄雜說一卷　清魏禧撰
增訂心相百二十善一卷　清沈捷撰
竹溪雜述一卷　清殷曙撰
悟語一卷　清石龐撰
家人子語一卷　清毛先舒撰
心病說一卷　清甘京撰
觀宅四十吉祥相一卷　清周文煒撰
閑餘筆話一卷　清湯傳楹撰
第三帙　射
松溪子一卷　清王晫撰
穀養詩數一卷　清胡崗撰
西華仙籙一卷　清王言撰
歙問一卷　清洪玉圖撰
讀莊子法一卷　清林雲銘撰
謝皋羽年譜注一卷　清徐沁撰
將就園記一卷　清黄周星撰
黄山松石譜一卷　清閔麟嗣撰
第四帙　御
外國竹枝詞一卷　清尤侗撰
西方要紀一卷　意大利利類思、比利時南懷仁等撰
安南雜記一卷　清李仙根撰
花底拾遺一卷　明黎遂球撰
板橋雜記一卷　清余懷撰
十眉謠一卷　清徐士俊撰
第五帙　書
秋星閣詩話一卷　清李沂撰
製曲枝語一卷　清黄周星撰
戒賭文一卷　清尤侗撰
廋詞一卷　清黄周星撰
懶園觴政一卷　清孫祖度撰
而菴詩話一卷　清徐增撰
書法約言一卷　清宋曹撰
快說續紀一卷　清王晫撰
酒社芻言一卷　清黄周星撰
岕茶彙抄一卷　清冒襄撰
第六帙　數
硯林一卷　清余懷撰
裝潢志一卷　清周嘉冑撰
三友棋譜一卷　清鄭晉德撰
荔枝譜一卷　清陳鼎撰
龍經一卷　清王晫撰
宣爐歌注一卷　清冒襄撰
混同天牌譜一卷　清鄭旭旦撰
兵仗記一卷　清王晫撰
蘭言一卷　清冒襄撰
乙集
第一帙　常
毛朱詩說一卷　清閻若璩撰
讀禮問一卷　清吳肅公撰
第十一段錦一卷　清顧彩撰
廣祀典議一卷　清吳肅公撰
春秋三傳異同考一卷　清吳陳琰撰
十六國年表一卷　清張愉曾撰
江南星野考一卷　清葉燮撰
師友行輩議一卷　清魏禧撰
第二帙　富
國朝謚法考一卷　清王士禛撰
封長白山記一卷　清方象瑛撰
人瑞錄一卷　清孔尚任撰
恩賜御書紀一卷　清董文驥撰
暢春苑御試恭紀一卷　清狄億撰
旗軍志一卷　清金德純撰
紀琉球入太學始末一卷　清王士禛撰
紀恩錄一卷　清王士禛撰
恭迎大駕紀一卷　清徐秉義撰
出山異數記一卷　清孔尚任撰
第三帙　貴
奏對機緣一卷　清釋道忞撰
西北水利議一卷　清許承宣撰
隴蜀餘聞一卷　清王士禛撰
日錄裏言一卷　清魏禧撰
塞程別紀一卷　清余寀撰
廣州遊覽小志一卷　清王士禛撰
東西二漢水辨一卷　清王士禛撰
偶書一卷　清魏際瑞撰
第四帙　樂
漫堂說詩一卷　清宋犖撰
聲韻叢說一卷　清毛先舒撰
日錄論文一卷　清魏禧撰
南曲入聲客問一卷　清毛先舒撰
畫訣一卷　清孔衍栻撰
然脂集例一卷　清王士祿撰
伯子論文一卷　清魏際瑞撰
韻問一卷　清毛先舒撰
連文釋義一卷　清王言撰
第五帙　未
焦山古鼎考一卷　清王士禛撰
昭陵六駿圖辨一卷　清張弨撰
飯有十二合說一卷　清張英撰
瘞鶴銘辨一卷　清張弨撰
甘泉宮瓦考一卷　清林佶撰
醫津一筏一卷　清江之蘭撰
第六帙　央
花甲數譜一卷　清俞長城撰
江邨草堂紀一卷　清高士奇撰

一〇四

荔社紀事一卷　清高兆撰
石友贊一卷　清王晫撰
蛇譜一卷　清陳鼎撰
箋卉一卷　清吳菘撰

丙集
第一帙黃
漢魏石經考一卷　清萬斯同撰
五經今文古文考一卷　清吳陳琰撰
第二帙絹
聖諭樂本解說一卷　清毛奇齡撰
檀弓訂誤一卷　清毛奇齡撰
讀史管見一卷　清王穀撰
第三帙幼
乾清門奏對記一卷　清湯斌撰
扈從西巡日錄一卷　清高士奇撰
北嶽恒山歷祀上曲陽考一卷　清劉師峻撰
第四帙婦
聖節會約一卷　清鄭存會撰
荆園進語一卷　清申涵光撰
宗規一卷　清鍾于序撰
學語雜篇一卷　清沈思倫撰
第五帙外
古國都今郡縣合考一卷　清閔麟嗣撰
周末列國有今郡縣考一卷　清閔麟嗣撰
黃山史槩一卷　清陳鼎撰
峯古塔志一卷　清方拱乾撰
滇黔土司婚禮記一卷　清陳鼎撰
第六帙孫
身易一卷　清唐彪撰
西河詩話一卷　清毛奇齡撰

後觀石錄一卷　清毛奇齡撰
畫舫筆談一卷　清陳均撰
竹譜一卷　清陳鼎撰
唐宋石經考一卷　清萬斯同撰
春秋日食質疑一卷　清吳守一撰
三年服制考一卷　清毛奇齡撰
松亭行紀一卷　清高士奇撰
塞北小鈔一卷　清高士奇撰
荆園小語一卷　清申涵光撰
格言僅錄一卷　清王仕雲撰
戒淫錄一卷　清姚廷傑撰
觀物篇一卷　清石龐撰
臺灣隨筆一卷　清徐懷祖撰
峒谿纖志志餘一卷　清陸次雲撰
切字釋疑一卷　清方中履撰
南州草堂詞話一卷　清徐釚撰

一〇五

第七帙虀
窗告一卷　清葉奕苞撰
韻說一卷　清毛先舒撰
錢聞火器陣記一卷　清薛熙撰
貴風心傳一卷　清紀鑑撰
放生會約一卷　清吳陳琰撰
第八帙臼
文苑異稱一卷　清王晫撰
知戒錄一卷　清倫庚撰
百花彈詞一卷　清錢濟撰
吳蕈譜一卷　清吳林撰
蟹譜一卷　清褚人穫撰

廣錢譜一卷　清張延世撰
醉鄉約法一卷　清葉奕苞撰
內家拳法一卷　清黃百家撰
捕蝗考一卷　清陳芳生撰
思舊錄一卷　清靳治荆撰
瓊花志一卷　清朱顯祖撰
秋花譜一卷　清吳儀撰
鵪鶉譜一卷　清程石麟撰

昭代叢書新編五十種五十卷續編五十種五十卷廣編四十五種四十五卷埤編五十種五十卷別編五十六種五十卷　清楊復吉編　稿本　九行二十字小字雙行同白口四周單边　一八八

新編
五經讀法一卷　清徐與喬撰
四書釋地一卷　清閻若璩撰
天啓宮詞一卷　清陳悰撰
陰隲文編一卷　清曹學詩撰
漁樵問答一卷　清釋成鷲撰
吳蠏放言一卷　清吳莊撰
哀江南賦註一卷　清徐樹穀徐炯撰
磨餘一卷　清曹宗璠撰
謁泉窩志一卷　清徐芳撰
春天談藪一卷　清吳當發撰
晉人塵一卷　清沈四宗撰
吳語一卷　戴延年撰

縛虱一卷　清陳祖范撰
汰存錄一卷　清黃宗羲撰
容閑偶談一卷　清陳僖撰
蠡叢一卷　清方殿元撰
燕夢影一卷　清張潮撰
五九枝譚一卷　清尤侗撰
九節解疏一卷　清王晫撰
西河雜箋一卷　清毛奇齡撰
石里雜識一卷　清張尚瑗撰
茶餘客話一卷　清阮葵生撰
西湖小史一卷　清李鼎撰
粤西瑣記一卷　清沈四宗撰

苗俗記一卷　清田雯撰
進藏紀程一卷　清王世睿撰
古艷樂府一卷　清楊淮撰
影梅庵憶語一卷　清冒襄撰
璇璣碎錦一卷　清萬樹撰
三婦評牡丹亭雜記一卷　清吳人輯
識小錄一卷　清劉體仁撰
滋蕙堂法帖題跋一卷　清曾恒德撰
小山畫譜一卷　清鄒一桂撰
牡丹亭骰譜一卷　清徐震撰
非烟香記一卷　清黃鉞撰
野蠶贊一卷　清顧景星撰
嘯記一卷　清黃百家撰

譯史紀餘一卷　清陸次雲撰
重集列女傳例一卷　清魏子雲撰
十美詞紀一卷　清鄒樞撰
說詩菅蒯一卷　清吳雷發撰
西河詞話一卷　清毛奇齡撰
西藏風俗記一卷　清金人瑞撰
琴況一卷　清徐谼撰
繪事發微一卷　清唐岱撰
覆勝園譜一卷　清高兆撰
胭脂紀事一卷　清任端隆撰
烟譜一卷　清陸燿撰
淨菊譜一卷　清鄒一桂撰
識物一卷　清陳僖撰

續編
周官辨非一卷　清萬斯大撰
元秘史畧一卷　清萬光泰撰
海程記一卷　清洪若皋撰
南巡扈從紀畧一卷　清張英撰
河圖洛書同異考一卷　清冉覲祖撰
孔廟從祀末議一卷　清閻若璩撰
荆園進語一卷　清申涵光撰
讀戰國策隨筆一卷　清張尚瑗撰
杜事始末一卷　清杜登春撰
山陽錄一卷　清陳貞慧撰
嗒史一卷　清王晫撰
梅谷偶筆一卷　清陸烜撰
東城雜記一卷　清厲鶚撰
衛藏遊記一卷　清黃閣星撰
絕域紀畧一卷　清方拱乾撰
悅容編一卷　清衛泳撰

春秋列國地形口號一卷　清顧棟高撰
閩難記一卷　清洪若皋撰
制科雜錄一卷　清毛奇齡撰
西征紀畧一卷　清殷化行撰
荆園小語一卷　清申涵光撰
龍紅龕家訓一卷　清傅山撰
俟杜紀事一卷　清吳偉業撰
書事七則一卷　清陳貞慧撰
矩齋雜記一卷　清施閏章撰
積山雜記一卷　清汪惟憲撰
秋燈叢話一卷　清戴延年撰
滇海叢談一卷　清釋同揆撰
海國聞見錄一卷　清陳倫炯撰
柚海編一卷　清汪鵬撰
海鷗小譜一卷　清趙執信撰

一〇六

秦雲擷英小譜一卷　清王昶撰
文章薪火一卷　清方以智撰
江西詩社宗派圖錄一卷　清張泰來撰
折扇琵琶行一卷　清曹存先撰
論文四則一卷　清楊繩武撰
畫筌一卷　清笪重光撰
畫羅漢頌一卷　清廖燕撰
賞延素心錄一卷　清周二學撰
秋園雜佩一卷　清陳貞慧撰
硯蛇一卷　清趙懿韶撰

妙俸一卷　清陳元龍撰
崇禎宮詞一卷　清王譽昌撰
續詩品一卷　清袁枚撰
天文說一卷　清董以寧撰
畫語錄一卷　清釋道濟撰
玉臺畫史一卷　清厲鶚撰
妝樓闢語一卷　清金學詩撰
湖船錄一卷　清厲鶚撰
鼓虎一卷　清趙懿韶撰

廣編
易說一卷　清俞慎行撰
禮記篇目一卷　清茹威撰
諸史然疑一卷　清杭世駿撰
代北姓譜一卷　清周春撰
文廟從祀弟子贊一卷　清盧存心撰
世書一卷　清吳穎撰
山公九原一卷　清滿景撰
蠙談一卷　清盧存心撰
硯叩一卷　清葉抱崧撰
學海蠡測一卷　清沈謙撰
淥水亭雜識一卷　清納蘭成德撰
匡廬游錄一卷　清黃宗羲撰
清波小志補一卷　清陳景鍾撰
杭州小志一卷　清吳高增撰
異域錄一卷　清圖理琛撰
說嬰一卷　清檀萃撰
婦人集一卷　清陳維崧撰
文頌一卷　清馬榮祖撰
比紅兒詩註一卷　清沈可培撰

治齋讀詩蒙說一卷　清顧成志撰
約園禮經傳一卷　清吳卓信撰
蜀難敘畧一卷　清沈荀蔚撰
遼金元姓譜一卷　清周春撰
破邪論一卷　清黃宗羲撰
邇言一卷　清勞史撰
詹言一卷　清黃之雋撰
談書錄一卷　清汪師韓撰
思舊錄一卷　清黃宗羲撰
仁恕堂筆記一卷　清黎士弘撰
清波小志一卷　清徐逢吉撰
九華日錄一卷　清周天度撰
龍沙紀畧一卷　清方式濟撰
黎岐紀聞一卷　清張慶長撰
江源記一卷　清查拉吳麟撰
金石要例一卷　清黃宗羲撰
偶然欲書一卷　清方楘如撰
詩學纂聞一卷　清汪師韓撰

遼詩話一卷　清周春撰
花草蒙拾一卷　清王士禛撰
續三十五舉一卷　清桂馥撰
冷雲齋冰燈詩一卷　清傅山撰
埤編
古文尚書考一卷　清陸隴其撰
詩觀一卷　清惠周惕撰
春秋左傳類聯一卷　清陸桂森撰
劉豫事迹一卷　清曹溶輯
虎口餘生記一卷　清邊大綬撰
志學會約一卷　清湯斌撰
婦學一卷　清章學誠撰
山中問答一卷　清楊士昊撰
寒燈絮語一卷　清汪惟憲撰
廣連珠一卷　清陳濟生撰
七十二候考一卷　清曹仁虎撰
聞見偶錄一卷　清朱象賢撰
定香亭筆談一卷　清阮元撰
南漳子一卷　清孫之騄撰
番社采風圖考一卷　清六十七撰
閒情十二憮一卷　清蘇士琨撰
兀招一卷　清洪亮吉撰
集世說詩一卷　清李鄴嗣撰
書筏一卷　清笪重光撰
印文考略一卷　清鞠履厚撰
七頌堂識小錄一卷　清劉體仁撰
鄖鄉約法一卷　清葉奕苞撰
端溪硯譜記一卷　清袁樹撰
竹連珠一卷　清紐琇撰
木棉譜一卷　清褚華撰

天啟宮詞一卷　清蔣之翹撰
墨井畫跋一卷　清吳歷撰
焉石說一卷　清李鄴嗣撰
陽羨名陶錄一卷　清吳騫撰
古文尚書辨一卷　清朱彝尊撰
喪服翼註一卷　清閻若璩撰
注疏瑣語一卷　清沈淑撰
補三史藝文志一卷　清金門詔撰
庸言一卷　清魏裔介撰
宋詩纂要一卷　清王鉞撰
瀾堂夕話一卷　清張次仲撰
蒿菴閒話一卷　清張爾岐撰
讀外餘言一卷　清袁枚撰
說文凝錦錄一卷　清萬光泰撰
西臺慟哭記註一卷　清黃宗羲撰
東齋脞語一卷　清吳翌鳳撰
宸垣識餘一卷　清吳長元撰
寧古塔紀略一卷　清吳振臣撰
維西見聞記一卷　清余慶遠撰
賓告一卷　清葉奕苞撰
宮詞一卷　清徐昂發撰
皺水軒詞筌一卷　清賀裳撰
畫論一卷　清張庚撰
新曆曉惑一卷　清德國湯若望撰
清閒供一卷　清程羽文撰
藥房心語一卷　清楊中訥撰
琉璃誌一卷　清孫廷銓撰
荔譜一卷　清陳定國撰
北墅抱瓮錄一卷　清高士奇撰

一〇七

別編
讀易緒言一卷　清錢棻撰
春秋五禮源流口號一卷　清顧棟高撰
經書巵言一卷　清范泰恒撰
擬史季漢書昭烈皇帝本紀一卷　清黃中堅撰
平臺紀略一卷　清藍鼎元撰
蜀徼紀聞一卷　清王昶撰
強聒錄一卷　清彭堯諭撰
釋冰書一卷　清孫淓如撰
燕窗日記一卷　清王豫撰
天問校正一卷　清屈復撰
硯銘一卷　清汪琬撰
張氏巵言一卷　清張元賡撰
出塞紀略一卷　清錢良擇撰
藏行紀程一卷　清杜昌丁撰
徵刻唐宋秘本書目一卷　清黃虞稷、周在浚撰
藏書紀要一卷　清孫從添撰
淳化閣帖跋一卷　清沈蘭先撰
秋窗隨筆一卷　清馬位撰
鈍吟書要一卷　清馮班撰
畫訣一卷　清龔賢撰
紀聽松菴竹鑪始末一卷　清鄒炳泰撰
火戲略一卷　清趙學敏撰
羽扇譜一卷　清張燕昌撰
芥茶牋一卷　清馮可賓撰
人葠譜一卷　清陸烜撰
牡丹譜一卷　清計楠撰
菊說一卷　清計楠撰

饗禮補亡一卷　清諸錦撰
史略一卷　清蕭震撰
征緬紀略一卷　清王昶撰
臨清紀略一卷　清俞蛟撰
旅書一卷　清陳璜撰
雜言一卷　清鈕琇撰
鍾山書院規約一卷　清楊繩武撰
說文義例一卷　清王宗誠撰
五石瓠一卷　清劉鑾撰
峽川志略一卷　清蔣弘任撰
從西紀略一卷　清范昭逵撰
潮嘉風月記一卷　清俞蛟撰
金石史一卷　明郭宗昌撰
漢詩總說一卷　清費錫璜撰
詠物十詞一卷　清曹貞吉撰
畫麈一卷　清沈顥撰
秋水園印說一卷　清陳鍊撰
窰器說一卷　清程哲撰
怪石錄一卷　清沈心撰
茶史補一卷　清余懷撰
亳州牡丹述一卷　清鈕琇撰
鳳仙譜一卷　清趙學敏撰
貓乘一卷　清王初桐撰

一八九 **然脂百一編五種五卷**　清王士禛編　清傅以禮重編　清光緒八年傅以禮家抄本　清傅以禮校注並跋　蔣鳳藻跋　八行二十一字、紅格、白口、四周雙边，或十一行二十一字、無格

東歸記事一卷　□王鳳嫺撰
追述黔塗略一卷　明邢慈靜撰
老父雲遊始末附尊前話舊一卷　清陸莘行撰
燈花占一卷　□王□撰
革除建文皇帝紀一卷　□徐德英撰

一九〇 **滎陽雜俎八種十一卷**　清程定遠編　清康熙三十八年自刻本　八行十八字、白口、四周雙边

開天傳信記二卷　唐鄭棨撰
津陽門詩一卷　唐鄭嵎撰
詞餘一卷　明鄭若庸撰
家訓一卷　清鄭起泓撰
南唐近事三卷　宋鄭文寶撰
逍遙先生遺詩一卷　唐鄭遨撰
鄭氏家範一卷　明鄭大和撰
省心雜錄一卷　清鄭起泓輯

一九一 **楝亭藏書十二種六十九卷**　清曹寅編　清康熙四十五年揚州詩局刻本　十一行二十一字、細黑口、左右雙边

法書考八卷　元盛熙明撰
釣磯立談一卷
梅苑十卷　宋黃大輿輯
硯箋四卷　宋高似孫撰
都城紀勝一卷　宋題灌圃耐得翁撰
聲畫集八卷　宋孫紹遠輯
分門纂類唐宋時賢千家詩選二十二卷　宋劉克莊輯
琴史六卷　宋朱長文撰
新編錄鬼簿二卷　元鍾嗣成撰
禁扁五卷　元王士點撰
墨經一卷　宋晁貫之撰
頤堂先生糖霜譜一卷　宋王灼撰

一九二 **東林史料叢鈔十二種十一卷**　清姜宸英編　清慈谿姜氏抄本
存十種十卷

東林籍貫一卷
盜柄東林夥一卷

一〇八

夥壞封疆錄一卷
欽定逆案一卷
擬故宮詞一卷
東林朋黨錄一卷
天鑒錄一卷
欽定逆案分款全錄一卷
東林同志錄一卷
東林點將錄一卷

一九三 **閩丘辯囿十種十五卷**　清顧嗣立編　清康熙顧氏秀野艸堂刻本　十一行二十一字、白口、左右雙边

魏鄭公諫錄五卷　唐王方慶輯
闕史二卷　唐高彥休撰
南海山水人物古蹟記一卷　元吳萊撰
雁山十記一卷　元李孝光撰
牛羊日曆一卷　唐劉軻撰
蜀錦譜一卷　元費著撰
歲華紀麗譜一卷　元費著撰
膳夫經一卷　唐楊曄撰
牋紙譜一卷　元費著撰
錢幣譜一卷　元費著撰

一九四 **硯北偶鈔十二種十七卷**　清姚培謙、張景星編　清乾隆二十七年草草巢刻本　六行十五字、白口、左右雙边

文章緣起一卷　梁任昉撰
詩品三卷　梁鍾嶸撰
二十四詩品一卷　唐司空圖撰
詞旨一卷　元陸輔之撰
書品一卷　梁庾肩吾撰
後畫品錄一卷　陳姚最撰
續文章緣起一卷　明陳懋仁撰
樂府古題要解二卷　唐吳兢撰
樂府指迷一卷　元沈義父撰
佩觿三卷　宋郭忠恕撰
古畫品錄一卷　南齊謝赫撰
端溪硯譜一卷　宋葉樾訂

一九五 **繡谷雜鈔七種七卷**　清吳焯編　清康熙吳氏瓶華齋抄本　清吳焯、丁丙跋

錢氏私誌一卷　宋錢世昭撰
紹熙行禮記一卷　宋周密撰
錢唐瑣記一卷　宋于肇撰
古杭雜記一卷　宋李有撰
家王故事一卷　宋錢惟演撰
行都紀事一卷　宋陳晦撰
思陵書畫記一卷　宋周密撰

一九六　戴機父所輯書十三種二十七卷　清戴范雲編　稿本

唐詩叉玄集二卷　唐韋莊輯　春卿遺稿一卷　宋蔣堂撰
江西詩派小序一卷　宋劉克莊撰
三山鄭菊山先生清雋集一卷　宋陳震撰
一百二十圖詩集一卷錦錢餘笑二十四首一卷文集一卷　宋鄭思肖撰
待清軒遺稿一卷讀書錄存遺一卷　宋潘音撰
月屋漫稿四卷　元黄庚撰　清江碧嶂集一卷　元杜本撰
桐花山人詩集三卷　元李安卿撰　明宋玄僖輯
茂石山人遺稿一卷　元王翰撰　玉山璞稿二卷　元顧瑛撰
玉山名勝集二卷　元顧瑛輯　說學齋稿四卷　明危素撰

一九七　欽定古香齋袖珍十種九百五卷　清乾隆內府刻本　九行二十字，白口，四周雙邊

五經八卷
周易一卷　尚書一卷
毛詩二卷　禮記三卷
春秋一卷
四書十九卷
大學一卷　中庸一卷
論語十卷　孟子七卷
史記一百三十卷　漢司馬遷撰　劉宋裴駰集解　唐司馬貞索隱　張守節正義
資治通鑑綱目三編二十卷　清張廷玉輯
御纂朱子全書六十六卷　宋朱熹撰　清李光地等輯
春明夢餘錄七十卷　清孫承澤撰　初學記三十卷　唐徐堅等輯
淵鑑類函四百五十卷　清張英、徐東義等輯
御選古文淵鑑六十四卷　清徐乾學等輯注
施註蘇詩四十二卷目錄二卷　宋蘇軾撰　施元之注　王註正譌一卷　清邵長蘅撰　續補遺二卷　清馮景補注　東坡先生年譜一卷　宋王宗稷撰

一〇九

一九八　武英殿聚珍版書一百三十八種二千四百十六卷　清乾隆武英殿活字印本（易緯、漢官舊儀、魏鄭公諫續錄、帝範清乾隆三十八年武英殿刻本）九行二十一字，小字雙行同，白口，四周雙邊，刻本四種十行二十一字

易緯十二卷　漢鄭玄注
易緯乾坤鑿度二卷　易緯稽覽圖二卷
易緯通卦驗二卷　易緯是類謀一卷
易緯乾鑿度二卷　易緯辨終備一卷
易緯乾元序制記一卷　易緯坤靈圖一卷
漢官舊儀二卷補遺一卷　漢衛宏撰
魏鄭公諫續錄二卷　元翟思忠撰　帝範四卷　唐太宗李世民撰

經部
周易口訣義六卷　唐史徵撰　易說六卷　宋司馬光撰
易原八卷　宋程大昌撰　吳園周易解九卷附錄一卷　宋張根撰
郭氏傳家易說十一卷　宋郭雍撰　誠齋易傳二十卷　宋楊萬里撰
易象意言一卷　宋蔡淵撰　易學濫觴一卷　元黄澤撰
尚書詳解二十六卷首一卷　宋夏僎撰
尚書詳解五十卷　宋陳經撰　融堂書解二十卷　宋錢時撰
禹貢指南四卷　宋毛晃撰　禹貢說斷四卷　宋傅寅撰
詩總聞二十卷　宋王質撰　續呂氏家塾讀詩記三卷　宋戴溪撰
絜齋毛詩經筵講義四卷　宋袁燮撰
欽定詩經樂譜全書三十卷樂律正俗一卷
儀禮集釋三十卷　宋李如圭撰　儀禮釋宮一卷　宋李如圭撰
儀禮識誤三卷　宋張淳撰　大戴禮記十三卷　漢戴德撰　北周盧辯注
春秋釋例十五卷　晉杜預撰　春秋傳說例一卷　宋劉敞撰
春秋經解十五卷　宋孫覺撰　春秋集註四十卷　宋高閌撰
春秋考十六卷　宋葉夢得撰　春秋辨疑四卷　宋蕭楚撰
春秋繁露十七卷　漢董仲舒撰　鄭志三卷　魏鄭小同撰
論語意原四卷　宋鄭汝諧撰
輶軒使者絕代語釋別國方言十三卷　漢揚雄撰　晉郭璞注

史部
兩漢刊誤補遺十卷　宋吳仁傑撰　三國志辨誤三卷
五代史纂誤三卷　宋吳縝撰　東觀漢記二十四卷
御選明臣奏議四十卷　元朝名臣事略十五卷　元蘇天爵撰
鄴中記一卷　晉陸翽撰　蠻書十卷　唐樊綽撰
水經注四十卷首一卷　北魏酈道元撰
元和郡縣志四十卷　唐李吉甫撰
元豐九域志十卷　宋王存等撰　輿地廣記三十八卷　宋歐陽忞撰
嶺表錄異三卷　唐劉恂撰　琉球國志略十六卷首一卷　清周煌撰
麟臺故事五卷　宋程俱撰　西漢會要七十卷　宋徐天麟撰
東漢會要四十卷　宋徐天麟撰　唐會要一百卷　宋王溥撰
五代會要三十卷　宋王溥撰　宋朝事實二十卷　宋李攸撰
建炎以來朝野雜記甲集二十卷乙集二十卷　宋李心傳撰
欽定武英殿聚珍版程式一卷　清金簡撰
直齋書錄解題二十二卷　宋陳振孫撰
絳帖平六卷　宋姜夔撰　欽定重刻淳化閣帖十卷
欽定四庫全書考證一百卷　唐書直筆四卷　宋呂夏卿撰

子部
傅子一卷　晉傅玄撰　公是弟子記四卷　宋劉敞撰
明本釋三卷　宋劉荀撰　項氏家說十卷附錄二卷　宋項安世撰
農書二十二卷　元王楨撰　農桑輯要七卷　題元司農司撰
蘇沈良方八卷　宋蘇軾、沈括撰　小兒藥證真訣三卷　宋錢乙撰
周髀算經二卷音義一卷　題漢趙君卿注　北周甄鸞重述　唐李淳風釋　李籍音義
九章算術九卷音義一卷　晉劉徽撰　唐李淳風釋　李籍音義
海島算經一卷　晉劉徽撰　唐李淳風注
孫子算經三卷　北周甄鸞撰　唐李淳風注
五曹算經五卷　北周甄鸞撰　唐李淳風注
五經算術二卷　北周甄鸞撰　唐李淳風注
夏侯陽算經三卷　隋夏侯陽撰　寶真齋法書贊二十八卷　宋岳珂撰
墨法集要一卷　明沈繼孫撰　鶡冠子三卷　宋陸佃解
意林五卷　唐馬總輯　學林十卷　宋王觀國撰
能改齋漫錄十八卷　宋吳曾撰
雲谷雜記四卷首一卷末一卷　宋張淏撰
猗覺寮雜記二卷　宋朱翌撰　甕牖閒評八卷　宋袁文撰
考古質疑六卷　宋葉大慶撰　朝野類要五卷　宋趙升撰
澗泉日記三卷　宋韓淲撰　敬齋古今黈八卷　元李冶撰
唐語林八卷　宋王讜撰　涑水紀聞十六卷　宋司馬光撰
歸潛志十四卷　元劉祁撰　老子道德經二卷　魏王弼注
文子纘義十二卷　宋杜道堅撰

集部
張燕公集二十五卷　唐張說撰　文忠集十六卷　唐顏真卿撰
南陽集六卷　宋趙湘撰　元憲集三十六卷　宋宋庠撰
景文集六十二卷　宋宋祁撰　文恭集四十卷　宋胡宿撰
祠部集三十五卷　宋強至撰　華陽集四十卷　宋王珪撰
公是集五十四卷　宋劉敞撰　彭城集四十卷　宋劉攽撰
淨德集三十八卷　宋呂陶撰　忠肅集二十卷　宋劉摯撰
山谷內集詩注二十卷、外集詩注十七卷、別集詩注二卷　宋黄庭堅撰　任淵等注
后山詩十二卷　宋陳師道撰　任淵注
陶山集十六卷　宋陸佃撰　學易集八卷　宋劉跂撰
西臺集二十卷　宋畢仲游撰　柯山集五十卷　宋張耒撰
浮沚集九卷　宋周行己撰　毘陵集十六卷　宋張守撰
浮溪集三十二卷　宋汪藻撰　簡齋集十六卷　宋陳與義撰
茶山集八卷　宋曾幾撰　文定集二十四卷　宋汪應辰撰
雪山集十六卷　宋王質撰　攻媿集一百十二卷　宋樓鑰撰
乾道稿二卷淳熙稿二十卷章泉稿五卷　宋趙蕃撰
止堂集十八卷　宋彭龜年撰　絜齋集二十四卷　宋袁燮撰
南澗甲乙稿二十二卷　宋韓元吉撰　蒙齋集二十卷　宋袁甫撰
恥堂存稿八卷　宋高斯得撰　拙軒集六卷　金王寂撰

二〇

金淵集六卷 元仇遠撰 牧庵集三十六卷 元姚燧撰
御製詩文十全集五十四卷首一卷 清高宗弘曆撰
萬壽衢歌樂章六卷 清彭元瑞輯 文苑英華辨證十卷 宋彭叔夏撰
悅心集四卷 清世宗胤禛輯 歲寒堂詩話二卷 宋張戒撰
碧溪詩話十卷 宋黃徹撰 浩然齋雅談三卷 宋周密撰
詩倫二卷 清汪薇輯

文溯閣四庫全書三千五百九十種七萬九千八百九十七卷 清永瑢、紀昀等纂修 清乾隆內府寫本 三萬六千一百十三冊 八行二十一字，白口，四周雙边 一九九

文津閣四庫全書三千五百三種七萬九千三百三十七卷 清永瑢、紀昀等纂修 清乾隆內府寫本 三萬六千三百四冊 八行二十一字，白口，四周雙边 二〇〇

文瀾閣四庫全書三千四百五十種七萬二千七百八十卷 清永瑢、紀昀等纂修 清乾隆內府寫本（清、民國補抄） 三萬六千一百二十六冊 八行二十一字，白口，四周雙边（二萬七千九十冊） 二〇一

雅雨堂叢書十三種一百三十五卷 清盧見曾編 清乾隆二十一年至二十五年盧氏雅雨堂刻本 十行二十一字，白口，四周單边 二〇二
易傳十七卷 唐李鼎祚集解 傅增湘跋并錄清韓應陛臨孫堂、張惠言校
鄭氏周易三卷圖一卷 漢鄭玄注 宋王應麟輯 清惠棟增補
周易音義一卷 唐陸德明撰
尚書大傳四卷補遺一卷 漢鄭玄注 大戴禮記十三卷 題北周盧辯注
周易乾鑿度二卷 漢鄭玄注
戰國策三十三卷 漢高誘注
匡謬正俗八卷 唐顏師古撰 傅增湘跋并錄清何焯校
封氏聞見記十卷 唐封演撰
摭言十五卷 五代王定保撰 傅增湘校并跋

北夢瑣言二十卷 宋孫光憲撰 文昌雜錄六卷 宋龐元英撰
鄭司農集一卷 漢鄭玄撰

二一

說部新書三十二種四十六卷 清許焞編 清許焞稿抄本 清許仁沐、丁丙跋 二〇三
畫竹譜一卷 元李衎撰 墨竹譜一卷 元管道昇撰
畫梅譜一卷 宋釋仲仁撰 丹青志一卷 明王穉登撰
畫塵一卷 明沈顥撰 香譜二卷 宋洪芻撰
荔枝譜一卷 清陳鼎撰 荔枝紀事一卷 清高兆撰
荔枝話一卷 清林嗣環撰 續蟹譜一卷 清褚人穫撰
志促織一卷 明袁宏道撰 續齊諧記一卷 梁吳均撰
蹴踘圖譜一卷 明汪雲程撰 絲子記一卷 唐柳宗元撰
黃石公望空四字數一卷 明周履靖撰
賞心樂事一卷 宋張鎡撰 吳社編一卷 明王穉登撰
褚氏遺書一卷 齊褚澄撰 餘菴雜錄三卷 明陳洵撰
地學指歸一卷 清豐澤撰 中吳紀聞六卷 宋龔明之撰
清波別志二卷 宋周煇撰 二老堂雜志五卷 宋周必大撰
錄鬼簿二卷 元鍾嗣成撰 滇記一卷 明楊慎撰
黔遊記一卷 清陳鼎撰 滇遊記一卷 清陳鼎撰
寓意編一卷 明都穆撰 紀善錄一卷 明杜瓊撰
貫齋雜著一卷 明陸釴撰 讀書筆記一卷 明祝允明撰
經世要談一卷 明鄭善夫撰

抱經堂叢書十七種二百七十四卷 清盧文弨編 清乾隆四十九年至嘉慶元年盧氏抱經堂刻本 二〇四
經典釋文三十卷 唐陸德明撰 孟子音義二卷 宋孫奭撰
考證三十卷 清盧文弨撰
儀禮注疏詳校十七卷 清盧文弨撰
逸周書十卷 晉孔晁注 附錄一卷 校正補遺一卷
白虎通四卷 漢班固撰
白虎通義攷一卷 清莊述祖撰 白虎通闕文一卷 清莊述祖輯
校勘補遺一卷 清盧文弨撰
輶軒使者絕代語釋別國方言十三卷 漢揚雄撰 晉郭璞注
校正補遺一卷 清盧文弨撰
荀子二十卷 唐楊倞注 清謝墉輯補 校勘補遺一卷 清謝墉撰
新書十卷 漢賈誼撰
春秋繁露十七卷附錄一卷 漢董仲舒撰
顏氏家訓七卷 北齊顏之推撰 清趙曦明注
傳一卷 清盧文弨注釋
重校正一卷 補遺一卷 清盧文弨撰
補正一卷 清錢大昕撰
群書拾補初編三十九卷 清盧文弨撰
五經正義表補遺一卷 易經注疏校正一卷
周易略例校正一卷 尚書注疏校正一卷
春秋左傳注疏校正一卷 禮記注疏校正一卷
儀禮注疏校正一卷 呂氏讀詩記補闕一卷
史記惠景間侯者年表校補一卷 續漢書志注補校正一卷
晉書校正一卷 魏書禮志校補一卷
宋史孝宗紀補脫一卷 金史補脫一卷
資治通鑑序補遺一卷 文獻通考經籍校補一卷
史通校正一卷 新唐書糾謬校補一卷
山海經圖讚補逸一卷 水經敘補逸一卷
宋史藝文志補一卷 補遼金元藝文志一卷
鹽鐵論校補一卷 新序校補一卷
說苑校補一卷 申鑒校正一卷
列子張湛注校正一卷 韓非子校正一卷
晏子春秋校正一卷 風俗通義校正逸文一卷
新論校正一卷 潛虛校正一卷
春渚紀聞補闕一卷 嘯堂集古錄校補一卷
鮑照集校補一卷 韋蘇州集校正拾遺一卷

二二

元微之文集校補一卷 白氏文集校正一卷
林和靖集校正一卷
西京雜記二卷 題晉葛洪撰 獨斷二卷 漢蔡邕撰
三水小牘二卷 唐皇甫枚撰 鍾山札記四卷 清盧文弨撰
龍城札記三卷 清盧文弨撰 解舂集文鈔十二卷補遺二卷詩鈔三卷 清馮景撰
抱經堂文集三十四卷 清盧文弨撰

鏡烟堂十種二十九卷 清紀昀編 清乾隆嵩山書院刻本 十行二十一字，白口，四周單边 二〇五
沈氏四聲考二卷 唐人試律說一卷
刪正二馮評閱才調集二卷 刪正方虛谷瀛奎律髓四卷
李義山詩集三卷 後山集鈔三卷
張為主客圖三卷 風雅遺音二卷
庚辰集五卷 館課存稿四卷

奇晉齋叢書十六種十九卷 清陸烜編 清乾隆五十四年陸烜奇晉齋刻本 八行十九字，白口，左右雙边 二〇六
松窗雜錄一卷 唐李濬撰 清暇語一卷
平巢事蹟考一卷 采石瓜洲斃亮記一卷 宋蹇駒撰
鶴山筆錄一卷 宋魏了翁撰 臨漢隱居詩話一卷 宋魏泰撰
北牕炙輠錄二卷 宋施德操撰 文山題跋一卷 宋文天祥撰
遺山題跋一卷 金元好問撰 大理行記一卷 元郭松年撰
雲煙過眼續錄一卷 元湯允謨撰 寓意編一卷 明都穆撰
吹雪堂漫錄一卷 明馮夢禎撰 筆塵一卷 明莫是龍撰
雲間雜誌三卷 雲南山川志一卷 明楊慎撰

奇晉齋叢書十六種十九卷 清陸烜編 清乾隆三十四年陸烜奇晉齋刻本 清鮑廷博、周星詒校並跋 二〇七

奇晉齋叢書十六種十九卷 清陸烜編 清乾隆三十四年陸烜奇晉齋刻本 傅增湘校並跋 二〇八

二〇九 杜藕山房叢書十種二十七卷 清杜鈞編 清乾隆杜甲補堂抄本
庭聞錄六卷 清劉健撰
西湖月觀一卷 明陳仁錫撰
江東十鑑十卷 宋李舜臣撰
滄洲近詩一卷 清陳鵬年撰
鳳臺備志錄存一卷首 清杜鈞輯
六經奧論鈔一卷 宋鄭樵撰
太公三略三卷
笨夫詩鈔二卷 清畢廷斌撰
七頌堂詩集一卷 清劉體仁撰
公餘偶筆一卷

二一〇 微波榭鈔書三種五卷 清乾隆孔繼涵家抄本 清孔繼涵跋 十二行二十一字無格
皇宋書錄三卷 宋董史撰
中麓畫品一卷 明李開先撰
學古編一卷 元吾丘衍撰

二一一 藝海彙編二十八種四十六卷 清吳翌鳳編 清吳翌鳳家抄本 清吳翌鳳跋 八行二十字無格
霜猨集二卷 明闕同谷撰
談往續錄一卷
鄭氏紀畧一卷
御題明臣史可法像卷一卷
沈存仲再生紀異錄一卷 明沈常撰
述古堂書目不分卷 清錢曾藏並撰
盤天經一卷 明劉基述
鄧君玄靈八門報應內旨一卷
兩暘氣候親機一卷
黃帝宅經二卷
夾竹梅花一卷 明何野雲輯
雪樵經二卷 明劉基述
玄亭閒話六卷 清閻錫撰
陳履白先師規中指南一卷 元陳沖素撰
受正玄機神光經一卷 明殷數撰
劫灰錄六卷 題清珠江寓舫撰
五藩擣乘二卷存卷上 題清巫峽迷人撰
汴圍濕襟錄一卷 明白愚撰
青燐屑引二卷 明應廷吉撰
明季災異錄二卷 清黃宗羲撰
天老神光經一卷 唐李靖撰
靈信經旨一卷
六十甲子定靈凶占一卷
九天上聖秘傳金符經一卷
乙變中黃經一卷 □金心田錄
管輅課書一卷 □陳天生秘枝
漁莊秘草三卷
山蜂神書二卷

一一五

二一二 秘冊彙叢十七種□□卷 清吳翌鳳編 清抄本 清吳翌鳳跋、葉叔發跋
存三種
詩經疑問七卷 元朱倬撰
竹嶼書金石錄一卷 清趙魏編
隸釋刊誤一卷 元朱倬撰

二一三 拜經樓叢抄二十三種二十五卷 清吳騫編 清吳氏拜經樓抄本 清吳騫跋
食史一卷 題明兩峰老饕撰
斷腸詩集五卷 宋朱淑真撰
藏書記要一卷 清孫從添撰
經歷奇澄一卷 明錢國薦撰
庚申君遺事一卷附宋遺民廣錄訂誤一卷
閱紅樓夢隨筆一卷 清周春撰
東齋脞語一卷 清吳翌鳳撰
稀世新編一卷 清吳騫撰
圍棊譜一卷
查初白行述一卷 清查岐昌撰 吳騫跋
吳兔床行述一卷 清吳壽照、吳壽暘撰
拜經樓書目一卷 清吳壽暘編
璇璣圖一卷 投齋蘇蕙撰 清吳焯抄本
清吳騫抄本
不惑論一卷 清吳試中撰
選文一卷
滋昌閣香詩一卷
錢塘先賢贊一卷 宋袁韶撰
南宋六陵遺事一卷 清萬斯同撰
清萬斯同撰
紅樓夢偶得一卷 清徐鳳儀撰
六井攷一卷 清吳騫跋
金石類稿一卷 清吳騫撰
黑紙燈草一卷 清吳騫撰

二一四 養和堂叢書八種四十卷 清陳維中編 清乾隆刻本 十行二十字黑口左右雙邊
春秋集傳微旨三卷 唐陸淳撰
春秋集傳辨疑十卷 唐陸淳撰
相臺書塾刊正九經三傳沿革例一卷
昭德先生郡齋讀書志五卷後志二卷 宋晁公武、趙希弁撰
太上黃庭內景玉經註二卷 □邵德生撰
黃帝陰符經註三卷 □邵德生撰
烏衣香牒四卷 清陳邦彥輯
香駒小譜二卷 清陳邦彥輯

二一五 白齋七種十七卷 清陸紹曾編 清抄本 清方燏跋
吉光片羽七卷 清陸紹曾輯
野航遺稿一卷 明朱存理撰
金石碑版遺文三卷 清陸紹曾輯
續鐵網珊瑚一卷 清陸紹曾輯
庚子所見法帖題跋記二卷 清陸紹曾輯
古廟錄一卷 清陸紹曾輯
庚子所見真蹟錄二卷 清陸紹曾輯

二一六 藝芳閣藝海奇鈔十四種四十六卷 清楊復吉編 稿本 九行字數不一無格
江表志三卷 宋鄭文寶撰
攄書行一卷五 唐蘇隱撰
續夷堅志二卷 金元好問撰
金國南遷錄一卷 宋張師顏撰
困學齋雜錄一卷 元鮮于樞撰
後梁春秋二卷 明姚士粦撰
見只編一卷 明姚士粦撰
沈下賢文集十二卷 唐沈亞之撰
醉翁談錄六卷 宋金盈之撰
柴氏四隱集五卷 宋柴望等撰
異域志一卷 元周致中撰
近光集三卷 元周伯琦撰
名蹟錄七卷 明朱珪撰
草莽私乘一卷 明陶宗儀撰

二一七 鄭氏注韓居七種十四卷 清鄭杰編 清乾隆刻本 八行或七行字數不等白口四周雙邊
爾雅三卷 宋鄭樵注
孝經一卷孝經集注衍義一卷 宋朱熹集注 曾伯羽衍義
說文字原一卷 元周伯琦撰
隸書正譌二卷 明吳元滿撰

一一四

晉文春秋一卷 清鄭杰注
晉文春秋異同附載一卷 清林喬蔭等撰
石塔碑刻記一卷附考一卷 唐黃璞撰
唐陳觀樂墓誌一卷
陳觀樂遺事一卷 清鄭杰輯

二一八 藝海珠塵一百六十六種三百十二卷 清吳省蘭編 清乾隆刻本 清徐時棟重定 徐時棟跋 十行二十一字小字雙行同白口左右雙邊
易象意言一卷 宋蔡淵撰
易稽覽圖二卷 漢鄭玄注
鄭敷文書說一卷 宋鄭伯熊撰
舜典補亡一卷 清毛奇齡撰
詩論一卷 宋程大昌撰
饗禮補亡一卷 清諸錦撰
大小宗通繹一卷 清毛奇齡撰
學校問一卷 清毛奇齡撰
箴膏肓起廢疾發墨守一卷 漢鄭玄撰
春秋傳說例一卷 宋劉敞撰
左傳職官一卷 清沈淑撰
春秋三傳異同考一卷 清吳陳琰撰
春秋職官考略三卷 清程廷祚撰
春秋地名辨異三卷晉書地理志證今一卷 清程廷祚撰
左傳人名辨異三卷 清程廷祚撰
中文孝經一卷孝經外傳一卷 清周春撰
論語筆解二卷 唐韓愈、李翱撰 明鄭鄤評
四書索解四卷 清毛奇齡撰 王錫輯
駁五經異義一卷補遺一卷 漢鄭玄撰 清王復輯 武億校
讀書瑣記一卷 清周應韶撰
東齋述傳一卷 清丁傳撰
匡謬正俗八卷 唐顏師古撰
易緯乾坤鑿度二卷 漢鄭玄注
洪範統一一卷 宋趙善湘撰
詩說一卷 宋張耒撰
詩疑二卷 宋王柏撰
昏禮辨正一卷 清毛奇齡撰
郊社禘祫問一卷 清毛奇齡撰
春秋或辨一卷 清許之獬撰
左傳器物宮室一卷 清沈淑撰
五經贊一卷 清陸榮秬撰 徐堂注
說學齋經說一卷 清葉鳳毛撰
續方言二卷 清杭世駿撰

續方言補正二卷　清程際盛撰
轉注古義考一卷　清曹仁虎撰
皇朝武功紀盛四卷　清趙翼撰
三垣疏稿三卷　明許譽卿撰
勝朝彤史拾遺記六卷　清毛奇齡撰
儒林譜一卷　清焦袁熹撰
奉使俄羅斯行程錄一卷　清張鵬翮撰
蜀檮杌二卷　宋張唐英撰
七十二候考一卷　清曹仁虎撰
山海經圖讚一卷　晉郭璞撰
海潮輯說二卷　清俞思謙撰
雲間第宅志一卷　清王沄撰
崧故述一卷　明楊樞撰
滇西見聞紀一卷　清余慶遠撰
滇南新語一卷　清張泓撰
海國聞見錄一卷　清陳倫炯撰
附圖一卷　清夏竣淵繪
番社采風圖考一卷　清六十七撰
北郊配位尊西嚮議一卷　清毛奇齡撰
辨定嘉靖大禮議二卷　清毛奇齡撰
紀元要略二卷　清陳景雲撰
補一卷　清陳黄中撰
捕蝗考一卷　清陳芳生撰
讀史論略一卷　清杜詔撰
孟子外書四卷　宋劉攽注
素履子三卷　唐張弧撰
續小兒語一卷　明呂坤撰
吾師錄一卷　明黄淳耀撰
聰訓齋語二卷　清張英撰
婦學一卷　清章學誠撰
駢字分箋二卷　清程際盛撰
官韻考異一卷　清吳省欽撰
武宗外紀一卷　清毛奇齡撰
明洪武四年進士登科錄一卷
社事始末一卷　清杜登春撰
小國春秋一卷　清焦袁熹撰
滇載記一卷　明楊慎撰
宋南防守利便三卷　宋呂祉撰
山海經補註一卷　明楊慎撰
海潮說一卷　清周春撰
燕魏雜記一卷　宋呂頤浩撰
江漢叢談二卷　明陳士元撰
金川瑣記六卷　清李心衡撰
朝鮮志一卷
唐史論斷三卷　宋孫甫撰
蜩螗偶鈔一卷　清陸錫熊撰
仲蒙子三卷　唐林慎思撰
小兒語一卷　明呂得勝撰
恥言二卷　明徐禎稷撰
修慝餘編一卷　明陳益撰
恒產瑣言一卷　清張英撰

一一五

握奇經解一卷　題漢公孫弘撰
握奇經續圖一卷
八陣總述一卷　晉馬隆撰
木棉譜一卷　清褚華撰
備邊屯田車銃議一卷車銃圖一卷優恤屯田議一卷　明趙士楨撰
一草亭目科全書一卷　明鄧苑撰
天問略一卷　葡萄牙陽瑪諾撰
曆學答問一卷　清梅文鼎撰
中星表一卷　清徐朝俊撰
正易心法一卷
潛虛解一卷　清焦袁熹撰
翻卦挨星圖訣考著一卷　清戴鴻撰
龜經一卷
夢占逸旨八卷　明陳士元撰
紀聽松菴竹鑪始末一卷　清鄒炳泰撰
異魚圖贊四卷　明楊慎撰
閩中海錯疏三卷　明屠本畯撰　徐𤊹補
蘇氏演義二卷　唐蘇鶚撰
肯綮錄一卷　宋趙叔向撰
學福齋雜著一卷　清沈大成撰
五總志一卷　宋吳炯撰
呵凍漫筆二卷　明談修撰
左氏蒙求一卷　元吳化龍撰　清許乃濟王慶麟注
雲仙散錄一卷　唐馮贄撰
半村野人閒談一卷　明姜南撰
投甕隨筆一卷　明姜南撰
學圃餘力一卷　明姜南撰
瓠里子筆談一卷　明姜南撰
蓉塘記聞一卷　明姜南撰
茶餘客話十二卷　清阮葵生撰
蘇沈良方八卷　宋蘇軾沈括撰
經天該一卷　意大利利瑪竇撰
二儀銘補注一卷　清梅文鼎撰
曆學疑問補二卷　清梅文鼎撰
古算器考一卷　清梅文鼎撰
太玄闡一卷　清焦袁熹撰
地理古鏡歌一卷　明蔣大鴻撰
黃帝授三子玄女經一卷
遠鏡說一卷　德國湯若望撰
東原錄一卷　宋龔鼎臣撰
讀書偶見一卷　明吳騏撰
說叩一卷　清葉抱崧撰
宜齋野乘一卷　宋吳枋撰
孔氏談苑五卷　宋孔平仲撰
抱璞簡記一卷　明姜南撰
風月堂雜識一卷　明姜南撰
墨畬錢鎛一卷　明姜南撰
洗硯新錄一卷　明姜南撰
叩舷憑軾錄一卷　明姜南撰
東皋雜鈔三卷　清董潮撰

滇南憶舊錄一卷　清張泓撰
古今諺一卷　明楊慎撰
南華經傳釋一卷　清周金然撰
雜詠百二十首二卷　唐李嶠撰
岳忠武王集一卷　宋岳飛撰
論語絕句一卷　宋張九成撰
丁孝子詩集三卷　元丁鶴年撰
夏內史集九卷附錄一卷　明夏完淳撰
王義士輞川詩鈔六卷　清王澐撰
可儀堂文集二卷　清俞長城撰
一梭居詩稿二卷　清[illegible]祝撰
松江衢歌一卷　清陳金浩撰
貞蕤稿略二卷　朝鮮朴齊家撰
鏤山草堂詩合鈔二卷　清王元啓王烈撰
古詩十九首解一卷　清張庚撰
文錄一卷　宋唐庚撰
聲調譜拾遺一卷　清翟翬撰
月山詩話一卷　清恒仁撰
拜經樓詩話四卷　清吳騫撰
古今風謠一卷　明楊慎輯
廣成子解一卷　宋蘇軾撰
至游子二卷
宋史本傳一卷
夾漈遺稿三卷　宋鄭樵撰
交行摘稿一卷　明徐孚遠撰
外國竹枝詞一卷　清尤侗撰尤珍注
四繪軒詩鈔一卷　清徐振撰
月山詩集四卷　清恒仁撰
異域竹枝詞三卷　清福慶撰
圭塘欸乃集一卷　元許有壬許有孚許楨馬熙撰
刻燭集一卷　清曹仁虎輯
聲調譜一卷　清趙執信撰
談龍錄一卷　清趙執信撰
杜詩雙聲疊韻譜括略八卷　清周春撰
淞南樂府一卷　清楊光輔撰

二一九　石研齋校刻書七種六十卷　清秦恩復編　清嘉慶道光間秦氏石研齋刻本
隸韻十卷　宋劉球撰
隸韻考證二卷　清翁方綱撰　碑目考證一卷
奉天錄四卷　唐趙元一撰
鬼谷子三卷　梁陶弘景注
篇目考一卷附錄一卷
列子八卷　唐盧重元解
叙論一卷考證一卷
駱賓王文集十卷　唐駱賓王撰
考異一卷　清顧廣圻撰
李元賓文集六卷　唐李觀撰
呂衡州文集十卷　唐呂溫撰
考證一卷　清顧廣圻撰

一一六

二二〇　小琅嬛僊館叙錄書三種六卷　清阮元編　清嘉慶三年阮元刻本　清李慈銘批校並跋　十一行二十一字小字雙行同　白口　左右雙邊
述學二卷　清汪中撰
儀鄭堂文二卷　清孔廣森撰
溉亭述古錄二卷　清錢塘撰

二二一　蕭山王氏十萬卷樓輯佚七種　清王紹蘭輯並編　稿本
漆書古文尚書逸文考一卷附杜林訓故逸文一卷
漢桑欽古文尚書說地理志考逸一卷附中古文尚書一卷
鄭氏春秋說一卷
齊論語問王知道逸文補一卷
夏大正逸文考一卷
弟子職古本考注一卷
凡將篇逸文注一卷

二二二　焦理堂先生叢鈔四種十卷　清焦循編　稿本
大理山河圖說一卷　清孫蘭撰
坦菴枕函待問編五卷　清徐石麒撰
古今青白眼三卷　清徐石麒輯
詩箋異同釋一卷四　清焦循撰

二二三　紫藤書屋叢刻六種十四卷　清陳口編　清乾隆五十七年秀水陳氏刻本　十一行二十二字　白口　左右雙邊
五代史補五卷　宋陶岳撰
五代史闕文一卷　宋王禹偁撰
五代春秋二卷　宋尹洙撰
五國故事二卷
詩品三卷　梁鍾嶸撰
詩品一卷　唐司空圖撰

二二四　紫藤書屋叢刻六種十四卷　清陳口編　清乾隆五十七年秀水陳氏刻本　清黄丕烈校

存四種十卷
五代史補五卷　宋陶岳撰
五代春秋二卷　宋尹洙撰
五代史闕文一卷　宋王禹偁撰
五國故事二卷

二二五 拜經堂叢書十種六十六卷　清臧庸編　清乾隆嘉慶間臧氏拜經堂刻本　十行二十一字白口左右雙邊
拜經日記十二卷　清臧庸撰
經義雜記三十卷　清臧琳撰
釋文一卷　清臧庸撰
盧氏禮記解詁一卷　漢盧植撰
新釋大方廣佛華嚴經音義二卷　唐釋慧苑撰　補遺一卷附錄一卷　清臧庸輯
叙錄一卷　清臧庸輯
詩經小學四卷　清段玉裁撰
叙錄一卷　清臧庸撰
漢書音義三卷　隋蕭該撰
三禮目錄一卷　漢鄭玄撰　清臧庸輯
六藝論一卷　漢鄭玄撰　清臧琳輯臧庸補輯
蔡氏月令章句二卷　漢蔡邕撰　清臧庸輯
爾雅三卷　晉郭璞注

二二六 士禮居叢書二十種一百九十三卷　清黃丕烈編　清嘉慶道光間黃氏士禮居刻本
周禮十二卷　漢鄭玄注
札記一卷　清黃丕烈撰
儀禮十七卷　漢鄭玄注
校錄一卷　清黃丕烈撰
夏小正戴氏傳四卷　宋傅崧卿注
校錄一卷　清黃丕烈撰
夏小正經傳集解四卷　清顧鳳藻撰
國語二十一卷　吳韋昭解
校刊札記一卷　清黃丕烈撰
戰國策三十三卷　漢高誘注
重刻札記三卷　清黃丕烈撰
梁公九諫一卷　宋歐陽忞撰
輿地廣記三十八卷　清黃丕烈撰
校勘札記二卷　清黃丕烈撰
汲古閣珍藏秘本書目一卷　清毛扆藏並撰
延令宋板書目一卷　清季振宜藏並撰
藏書紀要一卷　清孫從添撰
傷寒總病論六卷　宋龐安時撰
重雕札記一卷　清黃丕烈撰
洪氏集驗方五卷　宋洪遵輯
博物志十卷　題晉張華撰　宋周日用注
新刊宣和遺事前集一卷後集一卷
百宋一廛賦一卷　清顧廣圻撰　黃丕烈注
汪本隸釋刊誤一卷　清黃丕烈撰
船山詩選六卷　清張問陶撰　清石韞玉選錄
同人唱和詩三卷　清黃丕烈輯
焦氏易林十六卷　題漢焦延壽撰

二二七 欽訓堂秘笈六種六卷　清永瑆編　清抄本
玉堂嘉話一卷　元王惲撰
玉秋澗詩文一卷　元王惲撰
元遺山題跋一卷　金元好問撰
玉秋澗先生題跋一卷　元王惲撰
王半偈題跋一卷　明王穉登撰
松隱文集一卷　宋曹勛撰

二二八 真意堂叢書三種十三卷　清吳志忠編　清嘉慶十六年璜川吳氏活字印本　九行二十字白口左右雙邊　傅增湘校
洛陽伽藍記五卷　北魏楊衒之撰
東明書五卷　唐邵光庭撰
河朔訪古記三卷　元迺賢撰

二二九 韓晏合編三十一卷　清吳𬐑編　清嘉慶吳鼒刻本　鄧之誠跋
韓非子二十卷　識誤三卷　清顧廣圻撰　清嘉慶二十三年影宋刻本
晏子春秋八卷　清嘉慶二十一年影元刻本

二三〇 真有益齋鈔書四種四卷　清黃安濤編　稿本　王獻唐校並跋
元破臨安所得故宋書畫目一卷　元王惲撰
長物編一卷　明王穉登撰
惠定宇先生所定考古慮會之書一卷　清惠棟輯
郭畀日記一卷　元郭畀撰

二三一 石經閣叢書七種六卷　清馮登府編　稿本
全唐詩未備書目一卷　清朱彝尊輯
明詩綜採輯書目一卷　清朱彝尊輯
兩淮鹽筴書引證群書目錄一卷　清朱彝尊輯
宋金交聘表一卷
鶡史名臣諱一卷　清馮登府撰
鳳儀詩補註一卷　清馮登府撰
石經閣日鈔一卷　清馮登府撰

二三二 鳩塢隨手錄九種十一卷　清張祥河編　清抄本
飲水詩集一卷　清納蘭性德撰
驂鸞錄一卷　宋范成大撰
驂鸞吟稿一卷　清張祥河撰
桂勝集一卷　清張祥河撰
會典簡明錄一卷　清張祥河撰
飲水詞集一卷　清納蘭性德撰
續驂鸞錄一卷　清張祥河撰
詩舲詩續二卷詞續一卷　清張祥河撰
粵西筆述一卷　清張祥河撰

二三三 嚴鐵橋輯佚稿十種十四卷　清嚴可均編　稿本　清勞格校

蔣子萬機論一卷　魏蔣濟撰
杜氏體論二卷　魏杜恕撰
杜氏篤論一卷　魏杜恕撰
劉氏政論一卷　魏劉廙撰
袁子正書一卷袁子一卷袁子正論一卷
雜錄二十二則一卷
典論一卷　魏文帝曹丕撰
仲長子昌言二卷　漢仲長統撰
桓氏世要論一卷　魏桓範撰
典語一卷　吳陸景撰
魏袁準撰

二三四 漢魏四家軼存八卷　清嚴可均編　清抄本
仲長子昌言二卷　漢仲長統撰
杜氏體論二卷　魏杜恕撰
袁子正書一卷袁子一卷袁子正論一卷　魏袁準撰
典論一卷　魏文帝曹丕撰

二三五 學津討原二十集一百七十三種一千五十三卷　清張海鵬編　清嘉慶十年張氏照曠閣刻本　九行二十一字黑口左右雙邊
第一集
子夏易傳十一卷
蘇氏易傳九卷　宋蘇軾撰
京氏易傳三卷　漢京房撰　吳陸績注
關氏易傳一卷　題北魏關朗撰　唐趙蕤注
周易略例一卷　魏王弼撰　唐邢璹注
周易舉正三卷　唐郭京撰
周易集解十七卷　唐李鼎祚撰
麻衣道者正易心法一卷
第二集
尚書鄭注十卷　漢鄭玄撰　宋王應麟輯　清孔廣林增訂
尚書中候鄭注五卷　漢鄭玄撰　清孔廣林輯
東坡書傳二十卷　宋蘇軾撰
詩序辨說一卷　宋朱熹撰
詩考一卷　宋王應麟撰
詩地理攷六卷　宋王應麟撰
毛詩草木鳥獸蟲魚疏廣要二卷　明毛晉撰
韓詩外傳十卷　漢韓嬰撰
第三集

太平經國之書十一卷首一卷　宋鄭伯謙撰
儀禮逸經傳二卷　元吳澄撰　春秋微旨三卷　唐陸淳撰
春秋金鎖匙一卷　元趙汸撰　春秋胡傳考誤一卷　明袁仁撰
癸巳論語解十卷　宋張栻撰　司馬氏書儀十卷　宋司馬光撰
皇祐新樂圖記三卷　宋阮逸胡瑗撰

第四集
爾雅鄭注三卷　宋鄭樵撰
爾雅翼三十二卷　宋羅願撰　元洪焱祖音釋
急就篇四卷正文一卷　漢史游撰　唐顏師古注　宋王應麟音釋
九經補韻一卷　宋楊伯嵒撰
毛詩古音考四卷附錄一卷讀詩拙言一卷　明陳第撰
屈宋古音義三卷　明陳第撰

第五集
稽古錄二十卷　宋司馬光撰　通鑑地理通釋十四卷　宋王應麟撰
續宋編年資治通鑑十五卷　宋劉時舉撰
宋季三朝政要六卷

第六集
西京雜記六卷　題晉葛洪撰　大唐創業起居注三卷　唐溫大雅撰
吳越備史四卷補遺一卷　題宋范坰林禹撰
靖康紀聞一卷　題宋丁特起撰　拾遺一卷
北狩見聞錄一卷　宋曹勛撰　建炎維揚遺錄一卷
建炎復辟記一卷
松漠紀聞一卷續一卷補遺一卷　宋洪皓撰　燕翼詒謀錄五卷　宋王栐撰
西使記一卷　元劉郁撰
庚申外史一卷　明權衡撰　復辟錄一卷　明楊瑄撰
綏寇紀略十二卷補遺三卷　清吳偉業撰

第七集
洛陽伽藍記五卷　北魏楊衒之撰　洛陽名園記一卷　宋李格非撰
東京夢華錄十卷　宋孟元老撰　夢粱錄二十卷　宋吳自牧撰
吳地記一卷後集一卷　題唐陸廣微撰

一一九

吳郡圖經續記三卷　宋朱長文撰　佛國記一卷　晉釋法顯撰
諸蕃志二卷　宋趙汝适撰　益部方物略記一卷　宋宋祁撰
閩中海錯疏三卷　明屠本畯撰　明徐𤊹補疏
海語三卷　明黃衷撰

第八集
漢制攷四卷　宋王應麟撰　唐國史補三卷　唐李肇撰
淳熙玉堂雜記三卷　宋周必大撰　明宮史五卷　明劉若愚撰　呂毖輯
州縣提綱四卷　宋陳襄撰　官箴一卷　宋呂本中撰
書敘指南一卷　宋胡太初撰　唐史論斷三卷　宋孫甫撰
通鑑問疑一卷　宋劉羲仲撰　衆志十五卷　宋洪遵撰
子略四卷目一卷　宋高似孫撰

第九集
周髀算經二卷音義一卷　題漢趙君卿注　北周甄鸞重述　唐李淳風等注釋
音義　宋李籍撰
數術記遺一卷　題漢徐岳撰　北周甄鸞註
焦氏易林四卷首一卷　題漢焦延壽撰
元包經傳五卷　北周衛元嵩撰　唐蘇源明傳　李江注　宋韋漢卿音釋
元包數總義二卷　宋張行成撰　六經天文編二卷　宋王應麟撰
宅經二卷　青烏先生葬經一卷　金兀欽仄注
古本葬書一卷　題晉郭璞撰
葬經翼一卷圖一卷難解二十四篇一卷　明繆希雍撰

第十集
齊民要術十卷雜說一卷　北魏賈思勰撰
耒耜經一卷　唐陸龜蒙撰　紀效新書十八卷首一卷　明戚繼光撰
八陣合變圖說一卷　明龍正撰
增廣太平惠民和劑局方十卷　宋陳師文等撰
保(?)嬰總論三卷　宋許洪撰

第十一集
法書要錄十卷　唐張彥遠撰　歷代名畫記十卷　唐張彥遠撰
圖畫見聞誌六卷　宋郭若虛撰　宣和書譜二十卷

宣和畫譜二十卷　畫繼十卷　宋鄧椿撰

第十二集
忠經一卷　題漢馬融撰　鄭玄註　鶡冠子三卷　宋陸佃解
郁離子二卷　明劉基撰　意林五卷　唐馬總輯
李氏刊誤二卷　唐李涪撰　攷古編十卷　宋程大昌撰
演繁露十六卷續集六卷　宋程大昌撰
西溪叢語二卷　宋姚寬撰　學齋佔畢四卷　宋史繩祖撰

第十三集
封氏聞見記十卷　唐封演撰
東觀餘論二卷附錄一卷　宋黃伯思撰
夢溪筆談二十六卷補筆談一卷續筆談一卷　宋沈括撰
宋景文公筆記三卷　宋宋祁撰　芥隱筆記一卷　宋龔頤正撰
文昌雜錄六卷補遺一卷　宋龐元英撰　祛疑說一卷　宋儲泳撰
鼠璞二卷　宋戴埴撰

第十四集
春明退朝錄三卷　宋宋敏求撰　避暑錄話二卷　宋葉夢得撰
曲洧舊聞十卷　宋朱弁撰　却掃編三卷　宋徐度撰
齊東野語二十卷　宋周密撰

第十五集
冷齋夜話十卷　宋釋惠洪撰　春渚紀聞十卷　宋何薳撰
師友談記一卷　宋李廌撰　東坡志林五卷　宋蘇軾撰
老學庵筆記十卷　宋陸游撰　貴耳集三卷　宋張端義撰
閒居錄一卷　元吾丘衍撰　郯環記三卷　元伊世珍撰
學古編一卷　元吾丘衍撰　丸經二卷
歙州硯譜一卷　歙硯說一卷辨歙石說一卷
硯史一卷　宋米芾撰　端溪硯譜一卷
墨經一卷　宋晁貫之撰　雲林石譜三卷　宋杜綰撰
香譜二卷　宋洪芻撰　茶經三卷　唐陸羽撰
糖霜譜一卷　宋王灼撰

第十六集
搜神記二十卷　題晉干寶撰　搜神後記十卷　題晉陶潛撰

一二〇

異苑十卷　劉宋劉敬叔撰
酉陽雜俎二十卷續集十卷　唐段成式撰
開天傳信記一卷　唐鄭棨撰　杜陽雜編三卷　唐蘇鶚撰
甘澤謠一卷　唐袁郊撰　附錄一卷
劇談錄二卷　唐康駢撰　前定錄一卷續錄一卷　唐鍾輅撰
稽神錄六卷拾遺一卷　宋徐鉉撰

第十七集
唐摭言十五卷　五代王定保撰　鑒誡錄十卷　後蜀何光遠撰
南部新書十卷　宋錢易撰　涑水記聞十六卷　宋司馬光撰
王文正筆錄一卷　宋王曾撰　歸田錄二卷　宋歐陽修撰
國老談苑二卷　宋王君玉撰　茅亭客話十卷　宋黃休復撰
道山清話一卷
孫公談圃三卷　宋孫升述　劉延世撰
湘山野錄三卷續錄一卷　宋釋文瑩撰

第十八集
河南邵氏聞見前錄二十卷　宋邵伯溫撰
河南邵氏聞見後錄三十卷　宋邵博撰
揮麈前錄四卷後錄十一卷三錄三卷餘話二卷　宋王明清撰
玉照新志五卷　宋王明清撰

第十九集
桯史十五卷　宋岳珂撰
附錄一卷
癸辛雜識前集一卷後集一卷續集二卷別集二卷　宋周密撰
錦帶書一卷　梁蕭統撰　歲華紀麗四卷　題唐韓鄂撰
龍筋鳳髓判二卷　唐張鷟撰
蒙求正文二卷集註二卷　後晉李瀚撰　宋徐子光補注

第二十集
道德指歸論六卷　題漢嚴遵撰　古文參同契集解一卷箋註集解一卷三相類集解一卷　明蔣一彪輯

胎息經一卷　題□幻真先生注
象教皮編六卷　明陳士元輯
詩品三卷　梁鍾嶸撰
風騷旨格一卷　唐釋齊己撰
四六談麈一卷　宋謝伋撰
真誥二十卷　梁陶弘景撰
樂府古題要解二卷　唐吳兢撰
詩品二十四則一卷　唐司空圖撰
四六話二卷　宋王銍撰

學津討原二十集一百七十三種一千五十三卷　清張海鵬編　清嘉慶十年張氏照曠閣刻本　清陳鱣校並跋　二二六

存十二種六十六卷

東京夢華錄十卷　宋孟元老撰
州縣提綱四卷　宋陳襄撰
書簾緒論一卷　宋胡太初撰
學齋佔畢四卷　宋史繩祖撰
祛疑說一卷　宋儲泳撰
春渚紀聞十卷　宋何薳撰
夢粱錄二十卷　宋吳自牧撰
官箴一卷　宋呂本中撰
考古編十卷　宋程大昌撰
芥隱筆記一卷　宋龔頤正撰
却掃編三卷　宋徐度撰
師友談記一卷　宋李廌撰

墨海金壺一百十五種七百三十四卷　清張海鵬編　清嘉慶十三年至十八年張海鵬刻本　十一行二十三字黑口左右雙邊　二二七

經部
吳園周易解九卷附錄一卷　宋張根撰
易說四卷　宋趙善譽撰
禹貢說斷四卷　宋傅寅撰
呂氏家塾讀詩記三十二卷　宋呂祖謙撰
續呂氏家塾讀詩記三卷　宋戴溪撰
周官新義十六卷附考工記解二卷　宋王安石撰
儀禮釋宮一卷　宋李如圭撰
春秋通訓六卷　宋張大亨撰
春秋左傳補注六卷　清惠棟撰
論語筆解二卷　唐韓愈李翺撰
洪範口義二卷　宋胡瑗撰
五誥解四卷　宋楊簡撰
禮記訓義擇言八卷　清江永撰
春秋正旨一卷　明高拱撰
古微書三十六卷　明孫瑴撰
論語意原四卷　宋鄭汝諧撰
四書逸箋六卷　清程大中撰
韶舞九成樂補一卷　元余載撰
切韻指掌圖二卷　宋司馬光撰　檢例一卷　明邵光祖撰
古韻標準四卷詩韻舉例一卷　清江永撰
瑟譜六卷　元熊朋來撰
律呂成書二卷　元劉瑾撰

史部
三國志辨誤三卷
續後漢書四十二卷音義四卷　宋蕭常撰
春秋別典十五卷　明薛虞畿撰
渚宮舊事五卷補遺一卷　唐余知古撰
咸淳遺事二卷
平宋錄三卷　元劉敏中撰
征南錄一卷　宋滕元發撰
江表志三卷　宋鄭文寶撰
南唐書三十卷　宋馬令撰
吳中水利書一卷　宋單鍔撰
中吳紀聞六卷　宋龔明之撰
歲華紀麗譜一卷箋紙譜一卷蜀錦譜一卷　元費著撰
吳中舊事一卷　元陸友仁撰
大唐西域記十二卷　唐釋玄奘譯　釋辯機撰
職方外紀五卷首一卷　意大利艾儒略撰
五代會要三十卷　宋王溥撰
謚法四卷　宋蘇洵撰
救荒活民書三卷拾遺一卷　宋董煟撰
荒政叢書十卷附錄二卷　清俞森輯
救荒全書一卷　宋董煟撰
荒政考一卷　明屠隆撰
賑豫紀略一卷　明鍾化民撰
救荒策一卷　清魏禧撰
義倉考一卷　清俞森撰
歷代兵制八卷　宋陳傅良撰
大金弔伐錄二卷
昭忠錄一卷
江南別錄一卷　宋陳彭年撰
三楚新錄三卷　宋周羽翀撰
吳郡志五十卷　宋范成大撰
治河圖略一卷　元王喜撰
平江記事一卷　元高德基撰
宋朝事實二十卷　宋李攸撰
歷代建元考十卷　清鍾淵映撰
荒政叢言一卷　明林希元撰
荒政議一卷　明周孔教撰
荒箸略一卷　明劉世教撰
常平倉考一卷　清俞森撰
社倉考一卷　清俞森撰

一三一

子部
少儀外傳二卷　宋呂祖謙撰
內訓一卷　明仁孝文皇后徐氏撰
守城錄四卷　宋陳規湯璹撰
練兵實紀九卷雜集六卷　明戚繼光撰
農桑衣食撮要二卷　元魯明善撰
旅舍備要方一卷　宋董汲撰
全生指迷方四卷　宋王貺撰
靈棋經二卷　題晉顏幼明宋何承天注　元陳師凱明劉基解
李虛中命書三卷　唐李虛中注
徐氏三命消息賦註二卷　宋徐子平撰
珞琭子賦注二卷　宋釋曇瑩撰
羯鼓錄一卷　唐南卓撰
棊經一卷　宋晏天章撰
宣德鼎彝譜八卷　明呂震等撰
洛陽牡丹記一卷　宋歐陽修撰
范村梅譜一卷　宋范成大撰
鬻子一卷　唐逢行珪注
尹文子一卷
公孫龍子一卷　宋謝希深注
化書六卷　五代譚峭撰
靖康緗素雜記十卷　宋黃朝英撰
緯略十二卷　宋高似孫撰
珩璜新論一卷　宋孔平仲撰
玉堂嘉話八卷　元王惲撰
雞肋一卷　宋趙崇絢撰
東齋記事五卷補遺一卷　宋范鎮撰
玉壺野史十卷　宋釋文瑩撰
南窗紀談一卷
高齋漫錄一卷　宋曾慥撰
步里客談二卷　宋陳長方撰
菽園雜記十五卷　明陸容撰
陶朱新錄一卷　宋馬純撰
關尹子一卷
亢倉子一卷
準齋雜說二卷　宋吳如愚撰
神機制敵太白陰經十卷　唐李筌撰
陣紀四卷　明何良臣撰
折獄龜鑑八卷　宋鄭克撰
博濟方五卷　宋王袞撰
傷寒微旨論二卷　宋韓祗和撰
太清神鑑六卷
樂府雜錄一卷　唐段安節撰
棊訣一卷　宋劉仲甫撰
欽定錢錄十六卷
揚州芍藥譜一卷　宋王觀撰
菌譜一卷　宋陳仁玉撰
子華子二卷
慎子一卷
人物志三卷　魏劉邵撰　西涼劉昞注
資暇集三卷　唐李匡乂撰
能改齋漫錄十八卷　宋吳曾撰
日損齋筆記一卷附錄一卷　元黃溍撰
日聞錄一卷　元李翀撰
書敘指南二十卷　宋任廣撰
明皇雜錄二卷補遺一卷　唐鄭處誨撰
唐語林八卷　宋王讜撰
萍洲可談三卷　宋朱彧撰
張氏可書一卷　宋張知甫撰
東南紀聞三卷
漢武帝內傳一卷
陰符經疏三卷　唐李筌撰
文子二卷

集部
古文苑二十一卷　宋章樵注
餘師錄四卷　宋王正德撰

一三二

千文廣輯二十七種二十七卷　清張海鵬編　周貞亮補　清抄本　二二八

千字文釋義一卷　清汪嘯尹輯
三續千字文注一卷　宋葛剛正撰
續千字文一卷
別本續千字文一卷　明陳鎏撰
叙古千文一卷　宋胡寅撰　黃灝注
演千字文一卷　元許衡撰
太上皇帝紀元周甲授受禮成千字文一卷　清鄭豹文撰
大清千字文一卷　清永瑆撰
勸學篇千字文一卷　清王寶仁撰
皇上七旬萬壽千字文一卷　清吳省蘭撰
御製全韻詩恭跋千字文一卷　清彭元瑞撰
毛西河傳贊千字文一卷　清王錫撰
阿雲巖館師八十壽集千字文一卷　清劉鳳誥撰
西疇漢節使七十壽集千字文一卷　清劉鳳誥撰
阿摩華節使六十壽集千字文一卷　清劉鳳誥撰
祭潙林一先生文一卷　清陳倬撰
壽傳千字文一卷　清彭蘊章撰
節孝楊母江太恭人頌一卷
集千文詩品一卷　清沈蓮墅撰
續千文一卷
別本千字文一卷　清黃祖顓撰
再續千字文一卷　明吳晞嶽撰
廣千字文一卷
訓蒙千字文一卷　清何桂珍撰
帝京篇千字文一卷　清王寶仁撰
祭潙林一先生文一卷　清朱培源撰
張南良尚書六十壽頌一卷

二三九　頤素堂叢書十八種十九卷　清顧祿編　清嘉慶道光間顧氏頤素草堂刻本　八行二十一字細黑口左右雙邊

存十七種十八卷

雕蟲集一卷　清顧祿撰
紫荊花院詩藁初卷一卷　清顧祿撰
餅香僊館詞一卷　清顧祿撰
酒香秋一卷　清顧祿撰
壺中攬勝一卷　清顧祿撰
羽族棋譜一卷　題寅郎撰
御舟石乳茶紀一卷　清傚淵立撰
附錄賦試一卷
山堂五韵一卷　清華光撰
廣[?]竹葉一卷　清顧祿撰
吟花弄管譜一卷　題海棠香國主人撰
紫荊花院排律一卷　清顧祿撰
買田二千斛一卷　清顧祿撰
看楓約一卷　清顧祿撰
虎阜登游圖偈注一卷　清顧祿撰
煙草錄一卷　清褚逢椿　顧祿輯
雜纂新續一卷　清華光撰
獻花蝶譜一卷　題素花館主人撰
仙霞閣詩草一卷　清顧雯撰
白石道人歌曲六卷別集一卷　宋姜夔撰
藝香樓草一卷　清江國香撰

二四〇　書三味樓叢書七十二種二百二十六卷　清張應時編　清嘉慶十年至道光五年張氏書三味樓刻本　十行二十一字白口左右雙邊

周易述一卷　漢陸績撰
詩禮志疑一卷　清陸隴其撰
中庸講語一卷　清楊履基撰
四書五經集字二卷　明吳兆松撰
同文考證六卷
千祿字書一卷　唐顏元孫撰
俗書證誤一卷　宋顏愍楚撰
字體辨正一卷　清陸費墀撰
文字辨譌一卷　清吳省蘭撰
朱子綱目輯略四卷　清周宋濂撰
朱子語略八卷　宋楊與立撰
性學編一卷　明許誥撰
易說四卷　清楊增撰
讀四書法疏八卷　清焦袁熹撰
小學劄記一卷　清楊履基撰
經籍纂要十二卷　清倪思寬撰
金壺字考一卷　唐釋適之撰
字書誤讀一卷　宋王雰撰
敬避字樣一卷
至聖先師避諱錄一卷　清范繩撰
綱鑑鈔略十八卷　清周焯撰
白鹿洞規條目二十卷　清王澍撰
圖書管見一卷　明許誥撰

一二三

道統源流論一卷　明許誥撰
存齋叢書一卷　明徐階撰
呂子節錄四卷補遺二卷　明呂坤撰
人譜二卷　明劉宗周撰
吾師錄一卷　明黃淳耀撰
白山問答一卷　清王道升撰
通書子四卷　清張潤良撰
南陽台頌一卷　明唐汝詢撰
松鄉雜記四卷　明董宜陽撰
南吳舊話六卷　清李延昰撰
二公政訓二卷　明彭韶撰
朱文公政訓一卷
從政遺規二卷　清陳宏謀輯
學治臆說二卷續一卷　清汪輝祖撰
治河全考二卷　明朱國盛撰
三江水利紀略五卷　清周煒輯
[illegible]一卷　明歐陽調律纂
[illegible]生論一卷　清莊一夔撰
[illegible]集二卷　明朱佑撰
[illegible]仲稿三卷　明王廷宰撰
松籟堂詩鈔二卷　明馬靖撰
碧清堂詩稿一卷　清沈藻撰
商榷集三卷附從天樂一卷　清高不騫撰
楞堂詩附二卷附六香巷詩稿一卷　清陳枏撰
鷗湖漁吟一卷　清陳耕撰
梧陰吟草六卷　清李深源撰
嬰留山館詩鈔三卷詩餘一卷　清張寶岷撰
大悲詩鈔一卷　清宋筆撰
湖海集三卷　明范雲勇撰
[illegible]餘草一卷　清李心敬撰
徐文貞公家訓四卷　明徐階撰
存齋語錄一卷　明徐階撰
四禮翼四卷　明呂坤撰
陸清獻公年譜一卷　清楊履基撰
日省錄一卷　明周宗濂撰
戰摩錄一卷　清彭兆蓀撰
樵史四卷　明陸應陽撰
閱耕餘錄六卷　明張所望撰
王席門先生雜志一卷　清王俊撰
真文忠公政訓一卷
養蒙遺規二卷　清陳宏謀輯
佐治藥言二卷　清汪輝祖撰
西河紀程三卷　清周洽撰
傷寒括要二卷　清李中梓撰
福幼編一卷　清莊一夔撰
壽梅集二卷　明朱元振撰
質文堂詩集一卷　明高博撰
畫菴剩稿一卷　明王廷宰撰
懽齋詩稿六卷　清張富撰
白蕩游草一卷　清楊履基撰
寄園吟草六卷　清汪譽當撰
蔥餘草一卷　明王鳳嫻撰
綠窗小草一卷　清袁寒篁撰
綉餘小草一卷　清歸懋儀撰

二四一　受經堂叢書五種十四卷　清楊紹文編　清道光刻本　十一行二十五字黑口左右雙邊

茗柯文五卷詞一卷　清張惠言撰
齊物論齋集二卷　清董士錫撰
雲臥文藁一卷　清楊紹文撰
竹隱遺藁二卷　清金式玉撰
安甫遺學三卷　清江承之撰

二四二　澤古齋重鈔十二集一百十種二百四十一卷　清陳璜編　清道光四年陳璜據嘉慶張海鵬借月山房彙鈔版重編補刻本　九行二十一字小字雙行同下黑口左右雙邊

第一集
易例二卷　清惠棟撰
詩說一卷　清陶正靖撰
周禮序官考一卷　清陳大庚撰
深衣考一卷　清黃宗羲撰
春秋說一卷　清陶正靖撰
孝經述註一卷　明項霦撰
尚書地理今釋一卷　清蔣廷錫撰
詩說三卷　清惠周惕撰
考定檀弓二卷　清程穆衡撰
左傳杜解補正三卷　清顧炎武撰
春秋日食質疑一卷　清吳守一撰

第二集
惠氏讀說文記十五卷　清惠棟撰
席氏讀說文記十五卷　清席世昌撰

第三集
駢雅七卷　明朱謀㙔撰
音學辨微一卷　清江永撰
九經誤字一卷　清顧炎武撰
金石文字記六卷　清顧炎武撰
韻補正一卷　清顧炎武撰
三十六字母辨一卷　清黃廷鑑撰
石經考一卷　清顧炎武撰
千字文萃一卷　清張海鵬輯

第四集
平蜀記一卷　明童承叙撰
平漢錄一卷
洪武聖政記一卷　明宋濂撰
北征事蹟一卷　明袁彬撰
思陵典禮記四卷　清孫承澤撰
平定交南錄一卷　明邱濬撰
先撥志始二卷　明文秉撰
平吳錄一卷　明吳寬撰
平夏錄一卷　明黃標撰
國初事蹟一卷　明劉辰撰
革除遺事節本六卷　明黃佐撰
思陵勤政記　清孫承澤撰
廣右戰功錄一卷　明唐順之撰

一二四

第五集
炎徼紀聞四卷　明田汝成撰
東江始末一卷　明柏起宗撰
存是錄一卷　明姚宗典撰
三藩紀事本末四卷　清楊陸榮撰
條奏疏稿一卷疏稿續刊一卷　清蔣伊撰
庚申紀事一卷　明張瀚撰
復社紀事一卷　清吳偉業撰
蜀碧四卷　明彭遵泗撰
兩垣奏議一卷　明逯中立撰

第六集
嘉靖以來內閣首輔傳八卷　明王世貞撰
備遺錄一卷　明張芹撰
[illegible]言一卷　題燕客撰
天變邸抄一卷
烟艇永懷三卷　明龔立本撰
金姬傳一卷　明楊儀撰
金姬傳別記一卷
維揚殉節紀略一卷首一卷　明史得威撰
[illegible]功績錄一卷
雲林遺事一卷　明顧元慶撰
翁鐵菴年譜一卷　清翁叔元撰

第七集
于公德政錄一卷　清戴兆祚撰
劉淑事蹟一卷　清曾浴輯
徐海本末一卷　明茅坤撰
海寇議一卷　明萬表撰
三吳水利論一卷　明伍餘福撰
閩部疏一卷　明王世懋撰
星槎勝覽四卷　明費信撰
[illegible]雜記三卷　明毛晉撰
從征緬甸日記一卷　清周裕撰
陳張事略一卷　明吳國倫撰
汪直傳一卷
海道經一卷附錄一卷
歷代山陵考二卷　明王在晉撰
西洋朝貢典錄三卷　明黃省曾撰
譎觚一卷　清顧炎武撰

第八集
崑崙河源考一卷　清萬斯同撰
異域錄二卷　清圖理琛撰

龍沙紀略一卷 清方式濟撰　塞外雜識一卷 清馮一鵬撰
出塞紀略一卷 清錢良擇撰　西湖手鏡一卷 清季嬰撰
汝南遺事二卷 明李本固撰
第九集
松窗寤言一卷 明崔銑撰　楓山語錄一卷 明章懋撰
荆園小語一卷 清申涵光撰　荆園進語一卷 清申涵光撰
蔣氏家訓一卷 清蔣伊撰　救命書二卷 明呂坤撰
手臂錄四卷附二卷 清吳殳撰
錫山尤氏喉科秘本一卷附方一卷 清尤乘撰
種痘心法一卷 清朱奕梁撰　種痘指掌一卷
第十集
秘傳水龍經五卷 清蔣平階撰
葬經箋注一卷圖說一卷 清吳元音撰　小山畫譜二卷 清鄒一桂撰
陽宅撮要二卷 清吳鼒撰　題畫詩一卷 清惲格撰
傳神秘要一卷 清蔣驥撰　續三十五舉一卷 清桂馥撰
畫跋一卷 清惲格撰　硯錄一卷 清曹溶撰
紅术軒紫泥法一卷 清汪鎬京撰　觀石錄一卷 清高兆撰
說硯一卷 清朱棟撰　瓶史二卷 明袁宏道撰
石譜一卷 清諸九鼎撰
香譜一卷 清黃如燦撰
第十一集
震澤紀聞二卷 明王鏊撰　震澤長語二卷 明王鏊撰
列朝盛事一卷 明王世貞撰　觚不觚錄一卷 明王世貞撰
戲瑕三卷 明錢希言撰　彭文憲公筆記一卷 明彭時撰
鈍吟雜錄十卷 清馮班撰 何焯評
漱華隨筆四卷 清嚴有禧撰
名疑四卷 明陳士元撰　玉堂薈記二卷 明楊士聰撰
第十二集
柳南隨筆六卷 清王應奎撰　柳南續筆四卷 清王應奎撰

一二五　六四三
仲軒群書雜著九十一種一百九十卷 清焦廷琥編 稿本
郭氏傳家易說十一卷 宋郭雍撰　陳氏五易心注一卷
易象意言一卷 宋蔡淵撰
張氏周易虞氏消息二卷 清張惠言撰
歸奇注義一卷引敍諸儒說一卷
張氏周易鄭荀義三卷 清張惠言撰
虞氏易禮二卷 清張惠言撰　惠氏易說六卷 清惠士奇撰
後漢書衍義一卷 清焦廷琥撰　明人說易一卷 清焦廷琥撰
明史藝文志易類一卷 清焦廷琥輯
鄭氏爻辰補五卷 清戴棠撰
錢氏爻辰論一卷 清錢塘撰
段氏說文引易十五卷 清段玉裁注　博採通人說一卷
曹氏轉註古義一卷 清曹仁虎撰　段氏尚書古文撰異一卷 清段玉裁撰
錢氏融堂書解一卷 宋錢時撰
古文尚書集註合疏四卷 清孫星衍撰
惠氏詩說一卷 清惠周惕撰　戴氏毛詩異同辨二卷 清曾釗撰
戴氏毛詩攷正一卷 清戴震撰　戴氏杲溪詩經補一卷 清戴震撰
李氏毛詩紬義一卷 清李黼平撰　毛氏春秋簡書刊誤一卷 清毛奇齡撰
惠氏春秋說五卷 清惠士奇撰
春秋公羊何氏釋例四卷 清劉逢祿撰　附公羊何氏解詁箋一卷穀梁廢疾申何二卷
孔氏春秋公羊通義二卷 清孔廣森撰
春秋列國讀法一卷 宋夢大元欽撰
左傳君子曰一卷　春秋大事表二卷 清顧棟高撰
春秋左傳補註一卷 清馬宗璉撰　周禮六官攷一卷 清焦廷琥撰
周官錄異一卷　江氏周禮擧要一卷 清江永撰
儀禮毀衍一卷 擬周官辨一卷
汪氏儀禮喪服答問六卷 清汪喜孫撰
惠氏禮說二卷 清惠士奇撰　正朔攷一卷 清焦廷琥輯
服制攷一卷 清凌曙輯　毛氏經問四卷 清毛奇齡撰
戴氏攷正一卷　經義五疏補五卷 清焦循撰
沈氏論語格致編一卷 □沈松撰　嚴氏經義叢鈔二卷 清嚴杰輯
朱氏經傳攷正一卷 清朱彬撰　王氏經傳釋詞二卷 清王引之撰
拜經堂日記一卷 清臧庸撰　梁氏瞥記一卷 清梁玉繩撰
經學卮言一卷 清孔廣森撰　王氏白田草堂存稿一卷 清王懋竑撰
溉亭述古錄一卷 清錢塘撰　洪氏讀書叢錄二卷 清洪頤煊輯
孟子正義六卷 清焦循撰　郝氏爾雅義疏一卷 清郝懿行撰
王氏廣雅疏證一卷 清王念孫撰　王氏經義述聞六卷 清王引之撰
鍾山札記一卷 清盧文弨撰　字典論說五卷 清焦廷琥輯
經義雜記二卷 清臧琳撰　榕村雜記二卷 清李光地撰
甓齋遺編一卷 清劉玉麐撰　古象分攷拾遺二卷 清焦廷琥輯
古註參同契分箋注釋一卷 清焦廷琥輯　朱註參同契一卷
參同契註一卷 清李光地注
黃註陰符經攷異一卷 元黃瑞節撰
三經註解三卷　南唐書紀事一卷 宋陸游撰
江淮異人錄一卷 宋吳淑撰　稽神錄一卷 宋徐鉉撰
客齋筆記一卷　訂偽雜錄一卷 清胡鳴玉撰
二初齋讀書記一卷 清倪思寬撰　海潮輯說一卷 清俞思謙撰
藏書紀事一卷 明李贄撰　蜀輶日記一卷 清陶澍撰
明史雜錄一卷　簪雲樓雜說一卷 清陳尚古撰
前生錄一卷 明焦竑撰　居業錄一卷 明胡居仁撰
筆乘一卷　勞山遺書二卷 清勞史撰
萬曆野獲編一卷 明黃景昉撰　叢書錄要二卷 清焦廷琥輯
屏居十二課一卷　宋四賢書六卷
李氏讀書筆錄二卷　阮氏揅經室文集一卷 清阮元撰
段氏經韻樓集一卷 清段玉裁撰　王氏春融堂集一卷 清王昶撰
學福齋文集一卷 清沈大成撰　解舂文鈔一卷 清馮景撰
問字堂文集一卷 清孫星衍撰　可儀堂文集一卷 清俞長城撰

一二六　六四四
宛鄰書屋叢書十五種 清張琦編 清道光十年至十二年張氏宛鄰書屋刻本 十一行二十三字白口左右雙邊
戰國策釋地二卷 清張琦撰　宛鄰書屋古詩錄十二卷 清張琦輯
詞選二卷 清張惠言輯
附錄一卷 清鄭善長輯　賴古齋文集八卷 清湯修業撰
續詞選二卷 清董毅輯
緯青遺稿一卷 清張綸英撰
東海記一卷 清王曦撰
附錄一卷 清孫星衍等撰
長沙藥解四卷 清黃元御撰　莊氏慈幼二書一卷 清莊一夔撰
傷寒懸解十四卷首一卷末一卷 清黃元御撰　素靈微蘊四卷 清黃元御撰
四聖心源十卷 清黃元御撰
素問釋義十卷 清張琦撰

六四五
賜硯堂叢書未刻稿四十六種 清顧沅編 清然松書屋抄本
古艷樂府一卷 清楊維楨撰　續曲品一卷 清高奕撰
蓮坡詩話一卷 清查為仁撰　在園雜志二卷 清劉廷璣撰
識物一卷 清陳僖撰　觀蛇一卷 清趙彪詔撰
看蠶詞一卷 清方觀承撰　嘯記一卷 清黃百家撰
秋園雜佩一卷 清陳貞慧撰　洋菊譜一卷 清鄒一桂撰
緩堂文述一卷 清顧詒祿撰　緩堂詩話一卷 清顧詒祿撰
十美詞紀一卷 清鄒樞撰　高凉雜興一卷 清汪森撰
從軍雜記一卷 清方觀承撰　練閱火器陣記一卷 清薛熙撰
晉人麈一卷 清沈四傑撰　臺餘一卷 清曹宗璠撰
白岳雜識一卷 清張尚瑗撰　川船記一卷 清謝鳴篁撰
涼水亭雜識一卷 清納蘭性德撰　仁恕堂筆記一卷 清黎士弘撰
博古心鑒一卷 清顧摩璽撰　硯林拾遺一卷 清施閏章撰
琴況一卷 清徐鉞撰　羽扇譜一卷 清張燕昌撰
非烟香法一卷 明董說撰　胭脂紀事一卷 清伍瑞隆撰
東壁園隨筆一卷 清汪若章撰　西河雜箋一卷 清毛奇齡撰
鈍吟日記一卷 清馮班撰

鈍吟誡子帖一卷 雜約四則一卷 清馮班撰
續人瑞圖錄四卷存疑考一卷 清文嬿撰
選材錄一卷 清周春撰　玉臺畫史一卷 清厲鶚撰
諾皋廣志一卷 清徐芳撰　香天談藪一卷 清吳雷發撰
秋燈叢話一卷 清戴延年撰　金石小箋一卷 清葉奕苞撰
瘞鶴銘考一卷 清汪士鋐撰　蠖齋詩話一卷 清施閏章撰
說詩菅蒯一卷 清吳雷發撰　明宮詞一卷 清徐釚撰
天啟宮詞一卷 明陳悰撰　崇禎宮詞一卷 清王譽昌撰
瘞鶴銘考一卷 清陳鵬年撰

二四六 十種古逸書三十卷 清茆泮林編 清道光十四年梅瑞軒刻本 清許克勤校 十行二十字 白口左右雙邊
世本一卷 漢宋衷注
楚漢春秋一卷 漢陸賈撰
古孝子傳一卷
孝子傳 漢劉向撰　孝子傳 晉蕭廣濟撰
孝子傳 □王歆撰　孝子傳 劉宋王韶之撰
孝子傳 □周景式撰　孝子傳 劉宋師覺授撰
孝子傳 □宋躬撰　孝子傳 □虞盤佑撰
孝子傳 劉宋鄭緝撰　孝子傳
孝子傳補遺
伏侯古今注三卷補遺一卷又補遺一卷 漢伏無忌撰
淮南萬畢術一卷補遺一卷再補遺一卷 漢劉安撰
計然萬物錄一卷補遺一卷
三輔決錄一卷補遺一卷 漢趙岐撰 晉摯虞注
莊子注一卷補遺一卷音一卷逸篇一卷逸語一卷逸篇注補遺一卷音補遺一卷注又補遺一卷缺義一卷 晉司馬彪撰
元中記一卷補遺一卷
唐月令注一卷補遺一卷附考一卷 唐李林甫等撰

一二七

二四七 范白舫所刊書十九種四十一卷 清范鍇編 清道光十年至二十四年烏程范氏刻本
苕溪漁隱詩稿六卷 清范鍇撰　苕溪漁隱詞二卷 清范鍇撰
感逝吟一卷 清范鍇撰　蜀產吟一卷 清范鍇撰
潯溪紀事詩二卷 清范鍇撰　秋室遺文一卷 清楊鳳苞撰
華笑廎襍筆六卷 清范鍇撰　漢口叢談六卷 清范鍇撰
詞源二卷 宋張炎撰 附記一卷 清范鍇撰
吳興藏書錄一卷 清鄭元慶撰 范鍇輯
吳興山墟名一卷 宋張玄之 王韶之撰 清范鍇輯
吳興記一卷 劉宋山謙之撰 清范鍇輯
吳興入東記一卷 梁吳均撰 清范鍇輯
吳興統記一卷 宋左文質撰 清范鍇輯
吳興志續編一卷 宋閻世南撰 清范鍇輯
清湘樓詩選一卷 清凌帨女撰　湖錄紀事詩一卷 清范鍇撰
幽華詩略四卷 清范鍇撰　華笑廎詞一卷 清范鍇撰

二四八 小石山房遺簡拾遺六種七卷 清顧湘編 清道光抄本 清顧湘跋 九行二十字無格
偃曝談餘二卷 明陳繼儒撰　谿山餘話一卷 明陸深撰
丹青志一卷 明王穉登撰　畫說一卷 明莫是龍撰
香國史一卷 明柳隱撰　北邙踏青詞一卷 明孫永芳撰

二四九 汪氏振綺堂叢刻七種四十卷 清汪遠孫編 清刻本 十行二十一字小字雙行同 細黑口 左右雙邊
曲洧舊聞十卷 宋朱弁撰　蠻書十卷 唐樊綽撰
金石史二卷 明郭宗昌撰
雲谷雜記四卷首一卷末一卷 宋張淏撰
敬齋古今黈八卷 元李冶撰
五經算術二卷 北周甄鸞撰 唐李淳風注
御覽闕史二卷 唐高彥休撰

二五〇 汪氏振綺堂叢刻七種四十卷 清汪遠孫編 清刻本 [illegible]吟湘跋

二五一 霞房叢鈔十六種二十四卷 清孫紫琳編 稿本
靖康紀聞一卷 題宋丁特起撰　湘閣紀聞一卷 題清七峯樵道人撰
過墟志感一卷 題清[illegible]西逸老撰　古硯錄一卷古磚錄一卷 清孫紫琳撰
日省錄一卷 清梁文科撰　知非錄一卷 清鄧鍾岳撰
百花詩一卷 清吳可驥撰　藝蘭百詠一卷 清孫從添撰
秋蝶百詠一卷 清屠琰撰　牡丹百詠一卷 清蔣廷錫撰
玄亭閒話六卷 清周錫撰　德門隨筆錄二卷 清嚴文德撰
北窗雜錄二卷 清王文斌撰　節必居稿一卷 清劉曙撰
南鴻草一卷 清劉應元撰　俟齋小稿一卷 清徐枋撰

二五二 崇正叢書十種十八卷 清葉騰驤編 清道光十九年晶石山房活字印本 八行二十字 白口 四周雙邊
談往二卷 題清花村看行侍者撰　流賊傳一卷
守汴日志一卷 清李光壂撰　虎口餘生記一卷 清邊大綬撰
蜀碧四卷 清彭遵泗撰　流寇瑣記二卷 清趙吉士撰
綏史三卷　甲申紀事一卷
愍忠錄二卷　忠貞軼記一卷 清徐懋賢撰

二五三 花近樓叢書七十七種九十七卷補遺十九種二十三卷附存八種九卷 清管庭芬編 稿本
易義參一卷 清蘇士樞撰　三易偶解一卷 清許樹棠撰
春秋經文三傳異同考一卷 清陳聚孝撰　改元考同四卷 清吳肅公等撰
月令考一卷 清龔橋撰　明邊鎮題名考一卷 清查繼佐輯
補晉兵志一卷 清錢儀吉撰

一二八

鄭氏書目考一卷 清王昶撰　通志堂經解目錄考一卷 清翁方綱撰
出塞圖畫山川記一卷 清溫睿臨撰　古州雜記一卷 清林溥撰
八旗軍志一卷 清曹德馨撰　西域詩一卷 清楊廷璋撰
西藏紀聞一卷　鄖陰志略一卷 清管庭芬撰
禾中災異錄一卷 清陶越撰　圓明園記一卷 清黃凱鈞撰
陳氏安瀾園記一卷 清陳石麟撰　太白山行紀一卷 清汪皋鶴撰
西湖游記一卷 清查人渶撰　茅山紀遊一卷 清于克襄撰
浙行偶記一卷 清程嘉燧撰　北游日記一卷 清陸嘉淑撰
越游小錄一卷 清管庭芬撰　客舍偶聞一卷 清彭孫貽撰
閩幕紀略一卷 清許旭撰
虎口餘生記一卷附錄一卷 清邊大綬撰　雲游始末記一卷 清陸莘行撰
痛餘雜錄一卷 明史惇撰　罪言一卷 清溫睿臨撰
[illegible]避亂小記一卷 明朱一是撰　撫[illegible]水利紀事一卷 清王鈍撰
均賦策一卷 清曹秋嶽撰　墨新經一卷 清朱拭之撰
賑粥議一卷　地震說一卷 清蔡仲光撰
釋天一卷 清曹金籀撰
藏書記要一卷 清孫從添撰
知聖道齋讀書跋尾一卷金石跋尾一卷 清彭元瑞撰
所見古書述一卷 清金農撰　三藏聖教序考一卷 清朱文藻撰
訪碑圖題記一卷 清黃易撰　書藝文一卷 清呂留良撰
荊園小語一卷 清申涵光撰　德星堂家訂一卷 清許汝霖撰
近鑑一卷 清張履祥撰
東省養蠶成法一卷種時分收圖一卷 清崔應階撰
亳州牡丹述一卷 清鈕鳳翔撰　怪石錄一卷 清沈心撰
端溪硯坑記一卷端硯銘一卷 清李兆洛撰
硯銘一卷 清潘耒撰　倪氏雜記六卷 清金農撰
畫筌析覽一卷 清湯貽汾撰　圖畫精意識一卷 清張庚撰
畫約一卷 清張庚撰　繪事發微一卷 清張岱撰
板橋題跋一卷 清鄭燮撰　畫蘭題記一卷 清楊秉桂撰

冬心雜記六卷　清金農撰
汪氏說鈴一卷　清汪琬撰
山靜居詩話一卷　清方薰撰
春雪亭詩話一卷詩一卷　清徐熊飛撰
續諧鐸一卷　清沈起鳳撰
海漚小譜一卷　清趙執信撰
吳梅村歌詩一卷　清吳偉業撰
附錄一卷
論語詩一卷續鈔一卷絕句一卷　清尤侗撰
論書自唱和集一卷　清馬玉堂蔣光煦撰
詞品一卷　清郭麐楊夔生撰
二十四畫品一卷　清楊景曾撰
補遺
釋貝考一卷　清沈嵩梁撰
讀梔葛也於芯隨筆一卷　清盛日鑑撰
臨清寇略一卷　清俞蛟撰
旬部仿亂公揭一卷
可憐錄一卷續錄一卷　清吳騫撰
破殼網二卷　清胡爾榮撰
墨梅題跋一卷　清查禮撰
詞話二卷　清查禮撰
拙政園圖題詠一卷　明文徵明撰
畫蘭題句一卷　清曹庭棟撰
附存
經天該一卷
國初品級考一卷　清曹溶撰
夢西湖絕句一卷　清張瀛撰
洋漕雜事詩一卷
同治乙丑補試贅衆二卷　清管庭芬輯
賞鐵雜說一卷　清陸時化撰
息游方論一卷　清徐鉞撰
聊齋誌異拾遺一卷　清蒲松齡撰
寶仁堂麈事彙一卷　清俞鍾雲撰
古詩十九首箋註一卷　清陳敬畏撰
二十四畫品一卷　清黃鉞撰
紅蟬館詞集一卷　清許光治撰
二十一史徵一卷　清徐汾撰
杜了集一卷附錄一卷　清范梁撰
黃山遊記一卷　清錢謙益撰
讀書偶得一卷　清管世銘撰
磐安節先生書訣一卷　清楊賓撰
瘍科淺說一卷　清曾寶信撰
蘇詩辨正一卷　清查嗣瑮撰
東阿詩鈔一卷　清葛冷撰
燒香曲一卷　清釋禪一撰
卷草園小景分記一卷　清趙昱撰
紫兒樂府一卷　清朱彝尊撰
西湖吟一卷　清陸璣撰
一三九

銷夏錄舊五種十一卷　清管庭芬編　稿本　二五四

全唐詩錄補遺一卷　清俞思謙撰
劉存介遺著三卷　清劉珠聯撰
樊榭游少集注三卷　清厲鶚撰汪鍼注
重訂曲海總目一卷　清黃文暘撰
全唐詩遺三卷　日本河世寧輯

一瓻筆存一百十三種　清管庭芬編　稿本　九行二十五字無格　二五五

存一百六種一百十六卷

經部
古三墳一卷　晉阮咸注
尚書逸篇一卷
夏小正註釋一卷　清李東野撰
逸論語一卷
孟子外書一卷
大學改本考一卷　清袁棟撰
小爾雅一卷　題漢孔鮒撰　晉宋咸注
連文釋義一卷　清王言撰
清文十二字母一卷
四書對語一卷　清繆艮撰
歸藏一卷
逸禮經一卷　清袁棟撰
左傳人物表一卷　清周廣業撰
孟子逸文考一卷
疑孟一卷　宋司馬光撰
四書考異四卷　明陳仁錫撰
四庫全書辨字一卷　清王朝椿撰
古韻通略一卷　清柴紹炳撰

史部
五代春秋二卷　宋尹洙撰
祈請使行程記一卷　宋嚴光大撰
西使志一卷　明嚴嵩撰
勾漏洞天游記一卷　元吳元美撰
四明山游記一卷　明沈明臣撰
西藏記一卷　清劉樹撰
河源考一卷　元潘昂霄撰
五代史闕文一卷　宋王禹偁撰
北上志一卷　明嚴嵩撰
東游闕里記一卷　元湯貞撰
大理行記一卷　元郭松年撰
勵山紀游一卷　清汪琬撰
江源考一卷　明徐弘祖撰
水月令一卷　清王士禛撰

汲古閣秘書目一卷　清毛扆編
通志堂經解目錄一卷　清翁方綱撰
古今碑帖考一卷　明屠隆撰

子部

諺言一卷　明張獻翼撰
古歡社約一卷　清丁雄飛撰
觴中木議一卷　明郭燕譽撰
怪疴錄一卷　元朱震亨撰
步天歌一卷
寫山水訣一卷　元黃子久撰
寓意編一卷　明都穆撰
書法一卷　明董其昌撰
雪堂墨品一卷　清張仁熙撰
洞山岕茶系一卷　清周高起撰
瓶花譜一卷　明張謙德撰
紅朮軒紫泥法定本一卷　清汪鎬京撰
海味索隱一卷　明屠本畯撰
酒緣一卷　明吳從先撰
花疏一卷　明華淑撰
讀書燈一卷　清馮京第撰
百家姓新箋一卷　明黃周星撰
長恨傳一卷　唐陳鴻撰
艾子雜說一卷　宋蘇軾撰
艾子後語一卷　明陸灼撰
憨子雜俎一卷　明屠本畯撰
花底拾遺一卷　明黎遂球撰
鴛鴦牒一卷　清程羽文撰
陰符經解一卷　明湯顯祖撰
丹山圖詠一卷　清黃宗羲撰

延令宋板書目一卷　清季振宜撰
交友論一卷　意大利利瑪竇撰
敘戰金針一卷　明郭應響撰
修攘紀略一卷　明周宗彝撰
接骨手法一卷
日月大小論一卷　意大利利瑪竇撰
雲烟過眼續錄一卷　元湯允謨撰
書畫史一卷　明陳繼儒撰
端溪硯譜一卷
漫堂墨品一卷　清宋犖撰
陽羨茗壺系一卷　清周高起撰
觀石錄一卷　明高兆撰
眉公筆記二卷　明陳繼儒撰
攬勝圖酒令一卷
入山十八觀一卷　清吳一駿撰
易觀一卷
山海經逸文一卷　清吳任臣撰
絕壁人傳一卷
艾子雜說補遺一卷　明屠本畯撰
艾子外語一卷　明陸灼撰
權子雜俎一卷　明耿定向撰
鶯鸞譜一卷　題明悅心子撰
海涵小譜一卷　清趙執信撰
莊子遺篇一卷　宋王應麟輯

集部

織錦迴文讀法一卷　元釋起宗撰
天啟宮詞二卷　明秦徵蘭撰
巡海紀勝詩一卷　清黃俊撰
揚州竹枝詞一卷　清董偉業撰
京師新樂府一卷　清蔣士銓撰
漢廬春日雜吟一卷
紅樓夢詩鈔一卷　題清紅葉邨莊隱者輯
絳守居園池記句讀一卷　元趙仁舉撰
文山題跋一卷　宋文天祥撰
豔體聯珠一卷　明葉小鸞撰
詩品三卷　梁鍾嶸撰
續詩品一卷　清袁枚撰
樂府古題要解二卷　唐吳兢撰

焚餘集一卷　題明馮小青撰
律陶一卷　題明蔣菴居士撰
和玉谿生無題詩一卷　清楊守知撰
百美新詠二卷　清顏希源撰
抵掌八十一吟一卷　清馬履泰撰
遺山題跋一卷　金元好問撰
書藝文一卷
二十四詩品一卷　唐司空圖撰
詩式一卷　唐釋皎然撰

一三〇

惜寸陰齋叢鈔八集一百二十五種　清抄本　清管庭芬校

全集

列仙傳一卷　題漢劉向撰
意林一卷　唐馬總輯
純全集一卷　宋韓拙撰
陵陽室中語一卷　宋范季隨撰
感知錄一卷　宋陸游撰
投轄錄一卷

石集

負暄雜錄一卷　宋顧文薦撰
遂昌雜錄一卷　元鄭元祐撰
同話錄一卷　宋曾三異撰
蒙明書一卷　唐邵光庭撰
抱朴子一卷　晉葛洪撰
金華子新編一卷　唐劉崇遠撰

神仙傳一卷　晉葛洪撰
集仙傳一卷　宋曾慥撰
聖清妖化錄一卷
發明義理一卷　宋呂希哲撰
緒訓一卷
詩詞餘話一卷　元俞焯撰
碧雞漫志一卷　宋王灼撰
忘懷錄一卷　宋沈括撰
松漠紀聞一卷　宋洪皓撰
虜庭事實一卷　宋文惟簡撰
玉泉子真錄一卷
燈下閒談一卷　宋江洵撰

二五六

絲集
清尊錄一卷　宋廉布撰
玉澗雜書一卷　宋葉夢得撰
貴耳集一卷　宋張端義撰
感應經一卷　唐李淳風撰
中朝故事一卷　唐尉遲偓撰
吹劍錄一卷　宋俞文豹撰
洞天清錄一卷　宋趙希鵠撰
竹集
甲申雜記一卷　宋王鞏撰
緗古叢編一卷
碧溪詩話一卷　宋王徹撰
揮麈錄一卷　宋王明清撰
河源志一卷　元潘昂霄撰
野史一卷　趙　宋林希撰
槐青雜記一卷
燕北錄一卷　宋王易撰
續骰子選一卷　題宋朱升撰
緗素雜說一卷　宋黃朝英撰
匏集
捫蝨新話一卷　宋陳善撰
乙卯避暑錄一卷　宋葉夢得撰
東坡手澤一卷
碧湖雜記一卷　題宋柴聚之撰
澹山雜識一卷　宋錢功撰
巖下放言一卷　宋葉夢得撰
家王故事一卷　宋錢惟演撰
演繁露一卷　宋程大昌撰
土集
畫鑒一卷　元湯垕撰

野客叢書一卷　宋王楙撰
緯略一卷　宋高似孫撰
賈氏談錄一卷　宋張洎撰
步里客談一卷　宋陳長方撰
聞見錄一卷　宋羅春伯撰
西溪叢語一卷　宋姚寬撰
藏一話腴一卷　宋陳郁撰
紺溪詩話一卷　宋曾季貍撰
雲南志略一卷　宋李京撰
揮麈錄話一卷　宋王明清撰
倦遊錄一卷　宋張師正撰
琴書類集一卷　宋釋居月撰
梅妃傳一卷　題唐曹鄴撰
異聞一卷
明道雜志一卷　宋張文潛撰
鑑誡錄一卷　後蜀何光遠撰
玉壺清話一卷　宋釋文瑩撰
桃源手聽一卷
坦齋通編一卷　宋邢凱撰
朝野遺記一卷
昭德新編一卷　宋晁迥撰
玉堂逢辰錄一卷　宋錢惟演撰
樵背吟集一卷　元林坤穎撰
閒談錄一卷

卻掃編一卷　宋徐度撰
稽神錄一卷　南唐徐鉉撰
芥隱筆記一卷　宋龔頤正撰
博異志一卷　題谷神子撰
幽怪錄一卷　唐牛僧孺撰
泊宅編一卷　宋方勺撰
土牛經一卷　宋向孟撰
質龜論一卷
希通錄一卷　宋蕭參撰
愛日齋叢鈔一卷
革集
侯鯖錄一卷　宋趙令時撰
陶朱新話一卷　宋宋爲仁撰
友會叢談一卷　宋上官融撰
三楚新錄一卷　宋周羽翀撰
先公談錄一卷　宋李畋撰
曲洧舊聞一卷　宋朱弁撰
木集
後耳目志（補）一卷　宋鞏豐撰
神異經一卷　題漢東方朔撰
續竹譜一卷　元劉美之撰
蹶國學頌一卷
雜記一卷　宋呂希哲撰
姑蘇筆記一卷　元羅志仁撰
大業雜記一卷　唐杜寶撰
東軒筆錄一卷　宋魏泰撰
北里志一卷　唐孫棨撰
野雪鍛排雜說一卷　宋許景迂撰

一三一

倦遊雜錄一卷　宋張師正撰
游宦紀聞一卷　宋張世南撰
幕府燕閒錄一卷　宋畢仲詢撰
因話錄一卷　唐趙璘撰
續幽怪錄一卷　唐李復言撰
相貝經一卷　漢朱仲撰
相鶴經一卷
石譜一卷　題宋漁陽公撰
野人閒話一卷　宋景煥撰
坦齋筆衡一卷　宋葉寘撰
初學記一卷　唐徐堅撰
眞臘風土記一卷　元周達觀撰
南窗記談一卷
南唐遺事一卷　宋邵思撰
宣室志一卷　唐張讀撰
後耳目志一卷　宋鞏豐撰
采異記一卷　宋陳達叟撰
五代新說一卷　南唐徐鉉撰
國史纂異一卷
詩論一卷　宋釋普聞撰
洛陽縉紳舊聞記一卷　宋張齊賢撰
雪舟脞語一卷　元邵桂子撰
安南行記一卷　元徐明善撰
教坊記一卷　唐崔令欽撰
悅生隨抄一卷　宋賈似道撰

二五七 別下齋叢書初集十種四十八卷 清蔣光煦編 清道光蔣氏別下齋刻本 十一行二十一字小字雙行同黑口左右雙邊

周易集傳八卷 元龍仁夫撰
春秋三傳異文釋十二卷 清李富孫撰
方舟經說六卷 宋李石撰
三吳水利錄四卷續錄一卷 明歸有光撰
靖海紀略四卷 明曹履泰撰
箕田攷一卷 朝鮮韓百謙撰
詩氏族考六卷 清李超孫撰
經籍跋文一卷 清陳鱣撰
附錄一卷 明歸子寧撰
西洋朝貢典錄三卷 明黃省曾撰
峽石山水志一卷 清蔣宏任撰

二五八 別下齋叢書二十六種九十一卷 清蔣光煦編 清道光蔣氏別下齋刻咸豐六年續刻本 十一行二十一字小字雙行同黑口左右雙邊

周易集傳八卷 元龍仁夫撰
春秋三傳異文釋十二卷 清李富孫撰
靖海紀略四卷 明曹履泰撰
峽石山水志一卷 清蔣宏任撰
漢魏六朝墓銘纂例四卷 清李富孫撰
西洋朝貢典錄三卷 明黃省曾撰
拜經樓藏書題跋記五卷附錄一卷 清吳壽暘撰
石藥爾雅二卷 唐梅彪撰
文泉子集六卷 唐劉蛻撰
澹菴長短句一卷 宋胡銓撰
茗齋詩餘二卷 明彭孫貽撰
甌香館集十二卷補遺二卷 清惲格撰
瓊花集五卷 明曹璿輯
金粟詞話一卷 清彭孫遹撰
初月樓古文緒論一卷 清吳德旋述 呂璜撰
初月樓論書隨筆一卷 清吳德旋撰
山靜居詩話一卷 清方薰撰
小蓬海遺詩一卷屑屑集一卷 清翁雒撰
江山風月譜一卷有聲畫一卷 清許光治撰
詩氏族考六卷 清李超孫撰
箕田攷一卷 朝鮮韓百謙撰
德星堂家訂一卷 清許汝霖撰
得全居士詞一卷 宋趙鼎撰
燕喜詞一卷 宋曹冠撰
首一卷附錄一卷
七頌堂詞繹一卷 清劉體仁撰
曝書雜記二卷 清錢泰吉撰

一三二

二五九 涉聞梓舊二十五種一百十九卷 清蔣光煦編 清道光咸豐間蔣氏宜年堂刻本 十一行二十一字小字雙行同黑口左右雙邊

易學濫觴一卷 元黃澤撰
禮記集說辨疑一卷 明戴冠撰
孝經鄭氏注一卷 漢鄭玄撰 清陳鱣輯
六藝論一卷 漢鄭玄撰 清陳鱣輯
方舟經說六卷 宋李石撰
班馬字類補遺五卷 宋婁機撰 李曾伯補遺
經籍跋文一卷 清陳鱣撰
三吳水利錄四卷續錄一卷 明歸有光撰
金石錄補二十七卷續跋七卷 清葉奕苞撰
鐵函齋書跋六卷 清楊賓撰
湛園題跋一卷 清姜宸英撰
隱綠軒題識一卷 清陳奕禧撰
瘞鶴銘考一卷 清吳東發撰
墨志一卷 明麻三衡撰
寶晉英光集八卷補遺一卷 宋米芾撰
榮祭酒遺文一卷 元榮肇撰
鄴補遇錄十七卷
非詩辨妄一卷 宋周孚撰
中庸傳一卷 宋晁說之撰
中興備覽三卷 宋張浚撰
附錄一卷 明歸子寧撰
砥齋題跋一卷 清王弘撰撰
義門題跋一卷 清何焯撰
蘇齋題跋二卷 清翁方綱撰
石門碑醳一卷補一卷 清王森文撰
雲麓漫鈔十五卷 宋趙彥衛撰
尚書全解一卷（卷三十四） 宋林之奇撰
爾雅南昌本校勘記訂補一卷 清許光清撰
續宋中興編年資治通鑑校一卷 清許光治撰
東漢會要四卷（卷三十六至三十九） 宋徐天麟撰 清錢泰吉輯
吳越春秋校一卷 清蔣光煦撰
宣和奉使高麗圖經校一卷
荀子校一卷 清顧廣圻撰
酉陽雜俎校一卷 清蔣光煦撰
蘆浦筆記校一卷
錢塘遺事校一卷 清蔣光煦撰
管子校一卷 清許光清撰
意林逸文一卷 清周廣業、李遇孫輯
唐摭言校一卷 清蔣光煦撰
後山集校一卷

二六〇 知足齋叢書十三種 清黃奭編 清道光刻本 九行十七字小字雙行同黑口四周單邊

存十二種二十三卷

倉頡篇一卷
鄭志一卷 魏鄭小同撰
後漢書一卷 晉謝沈撰
續漢書一卷 晉司馬彪撰
律編六卷 清黃奭撰
秋審實緩五卷秋審章程一卷秋審直省附錄一卷 清黃奭撰
聽雲集二卷 清黃奭撰
周易注一卷 漢鄭玄撰
漢記一卷 漢張璠撰
後漢書一卷 晉華嶠撰
漢後記一卷 晉薛瑩撰

二六一 漢學堂知足齋叢書二百十五種二百十五卷 清黃奭編 清刻本

知足齋叢書六十六種六十六卷 十行二十一字黑口四周單邊

家訓一卷 清朱用純撰
誡兄子嚴敦書一卷 漢馬援撰
取友論一卷 清韓菼撰
博奕論一卷 吳韋曜撰
師說一卷 清夏之蓉撰
戒口孽文一卷
小說一卷 清錢大昕撰
過遷說一卷
惜物命文一卷
惜五穀文一卷
家禮考一卷 清王懋竑撰
非相篇一卷
答莊滋圃中丞論推命書一卷 清袁枚撰
涉獵醫書誤傷人論一卷 清徐大椿撰
毀家論一卷 清徐大椿撰
請以賜金買田宅對一卷 漢疏廣撰
廣絕交論一卷 梁劉峻撰
賀進士王參元失火書一卷 唐柳宗元撰
生日一卷
惜字文一卷 宋吳曾撰
書畫一卷
醫說一卷 清夏之蓉撰
演劇一卷 清郎嘉穗撰
羅蔔戒忌說一卷
酒人賦一卷 清蒲松齡撰
戒訟說一卷
勸葬說一卷

一三三

趙文敏公書國策墨蹟跋一卷　清黃奭撰
鮮于揚州詩墨蹟二跋一卷　清黃奭撰
顏魯公大麻姑壇記跋一卷　清黃奭撰
快雪堂樂毅論跋一卷　清黃奭撰
擬修平山堂雲海記一卷　清黃奭撰
宋李昭忠祠記一卷　清黃奭撰
河圖始開圖一卷　清黃奭輯（黃奭校）
河圖稽耀鈎一卷　清黃奭輯（黃奭校）
河圖稽命徵一卷　清黃奭校）
河圖括地象一卷　清黃奭校）
龍魚河圖一卷　清黃奭輯（黃奭校）
河圖玉板一卷　清黃奭輯（黃奭校）
河圖挺佐輔一卷　清黃奭輯（黃奭校）
河圖握矩記一卷　清黃奭輯（黃奭注）
河圖聖洽符一卷　清黃奭輯（黃奭校）
河圖一卷　清黃奭輯（黃奭校）
雒書摘六辟一卷　清黃奭輯（黃奭校）
雒書甄曜度一卷　清黃奭輯（黃奭校）
雒書一卷　清黃奭輯（黃奭校）
遁甲開山圖一卷　清黃奭輯（黃奭校）
雒書靈準聽一卷　清黃奭輯（黃奭校）
尚書運期授一卷　清黃奭輯（黃奭校）
詩推度災一卷　清黃奭輯（黃奭校）
詩含神霧一卷　清黃奭輯（黃奭校）
詩緯一卷　清黃奭輯（黃奭校）
春秋命曆序一卷　清黃奭輯（黃奭校）
春秋內事一卷　清黃奭輯（黃奭校）
論語摘輔象一卷　清黃奭輯（黃奭校）
論語摘衰聖一卷　清黃奭輯（黃奭校）
論語比考讖一卷　清黃奭輯（黃奭校）

紅部騎境記一卷　清黃奭撰
河圖帝覽嬉一卷　清黃奭輯
河圖祿運法一卷　清黃奭輯（黃奭校）
河圖緯一卷　清黃奭輯（黃奭校）

一四

論語撰考讖一卷　清黃奭輯（黃奭校）
孝經內記圖一卷　清黃奭輯
孝經雌雄圖一卷　清黃奭輯
孝經緯一卷　清黃奭輯（黃奭校）
春秋運斗樞一卷　清黃奭輯
禮斗威儀一卷　清黃奭輯
孝經鈎命決一卷　清黃奭輯
春秋元命苞一卷　清黃奭輯
子史鈎沉八十八種八十八卷
華嶠後漢書注一卷　清黃奭輯（黃奭校）
司馬彪九州春秋一卷　清黃奭輯（黃奭校）
司馬彪戰略一卷　清黃奭輯（黃奭校）
譙周古史考一卷　清黃奭輯（黃奭校）
余知古渚宮舊事一卷　清黃奭輯（黃奭校）
晉太康三年地記一卷　清黃奭輯（黃奭校）
王粲英雄記一卷　清黃奭輯（黃奭校）
叔孫通漢禮器制度一卷　清黃奭輯（黃奭校）
王隆漢官解詁一卷　清黃奭輯（黃奭校）
應劭漢官儀一卷　清黃奭輯（黃奭校）
丁孚漢儀一卷　清黃奭輯（黃奭校）
漢官一卷　清黃奭輯（黃奭校）
漢衛宏漢舊儀一卷　清黃奭輯（黃奭校）
蔡質漢官典儀一卷　清黃奭輯（黃奭校）
干寶晉紀一卷　清黃奭輯（黃奭校）
孫盛晉陽秋一卷　清黃奭輯（黃奭校）
何法盛晉中興書一卷　清黃奭輯（黃奭校）
毛詩馬王微一卷　清臧庸、孫馮翼撰
召誥日名攷一卷　清李銳撰
晉皇甫謐列女傳一卷　清黃奭輯（黃奭校）
徐廣孝子傳一卷　清黃奭輯（黃奭校）

春秋一卷　清黃奭輯
禮含文嘉一卷　清黃奭輯
禮稽命徵一卷　清黃奭輯
樂動聲儀一卷　清黃奭輯

梁劉劭幼童傳一卷　清黃奭輯（黃奭校）
唐沈汾續神仙傳一卷　清黃奭輯（黃奭校）
王粲魏臺訪議一卷　清黃奭輯（黃奭校）
皇甫謐帝王世紀一卷　清黃奭輯（黃奭校）
晉郭頒魏晉世語一卷　清黃奭輯（黃奭校）
晉張敞東宮舊事一卷　清黃奭輯（黃奭校）
晉張著建康宮殿簿一卷　清黃奭輯（黃奭校）
晉山濤山公啟事一卷　清黃奭輯（黃奭校）
闕名八王故事一卷　清黃奭輯（黃奭校）
晉陸機要覽一卷　清黃奭輯（黃奭校）
蜀譙周法訓一卷　清黃奭輯（黃奭校）
辛氏三秦記一卷　清黃奭輯（黃奭校）
晉潘岳關中記一卷　清黃奭輯（黃奭校）
晉劉澄之梁州記一卷　清黃奭輯（黃奭校）
袁崧宜都記一卷　清黃奭輯（黃奭校）
晉盛弘之荊州記一卷　清黃奭輯（黃奭校）
晉羅含湘中記一卷　清黃奭輯（黃奭校）
晉鄧德明南康記一卷　清黃奭輯（黃奭校）
晉張僧鑒潯陽記一卷　清黃奭輯（黃奭校）
晉劉澄之鄱陽記一卷　清黃奭輯（黃奭校）
晉山謙之丹陽記一卷　清黃奭輯（黃奭校）
晉孔曄會稽記一卷　清黃奭輯（黃奭校）
晉鄭緝之永嘉郡記一卷　清黃奭輯（黃奭校）
晉王韶南雍州記一卷　清黃奭輯（黃奭校）
晉伏琛三齊略記一卷　清黃奭輯（黃奭校）
晉顧微之廣州記一卷　清黃奭輯（黃奭校）
晉王韶始興記一卷　清黃奭輯（黃奭校）
晉段龜龍涼州記一卷　清黃奭輯（黃奭校）
晉劉欣期交州記一卷　清黃奭輯（黃奭校）
晉束晳發蒙記一卷　清黃奭輯（黃奭校）

一三

晉周處風土記一卷　清黃奭輯（黃奭校）
晉王韶之神境記一卷　清黃奭輯（黃奭校）
韋述西都雜記一卷　清黃奭輯（黃奭校）
雷次宗豫章古今記一卷　清黃奭輯（黃奭校）
晉郭義恭廣志一卷　清黃奭輯（黃奭校）
徐整長曆一卷　清黃奭輯（黃奭校）
晉裴啟語林一卷　清黃奭輯（黃奭校）
袁暐獻帝春秋一卷　清黃奭輯（黃奭校）
晉皇甫謐玄晏春秋一卷　清黃奭輯（黃奭校）
晉孫盛魏春秋一卷　清黃奭輯（黃奭校）
梁吳均齊春秋一卷　清黃奭輯（黃奭校）
晉庾翼晉陽秋一卷　清黃奭輯（黃奭校）
晉檀道鸞續晉陽秋一卷　清黃奭輯（黃奭校）
晉何法盛晉中興書一卷　清黃奭輯
晉謝綽宋拾遺錄一卷　清黃奭輯（黃奭校）
晉虞預會稽典錄一卷　清黃奭輯（黃奭校）
晉魚豢三國典略一卷　清黃奭輯（黃奭校）
晉顧野王玉符瑞圖一卷　清黃奭輯（黃奭校）
晉摯虞決疑要注一卷　清黃奭輯（黃奭校）
表郡三輔舊事一卷　清黃奭輯（黃奭校）
宋劉昞敦煌新錄一卷　清黃奭輯（黃奭校）
晉江敞陳留風俗傳一卷　清黃奭輯（黃奭校）
晉李當之藥錄一卷　清黃奭輯（黃奭校）
晉何晏九江志一卷　清黃奭輯（黃奭校）
晉周斐汝南先賢傳一卷　清黃奭輯（黃奭校）
蘇林陳留耆舊傳一卷　清黃奭輯（黃奭校）
謝承會稽先賢傳一卷　清黃奭輯（黃奭校）
晉陳壽益部耆舊傳一卷　清黃奭輯（黃奭校）
張方楚國先賢傳一卷　清黃奭輯（黃奭校）
劉彧長沙耆舊傳一卷　清黃奭輯（黃奭校）

晉張隱文士傳一卷　清黃奭輯（黃奭校）
司馬彪零陵先賢傳一卷　清黃奭輯（黃奭校）
鄒閎甫廣州先賢傳一卷　清黃奭輯（黃奭校）
黃環閩川名士傳一卷　清黃奭輯（黃奭校）
晉常璩西州後賢志一卷　清黃奭輯（黃奭校）
晉常璩漢中士女志一卷　清黃奭輯（黃奭校）
清
漢學堂經解五種五卷　清黃奭輯
逸易一卷　清黃奭輯　逸書一卷　清黃奭輯
逸詩一卷　清黃奭輯　逸禮一卷　清黃奭輯
逸孟子一卷　清黃奭輯
諸書序跋一卷　清黃奭撰

二六二 咫進齋叢書四集五種六卷　清姚覲元編　清姚氏咫進齋刻朱印本　十三行二十二字紅格紅口左右双边
說文解字攷一卷　清陳壽祺撰　海東金石存攷一卷　清劉喜海撰
西域水道記校補殘本一卷　清錢振常輯　玉河漁唱二卷　清姚世鈺撰
恨耷考原一卷　清丁晏撰

二六三 審巖集九種二十三卷　清楊繼曾輯　清道光二十四至二十五年非能園刻本
史漢箋論十卷　清楊于果撰　審巖文集二卷詩集一卷　清楊于果撰
鶴泉詩鈔一卷　清楊于棠撰　介石文集一卷詩集一卷　清楊燾撰
改定井田溝洫圖說二卷　清楊燾撰　世恩堂文鈔一卷　清張慶昭撰
蝸影危言四卷　清胡自治撰

二六四 冠悔堂叢書□□種　清楊浚編　清侯官楊氏抄本
存一百二種一百四十七卷

冠悔堂雜錄
雞聞集二卷　清杜詔撰　讀史論略一卷　清梁方炳撰
意樂記撮要一卷　清楊浚輯　道命錄一卷　宋李心傳輯
稽古錄一卷　清楊浚輯　蕙艾錄一卷附錄一卷　清楊浚輯
噴飯錄一卷　清楊浚輯　聽雨錄一卷　清楊浚輯
碎金錄一卷　清楊浚輯　臥遊錄一卷　清楊浚輯
說聞錄一卷　清楊浚輯　昨非錄一卷　清楊浚輯
戚少保畢中占書一卷　燕臺花表一卷　題清坦翁寓翁撰
手集名公藏奔二卷　清楊浚輯　格陰新檢十六卷　明徐𤊹編
茨村咏史新樂府二卷附錄一卷　清胡存仁撰
南宋樂府一卷　□章國香輯
林松址詩集二卷附錄一卷　清楊浚輯　海餘樂府四卷　清何栻撰
雙藻遺稿一卷　清陳萶撰　香軟集八卷　清楊浚輯
我規之集一卷　清何栻撰

一三六

稗錄
中華古今注一卷　後唐馬縞撰　西京雜記一卷
洞冥記一卷　題漢郭憲撰　拾遺記一卷　題前秦王嘉撰
飛燕遺事一卷　趙后遺事一卷　宋秦醇撰
飛燕外傳一卷　題漢伶玄撰　雜事秘辛一卷
漢武帝內傳一卷　東宮舊事一卷　晉張敞撰
建康宮殿簿一卷　唐張著撰　迷樓記一卷
海山記一卷　開河記一卷
南部煙花記一卷　唐馮贄撰　次柳氏舊聞一卷　唐李德裕撰
開元天寶遺事一卷　五代王仁裕撰　開天傳信記一卷　唐鄭綮撰
大唐新語一卷　唐劉肅撰　明皇雜錄一卷　唐鄭處誨撰
常侍言旨一卷　唐柳珵撰　妝樓記一卷　南唐張泌撰
羯鼓錄一卷　唐南卓撰　本事詩一卷　唐孟棨撰
教坊記一卷　唐崔令欽撰　江南餘載一卷　宋鄭文寶撰
曲洧舊聞一卷　宋朱弁撰　艮嶽記一卷　宋張淏撰
四朝聞見錄一卷　宋葉紹翁撰　經筵玉音問答一卷　宋胡銓撰

太清樓侍宴記一卷　宋蔡京撰　乾淳起居注一卷　宋周密撰
九海府時記一卷　宋周密撰　元氏掖庭記一卷　明陶宗儀撰
同昌公主傳一卷　唐蘇鶚撰　太真外傳一卷　題宋樂史撰
長恨歌傳一卷　唐陳鴻撰　梅妃傳一卷　題唐曹鄴撰
金鳳外傳一卷　夢梁錄一卷　宋吳自牧撰
默記一卷　宋王銍撰　明宮史五卷　明呂毖撰
賜遊西苑記一卷　明李賢撰　椒宮舊事一卷　明王達撰
秘錄一卷　明李夢陽撰　貴宮人傳一卷　題清抱陽生輯
勝朝彤史拾遺記六卷　清毛奇齡撰
日下舊聞選　清朱彝尊撰　楊浚輯
明宮錄二卷　遼宮錄一卷
金宮錄一卷　元宮錄二卷
銅陵雜記一卷　清楊浚輯　庚申外史一卷　明權衡撰
汴故宮記一卷　元楊奐撰　故宮遺錄一卷　明蕭洵撰
遼邸記聞一卷　明錢希言撰　焚椒錄一卷　遼王鼎撰
武宗外紀一卷　清毛奇齡撰

詩類
明詩綜選一卷　清楊浚輯　徐大端宮詞一卷　清徐昂發撰
十六國宮詞二卷　清周昇撰　元微之連昌宮詞一卷　唐元稹撰
鄭崇光津陽門詩一卷　唐鄭嵎撰　王仲初宮詞一卷　唐王建撰
花蕊宮詞二卷　後蜀花蕊夫人撰　全唐詩錄選一卷　清楊浚輯
宋徽宗宮詞一卷　宋徽宗趙佶撰　楊太后宮詞一卷　宋楊太后撰
和成績宮詞一卷　五代和凝撰　王禹玉宮詞一卷　宋王珪撰
張斗南宮詞一卷　宋張矩撰　汴梁宮人詞一卷
雪香亭雜詠一卷　金元好問撰　開天宮詞一卷　清劉家謀撰
十國宮詞一卷　清吳省蘭撰　宋詩紀事選一卷　清楊浚輯
薩雁門宮詞一卷　元薩都剌撰　楊鐵崖宮詞一卷　元楊維楨撰
李蘭卿宮詞一卷　清李彥章撰

二六五 藝苑叢鈔一百六十五種三百二十六卷　清王攢編　稿本
石經考一卷　清顧炎武輯　附錄一卷
字通一卷　宋李從周撰
履齋示兒編六卷　宋孫奕撰　校補一卷　清顧廣圻撰
佩觿三卷　唐郭忠恕撰　干祿字書一卷　唐顏元孫撰
金壺字考一卷　宋釋適之撰　俗書證誤一卷　宋顏愍楚撰
字書誤讀一卷　宋王雱撰　字林一卷　宋呂忱撰
連文釋義一卷　清王言撰　均藻四卷　明楊慎撰
律呂圖說二卷　清王建常輯
金石文字記六卷　清顧炎武撰　補遺一卷　清潘耒撰
金石史一卷附錄一卷　明郭宗昌撰
書譜一卷　唐孫過庭撰　清陳奕禧等注
續書譜一卷　宋姜夔撰　清戈守智注
瘞鶴銘考一卷　清汪士鋐輯　焦山鼎銘考一卷　清翁方綱輯
寰宇訪碑錄十二卷　清孫星衍邢澍撰
南朝史精語十卷　宋洪邁撰　韻石齋筆談二卷　清姜紹書撰
七頌堂識小錄一卷　清劉體仁撰　負暄野錄二卷　宋陳槱撰
訂訛雜錄十卷　清胡鳴玉撰　謝華啟秀八卷　明楊慎撰
新刻語苑五卷　□張所敬撰　翰墨志一卷　宋高宗趙構撰
寶章待訪錄一卷　宋米芾撰　海岳名言一卷　宋米芾撰
譜系雜說二卷　宋曹士冕撰　絳帖平六卷　宋姜夔撰
書史二卷　宋米芾撰　畫史一卷　宋米芾撰
山水純全集一卷　宋韓拙撰　畫鑒一卷　元湯垕撰
畫學秘訣一卷　唐王維撰　林泉高致一卷　宋郭熙撰
畫論一卷　宋郭思撰　畫梅譜一卷　宋釋仲仁撰
畫竹譜一卷　元李衎撰　墨竹譜一卷　元管道昇撰
書畡一卷　明李日華撰　畫媵一卷　明李日華撰
畫品一卷　宋李廌撰　名畫獵精一卷　宋張彥遠撰
書畫史一卷　明陳繼儒撰　論畫瑣言一卷　明董其昌撰
繪妙一卷　明茅一相撰　畫塵一卷　明沈顥撰
圖畫歌一卷　宋沈括撰　筆記法一卷　五代荊浩撰

一三七

畫繼一卷　宋鄧椿撰
畫品一卷　明楊慎撰
畫法正宗不分卷　清蔣和輯
畫學捷要二卷　清朱履貞撰
山靜居畫論二卷　清方薰撰
板橋題畫一卷　清鄭燮撰
冬心先生畫梅題記一卷　清金農撰
冬心畫馬題記一卷　清金農撰
冬心自寫真題記一卷　清金農撰
後畫品錄一卷　陳姚最撰
苦瓜和尚畫語錄一卷　清釋道濟撰
畫筌一卷　清笪重光撰　王翬　惲格評
蔣氏游藝秘錄二卷　清蔣衡撰
青在堂畫學淺說一卷
泉志一卷　宋洪遵撰
紅朮軒紫泥法定本一卷　清汪鎬京撰
裝潢志一卷　清周嘉胄撰
墨經一卷　宋晁貫之撰
墨一卷　宋朱長文撰
雪堂墨品一卷　清張仁熙撰
題方氏墨雜言八則一卷　明汪道貫撰
筆法源流不分卷　明高松撰
硯譜一卷　宋李之彥撰
硯一卷　宋朱長文撰
歙硯說一卷
說硯一卷　清朱彝尊撰
水坑石記一卷　清錢朝鼎撰
金索印考不分卷　清馮雲鵬、馮雲鵷輯
洞天清錄一卷　宋趙希鵠撰
鮑氏知不足齋錄保母甎並跋一卷

墨池璅錄二卷　明楊慎撰
畫品一卷　明楊慎撰
書法約言一卷　清宋曹撰
小山畫譜二卷　清鄒一桂撰
繪事發微一卷　清唐岱撰
冬心先生畫竹題記一卷　清金農撰
冬心畫佛題記一卷　清金農撰
古畫品錄一卷　南齊謝赫撰
龔安節先生畫訣一卷　清龔賢撰
強恕齋圖畫精意識一卷　清張庚撰
錢譜一卷　宋董逌撰
學古編一卷　元吾丘衍撰
墨史三卷　元陸友撰
墨記一卷　宋何薳撰
墨法集要一卷　明沈繼孫撰
漫堂墨品一卷　清宋犖撰
硯史一卷　宋米芾撰
端溪硯譜一卷　宋葉樾撰
歙州硯譜一卷
辨歙石說一卷
端溪硯石考一卷　清高兆撰
硯林一卷　清余懷撰
志雅堂雜鈔二卷　宋周密撰
骨董十三說一卷　明董其昌撰

一五八

無住詞一卷　宋陳與義撰
灤京雜詠一卷　元楊允孚撰
豐道生筆訣一卷　明豐坊撰
張子野詞二卷補遺二卷　宋張先撰
草窗詞二卷補二卷　宋周密撰
蘋洲漁笛譜二卷　宋周密撰
洛陽牡丹記一卷　宋周師厚撰
天彭牡丹譜一卷　宋陸游撰
梅譜一卷　宋范成大撰
清言一卷續清言一卷　明屠隆撰
玉笑零音一卷　明田藝蘅輯　附錄一卷
石湖詞一卷補遺一卷　宋范成大撰
和石湖詞一卷　宋陳三聘撰
貞居詞一卷補遺一卷　元張雨撰
樂府補題一卷　元陳恕可輯　附錄一卷　清陳[illegible]撰
蛻巖詞二卷　元張翥撰
蘭谷先生天籟集一卷　元白樸撰　附錄一卷
錦帶書一卷　梁蕭統撰
詩詞餘話一卷　元俞焯撰
詞旨一卷　元陸輔之撰
聯莊一卷　清張潮撰
詞源二卷　宋張炎撰
詞品六卷　明楊慎撰　拾遺一卷　清李調元撰
雨村詞話四卷　清李調元撰
陽春集一卷　宋米友仁撰
湖山類稿一卷　宋汪元量撰
浩然齋雅談三卷　宋周密撰
渚宮集選一卷　明王啟茂撰　清陳允衡評
南莊宮遺稿一卷　明王啟茂撰　殘句一卷
溫飛卿集一卷　唐溫庭筠撰

和微集一卷　明高岱撰
端溪硯志三卷　清吳繩年撰
鈍吟書要一卷　清馮班撰
碧雞漫志五卷　宋王灼撰
洛陽牡丹記一卷　宋歐陽修撰
陳州牡丹記一卷　宋張邦基撰
揚州芍藥譜一卷　宋王觀撰
梅品一卷　宋張功甫撰
花外集一卷　宋王沂孫撰
鳴鶴餘音一卷　元虞集撰
四六餘話一卷　宋楊囦道撰
詞品一卷　明朱權撰
春雨雜述一卷　明解縉撰
聯騷一卷　清張潮撰
南湖集一卷　宋張鎡撰
蘆浦筆記一卷　宋劉昌詩撰
趙待制遺稿一卷　元趙雍撰
段柯古集一卷　清王錯輯　唐段成式撰

羅江東集一卷　唐羅隱撰
薛秘監集一卷　唐薛逢撰
盧新都集一卷　唐盧照鄰撰
楊盈川集七卷　唐楊炯撰
王水部集一卷　唐王建撰
歷代駢體書啟彙鈔三十卷　清王錯輯

顧重家集一卷　唐顧雲撰
駱丞集三卷　唐駱賓王撰
王子安集九卷　唐王勃撰
玉溪生集十二卷　唐李商隱撰

守山閣叢書一百十二種六百七十六卷

清錢熙祚編　清道光二十四年金山錢氏據墨海金壺版重編增刻本　清王筠校並跋　葉景葵跋　二六六

經部

易說四卷　宋趙善譽撰
易圖明辨十卷　清胡渭撰
三家詩拾遺十卷　清范家相撰
儀禮釋宮一卷　宋李如圭撰
禮記訓義擇言八卷　清江永撰
春秋左傳補注六卷　清惠棟撰
古微書三十六卷　明孫瑴輯　清錢熙祚注
尊孟辨三卷續辨二卷別錄一卷　宋余允文撰
四書箋義纂要十二卷補遺一卷續遺一卷　宋趙惪撰
大學章句箋義一卷或問箋義一卷注疏纂要一卷
中庸章句箋義一卷或問箋義一卷注疏纂要一卷
論語集注箋義三卷
孟子集注箋義三卷
律呂新論二卷　清江永撰
孫氏唐韻考五卷　清紀容舒撰
古韻標準四卷詩韻舉例一卷　清江永撰　清戴震參定

易象鉤解四卷　明陳士元撰
禹貢說斷四卷　宋傅寅撰
周禮疑義舉要七卷　清江永撰
儀禮釋例一卷　清江永撰
春秋正旨一卷　明高拱撰
經傳釋詞十卷　清王引之撰

史部

三國志辨誤三卷
宋季三朝政要六卷附錄一卷

一五九

蜀鑑十卷　宋郭允蹈撰
咸淳遺事二卷
平宋錄三卷　元劉敏中撰
招捕總錄一卷
昭忠錄一卷
九國志十二卷　宋路振撰　張唐英補　拾遺一卷　清錢熙祚輯
越史略三卷
吳郡志五十卷　宋范成大撰　校勘記一卷　清錢熙祚撰
嶺海輿圖一卷　明姚虞撰
四明它山水利備覽二卷　宋魏峴撰
河防通議二卷　元沙克什撰
廬山記略一卷　劉宋釋慧遠撰
河朔訪古記二卷　元納新撰
大唐西域記十二卷　唐釋玄奘譯　唐釋辯機撰
職方外紀五卷首一卷　意大利艾儒略撰
七國考十四卷　明董說撰
歷代建元考二卷總論一卷類考一卷前編一卷外編四卷　清鍾淵映撰
荒政叢書十卷附錄二卷　清俞森編
救荒全書一卷　宋董煟撰
荒政考一卷　明屠隆撰
賑豫紀略一卷　明鍾化民撰
救荒策一卷　清魏禧撰
義倉考一卷　清俞森撰
歷代兵制八卷　宋陳傅良撰

春秋別典十五卷　明薛虞畿撰
大金弔伐錄四卷
元朝征緬錄一卷
京口耆舊傳九卷
廬山記五卷　宋陳舜俞撰
吳中水利書一卷　宋單鍔撰
北道刊誤志一卷　宋王瓘撰
荒政叢言一卷　明林希元撰
荒政議一卷　明周孔教撰
荒箸略一卷　明劉世教撰
常平倉考一卷　清俞森撰
社倉考一卷　清俞森撰
籀史二卷（卷下原缺）　宋翟耆年撰

子部

少儀外傳二卷　宋呂祖謙撰
神機制敵太白陰經十卷　唐李筌撰
守城錄四卷　宋陳規、湯璹撰
練兵實紀九卷雜集六卷　明戚繼光撰
折獄龜鑑八卷　宋鄭克撰

辨惑編四卷附錄一卷　元謝應芳撰
脈經十卷　晉王叔和撰

難經集註五卷　明王九思撰　新儀象法要三卷　宋蘇頌撰
簡平儀說一卷　意大利熊三拔撰　明徐光啓劄記
渾蓋通憲圖說二卷首一卷　明李之藻撰
圜容較義一卷　意大利利瑪竇授　明李之藻演
曉庵新法六卷　清王錫闡撰　五星行度解一卷　清王錫闡撰
數學八卷續數學一卷　清江永撰
數學補論一卷　歲實消長辨一卷
恆氣注曆辨一卷　冬至權度一卷
七政衍一卷　金水發微一卷
中西合法擬草一卷　算賸一卷
正弧三角疏義一卷
推步法解五卷　清江永撰　李虛中命書三卷　唐李虛中注
珞琭子三命消息賦注二卷　宋徐子平撰
珞琭子賦注二卷　宋釋曇瑩撰
天步真原人命部三卷　穆尼閣撰　清薛鳳祚譯
太清神鑑六卷　羯鼓錄一卷　唐南卓撰
樂府雜錄一卷　唐段安節撰　棊經一卷　宋張擬撰
遠西奇器圖說錄最三卷　明鄧玉函口授　明王徵譯繪
新製諸器圖說一卷　明王徵撰
鬻子一卷　唐逢行珪注　校勘記逸文一卷　清錢熙祚撰
尹文子一卷　校勘記逸文一卷　清錢熙祚撰併輯
慎子一卷逸文一卷　清錢熙祚輯
公孫龍子一卷　宋謝希深注
人物志三卷　魏劉邵撰　西涼劉昞注
近事會元五卷　宋李上交撰　校勘記一卷　清錢熙祚撰
靖康緗素雜記十卷　宋黃朝英撰　能改齋漫錄十八卷　宋吳曾撰
緯略十二卷　宋高似孫撰　坦齋通編一卷　宋邢凱撰
潁川語小二卷　宋陳叔方撰　愛日齋叢鈔五卷
日損齋筆記一卷附錄一卷　元黃溍撰
樵香小記二卷　清何琇撰　日聞錄一卷　元李翀撰
玉堂嘉話八卷　元王惲撰
古今姓氏書辯證四十卷　宋鄧名世撰　校勘記三卷　清錢熙祚撰
明皇雜錄二卷補遺一卷　唐鄭處誨撰　校勘記逸文一卷　清錢熙祚撰並輯
大唐傳載一卷　賈氏談錄一卷　宋張洎撰
東齋記事五卷補遺一卷　宋范鎮撰
續世說十二卷　宋孔平仲撰　玉壺野史十卷　宋釋文瑩撰
唐語林八卷　宋王讜撰　校勘記一卷　清錢熙祚撰
萍洲可談三卷　宋朱彧撰　校勘記一卷　清錢熙祚撰
高齋漫錄一卷　宋曾慥撰　張氏可書一卷　宋張知甫撰
步里客談二卷　宋陳長方撰　東南紀聞三卷
菽園雜記十五卷　明陸容撰
漢武帝內傳一卷　題漢班固撰　校勘記一卷　清錢熙祚撰
大方廣佛華嚴經音義四卷　唐釋慧苑撰
文子二卷　校勘記一卷　清錢熙祚撰
文始真經言外經旨三卷　宋陳顯微撰
周易參同契考異一卷　宋朱熹撰　黃瑞節附錄

集部
古文苑二十一卷　宋章樵注　校勘記一卷　清錢熙祚撰
觀林詩話一卷　宋吳聿撰　餘師錄四卷　宋王正德撰
詞源二卷　宋張炎撰

一四〇

指海一百四十種四百十六卷　清錢熙祚編　清道光十六至二十二年錢氏守山閣據澤古齋重鈔版重編增刻本　二六七

第一集
禹貢山川地理圖二卷　宋程大昌撰
詩說一卷　清陶正靖撰　春秋胡氏傳辨疑二卷　明陸粲撰
孟子解一卷　宋蘇轍撰　奉天錄四卷　唐趙元一撰
炎徼紀聞四卷　明田汝成撰　譎觚一卷　明顧炎武撰
內閣小志一卷內閣故事一卷　清葉鳳毛撰
石經考一卷　清顧炎武撰
天步真原一卷　穆尼閣撰　清薛鳳祚譯
震澤長語二卷　明王鏊撰

第二集
易例二卷　清惠棟撰
大觀綱目二卷　元錢天成撰　附錄一卷
思陵勤政紀一卷　清孫承澤撰　襄陽守城錄一卷　宋趙萬年撰
兩垣奏議一卷　明逯中立撰　條奏疏稿一卷續刊一卷　清韓伊撰
紹熙州縣釋奠儀圖一卷　宋朱熹撰
義府二卷　清黃生撰

第三集
儀禮釋宮增註一卷　清江永撰　春秋說一卷　清陶正靖撰
論語意原四卷　宋鄭汝諧撰　韻補正一卷　清顧炎武撰
音學辨微一卷　清江永撰　大業雜記一卷　唐杜寶撰
西洋朝貢典錄三卷　明黃省曾撰　中西經星同異考一卷　清梅文鼎撰
東園叢說三卷　宋李如篪撰　列朝盛事一卷　明王世貞撰

第四集
詩說三卷　清惠周惕撰　瑟譜六卷　元熊朋來撰
惠氏讀說文記十五卷　清惠棟撰　江聲參補
崑崙河源考一卷　清萬斯同撰　呂氏雜記二卷　宋呂希哲撰
漱華隨筆四卷　清嚴有禧撰

第五集
易大誼一卷　清惠棟撰　尚書地理今釋一卷　清蔣廷錫撰
字詁一卷　清黃生撰　革除逸史二卷　明朱睦㮮撰
詔獄慘言一卷　題明燕客撰　天變邸抄一卷
出塞紀略一卷　清錢良擇撰　史糾六卷　明朱明鎬撰
手臂錄四卷　清吳殳撰
峨嵋槍法一卷　清釋普恩撰　吳殳輯
夢綠堂槍法一卷　清釋洪轉撰　清吳殳輯
程沖斗十六槍勢一卷

第六集
左傳杜解補正三卷　清顧炎武撰　論語拾遺一卷　宋蘇轍撰
帝王世紀一卷　晉皇甫謐撰　異域錄二卷　清圖理琛撰
楓山語錄一卷　明章懋撰　何博士備論一卷　宋何去非撰
識小編二卷　清董豐垣撰　紫微雜說一卷　宋呂本中撰
文選敂音一卷　清趙晉撰

第七集
席氏讀說文記十五卷　清席世昌撰　救命書二卷　明呂坤撰
司馬法三卷逸文一卷　商子五卷
鄧析子一卷
測量法義一卷　意大利利瑪竇口授　明徐光啓錄
測量異同一卷　明徐光啓撰　勾股義一卷　明徐光啓撰

第八集
李相國論事集六卷　唐李絳撰　蔣偕輯
唐才子傳十卷　元辛文房撰　吳乘竊筆一卷　明許元溥撰
戲瑕三卷　明錢希言撰　本語六卷　明高拱撰

第九集
春秋日食質疑一卷　清吳守一撰　汝南遺事四卷　元王鶚撰
乘軺錄一卷　宋路振撰　蜀碧四卷　清彭遵泗撰
南宋古蹟考二卷　清朱彭輯　淮南天文訓補注二卷　清錢塘撰
觚不觚錄一卷　明王世貞撰　彭文憲公筆記一卷　明彭時撰

第十集
九經誤字一卷　清顧炎武撰　訥溪奏疏一卷　明周怡撰
象臺首末五卷　宋胡知柔撰　附錄一卷
于公德政錄一卷　清戴兆祚撰　三魚堂日記二卷　清陸隴其撰
博物志十卷　晉張華撰　逸文一卷
樂府指迷一卷　宋沈義父撰

第十一集
存是錄一卷　明姚宗典輯　辛巳泣蘄錄一卷　宋趙與褰撰
閩部疏一卷　明王世懋撰　寧海將軍固山貝子功績錄一卷　明汪[illegible]輯
脈訣刊誤二卷　元戴啓宗撰　附錄一卷

一四一

鈍吟雜錄十卷　清馮班撰　何焯評
陰符經考異一卷　宋朱熹撰　黃瑞節附錄
修辭鑑衡二卷　元王構撰

第十二集
漢書西域傳補注二卷　清徐松撰
坤輿圖說二卷　比利時南懷仁撰
金石文字記六卷　清顧炎武撰
明夷待訪錄一卷　清黃宗羲撰

第十三集
燕寢考三卷首一卷　清胡培翬撰
三藩紀事本末四卷　清楊陸榮撰
先撥志始二卷　明文秉撰
長春真人西遊記二卷　元李志常撰
西遊記金山以東釋一卷　清沈垚撰
古今刀劍錄一卷　梁陶弘景撰
桓子新論一卷　漢桓譚撰

第十四集
洪武聖政記一卷　明宋濂撰
嘉靖以來內閣首輔傳八卷　明王世貞撰
孔叢子七卷　宋宋咸注
南華真經章句音義十四卷章句餘事一卷餘事雜錄二卷　宋陳景元撰
莊列十論一卷　宋李元卓撰

第十五集
高士傳二卷　晉皇甫謐撰　逸文一卷　清錢熙祚輯
海道經一卷附錄一卷
思陵典禮紀四卷　清孫承澤撰
意林五卷　唐馬總輯
震澤紀聞二卷　明王鏊撰
玉堂薈記二卷　明楊士聰撰

第十六集
難兄錄一卷　清吳𠵾撰
秘傳水龍經五卷　清蔣平階輯
小山畫譜二卷　清鄒一桂撰
名疑四卷　明陳士元撰

第十七集
孟子字義疏證三卷　清戴震撰
晏子春秋七卷
從征緬甸日記一卷　清周裕撰
傅子三卷　晉傅玄撰　清錢熙祚輯
續三十五舉一卷　清桂馥撰
傳神祕要一卷　清蔣驥撰
隨筆漫記一卷　明唐昌世撰
列仙傳二卷　漢劉向撰

一四二

第十八集
曲律四卷　明王驥德撰
大唐郊祀錄十卷　唐王涇撰　末一卷附錄一卷
龍沙紀略一卷　清方式濟撰
塞外雜識一卷　清馮一鵬撰
少廣正負術內篇三卷外篇二卷　清孔廣森撰
爾雅圖贊一卷　晉郭璞撰　清錢熙祚輯
山海經圖贊一卷　晉郭璞撰　清錢熙祚輯

第十九集
毛鄭詩考正四卷　清戴震撰
格庵奏稿一卷　宋趙順孫撰
對數探原二卷　清李善蘭撰
封氏聞見記十卷　唐封演撰
道德經論兵要義述四卷　唐王真撰
燕樂考原六卷　清凌廷堪撰

第二十集
經學卮言六卷　清孔廣森撰
禮學卮言六卷　清孔廣森撰
罍庵雜述二卷附一卷　明朱朝瑛撰
道德真經傳四卷　唐陸希聲撰
華陽陶隱居集二卷　梁陶弘景撰
守山閣賸稿一卷　清錢熙祚撰

二六八　古紅梅閣叢抄十種十卷　清劉履芬編　清劉履芬抄本
西湖小史一卷　明李鼎撰
十美詞紀一卷　清鄒樞撰
胭脂紀事一卷　清伍瑞隆撰
吳語一卷　清戴延年撰
私史紀事一卷　清范鍇撰　章鈺跋
紀聞一卷　清王汝玉撰
潤州見聞錄一卷
倦棠珊遺詩一卷　清徐渭仁撰
義犬記一卷
夜中記畧一卷

二六九　虞陽說彙二十九種三十卷　題清菰村漁父編　清抄本
甓事一卷
虞山清議一卷
家兒私語一卷
祝趙始末一卷

明倫彙述言一卷
海虞被兵記一卷
牧齋遺事一卷
虞書一卷
養疴客談一卷
趙氏雜記一卷
思卷閣筆一卷
三風十愆記一卷
鵑南雜錄一卷
泉山從信錄一卷
海角遺編一卷
恭紀御試一卷
湖默菴遺文一卷
荒史海角遺編二卷
書老出處難事一卷
閩訟紀略一卷
桃虞書一卷
虞山雜志一卷
過墟志感一卷
虞諧志一卷
潮災紀略一卷
熙怡錄一卷
棠華偶筆一卷
帶芳壺孤一卷
河東君殉叙雜事實一卷

二七〇　清懷叢書二十二種二十四卷　清抄本
煎茶水記一卷　唐張又新撰
醉鄉日月一卷　唐皇甫嵩撰
食譜一卷　唐韋巨源撰
花九錫一卷　唐羅虬撰
二十四詩品一卷　唐司空圖撰
書法一卷　唐歐陽詢撰
畫學秘訣一卷　唐王維撰
平泉山居草木記一卷　唐李德裕撰
嶺表錄異記一卷　唐劉恂撰
北戶錄一卷　唐段公路撰
江花品藻一卷　明楊慎撰
廣陵女士殿最一卷　題蘋鄉花史撰
第十一段錦詞話一卷　清顧彩撰
百花彈詞一卷　清錢濤撰
三友棋譜一卷　清鄭晉德撰
疗詞一卷　明黃周星撰
古琴疏一卷　明虞汝明撰
比紅兒一卷　唐羅虬撰
印學要言一卷　清黃撲撰
硯銘一卷　清潘耒撰
銷夏四卷　明陳繼儒撰

一四三

二七一　雜抄二十種二十卷　清抄本
文廟從祀先賢先儒考一卷　清郎廷極撰
集慶路江東書院講義一卷　元程端禮撰
歷代貢舉志一卷　明馮夢禎撰
職貢異物一卷
鹽法考畧一卷　明丘濬撰
錢法纂要一卷　明丘濬撰
煮粥條議一卷　明陳繼儒撰
浮梁陶政志一卷　清吳允嘉撰
物類同名疏一卷
楊公政績紀一卷　清黃家遴撰
致身錄一卷　明史仲彬撰
歷代銓政要略一卷　宋楊億撰
國獄紀略一卷　明倪元璐撰
刑法敘畧一卷　明劉筠撰
拯荒事略一卷　元歐陽玄撰
救荒事宜一卷　明張陛撰
詞品一卷　明朱權撰
元祐黨人碑考一卷　明海瑞撰
楊忠愍公遺筆一卷　明楊繼盛撰
西山告諭文一卷　宋真德秀撰

二七二　牡丹叢書七種　清抄本
牡丹記一卷　宋歐陽修撰
牡丹譜一卷　宋陸游撰
牡丹志一卷　宋劉克莊撰
牡丹彙編一卷
牡丹詩選一卷
河南王氏牡丹譜一卷　題巨野老人撰
牡丹百詠一卷　□張穆源撰

二七三　小萬卷樓叢書十七種七十四卷　清錢培名編　清光緒四年錢培名刻本　傅增湘校並跋　十行二十字小字雙行同　四口　左右雙邊
易學濫觴一卷　元黃澤撰
春秋通義一卷
左傳博議拾遺二卷　清朱元英撰
律呂元音正錄一卷　清畢華珍撰
豐清敏公遺事一卷附錄一卷　宋李朴撰
越絕書十五卷　漢袁康撰　札記一卷　清錢培名撰
唐書直筆四卷　宋呂夏卿撰
中鑒五卷　漢荀悅撰　札記一卷　清錢培名撰
中論二卷　漢徐幹撰　逸文一卷　清錢培名輯　札記一卷　清錢培名撰
醫經正本書一卷　宋程迥撰　札記二卷　清錢培名撰
對數簡法一卷續一卷　清戴煦撰

二七四　逸野堂藏本史類九種　清抄本　清周星詒跋　十一行二十一字無格
元城語錄三卷附錄一卷　宋馬永卿輯
道德真經集解四卷　金趙秉文撰
武陵山人雜著一卷　清顧觀光撰
陸士衡文集十卷　晉陸機撰　札記一卷　清錢培名撰
謝幼槃文集十卷　宋謝邁撰
西渡詩集一卷補遺一卷　宋洪炎撰
釣磯立談一卷
采石瓜洲斃亮記一卷附錄一卷　宋蹇駒撰
青溪弄兵錄一卷出師錄一卷　宋王纘大輯
辛巳泣蘄錄一卷　宋趙與褰撰　清周星詒校
補漢兵志一卷　宋錢文子撰
北狩行錄一卷　題宋蔡鞗撰　劉豫事跡一卷
阿計替傳一卷
歸潛志八卷　元劉祁撰

二七五　書鈔閣鈔書五種　清周氏書鈔閣抄本　十三行二十五字，紅格，紅口，左右雙邊
平寇志十二卷　明彭孫貽輯
殷頑錄六卷　清楊陸榮撰
東江遺事二卷補遺一卷　題□江漫叟輯
老父雲遊始末一卷　清陸莘行撰
崇禎閣臣事略一卷　清陳墨撰

二七六　弢園叢書十一種三十三卷　清王韜編　清抄本
忠義錄一卷　清王韜輯
英中財賦考一卷　清王韜輯
滇南銅政考一卷　清王韜輯
治安八議一卷　清王韜輯
進呈廣論一卷　意大利利類思譯
農事直說一卷　清王韜輯
衿陽雜錄一卷　清王韜輯
繞墨齋揮塵十卷　宋郭乘撰
東坡先生仇池筆記二卷　題宋蘇軾撰
東人詩話二卷　清王韜輯
朱淑貞斷腸詩集十卷補遺一卷詞一卷　宋朱淑貞撰

一四四

二七七　楊施二先生遺著二種　清抄本　清周學濬跋　丁白、陳鋼題詩　十二行二十四字無格
葦存齋遺文一卷　清楊鳳苞撰
禮耕堂叢說一卷　清施國祁撰

二七八　漸西村舍彙刊四十四種　清袁昶編　稿本
存七種二十九卷
校正元親征錄一卷　清何秋濤校正
漸西村人初集十三卷　存四卷五至六、九至十　清袁昶撰
安般簃集十卷　存二卷壬、癸　清袁昶撰
春闈雜詠一卷附錄一卷　清袁昶撰
于湖小集六卷金陵雜事詩一卷　存五卷一至二、四至五，金陵雜事詩全　清袁昶撰
于湖題襟集十卷　清袁昶輯
廣雅碎金四卷附錄一卷　清張之洞撰

二七九　有萬熹齋叢抄二種　清同治八年傅青餘抄本
老父雲遊始末一卷　清陸莘行撰　附錄一卷　清魏錫曾傅以禮校並跋
明季詩話一卷附錄一卷　清傅以禮跋

二八〇　長恩閣校訂三代遺著四種　清傅以禮編　清末傅氏長恩閣抄本
保越錄一卷　元徐勉之撰
北征錄一卷張尚書集一卷　明張煌言撰
忠烈嚴公事實傳一卷　明楊廷麟撰
秉燧筆記一卷　清戚脩撰

二八一　長恩閣叢書十四種十九卷　清傅以禮編　清末傅氏長恩閣抄本　清傅以禮校
汰存錄一卷　清黃宗羲撰
思舊錄一卷　清黃宗羲撰
滇緬錄一卷
默記一卷　明文安之撰
吳三桂紀略一卷
平滇始末一卷
平吳錄一卷　清孫旭撰
吳逆取亡錄一卷　清蒼弁山樵撰
明季遺聞拾遺一卷　清鄒漪撰
臨安旬制紀二卷附錄一卷　清張道撰
甲申核真略一卷　明楊士聰撰
南行日記一卷　明楊士聰撰
學行小紀三卷　明瞿昌文撰

二八二　海桑外乘二種五卷　清傅以禮編　清末傅氏長恩閣抄本　清傅以禮校並跋
北狩錄一卷張尚書集一卷附錄一卷　明張煌言撰
三垣筆記存二卷一至二　清李清撰

二八三　海寧李氏礦墨亭叢書六十三種二百七卷　清李冬涵編　稿本
高傳燈四卷　宋徐□撰
爾雅新義二十卷　宋陸佃撰
鄭志三卷　魏鄭小同撰
駁五經異義補遺一卷　漢鄭玄撰
箴膏肓一卷　漢鄭玄撰
起廢疾一卷　漢鄭玄撰
發墨守一卷　漢鄭玄撰
印正附說一卷　明甘暘撰
享金簿一卷　清孔尚任輯
武功縣志三卷　明康海撰　傅增湘校
歷代山陵考二卷　明王在晉輯
蘇氏演義二卷　唐蘇鶚撰
程氏考古編十卷　宋程大昌撰
宋遺民錄十五卷　明程敏政輯
唐才子傳八卷　元辛文房撰
玉臺書史一卷　清厲鶚輯
古玉文字記二卷　清陸紹曾輯
輿地碑記目四卷　宋王象之撰
古今石刻碑帖目二卷　明孫克宏編
東城雜記二卷　清厲鶚撰
桂香小記二卷　清何琇撰
客舍偶聞一卷　清彭孫貽撰
清波小志一卷　清徐逢吉撰
清波小志一卷　清陳景鍾撰
空際格致二卷　意大利高一志撰
求古錄一卷　清顧炎武撰
來齋金石刻考略三卷　清林侗撰
金石續錄四卷　清劉青藜撰

一四五

二八四　悔堂手鈔二十種三十五卷　題清悔堂老人編　稿本　十行二十四字　無格
金石後錄六卷　清葉奕苞撰
古林金石表一卷　清曹溶撰
何義門題跋一卷　題清何焯撰
砥齋集題跋一卷　清王弘撰撰
湛園題跋一卷　清姜宸英撰　清□格生校跋並錄吳之振題識
隱綠軒題識一卷　清陳奕禧撰
墨志一卷　明麻三衡撰
肯綮錄一卷　宋趙叔向撰
醉翁談錄八卷　宋金盈之撰
日聞錄一卷　元李翀撰
勤有堂隨錄一卷　元陳櫟撰
大六壬銀河棹正集二卷附集一卷　明張松源注
亞谷叢書四卷　清鮑鈴輯　傅增湘跋
人海記二卷　清查慎行撰
蘋洲可談三卷　題宋朱彧撰
步里客談二卷　宋陳長方撰
愛日齋叢抄五卷
友會談叢二卷　宋上官融撰
汲古閣珍藏秘本書目一卷　清毛扆藏並撰
千頃堂書目三十二卷　清黃虞稷撰
汲古閣刊書細目一卷　明毛晉撰
文淵閣書目不分卷　明楊士奇等撰
內閣書目八卷　明張萱等撰
澹生堂書目不分卷　明祁承㸁藏並撰　李冬涵跋
芻言三卷　宋崔敦禮撰
月波洞中記一卷
射覆一卷　題漢東方朔撰
鬼撮腳一卷　題□苗公遺撰
急救仙方六卷
大易發秘火珠林一卷
旅舍備要方一卷　宋董汲撰
產寶諸方一卷
河南穆參軍集四卷　宋穆修撰　傅增湘跋
五言律撷體一卷
夾漈遺稿三卷　宋鄭樵撰
王文簡公年譜一卷　清惠棟撰
廣州游覽志一卷　清王士禛撰
漁洋山人文畧一卷　清王士禛撰
北歸志一卷　清王士禛撰
蜀道驛程記二卷　清王士禛撰
皇華紀聞四卷　清王士禛撰
南來志一卷　清王士禛撰
北征記一卷　清王士禛撰
迎駕紀恩錄一卷　清王士禛撰
秦蜀驛程後記二卷　清王士禛撰
隴蜀餘聞一卷　清王士禛撰
浯溪考二卷　清王士禛撰
國朝謚法考一卷　清王士禛輯

王文簡公精華錄訓纂摘註一卷　清惠棟撰
漁洋山人精華錄十卷　清王士禛撰
閒鑑偶評一卷　清尤侗撰
史論一卷　清宋直撰
論古雜存一卷　題清懶道人撰
排子讀史記一卷　清葉鑅撰
讀史贅言一卷　清李漁撰

六八五 琅函小品十種二十九卷　清抄本
毛詩指說一卷　唐成伯璵撰
蘆浦筆記十卷　宋劉昌詩撰
五溪故事三卷　明出公撰
今兩綴筆一卷
中饋重品一卷　明李開先撰
郊野類要五卷　宋趙昇撰
三楚新錄三卷　宋周羽翀撰
江表志三卷　宋鄭文寶撰
先故舊遺錄一卷　明蕭洵撰
吾學編餘二卷　明鄭曉撰

六八六 朗溪叢誌二集十四種十四卷　題清類鑅子撰　清抄本
論器管窺一卷
攬亭偶集一卷
細物新發一卷
孤園擔綴一卷
茶齋勸說一卷
雜新挾語一卷
古今中外正僭年號備考一卷
歷代正僭世系便覽一卷　題清類鑅子刪
見聞叢删一卷
雲署卿編一卷
鄰言蕤綴一卷
天華談話一卷
艷新羅志一卷
媿隱綴論一卷　題清類鑅子續補

六八七 碎珮叢鈐十六種三十三卷　清抄本
談往一卷　題花村看行侍者撰
采蕳齋先生詩話一卷
雁蕩山記一卷　清潘耒撰
香祖筆記八卷　清王士禛撰
雁山百咏一卷
海濱紀二卷　清王士禛撰
四譯風土記一卷　清七十一撰
鬱岡合志一卷　清毛奇齡撰
行間記事一卷　清王世錫撰
簷劍鉞度二卷　清陳克恕撰
槔游紀遊一卷　清郁永河撰
西域聞見錄四卷　清七十一撰
比喇風土記一卷　清黃元治撰
蠻種傳一卷　清諸匡鼎撰
望華紀聞四卷　清王士禛撰
嵩庵閒話二卷　清張爾岐撰

六八八 豫恕堂叢書二十一種五十三卷　清沈善登編　清光緒刻朱印本及寫樣本　清譚獻校
周禮解六卷　宋胡銓撰
靈境備史四卷　明陳霆撰
崇禎遺錄一卷　明王世德撰
獨寤園叢鈔四種　寫樣本
西域行程記一卷　明陳誠李暹撰
西域番國志一卷　明陳誠李暹撰
北廣事蹟一卷　明王瓊撰
清綺齋藏書目一卷　清張宗松編　寫樣本
御譯大藏經目錄一卷　清高宗弘曆撰
濟北先生師友談記一卷　宋李廌撰　寫樣本
羅湖野錄二卷　宋釋曉瑩撰
溜牧綸一卷　明盛萬年撰　寫樣本
棣花磯隨筆二卷　清董說撰
請書雜錄二卷　明胡震亨撰　寫樣本
乙閒錄二卷　明鍾文烝撰　寫樣本
件及札一卷　清徐晟撰　寫樣本
章氏遺書三種三卷　清章學誠撰　寫樣本
乙卯劄記一卷
知非日記一卷
詩修史輯要略一卷
海外新書二卷　日本加茂卿撰　寫樣本
倭患徵信錄二卷　宋韓柢和撰　寫樣本
魯論語一卷　清鍾文烝撰
西華事蹟一卷　明王瓊撰
腳氣治法二卷　宋董汲撰　寫樣本
奇門懸解一卷　清史易撰
慈餘詩話十卷　清周春撰　寫樣本
悅石陵書一卷　宋倪樸撰

六八九 津門聞見錄五種　清郝福森編　清抄本
辛酉皖法毛津紀一卷
癸亥紀事一卷
咸豐十年觀眾道人敘內一卷　清筱藩撰（「筱藩」）
壬戌紀事一卷
同治三年歲在甲子紀事一卷

六九〇 方氏叢鈔十種　清方絢編　稿本
新宮志一卷　唐褚遂良撰
熙寧新定時服式抄一卷
宋人遺詞雜抄一卷
兒鈞六卷
林蹤書一卷　清方絢撰
香閨韻事一卷　唐夏候審撰
宣和冊禮圖一卷
漢後紀事一卷　明趙文華撰
荔俠雜一卷　題雲覺子述　清方璞注
香蓮家器圖說四卷　清方絢撰

六九一 汲脩齋叢書十六種十八卷　清徐光濟編　清徐氏汲脩齋抄本
四當銓記一卷　清陳鱣撰
河莊詩文鈔一卷　清陳鱣撰
鑫墻浪乃一卷　清吳騫撰
兔牀府君行述一卷附一卷　清吳壽照吳壽暘撰
紫雲蕉偶吟一卷　清周春撰
石齋遺稿一卷　清吳騤撰
則古昔齋文鈔一卷　清李善蘭撰
越游草一卷　清屈為章撰
西江草一卷　清陳貞源撰
香艷樓詩鈔一卷詞鈔一卷　清陳貞源撰
新坂土風一卷　清陳鱣撰
壺口辨一卷　清吳騫撰
拙集先生遺稿一卷　清吳衡撰
小桐溪雜詠一卷　清吳熙撰
澗賓游草一卷　清屈為章撰
玉照傳遺訓一卷　清俞忠撰

六九二 玉函山房輯佚書續編二百六十九種二百七十四卷補編二百三十八種一百三十八卷十三經漢注四十種四十卷經籍佚文一百十六種一百二十一卷　清王仁俊編　稿本
玉函山房輯佚書續編
經編
易類
周易史氏義一卷
周易呂氏義一卷
京房易傳一卷　漢京房撰
周易賈氏義一卷　漢賈護撰
周易劉氏義一卷　漢劉向撰
周易叁氏義一卷　漢叁叁撰
周易徐幹義一卷　漢徐幹撰
周易王氏義一卷　漢王充撰
周易賈氏義一卷　漢賈逵撰
周易劉貢義一卷　北齊劉晝撰
周易黃氏義一卷
周易京氏章句一卷　漢京房撰
易下邳傳甘氏義一卷　漢甘容撰
周易董氏義　漢董仲舒撰
周易鄭司農注一卷　漢鄭眾撰
周易趙氏義一卷　漢趙溫撰
周易彭氏義一卷　漢彭宣撰
周易班氏義一卷　漢班固撰
周易劉氏義疏一卷　南齊劉瓛撰
周易師說一卷　唐陸德明撰
書類
書賈氏義一卷　漢賈誼撰
書古文訓一卷　漢賈逵撰
古文尚書訓旨一卷　漢衛宏撰
五家要說章句一卷　漢明帝劉莊撰
書王氏注一卷　魏王肅撰
書范氏集解一卷　晉范甯撰
古文尚書訓一卷　漢賈逵撰
尚書古文同異一卷　漢賈逵撰
書贊一卷　漢鄭玄撰
尚書集注一卷　晉李顒撰
詩類
魯詩韋氏說一卷　漢韋玄成撰
韓詩翼要一卷　漢侯苞撰
毛詩鄭義一卷　漢鄭玄撰
韓詩趙氏學一卷　漢趙曄撰
毛詩賈氏義一卷　漢賈逵撰
毛詩沈氏義疏一卷　北周沈重撰

毛詩集注一卷 梁崔靈恩撰
周官禮類
周禮序一卷 漢鄭玄撰
周禮賈氏注一卷 漢賈逵撰
儀禮類
謚法劉熙注一卷補遺一卷 漢劉熙撰
婚禮謁文一卷 漢鄭玄撰
禮記類
月令章句一卷 漢蔡邕撰
禮記外傳一卷
通禮類
荀氏禮傳一卷 漢荀爽撰
南北郊冕服議一卷 漢劉蒼撰
賀氏喪服譜一卷 晉賀循撰
答庾亮問宗議一卷 晉賀循撰
出後者為本父母服議一卷 晉王廙撰
孫曾為後議一卷 晉何琦撰
三禮義宗一卷 梁崔靈恩撰
樂類
琴操一卷 漢蔡邕撰
春秋類
春秋大傳一卷
春秋公羊眭生義一卷 漢眭弘撰
春秋公羊孔氏傳一卷 晉孔衍撰
春秋公羊劉氏注一卷 晉劉兆撰
春秋穀梁劉更生義一卷 漢劉向撰
春秋穀梁段氏注一卷 漢段肅撰
春秋左傳吳氏義一卷
春秋左氏傳服氏注一卷 漢服虔撰
春秋左氏傳劉氏注一卷 晉劉兆撰

答臨碩周禮難一卷 漢鄭玄撰
禮記音義隱一卷
禮記隱義一卷 梁何允撰
漢禮器制度一卷 漢叔孫通撰
喪服要記一卷 魏王肅撰
宗議一卷 晉賀循撰
魏尚書奏王侯在喪襲爵議一卷
春秋公羊嚴氏義一卷 漢嚴彭祖撰
春秋公羊貢氏義一卷 漢貢禹撰
春秋公羊王門子注一卷 晉王愆期撰
春秋穀梁傳序一卷
春秋穀梁劉氏注一卷 晉劉兆撰
春秋左氏傳延氏注一卷 漢延篤撰

春秋三家經本訓詁一卷 漢賈逵撰
駁春秋釋痾一卷 漢何休撰
國語賈氏注一卷 漢賈逵撰
孝經類
孝經馬氏注一卷 漢馬融撰
孝經鄭氏注一卷 魏鄭偁撰
論語孟子類
論語孔氏注一卷 漢孔安國撰
論語鄭氏注一卷 漢鄭玄撰
論語王氏注一卷 魏王弼撰
論語隱義注一卷
孟子劉氏注一卷 漢劉熙撰
爾雅類
爾雅許君義一卷 漢許慎撰
爾雅劉氏注一卷 晉劉兆撰
爾雅麻氏注一卷 □麻杲撰
五經總義類
五經章句後定一卷 漢劉表撰
五經異義一卷 漢許慎撰
緯書類
易經備一卷
尚書中候一卷
尚書中候鄭注一卷 漢鄭玄撰
尚書帝命驗宋注一卷 魏宋均撰
河圖說命徵宋注一卷 魏宋均撰
洛書甄曜度一卷
詩緯含神霧一卷 魏宋均注
詩緯汎歷樞一卷 魏宋均注
禮緯稽命徵一卷 魏宋均注
樂緯一卷

春秋漢議一卷 漢何休撰
國語虞氏注一卷 吳虞翻撰
孝經董氏義一卷 漢董仲舒撰
論語包氏注一卷 漢包咸撰
論語何氏注一卷 漢何休撰
論語麻氏注一卷 漢麻達撰
孟子劉中壘注一卷 漢劉向撰
孟子古注一卷
爾雅鄭君注一卷 漢鄭玄撰
爾雅孫氏注一卷 魏孫炎撰
五經通義一卷 漢劉向撰
五經要義一卷 劉宋雷次宗撰
易神靈圖一卷
尚書中候馬注一卷 漢馬融撰
尚書緯考靈曜一卷 漢鄭玄撰
尚書緯刑德放一卷 漢鄭玄注
洛書鄭注一卷 漢鄭玄撰
詩緯一卷 魏宋均注
詩緯推度災一卷 魏宋均注
禮緯含文嘉一卷 魏宋均注
禮緯斗威儀一卷 魏宋均注
樂緯動聲儀一卷 魏宋均注

樂緯叶圖徵一卷 魏宋均注
春秋緯感精符一卷 魏宋均注
春秋緯運斗樞一卷 魏宋均注
春秋緯考異郵一卷 魏宋均注
春秋緯佐助期一卷 魏宋均注
春秋緯說題辭一卷 魏宋均注
春秋緯元命苞一卷 魏宋均注
春秋玉版讖一卷
孝經緯援神契一卷 魏宋均注
孝經中黃讖一卷
小學類
用筆法一卷
篆勢一卷 漢蔡邕撰
非草書一卷 漢趙壹撰
文字集略一卷 梁阮孝緒撰
纂文一卷 劉宋何承天撰
韻略一卷 北齊陽休之撰
史編
正史類
漢書音義一卷 隋蕭該撰
漢書許義一卷 漢許慎撰
東觀漢記一卷
古文瑣語一卷
春秋前傳一卷
春秋後語一卷 晉孔衍撰
春秋公子譜一卷
漢禮器制度一卷 漢叔孫通撰
晉公卿禮秩一卷 晉傅暢撰
會稽典錄一卷 晉虞預撰
孝子傳一卷 劉宋鄭緝之撰

春秋緯文耀鉤一卷 魏宋均注
春秋緯合誠圖一卷 魏宋均注
春秋緯保乾圖一卷 魏宋均注
春秋緯潛潭巴一卷 魏宋均注
春秋緯演孔圖一卷 魏宋均注
春秋命歷序一卷 魏宋均注
春秋說命徵一卷
孝經緯鉤命訣一卷 魏宋均注
論語讖一卷 魏宋均注
筆墨法一卷 魏韋誕撰
勸學篇一卷 漢蔡邕撰
始學篇一卷 吳項峻撰
書論一卷 晉王羲之撰
纂要一卷 劉宋顏延之撰
考聲一卷
漢書舊注一卷
世本一卷 漢宋衷注
帝王世紀一卷 晉皇甫謐撰
帝王世家一卷
史說一卷
漢晉春秋一卷 晉習鑿齒撰
漢官儀一卷 漢衛宏撰
三輔決錄注一卷 晉摯虞撰
孝子傳一卷 漢劉向撰
孝子傳一卷 □宋躬撰

孝子傳一卷
鄭君別傳一卷
師曠紀一卷
孝德傳序一卷 梁元帝蕭繹撰
丹陽尹傳序一卷 梁元帝蕭繹撰
職貢圖序一卷 梁元帝蕭繹撰
錢塘記一卷 劉宋劉道真撰
別錄補遺一卷 漢劉向撰
金樓子著書攷一卷 梁元帝蕭繹撰
金樓子藏書攷一卷 梁元帝蕭繹撰
子編
儒家類
王孫子一卷
諸葛武侯集解一卷 蜀諸葛亮撰
崔寔正論一卷 漢崔寔撰
典語一卷 吳陸景撰
鍾子芻蕘一卷 魏鍾會撰
袁子正書一卷 晉袁準撰
孫氏成敗志一卷 晉孫毓撰
蘇氏化清經一卷 晉蘇洪撰
華氏新論一卷 晉華譚撰
志林新書一卷 晉虞喜撰
義記一卷 晉顧夷撰
兵家類
司馬兵法一卷
三略一卷
兵書接要一卷 漢曹操撰
農家類
四民月令一卷 漢崔寔撰
道家類

燕太子傳一卷
鍾離意別傳一卷
神仙傳一卷 晉葛洪撰
忠臣傳序一卷 梁元帝蕭繹撰
懷舊志序一卷 梁元帝蕭繹撰
全德志論一卷 梁元帝蕭繹撰
七略別錄一卷 漢劉向撰
七錄一卷 梁阮孝緒撰
仲長子昌言一卷 漢仲長統撰
周生子要論一卷 魏周生烈撰
顧子新言一卷 吳顧譚撰
杜子新論一卷 魏杜恕撰
譙子法訓一卷 蜀譙周撰
袁子正論一卷 晉袁準撰
古今通論一卷 晉王嬰撰
夏侯子新論一卷 晉夏侯湛撰
物理論一卷補遺一卷 晉楊泉撰
干子一卷 晉干寶撰
黃石公記一卷
兵要一卷 蜀諸葛亮撰

老子鍾氏注一卷　魏鍾會撰
莊子司馬注一卷　晉司馬彪撰
申論一卷　漢荀悅撰
典論一卷補遺一卷　魏文帝曹丕撰
傅子一卷　晉傅玄撰
蘇子一卷　□蘇渟撰
陸子一卷　晉陸雲撰
幽求子一卷　晉杜夷撰
孫綽子一卷補遺一卷　晉孫綽撰
符子一卷　晉符朗撰
法家類
申子一卷
劉氏政論一卷　魏劉廙撰
世要論一卷　魏桓範撰
陳子要言一卷　吳陳融撰
墨家類
田俅子一卷
隨巢子一卷
雜家類
蔣子萬機論一卷　魏蔣濟撰
默記一卷　吳張儼撰
裴氏新言一卷　吳裴玄撰
析言論一卷　晉張顯撰
君臣政理論一卷　唐楊相如撰
反論一卷　漢張升撰
小說家類
青史子一卷
天文類
蓋天說一卷
雜蓋天一卷　漢揚雄撰
宣夜說一卷　漢郗萌撰
渾天象說一卷　吳王蕃撰
論天一卷　晉劉智撰
渾天論一卷　梁祖暅撰
渾天論答難一卷　後秦姜岌撰
陰陽類
鄒子書一卷
雜占類
京氏易占一卷　漢京房撰
郭氏易占一卷　晉郭璞撰
太玄宋氏注一卷　漢宋衷撰
藝術類
淮南萬畢術一卷補遺一卷　漢劉安撰
附錄一卷
淮南枕中記一卷　漢劉安撰
蠶經一卷　漢劉安撰
求雨法一卷
相雨書一卷　唐黃子發撰
相貝經一卷
相笏經一卷
八公相鶴經一卷
相經一卷
相牛經一卷
相馬經一卷
禽經一卷　晉張華注
醫家類
神農本草一卷　魏吳普等述
釋道類
靈寶要略一卷
五行類
瑞應圖一卷　梁孫柔之撰
天鏡一卷
地鏡一卷
玉函山房輯佚書補編
漢武故事一卷　題漢班固撰
魏文帝雜事一卷
後漢抄一卷
晉陽抄一卷
魏略一卷　魏魚豢撰
康部抄一卷
吳書抄一卷
後漢書一卷　晉華嶠撰
後漢書一卷　吳謝承撰
後漢書一卷　晉袁山松撰
晉書一卷　晉王隱撰
晉書一卷　南齊臧榮緒撰
宋書一卷　劉宋王智深撰
秦書一卷
趙書一卷
晉陽秋一卷
晉中興書一卷　劉宋何法盛撰
晉中興徵祥說一卷　劉宋何法盛撰
晉錄一卷
晉抄一卷
晉紀一卷　劉宋劉謙之撰
晉起居注一卷　劉宋劉道薈撰
宋起居注一卷
梁起居注一卷
梁大監起居注一卷
梁大同起居注一卷
宋紀一卷
蜀王本紀一卷　漢揚雄撰
前燕錄一卷
南燕錄一卷
北燕錄一卷
後燕錄一卷
蜀錄一卷
後蜀錄一卷

前趙錄一卷
後趙錄一卷
西秦錄一卷
前秦錄一卷
後秦錄一卷
前涼錄一卷
三十國春秋一卷
括地圖一卷
地圖一卷
輿地志一卷
括地志一卷　唐李泰等撰
十三州志一卷
吳錄一卷　晉張勃撰
太康地志一卷　晉闞駰撰
宋永初山川記一卷　南齊劉澄之撰
九州記一卷
襄陽記一卷　晉習鑿齒撰
湘州記一卷　劉宋庾仲雍撰
湘州記一卷　劉宋甄烈撰
湘州記一卷　劉宋郭仲產撰
湘中記一卷
湘中記一卷　晉羅含撰
荊州記一卷
湘水記一卷
荊州記一卷　劉宋盛弘之撰
荊州記一卷　劉宋庾仲雍撰
興國軍圖經一卷
荊州圖經一卷
衡州圖經一卷
朗州圖經一卷
江源記一卷
漢陽郡圖經一卷
沅州記一卷
湖南風土記一卷
郡國縣道記一卷　唐賈耽撰
十道記一卷　唐賈耽撰
武陵源記一卷
武昌縣記一卷
始興記一卷　南齊黃閔撰
洞庭記一卷
楚地記一卷　劉宋王韶之撰
桂陽記一卷
南嶽記一卷　劉宋徐靈期撰
鸞山記一卷　□宋朔撰
神境記一卷　劉宋王韶之撰
山川記一卷
宣城記一卷
荊南記一卷　梁蕭誠撰
臨海異物志一卷　吳沈瑩撰
三齊略記一卷　晉伏琛撰
豫章記一卷　劉宋雷次宗撰
廣州記一卷　晉顧微撰
古傳一卷
南越志一卷　□沈懷遠撰
楚國先賢傳一卷　晉張方撰
衡湘傳一卷
先賢傳一卷
晉先賢傳一卷
江表傳一卷
潁川[illegible]氏文士傳一卷
墨子傳一卷
益都耆舊傳一卷　晉陳壽撰
襄陽耆舊傳一卷　晉習鑿齒撰
陳留風俗傳一卷　晉圈稱撰
汝南先賢傳一卷　晉周斐撰
海內先賢傳一卷
青州先賢傳一卷
魯國先賢傳一卷
魯國先賢志一卷
英賢傳一卷　□賈執撰
逸士傳一卷　晉皇甫謐撰
逸士傳一卷
列士傳一卷
高士傳一卷　魏嵇康撰
蔡琰別傳一卷
列仙傳一卷　題漢劉向撰
陶侃別傳一卷
王子晉別傳一卷
羊氏家傳一卷
祖氏家傳一卷
杜氏世錄一卷
百家譜一卷　梁王僧孺撰
姓苑一卷　劉宋何承天撰
姓書一卷
姓纂一卷　唐林寶撰
[illegible]說一卷　晉皇甫謐撰
何承天說一卷　劉宋何承天撰
三五曆記一卷　吳徐整撰
說苑一卷　劉宋劉義慶撰
語林一卷　晉裴啟撰
類林一卷
笑林一卷　魏邯鄲淳撰
同賢記一卷
卓異記一卷　唐李翱撰
幽明錄一卷　劉宋劉義慶撰
遁甲經一卷
中經簿一卷
女史一卷
山公集一卷
錢神論一卷　晉魯褒撰
兩京記一卷　唐韋述撰
史系一卷
漢宮香方鄭注一卷　漢鄭玄撰
十三經漢注
易京氏章句一卷　漢京房撰
易下邳傳甘氏義一卷　漢甘容撰
易彭氏義一卷　漢彭宣撰
易賈氏義一卷　漢賈誼撰
易劉氏義一卷　漢劉向撰
易王氏義一卷　漢王充撰
易魯氏義一卷　漢魯恭撰
易賈氏注一卷　漢賈逵撰
易鄭司農注一卷　漢鄭眾撰
書古文訓一卷　漢賈逵撰
書古文同異一卷　漢賈逵撰
書古文訓旨一卷　漢衛宏撰

毛詩先鄭義一卷　漢鄭衆撰
韓詩趙氏義一卷　漢趙曄撰
儀禮班氏義一卷　漢班固撰
春秋三家經本訓詁一卷　漢賈逵撰
春秋釋痾駁一卷　漢何休撰
春秋公羊嚴氏義一卷　漢嚴彭祖撰
春秋公羊貢氏義一卷　漢貢禹撰
春秋公羊鄭氏義一卷　漢鄭玄撰
左傳延氏注一卷　漢延篤撰
春秋左傳鄭氏義一卷　漢鄭玄撰
論語包注一卷　漢包咸撰
論語鄭氏注一卷　漢鄭玄撰
孟子鄭氏注一卷　漢鄭玄撰
爾雅舍人注一卷　漢郭舍人撰
爾雅鄭氏注一卷　漢鄭玄撰
魯詩韋氏義一卷　漢韋元成撰
周禮班氏義一卷　漢班固撰
月令蔡氏章句一卷　漢蔡邕撰
春秋漢議一卷　漢何休撰
春秋公羊眭氏義一卷　漢眭弘撰
春秋穀梁劉氏義一卷　漢劉向撰
春秋左傳許氏義一卷　漢許慎撰
孝經馬氏注一卷　漢馬融撰
論語孔氏注一卷　漢孔安國撰
論語何氏注一卷　漢何休撰
孟子劉氏注一卷　漢劉熙撰
爾雅許氏義一卷　漢許慎撰
爾雅李氏注一卷　漢李巡撰

經籍佚文

尚書佚文一卷補遺一卷
禮記佚文一卷　漢戴聖集
月令佚文一卷
周書佚文一卷
尚書大傳佚文一卷補遺一卷　漢伏勝撰
易乾鑿度佚文一卷
易緯通卦驗鄭注佚文一卷　漢鄭玄撰
韓詩外傳佚文一卷　漢韓嬰撰
小爾雅佚文一卷
廣雅佚文一卷　魏張揖撰
律曆遺文一卷
續漢書佚文一卷
晉書佚文一卷　題唐太宗李世民撰
公羊傳佚文一卷
禮記佚文一卷　漢鄭玄注
爾雅佚文一卷
春秋繁露佚文一卷　漢董仲舒撰
方言佚文一卷　漢揚雄撰
史記佚文一卷　漢司馬遷撰
漢書佚文一卷　漢班固撰
三國志佚文一卷　晉陳壽撰

一五二

南史佚文一卷　唐李延壽撰
北齊書佚文一卷　唐李百藥撰
國語佚文一卷
家語佚文一卷
竹書佚文一卷　晉束晳撰
吳越春秋佚文一卷　漢趙曄撰
越絕書佚文一卷　漢袁康撰
御史臺記佚文一卷
華陽國志佚文一卷補遺一卷　晉常璩撰
風俗通佚文一卷　漢應劭撰
風俗通姓氏篇佚文一卷補遺一卷　漢應劭撰
孫子佚文一卷
六韜佚文一卷
韓非子佚文一卷
尹文子佚文一卷補遺一卷
鬼谷子佚文一卷
呂氏春秋佚文一卷
老子佚文一卷
淮南子佚文一卷　漢劉安撰
說苑佚文一卷　漢劉向撰
中論佚文一卷　漢徐幹撰
新論佚文一卷　北齊劉晝撰
元城語錄佚文一卷　宋馬永卿撰
潛夫論佚文一卷　漢王符撰
太玄佚文一卷　漢揚雄撰
要術佚文一卷　北魏賈思勰撰
農桑衣食撮要佚文一卷　元魯明善撰
抱朴子佚文一卷　晉葛洪撰
高士傳佚文二卷　晉皇甫謐撰
襄陽耆舊記佚文一卷　晉習鑿齒撰
北史佚文一卷　唐李延壽撰
梁書佚文一卷　唐姚思廉撰
戰國策佚文一卷
山海經佚文一卷
晏子佚文一卷
十六國春秋佚文一卷　後魏崔鴻撰
漢官儀佚文一卷　漢應劭撰
司馬法佚文一卷
慎子佚文一卷
素問佚文一卷
墨子佚文一卷
鶡冠子佚文一卷
荀子佚文一卷
莊子佚文一卷
獨斷佚文一卷　漢蔡邕撰
新序佚文一卷　漢劉向撰
列女傳佚文一卷　題漢劉向撰
論衡佚文一卷　漢王充撰
氾勝之書佚文一卷　漢氾勝之撰
田家五行志佚文一卷　元陸泳撰
琴操佚文一卷　漢蔡邕撰
乾𦠆子佚文一卷　唐溫庭筠撰
文士傳佚文一卷　晉張隱撰

陳留耆舊傳佚文一卷　魏蘇林撰
三輔黃圖佚文一卷
太平寰宇記佚文一卷　宋樂史撰
三齊記佚文一卷
會稽記佚文一卷　晉孔曄撰
嶺表錄異記佚文一卷　唐劉恂撰
九國志佚文一卷　宋路振撰　張唐英補
神異經佚文一卷　題漢東方朔撰
白澤圖佚文一卷
南方草木狀佚文一卷　晉嵇含撰
西吳枝乘佚文一卷　明謝肇淛撰
異苑佚文一卷　劉宋劉敬叔撰
桂海虞衡志佚文一卷　宋范成大撰
玉堂嘉話佚文一卷　元王惲撰
朝野僉載佚文一卷　唐張鷟撰
後山談叢佚文一卷　宋陳師道撰
志林佚文一卷　晉虞喜撰
小說佚文一卷　梁殷芸撰
雜說佚文一卷　唐盧言撰
陸士衡集佚文一卷　晉陸機撰
資暇錄佚文一卷　唐李匡乂撰
河東記佚文一卷
博物志佚文一卷　晉張華撰
水經注佚文一卷　北魏酈道元撰
三秦記佚文一卷
南越志佚文一卷　□沈懷遠撰
臨海異物志佚文一卷　吳沈瑩撰
十道志佚文一卷　唐梁載言撰
列仙傳佚文一卷　晉葛洪撰
宣室志佚文一卷　唐張讀撰
北夢瑣言佚文一卷　宋孫光憲撰
南唐近事佚文一卷　宋鄭文寶撰
吳地記佚文一卷　宋范成大撰
玉堂閒話佚文一卷
豹隱紀談佚文一卷　宋周遵道撰
三水小牘佚文一卷　唐皇甫枚撰
語林佚文一卷　宋王讜撰
嘉話錄佚文一卷　唐韋絢錄
聞奇錄佚文一卷　唐于逖撰
述異記佚文一卷　梁任昉撰
啓顏錄佚文一卷　唐侯白撰
嵇中散集佚文一卷　晉嵇康撰

一五三

師石山房叢書四十三種　清姚振宗編　稿本

二九三

漁樵對問一卷　宋邵雍撰
書史二卷　宋米芾撰
牧齋書目五卷　清錢謙益撰
海岳名言一卷　宋米芾撰
師石山房重編棋經三種三卷　清姚振宗重編
翰墨志一卷　宋高宗趙構撰
寶章待訪錄一卷　宋米芾撰
也是園藏書目九卷　清錢曾撰
賜硯齋題畫偶錄一卷　清戴熙撰
圍棋義例一卷　宋徐鉉撰
劉氏棋訣一卷　宋劉仲甫撰
玉紀一卷　清陳性撰
硯譜一卷　宋李之彥撰
禹貢指南四卷　宋毛晃撰
金漳蘭譜一卷　宋趙時庚撰
洛陽花木記一卷　宋周師厚撰
洛陽牡丹記一卷　宋歐陽修撰
揚州芍藥譜一卷　宋王觀撰
菊譜一卷　宋范成大撰
江表志三卷　宋鄭文寶撰
游城南記一卷　宋張禮撰
法帖譜系二卷　宋曹士冕撰
荔枝譜一卷　宋蔡襄撰
蟹譜二卷　宋傅肱撰
兼明書五卷　五代邱光庭撰
欒城先生遺言一卷　宋蘇籀輯
劉賓客嘉話錄一卷　唐韋絢撰
隋書經籍志四卷　唐長孫無忌等撰
漢書藝文志一卷　漢班固撰　唐顏師古注
元元棋經一卷　宋晏天章撰
硯錄一卷　梁袁荔撰
東溪試茶錄一卷　宋宋子安撰
儀禮釋宮一卷　宋李如圭撰
王氏蘭譜一卷　宋王貴學撰
洛陽牡丹記一卷
天彭牡丹記一卷　宋陸游撰
梅譜一卷　宋范成大撰
菊譜一卷　宋劉蒙撰
岳陽風土記一卷　宋范致明撰
法帖刊誤二卷附錄一卷　宋黃伯思撰
海棠譜三卷　宋陳思撰
橘錄三卷　宋韓彥直撰
西疇老人常言一卷　宋何坦撰
歐公試筆一卷　宋歐陽修撰
麟書一卷　宋汪若海撰
丁晉公談錄一卷

吳氏叢書甲編九種十三卷乙編十種十卷丙編十一種附一種十五卷　清吳燕蘭編　稿本

二九四

甲編

畬庵手鏡一卷　清陸文衡撰
漢陽友札一卷
城南夜話一卷續話一卷　清沈大本撰
松陵火災新樂府一卷　清凌泗撰
西江幕游記二卷　清王樹人撰
惠泉鴻爪一卷　清任艾生撰

蕉雨吟稿一卷　清顧佩芳撰　半淞詩存二卷　清吳景果撰
半生自紀二卷　清吳晉錫撰
乙編
金壺醉墨一卷　清黃鈞宰撰　使閩日記一卷　清黃延壁撰
趙忠節公遺墨一卷　清趙秉賢撰　閩雲紓卷一卷　清王樹人撰
同川紀事百詠一卷　清任艾生撰　核桃吟一卷　清金斗槿撰
鹿城夢憶一卷　清周健行撰　千雲殘冊一卷　題清千雲女史撰
自感叠韻六十章一卷　清吳仁傑撰
殉難傳題詞一卷　清吳仁傑輯
丙編
舫舭齋格言一卷　清宋稷辰撰　鉞輔紀聞一卷　清沈元溥撰
湖瀕匪災紀略一卷　清千丙來撰　萩塘櫂歌一卷　清鍾鼎撰
月季花譜一卷　清張之萬撰　吳評悅春編一卷　清衛泳撰
課花樓詩存一卷　清錢静娟撰　省身藥石一卷　清吳嘅傑撰
西征日記一卷　清吳嘅傑撰　東歸日記一卷　清吳嘅傑撰
錢氏三種三卷　清錢泳輯　附候鯖新錄二卷　清吳燕蘭撰

一五四

地方叢書

一　齊魯遺書十八種三十六卷　清高氏鄰蟫居抄本　九行二十五字，黑口，四周双边。

詩古音二卷　清楊峒撰　三古紀略四卷　清張侗撰
史記斠一卷　清王筠撰　青社遺聞四卷　清安致遠撰
摭齋古文稿一卷　清高守訓撰　益都金石記四卷　清段松齡撰
楹書隅錄四卷續四卷　清楊紹和撰　夕霏亭集一卷　清黃垍撰
南澗集一卷　清李文藻撰　楊書巖先生古文稿一卷　清楊峒撰
蝸鳴集二卷　清朱若賓撰　彭城近草一卷　清宋統殷等撰
麓臺集一卷　清高倫伯撰　西江草一卷　清錢大受撰
隴上吟一卷　清馮文炌撰　聊齋詩草一卷　清蒲松齡撰
練塘詩草一卷　清張希傑撰　柱山詩話一卷　清黃立世撰

二　海虞雜志二十五種二十八卷　清抄本

虞山妖亂志三卷　清馮舒撰　張漢儒揭錢瞿奏稿一卷　明張漢儒撰
顧仲恭為錢瞿呈稿一卷　明顧大韶撰　閣訟記畧一卷
思庵閒筆一卷　清嚴虞惇撰　虞邑三風十愆記一卷
虞諧志一卷　牧齋蹟略一卷
祝融始末一卷　老生常談一卷
恭紀御試一卷　清陶貞一撰　虞山雜志一卷
海角遺編一卷　題清漫遊野史撰　潮災紀畧一卷　題清古虞野史氏撰
養痾客談一卷　題清近魯草堂主人撰　過墟志感二卷　題清墅西逸叟撰
邑侯于公政蹟紀畧一卷　清戴兆祚撰　柳南隨筆一卷
筆夢一卷　題明據梧子撰　顧仲恭討錢岱檄一卷　明顧大韶撰
明倫堂述言一卷　明翁嗣聖撰　虞山清議一卷
金姬傳一卷　明楊儀撰　蜀道紀聞一卷　清蘇本潔撰
程禹開家書一卷　明程嶠撰

三　海虞雜志十三種十四卷　清抄本　九行二十五字，無格。

筆夢一卷　題明據梧子撰　顧仲恭討錢岱檄一卷　明顧大韶撰
閣訟紀略一卷　張漢儒揭錢瞿奏稿一卷　明張漢儒撰
顧仲恭為錢瞿辯冤呈稿一卷　明顧大韶撰　海角遺編一卷　題清漫遊野史撰
牧齋遺事一卷　思庵閒筆一卷　清嚴虞惇撰
過墟志感二卷　題清墅西逸叟撰　老生常談一卷
祝融始末一卷　潮災紀略一卷　題清古虞野史氏撰
邑侯于公政蹟紀略一卷　清戴兆祚撰

一五五

四　蕭山叢書十一種十六卷　清魯燮光編　清魯氏壹隱居抄本　十行二十字，黑格，白口，四周双边。

周節婦志姜詩遺蹟一卷　清魯燮光輯　周陵雜錄三卷　清魯燮光輯
淩溪丁氏雙烈卷遺蹟一卷　清魯燮光輯　金石志存一卷　清魯燮光撰
周荆山志雪堂贈言遺蹟一卷　清魯燮光輯
毛西河先生蛋殊留視圖册遺蹟一卷　清魯燮光輯
古永興往哲记二卷　清丁文蔚隸大鑛撰
蕭山茂材錄一卷　清魯燮光撰
湘湖水利志三卷　清毛奇齡撰
股堰備致一卷　清魯燮光輯
明王遂東先生尺牘存本一卷　明王思任撰　宋徵辰跋

五　鹽邑志林四十種六十六卷附一種六卷　明樊維城編　明天啟三年樊維城刻本　十行十九字，小字双行同，白口，左右双边。

陸公紀易解一卷　吳陸績撰　陸公紀京氏易傳註三卷　吳陸績撰
陸元恪草木蟲魚疏二卷　吳陸璣撰　千常侍易解三卷　晉千寶撰
干令升搜神記二卷　晉千寶撰　顧希馮玉篇直音二卷　梁顧野王撰
陸廣微吳地記一卷　唐陸廣微撰　譚子化書一卷　五代譚峭撰
許梅屋𢀨談一卷　宋許棐撰　魯應龍閑窗括異志一卷　宋魯應龍撰
常竹窻澉海鹽澉水誌二卷　宋常棠撰　姚樂年樂郊私語一卷　元姚桐壽撰

王方麓楊李記一卷　明王樵撰
張方洲奉使錄二卷　明張寧撰
徐豐崖詩談一卷　明徐泰撰
許雲邨貽謀一卷　明許相卿撰
鄭端簡公吾學編餘一卷　明鄭曉撰
鄭端簡公古言類編二卷　明鄭曉撰
王沂陽龍興慈記一卷　明王文祿撰
仇謀謀玄機通一卷　明仇俊卿撰
穎水遺編一卷　明陳言撰
朱武原禮記通註一卷　明朱元弼撰
鄭敬中摘語一卷　明鄭心材撰
崔鳴吾紀事一卷　明崔嘉祥撰
呂錫侯筆記一卷　明呂兆禧撰
吳少君遺事一卷　明姚士麟撰
附　聖門志六卷　明呂元善輯
前令鄭壺陽靖海紀畧一卷　明鄭茂撰
徐襄陽西園雜記二卷　明徐咸撰
錢公良測語二卷　明錢琦撰
董漢陽碧里雜存二卷　明董穀撰
鄭端簡公今言類編六卷　明鄭曉撰
錢太常海石子內篇一卷　外篇一卷　明錢薇撰
仇齋徵通史宄石三卷　明仇俊卿撰
胡仰崖遲語一卷　明胡憲仲撰
鍾東文島樣著府記一卷　明鍾兆斗撰
朱良叔猶及編一卷　明朱元弼撰
采常吉倭變事略四卷　明采九德撰
劉少彝荒著略一卷　明劉世教撰
彭孟公江上雜疏一卷　明彭宗孟撰
姚叔祥見只編三卷　明姚士麟撰

六　翠微山房叢書□□種　清張作楠編　稿本　存四十六種一百六十卷

九經發題一卷　宋唐仲友撰
三國紀年一卷　宋陳亮撰
艮嶽記一卷　宋張淏撰
竹莊詩餘一卷　宋黃機撰
臥游錄一卷　宋呂祖謙撰
南海古蹟記一卷　宋吳萊撰
楓山語錄一卷　明章懋撰
書集傳或問二卷　宋陳大猷撰
華川卮辭一卷　明王禕撰
酌古論四卷　宋陳亮撰
欒城遺言一卷　宋蘇籀撰
古周易一卷　宋呂祖謙編
征南錄一卷　宋滕元發撰
革象新書二卷　元趙友欽撰　明王禕刪定
愚書一卷　宋唐仲友撰
金華游錄一卷　宋方鳳撰
龍門子凝道記三卷　明宋濂撰
龍川詞一卷　補遺一卷　宋陳亮撰
青溪寇軌一卷　宋方勺撰
青巖叢錄一卷　明王禕撰
入越記一卷　宋呂祖謙撰
格致餘論二卷　元朱震亨撰

一五六

局方發揮一卷　元朱震亨撰
春秋左氏傳說二十卷　存十七卷（一至十三　十六　十八至二十）　宋呂祖謙撰
書疑九卷　宋王柏撰
日損齋筆記一卷　元黃溍撰　附錄一卷
涉史隨筆一卷　宋葛洪撰
諸子辨一卷　明宋濂撰
五氣大有實書一卷　明宋濂撰
螢雪叢說二卷　宋俞成撰
燕書四十篇一卷　明宋濂撰
少室山房筆叢正集三十二卷　續集十六卷　明胡應麟撰
浦陽人物記二卷　明宋濂撰
四書叢說八卷　元許謙撰
泊宅編三卷　宋方勺撰
翠微山房文鈔不分卷　清張作楠撰
詩疑二卷　宋王柏撰
少儀外傳二卷　宋呂祖謙撰
中興論一卷　宋陳亮撰
元真子三卷　唐張志和撰
詩集傳名物鈔八卷　元許謙撰
羅山雜言一卷　明宋濂撰
吳禮部詩話一卷　元吳師道撰
甲乙剩言一卷　明胡應麟撰
雲谷雜記四卷　宋張淏撰
宋本泊宅編十卷　宋方勺撰

家集叢書

一　顏氏傳書八種四十二卷　明顏欲章編　明萬曆三十六年刻本　九行十九字　小字雙行同　白口　左右雙邊

顏子二卷　元徐達左輯
顏氏家訓二卷　北齊顏之推撰
大業拾遺記一卷　唐顏師古撰
急就篇注四卷　唐顏師古撰
顏光祿集三卷　劉宋顏延之撰
還冤記二卷　北齊顏之推撰
刊謬正俗八卷　唐顏師古撰
顏魯公文集二十卷　唐顏真卿撰

二　晁氏三先生集五種　明晁瑮編　明嘉靖三十三年晁瑮寶文堂刻本　十行十七或二十字　白口　四周單邊

昭德新編三卷　宋晁迥撰
具茨晁先生詩集一卷　宋晁沖之撰
晁氏儒言一卷　宋晁說之撰
晁文元公道院集要三卷　宋晁迥撰
晁氏客語一卷　宋晁說之撰

三　晁氏三先生集五種九卷　明晁瑮編　明嘉靖三十三年晁瑮寶文堂刻本　十行十七字或二十字　白口　四周單邊　存四種六卷　清胡珽跋

晁文元公道院集要三卷　宋晁迥撰
晁氏客語一卷　宋晁說之撰
具茨晁先生詩集一卷　宋晁沖之撰
晁氏儒言一卷　宋晁說之撰

四　震澤先生別集四種六卷　明王永熙編　明萬曆三十六年王永熙刻本　十行二十字　白口　四周單邊

震澤長語二卷　明王鏊撰
續震澤紀聞一卷　明王禹聲撰
震澤紀聞二卷　明王鏊撰
郢事紀略一卷　明王禹聲撰

五　賜書堂重訂唐宋元六名家集六種十八卷　附一種十九卷　清鄭起泓　鄭定遠編　清康熙三十一年至三十九年刻本　八行十八字　白口　四周雙邊

雲臺編三卷補遺一卷　唐鄭谷撰
鄭忠肅公奏議遺集一卷　宋鄭興裔撰　鄭忠肅公年譜一卷　宋鄭竦撰　明鄭若曾重訂
閩國公遺集一卷　附錄一卷　宋鄭準撰　鄭所南先生詩選一卷　宋鄭思肖撰
閩天傳信記一卷　唐鄭綮撰　南唐近事一卷　宋鄭文寶輯　一拂先生遺文一卷　宋鄭俠撰
儒吳遺集一卷　元鄭元祐撰
麟鄉集一卷　元鄭允端撰　書法衍極一卷　元鄭杓撰　省心雜錄一卷　清鄭起泓輯
又圃先生自訟文一卷　清鄭起泓輯　浮粒疏擬藁一卷　清鄭遠猷撰
附　平橋藁十八卷附錄一卷　明鄭文康撰

一五七

六　四明萬氏家寶十種十二卷　明萬邦孚抄本

萬氏永思紀略一卷　明萬達甫撰
管郁詩稿二卷　清萬言撰　稿本
觀海唱和一卷　清萬言　洪陳斌　李暾撰　清刻本
和蘇詩一卷　清萬言撰　稿本
冰雪集一卷　清萬承勳撰　稿本
勉力集一卷　清萬承勳撰　稿本
迎旭軒存稿一卷　清萬斯前撰　稿本
越中草一卷　清萬承勳撰　稿本
冰雪外集一卷　清萬承勳撰　稿本
西行前集一卷後集一卷　清萬承勳撰　稿本

七　蘭陵惲氏家集四種　清惲厥初編　明末至清康熙十六年惲氏刻本　八行十八字　白口　四周雙邊

豁堂集二卷　明惲釜撰
林居集存九卷（四至十二）　明惲紹芳撰
考槃集四卷　明惲紹芳撰
感懷詩一卷　清惲厥初撰

八　叢睦汪氏遺書八種四十五卷　清乾隆刻本　十三行二十六字　白口　四周單邊

春星堂詩集九卷　明汪汝謙　清汪鶴孫　汪振甲　汪憬容撰
上湖紀歲詩編四卷續編一卷　清汪師韓撰
上湖分類文編十卷　清汪師韓撰
孝經約義一卷　清汪師韓撰
讀書錄一卷　清汪師韓撰
觀象居易傳箋十二卷　清汪師韓撰
韓門綴學五卷續編一卷　清汪師韓撰
詩學纂聞一卷　清汪師韓撰

九　許氏巾箱集三種五卷　清許兆熊編　清嘉慶二十二年許氏石契齋刻本　十一行二十一字　白口　左右雙邊

南峰雜詠一卷　明許累撰
耕閒偶吟三卷　清許徐榊撰

本支世系記略一卷　清許兆熊撰

十　陶氏賢奕書樓叢書二十七種一百二十三卷　清陶介亭編　清陶氏賢奕書樓抄本　十行二十字　白口　左右雙邊
古今刀劍錄一卷　題梁陶弘景撰
聞見瑣錄一卷　明陶大年撰　陶克齋公詩稿一卷　明陶懌撰
蘭渚遺稿一卷　明陶允淳撰　唐齋先生集二卷　明陶承學撰
承志錄三卷　明彭綖撰　附集一卷　明陶奭鉊撰
鏡佩樓詩選六卷　明陶崇謙撰　孕育元機三卷　明陶本學撰
文將堂詩不分卷　明陶湝撰　秋原公詩三卷　明陶湝撰
散花詞三卷　清陶執撰　四書博徵四十三卷　明陶及申撰
古今屢書考四卷　清陶及申撰　紀元本末十六卷附錄一卷　清陶及申撰
述言摘錄四卷　清陶及申撰　陶亦魯輯　蓟徑傳書一卷　清陶及申輯　陶亦魯續輯
鷗衍堂詩集十卷文集二卷　清陶煒撰　西窗雜記二卷　清陶迪榮撰
白雲詩稿一卷補遺一卷捕虎須知一卷　清陶士英撰　清陶士英撰
靜齋存草不分卷　清陶若蓮撰
南僑詩鈔一卷　清陶紳撰　附一卷　清陶東銓撰
寒號集四卷　清陶朝宴撰　寒號集四卷　清陶朝宴撰（又一部）
明初功臣傳不分卷　嫁衣集不分卷
雜抄不分卷

一一　會稽姜氏家集九種　清姜國翰編　稿本
太僕公詩稿一卷　明姜子羔撰　宗伯公賜閒隨筆一卷　明姜逢元撰
龍南老人自述一卷　清姜廷枚撰　龍南集一卷　清姜廷枚撰
先考詞庵府君行實一卷　清姜兆楨撰
先妣吳太君行實一卷　清姜兆楨撰
北還草一卷　清姜兆楨撰　祭亡弟閒先文一卷　清姜兆楨撰
先考徵齋府君家傳一卷　清姜國翰撰

五八

一二　陳氏家集七種十三卷　清康熙擁善堂思立堂刻本　十二行二十二字　上黑口　左右雙邊
秋圃雜佩一卷　清陳貞慧撰　山陽錄一卷　清陳貞慧撰
書事七則一卷　清陳貞慧撰　亦山草堂遺稿六卷　清陳維嵋撰
陳維崧輯
亦山草堂遺詞二卷　清陳維嵋撰　陳維崧輯
花善倡和一卷　清陳維岳等撰　宜興陳氏家言一卷　清陳宗石等撰

一三　安邱曹氏家集十三種二十三卷　清光緒抄本
黔行紀略一卷　清曹師彬撰　儀部公行狀一卷　清曹源撰
蘿月山房古文一卷　清曹元詢撰　蘿月山房古近體詩一卷　清曹元詢撰
珂雪詩集三卷　清曹貞吉撰　朝天集一卷　清曹貞吉撰
鴻爪集一卷　清曹貞吉撰　珂雪詞一卷補遺一卷　清曹貞吉撰
滄餘詩集四卷　清曹申吉撰　黔寄詩集四卷　清曹申吉撰
愛思樓詩露穎集一卷　清曹尊彝撰　愛思樓詩餘一卷　清曹尊彝撰
香谷園詩望淮集一卷　龍津集一卷　清曹桂馧撰

一四　賦春堂叢書二種　清舒庭交編　清乾隆三十一年刻本　九行二十一字　白口　四周單邊
學餘資覽二卷　清舒瓌輯　甕牖錄八卷　清舒庭交輯

一五　江都秦氏遺書四種　清秦氏石研齋抄本
石翁吟一卷年譜一卷　清秦黌撰　秦恩復校
享帚精舍文集二卷　清秦恩復撰　享帚詞二卷　清秦恩復撰
思秋吟館詞集一卷　清秦巘撰

一六　上虞錢氏叢著十種二十二卷　清抄本　九行二十一字　白口　黑格　左右雙邊
孟子小疏七卷　清錢玫撰　論語鄭注一卷　清錢玫輯
考工記作車四職淺説一卷　清錢協和撰　上虞錢氏衍慶譜列傳三卷　清錢玫輯
魯論語攷一卷　清錢玫撰　二西堂雜錄三卷　清錢玫撰
國朝狀體賦約一卷　清錢玫輯
諧學儀考一卷　清錢玫撰
孟子章指二卷附錄一卷　漢趙岐撰　清錢玫訂
沁香隨筆一卷　清錢協和撰

一七　安氏家集三種　清安念祖編　稿本
安孟公手訂文稿不分卷　清安璿撰　夏時考一卷　清安吉撰
泉香閣文稿不分卷詩艸不分卷　清安念祖撰

一八　江都汪氏叢書八種三十八卷　清汪喜孫編　清道光汪喜孫刻本
述學內篇三卷外篇一卷補遺一卷別錄一卷　清汪中撰
容甫先生遺詩五卷補遺一卷　清汪中撰　題詞一卷
春秋述義一卷　清汪中撰　廣陵通典十卷　清汪中撰
汪氏學行記六卷　清汪喜孫輯　孤兒編三卷　清汪喜孫輯
從政錄四卷　清汪喜孫輯　容甫先生年譜一卷　清汪喜孫撰

五九

自著叢書

一　邵子全書二十四卷　宋邵雍撰　明徐必達編　明萬曆三十四年徐必達刻本　十行二十字　白口　四周雙邊
卷一至七　皇極經世書七卷　卷八至十七　皇極經世十卷
卷十八至二十三　擊壤集六卷　卷二十四　附錄一卷　明徐必達輯

二　東坡雜著六種十二卷　題宋蘇軾撰　明萬曆二十九年至三十年趙開美刻本　九行十八字　上黑口　左右雙邊
存五種七卷
東坡先生仇池筆記二卷　東坡先生問答錄一卷
東坡先生艾子雜説一卷　東坡先生漁樵閒話二卷
東坡先生雜纂一卷

三　陸放翁全集六種一百五十七卷　宋陸游撰　明末毛氏汲古閣刻本　清張增熙跋　八行十八字　白口　左右雙邊
渭南文集五十卷　劍南詩稾八十五卷
放翁逸稾二卷　南唐書十八卷
家世舊聞一卷　齋居紀事一卷

四　陸放翁全集六種一百五十七卷　宋陸游撰　明末毛氏汲古閣刻本　嚴復批校　八行十八字　白口　左右雙邊

五　皇明理學名臣陳文定公澹然遺書十三卷　明陳敬宗撰　明刻本　九行二十二字　白口　四周雙邊　式
九行二十字　白口　四周單邊
重刻澹然先生文集五卷　明陳其柱輯
重刻澹然先生文集三卷　明王錫袞　薛采輯
兩浙澹然先生年譜二卷　明陳其柱編
澹然先生雜著二卷附錄一卷　明陳念先輯

六 曹月川先生遺書八種十一卷　明曹端撰　明萬曆刻本
太極圖解一卷　西銘述解一卷　家規輯略一卷　理學鐙印要覽二卷
通書述解二卷　夜行燭一卷　錄粹一卷　曹月川先生年譜二卷　明張信民撰

七 合刻楊南峰先生全集十種二十二卷　明楊循吉撰　明萬曆三十七年徐景鳳刻本　九行十八字　白口　四周單邊
遼小史一卷　齋中拙詠一卷　蘇州府纂修識畧六卷　金山雜志一卷　燈窗末藝一卷
金小史八卷　廬陽客記一卷　攢眉集一卷　都下贈僧詩一卷　菊花百詠一卷

八 合刻楊南峰先生全集十種二十二卷　明楊循吉撰　明萬曆三十七年徐景鳳刻本　鄭振鐸跋
存七種七卷
齋中拙詠一卷　攢眉集一卷　都下贈僧詩一卷　菊花百詠一卷
廬陽客記一卷　金山雜志一卷　燈窗末藝一卷

九 邵文莊公經史全書五種二十八卷　明邵寶撰　曹荃編　明崇禎四年曹荃刻本　九行二十字　白口　四周單邊
泉齋簡端錄十二卷　左觿一卷　容春堂雜鈔一卷
學史十三卷　程子明道先生定性書說一卷

十 陽明先生集要四種十五卷　明王守仁撰　施邦曜編　清乾隆五十二年濟美堂刻本　十行二十字　白口　左右雙邊
理學編四卷　文章編四卷
經濟編七卷　陽明先生年譜一卷　清劉原道撰

一六〇

一一 王氏家藏集六十五卷　明王廷相撰　明嘉靖刻本　十行十八字　白口　四周單邊
王氏家藏集四十一卷　雅述二卷　喪禮備纂二卷
慎言十三卷　內臺集七卷

一二 王浚川所著書十種八十五卷　明王廷相撰　明嘉靖刻本　十行十八字或二十字　白口　四周單邊或左右雙邊
王氏家藏集四十一卷　浚川內臺集三卷　雅述二卷　浚川奏議集十卷　浚川駁稿集二卷
內臺集七卷　慎言十三卷　喪禮備纂二卷　浚川公移集三卷　浚川樣刑集二卷

一三 崔氏六種二十三卷　明崔銑撰　明萬曆崔氏家塾刻本
士翼三卷　程志十卷　大學全文通釋一卷
讀易餘言五卷　皇明理學名臣言行錄三卷　中庸凡一卷

一四 莊渠先生遺書七種二十六卷　明魏校撰　明嘉靖王道行刻本　十行二十一字　白口　左右雙邊
大學古文一卷　周禮沿革傳四卷　經世策一卷　文集十六卷
大學指歸一卷　春秋經世一卷　官職會通二卷

一五 楊升菴雜著十四種四十三卷　明楊慎撰並輯　明刻本
夏小正解一卷　春秋左傳地名考一卷附大明清類天文分野書一卷　古文韻語三卷　水經三卷　滇程記一卷附錄一卷　異魚圖贊四卷　莊子闕誤一卷附錄一卷　五言律祖四卷後集六卷
滇載記一卷　水經注所載碑目一卷　法帖名畫神品目一卷　山海經補注一卷　升菴長短句續集三卷　絕句辨體八卷附錄一卷

一六 楊升菴雜著十二種三十九卷　明楊慎撰並輯　明刻本
夏小正解一卷　春秋左傳地名考一卷附大明清類天文分野書一卷　莊子闕誤一卷附錄一卷　古音駢字五卷　奇字韻五卷　五音拾遺五卷　古音複字五卷
玲瓏倡和一卷拾遺一卷附刻一卷　古文韻語三卷　古音餘五卷　古音略例一卷　轉注古音二卷

一七 楊升庵雜著十一種三十二卷　明楊慎撰並輯　明刻本
春秋左傳地名考一卷　經子難字二卷　滇程記一卷　古今風謠六卷　雜字韻寶五卷　辭品三卷
古文韻語三卷　滇載記一卷　山海經補註一卷　古今諺一卷　古雋八卷

一八 碧里六種七卷　明董穀撰　明刻本
碧里雜存一卷　碧里疑存遵程錄一卷　碧里達存一卷
董漢陽碧里後集雜存一卷　董漢陽碧里後集疑存一卷　董漢陽碧里後集達存一卷

一六一

一九 鄭端簡公全集八種一百二十七卷　明鄭曉撰　明嘉靖萬曆間項篤壽萬卷堂遞刻本　十行二十字　白口　左右雙邊
鄭端簡公奏議十四卷　古言二卷　徵吾錄二卷　衞門集十五卷
鄭端簡公文集十二卷　今言四卷　吾學編六十九卷　鄭端簡公年譜九卷　明鄭履淳撰

二〇 木鐘臺集初集十種十卷再集十種十一卷雜集十種十卷附年譜一卷　明唐樞撰　明嘉靖萬曆間刻本　九行十八字　白口　四周單邊
初集
禮元剩語一卷　一菴語錄一卷　酬物難一卷　宋學商求一卷　真談一卷
三一測一卷　太極枝辭一卷　景行館論一卷　素史氏感學編一卷　輶園窩雜著一卷
再集
積承錄一卷　六咨言集一卷　易修墨守一卷　嘉禾問錄一卷　證道編摘畧一卷
國領錄一卷　疑信偶述一卷　春秋讀意一卷　國琛集二卷　周禮因論一卷
雜集
政問錄一卷
法綴一卷

病榻答言一卷　箕越通一卷
未學學一卷　海議一卷
列流測一卷　偶客談一卷
遊錄一卷　激衷小擬一卷
唐一庵先生年譜一卷　明李槃撰

二一 陸學士雜著十種十一卷　明陸樹聲撰　明萬曆刻本
存九種十卷
汲古叢語一卷　適園雜著一卷
陸學士題跋二卷　耄餘雜識一卷
禪林餘藻一卷　陸氏家訓一卷
病榻寤言一卷　清暑筆談一卷
長水日鈔一卷

二二 高文襄公集十一種六十六卷　明高拱撰　明萬曆刻本　九行十八字　白口　四周雙邊
病榻遺言三卷　南宮奏牘二卷
政府書答四卷　春秋正旨一卷
中玄子本語六卷　掌銓題藁三十四卷
外制集一卷　綸扉稿一卷
日進直講五卷　獻忱集五卷
程士集四卷

二三 歸雲別集十種七十四卷外集十種六十七卷　明陳士元撰　明萬曆十一年、十七年自刻本　九行二十字　白口　四周單邊
別集
姓匯四卷　姓觿十卷
名疑四卷　古俗字略七卷
夢占逸旨八卷　論語類考二十卷
孟子雜記四卷　易象鈎解四卷
易象彙解二卷　五經異文十一卷
外集
隄疾恒談十五卷　楚故畧二十卷
象教皮編六卷　廣寓貢楚絕書二卷
荒史六卷　世曆四卷
江漢叢談二卷　俚言解二卷
諸史夷語音義四卷　岳紀六卷

一六一

二四 劉子威集□□種□□卷　明劉鳳撰　明萬曆劉氏家刻本　九行十八字　白口　左右雙邊
存八種六十八卷
劉子威雜俎十卷　劉子威玄應錄十二卷
子威先生澹思集十六卷　吳釋傳一卷
吳郡考二卷　劉子威燕語一卷
劉子威禪悅小草十八卷　劉子威雜稿八卷

二五 孫文恭公遺書六種二十卷　明孫應鼇撰　清莫祥芝校　清抄本（序、小傳、補輯雜文配清光緒刻本）
淮海易譚四卷　四書近語六卷
教秦緒言一卷　幽心瑤草一卷
學孔精舍詩鈔六卷　植輯雜文一卷附錄一卷

二六 李氏全書四種二十四卷　明李贄撰　明刻本　九行二十字　白口　四周單邊
說書十卷
說書論語三卷　說書大學二卷
說書中庸二卷　說書孟子三卷
焚書四卷

二七 李氏全書二種十卷　明李贄撰　湯顯祖批點　明信著齋刻本　九行二十字　白口　四周單邊
焚書讀史一卷　詩歌一卷
焚書書答一卷　焚書標述一卷
李氏續焚書五卷　李溫陵外紀五卷　明曾繼昭輯
集部焚書
書答一卷　標述一卷
讀史一卷　詩歌一卷
經部說書
論語統論二卷　大學統論一卷
中庸統論一卷　孟子統論二卷

二八 李氏六書六卷　明李贄撰　焦竑評點　明萬曆四十五年痂嗜軒刻本　九行二十二字　白口　四周單邊
卷一　歷朝藏書　卷二　皇明續藏書
卷三　焚書書答　卷四　焚書雜述
卷五　叢書彙寨　卷六　說書學庸

二九 李氏叢書十二種二十五卷　明李贄撰　明李贄、劉東星撰　明萬曆刻本　九行十八字　白口　左右雙邊
道古錄二卷　心經提綱一卷
觀音問一卷　老子解二卷
莊子解二卷　孫子參同三卷
墨子批選四卷　因果錄三卷
淨土決一卷　闇然錄最四卷
三教品一卷　讀永慶答問一卷

三〇 卓吾先生李氏叢書十二種二十四卷　明李贄撰　明陳氏繼志齋刻本　八行十八字　白口　四周單邊
存十一種二十三卷
道古錄二卷　心經提綱（與觀音問合一卷）
觀音問（與心經提綱合一卷）　老子解二卷
莊子解二卷　孫子參同三卷
墨子批選四卷　因果錄三卷
淨土決一卷　闇然錄最四卷
三教品一卷

一六五

三一 卓吾先生李氏叢書十一種二十三卷　明李贄撰　明陳氏繼志齋刻燕超堂印本　八行十八字　白口　四周單邊
道古錄二卷　心經提綱（與觀音問合一卷）
觀音問（與心經提綱合一卷）　老子解二卷
莊子解二卷　孫子參同三卷
墨子批選四卷　因果錄三卷
淨土決一卷　闇然錄最四卷
三教品一卷

三二 大雅堂藏書八種九卷　題明李贄撰　清康熙十二年余閬刻本　八行十八字　白口　四周單邊
騷壇一卷　賢奕選二卷
文字禪一卷　異史一卷
博識一卷　尊重口一卷
養生一卷　理談一卷

三三 曾確菴三種四卷　明曾省吾撰　明萬曆顧爾行刻本　八行十八字　白口　四周單邊
司空枝番翰牘一卷　司空撫蜀翰牘一卷
司空平蠻餘錄二卷

三四 王奉常雜著十四種十八卷　明王世懋撰　明萬曆刻本　九行十七字　白口　四周雙邊

經子臆解一卷　窺天外乘一卷　二酉委譚一卷　澹思子一卷　王氏父子鄧金傳一卷　名山游記一卷　閩部疏一卷　讀史訂疑一卷　望崖錄內編一卷外編一卷　秇圃擷餘一卷　學圃雜疏二卷拾遺一卷　遠壬文一卷　紀游稿二卷　饒南九三府圖說一卷

三五 劉子三種九卷　明劉伯生撰　明萬曆刻本　九行十八字　白口　四周雙边或八行十七字　白口　左右雙边
劉子易觸五卷　劉子詩二卷　劉子彙書二卷

三六 東吳王氏三種三卷　明王應電撰　明嘉靖刻本　十行二十五字　白口　四周單边
握機經傳一卷　經傳正譌一卷　非周禮辨一卷

三七 歐虞部集十五種七十九卷　明歐大任撰　清刻本　九行十九字　白口　四周雙边
百越先賢志四卷　旅燕集四卷　軺中稿一卷　游梁集七卷　北轅集一卷　西署集八卷　詔歸集一卷　文集二十二卷　思玄堂集八卷　浮淮集七卷　廣陵倡王景翘、朱蔚曾柔、朱宗列傳一卷　南翥集一卷　蘅館集四卷　秣陵集八卷　蘧園集二卷

三八 高郵王西樓先生全集三種三卷　明王磐撰　明刻清康熙三十三年王英重修本　十行十九字或八行十九字　白口　四周單边
王西樓先生詩集一卷　重訂高郵王西樓先生野菜譜一卷　王西樓先生樂府一卷

一六四

三九 蓉塘雜著十種十卷　明姜南撰　清抄本　清丁丙跋
半村野人閑談一卷　風月堂雜識一卷　叩舷憑軾錄一卷　瓠里子筆談一卷　蓉塘紀聞一卷　投甕隨筆一卷　學圃餘力一卷　墨畬錢鎛一卷　洗硯新錄一卷　抱璞簡記一卷

四〇 蓉塘雜纂十種十卷　明姜南撰　清抄本　十行二十一字　無格
輟築記一卷　大賓辱語一卷　別齒閑思錄一卷　五莊日記一卷　逍遥錄一卷　鶴亭乘筆一卷　蒸暦曝背賸記一卷　醉經堂鋪糟編一卷　鹽車遇聽一卷　櫻窓隨筆一卷

四一 王百穀集二十一種四十二卷　明王穉登撰　明萬曆四十七年葉應祖刻本　十行二十字　白口　四周單边
晉陵集二卷　燕市集二卷　客越志二卷　延令集二卷　法因集四卷　虎苑二卷　生壙志一卷　竹箭編二卷　明月篇二卷　金昌集四卷　青雀集二卷　荆溪疏二卷　采真篇二卷　國朝吳郡丹青志一卷　吳社編一卷　苦言一卷　梅花什一卷　明陸永憲撰　王穉登和　雨航紀一卷　清晉集二卷　屠先生評釋謀野集四卷　越吟二卷

四二 一齋集十二種三十五卷　明陳第撰　明萬曆會山樓刻本　十行二十一字　白口　左右雙边或八行十八字　白口　四周雙边
伏羲圖讚二卷附雜卦傳古音考一卷　尚書疏衍四卷　屈宋古音義三卷　謬言一卷　意言一卷　兩粵遊草一卷　一齋陳先生寄然錄一卷雜文一卷　毛詩古音考四卷附讀詩拙言一卷　松軒講義一卷　書札燼存一卷　五嶽遊草七卷　寄心集六卷

四三 朱秉器全集六種十四卷　明朱孟震撰　明萬曆刻本　九行十八字或十行十八字　白口　四周單边
文集四卷　河上楮談三卷　浣水續談一卷　詩集四卷　汾上續談一卷　遊宦餘談一卷

四四 穀城山館全集四種九十四卷　明于慎行撰　郭應寵編　明萬曆于緯刻清康熙重修本　九行十八字　白口　四周單边
穀城山館詩集二十卷　穀山筆麈十八卷　穀城山館文集四十二卷　讀史漫錄十四卷

四五 馮元成雜著九種十九卷　明馮時可撰　明萬曆刻本　九行十八字　白口　四周單边或八行十六字　白口　左右雙边
文所易說五卷　左氏討一卷　左氏論二卷　黔中語錄一卷續語錄一卷　金閣稿二卷　詩膡二卷　左氏釋二卷　黔中程式一卷　石湖稿二卷

一五五

四六 王司業雜著三種三卷　明王祖嫡撰　稿本　十行十七字　無格
王先生文集不分卷　家庭寡言一卷　書既叢鈔一卷

四七 味檗齋遺書六種六卷　明趙南星撰　明末刻本
離騷經訂注一卷　韋柳集選一卷　趙忠毅公閒居擇言一卷　芳茹園樂府一卷　味檗齋遺筆一卷　笑贊一卷

四八 瞿聘君全集十一種不分卷　明瞿九思撰　明萬曆三十五年史學遷刻本　九行二十字　白口　間有黑口　四周雙边
書經以俟錄　易經以俟錄　曆正　邊[illegible]錄　賓[illegible]編　土俗章程　樂經以俟錄　徵聘本末　佛鑰　萬曆武功錄　蒿艾編

四九 楊貞復六種十六卷　明楊起元撰並輯　明萬曆刻本
四書評問六卷　貞復楊先生學辨一卷　明羅汝芳撰　楊起元輯　白沙先生語錄二卷　明陳獻章撰　楊起元輯　南中講學存稿四卷　楊先生冬日記一卷　𨙸若楊先生證學編二卷

五〇 少室山房四部一百八十九卷　明胡應麟撰　江湛然輯　明萬曆四十六年江湛然刻本　九行十八字　白口　四周單边
少室山房類稿一百二十卷

詩歌內編六卷外編六卷續編二卷雜編六卷
筆叢
經籍會通四卷　史書佔畢六卷
九流緒論三卷　四部正譌三卷
三墳補逸二卷　二酉綴遺三卷
華陽博議二卷　莊嶽委談二卷
玉壺遐覽四卷　雙樹幻鈔三卷
續筆叢
丹鉛新錄八卷　藝林學山八卷
甲乙剩言一卷

顧端文公遺書十二種三十七卷附一種四卷　明顧憲成撰　清康熙刻本　十行二十字下黑口左右雙邊　五一
小心齋劄記十八卷　東林會約一卷
東林商語二卷　虞山商語三卷
經正堂商語一卷　志矩堂商語一卷
仁文商語一卷　南岳商語一卷
當下繹一卷　證性編八卷
自反錄一卷　還經錄一卷
附顧端文公年譜四卷　明顧與沐撰　清顧樞刪　顧貞觀補

了凡雜著九種十七卷　明袁黃撰　明萬曆三十三年建陽余氏刻本　五二
訓兒俗說一卷　静坐要訣一卷
祈嗣真詮一卷　寶坻勸農書一卷
袁生螟蛉、瑞仟別品、河圖洛書解一卷
詩外別傳二卷　皇都水利一卷
曆法新書五卷
寶坻政書四卷

一六六

張伊嗣全集五種五卷　明張承撰　明萬曆十四年安陽張氏刻本　九行十九字白口四周單邊　五三
安陽張承小說一卷　家塾私言一卷
張石河文稿一卷　刑腮思錄一卷
張氏風範一卷

山草堂集二十八種一百五十三卷　明郝敬撰　明萬曆崇禎間郝洪範刻本　九行十八字白口四周單邊　五四
內編
談經九卷　易領四卷
問易補七卷　學易枝言四卷
毛詩序說八卷　春秋非左二卷
四書攝提十卷附錄一卷　時習新知六卷
閑邪記二卷　諫草二卷
小山草十卷　嘯歌二卷
藝圃傖談四卷　史漢愚按八卷
四書制義六卷　讀書通二十卷
外編
批點左氏新語二卷　批點史記瑣瑣二卷
批點前漢書瑣瑣四卷　批點後漢書瑣瑣六卷
批點三國志瑣瑣四卷　批點晉書瑣瑣六卷
批點南史瑣瑣四卷　批點北史瑣瑣四卷
批點舊唐書瑣瑣四卷　批選杜工部詩四卷
批選唐詩二卷　蜡談六卷

三垒解不分卷　明王述古撰　明刻藍印本　九行二十字白口或上黑口四周雙邊或單邊　五五
易垒不分卷　曆垒不分卷
律垒不分卷
附刻垒不分卷

高子全書七種　明高攀龍撰　明崇禎刻清華氏劍光閣重修本　九行十九字白口四周單邊　五六
周易孔義三卷　春秋孔義十二卷
四書講義一卷　東林書院會語一卷
程子節錄四卷文集抄一卷　朱子節要十四卷
就正錄四卷

高子全書八種五十一卷　明高攀龍撰　清乾隆七年華希閔劍光閣刻本　九行十九字白口四周單邊　五七
周易孔義三卷　春秋孔義十二卷
四書講義一卷　東林書院會語一卷
程子節錄四卷文集抄一卷　朱子節要十四卷
就正錄一卷　高子文集六卷詩集八卷

李竹嬾先生說部八種二十五卷　明李日華撰　明天啓至崇禎刻本　八行十九字白口四周單邊　五八
六研齋筆記四卷二筆四卷三筆四卷　竹嬾畫賸一卷續畫賸一卷
紫桃軒雜綴三卷又綴三卷　墨君題語一卷
禮白嶽記一卷　璽召錄一卷
薊旋錄一卷
篷櫳夜話一卷

李君實先生雜著八種二十五卷　明李日華撰　明天啓至崇禎刻清康熙李瑂重修本　清王鑅跋　八行十九字白口四周單邊　五九
存二種十八卷
六研齋筆記四卷二筆四卷三筆四卷
紫桃軒雜綴三卷又綴三卷

四六全書五種四十二卷　明李日華撰　明崇禎書業堂刻本　九行二十字白口四周單邊　六〇
官制備考二卷　與圖備要十五卷
姓氏譜纂七卷　時物典彙二卷
四六類編十六卷

一六七

袁中郎十集十六卷　明袁宏道撰　周應麐編　明周應麐刻本　九行二十字白口左右雙邊　六一
敝篋一卷　敝篋集二卷
破研齋集三卷　廣陵集一卷
桃源詠一卷　華嵩遊草二卷
瓶史一卷　觴政一卷
狂言二卷　狂言別集二卷

袁使君集十四種五十七卷　明袁宏道撰　明萬曆二十五年刻本　九行十八字白口左右雙邊　六二
存十二種三十六卷
錦帆集四卷　廣陵集一卷
桃源詠一卷　敝莊一卷
瓶花齋集十卷　解脫集四卷
華嵩遊草二卷　觴政一卷
破研齋集三卷　瓶史一卷
敝篋集二卷　袁石公遺稿六卷

王季重先生集九種九卷　明王思任撰　明末清暉閣刻本　八行十八字或六行十六字白口四周單邊　六三
避園擬存詩集一卷　雜序一卷
時文叙一卷　歷游紀一卷
游唤一卷　律陶一卷
廬游雜詠一卷　游廬山記一卷
奕律一卷

王季重先生文集十三種十三卷　明王思任撰　明末刻本　九行二十一字，白口，左右雙边　六四
避園擬存一卷　雜序一卷
時文叙一卷　涵涵集一卷
傳一卷　雜記一卷
歷游記一卷　游喚一卷
廬游雜詠一卷　遊廬山記一卷
律陶一卷　奕律一卷
誌狀銘一卷

王季重先生文集十三種十五卷　明王思任撰　明末刻本　清王禮培跋　六五

歸鴻館雜著八種二十五卷　明顧起元撰　明刻本　六六
中廟外傳二卷首一卷　顧氏小史十卷
金陵古金石攷目一卷　壹天吠語一卷
遯居士批莊子內篇一卷　遯園漫稿四卷
蟄菴日錄四卷　遯居士戲墨一卷

劉蕺山先生集十種二十四卷首一卷　明劉宗周撰　清乾隆十七年證人堂刻本　十行二十二字，白口，左右雙边　六七
人譜一卷　杜約一卷
會語一卷　易圖說（與易衍合一卷）
易衍（與易圖說合一卷）　證學解（與原旨合一卷）
學言二卷　文十二卷
原旨（與證學解合一卷）
奏疏五卷

子劉子遺書三種七卷　明劉宗周撰　清康熙姜希轍兩水亭刻本　十二行二十二字，黑口，左右雙边　六八
子劉子學言三卷　聖學宗要一卷
周易古文鈔三卷

一六八

莊忠甫雜著二十八種七十卷　明莊元臣撰　清初永言齋抄本　九行二十二字，白口，四周單边　六九
昭代事始一卷　朝綱變例一卷
叔苴子十卷　叔苴子內篇十三卷拾遺一卷
叔苴子外篇十四卷　莊子達言一卷
古詩獵雋一卷　南華雅言一卷重言一卷
代山語一卷　唐詩摘句一卷
韓呂弋腴四卷　二術編七卷
莊氏族譜引略一卷　水程日記一卷
治家條約一卷　策書一卷
揆斷錄二卷　含言解一卷
涉古記事一卷　危言日出一卷
錦盤奇勢一卷　論學須知一卷
行文須知一卷　客談一卷
文訣一卷　陰符經註解一卷
剪綵二卷　雜錄一卷

黔牘偶存四種五卷　明劉錫玄撰　明末刻本　八行二十字，白口，四周雙边　七〇
黔南軍政一卷　圍城日錄一卷圖一卷
黔南學政一卷　貴州武舉鄉試錄一卷

坐隱先生全集三種十八卷　明汪廷訥撰　明萬曆三十七年汪氏環翠堂刻本　十三行二十字，白口，四周單边　七一
坐隱先生訂棋譜二卷題贈三卷
坐隱先生集十二卷
坐隱園戲墨一卷

眉公十種藏書六十二卷　明陳繼儒撰　明崇禎醉綠居刻本　九行二十一字，白口，左右雙边　七二
白石樵真稿二十四卷尺牘四卷　晚香堂集十卷
眉公詩鈔八卷　眉公見聞錄四卷
太平清話四卷　讀書鏡五卷
狂夫之言二卷　安得長者言一卷
嚴棲幽事一卷　偃曝談餘一卷

陳眉公先生十集四卷　明陳繼儒撰　明末敦古樓刻本　九行十八字，白口，四周單边　七三
卷一
讀書鏡
卷二
狂夫之言　續狂夫之言
安得長者言
卷三
眉公筆記　書蕉
香案牘
卷四
岩白翁錢讀書十六觀　附書畫金湯
眉公賞碑錄　嚴棲幽事　附枕譚

陳眉公先生十集二十四卷　明陳繼儒撰　明末潛發堂刻本　九行十八字，白口，四周單边　七四
讀書鏡十卷　狂夫之言五卷
續狂夫之言二卷　筆記二卷
安得長者言一卷　書蕉二卷
香案牘一卷　十六觀一卷
賞碑錄一卷　嚴棲幽事一卷

鹿伯順十五種認真草三十六卷又一種一卷　明鹿善繼撰　明崇禎刻本　九行二十字，白口，四周單边　七五
借簽全孔始末二卷　馮房戡草本末一卷
折檻籽粒本末四卷　扶孤始末一卷
歷錄一卷　農曹草二卷
粤東鹽法議一卷　福建鹽法議一卷
讀禮草二卷　待放草三卷
典餉草二卷　糧曹草三卷
榆關草四卷　再歸草四卷
奉常草五卷又　廣東司署事錄一卷

一六九

松極十九山九種五十二卷　明錢希言撰　附錄一卷　明萬曆刻本　七六
討桂編二十卷　榨弄集三卷
織里草一卷　桃葉編一卷附一卷
聽濫志二卷　桐薪三卷
二箭篇二卷　戲瑕三卷
獪園十六卷

陳懋仁雜著□種□□卷　明陳懋仁撰　明崇禎刻本　九行十八字，白口，四周單边　七七
存七種十二卷
壽者傳三卷　泉南雜記二卷
文章緣起註一卷　續文章緣起一卷
南牘一卷　稿居士詩話二卷
稿居士友譜一卷

躋新堂集七種二十三卷附一種四卷　明喬中和撰　明崇禎刻本　七八

說苑十二卷　圖書衍五卷　範經旁意一卷　古大學註一卷
大九數一卷　洪範說畧一卷　元韻譜一卷釋目一卷
附
越吟四卷　明喬缽撰

七九 宋應星四種四卷　明宋應星撰　明崇禎刻本　九行二十一字白口四周單邊
野議一卷　談天第九種一卷
論氣第八種一卷　思憐詩一卷

八〇 辛復元先生著述六種十二卷　明辛全撰　明末刻本　九行二十字白口四周單邊或十一行二十二字黑口四周雙邊
救急單方一卷　論語說二卷　養心錄一卷
孝經翼一卷　闇然編四卷　經世石畫三卷

八一 八函二十三卷　明陳仁錫輯　明末刻本　九行二十二字白口四周單邊
史品赤函四卷　詩品會函四卷首一卷　賦品鳥函二卷　啟品有函二卷
子品金函四卷　文品芸函三卷　書品同函二卷　遺品繹函二卷

八二 春浮園集八種十四卷　明蕭士瑋撰　清康熙刻本　八行十八字左右雙邊
春浮園詩集一卷　南歸日錄一卷　汴遊錄一卷　蕭齋日紀一卷
春浮園文集二卷附錄一卷　春浮園偶錄二卷　深牧菴日涉錄一卷　牘雋四卷

一七〇

八三 鍾伯敬批點蕭伯玉自定稿九種十卷　明蕭士瑋撰　明末刻本　八行二十字白口四周單邊
春浮園內編一卷　蕭齋日紀一卷　南歸日錄一卷　起信論解一卷　春浮園偶錄二卷
汴遊錄一卷　春浮園詩紀一卷　深牧菴日涉一卷　偶錄一卷

八四 章大力先生叢著六種不分卷　明章世純撰　明末刻本　九行十九至二十六字不等白口四周單邊
章子留書不分卷　章大力詩藪不分卷　治平要績不分卷
章大力新藪不分卷　治平要略二卷　陰符經解不分卷

八五 快書六種　明華淑撰　明刻本　八行十八字白口四周單邊
癖顛小史二卷　草堂暇筆二卷　文字禪一卷
閒情四卷　談壘二卷　逃名傳一卷

八六 邵潛夫別集四種十一卷　明邵潛撰　明天啟六年刻本　九行十九字白口四周單邊
嘐嘐錄二卷　引年錄二卷
循吏傳四卷　志幻錄二卷附錄一卷

八七 幾亭再集三種十九卷　明陳龍正撰　明崇禎刻本　九行十九字白口四周單邊
續學言三卷
隨時問學再集八卷
幾亭續文錄八卷

八八 幾亭全書六十二卷附陳祠部公家傳二卷　明陳龍正撰　清康熙四年雲書閣刻本　十行二十一字白口四周單邊
學言三卷　政書二十卷　因述二卷
學言詳記十七卷　文錄二十卷
附
陳祠部公家傳二卷　清陳揆撰

八九 夏為堂別集九種十卷　明黃周星撰　清康熙二十七年朱日荃、張燕孫刻本　九行或八行十九字至二十一字不等白口左右雙邊或四周雙邊
文一卷　人天樂傳奇二卷　惜花報一卷　製曲枝語一卷　百家姓新箋一卷
詩一卷　試官述懷一卷　散曲一卷　復姓紀事一卷

九〇 黃九煙先生詩文雜鈔八種八卷　明黃周星撰　清康熙刻本　九行二十字白口左右雙邊
夏為堂詩略刻一卷　龍沙八百地仙姓名歌一卷　復姓紀事一卷　選草一卷
圃舫一卷　瀟湘八景詩一卷　秋波六義一卷　百家姓新箋一卷

九一 寸補四種　明程篇撰　明崇禎刻本　九行十八字白口四周單邊
存三種六卷
疏一卷附論一卷

一七一

九二 孫若英著述合刊五種十五卷　明孫茂芝撰　明崇禎十一年刻本　十行二十二字白口左右雙邊
還畫一卷　渝吟一卷續渝吟一卷　讀經疑四書八卷　容草四卷　河贈一卷
翹駿釋一卷　河關一卷
附閒兵覺華島記一卷　明張北會撰

九三 王在鎬近稿七種不分卷　明王在撰　稿本　九行十八字無格
品外稿三卷　夢紀不分卷　王京也品外稿不分卷　素蜜稿不分卷
蔡花園又雜俎不分卷　藏前稿不分卷　王京也秘笈不分卷

九四 海隅集四種九卷　明毛晫撰並編　明末自刻本　九行二十字白口四周單邊
永平公宗二卷　小稿四卷
平夷筆畧一卷　贈章二卷

九五 豐草菴全集十五種二十二卷　明董說撰　清康熙刻本　八行十九字白口左右雙邊
昭陽夢史一卷　文字障一卷　河圖卦版一卷　詩律表一卷　半草菴前集三卷　別集四卷　掃葉錄一卷
邯谷編一卷　非煙香法一卷　分野發一卷　樂律一卷　文集三卷　漢鏡歌發一卷　禪樂府一卷

詩集一卷

九六 豐草庵雜著五種五卷　明董説撰　清抄本

昭陽夢史一卷　楙谷編一卷
文字障一卷　非煙香法一卷
河圖卦版一卷

九七 秀巖集四種五十四卷　清胡世安撰　清初刻本　九行二十一字白口左右雙邊

秀巖集三十一卷　異魚圖贊箋四卷補三卷閏集一卷
操縵錄十卷　樂辨律積六卷
雜音戈戟一卷　蛛系行紀二卷
遺音綴筆一卷
衍嘤語五卷

九八 孫文定公全集六種十二卷　清孫廷銓撰　清康熙十七年師儉堂刻本　八行十八字白口四周單邊

沚亭刪定文集二卷　沚亭自刪詩一卷
琴譜指法省文一卷　漢史億二卷
南征紀略二卷　顏山雜記四卷

九九 黃梨洲先生遺書二種二卷　清黃宗羲撰　清抄本　清戴望校並跋　蕭穆跋　十行二十字黑格

明夷待訪錄一卷
思舊錄一卷

一〇〇 黃梨洲先生遺書三種三卷　清黃宗羲撰　清吟竹軒抄本　八行二十五字白口四周雙邊

明夷待訪錄一卷　留書一卷
思舊錄一卷

一七二

一〇一 黃氏續鈔三種三卷　清黃宗羲撰　清初刻本　十行二十字黑口左右雙邊

台雁筆記一卷　登西臺慟哭記註一卷
字説辯一卷

一〇二 亭林遺書十種二十七卷　清顧炎武撰　清康熙潘氏遂初堂刻本　鄧之誠跋　十一行二十字白口左右雙邊

左傳杜解補正三卷　九經誤字一卷
石經考一卷　金石文字記六卷
韻補正一卷　昌平山水記二卷
譎觚十事一卷　顧氏譜系考一卷
亭林文集六卷　亭林詩集五卷

一〇三 亭林遺書十種二十七卷　清顧炎武撰　清康熙潘氏遂初堂刻本　清石韞玉、汪金德校　鄧福保跋

一〇四 亭林先生遺書彙輯二十三種六十二卷附錄三種四卷　清顧炎武撰　席威、朱記榮編　清光緒十一年至三十二年朱氏槐廬家塾刻本　傅增湘校並跋

左傳杜解補正三卷　九經誤字一卷
五經同異三卷　韻補正一卷
聖安記事二卷　顧氏譜系考一卷
明季實錄一卷
歷代帝王宅京記二十卷　傅增湘校並跋
營平二州地名記一卷　昌平山水記二卷
京東考古錄一卷　山東考古錄一卷
譎觚十事一卷　顧氏求古錄一卷
金石文字記六卷　石經考一卷
菰中隨筆一卷　救文格論一卷
亭林雜錄一卷　亭林文集六卷
亭林詩集五卷　亭林餘集一卷
亭林軼詩一卷

附錄
顧亭林先生年譜一卷附錄一卷　清吳映奎撰
亭林先生神道表一卷　清全祖望撰
同志贈言一卷　清沈岱瞻輯

一〇五 田間全集五種七十卷　清錢澄之撰　清康熙斟雉堂刻本　十行二十五字白口左右雙邊或十行二十一字白口四周單邊

田間易學六卷　田間詩學四卷
莊屈合詁二卷　田間詩集二十八卷
田間文集三十卷

一〇六 王船山先生書集五種不分卷　清王夫之撰　王敔纂注　清康熙四十八年湘西草堂刻本　九行二十一字白口四周單邊

老子衍不分卷　楚辭通釋不分卷
莊子解不分卷　張子正蒙註釋不分卷
俟解不分卷

一〇七 思古堂十五種書四十六卷　清毛先舒撰　清康熙毛氏思古堂刻本

思古堂集四卷首一卷稚黃子文淖一卷　潠書八卷首一卷附刻一卷
匡林二卷首一卷　螺峯説餘二卷首一卷
小匡文鈔四卷首一卷　格物問答三卷首一卷
聖學真語二卷首一卷　東苑詩鈔一卷
東苑文鈔二卷　晚唱一卷
蕊雲集一卷

一七五

詩辯坻四卷　韻學通指一卷
韻白一卷　鸞情集選一卷

一〇八 唱經堂才子書十種十五卷　清金人瑞撰　清初刻本　十行二十二字白口左右雙邊

聖歎外書
唱經堂杜詩解四卷附沈吟樓借杜詩一卷
唱經堂古詩解一卷　唱經堂左傳釋一卷
唱經堂釋小雅一卷　唱經堂釋孟子四章一卷
唱經堂批歐陽永叔詞十二首一卷
聖歎內書
唱經堂通宗易論一卷　唱經堂聖人千案一卷
唱經堂語錄纂二卷
聖歎雜篇
唱經堂隨手通一卷

一〇九 胡道南先生全集五種九卷　清胡文學撰　清康熙刻本　八行二十字白口四周單邊

適可軒詩集四卷　適可軒文集一卷
李贊一卷　疏稿一卷
淮鹺本論二卷

一一〇 王漁洋遺書三十八種二百七十三卷　清王士禛撰並輯　清康熙刻本

漁洋山人詩集二十二卷續集十六卷　南海集二卷
蠶尾集十卷續集二卷後集二卷　漁洋山人文略十四卷
雍益集一卷　蜀道驛程記二卷
漁洋山人精華錄十卷　粵行三志三卷
皇華紀聞四卷　諡法考一卷
池北偶談二十六卷

秦蜀驛程後記二卷
長白山錄一卷補遺一卷
居易錄三十四卷
載書圖詩一卷
古夫于亭雜錄五卷
漁洋詩話三卷
阮亭選古詩五言詩十七卷七言詩十五卷
唐賢三昧集三卷
蕭亭詩選六卷　清張實居撰　王士禛輯
徐詩二卷　清徐夜撰　王士禛輯
考功集選四卷　清王士祿撰　王士禛輯
古缽集選一卷　清王士祜撰　王士禛輯
二家詩選二卷　清王士禛編
華泉先生集選四卷　明邊貢撰　清王士禛輯
睡足軒詩選一卷　明邊習撰　清王士禛徐夜輯
抱山集選一卷　清王士禧撰　王士禛輯
唐人萬首絕句選七卷
隴首集一卷　清王與胤撰
剪桐載筆一卷　明王象晉撰
隴蜀餘聞一卷
古懽錄八卷
浯溪考二卷
香祖筆記十二卷
分甘餘話四卷
十種唐詩選十七卷
歷仕錄一卷　清王之垣撰
清鑑齋心賞編一卷　明王象晉撰

二一一 王漁洋遺書三十八種二百七十三卷　清王士禛撰　清康熙刻本　清葉鳳毛校並跋
存八種十七卷
蜀道驛程記二卷
粵行三志三卷
秦蜀驛程後記二卷
長白山錄一卷補遺一卷
皇華紀聞四卷
論漁考一卷
隴蜀餘聞一卷
浯溪考二卷

二一二 世德堂遺書七種二十三卷　清王鉞撰　清康熙刻本　九行二十字黑口左右雙邊
讀書蕞殘一卷
墨餘筆記一卷
朱子語類纂十五卷　清王鉞輯
水西紀略一卷
粵遊日記一卷
暑窗臆說二卷
世德堂文集二卷詩集二卷

一七四

二一三 彭氏遺著九種九卷　清彭鵬撰　清康熙刻本　八行二十字白口四周雙邊
東學日省一卷
西粵疏抄一卷
西粵檄抄一卷
南黔詳抄一卷
南黔示抄一卷
東粵疏抄一卷
西粵示抄一卷
南黔疏抄一卷
南黔批抄一卷

二一四 雜著十種十卷　清王晫撰　清霞舉堂刻本　九行二十字白口四周單邊
龍經一卷
松溪子一卷
蘭言一卷
行役日記一卷
禽言一卷
孤子唫一卷
連珠一卷
看花述異記一卷
快說續紀一卷
武林北墅竹枝詞一卷

二一五 威鳳堂全集十一種三十二卷附一種一卷　清陸圻撰　清抄本　十行二十二字黑格
文集八卷
明史紀事本末論二卷
明史輿服志一卷
讖書一卷
旅青堂詩集一卷
陸生口譜五卷
附　革命紀聞一卷
詩集十卷
明史食貨志一卷
明史賦役志一卷
新婦譜一卷
冥報錄一卷

二一六 星溪集略七種七卷　清汪佑撰　稿本　十行字數不一白口四周單邊
歷代相傳聖賢道統圖考一卷
樂經源流考一卷
按摩法一卷
正字千家姓一卷　明吳沈撰
律經講傳考一卷
方塘世系一脉述一卷
正字千文釋義一卷
附錄不分卷

二一七 葛萬里雜著十二種十九卷　清葛萬里撰　清初刻本　十行十九字黑口左右雙邊
明人同姓名錄一卷
明人別號錄八卷
清異錄一卷
牧翁先生年譜一卷
句圖一卷
志料一卷
別號錄前編一卷
夢航雜綴一卷
萬曆丁酉同年致一卷
三袁先生年表一卷
鈔詩姓氏一卷
夢航雜說一卷

二一八 顏修來雜著五種七卷　清顏光敏撰　稿本　九行二十五字無格
修來文鈔一卷
京師日曆一卷
南游日曆一卷
樂圃錄三卷
德園日曆一卷

二一九 安溪李文貞公解義三種四卷　清李光地撰　清康熙五十八年清理軒刻本　清沈叢桃校　十一行二十字白口四周單邊
離騷經一卷附九歌一卷
陰符經一卷
參同契一卷

二二〇 悔齋集八種十九卷　清汪楫撰　清康熙雍正間刻本　十行十九字黑口四周單邊
悔齋詩六卷
京華詩一卷
中山詩文一卷
使琉球雜錄五卷
山聞詩一卷蟬集一卷
觀海集一卷
中山沿革志二卷
冊封琉球疏鈔一卷

一七五

二二一 西堂全集四種一百三十三卷　清尤侗撰　附一種六卷　清康熙刻本　十行二十一字上白口下細黑口四周單邊
西堂文集二十四卷
西堂雜組一集八卷
西堂雜組三集八卷
西堂雜組二集八卷
西堂詩集三十卷
西堂剩稿二卷
西堂小草一卷
右北平集一卷
述祖詩一卷
哀絃集二卷
外國竹枝詞一卷
西堂秋夢錄一卷
論語詩一卷
看雲草堂集八卷
于京集五卷
擬明史樂府一卷
百末詞五卷詞餘一卷
西堂樂府七卷
讀離騷一卷
桃花源一卷
李白登科記一卷
弔琵琶一卷
黑白衛一卷
鈞天樂二卷
西堂餘集七十二卷
年譜圖詩一卷
年譜二卷
續論語詩一卷
艮齋雜說十卷
明史擬稿六卷外國傳八卷藝文志五卷
宮閨小名錄五卷
小簡圖贊一卷
性理吟一卷後吟一卷
艮齋倦稿詩集十一卷文集十五卷
看鑑偶評五卷
附
湘中草六卷　清湯傳楹撰

西河合集一百二十種四百九十七卷　清毛奇齡撰　清康熙書留草堂刻本　十行二十字白口四周雙邊　一二二

經集
首一卷
推易始末四卷
太極圖說遺議一卷
易韻四卷
尚書廣聽錄五卷
國風省篇一卷
詩札二卷
白鷺洲主客說詩一卷
昏禮辨正一卷
大小宗通繹一卷
辨定嘉靖大禮議二卷
喪禮吾說篇十卷
春秋毛氏傳三十六卷
春秋條貫篇十一卷
春秋簡書刊誤二卷
論語稽求篇七卷
大學知本圖說一卷
四書賸言四卷
聖門釋非錄五卷
聖諭樂本解說二卷
皇言定聲錄八卷
孝經問一卷
大學問一卷
學校問一卷
經問十八卷

仲氏易三十卷
河圖洛書原舛編一卷
易小帖五卷
古文尚書冤詞八卷
舜典補亡一卷
毛詩寫官記四卷
詩傳詩說駁義五卷
續詩傳鳥名三卷
廟制折衷二卷
北郊配位尊西向議一卷
辨定祭禮通俗譜五卷
曾子問講錄四卷
春秋屬辭比事記四卷
春秋占筮書三卷
四書索解四卷　清王錫輯
大學證文四卷
中庸說五卷
四書賸言補二卷
逸講箋三卷
竟山樂錄四卷
李氏學樂錄二卷　清李塨撰
周禮問二卷
明堂問一卷
郊社禘祫問一卷
經問補三卷

文集
文例一卷
誥一卷

頌一卷
奏疏一卷
揭子一卷
史館擬判一卷
牘札一卷
序三十四卷
題跋題詞題端一卷
書後緣起一卷
傳十一卷
墓碑銘八卷
墓誌銘十六卷
塔誌銘二卷
易齋馮公（溥）年譜一卷
集課記一卷
錄一卷
後觀石錄一卷
何御史孝子祠主復位錄一卷
蕭山縣志刊誤三卷
天問補注一卷
折客辨學文一卷
釋二辨文一卷
辨忠臣不徒死文一卷
古今無慶生日文一卷
勝朝彤史拾遺記六卷
後鑒錄七卷
韻學要指十一卷
九懷詞一卷
詩話八卷
填詞六卷
二韻詩三卷

主客辭二卷
議四卷
史館劄子二卷
書八卷
箋一卷
引弁首一卷
跋一卷
碑記十一卷
王文成傳本二卷
墓表五卷
神道碑銘二卷
事狀四卷
記事一卷
說一卷
制科雜錄一卷
越語肯綮錄一卷
湘湖水利志三卷
杭志三詰三誤辨一卷
館課擬文一卷
答三辨文一卷
辨聖學非道學文一卷
古禮今律無繼嗣文一卷
禁室女守志殉死文一卷
武宗外紀一卷
蠻司合誌十五卷
賦四卷
誄文一卷
詞話二卷
擬連廂詞一卷
七言絕句八卷

一七六

排律六卷
五言律詩六卷
七言排律一卷
雜體詩一卷

七言古詩十三卷
七言律詩十卷
五言格詩五卷
徐都講詩一卷　清徐昭華撰

西河合集一百二十種四百九十七卷　清毛奇齡撰　清康熙書留草堂刻本　清徐時棟跋　一二三

學菴類稿□□種□□卷　清王原撰　清康熙刻本　十一行十九字上白口下黑口四周單邊　一二四

存十六種八十六卷

文志類
明食貨志十二卷
茂名公牘七卷附錄一卷
歷代宗廟圖考二卷
銅仁公牘六卷附錄一卷

詩志類
姬樂集四卷
閩海集二卷
小草集三卷
潘州詩集五卷
岫雲集五卷
鶯臺集三卷
北鄉集五卷
界草集五卷
過嶺集二卷
惠陽集二卷
銅江詩集十卷
滄江集十三卷

硯谿先生全集十一卷目錄二卷　清惠周惕撰　清惠氏紅豆齋刻本　十一行二十一字白口左右雙邊　一二五

北征集一卷
東中集一卷
燮語集一卷
文集一卷
浮嶼集二卷
紅豆集一卷
攜石集一卷
詩說三卷

一七七

隱山鄙事三種九卷　清李子金撰　清康熙刻本　九行十八字白口四周單邊　一二六

幾何易簡集四卷
書學慎餘二卷
律呂心法全書三卷

李二曲先生全集五種三十七卷附二種二卷　清李顒撰　清康熙刻本　九行二十字白口四周雙邊　一二七

二曲集二十六卷
垩室錄感一卷
盩厔三義傳一卷
四書反身錄八卷
司牧寶鑑一卷

附
潛確錄一卷　清李慎言撰
歷年紀略一卷　清惠龗嗣撰

半農先生集三種三卷　清惠士奇撰　清惠氏紅豆齋刻本　十一行二十一字白口左右雙邊　一二八

南中集一卷
紅豆齋時術錄一卷
採蓴集一卷

毘陵沈氏雜著十一種十五卷　清沈鐘撰　稿本　清楊浚跋　十一行無格　一二九

霞光集二卷
柳外詞一卷
合量沈氏家譜一卷
古蹟一卷
世系一卷
列傳一卷
藝文二卷補遺一卷
大宗紀略一卷
宗譜溯源一卷
藝餘詩話一卷
本支世德錄一卷

程氏叢書二十三種三十六卷　清程作舟撰　清康熙開芳園刻本　九行二十字白口左右雙邊　一三〇

讀書譜一卷
山林清福一卷

新編琴操一卷　反啟舟一卷　蘭本紀一卷　姑妄言一卷　誰園書敘一卷　君頌記一卷　記事珠一卷　皇極書一卷　心經三卷　皇明詩話二卷　焚餘書四卷
無情癡一卷　忙人閑事一卷　菊緣紬一卷　草史一卷　茶社便覽一卷　程子說抄一卷　尚書外傳二卷　皇極外篇一卷　疑團二卷　刪後詩六卷

燕日堂錄七種十四卷　清廖志灝撰　清康熙刻本　九行二十二字，白口，四周雙邊　一三一
艿餘草五卷　學吟草一卷　廬雲瓶草一卷　廬雲前編一卷外紀一卷小築一卷附錄一卷　楊齋放言一卷
一樂編一卷　恒產錄一卷

道驛全書八種十四卷　清張祖年撰　清康熙至雍正間刻本　十行二十字，黑口，左右雙邊　一三二
正學關鐵五卷　雜文提要一卷　良貴堂文鈔一卷　麗正書院集一卷
正史關鐵一卷　四書提要一卷　學校志二卷　察學志二卷

楊潭西先生遺書六種四十一卷　清楊陸榮撰　清康熙乾隆刻本　九行二十一字（或十九字），白口，左右雙邊或四周雙邊　一三三
潭西詩集二十一卷　清康熙刻本
五代史志疑四卷　清康熙刻本

一七八

易互六卷　清乾隆刻本
經學臆參二卷　清乾隆刻本
禹貢臆參二卷　清乾隆刻本
殷頑錄六卷　清康熙刻本

鄭元慶遺集三種四卷　清鄭元慶撰　清雍正刻本　十一行二十一字，黑口，左右雙邊或十二行二十二字，白口，左右雙邊　一三四
小谷口著述錄起一卷　湖州府志案二卷
今水學略例一卷

埜柏先生類稿八種十六卷　清宋在詩撰　清乾隆三十年刻本　八行或九行，二十至二十一字，白口，左右雙邊　一三五
懷古堂保存詩稿二卷　見聞瑣錄三卷　論語贅言二卷　說左一卷
懷古堂偶存文稿四卷　讀詩遵朱近思錄二卷　說孟一卷　憶往編一卷

介石堂集三種二十六卷　清鄒起元撰　清乾隆刻本　九行十九字，白口，左右雙邊　一三六
介石堂水鑑六卷　介石堂文集十卷
介石堂詩集十卷

充射堂集八種十二卷　清魏周琬撰　清康熙刻本　十行十八字或二十字，白口，左右雙邊　一三七
詩集四卷　詩三集二卷　詩五集一卷　六朝餘論一卷
詩二集一卷　詩四集一卷　文鈔一卷　春秋叢論一卷

圃隱類編二十二種六十三卷　清李應機撰　稿本　一三八
類編敘目一卷
畏壘道言一卷附陰翁約旨一卷
圃隱偶存二卷　偶存補續一卷　圃隱存餘一卷　圃隱詩存八卷補遺一卷　圃隱歲紀畧一卷補一卷圃隱曆除歲紀畧一卷　幽夕詩編二卷　秋懷八疊一卷附生日詩詞一卷　除夕元旦詩一卷　學易重言二卷附詩一卷　蜜齋隨行一卷　露四法界一卷
經世言一卷　黨言一卷續一卷再續一卷三續一卷　家乘備覽一卷　密齋騷賦儷辭韻語三卷　密齋書牘二卷雜語一卷　圃隱詞一卷　制舉文一卷　辛壬詩文類編續存一卷　圃隱稿十六卷近稿三卷

上湖遺集八種三十六卷　清汪師韓撰　清乾隆刻本　清佚名校　十五行二十六字，白口，四周單邊　一三九
上湖紀歲詩編四卷　上湖分類文編十卷　談書錄一卷　觀象居易傳箋十二卷
上湖詩紀續編一卷　詩學纂聞一卷　韓門綴學五卷續編一卷　孝經約義一卷

童氏雜著六種七卷　清童華撰　清乾隆刻本　八行十八字或十行十九字，白口，左右雙邊　一四〇
長崎紀聞一卷　赤城詩鈔二卷　九家窩屯工記一卷
銅政條議一卷　黔轅總一卷　工上辦成一卷

冠豸山堂全集六種十六卷　清童能靈撰　清光緒童氏活字印本　十行二十五字，白口，四周單邊　一四一
冠豸山堂文集二卷　當村禮意三卷　清童正心撰　童能靈分釋　理學疑問四卷
子朱子爲學次第考三卷

一七九

樂律古義二卷
周易剩義二卷

道腴堂集十種六十五卷　清鄧鈞撰　清雍正乾隆間自刻本　十四行二十五字，白口，四周雙邊　一四二
道腴堂詩編三十卷　道腴堂雜編八卷　小簇園新編一卷續編二卷　道腴堂雜著一卷　禪勺一卷
道腴堂詩續十二卷　俟遠亭新編一卷　道腴堂脞錄一卷　雪泥鴻爪錄四卷　亞谷叢書四卷

杭大宗七種叢書十八卷　清杭世駿撰　清乾隆刻本　清李慈銘校注　十行二十至二十一字，白口，左右雙邊　一四三
存五種十一卷
諸史然疑一卷　石經考異二卷　晉書補傳贊一卷
漢書蒙拾三卷後漢書蒙拾二卷　續方言二卷

補史亭賸稿六種十九卷　清杭世駿撰　清杭氏道古堂抄本　十行二十四字，白口，四周雙邊　一四四
鴻詞所業五卷　史記考證七卷　禮經質疑一卷
經進講義一卷　經史質疑一卷　三國志補注六卷

萬柘坡遺著八種九卷　清萬光泰撰　稿本　一四五
九經韻證一卷　春秋傳續經補一卷　元秘史略二卷　紫古字括一卷
轉韻餘論一卷　五代史十國世家年譜續一卷　元氏譜一卷　校正輟耕錄大元宗室世系一卷

一四六 萬光泰雜著三種五卷 清萬光泰撰 清抄本（元氏略王國維錄清張澍批校） 十一行二十一字黑格
五宗圖說一卷 元氏略三卷
姓苑拾遺一卷

一四七 文壇清鑿集四種十八卷 清屠元淳撰 清乾隆十一年刻本 十行二十一字黑口四周雙邊
尋樂類編六卷 閱史閒評四卷
萬花擷韻四卷 昭代藝聞四卷

一四八 筠園全集十種四十二卷 清朱仕琇撰 清乾隆刻本
筠園稿三卷 筠園刪稿三卷
黟音十卷 音別四卷
小琉球漫志十卷 水竹居賦抄一卷
和紅蕉山房詩餘次韻一卷 和陶二卷
瀛黟四家詩抄八卷 吳稗集不分卷

一四九 惺齋先生雜著十二種二十六卷 清王元啓撰 清乾隆刻本 十行二十一字黑口左右雙邊
周易講義一卷 論語講義三卷補遺一卷
孟子講義二卷 大學講義一卷
中庸講義四卷 史記三書正譌三卷
漢書律曆志正譌二卷 校正朝邑志一卷
弟子職補註一卷 祭法記疑二卷
惺齋論文三卷 惺齋文抄二卷

一五〇 趙鹿泉全集六種三十二卷 清趙佑撰 清乾隆五十二年刻本 九行二十字白口左右雙邊
清獻堂集八卷 尚書質疑二卷
尚書異讀考六卷 草木疏校正二卷
春秋雜案十卷 讀春秋存稿四卷

一八〇

一五一 蘇齋遺稿十一種十五卷 清翁方綱撰 稿本 復初齋詩集殘稿三卷 清葉志詵、李彥章、李彥彬跋
樂毅論考二卷 樂毅論書勢表一卷海字水考一卷
晉楷偶記殘稿二卷 禮記毛氏汲古閣本正文攷譌一卷
禮記目錄表一卷 禮記毛氏汲古閣本正文攷譌一卷（又一部）
儀禮毛氏汲古閣本正文攷譌一卷 詠物七言律詩偶記一卷
復初齋詩集殘稿三卷 葉志詵、李彥章、李彥彬跋
離騷不分卷
御製熱河考灤河濡水源考證一卷

一五二 蘇齋遺稿九種二十三卷 清翁方綱撰 稿本
定武蘭亭考四卷 蘇米齋蘭亭考一卷
蘭亭分集字考一卷 蘭亭偶論五字考一卷
蘭亭從字從山本考一卷 趙本蘭亭訂穎考一卷
法帖附記十二卷 野事略記一卷
何義門詩文稿一卷 清何焯撰 翁方綱輯

一五三 蘇齋存稿五種□□卷 清翁方綱撰 稿本 清沈樹鏞跋
復初齋詩集存卷六十六至六十七 集蘭亭記一卷
蘇齋筆記存卷十七至十九 石洲詩話存卷十
停雲館帖記略一卷

一五四 松靄初刻六種十一卷 清周春撰 清刻本 十行二十一字小字雙行同黑口左右雙邊
中文孝經一卷外傳一卷 清周春輯
爾雅補注四卷 代北姓譜二卷
遼金元姓譜一卷 遼詩話一卷
選材錄一卷

一五五 周松靄先生遺書八種二十九卷 清周春撰 清乾隆嘉慶間刻本 十行二十二字白口左右雙邊
十三經音略十二卷 小學餘論二卷
中文孝經一卷外傳一卷 代北姓譜二卷
遼金元姓譜一卷 杜詩雙聲疊韻譜括略八卷
選材錄一卷 遼詩話一卷

一五六 青雲洞遺書初刻八種十卷二刻六種六卷 清謝丕振撰並輯 清乾隆二十一年李養亨刻本 十行二十一字黑口左右雙邊
初刻
考亭遺矩一卷朱子四師傳一卷 希賢錄一卷
友仁錄一卷 河東光儒遺訓一卷
河梁光儒醒世文一卷 河汾淵源二卷
善啟名臣安定先生言行錄一卷 善啟名臣忠介先生言行錄一卷
二刻
左陶右邵一卷 臥雲草一卷
八物吟一卷 北窗草一卷
司鐸草一卷 文集一卷

一五七 東壁先生書鈔四種十一卷 清崔述撰 清嘉慶二年陳履和映薇堂刻本 八行二十五字小字雙行同白口左右雙邊
補上古考信錄三卷 洙泗考信錄六卷
經傳禘祀通考一卷 三正異同通考一卷

一八一

一五八 惜抱軒集七種七十卷 清姚鼐撰 清嘉慶刻本 清陳灃批校並跋 十行二十一字黑口左右雙邊或十行二十二字白口四周單邊
惜抱軒文集十六卷後集十卷 惜抱軒詩集十卷後集一卷外集一卷
惜抱軒九經說十七卷 春秋三傳補注三卷
國語補注一卷 惜抱軒法帖題跋三卷
惜抱軒筆記八卷

一五九 沈可培雜著十三種 清沈可培撰 稿本
儀禮擬要不分卷 丹書校注一卷
玉書校注一卷 心書校注一卷
竹書校注一卷 素書校注一卷
禮記校注一卷 書經校注一卷
夏書校注一卷 商書校注一卷
周書校注一卷 詩文集不分卷
蓮子湖船歌一百首不分卷

一六〇 松華館合集十三種四十七卷 清方學成撰 清乾隆松華堂刻本 十一行二十二字白口四周單邊
梅川文行十二卷 華南先德述一卷
履齋時文一卷 春風堂試帖一卷
學古偶錄一卷 硯堂四六二卷
果山詩存十八卷 唱酬紀勝一卷
讀黃合志一卷 清方學成、許起昆等撰 歲寒亭畫句一卷
梅谿韻會一卷 權園雅音五卷
青玉閣詞一卷

一六一 果堂全集六種十九卷 清沈彤撰 清乾隆沈氏果堂刻本
果堂集十二卷 周官祿田考三卷

尚書小疏一卷　儀禮小疏一卷
儀禮鄭注監本刊誤一卷　春秋左氏小疏一卷

一六二 簡松草堂全集九種七十卷 清張雲璈撰 清道光簡松草堂刻本 鄭根鐸跋 十行十九字白口、左右双边
簡松草堂文集十二卷附錄一卷　簡松草堂詩集二十卷
嬾味小稾五卷　知還草五卷
䁥丁老人草二卷　金牛湖漁唱一卷
三影閣箏語四卷　四寸學六卷
選學膠言二十卷補遺一卷

一六三 梅谷十種書十七卷 清陸烜撰 清乾隆陸烜刻本 九行十九字白口、左右双边 清陸烜校
梅谷文叢一卷　梅谷行卷一卷
料餘小叢一卷　吳興遊草一卷
梅谷續叢三卷　夢影詞三卷
龍頭節語一卷　梅谷偶筆一卷
人參譜四卷　奚囊遺句一卷

一六四 杉亭集二種二卷 清吳烺撰 清乾隆刻本 十行十九字黑口、左右双边
周髀算經圖注一卷　五聲反切正韻一卷

一六五 章學誠全集五種十八卷 清章學誠撰 清王氏十萬卷樓抄本 十一行二十字藍格上藍口、左右双边
文史通義八卷　文史通義雜篇一卷
校讎通義三卷　湖北通志檢存稿一卷
雜文五卷

一六六 稻香樓雜著六種七卷 清程際盛撰 清活字印本 十行二十四字白口、左右双边
周禮故書考一卷　儀禮古今文考一卷
禮記古訓考一卷　說文古語考一卷
續方言補二卷　古韻異同摘要一卷

一八二

一六七 古語遺錄七種八卷 清戚學標撰 稿本 十二行二十四字黑格
方言一卷　諧聲補證一卷補一卷
說文補攷一卷　古人言一卷
口頭語一卷　客窗雜錄一卷
台事隨筆一卷

一六八 續刻北江遺書七種十六卷 清洪亮吉撰 清道光二十三年刻本 清李慈銘校注 十一行二十二字小字双行同黑口四周單边
曉讀書齋初錄二卷二錄二卷三錄二卷四錄二卷
遣戍伊犁日記一卷　天山客話一卷
外家紀聞一卷　擬兩晉南北史樂府二卷
鮚軒外集一卷　史目表二卷

一六九 古香堂六種十四卷 清王初桐撰 清乾隆五十八年刻本 十行二十字黑口、左右双边
海右集四卷　濟南竹枝詞一卷
杯湖欸乃三卷　杏花村琴趣一卷
北游日記四卷　柳絮集一卷 清李湘芝撰

一七〇 古香堂叢書十三種三十一卷 清王初桐撰 清乾隆五十八年至嘉慶十二年刻本 十行二十字小字双行同黑口、左右双边
詩
白門集二卷　金臺集一卷
海右集四卷　濟南竹枝詞一卷
百花吟一卷　十二河山集二卷
詞
杯湖欸乃二卷　杏花村琴趣一卷
雜著
奩齋精詩譜四卷　北遊日記四卷
柳絮集一卷 清李湘芝撰 附錄一卷 清王初桐撰
選聲集二卷 清王初桐撰 附錄一卷 清王大晉 王思永撰
小嫏嬛詞話三卷

一七一 靜遠草堂初藁七種十一卷 清周樂清撰 稿本
駢體文稿二卷　塵談記一卷
從戎紀略一卷　愚音集一卷
雜著二卷　尺牘三卷
文集一卷

一七二 柚堂全集五種十五卷 清盛百二撰 清乾隆刻本 十行二十一字白口、左右双边
存三種十二卷
柚堂文存四卷　皆山樓吟稿四卷
柚堂筆談四卷

一七三 神羊遺著三種十一卷 清張壽翔撰 清刻本 十行二十四字白口、左右双边
景獻初編一卷　讀易本義一卷
讀書偶識九卷　讀考工記一卷
讀尚書蔡傳一卷　讀國語一卷
讀周官一卷　讀爾雅注疏一卷
閱渭上南氏綱目前編一卷
讀大戴禮一卷
讀孝經注疏一卷
算術隨錄一卷

一八三

一七四 南野堂全集三種二十五卷 清吳文溥撰 清乾隆嘉慶間刻本 十行十九字白口、左右双边
南野堂詩集七卷首一卷　南野堂筆記十二卷
南野堂續筆記五卷　少見錄一卷
慎餘編一卷　笛譜指掌一卷
師貞備覽一卷
漢唐石刻目錄一卷

一七五 永報堂集五種三十三卷 清李斗撰 清乾隆嘉慶間刻本
永報堂詩集八卷　艾塘樂府一卷
揚州畫舫錄十八卷　奇酸記傳奇四卷
歲星記傳奇二卷

一七六 清白士集六種二十八卷附一種四卷 清梁玉繩撰 清嘉慶刻本 清李慈銘校注 十行二十四字小字双行同白口、左右双边
人表考九卷　呂子校補二卷
元號略四卷　誌銘廣例二卷
瞥記七卷　蛻稿四卷
附
庭立紀聞四卷 清梁學昌輯

一七七 一隅草堂藁十二種十八卷外集十二種十六卷 清許楠撰 清嘉慶刻本 九行二十字小字双行同黑口、左右双边
擷蘭初藁選二卷　桑梓吟二卷

蔘香閣詩一卷
古桃州寓草二卷
暘盦草一卷
猊月龕草一卷
萃廬小著二卷
外集
小影圖一卷
暘盦雜錄一卷
菊說二卷
石隱硯談一卷
客臺醫話三卷
買疑錄二卷
如如居近草一卷
雲歸草一卷
采雨山房詩一卷
金簃花館詩二卷
秋雪龕小牘二卷
十硯樓雜錄一卷
一隅草堂牡丹譜一卷
端溪硯坑考一卷
墨餘贅稿一卷
按部分經錄一卷
類傷寒集補一卷

一七八 一隅草堂叢十七種二十五卷外集十三種十七卷 清許楠撰 清嘉慶刻本 九行二十字黑口左右雙邊
梅閣初叢選二卷
蔘香閣詩一卷
古桃州寓草二卷
暘盦草一卷
猊月龕草一卷
萃廬小著二卷
小螺巢簾叢一卷
還山草一卷
梅花城梅花雜詠一卷
桑梓吟二卷
如如居近草一卷
雲歸草一卷
采雨山房詩一卷
金簃花館詩四卷
秋雪龕小牘二卷
萍泛草一卷
睦州寓草一卷
外集
小影圖一卷
暘盦雜錄一卷
一隅草堂菊說一卷
石隱硯談一卷
客臺醫話三卷
十硯樓雜錄一卷
一隅草堂牡丹譜一卷
端溪硯坑考一卷
墨餘贅稿二卷
按部分經錄一卷 明寧一玉輯 清許楠校
買駿錄二卷 明張介賓撰 清許楠校
類傷寒集補一卷 清張泰撰 許楠參訂
富春游草一卷

一八四

一七九 [illegible][illegible]子四種四卷 題清[illegible][illegible]子撰 清乾隆桂花書屋刻本 九行十八字白口四周單邊
[illegible][illegible]子曆鏡一卷
[illegible][illegible]子數原一卷
[illegible][illegible]子樂原一卷
西銘約說一卷

一八〇 西征錄七種十卷 清王大樞撰 清末抄本 九行二十二字無格
紀程二卷
雜撰一卷
樗亭榷藝二卷
東旋草一卷
新疆一卷
存草二卷
空谷跫音一卷 清王大樞輯

一八一 張介侯所著書三種三卷 清張澍撰 稿本
廟碑賦文一卷
撫畿一卷
往事錄異一卷

一八二 杜石樵三種四卷 清杜堮撰 清抄本 九行二十二字紅格白口四周雙邊
治安本論一卷
聽止軒詩文存稿二卷
述訓一卷

一八三 竹柏山房稿十種四十二卷 清林春溥撰 稿本
閒闢傳疑二卷
古史紀年十四卷
古史考年異同表二卷 便覽一卷
竹書紀年補證四卷 本末一卷 後案一卷
孔子世家補訂一卷
孟子列傳纂一卷
四書拾遺六卷
戰國紀年六卷 地輿一卷 年表一卷
孟子外書補證一卷
古書拾遺不分卷

一八四 朱茮堂家藏稿十一種十三卷 清朱爲弼撰 稿本
論語經解二卷
漢書地理志考證一卷
漢書引經劄記一卷
朱茮堂奏稿一卷
西巡盛典纂劄記一卷
集叢録屏聯稿一卷
鉏經堂文鈔一卷
尚貢孔正義引地理志考證一卷
朱茮堂經進文一卷
平湖朱氏家譜錄要一卷
四書文殘稿一卷 試帖詩殘稿一卷

一八五 中復堂全集十種八十九卷 清姚瑩撰 清道光刻本 清李慈銘批並跋 十二行二十二字下黑口左右雙邊
存三種三十四卷
東溟文集六卷 外集四卷
東溟文後集十四卷 外集二卷
識小錄八卷

一八六 史位存著書六種二十卷 清史承豫撰 清刻本 九行十九字或二十字白口左右雙邊
雙閒齋筆記二卷
蔚叢新話二卷
青梅軒詩話二卷
靜學齋偶誌四卷
秋琴集六卷
小眠齋詞四卷

一八七 石經閣集十一種二十五卷 清馮登府撰 稿本 十行二十字黑格
石經補考存卷一至三
石經閣詩略存卷六至十
拜竹詩龕詩存存卷一、五
拜竹詩堪集外詩存卷二至五
釣船笛譜一卷
石經閣雜著二卷
論語問答一卷
石經閣自定詩叢存卷三
拜竹詩龕詩存續集存卷一
小槜李亭詩錄存卷三至六
金石碑帖目一卷

一八五

一八八 石經閣集六種二十六卷 清馮登府撰 清道光十一年至十七年刻本 十一行二十五字白口左右雙邊
石經閣文初集四卷 道光十一年刻本
石經閣文初集八卷 道光十一年刻本
月湖秋瑟二卷 道光十四年刻本
浙江磚錄四卷 道光十四年刻本
花塾琴雅二卷 道光十四年刻本
拜竹詩堪詩存六卷 道光十七年刻本

一八九 西招五種六卷 清松筠撰 清嘉慶道光間刻本 六行二十字小字雙行同白口四周雙邊
西招紀行詩一卷
西招圖略一卷
綏服紀略一卷
丁巳秋閱吟一卷
西藏圖說一卷 自成都府至後藏路程一卷

一九〇 雪泥書屋全書二種二卷 清牟庭撰 清嘉慶自刻本 九行二十二字白口左右雙邊
周公年表一卷
投壺算草一卷

一九一 四錄堂類集五種四十一卷 清嚴可均撰 清嘉慶至道光刻本 十一行二十四字黑口左右雙邊
唐石經校文十卷 清嘉慶九年秀山書院刻本
說文校議十五卷 清姚文田嚴可均撰 清嘉慶二十三年孫氏岱城山館刻本
說文聲類二卷 清嘉慶刻本
鐵橋漫稿十三卷 清道光十八年嚴氏四錄堂刻本
鐵橋詩悔一卷 清嘉慶刻本

一九二　徐飴盦先生遺書八種十卷　清徐養原撰　清抄本　十行二十四字無格
字說一卷　明堂說一卷　黑水攷一卷　菅邑攷一卷
字說外篇一卷　井田議一卷　荀爵笛律圖注一卷　雜文三卷

一九三　鄦嶼叢書七種三十七卷　清曾廷枚撰　清嘉慶刻本　十行十九字黑口左右雙邊
字原徵古四卷　樂府津逮三卷　西江詩話三卷　古諺閒談四卷
音義辨同七卷　楔帖緒餘四卷　遊戲三昧十二卷

一九四　陳氏裛露軒叢書四種十五卷　清陳本禮撰　清嘉慶陳氏裛露軒刻本　八行二十一字黑口四周雙邊
屈辭精義六卷　漢詩統箋二卷　協律鉤元四卷外集一卷　唐李賀撰　清陳本禮箋注
急就探奇一卷

一九五　沈西雍先生遺著五種十三卷　清沈濤撰　清道光刻本　十一行二十一字黑口左右雙邊
十經齋文集四卷　論語孔注辨僞二卷　沼州唱和詞一卷
柴辟亭詩集四卷　銅楔叢談二卷

一九六　浮谿艸堂叢書四種七十五卷　清宋翔鳳撰並輯　清嘉慶道光間宋氏浮谿艸堂刻本
帝王世紀集校十卷　晉皇甫謐撰　清宋翔鳳輯
四書古今訓釋二十卷　清宋翔鳳撰
四書纂言三十七卷　清宋翔鳳撰
憶山堂詩錄八卷　清宋翔鳳撰

一八六

一九七　浮谿精舍叢書十九種八十五卷　清宋翔鳳撰並輯　清道光咸豐間刻本（內二種原注未刻）　十行二十一字小字雙行同白口左右雙邊
論語鄭氏注十卷　漢鄭玄撰　清宋翔鳳輯
孟子劉注一卷　漢劉熙撰　清宋翔鳳輯
尚書記七篇七卷世浮一卷大誓三卷　清莊述祖撰
論語說義十卷　清宋翔鳳撰
大學古義說二卷　清宋翔鳳撰
四書釋地辨證（未刻）
新語正卷
五經要義一卷
朴巖解一卷　清莊存與撰
帝王世紀十卷
自治官書一卷
孟子趙注補正六卷　清宋翔鳳撰
小爾雅訓纂六卷　清宋翔鳳撰
月令說義（未刻）
漢甘露石渠禮儀一卷
五經通義一卷
石鼓然疑一卷　清莊述祖撰
過庭錄十六卷
樸學齋文錄四卷

一九八　古墨齋集十二種二百十三卷　清趙紹祖撰　清嘉慶道光間趙氏古墨齋刻本　十行十九至二十字白口左右雙邊
琴士詩鈔十二卷文鈔六卷　通鑑注商十八卷　讀書偶記八卷　金石文鈔八卷續鈔二卷　趙氏淵源集十卷　四書集注管窺二卷　金仁山論孟考證輯要二卷　宋金履祥撰　清趙紹祖輯
新舊唐書互證二十卷　消夏錄一卷　安徽金石錄十卷　竹書紀年校補二卷　蘭言集十二卷

一九九　消閒四種七卷　清江濬撰　清藤花書屋刻本　八行十六字白口四周花邊

二〇〇　娛園重訂靈芬館集十種九十三卷　清郭麐撰　許增重訂　清嘉慶至道光刻光緒五年許增增修本　清許增批校並跋
靈芬館詩初集四卷二集十卷三集四卷四集十二卷續集九卷　靈芬館詞七卷　蘅夢詞二卷　懺餘綺語二卷　靈芬館雜著二卷續編四卷三編八卷　金石例補二卷　樗園銷夏錄三卷　爨餘集一卷（清抄本配入）　爨餘叢話六卷
浮眉樓詞二卷　爨餘詞一卷　江行日記一卷　靈芬館詩話十二卷續六卷　國忠載拾二卷
紅蟫苕飲一卷　探花集字譜一卷
會真別趣四卷　臥遊名山圖一卷

二〇一　節甫老人雜著五種二十一卷　清江藩撰　清道光九年刻江順銘重修本　葉景葵跋
周易述補三卷附易大義一卷　清惠棟撰　國朝漢學師承記八卷　國朝宋學淵源記二卷附記一卷
國朝經師經義目錄一卷　隸經文四卷續一卷

二〇二　江氏叢書七種二十五卷　清江藩撰　清道光九年刻本　十一行二十二字白口四周雙邊
周易述補四卷附易大義一卷　清惠棟撰　國朝漢學師承記八卷　國朝宋學淵源記二卷附記一卷　樂縣考二卷
國朝經師經義目錄一卷　隸經文四卷續一卷　扁舟載酒詞一卷

二〇三　炳燭齋雜著四種八卷　清江藩撰　清阮氏文選樓抄本　十一行二十一字無格
舟車聞見錄二卷續集一卷續錄三集一卷　端研記一卷　廣南禽蟲述一卷獸述一卷
續南方草木狀一卷

一八七

二〇四　炳燭齋雜著四種八卷　清江藩撰　清抄本　十行二十一字白口左右雙邊

二〇五　知止齋遺集二十二種不分卷　清翁心存撰　稿本
知止齋詩鈔八卷二冊　淮海集一冊　石室詩鈔　清張原湘評識並跋　蘭言集　了睌集以上合一冊　知止齋文牘稿一冊　古文稿一冊　陔華小題文存一冊　課藝六冊　知止齋奏議一冊　翁氏名賢錄一冊
知止齋詩藁五冊　學言集　峯蕙集　中呂集　知止齋文稿四冊　詩賦稿一冊　館課詩賦稿一冊　陔華館制義存二冊　知止齋帖稿偶存三冊　帖稿七十九冊　京兆退思錄一冊

二〇六　戴醇士著述九種不分卷附錄二種二卷　清戴熙撰　稿本　清曾國藩批　時超伯批並跋　魏謙升批並題識　曹伯詢跋
西書沿革表一卷　習苦齋筆記一卷　賜硯齋題畫偶錄一卷　兩香齋詩稿一卷
頳子一卷　習苦齋文集不分卷　謙齋吟稿一卷　歡應集一卷
附
訪粵續集一卷　清□綺生撰
燈消小草一卷燭餘吟詞稿一卷

二〇七 芑川先生合集四種十九卷 清劉家謀撰 清道光二十八年至二十九年東洋學署刻本 九行二十一字，白口，左右双边
外丁卯橋居士初稿八卷　東洋小草四卷附䜣劍詞一卷
觀海集四卷　鶴場漫志二卷

二〇八 南詢先生寒香集□種□卷 清吳瀚撰 稿本
存五種
周易說約十二卷 存卷一至八、十至十二 附六十四卦觀象一卷
四書發明十三卷 存卷一至六、九至十三
左史發明□□卷 存卷八十四至九十
韓柳歐蘇諸大家文發明九卷 存卷二至九
杜詩解意十二卷 存卷一、三至十二

二〇九 湯秋史遺著十四種二十二卷 清湯成烈撰 稿本
聽雲山館經說一卷　聽雲山館主人日記一卷
同治癸亥寓蜀還都日記一卷　同治甲子至丁卯寓蜀日記四卷
聽雲山館詩存一卷　聽雲仙館文存一卷
聽雲山館駢體文□卷 存卷二至三
自怡悅齋應酬儷體文存一卷
道光壬寅至庚戌祭壽文並序記彙鈔冊一卷
咸豐甲寅中秋詩文存草一卷　咸豐乙卯客滇詩文存草一卷
三十六芙蓉吟館尺牘□卷　自怡悅齋尺牘一卷
函牘稿四卷

二一〇 陳讓泉先生雜著十種十卷 清陳灝撰 稿本
靈巖山館詩草一卷　客窗雜錄一卷
同治東將存藁一卷　世故雜錄一卷
瞥祭採訪紀略一卷　光緒稟啓要稿一卷
魚雁遺傳一卷　詩餘摘錄一卷
古唐詩選一卷　藝苑指南一卷

二一一 拾遺補藝齋遺書五種七卷 清臧鏞甲撰 清道光刻本 十行二十字，黑口，四周單边
尚書考異三卷　釋書名一卷
文鈔一卷　詩鈔一卷
詞鈔一卷

一八八

二一二 惜陰居叢著四種十七卷附錄一卷 清姚東升撰 稿本
惜陰居日鈔十一卷外編二卷　雜親選鈔一卷
試帖一卷　晚珊擇句一卷聯句一卷
附錄二卷

二一三 袖海樓雜著四種十二卷 清黃汝成撰 清道光十八年黃氏西谿草廬刻本 十行二十一字，小字双行同，白口，四周双边
袖海樓文錄六卷　古今歲實考校補一卷
古今朔實考校補一卷　日知錄集說合刊四卷

二一四 王家璧雜著六種八卷 清王家璧撰 稿本
清實錄校對日記一卷　玉柄釐屋一卷
緯書旁註一卷　洪範通易說一卷
老子臆解二卷　王氏家誡二卷

春在堂雜稿四種□□卷 清俞樾撰 稿本
楹聯錄存卷下　內經素問一卷
諸子平議存卷十七至十九　集漢殺四種一卷

二一六 俞蔭甫先生遺稿九種四十一卷 清俞樾撰 稿本
群經平議殘稿二十四卷　諸子平議殘稿一卷
易貫殘稿四卷　玩易篇一卷
古書疑義舉例七卷　春秋名字解詁補義一卷
讀書餘錄殘稿一卷　春在堂詩壬戌編一卷
通甲篇一卷

二一七 施氏著書四種五卷 清施國祁撰 清嘉慶施氏吉貝居刻本
金源劄記二卷　金源又劄一卷
史論五答一卷　吉貝居暇唱一卷

二一八 求己堂八種十八卷 清施彥士撰 清嘉慶道光間施氏求己堂刻本 十行二十一或二十四字，小字双行同，白口，四周單边或左右双边
讀孟質疑三卷　孟子外書集證五卷
春秋朔閏表發覆四卷首一卷　推春秋日食法一卷
春秋日食法一卷　求己堂文集一卷
求己堂詩集一卷　歷代編年大事表一卷

二一九 清頌堂叢書十四種十六卷 清俞正燮撰 稿本
駐劄大臣原始一卷　地丁原始一卷
書人身圖說後一卷　紅教黃教論一卷
天主教論一卷　俄羅斯輯一卷附俄羅斯佐領考一卷
緬甸東北兩路地形考一卷　澳門紀略跋一卷
鴉片煙述一卷　洋藏齋論一卷
總河近事考一卷附編年姓名一卷　天后廟記考一卷
非無鬼一卷　史記李延年傳書後一卷

二二〇 王箓友先生著書四種四卷 清王筠撰 清咸豐二年賀蕙賀荃刻本 清王筠訂補 九行二十字，白口，四周双边
夏小正正義一卷　弟子職正音一卷
毛詩重言一卷　毛詩雙聲疊韻說一卷

二二一 古籐書屋雜著九種二十八卷附二種五卷 清湯成烈撰 稿本
古籐書屋文鈔七卷　古籐書屋文甲集二卷乙集五卷外編一卷
古籐書屋詩叢一卷　清淮詞叢二卷
典訓彙記五卷　經史人名韻編不分卷
國史列傳（陽湖籍）一卷　退園隨筆十二卷
昆陵歷代史傳二卷
附
蔣鄉詩草三卷 清李述來撰　淳則齋詩二卷 清沈惠方撰

一八九

二二二 南海桂子白先生遺稿十一種三十一卷 清桂文燦撰 稿本 八行二十二字，無格
經學博采錄十二卷　孝經集證四卷
海防事宜一卷　易大義補一卷
孟子趙注考證一卷　發墨守評一卷
四書集注箋一卷　說文部首句讀一卷
周禮今釋五卷　周禮通釋四卷
條陳一卷

二二三 養一齋全集八種五十八卷 清潘德輿撰 稿本 清姚瑩、丁晏、張際亮、魯一同批校
養一齋文錄二十卷　養一齋詩集二十八卷
養一齋詞五卷　示兒長語一卷

藤溪叢書□□種□□卷　清朱濂撰　稿本　二二四
存十種二十五卷
念石子一卷
點邪蔵拭二卷
時令考略四卷
器用紀略七卷
年號官制記略一卷
茶譜二卷
百籟考略□卷　存酒一卷
經說附存一卷
養一齋金壺浪墨一卷
四令花考二卷
菜譜廣編二卷
歙經補錄二卷
候蟲誌略二卷

實事求是之齋叢著四種五十卷　清朱大韶撰　稿本　二二五
實事求是之齋經說十一卷
周易一卷
毛詩三卷
春秋左氏傳三卷
尚書二卷
周官一卷
論語爾雅孟子一卷
實事求是之齋經義十七卷
士庶子非公卿之子弟辨一卷
干洸西辨一卷
釋類一卷
至靜而德方解一卷
黎與餠琴辨一卷
鄉大夫辨一卷
稅非關喪追服之名辨一卷
春秋禮徵十卷
實事求是之齋雜著二十卷
經字釋周易一卷
經字釋禮記一卷
經字詁八卷
經字考尚書一卷
尚書講義二卷
經字釋尚書一卷
經字釋春秋左氏傳一卷
經字考禮記一卷
毛詩講義一卷
禮記講義二卷
論語講義一卷
實事求是之齋古文二卷

一經廬叢書五種二十三卷　清姚配中撰　清道光姚氏一經廬活字印本　清曹元弼校　二二六
存四種二十卷
周易姚氏學十六卷
書學拾遺一卷
周易通論月令二卷
一經廬文鈔一卷

嶧尉公遺書三種四卷　清吳學庭撰　稿本　清趙桂生跋　二二七
從公稽考一卷
新硯齋讀本東坡詩二卷
鋤梅餘事一卷

蜚英閣叢稿三種三卷　清凌曙撰　稿本　二二八
蜚英閣經解一卷
蜚英閣文集一卷
蜚英閣史論一卷

耕郇全集六種十五卷　清余潛士撰　清咸豐二年務本堂刻本　九行二十一字下黑口左右雙邊　二二九
敬學編一卷
北遊草一卷北遊續詠一卷
困學過吉初編一卷續編一卷三編一卷
磊官臆測一卷
自鳴集二卷
姑留稿六卷

文村遺著十三種十三卷　清王振聲撰　稿本　二三〇
春秋左傳校勘記補正一卷
宋余仁仲本公羊經傳解詁校記一卷

公羊注疏校勘記補正一卷
吳音奇字跋一卷
孟子音義校記一卷
文村雜稿一卷
播琴山館雜錄一卷
詩稿一卷
急就章跋一卷
孟子音義校記初稿一卷
切韻指掌圖校記一卷
文村書跋一卷
文村筆記一卷

歸禮堂三種四卷　清陳鍾英撰　稿本　二三一
群經咫聞錄一卷
說文彥彥一卷
退思編二卷

黃椒升遺書三種二十卷　清黃錫蕃撰　稿本　九行十九字無格　二三二
閩中書畫錄十六卷
閩中錄異二卷
閩雜記二卷

蘅華館雜著五種七卷　清王韜撰　稿本　二三三
茗薌寮日記二卷（道光二十八年十一月至二十九年閏四月）
蘅華館日記一卷（咸豐五年九月至十二月）
書目二卷
瀛壖雜志一卷
茗鄉瑣志一卷

鄭伯更雜著二種二卷　清鄭知同撰　稿本　二三四
愈愚錄一卷
說文佚字補遺一卷

香禪精舍集三種十一卷　清潘鍾瑞撰　稿本　清雷浚批並跋　二三五
壺砉敲缺九卷
駢體一卷
友娛一卷

賜龍堂文鈔二種二卷　清彭瑞毓撰　稿本　九行二十一字藍格四周雙邊　二三六
賜龍堂奏牘一卷
賜龍堂雜著一卷

瓶廬叢稿二十六種不分卷　清翁同龢撰並輯　稿本　二三七
武職保舉錄一冊
寶泉局事宜一冊
時事雜記二冊
緋雜小紀一冊
法越事記一冊
帖牘一冊
獲富桂永氏案檔一冊
築方隨手記一冊
會典摘記一冊
陽羨名陶錄摘鈔一冊
文宗實錄截檔二冊
光緒庚寅六次閱卷記一冊
水曹隨手記一冊
光緒戶部官單一冊
秋曹雜記一冊
文職保舉錄一冊
北盧記五冊
丁丑暫假檢書畫記一冊
望諸室賦稿一冊
鹽務輯略一冊
開國方略摘要一冊
科場條例摘要一冊
二支室雜鈔一冊
穆宗實錄截檔一冊
閱卷雜記一冊
瓶廬雜稿一冊

海隱書屋四種五卷　清胡嗣超撰　稿本　二三八
海隱書屋詩稿一卷
名勝紀游集一卷
海隱雜記二卷
祖塋訟案一卷

三味齋存稿四種五卷　清王煙撰　稿本　八行十九字白口四周雙邊　二三九

二四〇 鴻濛室叢書三十六種 清方玉潤撰 清咸豐同治間刻本
國朝滿漢大臣謚法攷一卷
遊釣山記一卷
年號備攷二卷
三味齋隨錄一卷
存四種八十六卷
詩經原始十八卷首二卷
鴻濛室文鈔三卷
鴻濛室詩鈔二十卷
星烈日記彙要四十卷首二卷末一卷

二四一 佳夢軒叢著十二種二十一卷 清奕賡撰 稿本
東華錄綴言六卷
歌章祝辭輯錄二卷
本朝王公封號一卷
侍衛瑣言一卷補一卷
寄楮備談一卷
括談二卷
清語人名譯漢二卷
謚法續考一卷
封謚飜清一卷
管見所及一卷補遺一卷
啖蔗閒談一卷

二四二 安越堂殘稿十一種十七卷 清平步青撰 稿本
文稿不分卷
尚書房入直諸臣攷畧二卷
越中科第表二卷又一卷
霞外攟屑殘稿三卷
湖海文傳補小傳劄記未定稿一卷
文板目不分卷
歷代宋元科目攷殘稿一卷
大考翰詹攷略殘稿一卷
最勝錄一卷
樵隱昔寱殘稿四卷
國朝文錄小傳一卷

二四三 錫席卿先生遺稿十六種不分卷 清錫珍撰 稿本
臺灣要宜一冊
淮補鳳山知縣張星鍔稟揭臺灣道劉璈一冊
閩遊紀程（光緒十一年九月至十一月）一冊
渡臺紀程（光緒十一年六月至九月）二冊
奉使朝鮮紀程（光緒七年）一冊
便東詩草一冊
記乙亥翰詹大考（光緒元年）一冊
簡勤公年譜一冊
翻閱字典摘出姓氏一冊
會殿試閱卷日記一冊
使東瑣記一冊
丙子會試一冊
丙戌進士姓字官階等第冊一冊
習字雜鈔一冊
唐以來選舉志略一冊
雜軼一冊

一九二

二四四 張佩綸雜稿十四種不分卷 清張佩綸撰並輯 稿本
易殷禮
論語漢說
字統輯遺
隋經籍志考證
鹽鐵論
淮南經說
白帖引管子
禮記引管
一切經音義
奏稿
漢儀
管子識誤
鈔太平御覽引管
徙邊集

二四五 武陵山人遺稿二十六種二十五卷副本六種不分卷 清顧觀光撰 稿本
靈樞經校勘記一卷
文子校勘記一卷
吳越春秋校勘記一卷
六秝通考一卷
回回秝解一卷
讀時憲書識疑一卷
華陽國志校勘記一卷
周髀算經校勘記一卷
列文傳校勘記一卷
吳越春秋逸文一卷
九執秝解一卷
西月日補遺一卷
算賸初編一卷續編一卷餘稿二卷
內經素問靈樞校勘記一卷
日躔歷指一卷
星度表九執歷術一卷
國策編年一卷
古書逸文存卷上
摘錄諸家算術不分卷
七緯拾遺不分卷
流覽重學節錄一卷
銅鼓貢圖一卷
宋本傷寒論校注未竟稿不分卷
群書逸文一卷
雜抄不分卷
武林山人遺稿雜著一卷
副本六種
周髀算經不分卷
列文傳校勘不分卷
吳越春秋校勘不分卷
六歷通考不分卷
文子校勘不分卷
華陽國志校勘不分卷

二四六 扁舟子叢稿七種八卷 清范寅撰 稿本
扁舟子自記履歷一卷
扁舟子雜叢不分卷
扁舟子外集不分卷
事言日記不分卷
墨妙齋詩稿六卷
行程筆記一卷
記事珠不分卷

二四七 陸九芝先生遺稿七種不分卷 清陸懋修撰 稿本
內經音義初稿不分卷
內經音義三稿不分卷
素問難字略不分卷
雜文不分卷
內經音義再稿不分卷
內經音義四稿不分卷
慧琳大藏經音義摘不分卷

二四八 砭愚堂叢書十二種二十七卷 清孫國仁撰 稿本
逸書徵三卷
孟子集語一卷
墨子引書說一卷
逸詩徵三卷
左傳賦詩義證一卷
四書古語錄證一卷

二四九 漁浦草堂遺稿十九種五十卷 清張道撰 稿本
孟子弟子門人攷一卷
漢書人表略校一卷
禮記月令攷異十二卷
史記弟子傳名字爵居攷一卷
各史地志同名錄一卷
月令輯佚一卷
漁浦草堂文集四卷
漁浦草堂詩一卷
舊唐書疑義四卷
唐浙中長官考一卷附錄一卷
全浙詩話刊誤一卷
字典翼初稿一卷
雪煩叢識二卷
雪煩廬記異二卷
鷗巢詩話二卷
梅花夢二卷
漁浦草堂文集初稿一卷
舊唐書疑義初稿一卷
舊唐書勘同一卷
臨安旬制記三卷
定鄉小識十二卷附四卷
字典翼一卷
鷗巢閒筆一卷
蘇亭詩話四卷
鶴背生詞一卷

一九三

二五〇 方柏堂手稿四種十六卷 清方宗誠撰 稿本
志學錄八卷
棗强縣志補正三稿五卷存卷二至四
棗强縣志補正四稿五卷存卷三至五
讀易筆記二卷

二五一 寄鷗館集五種不分卷 清任道鎔撰 稿本
寄鷗館奏疏不分卷補編不分卷
東河奏疏不分卷
浙撫奏疏不分卷
寄鷗館雜著不分卷拾遺不分卷
庚辛筆記不分卷

二五二 薛叔耘遺著十六種 清薛福成撰 稿本

庸庵文編四卷
蓉湖古文稿不分卷
函稿不分卷
奏稿不分卷
出使信函稿不分卷
出使公牘稿不分卷
馭法奏疏不分卷
幕府清閣錄不分卷
庸庵文三編四卷
文稿不分卷
幕府公牘不分卷
幕府古文叢麥稿不分卷
西征零草不分卷
出使四國奏疏二卷
出使奏疏華稿不分卷
析津消夏筆記不分卷

二五三 漢華室遺著七種七卷 清陶方琦撰 批校案編 清徐氏鑄學齋抄本 十行二十四字黑格

鄭易小學一卷
鄭易京氏學一卷
爾雅古注斠補一卷
孝子傳輯本一卷 晉蕭廣濟撰 清陶方琦輯
鄭易馬氏學一卷
韓詩遺說補一卷
字林補逸一卷

二五四 藝風堂雜著三種不分卷 繆荃孫撰 稿本 十一行二十三字紅格

藝風先生文不分卷
金石鈔不分卷
湖北通志藝文志不分卷

二五五 蔚廬所著書十六種不分卷 清劉人熙撰 稿本

蔚廬叢子集四卷
法政學堂人倫道德講義不分卷
補過精舍詩稿不分卷
自循齋質如草不分卷
祇齋府君壬子以後詩不分卷
請滇稿不分卷
廣師不分卷
期期月守日記不分卷
春秋公法內傳不分卷
楚寶目錄不分卷
隨手劄記不分卷
四十五自定稿不分卷
北遊記程不分卷
自省齋劄記不分卷
求師存稿不分卷
嫗文清課不分卷

一九四

二五六 越縵堂雜著十二種 清李慈銘撰 稿本

復社紹興姓氏錄一卷
國朝王公貝勒貝子將軍諡一卷
弟子職集解一卷
明臣諡錄一卷
蘿庵游賞小志一卷
越縵筆記一卷
荀學齋日記一卷（光緒九年七月至二十年六月）
歷代官制雜鈔一卷
黃梨洲先生金石要例一卷
國朝儒林經籍小志一卷
皇朝追賜明臣諡錄一卷
受禮廬喪服經傳節要讀本一卷

二五七 越縵堂所著書八種 清李慈銘撰 稿本

湖塘林館駢體文鈔五卷（存一卷、二）
蘿庵日鈔不分卷
越中先賢祠目序例一卷
柯山漫錄口卷（存一卷、卷六之（窮愁錄））
蘿庵游賞小志一卷
越縵山房叢稿一卷
越縵堂詩文集不分卷
越縵叢稿叢錄一卷

二五八 海日樓叢稿二十二種 沈曾植撰 稿本

海日樓隨筆一卷
護德瓶齋涉筆一卷
鄂游栖觀記二卷
瑜伽法數一卷
釋道筆記不分卷
書跋一卷
國學室讀書記一卷
全拙庵溫故錄一卷
長語一卷
隨錄一卷
薇垣隨記一卷
雜家言四卷
潛究室劄記二卷
碑跋一卷
雜記不分卷
漁故錄一卷
法藏一勺錄一卷
東軒平鑑一卷
雜記三卷
札記一卷
佛學札記一卷
日記二卷

二五九 崇蘭堂遺稿八種二十四卷 清張預撰 稿本 清陶方琦張佩綸題款

崇蘭堂詩初存十二卷
廣詩初存五卷
崇蘭堂詞一卷
崇蘭堂日記二卷
湘帆集一卷
廣盦詩一卷
崇蘭堂文存外集一卷
鄉試硃卷一卷

二六〇 潛廬雜記六種 清金蓉鏡撰 稿本

潛廬雜記不分卷
上沅記不分卷
損眉不分卷
嘉禾雜事不分卷
禾錄不分卷
潛廬文存不分卷

二六一 香嚴庵雜稿八種不分卷 清金蓉鏡撰 稿本

香嚴庵筆記不分卷
直廬私識一卷
法藏一勺錄一卷
書目不分卷
香嚴雜存不分卷
潛廬文集一卷
浙雅不分卷
瀧湖遺老集不分卷

二六二 遁希先生手稿十三種 清文廷式撰 稿本

芳蓀室律賦一卷
補過軒文稿一卷
擷芳錄一卷
讀書偶記不分卷
日記（清光緒二年）不分卷
伊尹事錄一卷
黃帝政教攷一卷
純常子文稿不分卷
書壇雜錄一卷
代山取材一卷
芾言一卷
補晉書藝文志四卷
軒輊氏撒文不分卷

一九五

二六三 慈谿童柘叟遺著十三種二十一卷 清童賡年撰 稿本

國朝政令紀要四卷
四明餘話不分卷
台州札記一卷
梓里遺聞一卷
湖山唱和集一卷
日湖集一卷
劫後集一卷
四明痕餘錄六卷
明州札記二卷
台州詩話一卷
龍江精舍詩集一卷
東華塵夢集一卷
冰廬集一卷

二六四 正學堂雜著十七種不分卷 清王仁俊撰並輯 稿本

金石續編補跋不分卷 清王仁俊輯
金石題跋不分卷 清王仁俊輯
淮南子許注致證不分卷 清王仁俊輯
白虎通集校不分卷 清王仁俊撰
顧氏叢書集說補正不分卷 清王仁俊輯
群書校文輯佚不分卷 清王仁俊輯
東西文菁華不分卷 清王仁俊輯
校正元親征錄不分卷 清何秋濤撰 王仁俊輯
金陵石刻記不分卷 清嚴觀撰 王仁俊輯
壹公師改金譯稿不分卷 清王仁俊輯
西域傳抄不分卷 清王仁俊輯
商君書表微不分卷 清王仁俊輯
補許詩讀碑記不分卷 清王仁俊撰
西夏文綴外編不分卷 清王仁俊輯

二六五 籀鄦誃雜著十種二十一卷　清王仁俊撰　稿本
天山自敘年譜不分卷　明鄭鄤撰　清王仁俊輯
顧亭林祠會祭題名二卷　清王仁俊輯
景祐六壬神定經不分卷　宋楊惟德撰　清王仁俊輯
漢碑徵經補一卷
釋名集校二卷
補宋書藝文志一卷
金石萃編續補叢一卷
稽古齋鐘鼎彝器款識補遺一卷
希麟音義引說文攷一卷
遼史藝文志攷證校補十卷
西夏書藝文志一卷
碑版叢錄一卷
籀鄦誃讕詮二卷

二六六 徐椒岑先生著述六種十八卷　清徐宗亮撰　稿本
善思齋文續鈔三卷
黑龍江述略六卷
代言類存四卷
善思齋詩續鈔二卷
歸廬譚往錄二卷
光緒庚子年述稿一卷

二六七 壽愷堂九種　清周家祿撰　稿本
寸草堂日記不分卷（清同治十一年至十三年）
奧簃日記不分卷（清光緒元年至十年、光緒二十四年）
蕙修庵日記不分卷（清光緒十一年至十六年、十九年至二十三年）
惢庵日記不分卷（清光緒十七年至十八年）
壽愷堂日記不分卷（清光緒廿五年至三十年）
朝鮮國王世系表一卷
議設通今學塾稟稿一卷
朝鮮載記備編二卷
奧簃詩文一卷

二六八 詩契齋十種三十八卷　清許玉瑑撰　稿本　清潘霨王炳燮跋　金查房題款
詩釘七卷
叢藁五卷
讀書日記一卷
讀管子一卷
讀史記二卷
駢體文錄十八卷
讀文選一卷
晉僖三卷
讀水經注一卷
讀漢書一卷

二六九 成氏遺書七種十五卷　清成蓉鏡撰　稿本
論語論仁釋一卷
大初厤譜一卷
世自錄二卷
切韻表五卷
大學明明德解義一卷
尚書厤譜二卷
五常五事五倫總論三卷

二七〇 汪仲伊所著書十二種不分卷　清汪宗沂撰　稿本
管樂元音譜不分卷
律譜不分卷
雜病論輯逸不分卷
葬書叢注不分卷
逸司馬法輯本不分卷
逸書言經事緯不分卷
聲譜不分卷
逸衛謝語輯本不分卷
葬地篇不分卷
武侯八陣兵法輯略不分卷
太公兵法逸文不分卷
逸禮經輯本不分卷

二七一 窳翁叢稿三種不分卷　清江順詒撰　稿本
詩文稿不分卷
說文經典異同不分卷
自撰年譜不分卷

二七二 湘臯老人六說六卷　清顧蘅撰　稿本
書畫說一卷
墨說一卷
茶說一卷
花說一卷
香說一卷
爐硯說一卷

二七三 且園三種二十六卷　清喻懷信撰　稿本
讀經句讀攷異六卷
且園劄記十四卷
古香錄六卷存卷一至五

二七四 孔廣陶手稿五種五卷　清孔廣陶撰　稿本
嶽雪樓續藏諸帖一卷
停雲館帖記一卷
天祿琳琅鑒藏舊版書籍一卷
宋藏山藏帖一卷
蘇詩注內所缺須查補一卷

二七五 瓠菴先生存稿四種三十六卷　曾廉撰　稿本
元書存稿三十二卷
詩文存稿不分卷
瓠菴集存稿四卷
雜抄存稿不分卷

二七六 未園著藪五種一百卷　沈修撰　稿本　吳梅跋
原書六十卷
未園集略八卷
冷雅一卷
未園集選四卷
貫書堂詩集二十七卷

各單位收藏情況表

書名編號	收藏單位代號					
叢書部 彙編叢書						
一	0101					
二	0101					
三	0101					
四	0101	0141	0143	0197	0201	0801
	0842	1042◎	1101	1541	1681	1705◎
	1741	2501	2702			
五	1601					
六	0101					
七	1713					
八	2001					
九	0141					
一〇	0101					
一一	1601					
一二	0101					
一三	0101					
一四	0201					
一五	0101					
一六	0101					
一七	0101					
一八	1788					
一九	1701					
二〇	0101					
二一	0165					
二二	0101	0102	0150	0165	0181	0198
	0201	0243	0301	0441	0520	0801
	1601	1653	1701	1703	1705	1804
	1901	2001	2042	2201	2401	2541
	2544	2741	2901	2941		
二三	0101					

書名編號	收藏單位代號					
二四	0101	0102	0165	0168	0181	0198
	0201	0243	0291	0301	0801	1241
	1601	1653	1701	1705	1901	2001
	2042	2201	2541	2544	2741	2901
二五	0341					
二六	0242					
二七	1601					
二八	0101	0481				
二九	0101	0150	0441	0801	0841	1501
	1541	1843	1901	2701	2702	
三〇	0101					
三一	0101	2702◎				
三二	0101	0141	0143	0181	0201	0241
	0291	1082	1601	1682	2302	2501
	2701					
三三	0101	0141	0181◎	0201◎	0341	1082
	1601	1682	1701	2302◎		
三四	0101	0141	0201	2341		
三五	0101	0201	2001	2042		
三六	0201					
三七	0101◎	0161◎	0198◎	0201◎	0841◎	0842◎
	1601◎	1704◎	1705◎	2701◎		
三八	0101					
三九	0101	0102	0141	0142	0143	0182
	0197	0201	0241	0301	0342	0501◎
	0520	0701	1042	1501	1601	1604
	1646	1681	1705	2401	2441	2501
	2701	2742				
四〇	0101					
四一	0101	0102◎	0141	0161	0201	0241
	0703	1501	1601	1701◎	1705◎	
四二	0101					
四三	0841					

表一

書名編號	收藏單位代號					
四四	0101	0161◎	0201	0591◎		
四五	0144◎	0201	1001	1901◎		
四六	0101					
四七	0201					
四八	0141	1601				
四九	0101	2501◎				
五〇	0201					
五一	1705◎					
五二	0291					
五三	0101	0141◎	0201	1601◎		
五四	1601					
五五	0101					
五六	1601	2541				
五七	0101	0102	0141	0144	0181	0201
	0803	1501	1641	1701	1705◎	1910◎
	2341	2702				
五八	0101	0141	0201◎	0341	2702	
五九	0701	1601				
六〇	0101	0141	0161	0201	0301	0801
	1601	1705◎	2001	2301◎	2541	
六一	1601					
六二	1101					
六三	0165	1341	1601	1641		
六四	1601					
六五	0201					
六六	0141	0198	0201	0842	1501◎	
六七	0201					
六八	0101	1641				
六九	0101	0142◎	0161◎	0201	0241	0301◎
	1705◎					
七〇	0101					
七一	0201					
七二	0141	0142	0161	0181	0191	0193

書名編號	收藏單位代號					
	0241	0291	0642	0801	0942	1542
	1601	1688	2301	2501	2843	
七三	0591					
七四	0102	0143	0201	0341	0342	0902
	0941	1541	1881	1912	2001	2042
	2301	2302	2382	2747		
七五	1301					
七六	0101					
七七	0101					
七八	0101◎	0141	0143◎	0144	0161	0181
	0182	0193	0198	0201	0241	0242
	0291	0301	0341	0501	0642	0701
	0801	0841	0842	0901	0941	1501
	1541	1601	1704	1705	2041	2281
	2301	2401	2501	2541	2543	2544
	2701	2702	2745	2841		
七九	0101					
八〇	0144	0844	0861			
八一	0181◎	0241	1741	1881	1943	2001
八二	0201	0801	1601			
八三	0101					
八四	0101					
八五	0101	0102	0141	0144	0161◎	0201
	0301	0701	1082	1501	1542	1606
	1701	2401	2501◎			
八六	0201◎	0301◎	1501			
八七	0101◎	0102◎	0141◎	0142◎	0146◎	0181◎
	0201◎	0242◎	0301◎	0703◎	0801◎	0842◎
	1541◎	1606◎	1641◎	1701◎	2201◎	2220◎
	2541◎	2701◎				
八八	0101					
八九	0703					
九〇	1501					

表二

表三

書名編號	收藏單位代號
九一	0161
九二	0101◎ 0141◎ 0171◎ 0244◎ 1606◎ 1705◎
九三	0101 0181◎
九四	0141◎ 0142 0143 0144 0161 0197 0241 0520 0703 0741 0842 1082 1503 1717 2201 2401
九五	0101
九六	0161 0181 0197 0241 0520 0703 1503 1717 2201 2209
九七	0101
九八	0161 0181 0197 0241 0301 0520 1717
九九	0101
一〇〇	0161 0181 0197 0241 0520 1717
一〇一	0101
一〇二	0161 0181 0197 0241 0520 1717
一〇三	0101
一〇四	0101 0141◎ 0142 0143 0161 0181 0197 0520 0703 1717 1941 2201 2702
一〇五	1649
一〇六	0101◎ 0198◎
一〇七	0141 0161◎
一〇八	1501 1701
一〇九	0101
一一〇	0102 0141◎ 0144◎ 1601 1701
一一一	0181 0201 2701◎
一一二	0144 1441◎
一一三	0142◎ 1615
一一四	0101
一一五	0301
一一六	0142
一一七	0161◎ 1501

書名編號	收藏單位代號
一一八	0101
一一九	0101
一二〇	0181 1781
一二一	0201
一二二	1707
一二三	0101 0102◎ 0141 0142 0161 0201◎ 0241 2801
一二四	0101 0141 1705◎ 2301◎
一二五	0101◎
一二六	0201
一二七	0181 0701 0201
一二八	1705
一二九	0101
一三〇	0141 0161 1601
一三一	0101◎ 0161 2001
一三二	0101
一三三	0141 0142 0144 0150 0161 0163 0181 0201 0241 0291 0520 0701 0703 0841 0842 1041 1501 1601 1641 1801 1901 2041 2042 2211◎ 2541 2542 2561 2586 2591 2702 2745 2901
一三四	0101 0102 0141 0142 0150 0161 0198 0241 0261 0291 0701 1541 1601 1641 2401◎ 2501
一三五	0141 0201◎ 0801◎ 0842◎
一三六	0141 0201 1601 1705 2401
一三七	0101
一三八	1601
一三九	0101
一四〇	0141 0142 0146 0161 0703 1601
一四一	0101 0291 1705
一四二	2401 2702

表四

書名編號	收藏單位代號
一四三	1601
一四四	0161
一四五	0102 0161 0242 0441 0601 0861 1441 1501 1541 1741 1841 1883 1901 2001 2041 2341 2745
一四六	0161 2541◎
一四七	2401
一四八	0101
一四九	0101
一五〇	1702◎
一五一	0241
一五二	1601◎
一五三	0101 0201 0701◎ 1601
一五四	0141 0161 0201 0902 1606 1684 1701
一五五	1601
一五六	0142 0201
一五七	2301
一五八	0141 0142◎ 0143 0163 0182 0202 0701 1501 1582 1641 1801 2282 2302 2401 2741
一五九	0141 0182 0201◎ 0701 0703 1582 1601 1801
一六〇	0102 0301 1601 1704 1802 2001◎ 2201◎ 2341 2401
一六一	0101◎ 0141
一六二	0198
一六三	0161 0201 2401
一六四	0101 0341
一六五	0102 0141 0161 0201◎
一六六	0141 0701 1501◎
一六七	0101
一六八	0101 1601◎

書名編號	收藏單位代號
一六九	0142 0301
一七〇	0201◎ 1601◎
一七一	0201
一七二	0301
一七三	0161
一七四	0101
一七五	0201
一七六	0141◎ 0144 0842◎ 1601◎
一七七	0201
一七八	1601
一七九	0101
一八〇	0101
一八一	0101
一八二	0201
一八三	0101
一八四	0101 0201 0861
一八五	0101
一八六	1601
一八七	0141◎ 0201 0342◎ 0404◎ 0525◎ 0542◎ 1201◎ 2701◎
一八八	0161
一八九	0101
一九〇	0101
一九一	0181◎ 0201 0341 0841 1342 2201◎ 2701◎
一九二	0201
一九三	0101◎ 0161
一九四	0101
一九五	1601
一九六	0201
一九七	0101 0181 0241 0701
一九八	0101 0181 0201 0241◎ 0301 0701 2261 2301

表五

書名編號	收藏單位代號
一九九	1101
二〇〇	0101
二〇一	1701
二〇二	0101
二〇三	1601
二〇四	0101 0198 1301 2301 2401
二〇五	0141
二〇六	0102 0142 0163 0198 1701 2542 2701
二〇七	0201
二〇八	0101
二〇九	0144
二一〇	1581
二一一	0161
二一二	2401
二一三	0201
二一四	0101
二一五	0242
二一六	0144
二一七	0101 2301
二一八	0101
二一九	0101
二二〇	0101
二二一	0201
二二二	2301
二二三	0701 2041
二二四	0241
二二五	0101◎ 0241
二二六	0101 0201◎ 0301◎ 2701 2702 2901
二二七	0201
二二八	0101
二二九	0161
二三〇	1501

書名編號	收藏單位代號
二三一	1701
二三二	0301
二三三	0201
二三四	0101
二三五	0101 1042
二三六	0201
二三七	0101 0241
二三八	0201
二三九	1601
二四〇	0201
二四一	0101 2301
二四二	0101
二四三	2461
二四四	0101 1042◎
二四五	0201
二四六	0241
二四七	0101 0261
二四八	0301
二四九	0101
二五〇	0101
二五一	0201
二五二	0101
二五三	0101
二五四	0301
二五五	0301
二五六	0201
二五七	0101
二五八	0101 0191 2701
二五九	0101 2701
二六〇	0101
二六一	0101
二六二	0101
二六三	0101

表六

書名編號	收藏單位代號
二六四	0141 2301
二六五	2301
二六六	0201
二六七	0101◎ 0201
二六八	0101
二六九	0201
二七〇	1601
二七一	0101
二七二	0101
二七三	0101
二七四	0101
二七五	0101
二七六	0201
二七七	0101
二七八	1601
二七九	0101
二八〇	0101
二八一	0101
二八二	2336
二八三	2541
二八四	1501
二八五	0161
二八六	0161
二八七	1501
二八八	0201
二八九	0201
二九〇	0241
二九一	0101
二九二	0201
二九三	2541
二九四	1601

書名編號	收藏單位代號
地方叢書	
一	1581
二	1601
三	0241
四	0101
五	0101 0102 0141 0161 0201 0941 1587 1601 1703◎ 1705
六	1722
家集叢書	
一	0241 1601
二	0141◎ 0201◎ 1501◎ 1541
三	0101◎
四	0101 0141 0163 0703 1601
五	0201◎ 0241
六	0101
七	0161
八	0101 0142
九	0101 1684
十	0101
一一	0201
一二	2301
一三	1541
一四	0241
一五	1601
一六	0101
一七	0201
一八	0101◎ 0191◎ 0241◎
自著叢書	
一	0161 0181 0741 0841 1101 1606 1701 1702 1843 2301
二	0101
三	0242
四	0242

表七

書名編號	收藏單位代號
五	0101
六	0143
七	0101 1541●
八	0101
九	0141 0181 0201● 0301● 1201 1301 1606● 1881 2001
十	2301
一一	0101● 0141 0161 0201● 0241● 0301 0402 0520 0842 1501● 1701● 1705● 2201● 2901●
一二	0201● 0241● 0842● 1601● 1701● 1705● 2401● 2541●
一三	0161
一四	0141 0150●
一五	0101 2001
一六	0201 1601
一七	2701
一八	0301
一九	0201 2042●
二〇	0141● 0161● 0164● 0201● 0541 1701●
二一	0145● 0201● 1601●
二二	1581
二三	0101 0141 0520●
二四	0161● 1601●
二五	0144
二六	0201
二七	1701
二八	0141
二九	0141 0161 0201●
三〇	0102● 0703
三一	0141 0201
三二	0101● 0201
三三	0161

書名編號	收藏單位代號
三四	0101 0201● 1601●
三五	0101
三六	0198 0241
三七	0101 0141
三八	0101
三九	1601
四〇	2541
四一	0141 0201 1601 2041● 2401
四二	0201● 0301 1701● 2001●
四三	0101 0102 0201 0703 1082●
四四	1501
四五	0101
四六	0201
四七	1601● 1603
四八	0101
四九	0241
五〇	0141 0163● 0193 0201 0242● 0301● 0592● 1101 1501● 1701● 1705● 2501● 2702●
五一	0161● 0241 1182 1601
五二	0101 1601●
五三	0141
五四	0101● 0142● 0161● 0291● 0801● 1292● 1606●
五五	0101
五六	0201
五七	0341 1542
五八	0145 0198 0201 0241 0242 0301 1641 2342
五九	2401
六〇	0141 0144 1501 1601
六一	0101 0102● 0142 0144 0146● 0161 0163 0201 0241 0242 0243 0341

書名編號	收藏單位代號
	0841● 1501 1541 1601 1605 1701 1741 1881● 2201● 2211 2301 2701 2702
六二	1705
六三	0101 0141● 0142 0161 0242 0541
六四	0102 0161 0163 0201● 2702
六五	2401
六六	0101
六七	0142 0701 1601 2301 2302
六八	0142
六九	0101
七〇	0101
七一	0101 0141 0161● 0182● 0703● 1101● 1601
七二	0141 0161 0201 0520 1501 1661 2202●
七三	0102 0142 0163
七四	0703
七五	0142 0201
七六	1601
七七	1601
七八	0101● 0141● 0143● 0181● 0198● 0242● 0301● 0342● 0801● 1601● 2041●
七九	1901
八〇	0501
八一	0102● 0141● 0181 0201● 1541● 1881 2201● 2702
八二	0201
八三	0161
八四	0701
八五	0161
八六	0201
八七	0201 2561●

表八

書名編號	收藏單位代號
八八	0101● 0141 0145● 0163 0198 0201 0241 0842● 1601 1701
八九	0101 0201● 1601
九〇	0201
九一	0102
九二	0201
九三	0201
九四	0102
九五	0201
九六	1701
九七	0141 0161● 2741●
九八	0201 0341 2001
九九	0101
一〇〇	0591
一〇一	0341
一〇二	0161 0520 1844 1901 1944 2301 2401 2702 2781
一〇三	1601
一〇四	0101
一〇五	0101● 0142 0201● 0262● 0341● 0841● 1042● 1503● 2401●
一〇六	2461
一〇七	0101 0241
一〇八	0102 0143 0201 1843 1912
一〇九	0101● 0142 0241
一一〇	0141 0142 1461 2561●
一一一	1601
一一二	0142 1601
一一三	0101
一一四	0101
一一五	0341
一一六	2041
一一七	0101 0201●
一一八	0341

表九

書名編號	收藏單位代號
一一九	0201
一二〇	0101◎ 0161◎ 0201◎ 0241 1701◎
一二一	0141 0142 0165◎ 0520◎ 1301◎ 1808◎ 1841 2001◎ 2041◎ 2201◎ 2204◎ 2205◎ 2307◎ 2308◎ 2542◎ 2901◎
一二二	0141 0242 1841 2301 2346 2542
一二三	0197
一二四	0101◎ 0161◎ 0201◎ 0241◎ 1601◎
一二五	0101 0201 0242◎ 0301 1601
一二六	0101
一二七	0520 1501
一二八	0101 1601
一二九	0161
一三〇	0101
一三一	0101
一三二	0161
一三三	0101
一三四	0101
一三五	0161 0241◎
一三六	0101◎ 0141◎ 0241 0341 0404◎ 1701◎ 2320 2354 2501◎
一三七	0101
一三八	0201
一三九	0201
一四〇	0101
一四一	2001
一四二	0101
一四三	0101
一四四	0101
一四五	1601
一四六	0701
一四七	0241 0301
一四八	0241◎ 2701

書名編號	收藏單位代號
一四九	0101 0201◎
一五〇	0201
一五一	0101
一五二	0101
一五三	0201
一五四	0101 0201
一五五	0102 2601
一五六	0141 0142
一五七	0101
一五八	2541
一五九	0201
一六〇	0241
一六一	0102 0144 0201 0242 0501 0542 2601
一六二	0101
一六三	0101 0201 1601 2501◎ 2701
一六四	0101
一六五	0101
一六六	0101
一六七	0101
一六八	0101
一六九	0142 0166
一七〇	1710
一七一	0201
一七二	0241
一七三	0101 1704
一七四	0241
一七五	0101 0241
一七六	0101
一七七	1601
一七八	0241
一七九	0201
一八〇	0701

表十

書名編號	收藏單位代號
一八一	1601
一八二	0161
一八三	2001
一八四	0201
一八五	0101
一八六	0101
一八七	0201
一八八	0201
一八九	0101 0242
一九〇	0101
一九一	0101
一九二	0101
一九三	0101
一九四	0101
一九五	0101
一九六	0101
一九七	0101◎ 0201◎ 0841
一九八	0241 0841◎
一九九	0301
二〇〇	0201
二〇一	0201
二〇二	0101
二〇三	0201
二〇四	2501
二〇五	0101
二〇六	0241
二〇七	2001
二〇八	0201
二〇九	1601
二一〇	1605
二一一	0101
二一二	0101
二一三	0101 2301

書名編號	收藏單位代號
二一四	2301
二一五	0201
二一六	0101
二一七	0241
二一八	0101
二一九	0201
二二〇	0101
二二一	0301
二二二	0161
二二三	1601
二二四	1701
二二五	0201
二二六	0241
二二七	1501
二二八	0141
二二九	2001
二三〇	0201
二三一	2041
二三二	0201
二三三	0101
二三四	0101
二三五	1628
二三六	2301
二三七	0161
二三八	0101
二三九	1581
二四〇	0241◎ 2901◎
二四一	0141
二四二	0101
二四三	0141
二四四	0201
二四五	0201
二四六	0101

書名編號	收藏單位代號
二四七	0101
二四八	0201
二四九	0201
二五〇	0201
二五一	0142
二五二	1601
二五三	0201
二五四	0141
二五五	2401
二五六	0161
二五七	0201
二五八	0201
二五九	0201
二六〇	0201
二六一	1710
二六二	2301
二六三	0101
二六四	0101
二六五	0101
二六六	1801
二六七	0241
二六八	1605
二六九	1601
二七〇	2401
二七一	0201
二七二	1601
二七三	0201
二七四	0201
二七五	2461
二七六	0101

表二

《（稿本）中国古籍善本书目》藏书单位代号表

目　次

01 北京

0101 北京图书馆
0102 首都图书馆
0103 北京市西城区图书馆
0104 北京市东城区图书馆
0105 北京市崇文区图书馆
0106 北京市宣武区图书馆
0107 北京市海淀区图书馆
0108 北京市延庆县图书馆
0141 北京大学图书馆
0142 清华大学图书馆
0143 中国人民大学图书馆
0144 北京师范大学图书馆
0145 中共中央党校图书馆
0146 北京师范学院图书馆
0147 北京市教育学院图书馆
0148 中央戏剧学院图书馆
0149 中医学院图书馆
0150 中央民族学院图书馆
0158 北京师大附中图书馆
0159 北京市回民中学图书馆
0161 中国科学院图书馆
0162 中国科学院自然科学史研究所
0163 中国社会科学院文学研究所
0164 中国社会科学院历史研究所
0165 中国社会科学院考古研究所
0166 中国社会科学院近代史研究所
0167 中国社会科学院经济研究所
0168 中国社会科学院民族研究所
0169 中国科学院地理研究所
0170 中国医学科学院
0171 中医研究院
0172 水利科学研究院
0173 文化部文学艺术研究院
0174 戏曲研究院
0175 音乐研究所
0176 美术研究所
0177 北京天文馆
0181 故宫博物院图书馆
0182 中国历史博物馆
0183 鲁迅博物馆
0191 中央教育科学研究所
0192 财政部图书馆
0193 公安部群众出版社
0194 对外贸易部
0197 中共北京市委图书馆
0198 北京市文物局
0199 北京市中医医院图书馆

02 上海

0201 上海图书馆
0202 上海市崇明县图书馆
0203 上海市金山县图书馆

0241 上海复旦大学图书馆
0242 华东师范大学图书馆
0243 上海师范学院图书馆
0244 上海中医学院图书馆
0245 上海第二医学院图书馆
0246 上海音乐学院图书馆
0247 上海戏剧学院图书馆
0261 中国科学院上海图书馆
0262 上海社会科学院图书馆
0263 中华医学会上海分会图书馆
0281 上海博物馆
0282 上海市松江县博物馆
0283 上海市嘉定县博物馆
0291 上海辞书出版社图书馆

03 天津

0301 天津市人民图书馆
0302 天津市南开区图书馆
0303 天津市和平区图书馆
0304 天津市河东区图书馆
0341 南开大学图书馆
0342 天津师范学院图书馆
0343 天津市委党校图书馆
0344 天津市医学图书馆
0345 天津市中医学校图书馆
0381 天津市历史博物馆
0391 天津中医学院第一附属医院图书馆

04 河北

0401 河北省图书馆筹备处
0402 石家庄市图书馆
0403 唐山市图书馆
0404 河北省保定市图书馆
0405 河北省承德市图书馆
0406 河北省张家口市图书馆
0407 河北省河间县图书馆
0408 河北省武安县图书馆
0441 河北大学图书馆
0442 河北师范大学图书馆
0443 河北师范学院图书馆
0444 河北医学院图书馆
0445 河北宣化师范学校图书馆
0481 河北省博物馆
0482 河北省定县博物馆
0483 河北省避暑山庄博物馆

05 山西

0501 山西省图书馆
0502 太原市图书馆
0503 大同市图书馆
0504 长治市图书馆
0505 阳泉市图书馆
0506 临汾市图书馆
0507 榆次市图书馆
0508 运城县图书馆
0509 临猗县图书馆
0510 稷山县图书馆

0511 芮城县图书馆
0512 河津县图书馆
0513 万荣县图书馆
0514 永济县图书馆
0515 新绛县文化馆
0516 临汾县图书馆
0517 曲沃县图书馆
0518 隰县图书馆
0519 高平县图书馆
0520 祁县图书馆
0521 太谷县图书馆
0522 介休县图书馆
0523 文水县图书馆
0524 兴县关向应图书馆
0525 忻县图书馆
0526 繁峙县图书馆
0527 代县图书馆
0528 定襄县文化馆
0529 五台县图书馆
0530 宁武县文化馆
0531 原平县图书馆
0541 山西大学图书馆
0542 山西师范学院图书馆
0543 山西农学院图书馆
0544 长治市第一中学
0545 长治市第二中学
0546 屯留县中学
0547 离石县贺昌中学
0548 忻县中学图书馆
0581 山西省博物馆
0582 太原市晋祠文物保管所
0583 太原市崇善寺
0584 大同市博物馆
0585 洪洞县广胜寺
0591 山西省文物局
0592 山西省文史馆
0593 运城县档案馆

06 内蒙古

0601 内蒙古自治区图书馆
0602 内蒙古自治区巴盟图书馆
0641 内蒙古大学图书馆
0642 内蒙古师范学院图书馆
0661 内蒙古社会科学院图书馆

07 辽宁

0701 辽宁省图书馆
0702 沈阳市图书馆
0703 旅大市图书馆
0704 锦州市图书馆
0705 辽阳市图书馆
0706 鞍山市图书馆
0707 抚顺市图书馆
0741 辽宁大学图书馆
0742 中国医科大学图书馆
0743 辽宁中医学院图书馆
0744 沈阳音乐学院图书馆
0745 沈阳鲁迅美术学院图书馆

0746　沈阳农学院图书馆
0747　辽宁师范学院图书馆
0781　辽宁省博物馆
0782　旅顺博物馆
0783　沈阳故宫博物馆
0784　锦州市博物馆
0791　锦州铁路局图书馆

08　吉　林

0801　吉林省图书馆
0802　长春市图书馆
0803　吉林市图书馆
0841　吉林大学图书馆
0842　东北师范大学图书馆
0843　吉林白求恩医科大学图书馆
0844　吉林省延边大学图书馆
0861　吉林省社会科学院图书馆

09　黑龙江

0901　黑龙江省图书馆
0902　哈尔滨市图书馆
0903　齐齐哈尔市图书馆
0941　黑龙江大学图书馆
0942　哈尔滨师范大学图书馆
0943　黑龙江中医学院图书馆
0944　哈尔滨医科大学图书馆
0962　黑龙江省祖国医药研究所
0961　黑龙江省社会科学院
0981　黑龙江省博物馆
0945　东北林学院图书馆
0904　佳木斯市图书馆
0905　牡丹江市图书馆
0946　牡丹江师范学院图书馆
0947　齐齐哈尔师范学院图书馆
0906　大庆图书馆
0907　伊春地区图书馆
0908　大兴安岭地区图书馆
0909　鸡西市图书馆

10　陕　西

1001　陕西省图书馆
1002　西安市莲湖区文化馆
1003　陕西省咸阳市图书馆
1004　陕西省宝鸡市图书馆
1005　陕西省延安市图书馆
1006　陕西省郃阳县文化馆
1007　陕西省大荔县文化馆
1008　陕西省大荔县朝邑文化馆
1009　陕西省三原县图书馆
1010　陕西省韩城县文化馆
1011　陕西省郿县文化馆
1012　陕西省岐山县文化馆
1013　陕西省白水县文化馆
1014　陕西省勉县文化馆
1015　陕西省城固县文化馆

1016 陕西省兴平县图书馆
1017 陕西省安康县图书馆
1018 陕西省武功县图书馆
1019 陕西省周至县图书馆
1020 陕西省蒲城县文化馆
1021 陕西省扶风县文化馆
1022 陕西省富平县文化馆
1023 陕西省临潼县文化馆
1024 陕西省澄城县文化馆
1025 陕西省高陵县文化馆
1026 陕西省泾阳县图书馆
1027 陕西省礼泉县文化馆
1028 陕西省华阴县文化馆
1029 陕西省西乡县文化馆
1030 陕西省兰田县文化馆
1031 陕西省凤翔县文化馆
1041 西北大学
1042 陕西省师范大学
1043 陕西省艺术学院
1044 中国人民解放军第四军医大学
1045 中共陕西省委党校
1046 西北农学院
1047 陕西省中医学院
1048 陕西省汉中师范学院
1049 陕西省延安大学
1050 陕西省富平县庄里中学
1051 陕西省蒲城县尧山中学
1052 陕西省汉中县一中
1053 陕西省澄城县寺前中学
1061 陕西省武功县西北水保研究所
1062 陕西省考古研究所
1063 陕西省中医研究所
1081 陕西省博物馆
1082 西安市文物管理委员会
1083 陕西省宝鸡市博物馆
1084 陕西省长安县杜公祠
1085 陕西省长安县兴教寺
1086 陕西省半坡博物馆
1091 中国共产党陕西省委员会宣传部
1092 陕西省文史馆

11 甘肃

1101 甘肃省图书馆
1102 甘肃省兰州市图书馆
1103 甘肃省天水市图书馆
1104 甘肃省会宁县图书馆
1105 甘肃省甘谷县图书馆
1106 甘肃省临夏县图书馆
1107 甘肃省张掖县图书馆
1141 兰州大学图书馆
1142 甘肃师范大学图书馆
1143 甘肃农业大学图书馆
1144 西北民族学院图书馆
1145 甘肃省张掖师范专科学校图书馆
1146 中共甘肃省委党校图书馆

1161 甘肃省兰州中兽医研究所图书馆
1181 甘肃省博物馆
1182 甘肃省武威县文物管理委员会

12 宁　夏

1201 宁夏回族自治区图书馆
1241 宁夏大学图书馆
1281 宁夏回族自治区博物馆

13 青　海

1301 青海省图书馆
1302 青海省化隆县图书馆
1341 青海省民族学院图书馆
1342 青海省师范学院图书馆
1343 青海省医学院图书馆

14 新　疆

1401 新疆维吾尔自治区图书馆
1441 新疆大学图书馆
1442 喀什师范学院图书馆
1461 中国科学院新疆分院图书馆
1462 新疆民族研究所图书馆
1481 奇台县文化馆
1491 中共新疆维吾尔自治区委员会党校

15 山　东

1501 山东省图书馆
1502 济南市图书馆
1503 青岛市图书馆
1504 淄博市图书馆
1505 枣庄市图书馆
1506 烟台市图书馆
1507 济宁市图书馆
1508 德州市图书馆
1509 潍坊市图书馆
1510 文登县图书馆
1511 即墨县图书馆
1512 兖州县图书馆
1513 曹县图书馆
1514 泰安县图书馆
1515 单县图书馆
1516 平度县图书馆
1517 邹平县图书馆
1518 惠民县图书馆
1519 莱阳县图书馆
1520 日照县图书馆
1521 平阴县图书馆
1522 安丘县图书馆
1523 茌平县图书馆
1524 宁阳县文化馆
1525 章丘县文化馆
1526 利津县文化馆
1527 无棣县文化馆
1528 栖霞县图书馆
1529 菏泽县图书馆

1531　益都县图书馆
1532　崂山县图书馆
1533　平原县图书馆
1534　招远县图书馆
1535　掖　县图书馆
1536　临清县图书馆
1541　山东大学图书馆
1542　山东师范学院图书馆
1543　山东中医学院图书馆
1544　曲阜师范学院图书馆
1581　山东省博物馆
1582　青岛市博物馆
1583　烟台市博物馆
1584　益都县博物馆
1585　诸城县博物馆
1586　烟台地区文物管理小組
1587　曲阜文物管理委员会
1588　邹县文物管理所
1589　淄川蒲松龄故居

16　江　苏

1601　南京图书馆
1602　南京市图书馆
1603　徐州市图书馆
1604　南通市图书馆
1605　苏州市图书馆
1606　无锡市图书馆
1607　常州市图书馆
1608　清江市图书馆
1609　淮安县图书馆
1610　盐城县图书馆
1611　海安县图书馆
1612　启东县图书馆
1613　如皋县图书馆
1614　海门县图书馆
1615　扬州市图书馆
1616　泰州市图书馆
1617　宝应县图书馆
1618　靖江县图书馆
1619　兴化县图书馆
1620　江都县图书馆
1621　高邮县图书馆
1622　镇江市图书馆
1623　丹徒县图书馆
1624　武进县图书馆
1625　宜兴县图书馆
1626　昆山县图书馆
1627　吴县图书馆
1628　常熟县图书馆
1629　吴江县图书馆
1630　太仓县图书馆
1641　南京大学图书馆
1642　南京师范学院图书馆
1643　南京中医学院图书馆
1644　徐州师范学院图书馆
1645　南通医学院图书馆
1646　江苏师范学院图书馆
1647　苏州医学院图书馆
1648　淮阴师范图书馆
1649　清江市淮阴中学图书馆

1650 淮安师范学校图书馆
1651 江苏师范学院盐城分院图书馆
1652 南通师专图书馆
1653 扬州师范学院图书馆
1654 扬州工学院图书馆
1655 苏州地区师范学院图书馆
1656 常熟县中学图书馆
1657 苏州丝绸工学院图书馆
1661 中国农业科学院农业技术史研究室
1662 南京地理研究所
1681 南京博物院
1682 南京市博物馆
1683 南京市太平天国纪念馆
1684 苏州市文物管理委员会及苏州博物馆
1685 苏州市西园寺
1686 扬州博物馆
1687 泰州市博物馆
1688 镇江市博物馆
1689 常熟县文物管理委员会
1690 吴县光福司徒庙
1691 江苏省出版局
1692 南京市委档案馆
1693 邗江县档案馆
1694 吴县革委会档案馆
1695 苏州市中医医院

17 浙江

1701 浙江图书馆
1702 杭州市图书馆
1703 宁波市图书馆
1704 温州市图书馆
1705 天一阁
1706 肖山县图书馆
1707 余杭县图书馆
1708 桐庐县图书馆
1709 建德县图书馆
1710 嘉兴图书馆
1711 海宁县图书馆
1712 平湖县图书馆
1713 镇海县图书馆
1714 宁海县文化馆
1715 余姚梨州文献馆
1716 绍兴鲁迅图书馆
1717 上虞县图书馆
1718 诸暨县图书馆
1719 嵊县图书馆
1720 黄岩县图书馆
1721 仙居县图书馆
1722 金华图书馆
1723 义乌县图书馆
1724 常山县文化馆
1725 永康县图书馆
1726 丽水县图书馆
1727 缙云县文化馆
1728 庆元县文化馆
1729 遂昌县文化馆

1741 杭州大学图书馆
1742 浙江医科大学图书馆
1743 浙江中医学院图书馆
1744 浙江美术学院图书馆
1745 湘湖师范图书馆
1746 杭州市第一中学图书馆
1747 余姚中学图书馆
1761 浙江省中医研究所
1781 浙江博物馆
1782 德清县博物馆
1783 安吉县博物馆
1784 吴兴县博物馆
1785 海盐县博物馆
1786 长兴县博物馆
1787 临海县博物馆
1788 瑞安县玉海楼
1791 杭州市文管会
1792 温州市文管会
1793 绍兴文管会
1794 慈溪县文管会
1795 奉化县文管会
1796 天台县文管会
1797 东阳县文管会
1798 衢县文管会
1799 西冷印社

18 安　徽

1801 安徽省图书馆
1802 安庆市图书馆
1803 芜湖市图书馆
1804 蚌埠市图书馆
1805 屯溪市图书馆
1806 桐城县图书馆
1807 寿县图书馆
1808 无为县图书馆
1809 泾县图书馆
1841 安徽大学图书馆
1842 安徽中医学院图书馆
1843 安徽师范大学图书馆
1844 安徽劳动大学图书馆
1881 安徽省博物馆
1882 安徽省徽州地区博物馆
1883 歙县博物馆
1884 安徽省九华山管理处
1891 安徽省文史馆

19 江　西

1901 江西省图书馆
1902 江西省萍乡市图书馆
1903 江西省景德镇市图书馆
1904 江西省赣州市图书馆
1905 江西省宜春市图书馆
1906 江西省上饶市图书馆
1907 江西省九江市图书馆
1908 江西市吉安市图书馆
1909 江西省抚州市图书馆
1910 江西省庐山图书馆
1911 江西省乐平县图书馆
1912 江西省铅山县文化馆
1913 江西省阳阴县图书馆

1914　江西省临川县图书馆
1915　江西省吉安县图书馆
1916　江西省永丰县文化馆
1917　江西省万载县文化馆
1918　江西省修水县图书馆
1919　江西省安福县图书馆
1920　江西省上高县图书馆
1921　江西省南城县图书馆
1922　江西省新余县图书馆
1923　江西省瑞金县图书馆
1924　江西省兴国县图书馆
1925　江西省南康县图书馆
1926　江西省永新县图书馆
1927　江西省宜丰县文化馆
1928　江西省安远县文化馆
1929　江西省南丰县文化馆
1930　江西省瑞昌县图书馆
1931　江西省莲花县文化馆
1932　江西省都昌县图书馆
1933　江西省余江县文化馆
1934　江西省奉新县文化馆
1941　江西师范学院图书馆
1942　江西师范学院井冈山分院图书馆
1943　江西大学图书馆
1944　中共江西省委党校资料室
1945　江西省赣南师范专科学校图书馆
1946　江西省金坪共产主义劳动大学图书馆
1947　江西省瑞金中学图书馆
1981　江西省历史博物馆
1991　中共吉安地委档案馆

20　福　建

2001　福建省图书馆
2002　福建省厦门市图书馆
2003　福建省泉州市图书馆
2004　福建省漳州市图书馆
2005　福建省闽侯县文化馆图书室
2006　福建省莆田县图书馆
2007　福建省仙游县文化馆图书室
2008　福建省晋江县文化馆图书室
2009　福建省惠安县文化馆图书室
2010　福建省同安县文化馆图书室
2011　福建省福安县图书馆
2012　福建省建瓯县图书馆
2013　福建省蒲城县文化馆图书室
2014　福建省邵武县文化馆图书室
2041　福建师范大学图书馆
2042　厦门大学图书馆
2043　华侨大学图书馆
2044　福建中医学院图书馆

2045　福建农学院图书馆
2046　福建教育学院图书馆
2047　中共福建省委党校资料室
2048　福建省泉州北峰中学
2049　福建省晋江地区师范学校
2050　福建省漳州一中
2081　福建省博物馆
2082　厦门郑成功纪念馆
2083　福建省泉州市文管会
2091　福建省政协图书室
2092　福建省泉州开元寺
2093　福建省宁德县万寿禅寺
2094　福建省漳州市南山寺藏经室
2095　福建省福州市鼓山涌泉寺

22　河　南

2201　河南省图书馆
2202　郑州市图书馆
2203　开封市图书馆
2204　洛阳市图书馆
2205　安阳市图书馆
2206　新乡市图书馆
2207　焦作市图书馆
2208　商丘市图书馆
2209　许昌市图书馆
2210　南阳市图书馆
2211　武陟县文化馆
2212　温县文化馆
2213　获嘉县文化馆
2214　修武县文化馆
2215　原阳县文化馆
2216　沁阳县文化馆
2217　鄢陵县图书馆
2218　郏县图书馆
2219　镇平县图书馆
2220　唐河县文化馆
2221　新野县图书馆
2241　郑州大学（郑州市）
2242　河南师范大学（开封市）
2243　河南中医学院（郑州市）
2244　焦作矿业学院（焦作市）
2245　南阳师范专科学校（南阳市）
2246　洛阳市第一中学
2261　河南省历史研究所
2281　河南省博物馆
2282　郑州市博物馆
2283　洛阳市博物馆
2284　新乡市博物馆
2285　洛阳白马寺
2286　辉县文物管理所

23　湖　北

2301　湖北省图书馆
2302　武汉图书馆
2303　湖北省黄冈地区图书馆

2304 湖北省襄阳地区图书馆
2305 湖北省荆州地区图书馆
2306 湖北省恩施地区图书馆
2307 湖北省沙市市图书馆
2308 湖北省宜昌市图书馆
2309 湖北省襄樊市图书馆
2310 武权市硚口区图书馆
2311 湖北省麻城县图书馆
2312 湖北省鄂城县图书馆
2313 湖北省蕲春县图书馆
2314 湖北省安陆县图书馆
2315 湖北省孝感县图书馆
2316 湖北省枣阳县图书馆
2817 湖北省江陵县图书馆
2318 湖北省锺祥县图书馆
2319 湖北省潜江县图书馆
2320 湖北省天门县图书馆
2321 湖北省荆门县图书馆
2322 湖北省京山县图书馆
2323 湖北省沔阳县图书馆
2324 湖北省松滋县图书馆
2325 湖北省谷城县图书馆
2326 湖北省秭归县图书馆
2327 湖北省咸丰县图书馆
2341 武汉大学
2342 华中师范学院
2343 武汉师范学院
2344 武汉师范学院汉口分院
2345 武汉师范学院孝感分院
2346 湖北财经学院
2347 湖北中医学院
2348 武汉医学院
2349 武汉医师进修学院
2350 湖北医学院
2351 华中农学院
2352 武汉教师进修学院
2353 湖北艺术学院
2354 湖北省荆州师专图书馆
2355 湖北省宜昌师专图书馆
2356 湖北省武汉市第一中学
2357 湖北省大冶师范学校
2358 湖北省大冶县金牛中学
2359 湖北省宜昌市第一中学
2381 湖北省博物馆
2382 湖北省荆州地区博物馆
2383 湖北省浠水县博物馆
2391 中国共产党湖北省委员会宣传部
2392 武汉市第一医院
2393 湖北省蕲春县李时珍医院
2394 武汉市文物商店
2395 武汉归元寺
2396 湖北省宜昌县下堡坪公社
2397 湖北省蕲春县大同公社
2398 湖北省孝感县小悟公社
2399 武汉东湖管理处

24　湖　南

2401　湖南省图书馆
2402　湖南省邵阳市图书馆
2403　湖南省衡阳市图书馆
2404　湖南省湘西自治州
2405　湖南省溆浦县图书馆
2406　湖南省武冈县图书馆
2407　湖南省新化县图书馆
2408　湖南省龙山县图书馆
2409　湖南省常德市图书馆
2410　湖南省临澧县图书馆
2411　湖南省湘潭市图书馆
2412　湖南省凤凰县图书馆
2413　湖南省安乡县图书馆
2414　湖南省平江县图书馆
2415　湖南省祁阳县图书馆
2441　湖南师范学院
2442　湖南省中医学院
2443　湖南省邵阳师范专科学校
2444　湖南第三师范学校
2445　湖南省邵阳师范学校
2446　湖南省邵阳市第二中学
2461　湖南省哲学社会科学研究所
2481　湖南省博物馆
2491　湖南省宁乡县档案馆

25　广　东

2501　广东省中山图书馆
2502　广东省湛江地区图书馆
2503　广东省汕头市图书馆
2504　广东省梅州市图书馆
2505　广东省惠州市图书馆
2506　广东省佛山市图书馆
2507　广东省海口市图书馆
2511　广东省兴宁县图书馆
2512　广东省五华县图书馆
2513　广东省河源县图书馆
2514　广东省博罗县图书馆
2515　广东省龙川县图书馆
2516　广东省东莞县图书馆
2517　广东省中山县图书馆
2518　广东省新会县图书馆
2519　广东省台山县图书馆
2520　广东省阳江县图书馆
2521　广东省罗定县图书馆
2522　广东省高州县图书馆
2523　广东省四会县图书馆
2525　广东省文昌县图书馆
2541　中山大学图书馆
2542　暨南大学图书馆
2543　华南师范学院图书馆
2544　华南农学院图书馆
2545　广州中山医学院图书馆
2546　广州中医学院图书馆
2547　广州美术学院图书馆
2548　广东省韶关地区师范专科学校图书馆
2549　广东省海南师范专科学校图书馆

2550 广东省兴宁县第一中学图书馆
2551 广东省兴宁县宁新中学图书馆
2552 广东省兴宁县龙田中学图书馆
2554 广东省龙川县金安中学图书馆
2561 广东省哲学社会科学研究所图书馆
2562 中国科学院华南植物研究所图书馆
2563 广东医学科学院中心图书馆
2581 广东省博物馆
2582 广州市文物管理处
2583 广东省潮安县博物馆
2584 广东省揭阳县博物馆
2585 广东省韶关南华寺管理处
2586 广东省高要县文化馆
2591 广东省文史研究馆

26 广 西

2601 广西壮族自治区桂林图书馆
2602 广西壮族自治区图书馆
2603 广西壮族自治区柳州市图书馆
2604 广西壮族自治区梧州市图书馆
2605 广西壮族自治区全州县图书馆
2606 广西壮族自治区岑溪县图书馆
2607 广西壮族自治区玉林县图书馆
2641 广西师范学院图书馆
2642 广西民族学院图书馆
2643 广西中医学院图书馆
2644 广西艺术学院图书馆
2645 南宁师范学院图书馆
2681 广西壮族自治区博物馆
2682 桂林市文物管理委员会
2691 广西日报社图书室

27 四 川

2701 四川省图书馆
2702 重庆市图书馆
2703 成都市图书馆
2704 重庆市北碚区图书馆
2705 四川省自贡市图书馆
2706 四川省泸州市图书馆
2707 四川省南充市图书馆
2708 四川省乐山市图书馆
2709 四川省万县市图书馆
2710 四川省富顺县图书馆
2711 四川省西昌县图书馆
2712 四川省犍为县图书馆
2713 四川省秀山县图书馆
2714 四川省奉节县图书馆

2715 四川省涪陵县图书馆
2741 四川大学图书馆
2742 四川师范学院图书馆
2743 成都中医学院图书馆
2744 四川省委党校图书馆
2745 西南师范学院图书馆
2746 重庆师范学院图书馆
2747 重庆大学图书馆
2748 重庆医学院图书馆
2749 西南政法学院图书馆
2750 四川南充师范学院图书馆
2751 四川万县师范专科学校图书馆
2752 重庆第一师范学校图书馆
2761 四川省哲学社会科学院
2781 四川省博物馆
2782 成都杜甫草堂
2783 四川省自贡市博物馆
2784 四川省凉山州博物馆
2785 四川省眉山县三苏祠
2786 四川省新都县桂湖州庵祠
2787 四川省新都县宝光寺
2788 四川省荣县文化馆
2789 重庆市博物馆

28 贵州

2801 贵州省图书馆
2802 遵义市图书馆
2841 贵州大学图书馆
2842 贵州民族学院图书馆
2843 贵阳师范学院图书馆
2844 贵阳中医学院图书馆
2845 遵义医学院图书馆
2846 石阡县石阡中学
2861 贵州省中医研究院
2881 贵州省博物馆

29 云南

2901 云南省图书馆
2902 云南省曲靖县图书馆
2903 云南省姚安县图书馆
2904 云南省大理县图书馆
2905 云南省丽江县图书馆
2906 云南省宾川县图书馆
2907 云南省华宁县图书馆
2908 云南省腾冲县图书馆
2909 云南省通海县图书馆
2910 云南省鹤庆县图书馆
2911 云南省会泽县图书馆
2912 云南省晋宁县图书馆
2913 云南省嵩明县图书馆
2914 云南省石屏县图书馆
2915 云南省澄江县图书馆
2941 云南大学图书馆
2942 云南民族学院图书馆
2943 云南省中医学院图书馆
2944 昆明师范学院图书馆

2961　云南省历史研究所
2981　云南省博物馆图书室
2982　云南省文史馆
2991　云南省东川市委办公室

稿本中國古籍善本書目書名索引

（上）

書名索引

天津圖書館 編

齊魯書社

圖書在版編目(CIP)數據

稿本中國古籍善本書目書名索引/天津圖書館編．
—濟南：齊魯書社，2003.4
ISBN 7-5333-1045-4

Ⅰ.稿…　Ⅱ.天…　Ⅲ.①古籍—善本—圖書目録
—中國—索引②古籍—善本—中國—索引　Ⅳ.Z838

中國版本圖書館CIP數據核字(2002)第024044號

稿本中國古籍善本書目書名索引

天津圖書館編

齊魯書社出版發行

(地址：濟南經九路勝利大街39號　郵編：250001)

E-mail:qlss@sdpress.com.cn

金壇市古籍印刷廠

880×1230毫米　16開本　164.75印張　9插頁

2003年4月第1版　2003年4月第1次印刷

ISBN 7—5333—1045—4

Z·122　(上中下叁册)定價：860.00圓

《稿本中國古籍善本書目書名索引》

目　　次

上　册

中　册

下　册

編製說明

因日常工作之需，我們爲《(稿本)中國古籍善本書目》編製了書名索引。爲使其發揮更大作用，我們願將其公諸於世，爲古籍界同仁提供便利，以免躬親翻檢之勞。

考慮到利用書名索引的實際需要，我們將稿本的全文作爲書名索引的附録附其後，並對稿本的類目順序進行了必要的調整，和爲節約篇幅縮印成上下欄版式。

限於水平，本索引訛誤之處在所難免，敬請大家批評指正。

天津圖書館

2003年2月

四角號碼檢字法

第一條　筆畫分為十種，用0到9十個號碼來代表：

號碼	筆名	筆形	舉例	說明	注意
0	頭	亠	言主广疒	獨立的點和橫相結合	123都是單筆，0456789都由二以上的單筆合為一複筆，凡能成為複筆的，切勿誤作單筆；如亠應作0不作3，寸應作4不作2，厂應作7不作2，ソ應作8不作3、2，小應作9不作3、3.
1	橫	一 ㇀ ㇄ ㇏	天土地江元風	包括橫、挑(趯)和右鈎	
2	垂	丨 ノ 亅	山月千則	包括直、撇和左鈎	
3	點	丶 ㇏	宀礻冖厶之衣	包括點和捺	
4	叉	十 乂	草杏皮刈大對	兩筆相交	
5	插	扌	扌戈中史	一筆通過兩筆以上	
6	方	口	國鳴目四甲由	四邊齊整的方形	
7	角	𠃌 厂 亅 乚 𠂆 乛	羽門灰陰雷衣學罕	橫和垂的鋒頭相接處	
8	八	八 丷 人 𠆢	分頁羊余災氽足午	八字形和它的變形	
9	小	小 ⺌ 𭕄 个 忄	尖糸粦杲惟	小字形和它的變形	

第二條　每字只取四角的筆形，順序如下：

㈠左上角　㈡右上角　㈢左下角　㈣右下角

(例) ㈠左上角……端……㈡右上角
　　 ㈢左下角……端……㈣右下角

檢查時照四角的筆形和順序，每字得四碼：

(例) 顏＝0128　截＝4325　烙＝9786

第三條　字的上部或下部，只有一筆或一複筆時，無論在何地位，都作左角，它的右角作0。

(例) 宣　直　首　冬　軍　宗　母

每筆用過後，如再充他角，也作0。

(例) 成　持　掛　大　十　車　時

第四條　由整個口門鬥行所成的字，它們的下角改取內部的筆形，但上下左右有其他的筆形時，不在此例。

(例) 因＝6043　閉＝7724　鬪＝7712　衡＝2143

　　 菌＝4460　瀾＝3712　荇＝4422

附則

Ⅰ.字體寫法都照楷書如下表：

正	宀	住	匕	反	礻	户	安	心	卜	斤	刃	业	亦	草	真	執	禺	衣
誤	宀	住	匕	反	礻	戶	安	心	卜	斤	刄	业	亦	草	眞	執	禺	衣

Ⅱ.取筆形時應注意的幾點：

1.宀户等字，凡點下的横，右方和他筆相連的，都作3，不作0。

2.戶罒門等字，方形的筆頭延長在外的，都作7，不作6。

3.角筆起落的兩頭，不作7，如ㄱ。

4.筆形"八"和他筆交叉時不作8，如美。

5.业𣥂中有二筆，水小旁有二筆，都不作小形。

Ⅲ.取角時應注意的幾點：

1.獨立或平行的筆，不問高低，一律以最左或最右的筆形作角。

(例)非 肯 疾 浦 帝

2.最左或最右的筆形，有他筆蓋在上面或托在下面時，取蓋在上面的一筆作上角，托在下面的一筆作下角。

(例)宗 幸 寧 共

3.有兩複筆可取時，在上角應取較高的複筆，在下角應取較低的複筆。

(例)功 盛 頗 鴨 奄

4.撇為下面他筆所托時，取他筆作下角。

(例)春 奎 碎 衣 辟 石

5.左上的撇作左角，它的右角取作右筆。

(例)勾 鈎 侔 鳴

Ⅳ.四角同碼字較多時，以右下角上方最貼近而露鋒芒的一筆作附角，如該筆已經用過，便將附角作0。

(例)芒=4471₀ 元 拼 是 疝 歆 畜 殘 儀 難 達 越 繕 蠻 軍 覽 功 郭 疫 癥 愁 金 速 仁 見

附角仍有同碼字時，再照各該字所含横筆(一ノ乚㇏)的數目順序排列。例如"市""帝"二字的四角和附角都相同，但市字含有二横，帝字含有三横，所以市字在前，帝字在後。

0023₇庚

0029_4麻

0033_0亦

0090$_4$棄

0090$_6$京

0128₆顏

0161₄謔

0161₇瓿

0162₀訂

0466_1誥

0468_6讀

0861$_6$說

0861_7諡

0862_1諭

0862_7論

1043₀天

2074_6爵

2074_8皺

2090_1乘

2090_4采

2429₀休

2432₇勳

2436₁鮚

2440₀升

2692_2穆

2692_7綿

2693_0總

2722_2修

2826_6僧

2826_8俗

2828_1從

2828_6儉

2829_4徐

3060_8容

3060_9審

3062_1寄

3111₆洹

漚

3111₇瀘

3112₀河

四〇〇三〇 大（〇〇一二二）

太

莆

4440_0艾

中

5000_7事

肅

5023₀本

5101₀批

5260_2哲

5300_0掛

5302_7輔

5304_4按

5310_7盛

6021_0見

四

唧

6702_7鳴

七三三二₂—七四二一₄
驂卧助附尉陸（〇〇—三〇）

罔

用

月

7760_2留

歙

9001_4惟

9003_2懷

9043₀尖

9050₀半

稿本 中國古籍善本書目書名索引

中

經部 史部 子部

天津圖書館 編

齊魯書社

附　錄

（稿本）中國古籍善本書目分類目錄

經部

總類

一　三經評注五卷　明萬曆閔齊伋刻三色套印本　八行十八字白口左右双边无刻工
考工記二卷　明郭正域批點
檀弓一卷　宋謝枋得　明楊慎批點
孟子二卷　題宋蘇洵批點

二　五經正文七卷　明嘉靖三十一年翁溥刻本　九行十七字白口四周雙边无刻工
周易一卷
尚書一卷
毛詩一卷
禮記三卷
春秋一卷

三　五經正文七卷　明嘉靖三十一年翁溥刻本　清丁丙跋　九行行十七字白口四周双边无刻工
周易一卷
尚書一卷
毛詩一卷
禮記三卷
春秋一卷

四　五經八十二卷　明正統十二年司禮監刻本　八行十四字小字十六十七字不等大黑口四周雙边雙順魚尾
周易十卷　宋程頤傳　宋朱熹本義
書六卷　宋蔡沈集傳
詩二十卷　宋朱熹集傳
禮記十六卷　元陳澔集說
春秋三十卷　宋胡安國傳

五　五經五卷　明弘治九年周木刻本　九行十七字白口四周双边
周易一卷
尚書一卷
毛詩一卷
春秋一卷
禮記一卷

六　五經白文三十七卷　明刻本　十行二十字
易經四卷
書經六卷
詩經四卷
禮記二十一卷
春秋二卷

七　五經不分卷　明嘉靖朱廷立刻本　九行十八字白口左右双边无鱼尾

八　五經集註一百零六卷　明嘉靖四十三年黄希憲刻本　半頁九行行十七字小字双行行十六字白口双左双边
周易經傳二十四卷
書經六卷
詩經八卷
禮記三十卷
春秋經傳三十八卷

九　五經□□卷　明嘉靖八年張祿湖廣刻本　九行十七字小字双行行字同白口左右双边
存三種五十卷
詩傳八卷　宋朱熹注　存六卷　一至六
禮記集傳十卷　元陳澔撰　存八卷　三至十
春秋經傳三十八卷　晋杜預注　存三十六卷　三至三十八

一〇　校刻五經四書正文□□卷　明李登編校　明萬曆二十四年刻本　八行十五字白口四周双边
存六卷　大學一卷　中庸一卷　論語二卷　孟子二卷

一一　五經纂註五十六卷　明夏璋編　明崇禎二年刻本　十行二十字白口左右双边
易經四卷　宋朱熹注　明李廷機纂
書經十卷　宋蔡沈集注　明袁黄纂
詩經八卷　宋朱熹注　明鍾惺纂
禮記三十卷　宋陳澔集注　明湯道衡纂
春秋四卷　宋胡安國傳　明蕭良有纂

一二　古香齋鑒賞袖珍五經八卷　清康熙內府刻本
周易一卷
尚書一卷
毛詩二卷
禮記三卷
春秋一卷

一三　五經四書讀本七十七卷　清雍正國子監刻本
周易本義四卷　宋朱熹撰
書經集傳六卷　宋蔡沈撰
詩集傳八卷　宋朱熹撰
禮記集說十卷　元陳澔撰
春秋傳三十卷　宋胡安國撰
論語集註十卷
孟子集註七卷
大學章句一卷
中庸章句一卷　宋朱熹撰

一四　五經四書大全一百五十七卷附録十七卷　明胡廣等編　明內府刻本　十行二十二字小字同細黑口四周双边
周易傳義大全二十四卷附上下篇義一卷周易朱子圖說一卷易五贊一卷筮儀一卷易說綱領一卷
書傳大全十卷附圖一卷書說綱領一卷
詩傳大全二十卷附綱領一卷圖一卷
禮記集說大全三十卷附總論一卷
春秋集傳大全三十七卷附春秋二十國年表一卷諸國興廢說一卷春秋列國東坡圖說一卷
四書集註大全三十六卷附讀大學法一卷大學或問一卷中庸或問一卷讀論語孟子法一卷

一五　五經大全一百二十一卷附録　明胡廣等編　明內府刻本　十行二十二字小字双行行二十二字大黑口四周双边无刻工
周易傳義大全二十四卷附程子上下篇義一卷周易朱子圖說一卷周易五贊一卷筮儀一卷綱領一卷
書傳大全十卷附綱領一卷圖一卷
詩傳大全二十卷附綱領一卷圖一卷
禮記集說大全三十卷附總論一卷
春秋集傳大全三十七卷附序論一卷春秋列國東坡說一卷東坡指掌春秋列國圖一卷諸國興廢說一卷春秋二十國年表一卷

篆文六經五十七卷　明嘉靖陳鳳梧刻本　九行十三字細黑口左右双边　一六
周易十卷
尚書四卷
毛詩四卷
周禮七卷
儀禮二十卷
春秋十二卷

六經三十二卷　明嘉靖刻本　十行二十字白口四周双边有刻工　一七
周易一卷
尚書一卷
毛詩一卷
周禮七卷
儀禮二十一卷
春秋一卷

四書六經讀本一百七卷　明毛晉輯　明崇禎十四年毛氏汲古閣刻本　九行十七字小字双行同白口左右双边　一八
周易四卷　宋朱熹本義
書經六卷　宋蔡沈集註
詩經八卷　宋朱熹集註
禮記十卷　元陳澔集說
春秋胡傳三十卷　宋胡安國撰
春秋左傳三十卷　晉杜預註　林堯叟音註
大學一卷　宋朱熹章句
中庸一卷　宋朱熹章句
論語十卷　宋朱熹集註
孟子七卷　宋朱熹集註

篆文六經四書六十三卷　清康熙內府刻本　一九
周易十二卷
尚書四卷
毛詩四卷
周禮六卷
儀禮十七卷
春秋一卷
大學一卷
中庸一卷
論語十卷
孟子七卷

御纂七經二百九十四卷　清康熙至乾隆間內府刻本　二〇
御纂周易折中二十二卷首一卷　清李光地等編
欽定書經傳說彙纂二十一卷首二卷書序一卷　清王頊齡等編
欽定詩經傳說彙纂二十一卷首二卷詩序二卷　清王鴻緒等編
欽定周官義疏四十八卷首一卷　清允祿等編
欽定儀禮義疏四十八卷首二卷　清允祿等編
欽定禮記義疏八十二卷首一卷　清允祿等編
欽定春秋傳說彙纂三十八卷首二卷　清王掞等編

八經十卷　宋刻遞修本　二十行二十七字細黑口左右双边　二一
周易一卷
毛詩一卷
尚書一卷
周禮一卷
禮記二卷
孝經一卷
論語二卷
孟子一卷

御定仿宋相臺岳氏本五經九十六卷附考證　二二
宋岳珂編　清乾隆四十八年武英殿刻本
周易十卷　魏王弼　晉韓康伯注　周易略例　魏王弼撰　唐邢璹注　陸德明音義
尚書十三卷　漢孔安國傳　唐陸德明音義
毛詩二十卷　漢毛亨傳　鄭玄箋　唐陸德明音義
禮記二十卷　漢鄭玄注　唐陸德明音義
春秋經傳集解三十卷　晉杜預撰　唐陸德明音義　附春秋年表一卷　不著撰人名氏　春秋名號歸一圖二卷　蜀馮繼先撰　宋岳珂重編

五經五卷　明刻本　二十行二十七字上下細黑口左右双边双魚尾有刻工　二三
周易一卷
尚書一卷
毛詩一卷
禮記一卷
春秋一卷

九經十卷　明刻本　清吳騫　丁丙跋　二十行二十七字細黑口左右双边有刻工　二四
周易一卷
尚書一卷
毛詩一卷
周禮一卷
禮記一卷
春秋左傳一卷
孝經一卷
論語二卷
孟子一卷

九經十卷　明刻本　清倪燦批校　鮑毓東跋　二十行二十七字細黑口左右双边双魚尾下有刻工　二五
周易一卷
尚書一卷
毛詩一卷
周禮一卷
禮記一卷
春秋左傳一卷
孝經一卷
論語二卷
孟子一卷

九經五十一卷附三種四卷　明崇禎十三年秦氏求古齋刻本　半頁十三行二十四字四周双边白口有　二六
眉批
周易三卷圖說一卷
書經四卷
詩經四卷
周禮六卷
禮記六卷
春秋十七卷
論語二卷
孝經一卷
孟子七卷
大學章句一卷
中庸章句一卷
小學二卷

九經五十一卷附三種四卷　明崇禎十三年秦氏求古齋刻本　清蔣正蘭批　半頁十三行二十四字白口四周双边　无刻工
周易三卷圖説一卷
書經四卷
詩經四卷
周禮六卷
禮記六卷
春秋十七卷
孝經一卷
論語二卷
孟子七卷
附
大學一卷
中庸一卷
小學二卷
二七

九經五十一卷附三種四卷　明崇禎十三年秦氏求古齋刻本　清盧文弨校并跋　十三行二十四字白口四周双边
存三種十四卷
周易三卷　圖説一卷
書經四卷
周禮六卷
二八

十三經九十卷　明吳勉學刻本　九行十八字白口左右双边
周易一卷
尚書一卷
毛詩一卷
周禮六卷
儀禮十七卷
禮記一卷
春秋左傳三十卷
春秋公羊傳十二卷
春秋穀梁傳十二卷
論語二卷
孟子二卷
爾雅二卷
孝經一卷
中庸一卷
大學一卷
二九

十三經古注二百九十卷　明金蟠、葛鼒編　明崇禎十二年永懷堂刻本　九行二十五字白口左右双边
周易九卷　魏王弼　晉韓康伯注　唐陸德明音義
周易略例一卷　魏王弼撰　唐邢璹注
書經二十卷　漢孔安國傳　唐陸德明音義
詩經二十卷　漢鄭玄箋　唐陸德明音義
周禮四十二卷　漢鄭玄注　唐陸德明音義
儀禮十七卷　漢鄭玄注　唐陸德明音義
禮記四十九卷　漢鄭玄注　唐陸德明音義
春秋左傳三十卷　晉杜預注　唐陸德明音義
春秋公羊傳二十八卷　漢何休注　唐陸德明音義
春秋穀梁傳二十卷　晉范甯注　唐陸德明音義
爾雅十一卷　晉郭璞注
論語二十卷　魏何晏注
孝經九卷　漢鄭玄注
孟子十四卷　漢趙岐注
三〇

十三經古注二百九十卷　明金蟠、葛鼒編　明崇禎十二年永懷堂刻本　九行二十五字白口黑魚尾左右双边
三一

十三經註疏三百三十五卷　元刻明修本
周易兼義九卷　魏王弼　晉韓康伯注　唐孔穎達疏
周易音義一卷　唐陸德明撰
周易略例一卷　魏王弼注
附釋音尚書註疏二十卷　漢孔安國傳　唐孔穎達疏
附釋音毛詩註疏二十卷　漢毛亨傳　鄭玄箋　唐孔穎達疏
附釋音周禮註疏四十二卷　漢鄭玄註　唐賈公彥疏
儀禮十七卷儀禮旁通圖一卷
附釋音禮記註疏六十三卷　漢鄭玄註　唐陸德明釋文　孔穎達疏
附釋音春秋左傳註疏六十卷　晉杜預註　唐孔穎達疏
監本附音春秋公羊註疏二十八卷　漢何休註　唐徐彥疏
監本附音春秋穀梁註疏二十卷　晉范甯集解　唐楊士勛疏
孝經註疏九卷　唐玄宗李隆基註　宋邢昺疏
論語註疏解經二十卷　魏何晏集解　宋邢昺疏
孟子註疏解經十四卷　漢趙岐註　宋孫奭疏
爾雅註疏十一卷　晉郭璞註　宋邢昺疏
三二

十三經註疏三百三十五卷　元刻明修本
存二百四十四卷
周易兼義九卷　魏王弼　晉韓康伯注　唐孔穎達疏
周易音義一卷　唐陸德明撰
周易略例一卷　魏王弼注
附釋音尚書註疏二十卷　唐孔穎達等撰
附釋音毛詩註疏二十卷　漢毛亨傳　鄭玄箋　唐孔穎達疏
附釋音周禮註疏四十二卷　漢鄭玄註　唐賈公彥疏
附釋音春秋左傳註疏六十卷　晉杜預註　唐孔穎達疏
監本附音春秋公羊註疏二十八卷　漢何休註　唐徐彥疏
監本附音春秋穀梁註疏二十卷　晉范甯集解　唐楊士勛疏
論語註疏解經二十卷　魏何晏集解　宋邢昺疏
孝經註疏九卷　唐玄宗李隆基註　宋邢昺疏
孟子註疏解經十四卷　漢趙岐註　宋孫奭疏
三三

十三經註疏三百三十五卷　明嘉靖李元陽楊琥刻本　九行二十一字小字双行白口四周单边有刻工
周易兼義九卷　魏王弼　晉韓康伯注　唐孔穎達疏
周易音義一卷　唐陸德明撰
周易略例一卷　魏王弼撰　唐邢璹注
尚書註疏二十卷　漢孔安國傳　唐陸德明音義　孔穎達疏
毛詩註疏二十卷　漢毛亨傳　鄭玄箋　唐陸德明音義　孔穎達疏
周禮註疏四十二卷　漢鄭玄注　唐陸德明音義　賈公彥疏
儀禮註疏十七卷　漢鄭玄注　唐陸德明音義　賈公彥疏
禮記註疏六十三卷　漢鄭玄注　唐陸德明音義　孔穎達疏
春秋左傳註疏六十卷　晉杜預注　唐陸德明音義　孔穎達疏
春秋公羊註疏二十八卷　漢何休注　唐陸德明音義　徐彥疏
春秋穀梁註疏二十卷　晉范甯集解　唐陸德明音義　楊士勛疏
論語註疏解經二十卷　魏何晏集解　宋邢昺疏
孝經正義九卷　唐玄宗李隆基注　宋邢昺疏
爾雅註疏十一卷　晉郭璞注　宋邢昺疏
孟子註疏解經十四卷　漢趙岐注　宋孫奭疏
三四

十三經註疏三百三十五卷　明嘉靖李元陽刻本　清丁丙、丁立中跋　九行行二十一字小字双行行二十字白口四周单边有刻工
三五

十三經註疏三百三十三卷　明嘉靖刻明隆武二年重修本　九行二十一字小字双行白口四周双边有刻工
三六

十三經註疏三百三十五卷 監刻本　九行二十一字小字双行二十一字白口左右双边 三七
周易兼義九卷 魏王弼、晉韓康伯注　唐孔穎達正義
附畧例一卷 魏王弼撰　唐陸德明撰
音義一卷 唐陸德明撰
尚書註疏二十卷 漢孔安國傳　唐陸德明音義　孔穎達疏
毛詩註疏二十卷 漢毛亨傳　鄭玄箋　唐陸德明音義　孔穎達疏
周禮註疏四十二卷 漢鄭玄註　唐陸德明音義　賈公彥疏
儀禮註疏十七卷 漢鄭玄註　唐陸德明音義　賈公彥疏
禮記註疏六十三卷 漢鄭玄註　唐陸德明音義　孔穎達疏
春秋左傳註疏六十卷 晉杜預註　唐陸德明音義　孔穎達疏
春秋公羊註疏二十八卷 漢何休註　唐陸德明音義　徐彥疏
春秋穀梁註疏二十卷 晉范甯集解　唐陸德明音義　楊士勛疏
論語註疏解經二十卷 魏何晏集解　宋邢昺疏
孝經註疏九卷 唐玄宗李隆基註　宋邢昺疏
爾雅註疏十一卷 晉郭璞註　宋邢昺疏
孟子註疏解經十四卷 漢趙岐註　宋孫奭疏

十三經註疏三百三十一卷 明萬曆十四年至二十一年北京國子監刻本　清丁丙跋　九行二十一字小字双行二十字白口左右双边元刻工 三八

十三經註疏三百三十三卷 明崇禎元年至十二年毛氏汲古閣遞刻本　九行二十一字小字低格双行二十字花口 三九
周易兼義九卷 魏王弼　晉韓康伯註　唐孔穎達正義
尚書註疏二十卷 漢孔安國傳　唐陸德明音義　孔穎達疏
毛詩注疏二十卷 漢鄭玄箋　唐陸德明音義　孔穎達疏
周禮註疏四十二卷 漢鄭玄註　唐陸德明音義　賈公彥疏
儀禮註疏十七卷 漢鄭玄註　唐陸德明音義　孔穎達疏

禮記註疏六十三卷 漢鄭玄註　唐陸德明音義　孔穎達疏
春秋左傳註疏六十卷 晉杜預註　唐陸德明音義　孔穎達疏
春秋公羊註疏二十八卷 漢何休註　唐陸德明音義　徐彥疏
春秋穀梁註疏二十卷 晉范甯集解　唐陸德明音義　楊士勛疏
論語註疏解經二十卷 魏何晏集解　宋邢昺疏
孝經註疏九卷 唐玄宗李隆基註　宋邢昺疏
爾雅註疏十一卷 晉郭璞註　宋邢昺疏
孟子註疏解經十四卷 漢趙岐註　題宋孫奭疏

十三經註疏三百三十三卷 明崇禎元年至十二年毛氏汲古閣刻本　清張爾耆錄惠棟盧文弨批校　九行二十一字小字双行同白口元魚尾左右双边 四〇

重刊宋本十三經註疏四百十六卷附校勘記 清阮元撰　盧宣旬摘錄　清嘉慶二十年南昌府學刻本　清孫詒讓批校 四一

重刊宋本十三經註疏四百十六卷附校勘記 清阮元撰　盧宣旬摘錄　清嘉慶二十年南昌府學刻本　清陳澧批校 四二
周易兼義九卷 魏王弼　晉韓康伯註　唐孔穎達正義附音義一卷　唐陸德明撰　校勘記　釋文校勘記
附釋音尚書註疏二十卷 漢孔安國傳　唐陸德明音義　唐孔穎達疏　附校勘記二十卷
附釋音毛詩註疏七十卷 漢鄭玄註　唐陸德明音義　唐穎達疏　附校勘記
附釋音周禮註疏四十二卷 漢鄭玄註　唐陸德明音義　唐賈公彥疏　附校勘記
儀禮註疏五十卷 漢鄭玄注　唐陸德明音義　唐賈公彥疏　附校勘記
附釋音禮記註疏六十三卷 漢鄭玄注　唐陸德明音義　唐孔穎達疏　附校勘記
附釋音春秋左傳註疏六十卷 晉杜預注　唐陸德明音義　唐孔穎達疏　附校勘記
監本附釋音春秋公羊傳註疏二十八卷 漢何休注　唐陸德明音義　唐徐彥疏
附校勘記
監本附音春秋穀梁註疏二十卷 晉范甯集解　唐陸德明音義　唐楊士勛疏
附校勘記
論語註疏解經二十卷 唐何晏集解　宋邢昺疏　附校勘記
孝經註疏九卷 唐玄宗李隆基注　宋邢昺疏　附校勘記
爾雅註疏十卷 晉郭璞注　宋邢昺疏　附校勘記
孟子註疏解經十四卷 漢趙岐注　題宋孫奭疏　附校勘記
附十三經註疏校勘記識語四卷 清汪文臺撰

十三經注疏校勘記二百四十五卷 清阮元撰　清嘉慶刻本　清徐時棟跋 四三
周易注疏校勘記九卷 略例校勘記一卷 釋文校勘記一卷
尚書注疏校勘記二十卷 釋文校勘記二卷
毛詩注疏校勘記七卷 釋文校勘記三卷
周禮注疏校勘記十二卷 釋文校勘記二卷
儀禮注疏校勘記十七卷 釋文校勘記一卷
禮記注疏校勘記六十三卷 釋文校勘記四卷
春秋左傳注疏校勘記三十六卷 釋文校勘記六卷
春秋公羊傳注疏校勘記十一卷 釋文校勘記一卷
春秋穀梁傳注疏校勘記十二卷 釋文校勘記一卷
論語注疏校勘記十卷 釋文校勘記一卷
孝經注疏校勘記三卷 釋文校勘記一卷
爾雅注疏校勘記三卷 釋文校勘記二卷
孟子注疏校勘記十四卷 音義校勘記二卷

十三經解詁五十六卷 明陳深撰　明萬曆二十九年刻本　九行十八字小字行十七字白口四周單边 四四
易三卷
書三卷
詩四卷
周禮六卷
儀禮四卷
禮記十卷
左傳十四卷
公羊傳三卷
穀梁傳二卷
論語一卷
孝經一卷
爾雅三卷
孟子二卷

兩蘇經解七種六十四卷 明焦竑輯　明萬曆二十五年畢氏刻本　十行二十一字白口左右双边 四五
東坡先生易傳九卷 宋蘇軾撰
東坡先生書傳二十卷 宋蘇軾撰
穎濱先生詩集傳十九卷 宋蘇轍撰
穎濱先生春秋集解十二卷 宋蘇轍撰
論語拾遺一卷 宋蘇轍撰
孟子解一卷 宋蘇轍撰
穎濱先生道德經解二卷 宋蘇轍撰

兩蘇經解七種六十四卷 明焦竑輯　明萬曆三十九年顧氏刻本　十行二十一字白口左右双边有刻工 四六
東坡先生易傳九卷 宋蘇軾撰
東坡先生書傳二十卷 宋蘇軾撰
穎濱先生詩集傳十九卷 宋蘇轍撰
穎濱先生春秋集解十二卷 宋蘇轍撰
論語拾遺一卷 宋蘇轍撰
老子道德經二卷 宋蘇轍撰

孟子解一卷 宋尹焞撰

通志堂經解一百四十種一千八百六十卷 清納蘭性德輯 罒
清康熙十九年通志堂刻本

易

子夏易傳十一卷 周卜商撰
易數鈎隱圖三卷遺論九事一卷 宋劉牧撰
橫渠先生易說三卷 宋張載撰
易學一卷 宋王湜撰
紫巖居士易傳十卷 宋張浚撰
漢上易傳十一卷周易卦圖三卷周易叢說一卷 宋朱震撰
易璇璣三卷 宋吳沆撰
周易義海撮要十二卷 宋李衡撰
易小傳六卷 宋沈該撰
復齋易說六卷 宋趙彥肅撰
古周易一卷 宋呂祖謙編
童溪王先生易傳三十卷 宋王宗傳撰
易裨傳一卷外篇一卷 宋林至撰
易圖說三卷 宋吳仁傑撰
易學啓蒙通釋二卷圖一卷 宋胡方平撰
周易玩辭十六卷 宋項安世撰
東谷鄭先生易翼傳二卷 宋鄭汝諧撰
三易備遺十卷 宋朱元昇撰
丙子學易編一卷 宋李心傳撰
易學啓蒙小傳一卷古經傳一卷 宋稅與權撰
水村易鏡一卷 宋林光世撰
晦菴先生朱文公易說二十三卷 宋朱鑑輯
大易緝說十卷 元王申子撰
周易輯聞六卷易雅一卷筮宗一卷 宋趙汝楳撰
周易傳義附錄十四卷首一卷 宋董楷撰
學易記九卷首一卷 元李簡撰
讀易私言一卷 元許衡撰
俞氏易集說十三卷 元俞琰撰
周易本義附錄纂注十五卷 元胡一桂撰
周易發明啓蒙翼傳三卷外篇一卷 元胡一桂撰
周易本義通釋十二卷雲峯文集易義一卷 元胡炳文撰
易纂言十二卷首一卷 元吳澄撰
周易本義集成十二卷首一卷 元熊良輔撰
周易經傳集程朱解附錄纂注（一名周易會通）十四卷首一卷附一卷 元董真卿撰
周圖通變五卷 宋雷思齊撰
易象圖說內篇三卷外篇三卷 元張理撰
大易象數鈎深圖三卷 元張理撰
周易參義十二卷 元梁寅撰
合訂刪補大易集義粹言八十卷 清成德撰

書

書古文訓十六卷 宋薛季宣撰
三山拙齋林先生尚書全解四十卷（原缺卷三十四） 宋林之奇撰
程尚書禹貢論二卷後論一卷山川地理圖二卷 宋程大昌撰
尚書說七卷 宋黃度撰
增修東萊書說三十五卷首一卷 宋呂祖謙撰 時瀾輯
書疑九卷 宋王柏撰
書集傳或問二卷 宋陳大猷撰
杏溪傅氏禹貢集解二卷 宋傅寅撰
尚書詳解十三卷 宋胡士行撰
尚書表注二卷 宋金履祥撰
尚書纂傳四十六卷 元王天與撰
書蔡氏傳輯錄纂註六卷首一卷 元董鼎撰
書纂言四卷 元吳澄撰

九

書蔡氏傳旁通六卷 元陳師凱撰
尚書句解十三卷 元朱祖義撰
書集傳纂疏六卷首一卷 元陳櫟撰
尚書通考十卷 元黃鎮成撰
王耕野先生讀書管見二卷 元王充耘撰
定正洪範集說一卷首一卷 元胡一中撰

詩

毛詩指說一卷 唐成伯璵撰
詩本義十五卷鄭氏詩譜補亡一卷 宋歐陽修撰
李迂仲黃實夫毛詩集解四十二卷首一卷 宋李樗黃櫄講義 呂祖謙釋音
毛詩名物解二十卷 宋蔡卞撰
詩說一卷 宋張耒撰
詩疑二卷 宋王柏撰
詩傳遺說六卷 宋朱鑑撰
逸齋詩補傳三十卷篇目一卷 宋范處義撰
詩集傳名物鈔八卷 元許謙撰
詩經疑問七卷 元朱倬撰 附編一卷 宋趙悳撰
詩解頤四卷 明朱善撰

春秋

春秋尊王發微十二卷附錄一卷 宋孫復撰
春秋皇綱論五卷 宋王晳撰
春秋劉氏傳十五卷 宋劉敞撰
春秋權衡十七卷 宋劉敞撰
劉氏春秋意林二卷 宋劉敞撰
春秋年表一卷
春秋名號歸一圖二卷 後蜀馮繼先撰
龍學孫公春秋經解十五卷 宋孫覺撰
春秋臣傳三十卷 宋王當撰
西疇居士春秋本例二十卷 宋崔子方撰
木訥先生春秋經筌十六卷 宋趙鵬飛撰
石林先生春秋傳二十卷 宋葉夢得撰
止齋先生春秋後傳十二卷 宋陳傅良撰
春秋集解三十卷 宋呂祖謙撰
左氏傳說二十卷 宋呂祖謙撰
春秋左氏傳事類始末五卷附錄一卷 宋張沖撰
春秋提綱十卷 宋陳則通撰
春秋王霸列國世紀編三卷 宋李琪撰
春秋通說十三卷 宋黃仲炎撰
春秋集註十一卷綱領一卷 宋張洽撰
春秋或問二十卷 宋呂大圭撰
春秋五論一卷 宋呂大圭撰
則堂先生春秋集傳詳說三十卷綱領一卷 宋家鉉翁撰
春秋類對賦一卷 宋徐晉卿撰
春秋諸國統紀六卷 元齊履謙撰
春秋本義三十卷首一卷 元程端學撰
春秋或問十卷 元程端學撰
春秋集傳十五卷 元趙汸撰 明倪尚誼校定
春秋屬辭十五卷 元趙汸撰
春秋師說三卷附錄二卷 元趙汸撰
春秋左氏傳補注十卷 元趙汸撰
春秋諸傳會通二十四卷首一卷 元李廉撰
春秋集傳釋義大成十二卷首一卷 元俞皋撰
清全齋讀春秋編十二卷 元陳深撰
春秋春王正月考一卷辨疑一卷 明張以寧撰

三禮

新定三禮圖二十卷 宋聶崇義集注
東巖周禮訂義八十卷首一卷 宋王與之撰
鬳齋考工記解二卷 宋林希逸撰
儀禮圖十七卷儀禮旁通圖一卷附儀禮本經十七卷 宋楊復撰
禮記集說一百六十卷 宋衛湜撰

十

禮經會元四卷　宋葉時撰
太平經國之書十一卷首一卷　宋鄭伯謙撰
夏小正戴氏傳四卷　宋傅崧卿注
儀禮集說十七卷　元敖繼公撰
儀禮逸經傳一卷　元吳澄撰
經禮補逸九卷附錄一卷　元汪克寬撰
禮記陳氏集說補正三十八卷　清成德撰

孝經

孝經注解一卷　唐玄宗注　宋司馬光指解　范祖禹說
孝經大義一卷　元董鼎撰
孝經一卷　元吳澄校定
晦菴先生所定古文孝經句解一卷　元朱申撰

論語

南軒先生論語解十卷　宋張栻撰
論語集說十卷　宋蔡節撰

孟子

南軒先生孟子說七卷　宋張栻撰
孟子集疏十四卷　宋蔡模撰
孟子音義二卷　宋孫奭撰

四書

大學纂疏一卷中庸纂疏一卷論語纂疏十卷孟子纂疏十四卷　宋趙順孫撰
大學集編一卷中庸集編一卷論語集編十卷孟子集編十四卷　宋真德秀撰
大學通一卷中庸通一卷論語通十卷孟子通十四卷　元胡炳文撰
大學章句或問通證一卷中庸章句或問通證一卷論語集注通證二卷孟子集注通證二卷　元張存中撰
大學章句集箋一卷中庸章句集箋一卷大學或問纂箋一卷中庸或問纂箋一卷論語集注纂箋十卷孟子集注纂箋十四卷　元詹道傳撰
四書通旨六卷　元朱公遷撰
四書辨疑十五卷　元陳天祥撰
大學集說啓蒙一卷中庸集說啓蒙一卷　元景星撰

通志堂經解一百三十九種一千八百四十五卷　清納蘭成德輯　清康熙十九年刻乾隆五十年武英殿重修本　四八

總經解
經典釋文三十卷　唐陸德明撰
公是先生七經小傳三卷　宋劉敞撰
六經奧論六卷首一卷　宋鄭樵撰
六經正誤六卷　宋毛居正撰
熊先生經說七卷　元熊朋來撰
十一經問對五卷　元何異孫撰
五經蠡測六卷　明蔣悌生撰

蜀石經殘字三種四卷　清抄本　清黃丕烈、吳騫校並跋　陳鱣、宋咸熙跋　四九

毛詩傳箋殘字二卷　漢毛萇鄭玄撰
周禮夏官殘字校記一卷　清趙坦撰
春秋左氏傳解殘字一卷　晉杜預撰

鄭學五種　漢鄭玄撰　清乾隆四十一年孔繼涵家抄本　清孔繼涵校並跋　五〇

駁異義一卷
箴膏肓一卷
起廢疾一卷
發墨守一卷　以上漢鄭玄撰
鄭志一卷　魏鄭小同等撰

鄭學十八種　漢鄭玄撰　清孔廣林輯　清抄本　五一

六藝論一卷
周易注十二卷
尚書注十卷
尚書中候注六卷
尚書大傳注四卷
毛詩譜一卷
三禮目錄一卷
答臨孝存周禮難一卷
魯禮禘祫義一卷
喪服變除一卷
箴左氏膏肓一卷
發公羊墨守一卷
釋穀梁廢疾一卷
論語注十卷
論語篇目弟子一卷
駁五經異義十卷　以上漢鄭玄撰
鄭志八卷　魏鄭小同撰
孝經解一卷
附敘錄一卷　清孔廣林撰

鄭學十八種　漢鄭玄撰　清孔廣林輯　清抄本　葉志詵、趙之謙校並跋　五二

六藝論一卷
周易注十二卷
尚書注十卷
尚書中候注六卷
尚書大傳注四卷
毛詩譜一卷
三禮目錄一卷
答周禮難一卷
魯禮禘祫義一卷
喪服變除一卷
箴左氏膏肓一卷
發公羊墨守一卷
釋穀梁廢疾一卷
論語注十卷
論語篇目弟子一卷
駁五經異義十卷　以上漢鄭玄撰
鄭志八卷　魏鄭小同撰　清孔廣林輯證
孝經注一卷
敘錄一卷　清孔廣林撰

鄭學十八種　漢鄭玄撰　清孔廣林輯　清抄本　李盛鐸校　五三

六藝論一卷
周易注十二卷
尚書注十卷
尚書中候注六卷
尚書大傳注四卷
毛詩譜一卷
三禮目錄一卷
答臨孝存周禮難一卷
魯禮禘祫義一卷
喪服變除一卷
箴左氏膏肓一卷
發公羊墨守一卷
釋穀梁廢疾一卷
論語注十卷
論語篇目弟子一卷
駁五經異義十卷　以上漢鄭玄撰
鄭志八卷　魏鄭小同撰　清孔廣林輯證
孝經注一卷

五四 鄭學十八種 附叙錄一卷 漢鄭玄撰 清孔廣林輯 清抄本 清田在林批校 清孔廣林撰
存十三種二十九卷
六藝論一卷
毛詩譜一卷
三禮目錄一卷
答臨孝存周禮難一卷
魯禮禘祫義一卷
喪服變除一卷
箴左氏膏肓一卷
發公羊墨守一卷
釋穀梁廢疾一卷
論語篇目弟子一卷
駁五經異義十卷 清孔廣林補證
鄭志八卷
孝經注一卷
附叙錄一卷 清孔廣林撰

五五 鄭氏遺書五種 漢鄭玄撰 清抄本 清錢大昕校點
存四種五卷
駁五經異義一卷 補遺一卷
箴膏肓一卷
起廢疾一卷
發墨守一卷

五六 高密遺書十九卷 漢鄭玄撰 清黃奭輯 清道光二十三年黃奭刻本 清黃奭校
六藝論一卷
周易注一卷
尚書古文注一卷
尚書大傳注一卷
尚書中候一卷
毛詩譜一卷
箴左氏膏肓一卷
釋穀梁廢疾一卷
發公羊墨守一卷
喪服變除一卷
答臨孝存周禮難一卷
魯禮禘祫義一卷
三禮目錄一卷
駁五經異義一卷
論語注一卷
論語篇目弟子一卷 以上漢鄭玄撰
鄭志一卷 魏鄭小同等撰
孝經解一卷
附年譜一卷 清孫星衍撰

五七 涇野先生五經說二十一卷 明呂柟撰 明嘉靖三十二年謝少南刻本 十行二十字白口四周雙邊
涇野先生周易說翼三卷
涇野先生尚書說要五卷
涇野先生毛詩說序六卷
涇野先生禮問二卷
涇野先生春秋說志五卷

五八 呂涇野五經說二十一卷 明呂柟撰 明抄本

五九 經說三種五卷 清諸錦撰 清乾隆十九年春暉堂刻本
毛詩說二卷首一卷
夏小正一卷
饗禮補一卷

拜經樓鈔書七種八卷 清吳騫輯 清吳氏拜經樓抄本
顧氏經解拾遺一卷 清顧歡撰
臧氏周禮音拾遺一卷 清臧庸撰
考正武成一卷
孫氏爾雅正義抄一卷 清胡渭直撰
子夏易傳二卷
孫氏爾雅正義一卷
書解一卷

六一 拜經樓雜抄四卷 清吳氏拜經樓抄本 諸德儀跋
三禮目錄一卷
漢甘露石渠禮議一卷 漢劉向撰 清丁杰輯
五經通義一卷
五經要義一卷 清吳騫校

六二 正學堂五經通解不分卷 清張甄陶撰 稿本 清葉旬卿林昌彝等校
周易□□
詩經朱傳拾遺
尚書蔡傳拾遺
春秋三傳定說
禮記陳氏集說刪補

六三 丁氏遺稿六種不分卷 清丁壽昌撰 稿本
讀易會通不分卷
詩經解不分卷
小戴禮記解不分卷
春秋左傳解不分卷
春秋解不分卷
說文解通刊俗不分卷

六四 孔叢伯說經五稾三十七卷 清孔廣林撰 稿本
吉兇服名用篇九卷
周官肊測七卷
禘祫觿解篇一卷
義禮肊測十八卷
儀禮鄭箋一卷
明堂億一卷

六五(二) 九經五十卷附三種四卷 清觀成堂刻本 清孔繼涵、孔廣根批校

六五(三) 九經五十卷附三種四卷 清觀成堂刻本 清沈大成、姚椿批校
存三十二卷 周易三卷 春秋左傳卷十一至十七 禮記六卷 周禮六卷 孝經一卷 論語二卷 孟子七卷

藏書情况表

書名編号	藏書单位
經總類 1	0141 0143 0144 0181 0193 0243 0301 0701 0801 0861 1501 1601 2702 1541
2	0101 0182 0242 1582 1604
3	1601
4	0143 0181
5	0101 0201 1701
6	0101⊗ 0201
7	0201
8	0242
9	2401⊗
10	0141
11	0241 1603 1501
12	0101 0501⊗
13	0181
14	0181 0301
15	1601 2704
16	0101 0201 2201⊗
17	0301
18	0701
19	0101 0150 0181 0201 0301 0198 1801 1841
20	0502 0701 1801
21	0101
22	0102 0150 0181 0641 2302 2341 2501
23	0201 1581 1741 2501 2602
24	1601
25	0201
26	0141 0161 0181 0201 0241 0242 1501 1502 2201⊗ 2481⊗ 2702
27	1601
28-1	0101
29	0101 1041
30	0241 1501 1544
31	0241
32	0198
33	0182
2[illegible]-2	1581
[illegible]-3	0201
經總類 34	0201 1701 1741 2701 2702
35	1601
36	1041
37	0142 0201 0281 0301 1001 1501 1641 1701 2001 2201 2203 2206 2701
38	1601
39	0102 0141 0142 0144 0145 0197 0198 0241 0243 0301 0341 0901 0903 1003 1101 1182 1301 1441 1502 1504 1507 1510 1519 1718 1801 2001 2201 2302 2357 2382 2401 2701 2702 2704 2746
40	2301
41	1741
42	2501
43	0101
44	0181
45	0101 0141 0181 0701⊗ 1701⊗ 1741
46	0703 1701
47	0102 0142 0181 0197 0198 0201 0941 1250 1501 1502 1542 1803 2201 2206 2301 2901
48	0181
49	0101
50	0101
51	0101
52	0101
53	0141
54	2001
55	0201
56	0101
57	0101 1705
58	0201
59	0201
60	1581
61	0101
62	0101
63	0201
64	1587

易類

漢魏二十一家易注三十三卷 清孫堂輯 清嘉慶四年孫氏映雪艸堂刻本 清侯康陳澧批點 一
子夏易傳
孟喜周易章句一卷 漢孟喜撰
京房周易章句一卷 漢京房撰
馬融周易傳一卷 漢馬融撰
荀爽周易注一卷 漢荀爽撰
鄭康成周易注三卷補遺一卷 漢鄭玄撰
劉表周易章句一卷 漢劉表撰
宋衷周易注一卷 漢宋衷撰
陸績周易述一卷 吳陸績撰
董遇周易章句一卷 魏董遇撰
虞翻周易注十卷 吳虞翻撰
王肅周易注一卷 魏王肅撰
姚信周易注一卷 吳姚信撰
王廙周易注一卷 晋王廙撰
張璠周易集解一卷 晋張璠撰
向秀周易義一卷 晋向秀撰
干寶周易注一卷 晋干寶撰
蜀才周易注一卷 晋范長生撰
翟元周易義一卷 口翟元撰
九家周易集注一卷
劉瓛周易義疏一卷 南齊劉瓛撰

周易四卷 明莊釋刻本 九行十八字黑口四周双边 二

周易四卷 明萬曆元年書林熊冲宇種德書堂刻本 清王亭批校 十一行二十三字白口左右双边 三

周易三卷 明刻藍印本 八行十四字黑口四周双边 四

周易二卷 明刻本 九行十六字白口四周双边 五

周易（篆文）十卷 明陳鳳梧篆書 明嘉靖刻篆文六經本 清尹英淳篆文批校 九行十三字小黑口左右双边 六

周易象二卷傳一卷 明刻本 九行十七字白口左右双边 七

稽古堂訂正子夏易傳十一卷 題周卜商撰 明末刻本 八行十八字白口四周單边 八

易傳三卷 漢京房撰 吳陸績注 明萬曆何允中刻廣漢魏叢書本 清盧文弨校 丁丙跋 九行二十字小字双行二十字白口左右双边 无刻工 九

易傳三卷 漢京房撰 吳陸績注 清朱邦衡抄本 清朱邦衡跋並臨清惠士奇惠棟校 清韓應陛跋 一〇

京氏易傳三卷 漢京房撰 吳陸績註 清初鈔本 清沈彤題識 葉樹蓮跋 民國尚秉和校 一一

周易鄭康成注一卷 漢鄭玄撰 宋王應麟輯 元至元六年浙東道宣慰使司都元帥府刻本 十行二十字小字双行同白口左右双边有刻工 一二

周易鄭康成注一卷周書王會一卷 漢鄭玄撰 宋王應麟輯 元刻明修本 十行二十字小黑口左右双边亦有四周双边有刻工 一三

鄭氏周易三卷 漢鄭玄撰 宋王應麟輯 清惠棟增補 稿本 清婁祿峰跋 一四

鄭氏周易三卷 漢鄭玄注 宋王應麟輯 清惠棟增補 清乾隆二十一年盧見曾刻雅雨堂叢書本 清阮元校注 一五

鄭氏周易三卷 漢鄭玄撰 宋王應麟輯 清惠棟增補 清乾隆二十一年盧見曾刻雅雨堂叢書本 清陳鱣校跋並録盧文弨丁杰孫志祖校跋 一六

鄭氏周易三卷 漢鄭玄撰 宋王應麟輯 清惠棟增補 清乾隆二十一年盧見曾刻雅雨堂叢書本 清黄錫元校並跋 一七

鄭氏周易三卷 漢鄭玄撰 宋王應麟輯 清惠棟增補 周易乾鑿度二卷鄭司農集一卷 漢鄭玄注 清乾隆二十一年盧見曾刻雅雨堂叢書本 清李慈銘校並跋 一八

鄭氏周易注三卷 漢鄭玄撰 宋王應麟輯 清惠棟補輯 鄭氏周易注補遺一卷 清孫堂輯 清同治十二年刻古經解彙函本 清許克勤校 一九

魁本大字評音句讀周易二卷 元至正十二年梅隱書堂刻本 十行十七字黑口左右双边 二〇

周易三卷 魏王弼 晋韓康伯注 附略例 明刻本 九行十九字小字双行單魚尾 四周單边 二一

周易十卷 魏王弼 晋韓康伯注 附略例 唐邢璹注 宋淳熙撫州公使庫刻遞修本（卷七至十配清影宋抄本） 十行十六字小字双行二十四字白口四周双边有刻工 二二

周易十卷 魏王弼 晋韓康伯注 附略例 唐邢璹注 宋刻本 十二行二十四字白口左右双边 二三

周易十卷 魏王弼 晋韓康伯注 唐陸德明釋文 附略例 唐邢璹注 宋刻本 明董其昌、文嘉、文震孟、文從簡、秦蕙田跋 十二行二十一字小字二十八字白口左右双边 二四

周易十卷 魏王弼 晋韓康伯注音義 唐陸德明撰 略例 唐邢璹注 元相臺岳氏荆谿家塾刻本 八行十七字小字双行同白口四周双边有刻工 二五

周易註十卷 魏王弼 晋韓康伯撰 唐陸德明釋文 略例 唐邢璹注 清初影元抄本 二六

周易註十卷 魏王弼 晋韓康伯注 唐陸德明釋文 略例 唐邢璹撰 明味經堂刻本 九行十八字小字双行十八字白口四周双边 二七

周易十卷 魏王弼 晋韓康伯注 附畧例 唐邢璹注 清抄本 二八

周易注疏十三卷 魏王弼 晋韓康伯注 唐孔穎達撰 宋兩浙東路茶鹽司刻宋元遞修本（序表卷一配清陳氏士鄉堂抄本） 清陳鱣跋 八行十九字白口左右双边 二九

周易正義十四卷 唐孔穎達撰 宋刻遞修本 清翁方綱跋 傅增湘跋 十五行二十六字白口左右双边 三〇

周易兼義九卷 唐孔穎達撰 附略例一卷 魏王弼撰 音義一卷 唐陸德明撰 宋刻元明遞修本 十行十八字小字双行二十四字白口間有細黑口四周單边双魚尾 三一

周易兼義九卷 唐孔穎達撰 附音義一卷 唐陸德明撰 略例註一卷 唐邢璹撰 元刻本 半頁十行行十八字小字双行行二十四字二十五字不等白口左右双边有刻工 存二卷 七至八 三二

周易兼義九卷 唐孔穎達撰 周易音義一卷 唐陸德明撰 周易略例一卷 唐邢璹注 明永樂二年刻本 八行十八字白口四周双边 三三

周易兼義九卷 唐孔穎達撰 附音義一卷 唐陸德明撰 略例注一卷 魏王弼撰 唐邢璹注 元刻明修本 十行十八字小字二十四字左右双边 三四

周易兼義九卷 唐孔穎達撰 周易音義一卷 唐陸德明撰 附略例注一卷 唐邢璹撰 明萬曆十四年北京國子監刻十三經註疏本 傅增湘校並跋 三五

周易兼義九卷 唐孔穎達撰 明崇禎四年毛氏汲古閣刻十三經注疏本 佚名校並錄、清惠棟校注、周星詒跋 九行二十一字小字双行同白口左右双边 三六

周易兼義九卷 唐孔穎達撰 明崇禎四年毛氏汲古閣刻十三經注疏本 清張爾耆韓應陛跋 佚名錄清盧文弨校跋 九行二十一字小字双行同白口左右双边 三七

周易兼義九卷 唐孔穎達撰 明崇禎四年毛氏汲古閣刻十三經注疏本 清張步瀛校 三八

周易兼義九卷 唐孔穎達撰 明崇禎四年毛氏汲古閣刻十三經注疏本 清謝章鋌校 三九

周易兼義九卷 唐孔穎達撰 明崇禎四年毛氏汲古閣刻十三經注疏本 清魯孔彰批 四〇

周易注疏十三卷 魏王弼注 唐陸德明音義 唐孔穎達疏 附周易略例一卷 清乾隆十二年武英殿刻十三經注疏本 清張穆校並圈點 四一

周易音義一卷 唐陸德明撰 清乾隆二十一年盧見曾刻雅雨堂叢書本 清王宗炎題識 四二

周易要義六卷 唐長孫無忌撰 清抄本 清柯逢時題識 四三

周易集解十七卷 唐李鼎祚輯 附略例一卷 魏王弼撰 明嘉靖三十六年朱睦㮮聚樂堂刻本 八行十八字白口四周双边 四四

三

易傳十卷 唐李鼎祚撰 明萬曆刻秘冊彙函本 佚名錄清朱彝尊跋并惠棟批校 九行十八字白口左右双边无刻工 存三卷 一至三 四五

李氏易解十卷 唐李鼎祚撰 明天啟元年鮑山刻本 九行十八字白口左右双边 四六

周易集解十七卷 唐李鼎祚輯 明末毛氏汲古閣刻津逮秘書本 清陳鱣、黃丕烈、吳騫批校並跋 九行二十字白口左右双边 四七

易傳十七卷 唐李鼎祚集解 周易音義一卷 唐陸德明撰 清乾隆二十一年盧見曾刻雅雨堂叢書本 清潘世璜臨、惠棟批校 四八

易傳十七卷 唐李鼎祚集解 清乾隆二十一年盧見曾刻雅雨堂叢書本 清陳鱣、吳騫校 存十一卷 七至十七 四九

易傳十七卷 唐李鼎祚集解 清乾隆二十一年盧見曾刻雅雨堂叢書本 清朱彬批校 五〇

易傳十七卷 唐李鼎祚集解 附周易音義一卷 唐陸德明撰 清乾隆二十一年盧見曾刻雅雨堂叢書本 清韓應陛校跋並錄孫堂校語 五一

易傳十七卷 唐李鼎祚集解 附周易音義一卷 唐陸德明撰 清乾隆二十一年盧見曾刻雅雨堂叢書本 清李慈銘校 五二

易傳十七卷 唐李鼎祚集解 周易音義一卷 唐陸德明撰 清乾隆二十一年盧見曾刻雅雨堂叢書本 清朱邦衡跋並錄惠士奇、惠棟批注 五三

周易集解十七卷 唐李鼎祚撰 清嘉慶二十三年周氏枕經樓刻本 清潘介祉錄、潘世璜臨、惠棟校 五四

周易集解十七卷 唐李鼎祚撰 清嘉慶二十三年周氏枕經樓刻本 清管芷湘校 五五

易傳集解十七卷 唐李鼎祚輯 明抄本 存一卷 卷十 五六

周易說十一卷 唐李鼎祚集解 民國王闓運說 稿本 五七

周易口訣義六卷 唐史徵撰 清袁氏貞節堂抄本 五八

安定先生周易繫辭二卷 宋胡瑗撰 明祁氏淡生堂抄本 五九

安定先生周易繫辭二卷周易雜卦傳一卷 宋胡瑗撰 清抄本 六〇

易講義二卷 宋陳襄撰 清張氏詒經堂抄本 清丁丙跋 六一

橫渠先生易說三卷 宋張載撰 明嘉靖十七年呂柟刻本 十行二十字白口左右双边有刻工字數 存二卷 上經 下經 六二

橫渠先生易說三卷 宋張載撰 明嘉靖十七年呂柟刻本 莫棠題識 十行二十字 存二卷 上經一卷 下經一卷 六三

蘇長公易解八卷 宋蘇軾撰 明萬曆二十四年吳之鯨刻本 半頁九行十九字左右双边白口 六四

四

蘇氏易傳九卷 宋蘇軾撰 明范氏天一閣抄本 六五

蘇氏易傳九卷 宋蘇軾撰 明抄本 六六

東坡先生易解九卷 宋蘇軾撰 明抄本 六七

東坡先生易解九卷 宋蘇軾撰 明抄本 清丁丙跋 六八

大易疏解十卷 宋蘇軾撰 明崇禎九年顧嘉劌刻本 清丁丙跋 每半頁九行二十字白口四周單边无刻工 六九

宋明兩蘇先生易說合删六卷 宋蘇軾 明蘇濬撰 蘇老先生易論一卷 明蘇濬撰 明萬曆四十四年周之謨刻本 九行十八字白口四周單边有刻工 七〇

蘇氏易解八卷 宋蘇軾撰 明萬曆二十二年陳所蘊水玉堂刻本 八行十七字小字双行十七字白口左右双边 七一

周易八卷 宋蘇軾傳 附王輔嗣論易一卷 魏王弼撰 明閔齊伋刻朱墨套印本 八行十八字小字双行白口四周單边 七二

易經解不分卷 宋朱長文撰 明崇禎四年王文祿刻本 九行十七字白口上魚尾左右双边 七三

吳園先生周易解九卷附錄一卷 宋張根撰 清抄本 七四

了齋易說一卷 宋陳瓘撰 清抄本 清周星詒跋 七五

了齋易說一卷 宋陳瓘撰 清道光二十年蔣氏別下齋抄本 清許光清校並跋 七六

漢上周易集傳十一卷 宋朱震撰 宋刻本 十行二十一字白口双边 七七

存九卷三至十一

漢上易傳十一卷宋朱震撰 漢上先生履歷一卷清初毛氏汲古閣影宋抄本 七八

漢上易集傳十一卷卦圖三卷叢說一卷宋朱震撰 明抄本（卦圖配清抄本） 七九

易變體義十二卷宋都絜撰 清抄本 八〇

易變體義十二卷宋都絜撰 清抄本 八一

易小傳六卷附繫辭補注一卷宋沈該撰 明祁氏澹生堂抄本 清沈復粲跋 張均衡跋 八二

易小傳六卷宋沈該撰 清抄本 八三

周易經傳集解三十六卷宋林栗撰 清四美堂寫定未刻本 八四

周易經傳集解三十六卷宋林栗撰 清初抄本 八五
存三十二卷一至三十二

周易經傳集解三十六卷宋林栗撰 清抄本 八六

周易古占法一卷古周易章句外編一卷宋程迥編 明范欽訂 清抄本（四庫底本） 八七

易傳六卷上下篇義一卷宋程頤撰 宋刻本 八行十五字白口左右双边 八八
存一卷上下篇義

周易程傳二卷宋程頤撰 明新安吳勉學刻本 九行十七字双行三十六字左右双边白口 八九

周易九卷略例一卷魏王弼 晉韓康伯注 宋程頤傳（唐陸德明釋文） 明萬曆十六年朱鴻謨刻本 八行十七字注文双行十七字白口四周双边有刻工 九〇

伊川易傳四卷宋程頤撰 附上下篇義一卷清康熙呂氏寶誥堂刻二程全書本 清吳騫錄鐘文烝校 九一

伊川易傳四卷宋程頤撰 附上下篇義一卷清康熙呂氏寶誥堂刻二程全書本 清丁晏校並跋 九二

易傳八卷宋程頤撰 清同治五年金陵書局刻本 清翁同龢錄 瞿式耜批注並跋 九三

伊川程先生周易經傳十卷上下篇義一卷宋程頤撰 元刻本 七行十五字小字双行同細黑口左右双边 九四

程氏易傳十二卷易傳諸說一卷宋程頤撰 明嘉靖八年姜梁刻本 十一行二十一字小字双行同黑口四周双边 九五

程氏易傳十二卷宋程頤撰 明嘉靖七年姜梁刻本 十一行二十一字黑口四周双边无刻工 九六

程氏易傳十二卷宋程頤撰 明嘉靖八年刻本 十一行二十一字上下粗黑口四周双边 九七

晦庵先生校正伊川易傳八卷宋程頤傳 朱熹校正 元刻本 半頁十一行二十、二十一字小字双行二十四至二十六字細黑口左右双边双魚尾 存四卷一至四 九八

新刊校正音釋易經四卷宋程頤撰 明刻本 九行十六字白口四周双边 九九

周易十卷宋程頤傳 朱熹正義 易圖一卷宋朱熹集錄 上下篇義一卷宋程頤撰 易五贊一卷筮儀一卷宋朱熹撰 易說綱領一卷宋程頤撰 明正統十二年司禮監刻五經四書本 八行十四字黑口四周双边双魚尾 一〇〇

周易經傳二十四卷宋程頤撰 朱熹本義 明初刻本 九行十七字四周双边黑口 一〇一

周易經傳二十四卷宋程頤傳 朱熹本義 明刻本 九行十七字黑口四周双边有刻工 一〇二

周易二十四卷宋程頤傳 朱熹本義 上下篇義一卷宋程頤撰 朱子圖說一卷周易五贊一卷筮儀一卷宋朱熹撰 明嘉靖吉澄刻本 清丁丙跋 九行十七字小字双行行十七字白口左右双边有刻工 一〇三

周易二十四卷宋程頤傳 朱熹本義 明刻本 九行十七字小字双行十七字有天楣音註白口左右双边有刻工 一〇四

周易經傳二十四卷宋程頤傳 朱熹本義 上下篇義一卷宋程頤撰 朱子圖說一卷周易五贊一卷筮儀一卷宋朱熹撰 明刻本 清丁丙跋 九行十七字小黑口四周單边无刻工 一〇五

周易二十四卷宋程頤傳 朱熹本義 周易朱子圖說一卷筮儀一卷宋朱熹撰 明崇禎十三年周中度刻本 九行十八字小字双行三十四字白口四周單边 一〇六

周易十卷易圖集錄一卷易筮儀一卷上下篇義一卷易說綱領一卷宋程頤傳 朱熹本義 明司禮監刻本 八行十四字小字双行十七字大黑口四周双边有刻工 一〇七

周易十卷宋程頤傳 朱熹本義 易圖集錄一卷宋朱熹撰 上下篇義一卷宋程頤撰 易五贊一卷筮儀一卷宋朱熹撰 明正統十二年司禮監刻本 清丁丙跋 八行十四字小字双行十八字四周双边大黑口无刻工 一〇八

周易十卷上下篇義一卷易圖集錄一卷易說綱領一卷宋程頤傳 朱熹本義 明內府刻本 八行十八字小字双行大黑口四周双边 一〇九

周易十卷宋程頤傳 朱熹本義 附上下篇義一卷宋程頤撰 易圖集錄一卷易五贊一卷易筮儀一卷宋朱熹撰 易說綱領一卷宋程頤、朱熹撰 明刻本 八行十四字大黑口四周双边双魚尾无刻工 一一〇

周易十卷宋程頤傳 朱熹本義 明嘉靖三十五年顧東崇正堂刻本 八行十四字小字双行十八字上下粗黑口四周双边 一一一

周易傳義十六卷上下篇義一卷易圖集錄一卷易五贊一卷筮儀一卷 宋程頤、朱熹撰 明嘉靖應檟刻本 九行十八字白口四周双边有刻工 一二二

周易傳義十六卷上下篇義一卷周易朱子圖說一卷卦變圖一卷易五贊一卷筮儀一卷 宋程頤、朱熹撰 明嘉靖應檟刻本 清顧廣圻批校並跋 九行十八字白口四周双边有刻工 存十一卷 一至二 五至八 十一 周易朱子圖說、卦變圖、易五贊、筮儀 一二三

周易經傳二十四卷 宋程頤傳 朱熹本義 上下篇義一卷 宋程頤撰 朱子圖說一卷五贊一卷筮儀一卷 宋朱熹撰 明嘉靖八年張祿朱廷贊等刻本 九行十七字小字双行十六字白口四周单边有刻工 一二四

程朱二先生周易傳義十卷 宋程頤朱熹撰 易圖集錄一卷 宋朱熹撰 元至元二年碧灣書堂刻本（卷六至十配元刻呂祖謙音訓本） 十一行二十一字小字双行二十五字黑口四周双边 一二五

程朱二先生周易傳義十卷 宋程頤朱熹撰 易圖集錄一卷 宋朱熹撰 元刻本 十一行二十一字小字双行二十五字四周双边双魚尾 一二六

程朱二先生周易上經傳義二十四卷 宋程頤傳 朱熹本義 元延祐元年翠巖精舍刻本 十一行二十一字小字双行二十五字細黑口四周双边双魚尾 存八卷 一至八 一二七

程朱二先生周易傳義十卷 宋程頤朱熹撰 易圖集錄一卷 宋朱熹撰 元刻本 清錢泰吉題跋 十一行二十一字小字双行二十五字黑口四周双边 一二八

程朱二先生周易傳義十卷 宋程頤朱熹撰 元刻本 十三行二十三字小字双行二十七字黑口四周双边 一二九

程朱二先生周易傳義十卷 宋程頤朱熹撰 元刻本 十一行二十一字小字二十五字黑口双魚尾四周双边 存一卷 五 一三〇

周易程朱先生傳義二十卷 宋程頤朱熹撰 附程子上下篇義一卷 宋程頤撰 董楷輯 朱子周易五贊一卷筮儀一卷 宋朱熹撰 明刻本 十行二十二字黑口左右双边无刻工 一三一

周易經傳傳義二十四卷 宋程頤朱熹撰 明嘉靖建寧府書坊刻本 九行十七字小字双行字數同黑口四周双边有刻工 一三二

周易傳義二十四卷 宋程頤傳 朱熹本義 明嘉靖四十三年刻本 九行十七字小字双行十六字白口左右双边有刻工 一三三

周易程朱傳義二十四卷 宋程頤、朱熹撰 明嘉靖吉澄刻本 九行十七字小字双行同白口左右双边有刻工 一三四

周易二十四卷 宋程頤傳 朱熹本義 明福建建寧府知府曲梁楊一鶚刻本 半頁九行行十七字小字双行低一格十六字白口左右双边有刻工 一三五

周易程朱傳義二十四卷 宋程頤朱熹撰 明刻本 半頁九行行十七字小字双行低一格十六字白口左右双边无刻工 一三六

周易程朱傳義二十四卷 宋程頤朱熹撰 上下篇義一卷 宋程頤撰 周易朱子圖說一卷周易五贊一卷筮儀一卷 宋朱熹撰 明萬曆崑邑陳允升刻本 九行十七字白口左右双边 一三七

周易傳義二十四卷 宋程頤傳 朱熹本義 明刻本 清陸隴其批點并跋 九行十七字白口左右双边有刻工 一三八

周易傳義二十四卷 宋程頤傳 朱熹本義 明刻本 九行十七字小字双行白口左右双边有刻工 一三九

周易二十四卷 宋程頤、朱熹撰 附上下篇義一卷 宋程頤撰 圖說一卷五贊一卷筮儀一卷 宋朱熹撰 明刻本 半頁九行行十七字小字双行低一格十六字白口左右双边有刻工 （[illegible]同版本） 一四〇

周易傳義二十四卷 宋程頤傳 朱熹本義 附上下篇義一卷 宋程頤撰 圖說一卷五贊一卷筮儀一卷 宋朱熹撰 明崇禎四年汪應魁貽經堂刻本 九行十八字小字双行低大字一字白口四周双边 一四一

周易二十四卷 宋程頤、朱熹傳義 明瞿式耜批注 清瞿昌文翁同龢跋 九行十八字小字双行同白口四周双边 一四二

周易傳義十卷 宋程頤朱熹撰 易圖集錄一卷易五贊一卷筮儀一卷 宋朱熹撰 上下篇義一卷 宋程頤撰 明正統十二年司禮監刻本 八行十四字小字双行十八字黑口四周双边 一四三

易經纂註四卷 宋朱熹註 明李廷機輯 明崇禎二年刻本 十行二十字白口左右双边有刻工 一四四

重鋟朱子易學啓蒙四卷 宋朱熹撰 明余懋衡輯 明刻本 九行十九字白口四周单边无刻工 一四五

周易本義十二卷 宋朱熹撰 稿本 明李東陽 清何紹基、費念慈跋 存繫辭殘卷六十行 一四六

周易本義十二卷易圖一卷五贊一卷筮儀一卷 宋朱熹撰 宋咸淳元年吳革刻本 六行十五字小字双行同白口左右双边 一四七

周易本義十二卷易圖一卷五贊一卷筮儀一卷 宋朱熹撰 宋咸淳元年吳革刻本 陳實琮、曹秉章題記 六行十五字白口左右双边双魚尾下記刻工及字數 一四八

周易本義十二卷易圖一卷五贊一卷筮儀一卷 宋朱熹撰 宋刻本 存十三卷 上經 傳十卷全 五贊 筮儀 一四九

周易本義十二卷易圖一卷五贊一卷筮儀一卷 宋朱熹撰 清康熙內府刻本 一五〇

一四一 周易本義十二卷易圖一卷五贊一卷筮儀一卷 宋朱熹撰 清康熙內府刻本 清丁晏題識

一四二 周易本義十二卷易圖一卷周易五贊一卷筮儀一卷 宋朱熹撰 清康熙五十年曹寅刻本

一四三 周易本義十二卷 宋朱熹撰 清抄本 清丁丙跋

一四四 周易本義五卷圖說一卷易五贊一卷 宋朱熹撰 明正德十六年袁州府仰韓堂刻本 十一行二十二字白口四周单边

一四五 周易本義四卷圖說一卷筮儀一卷 宋朱熹撰 明嘉靖七年丘氏石泉書屋刻本 十一行二十一字左右双边单魚尾細黑口

一四六 周易本義四卷 宋朱熹撰 明嘉靖三十三年羅氏勤有堂刻本 十一行大字十八至二十字不等小字二十三字白口四周双边双魚尾

一四七 周易本義四卷圖說一卷 宋朱熹撰 明嘉靖四十五年周樂軒書坊刻本 十一行二十三字白口左右双边无刻工

一四八 新刊玉堂周易本義四卷附總圖筮儀卦名一卷 宋朱熹撰 明萬曆元年張閩嶽新賢堂刻本 十一行二十三字小字双行同白口四周单边

一四九 新刻官板周易本義四卷 宋朱熹撰 明(張)閩岳新賢堂刻本 十一行二十三字小字行二十二字白口四周单边

一五〇 周易本義四卷 宋朱熹撰 明萬曆五年刻本 十一行二十三字白口四周单边或左右双边不一无刻工

一五一 周易本義四卷（卦歌一卷）附新鍥尊朱易經講意舉業便讀四卷 宋朱熹撰 明李廷機撰 明萬曆熊冲宇刻本 清佚名評校 九行十七字

一五二 周易本義四卷 宋朱熹撰 明萬曆二十九年存德堂刻本 十一行二十三字白口双魚尾四周双边

一五三 新刊大字周易本義四卷圖說一卷筮儀一卷 宋朱熹撰 明萬曆金陵書林周對峯刻本 十一行二十三字白口双边单魚尾

一五四 周易本義四卷圖說一卷卦歌一卷筮儀一卷 宋朱熹撰 明萬曆吳勉學刻本 九行十七字上栏刊注釋白口左右双边左右两版不相連

一五五 周易本義四卷圖說一卷筮儀一卷 宋朱熹撰 明劉雙齋刻本 十一行二十三字小字同四周单边白口

一五六 周易四卷易圖一卷筮儀一卷卦歌一卷 宋朱熹撰 明崇禎六年閔齊伋刻本 十一行二十三字四周单边白口

一五七 周易本義四卷易圖一卷筮儀一卷卦歌一卷 宋朱熹撰 明崇禎十四年閔齊伋刻本 九行十七字小字同四周双边白口

一五八 周易本義四卷筮儀一卷卦歌一卷圖說一卷 宋朱熹撰 明刻本 九行十七字小字双行十七字白口四周单边有刻工

一五九 周易本義四卷 宋朱熹撰 明胡惟忠汪允傑刻本 十一行經文頂格注另起一行低一格二十二字白口黑魚尾四周单边

一六〇 周易本義四卷 宋朱熹撰 明末毛氏汲古閣刻本 清錢陸燦批注並跋 九行十七字白口左右双边

一六一 周易本義四卷（圖說一卷） 宋朱熹撰 明崇禎十四年毛氏汲古閣刻清一經樓重修本 清李錫疇批校 九行十七字小字双行行十七字白口左右双边无刻工

一六二 周易本義四卷 宋朱熹撰 明刻本 十一行二十三字白口左右双边有刻工

一六三 周易本義四卷 宋朱熹撰 明刻本 十一行二十三字白口四周双边

一六四 周易本義四卷 宋朱熹撰 明刻本 清徐繼畬批點 十一行二十三字白口四周单边

一六五 周易本義五卷圖說一卷筮儀一卷 宋朱熹撰 明刻巾箱本 九行十七字白口单边双魚尾

一六六 周易本義十二卷易圖一卷五贊一卷 宋朱熹撰 明刻本 清朱彝尊、顧廣譽、丁丙跋 九行十九字小字双行行十九字大黑口四周双边无刻工

一六七 周易本義四卷圖說一卷卦歌一卷筮儀一卷 宋朱熹撰 清康熙十年朱錫旂刻本 清劉文淇校並跋

一六八 周易本義四卷 宋朱熹撰 清康熙十年朱錫旂刻本 清薛時雨批

一六九 周易本義四卷筮儀一卷圖說一卷 宋朱熹撰 清道光十六年揚州片善堂借字公局刻本 清陳介祺批註並跋

一七〇 周易本義四卷筮儀一卷圖說一卷卦歌一卷 宋朱熹撰 清道光十六年揚州片善堂借字公局刻本 清丁晏批注

一七一 周易本義四卷 宋朱熹撰 清咸豐同治間刻本 清劉庠批校

一七二 晦菴朱文公易說二十三卷 宋朱熹撰 朱鑑輯 元刻本 十三行二十一字黑口四周双边

一七三 晦菴先生朱文公易說二十三卷 宋朱熹撰 清抄本

一七四 南軒先生張侍講易說五卷 宋張栻撰 明抄本（四庫底本） 清吳城跋

一七五 張先生校正楊寶學易傳二十卷 宋楊萬里撰 張敬之校正 宋刻本 明鄭希聖、朱良育跋 十行二十字小字双行二十六字細黑口左右双边

一七六 張先生校正楊寶學易傳二十卷 宋楊萬里撰 張敬之校正 宋刻本 十行二十字小字双行二十六字細黑口左右双边

一七七 張先生校正楊寶學易傳二十卷 宋楊萬里撰 張敬之校正 明抄本 清姚椿校

一七八 張先生校正楊寶學易傳二十卷 宋楊萬里撰 張敬之校正 明刻本 十行二十五字黑口双黑魚尾左右双边

一七九 張先生校正楊寶學易傳二十卷 宋楊萬里撰 張敬之校正 明嘉靖二十三年魯藩朱當澼敬學書院刻本 十行二十五字小字单行細黑口双黑魚尾左右双边

誠齋先生易傳二十卷　宋楊萬里撰　明嘉靖二十一年尹耕遼鶴亭刻本　九行二十四字四周單边左右兩欄上下綫不連版心下有遼鶴亭三字　一八〇
誠齋先生易傳二十卷　宋楊萬里撰　明嘉靖二十一年尹耕遼鶴亭刻本　明梁以樟校　九行二十四字單边白口無魚尾口下有「遼鶴亭」三字　一八一
誠齋先生易傳二十卷　宋楊萬里撰　明嘉靖遼鶴亭刻本　朱水松批校題跋　九行二十四字白口四周單边版心下鐫「遼鶴亭」　一八二
誠齋先生易傳二十卷　宋楊萬里撰　明嘉靖二十一年尹耕遼鶴亭刻本　清丁丙跋　九行二十四字白口四周單边无刻工　一八三
誠齋先生易傳二十卷　宋楊萬里撰　明嘉靖四十二年刻本　九行二十四字白口單魚尾四周單边有刻工　一八四
誠齋先生易傳二十卷　宋楊萬里撰　明日省堂抄本
存十九卷　一至十九（卷十七至十九依易經原文抄）　一八五
誠齋先生易傳二十卷　宋楊萬里撰　明萬曆四十六年張惟任刻本　九行二十字白口四周双边　一八六
楊誠齋先生易傳二十卷　宋楊萬里撰　明末刻本　九行二十字白口單边无格　一八七
誠齋先生易傳二十卷　宋楊萬里撰　清抄本　清焦循批校
存五卷　一至五　一八八
周易玩辭十六卷　宋項安世撰　明澹然齋抄本　一八九
周易玩辭十六卷　宋項安世撰　清康熙成德刻通志堂經解本（四庫底本）　一九〇
周易玩辭十六卷　宋項安世撰　清抄本　一九一
大易粹言十二卷　宋曾穜輯　宋淳熙三年舒州公使庫刻本　十行二十字白口左右双边有刻工　一九二
大易粹言七十卷　宋曾穜輯　宋刻本　十二行二十二至二十四字細黑口左右双边
存八卷　六十至六十七　一九三
方舟先生易學二卷　宋李石撰　劉伯熊編　清吳氏繡谷亭抄本　曹元忠跋　一九四
周易程朱傳義音訓十卷　宋程頤　朱熹撰　呂祖謙音訓　易圖一卷　宋朱熹撰　元至正六年虞氏務本堂刻本　傅增湘跋　十二行二十一字小注二十五字黑口四周双边　一九五
周易雜論精義一卷　題宋呂祖謙編　清抄本　羅振常題識　一九六
周易廣義四卷　宋程頤傳　朱熹本義　明鄭敦教撰　明刻本　清鄭杲批　九行二十字小字双行十九字白口四周單边　一九七
郭氏傳家易說十一卷　宋郭雍撰　清乾隆浙江重刻武英殿聚珍版叢書本　清盧文弨校並跋　丁丙跋　一九八
周易義海撮要一卷　宋李衡撰　詩輯一卷　宋嚴粲撰　明祁氏淡生堂抄本　一九九
周易義海撮要十二卷　宋李衡撰　明抄本　二〇〇
周易義海撮要十二卷　宋李衡撰　明抄本
存二卷　一至二　二〇一
周易義海撮要十二卷　宋李衡撰〔清惠棟批　丁晏跋〕清康熙成德刻通志堂經解本　二〇二
復齋易說六卷　宋趙彥肅撰　清抄本　二〇三
易說二卷　宋呂祖謙撰　明崇禎呂氏浣花居刻芝園秘錄本　半頁八行十八字左右双边白口无魚尾　二〇四
楊氏易傳二十卷　宋楊簡撰　明萬曆二十三年劉日升陳道亨刻本　十行二十一字白口四周双边首頁有刻工　二〇五
楊氏易傳二十卷　宋楊簡撰　明萬曆二十三年劉日升陳道亨刻本　清丁丙跋　十行二十一字白口四周双边刻工張耀　二〇六
易稗傳一卷外篇一卷　宋林至撰　清抄本　二〇七
童溪王先生易傳三十卷　宋王宗傳撰　宋開禧元年建安劉日新宅三桂堂刻本　十四行二十四字細黑口左右双边
存二十二卷　一至十四　十八至二十二　二十八至三十　二〇八
童溪王先生易傳三十卷　宋王宗傳撰　宋開禧元年建安劉日新宅三桂堂刻本　十四行二十三、四字不等左右双边細黑口
存六卷　十五至十七　二十五至二十七　二〇九
童溪王先生易傳三十卷　宋王宗傳撰　明抄本　二一〇
周易總義二十卷　宋易祓撰　清抄本　二一一
西谿先生易說十二卷序說一卷　宋李過撰　清抄本　二一二
周易要義十卷　宋魏了翁撰　宋淳祐十二年魏克愚刻本　九行十八字白口左右双边
存六卷　一至二　七至十　二一三
周易要義十卷　宋魏了翁撰　明抄本
存六卷　一中、下　二上、中、下　七至十　二一四
周易要義十卷　宋魏了翁撰　明抄本
存二卷　四上下　五上　二一五
周易要義十卷　宋魏了翁撰　清徐氏傳是樓抄本　清季錫疇校　二一六
周易要義十卷　宋魏了翁撰　清震無咎齋抄本　清翁心存校並跋　二一七
周易要義十卷　宋魏了翁撰　清抄本　清丁丙跋　二一八
大易集義六十四卷　宋魏了翁輯　宋刻本（卷六至十、二十四至二十六配清抄本）　十行二十字白口左右双边　二一九
周易集義六十四卷　宋魏了翁輯　明刻本　十行字數不一白口左右双边版心下有刻工
存四十七卷　十至二十、二十一至二十八　三十一　三十六至四十九　五十　六十四　二二〇
東谷鄭先生易翼傳二卷　宋鄭汝諧撰　元大德十一年廬陵學宮刻本　十一行十八字細黑口四周双边
存一卷　下　二二一
易序叢書十卷　宋趙汝楳撰　清初抄本　清彭元瑞跋
存七卷　一至二　六至十　二二二

二二三 周易輯聞六卷易雅一卷筮宗一卷 宋趙汝楳撰 明朱睦㮮聚樂堂刻本 十一行二十字白口左右双边有刻工

二二四 周易詳解十六卷 宋李杞撰 清乾隆翰林院抄本（四庫底本） 清丁丙跋 存十四卷 一至六 九至十六

二二五 讀周易二十一卷 宋方實孫撰 明抄本 存四卷 上經六至八 下經一

二二六 周易程朱先生傳義附錄二十卷 宋董楷撰 程子上下篇義一卷 宋程頤撰 朱子易圖說一卷周易五贊一卷筮儀一卷 宋朱熹撰 董楷輯 元至正二年桃溪居敬書堂刻本 十二行二十二字小字双行同黑口四周双边

二二七 周易程朱先生傳義附錄二十卷 宋董楷撰 程子上下篇義一卷 宋程頤撰 朱子易圖說一卷周易五贊一卷筮儀一卷 宋朱熹撰 董楷輯 元至正二年桃溪居敬書堂刻本 十二行二十二字小字双行同黑口四周双边 存十四卷 周易程朱先生傳義附錄十一至十五、繫辭上下、說卦、序卦、雜卦、餘全

二二八 周易程朱先生傳義附錄二十卷 宋董楷撰 程子上下篇義一卷 宋程頤撰 朱子易圖說一卷周易五

一三

贊一卷筮儀一卷 宋朱熹撰 董楷輯 元至正二年桃溪居敬書堂刻本 清吳騫跋 十二行二十二字小字双行同黑口四周双边

二二九 周易程朱先生傳義附錄二十卷 宋董楷撰 程子上下篇義一卷 宋程頤撰 朱子易圖說一卷周易五贊一卷筮儀一卷 宋朱熹撰 元至正九年盧陵竹坪書堂刻本 十二行二十二字小字双行同黑口四周双边（兼有四周单边或左右双边）

二三〇 周易程朱先生傳義附錄二十卷 宋董楷撰 元至正九年竹坪書堂刻本 十二行二十二字小字双行同黑口左右双边 存十四卷 一至七 九至十五

二三一 周易程朱先生傳義附錄二十卷 宋董楷撰 程子上下篇義一卷 宋程頤撰 朱子易圖說一卷周易五贊一卷筮儀一卷 宋朱熹撰 董楷輯 元延祐二年圓沙書院刻本 十二行二十二字小字双行同黑口四周双边

二三二 周易傳義附錄十四卷附程子上下篇義一卷朱子易圖說一卷雜卦朱氏說一卷序卦程朱氏說一卷 宋董楷輯 元刻本 清路慎莊、宋咸跋 十一行二十一字細黑口单边双魚尾 存六卷 一 四至八

二三三 易學啟蒙二卷圖一卷 宋[illegible]本 十行二十一字注文小字双行低一格十九字小黑口左右双边

二三四 易學啟蒙二卷圖一卷 宋胡方平通釋 元刻明修本 十行二十字小字双行同黑口左右双边

二三五 易學啟蒙二卷圖一卷 宋胡方平通釋 明初刻本 十行二十字黑口左右双边小字双行

二三六 易學啟蒙通釋二卷附圖跋一卷 宋胡方平撰 清嘉慶十五年慶餘堂刻本 清孫衣言校并跋

二三七 朱子易學啟蒙通釋二卷啟蒙圖式一卷 宋胡方平撰 明朱鑑述解 明刻本 清丁丙跋 半頁十二行十九字小字双行十八字大黑口四周双边元刻工

二三八 周易不分卷 宋胡方平通釋 清抄本

二三九 三易備遺十卷 宋朱元昇撰 明抄本 存三卷 三至五

二四〇 周易象義十二卷 宋丁易東撰 元刻本 左右双边

二四一 易象義十六卷統論一卷 宋丁易東撰 清黎錫疇校 九行十八字白口

二四二 易象義十六卷 宋丁易東撰 清抄本 清張氏愛日精廬抄本（卷六至八配清抄本） 清丁丙跋

二四三 易經訓解四卷 宋熊禾撰 明崇禎十六年刻本 上層小字廿行行十八字下層大字八行行十八字白口单边

二四四 勿軒易學啟蒙圖傳通義七卷 宋熊禾撰 清抄本

一四

二四五 周易通義八卷發例二卷識蒙一卷或問三卷 宋黃超然撰 明抄本

二四六 易本義附錄纂疏十五卷 元胡一桂撰 元刻本 十行二十字小字双行二十四字小黑口左右双边 存三卷 下經第一 彖上傳第一 彖下傳第二

二四七 周易本義啟蒙翼傳四卷 元胡一桂撰 元皇慶二年刻本 十一行二十一字黑口双边双魚尾

二四八 周易翼傳四卷 宋胡一桂撰 明萬曆四十三年刻本 九行字數不一白口四周单边元刻工

二四九 周易本義啟蒙翼傳四卷 元胡一桂撰 明刻本 十一行二十一字白口左右双边

二五〇 周易本義啟蒙翼傳四卷 元胡一桂撰 明末胡之珩刻本 九行二十一字白口四周单边有刻工

二五一 周易本義啟蒙翼傳四卷 元胡一桂撰 明天一閣抄本 存三卷 一至二 四

二五二 周易本義啟蒙翼傳外篇一卷 元胡一桂撰 清抄本

二五三 易纂言十二卷 元吳澄撰 明萬曆四十二年刻本 十行二十字小字双行同白口左右双边有刻工

二五四 易纂言十卷首一卷 元吳澄撰 清康熙納蘭成德刻通志堂經解本 清惠棟、丁丙跋

二五五 易纂言外翼十二卷 元吳澄撰 元刻本 九行二十字細黑口四周双边

二五六 新刊周易纂言集註四卷首一卷 元吳澄撰 明嘉靖元年宗文書堂刻本 小字双行二

十一字黑口四周双边

太易鉤玄三卷　元鮑恂撰　清抄本　二五七

周易繫辭述二卷　元保八撰　元刻本　八行十八字小字双行同細黑口左右双边　二五八

周易程朱傳義折衷三十三卷　元趙采撰　清道光運甓齋抄本　清陳勱跋　二五九

周易衍義不分卷　元胡震撰　清抄本　二六〇

大易輯説十卷　元王申子撰　清抄本　二六一

易圖通變五卷　元雷思齊撰　明范氏天一閣抄本　二六二

易經旁訓三卷　元李恕撰　明萬曆二十三年刻五經旁訓本　清翁方綱題跋　餘同柏跋　七行二十字白口左右双边有刻工　二六三

周易集説□□卷　元俞琰撰　元至正九年俞氏讀易樓刻公文紙印本　十二行二十一字黑口左右双边

存十一卷　下經　爻傳上下　象傳上下　彖辭上下　文言　說卦　序卦　雜卦　二六四

讀易舉要四卷　元俞琰撰　清抄本（四庫底本）　存二卷　三至四　二六五

易圖通變五卷　元雷思齊撰　明抄本　二六二

周易集説□□卷　元俞琰撰　清抄本　二六六

周易集説□□卷　元俞琰撰　清抄本　二六七

周易本義通釋十二卷輯録雲峯文集易義一卷　元胡炳文撰　明胡珙輯　明嘉靖元年湛旦鄭杞刻本　十一行二十四字細黑口四周双边　二六八

周易本義通釋十二卷輯録雲峯文集易義一卷　元胡炳文撰　明胡珙輯　明嘉靖元年湛旦鄭杞刻本　清丁丙跋　十一行二十四字小黑口四周双边无刻工　二六九

周易本義通釋十二卷輯録雲峯文集易義一卷　元胡炳文撰　明胡珙輯　清抄本　清王振聲校並録何焯跋　二七〇

周易本義集成十二卷　元熊良輔撰　元刻明修本　十行十六至十九字不等小字双行二十四字細黑口四周双边

存十二卷　上經　十傳全　易義全　二七一

周易本義集成十二卷　元熊良輔撰　元刻本　十行十七十八字不等小黑口大黑口四周双边　二七二

大易象數鉤深圖三卷周易圖三卷　元張理撰　明抄本　二七三

學易記九卷　元李簡撰　元刻本　十行二十字白口左右双边

存六卷　四至九　二七四

學易記九卷　元李簡撰　元刻本　半頁十行行二十字白口左右双边有刻工　二七五

學易記九卷　元李簡撰　明抄本（卷一、四至五、八至九配清抄本）　清丁丙跋

存四卷　卷一至卷四上　二七六

周易集傳八卷　元龍仁夫撰　清影元抄本　清盛百二題記　二七七

周易經傳集程朱解附録纂註十四卷朱子易圖附録纂註一卷朱子啟蒙五贊附録纂注一卷　元董真卿撰　元元統二年董僎刻本　十一行十九字註文双行二十一字版心上下細黑口双边双魚尾　二七八

周易經傳集程朱解附録纂註十四卷朱子易圖附録纂註一卷朱子啟蒙五贊附録纂註一卷　元董真卿撰　元刻本　十一行十九字小字双行二十二字黑口四周双边　二七九

易學變通六卷　元曾貫撰　清抄本

存三卷　四至六　二八〇

周易爻變易蘊四卷　元陳應潤撰　清抄本　清丁丙跋　二八一

周易經義三卷　元涂溍生撰　元刻本　清吳翌鳳跋　十三行二十三字黑口左右双边　二八二

周易參義十二卷　元梁寅撰　明初刻本　十二行二十一字綫黑口單边双魚尾下有刻工　二八三

周易參義十二卷　元梁寅撰　明初刻本　十二行二十一字黑口四周單边

存三卷　一至二（上下經）　十二（傳十）　二八四

周易參義十二卷　元梁寅撰　清康熙成德刻通志堂經解本　清翁同書批注並跋　二八五

周易參義十二卷　元梁寅撰　明天一閣鈔本　二八六

周易參義十二卷　元梁寅撰　明末周元亮抄本　二八七

周易正訓童子便不分卷　元趙汸輯　明詹良輔訂　清抄本　二八八

新刻金陵原板易經開心正解六卷　明萬曆元年書林熊冲宇刻本　十一行大小字不一四周双边　二八九

周易旁註二卷前圖二卷卦傳十卷　明朱升撰　明刻本　十行行二十字小字双行黑口四周双边　二九〇

周易旁註七卷附前圖二卷　明朱升撰　明刻本　半頁八行行十八字后三冊半頁九行行十四字小字双行字无定數白口單魚尾左右双边　二九一

周易旁註前圖二卷　明朱升撰　明刻本　清吳騫跋　十行二十字小字双行同黑口四周双边　二九三

易本圖説二卷　明朱升撰　明末刻本　十行二十字小字双行白口單魚尾左右双边　二九四

周易傳義大全二十四卷朱子圖説一卷綱領　二九五

一卷　明胡廣等輯　明永樂十三年內府刻本　十行二十二字四周黑口双边双魚尾

周易傳義大全二十四卷綱領一卷朱子圖說一卷　明胡廣等輯　明刻本　十行二十二字小字双行同黑口四周双边　二九六

周易傳義大全二十四卷程子上下篇義一卷朱子圖說一卷易五贊一卷易筮儀一卷程朱易說綱領一卷　明胡廣等輯　明天順八年書林魏氏明實書堂刻本（卷八抄配）　清翁斌孫題識　十一行十九字注文双行二十字上下細黑口双边双魚尾　二九七

周易傳義大全二十四卷　明胡廣等輯　明弘治四年羅氏竹坪書堂刻本　十一行十九字至二十一字小字双行二十一字大黑口双魚尾四周双栏
存十卷　卷一至七　十六至十七　二十四　二九八

周易傳義大全二十四卷　周易朱子圖說一卷易五贊一卷筮儀一卷易說綱領一卷　明胡廣等輯　明弘治九年余氏雙桂書堂刻本　十二行二十三字小字双行同黑口四周双边　二九九

周易傳義大全二十四卷綱領一卷朱子圖說一卷　明胡廣等輯　明正德十二年楊氏清江堂刻嘉靖四年重修本　十一行二十一字小字双行黑口四周双边　三〇〇

周易傳義大全二十四卷　明胡廣等輯　明嘉靖十五年劉氏安正堂刻本　十一行行十六至二十一字不等小字双行行二十一字黑口四周双边　无刻工　三〇一

周易傳義大全二十四卷綱領一卷圖說一卷　明胡廣等輯　明嘉靖十五年作德堂刻本（卷二十三至二十四配明刻本）　十一行二十字小字双行同四周双边白口无刻工　三〇二

周易傳義大全二十四卷綱領一卷朱子圖說一卷　明胡廣等輯　明刻本　十一行二十一字小字双行同大黑口四周双边　三〇三

周會魁校正易經大全二十卷首一卷　明胡廣等輯　周士顯校正　明萬曆三十三年書林余氏刻本　大字六行十六字（中字十一行二十字小字双行二十一字）細黑口四周双边　三〇四

陳太史較正易經大全二十卷首一卷　明胡廣等輯　陳仁錫等校正　明末刻本　十一行二十字小字双行上白口下黑口四周双边　三〇五

周易傳義大全二十四卷首一卷　明胡廣等輯　易經彙徵二十四卷　明劉庚纂　明崇禎刻本　兩节本下节九行十八字小字双行低一格十七字上节十二行十三字白口四周双边无刻工　三〇六

周易傳義大全二十四卷朱子圖說一卷易五贊一卷筮儀一卷易說綱領一卷　明胡廣等輯　易經考異一卷　宋王應麟撰　明崇禎詩瘦閣刻本　八行二十一字白口左右双边　三〇七

周易傳義大全二十四卷　明刻本　頂格行十五字至十九字不等傳本義低一格字略小行二十字注小字双行二十字黑口四周双边
存卷一至二十二　正文前有上下篇義一卷、朱子圖說一卷、筮儀一卷、五贊一卷、易說綱領一卷　三〇八

周易傳義大全二十四卷朱子圖說一卷易說綱領一卷　明胡廣等輯　明德壽堂刻本　半頁十一行行二十一字（小字双行低一字起行二十字）四周單边有界格板匡高二十公分半寬十四公分白口單魚尾
存二十二卷　一至二十二　三〇九

易經中說四十四卷　明盧翰撰　明刻本　十一行二十二字白口四周双边　三一〇

中菴籤易一卷　明盧翰撰　明萬曆刻本　十行二十二字白口單魚尾左右双边　三一一

易學象數舉隅二卷　明汪敬撰　明嘉靖十八年新安汪氏刻本　十行二十一字四周單边白口无刻工　三一二

易經圖釋十二卷　明劉定之撰　清張樹補釋　稿本　三一三

玩易意見二卷　明王恕撰　明正德元年刻本　九行二十字板心上下粗黑口双边双魚尾　三一四

玩易意見二卷石渠意見四卷意見拾遺二卷意見補缺一卷　明王恕撰　明正德元年刻遞修本　九行二十字大黑口順魚尾四周双边　三一五

玩易意見二卷　明王恕撰　明抄本　三一六

易義主意五卷　明謝子方撰　明正統十一年魏祐刻本　十二行二十三字上下細黑口双边双魚尾　三一七

周易說旨四卷　明羅倫撰　陳高謨選輯　明萬曆十九年南昌學官刻本　十行二十三字白口單魚尾四周双边　三一八

易經蒙引十二卷　明蔡清撰　明萬曆三十八年刻本　半頁十行行二十二字白口四周双边无刻工　三一九

易經蒙引十二卷　明蔡清撰　明林希元重刻本　十行二十四字白口單魚尾四周双边有刻工　三二〇

重訂蔡虛齋先生易經蒙引十二卷　明蔡清撰　宋兆禴重訂　明末刻本　九行二十六字白口四周單边　三二一

蔡虛齋先生易經蒙引二十四卷　明蔡清撰　萬寅亮評　明末虎林施長庚刻本　九行二十六字白口四周單边　三二二

易經蒙引二十四卷　明蔡清撰　明末敦古齋刻本　九行二十六字白口單魚尾四周單边无格有標点　三二三

周易古文羽義十二卷首一卷　明董品撰　明弘治九年至十三年自刻本　十一行二十四字上下黑口四周双边　三二四

周易通略一卷　明黃俊撰　明抄本　清丁丙跋　三二五

讀易餘言五卷　明崔銑撰　明嘉靖崔氏家塾刻本　清丁丙跋　十行十八字白口四周双边有刻工　三二六

周易議卦二卷　明王崇慶撰　清抄本　清吴騫跋　三二七

易學本原啟蒙意見四卷　明韓邦奇撰　明正德九年李滄刻本　十行十八字白口双边單魚尾　三二八

三二九 易學本原啟蒙意見五卷 [illegible]本 十行十九字白口四周双边
啟蒙意見一卷 易學本原四卷

三三〇 啟蒙意見四卷 明韓邦奇撰 明嘉靖十三年濮陽蘇祐刻本 十行二十字双鱼尾黑口間有白口四周双边

三三一 涇野先生周易說翼三卷 明呂柟撰 明嘉靖十八年刻本 十行二十字十九字不等白口单鱼尾四周双边

三三二 周易億二卷周易繫辭億一卷 明王道撰 明萬曆刻本 九行二十字白口单鱼尾四周双边板心下有刻工

三三三 周易贊義十七卷 明馬理撰 明嘉靖三十五年鄭綗刻本 十一行二十二字白口左右双边
存七卷 一至六 繫辭上

三三四 周易贊義十七卷 明馬理撰 明嘉靖三十五年鄭綗刻本 清丁丙跋 十一行二十一字
存七卷 一至七

三三五 學易記五卷 明金賁亨撰 明嘉靖刻本 九行二十字白口四周双边

三三六 學易記五卷 明金賁亨撰 明嘉靖刻本 清馮登府跋 九行二十字白口双边单鱼尾

三三七 陳紫峯先生周易淺說五卷 明陳琛撰 清乾隆五十四年刻本

三三八 讀易記三卷 明王漸逵撰 明刻本 十行二十字白口左右单边无刻工

三三九 易學四同八卷 明季本撰 明嘉靖四十年刻本 十行二十一字小字双行白口单鱼尾四周单边

三四〇 新刊增訂的纂易經存疑十二卷 明林希元撰 明萬曆二年書林林氏鳴沙刻本 十二行二十四字白口四周双边

三四一 新刊增訂的纂易經存疑十二卷 明林希元撰 明萬曆二年書林林氏鳴沙刻本 十二行二十四字白口单鱼尾四周双边

三四二 增訂易經存疑的纂十二卷 明林希元撰 清康熙十七年仇兆鰲等刻本

三四三 易經存疑十二卷 明林希元撰 清乾隆十年林廷玹刻本
存十卷 一至八 十一 十二

三四四 易象解四卷 明劉濂撰 清道光十六年愛蓮齋抄本

三四五 易圖識漏一卷 明黃芹撰 明正德刻本 十一行二十字板心上下黑口双欄双鱼尾

三四六 蓮谷先生讀易索隱六卷 明洪鼐撰 明嘉靖二十六年順裕堂刻本 十行二十二字白口上下单左右双

三四七 周易集莹十二卷 明楊爵撰 明刻本 十一行二十二字二十一字不等小字双行同黑口四周双边

三四八 周易義叢十六卷首一卷 明葉良佩撰 明嘉靖刻本 十行二十二字白口左右双边有刻工

三四九 古易世學十七卷 明豐坊撰 謝少南續 明抄本 清佚名錄 何焯跋

三五〇 周易辯錄四卷 明楊爵撰 明刻本 半頁十行二十字四周单边白口

三五一 周易辯錄四卷 明楊爵撰 清抄本 清李文藻批校并跋（四庫底本）

三五二 [redacted]卷 明嘉靖四十一年熊過刻本 十行二十字白口四周双边

三五三 胡子易演十八卷 明胡經撰 明抄本
存八卷 九至十六

三五四 易象大旨八卷 明薛甲撰 明嘉靖刻本 十行低一格十九字白口四周单边有刻工

三五五 易象大旨八卷 明薛甲撰 明嘉靖四十年刻本 十行二十字白口四周单边有刻工

三五六 大象義述一卷 明王畿撰 明萬曆刻本 九行十八字白口四周双边

三五七 大象義述三卷 明王畿撰 明萬曆五年吳同春刻本 十行二十一字白口左右双边

三五八 讀易備忘四卷 明黃潛翁撰 明嘉靖活字印本 清供楯跋 十一行二十三字黑口双鱼尾左右双边

三五九 易象鉤解四卷 明陳士元撰 明嘉靖刻本 十行十九字白口左右双边有刻工

三六〇 易象鉤解四卷 明陳士元撰 清抄本
存三卷 一至三

三六一 讀易餘言五卷 明崔銑撰 明崔氏家塾刻本 十行二十字上細黑口下白口四周双边

三六二 易疑二卷附圖說一卷繫辭下傳一卷說卦傳一卷序卦傳一卷雜卦傳一卷 明陳言撰 明萬曆四十六年刻本 九行十九字白口单边单鱼尾

三六三 易經正義六卷 明鄭懋卿撰 明嘉靖四十年吳杉泉刻本 十行二十二字白口双边单鱼尾

三六四 淮海易談四卷 明孫應鰲撰 明隆慶刻本 十行二十字白口四周双边有刻工

三六五 周易傳義補疑十二卷 明姜寶撰 明萬曆十四年古之賢新安郡齋刻本 十行二十二字白口四周双边

三六六 今文周易演義十二卷首一卷 明徐師曾撰 明隆慶二年董漢策刻本 十一行二十二字白口左右双边

三六七 易原八卷 明陳錫撰 明萬曆二十七年刻本 九行二十一字白口四周单边

三六八 讀易紀聞六卷 明張獻翼撰 明萬曆張一鯤刻本 十行二十字白口左右双边

三六九 檃經臆說三卷雜說三卷 明張獻翼撰 明萬曆龍宗武刻本 十行二十一字白口左右双边单鱼尾

三七〇 新刻易經詳解十卷 明徐元氣撰 明萬曆十年張一通匡鐸等刻本 十一行二十四字白口四周双边有刻工
存五卷 一至五

三七一 周易古今文全書二十一卷 明楊時喬撰 明萬曆刻本 七行二十一字小字双行同白口左右双边有刻工

三七二 周易古今文全書二十一卷 明楊時喬撰 明萬曆刻本 七行二十一字小字双行二十一字白口左右双边无刻工

三七三 易意參疑首編二卷外編十卷 明孫從龍撰 明萬曆五年書林翁時化杭郡刻本 十二行二十

五字白口單边无魚尾

易學十二卷　明沈一貫撰　明萬曆刻本　十行十九字白口四周單边　三七四

新鐫刪補易經直解十二卷　明沈一貫撰　李光縉重輯　明萬曆四十三年萬卷樓刻本　十行二十七、八字白口單边　三七五

新鐫刪補易經直解十二卷　明沈一貫撰　李光縉重輯　明萬曆四十三年大業堂重刻本　十行二十七、八字白口單边　三七六

新刊易經就正□卷　明胡宥撰　明刻本　十行二十二字白口四周單边　三七七
存八卷　一至八

周易象義四卷　明唐鶴徵撰　明萬曆三十五年純白齋刻本　十行二十一字白口四周單边　三七八

周易測六龍解一卷　明管志道撰　明萬曆二十一年甘士价刻本　八行十八字白口双边單魚尾　三七九

新刻浙江餘姚進士白川諸先生秘傳易學講意七卷　明諸大倫撰　明萬曆二年書林饒仁卿等刻本　羅振玉題識　清丁丙跋　十二行二十七字白口四周双边无刻工　三八〇

文所易說五卷　明馮時可撰　明萬曆刻本　九行十八字白口左右双边有刻工　三八一

易象管窺十五卷　明黄正憲撰　明刻本　十行十九字白口左右双边有刻工　三八二

易學辨疑四卷　明施之藩撰　明萬曆刻本　十行二十二字白口單魚尾四周双边有刻工　三八三

新刊精備講意易經鰥音本義二卷　明諸大圭撰　附周易本義四卷　宋朱熹撰　明萬曆五年宏遠書堂刻本　上节二十三行二十四字下节十行二十字上节正文下节朱子本义白口單魚尾左右双边　三八四

生生篇七卷　明蘇濬撰　明萬曆刻本　九行二十字白口左右双边有刻工　三八五

生生篇七卷　明蘇濬撰　吴道長訂　清乾隆七年柴洲祉抄本　三八六

重鐫蘇紫溪先生易經兒說八卷　明蘇濬撰　清乾隆五十六年師儉堂活字印本　三八七

新刻易測十卷　明曾朝節撰　明萬曆刻本　九行十八字白口四周双边有刻工　三八八

新刻易測十卷　明曾朝節撰　明萬曆二十六年刻本　九行十九字白口單边无魚尾无刻工　三八九
存九卷　一至九

易因二卷　明李贄撰　明陳邦泰刻本　九行二十字白口四周單边　三九〇

九正易因不分卷　明李贄撰　明毛氏汲古閣刻本　八行十八字白口左右双边　三九一

九正易因不分卷　明李贄撰　明刻本　九行十九字白口四周單边无刻工　三九二

讀易纂五卷卷首一卷　明張元蒙輯　明萬曆王世貞等校刻本　十行二十一字白口單魚尾左右双边　三九三

周易集註十六卷雜說一卷啟蒙一卷　明來知德撰　明萬曆三十八年張惟任刻本　九行二十字白口四周單边　三九四

周易來注十五卷首一卷　明來知德注　史應選輯　沈際飛訂　明崇禎刻本　十行二十二字小字双行白口四周單边　三九五

梁山來知德先生易經集註十六卷　明來知德撰　清康熙二十七年崔華刻本　三九六

周易集註十五卷序一卷　明來知德註　馮邦榮重訂　清初刻本　三九七

梁山來知德先生易經集註六卷　明來知德撰　崔華重訂　清抄本　胡雲峰批注　三九八

新刻來瞿唐先生易註十五卷首一卷圖一卷末一卷　明來知德註　清康熙朝爽堂抄本　三九九

新刻來瞿唐先生易註十五卷首一卷末一卷　明來知德撰　清高奣映校　清康熙十六年朝爽堂刻本　四〇〇

易解十六卷　明來知德撰　明末刻本　十行二十字白口四周單边　四〇一
存十一卷　一至十一

讀易述十七卷　明潘士藻撰　明萬曆三十四年潘師魯刻本　九行二十字白口四周單边　四〇二

讀易述十七卷　明潘士藻撰　清抄本　清丁丙跋　四〇三

周易鄭氏註不分卷　漢鄭玄撰　清張惠言輯　清嘉慶三年抄本　四〇四

像象管見四卷　明錢一本撰　明萬曆四十二年刻本　十行二十一字小字双行二十一字白口四周單边　四〇五

像象管見九卷　明錢一本撰　明萬曆刻本　九行十九字白口四周單边无刻工　四〇六

像象管見九卷　明錢一本撰　明萬曆刻本　清丁丙跋　九行十九字白口四周單边无刻工　四〇七

像抄六卷　明錢一本撰　明萬曆四十一年刻本　十行二十一字白口四周單边　四〇八

像續抄二卷　明錢一本撰　清康熙錢濟世刻本　四〇九

周易象鈔六卷　明錢一本撰　清初抄本　四一〇

四聖一心錄六卷　明錢一本撰　清錢濟世蘭雪堂刻本　四一一

鍥會元纂著句意句訓易經翰林家說十二卷　明李廷機撰　明萬曆十三年閩建書林余氏克勤齋刻本　三节本正文十行大字无定數小字双行十九字白口双魚尾四周双边无刻工　四一二

新刻占魁高頭分張分節易經四卷首類體辨異一卷　明李廷機撰　明書林張斐刻本　高頭四周双边九行十七字白口四周双边无刻工　四一三

易會八卷　明鄒德溥撰　明萬曆四十一年刻本　半頁單框八行二十字白口四周單边　四一四

易會八卷　明鄒德溥撰　明周文明刻本　十行二十一字白口四周單边无刻工　四一五
存六卷　三至八

喬家心易九卷圖書一卷　明喬之文撰　清抄本　四一六

周易劄記三卷附易學啟蒙集略一卷　明逯中立撰　岳和聲輯　明刻本　九行二十字白口四周單边有刻工　四一七

易筌六卷附論一卷　明焦竑撰　明萬曆四十年刻本　九行十九字白口四周單边有刻工　四一八

周易正解二十卷 [illegible] 四一九

周易孔義三卷 明高攀龍撰 明崇禎九年秦堈刻本 九行十九字白口四周單邊無刻工 四二〇

吳因之易說六卷 明吳默撰 明萬曆三十九年錢王刻本 清謝寶樹跋 十行二十字白口四周單邊 四二一

周易旁註會通十四卷 明姚文蔚撰 明萬曆四十五年刻本 九行十八字小字双行行字同白口左右双边无刻工 四二二

周易古本全書彙編意辯集十七卷 明李本固輯 明萬曆刻本 十一行二十三字白口四周双边 四二三

義經十一翼五卷 明傅文兆撰 明書林李潮刻本 九行二十字白口四周單边无刻工 四二四

周易大全纂十二卷 明倪晋卿撰 明萬曆二十年刻本 十一行二十五字白口四周單边 四二五

古易詮二十九卷 明鄧伯羔撰 明萬曆二十六年刻本 十行二十一字白口左右双边无刻工 四二六

鼎鐫睡菴湯太史易經脉四卷首一卷 明湯賓尹撰 陶望齡等校 明萬曆四十五年刻本 十行二十四字无格白口四周單边 四二七

周易明洛義二卷二義二卷三義一卷 明殷慎行撰 明止躬齋刻本 九行二十字白口左右單边上下双边无刻工 四二八

周易可說七卷 明曹學佺撰 明崇禎刻本 書名據總論及書口著錄 十一行二十四字花口單边有刻工 四二九

點石齋周易說約□卷 明俞汝進撰 明萬曆苗思順刻本 存六卷一至六 十行二十字白口左右双边 四三〇

易經濬寫困指八卷 明張汝霖撰 明萬曆三十年史繼辰刻本 九行二十字白口四周双边有刻工 四三一

周易濬寫困指八卷 明張汝霖撰 明萬曆[illegible]刻本 十行二十四字白口四周單边无刻工 四三二

周易象通八卷 明朱謀㙔撰 明萬曆刻本 十行二十二字白口左右双边有刻工 四三三

周易象通八卷 明朱謀㙔撰 明萬曆刻本 馮汝玠跋 十行二十二字白口左右双边 四三四

周易象通八卷 明朱謀㙔撰 明抄本 四三五

新鐫周易數編三卷 明喻有功撰 明萬曆刻本 九行十九字白口四周單边无刻工 四三六

鼎鍥李先生易經火傳新講七卷 明李京撰 明萬曆二十五年熊體忠刻本 十二行三十字小字双行字同白口四周單边无刻工 四三七

周易揆十二卷 明錢士升撰 明末賜餘堂刻本 九行十九字白口左右双边 四三八

大成易旨不分卷 明侯師劼撰 清抄本 四三九

易經全題竅會編十三卷 明容宇光撰 明萬曆二十七年李之祥等刻本 半頁十行二十六字四周單边白口 四四〇

周易宗義十二卷 明程汝繼撰 明萬曆三十七年自刻本 十行二十二字白口左右双边有缺頁 四四一

周易宗義十二卷 明程汝繼撰 明萬曆三十七年自刻本 清朱軍批校 十行二十二字白口單魚尾左右双边 四四二

周易疏義四卷 明程汝繼撰 明崇禎八年姚學心刻本 八行二十字無格白口四周單边 四四三

周易疏義四卷 明程汝繼撰 明崇禎八年姚學心刻本 八行十八字白口左右双边 四四四

周易古文鈔四卷 明劉宗周撰 清初姜希轍刻本 一二行 四四五

易經集註十卷 明蔡毅中撰 明天啟七年刻本 八行十九字小字双行同白口四周單边有刻工 四四六

易義古象通八卷 明魏濬撰 明刻本 十行二十字白口四周單边有刻工 四四七

周易象義不分卷讀易雜記四卷 明魏濬撰 明刻本 清丁丙跋 半頁十行二十字白口四周單边有刻工 四四八

易大象義一卷 明章潢撰 清抄本 四四九

周易全考十二卷 明章潢撰 明抄本 四五〇

存八卷一至四、六、八至十 明孫用之撰 明抄本 四五一

新鐫易經家訓六卷 明王納諫撰 明孫承義刻本 十行二十五字白口四周双边 四五二

周易會通十二卷 明汪邦柱 江柟輯 明萬曆四十五年休寧梅田江氏生生館刻本 十行二十五字白口單魚尾四周單边刻有眉批 四五三

新鐫易經玄備十五卷周易圖說一卷 明江之賓撰 明崇禎環碧齋刻本 九行二十六字白口四周單边 四五四

陸君啟先生易略三卷 明陸夢龍撰 明萬曆愛重館刻本 九行二十二字白口四周單边 四五五

易略三卷 明陸夢龍撰 明崇禎元年刻本 九行行二十字白口四周單边无刻工 四五六

講易手錄六卷 明趙光大撰 明萬曆三十七年自刻本 十行二十字項格行二十一字白口双魚尾四周双边 四五七

賀景瞻先生八卦餘生十八卷 明賀仲軾撰 清初抄本 四五八

存十四卷 一至三 八至十八

重訂易經疑問十二卷 明姚舜牧撰 明萬曆三十八年刻本 十行二十字白口四周單边 四五九

易經翼注四卷 明丘兆麟撰 明崇禎五年刻本 十行十六字不等小字二十三字白口單边 四六〇

丘方二太史硃訂秘笥易經講意綱目集註四卷 明李光祚輯 周易本義不分卷 明天啟五年吳郡周鳴岐啟新齋刻三色套印本 兩節版上節小字二十行二十六字下節大字十一行二十三字白口四周單边 四六一

令易圖學心法釋義不分卷 明容若春撰 明萬曆三十八年刻本 十行二十二字白口四周單边无界栏 四六二

周易悟真篇圖註三卷附外集一卷 明程易明撰 明萬曆刻本 九行十八字間有小字双行白口單魚尾四周双边 四六三

象考疣言不分卷 明王思宗撰 明刻本 九行十八字至十九字不等白口四周單边 四六四

易學管見四卷 明洪啓初撰 明萬曆四十五年刻本 九行二十一字二十二字不等白口左右双边 四六五

新鐫繆當時先生周易九鼎十六卷首一卷 明繆昌期撰 明末仙源堂刻本 九行十七字小字双行十七字上栏十六行大字白口左右双边无刻工 四六六

易經抉微四卷圖一卷 明李行志等撰 明天啟五年敝帚居刻三色套印本 上下兩栏上栏半頁二十行二十二字下栏十一行二十三字白口黑魚尾四周單边 四六七

易窺不分卷 明程玉潤撰 明抄本 四六八

周易本義刪正讀本四卷 明朱國輔撰 清抄本 四六九

周易初談講意六卷 明方應祥撰 清初抄本 四七〇

新鐫方孟旋先生義經鴻寶十二卷 明方應祥撰 周易說統不分卷 明張振淵輯 李克愛補 明末刻本 九行十六字十七字小字双行字數同上下兩栏上栏小字十六行十六字白口四周單边手寫多簡体字 四七一

周易像象述六卷像象金針一卷 明吳桂森撰 明崇禎刻本 十行行二十一字小字双行同白口左右双边有刻工 四七二

周易像象述七卷像象金針一卷 明吳桂森撰 明末抄本 四七三

周易像象述六卷像象金針一卷附周易本義卷首一卷易學啟蒙補略一卷 明吳桂森撰 清抄本 四七四

周易像象述十卷像象金針題辭總論一卷 明吳桂森撰 清抄本 存七卷 一至六 總論 四七五

周易像象述四卷 明吳桂森撰 清嘉慶十七年胡倚抄本 清胡倚跋 四七六

易經正解四卷 明張延策撰 明萬曆四十八年自刻本 十行二十五字白口單魚尾四周單边无刻工 四七七

石鏡山房周易說統十二卷 明張振淵輯 明萬曆四十三年張師栻石鏡山房刻本 十行二十五字白口四周單边 四七八

石鏡山房增訂周易說統二十五卷 明張振淵輯 張懋忠增補 張師栻參訂 明天啟六年張師栻石鏡山房重刻本 九行二十二字白口單边无魚尾眉上刻評版心下有石鏡山房四字 四七九

易經疏義統宗三卷 明陳仁錫撰 明末奇賞齋刻本 師雲校點并跋 九行二十字白口四周單边 四八〇

羲經易簡錄八卷附繫辭十篇書十卷 明陳仁錫輯 明神默齋刻本 十行二十四字白口單魚尾四周單边 四八一

易經說衷不分卷易林洞譜四卷 明陳元素、吳廷俊撰 明天啟七年吳廷俊靈水山房刻本 白口左右双边上半為「易經說衷」不分卷十行二十六字 下半為「易林洞譜」四卷十行十六字兩書之間隔一横綫 四八二

易傭十四卷首諸儒傳略一卷諸儒著述一卷 明文安之輯 明崇禎十二年刻本 八行十八字白口單边單魚尾 四八三

兒易內儀以六卷外儀十五卷 明倪元璐撰 明崇禎刻本 八行二十字白口四周單边 四八四

兒易內儀以六卷外儀十五卷 明倪元璐撰 明崇禎刻本 清丁丙跋 八行二十字白口四周單边无刻工 四八五

兒易內儀以六卷 明倪元璐撰 明崇禎刻本 清王雨謙批點並跋 八行二十字白口四周單边无直格 四八六

古周易訂詁十六卷 明何楷撰 明崇禎刻本 九行二十字小字双行同白口四周單边 四八七

古周易訂詁十六卷 明何楷撰 明崇禎刻本 清惠棟批 九行二十字小字双行同白口四周單边刻工劉時傑 四八八

古周易訂詁十六卷 明何楷撰 明崇禎六年刻本 清徐時棟題識 九行二十字小字双行白口四周單边 四八九

古周易訂詁十六卷 明何楷撰 清乾隆十六年刻本 四九〇

古周易訂詁十六卷 明何楷撰 清乾隆刻朱墨套印本 四九一

讀易一鈔十卷易廣四卷 明董守諭撰 稿本 四九二

易學圖解六卷 明沈壽昌撰 明天啟六年刻本 九行十九字白口四周單边 四九三

精訂易經意旨不分卷 明洪符中輯 稿本 四九四

易疏五卷圖說一卷 明黃端伯撰 明崇禎刻本 九行二十字白口單边无魚尾 四九五

大易則通十五卷閏一卷 明胡世安撰 清順治十八年自刻本 四九六

易史八卷首一卷 明胡世安撰 清順治十八年刻本 四九七

雪園易義四卷圖說一卷 明李奇玉撰 補三卷 明李公柱撰 清順治刻本 四九八

雪園易義四卷圖說一卷 明李奇玉撰 清順治刻本 清胡覺基批點並題識 四九九

易解大旨一卷易解二集六卷 明張伯樞撰 明崇禎四年刻本 九行二十五字白口四周單边 五〇〇

易經註疏大全合纂六十四卷首一卷周易繫 五〇一

辯註疏大全合纂四卷　明張溥輯　明崇禎七年刻本　八行十八字小字双行低一格十七字白口左右双边

尺木堂學易誌一卷　明馬權奇撰　明崇禎十四年會稽馬氏尺木堂刻本　八行二十字白口四周单边　五〇二

周易翼簡捷解十六卷首一卷末一卷拾遺一卷羣經輔易說一卷　明陳際泰撰　周光德輯　明崇禎四年刻本　十行二十四字四周单边
存十七卷　一至六　十至十六　首　末　拾遺　羣經輔易說全　五〇三

新刻七名家合纂易經講意千百年眼十六卷　明陳際泰等撰　明金陵鷹慶堂刻本　十二行二十七字小字双行同四周单边白口多数无行格少数有　五〇四

易經說意七卷　明陳際泰撰　明末刻本　十行十四字白口四周单边无刻工　五〇五

九公山房易問二卷　明郝錦撰　清初刻本　五〇六

燃藜閣易極三卷　明馬安陽撰　明崇禎六年刻本　八行二十六字白口单边无直格单魚尾　五〇七

以易解六卷　明蔣膺撰　明崇禎十一年刻本　九行二十字白口四周单边　五〇八

讀易隅通二卷　明來集之撰　明崇禎十七年黃正色刻本　九行十八字白口　五〇九

讀易隅通二卷　明來集之撰　清雍正元年張文炳刻本　五一〇

易本象四卷　明黃道周撰　清康熙三十八年刻本　五一一

易象正十六卷　明黃道周撰　明崇禎刻本　九行十八字白口四周双边　五一二

易憲四卷附卦歌一卷圖說一卷　明沈泓撰　清乾隆九年補堂刻本　五一三

易憲四卷　明沈泓撰　清乾隆九年補堂刻本　清呂璜批校　五一四

易憲四卷　明沈泓撰　清乾隆九年補堂刻本　清何紹基批點　五一五

易經觀講三卷　明徐樑編　清乾隆四十年惺惺齋刻本　五一六

周易爻物當名二卷　明黎遂球撰　明崇禎刻本　九行十七字白口四周单边　五一七

筮儀象解不分卷　明陳洪綬撰　稿本　清陳紳、楊棨、沈鶴跋　五一八

薛爾嘉先生彙輯六翰林易經主意寶藏六卷　明薛振猷輯　明末刻本　九行二十字白口单边版心无直格无魚尾眉上行間有評語　五一九

周易禪解十卷　明釋智旭撰　明崇禎十四年釋通瑞刻本　九行二十字白口四周单边　五二〇

易說醒四卷　明洪守美纂注　易旨醒四卷　明洪守美、鄭林祥輯　明末刻本　兩節版上節卷端題易旨醒輯諸名家語錄二十二行小字每行十七字下節卷端題易說醒占全書匾高五分之三十行行二十字小字双行　五二一

易經正譌一卷　明郭若緯撰　明崇禎四年刻本　九行二十四字小字双行无格白口四周单边　五二二

周易露研四卷　明潘貞輯　明崇禎九年姚江俞氏刻本　上層二十四行三十二字下層十一行二十三字白口四周双边　五二三

周易去疑十一卷　明舒弘諤撰　蔣先庚增補　明蔣時機刻本　十二行三十字小字行二十九字无行格白口四周单边　五二四

新刻易旨一覽四卷　明蔣時機撰　明刻本　十一行二十六字白口四周单边　五二五

易蔡二卷易蔡繫傳二卷　明蔡鼎撰　明崇禎十七年卓巖刻本　八行十九字小字双行三十二字四周单边白口　五二六

鄭氏易譜十二卷　明鄭旒撰　清乾隆十八年鄭時達刻本　五二七

易經主意綱目四種五卷　明李光祚撰　明周鳴岐刻三色套印本　白口四周单边
類題辨異一卷
總論一卷
揲蓍圖說一卷
周易上經集注一卷
周易下經集注一卷　五二八

易隱八卷首一卷　明曹九錫輯　曹瑞演　明崇禎天德堂刻本　十行二十二字小字双行白口四周单边　五二九

易學集解二卷　明連雲閣刻本　九行二十字白口单魚尾四周单边　五三〇

易覽通書□卷　明刻本　十四行三十一字白口四周单边单魚尾
存卷下　五三一

易義提綱六卷　明抄本　五三二

易義提綱□卷　明抄本
存二卷　□七　五三三

繫辭講義二卷　明抄本　五三四

大易存義不分卷　明徐宗堯撰　清抄本　五三五

易學蓍貞四卷　明趙世對撰　清順治刻本　五三六

易序測象一卷　清張偒撰　稿本　五三七

不卷易贅二卷　清王艮撰　清順治刻本
存一卷　一　五三八

易義講餘三卷　清沈謙撰　稿本　五三九

周易宗孔編五卷　清初抄本　五四〇

讀易蒐十二卷　清鄭賡唐撰　清康熙二十年刻本　五四一

貞固齋易義不分卷　清傅以漸撰　清初抄本　五四二

易宗十二卷首一卷　清孫宗彝撰　清康熙二十九年天心閣刻本　五四三

費子統天易說四卷　清費國瑄撰　稿本　清華湛恩校　五四四

統天易說四卷　清費國瑄撰　清抄本　五四五

朱氏訓蒙易門七卷首一卷　清朱日濬撰　王澤弘正　清黃大中抄本　五四六

郁溪易紀十六卷　清郁文初撰　清初抄本　五四七

易或十卷　清徐在漢撰　清初刻本　五四八

周易說略八卷　清張爾岐撰　清康熙五十八年徐氏真合齋磁版印本　五四九

五五〇 易酌十四卷 清刁包撰 清雍正十年刁承祖刻本
五五一 御纂周易折中不分卷 清李光地等撰 清初抄本
五五二 御纂周易折中二十二卷首一卷 清李光地等撰 清康熙五十四年尊經閣刻本 清陳介祺批校
五五三 周易通論四卷 清李光地撰 清初刻本
五五四 周易義例一卷附啟蒙附論一卷 清刻本
五五五 周易義例一卷啟蒙附論一卷序卦雜卦明義一卷 清李光地等纂修 清初抄本
五五六 李文貞公易義不分卷 清李光地撰 清抄本 清韓其鐘文燕跋
五五七 易原三卷 清趙振芳撰 易或十卷 清徐在漢撰 清順治十五年刻本
五五八 讀易大旨五卷 清孫奇逢撰 稿本 清馬時芳題識 李蒓跋
五五九 讀易大旨後傳一卷 清孫奇逢撰 稿本
五六〇 定齋易箋八卷首一卷 清陳法撰 清乾隆三十年敬和堂刻本
五六一 易經廣義六卷 清潘友碩輯 清康熙十二年刻本
五六二 易存一卷 清蕭雲從撰 清抄本
五六三 周易補義四卷 清方芬輯補 清康熙十五年時術堂新安刻本
五六四 易理一卷 清顏光猷撰 清顏氏闕里抄本
五六五 周易古本集註十二卷首一卷末一卷續編一卷 清姜其垓撰 清抄本
五六六 牖窺堂讀易一卷 清陳遷鶴撰 清抄本
五六七 珍山陳庶子易說二十四卷 清陳遷鶴撰 清抄本
五六八 易原就正六卷 清包儀撰 清抄本
五六九 周易通十卷 清浦龍淵撰 清康熙十年敬日堂刻本
五七〇 周易辨二十四卷首四卷 清浦龍淵撰 清康熙十七年刻本
五七一 周易疏畧四卷 清張沐撰 清康熙十九年敦臨堂刻本
五七二 日講易經解義十八卷 清牛鈕等撰 清康熙二十二年内府刻本
五七三 日講易經解義十八卷 清牛鈕等撰 清康熙二十三年内府刻本 清夏麐銓批校
五七四 象數論六卷 清黃宗羲撰 黃百家圖後 清康熙汪瑞齡西麓堂刻本
五七五 象數論六卷 清黃宗羲撰 黃百家圖後 清康熙汪瑞齡西麓堂刻本 清吳友芝題署
五七六 易學象數論六卷 清黃宗羲撰 清抄本
五七七 周易象辭不分卷附尋門餘論圖書辨惑一卷 清黃宗炎撰 稿本 存七冊 冊一 三至八
五七八 周易圖說述四卷首一卷 清王弘撰撰 清康熙二十六年佟毓秀等刻本
五七九 周易圖說述四卷首一卷 清王弘撰撰 清乾隆四十四年先先堂刻本
五八〇 周易筮述八卷 清王弘撰撰 清乾隆五十八年樹滋堂刻本
五八一 周易淺義四卷 清耿極撰 清康熙二十七年刻本
五八二 周易本義析疑不分卷 清劉以貴撰 清抄本 鄭叢居跋
五八三 簡易秘傳十五卷 題□野鶴老人撰 清李文輝輯 清抄本
五八四 硯北易鈔不分卷 清黃叔琳輯 清初抄本 清翁方綱箋註 文素松 王禮培題識
五八五 周易劄記二卷 清楊名時撰 清抄本
五八六 易義隨記八卷 清楊名時撰 清雍正十年刻本
五八七 周易內傳六卷發例一卷 清王夫之撰 清乾隆王嘉愷抄本
五八八 周易外傳七卷 清王夫之撰 清乾隆王嘉愷抄本
五八九 周易本義正解二十二卷首一卷 清丁鼎時、吳瑞麟輯 清康熙三十二年賜書堂刻本
五九〇 周易傳義合訂十二卷 清朱軾輯 清乾隆二年内府刻本
五九一 翁山易外七十一卷 清屈大均撰 屈明洪等編 清康熙二十七年刻本
五九二 翁山易外七十一卷 清屈大均撰 屈明洪等編 清抄本
五九三 增訂蘇了心周易本義補四卷 清劉析穀增訂 清康熙三十七年崔保堂刻本 清焦循批校
五九四 周易觀玩錄彙考十五卷 清張曾慶輯 清康熙三十八年張氏刻本
五九五 孔門易緒十六卷首一卷 清張德純撰 稿本
五九六 讀易質疑二十卷 清汪璲撰 稿本
五九七 讀易質疑二十卷首一卷 清汪璲撰 清康熙四十二年汪氏儀典堂刻本
五九八 周易廣義六卷 清潘元懋撰 清康熙武林南陔堂刻本
五九九 身易實義五卷 清沈廷勸撰 清康熙二十三年洗心樓刻本
六〇〇 讀易偶存不分卷 清華學泉撰 清抄本
六〇一 喬氏易俟十八卷圖一卷 清喬萊撰 清康熙竹深荷淨堂刻本
六〇二 易盪二卷 清方鯤撰 清康熙四十二年姚文然姚文燮刻本
六〇三 周易玩辭集解十卷首一卷 清查慎行撰 清乾隆十九年刻本
六〇四 易卦玩辭述二卷 清陳詵撰 清康熙五十一年信學齋刻本

六〇五 易註十二卷洪範傳一卷 清程致遠撰 清乾隆八年綺雲樓刻本

六〇六 周易象義合參十二卷首一卷 清吳德信輯 清康熙四十五年餘慶堂刻本

六〇七 周易象說四卷 清湯豫誠撰 清抄本

六〇八 易在不分卷 清謝濟世撰 稿本 清佚名錄 沈豫校

六〇九 周易會歸不分卷 清鄭齋輯 清康熙五十一年龍南學署刻本

六一〇 易義析解七卷 清薛詮撰 清康熙五十一年刻本

六一一 易圖明辨十卷 清胡渭撰 清康熙刻本

六一二 易象附錄不分卷 清彭定求撰 稿本 清彭賜祥跋 王大隆跋

六一三 讀易便解二卷 清盧見曾撰 稿本

六一四 周易孔義集說二十卷 清沈起元輯 清乾隆十九年學易堂刻本

六一五 易經折義四卷 清陳旦華撰 稿本 清殷霈恩跋

六一六 易經大全會解四卷 清來爾繩輯 清康熙二十年來采治刻本

六一七 易測四卷易測繫辭二卷易測說卦傳一卷 清鄭郊撰 清康熙刻本

六一八 易義輯要綴言八卷 清陸成周撰 稿本

六一九 易學參說內編一卷外編一卷 清馮昌臨撰 清初刻本

六二〇 觀宇篇天極前篇六卷後篇六卷續六卷別篇六卷 清初抄本

六二一 讀易近解二卷 清湯秀琦撰 清初抄本

存十九卷 前篇二至六 別篇一至五 後篇一至三 五至六 續篇三至六

六二二 讀易小得一卷 清馮李驊撰 清抄本 清丁丙跋 與讀詩小匡揚雄蜀都賦讀合一冊

六二三 周易兼兩七卷 清倪璠撰 清抄本 清丁丙跋

六二四 易疑不分卷 清初抄本

存下經 十翼

六二五 周易清言不分卷 題嵩泉老人撰 清抄本

六二六 易翼述信十二卷 清王又樸撰 清乾隆十六年詩禮堂刻本 清陳曷圃批校並跋

六二七 周易觀象補義略不分卷 清諸錦撰 稿本

六二八 周易函書三十八卷首十二卷別集三卷 清胡煦撰 稿本

存十六卷一 首全 別集全

六二九 周易函書約註十八卷周易函書約三卷周易函書別集六卷 清胡煦撰 清雍正葆璞堂刻本

六三〇 易經釋義四卷 清沈昌基、盛曾撰 清雍正八年鶴琴書屋刻本

六三一 讀易偶存六卷 清邵大業撰 清乾隆三十四年刻本

六三二 周易洗心七卷卷首二卷 清任啓運撰 清抄本（四庫底本） 清丁丙跋

六三三 易經切解八卷 清楊說撰 清雍正問心齋抄本 清楊四知題識

六三四 周易纂不分卷 清鄒烈撰 清抄本 清丁丙跋

六三五 易玩八卷首一卷易觀一卷 清包彬撰 清抄本

六三六 易經揆一十四卷易學啓蒙補二卷 清梁錫璵撰 清乾隆十六年刻本

六三七 易學別編不分卷 清鄭氏注 韓居抄本

六三八 周易觀瀾不分卷 清喬大凱撰 清抄本

六三九 周堂易學十卷首一卷今文尚書說三卷 清陸奎勳輯 清乾隆元年刻本

六四〇 周衣亭譚易不分卷 清周人麒撰 清抄本

六四一 周易補註十一卷 清德沛撰 清乾隆六年刻本

六四二 易圖解一卷 清德沛撰 清乾隆元年刻本 清書齡跋

六四三 易圖解一卷 清德沛撰 清抄本

六四四 理象解原四卷 清朧園撰 清乾隆十二年紫竹齋刻本

六四五 易說存悔二卷 清汪憲撰 清抄本 清丁丙跋

六四六 周易原意二卷 清張世犖撰 稿本

六四七 周易原意二卷 清張世犖撰 清抄本

六四八 周易粹義四卷 清薛雪撰 清江日濬抄本

六四九 周易粹義五卷 清薛雪撰 清抄本

六五〇 周易攷異三卷 清徐堂撰 稿本

六五一 演易一卷 清錢大昕撰 手稿本 王國維跋

六五二 觀象居易傳箋十二卷 清汪師韓撰 清乾隆十四年錢塘汪氏刻本

六五三 周易輯說存正十二卷附易說通旨略一卷 清楊方達撰 清乾隆復初堂刻本

六五四 易守八卷 清葉佩蓀撰 稿本

六五五 易守三十二卷 清葉佩蓀撰 清乾隆五十七年刻本

六五六 學易慎餘錄四卷 清葉佩蓀撰 清抄本 清錢大昕批 王鳴盛批並跋

讀易質疑八卷 清黄印撰 清抄本 六五七
讀易質疑八卷 清黄印撰 清抄本 六五八
讀易質疑上經四卷下經不分卷 清黄印撰 清乾隆周羽中抄本 六五九
易通三種六卷（周易正解四卷 易學精義一卷 占法訂誤一卷） 清程廷祚撰 手稿本 六六〇
讀易管見一卷 清程廷祚撰 清三近堂刻本 六六一
大易擇言三十六卷 清程廷祚撰 清乾隆十九年道寧堂刻本 六六二
易貫十二卷首一卷 清張敘撰 清乾隆二十一年宋宗元刻本 六六三
大易闡微錄十二卷 清劉瑎輯 清乾隆二十三年活字印本 六六四
易見九卷首一卷易見啟蒙二卷 清黄渭濱輯 清乾隆二十四年脈望書樓刻本 六六五
周易古義不分卷 清惠棟撰 稿本 六六六
周易本義辨證六卷 清惠棟撰 稿本 葉景葵跋 六六七
周易本義辨證五卷附錄一卷 清惠棟撰 手稿本 六六八
周易本義辨證六卷 清惠棟撰 清抄本 清翁方綱批 六六九

二三

易漢學七卷 清惠棟撰 稿本 六七〇
易漢學七卷 清惠棟撰 清抄本 六七一
易漢學八卷 清惠棟撰 清清來堂刻本 屈疆錄、清沈紹勲批 六七二
周易講義合參二卷 清惠棟撰 稿本 六七三
易例二卷 清惠棟撰 清活字印本 六七四
易例不分卷 清惠棟撰 清抄本 清嚴長明校並跋 丁祖蔭俞鴻籌跋 六七五
易心存古二卷 清張六圖撰 清乾隆二十五年金陵清琳軒刻本 六七六
易研八卷首一卷 清胡翹元撰 清乾隆五十七年凝暉閣刻本 六七七
凝園讀易管見十卷 清羅典撰 清乾隆三十一年明德堂刻本 六七八
周易觀玩篇十二卷首一卷 清朱宗洛撰 清抄本（卷十一至十二配清乾隆三十年刻本） 六七九
周易觀玩篇十二卷首一卷 清朱宗洛撰 清抄本（卷十一至十二配清乾隆三十年刻本） 六八〇
周易象理淺言十卷 清張圻撰 清乾隆三十四年永譽堂刻本 六八一
碩松堂讀易記十六卷 清邱仰文輯 清乾隆三十五年碩松堂刻本 六八二
易箋十卷 清瞿希純撰 稿本 六八三
毛鄭異同攷十卷 清程晉芳撰 清抄本 六八四

周易告蒙四卷圖注三卷 清趙世迥撰 清乾隆三十八年四德堂刻本 六八五
周易辨畫四十卷 清連斗山撰 稿本 六八六
周易蓍詩一卷 清鍾烜撰 清臧坡書屋抄本 六八七
周易鄭氏注三卷 清丁杰撰 稿本 清張惠言校 六八八
周易類經二卷 清吳穎芳撰 清抄本 清丁丙跋 六八九
參策洞虛錄十六卷末一卷 清熊為霖撰 清乾隆四十六年心松別墅刻本 六九〇
學易隨筆六卷續編四卷 清張元灝撰 清乾隆五十八年二銘書屋刻本 六九一
周易採芳集八卷 清郭恭隲撰 稿本 六九二
周易採芳集十二卷 清郭恭隲撰 稿本 六九三
讀易隨筆三卷 清沈鳳輝撰 清抄本 六九四
周易集解十卷 清孫星衍撰 清嘉慶三年刻岱南叢書本 清闞方琦批校 六九五
周易圖注一卷大衍一說一卷大衍守傳一卷八卦方位守傳一卷 清茹敦和撰 清抄本 六九六
五峯遺書不分卷 清范維新撰 稿本 六九七
古易音訓二卷 清宋咸熙輯 清嘉慶七年刻本 清陳其榮錄、陳禮校 六九八

二四

易象合參不分卷 清崔謨撰 稿本 六九九
易鏡二卷 清陸曾禹撰 稿本 七〇〇
周易觀象周易觀變不分卷 清茅式周撰 稿本 七〇一
易經貫一二十二卷 清金誠撰 清乾隆十七年和序堂刻本 七〇二
周易守不分卷 清抄本 七〇三
周易集解增釋八十卷 清張仁浹撰 清抄本 七〇四
周易便記不分卷 清張敞高輯 清乾隆刻本 七〇五
讀易參解二十四卷 清徐淑撰 清乾隆五十五年周文鼎抄本 清程天壽跋 趙宗建題記 七〇六
周易闡理四卷 清戴虞皋撰 清劉藻堂抄本 清馮桂芬跋 七〇七
易圖存是二卷 清辛紹業撰 清嘉慶六年篤慶堂刻本 七〇八
讀易雜記不分卷 清周廣業撰 手稿本 七〇九
寶松齋周易不分卷 清安吉撰 稿本 七一〇
虞氏易言二卷 清張惠言撰 稿本 清俞樾跋 七一一
周易虞氏義九卷周易虞氏消息二卷 清張惠言撰 稿本 七一二、
周易虞氏義九卷周易虞氏消息二卷 清張惠言撰 稿本 羅振玉題識 七一三

周易虞氏義九卷周易虞氏消息二卷 清張惠言撰 清嘉慶八年阮氏琅嬛仙館刻本 清張敦仁點校並跋 七一四

周易虞氏義九卷周易虞氏消息二卷 清張惠言撰 清嘉慶八年阮氏琅嬛仙館刻本 清李銳批校並跋 七一五

周易虞氏義九卷周易虞氏消息二卷 清張惠言撰 清嘉慶八年阮氏琅嬛仙館刻本 清謝章鋌校並題識 存三冊 卷一至六 消息 七一六

周易虞氏消息二卷 清張惠言撰 清嘉慶刻張皋文箋易詮全集本 清徐松錄張惠言圈點並跋 七一七

易緯略義三卷 清張惠言撰 稿本 七一八

易圖條辨不分卷 清張惠言撰 稿本 七一九

易義別錄十四卷 清張惠言輯 稿本 七二〇

周易述補四卷 清江藩撰 附虞氏易義補正二卷 清張序均撰 清潘道根手抄本 七二一

李氏易解賸義三卷 清李富孫輯 清光緒十三年朱氏刻本 清張錫恭校並跋 七二二

易論二卷 清李陳玉撰 清乾隆王家麟手抄本 七二三

周易集註粹言十六卷 清閔廷楷輯 清抄本 七二四

周易指三十八卷易例一卷易圖五卷易斷辭一卷附錄一卷 清端木國瑚撰 稿本 存周易指三十八卷 易例一卷 易圖四至五 易斷辭一卷 附錄一卷 七二五

周易指不分卷 清端木國瑚撰 手稿本 存上下經 七二六

易用五卷 清毛一豐撰 手稿本 清朱珔、陳奐、汪福辰、陳烺、顧逵尊跋 七二七

虞氏易變表二卷 清江承之撰 稿本 七二八

學易五種十四卷 清王甗撰 清抄本 清王兆騏校並題識 周易半古本義八卷 周易象纂一卷 周易圖贖二卷 周易辨占一卷 周易枝字二卷 七二九

子夏易傳義疏二卷 清吳騫撰 稿本 七三〇

易經易解三卷 清嘉慶二十年吳錦抄本 七三一

易附記□□卷 清翁方綱撰 稿本 存：繫辭上、下傳；文言；說卦；序卦；雜卦；卷十二；卷十三；卷十四。 七三二

易經象類一卷 清丁晏輯 手稿本 田毓璠跋 七三三

周易解故一卷 清丁晏撰 清丁氏枕經閣抄本 七三四

周易故訓訂不分卷周易注疏賸本不分卷 清黃以周撰 稿本 七三五

易釋不分卷 清黃以周撰 稿本 七三六

讀易日鈔五十四卷 清沈大本撰 手稿本（從卷四十五起書名為周易詳說） 七三七

十翼後錄七卷 清黃以周撰 稿本 七三八

十翼後錄二十四卷 清黃以周撰 稿本 七三九

易通釋不分卷 清焦循撰 手稿本 七四〇

易圖略八卷 清焦循撰 稿本 清焦循跋 七四一

雕菰樓易學四十卷 清焦循撰 稿本 七四二

周易通義二十二卷首一卷 清蘇秉國撰 清丁晏題識 清嘉慶二十一年刻本 七四三

周易通義二十二卷首一卷 清蘇秉國撰 清徐用儀批 清嘉慶二十一年刻本 七四四

河上易註八卷附圖說二卷 清黎世序撰 清道光元年滌源齋刻本 七四五

周易推六卷 清狄子奇撰 清抄本 七四六

陳氏易說四卷附錄一卷 清陳壽熊撰 諸福坤編 稿本 七四七

讀易會通十八卷 清丁壽昌撰 稿本 存四卷 一至四 七四八

周易說卦偶窺三卷 清殷元正撰 清抄本 七四九

易漢學舉要一卷易漢學訂誤一卷 清張鼎撰 清蔣氏別下齋抄本 七五〇

周易玩辭不分卷 清趙楠撰 稿本 七五一

易藝舉隅六卷 清褚華撰 清抄本 七五二

易學管窺十五卷易文言傳一卷 清俞檀撰 清抄本 七五三

周易註不分卷 清黃理輯 稿本 七五四

周易考異不分卷 清徐堂撰 稿本 七五五

鄭康成易注備考一卷 清潘霨輯 清抄本 清潘霨校 七五六

周易學古編十二卷首一卷經傳總說二卷 清李福臧撰 手稿本 七五七

桐蔭堂讀易知新朱定本不分卷 清孫實忠撰 稿本 七五八
劉子周易注八種不分卷 清劉蘭秀撰 稿本 七五九
周易圖說象解 易敘 周易上經 周易下經 彖象上下傳 繫辭上下文言說序雜卦傳 易卦全圖 易圖續說
易經通論不分卷 清徐開任輯 清抄本 七六〇
干常侍易註疏證二卷 清方成珪輯 稿本 清孫詒讓校并跋 七六一
干常侍易註疏証一卷 清方成珪輯 清孫氏玉海樓抄本 清孫詒讓批並跋 七六二
干常侍易注疏證一卷集證一卷 清方成珪撰 清抄本 七六三
易古訓一卷 清劉寶楠撰 手稿本 七六四
周易讀本四卷 清凌荣撰 清遠書樓抄本 七六五
周易輯注箋疏十卷學易就正草不分卷附錄一卷 清林兆豐撰 稿本 存四卷 二 三 四 七 七六六
張易參義一卷 清李沆撰 清劉履芬抄本 七六七
讀易管窺四卷 清朱金卿撰 稿本 馬一浮、張宗祥題識 七六八
易傳通解初稾不分卷 清黄式三撰 稿本 七六九
易圖駁議一卷 清董桂新撰 稿本 七七〇
卦變述八卷卦變彚參一卷 清甘熙都撰 抄本 七七一
周易集解疏證□卷 清夏曾傳撰 稿本 存一卷 七七二
周易漢學通義八卷略例一卷 清黄贊撰 稿本 清馮桂芬校并跋 湯紀尚校 七七三
易學綱領八種八卷 清李貞一輯 清同治十三年畢世光抄本 七七四
易學綱領一卷 清李貞一輯 易學範圍一卷 清李貞一輯 周易提訣一卷 清李貞一撰 易學總絡一卷 清李貞一輯 潛虛一卷 宋司馬光撰 潛虛發微論一卷 宋張敦實撰 中天八卦數天盤一卷 中天八卦數地局一卷
周易繫露五卷 清莊棫撰 稿本 七七五
易緯通義八卷 清莊忠棫撰 清同治七年戴氏長留閣抄本 清莊忠棫校并跋 七七六
易緯通義八卷 清莊忠棫撰 稿本 七七七
古周易二經十傳闡註一卷 清陳懋侯撰 稿本 七七八
鄭易小學一卷 清陶方琦撰 稿本 七七九
鄭易馬氏學一卷 清陶方琦撰 清姚振宗師石山房抄本 與吳中水利書、腸夫經合冊 七八〇
周易研翼不分卷 清王慧蘭撰 稿本 七八一
周易要義九卷 清宋書升撰 稿本 七八二
周易乾鑿度般術一卷 清孫詒讓撰 稿本 七八三
周易示箏不分卷 清袁模撰 稿本 七八四
周易學統不分卷 清汪宗沂撰 稿本 七八五
周易詁林本義不分卷 稿本 七八六
玩易心得不分卷 稿本 七八七
周易大義圖說續稿一卷 清王萱齡撰 稿本 七八八
周易要言六卷 清抄本 七八九
周易索一卷 清倪象占撰 稿本 七九〇
周易卦象彚參二卷 清揮秀撰 稿本 七九一
周易直解不分卷 題清子牛氏撰 稿本 七九二
周易典要十卷 清勵程撰 清抄本 七九三
周易劄記四卷 清湯永季撰 清抄本 七九四
柯春塘先生易說三十九卷 清柯汝霖撰 稿本 金兆蕃跋 七九五
易筮要義一卷 清鄭湛撰 稿本 七九六
周易讀本不分卷 清張奕光纂注 稿本 七九七
周易乾鑿度二卷 漢鄭玄撰 清惠氏紅豆齋抄本 清惠棟、翁方綱、丁晏、劉履芬校 丁晏題識 七九八
周易乾鑿度二卷 漢鄭玄注 清乾隆二十一年盧見曾刻雅雨堂叢書本 清盧文弨校 丁丙跋 七九九
周易乾鑿度二卷 漢鄭玄注 清乾隆二十一年盧見曾刻雅雨堂叢書本 清唐仁壽錄、翁方綱校跋並臨、翁方綱錄、惠棟校注 八〇〇
周易乾鑿度二卷 漢鄭玄注 清玉海樓抄本 清孫詒讓校 八〇一
易緯稽覽圖二卷 漢鄭玄注 清何氏夢華館抄本 佚名錄、清丁杰批 清勞權、丁丙跋 八〇二
古三墳書三卷 宋紹興十七年婺州州學刻本 元陸元通、清閻日發、實康題款 十行十八字白口左右双边版心下記刻工 八〇三
古三墳一卷 明萬曆程榮刻漢魏叢書本 傅增湘校并跋 八〇四
周易經傳集程朱解附錄纂註十四卷朱子易圖附錄纂註一卷朱子啟蒙五贊附錄纂註 二六九之二

一卷朱子筮儀附錄纂註一卷 元董真卿撰 元刻本 十行十九字小字双行二十二字黑口四周双边 二七九—三

周易經傳集程朱解附錄纂註十四卷 元董真卿撰 元刻本 十一行十九字小字双行二十二字四周双边大黑口 二七九—三
存一卷 卷八

周易經傳集程朱解附錄纂註十四卷 元董真卿撰 元刻本 十一行十九字小字双行四十四字小黑口四周双边 二七九—四
存一卷 卷五

周易經傳集程朱解附錄纂註十四卷 元董真卿撰 元刻本 十一行十九字小字双行四十四字黑口四周双边 二七九—五
存一卷 卷四

周易經傳集程朱解附錄纂注十四卷朱子易圖附錄纂註一卷朱子啟蒙五贊附錄纂註一卷朱子筮儀附錄纂註一卷 元董真卿撰 明洪武二十一年務本堂刻本 十一行大字十九字小字二十二字上下黑口四周双边双魚尾 二七九—六

古易世學十七卷 明豐坊撰 明范氏天一閣抄本 三四九—二
存十五卷 三至十七卷

六龍剖疑不分卷 明管志道撰 明萬曆刻本 九行十八字白口四周双边 三七九—二

易象管窺不分卷 明黃正憲撰 清乾隆二十六年馬尔楷抄本 三八二—二

藏書情况表

書名編号	藏書單位
經易類 1	0101
2	0101
3	1501
4	0101
5	0404
6	1501
7	0241
8	0101
9	1601
10	0241
11	0198
12	0101
13	1581
14	0201
15	0101
16	0101
17	0201
18	0101
19	0241
20	0101
21	0141
22	0101
23	0101
24	0101
25	0101
26	0101
27	0101 0143⊗ 2501
28	0201
29	0101
30	0101
31	0141
32	2203
33	0101⊗ 0201
34	0101
35	0101
36	0101

書名编号	藏書單位
經易類 37	0101
38	0241
39	2001
40	0145
41	0501
42	0142
43	0341
44	0101 0144 0201 2001 2702
45	1605
46	1501
47	1781
48	0201
49	0201
50	1581
51	0101
52	0101
53	0101
54	0201
55	0201
56	0591
57	2401
58	0141
59	0241
60	0201
61	1601
62	0101 2304
63	0201
64	0144 0201 0241 1082 1701 1501⊗ 0161⊗
65	0201
66	1701
67	0101
68	1601
69	1601
70	1701
71	0101 0141 0144 0198 0703 0801 1041 1601 1701 1705 2541 2704⊗
72	0141 0143 0145 0181 0201 0241 0242 0301 0501 0701 0841 0842 1042 1501

書名編号	藏書單位
經易類 72	(接上頁) 1601 1606 1653 1701 1704 1741 2042 2441 2541 2701 2702 2741 2785 2881 2901
73	2301
74	0101
75	0101
76	0101
77	0101
78	0101
79	1601
80	0161
81	2541
82	0201
83	0101
84	0144
85	0201
86	0101
87	0142
88	0101
89	0844
90	0102
91	0201
92	0201
93	0101
94	0101
95	1601 2401 2701
96	1601
97	2401
98	0241
99	0171
100	0201
101	0803
102	0301
103	1601
104	1716
105	1601
106	1712
107	0803 1705 1788 2501

書名編号	藏書單位
經易類 108	1601
109	0404
110	0201
111	0201 0301 2401
112	0201 1615 2702
113	1628
114	0145 0201 1628
115	0101
116	0198
117	0141
118	0101
119	0101
120	0198
121	0143 0201 1541 1601
122	0101 0173 0201 2702
123	0201 0841 1041 1701 2461 2501
124	0101 0142 0141 1601 1653
125	0141 0142 1801
126	1801
127	0142 1701 2541
128	2501
129	0163 0181
130	0201 1801
131	0143 0201 0241 0242 1646 1701 2541 2702
132	0101
133	0101 0102 0163 0241 0301 0501 0661 0701 0841 0901 1601 1606 1701 1741 1801 1901 2048 2206 2242 2401 2542 2701 2704 2741
134	1701
135	1601
136	0181
137	0101
138	0201
139	0101
140	0101 0142 0181 0198 0201 0301 0601 2047 2301 2401

書名編号	藏書單位
經易類 141	2701
142	0102 0141 0144 1621 2301
143	1601
144	0101
145	0201
146	0201
147	1601
148	0181 2701
149	0181
150	1626
151	0201
152	0141
153	0201
154	2702
155	0181
156	0241 0151
157	0181
158	0842
159	2302
160	0101
161	1601
162	0803
163	2401
164	2541
165	0201
166	1601
167	0201
168	2301
169	0101
170	0101
171	0241
172	0101
173	0101
174	0101
175	0101
176	0101
177	0201
178	0141

書名編号	藏書單位
經易類 179	0141
180	0101 0143 0201 0701 1001 1241 1601 2301 2401 2541 2543 2702
181	0201
182	2001
183	1601
184	0141
185	1646
186	0145 0101 0141 0701 2401
187	0181 0803
188	2243
189	0101
190	0101
191	0101
192	0101
193	0101
194	0201
195	0101
196	0301
197	0145
198	1601
199	0101
200	0101
201	1705
202	1605
203	0101
204	0161
205	0101 0301 0741 1701 1705 2401
206	1601
207	0101
208	0101
209	0701
210	1705
211	0101
212	1601
213	0101
214	1705
215	0201

書名編号	藏書單位
經易類 216	0101
217	0101
218	1601
219	0101
220	0197
221	0101
222	0201
223	0101⊗ 2701
224	1601
225	0101
226	0101
227	0101
228	0101
229	0101
230	0101
231	0101
232	0201
233	1581
234	0101
235	0141 2341 2401
236	1741
237	1601
238	2543
239	0101
240	0101
241	1601
242	2541
243	0241
244	0101
245	0201
246	2701
247	1705⊗ 0201
248	1881
249	0141 0163
250	0142 1881
251	0201
252	0201
253	0164 1501

書名編号	藏書單位
經易類 254	1601
255	0101
256	0842
257	0101
258	0101
259	1705
260	2041
261	0301
262-1	0201
262-2	0141
263	1711
264	0101
265	0201
266	0201
267	0161
268	0101 1628 1881
269	1601
270	0101
271	0101
272	1501
273	0101
274	0101
275	0701
276	1601
277	0201
278	0198 0201 1501 1587
279-1	0101
279-2	0101
279-3	0161
279-4	0182
279-5	0801
279-6	0201
280	2401
281	1601
282	0101
283	0201
284	0101
285	0101

書名編号	藏書單位
經易類 286	0201
287	0701
288	0201
289	0101 2702
290	0102 0842 0241⊗ 1881⊗
291	1801 2541
293	0101
294	0141
295	0101 0201
296	0101 0102 0144 0161 0291 0341 0441 0501 0701 0781 0841 1343 1503 1601 1701 1705 1801 1901 2201 2211 2401 2641 2901
297	0201
298	0402
299	2701
300	1787
301	1605
302	1601
303	1541 1501
304	0701 0903 1461 1701 2541 2002
305	0141 2561
306	0142 0146 1702 1801
307	0163 0841 2201
308	0163
309	2201
310	2444
311	0141
312	1801
313	1081
314	0201 1501 2402 2461
315	1103
316	0703
317	0141 0201
318	0141
319	0144 1601 1605
320	0141 1801

書名編号	藏書單位
經易類 321	0842 1701 2201⊗ 0161⊗
322	1604 1701
323	0242
324	0101
325	1601
326	1601
327	0101
328	0201 1741 2702
329	1741 2702
330	0141 0201
331	0141
332	0198
333	0101
334	1601
335	0101 2001
336	0201
337	2301
338	1601
339	0141 1881 0144⊗ 0301⊗
340	0101 0141
341	0141
342	0141 0201
343	2010
344	0101
345	0201
346	0701
347	0101
348	0101 0201⊗
349-1	0201
349-2	1701
350	0161
351	1501
352	0101 1501 1605 0591⊗
353	1705
354	0143
355	0201 1615
356	0101
357	1705

書名編号	藏書単位
經 易類 358	0141
359	1705
360	0101
361	0101 0141 0145 0201 0701 0842 2541 2702
362	0201
363	0201
364	1601 1605 1613 1503⊗
365	0101 0201 0903
366	0101 0144 0201 1606
367	0144
368	0164 1705
369	0201
370	0101
371	0520 1601 1620 0141⊗ 2301⊗
372	1601 2201 0161⊗ 2441⊗ 0197⊗
373	0201 2541
374	0102
375	0181
376	0142
377	0101
378	0301 1701
379-1	0201
379-2	0142
380	1601
381	0782
382-1	0101 0141 0241 1511⊗
382-2	0591
383	0141
384	0201
385	1606 1701 0201⊗ 2641⊗
386	0142
387	0301
388	1601
389	0201
390	0101 0141 0301 0182 2301
391	0701
392	1605

書名編号	藏書単位
經 易類 393	0141 0142
394	0144 0146 1041 1581
395	0301⊗ 1341 2901
396	2041
397	0142
398	1705
399	0198
400	0591 0903 1741 2341 2841
401	2541
402	0101 1901⊗
403	1601
404	0342
405	0143 0144 0592 1701 1801 2301
406	0141 0142 0161 0181 0703 2201 2241
407	1601
408	0141 0143 0145 0161 0201 0262 0701 1606 2001 2401 0242⊗ 2541⊗
409	2001
410	0301
411	0181 2001
412	1801
413	1881
414	2304
415	1601
416	1701
417	0145
418	0161 1582 2702
419	0144 0842 1701 0161⊗
420	1606
421	1901
422	1606
423	0141
424	1601
425	0141 1716 2702⊗
426	1601
427	0301
428	1601 1881
429	1101

書名編号	藏書単位
經 易類 430	0101
431	0101 1801
432	1881
433	2541
434	0101
435	2201
436	1601
437	1641
438	1701
439	0101
440	0161
441	0101 0144 0201 1542 1601 1701 1801
442	0141
443	0181
444	0243
445	0145 0201 0243
446	0703
447	2001
448	1601
449	0101
450	0701
451	0101
452	0101 0144 2702
453	0141 0242 1801⊗ 2201⊗ 2702⊗
454	1701
455	1042
456	0703 1605
457	0181
458	2207
459	0141 1701 2206
460	0342
461	0402
462	0144
463	0141
464	0842
465	0141 0842
466	1601 1705 2301
467	0504 2201 0141⊗

書名編号	藏書単位
經 易類 468	1705
469	0102
470	1701
471	0102 0242 2201 2301
472	1605 0841⊗
473	0101
474	1701
475	0101
476	1601
477	1801
478	0141 0145 1701 1881⊗
479	0141 0143 0201 1605
480	1705
481	0141
482	2041
483	0201
484	0141 0161 0861 1601 1606 1702 0101⊗
485	1601
486	0101
487	0101 0142 0201 0291 1048 2701 1722⊗
488	1601
489	2342
490	0342 2001 2012
491	0903 2001 2012 2041 2042
492	2301
493	0102
494	1881
495	0201 1701
496	0903
497	0141 0842
498	0201
499	2541
500	1701
501	0141 0201 0301 0341 0591 0842 1611
502	1701
503	1911
504	0161
505	1601 1606

書名編号	藏書單位
經易類506	0161
507	0201
508	0144
509	1701 1705
510	0243
511	2001 2301
512	0841
513	0161 0201 0341
514	0241
515	0164
516	0903
517	0141
518	1701
519	0201
520	0197 0201
521	1741
522	2341
523	0143 1701
524	0181
525	1701
526	0161
527	1882
528	0842
529	0141 0201
530	0141 0516
531	0201
532	0101
533	0701
534	0141
535	0241
536	0101
537	0201
538	0201
539	0201
540	0101
541	0242
542	0101
543	0341 0903 2041

書名編号	藏書單位
經易類544	0301
545	1601
546	2301
547	0591
548	0141 1041
549	0101 1606 2701 0201⊗
550	0102 2301
551	0181
552	1501
553	0842
554	0201
555	0181
556	0101
557	1717 2041 2301 0201⊗
558	2206
559	2206
560	0201 0903 2301 2541
561	1082
562	1701
563	1801
564	0141
565	1501
566	2001
567	2001
568	0101
569	2301
570	2342
571	0142
572	0181
573	2401
574	0201 1741
575	0201
576	0201
577	1715
578	0141 2301
579	2041
580	0142
581	2206

書名編号	藏書單位
經易類582	1501
583	1581
584	1701
585	0201
586	0142
587	2481
588	2481
589	2041
590	0102 0197 0842 2602
591	0243 2501
592	0141
593	0242
594	0142
595	1901
596	0144
597	0701 1881
598	0141
599	1801
600	0241
601	0861 2301
602	0243
603	2301
604	0201 0903
605	0509 0542 0592 0701 0903
606	0903
607	2201
608	0201
609	0141 0142
610	0201
611	0141 2001
612	0241
613	1501
614	0142 2301
615	0201
616	2012
617	2041
618	1701
619	0201

書名編号	藏書單位
經易類620	1605
621	0161
622	1601
623	1601
624	2401
625	0181
626	0201
627	0241
628	1601
629	0142 0143 0441 0542 0941 1701
630	2301
631	0142
632	1601
633	2201
634	1601
635	0181
636	0141 0142 0701 0861 0903 2301 2342
637	2702
638	1581
639	0903
640	0301
641	0144 0701 2301
642	0101
643	0181
644	0701 0903
645	1601
646	1605
647	1701
648	0542
649	1605
650	0101
651	0201
652	0142
653	0942
654	1701
655	2641
656	1601
657	1601

書名編号	藏書単位
經易類 658	2301
659	1601
660	0201
661	0101
662	0161
663	0701
664	0142
665	0141 0902 0901⊗
666	1684
667	0201
668	0201
669	0241
670	0241
671	0201
672	1741
673	0201
674	0161 1501
675	1689
676	0142
677	0141
678	2302
679	0101
680	0201
681	0201 0903
682	0701
683	2206
684	1701
685	0903
686	2302
687	2541
688	0198
689	1601
690	0142
691	0142
692	0145
693	0242
694	0201
695	2301

書名編号	藏書単位
經易類 696	0341
697	1581
698	0201
699	0201
700	2543
701	1701
702	0142 0701 0903
703	2201
704	0241
705	2041
706	0242
707	0142
708	0101
709	0201
710	0201
711	0101
712	0201
713	0701
714	0101
715	2301
716	2302
717	1601
718	0241
719	0241
720	0241
721	0201
722	0201
723	0201
724	0201
725	1788
726	0201
727	0201
728	1702
729	0341
730	0141
731	0301
732	0301
733	0201

書名編号	藏書単位
經易類 734	0101
735	0201
736	1705
737	0201
738	0142
739	0101
740	0201
741	1601
742	0101
743	0701
744	0145
745	2301
746	2301
747	0201
748	0201
749	0201
750	0201
751	0201
752	0201
753	0201
754	0201
755	1041
756	0201
757	0201
758	1501
759	1501
760	0842
761	1704
762	1741
763	0101
764	0201
765	1701
766	0241
767	0101
768	1741
769	0101
770	0201
771	0201

書名編号	藏書単位
經易類 772	2301
773	0241
774	2704
775	0101
776	0101
777	0101
778	2001
779	1701
780	2301
781	1581
782	1581
783	1741
784	1501
785	1601
786	0201
787	0301
788	0101
789	2441
790	1705
791	1501
792	0243
793	0242
794	1501
795	1701
796	1705
797	1701
798	0701
799	1601
800	0101
801	1741
802	1601
803	0101
804	0101

書類

一 尚書二卷 明刻本 六行十字黑口四周双边

二 尚書二卷 明刻本 六行十六、十七字不等黑口四周双边

三 書經白文六卷 明衡府刻本 唐文治跋 八行十四字粗黑口双边双魚尾

四 書經六卷 明刻本 九行十九字白口四周單边

五 會通館校正音釋書經十卷 明華氏會通館銅活字印本 九行十七字白口單边單魚尾

六 尚書不分卷 清常熟陳祖范抄本 清陳祖范批點

七 古文尚書十一卷 漢鄭玄注 宋王應麟輯 清抄本 清翁方綱題識

八 古文尚書十一卷 漢鄭玄注 宋王應麟輯 清乾隆三十九年抄本

九 尚書十三卷 漢孔安國傳 宋刻本 十行二十字白口左右双边双魚尾

一〇 古文尚書十三卷 漢孔安國傳 清楊氏郘蘇園抄本 楊守敬、葉景葵跋 潘承弼校

一一 尚書七卷附音釋一卷 漢孔安國傳 明刻本 八行十七字白口四周双边有刻工 小字三十四字

一二 纂圖互註尚書十三卷 漢孔安國撰 宋刻本 十一行二十一字小字双行二十五字細黑口左右双边 存二卷 五、六

一三 纂圖互註尚書十三卷 漢孔安國撰 宋刻本 十一行二十一字小注行二十五字黑口左右双边有耳 存七卷 七至十三

四(二) 重刊校正音釋書經白文六卷 明刻本 九行十六字白口双魚尾四周双边

一四 尚書正義二十卷 唐孔穎達撰 宋兩浙東路茶鹽司刻本 卷七至八、十九至二十配日本影抄本 楊守敬跋 八行十九字小字双行同白口

一五 尚書注疏二十卷 漢孔安國、唐孔穎達撰 陸德明釋文 蒙古刻本 十三行二十六字小注三十五字白口左右双边 存零葉一卷 十七

一六 尚書注疏二十卷 漢孔安國、唐孔穎達撰 陸德明釋文 蒙古刻遞修本 十三行大小字不等小字三十五、六字白口四周双边有刻工 存十卷 十一至十六、十五至二十

一七 尚書注疏二十卷 漢孔安國、唐孔穎達撰 陸德明釋文 新彫 尚書纂圖一卷 蒙古刻本卷三至六配清影蒙古抄本 十三行二十六字小字双行三十五字白口四周双边

一八 尚書註疏二十卷 漢孔安國傳、唐孔穎達疏 陸德明釋文 宋刻明修本 八行十八字小字双行廿五字白口四周双边

一九 尚書註疏二十卷 漢孔安國傳、唐孔穎達疏 陸德明釋文 明嘉靖李元陽刻十三經注疏本 清許翰批校 九行廿一字小字双行同四周單边有刻工

二〇 尚書註疏二十卷 漢孔安國、唐孔穎達撰 陸德明釋文 明萬曆十五年北京國子監刻十三經注疏本 傳增湘校並跋 九行廿一字白口左右双边

二一 尚書註疏二十卷 漢孔安國傳 唐孔穎達疏 陸德明釋文 明刻本 八行十八字小字双行廿五字白口四周双边

二二 尚書註疏二十卷 漢孔安國傳 唐孔穎達疏 陸德明釋文 明崇禎五年毛氏汲古閣刻十三經注疏本 清張允垂錄惠棟校跋

二三 尚書註疏二十卷 漢孔安國傳 唐孔穎達疏 陸德明釋文 明崇禎五年毛氏汲古閣刻十三經注疏本 清李富孫校 沈炳震跋

二四 尚書注疏十九卷 漢孔安國撰 唐孔穎達疏 陸德明釋文 清乾隆武英殿刻十三經注疏本 清張穆校並圈點

二五 附釋音尚書註疏二十卷 漢孔安國傳 唐孔穎達疏 陸德明釋文 元刻明修本 十行十七字小字双行二十三字白口左右双边有刻工

二六 附釋音尚書註疏二十卷 漢孔安國傳 唐孔穎達疏 陸德明釋文 元刻明修本 十行十七字小字双行二十三字白口左右双边 明正德六年至十二年補刊

二七 附釋音尚書註疏二十卷 漢孔安國、唐孔穎達撰 元刻明修本 十行十七字小字双行二十三字白口左右双边双魚尾有刻工

二八 附釋音尚書註疏二十卷 漢孔安國、唐孔穎達撰 陸德明釋文 元刻明修本 十行十七字小字二十三字白口左右双边 版心上錄字數中錄卷數下錄頁數刻工

二九 附釋音尚書註疏二十卷 漢孔安國、唐孔穎達撰 陸德明釋文 元刻明修本 十行字數不一白口左右双边魚尾下刻工姓名

三〇 附釋音尚書註疏二十卷 漢孔安國、唐孔穎達撰 陸德明釋文 元刻明遞修本 十行十七字小字双行二十三字黑白不一左右双边有附二

三一 附釋音尚書注疏二十卷 漢孔安國傳 唐孔穎達疏 陸德明釋文 元刻明修本 楊守敬跋 十行十七字小二十三字白口左右双边下記刻工

三二 附釋音尚書註疏二十卷 漢孔安國、唐孔穎達撰 陸德明釋文 元刻明遞修本 十行十七字小字双行二十三字白口左右双边

三三 附釋音尚書註疏二十卷 漢孔安國、唐孔穎達撰 陸德明釋文 元刻明修本 十行十七字小字双行二十三字白口左右双边版心上刻數字下有刻工 存十八卷 三至二十

三四 尚書圖一卷 宋刻本 清胡珽跋 存十五卷 一至十五

三五 尚書孔傳不分卷 清乾隆五十八年梁嚴抄本 清梁嚴題識

三六 五刻徐九一先生刪補書經便蒙詳節二卷 徐撰 陳陵 明刻本 佚名錄毛晉諸家章鉅遷傳恕丁丙跋 十一行二十八字白口四周單边

三七 東坡書傳二十卷 宋蘇軾撰 明凌氏刻朱墨套印本 九行十九字白口四周單边無魚尾眉上刻字

三八 東坡先生書傳二十卷 宋蘇軾撰 明揚州書林陳煙和刻本 十行廿一字白口左右双边

三九 三山拙齋林先生尚書全解四十卷 宋林之奇撰 明范氏天一閣抄本 明范[illegible] 存二十三卷 七至十五、二十至二十六、二十七至三十三、三十八至四十

四〇 三山拙齋林先生尚書全解四十卷 宋林之奇撰 清初毛氏汲古閣抄本 卷三十四配清抄本 □簡曠跋

三山拙齋林先生尚書全解四十卷 宋林之奇撰 清徐氏傳是樓抄本 半頁十一行行廿一字上下單边左右双边黑格 存三十四卷 一至廿一、廿五至廿九、三十三至四十 四一

三山拙齋林先生尚書全解四十卷 宋林之奇撰 林拙齋書全集解附錄一卷 清丁杰輯 清抄本 丁杰校並跋 吳騫題識 存二卷 五十四、附錄一卷 四二

鄭敷文景望書說一卷 宋鄭伯熊撰 清抄本 九行二十字無格 四三

鄭敷文景望書說一卷 宋鄭伯熊撰 清金氏手抄本 四四

敷文鄭氏書說一卷 宋鄭伯熊撰 清趙魏抄本 周星詒跋 四五

禹貢論二卷後論一卷山川地理圖二卷 宋程大昌撰 宋淳熙八年泉州州學刻本 十二行廿二字白口左右双边 四六

程尚書禹貢論二卷後論一卷山川地理圖二卷 宋程大昌撰 清康熙成德刻通志堂經解本 傅增湘校並跋 十一行 四七

程泰之禹貢山川圖一卷 宋程大昌撰 清焦循校 清嘉慶七年焦循手抄本 四八

禹貢山川地理圖二卷 宋程大昌撰 清抄本 清王振聲校並跋 四九

杏溪傅氏禹貢集解二卷 宋傅寅撰 宋刻元修本 十一行十八字細黑口左右双边 五〇

增修東萊書說三十五卷圖說一卷 宋呂祖謙撰 時瀾修定 宋刻本 圖說、卷一至十一配毛氏汲古閣影宋抄本 十四行十九字白口四周双边 存十六卷 書說一至十五 五一

東萊先生書說十六卷 宋呂祖謙撰 清嚴元照抄本 嚴元照校並跋 丁丙跋 存九卷 一至九 五二

尚書說七卷 宋黃度撰 明萬曆三年呂兆祥刻本 十行二十字小字双行同白口左右双边 存六卷 一至四、六至七 五三

書說七卷 宋黃度撰 明抄本 存六卷 二至七 五四

書說七卷 宋黃度撰 清初抄本 五五

尚書說七卷 宋黃度撰 清抄本 五六

朱文公訂正門人蔡九峯書集傳六卷 宋蔡沈撰 書傳問答一卷 宋淳祐十年呂遇龍上饒郡學刻本 十行十八字小字双行同上下細黑口左右双边 五七

書集傳六卷 宋蔡沈撰 宋刻本 八行十五字細黑口左右双边双魚尾 存四葉半 書傳六第九十四頁半頁、九十五至九十八頁 五八

書集傳六卷圖一卷 宋蔡沈撰 朱子說書綱領一卷 宋朱熹撰 元刻本 十二行廿二字小字双行同黑口四周双边 存四卷 書集傳一至二、五 朱子說書綱領 五九

書集傳六卷 宋蔡沈撰 元刻本 十一行廿四字細黑口四周双边双魚尾 六〇

書集傳六卷圖一卷 宋蔡沈撰 朱子說書綱領一卷 宋朱熹撰 明刻本 八行十四字黑口四周双边 六一

書經集註十卷 宋蔡沈撰 明嘉靖二年贛州府刻本 清羅撰、丁丙跋 九行十七字小字双行同白口四周單边無刻工 六二

書經集註十卷 宋蔡沈撰 明嘉靖三十年倪淑刻萬曆二十三年倪甫英重修本 九行十七字白口左右双边單魚尾眉上刻音切版心下有刻工 六三

書經集注六卷 宋蔡沈撰 明嘉靖三十五年廣東崇正堂刻本 六四

書經集傳六卷 宋蔡沈撰 明嘉靖吉澄刻本 九行十七字小字双行同白口左右双边上欄注音有刻工 六五

書經集註十卷 宋蔡沈撰 明隆慶五年周文金刻本 九行十七字白口左右双边 六六

書經集註十卷 宋蔡沈撰 明萬曆五年賈文熙傳芳書屋刻本 九行十七字小字双行同白口上线魚尾左右双边 六七

書經集註十卷 宋蔡沈撰 明萬曆元年熊冲宇刻本 九行十七字小字双行同白口無直格四周單边 六八

書經集傳六卷 宋蔡沈撰 明萬曆吳勉學刻本 九行十七字小字双行同白口左右双边 六九

書集傳六卷 宋蔡沈撰 明崇禎元年閔齊伋刻本 九行十七字小字双行同左右双边白口 七〇

書經集傳六卷 宋蔡沈撰 明崇禎四年汪應魁貽經堂刻本 九行十八字小字同白口四周双边 七一

書經集註十卷 宋蔡沈撰 明武昌學宮刻本 九行十七字小字双行白口單魚尾左右双边 七二

書經集註六卷 宋蔡沈撰 明書林余明台克勤齋刻本 九行十七字小字双行同白口無直格四周双边有音 七三

書經集註六卷 宋蔡沈撰 明書林張閩岳新賢堂刻本 九行十七字白口四周單边 七四

書經集傳六卷 宋蔡沈撰 明金陵奎壁齋刻本 九行十七字白口左右双边 七五

書經集傳六卷 宋蔡沈撰 明刻本 九行十七字白口左右双边單魚尾版心下有刻工 七六

書經集傳六卷 宋蔡沈撰 明刻本 十行廿二字黑口左右双边 七七

書集傳六卷 宋蔡沈撰 明刻本 十一行廿一字黑口四周双边 七八

書經集註六卷書序一卷 宋蔡沈撰 明刻本 九行十七字小字双行同黑口四周双边有刻工 七九

書經集傳六卷 宋蔡沈撰 清金閶步月樓刻本 清丁晏批校並跋 八〇

書經集傳六卷 宋蔡沈撰 清刻本 清焦循批注 八一

書經集傳六卷 宋蔡沈撰 清片善堂惜字公局刻本 清陳介祺批並跋 八二

書經集傳六卷 宋蔡沈撰 清光緒五年山西濬文書局刻本 清吳汝綸批 八三

存五卷　一至五

書經六卷　宋蔡沈注　清嘉慶五年埽葉山房刻本　清李錫嘏批　八四

書經四卷　宋蔡沈集傳　清同治十年敦忠堂刻本　清馮煥光跋並錄備同人批　八五

書經旁訓二卷　宋蔡沈撰　明萬曆三十七年程五甫新安刻本　七行二十字小字雙行同小行七行行四十字白口四周單邊有刻工　八六

書集傳六卷　宋蔡沈撰　元鄒季友音釋　元至正十一年德星書堂刻本　十二行二十一字小注同黑口四周雙邊　八七

書集傳六卷　宋蔡沈撰　元鄒季友音釋　元至正十一年德星書堂刻本　十二行二十一字小字雙行二十一字小黑口四周雙邊　八八

書集傳六卷　宋蔡沈撰　元鄒季友音釋　元至正十一年德星書堂刻本　十二行二十一字上下細黑口雙邊雙魚尾　八九

存二卷　一至二

書集傳六卷　宋蔡沈撰　元鄒季友音釋　元至正十一年雙桂書堂刻本　清顧廣圻校並題識　十五行二十三字小字雙行四十六字小黑口四周雙邊有抄配牌記　九〇

書集傳六卷　宋蔡沈撰　元鄒季友音釋　元至正十四年日新書堂刻本卷四至六配元至正五年虞氏明復齋刻本　日新堂本十一行虞氏明復齋本十三行二十二字　九一

書集傳六卷　宋蔡沈撰　元鄒季友音釋　元至正十四年日新書堂刻本　十一行二十字上下細黑口雙邊雙魚尾　九二

存四卷　二、三、五、又卷六第一至八頁

書集傳六卷　宋蔡沈傳　元鄒季友音釋　元刻本　十三行二十三字細黑口四周雙邊雙魚尾　九三

五

書集傳六卷　宋蔡沈撰　元鄒季友音釋　元刻本　十三行二十三字小字雙行同小黑口四周雙邊　九四

存一卷　卷六

書集傳六卷　宋蔡沈撰　元鄒季友音釋　明初刻本　十二行二十三字小字雙行同黑口四周雙邊　九五

存四卷　三至六

書集傳六卷　宋蔡沈撰　元鄒季友音釋　明刻本　十二行二十一字小字雙行黑口四周雙邊　九六

書集傳六卷序一卷圖一卷　宋蔡沈撰　元鄒季友音釋　朱子說書綱領一卷　宋朱熹撰　明正統十二年內府刻本　八行十四字上下粗黑口四周雙邊雙魚尾　九七

書集傳六卷序一卷圖一卷　宋蔡沈撰　元鄒季友音釋　朱子說書綱領一卷　宋朱熹撰　明正統十二年內府刻本　八行十四字小字雙行十七字大黑口四周雙邊無刻工　清丁丙跋　九八

書集傳六卷首一卷末一卷　宋蔡沈撰　元鄒季友音釋　清同治五年吳氏望三益齋刻本　清丁晏校注　九九

書經集註十卷　宋蔡沈撰　元鄒季友音釋　明建陽坊刻本　九行十七字小字雙行間黑口四周雙邊　一〇〇

尚書音釋一卷　元鄒季友撰　明刻本　十一行二十二字小字雙行同黑口四周雙邊　一〇一

尚書蔡傳音釋六卷　元鄒季友撰　清抄本　清錢泰吉許丙鴻校並跋　嚴大經跋　一〇二

尚書蔡傳音釋辨誤六卷　元鄒季友撰　清抄本　清丁丙跋　一〇三

尚書精義五十卷　宋黃倫撰　清抄本　一〇四

洪範統一一卷　宋趙善湘撰　清抄本　清丁丙跋　一〇五

尚書要義二十卷序說一卷　宋魏了翁撰　清翁心存校並跋　清震無咎齋抄本　八行二十一字白口四周雙邊紅格版心下鐫震無咎齋　一〇六

尚書要義二十卷序說一卷　宋魏了翁撰　清抄本　一〇七

存十五卷　序說、一至六、十至十一、十五至二十

書集傳十二卷或問二卷　宋陳大猷撰　元刻本　十三行二十四字小字雙行約二十八字細黑口左右雙邊　一〇八

書經金氏註十二卷　宋金履祥撰　清抄本　清陸心源周星詒跋　一〇九

周書金氏註六卷　宋金履祥撰　清瞿氏恬裕齋抄本　一一〇

金氏尚書注十二卷　宋金履祥撰　清抄本　一一一

書古文訓十六卷　宋薛季宣撰　清康熙成德刻通志堂經解本　王國維校並跋　十行二十字白口左右雙邊版心下鐫通志堂及刻工　一一二

書疑九卷　宋王柏撰　清初抄本　一一三

尚書義粹八卷　金王若虛撰　清張金吾輯　清張氏愛日精廬抄本　一一四

六

存五卷　一至三、七至八

尚書集傳纂疏六卷　元陳櫟撰　明范氏天一閣抄本　一一五

讀書叢說六卷　元許謙撰　清抄本　一一六

讀書叢說六卷　元許謙撰　清抄本　一一七

讀書叢說六卷　元許謙撰　清抄本　一一八

讀書叢說六卷　元許謙撰　清抄本　一一九

存五卷　一至五

書集傳輯錄纂註六卷又一卷朱子說書綱領輯錄一卷　元董鼎撰　元延祐五年建安余氏勤有堂刻本　十行二十字小字雙行二十四字黑口四周雙邊　一二〇

書集傳輯錄纂註六卷又一卷朱子說書綱領輯錄一卷　元董鼎撰　元延祐五年建安余氏勤有堂刻本　十行二十字小字雙行二十四字黑口四周雙邊　一二一

書集傳輯錄纂註六卷又一卷朱子說書綱領輯錄一卷　元董鼎撰　元延祐五年建安余氏勤有堂刻本　王元亮點校　十行二十字　一二二

書集傳輯錄纂註六卷又一卷朱子說書綱領　一二三

輯錄一卷　元董鼎撰　元建安余氏勤有堂刻本　十一行二十字小字雙行二十四字上下細黑口雙邊雙魚尾卷末有建安余全仲刊于勤有堂雙行木記

存六卷　二至六，又一卷

書集傳輯錄纂註六卷又一卷朱子說書綱領輯錄一卷　元董鼎撰　元建安余氏有勤堂刻本　十一行二十字小字雙行二十四字黑口左右雙邊雙魚尾　一二四

存三卷　二至四

書集傳輯錄纂註六卷朱子說書綱領輯錄一卷　元董鼎撰　元至正十四年翠巖精舍刻明修本　十一行二十字小字雙行二十四字黑口四周雙邊　一二五

存二卷　一至二

書集傳輯錄纂註六卷　元董鼎撰　元刻本　十一行二十字小字雙行廿四黑口雙魚尾四周邊有書耳　一二六

尚書通考十卷　元黃鎮成撰　元至正刻本　沈祥龍跋　十二行二十四字黑口左右雙邊無刻工　一二七

尚書通考十卷　元黃鎮成撰　元至正刻本　卷二至三配抄本　十二行二十四字黑口左右雙邊　一二八

尚書通考十卷　元黃鎮成撰　元至正刻本　卷二缺二十頁　十二行二十四字黑口左右雙邊雙魚尾　一二九

尚書通考十卷　元黃鎮成撰　清徐時作補訂　清乾隆三十一年崇本山堂刻本　一三〇

尚書通考十卷　元黃鎮成撰　清抄本　一三一

七

書蔡氏傳旁通六卷　元陳師凱撰　清抄本　十三行二十五字無格　一三二

書義矜式六卷　元王充耘撰　元刻本　十行二十三字大黑口四周雙邊無刻工　一三三

書義矜式六卷　元王充耘撰　清抄本　行一十八　一三四

存三卷　一至三

書義主意六卷　元王充耘撰　羣英書義　元張泰撰　清抄本　清彭元瑞跋　一三五

直音傍訓尚書句解十三卷　元朱祖義撰　元敬德書堂刻本　十二行二十三字小字雙行同細黑口左右雙邊　一三六

定正洪範集說一卷　元胡一中撰　明抄本　一三七

尚書疏義六卷　元馬道貫撰　清顧氏謏聞齋抄本　一三八

新刊書經批註分旨白文便覽十卷新刊書經類題辯異便覽不分卷新刊書經字面辯疑便覽不分卷　明蔣有常輯　明隆慶六年建陽蔣氏興賢堂刻本　八行二十字小字雙行二十字眉欄小字雙行十三字白口四周單邊　一三九

尚書傍注二卷　明朱升撰　明刻本　六行十七字旁有小注一行黑口四周雙邊　一四〇

尚書旁注二卷　明朱升撰　明刻本　清丁丙跋　六行十六字大黑口邊無刻工　一四一

書傳會選六卷　明劉三吾等撰　明初刻本　八行十六字小字雙行同黑口四周雙邊　一四二

書傳會選六卷　明劉三吾等撰　明嘉靖趙府味經堂刻本　九行十八字白口雙邊單魚尾　一四三

書傳會選六卷　明劉三吾等撰　明嘉靖趙府味經堂刻本　清王紹蘭、蔡名衡跋　九行十八字小字雙行同綫黑口四周雙邊　一四四

書經大全十卷綱領一卷圖一卷　明胡廣等輯　明初書林刻本　十行十一行不等十七字至二十一字不等細黑口雙邊雙魚尾　一四五

書經大全十卷綱領一卷圖一卷　明胡廣等輯　明嘉靖七年書林楊氏清江書堂刻本　十一行二十一字上下黑口四周雙邊　一四六

存九卷　一至五、六至十　綱領、圖

書經大全十卷　明胡廣等輯　明嘉靖十一年書林劉氏明德堂刻本　十一行十八字小字雙行二十字白口四周雙邊無刻工　一四七

書經大全十卷　明胡廣等輯　明萬曆三十三年書林余氏刻本　十一行二十字小字雙行白口四周雙邊　一四八

書經大全十卷　明胡廣等輯　明書林余氏興文書堂刻本　十行十八字小字雙行二十一字黑口四周雙邊　一四九

存四卷　一至四

申學士校正古本官板書經大全十卷　明胡廣等輯　明閩芝城建邑書林余氏刻　無行格欄每頁均有大小中字体小字上十二行行十九字上有眉批　一五〇

書傳大全十卷　明胡廣等撰　明內府抄本　十行二十二字小字雙行同紅格紅口四周雙邊　一五一

八

存一卷　九

書經詳說□□卷　明刻本　十二行二十二字黑口四周雙邊　一五二

存十四卷

書經義不分卷　明抄本　十一或十二行二十大至五十五字無格　一五三

書傳集解十二卷　明黃諫撰　明刻本　清丁丙跋　八行二十四字小字雙行二十三字大黑口有刻工　一五四

存八卷　二至六、八至九、十一

書經章句訓解十卷　明尹洪撰　明成化書府刻本　十二行十八至二十二字黑口四周雙邊有刻工　一五五

書經章句訓解十卷　明尹洪撰　明刻本　十二行二十五字四周雙邊小黑口　一五六

書經直指六卷　明成化二十年刻本　十行二十字黑口四周雙邊　一五七

禹貢纂註一卷　明周用撰　清抄本　八行二十字　一五八

禹貢詳畧不分卷　明韓邦奇撰　明末刻本　十二行二十四字白口四周單邊　一五九

尚書譜不分卷　明梅鷟撰　明抄本　清顧廣圻校並跋丁丙跋　一六〇

尚書譜五卷　明梅鷟撰　清孔氏嶽棓館抄本　十二行二十三字黑格白口四周單邊　一六一

尚書譜五卷　明梅鷟撰　清抄本　九行二十字小字雙行同無格　一六二

一六三　尚書考異不分卷　明梅鷟撰　明白雀山房抄本
一六四　尚書考異不分卷　明梅鷟撰　清抄本
一六五　尚書考異不分卷　明梅鷟撰　清抄本
一六六　尚書攷異六卷　明梅鷟撰　清抄本
一六七　禹貢說一卷附禹貢九州總歌　明鄭曉撰　明萬曆二十六年項臯謨刻本　十行二十字白口單邊單魚尾
一六八　禹貢說長箋一卷　明鄭曉撰　明抄本
一六九　古書世學六卷　明豐坊撰　明抄本
一七〇　古書世學六卷　明豐坊撰　清雲在樓抄本　清馮登府跋
一七一　書經便注十卷　明桑鍾撰　明嘉靖四十年寧晉汝濱書院刻本　十二行廿四字大黑口四周雙邊有刻工
一七二　書傳敷言十卷　明馬森撰　明刻崇禎十一年馬懋明重修本　清丁丙跋　十行廿二字白口四周單邊無刻工
一七三　書經數言十卷　明馬森撰　明刻本　十行廿二字白口四周單邊
存八卷　三至十
一七四　書經直解十三卷　明張居正撰　明萬曆元年刻本　九行十八字上下粗黑口四周雙邊雙魚尾
一七五　書經直解十三卷　明張居正撰　明萬曆元年刻本　清金祖望批並校　九行十八字上下粗黑口四周雙邊
一七六　書經直解十三卷　明張居正撰　明萬曆十八年刻本　十一行廿二字白口四周單邊有刻工

存八卷　一至八
一七七　書經直解十三卷　明張居正撰　明崇禎九年馬士奇澹寧居刻本　九行十八字白口四周單邊無行格
一七八　書經直解十三卷　明張居正撰　明末大業堂刻本　十一行廿八字花口單邊
一七九　尚書日記十六卷　明王樵撰　明萬曆十年于明照刻本　十行廿一字白口左右雙邊
一八〇　尚書日記十六卷　明王樵撰　明萬曆二十五年蔡立身刻本　十行二十字白口單邊單魚尾有刻工
一八一　尚書日記十六卷　明王樵撰　明萬曆二十五年蔡立身刻本　清丁丙跋　十行二十字白口四周單邊有刻工
一八二　尚書日記十六卷　明王樵撰　明崇禎五年雍繼光刻本　十行二十字白口四周單邊
一八三　書帷別記四卷　明王樵撰　明萬曆王啓鏈、王肯堂等刻本　十一行廿二字白口四周單邊有刻工
一八四　書經講義會編十二卷　明申時行撰　明萬曆二十五年刻本　十行廿二字四周單邊白口有刻工
一八五　新鍥書經講義會編十二卷　明申時行撰　明萬曆二十六年徐銓刻本　十行廿六字白口雙邊單魚尾
一八六　鐫宗附百名公帷中縈論書經講義會編十二卷　明申時行撰　明萬曆書林王應俊刻本　十二行廿四字白口四周單邊
一八七　鐫宗附百名公帷中縈論書經講義會編十二卷　明申時行撰　明萬曆王振華刻本　十二行廿四字白口四周單邊
一八八　重訂中文定公書經講義會編十二卷　明申時行撰　[illegible]桂堂刻本　十二行廿四字白口四周單邊

一八九　重訂中文定公書經講義會編十二卷　明申時行撰　明崇禎書林王應俊刻本　十二行廿四字白口四周單邊
一九〇　禹貢山川郡邑考四卷　明王鑑撰　清抄本　九行二十字
一九一　禹貢山川郡邑考四卷　明王鑑撰　清抄本　清丁丙跋
一九二　刻嘉禾鍾先生尚書主意傳心錄十二卷　明鍾庚陽撰　明崇禎刻本　十一行廿四字白口四周單邊
一九三　尚書會解六卷　明張治具撰　明萬曆刻本　十一行廿二字黑口四周雙邊
一九四　重鍥初菴方先生書經集解十卷　明方揚撰　明萬曆二十四年張庸刻本　九行廿二字白口四周雙邊無刻工
一九五　尚書百家彙解八卷　明俞鯤輯　明刻本　九行廿二字小字雙行同白口四周單邊
一九六　徽郡新刊書經講義不分卷　明程弘賓撰　明嘉靖四十三年新安程氏家刻本
一九七　皇明集韻天梯書經正文四卷　明萬曆元年熊冲宇種德堂刻本　九行十八字白口四周單邊
一九八　重訂書經疑問十二卷　明姚舜牧撰　明萬曆三十二年刻本　清李玉臺圈點　十行二十字白口四周單邊

一九九　孫月峯先生批評書經六卷　明孫鑛撰　明崇禎天益山刻本　八行十八字白口四周單邊
二〇〇　孫月峯先生批評書經六卷　明孫鑛撰　明崇禎天益山刻本　清劉熙載批點　八行十八字白口單邊無魚尾
二〇一　尚書辨解十卷　明郝敬撰　明萬曆四十三年家刻本　十行廿一字白口四周單邊
二〇二　尚書要旨三十六卷　明王肯堂撰　明刻本　十行廿四字白口單魚尾四周單邊
二〇三　學古堂尚書雅言六卷　明盧廷選撰　明萬曆四十年刻本　九行廿二字白口單邊單魚尾下有刻工
二〇四　禹貢大成錄不分卷　明吳道泰輯　明末刻本　十一行廿四字小字雙行白口四周雙邊
二〇五　書傳會衷十卷　明曾學佺輯　明末刻本　十行十九字上下單邊左右雙邊白口單魚尾
二〇六　禹貢備遺一卷書法一卷　明胡瓚撰　清初刻本　九行廿二字白口左右雙邊
二〇七　尚書蠡四卷　明趙維寰撰　明崇禎八年趙氏雪潮刻本　九行二十字白口四周單邊
二〇八　禹貢匯疏十二卷圖經二卷別錄一卷　明茅瑞徵撰　明崇禎五年刻本　九行二十字白口單邊單魚尾
二〇九　虞書箋二卷　明茅瑞徵撰　明崇禎刻本　九行二十字白口四周單邊
二一〇　劉季子書經講意不分卷　明劉僑碩撰　明萬曆三十一年桂香館刻本　十行二十字白口四周雙邊　版心下鐫刻工名和字數

尚書傳翼十卷　明陸鍵撰　明刻本　十一行廿三字白口无格四周單边　二一一
禹貢合圖纂註一卷　明鍾惺纂註　艾南英審註　夏允彝合註　附錄一卷　明末舒瀛溪刻本　九行二十字白口四周單边　二一二
書經彙解四十六卷　明秦繼宗撰　明萬曆四十二年刻本　九行二十字白口單魚尾左右双边　二一三
尚書註考一卷　明陳泰交撰　清初抄本　二一四
尚書疏衍四卷　明陳第撰　明萬曆四十年刻一齋集本　十行廿一字白口左右双边單魚尾　二一五
新鐫曾元贊書經發穎集註六卷　明曾楚卿撰　明萬曆四十三年龍田劉氏忠賢堂刻本　九行十七字小字双行同白口四周單边　二一六
尚書晚訂十二卷　明史維堡　史元調輯　明崇禎八年刻本　十行廿二字白口四周單边　二一七
尚書因四卷　明張彩輯　明萬曆刻本　九行二十字白口單魚尾四周單边　二一八
尚書宗印六卷　明汪漸磐撰　明天啟三年刻本　九行廿二字白口單边單魚尾　二一九
尚書葦籥五十八卷　明潘士遴撰　明崇禎十二年刻本　十行廿二字白口左右双边　二二〇
書經補註六卷　明徐大儀撰　明崇禎五年金陵聚奎樓刻本　九行二十字小字双行十九字黑格白口四周單边　二二一
洪範明義四卷　明黃道周撰　明崇禎十六年漳州刻本　九行十八字小字双行白口單魚尾左右双边　二二二
洪範明義四卷　明黃道周撰　明末抄本　八行廿二字小字双行同白口四周双边　二二三
新鐫何榜眼彙輯諸名家書經主意寶珠六卷　明何瑞徵輯　明崇禎元年刻本　上欄小字十行六字下欄八行二十字小字双行白口四周單边无魚尾　二二四
書經註疏大全合纂三十四卷　明張溥撰　明刻本　八行三十二字白口左右双边　二二五
禹貢古今合註五卷圖一卷　明夏允彝撰　明崇禎刻本　九行十九字白口左右双边无刻工　二二六
尚書副墨六卷　明楊肇芳撰　楊胤奇删補　明崇禎四年集虛齋刻本　九行廿四字白口四周單边无行格　二二七
尚書刪補五卷　明汪康謠撰　明崇禎六年刻本　九行二十字小字双行同白口四周單边　二二八
夏書禹貢廣覽三卷蓋載圖憲一卷　明許胥臣編　明崇禎六年刻本　九行二十字白口單边單魚尾眉上刻評　二二九
尚書蒳八卷　明胡兕忠撰　明崇禎尺五樓刻本　九行廿二字白口四周單边　二三〇
禹貢精要集一卷　明楊坦撰　明崇禎刻本　二三一
尚書說統四十卷　明張雲鸞撰　明崇禎刻本　十行廿四字白口四周單边无刻工　二三二
書經便蒙詳節二卷　明刻本　十行廿六字白口單边單魚尾　二三三
書經便蒙詳節二卷　明刻本　清毛用吉、倪稻孫跋　十行廿五字小字双行五十字四周双边　二三四
洪範傳不分卷　明程宗舜撰　明抄本　二三五
書經摘註六卷　明抄本　九行行字數不一白口左右双边　二三六

書經倫次不分卷　清初抄本　二三七
九州山水考三卷　清孫承澤撰　清康熙刻本　二三八
書經近指六卷　清孫奇逢撰　清康熙十五年一鶴軒刻本　口四周單边单魚尾　二三九
尚書稗疏二卷　清王夫之撰　清王嘉愷抄本　二四〇
尚書引義六卷　清王夫之撰　清王嘉愷抄本　二四一
存五卷　一至二、四至六
尚書引義六卷　清王夫之撰　清初抄本（四庫底本）　二四二
書經直解四卷　清張爾岐撰　清初抄本　口綠格四周双边　二四三
朱氏訓蒙書門六卷　清朱日濬撰　清初黃大中抄本　二四四
日講書經解義十三卷　清庫勒納葉方藹等撰　清康熙十九年内府刻本　二四五
尚書彙纂必讀十二卷　清陸士楷輯　清康熙刻本　二四六
禹貢輯注一卷　清劉師安輯　稿本　二四七
禹貢通解一卷　清郃璞輯　清初抄本　二四八
尚書埤傳十五卷補二卷首一卷尚書考異補一卷書經考異一卷　清朱鶴齡輯　清康熙濠上草堂刻本　二四九
禹貢長箋十二卷　清朱鶴齡撰　手稿本　二五〇
欽定書經傳說彙纂二十一卷首二卷書序一卷　清王頊齡等撰　清雍正八年内府刻本　二五一
禹貢錐指二十卷圖一卷　清胡渭撰　清康熙漱六軒刻本　二五二
禹貢錐指二十卷圖一卷　清胡渭撰　清劉傳瑩批点　清康熙漱六軒刻本　二五三
禹貢錐指二十卷圖一卷　清胡渭撰　清陳澧批点　清康熙漱六軒刻本　二五四
洪範正論五卷　清胡渭撰　清乾隆四年胡紹苓刻本　清李遇孫、錢泰吉跋　二五五
尚書古文疏證八卷朱子古文書疑一卷　清閻若璩撰　清閻詠輯　清乾隆十年朱續晫近堂刻本　二五六
尚書古文疏證八卷朱子古文書疑一卷　清閻若璩撰　清閻詠輯　清乾隆十年朱續晫近堂刻本　清張穆校並圈点　二五七
尚書古文疏證八卷　清閻若璩撰　朱子古文書疑一　二五八

卷 清閻詠録 清乾隆十年朱續晫近堂刻同治六年汪氏振綺堂補刻本葉景葵跋 王韜識 十一行二十一字白口左右雙邊單魚尾

尚書古文疏證八卷 清閻若璩撰 清抄本 九行二十字无格 清杭世駿謝寶樹校並跋 二五九

存三卷 一、四、五

尚書古文疏證五卷 清閻若璩撰 清沈彤抄本 清張梓批校並跋 二六〇

尚書體要六卷 清錢肅潤輯 清康熙二十五年刻本 二六一

尚書口義六卷 清劉懷志撰 清乾隆九年大梁書院刻本 二六二

禹貢正義三卷 清曹爾成撰 清乾隆二十七年稼芝堂刻本 二六三

禹貢會箋十二卷 清徐文靖撰 清乾隆十八年志寧堂刻本 二六四

禹貢譜二卷 清王澍撰 清康熙四十六年積書岩刻本 二六五

尚書内篇章句五卷外篇章句二卷 清任啓運撰 稿本 二六六

禹貢彙覽四卷 清夏之芳輯 清乾隆十二年積翠軒刻本 二六七

書傳附義二卷 清李堂華撰 清乾隆二十八年萬青堂刻本 二六八

尚書評註六卷附校正尚書評註訛字表一卷 清牛運震撰 稿本 二六九

書考辯二卷 清劉紹攽撰 清乾隆十六年劉氏傳經堂刻本 二七〇

尚書蔡傳刪正六卷 明程雖時撰 清雍正六年抄本 二七一

尚書約注五卷 清高重瑛撰 清雍正八年實弘堂刻本 二七二

尚書私學四卷 清江昱撰 清抄本 二七三

尚書今注音疏十二卷末一卷外編一卷 清江聲撰 清乾隆五十八年江氏近市居刻本 二七四

尚書今注音疏十二卷末一卷外編一卷 清江聲撰 清乾隆五十八年江氏近市居刻本 清何紹基校點 二七五

尚書今註音疏十二卷末一卷外編一卷 清江聲撰 清乾隆五十八年江氏近市居刻本 清謝章鋌圈點並題識 二七六

晚書訂疑三卷附今古文尚書授受源流一卷 清程廷祚撰 清乾隆三餘書屋刻本 葉德輝題識 二七七

晚書訂疑三卷 清程廷祚撰 清翰年堂刻朱印本 二七八

古文尚書考二卷 清惠棟撰 清乾隆五十七年璜經樓刻本 二七九

古文尚書考二卷 清惠棟撰 清竹圃書塢抄本 清李文藻校並跋 二八〇

古文尚書考二卷 清惠棟撰 清乾隆李豁亭抄本 李豁亭批校並録清鄒晉涵跋 二八一

尚書義考□卷 清抄本 二八二

存二卷 一、三

尚書涉傳四卷 清戴祖啟撰 清田畯刻本 二八三

禹貢三江考三卷 清程瑤田撰 清抄本 二八四

存二卷 一、二

尚書大傳考纂三卷補遺一卷備攷一卷附録一卷源委一卷 清董豐垣撰 清乾隆九年刻本 二八五

古文尚書撰異不分卷 清段玉裁撰 稿本 清臧庸識注 清佚名録錢大昕校註 民國吳重憙、葉景葵跋 二八六

古文尚書撰異三十二卷 清段玉裁撰 清七葉衍祥堂刻本 二八七

古文尚書條辨五卷 清梁上國撰 清抄本 二八八

尚書今古文注疏三十卷 清孫星衍撰 清嘉慶二十年孫氏冶城山館刻平津館叢書本 清戴望校注 二八九

尚書釋天圖解三卷 清盛百二撰 手稿本 二九〇

存一卷 上卷

尚書釋天六卷 清盛百二撰 清乾隆刻本 二九一

尚書釋天六卷 清盛百二撰 清乾隆三十九年任城書院刻本 二九二

禹貢鄭注釋二卷 清焦循撰 稿本 二九三

書義叢抄四十卷 清焦循輯 稿本 二九四

存七卷 一至二、五、二十六至三九

尚書約旨六卷尚書通典畧二卷 清楊方達撰 清乾隆十八年刻本 二九五

同文尚書不分卷 清牟庭撰 清抄本 二九六

洪範注補五卷 清潘士權撰 清乾隆四年刻本 二九七

愛日堂尚書註解纂要六卷 清吳蓮輯 清乾隆十九年吳氏愛日堂刻本 二九八

書經批六卷 清董懋極撰 清乾隆三十一年夢花堂刻本 二九九

尚書古文證疑四卷 清孫喬年撰 清嘉慶十五年天心閣刻本 三〇〇

書疑辨證□卷 清黄烈撰 稿本 清唐尊瑋跋 三〇一

存四卷 一至四

書傳鹽梅二十卷 清黄文蓮撰 清乾隆五十二年刻本 三〇二

書傳鹽梅二十卷 清黄文蓮撰 清乾隆五十二年刻本 清黄世焌題識 三〇三

存十一卷 一至十一

禹貢分箋七卷 清方溶撰 清嘉慶二十四年銀花藤館刻本 三〇四

305 讀書質疑一卷　清安吉撰　稿本

306 尚書今古文集解三十卷　清劉逢祿撰　清抄本

307 尚書隸古定釋文八卷　清李遇孫撰　清嘉慶九年馬錦寄傲堂刻本　王國維跋

308 尚書隸古定釋文八卷　清李遇孫撰　清姚氏咫進齋抄本

309 尚書記九卷　清莊述祖撰　清諄儀抄本

310 尚書集解三十卷　清卞斌撰　稿本　清于鬯跋

311 書序畧考五卷　清馬邦舉撰　清抄本

312 禹貢今釋二卷　清苟日松撰　清道光八年求是齋刻本

313 周書年表一卷周書年月考二卷　清馬慶元撰　清道光刻本　清馬其昶校

314 大誓答問一卷　清龔自珍撰　清同治五年趙氏二金蜨盦抄本　清趙之謙批並題識

315 書蔡傳附釋一卷　清丁晏撰　稿本

316 禹貢集釋三卷禹貢錐指正誤一卷　清丁晏撰　稿杭紋閣抄本　清潘德輿跋

317 胡氏禹貢錐指勘補十二卷　清姚燮撰　稿本

318 禹貢一卷　清抄本　清陳澧圈點

319 尚書通義二卷　清邵懿辰撰　稿本　邵章跋

320 尚書通義二卷　清邵懿辰撰　清抄本

321 書傳疑纂八卷　清戴鈞衡撰　清抄本

322 尚書逸湯誓考四卷　清徐時棟撰　清同治三年稿本

323 尚書逸湯誓考四卷　清徐時棟撰　清同治四年稿本

324 尚書逸湯誓考六卷　清徐時棟撰　稿本

325 尚書逸湯誓考六卷　清徐時棟撰　稿本

326 尚書集說□卷補遺一卷　清高亮功輯　稿本
存三卷　六、三補遺一卷

327 尚書字詁一卷　清朱大韶撰　稿本

328 尚書經字異同集證八卷　清朱大韶撰　稿本

329 書經輯解□□卷　清周道遵撰　稿本
存十三卷　一至十三

330 尚書中候鄭注五卷　清孔廣林輯　清抄本　清趙之謙批

331 龍岡山人古文尚書四種二十二卷　清洪良品撰　稿本

332 尚書要義不分卷　清宋書升撰　稿本

333 尚書考八卷　清宋書升撰　稿本

334 尚書諸家引經異字同聲攷一卷　清丁顯撰　稿本

335 禹貢述畧六卷首一卷　清李誠撰　稿本

336 今文尚書攷證三十卷　清皮錫瑞撰　稿本
存十七卷　一至十、十三至十六、二十三至二十五

337 尚書地名今釋不分卷　清張燕綸輯　稿本

338 尚書大統集解一卷　清廖平撰　稿本

339 尚書大傳註四卷　漢鄭玄撰　補一卷　清惠棟撰　清惠氏紅豆齋抄本　清翁方綱校

340 尚書大傳四卷補遺一卷　漢鄭玄注　續補遺一卷
考異一卷　清盧文弨撰　清乾隆二十一年盧見曾刻雅雨堂叢書本　清龔橙批並跋

341 尚書大傳四卷補遺一卷　漢鄭玄注　續補遺一卷
考異一卷　清盧文弨撰　清嘉慶五年愛日草廬刻本　清劉恭冕批校　吳跋

342 尚書大傳四卷補遺一卷　漢鄭玄注　續補遺一卷
考異一卷　清盧文弨撰　清嘉慶五年愛日草廬刻本　清□魏光批校

343 尚書大傳四卷補遺一卷　漢鄭玄注　續補遺一卷
考異一卷　清盧文弨撰　參考一卷拾遺一卷　清抄本

收藏情況表

書名編號	藏書單位
經 書類 1	0101 0301 2401 2441
2	0342
3	0201
4(1)	0201
4(2)	0242
5	0201
6	0201
7	0201
8	2201
9	0141
10	0201
11	0441 0841
12	0902
13	0101
14	0101
15	0101
16	0101
17	0101
18	0301
19	1581
20	0101
21	0301
22	0201
23	0201
24	0501
25	0101
26	0101
27	0141
28	0101
29	0844
30	0142
31	0201
32	0591
33	1911
34	0101
35	0142

書名編號	藏書單位
經 書類 36	1501
37	0143 0144 0146 0181 0201 0301 0501
	0701 0842 1701 1801 2001 2301
38	1041
39	0201
40	0101
41	0242
42	0201
43	0101
44	2001
45	2301
46	0101
47	0101
48	0201
49	0101
50	0101
51	0101
52	1601
53	0591
54	0701
55	0101
56	1629
57	0101
58	0198
59	0241
60	0201
61	0101 0291
62	1601
63	0201
64	0101
65	0101 0164 1701 2541
66	0144
67	2301
68	0101
69	0748 1601 1681
70	0101 0181 0198 1701
71	0181 1606 1646 2001 2302
72	0141 0291

書名編號	藏書單位
經 書類 73	0101
74	1701 1901
75	0741
76	0161 0201
77	2401
78	0542 0801 1101
79	1701 2601 2701
80	1702
81	0161
82	0101
83	0501
84	1601
85	2302
86	0197 2401
87	0101
88	0144
89	0201
90	0801
91	0101
92	0201
93	0201
94	0144
95	0101
96	2702
97	0141 0143 0197⊗ 0201 0301 0442 0591
	0801 0841 1501 1541 1581 1601 1606
	1705 1741 1881 2201⊗ 2202 2206 2304⊗
	2401 2501 2541 2641
98	1601
99	0101
100	1701 1705⊗
101	0101
102	0101
103	1601
104	0101
105	1601
106	0101
107	0101

書名編號	藏書單位
經 書類 108	0101
109	0101
110	0101
111	0101
112	0101
113	2401
114	0201
115	0201
116	0101
117	0101
118	2301
119	0201
120	0101
121	0101
122	0101
123	0201
124	0141
125	0101
126	1581
127	0101
128	0101
129	0141
130	0141 0142 2041
131	1601
132	0101
133	1601
134	0101
135	0201
136	0101
137	1705
138	0201
139	0144
140	0101 0241
141	1601
142	0101 1081
143	0141 0142 0143 0161 0163 0201 0441
	0530 0841 1101 1501 1601 1901 2403
	2701

表三

書名編號	藏書單位						
經 書類 144	1701						
145	0201						
146	0101						
147	1601						
148	2561						
149	0841						
150	1604	1701	2041	2203			
151	0101						
152	0101						
153	0101						
154	1601						
155	0102						
156	0161						
157	1001						
158	0201						
159	1001						
160	1601						
161	0101						
162	0101						
163	0101						
164	0101						
165	0101						
166	0242						
167	0201						
168	0101						
169	2301						
170	0101						
171	1501						
172	1601						
173	0101						
174	0141	0161	0181	0201			
175	1705						
176	0841						
177	0181	1601					
178	1101						
179	0141	0143	0198	0243	0341	1582	2702
180	0161	0201	1601	1701	1716	2301	2702
181	1601						

書名編號	藏書單位						
經 書類 182	0144	0146	1009	1441	2001	2301	2702
183	0101	0301					
184	0161	0861	1606	1684			
185	0201	1701	2702				
186	0241	1704	2401				
187	0141	0842					
188	1542						
189	0145						
190	0101						
191	1601						
192	0161						
193	0101	0141	1641	1701			
194	1801						
195	1981						
196	1701						
197	0841						
198	0861						
199	2001	2702					
200	0201						
201	0161	0903					
202	0141	1604	1701				
203	0201						
204	2041						
205	0701						
206	0101						
207	0243						
208	0101	0141	0143	0201	0301	1601	1701
209	0101	0161					
210	0144	2501					
211	0142						
212	0101						
213	0141	0161					
214	1701						
215	0141	0201	2001	2009	2705		
216	0101	0141					
217	1704						
218	0141						
219	0201						

表四

書名編號	藏書單位						
經 書類 220	0101	1681	1701	0703			
221	2201						
222	0141						
223	2701						
224	2201						
225	1582						
226	0101	0141	0142	0144	0161	0182	0201
	0341	0641	1601	1605	1701⊗	2001	2701
227	0161	0241					
228	2541						
229	0141	6201	1705				
230	0101						
231	0168						
232	1606	2301					
233	0201						
234	0801						
235	0198						
236	1705						
237	1705						
238	0101						
239	2206						
240	2481						
241	2481						
242	0508						
243	1501						
244	2301						
245	0141	0181	0341	0842	1808	2702	
246	2001						
247	0201						
248	0201						
249	0101	0141					
250	0201						
251	0101	0141	0142	0147	0181	0193	0301
	0601	0701	0741	0842	2201	2504	
252	0193	2001	8002	2012			
253	2301						
254	2502						
255	0101						

書名編號	藏書單位						
經 書類 256	0142	0342	0443	0642	0741	1501	
257	0501						
258	0201						
259	0101						
260	2401						
261	0201						
262	0103	0201					
263	0198						
264	2542						
265	0141	0143	0144	0242	0703	1042	1601
	2301						
266	0341						
267	0142						
268	0861	2301					
269	1501						
270	0142						
271	1542						
272	2301						
273	0101						
274	0141	0142	0242	0301	0341	0542	0701
	1843	2301	2501				
275	2401						
276	2302						
277	1741						
278	2541						
279	0861						
280	1581						
281	1581						
282	0101						
283	2541						
284	2403						
285	0141	0142	1741				
286	0201						
287	0101	2542					
288	2301						
289	0101						
290	0201						
241	0101	0341	0741	0903	2304		

書名編號	藏書單位		
經 書類 292	0101	0142	
293	0304		
294	0101		
295	0842		
296	1501		
297	0701		
298	0103	0142	0861
299	0142		
300	0101		
301	0241		
302	0142		
303	2541		
304	0101		
305	0201		
306	2401		
307	0101		
308	0201		
309	0101		
310	0201		
311	1601		
312	0101		
313	0101		
314	0141		
315	0201		
316	0201		
317	1705		
318	2501		
319	0101		
320	0101		
321	0241		
322	1705		
323	1705		
324	1705		
325	1705		
326	0201		
327	0241		
328	0241		
329	1705		

表五

書名編號	藏書單位
經 書類 330	0201
331	2301
332	1581
333	1581
334	0144
335	1701
336	2441
337	0201
338	2761
339	0101
340	1656
341	1601
342	1701
343	0201

詩類

一　毛詩四卷　明銅活字藍印本　九行十七字白口左右雙邊　存二卷　三至四
二　詩經四卷　明刻藍印本　八行十四字藍口四周雙邊
三　毛詩三卷　明嘉靖五年吳縣許初篆書刻本　九行十三字細黑口左右雙邊
四　詩經不分卷　明刻本　八行十五字白口四周雙邊單魚尾
五　詩經不分卷　明崇禎十二年朱斯達抄本
六　詩經不分卷　清初祁氏藏書樓抄本
七　詳音句讀明本大字毛詩四卷　元至正二十七年野南孫氏刻本　十行十八字黑口四周單邊
八　魁本大字詳音句讀毛詩六卷　元刻本　十行十七字黑口左右雙邊　存三卷　四至六
九　新刻占魁高頭提章詩經正文四卷首一卷　明萬曆四十年書林敦睦堂張斐刻本　九行十七字白口四周雙邊
一〇　詳增經旨音釋毛詩白文四卷　明刻本　九行十六字白口四周雙邊
一一　韓詩內傳徵四卷補遺一卷　清宋綿初輯　清乾隆六十年志學堂刻本
一二　韓詩內傳徵四卷補遺一卷　清宋綿初輯　清乾隆六十年志學堂刻本　清孫馮翼校並跋
一三　詩外傳十卷　漢韓嬰撰　元至正十五年嘉興路儒學刻明修本　十行二十字白口左右雙邊
一四　詩外傳十卷　漢韓嬰撰　元至正十五年嘉興路儒學刻明修本　清黃丕烈校並跋　顧廣圻、翟中溶、傅增湘跋　十行二十字細黑口左右雙邊
一五　韓詩外傳十卷　漢韓嬰撰　明銅活字印本　十行廿一字白口左右雙邊　存二卷　三至四
一六　韓詩外傳十卷　漢韓嬰撰　明嘉靖十四年蘇獻可通津草堂刻本　九行十七字白口左右雙邊
一七　詩外傳十卷　漢韓嬰撰　明嘉靖十四年蘇獻可通津草堂刻本　清龔橙校並跋　鄭邦述跋　九行十七字白口左右雙邊單魚尾
一八　詩外傳十卷　漢韓嬰撰　明嘉靖十四年蘇獻可通津草堂刻本　清丁丙跋　九行十七字白口左右雙邊
一九　詩外傳十卷　漢韓嬰撰　明嘉靖十四年蘇獻可通津草堂刻十七年林應麒重修本　九行十七字白口左右雙邊
二〇　韓詩外傳十卷　漢韓嬰撰　明嘉靖十八年薛來芙蓉泉書屋刻本　九行十八字白口左右雙邊
二一　韓詩外傳十卷　漢韓嬰撰　明嘉靖十八年薛來芙蓉泉書屋刻本　莫棠抄補並跋　傅增湘校跋並錄清黃丕烈校跋　九行十八字白口左右雙邊
二二　韓詩外傳十卷　漢韓嬰撰　明嘉靖十八年薛來芙蓉泉書屋刻本　清龔橙校　清吳棠跋　九行十八字白口左右雙邊白魚尾
二三　詩外傳十卷　漢韓嬰撰　明嘉靖二十五年薛良材刻本　九行十七字左右雙
二四　韓詩外傳十卷　漢韓嬰撰　明天啟六年唐琳唐瑜刻本　九行二十字白口四周單邊
二五　詩外傳十卷　漢韓嬰撰　明嘉靖沈辨之野竹齋刻本　九行十七字白口左右雙邊單魚尾序第一頁刻工
二六　詩外傳十卷　漢韓嬰撰　明嘉靖沈辨之野竹齋刻本　清黃丕烈校跋並題詩　陸楨之、顧廣圻、鈕樹玉、陳鱣校　黃蕘圃、周叔弢校並跋　王大隆跋並錄張紹仁校識　九行十七字白口左右雙邊序第一頁刻工
二七　詩外傳十卷　漢韓嬰撰　明嘉靖沈辨之野竹齋刻本　清陸貽校　周星詒跋　九行十七字白口單魚尾左右雙邊
二八　詩外傳十卷　漢韓嬰撰　明沈辨之野竹齋刻本　九行十七字白口左右雙邊
二九　詩外傳十卷　漢韓嬰撰　明刻本　曹元忠跋　九行十七字白口左右雙邊單魚尾有刻工鄭字
三〇　詩外傳十卷　漢韓嬰撰　明刻本　葉德輝題識　葉啟勳題識批校並臨清黃丕烈、顧廣圻題識　九行十七字白口左右雙邊有刻工鄭字
三一　韓詩外傳十卷　漢韓嬰撰　明程榮刻漢魏叢書本　清盧文弨校並跋　九行二十字白口左右雙邊
三二　韓詩外傳十卷　漢韓嬰撰　明程榮刻漢魏叢書本　清龔橙校並跋　九行二十字白口左右雙邊單魚尾
三三　韓詩外傳十卷　漢韓嬰撰　明程榮刻漢魏叢書本　清王鐵跋　九行二十字白口左右雙邊
三四　韓詩外傳十卷　漢韓嬰撰　明末韓汝修刻本　九行廿五字白口四周單邊
三五　詩外傳十卷　漢韓嬰撰　清乾隆十七年張書康刻本　曹元忠校跋
三六　韓詩外傳十卷　漢韓嬰撰　明刻本　清周廷寀批校　九行二十字白口四周單邊
三七　韓詩外傳旁注評林十卷　明黃從誠撰　明翁見岡書堂刻本　六行十七字白口左右雙邊
三八　鹿門茅先生批評韓詩外傳十卷　漢韓嬰撰　明茅坤評　明刻本　九行二十字白口四周單邊
三九　韓詩外傳節鈔二卷　漢韓嬰撰　明韓錫節錄　薛子一卷、歌譜一卷　明薛瓊撰　明天啟五年韓錫抄本　清蔣鳳藻跋
四〇　韓詩外傳十卷　漢韓嬰撰　清趙懷玉校正　序說一卷　補逸一卷　清趙懷玉輯　清乾隆五十五年趙氏亦有生齋刻本　清許翰校注
四一　韓詩外傳十卷　漢韓嬰撰　清趙懷玉校正　序說一卷　補逸一卷　清趙懷玉輯　清乾隆五十五年趙氏亦有生齋刻本　清龔橙校
四二　韓詩外傳十卷　漢韓嬰撰　清趙懷玉校正　序說一卷　補逸一卷　清趙懷玉輯　清乾隆五十五年趙氏亦有生齋刻本　清楊沂孫批並跋
四三　韓詩外傳校注十卷　清周廷寀撰　拾遺一卷　清周宗杬撰　清乾隆五十六年周氏營道堂刻本
四四　韓詩外傳疏證十卷　清陳士珂撰　清嘉慶二十三年自刻本
四五　韓詩遺說二卷　清臧庸輯　清六一山房抄本　清董沛、趙之謙校並跋

四六 韓詩遺說二卷 清臧庸撰 清抄本 清趙之謙抄並題記

四七 韓詩遺說二卷 韓詩訂譌一卷 清臧庸撰 韓詩遺說補一卷 清陶方琦撰 清姚氏咫進齋抄本

四八 詩傳孔氏傳一卷 題衛端木賜撰 詩說一卷 題漢申培撰 詩述述一卷 明姚應仁撰 明刻本 九行十九字白口四周單邊

四九 詩傳孔氏傳一卷 題衛端木賜撰 明刻本 八行十六字白口單邊

五〇 詩傳一卷 題衛端木賜撰 明萬曆四十五年張鶴鳴刻本 八行十六字小字雙行同白口四周單邊

五一 詩經二十卷 漢毛萇傳 鄭玄箋 詩譜一卷 漢鄭玄撰 清永懷堂刻本 清丁晏校注

五二 詩經二十卷 漢毛萇傳 鄭玄箋 明崇禎金蟠刻本 清王□□校 九行廿五字白口左右雙邊黑魚尾

五三 毛詩傳箋七卷 漢毛萇傳 鄭玄箋 明刻本 八行十七字白口四周雙邊

五四 毛詩傳箋七卷 漢毛萇傳 鄭玄箋 明馬鳳龍孫開刻本 高燮跋 八行十七字小字雙行同白口四周雙邊白魚尾

五五 毛詩故訓傳三十卷 漢毛萇撰 鄭玄箋 鄭氏詩譜一卷 漢鄭玄撰 清嘉慶二十一年周孝垓枕經樓刻本 清葉裕仁、潘道根批校並跋

五六 毛詩故訓傳三十卷 漢毛萇撰 鄭玄箋 鄭氏詩譜一卷 漢鄭玄撰 清嘉慶二十一年周孝垓枕經樓刻本 清潘道根批校

五七 毛詩故訓傳三十卷 漢毛萇撰 鄭玄箋 鄭氏詩譜一卷 漢鄭玄撰 清嘉慶二十一年周孝垓枕經樓刻本 清包世榮校

五八 毛詩故訓傳鄭箋三十卷 漢毛萇傳 鄭玄箋 清同治十一年丁氏五雲堂刻本 葉昌熾校

五九 毛詩詁訓傳不分卷 漢毛萇傳 鄭玄箋 清抄本

六〇 毛詩詁訓傳二十卷 漢毛萇傳 鄭玄箋（唐陸德明釋文） 宋刻本 十行十七字小字雙行廿二字白口左右雙邊或四周雙邊

六一 毛詩詁訓傳二十卷 漢毛萇傳 鄭玄箋 唐陸德明釋文 宋刻本 十三行廿 清查慎行、顧廣圻跋 吳榮光題款 四字小字雙行同細黑口四周雙邊 存三卷 十八至二十

六二 監本纂圖重言重意互註點校毛詩二十卷圖譜一卷 漢毛萇傳 鄭玄箋 唐陸德明釋文 宋刻本 卷五至七清黃丕烈倩人影宋抄補並跋 勞健、周叔弢跋 十行十八字注雙行二十四字雙邊細黑口

六三 監本纂圖重言重意互註點校毛詩二十卷圖譜一卷 漢毛萇傳 鄭玄箋 唐陸德明釋文 宋刻本 十行十八字注雙行廿四字雙邊細黑口 存十二卷 一至十一、曲靖

六四 附釋音毛詩註疏二十卷 漢毛萇傳 鄭玄箋 唐陸德明音義 唐孔穎達疏 元刻明修本 十行十八字白口左右雙邊有刻工

六五 毛詩注疏二十卷 漢毛萇傳 鄭玄箋 唐孔穎達疏 元刻明印本 八行十八字小字雙行二十五字白口四周雙邊上下黑魚尾

六六 毛詩注疏二十卷 漢毛萇傳 鄭玄箋 唐陸德明音義 孔穎達疏 明萬曆十七年北京國子監刻本 清朱彬校 九行廿一字白口左右雙邊單魚尾

六七 毛詩注疏二十卷 漢毛萇傳 鄭玄箋 唐陸德明音義 孔穎達疏 明萬曆十七年北京國子監刻本 清宋綿初批校 羅振常跋 九行廿一字小字雙行十九字白口左右雙邊黑魚尾

六八 毛詩注疏二十卷 漢毛萇傳 鄭玄箋 唐陸德明音義 孔穎達疏 明崇禎毛氏汲古閣刻十三經注疏本 清沈大成校 金燿燿震校

六九 毛詩注疏二十卷 漢毛萇傳 鄭玄箋 唐陸德明音義 孔穎達疏 明崇禎毛氏汲古閣刻十三經注疏本 清朱士端、劉寶楠批校

七〇 毛詩注疏二十卷 漢毛萇傳 漢鄭玄箋 唐陸德明音義 唐孔穎達疏 明崇禎毛氏汲古閣刻十三經注疏本 清范家相校

七一 毛詩注疏二十卷 漢毛萇傳 鄭玄箋 唐陸德明音義 唐孔穎達疏 明崇禎毛氏汲古閣刻十三經注疏本 清勞格批校

七二 毛詩注疏二十卷 漢毛萇傳 鄭玄箋 唐陸德明音義 唐孔穎達疏 清刻本 清晏壽校

七三 毛詩注疏二十卷 漢毛萇傳 鄭玄箋 唐陸德明音義 孔穎達疏 清乾隆四年武英殿刻十三經注疏本 清張穆校並圈點

七四 毛詩指說一卷 唐成伯璵撰 清抄本 清吳騫校

七五 毛詩指說一卷 唐成伯璵撰 清冠山堂抄本

七六 歐陽文忠公毛詩本義十六卷 宋歐陽修撰 明刻本 十行二十字小字雙行二十字花口左右雙邊

七七 歐陽文忠公毛詩本義十六卷 宋歐陽修撰 明末刻本 十行二十字小字雙行二十字白口左右雙邊

七八 歐陽文忠公毛詩本義十六卷 宋歐陽修撰 明萬曆天啟間陳龍光蘇進程闔祥刻本 十行二十字小中字同白口上下單邊左右雙邊

七九 歐陽文忠公毛詩本義十六卷 宋歐陽修撰 明刻本 十行二十字小字雙行同白口左右雙邊有刻工

八〇 歐陽文忠公毛詩本義十六卷 宋歐陽修撰 明刻本 十行二十字小字雙行同白口左右雙邊

八一 歐陽文忠公毛詩本義十六卷 宋歐陽修撰 明刻本 十行二十字小字雙行同白口左右雙邊有刻工

歐陽文忠公毛詩本義十六卷　宋歐陽修撰　明抄本　八二

歐陽文忠公毛詩本義十六卷　宋歐陽修撰　明抄本　八三

毛詩名物解二十卷　宋蔡卞撰　明嘉靖秦氏雁里草堂抄本　八四

毛詩名物解二十卷　宋蔡卞撰　清抄本　清朱昌燕跋　八五

詩總聞二十卷　宋王質撰　明祁氏淡生堂抄本　八六

詩總聞二十卷　宋王質撰　清抄本　八七

詩總聞二十卷　宋王質撰　清抄本　八八

詩集傳二十卷　宋朱熹撰　宋刻本　八行十七字小字雙行同細黑口左右雙邊　存一卷（十六）　八九

詩集傳二十卷　宋朱熹撰　宋刻本　七行十五字小字雙行白口左右雙邊單魚尾有刻工　存四卷（十四至十七）合二十五葉　九〇

詩集傳二十卷　宋朱熹撰　宋刻本　七行十五字白口左右雙邊雙魚尾有刻工　存二卷（七之第十一至十二頁、八之第一至十八頁）　九一

詩集傳二十卷　宋朱熹撰　宋刻本　七行十五字小字雙行五十字白口左右雙邊有刻工　存一葉（卷十六第四頁）　九二

詩集傳二十卷　宋朱熹撰　宋刻本　清吳壽暘跋並錄陳鱣題識　七行十五字小字雙行同白口左右雙邊有刻工　存八卷（一至八）　九三

詩集傳十卷　宋朱熹撰　元刻本　十二行廿一字黑口四周雙邊　九四

詩集傳二十卷首詩傳綱領一卷　宋朱熹撰　余謙音考　元刻本　十一行廿一字上下細黑口雙邊雙魚尾　存十二卷（一、二、五至七、十四至二十）　九五

詩集傳十卷詩傳綱領一卷詩圖一卷詩序一卷　宋朱熹集傳　元許謙音釋　明洪武蜀府刻本　十行廿二字小字雙行同細黑口左右雙邊　九六

詩集傳二十卷詩序辨說一卷詩傳綱領一卷詩圖一卷　宋朱熹撰　明正統十二年司禮監刻本　八行十四字小字雙行十七字黑口四周雙邊　九七

詩集傳二十卷詩序辨說一卷詩傳綱領一卷詩圖一卷　宋朱熹撰　明正統十二年司禮監刻本　清丁丙跋　八行十四字小字雙行十八字大黑口四周雙邊　九八

詩經集註二十卷　宋朱熹撰　明嘉靖三十五年崇正堂刻本　八行十四字小字雙行低一格十七字黑口四周雙邊　九九

詩集傳十卷　宋朱熹撰　元刻本　十二行廿一字小字雙行同黑口四周雙邊　存八卷（二至四、六至十）　一〇〇

詩經集傳八卷　宋朱熹撰　明嘉靖吉澄刻本　九行十七字小字雙行同白口左右雙邊　一〇一

詩集傳八卷　宋朱熹撰　明嘉靖刻本　九行十七字白口左右雙邊有刻工　一〇二

詩經集傳八卷　宋朱熹撰　明萬曆刻本　九行十八字白口雙邊單魚尾　一〇三

詩經集傳八卷　宋朱熹撰　明萬曆刻本　九行十七字白口左右雙邊單魚尾　一〇四

詩經集註八卷　宋朱熹撰　明萬曆三十年劉似山刻本　九行十七字小字雙行白口四周單邊　一〇五

詩集傳不分卷　宋朱熹撰　明芝蘭室抄本　清翁同龢跋　存大雅、小雅　一〇六

詩經集傳八卷　宋朱熹撰　明崇禎四年江歷魁刻本　九行十八字小字雙行同白口四周雙邊　一〇七

詩經集傳八卷　宋朱熹撰　明崇禎六年聞齊伋刻本　九行十七字小字同白口上下單邊　一〇八

詩經集傳八卷　宋朱熹撰　明豹變齋刻本　九行十七字小字同白口四周單邊　一〇九

詩經集傳八卷　宋朱熹撰　明吳勉學刻本　九行十七字白口左右雙邊　一一〇

詩集傳八卷　宋朱熹撰　明金陵奎壁齋刻本　九行十七字小字雙行同白口四周單邊　一一一

詩經集傳八卷　宋朱熹撰　明象山杜[illegible]堂刻本　九行十七字小字雙行三十四字左右雙邊有刻工　一一二

詩經集註八卷　宋朱熹撰　明刻本　九行十七小字同白口四周單邊　一一三

詩經八卷　宋朱熹撰　明刻本　清丁丙批又許駿翁跋　九行十七字小字雙行同白口左右雙邊有刻工　一一一

詩經八卷　宋朱熹集傳　明刻本　九行十七字白口左右雙邊有刻工　一一五

詩經八卷　宋朱熹集傳　明書林吳世良四仁堂刻本　九行十七字小字雙行同白口四周單邊　一一六

詩經八卷　宋朱熹集傳　明末刻本　九行十七字小字雙行同白口四周雙邊　一一七

詩經八卷　宋朱熹集傳　明末刻本　九行十七字小字雙行同白口四周單邊　一一八

詩經八卷　宋朱熹集傳　清初函三堂刻本　清何道生批　一一九

詩經八卷　宋朱熹集傳　清康熙四年華氏雲閒敬業堂刻本　一二〇

詩經八卷　宋朱熹集傳　清康熙十一年朱氏崇道堂刻本　一二一

詩經八卷　宋朱熹集傳　清康熙十一年朱氏崇道堂刻本　清朱錫旂批校　一二二

詩經八卷　宋朱熹集傳　清康熙十一年朱氏崇道堂刻本　清劉文淇校並跋　一二三

詩經八卷　宋朱熹集傳　清康熙三十七年李煥章青選書屋刻本　清丁晏批並跋　一二四

詩經八卷　宋朱熹集傳　清乾隆五十五年金陵芥子園刻本　清佚名錄丁袁延禱校、姚燮眉批　一二五

詩經八卷　宋朱熹集傳　清乾隆五十五年金陵芥子園刻本　清陳澧、陳慶龢圈點批校　一二六

詩經八卷　宋朱熹集傳　清乾隆五十五年金陵芥子園刻本　清陳澧圈點批校　存六卷（三五六）　一二七

詩經八卷　宋朱熹集傳　清嘉慶十九年桂華樓刻本　清戴熙題識　一二八

詩經八卷　宋朱熹集傳　清[illegible]古堂刻本　清王振聲跋並錄[illegible]徐[illegible]山等批注　一二九

詩經八卷　宋朱熹集傳　清道光十六年揚郡二郎廟惜字局刻本　清丁晏批校並跋　一三〇

詩經八卷　宋朱熹集傳　清友益齋刻本　清鐵保批校　一三一

詩序不分卷詩圖一卷詩傳綱領一卷　宋朱熹撰　明內府刻本　八行十四字上下黑口雙邊雙魚尾　一三二

詩序辨說一卷　宋朱熹撰　明刻本　八行十四字小字雙行廿九字上下黑口四周雙邊　一三三

呂氏家塾讀詩記三十二卷　宋呂祖謙撰　宋淳熙九年江西漕臺刻本　九行十九字小字雙行同白口左右雙邊有刻工　一三四

呂氏家塾讀詩記三十二卷　宋呂祖謙撰　宋刻本　十二行二十二字小字雙行同細黑口四周雙邊　一三五

呂氏家塾讀詩記三十二卷　宋呂祖謙撰　宋刻本卷十五至十六配清初刻本　十二行廿二字細黑口四周雙邊
存二十九卷　一至十七、二十一至三十二　一三六

呂氏家塾讀詩記三十二卷　宋呂祖謙撰　宋刻本首九葉抄配　十二行廿二字白口四周雙邊雙魚尾有刻工
存十九卷　一至十九　一三七

呂氏家塾讀詩記三十二卷　宋呂祖謙撰　明嘉靖十年傅□刻本　十四行十九字細黑口左右雙邊　一三八

呂氏家塾讀詩記三十二卷　宋呂祖謙撰　明嘉靖十年傅□刻本　清嚴虞惇批　十四行十九字上下細黑口左右雙邊
存十四卷　十七至十九、二十二至三十二　一三九

呂氏家塾讀詩記三十二卷　宋呂祖謙撰　明嘉靖十年傅□刻本　清許瀚題識批校　十四行十九字小字雙行間白口左右雙邊
存三卷　十七至十九　一四〇

呂氏家塾讀詩記三十二卷　宋呂祖謙撰　明嘉靖十年傅□刻本　鄧邦述跋　十四行十九字細黑口左右雙邊　一四一

呂氏家塾讀詩記三十二卷　宋呂祖謙撰　明嘉靖十年傅□刻本　清丁丙跋　十四行十九字小黑口左右雙邊　一四二

呂氏家塾讀詩記三十二卷　宋呂祖謙撰　明嘉靖十年傅□刻本　葉景葵跋　十四行十九字上下細黑口左右雙邊　一四三

呂氏家塾讀詩記三十二卷　宋呂祖謙撰　明萬曆四十一年陳龍光蘇進等刻本　十行二十字小字雙行間白口左右雙邊有刻工　一四四

呂氏家塾讀詩記三十二卷　宋呂祖謙撰　明萬曆四十一年陳龍光蘇進等刻本　清焦循跋　十行二十字白口左右雙邊黑魚尾
存二十九卷　一至二十四、二十八至三十二　一四五

呂氏家塾讀詩記三十二卷　宋呂祖謙撰　明萬曆四十一年陳龍光蘇進等刻本　清丁丙跋　十行二十字白口左右雙邊有刻工　一四六

呂氏家塾讀詩記三十二卷　宋呂祖謙撰　明萬曆四十一年陳龍光蘇進等刻本　清朱彬批校　十行二十字小字雙行間白口左右雙邊有刻工　一四七

呂氏家塾讀詩記三十二卷　宋呂祖謙撰　明抄本　一四八

東萊先生呂氏讀詩記三十二卷　宋呂祖謙撰　清康熙納蘭氏通志堂抄本　一四九

呂氏家塾讀詩記三十二卷　宋呂祖謙撰　清嘉慶十六年聽彝堂刻本　清李芝綬跋並錄王振聲校　一五〇

呂氏家塾讀詩記三十二卷　宋呂祖謙撰　續呂氏家塾讀詩記三卷　宋戴溪撰　清嘉慶十四年張海鵬刻墨海金壺本　清王振聲校並跋　一五一

毛詩講義十二卷　宋林岊撰　清長州顧氏藝海樓抄本　一五二

詩疑二卷　宋王柏撰　清初抄本　一五三

詩童子問二十卷　宋輔廣撰　元至正三年余志安勤有堂刻本　十二行廿三字黑口雙邊雙魚尾　一五四

詩童子問二十卷　宋輔廣撰　明抄本　一五五

童子問八卷首一卷末一卷　宋輔廣撰　明毛氏汲古閣刻本　一五六

毛詩集解三十卷學詩總說一卷論詩總說一卷　宋段昌武撰　清抄本　清宋筠校並跋　清王振聲校
存二十二卷　一至四、六至九、十一至二十一、二十四至二十五　一五七

毛詩集解三十卷學詩總說一卷論詩總說一卷　宋段昌武撰　清抄本
存二十卷　一至四、六至九、十一至十八、二十四至二十五、學詩總說、論詩總說　一五八

毛詩集解三十卷學詩總說一卷論詩總說一卷　宋段昌武撰　清抄本
存三卷　一、學詩總說一卷、論詩總說一卷　一五九

詩緝三十六卷　宋嚴粲撰　元建安余氏刻本　十行廿四字上下細黑口四周雙邊雙魚尾　存八卷　一至八　一六〇

詩緝三十六卷　宋嚴粲撰　明趙府味經堂刻本　九行十八字白口双边單魚尾　一六一
詩緝三十六卷　宋嚴粲撰　明嘉靖趙府味經堂刻本　清張備校並跋　行十八字白口單魚尾四周双边　一六二
嚴氏詩緝三十五卷　宋嚴粲撰　清會經書屋抄本　佚名批紅　一六三
詩地理考六卷　宋王應麟撰　元至元六年慶元路儒學刻玉海明修本　十行二十字白口左右双边　一六四
詩攷一卷　宋王應麟撰　元至元六年慶元路儒學刻玉海明修本　十行二十字小字双行白口左右双边有刻工　一六五
新刻詩攷一卷　宋王應麟輯　明擁萬堂刻古名儒毛詩解十六種本　清忠棣校　十行二十字　一六六
新刻玉海紀詩一卷新刻困學紀詩一卷　明擁萬堂刻古名儒毛詩解十六種本　清忠棣校　十行二十字白口左右双边　一六七
韓魯齊三家詩攷六卷　王應麟輯　元刻本　十一行廿二字小字双行同黑口四周双边　一六八
詩考四卷　宋王應麟輯　清盧文弨增集　稿本　清范家相、□銑、□晉藏校　馮桂芬校　一六九
詩考四卷　宋王應麟輯　清盧文弨增集　清抄本　清曾文路、馮登府校補並跋　丁丙跋　一七〇
詩攷補二卷　宋王應麟輯　清胡文英增訂　清刻本　一七一
三家詩異文疏證六卷　宋王應麟集考　清馮登府補輯　補遺三卷　清馮登府輯考　稿本　一七二
三家詩異文釋三卷補遺三卷　宋王應麟集考　清馮登府疏證　稿本　清李富孫校　一七三
詩說十二卷總說一卷　宋劉克撰　宋刻本　清吳寬跋　錢同愛題跋　九行廿二字白口左右双边　存十卷　一、三至八、十一至十二、總說全　一七四
毛詩要義二十卷譜序要義一卷　宋魏了翁撰　清道光二十九年翁心存家抄本　清翁心存校並跋　翁同龢、翁曾文校　一七五
毛詩要義二十卷譜序要義一卷　宋魏了翁撰　清抄本　清沈炳垣校並跋　一七六
毛詩要義二十卷詩序譜一卷　宋魏了翁撰　清影宋抄本　一七七
毛詩要義二十卷詩序譜一卷　宋魏了翁撰　清抄本　清季錫疇校　一七八
毛詩要義二十卷　宋魏了翁撰　清抄本　一七九
毛詩要義二十卷詩序譜一卷　宋魏了翁撰　清抄本　一八〇
毛詩要義二十卷　宋魏了翁撰　清光緒八年瑪山吳氏刻本　莫棠校跋　一八一
詩傳注疏三卷　宋謝枋得撰　清鮑氏知不足齋抄本　清鮑廷博校點　一八二
魏了翁毛詩要義校字記一卷　清沈潮撰　稿本　一八三
詩傳注疏三卷　宋謝枋得撰　清抄本　一八四
詩集傳附錄纂疏二十卷詩序附錄纂疏一卷　一八五
詩傳綱領附錄纂疏一卷　元胡一桂撰　語錄輯要一卷　元胡一桂輯　元泰定四年建安劉君佐翠巖精舍刻本
詩集傳附錄纂疏二十卷　元胡一桂撰　明抄本　存一卷　八　一八六
詩集傳名物鈔八卷　元許謙撰　明秦氏雁里草堂抄本　一八七
詩集傳名物鈔八卷　元許謙撰　明張氏怡顏堂抄本　一八八
詩集傳名物鈔音釋纂輯二十卷　元羅復撰　元至正十一年雙桂書堂刻本　十二行十一字黑口四周双边　一八九
詩集傳名物鈔音釋八卷　元羅復撰　明姚氏茶夢齋抄本　存七卷　一、三至八　一九〇
詩傳通釋二十卷詩傳綱領一卷外綱領一卷　元劉瑾撰　元至正十二年劉氏日新書堂刻本　十二行廿一字小字双行廿三字黑口四周双边双魚尾　一九一
詩傳通釋二十卷綱領一卷外綱領一卷　元劉瑾撰　元至正十二年建安劉氏日新書堂刻明修本　一九二
詩傳旁通十五卷　元梁益撰　清初抄本　一九三
詩傳旁通十五卷　元梁益撰　清抄本　存十一卷　一至十一　一九四
詩傳旁通十五卷　元梁益撰　清繆荃孫雲自在龕抄本　繆荃孫跋　一九五
明經題斷詩義矜式十卷　元林泉生撰　元刻本　十一行廿一字黑口四周双边　一九六
詩經疏義淺講二十卷首小序一卷綱領一卷圖一卷　元朱公遷撰　明王逢輯　何英增釋　明正德四年書林余氏克勤書堂刻本　十一行廿一字上下粗黑口双边双魚尾　一九七
詩經疏義會通二十卷綱領一卷大全圖一卷　元朱公遷撰　明王逢輯　何英增釋　明嘉靖二年書林劉氏安正書堂刻本　十一行廿一字上下黑口双边双魚尾　一九八
詩經疏義會通二十卷綱領一卷大全圖一卷　元朱公遷撰　明王逢輯　何英增釋　明嘉靖二年書林劉氏安正書堂刻本（卷一至三、五至十配清抄本）　清丁丙跋　十一行廿一字小字双行二十字黑口四周双边　一九九
詩經疑問七卷　元朱倬撰　附編一卷（即詩辨說）　元趙悳撰　元至正七年劉錦文建安書林刻本　十一行二十字黑口四周双边　二〇〇
直音傍訓毛詩句解二十卷　元李公凱撰　元刻本　十二行廿三字黑口左右双边　二〇一
新刊類編歷舉三場文選詩義八卷　元劉貞輯　元刻明修本　十四行　二〇二

二十四字黑口左右雙邊

二〇三 詩經旁注四卷 元刻本　七行十六字上下細黑口左右雙邊雙魚尾

二〇四 詩經旁註四卷 元刻本　七行十七字小字雙行三十四字三十五或三十九字黑口左右雙邊　存三卷 二至四

二〇五 詩經旁注四卷 元[illegible]祖禹刻本　七行十六字上下細黑口左右雙邊雙魚尾

詩解頤四卷 明朱善撰　明初刻本　十二行廿八字上下黑口四周雙邊雙魚尾　存一卷 三

二〇七 詩傳大全二十卷綱領一卷圖一卷 明胡廣等輯 詩序辨說一卷 宋朱熹撰　明永樂十三年內府刻本　十行廿二字黑口四周雙邊

二〇八 詩經大全二十卷綱領一卷圖一卷 明胡廣等輯 詩序一卷 宋朱熹撰　明嘉靖元年建寧書戶劉輝刻本　十行十八字小字雙行廿一字黑口四周雙邊

二〇九 詩經大全二十卷綱領一卷圖一卷 明胡廣等輯 詩序辨說一卷 宋朱熹撰　明嘉靖二十七年書林宗文堂刻本　十一行二十一字小字雙行二十字白口四周雙邊

二一〇 詩經大全二十卷 明胡廣等撰　明萬曆三十五年書林余氏刻本　十一行二十字小字雙行白口四周雙邊　存十五卷 一至十五

二一一 詩經大全二十卷 明胡廣等撰 詩經考異一卷 宋王應麟撰　明詩瘦閣刻本　八行廿一字小字雙行同白口左右雙邊

二一二 詩經大全二十卷綱領一卷 明胡廣等輯 詩序辨說一卷 宋朱熹撰　明德壽堂刻本　十一行廿二字白口四周單邊

二一三 詩經大全二十卷綱領一卷圖一卷 明胡廣等纂　明正德十三年刻本　十一行廿一字小字雙行同黑口四周雙邊

二一四 詩傳大全二十卷圖一卷 明胡廣等撰　明內府抄本　存七卷 一至五、九、圖全

二一五 詩傳大全二十卷綱領一卷圖一卷 明胡廣等輯 詩序辨說一卷 宋朱熹撰 詩經考異一卷 宋王應麟撰　明末刻本　八行二十一字左右雙邊

二一六 詩經解頤四卷 明朱善撰　清初毛氏汲古閣抄本

二一七 新編詩義集說四卷 明孫鼎輯　明抄本

二一八 涇野先生毛詩說序六卷 明呂柟撰　明嘉靖二十年何叔防刻藍印本　十行二十字白口左右雙邊白魚尾

詩經億四卷 明王[illegible]　明嘉靖徐中山[illegible]　[illegible]白口左右雙邊

二二〇 詩經臆說十四卷 明華湘撰　明嘉靖二十年刻本　十行廿四字白口四周雙邊

二二一 詩說解頤總論二卷正釋三十卷字義八卷 明季本撰　明嘉靖四十一年胡宗憲刻本　十行廿一字白口左右雙邊

二二二 魯詩世學三十二卷首四卷 宋豐稷正音 明豐坊考補　明抄本　存十五卷 一至十五

二二三 魯詩世學三十二卷首四卷 宋豐稷正音 明豐慶續音 豐耘補音 豐熙正說 豐坊考補 續考 □□□刪定　稿本　沈曾植跋

二二四 魯詩世學三十二卷 宋豐稷正音 明豐熙正說 豐坊考補 郁城續考　清抄本

二二五 魯詩世學三十二卷 宋豐稷正音 明豐慶續音 豐耘補音 豐熙正說 豐坊考補 郁城續考　清抄本

二二六 魯詩世學四卷 宋豐稷正音 明豐慶續音 豐耘補音 豐熙正說 豐坊考補 郁城續考　清抄本

二二七 魯詩世學三十二卷 宋豐稷正音 明豐慶續音 豐耘補音 豐熙正說 豐坊考補 何昆續考　清抄本

二二八 詩傳纂義一卷 明倪復撰　清抄本

二二九 晏上張氏說詩一卷 明張廷臣撰　明萬曆二十九年刻本　九行十八字白口左右雙邊

二三〇 詩經通解二十五卷 明黃佐述　明嘉靖二年刻本　十一行廿二字白口四周單邊

二三一 新鐫張閣老進呈經筵詩經直解四卷 明張居正撰　明刻本　十行十八字小字雙行同白口四周單邊

二三二 讀風臆評不分卷 明戴君恩撰　明萬曆四十八年閔齊伋刻朱墨套印本　九行十九字小字雙行同白口四周單邊

二三三 讀風臆評不分卷 明戴君恩撰　明萬曆四十八年閔齊伋刻朱墨套印本　清丁丙跋　九行十九字小字雙行同白口四周單邊

二三四 新刻沈漢陽先生隨寓詩經答七卷 明沈魁莫撰　明萬曆四十七年唐晟刻本　十行廿四字小字雙行同白口四周單邊

二三五 詩經正義二十七卷 明許天贈撰　明萬曆刻本　十行二十字白口四周雙邊有刻工

二三六 詩經主義四卷 明華文甫撰　明嘉靖四十四年刻本　十一行廿五字白口四周單邊單魚尾

二三七 孫月峯先生批評詩經四卷 明孫鑛評　明末天益山刻本　九行廿一字白口四周單邊

二三八 多識編七卷 明林兆珂撰　明萬曆刻本　八行二十字白口四周單邊

二三九 新刻詩學精義淵源二十卷 明何應奇撰　明刻本　十二行廿四字白口雙魚尾四周雙邊

二四〇 葉太史參補古今大方詩經大全十五卷小序一卷圖一卷綱領一卷 明葉向高輯　明萬曆芝城建邑書林余氏刻本　十行十六字注文二十字白口四周雙邊單魚尾

二四一 毛詩原解三十六卷 明郝敬撰　明萬曆四十四年京山郝氏刻本　十行廿一字白口四周單邊單魚尾有刻工

毛詩序說八卷　明郝敬撰　郝洪範輯　明天啟五年郝洪範刻本　九行十七至十八字白口四周單邊　二四二

詩原五卷詩說畧一卷　明張彩撰　明天啟元年涂此心刻本　九行二十字白口四周單邊　二四三

詩故十卷　明朱謀㙔撰　明萬曆三十七年刻本　十行廿二字白口左右雙邊　二四四

詩故十卷　明朱謀㙔撰　清抄本　清王宗炎校並跋　黑魚尾　二四五

詩故十卷　明朱謀㙔撰　清抄本　清丁丙跋　二四六

毛詩鄭箋纂疏補協二十卷附詩譜一卷　明屠本畯撰　明萬曆二十二年玄鑒室刻本　十行二十字小字雙行同白口左右雙邊　二四七

六家詩名物疏五十五卷　明馮復京撰　明萬曆刻本　九行十九字白口單魚尾四周單邊書口下有刻工姓名　二四八

六家詩名物疏五十五卷提要三卷　明馮復京撰　明萬曆刻本　九行十九字白口四周單邊有刻工　二四九

葩經旁意一卷　明沈中和撰　明萬曆四十一年魯廷彥刻本　九行十九字白口左右雙邊單魚尾　二五〇

南州詩說八卷　明陸化熙撰　明天啟元年刻本　九行小九字白口左右雙邊黑魚尾　二五一

詩經質疑十四卷　明曹學佺撰　明活字印本　蕭子福題記　九行十八字白口四周單邊單魚尾　二五二

詩經剖疑二十一卷　明曹學佺撰　明末刻本　十行十九字白口左右雙邊有刻工　二五三

毛詩正變指南圖一卷詩經金丹彙考一卷　題明顧起元撰　明陳祭居刻朱墨套印本　十行字數不一小字雙行同白口四周單邊　二五四

詩經難字一卷　明顧起元撰　明萬曆三十四年刻本　九行十八字白口上魚尾左右雙邊　二五五

爾雅堂家藏詩說不分卷　明顧起元撰　清初抄本　二五六

張君一先生毛詩微言二十卷　明張以誠撰　明唐汝鍔輯　明末刻本　十行二十四字白口四周單邊　二五七

毛詩微言二十卷首一卷　明張以誠撰　唐汝鍔輯　明書林俞秀山刻本　十行二十四字白口四周單邊　二五八

毛詩微言二十卷　明張以誠撰　明唐汝鍔輯　明刻本　十行二十字白口四周單邊，第一頁版心下鐫“靈閣張英刻”　二五九

詩經類考三十卷　明沈萬鈳撰　明萬曆刻本　十行二十字白口四周單邊　二六〇

詩經類考三十卷　明沈萬鈳撰　明崇禎刻本　十行二十字白口四周單邊　二六一

詩經說通十三卷首一卷　明沈守正撰　明萬曆四十三年刻本　十行二十字小字雙行同白口四周單邊黑魚尾　二六二

詩經說通十三卷首一卷　明沈守正撰　明萬曆四十三年刻本　清丁丙跋　十行二十字小字雙行同白口四周單邊有刻工　二六三

新刻楊會元真傳詩經講意懸鑑二十卷　明楊守勤撰　明萬曆書林熊成冶刻本　十一行廿八字白口四周單邊　二六四

鍚楊會元真傳詩經主意冠玉四卷　明楊守勤撰　明萬曆三十三年金陵博古堂刻本　十二行廿八字小字雙行白口單邊　二六五

新鍥張徐兩太史審定葩經嫡證八卷　明朱鉻輯　明刻本　九行廿二字白口四周單邊　二六六

新刻徐玄扈先生纂輯毛詩六帖講意四卷　明徐光啟輯　明萬曆四十五年金陵書林廣慶堂刻本　十一行廿八字白口單邊　二六七

新刻徐玄扈先生纂輯毛詩六帖講意四卷　明徐光啟輯　明萬曆四十五年金陵書林廣慶堂刻本　羅振玉跋　十一行廿八字白口四周單邊　二六八

詩學正旨不分卷　明楊徵光撰　明萬曆刻本　八行二十字白口四周單邊　二六九

詩經四卷　明鍾惺評點　明凌杜若刻朱墨套印本　八行十八字白口左右雙邊　二七〇

詩經四卷附卜子夏小序一卷　明鍾惺批點　明凌杜若刻朱墨套印本　八行十八字白口左右雙邊　二七一

詩經四卷　明鍾惺批點　明泰昌元年刻本　八行十七字白口上黑魚尾四周單邊　二七二

古名儒毛詩解十六種二十四卷　明鍾惺輯　明擁萬堂刻本　十行二十字白口左右雙邊　二七三

新刻詩小序一卷　周卜商撰
新刻詩傳一卷　周端木賜撰
新刻詩說一卷　漢申培撰
新刻詩譜一卷　漢鄭玄撰
新刻詩傳綱領一卷
新刻讀詩一得一卷　宋黃震撰
新刻印古詩語一卷　明朱得之撰
新刻玉海紀詩一卷　宋王應麟撰
新刻困學紀詩一卷　宋王應麟撰
新刻詩考一卷　宋王應麟撰
新刻詩地理考六卷　宋王應麟撰
新刻山堂詩考一卷　宋章如愚編
新刻文獻詩攷二卷　元馬端臨撰
新刻胡氏詩識三卷　明胡纘宗編
新刻讀詩錄六卷　明薛瑄撰
新刻逸詩一卷　明鍾惺輯

詩經備攷二十四卷　明鍾惺、韋調鼎撰　明崇禎十四年刻本　十行十九字白口四周單邊　二七四

詩經圖史合攷二十卷總目一卷　明鍾惺撰　明末刻本　九行二十二字白口四周單邊　二七五

詩經三卷　明鍾惺評點　明末漢香書屋刻周秦經書十種本　清佚名批注　九行二十字白口四周單邊　二七六

詩經三卷　明鍾惺評點　明末漢香書屋刻周秦經書十種本　清佚名批點　九行二十字白口四周單邊白魚尾　二七七

二二七八 詩通四卷 明陸化熙撰 明萬曆四十六年書林童懋泉刻本 十行廿二字白口四周單邊

二二七九 詩通四卷 明陸化熙撰 明書林李少泉刻本 十行廿二字白口四周單邊

二二八〇 詩傳闡二十三卷餘二卷 明鄒忠胤撰 明崇禎刻本 九行二十字白口四周單邊

二二八一 詩批釋四卷 明安世鳳撰 明萬曆二十九年刻本 九行十六字白口四周雙邊

二二八二 鼎鐫鄒臣虎增補魏仲雪先生詩經脉講意八卷首一卷 明魏浣初輯 鄒之麟增補 明末刻本 十行廿四字白口四周單邊黑魚尾

二二八三 毛詩振雅六卷 明張元芳 魏浣初撰 明天啟版築居刻朱墨套印本 八行十四字白口四周單邊

二二八四 批點詩經振雅六卷 明張元芳 魏浣初撰 明天啟四年版築居刻朱墨套印本 八行十四字白口四周單邊

二二八五 詩經永論四卷 明方孔炤撰 清抄本

二二八六 毛詩鳥獸草木考二十卷 明吳雨輯 徐𤊹編 明萬曆刻本 九行十八字白口左右雙邊

二二八七 詩經傳旨一覽四卷 明薛志學撰 明萬曆二十二年徐汝良刻本 八行廿二字白口左右雙邊

二二八八 重訂詩經疑問十二卷 明姚舜牧撰 明萬曆三十九年刻本 清徐時棟跋 十行二十字白口四周單邊

二二八九 毛詩注疏纂八卷 明田有年 田建年纂 明崇禎怡齋刻本 九行二十字白口四周單邊黑魚尾

二二九〇 重梓徐繹之先生詩說闕疑□□卷 明徐㬎撰 清初抄本
存五卷 大雅二卷、小雅二卷、頌一卷

二二九一 新鍥詩經心鉢五卷 明方應龍撰 明末刻本 十行廿五字白口四周單邊

二二九二 新刊侯伯憲家傳詩經說約八卷摘古今說詩要論一卷 明伏世屏撰 明刻本 九行二十字白口四周單邊

二二九三 詩經百方家問答不分卷 明徐奮鵬纂 明書林李潮刻本 十行二十三至二十四字不等白口四周單邊

二二九四 新鐫筆洞山房批點詩經捷渡大文四卷 明徐奮鵬撰 明天啟五刻本金陵刻本

二二九五 詩牖十五卷 明錢天錫撰 明天啟五年刻本 十行廿一字白口單邊單魚尾

二二九六 詩經世本古義二十八卷首一卷末一卷 明何楷撰 明崇禎十四年刻本 九行二十字小字雙行同白口四周單邊

二二九七 詩經世本古義二十八卷首一卷 明何楷撰 清嘉慶十八年周氏書三味齋刻本 清趙烈文題記

二二九八 詩經世本古義二十八卷 明何楷撰 清嘉慶二十四年謝氏闇忠堂文林堂刻本 清徐時棟校並重訂目次 傅增湘跋

二二九九 詩經考十八卷 明黃文煥撰 明末刻本 十一行廿六字白口四周單邊

三〇〇 詩經體註嫏嬛說約大全合參八卷 明黃文煥撰 清康熙二十五年有文堂刻本

三〇一 新鐫黃維章先生詩經嫏嬛體註八卷 明黃文煥撰 清康熙十九年刻本

三〇二 張氏詩紀不分卷 明張次仲撰 清康熙十六年一經堂刻本

三〇三 毛詩弋志箋記不分卷 清康熙張氏海寧刻本

三〇四 詩經胡傳十二卷 明胡紹曾撰 明崇禎十六年春煦堂刻本 十一行廿五字小字雙行同白口四周單邊

三〇五 詩逆不分卷詩考一卷 明凌濛初撰 明天啟二年刻本 九行廿二字白口四周單邊

三〇六 聖門傳詩嫡冢十六卷申公詩說一卷 明凌濛初輯 漢申培撰 明崇禎刻本 十行二十字白口四周單邊

三〇七 孔門兩弟子言詩翼不分卷 明凌濛初輯 明崇禎刻本 九行二十字白單邊

三〇八 孔門兩弟子言詩翼不分卷 明凌濛初輯 清初抄本

三〇九 詩經人物考三十四卷 明林世陞撰 明刻本 十行十六字白口四周單邊
存二十一卷 一至十一、十七至二十六

三一〇 詩經秘旨八卷 明陳達卿編 明天啟六年鄭大經書林刻套印本 上截十六行十四字 下截九行大字十七字小字雙行同白口四周雙邊

三一一 詩經主意默雷八卷 明何大掄撰 明末友石居刻本 九行廿四字白口四周單邊

三一二 詩經心訣八卷 明何大掄撰 明天啟七年刻本 上截廿二行廿一字 中截廿二行六字 下截九行十七字小字雙行十七字白口四周單邊

三一三 二賢言詩二卷 明天啟四年刻本
子貢言詩一卷（篆書附音）
子夏言詩一卷（楷書）

三一四 葩苑十二卷 明徐奮鵬、徐春茂、徐春盛撰 明末刻本 十行廿八字白口四周單邊黑魚尾

三一五 監本詩經刪補四卷 明徐奮鵬撰 清初潜忠信堂刻本

三一六 詩經解註四 明徐奮鵬撰 詩通不分卷 明陸化熙撰 清歸起先輯
詩序一卷 清歸起先輯 清順治十五年歸起先刻本

三一七 帝鄉戚氏家傳葩經大全心印□卷 明戚仲撰 明崇禎三年刻本 十行廿一字白口四周單邊
存五卷 國風二卷、大雅一卷、小雅一卷、三頌一卷

三一八 新刻詩經講義鞭影六卷 明楊廷麟撰 明張少吾瑞雲館刻本 十一行二十六字小字雙行白口四周單邊

三一九 詩經注疏大全合纂三十四卷 明張溥輯 明崇禎刻本 八行十八字小字雙行同白

口左右双边

三二〇 詩經朱翼三十卷首一卷 清孫承澤撰 清初刻本

三二一 詩經副墨不分卷 明陳組綬撰 明末光啟堂刻本 九行廿四字白口四周單边

三二二 韋氏詩經攷定二十四卷詩經傳授源流一卷總論一卷 明韋調鼎撰 明崇禎十三年潘建等刻本 十行二十字小字双行十九字白口四周双边有刻工

三二三 桂林詩正八卷 明顧懋樊撰 明崇禎刻本 九行十七字白口四周單边

三二四 詩志二十六卷 明范王孫撰 明末刻本 九行廿二字白口四周單边

三二五 詩經偶箋十三卷 明萬時華撰 明崇禎六年李泰刻本 九行二十字白口四周單边黑魚尾

三二六 詩經說約二十八卷 明顧夢麟撰 明崇禎十五年織簾居刻本 九行廿五字註文廿四字白口四周双边

三二七 毛詩註疏刪翼二十四卷 明王志長撰 清抄本

三二八 詩繹四卷 明喬時敏撰 明木雁堂刻本 九行廿二字白口四周單边

三二九 詩經集思通十二卷 明朱道行撰 清初刻本

三三〇 詩經漁樵野說不分卷 明夏大暉撰 清孫衡鳴家抄本 孫衡鳴校並跋

三三一 詩問一卷 明吳肅公撰 清抄本

三三二 詩經輔註五卷 明徐鳳彩撰 清徐朝俊抄本

三三三 詩測定本□□卷 明萬尚烈撰 明刻本 九行十九至二十字不等白口四周單边 存國風（鄘至秦風）、大正、小正、周頌、商頌。

三三四 詩學内傳三十一卷首一卷 明陸燁撰 清杜氏如聖教齋抄本 存二十六卷（首一卷、一至五、十一至三十一）

三三五 詩采八卷 明張星懋撰 清葉樹廉樸學齋抄本

三三六 詩經水月備考四卷 明韓宋評 明末當郡舒瀛溪刻本 九行廿四字白口四周單边

三三七 詩經評考二十卷 明陶九樂撰 清抄本

三三八 詩經三注粹抄不分卷 明刻本 十一行廿八字小字双行同白口四周双边

三三九 詩說不分卷 明抄本

三四〇 詩經傳說取載十二卷 清張能鱗輯 清初刻本

三四一 毛詩日箋六卷 清秦松齡撰 清康熙秋秀堂刻本

三四二 毛詩日箋六卷 清秦松齡撰 清抄本

三四三 詩經疏畧八卷 清張沐撰 清康熙十四年敦臨堂刻本

三四四 朱氏訓蒙詩門三十六卷首一卷 清朱日濬撰 王澤弘正 附錄一卷 清黃之奇撰 清初抄本

三四五 詩廣傳五卷 清王夫之撰 稿本

三四六 詩廣傳五卷 清王夫之撰 清乾隆王嘉愷抄本

三四七 詩稗疏四卷 清王夫之撰 清王元堂抄本

三四八 毛詩通義十二卷首一卷附錄一卷 清朱鶴齡撰 清陳鍾英跋 稿本

三四九 三元堂新訂增刪詩經彙纂詳解八卷 清呂留良撰 清康熙刻本

三五〇 詩說二十卷 清吳汝遁撰 稿本

三五一 田間詩學不分卷 清錢澄之撰 清孫鳳城批点 清康熙二十八年錢氏斟雉堂刻本

三五二 田間詩學不分卷 清錢澄之撰 清金蓉鏡批校 清康熙二十八年錢氏斟雉堂刻本

三五三 詩經大題不分卷 清田雯輯 稿本

三五四 詩所八卷 清李光地撰 清雍正六年教忠堂刻本

三五五 詩所八卷 清李光地撰 清抄本

三五六 詩經傳說彙纂二十一卷首二卷詩序二卷 清王鴻緒等撰 清雍正五年内府刻本

三五七 詩經傳說彙纂二十一卷首二卷詩序二卷 清王鴻緒等撰 清雍正五年内府刻本 清陳介祺批注並跋

三五八 詩經識餘□卷 清徐秉義輯 清徐樹閎抄本 存四卷（一至四）

三五九 毛詩名物疏鈔不分卷 清趙執信撰 稿本

三六〇 詩傳名物集覽十二卷 清陳大章撰 清康熙刻本

三六一 詩說三卷 清惠周惕撰 清康熙惠氏紅豆齋刻本

三六二 詩說三卷 清惠周惕撰 清王蓮峽抄本 清丁丙跋

三六三 詩說三卷 清惠周惕撰 清抄本 清翁方綱批点

三六四 詩義記講四卷 清楊名時述 夏宗瀾記 清乾隆闕茂洛刻本（焦循題記 清侯先錄）

三六五 詩經質疑三十一卷 清嚴虞惇撰 稿本

三六六 讀詩質疑三十一卷首十五卷 清嚴虞惇撰 末一卷 清嚴有禧輯 清乾隆嚴有禧紀武堂刻本

三六七 詩經正解三十三卷 清姜文燦、吳荃撰 清康熙二十三年深柳堂刻本

三六八 學詩隅見錄不分卷 清沈近思撰 清抄本

三六九 陸堂詩學十二卷讀詩總論一卷花龕詩一卷 清陸奎勳撰 清康熙五十三年陸氏小瀛山閣刻本

存十八（一至八、[illegible]詩總論全、孔叢詩全）

三七〇 陸堂詩學十二卷讀詩總論一卷 清陸奎勲撰 清康熙五十五年陸氏小瀛山閣刻本

三七一 毛詩類釋二十卷續編三卷 清顧棟高撰 清抄本

三七二 治齋讀詩蒙說一卷首一卷 清顧成志撰 清抄本 清丁丙跋

三七三 讀詩小匡一卷 清[illegible]李暐撰 清抄本 清丁丙跋

三七四 毛詩稽古編三十卷 清陳啟源撰 清康熙四十年趙嘉稷抄本 清趙嘉稷跋

三七五 毛詩稽古編三十卷 清陳啟源撰 清抄本 清張敦仁校

三七六 毛詩稽古編三十卷 清陳啟源撰 清抄本 清錢坫校

三七七 毛詩稽古編三十卷 清陳啟源撰 清抄本 王季烈跋

三七八 毛詩稽古編三十卷 清陳啟源撰 清抄本 佚名校

三七九 詩經述四卷 清陳鈞撰 清康熙信學齋刻本

三八〇 詩識名解十五卷 清姚炳撰 清康熙四十七年聽秋樓刻本

三八一 詩識名解十五卷 清姚炳撰 清丁氏八千卷樓抄本

三八二 詩經通論十八卷論旨一卷 清姚際恆撰 清道光十七年鐵琴山館刻本

三八三 重刻徐筆峒先生遵注參訂詩經八卷 清周鍾輯 棣鄂堂詩義纂要八卷詩經圖考一卷詩經人物考一卷 清周渙輯 清康熙十九年刻本 清盛百二批校

三八四 白雲學詩六卷 清張怡輯 清抄本

三八五 詩義翼朱八卷 清李健輯 清康熙三十五年永思堂刻本

三八六 諸家詩沂八卷 清杭起壯輯 清抄本

三八七 增補詩經衍義灂註大全合參八卷 清范紫登評選 清康熙二十八年慶雲樓刻本

三八八 詩經集成三十一卷 清趙燦英輯 清康熙二十九年金陵三樂齋刻本

三八九 詩經廣大全二十卷 清王夢白、陳曾輯 清康熙四十一年刻本

三九〇 續補舉業必讀詩經四卷 清陳非木集注 清康熙雲姿堂刻本 清陳本禮錄、何焯批校

三九一 思誠堂說詩十二卷 清譚鶴生撰 稿本

三九二 刪錄纂序詩經說約講旨不分卷 題清贊贊道人輯 稿本

三九三 詩序集說不分卷 清馬翼贊撰 稿本

三九四 毛詩說二卷首一卷 清諸錦撰 清乾隆二十一年諸氏絳跗閣刻本

三九五 朱子詩義補正八卷 清方苞撰 清乾隆三十二年單作哲刻本

三九六 詩貫十四卷首三卷 清張叙撰 清乾隆二十年績草堂刻本

三九七 詩貫二十六卷 清張叙撰 清抄本

三九八 詩疑辨證六卷 清黃中松撰 稿本

三九九 詩疑辨證六卷 清黃中松撰 清抄本

四〇〇 詩經異文別說存什十四卷 清乾隆四十五年沈澄鑑抄本 高燮跋
存七卷（八至十四）

四〇一 詩深二十六卷首二卷 清許伯政撰 清乾隆刻本

四〇二 詩學源流不分卷 清李堂撰 稿本

四〇三 毛詩要義三十卷 清沈彤撰 清勞氏震无咎齋抄本 清勞頤跋
存二十七卷（一至二、六至三十）

四〇四 凝園讀詩管見十四卷 清羅典撰 清乾隆刻本

四〇五 詩附記四卷 清翁方綱撰 稿本

四〇六 詩細十卷首一卷續一卷 清趙佑撰 清乾隆二十四年刻本

四〇七 毛詩草木鳥獸蟲魚疏校正二卷 清趙佑撰 清乾隆四十四年刻本

四〇八 草木疏校正二卷 清趙佑撰 清乾隆四十八年桂馥家抄本 清桂馥校並跋

四〇九 草木疏校正二卷 清趙佑撰 清乾隆白鷺洲書院刻本

四一〇 草木疏校正二卷 清趙佑撰 清乾隆五十六年趙氏刻趙鹿泉全集六種本 清諸可寶跋

四一一 草木疏校正二卷 清趙佑撰 清道光二十八年周學濂抄本 清周學濂跋

四一二 廣東學詩十二卷 清顧鎮撰 清乾隆三十三年補蒼堂刻本

四一三 廣東學詩十二卷首一卷 清顧鎮撰 清乾隆三十三年補蒼堂刻道光重修本 清翁心存圈點 翁同龢題款

四一四 詩瀋二十卷 清范家相撰 清乾隆三十九年古趣亭刻本

四一五 詩瀋二十卷 清范家相撰 清乾隆三十九年古趣亭刻本 清李慈銘批注

四一六 三家詩拾遺十卷 清范家相撰 清嘉慶十五年古趣亭刻本

四一七 重訂三家詩拾遺十卷源流一卷 清范家相輯 葉鈞重訂 清嘉慶十五年葉氏佁穀堂刻嶺海樓叢書本

四一八 三家詩拾遺十卷源流一卷 清范家相輯 清抄本 清顧觀光校

四一九 三家詩拾遺十卷 清范家相撰 清抄本

四二〇 三家詩拾遺十卷 清范家相輯 清抄本

四二一 三家詩拾遺十卷 清范家相撰 清抄本

四二二 詩經讀序私記一十四卷 清姜炳璋撰 清抄本

四二三 毛朱詩說三卷 清阮芝生撰 清抄本 清翁方綱批注

四二四 讀詩疏箋鈔不分卷 清程晉芳撰 稿本

四二五 詩經纂一卷 清邵晉涵撰 稿本

四二六 韓詩內傳考不分卷 清邵晉涵撰 清沈氏鳴野山房抄本

四二七 戴氏經考二十六卷 清戴震撰 清抄本

四二八 毛鄭詩考正四卷首一卷 清戴震撰 清抄本 清吳騫批校

四二九 毛詩考證四卷 清莊述祖撰 清道光十六年刻本 清李慈銘批校

四三〇 讀詩識小錄十卷 清陳震輯 稿本

四三一 讀詩識小錄十卷 清陳震撰 清抄本

四三二 多識錄九卷 清石楊玉輯 清道光自刻本

四三三 毛詩天文考一卷 清洪亮吉撰 清道光三十年張氏刻本

四三四 周人詩說四卷 清王紹蘭輯 清王氏知足知不足館抄本
存二卷 二至三

四三五 詩經解口卷 清姚元宗撰 稿本
存二卷 一至二

四三六 詩經姚氏解口卷 清姚元宗撰 稿本
存四卷 一至四

四三七 詩經審鵠要解六卷 清林錫齡撰 清乾隆刻本

四三八 詩解正宗五卷 清耽圖撰 清乾隆十三年裳竹齋刻本

四三九 讀詩私說一卷 清董秉純撰 清抄本

四四〇 毛詩明辨錄十卷 清沈青崖撰 清乾隆十四年毛德基刻本

四四一 沈氏詩醒八箋二十五卷 清沈冰壺撰 清抄本 清何琪校

四四二 沈氏詩醒八牋二十五卷 清沈冰壺撰 清抄本

四四三 風雅遺音二卷 清史榮輯 清乾隆八年一鶴齋刻本

四四四 詩古音二卷 清楊峒撰 清程以恬抄本 清程以恬跋

四四五 詩古音三卷 清楊峒撰 清徐梅書屋抄本 清徐恕校

四四六 詩古音三卷 清楊峒撰 清抄本 清李有經批校並跋

四四七 詩古音三卷 清楊峒撰 清抄本

四四八 詩考五卷附錄一卷 清黃啟身輯 清抄本 清管鍊金跋
存三卷 三、五、附錄

四四九 毛詩申成十卷 清汪龍撰 清抄本

四五〇 古韓詩說證九卷 清宋綿初撰 清乾隆五十四年述古堂刻本 清翁方綱、陳啟源校

四五一 毛詩物名釋口卷 清焦循撰 稿本
存一卷 一

四五二 陸璣疏考證二卷 清焦循撰 稿本

四五三 推小雅十月辛卯詳疏二卷 清焦循撰 清李氏半畝園抄本

四五四 推小雅十月辛卯詳疏一卷 清焦循撰 清李氏半畝園抄本

四五五 毛詩地理釋四卷 清焦循撰 手稿本

四五六 毛詩地理釋四卷 清焦循撰 清抄本
存二卷 口、四

四五七 毛詩草木鳥獸蟲魚釋十卷 清焦循撰 手稿本

四五八 毛詩草木鳥獸蟲魚釋十二卷 清焦循撰 手稿本

四五九 毛詩草木鳥獸蟲魚釋十二卷 清焦循撰 清抄本
存六卷 二至三、八至十一

四六〇 毛詩故訓傳三十卷 清段玉裁撰 清嘉慶二十年張桐須靜齋抄本

四六一 毛詩故訓傳三十卷 清段玉裁撰 清道光九年廣東學海堂刻皇清經解本 清朱孔彰批校
存二十九卷 一至二十九

四六二 毛詩故訓傳定本三十卷 清段玉裁撰 清嘉慶二十一年段氏七葉衍祥堂刻本

四六三 毛詩故訓傳定本三十卷 清段玉裁撰 清嘉慶二十一年段氏七葉衍祥堂刻本 清顧鳳藻跋並臨黃丕烈校跋

四六四 毛詩故訓傳定本三十卷 清段玉裁撰 清嘉慶二十一年段氏七葉衍祥堂刻本 清丁壽祺批注

四六五 毛詩故訓傳定本三十卷 清段玉裁撰 清藝海堂刻本 清鈕永棨校

四六六 詩經小學四卷 清段玉裁撰 清乾隆嘉慶間臧鏞堂刻拜經堂叢書本 清焦循校並跋

四六七 詩經小學四卷 清段玉裁撰 抄本

四六八 毛詩通說二十卷首二卷補遺一卷 清任兆麟撰 清乾隆映雪草堂刻本

四六九 毛詩通說二十卷首二卷補遺一卷 清任兆麟撰 清乾隆映雪草堂刻本 清徐恕批校

四七〇 詩考補二卷 清胡文英撰 清乾隆四十九年留芝堂刻本

四七一 詩疑義釋二卷 [illegible]
四七二 毛詩通議六卷 清胡文英撰 清乾隆刻本
四七三 詩學女為二十六卷 清汪搢鳳撰 清乾隆不昧園刻本
四七四 詩經叶音辨譌八卷 清劉維謙編 清乾隆三年夢峰書屋刻本 清張循題識
四七五 毛詩鳥獸草木本旨十三卷 清陸以誠撰 稿本 張元濟跋
四七六 詩考異補二卷 清嚴蔚撰 清乾隆四十九年嚴氏二酉齋刻本
四七七 詩考異補二卷 清嚴蔚撰 清乾隆四十九年嚴氏二酉齋刻本 清李富孫校
四七八 詩考異再補二卷 清陳灿撰 稿本
四七九 詩譜補亡後訂一卷孫氏詩評摭遺一卷 清吳騫撰稿本
四八〇 詩譜補亡後訂不分卷 清吳騫撰 清吳騫校並跋 清乾隆五十年拜經樓刻本
四八一 蜀石經考異一卷 清吳騫撰 稿本
四八二 蜀石經毛詩考異二卷 清吳騫撰 稿本 清朱昌燕跋
四八三 欽定詩經傳說彙要四卷 清張鼎傳撰 清抄本
四八四 詩經異同存說不分卷 稿本
四八五 詩小序翼二十七卷首一卷 清張澍撰 稿本 葉景葵跋

二三

四八六 毛詩多識錄十六卷 清董桂新撰 稿本
四八七 毛詩多識錄十六卷 清董桂新撰 清抄本
四八八 毛詩後箋三十卷 清胡承珙撰 清道光七年方氏澥園刻本 清李慈銘校並跋
四八九 三家詩遺說不分卷 清馮登府撰 稿本
四九〇 三家詩遺說八卷補一卷 清馮登府撰 清抄本 清李富孫校
四九一 三家詩遺說翼證不分卷 清馮登府撰 稿本
四九二 韓魯齊三家詩異字詁三卷 清馮登府撰 稿本 清李貽德校並跋
四九三 詩異文釋六卷補遺一卷 清馮登府撰 稿本
四九四 詩切殘稿不分卷 清牟庭撰 稿本
四九五 讀嚴氏詩緝一卷 清葉燕撰 稿本
四九六 詩古訓十二卷 清錢大昭撰 清抄本 清趙烈文校並跋
四九七 詩考異字箋餘十四卷 清周邵蓮撰 清嘉慶六年刻本
四九八 三百篇鳥獸草木記不分卷 清徐士俊撰 潘錫恩釋 稿本
四九九 三百篇鳥獸草木記不分卷 清徐士俊撰 稿本
五〇〇 毛詩馬王微四卷 清臧庸撰 清嘉慶十一年孫馮翼問經堂刻本

五〇一 詩考二卷 [illegible]
五〇二 三百篇原聲七卷 清夏味堂撰 清嘉慶十二年棣華書屋刻本
五〇三 毛詩周韵誦法十卷 清汪灼撰 清嘉慶不昧園刻本
五〇四 詩經遵義二十卷 清黃元吉撰 稿本 高燮跋
存十八卷 三至二十
五〇五 毛詩名物圖說九卷 清徐鼎撰 稿本
五〇六 嚴氏詩緝補義八卷 清劉燦輯 清嘉慶十六年劉氏墨莊刻本 清劉燦校
五〇七 國風偶箋一卷 清吳卓信撰 清抄本
五〇八 國風偶箋一卷 清吳卓信撰 清抄本
五〇九 齊詩翼氏學四卷 清迮鶴壽撰 清嘉慶十七年蓬萊山房刻本
五一〇 學福齋詩學口卷 清周沐潤撰 稿本
存五卷 一至五
五一一 詩序疏一卷 清劉寶楠撰 稿本
五一二 毛詩學不分卷 清劉寶楠撰 稿本
五一三 毛詩注疏長編不分卷 清劉寶楠撰 稿本

二四

五一四 毛詩註疏長編不分卷 清劉寶楠撰 稿本
五一五 毛詩正義長編不分卷 清劉寶楠撰 稿本
五一六 毛詩正字考不分卷 清沈炳垣撰 稿本
五一七 齊魯韓三家詩註三卷三家詩疑一卷 清朱士端撰 稿本
五一八 齊魯韓三家詩釋十六卷 清朱士端撰 稿本
五一九 齊魯韓三家詩釋十六卷 清朱士端撰 清吉金樂石山房抄本 鄭振鐸跋
五二〇 詩考補注二卷 清丁晏撰 稿本
存一卷 上
五二一 詩集傳附釋一卷 清丁晏撰 稿本
五二二 詩古微二十卷 清魏源撰 清道光二十年刻本 清何紹基題款圈點
五二三 詩古微二十卷 清魏源撰 清咸豐五年刻本 清龔橙批校
五二四 韓詩外傳校議不卷 清許瀚撰 清光緒十三年朱氏含香堂抄本
五二五 詩國風原指六卷 清吳敏樹撰 清抄本
五二六 毛詩釋義一卷 清陳奐撰 清抄本 清繆荃孫校

五二七 詩毛氏傳跋三十卷釋毛詩音四卷毛詩說一卷毛詩傳義一卷 清陳奐撰 清道光二十七年至咸豐元年刻本 清謝章鋌校並跋
五二八 韓詩述六卷 清徐堂撰 稿本
五二九 韓詩述六卷 清徐堂撰 稿本
五三〇 韓詩述六卷 清徐堂撰 稿本
五三一 三家詩述八卷 清徐堂撰 稿本
存四卷 三家總說一卷、魯詩述二卷、齊詩述一卷
五三二 毛詩異一卷 清朱大韶撰 稿本
五三三 毛詩故訓傳稗二卷 清朱大韶撰 稿本
五三四 毛詩句解析疑十四卷 清方敏辰撰 稿本
五三五 詩經玉屑十八卷 清史詮撰 稿本
五三六 詩傳畧考口卷 清馬翀撰 稿本 清許瀚藏校 姚之謙跋
存二卷 三至四
五三七 詩學自怡錄不分卷 清王鈞撰 清抄本
五三八 韓詩內傳并薛君章句考四卷附錄一卷筆跋一卷 清錢玫撰 錢世叙編 稿本
五三九 韓詩內傳并薛君章句考四卷附錄一卷附編一卷筆跋一卷 清錢玫撰 錢世叙編 清抄本 清章慶辰等校
五四〇 韓詩內傳并薛君章句考四卷附錄一卷筆跋一卷 清錢玫撰 錢世叙編 清抄本 章慶辰校
五四一 詩園不分卷 清龔[illegible] 稿本
五四二 詩經輯解二十卷 清周道遵撰 稿本
五四三 毛鄭詩考正續一卷 清林兆豐撰 稿本
五四四 田間詩學補注四卷 清沈閬崐撰 稿本 清俞樾手書序
五四五 詩經古韻四卷 清孔繼堂撰 稿本
五四六 詩述十卷首二卷 清孔繼堂撰 抄本
五四七 詩經原始十八卷首二卷 清方玉潤撰 清同治十年隴東分署刻本
五四八 詩異文考證一卷 清郭慶藩撰 稿本
五四九 治詩偶得不分卷 清徐鴻鈞撰 稿本

五五〇 韓詩遺說補一卷 清陶方琦撰 稿本
五五一 羣籍引經釋異六卷 清劉恭璋撰 稿本
五五二 詩畧說口卷 清宋書升撰 稿本 王獻唐跋
五五三 毛鄭新傳不分卷 清劉恭冕撰 稿本
五五四 讀詩記不分卷 清董[illegible]撰 稿本
五五五 說詩解頤二卷續一卷 清徐璋文撰 稿本
五五六 毛詩箋疏辨異三十卷毛詩總辨不分卷 清李兆翁撰 稿本
五五七 毛詩箋疏辨異三十卷 清李兆翁撰 稿本
五五八 詩疑補不分卷 清張光裕撰 稿本
五五九 毛詩多識六卷 清多隆阿撰 稿本 清程棫林注
五六〇 毛詩名物考不分卷 清抄本 清李祥校 劉之泗跋
五六一 詩義一卷 清廖季平撰 稿本
五六二 詩經補解全錄五卷 清傅古堂抄本
二〇〇(2) 詩經疑問七卷 元朱倬撰 附編一卷 元趙悳撰 清抄本
二〇〇(3) 詩經疑問七卷 元朱倬編 附編一卷 元趙悳編 同書題識 清抄本 清翁
二〇〇(4) 詩經疑問七卷 元朱倬撰 附編一卷 元趙悳撰 清抄本
一七四(2) 詩說十二卷總說一卷 宋劉克撰 黃丕烈跋 清張蓉鏡家抄本 清孫原湘
存十卷 一、三至八、十一、十二、總說全
一七四(3) 詩說十二卷總說一卷 宋劉克撰 清抄本（卷七至八配另一清抄本） 清丁丙跋

收藏情況表

表一

書名編號	藏書單位						
經 詩類 1	0101						
2	0101						
3	2601						
4	0201						
5	0101						
6	1601						
7	0101						
8	0101						
9	0101						
10	0101	0141					
11	0241	1653	2301				
12	0101						
13	0101						
14	0101						
15	1705						
16	0101	0201	0841	1601	2702		
17	0201						
18	1601						
19	0101	0704	2501	2742			
20	0101	0141	0161	0163	0198	0201	0241
	0842	1601	1701	2401	2701	2742	2750
21	0101						
22	0241						
23	0101						
24	0101	0161	0201	0241	1606	1629	1701
	1901	2201	2281	2541			
25	0101	0198	0201	0301	0341	1101	1601
	1701	2441	2501	2702	2742		
26	0101						
27	0141						
28	0161	0201	0341	0803	1801		
29	0201						
30	2401						
31	0101						
32	0201						
33	1501						
經 詩類 34	0241	2702					
35	0201						
36	0241						
37	0101	0150					
38	0101						
39	2551						
40	0101						
41	0201						
42	1601						
43	0101	0195	0242	1541	2541		
44	0101						
45	1705						
46	0141						
47	2541						
48	0902						
49	0241						
50	2702						
51	0101						
52	0241						
53	0101	0701	1701	2701			
54	0241						
55	1601						
56	1601						
57	0201						
58	0201						
59	0101						
60	0101						
61	0101						
62	0101						
63	0101						
64	0101	0201⑧	1101⑧	1911⑧			
65	2702						
66	0201						
67	0201						
68	0101						
69	0241						

表二

書名編號	藏書單位						
經 詩類 70	0241						
71	2541						
72	0201						
73	0501						
74	0101						
75	0101						
76	1101						
77	0143						
78	0701						
79	1641						
80	1701						
81	2702						
82	0201						
83	1501						
84	0201						
85	0101						
86	0201						
87	0101						
88	0201						
89	0101						
90	0141						
91	0201						
92	0182						
93	1601						
94	0101						
95	0201						
96	2702						
97	0141	0154	0161	0175	0182	0201	0241
	0243	0501	0701	0841	0901	1341	1582
	1606	1681	1701	1741	1801	1981	2201
	2206	2394	2401	2501	2541	2548	2641
	2702						
98	1601						
99	0101						
100	1684						
101	0101	0102	0301	0801			
102	0201	1501					
103	0201						
經 詩類 104	0201						
105	0161						
106	0101						
107	0142	1606	1788				
108	0181						
109	0181						
110	1601						
111	0161						
112	0182						
113	0181						
114	0241						
115	1564						
116	1883						
117	0903						
118	1716						
119	0241						
120	0163						
121	0842						
122	1705						
123	0201						
124	0201						
125	0201						
126	2541						
127	2581						
128	2561						
129	0282						
130	0201						
131	0141						
132	0201						
133	0101						
134	0101						
135	0101						
136	0101						
137	0201						
138	0101	0141	0143	0161	0198	0201	0301
	0542	0801	0842	1681	1701	1705	1741
	2001	2702⑧					
139	0201						

表三

書名編號	藏書單位						
經　詩類 140	2401						
141	0101						
142	1601						
143	0201						
144	0141	0143	0161	0164	0241	0242	0741
	0801	1001	1441	1615	1681	2201	2750
145	0241						
146	1601						
147	1617						
148	0141						
149	0101						
150	1601						
151	1601						
152	1701						
153	2401						
154	0201						
155	0101						
156	0144	0201	0241	0701	2641		
157	0101						
158	0241						
159	0201						
160	0201						
161	0101	0102	0141	0142	0143	0145	0164
	0201	0404	0701	0741	0841	0842	0942
	1001	1021	1048	1301	1343	1501	1581
	1641	1701	1702	1705	1801	1843	1901
	2001	2041	2206	2242	2342	2401	2501
	2601	2702	2941				
162	0198						
163	1701						
164	0141	1042	1581				
165	2881						
166	0201						
167	0201						
168	0101						
169	0241						
170	1601						
171	0101						

書名編號	藏書單位				
經　詩類 172	0201				
173	1701				
174	0101	1601			
175	0101				
176	0101				
177	0241				
178	[illegible]				
179	0161				
180	[illegible]				
181	[illegible]				
182	[illegible]				
183	[illegible]				
184	[illegible]				
185	0101	2601⊗			
186	0241				
187	0101				
188	2401				
189	0101				
190	0201				
191	0101	0141	0161⊗	0201	2301
192	0101	1401			
193	701				
194	0243				
195	1541				
196	0101				
197	0201				
198	0101	0201	0241		
199	1601				
200₁	0101				
200₂	0101				
200₃	2301				
200₄	0201				
201	0101	0201			
202	0101				
203	0201				
204	0101				
205	0201				
206	0201				

表四

書名編號	藏書單位						
經　詩類 207	0101	0201	0701	1681	1701	2341	2701
	2901						
208	1701						
209	0841	1601					
210	2561						
211	0161	0241	0703	1705	2401		
212	1501						
213	0144	0145	2501				
214	0101						
215	0242	2003					
216	0101						
217	1701						
218	0241						
219	1705						
220	1616						
221	0101	0163	0201	0241⊗			
222	1705						
223	0201						
224	1641						
225	0241						
226	0201						
227	0301						
228	2001						
229	0591						
230	0241						
231	0144						
232	0102	0141	0142	0161	0163	0173	0193
	0201	0241	0591	0701	0741	0802	0861
	1031	1582	1606	1653	1701	1705	1881
	1901	2543	2701	2745	2901		
233	1601						
234	0101						
235	0161	0241	0842	1501⊗	1881		
236	0201						
237	0144	0241					
238	0101	0141	0142	0163	0241	2001	2301
239	0141						
240	0141	0142	0144	0201	0243	0861	2301

書名編號	藏書單位						
經　詩類 241	0141	0241					
242	0243						
243	0101						
244	0241						
245	0101						
246	1601						
247	0161	0201	0241	0542	0701	0903	1501
	1701	1741	2304				
248	0141	0143	0161	0164	0173	0197	0201
	0241	1701	2301				
249	0101	0163	0242	0520	0841	0842	[illegible]
	1041	1042	1601	2702	2741		
250	2201						
251	0241						
252	0141						
253	0102						
254	0144						
255	0241	2301					
256	1701						
257	0141						
258	0241						
259	0404						
260	0101	0141	0142	0144	0161	0201	0241
	0441	0842	0902	1641			
261	0161	0163	0201	1601	1606	2301	
262	0141	0144	0163	0241	0861	1881	
263	1601						
264	0241						
265	0142						
266	0241						
267	0201						
268	0701						
269	0141						
270	0102	0143	0144	0166	0163	0181	0193
	0197	0201	0241	0242	0301	0501	0702
	0801	0841	0945	1092	1506	1541	1601
	1602	1607	1701	1702	2301	2543	2591
	2701	2901	2982				

書名編號	藏書單位						
經 詩類 271	0181	0701	0842	1601			
272	2301						
273	0141	0161⊗	0247	1042	1653	2401	2702
274	0181	2641					
275	0801	2201					
276	1701						
277	0241						
278	0241	0242					
279	0101						
280	0101						
281	0241	1722					
282	0241						
283	0101	0142	0841	1615	2201		
284	0241	0404					
285	0161						
286	0141						
287	1628						
288	1705						
289	0142	0241	2541				
290	1615						
291	0241						
292	0101						
293	0241⊗	0842					
294	0241						
295	0201						
296	0141	0241	0301	0404	0701	0902	1441
	1603	2001	2401	2541			
297	0150						
298	2241						
299	0101	0141	0161	0181	0241	2641	2702
300	2641						
301	2012						
302	2401						
303	0241						
304	0161	0241					
305	0241	2042	2702				
306	0141	0142	0143	0145	0161	0241	0242
	1702	2201	2401	2702			

表五

書名編號	藏書單位						
經 詩類 307	0141	0161	0197	0201	0241	1641	
308	0241						
309	0101						
310	2702						
311	0101	0241					
312	0241						
313	1501⊗	1881	2001⊗				
314	0241						
315	1912						
316	1843						
317	0101						
318	0141						
319	0141	0145	1701	2262	2342		
320	0181						
321	0241						
322	0242	0301					
323	0101	0143⊗	0241				
324	0142	0161	0301	0241	1701	2401⊗	
325	0241	1001⊗					
326	0241	1541					
327	2301						
328	0241						
329	0241						
330	1788						
331	0101						
332	0281						
333	0842						
334	0241						
335	0163						
336	0241						
337	2241						
338	1801						
339	0101						
340	0241						
341	0101	0141	0198	0271	0703	0741	0841
	0902	1606	1701	2541			
342	0101						
343	0141		0142	0201	0243		

書名編號	藏書單位						
經 詩類 344	2301						
345	2401						
346	2481						
347	2481						
348	0201						
349	0241	2041					
350	0201						
351	0241						
352	0243						
353	1501						
354	0198	0241	0601	0641	2541		
355	2401						
356	0101	0142	0181	0193	0405	0502	0641
	0802	0901	1201	2541			
357	0101						
358	0201						
359	1581						
360	0142	0701	1601	1701	2001	2301	2383
	2750						
361	0701						
362	1601						
363	0101						
364	0141						
365	0201						
366	0101	0241					
367	0842						
368	0201						
369	0101						
370	0101	0142	0241	0243	1601	1881	2301
	2541						
371	0201						
372	1601						
373	1601						
374	1501						
375	0101						
376	0101						
377	0101						
378	1601						

表六

書名編號	藏書單位						
經 詩類 379	0201						
380	0141	0142	0164	0291	2041	2241	2301
381	1601						
382	0161						
383	0163						
384	1601						
385	0181						
386	0241						
387	0842						
388	0142						
389	0242						
390	2241						
391	0182						
392	0301						
393	0241						
394	0101	0243					
395	0701						
396	0142	0198	0301	0402			
397	0241						
398	0241						
399	1601						
400	0241						
401	0902						
402	0201						
403	0201						
404	2302						
405	0701						
406	0241						
407	0162						
408	0101						
409	0101	0141	0162	0341	0561	1761	2565
410	0201						
411	0101						
412	0141	0161	0263				
413	1601						
414	0161	2041	2301	2343	2542		
415	0101						
416	0161	2301					

書名編號	藏書單位
經 詩類 417	0101
418	0101
419	0301
420	0101
421	0161
422	0101
423	0101
424	0201
425	1705
426	1701
427	0101
428	0101
429	0101
430	0801
431	0102
432	0101
433	0261
434	0101
435	0241
436	0241
437	2641
438	0102
439	1705
440	0163 0201 0902 2301 2543
441	0201
442	1701
443	0201
444	0241
445	0201
446	1581
447	0301
448	0241
449	0141
450	0141
451	0201
452	1601
453	2301
454	1601

表七

書名編號	藏書單位
經 詩類 455	0201
456	0101
457	0201
458	0201
459	0101
460	0201
461	1701
462	0101 2301
463	0101
464	0241
465	0241
466	1601
467	0142
468	0141
469	2301
470	0241
471	0101 0142 2301
472	0141 0142
473	0198 0201
474	2302
475	1601
476	0101 0198 0241
477	0201
478	0142
479	0201
480	0241
481	0141
482	0101
483	0201
484	0241
485	0201
486	0241
487	0201
488	0101
489	0101
490	0301
491	0241
492	1701

書名編號	藏書單位
經 詩類 493	0241
494	1581
495	1705
496	0101
497	0101 0198
498	0201
499	0201
500	0902
501	1042
502	0101 0195
503	0101
504	0241
505	0101
506	0201
507	0201
508	0201
509	0101
510	1613
511	0201
512	0201
513	0201
514	0201
515	0201
516	0201
517	2301
518	0201
519	0101
520	0101
521	0201
522	2401
523	0241
524	0342
525	2641
526	0141
527	2001
528	0101
529	0101
530	0241

表八

書名編號	藏書單位
經 詩類 531	1601
532	0201
533	0241
534	0241
535	0241
536	0201
537	0162
538	0241
539	1701
540	1741
541	1601
542	1705
543	0241
544	0201
545	1501
546	0301
547	2901
548	2801
549	0201
550	0241
551	0141
552	1281
553	0201
554	1701
555	1602
556	0101
557	0142
558	0201
559	2301
560	0241
561	2761
562	0342
1742	0101
1743	1601

禮類

一 三禮四十九卷（周禮十二卷 儀禮十七卷 禮記二十卷） 漢鄭玄注 明嘉靖徐氏刻本 八行十七字小字双行字數同 白口四周双边有刻工

周禮

二 周禮六卷 明嘉靖刻本 十行二十字白口左右双边无魚尾

三 周禮十二卷 漢鄭玄注 宋婺州市門巷唐宅刻本 勞健抄補並跋 十三行二十五字小字注双行三十五字白口左右双边

四 周禮十二卷 漢鄭玄注 宋婺州市門巷唐宅刻本（卷七至十二配另一宋刻附釋文本） 楊守敬李盛鐸跋 卷一至六、十三行二十五至二十八字小字双行三十五字白口左右双边有刻工 卷七至十二、十一行二十一至二十三字小字双行同四周双边

五 周禮十二卷 漢鄭玄注 宋刻本 九行十七字小字双行十八字細黑口四周双边有耳
存五卷 七至十一

六 周禮十二卷 漢鄭玄注 釋音一卷 唐陸德明撰 金刻本 十一行二十字小注双行二十八字二十九字三十字不等白口左右双边

七 周禮十二卷 漢鄭玄注 明嘉靖徐刻三禮本 清錢聽默、黄丕烈、陸損之校並跋 八行十七字小字双行同白口四周双边有刻工

八 周禮十二卷 漢鄭玄注 明上海潘氏刻萬曆十六年印本 八行十七字小字双行同白口四周双边有刻工

九 周禮十二卷 漢鄭玄注 明刻本 劉旦批校并跋 九行十八字白口四周單边上下欄有刻工

一〇 周禮十二卷 漢鄭玄注 札記一卷 清黄丕烈撰 清光緒十六年上海蜚英館石印士禮居叢書本 清孫詒讓校並跋
存六卷 一至六

一一 周禮十二卷 漢鄭玄注 唐陸德明釋文 宋刻本 十行二十字小字双行二十七字細黑口四周双边双魚尾有刻工

一二 周禮十二卷 漢鄭玄注 唐陸德明釋文 宋刻本（卷二、四、七至九、十二配影宋抄本）

一三 周禮十二卷 漢鄭玄注 唐陸德明釋文 宋刻本 清黄丕烈跋 十行十九字小字双行二十三字細黑口四周双边有耳 間有刻工

一四 周禮十二卷 漢鄭玄註 唐陸德明釋文 元刻本 傅增湘跋 八行十七字注双行同細黑口左右双边耳記篇名
存四卷 三至六

一五 周禮十二卷 漢鄭玄注 唐陸德明釋文 明嘉靖刻本 清彭蘊璨校點 葉捷跋 八行十七字白口四周双边双魚尾有刻工

一六 周禮註釋十二卷 漢鄭玄撰 唐陸德明釋文 明刻本 八行十八字小字双行二十五字白口四周双边

一七 纂圖互註周禮十二卷 漢鄭玄註 唐陸德明釋文 圖說一卷 宋刻本 十二行二十一字小字双行二十五字細黑口左右双边

一八 周禮六卷附考工記一卷 漢鄭玄註 明陳鳳梧編 明嘉靖六年何鰲刻本 十行二十字白口四周單边

一九 周禮六卷 漢鄭玄註 明陳鳳梧編 明嘉靖六年何鰲刻本 十行二十字小字双行白口四周單边

二〇 周禮六卷 漢鄭玄注 唐陸德明音義 清乾隆五十二年福禮堂刻本 清翁方綱跋

二一 周禮六卷 漢鄭玄注 唐陸德明音義 清乾隆五十二年福禮堂刻本

二二 周禮六卷 漢鄭玄注 清清芬閣刻本 清王引之批校

二三 周禮四十二卷 漢鄭玄注 明萬氏永懷堂刻本 清嚴虞惇批校 九行二十五字白口左右双边單魚尾

二四 周禮疏五十卷 唐賈公彥等撰 宋兩浙東路茶鹽司刻宋元遞修本 八行十五字至十七字不等小字双行二十二字白口左右双边有刻工

二五 周禮疏五十卷 唐賈公彥疏 宋兩浙東路茶鹽司刻宋元遞修本 八行十九字小字双行二十二字白口左右双边單魚尾有刻工
存二十七卷 一至二 十三至十四 二十七至四十七 四十九至五十

二六 周禮疏五十卷 唐賈公彥等撰 宋兩浙東路茶鹽司刻宋元遞修本 八行十六字小注二十二字白口左右双边有刻工
存零葉一卷 四十七

二七 周禮疏五十卷 漢鄭玄注 唐賈公彥疏 宋刻元明遞修本 八行十六字小字双行二十二字白口左右双边單魚尾有刻工
存卷七

二八 附釋音周禮注疏四十二卷 漢鄭玄注 唐賈公彥疏 陸德明釋文 元刻明正德補修本 十行十七字注文双行二十三字上下細黑口左右双边双魚尾有刻工

二九 周禮注疏四十二卷 漢鄭玄 唐賈公彥等撰 陸德明音義 明刻本（大黑口） 九行二十一字大黑口左右双边

三〇 周禮註疏四十二卷 漢鄭玄注 唐賈公彥疏 陸德明釋文 明嘉靖常州知府應檟刻本

三一 周禮註疏四十二卷 漢鄭玄注 唐賈公彥疏 陸德明音義 明嘉靖李元陽福建刻十三經註疏本 清沈彤校並臨何焯校 王大隆跋 九行二十一字白口單边无魚尾有刻工

三二 周禮注疏四十二卷 漢鄭玄注 唐賈公彥疏 陸德明音義 明嘉靖李元陽刻十三經注疏本 清佚名校點

三三 周禮註疏四十二卷 漢鄭玄註 唐賈公彥疏 陸德明音義 明嘉靖李元陽福建刻十三經註疏本 清許瀚等批校 九行二十一字白口四周單边有刻工

三四 周禮註疏四十二卷 漢鄭玄註 唐賈公彥疏 陸德明釋文 明崇禎元年毛氏汲古閣刻十三經注疏本 清吳昕臨何焯惠士奇惠棟校並跋 清沈試熹校 清韓應陛跋 九行二十一字白口左右双边无魚尾

三五 周禮註疏四十二卷 漢鄭玄註 唐賈公彥疏 陸德明釋文 明崇禎元年毛氏汲古閣刻本 清周斆濂校 九行二十一字小字双行同白口无魚尾左右双边

三六 周禮註疏四十二卷 漢鄭玄注 唐賈公彥疏 陸德明釋文 明崇禎元年毛氏汲古閣刻十三經注疏本 佚名批點

三七 周禮注疏十八卷首一卷 漢鄭玄注 唐賈公彥疏 明末張采刻本 九行二十五字小字双行字數同眉批每行三字白口无行格四周單边

三八 周禮註疏十八卷 漢鄭玄註 唐賈公彥疏 明張采訂 明崇禎刻本 八行十八字小字双行十八字白口左右双边

三九 周禮註疏十八卷 漢鄭玄註 唐賈公彥疏 明張采訂 明崇禎刻本 清佚名評點 半頁八行十八字白口左右双边單魚尾 眉上刻評語

禮經會元四卷　宋葉時撰　元至正二十六年刻明修本　十一行二十四字黑口左右双边　明[illegible]　四〇

禮經會元四卷　宋葉時撰　明嘉靖五年蕭梅林刻本　十一行二十四字白口左右双边　四一

禮經會元四卷　宋葉時撰　明嘉靖五年蕭梅林刻本　清丁祖蔭跋　十一行二十四字白口左右双边　四二

禮經會元四卷　宋葉時撰　明刻本　十一行二十四字白口左右双边　四三

禮經會元四卷　宋葉時撰　明刻本　清徐鯤批校並跋　十一行二十四字白口左右双边　四四

禮經會元四卷　宋葉時撰　明刻本　十一行二十四字白口左右双边无刻工　四五

禮經會元四卷　宋葉時撰　明刻本　清丁丙跋　十一行二十四字白口左右双边无刻工　四六

禮經會元四卷　宋葉時撰　明刻本　曉霞題識　十行二十四字白口左右双边　四七

新刊京本禮經會元四卷　宋葉時撰　明刻本　十一行二十二字下细黑口四周双边　四八

禮經會元節要[illegible]卷　[illegible]宋葉時撰　夏惟寅選編　明刻本　九行二十三字[illegible]白口双黑魚尾或双白魚尾　四九

太平經國之書十一卷首一卷　宋鄭伯謙撰　明嘉靖十五年山西布政司刻本　十行二十二字小字双行字同白口左右双边　五〇

太平經國之書十一卷　宋鄭伯謙撰　明嘉靖十七年孔天胤刻本　十行二十二字左右双边白口无刻工　五一

太平經國之書十一卷　宋鄭伯謙撰　明栔川别業抄本　十行二十字白口左右双边藍格　存三卷　三至五　五二

新刻翰林彙選周禮三註六卷　宋鄭伯謙、明何喬新等撰　明何天寵輯　明萬曆二十四年書林谷慶堂刻本　十行二十二字白口四周單边　五三

東巖周禮訂義八十卷　宋王與之撰　宋刻本　十行二十六字白口左右双边蝶装　五四

鬳齋考工記解二卷附釋音二卷　宋林希逸撰　宋刻元明遞修本（有抄配頁釋音下缺三十（頁））　十行十八字白口左右双边双魚尾有刻工　五五

鬳齋考工記解二卷附釋音二卷　宋林希逸撰　宋刻元明遞修本　十行十八字白口左右双边有刻工　五六

鬳齋考工記解二卷　宋林希逸撰　明抄本　五七

鬳齋考工記解二卷釋音二卷　宋林希逸撰　清康熙成德刻通志堂經解本　傅增湘校跋並錄　清查慎行題識　五八

鬳齋考工記解二卷　宋林希逸撰　清抄本　五九

考工記圖解二卷　宋林希逸撰　明張鼎思補圖　屠本畯補釋　明萬曆四明屠氏刻本　九行十九字白口四周單边有刻工　六〇

王昭禹周禮詳解四十卷　宋王昭禹撰　清抄本　六一

校正詳增音訓周禮句解十二卷　宋朱申撰　明成化四年梁世榮刻本　清陳鱣跋　十行二十三字黑口四周双边　六二

周禮句解十二卷　宋朱申撰　明嘉靖三十五年蔡揚金刻本　八行十八字白口四周双边双魚尾　六三

周禮句解十二卷　宋朱申撰　明嘉靖三十五年蔡揚金刻本　清丁丙跋　八行十八字小字双行十七字白口四周双边无刻工　六四

周禮句解十二卷　宋朱申撰　明刻本　八行十八字小注同白口四周双边　六五

周禮句解十二卷　宋朱申撰　明刻本　十行二十五字小字双行同白口四周單边　六六

訂正詳增音訓周禮句解十二卷　宋朱申撰　明刻本　清佚名批點　十一行二十三字[illegible]边三魚尾　六七

校正詳增音訓周禮句解十二卷　宋朱申撰　清道光二十一年蔣氏别下齋抄本　清蔣光煦校正跋　六八

校正詳增音訓周禮句解十二卷　宋朱申撰　清抄本　清丁丙跋　六九

周禮詳解四十卷　宋王昭禹撰　清抄本　清丁丙跋　七〇

京本點校附音重言重意互註周禮十二卷　漢鄭玄注　宋刻本　十一行十九字小字二十字細黑口四周双边双魚尾　存八卷　一　三　七至十二　七一

京本點校附音重言重意互註周禮十二卷　漢鄭玄註　宋刻巾箱本　十一行十九字小字双行二十字細黑口四周双边双魚尾　存四卷　二　四至六　七二

周禮集說十一卷綱領一卷　元陳友仁輯　周禮復古編一卷　宋俞庭椿撰　明成化張瑄刻本　十二行二十五字小字双行行字同黑口四周双边无刻工　七三

周禮集說十一卷綱領一卷　元陳友仁輯　復古編一卷　宋俞庭椿撰　明刻本　十一行二十二字白口四周單边　七四

周禮集說十一卷綱領一卷　元陳友仁輯　復古編一卷　編補二卷　宋俞庭椿撰　明劉儲秀輯　明刻本（卷一綱領配清抄本）　清丁丙跋　十一行二十二字白口四周單边有刻工　七五

周禮補亡六卷　元丘葵撰　明弘治十四年錢俊民刻本　十二行二十一字黑口双魚尾四周双边　七六

周禮補亡六卷　元丘葵撰　明萬欽刻本　四周双边大黑口双魚尾半頁十二行行二十一字　存五卷　二至六　七七

周禮補亡六卷　元丘葵撰　明萬欽刻本　清葉萬跋　十二行二十一字黑口四周双边　七八

周禮補亡六卷　元丘葵撰　明李緝刻本　十行二十三字白口四周單边双魚尾　七九

周禮補亡六卷　元丘葵撰　明李緝刻本　清丁丙跋　十行二十三字白口四周双边无刻工　存三卷　官　地官　春官　八〇

周禮補亡六卷　元丘葵撰　明刻本　十行二十三字白口四周單边　八一

周禮補亡六卷　元丘葵撰　明刻本　九行十八字粗黑口四周双边　八二

周禮補亡六卷　元丘葵撰　明抄本　存四卷　地官　春官　夏官　秋官　八三

周禮補亡六卷　元邱葵撰　清抄本　存三卷　天官一卷　春官一卷　冬官一卷　八四

周官集傳十六卷　元毛應龍撰　清抄本　八五

周官集傳十六卷　元毛應龍撰　清乾隆四十六年沈叔埏抄本　清沈叔埏校並跋　存二卷　一至二　八六

周禮考註十五卷　元吳澄撰　明刻本　九行二十字白口左右双边　八七

周禮集註七卷　明何喬新撰　明正德十三年安正堂刻本　十行二十字黑口四周双边　存二卷　六至七　八八

讀禮疑圖六卷　明季本撰　明嘉靖間刻本　十行二十一字白口單魚尾左右双边　八九

周禮二十卷　明陳深批點　明凌杜若刻朱墨套印本　八行十八字白口四周單边无刻工　九〇

周禮十八卷　明陳深注　考工記二卷　唐杜牧注　明刻本　九行二十字白口左右双边　九一

周禮十八卷　明陳深注　明刻本　九行二十字小字双行字同白口上下單边左右双边　九二

周禮會註十五卷　明李如玉撰　明抄本　九三

續定周禮全經集註十五卷　明王圻撰　明萬曆四十一年刻本　九行二十字白口左右双边　存七卷　七至十三　九四

周禮訓雋二十卷　明陳深撰　明萬曆刻本　九行十八字小字双行白口四周單边有刻工　九五

周禮全經釋原十四卷　明柯尚遷撰　明隆慶四年張大忠刻本　十行二十字白口四周單边有刻工　九六

周禮全經釋原十四卷　明柯尚遷撰　清初抄本　王禮培跋　存四卷　一至四　九七

周禮述註六卷附周禮二氏改官改文議一卷　明金瑤撰　明萬曆刻本　九行十九字小字双行十九字白口四周單边有刻工　九八

周禮述註六卷二氏改官改文議一卷　明金瑤述　明萬曆刻本　佚名批點　九九

周禮傳五卷翼傳二卷圖說二卷　明王應電撰　明嘉靖四十二年吳鳳瑞刻本　七行二十二字小字双行同白口四周單边　一〇〇

周禮筆記六卷　明馮時可撰　明萬曆周宗邠刻本　九行二十二字白口四周双边　一〇一

周禮說十二卷　明徐即登撰　明萬曆刻本　九行十八字白口左右双边有刻工　一〇二

周禮要義十四卷　明丁克卿撰　明刻本　九行二十四字白口四周單边无行格　存十卷　一至二　七至十四　一〇三

周禮古本訂註五卷附考工記一卷　明郭良翰輯　明萬曆刻本　九行二十字小字双行字數同白口无魚尾四周單边　一〇四

古周禮釋評六卷　明孫攀撰　明萬曆三十一年刻本　十行二十字小字双行同四周單边白口有眉栏　一〇五

周禮註疏刪翼三十卷　明王志長撰　明崇禎十二年葉培恕崑山県署刻本　半頁八行行十九字有界格上下單边左右双边白口單魚尾　一〇六

周禮註疏刪翼三十卷　明王志長輯　明崇禎十二年刻本　八行十九字小字双行白口單魚尾左右双边　一〇七

周禮註疏刪翼三十卷　明王志長輯　明崇禎十二年刻本　清丁丙跋　八行十九字小字双行十八字白口左右双边无刻工　一〇八

周禮註疏刪翼三十卷　明王志長輯　明崇禎十二年刻本　清沈欽批　江文虎批校並跋　八行十九字小字双行行字同左右双边无刻工　一〇九

周禮註疏刪翼三十卷　明王志長輯　明崇禎十二年刻本　佚名批注　半頁八行行十九字小字双行同白口左右双边无刻工　一一〇

周禮註疏刪翼三十卷　明王志長輯　明崇禎十二年天德堂刻本　八行十九字小字双行白口左右双边　一一一

重校古周禮六卷　明陳仁錫撰　明刻本　十行二十二字白口小字双行四周單边　一一二

重校註釋古周禮六卷　明陳仁錫撰　明末刻本　十行大字二十二字小字双行字數同白口四周單边天头有眉批　存五卷　二至六卷　一一三

周禮句解六卷集註句解一卷　明陳仁錫集　考工記一卷　明閔龍館刻本　九行二十字小字双行同白口无直格四周双边　一一四

注釋古周禮五卷注釋考工記一卷　明郎兆玉撰　明天啟郎氏堂策檻刻本　九行二十字白口四周單边　一一五

批點考工記二卷附圖一卷　明周夢暘輯　明萬曆十五年麟趾堂刻本　八行十八字白口左右双边无魚尾眉上刻評有刻工　一一六

批點考工記二卷　漢鄭玄訓註　元吳澄考註　明周夢暘評　明嘉靖十四年趙楞刻本　八行十八字白口四周双边有刻工　一一七

批點考工記一卷　明郭正域撰　周夢暘評注　明萬曆刻本　八行十八字白口四周双边　一一八

考工記二卷　漢鄭玄注　元吳澄考注　明周夢暘批　明刻本　九行十八字有眉批栏每行五字白口左右双边有刻工　一一九

鬳齋考工記二卷　宋林希逸撰　宋刻元延祐四年重修本　明何燁批註並跋　十行十八字白口双魚尾左右双边有刻工　存一卷　一　一二〇

（批點）考工記二卷　漢鄭玄注　元吳澄考注　明周夢暘評　明萬曆十五年刻本　郭序抄補半葉卷下末葉抄補　八行十八字小字双行白口四周双边眉欄刊評語　一二一

考工記述註二卷首一卷圖一卷　明林兆珂撰　明萬曆三十一年刻本　八行　一二二

二十字白口四周單边

考工記述注二卷首一卷圖一卷　明林兆珂撰　明萬曆三十一年刻本　清杭世駿批校　八行二十字白口四周双边　一一二三

考工記述註二卷首一卷圖一卷　明林兆珂撰　明萬曆三十一年刻本　清佚名校點　八行二十字白口單边无魚尾眉上刻評　一一二四

考工記二卷　唐杜牧注　明刻本　九行二十字白口左右双边單魚尾眉上刻評　一一二五

批點考工記二卷　明郭正域批點　明刻本　九行小字双行二十字白口左右双边　一一二六

考工記二卷　明郭正域批點　明萬曆四十四年閔齊伋刻三經評註朱墨套印本　清李鴻裔評校　八行十八字白口左右双边无魚尾眉上刻評　一一二七

考工記解二卷　明徐光啟撰　清抄本　一一二八

考工記輯註不分卷　明朱大啟撰　明崇禎十五年李嵩淑刻本　八行行十九字小字双行行同白口四周單边无刻工　一一二九

考工記纂註二卷　明程明哲撰　明萬曆刻本　八行二十字白口四周單边　一一三〇

周禮三註粹抄六卷　明萬曆十八年余氏萃慶堂刻本　十一行二十八字小字双行二十八字白口四周双边　一一三一

周禮文物大全圖不分卷　明刻套印本　一一三二

周禮考記一卷　明抄本　一一三三

周官經六卷　清乾隆三十七年孔廣林抄本　姚朋圖、袁克文、倉永齡、王壽彭、陸增煒、楊永訓等跋　一一三四

周禮淪義三十二卷　清劉謙撰　清抄本　一一三五

周官節訓六卷　清黃叔琳撰　清雍正十年古香堂刻本　一一三六

周禮節訓六卷　清黃叔琳撰　姚培謙重訂　清乾隆三十一年姚氏刻本　佚名朱筆點校墨筆眉批　一一三七

周禮節訓六卷　清黃叔琳原撰　姚培謙重訂　清乾隆三十一年姚氏刻本　佚名批註圈點　一一三八

周禮節訓六卷　清黃叔琳撰　清抄本　一一三九

禮說十四卷　清惠士奇撰　清紅豆齋刻本　一一四〇

周禮纂訓二十卷　清李鍾倫纂輯　清乾隆成雲山房刻本　一一四一

周禮集傳六卷首一卷　清李文炤撰　清康熙四為堂刻本　一一四二

周禮疑義四十四卷　清吳廷華撰　稿本　一一四三
存一卷（一）

周官圖四卷　清王文清　吳廷華纂修　稿本　一一四四

周官祿田考三卷　清沈彤撰　清乾隆十五年果堂刻本　一一四五

周禮會最　清惠棟撰　手稿本　一一四六

周禮節釋十二卷　清鮑梁纂輯　清乾隆四十六年寶旭堂刻本　一一四七

周禮故書考不分卷　清程際盛輯　清乾隆五十六年刻本　一一四八

周禮集解節要六卷　清鄭[illegible]撰　清雍正十二年大酉齋刻本　清佚名批校　一一四九

周禮軍賦說四卷　清王鳴盛撰　清乾隆間頤志堂刻本　一一五〇

周禮提綱輯注六卷　清[illegible]撰　林組注　清乾隆四十三年養成堂刻本　一一五一

考工記圖二卷　清戴震撰　清乾隆河間紀氏閱微草堂刻本　清程瑤田批注　一一五二

考工記圖二卷　清戴震撰　清乾隆河間紀氏閱微草堂刻本　清姚鼐批注　一一五三

說裸二卷　清龔景瀚撰　稿本　一一五四

周禮會通六卷　漢鄭玄注　清胡翹元纂輯　清乾隆五十二年刻本　一一五五

周禮凝粹六卷　清[illegible]撰　[illegible]本　一一五六

周禮凝粹六卷　清[illegible]輯　清抄本　一一五七

周禮漢讀考六卷　清段玉裁撰　清嘉慶經韻樓刻本　儀禮漢讀考一卷　清段玉裁撰　清光緒四年李慈銘抄本　清李慈銘跋　一一五八

考工記車制圖解二卷　清阮元撰　清乾隆五十三年刻本　清孫詒讓校　一一五九

車制考不分卷　清錢坫撰　清乾隆四十二年刻本　一一六〇

周禮註疏述註十卷　清呂心忠撰　清抄本　一一六一

周禮正義六卷　清[illegible]撰　稿本　一一六二

東壁疑義□卷　清[illegible]撰　稿本　□[illegible]跋　一一六三
存周禮卷三至五

周官精義十二卷　清連斗山編　清乾隆四十一年刻本　一一六四

周禮學不分卷　清沈夢蘭撰　清沈氏所願學齋刻本　清孫詒讓批校　一一六五

周禮經注節鈔七卷　清許珩輯　清嘉慶刻本　一一六六

考工記考辨八卷　清王宗涑撰　清抄本　清孫詒讓校　一一六七

周官指掌五卷　清莊有可撰　清王海樓抄本　清孫詒讓題識　一一六八

周禮註疏不分卷　清陳廷煥輯　稿本　一一六九

周禮異字釋不分卷　清丁晏撰　稿本　一一七〇

周禮讀本六卷　清周樽輯　清乾隆五十八年留餘堂刻本　清王筠批校　一一七一

周禮俗說六卷　清閻華㵘撰　稿本　清張之洞跋　一一七二

輪輿私箋二卷　清鄭珍撰　輪輿圖一卷　清鄭知同繪　清同治七年獨山莫氏刻本　清王秉恩批校圈點　一一七三

周禮政要二卷　清黃念慈等撰　稿本　一一七四

周禮政要二卷　清黃念慈等撰　稿本　清文廷式、孫詒讓校跋　一一七五

周禮注引漢制不分卷 清許克勤 胡玉縉輯 稿本 一七六
周禮政要二卷 清孫詒讓撰 稿本 一七七
周禮正義八十六卷 清孫詒讓撰 稿本 清費念慈跋 存三十九卷 一至十 二十六至三十九 四十四 五十至五十二 五十九 六十四至六十六 六十八至六十九 七十三 七十六至七十七 八十一至八十二 八十五 一七八
周禮正義八十六卷 清孫詒讓撰 稿本 存五十三卷 一至九 十七至四十二 五十五至五十六 五十九至六十一 六十五至七十二 八十二至八十六 一七九
輯周禮馬融鄭玄敘不分卷 清孫詒讓輯并校 清王海樓抄本 一八〇
周官說不分卷 清□□撰 稿本 清孫詒讓跋 一八一
周禮就班二卷 清佚名撰 清抄本 佚名批校 一八二
周禮類編不分卷 題香吏氏撰 清抄本 佚名釋音 一八三
儀禮十七卷 漢鄭玄注 明刻本 十行二十字粗黑口四周单边 一八四
儀禮二十二卷 [illegible] 每半頁十行二十字白口四周双边有刻工 一八五
儀禮十七卷 漢鄭玄註 明正德十六年陳鳳梧刻本 十行二十字小字双行同 大黑口四周单边 一八六
儀禮十七卷 漢鄭玄注 明正德十六年陳鳳梧刻本 潘主蘭校并跋 十行二十字小字双行上下黑口单边双鱼尾 一八七
儀禮十七卷 明刻本 十行二十字白口无鱼尾左右双边 一八八
儀禮十七卷 漢鄭玄注 明嘉靖吴郡徐氏刻三禮本 清張敦仁校并錄顧廣圻 段玉裁校 八行十七字小字双行同白口四周双边 一八九
儀禮十七卷 漢鄭玄注 明嘉靖吴郡徐氏刻三禮本、吴庠跋并錄顧廣圻校 八行十七字小字双行同白口四周双边 一九〇
儀禮十七卷 漢鄭玄注 明嘉靖吴郡徐氏刻三禮本 清戚百二校 八行十七字白口四周双边单鱼尾有刻工 一九一
儀禮十七卷 漢鄭玄注 明嘉靖刻本 八行十七字小字双行白口单鱼尾四周双边 一九二
儀禮十七卷 漢鄭玄注 明刻本 清丁丙跋 每半頁八行十七字小字双行十七字白口四周双边无刻工 一九三
儀禮十七卷 漢鄭玄注 明刻本 清佚名錄顧廣圻校 八行十七字小字双行白口四周双边单鱼尾无刻工 一九四
儀禮十七卷 漢鄭玄註 明鍾人傑校刻本 九行二十字小字双行二十字白口左右双边无刻工 一九五
儀禮十七卷 漢鄭玄注 明刻本 清戈載批校圈點 十行二十字小字双行同大黑口四周单边 一九六
儀禮疏五十卷 唐賈公彥撰 清影宋抄本 存七卷 一至三 二十八至三十一 一九七
儀禮疏五十卷 唐賈公彥等撰 清黃氏士禮居影宋抄本 存四十四卷 一至三十一 三十八至五十 一九八
儀禮十七卷 漢鄭玄註 嚴本儀禮鄭氏註校錄一卷 清黃丕烈撰 清嘉慶二十年黃氏讀未見書齋刻本 清鍾文烝批校題記 一九九

儀禮注疏十七卷 漢鄭玄注 唐賈公彥疏 唐陸德明釋文 明嘉靖應檟刻本 九行十八字小字双行同白口四周双边 二〇〇
儀禮注疏十七卷 漢鄭玄注 唐賈公彥等疏 唐陸德明釋文 明嘉靖汪文盛刻本 清丁丙跋 每半頁十行二十字小字双行白口四周单边无刻工 二〇一
儀禮注疏十七卷 漢鄭玄注 唐賈公彥疏 明嘉靖刻本（卷三至四配明抄本） 九行二十一字小字双行字數同白口无鱼尾四周单边 二〇二
儀禮注疏十七卷 漢鄭玄注 唐賈公彥疏 唐陸德明釋文 明刻本 十行二十字小字双行同黑口四周单边 二〇三
儀禮注疏十七卷 漢鄭玄注 唐賈公彥疏 明刻本 十行二十字小字双行同黑口四周单边 二〇四
儀禮註疏十七卷 漢鄭玄註 唐賈公彥疏 唐陸德明釋文 明萬曆二十一年北京國子監刻十三經註疏本 清顧廣圻校并跋 二〇五
儀禮註疏十七卷 漢鄭玄註 唐賈公彥疏 唐陸德明釋文 明崇禎九年毛氏汲古閣刻十三經註疏本 清周錫瓚校并跋又臨顧廣圻段玉裁校跋 □世教跋 九行二十一字小字双行同白口左右双边 二〇六
儀禮註疏十七卷 漢鄭玄註 唐賈公彥疏 陸德明釋文 明崇禎九年毛氏汲古閣刻十三經註疏本 清惠棟、黃士璣批校 九行二十一字注小字[illegible] 二〇七
儀禮註疏十七卷 漢鄭玄註 唐賈公彥疏 唐陸德明釋文 明崇禎九年毛氏汲古閣刻十三經註疏本 清翁方綱批校并跋又錄戴震校凌廷堪校 九行二十一字小字双行同白口左右双边 二〇八
儀禮註疏十七卷 漢鄭玄註 唐賈公彥疏 陸德明釋文 明崇禎九年毛氏汲古閣刻十三經註疏本 清張爾耆校 九行二十一字小字双行白口左右双边无鱼尾 二〇九
儀禮註疏十七卷 漢鄭玄註 唐賈公彥疏 陸德明釋文 明崇禎九年毛氏汲古閣刻十三經註疏本 清佚名校并臨 清沈彤沈欽韓校 九行二十一字小字双行白口左右双边 二一〇
儀禮註疏十七卷 漢鄭玄註 唐賈公彥疏 陸德明釋文 明崇禎九年毛氏汲古閣刻十三經註疏本 清□慕校并跋 九行二十一字白口左右双边无鱼尾 二一一
儀禮註疏十七卷 漢鄭玄註 唐賈公彥疏 陸德明釋文 明崇禎九年毛氏汲古閣刻十三經註疏本 清凌廷堪批 佚名過錄翁方綱、戴震批 九行二十一字白口左右双边无鱼尾 存十六卷 二至十七 二一二
儀禮註疏十七卷 漢鄭玄註 唐賈公彥疏 陸德明釋文 明崇禎九年毛氏汲古閣刻十三經註疏本 清吴志忠臨江沅校并跋 九行二十一字白口左右双边无鱼尾 存六卷 一至四 十六 十七 二一三
儀禮注疏十七卷 漢鄭玄注 唐賈公彥疏 明刻清康熙校補本 清彭元瑞臨 張爾岐句讀并校識 九行二十一字小字双行白口左右双边 二一四
儀禮注疏十七卷 漢鄭玄注 唐賈公彥等疏 陸德明音義 清乾隆四年武英殿刻本 清盧文弨校并跋 黃彭年、黃嗣東跋 二一五
儀禮注疏五十卷 漢鄭玄注 唐賈公彥疏 清嘉慶十一年張敦仁刻本 莫棠跋 二一六
儀禮注疏五十卷 漢鄭玄注 唐賈公彥等撰 校勘記五十卷 二一七

清嘉慶二十年南昌府學刻十三經注疏本 王國維點校並跋

儀禮喪服馬王注一卷 漢馬融 魏王肅撰 清臧鏞堂輯 清抄本 二一八

儀禮識誤三卷 宋張淳撰 清乾隆浙江刻武英殿聚珍版叢書本 清盧文弨校 丁丙跋 二一九

儀禮識誤三卷 宋張淳撰 清乾隆武英殿活字印聚珍版叢書本 並錄清盧文弨校記 傅增湘跋 二二〇

儀禮識誤三卷 宋張淳撰 清乾隆抄本 清盧文弨校 繆荃孫題識 二二一

儀禮釋宮一卷 宋李如圭撰 清抄本 二二二

儀禮圖十七卷 宋楊復撰 元刻明修本 十行二十字小字双行同白口左右双边有刻工 二二三

儀禮圖十七卷 宋楊復撰 元刻明修本 清丁丙跋 十行二十字白口或黑口左右双边有刻工 二二四

儀禮圖十七卷旁通圖一卷 宋楊復撰 儀禮十七卷 元刻明修本 十行二十字小字双行同白口或黑口左右双边有刻工 二二五

儀禮圖十七卷旁通圖一卷 宋楊復撰 儀禮十七卷 元刻明修本（十行二十字白口左右双边双魚尾有刻工） 清黃國瑾跋 楊守敬題識 二二六

儀禮圖十七卷旁通圖一卷 宋楊復撰 儀禮十七卷 元刻本 清丁丙跋
存八卷 儀禮圖二、五至七、十二；儀禮二、六至七 二二七

儀禮圖十七卷旁通圖一卷 宋楊復撰 元刻明修本 十行二十字小字双行同白口左右双边 二二八

儀禮圖十七卷儀禮旁通圖一卷 宋楊復撰 元崇化余志安勤有堂刻本 半葉十行行大小均二十字左右双边細黑口
存六卷 一至六 二二九

儀禮十七卷 元刻明修本 十行二十字白口（補版部分為黑口）黑魚尾 二三〇

儀禮十七卷 元刻明修本 羅振常跋 十行二十字白口左右双边双魚尾有刻工 二三一

儀禮圖十七卷儀禮旁通圖一卷 宋楊復撰 明嘉靖十五年刻本 十行二十字白口四周單边 二三二

儀禮要義五十卷 宋魏了翁撰 宋淳祐十二年魏克愚刻本（目錄、卷一至六、二十五至二十八、四十一至四十三配清抄本） 九行十八字白口左右双边有刻工 二三三

儀禮要義五十卷 宋魏了翁撰 清初汲古閣抄本 二三四

儀禮要義五十卷 宋魏了翁撰 清嘉慶十一年張敦仁家抄本 清張敦仁校跋並錄嚴元照、顧廣圻題識 二三五

儀禮要義五十卷 宋魏了翁撰 清抄本 清佚名校 二三六

儀禮要義五十卷 宋魏了翁撰 清抄本 清丁丙跋 二三七

儀禮要義五十卷 宋魏了翁撰 清抄本 清顧廣圻校並跋 二三八

儀禮要義五十卷 宋魏了翁撰 清乾隆五十七年嚴元照抄本 清嚴元照、盧文弨、徐養原等校 陳棋壽、莫棠、黃丕烈等跋 周星詒、曹元忠、胡嗣瑗題款 二三九

儀禮要義五十卷 宋魏了翁撰 清嘉慶嚴元照抄本 清嚴元照校跋並錄盧文弨、段玉裁、徐養原、顧廣圻題識 丁丙跋
存十二卷 十二至十三 三十四至三十六 四十至四十二 四十七至五十 二四〇

雙峯先生內外服制通釋七卷 宋車垓撰 清抄本 二四一

儀禮逸經一卷傳一卷 元吳澄撰 明弘治十年程敏政刻本 十行二十八字小字双行同白口左右双边 二四二

重刊儀禮考註十七卷 元吳澄撰 明初刻本 十一行二十四字黑口四周双边 二四三

重刊儀禮考註十七卷 元吳澄撰 明正德[illegible]同文書院閩中季廷[illegible]刻 清佚名校點 半頁十一行二十四字上下細黑口四周双边双魚尾 二四四

重刊儀禮考註十七卷 元吳澄撰 明嘉靖元年宗文書堂刻本 六頁 十一行行二十四字黑口四周双边无刻工 二四五

儀禮集說十七卷 元敖繼公撰 元大德刻明修本 十二行十八字上下細黑口左右双边 二四六

儀禮集說十七卷 元敖繼公撰 元大德刻明修本 十二行十八字上下細黑口左右双边有刻工 二四七

儀禮集說十七卷 元敖繼公撰 元大德刻本 十二行十八字白口左右双边
存零葉一卷 十一 二四八

儀禮集說十七卷 元敖繼公撰 元大德刻本 十二行十八字綫黑口黑魚尾左右双边有刻工
存十六卷 一至七 九至十七 二四九

儀禮集說十七卷 元敖繼公撰 元刻明修本 十二行十八字白口左右双边蝶裝有刻工
存一卷 十七 二五〇

儀禮集說十七卷 元敖繼公撰 元大德刻明修本 王獻唐跋 十二行十八字小黑口左右双边有刻工
存十二卷 一至十二 二五一

儀禮集說十七卷 元敖繼公撰 清抄本 二五二

經禮補逸九卷附錄一卷 元汪克寬撰 明弘治十年汪氏刻本 十三行二十七字白口左右双边 二五三

經禮補逸九卷附錄一卷 元汪克寬撰 明弘治十年汪氏刻本（卷五至九配清抄本） 清丁丙跋 每半頁十三行二十七字小字双行二十七字白口左右双边有刻工 二五四

經禮補逸九卷 元汪克寬撰 明嘉靖十七年刻本 九行二十字小字双行白口單魚尾四周單边 二五五

射禮儀節一卷 明嚴永濬撰 明弘治九年刻本 九行二十字上下粗黑口四周双边双魚尾 二五六

喪禮備纂二卷 明王廷相撰 明嘉靖四十年刻本 十行二十字白口四周單边 二五七

鄉射禮集要圖說不分卷 明傅鼎撰 明弘治十七年刻本 清丁丙跋 每半頁八行十六字大黑口四周双边无刻工 二五八

儀禮戴記附註四卷外卷一卷 明黃潤玉撰 明抄本 清丁丙 二五九

二六〇 儀禮解詁十七卷 明陳深撰 明萬曆刻三禮解詁本 清欽揖校 黃國瑾跋 九行十八字白口單邊單魚尾有刻工

二六一 儀禮經集註十七卷 明張鳳翔撰 清順治七年刻本

二六二 鄉射禮儀節一卷 明林烈撰 明萬曆十七年陳夢斗等刻本 十行二十字白口左右雙邊有刻工

二六三 儀禮鄭註句讀十七卷監本正誤一卷石本誤字一卷 清張爾岐撰 清乾隆八年高氏和衷堂刻本 黃左荃錄 清袁廷檮、陳奐校跋 費念慈跋

二六四 儀禮鄭註句讀十七卷監本正誤一卷石本誤字一卷 清張爾岐撰 清乾隆八年高氏和衷堂刻本 清翁方綱校

二六五 儀禮鄭註句讀十七卷附監本正誤一卷石本誤字一卷 清張爾岐撰 清乾隆八年高氏和衷堂刻本 清曾國藩批校圈點

二六六 儀禮監本正誤一卷儀禮唐石經正誤一卷儀禮考註訂誤一卷 清張爾岐撰 清抄本

二六七 儀禮商二卷附錄一卷周官辨非一卷 清萬斯大撰 清乾隆二十六年孫福重刻本 清徐時棟題跋

二六八 儀禮商一卷 清萬斯大撰 清抄本 清丁丙跋

二六九 儀禮義例一卷 清道光王筠抄本 清王筠批校

二七〇 讀禮通考一百二十卷 清徐乾學撰 稿本

二七一 儀禮節略二十卷 清朱軾輯 清康熙五十八年高安朱氏刻本

二七二 喪禮或問二卷 清方苞撰 清康熙五十五年刻本

二七三 儀禮經傳內編二十三卷外編五卷首一卷 清姜兆錫撰 清乾隆元年寅清樓刻本

二七四 儀禮疑義五十卷 清吳廷華撰 稿本 存一卷 一

二七五 儀禮喪服考一卷喪服或問一卷附戴記喪禮或問一卷 清華學泉撰 手稿本

二七六 禮經本義十七卷 清蔡德晉輯 清抄本

二七七 儀禮注疏考証不分卷 清周學健等撰 清抄本

二七八 儀禮蠡測簽註二卷 清翁方綱撰 稿本 清馮敏昌跋 韋協夢、翁方綱、江德量、王嵩高、趙懷玉、吳錫麒、顧宗泰、張雲璈、汪庚等題詩

二七九 禮儀器制改釋五十八卷 清孔廣森撰 稿本 存四十九卷 一至四十九

二八〇 儀禮石經校勘記四卷 清阮元撰 清乾隆六十年七錄書閣刻本 清吳騫校

二八一 禮經釋例十三卷首一卷 清凌廷堪撰 稿本 存十卷 一至十

禮經釋例十三卷 清凌廷堪撰 清嘉慶十四年阮氏文選樓刻本 清[illegible]校 李慈銘跋

二八二 儀禮圖不分卷 清王紹蘭撰 稿本 任銘善、顧廷龍、王大隆跋

二八三 讀儀禮私記二卷 清江筠撰 清抄本 清丁丙跋

二八四 儀禮管見三卷附一卷 清褚寅亮撰 清乾隆刻本

二八五 儀禮古文今文考一卷 清程際盛輯 清鋤月種梅室抄本

二八六 儀禮義疏稿不分卷 清諸錦撰 稿本

二八七 禮樂通考三十卷 清胡掄輯 清蔡照軒乾隆十四年刻本

二八八 儀禮彙說十七卷 清焦以恕撰 清乾隆三十七年研雨齋刻本

二八九 祭器樂器記不分卷 清抄本

二九〇 慎終集不分卷 清北合撰 清乾隆四十一年秦寧安刻本

二九一 儀禮蠡測十七卷 清韋協夢撰 清乾隆五十年帶草軒刻本

二九二 儀禮約文十卷 清崔應榴輯 稿本

二九三 儀禮經注疏正譌十七卷 清金日追撰 清乾隆五十三年[illegible]家塾刻本

二九四 讀儀禮記二卷 清張惠言撰 稿本

二九五 儀禮圖六卷 清張惠言撰 清抄本 橘南老人題識

二九六 儀禮問津 清張廷濟撰 清抄本

二九七 儀禮古今文疏證二卷 清宋世犖撰 清刻确山所著書本 清李慈銘校

二九八 喪事十戒一卷 清李棠階撰 清抄本

二九九 儀禮喪服漢魏六朝注說標記一卷 清鄭珍撰 稿本

三〇〇 儀禮私箋八卷 清鄭珍撰 清同治十二年劉履芬抄本 清劉履芬跋

三〇一 服制備考不分卷 清薛允升撰 手稿本 章鈺跋

三〇二 儀禮喪服表不分卷 清蔣彤撰 清養一齋抄本

三〇三 喪服制考八卷 清朱珽子撰 清抄本 清丁丙跋

三〇四 儀禮演十七卷 王闓運撰 手稿本 王代興跋
存十三卷 一至十 十五至十七

三〇五 儀禮正義四十卷 清胡培翬撰 清同治蘇州湯晉苑局刻本 清謝章鋌校識

三〇六 儀禮正義四十卷 清胡培翬撰 楊大堉補 清同治蘇州湯晉苑局刻本 陳寶璐校

禮記

三〇七 禮記不分卷 明嘉靖米廷立刻五經本 九行十八字白口左右双边

三〇八 禮記不分卷 明刻本 佚名批校 九行十八字白口左右双边无刻工

三〇九 禮記四卷 清戲脩閣主人抄本

三一〇 新刊校正音釋禮記白文六卷 明嘉靖十年東滙郭氏家刻 乙 行十六字白口四周双边双魚尾

三一一 禮記三十卷 明弘治九年莊釋刻本 九行十八字粗黑口黑魚尾四周双边
存十五卷 十六至三十

三一二 禮記四十九卷 明萬曆二十四年清江公署刻本 八行十五字白口四周双边

三一三 禮記不分卷 明刻本 九行十七字白口双边

三一四 禮記不分卷 明嘉靖刻本 清錢陸燦批 莫棠跋 九行十七字白口單边双魚尾 缺曲禮、檀弓、王制篇

三一五 禮記大文□□卷 元刻本 八行十七字大黑口双魚尾尾均朝下四周双边
存二卷 卷五 卷十五

三一六 檀弓二卷 明萬曆閒刻本 九行二十一字白口左右双边小字双字有刻工

三一七 月令章句三卷 漢蔡邕撰 清曹元忠輯 稿本

三一八 蔡氏明堂月令章句一卷明堂月令論一卷月令問答一卷 漢蔡邕撰 清嘉慶三年陸氏小蓬山館刻本 十行二十字白口四周双边

三一九 禮記二十卷 漢鄭玄注 宋淳熙四年撫州公使庫刻本 清顧廣圻跋 十行十六字小字双行二十四字白口四周双边

三二〇 禮記二十卷 漢鄭玄注 宋刻本 八行十六字黑口左右双边
存十五卷 六至二十

三二一 禮記二十卷 漢鄭玄注 宋蜀刻本 半頁八行行十六字小字双行二十一字白口上下单边左右双边有刻工
存五卷 一至五

三二二 禮記二十卷 漢鄭玄註 宋刻本 十行十六字十七字不等白口左右双边單魚尾
存卷六 第五至七頁

三二三 禮記二十卷 漢鄭玄注 宋刻遞修本 清黄丕烈、韓應陛、張爾耆跋 十行十六至十八字小字双行廿七至廿九字白口左右双边有刻工
存九卷 五至八 十一至十五

三二四 禮記二十卷 漢鄭玄注 宋婺州義烏酥谿蔣宅崇知齋刻本 十行二十字小字双行二十八字白口四周双边有刻工
存五卷 一至五

三二五 禮記二十卷 漢鄭玄注 明嘉靖刻本 清丁丙跋 八行十七字小字双行十七字白口四周双边有刻工

三二六 禮記二十卷 漢鄭玄注 明嘉靖刻本 佚名批校圈點 八行十七字小字双行白口单白魚尾有刻工

三二七 禮記二卷 漢鄭玄注 明刻本 八行十七字小字双行白口單綫魚尾四周双边

三二八 禮記二十卷 漢鄭玄注 清乾隆四十八年武英殿刻本 清陳奐校

三二九 禮記二十卷 漢鄭玄注 釋文四卷 唐陸德明撰 清嘉慶十一年張敦仁影刻宋淳熙四年撫州公使庫本 考異二卷 清張敦仁撰 清嘉慶十一年張敦仁刻本

三三〇 纂圖互註禮記二十卷 漢鄭玄註 宋刻本 清錢天樹、孫蛩、楊希鈺、李兆洛、陳鑾、吳憲澂、張爾旦、季錫疇、吳輔仁、張蓉鏡跋 十二行二十一字小字双行二十五字白口左右双边

三三一 禮記四十九卷 漢鄭玄注 清乾隆永懷堂刻本 清姚椿校並跋

三三二 禮記四十九卷 漢鄭玄註 清乾隆永懷堂刻本 清丁晏校

三三三 禮記二十卷 漢鄭玄注 唐陸德明音義 宋余仁仲萬卷堂家塾刻本 周叔弢跋 十一行十九字注双行二十七八字左右双边細黑口

三三四 附釋音禮記註疏六十三卷 漢鄭玄注 唐孔穎達疏 陸德明音義 元刻明遞修本（卷五六抄配） 十行大字十七小字双行二十三細黑口四周单边双魚尾有刻工
存二十三卷 四十一至六十三

三三五 附釋音禮記註疏六十三卷 漢鄭玄注 唐孔穎達疏 陸德明音義 元刻明遞修本（有闕葉） 十行十七字小字双行二十三字黑口双魚尾左右双边間有四周单边有刻工
存二十一卷 四至七 十一至十二 十四至十七 二十二至二十六 三十五至四十

三三六 附釋音注疏禮記六十三卷 漢鄭玄注 唐孔穎達疏 陸德明釋音 宋福建刻本 十行十七字小字双行二十三字白口左右双边双魚尾有刻工
存卷二十五郊特牲篇一至十葉

三三七 附釋音禮記註疏六十三卷 漢鄭玄註 唐孔穎達疏 陸德明釋文 元刻明修本 十行十七字宋刻元修为黑口明修白口左右双边有刻工

三三八 附釋音禮記註疏六十三卷 漢鄭玄註 唐孔穎達疏 陸德明釋文 元刻明修本（有抄配） 佚名圈點批校 十行十七字小字双行二十三字黑口左右双边亦有四周双、单边有刻工

三三九 附釋音禮記註疏六十三卷 漢鄭玄注 唐孔穎達疏 陸德明音義 元刻明修本 十行十七字小字双行行二十三字大黑口有刻工
存十六卷 二十至二十六 三十六至四十四

三四〇 附釋音禮記註疏六十三卷 漢鄭玄注 唐孔穎達疏 陸德明音義 元刻明修本 十行十七字小字双行二十三字黑口補版为白口間有左右双边或四周单边有刻工
存三十一卷 二十七至五十七

三四一 附釋音禮記註疏六十三卷 漢鄭玄注 唐孔穎達疏 陸德明音義 元刻明修本 十行十七字小字双行二十三字大黑口左右双边間有白口有刻工
存五十卷 七至九 十七至六十三

禮記二十卷 漢鄭玄注 唐陸德明音義 宋余仁仲萬卷堂家塾刻本 十一行十九字注二十七、八字細黑口左右双边 存九卷 十至十一 十四至二十 三四二

禮記二十卷 漢鄭玄注 唐陸德明音義 宋余仁仲萬卷堂家塾刻本 十一行十九字（或十八字）細黑口左右双边 存二卷 十二至十三 三四三

禮記二十卷 漢鄭玄注 唐陸德明音義 宋余仁仲萬卷堂家塾刻本（配纂圖互注禮記卷一至三） 十一行十九字小字双行二十七字細黑口左右双边双魚尾 三四四

禮記二十卷 漢鄭玄注 唐陸德明音義 宋余仁仲萬卷堂家塾刻本 十一行大十九小二十七字細黑口左右双边双魚尾 存九卷 一至九 三四五

禮記二十卷 漢鄭玄注 唐陸德明釋文 宋刻本 十行十九字小字双行十九字黑口左右双边 存一卷 二十 三四六

禮記二十卷 漢鄭玄注 唐陸德明釋文 宋刻本 十一行二十字小字双行二十六字白口左右双边 存十六卷 五至二十 三四七

禮記二十卷 漢鄭玄注 唐陸德明釋文 宋刻本 清翁同書跋 存十六卷 一至十六 三四八

重言重意禮記二十卷 漢鄭玄註 唐陸德明音義 宋刻本（有關葉） 十一行十九字小字双行二十五字細黑口左右双边双魚尾 三四九

附音重言互註禮記二十卷 漢鄭玄注 唐陸德明釋文 宋刻本 八行十六字小字双行同白口左右双边 存二卷 十六 十九 三五〇

京本點校附音重言重意互注禮記二十卷 漢鄭玄注 宋刻本 十一行十九字小字双行二十字白口四周双边双魚尾 存二卷 六至七 三五一

京本點校附音重言重意互註禮記二十卷 漢鄭玄注 唐陸德明釋文 宋刻本 李盛鐸跋 十一行十九字小字双行二十字細黑口四周双边有耳 存一卷 八 三五二

監本纂圖重言重意互註禮記二十卷 漢鄭玄注 唐陸德明音義 宋刻本 清丁丙跋 十行十八字小字双行行字同綫黑口左右双边有刻工 存二卷 九至十 三五三

監本纂圖重言重意互注禮記二十卷 漢鄭玄注 唐陸德明音義 宋刻本 楊守敬跋 十行十九字黑口四周双边单魚尾小字双行二十四字有耳題 三五四

禮記正義七十卷 漢鄭玄注 唐孔穎達疏 宋紹熙三年兩浙東茶鹽司刻宋元遞修本 清惠棟、李盛鐸跋 八行十六字小字双行廿二、廿三字白口左右双边 三五五

禮記正義七十卷 漢鄭玄注 唐孔穎達疏 宋紹熙三年兩浙東路茶鹽司刻宋元遞修本 張元濟跋 八行十五、六字小字双行二十二字白口左右双边有刻工 存二十八卷 三至四 十一至十八 二十四至二十五 三十七至四十二 四十五至四十八 五十五至六十 三五六

禮記正義七十卷 漢鄭玄注 唐孔穎達疏 宋刻本 八行十六字小字双行二十二字白口左右双边单魚尾有刻工 存二卷 一至二（合三十三葉） 三五七

附釋音禮記注疏六十三卷 漢鄭玄、唐孔穎達疏 陸德明釋文 清乾隆六十年和珅影宋刻本 清姚椿校並錄、清王嘉曾臨、清惠棟校跋 存四十三卷 二十一至六十三 三五八

附釋音禮記註疏六十三卷 漢鄭玄注 唐孔穎達疏 唐陸德明釋文 清乾隆六十年和珅影宋刻本 三五九

附釋音禮記注疏六十三卷 漢鄭玄注 唐孔穎達疏 唐陸德明釋文 校勘記六十三卷 清阮元撰 清嘉慶二十年南昌府學刻十三經注疏本 王國維校並跋 三六〇

禮記註疏六十三卷 漢鄭玄註 唐孔穎達疏 陸德明音義 明嘉靖李元陽刻十三經註疏本 清宋邦衡錄惠棟校 九行二十一字小字双行同白口无魚尾四周单边有刻工 三六一

禮記註疏六十三卷 漢鄭玄注 唐孔穎達疏 陸德明音義 明嘉靖李元陽刻十三經註疏本 清許瀚等批校 九行二十一字小字双行同白口四周单边有刻工 三六二

禮記注疏六十三卷考證六十三卷 漢鄭玄注 唐孔穎達疏 陸德明音義 清乾隆四年武英殿刻十三經註疏本 清孔繼涵跋並錄、清惠棟跋 清孔廣栻校 三六三

禮記註疏六十三卷 漢鄭玄注 唐孔穎達疏 陸德明音義 明崇禎十二年毛氏汲古閣刻十三經註疏本 清謝章鋌校並跋 九行二十一字小字双行同白口左右双边 三六四

禮記注疏六十三卷 漢鄭玄注 唐孔穎達疏 陸德明音義 明崇禎十二年毛氏汲古閣刻十三經注疏本 清張允垂臨各家校 九行二十一字白口左右双边 三六五

禮記註疏六十三卷 漢鄭玄注 唐孔穎達疏 陸德明音義 明崇禎十二年毛氏汲古閣刻十三經注疏本 清吳志忠校並錄、惠棟段玉裁校 吳志忠題記 九行二十一字左右双边白口 三六六

禮記註疏六十三卷 漢鄭玄注、唐孔穎達疏 陸德明音義 明崇禎十二年毛氏汲古閣刻十三經註疏本 清陳立校並跋 九行二十一字小字双行行二十一字白口无刻工 三六七

禮記註疏六十三卷 漢鄭玄注 唐孔穎達疏 陸德明音義 明崇禎十二年毛氏汲古閣刻十三經註疏本 吳承仕批校 九行小字双行二十一字白口左右双边 存九卷 一至九 三六八

禮記正義七十卷 漢鄭玄注 唐孔穎達疏 宋紹熙三年兩浙東路茶鹽司刻宋元遞修本 八行十六、七字不等注文双行二十三字白口左右双边单鱼尾有刻工 三六九
存卷五曲禮第六葉下半起至二十葉

禮記釋文四卷 唐陸德明撰 宋淳熙四年撫州公使庫刻本 清顧廣圻跋 十行行大字小字不一白口四周双边有刻工 三七〇

禮記釋文四卷 唐陸德明撰 清刻本 三七一

石林先生禮記解二卷 宋葉夢得撰 清葉廷琯輯 稿本 清葉廷琯跋 三七二

禮記要義三十三卷 宋魏了翁撰 宋淳祐十二年魏克愚刻本 清金錫鬯跋 九行十八字白口左右双边有刻工 三七三
存三十一卷 三至三十三

禮記集說一百六十卷統說一卷 宋衛湜撰 宋嘉熙四年新定郡齋刻本（卷三十四至四十、九十三至九十五、一百至一百六配清抄本） 清黃丕烈跋 十三行二十五字白口左右双边有刻工 三七四

禮記集說一百六十卷 宋衛湜撰 明抄本 清丁丙跋 三七五

禮記集說一百六十卷 宋衛湜撰 明抄本 三七六
存二十四卷 一百十三至一百三十六

檀孟批點四卷 宋謝枋得、蘇洵批點 明嘉靖三十五年謝東山刻本 八行二十字白口四周双边无刻工 三七七

檀孟批點四卷 明嘉靖程秩震刻本 半頁八行二十字注文小字間行四周单边白口有刻工 三七八

合刻檀孟四卷 宋謝枋得、蘇洵批點 明萬曆三十五年刻本 十行二十字白口四周单边 三七九

檀孟批點二卷 宋謝枋得批點 明楊慎注 明趙標刻本 八行十八字小字双行十八字花口四周双边有刻工 三八〇

檀弓記二卷 宋謝枋得評點 明楊慎附註 明末溪香書屋合刻周秦經書十種本 九行二十字小字双行同白口上綫魚尾四周单边眉批行五字 三八一

檀弓二卷 宋謝枋得批點 明楊慎附注 明萬曆二十八年刻本 清佚名批 十行二十字小字双行四十字四周单边 三八二

檀弓二卷 宋謝枋得批點 明楊慎附註 明崇禎十六年刻本 十行二十字白口單边单魚尾眉上刻音 三八三

檀弓二卷 明牛斗星、周樽輯評 明末刻本 九行二十字小字双行二十字白口左右双边无刻工有眉批 三八四

禮記纂言三十六卷 元吳澄撰 元元統二年刻本（卷二抄配） 十行二十二字上下細黑口左右双边双魚尾 三八五

禮記纂言三十六卷 元吳澄撰 元元統二年刻本 明天啟元年祿雲翼跋 十行二十二字上下細黑口左右双边双魚尾 三八六
存二十五卷 一至十四 十六至二十五 三十六（卷一抄配）

禮記纂言三十六卷 元吳澄撰 明正德十五年胡東皋刻本 十行二十四字小字双行同黑口四周双边 三八七

新刊京本禮記纂言三十六卷 元吳澄撰 明嘉靖九年安正書堂刻本 十三行二十五字白口四周双边无刻工 三八八

新刊京本禮記纂言三十六卷 元吳澄撰 明崇禎二年張養刻本 十三行二十五字白口四周單边 三八九

小戴記三十六卷 元吳澄撰 明刻本 十行二十字小字双行二十四字大黑口四周双边有刻工 三九〇
存十八卷 一至十 十四 二十五至三十一

禮記集說十六卷 元陳澔撰 元天曆元年建安鄭明德宅刻本 十一行二十一字小字双行同細黑口四周双边 三九一
存十四卷 一至六 九至十六

禮記集說十六卷 元陳澔撰 元天曆元年建安鄭明德宅刻本 十一行二十一字小字双行同黑口四周双边 三九二
存八卷 一至八

禮記集說十六卷 元陳澔撰 元天曆元年建安鄭明德宅刻本 十一行二十一字上下細黑口四周双边双魚尾 三九三
存十二卷 一至十二

禮記集說十六卷 元陳澔撰 元天曆元年建安鄭明德宅刻本 十一行二十一字小黑口四周双边 三九四

禮記集說十六卷 元陳澔撰 元天曆元年建安鄭明德宅刻本 十一行二十一字小字双行細黑口四周双边双魚尾 三九五
存十二卷 一至六 九至十 十三至十六

禮記集說三十卷 元陳澔撰 元天曆元年建安鄭明德宅刻本 十一行二十一字小字双行黑口四周双边双魚尾 三九六
存三卷 十二、十三、十五各卷殘葉

禮記集說十六卷 元陳澔撰 明初刻本 十一行二十一字黑口四周双边 三九七

禮記集說十六卷 元陳澔撰 明正統十二年司禮監刻本 八行十四字小字双行十八字黑口四周双边无刻工 三九八

禮記集說十六卷 元陳澔撰 明刻本 八行十四字小字双行十八字黑口四周双边 三九九

禮記集說十六卷 元陳澔撰 明崇禎四年汪應魁貽經堂刻本 九行十八字小字同四周双边白口 四〇〇

禮記集說十六卷 元陳澔撰 明刻本 九行十八字小字双行行字同白口四周双边无刻工 四〇一

禮記集說十六卷 元陳澔撰 明刻本 九行十七字白口单边双魚尾 四〇二

禮記集說三十卷 元陳澔撰 明嘉靖常州知府應檟刻本 九行十八字白口四周双边 四〇三

禮記集說三十卷 元陳澔撰 明嘉靖應檟刻本（卷二十三至二十七配清抄本） 清佚名校 四〇四

禮記集說三十卷 元陳澔撰 明嘉靖十一年福建建寧府刻本 九行十七字黑口四周双边有刻工 四〇五

禮記集說三十卷 元陳澔撰 明嘉靖十一年福建建寧府刻本 清丁丙跋 九行十七字小字双行十七字大黑口四周双边有刻工 四〇六

禮記集說三十卷 元陳澔撰 明嘉靖三十年逢駱館刻本 九行十七字小字双行单綫魚尾左右双边 四〇七

禮記集說三十卷 元陳澔撰 明刻本 八行十四字上下粗黑口四周双边双魚尾刻句讀 四〇八

禮記集說三十卷 元陳澔撰 明嘉靖三十五年廣東崇正堂刻本 大字本 八行十四字小字双行十八字黑口四周双边 四〇九

禮記集說三十卷 元陳澔撰 明嘉靖吉澄刻本 九行十七字小字双行白口左右双边有刻工 四一〇

禮記集說三十卷 元陳澔撰 明福建吉澄刻楊一鶚修本 九行十七字小字双行十七字白口左右双边有刻工 四一一

禮記集說三十卷 元陳澔撰 明嘉靖三十年刻萬曆二十三年重修本 九行十七字白口左右双边单魚尾眉上補音有刻工 四一二

禮記集說三十卷 元陳澔撰 明萬曆二十四年陳堯中刻本 九行十七字小字双行同白口左右双边有刻工 四一三

禮記集說三十卷 元陳澔撰 明萬曆吳勉學刻本 九行十七字小字双行十七字白口左右双边 四一四

四一五　禮記集說三十卷　元陳澔撰　明劉宏齋刻本　九行十七字小字同四周单边白口

四一六　禮記集說三十卷　元陳澔撰　明陳允升刻本　九行十七字白口左右双栏　原鐫注文

四一七　禮記集說三十卷　元陳澔撰　明嘉靖刻本　九行十七字黑口四周双边有刻工

四一八　禮記集說三十卷　元陳澔撰　明嘉靖刻本　九行十七字小字双行同白口左右双边有刻工

四一九　禮記集說三十卷　元陳澔撰　明刻本　九行十七字小字双行十七字兩節板白口上綫魚尾左右双边有刻工

四二〇　禮記集說三十卷　元陳澔撰　明刻本　九行十七字小字双行白口四周单边

四二一　禮記集說三十卷　元陳澔撰　明刻本　清丁丙跋　十一行二十字大黑口四周双边无刻工

四二二　禮記集說三十卷　元陳澔撰　明末二酉堂刻本　清汪由敦批校并跋　九行十七字小字双行同白口四周单边

四二三　禮記集說十卷　元陳澔撰　明正德十六年建陽書户劉洪慎獨齋刻本（內有抄配）　九行十八字小字双行黑口双魚尾四周双边

四二四　禮記集說十卷　元陳澔撰　明嘉靖楊銓刻本　九行行十八字小字双行行十七字大黑口四周双边无刻工

四二五　禮記集說十卷　元陳澔撰　明刻本　九行十八字黑口四周双边有抄補

四二六　禮記集說十卷　元陳澔撰　明刻本　易培基跋　九行十八字上下黑口四周双边双魚尾

四二七　禮記集說十卷　元陳澔撰　明崇禎六年閔齊伋刻本　九行十八字小字双行同白口左右双边

四二八　禮記集說十卷　元陳澔撰　明崇禎十四年毛氏汲古閣刻四書六經讀本　清俞正燮批評　九行十七字小字双行十七字白口左右双边无刻工

四二九　禮記集說十卷　元陳澔撰　明崇禎十四年毛氏汲古閣刻四書六經讀本　清李遇孫校　九行二十七字白口左右双边无魚尾

四三〇　禮記集說十卷　元陳澔撰　清武英殿刻本　清劉傳瑩批校

四三一　禮記集說十卷　元陳澔撰　清崇道堂刻本　清翁同龢批校

四三二　禮記集說十卷　元陳澔撰　清嘉慶十年刻本　清錢泰吉校並跋

四三三　禮記集傳十卷　元陳澔撰　明嘉靖九年湖廣鄖[illegible]朱逵聲刻本　九行十七字白口左右双边双魚尾有刻工

四三四　禮記集註十卷　元陳澔撰　明萬曆二十五年唐氏富春堂刻本　九行十八字小字双行同白口四周单边

四三五　禮記集註十卷　元陳澔撰　明萬曆三十四年張爾靳刻本　九行十八字小字双行十七字四周双边白口单魚尾

四三六　禮記集註十卷　元陳澔撰　明書林新賢堂張閩岳刻本　九行十七字小字双行同白口无直格四周双边

四三七　禮記集註十卷　元陳澔撰　明書林劉氏安正堂刻本　九行十八字小字双行字同白口四周双边无刻工

四三八　禮記集註十卷　元陳澔撰　明建邑書林與正堂刊箱本　佚名墨筆批校　半頁十行行十八字白口四周双边

四三九　禮記集註十卷　元陳澔撰　戴經新旨　明鄭羽儀輯著　明坊刻本　佚名批校　九行十八字小字双行白口四周单边

四四〇　禮記集註十卷　元陳澔撰　明刻本　九行十八字小字双行十八字白口四周单边无刻工单魚尾

四四一　禮記集註十卷　元陳澔撰　明刻本　佚名批　九行十七字小字双行十七字白口四周双边

四四二　禮記集註不分卷　明抄本

四四四　禮記集說大全三十卷　明胡廣等輯　明初刻本　十一行二十一字上下細黑口四周双边双魚尾

四四五　禮記集說大全三十卷　明胡廣等輯　明嘉靖九年安正堂刻本　十一行二十一字小字双行二十一字四周双边黑口

四四六　禮記集說大全三十卷　明胡廣等輯　明嘉靖三十九年安正堂刻本　十一行二十字小字双行字數同白口四周单边

四四七　禮記大全三十卷　明胡廣等輯　明萬曆三十三年書林余氏刻本　十一行二十字小字双行白口四周双边
存十五卷（一至十五）

四四八　禮記集說大全三十卷　明胡廣等輯　明司禮監刻本　清徐時棟題記　十行二十二字粗黑口黑魚尾四周双边

四四九　禮記集說大全三十卷　明胡廣等輯　明趙敬山德壽堂刻本　十一行二十二字四周单边白口

四五〇　禮記集說大全三十卷　明胡廣等輯　明刻本　十一行二十一字上下細黑口四周双边双魚尾

四五一　禮記集說大全三十卷　明胡廣等輯　明刻本　十行二十二字小字双行同黑口四周双边

四五二　張翰林校正禮記大全三十卷　明胡廣等輯　張瑞圖、沈正宗校正　明刻本　清丁丙跋　七行十六字小字双行二十字白口四周双边无刻工

四五三　張翰林校正禮記大全三十卷　明胡廣等撰　張瑞圖、沈正宗校正　明刻本　七行十六字四周双边白口

四五四　檀弓叢訓二卷　明楊慎撰　明嘉靖三十五年姚安府刻本　每半頁八行二十四字小字双行二十四字大黑口无刻工

四五五　新刊禮記正蒙講意三十八卷　明陳褎撰　明嘉靖十六年左序刻本　十行二十二字白口四周双边无刻工

四五六　禮記明音二卷　明王覺輯　明刻本　八行十七字白口左右双边

四五七　新刻月林丘先生家傳禮記摘訓十卷　明丘橓撰　明萬曆三年劉應節刻本　十行二十三字白口左右双边

四五八　新刻月林丘先生家傳禮記摘訓十卷　明丘橓撰　王懋德校　明王良相刻本　十一行二十二字白口四周双边蝴蝶裝
存二卷（五至六）

四五九　禮記集註三十卷　明徐師曾撰　明萬曆三年宋儀望刻本　九行十七字小字双行同白口左右双边眉欄鎸音釋

四六〇　禮記集註三十卷　明徐師曾撰　明刻本　九行十七字小字双行字數等白口左右双边眉頭刻有音註

四六一　禮記三十卷　明徐師曾集註　徐鉞重修　清初閑存堂刻本

四六二　檀弓述注二卷　明林兆珂撰　明萬曆刻本　八行二十字白口四周单边有刻工眉批

四六三　禮記日錄三十卷圖解一卷　明黃乾行撰　明嘉靖三十四年鍾一元刻本　十一行行二十五字小字双行白口四周双边有刻工

禮記日錄十四卷圖解一卷 明黃乾行撰 明抄本 四六四

禮記輯覽八卷 明徐養相撰 明隆慶五年刻本 十一行二十字黑口四周双边 四六五

新刊禮記積翠哀言□□卷 明王圻等編 清初抄本 四六六
存八卷 一至八

新刊禮記哀言十六卷 明王圻等撰 明萬曆十三年蔡紳等刻本 十二行二十五字白口四周双边有刻工 四六七

檀弓輯註二卷考工記輯註二卷 明陳與郊輯 明萬曆三十二年刻本 十行十九字至二十字小字双行十九字至二十字白口左右双边 四六八

孫月峯先生批評禮記六卷 明孫鑛撰 明末馮元仲刻本 九行二十一字白口四周單边旁刊圈點 評語欄上刊評語 四六九

禮記課兒述註十八卷 明沈一中撰 明天啟刻本 十行二十二字白口四周單边无刻工 四七〇

禮記集中八卷 明樊王衡撰 明抄本 清双清草廬主人跋 四七一

禮記通解二十二卷 明郝敬撰 明萬曆四十四年京山郝氏家刻本 十行二十一字白口四周單边 四七二

新刊禮經搜義十四卷 明余心純撰 明萬曆二十七年刻本 十二行二十六字小字双行二十四字四周双边白口 四七三

禮記纂註四十八卷 明魏成忠撰 明抄本 四七四
存四十三卷 一至五 八至九 十二至四十 四十二至四十八

禮記疏意二十三卷 明秦繼宗輯 禮記疏意參新一卷 明陳邦泰輯 明刻本 十行十八字十九字不等小字双行白口四周單边 四七五

禮記意評四卷 明朱泰禎撰 明天啟五年楊師孔刻本 十行二十二字白口四周單边无刻工 四七六

禮記意評四卷 明朱泰禎撰 明天啟五年刻本 十行二十字白口左右双边无刻工 四七七

禮記新義三十卷 明湯三才撰 禮記纂註三十卷 明湯道衡撰 明湯氏刻本 九行二十字小字双行白口單魚尾四周双边 四七八

禮記三十卷 明湯道衡纂註 明末刻本 九行二十字小字双行行十九字白口左右双边 四七九

禮記三十卷 明湯道衡纂注 清康熙刻本 四八〇

檀弓記標義二卷 明徐應魯撰 明刻本 清張俊跋 六行十七字白口无魚尾四周單边 四八一

禮經講隽三十八卷 明徐鑒撰 明萬曆四十二年刻本 十一行二十六字四周單边白口有刻工 四八二

禮經外解四卷 明徐鑒輯 明萬曆四十二年刻本 九行十八字白口四周双边有刻工 四八三

曲禮全經附傳十二卷外集三卷 明柯尚遷集釋 明萬曆林應訓刻本 十行二十字白口單魚尾四周單边 四八四

曲禮全經附傳十二卷外集三卷 明柯尚遷撰 明萬曆林應訓刻本 十行二十字白口單边單魚尾 四八五
存十二卷

曲禮全經附傳十二卷外集三卷 明柯尚遷撰 明萬曆林應訓刻本 十行二十字小字双行行同白口四周單边无刻工 四八六
存十四卷 附傳全 外集一至二

檀弓通考工通合刻四卷 明徐昭慶輯註 明萬曆刻本 九行十七字白口單魚尾四周單边上刻眉批欄 四八七

禮記中說三十六卷 明馬時敏撰 明萬曆十一年刻本 十行二十二字白口线魚尾四周双边 四八九

禮經酌言四卷 明李經禮撰 明萬曆三十九年冀采堂刻本 十行二十字白口四周單边單魚尾有刻工 四九〇

禮記解十九卷 明韓治撰 清韓其抄本 四九一

禮經約述二十九卷 明陳有元輯 明黃立極刻朱藍套印本 九行二十字小字同白口四周單边无行格 曲禮 王制 月令 文王世子 禮運 禮器 郊特牲 玉藻 大傳 少儀 學記 樂記 祭法 祭義 祭統 哀公問 仲尼燕居 孔子閒居 坊記 表記 緇衣 儒行 冠義 昏義 二十四卷 檀弓 內則 明堂位 雜記 投壺 五卷 本書亦名禮記約述 清翁序批注并跋 四九二

儒行集傳二卷 明黃道周輯 明崇禎十五年王繼康刻本 九行二十字白口四周單边有刻工 四九三

禮記集傳十卷附錄一卷 明黃道周輯 清康熙不舟刻本 四九四

禮記哀註四卷 明許士柔撰 清抄本 清江春跋 表記集傳二卷 坊記集傳二卷 緇衣集傳四卷 儒行集傳二卷 四九五

禮記會解新裁三十六卷 明童維巖撰 明刻本 十二行行二十六字白口四周單边无刻工 四九六

禮記會解新裁三十六卷 明童維巖撰 明刻本 十一行二十四字四周單边白口 四九七

檀弓原二卷 明姚應仁輯 明天啟六年刻本 九行二十字白口單边无魚尾上刊評 四九八

禮記說義纂訂二十四卷 明楊梧撰 清康熙十四年楊昌齡等刻本 十行二 四九九

禮記手說十二卷 明陳鴻恩撰 明崇禎四年唐振吾廣慶堂刻本 十六字白口四周單边无刻工 五〇〇
存十卷 一至十

說禮約十七卷 明許兆金撰 明天啟七年郎九齡等刻本 十行二十二字白口四周單边有刻工 五〇一

禮記思五卷 明趙僎撰 明天啟七年白門書林王荊岑等刻本 九行二十三字白口四周單边 五〇二

禮記敬業八卷 明楊鼎熙撰 明崇禎三年刻本 十行二十字白口左右双边 五〇三

禮記敬業八卷 明楊鼎熙撰 明崇禎三年刻本 佚名評點 十行二十字小字双行白口左右双边 五〇四

讀禮記畧記四十九卷 明朱朝瑛撰 清抄本 五〇五
存十九卷 曾子問 文王世子 禮運 禮器 郊特牲 內則 玉藻 明堂位 喪服小記 大傳 少儀 學記 樂記 雜記上下 喪大記

癸法　發義　癸統

禮記鴛譜　明茅大琛輯　明崇禎二年刻本　佚名批語並題款　九行十七字小字双行三節版白口四周單边　五〇六

桂林禮約三十六卷　明顧懋樊撰　明崇禎刻本　八行十七字小字双行字同白口四周单边无刻工　五〇七

禮經貫四卷　明堵景濂編　明崇禎十二年刻本　九行二十三字白口四周單边　五〇八

禮記集意不分卷　清張叅撰　清抄本　五〇九

禮記集說不分卷　清張叅撰　清抄本　五一〇

禮記章句　清王夫之撰　稿本　清王闓運、宋育仁、楊昭儁、許鄧起樞、馮友蘭等題識　五一一

存二頁　禮記檀引傳　包下第十七章第三節至第二十章

禮記章句四十九卷　清王夫之撰　清乾隆王嘉愷抄本　五一二

禮記集說八十卷　清鄭元慶撰　清抄本　清程晉芳批校　五一三

古學經輯注八卷　清劉士林撰　清初正氣堂抄本　五一四

存五卷　一至五

禮記說統不分卷　清張之綱輯　稿本　五一五

禮記纂類三十六卷　清王鍾毅撰　清抄本　五一六

禮記纂類三十六卷　清王鍾毅撰　王師楷校訂　清抄本　五一七

五五

禮記偶箋三卷　清萬斯大撰　清乾隆二十四年孫福重校刻本　清徐時棟批　五一八

禮記講章不分卷　清張英撰　清抄本　五一九

禮記經筵講章不分卷　清張英撰　清抄本　五二〇

戴禮緒言四卷　清陸奎勳撰　清康熙間平湖陸氏刻本　五二一

禮記省度四卷　清彭頤撰　清康熙十一年　剩套印本　五二二

禮記章義十卷　清姜兆錫撰　清雍正十年寅清樓刻本　清潘德輿批　五二三

存六卷　一至六

禮經說述合參四十四卷　清董之璂輯　稿本　五二四

禮記舉業集要三卷　清陳鋐撰　稿本　五二五

檀弓論文二卷　清孫濩孫評訂　清康熙六十一年天心閣刻本　五二六

檀弓二卷　清孫濩孫評訂　清康熙六十年林居仁家塾刻本　五二七

檀弓論文二卷　清孫濩孫評訂　清康熙六十年刻本　清桂臣批校　五二八

禮記類詮十卷　清胡具慶撰　稿本　蔣藩跋　五二九

禮記類纂十卷　清任啟運撰　清乾隆三十八年清芬堂刻本　又名禮記章句　五三〇

志學堂禮記擬言十卷　清王者佐撰　清抄本　五三一

日講禮記解義六十四卷　清張廷玉等纂　清乾隆十四年武英殿刻本　五三二

日講禮記解義六十四卷　清抄本　五三三

日講禮記解義六十四卷　清抄本　五三四

續禮記集說一百卷　清杭世駿撰　清抄本　五三五

禮記集說一百卷　清杭世駿撰　清抄本　清丁丙跋　五三六

欽定檀弓二卷　清程穆衡撰　手稿本　五三七

禮記附記六卷　清翁方綱撰　手稿本　五三八

禮記附記□卷　清翁方綱撰　稿本　五三九

存四卷　七至十

禮記附記□卷　清翁方綱撰　稿本　五四〇

存四卷　七至十

禮記註疏補缺一卷　清孔廣森撰　稿本　五四一

禮記集解六十一卷　清孫希旦集解　清咸豐十年瑞安孫氏盤谷草堂刻本　方柏堂批校　五四二

禮記疑義七十二卷　清吳廷華撰　清抄本　五四三

存二十五卷　十三至三十七

五六

禮記疑義七十二卷　清吳廷華撰　清抄本　清丁丙跋　五四四

存十九卷　三至五　二十至二十一　二十六至三十三　六十一至六十六

禮記或問八卷　清汪紱撰　稿本　五四五

存四卷　一至四

禮記擇言不分卷　清江永撰　稿本　五四六

禮記訓義擇言八卷　清江永撰　清乾隆五十七年刻本　五四七

禮記增訂旁訓六卷　清乾隆三十五年吳郡張氏匠門書屋刻本　清沈欽韓校　五四八

禮記註疏鈔不分卷　佚名批　清抄本　五四九

夏時考五卷　清安吉撰　稿本　五五〇

夏時攷六卷　清安吉撰　宋棠、倪維銓等音釋　清嘉慶十年刻十九年續刻本　五五一

禮記經註疏正譌六十三卷　清金曰追撰　清抄本　五五二

全本禮記體註十卷　清徐瑄補輯　姚朋圖跋　清乾隆聚錦堂刻本　王筠批校並跋　五五三

禮記衍脫錯考一卷　清吳灜撰　稿本　五五四

禮記參訂八卷　清陳鱣撰　清抄本　五五五

禮記註疏長編　清劉寶楠撰　手稿本　五五六

五五七 禮記補疏一卷 清丁晏撰 稿本

五五八 校宋大字本禮記校勘記一卷 清黄丕烈撰 劉世珩家抄本

五五九 禮記訂譌六卷 清沈大本撰 手稿本

五六〇 禮記日鈔三十六卷 清沈大本輯 手稿本

五六一 禮記訓纂四十九卷 清朱彬撰 稿本

五六二 禮記訓纂四十九卷 清朱彬撰 稿本 清王念孫箋識並跋 王引之箋識

五六三 禮記訓纂四十九卷 清朱彬撰 稿本 清許翰校

五六四 禮記訓纂四十九卷 清朱彬撰 清咸豐元年朱士達宜祿堂刻本 清丁晏校注

五六五 禮記熊皇異同一卷 清沈垚撰 稿本

五六六 禮記熊皇異同一卷 清沈垚撰 清沈氏豫恕堂抄本 清沈善登跋 王大隆跋

五六七 檀弓辨誣三卷 清夏炘撰 稿本

五六八 四禘通釋三卷 清崔適撰 清光緒刻本

五六九 禮記集説補義一卷 清方宗誠撰 清稿本

五七〇 禮記講錄不分卷 清沈昌時撰 沈道成補訂 稿本

五七一 十四經通考禮記類六卷 清汪梧撰 清刻本

五七二 禮記詳説六十二卷 清抄本
存五十七卷 三至四 六至四十一 四十四至六十二

五七三 禮記一説不分卷 清抄本

五七四 南海先生禮運注稿 康有為撰 稿本

五七五 深衣釋例三卷 清任大椿撰 清乾隆四十八年刻本 清孫詒讓校識

五七六 深衣解一卷 清戴震撰 稿本 清姚鼐批注

五七七 深衣圖説一卷 清許克勤撰 清抄繪本

五七八 大戴禮記十三卷 漢戴德撰 北周盧辯注 元至正十四年嘉興路儒學刻本 十行二十字上下黑口左右双边

五七九 大戴禮記十三卷 漢戴德撰 元至正十四年嘉興路儒學刻本 十行二十字白口左右双边双魚尾有刻工

五八〇 大戴禮記十三卷 漢戴德撰 北周盧辯注 元至正十四年嘉興路儒學刻本 清嵇承謙校並跋 俞樾跋 十行二十字注双行同細黑口左右双边

五八一 大戴禮記十三卷 漢戴德撰 北周盧辯注 元至正十四年嘉興路儒學刻本 清丁丙跋 十行二十字細黑口左右双边有刻工

五八二 大戴禮記十三卷 漢戴德撰 北周盧辯注 明嘉靖十二年袁氏嘉趣堂刻本 十行十八字白口左右双边

五八三 大戴禮記十三卷 漢戴德撰 北周盧辯注 明嘉靖十二年袁氏嘉趣堂刻本 清黄丕烈跋 十行十八字白口左右双边

五八四 大戴禮記十三卷 漢戴德撰 北周盧辯注 明嘉靖十二年袁氏嘉趣堂刻本 清宋大夔批並跋 十行十八字小字双行十八字白口左右双边无刻工

五八五 大戴禮記十三卷 漢戴德撰 北周盧辯注 明嘉靖十二年吳郡袁氏嘉趣堂刻本 清高不騫校 十行十八字小字双行同白口左右双边

五八六 大戴禮記十三卷 漢戴德撰 北周盧辯注 明萬曆何允中刻廣漢魏叢書本 清盧文弨校 丁丙跋 九行二十字白口左右双边刻工

五八七 大戴禮記十三卷 漢戴德撰 北周盧辯注 明萬曆程榮刻漢魏叢書本 清黄丕烈校跋並錄惠棟題識 九行二十字白口左右双边

五八八 大戴禮記十三卷 漢戴德撰 北周盧辯注 明蔡文範刻本 十行二十字白口左右双边

五八九 大戴禮記十三卷 漢戴德撰 北周盧辯注 明刻本 佚名校 十一行二十字白口四周双边单魚尾下有刻工名

五九〇 大戴禮記十三卷 漢戴德撰 宋劉辰翁評 明朱養純參評 明朱養和輯 明朱氏花齋刻本 九行二十一字白口单魚尾四周单边上刻眉批

五九一 大戴禮記十三卷 漢戴德撰 明鍾惺評 明刻本 九行二十五字小字双行字數同无格眉批小字白口四周单边

五九二 大戴禮記十三卷 漢戴德撰 明刻本 十行十八字白口左右双边

五九三 大戴禮記十三卷 漢戴德撰 明末沈泰刻本 十行二十字白口左右双边

五九四 大戴禮記十三卷 漢戴德撰 北周盧辯注 清康熙五十七年高安朱軾自修齋刻本 佚名批校

五九五 大戴禮記十三卷 漢戴德撰 北周盧辯注 清康熙五十七年高安朱軾自修齋刻本 徐宗亮批校

五九六 大戴禮記十三卷 漢戴德撰 北周盧辯注 清乾隆二十三年盧見曾刻雅雨堂叢書本 清戴震校

五九七 大戴禮記十三卷 漢戴德撰 北周盧辯注 清乾隆二十三年盧見曾刻雅雨堂叢書本 清朱彬校並臨清朱筠、王念孫、王引之、汪中、劉台拱等校

五九八 大戴禮記十三卷 漢戴德撰 北周盧辯注 清乾隆二十三年盧見曾刻雅雨堂叢書本 清朱駿聲批校

五九九 大戴禮記十三卷 漢戴德撰 北周盧辯注 清乾隆二十三年盧見曾刻雅雨堂叢書本 清楊沂孫批校並跋

六〇〇 大戴禮記十三卷 漢戴德撰 北周盧辯注 清乾隆二十三年盧見曾刻雅雨堂叢書本 清朱學勤校

六〇一 大戴禮記十三卷 漢戴德撰 北周盧辯注 清乾隆二十三年盧見曾刻雅雨堂叢書本 清朱學勤校

六〇二 大戴禮記十三卷 漢戴德撰 北周盧辯注 清乾隆二十三年盧見曾雅雨堂刻本 佚名點批

六〇三 大戴禮記十三卷 漢戴德撰 北周盧辯注 清刻本 清彭元瑞校並跋

六〇四 大戴禮記十三卷 漢戴德撰 清刻本 清翁方綱校

六〇五 大戴禮記十三卷 漢戴德撰 北周盧辯注 清刻本 清惠棟戈襄批校並跋 顧廣圻批校

六〇六 大戴禮記十三卷 漢戴德撰 北周盧辯注 清刻本 清姚椿校

六〇七 大戴禮記十三卷 漢戴德撰 北周盧辯注 清刻本 清楊研昀批校 楊沂孫跋

六〇八 大戴禮記十三卷 漢戴德撰 北周盧辯注 清刻本 清胡培系校並跋 又臨前人校

六〇九 大戴禮記十三卷 漢戴德撰 北周盧辯注 清刻本 清李章典錄丁傳經錄宋翔鳳王念孫注中校 沈厚塽錄盧文弨校、張文虎校並跋、戴望跋

六一〇 大戴禮記十三卷 漢戴德撰 北周盧辯注 清刻本 清陳其榮校並題識

六一一 大戴禮記補注十三卷首一卷 清孔廣森撰 稿本

六一二 大戴禮記補注十三卷序錄一卷 清孔廣森撰 清乾隆五十九年孔廣廉刻本 清趙春沂校跋並錄臧庸□□□□丁杰王念孫阮元嚴杰批校 清丁丙跋

六一三 大戴禮記補注十三卷 清孔廣森撰 清乾隆五十九年孔廣廉刻本 清顧觀光校 存十一卷（三至十三）

六一四 大戴禮記補注十三卷 清孔廣森撰 清乾隆五十九年孔廣森刻本 清龔橙校並跋

六一五 大戴禮記補注十三卷 清孔廣森撰 清嘉慶五年刻本 清龔橙校並跋

六一六 大戴禮記補注十三卷序錄一卷 清孔廣森撰 清刻本 清姚椿批校

六一七 大戴禮記補注十三卷 清孔廣森撰 清同治十三年淮南書局刻本 清孫詒讓批校

六一八 大戴禮記補注十三卷 清孔廣森撰 清同治十三年淮南書局刻本 清□可賢錄丁杰、嚴元照、孫志祖、趙鉞、劉寶楠校

六一九 大戴禮記補注二卷 清孔廣森撰 清抄本 清丁授經校注并跋

六二〇 孔子三朝記大戴禮疏八卷 北周盧辯原注 清孔廣森補注 洪頤煊增注 周壽彝匯參 清宣統稿本

六二一 大戴禮記斠補二卷 清孫詒讓撰 稿本

六二二 夏小正戴氏傳四卷 宋傅崧卿注 明嘉靖二十五年袁褧刻本 清吳志忠校并跋 八行十七字小字双行同黑口四周双边 有刻工

六二三 夏小正戴氏傳四卷 宋傅崧卿注 明嘉靖二十五年袁褧刻本 清袁芳瑛校 八行十七字白口四周双边

六二四 夏小正戴氏傳四卷 宋傅崧卿注 明刻本 八行十七字白口四周双边

六二五 夏小正戴氏傳四卷 宋傅崧卿注 袁本傅崧卿本夏小正校錄一卷 清黃丕烈撰 清光緒□□閣刻本 清許克勤校

六二六 夏小正解一卷 宋王應麟、俞廷椿 明楊慎撰 明刻本 九行十九字白口四周双边

六二七 夏小正傳註一卷 宋金履祥撰 清張爾岐輯定 黃叔琳增訂 清乾隆十年黃氏養素堂刻本

六二八 夏小正詁一卷 清諸錦撰 稿本

六二九 夏小正小傳一卷 清任啟運撰 清抄本

六三〇 夏小正注疏一卷 清程穆衡撰 稿本

六三一 夏小正考注一卷 清畢沅撰 清抄本

六三二 夏小正直解一卷 清羅登選撰 清乾隆二十六年刻本 清佚名錄宋駿業補傳 清許克勤校

六三三 夏小正四卷 清任兆麟注 清乾隆五十一年忠敏家塾刻本 佚名校 清丁丙跋

六三四 夏小正一卷 清任安上注 清抄本 清丁丙跋

六三五 夏小正義疏□卷 清□□□撰 稿本 存二卷（一至二）

六三六 夏小正校勘記□卷 清□□撰 稿本

六三七 夏小正正義不分卷 清□□□撰 稿本 存一卷（二）

六三八 夏小正求是四卷 清姚燮撰 稿本

六三九 夏小正釋義二卷 清宋書升撰 稿本

六四〇 夏小正箋疏十二卷 清宋書升撰 清徐氏歸樸堂抄本 葉景葵跋

六四一 踐阼篇集解一卷 宋王應麟撰 元至元六年慶元路儒學刻明初修本 十行二十字白口左右双边蝶裝

三禮總義

六四二 新定三禮圖二十卷 宋聶崇義集注 宋淳熙二年鎮江府學刻公文紙印本 清錢謙益跋 行數字數俱无定數約十六行二十六、七字白口左右双边

六四三 新定三禮圖二十卷 宋聶崇義集註 清刻本

六四四 新定三禮圖二十卷 宋聶崇義集註 清康熙成德刻通志堂經解本 清戈宙襄校 清韓應陛跋

六四五 新定三禮圖二十卷 宋聶崇義集註 清康熙成德刻通志堂經解本 清□□□□錄並臨戈宙襄校 清韓應陛跋

六四六 新定三禮圖二十卷 宋聶崇義集註 清康熙成德刻通志堂經解本 傅增湘校

六四七 新定三禮圖二十卷 宋聶崇義集註 清康熙成德刻通志堂經解本 傅增湘校

六四八 新定三禮圖二十卷 宋聶崇義集註 清光緒鍾謙鈞刻本 王秉恩校並跋

六四九 析城鄭氏家塾重校三禮圖二十卷 宋聶崇義集注 蒙古定宗二年析城鄭氏家塾刻本（卷一至二配清初毛氏汲古閣抄本） 十三行二十一字細黑口左右双边

六五〇 三禮考註六十四卷序錄一卷綱領一卷 元吳澄撰 明成化九年謝士元刻本 十一行二十四字黑口四周双边

六五一 三禮考註六十四卷序錄一卷綱領一卷 元吳澄撰 明成化九年謝士元刻本 清丁丙跋 每半頁十一行二十四字大黑口四周双边 元刻工

六五二 吳文正公三禮考注六十四卷序錄一卷綱領一卷 元吳澄撰 明吳可大等刻本 十行二十二字白口四周单边

六五三 三禮攷註十卷序錄一卷綱領一卷 元吳澄撰 明萬曆三十八年董應舉刻本

十行二十字白口左右双边

三禮圖四卷 明劉績撰 清抄本 存卷一至二 六五四

二禮經傳測六十八卷識一卷 明湛若水撰 明刻本 十行二十字白口四周双边 六五五

二禮集解十二卷 明李黼撰 明嘉靖十六年常州府刻本 九行十八字小字双行十八字白口四周双边有刻工 六五六

讀禮日知二卷 明金渤撰 明萬曆二年潤陽馮氏刻本 羅振玉題識 十行二十字黑口四周双边 六五七

三禮編繹二十六卷 明鄧元錫撰 明萬曆三十三年史繼辰饒景曜等刻本 十行二十一字白口四周双边无刻工 六五八

三禮纂註四十九卷 明貢汝成撰 明萬曆三年陳像刻本 八行十八字小字双行白口左右双边无刻工 六五九

閣紅螺說禮三十三卷 明閻有章撰 明崇禎九年閻氏二分明月巷刻本 九行行十八字小字双行行十七字白口左右双边无刻工 六六〇

讀禮志疑六卷 清陸隴其輯 清康熙松桂草堂抄本 六六一

三禮述註七十一卷 清李光坡撰 李瓊李瓆倫輯 清乾隆八至三十二年清白堂刻本 周禮述註二十四卷 儀禮述註十九卷 禮記述註二十八卷 六六二

三禮義疏不分卷 清任啟運 吳紱等纂修 稿本 周禮義疏不分卷 儀禮義疏不分卷 禮記義疏不分卷 六六三

三禮義疏一百八十二卷 清任啟運 吳紱等纂修 清乾隆抄本 周官義疏四十八卷首一卷 儀禮義疏四十八卷首一卷 禮記義疏八十二卷首一卷 六六四

三禮義疏一百八十二卷 清任啟運 吳紱等纂修 清乾隆抄本 周官義疏四十八卷首一卷 儀禮義疏四十八卷首二卷 禮記義疏八十二卷首一卷 六六五

敬齋禮說不分卷 清李惇撰 清景福樓抄本 六六六

禮註彙辨二卷 清吳鼎撰 清抄本 清王鳴盛批校 六六七

釋繒一卷 清任大椿撰 清刻本 清王萱齡跋 六六八

禮箋三卷 清金榜撰 清乾隆五十九年游文齋刻本 六六九

禮箋三卷 清金榜撰 清乾隆五十九年游文齋刻本 清劉恭冕校 恭冕年跋 六七〇

禮箋三卷 清金榜撰 清乾隆五十九年游文齋刻本 佚名批校 六七一

禮箋三卷 清金榜撰 清嘉慶三年刻本 清孫詒讓批 六七二

禮堂集義四十卷 清昭文張金吾詒經堂抄本 六七三

三禮疑義一百六十卷 清吳廷華撰 [illegible] 存一百三十九卷 [illegible]至五十 二十九至四十四 禮記七十二卷全 儀禮一至三十七 六七四

參讀禮志疑二卷 清汪紱撰 清乾隆三十六年栖碧山房刻本 六七五

恕谷先生郊社考辨一卷 清李塨撰 稿本 六七六

明堂大道錄八卷附言記二卷 清惠棟撰 清乾隆經訓堂刻本 清孫詒 六七七

三禮陳數求義三十卷 清林喬蔭撰 清乾隆四十七年刻本 清錢東垣孫原湘題款 六七八

釋車三卷 清蕭掄撰 清抄本 存二卷上下 六七九

三禮鄭註考三卷 [illegible] 清乾隆刻本 六八〇

釋拜一卷 清段玉裁撰 清嘉慶十二年張敦仁刻本 六八一

三禮便蒙不分卷 [illegible] 手稿本 六八二

宮室圖說四卷 清何濟川撰 清活字印本 六八三

鄭氏釋經例不分卷 清劉寶楠撰 手稿本 存禮記五 六八四

三禮通釋二百三十卷目錄一卷附三禮圖五十卷 清林昌彝撰 清道光林氏朱格抄進呈本 六八五

伕禮扶微二卷附錄一卷 清丁晏撰 稿本 六八六

伕禮扶微二卷 清丁晏撰 手稿本 六八七

伕禮扶微二卷 清丁晏撰 手稿本 存一卷上 六八八

伕禮扶微二卷附錄一卷 清丁晏撰 清抄本 六八九

三禮備覽四卷 清林楓撰 稿本 六九〇

三禮備覽三卷 清林楓撰 清賭棋山莊抄本 六九一

三禮今古文疏證三卷 清潘道根撰 稿本 六九二

三禮鄭注引漢制度考證不分卷 清林頤山撰 稿本 六九三

三代宮室制度釋一卷 清林頤山撰 稿本 六九四

復堂類集三禮說不分卷 清譚獻輯 清抄本 六九五

通禮

六九六 禮書一百五十卷 宋陳祥道撰 元至正七年福州路儒學刻明修本 十三行二十一字小字双行三十字白口或細黑口左右双边

六九七 禮書一百五十卷 宋陳祥道撰 元至正七年福州路儒學刻明修本 清丁丙跋 十三行二十一字小字双行行二十一字至三十四字細黑口左右双边有刻工

六九八 禮書一百五十卷 宋陳祥道撰 明宋孫潢刻本 十行二十字小字双行行二十字白口左右双边刻工李一熊

六九九 謝疊山先生禮經講意三十五卷 宋謝枋得撰 明抄本 清吳名鳳跋

七〇〇 儀禮經傳通解三十七卷 宋朱熹撰 宋嘉定十年南康道院刻元明遞修本 七行十五字小字双行同黑口左右双边
存十一卷 一至五 二十二至二十七

七〇一 儀禮經傳通解三十七卷 宋朱熹撰 宋嘉定十年南康道院刻元明遞修本 七行十五字小字双行同黑口左右双边
存二卷 王朝禮四至五

七〇二 儀禮經傳通解三十七卷 宋朱熹撰 宋刻元明遞修本（卷八至十、二十三配明抄本） 清丁丙跋 七行行十五字小字双行字同白口左右双边有刻工
存三十六卷 一至十四 十六至三十七

七〇三 儀禮經傳通解續十五卷 宋黃榦撰 宋嘉定十五年南康軍刻元明遞修本 七行十五字小字双行同黑口左右双边
存一卷 喪禮九

七〇四 儀禮經傳通解三十七卷 宋朱熹撰 續二十九卷 宋黃榦、楊復撰 明[illegible]曹山刻本 十一行二十字白口左右双边

七〇五 儀禮經傳三十七卷 宋朱熹撰 續二十九卷 宋黃榦撰 明刻本 十一行二十字左右双边白口

七〇六 儀禮經傳通解三十七卷 宋朱熹撰 明抄本
存九卷 六至八 十一至十二 二十至二十三

七〇七 儀禮經傳通解三十七卷 宋朱熹撰 續二十九卷 宋黃榦撰 明抄本
存五卷 一至二 續六至八

七〇八 儀禮經傳續二十九卷 宋黃榦楊復撰 明刻本 十一行二十字小字双行同白口无魚尾左右双边

七〇九 儀禮經傳通解三十七卷 宋朱熹撰 續二十九卷 宋黃榦楊復撰 清刻本 清盧文弨、洪亮吉批校

七一〇 四禮彙編不分卷 明抄本

七一一 六禮纂要六卷 明汪[illegible]輯 明嘉靖四年[illegible]刻本 十行二十四字白口四周双边
四禮纂要 明王皡編集
喪禮備纂二卷 明王廷相著
諭俗禮要 明郭守益著
四禮略 明顏木著
祠堂事宜 明張孟寅著
士相見禮儀節（殘）
四禮圖考 明袁貞吉著

七一二 四禮要規 明程策纂輯 明崇禎刻本 八行二十字白口四周單边

七一三 禮樂合編三十卷 明黃廣輯 明崇禎六年玉磬齋刻本 九行二十字白口四周單边

七一四 求野錄二十七卷 明[illegible]撰 明崇禎八年刻本 九行二十字白口四周單边

七一五 禮學彙編六十四卷 清應撝謙撰 清抄本

七一六 禮學彙編六十四卷 清應撝謙撰 清丁氏八千卷樓抄本

七一七 文廟禮樂器圖考四卷 清蕭大成輯 清康熙刻本

七一八 四禮合參十五卷 清李[illegible]輯 清雍正元年新安李氏心遠樓刻本

七一九 五禮備考一百八十卷 清徐乾學撰 清抄本
存一百七十三卷 一至二十七 二十九至三十三 三十五至五十四 五十六至七十六 七十八至八十二 八十五至一百二十二 一百二十四至一百八十

七二〇 五禮通考二百六十二卷 清秦蕙田撰 稿本 清戴震錢大昕校

七二一 五禮通考二百六十二卷首四卷 清秦蕙田撰 清乾隆十八年秦氏味經窩刻本 清秦蕙田、姚鼐校 清盧文弨識校 王大隆跋

七二二 五禮通考條辨二卷 清秦蕙田撰 清抄本

七二三 禮書綱目八十五卷首三卷 清江永撰 清嘉慶十二年婺源刻本 清姚椿校跋

七二四 禮書綱目八十五卷首三卷深衣考誤一卷律呂管見二卷 清江永撰 清抄本 清祝塗校 朱琰跋
存七十七卷 一至三 八至八十一

七二五 禘祫辨誤二卷 清程廷祚撰 清道光五年東山草堂刻本 葉德輝題識

七二六 昏禮通考二十四卷首一卷 清曹庭棟輯 清乾隆十九年慈山曹氏刻本

七二七 十三經禮器通考不分卷 清羅厚焜撰 手稿本

七二八 五禮異義不分卷 清黃以周撰 稿本

雜禮書

七二九 司馬氏書儀十卷 宋司馬光撰 宋刻元修本 十一行十九字小注二十四字細黑口左右双边

家禮五卷題宋朱熹撰 附錄一卷 宋刻本（卷一至三配清影宋抄本） 七行十六字小字双行同白口左右双边 七三〇

家禮五卷宋楊復劉垓孫劉璋等注 圖一卷 深衣考一卷 明刻本 七三一

家禮五卷題宋朱熹撰 附錄一卷宋楊復撰 明刻本 七行十六字小字双行同白口左右双边 七三二

纂圖集注文公家禮十卷宋朱熹撰 楊復附注 劉垓孫增注 劉璋補注 明刻本 十行十八字版心上下黑口四周双边单鱼尾 七三三

家禮箋補八卷宋楊復撰 清抄本 七三四

文公家禮集註十卷宋楊復劉垓孫撰 元刻本 清查慎行跋 大字七行十四字小字十四行二十一字細黑口左右双边 七三五

文公家禮集註十卷宋楊復劉垓孫撰 元刻本 七行十四字小注双行二十一字細黑口左右双边 七三六
存二卷六至七

文公家禮集註十卷宋楊復劉垓孫撰 元刻本 七行十四字小字双行二十一字細黑口左右双边刻有句讀 七三七
存一卷五

五服圖解一卷元龔端禮撰 元泰定元年杭州路儒學刻本 清黃丕烈跋 十四行二十五字白口左右双边 七三八

文公家禮會通十卷明楊鉌撰 明景泰元年湯氏執中堂刻本 十一行二十二字黑口四周双边 七三九

文公家禮儀節八卷明丘濬撰 明正德十二年太平府刻本 八行十六字小字双行十六字黑口四周双边 七四〇

文公家禮儀節八卷明丘濬撰 明正德十三年常州府重刻本 八行大字十六字小字双行十六字黑口四周双行 七四一

文公家禮儀節八卷明丘濬撰 明正德十二年應天府刻本 八行十六字小字双行同白口左右双边 七四二

文公家禮儀節八卷明丘濬撰 明萬曆三十七年錢時刻本 八行十六字小字双行同細黑口四周双边 七四三

文公家禮儀節八卷明丘濬撰 明萬曆三十七年錢時刻本 清丁丙跋 八行十六字小字双行十六字小黑口四周双边有刻工 七四四

文公家禮儀節八卷明丘濬撰 明萬曆四十年刻本 八行十六字小字双行細黑口四周双边有刻工 七四五

文公家禮儀節八卷明丘濬撰 明萬曆四十六年何士晉刻本 八行十六字小字双行同細黑口四周双边 七四六

文公家禮儀節八卷明丘濬撰 明萬曆刻本 八行十六字細黑口四周双边无鱼尾 七四七

文公家禮儀節八卷明丘濬撰 明刻本 八行十六字小字双行同黑口四周双边 七四八

文公家禮儀節八卷明丘濬撰 楊廷筠訂 明刻本 八行字數不一綫口左右双边有刻工 七四九

文公家禮儀節八卷明丘濬撰 明刻本 八行十六字小字双行同小字有白底黑字及黑底白字兩种上下粗黑口四周双边 七五〇
无刻工

文公家禮儀節八卷明丘濬撰 明刻本 九行十七字小字双行同粗黑口四周双边 七五一

文公家禮儀節八卷明丘濬撰 明刻本 九行二十字小字双行白口四周單边 七五二

文公家禮儀節八卷明丘濬撰 明抄本 七五三
存六卷一至三 六至八

文公家禮儀節八卷明丘濬撰 楊慎輯 明末刻本 九行十八字白口左右双边 七五四

家禮節要不分卷明朱廷立撰 明嘉靖朱廷立刻本 九行十八字小字双行白口左右双边 七五五

家禮集說五卷明馮善撰 明萬曆十七年錢士完刻本 八行十八字白口四周双边双鱼尾 七五六

家禮集說不分卷明馮善撰 明刻本 八行十八字大黑口四周双边 七五七

家禮集說不分卷明馮善撰 明吳勉學刻本（卷末殘破） 九行十八字四周双边白口 七五八

家禮集說五卷明馮善撰 明刻本 十二行二十四字无直格黑口四周双边 七五九

家禮易簡編一卷明朱天球編 明刻本 九行二十一字白口四周双边單鱼尾 七六〇

家禮易簡編一卷□宋淡[illegible]編 明萬曆二十一年林一材刻本 九行二十字白口四周双边无刻工 七六一

文公家禮會成八卷明魏堂輯 明嘉靖三十六年李存中、來端蒙等刻本 十行二十二字白口左右双边双鱼尾書口下有刻工 七六二

家禮要節一卷明王叔杲撰 明隆慶五年自刻本 九行二十一字小字双行同白口左右双边有刻工 七六三

家禮集要不分卷明令狐鏓撰 明崇禎十三年令狐變刻本 九行十九字四周双边白口 七六四

重鐫徽郡官板翁太史補選文公家禮八卷明翁正春補選 明吳邑書[illegible]刻本 九行二十一字白口四周双边單鱼尾 七六五

重鐫徽郡官板翁太史補選文公家禮八卷明翁正春補選 明□邑書林劉雅夫刻本 九行二十字小字双行同白口四周單边无刻工 七六六

重刻申閣老校正朱文公家禮正衡八卷明彭濱校補 明萬曆二十[illegible]明德堂刻本 又名文公家禮正衡 九行行二十字小字双行行二十字四周双边烏絲欄白口單魚尾上有眉欄 七六七

家禮銓補十卷明鄧元錫編 明萬曆三十八年王其玉等刻本 九行十八字小字双行同四周單边白口 七六八

家禮維風八卷明桑拱陽撰 明崇禎十五年刻本 十行二十五字小字双行同白口无行格四周双边 七六九

遵制家禮四卷明馮復京撰 清抄本 七七〇

鄉校禮輯十一卷明方可立等輯 明隆慶元年刻本 十行行二十字白口四周單边有刻工 七七一
存十卷一至三 五至十一

新刻古今玄屑八卷明王衆佐選評 明萬曆二十三年周氏嘉賓堂刻本 九行二十字白口四周單边 七七二

讀禮偶見二卷清許三禮撰 清康熙刻本 七七三

聞禮要錄三卷附崇祀錄一卷配錄一卷清程文彝撰 清康熙刻本 七七四

朱子禮纂五卷清李光地輯 清雍正十一年教忠堂刻本 七七五

禮俗權衡二卷清趙執信撰 清康熙刻本 七七六

茗洲吳氏家典八卷清吳翟撰 清雍正十三年紫陽書院刻本 七七七

家禮經典參同不分卷清鄭元慶撰 稿本 清毛奇齡跋 七七八

萬壽衢歌樂章六卷清彭元瑞等編 清乾隆五十五年武英殿聚珍版朱墨排印本 七七九

明堂大道錄八卷 清惠棟撰 稿本 清諸錦序 六〇
禮經不分卷 清徐開任輯 清抄本 六一
吳氏儀則一卷 清吳騫撰 稿本 六二
五服異同彙考三卷 清崔述撰 清道光四年陳履和東陽縣署刻本 六三
四禮權疑八卷 清顧廣譽撰 稿本 清姚椿跋 六四
補軍禮三篇不分卷 清汪宗沂撰 清袁氏漸西村舍抄本 六五
禮運禮器郊牲三篇訂一卷 清廖季平撰 稿本 六六
赫舍里氏祭祀規條不分卷 清抄本 六七
四禮權疑八卷 清顧廣譽撰 稿本 清姚椿跋 文高蒸校注 六四
周禮集說十一卷綱領一卷 元陳友仁輯 復古編一卷 宋俞庭椿撰 明成化退堂刻本（卷六、一至十一配明刻本） 清丁丙跋 十二行二十五字小字雙行同黑口四周雙邊 元刻工 七五
周禮集註七卷 明何喬新撰 明嘉靖六年唐昌縣知縣毛杰刻本 十行二十字四周雙邊 白口左右雙邊 八八
周禮集註七卷 明何喬新撰 明嘉靖七年楊選刻本 九行十八字白口左右雙邊有刻工 八八
周禮集註七卷 明何喬新撰 明刻本 九行十八字白口四周單邊 八八
周禮傳五卷翼傳二卷圖說二卷 明王應電撰 明末抄本 一〇〇

古周禮釋評四卷 明孫攀撰 明萬曆三十一年刻本 清丁丙跋 一〇五
存四卷 一至四
周禮疑義四十四卷 清吳廷華撰 清抄本 清丁丙跋 一四二
存十八卷 三至六 二十三至三十 三十三至三十六 四十一至四十二
周禮疑義四十四卷 清吳廷華撰 清五海樓抄本 清孫詒讓批校 一四三
存三十八卷 三至六 二十三至三十 三十三至三十六 四十一至四十二
周官祿田考三卷 清沈彤撰 清乾隆十五年果堂刻十六年重校本 一四五
周官祿田考三卷附釋骨一卷 清沈彤撰 清乾隆十六年果堂刻本 一四五
周官祿田考三卷釋骨一卷 清沈彤撰 清抄本 清孔繼涵校 鄧邦述跋 一四五
周禮漢讀考六卷 清段玉裁撰 清嘉慶刻本 清王昆校 伊桑跋 一五八
禮經釋例十三卷 清凌廷堪撰 清嘉慶十四年阮氏文選樓刻本 清呂賢基校 李慈銘跋 二八一
檀弓批點二卷 宋謝枋得撰 明楊慎附註 明刻本 三八〇
周禮六卷 明嘉靖刻本 清陳鱣校 二(二)

藏書情況表

書名編號	藏書單位
經 禮類 1	0101 0198 0201
2	1701
3	0101
4	0101
5	0101
6	0101
7	0101
8	0101 0141 0161 0164 0591 1041 1606 1801 1901 2701 2901
9	1501
10	1788
11	0141
12	0101
13	0101
14	0101
15	0201
16	0101
17	0101
18	0141 [illegible] [illegible]
19	0182 1501
20	0101
21	0101
22	1701
23	0201
24	0101
25	0141
26	0101
27	0141
28	0141 0144 0198⊗ 0201 0241 0841 1501 1581⊗ 1601 1701⊗ 1911⊗
29	1581
30	0141 0164 0201 1701 2541 2702
31	0201
32	0201
33	1581
34	0201
經 禮類 35	2301
36	0101
37	2541
38	0291 2441
39	0201
40	0101 0201 0801 2301
41	0101 0141 0201 0241 1741 2543
42	0101
43	0101 0143 0201 0441 0801 0841 1262 1281
44	1705
45	1881
46	1601
47	2702
48	0101
49	0181
50	0301 [illegible] 0141 [illegible] [illegible] [illegible]
51	0142 0161
52	2501
53	0101
54	0101
55	0201
56	0301
57	1601
58	0101
59	0101
60	1701
61	0201
62	0101
63	0201 0842 1082 1501 1627 0701⊗
64	1601
65	0101 1705
66	0101 0903
67	0201
68	0101
69	1601
70	1601
71	0201

書名编号	藏書單位
經 禮類 72	0141
73(1)	0141 0201
74	0101 0141 0201 1041 1501 1581 1741 2301 2742
75	1601
76	0141
77	2201
78	0101
79	0201 0861 1501 1801
80	1601
81	1741
82	2441
83	1707
84	0903
85	0241
86	1601
87	1541
88(1)	0101
89	0101⊗ 0141 0164 0241
90	1601 0141 0181 0193 { 0198 0201 0241 0242 0701 0501 0842 0861 1701 1702 1901 2001 2702 }
91	0145 0242 1712
92	0145
93	0101
94	1704
95	1511 1541 1588 1606 1615 1701 2201 2401 2602
96	0101 0141 0301 1001 1701 1501⊗ 2543⊗
97	0201
98	0441 1501 1701 1801
99	0842
100(1)	0101 1684 1705⊗
101	0101
102	1701
103	0141⊗ 0163⊗ 0201⊗
104	2003 2041
105(1)	0142 0161 1801 2702
106	2201
107	0141 0144 0242 1101 1182 1514 1582

書名编号	藏書單位
經 禮類 107	（接上頁） 1604 1615 1621 1628 1705 2001 2009 2041 2201 2301 2702
108	1601
109	1681
110	1801
111	0142 0301 0513 1201 1911 2401 2541
112	0141 0142 1701 2501
113	2009
114	0101
115	0101 0142 0144 0145 0161 0162 0201 0241 0242 0301 0861 1001 1441 1501 1601 1629 1701 1712 1801 1901 2201 2402 2461 2541 2701
116	0201
117	1701 2441
118	1705 2702
119	2901
120	1701⊗
121	2702
122	0301 1641 2401 2001
123	0341
124	0201
125	0201 2201
126	1791
127	0201
128	0241
129	1605
130	0101 0142 0241 0301 1601 2544
131	0301
132	0101
133	0801
134	1501
135	0301
136	0242
137	2541
138	0142
139	2201
140	0101 0241 1803 2301 2401

書名编号	藏書單位
經 禮類 141	0141
142	0141
143(1)	0201
144	0101
145(1)	0101 2301
146	0141
147	2281
148	0142
149	0242
150	0701 2301
151	2301
152	0281
153	0101
154	1605
155	0141 2301
156	1741
157	2202
158(1)	0101
159	1741
160	0703
161	0101
162	0181
163	0201
164	0142
165	1704
166	0101 1801 2301
167	1741
168	1741
169	2301
170	0201
171	1581
172	1501
173	2301
174	0201
175	0201
176	0241
177	1601
178	1704

書名编号	藏書單位
經 禮類 179	1792
180	1741
181	1741
182	0201
183	0201
184	1705
185	1601
186	0101 0182 0201 1741 2201 2702
187	0201
188	1705
189	0101
190	0101
191	0201
192	0198 [illegible] 1505 1701 2207 2501
193	1601
194	0201
195	1881
196	2401
197	0101
198	0101
199	0861
200	0101 0201 0841 1701 2401
201	1601
202	2003
203	0101
204	1901
205	1705
206	0101
207	0341
208	0101
209	0201
210	0241
211	0201
212	0201
213	0201
214	1741
215	0201
216	0241

書名編號	藏書單位
經禮類217	0101
218	0101
219	1601
220	0101
221	0201
222	0101
223	0101 0141 1705
224	1601
225	0101 0141° 0201°
226	0201
227	1601
228	0101 0161 0182 0201 0801 1701
229	0281
230	1705
231	0201
232	0101 0141 1501 1705
233	0101
234	0141
235	0101
236	0201
237	1601
238	0101
239	0201
240	1601
241	2401
242	0101
243	0201 0301
244	0201
245	0101 0701
246	0101
247	0101
248	0101
249	1705
250	0101
251	1581
252	0101
253	0101 0141 0164 0201
254	1601

書名編號	藏書單位
經禮類255	0141
256	0201
257	0242 2901
258	1601
259	1601
260	0201
261	1001
262	1501
263	1601
264	1601
265	2401
266	0201
267	2301
268	1601
269	1582
270	0101
271	0142
272	0142
273	2301
274	0201
275	0201
276	0201
277	2001
278	0101
279	1587
280	0101
281	0201
282	0201
283	1601
284	0101
285	0181
286	0241
287	0142
288	2301
289	1501
290	0142
291	2301
292	1681

書名編號	藏書單位
經禮類293	0141 0201
294	0241
295	0301
296	0193
297	0101
298	2206
299	2881
300	0101
301	0201
302	0301
303	1601
304	0201
305	2302
306	2001
307	0201 [illegible]
308	1801
309	0201
310	0201
311	1705
312	0542 1581 [illegible]
313	0241
314	0201
315	2901
316	2702
317	0241
318	0101
319	0101
320	0101
321	0701
322	0201
323	0101
324	0101
325	1601
326	0164
327	0198
328	0241
329	0101 0520
330	0101

書名編號	藏書單位
經禮類331	0201
332	0201
333	0101
334	0141
335	0141
336	0201
337	1701
338	2441
339	1601
340	1646
341	1911
342	0101
343	0101
344	0201
[illegible]	0201
[illegible]	0101
[illegible]	0101
[illegible]	0101
[illegible]	0141
[illegible]	[illegible]
[illegible]	0201
352	0101
353	1601
354	0201
355	0101
356	0101
357	0141
358	0241
359	0101 0141 0164 0198 0241
360	0101
361	2301
362	1581
363	0201
364	1701
365	0201
366	0161
367	1601
368	2301

書名编号	藏書单位
經禮類369	0201
370	0101
371	0101
372	1601
373	0101
374	0101
375	1601
376	1705
377	1050 1702
378	0161
379	0145
380(1)	0509 1101 1701 2441
381	0201 1741 2201 2301 2701
382	0441
383	0201
384	1881 2201
385	0201
386	0201
387	0101 0243 1343 1601 1705⊗
388	1601 1701
389	0142 0703 0842 1881 1901 2041 2701
390	1501
391	0101⊗ 0201⊗
392	0101
393	0201
394	0144
395	0141
396	0141
397	0101 1601
398	0102 0173 0201 0241 0291 0542 1606 1701 1705 2083 2301 2401 2561 2602 2741 2742 2201⊗
399	0101 0141 0143 0201 0701 0803 1501 1542 1581 1601 2206 2542 2741 2401⊗
400	0141 0181 2745
401	1653
402	0201 0861
403	0101 0542 1701

書名编号	藏書单位
經禮類404	0201
405	1741 2203
406	1601
407	0198
408	0201
409	1701
410	0102 0143 2341
411	1881
412	0201 1701
413	1901
414	0542 2304 2701
415	0181
416	0741
417	0542 0903 1605 1606 1705
418	0161 0201 0241 1501 2541
419	1582 2394
420	0198 0201 0701 1501 1901
421	1601
422	1501
423	0141
424	1601
425	0101 0142 0542 1701
426	0201
427	0101 0144 0181 0198 2541
428	1881
429	0201
430	2301
431	0262
432	1601
433	0201 0781 1701 1241
434	0101
435	2201
436	0101 0181 1702
437	1641
438	0704
439	0141
440	1881
441	2701

書名编号	藏書单位
經禮類442	1881
444	0201
445	0701
446	2541
447	2561
448	1705
449	0181 1201 2201
450	0201
451	0101 1010 0481 1343 1681
452	1601
453	1701
454	1601
455	1601 1741
456	1705
457	0101
458	2401
459	0101 0197 0201 0844 1682 1711 1705⊗
460	2041
461	0142
462	0144 2001
463	0141 0842 1605 0201⊗
464	1741
465	0161 1501
466	2201
467	1601
468	0141 0201 0841 0842 1605 1701
469	2702 1605 0861
470	1881
471	1501
472	0141 0143 0161⊗ 0241
473	0161 0441
474	1601
475	0141
476	1601
477	1601
478	0141
479	0242 2203

書名编号	藏書单位
經禮類480	0198
481	1705
482	0161
483	1901
484	0141
485	0141 0201 1605⊗
486	1605
487	0141 0201 1541 1601 1722 2541 2601
489	0142 0520 0102⊗
490	0141
491	1601
492	0181
493	1701
494	0141
495	0201
496	1601
497	0161
498	1731 1881 0201
499	0101 0142 0201 0291 2301
500	1601
501	1701
502	0144
503	0242 0841
504	0141
505	0101
506	0145
507	1615
508	1701
509	0101
510	0101
511	2481
512	2481
513	1705
514	0101
515	1701
516	0201
517	1705

書名編号	藏書單位
經禮類518	2301
519	0101
520	0101
521	0141
522	1705 2316 2843
523	1616
524	1241
525	0242
526	0142 0341
527	0142
528	1701
529	2201
530	0142
531	0101
532	0181 0701
533	0101
534	0101
535	1601
536	1601
537	0201
538	0141
539	0701
540	0101
541	1587
542	1891
543	0201
544	1601
545	2641
546	0201
547	2301
548	0201
549	1629
550	1606
551	0101 2301
552	0141
553	1501
554	1701
555	0301

書名編号	藏書單位
經禮類556	0201
557	0101
558	1601
559	0201
560	0201
561	0101
562	0101
563	0201
564	0101
565	0241
566	0241
567	1701
568	0101
569	1802
570	0301
571	0101
572	0101
573	1901
574	0301
575	1741
576	0101
577	0241
578	0101
579	0201
580	0101
581	1601
582	0101 0201 2701 0198⊗
583	0101
584	1601
585	0101
586	1601
587	0101
588	0101 0198 0404
589	0201
590	0141 0142 1627 1705 2206
591	2541
592	1701
593	0142 1701 2341 2602

書名編号	藏書單位
經禮類594	0341
595	1806
596	0101
597	0101
598	1701
599	1601
600	0201
601	0201
602	2481
603	0101
604	0141
605	0101
606	0201
607	2301
608	0101
609	0101
610	0201
611	1587
612	1601
613	0201
614	0101
615	0101
616	1601
617	1741
618	0241
619	1705
620	0161
621	1741
622	0101
623	0101
624	1705
625	0201
626	0101
627	0101
628	0101
629	0241
630	0241
631	2301

書名編号	藏書單位
經禮類632	0201
633	1601
634	1601
635	1601
636	1601
637	1741
638	1705
639	1581
640	0201
641	0101
642	0101
643	0142 0902
644	0201
645	0201
646	0101
647	0591
648	0201
649	0101
650	0101 0141 0144 0164 0201 0701 1701 2401 2501 2701
651	1601
652	2541
653	0141 0161 0201 0841 1601 1605 1701 2001 2412
654	0141
655	0101 0141 0301
656	0141 1601 1606
657	0701
658	0141 0144 0242 1601 1702 1705 1881 2242 2702 2741 0101⊗
659	0141 0291 1601 1701
660	1601 2641
661	0243
662	0142 2041
663	0101
664	0101
665	0101
666	0201

書名編号	藏書單位
經 禮類 667	0101
668	0101
669	0101 0142 0703 1242 1801 2301
670	0201
671	2401
672	1704
673	0201
674	0101
675	0642 0701 1862 2301
676	0141
677	2301
678	1741
679	0101
680	0141
681	0101
682	0201
683	0101
684	0201
685	0181
686	0101
687	0201
688	0201
689	0101
690	2001
691	2301
692	1605
693	0241
694	0241
695	2301
696	0101 0141 0201 0241 0341 1601 0301⊗ 1581⊗ 1705⊗
697	1601
698	0141 0142 0143 0241 0242 0701 1601 1605 1615 1781 1881 2001 2401 2402 2461 2541
699	0198
700	0101
701	0101

書名編号	藏書單位
經 禮類 702	1001
703	0101
704	0101 0201 0341 1701 1501[8]
705	0161
706	0101
707	1705
708	2301 2701
709	0198
710	1701
711	0841
712	0145
713	0101 0142 0146 0175 0242 0703 1601 1606
714	0142
715	0201
716	1601
717	0175
718	0142
719	1701
720	0241
721	0241
722	0241
723	0201
724	1601
725	1741
726	0142
727	0141
728	1705
729	0101
730	0101
731	0101
732	0101 0161 0201
733	0201
734	0101
735	0101
736	0101
737	0201
738	0101

書名編号	藏書單位
經 禮類 739	0101 0161⊗
740	0241 0242 1101
741	0141 0143
742	1701
743	0101 0141 0181 0241 0242 0342 1542 1544 1601 1605 1606 1615 1701 1705 2001 2541
744	1601
745	0141
746	0101 0343
747	0201
748	0101
749	1881
750	2401
751	1901
752	1041
753	0201
754	0241
755	0141
756	0201
757	0783
758	0161
759	0101
760	0201
761	1881
762	0201
763	0101
764	0101
765	0201
766	1801
767	0701 0101[6]
768	0161 1702
769	2301
770	1601
771	1801
772	0165
773	0101
774	1009

書名編号	藏書單位
經 禮類 775	0142
776	0141 2042
777	2301
778	0201
779	0175 0181
780	0201
781	0201
782	0201
783	0101
784(1)	0201
785	0241
786	2761
787	0161
784(2)	0241
2(2)	0201
73(2)	1601
88(2)	0201
88(3)	0161 1601
88(4)	0181 2206
100(2)	2341
105(2)	1601
143(2)	1601
143(3)	1741
145(2)	0143 2301 2541 2641
145(3)	0701 1042
145(4)	0101
158(2)	1741
281(2)	0101
380(2)	1581

樂類

一 樂經三卷 清抄本

二 樂經三卷 清抄本

三 律書詳註 漢司馬遷撰 明王正中註 清初刻本

四 聖宋皇祐新樂圖記三卷 宋阮逸胡瑗撰 明萬曆三十九年趙琦美抄本 趙琦美跋

五 聖宋皇祐新樂圖記三卷 宋阮逸胡瑗撰 清抄本 清吳騫跋

六 聖宋皇祐新樂圖記三卷 宋阮逸胡瑗撰 清勞格抄本

七 聖宋皇祐新樂圖記三卷 宋阮逸胡瑗撰 清抄本

八 聖宋皇祐新樂圖記三卷 宋阮逸胡瑗撰 清抄本

九 樂書二百卷目錄二十卷 宋陳暘撰 正誤一卷 宋樓鑰撰 元至正七年福州路儒學刻明修本 十三行二十一字白口左右双边

一〇 樂書二百卷目錄二十卷 宋陳暘撰 元至正七年福州路儒學刻明修本（卷九十六至一百〇八配清抄本）

一一 樂書二百卷目錄二十卷 宋陳暘撰 元刻明修本（卷一配清抄本） 十三行二十一字白口左右双边

一二 樂書二百卷目錄二十卷 宋陳暘撰 元至正七年福州儒學刻明修本（有闕葉） 十三行二十一字白口左右双边双魚尾有刻工

一三 樂書二百卷 宋陳暘撰 元至正七年福州儒學刻明修本 十三行二十一字白口四周單边有刻工

一四 樂書二百卷目錄二十卷 宋陳暘撰 元至正七年福州路儒學刻明修本 十三行二十一字白口双魚尾左右双边

一五 樂書二百卷目錄二十卷 宋陳暘撰 元至正七年福州路儒學刻明修本 十三行二十一字白口左右双边
存六十六卷 九 二十三至二十四 二十九 三十六至三十七 四十八至六十一 七十六至一百十 一百二十 一百二十五至一百二十九 一百五十一 一百六十八 一百六十九 一百七十一 一百八十三

一六 樂書二百卷目錄二十卷 宋陳暘撰 元至正七年福州路儒學刻明修本 十三行二十二字白口双魚尾上下單边有刻工
存三十一卷 九十五至一百十二 一百五十至一百六十八 一百八十五至一百九十一

一七 樂書二百卷 宋陳暘撰 元至正七年福州路儒學刻明修本 十三行二十一字小字双行同白口左右双边
存二十八卷 二十五至二十七 二十九至三十五 七十六至七十七 一百二十至一百二十五 一百八十三至一百九十三

一八 樂書二百卷目錄二十卷 宋陳暘撰 元至正七年福州路儒學刻明修本（卷三十九至四十三配清抄本） 十三行二十一字二十二字不等小字双行行二十二字白口左右双边有刻工

一九 樂書二百卷目錄二十卷正誤一卷 宋樓鑰撰 元至正七年福州路儒學刻明修本（卷一下缺正書最後清抄本） 十三行二十一字白口左右双边双順黑魚尾
存一百九十五卷 一至一百七十五 目錄一至二十

二〇 樂書二百卷目錄二十卷 宋陳暘撰 元至正七年福州路儒學刻明修本 十三行二十一字小字双行字數同白口左右双边有刻工

二一 樂書二百卷目錄二十卷 宋陳暘撰 元至正七年福州路儒學刻明修本 清丁丙跋 十三行行二十一字白口或綫黑口左右双边有刻工

二二 樂書二百卷目錄二十卷 宋陳暘撰 元至正七年福州路儒學刻明修本 柯逢時跋 十三行二十一字白口左右双边

二三 樂書二百卷目錄二十卷 宋陳暘撰 元刻本 十三行二十一字白口左右双边无刻工

二四 樂書二百卷 宋陳暘撰 林宇冲校勘 明修本 十三行二十字白口左右双边

二五 樂書二百卷 宋陳暘撰 清三山陳氏居敬堂抄本

二六 樂書二百卷 宋陳暘撰 清孫星衍平津館抄本
存六十七卷 一至八 二十一至三十九 八十二至一百二 一百二十至一百三十八

二七 樂書二百卷 宋陳暘撰 清孫星衍平津館抄本 佚名校正
存十五卷 一百五十八卷至一百七十二卷

二八 律呂新書二卷 宋蔡元定撰 清内府抄本

二九 律呂新書二卷八音考略一卷 宋蔡元定撰 清羅登選箋義 清乾隆刻本

三〇 律呂新書解二卷附雅樂燕樂一卷 明張敔撰 明正德十一年徐充刻本

三一 雅樂發微八卷 明張敔撰 明嘉靖刻本 十二行二十字白口左右双边

三二 雅樂發微八卷 明張敔撰 清抄本

三三 鐘律通考三卷 明倪復撰 清丁氏八千卷樓抄本

三四 鐘律通考六卷 明倪復撰 清抄本
存三卷 一至三

三五 古樂經傳全書二卷 明湛若水吕懷撰 明嘉靖三十四年祝廷滂刻本

三六 樂律纂要不分卷 明季本撰 明嘉靖十八年宋楫刻本 十行十九字白口左右双边

三七 樂律纂要一卷 明季本撰 明嘉靖十八年宋楫刻本 清丁丙跋 十行二十字白口左右双边无刻工

三八 律呂別書一卷 明季本撰 明嘉靖季有則刻本 十行二十一字白口左右双边无刻工

三九 樂經元義八卷 明劉濂撰 明嘉靖刻本 十行二十一字白口四周單边

四〇 樂經元義八卷 明劉濂撰 明嘉靖刻本 清丁丙跋 十行二十一字白口四周單边无刻工

四一 樂典三十六卷 明黃佐撰 明嘉靖二十六年孫學古刻本 十行二十字白口四周單边无刻工

四二 樂典三十六卷 明黃佐撰 明嘉靖三十六年盧寧刻本

律呂古義三卷 明呂懷撰 明嘉靖二十九年俞廷琳刻本 九行十八字白口左右双边 四三
律呂古義三卷圖一卷 明呂懷撰 明嘉靖三十一年刻本 九行十八字白口左右双边單魚尾 四四
律呂古義三卷圖一卷 明呂懷著 俞廷琳劉光漢編輯 明嘉靖三十一年刻本 九行十八字四周單边白口 四五
律呂解註二卷 明鄧文憲撰 明嘉靖二年詹璥丘環等刻本 九行十六字黑口四周双边 四六
律呂解註二卷 明鄧文憲撰 明嘉靖十八年曹逵刻本 九行十六字小字双行十六字黑口四周双边 四七
大樂律呂元聲六卷律呂考註四卷 明李文利撰 李元校補 明嘉靖十四年浙江布政司刻本 十行二十字四周双边白口 四八
大樂律呂元聲六卷 明李文利撰 李元校補 明嘉靖十四年浙江布政司刻本 十行二十一字白口四周双边 四九
大樂律呂元聲六卷大樂律呂考注四卷 明李文利撰 李元校補 明嘉靖三年范輅刻本 清丁丙跋 十行行二十一字白口四周單边无刻工 五〇
大樂律呂考註四卷 明李文利撰 明嘉靖刻本 十行二十一字白口四周双边 五一
大樂律呂考註四卷 明李文利撰 明刻本 十行二十一字白口四周双边 五二
存二卷 三至四
大樂律呂元聲六卷大樂律呂攷注四卷 明李文利撰 明李元校補 明樸學齋抄本 五三
苑洛志樂二十卷 明韓邦奇撰 明嘉靖二十七年王宏等刻本 十行二十字二十二字不等白口四周單边 五四
苑洛志樂十三卷 明韓邦奇撰 清康熙二十二年吴元萊刻本 五五
律呂志解一卷 明韓邦奇撰 明正德刻本 九行二十字四周單边白口 五六
律呂直解一卷 明韓邦奇撰 明刻本 九行十六字黑口双黑魚尾四周双边 五七
李氏樂書六種十九卷 明李文察撰 明嘉靖刻本 九行二十字粗黑口四周双边 五八
四聖圖解二卷 樂記補說一卷 律呂新書補註一卷 興樂要論三卷 古樂筌蹄九卷 皇明青宮樂調三卷
李氏樂書六種十九卷 明李文察撰 明抄本 五九
存四種八卷 樂記補說一卷 興學要論三卷 皇明青宮樂調三卷附圖 律呂新書補註一卷
青宮樂調三卷 明李文察撰 清怡素堂抄本 六〇
古樂筌蹄九卷 明李文察撰 明抄本 李木齋跋 六一
樂律管見二卷 明黄積慶撰 明嘉靖刻本 九行二十字白口上下單边左右双边 六二
律呂別書一卷 明彭山撰 清鳴野山房抄本 六三
律呂考正一卷 明潘應詔撰 明刻本 十行十九字小字双行十九字白口四周双边 六四

律呂正聲六十卷 明王邦直撰 明萬曆三十六年刻本 十行二十字白口單魚尾四周單边 六五
律呂正聲六十卷 明王邦直撰 明萬曆刻本（卷一至卷四配王寀延抄本） 清王寀延跋 十行二十字白口四周單边 六六
文廟樂編二卷附錄一卷 明潘巒編 明萬曆十三年刻本 十行二十字四周双边白口 六七
樂律全書十二種三十八卷 明朱載堉撰 明萬曆鄭藩刻本 十二行二十五字細黑口四周双边 六八
律呂精義內篇十卷 律呂精義外篇十卷 律學新說四卷 鄉飲詩樂譜六卷 樂學新說一卷 算學新說一卷 操縵古樂譜一卷 六代小舞譜一卷 小舞鄉樂譜一卷 二佾綴兆圖一卷 靈星小舞譜一卷 旋宮合樂譜一卷
樂律全書四十八卷 明朱載堉撰 明萬曆鄭藩增修本 十二行二十五字黑口四周双边无刻工 六九
律呂精義內篇十卷 律呂精義外篇十卷 律學新說四卷 樂學新說一卷附樂經古文 算學新說一卷 操縵古樂譜一卷 旋宮合樂譜一卷 鄉飲詩樂譜六卷 六代小舞譜一卷 小舞鄉樂譜一卷 二佾綴兆圖一卷 靈星小舞譜一卷 聖壽萬年曆二卷 萬年曆備考三卷 律曆融通四卷附錄一卷
律呂正論四卷律呂質疑辨惑一卷 明朱載堉撰 明萬曆刻本 八行十六字白口四周單边 七〇
樂經以俟錄十六卷 明瞿九思撰 明萬曆三十五年史學遷刻本 九行二十字白口四周双边双魚尾有刻工 七一
泰律十二卷外篇三卷 明葛中選撰 明萬曆金聲刻本 八行十九字白口四周双边无刻工 七二
泰律十二卷 明葛中選撰 明刊本 九行二十字白口四周双边 七三
律呂或問不分卷 □程宗舜撰 明抄本 七四
樂經集註二卷 明張鳳翔撰 明崇禎刻本 九行十八字四周單边白口 七五
樂經集註二卷 明張鳳翔撰 明末刻本 八行十四字白口四周單边有刻工 七六
大樂嘉成一卷 明袁應兆撰 明崇禎六年王佐刻本 九行二十字白口四周單边 七七
古樂義十二卷 明邵儲撰 清抄本 七八
樂譜萃珍不分卷 明抄配清抄本 七九

音學五書三十八卷 音論三卷 詩本音十卷 易音三卷 唐音正二十卷 古音表二卷 清顧炎武撰 清康熙六年張弨符山堂刻本 八〇

樂律參解四卷 清楊雲鶴撰 陳夢雷評校 清初刻本 八一

大成樂律全書一卷 清孔貞瑄撰 清康熙五十二年刻本 八二

律呂正義四卷 上編二卷正律審音 下編二卷和聲定樂 清允祉等撰 清康熙銅活字印本 八三

律呂正義上編二卷下編二卷續編二卷 清允祉纂 清康熙銅活字印本 八四

御製律呂正義五卷 上編二卷正律審音 下編二卷和聲定樂 續編一卷協均度曲 清允祉、允祿等撰 清雍正初年內府銅活字本 八五

律呂正義上編二卷下編二卷續編一卷 清允祉允祿等撰 清康熙刻本 八六

御製律呂正義五卷 上編二卷正律審音 下編二卷和聲定樂 續編一卷協均度曲 清允祉、允祿等撰 清雍正內府刻本 八七

御製律呂正義上編二卷下編二卷續編一卷 清聖祖玄曄敕撰 清刻本 八八

律呂纂要二卷 清康熙內府抄本 八八

律呂纂要二卷 清內府稿本 八九

律呂節要五卷附總圖 清內府抄本 九〇

古樂經傳五卷 清李光地註 清雍正五年刻本 九一

古樂書二卷 清應撝謙撰 稿本 存一卷 上 九二

律呂圖說九卷 清王健常編次 王宏撰校訂 清乾隆三十九年朝坂集義堂刻本 九三

樂書內編二十卷 清張宣猷鄭先慶撰 清康熙十九年刻本 九四

樂述三卷 清毛乾乾撰 清抄本 九五

樂述三卷 清毛乾乾撰 清抄本 九六

樂述三卷 清毛乾乾撰 清抄本 清丁丙跋 九七

八音圖考二卷 清鄧琳撰 清抄本 九八

樂述可知七卷 清陳本撰 清抄本 九九

樂律表微八卷 清胡彥昇撰 清乾隆二十八年刻本 一〇〇

樂律表微八卷 清胡彥昇撰 清抄本 一〇一

律呂卦義大成三卷 清沈光邦撰 清乾隆抄本 一〇二

易律神解不分卷 清沈光邦撰 清沈琛抄本 一〇三

易律通解四卷 清沈光邦撰 清抄本 一〇四

御製律呂正義後編一百二十八卷 清允祿、張照等纂修 清乾隆武英殿刻套印本 一〇五

御製律呂正義後編一百二十卷上諭奏議二卷 清允祿張照纂修 清乾隆武英殿刻套印本 一〇六

御製律呂正義後編八卷 清德保等纂修 清乾隆武英殿刻套印本 一〇七

御製律呂正義後編一百二十卷 清允祿張照等纂修 清抄本 清陳澧批校考證並附簫笛 存一卷 第六十四卷簫笛 一〇八

樂經或問三卷附大成樂譜 清汪紱撰 稿本 一〇九

樂經律呂通解五卷 清汪紱撰 稿本 一一〇

律呂新義四卷附錄一卷 清江永撰 稿本 一一一

律呂闡微十卷首一卷 清江永撰 清抄本 一一二

律呂闡微十卷首一卷 清江永撰 清抄本（四庫底本） 清丁丙跋 一一三

律呂闡微十卷 清江永撰 清抄本 清陳澧批點 一一四

吹豳錄五十卷 清吳穎芳撰 清抄本 一一五

吹豳錄五十卷 清吳穎芳撰 清抄本 一一六

吹豳錄五十卷 清吳穎芳撰 清嘉慶汪氏振綺堂抄本 清汪璐汪誠跋 存十卷 二十六至三十 四十六至五十 一一七

律呂元音二卷 清永恩撰 稿本 清丁丙跋 一一八

律呂原音四卷 清永恩撰 清乾隆四十七年刻本 一一九

黃鐘通韻二卷附黃鐘通韻琴圖補遺一卷 清都四德撰 清乾隆刻本 一二〇

黃鐘通韻二卷附黃鐘通韻琴圖補遺一卷 清都四德撰 一二一

清乾隆文會堂刻本

黄鍾通韻二卷附黄鍾通韻琴圖補遺一卷 清都四德撰 清乾隆三餘堂刻本 一二二

欽定樂律正俗一卷 清永瑢等撰 清内府朱墨抄本 一二三

燕樂考原六卷 清凌廷堪撰 清嘉慶十六年張其錦刻本 清陳澧批校並跋 一二四

古今樂府聲律源流考一卷 清吴騫輯 稿本 一二五

飴菴遺著一卷 清徐養原撰 清漢陽葉氏抄本 一二六

古律輯攷五卷 清紀大奎輯 稿本 一二七

律話三卷 清戴長庚撰 清道光十三年吾愛書屋刻本 一二八

樂律圖考一卷 清彭鳳高撰 稿本 一二九

樂通三卷 清□□撰 清抄本 清莫友芝跋 一三〇

樂譜選粹不分卷 清□□輯 清抄本 一三一

藏書情況表

書名編号	藏書单位
經 樂類 1	0141
2	0291
3	1741
4	0101
5	0101
6	0201
7	0201
8	1601
9	0101
10	0101
11	1701
12	0141
13	0175
14	0242
15	0101
16	1791
17	1581
18	1601
19	2201
20	2702
21	1601
22	0101
23	0246
24	0182
25	0201
26	0201
27	2541
28	0181
29	0101
30	0142
31	2501
32	0841
33	1601
34	0201
35	0101
36	1701
經 樂類 37	1601
38	1601
39	0101 0175 0301 0701 0744 1501 1641 1701 1716 2201
40	1601
41	1601
42	0141 0175 0201 2501 2541
43	0101 0201
44	0201 0175⊗
45	1701
46	0101
47	0175 1701⊗
48	1701
49	0101 1741
50	1601
51	0175
52	0101
53	0141
54	0101
55	0142 0201 0642 1705 2401 2701
56	0174
57	0141
58	2001
59	0201
60	1701
61	0141
62	0175
63	1705
64	0175
65	0141 0173 0175 0197 0291 0701 1101 1701 2561 1511⊗
66	1501
67	0141 0174
68	0142 0181 0291 0501 0801 1241 1501 1541 1587 1601 1701 1741
69	0102 0141 0150 0161 0162 0164 0175 0193 0201 0246 0291 0701 0703 0742 0801 0901 1001 1043 1101 1341 1601

書名編号	藏書単位
經 樂類 69	(接上頁) 1604 1606 1641 1901 1941 2001 2041 2042 2201 2341 2401 2461 2481 2501 2601 2701 2707 2941 1501⊗
70	0144 0175
71	0201 2541⊗
72	1606
73	0175
74	0198
75	0175 0181
76	0175
77	0181
78	0101
79	0201
80	1605
81	0175
82	0141
83	0181
84	0146 0701
85	0181
86	0175 0101
87	0181
88	0144
89(1)	0181
90	0181
91	0142 0744 1505
92	1705
93	0142
94	1705
95	0101
96	0141
97	1601
98	0175
99	0101
100	0141 0142 0242 2301
101	0181
102	0175
103	0144
104	0181

書名編号	藏書単位
經 樂類 105	0101 0175
106	0146 0242 0701
107	0101 0701
108	2541
109	2541
110	1881
111	1581
112	0101
113	1601
114	2541
115	0101
116	0101
117	1601
118	1601
119	0242
120	0101
121	0141
122	2001
123	0181
124	0101
125	0201
126	0201
127	0247
128	0101 0102
129	0201
130	0201
131	0201
89(2)	0181

春秋類

叢編

一　公羊春秋不分卷穀梁春秋不分卷　唐陸德明音釋　宋刻本　勞健跋　二十行廿七字左右双边細黑口

二　春秋公穀傳三十二卷　明張獻翼編　明隆慶元年刻本　十行十八字白口四周單邊
春秋公羊傳二十卷　春秋穀梁傳十二卷

三　春秋公羊傳十二卷春秋穀梁傳十二卷　明閔齊伋注　明天啟元年自刻三色套印本　九行十九字白口四周單邊

四　春秋公羊傳十二卷春秋穀梁傳十二卷　明閔齊伋注　明天啟唐錦池文林閣刻本　九行十八字白口四周單邊

五　增訂公羊穀梁傳二十四卷　明閔齊伋輯　明天啟元年烏程閔齊伋刻本　十行廿一字小字双行同白口四周單邊
春秋公羊傳十二卷　春秋穀梁傳十二卷

六　鍾伯敬評公羊穀梁二傳合刻二十四卷　明鍾惺評　明崇禎九年閔爕刻本　九行十八字小字双行同白口左右双边
公羊傳十二卷　穀梁傳十二卷

七　鍾伯敬評公羊穀梁二傳合刻二十四卷　明鍾惺評　明崇禎九年閔爕刻本　清祁季孫圈點并跋　九行十八字白口左右双边
公羊傳十二卷　穀梁傳十二卷

八　春秋三書三十一卷　明張溥撰　明末刻本　十行二十字小字双行字無定數白口左右双边
春秋列國論二十四卷　春秋諸傳斷六卷　春秋書法解一卷

九　左傳折諸二十八卷首二卷公羊折諸六卷首一卷穀梁折諸六卷首一卷　清張尚瑗撰　清雍正元年刻本

一〇　文章練要五種二十三卷　清王源撰　清雍正刻本　存三種十三卷　左傳評十卷、公羊評二卷、穀梁評一卷

一一　公羊傳一卷穀梁傳一卷　清王源評　清康熙五十五年程茂刻本

一二　郝氏春秋二種十四卷　清郝懿行撰　清道光七年趙銘彝刻本
春秋說畧十二卷　春秋比二卷

一三　陳藝叔先生春秋八種三十卷　清陳學文撰　稿本
春秋口義說四卷　春秋全經口義說六卷　春秋類文求義七卷　春秋災異嚴事物審說一卷　春秋類事求異八卷　春秋原本二卷　春秋讀本一卷　春秋三傳異同說一卷

左傳

一四　新刊校正音釋春秋二卷　明刻本　九行十六字白口四周双边

一五　京本春秋左傳三十卷　宋刻本　七行十二字白口左右双边有刻工　存五卷　六至七、十二、十六、二十九

一六　音點春秋左傳十六卷　明弘治十五年嚴州府東理刻本　十一行廿一字小字双行同大黑口四周双边有半名刻工

一七　音點春秋左傳十六卷　明弘治十五年嚴州府東理刻本　清丁丙跋　十一行二十一字小字双行同大黑口四周双边有半名刻工

一八　春秋左氏全傳白文十二卷　明萬曆十六年賀邦泰刻本　九行二十一字白口左右双边

一九　春秋左傳三十卷　明沈經德輯　明刻本　十行十九字白口左右双边

二〇　左氏傳五卷提要一卷列國東坡圖說一卷綱領一卷二十國年表一卷　明刻本　廿行廿二字四周双边

二一　左傳二卷　明末抄本　十行廿六字

二二　古文春秋左傳十二卷　漢賈逵、服虔等撰　清惠棟輯　清抄本　清陳鱣、吳騫、吳昂駒校補

二三　古文春秋左傳十二卷　漢賈逵、服虔等撰　題宋王應麟輯　清抄本　王大隆跋

二四　古文春秋左傳一卷　題宋王應麟輯　清惠棟考訂　手稿本

二五　春秋長歷一卷　晉杜預撰　清乾隆孔氏刻微波榭叢書本　清惠棟批校

二六　春秋長曆一卷　晉杜預撰　清抄本

二七　春秋經傳集解三十卷　晉杜預撰　唐陸德明釋文　春秋總要一卷　宋李厚撰　宋刻本　八行十五、十六字小字双行廿一字白口四周双边

二八　春秋經傳集解三十卷　晉杜預撰　宋嘉定九年興國軍學刻本　八行十七、十八字注双行同白口左右双边有刻工　存一卷　二十二

二九　春秋經傳集解三十卷　晉杜預撰　宋撫州公使庫刻遞修本　十行十六字小注二十四字白口四周双边

三〇　春秋經傳集解三十卷　晉杜預撰　宋刻本　十四行廿三字小字双行同白口四周單邊有刻工　存二十三卷　一至十三、十九至二十四、二十七至三十

三一　春秋經傳集解三十卷　晉杜預撰　唐陸德明釋文　宋刻本（八卷十至十二配另一宋刻本）　十行十九字小字

卅行廿三字細黑口四周雙邊　存十五卷　一至十五

春秋經傳集解三十卷　晉杜預撰　唐陸德明釋文　宋鶴林于氏家塾棲雲閣刻元修本　李盛鐸、周叔弢跋　十行十六、七字注雙行三十二字白口左右雙邊有刻工　存二十九卷　一至九、十一至三十　三二

監本纂圖春秋經傳集解三十卷　晉杜預撰　唐陸德明釋文　宋刻本　十行十八字小黑口左右雙邊有刻工　三三

監本纂圖春秋經傳集解三十卷　晉杜預撰　唐陸德明釋文　宋刻本　十行十八字小字雙行廿四字細黑口四周雙邊　存三卷　二、二十二至二十三　三四

纂圖互註春秋經傳集解三十卷　晉杜預撰　唐陸德明釋文　春秋名號歸一圖二卷　蜀馮繼先撰　宋龍山書院刻本　袁克文跋　十二行二十一字小字雙行二十五字細黑口左右雙邊　三五

春秋經傳集解三十卷　晉杜預撰　唐陸德明釋文　宋刻本　十三行廿四字白口四周雙邊單魚尾有刻工　三六

春秋經傳集解三十卷　晉杜預撰　唐陸德明釋文　宋刻本　十行十九字小字雙行十九字細黑口左右雙邊雙魚尾　存二十二卷　一至十五、二十四至三十　三七

春秋經傳集解三十卷　晉杜預撰　唐陸德明釋文　宋蜀刻本　八行十六字小字雙行二十一字白口左右雙邊　存二卷　九（四至三十頁）、十（一至二十六頁）　三八

婺本附音重言重意春秋經傳集解三十卷　晉杜預撰　唐陸德明音義　宋刻巾箱本　十行十九字白口左右雙邊單魚尾　存十四卷　二至七、十五至十九、二十三、二十五至二十六　三九

婺本附音春秋經傳集解三十卷　晉杜預撰　宋婺州刻本　十行十九字小字雙行二十字白口左右雙邊單魚尾　存一卷　二十九　四〇

東萊先生呂成公點句春秋經傳集解三十卷　晉杜預撰　唐陸德明釋文　宋刻本　十三行廿一字注文雙行同黑口四周雙邊　四一

春秋經傳集解三十卷　晉杜預撰　唐陸德明釋文　春秋名號歸一圖二卷　蜀馮繼先撰　年表一卷　元相臺岳氏荊溪家塾刻本（卷十五至二十配明刻本）周叔弢跋　八行十七字細黑口四周雙邊　四二

春秋經傳集解三十卷　晉杜預撰　唐陸德明釋文　明嘉靖刻本　八行十七字小字雙行同白口四周雙邊有刻工　四三

春秋經傳集解三十卷　晉杜預撰　唐陸德明釋文　明刻本　八行十七字白口四周雙邊有刻工　四四

春秋經傳集解三十卷　晉杜預撰　唐陸德明釋文　明刻本　八行十七字小字雙行十七字白口四周雙邊　四五

春秋經傳集解三十卷　晉杜預撰　唐陸德明釋文　明刻本　四六

春秋經傳集解三十卷　晉杜預撰　唐陸德明釋文　明刻本　八行十七字小字雙行同白口四周雙邊　四七

春秋經傳集解三十卷　晉杜預撰　唐陸德明釋文　春秋名號歸一圖二卷　蜀馮繼先撰　明刻本　十行十八字白口左右雙邊雙魚尾　四八

春秋經傳集解三十卷　晉杜預撰　春秋名號歸一圖二卷　蜀馮繼先撰　明刻本　十行十八字注雙行二十二字左右雙邊　四九

春秋經傳集解三十卷　晉杜預注　明刻本　八行十七字小字雙行白口雙魚尾四周雙邊　五〇

春秋經傳集解三十卷　晉杜預撰　唐陸德明釋文　明刻本　清陸隴其批並跋　八行十七字白口雙魚尾四周雙邊　五一

春秋經傳集解三十卷　晉杜預撰　唐陸德明釋文　明刻本　清錢陸燦批　李葆恂跋並錄李兆洛題識　八行十七字小字雙行同白口四周雙邊　五二

春秋經傳集解三十卷　晉杜預撰　唐陸德明釋文　明刻本　清朱邦衡校並跋又錄清惠棟跋　八行十七字小字雙行同四周雙邊　五三

春秋經傳集解三十卷　晉杜預撰　唐陸德明釋文　明刻本　清劉千里批點　八行十七字注小字雙行四周雙邊　五四

春秋經傳集解三十卷　晉杜預撰　唐陸德明釋文　明刻本　紅五色套錄清錢陸燦批校　八行十七字小字雙行同白口上雙魚尾四周雙邊　五五

春秋經傳集解三十卷　晉杜預撰　唐陸德明釋文　明刻本　清段玉裁跋　十行十八字小字雙行二十二字白口左右雙邊　五六

春秋經傳集解三十卷　晉杜預撰　唐陸德明釋文　春秋名號歸一圖二卷　蜀馮繼先撰　明刻本　清翁同書跋　十行十八字白口左右雙邊雙魚尾　五七

春秋經傳集解三十卷　晉杜預撰　唐陸德明釋文　明刻本（卷六、二十六配清抄本）清許翰跋　十行十八字小字雙行廿二字白口左右雙邊　五八

春秋經傳集解三十卷　晉杜預撰　唐陸德明釋文　春秋名號歸一圖二卷　蜀馮繼先撰　明刻本　清黃丕烈跋　十行十八字白口左右雙邊　五九

六〇 春秋經傳集解三十卷 晉杜預撰　唐陸德明釋文　春秋名號歸一圖二卷 蜀馮繼先撰　明刻本　十行十八字小字雙行廿二字雙魚尾左右雙邊

六一 春秋經傳集解三十卷 晉杜預撰　唐陸德明釋文　春秋列國圖說一卷 宋蘇軾撰　異名考一卷 明天啟卷刻本　八行十七字白口左右雙邊

六二 春秋經傳集解三十卷 晉杜預撰　明穆文熙輯評　明萬曆四年刻本　十一行二十二字小字雙行同白口四周雙邊

六三 春秋經傳集解三十卷 晉杜預注　明穆文熙輯評　春秋名號歸一圖二卷 蜀馮繼先撰　明萬曆十五年劉懷恕刻春秋戰國評苑本　九行二十字小字雙行同白口四周雙邊有刻工經名

六四 春秋經傳集解三十卷 晉杜預撰　明穆文熙輯評　春秋名號歸一圖二卷 蜀馮繼先撰　明萬曆十六年世德堂刻本　九行二十字小字雙行同白口上魚尾四周雙邊有刻工

六五 京本點校重言重意春秋經傳集解三十卷 晉杜預撰　唐陸德明釋文　元刻本　十一行二十字小字雙行廿一字白口四周雙邊
存十五卷 十六至三十

六六 春秋左傳正義三十六卷 唐孔穎達撰　宋慶元六年紹興府刻宋元遞修本　八行十六字小字雙行廿二字白口左右雙邊有刻工

六七 春秋左氏經傳集解三十卷 晉杜預撰　唐陸德明釋文　春秋名號歸一圖二卷 蜀馮繼先撰　春秋提要一卷 明萬曆八年金陵規仁堂刻本　九行二十字小字雙行同白口左右雙邊有刻工

六八 春秋左氏經傳集解三十卷 晉杜預撰　唐陸德明音義　明郝鯨刻本　九行二十字白口左右雙邊單魚尾有刻工

六九 春秋左傳三十卷 晉杜預註　宋林堯叟音註　明初刻本（卷十八、二十一、二十二配清抄本）　十行二十一字小字雙行同黑口四周雙邊

七〇 春秋左傳三十卷 晉杜預註　宋林堯叟音註　明初刻本　十行二十一字小字雙行黑口雙邊
存十九卷 十二至三十

七一 春秋左傳三十卷 宋林堯叟注　明弘治十九年宋文堂刻本　十行廿一字上下黑口四周雙邊雙魚尾

七二 春秋左傳三十卷 晉杜預註　宋林堯叟音註　明嘉靖二十四年書林鄭希善宗文堂刻本　十行二十一字小字雙行同白口左右雙邊

七三 春秋左傳三十卷 晉杜預註　明鍾惺評　明崇禎四年毛氏汲古閣刻本

七五 春秋經傳集解三十卷 晉杜預撰　明穆文熙編　葛鼒重訂　春秋名號歸一圖二卷 蜀馮繼先撰　明永懷堂刻本　清佚名錄魏禧、何焯評語　九行二十字白口左右雙邊

七六 春秋左傳五十卷 晉杜預註　宋林堯叟音註　明鍾惺等評點　明刻本　十行二十字小字雙行白口左右雙行單魚尾

七七 春秋左傳評苑三十卷 晉杜預經解　明穆文熙編　明萬曆二十年鄭以厚光裕堂刻本　十一行二十四字小字雙行同白口左右雙邊

七八 春秋左傳集解三十卷 晉杜預撰　明崇禎十二年永懷堂刻十三經古注本　清丁晏校注　九行二十五字小字雙行同白口左右雙邊

七九 春秋左傳三十卷 晉杜預集解　明崇禎十二年永懷堂刻十三經古注本　莫棠校　九行二十五字

八〇 附釋音春秋左傳註疏六十卷 晉杜預注　唐孔穎達疏　陸德明釋文　宋劉叔剛刻本　十行十六、十七字小字雙行廿三字細黑口左右雙邊
存二十九卷 一至二十九

八一 附釋音春秋左傳註疏六十卷 晉杜預註　唐孔穎達疏　陸德明釋文　元刻明修本　十行十七字小字雙行廿三字白口左右雙邊有刻工

八二 附釋音春秋左傳註疏六十卷 晉杜預註　唐孔穎達疏　陸德明釋文　元刻明修本　章炳麟跋　十行十七字小字雙行廿三字白口補版黑口

八三 附釋音春秋左傳註疏六十卷 晉杜預註　唐孔穎達疏　陸德明釋文　元刻明修本　清丁丙跋　十行十七字小字雙行廿三字白口左右雙邊有刻工

八四 附釋音春秋左傳註疏六十卷 晉杜預注　唐孔穎達疏　陸德明釋文　元刻本（卷四十一、四十九、六十、配明刻本卷五十五配清抄本）　十行十七字小字雙行廿三字白口左右雙邊

八六 附釋音春秋左傳註疏六十卷 晉杜預註　唐孔穎達疏　陸德明釋文　元刻本　十行十七字小字廿三字白口左右雙邊有刻工
存二卷 八、九

八七 春秋左傳註疏六十卷 晉杜預註　唐孔穎達疏　陸德明釋文　明嘉靖李元陽刻十三經注疏本　清孫志祖批校　九行二十一字小字雙行低經文一字二十字白口四周單邊有刻工姓名

春秋左傳註疏六十卷　晉杜預注　唐孔穎達疏　陸德明釋文　明嘉靖李元陽刻十三經註疏本　清許瀚批校　九行廿一字小字雙行同白口四周單邊有刻工　八八

春秋左傳註疏六十卷　晉杜預注　唐孔穎達疏　陸德明釋文　明嘉靖李元陽刻十三經註疏本　清易樹遺跋　九行廿一字白口單邊有刻工　八九

春秋左傳註疏六十卷　晉杜預注　唐孔穎達疏　陸德明釋文　明崇禎十一年毛氏汲古閣刻十三經註疏本　清汪沆跋　清陳樹華、段玉裁校　九〇

春秋左傳註疏六十卷　晉杜預注　唐孔穎達疏　陸德明釋文　明崇禎十一年毛氏汲古閣刻十三經註疏本　清張爾耆校　九一

春秋左傳註疏六十卷　晉杜預注　唐孔穎達疏　陸德明釋文　明崇禎十一年毛氏汲古閣刻十三經註疏本　清謝章鋌校並跋　九二

增補春秋左傳杜林合註二十卷　晉杜預、宋林堯叟撰　明萬曆十八年金陵抱青閣十乘樓刻本　十行十九字白口雙邊單魚尾　九三

增補春秋左傳杜林合註二十卷　晉杜預、宋林堯叟撰　明萬曆十八年金陵抱青閣十乘樓刻本　清錢陸燦批校並跋　九行十九字小字雙行同白口四周雙邊　九四

春秋左傳杜林合註五十卷　晉杜預、宋林堯叟撰　唐陸德明音義　明閔夢得、閔光德輯　明萬曆二十二年刻本　十行二十字白口上下單邊左右雙邊　九五

春秋左傳杜林合註五十卷　晉杜預、宋林堯叟撰　唐陸德明音義　明王道焜、趙如源輯　明天啟六年閔齊閔刻本　九行二十字小字雙行同四周單邊　九六

春秋左傳五十卷　晉杜預、宋林堯叟注　唐陸德明音義　明鍾惺評　明崇禎刻本　九行二十字小字雙行同戴征子天續　白口四周單邊　九七

春秋左傳五十卷　晉杜預、宋林堯叟注　明韓范評　明崇禎刻本　九行注文雙行二十字白口四周單邊　九八

春秋左傳五十卷　晉杜預、宋林堯叟注　唐陸德明音義　明孫鑛　鍾惺批點　清康熙四十二年鎮聖錫刻本　清唐仁壽批校　九九

春秋左傳五十卷　晉杜預、宋林堯叟注　唐陸德明釋文　明孫鑛　鍾惺批點　清康熙刻本　清潘御炳批　潘德輿跋　一〇〇

存四十三卷　一至四十三

左氏傳續說十二卷　宋呂祖謙撰　清抄本　清邵晉涵校　一〇一

左氏傳續說十二卷綱領一卷　宋呂祖謙撰　清抄本　清翁同龢校　一〇二

左氏蒙求一卷　元吳化龍撰　清同治三年劉履芬抄本　劉履芬跋　一〇三

增註東萊先生左氏博議二十五卷　宋呂祖謙撰　宋刻遞修本　十三行廿五字小字雙行同細黑口左右雙邊　存十卷　一至十　一〇四

新刊詳增補註東萊先生左氏博議二十五卷　宋呂祖謙撰　明正德六年劉氏安正堂刻本　十二行廿六字黑口四周雙邊　一〇五

新刊詳增補註東萊先生左氏博議二十五卷　宋呂祖謙撰　明正德六年劉氏安正堂刻本　清李錫晴校並跋　十二行廿六字黑口四周雙邊　一〇五

詳註東萊先生左氏博議二十五卷　宋呂祖謙撰　明刻本　十行二十字白口四周雙邊　一〇六

存九卷　一至四、七至十四

詳註東萊先生左氏博議二十五卷　宋呂祖謙撰　明刻本　十行二字字細黑口四周雙邊　一〇七

存五卷　一至五

詳註東萊先生左氏博議二十五卷　宋呂祖謙撰　明刻本　清翁同龢抄補　十行二十字細黑口四周雙邊　一〇八

詳註東萊先生左氏博議二十五卷　宋呂祖謙撰　明刻本　清丁丙跋　十行二十字小字雙行同綫黑口四周雙邊　一〇九

詳註東萊先生左氏博議二十五卷　宋呂祖謙撰　明刻本　十行二十字白口左右雙邊　一一〇

詳註東萊先生左氏博議二十五卷　宋呂祖謙撰　宋張成招注　清乾隆抄本　一一一

精選東萊先生左氏博議八卷　宋呂祖謙撰　明刻本　十行二十字黑口四周雙邊　一一二

呂東萊先生左氏博議六卷　宋呂祖謙撰　明陶珽輯　明崇禎刻本　九行十九字黑口四周單邊　一一三

呂東萊先生左氏博議六卷　宋呂祖謙撰　明陶珽輯　明崇禎刻本　清張觀瀾批校並跋　九行十九字白口四周單邊　一一四

存三卷　一至三

呂東萊先生左氏博議六卷　宋呂祖謙撰　明陶珽輯　明崇禎雕萬堂刻本　清佚名校　九行二十字白口四周單邊　一一五

呂東萊先生左氏博議十二卷　宋呂祖謙撰　明黃之寀刻本　九行十八字小字雙行白口單魚尾四周雙邊　一一六

精選東萊先生左氏博議句解十六卷　宋呂祖謙撰　元刻本　十二行廿二或廿五字小字雙行同黑口左右雙邊　一一七

一一八 精選東萊先生左氏博議句解十六卷 宋呂祖謙撰 元刻明修本 十二行廿三字黑口左右雙边

一一九 精選東萊先生左氏博議句解十六卷 宋呂祖謙撰 明弘治七年蔡紳刻本 十二行廿三字小字雙行黑口四周雙边

一二〇 精選東萊先生左氏博議句解十六卷 宋呂祖謙撰 明弘治七年蔡紳刻本 清丁丙跋 十二行廿三字小字雙行黑口四周雙边

一二一 精選東萊先生博議句解二十卷 宋呂祖謙撰 張成招注 明正德刻本 十行二十字黑口四个黑魚尾四周雙边 存八卷 九至十六

一二二 新刻翰林批選東萊先生左氏博議句解十二卷 宋呂祖謙撰 明萬曆九年書林源泰堂刻本 九行十九字小字雙行同白口四周雙边

一二三 精選東萊呂先生左氏博議句解十六卷 宋呂祖謙撰 明瞿景淳選 明刻本 十行廿二字白口四周雙边

一二四 春秋左傳類編不分卷 宋呂祖謙撰 明抄本

一二五 東萊呂太史春秋左傳類編不分卷 宋呂祖謙撰 清抄本

一二六 東萊呂太史春秋左傳類編不分卷 宋呂祖謙撰 清抄本

一二七 春秋經左氏傳句解七十卷 宋林堯叟註 明刻本 十行二十二字小字雙行同細黑口左右雙边雙魚尾

一二八 春秋正經全文左傳增註句解四十卷 宋林堯叟撰 元刻本（配明刻本春秋集傳大全卷三十四） 十一行廿一字黑口四周雙边雙魚尾 存三十九卷 一至三十五、三十七至四十

一二九 音註全文春秋括例始末左傳句讀直解七十卷 宋林堯叟撰 元刻明修本 楊守敬跋 十二十三行不等大字不等小字雙行二十四、五字不等黑口四周單边左右雙边雙魚尾

一三〇 音註全文春秋括例始末左傳句讀直解七十卷 宋林堯叟撰 元刻本 十二行廿二字小字雙行四十四字小黑口四周單边 存四卷 四十五、四十六、四十七、四十八

一三一 音註全文春秋括例始末左傳句讀直解七十卷 宋林堯叟撰 元刻本 十三行廿四字小字雙行同細黑口四周單边 存三卷 二十一至二十三

一三二 音註全文春秋括例始末左傳句讀直解七十卷 宋林堯叟撰 元刻明修本 十二行廿四字黑口四周雙边 存三十卷 三至二十八、三十二至三十五

一三三 增修訂正音點春秋左傳詳節句解三十五卷 宋朱申撰 宋刻元修本 十四行廿五字小字雙行同黑口左右雙边雙魚尾

一三四 音點春秋左傳詳節句解三十五卷 宋朱申撰 明初刻本 十一行廿一字或十二行廿二、三字小字雙行同黑口左右雙边

一三五 春秋左傳詳節句解三十五卷 宋朱申撰 元刻本（卷二十九至三十五配明刻本） 十二行廿三字細黑口四周單边

一三六 春秋左傳詳節句解三十五卷 宋朱申撰 明萬曆十年顧梧芳刻本 十行廿一字白口單边單魚尾

一三七 春秋左傳詳節句解三十五卷 宋朱申撰 明萬曆十三年周田拭刻本 十行廿一字小字雙行同白口四周單边

一三八 春秋左傳詳節句解三十五卷 宋朱申撰 明萬曆十三年周田拭刻本 清丁丙跋 十行廿一字小字雙行同白口四周單边

一三九 春秋左傳詳節句解三十五卷 宋朱申撰 明刻本 九行廿一字小字雙行同白口四周雙边

一四〇 重訂批點春秋左傳狐白句解三十五卷 宋朱申撰 明孫鑛批點 明末刻本 十一行廿一字小字雙行

一四一 春秋左傳類對賦一卷 宋徐晉卿撰 清高士奇補註 清康熙三十年高自刻本

一四二 春秋左氏傳補注十卷 元趙汸撰 元至正二十四年休寧商山義塾刻明修本 十二行二十四字小字雙行同細黑口左右雙边

一四三 春秋左氏傳補注十卷 元趙汸撰 元至正二十四年休寧商山義塾刻明修本 清丁丙跋 十二行廿四字小字雙行同細黑口左右雙边有刻工

一四四 新刊春秋左氏選粹四卷 題明曉香堂輯 明曉香堂刻本 十行二十字白口左右雙边有刻工

一四五 春秋左傳類解二十卷地譜世系一卷 明劉績撰 明刻本 佚名注（抄配缺葉） 十二行廿四字小字雙行黑口雙魚尾四周雙边

一四六 春秋左傳類解二十卷 明劉績撰 明弘治十年劉績淮陰公舍刻本 十二行廿四字黑口四周雙边 存五卷 一、十六至十九

一四七 春秋左傳類解二十卷地譜世系一卷 明劉績撰 明嘉靖七年

紫陽寶賢堂刻本　十行二十字黑口四周雙邊

左傳附註五卷後錄一卷　明陸粲撰　明嘉靖刻本　清丁丙跋　七行十七字小字雙行白口左右雙邊　一一四八

左氏春秋鐫二卷　明陸粲撰　明嘉靖二十七年盧氏少谷草堂刻本　八行十六字白口左右雙邊　一一四九

左氏春秋鐫二卷春秋胡氏傳辨疑二卷　明陸粲撰　明嘉靖四十二年陸延枝刻本　八行十六字白口左右雙邊　一一五〇

唐荊川先生編纂左氏始末十二卷　明唐順之撰　明嘉靖四十一年唐正之刻本　十行二十字白口四周單邊　一一五一

左氏始末十二卷　明唐順之撰　徐鑒評　明萬曆四十二年徐鑒刻本　九行二十字白口四周雙邊　一一五二

新刻王鳳洲先生課兒左傳文髓二卷　明王世貞輯　明刻本　十二行廿四字白口四周雙邊　一一五三

春秋左傳節文十五卷附音義　明汪道昆撰　明萬曆五年刻本　九行十八字白口左右雙邊單魚尾　一一五四

春秋左傳節文十五卷　明汪道昆撰　明刻本　九行二十字白口四周雙邊　一一五五

春秋左傳節文註畧十五卷　明汪道昆撰　周光鎬注　明萬曆十二年刻本　九行十八字小字雙行同白口四周單邊有刻工　一一五六

春秋左傳屬事二十卷古字奇字音釋一卷　春秋左傳註解辨誤二卷辨誤補遺一卷　古器圖一卷　明傅遜撰　明萬曆十三年日殖齋刻本　十行二十字白口左右雙邊　一一五七

春秋左傳屬事二十卷古字奇字音釋一卷　春秋左傳註解辨誤二卷辨誤補遺一卷　古器圖一卷　明傅遜撰　明萬曆十三年日殖齋刻十七年重修本　葉欽劭題跋　十行二十字白口左右雙邊　一一五八

春秋左傳註解辨誤二卷補遺一卷春秋左傳屬事古字奇字音釋一卷古器圖一卷　明傅遜撰　明萬曆十三年日殖齋刻十四年重修本　八行十八字白口左右雙邊　一一五九

春秋左傳註解辨誤二卷補遺一卷春秋左傳屬事古字奇字音釋一卷　明傅遜撰　明萬曆十二年傅氏日殖齋刻二十五年重修本　八行十八字白口左右雙邊　一一六〇

春秋左傳屬事二十卷古字奇字音釋一卷　春秋左傳註解辨誤二卷辨誤補遺一卷　古器圖一卷　明傅遜撰　明萬曆十三年日殖齋刻二十六年增修本　十行二十字小字雙行同上魚尾左右雙邊　一一六一

春秋左傳屬事二十卷　明傅遜撰　明萬曆十三年日殖齋刻十七年重修本　十行二十字白口左右雙邊　一一六二

春秋左傳屬事二十卷　明傅遜撰　明萬曆十三年日殖齋刻二十六年增修本　清丁丙跋　十行二十字小字雙行同白口左右雙邊有刻工　一一六三

左傳鈔評十二卷　明穆文熙輯　明萬曆十年劉懷恕刻本　九行二十字小字雙行白口四周單邊有刻工　一一六四

春秋左傳評林三十卷　明穆文熙撰　明刻本　九行二十字白口四周雙邊　一一六六

春秋左傳釋義評苑二十卷　明王錫爵輯　明萬曆十八年喬賓堂刻本　十行十九字小字雙行同白口四周雙邊　附春秋左傳總評一卷　春秋列國東坡圖說一卷　春秋左傳世系譜一卷　春秋左傳地名配古籍一卷　春秋左傳名號異稱便覽一卷　一一六七

左氏詳節八卷　明許孚遠輯　明萬曆刻本　九行十九字小字雙行同上白口下黑口左右雙邊有刻工　一一六八

左紀十一卷　明錢應奎撰　明萬曆三年華叔陽刻本　十二行二十字白口左右雙邊　一一六九

春秋左傳釋附二十七卷　明黃洪憲輯　明萬曆二十七年刻本　十行十九字小字雙行十九字白口左右雙邊　一一七〇

春秋左傳釋附二十七卷　明黃洪憲輯　明黃湛抄本　一一七〇

春秋左史捷徑二卷存一卷（卷下）　明劉守泰撰　明萬曆九年刻本　十一行廿三字白口左右雙邊　一一七一

左氏論二卷　明馮時可撰　明萬曆刻本　九行十八字白口四周單邊單魚尾有刻工　一一七二

左概六卷　明李事道輯　明萬曆十五年刻本　九行二十字小字雙行同白口四周雙邊　一一七三

春秋左傳綱目定註三十卷　明李廷機撰　明萬曆九年閩書林余泰垣刻本　十行廿二字小字雙行同左右雙邊　一一七四

春秋左傳綱目定註三十卷　明李廷機定註　明崇禎五年書林楊素卿刻本　十行廿二字小字雙行同白口四周雙邊　一一七五

新鐫翰林李九我先生左傳評林選要三卷　明李廷機輯　明萬曆書林鄭以厚刻本　十行廿四字小字雙行同白口四周雙邊　一一七六

新刻李太史釋註左傳三註旁訓評林七卷　明葉向高評林　李廷機注釋　趙志皋輯　明萬曆書林詹聖澤刻本　九行二十字小字雙行字不定白口四周雙邊　一一七七

春秋匡解不分卷　明鄒德溥撰　明抄本　一一七八

左氏纂二卷　明王良臣撰　明刻本　九行二十字小字雙行同白口四周單邊　一一七九

一八〇 讀春秋左氏贅言十二卷 明王升撰 明萬曆十六年刻本 九行廿一字白口左右双边

一八一 左傳集要十二卷 明閔遠慶撰 明萬曆刻本 十行廿一字小字双行同白口左右双边有刻工

一八二 增補湯會元遴輯百家評林左傳狐白四卷 明湯賓尹輯 林世選增補 明萬曆三十八年余泰垣自新齋刻本 十行二十字小字双行同白口單魚尾四周單边

一八三 左傳文苑八卷 明張鼐選 陳繼儒註 明刻套印本 九行廿二字白口單边

一八四 鐫侗初張先生評選左傳雋四卷 明末書林蕭少衢師儉堂刻本 九行二十一字白口單边

一八五 陳眉公先生選註左傳龍驤四卷 明陳繼儒選註 清初三台館刻本

一八六 左氏春秋內外傳類選八卷 明樊王家選註 明萬曆三十六年刻本 八行十八字夾注小字白口四周單边有刻工

一八七 春秋左翼四十三卷首一卷 明王震輯 明萬曆三十一年刻本 九行十九字白口左右双边單魚尾

一八八 春秋左傳十五卷 明孫鑛批點 明萬曆四十四年閔齊伋刻朱墨印本 九行十九字白口四周單边

一八九 左傳評苑八卷 明孫鑛選 鍾惺註 明刻套印本 九行廿二字中字双行同白口四周單边

一九〇 春秋左傳十五卷 明孫鑛批點 清高壽熙題識 明萬曆四十四年閔齊伋刻朱墨印本 九行十九字白口單边

一九一 合諸名家評註左傳文定十二卷 明孫鑛評選 明刻本 九行二十字白四周單边

一九二 鍾評杜林春秋左傳合註三十卷 明鍾惺評 明崇禎四年毛晉汲古閣刻本

一九三 鍾評杜林春秋左傳合註三十卷 明鍾惺評 明崇禎四年毛晉汲古閣刻本 清杜榮錄小明王氏批點

一九四 春秋左傳綱目杜林詳註十五卷 晉杜預、宋林堯叟註 唐陸德明音義 明孫鑛、鍾惺批點 張岐然輯 明刻本 九行廿九字白口四周單边

一九五 春秋左傳註評測義七十卷世系譜一卷名號異稱便覽一卷地名配古籍一卷總評一卷春秋列國東坡圖說一卷 明凌稚隆撰 明萬曆十六年刻本 十行二十字小字双行同白口左右双边

一九六 春秋左傳註評測義七十卷附世系譜一卷名號異稱便覽一卷地名配古籍一卷總評一卷 明凌稚隆撰 明萬曆十六年刻本 清丁丙跋 十行二十字小字双行白口左右双边有刻工

一九七 春秋左傳註評測義七十卷 明凌稚隆撰 明萬曆十六年凌氏刻本 金毓黻題記 十行二十字小字如行同白口左右双边有刻工

一九八 左記十二卷 明章大吉撰 俞燁熙註 明崇禎刻本 十行二十字白口四周單边

一九九 沈氏左燈六卷 明沈長卿撰 明天啟六年刻本 八行十八字白口四周單边

二〇〇 春秋左傳標釋三十卷首一卷 明戴文光撰 明天啟五年必有齋自刻本 九行十九字白口四周單边

二〇一 春秋左傳標釋三十卷 明戴文光撰 清呂廷平批 明天啟五年必有齋自刻本 九行十九字白口四周單边黑單魚尾

二〇二 必有齋左概增刪十二卷 明戴文光撰 明天啟五年必有齋自刻本 九行二十一字注文小字間行白口四周單边

二〇三 春秋左傳典畧十二卷 明陳許廷撰 明崇禎刻本 八行十九字白口四周双边

二〇四 新鍥鄭孩如先生精選左傳旁訓便讀四卷 明鄭維嶽撰 明楊九經刻本 十四行二十字白口四周單边黑魚尾 卷端下題鄭維嶽旁訓

二〇五 左國類函二十四卷 明鄭元勳、王光魯輯 明崇禎刻本 九行二十字小字双行同白口四周單边

二〇六 讀左傳札記不分卷 清錢謙益撰 稿本

二〇七 左錦一卷 清傅山輯 稿本 清趙爾巽跋

二〇八 讀左日鈔十二卷補二卷 清朱鶴齡撰 清康熙二十年刻本

二〇九 左傳統箋三十五卷 清姜希轍撰 清康熙十五年刻本

二一〇 左傳經世鈔二十三卷 清魏禧撰 清乾隆十三年彭家屏刻本

二一一 讀左隨筆不分卷 清顧鑒撰 清初紅杏書屋抄本

二一二 左傳事緯十二卷前書八卷 清馬驌撰 清康熙刻本

二一三 覽左隨筆一卷春秋名氏譜一卷 清馬驌撰 清抄本

二一四 左述二十集二百三十九卷首一卷存一百二十卷 一至二十 清浦湘撰 浦玉文增訂 稿本

二一五 春秋單合析義三十卷 明林挺秀、林挺俊編 清康熙三十四年花金樸刻本 金成棟輯 清康熙四十五年蕉雨閒房刻本

二一六 左傳快評八卷 清劉獻廷撰

二一七 左傳童觿二卷 清邵葦撰 稿本

二一八 左傳童觿二卷 清邵葦撰 稿本

二一九 左傳童觿二卷 清邵葦撰 稿本

二二〇 左氏條貫十八卷 清曾基撰 清康熙五十一年刻本

二二一 左氏條貫十八卷 清曾基撰 清刻本 清丁晏批注並跋

二二二二 文章練要左傳評十卷 清王源撰 清雍正刻文章練要本 清呂世宣評點
二二二三 左傳拾遺二卷 清朱元英撰 清康熙四十三年刻本
二二二四 左補三十卷 清馮李驊、陸浩評輯 清華川書屋刻本 清呂璜批
二二二五 春秋左傳補註六卷 清惠棟撰 清乾隆三十七年胡亦常刻三十八年張錦芳續刻本
二二二六 春秋左傳補註六卷 清惠棟撰 清乾隆三十七年胡亦常刻三十八年張錦芳續刻本 清王堂鈐錄春秋內傳古注輯並跋
二二二七 春秋左傳補註六卷 清惠棟撰 清乾隆三十七年胡亦常刻三十八年張錦芳續刻本 清陳鍾英校跋
二二二八 春秋左傳補註六卷 清惠棟撰 清乾隆刻貸園叢書本 清盧文弨校並跋 丁丙跋
二二二九 春秋左傳補註六卷 清惠棟撰 稿本 丁祖蔭跋
二二三〇 春秋左傳杜註三十卷首一卷 清姚培謙撰 清乾隆十一年陸氏小鬱林刻本
二二三一 春秋左傳杜註三十卷 清姚培謙撰 清乾隆十一年陸氏小鬱林刻本 清樹珠批點並跋
二二三二 春秋左傳杜註三十卷首一卷 清姚培謙撰 清乾隆十一年陸氏小鬱林刻本 清徐核批校並錄注
二二三三 春秋左傳杜註三十卷 清姚培謙撰 清乾隆十一年陸氏小鬱林刻本 清陳浩圖點並跋
二二三四 春秋左傳杜註三十卷 清姚培謙撰 清乾隆十一年陸氏小鬱林刻本 清□嘉木等校並錄 清陳樹華、王念孫、梁玉繩校釋
二二三五 春秋左傳杜註三十卷首一卷 清姚培謙撰 清嘉慶元年金閶書業堂刻本 清佚名校 葉景葵跋
二二三六 劉炫規杜持平六卷 清邵瑛撰 清嘉慶二十二年桂隱書屋刻本 清李慈銘批校
二二三七 列國左傳要詮八卷 清杭捷輯 清乾隆四十五年枕松堂刻本
二二三八 讀左補義五十卷首一卷 清姜炳璋輯 清乾隆三十八年三多堂刻本
二二三九 左國類典詳註六卷 清吳模輯 清乾隆五十三年餘慶堂刻本
二二四〇 春秋左傳讀本十七卷 存十五卷（一至九、十一至十六） 清嘉慶元年西湖街六書齋刻本 清朱次琦批校
二二四一 欽定春秋左傳讀本三十卷 清英和等輯 春秋三傳異文考一卷 清張之萬撰 清同治八年至九年張之萬刻本 清李慈銘校
二二四二 春秋左傳鄭賈服注參考一卷 清陶思曾撰 清抄本
二二四三 左傳私解一卷 清趙徽明撰 清抄本 清盧文弨校
二二四四 左傳杜註拾遺五卷 清沈芝生撰 稿本 宋振仁跋
二二四五 左傳杜註拾遺三卷 清沈芝生撰 清抄本 清翁方綱批校
二二四六 左傳典則不分卷 清彥圖南撰 稿本 清陳立樹跋
二二四七 左貫不分卷 清張大成撰 清宮煥注 抄本
二二四八 春秋左氏傳補註十二卷 清沈欽韓撰 稿本
二二四九 春秋左氏傳補註十二卷 清沈欽韓撰 抄本 清同治十二年劉履芬
二二五〇 春秋左氏傳補註十二卷 清沈欽韓撰 清同治十二年劉履芬抄本 劉履芬跋
二二五一 左傳杜解集正八卷 清丁晏撰 稿本
二二五二 春秋左氏傳舊註疏證不分卷 清劉文淇、劉毓崧、劉壽曾撰 稿本
二二五三 春秋左氏傳舊註疏證不分卷 清劉文淇、劉毓崧、劉壽曾撰 稿本
二二五四 左傳嘉集四卷 清陳貽㲄撰 稿本
二二五五 春秋左氏傳集釋不分卷 清王劼撰 稿本
二二五六 春秋左氏傳集釋不分卷 清王劼撰 稿本
二二五七 春秋左傳鍵二十四卷 清萬維翰撰 清味經齋抄本
二二五八 左傳札記七卷石經札補遺一卷 清錢綺撰 清咸豐七年錢氏鈍研廬刻本
二二五九 方柏堂老人春秋左氏傳家塾課本不分卷 清方宗誠輯 清抄本
二二六〇 左氏古義六卷 清臧壽恭撰 清管氏丹鉛精舍抄本 清管路校並跋
二二六一 春秋左傳異義錄聞 清孫邦倫撰 稿本
二二六二 春秋左傳闡義五十五卷首□卷 清謝殿正撰 清抄本
二二六三 蜀石經校記一卷 清繆荃孫撰 稿本 鄧之誠題記
二二六四 春秋左氏傳古註口卷 存左傳第十五卷 清王先謙輯 清王氏抄本
二二六五 春秋左氏傳古註□卷 存五卷（一至三、五、六） 章炳麟撰 手稿本
二二六六 春秋左氏疑義答問一卷 章炳麟撰 手稿本
二二六七 左傳讀不分卷 存第三册 章炳麟撰 手稿本
二二六八 左傳讀續編不分卷 存第五册 章炳麟撰 手稿本
二二六九 駁箴膏肓評一卷 章炳麟撰 手稿本

公羊

春秋公羊傳二十卷 明刻本 清丁丙跋 十行十八字白口四周單

春秋公羊傳十二卷　清乾隆五十八年聞人堂刻本　清陳澧批校　二七〇

春秋公羊經傳解詁十二卷　漢何休撰　釋文一卷　唐陸德明撰　宋淳熙撫州公使庫刻紹熙四年重修本　十行十六字小字廿三、四字白口四周雙邊有刻工　二七一

春秋公羊經傳解詁十二卷　漢何休撰　唐陸德明音義　宋紹熙二年余仁仲萬卷堂刻本　清黃彭年跋李盛鐸、袁克文跋　十一行十九字小字雙行廿九字細黑口左右雙邊　二七二

春秋公羊經傳解詁十二卷校記一卷　漢何休撰　清同治刻十三經讀本本　清楊沂孫批點並跋　二七三

春秋公羊經傳解詁十二卷校記一卷　漢何休撰　清同治刻十三經讀本本　清戴望圈點題識　二七四

監本附音春秋公羊註疏二十八卷　漢何休注　唐徐彥疏　陸德明音義　元刻本　十行十七字小字雙行每五字白口左右雙邊有刻工　存十卷　五至六、十五至十六、二十一至二十二、二十五至二十八　二七五

監本附音春秋公羊註疏二十八卷　漢何休注　唐徐彥疏　陸德明音義　元刻明修本　十行十七字小字廿三字白口左右雙邊有刻工　二七六

監本附音春秋公羊註疏二十八卷　漢何休注　唐徐彥疏　陸德明音義　元刻明修本　清丁丙跋　十行十七字小字雙行廿三字白口左右雙邊有刻工　二七七

春秋公羊註疏二十八卷　漢何休注　唐徐彥疏　陸德明音義　明嘉靖李元陽刻十三經注疏本　清江聲校　丁丙跋　九行廿一字小字雙行同白口四周單邊有刻工　二七八

春秋公羊註疏二十八卷　漢何休注　唐徐彥疏　陸德明音義　明嘉靖李元陽刻十三經注疏本　清王振聲校　九行廿一字白口四周單邊　二七九

春秋公羊註疏二十八卷　漢何休注　唐徐彥疏　陸德明音義　明嘉靖李元陽刻十三經注疏本　清許瀚批校　九行廿一字白口小字雙行同四周單邊有刻工　二八〇

春秋公羊傳註疏二十八卷　漢何休注　唐徐彥疏　陸德明音義　明萬曆二十一年北京國子監刻十三經注疏本　清陳澧校　九行廿一字白口左右雙邊單魚尾　二八一

春秋公羊疏三十卷　唐徐彥撰　宋刻元修本　十五行廿三至廿八字白口左右雙邊　存七卷　一至七　二八二

春秋公羊註疏二十八卷　漢何休注　唐徐彥疏　陸德明音義　明崇禎七年毛氏汲古閣刻十三經注疏本　清吳壽暘錄各家校　清張爾耆錄校　二八三

春秋公羊註疏二十八卷　漢何休注　唐徐彥疏　陸德明音義　明崇禎七年毛氏汲古閣刻十三經注疏本　清王振聲校臨　清何焯等校　二八四

春秋公羊註疏二十八卷　漢何休注　唐徐彥疏　陸德明音義　明崇禎七年毛氏汲古閣刻十三經注疏本　清惠棟批校並圈點　二八五

春秋公羊註疏二十八卷　漢何休注　唐徐彥疏　陸德明音義　明崇禎七年毛氏汲古閣刻十三經注疏本　葉德輝跋　佚名錄清何焯、惠棟、朱邦衡、潘奕雋批校題識　二八六

春秋公羊註疏二十八卷　漢何休注　唐徐彥疏　陸德明音義　明崇禎七年毛氏汲古閣刻十三經注疏本　清姚世鈺校並跋又錄清何焯校跋　高鈞跋　二八七

公羊傳十二卷　漢何休注　明孫鑛、張榜評　明刻本　九行二十字白口上下單邊　二八八

春秋公羊傳十二卷　明閔齊伋裁注　攷一卷　明閔齊伋撰　明天啟元年自刻三色套印本　九行十九字小字雙行同白口四周單邊　二八九

春秋公羊傳十二卷　明閔齊伋裁注　攷一卷　明閔齊伋撰　明末唐錕池文林閣刻本　九行十九字小字雙行同白口四周單邊　二九〇

春秋公羊傳旁訓四卷　清唐氏橘叢山房刻本　清姚椿校並臨清姚鼐批校　二九一

公羊義疏不分卷　清陳立撰　稿本　二九二

公羊義疏七十六卷　清陳立撰　陳汝恭校　稿本　清戴望題記　存六十九卷　八至七十六　二九三

公羊義疏十一卷　清陳立撰　清抄本　二九四

春秋公羊傳義疏七十六卷　清陳立撰　清抄本　清孫詒讓點校　二九五

公羊經傳異文集解二卷　清吳壽暘撰　稿本　存一卷　上　二九六

公羊經傳異文集解二卷　清吳壽暘撰　稿本　存一卷　上　二九七

公羊逸禮考證一卷　清陳奐撰　稿本　二九八

校正公羊一卷　清廖平撰　稿本　二九九

春秋繁露十七卷　漢董仲舒撰　宋嘉定四年江右計臺刻本　十行十八字白口左右雙邊　三〇〇

春秋繁露十七卷　漢董仲舒撰　明正德十一年錫山華堅蘭雪堂銅活字印本　十四行十三字白口左右雙邊　三〇一

春秋繁露十七卷　漢董仲舒撰　明嘉靖三十三年周采刻本　九行十七字黑口四周雙邊　三〇二

春秋繁露十七卷　漢董仲舒撰　明嘉靖三十三年周采刻本　清孔繼涵校並跋　九行十七字黑口四周雙邊　三〇三

春秋繁露十七卷　漢董仲舒撰　明嘉靖三十三年周采刻本　清黃丕烈校並跋　九行十七字黑口四周雙邊　三〇四

春秋繁露十七卷　漢董仲舒撰　明嘉靖三十三年周采刻本　張孔濟跋　傅增湘校跋並錄清黃丕烈題識及張孔濟校　九行十七字黑口四周雙邊　三〇五

春秋繁露十七卷 漢董仲舒撰 明刻本 九行十七字白口四周雙邊有刻工 三〇八

春秋繁露十七卷 漢董仲舒撰 明刻本 鄧邦述跋並錄清孔繼涵校跋 九行十七字白口四周雙邊有刻工 三〇九

春秋繁露十七卷 漢董仲舒撰 明萬曆程榮刻漢魏叢書本 張爭鏞據清孔繼涵據永樂大典校本重校 九行二十字白口左右雙邊有刻工 三一〇

春秋繁露十七卷 漢董仲舒撰 明萬曆程榮刻漢魏叢書本 佚名批校 九行二十字白口四周單邊有刻工 三一一

春秋繁露十七卷 漢董仲舒撰 明萬曆二十年刻廣漢魏叢書本 清盧文弨校 丁丙跋 九行二十字白口左右雙邊 三一二

春秋繁露十七卷 漢董仲舒撰 明萬曆二十年刻廣漢魏叢書本 清徐時棟校並跋 九行二十字白口左右雙邊 三一三

春秋繁露十七卷 漢董仲舒撰 明萬曆二十年刻廣漢魏叢書本 清陳樹華校跋並臨清惠棟校跋 王大隆跋 九行二十字白口左右雙邊 三一四

董子春秋繁露十七卷附錄一卷 漢董仲舒撰 明王道焜等輯評 明天啓五年王道焜刻本 九行十八字白口四周單邊 三一五

董子春秋繁露十七卷附錄一卷 漢董仲舒撰 明王道焜等輯評 明天啓五年王道焜刻本 羅振常跋 九行十八字白口單邊 三一六

春秋繁露十七卷附錄一卷 漢仲仲舒撰 明孫鑛評 明天啓五年沈鼎新花齋刻本 九行二十字小字雙行同白口四周單邊 三一七

春秋繁露十七卷附錄一卷 漢董仲舒撰 明孫鑛評 明天啓五年沈鼎新花齋刻本 清徐時棟跋 九行二十字白口四周單邊 三一八

春秋繁露十七卷附錄一卷 漢董仲舒撰 明孫鑛評 明天啓五年沈鼎新花齋刻本 清金我跋 九行二十字白口單邊 三一九

春秋繁露十七卷 漢董仲舒撰 明孫鑛評 明天啓西山書舍刻本 九行二十字白口四周單邊 三二〇

春秋繁露十七卷附錄一卷 漢董仲舒撰 明孫鑛評 明末秉登樓刻本 九行二十字白口四周單邊 三二一

春秋繁露十七卷 漢董仲舒撰 明孫鑛等評 附錄一卷 明崇禎十一年方重刻本 清舟山老人批校並跋 九行二十字白口四周單邊 三二二

春秋繁露十七卷 漢董仲舒撰 明末刻本 九行二十字白口左右雙邊 三二三

春秋繁露十七卷 漢董仲舒撰 明末刻本 清翁方綱跋並錄清紀昀惠棟校跋 九行二十字白口左右雙邊 三二四

春秋繁露十七卷 漢董仲舒撰 明抄本 三二五

春秋繁露十七卷 漢董仲舒撰 明嘉業堂抄本 存六卷 十二至十七 三二六

春秋繁露十七卷 漢董仲舒撰 清初毛氏汲古閣影宋抄本 存八卷 五至八、十四至十七 三二七

春秋繁露十七卷 漢董仲舒撰 清乾隆盧氏抱經堂刻本 清吳騫臨張惠言校 褚德儀題識 三二八

春秋繁露十七卷 漢董仲舒撰 附錄一卷 清乾隆盧氏抱經堂刻本 清譚儀錄勵白牧校 三二九

春秋繁露十七卷 漢董仲舒撰 清乾隆抱經堂刻本 清孫詒讓批 三三〇

春秋繁露十七卷 漢董仲舒撰 清刻本 清鄭珍錄清盧文弨批校 三三一

春秋繁露十七卷 漢董仲舒撰 清刻乾隆本 清鄭生錄清盧文弨批校 三三二

春秋繁露十七卷 漢董仲舒撰 清凌曙注 清同治十二年粵東書局刻古經解彙函本 清楊沂孫批校並跋 三三三

春秋繁露十七卷 漢董仲舒撰 清抄本 清佚名錄清盧文弨校 三三四

春秋繁露注十七卷 清凌曙撰 稿本 三三五

春秋繁露義證十七卷 漢董仲舒撰 清蘇輿注 稿本 存十六卷 一至十五、十五至十七 三三六

諸大家同訂春秋繁露註釋大全十七卷首一卷附錄一卷 明孫鑛評釋 明末刻本 十行二十字小字雙行同白口四周單邊 三三七

穀梁傳

春秋穀梁傳十二卷 明嘉靖刻本 十行十八字白口單邊單魚尾 三三八

春秋穀梁傳十二卷 明刻本 十行十八字白口單邊 三三九

春秋穀梁傳十二卷 清乾隆五十八年同人堂刻本 清陳澧批校 三四〇

監本附音春秋穀梁註疏二十卷 晉范甯集解 唐楊士勛疏 陸德明釋文 元刻本 十行十七字小字雙行廿三字白口左右雙邊有刻工 存二卷 十七至十八 三四一

監本附音春秋穀梁註疏二十卷 晉范甯集解 唐楊士勛疏 陸德明釋文 元刻明修本 十行十七字小字廿三字白口左右雙邊 三四二

監本附音春秋穀梁註疏二十卷 晉范甯集解 唐楊士勛疏 陸德明釋文 元刻明修本 清丁丙跋 十行十七字小字雙行廿三字白口左右雙邊有刻工 三四三

春秋穀梁註疏二十卷 晉范甯集解 唐楊士勛疏 明嘉靖李元陽刻十三經注疏本 清姚椿校 九行廿一字小字雙行同白口單邊有刻工 三四四

春秋穀梁註疏二十卷 晉范甯集解 唐楊士勛疏 明萬曆二十一年北京國子監刻十三經注疏本 清陳澧校 九行廿一字白口單邊單魚尾 三四五

春秋穀梁註疏二十卷 晉范寧集解 唐楊士勛疏 明崇禎八年毛氏汲古閣刻十三經註疏本 清吳孝顯臨各家校 清張爾耆覆校 三四六

春秋穀梁註疏二十卷 晉范寧集解 唐楊士勛疏 明崇禎八年毛氏汲古閣刻十三經註疏本 清姚世鈺跋並錄何焯校跋 三四七

春秋穀梁註疏二十卷 晉范寧集解 唐楊士勛疏 明崇禎八年毛氏汲古閣刻十三經註疏本 佚名錄清鄭杲批校 王獻唐跋 三四八

春秋穀梁疏十二卷 唐楊士勛撰 明抄本 清陳鱣校
存七卷 六至十二 三四九

春秋穀梁疏十二卷 唐楊士勛撰 清李錫瓚跋 清咸豐七年崔氏恬裕齋抄本
存七卷 六至十二 三五〇

春秋穀梁傳十二卷 明閔齊伋裁註 附考一卷 明閔齊伋撰 明天啟九年自刻三色套印本 九行十九字小字雙行十八字白口四周單邊 三五一

春秋穀梁傳十二卷 明閔齊伋裁註 明末唐錦池文林閣刻本 九行十八字小字雙行同白口四周單邊 三五二

穀梁傳十二卷 晉范寧集解 明末刻本 九行十九字白口四周單邊 三五三

穀梁傳一卷 明王源評 清康熙刻本 三五四

穀梁註疏校勘記十二卷穀梁釋文校勘記一卷 清阮元撰 清嘉慶十三年刻本 清王振聲校 王大隆跋 三五五

春秋穀梁傳時月日書法釋例四卷 清許桂林撰 清道光二十五年刻本 清李慈銘批 三五六

春秋穀梁經傳補註二十四卷附律句一卷 清鍾文烝撰 清光緒二年鍾氏信美室刻本 清謝章鋌點並識 三五七

穀梁起廢疾補箋不分卷 清張佩綸撰 手稿本 三五八

春秋穀梁經傳古義疏十一卷 清廖平撰 稿本 三五九

春秋總義

春秋經傳二十卷 宋刻本 八行十七字白口左右雙邊
存十一卷 十六至十九、二十四至三十 三六〇

春秋十七卷 明秦鏷訂正 明秦氏刻九經本 清吳雲批校 十三行廿四字白口四周雙邊 三六一

春秋三傳三十八卷 明吳勉學刻本 九行十七字小字雙行同白口左右雙邊 三六二

春秋四傳三十八卷綱領一卷提要一卷列國東坡圖說一卷春秋二十國年表一卷諸國興廢說一卷 明嘉靖吉澄刻本 九行十七字小字雙行同白口左右雙邊有刻工 三六三

春秋四傳三十八卷綱領一卷提要一卷春秋二十國年表一卷諸國興廢說一卷 明嘉靖吉澄刻樊獻科重修本 九行十七字小字雙行同白口左右雙邊有刻工 三六四

春秋四傳三十八卷 明嘉靖吉澄刻樊獻科重修本 佚名錄清何焯批校 九行十七字小字雙行同白口左右雙邊有刻工
存三十七卷 一至十三、十五至三十八 三六五

春秋四傳三十八卷綱領一卷提要一卷東坡地理圖說一卷春秋二十國年表一卷諸國興廢說一卷 明嘉靖吉澄刻揚一鶚重修本 九行十七字白口左右雙邊 三六六

春秋四傳三十八卷綱領一卷提要一卷東坡地理圖說一卷春秋二十國年表一卷春秋諸國興廢說一卷 明嘉靖十一年福建建寧府刻本 九行十七字小字雙行同粗黑口左右雙邊雙黑魚尾有刻工 三六七

春秋四傳三十八卷綱領一卷提要一卷東坡地理圖說一卷諸國年表一卷諸國興廢說一卷 明嘉靖刻本 九行十七字小字雙行同黑口四周雙邊有刻工 三六八

春秋四傳三十八卷附春秋提要一卷春秋諸國興廢說一卷春秋二十國年表一卷 明李用賓校正 明杜壽刻本 九行十七字小字雙行同白口左右雙邊有刻工 三六九

春秋四傳三十八卷綱領一卷提要一卷東坡地理圖說一卷春秋二十國年表一卷諸國興廢說一卷 明刻本 九行十七字左右雙邊黑魚尾有刻工 三七〇

春秋四傳三十八卷綱領一卷提要一卷春秋二十國年表一卷諸國興廢說一卷 明刻本 清丁丙跋 九行十七字小字雙行白左右雙邊有刻工 三七一

春秋四傳三十八卷提要一卷春秋二十國年表一卷諸國興廢說一卷 明刻本 九字十七字小字雙行同白口雙魚尾上下單邊左右雙邊 三七二

春秋四傳三十八卷綱領一卷提要一卷東 三七三

坡圖說一卷二十國年表一卷諸國興廢說一卷 明陳允升刻本 九行十七字小字双行同白口左右双邊

春秋四傳三十八卷綱領一卷提要一卷二十國年表一卷諸國興廢說一卷 明崇禎四年孫爌刻本 九行十八字小字双行十七字白口四周双邊 三七四

春秋四傳三十八卷 明鍾天𢓃輯 鍾惺評 明崇禎刻本 八行廿九字小字双行同白口 三七五

春秋四傳三十八卷綱領一卷提要一卷二十國年表一卷諸國興廢說一卷東坡圖說一卷 明末江應魁貽經堂刻本 九行十八字小字双行十七字白口四周双邊 三七六

春秋四傳三十八卷綱領一卷提要一卷春秋二十國年表一卷春秋列國圖說一卷諸國興廢說一卷 明末刻本 九行十八字小字双行八左右双邊 三七七

春秋四傳三十八卷 明刻本 清姚元之批校 九行十八字白口左右双邊 三七八

春秋釋例不分卷 晉杜預撰 清抄本 孔繼涵校並跋 孔廣栻校 錢坫跋 三七九

春秋釋例十五卷 晉杜預撰 清嘉慶五年嫏嬛山房刻本 清葉昌熾校 三八〇

玉玲瓏閣叢刻三種二十三卷 清龔翔麟編 清康熙龔氏刻本 清何焯批校 春秋集傳微旨三卷 唐陸淳撰 三八一

玉玲瓏閣叢刻三種二十三卷 春秋啖趙二先生集傳纂例十卷 春秋啖趙二先生集傳辯疑十卷 唐陸淳撰 清龔翔麟編 清康熙龔氏刻本 清趙烈文跋 三八一

春秋集傳纂例十卷辯疑十卷 唐陸淳撰 明刻本 十二行二十二字白口左右双邊單魚尾 三八二

春秋集傳纂例十卷 唐陸淳撰 明刻本 十二行廿二字白口左右双邊 三八三

春秋集傳纂例十卷 唐陸淳撰 清抄本 三八四

春秋集傳纂例十卷 唐陸淳撰 清抄本 清陳撰校 三八五

春秋集傳辯疑十卷 唐陸淳撰 明刻本 十二行廿二字白口左右双邊 三八六

春秋啖趙二先生集傳纂例十卷 唐陸淳撰 明刻本 十行二十字白口左右双邊 三八七

春秋啖趙二先生集傳纂例十卷 唐陸淳撰 明刻本 莫棠跋 十行二十字小字双行同白口左右双邊 三八八

春秋啖趙二先生集傳纂例十卷 唐陸淳撰 清抄本 佚名錄清吳志忠校 清丁丙跋 三八九

春秋啖趙二先生集傳辯疑十卷附錄一卷 唐陸淳撰 明刻本 十行二十字小字双行白口單白魚尾左右双邊 三九〇

春秋啖趙二先生集傳纂例十卷微旨三卷辯疑十卷首一卷 唐陸淳撰 清抄本 三九一

春秋啖趙二先生集傳纂例十卷微旨三卷 辯疑十卷 唐陸淳撰 清抄本 三九二

春秋摘微一卷 唐盧仝撰 清孔廣栻輯 清抄本 三九三

春秋折衷論一卷 唐陳岳撰 清孔廣栻輯 清抄本 三九四

春秋名號歸一圖二卷 蜀馮繼先撰 春秋二十國年表一卷春秋圖說一卷 宋刻本 十一行大小字不等細黑口四周双邊 三九五

春秋名號歸一圖二卷 蜀馮繼先撰 宋刻本 清毛扆校 十一行大小字不等細黑口左右双邊 三九六

春秋名號歸一圖二卷 蜀馮繼先撰 清康熙五十八年汪由敦抄本 清汪由敦、丁丙跋 三九七

春秋名號歸一圖二卷 蜀馮繼先撰 春秋年表一卷 清影抄元岳氏荆溪家塾刻本 三九八

劉質夫先生春秋通義十二卷 宋劉絢撰 李持問題款 明夢鹿堂抄本 清丁世楠、錢侗跋 存十卷 三至十二 三九九

春秋尊王發微十二卷 宋孫復撰 明抄本 存八卷 一至四、九至十二 四〇〇

春秋尊王發微十二卷 宋孫復撰 清盧氏抱經堂抄本 清盧文弨校並跋 丁丙跋 四〇一

春秋意林二卷 宋劉敞撰 宋刻本 十二行二十字白口左右双邊有刻工 四〇二

春秋意林二卷 宋劉敞撰 明抄本 存一卷 上 四〇三

春秋權衡十七卷 宋劉敞撰 明抄本 四〇四

春秋權衡十七卷 宋劉敞撰 明末抄本 四〇五

春秋權衡十七卷 宋劉敞撰 清康熙成德刻通志堂經解本 傅增湘校並跋 四〇六

春秋權衡十七卷 宋劉敞撰 清抄本 清朱彝尊、丁丙跋 四〇七

春秋權衡十七卷 宋劉敞撰 清抄本 四〇八

龍學孫公春秋經解十三卷 宋孫覺撰 清抄本 存二卷 三至四 四〇九

四一〇　春秋經解十五卷　宋孫覺撰　清抄本　清王鳴盛校

四一一　西疇居士春秋本例二十卷　宋崔子方撰　宋刻本　十二行十九、二十字不等白口左右雙邊有刻工

四一二　西疇居士春秋本例二十卷　宋崔子方撰　明抄本　清徐時棟跋

四一三　春秋本例二十卷　宋崔子方撰　清抄本

四一四　春秋五禮例宗十卷　宋張大亨撰　宋刻本　傅增湘跋　十一行十九、二十、二十三、二十四字不等白口左右雙邊　存七卷　一至三、七至十

四一五　春秋五禮例宗十卷　宋張大亨撰　清孔氏抄本　清孔繼涵跋　存七卷　一至三、七至十

四一六　春秋五禮例宗十卷　宋張大亨撰　清抄本　清吳騫跋　存七卷　一至三、七至十

四一七　春秋五禮例宗十卷　宋張大亨撰　清抄本　清丁丙跋　存七卷　一至三、七至十

四一八　春秋五禮例宗十卷　宋張大亨撰　清孔氏藤梧館抄本　存七卷　一至三、七至十

四一九　春秋五禮例宗十卷　宋張大亨撰　清抄本　存七卷　一至三、七至十

四二〇　春秋五禮例宗十卷　宋張大亨撰　清顧氏藝海樓抄本　存七卷　一至三、七至十

四二一　春秋傳二十卷　宋葉夢得撰　清抄本

四二二　春秋三傳讞二十二卷　宋葉夢得撰　清顧氏藝海樓抄本　清葉廷琯校

春秋左傳讞十卷　春秋公羊傳讞六卷　春秋穀梁傳讞六卷

四二三　春秋胡氏傳三十卷　宋胡安國撰　宋乾道四年隆興府刻慶元五年黄汝嘉修補印本　十行二十字細黑口左右雙邊有刻工

四二四　胡先生春秋傳三十卷　宋胡安國撰　宋刻本　十三行廿五字黑口四周雙邊雙魚尾

四二五　春秋傳三十卷　宋胡安國撰　宋刻本　十四行廿六字白口四周雙邊有刻工

四二六　春秋傳三十卷　宋胡安國撰　宋刻本　十二行廿四字白口左右雙邊雙魚尾三魚尾不等有刻工　存三卷　一至三

四二七　春秋傳三十卷　宋胡安國撰　宋刻本　袁克文跋　十四行廿六字白口左右雙邊有刻工

四二八　增入音註括例始末胡文定公春秋傳三十卷　宋胡安國撰　林堯叟音注　春秋名號歸一圖一卷　蜀馮繼先撰　經傳始見諸國圖一卷東坡春秋列國說二卷氏族二卷　元刻本　十四行十八字小黑口四周雙邊

四二九　春秋胡氏傳三十卷　宋胡安國撰　林堯叟音注　春秋名號歸一圖一卷　蜀馮繼先撰　諸國興廢說一卷春秋二十國年表一卷　元刻本　十五行注二十字傳廿七字細黑口四周雙邊

四三〇　春秋胡氏傳三十卷　宋胡安國撰　林堯叟音注　春秋名號歸一圖一卷　蜀馮繼先撰　諸國興廢說一卷春秋二十國年表一卷　元刻本　清丁丙跋　十五行注二十字傳廿七字大黑口四周雙邊

四三一　春秋胡氏傳三十卷　宋胡安國撰　春秋名號歸一圖一卷　蜀馮繼先撰　諸國興廢說一卷春秋二十國年表一卷　明永樂四年廣勤書堂刻本　十六行廿九字黑口四周雙邊　存春秋胡氏傳三卷　一至三

四三二　春秋胡傳三十卷　宋胡安國撰　明正統十二年司禮監刻五經本　八行小字雙行十七字黑口雙魚尾四周雙邊

四三三　春秋胡傳三十卷　宋胡安國撰　林堯叟音注　春秋提要一卷諸國興廢說一卷春秋列國東坡說一卷春秋胡傳綱領一卷春秋正經音訓一卷　明成化十八年嚴州府同知張英退思堂刻本　十一行廿一字上下黑口四周雙邊雙魚尾

四三四　春秋胡傳三十卷　宋胡安國撰　明嘉靖二年刻本　十行二十字白口四周單邊

四三五　春秋三十卷　宋胡安國傳　明嘉靖三十五年廣東崇正堂刻本　八行十四字小字雙行十八字大黑口雙魚尾四周雙邊

四三六　春秋胡傳三十卷　宋胡安國撰　林堯叟音注　明建陽劉氏慎獨齋刻本　九行十八字黑口四周雙邊

四三七　春秋胡傳三十卷　宋胡安國撰　林堯叟音注　明崇仁書堂刻本　九行十八字白口四周雙邊　存二十七卷　一至七、十一至三十

四三八　春秋胡傳三十卷　宋胡安國撰　明隆慶五年興正書堂刻本　九行十八字小字雙行同白口四周雙邊

四三九　春秋胡傳三十卷　宋胡安國撰　綱領一卷諸國興廢說一卷春秋正經音訓一卷提要一卷　明萬曆元年黄氏興正堂、秀平堂刻本　九行十八字小字雙行同白口四周雙邊

四四〇　春秋胡傳三十卷　宋胡安國撰　林堯叟音注　綱領一卷提

要一卷諸國興廢說一卷列國東坡圖說一卷正經音訓一卷 明萬曆二十五年金陵唐對溪富春堂刻本 九行十八字白口四周單邊

四四一 春秋胡傳三十卷 宋胡安國撰 林堯叟音註 綱領一卷正經音訓一卷諸國興廢說一卷春秋列國東坡圖說一卷提要一卷 明刻[illegible]行同黑口四周雙邊

四四二 春秋胡傳三十卷首一卷 宋胡安國撰 林堯叟音註 明書林詹霖宇刻本 九行十八字小字雙行同白口四周雙邊

四四三 春秋胡傳三十卷 宋胡安國撰 林堯叟音註 綱領一卷提要一卷諸國興廢說一卷列國東坡圖說一卷正經音訓一卷 明萬曆三十三年新賢堂刻本 九行十八字白口四周雙邊

四四四 春秋胡傳三十卷首一卷 宋胡安國撰 林堯叟音註 明崇禎三年張氏新賢堂刻本 九行十八字白口四周雙邊單魚尾

四四五 春秋胡傳三十卷 宋胡安國撰 林堯叟音註 明書林張閩岳新賢堂刻本 九行十八字小字雙行同白口四周單邊

四四六 春秋胡傳三十卷 宋胡安國撰 明刻本 九行十八字小字雙行白口四周雙邊黑尾

四四七 高明大字春秋胡傳三十卷 宋胡安國撰 明刻本 九行十七字小字雙行同白口四周雙邊

四四八 春秋胡傳三十卷 宋胡安國撰 明刻本 九行十七字小字同白口四周雙邊

四四九 春秋胡傳三十卷 宋胡安國撰 林堯叟音注 明張我成、沈明掄點校 春秋提要一卷綱領一卷諸國興廢說一卷古今輿地考一卷 明崇禎十五年刻本 九行十八字白口單邊

四五〇 春秋胡傳三十卷 宋胡安國撰 林堯叟音注 明吳繼武刻本 九行十八字白口四周單邊

四五一 春秋胡傳三十卷 宋胡安國撰 明蔚變齋刻本 九行十八字小字同白口四周單邊

四五二 春秋胡傳三十卷 宋胡安國撰 諸國興廢說一卷春秋正經音訓一卷 明刻本 九行十七字小字雙行同白口四周雙邊

四五三 春秋胡傳三十卷 宋胡安國撰 明刻本 九行十七字小字雙行十八四周雙邊

四五四 春秋胡傳三十卷 宋胡安國撰 諸國興廢說一卷春秋正經音訓一卷提要一卷 明刻本 九行十八字小字雙行同白口四周單邊

四五五 春秋傳三十卷 宋胡安國撰 明天啟二年朱墨套印本 十行二十字白口四周單邊

四五六 春秋三十卷 宋胡安國撰 綱領一卷列國圖說一卷諸國興廢說一卷提要一卷 明末金陵奎壁齋刻本 九行十八字小字雙行十八字白口左右雙邊

四五七 春秋胡傳三十卷 宋胡安國撰 春秋諸國興廢說一卷春秋列國圖說一卷 明刻本 九行十八字小字雙行同白口左右雙邊

四五八 春秋胡傳三十卷 宋胡安國撰 諸國興廢說一卷 明刻本 九行十七字小字雙行同白口雙魚尾四周單邊

四五九 春秋傳三十卷 宋胡安國撰 明刻本 九行十七字小字雙行十六字白口四周單邊

四六〇 春秋胡傳三十卷 宋胡安國撰 春秋列國東坡圖說一卷春秋正經音訓一卷春秋提要一卷 明刻本 九行十八字小字雙行同白口單魚尾四周雙邊

四六一 春秋胡傳三十卷 宋胡安國撰 綱領一卷列國圖說一卷諸國興廢說一卷提要一卷 明崇禎六年閔齊伋刻本 九行十八字小字雙行同白口左右雙邊

四六二 春秋胡傳三十卷 宋胡安國撰 綱領一卷諸國興廢說一卷提要一卷 明刻本 九行十八字小字雙行同白口左右雙邊

四六三 春秋集註三十卷首一卷 宋胡安國撰 林堯叟音註 明嘉靖三十年達廉裕館刻本 九行十八字小字雙行同白口左右雙邊有刻工

四六四 春秋集註三十卷首二卷 宋胡安國撰 林堯叟音註 明嘉靖三十年倪淑刻萬曆二十三年倪甫英倪家胤重修印本 九行十八字小字雙行同白口左右雙邊

四六五 春秋集註三十卷首一卷 宋胡安國撰 林堯叟音註 明嘉靖三十年倪淑刻萬曆二十三年倪甫英倪家胤重修印本 莫棠校 九行十八字白口左右雙邊

四六六 春秋集註三十卷首一卷 宋胡安國撰 林堯叟音註 明萬曆元年金陵唐廷仁刻本 九行十八字小字雙行同白口四周雙邊

四六七 春秋集註三十卷 宋胡安國撰 林堯叟音註 春秋提要一卷綱領一卷春秋諸國興廢說一卷 明刻清修本

四六八 春秋集善十五卷 宋胡銓撰 清抄本 清沈善登校

四六九 慈湖春秋傳十二卷 宋楊簡撰 清鄭氏注韓居抄本

四七〇 沈先生春秋比事二十卷 題宋沈棐撰 明祁氏淡生堂抄本

四七一 沈先生春秋比事二十卷 題宋沈棐撰 （卷十至十二配清抄本） 清王氏十萬卷樓抄本 清王宗炎跋 丁丙跋

四七二 春秋分紀九十卷 宋程公說撰 清影宋抄本（四庫底本）

四七三 春秋分記九十卷 宋程公說撰 清抄本 清翁方綱校 羅士琳校註

春秋分記九十卷 宋程公說撰 清抄本 清羅士琳校並跋又錄翁方綱校識 存四十卷 一至四十 四七四

春秋分紀九十卷 宋程公說撰 清抄本 清丁丙跋 存四卷 十九至二十二 四七五

春秋分紀九十卷 宋程公說撰 清抄本 四七六

春秋集義五十卷綱領三卷 宋李明復撰 清抄本 清丁丙跋 四七七

春秋集註十一卷綱領一卷 宋張洽撰 宋寶祐三年臨江郡庠刻本 八行十六字小字雙行同白口左右雙邊有刻工 四七八

春秋集註十一卷綱領一卷 宋張洽撰 宋刻本 十行十八字小字廿七字白口左右雙邊 四七九

春秋集註十一卷綱領一卷 宋張洽撰 明抄本 四八〇

春秋集註十一卷綱領一卷 宋張洽撰 清初毛氏汲古閣影宋抄本 四八一

春秋集註十一卷綱領一卷 宋張洽撰 清影宋抄本 四八二

春秋集註十一卷綱領一卷 宋張洽撰 明嘉靖四十三年朱睦㮮聚樂堂刻本 九行十九字白口四周雙邊單魚尾 四八三

春秋集傳二十六卷綱領一卷 宋張洽撰 清抄本 清張鑑跋 存二十卷 一至十七、二十一至二十二、綱領一卷 四八四

春秋集傳二十六卷綱領一卷 宋張洽撰 清抄本 清丁丙跋 存二十卷 一至十七、二十一至二十二、綱領一卷 四八五

春秋集傳二十六卷綱領一卷 宋張洽撰 清抄本 存二十卷 一至十九、二十一至二十二、綱領一卷 四八六

春秋集傳二十六卷綱領一卷 宋張洽撰 清抄本 存二十卷 一至十七、二十二至二十二、綱領一卷 四八七

春秋集傳二十六卷綱領一卷 宋張洽撰 清抄本 存二十卷 一至十七、二十一至二十二、綱領一卷 四八八

春秋通說四卷 宋黃仲炎撰 明抄本 四八九

春秋通說十三卷 宋黃仲炎撰 清抄本 清丁丙跋 存九卷 一至六、十一至十三 四九〇

春秋說三十卷 宋洪咨夔撰 清洪氏梅木齋抄本 四九一

木訥先生春秋經筌十六卷 宋趙鵬飛撰 明抄本 存十二卷 一至二、七至十六 四九二

春秋五論一卷 宋呂大圭撰 明隆慶五年姚咨茶夢齋抄本 明姚咨 清范彭壽跋 四九三

木訥先生春秋經筌十六卷 宋趙鵬飛撰 明抄本 存九卷 一至九 四九四

木訥先生春秋經筌十六卷 宋趙鵬飛撰 明抄本 存七卷 十至十六 四九五

木訥先生春秋經筌十六卷 宋趙鵬飛撰 明抄本 存三卷 七、八、九 四九六

則堂先生春秋集傳詳說三十卷綱領一卷 宋家鉉翁撰 明抄本 存十卷 十三至十八、二十三至二十六 四九七

則堂先生春秋集傳詳說三十卷綱領一卷 宋家鉉翁撰 明抄本 存四卷 二十七至三十、綱領一卷 四九八

春秋五論一卷 宋呂大圭撰 清康熙四年成德刻通志堂經解本 傅增湘校並跋 四九九

春秋會義十二卷 宋杜諤撰 清抄本 清孔繼涵校並跋 孔廣栻校 五〇〇

春秋提綱十卷 元陳則通撰 明抄本 五〇一

春秋纂言十二卷總例七卷 元吳澄撰 元刻本 九行二十字黑口四周雙邊 五〇二

春秋纂言十二卷總例七卷 元吳澄撰 明抄本（纂言卷五、八 總例卷四至七配清抄本） 清丁丙跋 五〇三

春秋纂言十二卷總例二卷 元吳澄撰 清初抄本（昭公一冊配清末抄本）（四庫底本） 五〇四

春秋纂言十二卷 元吳澄撰 清初抄本 五〇五

春秋纂言十二卷 元吳澄撰 清盧氏抱經樓抄本 五〇六

春秋諸國統紀六卷目錄一卷 元齊履謙撰 元延祐刻本 八行二十字白口四周雙邊有刻工 五〇七

春秋諸國統紀六卷目錄一卷 元齊履謙撰 明秦氏雁里草堂抄本 五〇八

春秋諸國統紀六卷 元齊履謙撰 明抄本 五〇九

春秋諸國統紀六卷 元齊履謙撰 清抄本 五一〇

三傳辨疑二十卷 元程端學撰 明抄本 五一一

春秋三傳辨疑二十卷 元程端學撰 清杜氏知聖教齋抄本 清丁丙跋 五一二

春秋三傳辨疑二十卷　元程端學撰　清鳴野山房抄本　五一三

春秋本義三十卷　元程端學撰　元慶元路學刻本　十行廿二字綫黑口雙魚尾有刻工　存十二卷　十三至十八、二十五至三十　五一四

春秋本義三十卷　元程端學撰　元慶元路學刻本　十行廿二字白口左右雙邊有刻工　存七卷　十六至十八、二十七至三十　五一五

春秋本義三十卷　元程端學撰　明甬東書屋抄本　存六卷　二十五至三十　五一六

春秋諸傳會通二十四卷　元李廉撰　元至正十一年虞氏明復齋刻本　十二行二十二字小字雙行同細黑口左右雙邊　五一七

春秋讞義九卷　元王元杰撰　明末抄本　五一八

春秋經傳闕疑四十五卷　元鄭玉撰　明師山書院抄本　五一九

春秋經傳闕疑四十五卷　元鄭玉撰　清康熙五十年鄭氏天游堂刻本　五二〇

春秋集傳十五卷　元趙汸撰　明嘉靖七年夏鎧刻本　九行廿一字白口左右雙邊有刻工　五二一

春秋集傳十五卷　元趙汸撰　明嘉靖三十四年金四鈿刻藍印本　九行廿一字白口四周雙邊　五二二

春秋集傳十五卷　元趙汸撰　明刻本　九行廿一字白口左右雙邊　五二三

春秋集傳十五卷　元趙汸撰　清抄本　五二四

春秋屬辭十五卷　元趙汸撰　元至正二十年至二十四年休寧商山義塾刻明弘治六年高忠重修本　十三行廿七字小字雙行同黑口左右雙邊　五二五

春秋屬辭十五卷　元趙汸撰　元至正二十年至二十四年休寧商山義塾刻明弘治六年高忠重修本　清朱文藻丁丙跋　十三行二十七字小字雙行行字同細黑口左右雙邊有刻工　五二六

春秋屬辭十五卷春秋左氏傳補注十卷春秋師說三卷附錄二卷　元趙汸撰　元至正二十年至二十四年休寧商山義塾刻明弘治六年高忠重修本　十三行廿七字細黑口左右雙邊雙魚尾　五二七

春秋屬辭十五卷春秋師說三卷附錄二卷　元趙汸撰　元至正二十年至二十四年休寧商山義塾刻明弘治六年高忠重修本　清韓應陛題記　十三行廿七字細黑口雙魚尾有刻工左右雙邊　五二八

春秋師說三卷附錄二卷　元趙汸撰　元至正二十四年休寧商山義塾刻明弘治六年高忠重修本　十三行廿七字黑口左右雙邊　五二九

春秋師說三卷附錄二卷　元趙汸撰　元至正二十四年休寧商山義塾刻明弘治六年高忠重修本　清丁丙跋　十三行廿七字細黑口左右雙邊有刻工　五三〇

春秋金鎖匙一卷　元趙汸撰　清乾隆孔繼汾家抄本　五三一

春秋金鎖匙一卷　元趙汸撰　清抄本　五三二

春秋金鎖匙一卷　元趙汸撰　清抄本　清丁丙跋　五三三

春秋胡氏傳纂疏三十卷　元汪克寬撰　元至正八年建安劉叔簡日新堂刻本　十一行二十一字黑口四周雙邊　五三四

春秋胡氏傳纂疏三十卷　元汪克寬撰　元至正八年建安劉叔簡日新堂刻本　十一行二十一字細黑口四周雙邊　五三五

春秋胡氏傳纂疏三十卷　元汪克寬撰　元至正八年建安劉叔簡日新堂刻本　十一行廿一字小字雙行同黑口雙魚尾四周雙邊　五三六

春秋胡氏傳纂疏三十卷　元汪克寬撰　元至正八年建安劉叔簡日新堂刻本　十一行廿一字小字雙行同粗黑口四周雙邊　存二十五卷　三至四、七至八、十至十二、十四至十九、二十二、二十四　五三七

春秋胡氏傳纂疏三十卷　元汪克寬撰　元至正八年建安劉叔簡日新堂刻本　十一行廿一字小字雙行同黑口四周雙邊　存十八卷　一至六、九至十四、十九至二十四　五三八

春秋胡氏傳纂疏三十卷　元汪克寬撰　元至正八年建安劉叔簡日新堂刻本　十一行廿一字小字雙行同黑口四周雙邊　存十五卷　十、十一、十六至二十一、二十四至三十　五三九

春秋胡氏傳纂疏三十卷　元汪克寬撰　元至正八年建安劉叔簡日新堂刻本　十一行廿一字小字雙行同細黑口四周雙邊　存十一卷　一、四至五、十二至十五、十九至二十、二十四至二十五　五四〇

春秋胡氏傳纂疏三十卷　元汪克寬撰　元至正八年建安劉叔簡日新堂刻本　十一行廿一字小字雙行同黑口四周雙邊　存九卷　一至九　五四一

春秋胡氏傳纂疏三十卷　元汪克寬撰　元至正八年建安劉叔簡日新堂刻本　十一行廿一字上下細黑口四周雙邊雙魚尾　存四卷　一、二十六至二十八　五四二

春秋胡氏傳纂疏三十卷首一卷　元汪克寬撰　元至正八年建安劉叔簡日新堂刻本　清莫友芝跋　十一行廿一字小字雙行同四周雙邊　存二卷　一、卷首　五四三

五四四 新刊類編歷舉三場文選春秋義八卷 元劉霖輯 元刻明遞修本 十四行廿四字黑口左右雙邊

五四五 春秋集傳大全三十七卷序論一卷春秋二十國年表一卷諸國興廢說一卷 明胡廣等輯 明永樂內府刻本 十行廿二字小字雙行同黑口四周雙邊

五四六 春秋集傳大全三十七卷序論一卷春秋二十國年表一卷諸國興廢說一卷 明胡廣等輯 明刻本 十行廿二字黑口四周雙邊

五四七 春秋集傳大全三十七卷序論一卷春秋二十國年表一卷諸國興廢說一卷 明胡廣等輯 明刻本 十一行廿一字小字雙行十八字大黑口四周雙邊

五四八 春秋集傳大全三十七卷春秋二十國年表一卷諸國興廢說一卷 明胡廣等輯 明刻本 清丁丙跋 十一行廿一字小字雙行同大黑口四周雙邊

五四九 春秋集傳大全三十七卷序論一卷東坡圖說一卷諸國興廢說一卷春秋二十國年表一卷 明胡廣等輯 明刻本 十一行二十字小字雙行同黑口四周雙邊

五五〇 春秋集傳大全三十七卷序論一卷春秋二十國年表一卷諸國興廢說一卷 明胡廣等輯 明嘉靖十一年劉仕中安正堂刻本

五五一 春秋集傳大全三十七卷序論一卷諸國興廢說一卷春秋二十國年表一卷 明胡廣等輯 明刻本 十一行廿一字小字雙行同細黑口四周雙邊 存三十三卷 序論、春秋興廢說、春秋二十國年表、四至二十八、三十一至三十五

五五二 春秋集傳大全三十七卷序論一卷諸國興廢說一卷 明胡廣等輯 明刻本 十一行廿一字小字雙行同細黑口四周雙邊 存十九卷 序論、諸國興廢說、一至二、五至六、十、十四至十五、十七至十九、二十二至二十八

五五三 春秋集傳大全三十七卷 明胡廣等輯 明萬曆三十三年書林余氏刻本 十一行二十字小字雙行白口四周雙邊

五五四 春秋集傳大全三十七卷首一卷 明胡廣等輯 明隆慶三年刻本 十一行廿一字小字雙行同黑口四周雙邊

五五五 春秋集傳大全三十七卷春秋列國東坡圖說一卷 明胡廣等輯 明崇禎四年刻本 十一行廿一字小字雙行同黑口四周雙邊

五五六 春秋集傳大全三十七卷首三卷 明胡廣等輯 明刻本 十一行大字十六中字十九小字雙行白口雙邊

五五七 春秋集傳大全三十七卷首一卷 明胡廣等輯 明末刻本 十一行二十字小字雙行同白口四周雙邊

五五八 春秋集傳大全三十七卷 明胡廣等撰 明德壽堂刻本 十一行廿二字白口單邊

五五九 春秋魯十二公年譜不分卷 清抄本

五六〇 春秋書法鉤玄四卷 明石光霽撰 明初刻本 十行廿六字小字雙行同黑口四周雙邊

五六一 春秋胡氏傳集解三十卷 明陳喆撰 明嘉靖九年安正堂刻本 十二行二十三字白口四周雙邊雙魚尾

五六二 春秋經傳辨疑一卷 明童品撰 明抄本

五六三 春秋正傳三十七卷 明湛若水撰 明嘉靖刻本 十一行二十字小字雙行白口單魚尾左右雙邊

五六四 春秋會傳十六卷 明饒秉鑑撰 明刻本 十二行廿五字粗黑口四周雙邊 存十二卷 一至八、十三至十六

五六五 春秋經世不分卷 明魏校撰 明抄本

五六六 春秋斷義不分卷 明王崇慶撰 明萬曆二十四年董漢儒刻五經心義本 十行廿一字白口四周單邊

五六七 春秋左傳地名考一卷 明楊慎撰 附大明清類天文分野書一卷 明楊金吾、楊宗吾刻本 九行十九字白口四周雙邊

五六八 春秋宗旨十二卷 明周裳撰 明崇禎五年徐廣旃刻本 九行廿二字白口四周單邊 有刻工

五六九 春秋私考三十六卷首一卷 明季本撰 明嘉靖刻本 十行廿一字小字雙行同白口左右雙邊雙魚尾 有刻工

五七〇 春秋私考三十六卷 明季本撰 明刻本 十行廿一字白口雙魚尾左右雙邊

五七一 春秋地考一卷 明季本撰 清初抄本

五七二 春秋地考一卷 明季本撰 清抄本

五七三 春秋世學三十三卷 明豐坊撰 明抄本

五七四 春秋世學三十二卷 明豐坊撰 明抄本 存二十七卷 一至二十七

五七五 春秋讀意一卷 明唐樞撰 明刻木鐘臺全集再集本

五七六 春秋錄疑十六卷 明趙恒撰 明抄本 存卷一（隱公元年至十一年）
五七七 春秋錄疑十六卷 明趙恒撰 清抄本
五七八 春秋胡氏傳辨疑二卷 明陸粲撰 清抄本 清丁丙跋
五七九 春秋明志錄十二卷 明熊過撰 清抄本 清丁丙跋
五八〇 春秋集傳三十卷 明楊時秀撰 明嘉靖二十六年汪秋卿刻本 十行二十一字小字雙行同白口四周雙邊
五八一 春秋便覽集業二卷摘要二卷 明魏謙吉撰 明南郡曹氏刻本 十行二十二字白口四周雙邊
五八二 春秋國華十七卷 明嚴訥輯 明萬曆三年活字印本 九行二十字白口四周單邊單魚尾
五八三 春秋正旨一卷 明高拱撰 明萬曆二年刻本 九行十八字白口四周雙邊單魚尾
五八四 春秋正旨一卷 明高拱撰 明萬曆刻本 九行二十字白口四周單邊
五八五 春秋辨傳十三卷凡例二卷宗旨一卷 明王樵撰 明萬曆刻本 十行廿一字白口左右雙邊有刻工
五八六 春秋事義全考十六卷 明姜寶撰 明萬曆十三年李一陽刻本 十行廿二字白口四周雙邊
五八七 春秋事義全考十六卷 明姜寶撰 明萬曆十三年李一陽刻本 清丁丙跋 十行二十二字白口四周雙邊
五八八 春秋貫玉四卷 明顏鯨撰 明嘉靖刻本 八行十七字白口四周雙邊有刻工
五八九 春秋貫玉四卷 明顏鯨撰 明萬曆三十三年刻本 八行十七字小字雙行同白口四周雙邊有刻工
五九〇 春秋旁訓四卷 明嘉靖三十八年雲南刻本 十至十二行不等二十字白口四周雙邊 存二卷（三至四）
五九一 春秋旁訓四卷 明刻本 清丁晏批校 丁壽昌跋 十行或九行（八至十半行）二十字小字雙行同半行字數不等白口左右雙邊有刻工
五九二 春秋胡傳考誤一卷 明袁仁撰 清抄本 清丁丙跋
五九三 春秋會異六卷 明馮時可撰 明萬曆二十五年劉芳譽刻本 九行二十二字白口四周雙邊
五九四 新鐫鄒翰林麟經真傳十二卷 明鄒德溥撰 明沈漢沈溍等刻本 九行二十二字白口四周單邊
五九五 新鍥李閣老評註左胡纂要四卷 明李廷機選註 明書林劉蓮台刻本 十一行廿五字小字雙行同白口四周雙邊
五九六 權書止觀十二卷 明潘曾緒撰 明萬曆刻本 八行廿五字小字雙行白口單魚尾四周單邊
五九七 春秋疑問十二卷 明姚舜牧撰 明萬曆刻本 十行十九、二十字不等白口四周單邊
五九八 春秋疑問十二卷 明姚舜牧撰 明萬曆刻清順治十四年姚祚重等補刻本 十行二十字白口四周單邊
五九九 新刻麟經統一編十二卷 明張杞撰 明萬曆三十三年自刻本 九行廿一字白口四周單邊
六〇〇 麟寶六十三卷首一卷 明余數中輯 明萬曆刻本 十行二十字白口四周雙邊
六〇一 春秋測義十二卷首一卷 明章潢撰 明萬曆十八年王佐等刻本 十行二十二字白口左右雙邊單魚尾
六〇二 春秋三傳衷考十二卷 明施天遇撰 明萬曆四十五年留乃闇刻本 十行二十字小字雙行白口白單魚尾四周雙邊
六〇三 春秋質疑十二卷 明魏時應撰 明萬曆二十八年刻本（卷十有抄配 卷十二缺首頁） 八行二十二字小字雙行同白口四周單邊有刻工
六〇四 春秋通志十二卷 明蔡毅中撰 明末刻本 八行十九字小字雙行同白口四周單邊有刻工
六〇五 春秋胡傳翼三十卷 明錢時俊撰 明萬曆刻本 十行廿一字白口四周單邊有刻工
六〇六 春秋傳註彙約二十三卷 明吳一栻撰 明萬曆三十年吳有志刻本 九行十九字小字雙行十八字白口四周單邊
六〇七 新刻春秋談虎講意十二卷 明周希令、方尚栒撰 明天啟四年刻本 九行二十二字白口四周單邊
六〇八 麟傳統宗十三卷 明夏允彝撰 明崇禎刻本 九行廿一字白口四周單邊
六〇九 公羊穀梁春秋合編附註疏纂十二卷 明朱泰禎纂 明末刻本 九行十八字白口四周單邊單魚尾
六一〇 春秋孔義十二卷 明高攀龍撰 明崇禎十三年刻清劉光闇重修本 九行十九字四周單邊
六一一 春秋手抄不分卷 明毛一鷺撰 明刻本 九行二十字白口左右雙邊有刻工
六一二 春秋歸義十二卷 明賀仲軾撰 清順治十五年刻本
六一三 春秋歸義二十三卷總說一卷 明賀仲軾撰 清康熙二十七年刻本
六一四 春秋提要使考十卷 明賀仲軾輯 清康熙二十七年刻本
六一五 春秋人物譜十二卷 明張事心撰 清初抄本
六一六 春秋辯義三十八卷 明卓爾康撰 明崇禎吳夢駿刻本 九行十九字白口單魚尾四周單邊
六一七 春秋羅纂十二卷 明馮伯禮撰 明崇禎刻本 十行二十字白口左右雙邊單魚尾
六一八 春秋續義纂要發微七卷 明鄭良弼撰 明抄本
六一九 松鱗軒新鍥春秋憨凌十五卷 明狄汝忠撰 明末覺山館刻本 九行十八字小字雙行白口四周單邊單黑魚尾
六二〇 桂林春秋義三十卷 明顧懋樊撰 明顧景耘刻本 九行十七字小字雙行十六字白口四周單邊
六二一 春秋衡庫三十卷附錄三卷備錄一卷 明馮夢龍撰 明天啟五年

刻本　十行二十字白口四周單邊

六二二　春秋衡庫三十卷附錄三卷備錄一卷　明馮夢龍輯　明天啟五年刻本　清應紀泰批註　十行二十字白口四周單邊

六二三　春秋衡庫三十一卷附一卷　明馮夢龍輯　明末刻本　九行十八字小字雙行同白口四周雙邊

六二四　增定春秋衡庫三十卷備錄一卷　明馮夢龍輯　明己任堂刻本　九行十八字白口四周雙邊

六二五　麟經指月十二卷　明馮夢龍撰　明泰昌元年開美堂刻本　十行二十小字雙行白口左右雙邊

六二六　麟經指月十二卷　明馮夢龍撰　明刻本　十行廿四字小字雙行同白口四周單邊

六二七　春秋四傳通辭十二卷　明陳士芳輯　明泰星堂刻本　九行二十字小字雙行同白口四周單邊

六二八　春秋貫錄十二卷　明鄭來富編　明崇禎刻本　九行廿一字白口四周單邊單魚尾

六二九　春秋四家五傳平文四十一卷首一卷春秋五傳綱領一卷春秋諸國興廢說一卷春秋筆削發微圖一卷春秋名號歸一圖二卷春秋二十國年表一卷　明張岐然輯　春秋揆要二卷　明廣宗瑞輯　明崇禎十四年君山堂刻本　九行十九字白口單邊單魚尾

六三〇　春秋林氏傳十二卷　明林尊賓撰　明崇禎凌義渠刻本　八行廿二字白口單魚尾左右雙邊

六三一　春秋實析二卷　明楊時偉撰　明天啟元年刻本　九行十八字白口四周單邊有刻工

六三二　春秋纂不分卷　明朱之俊撰　清順治十七年鄭璟治字本

六三三　春秋簡秀集三十四卷又六卷　明董守諭撰　清抄本

六三四　麟旨定十二卷　清陳于鼎撰　明崇禎刻本　九行廿八字小字雙行白口四周單邊

六三五　麟旨明微十二卷　明吳希哲撰　明崇禎十四年刻本　十行廿六字白口左右雙邊有刻工

六三六　麟經新旨二十卷　明劉同升撰　明崇禎八年刻本　上小字二十四行二十四字下九行十七字小字雙行十六字白口四周單邊

六三七　春秋存俟十二卷　明余光、余颺撰　明弘光元年余氏閩刻本　九行二十字白口四周單邊

六三八　春秋三發四卷　明馮士驊撰　明龍遇居刻本　十行廿九字白口單魚尾四周單邊

六三九　讀春秋畧記十卷　明朱朝瑛撰　稿本

春秋存五卷　六五十

六四〇　春秋四家十二卷董劉春秋雜論一卷　明宋存標輯　明君子堂刻本　九行二十字小字雙行白口四周單邊單魚尾

六四一　春秋翼附二十卷　明黃正憲撰　明黃氏刻本　十行十九字白口左右雙邊有刻工

六四二　春秋從聖不分卷　明姜之璹撰　清抄本

六四三　春秋題旨不分卷　明抄本

六四四　春秋年考一卷　題天啟人撰　明崇禎四年抄本（四庫底本）

六四五　春秋左傳異名考一卷　明閔光德輯　諸侯興廢一卷　明崇禎刻本

六四六　春秋會解十二卷　明沈雲輯撰　明刻本　十行廿二字白口四周雙邊

六四七　麟指嚴四卷　明金光清撰　明刻本　十行廿六字小字雙行同白口四周雙邊

六四八　麐題備覽十二卷　明抄本

春秋存六卷　三五五、十五十二

六四九　春秋公羊穀梁合纂二卷　明張榜輯並評　明刻十行本　十行廿一字白口四周單邊

六五〇　春秋公羊穀梁合纂二卷　明張榜輯並評　明刻本　八行二十字小字雙行同白口四周單邊

六五一　春秋地理志十六卷　清吳偉業撰　清抄本

六五二　春秋程傳補二十卷　清孫承澤撰　清康熙九年刻本

六五三　春秋志在十二卷　清朱集之撰　清初衡湖小築刻本

六五四　春秋本義十卷　清顧本撰　清初刻本

六五五　讀春秋通旨不分卷　清李雍撰　稿本

六五六　春秋家說三卷　清王夫之撰　清乾隆王嘉愷抄本

六五七　春秋世論二卷　清王夫之撰　清乾隆王嘉愷抄本

六五八　春秋傳註三十六卷提綱一卷　清嚴啟隆撰　清康熙四十七年秀水朱氏抄本　清朱彝尊跋

六五九　春秋傳註三十六卷提綱一卷　清嚴啟隆撰　清初抄本

春秋存三十四卷（一至八、十二至二十六、提綱一卷）

六六〇　春秋平義十二卷　清俞汝言撰　稿本　清丁丙跋

六六一　春秋四傳糾正一卷　清俞汝言撰　清抄本　清丁丙跋

六六二　春秋寶筏十二卷　清翁長庸撰　清抄本

六六三　春秋題要辯疑三卷　清林雲銘撰　清康熙二十九年刻本

六六四　全本春秋體註三十卷　清林雲銘撰　湯賡藩補輯　清乾隆五十八年志德堂刻本

六六五　初學辨體一卷　清徐與喬輯　清康熙十二年黃子敬刻本

六六六　春秋大成三十一卷　清馮如京纂　春秋大成講意

三十一卷　清湯濩撰　清順治介軒刻本

667 春秋大成三十一卷　清馮如京纂　清順治介軒刻本

668 春秋合傳不分卷　清高自卑輯　稿本

669 麟經鉤玄不分卷　清陸燮撰　清鐵香閣抄本　清佚名評點

670 欽定春秋傳說彙纂三十八卷首二卷　清王掞等撰　清康熙六十年内府刻本

671 日講春秋解義六十四卷總說一卷　清李光地等纂　清乾隆二年内府刻本

672 御纂春秋直解十二卷　清傅恒等撰　清乾隆二十三年内府刻本

673 春秋經傳不分卷　清龐垲撰　稿本

674 春秋傳議六卷　清張爾岐撰　稿本

675 春秋集解十二卷　清應撝謙撰　較補春秋集解緒餘一卷　清凌嘉印撰　清抄本

676 春秋通論十五卷論旨一卷春秋無例詳考一卷　清姚際恒撰　清抄本
存十四卷（一至十、十四至十五、餘全）

677 春秋闡微三十卷　清盧綍撰　清康熙四十三年會芳園刻本

678 春秋指掌三十卷附錄二卷卷前二卷　清儲欣、蔣景祁撰　清康熙二十七年天藜閣刻本

679 春秋地名攷畧十四卷　清高士奇撰　清康熙高氏清吟堂刻本

680 春秋地名考畧十四卷　清高士奇撰　清李慈銘跋　清康熙高氏清吟堂刻本

681 春秋左傳姓名同異攷四卷　清高士奇撰　清康熙自刻本

682 春秋三傳異同考一卷　清吳陳琰撰　清鄭珍抄本

683 春秋纂要傳本不分卷　清康五端撰　清康熙四十三年聚明堂刻本

684 春秋義十五卷　清孫嘉淦撰　清雍正三年刻本

685 春秋筆削微旨二十六卷春秋通論六卷　清劉紹攽撰　清乾隆十九年刻本

686 春秋發疑十二卷　清方苞撰　清錢馥抄本　清杜鶚跋

687 春秋不傳十二卷　清湯啟祚撰　清嘉慶二十四年補陳堂刻本

688 春秋訂誤十五卷首二卷　清湯振誠撰　稿本

689 此木軒春秋闕如編八卷　清焦袁熹撰　清嘉慶十二年錢熙彥世春堂刻本

690 春秋世族譜一卷　清陳厚耀撰　清雍正三年自刻本　清錢綺校

691 春秋世族譜一卷　清陳厚耀撰　清雍正三年刻本

692 春秋世本圖譜一卷　清陳厚耀撰　清乾隆五十七年蓬瀛一經刻本　清李慈銘校

693 春秋世族譜不分卷　清陳厚耀撰　清丁晏校注　清道光二十年寶綸樓刻本

694 春秋長歷十卷　清陳厚耀撰　清同治十二年周懋琦抄本

695 春秋長曆十卷　清陳厚耀撰　清抄本

696 春秋長曆十卷　清陳厚耀撰　清丁氏八千卷樓抄本　清盛昱校

697 半農先生春秋說十五卷　清惠士奇撰　清乾隆十四年吳氏璜川書屋刻本

698 半農先生春秋說十五卷　清惠士奇撰　清乾隆十四年吳氏璜川書屋刻本　清翁方綱跋

699 春秋列國卿大夫世系表二卷　清顧棟高撰　清刻本

700 春秋列國地形犬牙相錯表不分卷附地形口號一卷　清顧棟高撰　清抄本

701 春秋識小錄初刻三書十卷（春秋職官考畧三卷　春秋地名辨異三卷　附晉書地理志證今一卷　左傳人名辨異三卷）　清程廷祚撰　清乾隆八年三近堂刻本

702 春秋類例一卷　清江永撰　清抄本

703 春秋左傳事類年表不分卷　清顧宗瑋撰　稿本

704 春秋管見四卷附年譜一卷　清翟世壽撰　清康熙三十一年春綠居刻本

705 春秋經傳集解疑參二十卷　清錢鈞撰　清雍正二年靜觀巢刻本

706 春秋補傳二卷　清周惟棫撰　清乾隆十六年余北灝抄本

707 春秋經傳集解考正三十卷外傳考正二十一卷　清陳樹華撰　清姚氏頤拾堂抄本

708 春秋經傳集解考正三十卷　清陳樹華撰　清盧文弨抄本　盧文弨校

709 春秋經傳集解考正七卷　清陳樹華撰　清抄本

710 春秋內傳古註輯存三卷　清嚴蔚撰　清乾隆五十二年嚴氏二酉齋刻本　十行二十一字小字雙行同白口左右雙邊

711 春秋內傳古註輯存三卷　清嚴蔚撰　清乾隆嚴氏二酉齋刻本　十行二十字小字雙行同白口左右雙邊

712 春秋內傳古註輯存三卷　清嚴蔚撰　清乾隆嚴氏二酉齋刻本　清臧禮堂錄王玉校

七一三　春秋大意十二卷　清趙宗猷撰　清抄本
七一四　春秋正宗十二卷　清呂文樞撰　稿本
七一五　春秋三傳明辨錄十六卷　清沈青崖撰　清刻本
七一六　春秋古今地名考一卷　清姚培謙撰　稿本
七一七　春秋究遺十六卷　清葉酉撰　清乾隆耕餘堂刻本
七一八　春秋三傳定說十二卷　清張甄陶撰　稿本
七一九　春秋取義測十二卷　清法坤宏撰　清乾隆五十九年法氏迂齋刻本
七二〇　春秋傳質疑六卷　清齊周南撰　稿本　清齊召南批校
存三卷（一至三）
七二一　春秋經傳類求十二卷　清孫從添、過臨汾纂　清乾隆二十四年慕名堂刻本
七二二　春秋世族譜一卷春秋世族譜攷一卷春秋人名同名錄一卷　清孔廣栻撰　清抄本
七二三　春秋世族譜一卷附錄一卷　清孔廣栻撰　清乾隆四十八年芳杜軒抄本
七二四　春秋釋例世族譜補缺一卷釋例補遺一卷春秋長曆考一卷　清孔廣栻撰　稿本
七二五　春秋土地名考一卷補遺一卷疏引土地名一卷土地名攷異一卷　清孔廣栻撰　清抄本
七二六　春秋地名同錄一卷補遺一卷　清孔廣栻撰　清抄本
七二七　春秋人名同名錄一卷　清孔廣栻撰　清抄本
七二八　春秋校記不分卷　清翁方綱撰　稿本
七二九　春秋分年系傳表一卷　清翁方綱撰　稿本
七三〇　春秋附記九卷春秋目一卷三傳立學考一卷　清翁方綱撰　稿本
存三卷（春秋附記卷九、春秋目一卷、三傳立學考一卷）
七三一　春秋傳說從長十二卷　清沈芝生撰　稿本
七三二　春秋傳說從長十二卷　清沈芝生撰　清王錫祺小方壺齋抄本　張謇跋
七三三　春秋集義五十八卷首一卷末二卷　清吳鳳來撰　清乾隆五十四年小草廬刻本
七三四　春秋集傳十六卷義例一卷　清孟熤撰　清抄本
七三五　春秋集傳十三卷　清張士俊撰　清嘉慶十二年葛菲增家抄本　清葛增增跋

七三六　春秋公華經一卷　清孔廣森撰　稿本
七三七　春秋地名攷一卷　清孔繼涵撰　春秋地名同名錄一卷春秋人名同名錄一卷　清孔廣栻撰　清抄本
七三八　春秋三傳釋地一卷　清龔景瀚撰　稿本
七三九　春秋辨義十二卷　清鄭文爾撰　清乾隆活字本
七四〇　春秋增訂旁訓四卷　清徐立綱撰　清匠門書屋刻五經旁訓本　清李文藻批校
七四一　春秋說不分卷　清王紹蘭撰　稿本
七四二　春秋上律表不分卷　清范景福撰　稿本　清丁丙跋
七四三　春秋纂要一卷　清張兆奕輯　稿本　清張嘉仁跋
七四四　春秋左傳地名考十二卷　清錢俊選撰　清抄本　清汪成勳、沈欽韓跋
存六卷（一至六）
七四五　春秋慎行義二卷春秋刑法義一卷春秋使帥義一卷　清莊有可撰　清抄本
七四六　全本春秋遵解三十卷春秋讀本三十卷　清胡必豪撰　清乾隆三多齋刻本
七四七　春秋三傳釋地不分卷　清戴清撰　清抄本　清阮亨跋
七四八　春秋經文異同畧一卷　清王吉撰　稿本　清王同跋
七四九　春秋管見八十五卷　清楊天祿撰　稿本
七五〇　春秋氏族彙攷四卷　清金奉堯輯　手稿本
七五一　春秋朔閏異同二卷　清羅士琳撰　清抄本　清趙之謙校　文素松跋
七五二　三統曆春秋朔閏表二卷　清孫義鈞撰　稿本　清闕澍、張升跋
七五三　春秋胡傳中正不分表　清丁晏撰　手稿本
七五四　春秋胡傳考正四卷續錄二卷　清丁晏撰　稿本
七五五　春秋彙選前集一卷正集十二卷末集一卷　稿本
七五六　春秋日食考一卷　清王韜撰　手稿本
七五七　春秋朔閏至日考二卷　清王韜撰　稿本
七五八　春秋五行災異卦炁屬比攷一卷　清宋銘西撰　稿本
七五九　春秋五行災異卦炁屬比攷一卷　清王銘西撰　稿本　清戴望題款
七六〇　春秋比類觀例二卷　清王銘西撰　稿本　清夏燁如跋　戴望、陳款、許藏、潘成烈題款

春秋屬比攷例二卷　清王錫西撰　稿本　王先謙跋　七六一

春秋釋例殘稿不分卷　清譚獻撰　稿本　七六二

春秋集義十二卷　清方宗誠撰　稿本
存八卷（一至五、八至九、十二）　七六三

春秋傳正誼四卷　清方宗誠撰　稿本
存二卷（三、四）　七六四

春秋札記一卷　清鄒果撰　稿本　七六五

春秋講義不分卷　清皮錫瑞撰　稿本　七六六

春秋筆削大義微言考十一卷　清康有為撰　稿本　七六七

春秋筆削大義微言考十一卷　清康有為撰　手稿本
存六卷（一至六）　七六八

春秋列國年表不分卷　清胡宗一撰　稿本　七六九

春秋料解十二卷　清周道遵撰　稿本　七七〇

春秋編不分卷　稿本　七七一

春秋繁露十七卷　漢董仲舒撰　明刻本　九行十七字小字雙行黑口四周雙邊　三〇六

春秋繁露十七卷　漢董仲舒撰　明刻本　傅增湘校　九行十七字黑口四周雙邊　三〇七

收藏情況表

書名編號	藏書單位						
經 春秋 1	0101						
2	0101	0141	0241	0861			
3	1501	2702					
4	0501	0502	0591	0842	1201		
5	0520	0525					
6	0143	0861	1716	2561			
7	1601						
8	0101	0141	0144	0161	0242	0842	1601
	1622						
9	0201						
10	2301						
11	0201						
12	0101						
13	0201						
14	0101						
15	0101						
16	0201	1601	1881	2441			
17	1601						
18	0144	1601	1606	1801			
19	0141						
20	0242						
21	0661						
22	0101						
23	0101						
24	0201						
25	1705						
26	0201						
27	0101						
28	0101						
29	0101						
30	0101						
31	0101						
32	0101						
33	1601						
34	0101						
35	0101						

書名編號	藏書單位						
經 春秋 36	0201						
37	0201						
38	0201						
39	0201						
40	0201						
41	0201						
42	0101						
43	0102	0142	0701	0841	1605	1705	1701
	2306	2401	2702				
44	0701	0801	1501	1705	2702		
45	1601						
46	1701						
47	1601	1681	1701				
48	0101	0144	0201	0701	0841	0902	1798
	2203●	2401	2441				
49	2941						
50	0141	0144	0145	0146	0161	0163	0164
	0182	0198	0201	0241	0242	0301	0342
	0661	0803	0842	0844	0861	0941	1045
	1501	1503	1642	1881	1901	1943	2041
	2043	2201	2202	2241	2286	2354	2401
	2501	2541	2741	2742			
51	0201						
52	0101						
53	0101						
54	0341						
55	2301						
56	1582						
57	0201						
58	0101						
59	0101						
60	0241●	0242●	1601				
61	0101	0141	0144	0301	1501		
62	2752	2941					
63	0142	0144	0146	0150	0161	0163	0151
	1501	1501	2541	2701			
64	2201	2301					
65	2401						

書名編號	藏書單位						
經 春秋 66	0101						
67	0101	0141	0143	0161	0198	0841	0941
	1701	1801	2001	2441			
68	0201						
69	0701						
70	0142						
71	0201						
72	0801	1701					
73	0103	0181	0197	0701	1501	1506	1582
	1701	1715	2401				
—							
75	0201						
76	0141						
77		0141	0161	0842	1542		
78	0101						
79	0201						
80	0101						
81	0101	0141	0201	0801	1701	1705	1801
	1911	2401					
82	1701						
83	1601						
84	0301						
—							
86	2641						
87	2702						
88	1581						
89	0201						
90	0241						
91	0201						
92	1701						
93	0201	2201					
94	1628						
95	2759						
96	0242	0841	1722	2401			
97	0161	0181	0803	0842			
98	1041						
99	1701						
100	0201						

書名編號	藏書單位					
經 春秋 101	0201					
102	0101					
103	0101					
104	0101	←0701				
105,1/2 105(2)	0101	1701				
106	1881					
107	0701					
108	0101					
109	1601					
110	0101	0291	1541	1841		
111	0241					
112	0101	0801				
113	0141	1801	2001			
114	0201					
115	0247					
116	0141	0142	0145	0903		
117	0101					
118	0101					
119	0101					
120	1601					
121	1705					
122	0101					
123	1501					
124	0182					
125	0101					
126	0241					
127	0201	2702				
128	0201					
129	0141					
130	0182					
131	0101					
132	0101	0201	0841			
133	0141					
134	0101					
135	0201	0243				
136	0141	0201	0242	1723	1901	
137	1801					
138	1601					

書名編號	藏書單位						
經 春秋 139	1601	1881					
140	2201						
141	0142	0181					
142	0101	0801	1601	2441			
143	1601						
144	0801						
145	0141						
146	1705						
147	0101	0145	0164	0201	0301	0404	0842
	1701	2441					
148	1501	1601					
149	2941						
150	0161	1901					
151	0101	0141	0144	0166	0164	0201	0243
	0341	1601	1605	1701	1801	2001	2301
	2702						
152	0141	0201	1701				
153	0842						
154	0141	0143	0144	0301	0842	1616	1801
	2041	2941					
155	1881						
156	0161	0181	1581				
157	0141	0142	0143	0144	0161	0201	0201
	0841	0842	1541	1881	2702		
158	2401						
159	0141	0143	1601				
160	2543						
161	1605	2041	2301				
162	0101						
163	1601						
164	0141	0145	0241	1041	2201		
—							
166	1506						
167	0881	1001	2301	2701			
168	2541						
169	0301	1101	1701	1705			
170(1)	0161		1881				
170,2 171	1705	←1601					

書名編號	藏書單位						
經 春秋 172	0141						
173	0142	0181	1601				
174	0163	1881					
175	1607	1801	2205				
176	1601						
177	0861						
178	0201						
179	0145						
180	2541						
181	0142	0161					
182	0242						
183	0201	1705	1681				
184	0145	0201	0801				
185	0841						
186	0142	2541					
187	0142	0201	1501	1606	1741	2304	
188	0101	0141	0143	0144	0145	0146	0161
	0163	0181	0182	0193	0197	0201	0241
	0242	0301	0341	0342	0402	0404	0403
	0542	0592	0701	0741	0801	0803	0805
	0841	0842	0861	0942	1001	1049	1082
	1301	1501	1502	1504	1541	1582	1601
	1615	1653	1682	1701	1704	1705	1803
	1808	1881	1901	1910	1981	2201	2245
	2301	2394	2401	2402	2461	2541	2600
	2603	2701	2702	2782	2841	2881	2906
	2941						
189	0142	0441	0549	1701	1941		
190	0142						
191	1501						
192	0145	0197					
193	2201						
194	2512						
195	0141	0144	0145	0161	0241	0242	0404
	0701	0842	1501	1605	1705	2301	2401
	2701	2702					
196	1601						
197	0161						

書名編號	藏書單位
經 春秋 198	0141 0142 0146 0241 0301 0842 1705
	2301
199	0142 0861
200	0101 0842 1741 2302
201	1602
202	0141
203	0291 1501 1701
204	2302
205	1653
206	0181
207	0581
208	0201 0241 2301
209	2541
210	0341 0942 2342
211	0241
212	0201 2304
213	2441
214	0201
215	0842
216	0141 0842
217	1705
218	1705
219	0842
220	0141 0861 2301 2583
221	0101
222	2002
223	0141
224	2601
225	0142 2542
226	0101
227	0201
228	1601
229	0201
230	0101 0142 0201 0341 0861 0902 1911
	2301 2504
231	2401
232	0201
233	1715

書名編號	藏書單位
經 春秋 234	0241
235	0201
236	0101
237	2041 2504 2550
238	0141 0901
239	2301 2901
240	2561
241	0101
242	1701
243	0201
244	0243
245	0701
246	1796
247	0341
248	2101
249	0101
250	0101
251	0101
252	0201
253	0201
254	0201
255	0201
256	0201
257	0101
258	0101 2301
259	0201
260	0101
261	1704
262	0201
263	0161
264	2601
265	0201
266	0201
267	0201
268	0201
269	1601
270	2541
271	0101

書名編號	藏書單位
經 春秋 272	0101
273	1146
274	1801
275	1601
276	0101 0141◎ 0198 0201 1101 1705 1911
	2441◎ 2702 2742◎
277	1601
278	1601
279	0101
280	1581
281	0201
282	0101
283	0201
284	1628
285	0241
286	0101
287	0101
288	0181 0242 1641
289	0101 0141 0181 0198 0701 1012 1101
	1601 1801 2009 2401 2583
290	0501 0841 1802 2319 2401 2701
291	0241
292	0101
293	0201
294	0101
295	1704
296	0101
297	0101
298	1629
299	2761
300	0101
301	0101
302	0182 0201 0241 1601
303	0101
304	0101
305	0101
306	0141 0161 1501
307	0101

書名編號	藏書單位
經 春秋 308	0144 0301 1581 1705
309	1601
310	0163
311	0342
312	1601
313	1705
314	0241
315	0161 0163 0182 0301 0341 0803 2201
	2702
316	0201
317	0141 0144 0161 0182 0193 0198 0241
	0301 0706◎ 0741 0842 1501 1506 1701
	1801 1802 1901 2042 2404 2702 2745
318	1705
319	0201
320	0145 0181 1801 1881
321	0201 0301 1606 2504 2441
322	1601
323	1621
324	0101
325	0101
326	1705
327	0101
328	0201
329	2301
330	1741
331	2701
332	1144
333	1601
334	2301
335	0201
336	2301
337	2001
338	0201
339	0201 1601
340	2541
341	1601
342	0101 0141 0198 0844 1101 1705◎ 1911

書名編號	藏書單位
經 春秋 343	1601
344	0201
345	0201
346	0201
347	0101
348	1581
349	0141
350	0101
351	0141 0143 0144 0201 0242 0701 1501
	1502 1504 1601 1801 2401 2583 2701
352	0501 0841 1584 1588 1802 2319 2401
	2541
353	0181 1741 2201
354	0142
355	0241
356	0101
357	2302
358	0201
359	2701
360	0101
361	0242
362	0181 1601 1622 1707 2047
363	0102 0161 0162 0198 1682 1881 1901
364	0197 0201 1501 1502 1586 1705 2401
	2561
365	0301
366	0101 0842 1501 1704
367	0144 0163 0181 0197 0198 0201 0642
	0841 1701 1705 2461 2602 2702 2704
368	0301 0802 1045
369	0501 1701 1801 2001 2201 2341
370	0141 0143 0144 0150 0201 0301 0842
	0861 1041 1843 1901
371	1601
372	0201 0241 0242 0301 1301 1701
373	1582⊗ 2541
374	1606 1841
375	0142 0861 1654 2041 2702

書名編號	藏書單位
經 春秋 376	0144 0181 1801 1881 2201 2441
377	1604
378	1701
379	0101
380	0201
381(1)	0201 ← 1628
381(2) 382	0201
383	0101
384	0101
385	0101
386	1701
387	1704
388	1981
389	1601
390	0141
391	0201
392	0242
393	0101
394	0101
395	0101
396	0101
397	1601
398	0201
399	1701
400	1705
401	1601
402	0701
403	0101
404	0101
405	0241
406	0101
407	1601
408	0201
409	0201
410	0101
411	0201
412	0141
413	1705

書名編號	藏書單位
經 春秋 414	0101
415	0201
416	0101
417	1601
418	0101
419	1601
420	0241
421	0201
422	1601
423	0141
424	0201
425	0101
426	0201
427	0101
428	1581
429	0141 0161⊗ 2701
430	1601
431	0101
432	1791
433	0201 0291 0441 1881 2401 2481 2702⊗
434	0197 0241
435	0141
436	1705
437	1705
438	2202
439	1601
440	1501
441	0101
442	0101
443	1501
444	2201
445	1717
446	2242 2445
447	2702
448	0181
449	0201 0842
450	0803 1705
451	0181

書名編號	藏書單位
經 春秋 452	1615
453	2701
454	0245 1606 1628 2543
455	0741
456	1301
457	2001
458	0141 0301
459	0242 0842 2702
460	0701
461	0181 0341 0841 0902 1501 1511 1544⊗
	1601 1701 1705 1801 2201 2701
462	1601 1705
463	0703 0842 1941
464	0182 0243 1701 1741
465	0441
466	1701 1801
467	2601
468	0241
469	2702
470	0101
471	1601
472	0201
473	0101
474	0101
475	1601
476	0101
477	1601
478	0101
479	0101
480	0101
481	0101
482	0201
483	0201 0301 1041
484	1701
485	1601
486	0101
487	0101
488	0104

書名編號	藏書單位					
經 春秋 489	0101					
490	1601					
491	1601					
492	0101					
493	0101					
494	0201					
495	0101					
496	0701					
497	1705					
498	0201					
499	0101					
500	0101					
501	0101					
502	0101					
503	1601					
504	0201					
505	0198					
506	0201					
507	0701					
508	0144					
509	0101					
510	0101					
511	0101					
512	1601					
513	2561					
514	1705					
515	1701					
516	1705					
517	0101	0141	0181	0182●	0201		
518	1501					
519	0101					
520	0101	0122	2301	2543		
521	0142					
522	1601					
523	1041					
524	0101					
525	0101	0141	0144	0145	0163	0201	0481
	0501	0591●	0782	0801	1705	1881●	2041
經 春秋	2742						
526	1601						
527	0141	0162	0201	1605	2701		
528	0201						
529	0101	0143	0164	0201	1601	1702	
530	1601						
531	0101						
532	0161						
533	1601						
534	0101						
535	0101						
536	0198						
537	1843						
538	0101						
539	0182						
540	0101						
541	0301						
542	0201						
543	2581						
544	0101						
545	0101	0701	1541●				
546	0101	0404	1041	1682	2001	2401	2641
547	1041	1601					
548	1601						
549	0161	1701					
550	1001	1881	2702				
551	0101						
552	0101						
553	2561						
554	0143						
555	0291						
556	0142	1701					
557	2401						
558	0241						
559	0101						
560	0101						
561	0201	1705					
562	0201						

書名編號	藏書單位						
經 春秋 563	0141	0181	0193				
564	1901						
565	2702						
566	0101						
567	1601						
568	1881						
569	0201	0301	2701				
570	0701	1641	2541				
571	0701						
572	0101						
573	2301						
574	1705						
575	0201						
576	0102						
577	0101						
578	1601						
579	1601						
580	0101	0145	1501	2901			
581	0141						
582	0201	2541					
583	0201						
584	0101						
585	0161	0201	1701				
586	0201	1601					
587	1601						
588	0842	1501					
589	0101	0161	0291	1701	2541		
590	1705						
591	1701						
592	1601						
593	0101	0201					
594	1601						
595	1701						
596	0141	2541					
597	0101	0141	0201	0301	0701		
598	0101	1701	2741				
599	0101						
600	0101	0141	1041				
經 春秋 601	0201						
602	0141						
603	0161						
604	0703						
605	0141	1501	1628				
606	0301	2341					
607	0144	0261					
608	0181						
609	1628	1701	1705	2201			
610	0101	0161	0201	1501	1601	2001	2301
	2541						
611	1801						
612	2301						
613	2541						
614	2541						
615	2401						
616	0101	0141	0201	0961			
617	0201						
618	0142						
619	2201						
620	1606						
621	0102	0141	0144	0145	0163	0164	0201
	0202	0291	0302	0841	0802	1001	1542
	1601	1684	1701	2303	2541	2701	2702
622	1705						
623	0141	0262					
624	1542						
625	0141	0501	0701	0801	1501	1628	1701
	2702						
626	0161						
627	2301						
628	0141						
629	0141	0142	0143	0145	0181	0201	0842
	2041						
630	2006						
631	1601						
632	0161						
633	0101						

書名編號	藏書單位						
經 春秋 634	0201	1601					
635	0144	0161	0701	1601			
636	0242						
637	0101						
638	0141						
639	0201						
640	0141	0145	0842				
641	0141	1601					
642	1082						
643	1004						
644	0701						
645	1616						
646	1605						
647	0161						
648	0101						
649	0181						
650	1881						
651	2501						
652	0181						
653	0161	2301					
654	0142						
655	0201						
656	2481						
657	2481						
658	0101						
659	1606						
660	1601						
661	1601						
662	0201						
663	0142						
664	0518						
665	1515						
666	0141	1801	～				
667	0181	0842					
668	0201						
669	0201						
670	0101	0147	0181	0195	0301	0342	0405
	0601	0701	0703	0801	0803	0901	0903

書名編號	藏書單位						
經 春秋	1461	2343	2541	2901			
671	0141	0181	0342	0701	0741	0842	0844
〃	2301	2541					
672	0181	0701	0801				
673	2641						
674	0301						
675	0101						
676	0101						
677	2301						
678	0241	0102	2301				
679	0101	0143	0164	0181	0201	0520	0861
	2301	2541					
680	0101						
681	0181	2301					
682	2581						
683	1991						
684	0501						
685	0142						
686	0201						
687	0101	2301					
688	2201						
689	0201						
690	0101						
691	2301	2302					
692	0101						
693	0101						
694	1601						
695	0101						
696	1601						
697	0142	0861	2302	2541	2563		
698	0101						
699	0101						
700	0201						
701	0142	0164	0201	0262	0520	0861	1840
702	0101						
703	0201						
704	0142						
705	0861						

書名編號	藏書單位						
經 春秋 706	1701						
707	1605						
708	0101						
709	0241						
710	0101	0141	0241	0242	2001		
711	0241	0841	0861				
712	0141						
713	2201						
714	1741						
715	0142						
716	0201						
717	2541						
718	1701						
719	0101	0142	0701	2301	2602		
720	1796						
721	0142	0143	0201	0842	0861	2301	2304
	2342						
722	0101						
723	0141						
724	0101						
725	0101						
726	0101						
727	0101						
728	0101						
729	0101						
730	1701						
731	0201						
732	1604						
733	0142						
734	0101						
735	1605						
736	1587						
737	0101						
738	2001						
739	2541						
740	1501						
741	1701						
742	1701						

書名編號	藏書單位
經 春秋 743	0201
744	1601
745	1701
746	0141
747	0101
748	0201
749	1501
750	0201
751	0201
752	0101
753	0301
754	0101
755	0201
756	0301
757	0201
758	1601
759	1601
760	1601
761	1601
762	0201
763	1802
764	1802
765	1501
766	2441
767	0198
768	2501
769	1704
770	1705
771	2301

孝經類

孝經叢書十四種十四卷　明朱鴻編　明萬曆刻本　九行十八字白口四周單邊　一

孝經闡對一卷　漢劉向校定
孝經今文直解一卷　唐玄宗李隆基撰
孝經注一卷　元朱申撰
文公所定古文孝經注一卷　元董鼎撰
草廬校定古今文孝經注一卷　元吳澄撰
孝經會通一卷　明沈淮撰
五孝傳贊一卷　晉陶潛撰
家塾孝經集解一卷　明朱鴻撰
孝經臆說一卷　明朱鴻撰
孝經質疑一卷　明朱鴻撰
五經孝語一卷　明朱鴻輯
四書孝語一卷　明朱鴻輯
曾子孝實一卷　明朱鴻輯

孝經彙刊十二種十二卷　明朱鴻編　明抄本　二
存十種十卷
孝經今文直解一卷　漢劉向校定
石臺孝經一卷　唐玄宗李隆基注
孝經句解一卷　宋朱熹校定、朱申、周翰注
孝經大義一卷　宋朱熹刊誤古文　元董鼎注
孝經訓釋一卷　元吳澄校定古今文
孝經古文解意一卷附釋疑　明孫本撰
孝經古文直解一卷附大音　明朱鴻撰

孝經總函二十一卷　明朱鴻編　明內府抄本　清丁丙跋　三
孝經會通一卷　明沈淮撰
經書孝語一卷　明朱鴻輯
孝經集靈一卷　明虞淳熙撰

孝經總類二十卷　明朱鴻編　明抄本　四

家塾孝經三種三卷　明朱鴻撰　明萬曆刻本　九行十八字白口四周單邊　五
家塾孝經集解一卷
孝經質疑一卷
孝經臆說一卷

孝經大全十集　明江元祚編　明崇禎刻本　八行十八字小字雙行同白口四周單邊　六
甲集
孝經考一卷
家傳圖考一卷　明江元祚撰
全孝圖說一卷
傳經始末一卷
全經綱目一卷
孝字釋一卷
全孝心法一卷
論經威儀一卷
乙集
漢孝經
今文直解一卷　漢劉向定
唐孝經
進石臺孝經表一卷　唐齊古撰
石臺孝經一卷　唐玄宗李隆基注
孝經注疏一卷　唐元行沖備疏鈔
丙集
宋孝經
朱文公較定古文一卷　宋朱申句解
朱文公刊誤一卷　元董鼎注　附朱鴻刊誤大音
孝經正義一卷　宋邢昺　杜鎬等奉敕備疏鈔
丁集
元孝經
吳文正公較定今古文孝經一卷　元吳澄校定
吳文正公刊誤
吳文正公較定今文孝經記　張恒
戊集
皇明孝經
家塾孝經一卷　明朱鴻集解
孝經解意一卷　明孫本撰
古文直解一卷　明朱鴻撰
孝經通書一卷　明虞淳熙撰
孝經彙注三卷　明江元祚輯
己集
孝經會通一卷　明沈淮敘次
孝經疏鈔一卷　海鹽和
四書孝義一卷　明朱鴻彙輯
庚集
五經孝語一卷　明朱鴻彙輯
曾子孝實一卷　明江元祚刊注
孝經靈目一卷　明江元祚述
辛集
孝經集靈上卷　明虞淳熙述
孝經集靈下卷　孫本撰
壬集
孝經集靈附集
孝經釋疑　明孫本撰
孝經質疑　明朱鴻撰
從今文孝經說　明虞淳熙撰
古文孝經說　明孫本撰
古今孝經大旨　明孫本一卷
癸集
孝經集文一卷　明江元祚彙輯
五等孝傳贊一卷　晉陶潛撰
孝經論一卷　宋楊簡撰
御注孝經臺贊一卷　唐
孝經集義序一卷　宋真德秀撰
寫古文孝經跋一卷　宋真德秀撰
紀孝書新一卷　宋真德秀撰
庶人章解一卷　宋真德秀撰
孝經注疏序一卷　宋孫奭撰
孝經管見一卷　元釣滄子撰
管見後說一卷　元釣滄子撰
孝經問對一卷　陳睍撰
孝經大義序一卷　元熊禾撰
孝經本義序一卷　明宋濂撰
啟孝敬俗一卷　明方孝孺撰
孝經集說序一卷　明王偉撰
孝經叙録一卷　明歸有光撰
孝經集義序一卷　余時英撰
孝經集義跋序一卷　趙鑨撰
孝經列傳一卷　李攀撰
孝經總序一卷　張淑撰
孝經會通序一卷　明沈淮撰

孝經會通發序一卷　汪
進孝經疏義奏疏一卷　江旭音

七　孝經大全十二集　明江元祚撰並輯　明崇禎刻本

子集　明江元祚撰
孝經考
采傳圖考
全孝圖說
傳經始末
全經綱目
孝字釋
全孝心法
誦經威儀

丑集
漢孝經
今文孝經直解一卷　明江元祚訂
唐孝經
進石臺孝經表　唐齊古撰
石臺孝經一卷　唐玄宗注

寅集
宋孝經
朱文公定古文孝經一卷　宋朱申撰
朱文公刊誤古文孝經一卷　元董鼎注

卯集
元孝經
吳文正公校定今文孝經一卷　元吳澄校定
吳文正公刊誤
吳文正公校定今文孝經記

辰集
皇明孝經
孝經宗注五卷　明江元祚刪輯
孝經會通一卷　明沈淮撰
孝經疏鈔一卷　唐元行沖疏　宋邢昺正義　明梅鼎祚鈔

巳集
五經孝語一卷　明朱鴻輯
四書孝語一卷　明朱鴻輯

午集
曾子孝實附錄一卷　明江元祚刪註
孝經宗目一卷　明江元祚撰

未、申集
孝經集靈二卷附集一卷　明虞淳熙撰

酉集
孝經釋疑一卷　明孫本撰
孝經質疑一卷　明朱鴻撰

戌集
朱文公刊誤孝經旨意一卷　明朱鴻撰
古文孝經說一卷　明孫本撰
較今文孝經說一卷　明虞淳熙撰

亥集
孝經集文一卷　明江元祚輯

八　孝經全書二卷　明茅胤武編　明崇禎八年吳興茅氏刻本　九行十九字白口白單魚尾四周單邊

存上卷：
孝經古文　明茅胤武訂
孝經今文　明茅胤武訂
石臺孝經　唐玄宗李隆基撰

存下卷：
孝傳　明茅胤武訂
孝經集靈　明虞淳熙輯
孝經傳　明樊維城撰
忠經　漢馬融撰

九　孝經古註五卷　明崇禎四年程一夔閣拙齋刻本　八行十七字小字雙行同白口四周單邊

孝經大義刊誤一卷　宋朱熹撰　元董鼎注
孝經集靈節略一卷　明虞淳熙輯
孝經刊誤一卷　宋朱熹撰　元董鼎注
孝經引證一卷　明楊起元輯
孝經宗旨一卷　明羅汝芳撰

一〇　孝經一卷　明刻本　六行十字黑口四周雙邊

一一　新刊明本大字孝經一卷　明刻本　九行十五字黑口四周雙邊

一二　孝經一卷　題漢孔安國傳　明萬曆三年文元發抄本　清姚孟起、傅以禮題識

一三　孝經一卷　題漢鄭玄注　清周廣業抄本　清周廣業跋

一四　孝經一卷　漢鄭玄注　清陳鱣輯　清乾隆四十七年陳氏裕德堂刻本

一五　孝經一卷　唐玄宗李隆基注　明刻本　七行十五字白口四周雙邊

一六　孝經一卷　唐玄宗李隆基注　陸德明音　元相臺岳氏荊谿家塾刻本　八行十七字小字雙行同細黑口四周雙邊有刻工

一七　孝經一卷　唐玄宗李隆基注　陸德明音　清初影元抄本

一八　孝經今文音義一卷　唐陸德明撰　清初毛氏汲古閣影宋抄本

一九　孝經一卷　唐玄宗李隆基注　清影元抄本　清李錫齡、王振聲跋

二〇　孝經注疏九卷　唐玄宗李隆基注　宋邢昺疏　元泰定三年刻本　十行十六字小字雙行二十三字細黑口左右雙邊有刻工

二一　孝經注疏九卷　唐玄宗李隆基注　宋邢昺疏　元泰定三年刻明修本　十行十九字小字雙行廿三字黑口左右雙邊有刻工

二二　孝經注疏九卷孝經正義一卷　宋邢昺撰　明末毛氏汲古閣刻本　清夢僧批校

二三　孝經刊誤一卷　宋朱熹撰　元董鼎注　引證一卷　明楊起元輯　宗旨一卷　明羅汝芳撰　明崇禎四年程一夔閣拙齋刻本　八行十八字白口四周單邊

二四　孝經集注一卷　明陳選撰　清同治刻本　清宋書升批校

二五　孝經本義一卷列傳七卷　明胡時化撰　明刻本　七行十五字小字雙行同白口左右雙邊

存二卷　本義、列傳七

二六　孝經本則一卷　明張復撰　明萬曆二十九年刻本　十行二十字小字雙行同白口四周單邊

二七　孝經疑問一卷　明姚舜牧撰　明來恩堂刻姚承菴文集清乾隆二十七年六經堂重修本　十行二十字白口單邊

二八　孝經集義一卷　明余時英撰　孝經刊誤一卷　宋朱熹撰　明天啟四年余紹祉等刻本　九行十七字白口四周單邊

二九　孝經貫註二十卷存餘三卷攷異一卷對問三卷　明瞿罕撰　明崇禎七年刻本　九行二十字白口單魚尾四周單邊

三〇　孝經緒彙一卷　明丁洪夏輯　明崇禎刻本　九行二十字小字雙行白口單魚尾四周單邊

三一　孝經集傳四卷　明黃道周撰　明崇禎十六年刻本　九行十八字小字雙行同白口左右雙邊

三二　孝經贊義一卷　明黃道周撰　清嘗氏丹鉛精舍抄本

三三　黃石齋注孝經一卷儒行一卷　明黃道周撰　清抄本　陳治允跋

三四　孝經大全二十七卷首一卷　明呂維祺撰　明崇禎刻本　九行十七字小字單行十六字白口四周單邊

三五　孝經大全二十八卷孝經或問三卷首一卷　明呂維祺輯　孝經翼一卷　明呂維祺輯　明崇禎刻本　九行十七字白口左右雙邊

三六　孝經大全二十八卷首一卷附孝經或問三卷　明呂維祺撰　附孝經翼一卷　明呂維祺撰　清康熙二年呂兆璘刻本

三七　孝經註疏大全一卷孝經論題標準一卷附小學衍義六卷續小學六卷首一卷　清葉鉁撰　清康熙二十九年事天閣刻本

三八　御註孝經一卷　清世祖福臨撰　清順治內府刻本

三九　御註孝經一卷　清世祖福臨撰　清順治十三年內府刻本

四〇　御纂孝經集註一卷　清世宗胤禛纂　清雍正五年內府刻本

四一　孝經易知不分卷　佚名撰　附太極圖說　宋周敦頤撰　西銘　宋張載撰　清雍正十二年徐廷鈞刻本

四二　孝經精義一卷後錄一卷或問一卷原孝一卷餘論一卷　清張叙撰　清乾隆路河書院刻本

四三　孝經通釋十卷　清曹庭棟撰　清乾隆二十一年刻本

四四　孝經義疏補九卷首一卷　清阮福撰　清鍾文烝校　清道光九年香齋刻本

四五　古文孝經朱子訂定刋誤集講一卷　清熊兆撰　清抄本　清翁同書跋

四六　孝經緯不分卷附讖不分卷　清殷元正輯　陸明睿增訂　清芬書屋抄本

四七　孝經鄭氏解一卷　清臧庸輯　桂文燦校　清抄本　陳澧批校

四八　孝經徵文一卷　清丁晏撰　稿本

四九　孝經集註一卷　清丁晏輯　清咸豐七年刻本

五〇　孝經釋義一卷　清宋書升撰　稿本

收藏情況表

書名編號	藏書單位			
經　孝經 1	0101			
2	0201			
3	1601			
4	0101			
5	0101			
6	0161	1343	1501	
7	0141	0201	0842	2541
8	0141			
9	0101			
10	0201			
11	1686			
12	0301			
13	0201			
14	0101			
15	0201			
16	0101			
17	0101			
18	1605			
19	0101			
20	0101			
21	1911			
22	2401			
23	0101			
24	1581			
25	0101			
26	1901			
27	0201	0291		
28	1801	1901	1541	2842
29	0262			
30	0161			
31	2001			
32	0101			
33	0201			
34	0181			
35	2601			
36	0166	0173	0341	

書名編號	藏書單位		
經　孝經 37	0201		
38	0101	0701	
39	0181	0601	0701
40	0181	0701	
41	0142		
42	0101		
43	0143		
44	0201		
45	0161		
46	0201		
47	2501		
48	0141		
49	0101		
50	1581		

四書類

論語

一 論語一卷 明刻本 明張棟跋 十一行廿二字黑口四周雙邊

二 論語二卷 明抄本 七行十五字紅口紅格

三 古文論語注二卷 漢鄭玄撰 題宋王應麟輯 附錄一卷 清乾隆鮑氏知不足齋刻本 清陳鱣、吳騫校補並跋，陳鱣錄丁杰校補題識、吳騫跋 九行廿一字小字雙行同黑口左右雙邊

四 論語鄭氏注二卷 漢鄭玄注 清宋翔鳳輯 清嘉慶四年刻本 清戴穗孫批校並跋

五 古文論語二卷 漢鄭玄注 題宋王應麟輯 清抄本

六 古文論語二卷 漢鄭玄注 題宋王應麟輯 清抄本

七 古文論語二卷 漢鄭玄注 題宋王應麟輯 清抄本

八 監本纂圖重言重意互註論語二卷 魏何晏集解 宋劉氏天香書院刻本 楊守敬、袁克文跋 十行十八字小字雙行廿四字細黑口四周雙邊雙魚尾

九 監本纂圖重言重意互注論語二卷 魏何晏集解 清袁氏五硯樓影抄宋劉氏天香書院刻本

一〇 論語集解義疏十卷 魏何晏集解 梁皇侃義疏 清乾隆嘉慶間鮑廷博刻知不足齋叢書本 清王芑孫批校並跋

一一 論語集解義疏十卷 魏何晏集解 梁皇侃義疏 清乾隆嘉慶間鮑廷博刻知不足齋叢書本 清袁廷檮校跋並錄鈕樹玉批校 存八卷 一至四、七至十

一二 論語集解義疏十卷 魏何晏集解 梁皇侃義疏 清王亶望刻箱本 清陳澧批校 存五卷 六至十

一三 論語集解義疏十卷 魏何晏集解 梁皇侃義疏 日本寬延刻本 清周廣業校並跋

一四 論語集解十卷 魏何晏集解 唐陸德明釋文 元岳氏荊谿家塾刻本 八行十七字細黑口四周雙邊

一五 論語註疏解經二十卷 魏何晏集解 宋邢昺疏 宋刻元明遞修本 八行十六字小字廿二字白口左右雙邊單魚尾有刻工 存二卷 十一至十二

一六 論語註疏解經二十卷 魏何晏集解 宋邢昺疏 宋刻元明遞修本 八行十六字小字雙行廿二字白口左右雙邊單魚尾有刻工 存十卷 十一至二十

一七 論語註疏解經二十卷 魏何晏集解 宋邢昺疏 元刻明修本 十行十八字小字雙行廿三字白口左右雙邊有耳

一八 論語筆解二卷 唐韓愈、李翱撰 清乾隆四十二年吳翌鳳抄本 清吳翌鳳跋

一九 論語筆解二卷 唐韓愈、李翱撰 清抄本

二〇 論語解 宋尹焞撰 明末祁氏澹生堂抄本 清錢應陛跋

二一 論語集注十卷 宋朱熹撰 元刻本 十三行二十字小字廿三字注雙行字同黑口四周雙邊有耳 存五卷 六至十

二二 論語集註十卷序說一卷 宋朱熹撰 明嘉靖四十三年益藩樂善堂刻四書集註本 八行十四字小字十七字黑口四周雙邊

二三 論語集註十卷 宋朱熹撰 清刻本 清宋書升批校

二四 論語集註十卷 宋蔡節撰 宋淳祐六年湖頖刻本 十行十八字小字雙行同白口左右雙邊有刻工 存五卷 一至五

二五 重廣陳用之真本入經論語全解義十卷 宋陳祥道撰 明抄本 十行二十二字

二六 重廣陳用之學士真本入經論語全解義十卷 宋陳祥道撰 清乾隆抄本 清朱筠批校

二七 重廣陳用之真本入經論語全解義十卷 宋陳祥道撰 清抄本（四庫底本） 清丁丙跋

二八 重廣陳用之真本入經論語全解十卷 宋陳祥道撰 清抄本

二九 重廣陳用之學士真本入經論語全解十卷 宋陳祥道撰 清抄本

三〇 重廣陳用之學士真本入經論語全解義十卷 宋陳祥道撰 清抄本

三一 讀論語叢說 元許謙撰 清抄本 清黃丕烈跋

三二 附音傍訓句解 元刻本 十二行廿三字小字雙行同黑口左右雙邊順魚尾

三三 論語類考二十卷 明陳士元撰 明嘉靖三十九年刻本 十行二十字白口四周單邊

三四 論語類考二十卷 明陳士元撰 明刻本 十行二十字白口左右雙邊

三五 論語外篇十八卷 明李栻輯 明萬曆十二年刻本 九行十八字白口上雙魚尾左右雙邊有刻工

三六 重訂論語註釋十卷 明曾志道撰 明萬曆二十五年刻本 九行十八字白口單魚尾四周雙邊

三七 論語講義一卷 明周如砥撰 明抄本

三八 論語義府二十卷 明王肯堂輯 明刻本 十行二十字白口四周單邊

三九 陳學士先生論語貫義二卷 明陳懿典撰 清抄本

四〇 論語商二卷 明周宗建撰 明萬曆四十五年刻本 九行十九字白口四周單邊

四一 論語緯附雜錄不分卷 清湯斌輯 手稿本
四二 論語考典□□卷 清方棻如撰 清抄本 顧廷龍跋 存四卷 十一至十四
四三 論語竢質三卷 清江聲撰 清曾慶祺抄本 清曾慶祺跋 戴望觀款 吳雲題記 潘承弼跋
四四 論語溫知錄一卷 清崔紀撰 清乾隆五年刻本
四五 論語新目二卷 清梁布純撰 清抄本
四六 魯論說四卷 清程廷祚撰 清抄本
四七 論語古訓十卷 清陳鱣撰 清乾隆六十年簡莊刻本 清李慈銘注
四八 論語古訓十卷附一卷 清陳鱣撰 清嘉慶元年刻本 清沈濤校
四九 論語古訓十卷 清陳鱣撰 清浙江書局刻本 鄭文焯校
五〇 論語通釋一卷 清焦循撰 稿本 清汪萊跋
五一 論語權疑一卷 清潘德輿撰 手稿本
五二 論語異文集證二卷 清馮登府撰 手稿本
五三 論語註不分卷附孔子事蹟不分卷 清劉寶楠撰 手稿本
五四 論語註疏長編不分卷 清劉寶楠撰 手稿本

三

五五 論語正義二十四卷 清劉寶楠撰 清同治八年刻本 清孫詒讓校
五六 論語注不分卷 清劉寶楠撰 手稿本
五七 論語孔注證偽二卷 清丁晏撰 手稿本
五八 論語孔注證偽二卷 清丁晏撰 稿本 清劉文淇、劉寶楠、盛大士等箋注
五九 逸論語不分卷 清姚椿輯 逸周書一卷竹書紀年一卷 清姚椿節錄 稿本
六〇 論語考異訂八卷 清翟灝撰 吳騫訂 清抄本
六一 校刻篆文論語考證二卷 清丁琳五撰 附錄一卷 清許瀚、丁艮善撰 稿本 存一卷 上
六二 論語古注集箋十卷 清潘維城撰 潘錫爵編 稿本
六三 論語雅言二十卷 清董增齡撰 清江仁操抄本
六四 論語翼註駢枝二卷 清史夢蘭撰 稿本
六五 戴氏注論語二十卷 清戴望撰 清同治十年刻本 清戴望校並增補 清俞樾識校、王大隆跋
六六 論語訓二卷 清王闓運撰 稿本

六七 論語正義校記一卷 清孫詒讓、汪宗沂撰 清劉氏食舊德齋抄本
六八 論語密解大全十卷 清姚循德纂 稿本 存八卷 一至四、七至十
六九 南海先生論語注二卷 康有為撰 稿本

孟子

七〇 孟子註疏解經十四卷 漢趙岐注 題宋孫奭疏 宋刻元修本 八行十六字小字雙行廿二字左右雙邊 繆荃孫跋 存四卷 三至四、十三至十四
七一 孟子註疏解經十四卷 漢趙岐注 題宋孫奭疏 宋刻元明遞修本 八行十六字小字雙行廿二字白口左右雙邊有刻工 存十卷 一至六、十一至十四
七二 孟子註疏解經十四卷 漢趙岐注 題宋孫奭疏 宋刻元明遞修本 八行十六字小字雙行二十二字白口單魚尾左右雙邊有刻工 存四卷 三至四、十三至十四
七三 孟子十四卷 漢趙岐注 宋孫奭音義 元岳氏荊谿家塾刻本

四

七四 孟子註疏解經十四卷 漢趙岐注 題宋孫奭疏 元刻明修本 十行十八字小字雙行二十三字黑口四周單邊有刻工
七五 孟子註疏解經十四卷 漢趙岐注 題宋孫奭疏 元刻明修本 十行十八字小字雙行二十三字白口左右雙邊有耳
七六 孟子注疏解經十四卷 漢趙岐注 題宋孫奭疏 元刻明修本 十行十八字小字雙行二十三字白口左右雙邊雙魚尾有刻工
七七 孟子註疏解經十四卷 漢趙岐注 題宋孫奭疏 明刻本 九行廿一字白口四周單邊有刻工
七八 孟子註疏解經十四卷 漢趙岐注 題宋孫奭疏 明叢書堂抄本 清黃丕烈跋
七九 孟子註疏解經十四卷 漢趙岐注 題宋孫奭疏 清章氏式訓堂抄本 徐恕校
八〇 孟子注十四卷 漢趙岐注 清初影宋抄本 存十二卷 一至四、七至十四
八一 孟子趙注十四卷 漢趙岐注 音義二卷 宋孫奭撰 清乾隆曲阜孔氏微波榭刻本 清焦循評點 清李璋煜、陳奐跋 陳乃乾據宋本校並跋
八二 孟子趙氏注十四卷 漢趙岐注 音義二卷 宋孫奭撰 清乾隆四十六年韓岱雲刻本 葉德輝題識

八三　孟子趙氏注十四卷 漢趙岐注 音義二卷 宋孫奭撰 清乾隆四十六年韓岱雲等刻本 卷七配清抄本卷八至十四音義配清乾隆孔氏微波榭刻本 清盧文弨校並跋、丁丙跋

八四　孟子趙氏注十四卷 漢趙岐注 音義二卷 宋孫奭撰 清乾隆四十六年韓岱雲刻本 葉景葵錄、清周廣業校

八五　孟子章指二卷 漢趙岐撰 稿本 清周廣業校

八六　孟子章指一卷 漢趙岐撰 清周廣業校 稿本 清翁方綱題記

八七　孟子章指一卷 漢趙岐撰 清周廣業校 稿本

八八　孟子注一卷 漢劉熙撰 清陳鱣輯 清抄本 清盧文弨校

八九　孟子手音一卷 唐丁公著撰 清丁士涵抄本

九〇　孟子七卷 宋蘇洵批點 明嘉靖九年朱得之刻本 八行二十字白口四周單邊有刻工

九一　蘇老泉批點孟子二卷 宋蘇洵批點 明萬曆四十一年程開祐刻本 六行二十字小字數不一白口四周單邊

九二　孟子二卷 宋蘇洵批點 明崇禎刻本 十行二十字注文在行與行之間的行格處白口四周單邊

九三　批點孟子書二卷 宋蘇洵批點 明紀五常刻本 八行二十字白口四周單邊有刻工

九四　孟子二卷 宋蘇洵批點 明刻本 八行十八字白口无格格處鐫圈及小字左右雙邊

九五　張狀元孟子傳二十九卷 宋張九成撰 清乾隆翰林院抄本（四庫底本）清丁丙跋

九六　孟子張宣公解七卷 宋張栻撰 明抄本 存卷七

九七　孟子音義三卷 宋孫奭撰 清初影宋抄本

九八　孟子音義三卷 宋孫奭撰：清康熙納蘭性德刻通志堂經解本 清丁士涵校

九九　孟子音義二卷 宋孫奭撰 清道光二十三年許瀚刻本、王國維校並跋

一〇〇　孟子音義二卷 宋孫奭撰 孟子音義札記一卷 繆荃孫撰 清光緒九年刻本 繆荃孫批校並跋

一〇一　孟子音義考證二卷 清蔣仁榮撰 稿本 清朱記榮題識

一〇二　孟子解二卷 題宋尹焞撰 清乾隆抄本

一〇三　孟子七卷 宋朱熹集注 元刻本 十一行二十字小字雙行同黑口四周雙邊 存四卷 四至七

一〇四　孟子七卷 宋朱熹集注 張承棣題 元刻本 十行十七字上下細黑口左右雙邊雙魚尾 存四卷 一至四

一〇五　孟子十四卷 宋朱熹集注 元刻本 九行十七字小字雙行同黑口左右雙邊有耳 存八卷 七至十四

一〇六　孟子十四卷 宋朱熹集注 元刻本 九行十七字小字雙行同黑口四周雙邊 存二卷 卷五、卷六

一〇七　孟子十四卷 宋朱熹集注 元刻本 九行十七字黑口四周雙邊 存一卷 卷五

一〇八　孟子集注十四卷 宋朱熹撰 元刻本 八行十五字白口左右雙邊單魚尾有刻工 存二卷 七、八

一〇九　孟子集註十四卷 宋朱熹註 元刻本 九行十七字小字雙行三十四字黑口四周雙邊 存一卷 七

一一〇　孟子集註十四卷序說一卷 宋朱熹撰 明刻本 八行十四字小字雙行十八字大黑口四周雙邊雙魚尾

一一一　孟子十四卷 宋朱熹集註 明刻本 四周雙邊大本

一一二　孟子集註重訂輯釋章圖通義大成十四卷 宋朱熹集註 元倪士毅輯釋 元刻本 十二行二十字小字雙行廿三字上下黑口四周雙邊雙魚尾

一一三　孟子十四卷 宋朱熹集注 元倪士毅輯釋 元刻明修四書輯釋本 十二行二十一字小字雙行低一格二十三字黑口四周雙邊單邊不等 存七卷 一至七

一一四　孟子或問纂要一卷 宋朱熹撰 宋刻本 七行十六字細黑口左右雙邊雙魚尾

一一五　孟子集疏十四卷 宋蔡模撰 宋刻本 八行十七字細黑口左右雙邊 存二卷 五、十二

一一六　孟子外書四篇四卷 宋劉攽注 清乾隆吳氏拜經樓刻本 清吳騫校並跋

一一七　孟子外書四篇四卷 宋劉攽注 清抄本 清吳騫校注 孟子外書附訂四卷 清吳騫撰 稿本

一一八　尊孟辨三卷續辨二卷別錄一卷 宋余允文撰 清乾隆翰林院抄本（四庫底本）

一二五　孟子節文七卷 明劉三吾輯 明初刻本 七行十二字黑口四周雙邊

一二五　孟子節文七卷 明劉三吾輯 明初刻本 十行廿二字小字雙行四周雙邊黑口

一一九　讀孟子叢說二卷 元許謙撰 明弘治十二年刻本 十一行廿一字黑口雙魚尾四周雙邊

一二〇　附音傍訓句解孟子七卷 元李公凱撰 明初刻本 十二行廿二或廿三字小字雙行同黑口四周雙邊

一二一　讀晦菴孟子集解衍義十四卷 元刻本 十行二十字黑口左右雙邊

一二二　魁本大字詳音句讀孟子二卷 元羅氏刻本 十行十六字細黑口左右雙邊

一二三　繪孟七卷 明戴君恩撰 明天啟閔齊伋刻朱墨套印本 九行十九字白口四周單邊

一二四　繪孟七卷 明戴君恩撰、龔惟敬編 明天啟六年刻本 九行十八字白口无格四周單邊

一二五　孟子節文七卷 明劉三吾輯 明初刻本 八行十六字黑口四周雙邊

一二六　孟子雜記四卷 明陳士元撰 明隆慶治然堂刻本 九行廿一字白口四周單邊

一一二七 七篇指畧七卷 清王訓撰 清康熙十二年刻本
一一二八 標孟七卷 清汪有光評 清康熙二十五年汪能承刻本
一一二九 孟子論文七卷 清陳履中撰 清抄本
一一三〇 孟子辨似不分卷 清閻涵輯 清乾隆五十四年滙秀書堂刻本
一一三一 孟子附記二卷 清翁方綱撰 稿本
一一三二 孟子篇叙七卷年表一卷 清姜兆翀撰 清嘉慶刻本
一一三三 孟子疏證十六卷 清迮鶴壽撰 稿本
一一三四 撰孟子正義日課記一卷 清焦循撰 稿本
一一三五 孟子補疏二卷 清焦循撰 稿本
一一三六 孟子正義三十卷 清焦循撰 稿本
一一三七 孟子正義三十卷 清焦循撰 清道光刻本 清謝章鋌校
一一三八 孟子四考四卷 清周廣業撰 稿本 清翁方綱校
一一三九 孟子四考四卷 清周廣業撰 稿本
一一四〇 孟子四考四卷 清周廣業撰 稿本
一一四一 孟子四考四卷 清周廣業撰 稿本
存三卷 二至四
一一四二 孟子四考四卷 清周廣業撰 清乾隆六十年周氏省吾廬刻本
一一四三 孟子考義發十三卷 清吳敏樹撰 清抄本
一一四四 吳南屏先生評點孟子七篇 清吳敏樹評點 清抄本
一一四五 南海先生孟子微 康有為撰 稿本

大學

一一四六 戴記舊本大學不分卷 漢鄭玄注 唐孔穎達疏 明萬曆四十一年刻本 九行十八字白口四周單邊
一一四七 大學千慮一卷 明穆孔暉撰 明嘉靖刻本 九行十七字白口四周單邊
一一四八 大學千慮一卷 明穆孔暉撰 明朱廷禧刻本
一一四九 大學億二卷釋疑一卷 明王道撰 明嘉靖二十三年錢楩刻本 九行二十字白口四周單邊
一一五〇 新刊四書兩家粹意大學一卷 明曾楚卿輯 明李廷謨、程德良增訂 明萬曆十二年刻本
十二行廿四字白口單魚尾四周單邊
一一五一 古本大學釋論五卷 明吳應賓撰 明萬曆三十九年刻本 八行十九字白口四周單邊
一一五二 顧端文大學通考一卷大學質言一卷大學重定一卷 明顧憲成撰 明抄本 清丁丙跋
一一五三 洙水山房文評不分卷 明佚名撰 手稿本
一一五四 大學辨一卷 清陳確撰 清抄本
一一五五 大學說一卷 清惠士奇撰 手稿本 清錢大昕簽題、段玉裁跋
一一五六 古本大學集解一卷 清李棠階撰 稿本
一一五七 大學正業一卷條說一卷引證一卷 清澤鶴生撰 稿本
一一五八 大學合鈔六卷 清陸堦編 清乾隆四十一年陸氏切問齋抄本
一一五九 大學校注二卷 清高心伯撰 稿本

中庸

一一六〇 中庸或問不分卷 宋朱熹撰 清抄本 清蔣湘南批校
一一六一 中庸章句章圖纂釋一卷 宋朱熹撰 元程復心纂釋 元刻四書章圖纂釋本 十三行二十字小字雙行廿四字黑口四周雙邊
存四十五葉
一一六二 中庸輯畧二卷 宋石𡼖輯、朱熹刪定 宋刻本 七行十五字白口左右雙邊
一一六三 中庸輯畧二卷 宋石𡼖輯、朱熹刪定 明石佩玉重訂 明嘉靖刻本 十行廿四字白口左右雙邊
一一六四 中庸輯畧二卷 宋石𡼖輯 明刻本 十行廿四字白口左右雙邊有刻工
一一六五 中庸章句大全一卷中庸或問一卷 明胡廣等輯 明天順游明刻本（序文有缺頁） 十二行二十字粗黑口四周雙邊雙魚尾
一一六六 中庸外傳二卷 明顧起元撰 明萬曆四十五年刻本 九行二十字白口四周單邊
一一六七 中庸正說二卷 明趙南星撰 明刻本 九行廿二字白口左右雙邊
一一六八 中庸補注一卷 清戴震撰 清戴氏長留閣抄本 清戴望校、鄧實跋
一一六九 中庸贅談一卷 清張士保撰 稿本
一一七〇 中庸旨說一卷 清程智撰 清抄本
一一七一 中庸合註定本一卷 清卧月樓抄本 清翁同書、吳友芝跋

四書總義

一一七二 論語十卷 魏何晏集解 孟子十四卷 漢趙岐注 清初毛氏汲古閣影抄元盱郡重刻廖氏本 八行十七字白口左右雙邊雙魚尾有耳有刻工
一一七三 論語音義一卷孝經音義一卷 唐陸德明撰 孟子音義二卷 宋孫奭撰 清初毛氏汲古閣影宋抄本 清毛扆跋
一一七四 四書章句集註標題三十卷 宋熊禾撰 元刻本 十一行十六字小字雙行同細黑口四周雙邊
存二十二卷 大學全、中庸或問、論語全、孟子一至七、序說

四書章句集注二十八卷　宋朱熹撰　元刻本（孟子集注卷三、四配清咸豐九年抄本）　清蔣培澤、高望曾、丁丙跋　七行十五字小字雙行同白口左右雙邊有刻工　一七五
大學章句一卷
中庸章句一卷
論語集注十卷序說一卷
孟子集注十四卷序說一卷

四書章句集注二十八卷　宋朱熹撰　元刻本（有抄配並缺頁）　明魏校批　宋克文跋　十一行十九、二十字細黑口左右雙邊三魚尾　一七六
大學章句一卷或問二卷
中庸章句一卷或問二卷
論語集注十卷
孟子集注十四卷

四書章句集注二十八卷　宋朱熹撰　八行十五字白口左右雙邊有刻工　一七七
論語集注十卷序說一卷
孟子集注十四卷序說一卷　以上宋嘉定十年當塗郡齋刻嘉熙四年淳祐八年十二年遞修本
中庸章句一卷
大學章句一卷　以上宋淳祐十二年當塗郡齋刻本

四書集注三十一卷　明成化十六年吉府刻本　八行十四字小字雙行十八或十九字黑口四周雙邊　一七八
魯齋許先生直說大學要略一卷　許元衡撰
大學章句一卷或問一卷　宋朱熹撰
中庸章句一卷或問一卷　宋朱熹撰
論語集註十卷序說一卷　宋朱熹撰
孟子集註十四卷序說一卷　宋朱熹撰

九

四書集註三十卷　宋朱熹撰　明成化吉府刻本　清丁丙跋　八行十四字小字雙行十七字大黑口四周雙邊　一七九
大學章句一卷或問一卷
中庸章句一卷或問一卷
論語集註十卷序說一卷
孟子集註十四卷序說一卷

四書集註十九卷　宋朱熹撰　元至正二十二年武林沈氏尚德堂刻本　十一行廿一字小字雙行同黑口四周雙邊　一八〇
大學一卷
中庸一卷
論語十卷
孟子七卷

四書集註十九卷　宋朱熹撰　明隆慶四年衡府刻本　九行十七字小字雙行同白口左右雙邊　一八一
大學章句一卷
中庸章句一卷
論語集注十卷
孟子集注七卷

四書集註十九卷　宋朱熹撰　明種德書堂刻本　九行十七字小字雙行同白口四周雙邊　一八二
大學章句一卷
中庸章句一卷
論語集註十卷
孟子集註七卷

四書集註十九卷　宋朱熹撰　明萬曆十年金積刻本　九行十七字小字雙行同白口左右雙邊　一八五
大學一卷
中庸一卷
論語十卷
孟子七卷

四書集註十九卷　宋朱熹集註　明吳勉學刻本　九行十七字小字雙行白口左右雙邊　一八四
大學章句一卷
中庸章句一卷
論語集註十卷
孟子集註七卷

四書集註二十一卷　宋朱熹撰　明刻本　九行十七字小字雙行同白口左右雙邊　一八五
大學章句一卷
中庸章句一卷
論語集語十卷序說一卷
孟子集註七卷序說一卷

四書集註十九卷　宋朱熹撰　明豹變齋刻本　九行十七字小字同四周單邊　一八六
大學一卷
中庸一卷
論語十卷
孟子七卷

大學章句一卷或問一卷中庸章句一卷或問一卷論語集註十卷孟子集註七卷　宋朱熹撰　明余靖吉澄福建刻本　九行十七字小字雙行同白口左右雙邊　一八七

大學章句一卷中庸章句一卷論語集註十卷孟子集註七卷　宋朱熹撰　四書字辨一卷　明黃洵饒撰　明萬曆刻本　九行十七字白口四周單邊單魚尾　一八八

十

四書集註三十八卷　宋朱熹注　明刻本　十行二十字小字雙行白口左右雙邊有刻工　一八九
大學章句一卷或問一卷
中庸章句一卷或問一卷
論語集註二十卷
孟子集註十四卷

大學章句一卷中庸章句一卷論語集註十卷孟子集註七卷　宋朱熹撰　清康熙內府刻本　清高宗弘曆跋　一九〇

四書集註十九卷　宋朱熹撰　清刻本　清俞樾批校　一九一

四書集註十九卷　宋朱熹撰　清刻本　清趙宗建校並跋　一九二
存十七卷　孟子七卷、論語十卷

四書集註十九卷　宋朱熹撰　清康熙十年朱氏崇道堂刻本　清戴有祺批　一九三

四書集註十九卷　宋朱熹集註　清道光四年山陰劉氏勉行堂刻本　清鄭國琳批校　一九四
大學章句一卷
中庸章句一卷
論語集注十卷
孟子集注七卷

監本四書十九卷　宋朱熹撰　清乾隆金閶文粹堂刻本　清錢泳批　一九五

四書集註三十一卷 大學章句一卷或問一卷 中庸章句一卷或問一卷 讀論語孟子法一卷 論語集註十卷 孟子集註十四卷 論語集註序說十卷 孟子集註序說十卷 宋朱熹撰 明正統十二年司禮監刻本 八行十四字小字双行低一格十七字黑口四周双边 一九六

四書集註三十一卷 大學章句一卷或問一卷 中庸章句一卷或問一卷 讀論語孟子法一卷 論語集注十卷序說一卷 孟子集注十四卷序說一卷 宋朱熹撰 明刻本 八行十四字小字双行十八字大黑口四周双边 一九七

四書集註二十一卷 大學章句一卷或問一卷 中庸章句一卷或問一卷 論語集註十卷 孟子集註七卷 宋朱熹集註 明崇禎七年刻本 九行十七字大黑口四周双边 一九八

四書章句集註二十一卷 大學章句一卷 中庸章句一卷 論語集註十卷序說一卷 孟子集註七卷序說一卷 宋朱熹撰 明末刻朱墨套印本 九行十七字小字双行同白口四周單边 一九九

四書集註二十一卷 宋朱熹撰 明刻本 九行十七字黑口四周双边双魚尾 二〇〇

四書集註二十九卷 大學章句一卷或問一卷 中庸章句一卷或問一卷 論語集注十卷 孟子集注七卷 宋朱熹撰 明嘉靖二十七年伊藩刻本 清丁丙跋 八行十四字小字双行十七字大黑口四周双边 二〇一

四書集注二十八卷 大學章句一卷 中庸章句一卷 讀論語孟子法一卷 論語集注十卷序說一卷 孟子集註十四卷序說一卷 宋朱熹撰 清內府刻本 二〇二

四書章句集註二十六卷 大學章句一卷 中庸章句一卷 論語集注十卷序說一卷 孟子集注十四卷序說一卷 宋朱熹撰 清嘉慶十六年潁川吳氏真意堂刻本 清焦循批 二〇三

監本四書集註十九卷 宋朱熹撰 清刻本 清王寶淦錄[illegible]王言論批註 存九卷 大學一卷、中庸一卷、孟子七卷 二〇四

論語集註十卷序說一卷孟子集註十四卷序說一卷 宋朱熹撰 宋刻本 七行十二字小字双行十六字黑口左右双边 二〇五

大學或問二卷中庸或問二卷論語或問纂要下卷孟子或問纂要一卷 宋朱熹撰 宋刻本 七行十六字細黑口左右双边双魚尾 二〇六

大學一卷中庸一卷論語二卷孟子二卷 元刻本 十行十五字細黑口左右双边双魚尾 二〇七

大學一卷中庸一卷論語二卷孟子二卷 明刻本 八行十四字大黑口四周双边 二〇八

大學[illegible]問一卷 宋朱熹撰 明嘉靖四十三年益藩樂善堂刻四書集註本 八行十四字小字双行十八字黑口 二〇九

四書集註二十六卷 大學章句一卷 中庸章句一卷 論語集註十卷 孟子集註十四卷 宋朱熹註 明刻本 八行十四字小字十七字黑口四周双边 二一〇

四書集註四十卷 大學章句一卷或問一卷 中庸章句一卷或問一卷 論語集注二十卷 讀論語孟子法一卷 孟子集註十四卷序說一卷 宋朱熹撰 明嘉靖應檟刻本 九行十八字小字双行同白口四周双边有刻工 二一一

四書集註四十一卷 大學章句一卷或問一卷 中庸章句一卷或問一卷 論語集[illegible] 讀論語孟子法一卷 孟子集註十四卷序說一卷 宋朱熹撰 明刻本 八行十七字小字双行同黑口四周双边 二一二

四書或問三十九卷 宋朱熹撰 明弘治[illegible]刻本 十行十八字黑口四周双边 存十七卷 大學一卷、論語十六卷(卷五至二十) 二一三

四書或問三十九卷 大學或問二卷 中庸或問三卷 論語或問二十卷 孟子或問十四卷 宋朱熹撰 明正德閔聞刻本 十六行十八字黑口四周双边 二一四

國朝諸老先生論語精義二十卷綱領一卷孟子精義十四卷綱領一卷 宋朱熹撰 明抄本 清丁丙跋 二一五

顏字四書二十八卷 大學章句一卷 中庸章句一卷 論語集註十卷序說一卷 孟子集註十四卷序說一卷 明書林熊冲宇種德堂刻本 清王雲錦批校 九行十七字小字双行同白口四周單边 存二十一卷 存八卷一至七序說一卷 二一六

二一七 古香齋鑒賞袖珍四書十九卷 清康熙內府刻本
大學一卷 中庸一卷 論語十卷 孟子七卷

二一八 四書古今四體文全書集註二十九卷 宋朱熹撰 明楊時喬編 明萬曆四十一年史世揆刻本 八行十八字白口四周单边单魚尾
存十卷 一至十

二一九 融堂四書管見十三卷 宋錢時撰 明抄本

二二〇 讀四書叢說八卷 元許謙撰 元至正七年刻本 十六行廿六字黑口左右双边双魚尾
讀大學叢說一卷 讀中庸叢說一卷 讀論語叢說三卷 讀孟子叢說二卷

二二一 讀四書叢說八卷 元許謙撰 元刻本 清黄丕烈跋 十六行廿六字細黑口左右双边

二二二 讀四書叢說八卷 元許謙撰 明弘治十二年刻本 十一行二十字黑口双边

二二三 讀四書叢說八卷 元許謙撰 明抄本 佚名校注
讀大學叢說一卷 讀中庸叢說二卷 讀論語叢說三卷 讀孟子叢說二卷

二二四 四書通二十六卷 元胡炳文撰 元天曆二年崇化余志安勤有堂刻本 十一行十九字小字双行廿一字黑口四周双边

二二五 四書通二十六卷 元胡炳文撰 元天曆二年余志安勤有堂刻本 十一行十九字中字廿一字小字双行廿一字細黑口四周双边
存十四卷 孟子全

二二六 四書通二十六卷 元胡炳文撰 元天曆二年余志安勤有堂刻本 十一行十九字細黑口四周双边双魚尾
存二卷 論語卷六至七

二二七 四書通證六卷 元張存中撰 元刻本 十三行廿四字黑口四周双边

二二八 四書通證六卷 元張存中撰 元刻本 十三行廿四字小字双行同黑口四周双边
存四卷 論語下、孟子上下、中庸

二二九 四書通證六卷 元刻本 十三行廿一字小字双行廿四字黑口四周双边
存六卷 孟子二至三、十一至十四

二三〇 四書集註通證六卷 元張存中撰 元天曆二年余志安勤有堂刻本 十三行廿四字小字双行同黑口四周双边
存二卷 孟子全

二三一 四書通證六卷 元張存中撰 明抄本

二三二 新編待問集四書疑節十二卷 元袁俊翁撰 清紛雲山房抄本 清丁丙跋

二三三 四書疑節十二卷 元袁俊翁撰 清抄本

二三四 四書經疑貫通八卷 元王充耘撰 明抄本(四庫底本) 清丁丙跋

二三五 四書管窺不分卷 元史伯璿撰 明抄本

二三六 四書管窺八卷 元史伯璿撰 清抄本

二三七 四書集成□卷 元刻本 十行十八字小字双行廿三字細黑口左右双边
存二十卷 論語一至二十

二三八 四書輯釋□□□卷 元倪士毅撰 元刻本 十三行廿一字細黑口四周双边双魚尾
存十卷 論語卷十一至二十

二三九 四書輯釋四十三卷 元倪士毅撰 程復心章圖纂、王元善通考 明初刻本 十三行大廿一字小双行廿四字黑口四周双边
大學輯釋一卷大學朱子或問一卷 中庸章圖概括總要一卷中庸輯畧一卷中庸朱子或問一卷 論語集註序說一卷論語章圖概括總要一卷論語輯釋二十卷 孟子集註序說一卷孟子章圖概括總要一卷孟子輯釋十四卷

二四〇 重訂四書輯釋四十四卷通考 元倪士毅撰 程復心章圖、王元善通考 王逢通義 明正統五年詹氏進德堂刻本 十一行廿一字細黑口四周双边双魚尾
新刊重訂輯釋通義源流本末一卷 四書章圖隱括總要發義二卷 大學朱子章句序重訂輯釋通義大成一卷 大學章句重訂輯釋章圖通義大成一卷 朱子大學或問重訂輯釋通義大成一卷 中庸章句重訂輯釋通義大成一卷 中庸或問重訂輯釋通義大成一卷 論語集註序說重訂輯釋通義大成一卷 論語集註重訂輯釋通義大成二十卷 孟子集註序說輯釋通義大成一卷 孟子集註重訂輯釋通義大成十四卷

二四一 四書章圖纂釋二十卷 元程復心撰 元刻本 十三行二十字小字双行廿四字黑口四周双边
存五卷 孟子一至二、五至七

二四二 四書經疑問對八卷 元董彝撰 元至正十一年建安同文堂刻本 清吳騫跋 十一行廿一字黑口左右双边

二四三 四書經疑問對八卷 元董彝撰 元至正十一年建安同文堂刻本 十一行廿一字小黑口四周双边

二四四 四書待問二十二卷 元蕭鎰撰 清抄本

二四五 四書待問二十二卷 元蕭鎰編 清抄本

二四六 四書待問二十二卷 元蕭鎰撰 清抄本

二四七 御製四書大全十八卷 明胡廣等輯 明永樂十三年刻本 十一行廿九字小字双行同下黑口四周单边

二四八 四書大全三十六卷 明胡廣等輯 明刻大字本 十行廿二字小字双行黑口双边

二四九 四書大全三十六卷 明胡廣等輯 明天順二年黄氏仁和堂刻本 十二行二十字小字双行廿二字黑口四周双边
存三卷 大學章句一卷或問一卷 中庸或問一卷

四書大全三十六卷 明胡廣等輯 明映旭齋刻本 六行十六字不等粗黑口四周單邊 二五〇

四書大全三十六卷 大學章句、或問一卷 中庸章句、或問一卷 論語二十卷 孟子十四卷 明胡廣等輯 明趙敬山刻本 八行廿一字小字雙行白口左右雙邊 二五一

四書集註大全三十六卷 大學章句一卷 中庸章句一卷 論語集註二十卷 孟子集註十四卷 明胡廣等輯 明嘉靖八年余氏雙桂堂重刻本 十二行二十字黑口四周雙邊 二五二

四書大全三十八卷 明胡廣等輯 明內府刻大字本 十行廿二字小字雙行黑口四周雙邊雙魚尾 二五三

四書集註大全三十八卷 大學章句大全一卷 大學或問一卷 中庸章句大全一卷 中庸或問一卷 論語集註大全一卷 孟子集註大全一卷 明胡廣等輯 明嘉靖十一年魏氏仁實堂刻本 十二行廿二字小字雙行黑口四周雙邊 二五四

四書大全三十九卷 明胡廣等輯 明德壽堂刻本 十一行廿三字小字雙行低一字細白口四周雙邊單魚尾 二五五

四書集註大全四十二卷 大學章句大全一卷 大學或問一卷 中庸章句大全一卷 中庸或問一卷 論語集註大全二十卷 孟子集註大全十四卷 明胡廣等輯 明內府刻本 十行廿二字小字雙行間黑口四周雙邊 二五六

四書集註大全四十二卷 大學章句大全一卷或問一卷 中庸章句大全一卷或問一卷 讀中庸法一卷 論語集註大全二十卷序說一卷 讀論語孟子法一卷 孟子集註大全十四卷序說一卷 明胡廣等撰 明內府抄本 存十卷 大學或問、論語八至十、十三至十四 孟子序說一至二、十四 二五七

四書集註大全四十二卷 大學章句大全一卷或問一卷 讀大學法一卷 中庸章句大全一卷或問一卷 論語集註大全二十卷序說一卷 讀論語孟子法一卷 孟子集註大全十四卷序說一卷 明胡廣等輯 明弘治十四年劉氏慶源書堂刻本 十二行二十字小字雙行廿二字大黑口四周雙邊 二五八

虛齋蔡先生四書蒙引初稿十五卷 明蔡清撰 明正德十五年李墀刻本 十二行廿四字粗黑口四周雙邊 存十三卷 一至六、八至十四 二五九

四書蒙引十五卷 明蔡清撰 明嘉靖六年刻本 十行廿四字白口單魚尾四周雙邊 二六〇

重刊蔡虛齋先生四書蒙引十五卷 明蔡清撰 明萬曆十五年吳同春刻本 十一行廿五字白口單邊 二六一

重刊蔡虛齋先生四書蒙引十五卷 明蔡清撰 明萬曆十五年吳同春刻本 清丁丙跋 十一行廿五字白口四周單邊 二六二

蔡虛齋先生四書蒙引十五卷 明蔡清編 宋兆禴重訂 明刻本 九行二十三字白口四周單邊黑魚尾 二六三

蔡虛齋先生四書蒙引十五卷 明蔡清編 宋兆禴重訂 明大業堂刻本（卷十五配另一明刻本） 十行廿六字白口四周單邊黑魚尾 二六四

重刊增訂虛齋舊續四書蒙引十五卷 明蔡清撰 明萬曆刻本 十行廿二字白口四周雙邊有刻工 二六五

新刊舉業精義四書蒙引十五卷 明蔡清撰 別錄一卷 明王升補訂 明萬曆刻本 十二行廿六字白口四周雙邊 二六六

四書圖史合考二十四卷 明蔡清輯 明金閶舒萬堂刻本 九行廿二字小字雙行同白口左右雙邊 二六七

四書大全纂十二卷 明陳一經撰 明萬曆四十四年陳于廷刻本 十行二十字白口四周單邊有刻工 二六八

大學管窺一卷中庸管窺一卷 明廖紀撰 明刻本 十行十八字黑口四周雙邊有刻工 二六九

重刊補訂四書淺說十三卷 大學一卷 中庸一卷 論語四卷 孟子七卷 明陳琛撰 明萬曆三十七年李三才刻本 十行二十二字白口四周雙邊 二七〇

靈巖山房重訂四書淺說十三卷 明陳琛撰 唐光夔重訂 明大業堂刻本 九行廿四字白口四周單邊 二七一

四書私存三十八卷 大學一卷附錄一卷 中庸二卷 論語二十卷 孟子十四卷 明季本纂釋 明嘉靖二十二年刻本 十行廿一字小字雙行同白口白單魚尾四周單邊 二七二

四書私存三十八卷 明季本撰 明刻本 十行廿一字白口左右雙邊有刻工 二七三

連理堂重訂四書存疑十四卷 明林希元撰 明崇禎八年古文刻本 九行廿四字白口無格無魚尾四周單邊 二七四

四書口義十二卷　明薛甲撰　明隆慶二年刻本　清丁丙跋　十行二十字白口四周單邊有刻工　二七五

四書人物考四十卷　明薛應旂輯　明嘉靖三十七年刻本　十行二十字白口單邊單魚尾有刻工　二七六

陳明卿先生訂正四書人物備考四十卷　明薛應旂輯　朱錦注．補考八卷　明薛寀輯　明末刻本　九行十九字小字双行同白口四周單邊　二七七

陳明卿先生訂正四書人物備考四十卷　明薛應旂輯　朱錦注　補考八卷　明薛寀輯　清康熙五十四年吳郡綠蔭堂刻本　二七八

校正註釋四書人物考四十卷　明薛應旂輯　朱錦註　張吾瑾訂　明萬曆刻本　九行二十字小字双行白口双邊　二七九

四書七十二朝人物考四十卷　明薛應旂輯　明刻本　十行二十字白口四周單邊　二八〇

新刻七十二朝四書人物考註釋四十卷　明薛應旂輯　朱錦注　明萬曆林葉迈山刻本　十行二十字小字双行同白口四周双邊四周單邊　二八一

新刻七十二朝四書人物考註釋四十卷　明薛應旂輯　焦竑註　明萬曆三十六年書林舒承溪刻本　十一行廿二字白口單魚尾四周單邊　二八二

新鐫四書七十二朝人物經籍備考二十四卷　明薛應旂原輯　鍾惺合訂　明舒瀛溪刻本　九行二十字小字双行同白口上魚尾四周單邊　二八三

新鍥評林旁訓薛湯二先生家藏酉陽搜古人物奇編十八卷首一卷　明薛應旂輯　朱錦註釋　湯賓尹評　明天啟元年南京刻本　九行廿二字小字双行白口无格四周單邊　二八四

四書人物考訂補四十卷　明薛應旂輯　朱錦註釋　許胥臣訂補　明天啟七年刻本　十行二十字小字双行同白口四周單邊　二八五

問辨錄十卷　明高拱撰　明萬曆三年刻本　八行廿六字白口四周双邊單魚尾　二八七

四書明音四卷　明王覺撰　明嘉靖刻本　八行十七字小字双行同白口左右双邊　二八八

中庸說要一卷　明宋大勺撰　明嘉靖三十九年景陵刻本　九行廿五字白口四周双邊　二八九

四書直解二十六卷　明張居正撰　明萬曆元年司禮監刻本　九行十八字黑口四周双邊　二九〇

四書直解二十六卷　明張居正撰　明集古堂刻本　九行二十字白口左右双邊　二九一

四書直解二十七卷　明張居正撰　四書講義合參二十七卷　明顧宗孟撰　明崇禎九年顧宗孟刻本　十二行二十字合參二十行十五字四周單邊无刻工　二九二

重刻內府原板張閣老經筵四書直解指南二十七卷（大學中庸三卷　論語十卷　孟子十四卷）　明張居正撰　明焦竑增補　明萬曆閩建古書林易齋詹亮刻本　十四行廿三字白口單魚尾左右双邊　二九三

重刻張閣老經筵四書直解二十七卷　明張居正撰　焦竑增補　明書郡書林何敬塘刻本　上節廿二行十三字下節十三行廿四字四周單邊　二九四

重刻張閣老經筵四書直解二十七卷　明張居正撰　焦竑增補　湯賓尹訂正　明金閶書林葉顯吾刻本　十三行廿五字白口四周單邊　二九五

新訂四書直解正字全編二十六卷　明張居正撰　沈鯉正字　明崇禎七年方奇峋刻本　八行十八字小字双行白口四周單邊　二九六

四書摘訓二十卷（大學摘訓一卷　中庸摘訓二卷　論語摘訓八卷　孟子摘訓八卷）　明丘橓輯　明萬曆五年趙慎脩刻本　十三行廿四字白口四周單邊　二九七

四書摘訓二十卷　明丘橓輯　明萬曆十年周斋光刻本　十三行廿四字白口左右双邊有刻工　存十八卷（一至八、十一至二十）　二九八

四書詳說口卷　明曹端撰　明刻本　十二行廿三字黑口四周双邊有刻工　存十四卷（大學、中庸、論語六至十四　孟子一至二、七）　二九九

四書初問八卷　明徐爌撰　明嘉靖四十二年刻本　十行十六字白口四周單邊單魚尾　三〇〇

新刊啓蒙分章句解四書寶鑑十六卷　明陳文珙撰　明嘉靖刻本　十一行廿三字白口四周双邊　三〇一

李翰林批點四書初問講意八卷補一卷　明徐爌撰　明書林夏慶、徐憲成刻本　十一行廿五字白口四周單邊　三〇二

新編四書三說三十卷　明管大勲編　明萬曆二十一年福建刻本　十二行廿五字白口四周双邊　三〇三

四書考一卷　明張位撰　明萬曆三十年金陵周氏大業堂刻本　十行廿二字小字单行字同白口四周單邊　三〇四

大學訂釋一卷辨義一卷測義三卷中庸測義一卷訂釋二卷論訂釋十卷孟義訂測七卷　明管志道撰　明萬曆五十四年刻本　九行廿八字白口四周双邊單魚尾　三〇五

重訂古本大學章句釋文一卷古本大學辨義一卷石經大學測義三卷中庸章句註釋二卷中庸測義一卷　明管志道撰　明萬曆三十四年刻本　九行十八字白口四周双邊　三〇六

四書翼傳三義七卷　明王守誠撰　明萬曆十六年太原于天經刻本　十二行廿二字白口四周双边　三〇七
大學一卷
中庸二卷
論語二卷
孟子二卷

大學正說一卷中庸正說一卷孝經註一卷　明趙南星撰　明末李士勋刻本　九行廿三字白口四周双边　三〇八

大學中庸正說三卷　明趙南星撰　明萬曆四十三年李士郁重刻本　九行廿二字白口左右双边　三〇九

新刻晋江紫溪蘇先生四書兒說八卷　明蘇濬撰　明萬曆八年何倫刻本　十二行廿三字白口左右双边　三一〇

談經菀三十九卷　明陳禹謨撰輯　明萬曆張之厚刻本　十行廿一字白口上魚尾左右双边有刻工　三一一

名物考二十卷　明陳禹謨撰輯　明刻本　十一行廿二字白口左右双边　三一二

四書名物考二十四卷　明陳禹謨撰輯　錢受益、牛斗星補　明牛斗星刻本　九行二十字白口四周单边　三一三

大學意一卷中庸意二卷大學說中庸說一卷語孟說畧二卷　明顧憲成撰　清抄本　三一四

李太史參補古今大方四書大全十八卷　明李廷機撰　明建邑書林余氏刻本　七行十六字小字双行二十字黑口或白口四周双边　三一五

周會魁校正四書大全十八卷讀法三卷論語集注序說一卷孟子集注序說一卷　明李廷機撰　周士顯校正　明周曰校萬卷樓刻本?　明周暑吾留畊堂刻本　七行十六字中字十一行十九字小字廿二行黑口四周单边　三一六

周會魁校正四書大全十七卷　明李廷機撰　周士顯校正　明映旭齋刻本　七行十六字中字十一行二十字小字双行下黑口四周单边单魚尾　三一七

新鍥侍御牛先生心授四書質言二卷　明牛應元撰　明萬曆二十年刻本　十行廿七字白口四周单边　三一八

質言三卷　明牛應元撰　明萬曆刻本　十一行十八字白口四周双边　三一九

書義會真錄十九卷　明牛應元撰　明天啟三年周如泉萬卷樓刻本　十一行廿八字白口四周单边　三二〇

焦氏四書講錄十四卷　明焦竑撰　明萬曆二十一年鄭望雲刻本　十一行廿四字白口四周单边　三二一

四書眉考不分卷　明孟述古撰　明刻本　九行二十字白口单魚尾四周双边　三二二
大學二卷
中庸一卷
論語四卷
孟子七卷

區子四書翼六卷　明區大倫撰　明崇禎四年刻本　九行十七字白口四周单边　三二三

疑思錄六卷　明馮從吾撰　明萬曆武用望等刻本　九行十九字白口上黑魚尾四周单边　三二四

新鐫湯霍林先生秘笥四書金繩不分卷　明湯賓尹撰　明刻本　九行廿二字白口四周单边　三二五

鼎鐫徐筆洞增補睡菴四書脈講意六卷　明湯賓尹撰　徐奮鵬增補　明萬曆四十七年書林余應虬刻本　十行廿四字小字十八行十一字四周单边白口　三二六

玄晏齋困思抄三卷詩三卷　明孫慎行撰　明萬曆四十二年刻本　九行二十字白口上魚尾四周双边　三二七

四書疑問五卷　明史記事撰　明萬曆四十五刻本　九行十七字白口四周双边　三二八

新鍥南雍會選古今名儒四書說苑十四卷首一卷　明張汝霖等輯　敖文禎訂正　明閩建書林余仙源永慶堂刻本　十二行三十字小字双行白口双边　三二九

荷珠錄六卷　明張汝霖撰　明刻本　十行廿四字白口四周双边　三三〇
大學一卷
中庸一卷
論語二卷
孟子二卷

新刻顧隣初先生批點四書文五卷　明顧起元批点　明天啟王鳳翔光啟堂刻本　三三〇

新刻七翰林纂定四書主意定本十二卷　明張以誠等撰　周文炳編　明萬曆三十九年金陵書林王荊岑光啟堂刻本　十二行廿七字小字双行白口四周单边　三三一

存十一卷　一至三、五至十二

四書湖南講十一卷　明葛寅亮撰　明崇禎刻本　八行二十字小字双行同白口四周单边　三三二

四書湖南講九卷　明葛寅亮撰　明崇禎刻本　十行廿五字白口四周单边　三三三
大學詁一卷
中庸詁一卷
大學湖南講一卷
中庸湖南講一卷
論語湖南講四卷
孟子湖南講三卷

四書論三卷　明葉宗敷撰　明刻本　九行廿一字白口四周单边　三三四
大學湖南講一卷
中庸湖南講一卷
論語湖南講四卷
孟子湖南講三卷

讀書三十八解五卷　明葉秉敬撰　明刻本　九行二十字白口四周单边　三三五

四書若解篇六卷　明王應乾撰　明刻本　八行二十字白口四周单边　三三六

刻迎暉堂彙附人物事文概四書翼註講意六卷　明王納諫撰　明書林朱氏紫陽館刻本　上廿四行九字下十二行廿四字白口四周单边　三三七

四書也足園初告六卷　明王宇撰　明萬曆四十三年葉均宇聚星館刻本　九行廿二字白口四周单边　三三八

詮次四書翼考十卷　明鍾惺輯　明刻本　九行十八字小字双行白口单魚尾四周单边　三三九

增補四書人物聚考十二卷圖一卷　明鍾惺增定　黄謝參訂　明刻本　十一行三十字小字双行同白口四周单边　三四〇

三四一 四書翼箋九卷 明洪啟初撰 明萬曆四十五年刻本 九行廿二字白口左右双边
大學一卷
中庸一卷
論語四卷
孟子三卷

三四二 四書名物考二十四卷 明陳禹謨撰輯 明錢受益、牛斗星補 明末積書坊刻本 九行二十字白口四周單边

三四三 四書庭訓口口卷 明柴貫習述 明萬曆四十五年柴寅賓刻本 九行二十字白口四周單边單魚尾
存二卷 大學一卷、中庸一卷

三四四 四書說約不分卷 明鹿善繼撰 明末刻本 八行二十字白口左右双边

三四五 四書代言二十卷 明方應祥撰 明刻本 上小字十八行十六字下九行十六字白口四周單边

三四六 四書叩心說錄七卷 明王道亢撰 清康熙十七年王紳刻本

三四七 新鐫顧九疇四書詳說十卷 明顧錫疇撰 明天啟二年刻本 十一行廿四字白口四周單边

三四八 四書便蒙講述十一卷 明盧一誠撰 明萬曆刻本

三四九 四書說叢十七卷 明沈守正輯 明萬曆四十三年刻本 十行二十字白口四周單边

三五〇 重訂四書說叢十七卷 明沈守正輯 明天啟七年章斌然刻本 十行二十字白口四周單边

三五一 重訂四書說叢十七卷 明沈守正輯 明天啟七年章斌然刻本 清丁丙跋 十行二十字白口四周單边无刻工

三五二 新鐫四書七進士講意折衷六卷 明鄒泉撰 明萬曆十年書林翁見川刻本 十行廿八字白口四周双边

三五三 重訂四書疑問十一卷 明姚舜牧撰 明萬曆刻清乾隆二十七年重修本 十行二十字白口四周單边

三五四 增補郭洙源先生滙輯十太史四書主義寶藏十卷 明郭偉輯；宋鳳翔評 翁鴻業增補 明天啟刻本 九行二十字小字双行同白口四周單边

三五五 新鍥皇明百大家總意四書正新錄六卷皇明大家姓氏并書目一卷 明郭偉撰 明萬曆二十四年建陽書林楊發吾守仁齋刻本 十二行三十二字小字双行同黑口四周双边

三五六 皇明百方家問答十五卷 明郭偉撰 明萬曆四十五年金陵李潮刻本 十行二十四字白口四周双边左右双边不等

三五七 章子留書六卷 明章世純撰 明天啟七年刻本 九行二十字白口單边
大學一卷
中庸一卷
論語二卷
孟子二卷

三五八 章子留書六卷 明章世純撰 明末富酉齋刻本 九行二十字白口四周單边

三五九 四書留書六卷內集一卷外集一卷散集一卷 明章世純撰 明崇禎刻本 九行廿二字白口四周單边

三六〇 章子留書六卷 明章世純撰 清抄本 清丁丙跋

三六一 留書十卷 明章世純撰 清韓氏修竹書屋抄本 清韓應陛跋

三六二 四書考二十八卷四書考異一卷 明陳仁錫撰 明崇禎七年刻本 九行十九字小字双行同白口四周單边

三六三 諸太史評三先生家藏四書講意明珠庫十卷首一卷 明宋玫等輯 明天啟六年刻本 九行廿五字白口四周單边

三六四 三太史彙纂四書人物類考十六卷 明項煜撰 明崇禎六年刻本 十行廿六字白口四周單边

三六五 四書註疏大全合纂三十七卷 明張溥撰 明崇禎吳門寶翰樓刻本 八行十八字白口單魚尾左右双边
大學一卷
中庸一卷
論語二十卷
孟子十四卷

三六六 張天如先生彙訂四書人物名物經文合考二十卷 明張溥撰 明崇禎五年刻本 上板十二行十字下板十六行十六字白口四周單边

三六七 華亭臥子說書文箋四卷 明陳子龍撰 明崇禎十年横雲山房刻本 八行二十字白口單边單魚尾 眉上刻評

三六八 尺木居輯諸名公四書尊註講意二十一卷 明張明弼輯 明崇禎刻本 上十八行二十字下十行廿一字小字双行白口四周單边
大學大全一卷 明張溥纂 清吳偉業參補
中庸大全三卷 明張溥纂 清吳偉業參補
論語大全十卷 明張溥纂 清吳偉業參補
孟子大全七卷 明張溥纂 清吳偉業參補

三六九 白菊齋訂四書本義集說二十六卷 明徐養元輯 清康熙四年周殿一留耕堂刻本 十二行廿七字白口双边

三七〇 四書經學考十卷補遺一卷 明徐邦佐撰 續考六卷 明陳鵬霄撰 明崇禎刻本 九行二十字小字双行白口單魚尾四周單边

三七一 四書經學考十卷 明徐邦佐撰 續考六卷 明陳鵬霄撰 明崇禎刻本 清邵理璩題跋 九行二十字白口四周單边

三七二 真珠船二十卷 明黃焜撰 明刻本 九行二十字小字双行同白口四周單边
紀傳一卷
大學考一卷
中庸考二卷
論語考十卷
孟子考六卷

四書經正錄三十二卷　明張雲鸞輯　明崇禎四年刻本　九行二十二字白口單邊　三七三

四書經學考十卷補遺一卷　明徐邦佐撰　明崇禎元年刻本　九行二十字白口四周單邊　三七一

李氏說書六卷　明李載贄撰　明刻本　九行二十字白口四周單邊　三七五

李氏說書九卷　明李載贄輯　明刻本　九行二十字白口四周單邊　三七六

四書評十九卷　明李贄評　明萬曆刻本　佚名批校　八行十七字四周單邊單魚尾　三七七

四書參十九卷　大學一卷　中庸一卷　論語十卷　孟子七卷　明李贄評　楊起元輯　張明憲等參訂　明刻朱墨套印本　八行十七字白口四周單邊　三七八

四書中說二十四卷　明盧翰撰　明萬曆十七年刻本　十一行廿二字白口雙邊有刻工　三七九

繹聖二編三卷　大學通古編一卷　中庸發蒙編二卷　明周從龍撰　明萬曆三十九年刻本　九行二十字白口單邊　三八〇

四書學庸擇識編五卷　明曲遷喬撰　明萬曆三十二年刻本　十行二十字白口四周雙邊單魚尾　三八一

四書眼十九卷　明梁知撰　明萬曆三十九年大來山房刻本　八行十七字小字雙行同白口上黑魚尾四周單邊　三八二

四書證義筆記合編十七卷　明錢大復撰　明萬曆四十一年刻本　八行二十字白口單邊單魚尾有刻工　三八三

二三

古今道脈四十五卷　大學三卷　中庸八卷　論語二十卷　孟子十四卷　明徐奮鵬纂　明萬曆四十六年金陵書林鄭大經奎璧堂刻本　十行二十二字白口花格四周雙邊　三八四

四書徵十二卷　大學一卷　中庸二卷　論語五卷　孟子四卷　明王夢簡撰　明天啟七年刻本　九行廿五字小字雙行字不等白口四周單邊　三八五

公餘存見六卷　明胡九將撰　明天啟刻本　九行十八字白口四周單邊單魚尾　三八六

趙氏三書五卷　論語刮傳二卷　宋王宗道撰　海蠡編二卷　明敖士瑜撰　論語頌一卷　宋張九成撰　明趙倎編　明天啟刻本　九行十八字白口四周單邊　三八七

四書說約二十卷　明顧夢麟輯　明崇禎十三年張叔籟刻本　九行廿五字單邊兌直格　三八八

四書十一經通考二十卷　明顧夢麟撰　明崇禎刻本　十行二十字白口左右雙邊　三八九

四明居新訂四書講意存是不分卷　明周文德撰　明崇禎四年刻本　三九〇

四明居硃訂四書聖賢心訣十九卷畫辨疑一卷句辨一卷　明周文德撰　明萬卷樓刻三色套印本　三九〇

四書最勝藏二十卷　大學一卷　中庸二卷　論語十卷　孟子七卷　明馬來遠輯　明刻本　九行二十三字白口左右雙邊　三九一

鐫張蘇兩大家四書講義合參二十卷　明蔣方馨輯　明崇禎六年刻本　上二十行十二字下十二行廿四字白口四周單邊　三九二

四書傳習心譚不分卷　明劉必紹撰　劉鴻恩輯　明萬曆崔承祀刻清修本　十二行二十四字白口四周雙邊　三九三

四書約說六卷四書題說二卷　大學一卷　中庸一卷　論語二卷　孟子二卷　明孫肇興撰　明崇禎六年朱墨套印本　九行二十字白口四周單邊　三九四

四書引經節解圖考十七卷　明吳繼仕撰　明崇禎九年刻本　十行二十字白口四周單邊　三九五

合參四書蒙引存疑定解十六卷　明吳當輯　明末刻本　九行廿五字白口四周雙邊　三九六

四書則六卷　明朱洪陽撰　明崇禎松風書院刻本　十一行廿六字白口四周雙邊單魚尾　三九七

二四

纂定古今大全四十卷　明徐奮鵬輯　明崇禎刻本　十行廿四字白口四周單邊　三九八

近聖居四書翼經圖解十九卷　大學一卷　中庸一卷　論語七卷　孟子七卷　明余應虬輯　明末近聖居刻本　上十九行二十字下十一行廿二字小字雙行　十一字白口四周單邊　三九九

四書宗旨要言六卷　大學一卷　中庸一卷　論語二卷　孟子二卷　明余之祥撰　清順治十七年刻本　四〇〇

浙江杭州新刊重校補訂四書集說二十卷　大學一卷　中庸二卷　論語十卷　孟子七卷　明周華輯　明雲高儒刻本　十四行廿五字白口左右雙邊　四〇一

鐫温陵鄭孩如觀靜窩四書知新日錄六卷　明鄭維岳撰　明潭城余氏刻本　十一行三十字白口單黑魚尾四周雙邊　四〇二

新增會講分節四書活套刊誤□□卷　明刻本　十行廿一字小　四〇三

字雙行間黑口四周雙邊
論語八至十　存三卷

四〇四 四書考編脩餙二十三卷 明歸學周輯　明末刻本　十二行廿四字小字雙行間白口四周單邊

四〇五 四書評眼十三卷 明刻本　八行十七字白口四周單邊

四〇六 四書指月論語六卷孟子七卷 明馮夢龍撰　明末刻本　九行廿四字白口四周單邊　无直格

四〇七 新鐫四書心鉢 明方應龍撰　明末刻本　十行廿五字白口四周單邊

四〇八 四書大全辯三十八卷 明張自烈撰　明崇禎十三年刻本　九行十七字白口四周單邊

四〇九 四書大全辯六十二卷附錄六卷 明張自烈撰　清順治刻本
四書大全辯大學二卷
四書大全辯中庸二卷
四書大全辯論語二十卷
四書大全辯孟子十四卷

四一〇 麻沙新刊會通古今四書說筌二十卷 明游邁輯　明刻本　十三行廿九字小字雙行廿五字單行廿九字白口四周單邊

四一一 四書考一卷 明戴文仲撰　明萬曆二十七年約里程氏培桂館刻本　十行廿四字白口四周單邊

四一二 董揆仲學庸解不分卷 明董懋策撰　明千古堂刻本　八行二十字白口單邊

四一三 新刻四書圖要二卷 明黄耳鼎、金壽祖撰　明萬曆二十六年游一川刻本　九行二十字白口四周單邊

四一四 四書說剩六卷 明林散撰　明萬曆刻本　十行廿二字白口四周單邊

四一五 四書近指二十卷 清孫奇逢撰　清康熙元年刻本　清孫奇逢增補並校　孫世玫、馬時芳跋

四一六 貞固齋書義四卷 清傅以漸撰　清初抄本　清劉鳳誥跋
大學中庸一卷
論語二卷
孟子一卷

四一七 朱子四書全義六十三卷首一卷 清魏裔介編　清康熙二十四年魏氏刻本
大學七卷
中庸九卷
論語三十一卷
孟子十六卷

四一八 四書原旨五卷 清王履昌撰　清順治刻本

四一九 日講四書解義二十六卷 清喇沙里、陳廷敬等撰　清康熙十六年內府刻本

四二〇 四書考彙刪六卷 清臧振榮撰　清康熙十九年刻本

四二一 四書辯訛六卷 清汪陞撰　清康熙三十三年學誨堂刻本

四二二 四書解義七卷 清李光地撰　清康熙六十一年居業堂刻本
大學古本說一卷
中庸章段一卷
中庸餘論一卷
讀論語劄記二卷
讀孟子劄記二卷

四二三 闕里顏太史真稿不分卷 清顏光猷撰　清康熙十二年水明樓刻本

四二四 毛西河四書朱注辯正二卷 清毛奇齡撰　清潘道根抄本

四二五 四書改錯二十二卷 清毛奇齡撰　清嘉慶十六年學圃刻西河合集本　清焦循、阮思海題識

四二六 四書釋地一卷續一卷又續一卷三續一卷孟子生卒年月考一卷 清閻若璩撰　清抄本　清吳騫批校

四二七 四書釋地又續一卷 清閻若璩撰　清東浴王氏刻本　清秦恩復批校

四二八 四書正字彙十九卷 清沈渭撰　清康熙二十五年沈氏崇正堂刻本　清方易村批校

四二九 顏習齋先生四書正誤六卷 清顏元撰　清嘉慶元年張與齡抄本
大學中庸全、論語全、孟子存下卷
存五卷

四三〇 松陽講義十二卷 清陸隴其撰　清康熙二十九年貴文堂刻本　清姚椿批校

四三一 朱柏廬先生大學中庸講義三卷 清朱用純撰　清徐緒抄本　清嚴以學跋

四三二 四書真解二十七卷 清黄之弟撰　清康熙三十四年刻本

四三三 學庸順文九卷首一卷 清李賀輯　清康熙四十二年嘉定李氏刻本

四三四 四書朱子異同條辨四十卷 清李沛霖、李禎撰　清康熙四十四年近譬堂刻本

四三五 四書明儒大全精義三十八卷 清湯傳榘輯　清康熙四十四年刻本

四三六 四書補註四卷補註續編一卷考正古本大學一卷 清劉道明撰　康熙四十四年德恭堂刻本

四三七 四書朱子大全精言四十一卷諸儒講義凡管見一卷 清周大璋編輯　清康熙四十五年寶旭齋刻本
大學三卷
中庸四卷
論語二十卷
孟子十四卷

四三八 四書講義持衡十五卷 清彭軾撰　清康熙五十年自刻本　葉揆[illegible]跋
大學一卷
中庸一卷
論語八卷首一卷
孟子四卷

四三九 四書餘說二十卷 清孫續撰　清康熙五十七年博洛堂刻本

四四〇 四書會要錄三十卷 清黄瑞輯　清康熙五十九年述善堂刻本

四四一 朱註發明十九卷 清王掞撰　清康熙刻本　清舒國華補注
存二卷（一、十二）

四四二 金華四先生四書正學淵源五卷 清趙泰燃輯　清康熙刻本

4443 四書述朱大全四十卷首一卷 清周亦魯輯 清康熙六十一年雲中居刻本

4444 四書述十九卷 大學一卷 中庸一卷 論語十卷 孟子七卷 清陳詵撰 清康熙信學齋刻本

4445 四書考輯要二十卷 清陳宏謀輯 清乾隆三十六年培遠堂刻本

4446 課士直解五卷 清陳宏謀撰 清抄本 清張鴻來題識

4447 四書講義尊聞錄二十卷 清戴鋐輯 清雍正六至七年懷新堂刻本

4448 四書體註十九卷 清范翔撰 清雍正八年江寧啟盛堂銅版印本

4449 增訂四書集註大全三十六卷 清汪份撰 清康熙遄喜齋刻本 文素松跋

4450 四書考典四十二卷 清方棨如撰 清抄本

4451 四書困學編三十八卷 清湯豫誠撰 稿本

4452 四書按稿三十卷 大學一卷 中庸三卷 論語二十卷 孟子十四卷 清江永撰 清乾隆十五年抄本

4453 鄉黨圖考十卷 清江永撰 訂譌一卷 清王焕奎等撰 清乾隆三十八年潛德堂刻本 清鄭文炤校並跋

4454 四書闡注十九卷 清浦泰輯 清雍正六年姜東尚論堂刻本 清華希閔批

4455 四書闡註十九卷 清浦泰輯 清嘉慶十六年刻本 清黄培芳批校

4456 學庸説文十二卷 清李凱撰 清乾隆十八年寒香亭刻本

4457 四書凝道錄十九卷 清劉紹攽撰 稿本

4458 周右序先生四書節解十四卷 清周根業撰 清乾隆十二年周以持刻本

4459 四書考異七十二卷 總考三十六卷 條考三十六卷 清翟灝撰 清乾隆刻本 清盧文弨校 謝家禾跋

4460 四書大成□□卷 清沈垚、陸增同撰 清刻本 清程瑶田批 存大學、中庸二卷 孟子卷四、五

4461 四書評語十卷 清袁之昇撰 稿本

4462 四書斷疑三卷 清陳鋐撰 清乾隆六年尚志堂刻本

4463 天賞樓四書繹義十九卷 清王鑄撰 清乾隆十九年天賞樓刻本

4464 四書考正譌不分卷 清吳鼎科輯 清乾隆三十九年遂綏書塾刻本

4465 大中私存不分卷 清徐來復撰 清抄本

4466 四書疏記四卷 清陳鱣撰 稿本

4467 論孟集註附考二卷 清劉寶楠撰 清抄本

4468 論孟集註附考二卷 清丁晏撰 清潘祖蔭抄本

4469 王芑孫窗課稿不分卷 清王芑孫撰 稿本

4470 四書考異疏證一卷 清周熙懋輯 稿本

4471 四書辨釋備考一卷 清袁廷瓚輯 稿本

4472 四書博徵□□卷 清閻及中撰 清陶介亭賢英書樓抄本 存四十三卷 聖諭四卷 群朝十卷存六卷一至六 王朝總一卷 王朝上六卷 遠古三卷 宋國存六卷五至六、又五、又三 齊國九卷存六卷一至六 濟國四卷 鮮國二卷 藏國二卷 鼓國一卷 古國一卷 影國一卷

4473 四書考畧二卷 清鄭兆元撰 清抄本

4474 四書摭餘説七卷 清曹之升撰 清嘉慶三年明經書屋刻本 清胡玉縉校

4475 鄭本大學中庸説一卷 清包汝翼撰 清道光刻本 清丁晏批校並跋

4476 四書説畧不分卷 清王筠撰 稿本

4477 四書地理考十五卷 清王瑬撰 清道光十五年王氏蟄甫園刻本

4478 曲臺四書輯注十七卷 清顧德成輯注 手稿本

4479 四書古今異義備覽二十二卷 清陳元香撰 稿本 存二十卷 一至十一、十四至二十二

4480 四書識畧四卷 大學章句識畧一卷 中庸章句識畧一卷 論語集註識畧一卷 孟子集註識畧一卷 清高心伯撰 稿本

4481 四書所見錄不分卷 清王錫命撰 稿本

4482 四書遇不分卷 清張岱撰 稿本 馬浮跋

4483 四書述言不分卷 清李福臧撰 稿本

四八四　四書拾義五卷　清胡紹勳撰　清道光十四年吟經樓刻本

四八五　古微堂四書□卷四書後編□卷　清魏源輯　清何紹基抄本
存六卷　古微堂四書二、五至六　後編小學古經上中下

四八六　溫經日記六卷　清林昌彝撰　稿本

四八七　四書識小錄不分卷　清楊守敬撰　稿本

四八八　四書典故聚覽不分卷　清俞時懋輯　稿本

四八九　四子書一得考五卷半知錄一卷續一卷　題鶴湖侍者恪王氏撰　清抄本

收藏情況表

書名編號	藏書單位	
經四書類 1	0101	
2	0101	
3	0101	
4	1701	
5	0161	
6	0101	
7	2201	
8	0141	
9	0201	
10	1684	
11	1684	
12	2541	
13	2302	
14	0101	
15	0201	
16	2702	
17	0101	
18	0101	
19	0142	
20	0101	
21	0101	
22	0101	
23	1581	
24	0101	
25	0201	
26	1501	
27	1601	
28	0101	
29	1082	
30	0341	
31	0101	
32	2702	
33	1082	
34	0143	
35	2301	
36	0242	
經四書類 37	1511	
38	0145	0242
39	0144	
40	0144	1701
41	0201	
42	0201	
43	0201	
44	0201	2301
45	2206	
46	0201	
47	0101	
48	0201	
49	0201	
50	0201	
51	0201	
52	0201	
53	0201	
54	0201	
55	1741	
56	0201	
57	0101	
58	0201	
59	0261	
60	2441	
61	0161	
62	1701	
63	0161	
64	0101	
65	0241	
66	2702	
67	1601	
68	1705	
69	0301	
70	0101	
71	1681	
72	0141	
73	0101	
74	0101	

表二

書名編號	藏書單位
經四書類 75	0101 0201
76	0201
77	1741
78	0101
79	0201
80	0101
81	0201
82	2401
83	1601
84	0201
85	1705
86	0201
87	0201
88	0201
89	0201
90	1801
91	0342 1712 2042 2801
92	0161
93	1501
94	2401
95	1601
96	1705
97	0101
98	0241
99	0101
100	2441
101	0201
102	1082
103	0101
104	0201
105	0101⊗
106	0301
107	0301
108	0201
109	0801⊗
110	0201
111	1501
112	0141

書名編號	藏書單位
經四書類 113	0301
114	0201
115	0101
116	0101
117	0101
118	0141
119	0141
120	0101 2401
121	0101
122	0101
123	0181 0701 0842 1787
124	0301 2541
125(1)	0101 1581
125(2)	0101
125(3)	0101
126	1092 1701
127	1501
128	2343
129	0703
130	0142
131	0141
132	0101 2301
133	0201
134	0101
135	0141
136	1601
137	2001
138	0101
139	0201
140	1705
141	0101
142	0101 0142 0201 0241 0781 1943
143	2401
144	0342
145	0301
146	2401
147	0141
148	0144

表三

書名編號	藏書單位
經四書類 149	1705 2001
150	0242
151	0181
152	1601
153	0141
154	0101
155	0201
156	2206
157	0201
158	2941
159	1981
160	0242
161	1581
162	0101
163	1701
164	0161
165	0201 1701⊗
166	0842
167	0161
168	0101
169	1501
170	1601
171	0101
172	0201
173	1605
174	0101
175	1601
176	0201
177	0101
178	0101 1581 2701
179	1601
180	1581
181	1601
182	0101
183	0602 2701
184	0791 2501
185	0101 1607
186	0181

書名編號	藏書單位
經四書類 187	0102 0201⊗ 0801
188	0201
189	0142 0201
190	0181
191	0198
192	1601
193	0201
194	1142
195	0441
196	0101 0242 0301 0661 1001 1701 1901 2301 2642 2701
197	0201 0841 1901
198	1522
199	1501
200	0201
201	1601
202	0101 0102 0165 2704
203	0145
204	2401
205	0101
206	0201
207	0201
208	0801
209	0145
210	0181 0945 1741
211	0101 0201⊗
212	0141 0182 0193 0704 1701 2901
213	1705
214	0291 0441
215	1601
216	1501
217	0101
218	0181 0201
219	0101
220	0201
221	0101
222	0201
223	1701

書名編號	藏書單位						
經四書類 224	0101						
225	0101						
226	0201						
227	0101						
228	0101						
229	0101						
230	0101						
231	0201						
232	1601						
233	2541						
234	1601						
235	1788						
236	2401						
237	0101						
238	0201						
239	0101						
240	0161	0201	1601	1641			
241	0101						
242	0101						
243	0161						
244	0101						
245	0201						
246	1628						
247	0641						
248	0301	0404	0801	0191			
249	1701						
250	1523⊗	1681					
251	0142						
252	1722						
253	0141						
254	2602						
255	2201						
256	0101	0181	0201	1501	1506	1582	1601
	1701	1901	1904	2001	2542	2702	
257	0101						
258	1601						
259	1705						
260	0141						

表四

書名編號	藏書單位						
經四書類 261	0101	0242	0201	0842	1701		
262	1604						
263	0141	0241	2201				
264	0241						
265	1501						
266	1521	2009	2561				
267	0161	0201	1701	1741	1801	2041	
268	1501						
269	1943						
270	0161						
271	2201						
272	0242						
273	0101						
274	2301						
275	1601						
276	0101	0201	0243	0801	1641	1705	
277	1801	2401					
278	2541	2602					
279	0142						
280	0145	1801	2501				
281	1605	1653					
282	0142	0144	0201	0342	0801	1501	1701
283	0144	2301					
284	0142						
285	0703	0803	0861	1605	1641	1701	1881
	2201	2461					
287	0144	0164	0201	1082⊗			
288	0241						
289	0161						
290	0181	0542	0841				
291	0164						
292	1605						
293	0242	1701					
294	2601						
295	1881						
296	1606	2501					
297	2702						
298	1501						

書名編號	藏書單位						
經四書類 299	0101						
300	0141	0201					
301	0101						
302	1601						
303	0161						
304	0842	1101					
305	0201						
306	0242						
307	1701	1901					
308	1701						
309	0142						
310	0142						
311	2301						
312	2702						
313	0141	0142	0145	0181	0201	0241	0842
	1581⊗	1601	1641	1681	1701	1801	1881
314	0241						
315	1801	1881					
316	0181	0241	2461	2603			
317	0141						
318	0703						
319	0301						
320	1001						
321	0703						
322	0141						
323	0842						
324	2301						
325	2603						
326	1701						
327	2301						
328	1001						
329	0142						
330	1605						
330	0402	0701					
331	2203						
332	0161						
333	1001	1701	2301				
334	1724						

表五

書名編號	藏書單位						
經四書類 335	1724						
336	2702						
337	0101						
338	0161						
339	0141						
340	2009						
341	0842						
342	0162	0701	1628				
343	2201						
344	1542						
345	0242						
346	0142	0144					
347	1501						
348	1801						
349	1701	1881					
350	0541	1001	2301				
351	1601						
352	1801						
353	0161	0181	0291	2201			
354	0145						
355	1701						
356	0842	2702					
357	0201	2301	2702				
358	0161	2501					
359	0201⊗	1688					
360	1601						
361	0201						
362	0150	0141	0142	0143	0191	0201	0242
	0601	0841	0842	0291	1001	1536	1605
	1606	1622	1641	1701	1705	2301	2501
	2702	2741	2942				
363	1621	1705					
364	1881	2541					
365	0242	1601	1715	2301	2401		
366	1701	0191					
367	0201						
368	0161						
369	0142						

書名編號	藏書單位
經四書類 370	0141
371.1	0101
371.2	0181 0261 1601 1604 1701
372	1601
373	0142 1801 2206
375	0101 0161 0592
376	1881 2401
377	0242
378	0101 0143 0161 0181 0182 0301 0520 0701 2041 2301 2602
379	0142
380	0201
381	0141
382	2301
383	0201
384	0102 0508 0515 1601 1801
385	1641 2701
386	2201
387	0102
388	0161 0201 2301
389	0191 0861
390.1	0841
390.2	0101
391	1001
392	0161
393	1510
394	0161
395	0341 1801
396	1701
397	0141 0142
398	0161
399	0242
400	0146
401	2702
402	0141
403	0101
404	0141 1701

書名編號	藏書單位
經四書類 405	0841
406	0101
407	1702
408	1053 2206
409	2201
410	1041
411	0161
412	0142
413	0101
414	2001
415	2206
416	0101
417	0142
418	0201
419	0101 0141 0142 0181 0197 0301 0701 0801 1808 2342
420	0642
421	2002
422	0142
423	1544
424	0201
425	1801
426	0201
427	0242
428	1801
429	0341
430	0241
431	0201
432	0842
433	0142
434	0142 0165 0591
435	0201 2301
436	0201
437	0141
438	1501
439	0701
440	0141 1516
441	0201

表六

書名編號	藏書單位
經四書類 442	2641
443	0201
444	0181
445	0141 0142 2041
446	0161
447	0142
448	2501
449	2001
450	0201
451	2201
452	0241
453	1701
454	0201
455	2501
456	0201 2543
457	1001
458	0142
459	0101
460	1801
461	1501
462	0201
463	2301
464	0201
465	0241
466	1701
467	1601
468	0101
469	0181
470	0201
471	1605
472	0101
473	2702
474	0201
475	0101
476	1682
477	0101 0201
478	0201
479	0201

書名編號	藏書單位
經四書類 480	1981
481	1701
482	1701
483	1701
484	0101 2301
485	0101
486	0101
487	2702
488	0141
489	0842

表七

羣經總義類

一 六藝論一卷 漢鄭玄撰 清陳鱣輯 清乾隆四十九年陳氏裕德堂刻本

二 鄭志八卷 魏鄭小同撰 清孔廣林輯 清乾隆三十九年古俊樓刻本 清陳鱣校跋並錄下吳騫跋

三 六藝論一卷三禮目錄一卷 漢鄭玄撰 清臧琳輯 清臧氏拜經堂抄本 臧庸補輯

四 鄭志三卷補一卷 魏鄭小同撰 清王復輯 吳騫抄補 清乾隆武英殿聚珍版叢書本 清吳騫、陳鱣校並題識

五 鄭志三卷 魏鄭小同撰 清王復輯 清乾隆武英殿聚珍版叢書本 清劉玉麐校

六 鄭志三卷補遺一卷 魏鄭小同撰 清王復輯 清孫氏刻本 清錢繹、錢侗、錢東垣批

七 鄭志三卷附錄一卷 魏鄭小同撰 清嘉慶三年刻汗筠齋叢書本 清王楙聲校

八 鄭志三卷附錄一卷 魏鄭小同撰 清抄本 清辛紹業校 丁丙跋

九 經典釋文三十卷 唐陸德明撰 宋刻宋元遞修本 十一行十七字小注廿四字白口左右雙邊

一〇 經典釋文三十卷 存一卷 二十 唐陸德明撰 宋刻宋元遞修本 清臧鏞堂跋 十一行小字雙行字不等白口左右雙邊有刻工

一一 經典釋文三十卷 唐陸德明撰 明崇禎十年葉林宗抄本 清馮班跋

一二 經典釋文三十卷 唐陸德明撰 清康熙十九年成德刻通志堂經解本 清王筠校並錄下葉萬、臧庸堂、段玉裁題識

一三 經典釋文三十卷 唐陸德明撰 清康熙成德刻通志堂經解本 清顧之逵校跋並錄下惠棟、段玉裁校

一四 經典釋文三十卷 唐陸德明撰 清刻本 佚名臨下清潘錫爵錄下何煌、惠棟、段玉裁、孫星衍、臧庸、顧廣圻、黃丕烈等校跋

一五 經典釋文三十卷 唐陸德明撰 清康熙成德刻通志堂經解本 清劉履芬跋並臨下段玉裁、臧庸堂、顧之逵、江沅、管慶祺校跋

一六 經典釋文三十卷 唐陸德明撰 清康熙成德刻通志堂經解本 清劉履芬跋並臨下黃丕烈、顧廣圻、段玉裁、顧之逵、江沅、管慶祺、潘錫爵校

一七 經典釋文三十卷 唐陸德明撰 清康熙成德刻通志堂經解本 清陳奐校跋並錄下江沅、段玉裁、臧庸、顧之逵校

一八 經典釋文三十卷 唐陸德明撰 清康熙成德刻通志堂經解本 清馬釗馬銘校跋並錄 陳奐校跋並錄下惠棟校 江沅、顧之逵、段玉裁校跋

一九 經典釋文三十卷 唐陸德明撰 清康熙成德刻通志堂經解本 清唐翰題跋 佚名錄下清段玉裁、顧之逵、臧庸堂、王筠、江沅等校跋

二〇 經典釋文三十卷 唐陸德明撰 清康熙成德刻通志堂經解本 清袁芳瑛、葉德輝、莊世驥校並跋 費蓮儀題款 存二十八卷 一至二十八

二一 經典釋文三十卷 唐陸德明撰 清康熙成德刻通志堂經解本 清管慶祺錄朱松屋校 存九卷 三至七、二十五至二十八

二二 經典釋文三十卷 唐陸德明撰 清康熙成德刻通志堂經解本 清黃念慈跋並錄下潘錫爵、顧廣圻、段玉裁、臧庸、管慶祺、何煌、惠棟、江聲、鈕樹玉、袁廷檮、顧之逵、江沅校

二三 經典釋文三十卷 唐陸德明撰 清康熙成德刻通志堂經解本 葉昌熾臨下諸家校跋

二四 經典釋文三十卷 唐陸德明撰 清康熙成德刻通志堂經解本 張炳翔臨下黃丕烈、顧廣圻、惠棟、臧庸堂、諸家校宋本並傳抄清顧廣圻、黃丕烈跋

二五 經典釋文三十卷 唐陸德明撰 清康熙成德刻通志堂經解本 傅增湘校並跋

二六 經典釋文三十卷 唐陸德明撰 清康熙成德刻通志堂經解本 孟子音義一卷 宋孫奭撰 清抄本 清何煌校並跋 費念慈題款

二七 經典釋文校勘記二十五卷 清阮元撰 清嘉慶十三年阮氏文選樓刻本 清翁方綱、陳壽祺校注

二七 論語音義一卷孟子音義一卷孝經音義一卷 唐陸德明撰 清初毛氏汲古閣影宋抄本 清毛扆跋

二八 九經疑難十卷 宋張文伯撰 明末淡生堂抄本 清錢東垣、嚴元照跋 存四卷 一至四

二九 九經直音十五卷 宋孫奕撰 元刻本 清莫友芝、葉昌熾跋 十五行二十或廿二字細黑口左右雙邊

三〇 六經正誤六卷 宋毛居正撰 元刻本 卷三至五抄配 十行廿二字細黑口左右雙邊

三一 六經正誤六卷 宋毛居正撰 明嘉靖二年鄒棨刻本 十行十八字白口左右雙邊

三二 經學五種二十七卷 清藤花榭刻本
九經三傳沿革例一卷 宋岳珂撰
禮經會元四卷 宋葉時撰
六經奧論六卷總文一卷 宋鄭樵撰
太平經國之書十一卷首一卷 元鄭伯謙撰
公是先生七經小傳三卷 元劉敞撰

三三 程氏經說七卷 明刻本 十行二十字黑口四周雙邊四魚尾

三四 黃四如先生六經四書講藁六卷 宋黃仲元撰 明嘉靖二十七年刻本 十行二十字白口雙魚尾四周雙邊

三五 黃四如先生六經四書講藁六卷 宋黃仲元撰 清抄本 清丁丙跋

三六 黃四如先生六經四書講藁六卷 宋黃仲元撰 清抄本 羅振常校 徐行可校點

三七 六經圖六卷 宋楊甲撰 毛邦翰補 明萬曆四十三年吳繼仕刻本 行格字數不一白口四周單邊

三八 七經圖七卷 明吳繼仕編 明萬曆四十三年吳繼仕刻本 十六行三十二字白口四周單邊
大易象數鈎深圖一卷
尚書軌範撮要圖一卷

三九 七經圖七卷 明吳繼仕編 明萬曆四十三年吳繼仕刻本 清丁丙跋 十二行字數不一白口四周單邊

重刻六經圖六卷 宋楊甲撰 毛邦翰補 明萬曆衛承芳刻本 行格不一白口四周單邊 四〇

六經圖六卷 宋楊甲撰 毛邦翰補 明崇禎五年姚成立刻本 白口四周單邊 四一

六經圖六卷 宋楊甲撰 毛邦翰補 明仇維禎重訂 明崇禎十二年刻本 字數不一白口四周單邊 四二

六經圖六卷 宋楊甲撰 明刻本 十二行廿三字白口四周單邊 四三

明本排字九經直音二卷 清抄本 清丁丙跋 四四

相臺書塾刊正九經三傳沿革例一卷 宋岳珂撰 清乾隆五十二年任大椿刻本 清吳墉校並跋 吳兆琥校 四五

相臺書塾刊正九經三傳沿革例一卷 宋岳珂撰 清刻本 清懋竑題識批校 四六

相臺書塾刊正九經三傳沿革例一卷 宋岳珂撰 清初錢氏也是園影元抄本 清吳志忠跋 四七

相臺書塾刊正九經三傳沿革例一卷 宋岳珂撰 清影元抄本 四八

相臺書塾刊正九經三傳沿革例一卷 宋岳珂撰 清乾隆二十一年鮑氏困學齋抄本 清鮑廷博校並題識 四九

相臺書塾刊正九經三傳沿革例一卷 宋岳珂撰 清周廣業抄本 清周廣業校並跋 五〇

相臺書塾刊正九經三傳沿革例一卷 宋岳珂撰 清乾隆抄本 清孔繼涵批校 五一

公是先生七經小傳三卷 宋劉敞撰 清康熙成德刻通志堂經解本 朱文鈞校並跋 五二

新刊宋學士夾漈先生六經奥論六卷 題宋鄭樵撰 明書林劉氏日新堂刻本 清潘道根點校題識 十二行廿三字小字單行同間有雙行黑口四周雙邊 五三

鄭學士夾漈先生六經奥論六卷 題宋鄭樵撰 明成化黎溫刻本 清影抄 五四

六經奥論六卷首一卷 題宋鄭樵撰 清乾隆十八年董潮抄本 五五

宋學士夾漈先生六經奥論六卷總論一卷 題宋鄭樵撰 清抄本 五六

新編十一經問對五卷 元何異孫撰 元刻本 清李文田題識 十四行廿五字黑口四周雙邊雙魚尾 五七

十一經問對五卷 元何異孫撰 清康熙成德刻通志堂經解本 傅增湘跋並錄清盧文弨、嚴元照校跋 五八

豫章熊先生家集七卷 元熊朋來撰 明刻本 十一行廿六、廿八字黑口四周雙邊 五九

豫章熊先生家集七卷 元熊朋來撰 明抄本 六〇

熊先生經說七卷 元熊朋來撰 清康熙成德刻通志堂經解本 清惠棟批、陸沅、丁丙跋 六一

熊先生經說七卷 元熊朋來撰 本傳一卷 清被經堂抄本 六二

五經旁訓十九卷 元李恕撰 明朱鴻謨重訂 明萬曆十六年江西刻本 七行十七字小字四十一、二字不等白口四周雙邊有刻工 六三
易經旁訓三卷 書經旁訓二卷 詩經旁訓四卷 禮記旁訓六卷 春秋旁訓四卷

五經旁訓十九卷 元李恕撰 明萬曆二十五年鄭汝璧山東刻本 七行二十字小字四十餘字不等白口四周單邊有刻工 六四
易經旁訓三卷 書經旁訓二卷 詩經旁訓四卷 禮記旁訓六卷 春秋旁訓四卷

五經旁訓十九卷 元李恕撰 明萬曆四[illegible]等山東刻本 七至十行不等行二十字白口左右雙邊有刻工 六五
易經旁訓三卷 書經旁訓二卷 詩經旁訓四卷 禮記旁訓六卷 春秋旁訓四卷

五經旁訓十九卷 元李恕撰 明萬曆二十四年陳大科刻本 七行二十字白口左右雙邊有刻工 六六
易經旁訓三卷 書經旁訓二卷 詩經旁訓四卷 禮記旁訓六卷 春秋旁訓四卷

五經旁訓十九卷 元李恕撰 明崇禎二年黛錦堂刻本 七行二十字小字二十字左右白口四周單邊 六七
易經旁訓三卷 書經旁訓二卷 詩經旁訓四卷 禮記旁訓六卷 春秋旁訓四卷

五經旁訓十九卷 元李恕撰 清乾隆抄本 六八
易經旁訓三卷 書經旁訓二卷 詩經旁訓四卷 禮記旁訓六卷缺卷六 春秋旁訓四卷

皇元大科三場文選四書疑一卷周易疑一卷易義二卷書疑一卷書義一卷 元周旉輯 元至正四年刻本 十四行廿四字黑口左右雙邊 六九

五經蠡測六卷 明蔣悌生撰 明嘉靖十七年蔣宗商刻本 十行二十字小字双行同白口四周单边 七〇

五經蠡測六卷 明蔣悌生撰 明嘉靖十七年蔣宗商刻本 清朱筠跋 十行二十字小字双行同白口四周单边有刻工 七一

經書補註一卷 明黄潤玉撰 明天順刻本 十二行廿四字黑口四周双边 七二

經書補註一卷 明黄潤玉撰 明抄本 七三

疑辨錄三卷 明周洪謨撰 明嘉靖十五年刻本 十行二十一字黑口四周双边上下粗黑口三魚尾 七四

疑辨錄三卷 明周洪謨撰 清吳氏繡谷亭抄本 清翁同書題識 七五

石渠意見四卷拾遺二卷補缺二卷玩易意見二卷 明王恕撰 明正德刻本 九行十七字小黑口四周双边 七六

石渠意見四卷拾遺二卷補缺二卷 明王恕撰 清抄本 清丁丙跋 七七

泉齋簡端錄十二卷 明邵寶撰 王宗元編 明正德十年華雲刻本 十行二十字白口左右双边单魚尾 七八

泉齋簡端錄十二卷 明邵寶撰 王宗元編 明秦㭿刻本 十行二十字白口左右双边 七九

泉齋簡端錄十二卷 明邵寶撰 明秦㭿刻本 清丁丙跋 十行二十字白口左右双边 八〇

泉齋簡端錄十二卷 明邵寶撰 明崇禎四年刻本 十行二十字有小字注白口四周单边 八一

泉齋簡端錄十二卷 明邵寶撰 清抄本 王思義跋 八二

升菴經説八卷 明楊慎撰 明抄本
存五卷 一至五 八三

説經劄記十卷 明蔡汝楠撰 明天啟三年蔡武刻本、九行二十字白口左右双边 八四

説經劄記八卷 明蔡汝楠撰 明抄本 八五

説經劄記八卷 明蔡汝楠撰 明抄本
存七卷 二至八 八六

經書後語□□卷 明任濬編 明萬曆三十七年任彦棻刻本 十行廿一字白口四周双边
存一卷 上 八七

五經四書明音八卷 明王覺撰 明嘉靖三十二年黄氏刻本 八行十七字白口左右双边单魚尾 八八

明音四卷 明王覺、胡一愚撰 明萬曆四十六年呂純如刻本 九行二十字白口四周单边 八九

經學要義四卷補四卷 明卜大有輯 明萬曆刻本 十行廿五字小字双行同白口四周单边 九〇

五經纂註十八卷 明沈一貫輯 牛斗星重訂 明讀書坊刻本 九行二十字白口单魚尾四周单边 九一
易經纂註四卷
書經纂註四卷
詩經纂註四卷
禮記纂註四卷
春秋胤義纂註二卷

刻九我李太史十三經纂註十六卷 明李廷機纂註 明書林余象斗刻本 十行廿二字注文双行同白口四周双边 九二
易經二卷
書經二卷
詩經二卷
周禮二卷
禮記二卷
春秋二卷
春秋左傳二卷
公穀一卷
孝經一卷

九經考異十二卷九經逸語一卷 明周應賓撰 明萬曆刻本 九行十九字白口四周单边 九三
大學一卷
中庸一卷
古本大學一卷
孟子一卷
論語一卷
周易一卷
詩經二卷
禮記二卷
春秋一卷
尚書一卷

郝氏九經解一百七十五卷 明郝敬撰 明萬曆四十三年至四十七年郝千石、郝千秋刻本 十行廿一字下細黑口上魚尾四周单边有刻工 九四

郝氏九經解一百七十五卷 明郝敬撰 明萬曆四十三年至四十七年郝千秋、郝千石刻本 清丁丙跋 十行廿一字白口四周单边 九五
周易正解二十卷 讀易一卷
尚書辨解十卷 尚書別解一卷缺
毛詩原解三十六卷 讀詩一卷 存十八卷 一至八
春秋直解十五卷
禮記通解二十二卷 讀禮記一卷
儀禮節解十七卷 讀儀禮一卷
周禮完解十二卷 讀周禮一卷
論語詳解二十卷首二卷 存卷十七至二十
孟子說解十四卷孟子遺事一卷
春秋事
一卷

談經九卷 明郝敬撰 明郝洪範輯 明萬曆崇禎刻山草堂集本 九行十八字白口四周单边 九六
讀大學一卷
讀中庸一卷
讀論語二卷
讀孟子二卷
讀詩一卷

大樹堂説經七卷 明曹珖撰 明抄本 九七

六經正義不分卷 明宋廷訓撰 明萬曆二十四年清江公署刻本 八行十五字白口四周双边 九八

經典稽疑二卷 明陳耀文纂 清抄本 九九

100 石齋先生經傳九種五十六卷　明黃道周撰、清康熙三十二年鄭肇刻本
易象正十六卷
洪範明義四卷
月令明義四卷
表記集傳二卷春秋表記問業一卷
坊記集傳二卷坊記春秋問業一卷
緇衣集傳四卷
儒行集傳二卷
孝經集傳四卷
三易洞璣十六卷

101 新鐫六經纂要不分卷　明顧虎獻撰　明末刻本　九行廿二字小字雙行白口四周單邊

102 五經約註五十三卷　明吳太沖等輯　明崇禎三年花嶼刻本
周易四卷　明李廷機注
尚書六卷　明袁黃注
詩經八卷　明鍾惺注
禮記五十卷　明湯
春秋四卷　明王剛注

103 讀七經畧記不分卷　明朱朝瑛撰　清初抄本　清方苞騏題款

104 羣經講貫不分卷　明一李樹撰　明抄本
存書經、春秋、論語、孟子

105 五經評畧不分卷　明王國徵輯　明崇禎刻本　九行廿二字白口四周單邊

106 古今經傳叙畧十卷補十一卷　明張儁撰　明末抄本

107 四書歸一集不分卷　明執中堂抄本
存大學、中庸、孟子

108 禮樂合編三十卷　明黃廣撰　明崇禎六年玉磬齋刻本　九行二十字白口四周單邊
存二十三卷　卷七至二十九

109 敬修堂講錄不分卷　明查繼佐撰　清抄本

110 經書音釋二卷　明馮保撰　明隆慶五年刻本　八行大字數不一小字雙行廿四字黑口雙邊

111 桂林五經一百卷　明顧懋樊撰　明崇禎武林顧氏刻本　九行十七字小字雙行白口四周單邊
桂林點易丹十六卷
桂林書響十卷
桂林詩正八卷
桂林春秋義三十卷
桂林禮約三十六卷

112 五經類語八卷　明梁寅喬撰　明末刻本　九行二十字小字雙行十九字白口四周單邊

113 五經繹十五卷　明鄧元錫撰　明萬曆三十五年刻本　九行十九字白口單邊
易經繹五卷
書經繹二卷
詩經繹三卷
春秋繹一卷
三禮編繹四卷

114 經繹十五卷　明鄧元錫撰　明萬曆鄧氏刻本　十行廿一字白口單魚尾四周單邊有刻工

115 六經三註粹鈔六卷　明許順義輯　明萬曆十八年建陽余泗泉萃慶堂刻本　十一行廿八字小字雙行同白口四周雙邊
易經三注粹鈔一卷
書經三注粹鈔一卷
詩經三注粹鈔一卷
周禮三注粹鈔一卷
禮記三注粹鈔一卷
春秋三注粹鈔一卷

116 六經三注粹抄六卷　明許順義撰　明萬曆二十九年余泗泉萃慶堂刻本　十一行廿八字白口單魚尾四周雙邊
存
書經三注粹抄一卷
詩經三注粹抄一卷
周禮三注粹抄一卷
禮記三注粹抄一卷
春秋三注粹抄一卷

117 非周禮辨一卷經傳正譌一卷　明王應電撰　明萬曆刻本　十行二十五字白口四周單邊

118 五經註選五卷　明俞指南輯　明萬曆九年自刻本　十一行三十二字小字雙行同白口四周雙邊有刻工

119 五經摘註五卷　明俞指南輯　明萬曆十九年刻本　十行廿四字小字雙行廿三字白口四周雙邊

120 經言枝指五種九十九卷　明陳禹謨撰輯　明萬曆刻本　十一行廿二字白口左右雙邊
漢詁纂十九卷
談經菀四十卷
引經釋五卷
人物概十五卷
名物考二十卷

121 經言枝指纂四十卷　明陳禹謨撰　林永年輯　明萬曆聚星館葉均宇刻本　十行廿二字白口四周單邊

122 經籍異同三卷　明陳禹謨撰　明刻本（四庫底本）　清姚覲元跋　十一行廿二字白口單邊單魚尾

123 五經選註五卷　明朱元世撰　明天啟九年刻本　九行二十字白口單白魚尾

124 來子談經五種十八卷　明來集之撰　清順治來氏倘湖小築刻本
易圖親見一卷
卦義一得二卷
讀易隅通二卷
春秋志在十二卷
四傳權衡一卷

125 五經讀五卷　明陳際泰撰　明崇禎六年刻本　九行十八字白口上魚尾左右雙邊

126 朱子經說十四卷　明陳龍正輯　稿本　葉景葵題識

127 朱子經說十四卷　明陳龍正輯　明崇禎十七年刻本　九行十九字白口單邊

128 研硃集五經總類二十二卷　明張瑄撰　明虹化堂刻本　八行廿二字白口四周單邊

一二九 明儒經翼七卷 明杜質輯 明萬曆十六年刻本 十行二十字白口四周双边單黑魚尾有刻工

一三〇 五經旁註十九卷 明陳仁錫輯 明崇禎刻本 七行二十字小字双行四十字白口四周單边
易經旁註三卷
書經旁註二卷
詩經旁註四卷
禮記旁註六卷
春秋旁註四卷

一三一 五經疏義統宗五種十二卷附周禮二卷 明陳仁錫校 明吳門大觀堂刻本 九行二十字白口四周單边

一三二 十三經解詁不分卷 明陳深輯 明萬曆二十九年刻本 九行十八字小字双行同白口四周單边有刻工

一三三 五經疑問六十卷 明姚舜牧撰 明萬曆六經堂刻本 十行二十字白口四周單边
重訂易經疑問十二卷
重訂書經疑問十二卷
重訂詩經疑問十二卷
重訂禮記疑問十二卷
春秋疑問十二卷

一三四 五經疑問六十卷 明姚舜牧撰 明萬曆六經堂刻本 清丁丙跋 十行二十字白口四周單边

一三五 一畝宮手訂五經必讀類約二卷 明陳聞光撰 明崇禎刻本 九行二十二字白口四周單边

一三六 五經圖六卷 明萬曆四十二年章達金陵刻本 十五行廿七字白口四周單边

一三七 五經圖六卷 明梁承祖刻本 圖文交雜白口四周双边單魚尾

一三八 五經圖六卷 明天啟四年刻本

一三九 七經畧記九十四卷 明朱朝瑛撰 清抄本
讀易畧記四卷
讀尚書畧記三卷
讀詩畧記五卷
讀周禮畧記六卷
讀儀禮畧記十七卷
讀禮記畧記四十五卷
讀春秋畧記十三卷
讀三禮畧記一卷

一四〇 五經圖六卷 清雍正元年致用堂刻本

一四一 分類詳註六經對語二十一卷 明陶原良輯 明顏懋猷訂 明刻本 十行廿二字小字双行同白口四周單边

一四二 十三經輯訓不分卷 明鄭圭輯 明崇禎十二年錢塘鄭氏刻本 七行二十字小字加行字无定數白口无魚尾四周單边

一四三 養正編八卷 明曹時聘撰 明刻本 五行十六字小字不等白口左右双边

一四四 五經疑義二卷 明嚴天麟撰 明刻本 十行二十字白口四周單边

一四五 思問初篇五卷 明陳元齡撰 明刻本 九行十九字白口單魚尾四周單边

一四六 五經旁訓二十二卷 明王安舜輯 明天啟元年刻本 七行二十字小字双行同白口左右双边有刻工
易經旁訓四卷
書經旁訓四卷
詩經旁訓四卷
禮記旁訓六卷
春秋旁訓四卷

一四七 四書副墨不分卷 明陳組綬撰 明刻本 九行廿四字白口

一四八 五經翼二十卷 清孫承澤輯 清康熙二年孫氏家塾刻本

一四九 九經誤字一卷石經考一卷 清顧炎武撰 清抄本

一五〇 五經同異三卷 清顧炎武輯 清抄本 清朱錫庚跋

一五一 四經稗疏十四卷 清王夫之撰 清吳氏拜經樓抄本 清顧廣圻校並題款
周易稗疏四卷
尚書稗疏四卷
詩經稗疏四卷
春秋稗疏二卷

一五二 萬充宗先生經學五書十九卷 清萬斯大撰 清嘉慶元年辨志堂刻本 清徐時棟校並跋
學禮質疑二卷
禮記偶箋三卷

一五三 萬氏經學五書十九卷 清萬斯大撰 清學古齋抄本
周官辨非一卷
儀禮商二卷附錄一卷
學春秋隨筆十卷

一五四 五經四書疏畧一百四十四卷 清張沐撰 清康熙十四年至四十年敦臨堂刻本
周易疏畧四卷
書經疏畧六卷
詩經疏畧八卷
禮記疏畧四十七卷
春秋疏畧五十卷
大學疏畧一卷
中庸疏畧一卷
論語疏畧二十卷
孟子疏畧七卷

一五五 總集十三經註疏目錄序畧十三卷 清吳雯撰 稿本

一五六 松源經說四卷 清孫之騄撰 清雍正刻本

一五七 五經座右錄不分卷 清高兆輯 稿本

一五八 四書朱子異同條辨四十卷 清李沛霖、李禎撰 清康熙四十四年慕光樓刻本
大學三卷
中庸三卷
論語二十卷
孟子十四卷

壁經集解一卷附鄭樵書經奧論節錄一卷　清陳與蘭撰　稿本　一五九

經義雜記三十卷　清臧琳撰　叙錄一卷　清臧庸輯　清嘉慶四年臧氏刻拜經堂叢書本　清[illegible]題記　一六〇

經義雜記三十卷　清臧琳撰　叙錄一卷　清臧庸輯　清嘉慶四年臧氏刻拜經堂叢書本　清王筠批校並跋　一六一

讀書隨筆十二卷　清江永撰　清抄本　一六二

讀書隨筆二種十二卷　清江永撰　清乾隆五十七年刻本　一六三
周禮疑義舉要七卷　羣經補義五卷

李恕谷與惲皋聞論學書一卷　清李塨撰　清抄本　一六四

博考纂義不分卷　清陳祖范撰　清抄本　一六五

一輻集十八卷　清項淳撰　清乾隆五十五年殖蔭軒刻本　一六六

一輻集續編十二卷　清項淳撰　清嘉慶十一年殖蔭軒刻本　一六七

心園續說八卷　清郭兆奎　清乾隆十一年刻本　一六八

方百川先生經義不分卷　清方觀承撰　清桐城方氏刻本　清華仲素批校　一六九

九經辨字瀆蒙十二卷　清沈炳震撰　稿本　一七〇

鶴巢經笺二十卷附鐘序墳聞四卷　清宋清壽撰　清道光二十四年刻本　一七一

九經古義九卷　清惠棟撰　手稿本　一七二

九經古義十六卷　清惠棟撰　清乾隆潮陽縣署刻本　清嚴元照校跋　一七三

九經古義十六卷　清惠棟撰　清乾隆潮陽縣署刻本　清朱錫庚批識並跋　一七四

九經古義十六卷　清惠棟撰　清乾隆刻貸園叢書本　清張星鑑跋　一七五

九經古義十六卷　清惠棟撰　清蔣光弼省吾堂刻本　清葉名澧校並跋　一七六

惠氏經說五卷　清惠棟撰　清抄本　一七七

易深十一卷首三卷金史日至源流三十卷首三卷春秋深二十二卷首二卷　清許伯政撰　稿本　一七八

經義考異七卷雜考一卷　清方邁撰　稿本　清黃世發跋　陳壽祺批　一七九

經義考異七卷雜考一卷　清方邁撰　清抄本　清陳壽祺批　一八〇

浮玉山人集九卷　清周廷璟撰　清抄本　一八一

五經圖十二卷　清盧雲英編　清雍正二年盧氏家刻本　一八二

經玩五種二十卷　清沈淑撰　清雍正七年常熟沈氏孝德堂刻本　佚名校　一八三
陸氏經典異文輯六卷　經典異文補六卷　春秋左傳分國土地名二卷　職官器物宮室二卷　注疏瑣語四卷

九經圖不分卷　清楊魁植撰　楊文源增訂　清乾隆三十七年信芳書房刻本　一八四

御製說經文不分卷　清高宗弘曆撰　清乾隆六十年彭元瑞抄本　一八五
易經一册　書經一册　詩經一册　春秋一册　周禮一册　禮記一册　論語一册　孟子一册

羣經冠服圖考三卷　清黃世發撰　清抄本　一八六

羣經冠服圖考五卷　清黃世發撰　清抄本　一八七

經學會貫十六卷　清張永祚撰　清抄本　存八卷　一至八　一八八

經考五卷　清戴震撰　清李文藻家抄本　清邵晉涵校　李文藻跋　一八九

經考四卷　清戴震撰　清李文藻抄本　清邵晉涵校　柯劭忞跋　一九〇

經考六卷　清戴震撰　清光緒九年柯劭忞抄本　清譚獻、柯劭忞校　存三卷　四至六　一九一

經考附錄　清戴震撰　清抄本　一九二

古經解鉤沉三十卷　清余蕭客編　清乾隆刻本（四庫底本）　一九三

皇朝經解不分卷　清臧庸撰　清嘉慶九年養心齋刻本　一九四

西漢儒林傳經表二卷　清周廷寀撰　清乾隆五十六年周氏營道堂刻本　一九五

傳經表二卷通經表二卷　清畢沅撰　清乾隆四十八年畢氏靈巖山館刻本　一九六

讀相臺五經隨筆不分卷　清周廣業撰　手稿本　一九七

讀相臺五經隨筆四卷　清周廣業撰　稿本　存二卷　三至四　一九八

經典文字辨證書五卷　清畢沅撰　清抄本　清張元輅校　一九六

讀相臺五經隨筆四卷續筆一卷　清周廣業撰　稿本　清孫志祖、錢馥、陳鱣批校　一九九

讀相臺五經隨筆四卷續筆一卷宋石經記　二〇〇

畧一卷 清周廣業撰 清周氏種松書塾抄本

九經通借字攷十四卷 清錢坫撰 清抄本 二〇一

十經文字通正書十四卷 清錢坫撰 清抄本 王捷題識 二〇二

讀書瑣記一卷 清鄺忠韶撰 清抄本 二〇三

十三經讀書札記不分卷 清孔廣森撰 稿本 二〇四

騂軒經説十卷 清孔廣森撰 稿本 存六卷 一至五、八 二〇五

羣經義證八卷 清武億撰 清嘉慶二年授堂刻本 清朱錫庚題跋 李慈銘跋 二〇六

經傳攷證八卷 清朱彬撰 清抄本 清王念孫批校 二〇七
書一卷 詩一卷 春秋左氏傳三卷 春秋公羊穀梁傳一卷 論語一卷 孟子一卷

簡莊疏記不分卷 清陳鱣撰 稿本 二〇八

欽谷集三十八卷 清王澍撰 稿本 二〇九
易存卷一至卷六

石溪全書七種□□卷 清官獻瑶撰 清乾隆抄本 二一〇
書存卷七至卷十一 詩存卷十二至十六 周官存卷二十六至三十一 儀禮存卷二十二至二十五 禮記存卷三十二至三十八 春秋存卷十七至二十一
讀易偶記三卷 尚書偶記一卷 讀詩偶記二卷 儀禮未定稿二卷 儀禮喪服私抄□卷存第三卷 春秋傳習録四卷 孝經刊誤一卷

王氏遺書二種 清王朝渠撰 清嘉慶五年稿本 二一一
十三經遺文不分卷 唐石經攷正不分卷

芊緑草堂初集二十二卷 清沈金鰲撰 稿本 二一二
尚書隨筆六卷 毛詩隨筆六卷 易經隨筆十卷

文藻四種十四卷 清黄道輯 清乾隆仁和黄氏刻巾箱本 二一三
禮經會元四卷 宋葉時撰 五經讀五卷 明陳際泰撰

正蒙集説十七卷 清楊方達撰 清乾隆五年楊氏復初堂刻本 二一四
四書讀一卷 三禮類綜四卷 □黄春華撰

易堂問目四卷 清吳鼎撰 清乾隆三十七年鄒容成刻本 清吳卓信批點 二一五

戴靜齋先生遺書二卷 清戴清撰 清咸豐元年劉文淇等刻本 二一六
四書典故攷辨一卷 群經釋地一卷

羣經釋地十卷 清戴清撰 稿本 清顧廣圻、鄭鈇三跋 二一七

九經古義參證一卷 清鈕樹玉撰 清劉履芬抄本 二一八

羣經宮室圖二卷 清焦循撰 清半九書塾刻本 清吳鼎、李慈銘跋 二一九

學思稿不分卷 清陳澧撰 稿本 二二〇
札記一冊 音韻什文一冊 説文聲表目録三冊 鬯説四冊 七音表四冊

羣經大義録一卷 清劉傳瑩撰 稿本 二二一

羣經補證六卷 清杜文瀾撰 清抄本 佚名批 存五卷 一、三至六 二二二

鄭東甫説經稿一卷 清鄭杲撰 手稿本 二二三

經義集解不分卷 清張玉麟撰 稿本 二二四

皇朝經解十六卷 清嘉慶十七年李氏養一齋刻本 二二五
孔子年表一卷 清臧庸撰 七十子表一卷 孟子編年畧一卷 虞氏易言二卷 清張惠言撰 虞氏易言補一卷 清劉逢禄撰 春秋公羊經何氏釋例十卷 清劉逢禄撰

經學志餘不分卷 清抄本 佚名校 二二六
周易不分卷 春秋十六卷 論語八卷 孟子六卷 大學三卷 中庸三卷 題何焯撰

漢隸釋經七卷附録一卷 稿本 存四卷 四至七、附録 二二七

校經述微四卷 清張紫琳撰 清抄本 存三卷 一至三 二二八

二二九 省吾堂五種二十七卷 清蔣光弼輯 清乾隆省吾堂刻本
五經同異三卷 清顧炎武撰
周易本義辯證五卷 清惠棟撰
九經古義十六卷 清惠棟撰
古文尚書考二卷 清惠棟撰
石經考一卷 清萬斯同撰

二三〇 十三經字考十二卷 清王廣業撰 稿本

二三一 仰止集三卷 清高緑雲撰 稿本

二三二 五經解五卷 清何澂撰 手稿本

二三三 質疑一卷 清任燾撰 清道光活字印本 清任恭校補 李慈銘跋

二三四 經典衍文脱文經字倒誤考不分卷 清朱大韶撰 稿本

二三五 吳氏遺著五卷附錄一卷 清吳夌雲撰 清道光陳其餘五吉卷閣刻本

二三六 經義肊說四卷 清姚有彬撰 稿本 存三卷（一至三）

二三七 易大傳管窺一卷孝經訂誤一卷大學釋徵錄一卷中庸闡微說一卷 清殷西園撰 稿本 清徐時棟題識

二三八 註疏辯正三卷 清徐發撰 清清引亭抄本

二三九 經義未詳說十二卷 清徐卓撰 清道光七年徐氏讀未見書齋刻本 清李慈銘校注

二四〇 通介堂經說十二卷 清徐灝撰 清咸豐刻本

二四一 朱氏逸經補正不分卷 清徐時棟撰 稿本

二四二 皇清經解輯說不分卷 清沈豫輯 稿本

二四三 讀經劄記四卷 清翠高鏕撰 稿本
四書經解輯說三卷
論語筆解
孟子經解彙纂
周禮經解各家類說

二四四 經義知新記一卷 清董齡等輯 稿本

二四五 詁經叢話四卷 清葉大莊撰 稿本

二四六 羣經傳授源流考不分卷 清林頤山撰 稿本

二四七(1) 經典通用攷十四卷五音類聚十卷 清嚴章福撰 清抄本 吳昌綬題款

二四七(2) 經述四卷 清林頤山撰 稿本

二四八 倦游菴槧記二十五卷目錄一卷 清周悅讓撰 稿本

二四九 五經隨筆十卷附了生集四卷 清晉熙撰 稿本

二五〇 愛經居經說附詩賦不分卷 清黃家楊撰 手稿本

二五一 胡白水著書四種十一卷 清胡泉撰 清咸豐刻本
王陽明先生書疏證四卷
王陽明先生經說拾餘一卷
王陽明先生經說弟子記四卷
大學古本薈參一卷續編一卷

二五二 經義管窺十卷 清時蘭撰 手稿本

二五三 十三經異文考義三十卷 清潘觀保撰 手稿本

二五四 經義稿不分卷 清陶鈞撰 手稿本

二五五 羣經平議三十五卷 清俞樾撰 稿本 存三卷（二十五 二十二）

二五六 經學歷史二卷 清皮錫瑞撰 稿本

二五七 經學通論五卷 清皮錫瑞撰 稿本
易經通論一卷
書經通論一卷
詩經通論一卷
三禮通論一卷
春秋通論一卷

二六〇 復堂經說輯不分卷 清譚獻輯 稿本 存詩經、春秋

二六一 夢花館精選注解一卷 清王仁俊撰 稿本

二五八 師伏堂經說四種四卷 清皮錫瑞撰 稿本
禮記一卷
左傳一卷
公羊一卷（附）
論語一卷

二五九 師伏堂經學雜記不分卷 清皮錫瑞撰 稿本

二六二 經述節本不分卷 清孫詒讓撰 稿本

二六三 新學僞經考十四卷 清康有為撰 清光緒十七年康氏萬木草堂刻本 清張之洞等批

二六四 王映樓多識錄四種十七卷 清王維言撰 清抄本
夏小正箋疏一卷
毛詩疏證補六卷
陸疏廣證七卷
毛詩名物狀三卷

二六五 解經緒論二卷 清方鼎銳撰 稿本

二六六 四始捷錄小言不分卷五州導水歌不分卷 稿本

二六七 周易精義一卷書經精義一卷詩經精義一卷附隨筆不分卷 稿本

二六八　許氏證經異句二十七卷　清許沅輯　清光緒十一年陸嗣章抄本
周易證經異句三卷　尚書證經異句一卷　僞書證經異句二卷　毛詩證經異句一卷　周禮證經異句一卷　夏小正證經異句一卷　左傳證經異句四卷外傳一卷公羊證經異句一卷穀梁證經異句一卷　四書證經異句四卷　爾雅證經異句七卷

二六九　鄭志疏證三卷補遺一卷　清雷雨人撰　稿本

二七〇　孝經重刊爾雅釋親合編二卷　清高心伯注　稿本
孝經句讀一卷　爾雅釋親一卷

二七一　羣經宮室圖二卷　清焦循撰　清半九書塾刻本　清趙在林題款

二七二　羣經宮室圖二卷　清焦循撰　清半九書塾刻本　清孫詒讓批

二七三　詩書古訓六卷　清阮元撰　清道光二十一年刻本

二七四　經義述聞三十二卷　清王引之撰　稿本
存二十卷（一至十一、二十五至二十八、三十一、三十二、又不詳）

二七五　經義述聞不分卷　清王引之撰　清嘉慶刻白口本　清王念孫、王引之校補

二七六　經義述聞不分卷　清王引之撰　清嘉慶刻黑口本　清王念孫、王引之校補
存（爾雅一至五　太歲考上、下）

二七七　經義述聞三十二卷　清王引之撰　清道光七年刻本　清王筠批校
存二十一卷（五至七、十五至十九、二十二至三十二）

二七八　經傳釋詞十卷　清王引之撰　清嘉慶二十四年刻本

二七九　經傳釋詞十卷　清王引之撰　清嘉慶二十四年刻本　清張穆校

二八〇　經傳釋詞十卷　清王引之撰　清道光二十七年守山閣刻本　葉景葵校點並跋

二八一　羣經讀爲讀若音義不分卷　清抄本

二八二　經學要義不分卷　清抄本　清王鳴戚、吳闓生跋

二八三　十三經斷句攷十三卷　清錢繹撰　稿本　清陳琢校　毛嶽生、張敦仁、徐經、瞿中溶、胡錫跋
存四卷（一至二、十二至十三）

二八四　蜚英閣經解一卷　清凌曙撰　稿本

二八五　説文引經考證六卷　清張澍撰　稿本
存易一卷　書一卷　詩一卷　周禮一卷

一七

二八六　十七史經説十二卷　清張金吾輯　清燕穎閣抄本
存春秋傳一卷　論孟孝經爾雅一卷

二八七　十七史經説十二卷　清張金吾輯　清述鄭齋抄本　清丁丙跋

二八八　經義旁通不分卷　清劉寶楠撰　稿本
存禮記

二八九　六藝堂詩禮七編□□卷　清丁晏撰　丁晏校補　清枕經閣鄭琦抄本　清
存十一卷
詩考補注三卷　周禮釋注二卷　儀禮釋注二卷　禮記釋注四卷

二九〇　十三經詁答問六卷補遺一卷　清馮登府撰　稿本　姚光跋

二九一　經通二十六卷　清周悅讓撰　稿本

二九二　抱一堂經疑一卷　清錢奭撰　清刻本

二九三　石經考一卷　清顧炎武撰　清抄本

二九四　石經考異二卷　清杭世駿撰　清乾隆刻本　清羅以智校

二九五　乾隆御定石經考文提要十三卷　清彭元瑞撰　清乾隆五十九年彭元瑞抄本
傅增湘、邵章、郭則雲跋

二九六　欽定石經考文提要舉正四卷目錄一卷首一卷　清和珅撰　清乾隆五十九年武英殿抄本

二九七　欽定石經改正字樣不分卷　清和珅等撰　清乾隆六十年抄本

二九八　石經殘字考一卷　清翁方綱撰　清刻本　清馮登府跋

二九九　唐石經攷異十三卷　清錢大昕撰　清袁廷檮抄本　清臧庸堂、瞿中溶、顧廣圻校並跋

三〇〇　唐石經攷異十三卷　清錢大昕撰　清次歐山館抄本

三〇一　宋太學石經考一卷　清羅以智撰　稿本

三〇二　石經攷一卷備攷七卷　清徐鍇慶撰　清抄本

三〇三　唐開成石經考二卷　清吳騫撰　稿本

三〇四　漢石經異文釋一卷　清馮登府撰　稿本　清孫星衍、錢泳題款

三〇五　續石經考三卷　清馮登府撰　稿本

三〇六　石經補攷十二卷　清馮登府撰　清道光元年至八年刻本　清魏錫曾校　卷七至十二清仁和魏氏補抄

一八

石經補攷十二卷　清馮登府撰　清道光二年至八年刻本　三〇七

石經考一卷　清李兆洛撰　清光緒十年趙氏能靜居抄本　清趙烈文跋　三〇八

石經殘字一卷　清陳宗彝輯　清道光三年陳氏石經精舍刻本　三〇九

蜀石經殘字一卷　清陳宗彝輯　清道光六年陳氏石經精舍刻本　清馮登府跋　三一〇

蜀石經春秋經注考異一卷穀梁傳注考異一卷　清楊繼振撰　稿本　清張恩澍跋　三一一

石經攷三卷　清劉傳瑩撰　清光緒十二年黄氏刻本　楊守敬批　三一二

石經攷三卷　清劉傳瑩撰　清光緒十二年黄氏刻本　楊守敬朱批並跋　三一三

刪微三十六卷　明孫瑴輯　明崇禎刻本　八行十九字白口四周單邊　三一四

七緯三十八卷　清趙在翰輯　清嘉慶十四年小積石山房刻本　清孫詒讓校　三一五
子目同《綜錄》畧

讖緯書十七種不分卷　清殷元正輯　陸明睿增訂　清抄本　佚名批　清嘉慶九年鄒伯子題記　三一六
易緯　尚書緯　詩緯　禮緯　樂緯　春秋緯

集緯十二卷　清殷元正輯　陸明睿增訂　清乾隆抄本　三一七
存經緯　河圖緯　雒書緯　易讖　詩讖　春秋讖　禮讖　孝經讖　論語讖　雜讖　重文標目

集緯十二卷　清殷元正輯　陸明睿增訂　清清芬書屋抄本　三一八
存七卷　一至七

緯讖候圖校輯不分卷　清殷元正輯　陸明睿增訂　清抄本　清陳壽祺、陳喬樅校補　周星詒跋　三一九

緯候佚文不分卷　清畢裕曾輯　清畢裕曾抄本　三二〇

七經緯不分卷　清抄本　清丁丙跋　三二一

收藏情況表

書名編號		藏書單位	
經　羣經總義類	1	0101	
	2	0201	
	3	0201	
	4	0201	
	5	0201	
	6	0141	
	7	0201	
	8	1601	
	9	0101	
	10	0101	
	11	1581	
	12	0101	
	13	0101	
	14	0101	
	15	0101	
	16	0101	
	17	0241	
	18	0101	
	19	0101	
	20	2401	
	21	2702	
	22	0201	
	23	0241	
	24	0201	
	25	0101	
	26	0101	
	27(1)	0101	
	27(2)	1605	
	28	0101	
	29	0101	
	30	0101	
	31	0101	0141●
	32	0101	
	33	0601	
	34	0141	
	35	1601	

書名編號		藏書單位						
經　羣經總義類	36	2301						
	37	0181	0242	0541	0601	1506	1582	2201
	38	0182	0193	0842	1101	1681	1701	1741
		2701						
	39	1601						
	40	0198	0201	0703	0842			
	41	0161	0182					
	42	2301						
	43	2481						
	44	1601						
	45	0101						
	46	2401						
	47	0101						
	48	0201						
	49	0201						
	50	0201						
	51	2501						
	52	0101						
	53	0184						
	54	0201						
	55	2541						
	56	1701						
	57	0181						
	58	0101						
	59	0101						
	60	0201						
	61	1601						
	62	0141						
	63	0181						
	64	0181	0191					
	65	1901						
	66	0184	1604					
	67	0701	1881					
	68	0842						
	69	0101						
	70	1701	2001					
	71	0101						
	72	0101						

書名編號		藏書單位						
經 群經總	73	0101						
義類	74	0101	0201	1604	2561			
	75	0101						
	76	0201⊗	0342⊗	0801	1601⊗	2461⊗		
	77	1601						
	78	0201						
	79	0701	1701	2201				
	80	1601						
	81	0842						
	82	0101						
	83	0101						
	84	0842	1701					
	85	1321						
	86	0101						
	87	1511						
	88	0101	0201	1601				
	89	0101	2201					
	90	1601						
	91	0141						
	92	2201						
	93	0101	0141					
	94	2301						
	95	1601						
	96	0145						
	97	0101						
	98	0182						
	99	1092						
	100	0165	1741	2001				
	101	1041	1701					
	102	0242						
	103	1701						
	104	0101						
	105	2701						
	106	0942						
	107	0201						
	108	1506						
	109	0101						
	110	0142	0181					

書名編號		藏書單位						
經 群經總	111	0141						
義類	112	0301						
	113	0161	0201					
	114	0141						
	115	1701						
	116	0241						
	117	0301						
	118	0101						
	119	0173	0201	0301				
	120	0161	0201					
	121	0102						
	122	0201						
	123	0201						
	124	0142	1601					
	125	2301						
	126	0201						
	127	0142						
	128	0301						
	129	1604	2211					
	130	1530						
	131	0241						
	132	1701						
	133	0161	0241	0291				
	134	1601						
	135	0841						
	136	0841	1242	1701				
	137	0141						
	138	0161						
	139	0101						
	140	2201	2541					
	141	0145						
	142	0142	2702					
	143	1082						
	144	0101						
	145	0141						
	146	1601						
	147	0142						
	148	0161	0181					

書名編號		藏書單位						
經 群經總	149	0101						
義類	150	0101						
	151	0301						
	152	0201						
	153	0142						
	154	0142						
	155	0301						
	156	2342	2541					
	157	0181						
	158	1241	1542	1907				
	159	1796						
	160	1042						
	161	1581						
	162	0201	2541					
	163	0143	0198	0201	0241			
	164	0201						
	165	0341						
	166	0101	0241	1883				
	167	0101						
	168	2009						
	169	0242						
	170	0201						
	171	0201						
	172	0201						
	173	0201						
	174	0101						
	175	0201						
	176	1601						
	177	0101						
	178	0201						
	179	0101						
	180	0101						
	181	0101						
	182	0101	0154	0201	0261	0591	0701	1841
	183	1501	1542					
	184	2001	2042					
	185	0181						
	186	0101						

書名編號		藏書單位						
經 群經總	187	2001						
義類	188	0144						
	189	0101						
	190	0141						
	191	0201						
	192	1805						
	193	0801						
	194	0201						
	195	0101	0841	1601	2301	2543		
	196		2301	0201				
196(2)	197	0201						
	198	0101						
	199	0101						
	200	1701						
	201	1601						
	202	0201						
	203	0241						
	204	1587						
	205	1587						
	206	0101						
	207	1701						
	208	0101						
	209	2641						
	210	0142						
	211	0201						
	212	1501						
	213	0142						
	214	0165						
	215	0201						
	216	0101	2301					
	217	0101						
	218	0101						
	219	0101						
	220	2501						
	221	2301						
	222	2561						
	223	0201						
	224	0201						

書名編號		藏書單位
經　群經總義類	225	0101
	226	1701
	227	0281
	228	0241
	229	0142
	230	1541
	231	0101
	232	0201
	233	0101
	234	0281
	235	0101
	236	0201
	237	1705
	238	0201
	239	0201
	240	0101
	241	0101
	242	0142
	243	1581
	244	0145
	245	2001
	246	0241
	247	0241
	247之1	0101
	248	1581
	249	0201
	250	0201
	251	0101
	252	0201
	253	0201
	254	0201
	255	0282
	256	2641
	257	2641
	258	2641
	259	2641
	260	0201
	261	0201

書名編號		藏書單位
經　群經總義類	262	1741
	263	0201
	264	1501
	265	1601
	266	0141
	267	0201
	268	1601
	269	2401
	270	1981
	271	2001
	272	1704
	273	0101
	274	0101
	275	0101
	276	0101
	277	1581
	278	2401
	279	0341
	280	0201
	281	0101
	282	0101
	283	0283
	284	0141
	285	1081
	286	0101
	287	1601
	288	0201
	289	0101
	290	0201
	291	0341
	292	0101
	293	0101
	294	0241
	295	0591
	296	0181
	297	0181
	298	0101
	299	0101

書名編號		藏書單位
經　群經總義類	300	0101
	301	1741
	302	0101
	303	0101
	304	1601
	305	0101
	306	0201
	307	0101
	308	1601
	309	0101
	310	0101
	311	0241
	312	2301
	313	2301
	314	0101　0161　0247
	315	1741
	316	2561
	317	0201
	318	0201
	319	0101
	320	0101
	321	1601

書名編號	藏書單位

小學類

訓詁

彙雅前集二十卷後編二十八卷　明張萱輯　明萬曆三十四年區大相、沈朝煥等刻本　九行十八字　白口四周單边有刻工　一

五雅七十三卷　明畢效欽編　明嘉靖隆慶間畢效欽刻本　二
新刊註釋爾雅三卷　晉郭璞注　九行十八字
廣雅十卷　魏張揖撰　隋曹憲音釋　九行十八字
重刊埤雅二十卷　宋陸佃撰　十行十九字
爾雅翼三十二卷　宋羅願撰　九行二十四字
釋名八卷　漢劉熙撰　九行二十四字

五雅七十三卷　明畢效欽輯　明嘉靖隆慶間畢效欽刻本　清朱筠批校　三

五雅七十三卷　明畢效欽輯　明萬曆十六年瑞桃堂刻本　十一行二十二字　小字双行二十二字白口左右双边无刻工　四
新刊爾雅三卷　晉郭璞注
廣雅十卷　魏張揖撰　隋曹憲音釋
新刊埤雅二十卷　宋陸佃撰
新刊爾雅翼三十二卷　宋羅願撰
新刻釋名八卷　漢劉熙撰

五雅四十一卷　明郎奎金輯　明天啟六年郎氏堂策檻刻本　九行二十字　小字双行白口四周单边　五
爾雅註二卷　晉郭璞撰
小爾雅註釋一卷　宋宋咸撰
逸雅八卷　漢劉熙撰
廣雅十卷　魏張揖撰　隋曹憲音釋
埤雅二十卷　宋陸佃撰

五雅四十一卷　明郎奎金輯　明天啟六年郎氏堂策檻刻本　九行二十字　白口四周单边　六
爾雅註二卷　晉郭璞撰
小爾雅注釋一卷　宋宋咸撰
逸雅八卷　漢劉熙撰
廣雅十卷　魏張揖撰　隋曹憲音釋
埤雅二十卷　宋陸佃撰
傅增湘校并跋

爾雅一卷　唐龍朔二年王澄寫本　七

爾雅古義十一卷　漢樊光李巡等撰　清黃奭輯　清道光刻本　黃奭校補　九行十七字黑口四周单边　八

爾雅注三卷　晉郭璞撰　音釋三卷　宋刻本　清顧廣圻跋　十行二十字小注三十字白口左右双边　九

爾雅三卷　晉郭璞注　元雪窗書院刻本　十一行十九字注双行二十六字細黑口四周双边　十

爾雅三卷　晉郭璞注　元雪窗書院刻本　清臧庸校　陳焯　翁同書跋　十一行十九字　小字双行二十六字細黑口左右双边　一一

爾雅註三卷　晉郭璞撰　音釋三卷　元刻本（音釋卷下配清影元抄本）八行十五字小字双行同細黑口左右双边　一二

爾雅三卷　晉郭璞註　埤雅二十卷　宋陸佃撰　明初刻本　十行二十字小字双行四十字大黑口四周双边　一三

爾雅三卷　晉郭璞注　明初刻本　十行二十字上下黑口四周双边双尾　一四

爾雅三卷　晉郭璞註　明景泰七年刻本　周叔弢校並跋　十行二十三字　小字双行字同大黑口四周双边　一五

爾雅三卷　晉郭璞注　明嘉靖四年刻本　九行二十字白口四周单边　一六

爾雅二卷　晉郭璞註　明刻本　十行二十字　小字双行二十字白口四周单边　一七

爾雅三卷　晉郭璞注　明刻本　十行二十二字白口单边无魚尾　一八

爾雅二卷　晉郭璞注　音釋二卷　明嘉靖四年許宗魯宜靜書堂刻本　十行二十字白口左右双边无刻工　一九

爾雅三卷　晉郭璞注　明嘉靖十七年吳元恭刻本　八行十七字白口四周双边　二〇

爾雅三卷　晉郭璞注　明嘉靖十七年吳元恭刻本　清錢孫保校並跋　與小　八行十七字白口四周双边单魚尾　二一

爾雅三卷　晉郭璞注　明刻本　清江藩跋　葉德輝跋　九行十八字　小字双行字數同白口四周单边　二二

新刊爾雅三卷　晉郭璞注　音釋三卷　明萬曆十六年瑞桃堂刻五雅本　清丁丙跋　十一行二十二字　小字双行行字同白口左右双边无刻工　二三

爾雅三卷　晉郭璞註　明刻本　清佚名批點　李盛鐸題識　十行二十二字　小字双行白口四周单边　二四

爾雅三卷　晉郭璞注　明嘉靖十七年吳元恭復刻本　八行十七字小字双行同白口四周双边　二五

爾雅三卷　晉郭璞撰　音釋三卷　明刻本　十行二十字小字双行二十字大黑口四周双边无刻工　二六

爾雅註二卷　晉郭璞撰　音釋二卷　明刻本　十行二十字　小字双行同白口左右双边　二七

爾雅註三卷　晉郭璞撰　音釋三卷　明刻本　十行二十字　小字双行同黑口四周双边　二八

爾雅註三卷　晉郭璞撰　音釋三卷　明刻本　十行二十字黑口四周双边　二九

爾雅三卷　晉郭璞撰　音釋三卷　明刻本　八行十五字小字双行黑口左右双边双魚尾　三〇

爾雅三卷　晉郭璞撰　音釋三卷　明刻本　清姚畹真跋　八行十五字黑口左右双边　三一

爾雅註八卷　晉郭璞撰　明刻本　十行二十字白口左右双边　三二

爾雅二卷　晉郭璞注　明天啟六年郎氏堂策檻刻五雅本　清郝懿行批注　九行二十字白口四周单边　三三

爾雅二卷　晉郭璞註　音釋二卷　明刻本　十行二十字小字双行白口四周单边　三四

爾雅二卷　晉郭璞注　小爾雅一卷　題漢孔鮒撰　宋宋咸注　明末刻本　清徐鼒校並跋　丁丙跋　九行二十字小字双行行二十字白口四周单边无刻工　三五

爾雅三卷　晉郭璞注　清嘉慶十一年顧廣圻思適齋刻本　清翁方綱校並跋　八行十七字小字双行白口四周双边单魚尾　三六

爾雅三卷　晉郭璞注　清嘉慶十一年顧廣圻思適齋刻本　清徐渭仁批校並跋　八行十七字四周双边白口有刻工　三七

爾雅三卷　晉郭璞注　音釋三卷　清影宋抄本　徐乃昌題識　十行二十一字白口左右双边单魚尾　三八

爾雅三卷　晉郭璞注　唐陸德明音義　清乾隆二十九年孔繼涵刻本　清吳孝顯錄惠棟校　諸應陛題識　十行二十字黑口左右双边单魚尾　三九

爾雅三卷　晉郭璞注　唐陸德明音義　清乾隆二十九年孔繼涵刻本　徐恕錄清嚴元照校　十行二十字　小字双行三十字大黑口上魚尾左右双边　四〇

爾雅圖三卷　晉郭璞撰　明彩繪本　四一

爾雅疏十卷　宋邢昺撰　宋刻宋元明初遞修公文紙印本　十五行二十一字白口左右双边　四二

爾雅注疏十一卷　晉郭璞注　宋邢昺疏　元刻明修本　九行小注二十字黑口左右双边　四三

四四 爾雅注疏十一卷 晉郭璞注 宋邢昺疏 元刻明修本 清周星詒跋 九行二十字小字双行二十一字黑口左右双边双鱼尾

四五 爾雅注疏十一卷 晉郭璞注 宋邢昺疏 元刻明修本 清丁丙跋 九行元刻二十字二十一字不等元刻左右双边大黑口明修四周单边白口元刻有刻工

四六 爾雅注疏十一卷 晉郭璞、宋邢昺撰 唐陸德明音 明嘉靖李元陽刻十三经注疏本 清段玉裁、江帆校 九行二十一字 小字双行行二十字白口单边刻工

四七 爾雅注疏十一卷 晉郭璞宋邢昺撰 唐陸德明音 明嘉靖李元陽刻十三經註疏本 清唐翰題校並跋 九行廿一字白口四周单边

四八 爾雅註疏十一卷 晉郭璞註 宋邢昺疏 明萬曆二十一年北京國子監刻十三經註疏崇禎吴士元等修補印本 清佚名批校

四九 爾雅註疏十一卷 晉郭璞註 宋邢昺疏 明崇禎毛氏汲古閣刻十三經注疏本 清許瀚跋 王筠批識 九行二十一字白口左右双边

五〇 爾雅註疏十一卷 晉郭璞註 宋邢昺疏 明崇禎元年毛氏汲古閣刻十三經注疏本 清劉玉麐校並跋 趙之謙題識 汪德鉞校並題識 九行二十一字白口左右双边无鱼尾

五一 爾雅註疏十一卷 存八卷（一至八） 晉郭璞註 宋邢昺疏 明崇禎毛氏汲古閣刻十三經注疏本 清王振聲批校 九行行廿一字白口上下单边左右双边小字双行二十字

五二 爾雅註疏十一卷 晉郭璞註 宋邢昺疏 清乾隆十年三樂齋刻本 清刁戴高批並跋

五三 爾雅註疏十一卷 晉郭璞撰 宋邢昺疏 清乾隆十年三樂齋刻本 清余允圻批校

五四 爾雅註疏十一卷 晉郭璞注 宋邢昺疏 清乾隆五十一年金閶書業堂刻本 清華世芳跋並錄惠棟批校

五五 爾雅注疏十卷 晉郭璞 宋邢昺撰 校勘記十卷 清阮元撰 清嘉慶二十年南昌府學刻十三經注疏本 清韓泰華臨許瀚校

五六 爾雅注疏十卷 晉郭璞 宋邢昺撰 校勘記十卷 清阮元撰 清嘉慶二十年南昌府學刻十三經注疏本 王國維校並跋

五七 爾雅注疏十一卷 晉郭璞註 宋邢昺疏 清崇德書院刻本 清王仁俊批校

五八 爾雅註三卷 宋鄭樵撰 元刻本 十二行二十一字小字双行同黑口四周双边

五九 爾雅新義二十卷 宋陸佃撰 清宋大樽校 叙錄一卷 清宋大樽輯 清嘉慶十三年陸芝榮三間草堂刻本

六〇 爾雅新義二十卷 宋陸佃撰 清宋大樽校 叙錄一卷 清宋大樽輯 清嘉慶十三年陸芝榮三間草堂刻本 清王宗炎批校

六一 爾雅新義二十卷 宋陸佃撰 清乾隆三十四年余甸抄本

六二 爾雅新義二十卷 宋陸佃撰 清伊高學廬抄本

六三 爾雅新義十八卷 宋陸佃撰 叙錄一卷 清宋大樽輯 清咸豐五年龍威館抄本

六四 爾雅新義二十卷 存四卷（一至三 叙錄全） 宋陸佃撰 清抄本

六五 爾雅新義二十卷 宋陸佃撰 清抄本

六六 爾雅奇字音義二卷 宋王應麟撰 明抄本

六七 爾雅三卷 宋鄭樵注 清康熙四十年鄭定遠刻本

六八 爾雅三卷 宋鄭樵註 清初抄本

六九 爾雅音不分卷 清抄本 清高世異批校

七〇 爾雅註疏參義六卷 清姜兆錫撰 清雍正十年寅清樓刻本

七一 爾雅補註四卷 清周春撰 清抄本 佚名錄清盧文弨批校

七二 爾雅補郭二卷 清翟灝撰 清刻本 清陳鱣批校

七三 爾雅注疏旁訓四卷 清周樽輯 馬俊良增訂 清嘉慶元年刻本 清駱士奎校補並跋

七四 爾雅註疏箋補三卷 清任基振撰 稿本

七五 爾雅正義二十卷 清邵晉涵撰 釋文三卷 唐陸德明撰 清乾隆五十三年面水層軒刻本

七六 爾雅正義二十卷 清邵晉涵撰 釋文三卷 唐陸德明撰 清乾隆五十三年邵氏面水層軒刻本 清宋保批校

七七 爾雅正義二十卷 清邵晉涵撰 釋文三卷 唐陸德明撰 清乾隆五十三年邵氏面水層軒刻本 清錢侗批校

七八 爾雅正義二十卷 清邵晉涵撰 釋文三卷 唐陸德明撰 清乾隆五十三年邵氏面水層軒刻本 清弋襄校並跋

七九 爾雅正義二十卷 清邵晉涵撰 釋文三卷 唐陸德明撰 清乾隆五十三年邵氏面水層軒刻本 佚名錄

八〇 爾雅正義二十卷 清邵晉涵撰 釋文三卷 唐陸德明撰 清乾隆五十三年邵氏面水層軒刻本 楊昭儁校點并題識

八一 爾雅正義二十卷 清邵晉涵撰 釋文三卷 唐陸德明撰 清乾隆五十三年邵氏面水層軒刻本 清謝章鋌校點並題識

八二 爾雅正義二十卷 清邵晉涵撰 清乾隆五十三年邵氏面水層軒刻本 清張敦仁校

八三 爾雅正義二十卷 清邵晉涵撰 清乾隆五十三年邵氏面水層軒刻本 清顧觀光批

八四 爾雅正義二十卷 清邵晉涵撰 清乾隆五十三年邵氏面水層軒刻本 清陳寶璐校

八五 高郵王石臞先生手稿四種二十四卷 清王念孫撰 稿本
爾雅雜纂一卷 爾雅分韻一卷 方言廣雅小爾雅分韻一卷 諧声譜二十一卷

八六 孫氏爾雅正義鈔一卷 清吳騫輯 稿本
八七 讀雅筆記三卷 清李雱撰 清嘉慶九年賜錦堂刻本
八八 爾雅古義二卷 清錢坫撰 清鄭杰注韓居抄本
八九 爾雅古義二卷 清錢坫撰 清抄本 清謝章鋌跋
九〇 爾雅古義二卷 清錢坫撰 清楊浚抄本
九一 爾雅釋文補三卷 清錢大昭撰 清抄本
九二 爾雅舊注三卷 清陳鱣撰 清朱元吕抄本 清許翰校補並跋
九三 爾雅郭注義疏二十卷 清郝懿行撰 清抄本
九四 爾雅郭注義疏二十卷 清郝懿行撰 清道光三十年陸建瀛木犀香館刻本 清李慈銘批校並跋
九五 爾雅郭注義疏二十卷 清郝懿行撰 清道光三十年陸建瀛木犀香館刻本 清張步瀛校並跋
九六 爾雅郭注義疏二十卷 清郝懿行撰 清道光三十年陸建瀛木犀香館刻本 清陳倬校並跋
九七 爾雅郭注義疏二十卷 清郝懿行撰 清咸豐六年楊以增胡珽刻本 清陳奐校 沈貫謙、丁士涵跋
九八 爾雅郭注義疏二十卷 清郝懿行撰 清同治四年刻本 清姚福均批
九九 爾雅郭注義疏二十卷 清郝懿行撰 清同治四年刻本 清謝章鋌校點並題識
一〇〇 爾雅郭注義疏二十卷 清郝懿行撰 清同治四年刻本 清陳寶琛校點

一〇一 爾雅古注合存十九卷總考首一卷 清董桂新撰 清抄本
一〇二 爾雅一切註音十卷 清嚴可均輯 稿本
一〇三 爾雅小箋二卷 清江藩撰 清抄本 清汪憙孫、周鑾詒、費念慈跋
一〇四 爾雅箋釋六卷 清沈潮撰 手稿本
一〇五 爾雅異文考四卷 清史詮撰 手稿本 高燮跋
一〇六 爾雅漢學證義二卷 清陶方琦撰 稿本 清陶濬宣校 孫同康藏校
一〇七 爾雅正名十九卷 清汪鎣撰 清抄本 黄侃評並跋 章炳麟題識
一〇八 爾雅釋草釋木统箋不分卷後案不分卷 清王仁俊撰 稿本
一〇九 爾雅古注斠三卷蘭如詩鈔一卷 清葉蕙心撰 清光绪二年李氏半畝園刻本 清李慈銘校
一一〇 爾雅聲類釋詁一卷 清李銘漢撰 稿本 章太炎批註
一一一 爾雅字句蒙求三卷 清王貞撰 稿本
一一二 釋歲不分卷 清洪亮吉撰 手稿本
一一三 釋龜二卷 清張金吾撰 清抄本
一一四 釋言語不分卷 清吳大中撰 稿本

一一五 小爾雅一卷 漢孔鮒撰 宋宋咸注 明顧氏文房小說本 清錢棌保跋
一一六 小爾雅廣註不分卷 清莫栻撰 清抄本
一一七 小爾雅廣註不分卷 清莫栻撰 清抄本
一一八 小爾雅疏八卷 清王煦撰 清嘉慶五年鬱翠山莊刻本 清李慈銘跋
一一九 小爾雅疏八卷 清王煦撰 清嘉慶五年鬱翠山莊刻本 清趙之謙跋
存三卷 一至三
一二〇 小爾雅義證十三卷 清胡世琦撰 稿本 清段玉裁校 胡樸安跋
一二一 小爾雅疏證五卷 清葛其仁撰 清道光十九年自刻本
一二二 輶軒使者绝代語釋别國方言解十三卷 晉郭璞撰 宋慶元六年尋陽郡齋刻本 八行十七字小字双行同白口四周双边 王闓運、缪荃孫、沈曾植、袁克文、鄧邦述、章鈺跋
一二三 輶軒使者绝代語釋别國方言解十三卷 晉郭璞撰 明正德四年李珏刻本 十行十六字白口左右双边
一二四 輶軒使者绝代語釋别國方言十三卷 漢楊雄撰 晉郭璞註 明天啟七年郎奎金堂策檻刻本 九行二十字白口四周單边
一二五 輶軒使者绝代語釋别國方言注十三卷 漢楊雄撰 晉郭璞注 明刻本 十行十六字黑口四周双边

一二六 輶軒使者绝代語釋别國方言十三卷 清戴震疏證 清乾隆孔繼涵刻微波榭叢書本 清王念孫批校
存七卷 一至七
一二七 輶軒使者绝代語釋别國方言十三卷 清戴震疏證 清乾隆孔繼涵刻微波榭叢書本 清盧文弨校並跋
存六卷 八至十三
一二八 輶軒使者绝代語釋别國方言十三卷 漢楊雄撰 晉郭璞注 清乾隆盧文弨刻抱經堂叢書本 清吳騫批校 沈嵩門跋
校正補遺一卷 清盧文弨校正
一二九 輶軒使者绝代語釋别國方言十三卷 漢楊雄撰 晉郭璞注 清乾隆盧文弨刻抱經堂叢書本 清盧文弨校 丁丙跋
校正補遺一卷 清盧文弨撰
一三〇 輶軒使者绝代語釋别國方言十三卷 漢楊雄撰 晉郭璞注 清乾隆盧文弨刻抱經堂叢書本 王國维校注並跋
校正補遺一卷 清盧文弨撰
一三一 輶軒使者绝代語釋别國方言十三卷 漢楊雄撰 晉郭璞注 清乾隆盧文弨刻抱經堂叢書本 清丁士涵臨劉台拱校
校正補遺一卷 清盧文弨撰

輶軒使者絕代語釋別國方言十三卷 漢揚雄撰 晉郭璞注 清乾隆武英殿聚珍版叢書本 清嚴可均校 一三二

輶軒使者絕代語釋別國方言十三卷 漢揚雄撰 晉郭璞注 清乾隆武英殿聚珍版叢書本 清江德量批校 一三三

輶軒使者絕代語釋別國方言十三卷 漢揚雄撰 晉郭璞注 校正補遺一卷 清盧文弨撰 清同治十二年刻小學彙函本 清許克勤校 存八卷 七至十三、校正補遺 一三四

輶軒使者絕代語釋別國方言十三卷 漢揚雄撰 晉郭璞注 明抄本 卷七至十三配清抄本 清丁丙跋 一三五

輶軒使者絕代語釋別國方言十三卷 漢揚雄撰 晉郭璞注 清道光九年朱士端抄本 清朱士端跋並錄[illegible]校 一三六

輶軒使者絕代語釋別國方言十三卷 漢揚雄撰 晉郭璞注 清抄本 清丁丙跋 一三七

新刻絕代語釋別國方言十三卷 漢揚雄撰 晉郭璞注 明胡文煥刻格致叢書本 清邵晉涵校 丁錦鴻校並跋 十行二十字白口左右双边双魚尾 一三八

七

新刻絕代語釋別國方言十三卷 漢揚雄撰 晉郭璞注 明胡文煥刻格致叢書本 清王念孫校 十行二十字白口左右双边双魚尾 一三九

輶軒使者絕代語釋別國方言類聚四卷 漢揚雄撰 晉郭璞解 明陳與郊類 明萬曆刻本 十行二十字白口左右双边單魚尾 一四〇

戴東原方言校本簽注一卷 清丁杰撰 清乾隆四十五年金榜編鈔本 一四一

方言釋義十三卷 清王維言撰 稿本 一四二

逸雅八卷 漢劉熙撰 明郎氏堂策檻刻五雅本 清汪道謙校 九行二十字白口單边无魚尾 一四三

釋名八卷 漢劉熙撰 明嘉靖三年儲良材程鴻刻本 清佚名校 九行二十字白口四周單边 一四四

釋名八卷 漢劉熙撰 明嘉靖三年儲良材程鴻刻本 清黃丕烈校 蔣鳳藻跋 九行二十字 一四五

釋名八卷 漢劉熙撰 明嘉靖三年儲良材程鴻刻本 劉元鼐跋 九行二十字白口四周單边 一四六

釋名八卷 漢劉熙撰 明刻本 清丁丙跋 十行二十字白口四周單边 一四七

釋名八卷 漢劉熙撰 明刻本 葉啟勳題識 十行二十字白口四周單边 一四八

釋名八卷 漢劉熙撰 明刻本 十行二十字白口四周單边 一四九

釋名八卷 漢劉熙撰 明嘉靖四十二年范惟一王雷堂刻本 九行十七字白口四周双边 一五〇

新刻釋名八卷 漢劉熙撰 明萬曆十六年瑞桃堂刻五雅本 清段玉裁、王鳴盛、龔文照校 十一行二十二字白口左右双边單魚尾 一五一

釋名四卷 漢劉熙撰 [illegible] 九行二十字白口左右双边 一五二

釋名四卷 漢劉熙撰 明萬曆何允中刻廣漢魏叢書本 清朱彬跋並錄盧文弨校 一五三

新刻釋名八卷 漢劉熙撰 明胡文煥刻格致叢書本 清邵晉涵校 丁錦鴻校並跋 十行二十字白口左右双边双魚尾 一五四

新刻釋名八卷 漢劉熙撰 明胡文煥刻格致叢書本 清孫星衍校 十行二 一五五

新刻釋名八卷 漢劉熙撰 明胡文煥刻格致叢書本 清王宗炎校 丁丙跋 一五六

釋名八卷 漢劉熙撰 明刻本 十行二十字白口單边 一五七

釋名八卷 漢劉熙撰 明刻本 清楊之培跋 十行二十字白口四周單边 一五八

釋名八卷 漢劉熙撰 明刻本 八行十九字白口四周單边 一五九

釋名八卷 漢劉熙撰 清道光吳氏璜川書屋刻本 一六〇

釋名四卷 漢劉熙撰 明刻本 九行二十字白口左右双边 一六一

釋名疏證八卷 清畢沅撰 清乾隆五十四年畢氏靈巖山館刻經訓堂叢書本 清吳騫校 唐翰題題識 十一行二十二字上下黑口單边双魚尾 一六二

釋名疏證八卷 清畢沅撰 清乾隆五十四年畢氏靈巖山館刻經訓堂叢書本 清諸可寶臨吳志忠校 一六三

釋名疏證八卷 續釋名一卷 補遺一卷 清畢沅撰 清乾隆五十四年畢氏靈巖山館刻經訓堂叢書本 王國維校並跋 一六四

釋名疏證八卷 續釋名一卷 補遺一卷 清畢沅撰 清乾隆五十五年畢氏靈巖山館刻經訓堂叢書本 一六五

八

釋名疏證八卷補遺一卷續釋名一卷 清畢沅撰 清乾隆五十五年畢氏靈巖山館刻經訓堂叢書本 失名臨清顧廣圻校 沈維鐈跋 一六六

釋名疏證八卷補遺一卷續釋名一卷 清畢沅撰 清乾隆五十五年畢氏靈巖山館刻經訓堂叢書本 清許槤王筠批校並跋 一六七

博雅十卷 魏張揖撰 隋曹憲音解 明正德十五年皇甫錄世業堂刻本 清黃丕烈校並跋 八行十五字小字双行同細黑口左右双边 一六八

博雅十卷 魏張揖撰 隋曹憲音解 明正德十五年皇甫錄世業堂刻本 清黃丕烈跋 黃廷鑑校並跋 八行十五字白口左右双边 一六九

博雅十卷 魏張揖撰 隋曹憲音解 明正德十五年皇甫錄世業堂刻本 八行十五字細黑口左右双边 一七〇

博雅十卷 魏張揖撰 隋曹憲音釋 明萬曆何允中刻廣漢魏叢書本 清朱彬校並錄[illegible]跋 九行二十字小字双行字无定數白口左右双边 一七一

博雅十卷 魏張揖撰 隋曹憲音釋 小爾雅一卷 題漢孔鮒撰 明萬曆何允中刻廣漢魏叢書本 清盧文弨校 丁丙跋 九行二十字小字双行字无定數白口左右双边 一七二

博雅十卷 魏張揖撰 隋曹憲音釋 小爾雅一卷 題漢孔鮒撰 明萬曆何允中刻廣漢魏叢書本 佚名校 清丁丙跋 九行二十字小字双行行字无定數白口左右双边 一七三

博雅音十卷 隋曹憲撰 清抄本 一七四

新刻廣雅十卷 魏張揖撰 隋曹憲音釋 明胡文煥刻格致叢書本 清顧廣圻校並跋 王宗炎、丁丙跋 十行二十字白口左右双边 一七五

一七六 新刻廣雅十卷 魏張揖撰 隋曹憲音解 明胡文煥刻格致叢書本 傅增湘校跋並錄清黃丕烈題識 十行二十字白口左右双边

一七七 廣雅十卷 魏張揖撰 隋曹憲音解 明天啟六年郎奎金堂策檻刻五雅本 清錢大昕校注 九行二十字小字双行同白口四周单边

一七八 廣雅十卷 魏張揖撰 隋曹憲音解 明天啟六年郎奎金堂策檻刻五雅本 佚名校 清丁丙跋 九行二十字白口四周单边

一七九 廣雅十卷 魏張揖撰 隋曹憲音解 明刻本 清顧廣圻、黃丕烈校並跋

一八〇 廣雅疏證十卷 清王念孫撰 稿本 清王引之校 黃海長題識

一八一 廣雅疏證十卷 清王念孫撰 博雅音十卷 隋曹憲撰 清嘉慶刻本

一八二 廣雅疏證十卷 清王念孫撰 博雅音十卷 隋曹憲撰 清李慈銘校 清嘉慶刻本

一八三 廣雅疏證十卷 清王念孫撰 清嘉慶刻本 清洪亮吉點讀並跋

一八四 廣雅疏義二十卷 清錢大昭撰 清愛古堂抄本

一八五 埤倉一卷 魏張揖撰 清陳鱣輯 稿本

一八六 埤倉一卷 魏張揖撰 清陳鱣輯 稿本

一八七 埤倉一卷 魏張揖撰 清章宗源輯 清抄本 清趙之謙、劉之泗校 與聲類合册

一八八 埤倉輯本二卷 考異一卷附廣倉輯文一卷 考異一卷 清閻方琦輯 清徐氏孟晉齋抄本 蔡元培校並跋

一八九 埤倉輯文二卷 考異一卷附廣倉輯文一卷 考異一卷 清閻方琦 姚振宗輯 清湘湄館抄本

一九〇 字林考逸八卷 晉呂忱撰 清任大椿輯 清乾隆刻燕禧堂五種本 清陳壽祺校並跋

一九一 字林考逸八卷 晉呂忱撰 清任大椿輯 清乾隆刻燕禧堂五種本 清陶方琦校補

一九二 字林考逸八卷 晉呂忱撰 清任大椿輯 清光緒抄本 清陳倬錄鈕樹玉 顧廣圻 馮桂芬校

一九三 字林考逸六卷 晉呂忱撰 清任大椿輯 清抄本

一九四 刊謬正俗八卷 唐顏師古撰 明刻本 九行十八字白口左右双边

一九五 刊謬正俗八卷 唐顏師古撰 明刻本 九行十八字白口左右双边

一九六 刊謬正俗八卷 唐顏師古撰 清抄本 清惠棟校

一九七 刊謬正俗八卷 唐顏師古撰 清抄本 失名錄 清何焯校跋

一九八 匡謬正俗八卷 唐顏師古撰 清乾隆二十一年盧見曾刻雅雨堂叢書本 清吳有蘭注 吳志忠校注並跋

一九九 匡謬正俗八卷 唐顏師古撰 清抄本

二〇〇 羣經音辨七卷 宋賈昌朝撰 宋紹興九年臨安府府學刻宋元遞修本 八行十五字細黑口左右双边

二〇一 羣經音辨七卷 宋賈昌朝撰 宋紹興十二年汀州寧化縣學刻本 八行十四字小注約二十字黑口左右双边

二〇二 羣經音辨七卷 宋賈昌朝撰 明抄本 明馮知十跋 清陸貽典校並跋

二〇三 羣經音辨七卷 宋賈昌朝撰 清康熙五十三年張士俊刻澤存堂五種本 清惠棟校

二〇四 羣經音辨七卷 宋賈昌朝撰 清康熙五十三年張士俊刻澤存堂五種本 清寶康錄佚名校並跋

二〇五 羣經音辨七卷 宋賈昌朝撰 清康熙五十三年張士俊刻澤存堂五種本 清潘錫爵錄清顧廣圻校 葉景葵校並跋

二〇六 羣經音辨七卷 宋賈昌朝撰 清康熙五十三年張士俊刻澤存堂五種本 傅增湘跋 徐鴻寶校並錄清陸貽典馮彥淵題識

二〇七 羣經音辨七卷 宋賈昌朝撰 傅增湘校並跋 清康熙五十三年張士俊刻澤存堂五種本

二〇八 羣經音辨七卷 宋賈昌朝撰 謝章鋌校點 清康熙五十三年張士俊刻澤存堂五種本 清

二〇九 羣經音辨七卷 宋賈昌朝撰 清抄本 清周廣業校並跋

二一〇 羣經音辨七卷 宋賈昌朝撰 清朱士端抄本

二一一 羣經音辨七卷 宋賈昌朝撰 清抄本

二一二 羣經音辨七卷 宋賈昌朝撰 清影宋刻本

二一三 埤雅二十卷 宋陸佃撰 明建文二年林瑜陳大本刻本 十二行二十三字黑口双魚尾左右双边
存十八卷 卷一至五 七至十一 十三至二十

二一四 埤雅二十卷 宋陸佃撰 明建文二年林瑜陳大本刻本 鄧邦述跋 十二行二十三字上下黑口左右双边双魚尾
存十八卷 一至五 七至十一 十三至二十

二一五 埤雅二十卷 宋陸佃撰 明成化十五年劉廷吉刻本 十一行二十字大黑口四周双边

二一六 埤雅二十卷 宋陸佃撰 明成化十五年劉廷吉刻嘉靖二年王偉重修本 十一行二十字黑口四周双边

二一七 埤雅二十卷 宋陸佃撰 明成化十五年劉廷吉刻嘉靖二年王偉重修本 清鶴國老人跋 十一行二十字黑口四周双边

二一八 埤雅二十卷 宋陸佃撰 明成化十五年劉廷吉刻嘉靖二年王偉重修本 清丁丙跋 十一行二十字大黑口四周双边无刻工

二一九 埤雅二十卷 宋陸佃撰 明刻本 十一行二十字上下粗黑口 双魚尾相对 四周双边

二二〇 埤雅二十卷 宋陸佃撰 明嘉靖元年贛州府清獻堂刻本 十行十九字白口四周单边

二二一 埤雅二十卷 宋陸佃撰 明刻本 十行二十字上下粗黑口双魚尾四周双边

二二二 埤雅二十卷 宋陸佃撰 明刻本 九行二十字白口四周单边

二二三 埤雅二十卷 宋陸佃撰 明刻本 葉德輝 葉啟勳跋 十行二十字大黑口四周双边

二二四 埤雅二十卷 宋陸佃撰 清初刻本 清陳其榮批校並跋

二二五 重刊埤雅二十卷 宋陸佃撰 明初刻本 十行十九字黑口四周双边

二二六 重刊埤雅二十卷 宋陸佃撰 明初刻本 傅增湘跋 十行十九字上下黑口四周双边双魚尾

二二七 重刊埤雅二十卷 宋陸佃撰 明初刻本 秦更年校 十行十九字黑口四周双边

二二八 重刊埤雅二十卷 宋陸佃撰 明刻遞修本 十行十九字大黑口或为小黑口或为白口四周双边或左右双边或四周单边无刻工

二二九 新刊埤雅二十卷 宋陸佃撰 明刻本 十一行二十二字白口四周双边

二三〇 新刊埤雅二十卷 宋陸佃撰 明刻本 十行十九字白口四周双边

二二三一 增修埤雅廣要四十二卷 宋陸佃撰 明牛衷增修 明天順元年蜀府刻本 十行十八字大黑口四周双边
二二三二 增修埤雅廣要四十二卷 宋陸佃撰 明牛衷增修 明萬曆三十八年孫弘範刻本 十行十八字四周单边白口
二二三三 埤雅物異記言八卷 清董桂新撰 清抄本
二二三四 爾雅翼三十二卷 宋羅願撰 明正德十四年羅文殊刻本 十行十九字白口或細黑口左右双边
二二三五 爾雅翼三十二卷 宋羅願撰 明萬曆三十三年羅文瑞刻本 九行十八字小字双行同四周双边白口有刻工
二二三六 爾雅翼三十二卷 宋羅願撰 元洪焱祖音釋 明萬曆三十三年羅文瑞刻本 清丁丙跋
二二三七 爾雅翼三十二卷 宋羅願撰 元洪焱祖音釋 明萬曆三十三年羅文瑞刻天啟崇禎遞修本
二二三八 爾雅翼三十二卷 宋羅願撰 元洪焱祖音釋 明萬曆三十三年羅文瑞刻天啟崇禎遞修本 [illegible]批校
二二三九 爾雅翼三十二卷 宋羅願撰 元洪焱祖音釋 明萬曆三十三年羅文瑞刻崇禎遞修本 清洪子彬批校
二二四〇 重校爾雅翼三十二卷 宋羅願撰 明姚大受校補 明萬曆姚大受刻本 十行十九字白口左右双边
二二四一 疑硋錄二卷 明張登雲撰 清乾隆四十八年吳翌鳳抄本
二二四二 駢雅七卷 明朱謀㙔撰 明萬曆十七年朱統鍨玄湛堂刻本 八行十八字白口四周双边
二二四三 駢雅七卷音釋一卷 明朱謀㙔撰 明萬曆二十年刻本 八行十八字白口四周单边
二二四四 駢雅七卷 明朱謀㙔撰 清抄本 清姚笛生校並跋
二二四五 駢字古音五卷 清莊檽蓀纂 稿本
二二四六 字詁一卷義府二卷 清黃生撰 清道光二十二年刻本
二二四七 字詁一卷 清黃生撰 清劉氏嘉蔭簃抄本 清朱學勤跋
二二四八 字詁一卷 清黃生撰 清孫傳鳳抄本 清吳大澂題籤
二二四九 經雅不分卷 清戴震撰 稿本
二二五〇 續方言二卷 清戴震撰 稿本
二二五一 續方言二卷 清杭世駿輯 續方言補二卷 清程際盛輯 清雍正刻本「四庫底本」
二二五二 助字辨畧五卷 清劉淇撰 清康熙刻本
二二五三 助字辨畧五卷 清劉淇撰 清康熙刻本 清錢泰吉校幷跋
二二五四 助字辨略五卷 清劉淇撰 清乾隆四十四年楊源堂刻本
二二五五 別雅五卷 清吳玉搢撰 清盧文弨抄本 清盧文弨校 丁丙跋
二二五六 別雅五卷 清吳玉搢撰 清乾隆七年程氏督經堂刻本 清丁壽昌批注並跋
二二五七 別雅五卷 清吳玉搢撰 清乾隆七年程氏督經堂刻本 清許瀚校
二二五八 列國事語分類考釋一卷 清孔廣森撰 稿本
二二五九 古人文注不分卷 清張澍註 稿本
二二六〇 畿輔方言五卷 清王樹枬輯 稿本
二二六一 經典文字攷異補正不分卷 清鄭知同撰 稿本
二二六二 經籍纂詁不分卷 清阮元纂 稿本
二二六三 拾雅六卷 清夏味堂撰 清嘉慶二十四年夏氏遂園刻本
二二六四 經籍纂詁一百六卷首一卷 清阮元撰 清抄本
二二六五 恆言廣證六卷 清陳鱣撰 手稿本
二二六六 周秦名字解故二卷 清王紆之撰 清嘉慶刻本 清王引之訂補
二二六七 周秦名字解故附錄一卷 清王萱齡撰 清道光刻本
二二六八 疊字韻編五卷 清周文鼎撰 稿本
二二六九 聲訓纂不分卷 清黃以恩撰 稿本
二二七〇 聲訓纂不分卷重訂諧聲表不分卷 清黃以恩撰 稿本
二二七一 神京方言小識二卷 清英浩撰 稿本
二二七二 說文閏音通一卷附錄一卷 清謝章鋌撰 稿本

字書

二二七三 通俗文一卷 晉李虔撰 清陳鱣輯 稿本
二二七四 通俗文一卷 漢服虔撰 清臧庸輯 清抄本 清胡錫跋
二二七五 小學圖二卷小學綱領一卷 宋朱熹撰 年譜一卷 明萬曆三十七年刻本 七行十七字白口左右双边上下单边
二二七六 小學集略七卷補不分卷 清孔繼涵輯 稿本
二二七七 小學鉤沈十九卷 清任大椿輯 清嘉慶二十二年汪廷珍刻本 清莫有芝批點
二二七八 小學鉤沈十九卷 清任大椿輯 清嘉慶二十二年汪廷珍刻本 黃奭校補
二二七九 小學鉤沈十九卷 清任大椿輯 清光緒十年龍氏刻本 曾元忠批
二二八〇 小學鉤沈十九卷 清任大椿撰 清光緒三十三年蔣壽抄本 清蔣壽校並跋
二二八一 小學鉤沈續編不分卷 曾元忠輯 稿本
二二八二 倉頡篇三卷 清孫星衍輯 清乾隆五十年孫星衍刻岱南閣叢書本 清陳鱣校
二二八三 倉頡篇三卷 清孫星衍輯 清乾隆五十年孫星衍刻岱南閣叢書本 清江標校
二二八四 倉頡篇三卷 清孫星衍輯 清道光十年畢裕曾抄本 清畢裕曾校並跋□庚跋
二二八五 倉頡篇校證三卷補遺一卷 清孫星衍輯 梁章鉅重編 稿本
二二八六 倉頡篇校證三卷補遺一卷 清孫星衍輯 梁章鉅重編 稿本
二二八七 倉頡篇三卷 清孫星衍輯 清陳其榮補纂 稿本
二二八八 倉頡篇三種六卷 清葉大莊撰 稿本

倉頡篇校釋二卷
倉頡篇箋釋一卷

急就篇四卷　漢史游撰　唐顔師古注　宋王應麟補注　元刻明正德嘉靖萬曆遞修玉海本　十行二十字小字双行同白口左右双边或四周双边　二八九
急就篇四卷　漢史游撰　唐顔師古注　宋王應麟音釋　明刻本　十行十九字左右双边白口　二九〇
急就篇四卷　漢史游撰　唐顔師古注　宋王應麟校　明毛氏汲古閣刻本　清孫詒讓校　八行十九字小字双行同白口左右双边　二九一
急就篇注四卷　唐顔師古撰　明抄本　二九二
急就篇注一卷　唐顔師古撰　明抄本　清黄丕烈校並跋　二九三
急就篇注二卷　唐顔師古撰　清初抄本　馮煦跋　二九四
急就篇一卷　唐顔師古注　清鑒泉書室抄本　清孫衡校並跋　二九五
姓氏急就篇二卷　宋王應麟撰　元刻明嘉靖萬曆遞修玉海本　十行二十字小字双行字同白口元版左右双边明補四周双边有刻工　二九六
新刻急就篇四卷　漢史游撰　唐顔師古注　宋王應麟音釋　明胡文煥刻格致叢書本　清孫星衍校　沈樹鏞題識　十行二十字　二九七
新刊急就篇四卷　漢史游撰　唐顔師古注　宋王應麟音釋　明胡文煥刻格致叢書本　清盧文弨校並跋　丁丙跋　十行二十字　二九八
新刻急就篇四卷　漢史游撰　唐顔師古注　宋王應麟音釋　明胡文煥刻格致叢書本　清鍾文烝批校　十[illegible]　二九九
說文解字十五卷　漢許慎撰　宋刻元修本　十行大小字不一白口左右双边　三〇〇
說文解字十五卷　漢許慎撰　宋刻元修本　十行行十六十八字不等注双行約二十九字　三〇一

——十三——

存三卷（四下至五上　七）
說文解字十五卷　漢許慎撰　宋刻元修本（有抄配）　十行行字不等小字双行字數不等白口左右双边单鱼尾有刻工　三〇二
存七卷（一　八至十三）
說文解字十五卷　漢許慎撰　宋刻元修本　清丁晏跋　十行大小字相間不等白口左右双边有刻工　三〇三
說文解字十五卷　漢許慎撰　宋刻元修本　葉啟勳、葉啟發題識　十行十八字小字双行字數不等白口左右双边有刻工　三〇四
說文解字十五卷　漢許慎撰　清孫氏平津館影宋抄本　清孫星衍跋　十行大字行十二字　三〇五
說文解字十五卷　漢許慎撰　清初毛氏汲古閣刻本　清毛扆校並跋　顧蒓蘇跋　三〇六
說文解字十五卷　漢許慎撰　清初毛氏汲古閣刻本　清汪灝跋並錄何焯、翁方綱批校　三〇七
說文解字十五卷　漢許慎撰　清初毛氏汲古閣刻本　清汪灝跋　三〇八
說文解字十五卷　漢許慎撰　清初毛氏汲古閣刻本　清陳嘉錄清惠士奇、惠棟、江聲批校　三〇九
說文解字十五卷　漢許慎撰　清初毛氏汲古閣刻本　清費崧錄惠棟等校　三一〇
說文解字十五卷　漢許慎撰　清初毛氏汲古閣刻本　清□子鄂錄陸若璿、惠棟校　三一一
說文解字十五卷　漢許慎撰　清初毛氏汲古閣刻本　清陳其榮錄許鎬錄清惠士奇、胡竹厂校　三一二
說文解字十五卷　漢許慎撰　清初毛氏汲古閣刻本　清朱叔鴻錄惠士奇批校　三一三
說文解字十五卷　漢許慎撰　清初毛氏汲古閣刻本　失名錄清惠士奇、惠棟校注　三一四

說文解字十五卷　漢許慎撰　清初毛氏汲古閣刻本　清吳[illegible]雲錄諸家批校　三一五
說文解字十五卷　漢許慎撰　清初毛氏汲古閣刻本　佚名錄清段玉裁、錢坫批校　三一六
說文解字十五卷　漢許慎撰　清初毛氏汲古閣刻本　清紀昀跋　三一七
說文解字十五卷　漢許慎撰　清初毛氏汲古閣刻本　清費士璣校　三一八
說文解字十五卷　漢許慎撰　清初毛氏汲古閣刻本　清孫星衍、顧廣圻校並跋　三一九
說文解字十五卷　漢許慎撰　清初毛氏汲古閣刻本　清孫星衍校並跋　顧廣圻、洪頤煊校　三二〇
說文解字十五卷　漢許慎撰　清初毛氏汲古閣刻本　清佚名校　袁廷檮跋　三二一
說文解字十五卷　漢許慎撰　清初毛氏汲古閣刻本　清年庭批校　三二二
說文解字十五卷　漢許慎撰　清初毛氏汲古閣刻本　清戈襄校　三二三
說文解字十五卷　漢許慎撰　清初毛氏汲古閣刻本　清桂馥錄清惠棟批校　王獻唐跋　三二四
說文解字十五卷　漢許慎撰　清初毛氏汲古閣刻本　清桂馥簽注　孟廣均跋　三二五
說文解字十五卷　漢許慎撰　清初毛氏汲古閣刻本　清張[illegible]昌校　張元濟跋　三二六
說文解字十五卷　漢許慎撰　清初毛氏汲古閣刻本　清嚴蔚校並跋　三二七
說文解字十五卷　漢許慎撰　清初毛氏汲古閣刻本　清吳騫校　三二八
說文解字十五卷　漢許慎撰　清初毛氏汲古閣刻本　清徐松[illegible]　三二九

——十四——

說文解字十五卷　漢許慎撰　清初毛氏汲古閣刻本　清胡重批校並跋　三三〇
說文解字十五卷　漢許慎撰　清初毛氏汲古閣刻本　清佚名錄清胡重校並錄胡重臨清惠士奇、惠棟、胡士震、胡仲雲校　三三一
說文解字十五卷　漢許慎撰　清初毛氏汲古閣刻本　馬叙倫錄清胡重校　三三二
說文解字十五卷　漢許慎撰　清初毛氏汲古閣刻本　清李筠校並跋　吳凌雲校　三三三
說文解字十五卷　漢許慎撰　清初毛氏汲古閣刻本　清王筠校並跋　三三四
說文解字十五卷　漢許慎撰　清初毛氏汲古閣刻本　清嚴鼎臣校　三三五
說文解字十五卷　漢許慎撰　清初毛氏汲古閣刻本　清丁晏校　三三六
說文解字十五卷　漢許慎撰　清初毛氏汲古閣刻本　清孫[illegible]跋　三三七
說文解字十五卷　漢許慎撰　清初毛氏汲古閣刻本　清柯逢時批點　三三八
說文解字十五卷　漢許慎撰　清初毛氏汲古閣刻本　佚名錄清汪南士校并吳友芝跋　三三九
說文解字十五卷　漢許慎撰　清初毛氏汲古閣刻本　清汪德鉞校並跋　三四〇
說文解字十五卷　漢許慎撰　清初毛氏汲古閣刻本　徐子遠批并圈點　三四一
說文解字十五卷　漢許慎撰　清初毛氏汲古閣刻本　清宋小濂題識　崇彝跋　三四二
說文解字十五卷　漢許慎撰　清初毛氏汲古閣刻本　夏子猷跋　三四三

說文解字十五卷 漢許慎撰 清乾隆三十八年朱氏椒華吟舫刻本 清江聲錄惠棟、惠士奇校 清陳壽祺題識 二二四四
說文解字十五卷 漢許慎撰 清乾隆三十八年朱氏椒華吟舫刻本 佚名錄清惠棟批校 二二四五
說文解字十五卷 漢許慎撰 清乾隆三十八年朱氏椒華吟舫刻本 清佚名重錄、翁方綱錄、何焯惠棟批 二二四六
說文解字十五卷 漢許慎撰 清乾隆三十八年朱氏椒華吟舫刻本 清吳廣霈批校 二二四七
說文解字十五卷 漢許慎撰 清乾隆三十八年朱氏椒華吟舫刻本 清王振聲批校 二二四八
說文解字十五卷 漢許慎撰 清乾隆三十八年朱氏椒華吟舫刻本 清佚名批校 二二四九
說文解字十五卷 漢許慎撰 清刻本 佚名錄清惠棟、段玉裁、袁廷檮批校 二二五〇
說文解字十五卷 漢許慎撰 清嘉慶九年孫氏五松書屋刻平津館叢書本 清吳育校並錄清惠棟批校 二二五一
說文解字十五卷 漢許慎撰 清嘉慶九年孫氏五松書屋刻平津館叢書本 清孫星海校並跋 二二五二
說文解字十五卷 漢許慎撰 清嘉慶九年孫氏五松書屋刻平津館叢書本 清戈襄、戈載校 二二五三
存四卷 四至七
說文解字十五卷 漢許慎撰 清嘉慶九年孫氏五松書屋刻平津館叢書本 清丁壽昌批校 二二五四
說文解字十五卷 漢許慎撰 清嘉慶九年孫氏五松書屋刻平津館叢書本 清龔橙校並跋 二二五五
說文解字十五卷 漢許慎撰 清嘉慶九年孫氏五松書屋刻平津館叢書本 清潘觀保批校 二二五六
說文解字十五卷 漢許慎撰 清嘉慶九年孫氏五松書屋刻平津館叢書本 清莫友芝校跋並錄清程鴻詔臨、清汪文臺校 二二五七

一五

十行十八字小字雙行二十九字
說文解字十五卷 漢許慎撰 清嘉慶九年孫氏五松書屋刻平津館叢書本 莫棠題識並錄清汪文臺校、莫友芝跋 二二五八
說文解字十五卷 漢許慎撰 清嘉慶九年孫氏五松書屋刻平津館叢書本 清莫友芝校 二二五九
存七卷 一至七
說文解字十五卷 漢許慎撰 清嘉慶十二年額勒布藤花榭刻本 清吳大澂校 二二六〇
說文解字十五卷 漢許慎撰 清嘉慶十二年額勒布藤花榭刻本 清楊沂孫等批校 二二六一
說文解字十五卷 漢許慎撰 清嘉慶十二年額勒布藤花榭刻本 清王振聲校 二二六二
說文解字十五卷 漢許慎撰 清嘉慶十二年額勒布藤花榭刻本 清潘康保校 二二六三
說文解字十五卷 漢許慎撰 清嘉慶十二年額勒布藤花榭刻本 清莊世驥批 二二六四
說文解字十五卷 漢許慎撰 說文通檢十五卷 清黎永椿輯 說文校字記一卷 清陳昌治撰 清同治十二年陳昌治羊城富文齋刻本 清胡元常校 二二六五
說文解字十五卷 漢許慎撰 說文通檢十五卷 清黎永椿輯 說文校字記一卷 清陳昌治撰 清同治十二年陳昌治羊城富文齋刻本 清王貫之批校 二二六六
說文解字十五卷 漢許慎撰 清同治十二年粵東書局刻小學彙函本 清許克勤校並跋 二二六七
存十四卷 一至十四

說文解字十五卷 漢許慎撰 清同治十三年浦氏刻本 佚名錄清汪士鐸校跋並錄嚴可均校 二二六八
說文解字十五卷 漢許慎撰 清同治十三年浦氏刻本 清陳介祺批校 二二六九
說文解字十五卷 漢許慎撰 清同治十三年浦氏刻本 清吳廣霈校並跋 二二七〇
說文解字十五卷 漢許慎撰 清同治十三年浦氏刻本 清江標校跋並臨清袁廷檮、印康祚校 清孫傳鳳、祝秉綱校並跋 二二七一
說文解字十五卷 漢許慎撰 清同治十三年浦氏刻本 清張鳴珂錄清汪文臺校 二二七二
說文解字三十卷 漢許慎撰 清同治十三年浦氏刻本 清祁文藻校 二二七三
說文解字十五卷 漢許慎撰 清光緒元年洪氏刻本 清高鴻裁錄許瀚校 二二七四
說文解字十五卷 漢許慎撰 清光緒七年高行篤刻本 清張鳴珂校 二二七五
說文解字繫傳四十卷 南唐徐鍇撰 宋刻本 卷一配明抄本 七行十四字白口左右双边 二二七六
存十二卷 一、三十至四十
說文解字繫傳四十卷 南唐徐鍇撰 清影宋抄本 二二七七
說文解字繫傳四十卷 南唐徐鍇撰 清抄本 清段玉裁校沈樹鏞跋 二二七八
存六卷 一至六
說文解字繫傳四十卷 南唐徐鍇撰 清抄本 清段玉裁、沈心醇校 二二七九
存三十四卷 七至四十

一六

說文解字繫傳四十卷 南唐徐鍇撰 附錄一卷 清乾隆四十七年汪啟淑刻本 二二八〇
清佚名臨惠棟校
說文解字繫傳四十卷 南唐徐鍇撰 附錄一卷 清乾隆四十七年汪啟淑刻本 二二八一
清盧文弨、汪啟淑校梁同書校並跋 丁丙跋
說文解字繫傳四十卷 南唐徐鍇撰 附錄一卷 清乾隆四十七年汪啟淑刻本 二二八二
清陳鱣校注並跋阮元題款吳起潛跋
說文解字繫傳四十卷 南唐徐鍇撰 附錄一卷 清乾隆四十七年汪啟淑刻本 二二八三
清葉維幹簽校
說文解字繫傳四十卷 南唐徐鍇撰 附錄一卷 清乾隆四十七年汪啟淑刻本 二二八四
清張成孫校
說文解字繫傳四十卷 南唐徐鍇撰 附錄一卷 清乾隆四十七年汪啟淑刻本 二二八五
清王筠批校並錄 朱文藻跋
說文解字繫傳四十卷 南唐徐鍇撰 附錄一卷 清乾隆四十七年汪啟淑刻本 二二八六
清嚴杰錄各家校
說文解字繫傳四十卷 南唐徐鍇撰 附錄一卷 清乾隆四十七年汪啟淑刻本 二二八七

清錢韋鉞校

三八八 說文繫傳四十卷 南唐徐鍇撰 清嘉慶二年大酉山房刻本 清梅植之批校

三八九 說文解字繫傳四十卷 南唐徐鍇撰 校勘記三卷 清承培元等撰 清道光十九年祁寯藻刻本 清王筠批校並跋

三九〇 說文解字通釋四十卷 南唐徐鍇撰 校勘記三卷 清承培元等撰 清道光十九年祁寯藻刻本 清王筠校注並跋 陳慶鏞跋

三九一 說文解字繫傳四十卷 南唐徐鍇撰 清王筠校 清道光十九年祁寯藻刻本

三九二 說文解字繫傳四十卷 南唐徐鍇撰 校勘記三卷 清承培元撰 清道光十九年祁寯藻刻本 清何紹基錄王筠批校 譚澤闓、袁思亮跋

三九三 說文解字徐氏繫傳四十卷 宋徐鍇撰 校勘記三卷 清承培元等撰 清道光十九年祁寯藻刻本 清莫友芝批校

三九四 說文解字通釋四十卷 南唐徐鍇撰 說文解字繫傳校勘記三卷 清祁寯藻撰 清同治十二年粵東書局刻小學彙函本 清程棫林錄清王念孫批校

三九五 說文解字韻譜五卷 南唐徐鍇撰 元延祐三年種善堂刻本 七行黑口四周双边

三九六 說文解字韻譜五卷 宋徐鍇撰 元延祐三年種善堂刻本 清佚名校 七行十字小字双行二十字細黑口四周双边双魚尾

三九七 說文解字韻譜五卷 南唐徐鍇撰 元延祐三年種善堂刻本 明陸深抄補並跋 陳錫瑞跋 七行黑口四周双边

三九八 說文解字韻譜十卷 南唐徐鍇撰 明抄本

三九九 說文解字篆韻譜五卷 南唐徐鍇撰 明李顯刻公文紙印本 七行大字五字其中小字双行行十字黑口順魚尾四周双边

四〇〇 說文解字篆韻譜五卷 南唐徐鍇撰 明李顯刻本 七行大字五字小字双行黑口四周双边

四〇一 說文解字篆韻譜五卷 南唐徐鍇撰 明李顯刻本 清李宏信跋 七行十二字小黑口四周双边双魚尾

四〇二 說文解字篆韻譜五卷 南唐徐鍇撰 清初抄本 羅振玉題識

四〇三 說文解字篆韻譜五卷 南唐徐鍇撰 清抄本 清程瑤田校

四〇四 說文解字篆韻譜五卷附錄一卷 南唐徐鍇撰 清抄本 清馮桂芬校並跋

四〇五 說文解字篆韻譜十卷 南唐徐鍇撰 清同治三年馮桂芬刻本 清潘鍾瑞校

四〇六 說文解字篆韻譜十卷 南唐徐鍇撰 清同治三年馮桂芬刻本 清馮桂芬校

四〇七 說文解字韻譜五卷 南唐徐鍇撰 清抄本 清丁丙跋

四〇八 說文解字篆韻譜五卷附錄一卷 南唐徐鍇撰 清同治十二年粵東書局刻古經解彙函本 清李文田校注

四〇九 重刊許氏說文五音韻譜十二卷 宋李燾撰 宋刻元明遞修本 七行十三字小字双行二十一字白口下刻工右左双边

四一〇 重刊許氏說文解字五音韻譜十二卷 宋李燾撰 明弘治十四年車玉刻本 七行楷書大字十四字小字双行二十字篆書大字七字黑口四周双边

四一一 重刊許氏說文解字五音韻譜十二卷 宋李燾撰 明嘉靖七年郭雨山刻本 七行字无定數白口四周双边无刻工

四一二 許氏說文解字五音韻譜十二卷 宋李燾撰 明嘉靖十一年孫甫刻本 七行十四字小字双行二十字大黑口四周双边

四一三 許氏說文解字五音韻譜十二卷 宋李燾撰 明萬曆刻本 七行十四字白口单边双魚尾 存十卷 三至十二

四一四 說文解字十二卷 漢許慎撰 明萬曆二十六年陳大科刻本 七行行字无定數小字双行大黑口四周双边有刻工

四一五 說文解字十二卷 漢許慎撰 明萬曆二十六年陳大科刻本 七行十四字小字双行二十字黑口四周双边

四一六 說文解字十二卷 漢許慎撰 明萬曆二十六年陳大科刻本 清江聲錄惠士奇惠棟批校 朱邦衡題識 七行十四字注文二十字黑口四周双边无刻工

四一七 說文解字十二卷 漢許慎撰 明萬曆二十六年陳大科刻本 清張廷鈐批校 七行大小字不等大黑口双魚尾四周双边无刻工

四一八 說文解字十二卷 漢許慎撰 說文異同一卷 明陳大科撰 明岱云樓刻本 七行小字双行二十字黑口四周双边

四一九 說文解字十二卷 漢許慎撰 明岱雲樓刻本 清施梁題識並錄惠士奇、惠棟江聲等批校 七行篆字每行一至二字大字約十四字小字双行約二十字大黑口四周双边

四二〇 說文解字十二卷 漢許慎撰 明岱雲樓刻本 清錢鐵江錄江南士校 七行十四字小字双行二十字黑口四周双边无刻工

四二一 說文解字十二卷 漢許慎撰 明萬曆二十六年陳大科刻毛氏汲古閣釋板重印本 七行十四字黑口四周双边

四二二 重刊許氏說文解字五音韻譜十二卷 宋李燾撰 明萬曆四十七年刻本 七行小字双行二十字白口上魚尾四周双边

四二三 重刊許氏說文解字五音韻譜十二卷 宋李燾撰 明刻黑口本 七行小字双行二十字粗黑口四周双边双魚尾

四二四 重刊許氏說文解字五音韻譜十二卷 宋李燾撰 明刻白口本 七行十四字小字双行二十字白口左右双边

四二五 重刊許氏說文解字五音韻譜十二卷 宋李燾撰 明天啟七年世裕堂刻本 七行十四字小字双行二十字白口左右双边

四二六 重刊許氏說文解字五音韻譜十二卷 宋李燾撰 明天啟七年世裕堂刻本 清惠棟校 七行字无定數白口左右双边无刻工

存十卷（一至十）

說文解字五音韻譜十二卷　宋李燾撰　明陳大科訂　宮偉鏐補遺　明崇禎吳陵宮氏刻本　七行十四字大黑口四周雙邊　四一七

說文解字補義十二卷　元包希魯撰　明刻本　六行大小字不等小字雙行二十四字黑口四周雙邊　四一八

說文長箋一百卷首二卷解題一卷六書長箋七卷　明趙宧光撰　明崇禎四年趙均小宛堂刻本　十行行二十字白口上下單邊左右雙邊　四一九

說文長箋一百卷首二卷　明趙宧光撰　明崇禎四年趙均小宛堂刻本　十行二十字小字雙行白口左右雙邊　四二〇

說文校戡記三卷　清何焯惠棟王念孫撰　清道光十二年葉名灃摘抄本　四二一

說文廣義十二卷　清程德洽輯　清康熙五十一年成裕堂刻本　四二二

許氏說文解字六書論正二十四卷卷首一卷　清王育撰　稿本　四二三

許氏說文解字六書論正二十四卷　清王育撰　清宋賓王抄本　清宋賓王校　四二四

說文引經攷二卷補遺一卷　清吳玉搢撰　清道光元年程贊詠刻本　清丁晏批校並題款　四二五

說文引經攷不分卷　清吳玉搢撰　清抄本　四二六

學福齋說文溫知錄一卷　清沈大成撰　稿本　四二七

十九

說文解字理董十五卷　清吳穎芳撰　繆氏藝風堂抄本　胡樸安葉景葵馬叙倫跋　四二八

存九卷（七至十五）

說文理董後編六卷　清吳穎芳撰　清抄本　四二九

說文凝錦錄一卷　清萬光泰撰　清嘉慶二年澤經堂刻本　四三〇

檢說文難字法不分卷　清乾隆四十六年桂馥家抄本　清桂馥跋　王筠校訂並跋　四三一

說文解字舊音一卷經典文字辨證書五卷音同異意一卷樂游聯唱集二卷　清畢沅輯　清乾隆四十八年刻本　四三二

汲古閣說文訂一卷附釋拜一卷　清段玉裁撰　清嘉慶二年袁氏五硯樓刻本附嘉慶十二年張敦仁刻本　清管慶祺跋　四三三

汲古閣說文訂一卷　清段玉裁撰　清嘉慶二年五硯樓刻本　四三四

說文解字注三十卷六書音均表二卷　清段玉裁撰　說文部目分韵一卷　清陳煥撰　清乾隆嘉慶間段氏經韻樓刻本　清龔自珍批校　四三五

說文解字注三十卷六書音均表二卷　清段玉裁撰　說文部目分韻一卷　清陳煥撰　清乾隆嘉慶間段氏經韵樓刻本　清徐松批校圈點並題識　四三六

說文解字注三十卷六書音均表二卷　清段玉裁撰　四三七

說文部目分韵一卷　清陳煥撰　清乾隆嘉慶間段氏經韻樓刻本　清張文虎　唐仁壽批注

說文解字注三十卷六書音均表二卷　清段玉裁撰　說文部目分韻一卷　清陳煥撰　清乾隆嘉慶間段氏經韻樓刻本　清馮桂芬校　四四八

說文解字注三十卷六書音均表二卷　清段玉裁撰　說文部目分韻一卷　清陳煥撰　清刻本　佚名錄、清薛傳均批校　四四九

說文解字注三十卷六書音均表二卷　清段玉裁撰　清乾隆嘉慶間段氏經韻樓刻本　清王筠批校　四五〇

說文解字注三十卷六書音均表二卷　清段玉裁撰　清乾隆嘉慶間段氏經韻樓刻本　清翁同書批校並跋　四五一

存十八卷（一　三至十九）

說文解字注三十卷六書音均表二卷　清段玉裁撰　清乾隆嘉慶間段氏經韻樓刻本　清潘觀保跋並錄江沅楊沂孫校注　四五二

說文解字注三十卷六書音均表二卷　清段玉裁撰　清乾隆嘉慶間段氏經韻樓刻本　清譚獻校並跋　四五三

說文解字注三十卷〔六書音均表二卷〕　清段玉裁撰　清乾隆嘉慶間段氏經韻樓刻本　清何紹基題款　清曹核生　葉德輝　民國葉啟勳題識批校　四五四

說文解字注三十卷〔六書音均表二卷〕　清段玉裁撰　說文部目分韵一卷　清陳煥撰　清乾隆嘉慶間段氏經韵樓刻本　清李慈銘批校並跋　四五五

說文解字注三十卷　清段玉裁撰　清乾隆嘉慶間段氏經韻樓刻本　清馬徵麟校　葉景葵跋　四五六

存三十卷（一至二十六　二十九至三十二）

說文解字注三十卷六書音均表二卷　清段玉裁撰　說文部目分韵一卷　清陳煥編　清同治六年至十一年蘇州保息局刻本　清王仁俊批校并過錄許克勤校　四五七

說文解字注三十卷六書音均表二卷　汲古閣說文訂一卷　清段玉裁撰　清同治十一年湖北崇文書局刻本　清凌霞批校　四五八

說文解字注三十卷六書音均表二卷　汲古閣說文訂一卷　清段玉裁撰　清同治十一年湖北崇文書局刻本　清汪士鐸批點　四五九

存十五卷（說文解字注一至二　五至八　十一至十二　十五　十八至十九　二十五至二十八）

說文解字注三十卷　清段玉裁撰　說文部目分韻一卷　清陳煥撰　清光緒七年壺莚緒木漸齋刻本　清許克勤校　四六〇

說文解字讀十五卷　清段玉裁撰　清抄本　清龔麗正、王萱齡跋　四六一

存七卷（一至六　八）

廿

說文繫傳考異四卷　清汪憲撰　清乾隆三十五年朱文藻抄本　清朱文藻校並跋　四六二

說文繫傳考異四卷　清汪憲撰　附錄一卷　清朱文藻撰　清瞿氏清吟閣抄本　清丁丙跋　四六三

說文繫傳考異四卷　清汪憲撰　清抄本　清丁錦鴻陳梅軒批校　民國葉啟勳跋　四六四

說文蠡箋十四卷　清潘奕雋撰　稿本　四六五

說文蠡箋十四卷　清潘奕雋撰　清道光二十年潘氏三松堂刻本　清陳壽祺跋李慈銘校並跋　四六六

說文解字校勘記（一）　清王念孫撰　清馬瑞辰積松書屋抄本　四六七

說文繫傳考異二十八卷雜錄一卷　清朱文藻撰　清抄本　四六八

說文繫傳考異不分卷附錄一卷　清朱文藻撰　清抄本　四六九

說文字原集註十六卷附表一卷表說一卷　清蔣和撰　清乾隆五十三年刻本　清王子裳校　四七〇

說文字原集註十六卷附表一卷表說一卷　清蔣和撰　清乾隆五十三年刻本　英繩孫題款並校　四七一

說文古語考一卷續方言補二卷古韻異同摘要一卷　清程際盛撰　清乾隆活字本　四七二

說文引經考十九卷　清程際盛撰　清嘉慶十年程世勳等刻本　四七三

說文引經考不分卷　清程際盛撰　清抄本　四七四

說文引經考不分卷　清程際盛撰　清抄本　楊守敬跋　四七五

說文引經考不分卷　清程際盛撰　清姚氏咫進齋抄本　四七六

說文經訓偶箋□卷　清邵瑛撰　稿本
存四卷　六至九　四七七

說文解字群經正字二十八卷　清邵瑛撰　稿本　四七八

說文解字群經正字二十八卷　清邵瑛撰　稿本　邵啟賢跋　四七九

說文解字義證五十卷　清桂馥撰　清抄本　清王筠許瀚校注並跋　許槤陳秉之陳宗彝□鐸校注　四八〇

說文解字義證五十卷　清桂馥撰　清道光三十年至咸豐二年楊墨林刻連筠簃叢書本　許瀚批校並跋　四八一

說文解字義證五十卷　清桂馥撰　清道光三十年至咸豐二年楊墨林刻連筠簃叢書本　清陳介祺校訂　四八二

說文解字義證五十卷　清桂馥撰　清道光三十年至咸豐二年楊墨林刻連筠簃叢書本　葉德輝題識　四八三

說文解字義證五十卷　清桂馥撰　清抄本　清馮志沂校
存四十九卷　一至十三　十五至五十　四八四

說文解字箴註一卷　清桂馥撰　清姚氏咫進齋抄本　清孟廣均跋　四八五

說文段註訂補不分卷　清王紹蘭撰　清知足知不足館抄本　四八六

諧聲補逸十四卷　清宋保撰　稿本　[illegible]　四八七

諧聲補逸十四卷　清宋保撰　清嘉慶志學堂刻本　四八八

說文諧聲補逸十四卷　清宋保撰　清嘉慶志學堂刻本　清戴望校　清孫詒讓題識　四八九

說文分類榷失六卷　清錢大昭撰　稿本　四九〇

說文分類榷失六卷　清錢大昭撰　清抄本　四九一

說文統釋不分卷　清錢大昭撰　清道光十三年抄本　清苗夔題識　四九二

說文統釋自序一卷　清錢大昭撰　清光緒八年郭傳璞刻金峨山館叢書本　鄭文焯批校並跋　四九三

說文解字斠詮十四卷　清錢坫撰　清嘉慶十二年錢氏吉金樂石齋刻本　四九四

說文解字斠詮十四卷　清錢坫撰　清嘉慶十二年錢氏吉金樂石齋刻本　卷十一至十二配清抄本　清薛壽校並題款　四九五

讀說文證疑一卷　清陳詩庭撰　清許氏古均閣抄本　四九六

說文廣詁十二卷　清郝懿行撰　清抄本　四九七

說文訂訂一卷　清丁授經撰　清抄本　清陳鱣批注　四九八

說文解字攷異十五卷　清姚文田撰　稿本　四九九

說文解字攷異十五卷　清姚文田撰　稿本　五〇〇

說文解字攷異十五卷　清姚文田撰　稿本
存一卷　第四上　五〇一

說文部次便覽一卷　清顧元熙撰　稿本　四九八

說文解字考異八卷　清姚文田輯　稿本　清姚覲元批校　五〇二

說文解字攷異十五卷　清姚文田、嚴可均撰　清葉名灃寶芸齋抄本　清沈樹鏞校　五〇三

說文解字攷異十五卷　清姚文田、嚴可均撰　清道光十三年許槤手抄本　清許槤題識
存十三卷　一至六　九至十五　五〇四

說文校議三十卷　清姚文田、嚴可均撰　清嘉慶二十三年冶城山館刻本　清張穆批點　五〇五

說文校議十五卷　清姚文田、嚴可均撰　清抄本　清張穆校　五〇六

說文校議十五卷　清姚文田、嚴可均撰　清道光十九年王筠抄本　王筠批校並跋　五〇七

韻會舉要引說文繫傳抄不分卷　清嚴可均輯　說文字句異同錄不分卷　清姚文田撰　稿本　五〇八

說文注補鈔不分卷　清嚴可均撰　稿本　清王筠跋　五〇九

說文解字翼十五卷　清嚴可均撰　稿本
存七卷　一至七　五一〇

說文解字翼十五卷　清嚴可均撰　稿本
存八卷　八至十五　五一一

五一二 說文解字翼十五卷 清嚴可均撰 稿本 符定一跋
存十四卷 二至十五

五一三 說文類攷不分卷 清嚴可均撰 稿本

五一四 舊說文錄三十六卷 清嚴可均輯 清王仁俊抄本 清王仁俊校

五一五 讀說文解字小箋不分卷 清渠運昌撰 稿本

五一六 說文檢字二卷 清毛謨輯 清嘉慶二十一年四川督學使者署刻本 清馮桂芬校

五一七 說文解字攷異十五卷 清鈕樹玉撰 稿本 清李銳跋

五一八 說文新附攷不分卷 清鈕樹玉撰 稿本

五一九 說文新附攷六卷續攷一卷 清鈕樹玉撰 清嘉慶六年鈕氏非石居刻本 清王筠批注並跋

五二〇 說文新附攷六卷續攷一卷 清鈕樹玉撰 清嘉慶六年鈕氏非石居刻本 清馮桂芬批校並跋

五二一 說文新附攷六卷續攷一卷 清鈕樹玉撰 清嘉慶六年鈕氏非石居刻本 清謝章鋌錄何治運批校並題識

五二二 說文新附考六卷續考一卷 清鈕樹玉撰 清嘉慶六年非石居刻本 清劉儒瑩校

五二三 說文新附考六卷續考一卷 清鈕樹玉撰 清姚氏咫進齋抄本 葉德輝、文素松跋

五二四 段氏說文注訂八卷 清鈕樹玉撰 手稿本

五二五 段氏說文注訂八卷 清鈕樹玉撰 清道光三年自刻本 清王筠批校

十三

五二六 段氏說文注訂八卷說文新附攷六卷說文續攷一卷 清鈕樹玉撰 清嘉慶道光間鈕氏非石居刻本 清翁同書批

五二七 段氏說文注訂八卷 清鈕樹玉撰 清道光刻同治五年碧螺山館重修本 清李慈銘校

五二八 說文解字校錄十五卷 清鈕樹玉撰 清光緒四年鈕惟善抄本 清汪之昌校

五二九 說文諧聲孳生述一卷 清陳立撰 稿本

五三〇 說文古本攷十四卷 清沈濤撰 清光緒十年潘氏滂喜齋刻本 清李慈銘跋

五三一 說文古本攷十四卷 清沈濤撰 清光緒十年潘氏滂喜齋刻本 清王仁俊校

五三二 說文古本攷十四卷 清沈濤撰 清光緒十年潘氏滂喜齋刻本 馬叙倫校補

五三三 說文解字注匡謬不分卷 清徐承慶撰 手稿本 清江沅校 附清何紹基、姚覲元、施紀雲手札

五三四 說文段注匡謬十五卷 清徐承慶撰 清張氏寒松閣抄本 清張鳴珂跋 清潘鍾瑞校並跋 清張景祁校

五三五 說文解字註匡謬十五卷 清徐承慶撰 清抄本 清許槤跋並校

五三六 說文拈字七卷補遺一卷 清王玉樹撰 清嘉慶八年芳梫堂刻本

五三七 說文經字考一卷 清陳壽祺撰 清李慈銘校並跋 六書說一卷 清江聲撰 清陶方琦批並跋 清咸豐元年至二年李氏半畝園刻小學類編本

五三八 說文解字音均表二卷 清江沅編 稿本 清江文煒跋

五三九 說文釋例二卷 清江沅撰 清退學齋抄本 清阮元跋

五四〇 說文引經異字三卷 清吳雲蒸撰 清道光刻本 清李慈銘校補

五四一 說文字通十四卷說文經典異字釋一卷 清高翔麟撰 清道光十八年高元保刻本

五四二 說文校議議三十卷 清嚴章福撰 清末豫恕堂寫樣本 清譚獻校 羅振玉題款

五四三 說文舉隅一卷 清丁晏撰 稿本

五四四 說文胜語一卷 清丁晏撰 稿本

五四五 惠氏讀說文記十五卷 清惠棟撰 江聲參補 清羅文彬抄本

五四六 說文解字句讀十四卷 清王筠撰 稿本 清張穆訂注

五四七 說文解字句讀十四卷 清王筠撰 稿本 清張穆訂注

五四八 說文解字句讀十五卷 清王筠撰 稿本

五四九 說文解字句讀十五卷附錄一卷 清王筠撰 稿本

五五〇 說文解字句讀三十卷 清王筠撰 清抄本 清何紹基、張穆批校圈點
存二十二卷 一至十六 二十一至二十六

五五一 說文句讀三十卷句讀補正三十卷 清王筠撰 清咸豐王彥侗刻本 清楊沂孫批

十四

五五二 說文釋例八卷 清王筠撰 稿本

五五三 說文釋例八卷 清王筠撰 稿本
存七卷 一至六 八

五五四 說文釋例八卷 清王筠撰 稿本 清何紹基、張穆批并圈點 民國葉啟勳、葉啟發跋

五五五 說文釋例二十卷 清王筠撰 稿本

五五六 說文韻譜校一卷 清王筠撰 稿本

五五七 說文繫傳校錄三十卷 清王筠撰 稿本

五五八 繫傳校錄 清王筠撰 手稿本

五五九 汪刻繫傳攷正三十卷 清王筠撰 手稿本
存二十四卷 一至四 十一至三十

五六〇 菉友先生說文未定稿不分卷 清王筠撰 稿本

五六一 說文韻譜校五卷 清王筠撰 手稿本

五六二 說文韻譜校五卷 清王筠撰 稿本
存四卷 一、三至五 （此書為清道光十三至二十七年五改原稿本）

五六三 說文韻譜校五卷 清王筠撰 清許克勤抄本 清許克勤校
五六四 說文抄十五卷 清王筠撰 手稿本
五六五 說文鈔十五卷 清王筠撰 稿本
五六六 說文校記一卷 清王筠撰 稿本
五六七 許學札記不分卷說文彙字不分卷雜抄不分卷 清王筠撰 稿本
五六八 說文校本錄存一卷五音韻譜校本錄存一卷 清道光十四年許瀚抄 清許瀚 王筠校注並跋
五六九 說文雜註長編不分卷 清劉寶楠撰 稿本
五七〇 五經歲編齋許學三書十四卷古韻證二十二卷 清翟云升撰 稿本（說文形聲後案四卷 說文辨異八卷 說文辨說外篇二卷）
五七一 許學三書十四卷（說文形聲後案四卷 說文辨異八卷 辨許外篇二卷） 清翟云升撰 清光緒十七年萬氏辨蟫居抄本 清高鴻裁校

五七二 許學三書十四卷（說文形聲後案四卷 說文辨異八卷 辨許外篇二卷） 清翟云升撰 清郭氏松南書廬抄本
五七三 說文諧聲後案二卷 清翟云升撰 稿本 周樂清跋
五七四 說文答問疏證六卷 清薛傳均撰 清道光八年刻本 清薛壽校
五七五 說文答問疏證六卷 清薛傳均撰 清道光十七年史吉雲張淑還刻本 清王筠批校並跋 劉文淇批校 張穆跋
五七六 說文逸文攷不分卷 清壽昌撰 稿本
五七七 說文校補一卷 清壽昌撰 稿本
五七八 顧氏說文學兩種八卷（說文考異五卷附錄一卷 說文辨疑一卷條記一卷） 清顧廣圻撰 清劉履芬抄本
五七九 說文辨疑一卷 清顧廣圻撰 清王海抄本 清張詒讓題識
五八〇 說文新附考再稿三卷 清鄭珍撰 稿本 清程恩澤批校
五八一 說文逸字二卷 清鄭珍撰 附錄一卷 清鄭知同撰 清咸豐八年自刻本 清李慈銘校
五八二 說文聲表□□卷標目十七卷 清陳澧撰 稿本 存十八卷 五 標目全

五八三 說文聲類諸十七卷 [illegible] 稿本
五八四 說文解字木部唐寫本校異一卷 清莫友芝撰 稿本
五八五 唐寫本說文解字木部箋異一卷 清莫友芝撰 清同治二年曾氏刻本 清江標跋
五八六 說文校疑不分卷 清姚覲元撰 手稿本
五八七 說文形聲疏證十四卷 清朱士端撰 稿本
五八八 說文形聲疏證十四卷 清朱士端撰 稿本 胡玉縉校
五八九 說文形聲疏證十四卷 清朱士端撰 稿本 存九卷 一至四上 十下至十四
五九〇 說文校定本十五卷 清朱士端撰 手稿本
五九一 說文注□□卷 清朱士端撰 稿本 存五卷 一、四、六、八、十四
五九二 說文解字理董不分卷 清龔橙撰 稿本
五九三 說文通訓定聲十八卷柬韵一卷 清朱駿聲撰 稿本
五九四 說文分均再藁五卷 清劉家鎮編 稿本
五九五 古均閣說文校戡記不分卷 清許槤撰 稿本

五九六 古均閣讀說文記一卷遺箸一卷 清許槤撰 清許氏古均閣抄本 清譚獻批注
五九七 說文略例四卷段本刊誤一卷段義刊補一卷 清錢世叙撰 清抄本 清魏錫曾□炳翙校並跋 楊希閔批注並序
五九八 讀說文雜識一卷 清許棫撰 清光緒七年湖北書局刻本 清江標跋
五九九 說文經字正誼五卷 清郭慶藩撰 稿本
六〇〇 說文部首韻語一卷釋一卷 清黃壽鳳撰 清道光刻本
六〇一 說文義緯不分卷 清錢寶惠撰 稿本
六〇二 說文解字段注攷正十五卷 清馮桂芬撰 稿本
六〇三 說文解字韻譜補正不分卷 清馮桂芬、龔丙孫撰 稿本 存殘稿不分卷
六〇四 說文引經攷証八卷 清陳瑑撰 雷浚批校 清同治十三年崇文書局刻本 清潘鍾瑞
六〇五 說文古籀補十四卷補遺一卷附錄一卷 清吳大澂撰 清光緒七年刻本 清盛昱校並跋
六〇六 說文楬原二卷 清張行孚撰 稿本
六〇七 說文攷異□卷 清張行孚撰 稿本

存二卷 [illegible]

六〇八 說文發疑四卷說文外編補遺一卷 清張行孚撰 稿本

六〇九 說文讀若考一卷 清丁士涵撰 手稿本

六一〇 說文段注集解不分卷 清雷浚撰 稿本

六一一 讀說文辨義初稿□卷 清馮世澂撰 稿本 說文述初稿十三卷六書偏旁通假考□卷 存讀說文述初稿十三卷、六書偏旁通假考一卷 二 說文辨義初稿二卷 二至三

六一二 說文徐氏未詳說一卷 清許溎祥撰 稿本

六一三 說文徐氏未詳說一卷 清許溎祥輯 清許氏古均閣抄本

六一四 說文補徐仌釋不分卷 清許溎祥撰 稿本

六一五 說文義例徵訂不分卷 清陳倬撰 稿本

六一六 說文佚字攷不分卷 清張鳴珂撰 稿本 清胡欽、李慈銘跋

六一七 說文解字假借證一卷證信錄一卷許書正文重文對證編二卷 清姚覲候撰 稿本

六一八 說文解字均隸十二卷 清丁楙玉撰 稿本 許瀚批校

六一九 說文解字小箋不分卷 清陸元綸撰 清抄本 馬叙倫校

六二〇 古今文字假借考上篇十四卷下篇七卷附錄三卷 清錢慶曾撰 手稿本

六二一 說文便檢不分卷 清丁源撰 清道光七年刻本 清李祖望校

六二二 說文證異五卷 清張式曾撰 稿本 清吳大澂跋

六二三 說文引經異文集證一卷 清吳种撰 稿本

六二四 說文引經異文集証八卷 清吳种撰 清循陔書室抄本

六二五 說文引經異文集証五卷 清吳种撰 清循陔書室抄本

六二六 說文解字引漢律令考二卷 清王仁俊撰 稿本

六二七 說文解字考異三編十四卷 清王仁俊撰 手稿本

六二八 說文通例十卷 清程棫林撰 稿本

六二九 說文大小徐本錄異一卷 清謝章鋌撰 稿本

六三〇 說文解字舉隅一卷說文解字便箋一卷毛詩訓詁傳釋例一卷 清舒立淇撰 清光緒抄本

六三一 說文經字錄三卷 [illegible]撰 稿本

六三二 說文集釋不分卷 清于鬯沈毓慶撰 清漢石經室抄本

六三三 說文類編不分卷 清尹彭壽撰 稿本 王獻唐跋 存一册 上

六三四 說文考逸一卷 曹元忠輯 稿本

六三五 貽燕堂說文珍袖一卷 清許槤撰 稿本

六三六 說文諧聲表十七卷 清梁紀恩 梁承恩撰 清抄本

六三七 玉篇三十卷 梁顧野王撰 唐孫強增字宋陳彭年等重修 清初影宋抄本 十行大小字不等白口左右雙邊 存二十六卷 五至三十

六三八 大廣益會玉篇三十卷 梁顧野王撰 唐孫強增字宋陳彭年等重修 總目偏旁篆書之法一卷 宋刻本 清高均儒、趙之謙、曹籀、陸心源跋 十一行行十九字小字雙行二十五字四周雙邊 玉篇存一卷 一

六三九 大廣益會玉篇三十卷 梁顧野王撰 唐孫強增字宋陳彭年等重修 玉篇廣韻指南一卷 元延祐二年圓沙書院刻本 十二行小字雙行字不等黑口四周雙邊

六四〇 大廣益會玉篇三十卷 梁顧野王撰 唐孫強增字 宋陳彭年等重修 元延祐二年圓沙書院刻本 十二行二十一字細黑口四周雙邊雙魚尾 存十六卷 十四至二十九（首尾有缺頁）

六四一 大廣益會玉篇三十卷 梁顧野王撰 唐孫強增字 宋陳彭年等重修 玉篇廣韻指南一卷 元詹氏進德書堂刻本 清袁芳瑛跋 董文渙、于騰題款 十二行小注雙行二十八字

六四二 大廣益會玉篇三十卷 梁顧野王撰 唐孫強增字 宋陳彭年等重修 新編正誤足註玉篇廣韻指南一卷 元鄭氏刻本（卷十一至二十三配明初刻本） 清葉昌熾等題款

六四三 大廣益會玉篇三十卷 梁顧野王撰 唐孫強增字 宋陳彭年等重修 新編正誤足註玉篇廣韻指南一卷 元蔡氏刻本 十三行黑口左右雙邊

六四四 大廣益會玉篇三十卷 梁顧野王撰 唐孫強增字 宋陳彭年等重修 元刻本 十二行大字二十一字小字二十八字大黑口四周雙邊雙魚尾

六四四 大廣益會玉篇三十卷 梁顧野王撰 唐孫強增字 元刻本 十二行字數不等小字雙行上下黑口四周雙邊 存八卷 九至十六

六四五 大廣益會玉篇三十卷 梁顧野王撰 唐孫強增字 宋陳彭年等重修 玉篇廣韻指南一卷 明初刻本（卷十九至二十二配清抄本） 十二行小注雙行字不等黑口四周雙邊

六四六 大廣益會玉篇三十卷 梁顧野王撰 唐孫強增字 宋陳彭年等重修 玉篇廣韻指南一卷 明初刻本 十二行行二十字注双行二十八字黑口四周双边

六四七 大廣益會玉篇三十卷 梁顧野王撰 唐孫強增字 宋陳彭年等重修 玉篇廣韻指南一卷 明朱一齋撰 明初刻本 十二行二十字双行二十八至三十四字小黑口四周双边

六四八 大廣益會玉篇三十卷 梁顧野王撰 唐孫強增字 宋陳彭年等重修 玉篇廣韻指南一卷 明弘治五年詹氏進德書堂刻本 十二行二十一字注文双行行二十八字黑口四周双边

六四九 大廣益會玉篇三十卷 梁顧野王撰 唐孫強增字 宋陳彭年等重修 玉篇廣韻指南一卷 明弘治十七年黄氏集義書堂刻本 十二行注双行二十八字黑口四周双边

六五〇 大廣益會玉篇三十卷 梁顧野王撰 唐孫強增字 宋陳彭年等重修 玉篇廣韻指南一卷 明劉氏明德書堂刻本 十二行十九至二十字不等小字双行每行字數不等多至二十八九字大黑口四周双边

六五一 新刊大廣益會玉篇三十卷 梁顧野王撰 唐孫強增字 宋陳彭年等重修 新刊玉篇廣韻指南一卷 明萬曆元年益藩刻本 九行小字双行三十字黑口順魚尾四周双边有刻工

六五二 新刊大廣益會玉篇三十卷 梁顧野王撰 唐孫強增字 宋陳彭年等重修 玉篇廣韻指南一卷 明萬曆元年益藩刻本 清丁丙跋 九行行字无定數小字双行二十字大黑口四周双边有刻工

六五三 大廣益會玉篇三十卷 梁顧野王撰 唐孫強增字 宋陳彭年等重修 玉篇廣韻指南一卷 明刻本（大字卷一第一頁第三行"立於"作"立於"） 九行十七字上下黑口四周双边双魚尾

六五四 大廣益會玉篇三十卷 梁顧野王撰 唐孫強增字 宋陳彭年等重修 玉篇廣韻指南一卷 明刻本（大字卷一第一頁第三行"立於"作"立於"） 九行十七字小字双行三十四字黑口双边有刻工

六五五 大廣益會玉篇三十卷 梁顧野王撰 唐孫強增字 宋陳彭年等重修 玉篇廣韻指南一卷 明刻本（大字卷一第一頁第三行"立於"作"立於"） 九行字不等黑口四周双边

六五六 大廣益會玉篇三十卷 梁顧野王撰 唐孫強增字 宋陳彭年等重修 玉篇廣韻指南一卷 明刻本（大字卷一第一頁第三行"立於"作"立於"） 九行十七字小字双行三十四字序及總目十四葉為黑口其他均白口四周双边双魚尾

六五七 大廣益會玉篇三十卷 梁顧野王撰 唐孫強增字 宋陳彭年等重修 玉篇廣韻指南一卷 明刻本（卷一第一頁當中斷版） 九行十七字注双行三十四字黑口四周双边

六五八 大廣益會玉篇三十卷 梁顧野王撰 唐孫強增字 宋陳彭年等重修 玉篇廣韻指南一卷 明刻本（小字卷一第一頁第一行"凡八部"作"凡八部"） 十二行字數不等黑口四周双边

六五九 大廣益會玉篇三十卷 梁顧野王撰 唐孫強增字 宋陳彭年等重修 明刻本（小字卷一第一頁第一行"凡八部"作"凡八部"） 十二行小字双行行二十八字大字当小字二字 [illegible]

二九

六六〇 大廣益會玉篇三十卷 梁顧野王撰 唐孫強增字 宋陳彭年等重修 玉篇廣韻指南一卷 明刻遞修本（小字卷一第一頁第一行"篇"作"篇"，"凡八"下无"部"字） 十二行二十一字小字双行三十至三十一字大黑口四周单边

六六一 大廣益會玉篇三十卷 梁顧野王撰 唐孫強增字 宋陳彭年等重修 清康熙四十三年張士俊刻澤存堂五種本 清潘錫爵録顧廣圻臨段玉裁批校

六六二 大廣益會玉篇三十卷 梁顧野王撰 唐孫強增字 宋陳彭年等重修 清康熙四十三年張士俊刻澤存堂五種尚友堂印本 佚名録清段玉裁校跋

六六三 大廣益會玉篇三十卷 梁顧野王撰 唐孫強增字 宋陳彭年等重修 清康熙四十三年張士俊澤存堂刻澤存堂五種本 清陳鱣校

六六四 大廣益會玉篇三十卷 梁顧野王撰 唐孫強增字 宋陳彭年等重修 清康熙張士俊刻澤存堂五種本 楊紹廉批校

六六五 大廣益會玉篇三十卷 梁顧野王撰 唐孫強增字 宋陳彭年等重修 清康熙四十三年張士俊刻澤存堂五種本 佚名校

六六六 桂苑珠叢一卷 隋曹憲等撰 曹元忠輯 稿本

六六七 干祿字書一卷 唐顏元孫撰 明嘉靖六年孫沐萬玉堂刻本 八行十七字注双行白口左右双边

六六八 干祿字書一卷 唐顏元孫撰 明萬曆二十五年荊山書林刻夷門廣牘本 清袁芳瑛校 周叔弢跋

六六九 干祿字書一卷 唐顏元孫撰 明端始堂刻本與佩觿合三冊 八行十八字白口四周单边

六七〇 干祿字書一卷 唐顏元孫撰 明刻本 九行二十字小字双行行字同白口左右双边無刻工

六七一 干祿字書一卷 唐顏元孫撰 清初毛氏汲古閣影明抄本與佩觿合一冊

六七二 干祿字書二卷 唐顏元孫撰 清乾隆六年朱張祖抄本 清朱張祖校並跋

六七三 干祿字書一卷 唐顏元孫撰 清抄本

六七四 干祿字書一卷 唐顏元孫撰 清抄本 清丁傳校 吳城、丁丙跋 與佩觿合一冊

六七五 五經文字三卷 唐張參撰 清初席氏釀華艸堂影宋抄本

六七六 五經文字三卷 唐張參撰 新加九經字樣一卷 唐唐玄度撰 清康熙五十四年項絪刻本

六七七 新加九經字樣一卷 唐唐玄度撰 清初席氏釀華艸堂影宋抄本

六七八 汗簡七卷 宋郭忠恕撰 明弘光元年馮舒抄本 明馮舒、清黃丕烈跋

六七九 汗簡七卷 宋郭忠恕撰 清初抄本

六八〇 汗簡七卷 宋郭忠恕撰 清康熙四十二年汪立名一隅草堂刻本 清江聲校並跋 江颿跋

六八一 汗簡七卷 宋郭忠恕撰 清康熙四十二年汪立名一隅草堂刻本 朱文鈞跋

三〇

汗簡七卷 宋郭忠恕撰 清抄本 六八二
佩觿三卷 宋郭忠恕撰 明嘉靖六年孫沐萬玉堂刻本 八行十七字白口左右双边单鱼尾 六八三
佩觿三卷辨證一卷 宋郭忠恕撰 附一卷 明萬曆十二年李齊芳刻本 八行十四字小注二十八字白口四周单边 六八四
佩觿三卷附辨證一卷 宋郭忠恕撰 附一卷 明萬曆十八年吴期炤吴羽振刻本 八行十四字小字双行二十八字四周双边 六八五
佩觿三卷 宋郭忠恕撰 明端怡堂刻本 與干禄字書合三冊 八行十八字白口四周单边 六八六
佩觿集三卷 宋郭忠恕撰 清傅山抄本 清傅山跋 六八七
佩觿三卷 宋郭忠恕撰 清初毛氏汲古閣影明抄本 清毛扆校 與干禄字書合一冊 六八八
佩觿三卷 宋郭忠恕撰 清康熙四十九年張士俊刻澤存堂五種本 清何焯校並跋 六八九
佩觿三卷 宋郭忠恕撰 清康熙四十九年張士俊刻澤存堂五種本 清吴翌鳳校並跋 吴翌鳳臨錄翁方綱羅有高桂馥校宋昌燕跋 六九〇
佩觿三卷 宋郭忠恕撰 清康熙四十九年張士俊刻澤存堂五種本 佚名錄清吴翌鳳錄翁方綱桂馥羅有高校跋 六九一
佩觿三卷 宋郭忠恕撰 清康熙四十九年張士俊刻澤存堂五種本 清唐仁壽錄吴翌鳳校 六九二
佩觿三卷 宋郭忠恕撰 清康熙四十九年張士俊刻澤存堂五種本 清羅以智校並錄吴翌鳳翁方綱桂馥羅有高校跋 六九三
佩觿三卷 宋郭忠恕撰 清康熙四十九年張士俊刻澤存堂五種本 清潘錫爵校跋並錄顧廣圻校 六九四
佩觿三卷 宋郭忠恕撰 清康熙四十九年張士俊刻澤存堂五種本 清謝章鋌點校並跋 六九五
佩觿三卷 宋郭忠恕撰 清康熙四十九年張士俊刻澤存堂五種本 王國維校 六九六
佩觿三卷 宋郭忠恕撰 清抄本 清丁傳校 丁丙跋 與干禄字書合一冊 六九七
新集古文四聲韻五卷 宋夏竦撰 宋刻本（卷一配清抄本） 六九八
新集古文四聲韻五卷 宋夏竦撰 清影宋抄本 六九九
新集古文四聲韻五卷 宋夏竦撰 附錄一卷 清乾隆四十四年汪啟淑刻本 清翁方綱校並跋 葉志詵跋 七〇〇
古文四聲韻五卷 宋夏竦撰 清乾隆四十四年汪啟淑刻本 清桂馥批校 七〇一
集古文韻五卷 宋夏竦撰 宋紹興十五年齊安郡學刻公文紙印本 八行无格白口四周单边 存一卷 三 七〇二
集篆古文韻海五卷 宋杜從古撰 清嘉慶元年項世英抄本 七〇三
類篇十五卷 宋司馬光撰 清毛氏汲古閣影宋抄本 七〇四
類篇四十五卷 宋司馬光撰 清康熙四十五年揚州詩局刻本 清陳鱣批校 七〇五
類篇索隱十四卷 清丁士涵輯 稿本 七〇六
復古編二卷 宋張有撰 元至正六年吴志淳好古齋刻本 明楊哲跋 七行行注二十四字白口左右双边 七〇七

復古編二卷 宋張有撰 明崇禎四年馮舒抄本 馮舒跋 七〇八
復古編二卷 宋張有撰 明刻本 清馮龍官跋 六行每行大字二字小字双行十八字左右双边白口有刻工 七〇九
復古編二卷 宋張有撰 校正一卷 清葛鳴陽撰 附錄一卷 曾樂軒稿一卷 宋張维撰 安陸集一卷 宋張先撰 清乾隆四十六年葛鳴陽刻本 七一〇
復古編二卷 宋張有撰 校正一卷 清葛鳴陽輯 附錄一卷 曾樂軒稿一卷 宋張维撰 安陸集一卷 宋張先撰 清乾隆四十六年葛鳴陽刻本 清戈襄校 七一一
復古編二卷 宋張有撰 校正一卷 清葛鳴陽撰 附錄一卷 清潘楣山藁民抄本 清龔友芝校並跋 七一二
復古編二卷 宋張有撰 校正一卷 清葛鳴陽撰 附錄一卷 清同治十三年桂中行抄本 清桂中行跋並錄龔友芝校跋 七一三
復古編二卷 宋張有撰 清抄本 清吴玉搢陸紹曾跋 七一四
復古編二卷 宋張有撰 清抄本 清丁丙跋 七一五
復古編二卷 宋張有撰 清抄本 七一六
復古編二卷 宋張有撰 清抄本 七一七
復古編補遺不分卷 清沈清佐撰 清抄本 七一八
復古編校勘記一卷 清王振聲撰 稿本 七一九
增修復古編四卷 宋張有撰 元吴均增補 明初刻本 七行小字双行約二十八字黑口四周双边 七二〇
增修復古編四卷 宋張有撰 元吴均增補 明初刻本 七行小字双行約二十八字黑口四周双边 七二一
增修復古編二卷 宋張有撰 元吴均增補 明公文紙影抄明初刻本 七二二
續復古編四卷 元曹本撰 明抄本 七二三
續復古編四卷 元曹本撰 清初抄本 清沈[illegible]校 七二四
續復古編四卷 元曹本撰 清抄本 清姚覲元校 七二五
續復古編四卷 元曹本撰 清抄本 七二六
漢隸字源五卷碑目一卷附字一卷 宋婁機撰 明末毛氏汲古閣刻本 双行 七二七
漢隸字源五卷碑目一卷附字一卷 宋婁機撰 明末毛氏汲古閣刻本 陶湘錄清翁方綱批校并跋 首冊九行十九字右五冊五行大字不等小字双行十七字白口左右双边 七二八
漢隸字源五卷碑目一卷附字一卷 宋婁機撰 明末毛氏汲古閣刻本 易培基錄清翁方綱批校并跋 碑目九行其余五行字數大小不一白口四周单边 七二九
漢隸字源五卷碑目一卷附字一卷 宋婁機撰 明末毛氏汲古閣刻本 佚名錄清翁方綱批校并跋 七三〇
漢隸字源五卷碑目一卷附字一卷 宋婁機撰 明末毛氏汲古閣刻本 佚名錄清翁方綱批校并跋 七三一

漢隸字源五卷碑目一卷附字一卷　汲古閣刻本　佚名錄清翁方綱批校并跋　首冊九行十九字后五冊五行大字不等小字双行十七字白口左右双边　七三二

漢隸字源五卷碑目一卷附字一卷　宋婁機撰　明末毛氏汲古閣刻本　清龔橙校訂并跋　五行大小字不等白口左右双边　七三三

漢隸字源五卷碑目一卷附字一卷　宋婁機撰　明末毛氏汲古閣刻本　清袁棠跋　五行字數不一白口左右双边　七三四

漢隸字源五卷碑目一卷附字一卷　宋婁機撰　明末毛氏汲古閣刻本　清謝寶樹跋　五行大字十二十三字不等小字双行十七字白口左右双边　七三五

漢隸字源五卷碑目一卷　宋婁機撰　清初抄本　七三六

漢隸字源五卷碑目一卷附字一卷　宋婁機撰　清抄本　七三七

班馬字類五卷　宋婁機撰　明刻本　六行十八字細黑口四周單边　七三八

班馬字類五卷　宋婁機撰　明刻本　清張維屏蔡崑跋　六行小字双行十八字不等四周双边細黑口单魚尾　七三九

班馬字類五卷　宋婁機撰　清初抄本
存四卷　二至五　七四〇

班馬字類五卷　宋婁機撰　清抄本　清鈕樹玉顧廣圻跋　七四一

三三

班馬字類二卷　宋婁機撰　明抄本　七四二

班馬字類二卷　宋婁機撰　清曹炎抄本　清王聞遠校並跋　七四三

班馬字類二卷　宋婁機撰　清馬氏叢書樓刻本　清沈炳垣校　七四四

班馬字類二卷　宋婁機撰　清馬氏叢書樓刻本　清褚南崖錄顧廣圻校錄　七四五

班馬字類二卷　宋婁機撰　李曾伯補遺　袁廷檮跋　清馬氏叢書樓刻本　清褚南崖錄顧廣圻補遺　七四六

班馬字類二卷　宋婁機撰　袁廷檮校並跋　清馬氏叢書樓刻本　清錢泰吉跋　七四七

班馬字類補遺五卷　宋李曾伯撰　明抄本　清葉奕題　李盛鐸跋　七四八

班馬字類補遺五卷　宋李曾伯撰　清初毛氏汲古閣影宋抄本　七四九

班馬字類補遺五卷　宋李曾伯撰　清錢如意齋抄本　清王振聲校並跋　七五〇

班馬字類補遺五卷　宋李曾伯撰　清抄本　七五一

隸韻十卷碑目一卷　宋劉球撰　宋刻宋拓本　清秦恩復、江藩、阮元、徐渭仁、趙魏、劉文楊守敬等題記
存表文之半　碑目半冊　卷三、四、六、八、九　七五二

隸韻十卷　宋劉球撰　宋刻拓本　清錢大昕盧煒錢維喬跋吳雲等題款　每頁五行
存九卷　一至三　五至十　七五三

字通一卷　宋李從周撰　清初抄本　清錢曾批注　七五四

字通一卷　宋李從周撰　清抄本　清丁丙跋　七五五

六書故三十三卷六書通釋一卷　宋戴侗撰　明萬曆三十六年張萱題麈齋刻本　七行十七字小字双行三十四字白口　七五六

六書故三十三卷六書通釋一卷　宋戴侗撰　明刻本　七行十七字小字双行同白口四周單边　七五七

龍龕手鑑四卷　遼釋行均撰　宋刻本（卷三配清初毛氏汲古閣影宋抄本）　十行大小字不等白口左右双边有刻工　七五八

龍龕手鑑四卷　遼釋行均撰　宋刻本　十行小字双行字不等白口左右双边　有刻工
存一卷　二　七五九

龍龕手鑑四卷　遼釋行均撰　明影宋抄本　七六〇

龍龕手鑑四卷　遼釋行均撰　清乾隆三十一年經井齋影宋抄本　清沈大成跋　七六一

龍龕手鑑四卷　遼釋行均撰　清初抄本　七六二

龍龕手鑑四卷　遼釋行均撰　清刻本　清姚覲元錄錢保塘批校　七六三

龍龕手鑑四卷　遼釋行均撰　清袁氏貞節堂抄本　清管庭芬校　七六四

龍龕手鑑四卷　遼釋行均撰　清刻本　七六五

龍龕手鑑四卷　遼釋行均撰　清虛竹齋刻本　清李慈銘跋　七六六

三四

新修絫音引證群籍玉篇三十卷　金邢準撰　金刻本　十四行大小字不一小字双行三十八字白口四周双边
存二十九卷　一至二十　二十二至三十　七六七

六書統二十卷　元楊桓撰　元至大元年江浙行省儒學刻元明遞修本　八行大字十字小字双行二十三、四字不等細黑口左右双边有刻工　七六八

六書統二十卷　元楊桓撰　元至大元年江浙行省儒學刻元明遞修本　清丁丙跋　八行行字不定數白口左右双边有刻工　七六九

六書統溯源十三卷　元楊桓撰　元至大元年江浙行省儒學刻元明遞修本　八行大字十四字篆文九、十字小字二十三、四不等版心上記字數下記刻工姓名細口左右双边　七七〇

六書統溯源十三卷　元楊桓撰　清抄本　七七一

增廣鐘鼎篆韻七卷　元楊銁撰　清抄本　七七二

增廣鐘鼎篆韻七卷　元楊銁撰　清抄本　七七三

增廣鐘鼎篆韻七卷　元楊銁撰　清抄本　清許翰校並跋　七七四

字鑑五卷　元李文仲撰　清初毛氏汲古閣影元抄本　清何焯校　七七五

字鑑五卷　元李文仲撰　清康熙四十八年張士俊刻澤存堂五種本　清何焯校　七七六

字鑑五卷　元李文仲撰　並臨錢馥校注　清康熙四十八年張士俊刻澤存堂五種本　清吳騫跋　七七七

字鑑五卷　元李文仲撰　錄吳騫錢馥校跋　清康熙四十八年張士俊刻澤存堂五種本　清錢泰吉　七七八

字鑑五卷　元李文仲撰　清康熙四十八年張士俊刻澤存堂五種本　清潘錫爵校　七七九

字鑑五卷　元李文仲撰　清康熙四十八年張士俊刻澤存堂五種本　王頌蔚校並録清顧廣圻批校　七八〇
字鑑五卷　元李文仲撰　清康熙四十八年張士俊刻澤存堂五種本　清方成珪校　七八一
字鑑五卷　元李文仲撰　清道光五年許槤學經書塾刻本　七八二
說文字原一卷　元周伯琦撰　元至正十五年高德基等刻公文紙印本　七八三
說文字原一卷　元周伯琦撰　元至正十五年高德基等刻明修本　五行小字双行二十字黑口左右双边　七八四
說文字原一卷　元周伯琦撰　清影元抄本　清翁同龢題識　七八五
說文字原一卷　元周伯琦撰　明嘉靖元年于鏊刻本　五行小字二十一字細黑口上鱼尾左右双边　七八六
說文字原一卷　元周伯琦撰　明崇禎七年胡正言十竹齋刻本　字行不等白口四周单边　七八七
六書正譌五卷　元周伯琦撰　元至正十五年平江郡守高德基刻本　五行小字双行二十字細黑口左右双边　七八八
六書正譌五卷　元周伯琦撰　明傳鈔元抄本　七八九
六書正譌五卷　元周伯琦撰　清影元抄本　七九〇
六書正譌五卷　元周伯琦撰　明嘉靖元年于鏊刻本　五行行大小字相間小字双行一大字等于三小字白口左右双边　七九一
六書正譌五卷　元周伯琦撰　明嘉靖元年于鏊刻本　清孫星衍丁丙跋　七九二
六書正譌五卷　元周伯琦撰　明嘉靖元年于鏊刻本　□熙林跋　五行大小字不等小字双行二十字細黑口左右双边　七九三
六書正譌五卷　元周伯琦撰　明崇禎七年胡正言十竹齋刻本　五行字數不等小字双行十八字白口四周单边　七九四

六書正譌五卷　元周伯琦撰　明崇禎七年胡正言十竹齋刻本　清師石生校注　七九五
說文字原一卷六書正譌五卷　元周伯琦撰　明崇禎七年胡正言十竹齋刻本　八行十八字白口四周单边　七九六
漢隸分韻七卷　元刻本　八行十四字上下黑口四周双边双鱼尾　七九七
漢隸分韻七卷　元刻本　八行十四字小字双行二十字白口单边　七九八
漢隸分韻七卷　元刻本　缺葉配影印元刻本　清吳騫跋　六行黑口四周双边　七九九
漢隸分韻七卷　元刻本　清丁丙跋　六行十字小字双行行十字小黑口四周双边元刻工　存三卷　五至七　八〇〇
漢隸分韻七卷　明刻本　八〇一
漢隸分韻七卷　明正德十一年刻本　六至八行字數不一白口四周单边　八〇二
漢隸分韻七卷　明嘉靖九年李宗樞刻本　八行十三字无格或六行大小字不等　八〇三
新刻漢隸分韻七卷　宋郭忠恕撰　明刻本　六行大字五字小字双行十字白口双鱼尾左右双边　八〇三(二)
漢隸分韻七卷　清抄本　清吳騫校　八〇三(三)
師古篆韻六卷　題元李嬌輯　清抄本　八〇四
篇海類編二十卷　明宋濂輯　附録一卷　明張嘉和輯　明翁少麓刻本　九行大小字相間小字双行大字一字等于两小字白口四周单边　八〇五
从古正文五卷字原釋義一卷　明黃諫撰　明嘉靖十五年李宗樞石疊山房刻本　半頁七行左右双边白口单鱼尾　八〇六
便於蒐檢四卷　明朱祐榰輯　明弘治刻本　八行十字大黑口四周双边　八〇七
經史文編三十卷　明吳琉編　明刻本　八行大字约五字小字双行字數大小字不等黑口双鱼尾四周双边　八〇八
六書本義十二卷圖一卷　明趙撝謙撰　明正德十四年刻本　十四行二十八字白口四周双边　八〇九
六書本義十二卷圖一卷　明趙撝謙撰　明正德十四年刻本　清丁丙跋　十四行行字无定數小黑口四周双边有刻工　八一〇
六書本義十二卷圖一卷　明趙撝謙撰　明正德十五年胡東皐刻本　行款不規則行數不清字數不等白口四周单边　八一一
六書本義十二卷圖一卷　明趙撝謙撰　明正德十五年胡東皐刻本　劉學周校　寬格七行窄格十四行二十八字間有大字白口四周单边单鱼尾　八一二
六書本義十二卷圖一卷　明趙撝謙撰　明萬曆三十八年楊貫刻本　大字七行字數不等中字十四行二十八字小字二十八行字數同白口四周双边　八一三
題韻直音篇七卷　明章黼撰　明成化刻嘉靖三十八年重修本　八行十二十三字不等注文小字双行四周双边黑口　存五卷　一至五　八一四
題韻直音篇七卷　明章黼撰　明萬曆六年資政左室刻本　八行大小字不等白口四周双边　八一五
六書精蘊六卷　明魏校撰　音釋舉要一卷　明徐官撰　明嘉靖十九年魏希明刻本　五行大小字不一細黑口左右双边　八一六
篆灋偏旁點畫辯一卷　明應在止撰　明嘉靖二十三年靈窗道人刻本　五行字數不等黑口双鱼尾四周双边无刻工　八一七
篆文辨訣不分卷　明應在止撰　清莫可易增次　孫爾振蒙正　清順治八年刻本　八一八
經子難字二卷雜字韻寶五卷　明楊慎撰　明刻本　九行二十一字小字双行二十一字白口四周单边　《雜字韻寶》九行大小字均不等白口頁上下均四周双边　八一九
六書索隱五卷　明楊慎撰　明嘉靖刻本　四行六字小字三行十八字大黑口四周双边　八二〇
六書索隱五卷　明楊慎撰　明建業許天叙等刻本　半頁四行注文小字三行四周单边白口　八二一
六書索隱五卷　明楊慎撰　清抄本　葉德輝跋　八二二
字學大全三十二卷　明王三聘編　明嘉靖四十五年王氏刻本　十行十八字黑口順鱼尾四周双边　八二三
古俗字略七卷　明陳士元輯　明萬曆刻歸雲別集本　七行大字七、八、九字不等小字双行字數不等白口四周单边　八二四
闡奇集一卷　明王世貞撰　明刻本　九行二十字白口四周单边　八二五
六書賦音義二十卷賦一卷　明張士佩撰　明萬曆三十三年刻本　清丁丙跋　八行行字无定數小字双行行二十四字白口四周双边无刻工　八二六
六書賦音義二十卷賦一卷　明張士佩撰　明萬曆三十三年刻本　八行十六字小字双行二十四字白口四周双边　八二七

八二八 六書賦音義二十卷賦一卷 明張士佩撰 明天啟三年馮嘉會刻本 八行小字双行二十四字大字一字等于两小字白口四周双边

八二九 義學正字三卷 明沈鯉纂輯 鄭一經續纂 明萬曆刻本 九行十二字白口四周单边小字双行每行二十四字有刻工

八三〇 同文備考八卷首三卷聲韻會通一卷韻要粗釋四卷 明王應電撰 明嘉靖三十六年王敬所刻本 半頁七行小字双行二十八字四周单边白口有大眉栏

八三一 同文備考八卷首三卷聲韻會通一卷韻要粗釋四卷 明王應電撰 明嘉靖三十六年王敬所刻萬曆三十年重修本 行字不一白口四周单边有刻工上下栏

八三二 同文備考七卷首一卷 明王應電撰 明抄本

八三三 同文備考八卷附聲韻會通述義二卷韻要粗釋二卷 明王應電撰 明抄本 拓卷題識
存六卷 三至八[illegible]

八三四 漢隸韻要五卷 明文徵明撰 明潘振刻本 半頁六行行大小十四字白口四周单边有刻工

八三五 經史音義字考九種九卷 明席珍撰 明萬曆十九年刻本 九行十九字小字双行三十八字四周单边白口
經史動靜字音一卷
四書音義字考一卷
易經音義字考一卷
書經音義字考一卷
詩經音義字考一卷
春秋音義字考一卷
禮記音義字考一卷
通鑑音義字考一卷
性理音義字考一卷

三七

八三六 問奇集二卷 明張位撰 明萬曆十八年刻本 八行十八字白口四周单边版心下鐫刻工

八三七 字義總略四卷 明顧充撰 明萬曆十七年刻本 五行八字注小字双行白口左右双边

八三八 字義總略四卷 明顧充輯 明萬曆三十六年自刻本 六行十字白口双鱼尾四周单边

八三九 字義總略四卷 明顧充撰 清康熙四十二年顧芳宗興麟堂刻本

八四〇 翰林筆削字義韻律鼇頭海篇心鏡二十卷 明蕭良有撰 明萬曆十一年書林吳氏三友堂刻本 十一行大小字數不等欄分上下白口四周单边或双边

八四一 刻太古遺踪海篇集韻大全三十一卷 明鄭德溥輯 夏從仁補遺 明潭城書林陳孫安刻本 八行注文双行夹行有小字切音黑口四周双边无刻工

八四二 俗書刊誤十二卷 明焦竑撰 明萬曆見遍齋刻本 八行十六字小字双行同白口左右双边（間有四周单边及四周双边）板心下刊“見遍齋藏版”

八四三 翰林重攷字義韻律大板海篇心鏡二十卷首一卷 明劉孔當撰 明萬曆二十四年書林葉天熹刻本 半頁十行字數不等黑口四周单边

八四四 翰林重考字義韻律大板海篇心鏡二十卷 明劉孔當撰 明萬曆二十六年書林鄭少垣刻本 上下栏十一行大小字相間白口左右双边

八四五 西峯字說三十三卷附詩經合論六卷春秋總論一卷月令廣義一卷 明曹學佺撰 清順治十二年佟國鼐刻本

八四六 西峰字說三十三卷 明曹學佺撰 清順治十二年佟國鼐刻本

八四七 諸書字考略二卷 明林茂槐撰 明萬曆刻本 六行字數不等小字双行不等白口四周单边有刻工

八四八 刻海若湯先生合併註釋五侯鯖對類二十卷 明末師儉堂刻本 十二行二十字白口上魚尾四周单边

八四九 精刻海若湯先生校訂音釋五侯鯖字海二十卷卷首一卷四書五經難字一卷 明末蕭騰鴻刻本 十行十八字注文双行二十六字白口四周单边

八五〇 精刻海若湯先生校訂音釋五侯鯖字海二十卷五經難字一卷首一卷 明刻本 十行大字六小字双行同白口四周单边

八五一 精鐫海若湯先生校訂海篇統滙二十卷卷首一卷次卷一卷 明鄭思鳴金陵奎壁堂刻本 十行十八字小字双行三十六字白口四周单边无刻工

三八

八五二 字彙四卷 明葉秉敬撰 篆體偏旁點畫辨訣一卷 明湯之涂撰 明天啟七年湯之涂等刻本 七行十四字白口上线鱼尾四周单边

八五三 字彙四卷 明葉秉敬撰 明天啟七年湯之涂等刻本 張湯采題識 半頁七行十四字四周单边白口

八五四 字彙四卷 明葉秉敬撰 篆體偏旁點畫辨訣一卷 明湯之涂撰 清張氏花影軒抄本 清丁丙跋

八五五 字彙二卷 明葉秉敬撰 清蕉雨軒刻小石山房補修本 清李慈銘校注並跋

八五六 教兒識數不分卷 明葉秉敬撰 明萬曆三十八年刻本 七行十八、二十二字不等白口单鱼尾四周双边

八五七 五先堂字學元元八卷 明袁子讓撰 明萬曆二十九年刻本 十三行二十一字白口四周双边

八五八 五先堂字學元元十卷 明袁子讓撰 明萬曆三十一年刻本 十三行十九字白口四周双边

八五九 五先堂字學元元十卷 明袁子讓撰 清抄本

八六〇 鼎刻臺閣攷正遵古韻律海篇大成二十卷 明曾六德輯 明萬曆三十二年書林劉龍田喬山堂刻本 兩截版上截十行大小字相間小字双行下截十行小字双行白口四周单边

八六一 篆訣辯釋一卷 明許令典撰 明崇禎元年陳氏賜緋堂刻本 半頁六行大小字无定數白口左右双边

八六二 字考啟蒙十六卷 明周宇撰 明萬曆十一年周傳誦刻本 十行二十一字白口四周单边有刻工

八六三 古今字考六卷 明呂一奏撰 明崇禎元年刻本 十行大字二行一字小字行二十字白口四周单边

八六四 金石韻府五卷 明朱雲撰 明嘉靖十年俞顯謨刻朱印本 六行大小字相間最多為十六字白口无行格四周單边
八六五 金石韻府五卷 明朱雲輯 明嘉靖十年俞顯謨刻朱印本清康有為跋 大字六行小字双行字數不定
八六六 金石韻府五卷 明朱雲撰 明嘉靖俞顯卿俞顯謨刻朱印本 六行十一字小字双行二十二字无格白口四周單边
八六七 金石韻府五卷 明朱雲撰 明抄本
八六八 金石韻府四卷 明朱雲撰 清抄本
八六九 金石韻府五卷 明朱雲撰 清抄本
八七〇 金石韻府五卷 明朱雲撰 清抄本
八七一 金石韻府五卷 明朱雲撰 抄本
八七二 金石韻府五卷 明朱雲撰 清抄本
八七三 類纂古文字考五卷 明都俞輯 明萬曆二十四年刻本 半頁八行行十三字小字双行行二十六字白口向單魚尾四周單边
八七四 字學指南十卷 明朱光家輯 明萬曆二十九年刻本 八行十二字小字双行二十四字白口左右双边
八七五 六書正義十二卷 明吳元滿撰 明萬曆三十三年刻本 七行字數不等小字双行二十二字白口四周單边
八七六 六書總要五卷 明吳元滿撰 明萬曆十二年刻本 十四行行二十五字白口四周單边
八七七 六書總要五卷附正小篆之訛一卷 明吳元滿撰 明萬曆十二年刻本 十四行行二十四字至二十五字不等白口四周單边
八七八 六書總要五卷附正小篆之訛一卷 明吳元滿撰 明萬曆十二年刻本清趙凡夫批校 十四行二十五字白口四周双边有刻工
八七九 六書總要五卷附正小篆之訛一卷諧聲指南一卷 明吳元滿撰 明萬曆十二年刻本 十四行二十四字白口四周單边
八八〇 六書泝原直音二卷分部備考一卷 明吳元滿撰 明萬曆十四年刻本 八行大小字相間白口四周單边
八八一 隸書正譌二卷 明吳元滿撰 明萬曆刻本 半頁七行注文小字双行四周單边白口
八八二 古文奇字十二卷 明朱謀㙔撰 明萬曆刻本 半頁七行注文小字双行左右双边白口
八八三 古文奇字十二卷 明朱謀㙔撰 清抄本
八八四 大明同文集舉要五十卷 明田藝衡撰 明萬曆十年汪以成刻本 十行二十字又五行小字双行二十字白口四周單边
八八五 三續堂篆韻正義五卷 明楊昌文撰 明崇禎十三年自刻本 七行字數不等小字双行不等白口四周單边
八八六 三續堂篆韻正義五卷 明楊昌文撰 明崇禎十三年自刻本 清丁丙跋 七行行字數不定白口四周單边
八八七 三續堂篆韻正義五卷 明楊昌文撰 明崇禎十三年自刻本 伍銓萃跋 七行大小字不一白口四周單边 存四卷（一至四）

三九

八八八 集鐘鼎古文韻選五卷 明釋道泰撰 明抄本（四庫底本）
八八九 集鐘鼎古文韻選五卷 明釋道泰撰 清抄本
八九〇 古文奇字一卷 明[illegible]撰 明祁氏澹生堂抄本 清丁丙跋
八九一 新校經史海篇直音十卷 明嘉靖二十三年金臺勉勤堂刻本 十一行大字數不等小字双行白口四周單边
八九二 重刻經史海篇直音十卷 明隆慶三年葉氏刻本 十一行大小字數不等白口四周單边
八九三 新校經史海篇直音五卷 明萬曆三年植盤刻本 十一行小字双行大小不等黑口双魚尾四周双边无刻工
八九四 新校經史海篇直音五卷 明萬曆[illegible]年[illegible]刻本 十一行大小字數不一黑口[illegible]
八九五 新校經史海篇直音五卷 明[illegible]刻本 十一行二十四字不等黑口[illegible]四周双边
八九六 新校經史海篇直音五卷 明刻本 十一行字不等黑口下細黑口四周双边
八九七 新校經史海篇直音五卷 明刻本 十一行大字六注小字三十二黑口四周双边
八九八 新校經史海篇直音五卷 明刻本 十一行十六字左右小字双行三[illegible]口四周双边
八九九 新校經史海篇直音五卷 明刻本 十[illegible]行大字六字每字下注音釋小字双行[illegible]口四周双边有刻工
九〇〇 重校經史海篇直音十卷 明刻本 十行十五字小字双行三十字白口左右双边不[illegible]書口下鐫刻工
九〇一 重校全補海篇直音十二卷首一卷 明蔡倫輯 新集背篇列部之字補添印行一卷 明萬曆二十三年書林鄭世豪刻本 十行字數不一白口四周單边
九〇二 重刊詳校篇海五卷 明趙新輯 李登校編 明萬曆三十六年刻本 十行十五字小字双行三十字白口左右双边
九〇三 摭古遺文二卷 明李登撰 再增摭古遺文一卷 明姚履旋增補 明萬曆二十二年姚履旋等刻本 八行十字白口四周單边
九〇四 摭古遺文二卷 明李登撰 再增摭古遺文一卷 明姚履旋增補 明萬曆二十二年姚履旋等刻本（卷二配清抄本）清王[illegible]跋 八行十字小字双行二十字白口四周單边
九〇五 摭古遺文二卷 明李登撰 明萬曆二十二年姚履旋刻本 清李荊璞題記 半頁八行注文小字双行四周單边白口
九〇六 摭古遺文二卷 明李登撰 再增摭古遺文一卷 明姚履旋增補 明萬曆三十一年李思謙刻本 八行十字白口四周單边
九〇七 摭古遺文不分卷 明李登撰 清乾隆抄本
九〇八 再增摭古遺文二卷 明李登輯 明萬曆二十二年刻本 八行十字白口四周單边无刻工
九〇九 重刊訂正篇海十卷 明李登撰 明崇禎七年刻本 九行十三字小字双行二十六字白口四周單边
九一〇 皇極統韻正隸疏一卷 明李登撰 張九錫疏 清順治刻本與皇極圖韻皇極統韻通釋合刻
九一一 字學三正四卷 明郭一經輯 明萬曆二十九年山東曲縣公署刻本 九行二十一字白口四周單边无刻工
九一二 字學津梁十二卷 明梅鼎祚撰 稿本 林鈞跋

四〇

字彙十二卷首一卷末一卷附韻法直圖一卷 明梅膺祚撰 明萬曆四十三年刻本 八行大小字相間 九一三

字彙十二卷首一卷末一卷韻法直圖一卷韻法橫圖一卷 明梅膺祚撰 明萬曆四十三年敦化堂刻本 八行十二字小字双行二十四字白口左右双边 九一四

字彙十二卷首一卷末一卷韻法直圖一卷韻法橫圖一卷 明梅膺祚撰 明萬曆四十三年鹿角山房刻本 八行十二字小字双行二十四字白口左右双边 九一五

文奎字彙十二卷首一卷末一卷韻法直圖一卷韻法橫圖一卷 明梅膺祚撰 明萬曆四十二年金陵槐蔭堂刻本 十六行二十四字白口左右單边 九一六

字彙十二卷首一卷 明梅膺祚撰 明萬曆四十三年象賢齋刻本 八行大字數不定滿行十六字小字双行多十六字滿行二十四版口黑綫双边 九一七

字彙十二卷 明梅鼎祚撰 明萬曆四十三年三畏堂刻本 八行小字双行均二十字白口左右双栏 九一八

字彙十二卷首一卷末一卷 明梅膺祚撰 明萬曆四十三年三樂齋刻本 八行大字一字等于小字双行四字小字双行二十四字白口左右双边 九一九

字彙十二卷首一卷末一卷 明梅膺祚撰 明萬曆四十三年金閶書業堂刻本 八行十二字小字双行二十四字白口左右双边 九二〇

四一

字彙十二卷卷首一卷末一卷 明梅膺祚撰 明陳長卿刻本 八行十二、十三字不等小字双行二十四字小黑口左右双边 九二一

字彙十二卷卷首一卷卷末一卷 明梅膺祚撰 明懷德堂刻本 白口單边序及卷首為黑魚尾九行十六字正文九行十二字小字双行无魚尾 九二二

字彙十二卷首一卷 明梅膺祚撰 明末文興堂刻本 八行十六字小字双行二十四字黑口左右双边 九二三

字彙十二卷 明梅膺祚撰 明刻本 八行小字双行二十二字大字減半左右双边 九二四

字彙十二卷首一卷末一卷 明梅膺祚撰 清順治六年霍達刻本 九二五

字彙十二卷首一卷末一卷 明梅膺祚撰 清康熙十八年雲棲寺刻本 九二六

字彙十二卷首一卷末一卷 明梅膺祚撰 清康熙二十七年靈隱寺刻本 九二七

字彙十二卷首一卷末一卷韻法直圖一卷韻法橫圖一卷 明梅膺祚撰 清康熙三十八年刻本 九二八

字彙十二卷首一卷末一卷韻法直圖一卷韻法橫圖一卷 明梅膺祚撰 清康熙吳郡綠蔭堂刻本 九二九

增補字彙四卷 明梅膺祚音釋 清康熙二十九年姑蘇掃葉山房刻本 九三〇

字彙數求聲十二卷 明梅膺祚撰 清虞德升繫聲 清康熙十六年刻本 九三一

新刻辨疑正韻同文玉海二十卷 明黄道周编 明鄭以楨刻本 本書亦名同文篇海 两节版上十一行下十行字數不等白口四周單边 九三二

字學類辨四卷 明徐與稽纂 明天啓元年刻本 八行十三字小字可二十六字白口 九三三

增補類編音釋四民切用便讀雜字四卷 明余一夔撰 明詹鍾瑞刻本 八行十二字小字双行三十六字白口四周單边 九三四

篆書正四卷 清戴明說撰 清順治十四年胡正言刻本 九三五

篆書正四卷 清戴明說撰 清順治十四年胡正言刻本 清潘為濂跋 九三六

篆林肆攷十五卷 明鄭大郁輯 明崇禎十四年劉肇麟文萃堂刻本 十行每行五字白口四周單边 九三七

篆林肆考十五卷 明鄭大郁輯 明崇禎十五年劉榮吾藜光堂刻本 行款不一白口四周單边 九三八

新刻瑞樟軒訂正字韻合璧二十卷 明朱孔陽輯 明崇禎張氏瑞雲館刻本 十行分上下兩層上層小字双行十字下層十字小字双行二十五字字數均不等上層辨音韻下層别偏旁 九三九

新刊月峰孫先生增補音切玉鑑海篇二十卷 明孫鑛輯 明書林周合初存仁堂刻本 十行大小字不等白口四周單边單魚尾 九四〇

吳音奇字一卷 明孫樓撰 陸鎰補遺 清抄本 九四一

四二

吳音奇字一卷 明孫樓輯 陸鎰補遺 清抄本 王寳校 九四二

張侗初先生校正洪武正韻增補音切通用海篇心鏡十八卷 明末刻本 目錄頁書名題「新刻海篇玉衡」 兩節板上欄十一行下欄十行字數不等小字双行白口單魚尾四周單边 九四三

六書通十卷 明閔齊伋撰 清康熙五十九年基聞堂刻本 九四四

篆學測解二十九卷聲韻表一卷 明韓洽撰 清嘉慶二十五年韓薪刻本 九四五

千文六書統要二卷附千字文二卷篆濟偏旁正譌歌一卷 清胡正言撰 清康熙十竹齋刻本 九四六

千文六書統要二卷附篆濟偏旁正譌歌一卷 清胡正言撰 清康熙十竹齋刻本 九四七

千文六書統要二卷 清胡正言撰 清康熙胡正言十竹齋刻本 九四八

千文六書統要二卷 清胡正言撰 樵客等題識 清康熙胡正言十竹齋刻本 清柴學 九四九

隸韻辨體五卷 明刻本 六行十字白口四周双边大本 八序跋 九五〇

古字彙編不分卷 清李棠馥撰 清康熙四年刻本 九五一

備文書譜二十八卷附一卷 清李仙根輯 稿本 九五二

存二十五卷　一至六、九至二十　二十三至二十八　附一卷

九五三　康熙字典四十二卷　清張玉書等輯　清康熙武英殿刻本

九五四　康熙字典四十二卷　清張玉書等撰　清康熙武英殿抄本

九五五　欽定西域同文志二十四卷　清傅恒等撰　清內府抄本

九五六　欽定西域同文志二十四卷　清傅恒等撰　清乾隆二十年內府刻本

九五七　字書八法不分卷　題清何焯撰　清抄本

九五八　字辨七卷　清張文炳撰　清順治六年刻本

九五九　篆隸辯從二卷　清方中通撰　清初方氏刻本

九六〇　黃公說字十二集不分卷　清顧景星撰　顧昌校錄　稿本
存十一集　子丑卯辰巳午未申酉戌亥

九六一　黃公說字四十五卷　清顧景星撰　清乾隆十四年顧三經鈔本

九六二　篆文纂要全宗四卷目錄一卷　清陳策撰　清康熙十一年刻本

九六三　六書準不分卷　清馮鼎調撰　清康熙刻本

九六四　諧聲品字箋十集　清虞德升撰　清康熙十六年敦本堂刻本

九六五　古今字正二卷　清蔣焜輯　清康熙十九年刻本

九六六　讀書正音四卷　清吳震方輯　清康熙四十四年學古堂刻本

九六七　六書述部敘考六卷　清吳玉搢撰　清抄本　段朝端跋
存三卷　四至六

九六八　篆字彙十二集　清佟世男編　清康熙三十年多山堂刻本

九六九　六書分類十二卷首一卷　清傅世垚撰　清康熙四十四年聽松閣刻本

九七〇　廣金石韻府五卷字略一卷　清林尚葵輯　清康熙九年周亮工賴古堂刻朱墨套印本

九七一　四書五經字考十一卷　清毛錫繽輯　清康熙二十五年刻本

九七二　讀書作文譜十二卷父師善誘法二卷　清唐彪撰　清康熙四十七年文盛堂刻本

九七三　篆隸考異八卷　清周靖撰　清抄本　清丁丙跋

九七四　六經字便不分卷　清劉臣敬撰　清康熙五十三年大樹堂刻本

九七五　鐘鼎字源五卷附錄一卷　清汪立名撰　清康熙五十五年汪氏一隅草堂刻本

九七六　鐘鼎字源五卷附錄一卷　清汪立名撰　清康熙五十五年汪氏一隅草堂刻本　清陳介祺跋

九七七　隸辨八卷　清顧藹吉撰　清康熙五十七年項氏玉淵堂刻本　清許瀚校

九七八　六書義不分卷　清張翊清撰　稿本

四三

九七九　篆韻統編五十五卷　清程德洽撰　稿本　清陸瑛跋

九八〇　六書說一卷　清江聲撰　清李賡芸抄本

九八一　碑版異文錄一卷　清梁同書撰　手稿本　清翁同龢跋

九八二　經典文字攷異一卷　清錢大昕撰　清抄本　清丁丙跋

九八三　六書轉注錄八卷　清洪亮吉撰　清抄本　清洪齮孫題識
存六卷　卷三至卷八上

九八四　異語十九卷　清錢坫撰　清金粟堂抄本

九八五　十經文字通正書十四卷　清錢坫撰　清嘉慶二年文章大吉樓刻本

九八六　隸樞不分卷　清董元宿輯　稿本

九八七　他山字學二卷　清錢邦芑纂　清乾隆十年金谷園刻本

九八八　隸辨摘要二卷　清吳綸輯　稿本

九八九　字類標韻六卷　清華綸撰　清乾隆五十八年賦思堂刻本

九九〇　字弗十卷　清李次山撰　清抄本

九九一　雜字類考二卷補遺一卷　清丁公恕撰　清乾隆五十二年經元堂刻本

九九二　說文引經考證九卷　清張澍撰　稿本

九九三　一切經音義引說文異同一卷　清張澍撰　稿本

九九四　經史通字不分卷　清張澍撰　稿本

九九五　隸要分類二卷　清何裕編　稿本

九九六　說文諧聲譜不分卷　清張惠言撰　稿本　清翁同龢　趙烈文題識　趙寬　葉景葵題記

九九七　諧聲譜五十二卷　清張惠言撰　張成孫編　稿本
存四十七卷　一至四十三　四十五至四十六　五十一至五十二

九九八　古小學書鈎沈十一卷　清陳鱣輯　稿本　徐光濟跋
字書一卷　字詁一卷　魏張揖撰
廣倉一卷　魏樊恭撰
韻集一卷　晉呂靜撰
小學篇一卷　晉王義之撰
字苑一卷　晉葛洪撰
雜字一卷　周成撰
字指一卷　晉李彤撰
字略一卷　晉阮孝緒撰
字統一卷　晉楊承慶撰
纂文一卷　梁何承天撰

九九九　廣復古編三十卷　清孫星海撰　稿本

一〇〇〇　六書彙編二十四卷　清顧瓚輯　稿本

四四

一〇〇一 莊氏心法一卷 清莊述祖撰 清陳介祺抄本 陳介祺批校
一〇〇二 蒙雅校勘記一卷 清劉行道撰 稿本
一〇〇三 檀園字說一卷外篇一卷 清徐養源撰 稿本 清譚獻校並跋
一〇〇四 新訂奇異俗古字彙集錄貳體不分卷 清謝華峰編 稿本
一〇〇五 篆楷考異一卷字式一卷楷書訂譌一卷 清徐朝俊釋 清嘉慶十三年刻三色套印本
一〇〇六 字典考証不分卷 清吳繪芳撰 稿本
一〇〇七 藝文備覽一百二十卷 清沙木撰 清嘉慶十一年刻本 清楊沂孫批校
一〇〇八 韻字略二卷 清毛謨撰 清嘉慶二十一年自刻本 清震鈞注
一〇〇九 隸樣八卷 清翟云升撰 稿本
一〇一〇 隸篇不分卷 清翟云升撰 稿本
一〇一一 蒙雅一卷 清魏源撰 清抄本
一〇一二 蒙雅一卷 清魏源撰 清抄本 清龔橙跋
一〇一三 篆墨集詁十二卷 清陸增祥撰 稿本 存六卷 午至亥

一〇一四 象形文釋一卷 清徐灝撰 稿本 清陳澧批校
一〇一五 攀古小廬文一卷 清許瀚撰 清咸豐七年刻本
一〇一六 攀古小廬文一卷 清許瀚撰 清咸豐鈔本
一〇一七 攀古小廬文一卷補遺一卷 清許瀚撰 清光緒元年楊氏函青閣刻本
一〇一八 象形文釋四卷 清徐灝撰 韵目一卷 清王紹墉撰 稿本
一〇一九 篆學一隅十二卷 清程璞撰 畢學傳參 稿本 存子集
一〇二〇 篆學一隅十二卷 清程璞撰 清畢學傳參 稿本 存十一卷 二至十二
一〇二一 鈔鄭樵通志六書畧平議十卷 清官懋庸撰 稿本
一〇二二 字林便覽二卷 清徐履超編 清抄本
一〇二三 字說二十五卷 清抄本 清何紹基題識
一〇二四 金石字樣八卷 清戴源集錄 清抄本
一〇二五 古文通考不分卷 清陳殿桂輯 稿本
一〇二六 釋例補正二十卷 清王筠撰 稿本

一〇二七 正字略定本一卷 清王筠撰 稿本
一〇二八 正字略定本一卷 清王筠撰 稿本
一〇二九 正字略定本一卷 清王筠撰 稿本
一〇三〇 正字略定本一卷 清王筠撰 稿本
一〇三一 芸香館重刊正字略一卷 清王筠撰 鍾文校定 清道光二十九年鍾文刻本
一〇三二 六書蒙拾一卷 清王筠撰 稿本
一〇三三 文字蒙求四卷 清王筠撰 稿本
一〇三四 文字蒙求四卷 清王筠撰 稿本 陳山嵋跋
一〇三五 文字蒙求四卷 清王筠撰 清抄本 清謝章鋌題識
一〇三六 隸通二卷 清錢慶曾撰 錢元培注 稿本
一〇三七 篆籀奇字表一卷 清沈梧撰 稿本
一〇三八 六吉齋字書四種不分卷 清畢秋岩編 稿本
說文偏旁解字不分卷 隸辨摘抄不分卷 分韻存古編不分卷 文字辨正不分卷
一〇三九 書契原恉十四卷 清陳默焕撰 稿本

一〇四〇 惜道味齋札記一卷 清張鳴珂撰 手稿本 王壽祺跋
一〇四一 隸字通考不分卷 題問梅居士輯 稿本 清吳大澂跋
一〇四二 在昔篇一卷 清楊沂孫撰 稿本
一〇四三 文字說解問譌四卷 清楊沂孫撰 手稿本 清趙烈文批並跋
一〇四四 文字說解問譌四卷 清楊沂孫撰 稿本
一〇四五 文字說解疑辯不分卷 清楊沂孫撰 稿本
一〇四六 六書原始十五卷 清賀松齡撰 稿本
一〇四七 十三經字釋十二卷 清胡文暉撰 稿本
一〇四八 古文字彙六卷 清洪啟宇撰 手稿本
一〇四九 六朝別字記不分卷 清趙之謙撰 稿本
一〇五〇 客槎先生小學遺說二卷 清吳凌雲撰 清吳興宋安蕆書屋抄本 清楊恆福跋
一〇五一 廣六書通十卷 清程瀚釋 稿本
一〇五二 古籀餘論一卷 清孫詒讓撰 稿本
一〇五三 契文舉例二卷 清孫詒讓撰 稿本
一〇五四 識字鏁言四卷附辨字雜說一卷 清易本烺撰 清抄本

一〇五五 古籀答問二卷 清龔知問撰 手稿本
一〇五六 攷定文字議疏證不分卷 清馮世澂撰 稿本
一〇五七 字串不分卷 清劉心源撰 稿本
一〇五八 字串二卷 清劉心源撰 稿本
一〇五九 古文審不分卷 清劉心源撰 手稿本
一〇六〇 古籀韻編汗簡韻編不分卷 清鄒元澂編 稿本
一〇六一 略彙集類十二集 清抄本
一〇六二 小學答問一卷 章炳麟撰 稿本
一〇六三 幼學詩一卷 太平天國刻本
一〇六四 三字經一卷 清抄本
一〇六五 千字文一卷 梁周興嗣撰 明抄本
一〇六六 百體千字文不分卷 梁周興嗣撰 清康熙間佚雲軒刻本
一〇六七 致堂先生叙古千文一卷 宋胡寅撰 明姚福集解 清抄本
一〇六八 續千文一卷 宋侍其良器撰 清抄本 清丁丙跋 與重續千字文三續千字文
一〇六九 續千文一卷 宋侍其良器撰 叙古千文合一冊 清抄本

四七

一〇七〇 叙古千文一卷 宋胡寅撰 千字文合冊 清抄本 清丁丙跋 與續千文重續千字文三續
一〇七一 重續千字文二卷 宋葛剛正撰 明毛氏汲古閣影宋抄本 章啟勳題識
一〇七二 重續千字文二卷 宋葛剛正撰并篆注 清影宋抄本
一〇七三 重續千字文二卷 宋葛剛正撰 清影宋抄本
一〇七四 重續千字文二卷 宋葛剛正撰 清影宋抄本
一〇七五 重續千字文二卷 宋葛剛正撰 清抄本 清丁丙跋 與續千文三續千字文叙古千文合一冊
一〇七六 千字文釋義一卷 明吳秀撰 明吳園安刻本
一〇七七 五言千字文一卷 梁周興嗣撰 明徐士俊重編 明唐宇肩抄本
一〇七八 同文千字文二卷 明汪以成輯 明萬曆十年汪以成繹義齋刻本 五行十字小字双行二十字白口四周單边有刻工
一〇七九 正蒙堂千字文二卷 明朱社釋義 清雍正十年朱啟抄本
一〇八〇 彙音釋義千文一卷 明曹邦瑾輯 明黃志寰刻本 八行字數不計白口四周单边无鱼尾
一〇八一 千字文義一卷 明周邦瑾輯 明抄本
一〇八二 新刻照千字文集音辨義不分卷 明天啟三年休邑毛溪高昇輔刻本 十行字數不一白口四周单边无刻工
一〇八三 百體千字文二卷 清孫風居撰 清康熙二十一年刻本

一〇八四 同聲千字文十集 清朱紫集 清康熙四十年朱氏永慕堂刻本
一〇八五 同聲續千字文六卷 清朱紫撰 清康熙四十七年朱氏永慕堂刻本
一〇八六 歷朝千字文彙攷不分卷 清王開英撰 清乾隆五十八年趙希璜刻本
一〇八七 千字文通釋四卷 清呂世宜撰 清抄本
一〇八八 華夷譯語不分卷 明火源潔撰 明刻本 大黑口八行十八字
一〇八九 華夷譯語不分卷 明火源潔撰 明刻本 二行六字粗黑口四周双边
存 暹羅館中 高昌館中下 西番館中下 西夷館中下 女真館中下
一〇九〇 增定華夷譯語□卷 明刻本 黑口四周双边
存二卷 西天館一 韃靼館下
一〇九一 華夷譯語不分卷 明抄本
一〇九二 華夷譯語不分卷 明火源潔撰 高昌館來文一卷譯文
備覽一卷 明抄本
一〇九三 華夷譯語十卷 清立雪舊廬抄本
一〇九四 繙清說一卷 清魏象乾撰 清乾隆五年刻本
一〇九五 高昌館課不分卷 明抄本

四八

一〇九六 八館館考一卷 清初同文堂抄本
一〇九七 高昌館譯書一卷 清初刻本
一〇九八 高昌館雜字一卷 清初同文堂抄本
一〇九九 回回館譯語一卷 清初刻本
一一〇〇 回回館雜字一卷 清初同文堂抄本
一一〇一 譯語不分卷 清袁氏貞節堂抄本 清周星詒跋
一一〇二 暹羅館譯語一卷 清抄本
一一〇三 西天館譯語一卷 清初刻本
一一〇四 西番譯語一卷 清初刻本
一一〇五 百譯館譯語一卷 清抄本

韻書

一一〇六 聲類一卷 魏李登撰 清章宗源輯 清抄本 清趙之謙黃經術跋 劉之泗校 與埤倉合一冊
一一〇七 刊謬補缺切韻五卷 唐王仁昫撰 唐吳彩鸞寫本 明宋濂跋
一一〇八 鉅宋廣韻五卷 宋陳彭年等撰 宋乾道五年建寧府黃三八郎刻本（卷四配元刻本）十二行二十一字白口左右双边双魚尾
一一〇九 廣韻五卷 宋陳彭年等撰 宋刻本 清楊守敬跋 十行二十字白口左右双边單魚尾下有刻工

廣韻五卷 宋陳彭年等撰 宋紹興刻本 沈曾植題詩 十行二十字小字双行二十六二十七字不等白口左右双边 存三卷 一至二 四 一一一〇
廣韻五卷 宋陳彭年等撰 宋刻明修本（卷三配清抄本） 清翁同龢題識並校 十行二十字小字双行二十七字白口左右双边单魚尾版心下有刻工 一一一一
廣韻五卷 宋陳彭年等撰 清初影宋抄本 一一一二
廣韻五卷 宋陳彭年等撰 清影宋抄本 存三卷 一 二 五 一一一三
廣韻五卷 宋陳彭年等撰 元延祐二年圓沙書院刻本 十二行大二十一小二十七八字不等黑口四周双边双魚尾 一一一四
廣韻五卷 宋陳彭年等撰 元元統三年日新書堂刻本 勞健題款 十三行黑口四周双边 一一一五
廣韻五卷 宋陳彭年等撰 元至正十六年翠巖精舍刻本 十三行左右双边細黑口双魚尾 一一一六
廣韻五卷 宋陳彭年等撰 元至正二十六年南山書院刻本 十二行大小字小字三十字黑口四周双边 一一一七
廣韻五卷 宋陳彭年等撰 元建安余氏雙桂書堂刻本 十三行黑口四周双边 一一一八
廣韻五卷 宋陳彭年等撰 元建安余氏雙桂書堂刻本 清葉昌熾跋 勞健題款 十三行黑口四周双边 一一一九
廣韻五卷 宋陳彭年等撰 元刻本 十二行字數不等黑口四周双边双魚尾 一一二〇
廣韻五卷 宋陳彭年等撰 元刻本 十二行小字双行小字多可至三十字一大字約當一个半至二个小字不等黑口双边 一一二一
廣韻五卷 宋陳彭年等撰 元刻本 十二行二十字小字双行二十七至三十字不等大黑口四周双边 一一二二

廣韻五卷 宋陳彭年等撰 元刻本 楊守敬袁克文跋 十二行小字双行字不等細黑口左右双边 一一二三
廣韻五卷 宋陳彭年等撰 元刻本 十二行小字双行廿七至卅字不等每卷目錄四排小黑口四周双边 一一二四
廣韻五卷 宋陳彭年等撰 元刻本 楊守敬跋 十二行約十七字小字双行黑口四周双边 一一二五
廣韻五卷 宋陳彭年等撰 明初刻本 十二行大小字數不等黑口四周双边 一一二六
廣韻五卷 宋陳彭年等撰 明宣德六年清江書堂刻本 十二行黑口四周双边 一一二七
廣韻五卷 宋陳彭年等撰 明宣德六年清江書堂刻本 許经跋 十二行大字不等小字双行不等細黑口四周双边双魚尾 一一二八
廣韻五卷 宋陳彭年等撰 明刻本 十二行注文双行三十字黑口四周双边 一一二九
廣韻五卷 宋陳彭年等撰 明刻本 十二行小字双行卅字（大字一約當小字四）黑口双边 一一三〇
廣韻五卷 宋陳彭年等撰 明刻本 十二行大字不滿小字双行三十字黑口四周双边 一一三一
廣韻五卷 宋陳彭年等撰 明刻本 葉啟勳跋 十二行行大小字相間二十至二十七八字不等黑口四周双边 一一三二
廣韻五卷 宋陳彭年等撰 明刻本 九行二十字小字双行三十二字左右上下黑口四周双边 一一三三
廣韻五卷 宋陳彭年等撰 明刻本 清紀昀跋 九行大字二至八字不等小字双行上下黑口双魚尾四周双边 一一三四
廣韻五卷 宋陳彭年等撰 明劉氏明德書堂刻本 十二行十七字小字双行三十二、三十三字細黑口 一一三五
廣韻五卷 明刻本 十二行大小字數不等大黑口四周双边 一一三六
廣韻五卷 宋陳彭年等撰 明萬曆四十七年王瑊刻本 清丁丙跋 九行行字无定數大黑口四周双边有刻工 一一三七

廣韻五卷 宋陳彭年等撰 明刻本 十一行字數不等小字双行白口四周双边 存一卷 三 一一三八
廣韻五卷 宋陳彭年等撰 清康熙六年陳上年張弨刻本 一一三九
廣韻五卷 宋陳彭年等撰 清康熙六年陳上年張弨刻本 清傅山批注 祁寯藻跋 一一四〇
廣韻五卷 宋陳彭年等撰 清康熙四十三年尚友堂刻本 一一四一
廣韻五卷 宋陳彭年等撰 清康熙四十二年張士俊刻澤存堂五種本 清黃丕烈跋並錄段玉裁校跋 一一四二
廣韻五卷 宋陳彭年等撰 清康熙四十三年張士俊刻澤存堂五種本 清潘錫恩錄惠棟段玉裁顧廣圻批校 一一四三
廣韻五卷 宋陳彭年等撰 清康熙四十三年張士俊刻澤存堂五種本 佚名錄段玉裁跋 一一四四
廣韻五卷 宋陳彭年等撰 清康熙四十三年張士俊刻澤存堂五種本 佚名錄惠棟校跋 一一四五
廣韻五卷 宋陳彭年等撰 清康熙四十三年張士俊刻澤存堂五種本 佚名錄沈大成校並跋 清姚椿校 一一四六
廣韻五卷 宋陳彭年等撰 清康熙四十三年張士俊刻澤存堂五種本 清沈廷芳批校 一一四七
廣韻五卷 宋陳彭年等撰 清康熙四十三年張士俊刻澤存堂五種本 清王柏校 一一四八
廣韻五卷 宋陳彭年等撰 清康熙四十三年張士俊刻澤存堂五種本 清[illegible]校並跋 一一四九
廣韻五卷 宋陳彭年等撰 清康熙四十三年張士俊刻澤存堂五種本 清[illegible]批校 一一五〇
廣韻五卷 宋陳彭年等撰 清康熙四十三年張士俊刻澤存堂五種本 清[illegible]校並跋 一一五一

廣韻五卷 宋陳彭年等撰 清康熙四十三年張士俊刻澤存堂五種本 清王頌蔚批校題識 一一五二
廣韻五卷 宋陳彭年等撰 清康熙四十三年張士俊刻澤存堂五種本 清曹釗校 一一五三
廣韻五卷 宋陳彭年等撰 清康熙四十三年張士俊刻澤存堂五種本 王國維校並跋又錄段玉裁校跋 一一五四
廣韻五卷 宋陳彭年等撰 清康熙四十三年張士俊刻澤存堂五種本 佚名校 一一五五
廣韻五卷 宋陳彭年等撰 清康熙四十五年曹寅揚州使院刻本 清何焯校並跋 一一五六
廣韻五卷 宋陳彭年等撰 清刻本 清陳倬校 一一五七
重編廣韻五卷 宋陳彭年等撰 明朱祐檳重編 明嘉靖二十八年益藩刻本 九行十五字小字双行字同黑口四周双边 一一五八
廣韻五卷 元刻本 十三行黑口四周双边蝶装双尾 存三卷 卷三至五 一一五九
廣韻藻六卷 明方夏輯 明崇禎十五年刻本 八行十八字小字双行白口左右双边 一一六〇
廣韻藻六卷 明方熹輯 明崇禎十五年刻本 清佚名錄何焯批 八行十八字小字双行十八字白口左右双边 一一六一
廣韻母位轉切五卷 清汪灼撰 清抄本 名校 一一六二
廣韻姓氏刊誤不分卷 清孫詒讓撰 稿本 一一六三
廣韻姓氏刊誤二卷 清孫詒讓撰 稿本 一一六四
集韻十卷 宋丁度等撰 宋刻本 十行大小字不等白口左右双边 一一六五

一一六六 集韻十卷 宋丁度等撰 清初錢氏述古堂影宋抄本
一一六七 集韻十卷 宋丁度等撰 清初毛氏汲古閣影宋抄本 清段玉裁、阮元跋
一一六八 集韻十卷 宋丁度等撰 清影宋抄本
一一六九 集韻十卷 宋丁度等撰 清影宋抄本 與集韻校勘記合冊
一一七〇 集韻十卷 宋丁度等撰 清康熙四十五年曹寅揚州使院刻嘉慶十九年重修本 清韓泰華校跋並錄段玉裁題識周壽昌校跋並錄桂馥題識
一一七一 集韻十卷 宋丁度等撰 清康熙四十五年曹寅揚州使院刻嘉慶十九年重修本 清潘錫爵跋並錄段玉裁顧廣圻校跋
一一七二 集韻十卷 宋丁度撰 清康熙四十五年曹寅揚州使院刻本 徐孝寬錄清段玉裁顧廣圻鈕樹玉校 鄭文焯跋
一一七三 集韻十卷 宋丁度等撰 清康熙四十五年曹寅揚州使院刻本 佚名跋並錄清段玉裁校跋
一一七四 集韻十卷 宋丁度等撰 清康熙四十五年曹寅揚州使院刻嘉慶十九年重修本 清[illegible]跋
一一七五 集韻十卷 宋丁度等撰 清康熙四十五年曹寅揚州使院刻本 清吳騫、丁士涵、許克勤校
一一七六 集韻十卷 宋丁度等撰 清康熙四十五年曹寅揚州使院刻本 清顧廣圻校 顧之逵跋並臨段玉裁校跋
一一七七 集韻十卷 宋丁度等撰 清康熙四十五年曹寅揚州使院刻本 清陳鱣錄段玉裁校跋
一一七八 集韻十卷 宋丁度等撰 清康熙四十五年曹寅揚州使院刻嘉慶十九年重修本 清鄭文焯批校並跋
一一七九 集韻十卷 宋丁度等撰 清康熙四十五年曹寅揚州使院刻本 清[illegible]袁廷檮校
　　　　集韻存八卷 一至八
一一八〇 集韻十卷 宋丁度等撰 清康熙四十五年曹寅揚州使院刻嘉慶十九年重修本 清莫友芝細錄諸家校
一一八一 集韻十卷 宋丁度撰 清康熙四十五年曹寅揚州使院刻嘉慶十九年重修本 清湯裕校 汪[illegible]、馬釗校
一一八二 集韻十卷 宋丁度等撰 清康熙四十五年曹寅揚州使院刻嘉慶十九年重修本 清衛大鵬校並跋 王惠銖、宋一新、錢侗、黃國瑾、[illegible]、錢振常校
一一八三 集韻十卷 宋丁度等撰 清康熙四十五年曹寅揚州使院刻嘉慶十九年重修本 清龐鴻文[illegible]校並錄汪遠孫、王振聲、吳卓信、[illegible]、趙宗德、[illegible]、韓泰華校跋
一一八四 集韻十卷 宋丁度等撰 清康熙四十五年曹寅揚州使院刻嘉慶十九年重修本 清[illegible]批并校
一一八五 集韻考正十卷 清方成珪撰 稿本
一一八六 集韻考正十卷 清方成珪撰 清刻本 清孫詒讓校
　　　　存一卷 卷九
一一八七 集韻考正十卷 清方成珪撰 清抄本
一一八八 集韻校勘記十卷 清馬釗撰 稿本 與集韻合冊
一一八九 集韻校勘記十卷 清馬釗撰 清丁士涵家抄本
一一九〇 集韻校勘記十卷 清馬釗撰 清同治十二年孫氏玉海樓抄本 清孫詒讓校並跋
一一九一 集韻校本十卷 宋丁度等撰 清佚名校訂 稿本
一一九二 集韻校正會編四卷 清姚覲元撰 稿本

五一

一一九三 集韻札記不分卷 清丁士涵撰 手稿本
一一九四 切韻指掌圖一卷 題宋司馬光撰 宋紹定三年越州讀書堂刻本 八行行款不一白口四周双边
一一九五 切韻指掌圖一卷 題宋司馬光撰 清影宋抄本
一一九六 切韻指掌圖一卷 題宋司馬光撰 清抄本
一一九七 切韻指掌圖二卷 題宋司馬光撰 檢例一卷 明邵光祖撰 清抄本 清陳[illegible]校並跋 丁丙跋
一一九八 司馬溫公切韻指掌圖一卷 題宋司馬光撰 清抄本
一一九九 切韻指掌圖一卷 檢例一卷 明邵光祖撰 明毛氏汲古閣抄本
一二〇〇 切韻指掌圖一卷 題宋司馬光撰 檢例一卷 明邵光祖撰 清抄本
一二〇一 切法指正二卷 明呂維祺、呂維吉撰 清抄本
一二〇二 切韻正音經緯圖一卷 清釋宗常撰 清康熙刻本
一二〇三 切韻考□卷 清陳澧撰 稿本
一二〇四 韻補五卷 宋吳棫撰 宋刻本 半頁六行小行十八字大字一當小字二白口上下單边左右双边有刻工
一二〇五 韻補五卷 宋吳棫撰 元刻本 十行行字无定數小黑口左右双边有刻工
一二〇六 韻補五卷 宋吳棫撰 元刻本 沈曾植跋 十行大小字不等小字双行二十四字細黑口左右双边
一二〇七 韻補五卷 宋吳棫撰 元刻本 葉啟勳葉啟發跋 十行行大字間小字字數不一小字双行二十四字細黑口左右双边
一二〇八 韻補五卷 宋吳棫撰 清影元抄本
一二〇九 韻補五卷 宋吳棫撰 清影元抄本
一二一〇 韻補五卷 宋吳棫撰 明許宗魯刻本 九行十七字小字双行十七字白口左右双边元刻工
一二一一 韻補五卷 宋吳棫撰 明許宗魯刻本 清沈湖校並跋 丁丙跋 九行行字无定數白口左右双边元刻工
一二一二 韻補五卷 宋吳棫撰 清影明抄本 清蔡廣年臧呈跋
一二一三 韻補五卷 宋吳棫撰 清嘉慶二十年沈炳垣影明抄本 清沈炳垣校並跋
一二一四 韻補五卷 宋吳棫撰 明刻本 九行十七字小字双行十七字白口左右双边
一二一五 韻補五卷 宋吳棫撰 明刻本 八行二十字小字双行字數同白口左右双边
一二一六 韻補五卷 宋吳棫撰 明刻本 清王振聲校 八行二十字白口左右双边单鱼尾
一二一七 韻補五卷 宋吳棫撰 明刻本 葉啟勳葉啟發跋 八行字數不一小字双行二十字白口左右双边
一二一八 韻補五卷 宋吳棫撰 清毛際盛抄本 清毛際盛跋 莫棠跋
一二一九 韻補五卷 宋吳棫撰 清抄本 清孔廣栻校並跋
一二二〇 韻補五卷 宋吳棫撰 清抄本
一二二一 韻補五卷 宋吳棫撰 清抄本 清張穆跋
一二二二 韻補五卷 宋吳棫撰 韻補正一卷 明顧炎武撰 附錄一卷 清道光二

五二

十八年楊氏刻連筠簃叢書本　清翁同龢校並跋

韻補五卷　宋吳棫撰　韻補正一卷　清顧炎武撰　附錄一卷　清道光二十八年楊氏刻連筠簃叢書本　王懿榮錄繆荃孫校　一二二三

韻補五卷　宋吳棫撰　舊抄本　清王振聲校並跋　一二二四

韻補五卷　宋吳棫撰　清抄本　清丁士涵校　一二二五

續韻補五卷　清凌萬才撰　稿本　清王振聲跋　一二二六
存二卷　一　四

續韻補五卷　清凌萬才撰　清乾隆三十年正音閣刻本　一二二七

附釋文互註禮部韻略五卷韻略條式一卷　宋紹定三年藏書閣刻本　十行小字双行字不等白口左右双边　一二二八

附釋文互註禮部韻略五卷韻略條式一卷　清初影宋抄本　清成瓘跋　一二二九

附釋文互註禮部韻略五卷淳熙重修文書式一卷　清康熙四十五年曹寅揚州使院刻本　清陳鱣校並錄周錫瓚跋　一二三〇

附釋文互註禮部韻略五卷淳熙重修文書式　一二三一

五三

一卷　清康熙四十五年曹寅揚州使院刻本（古韻例、淳熙重修文書式抄配，下平聲有抄頁）　清韓應陞校

附釋文互註禮部韻略五卷　宋刻本　九行小字双行約二十四字白口左右双边有刻工　一二三二

附釋文互註禮部韻略五卷　宋刻本（卷三有抄配頁）　十行二十二字白口左右双边单鱼尾有刻工　一二三三

增修互註禮部韻略五卷　宋毛晃增註　毛居正重增　元刻本　半葉十一行行大十四字小二十八字左右双边黑口　存一卷　四　一二三四

增修互註禮部韻略五卷　宋毛晃增註　毛居正重增　元刻本　十一行上下黑口左右双边　存四卷　二至五　一二三五

增修互註禮部韻略五卷　宋毛晃增註　毛居正重增　元刻本　清王振聲跋　十一行字不等小字双行二十八字細黑口左右双边　一二三六

增修互註禮部韻略五卷　宋毛晃增注　毛居正重增　宋刻元公文紙印本　十行十六字小字双行三十二字上下白口左右双边单鱼尾版心下記刻工　一二三七

增修互註禮部韻略五卷　宋毛晃增註　毛居正重增　元至正十五年日新書堂刻明補版印本　半頁十一行十四字小字双行二十八字細黑口左右双边双鱼尾　一二三八

增修互註禮部韻略五卷　宋毛晃增註　毛居正重增　元至正十五年日新書堂刻本　十一行大小字不一黑口左右双边　存四卷　一至四　一二三九

增修互注禮部韻略五卷　宋毛晃增注　毛居正重增　元至正二十一年妃僊興慶書堂刻本　十一行十四字小字双行二十八字上下細黑口四周单边双鱼尾　一二四〇

增修互註禮部韻略五卷　宋毛晃增註　毛居正重增　元刻本　十一行大字不等小字双行二十八字細黑口四周单边双鱼尾　卷三尾抄配　一二四一

增修互註禮部韻略五卷　宋毛晃增註　毛居正重增　元刻本　半頁十一行十四字注文双行二十八字黑口上下单边左右双边　存二卷　一至二　一二四二

增修互註禮部韻略五卷　宋毛晃增注　毛居正重增　元刻本　清丁丙跋　大字无定數小字双行二十八字黑口左右双边无刻工　存一卷　四　一二四三

增修互註禮部韻略五卷　宋毛晃增註　毛居正重增　元刻本　十一行十四字注小字双行二十八黑口左右双边　存一卷　五　一二四四

增修互註禮部韻略五卷　宋毛晃增註　毛居正重增　明刻本　十一行小字双行二十八字黑口左右双边　一二四五

增修互註禮部韻略五卷　宋毛晃增注　毛居正重增　清桂氏抄本　清桂馥校並跋　一二四六

文場備用排字禮部韻註五卷　宋毛晃增注　元刻本　十三行大小字不一黑口左右双边　一二四七

七音略二卷　宋鄭樵撰　清王振聲抄本　清王振聲跋　一二四八

紫雲增修校正禮部韻略釋疑五卷　宋郭守正撰　清抄本　清桂馥葉昌熾錢恂跋　一二四九

五四

押韻釋疑五卷拾遺一卷　宋歐陽德隆撰　宋嘉熙三年禾興郡齋刻本　十行小注二十五字白口左右双边　一二五〇
存五卷　上平　下平　上入　拾遺

紫雲先生增修校正押韻釋疑五卷　宋歐陽德隆撰　郭正已增修　宋建陽刻本　九行十七字綫黑口左右双边双鱼尾　一二五一

押韻釋疑五卷附條例一卷　宋歐陽德隆撰　清影宋抄本　一二五二
存四卷　一至三、五

增修校正押韻釋疑五卷　宋歐陽德隆撰　郭守正增修　清抄本　一二五三

新編分類增註正誤決疑韻式五卷　宋刻本　九行小字双行字不等細黑口左右双边　存一卷　五　一二五四

魁本排字通併禮部韻註五卷　元刻本　十二行大小字不一黑口左右双边　存四卷　一至四　一二五五

魁本足註釋疑韻寶五卷　元刻本　十一行十六字綫黑口左方双边双鱼尾　一二五六

四聲等子一卷　清抄本　清嚴鐘瑕校　一二五七

崇慶新雕改併五音集韻十五卷　金韓道昭撰　金崇慶元年荆珍刻本　十三行小字約三十四字白口左右双边　存十二卷　一至十二　一二五八

泰和五音新改併類聚四聲篇十五卷 金韓道昭撰 金刻元修本 十三行黑口左右双边 存十卷 一至十 一二五九

泰和五音新改併類聚四聲篇十五卷 金韓道昭撰 金刻元修本 十三行白口或黑口左右双边 存四卷 一至四 一二六〇

新彫改併五音集韻十五卷 金韓道昭撰 元刻明修本 十三行大字无定数小字双行上细黑口单双边不一 一二六一

大明成化庚寅重刊五音集韻十五卷 成化丁亥重刊改併五音類聚四聲篇十五卷 金韓道昭撰 經史正音切韻指南一卷 元劉鑑撰 新編篇韻貫珠集一卷 明釋真空撰 明成化三至七年刻本 十行大字七八字不等小字双行字数不等黑口单鱼尾四周双边无刻工 一二六二

大明成化庚寅重刊五音集韻十五卷 成化丁亥重刊改併五音類聚四聲篇十五卷 金韓道昭撰 新編篇韻貫珠集一卷 明釋真空撰 明成化三至七年刻本 十行小字双行三十二字粗黑口四周双边有刻工 一二六三

大明成化庚寅重刊改併五音集韻十五卷 成化丁亥重刊改併五音類聚四聲篇十五卷 金韓道昭撰 新編經史正音切韻指南一卷 元劉鑑撰 明成化三至七年刻正德十四年補本 十行大字无定数小字双行三十二字黑口四周双边有刻工 一二六四

五五

大明成化庚寅重刊改併五音集韻十五卷 大明成化丁亥重刊改併五音類聚四聲篇十五卷 金韓道昭撰 新編篇韻貫珠集一卷 明釋真空撰 明成化三至七年刻正德十四年補刻本 十行十六字小字双行三十二字黑口四周双边 一二六五

大明成化庚寅重刊改併五音集韻十五卷 成化丁亥重刊改併五音類聚四聲篇十五卷 金韓道昭撰 明成化三至七年刻正德十四年補刻本 十行十六字小字双行三十二字黑口四周双边 一二六六

大明成化庚寅重刊改併五音集韻十五卷 成化丁亥重刊改併五音類聚四聲篇十五卷 金韓道昭撰 明成化三至七年刻嘉靖二十六年補刻本 十行小字双行三十一字三十二字不等黑口左右双边四周双边者四周单边者間有之 一二六七

大明成化庚寅重刊改併五音集韻十五卷 金韓道昭撰 新編篇韻貫珠集一卷 明釋真空撰 明成化六至七年刻本 十行小字双行三十二字粗黑口四周双边有刻工 一二六八

大明成化庚寅重刊改併五音集韻十五卷 金韓道昭撰 明成化六至七年刻本 十行字无定数小字双行三十二字黑口四周双边有刻工 一二六九

大明成化庚寅重刊改併五音集韻十五卷 金韓道昭撰 新編篇韻貫珠集一卷 明釋真空撰 明成化六年至七年刻本 十行行大小字相間不等小字双行黑口四周双边无刻工 一二七〇

大明成化庚寅重刊改併五音集韻十五卷 金韓道昭撰 明成化六年至七年刻本 十行小字双行三十二字大字一字等于小字二字黑口四周双边无刻工 一二七一

大明成化庚寅重刊改併五音集韻十五卷 金韓道昭撰 明弘治九年刻本 十行十六字小字双行字同大黑口四周双边 一二七二

大明成化庚寅重刊改併五音集韻十五卷 金韓道昭撰 新編經史正音切韻指南一卷 元劉鑑撰 新增拾遺一卷 貫珠集一卷 明釋真空撰 明弘治十一年刻本 十行小字双行黑口四周双边双鱼尾板心下陰文刻工 一二七三

大明成化丁亥重刊改併五音類聚四聲篇十五卷 金韓道昭撰 新編經史正音切韻指南一卷 元劉鑑撰 新增篇韻拾遺并藏經字義一卷 明成化三至七年刻本 十行字数不一黑口四周双边 一二七四

五六

大明成化丁亥重刊改併五音類聚四聲篇十五卷 金韓道昭撰 明成化三至七年刻本 十行字大小相間不等黑口四周双边 一二七五

大明成化丁亥重刊改併五音類聚四聲篇十五卷 金韓道昭撰 清楊篤題識 明成化三年至七年刻本 十行字数大小相間不等黑口四周双边 一二七六

大明成化丁亥重刊改併五音類聚四聲篇十五卷 金韓道昭撰 明成化三至七年刻正德十四年補刻本 十行十六字小字双行三十二字黑口四周双边有刻工 一二七七

改併五音集韻十五卷 金韓道昭撰 明刻本 十三行大字不等小字三十六字双行黑口三魚尾四周双边 一二七八

改併五音類聚四聲篇十五卷 金韓道昭撰 明刻本 十三行十八字小字双行三十六字黑口四周双边 一二七九

大明弘治甲子重刊改併五音集韻十五卷 金韓道昭撰 明弘治十七年至十八年刻本 十行行字不等黑口四周双边 一二八〇

大明正德乙亥重刊改併五音類聚四聲篇十五卷 金韓道昭撰 新編經史正音 一二八一

切韻指南一卷 元劉鑑撰 新編篇韻貫珠集一卷 直指玉鑰匙門法一卷 明釋真空撰 明正德十一年刻本 十行大字不滿小字双行三十二字黑口四周双边

大明正德乙亥重刊改併五音類聚四聲篇海十五卷 金韓道昭撰 五音集韻十五卷 金韓道昭撰 新編篇韻貫珠集一卷直指玉鑰匙法門一卷 明釋真空撰 明正德十一年刻本 半葉十行十六字双行三十二字黑口四周双边 一三八二

大明正德乙亥重刊改併五音類聚四聲篇十五卷 金韓道昭撰 明正德十一年刻本 十行大小字不等黑口四周双边 一三八三

大明正德乙亥重刊改併五音類聚四聲篇十五卷 金韓道昭撰 經史正音切韻指南一卷 元劉鑑撰 篇韻貫珠集一卷直指玉鑰匙門法一卷 明釋真空撰 明正德十一年刻嘉靖三十八年修補印本 十行字大小不一黑口四周双边三魚尾 一三八四

大明正德乙亥重刊改併五音類聚四聲篇十五卷 金韓道昭撰 經史正音切韻指南一卷 元劉鑑撰 篇韻貫珠集一卷直指玉鑰匙門法一卷 明釋真空撰 明正德十年至十五年刻本 大字十行十八字有小字注黑口四周双边 一三八五

五七

大明正德乙亥重刊改併五音類聚四聲篇十五卷 金韓道昭撰 經史正音切韻指南一卷 元劉鑑撰 貫珠集一卷 明真空撰 明正德十至十五年刻本 十行字數大小不一黑口四周双边 一三八六

大明正德乙亥重刊改併五音類聚四聲十五卷 金韓道昭編 明正德十至十五年刻本 十行十八字大黑口四周双边 一三八七

大明正德乙亥重刊改併五音類聚四聲篇十五卷五音集韻十五卷 金韓道昭撰 明正德十年至十五年刻嘉靖十四年補修本 十行小字双行三十二字上黑口三节魚尾間有對魚尾四周双边 一三八八

重刊改併五音集韻十五卷重刊改併五音類聚四聲篇海十五卷 金韓道昭撰 明正德十年至十一年刻嘉靖三十八年修補萬曆中剜版改字印本 十行大字沒滿格小字双行沒滿格大字約十六字小字三十三字大黑口四周双边 一三八九

正德乙亥重刊改併五音類聚四聲篇海十五卷 金韓道昭撰 新編經史正音切韻指南一卷 元劉鑑撰 新增篇韻拾遺并藏經字義一卷 明正德十年至十五年刻本 十行大小字不一上黑口四周双边 一三九〇

大明正德乙亥重刊改併五音類聚四聲篇十五卷 金韓道昭撰 明正德十年至十五年刻本 十行十六字小字双行三十二字上黑口四周双边 一三九一

大明正德乙亥重刊改併五音類聚四聲篇海十五卷 金韓道昭撰 明正德十年至十五年刻萬曆修補印本 十行行字大小不等小字双行黑口四周双边 一三九二

大明正德乙亥重刊改併五音類聚四聲篇十五卷 金韓道昭撰 貫珠集一卷直指玉鑰匙門法一卷 明釋真空編 明正德十一年刻嘉靖三十八年修補印本 十行字不一四周双边 版心上端是粗黑口下端是白口 一三九三

大明正德乙亥重刊改併五音類聚四聲篇十五卷 金韓道昭撰 明正德十一年刻嘉靖三十八年修補印本 十行十八字小字双行三十二字黑口四周双边 一三九四

正德乙亥重刊改併五音類聚四聲篇十五卷 金韓道昭撰 明正德十一年刻嘉靖三十八年修補印本 半頁十行注文小字双行三十二字四周双边上大黑口下白口 一三九五

大明正德乙亥重刊改併五音類聚四聲篇十五卷 金韓道昭撰 明正德十一年刻本 十行注文三十二字上黑口下白口四周双边下有太監名 一三九六

五八

大明正德乙亥重刊改併五音集韻十五卷 金韓道昭撰 新編經史正音切韻指南一卷 元劉鑑撰 直指玉鑰匙門法一卷 明釋真空撰 明正德十一年刻本 半頁十行行十八字小字双行行三十二字四周双边大黑口三魚尾或双魚尾 一三九七

大明正德乙亥重刊改併五音集韻十五卷 金韓道昭撰 新編經史正音切韻指南一卷 元劉鑑撰 新編篇韻貫珠集一卷 明釋真空撰 明正德十一年刻本 十行大字行字不等小字双行三十二字黑口四周双边 一三九八

大明正德乙亥重刊改併五音集韻十五卷 金韓道昭撰 新編篇韻貫珠集一卷 明釋真空撰 明正德十一年刻本（卷四至卷十二新編篇韻貫珠集配萬曆十七年刻本） 十行十六字小字双行三十二字大黑口四周双边 一三九九

大明正德乙亥重刊改併五音集韻十五卷 金韓道昭改併重編 明正德十一年刻本 十行十八字黑口双边 一四〇〇

大明正德乙亥重刊改併五音集韻十五卷五音類聚四聲篇十五卷 金韓道昭撰 經史正音切韻指南一卷 元劉鑑撰 篇韻貫珠集一卷直指玉鑰匙門法一卷 明釋真空撰 明萬曆十七年衍法寺沙門刻本 十行大小字不等黑口四周双边 一四〇一

大明正德乙亥重刊改併五音集韻十五卷 金韓道昭撰 篇韻貫珠集一卷直指玉鑰匙門法一卷 明釋真空編 明萬曆十七年[illegible]刻本 十行大字十八字小字三十二字上方粗黑口下白口四周双边[illegible]不等 一三〇二

大明正德乙亥重刻改併五音集韻十五卷 金韓道昭撰 明萬曆[illegible]寺沙門刊本 十行十八字小字双行三十二字上黑口双边双魚尾 一三〇三

大明萬曆乙亥重刊改併五音類聚四聲篇十五卷 金韓道昭撰 新編篇韻貫珠集一卷直指玉鑰匙門法一卷 明釋真空撰 明萬曆三年刻本 十行十六字小字双行三十二字白口四周双边 一三〇四

大明萬曆[illegible]重刊改併五音類聚四聲篇十五卷 金[illegible] 明萬曆三年刻白口本 十行[illegible]字双行三十二字白口四周双 一三〇五

大明萬曆乙亥重刊改併五音類聚四聲篇十五卷 [illegible]双边双魚尾 明萬曆三年刻黑口本 十行二十字注文三十二字黑口四周 一三〇六

大明萬曆己丑重刊改併五音集韻十五卷 金韓道昭撰 新編經史正音切韻指南一卷 元劉鑑撰 新編篇韻貫珠集一卷 一三〇七

五九

明釋真空編 明萬曆十七年崇德圓通菴刻白口本 十行十六字小字双行三十二字白口四周双边

大明萬曆己丑重刊改併五音集韻十五卷五音類聚四聲篇十五卷 金韓道昭撰 明萬曆十七年崇德圓通菴刻黑口本 十行行十八字小字双行三十二字黑口四周双边双魚尾 一三〇八

大明萬曆己丑重刊改併五音集韻十五卷 金韓道昭撰 新編經史正音切韻指南一卷 元劉鑑撰 新編篇韻貫珠集一卷 明釋真空撰 明萬曆十七年崇德圓通菴刻本 半頁十行注文小字双行三十二字四周双边白口有刻工 一三〇九

大明萬曆己丑重刊改併五音集韻十五卷 金韓道昭撰 新編經史正音切韻指南一卷 元劉鑑撰 明萬曆十七年崇德圓通菴刻白口本 十行大十八字小三十二字白口四周双边双魚尾 一三一〇

大明萬曆己丑重刊改併五音集韻十五卷 金韓道昭撰 明萬曆十七年崇德圓通菴刻白口本 十行十八字白口四周双边双魚尾 一三一一

大明萬曆己丑重刊改併五音集韻十五卷 金韓道昭撰 明萬曆十七年崇德圓通菴刻黑口本 半頁十行十八字注文三十二字黑口四周双边黑口版心上下黑口双魚尾三魚尾不等 一三一二

萬曆己丑重刊改併五音集韻十五卷 金韓道昭撰 新編篇韻貫珠集一卷直指玉鑰匙門法一卷 明釋真空編 明萬曆十七年崇德圓通菴刻本 十行注文三十二字黑口四周双边版心上下粗黑口双魚尾 一三一三

大明萬曆己丑重刊改併五音類聚四聲篇十五卷 金韓道昭撰 明萬曆十七年刻本 十行二十字注文三十二字白口四周双边双魚尾 一三一四

萬曆己丑重刊改併五音類聚四聲篇十五卷 金韓道昭撰 明萬曆十七年崇德圓通菴刻本 十行字數不一大黑口四周双边 一三一五

大明萬曆己丑重刊改併五音集韻十五卷 金韓道昭撰 新編經史正音切韻指南一卷 元劉鑑撰 新編篇韻貫珠集一卷直指玉鑰匙門法一卷 明釋真空撰 明萬曆三年至二十一年釋如彩隆喚寺刻本 十行字无定數小字双行三十二字大黑口四周双边有刻工 一三一六

大明萬曆己丑重刊改併五音集韻十五卷 金韓道昭撰 新編經史正音切韻指南一卷 元劉鑑撰 新編篇韻貫珠集一卷 明釋真空撰 明萬曆三年至二十一年釋如彩隆喚寺刻重修本 清丁丙跋 十行字无定數小字双行三十二字白口四周双边无刻工 一三一七

大明萬曆己丑重刊改併五音集韻十五卷 金韓道昭撰 一三一八

六〇

明萬曆三年至二十一年釋如彩隆喚寺刻本 十行十六字小字双行三十二字大黑口四周双边

萬曆己丑重刊改併五音類聚四聲篇十五卷五音集韻十五卷 金韓道昭撰 經史正音切韻指南一卷 元劉鑑撰 新編篇韻貫珠集一卷直指玉鑰匙門法一卷 明釋真空撰 明萬曆二十三年晉安芝山開元寺刻本 十行大小字不一白口四周双边 一三一九

大明萬曆己丑重刊改併五音類聚四聲篇十五卷 金韓道昭撰 經史正音切韻指南一卷 元劉鑑撰 新編篇韻貫珠集一卷 明釋真空撰 明萬曆二十三年晉安芝山開元寺刻本 十行十六字白口双魚尾四周双边 一三二〇

萬曆己丑重刊改併五音類聚四聲篇十五卷 金韓道昭撰 明萬曆二十三年晉安芝山開元寺刻本 十行十六字注文双行三十二字白口四周双边 一三二一

改併五音類聚四聲篇海十五卷 金韓道昭撰 明萬曆刻本 清丁丙跋 九行行字无定數白口四周双边无刻工 一三二二

大明萬曆己丑重刊改併五音類聚四聲篇十五卷五音集韻十五卷 金韓道昭撰 經史正音切韻指南一卷 元劉鑑撰 新編篇韻貫珠集一卷 明釋真空撰 一三二三

明崇禎二年至十年釋新仁金陵刻本 十行十六字小字双行三十二字白口四周双边 補版四周單边

大明萬曆己丑重刊改併五音類聚四聲篇十五卷 五音集韻十五卷 金韓道昭撰 新編篇韻貫珠集一卷 明釋真空撰 明崇禎二年至十年釋新仁金陵刻本 十行字头大字釋小字双行三十二字白口四周双边黑刻鱼尾 一三二四

大明萬曆己丑重刊改併五音類聚四聲篇十五卷 五音集韻十五卷 金韓道昭撰 明崇禎二年至十年釋新仁金陵刻本 十行十八字小字双行三十二字白口四周單边或四周双边 一三二五

大明萬曆己丑重刊改併五音類聚四聲篇十五卷 金韓道昭撰 經史正音切韻指南一卷 元劉鑑撰 新編篇韻貫珠集一卷 明釋真空編 明崇禎二年至十年釋新仁刻本 十行字數不一白口四周單边有刻工 一三二六

大明萬曆己丑重刊改併五音類聚四聲篇十五卷 金韓道昭撰 明崇禎二年至十年釋新仁金陵刻本 十行十八字小字双行三十二字花口單边 一三二七

大明萬曆己丑重刊改併五音集韻十五卷 金韓道昭撰 經史正音切韻指南一卷 元劉鑑撰 明崇禎二年至十年釋新仁金陵刻本 十行小字三十二至三十六白口四周双边双鱼尾 一三二八

大明萬曆己丑重刊改併五音集韻十五卷 金韓道昭撰 一三二九

六一

明崇禎二年至十年釋新仁金陵刻本 十行字數不一白口四周双边

萬曆丙申重刊改併五音集韻十五卷 金韓道昭撰 明萬曆二十四年刻本（卷十至十二配清抄本） 十行大字不等小字双行三十二字白口双边 一三三〇

新編經史正音切韻指南一卷附新增篇韻拾遺并藏經字義一卷 元劉鑑撰 明弘治九年釋思宜刻本 十三行十八字黑口四周双边 一三三一

新編經史正音切韻指南一卷 元劉鑑撰 明弘治九年釋思宜刻本 十三行十八字大黑口四周双边 一三三二

新編經史正音切韻指南一卷 元劉鑑撰 明刻本 十三行十八字黑口左右双边 一三三三

經史正音切韻指南一卷 元劉鑑撰 明刻本 十三行行字无定數大黑口四周双边无刻工 一三三四

經史正音切韻指南一卷 元劉鑑撰 明嘉靖三十一年洪都上藍禪寺刻本 十三行二十字黑口上下粗黑口四周双边双鱼尾 一三三五

新編經史正音切韻指南一卷 元劉鑑撰 明萬曆五年刻黑口本 十三行十八字大黑口双边 一三三六

新編經史正音切韻指南一卷 元劉鑑撰 明萬曆五年刻白口本 十三行十八字白口双鱼尾四周双边 一三三七

經史正音切韻指南一卷 元劉鑑撰 檢篇大貼數法 一三三八

一卷 明萬曆二十六年北京衍法寺刻本 十行十六字大黑口四周双边

重刊經史正音切韻指南一卷 元劉鑑撰 明刻本 八行字數不一大黑口四周双边 一三三九

經史正音切韻指南一卷 元劉鑑撰 清咸豐趙同鈞抄本 趙同鈞趙宗建校 王振聲校并跋 一三四〇

經史正音切韻指南一卷 元劉鑑撰 清抄本 一三四一

重校古本五音類聚四聲切韻直音海篇大全十四卷首一卷 金韓道昭撰 明建邑書林余彰德萃慶堂刻本 上下兩欄十一行下欄十二字小字双行行字二十四字上欄七字小字双行十四字白口四周双边无刻工 一三四二

新刊韻略五卷 清影元抄本 一三四三

新刊韻略五卷 清影元抄本 存二卷 一至二 一三四四

新刊韻略五卷 清抄本 一三四五

新刊韻略五卷 清抄本 佚名録清錢大昕跋 一三四六

書學正韻三十六卷 元楊桓撰 元刻本（卷一至三配明抄本） 八行大字十二至十三小字二十三綫黑口左右双边有刻工 存十六卷 一至三 九至二十一 一三四七

書學正韻三十六卷 元楊桓撰 元刻明修本 八行大小字不一小黑口左右双边上鱼尾上偏右刻大字數偏左刻小字數中刻

六二

五聲卷次及頁碼下鱼尾下有刻工名 一三四八

書學正韻三十六卷 元楊桓撰 元刻明修本 清丁丙跋 八行行字无定數小黑口左右双边有刻工 一三四九

書學正韻三十六卷 元楊桓撰 明抄本 存四卷 二十二至二十五 一三五〇

古今韻會舉要三十卷 附禮部韻略七音三十六母通攷一卷 元熊忠撰 元刻本 八行大字不等小字双行二十三字黑口左右双边双鱼尾 一三五一

古今韻會舉要三十卷附禮部韻略七音三十六母通攷一卷 元熊忠撰 元刻本 清錢大昕跋 袁克文跋 八行二十二字黑口左右双边双鱼尾 一三五二

古今韻會舉要三十卷禮部韻略七音三十六母通考一卷 元熊忠撰 元刻明修本 八行字數不一小字双行二十三字黑口左右双边和左右單边 一三五三

古今韻會舉要三十卷 元熊忠撰 元至順二年刻本 八行二十二字黑口左右双边 一三五四

古今韻會舉要三十卷附禮部韻略七音三十六母通攷一卷 元熊忠撰 元刻明修本 清王兆瑚跋 八行小字双行二十二字大小佔二字上下細黑口左右双边双鱼尾 一三五五

古今韻會舉要三十卷附禮部韻略七音三十 一三五六

六母通攷一卷 元熊忠撰 明嘉靖六年鄭氏建陽宗文堂刻本 十行大字不等小字双行二十二字黑口四周双边双魚尾

古今韻會舉要三十卷禮部韻略七音三十六母通攷一卷 元熊忠撰 明嘉靖十五年秦鉞李舜臣刻十七年劉儲秀補刻本 八行小字双行二十三字大字一字占小字二字白口左右双边 一三五七

古今韻會舉要三十卷 元熊忠撰 明萬曆許國誠刻本 八行行大字十字小字双行二十二三十三字不等黑口左右双边 一三五八

古今韻會舉要三十卷附禮部韻七音三十六母通考一卷 元熊忠撰 明刻本 八行大小字相間十九至二十字大黑口双邊 一三五九

古今韻會舉要三十卷禮部韻略七音三十六母通考一卷 元熊忠撰 明刻本 八行字二十字小字双行二十三字上下黑口左右双边 一三六〇

古今韻會舉要三十卷附禮部韻略七音三十六母通考一卷 元熊忠撰 明刻本 八行十一字小字双行二十二字黑口左右双边 一三六一

古今韻會舉要三十卷禮部韻略七音三十六母通攷一卷 元熊忠撰 明刻遞修本 清丁丙跋 八行行字无定數小字双行二十二字大黑口或小黑口或白口左右双边或四周单边有刻工 一三六二

古今韻會舉要三十卷禮部韻略七音三十六母通攷一卷 元熊忠撰 明刻遞修本 舉要八行行無定字小字双行行二十三字通攷十一行二十字黑口左右双边無刻工 一三六三

六三

古今韻會舉要三十卷禮部韻略七音三十六母通考一卷 元熊忠撰 明刻本 十行行字无定數小字双行行二十二字黑口四周双边无刻工通考每十一行行字无定數小字双行行二十二字黑口四周双边无刻工 一三六四

韻書一卷免疑雜字一卷 元鈔本 明佚名跋 一三六五

古今韻會舉要小補三十卷 明方日升撰 明萬曆三十四年周士顯建陽刻本 八行十二字小字双行二十四字白口四周单边 一三六六

古今韻會舉要小補三十卷 明方日升撰 明萬曆三十四年周士顯建陽刻本 清丁丙跋 八行行字无定數小字双行行二十四字白口四周单边 一三六七

古今韻會舉要小補三十卷 明方日升撰 明萬曆三十四年周士顯建陽刻重修本 八行十二字小字双行二十四字白口四周单边 一三六八

洪武正韻十六卷 明樂韶鳳宋濂等撰 明初刻本（十三行白口卷四至六配明抄本） 十三行大小字不一小字双行三十六字大字一當小字二白口四周双边卷四至六配明抄配本行款格式与刻本同 一三六九

洪武正韻十六卷 明樂韶鳳宋濂等撰 明初刻本（八行黑口无刻工） 八行小字双行二十九字黑口四周双边 存三册 一至三 一三七〇

洪武正韻十六卷 明樂韶鳳宋濂等撰 明初刻本 八行十二字小字双行二十四字黑口四周双边有刻工 一三七一

洪武正韻十六卷 明樂韶鳳宋濂等撰 明正德五年梁裕刻本 八行十二字小字双行二十四字黑口双魚尾四周双边 一三七二

洪武正韻十六卷 明樂韶鳳宋濂等撰 明正德十年張淮刻本 八行十二字注双行二十四字黑口四周双边 一三七三

洪武正韻十六卷 明樂韶鳳宋濂等撰 明嘉靖二十七年衡藩刻藍印本 八行十二字小字双行二十四字上下黑口四周双边 一三七四

洪武正韻十六卷 明樂韶鳳宋濂等撰 明嘉靖三十八年益府刻本 八行小字双行二十四字上下黑口四周双边双魚尾 一三七五

洪武正韻十六卷 明樂韶鳳宋濂等撰 明刻以節刻本 八行十二字小字双行二十四字黑口四周双边 一三七六

洪武正韻十六卷 明樂韶鳳宋濂等撰 明直隸監察御史劉以節刻本 清莫友芝題記 一三七七

洪武正韻十六卷 明樂韶鳳宋濂等撰 明隆慶元年衡王刻本 八行注釋双行二十四字大字一字等于两小字粗黑口四周双边版心下有刻工二姓名 一三七八

洪武正韻十六卷 明樂韶鳳宋濂等撰 明萬曆三年司禮監刻本 八行十二字小字双行二十四字粗黑口四周双边双魚尾 一三七九

洪武正韻十六卷 明樂韶鳳宋濂等撰 明萬曆十一年衡王刻本 九行二十二字小字双行二十四字黑口双魚尾四周双边 一三八〇

洪武正韻十六卷 明樂韶鳳宋濂等撰 明嘉府刻本 八行行字不等小字双行二十四字白口四周双边 一三八一

洪武正韻十六卷 明樂韶鳳宋濂等撰 明崇禎十三年陸盛台刻陸孝標修補印本 八行字數不一小字双行二十四字白口四周双边版心下鐫刻工姓名 一三八二

洪武正韻十六卷 明樂韶鳳宋濂等撰 明刻本 八行格綫小字双行行二十四字上下黑口双黑魚尾四周双边 一三八三

六四

洪武正韻十六卷 明樂韶鳳宋濂等撰 明刻本 八行大字不等小字双行二十四字白口四周双边 一三八四

洪武正韻十六卷 明樂韶鳳宋濂等撰 明刻本 八行十二字小字双行二十四字黑口四周双边 一三八五

洪武正韻十六卷 明樂韶鳳宋濂等撰 明刻本（卷一第一頁第一行「卷」「第」字斷版） 八行十二字小字双行二十四字大黑口四周双边 一三八六

洪武正韻十六卷 明樂韶鳳宋濂等撰 明刻本（卷一第一頁第四行「寫」字作「爲」） 字數不等黑口四周双边无刻工 一三八七

洪武正韻十六卷 明樂韶鳳宋濂等撰 明刻本（卷一第一頁第三行「東」字下注「凡三百五十六字」） 八行十二字小字双行二十四字黑口四周双边 一三八八

洪武正韻十六卷 明樂韶鳳宋濂等撰 明刻本（卷一第一頁第一行「卷」字末筆斷筋） 八行二十字小字双行二十四字黑口四周双边 一三八九

洪武正韻十六卷 明樂韶鳳宋濂等撰 明刻本（卷一第一頁第八行「歌」作「歆」） 八行十二字小字双行二十四字黑口四周双边 一三九〇

洪武正韻十六卷 明樂韶鳳宋濂等撰 明刻本（卷一第一頁第八行「歌」作「哉」） 八行十二字小字双行二十四字粗黑口四周双边 一三九一

洪武正韻十六卷 明樂韶鳳宋濂等撰 明刻本（卷一第一頁第一行「洪」作「洪」第五行「涑沾」作「涑沾」） 八行十二字小字二十四字大黑口四周双边 一三九二

洪武正韻十六卷 明樂韶鳳宋濂等撰 明刻本（卷一第一頁第一行「洪」作「洪」第五行「涑沾」作「涿沾」） 八行小字双行二十四字黑口四周双边 一三九三

一三九四 洪武正韻十六卷 明樂韶鳳宋濂等撰 明刻本 清丁丙跋 八行行字无定數小字双行二十四字大黑口四周双边无刻工

一三九五 洪武正韻十六卷 明樂韶鳳宋濂等撰 明刻遞修本 八行大字无足行小字双行二十四字黑口白口相間四周双边

一三九六 洪武正韻十六卷 明樂韶鳳宋濂等撰 明刻本 十行二十字白口左右双边

一三九七 正韻十六卷 明樂韶鳳宋濂等撰 明刻本 八行十二字注双行二十四字黑口四周双边

一三九八 洪武正韻十六卷 明樂韶鳳宋濂等撰 明刻本 八行大字一至五字不等小字双行满格二十四字白口四周双边

一三九九 洪武正韻十六卷 明樂韶鳳宋濂等撰 明刻本 八行十二字小字双行二十四字白口四周雙边

一四〇〇 洪武正韻十六卷 明樂韶鳳宋濂等撰 明刻本 八行十二字小字双行二十四字白口四周單边 扉上鐫評

一四〇一 洪武正韻十六卷 明樂韶鳳等撰 明刻本 八行十二字小字双行二十四字大黑口四周双边

一四〇二 洪武正韻十六卷 明樂韶鳳等撰 明刻本 八行十二字小字双行二十四字黑口四周双边

一四〇三 洪武正韻十六卷 明樂韶鳳等纂修 明刻本 八行大字不等小字双行每行二十字黑口四周双边

一四〇四 洪武正韻十六卷 明樂韶鳳宋濂等撰 明刻本 八行大字不滿小字双行二十四字黑口四周双边

一四〇五 洪武正韻十六卷 明樂韶鳳宋濂等撰 洪武正韻玉鍵一卷 明張士佩撰 明萬曆二年刻本 八行大字不滿小字双行二十四字白口四周双边有刻工

一四〇六 洪武正韻十六卷 明樂韶鳳宋濂等撰 洪武正韻玉鍵一卷 明張士佩撰 明萬曆二年刻本 洪武正韻八行十二字小字双行二十四字大黑口四周双边有刻工 正韻玉鍵八行大字不一小白口四周双边有刻工

一四〇七 洪武正韻十六卷 明樂韶鳳宋濂等撰 洪武正韻玉鍵一卷 明張士佩撰 明萬曆十年心一堂刻本 半頁八行行十二字小字双行二十四字粗黑口白双魚尾四周双边

一四〇八 洪武正韻十六卷 明樂韶鳳宋濂等撰 洪武正韻玉鍵一卷 明張士佩撰 明萬曆書林陳奇泉刻本 八行二至五字不一小字双行二十四字白口四周双边

一四〇九 洪武正韻十六卷 明樂韶鳳宋濂等撰 明天啟元年司禮監刻本 八行十六字白口四周双边

一四一〇 洪武正韻十六卷 明樂韶鳳宋濂等撰 洪武正韻玉鍵一卷 明張士佩撰 明刻本 大字八行无定數小字双行二十四字大黑口四周双边双魚尾

一四一一 洪武正韻十六卷 明樂韶鳳宋濂等撰 洪武正韻玉鍵一卷 明張士佩撰 明刻本 八行行字无定數白口四周單边无刻工

一四一二 洪武正韻十卷 明樂韶鳳等撰 楊時偉補箋 明崇禎四年刻本 七行十六字小字双行二十六字白口四周單边

一四一三 洪武正韻彙編四卷 明周家棟輯 明萬曆三十年刻本 九行无格大小字相間一大字等于二小字小字双行白口四周双边

一四一四 洪武正韻高唐王篆書五卷 明朱厚煐篆書 明萬曆十二年衡藩時習軒刻本 八行每行篆書大字六字楷書小字六字白口四周双边有刻工

一四一五 洪武正韻傍音釋義二卷 明刻本

一四一六 新編篇韻貫珠集八卷 明釋真空撰 明弘治十一年刻本 十行字數不等小字双行黑口四周双边版心下有刻工名

六五

一四一七 聲音文字通三十二卷 明趙撝謙撰 清抄本（四庫底本） 存十四卷 一至八 十三至十八

一四一八 皇極聲音文字通三十二卷 明趙撝謙撰 清抄本 清晉釗跋 存二十八卷 三至三十

一四一九 詩對押韻前集一卷後集一卷 明欣純撰 明萬曆十七年黄應元刻本 九行十八字小字双行白口四周單边

一四二〇 會通館集九經韻覽□□卷 明華燧撰 明弘治十一年華氏會通館銅活字印本 九行十七字白口四周單边 存十四卷 一至十四

一四二一 詩韻釋義不分卷 題闇西倩蘇子撰 明正德十五年郭勛刻本 十行黑口四周双边

一四二二 詩韻提綱五卷 明刻本 十行大小字不等黑口四周双边

一四二三 新編併音連聲韻學集成十三卷 直音篇七卷 明章黼撰 明成化十七年刻本 八行大字每行四五字不等小字双行字數不等黑口三魚尾左右双边

一四二四 新編併音連聲韻學集成十三卷 直音篇七卷 明章黼撰 明成化十七年刻嘉靖二十四年張當補刻萬曆九年高薦重修本 八行注文二十四字黑口四周双边版心上下黑口双魚尾版心上刻日

一四二五 新編併音連聲韻學集成十三卷 明章黼撰 明成化十七年刻嘉靖二十四年張當補刻萬曆九年高薦重修本 八行大字不等小字双行二十四字大黑口四周双边

一四二六 直音篇七卷 明章黼撰 明成化十七年刻嘉靖二十四年張當補刻萬曆九年高薦重修本 八行大字每行不等注双行四周双边黑口

一四二七 直音篇七卷 明章黼撰 明成化十七年刻嘉靖二十四年張當補刻萬曆九年高薦重修本 清常大淳題識 八行十三字小字双行二十四字白口四周双边有刻工 存六卷 一至六

一四二八 重訂併音連聲韻學集成十三卷 明章黼撰 明萬曆三十四年練川明德書院刻本 八行十二字白口左右双边有刻工

一四二九 重訂併音連聲韻學集成十三卷 明章黼撰 明吳道長重訂 清余歆補輯 明萬曆三十四年練川明德書院刻清康熙四年補修本 八行十二字小字双行二十四字白口左右双边有刻工

一四三〇 重訂直音篇七卷 明章黼撰 明萬曆三十四年練川明德書院刻本 八行大小字數不等小字双行白口左右双边

一四三一 重刊併音連聲韻學集成十三卷 明章黼撰 明萬曆六年維揚資政左室刻本 八行大字不等小字双行二十四字白口四周双边有刻工

一四三二 重刊併音連聲韻學集成十三卷 明章黼撰 明萬曆六年維揚資政左室刻本 清丁丙跋 八行行字无定數白口四周双边有刻工

一四三三 直音篇七卷 明章黼撰 明萬曆六年維揚資政左室刻本 半頁八行四周双边白口有刻工

一四三四 詩韻釋義二卷 明內府刻本 八行字數不等黑口四周双边

一四三五 古音獵要五卷古音略例一卷古音叢目五卷

六六

轉註古音略五卷古音餘五卷古音附錄一卷奇字韻四卷 明楊慎撰 明嘉靖李元陽刻本 九行二十字小字双行二十字白口左右双边有刻工 一四三六

古音獵要五卷古音略例一卷古音餘五卷 明楊慎撰 明嘉靖李元陽刻本 清丁丙跋 九行二十字小字双行行二十字白口左右双边有刻工 一四三七

轉注古音略五卷 明楊慎撰 明嘉靖李元陽刻本 清顧炎武批并跋 孔繼涵 方綱 葉傳增 湘 袁克文跋 九行小字双行白口左右双边有刻工 一四三八

轉注古音略五卷古音餘五卷五音拾遺五卷古音略例一卷古音駢字五卷古音復字五卷 明楊慎撰 楊宗吾輯 明萬曆三十四年自刻本 八行字數不等小字双行二十四字白口四周双边有刻工 一四三九

韻經五卷 宋吳棫撰 明楊慎轉注 明萬曆二十七年郭正域刻本 八行十四字小字双行行十四字白口双边有刻工 一四四〇

沈氏韻經五卷 明楊慎注 清張純修刻本 一四四一

韻林原訓五卷 明楊慎撰 明萬曆二十八年陳邦泰刻本 六行大字三小字七白口四周單边 一四四二

雜字韻寶五卷 明楊慎撰 明萬曆刻本 九行十一字白口四周双边小字二十二字 一四四三

韻譜五卷 明朱睦㮮撰 明嘉靖二十四年刻本 九行十八字白口四周單边 一四四四

六七

毛詩古音考四卷附讀詩拙言一卷 明陳第編 明萬曆三十四年刻一齋集本 十行二十一字小字双行字數同白口左右双边 一四四五

毛詩古音考四卷屈宋古音義三卷 明陳第撰 明萬曆三十四年至四十二年刻一齋集本 十行二十一字白口左右双边單魚尾 一四四六

屈宋古音義三卷 明陳第撰 明萬曆四十二年刻一齋集本 十行二十一字白口四周單边有刻工 一四四七

毛詩古音考四卷 明陳第撰 毛詩正變指南圖六卷 明陳重光重訂 明崇禎九年飯石軒刻本 十行二十一字小字雙行二十字白口左右双边無刻工 一四四八

毛詩古音考四卷附讀詩拙言一卷 明陳第撰 清乾隆十七年刁戴高抄本 清刁戴高跋 一四四九

毛詩古音考四卷 明陳第撰 明崇禎九年飯石軒刻本 十行二十一字小字雙行行字同白口左右雙边無刻工 一四五〇

韻略易通二卷 明蘭茂撰 明嘉靖三十二年高岐刻本 十行十九字小字双行行字同白口四周單边 一四五一

韻略易通不分卷 明蘭茂撰 明崇禎刻本 八行字數不等細黑口四周双边 一四五二

韻略易通二卷 明蘭茂撰 明萬曆山東刻本 九行字數不等白口上卷廿七頁以前四周單边廿八頁以下及下卷四周双边 一四五三

韻略易通二卷 明蘭茂撰 明寶旭齋刻本 半頁九行四周單边白口 一四五四

韻略滙通二卷 明蘭茂撰 明崇禎十五年畢拱辰刻本 八行字數不一白口四周雙边 一四五五

韻略易通不分卷 明釋本悟撰 清康熙六年種術滑刻本 一四五六

韻略易通不分卷 明釋本悟撰 清康熙八年嵩明瑤玲山何有慶鐫書見刻本 一四五七

韻略易通不分卷 明釋本悟撰 清抄本 一四五八

詩韻輯略五卷 明潘恩撰 明隆慶刻本 八行大小字不等白口間有线黑口左右双边 一四五九

詩韻輯略五卷 明潘恩撰 明隆慶刻本 莫棠跋 八行字无定數小字双行行二十四字大字約小字二倍白口左右双边 一四六〇

詩韻輯略五卷 明潘恩撰 明天啟二年刻本 八行行十二字小字双行行二十四字白口單魚尾上下單边左右双边 一四六一

詩韻輯略五卷 明潘恩撰 明刻本 八行双行小字行二十四字白口四周單边 一四六二

詩韻輯畧五卷 明潘恩撰 清順治九年寄齋堂刻本 一四六三

韻苑考遺五卷 明陳士元撰 明嘉靖二十五年楊椿等刻本 九行十四字白口四周双边无刻工 一四六四

諸史夷語音義四卷 明陳士元撰 明萬曆十五年刻本 一四六五

詩韻輯要五卷 明李攀龍輯釋 明萬曆四十二年刻本 九行七字小字双行字數不一白口左右双边 一四六六

郊庵訂正詩韻輯要五卷 明李攀龍編 明末黃家鼎刻本 半頁九行四周單边白口 一四六七

新刊增補古今名家韻學淵海大成十二卷 明李攀龍撰 明刻本 十一行二十字小字双行三十字白口左右双边或四周双边 一四六八

併音連聲字學集要四卷 明陶承學撰 明萬曆二年周恪刻本 八行大字十二小字双行廿四左右双边无刻工

六八

併音連聲字學集要四卷 明陶承學撰 朱錦輯 明天啟五年刻本 八行大字一至六字不等小字双行每行多至二十四字白口四周單边 一四六九

韻畧類繹四卷 明李齊芳編 明隆慶二年刻本 九行十四字小字双行二十八字均无全行白口四周單边 一四七〇

古今詩韻釋義五卷 明陳世寶訂正 龔大器參補 明萬曆七年維揚求益堂刻本 九行注文二十九字白口四周双边單白魚尾下有刻工 一四七一

古今詩韻釋義五卷 明陳世寶訂正 龔大器參補 明萬曆九年金陵書肆周前山刻本 十行注文三十字白口四周双边單魚尾 一四七二

孫宗吾音學書四種二十卷 明孫宗吾編 明嘉靖十八年刻本 八行字數不等黑口四周双边 一四七三
古音複字五卷
古音駢字五卷
古音餘五卷
五音拾遺五卷

韻經五卷 明張之象撰 明嘉靖十八年長水書院刻本 十行十八字小字双行白口左右双边 一四七四

韻經五卷 明張之象撰 明嘉靖十八年長水書院刻本 清錢陸燦批注 十行十八字間有小字双行白口單魚尾左右双边 一四七五

韻經五卷 明張之象撰 明萬曆六年李良柱淮陰刻本 十行十八字白口左右双边 一四七六

韻釋便覽五卷 明孫緯城輯 明萬曆十八年刻本 八行行字无定數大黑口四周單边无刻工 一四七七

韻書通用字考五卷 明顧起滄撰 明萬曆三十四年刻本 十行二十字白口四周双边有刻工 一四七八

一四七九　古今韻分注撮要五卷　明甘雨撰　陳士元注　明萬曆二十二年鎮粵堂刻本　九行大字不等小字双行二十四字白口双魚尾四周双边

一四八〇　古今韻分注撮要五卷　明甘雨撰　陳士元注　宋爾珍增補　明萬曆三十九年吉州刻本　九行大字不等小字行二十字白口四周单边

一四八一　古今韻撮九卷　明高舉輯　明萬曆四十一年刻本　八行白口四周双边

一四八二　書文音義便考私編五卷附書文音義便考難字直音一卷　明李登撰　明萬曆十五年陳邦泰刻本　七行大字五字小字不等白口

一四八三　鍥王堂釐正龍頭字林備考韻海全書十六卷首一卷　明李廷機撰　明萬曆二十□年書林劉雙松安正堂刻本　上下栏小黑口双花魚尾四周双边

一四八四　蘇氏韻輯四卷　明蘇茂相輯　明天啟二年廣益堂刻本　八行行字无定数小字双行二十四字白口四周双边无刻工

一四八五　韻表三十卷　明葉秉敬撰　明萬曆三十三年刻本　九行二十字白口四周单边

一四八六　音韻日月燈六十卷　明呂維祺撰　明崇禎七年石渠閣刻本　八行十二字小字双行二十四字白口四周单边

一四八七　音韻日月燈六十卷　明呂維祺撰　明崇禎七年石渠閣刻本　清丁丙跋　八行行字无定数小字双行行二十四字白口四周单边无刻工

一四八八　五大部直音集韻不分卷　明萬曆二十年杭州珠瑞寺釋通暁刻本　十行白口左右双边

一四八九　青郊雜著一卷文韻考衷六聲會編十二卷　明桑紹良輯　明萬曆九年桑學夔青郊書院从政山房刻本　半頁九行横大格字數不定白口四周单边无刻工　書名據書口所題

一四九〇　篆韻不分卷　明嘉靖八年刻本　七行字不一　篆分楷小字三種

一四九一　類聚音韻三十卷存二十四卷　七至三十　明嘉靖宗文堂刻本　白口四周双边

一四九二　詩韻釋義五卷　明錢薇輯　明隆慶三年錢氏王蘭堂刻本　八行十四字白口左右双边单魚尾

一四九三　元聲韻學大成四卷　明濮陽淶撰　明萬曆八年刻本　半頁九行行字數不等小字双行行二十八字白口单魚尾四周双边

一四九四　元聲韻學大成四卷　明濮陽淶撰　明萬曆二十六年書林蔡雲竹刻本　九行大小字数不等白口四周双边无刻工

一四九五　三台館仰止子考古詳訂遵韻海篇正宗二十卷　明余象斗纂　明萬曆二十六年余氏雙峯堂刻本　共分三栏中栏較窄大小字不一下黑口四周双边

一四九六　三台館仰止子考古詳訂遵韻海篇正宗二十卷　明余象斗纂　明萬曆三十年葉近山刻本　九行五字小字双行十字花口单魚尾左右双边

一四九七　若愚指南捷徑門法一卷　明隆慶六年行法寺刻本　行数字数不一黑口四周双边有尾栏

一四九八　新增切韻指南不分卷　明潘繼撰　明萬曆刻本　十三行十八字白口四周单边

一四九九　交泰韻二卷　明呂坤撰　明末胡正言十竹齋刻本　八行十八字小字双行十八字白口四周单边无刻工

一五〇〇　韻譜本義十卷　明茅溱輯　明萬曆三十二年自刻本　八行小字双行二十六字白口四周单边

一五〇一　韻譜本義十卷　明茅溱輯　明萬曆三十二年自刻本　鄭振鐸跋　八行大小字不等白口四周单边

一五〇二　讀易韻考七卷　明張獻翼撰　明萬曆刻本　十行二十字白口左右双边

一五〇三　音聲紀元六卷　明吳繼仕撰　明萬曆刻本　十行二十字白口四周单边

一五〇四　古今字韻全書集韻十五卷　明刻本　九行十四字小字双行行二十八字白口四周单边天头有注

一五〇五　詩韻輯要五卷　明王穉登輯　明刻本　八行大字六小字不等白口四周单边无魚尾

一五〇六　古篆韻譜正傳二卷　明呂胤基撰　明萬曆十六年江籬館刻本　八行五字白口四周单边有刻工

一五〇七　古篆韻譜正傳二卷　明呂胤基撰　[illegible]　明萬曆十六年江籬館刻本

一五〇八　詩韻釋要五卷附古韻釋要一卷　明潘雲杰陸鐵纂　明萬曆刻本　八行十六字白口左右双边

一五〇九　經史正音切韻指南捷錄四卷　明釋若愚輯　明萬曆三十七年南昌山西潞安府寶雲寺釋真馥刻清順治十六年重修本　半頁十行行无定字四周双边黑口上下花魚尾

一五一〇　新鐫中書科刪訂字義辨疑正韻海篇十八卷首二卷末一卷　明李爵徵訂義　明萬曆二十六年福建書林鄭雲齋刻本　半頁八行行十九字小字双行行字数不等白口双魚尾四周单边

一五一一　合併字學集篇集韻二十三卷存二十卷　集篇十卷　集韻十卷　明徐孝編　明萬曆三十五年張元善刻本　九行十五字小字双行三十字白口左右双边有刻工

一五一二　詩音辯略二卷　明楊貞一撰　明萬曆四十七年凌一心刻本　九行十九字白口左右双边有刻工

一五一三　吟囊一覽五卷　明萬曆刻本　九行二十字白口四周双边

一五一四　正韻篆二卷　明沈延銓撰　學古編二卷　元吾丘衍撰　明何震續　明天啟二年自刻本　八行白口左右双边无魚尾

一五一五　正韻篆二卷　明沈延銓撰　明天啟二年自刻本　半頁八行行大字五字双行小字多少不等白口上下单边左右双边无刻工

一五一六　正韻篆不分卷　明沈延銓撰　清康熙四十一年抄本

一五一七　正韻篆字校六卷　明沈延銓撰　清張元輅校訂　稿本　清張世卿跋

一五一八　古韻一卷今韻一卷　明刻本　英棨跋　八行大十四字小二十八字白口左右双边单魚尾

一五一九　陳明卿太史考古詳訂遵韻海篇朝宗十二卷　明陳仁錫撰　明末奇字齋刻本　十行大字八小字二十白口四周单边

一五二〇　西儒耳目資三卷　泰西金尼閣撰　釋疑一卷　明王徵撰　明天啟六年王徵張問達刻本　十二行行二十字白口单魚尾四周双边

一五二一　辨音纂要二卷　題明吉甫撰　稿本

詩韻釋義二卷　明天啟四年華陽王府刻本　八行序文行十五字正文每行大字六大字下小字双行白口四周双边有刻工　一五二二

韻法橫圖一卷韻法直圖一卷　明李世澤撰　明末胡正言十竹齋刻本　八行十七字白口四周单边无刻工　一五二三

正韻翼九卷　明吳士琳撰　明天啟六年新安刻本　半頁九行行二十字白口四周双边有刻工　一五二四

律諧不分卷　明熊人霖撰　明崇禎刻本　八行十九字小字双行同白口四周单边　一五二五

切韻一卷附諺原一卷　清方以智撰　清抄本　一五二六

詩韻孜裁五卷　明徐爾鉉輯　明崇禎刻本　半頁八行注文小字双行四周单边白口有刻工　一五二七

律古詞曲賦叶韻統十二卷　明程元初撰　明崇禎五年刻本　八行二十字白口单边　一五二八

音韻正訛四卷　明孫耀輯　明崇禎十七年刻本　八行十五字小字双行三十字白口四周单边　一五二九

元韻譜一卷　明喬中和纂　明崇禎刻躋新堂集本　九行十八字白口左右双边　一五三〇

皇極圖韻一卷　明陳藎謨撰　明崇禎五年石經草堂刻本　與皇極統韻通釋、皇極統韻正隸疏合冊　半頁十行行二十四字四周单边白口　一五三一

皇極統韻通釋一卷類音檢字一卷　明陳藎謨撰　清順治刻本　與皇極統韻正隸識、皇極圖韻合冊　一五三二

五車韻府十卷　明陳藎謨撰　胡邵瑛輯　清康熙四十七年慎思堂刻本　一五三三

元音統韻二十八卷　明陳藎謨撰　清吳任臣輯　清康熙五十三年范廷瑚慎思堂刻本　一五三四

韻略四卷韻鑰一卷　明許爾寧撰　稿本　一五三五

音韻集成不分卷　明莫銓撰　稿本　一五三六

古隸韻宗五卷　明魏師段輯　明魏崙海刻本　八行小字双行白口四周单边　一五三七

韻叶考五卷　明余信撰　明潘侃刻本　八行十九字小字双行二十二字細黑口四周单边　一五三八

詩韻釋略五卷　明梁應圻撰　清康熙十七年李希鴻刻本　一五三九

音韵闡微十八卷　清李光地等撰　清雍正六年內府刻本　一五四〇

音韻闡微十八卷　清李光地等撰　清抄本　一五四一

古今韻考四卷　清李因篤撰　清劉履恂抄本　一五四二

類音八卷　清潘耒撰　清雍正三年潘氏遂初堂刻本　一五四三

康熙甲子史館新刊古今通韻十二卷　清毛奇齡撰　清康熙二十四年學者堂刻本　一五四四

正韻字體辨微一卷　清吳任臣撰　清康熙五年[illegible]賢齋刻本　一五四五

韻雅五卷雜論一卷識餘一卷　清施何牧撰　清刻本　一五四六

本韻一得二十卷　清龍為霖撰　清乾隆十六年刻本　一五四七

韻玉函書□□卷　清胡煦撰　顧宗泰等校補　稿本　一五四八

韻玉函書□□卷　清胡煦撰　顧宗泰等校補　稿本
　存六冊　一五四九

韻玉函書□□卷　清胡煦撰　稿本
　存十八冊　一五五〇

音學五書三十八卷　清顧炎武撰　清康熙六年符山堂刻本　一五五一
　音論三卷
　詩本音十卷
　易音三卷
　唐韻正二十卷
　古音表二卷

顧氏音學五書十三卷　清顧炎武撰　清林春祺福田書海銅活字印本　一五五二
　音論三卷
　詩本音十卷

詩本音十卷　清顧炎武撰　清乾隆三十二年張承緒抄本　一五五三

韻通一卷　清蕭雲從撰　清抄本　一五五四

柴氏古韻通八卷　清柴紹炳撰　清抄本　一五五五

欽定同文韻統六卷　清允祿等纂　清乾隆內府刻本　一五五六

惠定宇先生更定四聲稿不分卷　清惠棟撰　清江聲批注　清宋邦綏抄本　任銘善跋
　存平聲十三部上聲二十三部　一五五七

五方元音二卷　清樊騰鳳撰　年希堯增補　清康熙刻本　一五五八

韻學五卷　清王植撰　清雍正八年刻本　一五五九

太古元音四卷　清是奎撰　清抄本　清丁丙跋　一五六〇

音韻須知二卷　清李書雲輯　清康熙二十九年孝經堂刻本　一五六一

古今韻略五卷　清邵長蘅撰　清康熙三十五年刻本　一五六二

古今韻略五卷　清邵長蘅撰　清康熙三十五年刻本　清王鳴盛校注并跋　一五六三

古今韻略五卷　清邵長蘅撰　寶綸題款　清康熙三十五年刻本　清江晏批校　一五六四

古今韻略五卷　清邵長蘅撰　清康熙三十五年刻本　清陸潤庠校　一五六五

曹楝亭五種六十五卷　清曹寅輯　清康熙四十五年揚州使院刻本　一五六六
　大廣益會玉篇三十卷　宋陳彭年等撰
　大宋重修廣韻五卷　宋陳彭年等撰
　集韻十卷　宋丁度等撰
　類篇十五卷　宋司馬光等撰
　附釋文互註禮部韻略五卷　宋□□撰

增訂韻瑞不分卷　清周士彬輯　稿本　一五六七

唐律詩韻二卷首一卷末一卷　清蔣國祥、蔣國祚撰　清康熙三十四年刻本　一五六八

一五六九 等切元聲十卷 清熊士伯撰 清康熙四十五年刻本
一五七〇 韻府便考不分卷 清丁有曾撰 清抄本
一五七一 聲韻辨八卷 清譚宗撰 清抄本
一五七二 韻切指歸二卷 清吴遐齡撰 清康熙四十九年吴之珩刻本
一五七三 音韻清濁鑑三卷 清王祚楨撰 清康熙六十年蕃樂堂刻本
一五七四 重訂馬氏等音内集一卷外集一卷 清梅建撰 清康熙四十七年思補堂刻本
一五七五 今韻箋略五卷 清汪立名撰 清康熙刻本
一五七六 大藏字母九音等韻不分卷 清釋阿摩利諦譯 清康熙四十一年抄本
一五七七 對類便讀六卷首一卷 清程錫類輯 清康熙四十六年蘇州綠慎堂刻本
一五七八 音韻原流三卷首一卷 清潘咸撰 清抄本
一五七九 孫氏唐韻考五卷補遺一卷 清紀容舒撰 手稿本
一五八〇 摭韻六卷 清朱昆田纂 沈名蓀補 清初抄本
一五八一 柳堂訂譌略二卷 清聾儒龍撰 清雍正四年荆溪柳堂刻本
一五八二 音韻述微不分卷 清翁方綱撰 稿本
一五八三 聲類不分卷 清錢大昕撰 清抄本

七三

一五八四 聲類不分卷 清錢大昕撰 清嘉慶元年錢繹抄本 清錢繹批并跋
一五八五 悉曇奥論三卷 清周春輯 清吴氏拜經樓抄本 清吴騫校
一五八六 韻學考原二卷 清范家相撰 稿本
一五八七 聲韻考四卷 清戴震撰 手稿本
一五八八 聲韻考四卷 清戴震撰 清瀏陽縣署刻本 清紀昀批并跋
一五八九 聲韻考四卷 清戴震撰 清乾隆四十四年孔繼涵刻微波榭叢書本 清朱錫庚題識并批校
一五九〇 聲韻考四卷聲類表九卷首一卷 清戴震撰 清乾隆四十四年孔繼涵刻微波榭叢書本 清李慈銘跋并録段玉裁序
一五九一 古韵標準一卷 清江永撰 戴震參定 稿本
一五九二 古韵標準一卷 清江永撰 戴震參定 清乾隆三十六年刻本 清李文藻校
一五九三 音學辨微一卷三十六字母辨一卷 清江永撰 清黄廷鑑撰 清抄本 清汪曰楨校并跋
一五九四 四聲切韻表一卷 清江永撰 清乾隆五十三年應雲堂刻本 清汪曰楨校
一五九五 四聲切韻表三卷首一卷末一卷 清江永撰 汪曰楨補正 清同治七年陳鏞抄本
一五九六 王念孫手稿□卷 清王念孫撰 稿本

一五九七 經韻不分卷 清王念孫撰 清嚴厚民抄本
一五九八 古今指南五卷 清王兆龍輯 清來青閣抄本
一五九九 詩經叶音辨譌八卷 清劉維謙撰 清乾隆三年壽峯書屋刻本
一六〇〇 歧疑韻辨五卷口音辨訛一卷韻字旁通一卷 清杜蕙撰 清乾隆十年省過堂刻本
一六〇一 六書音韻表五卷 清段玉裁撰 清乾隆四十一年富順官廨刻本 清阮元校 秦更年跋
一六〇二 六書音均表五卷 清段玉裁撰 清乾隆四十一年富順官廨刻本 清許瀚批校 胥父慧題記
一六〇三 音緯二卷 清龍士琳撰 稿本 清王念孫校
一六〇四 等音新集前編一卷後編一卷 清璩萬鑑編 清乾隆二十五年刻本
一六〇五 音韻討論六卷 清吴穎芳撰 清抄本
一六〇六 音韻輯要二十一卷 清王鵕撰 清乾隆四十九年咸德堂刻本 清劉禧延論正并校 同雲青跋
一六〇七 詩韻歌訣初步五卷 清倪璐撰 清乾隆二十五年克復堂刻本
一六〇八 官韻考異一卷 清吴省欽輯 清劉氏被均尻抄本
一六〇九 類音備用八卷 清郭文煒輯 稿本
一六一〇 古篆韻譜五卷 清鄧熺撰 稿本

七四

一六一一 謇樓填詞韻十卷 清陳璂卿撰 清抄本 趙萬里跋
一六一二 鄉音正誤二十四卷賸稿一卷 清范照藜撰 稿本
一六一三 新鐫彙音妙悟不分卷 清黄謙撰 清嘉慶五年自刻本
一六一四 古韻纂組不分卷 清□慧書輯 清抄本
一六一五 釋服二卷 清宋綿初撰 清嘉慶二十三年書種堂刻本
一六一六 古韻通說二十卷 清龍啟瑞撰 稿本
一六一七 韻徵不分卷 清安吉撰 稿本 清安念祖題識
一六一八 韻徵十六卷 清安吉撰 清安念祖抄本
一六一九 聲系三卷 清陳鱣撰 稿本
一六二〇 聲類一卷 魏李登撰 清陳鱣輯 稿本
一六二一 詩音十五卷 清高澍然撰 清嘉慶十七年活字印本 清段玉裁題識 江沅校
一六二二 音學臆說六卷 清李汝珍撰 稿本
一六二三 諧聲類篇四卷 清丁履恒撰 手稿本 清王念孫劉逢祿藏校
一六二四 諧聲類篇四卷 清丁履恒撰 清抄本 清趙之謙題識
一六二五 形聲部分篇一卷通合篇一卷餘論一卷類篇

校勘一卷　清丁履恒撰　清抄本

形聲類篇餘論一卷　清丁履恒撰　附校勘一卷　清龐大堃撰　稿本　一六二六

韻彙校一卷　清王筠撰　稿本　一六二七

音均部略四卷詩音譜略一卷　清黃式三撰　稿本　一六二八

江氏音學十書十二卷　清江有誥撰　清嘉慶道光間江氏刻本　一六二九

詩經韻讀四卷
羣經韻讀一卷
楚辭韻讀一卷附宋賦一卷
先秦韻讀一卷
廿一部諧聲表一卷
入聲表一卷
唐韻四聲正一卷
等韻叢說一卷

江氏音學十書十二卷　清江有誥撰　清嘉慶道光間江氏刻本（羣經韻讀通卷抄配）王國維校並跋　一六三〇

詩經韻讀四卷
羣經韻讀一卷
楚辭韻讀一卷附宋賦韻讀一卷
先秦韻讀一卷
廿一部諧聲表一卷
入聲表一卷
等韻叢說一卷
唐韻四聲正一卷

江氏小學十種十二卷　清江有誥撰　清嘉慶道光間刻本　清何紹基題款　一六三一

七五

存八種十一卷

詩經韻讀四卷
羣經韻讀一卷
楚辭韻讀一卷
唐韻四聲正一卷
諧聲表一卷入聲表一卷附等韻叢說一卷
先秦韻讀一卷

江氏音學十書十四卷　清江有誥撰　清咸豐二年刻本　王國維跋　一六三二

詩經韻讀四卷
羣經韻讀一卷
楚辭韻讀一卷
宋賦韻讀一卷
先秦韻讀一卷
唐韻四聲正一卷
廿一部諧聲表一卷
入聲表一卷
附等韻叢說一卷
說文[illegible]轉聲表一卷
𨽻書糾謬一卷
糾謬補遺一卷

說文諧聲舉要十四卷　清朱士端撰　稿本　一六三三

詩詞通韻五卷反切定譜一卷　題樸隱子輯　清道光十四年潘道根抄本　一六三四

詩韻等音不分卷　清宮楠園撰　稿本　一六三五

註釋十三經集字音讀四卷　清王德暉集注　稿本　一六三六

諧聲譜五十卷　清張成孫撰　稿本　一六三七

操風瑣錄四卷　清劉家謀撰　稿本　清謝章鋌跋　一六三八

操風瑣錄四卷　清劉家謀撰　清撰江陳氏鐵石軒抄本　一六三九

操風瑣錄四卷　清劉家謀撰　清福州林氏樸學山館抄本　一六四〇

東塾初學編一卷　清陳澧撰　稿本　一六四一

十七部分字表一卷附許書漢制一卷　清陳倬撰　手稿本　一六四二

今韻正義十卷　清陳倬撰　稿本　一六四三

今韻正義十卷　清陳倬撰　手稿本　一六四四

存九卷　一至三　五至十

二十一部古韻二卷　清曹剑著　稿本　一六四五

存一卷

音韻學稽古錄一卷　清劉傳瑩撰　稿本　一六四六

正音咀華三卷續編一卷　清莎彝尊撰　清咸豐三年麈談軒刻套印本　一六四七

學基四卷　清王吉士撰　稿本　一六四八

龐氏音學遺書四種十五卷　清龐大堃撰　稿本　一六四九

形聲輯畧一卷備考一卷
等韻輯畧三卷
唐韻輯畧五卷備考一卷
古音輯畧三卷備考一卷

七六

韻畧易通不分卷　清彭應福撰　稿本　一六五〇

虞山方音辨訛一卷　清薛福謙撰　稿本　清翁同龢錢國慶跋　一六五一

單縣時氏音學遺著不分卷　清時庸勱撰　稿本　民國王獻唐跋　一六五二

聲譜四冊
陽類聲說二冊
諧聲譜二冊
陰類聲說二冊
聲說四冊
毛詩韻字三冊
毛詩古韻貫三冊
聲韻一冊
同聲相應一冊
古韻一冊
經韻一冊
丙丁抄一冊
古今韻析一冊
己五抄一冊
聲表校勘一冊
丁亥抄一冊
字母一冊
[illegible]七[illegible]一冊

聲韻標式一册　韓詩毛詩韻訂一册　說文解字聲切正[illegible]一册　唐韻正稿抄一册　說文部首一册　黃氏雜學一册　段王合校一册　毛詩[illegible]韻[illegible]、一册　苗氏聲讀表一册

攀古小廬經說、許瀚撰一册　積古齋釋文正誤、攀古小廬校刊記一册　各卷細目一册

一六五三　韻箋合校不分卷　清丁士涵撰　稿本

一六五四　唐韻校正不分卷　清丁士涵撰　手稿本

一六五五　唐韻校稿不分卷　清丁士涵撰　手稿本

一六五六　通俗字語編音摘鈔四卷　清許文洽撰　稿本

一六五七　雙聲錄四卷續錄四卷疊韻錄四卷續錄五卷

附錄一卷　清[illegible]鋐撰　稿本

一六五八　三音均部略四卷　清黃以愚撰　稿本

一六五九　音韻啟蒙四卷　清戴錫瑞輯　稿本

一六六〇　韻府字學音韻考正一百六卷　清胡祖望撰　稿本

一六六一　古韻分部諧聲二十一卷　清楊氏海源閣抄本

存十四卷　一至十四

一六六二　音韻校正不分卷　清來景風著　稿本

一六六三　金韵錄五卷　清秦實琦撰　稿本

一六六四　今擬四聲表一卷　清抄本

一六六五　韻稿不分卷　手稿本

一六六六　諧聲韻學十六卷　稿本

存十三卷　一至二　四至九　十一至十四　十六

一六六七　六埶綱目二卷　元舒天民撰　清初毛氏汲古閣抄本　清朱錫庚跋

一六六八　六藝綱目二卷　元舒天民撰　清抄本　清何紹基批校　民國葉啟發跋

七

收藏情況表

書名编号	藏書单位
經小學類 1	0101 0703 1714 2501
2	0161 0201
3	0341
4	0141 0520 0701 0801 0842 1544 1601 1843 2341
5	0141 0142 0144 0161 0164 0193 0201 0242 0243 0291 0301 0402 0642 0701 0802 0842 0861 0903 0941 1101 1201 1241 1501 1542 1601 1615 1628 1641 1642 1701 1722 1883 1901 1981 2001 2042 2201 2202 2401 2441 2501 2541 2544 2701 2741
6	0101
7	1581
8	0101
9	0101
10	0101
11	0101
12	0101
13	0801
14	2401
15	0301
16	0101 0144 0591
17	2042
18	0201
19	0101 0201 1601
20	0101 0141 0144 0201 0241 0243 1601 1911
21	0201
22	2702
23	1601
24	0141
25	0101
26	0198 0201 0261 1101 1601
27	0101
28	0101
經小學類 29	0101
30	0141
31	0101
32	2702 2901
33	0150
34	2501
35	1601
36	0201
37	1701
38	0201
39	0201
40	2301
41	0201
42	0101
43	0101 0201 0703 1101 1911
44	0141
45	1601
46	0241
47	0101
48	2201
49	0101
50	0201
51	2042
52	0201
53	0144
54	1601
55	0101
56	0101
57	0701
58	0101
59	0101 0841 1601 2301
60	1702
61	0842
62	2901
63	1601
64	0201
65	0201
66	0144

表一

書名編号	藏書單位
經小學類 67	0201 2301
68	0101
69	2242
70	0241 2301
71	1601
72	0301
73	1701
74	0201
75	0101 0142 0197 0241 0407 2301 2343 2741
76	0201
77	2701
78	1617
79	2301
80	1844
81	2001
82	0201
83	0201
84	2001
85	0141
86	0201
87	2301
88	2702
89	2301
90	2001
91	0101
92	0241
93	0181
94	0101
95	0241
96	0241
97	0241
98	1646
99	2001
100	2001
101	0201
102	0201
103	0201

表二

書名編号	藏書單位
經小學類 104	0201
105	0201
106	0201
107	2301
108	0101
109	0101
110	1181
111	0241
112	0201
113	1601
114	0201
115	0201
116	0101
117	0141
118	0101
119	0241
120	0201
121	0101
122	0101
123	0101
124	2301
125	0101
126	0161
127	1601
128	0201
129	1601
130	0101
131	0241
132	0201
133	2301
134	0241
135	1601
136	1601
137	1601
138	0201
139	0201
140	0201
141	0201

書名編号	藏書單位
經小學類 142	1501
143	0201
144	0101 0144
145	0101
146	0101
147	1601
148	2401
149	0101 1741
150	0101
151	0201
152	1781
153	1601
154	0201
155	1601
156	1601
157	2742
158	0141
159	1705
160	0101
161	1541 1701 2301
162	0201
163	0241
164	0101
165	0241
166	0101
167	1501
168	0101
169	0101
170	2001 2941
171	1601
172	1601
173	1601
174	0101
175	1601
176	0101
177	0101
178	1601
179	0101

表三

書名編号	藏書單位
經小學類 180	0701
181	2301 2401
182	0101
183	0101
184	0201
185	0101
186	0101
187	1601
188	0201
189	1701
190	1601
191	0101
192	1741
193	0101
194	0101 1601
195	0101 0841
196	1601
197	0101
198	0101
199	0101
200	0101
201	0101
202	0101
203	0201
204	0201
205	0201
206	0101
207	0101
208	2001
209	1705
210	0241
211	0101
212	2401
213	0101 0141 0173
214	0201
215	0842 1001 1901 2001 2501 2602
216	0101 0102 1041 1788 2501 2702
217	0201

書名编号	藏書單位
經小學類 218	1601
219	0141 0197
220	0101 0801 1881 1901 2702
221	0101 0146 0198 0201 0701 1041 1501 1587 1601 1702 1705 2001
222	0173 1681
223	2401
224	1711
225	0101 0144
226	0201
227	0341
228	1601
229	0101 0201 0741 1341 1619 1642 1701 2401 2706 2801
230	0141
231	0145 0841 1142⊗
232	0101 0102 0141 0144 0161 0163 0198 0241 0842 1501 1542 1701 2042 2301 2541 2701 2702
233	0201
234	0101 0141 0143 0144 0146 0163 0201 0241 0841 0901 1501 1705 2242 2301 2501 2641⊗ 2702 2881
235	0161 0201 1601 1702
236	1601
237	0101 0102 0141 0142 0150 0291 0301 0342 0441 0842 0861 0941 1241 1542 1605 1705 1801 1915 2242 2302 2542 2544 2702 2941 2944
238	1881
239	1842
240	0101
241	0101
242	0101 1741 2541
243	1616 1642 1701 2543
244	0101
245	0198
246	2301

表四

書名编号	藏書單位
經小學類 247	0201
248	0201
249	2301
250	0142
251	2401
252	0141 2001
253	1781
254	0101 0141 2201
255	1601
256	0101
257	0301
258	1587
259	1081
260	0141
261	1601
262	1705
263	0102 0701 2401
264	0241
265	0201
266	0101
267	0101
268	0101
269	0101
270	0101
271	1601
272	2001
273	0101
274	0201
275	0802
276	0241
277	2701
278	0101
279	0241
280	1601
281	0241
282	0101
283	0201
284	0101

書名编号	藏書單位
經小學類 285	1705
286	1705
287	0141
288	2041
289	1581
290	0161
291	1788
292	0101
293	0101
294	0101
295	0201
296	1581
297	0201
298	1601
299	2301
300	0101 0141⊗
301	0101
302	0141
303	0101
304	2401
305	0201
306	1601
307	1501
308	1581
309	2301
310	0201
311	0201
312	2301
313	0842
314	0101
315	0201
316	1684
317	0101
318	0141
319	0101
320	1601
321	0101
322	1581

表五

書名编号	藏書單位
經小學類 323	0201
324	1581
325	0101
326	0201
327	0101
328	0101
329	2401
330	1798
331	0241
332	0144
333	0201
334	0101
335	0201
336	0141
337	1601
338	0841
339	2301
340	0241
341	2501
342	0701
343	1501
344	1701
345	0101
346	0201
347	0141
348	2320
349	1601
350	1601
351	0101
352	1601
353	0241
354	1609
355	1601
356	1646
357	0241
358	0201
359	1601
360	0201

書名編号	藏書單位
經小學類361	0241
362	1601
363	0201
364	1646
365	2301
366	2544
367	0241
368	1601
369	1581
370	0101
371	0241
372	0241
373	0145
374	0101
375	0241
376	0101
377	0201
378	0101
379	1601
380	0201
381	1601
382	0101
383	0201
384	0201
385	1501
386	0201
387	2001
388	1701
389	1581
390	0101
391	0201
392	0201
393	2881
394	2301
395	0101 0141
396	0141
397	0101
398	0101

表六

書名編号	藏書單位
經小學類399	2301
400	0301 1142
401	0201
402	2543
403	0201
404	0201
405	0201
406	0201
407	1601
408	0101
409	1101
410	0144 0201 1501 1582 1701
411	0201 1601
412	0101 0198 0801 2001 2702
413	0201
414	1601 1615 1625
415	0141 0142 0143 0150 0161
	0181 [illegible]
	0241 0242
	0301 1041
	0701 [illegible]
	0741 0742
	0941 0942
	1001 1101
	1142 1501
	1506 1646
	1653 1701
	1705 1801
	2001 2041
	2202 2301
	2358 2401
	2701 2702
	2741
416	0101
417	1801
418	0291 0902 1441 1541 1901
419	2541
420	1881
421	0182 0198 0301 1201 1901 2041 2546
	2789
422	1501 2301
423	0141 0201 0241 0703 1042 1501 1541
	1601 1605 1688 1701 1704 1883 1941
	2202 2206 2401 2501 2541 2702
424	0101 0144 0146 0181 0201 1282 1701
	1705 1710 1881 1901 2041 2441
425	0103 0141 0150 0161 0181 0201 0241
	0243 0404 0842 1501 1502 1504 1541
	1581 1604 1606 1716 1801 2401 2441
426	1601
427	0201
428	0101 0591⊗
429	0101 0102 0144 0146 0150 0181 0201
	0243 0701 0703 0842 1001 1042 1501

書名編号	藏書單位
經小學類429	(接上頁) 1741 1801 2001 2042
430	0141 0161 0165 1705 2401 2541 2941
431	0201
432	0201 0242
433	2745
434	0201
435	1843
436	1601
437	0101
438	0201
439	1601
440	0101 2301
441	0101
442	1001
443	0201
444	0101
445	0201
446	2401
447	0101
448	0241
449	2301
450	1501
451	1601
452	1601
453	0201
454	2401
455	0101
456	0201
457	0701
458	1681
459	2301
460	0241
461	0101
462	1581
463	1601
464	2401
465	0201
466	0101

表七

書名編号	藏書單位
經小學類467	0701
468	0201
469	0201
470	1701
471	1041
472	0161
473	0101
474	1041
475	0201
476	0144
477	0201
478	0201
479	1701
480	0101
481	1581
482	0101
483	2401
484	0101
485	1701
486	2702
487	1601
488	0101 0102
489	1741
490	0242
491	0101
492	0701
493	1605
494	2301
495	0101
496	0101
497	0101
498	0101
498②	2401
499	0101
500	0101
501	0782
502	1701
503	1601

表八

書名编号	藏書单位
經小學類 504	0201
505	0501
506	0101
507	1501
508	0101
509	1741
510	0101
511	0201
512	0198
513	0101
514	0201
515	0241
516	0201
517	0101
518	1684
519	0101
520	1601
521	2302
522	2301
523	0201
524	0201
525	0101
526	1601
527	0101
528	1642
[illegible]	1581
530	0101
531	0141
532	1741
533	0201
534	0241
535	0841
536	0101
537	0101
538	0201
539	1609
540	0101
541	0101 2301

書名编号	藏書单位
經小學類 542	0241
543	0101
544	0101
545	2881
546	0141
547	2002
548	0101
549	1601
550	2141
551	0241
552	0101
553	0144
554	2401
555	1601
556	2401
557	1501
558	0141
559	0201
560	1582
561	0201
562	2501
563	0201
564	0163
565	0941
566	1581
567	0101
568	0101
569	0201
570	0201
571	0101
572	0101
573	1501
574	0241
575	0101
576	1601
577	1601
578	0101
579	1741

表九

書名编号	藏書单位
經小學類 580	2881
581	0101
582	0101
583	2501
584	0101
585	0242
586	0201
587	1601
588	1601
589	0201
590	0201
591	0201
592	1601
593	1881
594	2001
595	0101
596	0101
597	0101
598	0242
599	2401
600	0101
601	0145
602	1605
603	0241
604	1741
605	0201
606	1701
607	0101
608	1621
609	0201
610	0201
611	0201
612	0101
613	0101
614	0101
615	1601
616	0101
617	0101

書名编号	藏書单位
經小學類 618	1581
619	0241
620	0201
621	2301
622	1601
623	1601
624	0144
625	2001
626	0201
627	0201
628	2881
629	0101
630	2441
631	1701
632	1601
633	1501
634	0241
635	0242
636	1701
637	0101
638	0101
639	0101
640	0201
641	0101
642	0101
643	0101
644(一)	0201
644(二)	2041
645	0101
646	0101
647	1741
648	0101 1681
649	0101
650	1706 2541
651	0101 0143 0201 1601 1701 2301
652	1601
653	0201
654	0241

書名编号	藏書單位
經小學類 655	0101 0142 0144 0201 0701 1502 1581 1601 1701 1705 1741 2041 2541 2701
656	0141 2042
657	0101 0193 0301 1601
658	1041
659	2702
660	0101 0144 2704
661	2301
662	1601
663	0201
664	1704
665	0101
666	0241
667	0101
668	0101
669	0101
670	1607
671	0101
672	1601
673	0101
674	1601
675	0101
676	0101 0243
677	0101
678	0101
679	0101
680	1601
681	0101
682	1601
683	0101 0201
684	0101
685	2941
686	0101
687	0581
688	0101
689	0101
690	0101
691	0101

書名编号	藏書單位
經小學類 692	2301
693	1705
694	0201
695	2301
696	0101
697	1601
698	0101
699	1605
700	0101
701	1581
702	0101
703	0101
704	0201
705	0301
706	0201
707	0101
708	0101
709	0161
710	0141 0143 0341 0542 0941 2301 2342
711	0201
712	0201
713	1601
714	0241
715	1601
716	0101
717	0101
718	1601
719	0241
720	0101
721	0101
722	0201
723	0101
724	0201
725	0101
726	0101
727	〃 0141 0142 0146 0161 0181 0193 0201 0241 0242 0281 0301 0341 0402 0501 0802 0842 0941 1143 1201 1341 1501 1503 1541 1582 1705 1741 1901 2001 2002 2041 2201 2202 2206 2281 2301 2342 2381 2401 2461 2501 2542
728	0701
729	0542

表十

書名编号	藏書單位
經小學類 730	0101
731	0801
732	0701
733	0101
734	1501
735	0841
736	0101
737	0101
738	0142 2201 2461
739	1641
740	0101
741	0101
742	0101
743	0101
744	0241
745	0101
746	1689
747	0201
748	0141
749	0101
750	0101
751	0101
752	0201
753	0101
754	0101
755	1601
756	0801 2501
757	2401
758	0101
759	0101
760	0101
761	0144
762	0201
763	0842
764	0241
765	0442
766	0101
767	0101

書名编号	藏書單位
經小學類 768	0101 0143 0144 0201 0241 2001 2301 2541 2702
769	1601
770	0101 0143 0842 2301 2702
771	0241
772	0101
773	0201
774	0201
775	0101
776	0101
777	0101
778	0201
779	0201
780	2301
781	1704
782	0101 0198 0242 1601 1701 1801 1843 1844 2301
783	0101
784	0141 0201 0301 1101
785	0301
786	0101 0145 1901 2301
787	0701 2043
788	0141 0161 0165 0201 1101 1506
789	1503
790	0301
791	0161 0342 0742 1042 1615 1684 1881 2301 2702
792	1601
793	0101
794	0141 0501 0520 0542 0701 0703 1142 1441 1582 1601 1801 1803 1881 2001 2009 2041 2441 2501 2601
795	1901
796	0101 0501 0841 1241 1843 2343
797	0101 0141 0201
798	0201
799	0101
800	1601

表一一

書名編号	藏書単位
經小學類 801	1701
802	0161 0281 1601 2401
803	0141 0161 0201 1601
803(二)	0141
803(三)	0101
804	0101
805	0141 0143 0144 0197 0542 2001 2441 2544 2702
806	0101 0701
807	1501
808	0141
809	0101 0141 1581 1606 2001
810	1601
811	0101 0165 1041
812	0141
813	2041
814	1701
815	0101
816	0101 0141 0143 0144 0146 0168 0181 0193 0201 0241 0301 0404 0641 0701 0841 1501 1601 1641 1701 1741 1841 1901 1910 2001 2002 2242 2401 2461 2501 2601 2941
817	1881
818	0143
819	2001
820	2201 2701
821	0161
822	0201
823	0141 0144⊗ 0161⊗ 2301
824	0141 0201
825	2541
826	1601
827	0102 0141 0142 0143 0161 0197 0201 0520 0703 0801 0841 1041 1082 1701 2301 2342 2543 2702 2944
828	0101 0291 1642 2702
829	1883

表一五

書名編号	藏書単位
經小學類 830	0141 0161 0201
831	1501
832	0161
833	2541
834	0101 1801
835	0161
836	1705 2001
837	0341
838	0201
839	0201 0542
840	0141 1008 1301
841	1642
842	2001 2701
843	0101 0102 0141 0520 1601 2401
844	0144
845	0201
846	0142 0161 0181 1501
847	2001
848	2301
849	1541
850	0101 0141 0144 0201 2301
851	0141 0441 0842 1641
852	0161 0201 2001 2301
853	0161
854	1601
855	0101
856	0141
857	0291 1142⊗
858	0181 0201 1101
859	0641
860	2702
861	1801
862	0101 0161 0701 1501
863	0142 0144 0181
864	0141 0181 0201 0301 0701 1501 1541 1582 1604 1701 1705 1881 2201 2241 2901
865	1101

書名編号	藏書単位
經小學類 866	0201 2401
867	1701
868	0101
869	0101
870	0201
871	0201
872	2541
873	0242
874	0201 1843
875	0201 0241 1502 1701 1704 1801 1881 2001
876	1701
877	0193 0201 0842 1343
878	1581
879	0101 0141 0161 0201 2201
880	0101 0201 0241 1881
881	0161
882	0161
883	0101
884	0141 0841 1606
885	0101 0841 1501 1684 2001
886	1601
887	0101
888	0703
889	0101
890	1601
891	0142 0241
892	1001
893	0141 0144 0181 0198 0201 1042 1705
894	1702
895	0101 1001
896	1701 0441
897	0341
898	1701
899	0141 0161 1646 1701 1843 2201 2241 2541 2702
900	0102 0142 0144 0201 0241 0281 1701
901	0141 0241 1101 1642 1701 2341 2543

表一六

書名編号	藏書単位
經小學類 902	0141 0143 0201 0841 1042 1841 2001 2301 2461
903	0141 0143 0144 0161 0201 0241 0301 0591 0803 0842 1601 1613 1801 2201 2501
904	1701
905	0161
906	0102 0142 0144 0161 0201 0301 0861 1006 1601 1622 1701 1712 2043 2701 2150
907	0241
908	0842 1881
909	0341 0941 1705 2401
910	2201
911	0161 0201 1501 1601
912	0165
913	0150 0201 0242 0547 1041 1301 1502 1701 1801 2342
914	0642 2041
915	0141 2701
916	0523
917	0142
918	2706
919	2702
920	0520
921	0141
922	1201
923	2842
924	1541
925	0181
926	0141
927	0241
928	1705
929	0142
930	0142
931	0842
932	0141
933	0144 1711

表四

書名编号	藏書單位
經小學類 934	0144
935	0141 0201 0741 0861 2441 2750
936	1501
937	0101 1603 1843 2201 2401
938	0101⑧ 0801
939	2201 2401
940	0141
941	0101
942	0201
943	0141
944	0143 0168 0242 0520 0701 0741 0801
	0903 0942 1705 1945 2206 2306 2542
945	0101
946	0102 1501
947	0141 0146 0301 0509 0861 1301 1601
	1841
948	0142 0161 0241
949	2702
950	0181
951	0142
952	1629
953	0101 0144 0146 0165 0181 0197 0198
	0201 0241 0242 0301 0501 0701 0703
	0741 0801 0802 0841 0901 0903 1341
	1701 1705 1784 1806 1808 2441 2642
	2644 2702 2741 2784
954	0181
955	0181
956	0181 0701
957	0101
958	0201
959	0141
960	2313
961	0842
962	0146 1701
963	1101 2041
964	0141 0142 1801
965	0701

書名编号	藏書單位
經小學類 966	1701
967	0144
968	0142 1542 2041
969	0591 0661 0903 2301 2345 2603 2643
970	0141 0143 0181 0198 0242 0703 1001
	1301 1803 2001 2006 2201 2302 2441
	2541 2601
971	2342
972	0141 1711
973	1601
974	0201
975	0181 0201 0341 0741 0841 0903 0941
	1705 1841 2043 2843
976	0165
977	0201
978	0241
979	1601
980	0283
981	0201
982	1601
983	0144
984	0703
985	0101 2301
986	1705
987	0942
988	1541
989	0192
990	0703
991	0141
992	1081
993	1281
994	1081
995	0102
996	0201
997	0201
998	0101
999	1601
1000	0201

表五

書名编号	藏書單位
經小學類 1001	1581
1002	0201
1003	1688
1004	1791
1005	0241
1006	0144
1007	1601
1008	0101
1009	0101
1010	1581
1011	0101
1012	0101
1013	0201
1014	2501
1015	0198
1016	0842
1017	2301
1018	0101
1019	0201
1020	1601
1021	0101
1022	0144
1023	2401
1024	0701
1025	0201
1026	1501
1027	0101
1028	1581
1029	1581
1030	1501
1031	0101
1032	1501
1033	1581
1034	1501
1035	2001
1036	1601
1037	1601
1038	0301

書名编号	藏書單位
經小學類 1039	1705
1040	0201
1041	0842
1042	1628
1043	0201
1044	1601
1045	0241
1046	2702
1047	0946
1048	0201
1049	0101
1050	0201
1051	0201
1052	1741
1053	1741
1054	2301
1055	1741
1056	1601
1057	2301
1058	2301
1059	2301
1060	1501
1061	1701
1062	2741
1063	0201
1064	0201
1065	0201
1066	0165
1067	0101
1068	1601
1069	0101
1070	1601
1071	2401
1072	0101
1073	0101
1074	0141
1075	1601
1076	0101

表一六

書名編號	藏書單位
經小學類 1077	0201
1078	0102 0141 0142 0242 0701 0841 1701 1705 1901
1079	1701
1080	0201
1081	2401
1082	1801
1083	0242
1084	0198 0243 1301
1085	0142
1086	0142 0703
1087	2001
1088	0201
1089	1705
1090	0101
1091	0101
1092	0241
1093	1601
1094	0142
1095	0101
1096	0101
1097	0101
1098	0101
1099	0101
1100	0101
1101	0101
1102	0101
1103	0101
1104	0101
1105	0101
1106	1601
1107	0181
1108	0201
1109	0201
1110	0101
1111	0201
1112	0101
1113	0591

書名編號	藏書單位
經小學類 1114	1501 0201
1115	0101
1116	0101
1117	0101
1118	0101
1119	0101
1120	0141
1121	2702
1122	2704
1123	0101
1124	2301
1125	0141
1126	0101
1127	0101
1128	0141
1129	0701
1130	2742
1131	0701
1132	2401
1133	0101 0102 0144 0182 0193 0201 0241 0301 0842 1701 2201 2541 2542 2741
1134	0141
1135	1706
1136	1041
1137	1601
1138	0301
1139	0241 0243 2301 2401 2541
1140	0101
1141	0171
1142	0101
1143	2301
1144	1601
1145	0101
1146	1601
1147	0201
1148	0201
1149	0101
1150	1701

表一七

書名編號	藏書單位
經小學類 1151	2301
1152	0747
1153	2501
1154	0101
1155	0101
1156	0101
1157	0141
1158	0101 0102 0141 0144 0201 1101 2001 2901
1159	0101
1160	0141 0143 0144 0241 0842 0861 1541 1601 1606 1628 2041 2301 2341
1161	0144
1162	0101
1163	1741
1164	1741
1165	0101
1166	0201
1167	1705
1168	0101
1169	0241
1170	0101
1171	1601
1172	2301
1173	0101
1174	0201
1175	0201
1176	0101
1177	0101
1178	0101
1179	0201
1180	0201
1181	0101
1182	1601
1183	0241
1184	1741
1185	1704
1186	1741

書名編號	藏書單位
經小學類 1187	0201
1188	0241
1189	1601
1190	1741
1191	2201
1192	0101
1193	0201
1194	0101
1195	1601
1196	0101
1197	1601
1198	0101
1199	0201
1200	0703
1201	1701
1202	2901
1203	2501
1204	0701
1205	0101 1601
1206	0101
1207	2401
1208	0101
1209	0201
1210	1843 2301 2702 1901®
1211	1601
1212	0101
1213	0241
1214	0101 0141 0144 0201 0301 0801 0901 1101 1702
1215	0146 0241 1601 1705 2702
1216	0201
1217	2401
1218	0201
1219	0101
1220	2441
1221	1741
1222	0101
1223	2701

書名編号	藏書単位
經小學類1224	0101
1225	0201
1226	0201
1227	0101
1228	0101
1229	0101
1230	0101
1231	0144
1232	0101
1233	0201
1234	0281
1235	0101
1236	0101
1237	0201
1238	0201
1239	0101
1240	0201
1241	0141
1242	0241
1243	1601
1244	1705
1245	0101
1246	0201
1247	0101
1248	0201
1249	0101
1250	0101
1251	0201
1252	2541
1253	2001
1254	0101
1255	0101
1256	0201
1257	1601
1258	0101
1259	0101
1260	0101
1261	0142⊗ 0201

表一八

書名編号	藏書単位
經小學類1262	0141
1263	1843
1264	0142
1265	0144
1266	0241 1701
1267	0301
1268	1843
1269	2201 0161 1611 1641
1270	2342
1271	0101 0102 0243 0501 0703 0175 1642 2281 2541 2702
1272	2901
1273	0198
1274	0404 0501
1275	0143 0161 0243 0842 1541 1601 1642 1741 1841 2401 2702 2901
1276	2901
1277	0141 0242 1141 1343 2041
1278	2301 [illegible]
1279	0841 2301
1280	2701
1281	0701 1843 2220
1282	1741
1283	1701 0101⊗
1284	0141 2501
1285	0842
1286	0141
1287	1042 1843
1288	2301
1289	0241
1290	0144
1291	0404 0842 2401
1292	0501
1293	1501 1582
1294	0161 0181 0198 0201 0701 1943 2701
1295	0161
1296	0168 0201 1582 2001 2341
1297	2201

書名編号	藏書単位
經小學類1298	0501
1299	0146
1300	0144 0161 0168 0181 0201 0404 0481 1301 1343 1641 1881 2401 2742
1301	0150 0641
1302	0201
1303	0201
1304	1701
1305	0201 2701 2745
1306	0201 2341
1307	0201 0241
1308	0141
1309	0161
1310	0201
1311	0201 1441 2701 2741
1312	0201
1313	0201
1314	0201
1315	2561
1316	1601
1317	1601
1318	2341
1319	0144
1320	0198
1321	1541 2001 2201
1322	1601
1323	0146 1142
1324	1144 2242
1325	1042 1701
1326	0197 0508
1327	1101
1328	0201
1329	0441 2745
1330	2701
1331	0703 1701
1332	0101 2301 2541 2901
1333	1701
1334	1601

表一九

書名編号	藏書単位
經小學類1335	0201
1336	0142 0201
1337	0141 1801
1338	1042
1339	2581
1340	1601
1341	0201
1342	1641
1343	0201
1344	0101
1345	0101
1346	0201
1347	1705
1348	0144⊗ 0198 170[illegible]⊗ 2041⊗ 2091⊗
1349	1601
1350	1705
1351	0101 0102 0741 1541 0141⊗
1352	0201
1353	0141 0198 1701 1705 2441
1354	0193
1355	0201
1356	0141
1357	0101 0102 0141 0143 0144 0161 0201 0301 0701 0841 1501 1541 1582 1601 1644 1701 1702 1841 1843 1941 2341 2401 2541 2641 2702 2901
1358	2702
1359	0143
1360	1841
1361	0101 0201 0842 1041 1801
1362	1601
1363	1606
1364	1641
1365	1581
1366	0141 0143 0146 0201 0242 0701 0941 1142 1501 1601 1605 1615 1642 1704 1741 1802 2202 2401
1367	1601

書名编号	藏書單位
經小學類1368	0144 0201 0520 0842 1701 1787 2001 2041 2302 2501 2542 2701
1369	0101
1370	0101⊗
1371	1843
1372	0141
1373	0101 0161 0177 0201 0242 1242 1501 1701
1374	0101 0144 0198 0201 1101 1201 1501 1544 1704 1741 1881 2741
1375	0201
1376	0141 0168 0175 0201 0801 0841 1142 1501 1601 1701 1705 1881 1901 2381 2401 2541 2561 2901
1377	0150
1378	0102 0141 0201 0261 0701 0703 0842 1241 1541 1601 1605 1641 1843 1881 1901 2201 2343 2401 2501 2541 2702
1379	0141 0143 0181 0201 0701 0803 1142 1501 1541 1642 1702 1705 1741 2001 2041 2461 2645 2742 1441
1380	0102 1201 2201
1381	0101 0142 0241 0341 0703 1941 2041 2441 2503 2701
1382	0164 0201 0241 0641 1501 2042 2301 2341 2401 2501
1383	2003
1384	1441 1541
1385	0142 0201 1701 1741 2543 2602 2702 2745
1386	0201 2301 2750
1387	0201 0241 0802 1501 1506 1542 1582 1601 1615
1388	0441 2401
1389	0501 1681 2745
1390	1342 1541
1391	0201 1943
1392	1242
1393	0301

表二

書名编号	藏書單位
經小學類1394	1601
1395	2342
1396	2342
1397	1701
1398	0342 [illegible]
1399	0101 0144 0501 0542 2401
1400	0143
1401	2901
1402	2041
1403	0642
1404	0701
1405	0201 0291 0701⊗ 1705⊗
1406	0197
1407	2201 0242⊗
1408	2009
1409	0842⊗ 1141⊗
1410	0341 1844
1411	1684
1412	0101 0102 0143 0146 0161 0168 0201 0291 0592 0701 0841 0941 1201 1501 1642 1701 1741 2001 2042 2301 2401 2541 2542 2901 0842
1413	0141 0144 0150 0168 0242 0520 1701 1881 2702
1414	0101 0201 1581 2941
1415	0101
1416	0197 0201 0501 0530 0591 0703 0841 1501 1685 2541 2901
1417	0141
1418	2541
1419	0101
1420	0101 1705
1421	0101
1422	0101
1423	0141
1424	0201
1425	0141 0842 1642 2001 2701 2821 2210⊗
1426	0301 1601

書名编号	藏書單位
經小學類1427	2403
1428	0142 0301 0443 0841 0861 1601 1705 2201 2441 2702 1501⊗
1429	0146
1430	0101 0141 0243 0801 1601 2401 2541
1431	0102 0144 0161 0181 1041 1701 2001⊗ 2501 2541 2702⊗
1432	1601
1433	0141 0144 0161
1434	0181
1435	1501
1436	1601
1437	0198
1438	2001 0142⊗ 1501⊗ 2041⊗
1439	0161 0241 2001 2304
1440	0161 2241
1441	0341
1442	0201 0241
1443	2501
1444	0141 0142 0150 0161 0241 0301 2001 2009
1445	0201
1446	0161 0198 1801
1447	0241
1448	0201
1449	0201 1629
1450	0242
1451	2901
1452	2901
1453	0161
1454	1501 1582
1455	2901
1456	2901
1457	0161
1458	0101 0141 0144 0161 0201 0241 0841 1701 1881 2001
1459	1605
1460	0142 0242 0842

表二

書名编号	藏書單位
經小學類1461	0181
1462	0861 1705
1463	1601
1464	0150
1465	2441
1466	0161
1467	1501
1468	0101 0181 0703 1701 1881
1469	0201 2541
1470	0141
1471	0201
1472	0101 0141 0201
1473	0181
1474	0101 0301
1475	0141
1476	0201 0291
1477	0141 1642
1478	1601
1479	0141
1480	0181
1481	0198
1482	0181
1483	0242 2702
1484	0142 0144 0201 1642
1485	0141 0181
1486	0141 0144 0145 0161 0201 0301 0842 0861 1301 1843 2001 2201 2301 2543 2901
1487	1601
1488	0101
1489	0141 0201 1801⊗
1490	1501
1491	0842
1492	0201
1493	0201 0241
1494	0201 1701 1881
1495	0144
1496	1182

書名編号	藏書单位
經小學類1497	0144
1498	2641 0141 0143 0174 0161 0163 0201
1499	1601 0241 0301 0842 0941 1506 1541
1500	0102 1601 1642 1701 2001 2320 2401
1501	0101 2541 2701
1502	0102 0161 1705
1503	0101 0842
1504	0141 0201 1441 2009
1505	2245
1506	0241 1542
1507	2541
1508	0161 0201 0342 0841 1646
1509	1685
1510	0242
1511	1142 1901
1512	0101
1513	1501
1514	0102 0201
1515	0101 0144 0198 0241 0841 1605 1801
1516	1701
1517	0301
1518	0201
1519	0161 0201 0341
1520	0101 0141
1521	0842
1522	2304
1523	1601
1524	1801
1525	0101
1526	0150
1527	0161
1528	0142
1529	0142 0143
1530	0144
1531	2201
1532	2201
1533	0146 0942 2342
1534	1501 2001

表三

書名編号	藏書单位
經小學類1535	0201
1536	0841
1537	0102
1538	2702
1539	0142 0842
1540	0102 0143 0181 0342 0641 0701 0844 0942 1801 2001 2041 2201 2302 2341 2401 2641
1541	1042
1542	2701
1543	0101 0144 0201 0242 0291 0842 1710 1715 1801 2301 2342 2541 2543
1544	0142 0143 0641 0701 0741 0861 1705 1710 1801 2001 2301 2342 2401 2542 2543 2601 2343
1545	0201
1546	0101 0201
1547	2741
1548	2541
1549	2541
1550	0101
1551	0102 0141 0142 0144 0161 0197 0701 0803 0842 0861 1801 1803 1881 2001 2042 2242 2301 2341 2342 2343 2401 2701 2741 2742 2842 2944
1552	0101 0201 0243 0301 0841 1701 2586
1553	1801
1554	0101
1555	2001
1556	0701
1557	0241
1558	2041
1559	0404 2342
1560	1601
1561	0842
1562	0142 0143 0144 0173 0242 0341 0442 0542 0642 0701 0861 0901 1506 1510 1542 1701 1705 1710 1717 1805 1841

書名編号	藏書单位
經小學類1562	(接上頁) 1881 2001 2003 2013 2041 2042 2043 2301 2302 2304 2309 2343 2503 2541 2542 2641
1563	0101
1564	1702
1565	0201
1566	0102 0201 0841 2301 0342®
1567	0201
1568	0163 2301
1569	0142 2301
1570	0301
1571	0701
1572	0741 0842 1883 2342 2401
1573	0143
1574	0141 0201
1575	2641
1576	0141
1577	0302
1578	0201
1579	0201
1580	1041
1581	2001
1582	0101
1583	0101
1584	0701
1585	0201
1586	1705
1587	0201
1588	2001
1589	0201
1590	0101
1591	1883
1592	1843
1593	0201
1594	0201
1595	0101
1596	0141
1597	0201

表五

書名編号	藏書单位
經小學類1598	2301
1599	1542
1600	2301
1601	0201
1602	1701
1603	0101
1604	0142
1605	1705
1606	0201
1607	0842 2343
1608	2001
1609	1642
1610	0144
1611	2301
1612	2201
1613	2003
1614	0144
1615	0102 0201
1616	0201
1617	0144
1618	1601
1619	0101
1620	0101
1621	0201
1622	0141
1623	0201
1624	0201
1625	0101
1626	0201
1627	1501
1628	1705
1629	0703
1630	0101
1631	2401
1632	1601
1633	0161
1634	1601
1635	1581

書名編号	藏書單位
經小學類1636	0342
1637	0101
1638	2301
1639	2001
1640	2001
1641	2501
1642	0201
1643	1601
1644	0201
1645	2501
1646	2301
1647	0301
1648	1581
1649	0201
1650	0201
1651	0201
1652	1581
1653	0201
1654	0201
1655	0201
1656	0201
1657	0101
1658	0101
1659	1501
1660	0241
1661	1501
1662	1701
1663	0101
1664	0101
1665	0842
1666	0201
1667	0101
1668	2401

表面

書名編号	藏書單位

紀傳類

叢編

兩晉南北史合纂四十卷 明□□撰 明萬曆刻本 十行二十字 一
晉書纂十六卷 南宋纂四卷 南齊纂三卷 南梁纂四卷 南陳纂一卷 北魏纂五卷 北齊纂三卷 北周纂二卷 北隋纂二卷

南北史纂不分卷 明抄本 二

十七史一千五百七十四卷 明毛晉編 明崇禎元年至十七年毛氏汲古閣刻本 三
史記集解一百三十卷 清姚範跋 文鼎錄(八端前)跋 清沈炳震錄何焯批校並跋 清王艺孫
臨宋刻蜀大字本校
漢書一百卷 清宋廷錄何焯批校並跋 清沈炳震錄王鳴盛
(前書)校並跋
後漢書一百二十卷 清錢大昕跋 清沈炳震錄錢大昕臨北宋本又南宋本校

十七史一千五百七十四卷 明毛晉編 明崇禎元年至十七年毛氏汲古閣刻本 四
史記一百三十卷 漢司馬遷撰 劉宋裴駰集解 明崇禎十四年毛氏汲古閣刻本
清葉萬批校並跋 錄何焯批校 又錄顧炎武、閻若璩等人札記
漢書一百卷 漢班固撰 唐顏師古注 明崇禎十五年毛氏汲古閣刻本 清葉萬跋 葉
源錄何焯校 又錄劉攽、王應麟等人札記
後漢書九十卷 劉宋范曄撰 唐李賢注 志三十卷 梁劉昭注 明崇禎十六年
毛氏汲古閣刻本 清葉萬校並跋 葉源錄何焯批校題識
三國志六十五卷 晉陳壽撰 劉宋裴松之注 明崇禎十七年毛氏汲古閣刻本 清葉萬校並跋
葉源錄何焯批校 又錄黃震、朱明鎬等人札記
晉書一百三十卷 唐房玄齡等撰 明崇禎元年毛氏汲古閣刻本 清葉萬校並跋
源跋並臨何焯惠棟蔣果批校 又錄黃震、劉辰翁等人札記
宋書一百卷 梁沈約撰 明崇禎七年毛氏汲古閣刻本 清葉萬跋 葉源跋 臨何焯
校跋 又錄黃震、朱明鎬等人札記
南齊書五十九卷 梁蕭子顯撰 明崇禎十年毛氏汲古閣刻本 清葉萬校並跋 葉
源跋並校 又錄王志堅、于慎行等人札記
梁書五十六卷 唐姚思廉撰 明崇禎六年毛氏汲古閣刻本 清葉萬校並跋 葉
源批校並錄何焯校跋 又錄于慎行、王淑士等人札記
陳書三十六卷 唐姚思廉撰 明崇禎四年毛氏汲古閣刻本 清葉萬跋 葉源跋
校並跋 又錄楊慎、朱明鎬等人札記
魏書一百十四卷 北齊魏收撰 明崇禎九年毛氏汲古閣刻本 清葉萬校並跋 葉
跋源校並錄何焯批校 黃道、謝榮等人札記
北齊書五十卷 唐李百藥撰 明崇禎十一年毛氏汲古閣刻本 清葉萬校並跋 葉
跋源錄張耕、何焯批校題識 又錄黃道札記
周書五十卷 唐令狐德棻等撰 明崇禎五年毛氏汲古閣刻本 清葉萬跋 葉源跋
跋黃道、朱明鎬等人札記
隋書八十五卷 唐魏徵等撰 明崇禎八年毛氏汲古閣刻本 清葉萬校並跋 葉源
跋並錄黃道、黃震等人札記
南史八十卷 唐李延壽撰 明崇禎十三年毛氏汲古閣刻本 清葉萬批校並跋 葉
跋源批校並錄黃道札記
北史一百卷 唐李延壽撰 明崇禎十二年毛氏汲古閣刻本 清葉萬批校並跋 葉
跋源錄徐波校跋並錄黃道札記
唐書二百二十五卷 宋歐陽修、宋祁等撰 明崇禎二年毛氏汲古閣刻本 清葉
跋源錄吳縝、黃道、呂祖謙等人札記
五代史七十四卷 宋歐陽修撰 徐無黨注 明崇禎三年毛氏汲古閣刻本 清葉
錄何焯批校題識 源錄徐貞實、劉貴等人札記

十七史一千五百七十四卷 明毛晉編 明崇禎元年至十七年毛氏汲古閣刻清順治補緝印本 五

十七史一千五百七十四卷 明毛晉編 明崇禎元年至十七年毛氏汲古閣刻清順治補緝印本 六
清張選輯諸家批校

十七史一千五百七十四卷 明毛晉編 明崇禎元年至十七年毛氏汲古閣刻清順治補緝印本 七
清曹岩批校 范澄跋

二十一史二千五百六十七卷 明刻明清遞修本 八
史記一百三十卷 漢司馬遷撰 劉宋裴駰集解 唐司馬貞索隱 唐張守節正義
補一卷 唐司馬貞撰 明萬曆二十四年南京國子監刻明清遞修本
前漢書一百卷 漢班固撰 唐顏師古注 明嘉靖八年、九年南京國子監刻明
清遞修本
後漢書九十卷 劉宋范曄撰 唐李賢注
志三十卷 晉司馬彪撰 梁劉昭注 明嘉靖七年南京國子監刻明清遞修本
三國志六十五卷 晉陳壽撰 劉宋裴松之注 明萬曆二十四年南京國子監刻明
清遞修本
晉書一百三十卷 唐房玄齡等撰 音義三卷 唐何超撰 明正德十年嘉靖十年
二十七年南京國子監刻明清遞修本
宋書一百卷 梁沈約撰 明萬曆二十二年南京國子監刻清遞修本
南齊書五十九卷 梁蕭子顯撰 明萬曆十六年至十七年南京國子監刻明清遞修
本
梁書五十六卷 唐姚思廉撰 明萬曆三年南京國子監刻清遞修本
陳書三十六卷 唐姚思廉撰 明萬曆十五年至十六年南京國子監刻清順治重修
本
魏書一百十四卷 北齊魏收撰 明萬曆二十四年南京國子監刻明清遞修本
北齊書五十卷 唐李百藥撰 明萬曆十六年至十七年南京國子監刻清遞修本
周書五十卷 唐令狐德棻等撰 明萬曆十六年南京國子監刻明清遞修本
隋書八十五卷 唐魏徵等撰 明萬曆二十二年至二十三年南京國子監刻明清遞
修本
南史八十卷 唐李延壽撰 明萬曆十六年至十九年南京國子監刻明清遞修本
北史一百卷 唐李延壽撰 明萬曆十九年至二十一年南京國子監刻清遞修
本
唐書二百二十五卷 宋歐陽修、宋祁等撰 釋音二十五卷 宋董衡撰 明成化
十八年嘉靖八年至十年三十七年南京國子監刻明清遞修本
五代史記七十四卷 宋歐陽修撰 徐無黨注 明萬曆四年至五年南京國子監刻
清遞修本
宋史四百九十六卷目錄三卷 元脫脫等撰 明成化十六年朱英刻南京國子監補明
清遞修本
遼史一百十六卷 元脫脫等撰 明嘉靖八年南京國子監刻明清遞修本
金史一百三十五卷目錄二卷 元脫脫等撰 明嘉靖八年南京國子監刻明清遞修
本
元史二百十卷目錄二卷 明宋濂等撰 明洪武三年內府刻南京國子監補明清遞
修本

二十一史二千五百六十七卷 明刻明清遞修本 清丁丙跋 九

二十一史二十一種二千五百六十七卷 明萬曆二十三年至三十四年北京國子監刻本 一〇
史記一百三十卷 漢司馬遷撰 劉宋裴駰集解 唐司馬貞索隱 張守節正義
史記補一卷 唐司馬貞撰並注
前漢書一百卷 漢班固撰 唐顏師古注 宋宋祁補注
後漢書九十卷 劉宋范曄撰 唐李賢注 志三十卷 晉司馬彪撰 梁劉昭注
三國志六十五卷 晉陳壽撰 劉宋裴松之注

晉書一百三十卷　唐房玄齡等撰　音義三卷　唐何超撰
宋書一百卷　梁沈約撰
南齊書五十九卷　梁蕭子顯撰
梁書五十六卷　唐姚思廉撰
陳書三十六卷　唐姚思廉撰
魏書一百十四卷　北齊魏收撰
北齊書五十卷　唐李百藥撰
周書五十卷　唐令狐德棻等撰
隋書八十五卷　唐魏徵等撰
南史八十卷　唐李延壽撰
北史一百卷　唐李延壽撰
唐書二百二十五卷　宋歐陽修、宋祁等撰　唐書釋音二十五卷　宋董衝撰
五代史七十四卷　宋歐陽修撰　徐無黨注
宋史四百九十六卷目錄三卷　元脫脫等撰
遼史一百十六卷　元脫脫等撰
金史一百三十五卷　元脫脫等撰
元史二百十卷目錄二卷　明宋濂等撰

一一　二十一史二千五百六十四卷　明萬曆二十三年至三十四年北京國子監刻本　清丁丙跋

一二　二十四史三千二百五十卷　清乾隆四年至四十九年武英殿刻本
史記一百三十卷　漢司馬遷撰　劉宋裴駰集解　唐司馬貞索隱　張守節正義　清乾隆四年武英殿刻本
前漢書一百卷　漢班固撰　唐顏師古注　清乾隆四年武英殿刻本
後漢書九十卷　宋范曄撰　唐李賢注　志三十卷　晉司馬彪撰　梁劉昭注　清乾隆四年武英殿刻本
三國志六十五卷　晉陳壽撰　宋裴松之注　清乾隆四年武英殿刻本
晉書一百三十卷　唐房玄齡等撰　音義三卷　唐何超撰　清乾隆四年武英殿刻本
宋書一百卷　梁沈約撰　清乾隆四年武英殿刻本
南齊書五十九卷　梁蕭子顯撰　清乾隆四年武英殿刻本
梁書五十六卷　唐姚思廉撰　清乾隆四年武英殿刻本
陳書三十六卷　唐姚思廉撰　清乾隆四年武英殿刻本
魏書一百十四卷　北齊魏收撰　清乾隆四年武英殿刻本
北齊書五十卷　唐李百藥撰　清乾隆四年武英殿刻本
周書五十卷　唐令狐德棻撰　清乾隆四年武英殿刻本
隋書八十五卷　唐魏徵等撰　清乾隆四年武英殿刻本
南史八十卷　唐李延壽撰　清乾隆四年武英殿刻本
北史一百卷　唐李延壽撰　清乾隆四年武英殿刻本
舊唐書二百卷　後晉劉昫撰　清乾隆四年武英殿刻本
唐書二百二十五卷　宋歐陽修、宋祁等撰　釋音二十五卷　宋董衝撰　清乾隆四年武英殿刻本
舊五代史一百五十卷　宋薛居正等撰　清乾隆四十九年武英殿刻本
五代史七十四卷　宋歐陽修撰　徐無黨注　清乾隆四年武英殿刻本
宋史四百九十六卷目錄三卷　元脫脫等撰　清乾隆四年武英殿刻本
遼史一百十六卷　元脫脫等撰　清乾隆四年武英殿刻本
金史一百三十五卷　元脫脫等撰　清乾隆四年武英殿刻本
元史二百十卷目錄二卷　明宋濂等撰　清乾隆四年武英殿刻本
明史三百三十二卷目錄四卷　清張廷玉等撰　清乾隆武英殿刻本

一三　御定遼金元三史語解四十六卷　清乾隆四十六年武英殿刻本
欽定遼史語解十卷
欽定金史語解十二卷
欽定元史語解二十四卷

一四　桐華館史翼五種四十二卷　清[illegible]編　清嘉慶桐華館刻本
補漢兵志一卷　宋錢文子撰
東觀漢記二十四卷
後漢書年表十卷　宋熊方撰
三國志辨誤三卷
唐書直筆四卷　宋呂夏卿撰

一五　南唐書合刻四十九卷　清蔣國祥刻本
南唐書十八卷　宋陸游撰
音釋一卷　元戚光撰
南唐書三十卷　宋馬令撰

一六　南唐書合刻四十九卷　清蔣國祥刻本　清蔣國祥校
南唐書十八卷　宋陸游撰
音釋一卷
南唐書三十卷　宋馬令撰

一七　南唐書合刻四十九卷　清蔣國祥刻本　傅增湘校並跋
南唐書十八卷　宋陸游撰
音釋一卷　元戚光撰
南唐書三十卷　宋馬令撰

一八　史記一百三十卷目錄一卷　漢司馬遷撰　明[illegible]中府刻本　十行[illegible]白口左右雙邊

一九　史記一百三十卷（七、三七、九二、一三〇卷抄配、三八卷全抄）　漢司馬遷撰　褚少孫、司馬貞補　明[illegible]中府刻本　清劉東光批點　十行二十字白口左右雙邊

二〇　史記一百三十卷　漢司馬遷撰　明吳勉學刻本　十行二十字白口上下單邊左右雙邊單線魚尾

二一　史記一百三十卷　漢司馬遷撰　明吳勉學刻本　清翁元圻批點並跋　清狄棠跋　十行二十字白口左右雙邊

二二　史記二十四卷　漢司馬遷撰　明鍾惺校　明刻本　十行二十二字白口四周雙邊

二三　史記二十四卷　漢司馬遷撰　明鍾惺校　明刻本　清董文煥批校　十行二十二字白口四周雙邊有刻工

二四　史記一百三十卷　漢司馬遷撰　劉宋裴駰集解　明正德十年白鹿洞書院刻本（一卷三十至三十六配清抄本）　十行十九字小字雙行白口單魚尾四周單邊

二五　史記一百三十卷　漢司馬遷撰　劉宋裴駰集解　明正德十年白鹿洞書院刻本　播守敬題記　十行十九字白口單邊單魚尾

二六　史記一百三十卷　漢司馬遷撰　劉宋裴駰集解　明崇禎十四年毛氏汲古閣刻本　清錢泰吉批校

二七　史記一百三十卷　漢司馬遷撰　劉宋裴駰集解　明崇禎十四年毛氏汲古閣刻本　清錢泰吉批校並跋　清書笑錄明歸有光批識

二八　史記一百三十卷　漢司馬遷撰　劉宋裴駰集解　明崇禎十四年毛氏汲古閣刻本　佚名錄清嚴虞惇跋並錄明歸有光圈點　清翁同龢校跋並錄明歸有光圈點　例意一卷　明歸有光撰　清抄本

二九　史記一百三十卷　漢司馬遷撰　劉宋裴駰集解　明崇禎十四年毛氏汲古閣刻本　清徐宗亮錄明歸有光評點

三〇　史記一百三十卷　漢司馬遷撰　劉宋裴駰集解　明崇禎十四年毛氏汲古閣刻本　清邵思多錄　清何焯批校　翁斌孫跋

三一　史記一百三十卷　漢司馬遷撰　劉宋裴駰集解　明崇禎十四年毛氏汲古閣刻本　清洪頤煊校

史記一百三十卷　漢司馬遷撰　劉宋裴駰集解　明崇禎十四年毛氏汲古閣刻本　清吳文芝跋　吳文芝、吳翌鳳錄清錢泰吉校　三二

史記一百三十卷　漢司馬遷撰　劉宋裴駰集解　明崇禎十四年毛氏汲古閣刻本　清李慈銘校並跋　三三
存一百二十九卷　一至六十九、七十一至一百三十

史記一百三十卷　漢司馬遷撰　劉宋裴駰集解　明崇禎十四年毛氏汲古閣刻本　清王闓運批點　三四

史記一百三十卷　漢司馬遷撰　劉宋裴駰集解　明崇禎十四年毛氏汲古閣刻本　溥瑞湘校　三五

史記一百三十卷　漢司馬遷撰　劉宋裴駰集解　明崇禎十四年毛氏汲古閣刻清順治十一年重修印本　清錢泰吉校並錄明歸有光評　清吳友芝題識　三六

史記一百三十卷　漢司馬遷撰　劉宋裴駰集解　明崇禎十四年毛氏汲古閣刻清順治十一年重修印本　清錢泰吉校並跋　三七

史記一百三十卷　漢司馬遷撰　劉宋裴駰集解　明崇禎十四年毛氏汲古閣刻清順治十一年重修印本　佚名錄清錢泰吉校跋　三八

史記一百三十卷　漢司馬遷撰　劉宋裴駰集解　明崇禎十四年毛氏汲古閣刻清順治十一年重修印本　清丁晏、錄清湯批、阮學濬批校　三九

史記一百三十卷　漢司馬遷撰　劉宋裴駰集解・明崇禎十四年毛氏汲古閣刻清順治十一年重修印本　清何紹基批校　四〇

史記一百三十卷　漢司馬遷撰　劉宋裴駰集解　明崇禎十四年毛氏汲古閣刻清順治十一年重修印本　清劉履芬校並跋　四一

五

史記一百三十卷　漢司馬遷撰　劉宋裴駰集解　清刻本　清楊沂孫批並跋　四二

史記索隱三十卷　唐司馬貞撰　明末毛氏汲古閣刻本　四三

史記索隱三十卷　唐司馬貞撰　明末毛氏汲古閣刻本　佚名錄清錢侗校　四四

史記索隱三十卷　唐司馬貞撰　明末毛氏汲古閣刻本　清吳壽暘校　周春跋　四五

史記索隱三十卷　唐司馬貞撰　明毛氏汲古閣刻本　清莫繩孫錄莫友芝校並跋　四六

史記索隱三十卷　唐司馬貞撰　明末毛氏汲古閣刻本　清方愷校　四七

史記索隱三十卷　唐司馬貞撰　明末毛氏汲古閣刻本　王國維校並跋　四八

史記一百三十卷　漢司馬遷撰　劉宋裴駰集解　宋紹興淮南路轉運司刻本（有缺頁）　清翁學謙、徐渭仁、莫友芝題識　楊守敬、康有為跋　四九
存三十卷　五至六、八至十二、十六至十七、三十四至四十、四十八至五十四、五十六、九十九、一百、一百七至一百十

史記一百三十卷　漢司馬遷撰　劉宋裴駰集解　宋紹興淮南路轉運司刻宋元遞修本　九行十六字白口左右雙邊有刻工　五〇
存一卷　二十四

史記一百三十卷　漢司馬遷撰　劉宋裴駰集解　宋紹興淮南路轉運司刻宋元明初遞修本　九行十六字小字雙行二十字白口左右雙邊　五一

史記一百三十卷　漢司馬遷撰　劉宋裴駰集解　宋紹興淮南路轉運司刻宋元明初遞修本（卷十一至十二、二十二、二十六至二十七、三十五、九十七至九十九、一百四至一百五、一百十一至一百十五、一百十八至一百二十一配另一宋刻本，卷二十三配元大德刻本，卷五十五至五十六、六十配明抄本，卷十五至二十、二十五、二十八至三十、三十六至五十九、六十一至六十七、七十二至七十八、一百十六至一百十七、一百二十二至一百三十配清抄本）　清吳雲跋　九行十六字小字雙行字不等白口左右雙邊有刻工　五二

史記　宋刻本　十行十九字小字雙行白口左右雙邊有刻工　五三
存一頁　列傳六十二（第十六頁）

史記一百三十卷　漢司馬遷撰　劉宋裴駰集解　宋刻宋元明遞修、弘治公文紙印本　十行十九字小字雙行字不等白口左右雙邊有刻工　五四

史記一百三十卷　漢司馬遷撰　劉宋裴駰集解　宋刻宋元明遞修本　十行十九字小字雙行白口四周雙邊有刻工　五五
存四十卷　七至十七、三十一至五十八、七十七至八十九、一百二十五至一百三十

史記一百三十卷　漢司馬遷撰　劉宋裴駰集解　宋刻宋元明遞修本　十行十九字小字雙行白口四周雙邊有刻工　五六
存四十卷　十五、三十三至三十七、四十八至五十、五十二至五十五、五十七至六十、七十九至九十七、一百二十七至一百三十

史記一百三十卷　漢司馬遷撰　劉宋裴駰集解　宋刻宋元明遞修本　十行十九字小字雙行二十八字白口四周雙邊有刻工　補版間有黑口　五七
存四十九卷　四、五十三至六十、七十至七十一、七十三至七十八、八十七至一百四、一百十二至一百十八、一百二十至一百二十六

史記一百三十卷　漢司馬遷撰　劉宋裴駰集解　宋刻宋元遞修本　十行十九字白口四周雙邊或左右雙邊有刻工　五八
存四卷　一百二十三至一百二十六

六

史記一百三十卷　漢司馬遷撰　劉宋裴駰集解　宋刻元明遞修本　十行十九字小字雙行二十五字白口間有黑口四周雙邊有刻工　五九
存七卷　四十六至五十二

史記一百三十卷　漢司馬遷撰　劉宋裴駰集解　宋刻本（有抄配）　十三行十四行不等二十五、二十六字不等小字雙行二十七字二十八字不等間有細黑口雙魚尾白口左右雙邊　六〇

史記一百三十卷　漢司馬遷撰　劉宋裴駰集解　宋刻本　十四行二十七至二十九字小字雙行字不等白口左右雙行有刻工　六一
存十四卷　二十五至三十、一百二十至一百二十二、一百二十八至一百三十

史記一百三十卷　漢司馬遷撰　劉宋裴駰集解　宋刻本（卷十七至十九配明抄本）　六二
存四卷　十六至十九

史記一百三十卷　漢司馬遷撰　劉宋裴駰集解　宋刻遞修本（卷七十一至八十、九十、九十四至九十七、九十九、一百九至一百十五配另一宋刻本，卷九十至九十三、九十八、一百十六配清抄本）　十四行二十四、五字小字雙行三十二字白口左右雙邊　六三

史記一百三十卷　漢司馬遷撰　劉宋裴駰集解　唐司馬貞索隱　宋乾道七年蔡夢弼東塾刻本（卷四十五配清光緒元年楊保彝抄本）　十二行二十一字小字雙行二十八字白口左右雙邊　六四

史記一百三十卷　漢司馬遷撰　劉宋裴駰集解　唐司馬貞索隱　宋乾道七年蔡夢弼東塾刻本（卷七至九、一百二十四至一百三十配宋淳熙三年張杅桐川郡齋刻八年耿秉重修本，卷一至六、十九至二十一、二十三至二十六、三十一至三十五、三十九至六十、七十一至八十、九十　六五

一至一百十九、十至十五、二十七至三十、六十二至七十配其他兩種宋刻本）

史記一百三十卷 漢司馬遷撰 劉宋裴駰集解 唐司馬貞索隱 宋乾道七年蔡夢弼東塾刻本（卷一百二十至一百二十五配宋淳熙三年張杅桐川郡齋刻八年耿秉重修本，卷一百一、一百十配清顧柔嘉抄本） 十行二十一、二字小字双行二十八字白口左右双边 六六
存九十二卷 一至七、十三至十四、二十三至四十、五十五至六十八、七十四至一百十一、一百十八至一百三十

史記一百三十卷 漢司馬遷撰 劉宋裴駰集解 唐司馬貞索隱 宋乾道七年蔡夢弼東塾刻本（卷五至六、十八至二十、四十七至四十八、五十四至五十五、七十六至八十六配蒙古中統二年段子成刻本） 清許初題識 十二行二十二字中統本十四行二十五字白口四周双边双魚尾 蔡本白口左右双边双魚尾 六七
存一百十三卷 二至六、十五至四十三、四十七至四十八、五十四至七十四、七十六至一百三十

史記一百三十卷 漢司馬遷撰 劉宋裴駰集解 唐司馬貞索隱 宋淳熙三年張杅桐川郡齋刻本 十二行二十五字小字双行同白口左右双边 六八
存六十三卷 一至十八、四十四至八十八

史記一百三十卷 漢司馬遷撰 劉宋裴駰集解 唐司馬貞索隱 宋淳熙三年張杅桐川郡齋刻八年耿秉重修本 十二行二十五字小字双行同白口左右双边有刻工 六九

史記一百三十卷 漢司馬遷撰 劉宋裴駰集解 唐司馬貞索隱 蒙古中統二年段子成刻本 十四行二十五字小字双行二十字小黑口四周双边 七〇
存九卷 三至七、十至十二

史記一百三十卷 漢司馬遷撰 劉宋裴駰集解 唐司馬貞索隱 蒙古中統二年段子成刻本 徐乃昌題識 十四行二十五字白口四周双边双魚尾 七一
存一卷 一百二十九

史記一百三十卷 漢司馬遷撰 劉宋裴駰集解 唐司馬貞索隱 蒙古中統二年段子成刻明修本 十四行二十五字小字双行同白口黑口不等四周双边有刻工 七二

史記一百三十卷 漢司馬遷撰 劉宋裴駰集解 唐司馬貞索隱 蒙古中統二年段子成刻明修本（卷二十配清抄本卷二十一至二十二配明嘉靖四年汪諒刻本） 十四行二十五字小字双行同白口四周双边 七三

史記一百三十卷 漢司馬遷撰 劉宋裴駰集解 唐司馬貞索隱 蒙古中統二年段子成刻明修本（卷三十至四十三配明刻本） 袁克文跋 十四行二十五字小字双行同白口四周双边有刻工 七四

史記一百三十卷 漢司馬遷撰 劉宋裴駰集解 唐司馬貞索隱 蒙古中統二年段子成刻明修本 十四行二十三字白口四周双边双魚尾有刻工 七五
存二卷 三十一至三十二

史記一百三十卷 漢司馬遷撰 劉宋裴駰集解 唐司馬貞索隱 元大德饒州路儒學刻本 十行二十三字小字双行同白口四周双边有刻工 七六
存十八卷 五、二十[illegible]至四十九、五十六、六十一至六十[illegible]

史記一百三十卷 漢司馬遷撰 劉宋裴駰集解 唐司馬貞索隱 明天順游明刻本 十[illegible]字細黑口四周双边双魚尾 七七

史記一百三十卷 漢司馬遷撰 劉宋裴駰集解 唐司馬貞索隱 明天順游明刻本（卷八十六至八十七配民國抄本） 清鄒道沂跋 十四行二十五字小字双行同黑口四周双边 七八

史記一百三十卷 漢司馬遷撰 劉宋裴駰集解 唐司馬貞索隱 明正德十二年至十三年邵宗周刻本 十行二十字注双行每行二十字白口四周双边 七九

史記一百三十卷 漢司馬遷撰 劉宋裴駰集解 唐司馬貞索隱 明正德劉弘毅慎獨齋刻本 十行二十字小字双行同白口四周双边 八〇

史記一百三十卷 漢司馬遷撰 劉宋裴駰集解 唐司馬貞索隱 張守節正義 [illegible]刻本 清黄紹箕、羅振玉題跋 八一
存六十九卷 一、[illegible]至十二、[illegible]九至二十一、二十五至三十、[illegible]十五至[illegible]、一百三十

史記一百三十卷 漢司馬遷撰 劉宋裴駰集解 唐司馬貞索隱 張守節正義 [illegible]家塾刻本 十行大字十八字小字廿三字白口左右双边双魚尾 八二
存一卷 八（殘）

史記一百三十卷 漢司馬遷撰 劉宋裴駰集解 唐司馬貞索隱 張守節正義 元至元二十五年彭寅翁崇道精舍刻本（卷一百十七至一百二十二配蒙古中統二年段子成刻本） 十行二十一字小字双行同黑口左右双边有耳 八三

史記一百三十卷 漢司馬遷撰 劉宋裴駰集解 唐司馬貞索隱 張守節正義 元至元二十五年彭寅翁崇道精舍刻本（卷二至五、四十六至四十七、五十一至五十四、六十六至六十七配清瞿氏鐵琴銅劍樓影元抄本） 十行二十一字小字双行同細黑口左右双边 八四
存七十七卷 二至六、十三至十六、二十至三十、三十八至四十二、四十六至四十七、五十至五十四、六十六至六十七、八十七至一百三十

史記一百三十卷 漢司馬遷撰 劉宋裴駰集解 唐司馬貞索隱 張守節正義 元至元二十五年彭寅翁崇道精舍刻本 十行二十一字小字双行細黑口左右双边 八五
存十六卷 十一至十四、四十八至四十九、五十八至六十、一百一十、一百十三至一百十六、一百二十八至一百二十九

史記一百三十卷 漢司馬遷撰 劉宋裴駰集解 唐司馬貞索隱 張守節正義 明[illegible]抄本 八六
存五十卷 一、四十一、四十九至五十八、六十一、六十三、六十五、六十七、七十至七十二、七十四、八十二、八十四至八十六、八十八、九十、九十三至一百四、一百十九至一百三十

史記一百三十卷 漢司馬遷撰 劉宋裴駰集解 唐司馬貞索隱 張守節正義 明正德十二年[illegible]刻本 十行十八字小字双行二十五字細黑口左右双边有耳 八七

史記一百三十卷 漢司馬遷撰 劉宋裴駰集解 唐司馬貞索隱 張守節正義 明嘉靖四年汪諒刻本 十行十八字小字双 八八

行二十三字白口左右雙邊

史記一百三十卷　漢司馬遷撰　劉宋裴駰集解　唐司馬貞索隱　張守節正義　明嘉靖四年汪諒刻本　清丁丙跋　十行十八字小字雙行二十三字白口左右雙邊　八九

史記一百三十卷　漢司馬遷撰　劉宋裴駰集解　唐司馬貞索隱　張守節正義　明嘉靖四年汪諒刻本（卷十七、十九至八十、八十六、九十三至一百〇四、一百〇六至一百三十配明王延喆刻本，卷二十三至二十四配清抄本，卷一〇五配日本刻本）卷四十九傅增湘校　十行十八字小字雙行[illegible]　九〇

史記一百三十卷　漢司馬遷撰　劉宋裴駰集解　唐司馬貞索隱　張守節正義　明嘉靖四年至六年王延喆刻本　十行十八字小字雙行二十三字白口左右雙邊　九一

史記一百三十卷　漢司馬遷撰　劉宋裴駰集解　唐司馬貞索隱　張守節正義　明嘉靖四年至六年王延喆刻本　清翁叔元錄明歸有光評語　清翁心存跋　十行十八字小字二十三字白口左右雙邊單魚尾　有刻工　九二

史記一百三十卷　漢司馬遷撰　劉宋裴駰集解　唐司馬貞索隱　張守節正義　明嘉靖四年至六年王延喆刻本　清蔣洽批校　十行十八字小字雙行二十三字白口大段左右雙邊間有四周雙邊黑魚尾　九三

史記一百三十卷　漢司馬遷撰　劉宋裴駰集解　唐司馬貞索隱　張守節正義　明嘉靖四年至六年王延喆刻本　清鄭道圻校　十行十八字小字雙行二十三字白口左右雙邊　九四

史記一百三十卷　漢司馬遷撰　劉宋裴駰集解　唐司馬貞索隱　張守節正義　明嘉靖四年至六年王延喆刻本　清丁丙跋　十行十八字小字雙行二十三字白口左右雙邊有刻工　九五

史記一百三十卷　漢司馬遷撰　劉宋裴駰集解　唐司馬貞索隱　張守節正義　明嘉靖四年至六年王延喆刻本（卷一百十七配明嘉靖四年汪諒、嘉靖十三年秦藩、朱惟焯本）傅增湘校　十行十八字小字雙行二十三字白口左右雙邊　九六

史記一百三十卷　漢司馬遷撰　劉宋裴駰集解　唐司馬貞索隱　張守節正義　明嘉靖八年至九年南京國子監刻本　十行二十一字小字雙行同白口四周雙邊有刻工　九七

史記一百三十卷　漢司馬遷撰　劉宋裴駰集解　唐司馬貞索隱　張守節正義　明嘉靖十三年秦藩朱惟焯刻本　十行十八字小字雙行二十三字白口左右雙邊　九八

史記一百三十卷　漢司馬遷撰　劉宋裴駰集解　唐司馬貞索隱　張守節正義　明嘉靖十三年秦藩朱惟焯刻二十九年重修本　十行十八字小字雙行二十三字白口左右雙邊　九九

史記一百三十卷　漢司馬遷撰　劉宋裴駰集解　唐司馬貞索隱　張守節正義　明嘉靖十三年秦藩朱惟焯刻二十九年重修本　清歐陽輔跋　十行十八字白口左右雙邊　存五十七卷（一至七、四十四至七十九、一百十七至一百三十）　一〇〇

史記一百三十卷補一卷　漢司馬遷撰　劉宋裴駰集解　唐司馬貞索隱　張守節正義　明萬曆（三年）南京國子監刻本　十行二十一字小字雙行四十二字小黑口四周雙邊有刻工（二三）　一〇一

史記一百三十卷　漢司馬遷撰　劉宋裴駰集解　唐司馬貞索隱　張守節正義　明萬曆二年至三年南京國子監刻本　清臧庸跋並錄明歸有光批清[illegible]、顧[illegible]批　十行二十一字小字雙行同白口四周雙邊有刻工　一〇二

史記一百三十卷　漢司馬遷撰　劉宋裴駰集解　唐司馬貞索隱　張守節正義　明萬曆二年至三年南京國子監刻本　清林佶校並跋　謝章鋌跋　十行二十一字小字雙行同白口四周雙邊有刻工　存七卷（一至七）　一〇三

史記一百三十卷　漢司馬遷撰　劉宋裴駰集解　唐司馬貞索隱　張守節正義　明萬曆二年至三年南京國子監刻本　清吳永祉點次　十行二十一字小字雙行同白口四周雙邊雙魚尾有刻工　一〇四

史記一百三十卷　漢司馬遷撰　劉宋裴駰集解　唐司馬貞索隱　張守節正義　明萬曆[illegible]山西平陽府刻本　十行二十一字小字雙行同細黑口四周雙邊　一〇五

史記一百三十卷　漢司馬遷撰　劉宋裴駰集解　唐司馬貞索隱　張守節正義　明萬曆九年[illegible]刻本　十行二十一字注文同白口四周雙邊　一〇六

史記一百三十卷　漢司馬遷撰　劉宋裴駰集解　唐司馬貞索隱　張守節正義　明萬曆張守約寅來刻本　九行二十一字小字雙行同白口四周雙邊　一〇七

史記一百三十卷　漢司馬遷撰　劉宋裴駰集解　唐司馬貞索隱　張守節正義　明萬曆張守約寅來刻本　清張惠言錄明歸有光批校　九行二十一字小字雙行同白口四周雙邊有刻工　一〇八

史記一百三十卷　漢司馬遷撰　劉宋裴駰集解　唐司馬貞索隱　張守節正義　明萬曆二十四年南京國子監刻本　清[illegible]錄清嚴虞惇批並跋　十行二十一字小字雙行二十七字細黑口左右雙邊有刻工　一〇九

史記一百三十卷　漢司馬遷撰　劉宋裴駰集解　唐司馬貞索隱　張守節正義　明萬曆二十四年南京國子監刻明清遞修本　清佚名錄明歸有光、清方苞、何焯、王念孫、曾國藩批校　十行二十一字小字雙行二十七字左右雙邊有刻工　一一〇

史記一百三十卷　漢司馬遷撰　劉宋裴駰集解　唐司馬貞索隱　張守節正義　明刻本　十行十八字小字雙行二十三字白口左右雙邊　一一一

史記一百三十卷　漢司馬遷撰　劉宋裴駰集解　唐司馬貞索隱　張守節正義　明刻本　十行十八字小字雙行四十三字白口左右雙邊　一一二

史記一百三十卷　漢司馬遷撰　劉宋裴駰集解　唐司馬貞索隱　張守節正義　明末刻本　清許廷鑅批　九行二十字小字雙行同白口左右雙邊　存一百二十三卷（一至五十九、六十七至一百三十）　一一三

史記一百三十卷　漢司馬遷撰　劉宋裴駰集解　唐司馬貞索隱　張守節正義　校刊史記集解索隱正義札記五卷　清張文虎撰　清同治五年至十一年金陵書局刻本　清謝章鋌校　一一四

史記一百三十卷　漢司馬遷撰　劉宋裴駰集解　唐司馬貞索隱　張守節正義　清同治五年至九年金陵書局刻本　清劉庠校　存八十九卷（五至三十二、四十至六十六、九十四至一百三十、札記一至五）　一一五

史記一百三十卷　漢司馬遷撰　劉宋裴駰集解　唐司馬貞索隱　張守節正義　清同治五年至九年金陵書局刻本　清倜燮錄明歸有光、清方苞批點批校　一一六

史記一百三十卷　漢司馬遷撰　劉宋裴駰集解　唐司馬貞索隱　張守節正義　清同治五年至九年金陵書局刻本　清吳汝綸評點　一一七

史記一百三十卷　漢司馬遷撰　劉宋裴駰集解　唐司馬貞索隱　張守節正義　清同治九年崇文書局刻本　朱昌燕校　一一八

史記一百三十卷　漢司馬遷撰　劉宋裴駰集解　唐司馬貞索隱　張守節正義　明陳仁錫評　明崇禎刻本　清董文煥跋並錄明歸有光、清方苞評點　十行二十字小字雙行同白口左右雙邊　一一九

史記一百三十卷　漢司馬遷撰　劉宋裴駰集解　唐司馬貞索隱　張守節正義　明陳仁錫評　明崇禎刻本　清駱士奎跋並錄清錢泰吉校跋及明歸有光評點　十行二十字小字雙行同白口左右雙邊　一二〇

史記一百三十卷　漢司馬遷撰　劉宋裴駰集解　唐司馬貞索隱　張守節正義　明陳仁錫評　明末程正揆刻本　十行二十字小字雙行同上下單邊白口　一二一

史記一百三十卷　漢司馬遷撰　劉宋裴駰集解　唐司馬貞索隱　張守節正義　明陳仁錫評　明末程正揆刻本　清庸丕派批校　十行二十字白口左右雙邊　一二二

史記一百三十卷　漢司馬遷撰　劉宋裴駰集解　唐司馬貞索隱　張守節正義　明陳仁錫評　明崇禎刻本　十行二十字白口左右雙邊　一二三

史記一百三十卷　漢司馬遷撰　劉宋裴駰集解　唐司馬貞索隱　張守節正義　明陳仁錫評　明崇禎刻本　清閻方晴批　十行二十字白口左右雙邊單魚尾　一二四

史記一百三十卷　漢司馬遷撰　劉宋裴駰集解　唐司馬貞索隱　張守節正義　明鍾人傑評　明鍾人傑刻本　九行二十字小字雙行同白口四周單邊　一二五

史記一百三十卷　漢司馬遷撰　劉宋裴駰集解　唐司馬貞索隱　張守節正義　明鍾人傑評　明鍾人傑刻本　清海山批　九行二十字白口單邊單魚尾　存八卷　五十二至五十九　一二六

史記一百三十卷　漢司馬遷撰　劉宋裴駰集解　唐司馬貞索隱　張守節正義　明黃嘉惠輯評　明黃嘉惠刻本　九行二十字小字雙行同白口左右雙邊　一二七

通代

史記題評一百三十卷　明楊慎、李元陽輯　明嘉靖十六年胡有恒、胡瑞敏刻本　九行二十字小字雙行同白口左右雙邊有刻工　一二八

史記題評一百三十卷　明楊慎、李元陽輯　明嘉靖十六年胡有恒、胡瑞敏刻本　清丁丙跋　九行二十字小字雙行同白口左右雙邊有刻工　一二九

孫月峰先生批評史記一百三十卷褚先生附餘一卷　明孫鑛撰　明崇禎九年刻本　九行二十字小字單行同白口單邊　一三〇

史記評林一百三十卷　明凌稚隆輯　明萬曆二年至四年自刻本　十行十九字小字雙行同白口左右雙邊有刻工　一三一

史記評林一百三十卷　明凌稚隆輯　明萬曆二年至四年自刻本　清蕭夢松題評　十行十九、二十字白口左右雙邊有刻工　一三二

史記評林一百三十卷　明凌稚隆輯　明萬曆二年至四年自刻本　清沈大成跋並錄明歸有光評點　十行十九字小字雙行同白口左右雙邊有刻工　一三三

史記評林一百三十卷　明凌稚隆輯　明萬曆二年至四年自刻本　清錢泰吉校並跋　十行十九字左右雙邊眉上刻字欄雙魚尾　一三四

史記評林一百三十卷　明凌稚隆輯　明萬曆二年至四年自刻本　清姚文燮跋並錄錢泰吉校跋　十行十九字白口左右雙邊單魚尾有刻工　一三五

史記評林一百三十卷　明凌稚隆輯　明萬曆二年至四年自刻本（卷七十四至一百四配另一明刻本）　清曾廷瑛跋並錄錢泰吉校跋　十行十九字小字雙行同白口左右雙邊　一三六

史記評林一百三十卷（有抄配）　明凌稚隆輯　明萬曆二年至四年自刻本　清周灣、潘臨錄錢泰吉校　十行十九字白口左右雙邊單魚尾　一三七

史記評林一百三十卷　明凌稚隆輯　明萬曆二年至四年自刻本　清徐時棟批校　十行十九字小字雙行同白口左右雙邊有刻工　一三八

史記評林一百三十卷　明凌稚隆輯　李光縉增補　明刻本　十一行二十四字小字雙行同白口四周雙邊　一三九

史記評林一百三十卷　明凌稚隆輯　李光縉增補　明建陽熊體忠、劉朝箴刻本　十行十九字小字雙行同白口四周單邊　一四〇

史記評林一百三十卷　明凌稚隆輯　李光縉增補　明熊氏種德堂刻本　十行十九字白口四周單邊單魚尾　一四一

史記評林一百三十卷　明凌稚隆輯　李光縉增補　明熊氏種德堂刻本　清張文虎、唐仁壽校　十行十九字白口四周單邊單魚尾上有批　一四二

史記評林一百三十卷　明凌稚隆輯　李光縉增補　明熊氏宏遠堂刻本　九行十九字小字雙行同白口四周單邊間有左右雙邊　一四三

史記評林一百三十卷　明凌稚隆輯　李光縉增補　明立本堂刻本　十行小字雙行十九字白口黑魚尾雙行注文左右雙邊　一四四

史記評林一百三十卷　明凌稚隆輯　黃長吉重編　明末刻本　九行二十字上下單邊左右雙邊白口　一四五

史記評林一百三十卷　明凌稚隆、焦竑、陳子龍輯評　明萬曆積和堂刻本　九行二十字小字雙行同白口左右雙邊　一四六

史記評林一百三十卷難字直音一卷　明凌稚隆輯　陳仁錫評　一四七

明崇禎程正揆刻清懷德堂重修本　李文藻、沈廷芳錄何方苞、沈澂園批校　十行二十字白口左右雙邊

一五四八 史記評林一百三十卷難字直音一卷 明陳仁錫評　明崇禎刻清書業堂重修本　清翁濂批校　王廷年跋　十行二十字白口左右雙邊

一五四九 史記纂二十四卷 明凌稚隆輯　明萬曆七年自刻套印本　九行十九字白口四周單邊

一五五〇 史記纂不分卷 明凌稚隆輯　明刻本　九行二十字白口單邊左右雙邊

一五五一 增定史記纂不分卷 明凌稚隆輯　明刻本　九行二十字白口左右雙邊

一五五二 史記二十四卷 漢司馬遷撰　明鄒以衡選評　涂祖道參補　明萬曆四十六年刻本　九行十八字白口四周雙邊單魚尾眉上刻評

一五五三 史記二十四卷 漢司馬遷撰　明鄒以衡選評　陳道箴參補　明萬曆四十六年刻本　清□□跋　十行十八字白口四周雙邊單魚尾

一五五四 新刻李太史釋註史記三註評林六卷 明趙志皐選輯　李廷機註釋　葉向高評林　明書林詹聖澤刻本　九行二十字白口四周雙邊

一五五五 新鐫朱狀元芸窗彙輯百大家評註史記品粹十卷 明朱之蕃輯評　明萬曆書林余象斗刻本　九行十九字小字雙行同上白口下大黑口

一五五六 史記一百三十卷 漢司馬遷撰　明鍾惺評　明天啟五年沈國元大來堂刻本　九行十八字白口四周單邊有刻工

一五五七 史記一百三十卷 漢司馬遷撰　劉宋裴駰集解　唐司馬貞索隱　張守節正義　明徐孚遠、陳子龍測議　明崇禎刻本　九行二十字小字雙行同白口左右雙邊

一五五八 史記一百三十卷 漢司馬遷撰　劉宋裴駰集解　唐司馬貞索隱　張守節正義　明徐孚遠、陳子龍測議　明崇禎刻本　清吳熙載跋　九行二十字白口左右雙邊單魚尾眉上刻評

一五五九 史記一百三十卷 漢司馬遷撰　劉宋裴駰集解　唐司馬貞索隱　張守節正義　明徐孚遠、陳子龍測議　明崇禎刻本　清升允批校　九行二十字白口左右雙邊

一五六〇 史記一百三十卷 漢司馬遷撰　明徐孚遠、陳子龍測議　史記補一卷 唐司馬貞補　清康熙二十□年□□□刻本

一五六一 史記一百三十卷 漢司馬遷撰　明李光縉集評　明刻本　九行十九字白口四周單邊

一五六二 史記一百三十卷 漢司馬遷撰　明朱東觀集評　明刻本　清顧炳批校　九行十九字白口單邊

一五六三 史記一百三十卷 漢司馬遷撰　明葛鼐、金蟠彙評　明崇禎十年刻本　九行二十五字白口四周單邊

一五六四 史記一百三十卷 漢司馬遷撰　明鄒德溥輯評　明崇禎十三年耐古齋刻本　九行二十六字白口四周單邊

一五六五 史記二十二卷 漢司馬遷撰　明鍾惺批評　清康熙五十二年胡樹抄本

一五六六 史記一百三十卷 明歸有光、清方苞評點　清吳汝綸批校　清光緒二年張裕釗刻本

一五六七 史記論文一百三十卷 清吳見思評點　清康熙二十五年刻本

一五六八 史記半解不分卷 清湯諧評註　清康熙五十四年娛綠堂刻本

一五六九 史記集說一百三十卷 清程餘慶撰　稿本

一五七〇 史記鉤玄四卷 明錢普撰　明萬曆六年刻本　九行二十字白口左右雙邊

一五七一 史記約言不分卷 明王錫爵輯　明萬曆二十一年沐鑾雲刻本　九行二十字注文小字雙行同四周雙邊白口

一五七二 司馬遷史記八卷 明陳當恩選註　明萬曆四十年刻本　九行二十字白口單邊

一五七三 史記抄不分卷 漢司馬遷撰　明鄒文奎節錄　明萬曆鄒之慶抄本　清唐宇昭、黃丕烈跋

一五七三 史記奇鈔十四卷 明陳仁錫纂評　明末天啟間刻本　九行二十字注文小字雙行同四周單邊白口

一五七四 史記抄不分卷 漢司馬遷撰　明抄本

一五七五 史記自怡十卷 明蔣□□選　清初刻本

一五七六 春和堂史記讀本四卷 清果親王府抄本

一五七七 史記抄一卷 清錢泰吉抄本　清錢應溥跋

一五七八 史記考要十卷 明柯維騏撰　明嘉靖刻本　十行十六字黑口左右雙邊

一五七九 史記疑問三卷 清邵泰衢撰　清康熙刻本

一五八〇 史記考證六卷 清張照、杭世駿等撰　清吳氏金竹山房抄本

一五八〇 史記考證七卷 清杭世駿撰　清抄本

一五八一 史記疏證六十卷 清抄本

一五八二 史記孔子世家集證一卷 清沈可培撰　稿本

一五八三 史記天官書星度釋畧六卷 清沈可培撰　手稿本　清唐翰題跋

一五八四 史記志疑十卷 清梁玉繩撰　稿本

一五八五 史記志疑三十六卷 清梁玉繩撰　清乾隆刻本　清李慈銘校並跋

一五八六 史記拾遺不分卷 清□□□撰　清抄本

一五八七 史記校不分卷 清王筠撰　稿本　清胡培翬、孫葆田跋

一五八八 史記校不分卷 清王筠撰　稿本

一五八九 史記校二卷 清王筠撰　清道光八年自寫進呈本

一五九〇 閑心靜居校書筆記二卷 清錢泰吉撰　手稿本

一五九一 校刊史記集解索隱正義札記五卷 清張文虎撰　稿本

一五九二 史記校釋不分卷 清崔適撰　手稿本

一五九三 宋蜀大字本史記校勘記一百三十卷 清王舟瑤撰　稿本

一五九四 通志二百卷 宋鄭樵撰　元大德三山郡庠刻本（一卷二十七至二十九配清抄本）　九行二十一字左右雙邊白口有刻工

一五九五 通志二百卷 宋鄭樵撰　元福州路三山郡庠刻本　九行二十一字白口左右雙邊雙魚尾有刻工　存一百九十九卷 一至二十五、二十七至二百

一五九六 通志二百卷 宋鄭樵撰　元大德三山郡庠刻本　九行二十一字白口左右雙邊有刻工

存一百二十八卷 目錄、一至六、十、十二至十五上、二十一至二十四、三十一至三十七、五十一至五十七、六十五至七十、七十三至七十四、七十七至八十、八十二、八十四、八十六至八十七、八十九、九十三至九十六、九十八至一百、一百二上、一百七、一百九上、一百十二至一百十五、一百十八下、一百二十一上、一百二十二至一百二十三、一百二十五至一百二十八、一百三十至一百三十三、一百三十五至一百三十六、一百三十八至一百五十二、一百五十四至一百六十、一百六十六至一百六十九、一百七十二至一百八十二、一百八十四至一百八十六、一百八十八、一百九十至二百

通志二百卷 宋鄭樵撰 元大德三山郡庠刻本 九行二十一字白口左右雙邊 存九十卷 五、七至十、十五上、十六至十八、二十八至四十一、四十四至五十四、五十八至五十九、六十五至六十八、七十一至七十七、八十、八十二至八十五、九十三、一百十二、一百十八、一百二十至一百二十一、一百二十三至一百三十、一百三十三至一百三十七、一百四十二至一百四十六、一百四十九至一百五十一、一百五十四至一百五十五、一百五十七、一百五十九至一百六十四、一百九十三至一百九十五、一百九十七至一百九十八 一九七

通志二百卷 宋鄭樵撰 元大德三山郡庠刻本 九行二十一字白口左右雙邊有刻工 存五十六卷 目錄、一至三、六上、十、十四至十五上、五十一至五十二、五十五至五十七、七十七、八十四下、八十八、九十六、九十八上、一百十八、一百二十六至一百二十七、一百三十八至一百四十五、一百四十七、一百四十九至一百五十、一百五十六、一百五十八、一百六十三至一百六十七、一百七十二至一百八十一、一百九十、一百九十四、一百九十九至二百 一九八

通志二百卷 宋鄭樵撰 元大德三山郡庠刻本 七行十九至二十一字不等白口左右雙邊雙魚尾有刻工 一九九

通志二百卷 宋鄭樵撰 元大德三山郡庠刻本 九行二十一字白口左右雙邊 存三卷 七十（藝文略第八）、七十一（校讎略第一）、一百三十（列傳第四十三） 二〇〇

通志二百卷 宋鄭樵撰 元大德三山郡庠刻本 九行二十一字小字雙行白口左右雙邊 存三卷 九十二、一百五十八、一百五十九 二〇一

通志二百卷 宋鄭樵撰 元大德三山郡庠刻本 九行二十一字小字雙行白口左右雙邊有刻工 存十五卷 第三十一至四十一、一百八十一至一百八十四卷 二〇二

通志二百卷 宋鄭樵撰 元大德三山郡庠刻本 九行二十一字注文小字雙行間左右雙邊白口有刻工 存五十四卷 一至六、十四、十五、十七、十八、八十一至八十三、八十六、八十七、八十九至九十三、九十六、一百零六、一百零七、一百一十一至一百一十三、一百三十九至一百四十七、一百四十九、一百六十五至一百七十一、一百八十六、一百九十一至二百 二〇三

通志二百卷 宋鄭樵撰 元大德三山郡庠刻本 九行二十一字白口左右雙邊有刻工 存三卷 八十六、八十七、一百六十四卷 二〇四

通志二百卷 宋鄭樵撰 元大德三山郡庠刻本 九行二十一字白口左右雙邊 存一卷 卷一百一十二（列傳第二十五） 二〇五

通志二百卷 宋鄭樵撰 元大德三山郡庠刻本 九行二十一字白口左右雙邊有刻工 存一卷 一百三十五 二〇六

通志二百卷 宋鄭樵撰 元大德三山郡庠刻本 九行二十一字白口左右雙邊有刻工 存六卷 一百二十九、一百三十九至一百四十一、一百六十二至一百六十三 二〇七

通志二百卷 宋鄭樵撰 元大德三山郡庠刻本 九行二十一字白口左右雙邊 存一卷 十六 二〇八

通志二百卷 宋鄭樵撰 元大德三山郡庠刻本 九行二十一字小字雙行間白口左右雙邊雙魚尾有刻工 存一卷 六十五 二〇九

通志二百卷 宋鄭樵撰 元大德三山郡庠刻本 九行二十字白口左右雙邊有刻工 存十七卷 五、四十二、四十三、一百三十七、一百四十、一百四十一、一百四十九、一百五十、一百六十一、一百六十二、一百七十一、一百七十二、一百七十九、一百八十 二一〇

通志二百卷 宋鄭樵撰 元大德三山郡庠刻元修本 九行二十一字白口左右雙邊有刻工 存一百三十一卷 目錄、三下、五下、十上、十一至十三、十五下至十九、二十一至二十二、二十五至三十九、四十四至四十五、五十五至六十二、六十七至六十八、七十一至七十二、七十七、七十九至八十、八十四下至八十五、八十九、九十七至九十九、一百一至一百三、一百七至一百九上、一百十六至一百十八上、一百十九至一百二十、一百二十一下至一百二十四、一百二十九、一百三十一至一百四十六、一百四十八至一百七十八、一百八十一、一百八十五至一百八十六、一百八十九至二百 二一一

通志二百卷 宋鄭樵撰 元大德三山郡庠刻明初修本 九行二十一字白口左右雙邊 存一百二卷 一至三、六、九至十、十六至十七、二十、二十五至二十七、三十一至三十五、四十三至四十九、五十四至五十七、六十四至七十、七十八至七十九、八十一至八十七、九十至九十二、九十七、一百、一百二至一百五、一百七、一百十一、一百十五下至一百十六、一百十八、一百二十、一百二十五至一百二十六、一百二十八至一百二十九、一百三十三至一百三十八、一百四十一至一百四十五、一百四十七至一百五十三、一百五十七、一百六十一至一百六十二、一百七十一至一百七十二、一百七十五至一百七十八、一百八十一至一百八十四、一百九十一至一百九十四、一百九十七至二百 二一二

通志二百卷 宋鄭樵撰 元大德三山郡庠刻元明遞修公文紙印本 九行二十一字黑口左右雙邊雙魚尾有刻工 二一三

通志二百卷 宋鄭樵撰 元大德三山郡庠刻元明遞修本 九行二十一字白口左右雙邊有刻工 二一四

通志二百卷 宋鄭樵撰 元大德三山郡庠刻元明遞修本 清丁丙跋 九行二十一字小字雙行間白口左右雙邊有刻工 二一五

通志二百卷 宋鄭樵撰 清乾隆十二年武英殿刻本 二一六

通志略五十二卷 宋鄭樵撰 元刻本 九行十八字白口左右雙邊雙魚尾有刻工 存十六卷 氏族略五至六、六書略一至二、禮略二至三、器服略二、職官略一、三、五、選舉略二、藝文略四、七、圖譜略一、金石略一、災祥略一 二一七

通志略五十二卷 宋鄭樵撰 明嘉靖二十九年陳宗夔等刻本 十行二十字白口四周單邊 二一八

通志略五十二卷 宋鄭樵撰 明抄本 存四十八卷 二十五至三十七、四十二至七十六 二一九

通志略五十二卷 宋鄭樵撰 清乾隆十四年汪啓淑飛鴻堂刻本 二二〇

弘簡錄二百五十四卷 明邵經邦撰 明嘉靖三十六至四十年自刻本 十二行二十四字白口左右雙邊 二二〇

弘簡錄二百五十四卷 明邵經邦撰 清康熙二十七年邵遠平刻本 十二行二十四字白口四周單邊 二二一

函史上編八十二卷下編二十一卷 明鄧元錫撰 明萬曆刻本 十行二十一字白口左右雙邊 二二二

函史上編八十一卷下編二十一卷 明鄧元錫撰 明崇禎七年刻本 十行二十一字白口四周單邊 二二三

函史上編八十一卷下編二十一卷 明鄧元錫撰 明崇禎七年刻清順治補修印本 十行二十一字小字雙行同白口四周單邊線魚尾 二二四

函史下編二十一卷 明鄧元錫撰 明忞初堂清修印本 十行二十一字小字雙行同白口四周雙邊 二二五

函史上編八十一卷下編二十二卷 明鄧元錫撰 明本清修印本 十行二十一字白口四周單邊 二二六

藏書六十八卷 明李贄撰 明萬曆二十七年焦竑刻本 九行二十字白口四周單邊 二二七

藏書六十八卷 明李贄撰 明萬曆二十七年焦竑刻本 清方濬師跋 九行二十字白口四周單邊 二二八

藏書六十八卷 明李贄撰 明刻剜改印本 九行二十字白口四周單邊 二二九

藏書六十八卷 明李載贄撰 陳仁錫評 明天啟元年刻本 十行二十二字白口單黑魚尾四周單邊 二三〇

藏書六十八卷 明李載贄撰、沈汝楫、俞嘉謨重訂 明萬曆刻本 十行二十二字四周單邊白口 二三一

藏書六十八卷 明李贄撰 明汪修能刻本 十一行二十六字白口四周單邊 二三二

續藏書二十七卷 明李贄撰 明萬曆三十九年王若屏刻本 九行二十字白口四周單邊 二三三

續藏書二十七卷 明李載贄撰 陳仁錫評 明天啟三年刻本 十行二十二字白口四周單邊 二三四

續藏書二十七卷 明李載贄撰 燕應槐、錢萬國重訂 明萬曆刻本 十行二十二字白口四周單邊 二三五

續藏書二十七卷 明李贄撰 明汪修能刻本 十一行二十六字白口四周單邊 二三六

李氏藏書六十八卷續藏書二十七卷 明李贄撰 明萬曆刻本 九行二十字白口四周單邊 二三七

古史六十卷 宋蘇轍撰 宋刻本 十一行二十六字小字雙行同白口左右雙邊
存七卷 十五至二十、二十三 二三八

古史六十卷 宋蘇轍撰 宋刻本 十一行二十六字小字雙行白口左右雙邊雙魚尾有刻工
存七卷 四十至四十一、五十一至五十五 二三九

古史六十卷 宋蘇轍撰 宋刻元明遞修本 十一行二十二字白口左右雙邊有刻工 二四〇

古史六十卷 宋蘇轍撰 宋刻元明遞修本 十一行二十二字白口左右雙邊 二四一

古史六十卷 宋蘇轍撰 宋刻元明遞修本（有抄配頁） 十一行二十二字白口雙黑魚尾單黑魚尾不等左右雙邊有刻工 二四二

古史六十卷 宋蘇轍撰 宋刻元明遞修本 十一行二十一字小字雙行二十三字白口左右雙邊或四周單邊有刻工 二四三

古史六十卷 宋蘇轍撰 宋刻元明遞修本 十一行二十二字小字雙行二十四字白口左右雙邊有刻工
存五十三卷 一至七、十五至六十 二四四

古史六十卷 宋蘇轍撰 宋刻元明遞修本 十一行二十二字白口左右雙邊雙魚尾單魚尾不等下記刻工
存十九卷 一至七、十一至二十、二十九至三十 二四五

古史六十卷 宋蘇轍撰 宋刻元明遞修本 清胡承珙批校並題識 十一行二十二字小字雙行同白口左右雙邊
存五十六卷 一至十二、十七至六十 二四六

古史六十卷 宋蘇轍撰 宋刻元明遞修本 清曹元忠、嚴隆、繆荃孫跋 十一行二十二字白口左右雙邊
存三十七卷 二十四至六十 二四七

古史六十卷 宋蘇轍撰 宋刻元明遞修本 清楊守敬跋 十一行二十一至二十四字白口左右雙邊 二四八

古史六十卷 宋蘇轍撰 宋刻遞修本 十一行二十一字二十四字不等白口左右雙邊有刻工
存三卷 十四至十六 二四九

古史六十卷 宋蘇轍撰 元刻明修本 十四行二十四字至二十六字不等小字雙行二十四字至二十七字不等白口四周雙邊左右雙邊雙魚尾有刻工
存五十九卷 一至五十九 二五〇

古史六十卷 宋蘇轍撰 元刻明修本 十四行二十四至二十六字小字雙行二十四至二十七字白口雙魚尾左右雙邊四周雙邊不等有刻工
存五十一卷 八至二十一、二十四至六十 二五一

古史六十卷 宋蘇轍撰 元刻明修本 清何紹基錄朓湖李氏題識 葉啟勳、葉啟發題識 十四行二十二至二十六字不等黑口白口都有左右雙邊小字本有刻工 二五二

古史六十卷 宋蘇轍撰 明初刻本 十四行二十四字左右雙邊
存十六卷 八至二十三 二五三

古史六十卷 宋蘇轍撰 明萬曆三十九年南京國子監刻本 十行二十字白口左右雙邊有刻工 二五四

古史六十卷 宋蘇轍撰 明萬曆三十九年南京國子監刻本 清丁丙跋 十行二十字白口左右雙邊有刻工 二五五

古史六十卷 宋蘇轍撰 明刻本 十行二十一字白口左右雙邊有刻工 二五六

重訂古史全本六十卷史拾不分卷 宋蘇轍撰 明吳弘基訂 明刻本 八行二十字白口左右雙邊 二五七

古史書六卷 題清清行齋長蘭大撰 稿本 二五八

建康實錄二十卷 唐許嵩撰 宋紹興十八年荊湖北路安撫使司刻遞修本 十一行二十字注雙行三十字 二五九

建康實錄二十卷 唐許嵩撰 清影宋抄本 二六〇

建康實錄二十卷 唐許嵩撰 清初抄本 清朱錫庚跋 二六一

2662 建康實錄二十卷 唐許嵩撰 清抄本 清汪沆題跋

2663 建康實錄二十卷 唐許嵩撰 清抄本 清高宗弘曆題詩

存五卷 一至五

2664 建康實錄二十卷 唐許嵩撰 清抄本 清周星詒校注

2665 建康實錄二十卷 唐許嵩撰 清抄本 鄭承銓校並跋

2666 建康實錄二十卷 唐許嵩撰 清鈔本

2667 建康實錄二十卷 唐許嵩撰 清抄本

2668 歷代史書大全五百九卷 明魏顯國撰 明萬曆刻本 十一行二十三字白口四周單邊

存二百六十五卷 南齊本紀二卷全、隋本紀三卷全、唐本紀二下至六中、九下至十一、十六至二十、後梁本紀二卷全、後唐本紀二卷全、後晉本紀一卷全、宋本紀一、元本紀一至五（本紀共二十九卷）、古代列傳八至十一、二十至二十四、前漢列傳一至七、二十三至三十四、後漢列傳四十三卷全、續後漢列傳六卷全、魏列傳十卷全、吳列傳五卷全、晉列傳三十一卷全、南朝宋列傳四卷全、北魏列傳八卷全、隋列傳十一卷全、唐列傳一至五、十四至二十四、二十六至四十一、四十一至七十二、五代列傳一至七、元列傳二十九卷全（列傳共二百三十六卷）

2669 歷代史書大全五百九卷 明魏顯國撰 明萬曆刻本 十一行二十二字白口黑魚尾四周單邊

存四卷 後漢本紀一至四

2670 尚史七十卷 清李鍇撰 清乾隆三十八年悅道樓刻本

2671 欽定續通志六百四十卷 清嵇璜等纂 清乾隆五十年武英殿刻本

2672 續通志六百四十卷 清嵇璜、曹仁虎纂修 清內府抄本

存二百十三卷 三至四、七、十、十五、十六下、十七、十九、二十五至二十六、二十八至二十九、四十一至四十二、四十四、四十七、四十九至五十、五十二至五十五、五十八、六十二、六十四至六十五、六十九至七十一、七十四、七十八、八十四、九十二、九十四至九十七、一百一、一百三至一百五、一百七至一百八、一百十至一百十一、一百十六、一百十八至一百二十、一百二十五至一百二十六、一百三十、一百三十三、一百三十六、一百四十、一百四十三、一百四十五至一百四十七、一百五十二、一百五十六、一百六十、一百六十二、一百六十五、一百六十七、一百六十九、一百七十、一百七十七、一百八十五、一百九十二、二百一、二百三至二百四、二百八至二百十、二百十五、二百十八、二百二十二至二百二十三、二百二十六、二百二十九、二百三十二至二百三十三、二百三十五、二百三十七至二百三十八、二百四十、二百四十七、二百四十九、二百五十三、二百五十七至二百五十八、二百六十、二百六十五、二百七十至二百七十一、二百七十四至二百七十八、二百八十、二百八十二、二百八十五、二百八十七、二百九十至二百九十一、二百九十三至二百九十七、三百、三百三至三百四、三百六至三百七、三百十至三百十一、三百十三至三百十七、三百二十、三百二十三、三百二十六、三百二十八、三百三十一至三百三十二、三百三十四至三百三十五、三百三十八、三百四十五、三百五十三至三百五十六、三百五十八至三百五十九、三百六十一、三百六十七至三百六十九、三百七十五、三百八十六、三百八十八至三百九十、三百九十四、三百九十八、四百、四百二、四百四、四百九、四百十一、四百十三、四百十五、四百十八至四百十九、四百二十三、四百二十九、四百三十一、四百三十三、四百四十二、四百四十七、四百五十、四百五十五、四百六十一、四百六十三、四百六十五、四百六十八、四百七十六、四百八十五、四百九十二、四百九十四、四百九十五、四百九十七、五百一、五百八、五百十六、五百二十、五百二十三、五百三十、五百三十五、五百三十八、五百四十、五百四十五、五百四十七、五百四十九、五百五十八、五百六十一、五百六十四、五百六十八、五百八十六、五百九十一、五百九十五至六百、六百二至六百三、六百五至六百六、六百十四、六百二十、六百二十二、六百二十七、六百三十、六百三十二

斷代

2673 周史二百七十九卷 清錢兆鵬撰 稿本

存二百六十二卷 十八至二百七十九

2674 周史二百七十九卷 清錢兆鵬撰 清抄本

2675 春秋類編三十二卷 明秦瀹撰 明抄本

2676 前漢書一百卷 漢班固撰 明德藩最樂軒刻本 十行廿一字白口四周雙邊

2677 前漢書一百卷 漢班固撰 明英德堂刻本 十行二十字白口左右雙邊

2678 前漢書一百卷 漢班固撰 明汲古閣刻本（卷一至六配清抄本） 清姚鼐批 十行二十字白口左右雙邊

2679 漢書一百卷 漢班固撰 唐顏師古注 宋刻本 九行十六字小字雙行字不等白口左右雙邊有刻工

存卷一下第二至十六葉

2680 漢書一百卷 漢班固撰 唐顏師古注 宋刻宋元遞修本 九行十六字小字雙行二十字白口左右雙邊有刻工

存一卷 六十九中

2681 漢書一百卷 漢班固撰 唐顏師古注 宋刻宋元遞修本 九行十六字白口左右雙邊有刻工

存三卷 一下至三

2682 漢書一百卷 漢班固撰 唐顏師古注 宋刻宋元遞修本 九行十六字白口左右雙邊有刻工

存零葉二卷 二十一、六十三

2683 漢書一百卷 漢班固撰 唐顏師古注 北宋刻遞修本（卷三十配宋慶元元年劉元起刻本、卷五十九配宋蔡琪刻本） 元沈璠、清黃丕烈、顧廣圻跋 十一行十九字小字雙行廿七字白口左右雙邊

2684 漢書一百卷 漢班固撰 唐顏師古注 北宋刻宋元遞修本（目錄、卷一配清初抄本，卷十九、六十三配清抄本，卷五十四、八十七至八十八、九十七至九十八配明正統八年刻本） 清黃丕烈補目，李兆洛、錢大昕跋 程恩澤、吳友芝題款 十行十八至二十字小字雙行廿七字白口左右雙邊

2685 漢書一百卷 漢班固撰 唐顏師古注 宋慶元元年劉元起刻本 十行十八字小字雙行廿三、四字細黑口四周雙邊雙魚尾

2686 漢書一百卷 漢班固撰 唐顏師古注 宋蔡琪家塾刻本（卷二十九、四十五至四十七、五十六至五十七上、八十六、八十八、九十九配另一宋刻本） 八行十六字小字雙行廿一字細黑口四周雙邊

2687 漢書一百卷 漢班固撰 唐劉之問等註 宋刻本 清盧文弨、朱文藻、錢泰吉、蔣繩武、丁丙跋 翁方綱、周廣業、沈梓、錢儀吉、翁志琦、張燕昌題款

存十四卷 四十七、六十四至六十五、六十七、七十、八十五至八十六、八十九、九十二、九十七

2688 漢書一百卷 漢班固撰 唐顏師古注 宋嘉定十七年白鷺洲書院刻本（卷七十八至八十一配明抄本） 八行十六字小字雙行廿一字細黑口四周雙邊

2689 漢書一百卷 漢班固撰 唐顏師古注 宋刻宋元遞修本 十行十九字小字雙行廿七字白口左右雙邊

存二十二卷 二十一至二十七上、四十三至五十、八十八至九十四

二九〇 漢書一百卷 漢班固撰 唐顏師古注 宋刻元遞修本 十行十九字小字雙行[illegible]字白口四周雙邊有刻工

二九一 漢書一百卷 漢班固撰 唐顏師古注 宋刻元修本 十行十九字小字雙行廿八字白口左右雙邊有刻工
存三十八卷 二十七中上至五十、六十一至九十、九十七下至一百

二九二 漢書一百卷 漢班固撰、班昭續 唐顏師古注 宋刻元修本 十行十九字小字廿七至廿八字白口左右雙邊或黑口雙魚尾有刻工
存二十一卷 五十三至七十二

二九三 漢書一百卷 漢班固撰 唐顏師古注 宋刻元修本（明配一頁） 十行十九字小字雙行廿五至廿八字白口左右雙邊有刻工
存三卷 五十二、五十四、六十四

二九四 漢書一百卷 漢班固撰 唐顏師古注 宋刻元明遞修本 十行十九字小字雙行廿九字白口左右雙邊有刻工二
存三十四卷 二十四至二十六、三十一至四十八、六十四至六十八、八十二至八十七上、六十九至一百

二九五 漢書一百卷 漢班固撰 唐顏師古注 宋刻宋元明遞修本 十行十九字小字雙行廿七字白口左右雙邊
存十九卷 一至三、廿五至廿七、八十七至九十二、[illegible]、九十九至一百

二九六 漢書一百卷 漢班固撰 唐顏師古注 宋刻元明遞修本 十行十九字小字雙行[illegible]
存三十四卷 [illegible]十二至十四、[illegible]五十二

二九七 漢書一百卷 漢班固撰、班昭續 唐顏師古注 宋刻元明遞修本 十行十九字[illegible]
存二卷 六十八至六十九

二九八 漢書一百卷 漢班固撰 唐顏師古注 宋刻元明遞修本（一頁抄配 卷一至五[illegible]） 十行十九字小字雙行[illegible]字黑口左右雙邊有刻工

二九九 漢書一百二十卷 漢班固撰 宋刻元明遞修本 十行十九字小字雙行字數不等黑口左右雙邊有刻工
存三十卷 一至二十[illegible]

三〇〇 前漢書一百卷 漢班固撰 唐顏師古注 宋刻元明遞修本 清楊紹和跋 十[illegible]行十九字小字雙行二十八字黑口左右雙邊

三〇一 漢書一百卷 漢班固撰 唐顏師古注 宋刻元明遞修本 清丁丙跋 十行十九字小字雙行廿八字白口或小黑口左右雙邊或四周[illegible]

三〇二 漢書一百卷 漢班固撰 唐顏師古注 宋刻元明遞修本 傅增湘跋 十[illegible]行[illegible]字小字雙行[illegible]字黑口不一[illegible]白口不一[illegible]四周單邊

三〇三 漢書一百卷 漢班固撰 唐顏師古注 清[illegible]抄本

三〇四 漢書一百卷 漢班固撰 唐顏師古注 元大德九年太平路儒學刻本 十行廿二字小字[illegible] 明[illegible]一下補刻[illegible]
存四十七卷 一上、[illegible]十五至十七、廿一下至廿五、四十一至五十、六十一至七十、七十一至八十一、八十四、九十六下至一百

三〇五 漢書一百卷 漢班固撰 唐顏師古注 元大德九年太平路儒學刻明成化正德遞修本 十行廿二字黑口四周雙邊

三〇六 漢書一百卷 漢班固撰 唐顏師古注 元大德九年太平路儒學刻明成化正德遞修印本（卷五十五至七十一抄配，卷十六、二十、九十七、一百各有抄配頁）

三〇七 漢書一百卷 漢班固撰、班昭續 唐顏師古注 元大德九年太平路儒學刻明成化正德遞修本 十行廿二字白口四周雙邊雙魚尾
存四卷 六十六至六十九

三〇八 前漢書一百卷 漢班固撰 唐顏師古注 元大德九年太平路儒學刻明成化嘉靖遞修本 十行二十二字小字雙行二十二字白口四周雙邊有刻工

三〇九 漢書一百卷 漢班固撰 唐顏師古注 元大德九年太平路儒學刻明成化正德遞修本 十行廿二字小字雙行[illegible]四周雙邊

三一〇 前漢書一百卷 漢班固撰 唐顏師古注 元大德九年太平路儒學刻明遞修本 十行廿二字小字雙行二十二字小黑口四周雙邊有刻工

三一一 前漢書一百卷 漢班固撰 唐顏師古注 元大德九年太平路儒學刻明遞修本 十行廿二字小字雙行[illegible]四周雙邊有刻工

三一二 漢書一百卷 漢班固撰 唐顏師古注 元大德九年太平路儒學刻明修本 十行廿二字小字雙行同白口四周雙邊有刻工
存十四卷 四十五至四十八、六十二至六十七、九十六至九十九

三一三 漢書一百卷 漢班固撰 唐顏師古注 元大德九年太平路儒學刻明成化重修本 十行廿二字白口四周雙邊有刻工
存八十三卷 一至二十五、二十七至五十一、七十一至[illegible]十八下、[illegible]三十二至四十八、九十八至一百下

三一四 漢書一百卷 漢班固撰 唐顏師古注 元刻明修本 十行十九字小字雙行[illegible]黑口[illegible]雙魚尾有刻工

三一五 漢書一百卷 漢班固撰 唐顏師古注 元[illegible]抄本 十行十九字白口左右雙邊
存二卷 二十九至三十

三一六 漢書一百卷 漢班固撰 唐顏師古注 明正統八年至十年刻本 十行十九字小字雙行二十五至二十八字不等白口左右雙邊或四周雙邊

三一七 漢書一百卷 漢班固撰 唐顏師古注 明正統八年至十年刻本 明唐順之批點 十行十九字小字雙行[illegible]十九字白口四周雙邊或黑口雙魚尾有刻工
存：[illegible]殘卷

三一八 漢書一百卷 漢班固撰 唐顏師古注 明正統八年至十年刻本 清姜宸英跋 十行十九字小字雙行二十五至二十七、八字不等白口四周雙邊或黑口左右雙邊雙魚尾有刻工

三一九 漢書一百卷 漢班固撰 唐顏師古注 明嘉靖十六年廣東崇正書院重修本 十行廿二字小字雙行同白口四周單邊

三二〇 漢書一百卷 漢班固撰 唐顏師古注 明嘉靖十六年廣東崇正書院重修本 清錢爾將圈點 李文者抄補 錢泰吉抄補並跋 十行廿二字小字雙行同白口四周單邊

三二一 漢書一百卷 漢班固撰 唐顏師古注 明嘉靖十六年廣東崇正書院重修本 清孫淳批校並題識 蔣湘題識 十行二十二字白口四周單邊

三二二 漢書一百卷 漢班固撰 唐顏師古注 明嘉靖十六年廣東崇正書院重修本 清丁丙跋 丁立中跋並錄清陳鱣題識 十行廿二字小

漢書一百卷　漢班固撰　唐顏師古注　明嘉靖十六年廣東崇正書院刻本　佚名錄清何焯批校　黃[illegible]跋　十行二十二字小字雙行　白口四周單邊　三二三

漢書一百卷　漢班固撰　唐顏師古注　明嘉靖汪文盛等刻本　十二行二十二字小字雙行二十八字白口左右雙邊　三二四

漢書一百卷　漢班固撰　唐顏師古注　明嘉靖汪文盛等刻本　清何焯校　十二行二十二字小字雙行字不等左右雙邊白口有刻工　三二五

存二卷　二十六、二十七

漢書一百卷　漢班固撰　唐顏師古注　明嘉靖汪文盛等刻本　清[illegible]、葉石君校　十二行二十二字小字雙行三十字白口左右雙邊　三二六

存八十一卷　一至十五　廿四至三十六　四十七至九十九上

漢書一百卷　漢班固撰　唐顏師古注　明嘉靖汪文盛等刻二十八年周采等剜改印本　十二行二十二字小字雙行二十八字白口左右雙邊　三二七

漢書一百卷　漢班固撰　明嘉靖汪文盛等刻二十八年周采等剜改印本　清姚興批校　黃丕烈跋　三二八

漢書一百卷　漢班固撰　唐顏師古注　明嘉靖汪文盛等刻二十八年周采等剜改印本　清丁丙跋　十二行二十二字小字雙行二十八字白口有刻工　三二九

漢書一百卷　漢班固撰　唐顏師古注　明嘉靖汪文盛等刻二十八年周采等剜改印本　鄧邦述跋　十二行二十二字小字雙行二十八字白口　三三〇

漢書一百卷　漢班固撰　唐顏師古注　明崇禎十五年毛氏汲古閣刻本　清葉樹廉校點　三三一

漢書一百卷　漢班固撰　唐顏師古注　明崇禎十五年毛氏汲古閣刻本　清惠棟批校　王鳴盛跋　三三二

漢書一百卷　漢班固撰　唐顏師古注　明崇禎十五年毛氏汲古閣刻本　清沈炳震錄何焯批校　三三三

漢書一百卷　漢班固撰　唐顏師古注　明崇禎十五年毛氏汲古閣刻本　清盛[illegible]批校　三三四

漢書一百卷　漢班固撰　唐顏師古注　明崇禎十五年毛氏汲古閣刻本　清張惠言圈點並跋　三三五

漢書一百卷　漢班固撰　唐顏師古注　清金閶書業堂翻刻毛氏汲古閣本　清江[illegible]錄清何焯批校並題識　三三六

漢書一百卷　漢班固撰　唐顏師古注　明崇禎十五年毛氏汲古閣刻本　清張敦仁校並跋　三三七

漢書一百卷　漢班固撰　唐顏師古注　明崇禎十五年毛氏汲古閣刻本　清沈大成校並跋　三三八

漢書一百卷　漢班固撰　唐顏師古注　明崇禎十五年毛氏汲古閣刻本　清沈欽韓批校　三三九

漢書一百卷　漢班固撰　唐顏師古注　明崇禎十五年毛氏汲古閣刻本　清沈欽韓批校並跋　三四〇

存五十七卷　一至三十　五十八至六十四　八十一至一百

漢書一百卷　漢班固撰　唐顏師古注　明崇禎十五年毛氏汲古閣刻本　清錢泰吉校　三四一

漢書一百卷　漢班固撰　唐顏師古注　明崇禎十五年毛氏汲古閣刻本　清何焯、蔡[illegible]批校　三四二

漢書一百卷　漢班固撰　唐顏師古注　明崇禎十五年毛氏汲古閣刻本　清何焯、蔡[illegible]批點　三四三

漢書一百卷　漢班固撰　唐顏師古注　明崇禎十五年毛氏汲古閣刻本　清杜文瀾跋並錄清人錢泰吉校跋　三四四

漢書一百卷　漢班固撰　唐顏師古注　明崇禎十五年毛氏汲古閣刻本　清姚衡臨何焯評校　姚[illegible]跋　三四五

漢書一百卷　漢班固撰　唐顏師古注　明崇禎十五年毛氏汲古閣刻本　清錢[illegible]臨[illegible]校　三四六

存八十九卷　十二至一百

漢書一百卷　漢班固撰　唐顏師古注　明崇禎十五年毛氏汲古閣刻本　清劉履芬跋並錄方世舉、姚範、王念孫批校　三四七

漢書一百卷　漢班固撰　唐顏師古注　明崇禎十五年毛氏汲古閣刻本　清李慈銘批校並跋　三四八

漢書一百卷　漢班固撰　唐顏師古注　明崇禎十五年毛氏汲古閣刻本　清翁同龢錄何焯、張惠言批注　三四九

漢書一百卷　漢班固撰　唐顏師古注　明崇禎十五年毛氏汲古閣刻本　清翁同龢跋　三五〇

漢書一百卷　（漢班固撰）唐顏師古注　明崇禎十五年毛氏汲古閣刻本　清[illegible]跋　三五一

漢書一百卷　漢班固撰　唐顏師古注　明崇禎十五年毛氏汲古閣刻本　清王棠校並跋　三五二

漢書一百卷　漢班固撰　唐顏師古注　明崇禎十五年毛氏汲古閣刻本　清曹印若跋並錄清姚鼐、張惠言、錢泰吉批　三五三

漢書一百卷　漢班固撰　唐顏師古注　明崇禎十五年毛氏汲古閣刻本　清史[illegible]錄[illegible]校　三五四

漢書一百卷　漢班固撰　唐顏師古注　明崇禎十五年毛氏汲古閣刻本　清王闓運批點　三五五

漢書一百卷　漢班固撰　唐顏師古注　明崇禎十五年毛氏汲古閣刻本　清[illegible]錄清[illegible]批校圈點　三五六

漢書一百卷　漢班固撰　唐顏師古注　清[illegible]刻本　清臺日華校跋並錄何焯批　三五七

漢書一百卷　漢班固撰　唐顏師古注　明鍾人傑輯　明萬曆四十七年鍾人傑刻本　[illegible]　三五八

漢書一百卷　漢班固撰　唐顏師古注　明鍾人傑輯　明萬曆四十七年鍾人傑刻本　清方世舉批點　九行十八字白口四周單邊　三五九

漢書一百卷　漢班固撰　唐顏師古注　明陳仁錫評　明崇禎刻本　十行二十字白口左右雙邊　三六〇

漢書一百卷　漢班固撰　唐顏師古注　清乾隆四年武英殿刻本　清[illegible]校並題識　三六一

存一卷　二十八

漢書一百卷　漢班固撰　唐顏師古注　清乾隆四年武英殿刻本　清[illegible]鶴清錄何焯批校　三六二

漢書一百卷　漢班固撰　唐顏師古注　清同治八年金陵書局刻本　清鄭[illegible]校圈點並跋　三六三

存九十卷　一至四十　五十一至一百

漢書一百卷　漢班固撰　唐顏師古注　清同治八年金陵書局刻本　清陳[illegible]批校　三六四

漢書一百卷　漢班固撰　唐顏師古注　清同治八年金陵書局刻本　清王[illegible]校並跋　三六五

存八十八卷　一至四十　五十三至一百

漢書一百卷　漢班固撰　唐顏師古注　清同治八年金陵書局刻本　清陳[illegible]批校　三六六

漢書一百卷　漢班固撰　唐顏師古注　清同治八年金陵書局刻本　清陳倬校並錄清錢大昕考異　嚴可均錄清李光地、何焯朱墨、沈彤批校　三六七

漢書一百卷　漢班固撰　唐顏師古注　清同治八年金陵書局刻本　清沈[illegible]批　三六八

漢書一百卷　漢班固撰　唐顏師古注　清同治八年金陵書局刻本　楊[illegible]光批校題識　王[illegible]　三六八

漢書一百卷　漢班固撰　唐顏師古注　清同治八年金陵書局刻本　清沈欽韓批校　王同[illegible]　三六九

漢書一百卷 漢班固撰 唐顏師古注 清同治八年金陵書局刻本 傅增湘校 三七〇
漢書一百卷 漢班固撰 唐顏師古注 清光緒十三年金陵書局刻本 清洪□□錄清□□□校並跋 三七一
漢書評林一百卷 明凌稚隆輯 明萬曆九年自刻本 十行二十字小字雙行同白口左右雙邊 三七二
漢書評林一百卷 明凌稚隆輯 明萬曆九年自刻本 清錢陸燦批 十行二十字小字雙行同白口左右雙邊 三七三
漢書評林一百卷 明凌稚隆輯 明萬曆九年自刻本 十行二十字小字雙行同白口左右雙邊 清汪憲、惠周惕 三七四
漢書評林一百卷 明凌稚隆輯 明萬曆九年自刻本 清丁晏批校 三七五
漢書評林一百卷 明凌稚隆輯 明萬曆九年自刻本 十行二十字小字雙行同白口左右雙邊 清王士禎批 十 三七六
漢書評林一百卷 明凌稚隆輯 明萬曆九年自刻本 十行二十字白口左右雙邊有刻工 清咸豐二百批校並跋 三七七
漢書評林一百卷 明凌稚隆輯 惠言批點 錢□□校並跋 十行二十字小字雙行 清汪□錄清張 三七八
漢書評林一百卷 明凌稚隆輯 明萬曆九年自刻本 十行二十字小字雙行白口左右雙邊有刻工 清沈□□校點 三七九
漢書評林一百卷 明凌稚隆輯 明萬曆九年自刻本 十行二十字小字雙行白口 清陳□ 三八〇
漢書評林一百卷 明凌稚隆輯 明萬曆九年自刻朝鮮重印本 十行二十字白口左右雙邊單魚尾 三八一
漢書評林一百卷 明凌稚隆輯 明□□□□□刻本 十行二十字白口 三八二
漢書評林一百卷 明凌稚隆輯 明□□□□□刻本 十行二十字小字 三八三
孫月峰先生批評漢書一百卷 明孫鑛撰 明末馮元仲王山刻本 九行二十字白口四周單邊 三八四
漢書一百卷 漢班固撰 明楊循吉評 明崇禎十二年馬嘉植刻本 九行二十五字小字□□ 三八五
漢書一百卷 漢班固撰 明楊循吉評 明崇禎十二年馬嘉植刻本 九行二十五字小字□□ 鄭之城 三八六
刻楊升庵先生批選漢書市古八卷 明楊慎輯 明刻本 十行二十二字白口四周單邊 三八七
荊川先生批點精選漢書六卷 明唐順之輯選 明刻本 十行二十二字小字同行白口四周單邊 三八八
西漢書不分卷 明許聯明輯 明抄本 三八九
漢書纂不分卷 明凌稚隆輯 明萬曆□□刻本 九行二十字上下□□左右雙邊白口單魚尾 三九〇
漢書纂二十二卷仁一卷義一卷禮一卷智一卷 明凌稚隆輯 明萬曆刻本 九行二十字小字雙行同白口左右雙邊 三九一
漢書鈔九十三卷 明茅坤評選 明萬曆十七年自刻本 十行二十一字小字雙行二十一字白口左右雙邊有刻工 三九二
漢書鈔九十三卷 明茅坤評選 明萬曆十七年自刻本 清錢陸燦批 三九三
鹿門先生批點漢書九十三卷 明茅坤輯 明刻本 九行十九字小字雙行同白口四周單邊 三九四

漢書纂錄一卷 清□□□撰 清抄本 三九五
漢書正誤四卷 清王峻撰 錢大昕校定 清乾隆六十年□□□□刻本 三九六
漢書正訛一卷 清王元啟撰 稿本 葉景葵跋 三九七
漢書拾遺不分卷 清□□□撰 稿本 清謝章鋌跋 三九八
史漢拾遺十六卷 清□□□撰 清光緒十九年抄本 清謝章鋌題識 三九九
漢書疏證二十一卷後漢書疏證二十三卷 清沈欽韓撰 稿本 存四十卷 漢書一至二十一、後漢書一至二十三 四〇〇
漢書疏證四十卷後漢書疏證十五卷續漢志疏證三十一卷 清沈欽韓撰 稿本 存六十卷 漢書二十七至四十、後漢書一至十五、續漢志一至三十一 四〇〇
漢書疏證三十五卷後漢書疏證三十卷 清沈欽韓撰 清抄本 存四十一卷 漢書一至七、十一至二十五、二十七、後漢書十三至三十 四〇一
漢書疏證四十卷 清沈欽韓撰 清道光二十七年劉寶楠抄本 清劉□□跋 存十八卷 一至八、二十□、□十一、三十八至四十 四〇二
漢書疏證四十卷 清沈欽韓撰 清抄本 四〇三
漢書疏證三十六卷 清沈欽韓撰 清光緒□□抄本 清江文□題識批校圈點 四〇四
漢書疏證三十六卷 清沈欽韓撰 清抄本 黃以周校 四〇五
漢書疏證不分卷 清沈欽韓撰 清抄本 四〇六
漢書疏證二十七卷 清抄本 四〇七
漢書校記不分卷 清□□撰 清同治十二年至十三年楊保光抄本 四〇八
宋槧漢書殘本攷異一卷 清□□□撰 稿本 四〇九
漢書注校補五十六卷 清周壽昌撰 稿本 存二十一卷 本紀一至二、志一至七、地理志上下 四一〇
校漢書八表八卷 清夏燮撰 稿本 四一一
前漢異同札記二卷後漢異同札記三卷 清莊鼎□撰 稿本 四一二
漢書高祖功臣表位次不分卷 清汪士鐸撰 清抄本 四一三
後漢書百官志五卷 晉司馬彪撰 梁劉昭注 漢爵考一卷 四一四

清沈世穀撰　清濰縣陳氏抄本　清陳介祺校

前漢書百官公卿表一卷　漢班固撰　唐顏師古注　附王莽官名錄一卷　清陳介祺輯　清濰縣陳氏抄本　清陳介祺校　四一六

漢書地理志稽疑六卷　清全祖望撰　清嘉慶九年朱文翰倚樹草堂刻本　四一七

新斠注地理志十六卷　清錢坫撰　清嘉慶二年太湖官舍刻本　清徐松校注　四一八

漢書地理志四錄一卷　清傅周撰　清道光陳介祺抄本　清陳介祺批校　四一九

新斠注地理志十六卷　清錢坫撰　徐松集釋　清同治十三年刻本　清楊守敬批校　四二〇

漢書地理志補注一百三卷　清吳卓信撰　清道光二十八年[illegible]刻本　四二一

漢書地理志補注一百三卷　清吳卓信撰　清鍾汶堂抄本　清[illegible]跋　四二二

漢書地理志補注一百三卷　清吳卓信撰　清抄本　四二三

漢書地理志校注十二卷雜說十二卷　清王紹蘭撰　稿本　清王紹蘭撰　清汪氏遠繼樓抄本　四二四

漢書地理志校注二卷　清汪遠孫撰　清道光二十八年汪氏振綺堂刻本　清陳倬批注　四二五

漢書地理志校本二卷　清汪遠孫撰　清道光二十八年汪氏振綺堂刻本　清謝鍾英批校　四二六

漢書地理志校本二卷　清汪遠孫撰　清道光二十八年汪氏振綺堂刻本　清楊守敬批校　四二七

漢書地理志校本二卷　四二八

漢志水道疏證四卷　清洪頤煊撰　清[illegible]抄本　清洪頤煊校　[illegible]跋　四二九

漢書地理水道圖說補正二卷　清吳承志撰　稿本　四三〇

漢書藝文志條理殘稿不分卷　清姚振宗撰　稿本　四三一

漢書西域傳補注二卷　清徐松撰　稿本　四三二

求真是齋讀前漢書朔閏表初稿一卷　清[illegible]撰　稿本　四三三

班馬異同三十五卷　宋倪思撰　劉辰翁評　明刻本　九行二十字白口四周單邊　四三四

班馬異同三十五卷　宋倪思撰　劉辰翁評　明嘉靖十六年李元陽刻本　九行十九字白口左右雙邊有刻工　四三五

班馬異同三十五卷　宋倪思撰　劉辰翁評　明嘉靖十六年李元陽刻本　清周星詒題識　九行十九字白口左右雙邊單魚尾有刻工　四三六

班馬異同三十五卷　宋倪思撰　劉辰翁評　明抄本　清丁丙跋　九行十八字白口四周單邊　四三七

史漢方駕三十五卷　明許相卿撰　明萬曆十三年沈木刻本　九行二十字小字雙行字同白口單魚尾左右雙邊有刻工　四三八

二史會編十六卷　明況叔祺撰　明嘉靖四十年刻本　十行二十字小字雙行同白口四周雙邊有刻工　四三九

史漢合編題評八十八卷附錄四卷　明茅一桂輯　明萬曆十四年金陵唐龍泉、周對峯刻本　十行廿一字白口左右雙邊單魚尾　四四〇

後漢書九十卷　劉宋范曄撰　志三十卷　晉司馬彪撰　明吳勉學刻本　十行二十字白口左右雙邊　四四一

後漢書九十卷　劉宋范曄撰　唐李賢注　志三十卷　晉司馬彪撰　梁劉昭注　北宋刻遞修本（卷十六、十八至十九、廿五至廿六、三十二、三十五至三十九、六十一至六十三、六十六至六十九、七十三、七十九、志・卷廿二、廿四至三十配宋黃善夫刻本。目錄卷一至二、十下、十七、二十至廿四、廿七至三十、三十三至三十四、四十至四十八、五十至五十七、六十、七十四下至七十八、八十一至八十四、八十九至九十、志・卷一至二、十至二十、廿五配宋嘉定元年蔡琪一經堂刻本）　十行十九字小字雙行二十五字白口左右雙邊，黃善夫本十行十九字小字雙行二十四字細黑口四周雙邊。一經堂本八行十六字小字雙行廿一字細黑口四周雙邊　四四二

存一百六卷（一至十、十二至四十八、五十至五十七、六十至六十三、六十六至八十四、八十六、八十九至九十、志・一至三、九至三十）

後漢書九十卷　劉宋范曄撰　唐李賢注　志三十卷　晉司馬彪撰　梁劉昭注　北宋刻遞修本（目錄、卷一、七十至七十二、志・卷廿一至廿二配清初抄本，卷四十五至四十七、六十四至六十六、六十八至六十九、七十八至八十五、志・卷五十配宋刻元修本）　十行十九字小字雙行廿三字白口左右雙邊有刻工　四四三

存一百十五卷（一至二、六至十、十一至九十、志・三至三十）

後漢書九十卷　劉宋范曄撰　唐李賢注　志三十卷　晉司馬彪撰　梁劉昭注　北宋刻遞修本　十行十九字小字雙行約廿六字白口左右雙邊　四四四

存三卷（五十九、六十四至六十五）

後漢書九十卷　劉宋范曄撰　唐李賢注　志三十卷　晉司馬彪撰　梁劉昭注　宋紹興江南東路轉運司刻宋元遞修本（卷十二至十六配抄本）　九行十六字小字雙行二十字白口左右雙邊有刻工　四四五

後漢書九十卷　劉宋范曄撰　唐李賢注　志三十卷　晉司馬彪撰　梁劉昭注　宋紹興江南東路轉運司刻宋元遞修本　九行十六字小字雙行二十字白口左右雙邊有刻工　四四六

存六十三卷（一至三、十七至十八、廿六至廿九、三十五至四十上、四十九至五十一、五十五至六十一、六十八至七十四上、七十七至八十五、志・六至九、十三至十五、十九至三十）

後漢書九十卷　劉宋范曄撰　唐李賢注　志三十卷　晉司馬彪撰　梁劉昭注　宋紹興江南東路轉運司刻宋元遞修本　九行十六字小字雙行二十字白口左右雙邊有刻工　四四七

存四十四卷（十四至十六、廿五至廿九、三十二至三十四、四十三至五十四、六十三至六十五、七十四至七十九、志・十一至廿二）

後漢書九十卷　劉宋范曄撰　唐李賢注　志三十卷　晉司馬彪撰　梁劉昭注　宋紹興江南東路轉運司刻宋元遞修本　九行十六字小字雙行十七至十九字白口左右雙邊有刻工　四四八

存零葉二卷（廿二、廿四）

後漢書九十卷　劉宋范曄撰　唐李賢注　志三十卷　晉司馬彪撰　梁劉昭注　宋　四四九

紹興江南東路轉運司刻元遞修本 九行十六字白口左右雙邊有刻工

後漢書九十卷 劉宋范曄撰 唐李賢注 志三十卷 晉司馬彪撰 梁劉昭注 宋紹興江南東路轉運司刻元明遞修本 傅增湘題識 九行十六字小字雙行十八至二十字白口左右雙邊雙魚尾有刻工 四五〇
存十卷 一至十

後漢書九十卷 劉宋范曄撰 唐李賢注 志三十卷 晉司馬彪撰 梁劉昭注 宋紹興江南東路轉運司刻宋元遞修公文紙印本（目錄、卷一配影宋抄本） 九行十六字小字二十字白口左右雙邊雙魚尾有刻工 四五一

後漢書九十卷 劉宋范曄撰 唐李賢注 志三十卷 晉司馬彪撰 梁劉昭注 宋王叔邊刻本（卷四十下配另一宋刻本） 十三行廿一至廿五字小字雙行廿八字白口左右雙邊 四五二

後漢書九十卷 劉宋范曄撰 唐李賢注 志三十卷 晉司馬彪撰 梁劉昭注 宋白鷺洲書院刻本 八行十六字小字雙行廿一字細黑口四周雙邊 四五三

後漢書九十卷 劉宋范曄撰 唐李賢注 志三十卷 晉司馬彪撰 梁劉昭注 宋黃善夫刻本 十行十八至二十字小字廿四字細黑口雙魚尾四周雙邊 四五四
存四十八卷 一至三十五、五十七至七十、八十一

後漢書九十卷 劉宋范曄撰 唐李賢注 志三十卷 晉司馬彪撰 梁劉昭注 宋黃善夫刻本 清[illegible]跋 小字行十八字小字雙行二十三字細黑口四周雙邊雙魚尾 四五五

後漢書九十卷 劉宋范曄撰 唐李賢注 志三十卷 晉司馬彪撰 梁劉昭注 宋黃善夫刻本 李盛鐸跋 [illegible] 十行十八或十九字小字雙行廿四字四周雙邊 四五六
存二卷 五十六、八十二

後漢書九十卷 劉宋范曄撰 唐李賢注 志三十卷 晉司馬彪撰 梁劉昭注 宋刻元修公文紙印本 九行十九字小字雙行二十五字白口左右雙邊 四五七

後漢書九十卷 劉宋范曄撰 唐李賢注 志三十卷 晉司馬彪撰 梁劉昭注 宋刻元明遞修本（志一、十至十九配清抄本） 十行十九字小字雙行廿五字黑口左右雙邊 四五八

後漢書九十卷 劉宋范曄撰 唐李賢注 志三十卷 晉司馬彪撰 梁劉昭注 宋刻元明遞修本 十行十九字小字廿五、六字白口左右雙邊有刻工 四五九
存十七卷 後漢書五十至五十四、四十二至四十五，志一至八

後漢書九十卷 劉宋范曄撰 唐李賢注 志三十卷 晉司馬彪撰 梁劉昭注 宋刻本 十行十九字小字雙行廿四字細黑口四周雙邊 四六〇
存一卷 五十

後漢書九十卷 劉宋范曄撰 唐李賢注 志三十卷 晉司馬彪撰 梁劉昭注 清初影宋抄本 清朱錫庚、傅增湘跋 李盛鐸跋 四六一
存十卷 一至十

後漢書九十卷 劉宋范曄撰 唐李賢注 志三十卷 晉司馬彪撰 梁劉昭注 元大德九年寧國路儒學刻本 十行廿二字注文同白口四周雙邊 四六二
存五十二卷 一上、四至九、十一至廿一、三十九至四十、四十六至七十五、七十九至八十上、八十二至八十六，志一至三、十五至二十、廿六至三十

後漢書九十卷 劉宋范曄撰 唐李賢注 志三十卷 晉司馬彪撰 梁劉昭注 元大德九年寧國路儒學刻明成化遞修本 十行廿二字白口四周雙邊 四六三

後漢書九十卷 劉宋范曄撰 唐李賢注 志三十卷 晉司馬彪撰 梁劉昭注 元大德九年寧國路儒學刻明成化遞修本 十行廿二字小字雙行同白口四周雙邊有刻工 四六四
存七十六卷 志六至三十，一至四、廿五至四十一、五十一至八十

後漢書九十卷 劉宋范曄撰 唐李賢注 志三十卷 晉司馬彪撰 梁劉昭注 元大德九年寧國路儒學刻明遞修本 十行廿二字白口四周雙邊雙魚尾有刻工 四六五

後漢書九十卷 劉宋范曄撰 唐李賢注 志三十卷 晉司馬彪撰 梁劉昭注 元大德九年寧國路儒學刻明遞修本 十行廿二字白口四周雙邊有刻工 四六六

後漢書九十卷 唐李賢撰 志三十卷 梁劉昭撰 元大德九年寧國路儒學刻明修本 十行[illegible] 四六六

後漢書九十卷 劉宋范曄撰 唐李賢注 志三十卷 晉司馬彪撰 梁劉昭注 元大德九年寧國路儒學刻明修本 十行廿二字小字雙行同白口四周雙邊 四六七
存五十卷 後漢書一至四、十一至十七、三十至三十五、四十六至五十五、五十九至六十七、八十二下至九十，志十一至十九

後漢書九十卷 劉宋范曄撰 唐李賢注 志三十卷 晉司馬彪撰 梁劉昭注 元大德九年寧國路儒學刻明遞修本（有抄配及缺葉） 十行廿二字小字雙行白口四周雙邊雙魚尾有刻工 四六八
存三十卷 [illegible]

後漢書九十卷 劉宋范曄撰 唐李賢注 志三十卷 晉司馬彪撰 梁劉昭注 明[illegible]刻本 十行十八至二十字小字雙行廿二至廿五字白口左右雙邊 四六九

後漢書九十卷 劉宋范曄撰 唐李賢注 志三十卷 晉司馬彪撰 梁劉昭注 明正德十一年刻本（卷七、六十三至六十六、七十至七十六、八十一至八十[illegible]、十三至十八抄配） 清袁芳瑛跋 十行十[illegible]字白口左右雙邊有刻工、雙魚尾 四七〇
存八十八卷 一至三十五、三十八至九十

後漢書九十卷 劉宋范曄撰 唐李賢注 志三十卷 晉司馬彪撰 梁劉昭注 明正德十一年刻本 清丁丙跋 十行十九字小字雙行廿五字黑口左右雙邊有刻工 四七一

後漢書九十卷　劉宋范曄撰　唐李賢注　志三十卷　晉司馬彪撰　梁劉昭注　明嘉靖十六年廣東崇正書院重修本　十行廿二字小字雙行同白口四周單邊　四七二

後漢書九十卷　劉宋范曄撰　唐李賢注　志三十卷　晉司馬彪撰　梁劉昭注　明嘉靖汪文盛等刻本　十二行廿二字小字雙行廿八字白口左右雙邊　四七三

後漢書九十卷　劉宋范曄撰　唐李賢注　志三十卷　晉司馬彪撰　梁劉昭注　明嘉靖汪文盛等刻本　清何焯校　十二行廿二字白口左右雙邊　紀一、四、九、十四至十五、廿七至廿九、三十三至八十八、志一至十一、十八至三十　存八十二卷　紀一至五、十二、九、十、志一至五、四十八、五十一至五十二、五十五至五十九、六十四　四七四

後漢書九十卷　劉宋范曄撰　唐李賢注　志三十卷　晉司馬彪撰　梁劉昭注　明嘉靖汪文盛等刻本（卷三十至四十六配清抄本）　清沈彤錄何焯批校　十二行廿二字小字雙行廿八字白口左右雙邊　四七五

後漢書九十卷　劉宋范曄撰　唐李賢注　志三十卷　晉司馬彪撰　梁劉昭注　明嘉靖汪文盛等刻本　清鄭郊述跋　十二行廿二字小字雙行廿八字白口上下單邊左右雙邊　四七六

後漢書九十卷　劉宋范曄撰　唐李賢注　志三十卷　晉司馬彪撰　梁劉昭注　明嘉靖汪文盛等刻本　清丁丙跋　十二行廿二字小字雙行廿五字白口左右雙邊　四七七

後漢書九十卷　劉宋范曄撰　唐李賢注　志三十卷　晉司馬彪撰　梁劉昭注　明嘉靖汪文盛等刻二十八年周采等剜改印本　四七八

後漢書九十卷　劉宋范曄撰　唐李賢注　志三十卷　晉司馬彪撰　梁劉昭注　明嘉靖八年至九年南京國子監刻本　十行廿一字小字雙行同細黑口四周雙邊有刻工　四七九

後漢書九十卷　劉宋范曄撰　唐李賢注　志三十卷　晉司馬彪撰　梁劉昭注　明嘉靖八年至九年南京國子監刻萬曆、天啟、崇禎、弘光、清順治、康熙遞修印本　清佚名校　袁思亮校　四八〇

後漢書九十卷　劉宋范曄撰　唐李賢注　志三十卷　晉司馬彪撰　梁劉昭注　明萬曆二十四年北京國子監刻本　清傅山批　十行廿一字白口左右雙邊　存一百十卷　一至八十、九十五至一百二十　四八一

後漢書九十卷　劉宋范曄撰　唐李賢注　志三十卷　晉司馬彪撰　梁劉昭注　明萬曆二十四年北京國子監刻本　清汪由敦題識　十行廿一字白口左右雙邊　四八二

後漢書九十卷　劉宋范曄撰　唐李賢注　志三十卷　晉司馬彪撰　梁劉昭注　明萬曆二十四年北京國子監刻清康熙二十五年補修本　佚名錄清何焯校跋　四八三

後漢書九十卷　劉宋范曄撰　唐李賢注　志三十卷　晉司馬彪撰　梁劉昭注　明　四八四

後漢書九十卷　劉宋范曄撰　唐李賢注　志三十卷　晉司馬彪撰　梁劉昭注　明沐社?刻本　九行二十字小字雙行同白口左右雙邊　四八五

崇禎十六年毛氏汲古閣刻本　□宋衛□校點

後漢書九十卷　劉宋范曄撰　唐李賢注　志三十卷　晉司馬彪撰　梁劉昭注　明陳祖范刻本　清汪由敦校並錄何焯評　顧祿常跋　九行二十字小字雙行同白口上黑口左右雙邊　四八六

後漢書九十卷　劉宋范曄撰　唐李賢注　志三十卷　晉司馬彪撰　梁劉昭注　清金閶書業堂翻刻毛氏汲古閣本　清汪由敦過錄清何焯批校並題識　四八七

後漢書九十卷　劉宋范曄撰　唐李賢注　志三十卷　晉司馬彪撰　梁劉昭注　明崇禎十六年毛氏汲古閣刻本　清宋賓王錄何焯批校題識　許仲選跋並錄錢□□批　四八八

後漢書九十卷　劉宋范曄撰　唐李賢注　志三十卷　晉司馬彪撰　梁劉昭注　明崇禎十六年毛氏汲古閣刻本　清錢塘陳批校並跋　存二十四卷　五十六至六十五、八十二下至八十八、志十九至三十　四八九

後漢書九十卷　劉宋范曄撰　唐李賢注　志三十卷　晉司馬彪撰　梁劉昭注　明崇禎十六年毛氏汲古閣刻本　清惠棟批校　四九〇

後漢書九十卷　劉宋范曄撰　唐李賢注　志三十卷　晉司馬彪撰　梁劉昭注　明崇禎十六年毛氏汲古閣刻本　清沈彤批校　四九一

後漢書九十卷　劉宋范曄撰　唐李賢注　志三十卷　晉司馬彪撰　梁劉昭注　明崇禎十六年毛氏汲古閣刻本　清沈欽韓批校並跋　存一百十九卷　二至九十、志一至三十　四九二

後漢書九十卷　劉宋范曄撰　唐李賢注　志三十卷　晉司馬彪撰　梁劉昭注　明崇禎十六年毛氏汲古閣刻本　清張宗[illegible]校　四九三

後漢書九十卷　劉宋范曄撰　唐李賢注　志三十卷　晉司馬彪撰　梁劉昭注　明崇禎十六年毛氏汲古閣刻本（卷九十抄配）　清錢泰吉校　四九四

後漢書九十卷　劉宋范曄撰　唐李賢注　志三十卷　晉司馬彪撰　梁劉昭注　明崇禎十六年毛氏汲古閣刻本　清錢泰吉校　四九五

後漢書九十卷　劉宋范曄撰　唐李賢注　志三十卷　晉司馬彪撰　梁劉昭注　明崇禎十六年毛氏汲古閣刻本　清丁晏等批校　四九六

後漢書九十卷　劉宋范曄撰　唐李賢注　志三十卷　晉司馬彪撰　梁劉昭注　明崇禎十六年毛氏汲古閣刻本　清何紹基批點　四九七

後漢書九十卷　劉宋范曄撰　唐李賢注　志三十卷　晉司馬彪撰　梁劉昭注　明崇禎十六年毛氏汲古閣刻本　清孫衣言校點　存四卷　帝紀一至五、十　四九八

四九九　後漢書九十卷　劉宋范曄撰　唐李賢注　志三十卷　晉司馬彪撰　梁劉昭注　明崇禎十六年毛氏汲古閣刻本　清劉履芬校並跋

五〇〇　後漢書九十卷　劉宋范曄撰　唐李賢注　志三十卷　晉司馬彪撰　梁劉昭注　明崇禎十六年毛氏汲古閣刻本　清李慈銘校注並跋

五〇一　後漢書九十卷　劉宋范曄撰　唐李賢注　志三十卷　晉司馬彪撰　梁劉昭注　明崇禎十六年毛氏汲古閣刻本　清趙烈文批並跋

五〇二　後漢書九十卷　劉宋范曄撰　唐李賢注　志三十卷　晉司馬彪撰　梁劉昭注　明崇禎十六年毛氏汲古閣刻本　清□□□批點

五〇三　後漢書九十卷　劉宋范曄撰　唐李賢注　志三十卷　晉司馬彪撰　梁劉昭注　明崇禎十六年毛氏汲古閣刻本　清□□□批校、□□□□跋

五〇四　後漢書九十卷　劉宋范曄撰　唐李賢注　志三十卷　晉司馬彪撰　梁劉昭注　明崇禎十六年毛氏汲古閣刻本　清□□□批校並跋　存一百十三卷　一至十四、廿二至九十〇、□、一百五十

五〇五　後漢書九十卷　劉宋范曄撰　唐李賢注　志三十卷　晉司馬彪撰　梁劉昭注　明崇禎十六年毛氏汲古閣刻本　□□□□□□□跋

五〇六　後漢書九十卷　劉宋范曄撰　唐李賢注　志三十卷　晉司馬彪撰　梁劉昭注　明崇禎十六年毛氏汲古閣刻本　汪名□、清沫浩、蔣名南、劉楢濂等批校圈點

五〇七　後漢書九十卷　劉宋范曄撰　唐李賢注　志三十卷　晉司馬彪撰　梁劉昭注　明刻本　清丁丙跋　十行二十二字小字雙行同　白口　左右雙邊

五〇八　後漢書九十卷　劉宋范曄撰　唐李賢注　志三十卷　晉司馬彪撰　梁劉昭注　清同治八年金陵書局刻本　清譚獻批校並跋

五〇九　後漢書九十卷　劉宋范曄撰　唐李賢注　志三十卷　晉司馬彪撰　梁劉昭注　清同治八年金陵書局刻本　清宋□批校

五一〇　後漢書九十卷　劉宋范曄撰　唐李賢注　志三十卷　晉司馬彪撰　梁劉昭注　清同治八年金陵書局刻本　清吳□□校跋

五一一　後漢書九十卷　劉宋范曄撰　唐李賢注　志三十卷　晉司馬彪撰　梁劉昭注　清同治八年金陵書局刻本　清謝寶璪校

五一二　後漢書九十卷　劉宋范曄撰　唐李賢注　志三十卷　晉司馬彪撰　梁劉昭注　清同治八年金陵書局刻本　王秉恩錄清錢泰吉臨何焯校

同治八年金陵書局刻本　傅增湘校並跋

五一三　後漢書九十卷　劉宋范曄撰　唐李賢注　志三十卷　晉司馬彪撰　梁劉昭注　清光緒十三年金陵書局刻本　清洪□錄錢泰吉批校　吳□□校

五一四　後漢書九十卷　劉宋范曄撰　唐李賢注　志三十卷　晉司馬彪撰　梁劉昭注　明鍾人傑輯評　明萬曆鍾人傑刻本　九行二十字小字雙行同　白口　四周單邊

五一五　後漢書九十卷　劉宋范曄撰　唐李賢注　志三十卷　晉司馬彪撰　梁劉昭注　明陳仁錫評　明天啟七年刻本　九行二十字　白口　四周單邊

五一六　後漢書九十卷　劉宋范曄撰　唐李賢注　志三十卷　晉司馬彪撰　梁劉昭注　明陳仁錫評　明天啟七年刻本　清謝浦泰錄何焯校　九行二十字　白口　四周單邊

五一七　後漢書九十卷　劉宋范曄撰　唐李賢注　志三十卷　晉司馬彪撰　梁劉昭注　明□□□□□□□□□□批校　清□□□批校　□□□□□□□□□　九行□□□□白口四周單邊

五一八　後漢書九十卷　劉宋范曄撰　唐李賢注　志三十卷　晉司馬彪撰　梁劉昭注　明崇禎十六年□□□□□刻本　九行廿五字　白口　四周單邊

五一九　范氏後漢書批評一百卷　明凌稚隆輯　明萬曆四十七年刻本　九行十九字白口四周單邊

五二〇　後漢書纂評一百二十卷　明金蟠輯評　明崇禎十六年刻本　九行二十五字　白口　四周單邊

五二一　後漢書纂十二卷　明凌□□輯　明萬曆五十四年金陵周氏刻本　八行二十字白口四周單邊

五二二　後漢書纂十二卷　明□□□輯　明□□刻本　八行二十字白口四周單邊

五二三　鍾伯敬先生批評漢書一百卷　漢班固撰　明鍾惺評　明崇禎刻本　九行十八字小字雙行同　白口　左右雙邊

五二四　鍾伯敬先生批評漢書一百卷　漢班固撰　明鍾惺評　明崇禎刻本　清張恩蔭批校並跋　九行十八字小字雙行同　白口　左右雙邊

五二五　鹿門先生批點漢書九十三卷　明茅坤批點　明崇禎八年茅瑞徵刻本　九行十九字　白口　四周單邊

五二六　後漢書補註二十四卷　清惠棟撰　稿本　清顧廣圻題記

五二七　後漢書補注二十四卷　清惠棟撰　清嘉慶九年德裕堂刻本

五二八　後漢書補注二十四卷　清惠棟撰　清嘉慶九年德裕堂刻本　清李□□

五二九　後漢書注校不分卷　清吳壽暘撰　□□跋　稿本

五三〇　後漢書拾遺一卷　清林茂春撰　清抄本

五三一　後漢書校語不分卷　清林茂春撰　清抄本　清林茂春跋

五三二　後漢書考證一卷　清林茂春撰　稿本

五三三　後漢書疏證三十卷　清沈欽韓撰　清抄本　清黃以周校

五三四　後漢書餘論一卷　清丁晏撰　清丁氏頤志齋抄本

五三五　後漢書注補正八卷　清周壽昌撰　稿本

五三六　讀後漢書札記不分卷　清沈炳垣撰　稿本

五三七　後漢書旁證不分卷　清王先恭撰　稿本

五三八　補後漢書年表十卷　宋熊方撰　清乾隆武英殿刻本

五三九　補後漢書年表十卷　宋熊方撰　清抄本　清王鳴盛跋
存八卷　五至十

五四〇　集補後漢書年表十卷　宋熊方撰　清抄本

五四一　集補後漢書年表十卷　宋熊方撰　清抄本

五四二　後漢書年表十卷　宋熊方撰　清鮑廷博、盧文弨校正　清乾隆刻本

五四三　後漢書年表十卷　宋熊方撰　清抄本

五四四　後漢書年表十卷　宋熊方撰　清抄本

五四五　後漢書年表十卷　宋熊方撰　清抄本

五四六　後漢書年表十卷　宋熊方撰　清抄本

五四七　熊氏後漢書年表校補五卷補遺一卷　清諸以敦撰　清嘉慶刻本

五四八　後漢書補注表八卷　清錢大昭撰　稿本

五四九　後漢書補表八卷　清錢大昭撰　清抄本

五五〇　後漢郡國令長攷一卷　清錢大昭撰　清錢[illegible]刻本

五五一　求真是齋讀後漢書朔閏表初稿一卷　清[illegible]撰　稿本

五五二　補後漢書藝文志二十九卷　徵錄　清顧櫰三撰　清吳慶抄本　清何[illegible]

五五三　補後漢書藝文志口口卷　清侯康撰　清藝風堂抄本

五五四　補續漢書藝文志一卷　清錢大昭撰　清道光十二年東武劉氏味經書屋劉安抄本

五五五　補續漢書藝文志一卷　清錢大昭撰　清抄本　清楊守敬批

五五六　兩漢刊誤補遺十卷　宋吳仁傑撰　清抄本　清丁宗洛校並跋

五五七　兩漢刊誤補遺十卷　宋吳仁傑撰　清抄本　清丁丙跋

五五八　兩漢刊誤補遺十卷　宋吳仁傑撰　清抄本

五五九　兩漢考正不分卷　清抄本　清丁丙跋

五六〇　漢書考證二卷後漢書考證三卷　清[illegible]撰　清抄本

五六一　兩漢訂誤四卷　清朱紫貴撰　稿本

五六二　兩漢地志沿革表不分卷　清[illegible]撰　稿本

五六五　三史拾遺五卷　清錢大昕撰　清嘉慶[illegible]刻本　清李[illegible]校注

五六三　後漢光武皇帝紀疏五卷　清[illegible]抄本

五六四　三國志六十五卷　晉陳壽撰　劉宋裴松之注　宋刻本　清[illegible]跋　十四行[illegible]字小字[illegible]白口左右雙邊
存九卷　七至九、二十五至三十

五六五　三國志六十五卷　晉陳壽撰　劉宋裴松之注　宋刻本（卷二、四十至四十一配清影宋抄本）　十行十八、九字小字雙行廿四字白口四周雙邊

五六六　三國志六十五卷　晉陳壽撰　劉宋裴松之注　宋刻本　十行十八字小字廿三字黑口四周雙邊
存三卷　十六至十八

五六七　三國志六十五卷　晉陳壽撰　劉宋裴松之注　宋刻遞修公文紙印本（有衢州州學刻宋元遞修本）　十行十九字小字雙行廿一至廿二字白口左右雙邊

五六八　三國志六十五卷　晉陳壽撰　劉宋裴松之注　宋刻宋元遞修本　十行十九字小字[illegible]白口左右雙邊有刻工
存零葉

五六九　三國志六十五卷　晉陳壽撰　劉宋裴松之注　宋衢州刻元明遞修本　十行十九字小字雙行廿一至廿三字白口四周雙邊或左右雙邊有刻工

五七〇　三國志六十五卷　晉陳壽撰　劉宋裴松之注　宋衢州刻元明遞修本　十行十九字小字雙行廿一至廿三字白口下黑口左右雙邊或四周雙邊有刻工

五七一　三國志六十五卷　晉陳壽撰　劉宋裴松之注　宋衢州刻元修本　十行十九字小字雙行二十一字白口左右雙邊黑魚尾有刻工
存一卷

五七二　三國志六十五卷　晉陳壽撰　劉宋裴松之注　宋衢州刻元明遞修本　十行十八字小字廿一字細黑口左右雙邊或四周雙邊有刻工
存四卷　二十一至二十四

五七三　三國志六十五卷　晉陳壽撰　劉宋裴松之注　宋衢州刻本　十行十九字小字廿三字白口左右雙邊
存一卷　蜀志五

五七四　三國志六十五卷　晉陳壽撰　劉宋裴松之注　宋衢州刻本　王國維、曹元忠、蔣汝藻跋　十行十九字小字雙行廿一字白口左右雙邊有刻工
存一卷　魏志二十八

五七五　三國志六十五卷　晉陳壽撰　劉宋裴松之注　宋衢州刻元明遞修本　十行十九字小字雙行廿一至廿三字白口細黑口下黑口左右雙邊或四周雙邊有刻工
存二十卷　吳志

576 三國志六十五卷 晉陳壽撰 劉宋裴松之注 宋衢州刻本 蔣祖詒跋 十行十九字小字雙行廿一字白口左右雙邊單魚尾有刻工
存十六卷 魏志一至十六（一有抄頁）

577 三國志六十五卷 晉陳壽撰 劉宋裴松之注 宋衢州刻元明遞修本 明馮夢禎校並跋 劉世教校 清吳有蘭跋 清[illegible] 十行十九字小字雙行二十一字白口左右雙邊單魚尾（小字或黑尾）有刻工

578 三國志六十五卷 晉陳壽撰 劉宋裴松之注 元大德十年池州路學刻明遞修本 十行十九字小字雙行二十一字小黑口左右雙邊有刻工
存五卷 魏志一、二、[illegible]八

579 三國志六十五卷 晉陳壽撰 劉宋裴松之注 元大德十年池州路學刻[illegible]本（[illegible]卷一至一補清抄本） 十行十九字小字雙行十九、二十或廿字白口[illegible]四周[illegible]邊

580 三國志六十五卷 晉陳壽撰 劉宋裴松之注 元大德十年池州路學刻明[illegible]嘉靖萬曆遞修本 十行十九字小字雙行[illegible]白口四周單邊有刻工

581 三國志六十五卷 晉陳壽撰 劉宋裴松之注 元大德十年池州路學刻明嘉靖萬曆遞修本 十[illegible]
存四十七卷 魏志一至十一、十七至[illegible]、二十八 蜀志一至十五 吳志一至二十

582 三國志六十五卷 晉陳壽撰 劉宋裴松之注 元大德十年池州路儒學刻明嘉靖萬曆南京國子監遞修本 十行十九字小字雙行廿一、廿二、廿三字不等[illegible]黑口四周[illegible]左右雙邊有刻工

583 三國志六十五卷 晉陳壽撰 劉宋裴松之注 元大德十年池州路學刻明[illegible]修本 十行十九字小字雙行二十五字[illegible]白口左右[illegible]邊

584 三國志六十五卷 晉陳壽撰 劉宋裴松之注 元大德十年池州路學刻明遞修本 十行十九字小字雙行廿一字白口左右雙邊
存二十七卷 魏志一至二十一、[illegible]四十六至六十五

585 三國志六十五卷 晉陳壽撰 劉宋裴松之注 元大德十年池州路學刻明嘉靖遞修本 十行十九字小字雙行廿二、廿三字不等白口黑口四周單雙邊不等[illegible]

586 三國志六十五卷 晉陳壽撰 劉宋裴松之注 元大德十年池州路學刻明[illegible]遞修本 十行十八九字小字雙行廿五至廿[illegible]字白口左右雙邊有刻工
存六十一卷 [illegible]五、[illegible]五十[illegible]至六十五

587 三國志六十五卷 晉陳壽撰 劉宋裴松之注 元大德十年池州路學刻明嘉靖、萬曆遞修本 佚名批校 十行十八、十九字小字雙行二十一字不等白口黑口四周雙邊有刻工

588 三國志六十五卷 晉陳壽撰 元大德十年池州路學刻明嘉靖、萬曆遞修本 十行十九字小字雙行四十二字白口嘉靖補刻[illegible] 二十字不等萬曆補刻十二行廿三字小黑口四周雙邊有刻工

589 三國志六十五卷 晉陳壽撰 劉宋裴松之注 元大德十年池州路學刻明遞修本 十行十九字白口左右雙邊有刻工
存十五卷 魏志四至六、吳志四至九、十五至二十

590 三國志六十五卷 晉陳壽撰 劉宋裴松之注 元大德十年池州路學刻明嘉靖萬曆遞修本 清丁丙跋 十行十九字小字雙行廿一字白口左右雙邊有刻工

591 三國志六十五卷 晉陳壽撰 劉宋裴松之注 元大德十年池州路儒學刻本 十行廿二字注文同白口四周雙邊有刻工
存五卷 十五至十九

592 三國志六十五卷 晉陳壽撰 劉宋裴松之注 元大德十年池州路儒學刻本 十行廿二字左上黑口四周雙邊上魚尾有刻工

593 三國志六十五卷 晉陳壽撰 劉宋裴松之注 明內府抄本 龔心釗跋
存一卷 四十三

594 三國志六十五卷 晉陳壽撰 劉宋裴松之注 明抄本

595 三國志六十五卷 晉陳壽撰 劉宋裴松之注 明萬曆二十四年南京國子監刻本 清沈[illegible]批並跋 顧[illegible]跋 十二行廿三字白口左右雙邊單魚尾有刻工

596 三國志六十五卷 晉陳壽撰 劉宋裴松之注 明萬曆二十四年南京國子監刻本 清蔣杲校並錄清何焯批校題識 十二行廿三字細黑口左右雙邊有刻工

597 三國志六十五卷 晉陳壽撰 劉宋裴松之注 明萬曆二十四年南京國子監刻本 清謝墉華錄惠氏紅豆齋所錄清何焯、沫[illegible]批校 王[illegible]跋 十二行廿三字細黑口左右雙邊單魚尾有刻工

598 三國志六十五卷 [illegible] 明萬曆二十四年南京國子監刻本 [illegible]何焯、顧炎武[illegible]

599 三國志六十五卷 晉陳壽撰 劉宋裴松之注 明萬曆二十四年南京國子監刻本 清宋邦[illegible]校並錄清何焯、惠士奇、[illegible]批校 圈點、蔣[illegible]校並題跋、秦更年跋 十二行廿三字白口左右雙邊有刻工
存六十一卷 [illegible]六十五

600 三國志六十五卷 晉陳壽撰 劉宋裴松之注 明萬曆二十四年南京國子監刻清順治、康熙遞修本 清[illegible]批校並跋 十二行廿三字白口左右雙邊
存三十七卷 魏志一至[illegible]、蜀志一至十五、吳志[illegible]

601 三國志六十五卷 晉陳壽撰 劉宋裴松之注 明萬曆二十四年南京國子監刻本 清[illegible]跋 十二行廿三字細黑口左右雙邊

602 三國志六十五卷 晉陳壽撰 劉宋裴松之注 明萬曆二十四年南京國子監刻本 清[illegible]批校 十二行二十五字白口左右雙邊單魚尾有刻工

603 三國志六十五卷 晉陳壽撰 劉宋裴松之注 明萬曆二十四年南京國子監刻本 清張若[illegible]、劉履芬、吳[illegible]校 吳炳祥跋 十二行廿五字細黑口左右雙邊單魚尾

604 三國志六十五卷 晉陳壽撰 劉宋裴松之注 明萬曆二十四年南京國子監刻本 清徐[illegible]跋 丁丙跋 十二行廿五字小黑口左右雙邊有刻工

三國志六十五卷　晉陳壽撰　劉宋裴松之注　明萬曆二十四年南京國子監刻本（卷三至十四配清刻本）　清包安保錄清何焯評點並題識　十二行廿二字白口左右雙邊單魚尾　六〇五

三國志六十五卷　晉陳壽撰　劉宋裴松之注　明萬曆吳氏西爽堂刻本　十行二十字白口左右雙邊　六〇六

三國志六十五卷　晉陳壽撰　劉宋裴松之注　明萬曆吳氏西爽堂刻本　清[illegible]校　十一行二十字小字雙行四十字白口左右雙邊　六〇七

三國志六十五卷　晉陳壽撰　劉宋裴松之注　明崇禎十七年毛氏汲古閣刻本　清金[illegible]批跋　六〇八

三國志六十五卷　晉陳壽撰　劉宋裴松之注　明崇禎十七年毛氏汲古閣刻本　清錢[illegible]批校並跋　六〇九

三國志六十五卷　晉陳壽撰　劉宋裴松之注　明崇禎十七年毛氏汲古閣刻本　清朱邦衡過錄何焯、惠棟校　六一〇

三國志六十五卷　晉陳壽撰　劉宋裴松之注　明崇禎十七年毛氏汲古閣刻本　清[illegible]跋、[illegible]批校　六一一

三國志六十五卷　晉陳壽撰　劉宋裴松之注　明崇禎十七年毛氏汲古閣刻本　清[illegible]錄何焯批校　清[illegible]跋　存二十八卷（[illegible]、三十一至三十八）　六一二

三國志六十五卷　晉陳壽撰　劉宋裴松之注　明崇禎十七年毛氏汲古閣刻本　清[illegible]錄何焯批校　存二十卷（[illegible]、四十六至五十一、五十九至六十五）　六一三

三國志六十五卷　晉陳壽撰　劉宋裴松之注　明崇禎十七年毛氏汲古閣刻本　清[illegible]批並錄殿本考證　六一四

三國志六十五卷　晉陳壽撰　劉宋裴松之注　明崇禎十七年毛氏汲古閣刻本　佚名錄清何焯批校　清翁同書校注並跋　[illegible]跋　六一五

三國志六十五卷　晉陳壽撰　劉宋裴松之注　明崇禎十七年毛氏汲古閣刻本　清[illegible]批校圈點　六一六

三國志六十五卷　晉陳壽撰　劉宋裴松之注　明崇禎十七年毛氏汲古閣刻本　清[illegible]校　丁[illegible]校並跋　六一七

三國志六十五卷　晉陳壽撰　劉宋裴松之注　明崇禎十七年毛氏汲古閣刻本　清[illegible]校並跋　六一八

三國志六十五卷　晉陳壽撰　劉宋裴松之注　明崇禎十七年毛氏汲古閣刻本　清[illegible]校並跋　六一九

三國志六十五卷　晉陳壽撰　劉宋裴松之注　明崇禎十七年毛氏汲古閣刻本　清[illegible]批並跋　六二〇

三國志六十五卷　晉陳壽撰　劉宋裴松之注　明崇禎十七年毛氏汲古閣刻本　清[illegible]批點　六二一

三國志六十五卷　晉陳壽撰　劉宋裴松之注　明崇禎十七年毛氏汲古閣刻本　清周[illegible]批並跋　周錫[illegible]校　六二二

三國志六十五卷　晉陳壽撰　劉宋裴松之注　明崇禎十七年毛氏汲古閣刻本　清[illegible]批校　六二三

三國志六十五卷　晉陳壽撰　劉宋裴松之注　明崇禎十七年毛氏汲古閣刻本　清[illegible]錄清何焯批校　六二四

三國志六十五卷　晉陳壽撰　劉宋裴松之注　明崇禎十七年毛氏汲古閣刻本　佚名錄清何焯批校　六二五

三國志六十五卷　晉陳壽撰　劉宋裴松之注　明崇禎十七年毛氏汲古閣刻本　佚名錄清何焯批校　六二六

三國志六十五卷　晉陳壽撰　劉宋裴松之注　清[illegible]刻毛氏汲古閣本　清[illegible]校　六二七

三國志六十五卷　晉陳壽撰　劉宋裴松之注　明崇禎十七年毛氏汲古閣刻賈氏[illegible]印本　[illegible]鈺校跋並錄清何焯、惠周惕批校　朱邦衡題識　六二八

三國志六十五卷　晉陳壽撰　劉宋裴松之注　清翻刻毛氏汲古閣本　[illegible]校　六二九

三國志六十五卷　晉陳壽撰　劉宋裴松之注　清乾隆四年武英殿刻本　清[illegible]校、沈[illegible]校並跋　六三〇

三國志六十五卷　晉陳壽撰　劉宋裴松之注　清同治六年金陵書局活字印本　清丁丙校　六三一

三國志六十五卷　晉陳壽撰　劉宋裴松之注　清同治六年金陵書局活字印本　清[illegible]校點並跋　六三二

三國志六十五卷　晉陳壽撰　劉宋裴松之注　清同治九年金陵書局刻本　清劉履芬校並臨清張若靄錄清何焯校　六三三

三國志六十五卷　晉陳壽撰　劉宋裴松之注　清同治六年金陵書局活字印本　[illegible]校並跋　六三四

三國志六十五卷　晉陳壽撰　劉宋裴松之注　清光緒七年文[illegible]刻本　清[illegible]批校並過錄清何焯、[illegible]批校　六三五

三國志六十五卷　晉陳壽撰　劉宋裴松之注　清抄本（目錄、卷一至二配另一清抄本）　六三六

存三十二卷（一至二、九至十二、十五至三十、五十三至五十五、五十九至六十五）

三國志六十五卷　晉陳壽撰　劉宋裴松之注　明陳仁錫評　明[illegible]積秀堂刻本　十行二十字白口四周單邊單魚尾　六三七

三國志六十五卷　晉陳壽撰　劉宋裴松之注　明陳仁錫評　明[illegible]積秀堂刻本　清張[illegible]本批校圈點　十行二十字白口四周單邊　六三八

三國志六十五卷　晉陳壽撰　劉宋裴松之注　明陳仁錫評　明刻本　六三九

三國志六十五卷　晉陳壽撰　劉宋裴松之注　明陳仁錫評　明刻本　[illegible]批校　六四〇

存二十六卷（一至二十六）

三國志辨誤一卷　清[illegible]抄本　六四一

三國志注補六十五卷　清趙一清撰　稿本　六四二

三國志注補六十五卷　清趙一清撰　稿本　六四三

存三十六卷（二、三、六至十三、[illegible]、五十七至六十四）

三國志注補六十五卷　清趙一清撰　清抄本　清[illegible]校並跋　丁丙跋　六四四

三國志注補六十五卷　清趙一清撰　清光緒廣雅書局刻本　六四五

三國志辨疑三卷　清錢大昭撰　清道光二十四年[illegible]刻本　六四六

三國志辨疑二卷　清錢大昭撰　清抄本　清李銳校並跋　六四七

三國志補注四卷　清沈欽韓撰　稿本　六四八

三國志補注四卷　清沈欽韓撰　清抄本　六四九

三國志證聞三卷　清錢儀吉撰　稿本　六五〇

重訂三國志辨微六卷　清[illegible]撰　清抄本　六五一

讀三國志裴注二卷　清林國贊撰　清光緒抄本　清林國賡跋　六五二

三國志校勘記六卷　清沈家本撰　稿本　六五三

六五四

三國史辨一卷 [illegible] 六五五
三國職官表三卷 清洪飴孫撰 稿本 六五六
求真是齋讀三國志朔閏表初稿一卷 清恩華撰 稿本 六五七
補三國疆域志二卷 清洪亮吉撰 清乾隆四十六年孫星衍刻本 清朱為弼批校 金德淦題識 六五八
補三國食貨志二卷補三國藝文志二卷 清吳卓信撰 稿本 六五九
存三卷（食貨志卷下、藝文志一至二）
東觀漢記二十四卷 [illegible] 清抄本（武英殿聚珍版叢書底本） 六六〇
東觀漢記二十四卷 清乾隆武英殿聚珍版印本 清孫志祖校 六六一
東觀漢記二十四卷 清[illegible]館刻本 清李慈銘跋 六六二
後漢書補逸二十一卷 清姚之駰輯 清康熙五十三年露滌齋刻本 六六三
後漢書補逸二十一卷 清姚之駰輯 清[illegible]書屋刻本 六六四
後漢書補逸二十一卷 清姚之駰輯 清[illegible]抄本 蔡元培校 六六五
謝氏後漢書補逸五卷 清姚之駰輯 孫志祖增訂 清抄本 清丁[illegible]跋 六六六
謝氏後漢書補逸六卷 清姚之駰輯 孫志祖增訂 孫峻補訂 清抄本 六六七
續後漢書四十二卷音義四卷 宋蕭常撰 札記一卷 清郁松年撰 清道光二十一年郁松年刻宜稼堂叢書本 清沈炳垣校並跋 六六八

續後漢書九十卷 元郝經撰 札記四卷 清郁松年撰 清道光二十一至二十二年郁松年刻宜稼堂叢書本 清沈炳垣校並跋 六六九
季漢書六十卷正論一卷問答一卷 明謝陛撰 明萬曆刻本 [illegible] 十行廿二字白口四周單邊 六七〇
季漢書六十卷正論一卷答問一卷 明謝陛撰 明末鍾人傑刻本 九行二十字白口四周單邊 六七一
季漢書六十四卷 清[illegible]撰 稿本 清[illegible]跋 六七二
季漢書六十六卷 清[illegible]撰 清古香書屋抄本 清[illegible]題識 六七三
續後漢書七十七卷 清錢兆鵬撰 稿本 六七四
四史發伏四卷 清洪亮吉撰 清抄本 六七五
四史發伏十卷 清洪亮吉撰 清抄本 六七六
四史諍言四卷 清章宗源撰 清光緒十二年吳毅卿抄本 六七七
晉書一百三十卷 唐房玄齡等撰 明崇禎元年毛氏汲古閣刻本 清王[illegible]批校 六七八
晉書一百三十卷 唐房玄齡等撰 明崇禎元年毛氏汲古閣刻本 清[illegible]批校 六七九

晉書一百三十卷 唐房玄齡等撰 明崇禎元年毛氏汲古閣刻本 清季[illegible]校並跋 六七九
晉書一百三十卷 唐房玄齡等撰 明崇禎元年毛氏汲古閣刻本 清汪[illegible] [illegible]批點 六八〇
晉書一百三十卷 唐房玄齡等撰 清汪氏藝芸書舍抄本 六八一
存二卷（七十三、七十四）
王隱晉書不分卷 晉王隱撰 清曹元忠輯 稿本 丁國鈞跋 六八二
晉書一百三十卷 唐房玄齡等撰 宋嘉泰四年至開禧元年秋浦郡齋刻明[illegible]本（卷[illegible]、十六至十八、六十二至六十六配明[illegible]、偏[illegible]六至[illegible]目錄中、丁[illegible]本） 九行十六字白口左右雙邊有刻工 六八三
存六十四卷（[illegible]四至五、七至十一、十六至十八、二十、五十三至五十五、[illegible]四十五、四十八至五十五、六十二至六十七、[illegible]七十一至七十七、[illegible]八十六至八十九、九十五至九十七、九十九、一百一至一百十一、一百十五至一百十八、一百廿五、一百廿八[illegible]三十）
晉書一百三十卷 唐房玄齡等撰 宋刻本 十四行廿七字白口左右雙邊 六八四
晉書一百三十卷 唐房玄齡等撰 宋刻本（卷八至十、廿八至三十、[illegible]四十五、一百一至一百五、一百十五至一百廿一配明抄本） 清丁[illegible]跋 [illegible]廿五字細黑口左右雙邊 六八五
晉書一百三十卷 唐房玄齡等撰 宋刻本（卷四十六至五十五、八十[illegible]清抄本） 清錢泰吉、邵懿辰、蔣[illegible]跋 十四行廿六字白口左右雙邊 六八六
存一百卷（一至一百）
晉書一百三十卷 唐房玄齡等撰 音義三卷 唐何超撰 宋刻本（有抄配） 十行十九字白口左右雙邊 六八七
存一百二十九卷（一至廿七、廿九至一百三十）
晉書一百三十卷 唐房玄齡等撰 宋刻元遞修本 十行十九字白口左右雙邊 六八八
存一卷（六十九）
晉書一百三十卷 唐房玄齡等撰 宋刻本（[illegible]元明遞修刻本[illegible]） 十行十九字細黑口左右雙邊有刻工 六八九
晉書一百三十卷 唐房玄齡等撰 宋刻本 十行十九、二十字不等白口左右雙邊有刻工 六九〇
存一卷（三十九）
晉書一百三十卷 唐房玄齡等撰 音義三卷 唐何超撰 宋刻明遞修本 十行十九字黑口白口左右雙邊有刻工 六九一
晉書一百三十卷 唐房玄齡等撰 音義三卷 唐何超撰 宋刻明遞修本（卷六十八至七十四配明抄本） 十行十九字細黑口左右雙邊有刻工 六九二
晉書一百三十卷 唐房玄齡等撰 宋刻本 十行十九字黑口白口左右雙邊 六九三
存一百八卷（一至廿七、三十一至三十五、四十三至一百十四、一百廿七至一百三十）

晉書一百三十卷 唐房玄齡等撰 音義三卷 唐何超撰 宋刻明修本 十行十九字 黑口 左右双边 六九四
存二十九卷 六至十三、廿五至廿七、四十一至五十五、一百廿八至一百三十。音義上卷

晉書一百三十卷 唐房玄齡等撰 音義三卷 唐何超撰 宋刻明遞修本 十行十九字小字双行同 黑口 左右双边 六九五
存：晉書音義上卷

晉書一百三十卷 唐房玄齡等撰 音義三卷 唐何超撰 元刻明修本（有抄配頁） 十行十九字 黑口 左右双边 双魚尾 有刻工 六九六
缺卷十五上

晉書一百三十卷 唐房玄齡等撰 音義三卷 唐何超撰 元刻明修本 十行十九字 黑口 左右双边 双魚尾 六九七

晉書一百三十卷 唐房玄齡等撰 晉書音義三卷 唐何超撰 元刻明正德十年司禮監遞修本 十行十九字小字双行同 上下黑口 左右双边 白口 双魚尾 有刻工 六九八
存一百十五卷 一至廿七、四十四至一百三十。音義上、中、下

晉書一百三十卷 唐房玄齡等撰 元刻明修本 十行十九字 大黑口 左右 六九九
存列傳五卷 二十六、二十七、四十、四十二

四三

晉書音義三卷 唐何超撰 元刻明修本 十行十九字小字双行同 黑口 左右双边 七〇〇

晉書音義三卷 唐何超撰 元刻明遞修本 十行十九字 黑口 四周双边 双魚尾 左右双边 七〇一

晉書一百三十卷 唐房玄齡等撰 音義三卷 唐何超撰 元刻明正德十年司禮監嘉靖南京國子監遞修本 十行二十字 細黑口 左右双边 双魚尾 有刻工 七〇二

晉書一百三十卷 唐房玄齡等撰 音義三卷 唐何超撰 元刻明正德十年司禮監嘉靖南京國子監遞修本 十行二十字 小黑口 左右双边 双魚尾 間有四周双边 七〇三

晉書一百三十卷 唐房玄齡等撰 音義三卷 唐何超撰 元刻明正德十年司禮監嘉靖南京國子監遞修本 十行二十字 細黑口 左右双边 七〇四

晉書一百三十卷 唐房玄齡等撰 晉書音義一卷 唐何超撰 元刻明正德十年司禮監嘉靖南京國子監遞修本 十行二十字 上下單边 左右双边 細黑口 双魚尾 七〇五
存一百二十一卷 三至九十四、九十八至一百、一百二至一百三十。音義上卷

晉書一百三十卷 唐房玄齡等撰 晉書音義一卷 唐何超撰 元刻明正德十年司禮監嘉靖南京國子監遞修本 十行二十字 上下單边 左右双边 細黑口 双魚尾 七〇六
存一百二十六卷 紀十、志二十、傳七十、載記一至廿二、廿五、廿六、廿九、三十、音義上卷

晉書一百三十卷 唐房玄齡等撰 音義三卷 唐何超撰 元刻明正德十年司禮監嘉靖南京國子監遞修本 十行二十字 細黑口 左右双边 有刻工 七〇七
存五卷 五十三至五十六、七十五

晉書一百三十卷 唐房玄齡等撰 元刻明正德十年司禮監嘉靖南京國子監遞修本 十行二十字 細黑口 四周單边 双边 七〇八
存二十三卷 一至十、十四至十九、廿四至三十

晉書一百三十卷 唐房玄齡等撰 音義三卷 唐何超撰 元刻明正德十年司禮監嘉靖南京國子監遞修本 十行二十字 小黑口 左右双边 有刻工 七〇九
存九十六卷 帝紀一至十、五十一至八十六、一百一至一百三十

晉書一百三十卷 唐房玄齡等撰 元刻明正德十年司禮監嘉靖南京國子監遞修本 十行二十字 黑口 左右双边 七一〇
存八卷 五十三至五十四、一百十一至一百十三、一百廿七至一百三十

晉書一百三十卷 唐房玄齡等撰 音義三卷 唐何超撰 元刻明□大順公文紙印本 七一一
存六十二卷 四至六、廿五至四十三、四十九至五十七、六十二至八十、一百六至一百十一、一百十七至一百廿二

晉書一百三十卷 唐房玄齡等撰 音義三卷 唐何超撰 元刻明正德十年司禮監嘉靖萬曆南京國子監遞修本 清□□校並錄毛晉跋 十行二十字 細黑口 左右双边 七一二

晉書一百三十卷 唐房玄齡等撰 音義三卷 唐何超撰 元刻明正德十年司禮監嘉靖萬曆南京國子監遞修本 十行二十字 白口 左右双边 有刻工 七一三

四四

晉書一百三十卷 唐房玄齡等撰 音義三卷 唐何超撰 元刻明正德十年司禮監嘉靖萬曆南京國子監遞修本 十行二十字 細黑口 左右双边 双魚尾 有刻工 七一四

晉書一百三十卷 唐房玄齡等撰 元刻明正德十年司禮監嘉靖萬曆南京國子監遞修本 十行二十字 白口或黑口 上下單边 左右双边 七一五

晉書一百三十卷 唐房玄齡等撰 音義一卷 唐何超撰 元刻明正德十年司禮監嘉靖萬曆南京國子監遞修本 十行二十字 細黑口 上下單边 左右双边 有刻工 七一六

晉書一百三十卷 唐房玄齡等撰 音義一卷 唐何超撰 元刻明正德十年司禮監嘉靖南京國子監遞修本 十行二十字 細黑口 上下單边 左右双边 有刻工 七一七
存一百八卷 一至六十七、九十三至一百三十。音義全

晉書一百三十卷 唐房玄齡等撰 音義三卷 唐何超撰 元刻明正德十年司禮監嘉靖萬曆南京國子監遞修本 十行二十字 黑口 黑魚尾 上下單边 左右双边 七一八
存一百十六卷 一至二、七至十、十二至四十七、五十五至五十九、六十四至一百三十。音義全

晉書一百三十卷 唐房玄齡等撰 音義三卷 唐何超撰 元刻明正德十年司禮監嘉靖萬曆南京國子監遞修本 十行二十字 白口 左右双边 七一九

七二〇 晉書一百三十卷 唐房玄齡等撰 元刻明正德十年司禮監嘉靖萬曆南京國子監遞修本 十行二十字白口左右雙邊有刻工

七二一 晉書一百三十卷 唐房玄齡等撰 音義三卷 唐何超撰 元刻明正德十年司禮監嘉靖南京國子監遞修本 清丁丙跋 十行二十字細黑口左右雙邊有刻工

七二二 晉書一百三十卷 唐房玄齡等撰 音義三卷 唐何超撰 元刻明正德十年司禮監嘉靖萬曆天啟崇禎南京國子監清順治十六年江寧藩庫遞修本 十行二十字白口左右雙邊雙黑魚尾

七二三 晉書一百三十卷 唐房玄齡等撰 何超音義 明萬曆六年周若年、丁五嶽刻本 九行十六字白口左右雙邊

七二四 晉書一百三十卷 唐房玄齡等撰 何超音義 明萬曆六年周若年、丁五嶽刻二十四年王亮隆重修本 九行十六字白口左右雙邊

七二五 晉書一百三十卷 唐房玄齡等撰 音義三卷 唐何超撰 明萬曆二十四年北京國子監刻本 清潛山批 十行廿一字白口左右雙邊
存一百二十三卷 一至三十、五十七至一百三十

七二六 晉書一百三十卷 唐房玄齡等撰 音義三卷 唐何超撰 明萬曆二十四年北京國子監刻本 清顧莎批校並跋 十行廿一字白口左右雙邊

七二七 晉書一百三十卷 唐房玄齡等撰 何超音義 明吳氏西爽堂刻本 十行二十字白口左右雙邊有刻工

七二八 晉書一百三十卷 唐房玄齡等撰 何超音義 明吳氏西爽堂刻本 清顧超貞批點 十行二十字白口左右雙邊

四五

七二九 晉書一百三十卷 唐房玄齡等撰 何超音義 明吳氏西爽堂刻本 清全祖望批校 詠勤跋 十行二十字白口左右雙邊

七三〇 晉書一百三十卷 唐房玄齡等撰 音義三卷 唐何超撰 明吳氏西爽堂刻本 清王念孫題識 十行二十字白口四周單邊

七三一 晉書一百三十卷 唐房玄齡等撰 何超音義 明鍾人傑輯評 明鍾人傑刻本 十行二十字白口四周單邊

七三二 晉書音義三卷 唐何超撰 清抄本 清諸錦丁戰校並題識

七三三 晉書纂六十卷援椽一卷目錄一卷 明蘇文韓撰 明萬曆刻本 十行二十字小字雙行同白口四周雙邊

七三四 晉書詮要十二卷 明宋徵輿輯 明末刻本 十行二十字白口四周雙邊有刻工

七三五 晉書鈎玄二卷 明錢普撰 明萬曆六年刻本 九行廿一字白口左右雙邊有刻工

七三六 晉書抄十六卷 明抄本

七三七 晉書傳略不分卷 明陳瑞選輯 清初抄本

七三八 晉書考證一百三十卷音義考證三卷 清孫人龍輯 清抄本

七三九 晉書校文五卷 丁國鈞撰 稿本 夏孫桐跋

七四〇 晉書補表二十五卷 清遲石齡撰 清抄本

七四一 新校晉書地理志不分卷 清方愷撰 稿本

七四二 補晉書藝文志四卷 清文廷式撰 稿本

七四三 補晉書藝文志四卷 丁國鈞撰 清丁辰注 稿本

七四四 補晉書藝文志四卷附錄一卷 清丁國鈞撰 丁辰注 稿本

七四五 補晉書藝文志四卷附錄一卷 丁國鈞撰 清丁辰注 清光緒無錫文苑閣活字印常熟丁氏叢書本 楊守敬批校並跋

七四六 補晉書藝文志四卷 丁國鈞撰 清丁辰注 清天尺樓抄本 顧樹校

七四七 晉史刪四十卷 明茅國縉撰 明刻本 十行二十字小字雙行同白口左右雙邊

七四八 刪補晉書一百三十卷 明蔣之翹撰並集評 明崇禎十二年檇李蔣氏家塾刻本 九行十七字小字雙行字同白口左右雙邊

七四九 晉記六十八卷 清郭倫撰 清乾隆五十一年有文堂刻本

七五〇 晉記五十四卷十六國錄十四卷 清郭倫撰 清抄本

七五一 前秦書□□卷 清沈毓鼎撰 稿本
存十四卷 本紀一至五、列傳一至八

七五二 晉書天文志三卷 清抄本 清王立公跋

七五三 晉史表三卷金源氏族志二卷 清莊忠棫撰 稿本

四六

七五四 求真是齋讀晉書朔閏表不分卷 清順治六年抄本

七五五 十六國紀年表一卷 清汪曰楨撰 稿本

七五六 十六國年表不分卷 清沈灼暗撰 清抄本

七五七 宋書一百卷 梁沈約撰 宋刻本 九行十八字白口左右雙邊有刻工
存一頁 志五第二十一

七五八 宋書一百卷 梁沈約撰 宋刻宋元遞修本 九行十七、八字白口左右雙邊有刻工
存三十六卷 二至三、六至七、十五至十八、廿三至廿八、三十至三十一、四十一、五十二至五十七、六十一至六十二、六十六至七十二、八十至八十一、九十七至九十八

七五九 宋書一百卷 梁沈約撰 宋刻宋元遞修本 九行十七字十八字白口左右雙邊有刻工
存一卷 十四

七六〇 宋書一百卷 梁沈約撰 宋刻宋元遞修本 九行十八字白口左右單邊單魚尾有刻工
存卷 七十五第二至十八頁、七十四第一、二、四、五、八、十至十五、十七至二十一頁

七六一 宋書一百卷 梁沈約撰 宋刻宋元明遞修本 九行十八字白口左右雙邊有刻工

七六二 宋書一百卷 梁沈約撰 宋刻宋元明遞修本 九行十八字細黑口左右雙邊半魚尾或雙魚尾

七六三 宋書一百卷 梁沈約撰 宋刻宋元明遞修本 九行十八字白口左右雙邊單魚尾有刻工

七六四 宋書一百卷 梁沈約撰 宋刻宋元明遞修本 九行十八字白口左右雙邊單魚尾

宋書一百卷　梁沈約撰　宋刻宋元明遞修本　九行字不等白口左右雙邊　半元九　七六五

宋書一百卷　梁沈約撰　宋刻宋元明遞修本　九行十六字細黑口左右雙邊有刻工　七六六

宋書一百卷　梁沈約撰　宋刻元明遞修本　九行十八字小黑口左右雙邊　七六七

宋書一百卷　梁沈約撰　宋刻宋元明遞修本　九行十八字白口左右雙邊　七六八

存八十卷　一至二十、四十一至一百

宋書一百卷　梁沈約撰　宋刻宋元明遞修本（本紀卷三至十抄補三冊）九行字不等小黑口四周單邊左右雙邊有刻工　七六九

存九十四卷　本紀三至十、志一至三十、傳一至三十八、四十三至六十

宋書一百卷　梁沈約撰　宋刻宋元明遞修本　九行字不等黑白口上下單邊左右雙邊有刻工　七七〇

存七十卷　紀五至十、志一至六、九至十、十七至三十、傳八至十九、二十至三十六、四十至五十六

宋書一百卷　梁沈約撰　宋刻宋元明遞修本　九行十八字細黑口左右雙邊　七七一

存四卷　七十九至八十二

宋書一百卷　梁沈約撰　宋刻元明遞修本　九行十八字黑口左右雙邊有刻工　七七二

存六十二卷　一至五、十一至十八、廿八至廿九、三十四至三十五、三十八至五十、五十五至六十四、六十九至七十七、八十八至九十七

宋書一百卷　梁沈約撰　宋刻宋元明遞修本　九行十八字白口四周雙邊左右雙邊有刻工　七七三

存十三卷　一至五、廿四至廿八、卅一至卅三

宋書一百卷　梁沈約撰　宋刻宋元明遞修本　九行十八字白口左右雙邊有刻工　七七四

存四十七卷　[illegible]

宋書一百卷　梁沈約撰　宋刻宋元明遞修本　九行十八字左右雙邊單黑魚尾白口有刻工　七七五

存七十五卷　一至廿四、四十九至一百

宋書一百卷　梁沈約撰　宋刻宋元明遞修本　九行十八字白口左右雙邊　七七六

存九十六卷　一至六十五、六十八至一百

宋書一百卷　梁沈約撰　宋刻宋元明遞修本　九行十八字白口左右雙邊有刻工　七七七

存八十三卷　五至十、廿四至一百

宋書一百卷　梁沈約撰　宋刻宋元明遞修本　清丁丙跋　九行十六字細黑口左右雙邊有刻工　七七九

宋書一百卷　梁沈約撰　明萬曆二十二年南京國子監刻清順治康熙遞修本　佚名增删校　七八〇

宋書一百卷　梁沈約撰　明萬曆二十六年北京國子監刻本　清常山批　十行廿一字白口左右雙邊　七八一

存八十八卷　一至八十五、九十一至九十五

宋書一百卷　梁沈約撰　明崇禎七年毛氏汲古閣刻本　清李慈銘跋　七八二

宋書一百卷　梁沈約撰　明崇禎七年毛氏汲古閣刻本　清王闓運批點　七八三

宋書補表四卷　清成大士撰　稿本　七八四

南齊書五十九卷　梁蕭子顯撰　宋刻宋元明初遞修本　九行十八字白口左右雙邊有刻工　七八五

存：

南齊書五十九卷　梁蕭子顯撰　宋刻宋元明初遞修本　繆荃孫、楊守敬、李盛鐸跋　七八六

南齊書五十九卷　梁蕭子顯撰　宋刻宋元明遞修本　九行十九字白口左右雙邊有刻工　七八七

南齊書五十九卷　梁蕭子顯撰　宋刻宋元明遞修本（卷五配清抄本）　九行十八字白口左右雙邊有刻工　七八八

南齊書五十九卷　梁蕭子顯撰　宋刻宋元明遞修本　九行字不等白口左右雙邊　七八九

南齊書五十九卷　梁蕭子顯撰　宋刻宋元明遞修本　九行十八字白口左右雙邊有刻工　七九〇

南齊書五十九卷　梁蕭子顯撰　宋刻宋元明遞修本　九行十八字白口左右雙邊有刻工　七九一

南齊書五十九卷　梁蕭子顯撰　宋刻宋元明遞修本　九行十八字白口左右雙邊有刻工　七九二

南齊書五十九卷　梁蕭子顯撰　宋刻宋元明遞修本　九行十八字白口左右雙邊有刻工　七九三

南齊書五十九卷　梁蕭子顯撰　宋刻宋元明遞修本　九行十八字白口四周雙邊有刻工　七九四

南齊書五十九卷　梁蕭子顯撰　宋刻宋元明遞修本　九行十八字白口左右雙邊有刻工　七九五

南齊書五十九卷　梁蕭子顯撰　宋刻宋元明遞修本（卷一至五配抄本）　九行十八字白口左右雙邊　七九六

南齊書五十九卷　梁蕭子顯撰　宋刻宋元明遞修本　九行十八字白口左右雙邊有刻工　七九七

南齊書五十九卷　梁蕭子顯撰　宋刻元明遞修本　九行十八字白口左右雙邊　七九八

南齊書五十九卷　梁蕭子顯撰　宋刻元明遞修本　九行十八字白口補細黑口左右雙邊有刻工　七九九

南齊書五十九卷　梁蕭子顯撰　宋刻宋元明遞修本　九行十八字白口細黑口左右雙邊　八〇〇

南齊書五十九卷　梁蕭子顯撰　宋刻宋元明遞修本　九行十八字細黑口左右雙邊　八〇一

存五十卷　一至十、二十至五十九

南齊書五十九卷　梁蕭子顯撰　宋刻宋元明遞修本　九行十八字白口左右雙邊有刻工　八〇二

存五卷　九至十三

南齊書五十九卷　梁蕭子顯撰　宋刻宋元明遞修本　九行十八字白口左右雙邊　八〇三

存十一卷　二十六至三十六

南齊書五十九卷　梁蕭子顯撰　宋刻宋元明遞修本　九行字不等白口左右雙邊有刻工　八〇四

存十五卷　一至四、十、十一、十四、十五、三十四至三十六、三十九、四十、五十、五十五

南齊書五十九卷　梁蕭子顯撰　宋刻宋元明遞修本（卷五十至五十四配清抄本）　清潘康保跋　李盛鐸校並跋　九行十八字白口左右雙邊　八〇五

806 南齊書五十九卷 梁蕭子顯撰 明萬曆三十三年北京國子監刻本 清傅山批 十行廿一字白口左右雙邊

807 南齊書五十九卷 梁蕭子顯撰 明萬曆三十三年北京國子監刻本 明佚名批點 吳□跋 十行二十一字白口左右雙邊
存五卷 十二至十六

808 南齊書五十九卷 梁蕭子顯撰 清乾隆四年武英殿刻本 吳騫跋

809 梁書五十六卷 唐姚思廉撰 宋刻宋元明遞修本 九行十八字白口黑口左右雙邊

810 梁書五十六卷 唐姚思廉撰 宋刻宋元明遞修本 九行十八字白口左右雙邊有刻工

811 梁書五十六卷 唐姚思廉撰 宋刻宋元明遞修本 九行十八字白口左右雙邊有刻工

812 梁書五十六卷 唐姚思廉撰 宋刻宋元明遞修本 九行十八字白口左右雙邊有刻工

813 梁書五十六卷 唐姚思廉撰 宋刻宋元明遞修本 九行十八字白口左右雙邊

814 梁書五十六卷 唐姚思廉撰 宋刻宋元明遞修本 九行字不等白口左右雙邊

815 梁書五十六卷 唐姚思廉撰 宋刻宋元明遞修本 九行十八字白口四周單邊、左右雙邊有刻工
存二十二卷 本紀一至二、列傳一至七、廿三至廿九、三十七至四十

816 梁書五十六卷 唐姚思廉撰 宋刻宋元明遞修本 九行字不等細黑口白口左右雙邊有刻工
存四十四卷 一至十五、二十二至四十九、五十四至五十六

817 梁書五十六卷 唐姚思廉撰 宋刻宋元明遞修本（卷三第三十頁、卷六第十九頁、卷五十第四、三十一頁、卷五十六第十四、十五頁以舊抄配） 九行十八字白口左右雙邊有刻工
存三十八卷 一至九、廿八至五十六

818 梁書五十六卷 唐姚思廉撰 宋刻宋元明遞修本 清丁丙跋 九行十八字白口左右雙邊有刻工

819 梁書五十六卷 唐姚思廉撰 明萬曆三年南京國子監刻清順治康熙遞修本 清李兆洛校 十行二十一字白口四周雙邊

820 梁書五十六卷 唐姚思廉撰 明萬曆三十三年北京國子監刻本 清傅山批 十一行廿一字白口左右雙邊

821 梁書五十六卷 唐姚思廉撰 明崇禎六年毛氏汲古閣刻本 王□過批點

822 梁書五十六卷 唐姚思廉撰 清乾隆四年武英殿刻本 □□湘校 □□過跋

823 陳書三十六卷 唐姚思廉撰 宋刻本 九行十八字白口左右雙邊有刻工
存一卷 一

824 陳書三十六卷 唐姚思廉撰 宋刻宋元遞修本 九行十八字白口左右雙邊

825 陳書三十六卷 唐姚思廉撰 宋刻宋元明遞修本 九行十八字白口左右雙邊

826 陳書三十六卷 唐姚思廉撰 宋刻宋元遞修本
存一卷 六

827 陳書三十六卷 唐姚思廉撰 宋刻宋元明遞修本 九行十八字白口左右雙邊有刻工

828 陳書三十六卷 唐姚思廉撰 宋刻宋元明遞修本 九行十八字白口左右雙邊有刻工

829 陳書三十六卷 唐姚思廉撰 宋刻元明遞修本（有抄配） 九行十八字白口左右雙邊

830 陳書三十六卷 唐姚思廉撰 宋刻宋元明遞修本 九行十八字白口左右雙邊有刻工 單魚尾

831 陳書三十六卷 唐姚思廉撰 宋刻宋元明遞修本 九行字不等白口細黑口左右雙邊

832 陳書三十六卷 唐姚思廉撰 宋刻宋元明遞修本 九行十八字上下黑口左右雙邊

833 陳書三十六卷 唐姚思廉撰 宋刻宋元明遞修本 九行十八字白口左右雙邊

834 陳書三十六卷 唐姚思廉撰 宋刻宋元明遞修本 九行十八字白口左右雙邊有刻工

835 陳書三十六卷 唐姚思廉撰 宋刻宋元明遞修本 九行十八字白口左右雙邊

836 陳書三十六卷 唐姚思廉撰 宋刻宋元明遞修本 九行十八字白口左右雙邊有刻工

837 陳書三十六卷 唐姚思廉撰 宋刻宋元明遞修本 九行十八字白口左右雙邊
存二十二卷 十五至三十六

838 陳書三十六卷 唐姚思廉撰 宋刻宋元明遞修本 九行十八字白口左右雙邊
存二十四卷 八至廿七、三十三至三十六

839 陳書三十六卷 唐姚思廉撰 宋刻宋元明遞修本 九行字不等白口左右雙邊
存十七卷 七至十二、廿六至三十六

840 陳書三十六卷 唐姚思廉撰 宋刻宋元明遞修本 清□烈跋 九行字不等白口左右雙邊
存十卷 廿七至三十六

841 陳書三十六卷 唐姚思廉撰 宋刻宋元明遞修本 葉啟勳題識 九行十八字白口左右雙邊

842 陳書三十六卷 唐姚思廉撰 明萬曆三十六年北監二十一史刻本 清傅山批 十行廿一字白口左右雙邊

843 陳書三十六卷 唐姚思廉撰 明崇禎四年毛氏汲古閣刻本 清錢求赤校 十二行廿五字白口單魚尾左右雙邊

844 陳書三十六卷 唐姚思廉撰 清乾隆四年武英殿刻本 傅增湘校並跋

845 魏書一百十四卷 北齊魏收撰 宋刻宋元遞修公文紙印本（一說宋元明遞修本）

846 魏書一百十四卷 北齊魏收撰 宋刻宋元遞修公文紙印本
存一卷 四十一

847 魏書一百十四卷 北齊魏收撰 宋刻宋元遞修公文紙印本
存一卷 四十二

848 魏書一百十四卷 北齊魏收撰 宋刻宋元遞修公文紙印本
存十二卷 四十五、四十六（上、下）、六十一至六十五、八十二至八十三、八十七至八十八

849 魏書一百十四卷 北齊魏收撰 宋刻宋元遞修公文紙印本
存二卷 四十七、八十一

850 魏書一百十四卷 北齊魏收撰 宋□□跋 宋刻宋元明遞修本 九行十八字白口左右雙邊

八五一 魏書一百十四卷 北齊魏收撰 宋刻宋元明初遞修本 九行字不等白口左右雙邊有刻工 存七十二卷（目錄、一至三十、四十五至五十四、五十四至七十、七十八至八十九、百至百十四）

八五二 魏書一百十四卷 北齊魏收撰 宋刻宋元明初遞修本 九行字不等白口左右雙邊有刻工 存二十六卷（廿二至廿六、三十六至四十七、七十二至七十五、九十二至九十四、一百七至一百八之一）

八五三 魏書一百十四卷 北齊魏收撰 宋刻宋元明初遞修本 九行十八字細黑口左右雙邊有刻工 存零葉

八五四 魏書一百十四卷 北齊魏收撰 宋刻宋元明遞修公文紙印本 存十七卷（一至十七）

八五五 魏書一百十四卷 北齊魏收撰 宋刻宋元明遞修本 九行字不等白口左右雙邊有刻工

八五六 魏書一百十四卷 北齊魏收撰 宋刻宋元明遞修本 九行十八字白口左右雙邊有刻工

八五七 魏書一百十四卷 北齊魏收撰 宋刻宋元明遞修本 九行字不等白口左右雙邊有刻工 存六卷（十九、一百六至一百九、一百十二）

八五八 魏書一百十四卷 北齊魏收撰 宋刻宋元明遞修本 九行十八字白口左右雙邊上下黑魚尾

八五九 魏書一百十四卷 北齊魏收撰 宋刻宋元明遞修本（有抄配） 九行十八字細黑口左右雙邊上下黑魚尾有刻工 存四十三卷（四十六至八十八）

八六〇 魏書一百十四卷 北齊魏收撰 宋刻宋元明遞修本 九行字不等細黑口左右雙邊 存十三卷（五十一至五十三、五十六至五十八、六十一至六十七）

五一

八六一 魏書一百十四卷 北齊魏收撰 宋刻宋元明遞修本 九行十八字白口左右雙邊有刻工 存二卷（一至二）

八六二 魏書一百十四卷 北齊魏收撰 宋刻宋元明遞修本 九行十八字細黑口左右雙邊

八六三 魏書一百十四卷 北齊魏收撰 宋刻宋元明遞修本 九行十八字細黑口左右雙邊 存十二卷（一百一至一百十二）

八六四 魏書一百十四卷 北齊魏收撰 宋刻宋元明遞修本 九行十八字小字雙行廿四字白口左右雙邊

八六五 魏書一百十四卷 北齊魏收撰 宋刻宋元明遞修本 九行十八字黑白口左右雙邊有刻工

八六六 魏書一百十四卷 北齊魏收撰 宋刻宋元明遞修本 九行十八字白口左右雙邊有刻工

八六七 魏書一百十四卷 北齊魏收撰 宋刻宋元明遞修本 九行十八字白口或細黑口左右雙邊有刻工 存十卷（五十一、五十三至五十八、六十、六十五至六十七、七十一）

八六八 魏書一百十四卷 北齊魏收撰 宋刻宋元明遞修本 九行十八字白口四周雙邊或左右雙邊 存六十二卷（志一至十五、列傳一至九、十五至四十七、六十五至六十七）

八六九 魏書一百十四卷 北齊魏收撰 宋刻宋元明遞修本 九行十八字細黑口左右雙邊 存六十一卷（一至四十五、九十七至一百十四）

八七〇 魏書一百十四卷 北齊魏收撰 宋刻宋元明遞修本 九行十八字細黑口左右雙邊 存九十三卷（十三至十九、廿一下至四十五、四十五至五十四、五十八至七十二、七十七至一百十四）

八七一 魏書一百十四卷 北齊魏收撰 宋刻宋元明遞修本 九行十八字細黑口左右雙邊黑魚尾

八七二 魏書一百十四卷 北齊魏收撰 宋刻宋元明遞修本 九行十八字左右雙邊上下黑魚尾白口黑口花口有刻工 存四十二卷（十九至廿一、四十一至五十七、七十二至九十三）

八七三 魏書一百十四卷 北齊魏收撰 宋刻宋元明遞修本 九行十八字白口左右雙邊 存一百十卷（一至四十七、五十二至一百十四）

八七四 魏書一百十四卷 北齊魏收撰 宋刻宋元明遞修本 九行十八字白口左右雙邊有刻工

八七五 魏書一百十四卷 北齊魏收撰 宋刻宋元明遞修本 九行十八字小字雙行同白口左右雙邊 存一卷（一百五）

八七六 魏書一百十四卷 北齊魏收撰 宋刻宋元明遞修本 九行十八字白口細黑口左右雙邊

八七七 魏書一百十四卷 北齊魏收撰 宋刻宋元明遞修本 九行十八字白口左右雙邊黑魚尾 存四十卷（十五至十九、五十五至八十一）

八七八 魏書一百十四卷 北齊魏收撰 明崇禎十七年毛氏汲古閣刻本 清王□□錄校

八七九 魏書一百十四卷 北齊魏收撰 明崇禎九年毛氏汲古閣刻本 清王□□批點

八八〇 魏書考證一百十四卷 清孫人龍撰 清抄本 存一百一卷（一至一百一）

八八一 北齊書五十卷 唐李百藥撰 宋刻宋元明遞修本 九行十八字白口左右雙邊

八八二 北齊書五十卷 唐李百藥撰 宋刻宋元明遞修本 九行十八字白口左右雙邊有刻工

八八三 北齊書五十卷 唐李百藥撰 宋刻元明遞修本 九行十八字細黑口白口不一左右雙邊有刻工

八八四 北齊書五十卷 唐李百藥撰 宋刻宋元明遞修本 九行十八字白口左右雙邊有刻工

八八五 北齊書五十卷 唐李百藥撰 宋刻宋元明遞修本 九行十八字白口左右雙邊有刻工

八八六 北齊書五十卷 唐李百藥撰 宋刻宋元明遞修本 九行十八字白口左右雙邊上下黑魚尾有刻工

八八七 北齊書五十卷 唐李百藥撰 宋刻宋元明遞修本 九行十八字小字雙行同細黑口上下黑魚尾左右雙邊有刻工

八八八 北齊書五十卷 唐李百藥撰 宋刻宋元明遞修本 九行十八字白黑口不一左右雙邊

八八九 北齊書五十卷 唐李百藥撰 宋刻宋元明遞修本 九行十八字白口細黑口左右雙邊有刻工 存十八卷（廿三至四十）

八九〇 北齊書五十卷 唐李百藥撰 宋刻宋元明遞修本 九行十八字白口左右雙邊有刻工

八九一 北齊書五十卷 唐李百藥撰 宋刻宋元明遞修本 九行十八字白口左右雙邊有刻工

八九二 北齊書五十卷 唐李百藥撰 宋刻宋元明遞修本 九行十八字白口細黑口四周單邊或左右雙邊

八九三 北齊書五十卷 唐李百藥撰 宋刻宋元明遞修本 九行十八字細黑口左右雙邊

五二

存四十六卷　一至四十、四十三至五十

八九四　北齊書五十卷　唐李百藥撰　宋刻宋元明遞修本　九行十八字白口左右雙邊　有刻工

八九五　北齊書五十卷　唐李百藥撰　宋刻宋元明遞修本　九行十八字白口細黑口不一　左右雙邊　有刻工

八九六　北齊書五十卷　唐李百藥撰　宋刻宋元明遞修本　九行十八字白口左右雙邊　有刻工

八九七　北齊書五十卷　唐李百藥撰　宋刻宋元明遞修本　九行十八字白口左右雙邊　有刻工

八九八　北齊書五十卷　唐李百藥撰　宋刻宋元明遞修本　九行十八字白口細黑口　左右雙邊　有刻工

八九九　北齊書五十卷　唐李百藥撰　宋刻宋元明遞修本　清丁丙跋　九行十八字白口左右雙邊　有刻工

九〇〇　北齊書五十卷　唐李百藥撰　宋刻元明遞修本　清佚名校　九行十八字白口左右雙邊　單魚尾　有刻工
存四十七卷　一至三十九、四十三至五十

九〇一　北齊書五十卷　唐李百藥撰　明萬曆十六年南京國子監刻本　清何元錫[illegible]　九行十八字白口四周單邊　以上魚尾有刻工

九〇二　北齊書五十卷　唐李百藥撰　明萬曆三十四年北京國子監刻本　明太名[illegible]　十行二十一字白口左右雙邊　黑魚尾　有刻工

九〇三　北齊書五十卷　唐李百藥撰　明崇禎十一年毛氏汲古閣刻本　清[illegible]　[illegible]

九〇四　北齊書五十卷　唐李百藥撰　清乾隆四年武英殿刻本　清[illegible]校並跋

九〇五　周書五十卷　唐令狐德棻等撰　宋刻元修本　九行十八字白口四周雙邊　有刻工
存一卷　四十一

九〇六　周書五十卷　唐令狐德棻等撰　宋刻宋元明遞修本　九行十八字白口左右雙邊

九〇七　周書五十卷　唐令狐德棻等撰　宋刻元明遞修本　九行十八字白口細黑口不一　左右雙邊　有刻工

九〇八　周書五十卷　唐令狐德棻等撰　宋刻元明遞修本　九行十八字白口左右雙邊　單魚尾　有刻工

九〇九　周書五十卷　唐令狐德棻等撰　宋刻元明遞修本　九行字不等白口左右雙邊

九一〇　周書五十卷　唐令狐德棻等撰　宋刻元明遞修本　九行十八字白口左右雙邊

九一一　周書五十卷　唐令狐德棻等撰　宋刻元明遞修本　九行字不等白口黑口不一　左右雙邊

九一二　周書五十卷　唐令狐德棻等撰　宋刻元明遞修本　九行十八字小黑口左右雙邊

九一三　周書五十卷　唐令狐德棻等撰　宋刻元明遞修本　九行十九字細黑口左右雙邊　有刻工

九一四　周書五十卷　唐令狐德棻等撰　宋刻元明遞修本　九行十八字白口左右雙邊　有刻工

九一五　周書五十卷　唐令狐德棻等撰　宋刻元明遞修本　八行十八字白口黑口不一　左右雙邊　有刻工

九一六　周書五十卷　唐令狐德棻等撰　宋刻元明遞修本　葉啓勳題識　九行十八字白口左右雙邊　有刻工

九一七　周書五十卷　唐令狐德棻等撰　宋刻元明遞修本　九行十八字細黑口上下單邊左右雙邊
存四十六卷　本紀八卷、列傳一至廿七、三十至四十

五三

九一八　周書五十卷　唐令狐德棻等撰　宋刻元明遞修本　九行十八字細黑口左右雙邊
存三十卷　五至二十、二十八至三十二、四十二至五十

九一九　周書五十卷　唐令狐德棻等撰　宋刻元明遞修本　九行十八字白口細黑口　左右雙邊
存三十一卷　一至四、十一至十五、十六至廿六、廿九至三十三、三十五至三十六、四十二至四十五、四十九、五十

九二〇　周書五十卷　唐令狐德棻等撰　宋刻明修本　九行字不等細黑口左右雙邊
存二十三卷　九至十四、廿一至三十二、三十七至四十一

九二一　周書五十卷　唐令狐德棻撰　宋刻元明遞修本　九行約十八字白口左右雙邊
存十五卷　一至十五

九二二　周書五十卷　唐令狐德棻撰　宋刻元明遞修本　九行字不等細黑口左右雙邊
存二十四卷　九至三十二

九二三　周書五十卷　唐令狐德棻等撰　宋刻元明遞修本　清周星詒跋　九行十八字白口左右雙邊　有刻工

九二四　周書五十卷　唐令狐德棻等撰　宋刻宋元明遞修本　清丁丙跋　九行十九字細黑口左右雙邊　有刻工

九二五　周書五十卷　唐令狐德棻等撰　明萬曆三十一年北京國子監刻本　清傅山批　十行廿一字白口左右雙邊

九二六　周書五十卷　唐令狐德棻等撰　明萬曆三十二年南京國子監刻本　清鄭澧跋　十行廿一字白口左右雙邊

九二七　周書五十卷　唐令狐德棻等撰　[illegible]刻本　王闓運批點

九二七　周書五十卷　唐令狐德棻等撰　[illegible]刻本　清佚名題跋　[illegible]

九二八　隋書八十五卷　唐魏徵等撰　元大德饒州路儒學刻明遞修本　十四行字不等　[illegible]
存六十卷　一至九、十二至十五、十九至廿六、三十七至七十六

九二九　隋書八十五卷　唐魏徵等撰　宋刻本　十行十九字白口左右雙邊

九三〇　隋書八十五卷　唐魏徵等撰　宋刻本　李盛鐸跋　十四行十九字細黑口左右雙邊
存五卷　卅四至卅八[illegible]

九三一　隋書八十五卷　唐魏徵等撰　元大德饒州路儒學刻明遞修本　十行二十二字細黑口左右雙邊

九三二　隋書八十五卷　唐魏徵等撰　元大德饒州路儒學刻明[illegible]修本　十行二十二字[illegible]

九三三　隋書八十五卷　唐魏徵等撰　元大德饒州路儒學刻明正德嘉靖遞修本　十行二十二字細黑口左右雙邊
存六卷　四十八至五十三

九三四　隋書八十五卷　唐魏徵等撰　元大德饒州路儒學刻明正德十年遞修本　清丁丙跋　十行廿二字細黑口四周雙邊　以上遞有刻工

九三五　隋書八十五卷　唐魏徵等撰　元大德饒州路儒學刻明正德嘉靖遞修本　十行廿二字細黑口四周雙邊　有刻工

九三六　隋書八十五卷　唐魏徵等撰　元大德饒州路儒學刻明正德嘉靖遞修本（卷一、卷五十七抄配，卷五十八至六十五配元至順三年瑞州路儒學刻明修本）　十行廿二字細黑口四周雙邊　有刻工

九三七　隋書八十五卷　唐魏徵等撰　元大德饒州路儒學刻明正德嘉靖遞修本　十行廿二字細黑口四周雙邊　有刻工

五四

九三八 隋書八十五卷 唐魏徵等撰 元大德饒州路儒學刻明正德嘉靖遞修本（有抄葉一） 十行廿二字細黑口左右雙邊或白口有刻工

九三九 隋書八十五卷 唐魏徵等撰 元大德饒州路儒學刻明嘉靖修補本 十行廿二字細黑口四周雙邊或左右雙邊

九四〇 隋書八十五卷 唐魏徵等撰 元大德饒州路儒學刻明正德嘉靖遞修本 十行廿二字細黑口四周雙邊

九四一 隋書八十五卷 唐魏徵等撰 元大德饒州路儒學刻明正德嘉靖遞修本 十行廿二字細黑口四周雙邊或左右雙邊

九四二 隋書八十五卷 唐魏徵等撰 元大德饒州路儒學刻明正德嘉靖遞修本 十行廿二字小字雙行同細黑口四周雙邊有刻工

存四十八卷 一至四、八至五十、廿六至三十、四

九四三 隋書八十五卷 唐魏徵等撰 元大德饒州路儒學刻明正德嘉靖遞修本 十行廿二字細黑口四周雙邊或左右雙邊

存六十七卷 一至十八、廿六至七十

九四四 隋書八十五卷 唐魏徵等撰 元大德饒州路儒學刻明正德嘉靖遞修本（有抄配） 十行二十二字白口四周雙邊間有刻工

九四五 隋書八十五卷 唐魏徵等撰 元大德饒州路儒學刻明正德嘉靖遞修本 十行廿二字細黑口四周雙邊有刻工

九四六 隋書八十五卷 唐魏徵等撰 元大德饒州路儒學刻明正德嘉靖遞修本 十行廿二字白口四周雙邊

九四七 隋書八十五卷 唐魏徵等撰 元大德饒州路儒學刻明正德嘉靖遞修公文紙印本

九四八 隋書八十五卷 唐魏徵等撰 元大德饒州路儒學刻明修本 十行廿二字細黑口四周雙邊白口或左右雙邊有刻工

九四九 隋書八十五卷 唐魏徵等撰 元大德饒州路儒學刻明修本（明抄補） 十行廿二字細黑口

存十卷 一至十

九五〇 隋書八十五卷 唐魏徵等撰 元大德饒州路儒學刻本 十行廿二字細黑口左右雙邊

九五一 隋書五十卷 唐魏徵等撰 元大德饒州路儒學刻明正德嘉靖萬曆遞修本 十行廿二字細黑口左右雙邊有刻工

九五二 隋書八十五卷 唐魏徵等撰 元至順三年瑞州路儒學刻本（卷四十四、四十五、七十一至七十七配明萬曆二十二年至二十三年南京國子監刻本） 九行廿二字黑口左右雙邊或黑口

九五三 隋書八十五卷 唐魏徵等撰 元至順三年瑞州路儒學刻明修本 九行廿二字黑口左右雙邊有刻工

九五四 隋書八十五卷 唐魏徵等撰 元至順三年瑞州路儒學刻明修本（卷四十七、四十八、八十清抄本配） 九行字不等黑口左右雙邊

九五五 隋書八十五卷 唐魏徵等撰 元至順三年瑞州路儒學刻明修本 九行廿二字黑口左右雙邊

九五六 隋書八十五卷 唐魏徵等撰 元至順三年瑞州路儒學刻明修本 九行字不等細黑口左右雙邊

九五七 隋書八十五卷 唐魏徵等撰 元至順三年瑞州路儒學刻明修本 九行二十字黑口左右雙邊有刻工

存四十卷 七至九、廿一至廿四、四十至五十七、七十二至八十五

九五八 隋書八十五卷 唐魏徵等撰 元至順三年瑞州路儒學刻明修本（卷四十八、四十九配清抄本） 九行二十字細黑口左右雙邊 [illegible]

存二十九卷 三十六至六十四

九五九 隋書八十五卷 唐魏徵等撰 元至順三年瑞州路儒學刻本 九行二十字黑口左右雙邊或四周雙邊有刻工

存一卷 十二

九六〇 隋書八十五卷 唐魏徵等撰 元至順三年瑞州路儒學刻明修本 清蔣衡跋 九行廿二字細黑口左右雙邊

存十五卷 一至十五

九六一 隋書八十五卷 唐魏徵等撰 元至順三年瑞州路儒學刻明修本（卷二十配） 李盛鐸跋 九行廿二字黑口左右雙邊

九六二 隋書八十五卷 唐魏徵等撰 明萬曆二十二年至二十五年南京國子監刻明清遞修本 傅增湘校並跋 九行十八字細黑口四周雙邊

九六三 隋書八十五卷 唐魏徵等撰 明萬曆二十六年北京國子監刻本 清傅山批 十行廿一字白口左右雙邊

存八十二卷 四至八十五

九六四 隋書八十五卷 唐魏徵等撰 明崇禎八年毛氏汲古閣刻本 清陳澧批校

存六十五卷 一至廿四、四十五至八十五

九六五 隋書八十五卷 唐魏徵等撰 明崇禎八年毛氏汲古閣刻本 清李慈銘校並跋

九六六 隋書地理志考證九卷 清楊守敬撰 稿本

九六七 隋書地理志考證九卷補遺一卷 清楊守敬撰 清光緒二十二年楊氏鄰蘇園刻本 清楊守敬批校

九六八 隋書地理志考證九卷補遺一卷 清楊守敬撰 清光緒二十二年楊氏鄰蘇園刻本 清楊守敬批校 熊會貞批校

九六九 南史八十卷 唐李延壽撰 宋刻本（卷十一、十五至十八、二十一配清抄本） 十行十八字黑口左右雙邊

存四十五卷 一至二、六至十三、十五至十八、廿一至三十一、三十四至五十、六十、六十三至六十九、七十一至八十

九七〇 南史八十卷 唐李延壽撰 宋刻本 十行十八字細黑口左右雙邊

存一卷 七十

九七一 南史八十卷 唐李延壽撰 宋刻本 十行十八字白口左右雙邊

存四卷 廿三至廿六

九七二 南史八十卷 唐李延壽撰 元大德十年刻明嘉靖遞修本 十行廿二字細黑口四周雙邊有刻工

九七三 南史八十卷 唐李延壽撰 元大德十年刻明嘉靖遞修本 十行廿二字白口四周雙邊或黑口

九七四 南史八十卷 唐李延壽撰 元大德十年刻明嘉靖遞修本 十行廿二字白口四周雙邊

九七五 南史八十卷 唐李延壽撰 元大德刻明嘉靖修補本（有缺葉卷六十二以康熙補明萬曆北監本抄補） 十行二十二字白口四周雙邊有黑口

五五

五六

九七八　南史八十卷　唐李延壽撰　元大德十年刻本　十行廿二字白口左右雙邊

九七九　南史八十卷　唐李延壽撰　元大德十年刻明嘉靖遞修本（卷五十三至六十配明南京國子監刻本）　十行二十二字白口黑口不等四周雙邊左右雙邊不等　有刻工

九八〇　南史八十卷　唐李延壽撰　元大德十年刻明嘉靖遞修本　十行廿二字白口四周雙邊單邊不等

九八一　南史八十卷　唐李延壽撰　元大德十年刻明嘉靖遞修本　十行廿二字白口四周雙邊　存六十卷　十五至廿六、三十一至八十

九八二　南史八十卷　唐李延壽撰　元大德十年刻明嘉靖遞修本　十行廿二字白口四周雙邊　存七十七卷　一至十二、十六至八十

九八三　南史八十卷　唐李延壽撰　元大德十年刻明嘉靖遞修本　十行廿二字白口四周雙邊

九八四　南史八十卷　唐李延壽撰　元大德十年刻明嘉靖遞修本　十行廿二字白口四周雙邊　有刻工

九八五　南史八十卷　唐李延壽撰　元大德十年刻明嘉靖遞修本　十行廿二字白口四周雙邊

九八六　南史八十卷　唐李延壽撰　元大德十年刻明嘉靖十年重修本　十行廿二字白口四周雙邊

九八七　南史八十卷　唐李延壽撰　元大德十年刻明嘉靖遞修本　十行廿二字白口[illegible]　存四十九卷　五至十七、廿四至二十八、四十七至六十一、七十三至八十

九八八　南史八十卷　唐李延壽撰　元大德十年刻明嘉靖遞修本　十行廿七字白口四周雙邊

五七

九八九　南史八十卷　唐李延壽撰　元大德十年刻明修本（卷一至十、十六、二十六至五十一配明南京國子監刻明清遞修本）　九行十八字[illegible]口四周雙邊

九九〇　南史八十卷　唐李延壽撰　元大德十年刻明遞修本　十行廿一字大黑口左右雙邊　存二十卷　三十三至五十二

九九一　南史八十卷　唐李延壽撰　元大德十年刻本　清高錫跋　十行廿二字白口四周雙邊

九九二　南史八十卷　唐李延壽撰　元大德十年刻明嘉靖遞修本（卷七十五至七十六配明抄本）　[illegible]　十行二十二字白口四周雙邊

九九三　南史八十卷　唐李延壽撰　元大德十年刻明嘉靖遞修本　清丁丙跋　十行廿二字白口四周雙邊　有刻工

九九四　南史八十卷　唐李延壽撰　明初刻本　十行廿二字黑口四周雙邊　有刻工

九九五　南史八十卷　唐李延壽撰　明初刻本（卷二十四至二十六、五十五至六十四配元大德十年刻本）　十行二十二字黑口左右雙邊或四周雙邊　有刻工

九九六　南史八十卷　唐李延壽撰　明初刻本（卷七十七、七十九、八十配清抄本）　十行二十二字上下黑口白口不等左右雙邊或四周雙邊不等　[illegible]　有刻工

九九七　南史八十卷　唐李延壽撰　明初刻本　十行廿二字黑白口不一　四周雙邊單邊不一　有刻工　存六十卷　一至三十二、五十三至八十

九九八　南史八十卷　唐李延壽撰　明崇禎十二年毛氏汲古閣刻本　清孫潛校並跋

九九九　南史八十卷　唐李延壽撰　明崇禎十二年毛氏汲古閣刻本　清王鳴盛校並跋

一〇〇〇　南史八十卷　唐李延壽撰　明崇禎十二年毛氏汲古閣刻本　清李慈銘校

一〇〇一　南史八十卷　唐李延壽撰　明崇禎十二年毛氏汲古閣刻本　清劉履芬錄並錄王鳴盛錄李清何焯中批校

一〇〇二　南史八十卷　唐李延壽撰　明崇禎十二年毛氏汲古閣刻本　清劉履芬臨王鳴盛跋　李紱題跋　葉裳錄補王鳴盛校並跋

一〇〇三　南史八十卷　唐李延壽撰　明崇禎十五年毛氏汲古閣刻本　清王闓運批點

一〇〇四　南史八十卷　唐李延壽撰　明抄本

一〇〇五　南史八十卷　唐李延壽撰　明張溥評點　明張溥刻本　九行十九字小字雙行同白口左右雙邊

一〇〇六　南史八十卷　唐李延壽撰　明張溥評點　明張溥刻麗古堂印本

一〇〇七　南史八十卷　唐李延壽撰　明張溥評點　明張溥刻寶書堂印本

一〇〇八　南史八十卷　唐李延壽撰　明張溥評點　明張溥刻寶書堂印本　清沈石[illegible]　何焯跋

一〇〇九　南史藻不分卷　明[illegible]撰　明萬曆四十年刻本　九行十八字白口四周[illegible]

一〇一〇　北史一百卷　唐李延壽撰　宋刻本　十[illegible]十八字細黑口左右雙邊　存二十七卷　十三至三十八、四十九

一〇一一　北史一百卷　唐李延壽撰　元大德信州路儒學刻本　十行廿二字細黑口四周雙邊　有刻工

五八

存三十六卷　二至三、廿五至廿六、二十八至四十、四十七至六十一、七十八至八十五、九十四至九十七

一〇一二　北史一百卷　唐李延壽撰　元大德信州路儒學刻本　存八十一卷　一至十二、十八至八十二、九十七至一百

一〇一三　北史一百卷　唐李延壽撰　元大德信州路儒學刻明嘉靖重修本　十行廿二字細黑口四周雙邊

一〇一四　北史一百卷　唐李延壽撰　元大德信州路儒學刻明嘉靖重修本（卷七至九配明初刻本）　十行二十二字細黑口四周雙邊　有刻工

一〇一五　北史一百卷　唐李延壽撰　元大德信州路儒學刻明嘉靖重修本　十行廿二字白口四周雙邊

一〇一六　北史一百卷　唐李延壽撰　元大德信州路儒學刻明嘉靖重修本

一〇一七　北史一百卷　唐李延壽撰　元大德信州路儒學刻明嘉靖重修本　十行廿二字白口四周單雙邊不一

一〇一八　北史一百卷　唐李延壽撰　元大德信州路儒學刻明嘉靖重修本　十行廿二字白口[illegible]四周雙邊

一〇一九　北史一百卷　唐李延壽撰　元大德信州路儒學刻明嘉靖重修本　十行廿二字黑白口四周雙邊

一〇二〇　北史一百卷　唐李延壽撰　元大德信州路儒學刻明嘉靖重修本　十行廿二字白口四周雙邊　有刻工

一〇二一　北史一百卷　唐李延壽撰　元大德信州路儒學刻明嘉靖重修本　十行廿二字白口四周雙邊

一〇二二　北史一百卷　唐李延壽撰　元大德信州路儒學刻明嘉靖重修本　清丁丙跋　十行廿二字白口四周雙邊　有刻工

一〇二三　北史一百卷　唐李延壽撰　元大德信州路儒學刻明嘉靖重修本　清發□□　沈李詩峰[illegible]跋　十行廿二字白口四周雙邊　有刻工

一〇二四　北史一百卷　唐李延壽撰　元大德信州路儒學刻明修本（卷四十五至四十七配清抄本）　十行廿二字白口四周雙邊　有刻工

北史一百卷 唐李延壽撰 元大德信州路儒學刻明嘉靖重修本（卷北八第十四頁、列傳四十五第七頁係名抄配） 十行二十二字白口四周雙邊 一〇二二五

北史一百卷 唐李延壽撰 元大德信州路儒學刻明嘉靖重修本 十行廿二字白口四周雙邊 一〇二二六
存六十六卷 帝紀一至十二（十至十二補本紀）、列傳一至十、十五至六十一

北史一百卷 唐李延壽撰 元大德信州路儒學刻明嘉靖重修本（卷一至二、二十三至二十四係名抄配） 明余誠校點並跋 一〇二二七
存九十卷 一至十二、十六至四十二、四十五至五十、五十四至八十九、九十二至一百

北史一百卷 唐李延壽撰 元大德信州路儒學刻明嘉靖重修本 十行廿二字白口四周雙邊 一〇二二八
存十四卷 一、二、十五、五十七至六十、六十五、六十八至七十一、九十七、九十八

北史一百卷 唐李延壽撰 元大德信州路儒學刻明嘉靖重修本 十行廿二字白口四周雙邊 一〇二二九
存十九卷 廿二至三十一、三十五至三十八、六十四至六十七、九十五至九十四

北史一百卷 唐李延壽撰 元大德信州路儒學刻明修本 十行廿二字黑口左右四周單雙邊不一 一〇二三〇
存二十四卷 廿八至五十一

北史一百卷 唐李延壽撰 明初刻本 十行廿二字白口四周雙邊 刻工 一〇二三一

北史一百卷 唐李延壽撰 明萬曆二十七年北京國子監刻本 清常山批 十行二十一字白口左右雙邊 一〇二三二
存九十九卷 一至五十八、六十至一百

五九

北史一百卷 唐李延壽撰 明崇禎十二年毛氏汲古閣刻本 清何焯批校 一〇二三三

北史一百卷 唐李延壽撰 明崇禎十二年毛氏汲古閣刻本 清王鳴盛校並跋 一〇二三四

北史一百卷 唐李延壽撰 明崇禎十二年毛氏汲古閣刻本 清李慈銘跋 一〇二三五

北史一百卷 唐李延壽撰 明崇禎十二年毛氏汲古閣刻本 清劉履芬過錄王鳴盛批校 一〇二三六

北史一百卷 唐李延壽撰 明崇禎十二年毛氏汲古閣刻本 清丁培蔭批點並跋 一〇二三七

北史一百卷 唐李延壽撰 明崇禎十二年毛氏汲古閣刻本 清王闓運批點 一〇二三八

南北史合注一百九十一卷 明李清撰 清乾隆四庫全書撤出本 一〇二三九
存一百八十七卷 一至五十二、五十六至一百七十一、一百七十三至一百九十一

南北史合注一百九十一卷 明李清撰 清乾隆四庫全書撤出本 一〇二四〇
存一百七十二卷 三至十五、十八至二十、二十五至二十七、三十六至四十七、五十一至九十八、一百二至一百七、一百十至一百二十、一百二十五至一百五十五、一百五十九至一百七十一、一百七十六至一百八十五、一百八十八至一百九十一

南北史合注一百卷 明李清撰 清李嫻注 稿本 一〇二四一

南北史記疑四卷 清王懋竑撰 清抄本 清丁丙跋 一〇二四二
存二卷 一至二

南北史年表一卷南北史帝王世系表一卷南北史世系表五卷 清周嘉猷撰 清乾隆四十八年周氏家刻本 一〇二四三

南北史補志十四卷 清汪士鐸撰 清抄本（清淮南書局付刻底本） 一〇二四四

補南北史經籍志不分卷 清董濂撰 稿本 一〇二四五

南北朝僑置州郡考八卷 清胡孔福撰 清抄本 一〇二四六

南北史列眉稿彙不分卷南北朝郡縣建置沿革表不分卷 清陶玉禾撰 稿本 一〇二四七

唐書二百卷 後晉劉昫等撰 宋紹興兩浙東路茶鹽司刻本 十四行二十五字小字雙行約三十二字白口左右雙邊 一〇二四八
存六十九卷 志十一至十四、二十一至二十五、二十八至五十、列傳十五至二十八、三十八至四十七、五十至六十、七十八至八十五、一百十五至一百十九、一百二十九至一百三十四、一百四十下至一百四十四上

唐書二百卷 後晉劉昫等撰 明嘉靖十四年至十七年聞人詮刻本 十四行廿六字白口左右雙邊 一〇二四九

唐書二百卷 後晉劉昫等撰 明嘉靖十四年至十七年聞人詮刻本 清黃叔琳批、林同、孫志、劉喜海題跋 十四行廿六字白口四周或左右雙邊 一〇二五〇

唐書二百卷 後晉劉昫等撰 明嘉靖十四年至十七年聞人詮刻本 清蔣杲校並跋 十四行廿六字白口左右雙邊 一〇二五一

唐書二百卷 後晉劉昫等撰 明嘉靖十四年至十七年聞人詮刻本 清顧之逵跋並錄宋萬校 李楊跋 一〇二五二

唐書二百卷 後晉劉昫等撰 明嘉靖十四年至十七年聞人詮刻本 清丁丙跋 十四行廿六字白口左右雙邊 一〇二五三

六〇

唐書二百卷 後晉劉昫等撰 明嘉靖十四年至十七年聞人詮刻本 吳宗曜跋 十四行廿六字白口上下單邊左右雙邊 一〇二五四

唐書二百卷 後晉劉昫等撰 明嘉靖十四年至十七年聞人詮刻本 清孫郁校 十四行廿六字白口四周或左右雙邊點 一〇二五五

唐書二百卷 後晉劉昫等撰 明嘉靖十四年至十七年聞人詮刻本（配明抄本） 清葉樹廉校 葉德輝、葉啟發題識批校圈點 十四行廿六字白口左右雙邊 一〇二五六

唐書二百卷 後晉劉昫等撰 明嘉靖十四年至十七年聞人詮刻本 清何焯校、葉德輝校，葉啟勳點、葉啟發題識批校圈點 十四行廿六字白口左右雙邊 一〇二五七

唐書二百卷 後晉劉昫等撰 明聞人詮、沈桐校 明嘉靖十四年至十七年聞人詮刻萬曆十八年[illegible]遞修補本 十四行廿六字白口左右雙邊 一〇二五八

唐書二百卷 後晉劉昫等撰 明嘉靖十四年至十七年聞人詮刻萬曆十九年部仲祿重修本 十四行二十六字白口左右雙邊 一〇二五九

唐書二百卷 後晉劉昫等撰 明胡維雅堂抄本 一〇二六〇

唐書二百卷 後晉劉昫等撰 明藏雍堂抄本 十一行二十二字 一〇二六一
存四卷半 一至三、十九至二十上

唐書二百卷 後晉劉昫等撰 清同治十一年浙江書局刻本 清李慈銘校 一〇二六二
存三十卷 志一至三十

唐書二百卷 後晉劉昫等撰 逸文十二卷 清岑建功輯 校勘 一〇二六三

記六十六卷 清葉上林等撰 仕文沈跋 清同治十一年文達書局刻本 清

一〇六四 唐書二百二十五卷目錄二卷 宋歐陽修、宋祁等撰 宋紹興刻宋元遞修公文紙印本
存一百三十二卷 目録、一至四十三、四十五至四十七、七十下、七十四至七十五、九十二至一百九、一百五十七至二百十三上、二百二十至二百二十五

一〇六五 唐書二百二十五卷 宋歐陽修、宋祁等撰 宋刻本 十四行字不一 白口左右雙邊
存八卷 七十二中下、七十四、二百十五至二百二十

一〇六六 唐書二百二十五卷 宋歐陽修、宋祁等撰 宋刻本（卷一配清抄本） 清丁丙跋 十四行字不一小字雙行二十九字白口四周左右雙邊
存一百五十五卷 一至十八、廿四至四十六、五十至五十七、八十五、八十七至一百四、一百七至一百十一、一百十九至一百五十六、一百五十一至一百十三、二百八十五至一百九十六至二百一、二百八十至二百二十五

一〇六七 唐書二百二十五卷 宋歐陽修、宋祁等撰 宋刻本（卷一百六十三至二百十三配明抄本） 清丁丙跋 十六行廿九字白口左右雙邊

一〇六八 唐書二百二十五卷 宋歐陽修、宋祁等撰 宋刻本 十六行十九字小字雙行廿五字細黑口左右雙邊

一〇六九 唐書二百二十五卷目錄二卷 宋歐陽修、宋祁等撰 元刻本（卷一百六十五配清影元抄本） 十行十九字白口左右雙邊
存二卷 二十七下、二十八

一〇七〇 唐書二百二十五卷目錄二卷 宋歐陽修、宋祁等撰 元刻明遞修本 十行十九字白口左右雙邊黑魚尾有刻工

一〇七一 唐書二百二十五卷 宋歐陽修、宋祁等撰 元刻明遞修本 十行十九字白口左右雙邊雙魚尾有刻工
存一百五十二卷 一至一百五十二

一〇七二 唐書二百二十五卷 宋歐陽修、宋祁等撰 元刻本 十行十九字白口左右雙邊有刻工
存三卷 一百十九、一百五十五至一百五十六

一〇七三 唐書二百二十五卷 宋歐陽修、宋祁等撰 元刻明修本 十行十九字白口黑口左右雙邊
存一卷 五十二

一〇七四 唐書二百二十五卷目錄二卷 宋歐陽修、宋祁等撰 元刻明修本 十行十九字小字雙行字白口黑口左右雙邊

一〇七五 唐書二百二十五卷 宋歐陽修、宋祁等撰 元刻本 十行十九字黑口左右雙邊雙魚尾
存一卷 五十四

一〇七六 唐書二百二十五卷 宋歐陽修、宋祁等撰 元刻本 十行十九字細黑口左右雙邊
存一卷 志二十一

一〇七七 唐書二百二十五卷 宋歐陽修、宋祁等撰 元刻明遞修本（卷八至十配清抄本） 十行十九字黑口左右雙邊 元饒有刻工

一〇七八 唐書二百二十五卷 宋歐陽修、宋祁等撰 元刻明遞修本 十行十九字黑口左右雙邊雙魚尾
存一百九十八卷 十九至一百一、一百十六至二百二十五

一〇七九 唐書二百二十五卷 宋歐陽修、宋祁等撰 元刻明遞修本 十行十九字黑口四周雙邊雙魚尾

一〇八〇 唐書二百五十卷 元刻明遞修本（卷一百七十九） 十行十九字細黑口左右雙邊
存：七十四上至二百五十

一〇八一 唐書二百五十五卷 宋歐陽修、宋祁等撰 元刻明修本 十行十九字黑口四周雙邊左右雙邊
存六十四卷 一至十、二十八至六十六

一〇八二 唐書二百二十五卷目錄二卷 宋歐陽修、宋祁等撰 釋音二十五卷 宋董衝撰 元刻明修本 十行十九字大黑口四周雙邊有刻工
存二十卷 一、五十五至五十八、目錄全、釋音一至十五

一〇八三 唐書二百二十五卷 宋歐陽修、宋祁等撰 元刻明修本 十行十九字大黑口或白口左右雙邊或四周單邊有刻工

一〇八四 唐書二百二十五卷 宋歐陽修、宋祁等撰 釋音二十五卷 宋董衝撰 元大德九年建康路儒學刻明修本 十行廿二字白口或黑口四周雙邊有刻工
存一百二十卷 一至二十、二十八至三十、三十八至四十四、七十五至九十、一百五至一百十二、一百三十五至一百六十五、一百八十三、一百九十八至二百二十、一百七十八至一百十四

一〇八五 唐書二百二十五卷 宋歐陽修、宋祁等撰 釋音二十五卷 宋董衝撰 元大德九年建康路儒學刻本 十行廿二字白口雙魚尾左右雙邊
存二卷 九十二、九十八

一〇八六 唐書二百二十五卷 宋歐陽修、宋祁等撰 釋音二十五卷 宋董衝撰 元大德九年建康路儒學刻本 十行廿二字白口左右雙邊有刻工
存一卷 二十五

一〇八七 唐書二百二十五卷 宋歐陽修、宋祁等撰 釋音二十五卷 宋董衝撰 元大德九年建康路儒學刻本 十行廿二字白口左右雙邊有刻工
存一卷 二百六

一〇八八 唐書二百二十五卷 宋歐陽修、宋祁等撰 釋音二十五

卷 宋董衝撰 元大德九年建康路儒學刻明修本 十行廿二字白口四周雙邊 版心有刻工

唐書二百二十五卷 宋歐陽修、宋祁等撰 釋音二十五
卷 宋董衝撰 元大德九年建康路儒學刻明修本（卷二百二十五配宋建陽刻元明遞修印本）
存二百二十四卷 一至一百二十五、二百二十五
一〇八九

唐書二百二十五卷 宋歐陽修、宋祁等撰 釋音二十五
卷 宋董衝撰 元大德九年建康路儒學刻明修補本 十行廿二字白口左右雙邊 版心有刻工
存二百五卷 一至二、六、二十至二十九、三十四至五十八、六十一、六十二、六十六至七十、七十一下、七十二上、七十三上、七十四下、七十六至七十九、一百一至一百六十一、一百六十六至一百七十六、一百七十七至一百九十六、一百九十九、二百一至二百二十四、二百二十五下、目錄十七至二十五
一〇九〇

唐書二百二十五卷 宋歐陽修、宋祁等撰 釋音二十五
卷 宋董衝撰 元大德九年建康路儒學刻明修本 十行廿二字白口左右雙邊 版心有刻工
存一百九十九卷 本紀一至十、志一至五十、表一至十五、列傳一至十二、一十八至一百三十、一百四十二至一百五十、釋音二十五
一〇九一

唐書二百二十五卷 宋歐陽修、宋祁等撰 釋音二十五
卷 宋董衝撰 元大德九年建康路儒學刻明成化十八年嘉靖八年九年補刊本 十行廿二字白口四周雙邊細黑口四周雙邊
一〇九二

存二十五卷 列傳一至二十五

唐書二百二十五卷 宋歐陽修、宋祁等撰 釋音二十五
卷 宋董衝撰 元大德九年建康路儒學刻明成化弘治嘉靖遞修本 十行廿二字細黑口黑口左右雙邊有刻工
一〇九三

唐書二百二十五卷 宋歐陽修、宋祁等撰 釋音二十五
卷 宋董衝撰 元大德九年建康路儒學刻明成化弘治南京國子監遞修本 清丁丙跋 十行廿二字白口左右雙邊或四周雙邊有刻工
一〇九四

唐書二百二十五卷 宋歐陽修、宋祁等撰 元大德九年建康路儒學刻明成化嘉靖南京國子監遞修本 十行廿二字白口
有細黑口四周雙邊有刻工
一〇九五

唐書二百二十五卷 宋歐陽修、宋祁等撰 釋音二十五
卷 宋董衝撰 元大德九年建康路儒學刻明嘉靖南京國子監遞修本 九行廿二字細黑口四周雙邊或黑口
一〇九六

唐書二百二十五卷 宋歐陽修、宋祁等撰 釋音二十五
卷 宋董衝撰 元大德九年建康路儒學刻明成化弘治嘉靖遞修本 十行廿二字白口左右雙邊或四周雙邊
一〇九七

唐書釋音二十五卷 宋董衝撰 元大德九年刻明嘉靖八年重修本 十行廿二字白口四周雙邊或左右
一〇九八

唐書二百二十五卷 宋歐陽修撰 明劉義叟補修 元大德九年刻明成化十八年嘉靖十二年補成刻本 十行二十二
字白口四周雙邊
一〇九九

新唐書二百二十五卷 宋歐陽修等撰 元刻明成化嘉靖遞修本 十行廿二字白口或黑口左右雙邊或四周雙邊
存四卷 一百十一至一百十二、一百四十七至一百四十八
一一〇〇

六三

唐書二百二十五卷 宋歐陽修、宋祁等撰 釋音二十五
卷 宋董衝撰 元刻明成化弘治嘉靖遞修本 十行廿二字白口細黑口左右雙邊
一一〇一

存三十四卷 四十四至五十五、七十三至七十五、八十至八十五、八十五至九十五、一百一至一百五
一一〇一

唐書二百二十五卷 宋歐陽修、宋祁等撰 釋音二十五
卷 宋董衝撰 元大德九年建康路儒學刻明成化嘉靖遞修本 十行廿二字白口四周雙邊
一一〇二

唐書二百二十五卷 宋歐陽修、宋祁等撰 釋音二十五
卷 宋董衝撰 元大德九年建康路儒學刻明成化嘉靖萬曆南京國子監遞修本 十行廿二字白口四周雙邊
一一〇三

唐書二百二十五卷 宋歐陽修、宋祁等撰 釋音二十五
卷 宋董衝撰 元大德九年建康路儒學刻明成化嘉靖萬曆遞修本 十行廿二字白口四周雙邊或左右雙邊
一一〇四

唐書二百二十五卷 宋歐陽修、宋祁等撰 釋音二十五
卷 宋董衝撰 元大德九年建康路儒學刻明成化嘉靖南京國子監遞修本 十行廿二字四周雙邊或黑口四周雙邊有刻工
存二百二十九卷 十四至十八、二十至一百二十五、一百五十一至二百一十五、釋音一至二十五
一一〇五

唐書二百二十五卷 宋歐陽修、宋祁等撰 釋音二十五
卷 宋董衝撰 元大德九年建康路儒學刻明嘉靖遞修本 十行廿二字細黑口四周雙邊 左一
一一〇六

六四

唐書二百二十五卷 宋歐陽修、宋祁等撰 釋音二十五
卷 宋董衝撰 明萬曆二十二年北京國子監刻本 清求山跋 十行廿一字白口左右雙邊
存一百一卷 一至七十一、一百九十五至二百二十二
一一〇七

唐書二百二十五卷 宋歐陽修、宋祁等撰 明汲古閣刻本 十行廿二字白口左右雙邊
存六十卷 一至六十
一一〇八

唐書二百二十五卷 宋歐陽修、宋祁等撰 明崇禎二年毛氏汲古閣刻本 清何焯校 嚴蔚批並跋
存二百十九卷 一至一百五十、一百五十八至二百二十五
一一〇九

唐書二百二十五卷 宋歐陽修、宋祁等撰 明崇禎二年毛氏汲古閣刻本 清江允中題識批校
一一一〇

唐書二百二十五卷 宋歐陽修、宋祁等撰 明崇禎二年毛氏汲古閣刻本 清王闓運批點
一一一一

唐書二百二十五卷 宋歐陽修、宋祁等撰 明崇禎二年毛氏汲古閣刻本 清佚名校
一一一二

新唐書糾繆二十卷 宋吳縝撰 明影宋抄本
一一一三

新唐書糾繆二十卷 宋吳縝撰 清影宋抄本
存十五卷 一至六、十二至二十
一一一四

新唐書糾繆二十卷 宋吳縝撰 明趙開美刻本 九行十八字白口四周單邊
一一一五

一一一六 新唐書糾繆二十卷 宋吳縝撰 明趙開美刻本 吳騫校 九行十八字白口四周單邊

一一一七 新唐書糾繆二十卷 宋吳縝撰 明趙開美刻本 傅增湘跋並錄清吳翌鳳、盧文弨、錢同書批校題識 九行十八字白口四周單邊

一一一八 新唐書糾繆二十卷 宋吳縝撰 清乾隆三十四年抄本 清邵晉涵校 李文藻跋

一一一九 新唐書糾繆二十卷 宋吳縝撰 清抄本 清周嘉猷校並錄邵晉涵跋 沫煙題跋

一一二〇 新唐書糾繆二十卷 宋吳縝撰 清袁氏貞節堂抄本

存三卷 一至三

一一二一 新唐書糾繆二十卷 宋吳縝撰 清錢大昕校 清抄本

一一二二 唐書詮要一卷 清林汝春撰 稿本 清林汝春跋

一一二三 舊五代史一百五十卷目錄二卷 宋薛居正等撰 清邵晉涵等輯 清乾隆翰林院抄本

一一二四 舊五代史一百五十卷目錄二卷 宋薛居正等撰 清邵晉涵等輯 清乾隆四十七年抄本

一一二五 舊五代史一百五十卷目錄二卷 宋薛居正等撰 清邵晉涵等輯 清彭氏知聖道齋抄本 清彭元瑞校並跋

一一二六 舊五代史一百五十卷目錄二卷 宋薛居正等撰 清邵晉涵等輯 清盧氏抱經樓抄本 繆荃孫校

一一二七 舊五代史一百五十卷目錄二卷 宋薛居正等撰 清邵晉涵等輯 清抄本

一一二八 五代史補五卷 宋陶岳撰 五代史闕文一卷 宋王禹偁撰 明末毛氏汲古閣刻本

一一二九 舊五代史考異五卷 清邵晉涵撰 清南海小滄對抄本

一一三〇 舊五代史考異五卷 清邵晉涵撰 清抄本（卷一錄吳騫抄配）吳大寺校

一一三一 五代史記七十四卷 宋歐陽修撰 徐無黨注 宋慶元刻本（卷九至十一配明抄本、卷六十一至七十配明抄本，配宋紹元刻本及另一明刻本） 十行十八字小字雙行二十二字白口左右雙邊

一一三二 五代史記七十四卷 宋歐陽修撰 徐無黨注 宋慶元刻元明遞修本 十行十八字小字雙行二十一至二十三字黑口左右雙邊

一一三三 五代史記七十四卷 宋歐陽修撰 徐無黨注 宋慶元刻元明遞修本 十行十八字白口左右雙邊

存三十八卷 十五至二十八、五十一至五十八、六十四至七十四

一一三四 五代史記七十四卷 宋歐陽修撰 徐無黨注 宋慶元刻元明遞修本 十行十八字白口左右雙邊

存五十七卷 一至四十一、五十九至七十四

六五

一一三五 五代史記七十四卷 宋歐陽修撰 徐無黨注 宋慶元刻元明遞修本 十行十八字小字雙行二十一字白口左右雙邊有刻工

存十八卷 一至八、五十八至六十二、六十八至七十三

一一三六 五代史記七十四卷 宋歐陽修撰 徐無黨注 宋慶元刻元明遞修本 清丁丙跋 十行十八字小字雙行二十字白口或小黑口、大黑口左右雙邊或四周雙邊有刻工

一一三七 五代史記七十四卷 宋歐陽修撰 徐無黨注 宋刻本 十二行廿二字白口左右雙邊

存十四卷 一至十四

一一三八 五代史記七十四卷 宋歐陽修撰 徐無黨注 宋刻元修本 十二行廿二字細黑口左右雙邊版心有刻工

存六卷 四十三至四十五、四十八至五十

一一三九 五代史記七十四卷 宋歐陽修撰 徐無黨注 元宗文書院刻明修本 十行廿二字細黑口左右雙邊

一一四〇 五代史記七十四卷 宋歐陽修撰 徐無黨注 元宗文書院刻明修本（卷五至九、六十七至七十四抄配） 十行廿二字細黑口四周或左右雙邊

一一四一 五代史記七十四卷 宋歐陽修撰 徐無黨注 元宗文書院刻明修本（卷八有抄配） 十行廿二字小黑口左右雙邊有刻工

一一四二 五代史記七十四卷 宋歐陽修撰 徐無黨注 元宗文書院刻明嘉靖南京國子監修本 十行二十二字白口左右雙邊

一一四三 五代史記七十四卷 宋歐陽修撰 徐無黨注 元宗文書院刻明嘉靖南京國子監修本 十行二十二字白口左右雙邊或黑口

一一四四 五代史記七十四卷 宋歐陽修撰 徐無黨注 元宗文書院刻明修本（卷一、二、三、六、七、九、二十六至二十九、四十八至五十一、五十六、五十七、五十九至六十一配清抄本） 十行二十二字小字雙行同黑口或白口雙黑魚尾版心不一左右雙邊

存七十一卷 一至七十一

一一四五 五代史記七十四卷 宋歐陽修撰 徐無黨注 元宗文書院刻明修本 十行廿二字白口左右雙邊

存六十四卷 一至十七、廿七至六十七、六十九至七十四

一一四六 五代史記七十四卷 宋歐陽修撰 徐無黨注 元宗文書院刻本 十行廿二字細黑口左右雙邊

存二十五卷 九至十六、廿一至廿四、四十、五十至五十四、五十七至六十三

一一四七 五代史記七十四卷 宋歐陽修撰 徐無黨注 元宗文書院刻明修本 十行二十二字小字雙行二十二、三字不等白口或黑口左右雙邊有刻工

存八卷 六十七至七十四

一一四八 五代史記七十四卷 宋歐陽修撰 徐無黨注 元宗文書院刻明嘉靖修本（有抄配） 十行二十二字小字雙行同白口左右雙邊間有四周單邊單黑魚尾

六六

一一四九　五代史記七十四卷　宋歐陽修撰　徐無黨注　元宗文書院刻明嘉靖修本　十行二十二字小字雙行同白口左右雙邊

一一五〇　五代史記七十四卷　宋歐陽修撰　徐無黨注　元宗文書院刻明嘉靖九、十年南宋國子監修補本（卷一至十二抄補）　十行廿二字小字雙行同白口四周單邊單花

一一五一　五代史記七十四卷　宋歐陽修撰　徐無黨注　元宗文書院刻明嘉靖九、十年南宋國子監修補本　十行廿二字小字雙行同白口黑口均有左右雙邊
存六十四卷　[illegible]

一一五二　五代史記七十四卷　宋歐陽修撰　徐無黨注　元宗文書院刻明嘉靖修本　十行二十二字小字雙行字同白口四周雙邊

一一五三　五代史記七十四卷　宋歐陽修撰　徐無黨注　元宗文書院刻明嘉靖修本　十行二十二字白口左右雙邊

一一五四　五代史記七十四卷　宋歐陽修撰　徐無黨注　元宗文書院刻明嘉靖修本　十行二十二字白口左右雙邊或四周單邊　有刻工

一一五四　五代史記七十四卷　宋歐陽修撰　徐無黨注　元宗文書院刻明嘉靖南京國子監修本　清丁丙跋　十行廿二字小字雙行廿六白口左右雙邊有刻工

一一五五　五代史記七十四卷　宋歐陽修撰　徐無黨注　明嘉靖汪文盛等刻本　十二行二十二字小字雙行廿二十七字白口四周單邊

一一五六　五代史記七十四卷　宋歐陽修撰　徐無黨注　明嘉靖汪文盛等刻本　清休寧汪校　鄭晉跋　十二行二十二字白口四周單邊

一一五七　五代史記七十四卷　宋歐陽修撰　徐無黨注　明嘉靖汪文盛等刻本　清朱彝尊跋　清何焯批注題識　十二行廿二字小字雙行廿五字白口四周單邊

一一五八　五代史記七十四卷　宋歐陽修撰　徐無黨注　明嘉靖汪文盛等刻本　清周星詒跋　十二行二十二字小字雙行二十六字白口四周單邊

一一五九　五代史記七十四卷　宋歐陽修撰　徐無黨注　明嘉靖汪文盛等刻本　鄧邦述跋　十二行廿二字白口四周單邊

一一六〇　五代史記七十四卷　宋歐陽修撰　徐無黨注　明萬曆四年南京國子監刻本　清何焯校並跋題記　十行二十一字白口四周雙邊或單邊花口有刻工

一一六一　五代史記七十四卷　宋歐陽修撰　徐無黨注　明萬曆四年南京國子監刻本　清休全祖望校並錄嚴本考證　十行廿一字細黑口四周雙邊

一一六二　五代史記七十四卷　宋歐陽修撰　徐無黨注　明汲古閣藏刻本　十行廿一字白口上魚尾左右雙邊

一一六三　五代史記七十四卷　宋歐陽修撰　徐無黨注　明汲古閣藏刻本　清鄭晉批校　十行二十一字小字雙行同白口左右雙邊

一一六四　五代史七十四卷　宋歐陽修撰　徐無黨注　明萬曆二十八年北京國子監刻本　清傅山批　十行二十一字白口左右雙邊

一一六五　五代史七十四卷　宋歐陽修撰　徐無黨注　明萬曆二十八年北京國子監刻本　清惠棟錄沈嚴錄何焯批注　十行二十一字小字雙行同白口左右雙邊

一一六六　五代史七十四卷　宋歐陽修撰　徐無黨注　明崇禎三年毛氏汲古閣刻本　清姚世鈺過錄何焯校　高鈐跋　十二行二十五字白口左右雙邊單魚尾

一一六七　五代史七十四卷　宋歐陽修撰　徐無黨注　明崇禎三年毛氏汲古閣刻本　清田蘭芳批　十二行二十五字白口左右雙邊單魚尾

一一六八　五代史七十四卷　宋歐陽修撰　徐無黨注　明崇禎三年毛氏汲古閣刻本　清潘耒批並題識　十二行二十五字上下單邊左右雙邊

一一六九　五代史七十四卷　宋歐陽修撰　徐無黨注　明崇禎三年毛氏汲古閣刻本　清程嵩明題識並錄清何焯批校　周映錄清方苞藩學、吳汝綸批校　十二行廿五字小字二十八字白口左右雙邊

一一七〇　五代史七十四卷　宋歐陽修撰　徐無黨注　明崇禎三年毛氏汲古閣刻本　清莫友芝批校　十一行廿五字小字雙行白口左右雙邊

一一七一　五代史七十四卷　宋歐陽修撰　徐無黨注　明崇禎三年毛氏汲古閣刻本　清翁同龢英友芝題跋　吳慈培校　十二行廿五字白口左右雙邊半魚尾

一一七二　五代史七十四卷　宋歐陽修撰　徐無黨注　明崇禎三年毛氏汲古閣刻本　清劉履芬校並跋

一一七三　五代史七十四卷　宋歐陽修撰　徐無黨注　明崇禎三年毛氏汲古閣刻本　清[illegible]批校　十二行廿五字白口左右雙邊單魚尾

一一七四　五代史七十四卷　宋歐陽修撰　徐無黨注　明崇禎三年毛氏汲古閣刻本　[illegible]

一一七五　五代史七十四卷　宋歐陽修撰　徐無黨注　明崇禎三年毛氏汲古閣刻本　[illegible]　十二行廿五字小字雙行同白口左右雙邊上下單邊

一一七六　五代史七十四卷　宋歐陽修撰　徐無黨注　明崇禎三年毛氏汲古閣刻本　清何焯批校題識　錢世錫過錄　十二行廿五字白口左右雙邊

一一七七　五代史記七十四卷　宋歐陽修撰　徐無黨注　明抄本

一一七八　五代史七十四卷　宋歐陽修撰　徐無黨注　明馮舒校　明刻本　清

一一七九　五代史七十四卷　宋歐陽修撰　徐無黨注　清汲古閣重修本　明馮夢禎校　清何焯批校　二十行二十字白口左右雙邊

一一八〇　五代史七十四卷　宋歐陽修撰　徐無黨注　清光緒二十九年同文書局石印二十四史本　翁嘗增湘校並跋

一一八一　五代史七十四卷　宋歐陽修撰　徐無黨注　清光緒元年成都書局刻二十四史本　傅增湘校並跋

一一八二　五代史纂不分卷　明抄本

一一八三　五代史記纂誤三卷　宋吳縝撰　清唐仲冕抄本
存三卷　卷缺

一一八四 五代史記纂誤補四卷 清吳蘭庭撰 清乾隆四十八年刻本

一一八五 五代史記纂誤補四卷附錄一卷 清吳蘭庭撰 清道光吳廷培抄本

一一八六 五代史記注補七十四卷 清徐炯撰 清述鄭齋抄本

一一八七 五代史志疑四卷 清楊陸榮撰 清康熙五十九年刻本

一一八八 五代史吳越世家疑辯一卷 明馬孟臣撰 明嘉靖三十九年錢德洪刻本 十行二十字白口左右雙邊

一一八九 五代史吳越世家疑辯一卷 明馬孟臣撰 清錢嶽棠重訂 陳貞亭禪寄筆譚誣辯一卷 吳越改元疑辯一卷 明錢兆元撰 清錢嶽棠重訂 增訂吳越備史雜考附刻一卷 明錢任峰撰 清錢汝霖訂 清乾隆十一年刻本

一一九〇 補五代史藝文志一卷 清顧櫰三撰 清刻本

一一九一 南唐書三十卷 宋馬令撰 清抄本 清張蓉鏡跋 方若蘅過錄 黃丕烈跋 十一行二十一字白口四周雙邊 有刻工

一一九二 南唐書三十卷 宋馬令撰 明嘉靖二十年姚咨茶夢齋抄本 明姚咨跋

一一九三 南唐書三十卷 宋馬令撰 明嘉靖二十九年顧汝達刻本 十行二十字小字雙行同白口左右雙邊

一一九四 南唐書三十卷 宋馬令撰 明嘉靖二十九年顧汝達刻本 明梁???跋 十行二十字白口左右雙邊

一一九五 南唐書三十卷 宋馬令撰 明嘉靖二十九年顧汝達刻本 清丁丙跋 十行二十字白口左右雙邊

一一九六 南唐書三十卷 宋馬令撰 明嘉靖二十九年顧汝達刻本 鄧邦述跋 十行二十字白口左右雙邊

一一九七 南唐書三十卷 宋馬令撰 攷異一卷 清湯運泰撰 清嘉慶十八年湯氏刻本

一一九八 南唐書十八卷 宋陸游撰 音釋一卷 元戚光撰 明嘉靖四十三年錢穀抄本 明錢穀跋

一一九九 南唐書十八卷 宋陸游撰 音釋一卷 元戚光撰 明上海顧氏抄本 清口少菴跋

一二〇〇 南唐書十八卷 宋陸游撰 音釋一卷 元戚光撰 明天啟三年崑山刻本 九行十八字白口左右雙邊

一二〇一 南唐書十八卷 宋陸游撰 明末毛氏汲古閣刻陸放翁全集本 清陸貽典、黃丕烈校並跋 馮武抄補 顧廣圻校

一二〇二 南唐書十八卷 宋陸游撰 明抄本

一二〇三 南唐書十八卷 宋陸游撰 音釋一卷 元戚光撰 清康熙汪國璜刻本

一二〇四 南唐書十八卷 宋陸游撰 音釋一卷 元戚光撰 清抄本 清丁丙跋

一二〇五 南唐書十八卷 宋陸游撰 清周在浚箋注 音釋一卷 元戚光撰 清乾隆吳氏拜經樓抄本 清周廣業校注並跋 吳騫校並跋 朱光遠、陳鱣跋

一二〇六 南唐書箋注十八卷 宋陸游撰 清周在浚箋注 音釋一卷 元戚光撰 清抄本

一二〇七 南唐書十八卷 宋陸游撰 清周在浚箋注 唐年世總釋一卷州軍總音釋一卷 元戚光撰 清抄本 清周廣業校 陳鱣校並跋 錄朱光遠、吳騫、周耕崖校 黃丕烈校並跋 錄朱光遠、吳騫、周耕崖校

一二〇八 唐餘紀傳十八卷 明陳霆撰 明嘉靖二十三年馮煥刻本 九行十八字上下細黑口四周雙邊黑魚尾

一二〇九 唐餘紀傳十八卷 明陳霆撰 明嘉靖二十三年馮煥刻本 清丁丙跋 九行十八字黑口四周雙邊

一二一〇 唐餘紀傳十八卷 明陳霆撰 清彭氏知聖道齋抄本 清彭元瑞校並跋 九行十八字小字雙行同白口四周雙邊

一二一一 唐餘紀傳十八卷 明陳霆撰 清抄本 清沈潤跋

一二一二 南唐書合訂二十五卷 明李清撰 清乾隆四庫全書撤出本

一二一三 南唐書合訂二十五卷 明李清撰 清乾隆四庫全書撤出本 存二十一卷 五至二十五

一二一四 宋史四百九十六卷 元脫脫等撰 元至正六年江浙等處行中書省刻本 十行二十二字細黑口四周雙邊 有刻工 存一百二十七卷 十六至二十六、四十三至四十四、五十一、五十三至五十四、六十四至七十、七十五至七十六、八十四至八十六、九十五、一百三至一百四、一百十至一百十二、一百二十一至一百二十三、一百二十六至一百三十七、一百四十七至一百五十、一百五十三至一百五十六、一百七十二至一百七十五、一百八十一至一百八十五、二百十九至二百二十、二百二十一至二百二十二、二百三十六、二百五十五至二百五十六、二百七十

一二一五 宋史四百九十六卷 元脫脫等撰 元至正六年江浙等處行中書省刻本 十行二十二字細黑口四周雙邊有刻工 存十六卷 三十三至三十四、三十五至四十、六十、七十六、八十五、一百六十六、二百五十八至二百五十九、三百五至三百六、三百三十八至三百三十九

一二一六 宋史四百九十六卷目錄三卷 元脫脫等撰 明成化十六年至十八年朱英刻本 十行二十二字白口四周雙邊有刻工

一二一七 宋史四百九十六卷目錄三卷 元脫脫等撰 明成化七年至十六年朱英刻本（目錄、一至四十六至四十七配清抄本、一百八十二至一百八十五配明抄本、一百九十配明錢穀抄本、二百十至二百十四配明嘉靖三十五年重修本、二百五十九配明錢穀抄本）明錢穀補目並跋 清潘祖蔭、丁丙跋

一二一八 宋史四百九十六卷目錄三卷 元脫脫等撰 明成化七年至十六年朱英刻嘉靖南京國子監修補本 十行二十字四周雙邊有刻工

宋史四百九十六卷目錄三卷 元脫脫等撰 明成化七年至十六年朱英刻嘉靖、萬曆南京國子監遞修本 十行二十二字上下黑口四周雙邊或單邊 一二一九

宋史四百九十六卷目錄三卷 元脫脫等撰 明成化七年至十六年朱英刻嘉靖、萬曆南京國子監遞修本 清錢謙益抄補并跋 十行廿二字黑口白口四周雙邊 一二二〇

宋史四百九十六卷目錄三卷 元脫脫等撰 明成化七年至十六年朱英刻嘉靖、萬曆、崇禎南京國子監遞修本 十行二十二字白口四周雙邊 一二二一

宋史四百九十六卷目錄三卷 元脫脫等撰 明成化七年至十六年朱英刻明清遞修本 十行二十二字上細黑口下白口四周雙邊 一二二二

宋史四百九十六卷 元脫脫等撰 明萬曆二十七年北京國子監刻本 清傅增湘校 十行二十一字白口左右雙邊
存三百七十卷 一至五十五、一百七至一百五十七、二百至二百十八、二百五十一至三百八十八、三百六十六至三百四十四、四百八十五至四百八十二、四百九十至四百九十六 一二二三

宋史四百九十六卷目錄三卷 元脫脫等撰 明成化七年至十六年朱英刻明清遞修本 清李文藻批校 十行二十二字黑口四周雙邊或[illegible] 一二二四

宋史道學傳四卷 元脫脫等撰 清抄本 十一行廿一字上下[illegible] 一二二五

東都事略一百三十卷 宋王偁撰 明抄本 一二二六

東都事略一百三十卷 宋王偁撰 明抄本
存七十六卷 [illegible] 一二二七

東都事略一百三十卷 宋王偁撰 明抄本
存十二卷 六十五至八十六 一二二八

東都事略一百三十卷 宋王偁撰 明抄本
存十一卷 七十四至八十四 一二二九

東都事略一百三十卷 宋王偁撰 [illegible]刻本 清[illegible]跋 一二三〇

東都事略一百三十卷 宋王偁撰 清初[illegible]抄本 一二三一

東都事略一百三十卷 宋王偁撰 清初[illegible]抄本
存一百十七卷 十四至一百三十 一二三二

東都事略一百三十卷 宋王偁撰 清抄本 清翁同龢跋 一二三三

東都事略一百三十卷 宋王偁撰 清抄本 清[illegible]校并跋
存一百二十七卷 一至三、七至一百三十 一二三四

東都事略校識一卷 清孫[illegible]撰 稿本 一二三五

七一

史質一百卷舊宋史目錄一卷 明王洙撰 明嘉靖刻本 十一行廿一字白口四周單邊 一二三六

史質一百卷舊宋史目錄一卷 明王洙撰 明嘉靖刻本 清丁丙跋 十一行二十一字白口四周單邊有刻工 一二三七

史質一百卷舊宋史目錄一卷 明王洙撰 明抄本
存七十二卷 一至九、十七至三十二、四十至八十二、八十四至八十七 一二三八

宋史新編二百卷 明柯維騏撰 明嘉靖刻本 十行二十一字白口四周單邊有刻工 一二三九

宋史新編二百卷 明柯維騏撰 明嘉靖刻本 清丁丙跋 十行廿一字白口四周單邊有刻工 一二四〇

宋史新編二百卷 明柯維騏撰 明嘉靖四十三年刻本 十行廿一字白口四周單邊有刻工 一二四一

南宋書六十卷 明錢士升撰 清抄本 清李文藻校并跋 一二四二

宋史記二百五十卷 明王惟儉撰 清初抄本
原缺列傳一百三十六至一百五十九卷 一二四三

宋史記二百五十卷 明王惟儉撰 清初抄本 清謝浦泰校
存三十一卷 一至五、十六至二十、五十三至五十六、六十至六十二、七十至七十五、七十九至八十一、八十五至八十八、九十二至九十四 一二四四

宋史記二百五十卷 明王惟儉撰 清抄本 清[illegible]校并跋 一二四五

宋史記二百五十卷 明王惟儉撰 清抄本 一二四六

宋史記二百五十卷 明王惟儉撰 清抄本 一二四七

宋史列傳補遺稿五十六卷 清[illegible]撰 清抄本 一二四八

宋天文志十五卷步天歌一卷 清抄本 一二四九

西夏書口卷 清周春撰 清抄本
存十卷 五至七、九至十、文一、列傳一至四 一二五〇

遼史一百十六卷 元脫脫等撰 明初刻本 十行廿二字黑口左右雙邊 一二五一

遼史一百十六卷 元脫脫等撰 明初刻遞修本 十行廿二字黑口左右雙邊有刻工 一二五二

遼史一百十六卷 元脫脫等撰 明嘉靖八年南京國子監刻萬曆四年重修本 清厲鶚校注 李[illegible]跋 十行二十二字黑口左右雙邊 一二五三

遼史一百十六卷 元脫脫等撰 明嘉靖八年南京國子監刻本 清宋[illegible]跋 十行二十二字白口左右雙邊 一二五四

遼史一百十五卷 元脫脫等撰 明嘉靖八年南京國子監刻明清遞修本 清[illegible]批校 十行二十二字白口四周雙邊 一二五五

遼史一百十五卷 元脫脫等撰 清內府抄本（二十四史[illegible]底本、道光四年武英殿校[illegible]） 一二五六

遼史一百十五卷 元脫脫等撰 清道光四年武英殿刻本 一二五七

七二

1258 遼史拾遺二十四卷 清厲鶚撰 清抄本 四庫底本
存十九卷 一至五、十一至二十四

1259 遼史拾遺二十四卷 清厲鶚撰 清王鉁書屋抄本

1260 遼史拾遺續三卷 清楊復吉撰 稿本 清汪曰楨、丁丙跋

1261 遼史拾遺二十四卷 清厲鶚撰 遼史拾遺續三卷 清楊復吉輯 清沈復粲鳴野山房抄本

1262 遼史拾遺二十四卷 清厲鶚撰 遼史拾遺續三卷 清楊復吉輯 清抄本

1263 遼史拾遺二十四卷 清厲鶚撰 遼史紀年表一卷西遼紀年表一卷 清汪遠孫輯 清道光元年至二年汪氏振綺堂刻本

1264 欽定遼史語解十卷 清乾隆內府抄本

1265 遼史氏姓錄不分卷 清[illegible]撰 稿本

1266 遼史氏姓錄二卷 清[illegible]撰 稿本

1267 金史一百三十五卷目錄二卷 元脫脫等撰 元至正五年江浙等處行中書省刻本 十行廿二字細黑口四周雙邊有刻工
存五十四卷 目錄卷上、一至二、四至十、十六至十九、二十五、二十七、三十五至三十六、四十四至四十六、五十一至五十九、七十一至七十四、八十一、八十八至九十、一百一至一百十、一百十二至一百十四、一百二十一至一百二十九、一百三十一、一百三十四至一百三十五

1268 金史一百三十五卷目錄二卷 元脫脫等撰 元至正五年江浙等處行中書省刻本 十行廿二字細黑口四周雙邊有刻工
存四十三卷 目錄上、一至三、五至二十九、三十三至五十一、五十三、五十五、七十八、八十七至九十、九十八至一百一、一百五、一百十一至一百十二

1269 金史一百三十五卷 元脫脫等撰 元至正五年江浙等處行中書省刻本 十行廿二字細黑口四周雙邊或左右雙邊有刻工
存一卷 二十六

1270 金史一百三十五卷 元脫脫等撰 元至正五年江浙等處行中書省刻本 十行廿二字細黑口四周雙邊有刻工
存零葉二卷 六十七至六十八

1271 金史一百三十五卷目錄二卷 元脫脫等撰 元至正五年江浙等處行中書省刻本 十行廿二字細黑口四周雙邊有刻工
存四卷 三十一至三十六、七十六至七十七

1272 金史一百三十五卷目錄二卷 元脫脫等撰 明初刻本 十行廿二字細黑口或白口左右雙邊有刻工

1273 金史一百三十五卷目錄二卷 元脫脫等撰 明初刻遞修本 十行二十二字黑口四周雙邊（校實甚多）

1274 金史一百三十五卷 元脫脫等撰 清內府抄本
存一百十五卷 一至四、六至二十、二十二至三十八、五十二至五十六、五十八至七十四、七十八至九十四、九十七至一百十八、一百二十一至一百二十四、一百三十五

1274 金史一百三十五卷 元脫脫等撰 道光四年武英殿校刊殿版二十四史修補底本 欽定金國語解一卷 清內府抄本
存七十卷 一至七十

1275 欽定金史國語解十二卷 清乾隆內府抄本

1276 金史補口口卷 清杭世駿撰 稿本
存四卷 藝文志一、氏族志一、列傳六十三至六十四

1277 金史補不分卷 清杭世駿撰 清抄本

1278 金史補不分卷 清杭世駿撰 清抄本 清丁丙跋

1279 金史補闕四十卷 清杭世駿撰 清抄本

1280 金源劄記二卷序例一卷又札一卷史論五答一卷吉貝居暇唱一卷 清施國祁撰 清嘉慶十七年、二十一年施氏吉貝居刻本

1281 金源劄記二卷序例一卷 清施國祁撰 清嘉慶十七年施氏吉貝居刻本

1282 遼大臣年表一卷金將相大臣年表一卷 清抄本

1283 金史補藝文志不分卷 清[illegible]撰 稿本

1284 金史氏姓錄不分卷 清[illegible]撰 稿本

1285 金史氏姓錄五卷 清[illegible]撰 手稿本

1286 金史藝文略六卷 孫德謙撰 稿本

1287 元史二百十卷目錄二卷 明宋濂等撰 明洪武三年內府刻本 十行二十字黑口四周雙邊有刻工

1287 元史二百十卷目錄二卷 明宋濂等撰 明洪武三年內府刻嘉靖九年、十年南京國子監遞修本 十行二十字黑口四周雙邊有刻工

1288 元史二百十卷目錄二卷 明宋濂等撰 明洪武三年內府刻嘉靖萬曆南京國子監遞修本 十行二十字黑口四周雙邊有刻工

1289 元史二百十卷目錄二卷 明宋濂等撰 明萬曆三十年北京國子監刻本 清毛扆校並跋 十行二十一字白口左右雙邊

一二九〇 元史二百十卷目錄二卷 明宋濂等撰 清內府抄本（道光四年武英殿校刊殿版二十四史修訂底本）

一二九一 元史五卷 明宋濂等撰

一二九二 欽定元史語解二十四卷 清乾隆內府抄本

一二九三 欽定元史國語解二十四卷 清乾隆內府抄本 存十一卷〔一至四、六至十二〕

一二九四 元史通釋二百十卷附錄不分卷 清馬寶銓撰 稿本 存一百十三卷及附錄〔一至十八、五十八至六十三、一百六至一百八、一百十四至二百十、附錄〕

一二九五 元史通釋二百十卷 清馬寶銓撰 稿本 存一百十一卷〔一至二十二、九十至一百七、一百十、一百十二、一百十四至〕

一二九六 元史本證五十卷 清汪輝祖撰 清嘉慶七年自刻本

一二九七 元史譯文證補三十卷附元經世大典地圖一卷 清洪鈞撰 稿本 [illegible]題識 存三卷〔一、二十六、二十七〕

一二九八 補元史藝文志四卷 清張[illegible]撰 清吳氏拜經樓抄本 清吳騫校

一二九九 元史地名考不分卷 清李文田撰 稿本

一三〇〇 元史地名攷不分卷 清李文田撰 稿本 冒廣生跋

一三〇一 元史地名考五卷 清李文田撰 清光緒二十四年胡玉縉抄本

一三〇二 元史地名考三卷目錄一卷 清抄本

一三〇三 元史土地名不分卷 清抄本

一三〇四 元史氏姓錄四卷 清張[illegible]撰 稿本

一三〇五 元史新編不分卷 清魏源撰 清抄本 清王先謙批校

一三〇六 元史新編校勘記不分卷 清魏源撰 清內府抄本

一三〇七 續弘簡錄元史類編四十二卷 清邵遠平撰 清康熙三十八年[illegible]堂刻本

一三〇八 元史類編四十二卷 清邵遠平撰 清乾隆六十年席氏掃葉山房刻本 清[illegible]批校並跋 清劉履芬抄補並跋

一三〇九 元史稿七十六卷 清[illegible]撰 [illegible]校訂 清抄本 清[illegible]跋 存四卷〔一至四〕

一三一〇 皇朝本紀一卷 明抄本

一三一一 明成祖本紀一卷 清[illegible]氏[illegible]館抄本

一三一二 皇明書四十五卷 明鄧元錫撰 明萬曆三十四年刻本 十行二十字白口左右雙邊有刻工

一三一三 皇明史竊一百五卷 明尹守衡撰 明崇禎刻本

七五

一三一四 名山藏一百九卷 明何喬遠撰 明崇禎曾櫻等福建刻本 十行二十字白口四周單邊

典謨記二十九卷
繼體記一卷
天因記一卷
輿地記二卷 本全（以下卷數墨丁未刻）
樂律記未刻
漕運記一卷
坤則記三卷
分藩記五卷
天啟記二卷（以上共四十五卷[illegible]）
刑法記一卷
錢法記一卷
開聖記二卷
勳封記二卷
典禮記未刻
河漕記一卷
兵制記一卷
鹽法記一卷
[illegible]記一卷
[illegible]記一卷
臣林雜記四卷
本土記一卷
[illegible]記一卷
王享記五卷
馬政記一卷
臣林記二十六卷
儒林記二卷
宦者記一卷
宦者雜記一卷
本行記二卷
方技記一卷
茶馬記一卷
[illegible]林外記一卷
文苑記一卷
烈女記二卷
高道記一卷
藝妙記一卷
方外記二卷

一三一五 明史本紀二十六卷 清熊賜履撰 稿本

一三一六 明史職官志底本二卷 清黃百家撰 清抄本

一三一七 敕修明史三百三十二卷目錄四卷 清張廷玉等撰 清進呈文本 存九卷〔二百六十九至二百七十一、二百八十三至二百八十五、二百八十九至二百九十一〕

一三一八 明史三百三十二卷目錄四卷 清張廷玉等撰 清文淵閣四庫全書本 存五卷：九至十三

一三一九 明史本紀二十四卷 清張廷玉等撰 清乾隆四十二年武英殿刻本

一三二〇 明史考證攟逸初稿不分卷 清王頌蔚撰 稿本

一三二一 諸史拾遺五卷 清錢大昕撰 清[illegible]刻本 清李[illegible]跋

一三二二 二十四史月日考□□□卷 清汪日楨撰 稿本 存一百十六卷〔史記五卷、漢書六卷、後漢書四卷、三國志三卷、晉書七卷、宋書七卷、南齊書五卷、

七六

梁書五卷、陳書二卷、魏書十卷、北齊書二卷、周書二卷、隋書三卷、南史六卷、北史九卷、舊唐書二十五卷、新唐書二十卷。

一三二三 二十四史月日考二百三十九卷推策小識三十六卷 清汪曰楨撰 稿本
存一百二十三卷 史記五卷、漢書六卷、後漢書四卷、續漢書二卷、三國志三卷、晉書七卷、舊五代史十二卷（存八卷：一至八）、五代史記六卷、宋史七十卷（存六十卷：一至五、十一至二十、二十七至七十）、遼史二十卷（存十五卷：一至十五）、金史十二卷（存六卷：四至九）、元史三卷。

一三二四 皇明副書九十九卷續一卷 明吳士奇撰 清抄本

一三二五 皇明副書九十九卷續一卷 明吳士奇撰 清抄本 清李濱跋

一三二六 識大錄不分卷 明劉振撰 清抄本

一三二七 石匱書□□卷 清張岱撰 稿本
存二百八卷 一至十一、二十四至二百十四、續一至六

一三二八 石匱書二百二十一卷 清張岱撰 清抄本
存二百七卷 四至五十一、三十五至七十二、七十五至一百六十三、一百七十一至二百二十一

一三二九 石匱書後集六十三卷 清張岱撰 清抄本

一三三〇 石匱書後集六十三卷 清張岱撰 清劉氏天民樓抄本

七七

一三三一 明史抄略不分卷 清莊廷鑨撰 清呂無黨抄本 清朱彝尊、宋犖跋

一三三二 明史抄不分卷 清抄本 清張宗祥跋

一三三三 明書一百七十一卷 清傅維鱗撰 清康熙三十四年本誠堂刻本

一三三四 明書一百七十一卷 清傅維鱗撰 清抄本 王頌蔚跋
存一百六十五卷 一至一百六十四、一百六十八至一百七十一

一三三五 潛菴先生擬明史稿二十卷 清湯斌撰 清康熙刻本 [illegible]

一三三六 南疆逸史四十四卷 清溫睿臨撰 清抄本

一三三七 南疆逸史四十四卷 清溫睿臨撰 清抄本

一三三八 南疆逸史二十卷 清溫睿臨撰 清抄本

一三三九 南疆逸史二十卷 清溫睿臨撰 清抄本

一三四〇 南疆逸史二十卷 清溫睿臨撰 清抄本

一三[illegible]〇 南疆逸史二十八卷 清溫睿臨撰 清抄本

一三四一 南疆逸史二十八卷 清溫睿臨撰 清抄本

一三四二 南疆逸史紀略二十八卷 題清溫睿臨撰 清抄本

一三四三 南疆逸史五十六卷 清溫睿臨撰 跋一卷 清楊鳳苞撰 清傅氏長恩閣抄本 清傅以禮跋

一三四四 南疆逸史五十六卷 清溫睿臨撰 清傅氏長恩閣抄本（卷二十至二十五、五十五至五十六配民國抄本） 葉景葵跋

一三四五 南疆逸史五十六卷 清溫睿臨撰 清抄本

一三四六 南疆逸史跋不分卷 清楊鳳苞撰 清抄本 清傅以禮批校

一三四七 南天痕二十六卷 題清西亭凌雪撰 清抄本 清董沛題識 陳勛跋

一三四八 明史四百十六卷目錄三卷 清萬斯同撰 清抄本

一三四九 明史紀傳三百十三卷 清萬斯同撰 清抄本（卷十七下至十九、二百九十二至三百五、三百八至三百九據[illegible]抄補）
存三百九卷 一至三百九

一三五〇 明史列傳稿二百六十七卷 清萬斯同撰 清抄本 清鄒音泌校 [illegible]跋

一三五一 明史□□卷 清抄本
存：列傳一百七十七

一三五二 明史列傳擬稿不分卷 清方象瑛撰 稿本

一三五三 明史稿不分卷 稿本

一三五四 擬明史傳不分卷 清姜宸英撰 清吳氏八願[illegible]抄本

七八

一三五五 史館稿傳三十篇一卷 清朱彝尊撰 稿本 清馮登府跋

一三五六 明史擬稿一卷 清[illegible]撰 稿本

一三五七 明史列傳藁二百八卷目錄三卷 清王鴻緒撰 刻本 清[illegible]

一三五八 明史列傳藁一百六十二卷 清王鴻緒撰 清敬慎堂抄本

一三五九 明史藁三百十卷目錄三卷 清王鴻緒撰 清[illegible]敬慎堂刻本 清姚[illegible]批並錄[illegible]批

一三六〇 明史志三十六卷 [illegible]撰 [illegible]刻本

一三六一 清太祖本紀二卷 清抄本

一三六二 大清太宗文皇帝本紀□卷 清初抄本
存一卷 五

一三六三 大清太宗文皇帝本紀四卷世祖章皇帝本紀八卷聖祖仁皇帝本紀二十四卷世宗憲皇帝本紀八卷 清抄本

一三六四 大清聖祖仁皇帝本紀□卷大清世宗憲皇帝本紀□卷 清內府抄本
存三卷 聖祖本紀十九至二十一、世宗本紀五

1365 大清世宗憲皇帝本紀八卷 清抄本

1366 大清穆宗毅皇帝本紀五十四卷 清內府抄本

1367 大清德宗景皇帝本紀不分卷 清益鈺、錢駿祥等纂修 稿本

1368 清史文苑傳稿不分卷 清[illegible]、繆荃孫撰 稿本

1369 國史館列傳稿不分卷 清國史館抄本

1370 國史列傳不分卷 清抄本
存：儒林傳、文苑傳、循吏傳

1371 清史列傳□□□卷 清抄本
存一百十七卷 二至一百十八

1372 欽定國史大臣列傳□□卷 清國史館抄本
存十卷 一百二十九至一百二十八、一百四十五至一百四十八、一百五十七至一百五十八

1373 欽定國史循吏傳四卷 清光緒國史館抄本

1374 欽定國史大臣列傳不分卷 不著撰人 清抄本
存四卷 八十五至八十八

1375 欽定國史大臣列傳□□□ 清內府抄本
存四卷 一百一至一百四

1376 欽定國史大臣列傳□□卷 清內府抄本
存四卷 一百九至一百十二

1377 欽定國史忠義傳四十八卷 清內府抄本

1378 國史循吏傳二卷 清內府抄本

1379 欽定國史貳臣表傳甲編四卷 清國史館纂修 清乾隆內府抄本

1380 欽定國史貳臣表傳二十卷 清國史館纂修 清乾隆抄本

1381 欽定國史貳臣表傳二十卷 清國史館纂修 清抄本

1382 欽定國史貳臣表傳二十卷逆臣傳四卷 清國史館纂修 清嘉慶二十二年馬秉榮抄本 清陳以僖校並跋

1383 國史館纖檔不分卷 清[illegible]心存撰 稿本

1384 貳臣傳十二卷 稿本
存十卷 一、三至十一

收藏情況表

書名編號		藏書單位						
史 紀傳類	1	0150	1201○	1605○	1606○	2001		
	2	0141						
	3	2301						
	4	0101						
	5	0142	0181	0201	0501	0901	0903	1501
		1544	1581	1701	1801	1802	1901	2201
		2401	2701	2702				
	6	0161						
	7	1802						
	8	0101	0501	1301	1843	2001	2047	2401
		2501	2702					
	9	1601	1641					
	10	0201	0501	0520	1501	1581	1701	2201
		2381	2543					
	11	1601						
	12	0101	0141	0181	0182○	0501	0641	0701
		0801	2401	2704	2201○			
	13	0181						
	14	0101						
	15	0242	0861	1801				
	16	0161						
	17	0101						
	18	2843						
	19	0163						
	20	0161	0201	0241	0841	0842	0861	1604
		1901	2201	2441	2541	2901		
	21	0101						
	22	1646	2201○					
	23	0501						
	24	0141						
	25	0201						
	26	0101						
	27	0101						
	28	0101						
	29	2745						
	30	0101						
	31	0201						
	32	0101						
史 紀傳類	33	0101						
	34	2441						
	35	0101						
	36	0201						
	37	0101						
	38	1601						
	39	0201						
	40	0181						
	41	0101						
	42	1601						
	43	0141	0142	0144	0161	0163	0301	0701
		0803	0843	1301	1741	1801	1901	2201
		2301	2342	2481	2504	2542	2561	2702
		2713						
	44	0101						
	45	0101						
	46	0201						
	47	0241						
	48	0101						
	49	0201						
	50	0101						
	51	0101						
	52	0101						
	53	0182						
	54	0101						
	55	0101						
	56	0101						
	57	0101						
	58	0101						
	59	1705						
	60	0141						
	61	0101						
	62	0101						
	63	0101						
	64	0101						
	65	0101						
	66	0101						
	67	0201						
	68	0101						

書名編號	藏書單位						
史 紀傳類 69	0101						
70	0182						
71	0201						
72	2702						
73	0101						
74	0101						
75	0201						
76	0101						
77	0301	1741					
78	0101						
79	0141	0198	1701	1901③	2401		
80	1501						
81	0101						
82	0201						
83	0101						
84	0101						
85	0141						
86	1081						
87	0101	0201					
88	0101	0141②	0164	0182	0201	0243	0261
	0803	0901	1001	1081	1501	1601	1631
	1701	1843	2304	2701			
89	1601						
90	2702						
91	0101	0144	0161	0163	0173	0182	0197
	0198	0201	0301	0402	0641	0661	0841
	0842	1001	1081	1107	1501	1582	1601
	1615	1681	1684	1701	1705①	2041	2047
	2401	2701	2702				
92	0201						
93	0241						
94	0144						
95	1601						
96	0591						
97	0101	0144	0163	0301	0342	0441	1601
	2543						
98	0161	0701	1705①				
99	0101	0141	0144	0201	0441	0591	0801
	1041	1081	1441	1601	2741		

書名編號	藏書單位						
史 紀傳類 100	1901						
101	0801						
102	1628						
103	2401						
104	0201						
105	2541						
106	0101	0842					
107	0198	0201	0243	1081	1651	1701	
108	0301						
109	1601						
110	2401						
111	0163						
112	0801						
113	1628						
114	2001						
115	0841						
116	0201						
117	0198						
118	0201						
119	0501						
120	0101						
121	0150	0181	2701	2702			
122	1501						
123	0142	0150	0161	0520	0701	0903	1081
	1144	1182	1301	1605	1606	1910	2201
	2342	2645					
124	0201						
125	0161	0181	0201	0242	0243	0841	0842
	1101	1501	1601	1604	1628	1701	1702
	1801	2043	2401	2543	2842		
126	0201						
127	1701	1801	1901	2541	2701		
128	0101	0141	0161	0201	0241	0291	0701⑧
	1501	1581	1741	2001①	2201	2541	2701
	2702						
129	1601						
130	1101	1201	1653	1701	1705	2001	2012
131	0141	0142	0144	0145	0161	0168	0193
	0197	0198	0201	0242	0341	0842	0843

表二

書名編號	藏書單位						
史 紀傳類	0642	0703	0741	0801	0841	0903	0908
	0942	0981	1001	1062	1101	1141	1182
	1341	1501	1510	1542	1601	1605	1611
	1616	1619	1622	1646	1701	1702	1741
	1787	1801	1881	2202	2241	2302	2343
	2381	2401	2501	2541	2602	2701	2702
	2706	2741	2941				
132	0291						
133	1612						
134	0201						
135	0201						
136	0101						
137	0201						
138	0301						
139	0101	0103	0163	0165	0181	0182	0201
	0701	1615	2702	2843	2881		
140	0661	1042	1641	2001	2662		
141	0201	1642	1843	2501			
142	0201						
143	0133	0701	0841	0846	1801	2201	2702
144	0141	0142	0165	1604	1618	2013	2402
	2445	2481					
145	1701	2201	2702	2750			
146	2401						
147	1501						
148	1501						
149	0103	0141	0143	0144	0171	0182	0181
	0198	0301	0402	0441	0701	0741	0801
	1601	1681	2401	2445	2542	2701	2313
150	0201	0242	0701	0803	0901	1534①	1541
	1701	1705					
151	0144	0701	0841	0842	1605	1801	2701
152	0163	0201	0520	1701	2301	2501	2701
153	0201						
154	0142						
155	0161						
156	0242	0301	0402	1701	1705	1710	1741
	2201	2707②					
157	0142	0144	0242	0341	1012	1501	1502

書名編號	藏書單位						
史 紀傳類	1541	1542	1586	1601	1604	1619	1626
	1628	1701	1710	1722	1801	1808	2081
	2201	2202	2401	2441	2461	2541	2702
158	0201						
159	1501						
160	0842						
161	0142	0841	1441	1619			
162	0201						
163	0142	0161	0181	0192	0842	1705	1802
	2741						
164	1615						
165	1601						
166	0341						
167	0142	0143	2001	2320			
168	0161	0163	0201	0801			
169	0201						
170	0163	1001	2041	2702			
171	0161						
172	0142						
173①	0241						
173②	0161						
174	1701						
175	0801						
176	0201						
177	0201						
178	0101						
179	0101	2001					
180①	0101						
180②	0101						
181	0101						
182	0201						
183	0201						
184	0201						
185	0101						
186	0101						
187	1501						
188	1501						
189	0181						
190	0201						

表三

書名編號	藏書單位						
史 紀傳類 191	1701						
192	0201						
193	0241						
194	2742						
195	0201						
196	0101						
197	0101						
198	0101						
199	0141						
200	0142						
201	0142						
202	0161						
203	0171						
204	0301						
205	0341						
206	1104						
207	1541						
208	1901						
209	2701						
210	0101						
211	0101						
212	2702						
213	0101	0144	0163	0164⊙	0175⊙	0182	0191⊙
	0201	0241	0242⊙	0502	0591⊙	0701⊙	0781
	0801	1343⊙	1501	1581⊙	1601	1701	1702⊙
	1705⊙	1843	2201⊙	2561	2702⊙	2741	2842⊙
	2843						
214	1601						
215	0181						
216	0201						
217	0101	0143	0144	0161	0201	0291	0801
	1001	1501	1542	1586	1617	1801	2401
	2702						
218	0201						
219	0101	1701	2301				
220	1501						
221	0161	0192	0341	0701	1741	2001	2003
	2041	2043	2501	2543	2703	2750	
222	0102	0144	0201	0241	0542	0801	0942

表四

書名編號	藏書單位						
史 紀傳類	1007	1101	1501	1606	1701	2201	2301
	2745	2750	2843				
223	0150	0163	0201	0301	0501	1941	2501⊙
224	0136	0147	0181	1101	1141	2201	2301
	2601						
225	0101						
226	1032						
227	0141	0142	0143	0144	0146	0161	0163
	0164	0182	0193	0198	0201	0241	0341
	0520	0701	0703	0741	0801	0841	0842
	1001	1042	1301	1541	1601	1801	1881
	1941	2001	2501	2541	2702	2750	2701
228	1642						
229	0101	0150	0191	1301	1601	2201⊙	2382⊙
	2901						
230	0121	0143	0145	0161	0301	0241	0741
	0801	0861	1022	1041	1541	1615	1701
	1881	1901	2201	2481	2501	2603	2742
	2752						
231	0142	0145	0150	0191	0242	0301	0582
	0601	0842	1082	1627	1641	2001	2002
	2047	2281	2341	2702	2745	2843	
232	0201	0301	1501	2401	2561		
233	0101	0131	0142	0143	0144	0145	0163
	0164	0182	0193	0201	0242	0301	0341
	0520	0803	0842	1082	1301	1501	1601
	1605	1641	1642	1705	1801	1881	1941
	2002	2301	2401	2603	2745	2750	2941
234	0101	0102	0143	0144	0145	0150	0161
	0164	0191	0241	0291	0801	0841	0842
	1022	1641	1141	1541	1615	1701	1881
	2041	2201	2341	2541	2761	2752	
235	0143	0191	0201	0301	0842	1461	1601
	1401	2302	2401	2702			
236	0141	0146	0301	1642	1629	2042	2541
	2561	2901					
237	0102	0941	1501	1701	2541		
238	0101						
239	0141						

書名編號	藏書單位						
史 紀傳類 240	0101						
241	0101						
242	0201						
243	1601						
244	0101						
245	0201						
246	0703						
247	0101						
248	0101						
249	0102						
250	0201						
251	0201						
252	2401						
253	0101⊙	0201					
254	0102	0141	0142	0143	0145	0150	0163
	0201	0291	0301	0341	0501	0701	0741
	0842	1461	1501	1601	1605	1705	1711
	1943	2401	2501	2701			
255	1601						
256	0141	0143	0161	0182	0841	0861	2541
257	0144	0150	0201	0901	1601	1701	2242
	2542						
258	0241						
259	0101						
260	0241						
261	0201						
262	2001						
263	0301						
264	0101						
265	2301						
266	0198						
267	0101						
268	0101						
269	0198						
270	0144	0168	0198	0201	0291	0341	0641
	0741	0946	2001	2301	2302	2302	2303
271	0181						
272	0101						
273	0201						

表五

書名編號	藏書單位						
史 紀傳類 274	1641						
275	0101						
276	0101	0182	0197	0201	0241⊙	0341	0501
	0782	0841	0842	1501	1601	1701	2206
	2401	2701	2741				
277	0101	0801	0842	0861	1628	1704	2401
278	0201						
279	0141						
280	0143						
281	0101						
282	0101						
283	0101						
284	0101						
285	0141						
286	0101						
287	1601						
288	0101						
289	0101						
290	2901						
291	0101						
292	0201						
293	1702						
294	0101						
295	0101						
296	0182						
297	0201						
298	1741						
299	2702						
300	0101						
301	1601						
302	0301						
303	0101						
304	0101						
305	0101						
306	0201						
307	0201						
308	0291						
309	1201						
310	1581						

書名編號		藏書單位						
史 紀傳類	311	2441						
	312	1613						
	313	1705						
	314	0242						
	315	0201						
	316	0101	0144	0161	0801	1601		
	317	0201						
	318	2041						
	319	0141	0143	0168	0201	0301	0591	1601
		1701	1712	2301	2581			
	320	0101						
	321	0201						
	322	1601						
	323	1601						
	324	0101	0141	0201	1341	1601	1705	2701
	325	1581						
	326	0201						
	327	0101	0141	0145	0198	0301	1641	2001
	328	1681						
	329	1601						
	330	0242						
	331	0201						
	332	1646						
	333	0201						
	334	0201						
	335	0241						
	336	0341						
	337	0101						
	338	0201						
	339	2745						
	340	1601						
	341	0201						
	342	0181						
	343	2341						
	344	0101						
	345	0201						
	346	0201						
	347	1646						
	348	0101						

書名編號		藏書單位						
史 紀傳類	349	0101						
	350	0242						
	351	0197						
	352	1720						
	353	1601						
	354	0201						
	355	2441						
	356	2401						
	357	2301						
	358	0141	0143	0182	0201	0501	0703	0841
		1001	1101	1544	1601	1704	1705	1801
		1904	2304⊙	2320	2441	2541		
	369	0201						
	360	0181	0201	0701	0841	0901	1441	1701
		1801	2046	2541	2704			
	361	0201						
	362	0301						
	363	2001						
	364	2001						
	365	1601						
	366	0201						
	367	0241						
	368①	0102						
	368②	2301						
	369	0241						
	370	0101						
	371	1601						
	372	0101	0102	0141	0143	0146	0165	0182
		0201	0502	0801	0803	1101	1341	1342
		1501	1516	1522	1541	1544	1601	1606
		1618	1627	1628	1641	1646	1668	1702
		1741	1801	1803	1881	1882	1981	2001
		2201	2206	2241	2242	2501	2581	2602
		2701	2702	2704	2842	2901	2941	2944
	373	2301						
	374	0144						
	375	0144						
	376	0144						
	377	1701						

表六

書名編號		藏書單位						
史 紀傳類	378	1605						
	379	0201						
	380	0141	0142	0150	0188	0241	0242	0502
		0520	0542	0642	0741	0842	1688	1701
		1705	1711	1741	1901	2001	2641	
	381	0201						
	382	0141	0703	0842	1701			
	383	0301	0342	0520	0942	1461		
	384	0145⊙	0242	0803	1541	1601	1604	1705
		1715						
	385	0142	0242	0705	0842	1501	1542	1622
		1901	1981	2301				
	386	0161						
	387	1601						
	288	0161						
	389	1601						
	390	0141	0291	0842	1741	2201	2401	2441
	391	1606	1903					
	392	0141	0143	0144	0201	0301	0842	1501
		1516⊙	1601	1606	1615	1701	2301	2401
		2543	2704					
	393	0301						
	394	0161	0301	0342	0571	0842	1501	1503
		1646						
	395	0201						
	396	0141	0241	0201	2301			
	397	0201						
	398	0201						
	399	2001						
	400①	0201						
	400②	0201						
	401	0141						
	402	2301						
	403	2441						
	404	2401						
	405	1601						
	406	2341						
	407	2541						
	408	0101						

書名編號		藏書單位						
史 紀傳類	409	0241						
	410	0201						
	411	2301						
	412	1641						
	413	0201						
	414	2501						
	415	0201						
	416	0201						
	417	0101						
	418	0101						
	419	1581						
	420	2301						
	421	0101	2301					
	422	1601						
	423	1601						
	424	0201						
	425	1601						
	426	2301						
	427	0841						
	428	2301						
	429	0101						
	430	1541						
	431	0101						
	432	0101						
	433	0101						
	434	0141	0143	0144	0150	0161	0164	0181
		0198	0201	0242	0291	0342	0701	0861
		1042	1501	1541	1544	1542	1601	1606
		1615	1617	1649	1741	2001	2042	2201
		2301	2401	2542	2702	2707	2742	2801
	435	0101	0141	0301	1641	1741	1901	1981
		2301	2401	2441	2542			
	436	0201						
	437	1601						
	438	0141	0144	0145	0161	0181	0197	0201
		0241	0301	0841	0842	1501	1502	1628
		1701	2281	2301	2461	2543	2702	2281
	439	0102	0703	1606	2314⊙			
	440	0102	0144	0145	0201	0801⊙	0842	1061⊙

表七

書名編號		藏書单位
史 紀傳類		1741
	441	0101 0201 0801 0803 0842 1501 1704
		2304 2401 2702
	442	0101
	443	0101
	444	0101
	445	0101
	446	0101
	447	0101
	448	0101
	449	1581
	450	0201
	451	0201
	452	0101
	453	0101
	454	0201
	455	0141
	456	0101
	457	0101
	458	0101
	459	0101
	460	0301
	461	0101
	462	0101
	463	0101
	464	0701
	465	0201
	466	0801
	467①	1501
	467②	0101
	468	0141
	469	0101 0161 0801 1741
	470	0201
	471	1601
	472	0101 0143 0198 0201 0301 1601① 2001
	473	0101 0141 0198 0201 1001 1701 2401
	474	0201
	475	0101
	476	0142

書名編號		藏書单位
史 紀傳類	477	1601
	478	0161 0201 0301 0841 0842 1101 2001
		2702
	479	0141① 0701 0801 1501 2201
	480	0201
	481	0591
	482	0144
	483	0101
	484	0143 1616 1701 1801 2341 2702 4041
	485	0201
	486	2301
	487	0341
	488	1601
	489	0101
	490	1646
	491	0201
	492	1601
	493	0101
	494	0201
	495	0241
	496	1801
	497	2341
	498	1704
	499	1701
	500	0161
	501	1601
	502	2441
	503	1605
	504	1301
	505	0145
	506	2401
	507	1601
	508	2001
	509	0201
	510①	0201
	510②	2001
	511	2301
	512	0101
	513	1601

表八

書名編號		藏書单位
史 紀傳類	514	0182 0201 1541 1705 2201 2401
	515	0142 0144 0181 0201 0520 0661 0701
		0705 0803 0841 0842 0901 1705 1711
		1715 1881 2342 2541 2702
	516	0201
	517	0242
	518	1542
	519	0150② 0161 0201 0291 0701① 0801 1301
		1901② 2701 2702
	520	1646 2201
	521	1701
	522	0141 0142 0144 0161 1501 1601 1701
		1741
	523	0161 2702②
	524	1501
	525	0661
	526	0141
	527	0542 2301
	528	0101
	529	0101
	530	0101
	531	0101
	532	0201
	533	2341
	534	0101
	535	2301
	536	0201
	537	0161
	538	0181
	539	0201
	540	0101
	541	0101
	542	0101 0141 2301 2401
	543	0101
	544	1901
	545	2301
	546	0842
	547	0101
	548	0591

書名編號		藏書单位
史 紀傳類	549	2401
	550	0101
	551	0101
	552	1704
	553	0101
	554	0101
	555	2301
	556	0101
	557	1601
	558	0101
	559	1601
	560	1601
	561	0201
	562	0201
	563①	0101
	563②	0842
	564	0101
	565	0101
	566	0101
	567	0101
	568	0101
	569	0101
	570	1801
	571	0201
	572	1705
	573	1101
	574	0201
	575	0141
	576	0201
	577	0201
	578	1601
	579	0101
	580	2701
	581	2702
	582	0701
	583	2401
	584	1705
	585	1501
	586	1501

表九

表一〇

書名編號	藏書單位						
史 紀傳類 587	1501						
588	0801						
589	0591						
590	1601						
591	0101						
592	0201						
593	0201						
594	0101						
595	0201						
596	0101						
597	0201						
598	1646						
599	0101						
600	2001						
601	0101						
602	0201						
603	0201						
604	1601						
605	0201						
606	0201	0242	0591	1601	2401	2701	
607	0801						
608	1601						
609	0101						
610	0198						
611	0301						
612	0101						
613	1601						
614	1042						
615	0101						
616	2401						
617	1607						
618	1605						
619	0101						
620	1601						
621	2441						
622	0101						
623	0201						
624	0201						
625	0101						

書名編號	藏書單位						
史 紀傳類 626	2501						
627	1701						
628	0101						
629	2301						
630	1710						
631	0101						
632	0201						
633	0241						
634	0101						
635	0341						
636	0101						
637	0141	0144	0201	0841	0861	1741	2205
:	2301	2401	2504	2561	2702		
638	2401						
639	0193	0301					
640	0101						
641	0101						
642	0101						
643	2301						
644	1601						
645	1601	1701	2301				
647	0101						
648	0101						
649	0201						
650	0101						
651	0201						
652	0141						
653	1601						
654	0101						
655	2401						
656	0201						
657	0101						
658	1712						
659	[illegible]						
660	0101						
661	0201						
662	0101						
663	0102	0143	0201	0241	0701	0841	2001

表一一

書名編號	藏書單位						
史 紀傳類	2601	2641	2701				
664	0101	0242	1501				
665	0101						
666	1601						
667	1701						
668	0101						
669	0101						
670	0101	0102	0141	0143	0145	0201	0242
	0441	0861	1042	1461	1501	1541	1601
	1603	1605	1606	1641	1701	1801	1881①
	2301	2341	2401	2501	2561	2701	2702②
	2745						
671	0101	0143	0161	0182	0201	0301	0520
	0701	0703	0842	0861	1101	1141	2205
	2401	2542	2701③				
672	1601						
673	0145						
674	0201						
675	0101						
676	0101						
677	0842						
678	0201						
679①	0301						
679②	0101						
680	2441						
681	0201						
682	0241						
683	0101						
684	0101						
685	1601						
686	0101						
687	0141						
688	0281						
689	0201						
690	1615						
691	0201						
692	1701						
693	1705						
694	1705						

書名編號	藏書單位						
史 紀傳類 695	2042						
696	0201						
697	0201						
698	0701						
699	0591						
700	0101						
701	2941						
702	0201						
703	0141						
704	0142						
705	0701						
706	0701						
707	1581						
708	1705						
709	1606						
710	2401						
711	0241						
712	0101						
713	0201						
714	0141						
715	0142						
716	0701						
717	0701						
718	[illegible]						
719	[illegible]						
720	2701						
721	601						
722	0181	0701	0801	1501	1522①	2201	
723	0101	0164	0301	0341	0701	1582	1601
	2702						
724	0801	1615	1801				
725	0591						
726	1607						
727	0141	0161	0181	0182	0201	0591	0701
	1601	1701	2541				
728	0101						
729	0701						
730	2401						
731	1705	1741	1801	2302	2541		

表一二

書名編號		藏書單位
史 紀傳類	732	0201
	733	0161 1501 1541
	734	0142 0161 0701 2745 2941
	735	0142 0144 0150 0161 0164 0701 1501 1541 1705 2702
	736	0201
	737	0201
	738	0101
	739	0101
	740	2001
	741	1702
	742	0201
	743	0101
	744	0101
	745	2301
	746	0101
	747	0143 0144 0241 2201 2461
	748	0141 0145 0161 0181 0201 0941 1542 1688 1801 1881 2281 2301
	749	0142 0201 0291 0520 0701
	750	0101
	751	0144
	752	0282
	753	0101
	754	0141
	755	0101
	756	1601
	757	0182
	758	0101
	759	0101
	760	0201
	761	0101
	762	0141
	763	0201
	764	0242
	765	0701
	766	1601
	767	0801
	768	0181

書名編號		藏書單位
史 紀傳類	769	0701
	770	0701
	771	0703
	772	1542
	773	1701
	774	2206
	775	2209
	776	2341
	777	2702
	778	0342
	779	1601
	780	0101
	781	0591
	782	0101
	783	2441
	784	1601
	785	0101
	786	0101
	787	0101
	788	0101
	789	1641
	790	1601
	791	0201
	792	0182
	793	1681
	794	1701
	795	2341
	796	2401
	797	2702
	798	2701
	799	0801
	800	2901
	801	1705
	802	2203
	803	2209
	804	0701
	805	0101
	806	0591
	807	0201

表一三

書名編號		藏書單位
史 紀傳類	808	0101
	809	0101
	810	0101
	811	0201
	812	0201
	813	0242
	814	0241
	815	1701
	816	1705
	817	2341
	818	1601
	819	0101
	820	0591
	821	2441
	822	0101
	823	2701
	824	0101
	825	0801
	826	0101
	827	0101
	828	0101
	829	0141
	830	0201
	831	0241
	832	0301
	833	1601
	834	1681
	835	2209
	836	2341
	837	2401
	838	1705
	839	1843
	840	0101
	841	2401
	842	0591
	843	0201
	844	0101
	845	0101
	846	1641

書名編號		藏書單位
史 紀傳類	847	0201
	848	0201
	849	2701
	850	0801
	851	0101(殘)
	852	0101
	853	0101
	854	0101
	855	0101
	856	0101
	857	0101
	858	0141
	859	0141
	860	0301
	861	0542
	862	0703
	863	0703
	864	1101
	865	1582
	866	1601
	867	1612
	868	1701
	869	1705
	870	1705
	871	2006
	872	2209
	873	2341
	874	2342
	875	2401
	876	2901
	877	0201
	878	0101
	879	2441
	880	0101
	881	0101
	882	0101
	883	0141
	884	0143
	885	0197

書名編號	藏書單位
史 紀傳類 886	0201
887	0701
888	0801
889	1506
890	1601
891	1681
892	1701
893	1705
894	2203
895	2302
896	2341
897	2741
898	2901
899	1601
900	0201
901	0201
902	0201
903	0101
904	0101
905	0201
906	0101
907	0141
908	0201
909	0241
910	0242
911	0801
912	1101
913	1601
914	2341
915	2901
916	2401
917	0701
918	0703
919	2701
920	1705
921	0101
922	0301
923	0101
924	1601

書名編號	藏書單位
史 紀傳類 925	0591
926	0101
927①	2481
927②	0201
928	0101
929	0201
930	0101
931	0101
932	
933	1604
934	1601
935	0101
936	0101
937	1601
938	0141
939	0241
940	0501
941	1501 1587
942	1701
943	1705
944	2341
945	2702
946	2742
947	0101
948	0201
949	0144
950	2901
951	2342
952	0201
953	0101
954	0201
955	1705
956	1801
957	0101
958	0201
959	0141
960	0161
961	0101
962	0161

表一四

書名編號	藏書單位
史 紀傳類 963	0591
964	2341
965	0101
966	2702
967	2301
968	2301
969	0101
970	0701
971	0101
972	0101
973	0141
974	0161
975	0141
978	0144
979	0201
980	0341
981	0701
982	0703
983	1001
984	1601
985	1604
986	0801
987	2203
988	2341
989	2355
990	1101
991	2701
992	0101
993	1601
994	1701
995	0101
996	0201
997	0701
998	1601
999	0201
1000	0101
1001	0101
1002	0201
1003	2441

書名編號	藏書單位
史 紀傳類 1004	0101
1005	0301 0701 0801 1606 1618 2304 2703 2704
1006	0201
1007	1501
1008	0201
1009	1601
1010	0101
1011	0101
1012	1601
1013	0101
1014	0101
1015	0141
1016	0150
1017	0341
1018	0701
1019	0842
1020	1701
1021	0801
1022	1601
1023	1601
1024	1629
1025	2341
1026	2702
1027	0701
1028	1591
1029	1705
1030	0141
1031	0101 0201 1581① 1701② 2701③
1032	0591
1033	0201
1034	0201
1035	0101
1036	0101
1037	0201
1038	2441
1039	0181
1040	0181
1041	0201

表一五

書名編號		藏書單位
史 紀傳類	1042	1601
	1043	0141 0501 2301
	1044	0141
	1045	1601
	1046	0101
	1047	0101
	1048	0101
	1049	0101 0141 0142 0150 0181 0164 0182 0193 0201 0261 0301 0801 0805 0841 1441 1501 1529 1601 1641 1681 1701 1741 2001 2401 2702 2941
	1050	2101
	1051	1702
	1052	0101
	1053	1601
	1054	0145
	1055	0201
	1056	2401
	1057	2401
	1058	0143
	1059	1541
	1060	1601
	1061	0201
	1062	0101
	1063	0341
	1064	0101
	1065	0101
	1066	1601
	1067	0101
	1068	0101
	1069	0101
	1070	0201
	1071	0201
	1072	1601
	1073	0842
	1074	2101
	1075	0141
	1076	0161
	1077	3201

表一六

書名編號		藏書單位
史 紀傳類	1078	0141
	1079	0141
	1080	2702
	1081	1705
	1082	1628
	1083	1601
	1084	0201
	1085	0143
	1086	0101
	1087	0101
	1088	0201
	1089	0201
	1090	0201
	1091	0201
	1092	0502
	1093	0701
	1094	1601
	1095	1501
	1096	0141
	1097	0143
	1098	0201
	1099	0801
	1100	1506
	1101	1701
	1102	2341
	1103	0801
	1104	1901
	1105	2201
	1106	0701① 0301② 1522③
	1107	0591
	1108	0101
	1109	1601
	1110	2401
	1111	2441
	1112	0101
	1113	0101
	1114	0101
	1115	0201 0701 2747
	1116	1843

書名編號		藏書單位
史 紀傳類	1117	0101
	1118	1521
	1119	1601
	1120	0201
	1121	0201
	1122	2001
	1123	1901
	1124	0101
	1125	0201
	1126	0101
	1127	0341
	1128	0142 0161 1501 1901 2451 2504
	1129	0101
	1130	0241
	1131	0101
	1132	1705
	1133	0101
	1134	0241
	1135	1701
	1136	1601
	1137	0101
	1138	0141
	1139	0101
	1140	0201
	1141	1541
	1142	0201
	1143	0201
	1144	0701
	1145	1705
	1146	0101
	1147	0198
	1148	0141
	1149	0301
	1150	0701
	1151	0701
	1152	1701
	1153	1881
	1154(1)	2703
	1154(2)	1601

表一七

書名編號		藏書單位
史 紀傳類	1155	0101 0142 0144 0145 0163 0182 0201 0301 0591 0841 1501 1601 2702
	1156	0301
	1157	0101
	1158	0101
	1159	0201
	1160	0301
	1161	0101
	1162	2301
	1163	0144
	1164	0591
	1165	
	1166	0201
	1167	0201
	1168	0145
	1169	0181
	1170	2541
	1171	0201
	1172	0101
	1173	0301
	1174	1701
	1175	0145
	1176	0101
	1177	0101
	1178	0201 0343 1537 1628 1901 2702 2742
	1179	1605
	1180	0101
	1181	0101
	1182	2541
	1183	0801
	1184	2301
	1185	2701
	1186	0101
	1187	1601
	1188	0141
	1189	2301
	1190	0101
	1191	0101
	1192	0101

表一八

書名編號		藏書單位						
史紀傳類	1193	0101	0141	0142	0144	0146	0161	0163
		0201	0242	0301	0801	0841	1101	1601
		2701						
	1194	1601						
	1195	1601						
	1196	0101						
	1197	0301						
	1198	0101						
	1199	0201						
	1200	1501	1742					
	1201	0101						
	1202	0101						
	1203	0201						
	1204	1601						
	1205	0101						
	1206	0101						
	1207	0201						
	1208	0102	0141	0201	0701			
	1209	1601						
	1210	0101						
	1211	0201						
	1212	0181						
	1213	0181						
	1214	0101						
	1215	0101						
	1216	0101	0143	0144	0241	1501	1581	1705
		2702						
	1217	1601						
	1218	0141	0301	1741	2341			
	1219	0201	0601	0701	0703	0801	0903	
	1220	0101						
	1221	0291						
	1222	0301	1688	2001	2201	2541	2701	
	1223	0591						
	1224	1581						
	1225	0101	0201					
	1226	0150						
	1227	0201						
	1228	0101						

書名編號		藏書單位						
史紀傳類	1229	0101						
	1230	0101						
	1231	0101						
	1232	2301						
	1233	0101						
	1234	0201						
	1235	0201						
	1236	0101	0701					
	1237	1601						
	1238	2201						
	1239	0101	0141	0145	0161	0241	0242	0701
		0703	1041	1601	1641	1701	1705	2006
		2301	2381	2702	2750	2901		
	1240	1601						
	1241	0161	0201	1601	1605	2001		
	1242	0201						
	1243	0150						
	1244	1601						
	1245	0101						
	1246	0141						
	1247	0161						
	1248	0403						
	1249	1601						
	1250	0101						
	1251	0101	0201	0591	1601			
	1252	0101	2701					
	1253	0101						
	1254	0241						
	1255	2541						
	1256	0181						
	1257	0181						
	1258	0101						
	1259	1601						
	1260	1601						
	1261	0241	1701					
	1262	0101						
	1263	0101	2301					
	1264	0181						
	1265	1281						

表一九

書名編號		藏書單位						
史紀傳類	1266	1281						
	1267	0101						
	1268	0101						
	1269	0101						
	1270	0101						
	1271	0101						
	1272	0101	1581	1705				
	1273	0101	0141	0541	1581	1605		
	1274①	0101						
	1274②	0181						
	1275	0151						
	1276	0101						
	1277	2541						
	1278	1601						
	1279	0144						
	1280	0101						
	1281	0101						
	1282	0101						
	1283	0201						
	1284	1081						
	1285	1081						
	1286	0201						
	1287①	0101	0141	1601	1701			
	1287②	0101	0144	0201	0241	0341	0661	0801
		0841	1501	2341	2501	2701	2702	
	1288	2201	2242	1601				
	1289	0101						
	1290	0181						
	1291	0101						
	1292	0181						
	1293	0181						
	1294	0241						
	1295	0241						
	1296	0101	2301					
	1297	0201						
	1298	0201						
	1299	0101						
	1300	1613						
	1301	0241						

書名編號		藏書單位						
史紀傳類	1302	2541						
	1303	0241						
	1304	1281						
	1305	2341						
	1306	0181						
	1307	0161	0165	0192	0261	0341	0701	1301
		1701	1741	2542	2703	2750		
	1308	0101						
	1309	0101						
	1310	1601						
	1311	0101						
	1312	0141	0291	0341	1601	1641		
	1313	0101	0161	1641	1705			
	1314	0141	0144	0150	0164	0201	0242	0291
		0341	0520	0842	1242	1601	1701	2041
		2042	2201	2301	2401	2701	2941	
	1315	0201						
	1316	0201						
	1317	0591						
	1318	2501						
	1319	0181	2302					
	1320	0201						
	1321	0101						
	1322	0101						
	1323	0201						
	1324	0201						
	1325	0201						
	1326	0101						
	1327	1601						
	1328	0201						
	1329	1601						
	1330	0201						
	1331	0101						
	1332	0101						
	1333	0142	0182	0201	0291			
	1334	0201						
	1335	0146	0701	0741	2941			
	1336	0101						
	1337	0101						

書名編號		藏書單位				
史記傳類	1338	0101				
	1339	0101				
	1340⑴	2541				
	1340⑵	0201				
	1341	2301				
	1342	0141				
	1343	0101				
	1344	0201				
	1345	1601				
	1346	1701				
	1347	1701				
	1348	0101				
	1349	0101				
	1350	0241				
	1351	1601				
	1352	2301				
	1353	1705				
	1354	1601				
	1355	0201				
	1356	0201				
	1357	0141	0182	0201	2301	2843
	1358	0101				
	1359	0201				
	1360	0101				
	1361	0150				
	1362	0101				
	1363	0101				
	1364	0101				
	1365	0141				
	1366	0241				
	1367	0101				
	1368	0201				
	1369	0101				
	1370	0101				
	1371	0161				
	1372	0181				
	1373	0181				
	1374	0301				
	1375	7461				

表二〇

書名編號		藏書單位
史記傳類	1376	1641
	1377	1506
	1378	0101
	1379	0181
	1380	0198
	1381	1601
	1382	1601
	1383	0101
	1384	0701

編年類

通代

一 汲冢紀年存真二卷周年表一卷 清朱右曾撰 清歸硯齋刻本
二 竹書紀年二卷 題梁沈約注 明萬曆何允中刻廣漢魏叢書本 清盧文弨校 丁丙跋 九行二十字白口左右雙邊
三 竹書紀年二卷 題梁沈約注 明萬曆何允中刻廣漢魏叢書本 清吳育校 王大隆跋 七行二十字白口左右雙邊
四 竹書紀年不分卷 題梁沈約注 明天啟七年謝恆抄本 清馮舒校並跋
五 竹書紀年不分卷 題梁沈約注 明清謹軒抄本
六 竹書紀年二卷 題梁沈約注 清刻本 清丁晏錄洪頤煊校
七 考定竹書十三卷 清孫之騄撰 清雍正刻本
八 竹書紀年統箋十二卷前編一卷雜述一卷 清徐文靖撰 清乾隆十五年刻本
九 竹書紀年辨證四卷 清韓怡撰 清嘉慶十二年木存堂刻本
一〇 竹書紀年集成四十五卷集說一卷 清陳逢衡撰 稿本
一一 竹書紀年集證五十卷首一卷 清陳逢衡撰 清嘉慶十八年刻本
一二 竹書紀年六國年表一卷 清林春溥撰 稿本
一三 竹書紀年義證四十卷 清雷學淇撰 清抄本
一四 亦囂囂齋考訂竹書紀年十三卷 清雷學淇撰 清雷氏亦囂囂齋刻本
一五 竹書紀年校補二卷原委一卷 清趙紹祖撰 清道光趙氏古墨齋刻本
一六 竹書紀年略考□□卷 清抄本 存十卷 二至十一
一七 元經薛氏傳十卷 唐薛收撰 宋阮逸注 明刻本 十二行二十二字白口四周雙邊 有刻工
一八 通曆十五卷 唐馬總撰 宋孫光憲續 清抄本
一九 通曆十五卷 唐馬總撰 宋孫光憲續 清抄本
二〇 通曆十五卷 唐馬總撰 宋孫光憲續 清抄本 清李璋煜跋
二一 通曆十五卷 唐馬總撰 宋孫光憲續 清抄本 清丁丙跋
二二 通曆十五卷 唐馬總撰 宋孫光憲續 清袁氏卧雪廬抄本 存十二卷 四至十五
二三 重新校正集注附音資治通鑑外紀四卷 宋劉恕撰 元刻本 十三行二十四字細黑口左右雙邊
二四 重新校正集注附音資治通鑑外紀四卷 宋劉恕撰 清光緒十九年高氏辨蟫居影元抄本

二五 重新校正入註附音通鑑外紀四卷 宋劉恕撰 明初刻本 半頁十四行行二十一字小字雙行字數同細黑口雙順黑魚尾四周雙邊
二六 資治通鑑外紀十卷目錄五卷 宋劉恕撰 元延祐四年刻本 十一行二十一字黑口左右雙邊 存十三卷 外紀一至十 目錄一至三
二七 資治通鑑外紀十卷目錄五卷 宋劉恕撰 明刻本 十行二十字小字雙行字數同白口四周單邊
二八 資治通鑑外紀十卷目錄五卷 宋劉恕撰 明石水書塾刻本 十行二十字小字雙行同白口左右雙邊
二九 外紀十卷目錄五卷 宋劉恕撰 明刻本
三〇 新編纂註資治通鑑外紀增義五卷 宋劉恕撰 明王逵訂正 劉剡纂題 讀通鑑法一卷資治通鑑釋例一卷 明宣德三年書林劉文壽刻本 十四行二十一字黑口四周雙邊
三一(一) 通鑑前編十八卷舉要二卷 宋金履祥撰 元刻明成化十二年南京吏部重修本 十行二十二字小字雙行同左右雙邊細黑口 存十二卷 卷二至十一、舉要卷一、二
三一(二) 通鑑前編十八卷舉要二卷 宋金履祥撰 元刻明遞修本 十行二十二字小字雙行細線黑口左右雙邊
三二 通鑑前編十八卷舉要二卷 宋金履祥撰 元刻明成化十二年南京吏部重修本 清丁丙跋 十行二十二字小字雙行行字同線黑口左右雙邊有刻工
三三 通鑑前編十八卷舉要二卷 宋金履祥撰 卷首一卷 明陳桱撰 明吳勉學刻本 十行二十字小字同白口左右雙邊
三四 通鑑前編十八卷舉要二卷 宋金履祥撰 首一卷 明陳桱撰 明吳勉學刻本 明邵承煠批 十行二十字白口左右雙邊無刻工
三五 通鑑前編十八卷舉要二卷 宋金履祥編 首一卷 明陳桱編 歷代帝王歷數圖一卷歷代輿地圖一卷古今官制沿革圖一卷 明鍾惺編 十行二十字白口左右雙邊單魚
三六 增定資治通鑑前編五卷 明陳桱撰 明吳勉學刻本 十行二十字白口左右雙邊
三七 司馬溫公經進稽古錄二十卷 宋司馬光撰 明弘治十四年楊璋刻本 十行二十一字黑口四周雙邊
三八 司馬溫公經進稽古錄二十卷 宋司馬光撰 明弘治十四年楊璋刻本 清葉萬黃丕烈跋 袁克文跋 十行二十一字黑口四周雙邊

三九　司馬溫公經進稽古錄二十卷　宋司馬光撰　明刻本　十行二十一字大黑口四周雙邊

四〇　司馬溫公經進稽古錄二十卷　宋司馬光撰　明正德二年陳瑞刻本　八行二十一字白口左右雙邊

四一　司馬溫公稽古錄二十卷　宋司馬光撰　明范氏天一閣刻本　九行十九字小字雙行行十九字白口四周單邊有刻工

四二　司馬溫公稽古錄二十卷　宋司馬光撰　明范氏天一閣刻本　清丁丙跋　九行十九字小字雙行十九字白口四周單邊有刻工

四三　司馬溫公稽古錄二十卷　宋司馬光撰　明刻本　九行行十九字小字雙行白口四周單邊

四四　司馬溫公稽古錄二十卷　宋司馬光撰　明刻本　清葉奕孫衣錢泰吉校並跋　十行十九字小字雙行白口單魚尾四周單邊

四五　司馬溫公稽古錄二十卷　宋司馬光撰　明崇禎刻本　九行十九字小字雙行十八字白口四周單邊

四六　司馬溫公稽古錄二十卷　宋司馬光撰　清刻本　清錢泰吉校並跋　莫友芝題識　吳譽謀跋

四七　司馬溫公稽古錄二十卷　宋司馬光撰　清李光暎觀妙齋刻本

四八　司馬溫公稽古錄二十卷　宋司馬光撰　清李光暎觀妙齋刻本　清佚名校　姚明圃題識

四九　司馬溫公稽古錄二十卷　宋司馬光撰　清同治六年至七年劉履芬抄本　清劉履芬跋並錄錢泰吉校跋葉萬黃丕烈題識

五〇　資治通鑑殘稿一卷　宋司馬光撰　稿本　宋任希夷趙汝述葛洪程珌趙崇龢元御貢黃溍宋文公濂宋德潤鄭元祐跋

五一　資治通鑑二百九十四卷目錄三十卷　宋司馬光撰　宋紹興三年兩浙東路茶鹽司公使庫刻本　十二行二十四字白口左右雙邊

五二　資治通鑑二百九十四卷　宋司馬光撰　宋紹興三年兩浙東路茶鹽司公使庫刻本（配其他五種宋本）　十二行二十四字白口左右雙邊

五三　資治通鑑二百九十四卷　宋司馬光撰　宋刻本　十一行十九字白口左右雙邊有刻工

存七十七卷　四至五、九至十二、十五至十七、二十四至二十九、三十九至五十九、六十五至六十五、七十六至八十一、一百四十八至一百四十九、一百五十六、[illegible]至一百七十九、二百十八、二百二十[illegible]二百四十二至二百四十[illegible]二百四十五[illegible]至二百四十七、二百五十[illegible]二百五十二至二百五十三[illegible]二百七十[illegible]二百八十四至二百八十七

五四　資治通鑑二百九十四卷　宋司馬光撰　宋刻本　十一行十九字白口左右雙邊

存一卷　二百七十

五五　資治通鑑二百九十四卷　宋司馬光撰　宋刻本

存三卷　七十四至七十五、二百一十

五六　資治通鑑二百九十四卷　宋司馬光撰　宋刻本　十一行十九字白口左右雙邊有刻工

存零葉

五七　資治通鑑二百九十四卷　宋司馬光撰　宋刻本　十一行十九字白口左右雙邊雙魚尾下有刻工

存二卷　二百三十一、二百五十二

五八　資治通鑑二百九十四卷　宋司馬光撰　宋刻本　十一行十九字白口左右雙邊

存一卷　二百一十六

五九　資治通鑑二百九十四卷　宋司馬光撰　宋刻本　十行二十字白口左右雙邊

存三葉

六〇　資治通鑑二百九十四卷　宋司馬光撰　宋刻本（卷一百三十九至一百四十、二百十四至二百十六、二百六十五至二百六十七配清抄本）　十一行二十一字白口左右雙邊有刻工

六一　資治通鑑二百九十四卷　宋司馬光撰　宋刻本　十一行二十一字白口左右雙邊

存九十四卷　四至二十四、六十七至八十七、一四一、一五九至一八五、二三五至二五七、二八八

六二　資治通鑑二百九十四卷　宋司馬光撰　宋刻本（配其他二種宋刻本）　十一行二十一字白口左右雙邊有刻工

存九十二卷　三十九至六十八、七十六至八十七、一百六至一百九、一百十一至一百十三、一百二十五至一百五十一、一百三十五至一百四十一、一百四十五[illegible]一百五十一[illegible]四、一百五十七、一百八十[illegible]一百八十九、二百[illegible]二百二十九、二百三十、二百五十八、二百四十三至二百[illegible]二百六十一、二百七十二至二百七十[illegible]

六三　資治通鑑二百九十四卷　宋司馬光撰　宋刻本　十一行二十一字細黑口左右雙邊

存十五卷　二十二至三十六

六四　資治通鑑二百九十四卷　宋司馬光撰　宋刻本（卷一至五、六十七至八十六配清抄本）　十一行二十一字白口間有細黑口左右雙邊雙魚尾

六五　資治通鑑二百九十四卷　宋司馬光撰　宋刻本　十一行二十一字白口間有細黑口左右雙邊雙魚尾

存七十四卷　四十八至六十六、八十八至一百零六、一百零八至一百十四、一百四十六至一百五十二、一百五十五至一百五十八、一百八十六至一百九十四、二百十六、二百[illegible]二百十五至二百二十六、二百三十、二百三十四、二百六十二至二百六十五[illegible]二百七十[illegible]

六六　資治通鑑二百九十四卷目錄三十卷　宋司馬光撰　元至元二十六年至二十八年魏天祐刻本　十一行十九字白口左右雙邊

存七十一卷　七至八、七十四至八十一、八十四、九十至九十二、一百十五至一百十六、一百二十、一百二十二、一百二十六至一百二十八、一百五十六至[illegible]一百四十七[illegible]一百六十至一百六十三、一百六十五[illegible]一百六十九[illegible]

百八十至一百八十一、一百八十七至一百九十七、二百[illegible]十六、二百二十五至二百二十七、二百四十至二百四十二、二百四十四、二百四十六至二百四十八、二百五十、二百五十四至二百五十五、二百六十四至二百六十六、二百七十八至二百八十、二百八十三、目錄十至十二

資治通鑑二百九十四卷 宋司馬光撰 元至元二十六年至二十八年魏天祐刻本 十一行十九字黑口左右双边 有刻工 六七
存零葉

資治通鑑二百九十四卷 宋司馬光撰 元刻本 十一行二十一字白口双魚尾左右双边 六八
存二卷 二百八十、二百八十一

資治通鑑二百九十四卷 宋司馬光撰 元刻本 十一行二十一字白口左右双边 有刻工 六九
存三卷 二百二十七、二百二十八、二百七十一

資治通鑑二百九十四卷 宋司馬光撰 明嘉靖二十三至二十四年孔天胤刻本 十行二十字白口左右双边有刻工 七〇

資治通鑑二百九十四卷 宋司馬光撰 明嘉靖二十三年至二十四年孔天胤刻本 清周星詒批點 十行二十字白口左右双边单魚尾下有刻工 七一

資治通鑑二百九十四卷 宋司馬光撰 明嘉靖二十三年至二十四年孔天胤刻本 章鈺跋 十行二十字白口左右双边 七二

資治通鑑二百九十四卷考異三十卷 宋司馬光撰 明嘉靖二十三年至二十四年孔天胤刻本 十行二十字白口左右双边有刻工 七三

資治通鑑二百九十四卷 宋司馬光撰 明嘉靖二十三年至二十四年孔天胤刻萬曆十四年蘇濬重修本 十行二十字白口左右双边有刻工 七四

資治通鑑二百九十四卷 宋司馬光撰 明嘉靖二十三年至二十四年孔天胤刻萬曆十四年蘇濬重修本 清丁丙跋 十行二十字白口左右双边有刻工 七五

資治通鑑二百九十四卷 宋司馬光撰 明嘉靖二十三年至二十四年孔天胤刻萬曆十四年蘇濬重修本 清羅以致跋 十行二十字小字双行白口左右双边有刻工 七六

資治通鑑二百九十四卷 宋司馬光撰 元胡三省音注 元刻本 清莫友芝等跋 十行二十字小字双行黑口四周双边双魚尾有刻工 七七

資治通鑑二百九十四卷 宋司馬光撰 元胡三省音注 元刻本 十行二十字黑口四周双边有刻工 七八
存十五卷 四十至四十二、九十五至九十七、一百二十二至一百二十四、一百二十八至一百三十、一百六十七至一百六十九

資治通鑑二百九十四卷 宋司馬光撰 元胡三省音注 元刻本 十行二十字黑口四周双边有刻工 七九
存六卷 一百七十三至一百七十五、二百五十三至二百五十五

資治通鑑二百九十四卷 宋司馬光撰 元胡三省音注 元刻本 十行二十字注文小字双行同四周双边有刻工 八〇

資治通鑑二百九十四卷 宋司馬光撰 元胡三省音注 元刻本 十行二十字小字双行四十字小黑口四周双边有刻工 八一
存二卷 九十、九十一

資治通鑑二百九十四卷 宋司馬光撰 元胡三省音注 元刻本 十行二十字小字双行四十字小黑口四周双边有刻工 八二
存一卷 二百六十

資治通鑑二百九十四卷 宋司馬光撰 元胡三省音注 元刻本 十行二十字上下黑口四周双边双魚尾有刻工 八三
存三卷 四十六至四十八

資治通鑑二百九十四卷 宋司馬光撰 元胡三省音注 元刻本 十行二十字大黑口四周双边双魚尾下有刻工 八四
存一卷 三十一

資治通鑑二百九十四卷 宋司馬光撰 元胡三省音注 元刻本 十行二十字上下黑口四周双边双魚尾 八五
存一卷 一百九十七

資治通鑑二百九十四卷 宋司馬光撰 胡三省音注 元刻本 十行二十字小字双行字同黑口四周双边 八六
存三卷 一百九十三至一百九十五

資治通鑑二百九十四卷 宋司馬光撰 胡三省音註 元刻本 半頁十行二十字細黑口四周双边有刻工 八七
存一卷 六十六

資治通鑑二百九十四卷 宋司馬光撰 元胡三省音注 元刻本 十行二十字白口四周双边 八八
存八卷 五十四至六十一

資治通鑑二百九十四卷 宋司馬光撰 元胡三省音注 元刻本 十行二十字小字双行黑口四周双边有刻工 八九
存十四卷 一百九十九至二百零四、二百三十九至二百四十五、二百五十五

資治通鑑二百九十四卷 宋司馬光撰 元胡三省音注 元刻本 十行二十字細黑口四周双边有刻工 九〇
存三卷 一九八、一九九、二〇〇

資治通鑑二百九十四卷 宋司馬光撰 元胡三省音注 元刻本 十行二十字小字双行字數同細黑口四周双边有刻工 九一
存一卷 二百九

〇九二 資治通鑑二百九十四卷 宋司馬光撰 元胡三省音注 通鑑釋文辨誤十二卷 元胡三省撰 元刻初印本 十行二十字四周粗黑口上下細黑口雙邊雙魚尾上記字數下有刻工

〇九三 資治通鑑二百九十四卷 宋司馬光撰 元胡三省音註 通鑑釋文辨誤十二卷 元胡三省撰 元刻本 十行二十字小字雙行同大黑口四周雙邊有刻工

〇九四 資治通鑑二百九十四卷 宋司馬光撰 元胡三省音註 元刻明印本 十行二十字黑口四周雙邊雙魚尾版心下鐫有刻工
存三卷 二百三十九至二百四十一

〇九五 資治通鑑二百九十四卷 宋司馬光撰 元胡三省音注 元刻明印本 十行二十字小字雙行字數同上下細黑口四周雙邊有刻工
存一卷 二百六十三

〇九六 資治通鑑二百九十四卷 宋司馬光撰 元胡三省音註 元刻明修本 十行二十字小字雙行同黑口四周雙邊有刻工

〇九七 資治通鑑二百九十四卷 宋司馬光撰 元胡三省音註 元刻明修本（卷五十五至七十六配清胡克家刻本） 十行二十字小字雙行行二十字黑口雙邊

〇九八 資治通鑑二百九十四卷 宋司馬光撰 元胡三省音註 元刻明修本 明文彭、文元發、文震孟、文震亨、嚴蓉、嚴有禧、余蕙跋 清嚴虞惇批點並跋 十行二十字小字雙行同黑口四周雙邊有刻工

〇九九 資治通鑑二百九十四卷 宋司馬光撰 元胡三省音註 元刻明修本 清吳城跋 十行二十字黑口雙邊

一〇〇 資治通鑑二百九十四卷 宋司馬光撰 元胡三省音注 元刻明修本 十行二十字黑口四周雙邊有刻工
存零葉一卷 二百一

一〇一 資治通鑑二百九十四卷 宋司馬光撰 元胡三省音注 元刻明修本 十行二十字細黑口四周雙邊單魚尾
存二百四十九卷 一至一百三十五、一百四十九至一百五十四、一百八十六至二百九十四

一〇二 資治通鑑二百九十四卷 宋司馬光撰 元胡三省音註 元刻明修本 半頁十行二十字小字雙行同黑口四周雙邊有刻工
存二〇七卷 三至二十六、三十至三十八、六十六至九十三、一百至一〇五、一一二至一一八、一二五至二一三、二三〇至二七三

一〇三 資治通鑑二百九十四卷 宋司馬光撰 元胡三省音註 元刻明修本 十行二十字小字雙行同黑口四周雙邊有刻工
存十五卷 二十一至二十二、三十二、三十五、八十五至八十八、一百五十三、一百六十三至一百六十五、一百七十二至一百七十三、一百八十七

一〇四 資治通鑑二百九十四卷 宋司馬光撰 元胡三省音注 元刻明修本 十行二十字小字雙行行字同四周雙邊黑口有刻工
存十八卷 一百四十三至一百四十八、二百二十五至二百三十六

一〇五 資治通鑑二百九十四卷 宋司馬光撰 元胡三省音注 元刻明修本 十行二十字小字雙行行字同黑口四周雙邊有刻工
存一百三十九卷 一百三十五至一百五十二、一百五十四至二百六十、二百六十三至二百七十七

一〇六 資治通鑑二百九十四卷 宋司馬光撰 元胡三省音註 元刻明修本 十行二十字黑口四周雙邊
存四卷 一至四

一〇七 資治通鑑二百九十四卷 宋司馬光撰 元胡三省音注 元刻明修本 十行二十字四周雙邊
存四卷 六十三至六十六

一〇八 資治通鑑二百九十四卷 宋司馬光撰 元胡三省音注 元刻明修本 十行二十字小字雙行黑口四周雙邊
存二百二十六卷 一至六、十三至二十七、三十一至三十三、三十七至三十九、四十五至四十八、五十二至七十二、七十六至八十四、八十八至一百三十七、一百四十二至一百四十四、一百四十八至一百四十九、一百五十一至一百七十二、一百七十六至一百九十五、一百九十七至二百一、二百六至二百十九、二百二十五至二百四十八、二百五十二至二百五十七、二百六十一至二百八十七、[illegible]九十四

一〇九 資治通鑑二百九十四卷 宋司馬光撰 元胡三省注 元刻明修本 十行二十字小字雙行細黑口四周雙邊有刻工
存二十卷 一八一至二〇一

一一〇 資治通鑑二百九十四卷 宋司馬光撰 元胡三省音注 元刻明修本 清丁丙跋 十行二十字小字雙行行二十字黑口四周雙邊有刻工
存二百八十五卷 一至九十六、九十九至二百十三、二百十七至二百二十一、二百二十三至二百八十、二百八十四至二百九十四

一一一 資治通鑑二百九十四卷 宋司馬光撰 元胡三省音註 通鑑釋文辯誤十二卷 元胡三省撰 元刻明修本 十行二十字小字雙行二十字黑口左右雙邊有刻工

一一二 資治通鑑二百九十四卷 宋司馬光撰 元胡三省音注 釋文辨誤十二卷 元胡三省撰 元刻明修本 十行二十字上下黑口四周雙邊雙魚尾

一一三 資治通鑑二百九十四卷 宋司馬光撰 元胡三省音注 釋文辨誤十二卷 元胡三省撰 元刻明修本 十行二十字大黑口四周雙邊雙魚尾間有刻工

一一四 資治通鑑二百九十四卷 宋司馬光撰 元胡三省音註 通鑑釋文辨誤十二卷 元胡三省撰 元刻明修本（卷一百十二至一百二十一、二百十五至二百三十一配清鄱陽胡氏刻本） 十行二十字小字雙行字同黑口四周雙邊有刻工

一一五 資治通鑑二百九十四卷 宋司馬光撰 元胡三省音註 通鑑

釋文辯誤十二卷 元胡三省撰 元刻明修本 十行二十字小字双行二十字黑白口兼有四周双边

一一六 資治通鑑二百九十四卷 宋司馬光撰 元胡三省音注 通鑑釋文辯誤十二卷 元胡三省撰 元刻明修本 十行二十字黑口双魚尾四周双边有刻工

一一七 資治通鑑二百九十四卷 宋司馬光撰 元胡三省音注 通鑑釋文辯誤十二卷 元胡三省撰 元刻明修本 十行二十字小字双行二十字細黑口或白口四周双边双魚尾

一一八 資治通鑑二百九十四卷 宋司馬光撰 元胡三省音註 通鑑釋文辯誤十二卷 元胡三省撰 元刻明修本 十行二十字小字双行同細黑口四周双边有刻工

一一九 資治通鑑二百九十四卷 宋司馬光撰 元胡三省音註 通鑑釋文辯誤十二卷 元胡三省撰 元刻明修本 半頁十行二十字双行亦二十字黑口四周双边 存二百九十五卷 通鑑三至十九、二十二至一七二、一七五至二五五、二五九至二八六、二八九至二九四、辯誤一至十二

一二〇 資治通鑑二百九十四卷 宋司馬光撰 元胡三省音注 通鑑釋文辯誤十二卷 元胡三省撰 明萬曆二十年吳勉學刻本 十行二十字小字双行行二十字白口左右双边有刻工

一二一 資治通鑑二百九十四卷 宋司馬光撰 元胡三省音註 通鑑釋文辯誤十二卷 元胡三省撰 增定資治通鑑前編五卷 明陳桱撰 明萬曆吳勉學刻本 半頁十行行二十字小字双行字數同白口單黑魚尾上下單边左右双边

一二二 資治通鑑二百九十四卷 宋司馬光撰 元胡三省音注 宋元資治通鑑六十四卷 明王宗沐撰 通鑑前編十八卷 宋金履祥撰 明萬曆吳勉學刊本 十行二十字白口左右双边

一二三 資治通鑑二百九十四卷 宋司馬光撰 元胡三省音註 明陳仁錫評 明天啟五年陳仁錫刻本 十行二十字白口四周單边

一二四 資治通鑑二百九十四卷 宋司馬光撰 元胡三省音註 明陳仁錫評閱 通鑑釋文辯誤十二卷 元胡三省撰 明天啟五年陳仁錫刻本 清張大受評點 十行二十字白口單边單魚尾

一二五 資治通鑑二百九十四卷 宋司馬光撰 元胡三省音註 明崇禎十年刻本 十行二十字白口左右双边間有四周單边單魚尾

一二六 資治通鑑二百九十四卷 宋司馬光撰 元胡三省音注 明崇禎十年刻本 清謝章鋌校並跋 十行二十字小字双行二十字白口左右双边 存二百八十七卷 一至十二、十六至九十九、一百零二至二百九十四

一二七 資治通鑑二百九十四卷（卷一至六配清抄本） 宋司馬光撰 元胡三省音註 明抄本

一二八 資治通鑑二百九十四卷 宋司馬光撰 元胡三省音注 通鑑釋文辯誤十二卷 元胡三省撰 清嘉慶二十一年胡克家影元刻本 清曾國藩[illegible]

一二九 資治通鑑二百九十四卷 宋司馬光撰 元胡三省音注 清嘉慶二十一年胡克家影元刻同治八年江蘇書局重修本 傅增湘校並跋 章鈺校 目錄三十卷 宋司馬光撰 清同治八年江蘇書局影刻宋刻本

一三〇 資治通鑑二百九十四卷 宋司馬光撰 元胡三省音注 通鑑釋文辯誤十二卷 元胡三省撰 清嘉慶二十一年胡克家影元刻同治八年江蘇書局重修本 清趙仲舉跋並錄嚴虞惇批點

一三一 資治通鑑二百九十四卷 宋司馬光撰 元胡三省音注 通鑑釋文辯誤十二卷 元胡三省撰 清嘉慶二十一年胡克家影元刻同治八年江蘇書局重修本 清張瑛校跋並錄嚴虞惇批點題識及錄明文彭、文元發、文震孟、文震亨、清嚴[illegible]、李[illegible]

一三二 資治通鑑二百九十四卷 宋司馬光撰 元胡三省音注 清光緒十三年長沙刻本 清翁同龢錄季振宜評點

一三三 資治通鑑目錄三十卷 宋司馬光撰 宋紹興二年兩浙東路茶鹽司刻本 行字不等白口左右双边有刻工 存二十七卷 一至二十七

一三四 資治通鑑目錄三十卷 宋司馬光撰 元刻本 存三卷 四至六

一三五 資治通鑑目錄三十卷 宋司馬光撰 資治通鑑問疑一卷 宋劉羲仲撰 明崇禎二年陳仁錫刻本 八行十九字白口四周單边

一三六 資治通鑑考異三十卷 宋司馬光撰 宋紹興二年兩浙東路茶鹽司公使庫刻宋元遞修本（卷二十七至三十抄補）十一行二十字小字双行同白口左右双边

一三七 資治通鑑考異三十卷 宋司馬光撰 宋刻本 十一行二十字小字双行同白口左右双边有刻工 存八卷 十一至十八

一三八 資治通鑑考異三十卷 宋司馬光撰 宋刻本（卷二十六至三十配宋刻元修本）十一行十九字小字双行二十三字細黑口左右双边

一三九 資治通鑑考異三十卷 宋司馬光撰 宋刻本 十行二十二字小字双行同白口四周双边有刻工 存二十六卷 一至二、五至十六、十九至三十

一四〇 資治通鑑考異三十卷 宋司馬光撰 明嘉靖二十三年至二十四年孔天胤刻本 十行二十字白口左右双边

一四一 資治通鑑考異三十卷 宋司馬光撰 明嘉靖二十三年至二十四年孔天胤刻本 清丁丙跋 十行二十字小字双行二十字白口左右双边有刻工

一四二 資治通鑑考異三十卷 宋司馬光撰 明嘉靖二十三年至二十四年孔天胤刻本 清周星詒跋 十行二十字白口左右双边

一四三　資治通鑑考異三十卷　宋司馬光撰　明萬曆十四年刻本　十行二十字白口左右雙邊有刻工

一四四　通鑑釋例一卷　宋司馬光撰　清抄本

一四五　資治通鑑釋文三十卷　宋史炤撰　宋刻本　十二行十九字小字雙行約二十六字白口或細黑口左右雙邊

一四六　資治通鑑釋文三十卷　宋史炤撰　元刻本　十二行二十二字小字雙行三十字細黑口四周雙邊

一四七　資治通鑑釋文三十卷　宋史炤撰　清抄本

一四八　資治通鑑釋文三十卷　宋史炤撰　清抄本　佚名校並錄清錢大昕題識　鮑廷博跋　丁丙跋

一四九　資治通鑑釋文三十卷　宋史炤撰　清抄本　孫淵如校並錄清顧廣圻校

一五〇　資治通鑑釋文九十八卷　宋史炤撰　清影宋抄本

一五一　通鑑釋文辨誤十二卷　元胡三省撰　元刻本　十行二十字黑口四周雙邊

一五二　通鑑釋文辨誤十二卷　元胡三省撰　元刻本　十行二十字黑口四周雙邊有刻工雙魚尾

一五三　通鑑釋文辨誤十二卷　元胡三省撰　元刻本　十行二十字黑口四周雙邊

存十一卷　一至六、八至十二

一五四　通鑑釋文辨誤十二卷　元胡三省撰　元刻本　十行二十字黑口四周雙邊

存五卷　一至二、十至十二

一五五　通鑑釋文辨誤十二卷　元胡三省撰　元刻明弘治二年修補本　十行二十字黑口四周雙邊雙魚尾有刻工

一五六　通鑑釋文辨誤十二卷　元胡三省撰　元刻明修本　清丁丙跋　十行二十字黑口四周雙邊有刻工

一五七　通鑑釋文辨誤十二卷　元胡三省撰　明天啟五年陳仁錫刻本　十行二十字注文小字雙行四周單邊白口

一五八　通鑑地理通釋十四卷　宋王應麟撰　元至元慶元路儒學刻本　十行二十字小字雙行同白口左右雙邊

存三卷　六至八

一五九　通鑑地理通釋十四卷　宋王應麟撰　元至元慶元路儒學刻本　十行二十字白口左右雙邊

存四卷　一至四

一六〇　通鑑地理通釋十四卷　宋王應麟撰　元至元慶元路儒學刻本　十行二十字小字雙行同白口左右雙邊有刻工

存五卷　六至十

一六一　通鑑地理通釋十四卷　宋王應麟撰　元至元慶元路儒學刻本　十行二十字小字雙行同白口左右雙邊有刻工

存八卷　二至五、十一至十四

一六二　通鑑地理通釋十四卷　宋王應麟撰　元刻明正德修補本　十行二十字小字雙行白口左右雙邊雙魚尾有刻工

一六三　通鑑地理通釋十四卷　宋王應麟撰　元刻明正德修補本　十行二十字白口左右雙邊

一六四　通鑑地理通釋十四卷　宋王應麟撰　元刻明正德嘉靖遞修本（卷五至卷八抄配）　十行二十字白口左右雙邊

一六五　通鑑地理通釋十四卷附踐阼編集解一卷　宋王應麟撰　元刻明正德嘉靖遞修本　十行二十字小字雙行白口左右雙邊有刻工

一六六　通鑑地理通釋十四卷　宋王應麟撰　元刻明正德至萬曆遞修本　十行二十字小字雙行同白口左右雙邊有刻工

一六七　通鑑地理通釋不分卷　宋王應麟撰　清抄本　清顧崑圃校

一六八　資治通鑑刊本識誤三卷　清張敦仁撰　清道光七年陳宗彝補抱　嘉慶刻本

一六九　資治通鑑刊本識誤三卷　清張敦仁撰　清道光七年陳宗彝補抱　嘉慶刻本　清汪喜孫跋

一七〇　通鑑注辯正二卷　清錢大昕撰　清抄本　清沈樹鏞跋

一七一　入注附音司馬溫公資治通鑑一百卷　宋刻本　傅增湘跋　十四行二十三字小字雙行二十五字細黑口左右雙邊

存八十一卷　一至十四、二十四至四十八、五十一至六十二、六十七至七十九、八十四至一百

一七二　入註附音司馬溫公資治通鑑詳節綱目一百卷外紀詳節綱目四卷　清陸沆題識　宋刻本　十四行行字數大小不等細黑口左右雙邊

一七三　呂大著點校標抹增節備註資治通鑑一百二十卷　宋呂大著撰　宋刻本（卷三十至三十八、六十一、七十四至七十七、九十一至九十四配鐵琴銅劍樓影宋抄本）　十五行二十大字細黑口左右雙邊

存八十六卷　九至十三、十七、四十四、五十四至七十三、七八、一百六

一七四　呂大著點校標抹增節備註資治通鑑一百二十卷　宋呂大著撰　宋刻本　十五行二十六字細黑口左右雙邊

存十八卷　三十至三十八、六十一、七十四至七十七、九十一至九十四

一七五　資治通鑑補二百九十四卷　明嚴衍撰　清抄本

一七六　資治通鑑補二百九十四卷　明嚴衍撰　清抄本

存二百九十二卷　三至二百九十四

一七七　少微家塾點校附音通鑑節要五十六卷外紀四卷　宋江贄撰　元至治元年趙氏鍾秀家塾刻本　十三行二十二字小字雙行字同小黑口左右雙邊

一七八　少微家塾點校附音通鑑節要五十六卷外紀四卷　宋江贄撰　元刻本　十四行二十一字上下細黑口單邊雙魚尾

存四十七卷　五至九、十五至五十六、外紀四卷

一七九　少微通鑑節要五十六卷外紀四卷　宋江贄撰　明弘治二年司禮監刻本　九行十五字注字雙行數同大黑口四周雙邊

一八〇　少微家塾點校附音通鑑節要五十卷　宋江贄撰　元刻本　十八行三十一或三十二字黑口四周雙邊

存八卷　十一至十八

一八一 少微家塾點校附音資治通鑑節要五十卷 宋江贄撰 史炤音釋 增註附音資治通鑑外紀增義五卷 宋劉恕撰 明王逢訂正 劉剡纂輯 明刻本 十二行二十四字白口四周雙邊

一八二 少微通鑑節要五十卷外紀四卷 宋江贄撰 資治通鑑節要續編三十卷 明張光啟撰 明正德九年司禮監刻本 九行十五字上闌有小題黑口四周雙邊

一八三 新刊古本少微先生資治通鑑節要五十卷外紀節要五卷首一卷 宋江贄撰 明劉弘毅校正 明嘉靖三十二年詹長卿就正齋刻本 十四行二十六字小字雙行白口雙黑魚尾四周雙邊單邊間有

一八四 少微先生資治通鑑外紀節要五卷首一卷資治通鑑節要二十卷 宋江贄撰 明劉弘毅校 四明先生續資治通鑑節要二十卷 明陳桱撰 明劉弘毅增補 明嘉靖十六年至二十四年劉弘毅慎獨齋刻本 十三行二十六字小字雙行二十七字細黑口四周雙邊

一八五 少微先生資治通鑑外紀節要五卷少微先生資治通鑑節要二十卷卷首一卷 宋江贄撰 明劉弘毅校 四明先生續資治通鑑節要二十卷 明張光啟、劉剡撰 明安正堂刻本 十二行二十七字小字雙行同白口四周雙邊

一八六 克勤齋新刊古本少微先生資治通鑑節要五十卷外紀節要五卷首一卷 宋江贄撰 克勤齋新刊四明先生續資治通鑑節要三十卷 明張光啟撰 明書林克勤齋余近泉刻本 十三行二十六字小字雙行二十六字白口四周雙邊 存八十二卷 節要一至五十、外紀一至五、首一、續節要十至二十六

一八七 新刊憲臺考正少微通鑑全編二十卷外紀二卷 宋江贄輯 新刊憲臺考正宋元通鑑全編二十一卷 明嘉靖三十五年古澄刻本 十二行二十四字白口四周單邊有刻工

一八八 資治通鑑節要二十卷 宋江贄撰 明劉剡輯 明慎獨齋刻本 十三行二十二字細黑口四周雙邊

一八九 新刊憲臺考正少微通鑑全編二十卷外紀二卷總論一卷 宋江贄輯 明萬曆徐元太等刻本 十行二十二字白口四周雙邊

一九〇 新刊憲臺考正少微通鑑全編二十卷外紀二卷總論一卷 宋江贄輯 新刊憲臺考正宋元通鑑全編二十一卷 明萬曆徐元太等刻本 十行二十二字白口四周雙邊

一九一 新刊高明大字少微先生資治通鑑節要二十卷外紀五卷首一卷 宋江贄輯 續資治通鑑節要二十卷 明陳桱輯 明萬曆九年黃氏興正堂刻本 十二行二十六字白口四周雙邊

一九二 新刊翰林考正綱目批點音釋少微節要通鑑大全二十卷外紀二卷總論一卷 宋江贄撰 明唐順之刪定 張謙釐正 明萬曆十六年張氏新賢堂刻本 十二行二十六字小字雙行同白口四周單邊

一九三 新刊翰林考正綱目批點音釋少微節要通鑑大全二十卷外紀二卷 宋江贄輯 明唐順之刪定 續編二十卷 明黃汝良刪定 楊道賓註釋 明萬曆三十七年張啟新刻本 十二行二十六字白口四周單邊

一九四 新刊翰林考正綱目批點音釋少微節要通鑑大全二十卷外紀二卷 宋江贄輯 明唐順之刪定 續編二十卷 明唐順之刪定 張謙釐氏 明萬曆書林張大宗刻本 十二行二十六字白口四周單邊雙魚尾

一九五 新刊高明大字資治通鑑節要外紀五卷首一卷少微先生高明大字資治通鑑節要二十卷 宋江贄撰 明陳氏積善書堂刻本 四明先生續資治通鑑節要二十卷 明陳桱撰 明書林張氏新賢堂刻本 沈小愚奇批點 十三行二十五字白口四周雙邊

一九六 新刊憲台放正少微通鑑全編二十卷外紀二卷 宋江贄輯 宋元通鑑二十一卷 明萬曆鄭望雲宗文堂刻本 十二行二十五字小字雙行二十五字白口四周雙邊

一九七 重刻翰林校正少微通鑑大全二十卷首一卷 宋江贄撰 明唐順之刪定 明書林楊璧卿刻本 十一行二十七字白口雙邊單魚尾

一九八 增修陸狀元集百家註資治通鑑詳節一百二十卷 宋司馬光撰 陸唐老集註 元刻本 清丁丙跋 十四行二十三字小字雙行二十三字小黑口左右雙邊 存二十一卷 七十二至九十二

一九九 增修陸狀元集百家註資治通鑑詳節一百二十卷 宋司馬光撰 陸唐老集註 元刻遞修本（有抄配） 十三、十四行不等二十二、二十三字不等白口左右雙邊雙魚尾

二〇〇 增修陸狀元集百家註資治通鑑詳節一百二十卷 宋司馬光撰 陸唐老集註 元刻遞修本 十三行或十四行二十二字黑口左右雙邊 存二十卷 三十一至四十、九十一至一百

二〇一 增修陸狀元集百家註資治通鑑詳節一百二

十卷　宋司馬光撰　陸唐老集註　元刻遞修本　十四行二十三字小字雙行二十七字細黑口左右雙邊雙魚尾
存九十九卷（一至四十一、四十九至七十八、九十三至一百二十、有缺葉）

陸狀元增節音註精議資治通鑑一百二十卷目錄三卷首一卷　宋陸唐老集註　明末毛氏汲古閣刻本　八行十七字小字雙行白口左右雙邊　二〇二

增入名儒集議資治通鑑詳節□卷　宋刻本　十三行二十二字細黑口左右雙邊雙魚尾
存六卷（七十七至八十二）　二〇三

省元林公集註資治通鑑詳節□□卷　宋刻本　十三行二十三字小字雙行細黑口左右雙邊雙魚尾
存一卷（四十三）　二〇四

省元林公集註資治通鑑詳節□□卷　宋刻本　十三行二十五字細黑口左右雙邊雙魚尾
存二卷（二十九至三十）　二〇五

呂成公點校集註司馬溫公資治通鑑詳節一百卷　題宋呂祖謙輯　宋刻元修本　十三行二十四字細黑口左右雙邊雙魚尾　二〇六

增節標目音註精議資治通鑑一百二十卷　題宋呂祖謙輯　蒙古憲宗三年至五年平陽張宅晦明軒刻本（卷二十五至二十九、六十二至六十五、八十一至八十五、九十一至九十五、一百三至一百五配宋刻本）　十五行二十五字細黑口四周雙邊
存二十卷（一至四、十一至十二、十八至十九、二十八至二十九、七十一至七十二、八十四至八十七、九十二至九十五）　二〇七

歷代通鑑纂要九十二卷　明李東陽、劉機等撰　明正德二年內府刻本　十行二十字小字雙行二十字四周雙邊黑口　二〇八

歷代通鑑纂要九十二卷　明李東陽、劉機等撰　明正德十四年慎獨齋刻本　十行二十字黑口四周雙邊　二〇九

歷代通鑑纂要九十二卷　明李東陽、劉機撰　明正德十四年慎獨齋刻隆慶元年崇正書院重修本　十行十九字白口左右雙邊　二一〇

歷代通鑑纂要九十二卷　明李東陽、劉機等撰　清內府三色抄本　二一一

歷代通鑑纂要九十二卷　明李東陽、劉機等撰　清乾隆內府朱墨筆抄巾箱本　清永瑢題詩　二一二

新刻歷考綱目訓解通鑑全編正集二十卷續集□□卷　明魏時亨輯　明書林葉材爽勤堂刻本　二十四行八字下欄十五行二十六字小字雙行同白口左右雙邊
存二十七卷（正集一至六、十至二十、續集六至十五）　二一三

新編通鑑集要二十八卷首一卷　明諸燮撰　明嘉靖二十八年刻本　十二行二十六字眉欄小字雙行四字白口四周單邊　二一四

重刊通鑑集要二十八卷通鑑總論一卷　明諸燮撰　明嘉靖四十三年刻本　十二行二十六字白口四周單邊　二一五

新刊通鑑集要二十八卷　明諸燮撰　明萬曆三年書林唐龍泉刻本　十五行二十八字白口四周雙邊　二一六

新鐫通鑑集要十卷　明諸燮撰　明末書林熊太初刻本　十一行二十二字小字雙行二十二字白口四周單邊　二一七

新鐫通鑑集要十卷　明諸燮輯　明書林何敬溪刻本　十一行二十二字小字雙行二十二字白口四周單邊　二一八

新鐫通鑑集要十卷　明諸燮輯　明崇禎葉濃熙刻本　十一行二十五字小字雙行同白口四周單邊　二一九

新鐫通鑑集要十卷首一卷　明諸燮輯　黃其昌補　明刻本　十一行二十二字白口四周單邊單魚尾　二二〇

新鐫通鑑會纂十卷　明諸燮輯　明末刻本　十一行二十二字小字雙行行字同白口四周單邊　二二一

新刻陳眉公重訂通鑑集要二十八卷　明諸燮輯　陳繼儒訂正　明天啟二年閩玉堂刻本　半頁十行行二十字白口單魚尾四周單邊　二二二

新刻王鳳洲先生通鑑會纂二十八卷　明諸燮輯　明末刻清順治十二年印本　二二三

通鑑箋註七十二卷　明王世貞撰　汪明際評　鍾人傑箋註　明崇禎二年刻本　十行二十二字小字雙行同白口上魚尾四周單邊　二二四

通鑑箋註七十二卷　明王世貞撰　汪明際評　鍾人傑箋註　明崇禎二年刻本　清蔣拿原題識　十行二十二字白口小字雙行四周單邊
存六十一卷（一至十二、十七至二十五、三十三至七十二）　二二五

通鑑直解二十五卷　明張居正撰　明萬曆元年刻本　九行十八字黑口四周雙邊　二二六

通鑑直解二十五卷　明張居正撰　明崇禎四年高兆麟刻本　八行十八字小字雙行行字同白口四周單邊　二二七

通鑑直解二十八卷　明張居正撰　鍾惺訂　明末刻本　八行十八字小字雙行白口四周單邊　二二八

通鑑直解二十八卷　明張居正撰　高兆麟重訂　明崇禎四年陳長卿刻本　八行十八字小字雙行行十九字白口四周單邊　二二九

通鑑直解二十八卷　明張居正撰　高兆麟重訂　皇明通紀直解十六卷　清張嘉和撰　明刻清補刻印本　八行十八字小字雙行白口單邊　二三〇

張閣老通鑑直解二十八卷首一卷　明張居正撰　明崇禎六年書林王小嶠刻本　八行十八字白口單邊　二三一

通鑑要刪六卷總論一卷　明宋臣、孫繼皋撰　明萬曆十一年蔣國鉥刻本　[illegible]行二[illegible]字白口四周[illegible]　二三二

新刊通鑑標題採要二十八卷首一卷 明王錫爵輯 明刻本 十二行二十四字白口左右双边亦有四周双边 二三三

新刊全補通鑑標題摘要二十八卷 明歸有光輯 吳嶠全補 明萬曆六年書林鄭氏望雲樓刻本 十五行二十六字小字双行無定數白口左右双边 二三四

通鑑纂要抄狐白六卷首一卷 明顧充撰 明萬曆元年余紹崖自新齋刻本 十六行二十七字小字双行白口單边 二三五

新鍥增訂評註批點便蒙通鑑八卷 宋南宮靖一撰 明孫鑛批閱 錢允治評註 明萬曆四十七年刻本 九行十八字白口單黑(紫)魚尾 二三六

新鍥通鑑節要十卷 明蘇文韓輯 明萬曆三十一年精慶堂刻本 十一行二十二字小字双行同板框內上方小字双行六字白口四周單边 二三七

新刻通鑑集要二十八卷 明吳守讓輯 音釋總類一卷 明吳可瑞輯 總論一卷 明萬曆三十五年刻本 十行二十字小字双行同白口四周單边有刻工 二三八

通鑑纂二十卷 明鍾惺撰 明末刻本 九行二十六字白口四周單边 二三九

資治通鑑日抄二十卷 明呂邦燿撰 明萬曆四十六年刻本 九行十八字白口四周双边
存十七卷 一至十七 二四〇

通鑑全史彙編歷朝傳統錄八卷 明劉基撰 明崇禎十五年稅繼培刻本 九行十九字白口單魚尾左右双边 二四一

通鑑紀畧十卷 明舒弘谔撰 明崇禎舒瀛溪刻本 九行二十二字小字双行同白口四周單边 二四二

通鑑紀事類聚□□卷 清徐特輯 稿本
存二百零九卷 一至六十八、七十一至七十八、八十二至九十二、九十五至一百五十二、一百五十七至一百六十九、一百七十二至二百十四、二百十七至二百二十四 二四三

資治通鑑大事錄一百四十四卷 清李祖陶輯 稿本
存八十一卷 一至十八、二十二至四十九、五十三至七十七、八十六至九十九 二四四

通鑑綱目全書一百八卷 明書林楊氏歸仁齋刻本 十行二十二字小字双行同黑口四周單边
資治通鑑綱目五十九卷 宋朱熹撰 尹起莘發明 劉友益書法 元汪克寬考異 徐文昭考證 王幼學集覽 明陳濟正誤 馮智舒質實
資治通鑑綱目前編外紀一卷 明陳桱撰
資治通鑑綱目前編十八卷舉要三卷 宋金履祥撰
資治通鑑綱目二十七卷 明商輅等撰 周禮發明 張時泰廣義 二四五

通鑑綱目全書一百八卷 明萬曆二十一年劉瀚刻本 十行二十二字小字双行同黑口四周双边
資治通鑑綱目五十九卷 宋朱熹撰 宋尹起莘發明 劉友益書法 元汪克寬考異 徐文昭考證 王幼學集覽 明陳濟正誤 馮智舒質實
資治通鑑綱目前編外紀一卷 明陳桱撰
資治通鑑綱目前編十八卷舉要三卷 宋金履祥撰
續資治通鑑綱目二十七卷 明商輅等撰 周禮發明 張時泰廣義 二四六

通鑑綱目全書一百八卷 明刻本 十行二十二字小字双行同黑口四周双边
資治通鑑綱目五十九卷 宋朱熹撰 尹起莘發明 劉友益書法 元汪克寬考異 徐文昭考證 王幼學集覽 明陳濟正誤 馮智舒質實
資治通鑑綱目前編外紀一卷 明陳桱撰
資治通鑑綱目前編十八卷舉要三卷 宋金履祥撰
續資治通鑑綱目二十七卷 明商輅等撰 周禮發明 張時泰廣義 二四七

資治通鑑綱目全書一百十三卷 明萬曆二十八年朱燮元等刻本 七行十八字小字双行同白口左右双边有刻工
資治通鑑綱目五十九卷首一卷 宋朱熹撰 尹起莘發明 劉友益書法 元汪克寬考異 徐文昭考證 王幼學集覽 明陳濟正誤 馮智舒質實
訂正通鑑綱目前編二十五卷 宋金履祥撰 明南軒訂正
續資治通鑑綱目二十七卷 明商輅等撰 周禮發明 張時泰廣義
資治通鑑綱目續編拾遺一卷 明陳桱撰 二四八

重刻資治通鑑綱目全書一百十三卷 明萬曆金陵唐翀宇刻本 十行大字二十小字双行行二十字白口單边
訂正通鑑綱目五十九卷首一卷 宋朱熹撰 尹起莘發明 劉友益書法 元汪克寬考異 徐文昭考證 王幼學集覽 明陳濟正誤 馮智舒質實
訂正通鑑綱目前編二十五卷 明南軒撰
續資治通鑑綱目二十七卷 明商輅撰 周禮發明 張時泰廣義
資治通鑑綱目續編卷之末一卷 明陳桱撰 二四九

資治通鑑綱目五十九卷 宋朱熹撰 續資治通鑑綱目二十七卷 明商輅等撰 資治通鑑綱目前編二十五卷 明南軒撰 明崇禎三年陳仁錫刻本 大字七行十八字小字行十六、十七字不等白口四周單边 二五〇

御批資治通鑑綱目全書一百零九卷 清康熙四十六年內府刻本
資治通鑑綱目前編外紀一卷 明陳桱撰
資治通鑑綱目前編十八卷舉要三卷 宋金履祥撰
資治通鑑綱目五十九卷首一卷 宋朱熹撰 二五一

資治通鑑綱目前編十八卷宋金履祥撰外紀一卷明陳桱撰　劉弘毅音釋　明正德元年慎獨齋刻本　十行行二十二字小字雙行黑口四周雙邊
存五卷十五至十八、首外紀一卷　二五二

資治通鑑綱目前編十八卷宋金履祥撰　明劉氏慎獨齋刻本（卷[illegible]至十八配楊氏歸仁齋刻本）十行二十二字黑口四周雙邊雙魚尾　二五三

資治通鑑綱目前編十八卷舉要三卷宋金履祥撰
外紀一卷明陳桱撰　明嘉靖十四年清江堂刻本　十一行二十三字注文小字雙行同四周雙邊大黑口　二五四

資治通鑑綱目前編十八卷舉要三卷宋金履祥撰　清欽枝批點
外紀一卷明陳桱撰　明嘉靖十四年清江堂刻本　十一行二十五字黑口四周雙邊上下魚尾　二五五

資治通鑑綱目前編十八卷舉要三卷宋金履祥撰。
外紀一卷明陳桱撰資治通鑑綱目五十九卷宋朱熹撰　明嘉靖十四年清江堂刻本　十一行二十三字小字雙行同黑口順魚尾四周雙邊
存七十八卷前編一至十八、外紀一、舉要一至二、綱目三至五十九　二五六

資治通鑑綱目前編十八卷舉要三卷宋金履祥撰
外紀一卷明陳桱撰　明嘉靖三十六年吉澄刻本　九行二十字小字雙行二十字白口四周單邊　二五七

訂正通鑑綱目前編二十五卷宋金履祥撰　明南軒訂正　明萬曆二十四年承慶堂刻本　九行二十字小字雙行白口四周雙邊　二五九

通鑑綱目前編三卷明許誥撰　明嘉靖五年刻本　八行十七字白口四周單邊　二六〇

通鑑綱目冠編外史一編正史三編不分卷明陳懋中撰　明末刻本　十行行二十五字白口單魚尾四周單邊　二六一

通鑑綱目前編辨誤一卷清萬斛泉撰　清同治八年吳大澂手抄本　吳湖帆跋　二六二

資治通鑑綱目五十九卷宋朱熹撰　宋刻本　八行十五字小字雙行二十二字白口左右雙邊
存二卷五十三至五十四　二六三

資治通鑑綱目五十九卷宋朱熹撰　宋刻本　八行十五字小字雙行二十二字白口左右雙邊元魚尾下有刻工
存二卷十九、五十六　二六四

資治通鑑綱目五十九卷宋朱熹撰　宋刻本　八行十五字小字雙行二十二字白口左右雙邊
存一卷四十八　二六五

資治通鑑綱目五十九卷宋朱熹撰　宋刻本　八行十五字小字雙行二十二字白口左右雙邊有刻工
存一卷五十九　二六六

資治通鑑綱目五十九卷宋朱熹撰　宋刻本　八行十五字小字雙行四十四字白口左右雙邊有刻工
存一卷二十一　二六七

資治通鑑綱目五十九卷宋朱熹撰　宋刻本　八行十五字小字雙行二十二字白口左右雙邊下有刻工
存一卷十八　二六八

資治通鑑綱目五十九卷宋朱熹撰　宋刻本　八行十四、十五字不等小字雙行二十二字白口左右雙邊有刻工
存四卷五十至五十二、五十五　二六九

資治通鑑綱目五十九卷宋朱熹撰　宋刻本（卷四十六配另一宋刻本卷四十七至五十一配另一宋刻本）八行十七字小字雙行同白口左右雙邊　二七〇

資治通鑑綱目五十九卷宋朱熹撰　宋刻本　八行十七字白口左右雙邊有刻工
存零葉　二七一

資治通鑑綱目五十九卷宋朱熹撰　宋刻本　八行十七字小字雙行三十四字白口左右雙邊有刻工
存一卷三十七　二七二

資治通鑑綱目五十九卷宋朱熹撰　宋刻本　八行十七字小字雙行同有刻工
存一卷三十六　二七三

資治通鑑綱目五十九卷宋朱熹撰　宋刻本　十行十六字小字雙行四十四字白口四周單邊
存二十八卷一至九、十二、十五至三十二　二七四

資治通鑑綱目五十九卷宋朱熹撰　宋刻本　十行十六字小字雙行二十二字蝴蝶裝左右雙邊
存三卷二十八、二十九、五十七　二七五

資治通鑑綱目五十九卷宋朱熹撰　宋刻本　十行十六字細黑口四周雙邊間有左右雙邊
存一卷四十六　二七六

資治通鑑綱目五十九卷宋朱熹撰　宋刻本　清趙宗建題識　十行十六字細黑口左右雙邊雙魚尾
存四卷三十八至三十九、四十四至四十五　二七七

資治通鑑綱目五十九卷宋朱熹撰　宋刻本（卷五至十二、二十至二十三、三十至三十四、四十五、四十九至五十一、五十五至五十六配元刻本）十行大十六小二十二字白口單邊雙魚尾
存四十二卷五至十二、二十至二十三、二十四至二十九、三十至三十四、三十五至四十四、四十五、四十九至五十一、五十五至五十六、五十七至五十九　二七八

資治通鑑綱目五十九卷宋朱熹撰　宋刻元修本　八行十七字小字雙行十七字白口左右雙邊有刻工　二七九

資治通鑑綱目五十九卷 宋朱熹撰 宋刻元修本（卷九配另一宋刻本卷三配明抄本）明張敍抄配並跋 秦嘉楫、陳所蘊、朱雲卿、陸應暘、張所敬、朱炎濤、沈明臣、張懋賢跋 清戴亮跋 八行十七字小字雙行同白口左右雙邊 存三卷 三十四、四十六、四十七 二八〇

資治通鑑綱目五十九卷 宋朱熹撰 元詹光祖月崖書堂刻本 十行十六字小注二十二字細黑口左右雙邊 存二十九卷 一至十一、十八至二十八、五十一至五十五、四十至四十一 二八一

資治通鑑綱目五十九卷 宋朱熹撰 元詹光祖月崖書堂刻本 十行十六字小注二十二字黑口左右雙邊 存零葉 二八二

資治通鑑綱目五十九卷 宋朱熹撰 元刻本 十行十六字小注二十二字黑口左右雙邊 二八三

資治通鑑綱目五十九卷 宋朱熹撰 元刻本 十行十六字小字雙行二十二字細黑口左右雙邊 存八卷 一至八 二八四

資治通鑑綱目五十九卷 宋朱熹撰 元刻本 十行十六字小注二十二字黑口左右雙邊 存零葉 二八五

資治通鑑綱目五十九卷 宋朱熹撰 元刻本 十行十六字小字雙行二十二字綫黑口左右雙邊有刻工 存一卷 四十二 二八六

資治通鑑綱目五十九卷 宋朱熹撰 元刻本 十行大十六小二十二字細黑口左右雙邊雙邊雙魚尾 存十三卷 二十四至三十三、四十九至五十一 二八七

資治通鑑綱目五十九卷 宋朱熹撰 元周氏留耕堂刻本 十行大十六字小二十二字細黑口左右雙邊 存十四卷 一至二、十二至十四、十八至二十、三十六至三十八、四十八至五十 二八八

資治通鑑綱目五十九卷 宋朱熹撰 明成化九年內府刻本 八行十八字小字雙行二十一字上下粗黑口四周雙邊雙魚尾 二八九

資治通鑑綱目五十九卷 宋朱熹撰 明嘉靖十三年江西按察司刻本 九行二十字小字雙行行二十字白口四周雙邊 二九〇

資治通鑑綱目五十九卷 宋朱熹撰 明嘉靖三十五年趙府居敬堂刻本 十行二十字白口四周雙邊有刻工 二九一

資治通鑑綱目五十九卷 宋朱熹撰 明延平儒學刻本 半頁十一行行二十五字小字雙行行二十二字黑口雙魚尾四周雙邊 存五十八卷 二至五十九 二九二

資治通鑑綱目五十九卷 宋朱熹撰 續編一卷 明刻本 清黃彭年跋 七行小字雙行均十八字白口上魚尾左右雙邊有刻工 二九三

文公先生資治通鑑綱目五十九卷 宋朱熹撰 尹起莘發明 元王幼學集覽 江克寬考異 明初刻本 明陳繼儒跋 十二行大字十八小字雙行二十二字細黑口左右雙邊雙魚尾 存四十卷 一至十五、二十二至五十一 二九四

文公先生資治通鑑綱目五十九卷 宋朱熹撰 尹起莘發明 江克寬考異 明初刻本 十二行十八字小字雙行二十四字小黑口左右雙邊 存八卷 五十二至五十九 二九五

資治通鑑綱目五十九卷首一卷 宋朱熹撰 尹起莘發明 劉友益書法 元汪克寬考異 徐文昭考證 王幼學集覽 明陳濟正誤 馮智舒質實 明弘治十一年慎獨齋刻本 十行二十二字小字雙行黑口雙魚尾四周雙邊 二九六

資治通鑑綱目五十九卷首一卷 宋朱熹撰 劉友益書法 尹起莘發明 元汪克寬考異 徐文昭考證 王幼學集覽 明陳濟正誤 馮智舒質實 明弘治十一年慎獨齋刻正德十六年劉洪改刻印本 十行二十二字黑口四周雙邊雙魚尾 二九七

資治通鑑綱目五十九卷 宋朱熹撰 劉友益書法 尹起莘發明 元汪克寬考異 徐文昭考證 王幼學集覽 明陳濟正誤 劉弘毅質實 明嘉靖八年慎獨齋刻本 十行二十二字小字雙行二十二字四周雙邊黑口 二九八

文公先生資治通鑑綱目五十九卷 宋朱熹撰 尹起莘發明 元汪克寬考異 王幼學集覽 明陳濟正誤 明劉寬裕刻本 十二行十八字小字雙行二十二字細黑口四周雙邊 二九九

文公先生資治通鑑綱目五十九卷 元王幼學集覽 尹起莘發明 汪克寬考異 張光啟纂輯 明刻本 十二行十八字小字雙行二十二字細黑口四周雙邊 三〇〇

資治通鑑綱目五十九卷 宋朱熹撰 元汪克寬考異 明弘治黃仲昭刻本 九行二十字白口左右雙邊 三〇一

資治通鑑綱目五十九卷 宋朱熹撰 尹起莘發明 劉友益書法 元汪克寬考異 徐文昭考證 王幼學集覽 明陳濟正誤 馮智舒質實 明弘治九年黃仲昭校刻本 清顧嗣立校並跋 十行二十二字小字雙行字數同下黑口首冊四周雙邊餘皆四周單邊 三〇二

資治通鑑綱目五十九卷 宋朱熹撰 明正德八年福州刻本（卷三至六、二十三、二十五配明吉澄刻本） 十行二十二字黑口四周雙邊配本九行二十字白口 三〇三

新刊資治通鑑綱目大全五十九卷 宋朱熹撰 明楊氏清江書堂刻本 十一行二十三字小字雙行字同粗黑口四周雙邊 三〇四

新刊紫陽朱子綱目大全五十九卷 宋朱熹撰 尹起莘發明 劉友益書法 元汪克寬考異 王幼學集覽 徐文昭考證 明陳濟正誤 馮智舒質實 明嘉靖十年建邑書林楊氏清江書堂刻本 十一行二十三字黑口四周雙邊 三〇五

資治通鑑綱目五十九卷首一卷 宋朱熹撰 元汪克寬考異 明吉澄刻本 十行二十二字小字雙行低格二十一字上花口下黑口單邊有刻工 三〇六

資治通鑑綱目五十九卷 宋朱熹撰 尹起莘發明 劉友益書法 元汪克寬考異 徐文昭考證 王幼學集覽 明陳濟正誤 劉弘毅質實 明刻本 十行二十二字小字雙行行字同四周單邊 三〇七

資治通鑑綱目五十九卷首一卷 宋朱熹撰 尹起莘發明 劉友益書法 元王幼學 三〇八

集覽 江元意考異 汪文明考證 明陳濟正誤 馮智舒質實 明嘉靖十三年江西按察司刻嘉靖十四年張鯤補刻本（卷四十四配清刻本） 九行二十字白口四周雙邊雙魚尾

綱目分註發微十卷 宋劉國器撰 清抄本 三〇九

資治通鑑綱目發明五十九卷 宋尹起莘撰 明洪武二十一年建安書市刻本 十二行二十字黑口四周雙邊 存十三卷 三十五至四十五 三一〇

資治通鑑綱目發明五十九卷 宋尹起莘撰 明初刻本 李明常跋 十二行二十字細黑口雙欄四周雙邊 存七卷 五十三至五十九 三一一

資治通鑑綱目發明五十九卷 宋尹起莘撰 明內府刻本 八行十八字小字雙行二十一字黑口四周雙邊 三一二

資治通鑑綱目發明五十九卷 宋尹起莘撰 明弘治十四年日新堂本 十二行二十六字小字雙行黑口四周雙邊 三一三

資治通鑑綱目書法五十九卷 宋劉友益撰 元刻本 十二行二十四字黑口左右雙邊 存七卷 三十五至四十一 三一四

資治通鑑綱目書法五十九卷 宋劉友益撰 元刻本 十五行二十四字白口左右雙邊 存一卷 十二 三一五

資治通鑑綱目集覽五十九卷 元王幼學撰 明洪武二十一年梅溪書院刻本 十行約十六字注文二十四字黑口四周雙邊 存三十一卷 二十九至五十九 三一六

資治通鑑綱目集覽五十九卷 元王幼學撰 明刻本 八行十七字小字雙行同細黑口四周雙邊 三一七

資治通鑑綱目集覽五十九卷 元王幼學撰 明景泰九年魏氏仁實書堂刻本 十二行十八字小字雙行二十二字黑口雙魚尾四周雙邊 三一八

資治通鑑綱目集覽五十九卷 元王幼學撰 明景泰元年魏氏仁實書堂刻本（卷二、四十四、五十四、五十五配明初刻本，卷三十七至三十九、五十七配慎獨齋本，卷四十六、五十七前四頁配抄本） 明劉生題識 十二行十八字黑口四周雙邊雙魚尾 三一九

資治通鑑綱目集覽五十九卷 元王幼學撰 明陳濟正誤 明內府刻本 八行十八字小字雙行二十一字黑口四周雙邊 三二〇

資治通鑑綱目集覽鐫誤三卷附綱目考異辨疑一卷 明瞿佑撰 明永樂八年刻本 明趙崎美跋 十一行二十二字黑口四周雙邊上下粗黑口雙魚尾 三二一

通鑑綱目集覽正誤二卷 明陳濟撰 明宣德四年張輔刻成化六年陳鑑重修本 清沈德壽跋 十二行二十字黑口四周雙邊 三二二

資治通鑑綱目事類一百二十一卷 明包瑜輯 明刻本 十行二十二字細黑口四周雙邊 存四十七卷 卷十三至十四、二十二至二十八、三十、四十四至四十六、五十至六十一、六十三、八十、八十五、八十八至九十、九十四至九十八、一百一至一百五、一百九、一百十一至一百十四、一百十六 三二三

資治通鑑綱目集説五十九卷前編二卷 明扶安撰 吳宏校補 明嘉靖吳宏刻本 十行二十一字小字雙行二十字白口四周雙邊 三二四

資治通鑑綱目集説五十九卷前編二卷 明扶安撰 吳宏校補 明嘉靖吳宏刻本 清丁丙跋 十行二十一字小字雙行二十字白口四周雙邊 三二五

通鑑綱目纂要便覽二十六卷 明嘉靖二十六年書林熊氏東軒刻本 十一行二十三字小字雙行同粗黑口四周雙邊 存二十二卷 二至十一、十四至二十六 三二六

綱目集略五卷 明董繼祖撰 明萬曆六年王繼祖刻本 九行二十字小字雙行同白口四周雙邊有刻工 三二七

資治通鑑綱目犖觀四十卷首一卷 明吳震元撰 明崇禎十年鄒密堂刻本 九行二十字白口左右雙邊 三二八

通鑑綱目釋地糾謬六卷補註六卷 清張庚撰 清乾隆十八年強恕齋刻本 三二九

資治通鑑綱目校勘記五十九卷首一卷 清溫嘉鈺撰 清溫嘉鈺稿本 三三〇

資治通鑑綱目校勘記五十九卷續資治通鑑綱目校勘記二十七卷 清溫嘉鈺撰 清光緒七年抄本 三三一

通鑑續編二十四卷 明陳桱撰 元至正二十一年顧逖刻本 九行二十二字小字雙行同黑口左右雙邊 三三二

通鑑續編二十四卷 明陳桱撰 元至正二十一年顧逖刻本 清蔣培澤、丁丙跋 九行二十二字綫黑口左右雙邊有刻工 三三三

通鑑續編二十四卷 明陳桱撰 元至正二十一年顧逖刻公牘紙印本 九行二十二字小字雙行同細黑口左右雙邊 存二卷 一至二 三三四

通鑑續編二十四卷 明陳桱撰 元至正二十一年顧逖刻明修本 九行二十二字小字雙行同細黑口左右雙邊有刻工 三三五

通鑑續編二十四卷 明陳桱撰 元至正二十一年顧逖刻明修本 九行二十二字小注同細黑口左右雙邊 三三六

通鑑續編二十四卷 明陳桱撰 元至正二十一年顧逖刻明修本（卷二十三至二十四配清抄本） 九行二十二字細黑口左右雙邊單魚尾有刻工 三三七

通鑑續編二十四卷 明陳桱撰 元至正二十一年顧逖刻明修本 九行二十二字細黑口左右雙邊 三三八

通鑑續編二十四卷 明陳桱撰 元至正二十一年顧逖刻明修本 九行二十二字小字雙行二十二字細黑口左右雙邊 三三九

有刻工

通鑑續編二十四卷 明陳桱撰 元至正二十一年顧逖刻明修本 清于彦基跋 九行二十二字小字双行同小黑口單魚尾左右双边有刻工 存二卷 二十一至二十二 340

通鑑續編二十四卷 明陳桱撰 元至正二十一年顧逖刻明修公文紙印本 九行二十二字左右双边白口 存二卷 三、四 341

增修附註資治通鑑節要續編三十卷 明劉剡輯 明張光啟訂正 明宣德九年朱氏尊德書堂刻本 十四行二十一字小字双行同黑口双边 342

增修附註資治通鑑節要續編三十卷 明劉剡輯 明張光啟訂正 明景泰五年善敬書堂刻本 十四行二十一字小字双行同黑口四周双边 343

增修附註資治通鑑節要續編大全三十卷 明劉剡輯 明張光啟訂正 劉弘毅釋義 明弘治十年楊氏清江書堂刻本 十四行二十六字小字双行同細黑口双魚尾四周双边 344

增修附註資治通鑑節要續編大全三十卷 明劉剡輯 明張光啟訂正 不才子釋義 明弘治十年楊氏清江書堂刻本 十五行二十七字小字双行黑口双魚尾四周双边 345

增修附註資治通鑑節要續編大全三十卷 明劉剡輯 明張光啟訂正 明弘治十一年詹氏西清書堂刻本 十三行二十六字大黑口四周双边 346

增修附註資治通鑑節要續編三十卷 明劉剡輯 明張光啟訂正 明劉弘毅釋義 明弘治十五年江氏宗德書堂刻本 十四行二十六字小字双行粗黑口四周双边 347

續資治通鑑節要三十卷 明劉剡輯 劉弘毅校正 明慎獨齋刻本 十三行二十二字白口四周双边 348

資治通鑑節要續編三十卷 明張光啟撰 明正德九年司禮監刻本 九行十五字黑口四周双边 349

資治通鑑節要續編三十卷 明張光啟撰 明正德九年司禮監刻本 清丁丙跋 九行十五字小字双行同黑口四周双边 350

新刊古本四明先生續資治通鑑節要三十卷 明張光啟撰 [illegible]刻本 [illegible] 九行十五字小[illegible] 351

四明先生續資治通鑑節要二十卷 明張光啟撰 明宣德四年劉氏安正堂刻本 十二行二十七字小字双行同白口四周双边 352

四明先生續資治通鑑節要二十卷 明張光啟撰 明嘉靖二十八年劉氏安正堂刻本 十二行二十七字小字双行同白口四周双边 353

新刊四明先生高明大字續資治通鑑節要二十卷 明劉剡撰 明嘉靖三十七年黄氏翠軒刻本 十二行二十六、七字白口四周双边 354

新刊憲臺攷正綱目批點音釋資治通鑑大成二十一卷 明張謙删定 林享嘉校 明嘉靖二十八年書林余允錫刻本 十二行二十四字亦有二十三字者亦有二十一字者不等小字双行二十四字白口四周双边 355

新刊翰林考正綱目點音資治通鑑節要會成二十卷 明唐順之删定 張謙釐正 明嘉靖五十四年拱贇書堂刻本 十二行二十六字小字双行同白口單边 356

新刊翰林攷正綱目點音資治通鑑節要會成二十卷 明唐順之删定 張謙釐正 明萬曆十六年張氏新賢堂刻本 十二行二十六字小字双行同白口四周單边 357

重刻翰林校正資治通鑑大全二十卷 明唐順之删定 張謙釐正 明建邑書林劉蓮台刻本 十一行二十七字小字双行同白口四周双边 358

重刻翰林校正資治通鑑大全二十卷 明唐順之删定 張謙釐正 明崇禎建邑書林楊璧卿堂刻本 十一行二十七字小字双行同四周双边 359

宋元通鑑一百五十七卷 明薛應旂撰 明嘉靖四十五年自刻本 十行二十行白口四周單边 360

宋元通鑑一百五十七卷 明薛應旂撰 明嘉靖四十五年自刻本 明汪節評點 十行二十字白口上魚尾四周單边有刻工 361

宋元通鑑一百五十七卷 明薛應旂撰 陳仁錫評 明天啟六年陳仁錫刻本 十行二十字白口四周單边 362

宋元通鑑目錄二十卷 朔考一卷 清朱修之撰 清抄本 363

續資治通鑑六十四卷 明王宗沐撰 明隆慶刻本 十行二十字白口左右双边有刻工 364

續資治通鑑六十四卷 明王宗沐撰 明隆慶五年刻本 十行二十字左右双边白口有刻工 365

續資治通鑑六十四卷 明王宗沐撰 明萬曆翟鎔刻本 十行二十字白口左右双边有刻工 366

宋元資治通鑑六十四卷 明王宗沐撰 明萬曆吳勉學刻本 十行二十字小黑口左右双边 367

宋元資治通鑑六十四卷 明王宗沐撰 明萬曆吳勉學刻本 清卯亭氏校並跋 十行二十字白口左右双边 368

宋元資治通鑑六十四卷 明王宗沐撰 路進校輯 明刻本 十行二十字左右双边白口 369

續資治通鑑六十四卷 明王宗沐撰 明抄本 370

資治通鑑續編一百五十七卷 明嚴衍撰 清抄本 371

資治通鑑續編一百五十七卷 明嚴衍撰 清抄本 存一百五十五卷 三至一百五十七 372

資治通鑑後編一百八十四卷 清徐乾學撰 稿本 清袁芳瑛跋 存八十六卷 卷一至五十、五十四至五十六、六十九至七十一、七十六、七十八至九十四、一百零九至一百十三、一百七十八至一百八十四 373

資治通鑑後編一百八十四卷 清徐乾學撰 清抄本 清邵晉涵訂正 三七四
資治通鑑後編一百八十四卷 清徐乾學撰 清夏震武抄本 清夏震武校 三七五
續資治通鑑綱目二十七卷 明商輅等撰 明成化十二年內府刻本 八行十八字小字雙行二十一字大黑口四周雙邊 三七六
續資治通鑑綱目二十七卷 明商輅等撰 周禮發明 張時泰廣義 明弘治十七年慎獨齋刻本 十行二十二字小字雙行同四周雙邊黑口。 三七七
續資治通鑑綱目二十七卷 明商輅等撰 周禮發明 張時泰廣義 明嘉靖十一年慎獨齋刻本 清趙星純校並跋 十行二十二字小字雙行同黑口四周雙邊雙黑魚尾 存二十四卷 一至八、十二至二十七 三七八
續資治通鑑綱目二十七卷 明商輅等撰 明刻本 八行二十字不等小字雙行同小黑口四周雙邊 三七九
續資治通鑑綱目二十七卷 明商輅等撰 周禮發明 張時泰廣義 明正德元年清江堂刻本 十行二十二字小字雙行同黑口雙邊 三八〇
續編資治宋元綱目大全二十七卷 明商輅等撰 明楊氏清江堂刻本 十行二十三字上下黑粗口四周雙邊雙魚尾 三八一
續資治通鑑綱目二十七卷 明商輅等撰 周禮發明 張時泰廣義 明嘉靖七年書林宗文堂刻本 十四行二十四字黑口四周雙邊 三八二
續編資治宋元綱目大全二十七卷 明商輅等撰 周禮發明 明嘉靖三十六年吉澄刻本 九行二十字小字雙行同白口四周單邊有刻工 三八三
續資治通鑑綱目廣義十七卷 明張時泰撰 明弘治五年自刻本 八行十八字黑口四周雙邊 三八四
御撰資治通鑑綱目三編二十卷 清張廷玉等纂 清乾隆十一年武英殿刻本 三八五
御撰資治通鑑綱目三編四十卷 清舒赫德等纂 清乾隆四十七年武英殿刻本 三八六
御撰資治通鑑綱目三編四十卷 清舒赫德等纂撰 清乾隆內府抄本 三八七
通鑑綱目編年錄一百卷 清邵瓊輯 清乾隆二十五年刻本 三八八
通鑑綱目編年甲子全表一卷列宿小表一卷 圖注步天歌一卷 清徐春和撰 稿本 三八九
新刊古本大字合併綱鑑大成四十六卷 明唐順之撰 明隆慶四年書林楊員壽歸仁齋刻本 十一行二十六字小字雙行同白口四周單邊 三九〇
刻註解標題歷朝鑑綱論抄十二卷 明張居正輯 明萬曆刻本 十行二十三字小字雙行同四周雙邊 三九一
鐫王鳳洲先生會纂綱鑑歷朝正史全編二十三卷 明王世貞撰 明萬曆十八年余彰德萃慶堂刻本 十二行二十五字小字雙行同眉欄小字雙行五字白口四周雙邊 三九二
王鳳洲先生綱鑑正史全編二十四卷 明王世貞撰 張居卿輯 明崇禎十二年刻本 十行二十一字白口四周單邊 三九三
王鳳洲先生綱鑑正史全編二十四卷 明王世貞撰 張居卿輯 續鳳洲綱鑑八卷 明郁虞博等輯 清初刻本 三九四
鳳洲綱鑑三十九卷首一卷 明王世貞撰 李槃增修 明萬曆書林余彰德刻本 十二行二十八字白口上下欄四周雙邊單邊 三九五
綱鑑大全三十九卷首一卷 明王世貞撰 明刻本 入字十行二十七字小字同二接欄白口四周單邊有刻工 三九六
重訂王鳳洲先生綱鑑會纂四十六卷續宋元紀二十三卷 明王世貞撰 陳仁錫訂 明末刻本 十行二十字小字雙行白口四周單邊 三九七
綱鑑標題要選十二卷總斷一卷 明王世貞輯 鄒子章參訂 明末刻本 九行十八字白口四周單邊 三九八
鼎鍥趙田了凡袁先生編纂古本歷史大方綱鑑補三十九卷首一卷 明袁黃撰 明萬曆三十八年余象斗雙峰堂刻本 十二行二十八字白口四周雙邊 三九九
袁了凡先生重訂鳳洲綱鑑世史類編三十九卷首一卷 明王世貞、袁黃撰 明末陳長卿刻本 十二行二十八字小字雙行同枝框內上方行四字白口四周雙邊 四〇〇
刻王鳳洲先生家藏通考綱鑑旁訓二十卷 明何喬遠撰 明末刻本 八行二十八字白口四周雙邊 四〇一
新刊史學備要綱鑑會編四十八卷新刊史學備要史綱統會二十三卷 明王錫爵撰 明萬曆六年鄭以厚刻本 十二行二十四字白口雙魚尾四周雙邊有刻工 四〇二
歷朝綱鑑輯要二十卷 明孫鑛撰 明末書林兩錢家刻本 十行二十六字小字雙行白口四周單邊 四〇三
鼎鍥纂補標題論表策綱鑑正要精抄二十卷 明馮琦撰 明萬曆三十四年書林鄭純鎬聯輝堂刻本 十二行每行二十五字小字雙行二十八字白口單魚尾四周雙邊 四〇四
新刻九我李太史編纂古本歷史大方綱鑑三十九卷首一卷 明李廷機輯 明萬曆二十八年余文台雙峰堂刻本 十二行二十九字小字雙行同上白口下黑口四周雙邊 四〇五
新刻九我李太史校正古本歷史大方通鑑四 四〇六

十一卷首一卷 明余廷璣輯 明萬曆三十二年書林余氏刻本 十一行二十四字小字雙行或二行作五行行二十四字刻有眉批白口四周雙邊單魚尾

新刻校正古本歷史大方通鑑四十一卷首一卷 明余廷璣、葉向高輯 明周時泰刻本 十一行二十四字白口單邊 四〇七

鼎鍥葉太史彙纂玉堂鑑綱七十二卷 明葉向高撰 明萬曆書林熊成冶種德堂刻本 十二行二十五字小字雙行同白口單黑魚尾四周單邊 四〇八

鼎鍥葉太史彙纂玉堂鑑綱七十二卷 明葉向高撰 明萬曆三十年書林熊體忠刻本 十二行二十五字白口四周單邊 四〇九

鼎鍥葉太史彙纂玉堂綱鑑七十二卷 明葉向高撰 明編塋石渠閣刻本 十二行二十三字小字同四周單邊白口 四一〇

新鍥國朝三元品節標題綱鑑大觀纂要二十卷 明焦竑輯 蘇濬刪補 李廷機校正 明萬曆二十六年黃氏聚吾書軒刻本 十二行二十五字白口四周雙邊雙魚尾 四一一

新刊翰林攷正綱目通鑑玉臺青史十七卷 明汪旦輯 明萬曆三十四年瀛洲館刻本 十一行二十五字眉欄小字雙行五字白口四周單邊 四一二

夢松軒訂正綱鑑玉衡七十二卷 明劉孔敬輯 明崇禎十年夢松軒刻本 十二行二十五字小字雙行同白口四周單邊 四一三

編輯名家評林史學指南綱鑑新鈔二十卷總論一卷 明翁正春撰 明書林鄭以厚刻本 十二行二十五字小字雙行同上批欄二十四行十二字白口左右雙邊 四一四

湯睡菴先生歷朝綱鑑全史七十卷首一卷 明湯賓尹撰 陳繼儒注 明萬曆刻本 十一行二十六字四周單邊 四一五

綱鑑標題四卷 明湯賓尹輯 江應魁增訂 明廣友堂刻本 上九行字無定數下九行二十七字白口四周單邊 四一六

綱鑑標題一覽不分卷 明湯賓尹撰 明末刻本 八行行字無定數白口四周單邊 四一七

綱鑑要編二十四卷 明陳臣忠撰 明萬曆四十五年刻本 十行二十一字四周單邊 四一八

綱鑑要編二十四卷 明陳臣忠撰 張睿卿輯 明崇禎刻本 十行二十一字白口四周單邊 四一九

新鐫張太史註釋標題綱鑑白眉二十一卷首一卷 明張鼐輯 周宗建、曾楚卿參訂 明末李潮刻本 十二行二十五字小字雙行同白口單邊 四二〇

新鐫獻蓋喬先生綱鑑彙編九十一卷首一卷 明喬承詔撰 明天啟四年自刻本 八行十七字四周單邊白口有刻工 四二一

綱鑑統一三十九卷附論題二卷歷朝捷錄二卷 明馮夢龍撰 明崇禎衍瀛溪刻本 十行二十字小字雙行同板框上小字批注行五字白口左右雙邊 四二二

鼎鍥鍾伯敬訂正資治綱鑑正史大全七十四卷皇明紀要三卷 明鍾惺訂正 明崇禎元年刻本 十二行二十六字注文小字雙行同四周單邊白口有眉欄 四二三

綱鑑正史約三十六卷 明顧錫疇撰 明崇禎三年刻本 十行二十字小字雙行同白口左右雙邊 四二四

綱鑑正史約三十六卷 明顧錫疇編 明崇禎五年刻本 清江沅批校 十行二十字白口左右雙邊單魚尾 四二五

綱鑑正史約三十六卷 明顧錫疇撰 清陳弘謀增訂 附甲子紀元一卷 清陳弘謀撰 清乾隆二年刻本 清王芑孫題識 四二六

合鍥綱鑑通紀今古合錄註斷論策題旨大全二十卷首一卷 明張溥輯 明崇禎刻本 十四行十二字小字雙行同白口四周單邊 四二七

續書堂綱鑑訂本六十四卷首一卷 清潘永圖、潘永因撰 清抄本 四二八

綱鑑會編九十八卷首一卷歷代統系表略三卷歷代官制考略二卷歷代郡國攷略三卷 清[illegible]輯 清[illegible] 四二九

綱鑑類纂五十四卷首一卷 清萬淇撰 清抄本 清王芑孫題識 四三〇

龍門綱鑑正編二十卷綱鑑要覽四卷 清嵇先庚輯 四三一

新刻明朝通紀會纂七卷 明王世貞輯 清康熙刻本

綱鑑彙編四十卷明紀九卷 清蔡方炳撰 清康熙五十四年沈國元大來堂刻本 四三二

綱鑑會通九十八卷明紀十五卷 清陳志襄輯 清康熙五十八年晴祀堂刻本 四三三

綱鑑摘要六卷 清初抄本 四三四

帝王世紀不分卷 晉皇甫謐撰 題清武陵山人輯 稿本 四三五

帝王世紀輯注八卷 晉皇甫謐撰 清欽謝輯注 稿本 四三六

編年通載十卷 宋章衡撰 宋刻本 清黃丕烈跋 勒方錡題款 行字不等白口左右雙邊有刻工 存四卷（一至四） 四三七

皇王大紀八十卷 宋胡宏撰 明萬曆三十九年陳邦瞻刻本 十行二十字白口單魚尾四周雙邊有刻工 四三八

皇王大紀八十卷 宋胡宏撰 明萬曆三十九年陳邦瞻刻本（卷十六至二十五、四十六至五十五、七十六至八十配清抄本） 清丁丙跋 十行二十字白口四周雙邊有刻工 四三九

皇王大紀八十卷 宋胡宏撰 明抄本 四四〇

皇王大紀八十卷 宋胡宏撰 清抄本 四四一

大事記十二卷通釋三卷解題十二卷 宋呂祖謙撰 明刻本 十行二十一字小字雙行同黑口四周雙邊 四四二

大事記十二卷通釋三卷解題十二卷 宋呂祖謙撰 清抄本 四四三

呂東萊先生大事記十二卷通釋三卷解題十 四四四

二卷　宋呂祖謙撰　明阮元聲、吳國琦訂　明末刻本　十行二十字小字雙行同白口四周單邊

四四五　大事記續編七十七卷　明王褘撰　明成化二十年陸淵之刻本　十行二十二字黑口四周雙邊

四四六　大事記續編七十七卷　明王褘撰　明成化二十年陸淵之刻本　清丁丙跋　十行二十二字小字雙行同黑口四周雙邊

四四七　標題詳註十九史音義明解十卷　元曾先之、梁寅撰　明成化十一年劉氏日新書堂刻本　十一行二十字小字雙行同黑口四周雙邊

四四八　天運紹統二卷　明朱權撰　明天啟元年梁錄贊刻本　九行十六字白口四周單邊

四四九　天運紹統不分卷　明朱權撰　明抄本

四五〇　世史正綱三十二卷　明丘濬撰　明弘治三年刻本　十行十八字黑口四周雙邊

四五一　世史正綱三十二卷　明丘濬撰　明嘉靖四十二年孫應鰲刻本　十行十八字黑口上下黑口四周雙邊雙魚尾

四五二　世史正綱三十二卷　明丘濬撰　明嘉靖四十二年孫應鰲刻本　清丁丙跋　十行十八字小字雙行同黑口四周雙邊

四五三　諸史會編大全一百十二卷　明金燫撰　明嘉靖四年刻本　九行二十二字小字雙行二十一字下單粗黑口叁魚尾四周單邊

四五四　諸史會編大全一百十二卷　明金燫撰　明嘉靖四年刻公文紙印本　九行二十二字小字雙行同白口或黑口四周單邊有刻工

四五五　人代紀要三十卷　明顧應祥撰　明嘉靖三十七年黃展刻本　十行二十二字白口四周單邊有刻工

四五六　人代紀要攷證十卷　明顧應祥撰　明嘉靖三十七年黃展刻本　十行二十二字白口[illegible]

四五七　天王閏紀不分卷　[illegible]撰　明抄本　[illegible]跋

四五八　新刻世史類編四十五卷首一卷　明李純卿草創　謝遷補遺　王守仁覆詳　王世貞會纂　李槃增修　明萬曆三十四年書林余彰德刻本　十二行二十八字白口四周單邊

四五九　新刻世史類編四十五卷首一卷　明李純卿草創　謝遷補遺　王守仁覆詳　王世貞會纂　李槃增修　明書林張起鵬刻本　十二行二十八字白口四周單邊

四六〇　重刻詳訂世史類編四十五卷首一卷　明李純卿草創　謝遷補遺　王守仁覆詳　王世貞會纂　李槃增修　明崇禎刻清初重修本　十二行二十六字小字二十四行字數同白口四周單邊

四六一　稽古編大政記綱目八卷　明姜寶撰　明萬曆十五年刻本　十行二十六字白口黑單魚尾四周雙邊有刻工

四六二　資治上編大政記綱目四十卷下編三十二卷　明姜寶撰　明萬曆刻本　十行二十二字白口雙邊有刻工

四六三　資治上編大政記綱目四十卷下編三十二卷　明姜寶撰　明萬曆刻本　清丁丙跋　十行二十二字白口四周雙邊有刻工

四六四　考信編七卷　明杜思撰　明萬曆七年刻本　十行二十字白口四周單邊

四六五　新刊標題古今三十三朝史綱紀要七十二卷外紀七卷　明許國撰　黃洪憲補　明萬曆書林詹氏刻本　十行二十四字白口四周雙邊　存七十二卷　外紀一至七、史綱紀要一至四十二、五十至七十二

四六六　資治歷朝紀政綱目前編八卷正編四十卷續編二十六卷　明黃洪憲撰　許順義注補　明萬曆二十五年建陽余彰德刻本　十一行二十四字注雙行小字白口四周雙邊

四六七　治統會要八卷　明沈堯中撰　明萬曆刻本　九行二十字小字雙行同白口四周單邊有刻工

四六八　紀年類編四卷　明袁仁、袁黃撰　明袁天啟刻本　八行二十字小字雙行同白口左右雙邊

四六九　歷代二十一傳十二卷　明程元初撰　明萬曆刻本　十行二十字小字雙行同白口四周單邊

四七〇　新裁編年通考一卷編年考纂二卷　明楊仲書撰　明萬曆四十五年刻本　九行二十二字白口四周雙邊

四七一　歷代史書大全□□卷　明活字印本　存二十二卷　宋帝紀一至十七卷、元本紀一至五卷

四七二　古今全史一覽四卷　明鄒弘諾撰　清李漁續　黃中道删訂　清潘宗齊抄本　羅振常跋

四七三　史書十卷　明姚允明撰　明崇禎十年刻本　十行二十二字白口單魚尾左右雙邊

四七四　歷代帝王統系二卷　明吳洪基撰　明崇禎沈氏華萼堂刻本　九行二十一字白口四周單邊

四七五　彷夢華錄六卷　明錢嵋章撰　稿本　竹松道人題識

四七六　皇王史訂四卷　清李學孔撰　清順治十八年刻本

四七七　中興綱目十卷　清徐樹丕輯　清抄本

四七八　中興綱目十卷　清徐樹丕輯　清抄本

四七九　中興綱目十卷　清徐樹丕撰　清末葉氏五百經幢館抄本

四八〇　六朝寶訓政事紀年不分卷　清初抄本

四八一　尚友集一百九十七卷首一卷目錄一卷續集二十卷　清韓茂坊輯　稿本　俞浩跋

四八二　同書不分卷　清俞岳齡撰　稿本

四八三　同書不分卷　稿本

四八四　三元通紀一卷　清王取超撰　稿本　清王筠批校

四八五　歷代紀年十卷　宋晁公遡撰　宋紹熙三年盱江郡齋刻本　清黃丕烈跋　十行十九字白口左右雙邊有刻工　存九卷　二至十

四八六　歷代紀年十卷　宋晁公遡撰　清初抄本

四八七 歷代紀年十卷 宋晁公邁撰 清抄本 存九卷 二至十

四八八 歷代紀年十卷附夷狄一卷最國朝典禮一卷 宋晁公邁撰 清抄本 清黃丕烈跋 存九卷 二至十

四八九 歷代紀年十卷 宋晁公邁撰 清抄本 清丁丙跋 存九卷 二至十

四九〇 歷代帝王紀年纂要一卷 元桑罕撰 明佚名訂正 明刻本 八行十四字黑口四周雙邊

四九一 歷代史譜不分卷 元鄭鎮孫撰 明成化刻本 十一行字數不等大黑口四周雙邊

四九二 古今歷代大統易見錄二卷 明楊士奇撰 明嘉靖三十三年刻本 十二行二十二字白口四周雙邊

四九三 歷代紀年甲子圖一卷 明李旻撰 明弘治刻本 八行黑口四周雙邊

四九四 歷代世譜十卷 明弘治十六年陳璘刻本 十行二十字黑口四周雙邊

四九五 改元考一卷 明當洲撰 明抄本

四九六 甲子會紀五卷 明薛應旂撰 明嘉靖三十七年玄津草堂刻本 九行十八字白口單邊單魚尾有刻工

四九七 甲子會紀五卷 明薛應旂編 明陳仁錫評 明陳仁錫刻本 八行十八字小字雙行同白口單邊

四九八 世曆四卷 明陳士元撰 明萬曆刻本 九行二十字白口四周單邊

四九九 歷朝紀元錄三卷 明丘文學撰 明崇禎江楓草堂刻本 八行二十字白口四周單邊單魚尾 存二卷 一至二

五〇〇 歷代正閏考十二卷 明沈德符撰 清抄本

五〇一 歷代正閏考十二卷 明沈德符撰 清抄本 清丁丙跋

五〇二 歷代正閏考十二卷 明沈德符撰 清抄本 鄭振鐸跋

五〇三 歷代正閏考十二卷 明沈德符撰 清抄本 存八卷 一至四、九至十二

五〇四 歷代帝王曆祚考八卷音釋一卷歷代紹運國系之圖一卷歷代年號攷同一卷歷代紹統年表一卷 明吳繼安撰 明萬曆二十九年吳氏南山家塾刻本 九行十八字小字雙行同四周單邊

五〇五 歷代帝王曆祚考八卷附音釋一卷 明吳繼安撰 明抄本

五〇六 歷代帝王曆祚考八卷音釋一卷 明程楊撰 明崇禎刻本 九行十八字四周單邊白口

五〇七 歷代紀元歷七卷 明顧道洪撰 清初錢氏述古堂抄本

五〇八 歷代紀元彙攷八卷 清萬斯同撰 清康熙四十二年刻本

五〇九 歷代紀元彙攷五卷 清萬斯同撰 萬經補 清康熙五十四年刻本

五一〇 歷代紀元彙考五卷 清萬斯同撰 萬經補 清康熙五十四年刻本 清吳騫批並補錄序

五一一 歷代紀元彙考五卷 清萬斯同撰 萬經補 清如不足齋刻本 清李慈銘跋

五一二 歷代紀元彙考八卷 清萬斯同撰 清抄本 清李文藻批校並跋

五一三 歷代紀元彙攷九卷附紀元餘論一卷 清趙嚴熙、萬斯同撰 吳騫增訂 清抄本

五一四 歷代建元考不分卷外編不分卷 清鍾淵映撰 清抄本

五一五 歷代建元考不分卷外編不分卷 清鍾淵映撰 清抄本

五一六 歷代建元考不分卷前編不分卷外編不分卷 清鍾淵映撰 清抄本

五一七 歷代建元考不分卷外編不分卷 清鍾淵映撰 清抄本

五一八 歷代建元考不分卷外編不分卷 清鍾淵映撰 清抄本 清朱彝尊批校

五一九 歷數考正集不分卷 清朱彝叔撰 清抄本

五二〇 御定歷代紀事年表一百卷 清王之樞等撰 清康熙五十四年內府刻本

五二一 歷代統系三卷首一卷末一卷 清文明撰 稿本

五二二 歷代帝王年表不分卷 清齊召南撰 稿本 存夏至宋紹興二十年

五二三 歷代帝王年表十四卷 清齊召南撰 阮福續編 帝王廟謚年諱譜一卷 補 清陸費墀撰 清道光四年小琅嬛仙館刻本 清李慈銘校

五二四 歷代帝王統系紀年不分卷 清乾隆十七年于敏中抄本

五二五 紀元韻叙不分卷 清萬光泰撰 清嘉慶六年抄本 清翁方綱批校題跋

五二六 歷代帝系年號考二十卷 清劉宗紱撰 清乾隆二十八年春山堂刻本

五二七 歷代三元甲子古今帝王世系地域圖考八卷 清黃叔璥撰 清抄本

五二八 天位德元不分卷 清劉墉抄本 清黃易跋

五二九 歷代紀元韻編二卷 清王又曾撰 清乾隆十年刻本

五三〇 歷代紀年便覽一卷附歷代割據諸國一卷 清陳鐘珂撰 清乾隆刻本

五三一 歷代紀年不分卷 清陳鐘珂撰 方耕校 改元考同 清吳翥公撰

張澍輯
歷代建元相同考 清黃虞稷撰 歷代甲子考 清黃宗羲撰
二十一史徽 徐汾撰 清方綱枕經堂抄本 張之銘注

五五三二 歷代紀元一卷 清劉斯樞輯 清乾隆二十七年瑞榴堂刻本

五五三三 帝王廟謚年諱譜一卷 清陸費墀撰 清抄本

五五三四 紀元韻編五卷 清沈心醇輯 清乾隆四十二年孔氏微波榭抄本

五五三五 歷代帝王圖不分卷 清陳琢撰 清乾隆刻本

五五三六 歷代紀元表一卷歷代紀元韻覽五卷 清馬紹基撰 清抄本

五五三七 紀年經緯十六卷 清張學誠撰 清嘉慶十二年唐仲冕刻本

五五三八 春秋君臣世系圖考不分卷 清周日年、章深輯 清乾隆五十八年會稽章氏刻本

五五三九 建元類聚考二卷 清錢東垣撰 清道光刻本

五五四〇 列代建元表十卷建元類聚攷二卷 清錢東垣撰 清道光七年金鳳沼刻本

五五四一 建元類聚攷二卷歷代建元表一卷 清錢東垣撰 清道光抄本

五五四二 開闢至春秋年表一卷 清林春溥撰 稿本

三五

五五四三 歷代年號分韻一卷 清林春溥撰 稿本

五五四四 紀元編三卷 清李兆洛撰 清抄本 羅振玉校

五五四五 歷代帝王統系攷八卷 清吳盟鳳撰 稿本

五五四六 甲子紀年附歷朝僭竊紀元編韻不分卷 清姜慶成撰 稿本

五五四七 歷代紀元宅都記畧二卷附年號相同攷一卷 清鄒伯奇輯 稿本

五五四八 古今甲子全譜一卷 清鄒杭之撰 稿本

五五四九 紀元編三卷 清六承如撰 清同治十年李氏刻本 鄭文焯批注並跋

斷代

五五五〇 周季編略九卷 清黃式三撰 清同治十二年浙江書局刻本 清口曆甫校 附清黃以周與口曆甫手札

五五五一 周季編略不分卷 清黃式三撰 清咸豐九年抄本

五五五二 列國史補十八卷 明魏顯國撰 明萬曆刻本 十二行二十五字白口四周單邊

五五五三 東周紀年一卷 清張坊撰 清乾隆二十三年刻本

五五五四 國策編年十卷首一卷 清賈演撰 稿本

五五五五 鮮虞中山國事表中山疆域圖說不分卷 清王先謙撰 清光緒九年長沙王氏自刻本 清孫詒讓校

五五五六 兩漢紀六十卷 前漢紀三十卷 漢荀悅撰 後漢紀三十卷 晉袁宏撰 宋王銍輯 明嘉靖二十七年黃姬水刻本 十行二十字白口左右雙邊

五五五七 兩漢紀六十卷 前漢紀三十卷 漢荀悅撰 後漢紀三十卷 晉袁宏撰 宋王銍輯 明嘉靖二十七年黃姬水刻本 清陳鱣、口其錄跋 十一行二十字白口左右雙邊單魚尾

五五五八 兩漢紀六十卷 前漢紀三十卷 漢荀悅撰 後漢紀三十卷 晉袁宏撰 宋王銍輯 明嘉靖二十七年黃姬水刻本 十一行二十字白口左右雙邊 周叔弢跋 前
兩漢紀三十卷 漢荀悅撰 清黃丕烈校並跋、張燮錄何焯校 汪鳴鑾跋
兩漢紀三十卷 晉袁宏撰 瑞湘跋 清孫潛校 湯鈞跋 後

五五五九 兩漢紀六十卷 前漢紀三十卷 漢荀悅撰 後漢紀三十卷 晉袁宏撰 宋王銍輯 明嘉靖二十七年黃姬水刻本 清韓應陛、顧廣圻、黃丕烈題識 十一行二十字白口左右雙邊

五五六〇 兩漢紀六十卷 前漢紀三十卷 漢荀悅撰 後漢紀三十卷 晉袁宏撰 宋王銍輯 明嘉靖二十七年黃姬水刻本 清陳揆校注 十一行二十字白口左右雙邊

五五六一 兩漢紀六十卷 前漢紀三十卷 漢荀悅撰 後漢紀三十卷 晉袁宏撰 宋王銍輯 明嘉靖二十七年黃姬水刻本 清張紹仁校 十一行二十字白口左右雙邊單白魚尾

五五六二 兩漢紀六十卷 前漢紀三十卷 漢荀悅撰 後漢紀三十卷 晉袁宏撰 宋王銍輯 明嘉靖二十七年黃姬水刻本 清陳澧校並跋 十一行二十字白口左右雙邊

三六

五五六三 兩漢紀六十卷 前漢紀三十卷 漢荀悅撰 後漢紀三十卷 晉袁宏撰 宋王銍輯 明嘉靖二十七年黃姬水刻本 鄒邦述跋 十一行二十字白口左右雙邊單白魚尾

五五六四 兩漢紀六十卷 前漢紀三十卷 漢荀悅撰 後漢紀三十卷 晉袁宏撰 宋王銍輯 明嘉靖二十七年黃姬水刻本 十一行二十字白口左右雙邊 吳慈培校

五五六五 兩漢紀六十卷 前漢紀三十卷 漢荀悅撰 後漢紀三十卷 晉袁宏撰 宋王銍輯 明萬曆二十六年南京國子監刻本 十行二十字白口左右雙邊有刻工

五五六六 兩漢紀六十卷 漢紀三十卷 漢荀悅撰 後漢紀三十卷 晉袁宏撰 明萬曆二十六年南京國子監刻本 清馮班批注並跋 十行二十字下細黑口上白口左右雙邊

五五六七 兩漢紀六十一卷 前漢紀三十卷 漢荀悅撰 後漢紀三十卷 晉袁宏撰 兩漢紀字句異同考一卷 清蔣國祚撰 清康熙三十五年蔣氏槃三堂刻本

五五六八 兩漢紀字句異同考一卷 清蔣國祚撰 清陳氏東塾抄本 清陳澧批校

五五六九 漢紀三十卷 漢荀悅撰 明正德十六年何景明、翟清刻本 十行二十四、五字白口左右雙邊

五五七〇 漢紀三十卷 漢荀悅撰 明正德十六年何景明、翟清刻本 十行二十四、二十五字白口左右雙邊 吳慈培校

五七一 前漢紀三十卷 漢荀悅撰 明嘉靖二十七年黃姬水刻本 清王士禛批校並跋 十一行二十字白口左右雙邊

五七二 漢紀三十卷 漢荀悅撰 明抄本

五七三 西漢年紀三十卷 宋王益之撰 清乾隆翰林院抄本（四庫底本） 清邵晉涵校

五七四 後漢紀三十卷 晉袁宏撰 明抄本

五七五 蜀漢本末三卷 元趙居信撰 元至正十一年建寧路建安書院刻本 十行十九字黑口左右雙邊

五七六 蜀漢本末三卷 元趙居信撰 清抄本

五七七 大唐創業起居注三卷 唐溫大雅撰 明萬曆沈士龍胡震亨刻秘册彙函本 清黃丕烈校並跋 九行十八字白口左右雙邊

五七八 大唐創業起居注三卷 唐溫大雅撰 清乾隆吳翌鳳抄本 清吳翌鳳校並跋

五七九 大唐創業起居注三卷 唐溫大雅撰 清嘉耕顧氏文房抄本

五八〇 大唐創業起居注三卷 唐溫大雅撰 清抄本 繆荃孫校

五八一 五代春秋二卷 宋尹洙撰 清黃奭抄本

五八二 五代春秋二卷 宋尹洙撰 清初抄本 清邵晉涵、趙懷玉校並跋 清丁丙跋

五八三 五代春秋二卷 宋尹洙撰 清抄本

五八四 五代春秋二卷 宋尹洙撰 清抄本

五八五 五代春秋二卷 宋尹洙撰 五代紀畧一卷 清毛文光撰 清毛文光抄本

五八六 三唐傳國編年五卷 清吳非撰 首一卷末一卷 清康熙鄒逆刻本

五八七 天顯紀年三十三卷 清毛國翰撰 稿本

五八八 皇朝通鑑政要十八卷 宋崔遵度撰 清初抄本
存十七卷 卷二至十八

五八九 續資治通鑑長編一百八卷 宋李燾撰 宋刻本 十三行二十三字白口左右雙邊 有刻工
存一百六卷 一至七十四、七十七至一百〇八

五九〇 續資治通鑑長編撮要一百八卷 宋李燾撰 宋刻本（一卷八至二十九、三十五至三十八、卷一、四十一之二至六十一、六十七至七十九、八十一之五至八十二之三、八十七至八十八配清乾隆八年楊濬抄本） 清楊濬、蔣重光跋 十五行二十三字細黑口左右雙邊

五九一 續資治通鑑長編一百八卷 宋李燾撰 清初抄本

五九二 續資治通鑑長編一百八卷 宋李燾撰 清抄本 清宋賓王校並跋 沈以恭跋

五九三 續資治通鑑長編一百八卷 宋李燾撰 清抄本

五九四 續資治通鑑長編一百八卷 宋李燾撰 清抄本

五九五 續資治通鑑長編一百八卷 宋李燾撰 清抄本

五九六 續資治通鑑長編一百八卷 宋李燾撰 清抄本

五九七 續資治通鑑長編一百八卷 宋李燾撰 清抄本

五九八 續資治通鑑長編一百八卷 宋李燾撰 清抄本

五九九 續資治通鑑長編一百八卷 宋李燾撰 清抄本 清周星詒校並跋 竹逵時跋

六〇〇 續資治通鑑長編一百八卷 宋李燾撰 清抄本
存七十五卷 二十六至三十、三十六至八十七、九十一至一百八

六〇一 續資治通鑑長編一百八卷 宋李燾撰 清抄本
存一百五卷 一至一百五卷

六〇二 續資治通鑑長編五百二十卷目錄二卷 宋李燾撰 清嘉慶二十四年張氏愛日精廬活字印本

六〇三 續資治通鑑長編五百二十卷 宋李燾撰 清光緒七年浙江書局刻本 傅增湘校
拾補六十卷 清張大昌等輯注 清光緒九年浙江書局刻本

六〇四 續資治通鑑長編五百二十卷 宋李燾撰 清抄本（四庫底本）

六〇五 續資治通鑑長編五百二十卷目錄二卷 宋李燾撰 清抄本

六〇六 增入名儒講義宋資治通鑑長編□□□卷 宋李燾撰 元刻本 十六行二十五字黑口四周雙邊
存一卷 三十四

六〇七 續資治通鑑十八卷 宋李燾撰 元陳氏餘慶堂刻本 十三行二十二字黑口四周雙邊

六〇八 續資治通鑑十八卷 宋李燾撰 元陳氏餘慶堂刻明修本（卷九配影元抄本） 十三行二十二字黑口四周雙邊

六〇九 續資治通鑑十八卷 宋李燾撰 元米氏與畊堂刻本 清丁丙跋 十三行二十二字細黑口四周雙邊

六一〇 續資治通鑑十八卷 宋李燾撰 元米氏與畊堂刻明修本（卷十五至十六配另一元刻本、卷十七至十八配抄本） 清孔繼涵跋 十三行二十二字黑口四周雙邊

六一一 續資治通鑑前集十八卷 宋李燾撰 後集十五卷 宋劉時舉撰 元雲衢張氏刻本 十五行二十四字黑口四周雙邊

六一二 續資治通鑑前集十八卷 宋李燾撰 元雲衢張氏刻本 十五行二十四字黑口四周雙邊
存十二卷 一至十二

六一三 續資治通鑑十八卷 宋李燾撰 元刻本 十五行二十四字細黑口四周雙邊
存二卷 十至十一

六一四 續宋編年資治通鑑十八卷 宋李燾撰 清抄本

六一五 續宋編年資治通鑑十八卷 宋李燾撰 清抄本 清鮑廷博批校

續資治通鑑節要十三卷 宋李燾撰 宋刻本 十一行二十五字白口左右雙邊下有刻工 六一六
存六卷 一至六
注續通鑑地理不分卷 清洪亮吉撰 稿本 六一七
九朝編年綱目備要三十卷 宋陳均撰 宋紹定刻元修本 八行十六字小字雙行二十三字黑口四周單邊 六一八
存十二卷 一至九、二十八至三十
皇朝編年備要二十五卷補刋編年備要五卷 宋陳均撰 宋紹定刻本 清錢大昕跋 八行十六字小字雙行二十三字 六一九
皇朝編年備要三十卷 宋陳均撰 明抄本 六二〇
皇朝編年備要三十卷 宋陳均撰 清影宋抄本 六二一
九朝編年備要三十卷 宋陳均撰 清抄本 清朱彝尊跋 六二二
皇朝編年備要三十卷 宋陳均撰 清汪氏藏硯齋抄本 卷一、四至十三、十六至十八、二十一至二十五、二十六配清抄本 清丁丙跋 六二三
皇朝編年備要三十卷 宋陳均撰 清汪氏藏硯齋抄本 六二四
存九卷 四至五、八至九、十八、二十一、二十八至三十

皇宋編年備要三十卷 宋陳均編 清華古齋抄本 六二五
皇朝編年備要三十卷 宋陳均撰 清華古齋抄本 六二六
皇朝編年備要三十卷 宋陳均撰 清清白草廬抄本 六二七
皇朝編年備要三十卷 宋陳均撰 清清白草廬抄本 六二八
皇朝編年備要三十卷 宋陳均撰 清經鉏堂抄本 六二九
皇朝編年備要三十卷 宋陳均撰 清抄本 六三〇
皇朝編年備要三十卷 宋陳均撰 清抄本 六三一
皇朝編年備要三十卷 宋陳均撰 清抄本 六三二
皇朝編年備要三十卷 宋陳均撰 清抄本 六三三
皇朝編年備要三十卷 宋陳均撰 清抄本 六三四
皇朝編年備要三十卷 宋陳均撰 清抄本 六三五
皇朝編年備要三十卷 宋陳均撰 清抄本 六三六
皇朝編年備要三十卷 宋陳均撰 清抄本 清曾釗批校 六三七
太平寶訓政事紀年五卷 清抄本 六三八
太平寶訓政事紀年五卷 清抄本 六三九

太平寶訓政事紀年五卷 清鄒氏滿香簃抄本 鄒鋆祿校 六四〇
皇宋十朝綱要二十五卷 宋李𡎖撰 清抄本 六四一
皇宋十朝綱要二十五卷 宋李𡎖撰 清抄本 六四二
皇宋十朝綱要二十五卷 宋李𡎖撰 清抄本 六四三
皇宋十朝綱要二十五卷 宋李𡎖撰 清抄本 六四四
皇宋十朝綱要二十五卷 宋李𡎖撰 清抄本 清丁丙跋 六四五
靖康要錄十六卷 清光緒十二年陸心源刻十萬卷樓叢書本 傅增湘校並跋 六四六
靖康要錄十六卷 清抄本 清王宗炎校 六四七
靖康要錄二卷 明抄本 六四八
存一卷 下
靖康要錄二卷 清抄本 傅增湘跋 六四九
孝慈淵聖皇帝要錄二卷 明范氏天一閣抄本 六五〇
孝慈淵聖皇帝要錄二卷 清初抄本 六五一
三朝北盟會編二百五十卷 宋徐夢莘撰 明湖東精舍抄本 六五二
三朝北盟會編二百五十卷 宋徐夢莘撰 明抄本 六五三

三朝北盟會編二百五十卷 宋徐夢莘撰 明抄本 六五四
三朝北盟會編二百五十卷 宋徐夢莘撰 明抄本 六五五
三朝北盟會編二百五十卷 宋徐夢莘撰 明抄本 清丁丙跋 六五六
三朝北盟會編二百五十卷 宋徐夢莘撰 明王氏鬱岡齋抄本（卷四至二十、一百十一至一百二十配清抄本） 六五七
存二百四十七卷 四至二百五十
三朝北盟會編二百五十卷 宋徐夢莘撰 明抄本（卷一百五十一至一百五十五配清抄本） 六五八
存二百三十卷 一至一百十、一百二十一至一百三十五、一百四十六至二百五十
三朝北盟會編二百五十卷 宋徐夢莘撰 明抄本 六五九
存四十九卷 八十六至九十四、一百六至一百二十、一百九十一至二百、二百六至二百十、二百十六至二百二十五
三朝北盟會編二百五十卷 宋徐夢莘撰 明抄本（卷七十六至九十四、一百七十七至二百五十配清抄本） 清徐時棟錄目並跋 六六〇
存一〇四卷 七十六至一百、一百六十、一百七十六至二百五十
三朝北盟會編二百五十卷 明徐夢莘撰 明抄本 六六一
存二十卷 一百十一至一百二十、一百三十六至一百四十五

六六二 三朝北盟會編二百五十卷 宋徐夢莘輯 明抄本
存一百八十卷（七十一至二百五十）

六六三 三朝北盟會編二百五十卷 宋徐夢莘撰 明抄本
存二百三十卷（一至十九、二十七至九十八、一百三至二百四十）

六六四 三朝北盟會編二百五十卷 宋徐夢莘撰 明抄本
存三卷（一百七十八至一百八十）

六六五 三朝北盟會編二百五十卷 宋徐夢莘撰 明抄本
存十五卷（三十八至五十二）

六六六 三朝北盟會編二百五十卷 宋徐夢莘撰 清光緒三十四年許涵度刻本 傅增湘校並跋

六六七 三朝北盟會編二百五十卷 宋徐夢莘撰 清覲稼樓抄本
存四十三卷（一至七、二十四至三十二、一百三十九至一百五十六、一百九十一至一百九十九）

六六八 三朝北盟會編二百五十卷 宋徐夢莘撰 清白華樓抄本

六六九 三朝北盟會編二百五十卷 宋徐夢莘撰 清吳氏守經堂抄本

六七〇 三朝北盟會編二百五十卷 宋徐夢莘撰 清勤志館抄本

六七一 三朝北盟會編二百五十卷 宋徐夢莘撰 清不不遁閣抄本

四一

六七二 三朝北盟會編二百五十卷 宋徐夢莘編集 清敦詩書閣抄本

六七三 三朝北盟會編二百五十卷 宋徐夢莘編 清抄本

六七四 三朝北盟會編二百五十卷 宋徐夢莘撰 清抄本

六七五 三朝北盟會編二百五十卷 宋徐夢莘撰 清抄本

六七六 三朝北盟會編二百五十卷 宋徐夢莘撰 清抄本

六七七 三朝北盟會編二百五十卷 宋徐夢莘撰 清抄本

六七八 三朝北盟會編二百五十卷 宋徐夢莘撰 清抄本

六七九 三朝北盟會編二百五十卷 宋徐夢莘撰 清抄本

六八〇 三朝北盟會編二百五十卷 宋徐夢莘編 清抄本（四庫底本） 清吳城、朱文藻校跋 彭元瑞校並跋 傅增湘、張元濟跋

六八一 三朝北盟會編二百五十卷 宋徐夢莘撰 清抄本（卷四十八至四十九配另一清抄本） 清鮑廷博校並跋

六八二 三朝北盟會編二百五十卷 宋徐夢莘撰 清抄本 清郎恩多校並跋

六八三 三朝北盟會編二百五十卷 宋徐夢莘撰 清袁氏貞節堂抄本 清袁廷檮校
存一百七十七卷（一至六、十七至四十五、七十七至一百十一、一百十三至一百八十五、二百六至二百二十七、二百一十九至二百五十）

六八四 三朝北盟會編二百五十卷 宋徐夢莘撰 清抄本 清李兆洛校並跋

六八五 建炎以來繫年要錄二百卷 宋李心傳撰 清抄本

六八六 建炎以來繫年要錄二百卷 宋李心傳撰 清抄本

六八七 建炎以來繫年要錄二百卷 宋李心傳撰 清抄本

六八八 建炎以來繫年要錄二百卷 宋李心傳撰 清抄本

六八九 建炎以來繫年要錄二百卷 宋李心傳撰 清抄本

六九〇 建炎以來繫年要錄二百卷 宋李心傳撰 清乾隆四十一年孔繼涵抄本
存卷百八十卷（一至一百八十）

六九一 續資治通鑑十五卷 宋劉時舉撰 元陳氏餘慶堂刻本 十三行二十二字細黑口四周雙邊雙魚尾

六九二 續資治通鑑十五卷 宋劉時舉撰 元陳氏餘慶堂刻本（卷十三至十五配元至治張氏刻本） 十三行二十二字黑口四周雙邊

六九三 續資治通鑑十五卷 宋劉時舉撰 元陳氏餘慶堂刻本 十三行二十二字細黑口四周雙邊
存七卷（一至七）

六九四 續資治通鑑後集十五卷 宋劉時舉撰 元陳氏餘慶堂刻本 十三行二十二字黑口四周雙邊

四二

六九五 續資治通鑑後集十五卷 宋劉時舉撰 元刻本 十五行二十四字黑口四周雙邊

六九六 續資治通鑑十五卷 宋劉時舉撰 清抄本 清朱彝尊跋

六九七 續資治通鑑後集十五卷 宋劉時舉撰 清抄本 清黃丕烈、陸心源校並跋

六九八 續資治通鑑十五卷 宋劉時舉撰 清抄本 清吳壽暘校並跋又臨黃丕烈校跋 傅增湘題跋

六九九 續資治通鑑十五卷 宋劉時舉撰 清閔文炳抄本 清丁丙跋

七〇〇 續資治通鑑十五卷 宋劉時舉撰 清抄本 清陳揆校

七〇一 建炎筆錄三卷 宋趙鼎撰 清抄本

七〇二 皇朝中興繫年要錄節要□□卷 宋刻本 十一行二十三字白口左右雙邊雙魚尾 上記字數下有刻工
存十卷（八至十七）

七〇三 皇朝中興小紀四十卷 宋熊克撰 清抄本

七〇四 中興小紀四十卷 宋熊克撰 清抄本

七〇五 中興小紀四十卷 宋熊克撰 清抄本

七〇六 中興小紀四十卷 宋熊克撰 清抄本 清丁丙跋

七〇七 中興小紀四十卷 宋熊克撰 清同治抄本（廣雅書局付刊底本）

七〇八 皇朝中興紀事本末七十六卷 清抄本

七〇九 皇朝中興紀事本末七十六卷 清抄本

七一〇 皇朝中興紀事本末七十六卷 清末抄本 鄒翼跋
存二十一卷 二至八、十五至二十九

七一一 中興兩朝編年綱目十八卷 宋刻元修本 八行十七字小字雙行二十三字黑口左右雙邊
存十卷 一至七、十二至十四

七一二 中興兩朝編年綱目十八卷 清影宋抄本 清張蓉鏡校

七一三 皇朝中興傳信錄十卷 宋鮮于綽撰 清抄本

七一四 續編兩朝綱目備要十六卷 宋刻元修本 八行十六字小字雙行二十三字黑口左右雙邊
存五卷 一至五

七一五 續編兩朝綱目備要十六卷 清影宋抄本

七一六 續編兩朝綱目備要十六卷 清影宋抄本

七一七 兩朝綱目備要十六卷 清抄本

七一八 兩朝綱目備要十六卷 清抄本

七一九 兩朝綱目備要十六卷 清抄本 清丁丙跋

七二〇 宋季三朝政要六卷 元皇慶元年陳氏餘慶堂刻本 十三行二十二字細黑口四周雙邊雙魚尾

七二一 宋季三朝政要六卷 元皇慶元年陳氏餘慶堂刻本 清趙烈文、費念慈題識 鄧邦述題識 十三行二十二字黑口四周雙邊間有左右雙邊雙魚尾

七二二 宋季三朝政要六卷 元皇慶元年陳氏餘慶堂刻本 清趙魏題識 十三行二十二字黑口四周雙邊

七二三 宋季三朝政要六卷 元至治三年張氏刻本 十五行二十四字黑口左右雙邊

七二四 宋季三朝政要六卷 清袁氏貞節堂抄本 清袁廷檮校 陳鱣、丁丙跋

七二五 宋季三朝政要六卷 清嘉慶七年周文燾抄本 清周文燾跋 姚錫曾校跋並錄陳鱣題識 丁丙跋

七二六 宋季三朝政要六卷 清抄本 清陳鱣校

七二七 宋季三朝政要六卷 清漢陽葉氏抄本

七二八 宋季三朝政要六卷 清道光沈氏抱經樓抄本

七二九 宋季三朝政要六卷 清張德榮抄本

七三〇 宋季三朝政要六卷 清抄本

七三一 宋史全文續資治通鑑三十六卷 元刻本 十六行二十五字黑口四周雙邊
存十九卷 一至十九

七三二 宋史全文續資治通鑑三十六卷 元刻本 十六行二十五字黑口四周雙邊
存十四卷 一至八、十六至二十一

七三三 宋史全文續資治通鑑三十六卷 元刻本 十六行二十六字四周雙邊間有左右雙邊黑口
存二卷 十七、十八

七三四 宋史全文續資治通鑑三十六卷宋朝事實二卷 元刻本 十六行二十五字上下雙邊四周雙邊細黑口

七三五 宋史全文續資治通鑑三十六卷宋季朝事實二卷 元刻本 十六行二十六字黑口四周雙邊
存十四卷 二十五至三十六

七三六 宋史全文續資治通鑑三十六卷宋季朝事實二卷 明刻本 十六行二十五字黑口四周雙邊

七三七 宋史全文續資治通鑑三十六卷宋季朝事實二卷 明刻本 清丁丙跋

七三八 宋史全文續資治通鑑三十六卷增入名儒講義續資治通鑑宋季朝事實二卷 清抄本(卷一至十二、十四至十六、二十六至三十、三十三至三十六配另一清抄本)

七三九 西夏志畧四卷載記二卷 清抄本

七四〇 遼金正史綱目三十卷 清楊陸榮撰 清光緒潘氏葯盦抄本 清潘志萬校並跋

七四一 元史續編十六卷 明胡粹中撰 明永樂刻本 八行十八字黑口四周雙邊

七四二 元史續編十六卷 明胡粹中撰 清抄本 清丁丙跋

七四三 寶顏堂訂正庚申外史二卷 明權衡撰 明萬曆四十三年沈德先等刻寶顏堂祕笈本 清鮑廷博校並跋 周星詒校注並跋 蔣鳳藻跋

七四四 蒙古通鑑長編四卷補編一卷 清王元祿撰 稿本

七四五 秘閣元龜政要十六卷 明抄本 □勿齋校並跋

七四六 秘閣元龜政要十六卷 清抄本

七四七 龍飛紀畧八卷 明吳朴撰 明嘉靖二十三年吳天祿等刻本 十一行二十一至二十三字白口四周雙邊

七四八 龍飛紀畧十四卷 明吳朴撰 明嘉靖三十一年金陵王氏刻本 十一行二十一字白口單魚尾四周單邊

七四九 龍飛紀畧十四卷 明吳朴撰 明嘉靖三十一年金陵王氏刻本 清槐卿氏題識 十一行二十一字白口單邊單魚尾
存八卷 一至八卷

七五〇 明綱目前紀二卷 清鄂爾泰、張廷玉等撰 清抄本

七五一 洪武聖政記十二卷 明宋濂撰 明抄本（卷六下至十二配抄本）

七五二 聖政記十二卷 明宋濂撰 明抄本

七五三 聖政記十二卷 明宋濂撰 明抄本 存四卷（一、二、四、七）

七五四 聖政記不分卷 明宋濂撰 清抄本

七五五 高廟聖政記不分卷 明宋濂撰 清抄本

七五六 新刊皇明聖政記十卷 明刻本 十二行二十五字大黑口間有白口四周雙邊

七五七 皇明本紀不分卷 明抄本

七五八 皇明啟運錄八卷 明陳建撰 明刻本 十行二十二字白口四周單邊

七五九 新鍥鐘伯敬訂正皇明紀要三卷 明陳建撰 明刻本 十二行二十六字白口四周雙邊

七六〇 皇明紀要八卷 明陳建撰 明崇禎書林王渭刻本 八行十七字無格

七六一 皇明資治通紀前編八卷後編三十四卷 明陳建撰 明嘉靖三十四年刻本 十二行二十三字白口四周單邊 存三十四卷（前編：一至八，後編：一至十六、二十至二十九）

七六二 新刊校正增補皇明資治通紀十四卷 明陳建撰 明嘉靖三十四年自刻本 十五行二十九字四周單邊

七六三 鐫品隲皇明資治紀鈔十卷 明陳建撰 明萬曆二十二年永慶堂刻本 十二行二十八字白口四周雙邊

七六四 新鍥校正標題皇明通紀十卷 明陳建撰 明刻本 十一行二十七字小字雙行白口雙邊

七六五 新鍥鈔評校正標題皇明資治通紀十二卷 明陳建撰 明萬曆四十年閩書林余仙源刻本 十二行二十八字白口四周單邊

七六六 新鍥皇明紀政錄十二卷 明陳建撰 明刻本 十二行二十八字眉欄行五字白口四周單邊無界欄

七六七 新鍥李卓吾先生增補批點皇明正續合併通紀統宗十二卷附錄一卷 明陳建撰 袁黃、卜大有補輯 明末刻本 十二行二十八字小字雙行二十七字有眉欄白口四周單邊

七六八 皇明資治通紀三十卷 明陳建撰 岳元聲訂 明刻本 十行二十二字白口四周單邊

七六九 皇明資治通紀三十卷 明陳建撰 岳元聲訂 明刻本 章炳麟跋 十行二十二字白口四周單邊單魚尾有刻工

七七〇 重刻校正增補皇明資治通紀十卷 明陳建撰 明刻本 十四行三十字白口四周雙邊

七七一 皇明資治通紀十四卷 明陳建撰 皇明續紀三卷 明卜大有撰 明萬曆三十二年卜世昌刻本 十行二十一字白口四周單邊

七七二 重刻校正增補皇明資治通紀十卷 明陳建撰 皇明續記三卷 明卜大有輯 明刻本 十二行二十五字小字雙行白口單邊

七七三 新刻校正增補皇明資治通紀十卷 明陳建撰 續紀三卷 明卜大有撰 明刻本 十三行三十字白口四周雙邊 存十一卷（卷二至十、續上、中）

七七四 新鍥官板音釋標題皇明通紀十卷 明陳建撰 續紀三卷 明卜大有撰 明萬曆樹星樓刻本 十二行二十五字白口眉欄四周雙邊

七七五 皇明續紀三卷 明卜大有撰 明刻本 明鍾羽批點 鄧之誠題識 十行二十一字四周單邊白口 存二卷（上、中）

七七六 皇明資治通紀十四卷 明陳建撰 皇明續紀三卷 明卜大有撰 皇明通紀述遺十二卷 明卜世昌撰 明末刻本 十行二十一字白口上魚尾四周單邊

七七七 皇明通紀述遺十二卷 明卜世昌、屠衡撰 明萬曆三十三年刻本 十行二十一字四周單邊白口

七七八 皇明通紀二十七卷續編十八卷 明陳建撰 董其昌補訂 明崇禎十一年刻本 十行二十二字小字雙行二十一字白口四周單邊

七七九 皇明通紀法傳全錄二十八卷 明陳建撰 高汝栻訂 吳禎增刪 皇明法傳錄嘉隆紀六卷續紀三朝法傳全錄十六卷 明高汝栻輯 明崇禎九年刻本 十行二十一字左右雙邊

七八〇 皇明通紀集要六十卷 明陳建撰 江旭奇補訂 明崇禎刻本 十行二十字白口四周單邊

七八一 皇明通紀集要六十卷 明陳建撰 江旭奇補訂 明崇禎刻本 十行二十字白口左右雙邊

七八二 皇明通紀集要六十卷 明陳建撰 江旭奇補訂 明崇禎刻本 王培孫、陳乃乾跋 十行二十字白口左右雙邊單魚尾

七八三 皇明通紀輯要二十四卷 明陳建撰 馬晉允增定 明崇禎寶田堂刻本 九行二十五字小字雙行白口四周單邊

七八四 皇明通紀輯要續編不分卷 題清晉安田氏輯 稿本

七八五 皇明從信錄四十卷 明陳建撰 沈國元訂補 明末刻本 十行二十二字小字雙行同白口四周單邊

七八六 皇明從信錄四十卷 明陳建撰 沈國元訂補 明末刻本（卷三十二至三十三配清抄本） 十行二十二字小字雙行同白口四周單邊

七八七 皇明二祖十四宗增補標題評斷實紀二十七

卷　明陳建、陳龍可撰　明末刻本　十一行二十六字小字双行同白口四周單边

七八八　皇明二祖十四宗增補標題評斷通紀二十七卷　明陳建、陳龍可撰　明崇禎刻本　十一行二十六字四周單边白口

七八九　皇明十六朝廣彙紀二十八卷　明陳建撰　陳龍可補訂　明崇禎五年友石居刻本　十行二十四字白口无格四周單边

七九〇　成憲錄十一卷　明抄本
存二卷　一至二

七九一　皇明大紀三十六卷　明夏浚撰　明抄本　清徐時棟跋
存一卷　九

七九二　皇明大政紀二十五卷　明雷禮輯　明萬曆三十年博古堂刻本　十一行二十二字白口四周單边

七九三　憲章錄四十六卷　明薛應旂撰　明萬曆刻本　十四行二十四字白口單魚尾四周單边

七九四　憲章錄四十六卷　明薛應旂撰　明萬曆二年陸光宅刻本　十行二十字白口四周單边有刻工

七九五　憲章錄四十七卷　明薛應旂撰　明萬曆刻本　十行二十字白口四周單边單魚尾書口下有刻工

七九六　國朝紀要十卷　明王世貞等撰　明刻本　十行二十字白口四周單边

七九七　館閣漫錄十卷　明張元汴撰　明不二齋刻本　十行二十字白口四周双边

七九八　皇明大政纂要六十三卷　明譚希思撰　明抄本
存三十五卷　一至四、十二至十五、十九至三十、三十四至四十三、五十八至六十三

七九九　皇明大政纂要六十三卷　明譚希思撰　明抄本
存十三卷　四、五、八至十、十五至二十

八〇〇　國史紀聞十二卷　明張銓撰　明天啟刻本　九行十九字白口四周單边

八〇一　新刻明政統宗三十卷附卷一卷　明涂山撰　明李潮聚奎樓刻本　九行十九字小字双行同白口四周單边

八〇二　昭代典則二十八卷　明黃光昇撰　明萬曆二十八年周曰校萬卷樓刻本　十一行二十二字白口四周單边

八〇三　大明師中表不分卷　明方孔炤撰　明崇禎刻本　行數不一字數不一白口四周双边

八〇四　皇明資治正紀洞觀口卷首一卷　明于玉璞撰　明崇禎刻本　十行二十一字白口四周單边
存十卷　一至九、首一

八〇五　昭代芳摹三十五卷　明徐昌治撰　明崇禎九年徐氏知問齋刻本　九行二十字小字双行同白口四周單边

八〇六　新鐫通紀集略五卷　明鍾惺撰　清初刻本

八〇七　通紀會纂四卷　明諸爕撰　鍾惺定　清初刻本

八〇八　新刻陳眉公訂正通紀會纂四卷　明諸爕纂輯　鍾惺定　陳繼儒訂正　清順治十二年刻本

八〇九　新刻明朝通紀會纂七卷　題明王世貞會纂　王政敏訂正　清王汝南補定　清初刻本

八一〇　通紀會纂十卷　明鍾惺輯　清王汝南補　清順治十七年積秀堂刻本

八一一　明季編年十二卷　明鍾惺撰　清王汝南補　清初刻本

八一二　通紀直解十四卷　明張嘉和撰　明崇禎刻本　八行十八字白口四周單边

八一三　通紀直解十四卷續二卷　明張嘉和撰　明崇禎刻清初增刻本

八一四　國榷不分卷　明談遷撰　清初抄本
存　洪武二十四年正月至永樂二年四月、永樂八年正月至崇禎六年五月、崇禎七年正月至崇禎十七年

八一五　國榷不分卷　明談遷撰　清抄本

八一六　國榷不分卷　明談遷撰　清抄本

八一七　國榷不分卷　明談遷撰　清抄本

八一八　國榷二十卷　明談遷撰　清抄本
存十八卷　一至八、十至十四、十六至二十

八一九　國榷不分卷　明談遷撰　清胡蕉窗抄本
存　嘉靖八年至二十二年、二十八年至三十一年、萬曆三十六年至四十八年

八二〇　皇明史竊一百五卷　明尹守衡撰　明崇禎十一年刻清康熙重修本

八二一　明書傳集八卷　清沈起撰　清抄本

八二二　通紀彙編九卷　清楊本源撰　清初刻本

八二三　通鑑續編一百二十七卷考辯一卷　清韋人鳳撰　清初抄本

八二四　明通鑑不分卷　清萬斯同撰　清抄本　葉景葵跋
存　正統二年至天順五年

八二五　明通鑑不分卷　清萬斯同撰　清抄本
存　天順八年至成化十五年

八二六　明通鑑不分卷　清萬斯同撰　清抄本
存　弘治十二年至十八年

八二七　明紀全載十六卷　清朱璘撰　清康熙三十五年刻本

八二八　重鐫朱青巖先生擬編明紀輯畧十六卷　清朱璘撰　清康熙刻本

八二九　通鑑全載口口卷　清朱璘撰　清康熙三十五年蔣戴之刻本

存卷四十至五十五
八三〇 明鑑會纂十五卷 清朱國標輯 清康熙刻本
八三一 明鑑會纂十五卷 清朱國標輯 清乾隆二十七年刻本
八三二 明史略卷首二卷 清程嗣章撰 清乾隆二十九年進學堂刻本
八三三 欽定明鑑二十四卷首一卷 清托津、朝斌等撰 清嘉慶二十三年武英殿刻本
八三四 文廟聖政記□□卷 明抄本 李盛鐸跋
存 洪武三十五年至永樂元年
八三五 文廟聖政記□□卷 明抄本
存一卷 三
八三六 文廟聖政記□□卷 明抄本
存九卷 三至十一
八三七 文廟靖難記聖政記十一卷宣宗聖政記□卷
景泰聖政記□卷 明抄本
存十二卷 文廟二至十一、宣宗、景泰
八三八 文廟靖難記二卷 明抄本
存一卷 一
八三九 文廟靖難記二卷 明張禮撰 清抄本
八四〇 嘉靖大政編年紀不分卷 明黄佩翔撰 明天啟元年鄭壁刻本 九行二十字白口四周單邊
八四一 皇明肅皇外史四十六卷 明范守己撰 王世貞訂批 明抄本
八四二 皇明肅皇外史四十六卷 明范守己撰 明范氏天一閣抄本
八四三 皇明肅皇外史四十六卷 明范守己撰 明抄本
八四四 皇明肅皇外史四十六卷 明范守己撰 明抄本 明丁長孺批點 清吳光跋
八四五 皇明肅皇外史四十六卷 明范守己撰 明抄本（卷一至三、七至十三、二十二至四十六配清抄本） 清丁丙跋
八四六 皇明肅皇外史四十六卷 明范守己撰 明萬曆抄本 薛岭伯跋
八四七 皇明肅皇外史四十六卷 明范守己撰 清有雲憶南房抄本
八四八 皇明肅皇太謨□□卷 明抄本
存六卷 十二至十七
八四九 嘉靖注略五卷 明許重熙撰 明崇禎刻本 清李文田跋 十行二十字九直格白口四周單邊
皇明嘉隆兩朝聞見紀十二卷 明沈越撰 明萬曆二十七年沈朝暘等刻本 十二行二十七字白口四周雙邊

八五一 世穆兩朝編年信史六卷 明支大綸撰 明萬曆二十四年刻本 九行十八字白口四周單邊
皇明永陵編年信史四卷 皇明昭陵編年信史二卷
八五二 世穆兩朝編年信史六卷 明支大綸撰 明萬曆二十四年刻本 九行十八字白口四周單邊 清丁丙跋
皇明永陵編年信史四卷 皇明昭陵編年信史二卷
八五三 兩朝憲章錄二十卷 明吳瑞登撰 明萬曆二十二年光州儒學刻本 十行二十二字白口四周雙邊
八五四 兩朝憲章錄二十卷 明吳瑞登撰 明刻本 十行二十二字白口四周單邊
存十一卷 一至十一
八五五 憲章外史續編十四卷 明許重熙撰 明崇禎六年刻本 十行二十字四周單邊九眉格白口單魚尾
八五六 嘉靖以來注畧十四卷 明許重熙撰 明崇禎刻本 十行二十字白口單黑魚尾四周單邊
八五七 泰昌日錄二卷附河清賦一卷 明楊惟休撰 明末刻本 八行十八字白口四周單邊
八五八 兩朝從信錄三十五卷 明沈國元撰 明崇禎刻本 十行二十二字小字雙行白口單魚尾四周單邊
八五九 兩朝從信錄三十五卷 明沈國元撰 明崇禎刻本 明祁彪佳批點 孟跋 十行二十二字小字雙行同白口四周單邊
八六〇 皇明續從信錄三卷 明沈國元撰 錢熙刪 清抄本
八六一
八六二 東事始末不分卷 明祁彪佳撰 明抄本
八六三 山書十八卷 清孫承澤撰 清抄本
八六四 山書十八卷 清孫承澤撰 清抄本
八六五 山書十八卷 清孫承澤撰 清抄本
八六六 山書十八卷 清孫承澤撰 清抄本
八六七 聖朝新政要略十卷 清末繆氏雲輪閣抄本 繆荃孫校
八六八 發祥世紀不分卷 清內府抄本
八六九 今史存錄六卷 清抄本
八七〇 崇德日錄一卷 清初抄本
八七一 皇清故實記十六卷 清沈德潛撰 稿本 清葉昌熾跋 湯桂芬題款
八七二 皇清開國方畧三十二卷卷首一卷 清阿桂等撰 清乾隆五十一年武英殿刻本
八七三 皇清開國方畧三十二卷卷首一卷 清阿桂等編 清抄本
八七四 皇清開國方畧三十二卷 清阿桂等撰 清抄本
八七五 東華錄十六卷 清蔣良騏撰 清抄本

八七六 東華錄十六卷 清蔣良騏撰 清抄本
八七七 東華錄十六卷 清蔣良騏撰 清抄本
八七八 東華錄十六卷 清蔣良騏撰 清抄本
八七九 東華錄十六卷 清蔣良騏撰 清奉友堂抄本
八八〇 東華錄十六卷 清蔣良騏撰 清抄本
八八一 東華錄十六卷 清蔣良騏撰 清抄本
八八二 東華錄十六卷 清蔣良騏撰 清抄本
八八三 東華錄十六卷 清蔣良騏撰 清抄本
八八四 東華錄十六卷 清蔣良騏撰 清抄本
八八五 東華錄十六卷 清蔣良騏撰 清抄本 清李文田校注
八八六 東華錄記不分卷 清蔣良騏撰 內苑三海等處略記一卷 諸王監國略記一卷 清嘉慶李淡盦抄本 清李兆熊跋
八八七 東華續錄一千一百六十五卷 清王先謙撰 稿本
存一千九十八卷 天命一至四、天聰崇德一至九、十三至二十四、順治一至三百五十九、嘉慶一至九十九、道光一至七十八、九十二至一百、一百二十二至一百七十八、咸豐一至一百一十九、一百二十二至一百二十四、同治一至四十五、七十五至一百六十五
八八八 永憲錄六卷首一卷 清蕭奭編 清金純德館抄本
八八九 光緒三十四年記事表不分卷 清抄本
八九〇 太宗皇帝實錄八十卷 宋錢若水等纂修 清抄本（卷三十一至三十五、四十一至四十五、七十七至七十八、配瞿氏鐵琴銅劍樓抄本） 張元濟跋
八九一 太宗皇帝實錄八十卷 宋錢若水等纂修 清曾氏詁訓堂抄本 清吳蘭修跋 章鈺跋
存八卷 二十六至三十、七十六、七十九、八十
八九二 太宗皇帝實錄八十卷 宋錢若水等纂修 清抄本
存五卷 三十一至三十五
八九三 太宗皇帝實錄八十卷 宋錢若水等纂修 清抄本
存八卷 二十六至三十、七十六、七十九、八十
八九四 太宗皇帝實錄八十卷 宋錢若水等纂修 清抄本
存八卷 二十六至三十、七十六、七十九、八十
八九五 太宗皇帝實錄八十卷 宋錢若水等纂修 清曾釗面城樓抄本
存八卷 第二十六卷至三十卷、七十六卷、七十九卷、八十卷

八九六 玉牒初草二卷 宋劉克莊撰 清抄本
八九七 大明實錄不分卷 明抄本 元至正二十六年至明洪武□年
八九八 大明實錄不分卷 明抄本
存元至正十二年六月至洪武十二年二月
八九九 大明實錄朮二卷 明梅氏玄白堂抄本
九〇〇 皇明實錄不分卷 明抄本（洪武十四、十五年配清看雲憶弟居抄本）
存元至正十二年至吳元年、洪武元年至九年、十四、十五年
九〇一 大明實錄□□卷 明抄本 草澤小臣校並跋
存八卷 一至四、七至十
九〇二 皇明實錄不分卷 明抄本
存洪武元年三月至十三年正月、十七年十月至二十三年十二月
九〇三 明代實錄□□卷 明抄本
存十卷 九十一至一百
九〇四 明實錄摘鈔不分卷 明抄本
九〇五 大明太祖高皇帝實錄二百五十七卷 明胡廣等纂修 明抄本
存洪武十年正月至二十三年十二月、二十五年正月至三十一年閏五月
九〇六 大明太祖高皇帝實錄二百五十七卷 明胡廣等纂修 明抄本
存一百十六卷 六十七至一百四十六、一百四十一至一百七十六
九〇七 大明太祖高皇帝實錄二百五十七卷 明胡廣等纂修 明抄本
存十一卷 三十至三十四、四十至四十五
九〇八 大明太祖高皇帝實錄二百五十七卷 明胡廣等纂修 明抄本
存十五卷 三十八至四十四、五十九至六十六
九〇九 大明太祖高皇帝實錄二百五十七卷 明胡廣等纂修 明抄本
存十一卷 一百八十八至一百九十八
九一〇 大明太祖高皇帝實錄二百五十七卷 明胡廣等纂修 明抄本
存十一卷 一至十一
九一一 大明太祖高皇帝實錄二百五十七卷 明胡廣等纂修 明抄本
存二百五十二卷 一至二百四十八、二百五十四至二百五十七

九一二 大明太祖高皇帝實錄二百五十七卷 明胡廣等纂修 明萬曆抄本
存一百九十三卷 一至十八、二十至四十、五十至七十六、八十三至一百九、一百十七至一百六十九、一百七十七至二百六、二百二十四至二百五十一

九一三 大明太祖高皇帝實錄不分卷 明胡廣等撰 明萬卷樓抄本
存 洪武元年二月、三月、五月、七月至九月、十一月、十二月

九一四 明太祖高皇帝實錄不分卷 明抄本
存 洪武二年十月至洪武三年四月

九一五 明太祖實錄不分卷 明胡廣等纂修 明抄本
存 洪武元年正月至三月、三年五月至四年八月、九年正月至十二月

九一六 明太祖實錄類抄不分卷 清寶米齋抄本

九一七 明太宗實錄不分卷 明張輔、楊士奇纂修 明抄本
存 永樂二年正月至九年四月、十二年正月至十三年九月、十三年十一月至二十二年八月

九一八 大明太宗文皇帝實錄一百三十卷 明張輔、楊士奇纂修 明抄本
存 建文元年至四年六月、洪武三十五年七月至十二月、永樂元年正月至四年四月、四年七月至二十二年八月

九一九 大明太宗文皇帝實錄一百三十卷 明張輔、楊士奇等纂修 明抄本
存一百二十六卷 一至一百五、一百十至一百三十

五三

九二〇 大明太宗文皇帝實錄一百三十卷 明張輔、楊士奇纂修 明抄本
存九十四卷 十至六十七、九十五至一百三十

九二一 明太宗文皇帝實錄一百三十卷 明張輔、楊士奇等纂修 明抄本
存六十八卷 十六至二十二、二十六至三十一、四十二至六十、七十六至八十、一百至一百三十

九二二 明太宗文皇帝實錄一百三十卷 明張輔、楊士奇等纂修 明抄本
存 洪武三十五年十月至永樂九年十二月、永樂九年六月至十一年十二月

九二三 太宗文皇帝實錄一百三十卷 明張輔、楊士奇等纂修 明抄本 余盛鋒題識
存一百一十一卷 卷十九至一百三十

九二四 大明太宗文皇帝實錄一百三十卷 明張輔、楊士奇等纂修 明抄本
存九十七卷 十六至七十三、八十七至一百二十九

九二五 大明太宗文皇帝實錄一百三十卷 明張輔、楊士奇等纂修 明抄本
存三十二卷 九十五至一百、一百五至一百三十

九二六 大明太宗孝文皇帝實錄一百三十卷 明張輔、楊士奇等纂修 明抄本
存十三卷 七十四至八十六

九二七 大明太宗文皇帝實錄一百三十卷 明張輔、楊士奇纂修 明抄本
存九卷 一百十九至一百二十四、一百二十八至一百三十

九二八 大明太宗文皇帝實錄一百三十卷 明張輔、楊士奇纂修 清初瑞香樓抄本
存 永樂元年正月至四年五月

九二九 大明仁宗昭皇帝實錄十卷 明張輔、夏原吉等纂修 明南雲閣抄本

九三〇 大明仁宗昭皇帝實錄十卷 明張輔、夏原吉等纂修 明抄本

九三一 大明仁宗昭皇帝實錄十卷 明張輔、夏原吉等纂修 明抄本
存 永樂二十二年八月至十二月、洪熙元年正月至六月

九三二 明仁宗昭皇帝實錄十卷 明張輔、夏原吉等纂修 明抄本
存五卷 一至五

九三三 大明宣宗章皇帝實錄一百十五卷 明楊士奇等纂修 明抄本 羅振玉跋

九三四 大明宣宗章皇帝實錄一百十五卷 明楊士奇等纂修 明抄本
存 洪熙元年六月至十二月、宣德元年正月至十二月、二年七月至九年十二月

九三五 大明宣宗章皇帝實錄一百十五卷 明楊士奇纂修 明抄本
存一百十卷 一至二十九、三十二至四十六、五十至一百十五

五四

九三六 大明宣宗章皇帝實錄一百十五卷 明楊士奇等纂修 明抄本
存三卷 五至七

九三七 大明宣宗章皇帝實錄不分卷 明楊士奇等纂修 明抄本
存 宣德元年正月至宣德十年正月

九三八 大明英宗睿皇帝實錄三百六十一卷 明孫繼宗等纂修 明抄本
存 宣德十年正月至十二月、正統元年正月至十四年十二月、景泰元年正月、閏正月、八月至三年七月、三年九月至八年正月、天順元年正月至四年十一月、十二月至八年正月

九三九 大明英宗睿皇帝實錄三百六十一卷 明孫繼宗等纂修 明抄本
存十三卷 五至七、九、十九至二十、五十二至五十四、六十二至六十五

九四〇 大明英宗睿皇帝實錄三百六十一卷 明孫繼宗等纂修 明南雲閣抄本
存五十九卷 一百一十四至一百二十六、一百三十至一百四十六、一百四十九至一百六十九、一百七十九至一百八十六

九四一 大明英宗睿皇帝實錄三百六十一卷 明孫繼宗等纂修 明抄本
存二十三卷 二百二至二百二十四

九四二 大明英宗睿皇帝實錄三百六十一卷 明孫繼宗等纂修 清初瑞香

舊抄本
存二十四卷 二百八十二至二百八十五、二百八十九至二百九十一、二百九十五至二百九十八、三百十一至三百十七、三百十九至三百二十三、殘頁一卷

大明憲宗純皇帝實錄二百九十三卷 明劉吉等纂修 明抄本 九四三
存天順八年正月至十月、十二月、成化元年正月至二年四月、成化三年四月至七年四月、九年正月至十年六月、十二年正月至二十三年八月

大明憲宗純皇帝實錄二百九十三卷 明劉吉等纂修 明抄本 九四四
存二十三卷 八十一至八十五、一百二十四至一百三十一、一百五十六至一百六十五

大明憲宗純皇帝實錄二百九十三卷 明劉吉等纂修 明南雲閣抄本 九四五
存三卷 二百二十三、二百二十四、二百二十五

大明憲宗純皇帝實錄二百九十三卷 明劉吉等纂修 明南雲閣抄本 九四六
存二卷 九十八至九十九

大明憲宗純皇帝實錄二百九十三卷 明劉吉等纂修 明抄本 九四七
存成化二年七月至八年十二月、九年七月至二十三年八月

大明憲宗純皇帝實錄二百九十三卷 明劉吉等纂修 明抄本 九四八
存二十四卷 十三至二十四、一百十二至一百二十三

大明憲宗純皇帝實錄二百九十三卷 明劉吉等纂修 明抄本 九四九
存二百六十六卷 一至八、十三至十七、四十一至二百九十三

大明孝宗敬皇帝實錄二百二十四卷 明李東陽等纂修 明抄本 九五〇
存成化二十三年八月至弘治元年閏正月、弘治元年三月至十四年八月、十五年七月至十月、十五年十二月至十八年五月

大明孝宗敬皇帝實錄二百二十四卷 明李東陽等纂修 明抄本 九五一
存二十一卷 十六至十八、二十八至三十、八十七至九十一、一百二十六至一百三十一、一百三十六至一百三十九

大明孝宗敬皇帝實錄二百二十四卷 明李東陽等纂修 明抄本 九五二
存五卷 一至五

大明孝宗敬皇帝實錄二百二十四卷 明李東陽等纂修 明抄本 九五三
存五十卷 一百二十一至一百五十七、一百七十至一百八十二

大明孝宗敬皇帝實錄二百二十四卷 明李東陽等纂修 明抄本 九五四
存十二卷 四十七至五十八

大明武宗毅皇帝實錄一百九十七卷 明費宏等纂修 明抄本 九五五
存弘治十八年五月至十二月、正德元年正月至二年四月、二年九月至十六年四月

大明武宗實錄一百九十七卷 明費宏等纂修 明抄本 九五六
存十九卷 三十一至三十六、四十至四十二、七十九、八十三至八十六、九十至九十二、一百、一百十八

大明武宗毅皇帝實錄一百九十七卷 明費宏等纂修 明抄本 九五七
存三十八卷 五五至五八、六五至六七、七四至七六、九三至九九；一〇六至一一三、一六五至一六九、一八二至一八八

大明武宗毅皇帝實錄一百九十七卷 明費宏等纂修 明抄本 九五八
存十二卷 四十三至四十七、五十九至六十、一百一、一百二、一百一十七、一百一十九

大明武宗毅皇帝實錄一百九十七卷 明費宏等纂修 明抄本 九五九
存二十五卷 六至十一、五十五、五十六、一百八至一百十三、一百十七至一百十九、一百五十八至一百六十、一百八十九至一百九十四（一百八十九存下半卷）

大明武宗毅皇帝實錄一百九十七卷 明費宏等纂修 明抄本 九六〇
存七十三卷 四十至五十八、七十一至九十五、一百二十至一百三十二、一百八十二至一百九十七

大明武宗毅皇帝實錄一百九十七卷 明費宏等纂修 明抄本 九六一
存二十八卷 十三至十五、四十至五十一、八十六至八十九、一百七十六至一百八十一

大明武宗毅皇帝實錄一百九十七卷 明費宏等纂修 明抄本 九六二
存三十七卷 二、三、二十四至二十七、三十四至三十六、四十至四十二、四十六至四十八、八十七至八十九、一百十四至一百十六、一百二十至一百二十二、一百三十至一百三十二、一百五十至一百五十七、一百七十二至一百七十四

大明武宗毅皇帝實錄一百九十七卷 明費宏等纂修 明抄本 九六三
存一百八十九卷 一至七十六、八十至一百二十八、一百三十三至一百九十七

大明武宗毅皇帝實錄一百九十七卷 明費宏等纂修 明抄本 九六四
存一百六十四卷 一至一百六十四

明武宗毅皇帝實錄一百九十七卷 明費宏等纂修 明抄本 九六五
存一百七十九卷 一至三十三、四十六至九十五、一百二至一百九十七

明武宗毅皇帝實錄一百九十七卷 明費宏等纂修 明抄本 九六六
存十二卷 一百五十八至一百六十九

大明恭穆獻皇帝實錄五十卷 明費宏等纂修 明南雲閣抄本 九六七
存四十卷 十一至五十

大明世宗肅皇帝實錄不分卷 明徐階等纂修 明抄本 九六八
存嘉靖元年八月至十月、二年四月至六月、三年正月至四月、六年六月至九月、七年八月至十月、九年八月至十月、十二年正月至十二月、十四年五月至六月、十五年正月至九月、十八年五月至十二月、二十年、二十七年、三十一年正月至五月、三十六年三月至十二月、三十八年

大明世宗肅皇帝實錄五百六十六卷 明徐階等纂修 明抄本 九六九
存正德十六年四月至十二月、嘉靖元年正月至四十四年十二月、四十五年二月至十一月

大明世宗肅皇帝實錄五百六十六卷 明徐階等纂修 明抄本 九七〇

存一百六十九卷（一至一百三十三、二百七十至二百八十一、四百三十一至四百四十二、五百十七至五百二十八）

九七一 大明世宗肅皇帝實錄五百六十六卷 明徐階等纂修 明抄本 存一百九十五卷（三十五至四十六、一百二十一至一百三十三、一百四十六至一百九十五、二百八至二百十九、二百四十五至二百五十六、三百七至三百三十一、三百八十一至四百五、四百十八至四百三十、四百五十五至四百六十二、四百八十至四百九十一、五百五十四至五百六十六）

九七二 大明世宗肅皇帝實錄五百六十六卷 明徐階等纂修 明抄本 存六十七卷（五至九、二十二至二十四、九十四至九十六（九十四存下半卷、九十六存上半卷）一百四十至一百四十五、一百七十七至一百八十二、一百九十二至一百九十五、一百九十六至二百另一、四百十二至四百十七、四百六十二至四百六十五、四百八十至四百九十一、五百二十三至五百二十八）

九七三 大明世宗肅皇帝實錄五百六十六卷 明徐階等纂修 明抄本 存十二卷（一百九至一百二十）

九七四 大明世宗肅皇帝實錄五百六十六卷 明徐階等纂修 明抄本 存三十八卷（九十七至一百八、一百五十八至一百七十、五百二十九至五百四十一）

九七五 大明世宗肅皇帝實錄五百六十六卷 明徐階等纂修 明抄本 存四百九十五卷（二十二至二百五十六、三百七至五百六十六）

九七六 大明世宗肅皇帝實錄五百六十六卷 明徐階等纂修 明抄本 存十五卷（一至十、十五、十八、二十一、二十四、四十一）

九七七 大明世宗肅皇帝實錄五百六十六卷 明徐階等纂修 清初抄本 清國史館簽校 存十二卷（九十七至一百另八）

九七八 大明世宗肅皇帝實錄五百六十六卷 明徐階等纂修 清初綿香樓抄本 存三十一卷（一百四十六至一百五十七、二百八至二百十九、二百九十四至三百）

九七九 大明世宗肅皇帝實錄五百六十六卷 明徐階等纂修 清抄本 存六卷（四十一至四十六）

九八〇 大明穆宗莊皇帝實錄七十卷 明張居正等纂修 明抄本

九八一 大明穆宗莊皇帝實錄七十卷 明張居正等纂修 明抄本

九八二 大明穆宗莊皇帝實錄七十卷 明張居正等纂修 明抄本

九八三 大明穆宗莊皇帝實錄七十卷 明張居正等纂修 明抄本

九八四 大明穆宗莊皇帝實錄七十卷 明張居正等纂修 明抄本（卷二十八至三十五、六十七至七十配清抄本）

九八五 大明穆宗莊皇帝實錄七十卷 明張居正等纂修 明抄本 存（嘉靖四十五年十二月、隆慶元年正月至四年十二月、五年五月至六年五月）

九八六 大明穆宗莊皇帝實錄七十卷 明張居正等纂修 明抄本 存三十八卷（八至十五、二十二至四十、四十七至五十一、六十五至七十）

九八七 大明穆宗莊皇帝實錄七十卷 明張居正等纂修 明抄本 存（隆慶四年十月至十二月、隆慶五年五月至十二月、隆慶六年正月至五月）

九八八 大明穆宗莊皇帝實錄七十卷 明張居正等纂修。明萬卷樓抄本 存二十卷（一至二十）

九八九 大明穆宗莊皇帝實錄七十卷 明張居正等纂修 明抄本 存十三卷（二十八至四十）

九九〇 穆廟錄略不分卷 清抄本 存（隆慶元年、二年、四年至六年）

九九一 大明神宗顯皇帝實錄不分卷 明顧秉謙等纂修 明抄本

九九二 大明神宗顯皇帝實錄五百九十四卷 明顧秉謙等纂修 明抄本 存六卷（三百四十四至三百四十九）

九九三 大明光宗貞皇帝實錄八卷 明張維賢等纂修 明抄本

九九四 大明熹宗悊皇帝實錄八十四卷 明溫體仁等纂修 明抄本 存十二卷（五十五至六十六）

九九五 大明熹宗悊皇帝實錄八十七卷 清抄本 存八十六卷（一至八十四（四十三至五十四配補天啟四年邸報節抄）、八十六至八十七）

九九六 弘光實錄鈔四卷 清黃宗羲撰 清鄭公鍍室鈔本

九九七 弘光實錄鈔四卷附弘光大臣月表 清黃宗羲撰 清光緒三年傅氏長恩閣抄本 清傅以禮跋

九九八 弘光實錄抄四卷 清黃宗羲撰 清末清吟閣抄本 清傅以禮校並跋

九九九 永歷皇帝實錄二十五卷 清王夫之撰 清傅氏長恩閣抄本 清周星詒跋

一〇〇〇 清實錄稿不分卷 稿本 存（肇祖至康熙六十一年）

一〇〇一 皇朝實錄一百六十卷 清抄本
大清詔令八卷
太祖高皇帝實錄八卷
世祖章皇帝實錄一百四十四卷 清巴泰、圖海等纂修

一〇〇二 大清歷朝實錄六百六十七卷 清抄本
存第二百二十六卷 文宗顯皇帝實錄

一〇〇三 大清太祖高皇帝實錄八卷 清抄本

一〇〇四 大清太祖高皇帝實錄八卷 清抄本

一〇〇五 大清太祖高皇帝實錄十卷 清勒德洪等纂修 清內府抄本

一〇〇六 大清太祖高皇帝實錄十卷 清勒德洪等纂修 清乾隆四年內府抄本
存癸未歲至甲申歲

一〇〇七 清太祖實錄十卷 清抄本

一〇〇八 清太祖實錄不分卷 清抄本
存一卷 六

一〇〇九 清太祖高皇帝實錄□□卷 清抄本

一〇一〇 清太祖實錄□□卷 稿本
存二卷 十四、三十八

一〇一一 大清太宗文皇帝實錄不分卷 清抄本
存天聰八年十一月

一〇一二 大清太宗文皇帝實錄四卷 清抄本
存天聰八年十一月至九年九月

一〇一三 太宗文皇帝實錄六十五卷 清勒德洪等纂修 清抄本

一〇一四 大清太宗文皇帝實錄六十五卷 清勒德洪等纂修 清乾隆四年內府抄本
存三十卷 一至三十

一〇一五 大清世祖章皇帝實錄不分卷 清盧震等纂修 稿本
存崇德八年十二月、順治三年五月至六月、四年九月、九年二月至四月、九年七月至八月

一〇一六 大清世祖章皇帝實錄不分卷 清盧震等纂修 稿本
存順治五年八月

一〇一七 世祖章皇帝實錄一百四十四卷 清巴泰、鄂爾泰等纂修 清初抄本
存十二卷 一至十二

一〇一八 大清世祖章皇帝實錄一百四十四卷 清巴泰、鄂爾泰等纂修 清乾隆四年內府抄本

一〇一九 世祖章皇帝實錄一百四十四卷 清巴泰、鄂爾泰等纂修 清抄本

一〇二〇 大清世祖章皇帝實錄一百四十四卷 清巴泰、鄂爾泰等纂修 清抄本

一〇二一 大清世祖章皇帝實錄一百四十四卷 清巴泰、鄂爾泰等纂修 清內府抄本
存六卷 五十八至六十三

一〇二二 大清世祖章皇帝實錄一百四十四卷 清巴泰、鄂爾泰等纂修 清內府抄本
存二卷 十八至十九

一〇二三 清世祖章皇帝實錄八卷 清抄本

一〇二四 大清聖祖仁皇帝實錄三百卷首三卷 清馬齊等纂修 清乾隆六年內府抄本

一〇二五 大清聖祖仁皇帝實錄三百卷 清馬齊等纂修 清內府抄本
存三卷 十九至二十一

一〇二六 大清聖祖仁皇帝實錄三百卷 清馬齊等纂修 清內府抄本
存三卷 三十七至三十九

一〇二七 大清世宗憲皇帝實錄一百五十九卷首三卷 清鄂爾泰、張廷玉等纂 清乾隆六年內府抄本

一〇二八 大清世宗憲皇帝實錄一百五十九卷 清鄂爾泰、張廷玉等纂修 清內府抄本
存二卷 一百二十二至一百二十三

一〇二九 大清高宗純皇帝實錄一千五百卷首五卷 清慶桂、董誥等纂 清嘉慶十二年內府抄本

一〇三〇 大清高宗純皇帝實錄一千五百卷首五卷 清慶桂、董誥等纂 清嘉慶十二年內府抄本
存六十五卷 五十一至五十九、二百二至二百三、二百四十一至二百五十、三百三十七、三百七十四至三百七十九、五百一至五百十二、五百十六至五百二十三、五百二十六、五百三十一至五百三十二、七百二十六至七百三十三、九百五十九、九百八十六至九百八十八、千九十九至千一〇

一〇三一 大清仁宗睿皇帝實錄三百七十四卷首四卷 清曹振鏞等纂修 清道光四年內府抄本
存三百六十九卷 一至三十六、四十二至三百七十四

一〇三二 大清仁宗睿皇帝實錄三百七十四卷首四卷 清曹振鏞等纂修 清道光年內府抄本
存二十二卷 十四至十五、十九至二十四、二十七、三十一至三十三、四十一至四十五、四十六、四十八、四十九、一百九十六至一百九十九

清宣宗實錄不分卷　稿本　一〇三三
存道光六年六月、十四年四月、二十二年四月、五月、六月、二十七年四月、五月、六月、七月

清宣宗實錄不分卷　稿本　一〇三四
存道光二十七年四月至五月

大清宣宗成皇帝實錄不分卷　稿本　一〇三五
存道光六年、道光二十二年

大清宣宗成皇帝實錄不分卷　稿本　一〇三六
存道光四年一至三月、十二年一至三月、十九年一至三月、二十五年十一月、十二月、二十六年一至三月

大清宣宗成皇帝實錄四百七十六卷首四卷　清賈楨、花沙納等纂修　清咸豐六年內府抄本　一〇三七

大清宣宗成皇帝實錄四百七十六卷首四卷　清賈楨、花沙納等纂修　清咸豐年內府抄本　一〇三八
存一百五卷　一百一至一百五十、三百三十四、三百三十六至三百三十九、三百七十七、四百一至四百二十五、四百二十八至四百五十

宣宗實錄隨記不分卷　清翁心存撰　稿本　一〇三九

大清文宗顯皇帝實錄三百五十六卷首四卷　清賈楨、周祖培等纂修　清同治五年內府抄本　一〇四〇

大清文宗顯皇帝實錄三百五十六卷　清賈楨、周祖培等纂修　清內府抄本　一〇四一
存九十七卷　二十五至五十五、五十七、六十一至六十四、六十六至六十八、七十二、一百十七、一百十九至一百二十五、一百三十三、一百三十五至一百三十六、一百三十九、一百四十四至一百五十三、一百七十一至一百七十二、一百七十八、一百九十至一百九十六、一百九十九至二百〇一、二百三十、二百三十二、二百五十七、二百六十、二百六十三、二百六十六、二百七十二、二百八十六、二百九十五、三百〇七至三百十四、三百三十二至三百三十四

大清文宗顯皇帝實錄三百五十六卷　清賈楨、周祖培等纂修　清內府抄本　一〇四二
存七十八卷　七十三、七十六、七十八至八十五、八十七至八十九、九十四至一百、一百二至一百四、一百七至一百一十六、一百一十八、一百三十七至一百三十八、一百四十至一百四十一、一百五十六至一百六十二、一百八十八、二百三、二百八、二百一十、二百一十五至二百一十六、二百三十八、二百四十一、二百五十九、二百六十一至二百六十二、二百六十五、二百六十七、二百六十九至二百七十、二百七十三至二百七十六、二百八十至二百八十一、二百八十三至二百八十五、二百八十八至二百九十二、三百二十、三百四十八、三百五十至三百五十一

大清穆宗毅皇帝實錄三百七十四卷首四卷　清寶鋆、沈桂芬等纂修　清光緒五年內府抄本　一〇四三

大清穆宗毅皇帝實錄三百七十四卷　清寶鋆、沈桂芬等纂修　清內府抄本　一〇四四
存五十六卷　二十二、二十四、二十七、六十九至七十、八十一至八十七、一百三十、一百三十四、一百四十七、一百五十一、一百五十四、一百六十五至一百六十七、一百七十三、一百七十九、一百八十六、一百八十八、二百〇二至二百〇五、二百十一、二百三十、二百三十二、二百三十六、二百四十四、二百四十七、二百六十至二百六十三、二百六十五至二百七十、二百七十三、二百九十至二百九十一、三百二十、三百三十四、三百四十九、三百五十一至三百五十四、三百五十九

大清穆宗毅皇帝實錄三百七十四卷　清寶鋆、沈桂芬等纂修　清內府抄本　一〇四五
存二卷　四、二十三

大清穆宗毅皇帝實錄三百七十四卷　清寶鋆、沈桂芬等纂修　清內府抄本　一〇四六
存一卷　二百十六

大清穆宗毅皇帝實錄三百七十四卷　清寶鋆、沈桂芬等纂修　清內府抄本　一〇四七
存一卷　三百七十一

大清穆宗毅皇帝實錄三百七十四卷　清寶鋆、沈桂芬等纂修　清內府抄本　一〇四八
存七十九卷　二十八、三十至三十二、四十二、四十四至五十六、七十二至七十六、七十九至八十、九十二、九十五至九十七、一百三、一百五、一百一十至一百一十三、一百一十六、一百九十四至一百九十九、二百一十四、二百一十八、二百二十八、二百三十一、二百三十三至二百三十五、二百四十六、二百四十八至二百四十九、二百八十二、二百八十四、二百八十九、二百九十四、二百九十七至二百九十九、三百一、三百一十五、三百一十九、三百二十一、三百二十四、三百二十八至三百二十九、三百三十七至三百三十八、三百四十一、三百四十三至三百四十四、三百四十六至三百四十八、三百五十、三百六十一、三百六十八至三百六十九

大清穆宗毅皇帝實錄三百七十四卷　清寶鋆、沈桂芬等纂修　清內府抄本　一〇四九
存四卷　四十三、九十、九十四、二百二十九

大清穆宗毅皇帝實錄三百七十四卷　清寶鋆、沈桂芬等纂修　清內府抄本　一〇五〇
存八卷　三十三、三十四、二百二十五、二百二十六、二百七十四至二百七十七

大清穆宗毅皇帝實錄三百七十四卷　清寶鋆、沈桂芬等纂修　清內府抄本　一〇五一
存一卷　二百十三

大清德宗景皇帝實錄不分卷　清世續陸潤庠等纂修　稿本　一〇五二

大清德宗景皇帝實錄五百九十七卷 清世續、陸潤庠等纂修 清內府抄本 一〇五三

大清德宗景皇帝實錄五百九十七卷 清世續、陸潤庠等纂修 清內府抄本 一〇五四

大清德宗景皇帝實錄五百九十七卷 清世續、陸潤庠等纂修 清內府抄本 存七卷 三百五十八至三百六十四 一〇五五

萬曆起居注不分卷 明抄本 存萬曆元年 一〇五六

萬歷起居注不分卷 明抄本 存萬曆二年至十二年、十四年至三十二年、三十四年至三十八年、四十一年 一〇五七

清太宗日錄不分卷 清抄本 一〇五八

聖祖仁皇帝起居注□□卷 稿本 存七卷 十二年正月、五月至六月、十月至十二月、四十二年七月 一〇五九

清聖祖起居注不分卷 清內府抄本 存康熙四十七年正月 一〇六〇

清高宗起居注不分卷 清抄本 一〇六一

清高宗起居注仁宗起居注不分卷 清抄本 存乾隆十四年十一月、十二月上半月、二十一年閏九月上半月、三十六年四月、五月上半月、六月、三十八年五月、六月、嘉慶十八年十二月下半年 一〇六二

乾隆起居注冊不分卷 清王鳴盛纂修 稿本 存乾隆二十一年閏九月下 一〇六三

嘉慶二十年起居注冊不分卷 清禧恩元、吳其濬等纂修 清內府抄本 一〇六四

同治起居注不分卷 清孫家鼐纂修 清抄本 一〇六五

起居注冊不分卷 清梁黉坡纂修 清抄本 存同治元年八月下 一〇六六

收藏情況表

書名編號		藏書單位						
史 編年類	1	0101	0241	2301				
	2	1601						
	3	0241						
	4	0101						
	5	0141						
	6	0201						
	7	0142	2301					
	8	0142	2603					
	9	0101	2541					
	10	0101						
	11	0150	0198	0291	0861	2301		
	12	2001						
	13	0101						
	14	0198	2301					
	15	0101	2301					
	16	2441						
	17	0101	0150	1701				
	18	0101						
	19	2201						
	20	0101						
	21	1601						
	22	0201						
	23	0101						
	24	0101						
	25	2201						
	26	1705						
	27	0291	1701	2201	2541			
	28	2701						
	29	0144						
	30	0101						
	31	1701						
	31	0198						
	32	1601						
	33	0145	0181	0291	2401	2541	2701	
	34	1642						
	35	0180	0201	0241	0520	1101	1862	1701
		2082	2301					
	36	1705	1852					
史 編年類	37	0101	0141	0201	1601	1741	2001	
	38	0101						
	39	0150	0241					
	40	0201	1501					
	41	0102	0164	0201	0341	0501	1201	1601
		1644	1701	1705	2602	2702		
	42	1601						
	43	0102	0142	0161	0241			
	44	0141						
	45	0903						
	46	0201						
	47	0782						
	48	0301						
	49	0101						
	50	0101						
	51	0101						
	52	0101						
	53	0101						
	54	0101						
	55	0101						
	56	0101						
	57	0201						
	58	0802						
	59	0842						
	60	0101						
	61	0101						
	62	0101						
	63	0101						
	64	0201						
	65	0201						
	66	0101						
	67	0101						
	68	0198						
	69	0801						
	70	0182	0801	1501	1701	1901	2003	2401
		2701						
	71	0201						
	72	0101						
	73	0144	0161	0701⑧	2901			

書名編號	藏書單位						
史 編年類 74	0101	0201	0341	1501	1507⊗	1601	1628
	1801	1901⊗	2704	2741			
75	1601						
76	2702						
77	0141						
78	0101						
79	0101						
80	0161						
81	0182						
82	0182						
83	0201						
84	0201						
85	0201						
86	0301						
87	0704						
88	1705						
89	0341						
90	0341						
91	2702						
92	0201						
93	0201	1901					
94	0141						
95	2041						
96	0101						
97	0241						
98	0101						
99	0241						
100	0101						
101	0201						
102	0701						
103	1581						
104	1612						
105	1646						
106	1705						
107	2203						
108	2601						
109	2702						
110	1601						
111	0102						

書名編號	藏書單位						
史 編年類 112	0201						
113	0201						
114	0301						
115	0842						
116	0841						
117	1441						
118	2701						
119	0701						
120	0141	0301	1101	1601	1502⊗	1882	2401
	2704⊗	2304⊗	2591				
121	1441⊗	1881	2201	2701⊗			
122	0161⊗	0803					
123	0102	0144	0145⊗	0161	0181	0201	0241
	0242	0520	0701	0842	0861	1501	1582
	1701	1703	1705	1722	1917	2201	2301
	2304⊗	2382⊗	2541	2603			
124	0201						
125	0150	0201	0501	0861			
126	2001						
127	1501						
128	2481						
129	0101						
130	1601						
131	1601						
132	0201						
133	0101						
134	0201						
135	0144	0145	0161	0181	0201	0242	0520
	0861	1701	1731	1796	1801	2001	2201
	2301	2541					
136	0101						
137	0101						
138	0101						
139	0101						
140	0101	0201	0301	1901	2702		
141	1601						
142	0101						
143	0161	1701					
144	0101						

書名編號	藏書單位						
史 編年類 145	0101						
146	0101						
147	0101						
148	1601						
149	0241						
150	0101						
151	0101						
152	0201						
153	0101						
154	0101						
155	0141						
156	1601						
157	0141	0142	0143	0144	0145	0161	0181
	0201	0241	0242	0282	0301	0520	0542
	0701	0861	1701	1704	2041	2201	2304
	2401	2541	2603				
158	0101						
159	1705						
160	1901						
161	1904						
162	0141						
163	1741						
164	2501						
165	2461						
166	0342						
167	0101						
168	0101	1201	1801	2301			
169	0101						
170	1601						
171	0101						
172	0291						
173	0101						
174	0101						
175	0101						
176	0201						
177	1581						
178	0201						
179	1468	1101	1341⊗				
180	0101						

書名編號	藏書單位						
史 編年類 181	0201						
182	0101	0141	0143⊗	0144	0146⊗	0150	0163⊗
	0182	0198	0201	0301⊗	0342	0520⊗	0521⊗
	0592	0801	0803⊗	0841⊗	0842	0902⊗	0942⊗
	1441	1101⊗	1501	1511	1522⊗	1601	1701
	1901⊗	2001	2301⊗	2401	2501⊗	2741	2745
	2901						
183	0141						
184	0243						
185	1841						
186	0143						
187	0141	0242	1601	1701			
188	0841						
189	0101	0201	1701	2541			
190	0144						
191	1701						
192	0341	0842	1301	2541			
193	1705						
194	0201						
195	0145	1461					
196	0145⊗	2042					
197	0141	0201	0701	1801			
198	1601						
199	0201						
200	0101						
201	0141						
202	0141	0142	0143	0144	0150	0163	0193
	0201	0242	0291	0342	0501	0701	2301
	2541	2543					
203	0201						
204	0141						
205	0141⊗	0201⊗					
206	0201						
207	0101						
208	0101⊗	0142	0241	0341	0601⊗	0701	1701
	1741	1791⊗	1901	2702	2742	2901	
209	~~0402~~	0181⊗	0842	1501	1601⊗	1702	
210	0165	2701					
211	0181						

書名編號	藏書單位					
史 編年類 212	0101					
213	0101					
214	0144					
215	1701					
216	0641	0842				
217	0842	1606				
218	0144	1688				
219	1501	1502				
220	0201					
221	1608					
222	2042	2201⊗				
223	0241					
224	0161	0801	1741	1841	2041	2301	2541
	0702					
225	0145					
226	1701					
227	0241	1601	1605	2201	2702	2801
228	0141	0143⊗	0144	1204	1441	1501	1517
	1741	1881	2541			
229	0142	0146	0181	0242	0342	0441	0511
	0701	0703	0741	2241	2302	
230	0142	2201				
231	0201					
232	0102					
233	0842					
234	1801					
235	0142	0144				
236	0144	0701				
237	1841					
238	0142	0701	1601	1801	1881	1882	2702
239	2301					
240	2301					
241	0141	0242	0703	0842	2603	
242	1615					
243	0201					
244	1920					
245	1101⊗	1604⊗	1601⊗	1704⊗	1741⊗	2750⊗
246	0101	1741⊗				
247	1501					

表四

書名編號	藏書單位						
史 編年類 248	0181⊗	0301⊗	1501⊗	1510⊗	1582	1606	2201
	2702						
249	0241	0301⊗	1501	1646			
250	0102	0141	0161	0181	0201	0242⊗	0291⊗
	0842	0902	0903	0947	1529	1542	1582
	1688	1787	1905	2001⊗	2006	2009⊗	2241
	2301	2522⊗	2601	2603	2741		
251	0142	0181	0301	0342	0701	0803	2242
	2301⊗	2701					
252	0201	1798⊗					
253	0201						
254	0161	1701	1705				
255	0201						
256	2301						
257	2704						
258	0301	0603	1146	1701	2541	2602	2750
259	0241	0861	1041				
260	1705						
261	2042						
262	0201						
263	0101						
264	0201						
265	0301						
266	0301						
267	0182						
268	0801						
269	1681						
270	0101						
271	0101						
272	0801						
273	0902						
274	0182						
275	0182						
276	0201						
277	0201						
278	0201						
279	0163						
280	0101						
281	0101						

書名編號	藏書單位						
史 編年類 282	0101						
283	0101						
284	0101						
285	0101						
286	0301						
287	0201						
288	1705						
289	0101⊗	0143	0144	0145	0150	0201	0291
	0341	0501	0591	0701	0801	0842	0901
	1101	1105	1441	1461	1601	1701	1705
	1803	1901	2261	2701	2702	2901⊗	
290	1601						
291	0101	0102	0141	0142	0161	0201	0520
	0661	1201	1241	1701	2201	2441	2481
292	0242						
293	2301						
294	0201						
295	0182⊗						
296	0141	1501	1601	2201	2702	2961	
297	0201						
298	0701						
299	0144⊗	0301	0841	1701	2001		
300	0163	0301	1081				
301	1501	1502⊗					
302	1741						
303	1642	1581					
304	1581						
305	1701	2702					
306	0182	1101	2704				
307	1684						
308	0141	0201					
309	0101						
310	0101						
311	0902						
312	0101	0102	0141	0142	0150	0198	0201
	0242	0291	0341	0701	0842	0861	1101
	1105	1441	1701	1705	1803⊗	2201	2203
	2261	2801	2702				
313	0301	0601	0801				

表五

書名編號	藏書單位						
史 編年類 314	0101						
315	0144						
316	0101						
317	1701						
318	0101	0182⊗	0201	1582	1601	1802⊗	
319	0201						
320	0101	0142	0143	0160	0198	0201	0291
	0301	0701	0801	1101	1441	1501	1581
	1601	1607	1701	2401	2501	2602	2702
321	0201						
322	0101						
323	1606						
324	0181	0197	0201	0241	0341	0842	0901
	1501⊗	1705	1741	2341	2501	2641	2901
325	1601						
326	1901						
327	0102	0441	1628				
328	1711						
329	0141⊗	0143	1741	2301			
330	0101						
331	0198						
332	0101						
333	1601						
334	0101						
335	0101						
336	0101						
337	0201						
338	0241						
339	1615						
340	1501						
341	0281						
342	0241	2341⊗					
343	0101⊗	2341					
344	0242						
345	0141						
346	1501						
347	2702						
348	0801						
349	0101	0181	0193	0197	0521	0592	1341

書名編號	藏書單位
史 編年類	1501 1581⊗ 1641 1741 2003 2382 2481 2541 2901
350	1601
351	0160 1882⊗
352	1910 2501
353	1910 2501 2541
354	0701 1741
355	0842
356	0241
357	0301 0341
358	0101 1605
359	0701 1801
360	0101 0141 0182 0241 0341⊗ 0542 1041 1301 1501 1601 1641 1701 2304⊗ 2343⊗ 2501 2741
361	2301
362	0102 0141⊗ 0142 0143 0144 0145 0146 0150 0161 0168 0181 0182 0241 0242 0243 0282 0291 0301 0342 0404 0442 0520⊗ 0661 0701 0802 0842 0861 1103 1241 1441 1501 1541 1542 1701 1705 1741 1841 1881 1943 2001 2041 2201 2210⊗ 2301 2401 2441 2461 2501 2541 2544 2701 2702 2703 2741 2881 0703
363	1701
364	0101 0145 0801 1604 1705 2441 2702
365	0141 0142 0161 0163⊗ 0164 0243 0342 1501 1615 1646 1801 2461 2541⊗
366	0150 0163 0861
367	0181 0201 0342 0741 0981 1441 1501 1601 1604 1641 1741
368	1901
369	0145 0161 0201 0241 0501 0520 2301 2343 2461 2541 2701
370	1701
371	0101
372	0201
373	0145
374	1701

書名編號	藏書單位
史 編年類 375	1701
376	0101 0146 0182 0198 0201 0291 [illegible] 0591 0661 0701 0781 0801 0901 1041 1082 1101 1144 1441 1501 1503 1544 1701 1741 1803 2401 2702 2901
377	0144 0201 0701 1801 1501 1541 1601 1881
378	0104
379	0102
380	0241
381	0201 1705 2401⊗ 2702 2901⊗
382	0342
383	0102 1901 2704
384	0101 0142 0201 0601 2702
385	0142 0166 0181 0341 0701 0803 2381 2501 2641
386	0181 0661 0701
387	1843
388	2301
389	0283
390	0501 0942
391	1801
392	0144
393	1613 1703 1747 1901 2041
394	0243 2041⊗
395	1642
396	0181 2205
397	0181 0861 1301 1506 1710 2702⊗
398	0861 1705⊗
399	0141 1701 2041 2042 2750
400	1841
401	1701
402	0701 0942
403	0141 0242
404	0141
405	1741 1801 2702
406	0141⊗ 1441 1622⊗
407	0144 [illegible] 0241 1341 1501⊗ 1688 1716⊗
408	0145 1741 1801 1881 2201 2241 2702⊗

書名編號	藏書單位
史 編年類 409	0141 0144 0242 0741 1544 1646 1701 2041 2401 2701
410	0181
411	0141
412	0144
413	0301 1646 1841 1901
414	2541
415	0141 0201 0661 1501 1801 2302 2801
416	1801 2202
417	1601
418	0201
419	1801
420	0241
421	0102 0141 0181 0501 1082 1601
422	0141 1841
423	0161 0301 1582⊗
424	0142 0144 0642 0841 1441 1628 1629 2541 2602
425	0201
426	2001
427	0703
428	0181
429	0166 0201⊗ 2301⊗
430	2501
431	2041
432	0704
433	2301
434	1501
435	0201
436	0201
437	0101
438	0141 0201 0341⊗ 1901⊗ 2541⊗
439	1601
440	1982
441	1601
442	0101 0201 2702
443	0101
444	1541 2401
445	0101 0141 0201 0242 1701 1723 2702

書名編號	藏書單位
史 編年類 446	1601
447	0101
448	1701
449	2702
450	1705 2441
451	0201 0241 0242 0301 1582 2261⊗ 2501
452	1601
453	0141 0242 0703⊗ 1688 1741 1881
454	1606
455	0101 0141 0163 0164 0201 0242 1601
456	0181 0201
457	1601
458	0101 0242 0341 1504 2041 2541 2704
459	0146 0601 1101 2041 1701
460	0181 0841
461	0141 0241 0242 0842 1501
462	0241
463	1601
464	0181
465	1701⊗ 2702⊗
466	0141⊗ 0143⊗ 0341 0842⊗ 1701⊗ 1741
467	0861 1605
468	0101
469	0163⊗ 1606
470	0841
471	1501
472	1622
473	0141 0201 0703 0842 1641 2541
474	0101 1711
475	0141
476	1082
477	2561
478	1701
479	1601
480	2501
481	1501
482	1601
483	0201
484	1501

表八

書名編號	藏書单位					
史 編年類 485	0101					
486	1601					
487	2745					
488	0161					
489	1601					
490	0101					
491	0141①	2541①				
492	1705					
493	0101					
494	0101	2001				
495	2401					
496	0141	0201	0291	0301	0404	0841
497	0102	0141	0142	0143	0144	0145	0146
	0150	0161	0181	0182	0201	0241	0242
	0291	0301	0342	0542	0601	0701	0842
	0861	0903	1101	1301	1441	1701	1702
	2001	2041	2242	2301	2304	2342	2401
	2504	2641	2602	2702	2741	2841	2881
	2941						
498	0102						
499	0201						
500	1701						
501	1601						
502	0101						
503	0101						
504	0101	0141	0144	0181	0150	1101	1144
	1341	1501					
505	4501						
506	0146	0161	0703	1606	1741	2401	
507	0101						
508	0201	2641					
509	2301	2343					
510	0201						
511	0101						
512	0101						
513	1701						
514	2441						
515	2702						
516	2401						

書名編號	藏書单位						
史 編年類 517	2541						
518	2441						
519	0201						
520	0101①	0102	0141	0181	0197	0201	0242
	0291	0701	0801	0841	0842	1542	2301
521	0201						
522	1796						
523	0101						
524	0181						
525	2401						
526	0143	0144	0242	2301			
527	2001						
528	1502						
529	0341						
530	2001						
531	0142						
532	0201						
533	2001						
534	0101						
535	0101						
536	0241						
537	0101	0241					
538	0142						
539	0101						
540	0101	0241	1605	2301			
541	1601						
542	2001						
543	2001						
544	0701						
545	0201						
546	0141						
547	2001						
548	1501						
549	0101						
550	0241						
551	0161						
552	1701						
553	0101	1461	1901				
554	0101						

表九

書名編號	藏書单位						
史 編年類 555	1704						
556	0101	0141	0150	0161	0164	0165	0198
	0201	0241	0242	0301	0701	0841	0902
	1042	1101	1501	1601	1701	1705	1723
	1741	1901	2241	2301	2401	2541	2701
	2702	2941					
557	0201						
558	0101						
559	2401						
560	0101						
561	0201						
562	0101						
563	0201						
564	0101						
565	0141	0201	0241	1142	1601	1606	1681
	1901	2301					
566	0101						
567	0141	0181	0341	0542	0701	0741	1741
	2003	2241	2301	2401	2441	2541	2941
568	2641						
569	0101	0141①	0150	0201	1601	1901	
570	0101						
571	1681						
572	0101						
573	1601						
574	0701						
575	0101						
576	0101						
577	1601						
578	0101						
579	0101						
580	0141						
581	0781						
582	1601						
583	1701						
584	2461						
585	0201						
586	0101	1601					
587	2461						

書名編號	藏書单位				
史 編年類 588	1701				
589	0701				
590	0101				
591	1601				
592	0101				
593	0101				
594	0141				
595	0241				
596	0241				
597	1615				
598	1653				
599	0101				
600	0101				
601	2401				
602	0161	2242	2301	2401	2441
603	0101				
604	2401				
605	0241				
606	1581				
607	0101				
608	0101				
609	1601				
610	0101				
611	0101				
612	0101				
613	1582				
614	0301				
615	1501				
616	0201				
617	0101				
618	0101				
619	0201				
620	2341				
621	0101				
622	0141				
623	1601				
624	0101				
625	1641	0241			
626	1641				

書名編號	藏書单位
史　編年類 627	0101
628	1601
629	0101
630	0161
631	0201
632	1641
633	1688
634	2041
635	1701
636	2301
637	2541
638	0101
639	0101
640	1601
641	0101
642	0301
643	1701
644	2441
645	1601
646	0101
647	0101
648	0201
649	0201
650	0201
651	0201
652	0101
663	0101
654	1601
655	1901
656	1601
657	0101
658	0101
659	0101
660	0101
661	0201
662	0701
663	1701
664	1705
665	0141
史　編年類 666	0101
667	1601
668	0141
669	2541
670	0101
671	0101
672	1701
673	0404
674	0182
675	0201
676	1606
677	1615
678	1705
679	2401
680	0201
681	0101
682	0101
683	0241
684	0841
685	0201
686	0241
687	1606
688	2541
689	2702
690	0701
691	0201
692	0101
693	0101
694	0101
695	0101
696	1601
697	0101
698	0101
699	1601
700	0101
701	0101
702	0201
703	0101
704	0201
史　編年類 705	2441
706	1601
707	0704
708	0101
709	1701
710	0241
711	0101
712	0101
713	1741
714	0101
715	0101
716	0201
717	0101
718	2541
719	1601
720	0201
721	0201
722	0701
723	0101
724	1601
725	1601
726	0101
727	0201
728	0341
729	0101
730	0241
731	0101
732	0101
733	0281
734	0241
735	0101
736	0101　0142⊗　0163　0201　2701⊗
737	1601
738	1601
739	1641
740	0241
741	0101　0201　0242　2301
742	1601
743	0101
史　編年類 744	2401
745	0101
746	0441
747	0101　0201
748	0141　0164　1601
749	0201
750	0101
751	1601
752	0201
753	0201
754	0241
755	0161
756	0703
757	0141
758	1601
759	0801
760	0201
761	1705
762	0143　1701
763	2501
764	0142
765	0101　0141　1881　2701⊗
766	0144
767	0144⊗　0163⊗
768	0101　0102　0141　0144　0163　0241　0242　0301　0841　0861　1341　1541　1641　1701　1741　1941　2041
769	0201
770	1601
771	0161　0201⊗　0241⊗　1705　1881⊗　2342　2701⊗
772	0142　0441⊗　1006
773	0801
774	0141　0161⊗　0164　1704⊗　1791⊗　2501
775	0161
776	2201
777	0141　0181　2541
778	0144
779	0141　0142⊗　0143⊗　0201　0301●　0241●　0520　0841⊗　0842⊗　1606⊗　1701　2501

書名編號	藏書單位
史 編年類 780	0101 0141 2561
781	0101 0261
782	0201
783	0141 1601 2041
784	0201
785	0101 0102 0141 0142 0143 0144 0164 0181 0182 0201 0242 0301 0701 0703 1501 1541 1601 1605 1641 1701 1901 2042 2301 2401 2441 2501 2541 2603 2901
786	1601
787	0101 0141
788	0161 0164 0201 0291 0341 1605 1641 1701 2320 2441 2501
789	0144 1541 1601
790	1705
791	0101
792	0102 0141 0841 1641
793	0141 0841
794	0141 0144 0164 0171 0703 1601 1605 1701 1741 2382 2701 2702
795	0102 0141 0142 0145 0150 0201 1001 1641 2001 2701 2702
796	0101
797	0101 0141
798	0101
799	0201
800	0101 0141 0142 0201 1132 1605 1615
801	0101 0141 0145 0165 0181 1641
802	0101 0141 0154 0201 0242 0301 0701 0703 0841 0842 1341 1501 1601 1641 1701 1881 2006 2201
803	0781
804	0101
805	0101 1601
806	0181
807	0102
808	0241 0341 0841 0842 2603
809	0101 0141 0145 0701 1501 1716 2041

書名編號	藏書單位
史 編年類 810	0143 0197 0201 0841 2301 2501 2701
811	0101 0141 0161 0181 0262 0342 0841 0903 1042 1641 1606 1801 2041 2501 2603 2750
812	0201 1701
813	0141 0142 0143 0144 0150 0181 0242 0441 0701 0841 0842 1241 1601 1641 1941 2041 2201 2301 2383 2501 2541 2702 2843
814	0101
815	0101
816	1601
817	1701
818	0101
819	0291
820	1842
821	0150
822	0161 0201 0842 2041
823	2702
824	0141
825	0141
826	0201
827	0142 0161 0201 0241 0341 0841 2542
828	0143 0842 2901
829	0141
830	1301
831	1515
832	1301
833	0181 0197 0242 0701 0901 0903 2241
834	0141
835	0144
836	1641
837	0101
838	0144
839	0241
840	1[illegible]01
841	0101
842	0201
843	0141

書名編號	藏書單位
史 編年類 844	0201
845	1601
846	0141
847	0164
848	1601
849	0101
850	0101 0141 0161 0197 0201 0441 1601 1641
851	0141 0201 0701 1242 1601 1641 [illegible]
852	1601
863	0101 0102 0141 0142 0145 0201 1641 1705
854	0101
855	0701 2541
856	0141 1684
857	0142 1601
858	0141 0142 0144 0145 0161 0181 0201 0242 0841 1042 1601 1641 1701 1843 2041 2401 2541 2701
859	1601
860	0142
861	0101
862	0101
863	0101
864	0201
865	0703
866	1701
867	0201
868	0181
869	0101
870	0101
871	0281
872	0102 0142 0150 0181 0197 0201 0242 0483 0601 0701 0703 0704 0801 0841 0842 0901 1461 2001 2241 2541 2981
873	0520
874	2641
875	0144
876	0150
877	0193

書名編號	藏書單位
史 編年類 878	0193
879	2201
880	2201
881	2401
882	2541
883	2701
884	2702
885	0101
886	0241
887	2301
888	0161
889	0181
890	0101
891	0101
892	1601
893	0591
894	1701
895	2641
896	0101
897	0101
898	0161
899	0164
900	0201
901	1501
902	1705
903	1587
904	0201
905	0101
906	0101
907	0201
908	0901
909	1601
910	1641
911	1701
912	2604
913	2701
914	1705
915	1701
916	0201

書名編號	藏書单位
史 編年類 917	0101
918	0101
919	0101
920	0101
921	0101
922	0141
923	0141
924	1501
925	1601
926	1601
927	1601
928	2461
929	0201
930	0101
931	0101
932	0101
933	0701
934	0101
935	1701
936	1605
937	0301
938	0101
939	0150
940	0301
941	1601
942	2461
943	0101
944	0150
945	0198
946	0201
947	0301
948	1601
949	1701
950	0101
951	0150
952	0201
953	1601
954	1601
955	0101

書名編號	藏書单位
史 編年類 956	0101
957	0141
958	0164
959	0201
960	1601
961	1601
962	1701
963	1701
964	2341
965	1705
966	2001
967	0301
968	1704
969	0101
970	0101
971	0101
972	0201
973	0201
974	1601
975	2341
976	1704
977	0201
978	2461
979	0141
980	0164
981	1701
982	1701
983	2341
984	1601
985	0101
986	0101
987	0144
988	0201
989	1601
990	1881
991	1701
992	0101
993	0701
994	0101

表一四

書名編號	藏書单位
史 編年類 995	1601
996	0161
997	1701
998	2301
999	0201
1000	0161
1001	1601
1002	0902
1003	0101
1004	0242
1005	1682
1006	0181
1007	1701
1008	1701
1009	0101
1010	0101
1011	0101
1012	0141
1013	1701
1014	0181
1015	0101
1016	0301
1017	0201
1018	0181
1019	1701
1020	0242
1021	0801
1022	1682
1023	1701
1024	0181
1025	0841
1026	1601
1027	0181
1028	1601
1029	0181
1030	0181
1031	0181
1032	0181
1033	0101

書名編號	藏書单位
史 編年類 1034	0101
1035	0198
1036	2702
1037	0181
1038	0181
1039	0101
1040	0181
1041	0101
1042	0541
1043	0181
1044	0101
1045	0101
1046	1601
1047	0841
1048	0541
1049	1541
1050	1441
1051	1461
1052	0101
1053	0141
1054	0198
1055	1641
1056	0141
1057	0301
1058	0101
1059	0101
1060	0101
1061	0101
1062	0101
1063	1601
1064	1601
1065	0703
1066	0161

表一五

紀事本末類

一　紀事本末五種四百六十七卷附御製詩四卷　清嘉慶內府抄本
通鑑紀事本末前編十二卷　明沈朝陽纂　焦竑校
通鑑紀事本末二百三十九卷　宋袁樞纂
宋史紀事本末一百零九卷　明馮琦　陳邦瞻纂
元史紀事本末二十七卷　明陳邦瞻纂　張溥論正
明史紀事本末八十卷　清谷應泰纂
御製詩四卷　清仁宗顒琰撰

二　繹史一百六十卷　清馬驌撰　清康熙刻本

三　繹史一百六十卷　清馬驌撰　清康熙刻本　清鄭杰跋

四　繹史一百六十卷　清馬驌撰　清康熙刻本　清姚燮識

五　繹史一百六十卷　清馬驌撰　清康熙刻本　清譚獻批校

六　左傳分國紀事本末二十二卷　明孫范撰　明崇禎十一年刻本　九行廿字白口四周單邊

七　左傳分國紀事本末二十二卷　明孫范撰　明崇禎十一年刻本　清潘耒批校　九行廿字小字雙行同白口四周單邊

八　左傳紀事本末五十三卷　清高士奇撰　清康熙四十年刻本

九　春秋左氏傳事類始末五卷附錄一卷　宋章沖撰　清通志堂抄本

一〇　左穎六卷國穎二卷　清高士奇撰　清康熙刻本

一一　通鑑紀事本末四十二卷　宋袁樞撰　宋淳熙二年嚴陵郡庠刻本　十三行廿五廿六字白口左右雙邊雙照尾有刻工

一二　通鑑紀事本末四十二卷　宋袁樞撰　宋淳熙二年嚴陵郡庠刻本　十三行廿五廿六字白口四周雙邊有刻工
存一卷　二十二

一三　通鑑紀事本末四十二卷　宋袁樞撰　宋淳熙二年嚴陵郡庠刻本　清顧廣圻、石韞玉、宋舜年跋　十三行廿四或廿五字白口左右雙邊

一四　通鑑紀事本末四十二卷　宋袁樞撰　宋淳熙二年嚴陵郡庠刻宋元遞修本　清綠慶陵　曹元忠跋　十三行廿四字白口左右雙邊
存三卷　二、十二至十三

一五　通鑑紀事本末四十二卷　宋袁樞撰　宋淳熙二年嚴陵郡庠刻宋元遞修本　十三行廿四、廿六至廿九字白口左右雙邊有刻工
存七卷　二、三、二十八、三十二、三十四、三十七、三十八

一六　通鑑紀事本末四十二卷　宋袁樞撰　宋淳熙二年嚴陵郡庠刻宋元遞修本　十三行二十四字白口左右雙邊
存一卷　十

一七　通鑑紀事本末四十二卷　宋袁樞撰　宋淳熙二年嚴陵郡庠刻宋元遞修本　十三行二十四字白口左右雙邊
存二卷　十七、十九

一八　通鑑紀事本末四十二卷　宋袁樞撰　宋淳熙二年嚴陵郡庠刻宋元遞修本　十三行二十四字白口左右雙邊
存二卷　二十五、三十六

一九　通鑑紀事本末四十二卷　宋袁樞撰　宋淳熙二年嚴陵郡庠刻宋元遞修本　十三行二十四字白口左右雙邊有刻工
存三卷　四、十三、二十

二〇　通鑑紀事本末四十二卷　宋袁樞撰　宋淳熙二年嚴陵郡庠刻宋元遞修本　十三行二十四字白口左右雙邊
存一卷　十八

二一　通鑑紀事本末四十二卷　宋袁樞撰　宋淳熙二年嚴陵郡庠刻宋元遞修本　十三行二十四字白口左右雙邊有刻工
存一卷　十九

二二　通鑑紀事本末四十二卷　宋袁樞撰　宋淳熙二年嚴陵郡庠刻宋元遞修本　十三行二十四字間有二十三、二十六字左右雙邊有刻工
存三卷　三十九、四十一、四十二

二三　通鑑紀事本末四十二卷　宋袁樞撰　宋淳熙二年嚴陵郡庠刻宋元遞修本　十三行二十四字白口左右雙邊
存一頁　卷二十第四十八頁

二四　通鑑紀事本末四十二卷　宋袁樞撰　宋寶祐五年趙與𥲅刻本　十一行十九字白口左右雙邊

二五　通鑑紀事本末四十二卷　宋袁樞撰　宋寶祐五年趙與𥲅刻本　十一行十九字白口左右雙邊有刻工
存一卷　二

二六　通鑑紀事本末四十二卷　宋袁樞撰　宋寶祐五年趙與𥲅刻本　十一行十九字白口左右雙邊有刻工
存二十二卷　二至五、八至十、十二、十四、十五、二十一、二十三至二十八、三十至三十四

二七　通鑑紀事本末四十二卷　宋袁樞撰　宋寶祐五年趙與𥲅刻本　十一行十九字白口左右雙邊有刻工
存零葉一卷　三

二八　通鑑紀事本末四十二卷　宋袁樞撰　宋寶祐五年趙與𥲅刻本　十一行十九字白口左右雙邊中縫有刻工

存一卷　七

通鑑紀事本末四十二卷　宋袁樞撰　宋寶祐五年趙與簒刻本　十一行十九字白口左右雙邊有刻工　二九
存二卷　七、十三

通鑑紀事本末四十二卷　宋袁樞撰　宋寶祐五年趙與簒刻本　十一行十九字白口左右雙邊有刻工　三〇
存一卷　十五、內缺第七、十二頁

通鑑紀事本末四十二卷　宋袁樞撰　宋寶祐五年趙與簒刻本　十一行十九字白口左右雙邊有刻工　三一
存一卷　十五

通鑑紀事本末四十二卷　宋袁樞撰　宋寶祐五年趙與簒刻本　十一行十九字花口左右雙邊有刻工　三二
存二葉　卷二十六之九又四十葉

通鑑紀事本末四十二卷　宋袁樞撰　宋寶祐五年趙與簒刻本　十一行十九字白口左右雙邊上下單邊有刻工　三三
存半卷　二十五上

通鑑紀事本末四十二卷　宋袁樞撰　宋寶祐五年趙與簒刻本　十一行十九字、二十字皆有白口左右雙邊有刻工　三四
存二卷　二十二、五十六

通鑑紀事本末四十二卷　宋袁樞撰　宋寶祐五年趙與簒刻元延祐六年嘉禾學宮重修本　十一行十九字白口左右雙邊　三五

通鑑紀事本末四十二卷　宋袁樞撰　宋寶祐五年趙與簒刻元延祐六年嘉禾學宮重修本　半頁十一行行十九字　三六

通鑑紀事本末四十二卷　宋袁樞撰　宋寶祐五年趙與簒刻元延祐六年嘉禾學宮重修本　十一行十九字白口左右雙邊　三七
存四卷　一、二十九、三十八、四十一

通鑑紀事本末四十二卷　宋袁樞撰　宋寶祐五年趙與簒刻元延祐六年嘉禾學宮重修本　十一行十九字白口左右雙邊有刻工　三八
存二卷　四、十

通鑑紀事本末四十二卷　宋袁樞撰　宋寶祐五年趙與簒刻元延祐六年嘉禾學宮重修本　十一行十九字白口左右雙邊有刻工　三九
存一卷　四十二

通鑑紀事本末四十二卷　宋袁樞撰　宋寶祐五年趙與簒刻元明遞修本　十一行十九字白口左右雙邊有刻工　四〇

通鑑紀事本末四十二卷　宋袁樞撰　宋寶祐五年趙與簒刻元明遞修本　十一行十九字白口左右雙邊單魚尾下有刻工　四一
存二卷　十二、十六

通鑑紀事本末四十二卷　宋袁樞撰　宋寶祐五年趙與簒刻元明遞修本　十一行十九字白口左右雙邊單魚尾有刻工　四二

通鑑紀事本末四十二卷　宋袁樞撰　宋寶祐五年趙與簒刻元明遞修本（卷七明抄補缺、又卷三十七抄配二葉）　十一行十九字白口左右雙邊單魚尾有刻工　四三

通鑑紀事本末四十二卷　宋袁樞撰　宋寶祐五年趙與簒刻元明遞修本（卷三十六至三十七配清抄本）　十一行十九字白口左右雙邊有刻工　四四

通鑑紀事本末四十二卷　宋袁樞撰　宋寶祐五年趙與簒刻元明遞修本　十一行十九字白口間有上黑口左右雙邊有刻工　四五

通鑑紀事本末四十二卷　宋袁樞撰　宋寶祐五年趙與簒刻元明遞修本　十一行十九字白口左右雙邊有刻工　四六

通鑑紀事本末四十二卷　宋袁樞撰　宋寶祐五年趙與簒刻元明遞修本　十一行十九字白口左右雙邊有刻工　四七

通鑑紀事本末四十二卷　宋袁樞撰　宋寶祐五年趙與簒刻元明遞修本　十一行十九字白口單魚尾左右雙邊有刻工　四八

通鑑紀事本末四十二卷　宋袁樞撰　宋寶祐五年趙與簒刻元明遞修本　十一行十九字白口左右雙邊有刻工　四九

通鑑紀事本末四十二卷　宋袁樞撰　宋寶祐五年趙與簒刻元明遞修本　十一行十九字白口左右雙邊　五〇

通鑑紀事本末四十二卷　宋袁樞撰　宋寶祐五年趙與簒刻元明遞修本　十一行十九字白口左右雙邊　五一

通鑑紀事本末四十二卷　宋袁樞撰　宋寶祐五年趙與簒刻元明遞修本　十一行十九字白口左右雙邊有刻工　五二
存四十卷　一至十四、十六至四十一

通鑑紀事本末四十二卷　宋袁樞撰　宋寶祐五年趙與簒刻元明遞修本　十一行十九字白口左右雙邊　五三

通鑑紀事本末四十二卷　宋袁樞撰　宋寶祐五年趙與簒刻元明遞修本　十一行十九字白口黑單魚尾左右雙邊有刻工　五四

通鑑紀事本末四十二卷　宋袁樞撰　宋寶祐五年趙與簒刻元明遞修本（卷一至七、十三配舊抄本）　十一行十九字白口左右雙邊有刻工　五五

通鑑紀事本末四十二卷　宋袁樞撰　宋寶祐五年趙與簒刻元明遞修本（序目、卷一、二十九、三十　五六

一、三十二、三十七配清抄本）　缺卷三下半卷凡五篇　十一行十九字白口單
魚尾左右雙邊有刻工

五七
通鑑紀事本末四十二卷　宋袁樞撰　宋寶祐五年趙與𥲅刻元明遞修本　十一行十九字白口左右雙邊
存三十二卷　二至九、十一至十九、二十一至二十二、二十七至三十三、三十五、三十七至四十一

五八
通鑑紀事本末四十二卷　宋袁樞撰　宋寶祐五年趙與𥲅刻元明遞修本　十一行十九字白口左右雙邊
有刻工
存三卷　三、十二、二十四

五九
通鑑紀事本末四十二卷　宋袁樞撰　宋寶祐五年趙與𥲅刻元明遞修本　十一行十九字白口左右雙邊
雙魚尾有刻工
存二十七卷　二至五、七至二十一、二十九至三十五

六〇
通鑑紀事本末四十二卷　宋袁樞撰　宋寶祐五年趙與𥲅刻元明遞修本　十一行十九字白口左右雙邊
有刻工
存一卷　三十七

六一
通鑑紀事本末四十二卷　宋袁樞撰　宋寶祐五年趙與𥲅刻元明遞修本（有抄配）　十一行十九字白
口左右雙邊有刻工
存二卷　九、三十八

五

六二
通鑑紀事本末四十二卷　宋袁樞撰　宋寶祐五年趙與𥲅刻元明遞修本　十一行十九字白口左右雙邊
存一卷　三十九第五十五篇至六十六篇

六三
通鑑紀事本末四十二卷　宋袁樞撰　宋寶祐五年趙與𥲅刻元明遞修本　十一行十九字白口左右雙邊
有刻工
存五卷　一、三十一、三十四、三十七、四十

六四
通鑑紀事本末四十二卷　宋袁樞撰　宋寶祐五年趙與𥲅刻元明遞修本　十一行十九字白口左右雙邊
有刻工
存三十四卷　一、四、六至十五、十八至三十、三十二至三十六、三十九、四十一、四十二

六五
通鑑紀事本末四十二卷　宋袁樞撰　宋寶祐五年趙與𥲅刻元明遞修本　十一行十九字白口左右雙邊
有刻工
存二十二卷　十一至十三、十七至十八、二十至二十三、二十五、二十七、二十九、三十二至三十九、四十一至四十二

六六
通鑑紀事本末四十二卷　宋袁樞撰　宋寶祐五年趙與𥲅刻元明遞修本　十一行十九字白口黑口左右
雙邊有刻工
存四十卷　一至十、十二至十四、十六至四十二

又六六
通鑑紀事本末四十二卷　宋袁樞撰　宋寶祐五年趙與𥲅刻元明遞修本　十一行十九字白口黑口左右
雙邊有刻工
存一卷　二十九

六七
通鑑紀事本末四十二卷　宋袁樞撰　宋寶祐五年趙與𥲅刻元明遞修本　十一行十九字白口左右雙邊
存三十八卷　二至十六、十八至三十四、三十六至四十一

六八
通鑑紀事本末四十二卷　宋袁樞撰　宋寶祐五年趙與𥲅刻元明遞修本　明唐翼題識　十一行十九字
白口左右雙邊單魚尾下記刻工

六九
通鑑紀事本末四十二卷　宋袁樞撰　宋寶祐五年趙與𥲅刻元明遞修本（卷十三至十七、十九、二十
二、二十九配清抄本）　清朱錫庚跋　十一行十九字白口左右雙邊

七〇
通鑑紀事本末四十二卷　宋袁樞撰　宋寶祐五年趙與𥲅刻元明遞修本　清丁丙跋　十一行十九字白
口左右雙邊有刻工

七一
通鑑紀事本末四十二卷　宋袁樞撰　宋寶祐五年趙與𥲅刻元明遞修本　楊守敬、繆荃孫、葉德輝跋
十一行十九字白口左右雙邊有刻工

七二
通鑑紀事本末四十二卷　宋袁樞撰　宋寶祐五年趙與𥲅刻元明遞修本　袁克文跋
十行十九字白口左右雙邊有刻工

六

七四
通鑑紀事本末四十二卷　宋袁樞撰　元刻本　十三行二十四字白口左右雙邊
存十八卷　一下、六至七、十一至十四、十六至十七、十九至二十一、二十三至二十六、四十

七五
通鑑紀事本末四十二卷　宋袁樞撰　明萬曆二年李栻刻本　十二行二十八字白口左右雙邊

七六
通鑑紀事本末四十二卷　宋袁樞撰　明萬曆二年李栻刻本　清吳鶚批校　十二行二十八字白口左右
雙邊

七七
通鑑紀事本末四十二卷　宋袁樞撰　明萬曆三十四年黃吉士刻本　十一行二十二字白口四周單邊

七八
通鑑紀事本末四十二卷　宋袁樞撰　明萬曆三十四年黃吉士刻本　明曹學佺批　清林佶跋　十一行
廿二字白口四周單邊

七九
通鑑紀事本末四十二卷　宋袁樞撰　明萬曆三十四年黃吉士刻本　清丁丙跋　十一行二十二字白口
四周單邊

八〇
通鑑紀事本末二百三十九卷　宋袁樞撰　明張溥論正　明末正雅堂刻本　九行二十字
白口左右雙邊

八一
通鑑紀事本末前編十二卷　明沈朝陽編　焦竑校　明萬曆四十五年唐世濟刻本　十一行二十
二字白口四周單邊

通鑑紀事本末前編十二卷 明沈朝陽編 明萬曆四十五年唐世濟刻本 清徐時棟題記 十一行二十二字白口四周單邊 八二

通鑑紀事本末前編十二卷 明沈朝陽編 明萬曆四十五年唐世濟刻本 清吳廣霈跋 十一行廿二字白口四周單邊 八三

通鑑本末紀要八十一卷首三卷 清蔡毓榮輯 清康熙刻本 林子御批 八四

資治通鑑紀事本末補不分卷 清王延年撰 清光緒十六年廣雅書局抄本 八五

袁氏通鑑紀年本末撮要八卷 宋蔡文子輯 宋刻本 清張敦仁校 十四行二十三字細黑口左右雙邊 八六

袁氏通鑑紀事本末撮要八卷 宋蔡文子輯 清咸豐六年莊氏悟裕齋影宋抄本 清李錫時、嚴熙邦校並跋 八七

左氏春秋紀事本末十四卷首一卷 清熊為霖撰 清乾隆心松書屋刻本 八八

蜀鑑十卷 宋郭允蹈撰 明嘉靖三十四年刻本 清翁同書跋 八行十六字白口四周單邊 八九

蜀鑑十卷 宋郭允蹈撰 明隆慶元年翠筠軒抄本 九〇

蜀鑑十卷 宋郭允蹈撰 清初抄本 清彭元瑞跋 九一

蜀鑑十卷 宋郭允蹈撰 清道光二十一年錢熙祚刻守山閣叢書本 傅增湘校跋並錄吳山題識 九二

三國志事緯不分卷 清抄本 九三

蜀鑑十卷 宋郭允蹈撰 明嘉靖三十四刻本 八行十六字白口四周單邊單魚尾有刻工 九四

皇朝通鑑長編紀事本末一百五十卷 宋楊仲良撰 清抄本 九五

皇朝通鑑長編紀事本末一百五十卷 宋楊仲良撰 清抄本 清翁同書跋 存一百四十二卷 一至五、八至一百十三、一百二十至一百五十 九六

皇朝通鑑長編紀事本末一百五十卷 宋楊仲良撰 清抄本 清丁丙跋 存一百四十二卷 一至五、八至一百十三、一百二十至一百五十 九七

皇朝通鑑長編紀事本末一百五十卷 宋楊仲良撰 清抄本 存一百四十二卷 一至五、八至一百十三、一百二十至一百五十 九八

皇朝通鑑長編紀事本末一百五十卷 宋楊仲良撰 清抄本 存一百三卷 一至五、八至四十六、七十一至九十八、一百二十至一百五十 九九

宋史紀事本末十卷 明馮琦撰 陳邦瞻補 明萬曆三十三年劉曰梧徐申刻本 十一行廿二字白口四周單邊 一〇〇

宋史紀事本末二十八卷 明馮琦撰 陳邦瞻補 明萬曆刻本 十行二十字白口左右雙邊 一〇一

宋史紀事本末一百九卷 明馮琦撰 陳邦瞻補 張溥論正 明末張溥刻本 九行二十字白口左右雙邊 一〇二

元史紀事本末四卷 明陳邦瞻撰 臧懋循補 明萬曆三十四年劉曰梧、徐申刻本 十一行廿二字白口四周單邊 一〇三

元史紀事本末四卷 明陳邦瞻撰 臧懋循補 明萬曆三十四年劉曰梧、徐申刻本 清丁丙跋 十一行二十二字白口四周單邊 一〇四

元史紀事本末六卷 明陳邦瞻撰 臧懋循補 明萬曆刻本 十行二十字白口左右雙邊有刻工 一〇五

元史紀事本末六卷 明陳邦瞻撰 臧懋循補 明萬曆刻本 清沈寶錄跋 十行二十字白口左右雙邊有刻工 一〇六

元史紀事本末二十七卷 明陳邦瞻撰 臧懋循補輯 張溥論正 明張溥刻本 九行二十字白口左右雙邊 一〇七

鴻猷錄十六卷 明高岱撰 明嘉靖四十四年高思誠刻本 九行二十二字白口四周雙邊有刻工 一〇八

皇明鴻猷錄十六卷 明高岱撰 明萬曆七年鎖氏奇字齋刻本 九行二十二字細黑口四周單邊有刻工 一〇九

皇明鴻猷錄十六卷 明高岱撰 明萬曆四年羅堰刻本 十行二十字白口四周單邊有刻工 一一〇

皇明鴻猷錄十六卷 明高岱撰 明萬曆四十七年刻本 九行二十字白口左右雙邊 一一一

皇明鴻猷錄十六卷 明高岱撰 明抄本 一一二

明朝紀事本末八十卷 清谷應泰撰 清順治十五年刻本 一一三

明朝紀事本末補編十六卷 清彭孫貽撰 清抄本 一一四

明朝紀事本末補編五卷 清彭孫貽撰 清抄本 一一五

明史紀事本末補遺六卷 清光緒三年大興傅氏長恩閣抄本 一一六

明史紀事補編不分卷 清抄本 一一七

皇明五朝國史紀事本末不分卷 明沈自南撰 清抄本 一一八

滇攷二卷 清馮甦撰 清康熙刻本 一一九

滇考二卷 清馮甦撰 清乾隆抄本 一二〇

滇考二卷 清馮甦撰 清乾隆抄本 一二一

炎徼紀聞四卷 明田汝成撰 明嘉靖三十七年刻本 九行十八字白口左右雙邊 一二二

炎徼紀聞四卷 明田汝成撰 明刻本 十行二十字白口單魚尾四周雙邊 一二三

兩朝平攘錄五卷 明諸葛元聲撰 明萬曆三十四年商濬繼錦堂刻本 九行二十字白口四周單邊 一二四

昭代武功編十卷 明范景文撰 明崇禎十一年刻本 八行十七字白口四周單邊 一二五

昭代武功編十卷 明范景文撰 明崇禎十一年刻本 清徐福坤題識 八行十七字白口單邊 一二六

平回始末不分卷 明李日宣撰 明崇禎四年朱鴻棟刻本 一二七

定陵註畧十卷 明文秉撰 清抄本 清周星詒校注並跋 一二八

一二九　定陵註略三卷　明文秉撰　清抄本
一三〇　綏寇紀略十二卷附記一卷　清吳偉業撰　清康熙十三年刻本
一三一　平定三逆方略六十卷　清勒德洪等撰　清康熙內府抄本
一三二　平定三逆方略六十卷　清勒德洪等撰　清乾隆內府抄本
存四卷　一至四
一三三　平定三逆方略六十卷　清勒德洪等撰　清抄本
存五十四卷　一至五十四
一三四　國朝大事記　清金長豫撰　清抄本
一三五　平叛記二卷　清毛霦編　清康熙五十五年刻本
一三六　靖海記不分卷　清施琅撰　清活字印本
一三七　交山平寇本末三卷　清夏駰撰　陸慶緒評　清康熙十一年擁青閣刻本
一三八　交山平寇本末三卷附詩一卷詳文一卷書牘一卷　清夏駰撰　陸慶緒評點　清初刻本
一三九　平定朔漢方略四十卷　清溫達等撰　稿本
存三卷　十三至十五
一四〇　親征平定朔漢方略四十八卷　清溫達等撰　親征朔漢紀略一卷　清聖祖玄燁撰　清康熙四十七年內府刻本
一四一　聖駕親征噶爾旦方略一卷　清凌紹雯訂　清劉啟瑞食舊德齋抄
一四二　聖駕親征噶爾旦方略一卷　清敖福合譯　清抄本
一四三　平臺紀略一卷　清藍鼎元撰　王者輔評　清雍正十年刻本
一四四　東征集六卷　清藍鼎元撰　王者輔評　清雍正十年刻本
一四五　平定兩金川方略一百三十六卷首八卷紀略一卷　清阿桂等纂　稿本
存九十三卷　一至三十、三十二至七十、八十一至九十一、九十七、九十九至一百十
一四六　平定金川方略二十六卷附首一卷　清來保等纂　稿本
存十一卷　一、十至十三、十六、十九至二十、二十二、二十四、二十六
一四七　平定金川方略二十六卷附首一卷御製詩文一卷諸臣紀功詩文五卷　清來保等撰　清乾隆十七年武英殿刻本
一四八　平定準噶爾方略前編五十四卷正編八十五

卷續編三十二卷首一卷　清傅恒、福德等撰　清乾隆武英殿刻本
一四九　欽定剿捕臨清逆匪紀略十六卷　清舒赫德等撰　清乾隆四十六年武英殿刻本
一五〇　欽定剿捕臨清逆匪紀略十卷　清舒赫德等撰　夢庵雜著臨清寇略一卷　清俞蛟撰　清信義堂抄本
一五一　欽定平定臺灣紀略六十五卷卷首五卷　清乾隆三十五年敕撰　清內府抄本
存十卷　四至六、十四、二十六、三十至三十三、四十一
一五二　欽定石峰堡紀略二十卷首一卷　清乾隆四十九年敕撰　清內府抄本
存八卷　二、四、六、八、十一、十七、十八、二十
一五三　欽定石峰堡紀略二十卷首一卷　清乾隆四十九年敕撰　清抄本
一五四　欽定石峰堡紀略二十卷首一卷　清乾隆四十九年敕撰　清抄本
一五五　欽定石峰堡紀略二十卷　清乾隆四十九年敕撰　清方略館抄本
一五六　欽定石峰堡紀略二十卷首一卷　清乾隆四十九年敕撰　清抄本
一五七　欽定巴勒布紀略二十六卷首一卷　清乾隆內府抄本
存二十二卷　一至二十、二十二、首
一五八　欽定巴勒布紀略二十六卷首一卷　清抄本
一五九　欽定巴勒布紀略二十六卷　清抄本
一六〇　欽定平定臺灣紀略六十五卷首五卷　清乾隆五十三年纂　清乾隆內府抄本
一六一　欽定平定臺灣紀略六十五卷首五卷　清乾隆五十三年纂　清乾隆年武英殿刻本
一六二　平臺紀事本末不分卷　清紫霞閣抄本
一六三　欽定廓爾喀紀略五十四卷首四卷　清乾隆六十年敕撰　清乾隆武英殿刻本
一六四　欽定蘭州紀略二十卷　清阿桂等纂　清乾隆內府抄本
一六五　平定兩金川方略一百三十六卷首八卷紀略一卷藝文八卷　清阿桂等纂　清嘉慶五年內府刻本
一六六　欽定安南紀略三十卷首二卷　清乾隆內府抄本
一六七　欽定蘭州紀略二十卷首一卷　清阿桂等纂　清乾隆武英殿刻本
一六八　欽定平苗紀略五十二卷首四卷　清鄂輝等撰　清嘉慶武英殿聚珍本
一六九　欽定平定教匪紀略四十二卷首一卷　清托津等纂　清內府抄本

一七〇 欽定平定教匪紀畧四十二卷首一卷 清托津等纂 清嘉慶武英殿刻本

一七一 欽定勦平三省邪匪方畧正編三百五十二卷續編三十六卷附編十二卷首九卷表文一卷 清章煦等撰 清嘉慶十五年武英殿刻本

一七二 勦平三省邪匪方畧正編三百五十二卷續編三十六卷附編十二卷 清慶桂等撰 清抄本

一七三 勦平三省邪匪方畧三百五十二卷首六卷續編三十六卷 清慶桂等纂 清郁氏宜稼堂抄本

一七四 平定猺匪述畧二 清周存義撰 清道光十三年存吾春室抄本

一七五 欽定平定回疆勦捦逆裔方畧八十卷首六卷 清曹振鏞等纂 清道光十年武英殿刻本

一七六 平定回疆勦捦逆裔方畧八十卷首六卷 清曹振鏞等撰 清武英殿刻本

一七七 欽定勦平粵匪方畧四百二十卷首一卷 清奕訢等纂 清同治方略館稿本 存四百十九卷 一、三至四百二十、首

一七八 欽定勦平粵匪方畧四百二十卷 清奕訢等纂 清同治十一年內府抄本

一七九 平定粵匪紀畧十八卷附記四卷 清杜文瀾撰 稿本 清曾國藩批校 存十三卷 三至九、十一至十二、十六、十八、附記三至四

一八〇 欽定勦平捻匪方畧三百二十卷 清奕訢等纂 清同治方畧館稿本

一八一 欽定平定陝甘新疆回匪方畧三百二十卷 清奕訢等纂 清光緒方畧館稿本

一八二 欽定平定陝甘新疆回匪方畧三百二十卷首二卷 清奕詠等纂 清光緒二十二年內府抄本

一八三 欽定平定貴州苗匪紀畧四十卷 清世鐸等纂 清光緒二十二年方畧館稿本

一八四 滇寇紀畧八卷 清屁振撰 清抄本

一八五 欽定平定雲南回匪方畧五十卷 清世鐸等纂 清光緒二十二年方畧館稿本

一八六 欽定平定雲南回匪方畧五十卷首一卷欽定平定貴州苗匪紀畧四十卷 清世鐸等纂 清光緒二十二年內府抄本

收藏情況表

書名編號		藏書單位						
史 紀事本末	1	0161						
宋類	2	0142	0143	0145	0161	0173	0181	0182
		0198	0242	0342	0402	0501	0502	0702
		0861	0803	0901	1341	1501	1502	1506
		1512	1542	1701	1704	1803	1841	1844
		2003	2041	2301	2311	2362	2529	2441
		2504	2544	2704				
	3	2201						
	4	0101						
	5	0241						
	6	0141	0181	0201	0241	0242	0301	0402
		1601	1641	1701	1714	1737	1901	2702
	7	2061						
	8	0142	0181	0902				
	9	0141						
	10	2001						
	11	0201						
	12	0201						
	13	0101						
	14	0101						
	15	1701						
	16	1781						
	17	0101						
	18	0101						
	19	1281						
	20	0176						
	21	1501						
	22	0197						
	23	0162						
	24	0101						
	25	0101						
	26	0101						
	27	0101						
	28	0801						
	29	2702						
	30	0182						
	31	0301						
	32	1101						
	33	0165						

表一

書名編號		藏書單位
史 紀事本末	34	1461
宋類	35	0101
	36	0241
	37	0101
	38	1641
	39	1461
	40	0165
	41	0201
	42	0201
	43	0201
	44	0101
	45	0121
	46	0142
	47	0182
	48	0198
	49	0341
	50	0801
	51	1741
	52	2002
	53	2341
	54	2702
	55	2742
	56	0891
	57	0101
	58	0101
	59	0101
	60	0150
	61	0301
	62	0301
	63	1701
	64	1701
	65	1705
	66	1507
	67	2401
	68	0201
	69	0101
	70	1601
	71	0271
	72	0201

表二

書名編號		藏書單位						
史 紀事本	74	0101						
末類	75	0101	0150	0197	0201	0341	0661	0703
		0803	0841	1062	1601	1701	1704	1801
		2301	2701	2702				
	76	1501						
	77	0241	0291	1082	1092	1501	1606	1649
		1701	2286	2541	2542	2561		
	78	2001						
	79	1601						
	80	0181	0941	1502	1542	1586	1605	1615
		1629	1705	1881	2201	2501		
	81	0150	0242	0441	1092	1701		
	82	0161						
	83	1541						
	84	0141	0142	0150	0542	0942	1606	1701
	85	2401						
	86	0101						
	87	0101						
	88	2504	2541					
	89	0101						
	90	0101						
	91	0101						
	92	0101						
	93	0161						
	94	0141	0198	0201	0801	1701	2701	
	95	1701						
	96	0101						
	97	1401						
	98	0101						
	99	0101						
	100	0101	0144	0163	0201	0241	0501	0803
		0841	0906	1022	1052	1026	1516	1601
		1605	1701	1801	1901	2201	2401	2561

書名編號		藏書單位						
史 紀事本	101	0141	0173	0207	0520	0701	0801	1101
末類		1501	1531	1584	1619	1641	1701	2201
		2701						
	102	0181	0261	0262	0520	1103	1501	1502
		1717	1705	2541				
	103	0101	0141	0143	0161	0197	0520	1101
		1282	1250	1501	1801	1881	2401	2561
		2741						
	104	1601						
	105	1701						
	106	1605						
	107	0142	0261	0262	0520	0861	1501	1502
		1705	1717	2042	2081	2461	2702	2706
		2964						
	108	0103	0141	0142	0291	0701	0703	1501
		1601	1661	1701				
	109	0168	0201	0536	1601			
	110	0101	0141	0142	0282			
	111	0101	0182	1606				
	112	1101						
	113	0141	0142	0181	0301	0501	0520	0536
		0547	0901	0961	1046	1715	2001	2401
		2741	2901					
	114	0201						
	115	0841						
	116	1701						
	117	0201						
	118	0101						
	119	0101	0141	0161	1585	2544		
	120	1105						
	121	2901						
	122	2201	1705					
	123	0141						
	124	0101	0150	1601				
	125	0141	0161	1881				
	126	0201						
	127	0150						
	128	0101						
	129	0198						

表三

書名編號		藏書單位						
史 紀事本	130	0201	0261	2205	2707			
末類	131	0181						
	132	0101						
	133	1606						
	134	0101						
	135	0150						
	136	0701	0703	2001				
	137	0141	0142	1701				
	138	0164						
	139	0101						
	140	0102	0141	0150	0161	0201	0082	0341
		0651	0661	0701	0842	2543	[illegible]	
	141	0201						
	142	0150						
	143	1063						
	144	0142	0263	1381	2501			
	145	0181						
	146	0181						
	147	0161	0181	0301	0701			
	148	0101	0150	0151	0261	0293	0701	
	149	0181	0143	0150	0201	0263	0701	0801
	150	1062						
	151	0841						
	152	0150						
	153	0142						
	154	0201						
	155	0161						
	156	2702						
	157	0181						
	158	0141						
	159	0150						
	160	0181						
	161	0181	0102	0201	0242	0701		
	162	1601						
	163	0101	0161	0166	0150	0181	0201	0262
		0701	1601					
	164	0181						
	165	0181	0201	0701				
	166	0181						

書名編號		藏書單位						
史 紀事本	167	0102	0161	0181	0242	0701		
末類	168	0101	0150	0161	0242	0701	0841	1141
	169	0181						
	170	0101	0150	0181	0201	0262	0701	0841
	171	0150	0181	0201	0242	0701		
	172	0703						
	173	0243						
	174	0291						
	175	0145	0181	0201	0242	0701		
	176	0150						
	177	0181						
	178	0181						
	179	2412						
	180	0181						
	181	0181						
	182	0181						
	183	0181						
	184	0150						
	185	0181						
	186	0181						

雜史

通代

一　吳越史二十六卷　明天啟刻本　九行二十字小字雙行白口左右雙邊
吳太伯世家一卷　漢司馬遷撰
越王句踐世家一卷　漢司馬遷撰
吳越春秋六卷　漢趙曄撰
越絕書十五卷　漢袁康、吳平撰
吳語一卷　吳韋昭注
越語一卷　吳韋昭注

二　古史紀年一卷　清抄本　清鐵橋散人跋

三　漢唐秘史二卷　明朱權輯　明建文四年寧藩刻本　十三行廿二字黑口四周雙邊

四　孫百川先生全史統要二十一卷　明孫樓輯　清抄本

五　史略紀事三編二卷　明貢弘輯　清抄本

六　南詔源流紀要一卷　明蔣彬撰　明嘉靖刻本　九行十九字黑口四周雙邊

七　南詔野史一卷　明倪輅撰　明祁氏澹生堂抄本

八　南詔野史不分卷　明倪輅撰　明末抄本

九　南詔野史一卷　明倪輅撰　清環翠山房抄本

一〇　南詔野史一卷　明倪輅撰　清抄本

一一　南詔野史二卷　明倪輅撰　清抄本

一二　南詔野史續增不分卷　清郭觀圖撰　清道光七年鐵硯寄廬抄本

一三　滇載記一卷　明楊慎撰　清乾隆四十七年李調元刻函海本　傅增湘校並跋

一四　三吳舊語一卷　明顧岕撰　清抄本

一五　古燕史十種三十七卷　明郭造卿撰　清抄本
存三十四卷　一至十六、十八至三十五

一六　燕史三十七卷　明郭造卿撰　清抄本
燕啟記二卷
燕統記五卷
燕雄記六卷
燕猿記九卷
燕歌記八卷
燕符記六卷
燕流記五卷
燕誓記三卷
燕高記二卷
燕朔記二卷
存三十三卷　一至廿六、廿九至三十四、三十七

一七　楚記六十卷　明廖道南撰　明嘉靖二十五年何城李桂刻本　十行二十字白口四周雙邊

一八　楚記六十卷　明廖道南撰　明萬曆三年刻本　十行二十字白口左右雙邊有刻工

一九　楚記六十卷　明廖道南撰　明萬曆二十四年刻本　十行二十字白口四周雙邊

二〇　名臣寧攘要編口卷　明項德楨訂　項鼎鉉補　明萬曆刻本　九行十九字白口四周單邊
存十二種十二卷
龍憑紀略一卷　明田汝成撰
藤峽紀聞一卷　明田汝成撰
大寧攷一卷　明楊守謙撰
大同平叛志一卷　明尹畊撰
藤峽紀略一卷　明尹畊撰
南太紀略一卷　明尹畊撰
款塞始末一卷　明劉應箕撰
伐戎紀事一卷　明高拱撰
雲中降虜傳一卷　明劉紹恤撰
平番紀事一卷　明劉伯燮撰
綏交記一卷　明楊寅秋撰
北剿一卷　明茅坤撰

二一　名臣寧攘編口卷　明項鼎鉉訂　明刻本　九行十九字白口單邊
存十四種十四卷
大同平叛志一卷　明尹畊撰
藤峽紀略一卷　明尹畊撰
南太紀略一卷　明尹畊撰
款塞始末一卷　明劉應箕撰
伐戎紀事一卷　明高拱撰
撫夷紀略一卷　明鄭洛撰
龍憑紀略一卷　明田汝成撰
藤峽紀聞一卷　明田汝成撰

二二　滇繳不分卷　清高翁映撰　清抄本
大同紀事一卷　明韓邦奇撰
雲中紀變一卷　明孫允中撰
平黔三記一卷　明趙汝濂撰
交事紀聞一卷　明張岳撰
察剿考一卷　明楊守謙撰
大寧攷一卷　明楊守謙撰

二三　思豫述略六卷　清江闿文撰　稿本

二四　思豫述略六卷　清江闿文撰　清抄本

二五　路史四十七卷　宋羅泌撰　宋刻本　十行二十字四口左右雙邊有刻工

二六　路史四十七卷　宋羅泌撰　明嘉靖洪楩刻本　十行二十字白口四周單邊

二七　路史四十七卷　宋羅泌撰　明萬曆三十九年喬可傳寄寄齋刻本　十行二十字白口四周單邊

二八　路史四十七卷　宋羅泌撰　明天啟六年五桂堂刻本　十行二十字白口單魚尾四周單邊

二九　重訂路史全本四十七卷　宋羅泌撰　明吳弘基刻本　八行二十字白口左右雙邊

三〇　重訂路史全本四十七卷　宋羅泌撰　明末刻本　八行二十字白口左右雙邊

三一　路史四十七卷　宋羅泌撰　明刻本　清傅山批校　十行二十字小字雙行白口四周單邊
存五卷　五至九

三二(1)　路史四十七卷　宋羅泌撰　明抄本

三二 荒史六卷 明陳士元撰 明萬曆二年德安府刻本 九行二十字白口單魚尾四周單邊

三三 逸古記八卷 明朱謀㙔撰 明萬曆刻本 十行廿二字白口左右雙邊

三四 稽古篇五十五卷 郭之奇撰 清初刻本

三五 三五紀略二卷附錄一卷 明楊時秀撰 明刻本 七行十四字白口四周單邊

三六 汲冢周書十卷 晉孔晁注 元至正十四年嘉興路儒學刻本 清王振聲跋 十行二十字細黑口左右雙邊

三七 汲冢周書十卷 晉孔晁注 元至正十四年嘉興路儒學刻明修補印本 十行二十字上細黑口下粗黑口四周雙邊雙魚尾

三八 汲冢周書十卷 晉孔晁注 明姜仲文刻本 八行二十字小字雙行同白口單魚尾左右雙邊

三九 汲冢周書十卷 晉孔晁注 明嘉靖二十二年章檗刻本 九行二十字白口左右雙邊有刻工

四〇 汲冢周書十卷 晉孔晁注 明嘉靖二十二年章檗刻本 清盧文弨校 九行二十字白口左右雙邊有刻工

四一 汲冢周書十卷 晉孔晁注 明嘉靖二十六年刻本 十行廿二字細黑口單魚尾左右單邊

四二 逸周書十卷 晉孔晁注 明嘉靖刻本 十行廿二字小字雙行不等白口四周單邊

四三 逸周書十卷 晉孔晁注 明萬曆程榮刻漢魏叢書本 清謝墉校 周星詒跋

四四 逸周書十卷 晉孔晁注 明萬曆程榮刻漢魏叢書本 清邵晉涵校並跋 吳騫跋 九行二十字白口左右雙邊有刻工

四五 逸周書十卷 晉孔晁注 明萬曆何允中刻廣漢魏叢書本 清盧文弨校 丁丙跋 九行二十字白口左右雙邊

四六 汲冢周書十卷 晉孔晁注 明刻本 明蔡文範校 十行二十字白口左右雙邊

四七 汲冢周書十卷 晉孔晁注 明刻本 十行二十字白口四周雙邊單魚尾

四八 汲冢周書十卷 晉孔晁注 明吳琯刻古今逸史本 清楊開森跋

四九 逸周書十卷 晉孔晁注 明刻本 九行二十字白口左右雙邊

五〇 汲冢周書十卷 晉孔晁注 清康熙八年汪士漢刻秘書二十一種本 傅增湘校並跋

五一 汲冢周書十卷 晉孔晁注 清康熙刻本 清許克勤等校 胡玉縉跋

五二 逸周書十卷 晉孔晁注 清乾隆五十一年盧文弨刻抱經堂叢書本 清陳墫錄清盧文弨顧廣圻跋

五三 逸周書十卷 晉孔晁注 清乾隆五十一年盧文弨刻抱經堂叢書本 清丁嘉葆錄校並跋

五四 逸周書十卷 晉孔晁注 清乾隆五十一年盧文弨刻抱經堂叢書本 清董文渙批校

五五 逸周書十卷 晉孔晁注 清乾隆五十一年盧文弨刻抱經堂叢書本 清孫詒讓校

五六 逸周書十卷 晉孔晁注 清乾隆五十一年盧文弨刻抱經堂叢書本 王國維校並跋

五七 逸周書十卷 晉孔晁注 清乾隆五十一年盧文弨刻抱經堂叢書本 清劉履芬移錄校

五八 逸周書注十卷 晉孔晁撰 清抄本 清盧文弨校並跋 沈瓔跋並題詩 黃丕烈校 鍾文烝跋

五九 周書王會補注一卷 宋王應麟撰 元至元六年慶元路儒學刻明初修本 十行二十字白口左右雙邊

六〇 逸周書補註二十四卷 存七卷（一至七） 清陳逢衡撰 清抄本

六一 周書十卷附周書逸文一卷 清朱右曾輯注 清抄本 清孫仲頌校 汪宗沂跋

六二 逸周書集訓校釋十卷逸文一卷 清朱右曾輯注 清光緒三年會文書局刻本 清孫詒讓校

六三 列國史補十八卷 明魏顯國撰 明萬曆刻本 十二行廿五字白口單魚尾四周單邊

六四 太史陳明卿批點國策國語八卷 明陳仁錫選評 明末翁香閣刻本 十行二十字小字雙行同白口四周雙邊

六五 國語八卷 明刻本 十行十七字白口四周單邊

六六 國語二十一卷 明吳勉學刻本 九行十八字白口左右雙邊有刻工

六七 國語二十一卷 明吳勉學刻本 清嚴虞惇批校 九行十八字白口左右雙邊單魚尾

六八 國語二十一卷 吳韋昭注 補音三卷 宋宋庠撰 宋刻宋元遞修本 十行二十字小字雙行同白口左右雙邊

六九 國語二十一卷 吳韋昭注 補音三卷 宋宋庠撰 明刻本 十行二十字小字雙行同黑口四周雙邊

七〇 國語二十一卷 吳韋昭注 明刻本 清錢求赤批校並跋 十行二十字黑口上下黑口四周雙邊三魚尾

七一 國語二十一卷 吳韋昭注 補音三卷 宋宋庠撰 明刻本 補音瞿熙抄錄 清顧廣圻校 十行二十字黑口四周雙邊

七二 國語二十一卷 吳韋昭注 補音三卷 宋宋庠撰 明刻本 清王宗炎錄清何小山校 黃丕烈跋 十行二十字小字雙行同大黑口四周雙邊

七三 國語二十一卷 吳韋昭注 補音三卷 宋宋庠撰 明刻本 清丁丙跋 十行二十字小字雙行同大黑口四周雙邊

七四 國語二十一卷 吳韋昭注 補音三卷 宋宋庠撰 明刻本 清丁丙跋 十行二十字小字雙行同大黑口四周雙邊

七五 重刊國語七卷 吳韋昭注 國語補音二卷 宋宋庠撰 明正德十二年明德堂刻本 十一行二十一字小字雙行同大黑口四周雙邊

七六 國語補音二卷 宋宋庠撰 明正德十二年明德堂刻本 清孔繼涵跋 孔廣栻錄清沈彤華校 十一行二十一字黑口四周雙邊

七七 國語二十一卷 吳韋昭注 古文音釋 明王鏊撰 明嘉靖四年許宗魯宜靜書堂刻本 十行二十字小字雙行同白口左右雙邊

七八 國語二十一卷 吳韋昭注 古文音釋二卷 明王鏊撰 明嘉靖四年許宗魯宜靜書堂刻本 清丁丙跋 行字無定數白口左右雙邊

七九 國語二十一卷 吳韋昭注 明嘉靖七年金李澤遠堂刻本 十行二十字小字雙行同白口左右雙邊有刻工

八〇 國語二十一卷 吳韋昭注 明嘉靖七年金李澤遠堂刻本 卷七至[illegible] 清惠棟校 黃丕烈[illegible] [illegible]居叢書本） [illegible]校並跋 錢[illegible]

國語二十一卷 吳韋昭注 明嘉靖七年金李澤遠堂刻本 清沈巖校並跋 十行二十字小字雙行同白口左右雙邊 八一
[illegible]跋並錄錢曾題識 [illegible]
國存十六卷 [illegible]
國語二十一卷 吳韋昭注 明嘉靖七年金李澤遠堂刻本 清孔繼涵跋 十行二十字小字雙行同白口左右雙邊[illegible] 八二
國語二十一卷 吳韋昭注 明嘉靖七年金李澤遠堂刻本 清翁之達跋 黃跋 段玉裁跋 十行二十字小字雙行同白口左右雙邊 八三
國語二十一卷 吳韋昭注 明嘉靖七年金李澤遠堂刻本 清戈宙襄校 十行二十字白口左右雙邊半魚尾有刻工 八四
國語二十一卷 吳韋昭注 明嘉靖七年金李澤遠堂刻本 清戚蓋跋 十行二十字白口左右雙邊半魚尾 八五
國語二十一卷 吳韋昭注 明嘉靖十五年常郡黨刻本 十行二十字小字雙行同白口黑魚尾四周雙邊 八六
國語二十一卷 吳韋昭注 補音三卷 宋宋庠撰 明嘉靖刻本 九行二十字小字雙行同白口左右雙邊 八七
國語二十一卷 吳韋昭注 明萬曆六年童氏刻本 十行二十字白口四周單邊 八八
國語二十一卷 吳韋昭注 明萬曆六年童氏刻本 清徐時棟校並跋 十行二十字白口四周單邊雙魚尾 八九
國語二十一卷 吳韋昭注 宋宋庠補音 明萬曆張一鯤刻本 九行二十字白口左右雙邊 九〇

國語二十一卷 吳韋昭注 宋宋庠補音 明萬曆張一鯤刻本 清徐渤跋 九行二十字白口左右雙邊半魚尾有刻工 九一
國語二十一卷 吳韋昭注 宋宋庠補音 明萬曆張一鯤刻本 清沈儀生批校 九行二十字白口左右雙邊半魚尾有刻工 九二
國語二十一卷 吳韋昭注 宋宋庠補音 明萬曆張一鯤刻本 清劉履芬跋 九行二十字小字雙行白口左右雙邊單魚尾書口下有刻工 九三
國語二十一卷 吳韋昭注 宋宋庠補音 明刻本 清陸貽典、葉萬、常鈺校並跋 沈巖校 唐翰題跋 九行二十字白口左右雙邊 九四
國語二十一卷 吳韋昭注 宋宋庠補音 明萬曆十年倫際然雲南刻本 九行二十字小字雙行同白口四周單邊有刻工 九五
國語二十一卷 吳韋昭注 宋宋庠補音 明新建李克家刻本 九行二十字小字雙行同白口四周單邊 九六
國語二十一卷 吳韋昭注 宋宋庠補音 明萬曆十三年吳汝紀刻本 九行二十字小字雙行同白口左右雙邊 九七
國語二十一卷 吳韋昭注 宋宋庠補音 明萬曆十三年吳汝紀刻本 清盧文弨校並跋 葉德輝跋 九行二十字小字雙行同白口左右雙邊 九八
國語二十一卷 吳韋昭注 宋宋庠補音 明萬曆十三年吳汝紀刻本 清吳翌鳳校並跋 九行二十字白口左右雙邊 九九
國語二十一卷 吳韋昭注 宋宋庠補音 明穆文熙纂 明萬曆劉懷恕刻本 九行二十字小字雙行同白口四周雙邊有刻工 一〇〇
國語二十一卷 吳韋昭注 宋宋庠補音 明刻本 十行二十一字小字雙行同白口四周單邊 一〇一
國語二十一卷 吳韋昭注 宋宋庠補音 明刻本 清惠棟批校並跋 關[illegible]並錄、萬斌[illegible]跋 九行二十字小字雙行同白口四周雙邊 一〇二

監本音註國語二十卷 吳韋昭注 明刻本 十行二十字小字雙行八字細黑口四周單邊 一〇三
重刊韋氏國語二十一卷 吳韋昭注 明刻本 十行廿二字小字雙行同白口四周單邊 一〇四
國語二十一卷 吳韋昭注 明天啟六年樊人[illegible]刻本 九行[illegible]字小字雙行同白口四周單邊 [illegible]
國語二十一卷 明葛鼒校正 明末葛氏永懷堂刻本 八行廿五字白口左右雙邊 一〇五
國語二十一卷 吳韋昭注 宋宋庠補音 明穆文熙輯 明末葛氏永懷堂刻本 九行二十字白口左右雙邊 一〇六
國語二十一卷 吳韋昭注 宋宋庠補音 明穆文熙輯 明末葛氏永懷堂刻本 清吳騫錄校 一〇七
國語二十一卷 明陳仁錫 鍾惺評 明崇禎刻本 九行十八字小字同白口左右雙邊 一〇八
國語二十一卷 吳韋昭注 清孔氏詩禮堂刻本 清洪榜校 一〇九
國語二十一卷 吳韋昭注 清孔氏詩禮堂刻本 清孔繼涵錄洪榜校 孔廣栻批校、王[illegible]校並跋 一一〇
國語二十一卷 吳韋昭注 清孔氏詩禮堂刻本 清黃丕烈、顧廣圻校並跋 一一一
國語二十一卷 吳韋昭注 清孔氏詩禮堂刻本 佚名臨黃丕烈、顧廣圻校跋 一一二
國語二十一卷 吳韋昭注 清孔氏詩禮堂刻本 清姚覲元臨顧廣圻校跋 一一三
國語二十一卷 吳韋昭注 校刊明道本韋氏解國語札記一卷 清黃丕烈撰 清嘉慶五年黃氏讀未見書齋刻本 清陳奐校並跋 一一四
國語二十一卷 吳韋昭注 校刊明道本韋氏解國語札記一卷 清黃丕烈撰 明道本攷異四卷 清汪遠孫撰 清同治八年湖北崇文書局刻本 清翁同龢跋並錄翁[illegible]評點 一一六

國語二十一卷 吳韋昭注 宋宋庠補音 清刻本 清戴望跋並錄惠棟批校 一一七
國語二十一卷 吳韋昭注 宋宋庠補音 清刻本 清章庭批校 一一八
國語二十一卷 吳韋昭注 校刊明道本韋氏解國語札記一卷 清黃丕烈撰 清嘉慶五年吳門黃氏讀未見書齋刻本 清唐炯批校 一一五
國語九卷 明閔齊伋裁注 明萬曆四十七年閔齊伋刻三色印本 九行十九字小字雙行同白口四周單邊 一一九
國語九卷 明閔齊伋裁注 明萬曆四十七年閔齊伋刻本 九行十九字白口四周單邊 一二〇
國語九卷 明盧之頤訂正 明末刻本 一二一
國語補音三卷 宋宋庠撰 宋刻元明遞修公文紙印本 十行字不等細黑口四周雙邊有刻工 一二二
國語補音三卷 宋宋庠撰 明刻本 小字雙行二十字黑口四周雙邊 一二三
國語補音三卷 宋宋庠撰 清乾隆孔繼涵刻微波榭叢書本 王國維校 一二四
國語補音三卷 宋宋庠撰 清抄本 清顧廣圻校並手抄卷三[illegible] 葉景葵跋 一二五
國語補音三卷 宋宋庠撰 清抄本 清李文田跋 一二六
春秋外傳國語二十一卷 吳韋昭注 明刻本 十行十九字小字雙行同白口左右雙邊 一二七

一二八 春秋國語十卷 吳韋昭注 明萬曆二十三年刻本 九行十八字白口左右雙邊

一二九 春秋外傳攷正二十一卷 清陳樹華撰 清盧文弨抄本 清盧文弨校

一三〇 春秋別典十五卷 明薛虞畿撰 明抄本
存十三卷 三至十五

一三一 春秋別典十五卷 明薛虞畿撰 清抄本〈四庫底本〉

一三二 新鐫百家評林國語全編二十一卷 吳韋昭注 明焦竑集評 明萬曆二十一年閔照雲濬刻本 十行廿二字小字雙行同白口四周單邊

一三三 新鐫百家評林國語天梯二十一卷 吳韋昭注 明焦竑集評 明熊冲宇種德堂刻本 十行廿二字白口四周單邊

一三四 國語文類一卷 明趙之舉輯 明嘉靖刻本 九行十八字白口四周雙邊

一三五 國語評苑六卷 明穆文熙輯 明萬曆光裕堂刻本 十一行廿四字白口四周雙邊雙魚尾

一三六 國語鈔評八卷 明穆文熙輯 明萬曆十二年傅光宅刻本 九行二十字小字雙行白口四周雙邊有刻工

一三七 靜觀室精選國語鈔評八卷 明穆文熙輯 明萬曆十三年徐元胡爭刻本 九行二十字小字雙行白口雙邊

一三八 國語抄評十二卷 明葉明元輯 明萬曆十六年刻本 九行十六字小字雙行同白口四周單邊有刻工

一三九 國語髓析二十一卷 明公鼐、呂邦耀撰 明保慶知府梁隆吉刻本 九行十八字白口四周雙邊單魚尾

一四〇 國語髓析二十一卷 明公鼐、呂邦耀撰 明唐燿刻本 九行十八字白口四周雙邊

一四一 國語彙評十卷 明王鳳生輯 明崇禎十三年古處齋刻本 九行廿六字白口四周單邊

一四二 國語正義二十一卷 清董增齡撰 稿本

一四三 國語解訂譌一卷 清孔廣栻撰 惠棟九經古義所引國語一卷 清孔廣栻輯 稿本

一四四 戰國策十卷 明吳勉學刻本 九行十八字白口左右雙邊有刻工

一四五 戰國策十卷 明吳勉學刻本 清□鑾錄嚴虞惇批校題識

一四六 戰國策十卷 明葛鼒校 明葛文永重刻本 八行廿五字白口左右雙邊

一四七 戰國策三十三卷 漢高誘注 宋姚宏校正 宋紹興刻本 清黃丕烈、顧廣圻跋並題詩 鈕樹玉、袁廷檮、夏文燾題詩 十一行二十字小字雙行同白口左右雙邊

一四八 戰國策三十三卷 漢高誘注 宋姚宏校正 清初影宋抄本

一四九 戰國策三十三卷 漢高誘注 宋姚宏校正 清初影宋抄本 清顧廣圻 黃丕烈跋

一五〇 戰國策三十三卷 漢高誘注 宋姚宏校正 明穴研齋抄本

一五一 戰國策三十三卷 漢高誘注 宋姚宏校正 明穴研齋抄本

一五二 戰國策三十三卷 漢高誘注 宋姚宏校正 清乾隆二十一年盧見曾刻雅雨堂叢書本 清袁廷檮跋並錄惠士奇批校 顧廣圻校
存二十六卷 一至十七、二十一至二十四、二十九至三十三

一五三 戰國策三十三卷 漢高誘注 宋姚宏校正 清乾隆二十一年盧見曾刻雅雨堂叢書本 清李[illegible]銘校並跋

一五四 戰國策三十三卷 漢高誘注 宋姚宏校正 清乾隆二十一年盧見曾刻雅雨堂叢書本 清翁同龢校並跋

一五五 戰國策三十三卷 漢高誘注 宋姚宏校正 清乾隆二十一年盧見曾刻雅雨堂叢書本 清翁同書跋並錄黃丕烈校語

一五六 戰國策三十三卷 漢高誘注 宋姚宏校正 清乾隆二十一年盧見曾刻雅雨堂叢書本 清張之洞批校

一五七 戰國策三十三卷 漢高誘注 宋姚宏校正 清乾隆二十一年盧見曾刻雅雨堂叢書本 清唐炯批校

一五八 戰國策三十三卷 漢高誘注 宋姚宏校正 清乾隆二十一年盧見曾刻雅雨堂叢書本 清徐宗亮批校

一五九 戰國策三十三卷 漢高誘注 宋姚宏校正 清乾隆二十一年盧見曾刻雅雨堂叢書本 黃丕烈批校

一六〇 戰國策三十三卷 漢高誘注 宋姚宏校正 清乾隆二十一年盧見曾刻雅雨堂叢書本 朱邦萌校跋並錄注中批校 王眾跋

一六一 鮑氏國策十卷 宋鮑彪校注 宋紹熙二年會稽郡齋刻本 十一行二十字白口左右雙邊有刻工

一六二 戰國策十卷 宋鮑彪校注 元刻本 十一行細黑口左右雙邊雙魚尾
存二卷 卷三第一至二十四頁、卷四第二十九頁至五十三頁

一六三 戰國策十卷 宋鮑彪校注 元刻本 十一行二十字小字雙行同黑口左右雙邊上下單邊雙魚尾
存一卷 七

一六四 戰國策十卷 宋鮑彪校注 元刻本 十一行二十字黑口左右雙邊
存三卷 八至十

一六五 戰國策十卷 宋鮑彪校注 元吳師道補正 元至正二十五年平江路儒學刻明修本 十一行二十字小字雙行同黑口左右雙邊有刻工

一六六 戰國策十卷 宋鮑彪校注 元吳師道補正 元至正二十五年平江路儒學刻明修本 十一行二十字小字雙行同細黑口左右雙邊有刻工

一六七 戰國策十卷 宋鮑彪校注 元吳師道補正 元至正二十五年平江路儒學刻明修本 明文徵明跋 十一行二十字黑口左右雙邊有刻工
存二卷 九至十

一六八 戰國策十卷 漢高誘撰 宋鮑彪注 元吳師道補正 明初刻本（一至五卷配清抄本） 十一行二十字小字雙行同黑口左右雙邊有刻工

一六九 戰國策十卷 宋鮑彪校注 元吳師道重校 明刻本 十一行二十字上下粗黑口左右雙邊單魚尾

一七〇 戰國策十卷 宋鮑彪校注 元吳師道重校 明刻本 清沈復粲跋 十一行二十字上下黑口左右雙邊雙魚尾

一七一 戰國策十卷 宋鮑彪校注 元吳師道補正 明刻本 十一行二十字小字雙行同大黑口左右雙邊有刻工

一七二 鮑氏國策十卷 宋鮑彪校注 明嘉靖七年龔雷刻本 十一行二十字小字雙行同白口左右雙邊有刻工

一七三 鮑氏國策十卷 宋鮑彪注 明嘉靖七年龔雷刻本 明人評點 葉樂感跋 十一行二十字白口左右雙邊黑魚尾

一七四 鮑氏國策十卷 宋鮑彪校注 明嘉靖三十一年杜詩刻本 十一行二十字小字雙行同白口單魚尾左右雙邊

一七五 鮑氏國策十卷 宋鮑彪校注 明嘉靖三十一年杜詩刻本 清汪由敦批校 十行二十字小字雙行白口左右雙邊

一七六 鮑氏國策十卷 宋鮑彪校注 明嘉靖三十一年杜詩刻本 清汪士鐸校并跋 十一行二十字小字雙行同白口左右雙邊有刻工

一七七 鮑氏國策十卷 宋鮑彪校注 明嘉靖三十一年杜詩刻本 清盧盦跋 十一行二十字白口左右雙邊單魚尾

一七八 鮑氏國策十卷 宋鮑彪校注 明嘉靖三十一年杜詩刻本 清董懷濡校跋 十一行二十字白口左右雙邊單魚尾

一七九 戰國策十卷 宋鮑彪校注 明萬曆五年童子山刻本 十行二十字白口左右雙邊

一八〇 戰國策十卷 宋鮑彪校注 元吳師道重校 明刻本 十行二十字小字雙行同白口左右雙邊

一八一 戰國策十卷 宋鮑彪校注 元吳師道重校 明刻本 清唐烱校並跋 十行二十字白口左右雙邊

一八二 戰國策十卷 宋鮑彪校注 元吳師道重校 明刻本 清吳廣霈批校並跋 十行二十字白口左右雙邊

一八三 戰國策十卷 宋鮑彪校注 元吳師道重校 明刻本 十行二十字小字雙行同白口左右雙邊有刻工

一八四 戰國策十卷 宋鮑彪校注 元吳師道重校 明刻本 十行二十字白口左右雙邊

一八五 戰國策十卷 宋鮑彪校注 元吳師道重校 明刻本 清唐翰題跋 十行二十字白口左右雙邊

一八六 戰國策十卷 宋鮑彪校注 元吳師道重校 明嘉靖二年河南刻本 十行二十字小字雙行同大黑口四周雙邊

一八七 戰國策十卷 宋鮑彪校注 元吳師道重校 明萬曆刻本 十行廿一字小字雙行白口單邊

九

一八八 戰國策十卷 宋鮑彪校注 元吳師道注 明穆文熙編 明萬曆劉懷恕刻本 九行二十字小字雙行同白口四周雙邊有刻工

一八九 戰國策十卷 宋鮑彪校注 元吳師道注 明穆文熙編 明萬曆劉懷恕刻本 清丁丙跋 九行二十字小字雙行同白口四周雙邊有刻工

一九〇 戰國策十卷 宋鮑彪校注 元吳師道重校 明萬曆九年張一鯤刻本 九行二十字小字雙行同白口左右雙邊有刻工

一九一 戰國策十卷 宋鮑彪校注 元吳師道 明萬曆九年張一鯤刻本 清周星詒校並跋 九行二十字白口左右雙邊有刻工

一九二 戰國策十卷 宋鮑彪校注 元吳師道重校 明刻本 九行二十字小字雙行同白口黑魚尾左右雙邊

一九三 戰國策十卷 宋鮑彪校注 元吳師道重校 明刻本 九行二十字小字雙行白口四周單邊

一九四 戰國策譚棷十卷 宋鮑彪校注 元吳師道重校 明張文爟輯 附錄一卷 明張文爟輯 明萬曆刻本 九行十八字白口左右雙邊有刻工

一九五 戰國策譚棷十卷 宋鮑彪校注 元吳師道重校 明張文爟集評 附錄一卷 明張文爟輯 明萬曆刻本 清丁晏批 九行十八字小字雙行同白口左右雙邊有刻工

一九六 戰國策十二卷 明閔齊伋裁注 元本目錄一卷 明萬曆四十八年閔齊伋刻套印本 九行十九字小字雙行同白口四周單邊

一九七 戰國策十二卷 明閔齊伋裁注 明萬曆四十八年閔齊伋刻本 九行十九字小字雙行同白口四周單邊

一九八 戰國策十卷 宋鮑彪注 明天啟三年鍾人傑刻本 九行二十字白口單邊單魚尾

一九九 戰國策十卷 宋鮑彪校注 元吳師道重校 明穆文熙編 明末葛氏永懷堂刻本 九行二十字白口左右雙邊

二〇〇 重刊鮑氏戰國策十二卷 宋鮑彪校注 明刻本 十行廿二字白口四周單邊

二〇一 重刊鮑氏戰國策十二卷 宋鮑彪校注 明刻本 清丁丙跋 十行廿二字小字雙行同白口四周單邊

二〇二 戰國策十二卷 明陳仁錫、鍾惺評 明末刻本 九行十八字白口左右雙邊

二〇三 戰國策評苑十卷 宋鮑彪校注 元吳師道重校 明穆文熙輯 明萬曆二十年鄭以厚刻本 十一行二十四字小字雙行同白口左右雙邊

二〇四 七雄策纂七卷 明穆文熙輯 明萬曆十四年刻本 十行二十字白口四周雙邊有刻工

二〇五 七雄策纂八卷 明穆文熙輯 明萬曆十六年陳萬撰刻本 九行二十字小字雙行同白口四周雙邊有刻工

二〇六 戰國策纂四卷 明張榜撰 明萬曆刻本 九行十八字白口四周單邊單魚尾

二〇七 戰國策纂四卷 明張榜撰 明末刻本 九行二十字白口單邊

二〇八 戰國策纂四卷 明張榜輯 明末刻本 八行二十字白口四周單邊

二〇九 棠戰國策補十二卷 明杜九如輯 江起鵬編 明刻本 十行二十字白口四周單邊

二一〇 戰國策選八卷附錄一卷 明尉熙輯 明顧懋樸增選補訂 明萬曆三十五年刻本 九行二十一字白口左右雙邊有刻工

二一一 戰國策全編十卷國策異同四卷 明宋存標輯 明崇禎刻本 九行二十字白口四周單邊單魚尾

二一二 戰國策選二卷 明陸穩輯 明刻本 清杭世駿校跋 九行十八字白口左右雙邊有刻工

二一三 戰國策選四卷 明張居正評訂 陸樹聲注 明末刻本 九行二十字白口四周單邊

二一四 戰國策選四卷 明李贄輯 明末刻本 八行十八字白口四周單邊有刻工

二一五 國策鈔四卷 明焦竑輯 明刻本 十行二十字小字雙行同白口四周單邊

二一六 國策節本不分卷 明馮夢禎抄本 清馮文昌跋 周叔弢跋

二一七 國策膾四卷 明項應祥輯 明末刻本

二一八 戰國策奇鈔八卷 明陳仁錫輯 明天啟天增閣刻本 九行二十字白口單邊

二一九 許太史評選戰國策文髓四卷 明許獬輯 王衡校注 明萬曆三十年南山堂劉龍田刻本 九行二十字白口四周單邊

二二〇 陳太史選評戰國策文範六卷 明陳仁錫輯 明末刻本 八行二十字白口四周單邊

二二一 戰國策去毒二卷 清陸隴其撰 清康熙刻本

二二二 編年國策校注原稿不分卷 清張其淦撰 稿本

二二三 編年國策輯註十卷首一卷 清張其淦撰 稿本

二二四 戰國策釋地二卷 清張琦撰 稿本

二二五 國策補遺不分卷 清馬星翼撰 清抄本

一〇

二二二六 國事三卷 明吳世熙輯 明萬曆刻本 八行十八字白口單邊有刻工

二二二七 世本一卷 漢宋衷注 清沈濤編輯 清吳翌鳳抄本 清吳翌鳳跋

二二二八 世本輯逸一卷 清抄本 清丁丙跋

二二二九 世本集覽四十八卷 清王梓材撰 稿本

二二三〇 短長二卷 明王世貞撰 明刻本 清毛扆批 八行十八字白口單邊有刻工

二二三一 左逸一卷短長一卷 明王世貞撰 明刻本 八行十八字白口四周單邊

二二三二 合刻晉楚二史二卷 晉史乘一卷 楚史檮杌一卷 明周遊選、金陵升評註 明末刻本 八行十八字小字雙行同白口四周單邊

二二三三 晉文春秋一卷 明刻本 九行十六字小黑口四周雙邊

二二三四 晉文春秋一卷異同附載一卷 清乾隆刻本

二二三五 吳越春秋十卷 漢趙曄撰 元徐天祜音注 元大德十年紹興路儒學刻明修本 九行十八字白口左右雙邊

二二三六 吳越春秋十卷補注一卷 漢趙曄撰 元徐天祜音注 明弘治十四年鄺廷瑞、馮弋刻本 九行十八字小字雙行廿六至廿八字白口左右雙邊

二二三七 吳越春秋十卷 漢趙曄撰 元徐天祜音注 明嘉靖刻本 九行十七字細黑口四周雙邊單白魚尾

二二三八 吳越春秋十卷 漢趙曄撰 元徐天祜（祜）音注 明嘉靖刻本 清翁同龢跋 九行十七字小字雙行同細黑口四周雙邊

二二三九 吳越春秋十卷 漢趙曄撰 元徐天祜音注 明嘉靖刻本 清吳友芝跋 九行十七字細黑口四周雙邊單魚尾

二二四〇 吳越春秋十卷 漢趙曄撰 元徐天祜音注 明嘉靖刻本（卷九至十配清抄本） 葉昌熾跋 清顧廣圻校 九行十七字細黑口四周雙邊單魚尾

二二四一 吳越春秋十卷 漢趙曄撰 元徐天祜（祜）音注 明嘉靖刻本 葉德輝、葉啟勳跋 九行十七字小字雙行同細口四周雙邊

二二四二 吳越春秋十卷 漢趙曄撰 元徐天祜（祜）音注 明萬曆十四年馮念祖臥龍山房刻本 八行十七字白口左右雙邊

二二四三 吳越春秋十卷 漢趙曄撰 元徐天祜（祜）音注 明萬曆十四年馮念祖臥龍山房刻本 八行十七字小字雙行同白口左右雙邊

二二四四 吳越春秋十卷 漢趙曄撰 元徐天祜（祜）音注 明萬曆十四年馮念祖臥龍山房刻本 清丁丙跋 八行十七字小字雙行同白口左右雙邊

二二四五 吳越春秋十卷 漢趙曄撰 元徐天祜（祜）音注 明萬曆十四年馮念祖臥龍山房刻本 鄧邦述跋 八行十七字小字雙行同白口左右雙邊

二二四六 吳越春秋十卷 漢趙曄撰 元徐天祜（祜）音注 明萬曆十四年馮念祖臥龍山房刻二十九年楊爾曾重修本 清顧觀光校 八行十七字白口左右雙邊單魚尾

二二四七 吳越春秋十卷 漢趙曄撰 元徐天祜音注 明萬曆十四年馮念祖臥龍山房刻二十九年楊爾曾重修本 八行十七字白口左右雙邊單魚尾

二二四八 吳越紀餘五卷附雜詠一卷 明錢貴撰 清花谿水閣抄本

二二四九 越絕書十五卷 漢袁康撰 明嘉靖二十四年孔天胤刻本 九行十六字白口左右雙邊單魚尾有刻工

二二五〇 越絕書十五卷 漢袁康撰 明嘉靖二十六年陳塏刻本 十行廿二字細黑口四周單邊

二二五一 越絕書十五卷 漢袁康撰 明嘉靖三十三年張佳胤雙柏堂刻本 八行十七字白口白魚尾

二二五二 越絕書十五卷 漢袁康撰 明嘉靖三十三年張佳胤雙柏堂刻本 清龔自珍跋 八行十七字白口四周雙邊

二二五三 越絕書十五卷 漢袁康撰 明嘉靖三十三年張佳胤雙柏堂刻本 清唐壵跋 八行十七字白口四周雙邊

二二五四 越絕書十五卷 漢袁康撰 明刻本 十行十六字白口左右雙邊

二二五五 越絕書十五卷 漢袁康撰 明萬曆十四年馮念祖臥龍山房刻本

二二五六 越絕書十五卷 漢袁康撰 明刻本 八行十七字白口左右雙邊

二二五七 越絕書十五卷 漢袁康撰 明刻本 九行二十字白口四周單邊

二二五八 越絕書十五卷 漢袁康撰 宋劉辰翁評 明閔光表刻本 九行二十字白口四周單邊

二二五九 越絕書十五卷 漢袁康撰 明鍾惺評 明刻本 九行廿五字白口四周單邊

二二六〇 越絕書不分卷 漢袁康撰 清初清設軒抄本

二二六一 華陽國志十二卷 晉常璩撰 明嘉靖四十三年張佳胤刻本 十行二十字白口四周單邊

二二六二 華陽國志十二卷 晉常璩撰 明嘉靖四十五年刻本 十行二十字白口 敘黑口四周雙邊

二二六三 華陽國志十二卷 晉常璩撰 明萬曆吳琯刻古今逸史本（卷十上、中配清抄本） 清何焯校 惠棟跋 鄧邦述、葉景葵跋

二二六四 華陽國志十二卷 晉常璩撰 明萬曆吳琯刻古今逸史本 清吳騫校並跋 十行二十字白口左右雙邊單魚尾

二二六五 華陽國志十二卷 晉常璩撰 明萬曆吳琯刻古今逸史本（卷十上配清抄本） 佚名錄清何焯校跋 清丁丙跋 十行二十字白口左右雙邊

二二六六 華陽國志十二卷 晉常璩撰 明天啟六年李一公刻本 九行十九字小字雙行同白口四周單邊有刻工

二二六七 華陽國志十二卷 晉常璩撰 明天啟六年李一公刻本 清葉萬校並跋 九行十九字白口四周單邊

二二六八 華陽國志十二卷 晉常璩撰 明末刻本 九行二十字白口左右雙邊

華陽國志十二卷 晉常璩撰 明末刻本 清顧廣圻批校並跋 三冊

郡縣目錄一卷 清顧廣圻撰 稿本 九行二十字白口左右雙邊

存華陽國志四卷 一至四

二二六九 華陽國志十二卷 晉常璩撰 明末刻本 佚名錄清盧文弨、陳鱣批校

二二七〇 華陽國志十二卷 晉常璩撰 明山水鄰抄本（卷十配清初抄本） 九行二十字白口單白魚尾左右雙邊

二二七一 華陽國志十二卷 晉常璩撰 明愚忠堂抄本

二二七二 華陽國志十二卷 晉常璩撰 清初刻漢魏叢書本 清陳鱣校並跋

二二七三 華陽國志十二卷 晉常璩撰 清乾隆二十七年間秦刻本 清顧觀光校

華陽國志十二卷附錄一卷 晉常璩撰 清乾隆四十□年□□刻本 佚名錄清何焯、顧廣圻批校並跋 二七四

華陽國志十二卷 晉常璩撰 補三州郡縣目錄一卷 清廖寅撰 清嘉慶十九年廖寅題襟館刻本 佚名錄清何焯、吳翌鳳、顧廣圻校跋 二七五

華陽國志十二卷 晉常璩撰 補三州郡縣目錄一卷 清廖寅撰 清嘉慶十九年廖寅題襟館刻本 楊守敬批校 二七六

華陽國志十二卷 晉常璩撰 補三州郡縣目錄一卷 清廖寅撰 清嘉慶十九年廖寅題襟館刻光緒十六年于氏據衡堂修本 傅增湘校並跋 二七七

華陽國志十二卷 晉常璩撰 補三州郡縣目錄一卷 清廖寅撰 清嘉慶十九年廖寅題襟館刻本 鄧邦述跋 吳慈培校並錄清顧廣圻題識 二七八

華陽國志十二卷 晉常璩撰 清抄本 清程瑤田跋 二七九

華陽國志十二卷 晉常璩撰 清抄本 清顧廣圻校 吳慈培、鄧邦述跋 二八〇

華陽國志十二卷 晉常璩撰 清抄本 清丁丙跋 二八一

華陽國志不分卷 晉常璩撰 清抄本 清朱既堂校 二八二

楚漢餘談一卷 明商濬撰 明祁氏淡生堂抄本 清丁丙跋 二八三

十三

楚漢餘談一卷 明商濬撰 清□□樓抄本 二八三

三國事跡不分卷 清張澍撰 稿本 二八四

十六國春秋一百卷 題北魏崔鴻撰 明萬曆三十七年屠氏蘭暉堂刻本 九行十八字白口左右雙邊 二八五

崔鴻十六國春秋略不分卷 明在茲閣抄本 清馮舒校並跋 丁丙跋 二八六

鄴中記一卷 晉陸翽撰 清乾隆四十一年武英殿聚珍本 清盧文弨校並跋 二八七

鄴中記一卷 晉陸翽撰 清乾隆四十一年武英殿聚珍本 清張士□、錢儀吉校 二八八

晉略口口卷 清周濟撰 稿本 二八九

存□卷（序目、職官表、後秦外紀第六、西秦夏外紀第七、南涼北涼西涼外紀第八、後燕南燕北燕外紀第九）

後梁春秋二卷 明姚士粦撰 明萬曆三十五年顧陽春刻本 九行十八字白口左右雙邊 二九〇

後梁春秋二卷 明姚士粦撰 清抄本 清丁丙跋 二九一

後梁春秋二卷 明姚士粦撰 清抄本 清吳騫錄□□題跋、黃彤校跋 二九二

渚宮舊事五卷 唐余知古撰 明抄本 二九三

渚宮舊事五卷 唐余知古撰 清初抄本 秦更年校並跋 二九四

渚宮舊事五卷 唐余知古撰 補遺一卷 清孫星衍輯 清乾隆吳氏古歡堂抄本 清吳翌鳳跋 沈欽韓批校並跋 二九五

渚宮舊事五卷 唐余知古撰 清抄本 清盧文弨校並錄□□□題識 □□跋 二九六

貞觀政要十卷 唐吳兢撰 明洪武三年王氏勤有堂刻本 十三行廿四字黑口四周雙邊 二九七

貞觀政要十卷 唐吳兢撰 明洪武二十五年范氏遺安堂刻本 十三行廿四字細黑口四周雙邊 二九八

存五卷（一至五）

貞觀政要十卷 唐吳兢撰 元戈直集論 明成化元年內府刻本 十行二十字小字雙行黑口四周雙邊 二九九

貞觀政要十卷 唐吳兢撰 元戈直集論 明成化十二年崇府刻本 十行二十字小字雙行同大黑口四周雙邊 三〇〇

貞觀政要十卷 唐吳兢撰 元戈直集論 明成化刻本 十行二十字小字雙行同黑口四周雙邊 三〇一

貞觀政要十卷 唐吳兢撰 元戈直集論 清康熙十八年徐□大易閣刻本 三〇二

奉天錄四卷 唐趙元一撰 清張氏愛日精廬抄本 三〇三

牛羊日曆一卷 唐劉軻撰 清初毛氏汲古閣抄本 三〇四

東觀奏記三卷 唐裴庭裕撰 明抄本 三〇五

東觀奏記三卷 唐裴庭裕撰 明抄本 三〇六

東觀奏記三卷 唐裴庭裕撰 明抄本 三〇七

東觀奏記三卷 唐裴庭裕撰 清乾隆三十七年吳翌鳳抄本 三〇八

十四

平巢事蹟考一卷 明茅元儀撰 清初抄本 清王某□跋 三〇九

平巢事蹟考一卷 明茅元儀撰 清抄本 清徐康跋 三一〇

唐紀五十五卷附表四卷 明孫慤撰 明抄本 三一一

存五十一卷（一至四十七、附表四卷）

續唐書七十卷 清陳鱣撰 清道光四年士鄉堂刻本 清管庭芬批 三一二

五代史補五卷 宋陶岳撰 明嘉靖十五年柳僉抄本 明柳僉跋 三一三

五代史補五卷 宋陶岳撰 五代史闕文一卷 宋王禹偁撰 明末毛氏汲古閣刻本 明毛□ 三一四

五代史補五卷 宋陶岳撰 五代史闕文一卷 宋王禹偁撰 明末毛氏汲古閣刻本 清李慈銘跋 三一五

五代史補五卷 宋陶岳撰 五代史闕文一卷 宋王禹偁撰 明末毛氏汲古閣刻本 清管操校跋並錄吶道人、顧廣圻題識 三一六

五代史補五卷 宋陶岳撰 五代史闕文一卷 宋王禹偁撰 明毛氏汲古閣刻本 清李慈銘臨清顧廣圻校 清周星詒跋 三一七

五代史補五卷 宋陶岳撰 五代史闕文一卷 宋王禹偁撰 明末毛氏汲古閣刻本 清姚文田跋 三一八

三一九 五代史補五卷 宋陶岳撰 五代史闕文一卷 宋王禹偁撰 清述德堂抄本 清陳彭壽校 陳奎勳跋
三二〇 五代史補五卷 宋陶岳撰 清乾隆刻本 清張紹仁校並跋
三二一 五代史補五卷 宋陶岳撰 清抄本 清丁丙跋
三二二 五代史闕文一卷 宋王禹偁撰 五代史補五卷 宋陶岳撰 清乾隆五十二年顧廣圻抄本 清顧廣圻校並跋
三二三 五代史闕文一卷 宋王禹偁撰 清孫潛抄本 清孫潛校並跋
三二四 五代史闕文一卷 宋王禹偁撰 清抄本 清孫嶸校 丁丙跋
三二五 九國志十二卷 宋路振撰 清抄本
三二六 九國志十二卷 宋路振撰 清抄本
三二七 九國志十二卷 宋路振撰 清抄本
三二八 九國志十二卷 宋路振撰 清抄本
三二九 九國志十二卷 宋路振撰 清抄本 清劉履芬校並跋
三三〇 九國志十二卷 宋路振撰 清抄本 清王瑄跋
三三一 九國志十二卷 宋路振撰 張唐英補 清抄本 清周夢棠跋
三三二 九國志十二卷 宋路振撰 張唐英補 清曹劍西賦樓抄本 清曹劍虹校
三三三 十國春秋一百十四卷 清吳任臣撰 清康熙彙賢齋刻本 清段文 棗杭熙
三三四 五國故事二卷 明抄本 清鮑廷博校 趙輯寧跋
三三五 五國故事二卷 清孫潛抄本
三三六 五國故事二卷 清抄本 清丁丙跋
三三七 五國故事二卷 清光緒翁斌孫抄本 翁斌孫錄清鮑廷博校翁同龢跋
三三八 錦里耆舊傳八卷 宋句延慶撰 清抄本
存四卷 五至八
三三九 錦里耆舊傳八卷 宋句延慶撰 清抄本
存四卷 五至八
三四〇 錦里耆舊傳八卷 宋句延慶撰 清抄本 佚名校並錄明孫道明、姚咨跋 清丁丙跋
存四卷 五至八
三四一 錦里耆舊傳八卷 宋句延慶撰 清抄本 佚名錄清朱彝尊跋 清丁丙跋
存四卷 五至八
三四二 錦里耆舊傳八卷 宋句延慶撰 清抄本 清丁丙跋

存四卷 五至八
三四三 錦里耆舊傳八卷 宋句延慶撰 清抄本 秦更年跋
存四卷 五至八
三四四(1) 錦里耆舊傳四卷 宋句延慶撰 清抄本
三四四(2) 錦里耆舊傳四卷 宋句延慶撰 清抄本 清黃丕烈校並跋
三四五 蜀檮杌一卷 宋張唐英撰 明天啟七年馮仲昭抄本 清葉奕、馮彥淵跋
三四六 蜀檮杌不分卷 宋張唐英撰 清[illegible]抄本
三四七 蜀檮杌不分卷 宋張唐英撰 清孫潛抄本
三四八 蜀檮杌二卷 宋張唐英撰 清嘉慶二十一年趙輯寧抄本
三四九 蜀檮杌不分卷 宋張唐英撰 清鮑氏知不足齋抄本 清鮑廷博校並跋 勞格校
補遺一卷 清勞格輯 稿本 校記一卷 繆荃孫撰 稿本
三五〇 蜀檮杌二卷 宋張唐英 清抄本 清黃丕烈校並跋 吳翌鳳校
三五一 蜀檮杌不分卷 宋張唐英撰 清勞權抄本 傅增湘跋
三五二 蜀檮杌一卷 宋張唐英撰 清汪氏藝芸書舍抄本 清魏熙文校並跋
三五三 蜀檮杌二卷 宋張唐英撰 清抄本 清丁丙跋
三五四 蜀檮杌一卷 宋張唐英撰 清抄本 秦更年跋
三五五 釣磯立談一卷 清初影宋抄本
三五六 釣磯立談一卷 清康熙九年王乃昭抄本 清王乃昭跋 周叔弢跋
三五七 釣磯立談一卷 清康熙四十五年曹寅揚州使院刻楝亭藏書十二種本 清何焯校並跋、黃丕烈跋
三五八 釣磯立談一卷 清康熙四十五年曹寅揚州使院刻楝亭藏書十二種本 清黃丕烈校
三五九 南唐拾遺記一卷 清毛先舒撰 清抄本
三六〇 江南野史十卷 宋龍袞撰 明毛氏汲古閣抄本
三六一 江南野史十卷 宋龍袞撰 明抄本
三六二 江南野史十卷 宋龍袞撰 清張德榮抄本
三六三 江南野史十卷 宋龍袞撰 清彭氏知聖道齋抄本 清彭元瑞校並跋
三六四 江南野史十卷 宋龍袞撰 清乾隆黃氏醉經樓抄本 清黃錫蕃校
三六五 江南野史十卷 宋龍袞撰 清抄本 清勞權校並跋
三六六 江南野史十卷 宋龍袞撰 佚文一卷 清馬應潮輯 清嘉慶二十一年馬應潮抄本 清馬應潮校並跋

三六七 江南野史十卷 宋龍袞撰 清敦詩書閣抄本 清丁丙跋

三六八 江南野史十卷 宋龍袞撰 清抄本 清丁丙跋

三六九 江南野史十卷 宋龍袞撰 清孔氏嶽雪樓抄本 傅增湘校並錄明趙琦美手識題跋

三七〇 江南野史十卷附錄一葉 宋龍袞撰 江陰繆氏雲自在龕抄本 繆荃孫校

三七一 江南別錄一卷 宋陳彭年撰 清彭氏知聖道齋抄本 清彭元瑞跋

三七二 江表志三卷 宋鄭文寶撰 清抄本

三七三 江表志三卷 宋鄭文寶撰 清乾隆抄本

三七四 江表志三卷 宋鄭文寶撰 清抄本 清丁丙跋

三七五 江表志三卷 宋鄭文寶撰 清陳氏晚晴軒抄本 繆荃孫校

三七六 江南餘載二卷 宋鄭文寶撰 清抄本

三七七 江南餘載二卷 宋鄭文寶撰 清抄本 清丁丙跋

三七八 蜀川紀略一卷 宋鄭大寶撰 清抄本 秦更年跋

三七九 吳越備史五卷 題宋范坰、林禹撰 補遺一卷雜考一卷 明錢受徵輯 明萬曆二十七年錢達道刻本 十行二十字小字雙行同白口左右雙邊

三八〇 吳越備史五卷 題宋范坰、林禹撰 補遺一卷雜考一卷 明錢受徵輯 明抄本 清朱錫庚跋

三八一 吳越備史五卷 題宋范坰、林禹撰 補遺一卷雜考一卷 明錢受徵輯 清抄本 清錢泳跋

三八二 吳越備史五卷 題宋范坰、林禹撰 補遺一卷雜考一卷 明錢受徵輯 清乾隆五十七年汪氏環碧山房抄本 清汪標祖校並跋 汪宗棪校跋

三八三 吳越備史四卷 題宋范坰、林禹撰 補遺一卷 清康熙十七年錢氏燕喜堂刻本

三八四 吳越備史四卷 題宋范坰、林禹撰 補遺一卷雜考一卷 明錢受徵輯 清康熙五十四年吳焯抄本 清吳焯校並跋

三八五 吳越備史四卷 題宋范坰、林禹撰 清曹炎抄本 丁祖蔭校並跋

三八六 吳越備史四卷 題宋范坰、林禹撰 清乾隆四十一年吳翌鳳抄本 清吳翌鳳校並跋

三八七 吳越備史四卷 題宋范坰、林禹撰 清抄本 清吳平信、翁心存校並跋

三八八 吳越備史四卷 題宋范坰、林禹撰 清抄本 清江藩、秦恩復、翁同書跋

三八九 吳越備史四卷 題宋范坰、林禹撰 清江氏藝芸書舍抄本 清趙然文校並跋

三九〇 吳越備史四卷 題宋范坰、林禹撰 補遺一卷 清抄本 吳重熹跋

三九一 三楚新錄三卷 宋周羽翀撰 清吳翌鳳抄本 清吳翌鳳跋

一七

三九二 三楚新錄三卷 宋周羽翀撰 清吳翌鳳抄本 清丁丙跋

三九三 三楚新錄三卷 宋周羽翀撰 清抄本 清丁丙跋

三九四 唐宋陽秋五卷 清華夫卿撰 稿本 清王受高、汪雲跋

三九五 皇朝太平治迹統類不分卷 宋彭百川撰 清抄本

三九六 太平治迹統類不分卷 宋彭百川撰 清抄本

三九七 太平治迹統類不分卷 宋彭百川撰 清抄本

三九八 皇朝太平治迹統類不分卷 宋彭百川撰 清初抄本 清朱彝尊跋

三九九 皇朝太平治迹統類不分卷 宋彭百川撰 清初抄本 清彭元瑞校並跋

四〇〇 皇朝太平治迹統類不分卷 宋彭百川撰 清抄本 清丁丙跋

四〇一 皇朝太平治迹統類三十卷 宋彭百川撰 清曹炎曹欽抄補本

四〇二 隆平集二十卷 宋曾鞏撰 明曾敏材刻本 清鄒方鍔校並跋 十行二十字白口左右雙邊

四〇三 隆平集二十卷 宋曾鞏撰 明董氏萬卷堂刻本 十行二十字白口左右雙邊

四〇四 隆平集二十卷 宋曾鞏撰 清康熙四十年彭期七業堂刻本 清賓璵跋

四〇五 隆平集二十卷 宋曾鞏撰 清活字本

四〇六 宋西事案二卷 明祁承爜撰 明天啟刻本 九行十八字白口左右雙邊

四〇七 宋紀受終考三卷 明程敏政撰 明弘治四年戴銑刻本 十行十九字黑口四周雙邊

四〇八 宋西事案二卷 明祁承爜撰 清康熙抄本

四〇九 征南錄一卷 宋滕甫撰 明抄本（四庫底本）

四一〇 征南錄一卷 宋滕甫撰 明抄本

四一一 神宗皇帝即位使遼語錄一卷 宋陳襄撰 清勞權抄本

四一二 神宗皇帝即位使遼語錄一卷 宋陳襄撰 清抄本

四一三 宣靖備史四卷 明陳霆撰 清抄本

四一四 宣靖備史四卷 明陳霆撰 清抄本

四一五 宣靖備史四卷 明陳霆撰 清抄本

四一六 宣靖備史四卷 明陳霆撰 清抄本 清黃戊校並跋 丁丙跋 胡思敬跋

四一七 宣靖備史四卷 明陳霆撰 清周氏鴿峯草堂抄本 周大輔跋

四一八 青溪弄兵錄一卷 宋王獄大輯 清彭氏知聖道齋抄本

四一九 青溪出師錄一卷 清彭氏知聖道齋抄本

四二〇 靖康傳信錄不分卷 宋李綱撰 清馬瑞辰種松書屋抄本

四二一 靖康孤臣泣血錄二卷 題宋丁特起撰 明萬曆三十四年張家栻刻本 八行十六字白口四周雙邊

一八

四二二 靖康孤臣泣血錄二卷 題宋丁特起撰 明萬曆三十四年張懋識刊本 八行十八字白口四周雙邊 清丁丙跋
四二三 靖康孤臣泣血錄一卷 題宋丁特起撰 明刻本 九行二十字白口四周單邊
四二四 靖康孤臣泣血錄一卷 題宋丁特起撰 明刻本 九行二十字白口四周單邊 清鮑廷博批校
四二五 靖康孤臣泣血錄一卷 題宋丁特起撰 明抄本
四二六 靖康孤臣泣血錄一卷 題宋丁特起撰 清乾隆四十九年王宗炎抄本
四二七 靖康孤臣泣血錄一卷 題宋丁特起撰 清惠耕堂抄本 清張□、江標跋
四二八 靖康紀聞一卷拾遺一卷 題宋丁特起撰 明抄本
四二九 靖康紀聞一卷拾遺一卷 題宋丁特起撰 清抄本
四三〇 靖康紀聞一卷拾遺一卷 題宋丁特起撰 清抄本
四三一 靖康紀聞一卷拾遺一卷 題宋丁特起撰 清吳氏四古堂抄本 清吳允嘉校 丁丙跋
四三二 靖康蒙塵錄一卷 清抄本
四三三 靖康稗史七種七卷 宋耐庵輯 清抄本 清丁丙跋
宣和乙巳奉使金國行程錄一卷 宋□□撰
甕中人語一卷 宋韋承撰
開封府狀一卷 宋□□撰
南征錄彙一卷 金李天民輯
四三四 靖炎兩朝見聞錄二卷 題宋陳東撰 清抄本
青宮譯語一卷 金王成棣撰
呻吟語一卷 宋□□撰
宋俘記一卷 金可恭撰
四三五 僞齊錄二卷 宋楊堯弼撰 清徐氏治椿李齋抄本
四三六 僞齊錄二卷 宋楊堯弼撰 清抄本
四三七 僞齊錄二卷 宋楊堯弼撰 清抄本
四三八 僞齊錄二卷 宋楊堯弼撰 清抄本
四三九 僞齊錄二卷 宋楊堯弼撰 清抄本
四四〇 僞齊錄二卷 宋楊堯弼撰 清抄本
四四一 僞齊錄二卷 宋楊堯弼撰 清抄本 清鮑廷博校 程慶餘跋
四四二 建炎進退志四卷 宋李綱撰 明抄本
四四三 建炎復辟記一卷 明姚咨抄本 傅增湘跋
四四四 建炎復辟記一卷 清初抄本 陳徵芝校並跋 李滂跋
四四五 建炎復辟記一卷 清抄本
四四六 建炎復辟記一卷 清抄本 清鮑廷博校

一九

四四七 建炎復辟記一卷 清抄本
四四八 建炎復辟記一卷 清乾隆三十九年盧文弨家抄本 清盧文弨校
四四九 建炎復辟記一卷 清抄本 清吳壽暘校並跋
四五〇 建炎復辟記一卷 清抄本 傅增湘校並跋
四五一 建炎復辟記一卷南渡錄大略一卷 清抄本
四五二 建炎復辟記一卷南渡錄大略一卷 清汲古閣抄本 清顧應經跋
四五三 燕翼詒謀錄五卷 宋王泳撰 明張遂辰閱 清刻唐宋叢書本 鄭文焯批並跋
四五四 北狩見聞錄一卷 宋曹勛撰 清初徐釚抄本
四五五 北狩見聞錄一卷 宋曹勛撰 清乾隆三十九年盧文弨家抄本 清盧文弨校並跋
四五六 北狩見聞錄一卷 宋曹勛撰 清彭氏知聖道齋抄本 清彭元瑞校並跋 吳志忠跋
四五七 北狩見聞錄一卷 宋曹勛撰 清抄本 清翁同龢錄彭元瑞跋
四五八 北狩見聞錄一卷 宋曹勛撰 清抄本 清徐康、錢寶燦跋
四五九 北狩行錄一卷 題宋蔡鞗撰 清初徐釚家抄本
四六〇 北狩行錄一卷 題宋蔡鞗撰 清乾隆三十九年盧文弨家抄本 清盧文弨校
四六一 北狩行錄一卷 題宋蔡鞗撰 清抄本 清翁同龢錄彭元瑞跋
四六二 北狩行錄一卷 宋蔡鞗撰 清抄本 清徐康、錢寶燦跋
四六三 北狩蒙塵錄二卷 明抄本
四六四 北狩行錄一卷 宋蔡鞗撰 清嶧桐樓抄本
四六五 宋徽欽二帝赴燕京北行紀略一卷附阿計替傳一卷 題宋辛棄疾撰 清抄本 清叙堂氏 鄭官應、顧恩裕等跋
四六六 南燼紀聞一卷竊憤錄一卷續錄一卷 題宋辛棄疾撰 北狩見聞錄一卷 宋曹勛等撰 北狩行錄一卷 題宋蔡鞗撰 清初抄本
四六七 徽欽遺事六種六卷 清胡可大抄本 清胡可大跋
南渡錄一卷 宋辛棄疾撰
竊憤錄一卷 宋辛棄疾撰
竊憤續錄一卷 宋辛棄疾撰
南渡大略一卷 宋辛棄疾撰
北狩見聞錄一卷 宋曹勛撰
阿計替傳一卷 宋辛棄疾撰
四六八 南燼紀聞一卷附記阿計替本末一卷 題宋辛棄疾撰 清初徐釚家抄本
四六九 南燼紀聞一卷 題宋辛棄疾撰 清抄本

二〇

四四七〇 南燼紀聞一卷 題宋辛棄疾撰 清抄本

四四七一 南燼紀聞一卷竊憤錄一卷續錄一卷 題宋辛棄疾撰 清同治十二年劉履芬抄本 清劉履芬校 王國維跋

四四七二 南燼紀聞錄二卷竊憤錄一卷續錄一卷 題宋辛棄疾撰 清愛日軒抄本 清丁丙跋

四四七三 南燼紀聞一卷竊憤錄一卷續錄一卷 題宋辛棄疾撰 阿計替傳一卷 清樹駿堂抄本

四四七四 南燼紀聞一卷 題宋辛棄疾撰 清曾釗面城樓抄本 清曾釗批校

四四七五 南燼紀聞一卷竊憤錄一卷續錄一卷 題宋辛棄疾撰 清抄本

四四七六 南燼紀聞錄一卷續錄一卷 題宋辛棄疾撰 清抄本

四四七七 南燼紀聞一卷南渡錄大略一卷竊憤錄一卷竊憤續錄一卷 題宋辛棄疾撰 阿計替傳一卷 清抄本

四四七八 南燼紀聞錄一卷南渡錄大略一卷竊憤錄一卷續一卷 題宋辛棄疾撰 清抄本

四四七九 南燼紀聞不分卷 題宋辛棄疾撰 清抄本 鄧之誠跋

四四八〇 南燼紀聞一卷竊憤錄一卷續錄一卷 題宋辛棄疾撰 阿計替傳一卷 清抄本

四四八一 南燼紀聞一卷竊憤錄一卷續錄二卷 題宋辛棄疾撰 清宗名漢綵識 舊抄本 王獻唐批校並錄徐乾學批校

四四八二 宋南燼紀聞四卷 題宋辛棄疾撰 清抄本

四四八三 宋南燼紀聞不分卷 題宋辛棄疾撰 阿計替本末紀略一卷 清抄本

四四八四 南渡錄一卷竊憤錄一卷續錄一卷 題宋辛棄疾撰 清抄本 清龔文照跋

四四八五 南渡錄四卷附阿計替傳二卷 題宋辛棄疾撰 清抄本 鄧 書跋 並跋 丁祖蔭跋

四四八六 竊憤錄一卷續錄一卷 題宋辛棄疾撰 清初徐釚抄本 南燼紀聞錄二卷 竊憤錄一卷續錄一卷

四四八七 竊憤錄一卷續錄一卷 題宋辛棄疾撰 清抄本 清吳志忠校並跋

四四八八 竊憤錄一卷續錄一卷 題宋辛棄疾撰 清抄本 清翁同龢跋

四四八九 竊憤錄一卷續錄一卷 題宋辛棄疾撰 清袁氏臥雪廬抄本 秦更年校

四四九〇 竊憤錄二卷續錄一卷 題宋辛棄疾撰 南渡錄大略一卷 清抄本 清許增批校

四四九一 竊憤錄一卷續錄一卷 清抄本

四四九二 中興禦侮錄二卷 清抄本

四四九三 中興禦侮錄二卷 清抄本

四四九四 中興禦侮錄二卷 清抄本

四四九五 中興禦侮錄二卷 清抄本 清丁丙跋

四四九六 采石瓜洲斃亮記一卷 宋蹇駒撰 清乾隆三十九年盧文弨抄本 清盧文弨校並跋

四四九七 采石瓜洲斃亮記一卷 宋蹇駒撰 清彭氏知聖道齋抄本

四四九八 采石瓜洲斃亮記一卷 宋蹇駒撰 清抄本

四四九九 雜史五種六卷 清抄本
正隆事蹟記一卷 宋張棣撰 采石瓜洲斃亮記一卷附錄一卷 宋蹇駒撰 采石斃亮記、辰采石戰勝錄一卷 宋員興宗撰 揚王江上錄一卷

四五〇〇 雜史四種五卷 清抄本 清周星詒跋
采石瓜洲斃亮記一卷附錄一卷 宋蹇駒撰 采石斃亮記一卷

四五〇一 西陲筆略一卷紹興采石大戰始末一卷 宋員興宗撰 清乾隆四十年孔繼涵家抄本
采石戰勝錄一卷 宋員興宗撰 揚王江上錄一卷

四五〇二 辛巳泣蘄錄一卷 宋趙與褣撰 明抄本

四五〇三 辛巳泣蘄錄一卷 宋趙與褣撰 明抄本

四五〇四 辛巳泣蘄錄一卷 宋趙與褣撰 清彭氏知聖道齋抄本

四五〇五 辛巳泣蘄錄一卷 宋趙與褣撰 清初錢氏述古堂抄本 清丁丙跋

四五〇六 錢塘遺事十卷 元劉一清撰 清初抄本

四五〇七 錢塘遺事十卷 元劉一清撰 清金氏文瑞樓抄本

四五〇八 錢塘遺事十卷 元劉一清撰 清乾隆吳為穀抄本 清吳騫跋 吳翌鳳校 陳鱣、吳壽暘校並跋

四五〇九 錢塘遺事十卷 元劉一清撰 清抄本 清陳景逵校

四五一〇 錢塘遺事十卷 元劉一清撰 清抄本 清鮑廷博校

四五一一 錢塘遺事十卷 元劉一清撰 清嘉慶四年席世臣掃葉山房刻本 清鮑廷博校 吳壽暘校並跋

四五一二 錢塘遺事十卷 元劉一清撰 清嘉慶四年席世臣掃葉山房刻本 清李慈銘校

四五一三 錢塘遺事十卷 元劉一清撰 清嘉慶四年席世臣掃葉山房刻本 清周星詒批校並跋

五一四 錢塘遺事十卷 元劉一清撰 清抄本 清趙輯寧校 丁丙跋
五一五 燼餘錄二卷 元徐大焯撰 清抄本 清丁丙跋
五一六 燼餘錄二卷 元徐大焯撰 清刻本 傅增湘校
五一七 襄陽守城錄一卷 宋趙萬年撰 清葉名澧寶芸齋抄本
五一八 襄陽守城錄一卷 宋趙萬年撰 清抄本
五一九 襄陽守城錄一卷 宋趙萬年撰 清抄本
五二〇 使金錄一卷 宋程卓撰 清李鶴儕抄本 清吳翌鳳跋
五二一 使金錄一卷 宋程卓撰 清乾隆五十七年謝在觀抄本 清林石跋
五二二 三朝野史一卷 清抄本
五二三 西夏書事四十二卷 清吳廣成撰 清道光六年刻本 清周星詒題識
五二四 咸淳遺事二卷 清汪氏藝芸書舍抄本
五二五 契丹國志二十七卷 宋葉隆禮撰 元刻本 清黃丕烈跋 十二行廿一字黑口四周單邊
五二七 契丹國史二十七卷 宋葉隆禮撰 明數卷樓抄本
五二八 契丹國志二十七卷 宋葉隆禮撰 明抄本（卷一至四配清嘉慶二年席世臣掃葉山房刻本）
五二九 契丹國志二十七卷 宋葉隆禮撰 清初毛氏汲古閣抄本

五三〇 契丹國志二十七卷 宋葉隆禮撰 清初毛氏汲古閣抄本
五三一 契丹國志二十七卷 宋葉隆禮撰 清初葉萬抄本 周叔弢跋
存七卷 一至七
五三二 契丹國志二十七卷 宋葉隆禮撰 清乾隆刻本 清鮑廷博校
五三三 契丹國志二十七卷 宋葉隆禮撰 清乾隆五十八年承恩堂刻本 傅增湘校並跋
五三四 契丹國志二十七卷 宋葉隆禮撰 清嘉慶二年席世臣掃葉山房刻本 清朱揆校並跋
五三五 契丹國志二十七卷 宋葉隆禮撰 清刻本 章鈺校並跋
五三六 契丹國志二十七卷 宋葉隆禮撰 清初抄本
五三七 契丹國志二十七卷 宋葉隆禮撰 清同治十三年劉履芬抄本 清劉履芬跋
五三八 契丹國志二十七卷 宋葉隆禮撰 清抄本
五三九 契丹國志二十七卷 宋葉隆禮撰 清抄本
五四〇 契丹國志二十七卷 宋葉隆禮撰 清抄本
五四一 契丹國志二十七卷 宋葉隆禮撰 清抄本
五四二 契丹國志二十七卷 宋葉隆禮撰 清抄本
五四三 契丹國志二十七卷 宋葉隆禮撰 清抄本

五四四 契丹國志二十七卷 宋葉隆禮撰 清抄本 佚名批校
五四五 焚椒錄一卷 遼王鼎撰 明姚士粦刻本 八行十八字白口四周單邊
五四六 焚椒錄一卷 遼王鼎撰 清抄本
五四七 遼小史一卷金小史八卷 明楊循吉撰 明萬曆三十七年徐景鳳刻本 九行十八字白口四周單邊
五四八 遼小史一卷 明楊循吉撰 明刻本 十行十八字白口左右雙邊
五四九 遼小史一卷 明楊循吉撰 清抄本
五四六 遼小史一卷 明楊循吉撰 清抄本
五五〇 遼小史一卷 明楊循吉撰 清抄本
五五一 遼小史一卷 明楊循吉撰 清瞿氏清吟閣抄本 清丁丙跋
五五二 遼小史一卷金小史八卷 明楊循吉撰 清戴氏秋樹山房抄本 羅振常校並跋
五五三 裔夷謀夏錄二卷 宋劉忠恕撰 清抄本
五五四 裔夷謀夏錄二卷 宋劉忠恕撰 清抄本 清丁丙跋
五五五 裔夷謀夏錄二卷 宋劉忠恕撰 清光緒十五年孔昭熙抄本
五五六 大金國志四十卷 題宋宇文懋昭撰 明抄本
五五七 大金國志四十卷 題宋宇文懋昭撰 明抄本（卷二十六至四十配清抄本）

五五八 大金國志四十卷 題宋宇文懋昭撰 明抄本 吳寬、傅增湘、章鈺跋
五五九 大金國志四十卷 題宋宇文懋昭撰 清嘉慶二年席世臣掃葉山房刻本 清錢大昕校並跋
五六〇 大金國志四十卷 題宋宇文懋昭撰 清嘉慶二年席世臣掃葉山房刻本 清李傅九錄清查慎行校
五六一 大金國志四十卷 題宋宇文懋昭撰 清嘉慶二年席世臣掃葉山房刻本 傅增湘校並跋
五六二 大金國志四十卷 題宋宇文懋昭撰 清嘉慶二年席世臣掃葉山房刻本 章鈺校並跋
五六三 大金國志四十卷 題宋宇文懋昭撰 清初抄本 清錢曾跋
五六四 大金國志四十卷 題宋宇文懋昭撰 清初抄本 清查慎行批校
存三十七卷 四至四十
五六五 大金國志四十卷 題宋宇文懋昭撰 清盧文弨抄本 清盧文弨校
五六六 大金國志四十卷 題宋宇文懋昭撰 清抄本 清錢大昕校並跋 戈襄跋
五六七 大金國志四十卷 題宋宇文懋昭撰 清李文藻抄本 清李文藻校並跋
五六八 大金國志四十卷 題宋宇文懋昭撰 清抄本 清張敦仁校
五六九 大金國志四十卷 題宋宇文懋昭撰 清葉樹廉抄本 清顧廣圻跋
五七〇 大金國志四十卷 題宋宇文懋昭撰 清抄本 清孫希旦校
存五卷 七至十一

五七一 大金國志四十卷 題宋宇文懋昭撰 清抄本 清丁丙跋
五七二 大金國志四十卷 題宋宇文懋昭撰 清抄本 章鈺跋
五七三 大金國志四十卷 題宋宇文懋昭撰 清抄本 李盛鐸跋
五七四 大金國志四十卷 題宋宇文懋昭撰 清乾隆五十八年孟氏抄本
五七五 大金國志四十卷 題宋宇文懋昭撰 清抄本
五七六 大金國志四十卷 題宋宇文懋昭撰 清抄本
五七七 大金國志四十卷 題宋宇文懋昭撰 清抄本
五七八 大金國志四十卷 題宋宇文懋昭撰 清抄本
五七九 大金國志四十卷 題宋宇文懋昭撰 清抄本 清佚名校
五八〇 弔伐錄二卷 明抄本
五八一 弔伐錄二卷 明抄本 明沈純祉跋
五八二 弔伐錄二卷 清初錢氏述古堂抄本
五八三 弔伐錄一卷 清初抄本
五八四 弔伐錄二卷 清抄本
五八五 弔伐錄二卷 清抄本
五八六 大金弔伐錄二卷 清抄本 清李文田校並跋
五八七 弔伐錄二卷 清抄本 清周星詒、丁丙跋
五八八 大金弔伐錄二卷 清抄本 清丁丙跋
五八九 松漠記聞二卷補遺一卷 宋洪皓撰 明刻本 十行十六字四周雙邊
五九〇 松漠紀聞一卷 宋洪皓撰 明萬曆吳琯刻古今逸史本 清王鈐題識並跋 清孫書年校並跋 十行二十字白口左右雙邊單魚尾
五九一 松漠紀聞一卷續紀聞一卷 宋洪皓撰 金虜圖一卷 族帳部曲錄一卷 宋張棣撰 明抄本
五九二 松漠記聞一卷續一卷 宋洪皓撰 清抄本（四庫底本）
五九三 松漠記聞二卷補遺一卷 宋洪皓撰 清乾隆四十八年吳翌鳳抄本 清吳翌鳳校並跋 盧奇校
五九四 松漠紀聞二卷 宋洪皓撰 清抄本 清王宗炎校並跋
五九五 松漠紀聞一卷補遺一卷 宋洪皓撰 清抄本
五九六 南遷錄一卷 題金張師顏撰 明純白齋抄本
五九七 南遷錄一卷 題金張師顏撰 明蒼雪菴抄本
五九八 南遷錄一卷 題金張師顏撰 明崇禎七年陸收補抄本
五九九 南遷錄一卷 題金張師顏撰 明抄本 清王士禛跋

二五

六〇〇 南遷錄一卷 題金張師顏撰 清初徐氏抄本
六〇一 南遷錄一卷 題金張師顏撰 清初毛氏汲古閣抄本 周叔弢校跋並錄清黃丕烈跋
六〇二 南遷錄一卷 題金張師顏撰 清寶閒齋抄本
六〇三 南遷錄一卷 題金張師顏撰 清抄本
六〇四 南遷錄一卷 題金張師顏撰 清抄本 清吳翌鳳跋 佚名錄許汝霖跋 清顧廣圻校並跋
六〇五 南遷錄一卷 題金張師顏撰 清咸豐劉履芬抄本 清劉履芬跋
六〇六 南遷錄一卷 題金張師顏撰 清道光十一年嚴氏活字印學海類編本 傅增湘校跋並錄清黃丕烈題識
六〇七 金國南遷錄一卷 題金張師顏撰 清初抄本 清張依鐸跋
六〇八 金國南遷錄一卷 題金張師顏撰 清初抄本 曹元忠、潘景鄭校 跋
六〇九 金國南遷錄一卷 題金張師顏撰 清乾隆綠滿山房主人抄本
六一〇 金國南遷錄一卷 題金張師顏撰 清乾隆抄本 蕭穆公校
六一一 金國南遷錄一卷 題金張師顏撰 清抄本
六一二 金國南遷錄一卷 題金張師顏撰 清抄本
六一三 金國南遷錄一卷 題金張師顏撰 清抄本
六一四 金國南遷錄一卷 題金張師顏撰 清抄本 清黃丕烈校並跋
六一五 金國南遷錄一卷 題金張師顏撰 清勞格抄本 清勞權校並跋 勞格跋
六一六 金國南遷總略一卷 題金張師顏撰 清抄本
六一七 金國南遷總略一卷 題金張師顏撰 清抄本
六一八 汝南遺事四卷 元王鶚撰 清抄本 清李文田校
六一九 金小史八卷 存四卷（一至四） 明楊循吉撰 明楊可刻本 十行十八字細黑口左右雙邊有刻工
六二〇 金小史八卷 明楊循吉撰 清翟氏清吟閣抄本
六二一 黑韃事略一卷 宋彭大雅撰 徐霆疏證 明嘉靖二十一年抄本 明姚咨跋
六二二 黑韃事略一卷 宋彭大雅撰 徐霆疏證 清莊溪抄本
六二三 金國南遷總略一卷 題金張師顏撰 清抄本 清仕本果跋
六二四 黑韃事略一卷 宋彭大雅撰 徐霆疏證 清抄本
六二五 黑韃事略一卷 宋彭大雅撰 徐霆疏證 清鮑氏知不足齋抄本 清鮑廷博跋
六二六 黑韃事略一卷 宋彭大雅撰 徐霆疏證 清抄本 清周星詒跋
六二七 黑韃事略一卷 宋彭大雅撰 徐霆疏證 清讀書齋抄本 曹元忠校並跋
六二八 黑韃事略一卷 宋彭大雅撰 徐霆疏證 清抄本 佚名錄徐霆及姚咨跋

二六

黑韃事略一卷 宋彭大雅撰 徐霆疏證 清光緒二十九年通州翰墨林編譯印書局鉛印本 傅增湘校並跋 六二九
黑韃事略一卷 宋彭大雅撰 徐霆疏證 清光緒三十四年胡思敬鉛印問影樓輿地叢書本 傅增湘校並跋 六三〇
新刊大元混一江南實錄三卷 元劉敏中撰 清抄本 六三一
新刊大元混一江南實錄三卷 元劉敏中撰 清抄本 清李文田校並跋 六三二
元朝秘史十卷續集二卷 清抄本 清翁廣圻校並跋 周懋治、傅增湘跋 六三三
元朝秘史十卷續集二卷 清光緒三十四年葉氏觀古堂刻本 王國維校並跋 六三四
元朝秘史十卷續集二卷 清光緒三十四年葉氏觀古堂刻本 王國維校並跋 六三五
元朝秘史十五卷 清抄本 六三六
元朝秘史十五卷 清抄本 六三七
元朝秘史十五卷 清抄本 六三八
元朝秘史十五卷 清李文田注 稿本 清文廷式口授批注 六三九
元朝秘史十五卷 清李文田注 稿本 六四〇
元朝秘史十五卷 清抄本 清翁同書跋 六四一
元朝秘史十五卷 清李文田注 清光緒二十二年刻漸西村舍叢刊本 王國維校注並跋 六四二
元秘史注補正續編一卷 清高寶銓撰 稿本 六四三
皇元聖武親征錄一卷 清抄本 六四四
皇元聖武親征錄一卷 清徐松抄本 清徐松校 六四五
皇元聖武親征錄一卷 清抄本 清丁丙跋 六四六
皇元聖武親征錄一卷 清鄭杰校正 清抄本 六四七
皇元聖武親征錄一卷 不著撰人 故宮遺錄一卷 明蕭洵輯 清抄本 六四八
皇元聖武親征錄一卷 清何秋濤校正 稿本 六四九
皇元聖武親征錄一卷 清何秋濤校正 清同治抄本 六五〇
校正元親征錄一卷 清何秋濤校正 清頤讀書室抄本 清方栓校 六五一
校正元聖武親征錄一卷 清何秋濤校正 清光緒小漚巢刻本 王國維批校並跋 六五二
欽定蒙古源流八卷 清小徹辰薩囊撰 清乾隆武英殿刻本 六五三
欽定蒙古源流八卷 清刻本 王國維批校並跋 六五四
欽定蒙古源流八卷 清刻本 傅增湘錄清彭元瑞、孫溎校並錄善者題識 陳垣校並跋 張爾田跋 六五五
欽定蒙古源流八卷 清刻本 潘宗校 張爾田跋 六五六
元主始末志不分卷 明王世貞撰 清抄本 六五七

二七

庚申外史二卷 明權衡撰 明抄本 六五八
庚申外史二卷 明權衡撰 清雍正六年魚元傅抄本 清魚元傅跋 曹炎校 六五九
庚申君遺事一卷 清馬斯同輯 清知不足齋抄本 六六〇
武備志一卷 紹興考一卷 明張培輯 那鈺評 明末刻本 九行二十字白口四周單邊 六六一
保越錄一卷 清初抄本 六六二
保越錄一卷 清吳氏拜經樓抄本 六六三
保越錄一卷 清濟園源心北齋抄本 清傅以禮校並跋 六六四
吾學編六十九卷 明鄭曉撰 明隆慶元年鄭履淳刻本 十行十九字白口 [illegible] 六六五
吾學編六十九卷 明鄭曉撰 明萬曆二十七年鄭心材刻本 十行十九字白口左右雙邊有刻工 六六六
吾學編六十九卷 明鄭曉撰 明刻本 十二行廿四字白口四周單邊 六六七
吾學編餘不分卷 明鄭曉撰 明抄本 六六八
今言四卷 明鄭曉撰 明嘉靖四十五年項篤壽刻本 八行十六字白口左右雙邊 六六九
今言四卷 明鄭曉撰 明萬曆四十二年彭宗孟刻本 八行十七字白口左右雙邊 六七〇
鄭端簡公徵吾錄二卷 明鄭曉撰 明刻本 十行十九字白口左右雙邊 六七一
鄭端簡公徵吾錄二卷 明鄭曉撰 明鄭心材刻本 十行十九字白口左右雙邊有刻工 六七二
國史考異六卷 清潘檉章撰 清初刻本 傅增湘跋 六七三
國史考異六卷 清潘檉章撰 清光緒潘祖蔭刻功順堂叢書本 清李文田校並跋 六七四
國史考異六卷 清潘檉章撰 清初抄本 六七五
國史考異六卷 清潘檉章撰 清乾隆四庫全書撤出本 六七六
皇明政要二十卷 明婁性撰 明正德二年慎獨齋刻本 八行十八字黑口四周雙邊 六七七
皇明政要二十卷 明婁性撰 明嘉靖五年戴金刻本 九行廿一字黑口四周雙邊 六七八
皇明政要二十卷 明婁性撰 清抄本 六七九
諸邊考議五卷 明馬汝驥撰 明抄本 存三卷 北虜事跡、西戎事跡、制府經略三種 六八〇
皇明馭倭錄九卷附略一卷寄語略一卷 明王士騏輯 明萬曆刻本 十行二十字白口左右雙邊 六八一
倭情考略一卷 明郭光復撰 明萬曆二十五年自刻本 九行二十字小字雙行同白口四周雙邊 六八二
倭情考略一卷 明郭光復撰 清抄本 六八三
倭患考原一卷恤援朝鮮倭患考一卷 明黃俁卿撰 清抄本 六八四
弇山堂別集一百卷 明王世貞撰 明萬曆十八年翁良瑜雨金堂刻本 十行二十字白口左右雙邊有刻工 六八五

二八

弇山堂別集一百卷 明王世貞撰 明萬曆十八年金陵刻本 十行二十字白口四周單邊單魚尾有刻工 六八六

弇州史料前集三十卷後集七十卷 明王世貞撰 董復表編 明萬曆四十二年刻本 九行十八字白口四周單邊有刻工 六八七

弇州史料前集三十卷後集七十卷 明王世貞撰 董復表編 明萬曆刻本 九行十八字白口四周單邊 六八八

皇明盛事述三卷異典述五卷異事述一卷 明王世貞撰 明萬曆世經堂刻本 十行二十字小字雙行白口單魚尾四周雙邊 六八九

皇明典故紀聞十八卷 明余繼登撰 明萬曆（王象乾）刻本 九行十八字白口左右雙邊有刻工 六九〇

皇明典故紀聞十八卷 明余繼登撰 明萬曆刻本 九行十八字白口左右雙邊有刻工及字數 六九一

皇明典故紀聞十八卷 明余繼登撰 明萬曆二十九年唐氏世德堂刻本 九行十八字白口左右雙邊 六九二

皇明典故紀聞十八卷 明余繼登輯 明萬曆周日校刻本 十一行廿二字白口四周單邊 六九三

館閣類錄二十二卷 明呂本輯 明萬曆二十五年王允貞刻本 十行二十字白口左右雙邊 六九四

皇明繩武編擬續大學衍義三十四卷 明吳鴻登撰 明萬曆刻本 十行廿二字白口單魚尾四周雙邊有刻工 六九五

皇祖四大法十二卷 明何棟如輯 明萬曆四十二年何氏刻本 十行廿二字白口單魚尾左右雙邊 六九六

二九

國朝史餘八卷 明塗采撰 明刻本 十行二十字白口四周單邊 六九七

寶日堂雜抄不分卷 明張鼐輯 明張氏寶日堂抄本 六九八

皇明採要編不分卷 明李之茂輯 稿本 六九九

國史唯疑十二卷 明黃景昉撰 清初雙雲堂抄本（配清同治抄本） 七〇〇

國史唯疑十二卷 明黃景昉撰 清抄本 七〇一

國史唯疑十二卷 明黃景昉撰 清抄本 七〇二

國史唯疑十二卷 明黃景昉撰 清徐氏紅亭抄本 清徐釚跋 七〇三

國史唯疑十二卷 明黃景昉撰 清徐氏煙嶼樓抄本 清徐時棟批校 七〇四
存六卷 一至三、七至九

國史唯疑十二卷 明黃景昉撰 楊凌城 清抄本 清周星詒校並跋、傅以禮、 七〇五

皇明臣略纂聞十二卷 明瞿汝說輯 明崇禎八年瞿式耜刻本 九行廿一字白口四周單邊 七〇六

明紀編遺六卷 清秦鉁輯 清康熙二十九年李天澗刻本 七〇七

國朝武功紀勝通考八卷補論居寓言一卷 明顏季亨撰 明天啟刻本 十行廿二字白口四周單邊 七〇八

明小紀不分卷五朝耆舊記一卷 清林時對撰 清抄本 七〇九

明朝小史十八卷 明呂毖撰 清初刻本 七一〇

大明野史不分卷 清抄本 七一一

皇朝史概一百二十一卷 明朱國禎輯 明崇禎刻本 七一二
皇明大政記三十六卷
皇明大訓記十六卷
皇明大事記五十卷
皇明開國臣傳十三卷
皇明遜國臣傳五卷首一卷

明初遺事七種十卷 清抄本 七一三
皇朝平吳錄三卷 明吳寬撰
陳友諒傳一卷
北平錄一卷
平蜀記一卷附錄平西蜀頌並序
明玉珍事跡一卷
滇池入貢記一卷 明宋濂撰
南戎書一卷 明張洪撰

明良集六種九卷 明霍韜輯 明嘉靖十二年刻本 十行廿一字白口四周雙邊 七一四
洪武聖政記二卷 明宋濂撰
金文靖公前北征錄一卷後北征錄一卷 明金幼孜撰
三朝聖諭錄三卷 明楊士奇撰
天順日錄一卷 明李賢撰
燕對錄一卷 明李東陽撰

交泰錄五卷 明龍大有輯 明嘉靖十八年龍氏自刻本 十行二十字白口四周雙邊左右雙邊 七一五
三朝聖諭錄三卷 明楊士奇撰
燕對錄一卷 明李東陽撰
宸章集錄一卷 明費宏撰

潔菴選義林遜國全書五卷土木案一卷劉子文選一卷 明劉九益撰 清康熙刻本 七一六

皇明修文備史一百五十五卷 題明顧炎武編 清抄本 清陳毓典跋 七一七
皇明帝系圖一卷
皇明帝后紀略一卷 明成九化撰
皇明寶訓五卷 明宋濂等撰
皇明獻實四十卷 明袁袠撰
兵制志三卷 明史繼偕撰
國計疏一卷
太倉考二十二卷
天津倉儲考一卷 明楊師孔撰
太常紀刪四卷 明葛居撰 余潛子刪
穆皇帝登極詔儀一卷
廠庫須知六卷 明何士晉撰
九邊考三卷 明魏煥撰
五原考略一卷
鎮中丞總遼議一卷
北虜世系考一卷
北虜世代一卷
大同鎮城升考一卷
庚戌始末志一卷 明王世貞撰

三〇

東王達達託實列傳一卷　妙花花大列傳一卷　東王達黑石炭列傳一卷　董狐狸兀魯思罕長安列傳一卷　長昂列傳一卷　宣大鎮史二官東達組列傳一卷　寧夏鎮哮哮升哮永思列傳一卷　回教列傳一卷　播酋楊應龍傳三卷　廣東巢賊賴元爵岳盈清諸酋列傳一卷　倭奴列傳一卷　十寨諸猺列傳一卷　平播日錄一卷　平播碑一卷　明陶望齡撰　平播碑一卷　明吳達撰　川貴總督王象乾議處播州地界疏略一卷　明王象乾撰　東征紀行錄一卷　貴州安國亨安智奢效忠列傳一卷　土婦奢世統奢世續列傳一卷　雲南鐵鎖箐羅思諸夷列傳一卷　羅雄者繼榮不六列傳一卷　公處劉堂良草坪石纂祿列傳一卷　緬甸列傳三卷　謙用賓談收壘莫思正疏一卷　安南莫茂洽列傳一卷　野記四卷　明祝允明撰　可齋雜記一卷　明彭時撰　損齋備忘錄一卷　明梅純撰　謇齋瑣綴錄八卷　明尹直撰　菽園雜記一卷　明陸容撰　後鑒錄三卷　明謝蕡撰　西南紀事二卷　明郭應聘撰　安南奏議一卷　議處安南事宜一卷　朝鮮國備報倭奴情形疏一卷　礦盜王張佳列傳一卷　京營叛兵列傳一卷　王之佐列傳一卷　浙江大營叛兵馬文英家山呂國富殺兵部中劉傳一卷　叛兵陸文結狄子列傳一卷　叛兵王程董永恩張鎮兒孫勝衣列傳一卷　湖盜殷應采列傳一卷　崇明江陰鎮盜列傳一卷　史乘考誤二卷　明王世貞撰

國朝謨烈輯遺二十三卷　明朱當㴐編　明嘉靖三十二年刻本　十行二十字白口雙邊單魚尾　存十七卷　國朝謨烈輯遺一至十五、遜謨錄一卷、建文遺蹟一卷　七一八

國朝謨烈輯遺二十三卷　明嘉靖三十二年刻本　十行二十字白口四周單邊　存三卷　翦勝野聞一卷、天潢玉牒一卷、皇明本紀一卷　七一九

國初群雄事略不分卷　清錢謙益撰　清抄本　七二〇

國初群雄事略十二卷　清錢謙益撰　清抄本　七二一

國初群雄事略十二卷　清錢謙益撰　清南忠堂抄本　七二二

國初群雄事略十四卷　清錢謙益撰　清抄本　七二三

國朝承天明良隆遇錄四卷　明萬曆五年金陵書坊刻本　七行廿一字白口四周雙邊單魚尾　七二四

國初禮賢錄一卷　題明劉基撰　明抄本　七二五

國初禮賢錄二卷　明抄本　清丁丙跋　七二六

聖政錄不分卷　明抄本　七二七

聖政雜錄不分卷　明抄本　七二八

皇朝平吳錄三卷　明刻本　九行十八字白口左右雙邊　七二九

平蜀記一卷　明鈕氏世學樓抄本　七三〇

國初事蹟一卷　明劉辰撰　明刻本　十行二十至廿一字不等大黑口四周雙邊　七三一

國初事蹟一卷　明劉辰撰　明刻重修本　十行二十字下黑口四周雙邊　七三二

國初事蹟一卷　明劉辰撰　明嘉靖二年抄本　七三三

國初事蹟一卷　明劉辰撰　明秦氏繡石書堂抄本　七三四

國初事蹟一卷　明劉辰撰　明抄本　七三五

聖典二十四卷　明朱睦㮮輯　明萬曆四十一年刻本　九行二十字白口四周單邊　七三六

藍玉黨供狀不分卷　明抄本　七三七

皇明小史摘鈔二卷　清抄本　七三八

姜氏秘史不分卷　明姜清撰　明抄本　七三九

姜氏秘史一卷　明姜清撰　清初抄本　七四〇

姜氏秘史一卷　明姜清撰　清抄本　傅增湘跋　七四一

姜氏秘史一卷　明姜清撰　清抄本　沈鋭驥、胡思敬、周鑾詒跋　七四二

革朝志十卷　明許相卿撰　明刻本　九行十九字小字雙行同白口左右雙邊　七四三

革朝志十卷　明許相卿撰　清抄本　[illegible]　七四四

革除編年不分卷　明抄本　七四五

革除遺事六卷　明黃佐撰　明抄本　七四六

革除遺事六卷　明黃佐撰　明抄本　七四七

革除遺事六卷　明黃佐撰　明抄本　七四八

革除遺事六卷　明黃佐撰　明抄本　七四九

革除遺事節本六卷　明黃佐撰　清抄本　七五〇

遜國君紀鈔二卷臣事鈔六卷　明鄭曉撰　明抄本　七五一

建文朝野彙編二十卷　明屠叔方撰　明萬曆刻本　九行十八字白口左右雙邊　七五二

建文朝野彙編二十卷　明屠叔方撰　明刻本　九行十八字白口左右雙邊　七五三

7754 建文朝野彙編二十卷 明屠叔方撰 明刻本 九行十八字白口四周單邊

7755 建文書法儗前編一卷正編二卷附編二卷 明朱鷺撰 明萬曆刻本 七行十七字小字雙行同白口四周單邊

7756 建文書法儗前編一卷正編二卷附編二卷 明朱鷺撰 明萬曆刻本 明戈培題款 七行十七字小字雙行同白口四周單邊

7757 建文書法儗前編一卷正編二卷附編二卷 明朱鷺撰 明萬曆刻天啟九年增訂本 七行十七字小字雙行同白口四周單邊

7758 建文書法儗前編一卷正編二卷附編二卷 明朱鷺撰 明萬曆刻本 十行二十字白口四周單邊

7759 致身錄一卷 明史仲彬撰 明刻本 九行二十字小字雙行三十六字白口四周單邊

7760 致身錄一卷 明史仲彬撰 明崇禎刻本 九行二十字白口四周單邊

7761 致身錄一卷附編二卷 明史仲彬撰 明崇禎二年史兆麟刻本 九行二十字白口四周單邊

7762 致身錄一卷附編一卷附錄一卷 明史仲彬撰 清康熙八年史在相刻本

7763 致身錄一卷 明史仲彬撰 清抄本

7764 遜國逸書四種七卷 明錢士升編 明崇禎刻本 九行二十字白口四周單邊
從亡隨筆一卷 明程濟撰
致身錄一卷 明史仲彬撰
黃溥究拔錄一卷
樹勝錄四卷 明劉琳撰

7765 遜國正氣紀八卷 明曹參芳輯 明崇刻本 九行廿二字白口四周單邊

7766 遜國正氣紀八卷 明曹參芳輯 明末刻本 羅振玉跋 九行廿二字白口四周單邊單白魚尾
存五卷 一、二、三至五

7767 明興雜記二卷 明陳敬則輯 明隆慶刻本 十行二十字白口四周單邊單黑魚尾

7768 明興雜紀二卷 明陳敬則輯 明朱從康刻本 九行二十字白口四周單邊單黑魚尾

7769 奉天靖難記四卷 明王吉官金抄本

7770 奉天靖難記四卷 明抄本

7771 金文靖公北征錄二卷 明金幼孜撰 明成化二十三年刻嘉靖遞修本 十行二十字大黑口四周雙邊

7772 新刊金文靖公前北征錄一卷後北征錄一卷 明金幼孜撰 新刊楊文敏公后北征記一卷 明楊榮撰 明弘治十七年劉氏安正堂刻本 清潘介繁跋 十二行廿六字黑口四周雙邊

7773 金文靖公前北征錄一卷 明金幼孜撰 北征記一卷 明楊榮撰 明刻本 十行二十字細黑口四周單邊

7774 北征錄三卷 明金幼孜撰 明萬曆四十六年金鐘刻本 十行二十字白口四周雙邊有刻工

7775 北征錄一卷後錄一卷 明金幼孜撰 北征記一卷 明楊榮撰 清抄本

7776 初從北征錄一卷詩一卷二從北征錄一卷三從北征錄一卷 明金幼孜撰 清抄本

7777 征安南勅征安南事實不分卷 清抄本

7778 安南棄守本末一卷 清抄本 清丁丙跋

7779 安南棄守本末一卷 清抄本

7780 永樂聖政記三卷 明張輔撰 明抄本
存二卷 二至三

7781 仁廟聖政記二卷 明抄本

7782 仁廟聖政記二卷 明抄本

7783 仁廟聖政記二卷 明抄本

7784 宣德聖政記□□卷 明抄本
存三卷 六至八

7785 廷樞紀聞不分卷 明于謙撰 明抄本 明汝維垣跋
存：正統七年至十二年五月

7786 虛菴李公奉使錄一卷附錄一卷 明李實撰 明嘉靖刻本 九行十八至二十字不等黑口雙魚尾

7787 李侍郎使北錄 明李實撰 明抄本

7788 李侍郎北使錄 明李實撰 明抄本 清吳騫等跋

7789 北使錄一卷 明李實撰 清抄本 清[illegible]錄吳騫跋

7790 朝鮮紀事一卷 明倪謙撰 清翁同龢抄本 清翁同龢校

7791 天順日錄一卷 明李賢撰 明抄本

7792 天順日錄辯誣一卷 明湯[illegible]撰 明抄本

7793 復辟錄一卷 明楊瑄撰 明抄本

7794 平蠻錄七卷 明韓雍撰 明成化刻本 十一行二十字黑口四周雙邊

7795 平番始末一卷 明許進撰 明嘉靖九年鑑吳堂刻本 十行廿一字白口左右雙邊單白魚尾

7796 視草餘錄二卷 明楊廷和撰 明嘉靖刻本 十行十八字白口四周雙邊

7797 視草餘錄二卷 明楊廷和撰 明萬曆三十五年刻本 十行十八字白口左右雙邊

七九八 視草餘錄一卷 明楊廷和撰 明謝氏小草齋抄本
七九九 安楚錄十卷 明秦金撰 明萬曆刻本 十二行二十字白口單魚尾左右雙邊
八〇〇 蘇州府纂修識略六卷金山雜志一卷 明楊循吉撰 徐景鳳校 明徐氏二酉堂刻本 九行十八字白口四周單邊
八〇一 繼世紀聞六卷 明陳洪謨撰 明刻本 十行十八字白口左右雙邊
八〇二 平濠記一卷 明錢德洪撰 清抄本
八〇三 平濠記一卷 明錢德洪撰 清抄本
八〇四 後鑒錄三卷 明謝蕡輯 明抄本
八〇五 後鑒錄三卷 明謝蕡輯 明抄本
八〇六 後鑒錄三卷附華夷譯語一卷 明謝蕡輯 明抄本
八〇七 後鑒錄三卷 明謝蕡輯 清初抄本
八〇八 西番事跡一卷 明王瓊撰 明抄本
八〇九 遼紀一卷 明田汝成撰 稿本
八一〇 嘉靖大政類編不分卷 明黃鳳翔撰 明萬曆二十七年刻本 九行二十字白口四周雙邊
八一一 五朝法傳錄不分卷 清高世泰抄本

三五

八一二 聖政紀要二卷 明陳懿典撰 明崇禎刻本
八一三 御著大狩龍飛錄二卷 明世宗朱厚熜撰 明嘉靖十八年朱厚熜刻本 九行二十字白口四周雙邊雙魚尾
八一四 平粵錄一卷 明張孫振撰 明嘉靖刻本 十行二十字白口四周雙邊
八一五 安南來威圖冊三卷 明馮時陽、梁天錫輯 輯略三卷 明江美中輯 明隆慶刻本 十行二十字細黑口四周雙邊
八一六① 世廟識餘錄二十六卷 明徐學謨撰輯 明徐兆稷活字印本
八一六② 世廟識餘錄二十六卷 明徐學謨撰輯 明萬曆三十六年徐元嘏刻本 十行廿六字白口左右雙邊
八一七 世廟識餘錄二十六卷 明徐學謨撰輯 明萬曆四十二年周本正刻本 十行廿六字白口四周雙邊
八一八 世廟識餘錄二十六卷 明徐學謨撰 清初抄本
八一九 虔臺倭纂二卷圖一卷 明謝杰撰 鄭邦奇、傅良橋等輯 明萬曆二十三年自刻本 上欄二十行十二字下欄十行十七字白口四周雙邊
八二〇 萬代公論不分卷 明隆慶刻本
存：明世宗死于方士丹藥辨枉冤獄奏疏諭旨等件
八二一 邊略五卷 明高拱撰 明萬曆元年刻本
八二二 洗海近事二卷 明俞大猷撰 清抄本
八二三 西南紀事六卷 明郭應聘撰 明刻本 九行十九字白口四周單邊

八二四 重刻確菴曹先生西蜀平蠻全錄十五卷 明曹省吾撰 明萬曆九年張一鯤刻本 十行二十字白口左右雙邊有刻工
八二五 平播全書十五卷 明李化龍撰 明萬曆刻本 九行二十字白口四周雙邊
八二六 平播全書十五卷 明李化龍撰 明王象乾編 明萬曆二十九年刻本 九行二十字白口四周雙邊單魚尾
八二七 嘉靖東南平倭通錄一卷 明徐學聚撰 明抄本
八二八 嘉靖倭亂備抄不分卷 清抄本
八二九 嘉靖甲寅倭變紀略一卷 明董斯張撰 清沈氏十經齋抄本
八三〇 海寧倭寇始末一卷 清吳騫撰 清抄本
八三一 滇遊紀亂一卷滇遊過險詩一卷 明倪鉅撰 清且樸齋抄本
八三二 三省備邊圖記不分卷 明蘇愚撰 明萬曆刻本 九行十八字白口四周雙邊
八三三 星變志一卷 明過庭子輯 明抄本
八三四 聖朝泰交錄九卷 明鄒德溥撰 明崇禎七年李嗣京刻本 八行十八字白口四周單邊
八三五 召對錄一卷 明申時行撰 明萬曆刻本 九行十八字白口四周單邊
八三六 萬曆武功錄十四卷 明瞿九思撰 明萬曆刻本 十行二十字白口左右雙邊
八三七 萬曆三大征考三卷東夷考略一卷東事答問一卷 明茅瑞徵撰 明天啟浣花居自刻本 九行十九字白口四周單邊

三六

八三八 萬曆三大征考三卷附東夷考略一卷東事答問一卷 明茅瑞徵撰 張爾田、章炳麟跋 明天啟刻本 九行十九字白口四周單邊單魚尾
八三九 萬曆三大征考三卷 明茅瑞徵撰 明天啟刻本 九行十九字白口四周單邊
八四〇 萬曆三大征考三卷 明茅瑞徵撰 清抄本
八四一 東夷考略一卷東事答問一卷 明茅瑞徵撰 明末刻本 九行十九字白口四周單邊
八四二 東夷考略一卷 明茅瑞徵撰 清抄本
八四三 維新志六卷附集二卷 明沈良才撰 明天啟元年刻本 八行二十字白口四周單邊
八四四 民抄董宦事實一卷附周忠介公魏奄案一卷 明崇禎刻本 八行二十字白口四周雙邊
八四五 歸涂閑紀一卷 明劉錫玄撰 明崇禎刻本
八四六 萬曆年抄檔不分卷 明抄本
八四七 閒思往事不分卷 明曹說撰 明抄本
八四八 萬曆三十一年癸卯楚事妖書始末不分卷 明刻本 九行二十字或廿一字白口四周雙邊
八四九 萬曆辛亥京察記事始末八卷 明周念祖輯 明刻本 十行二十字白口左右雙邊有刻工

八五〇 後金檄明萬曆皇帝文不分卷 後金刻本
八五一 織言不分卷 清陸圻撰 清雙桐書屋抄本
八五二 寇變紀二卷寨堡紀一卷堡城紀一卷 清李世熊撰 清抄本 清周星詒校並跋
八五三 寇變紀一卷寇變後紀一卷寨堡紀一卷堡城紀一卷 清李世熊撰 清抄本
八五四 天啟時事不分卷 清抄本
八五五 蜀事紀略一卷 明朱燮元撰 明天啟刻本
八五六 乘城日錄不分卷 明周宰輯 清刻本
八五七 攻渝諸將小傳一卷 明徐如珂輯 明末刻本 八行二十字白口四周單邊
八五八 刻徐念陽西征雜紀一卷 明徐如珂撰 明末刻本 八行二十字白口四周單邊
八五九 督師紀略十三卷 明茅元儀撰 明末刻本 八行十八字白口四周單邊
八六〇 東江疏揭塘報節抄八卷 明毛文龍撰 毛承斗輯 東江客問一卷 明吳惟英撰 明崇禎張應魁刻本 八行二十字白口四周單邊
八六一 清流摘鏡不分卷 明孫士順撰 明末抄本
八六二 清流摘鏡六卷 明孫上順撰 清抄本
八六三 清流摘鏡六卷 明孫士順撰 清抄本 清李文田跋
八六四 明黨禍始末記二卷 清吳騫校訂 熹朝奄黨禍國錄一卷 趙江右遺民撰 清末張光第小清儀閣抄本
八六五 明黨禍始末二卷 清吳騫校訂 清張氏小清儀閣抄本 清張光第跋
八六六 熹朝奄黨禍國錄一卷 趙江右遺民撰 清張氏小清儀閣抄本
八六七 玉鏡新譚十卷 明朱長祚撰 明崇禎刻本 八行十八字白口四周單邊
八六八 魏璫逆黨錄一卷 清初抄本
八六九 虐政集一卷邪氛集一卷倒戈集一卷 清抄本
八七〇 甲乙記政錄一卷續丙記政錄一卷續丁記政錄一卷新政一卷 明徐肇台撰 明崇禎刻本，十行二十字白口四周單邊
八七一 乙丙紀事一卷 清孫奇逢撰 清初刻本
八七二 碧血不分卷 明黃煜輯 明末刻本 九行十八字白口四周單邊
八七三 明季水西記略一卷 清李珍撰 清抄本
八七四 東林事略三卷 明吳應箕撰 清抄本 繆荃孫校並跋
八七五 復社紀略四卷 清陸世儀撰 清初抄本
八七六 復社紀略三卷 清陸世儀撰 清抄本
八七七 復社紀略三卷 清陸世儀撰 清抄本
八七八 復社紀略三卷 清陸世儀撰 清抄本
八七九 復社紀略二卷 清陸世儀撰 清抄本
八八〇 復社紀略三卷 清陸世儀撰 清抄本
八八一 復社紀略二卷附年表一卷 清陸世儀撰 西土文致一卷附東海傳奇目錄一卷 清程穆衡輯 清雍正程氏抄本
八八二 山書十八卷 清孫承澤輯 清抄本 傅增湘跋
八八三 聖朝新政要略十卷訪單一卷附錄一卷 題外史氏輯 明崇禎刻本 九行二十字白口四周單邊 [illegible]
八八四 崇禎朝記事四卷 明李遜之撰 清光緒李文田抄本 李文田校並跋
八八五 崇禎遺錄不分卷 明王世德撰 清初刻本
八八六 崇禎遺錄一卷殉難忠臣錄一卷逆賊奸臣錄一卷 明王世德撰 清抄本 清王頌蔚跋
八八七 烈皇小識四卷 明文秉撰 清抄本
八八八 談往錄三卷 題花村看行侍者撰 清抄本
八八九 欽定逆案一卷 明崇禎刻本 清魚元傅抄配並跋 七行十九字白口。
八九〇 楚閩類記一卷閩閩類記一卷 明徐開禧撰 清抄本
八九一 鄭華亭考選處分始末一卷 清康熙五十七年抄本
八九二 平叛記二卷 清毛霦撰 清康熙刻本
八九三 召對錄一卷 明倪元璐、朱之俊等輯 明崇禎抄本
八九四 敬事草五卷 明孔貞運撰 明崇禎十竹齋刻本 九行二十字白口四周單邊
八九五 圍城日錄二卷 明徐從治撰 清初抄本
八九六 東事紀略一卷歸閩日記一卷 題清補過居士、張祈等撰 清初抄本
八九七 聲討實錄一卷 明崇禎刻本 九行廿一字白口四周單邊
八九八 朝野公言一卷 明崇禎七年抱岳遇、王士俊刻本 八行十八字白口四周單邊
八九九 武林紀略二卷 明黃鳴俊撰 明崇禎刻本 九行二十字白口四周單邊
九〇〇 辛巳越中荒紀一卷附辛巳歲救荒小議一卷 明祁彪佳撰 明祁氏遠山堂抄本

九〇一 盤餐錄一卷 明李開先撰 清抄本

九〇二 高密全城記一卷 明何平撰 清抄本

九〇三 虞山妖亂志三卷 清馮舒撰 清抄本 清翁同龢校並跋

九〇四 虞山妖亂志二卷 清馮舒撰 清抄本 清翁同龢跋

九〇五 虞山妖亂志二卷 清馮舒撰 清抄本 瞿存子校

九〇六 虞山妖亂志三卷 清馮舒撰 附海角遺編一卷 題漫游野史撰 清抄本

九〇七 海虞妖亂志三卷 清馮舒撰 清鄒公鐘宜抄本 清鶴公批並跋

九〇八 太和縣禦寇始末二卷 明吳世濟撰 明末抄本
存一卷 上

九〇九 太和縣禦寇始末二卷 明吳世濟撰 乾隆二十九年吳紹書抄嘉慶十二年吳紹黻補抄本

九一〇 禦寇急務不分卷 明沈正宗撰 明崇禎十年刻本 九行十九字小字雙行白口左右雙邊

九一一 全濰紀略一卷 清周亮工撰 清初抄本

九一二 濰縣全城記不分卷 清抄本

九一三 野老漫錄一卷 清抄本

九一四 野老漫錄一卷 清抄本

九一五 野老漫錄一卷 清顧氏小石山房抄本

九一六 東江遺事二卷 清吳騫輯 稿本

九一七 東江遺事二卷 清吳騫輯 清抄本

九一八 遺事瑣談六卷 明李壽世撰 清抄本

九一九 遺事瑣談六卷附記一卷 明沈壽世撰 清邵伯棠抄本
存三卷 五至六、附記

九二〇 遺事瑣談六卷 明沈壽世撰 清抄本 清李文田批校
存四卷 一至四

九二一 野史膾見錄□□卷 清胡慕椿輯 清抄本
存八種八卷
泣銅記一卷 清戴名世撰 虎口餘生記一卷 清邊大綬撰 蘇城東望一卷 題清漫游野史撰 殷頑逸史一卷 題清漫游野史撰 老生家難一卷 清□□撰 嘉定屠城紀略一卷 題清鼎我逸史撰 鬼山煙骨錄一卷 清胡慕椿撰 江上孤忠錄一卷 清沈純撥撰

九二二 銅仙逸史六種八卷 清抄本
粤游見聞一卷 明瞿共美撰 東明聞見錄一卷 明瞿共美撰 求野錄一卷 題客溪樵隱撰 也是錄一卷 明鄧凱撰 建州私志三卷 題海濱野史初輯 擊猱餘音一卷 清歸莊撰

九二三 明季南略十六卷 清計六奇撰 清初抄本

九二四 明季南略十六卷 清計六奇撰 清抄本
存十四卷 一至十四

九二五 明季南略十八卷 清計六奇撰 清抄本

九二六 明史南都大略三卷 清沈鳴撰 清抄本
存二卷 中、下

九二七 野史無文二十一卷 清鄭達撰 清初抄本
存八卷 十三至十八、二十至二十一

九二八 尊攘略一卷 題斷隱遺黎夫氏撰 清抄本

九二九 所知錄六卷 清錢澄之撰 清抄本

九三〇 所知錄六卷 清錢澄之撰 清抄本

九三一 所知錄六卷 清錢澄之撰 清抄本

九三二 所知錄五卷 清錢澄之撰 清吳赤軒抄本

九三三 所知錄三卷附錄一卷 清錢澄之撰 清抄本

九三四 所知錄三卷附錄一卷琴江雜記一卷 清錢澄之撰 清光緒傅氏華延年室抄本 清傅以禮校並跋

九三五 所知錄二卷附錄一卷 清錢澄之撰 清抄本

九三六 所知錄不分卷 清錢澄之撰 清乾隆十六年黃宗炅抄本

九三七 所知錄不分卷 清錢澄之撰 清抄本

九三八 所知錄不分卷 清錢澄之撰 清抄本 清傅以禮跋

九三九 錢幼光先生所知錄附錄一卷詩一卷 清錢澄之撰 清抄本

九四〇 行朝錄三卷 清黃宗羲撰 清抄本

九四一 行朝錄三卷 清黃宗羲撰 清初毛氏汲古閣抄本 王仁俊跋

九四二 行朝錄三卷 清黃宗羲撰 清抄本 清汪師韓校 羅振常、徐恕、潘景鄭跋

九四三 行朝錄三卷 清黃宗羲撰 甲申核真略一卷南行日記一卷 清楊士聰撰 賀宿紀聞一卷 清賀宿撰 楊士聰輯 江右

紀變一卷 清陸世儀撰 清抄本 九四四
行朝錄四卷 清黃宗羲撰 清抄本 九四五
行朝錄四卷 清黃宗羲撰 江右紀變一卷 清陸世儀撰 清抄本 九四六
行朝錄五卷 清黃宗羲撰 清初抄本 清介候批校 九四七
行朝錄十卷 清黃宗羲撰 附錄一卷 清陸世儀撰 清抄本 九四八
行朝錄十一卷 清黃宗羲撰 末一卷 清陸世儀撰 清抄本 九四九
行朝錄十一卷 清黃宗羲撰 末一卷 清陸世儀撰 清同治八年戴氏長留閣抄本 九五〇
見聞實錄十二卷 題鮮鶴山人撰 清抄本 九五一
綏寇紀略十二卷 清吳偉業撰 清康熙十三年鄒式金刻本 九五二
平寇志十二卷 清彭孫貽撰 清初活字印本 九五三
平寇志十二卷 清彭孫貽撰 清抄本 九五四
流寇志十四卷 清彭孫貽撰 清初徐氏抄本 九五五
流寇志十四卷 清彭孫貽撰 清抄本 九五六

流寇志十六卷 清彭孫貽撰 清黃振埜抄本 九五六
流寇長編二十卷始終錄一卷補遺一卷 清戴笠、吳殳撰 清抄本 九五七
流寇編年二卷首一卷 清戴笠撰 清抄本 九五八
懷陵流寇始終錄十八卷 清戴笠、吳殳撰 清傅以禮跋 清錢氏述古堂抄本 九五九
所見錄四卷 清趙吉士輯 清抄本 九六〇
瀰瀬叢五卷 清李馥榮輯 清雍正九年刻本 九六一
守鄉輯略不分卷 清洪東苯撰 稿本 九六二
金沙細唾一卷 清于子嵱撰 清抄本 九六三
保黎錄四卷附錄一卷隣謳一卷 明張肯堂撰 明崇禎六年刻本 八行二十二字白口單邊 存二卷 三至四 九六四
鑒勞錄一卷 明孫傳庭撰 明崇禎十一年自刻本 九六五
餘生錄一卷 清邊大綬撰 塘報稿一卷 清順治刻本 九六六
餘生錄一卷 清邊大綬撰 塘報稿一卷 清初刻本 九六七
虎口餘生一卷 明邊大綬撰 清順治二年刻本 九六八
中州戰略不分卷 明高謙撰 清順治刻本 九六九
守汴日志不分卷 明李光壂撰 清康熙四十七年李為滄刻本 九七〇
汴圍濕襟錄一卷 明白愚撰 清抄本 九七一
汴圍濕襟錄一卷 明白愚撰 清抄本 九七二
汴圍濕襟錄三卷 明白愚撰 清抄本 九七三
豫變紀略八卷 清鄭廉撰 燕都志變一卷 清徐應芬撰 虎口餘生一卷 清邊大綬撰 清乾隆刻本 九七四
豫變紀略八卷 清鄭廉撰 虎口餘生記一卷 清邊大綬撰 燕都志變一卷 清徐應芬撰 清淡寧軒抄本 王思苑校並跋 九七五
寮鄭絕略一卷 明高斗樞撰 清抄本 九七六
淮城日記一卷 清張大民撰 清咸豐十一年段朝端梅花閣抄本 九七七
蜀碧四卷 清彭遵泗撰 清乾隆刻本 九七八
蜀碧四卷附錄一卷 清彭遵泗撰 清嘉慶刻本 清周廣燕錄史晉長校並跋 九七九
雅安追紀一卷 清李蕃撰 稿本 九八〇

九八一 孑遺錄一卷 清戴名世撰 清康熙刻本
九八二 廣淵沉不分卷 清吳偉業撰 清初抄本 清孫從添跋
九八三 國難睹記一卷 清抄本
九八四 國難睹記一卷 清抄本
九八五 明季紀事不分卷 清王源魯撰 清抄本
九八六 甲申紀事十三卷附工部新刊事例一卷 明馮夢龍輯 明弘光元年自刻本 八行二十字白口四周單邊
九八七 中興實錄不分卷 明馮夢龍輯 明弘光刻本 七行廿一字白口左右雙邊
九八八 甲申紀事一卷附北歸紀一卷 明趙士錦撰 清初抄本
九八九 甲申核真略不分卷 清楊士聰撰 清抄本
九九〇 甲申核真略一卷南行日記一卷 清楊士聰撰 清傅以禮校並跋 清抄本 翁斌孫跋
九九一 甲申核真略一卷附南行日記一卷 清楊士聰撰 清抄本 清傅以禮校並跋
九九二 甲申北都覆沒遺聞不分卷 明黃巍撰 清抄本
九九三 甲申傳信錄十卷 明錢𭑹撰 稿本 清仲錫批校
九九四 甲申傳信錄十卷 明錢𭑹撰 清初抄本
九九五 甲申傳信錄十卷 明錢𭑹撰 清抄本
九九六 甲申傳信錄十卷訂錄一卷 明錢𭑹撰 清抄本
九九七 甲申傳信錄十卷 明錢𭑹撰 清抄本
九九八 甲申傳信錄十卷 明錢𭑹撰 清抄本
九九九 甲申傳信錄十卷 明錢𭑹撰 清抄本
一〇〇〇 甲申傳信錄十卷訂錄一卷 明錢𭑹撰 清抄本
一〇〇一 甲申傳信錄十卷訂錄一卷 明錢𭑹撰 清抄本
一〇〇二 甲申傳信錄十卷訂錄一卷 明錢𭑹撰 清抄本
一〇〇三 甲申傳信錄十卷 明錢𭑹撰 清抄本 清李文田批校
一〇〇四 甲申傳信錄十卷 明錢𭑹撰 清抄本 清朱錫庚錄錢儀增跋
一〇〇五 甲申傳信錄十卷 清抄本
一〇〇六 戡闖小史六卷 題胡蘆道人撰 清抄本
一〇〇七 明季紀事不分卷 清錢謙益撰 清雍正抄本
山中聞見錄十三卷 清彭孫貽撰 清抄本

一〇〇八 三朝要典二十四卷原始一卷 明顧秉謙、徐紹吉等纂修 明天啟刻本 八行十八字白口四周單邊
一〇〇九 三朝要典二十四卷原始一卷 明顧秉謙、徐紹吉等纂修 明天啟刻本 八行十八字大黑口四周雙邊
一〇一〇 三朝要典二十四卷原始一卷 明顧秉謙、徐紹吉等纂修 明天啟刻本 九行十八字白口四周單邊
一〇一一 三朝要典二十四卷原始一卷 明顧秉謙、徐紹吉等纂修 清抄本 清李文田批校
一〇一二 三朝遼事實錄十七卷總略一卷 明王在晉撰 明崇禎刻本 十行二十字白口四周單邊
一〇一三 三朝遼事實錄十七卷總略一卷 明王在晉撰 遼事砭囈六卷 明茅元儀撰 清抄本
一〇一四 三朝遼事實錄十七卷 明王在晉撰 清抄本
一〇一五 明季北略二十四卷 清計六奇撰 清初抄本
一〇一六 遼廣實錄二卷 明傅國撰 清抄本
一〇一七 遼事述不分卷 清抄本
一〇一八 夷俗記一卷世系表一卷 明蕭大亨撰 明萬曆二十二年自刻本 九行二十字白口左右雙邊
一〇一九 先撥志始二卷 明文秉撰 清雍正刻本
一〇二〇 先撥志始二卷 明文秉撰 清乾隆十七年徐堂刻本 清趙烈文跋
一〇二一 先撥志始二卷 明文秉撰 清同治二年夏燮刻本 清李文田批校並跋
一〇二二 先撥志始二卷 明文秉撰 清刻本 清徐恕校並跋
一〇二三 先撥志始三卷 明文秉撰 清初抄本 吳騫跋
一〇二四 酌中志略八卷附志餘一卷 明劉若愚撰 明崇禎抄本
一〇二五 酌中志略二十二卷 明劉若愚撰 清內府抄本
一〇二六 酌中志二十四卷 明劉若愚撰 明末抄本（卷一至二、十三至十五、十九至二十一配清抄本） 清何焯校
存二十一卷 一至二十一
一〇二七 酌中志略二十四卷 明劉若愚撰 清初抄本
一〇二八 酌中志二十四卷 明劉若愚撰 清抄本
一〇二九 酌中志略二十三卷 明劉若愚撰 清抄本（二十一至二十三係配清黃廷鑑抄本） 清黃廷鑑校並跋
一〇三〇 酌中志略三卷 明劉若愚撰 清初抄本
一〇三一 酌中志略二十三卷 明劉若愚撰 清初抄本

一〇三二　酌中志略二十三卷　明劉若愚撰　清晚翠軒抄本　清趙烈文跋

一〇三三　酌中志略二十三卷　明劉若愚撰　清抄本　清趙烈文跋

一〇三四　酌中志略二十三卷　明劉若愚撰　清戴光曾抄本　清戴光曾校

一〇三五　酌中志略二十三卷　明劉若愚撰　清魚元傅抄本　清魚元傅校
存十五卷　一至十五

一〇三六　酌中志略二十三卷　明劉若愚撰　清道光二十二年王瑞抄本　清王瑞校並跋　吳之淳校
存二十二卷　一至二十二

一〇三七　酌中志六卷　明劉若愚撰　清初抄本

一〇三八　酌中志六卷　明劉若愚撰　清劉有軒抄本

一〇三九　酌中志六卷　明劉若愚撰　清抄本　高時顯跋

一〇四〇　酌中志四卷　明劉若愚撰　清初抄本

一〇四一　酌中志四卷　明劉若愚撰　清抄本

一〇四二　酌中志略四卷志餘不分卷　明劉若愚撰　清抄本

一〇四三　酌中志略二卷　明劉若愚撰　清抄本

一〇四四　酌中志略二卷　明劉若愚撰　清抄本

一〇四五　酌中志餘十卷　清魚元傅抄本

一〇四六　酌中志餘不分卷　清道光問心抄本

一〇四七　酌中志餘不分卷　清傅氏長恩閣抄本　清傅以禮校

一〇四八　酌中志余二卷　清抄本

一〇四九　宮闈秘典三卷　明劉若愚撰　清初丁雄刻本

一〇五〇　四朝雜記不分卷　明劉若愚撰　清抄本

一〇五一　三朝實錄二十卷　清李遜之撰　清抄本

一〇五二　三朝實錄二十卷　清李遜之撰　清抄本

一〇五三　三朝野記七卷　清李遜之撰　清抄本

一〇五四　三朝野記七卷　清李遜之撰　清抄本

一〇五五　三朝野記七卷　清李遜之撰　清抄本

一〇五六　三朝野史七卷　清李遜之撰　清抄本

一〇五七　三朝野記七卷　清李遜之撰　清抄本
存六卷半　一至六、七上

一〇五八　泰昌朝記事一卷　清李遜之撰　清抄本　清吳騫、朱昌燕跋

一〇五九　明季遺事野錄四卷　清歸莊撰　清抄本

一〇六〇　慟餘雜記一卷　明史惇撰　清抄本

一〇六一　史稿三種三卷　清抄本
食貨志一卷　輿服志一卷　職官一卷　清陸圻撰

一〇六二　頌天臚筆二十四卷　明金日升輯　明崇禎刻本　九行十八字白口四周單邊

一〇六三　啟禎兩朝剝復錄十卷　明吳應箕撰　清初吳氏樓山堂刻本

一〇六四　啟禎兩朝剝復錄十卷　明吳應箕撰　清抄本

一〇六五　啟禎兩朝剝復錄十卷　明吳應箕撰　清抄本

一〇六六　啟禎兩朝剝復錄十卷　明吳應箕撰　清抄本

一〇六七　兩朝剝復錄六卷　明吳應箕撰　清抄本

一〇六八　啟禎兩朝常熟實錄補編一卷　清薛維嚴撰　稿本

一〇六九　啟禎兩朝常熟實錄補編不分卷　清薛維嚴撰　清濃金抄本

一〇七〇　晴雪齋漫錄前集七卷後集七卷　題清苯炎人輯　清抄本

一〇七一　晴雪齋漫錄七卷　題清苯炎人輯　清抄本

一〇七二　邊事小紀四卷　明周文郁撰　明崇禎郁士俊刻本　八行十八字白口四周單邊

一〇七三　明季權奸罪案錄一卷　題清浣四居士輯　清抄本

一〇七四　鹿樵紀聞三卷　清吳偉業撰　清抄本

一〇七五　鹿樵紀聞三卷　清吳偉業撰　清抄本

一〇七六　鹿樵紀聞輯略三卷　清吳偉業撰　清抄本

一〇七七　三垣筆記四卷　清李清撰　清袁氏貞節堂抄本

一〇七八　三垣筆記四卷　清李清撰　清抄本

一〇七九　三垣筆記二卷　清李清撰　清抄本

一〇八〇　三垣筆記二卷　清李清撰　清抄本

一〇八一　三垣筆記二卷附述二卷補遺一卷附錄一卷　清李清撰　清徐氏虹亭抄本

一〇八二　三垣筆記二卷附述二卷補遺一卷附錄一卷　清李清撰　清抄本

一〇八三　三垣筆記二卷附述二卷補遺一卷附錄一卷　清李清撰　清抄本

一〇八四 三垣筆記四卷補編一卷 清李清撰 清抄本 清傅以禮校並跋
一〇八五 三垣筆記三卷附識二卷 清李清撰 清抄本 清傅以禮校並跋
一〇八六 三垣筆記二卷 清李清撰 清王氏十萬卷樓抄本 清周星詒校並跋 傅以禮校
一〇八七 三垣筆記三卷 清李清撰 清沈霞西抄本 清沈霞西校 黄裳跋
存二卷 一至二
一〇八八 三垣筆記二十卷補遺一卷 清李清撰 清吉林山房抄本
一〇八九 幸存錄一卷 明夏允彝撰 汰存錄一卷 清黄宗羲撰 清初抄本
一〇九〇 幸存錄三卷 明夏允彝撰 續幸存錄二卷 明夏完淳撰 清抄本
一〇九一 幸存錄四卷 明夏允彝撰 續錄二卷附錄一卷 明夏完淳撰 清抄本
一〇九二 幸存錄三卷 明夏允彝撰 續幸存錄二卷 明夏完淳撰 清抄本
一〇九三 幸存錄三卷 明夏允彝撰 續幸存錄二卷大哀賦一卷 明夏完淳撰 清敦仁堂抄本
一〇九四 幸存錄三卷 明夏允彝撰 續幸存錄一卷 明夏完淳撰 清抄本 清徐宸涵校並跋
一〇九五 幸存錄不分卷 明夏允彝撰 清乾隆七年鳴珂堂抄本
一〇九六 幸存錄不分卷 明夏允彝撰 清抄本
一〇九七 幸存錄不分卷 明夏允彝撰 清抄本
一〇九八 續幸存錄二卷 明夏允彝撰 清魚元傅抄本
一〇九九 汰存錄一卷附鄭成功傳一卷 清黄宗羲撰 清抄本
一一〇〇 汰存錄一卷 清黄宗羲撰 清光緒趙之謙刻仰視千七百二十九鶴齋叢書本 清李文田校並跋
一一〇一 聞見錄二卷 明張怡撰 清初抄本 清沈日康題識
一一〇二 明季實錄四卷 清顧炎武輯 清抄本
一一〇三 明季實錄四卷 清顧炎武輯 清抄本
一一〇四 明季實錄四卷 清顧炎武輯 清抄本
一一〇五 明季實錄四卷 清顧炎武輯 清抄本
一一〇六 明季實錄四卷 清顧炎武輯 清抄本
一一〇七 明季實錄四卷 清顧炎武輯 清抄本
一一〇八 明季實錄四卷 清顧炎武輯 清抄本 清李文田校
一一〇九 明季遺聞四卷 清鄒漪撰 清順治刻本
一一一〇 明季遺聞四卷 清鄒漪撰 清抄本 清傅以禮校並跋
一一一一 明季遺聞四卷 清鄒漪撰 清袁盡軒抄本

四七

一一一二 爝火錄三十二卷附記一卷讀史論略一卷歷代紀元續表一卷 清李天根撰 清抄本
一一一三 爝火錄三十二卷附讀史論略一卷 清李天根撰 清抄本
一一一四 小腆紀傳六十五卷 清徐鼒撰 清傅氏長恩閣抄本
一一一五 小腆紀年附考二十卷 清徐鼒撰 清咸豐十一年刻本 清傅以禮 李慈銘校
一一一六 甲申朝事小紀八卷二編八卷三編八卷四編八卷五編八卷 題清抱陽生輯 清傅氏長恩閣抄本
一一一七 甲申朝事小紀初編八卷二編八卷三編八卷四編八卷五編八卷 題清抱陽生輯 清抄本
存三十二卷 初編八卷、二編八卷、四編八卷、五編八卷
一一一八 甲申朝事小紀初編八卷二編八卷三編八卷四編八卷五編八卷 題清抱陽生輯 清清樂軒抄本
存二十八卷 初編三至六、二編一、二、三編三至八、四編八卷、五編八卷
一一一九 甲申朝事小紀三編八卷四編八卷 題清抱陽生輯 清抄本
一一二〇 甲申朝事小紀十卷續編八卷 題清抱陽生輯 清抄本
一一二一 甲申朝事小紀十卷續編八卷 題清抱陽生輯 清抄本
一一二二 甲申朝事小紀十卷續編八卷 題清抱陽生輯 清抄本
一一二三 金陵拾遺記一卷 清佚名撰 清抄本
一一二四 全桐紀略不分卷 清王雯燿撰 清抄本
一一二五 野錄八卷 清抄本
一一二六 武塘野史不分卷 清抄本
一一二七 耐巖考史錄不分卷 清抄本
一一二八 榕城紀聞一卷 題清海外散人撰 清謝氏賭棋山莊抄本 清謝章鋌跋
一一二九 榕城紀聞一卷 題清海外散人撰 清朱承鉽懷樸齋抄本
一一三〇 榕城紀聞一卷 題清海外散人撰 清末抄本
一一三一 朝野紀聞四卷 清陳元模撰 清抄本
一一三二 朝野紀聞四卷 清陳元模撰 清抄本
一一三三 明季十家集十一種 清抄本
東明聞見錄一卷 明瞿共美撰
行在陽秋二卷 明劉湘客撰
粵遊見聞一卷附錄一卷 明瞿共美撰
揚州十日記一卷 明王秀楚撰

四八

嘉定屠城紀一卷　清朱子素撰
求野錄一卷　題客溪樵隱撰
吳耿尚孔四王合傳一卷　清□□撰
青燐屑一卷　明應廷吉撰
幸存錄二卷　明夏允彝撰
續幸存錄一卷　明夏完淳撰
也是錄一卷　明鄧凱撰
附才遺錄一卷　清戴名世撰

十家集十一種　清抄本　一一五四
東明聞見錄一卷
行在陽秋二卷
粵遊見聞一卷
也是錄一卷
嘉定屠城紀略一卷
求野錄一卷
揚州十日記一卷
青燐屑一卷
吳耿尚孔四王合傳四卷
幸存錄二卷
續幸存錄一卷

明末十家集十一種　清抄本　一一五五
東明聞見錄一卷
行在陽秋二卷
粵遊見聞一卷
嘉定屠城紀略一卷
揚州十日記一卷
也是錄一卷

求野錄一卷
吳耿尚孔四王合傳一卷
青燐屑一卷
賜姓始末一卷
幸存錄一卷
續幸存錄二卷

明季十家集十一種　清抄本　一一五六
東明聞見錄二卷
行在陽秋二卷
粵遊見聞一卷
揚州十日記一卷　明王秀楚撰
嘉定屠城記一卷　清朱子素撰
求野錄一卷
吳耿尚孔四王合傳一卷
青燐屑一卷
幸存錄二卷　明夏允彝撰
續幸存錄一卷　明夏完淳撰
也是錄一卷

明末野史十一種　清抄本　一一五七
東明聞見錄二卷
行在陽秋三卷
青燐屑一卷
幸存錄二卷　明夏允彝撰
粵遊見聞一卷
也是錄一卷
求野錄一卷
嘉定屠城記略一卷　清朱子素撰

揚州十日記一卷　明王秀楚撰
吳耿尚孔四王合傳一卷
續幸存錄一卷　明夏完淳撰

明季稗乘四種四卷　清抄本　□宋翔跋　一一三八
守滕紀略一卷　明高九若撰
天南紀事一卷　明胡欽華撰
也是錄一卷
滇南外史一卷　明鄧凱撰

明季稗乘三種七卷　清抄本　一一三九
綏記四卷　明吳
壯氣先生傳一卷
哭殉難諸公詩一卷補遺一卷

明季稗史五種五卷　清抄本　卞綬戊亭校　一一四〇
鬫名一卷
監國日錄一卷
閩記一卷
維揚殉節紀略一卷
紀事略一卷　明史得威撰

明季野史三種三卷　清抄本　一一四一
桐變日錄一卷　明蔣臣撰
桐城紀異一卷　題鴻海主撰
明季日記一卷　明姚□□撰

明季野史四種四卷　清抄本　一一四二
留都防亂公揭一卷
江東紀略一卷
明季殉義諸臣考一卷
明季死事諸臣考一卷

明季野史四種十七卷　清抄本　一一四三
嶺海焚餘三卷　明金堡撰
也是錄刪一卷　題桐山樵隱溪鴻子撰
行朝錄十一卷末一卷　明黃宗羲撰
殘明紀事一卷　清羅謙撰

明季野史七種十一卷　清抄本　一一四四
湖西遺事一卷　明彭孫貽撰
虔臺逸史一卷　明彭孫貽撰
續指南錄一卷　明康範生撰
東江始末一卷　明柏起宗撰
舟上紀行二卷　明彭孫貽撰
浩氣吟一卷　明瞿式耜撰
明末殉難諸臣備考四卷

明季野史八種八卷　清抄本　一一四五
東林黨人榜一卷
東林□錄一卷
欽定逆案一卷
逆案漏網一卷
逆璫封爵始末一卷
璫祠備錄一卷

一一四六 明季野史三十四種三十六卷 清抄本

勦逆瑞疏一卷 欽定從戒案一卷 明錢希聲撰 癸巳小春入長沙記一卷 清丁大任撰 思師諸公志略一卷 明張濬行撰 孫從潘先生守城論一卷 兩廣紀略一卷 清梁慶春撰 孫從潘先生前後督師略狀一卷 繡江集一卷 □花蜩撰 蜀科記事一卷 □姜燕友撰 丙申日記一卷 □顧偉南撰 永曆紀事一卷 清丁大任撰 江變紀事一卷 求休事略一卷 東林紀事本末論一卷 督師袁崇煥計斬毛文龍始末一卷 崇禎甲申燕都紀變實錄一卷 明錢邦芑撰 甲申三月忠逆諸臣紀事一卷 閩遊月記一卷 明華允誠撰 江變紀事一卷 清徐世溥撰 殘明紀事一卷 清羅謙撰 粵遊見聞一卷 明瞿共美撰 行在陽秋二卷 明劉湘客撰 也是錄一卷 明鄧凱撰 求野錄一卷 題蒼漢然遺撰 賜姓始末一卷 幸存錄二卷 明夏允彝撰 續幸存錄一卷 明夏完淳撰 四王合傳一卷

一一四七 明季野史四種八卷 清康熙劉棠居氏抄本

寧南侯左良玉舉兵東下請誅馬阮疏一卷 明左良玉撰 左寧南侯請除君側奸惡檄文一卷 明左良玉撰 東明聞見錄一卷 明瞿共美撰 嘉定屠城紀略一卷 鄧郊邦述 揚州十日記 明王秀楚撰 青燐屑一卷 明應廷吉撰 仿指南錄一卷 清康範生撰 續明季遺聞一卷 清汪光復撰 南渡三疑案 沉大鐵本末小記 浮海記 行朝錄

一一四八 明季野史三種三卷 清抄本

殘明紀事一卷 清羅謙撰 天南紀事一卷 明胡欽華撰 滇南外史一卷

一一四九 明季野史彙編二十九種一百十六卷 清抄本

前編 聖安皇帝本紀二卷 清顧炎武撰 明紀編年三卷 明王汝南撰 崇禎閣臣年表一卷 內閣行略一卷 明陳盟撰 甲申以後亡臣表一卷 彭孫貽撰 酌中志二十五卷 明劉若愚撰 酌中志餘十卷 烈皇小識六卷 明文秉撰 三垣筆記四卷 清李清撰 七太子傳一卷 明宋懋典撰 藩封十五王傳一卷 明陳懋典撰 廣陵殉難之道米素蔣堂森本宋列傳一卷 明戚大任撰 崇禎五十宰相傳一卷 清曹溶撰 吳啟高凡四大合傳一卷 賜姓始末一卷 前明忠義別傳七十六卷 明汪有典撰

後編 明季遺聞四卷 清鄒漪撰 崇禎剿紀略四卷 粵遊見聞一卷 明瞿共美撰 兩廣紀略一卷 明華復蠡撰 嘉定屠城紀略一卷 求野錄一卷 明朱子素撰 也是錄一卷 明鄧凱撰 江南聞見錄一卷 揚州十日記一卷 明王秀楚撰 青燐屑二卷 明應喜臣撰 行在陽秋二卷 幸存錄二卷 明夏允彝撰 續幸存錄一卷 明夏完淳撰 東明聞見錄六卷 明瞿共美撰

一一五〇 明季野史彙編二十九種一百十六卷 清抄本 存十種十一卷

幸存錄一卷附錄一卷 明夏允彝撰 續幸存錄一卷 明夏完淳撰

一一五一 明季野史彙抄七種九卷 清抄本 佚名輯 清宋廷楨跋

也是錄一卷 明鄧凱撰 求野錄一卷 題蒼漢然遺撰 嘉定屠城紀略一卷 清朱子素撰 東明聞見錄一卷 明瞿共美撰 粵遊見聞一卷 明瞿共美撰 揚州十日記一卷 明王秀楚撰 吳耿尚孔四王合傳一卷 清□□□撰 青燐屑一卷 明應廷吉撰 海角遺編二卷 題七峯樵道人撰 蜀道紀聞一卷 清蘇本潔撰 淡齋續略一卷 故齋遺事一卷 蕭山紀錄一卷 題南沙野史氏輯 閩紀記略一卷 張漢儒疏殘疏一卷 明張漢儒撰 河東君遺事一卷

一一五二 三異詞錄十二種十二卷 清沈吉山編 清抄本

瑣聞錄一卷 清宋直方撰 瑣聞剩錄一卷 清宋直方撰 轎針記事一卷 明姜燕及撰 宮庭睹記一卷 題懸融上人撰 丙申日記一卷 明顧偉南撰 繡江集一卷 明范蚓撰 殘明紀事一卷 清羅謙撰 幸存錄一卷 明夏允彝撰 難遊錄一卷 □張遂由撰 東村紀事一卷 □宋懋文撰

三異詞錄十一種十一卷　清沈香山編　清康熙十九年梳煙樓抄本　一一五三

求野錄一卷　題容溪樵隱撰
也是錄一卷　題自非和尚撰
殘明紀事一卷　清羅謙撰
求野錄一卷　題容溪樵隱撰
也是錄一卷　明鄧凱撰
東村紀事一卷　清宋徵輿撰
雜述錄一卷　清逸白撰
蟫封記事一卷　明安西老人撰
宮庭睹記一卷　題懶髯上人撰
丙申日記一卷　日綸潢陶撰
幸存錄一卷　明夏允彝撰
埼湖錄埼聞剩稿一卷　清宋徵輿撰
瑞江集一卷　明陀何撰

三異詞錄三種三卷　清沈香山編　清抄本　清曹堉禮跋　一一五四

求野錄一卷　題容溪樵隱撰
也是錄一卷　明鄧凱撰
殘明紀事一卷　清羅謙撰

三異詞錄三種三卷　清沈香山編　清周氏鴿峰草堂抄本　一一五五

求野錄一卷　題容溪樵隱撰
也是錄一卷　明鄧凱撰
殘明紀事一卷　清羅謙撰

荆駝逸史五十九種　清道光活字印本　清李文田批校並跋　一一五六

存七種九卷

所知錄三卷　明錢澄之撰
甲申忠佞紀事一卷　明錢邦芑撰
甲申紀事一卷　清程正揆撰
粵中偶記一卷　明華復蠡撰
航澥遺聞一卷　明汪光復撰
李仲達被逮紀略一卷　明蔡士順撰
遇變紀略一卷　明徐應芬撰

五三

鄉國紀變九種十一卷　清胡蔚編　清抄本　一一五七

南都恍見錄二卷　題雲棲野史編
汴圍濕襟錄一卷　題白愚撰
孑遺錄一卷　清戴名世撰
揚州十日記一卷　明王秀楚撰
蘇城紀變一卷
嘉定屠城紀略一卷　題罪成遺史撰
江上孤忠錄一卷　清祝純嘏撰
海角遺編一卷　後編一卷　題漫遊野史撰
海角續編一卷　題小道茶使者撰

南沙枕秘四種五卷　題清素心堂主人編　清素心書屋抄本　一一五八

邑侯于公政績紀略一卷　清戴兆祚撰
琴川三風十愆記二卷　清滅若氏撰
明倫堂述舍一卷　明翁調發撰
湖災記略一卷　清野史氏撰

甲申野史紀事彙鈔六種三十一卷　清彭孫貽輯　清抄本　一一五九

甲申野史彙鈔九種四十一卷　題清全祖望輯　清抄本　一一六〇

清流摘鏡六卷　明吳甡撰
兩朝剝復錄六卷　明吳應箕撰
明季殉國諸臣錄一卷　清盛禾撰
啟禎條欵六卷　清楊陸榮撰
平叛記二卷　清毛奇齡撰
平寇志十二卷　清彭孫貽撰

存八種三十五卷

平叛記二卷　清毛霦撰
圍城日錄一卷
金陵野鈔十四卷　明顧苓撰
南都死難紀略一卷　明顧苓撰
四藩本末四卷　清錢名世撰
崇禎閣臣事略一卷　明陳盟撰
啟禎錄六卷　清楊陸榮撰
兩朝剝復錄六卷　明吳應箕撰

甲申野史彙鈔二十三卷　清顧炎武輯　清抄本　一一六一

平叛記二卷
殷頑錄二卷
閩事略一卷
圍城日錄一卷
桂林田海記一卷
兩粵新書一卷
兩廣紀略一卷
江變紀略一卷
兩朝剝復錄六卷
風倒梧桐記一卷

五四

書事七則一卷山陽錄一卷秋園雜佩一卷　清陳貞慧撰　清康熙二十七年福香堂忠文堂刻本　一一六二

海甸野史二十六種二十八卷　清抄本　一一六三

傚信南錄一卷　明袁繼咸撰
續明季遺聞一卷　清汪光復撰
癸巳小春入長沙記一卷　清丁大任撰
永曆紀事一卷　清丁大任撰
兩廣紀略一卷　明華復蠡撰
庚寅十一月初五日始末事略一卷
荆溪盧司馬九台公殉忠實錄一卷　明蔣方馨撰　明叶亦□撰
粵督桐反機錄一卷
戊申日記一卷
盧公遺事一卷　疏稿一卷　祭文一卷
思邱諸公志略一卷　明孫謙行撰
孫愷陽先生詢論一卷　明徐世溥撰
江變紀略一卷　明徐世溥撰
閩遊月記一卷　明華廷獻撰
兩粵新書一卷　明方以智撰
風倒梧桐記一卷　明何是非撰
北使紀略一卷　清陳洪範撰
江陰城守紀事一卷　明許重熙撰
江淮紀事一卷
東林事略一卷
東林紀事本末論一卷
孫高陽先生前後督師略跋一卷
督師表素疏計析毛文龍始末一卷　明蔡鼎撰
東陽兵變一卷

海甸野史二十五種二十七卷　清抄本　清蔣鳳藻跋

崇禎甲申燕京紀變實錄一卷　明錢邦芑撰
甲申二月忠逆諸臣紀事一卷
欽指南錄一卷　明康范生撰
續明季遺聞一卷　清汪光復撰
癸巳小春入長沙記一卷　清丁大任撰
永曆紀事一卷　清丁大任撰
兩廣紀略一卷　明華復蠡撰
庚寅十一月初五日始安事略一卷　明瞿玄錫撰
剿滇盧司馬九台公殉忠實錄一卷　明許志士撰
戎東日記一卷
盧公遺事一卷疏稿一卷祭文一卷　蔣鳳藻跋
思郵諸公志略一卷　明孫慎行撰
孫愷陽先生殉城論一卷
江變紀略一卷　明徐世溥撰
閩遊月記一卷　明華廷獻撰　蔣鳳藻跋
兩粵新書一卷　明方以智撰
風倒梧桐記一卷　明何是非撰
北使紀略一卷　清陳洪範撰
江陰城守紀事一卷　明許重熙撰
江浚紀事一卷
東林事略一卷
東林紀事本末論一卷　清周亮工跋
孫高陽先生前後督師略跋一卷　明鹿善繼撰
督師袁崇煥計斬毛文龍始末一卷　清李清撰
東陽兵變一卷　清錢徐益撰
燕都紀變實錄一卷　明錢邦芑撰
甲申三月忠逆諸臣紀事一卷　明錢邦芑撰

一一六四

海甸野史二十種二十卷　清抄本

欽指南錄一卷　明康范生撰
續明季遺聞一卷　清汪光復撰
癸巳小春入長沙記一卷　清丁大任撰
剿滇盧司馬九台公殉忠實錄一卷　明許志士撰
戎東日記一卷
盧公遺事一卷疏稿一卷祭文一卷
思郵諸公志略一卷　明孫慎行撰
兩廣紀略一卷　明華復蠡撰
孫愷陽先生殉城論一卷
閩遊月記一卷　明華廷獻撰
兩粵新書一卷　清方以智撰
江變紀略一卷　清徐世溥撰
北使紀略一卷　清陳洪範撰
江陰城守紀事一卷　明許重熙撰
江浚紀事一卷
東林事略一卷
東林紀事本末論一卷
督師袁崇煥計斬毛文龍始末一卷　清李清撰
崇禎甲申燕京紀變實錄一卷　明錢邦芑撰
甲申三月忠逆諸臣紀事一卷　明錢邦芑撰

一一六五

海甸野史二十二種二十二卷　清抄本

欽指南錄一卷　明康范生撰
續明季遺聞一卷　清汪光復撰
癸巳小春入長沙記一卷　清丁大任撰
永曆紀事一卷　清丁大任撰
兩廣紀略一卷　明華復蠡撰
剿滇盧司馬九台公殉忠實錄一卷　明許志士撰

一一六六

五五

海甸野史十九種二十卷　清抄本

欽指南錄一卷　明康范生撰
續明季遺文一卷　清汪光復撰
癸巳小春入長沙記一卷　清丁大任撰
永曆紀事一卷　清丁大任撰
兩廣紀略一卷　明華復蠡撰
庚寅十一月初五日始安事略一卷　清瞿玄錫撰
剿滇盧司馬九台公殉忠實錄一卷　明許志士撰
盧公疏稿一卷祭文一卷
思郵諸公志略一卷　明孫慎行撰
孫愷陽先生殉城論一卷
思郵諸公志略一卷　明孫慎行撰
孫愷陽先生殉城論一卷
江變紀略一卷　明徐世溥撰
閩遊月記一卷　明華廷獻撰
兩粵新書一卷　明方以智撰
風倒梧桐記一卷　明何是非撰
北使紀略一卷　明陳洪範撰
江陰城守紀事一卷　明許重熙撰
江浚紀事一卷
東林事略一卷
東林紀事本末論一卷
孫高陽先生前後督師略跋一卷　明鹿善繼撰
督師袁崇煥計斬毛文龍始末一卷　清李清撰
東陽兵變一卷　清錢徐益撰
崇禎甲申燕都紀變實錄一卷　明錢邦芑撰
甲申三月忠逆諸臣紀事一卷　明錢邦芑撰

一一六七

海甸野史二十五種二十六卷　清抄本

欽指南錄一卷　明康范生撰
續明季遺聞一卷　清汪光復撰
癸巳小春入長沙記一卷　清丁大任撰
永曆紀事一卷　清丁大任撰
兩廣紀略一卷　明華復蠡撰
庚寅十一月初五日始安事略一卷　明瞿玄錫撰
剿滇盧司馬九台公殉忠實錄一卷　明許志士撰
戎東日記一卷
盧公疏稿一卷
祭文一卷
思郵諸公志略一卷
孫愷陽先生殉城論一卷　明孫慎行撰
江變紀略一卷　明徐世溥撰
閩遊月記一卷　明華廷獻撰
兩粵新書一卷　明方以智撰
風倒梧桐記一卷　明何是非撰
北使紀略一卷　明陳洪範撰
江陰城守紀事　明許重熙撰
江變紀略一卷　明徐世溥撰
閩遊月記一卷　明華廷獻撰
兩粵新書一卷　明方以智撰
風倒梧桐記一卷　明何是非撰
孫高陽先生前後督師略跋一卷　明鹿善繼撰
督師袁崇煥計斬毛文龍始末一卷　清李清撰
東陽兵變一卷
崇禎甲申燕都紀變實錄一卷　明錢邦芑撰
甲申三月忠逆諸臣紀事一卷　明錢邦芑撰

一一六八

五六

東林事略一卷
東林紀事本末一卷
孫高陽先生前後督師略跋一卷　明麻穀撰
督師袁崇煥計斬毛文龍始末一卷
東陽兵變一卷
崇禎甲申燕都紀變實錄一卷　明錢邦芑撰
甲申五月忠逆諸臣紀事一卷　明錢邦芑撰

一一六九 江上野史三種四卷　稿本
乙酉守城記二卷
守城述事一卷
忠義日紀一卷　清沈濤撰

一一七〇 明末五小史八卷　清三餘氏輯　清乾隆四年木活字本

一一七一 明末史事雜抄三種三卷　清抄本
人妖記一卷　通戎漁隱氏撰
二王紀一卷　通戎漁隱氏撰
拔閩補乘一卷　清張怡撰

一一七二 行朝錄十一卷　清黃宗羲撰　清抄本

一一七三 行朝錄十一卷　清黃宗羲撰　附江右紀變一卷　清徐世溥撰　清抄本　清傅以禮校並跋

一一七四 行朝錄十二卷　清黃宗羲撰　清抄本

一一七五 行朝錄十二卷　清黃宗羲撰　三藩偶記一卷　清抄本

一一七六 明季事略述註六卷　清張斌撰　清抄本

一一七七 皇明末造錄三卷附志一卷　明金鐘撰　重撰刪定　清抄本

一一七八 皇明末造錄二卷　明金鐘撰　重本刪定　清抄本　清李文田跋

一一七九 明事雜錄不分卷　清金氏鮚埼亭抄本

一一八〇 天南逸史四卷　明瞿共美撰　清抄本

一一八一 天南逸史一卷　明瞿共美撰　清抄本

一一八二 天南逸史一卷　明瞿共美撰　清抄本

一一八三 天南逸史一卷　明瞿共美撰　清抄本

一一八四 大事記六卷　明沈國元撰　明弘光刻本　九行二十字白口四周單邊

一一八五 明季甲乙兩年彙略三卷　清許重熙撰　清初刻本　清魏之琇跋

一一八六 明季甲乙兩年彙略三卷　清許重熙撰　清初抄本

一一八七 明季甲乙兩年彙略三卷　清許重熙撰　清抄本　費景韓校並跋

一一八八 明季甲乙彙編四卷甲申日記附錄四卷　清許重熙撰　清抄本

一一八九 明季甲乙彙編四卷附錄明季甲申日記四卷　清許重熙撰　清抄本

一一九〇 明季逸史四卷　清顧炎武輯　清抄本

一一九一 明季逸史四卷　清顧炎武輯　清抄本

一一九二 明季逸史四卷　清顧炎武輯　清抄本

一一九三 明季逸史四卷　清顧炎武輯　清抄本

一一九四 聖安紀事二卷　清顧炎武撰　清初抄本　清翁曾源校

一一九五 聖安本紀二卷　清顧炎武撰　清抄本

一一九六 聖安皇帝本紀二卷　清顧炎武撰　清抄本

一一九七 甲乙事案二卷　明文秉撰　清初棠本堂抄本

一一九八 甲乙事案二卷　明文秉撰　清抄本

一一九九 甲乙事案二卷附錄一卷　明文秉撰　清抄本

一二〇〇 甲乙事案二卷　明文秉撰　清抄本

一二〇一 甲乙事案二卷　明文秉撰　清抄本

一二〇二 甲乙事案二卷　明文秉撰　清嘉慶三年周文鼎抄本　清周文鼎跋

一二〇三 甲乙事案二卷　明文秉撰　清抄本　佚名錄清周文鼎跋

一二〇四 甲乙事案二卷　明文秉撰　南渡三疑案一卷　嘉定縣甲乙事紀一卷　阮大鋮本末小紀一卷　清抄本　清李文田校注並跋

一二〇五 南都遺事一卷　清陸長春撰　稿本

一二〇六 南渡錄十二卷　清李清撰　清抄本

一二〇七 南渡錄六卷　清李清撰　清抄本

一二〇八 南渡錄五卷　清李清撰　清抄本　清傅以禮校並跋　周星詒跋

一二〇九 南渡錄不分卷附校勘記二卷　李清撰　清抄本

一二一〇 甲申日記八卷附錄一卷　清李清撰　清抄本

一二一一 甲申日記八卷　清李清撰　清抄本　清李文田跋

一二一二 明末巖人日錄不分卷　清抄本　許承堯跋

一二一三 南京紀略不分卷　題清九峰居士編　清抄本

一二一四 金陵野鈔十四卷　清顧苓撰　清抄本

一二一五 金陵野鈔十四卷　清顧苓撰　清抄本

一二一六 金陵野鈔十四卷附南都死難紀略一卷 清顧苓撰 清抄本
一二一七 金陵野鈔不分卷附南都死難紀略一卷 清顧苓撰 清抄本
一二一八 金陵野鈔十四卷附南都死難紀略一卷 清顧苓撰 清抄本 清莊士敏、傅以禮跋
一二一九 青燐屑二卷 明應喜臣撰 清鍾詠軒抄本
一二二〇 青燐屑二卷 明應喜臣撰 清抄本
一二二一 殉難忠臣錄一卷逆賊奸臣錄一卷客舍偶聞一卷 清彭孫貽撰 清彭如畔抄本
一二二二 江南聞見錄一卷 清抄本
一二二三 明弘光江陰殉難實跡不分卷 清李維湨撰 清抄本
一二二四 江陰城守紀略一卷 清許重熙撰 清抄本
一二二五 江陰城守紀二卷 清韓菼撰 清抄本
一二二六 愚忠錄一卷 清祝純嘏撰 清初抄本
一二二七 愚忠錄一卷後錄一卷 清祝純嘏撰 清抄本
一二二八 江上孤忠錄二卷後錄一卷 清祝純嘏撰 清抄本
一二二九 江上孤忠錄二卷後錄一卷 清祝純嘏撰 清抄本
一二三〇 崑城殉義錄一卷 題清細林山人撰 清抄本
一二三一 蘇城記變一卷續記一卷 清抄本
一二三二 海角遺編二卷附洪楊雜事詩賦一卷 清漫遊野史撰 清抄本
一二三三 海角遺編一卷 清道光十五年虞山拙經堂抄本 拙經叟跋
一二三四 海角遺編二卷題辭一卷 清抄本
一二三五 海角遺編二卷 清抄本 清雨窗校並跋
一二三六 海角遺編二卷 題清漫遊野史撰 清抄本
一二三七 海角遺編一卷 清陳祖范刪定 清抄本
一二三八 嘉定紀事一卷 明趙嘉熙撰 松江紀事一卷 清周氏鶴峰草堂抄本
一二三九 嘉定屠城記略一卷 清朱子素撰 清抄本
一二四〇 嘉定殉難錄一卷 清朱子素撰 清抄本
一二四一 江表遺事一卷 清抄本
一二四二 四鎮紀略一卷 清抄本
一二四三 思文大紀八卷 明陳燕翼撰 清抄本

一二四四 延平始末一卷 清魚元傅抄本
一二四五 舟山始末一卷 清魚元傅抄本
一二四六 魯春秋一卷敬修堂釣業一卷 清查繼佐撰 附錄一卷 清抄本
一二四七 魯春秋一卷 清查繼佐撰 清沈欽韓抄本
一二四八 魯春秋一卷 清查繼佐撰 清抄本
一二四九 魯之春秋二十四卷 清李聿求撰 稿本
一二五〇 魯之春秋二十四卷 清李聿求撰 清咸豐刻本 校勘記二卷 朱希祖、徐益之撰 稿本
一二五一 螳臂錄四卷 清丁棐撰 清沈氏鳴野山房抄本
一二五二 螳臂錄四卷附錄一卷 清丁棐撰 清抄本
一二五三 惕齋見聞錄一卷 清蘇瀜撰 清光緒靈可廬抄本 周大輔校並跋
一二五四 海東逸史十八卷 題翁洲老民撰 清光緒九年楊氏飲雪軒抄本 清楊泰亨批校並跋
一二五五 天南紀事二卷 明胡欽華撰 清抄本
一二五六 嶺表紀年四卷 明魯可藻撰 清抄本
一二五七 嶺表紀年四卷 明魯可藻撰 清傅氏長恩閣抄本
一二五八 劫灰錄一卷 題清珠江寓舫撰 清魚元傅抄本
一二五九 劫灰錄一卷附錄一卷 題清珠江寓舫撰 清抄本
一二六〇 劫灰錄一卷 題清珠江寓舫撰 清抄本
一二六一 劫灰錄六卷 題清珠江寓舫撰 清抄本
一二六二 劫灰錄六卷 題清珠江寓舫撰 清抄本
一二六三 劫灰錄六卷 題清珠江寓舫撰 錢肆蔭注 清抄本
一二六四 劫灰錄二卷附錄二卷 題清珠江寓舫撰 清抄本 清翁同龢跋
一二六五 劫灰錄六卷 題清珠江寓舫撰 附錄一卷 清抄本
一二六六 劫灰錄不分卷 題清珠江寓舫撰 附錄一卷 清抄本
一二六七 劫灰錄不分卷 題清珠江寓舫撰 清抄本 清傅以禮跋
一二六八 劫灰錄不分卷 題清珠江寓舫撰 清周氏鄭公讀室抄本 周大輔校
一二六九 劫灰錄一卷 清杭世駿撰 清乾隆五年稿本
一二七〇 劫灰錄補注一卷 題清馮甦撰 李蘇補注 清道光二十一年稿本
一二七一 行在陽秋二卷 明劉香客撰 清袁露軒抄本

（一二七二）行在陽秋二卷　明劉湘客撰　清抄本
（一二七三）行在陽秋一卷　明劉湘客撰　清抄本
（一二七四）行在陽秋不分卷　明劉湘客撰　清抄本
（一二七五）安龍逸史不分卷　清屈大均撰　清抄本
（一二七六）安龍逸史一卷　清屈大均撰　清抄本
（一二七七）江變紀略一卷　清徐世溥撰　清抄本
（一二七八）江變紀略一卷　清徐世溥撰　大哀賦一卷　明夏完淳撰　清周氏鵠塔草堂抄本　清周大楙校並跋
（一二七九）東明聞見錄不分卷　瞿共美撰　清初刻本
（一二八〇）東明聞見錄一卷　明瞿共美撰　清初抄本
（一二八一）東明聞見錄一卷　明瞿共美撰　清袁露軒抄本
（一二八二）東明聞見錄一卷　明瞿共美撰　清抄本
（一二八三）東明聞見錄一卷　明瞿共美撰　清抄本
（一二八四）東明聞見錄一卷附瞿忠宣公手諭　明瞿共美撰　清抄本
（一二八五）粵行紀事三卷　清瞿昌文撰　清乾隆嘉慶間鮑廷博刻知不足齋叢書本　清傅以禮跋

六一

（一二八六）粵行紀事三卷　清瞿昌文撰　附錄一卷　明瞿式耜撰　清抄本
（一二八七）兩廣紀略一卷　明華復蠡撰　清抄本
（一二八八）風倒梧桐記一卷　明何是非撰　清抄本　清小嘗氏校
（一二八九）桂林留守始末一卷　清魚九傳抄本
（一二九〇）桂林田海記一卷　清雷亮功撰　清鮑氏知不足齋抄本
（一二九一）明末滇南紀略一卷　清郁存塗抄本
（一二九二）明末滇南紀略一卷　不著撰人　纖言二卷　清陸圻撰　清抄本
（一二九三）狩緬紀事一卷　清抄本
（一二九四）楊監筆記一卷　明楊德澤撰　清抄本
（一二九五）楊監筆記不分卷　清楊德澤撰　清抄本
（一二九六）也是錄一卷　鄧凱撰　清抄本
（一二九七）求野錄一卷　題清客溪樵隱撰　清抄本
（一二九八）殘明事蹟備采一卷　明李介撰　清抄本　清戴望校
（一二九九）北征錄一卷張尚書集附錄一卷　明張煌言撰　清同治六年浦氏長恩閣抄本　清傅以禮校並跋　戴望跋

（一三〇〇）閩海紀要二卷　清夏琳撰　清抄本
（一三〇一）海上見聞錄定本二卷　清阮旻錫撰　清抄本
（一三〇二）海上見聞錄定本二卷　清阮旻錫撰　清抄本
（一三〇三）海上見聞錄定本二卷　清阮旻錫撰　維陽殉節紀略一卷　明史得威撰　清抄本
（一三〇四）海上見聞錄定本二卷　清阮旻錫撰　維陽殉節紀略一卷　史得威撰　清抄本
（一三〇五）閩海紀錄不分卷　清夏琳撰　清抄本
（一三〇六）閩海紀略二卷　清抄本
（一三〇七）清太祖朝史料一卷　清賈雲齋廬抄本
（一三〇八）建州私記二卷　清抄本
（一三〇九）江南撫事二卷　清劉惠蕃撰　清順治刻本
（一三一〇）瀨江紀事本末不分卷　題清一石道人撰　清抄本
（一三一一）治唐紀略不分卷　清宣通撰　清順治九年刻本
（一三一二）金壇公是錄一卷　清抄本　清姚大田校

六二

（一三一三）莊氏史案本末二卷　清傅以禮輯　清周氏鮑桑堂抄本　清周星詒跋
（一三一四）莊氏史案本末二卷　清傅以禮輯　清抄本　沈鼎鏞跋
（一三一五）書湖州莊氏史獄一卷　清翁廣平撰　清咸豐三年曾庚谷抄本
（一三一六）陸麗京雪罪雲游記一卷　清陸莘行撰　清抄本
（一三一七）陸麗京雪罪雲游記一卷　清陸莘行撰　清抄本
（一三一八）老父雲遊始末一卷　清陸莘行撰　清光緒元年汪日楨抄本
（一三一九）交山平寇詳文一卷　清趙吉士撰　清康熙十八年刻本
（一三二〇）安南使事紀要四卷　清李仙根纂　清康熙八年刻本
（一三二一）安南使事紀要四卷　清李仙根撰　清抄本
（一三二二）安南使事紀略四卷　清李仙根、楊兆傑撰　清康熙刻本
（一三二三）庭聞錄六卷附平定緬句一卷　清劉健撰　清康熙五十八年刻本
（一三二四）庭聞錄二卷　清劉健撰　清道光四年承敬堂抄本　清傅以禮校並跋
（一三二五）吳逆始末一卷一卷　清許鴻盤撰　清抄本
（一三二六）從征紀事一卷　清周昌撰　清康熙鶴陰堂刻本
（一三二七）水西記略一卷　清康熙刻本

一三二八 兩朝徵信錄一卷 清抄本
一三二九 靖海紀事二卷 清施琅撰 清康熙二十四年刻本
一三三〇 靖海紀事二卷 清施琅撰 清抄本
存一卷 下
一三三一 海濱外史三卷 清陳維安撰 清抄本
一三三二 滇南事略十六卷 清倪蛻撰 清抄本
存十四卷 三至十六
一三三三 黃培文字獄案一卷 清抄本
一三三四 黃培詩獄錄詞一卷 清康熙抄本
一三三五 閩幕紀略二卷 清許旭撰 清抄本
一三三六 北征紀略一卷 清張鵬翮撰 清抄本
一三三七 平閩記十三卷 清楊捷撰 清康熙二十二年世澤堂刻本
一三三八 西征紀略二卷 清王鵕祥撰 清雍正十二年王鴻承顔堂刻本
一三三九 平定羅刹方略四卷 清刻本 傅增湘校並跋
一三四〇 平定羅刹方略四卷 清抄本
一三四一 守贛實記一卷 清王郎撰 清抄本
一三四二 首撫魯魁集略不分卷 清黃明輯 清康熙四十年刻本
一三四三 聖祖北征行在述略三卷北征述略釋地三卷 清王□撰 清孫東書屋抄本
一三四四 準噶爾考一卷 清程穆衡撰 稿本
一三四五 困人私記一卷 清佟山撰 清乾隆二十七年慎謙堂刻本
一三四六 洛西平寇紀略一卷附刊一卷 清錢汝馳撰 清康熙五十七年自刻本
一三四七 洛西平寇紀略一卷 清錢汝馳撰 清康熙刻本
一三四八 從西紀略一卷 清范昭逵撰 清康熙成蔭堂刻本
一三四九 從西紀略一卷 清范昭逵撰 清嘉慶十六年楊坦抄本
一三五〇 陪纖筆記三卷 清俞慎行撰 清吳昂駒抄本 清吳騫、徐洪壽跋
一三五一 平臺紀略一卷 清藍鼎元撰 王者輔評 清雍正十年刻本
一三五二 南征日記五卷 清抄本
一三五三 平定兩金川原案八卷 清抄本
一三五四 東瀛紀事不分卷 清楊廷理輯 清乾隆五十五年刻本
一三五五 臺陽剿匪事略一卷 清朱□撰 清抄本
一三五六 緬甸紀略一卷黔楚苗變憶略一卷 清馮光熊撰 稿本
一三五七 乾隆五十八年英機黎國入貢始末不分卷 清抄本
一三五八 國朝綏乘三種三卷 清丁紹儀編 周星譽跋 清周氏書鈔閣抄本 清周星詒跋
撫剿總略一卷 守福紀略一卷 庚申紀事一卷 清鍾峻撰
存二卷 一、三
一三五九 軍營紀略三卷 清湯九雯撰 清抄本
安南軍營紀略一卷 湖南軍營紀略一卷 黔粵軍營紀略一卷
一三六〇 挹江軒防浦紀略六卷 清周士詒撰 清嘉慶二年浦江官署刻本
一三六一 和珅查抄始末不分卷 清傅以禮家抄本 清傅以禮跋
一三六二 當陽避難記不分卷 清彭延慶撰 稿本 清彭慈發跋
一三六三 盾鼻拾瀋不分卷 清抄本
一三六四 東華退食記一卷 清祁寯藻撰 稿本
一三六五 雲龍州白楊廠漢回聚衆械鬭紀實四卷 清抄本
一三六六 洋泉平猺紀略一卷 清李德溥撰 清道光十四年刻本
一三六七 從戎紀略二卷 清周樂清撰 稿本
一三六八 盾墨四卷 清湯彝撰 清道光刻本
一三六九 津門聞見錄六卷 清郝福森撰 稿本
一三七〇 崇陽冤獄始末記一卷 清殷見錫撰 稿本
一三七一 迤西漢回事略一卷 清蘇椿日撰 清道光二十九年刻本
一三七二 湘軍志十一卷 清王闓運撰 稿本
一三七三 滇西亂略一卷 清楊炳楠撰 清光緒抄本
一三七四 海氛詩話不分卷 清魏秀仁撰 稿本
一三七五 淄博平亂記一卷 清抄本
一三七六 西邊紀事不分卷 清沈引傅撰 稿本
一三七七 碌雲紀事不分卷 清張中孚撰 清光緒六年張繼彬抄本 張繼彬批校
一三七八 平黔紀略二十卷 清羅文彬、王秉恩撰 清抄本 清黎庶昌批校
一三七九 名雒遺賊記一卷 稿本

一三八〇 辛酉都城紀事不分卷 清傅以禮家抄本
一三八一 瑞桃齋戴案紀略三卷 清吳德功撰 清抄本
一三八二 咸京被難述略一卷續記一卷 題清西山書痴撰 稿本
一三八三 滇匪紀聞不分卷 清抄本
一三八四 審理馬新貽被刺案疏鈔不分卷 清魁玉、張之萬撰 清抄本
一三八五 彝軍紀略二卷 清彭洵輯 清抄本
一三八六 臺事紀聞一卷 清王韜撰 清抄本
一三八七 崇陵傳信錄一卷附奏稿一卷 清惲毓鼎撰 稿本
一三八八 新疆回亂紀略一卷附雜序 清王步瀛撰 稿本
一三八九 查辦吉林事件案不分卷 清崇綺撰 清抄本
一三九〇 越南新聞錄一卷 清王廷鉞撰 清抄本
一三九一 從戎越南記一卷 清歐陽文翰撰 清抄本
一三九二 偵探俄路記一卷 清曹廷杰撰 清末抄本 鄧邦述跋
一三九三 瑞桃齋施案紀錄一卷 清吳德功撰 清抄本
一三九四 滇回紀亂一卷附滇南會城紳士公禀 稿本
一三九五 蠅蔽稿言三卷 題清萬目生撰 稿本
一三九六 查辦伊犁蒙古事宜不分卷 清善耆撰 清抄本
一三九七 江山農民暴動史料一卷 清劉朝裕輯 清抄本
一三九八 島夷紀略不分卷 清抄本
一三九九 島寇紀略二卷 清抄本
一四〇〇 鴉片戰爭史料一卷 清高明逵輯 清高環翠樓抄本
一四〇一 鴉片紀略一卷 清姚錫光撰 清抄本
一四〇二 鴉片事略二卷 清李圭撰 稿本
一四〇三 夷氛聞記五卷 清梁廷枏撰 清刻本
一四〇四 夷氛紀略一卷 清道光抄本
一四〇五 煙海庚辛錄不分卷 題光平老人輯 清抄本
一四〇六 煙海紀聞不分卷 清抄本
一四〇七 道光時夷務雜抄不分卷 清翁心存輯 稿本
一四〇八 平夷錄十六卷 清抄本
一四〇九 海夷記略不分卷 清抄本

一四一〇 夷寇雜錄不分卷 清抄本
一四一一 撫夷記略不分卷 清黃冕撰 清抄本
一四一二 撫夷紀略一卷 清黃恩彤撰 清抄本
一四一三 英夷入寇記二卷 清抄本
一四一四 英夷入寇記二卷 清光緒四年馬其昶抱潤軒抄本 清馬其昶校並跋
一四一五 夷艘入寇記二卷 清楊氏香祥止止室抄本
一四一六 夷艘入寇記 清抄本
一四一七 夷艘入寇記二卷附海角遺稿六十四 清抄本
一四一八 夷艘寇海記二卷 清抄本
一四一九 道光洋艘征撫記二卷 清抄本
一四二〇 廣東夷務事宜一卷 清抄本
一四二一 百六穉乘内編一卷外編一卷 清夏燮撰 清青林山房抄本
一四二二 中西紀事六卷後記三卷磬聲錄二卷 清夏燮撰 泰
西穉聞六卷 清謝山居士輯 清青林山房抄本
一四二三 剿逆說一卷 清抄本
一四二四 出圍城記不分卷 清楊棨撰 清道光二十六年朱昌頤抄本
一四二五 福州團練紀事一卷 清林金城撰 稿本
一四二六 續島夷紀略不分卷 清抄本
一四二七 天津夷務實紀一卷 稿本
一四二八 紅巾軍新會圍城記一卷 清趙沅英撰 稿本
一四二九 庚申北略一卷 清抄本
一四三〇 庚申紀略一卷 清抄本
一四三一 庚申夷氛紀略一卷 題清督漫野史撰 清抄本
一四三二 欽定士階條例一卷 太平天国洪仁玕撰 太平天国十一年刻本
一四三三 欽定英傑歸真一卷 太平天国洪仁玕撰 太平天国十一年刻本
一四三四 欽定軍次實錄一卷 太平天国洪仁玕撰 太平天国十一年刻本
一四三五 天朝欽定敬避字樣不分卷附文式 太平天国十二年抄本
一四三六 太平天国衙官執照清冊不分卷 清末抄本
一四三七 賊匪紀略一卷 清抄本
一四三八 粤匪紀事不分卷 清夏燮撰 稿本

一四三九 粵匪始末紀略一卷 題清吞乳稚子輯 清同治陳氏求恩閣抄本
一四四〇 虎窟記略一卷 題清琴村遯客撰 稿本
一四四一 佢亦漫錄不分卷 清抄本
一四四二 家園記七卷 清方海雲撰 稿本
存六卷（一、三至七）
一四四三 賊寇紀略五卷詩一卷 清抄本
一四四四 粵西桂林守城記不分卷實錄一卷鎮江破城日記鎮江破城記一卷 清抄本
粵逆紀略一卷 楚難紀略一卷 江禍紀略一卷 淞吳紀略一卷 異聞紀略一卷 仲和絶命詞一卷
一四四五 復生錄不分卷 清涂□撰 稿本
一四四六 見聞雜記一卷 題發鄉氏撰 稿本
一四四七 淮南北軍情圖說不分卷 清翁同書撰 稿本
一四四八 皖水迎師記一卷 清抄本

六七

一四四九 咄咄錄四卷 清姚秀仁撰 清抄本
一四五〇 咄咄錄四卷 清姚秀仁撰 清抄本
一四五一 稗屑一卷 清王巽齋輯 稿本
一四五二 海角續編一卷 清陸筠撰 清抄本
一四五三 三略彙編十二卷 清毛祥麟撰 稿本
一四五四 草芥一得三卷續得一卷 清戴鈞衡撰 清抄本
一四五五 述難瑣筆一卷 清朱淞撰 稿本
一四五六 紅巾記事錄二卷 清沈□□撰 清抄本
一四五七 山東軍興紀略二十二卷 清□□撰 稿本
一四五八 清定武營採報簿（同治二年六月至同治八年十二月） 稿本
一四五九 庚癸紀略二卷 題清傖園野老撰 稿本
一四六〇 庚癸紀略二卷續編一卷 題清傖園野老撰 稿本
一四六一 庚癸紀略二卷 題清傖園野老撰 清玉蕊花窗抄本
一四六二 潤州見聞記一卷 清抄本
一四六三 蘋湖筆記一卷 稿本

一四六四 海虞賊亂志一卷 清顧汝鈺撰 清抄本 清楊荊福校並跋
一四六五 胥臺麋鹿記不分卷 潘鍾瑞撰 稿本
一四六六 廣陵史稿四卷 清抄本
一四六七 燐血叢鈔四卷 清謝家福撰 稿本
一四六八 甫里寇難紀略一卷野煙錄一卷 清楊引傳撰 清王韜跋 國抄本
一四六九 劫餘灰錄一卷 題清滄浪釣徒撰 稿本
一四七〇 盛川稗乘一卷 題鶴槎居士撰 稿本
一四七一 蒙難瑣言不分卷 清張紹良撰 稿本
一四七二 常州被陷始末一卷 題清溜湖被擄撰 稿本
一四七三 錫金團練始末記一卷 清華翼綸撰 清抄本
一四七四 庚申團城始末追記一卷 清潘湖撰 清抄本
一四七五 守虞日記一卷 清譚鴻龍撰 清抄本
一四七六 軍務疏誌五卷 清鄒興河撰 清末抄本
一四七七 跰弛錄不分卷 清錢長撰 清黃叔濟抄本
一四七八 錢虜爰書一卷 清黃體芳撰 稿本

六八

一四七九 書事誌恨一卷 清方崇谷撰 稿本 清方家衣跋
一四八〇 東陽匪難錄不分卷 清抄本
一四八一 浙中髮匪紀略一卷 清李懋廷撰 清抄本
一四八二 浙江平定粵寇紀略□卷 清李□□撰 清抄本
一四八三 書庚辛之變一卷 清何涂撰 稿本
一四八四 蒙難紀略一卷 清林穎山撰 稿本
一四八五 蒙難日記一卷 清林穎山撰 清末抄本
一四八六 杭城辛酉紀事詩一卷 題清求郡子、蒿目生撰 稿本
一四八七 杭城辛酉紀事詩一卷 題清求郡子、蒿目生撰 清同治六年抄本
一四八八 難中記一卷 題清再世獃叟撰 清抄本
一四八九 遂安歷劫記一卷 清王其信撰 清抄本
一四九〇 太平軍陷海寧始末記一卷 清陳瑞麟撰 清抄本 清張光弟跋
一四九一 蠡城被賊記一卷附義民包立身事略一卷 清陳錦撰 稿本

一四九二 包村事實一卷 清抄本
一四九三 辛壬寇略二卷 清葉蒸雲撰 稿本
一四九四 賊匪始末記不分卷 清諸聖恩撰 稿本
一四九五 平定浙東紀略一卷 清□自逸、□易撰 清乾隆刻本
一四九六 咸豐象山粤氛紀實一卷 清王蒔蕙撰 清抄本
一四九七 辛壬胜錄一卷 清王蒔蕙撰 清抄本
一四九八 湖變紀略一卷 清姚宋鉞撰 □楨松並跋 清同治四年葉廷琯抄本 清葉廷琯跋 汪
一四九九 寇難紀略一卷附詩一卷 清拜花館抄本
一五〇〇 浙西雜記不分卷 清抄本
一五〇一 咸同之際川黔軍事檔不分卷 清抄本
一五〇二 青巖禦寇實錄一卷 稿本
一五〇三 拙齋蔣夫子請兵日記一卷 清鄒世祿輯 清抄本
一五〇四 閩師進剿紀略不分卷 清朱用孚撰 稿本
一五〇五 摩盾餘譚不分卷 清朱用孚撰 稿本
一五〇六 游龍補述一卷 清周炳蔚撰 稿本

六九

一五〇七 摩盾餘譚四卷 清朱用孚撰 清抄本
一五〇八 諜花齋雜錄不分卷 清同治抄本
一五〇九 征剿紀略四卷 清尹嘉賓撰 清光緒抄本
一五一〇 太湖用兵紀略一卷防湖論略一卷 清吳莊撰 葉承慶校並跋 清抄本
一五一一 太平天国翼王略蜀檔肩不分卷 太平天国抄本
一五一二 拳事瑣記不分卷 清抄本
一五一三 敎軍紀略一卷 清宋慶撰 清光緒二十年抄本
一五一四 武軍紀略不分卷 清周達武撰 稿本
一五一五 馳報軍書不分卷 清趙惡晉撰 清抄本
一五一六 草寇草一卷 題清小竺山人輯 大竺山人手照 稿本
一五一七 舌擊編五卷 清沈儲撰 清咸豐九年刻本
一五一八 滬城浩劫錄一卷 清末抄本
一五一九 庚子傳信錄不分卷 清李超瓊撰
一五二〇 庚子誌變紀略一卷 清潭吊撰 稿本
一五二一 庚子拳變錄四卷庚子拳變教案彙鈔一卷 稿本

七〇

一五二二 艾聲日譜一卷 清鹿學훈撰 稿本
一五二三 庚子菾蜂錄三卷 清光緒數奇生抄本
一五二四 瀛壖金鑑十八卷 清周昇撰 清抄本
一五二五 倭韓近事不分卷 清翁同龢輯 稿本
一五二六 倭韓新事不分卷 清翁同龢輯 稿本
一五二七 緬略一卷 清抄本
一五二八 緬略一卷 清抄本
一五二九 緬略一卷 清抄本
一五三〇 緬甸兵事略一卷 清抄本
一五三一 審問安南事略不分卷 明抄本

收藏情況表

表一

書名編號	藏書單位						
史 雜史類 1	1601	2501◎					
2	0201						
3	0141	0143	1702	1881			
4	0201						
5	0441						
6	0141						
7	0201						
8	2904						
9	0101						
10	1601						
11	2401						
12	0182						
13	0101						
14	0141						
15	0102						
16	2001						
17	0101	0141	0201	1705◎	2401		
18	1601						
19	0404	1701	2401	2702			
20	0101						
21	0201						
22	2901						
23	1881						
24	1802						
25	0101						
26	0101	0163	0201	0241◎	0301	1705◎	1901
	2701◎						
27	0141	0142	0150	0163	0173	0182	0201
	0262	0520	0841	1001	1201	1881	1901
	2403	2461	2661	2541	2862	2701	2752
	2781	2901					
28	0164						
29	0141	0201	0642	1844	2301		
30	0142	1504	1511	1588	1701	1851	2401
	2641						
31	0591						
32①	0101						
32②	0144	0701					

書名編號	藏書單位						
史 雜史類 33	0101	0141	0161	1605			
34	0141						
35	0242						
36	0101						
37	0201						
38	2006						
39	0101	0141	0201	0301	2702		
40	0201						
41	0201						
42	2001						
43	0163						
44	1646						
45	1601						
46	0842						
47	0201						
48	2001						
49	2201						
50	0101						
51	0241						
52	0201						
53	2241						
54	2301						
55	1741						
56	0101						
57	1501						
58	0101						
59	0101						
60	0391						
61	1701						
62	1741						
63	0141						
64	0161						
65	0101	1701					
66	0201	0841	1301	1701	1801	2301	
67	0201						
68	0101						
69	0101	0141	0198	2301			
70	0201						
71	0101						

表二

書名編號	藏書單位						
史 雜史類 72	1581						
73	1601						
74	1601						
75	0161						
76	0101						
77	0101	0143	0161	1601	1701	2001	
78	1601						
79	0101	0141	0142	0164	0182	0198	0201
	0242	0501	0801	1681	1701	1741	2202
	2702	2941					
80	1601						
81	0101						
82	0101						
83	0101						
84	0201						
85	0201						
86	0242						
87	0101	0201	2302				
88	1601	1801	2401◎				
89	0201						
90	0101	0146	0161	0164	0181	0197	0201
	0241	0341	1001	1082	1101	1501	1582
	1601	1701	2401	2601	2583	2901	
91	0201						
92	0201						
93	0141						
94	0101						
95	0661	1941					
96	0193	0241	1001	1501	2702◎		
97	0102	0201	0942	1702	716	1881	2702
	2801						
98	0101						
99	0101						
100	0144	0161	0262	0342	1041	1142	1501
	1615	1881	2201	2582	2702	2741	
101	0903	1381	1801	2746			
102	0401						
103	0101	0201					
104	0142	2541					

書名編號	藏書單位						
史 雜史類 105①	0141	0144	1541	1602	2201		
105②	0182	0161					
106	2042						
107	0221						
108	0142	1615	1688	1721	2001	2003	3201
	2241	2603					
109	0501						
110	0101						
111	0101						
112	0101						
113	0101						
114	0101						
115	2717						
116	0101						
117	1681						
118	0101						
119	0101	0143	0146	0161	0193	0242	0301
	0341	0701	0801	0841	0962	1502	1541
	1601	1641	1644	1701	1705	1801	2201
	2501	2701	2742				
120	0142	0146	0161	0945	1501	1642	2401
	2741						
121	0144						
122	0801						
123	0301						
124	0101						
125	0201						
126	0101						
127	1636						
128	0145						
129	0101						
130	0101						
131	0201						
132	0161						
133	0141						
134	0341						
135	0146	0161	0201	0241	1581		
136	0102	0146	0241	0501	0842	1082	1501
	2341	2343	2541	2642			

書名編號	藏書單位						
史 雜史類 137	0142						
138	0143	0301⊕					
139	0201	1501⊕	1581				
140	0842	1701	2501				
141	0181						
142	0201						
143	0101						
144	0141	0841	1701	1705			
145	0201						
146	0301	1701					
147	0101						
148	0101						
149	1501						
150	0101						
151	0101						
152	0101						
153	0101						
154	0201						
155	0101						
156	0198						
157	2801						
158	1801						
159	1581						
160	1501						
161	0101						
162	0201						
163	0701						
164	0101						
165	0101						
166	0101						
167	0101						
168	1581						
169	0141	0201	0782	1705			
170	0201						
171	1601						
172	0101	0142	0143	0161	0197	0198	0201
	0241	0291	0301	0843	0941	1142	1601
	1701	1705	1715	1741	1881	2302	2304
	2561	2701	2745				

書名編號	藏書單位						
史 雜史類 173	0201						
174	0141	0142	0144	0145	0165	0201	0801
	0842	1741	2702				
175	0341						
176	0262						
177	0201						
178	0201						
179	0441						
180	0142	0161	0198	0701	1541	1701	1705
	1901	2704	2702				
181	2801						
182	0163						
183	1541	1601					
184	0101						
185	0101						
186	0141	0142	0193	0201	1501	1581	1601
187	0142	0145	2701				
188	0142	0144	0146	0201	0381	0801	1142
	1501	1502⊕	1503	1601	1701	1781	2081
	2047	2401	2608	2742			
189	1601						
190	0143	0145	0146	0161	0182	0201	0282
	0341	0542	0841	0842	0921	1001	1501
	1541	1581	1601	1701	1702	2001	2003
	2201	2301	2302	2461	2561	2841	
191	0101						
192	0145	0501	0901	2003	2201	2302	2461
193	0181	1741					
194	0101	0141	0142	0144	0146	0161	0163
	0201	0291	0301	0341	0561	1501	1504
	1541	1601	1606	1618	1644	1653	1701
	1741	1881	2041	2202	2401	2501	2621
	2701						
195	1616						
196	0101	0142	0144	0145	0146	0163	0181
	0193	0201	0301	0322	0401	0701	0801
	0841	0842	0982	1042	1201	1501	1502
	1562	1581	1601	1701	1705	2301	2561
	2602	2701	2702	0150			

書名編號	藏書單位						
史 雜史類 197	0141	0161	0801	0945	1617	1801	1802
	1913	2581					
198	0142	0146	0201	1041	1604	1606	1641
	1788	1801	1802	1901	2201	2702	
199	0241						
200	0441	1581	1701				
201	1601						
202	0142	0146	0161	1541	1605	1701	1801
	2301	2681	2702				
203	0144	0241	0842	1606	1801	2401	2561
204	2581	2561					
205	0150	0801	1601	1615	1644	1701	2561
	2801						
206	0146	0201	1605				
207	0142	1741					
208	1741						
209	0201						
210	0182	2702					
211	0145	0201	1541				
212	1701						
213	0144	0161	0703				
214	1701						
215	1601						
216	0101						
217	0801⊕	1729⊕					
218	0150	0201					
219	0145						
220	1881						
221	0142	0143					
222	0201						
223	1601						
224	0201						
225	1501						
226	0201	0301					
227	0201						
228	1601						
229	1781						
230	0201						
231	1705						

書名編號	藏書單位						
史 雜史類 232	0161	1601					
233	2001						
234	0101						
235	0101						
236	0101	0141	1241	1701	2581		
237	0101	0161	0165	0182	0198	0201	0301
	0841	1144	1801	2401	2561		
238	0101						
239	0301						
240	0201						
241	2401						
242	0101	0163	0241	1001	1741	2701	2702
243	1601						
244	1601						
245	0161						
246	0201						
247	0201						
248	1701						
249	0141	0201	0301	1601	1705	2704	
250	0101	0201	1601	1701			
251	0102	0201	2221⊕	2501	2761		
252	0101						
253	2541						
254	0101	0201	1741	2201			
255	0161	0201	1001				
256	0101	0121	0141	0198	0301	1601	0202
	2541						
257	2561						
258	0141	1342	1501	1510	1582	1702	1705
	2301	2320	2561				
259	0142	2901					
260	0141						
261	0101	1701					
262	0101	2701					
263	0201						
264	0201						
265	1601						
266	2044						
267	0101						

表五

書名編號	藏書單位						
史　雜史類 268①	2942						
268②	0101						
269	0164						
270	0101						
271	0101						
272	0101						
273	1601						
274	2501						
275	0101						
276	2301						
277	0101						
278	0101						
279	0101						
280	0201						
281	1601						
282	0241						
283	1601						
283②	1601						
284	1281						
285	0101	0161	0181	0197	0241	0661	0701
	0801	0842	1145	1241	1343	1601	1605
	1606	1644	1654	1701	1706	1901	2301
	2701	2704	2742	2944			
286	0101						
287	1601						
288	0201						
289	0201						
290	0101	0201					
291	1601						
292	1601						
293	0341						
294	0341						
295	0201						
296	0101						
297	0101						
298	1608						
299	0101	0102	0141	0161	0163	0182	0193
	0198	0201	0241	0291	0301	0701	0801
	0841	0842	0902	0903	1101	1341	1501

書名編號	藏書單位						
史　雜史類							
	1621	1705	1941	2201	2701	2702	2551
	2941						
300	0201	0261	0301	0441	0701	1601	1615
	1741	2501	2543	2741			
301	0101	0201	2401	2501	2561		
302	0181	0198	0201	2441	2002	2401	2541
	2641	2742					
303	0101						
304	0101						
305	0101						
306	0101						
307	[illegible]						
308	[illegible]						
309	0101						
310	0201						
311	0201						
312	0201						
313	0101						
314	0141	0144	0161	0163	0181	0201	0301
	0701	0803	0841	0842	1101	1616	1622
	1705	2321	2343	2561	2702	2713	2701
315	0101						
316	0101						
317	0241						
318	0201						
319	0104						
320	0201						
321	1601						
322	0101						
323	0101						
324	1601						
325	2401						
326	0101						
327	1606						
328	2401						
329	0101						
330	0101						
331	0182						

表六

書名編號	藏書單位
史　雜史類 332	2501
333	0301
334	0101
335	0101
336	1601
337	0101
338	0101
339	1684
340	1601
341	1601
342	1601
343	0201
344①	0144
344②	0101
345	0101
346	0141
347	0101
348	0201
349	0101
350	0101
351	0101
352	0101
353	1601
354	0201
355	0101
356	0101
357	0101
358	0101
359	1601
360	2201
361	0201
362	0101
363	0101
364	2702
365	0201
366	1601
367	1601
368	1601
369	0101

書名編號	藏書單位				
史　雜史類 370	0141				
371	0101				
372	1607				
373	0150				
374	1601				
375	0141				
376	0241				
377	1601				
378	0201				
379	0101				
380	0101				
381	0281				
382	1601				
383	0201				
384	1601				
385	0101				
386	0101				
387	0101				
388	0201				
389	0101				
390	0201				
391	0201				
392	1601				
393	1601				
394	0301				
395	0101				
396	0101				
397	0101				
398	0201				
399	0201				
400	1601				
401	0150				
402	0101				
403	0141	0161	0163	0201	1681
404	1603				
405	2501				
406	1601				
407	0101	2001			
408	0243				

表七

書名編號	藏書單位		
史　雜史類409	0101		
410	0101		
411	0101		
412	2001		
413	2702		
414	2441		
415	0291		
416	1601		
417	1701		
418	0201		
419	0201		
420	0146		
421	0101	0181	
422	1601		
423	0101	0141	2302
424	0101		
425	0164		
426	1581		
427	1601		
428	0101		
429	0101		
430	0144		
431	1601		
432	1605		
433	1601		
434	0101		
435	0201		
436	0144		
437	0201		
438	1601		
439	1607		
440	2561		
441	0101		
442	0101		
443	0101		
444	0141		
445	0201		
446	1605		
447	1607		

書名編號	藏書單位
史　雜史類448	0101
449	0101
450	1601
451	0101
452	0101
453	2201
454	1605
455	0101
456	0101
457	0201
458	0201
459	1605
460	0101
461	0201
462	0201
463	1601
464	0201
465	2001
466	0201
467	0241
468	1605
469	0101
470	0201
471	0101
472	1601
473	0201
474	2541
475	1609
476	0261
477	0164
478	1605
479	0161
480	0201
481	1501
482	1001
483	2501
484	0201
485	2001
486	1605

表八

書名編號	藏書單位
史　雜史類487	0101
488	0201
489	0341
490	2461
491	1601
492	0101
493	0141
494	1607
495	1601
496	0101
497	0201
498	2789
499	0201
500	0101
501	0101
502	0101
503	2501
504	0201
505	1601
506	0201
507	0201
508	0101
509	2702
510	0201
511	0101
512	0101
513	0101
514	1601
515	1601
516	0101
517	1601
518	0301
519	1607
520	0201
521	1607
522	0101
523	0301
524	0201
525	0101

書名編號	藏書單位
史　雜史類527	0241
528	1601
529	0101
530	0101
531	0101
532	0201
533	0101
534	0101
535	0101
536	0223
537	0101
538	0101
539	0201
540	0201
541	0201
542	0201
543	2441
544	2401
545	0201
546	1601
547	0161
548	1705
548	0201
549	0241
550	2301
551	1601
552	2301
553	0201
554	1601
555	0144
556	0101
557	0101
558	0101
559	0201
560	0241
561	0101
562	0101
563	0201
564	0201

（稿本）中國古籍善本書目　史部　雜史

表九

書名編號	藏書單位
史　雜史類565	0101
566	1601
567	0201
568	0201
569	0201
570	1704
571	1601
572	0201
573	0141
574	0141
575	0101
576	0101
577	0101
578	0101
579	0201
580	0101
581	0141
582	0101
583	0201
584	1101
585	1864
586	0201
587	1601
588	1601
589	0201
590	0201
591	1881
592	0101
593	1607
594	1601
595	0101
596	0101
597	0201
598	0101
599	1581
600	1605
601	0101
602	0101
603	1601

書名編號	藏書單位
史　雜史類604	1629
605	0101
606	0101
607	0201
608	0201
609	0602
610	1741
611	0101
612	1701
613	2201
614	0101
615	0201
616	1601
617	0164
618	2541
619	0701◎　1505◎
620	1601
621	0101
622	0141
623	0201
624	0141　2541　1701
625	0201
626	0101
627	0201
628	0141
629	0101
630	0101
631	0101
632	0101
633	0101
634	0101
635	0101
636	0101
637	0144
638	1601
639	0101
640	0201
641	0101
642	0101

表十

書名編號	藏書單位
史　雜史類643	0241
644	0101
645	0101
646	1601
647	0101
648	1701
649	2401
650	2401
651	1601
652	0101
653	0181　0701
654	0101
655	0101
656	0141
657	2501
658	1605
659	1601
660	0101
661	0201
662	1501
663	0201
664	1701
665	0101　0141　0164　0201　0241　0291　0641　0841　1042　1105　1201　1541　1601　1606　2702
666	0101◎　0102　0141　0143　0144　0145　0161　0201　0541　0703　0861　1542　1601　1684　1701　2041　2341　2501　2541◎　2701　2941
667	0101　0141　0142　0145　0168　0198　1601　1641　2561
668	1601
669	0101　0102◎　0141　0144◎　0145　0150　0164　0168　0197　0301　0342　0841　0861　1041　1501　1604　1701　2341　2441　2561
670	0141　0161　1601　1701　1901◎　2501
671	1142　1001　1042　2001　2701
672	0101　0141　0145　1881
673	0101
674	0101

書名編號	藏書單位
史　雜史類675	1601
676	0181
677	1601
678	0101　0164　1601
679	0141
680	1705
681	0101　0142　0242
682	0101
683	0101
684	0101
685	0101　0102　0197　0198　0701　0703　1042　1082　1601　1606　1941　2501
686	0102　0141　0143　0164　0181　0201　0242　0261　0291　0401　0741　0841　0842　1001　1041　1501　1701　1741　2001　2301　2501　2702
687	0101　0102　0141　0142　0143　0145　0146　0150　0201　0241　0282　0291　0342　0404　0641　0701　0703　1001　1041　1101　1501　1601　1606　1641　2041　2301　2302　2341　2543　2561　2603　2701　2702　2750
688	0142　0144◎　0165◎　0168　0520　0641　0701　0841　0842　1013　1042　1072　1701　2401　2501
689	0141　0201◎　0901◎
690	0101　0201　1701
691	0143　0181　1601
692	0101　0201　1101　2341
693	0141　0164　0242　1701　2701
694	0101　0141　0197　0341
695	0141　1910　2203
696	0161　0164　1701　2501
697	0101◎　0241
698	0101
699	0201
700	1705
701	0201
702	1601
703	0201

書名編號	藏書單位						
史 雜史類704	0101						
705	0101						
706	0101	0141	0201	1601			
707	0101	0144	0201	2301			
708	0101						
709	0101						
710	1601	1701⊙	2041⊙				
711	0142						
712	0102	0141	0144	0161	0198	0201	0703
	0842⊙	1601	1701⊙	2041			
713	0164						
714	0201						
715	0703						
716	0101	1981⊙					
717	0101						
718	0201						
719	1705						
720	0101						
721	0201						
722	1701						
723	1701						
724	0201						
725	1101						
726	1601						
727	0241						
728	0181						
729	1705						
730	0201						
731	1601						
732	1601						
733	1705						
734	0101						
735	1641						
736	1702						
737	0101						
738	1658						
739	0201						
740	0101						
741	0101						

書名編號	藏書單位						
史 雜史類742	1601						
743	0101	0201	1601	1705			
744	0101						
745	0701						
746	0101						
747	0101						
748	0201						
749	1601						
750	2541						
751	0201						
752	0101	0102	0141	0161	0164	0197	0201
	0242	0291	0701	0703	1542	1601	1604
	1641	1681	1701	1913	2001	2281⊙	2701
	2702	2843					
753	0161	0703					
754	0102	0144					
755	0142	0144	0145	0161⊙	0197	0201	0241
	0342⊙	0701	1601	1701			
756	0101						
757	0141	0143	1601	1641	2001		
758	0161	0801					
759	0182						
760	2401						
761	0102	0201					
762	0101	0201					
763	2001						
764	0141⊙	0201⊙	0842⊙	1601			
765	0101	0141⊙					
766	0701						
767	0121						
768	0141						
769	0101						
770	0141						
771	2401						
772	0101						
773	0101						
774	0101						
775	0701						
776	0101						

書名編號	藏書單位	
史 雜史類777	0101	
778	1601	
779	1607	
780	1705	
781	0101	
782	1601	
783	0144	
784	0141⊙	
785	1601	
786	0141	
787	1701	
788	0141	
789	2541	
790	0101	
791	0101	
792	0101	
793	1605	
794	1705	
795	0201	1605
796	0101	
797	0181	
798	2001	
799	0201⊙	0242
800	1581	
801	1601	
802	0101	
803	0141	
804	0141	
805	0164	
806	0201	
807	0201	
808	0150	
809	1702	
810	1601	2301
811	0201	
812	1601	
813	0701	
814	1601	
815	0101	

書名編號	藏書單位			
史 雜史類816(1)	0101			
816(2)	0147	0201	0703	1601
817	0102	0141	1601	
818	0161			
819	0101			
820	1705			
821	0201	1581⊙		
822	2001			
823	0101			
824	0101			
825	0101	0141	2501	
826	0141			
827	1601			
828	1668			
829	0201			
830	0101			
831	0101			
832	0101			
833	0101			
834	1606			
835	0101	0201	1601	
836	0301			
837	0101			
838	0201			
839	0101	1501	1601	
840	2541			
841	0101	1901		
842	2301			
843	1705			
844	0281			
845	0201			
846	0101			
847	0101			
848	0101			
849	1601			
850	0101			
851	1601			
852	0201			
853	2001			

書名編號	藏書單位						
史 雜史類 854	0201						
855	0101	0198					
856	0241						
857	2501						
858	2541						
859	0101						
860	1701						
861	1581						
862	2041						
863	0101						
864	0101						
865	1701						
866	1701						
867	0101	0102	2001◎				
868	1601						
869	0101						
870	0101						
871	0141	0201					
872	1601	1629					
873	0101						
874	0101						
875	2801						
876	0101						
877	0144						
878	0201						
879	0201						
880	1601						
881	0141						
882	0150						
883	0141						
884	0101						
885	1006						
886	0201						
887	0101						
888	0161						
889	0201						
890	0161						
891	0101						
892	0141	0142	0143	0165	0198	0242	0301

表十三

書名編號	藏書單位						
史 雜史類	0961	1341	1502	1535	1544	1581	1701
	1943	2001	2041	2241	2242	1586	
893	1581						
894	2501						
895	1581						
896	1581						
897	0201						
898	0101						
899	1701						
900	1701						
901	0161						
902	0101						
903	0101						
904	1601						
905	0144						
906	2001						
907	0142						
908	0701						
909	2701						
910	0142						
911	1501						
912	0241						
913	0101						
914	1601						
915	1601						
916	1601						
917	2541						
918	1701						
919	0141						
920	0101						
921	2210						
922	0161						
923	1741						
924	0163						
925	0161						
926	1601◎						
927	2801						
928	1601						
929	0101						

書名編號	藏書單位					
史 雜史類 930	0150					
931	0341					
932	0201					
933	0201					
934	0201					
935	0101					
936	0201					
937	0701					
938	0201					
939	1601					
940	0101					
941	1581					
942	0201					
943	1701					
944	1042					
945	1601					
946	0509					
947	0101					
948	0101					
949	0101					
950	0101					
951	0101					
952	0201	0841	1601	1701		
953	0201					
954	0201					
955	1701					
956	2701					
957	0101					
958	0201					
959	1601					
960	1601					
961	0291					
962	1883					
963	0101					
964	0201					
965	0101					
966	0102	0104	0141	0701	0703	1601
967	0101	0201				
968	0181					

表十四

書名編號	藏書單位		
史 雜史類 969	0101		
970	0201		
971	0241		
972	1601		
973	1605		
974	0701	1881	
975	0101		
976	1701		
977	0243		
978	0104	0166	2701
979	0201		
980	2701		
981	0102	0201	
982	0101		
983	0101		
984	0283		
985	0201		
986	0101	2302	
987	1601		
988	0201		
989	0101		
990	0101		
991	0201		
992	0142		
993	1601		
994	0201		
995	0101		
996	0101		
997	0201		
998	0150		
999	0841		
1000	0703		
1001	1601		
1002	1605		
1003	0101		
1004	0301		
1005	1601		
1006	0173		
1007	0701		

書名編號	藏書單位						
史　雜史類1008	0101	0141	0164	0201	0242	0291	0302
	1341	1601	1881	2041			
1009	0161	0703	1601				
1010	0101	0102	0141	0241	1541		
1011	0101						
1012	0101	0201	1581◎	1601			
1013	0141						
1014	2301						
1015	1741						
1016	1681						
1017	0101						
1018	0101						
1019	0101	0141	0201	0341	1601	1605	1681
1020	2701						
1021	0101						
1022	0101						
1023	1605						
1024	0141						
1025	0181						
1026	0101						
1027	1501						
1028	0701						
1029	1661						
1030	0703						
1031	0101						
1032	0201						
1033	0301						
1034	0201						
1035	0201						
1036	0101						
1037	0101						
1038	1701						
1039	0241						
1040	2401						
1041	0141						
1042	1601						
1043	0161						
1044	0341						
1045	0201						

書名編號	藏書單位						
史　雜史類1046	0161						
1047	1601						
1048	0150						
1049	0141						
1050	0201						
1051	0101						
1052	0141						
1053	0101						
1054	0703						
1055	0301						
1056	0201						
1057	2301						
1058	0101						
1059	0201						
1060	1601						
1061	1601						
1062	0101	0164	0182	0201	0242	1601	1641
	1701	2341	2701	2702◎			
1063	0101						
1064	0201						
1065	0141						
1066	1605						
1067	0201						
1068	1605						
1069	0201						
1070	2702						
1071	0201						
1072	1601						
1073	0104						
1074	1441						
1075	0601						
1076	0201						
1077	1601						
1078	1601						
1079	1601						
1080	0141						
1081	0201						
1082	0201						
1083	0201						

書名編號	藏書單位						
史　雜史類1084	1701						
1085	0101						
1086	0201						
1087	0105						
1088	1601						
1089	0201						
1090	0161						
1091	0201						
1092	0241						
1093	1684						
1094	0341						
1095	0101						
1096	0101						
1097	0144						
1098	0201						
1099	0201						
1100	0101						
1101	0201						
1102	0141						
1103	0201						
1104	0241						
1105	0150						
1106	2541						
1107	1741						
1108	0101						
1109	0101	0144	0150	0201	0341	1881	2201
1110	0101						
1111	0141						
1112	0101						
1113	0201						
1114	1601						
1115	0201						
1116	0101						
1117	1701						
1118	1701						
1119	0841						
1120	0142						
1121	1701						
1122	2803						

書名編號	藏書單位
史　雜史類1123	0201
1124	0161
1125	1701
1126	1701
1127	0101
1128	0101
1129	2001
1130	0243
1131	0101
1132	1601
1133	2301
1134	0201
1135	0520
1136	2501
1137	0102
1138	0101
1139	0101
1140	0201
1141	0101
1142	0101
1143	0101
1144	0101
1145	0101
1146	0101
1147	0283
1148	2701
1149	0101
1150	1501
1151	1601
1152	0101
1153	1681
1154	1601
1155	1701
1156	0101
1157	0101
1158	0161
1159	0201
1160	0101
1161	1701

表一七

書名編號	藏書单位
史　雜史類1162	1701
1163	1605
1164	0101
1165	0703
1166	0101
1167	1901
1168	2701
1169	0201
1170	0142 2041
1171	0101
1172	1601
1173	1701
1174	0261
1175	0101
1176	0101
1177	2501
1178	0101
1179	2061
1180	1601
1181	1601
1182	1627
1183	1701
1184	1601
1185	0101
1186	0703
1187	1701
1188	0201
1189	2301
1190	0141
1191	0201
1192	0521
1193	2401
1194	0201
1195	0201
1196	1701
1197	1701
1198	0141
1199	0141
1200	0201

書名編號	藏書单位
史　雜史類1201	0842
1202	1601
1203	2301
1204	0101
1205	0241
1206	0201
1207	1619
1208	1701
1209	2301
1210	1701
1211	0101
1212	1881
1213	0161
1214	0101
1215	1601
1216	0341
1217	1710
1218	1701
1219	0101
1220	1601
1221	0701
1222	0201
1223	0201
1224	1605
1225	0144
1226	0141
1227	0841
1228	0201
1229	1601
1230	1605
1231	0201
1232	0761
1233	1541
1234	1601
1235	2541
1236	2042
1237	0201
1238	1701
1239	2302

表一八

書名編號	藏書单位
史　雜史類1240	1605
1241	1701
1242	1701
1243	1601
1244	0201
1245	0201
1246	0101
1247	0520
1248	1601
1249	1601
1250	1701
1251	1601
1252	1701
1253	0101
1254	0101
1255	2641
1256	0201
1257	1701
1258	0201
1259	0201
1260	2001
1261	0101
1262	2201
1263	0201
1264	0201
1265	0150
1266	1601
1267	1601
1268	1701
1269	0201
1270	0201
1271	0101
1272	1641
1273	0201
1274	0101
1275	0201
1276	1627
1277	0101
1278	1701

書名編號	藏書单位
史　雜史類1279	2501
1280	1501
1281	0101
1282	2201
1283	0201
1284	2401
1285	0101
1286	0201
1287	0841
1288	0201
1289	0201
1290	0101
1291	1701
1292	0301
1293	1701
1294	0101
1295	0701
1296	0241
1297	0201
1298	0101
1299	0101
1300	0104
1301	2082
1302	0101
1303	0101
1304	2001
1305	1701
1306	1601
1307	0201
1308	0341
1309	0141
1310	0142
1311	0161
1312	0241
1313	0201 0291 1701
1314	0161
1315	0201
1316	1701
1317	2001

書名編號	藏書單位						
史　雜史類1318	0101						
1319	1601						
1320	0201						
1321	0101						
1322	0101						
1323	0161	0704	2542				
1324	0101						
1325	1501						
1326	0101						
1327	0101	1503					
1328	0201						
1329	0282						
1330	2501						
1331	1701	2001					
1332	0201						
1333	1501						
1334	0161						
1335	1701						
1336	1701						
1337	0101	0142	0150	0161	0242	0701	0703
	1282	1601	1604	2001	2081	2242	2301
	2702						
1338	0101	0701	1601	2701			
1339	0101						
1340	0283						
1341							
1342	0142						
1343	0101						
1344	1601						
1345	0141						
1346	0101						
1347	0101						
1348	0201						
1349	1605						
1350	0201						
1351	0101	0142	0146	0166	0201	1601	2501
1352	0701						
1353	0150						
1354	0201						

表一九

書名編號	藏書單位	
史　雜史類1355	1701	
1356	0101	
1357	0101	
1358	0101	
1359	0101	
1360	0101	
1361	1601	
1362	2701	
1363	1501	
1364	1601	
1365	0821	
1366	1501	
1367	1501	
1368	0101	0161
1369	0301	
1370	0201	
1371	2901	
1372	2781	
1373	2901	
1374	2001	
1375	1581	
1376	0201	
1377	2901	
1378	2841	
1379	2701	
1380	1601	
1381	2801	
1382	1002	
1383	2701	
1384	0161	
1385	0144	
1386	0101	
1387	0201	
1388	1011	
1389	0201	
1390	0161	
1391	0161	
1392	0201	
1393	2801	

書名編號	藏書單位	
史　雜史類1394	2901	
1395	0161	
1396	0703	
1397	1701	
1398	1601	
1399	1601	
1400	2001	
1401	0141	
1402	0102	
1403	0101	2501
1404	0241	
1405	0101	
1406	0101	
1407	0101	
1408	1701	
1409	0101	
1410	1601	
1411	0281	
1412	0201	
1413	0703	
1414	0381	
1415	1601	
1416	2501	
1417	0141	
1418	1601	
1419	1701	
1420	1601	
1421	1621	
1422	0142	
1423	0101	
1424	0701	
1425	2001	
1426	1601	
1427	0341	
1428	2501	
1429	0301	
1430	0201	
1431	0101	
1432	1683	

表二〇

書名編號	藏書單位
史　雜史類1433	1683
1434	1683
1435	0201
1436	2401
1437	0241
1438	1601
1439	0201
1440	0201
1441	3101
1442	1806
1443	0841
1444	0201
1445	0144
1446	1601
1447	0101
1448	0341
1449	0101
1450	2001
1451	1701
1452	1601
1453	0201
1454	0301
1455	1601
1456	0641
1457	0381
1458	2401
1459	1741
1460	1701
1461	0201
1462	0201
1463	1622
1464	1601
1465	1601
1466	1601
1467	1684
1468	0241
1469	1601
1470	1601
1471	1606

表二一

書名編號	藏書單位	
史　雜史類1472	1601	
1473	0201	
1474	2401	
1475	0141	
1476	0703	
1477	1606	
1478	1704	
1479	1702	
1480	0161	
1481	0201	
1482	1781	
1483	1601	
1484	1702	
1485	1701	
1486	1702	
1487	1701	
1488	1601	
1489	1701	
1490	1701	
1491	1701	
1492	1701	
1493	1737	
1494	1787	
1495	0101	0161
1496	1701	
1497	1701	
1498	1601	
1499	1701	
1500	1601	
1501	0101	
1502	0201	
1503	2001	
1504	0101	
1505	0101	
1506	0201	
1507	2001	
1508	1501	
1509	1501	
1510	0201	

書名編號	藏書單位	
史　雜史類1511	0101	
1512	1781	
1513	1501	
1514	2401	
1515	0101	
1516	1501	
1517	0161	2001
1518	1701	
1519	0144	
1520	0341	
1521	2201	
1522	0201	
1523	0161	
1524	0101	
1525	0101	
1526	0101	
1527	0101	
1528	0134	
1529	1601	
1530	0101	
1531	1641	

詔令奏議

詔令

一　兩漢詔令二十三卷　宋林虙　樓昉輯　元至正九年蘇天爵刻本（西漢卷九至十二、東漢卷一至十一配清抄本）　清姚畹真、方若蘅跋　劉世珩跋　十行十八字細黑口四周雙邊雙魚尾有刻工　西漢詔令十二卷　宋林虙輯　東漢詔令十一卷　宋樓昉輯

二　兩漢詔令二十三卷　宋林虙　樓昉輯　元至正九年蘇天爵刻本　十行十八字細黑口四周雙邊　存七卷　西漢一至四、六至八

三　兩漢詔令二十三卷　宋林虙　樓昉輯　元至正九年蘇天爵刻本　存十六卷　西漢卷一、三至六，東漢卷一至十一

四　兩漢詔令二十三卷　宋林虙　樓昉輯　元至正九年蘇天爵刻本（西漢卷二配清抄本）　十行十八字細黑口四周雙邊雙魚尾有刻工

五　兩漢詔令二十三卷　宋林虙　樓昉輯　元至正九年蘇天爵刻明遞修本（西漢卷二配清抄本）　十行十八字細黑口四周雙邊雙魚尾有刻工

六　兩漢詔令二十三卷　宋林虙　樓昉輯　元至正九年蘇天爵刻明遞修本　十行十八字黑口四周雙邊　存二十二卷　西漢一、三至十二，東漢全

七　兩漢詔令二十三卷　宋林虙　樓昉輯　元至正九年蘇天爵刻明遞修本　十行十八字細黑口四周雙邊有刻工　存二十二卷　西漢一、三至十二，東漢全

八　兩漢詔令二十三卷　宋林虙　樓昉輯　元至正九年蘇天爵刻明遞修本　十行十八字細黑口左右雙邊有刻工　存二十二卷　西漢一、三至十二，東漢全

九　兩漢詔令二十三卷　宋林虙　樓昉輯　元至正九年蘇天爵刻明遞修本　十行十八字細黑口四周雙邊　存二十二卷　西漢一、三至十二，東漢全

一〇　兩漢詔令二十三卷　宋林虙　樓昉輯　元至正九年蘇天爵刻明遞修本　十行十八字白口四周雙邊有刻工　存二十二卷　西漢一、三至十二，東漢全

一一　兩漢詔令二十三卷　宋林虙　樓昉輯　元至正九年蘇天爵刻明遞修本　十行十八字細黑口四周雙邊雙魚尾有刻工　存二十一卷　西漢一、三至四、六至十二，東漢全

一二　兩漢詔令二十三卷　宋林虙　樓昉輯　元至正九年蘇天爵刻明遞修本　十行十八字細黑口四周雙邊　存十六卷　西漢七至十二，東漢二至十一

一三　兩漢詔令二十三卷　宋林虙　樓昉輯　明抄本　存二十二卷　西漢一、三至十二，東漢全

一四　兩漢詔令二十三卷　宋林虙　樓昉輯　清抄本

一五　兩漢詔令二十三卷　宋林虙　樓昉輯　清道光二十一年蔣氏別下齋抄本　清許光清校並跋

一六　漢詔疏六卷　明陳衍選評　明天啟刻本　九行十九字白口單邊

一七　兩漢制詔二卷　清何靖許選　清抄本

一八　唐大詔令集一百三十卷　宋宋敏求輯　明抄本　存一百七卷　一至十三、二十五至八十六、九十九至一百三十

一九　唐大詔令集一百三十卷　宋宋敏求輯　明抄本　莫棠跋　存十五卷　十三、二十五至三十、五十九至六十六

二〇　唐大詔令一百三十卷　宋宋敏求輯　清初抄本　存一百七卷　一至十三、二十五至八十六、九十九至一百三十

二一　唐大詔令集一百三十卷　宋宋敏求輯　清抄本　存一百七卷　一至十三、二十五至八十六、九十九至一百三十

二二　唐大詔令集一百三十卷　宋宋敏求輯　清抄本　存一百七卷　一至十三、二十五至八十六、九十九至一百三十

二三　唐大詔令集一百三十卷　宋宋敏求輯　清彭氏知聖道齋抄本　清彭元瑞校並跋　存一百七卷　一至十三、二十五至八十六、九十九至一百三十

二四　唐大詔令集一百三十卷　宋宋敏求輯　清抄本　清顧廣圻校　存一百七卷　一至十三、二十五至八十六、九十九至一百三十

二五　唐大詔令集一百三十卷　宋宋敏求輯　清抄本　清翁同龢校注　存九十九卷　七至十三、二十五至八十六、九十九至一百十八、一百二十一至一百三十

二六　唐大詔令集一百三十卷　宋宋敏求輯　清不不通閣抄本（卷五十三至七十四配清抄本）　存六十九卷　一至十三、四十三至七十四、八十至八十六、九十九至一百五

二七　唐大詔令集一百三十卷　宋宋敏求輯　清寶米齋抄本　存三十卷　一至十三、二十五至三十二、三十八至四十二、四十九至五十二

二八　宋朝大詔令集二百四十卷　清抄本　存一百九十六卷　一至七十、九十四至一百五、一百十六至一百六十六、一百七十八至二百四十

二八　新編詔誥章表機要四卷　金郝明如輯　金刻本

二九　皇明詔令二十一卷　明嘉靖十八年傅鳳翔刻本　十行二十字白口四周雙邊有刻工

三〇　皇明詔令二十一卷　明嘉靖二十七年浙江布政司刻本　十行二十字白口四周雙邊單魚尾

三一　皇明寶訓四十卷　明呂本等輯　明萬曆三十年秣陵周氏大有堂刻本　十一行廿二字白口單邊單魚尾　大明太祖高皇帝寶訓六卷　大明太宗文皇帝寶訓五卷

三二 皇明寶訓四十卷 明呂本等輯 明萬曆三十年秣陵周氏大有堂刻廣文堂傳經重印本 十一行廿二字白口四周單邊單魚尾

大明仁宗昭皇帝寶訓二卷

三三 皇明寶訓四十卷 明呂本等輯 明萬曆三十年秣陵周氏大有堂刻廣文堂傳經重印本 清李文田跋 十一行廿二字白口單魚尾四周單邊

三四 明朝寶訓四十卷 明呂本等輯 明刻本 十一行二十二字白口四周單邊

三五 皇明寶訓不分卷 明南雲閣抄本 李一氓跋

三六 大明宣宗章皇帝寶訓十二卷 清抄本

三七 大明英宗睿皇帝寶訓十二卷 明抄本

三八 大明英宗睿皇帝寶訓十二卷 清抄本 清李文田跋

三九 大明神宗顯皇帝寶訓□□卷 明內府抄本 存一卷

四〇 皇明祖訓一卷 明太祖朱元璋撰 明洪武禮部刻本 十行二十字黑口四周四邊

四一 皇明祖訓不分卷 明太祖朱元璋撰 清康熙內府抄本

四二 皇明詔旨不分卷 明抄本

四三 皇明詔制八卷 明嘉靖十八年霍韜、呂柟刻本 十行廿二字白口四周雙邊

四四 皇明詔制十卷 明孔貞運輯 明崇禎刻本 九行二十字白口四周單邊

四五 皇明誥勑不分卷 明梁儲輯 明抄本

四六 呂氏琬琰集二卷 明呂世良輯 明刻本 八行十六字白口單魚尾四周單邊有刻工

四七 簡書有赫一卷 明大啟刻本 六行十五字白口四周單邊

四八 欽錄二卷 明太祖朱元璋撰 清內府抄本

四九 大誥武臣一卷 明太祖朱元璋撰 明初刻本 十行二十字黑口四周雙邊

五〇 大誥武臣一卷 明太祖朱元璋撰 明嘉靖十二年姚惟?重刻藍印本

五一 三朝聖諭錄三卷 明楊士奇輯 明正統刻本 十行廿一字白口四周雙邊

五二 三朝聖諭錄三卷 明楊士奇輯 明抄本

五三 三朝聖諭錄三卷 明楊士奇輯 明抄本

五四 外制草十卷 明申時行撰 明刻本 九行十八字白口左右雙邊有刻工

五五 御製明堂或問一卷 明世宗朱厚熜撰 楊一清等輯 明天一閣抄本

五六 褒章集錄一卷 明楊一清等輯 明抄本

五七 絲綸錄六卷 明周永春輯 明刻本 九行十九字白口左右雙邊

五八 聖諭講解錄不分卷 明張福臻撰 明天啟二年刻藍印本

五九 記政錄不分卷 明徐肇台輯 明抄本

六〇 湖湘五略十卷 明錢春撰 明萬曆四十二年刻本 九行二十字白口四周單邊單魚尾 獻略二卷、詳略二卷、

存四卷

六一 倪鴻寶先生三刻十卷 明倪元璐撰 明崇禎王昭武刻本 代言選五卷 明文案五、王韓抃譯編二卷 奏牘五卷

六二 代言選五卷 明倪元璐撰 文案五、王韓抃譯編 明崇禎王昭武刻倪鴻寶先生三刻本 鄭振鐸跋

六三 大清詔令八卷 清抄本

六四 親政綸音不分卷 清抄本

六五 親政綸音不分卷 清抄本

六六 大清太祖高皇帝聖訓四卷 清康熙十二年內府抄本

六七 清太祖高皇帝聖訓四卷 清乾隆四年武英殿刻本

六八 大清太宗文皇帝聖訓六卷 清康熙十二年內府抄本

六九 清太宗文皇帝聖訓六卷 清乾隆四年武英殿刻本

七〇 大清世祖章皇帝聖訓六卷 清乾隆四年內府抄本

七一 清世祖章皇帝聖訓六卷 清乾隆四年武英殿刻本

七二 大清聖祖仁皇帝聖訓六十卷 清乾隆六年內府抄本

七三 清聖祖仁皇帝聖訓六十卷 清乾隆六年武英殿刻本

七四 大清世宗憲皇帝聖訓三十六卷 清乾隆五年內府抄本

七五 清世宗憲皇帝聖訓三十六卷 清乾隆五年武英殿刻本

七六 大清高宗純皇帝聖訓三百卷 清嘉慶十二年內府抄本

七七 大清仁宗睿皇帝聖訓一百十卷 清道光四年抄本

七八 清仁宗睿皇帝聖訓一百十卷 清道光四年武英殿刻本

七九 大清宣宗成皇帝聖訓一百三十卷 清咸豐六年內府抄本

八〇 清宣宗成皇帝聖訓一百三十卷 清咸豐六年武英殿刻本

八一 大清文宗顯皇帝聖訓一百十卷 清同治五年內府抄本

八二 清文宗顯皇帝聖訓一百十卷 清同治武英殿刻本

八三 大清穆宗毅皇帝聖訓一百六十卷 清光緒五年內府抄本

八四 清穆宗毅皇帝聖訓一百六十卷 清光緒五年武英殿刻本

八五 清穆宗毅皇帝聖訓一百六十卷 稿本

存四十三卷 十一至三十、三十二至四十、七十一至八十、八十五至八十七、一百三十二

八六 清穆宗毅皇帝聖訓一百六十卷 清抄本
存一百二十一卷 一至二、四至十五、十七、十九至二十、二十二至二十八、三十二至三十五、三十七、四十一至五十二、五十五至五十八、六十一至六十五、六十九至七十六、八十、八十六至九十一、九十三、九十四、九十六至一百二十二、一百二十五至一百二十七、一百二十九、一百三十一至一百三十五、一百三十七至一百四十七、一百四十九至一百五十、一百五十三至一百五十四、一百五十九至一百六十

八七 平南恩詔一卷 清劉啟瑞食舊德齋抄本

八八 攝政王多爾袞薨逝詔書一道 清順治七年寫本

八九 詔書一卷 清聖祖玄燁撰 清康熙九年刻朱印本

九〇 上諭各部院衙門不分卷 清聖祖玄燁撰 清康熙內府抄本

九一 硃批諭旨不分卷 清乾隆三年內府刻套印本

九二 雍正錄要不分卷 清抄本

九三 上諭解義二卷 清聖祖玄燁撰 清康熙二十六年范正輅刻本

九四 雍正禁例不分卷 清雍正五年刻本

九五 清世宗上諭翰詹科道不分卷 清世宗胤禛撰 清雍正七年內府刻朱印本

九六 清世宗上諭儒釋道三教不分卷 清世宗胤禛撰 清雍正內府刻本

五

九七 上諭不分卷 清乾隆內府抄本

九八 上諭內閣一百五十九卷 清允祿、弘晝等輯 清雍正九年內府刻乾隆六年武英殿續刻本

九九 上諭八旗十三卷上諭旗務議覆十二卷諭行旗務奏議十三卷 清允祿等輯 清雍正九年內府刻乾隆六年武英殿續刻本

一〇〇 大義覺迷錄四卷 清世宗胤禛撰 清雍正內府刻本

一〇一 道光上諭不分卷 清抄本

一〇二 清文宗上諭一卷 清文宗奕詝撰 附疏議條款一卷 清明善、德祿泰等撰 清咸豐三年武英殿刻本

一〇三 光緒徵要錄八卷續二卷奏議 清李宗棠輯 清抄本

一〇四 歷代名臣奏議三百五十卷 明黃淮、楊士奇等輯 明永樂內府刻本 十二行二十六字上下黑口四周雙邊雙魚尾

一〇五 歷代名臣奏議三百五十卷 明黃淮、楊士奇等輯 明永樂內府刻本 清丁丙跋 十二行廿六字大黑口四周雙邊

一〇六 歷代名臣奏議三百五十卷 明黃淮、楊士奇等輯 張溥刪正 明崇禎八年宋觀閣刻本 九行十八字白口左右雙邊

一〇七 歷代名臣奏議集略四十卷 明歐陽一敬、魏時亮輯 明隆慶三年王廷贍刻本 十行二十字白口四周雙邊有刻工

一〇八 歷代名臣奏疏六卷 明王錫爵輯 明萬曆二十二年刻本 十行二十字白口四周單邊

一〇九 古奏議不分卷 明黃汝亨輯 明萬曆二十九年吳德聚刻本 十行二十字小字雙行同白口左右雙邊

一一〇 荊川先生右編四十卷 明唐順之輯 劉曰寧補遺 明萬曆三十三年南京國子監刻本 十行二十字白口左右雙邊單魚尾有刻工

一一一 右編補十卷 明姚文蔚輯 明萬曆三十九年劉仲奇刻本 十行二十字白口單邊有刻工

一一二 歷朝茶馬奏議五卷 明徐彥登輯 明萬曆二十一年刻本 十一行廿二字白口四周雙邊

一一三 歷朝茶馬奏議不分卷 清廖攀龍等撰 清初刻本

一一四 赤城論諫錄十卷 明黃世顯、謝鐸輯 清台州王氏柔橋隱居抄本 清王棻跋

一一五 秦漢書疏十八卷 明隆慶六年刻本 十行二十字小字雙行同白口四周單邊
秦書疏三卷 西漢書疏六卷 東漢書疏九卷

一一六 秦漢書疏十八卷 明嘉靖三十七年吳國倫刻本 十行二十字白口四周單邊
秦書疏三卷 西漢書疏六卷 東漢書疏九卷

六

一一七 東漢書疏八卷 明周堪輯 明弘治十四年刻本 十行廿一字白口四周單邊

一一八 兩漢書疏十六卷 明周堪輯 明弘治十四年刻嘉靖十四年張垣補刻本 十行二十一字小字雙行二十一字白口四周單邊
西漢書八卷 東漢書八卷

一一九 西漢書疏六卷東漢書疏七卷 明李賓輯 明嘉靖刻本 十行十九字白口左右雙邊

一二〇 刻兩漢書疏選八卷 明劉如龍輯 明萬曆二十四年梁欽等刻本 九行十九字白口四周雙邊

一二一 漢疏類編十八卷 明趙琦輯 明萬曆四十年刻本 十行二十字白口四周雙邊單魚尾有刻工

一二二 廣漢疏類編十八卷 明張采功編 明天啟四年刻本 十行二十字白口四周雙邊有刻工

一二三 西漢奏疏八卷東漢奏疏八卷 明陳漢子輯 唐順之、茅坤評 明崇禎九年陳漢子刻本 九行二十字白口四周單邊

一二四 國朝諸臣奏議一百五十卷 宋趙汝愚輯 宋淳祐十年史季溫福州刻本 十一行二十一字白口左右雙邊有刻工
存二卷 三十四、三十五

一二五 國朝諸臣奏議一百五十卷 宋趙汝愚輯 宋淳祐十年史季溫福州刻本 十一行二十三字白口

左右雙邊有刻工
存一卷　七十四

國朝諸臣奏議一百五十卷　宋趙汝愚輯　宋淳祐十年史季溫福州刻本　十一行二十三字白口　一二六
左右雙邊有刻工
存二卷　七十五、七十六

國朝諸臣奏議一百五十卷　宋趙汝愚輯　宋淳祐十年史季溫福州刻元修本（卷一、一百九、一百四十四至一百五十配清抄本）　羅燕邦校並跋　十一行廿三字白口左右雙　一二七
邊

國朝諸臣奏議一百五十卷　宋趙汝愚輯　宋淳祐十年史季溫福州刻元修本　十一行二十三字　一二八
白口左右雙邊有刻工
存四十七卷　三十四至五十七、五十八、六十二至六十八、七十八至八十九、九十八至一百四、一百十五至一百二十、一百二十六至一百三十、一百三十三至一百四十一

國朝諸臣奏議一百五十卷　宋趙汝愚輯　宋淳祐十年史季溫福州刻元修本　十行二十五字有　一二九
刻工
存五卷　三十二、三十三、六十五至六十七

國朝諸臣奏議一百五十卷　宋趙汝愚輯　宋淳祐十年史季溫福州刻元修本　十一行廿五字白　一三〇
口左右雙邊雙魚尾有刻工
存一卷　四十

國朝諸臣奏議一百五十卷　宋趙汝愚輯　宋淳祐十年史季溫福州刻元修本　一三一
存二卷　七十一、七十二

國朝諸臣奏議一百五十卷　宋趙汝愚輯　宋淳祐十年史季溫福州刻元明遞修本（序、目錄配清　一三二
抄本）　十一行二十三字白口左右雙邊雙魚尾有刻工

國朝諸臣奏議一百五十卷目錄四卷　宋趙汝愚輯　宋淳祐十年史　一三三
季溫福州刻元明遞修公文紙印本　十一行廿三字白口左右雙邊
存四十七卷　五十四至六十、六十七至七十四、一百十一至一百十六、一百二十五至一百四十四、目錄一至四

國朝諸臣奏議一百五十卷　宋趙汝愚輯　宋淳祐十年史季溫福州刻元明遞修本　十行廿三字　一三四
白口左右雙邊有刻工
存三十四卷　一至八、五十一、五十二、五十九、六十七至八十一、一百九至一百十四、一百十七、一百十八

國朝諸臣奏議一百五十卷　宋趙汝愚輯　宋淳祐十年史季溫福州刻元明遞修本（卷二十六、　一三五
三十四有抄配）　十一行廿三字小字雙行同白口左右雙邊雙魚尾有刻工
存一百四十一卷　一至四十六、五十一至一百〇五、一百十至一百五十

國朝諸臣奏議一百五十卷　宋趙汝愚輯　宋淳祐十年史季溫福州刻元明遞修本　十一行二十三字　一三六
白口左右雙邊有刻工
存二十五卷　九至十一、二十八至三十一、三十八至三十九、四十四至五十九、六十六至七十三、七十九至八十二、一百十至一百二十、一百四十四至一百四十六

國朝諸臣奏議一百五十卷　宋趙汝愚輯　宋淳祐十年史季溫福州刻元明遞修本　十一行廿三　一三七
字白口左右雙邊
存二十四卷　十四至十九、二十七至三十三、四十四至四十七、一百三、一百四、一百十二至一百十六

國朝諸臣奏議一百五十卷　宋趙汝愚輯　宋淳祐十年史季溫福州刻元明遞修本　十一行廿三　一三八
字白口左右雙邊有刻工
存六卷　三十四至三十九

國朝諸臣奏議一百五十卷　宋趙汝愚輯　宋淳祐十年史季溫福州刻元明遞修本　十一行廿三　一三九
字白口左右雙邊有刻工
存三十九卷　三十六至四十二、九十至九十四、一百一至一百五、一百八至一百十、一百十三至一百十九、一百二十二至一百二十六、一百二十八至一百二十九、一百三十三、一百四十五至一百四十八

國朝諸臣奏議一百五十卷　宋趙汝愚輯　宋淳祐十年史季溫福州刻元明遞修本　十一行廿三　一四〇
字小字雙行同白口左右雙邊有刻工
存二卷　六十一、六十二

會通館印正本諸臣奏議一百五十卷　宋趙汝愚輯　明弘治華燧　一四一
會通館銅活字印本　清鄧恩多校並跋　雙行十八行十七字白口左右雙邊

會通館印正宋諸臣奏議一百五十卷　宋趙汝愚輯　明弘治華燧　一四二
會通館銅活字印本　九行十七字白口左右雙邊
存六十七卷　一至六十七

會通館校正宋諸臣奏議一百五十卷　宋趙汝愚輯　明弘治華燧　一四三
會通館銅活字印本　九行十七字上下黑口四周雙邊單魚尾
存二十一卷　二十一至二十三、二十八至四十、四十二、九十八、一百四十、一百四十五、一百四十八

會通館校正宋諸臣奏議一百五十卷　宋趙汝愚輯　明弘治華燧　一四四
會通館活字印本　九行十七字黑口四周雙邊
存十七卷　六十三至七十三、七十六至七十九

會通館校正宋諸臣奏議一百五十卷　宋趙汝愚輯　明弘治華燧　一四五
會通館銅活字印本　九行十七字黑口四周雙邊
存二存　三十三、三十四

大儒大奏議六卷　明鄒賓輯　明弘治十八年王德明刻本　十行廿一字　一四六
白口單邊有刻工

一四七 大儒大奏議六卷 明鄒璧輯 明嘉靖六年山東藩司鄒韶刻本 十行廿一字白口四周單邊

一四八 續告君錄一卷 清王守恭輯 清乾隆精鈔本

一四九 宸翰錄一卷 宋岳珂輯 清周文鼎鈔本 清周文鼎跋

一五〇 皇明疏議輯略三十七卷 明張瀚輯 明嘉靖三十年大名府刻本 十行廿二字白口四周單邊

一五一 皇明疏議輯略三十七卷 明張瀚輯 明嘉靖三十年大名府刻本 清丁丙跋 十行廿二字白口四周單邊 有刻工

一五二 皇明疏議輯略三十七卷 明張瀚輯 明王汝訓、萬世德刻本 十行廿二字白口四周雙邊 有刻工

一五三 皇明名臣經濟錄十八卷 明陳九德輯 明嘉靖二十八年羅鴻刻本 十行二十字白口四周單邊

一五四 皇明名臣經濟錄五十三卷 明黃訓輯 明嘉靖三十年汪雲程刻本 十行十九字白口四周單邊

一五五 皇明名臣經濟錄五十三卷 明黃訓輯 明鈔本 存十六卷 二至三、五至十、十三至十六、十九、二十一至二十三

一五六 皇明經濟文輯二十三卷 明陳其愫輯 明天啟刻本 八行十八字白口四周單邊 存十六卷 八至二十三

一五七 明臣章奏輯要四卷 清劉伯燻輯 稿本

一五八 皇明奏疏類鈔六十一卷 明汪少泉輯 孫維城等重輯 明萬曆十六年刻本 十行二十字白口左右雙邊單魚尾

一五九 皇明疏鈔七卷 明孫旬輯 明萬曆十二年自刻本 十一行二十字白口單魚尾四周單邊 有刻工

一六〇 皇明奏議選十六卷備選不分卷 明秦駿生輯 明崇禎鴻閬閣刻本 九行二十三字白口四周單邊

一六一 錢氏疏草二卷 明錢琦、錢芹撰 清錢儀吉輯 錢志澄再輯 清鈔本

一六二 本朝奏疏不分卷 明鈔本

一六三 戶部題稿不分卷 明梁材 李廷相等撰 明白華樓鈔本

一六四 安南奏議二卷 明張嶒等撰 明嘉靖刻本 八行或十行二十字黑口四周雙邊

一六五 劉東山格由一卷 明嘉靖十七年刻本 十行二十字白口左右雙邊

一六六 祿糧奏議一卷 明鈔本

一六七 浙江海防兵糧疏一卷 明嘉靖刻本 九行二十字白口四周雙邊

一六八 皇明兩朝疏抄十二卷 明賈三近輯 明萬曆六年孫鳳刻本

一六九 皇明兩朝疏抄二十卷 明賈三近輯 明萬曆十四年將科等刻本 十行二十二字白口單魚尾四周雙邊 有刻工姓名

一七〇 皇明嘉隆疏鈔二十二卷嘉隆新例附萬曆六卷 明張鹵輯 明萬曆刻本 十行二十字白口單邊單魚尾

一七一 明臣奏議彙抄不分卷 清鈔本

一七二 兵部奏疏不分卷 明郝乾、潘晟等撰 明鈔本

一七三 不愧堂刻奏疏六卷 明吳道行輯 明萬曆三十五年金陵唐氏刻本 十行廿四字白口四周雙邊

一七四 皇明留臺奏議二十卷 明朱吾弼、李雲鵠等輯 明萬曆三十三年刻本 九行二十字白口四周單邊

一七五 御選明臣奏議四十卷 清乾隆內府鈔本

一七六 明臣奏議略十八卷 清周翁鐄輯 清道光二十二年鈔本

一七七 題稿不分卷 明鈔本

一七八 表約不分卷 明王宇輯 明末刻本 九行廿二字四周單邊

一七九 本朝奏疏不分卷 明鈔本

一八〇 都察院會題憲務疏二卷 明孫丕揚等撰 明萬曆刻本 九行十九字白口四周單邊

一八一 吾徽錄三卷節略五卷續一卷 明吳玄輯 率道人素艸一卷 明吳玄撰 明崇禎十六年至十七年自刻本 九行十九字白口四周單邊 存吾徽錄二卷 上、中

一八二 明萬曆天啟崇禎三朝行稿不分卷 明鈔本

一八三 萬曆疏鈔五十七卷 明吳亮輯 明萬曆三十七年刻本 九行二十字白口單邊單魚尾

一八四 萬曆科鈔不分卷 明鈔本

一八五 明策四卷 明馮琦、黃汝良撰 張廷登輯 明崇禎張廷登刻本 清李文田跋 八行十六字白口四周單邊

一八六 撫治奏疏□□卷 明刻本 存三卷 二至三、五

一八七 萬曆辛亥京察記事始末八卷 明周念祖輯 明刻本 十行二十字白口左右雙邊

一八八 神廟留中奏疏彙要四十卷目錄一卷 明董其昌輯 清鈔本

一八九 書巢碎金一卷 明刻本 九行二十字白口四周單邊

一九〇 明天啟崇禎兩朝題本不分卷 明鈔本

一九一 明天啟崇禎夷情奏稿不分卷 明鈔本

一九二 快世忠言不分卷 明末刻本

一九三 崇禎奏疏彙輯不分卷 明祁彪佳輯 明崇禎刻本

一九四 崇禎疏抄不分卷 明鈔本 清翁同龢跋

一九五 遼變會議始末二卷 明梁自嚴輯 明崇禎刻本 九行十九字白口四周單邊

一九六 今史不分卷 明崇禎抄本 清翁同龢跋
一九七 聖諭一卷奏疏九卷 明朱東觀輯 明崇禎十七年刻本 九行廿一字白口四周單邊
一九八 奏疏十二卷 明徐光啓、李康先等撰 明崇禎刻本 九行二十字白口左右雙邊
一九九 解網錄一卷 明崇禎刻本 九行十九字白口四周單邊
二〇〇 明崇禎朝手本揭帖咨文 明抄本
二〇一 明崇禎朝題本咨文 明抄本
二〇二 掌衛疏稿不分卷 明崇禎抄本
二〇三 皇清奏議不分卷 清抄本
二〇四 皇清奏議不分卷 清抄本
二〇五 皇清奏議□□卷 清抄本 存七卷 二至四、九至十二
二〇六 順治錄疏不分卷 清抄本 存：順治元年九月、二年九月至十二月、三年三月
二〇七 順治錄疏不分卷 清初抄本 存：順治二年六至七月、三年十一月、四年一月、六年四月至五月
二〇八 順治錄疏不分卷 清抄本 存：順治二年七月
二〇九 吏部禮曹章奏不分卷 清陳燦等撰 清抄本
二一〇 禮曹章奏一卷 清抄本
二一一 清順治朝手本揭帖 清初抄本
二一二 二曹章奏四卷 清王無黨、韋雲儒輯 清抄本
二一三 題本彙鈔不分卷 清抄本
二一四 皇清奏議不分卷 清抄本
二一五 皇清奏議副本不分卷 清抄本 存：康熙六至十一年、十三至十七年、乾隆五年
二一六 皇清奏議副本不分卷 清抄本 存：康熙三十五年至三十六年、三十八年至四十年、雍正元年至五年、乾隆七年至八年
二一七 國朝名世宏文八卷 清平漢英輯 清康熙錫山平氏刻本
二一八 內閣大庫奏檔一百一通 清抄本
二一九 國朝奏疏四十八卷 清朱檻輯 清抄本
二二〇 國朝奏疏四十八卷 清朱檻輯 清道光抄本 存五卷 一至五
二二一 籌時要略三集六卷首一卷 清王之珍輯 清康熙五年自刻本
二二二 康熙廷臣奏表不分卷附在官指南一卷 清尤瑪輯 清抄本
二二三 戶部奏咨不分卷 清抄本
二二四 銅政抄案不分卷 清抄本
二二五 清臣奏疏不分卷 清抄本
二二六 清乾隆朝名臣奏疏不分卷 清抄本
二二七 清乾隆朝移會不分卷 清抄本
二二八 邊事文件不分卷 清抄本
二二九 清廷寄奏議抄不分卷 清抄本
二三〇 海豐吳氏二世奏稿不分卷 清吳紹詩、吳垣、吳壇撰 清抄本
二三一 題奏事件不分卷 清乾隆公慎堂活字印本
二三二 絲綸式不分卷 清抄本
二三三 治黃奏疏不分卷 清薩載等撰 清抄本
二三四 福海奏稿不分卷 清福康安等撰 清抄本
二三五 平苗奏稿一卷 清福康安等撰 清抄本
二三六 諸城劉氏三世奏稿一卷 清劉統勳、劉墉、劉鐶之撰 稿本
二三七 嘉慶上諭奏稿鈔不分卷 清沈德誠 呂熹瑞 媛熾 清抄本
二三八 廓爾喀案二卷附藏務奏疏不分卷 清英善、福寧等撰 清抄本
二三九 平定林清教案奏議不分卷 清晉德和等撰 清嘉慶抄本
二四〇 國朝六部奏報不分卷 清抄本
二四一 嘉慶道光年水旱災奏稿不分卷 清抄本
二四二 奏摺存稿不分卷 清保昌等撰 清抄本
二四三 勘定陵寢吉地奏議不分卷 清禧耆等撰 清抄本
二四四 鴉片戰爭初期奏稿選集不分卷 清抄本
二四五 奏咨存案章程不分卷 清抄本
二四六 道光初元清釐漕弊奏議彙鈔不分卷 清抄本
二四七 集錄逆夷張格爾滋事奏稿三十四卷 清抄本
二四八 兩江奏稿錄存三卷 清琦善等撰 清抄本

二四九 道光查辦鹽務河工海塘奏稿不分卷 清敬徵等撰 清抄本

二五〇 善後奏案備覽□□卷 清道光抄本 存七卷 九至十五、十六、十八

二五一 葉爾羌參贊大臣奏稿不分卷 清奕經等撰 清抄本

二五二 西藏奏疏四卷 清孟保、鍾方等撰 清道光抄本 存三卷 一、三、四

二五三 英夷入浙奏報彙鈔一卷 清抄本

二五四 靖逆將軍奕會辦廣東軍務摺檔不分卷 清抄本

二五五 靖逆將軍奕會辦廣東軍務摺檔不分卷 清抄本

二五六 兩江奏疏一卷 清牛鑑等撰 清抄本

二五七 欽差大臣伊里布耆英在浙江奏辦夷務事宜一卷 清伊里布、耆英撰 清抄本

二五八 欽差大臣伊耆在廣東奏辦夷務通商事宜一卷 清伊里布、耆英撰 清抄本

二五九 鴉片戰事奏檔不分卷 清牛鑑等撰 清抄本

二六〇 陝甘總督奏稿不分卷 清布彥泰、林則徐撰 清抄本

二六一 南疆新制通考四卷 清抄本

二六二 回疆屯墾奏稿不分卷 清抄本

二六三 題稿一卷 清徐繼畬、黄贊湯等撰 附廣東乞假全案一卷 稿本

二六四 馬玉崑等奏稿不分卷 清馬玉崑等撰 清抄本

二六五 數奏以言不分卷 清袁甲三等撰 清桐華仙館抄本

二六六 道咸兩朝奏議輯抄不分卷 清抄本

二六七 憶昭樓奏疏不分卷 清抄本

二六八 咸豐軍務奏稿不分卷 清抄本

二六九 戶部官票奏抄不分卷 清翁同龢輯 稿本

二七〇 奏稿不分卷 清張亮基、曾棨光、蔣益遠撰 稿本

二七一 綸音奏章不分卷 清傅振邦等撰 清抄本

二七二 奏摺錄存六卷 清抄本

二七三 奏摺存稿不分卷 清文俊等撰 清抄本

二七四 同治京外奏議彙鈔不分卷 清抄本

二七五 平回奏稿不分卷 清多隆阿等撰 清同治抄本

二七六 劉捴奏疏□卷 清文煜、劉長佑撰 清抄本

二七七 奏稿不分卷 清英瀚書、黄贊湯撰 稿本

二七八 同治三年分界條約奏案一卷 清明誼等撰 清抄本

二七九 船政奏疏一卷 清抄本

二八〇 海塘新案不分卷 清馬新貽、楊昌濬等撰 清抄本

二八一 奏議彙鈔□卷 清左宗棠等撰 清抄本

二八二 續續鈔室日筆不分卷 清袁昶輯 稿本

二八三 圓明園修建工程奏稿不分卷 稿本

二八四 軍機大臣奏稿不分卷 清抄本

二八五 洋務奏稿不分卷 清曾國藩等撰 清抄本

二八六 奏稿錄要十卷 清吳慶坻輯 清抄本

二八七 西北邊防務諭摺彙鈔附續不分卷 清曹秉章輯 清末抄本

二八八 江南司編案□□卷 稿本

二八九 清造辦處奏章不分卷 清光緒造辦處抄存本 存二卷 三至四

二九〇 守中立奏案原稿不分卷 清奕劻等撰 稿本

二九一 辛丑變法彙鈔五卷 稿本

二九二 戶部奏檔三十七卷 章奏二卷 條議一卷 書說一卷 考政一卷 清抄本

二九三 民政部摺奏彙鈔不分卷 清光緒民政部輯 清光緒三十二年抄本

二九四 奏檔簿不分卷 清耆英等撰 清光緒三十三年司務廳正稿股抄本

二九五 前清奏議摺子不分卷 清陸潤庠、李殿林等撰 稿本

二九六 光緒甲午奏稿不分卷 清抄本

二九七 管見隨錄□□卷 清光緒抄本 存三卷 四至六

二九八 民政部奏底不分卷 清宣統元年抄本

二九九 西北奏議□卷 清張之洞等撰 清抄本

註陸宣公奏議十五卷 唐陸贄撰 宋郎曄注 元至正十四年劉氏翠巖精舍刻本 十二行二十三字小字雙行同細黑口四周雙邊　三〇〇

註陸宣公奏議十五卷 唐陸贄撰 宋郎曄注 明弘治七年林符刻本 九行十八字上下黑口四周雙邊雙黑魚尾　三〇一

註陸宣公奏議十五卷 唐陸贄撰 宋郎曄注 明弘治七年林符刻本 清盧宋跋 九行十八字上下黑口四周雙邊雙黑魚尾　三〇二

註陸宣公奏議十五卷 唐陸贄撰 宋郎曄注 明弘治七年林符刻本 傅增湘校並跋 九行十八字黑口四周雙邊　三〇三

陸宣公奏議十五卷 唐陸贄撰 附錄一卷 明正德三年靖江王府刻本 十二行廿三字小字雙行同黑口四周雙邊　三〇四

註陸宣公奏議十五卷 唐陸贄撰 宋郎曄注 制誥十卷 唐陸贄撰 明嘉靖三十四年汪日刻本 十行二十字小字雙行同白口四周雙邊　三〇五

疊山批點陸宣公奏議十五卷 唐陸贄撰 宋謝枋得批點 明刻本 九行二十字白口四周單邊　三〇六

陸宣公奏議四卷 唐陸贄撰 清乾隆十一年錫板書茨活字印本　三〇七

范文正公政府奏議二卷 宋范仲淹撰 元元統二年范氏褒賢世家歲寒堂刻本 十行廿二字白口左右雙邊　三〇八

范文正公政府奏議二卷 宋范仲淹撰 元元統二年范氏褒賢世家歲寒堂刻明印本 附錄不分卷 元至正刻明印本 十二行二十二字白口四周單邊
存一卷 奏疏上、附錄：洛陽志、西夏堡寨、遺跡、言行拾遺、碑銘、文正書院記、吳中遺跡　三〇九

范文正公政府奏議二卷 續集二卷 書牘一卷 宋范仲淹撰 明嘉靖四十年韓叔陽刻本 十一行二十字白口四周單邊　三一〇

范忠宣公奏議三卷 宋范純仁撰 明嘉靖四十年韓叔陽刻本 十一行二十字白口四周單邊　三一一

范文正公政府奏議二卷 宋范仲淹撰 清抄本　三一二

孝肅包公奏議集十卷 宋包拯撰 明成化二十年張岫刻本 十行二十字黑口四周雙邊　三一三

孝肅包公奏議集十卷 宋包拯撰 明弘治五年合肥縣刻本 十行二十字大黑口四周雙邊　三一四

孝肅包公奏議集十卷 宋包拯撰 明翻弘治五年合肥刻本 十行二十字黑口四周雙邊雙黑魚尾　三一五

孝肅包公奏議集十卷 宋包拯撰 明嘉靖二十二年宋濬刻本 十行二十字黑口四周雙邊　三一六

孝肅奏議十卷 宋包拯撰 明嘉靖三十四年雷逵刻本 十行廿二字黑口四周單邊　三一七

宋包孝肅公奏議四卷 宋包拯撰 明萬曆十六年黃兆聖刻本 八行十九字白口四周單邊　三一八

孝肅奏議十卷 宋包拯撰 明萬曆四十二年戴燝刻本 九行十八字白口四周雙邊　三一九

孝肅奏議十卷 宋包拯撰 明萬曆四十二年戴燝刻本 清丁丙跋 九行十八字白口四周雙邊有刻工　三二〇

孝肅包公奏議十卷 宋包拯撰 明潤州閔汝堂活字本　三二一

南豐曾文昭公曲阜集二卷 宋曾肇撰 首一卷 明嘉靖四十一年曾翔龍刻本 十行廿二字白口四周雙邊　三二二

東坡奏議□卷 宋蘇軾撰 附東坡年譜一卷 宋刻本（有補缺） 十行十六字白口雙魚尾左右雙邊　三二三

蘇文忠公奏議□卷 宋蘇軾撰 宋刻本 九行十五字白口左右雙邊
存一卷 二　三二四

蘇東坡先生萬言書注一卷 宋蘇軾撰 清蔡埭注 清阮元文選樓抄本 清阮元跋　三二五

秦子文諫二卷 宋秦觀撰 明孟毅輯 明嘉靖二十二年刻本 十行二十字細黑口四周雙邊　三二六

盡言集十三卷 宋劉安世撰 明隆慶五年張佳胤、王叔杲刻本 十行十八字白口四周雙邊　三二七

盡言集十三卷 宋劉安世撰 明隆慶五年張佳胤、王叔杲刻本（卷九配清抄本） 清丁丙跋　三二八

盡言集十三卷 宋劉安世撰 明抄本
存八卷 一至四、十　三二九

盡言集十三卷 宋劉安世撰 清南海孔氏嶽雪樓影宋抄本　三三〇

宋丞相李忠定公奏議六十九卷附錄九卷 宋李綱撰 明正德十一年胡文靜、蕭泮刻本 十行廿二字細黑口四周雙邊　三三一

宋丞相李忠定公奏議六十九卷附錄九卷 宋李綱撰 明正德十一年胡文靜、蕭泮刻本 清丁丙跋 十行廿二字細黑口四周雙邊　三三二

宋丞相李忠定公奏議六十九卷附錄九卷 宋李綱撰 明正德十一年胡文靜、蕭泮刻天啟二年重修本 十行廿二字白口雙魚尾四周雙邊　三三三

宋丞相李忠定公奏議六十九卷附錄九卷 宋李綱撰 明正德十一年胡文靜、蕭泮刻天啟重修本 朱玖跋 十行廿二字白口四周雙邊
存七十一卷 一至六十九、附錄一至二　三三四

重鍥文公先生奏議十五卷 宋朱熹撰 明朱吾弼輯 明萬曆三十二年朱崇沐刻本 九行十九字小字雙行同白口四周單邊　三三五

重鍥文公先生奏議十五卷 宋朱熹撰 明朱吾弼輯 明萬曆三十二年朱崇沐刻本 清丁丙跋 九行十九字小字雙行同白口四周單邊有刻工　三三六

諫論集五卷 宋陳次升撰 清顧氏藝海樓抄本　三三七

石林奏議十五卷 宋葉夢得撰 明毛氏汲古閣影宋抄本 明毛晉跋 傅增湘跋　三三八

三三九 石林奏議十五卷 宋葉夢得撰 清抄本 清葉廷琯跋

三四〇 呂忠穆公奏議三卷 宋呂頤浩撰 明嘉靖十九年呂清呂乘刻本 八行十六字黑口四周單邊

三四一 育德堂奏議六卷 宋蔡幼學撰 宋刻本 九行十八字白口左右雙邊

三四二 翠微先生北征錄十二卷 宋華岳撰 元抄本 清顧廣圻跋

三四三 翠微先生北征錄十二卷 宋華岳撰 清抄本 清丁丙跋

三四四 曾鞏謚議稿不分卷 宋劉漢弼撰 稿本 元彝性、黃溍、危素、周伯琦、戚崇年、明姚駿、張居傑、清王鐵修、胡知瀛、許正綬、胡俊民等跋並詩

三四五 宋特進左丞相許國公奏議六卷 宋吳潛撰 明吳諮相編 明刻本 十二行二十字白口四周單邊 存一卷 三

三四六 宋特進左丞相許國公奏議四卷 宋吳潛撰 清抄本 清胡珽校、徐鈞乾校並跋

三四七 宋特進左丞相許國公奏議四卷 宋吳潛撰 清抄本 清丁丙跋

三四八 鄭忠肅公奏議遺集一卷 宋鄭興裔撰 清鄭起泓輯 鄭忠肅公年譜一卷 宋鄭昧撰 明鄭若曾重訂 清康熙三十八年刻陽書堂重訂唐宋元六名家集本（四庫底本）

三四九 鄭忠肅公奏議遺集一卷 宋鄭興裔撰 清鄭起泓輯 年譜一卷 宋鄭昧撰 明鄭若曾重訂 清抄本 清丁丙跋

三五〇 少保于公奏議十卷 明于謙撰 附錄一卷 明嘉靖二十年杭州府刻本 十行二十三字細黑口四周單邊

三五一 少保于公奏議十卷 明于謙撰 附錄一卷 明嘉靖二十年杭州府刻本 清丁丙跋

三五二 少保于公奏議十卷 明于謙撰 明刻本 十一行廿三字大黑口四周雙邊

三五三 少保于公奏議十卷 明于謙撰 附錄一卷 明萬曆四十一年吳邦相刻本 九行二十字白口四周單邊有刻工

三五四 商文毅公疏稿略一卷 明商輅撰 明抄本 清丁丙跋

三五五 西垣奏草九卷 明葉盛撰 附錄一卷 明嘉靖九年葉夢淇刻本 十一行二十一字黑口左右雙邊

三五六 葉文莊公奏疏四十卷 明葉盛撰 明崇禎四年葉氏賜書樓刻本 十行二十字白口四周單邊 西垣奏草九卷 邊奏存稿七卷 兩廣奏草十七卷 上谷奏草八卷

三五七 太師王端毅公奏議十五卷 明王恕撰 明正德七年程啓充刻遞修本 十行十七字白口左右雙邊

三五八 太師王端毅公奏議十五卷 明王恕撰 明正德十六年三原知縣王成章刻本 葉德輝題記 十行十七字白口左右雙邊

三五九 王公奏稿六卷 明王恕撰 明嘉靖二十六年謝廷傚刻本 九行十八字白口左右雙邊

三六〇 余肅敏公奏議二卷 明余子俊撰 明刻本 十行廿四字大黑口四周雙邊

三六一 余肅敏公奏議三卷 明余子俊撰 明刻本 十行廿二字白口四周單邊 存二卷 二至三

三六二 余肅敏公奏議六卷 明余子俊撰 明刻本 十行廿二字黑口左右雙邊 存一卷 一

三六三 馬端肅公奏議十六卷 明馬文升撰 明嘉靖二十六年蒲澗邢江書館刻本 十行二十字白口左右雙邊

三六四 馬端肅公奏議四卷 明馬文升撰 明刻清修本

三六五 晉溪本兵敷奏十四卷 明王瓊撰 明嘉靖二十三年廖希顏江瀚刻本 十行二十字白口四周雙邊

三六六 張簡肅公奏議三卷 明張敷華撰 明抄本

三六七 少司空主一徐公奏議九卷 明徐恪撰 明嘉靖蔡復性刻本 十行二十字白口四周雙邊

三六八 韋庵奏疏一卷 明涂棐撰 明正德活字印本

三六九 關中奏議全集十八卷 明楊一清撰 明嘉靖二十九年刻本 十一行廿二字白口四周雙邊

三七〇 西巡錄不分卷 明孟重撰 明抄本

三七一 蠖菴疏稿二卷 明宗伸撰 明嘉靖刻本 十行十七字白口四周單邊

三七二 辭榮錄不分卷 明毛紀撰 明嘉靖十年刻本 十行十九字小字雙行不等白口四周雙邊

三七三 密勿稿三卷 明毛紀撰 明嘉靖十六年刻本 十行十九字白口四周雙邊

三七四 新刊西沱吳先生蠡過錄二卷 明吳世忠撰 附錄一卷 明萬曆十九年吳天胤刻本 十行廿一字白口四周雙邊雙魚尾

三七五 叢丰山奏議略六卷 明叢蘭撰 明嘉靖二十九年至三十年叢磐刻本 十二行廿二字白口四周雙邊

三七六 何文簡公疏議十卷 明何孟春撰 明萬曆二年刻本 十行二十字白口四周單邊雙魚尾

三七七 少保胡端敏公奏議十卷 明胡世寧撰 明嘉靖十九年余鍃刻本 十行廿二字白口四周雙邊

三七八 東田先生奏稿四卷 明張羽撰 清抄本

三七九 梁端肅公奏議十四卷 明梁材撰 明萬曆刻本 十行二十字白口單邊單魚尾有刻工

三八〇 郊議錄一卷 明韋松撰 明刻本 十行二十字白口四周雙邊

三八一 兩廣疏略二卷附惠威錄二卷省吾林公文集一卷詩集一卷 明林富撰 明隆慶五年刻本 十行廿一字白口雙邊 有刻工

三八二 歷官表奏十二卷 明嚴嵩撰 明嘉靖二十五年嚴氏鈐山堂刻本 十行二十字小字雙行同白口左右雙邊

一七

一八

383 南宮奏議三十卷　明嚴嵩撰　明嘉靖嚴氏鈐山堂刻本　十行二十字白口左右雙邊
384 南宮奏議三十卷歷官表奏十六卷　明嚴嵩撰　清活字印本
385 南宮奏議三十卷　明嚴嵩撰　清初抄本
386 南宮疏略八卷　明嚴嵩撰　明嘉靖刻本　十行二十字白口左右雙邊單魚尾
387 甘泉獻納編三卷　明湛若水撰　明嘉靖十三年史際刻本　十行廿一字白口左右雙邊單魚尾
388 撫漕奏議二卷　明馬卿撰　明嘉靖刻本　十行二十字白口左右雙邊
389 沈御史存奏一卷　明沈灼撰　清抄本
390 江西奏議二卷　明唐龍撰　附錄一卷　明陳金等撰　明嘉靖刻本　十行二十字白口左右雙邊
391 江西奏議二卷　明唐龍撰　附錄一卷　明陳金等撰　明嘉靖刻張鯤補版本　十行二十字白口四周單邊
392 熙臺先生奏議八卷　明潘塤撰　清刻本
393 撫臺奏議四卷　明潘塤撰　明嘉靖刻本　九行十八字白口左右雙邊
394 汪東峰先生奏議四卷　明汪玄錫撰　明宋茂芝刻本　十行廿一字白口四周單邊　存一卷　一
395 諫垣奏草四卷　明毛憲撰　明嘉靖十七年刻本　十行二十字白口左右雙邊
396 毅菴奏議二卷　明孫懋撰　明嘉靖刻本　清劉書海跋　吳棠跋　十行二十字白口單魚尾四周單邊
397 毅菴奏議二卷　明孫懋撰　明萬曆孫成名刻公文紙藍印本　清閻湘蕙跋　十行廿四字白口四周雙邊有刻工
398 文襄公奏議八卷　明桂萼撰　明嘉靖二十三年桂載刻本　十行廿一字白口四周雙邊　存一卷　下
399 閑闢三疏一卷　明張欽撰　明嘉靖刻本　八行二十五二十二字白口四周單邊
400 渭厓疏要二卷　明霍韜撰　明涂慶刻本　十行十九字白口左右雙邊　存一卷　下
401 戴兵部奏疏不分卷　明戴金撰　明嘉靖龍山書院刻本　九行十八字白口四周雙邊
402 桂洲奏議十二卷續集二卷　明夏言撰　明嘉靖二十五年刻本　十行二十字白口左右雙邊有刻工
403 桂洲先生奏議二十卷外集一卷　明夏言撰　明忠禮書院刻本　十二行二十三字白口四周單邊
404 桂洲奏議二十卷外集二卷桂洲集四卷　明夏言撰　明刻本　十二行二十字白口左右雙邊
405 郊祀奏議二卷　明夏言撰　明嘉靖刻本　九行二十字黑口左右雙邊
406 文黎勤平事畧五卷　明歐陽必進撰　明嘉靖三十年方民悅刻本　十行二十字黑口左右雙邊　存四卷　一至四
407 文黎勤平事略五卷　明歐陽必進撰　清抄本
408 恤刑疏草八卷　明喬木撰　明嘉靖九年刻本　十行十八字黑口四周雙邊雙魚尾
409 水西諫疏二卷　明沈漢撰　附宏所諫疏一卷　明沈灼撰　清康熙六十一年沈氏家刻本
410 青瑣疏略二卷　明張選撰　明刻本　十行二十字白口四周單邊
411 東甌張文忠公奏對稿十二卷　明張孚敬撰　明萬曆四十二年楊鶴刻本　九行十八字白口四周單邊
412 諭對錄三十卷　明張孚敬撰　明嘉靖刻本　九行十八字小字雙行白口左右雙邊
413 諭對錄三十四卷首一卷勅諭錄二卷　明張孚敬撰　明萬曆三十六年蔣光彥陸問禮刻本　九行十八字小字雙行同白口左右雙邊
414 樸溪先生奏疏十卷　明潘潢撰　明曹當勉刻　十行廿二字白口四周雙邊單白魚尾有刻工
415 鄭端簡公奏議十四卷　明鄭曉撰　明隆慶四年項氏萬卷堂刻本　十行二十字白口左右雙邊
416 穀原奏議四卷　明蘇祐撰　明嘉靖刻本　十行廿一字白口上魚尾左右雙邊有刻工
417 李襄敏公奏議十四卷　明李遂撰　明刻本　存十二卷　三至十四
418 李襄敏公奏議十三卷附遺思錄五卷　明李遂撰　明萬曆刻本　九行十八字白口左右雙邊
419 總督採辦疏草三卷　明劉伯躍撰　明嘉靖刻本　九行二十字白口四周雙邊
420 祇役紀略六卷　明魏文華撰　明嘉靖刻本　八行十八字白口左右雙邊
421 復套議二卷　明曾銑撰　明萬曆刻本（四庫底本）　九行十九字白口四周雙邊單魚尾
422 楊襄毅公本兵疏議二十四卷　明楊博撰　明萬曆十四年師貞堂刻本　十行二十字白口四周雙邊
423 楊襄毅公奏疏十七卷　明楊博撰　明萬曆刻本　十行二十字白口四周雙邊有刻工
424 蒲坂楊太宰獻納稿十卷　明楊博撰　明萬曆嬀撰堂刻本　十行廿二字白口四周雙邊　存八卷　一至四、七至十
425 經略疏稿二卷　明楊博撰　明嘉靖三十二年刻本
426 受菴疏稿二卷　明周滿撰　明刻本　九行十八字白口雙魚尾四周雙邊
427 奏議四卷　明范欽撰　明刻本　十行二十字白口左右雙邊
428 曾恭肅公奏議二卷附公移一卷　明曾鈞撰　明萬曆元年刻本　十行十八字白口左右雙邊單魚尾有刻工

臺省疏稿八卷 明張瀚撰 明萬曆元年吳道明刻本 九行十八字白口四周單邊 四二九

臺省疏稿八卷 明張瀚撰 明萬曆元年吳道明刻本 清丁丙跋 九行十八字白口四周單邊 四三〇

臺省奏議□卷 明張瀚撰 明萬曆刻本 十行二十字白口四周單邊 存四卷（一至三、□） 四三一

武定侯郭勛招供一卷 明高時撰 明嘉靖刻本 八行廿二字白口四周單邊 四三二

薊遼奏議□□卷 劉燾撰 明刻本 九行二十字白口四周單邊 存四卷（三至六） 四三三

滸東先生奏議十六卷 明張鹵撰 明萬曆二十一年刻本 十行十八字白口左右雙邊有刻工 四三四

高文端公奏議十卷存稿一卷 明高儀撰 明萬曆刻本 十行二十字白口四周單邊有刻工 四三五

南宮奏牘二卷 明高拱撰 明嘉靖刻本 九行十八字白口四周雙邊 四三六

掌銓題藁三十四卷 明高拱撰 明隆慶刻本 九行十八字白口四周雙邊 四三七

少保鑑川王公督府奏議十五卷 明王崇古撰 明萬曆刻本 十行二十二字白口四周單邊單魚尾有刻工 四三八

漕撫奏疏四卷 明王宗沐撰 明萬曆九年潘允端、周一經刻本 九行二十字白口左右雙邊有刻工 四三九

撫虔奏稿二卷 明陸穩撰 明萬曆刻本 十行二十字白口上下雙邊單魚尾 存一卷（上） 四四〇

譚襄敏公奏議十卷 明譚綸撰 明萬曆二十八年顧所有刻本（四庫底本） 九行二十字白口單邊 四四一

譚襄敏公奏議十卷 明譚綸撰 明萬曆二十八年顧所有刻本 九行二十字白口四周單邊 四四二

譚襄敏公奏議十卷 明譚綸撰 明萬曆二十八年顧所有刻清康熙四十三年譚政重修本 九行二十字白口四周單邊有刻工 四四三

毅菴總督陝西奏議十三卷 明石茂華撰 明萬曆刻本 十行二十字白口四周單邊 四四四

司銓奏草八卷 明王國光撰 明萬曆刻本 十行二十字白口四周雙邊 四四五

張文忠公奏疏抄四卷 明張居正撰 李贄選評 明刻本 九行二十字白口四周單邊 四四六

李卓吾先生批選張文忠公奏對稿二卷 明張居正撰 明刻本 九行十八字白口左右雙邊 四四七

表忠錄一卷 明楊繼盛撰 清順治十三年內府刻本 四四八

南贛督撫奏議七卷 明吳百朋撰 明隆慶元年刻本 十行二十字白口左右雙邊 存六卷（一、三至七） 四四九

滇臺行稿四卷 明徐栻撰 明萬曆元年張滌刻本 十一行廿一字白口四周單邊 四五〇

督撫江西奏議四卷 明徐栻撰 明萬曆元年刻本 十行二十字白口四周單邊 存三卷（一、三至四） 四五一

陸莊簡公掌銓疏略四卷 明陸光祖撰 明萬曆刻本 九行十八字白口四周雙邊 四五二

白川劉公奏議八卷 明劉應節撰 明萬曆刻本 十行廿四字白口左右雙邊 四五三

總理河漕奏疏初二任三卷三任五卷四任六卷 明潘季馴撰 明刻本 九行二十字白口四周雙邊 四五四

督撫疏議十卷 明劉畿撰 明隆慶元年杭州吳一介刻本 九行二十字白口四周雙邊單魚尾 四五五

督撫疏議十五卷 明劉堯誨撰 明萬曆刻本 九行二十字白口四周雙邊 四五六

總督四鎮奏議十卷 明王一鶚撰 明萬曆刻本 九行二十字白口四周雙邊有刻工 四五七

粵西奏議五卷 明吳文華撰 明萬曆十五年桂林刻本 九行二十字白口四周雙邊 四五八

粵西疏稿三卷 明吳文華撰 明萬曆刻本 十行十九字白口單魚尾左右雙邊 四五九

允釐堂本奏議不分卷 明曾省吾撰 明刻本 十行二十字白口四周雙邊 存一卷（一） 四六〇

明李敏肅公奏疏不分卷 明李世達撰 明抄本 四六一

文肅王公奏草二十三卷 明王錫爵撰 明天啟二年王時敏刻本 九行十八字白口單魚尾四周單邊 四六二

小司馬草六卷 明項篤壽撰 明刻本 九行二十字白口單魚尾四周單邊 四六三

諫議疏稿四卷 明王之垣撰 明萬曆刻本 九行十八字白口左右雙邊 四六四

疏稿一卷 明周希旦撰 明萬曆刻本 九行二十字白口四周單邊 四六五(1)

綸扉奏草四卷 明申時行撰 明萬曆刻本 九行十八字白口單魚尾左右雙邊有刻工 四六五(2)

撫延疏稿二卷 明梅友松撰 明萬曆刻本 九行二十字白口單魚尾四周雙邊 四六六

冲菴顧先生撫遼奏議二十卷 明顧養謙撰 明刻本 十行二十字白口左右雙邊 四六七

綸扉奏稿六卷 明沈鯉撰 明萬曆三十六年王肯堂刻本 九行十八字白口左右雙邊 四六八

焚餘集一卷 明曹大咸撰 明萬曆五年刻本 九行二十字白口四周單邊 四六九

撫蜀奏議十三卷 明徐元太撰 明萬曆十七年彭富、蔡國珍刻本 九行二十字白口四周雙邊 四七〇

恤刑題稿八卷 明盧漸撰 明萬曆五年刻本 十行二十字白口四周雙邊 存四卷（五至八） 四七一

治安要議六卷 明陳建撰 清抄本 四七二

審錄廣東案稿二卷 明夏□□撰 明隆慶元年刻本 十行二十字白口左右雙邊 四七三

內閣奏題稿十卷首一卷 明趙志皋撰 清順治七年趙世濟刻本 四七四

兩臺奏議十卷 明鄒陞撰 明萬曆刻本 十行二十字白口左右雙邊 四七五

朱文懿公奏疏十二卷 明朱賡撰 明萬曆刻本 九行二十字白口左右雙邊 四七六

督撫奏議六卷　明李尚思撰　明萬曆十九年余一龍刻本　九行十九字白口四周雙邊　四七七
敬事草十九卷　明沈一貫撰　明刻本　九行十九字白口單魚尾左右雙邊　四七八
關洳奏疏一卷挽河奏疏一卷　明曾時勝撰　清初抄本　四七九
經略禦倭奏議□卷　明邢玠撰　明刻本　十行十九字白口四周雙邊　四八〇
存五卷　二、四、六、九至十
奏疏一卷　明葉時新撰　清抄本　四八一
葉柳沙先生遺集二卷　明葉時新撰　明萬曆刻本　九行十八字白口四周單邊　四八二
奏疏稿五卷　明甯志道撰　明刻本　十行十九字白口四周雙邊　四八三
董司寇疏草十五卷首一卷　明董裕撰　清雍正十三年辰翰閣刻本　四八四
掖垣題稿三卷　明顧九思撰　明萬曆二十九年自刻本　九行十九字白口左右雙邊　四八五
司農奏議十卷　明趙世卿撰　明萬曆刻本　十行十八字白口四周雙邊　四八六
存九卷　一、三至十
司農奏議十四卷　明趙世卿撰　明崇禎七年趙濬初刻本　清韓楝跋　九行二十字白口四周單邊　四八七
督撫楚臺奏議十卷　明支可大撰　明萬曆刻本　九行十八字白口四周單邊　四八八
海防奏疏二卷撫畿奏疏十卷　明汪應蛟撰　明萬曆鄭三俊刻本　九行二十字白口四周雙邊　四八九
海防奏疏二卷撫畿奏疏十卷計部奏疏四卷　明汪應蛟撰　明刻本　九行二十字白口四周雙邊　四九〇
撫畿奏疏十卷計部奏疏四卷　明汪應蛟撰　明刻本　九行二十字白口四周雙邊　四九一
計部奏疏十二卷　明汪應蛟撰　明天啟刻本　九行二十字白口四周雙邊　四九二
存三卷　一至三
新吾奏疏二卷　明呂坤撰　明萬曆三十二年刻本　八行二十字白口單魚尾四周雙邊　有刻工　四九三
撫遼疏稿六卷　明李化龍撰　明萬曆刻本　九行二十字白口四周雙邊　四九四
存三卷　一至三
三巡奏議四卷　明劉士忠撰　明萬曆刻本　九行二十字白口四周雙邊　四九五
存三卷　一至二、四
文敏馮先生奏疏四卷　明馮琦撰　明刻本　九行二十字白口四周單邊　四九六
撫夏奏議六卷　明黃嘉善撰　明刻本　十行二十字白口四周單邊　四九七
撫夏奏議十二卷　明黃嘉善撰　清初抄本　四九八
張可菴先生疏稿六卷　明張棟撰　明萬曆四十一年王以俞刻本　九行二十字白口左右雙邊　四九九
南垣疏稿五卷　明朱維藩撰　明萬曆二十一年徐可求戴士衡刻本　九行十六字白口四周雙邊單魚尾　五〇〇
鄒忠介公奏疏五卷　明鄒元標撰　明崇禎十四年林銓刻本　九行十八字白口左右雙邊　五〇一
撫浙奏疏八卷　明劉元霖撰　明萬曆刻本　九行二十字白口單魚尾四周雙邊　五〇二
周中丞疏稿十六卷救荒事宜一卷　明周孔教撰　明萬曆刻本　九行十九字白口四周單邊　五〇三
西臺疏稿二卷　中州疏稿五卷　江南疏稿九卷
撫吳公移二卷　明周孔教撰　明萬曆刻本　九行十九字白口單邊單魚尾　五〇四
司諫杜公奏議二卷　明杜原撰　明萬曆三十二年刻本　九行廿一字白口四周單邊單魚尾　五〇五
問夜草七卷　明項應祥撰　明萬曆刻清印本　五〇六
諫草存笥一卷附抄參一卷　明侯先春撰　明萬曆刻本　十行廿二字白口四周雙邊　五〇七
諫草存笥三卷　明侯先春撰　清道光二十二年活字本　五〇八
青瑣藎言二卷　明過東明撰　明刻本　九行二十字白口單邊單魚尾　五〇九
綸扉奏草三十卷　明葉向高撰　明末刻本　十行十九字白口單魚尾左右雙邊　五一〇
續綸扉奏草十四卷　明葉向高撰　明末刻本　十行十九字白口左右雙邊　五一一
審錄山東題稿□卷　明陸鎮撰　明萬曆刻本　十行二十字白口四周雙邊單魚尾　五一二
西臺奏稿前集一卷西臺奏稿後集一卷　明錢一本撰　明刻本　九行二十字白口單魚尾四周單邊　五一三
存：青州府一卷
西征奏議二卷　明梅國楨撰　明宋梅之熉刻本　九行二十字白口四周單邊　五一四
西征集十卷　明梅國楨撰　明崇禎刻本　九行二十字白口四周單邊　五一五
存三卷　一至三
張忠定公疏稿三卷　明張天德撰　明刻清吳興世恩堂重修本　五一六
掖垣諫草五卷　明張貞觀撰　明萬曆刻本　十行廿一字白口四周雙邊　五一七
四箴封事錄一卷　明雒于仁撰　明萬曆刻本　十行二十字白口四周雙邊　五一八
西臺疏草一卷　明林祖述撰　明抄本　五一九
薛恭敏公奏疏十四卷　明薛三才撰　清青雷山館抄本　五二〇
太僕奏議四卷續奏議一卷　明張輔之撰　明天啟張瀨張洪謨刻本　九行十八字白口四周單邊　五二一
張大司空奏議四卷　明張輔之撰　清乾隆十一年張緒謨等刻本　五二二
計部奏疏十卷　明李起元撰　明天啟刻本　九行二十字白口四周雙邊　五二三
太常懷溪吳公奏議不分卷　明吳應明撰　明天啟吳光續祖夢庚刻本　十行廿字白口四周單邊　五二四

五二五 按遼禦璫疏稿二卷 明何爾健撰 明萬曆刻本 九行二十字白口四周單邊

五二六 諫疏四卷 明楊天明撰 明天啓刻本 九行十六字白口四周雙邊

五二六 楊全甫諫草四卷 明楊天民撰 明天啓元年刻本 九行十六字白口四周雙邊

五二七 吳文恪公書四種四卷 明吳道南撰 明天啓刻本 十行二十字白口上魚尾四周單邊
大政誥一卷 語錄一卷 檔案奏草一卷 南宮牘草一卷

五二八 王中丞奏議五卷 明王紀撰 明萬曆四十五年刻本 九行二十字白口四周單邊單魚尾
存四卷 一、三至五

五二九 南宮奏草四卷 明翁正春撰 明天啓刻本 十行十九字白口左右雙邊有刻工

五三〇 南宮奏草四卷 明翁正春撰 清抄本

五三一 欲焚草四卷 明胡忻撰 清康熙四十二年胡恒升刻本

五三二 度支奏議一百十九卷 明畢自嚴撰 明崇禎刻本 九行二十字白口四周雙邊
堂稿二十卷 新餉司五十六卷 山東司七卷 湖廣司二卷 江西司一卷 邊餉司十一卷 浙江司一卷 四川司五卷 廣東司一卷 廣西司四卷 雲南司十七卷 貴州司二卷 福建司四卷 山西司二卷 河南司一卷 陝西司四卷 冊庫一卷

五三三 撫津疏草四卷 明畢自嚴撰 明天啓刻本 九行十九字白口四周單邊

五三四 撫津疏草不分卷 明畢自嚴撰 明末抄本

五三五 督餉疏草五卷 明畢自嚴撰 明天啓刻本 九行十九字白口四周單邊

五三六 餉撫疏草七卷 明畢自嚴撰 明天啓刻本 九行十九字白口四周單邊

五三七 留憲疏草一卷 明畢自嚴撰 明天啓刻本 清畢盛鑑題識 九行十九字白口四周單邊

五三八 留計疏草二卷 明畢自嚴撰 明天啓刻本 九行十九字白口四周單邊

五三九 回話奏疏一卷 明畢自嚴撰 明崇禎刻本 九行十八字白口四周單邊

五四〇 抽餐贅言一卷 明畢自嚴撰 明崇禎刻本 九行二十字白口四周雙邊

五四一 畢自嚴記述奏對不分卷 明畢自嚴撰 清初抄本

五四二 畢伯陽奏稿一卷 明畢自嚴撰 明末抄本

五四三 征蠻疏草二卷 明吳用先撰 明萬曆刻本 九行十七字白口四周雙邊

五四四 撫蜀疏草六卷 明吳用先撰 清抄本

五四五 掖垣疏艸七卷 明翁憲祥撰 明萬曆刻本 九行二十字白口四周雙邊

五四六 掖垣疏艸九卷 明翁憲祥撰 清道光九年觀耕齋岳封抄本

五四七 少保朱襄毅公督蜀疏草十二卷 明朱燮元撰 清康熙五十八年朱人龍刻本

五四八 朱少師奏疏鈔八卷 明朱燮元撰 清雍正十二年刻本

五四九 再起奏草一卷 明喬應甲撰 明天啓六年自刻本 九行十八字白口四周單邊

五五〇 司空奏疏不分卷 明王舜鼎撰 明天啓刻本 八行二十字白口四周雙邊

五五一 賜餘草不分卷 明何士晉撰 明萬曆四十五年刻本 九行十八字白口四周單邊
國本二疏 職掌六疏 求清一疏 請外五疏
存：閣本二疏、職掌六疏

五五二 疏稿六卷書牘五卷 明熊廷弼撰 明末江修能刻本 十行廿二字白口四周單邊

五五三 按遼疏稿六卷 明熊廷弼撰 明刻本 九行二十字白口四周雙邊

五五四 臺中疏略□卷 明[illegible]撰 明萬曆四十二年刻本 九行十八字白口四周單邊
存二卷 三、四

五五五 官太常疏稿二十卷 明官應震撰 明刻本 九行二十字白口四周單邊黑魚尾
存十八卷 一至十六、十八至十九

五五六 南垣疏草二卷 明黃起龍撰 明萬曆刻本 九行十八字白口四周雙邊
存一卷 上

五五七 疏草不分卷 明駱駸曾撰 明萬曆刻本 九行二十字白口四周雙邊

五五八 西臺疏草一卷北畿疏草一卷東粵疏草五卷南國疏草一卷 明王以寧撰 明萬曆刻本 九行十九字白口左右雙邊有刻工

五五九 兵垣疏草一卷 明李奇珍撰 明刻本 九行二十字黑口四周單邊

五六〇 户垣疏草一卷 明李奇珍撰 明刻本 九行二十字白口四周單邊單魚尾

五六一 周忠愍奏疏二卷 明周起元撰 清抄本

五六二 未焚草二卷 明王元翰撰 明萬曆三十九年刻本 九行二十字白口四周單邊

五六三 李郡疏草一卷典劇疏草一卷撫畿疏草四卷 明張鳳翮撰 明天啓五年自刻本 九行十八字白口四周雙邊

五六四 疏草七卷 明張鳳翔撰 明天啟刻本 九行十八字白口四周雙邊
五六五 漕撫奏疏四卷 存四卷 一至二、五、七 明郝尚友撰 明崇禎刻本 九行二十字白口四周雙邊
五六六 披草二卷 明熊明遇撰 明末刻本 九行廿一字白口左右雙邊
五六七 疏稿一卷 明商周祚撰 明萬曆刻本 九行十八字白口單魚尾四周單邊
五六八 楚臺疏略十卷 明彭宗孟撰 明刻本 八行十八字白口左右雙邊
五六九 督師奏疏十六卷 明孫承宗撰 明末刻本 九行十八字白口單魚尾四周單邊
五七〇 督師奏疏十六卷 明孫承宗撰 清抄本
五七一 督師奏疏十六卷 明孫承宗撰 清抄本
五七二 督師奏疏十六卷 存八卷 三、四、十一至十六 明孫承宗撰 清抄本
五七三 閱關奏稿二卷 明孫承宗撰 明末刻本 九行十八字白口單黑魚尾四周單邊
五七四 曹思誠奏議不分卷 明曹思誠撰 明末刻本 六行十五字白口四周單邊
五七五 皇明李忠文先生集六卷 明李邦華撰 清初刻本
五七六 撫津疏草一卷咨稿一卷 明李邦華撰 明天啟刻本 九行十九字白口四周單邊
五七七 總河奏議四卷 明周鼎撰 明崇禎刻本 九行十九字白口四周單邊單魚尾
五七八 督蘆疏艸一卷 明丁自勸撰 清康熙刻本
五七九 房海客侍御疏三卷 明房可壯撰 明天啟二年自刻本 九行十八字白口四周雙邊
五八〇 司銓疏略六卷 明陸卿榮撰 明萬曆四十八年刻本 十行二十字白口左右雙邊
五八一 司馬奏疏三卷 明王家植撰 清康熙刻本
五八二 奏議二卷 明郭宗都撰 明末刻本 八行十六字白口四周雙邊
五八三 撫梁疏稿四卷撫梁咨稿二卷 明鄭增光撰 明崇禎九年自刻本 九行二十字白口四周單邊
五八四 左少保忠毅公集不分卷 明左光斗撰 附錄一卷 明崇禎刻本 九行十八字白口四周單邊
五八五 桐城左侍御疏稿一卷 明左光先撰 左忠毅公集五卷 清康熙九年敦敘堂刻本
五八六 七月西臺奏疏二卷按遼奏疏二卷賚恤奏疏一卷遼東顛末一卷戔灰草一卷 明方震孺撰 明崇禎刻本 八行十八字白口四周單邊
五八七 柴菴疏集二十卷憶記四卷痛言二卷 明吳甡撰 明弘光元年刻本 八行二十字白口四周雙邊
五八八 柴菴疏集二十卷 明弘光元年刻本 八行二十字白口四周雙邊
五八九 南庚奏議八卷 明呂維祺撰 明崇禎刻本 七行十八字白口四周單邊
五九〇 南庚疏抄二卷 明呂維祺撰 明崇禎刻本 七行十八字白口四周單邊
五九一 周忠毅公奏議四卷 明周宗建撰 錢受益等校 明崇禎熙閣元刻本 九行二十字 卷端及書口上端為墨釘 左右雙邊單魚尾
五九二 周忠毅公奏議四卷 明周宗建撰 熙閣元校 附行實一卷 明周廷祚撰 明崇禎熙閣元刻本 九行二十字白口左右雙邊單魚尾
五九三 常康奏疏二卷 明常康撰 明萬曆刻本 十行廿八字上黑口四周雙邊單魚尾
五九四 雲中約草一卷疏草四卷 明朱泰禎撰 明末雲南刻本 八行十八字白口四周雙邊
五九五 垣中疏議四卷太常寺疏二卷通政疏一卷工部奏疏一卷少宰奏疏六卷詩集一卷書稿六卷雜着一卷 明沈儆炌撰 清順治刻本
五九六 遼東疏稿四卷 明梁自齋撰 清抄本
五九七 殿爭錄六卷 明周永春輯 明萬曆四十一年自刻本 九行十九字白口單魚尾左右雙邊
五九八 寧光先奏稿不分卷 明寧光先撰 稿本
五九九 諫垣奏議不分卷 明寧維楨撰 清瑞安項氏水仙亭抄本
六〇〇 順天題稿不分卷 明抄本
六〇一 總督三邊奏議□□卷 存十卷 九、十一、十四、十六至十八、三十八至四十、四十二 明萬曆刻本 十行二十字白口四周雙邊
六〇二 倪文貞公奏疏十二卷 明倪元璐撰 清倪會鼎訂正 清乾隆三十七年薛士銓刻本
六〇三 華允誠奏稿一卷 明華允誠撰 清乾隆二十四年錢鐵抄本
六〇四 疏草三卷 明黃宗昌撰 附錄一卷 清初刻本
六〇五 疏稿一卷 明黃宗昌撰 稿本 清益洛方跋
六〇六 巡按湖廣疏稿不分卷 明黃宗昌撰 清康熙黃坦抄本
六〇七 撫吳疏草不分卷 明張國維撰 明崇禎刻本 八行二十字白口四周單邊
六〇八 督撫疏稿不分卷 明祁彪佳撰 明末祁氏遠山堂抄本
六〇九 西臺疏草不分卷 明祁彪佳撰 稿本
六一〇 按吳奏疏不分卷 明祁彪佳撰 稿本
六一一 宜焚全稿十八卷 明祁彪佳撰 明末抄本
六一二 祁忠敏公揭帖二十二通 明祁彪佳撰 明抄本

六一三 宜焚小疏五卷 明祁彪佳撰 明崇禎祁氏遠山堂刻本 八行十八字白口四周單邊 按吳疏草一卷 西臺疏草一卷

六一四 祁忠敏公西臺疏草一卷巡城疏抄一卷末上 疏揭稿一卷 明祁彪佳撰 清初祁氏遠山堂抄本 清祁理孫批校並跋

六一五 疏草不分卷 明鄭鄤撰 明崇禎刻本 九行二十字白口四周單邊 存一百葉 一至一百

六一六 樞政錄□□卷 明張鳳翼撰 明崇禎刻本 九行二十字白口左右雙邊 存五卷 三、五、八至十

六一八 江西疏稿不分卷 明王萬象撰 明抄本

六一九 巡按江西監察御史王萬象題本不分卷 明王萬象撰 明抄本 九行二十字白口四周單邊

六二〇 疏草二卷 明李覺斯撰 清初刻本

六二一 奏牘八卷 明凌義渠撰 明崇禎刻本 九行二十字白口四周單邊

六二二 凌忠介公奏疏一卷 明凌義渠撰 清抄本 清潘志萬跋

六二三 河瀆奏疏不分卷 明周堪賡撰 清初抄本

六二四 撫鄖疏稿不分卷 清王鰲永撰 明崇禎刻本 九行二十字白口四周單邊

六二五 奏牘不分卷 明郭正中撰 明崇禎刻本 八行二十字白口四周單邊

六二六 懷葊野抄十一卷 明蔡士順輯 明崇禎刻本 九行二十字白口四周單邊

六二七 聖主中興全盛策三錄附一卷 明何光顯撰 明刻本 九行二十字白口四周雙邊

六二八 張漢儒揭錢瞿疏稿一卷 明張漢儒撰 清初抄本

六二九 故明工科給事中范公奏揩一卷 明范淑泰撰 清初西郵抄本

六三〇 樸菴疏草不分卷 明姚思孝撰 明崇禎刻本 七行十八字白口四周單邊

六三一 金雙巖中丞集四卷 明金光辰撰 清初刻本

六三二 少詹事楊公奏疏不分卷 明楊觀光撰 清稿本

六三三 萊居封事二卷 明張鐳彥撰 張明弼輯 明崇禎刻本

六三四 疏草一卷 明王調鼎撰 明崇禎刻本 八行十九字白口四周單邊

六三五 真定奏疏一卷 明衛禎固撰 附刻一卷 清衛執蒲撰 清康熙刻本

六三六 諫垣疏草不分卷 明李清撰 明崇禎刻本 九行二十字白口左右雙邊 卷末殘 存：上書三疏、今書十五疏

六三七 兵垣奏議一卷 明陳子龍撰 明末刻本 九行二十字白口四周單邊

六三八 愛書一卷 明崇禎刻本 九行十九字白口四周單邊

六三九 李文襄公奏議二卷奏疏十卷別錄六卷 清李之芳撰 年譜一卷 清程光褆撰 清康熙刻本

六四〇 洪承疇奏稿不分卷 清洪承疇撰 清順治四年抄本

六四一 洪承疇揭帖一卷 清洪承疇撰 清順治十六年抄本

六四二 王鰲永奏疏不分卷詩稿一卷 清王鰲永撰 清蒼檜閣抄本

六四三 王明德奏疏一卷 清王明德撰 清抄本

六四四 戶科給事中郝傑奏疏不分卷 清郝傑撰 清初刻本

六四五 疏草不分卷 清許作梅撰 清順治十六年刻本

六四六 按閩奏議三卷 清朱克簡撰 朱士彥抄本

六四七 禮垣疏草一卷 清杜漺撰 清順治刻本

六四八 巡鹽題稿□卷 清霍弘祚撰 清康熙刻本 存一卷 上

六四九 中山集錦江十六疏一卷 清郝浴撰 清順治李之粹等刻本

六五〇 中山奏議四卷 清郝浴撰 清康熙刻本

六五一 成都諫奏疏一卷 清成克鞏撰 清抄本

六五二 奏疏不分卷 清姚廷啟撰 清康熙刻本

六五三 疏稿一卷 清胡文學撰 清康熙二年自刻本

六五四 西臺奏議二卷 清蕭震撰 清康熙八年刻本

六五五 入告初編一卷二編一卷三編一卷遺編一卷 清張惟赤撰 清順治刻康熙續刻本

六五六 南臺遺疏不分卷 清何元英撰 清康熙四十三年高熙馭刻本

六五七 撫吳封事八卷輯瑞陳言一卷督漕封事一卷撫楚封事一卷撫黔封事一卷 清慕天顏撰 興革事宜略四卷 清盛符升撰 清康熙刻本

六五八 萬庵奏疏不分卷 清馮甦撰 清抄本

六五九 奏疏不分卷 清楊雍建撰 清康熙刻本

六六〇 西臺奏議一卷黃門奏疏二卷 清楊雍建撰 清道光二十五年楊氏述鄭齋刻本 錢元濟題識

六六一 撫黔奏疏八卷 清楊雍建撰 清康熙刻本

六六二 奏議不分卷 清魏雙鳳撰 清康熙十四年刻本

六六三 奏疏不分卷 清趙之符撰 清康熙刻本
六六四 鎮虔奏疏二卷 清胡有陞撰 清學源堂抄本
六六五 虔南奏議□□卷 清劉武元撰 清抄本
存二卷 二、四
六六六 王中丞題稿一卷 清王繼文撰 清抄本
六六七 三撫密奏疏稿三卷 清佟國器撰 清初刻本
撫閩密奏一卷 撫虔密奏一卷 撫浙密奏一卷
六六八 三撫捷功奏疏二卷 清佟國器撰 清初刻本
撫閩奏疏一卷 撫浙奏疏一卷
六六九 總督奏議六卷 清李蔭祖撰 清康熙刻本
六七〇 總督奏議六卷 清李蔭祖撰 清康熙刻本
六七一 撫浙疏草七卷署督疏草一卷撫浙檄草二卷撫浙移牘一卷 清秦世禎撰 清順治十三年自刻本
六七二 按吳疏稿七卷 清秦世禎撰 清順治刻本
存五卷 一至二、四、六至七
六七三 內銓奏草四卷 清王遐春撰 清順治刻本
六七四 撫吳疏草六卷 清張中元撰 清順治十六年刻本
六七五 奏疏六卷 清張勇撰 清康熙三十五年張雲翼刻本
六七六 龔佳育奏議一卷 清龔佳育撰 清抄本
六七七 平海奏疏總錄不分卷 清施琅撰 施世驃輯 清抄本
六七八 野獲一卷 清楊光先撰 明崇禎銅雀山房刻本 十行廿二字白口四周單邊
六七九 河防疏略二十卷 清朱之錫撰 徐沁輯 清康熙七年木犀香館刻本
六八〇 福建道監察御史程文彝奏疏一卷 清程文彝撰 清抄本
六八一 兩江疏草二十卷附檄草四卷 清董訥撰 清康熙二十八年自刻本
六八二 督漕疏草二十二卷 清董訥撰 清康熙刻本
六八三 都諫奏議一卷 清王曰溫撰 清康熙刻本
六八四 治河奏牘□□卷 清張鵬翮撰 清抄本
存二十二卷 二、四至二十四
六八五 郝華野先生疏稿五卷 清郝琦撰 清雍正郝氏刻本
六八六 華野疏稿五卷 清郝琦撰 清抄本
六八七 華野疏稿五卷 清郝琦撰 年譜一卷 清郝廷翼撰 清抄本
六八八 郝華野先生疏稿不分卷 清郝琦撰 清抄本
六八九 海昌查氏奏疏一卷 清查昇、查昌鴻撰 稿本
六九〇 張文敬公奏疏佚稿不分卷 清張大有撰 稿本
六九一 防河奏議十卷 清嵇曾筠撰 清雍正十一年刻本
六九二 黃叔璥河南糧儲驛鹽道任內文稿不分卷 清黃叔璥撰 清抄本
六九三 撫浙疏草五卷檄草二卷移牘一卷 清朱昌祚撰 清康熙三年刻本
六九四 撫吳疏草五十六卷 清韓世琦撰 清康熙五年刻本
六九五 撫東奏疏一卷 清周有德撰 清康熙七年刻本
六九六 總制浙閩疏章四卷 清劉兆麒撰 清康熙十一年自刻本
六九七 于山奏牘七卷詩詞合選一卷 清于成龍撰 清康熙二十二年劉鼎刻本
六九八 于山奏牘七卷詩詞合選一卷 清于成龍撰 清康熙四十二年家刻本
六九九 撫直奏稿不分卷 清于成龍撰 清康熙二十六年刻本
七〇〇 奏疏不分卷 清江繁撰 清康熙三十四年刻本
七〇一 奏疏存稿六卷 清趙良棟撰 清康熙刻本
七〇二 先襄忠公奏疏存藁八卷 清趙良棟撰 清雍正趙之垣刻本
七〇三 清忠堂撫粵奏疏十四卷清忠堂署理總督奏疏一卷 清朱弘祚撰 清康熙刻本
七〇四 康熙兵部尚書殷特布奏摺不分卷 清殷特布撰 清康熙五十一年原摺本
七〇五 平蠻奏疏不分卷 清鄂爾泰撰 清雍正九年刻本
七〇六 硃批鄂爾泰奏摺八卷 清鄂爾泰撰 清抄本
七〇七 鄂爾泰奏稿不分卷 清鄂爾泰撰 清抄本
七〇八 總督福建少保兵部尚書姚公奏疏六卷 清姚啟聖撰 清康熙刻本
存五卷 一、五至六
七〇九 覺羅滿保奏疏□卷 清覺羅滿保撰 清抄本
存一卷 二
七一〇 撫遠大將軍奏稿不分卷 清旺烏哩等撰 清康熙五十八年抄本

七一一 鎮閩疏稿不分卷 清周學健撰 清抄本

七一二 尹文端公奏稿五卷 清尹繼善撰 清抄本

七一三 尹文端公奏議不分卷 清尹繼善撰 清抄本

七一四 總督兩河宣化錄四卷總督河南山東宣化錄四卷 清田文鏡撰 清雍正田文鏡刻本

七一五 總督兩河宣化錄四卷 清田文鏡撰 附回豫宣化錄一卷 清武錫彤撰 清抄本

七一六 宣化錄一卷撫豫宣化錄一卷 清田文鏡撰 清抄本 清查燕緒校

七一七 田文鏡奏疏不分卷 清田文鏡撰 清抄本

七一八 張耀祖摺奏稿一卷 清張耀祖撰 清抄本

七一九 玉華集六卷 清趙宏恩撰 清雍正刻本

七二〇 裴氏奏議不分卷 清裴率度撰 稿本

七二一 望溪奏議不分卷 清方苞撰 清抄本

七二二 修政曆法奏疏不分卷 德國湯若望撰 清初刻本

七二三 楊遇春奏稿不分卷 清楊遇春撰 清抄本

七二四 鹿泉先生奏稿不分卷 清趙佑撰 清抄本

七二五 恩餘堂摺稿一卷 清彭元瑞撰 清抄本

七二六 秋帆尚書奏稿二十二卷 清畢沅撰 清抄本

七二七 畢秋帆奏稿不分卷 清畢沅撰 清抄本

七二八 靈巖奏藁不分卷 清畢沅撰 清抄本

七二九 韓大中丞奏議十二卷 清韓文綺撰 清道光刻本

七三〇 韓大中丞奏議十二卷 清韓文綺撰 清道光刻本 清鄧存詠跋

七三一 課歸地丁全案四卷 清蔣兆奎撰 清乾隆五十八年刻本

七三二 吳菘圃先生奏疏二卷 清吳璥撰 清抄本

七三三 奏稿不分卷 清吳璥撰 稿本
存六卷 二、三、五、七、十八、二十、二十三

七三四 雅爾圖奏疏不分卷 清雅爾圖撰 稿本

七三五 撫豫奏稿一卷 清雅爾圖撰 清抄本

七三六 心政錄奏疏四卷檄示一卷 清雅爾圖撰 清乾隆刻本

七三七 心政錄奏疏三卷檄示七卷 清雅爾圖撰 趙城等輯 清抄本

七三八 心政錄七卷 清雅爾圖撰 清抄本

七三九 王柔奏稿不分卷 清王柔撰 稿本

七四〇 豫東宣防錄八卷附紀恩錄一卷 清白鍾山撰 清乾隆五年白氏刻本

七四一 張允隨奏疏稿不分卷 清張允隨撰 清抄本

七四二 顧用方奏稿不分卷 清顧琮撰 清乾隆抄本

七四三 浙撫雅爾哈善奏報不分卷 清雅爾哈善撰 清乾隆十七年抄本

七四四 述本堂奏議不分卷 清方觀承撰 清抄本

七四五 撫閩奏稿不分卷 清定長撰 清抄本

七四六 撫閩奏稿不分卷 清定長撰 清抄本

七四七 再撫豫章奏疏八卷附檄稿一卷 清明德撰 清抄本

七四八 奏疏不分卷 清周元理撰 清抄本
存：乾隆三十六年六月至八月、十二月至三十七年二月、三十九年六月、七月、九月至十一月、四十二年四月至八月、四十三年二月至六月、九月至十一月、四十四年二月、五月。

七四九 周元理奏疏不分卷 清周元理撰 清抄本
存：乾隆三十七年六月至十二月、三十九年一月至二月、四十年至四十一年、四十二年十月至十二月、四十三年一月至二月、四十四年一月。

七五〇 滇黔奏稿錄要不分卷 清裘宗錫撰 清抄本

七五一 福康安奏疏不分卷 清福康安撰 清抄本

七五二 勒文襄公奏議不分卷 清勒保撰 清抄本

七五三 磨盾偶存草不分卷 清勒保撰 清抄本 清石韞玉校

七五四 陶文毅公奏議牘不分卷 清陶澍撰 稿本

七五五 中大人奏稿八卷 清中[illegible]撰 清抄本

七五六 魏文恪公奏稿不分卷 清魏元烺撰 清抄本

七五七 林文忠公奏疏文底不分卷 清林則徐撰 稿本

七五八 使粵奏稿二卷兩廣奏稿二卷 清林則徐撰 清林氏雲左山房抄本

七五九 林則徐公牘不分卷 清林則徐撰 清抄本

七六〇 奏摺存草一卷 清祁寯藻撰 清抄本

七六一 賜錦堂江督奏疏稿二卷 清牛鑑撰 清抄本

七六二 裕東巖奏稿不分卷 清裕泰撰 清抄本

七六三 德楞泰奏稿不分卷 清德楞泰撰 清查峰草堂抄本

七六四 稼門奏稿不分卷 清汪志伊撰 清抄本

七六五 介然公萬言書一卷 清周介然撰 清嘉慶抄本
七六六 陔華館摺稿一卷 清□□存撰 清抄本
七六七 陸文節公奏議一卷 清陸建瀛撰 清抄本
七六八 先都御史奏疏三十六卷 清楊以增撰 楊紹和輯 稿本 存二十一卷 一至五、九至十、十二至十九、二十二至二十五、二十五、二十九、三十三、三十五。
七六九 管適庵奏稿不分卷 清管適庵撰 稿本
七七〇 花沙納奏摺一卷 清花沙納撰 清抄本
七七一 季仙九奏稿不分卷 清季芝昌撰 附裕集庵奏稿不分卷 清裕泰撰 清抄本
七七二 少宰王公奏議四卷 清王茂蔭撰 清王氏雙漢草堂抄本
七七三 王茂蔭奏稿不分卷 清王茂蔭撰 清光緒毛慶蕃抄本 李士棻跋
七七四 福中丞奏稿不分卷 清福濟撰 清抄本
七七五 河南守城保案奏稿一卷 清黄贊湯撰 稿本
七七六 張文毅公奏疏八卷 清張芾撰 清抄本
七七七 有餘閒館奏稿類編四十四卷續編四十七卷 清何桂清撰 稿本 存類編九卷 二、十、十二、十九、二十一、二十三、二十六、二十九、三十二。續編三十九卷：二、四至十一、十五至十七、二十至二十三、二十五、二十七至三十二、三十四至四十五、四十七。又一冊不詳卷次。
七七八 曾國藩奏議公牘不分卷 清曾國藩撰 稿本
七七九 直隸總督府奏摺不分卷 清曾國藩撰 稿本
七八〇 曾文正公奏議公牘不分卷 清曾國藩撰 清抄本
七八一 曾文正公奏稿三十卷 清曾國藩撰 清抄本
七八二 求闕齋奏疏不分卷 清曾國藩撰 清嚴樹成抄本
七八三 山東剿捻奏稿二卷 清曾國藩撰 清抄本
七八四 湘鄉疏草不分卷 清曾國藩撰 稿本
七八五 慶保辦理永北大姚軍務奏稿不分卷 清慶保撰 清道光抄本
七八六 康琴舫侍郎奏稿不分卷 清康兆鳴撰 清康氏慶餘堂抄本
七八七 覃齋奏稿不分卷 清翁同書撰 稿本
七八八 翁文勤公查辦雷營委員參案摺稿一卷 清翁同書撰 清抄本

七八九 蔡太史奏稿不分卷 清蔡壽祺撰 清同治四年抄本
七九〇 劉侍郎奏議六卷 清劉崐撰 清抄本
七九一 狄雲行館奏議四卷 清王家璧撰 稿本
七九二 漕倉奏疏二卷 清□雪撰 清董光增抄本
七九三 李鶴年奏稿不分卷 清李鶴年撰 清抄本
七九四 軍務稟稿不分卷 清張兆棟撰 清抄本
七九五 華堯峰方伯奏稿不分卷 清華祝三撰 稿本
七九六 議復興辦鐵路奏稿不分卷 清黄彭年撰 稿本 許石梓題詩
七九七 沈文肅公奏稿不分卷 清沈葆楨撰 稿本
七九八 奏稿不分卷 清孫楨撰 清抄本
七九九 郭侍郎奏疏一卷 清郭嵩燾撰 清抄本
八〇〇 曾璧光奏稿不分卷 清曾璧光撰 清抄本
八〇一 平回奏疏一卷 清達汝河撰 清抄本
八〇二 興闊奏稿不分卷 清興德、闊福撰 清抄本
八〇三 兩廣夷務奏稿一卷 清耆英撰 清抄本
八〇四 龍堆奏議不分卷 清□□□撰 清抄本
八〇五 左宗棠參成祿摺不分卷 清左宗棠撰 清同治十二年抄本
八〇六 恪靖疏稿不分卷 清左宗棠撰 清抄本 存：同治十三年二至四、五至十月，十年至十五年補遺，光緒三年四至六、十一月，五年十月
八〇七 李方伯奏稿一卷 清李元度撰 清抄本
八〇八 退圃老人直督奏議不分卷 清王文韶撰 稿本 存：光緒二十一年正月、二月、三月，二十二年二月、三月、五月、六月、七月、九月、十月、十一月、十二月下
八〇九 退圃老人直督丙申奏議不分卷 清王文韶撰 稿本 存：光緒二十一年五月、四月至十一月
八一〇 平遠宮保奏議不分卷 清丁寶楨撰 稿本
八一一 萬培因奏稿不分卷 清萬培因撰 清抄本
八一二 兩江總督怡良奏稿不分卷 清怡良撰 清抄本
八一三 鎮守荊南奏稿八卷督師三楚奏稿□□卷 清官文撰 清抄本 存六十四卷 鎮守荊南奏稿全、督師三楚奏稿一至十五、二十一至五十五、五十七至六十六

八一四　僧王奏稿一卷　清僧格林沁撰　附李元度致石達開書　清李元度撰　清咸豐十年刻本
八一五　翁氏奏稿不分卷　清翁同龢撰　稿本
八一六　京外駐京文武各衙員事務題件實錄奏報不分卷　清世鐸等撰　清咸豐十一年抄本
八一七　宮同蘇館奏疏擬稿六卷　清金安清撰　張履熙輯　稿本
八一八　科爾沁郡王奏稿不分卷　清僧格林沁撰　清抄本
八一九　張之洞晉撫任內奏稿二卷　清張之洞撰　稿本
八二〇　張香濤制軍奏稿不分卷附黄體芳等疏鈔一卷　清張之洞撰　清抄本
八二一　退菴未焚草不分卷　清延茂撰　清抄本
八二二　洪鈞奏稿不分卷　清洪鈞撰　稿本
八二三　愙齋撫湘奏稿不分卷　清吳大澂撰　稿本
八二四　吳愙齋奏稿不分卷　清吳大澂撰　稿本
八二五　吳愙齋奏摺不分卷　清吳大澂撰　稿本

三七

八二六　陶模疏稿□□卷　清抄本
存：光緒十九年四月
八二七　都興阿奏稿不分卷　清都興阿撰　清抄本
八二八　清兩湖總督兩廣總督奏議不分卷　清李瀚章撰　清抄本
八二九　代言集不分卷　清錢鼎銘撰　葉爾安代撰　稿本　葉景葵跋
八三〇　丁禹生政書三十五卷　清丁日昌撰　清溶潤廬寫抄本
八三一　小舫奏議十卷　清熙麟撰　稿本
八三二　蒙墾奏稿不分卷　清貽穀撰　清抄本
八三三　軍務奏摺稿不分卷　清文俊撰　清抄本
八三四　夏震武奏議不分卷附名見恭記　清夏震武撰　清抄本
八三五　劉錦棠疏稿□□卷　清劉錦棠撰　稿本
存：光緒八年四至十二月、九年一、二、四、五、七至十二月、九年閏正、十年一、二、九至十二月、十一年一、二、七、八、九、十一、十二、十二年三、四、七至十二月
八三六　端忠敏公奏稿十六卷　清端方撰　稿本
八三七　毓應祺函電奏稿不分卷　清毓應祺撰　稿本

八三八　毓應祺函電奏稿不分卷　清毓應祺撰　清抄本
八三九　李勤恪公奏議不分卷　清李興銳撰　清抄本
八四〇　岑春煊奏稿不分卷　清岑春煊撰　清光緒抄本
八四一　龐鴻書撫黔奏稿不分卷　清龐鴻書撰　稿本
八四二　海防條議不分卷　清丁日昌撰　清末抄本
八四三　裕鋼奏牘電稿不分卷　清裕鋼撰　清光緒抄本
八四四　憲政條陳書一卷　清馮宗道撰　清宣統抄本

三八

收藏情況表

表一

書名編號		藏書單位
史 詔令奏議	1	0201
	2	0101
	3	0201
	4	0201
	5	0201
	6	0101
	7	0101
	8	0101
	9	0241
	10	1601◎
	11	0141◎
	12	1705
	13	0101◎
	14	0201
	15	0101
	16	0241 0301
	17	0201
	18	2501
	19	2541
	20	1701
	21	0101◎
	22	1606◎
	23	0201◎
	24	0101◎
	25	0101◎
	26	1601◎
	27	0101◎
	28	0101
	28	0101◎ 1601◎
	29	1801
	30	0102◎ 0142◎ 0201◎ 0242 0701◎
	31	0144◎ 0145◎ 0163◎ 0164◎ 0181 0201 0404◎ 1601◎ 2702
	32	0242
	33	0181
	34	0101
	35	0701
	36	2541

書名編號		藏書單位
史 詔令奏議	37	0141
	38	0101
	39	0101◎
	40	0101 0181
	41	0181
	42	0101
	43	0101 0871◎
	44	0161◎ 1601
	45	2541
	46	0141
	47	0101
	48	0181
	49	0101 0181
	50	0201
	51	0301
	52	1641
	53	0144
	54	1601
	55	0141
	56	0141
	57	0101
	58	0301
	59	0101
	60	0701
	61	0101◎ 0161◎ 0242◎ 0520 1601◎
	62	0101
	63	0101
	64	0161
	65	0301
	66	0181
	67	0181 0483 0701 0941 2461
	68	0181
	69	0150 0181 0406 0483 0701 2461
	70	0181
	71	0181 0406 0483 0701 2461
	72	0181
	73	0102 0141 0181 0406 0701 2461
	74	0181
	75	0101 0701 1050 2461

表二

書名編號		藏書單位
史 詔令奏議	76	0181
	77	0181
	78	0181 0701
	79	0181
	80	0181
	81	0181
	82	0181
	83	0181
	84	0181
	85	0101
	86	0101
	87	1701
	88	0101
	89	0201
	90	0181
	91	0101 0102 0142 0150 0162 0197 0241 0301 0501 0701 1201 1501 1910 2302 2345 2586 2843 2901
	92	2701
	93	1705
	94	0141
	95	0181
	96	0181
	97	0181
	98	0102 0142 0166 0181 0520◎ 0701 2701◎
	99	0142◎ 0150◎ 0181 0242◎ 0701 0703◎ 1581◎ 2750◎
	100	0142 0144 0161 0163 0197 0242 0602 0701 0801 0842 2042 2301 2501 2707 2701 2750
	101	0161
	102	0181
	103	0161
	104	0141 0144◎ 0150 0161 0181 0201 0242 0341 0501◎ 0520◎ 0801 0842 1101◎ 1501 1705◎ 1741 1801 2041 2561◎ 2701◎ 2901
	105	1601
	106	0141 0142 0144 0146 0150 0181 0201 0241 0243 0301 0641 0703 0841 0842 0961 1101 1341 1501 1606 1622 1681 1741 1843 2401 2461 2701 2702 2745

書名編號		藏書單位
史 詔令奏議	107	0141 0703 1601
	108	0841
	109	0141 0142 0144 0242 0341 1601 1801 2302
	110	0141 0142 0144 0145 0150 0161 0163 0181 0201 0241 0242 0701 0703 0801 0841 1001 1042 1241 1501 1541 1601 1605 1607 1622 1641 1681 1688 1705 1741 1941 2001 2201 2202 2401 2461 2504 2544 2583 2603 2701 2706 2741 2745 2752
	111	0142 0150 0201 0242 0301 0592 0705 0801 1501 1605 1731 1801 2583 2702 2745
	112	1641
	113	0141
	114	0201
	115	0102 0142 0161 0741 1681 1701 2541 2702
	116	0101 0144 0146 0161 0201 0801 1501 1522◎ 1741 2701
	117	1741
	118	0101 0163 0801 0841◎ 2402
	119	0197 0201 1605 1606 1701 1801
	120	0146◎ 0301 0842◎
	121	0301 1605
	122	0197
	123	0142 2401
	124	0801
	125	0902
	126	0161
	127	0101
	128	0101
	129	0201
	130	0141
	131	0101
	132	0201
	133	1705
	134	0101
	135	0198
	136	0101
	137	0101
	138	0101

表三

書名編號			藏書单位							
史	詔令	139	0101							
	奏議	140	0901							
		141	0101							
		142	0161							
		143	0201							
		144	0163							
		145	0301							
		146	0142							
		147	1701							
		148	0201							
		149	0201							
		150	0141	0145	0842	0901	1701⊕	1705	2501	2745
		151	1601							
		152	0143	0161	0164	0204	1541			
		153	0143	0144⊕	0146	0150	0703	1501	1641	1705⊕
			1941	2401						
		154	0101	0201	1601	1701				
		155	0161							
		156	1501							
		157	0201							
		158	0181⊕	0201	0701⊕	0842⊕	1605	1701	1901⊕	2001
		159	0101⊕	0122	0201⊕	0301	1705⊕	1581		
		160	1601⊕	1741	2301					
		161	0201							
		162	1705							
		163	0101							
		164	0101							
		165	1705							
		166	0141							
		167	1705							
		168	0150	0181						
		169	0141	0164	0541⊕	0703	1641			
		170	0201	1282						
		171	0141							
		172	0101							
		173	0101	0161	0150	0181	0201			
		174	0842⊕	0703	1601	1605				
		175	0701							
		176	1582							

書名編號			藏書单位		
史	詔令	177	0101		
	奏議	178	1701		
		179	0101		
		180	0101		
		181	0101		
		182	0101		
		183	0201	0541⊕	0703⊕
		184	0703		
		185	0101		
		186	0842		
		187	0101		
		188	0141		
		189	0101		
		190	0101		
		191	0141		
		192	0141		
		193	0101		
		194	0101		
		195	0101⊕	1501⊕	
		196	1601		
		197	2001	2301⊕	
		198	0101		
		199	0141	1501	
		200	0101		
		201	0101		
		202	0101		
		203	0701		
		204	1541		
		205	0101		
		206	0101		
		207	0101		
		208	0101		
		209	0101		
		210	0101		
		211	0101		
		212	0101		
		213	0701		
		214	0801		
		215	0101		

表四

書名編號			藏書单位		
史	詔令	216	0101		
	奏議	217	0141		
		218	0101		
		219	0101		
		220	0841		
		221	0181		
		222	1701		
		223	0142		
		224	2041		
		225	2501		
		226	1806		
		227	0101		
		228	2701		
		229	1641		
		230	0101		
		231	0182	0198	1601
		232	0201		
		233	0842		
		234	0142		
		235	0161		
		236	1501		
		237	1801		
		238	0161		
		239	0842		
		240	0150		
		241	0842		
		242	0142		
		243	1601		
		244	2501		
		245	0142		
		246	0101		
		247	0161		
		248	0101		
		249	0101		
		250	0201		
		251	0161		
		252	0341		
		253	0161		
		254	0161		

書名編號			藏書单位
史	詔令	255	0101
	奏議	256	1601
		257	0161
		258	0161
		259	0101
		260	0101
		261	0161
		262	0703
		263	1601
		264	0301
		265	0842
		266	0101
		267	1601
		268	2701
		269	0101
		270	1601
		271	0841
		272	2541
		273	0142
		274	2701
		275	0161
		276	0341
		277	1601
		278	0201
		279	0201
		280	2401
		281	0150
		282	0101
		283	0141
		284	1501
		285	0150
		286	1701
		257	0703
		288	1501
		289	1601
		290	0141
		291	2201
		292	0161
		293	0801

書名編號		藏書單位							
史 詔令	294	0842							
奏議	295	2901							
	296	0150							
	297	0150							
	298	0161							
	299	0150							
	300	0101	0141◎	0142	0201◎	1501	2002		
	301	0141	0201	0301					
	302	0201							
	303	0341							
	304	0101							
	305	0101	0701◎	2241◎	2702				
	306	0141	0701	1701	2541				
	307	0591							
	308	0101							
	309	0801							
	310	0143	0164◎	0341◎	1701	1705◎	1601◎	2702	
	311	0161	0164	1701	2702				
	312	1581							
	313	0101	0201						
	314	0141	0201	0701	0703	2941			
	315	0141							
	316	0101	0341	2401					
	317	0145	0146	2702					
	318	2701							
	319	0161	0201	2401					
	320	1601							
	321	1741							
	322	0101							
	323	0198							
	324	0301							
	325	2541							
	326	1705							
	327	0101	0102	0141	0161	0198	0842	1041	1501
		2501							
	328	1601							
	329	0141							
	330	0341							
	331	0101	0141	0201	0301	0801	1522	1582	1801

書名編號		藏書單位							
史 詔令		2501							
奏議	332	1601							
	333	0141	0145	0163	0182	0201	0701◎	0841	1142
		1701	1705	1741	1881	2001	2341	2701	2702
	334	0101							
	335	0102	0141	0143	0181	0201	0242	1801	2206
		2342	2702						
	336	1601							
	337	0201							
	338	0163							
	339	0101							
	340	0101							
	341	0101							
	342	0101							
	343	1601							
	344	0181							
	345	0591							
	346	0101							
	347	1601							
	348	0241							
	349	1601							
	350	0101◎	0161	0181	0301	1705			
	351	1601							
	352	1582							
	353	0404	1641	2301					
	354	1601							
	355	0101							
	356	0101	0163	0201	0404	0541	1641◎		
	357	1601							
	358	0161							
	359	0101	0242						
	360	0201◎	2541						
	361	1705							
	362	2401							
	363	0101◎	1601	1606					
	364	0141	0242	0520	1701				
	365	0101	1101	2702					
	366	1705							
	367	0301							

表五

書名編號		藏書單位				
史 詔令	368	0141				
奏議	369	0150◎	0242	1705◎		
	370	0101				
	371	1601				
	372	0701				
	373	0301				
	374	0201	0801	1601		
	375	0101				
	376	0201	1601◎	2702◎		
	377	0101◎	1705◎	2001		
	378	0301				
	379	0201	1601◎			
	380	0101				
	381	0142	2001◎			
	382	0101	0141◎	0150	1542	
	383	0101	0141	1001	1901	
	384	0150◎	1601	1741◎		
	385	0201				
	386	0201	1701			
	387	2002				
	388	0841				
	389	1605				
	390	0101				
	391	0102				
	392	0163				
	393	1705				
	394	0101	1605			
	395	0142				
	396	0141				
	397	0201				
	398	2702				
	399	0101				
	400	1705				
	401	1705				
	402	0142	0301◎			
	403	2702				
	404	0141◎	1601◎	2701		
	405	1701				
	406	0101				

書名編號		藏書單位						
史 詔令	407	0101						
奏議	408	0201						
	409	0161◎	0163	1701				
	410	1705						
	411	0141◎	0242	1704				
	412	0141						
	413	0101	0301					
	414	0141						
	415	0141	1601	1801◎				
	416	2301						
	417	2401						
	418	0541						
	419	1705						
	420	1601						
	421	0201						
	422	1701						
	423	0301						
	424	0101						
	425	2002						
	426	2042						
	427	0141◎	1705					
	428	0201						
	429	0141						
	430	1601						
	431	0101						
	432	1705						
	433	0101						
	434	0703						
	435	0141	0142◎	0181◎				
	436	1701						
	437	0164	0842◎					
	438	0141						
	439	0101	1601					
	440	0201						
	441	0142						
	442	0101	0163	2201	2401	2701		
	443	0161	0201	1601	1704	1901	2001	2301
	444	0101						
	445	0101						

表六

書名編號	藏書單位
史 詔令奏議 446	0101
447	0164
448	0181 0601 0602 2301
449	1705
450	0101
451	1705
452	0101
453	0101
454	0101
455	0201
456	1601
457	1601
458	1701
459	0141
460	1705
461	0201
462	0141 0161 0181 0841 1601 1701
463	0141
464	0101
465(1)	0101
465(2)	0141 1605
466	0141
467	0101⊕ 0201
468	1701
469	1705
470	1601
471	1705
472	0201
473	1705
474	1601
475	1701
476	0101 0141 0142 0164 0201 0701 1641
477	0101
478	0101⊕ 0841
479	0101
480	0101
481	1684
482	0101
483	0101

書名編號	藏書單位
史 詔令奏議 484	0101 0161 0242 2301
485	0101
486	1501
487	0101
488	1601
489	0841⊕ 1701
490	0101 1702
491	0101 0141
492	0101
493	0141 0842
494	0101
495	0101
496	2702
497	0101 1501⊕
498	0150
499	0101 0142
500	0201
501	1601 0201
502	0141
503	0101⊕ 0841⊕ 1701⊕ 2702⊕
504	0201
505	0201
506	0163 1601
507	0201
508	0161
509	0201
510	0141 1704
511	0161
512	0201
513	0141
514	2561
515	0101
516	0141
517	0101⊕ 1501⊕
518	0101 0201
519	0141
520	0101
521	0101 0301⊕
522	0101 0201

表七

書名編號	藏書單位
史 詔令奏議 523	0101
524	0101
525	0101
526(1)	0703
526(2)	0101 0301 1684⊕
527	2301
528	0201
529	1605
530	2001
531	0101 0161 0841
532	0101 0150⊕ 0161⊕
533	0142 0701 0703 0842⊕ 1501
534	0703
535	0101
536	0101 0142⊕ 0842⊕ 1501⊕
537	0101
538	0101
539	0101 0150
540	0101
541	1501
542	1581
543	0101
544	0201
545	0101
546	0101
547	0141 0161
548	0201 0242
549	0101
550	1605
551	1703⊕
552	0201⊕ 0703 1601⊕ 1741⊕ 2301
553	0101⊕ 0201⊕ 0301
554	0161
555	2383
556	0141
557	1881
558	1701
559	0101 0201
560	0201

書名編號	藏書單位
史 詔令奏議 561	1601
562	0301
563	0101
564	0101
565	0102 0141
566	0102
567	0141
568	1701
569	0141
570	0101
571	1601
572	0201
573	2201
574	0101
575	0101 0141
576	0101
577	0141
578	0101
579	0101
580	0181
581	0101
582	1821
583	0101
584	0101
585	0141
586	0520
587	0101 0501 0592
588	0101 0165 0501 1601 2301
589	0101 0181
590	0101 0161
591	0201
592	0101 0141 0201 0241 0841⊕ 1541 1601 1606 1701
593	0141
594	2901
595	1641
596	0161
597	0141
598	1581

表八

表九

書名編號		藏書單位			
史 詔令奏議	599	1704			
	600	0101			
	601	0703			
	602	2710			
	603	1601			
	604	0101	0301	0341	
	605	1581			
	606	0161			
	607	0101			
	608	0101			
	609	0101			
	610	0101			
	611	0101			
	612	0101			
	613	1701			
	614	1701			
	615	0841			
	616	0101			
	618	0101			
	619	0161			
	620	0161			
	621	0101			
	622	1601			
	623	0101			
	624	0101			
	625	0101			
	626	0101	0291	1501	1601
	627	0101			
	628	0201			
	629	1501			
	630	1601			
	631	0101			
	632	1534			
	633	0150			
	634	0161			
	635	1606			
	636	0201			
	637	0101			
	638	0101			

書名編號		藏書單位							
史 詔令奏議	639	0101	0102	0141	0142	0150	0165	0166	0201
		0301	0341	0701	1501	1601	1605	2001	2042
		2241	2326						
	640	0198							
	641	0101							
	642	1501							
	643	0101							
	644	0101							
	645	0201							
	646	1601							
	647	0101							
	648	0101							
	649	1601							
	650	0142	0242						
	651	0101							
	652	1601							
	653	0101							
	654	0242	2042						
	655	0101●	0142	0201					
	656	0101	1601						
	657	0101							
	658	1707							
	659	0101	0150●	1601	1701	1710			
	660	0201							
	661	0150	0201						
	662	0101							
	663	0101							
	664	0101							
	665	0101							
	666	0101							
	667	0101							
	668	0101							
	669	0101	0703						
	670	0101							
	671	0101							
	672	0101							
	673	0101	0142						
	674	0242							
	675	1601							

表一〇

書名編號		藏書單位					
史 詔令奏議	676	0101					
	677	2501					
	678	1601					
	679	0301					
	680	0101					
	681	0101●	0242	0841●			
	682	0101	1601				
	683	0101					
	684	0101					
	685	0142	1701	1947●			
	686	0101					
	687	1601					
	688	0201					
	689	0241					
	690	1206					
	691	0703	2741●				
	692	0161					
	693	0141	0201	1606●			
	694	0161					
	695	0201					
	696	0101					
	697	0101	0142	0163	0201	0341	1913
	698	0341					
	699	0101					
	700	2584					
	701	0101	0841●				
	702	2601					
	703	1542					
	704	2701					
	705	0101	0150				
	706	2061					
	707	0201					
	708	0201					
	709	0101					
	710	0842					
	711	0201					
	712	0141					
	713	0141					
	714	0701					

書名編號		藏書單位			
史 詔令奏議	715	0150			
	716	0701			
	717	0201			
	718	0101			
	719	0101	0142	0701	2041
	720	0142			
	721	0101			
	722	1641			
	723	0150			
	724	2301			
	725	0201			
	726	0201			
	727	0101			
	728	2401			
	729	0150	0161●		
	730	0201			
	731	0146	0161		
	732	0301			
	733	2302			
	734	0201			
	735	0161			
	736	0141			
	737	0301			
	738	1501			
	739	0301			
	740	0141			
	741	2741			
	742	1741			
	743	0842			
	744	0101			
	745	1501			
	746	0142			
	747	0141			
	748	1681			
	749	1601			
	750	0101			
	751	1601			
	752	0142			
	753	0703			

書名編號		藏書單位
史　詔令	754	2401
奏議	755	0701
	756	0161
	757	0141
	758	1641
	759	0201
	760	0101
	761	1101
	762	0201
	763	0301
	764	1802
	765	0842
	766	1601
	767	2301
	768	1501
	769	2461
	770	0150
	771	0201
	772	1601
	773	1902
	774	0201
	775	1601
	776	1883
	777	2702
	778	2401
	779	2401
	780	2401
	781	2401
	782	1601
	783	1501
	784	0201
	785	2901
	786	0101
	787	0101
	788	0101
	789	2701
	790	2301
	791	2301
	792	2461

表十一

書名編號		藏書單位
史　詔令	793	0301
奏議	794	0703
	795	1912
	796	0101
	797	0150
	798	1701
	799	0150
	800	2701
	801	0341
	802	0601
	803	0161
	804	0101
	805	2701
	806	1441
	807	0201
	808	0201
	809	1701
	810	0142
	811	2001
	812	0161
	813	0101
	814	0201
	815	0201
	816	0842
	817	1710
	818	0142
	819	0161
	820	0161
	821	0701
	822	1684
	823	0201
	824	0201
	825	0281
	826	1441
	827	1601
	828	2401
	829	0201
	830	2561
	831	2701

書名編號		藏書單位
史　詔令	832	1201
奏議	833	0101
	834	1541
	835	1441
	836	0201
	837	0150
	838	2306
	839	0301
	840	1741
	841	0201
	842	0181
	843	0150
	844	0181
	845	0201

表十二

書名編號	藏書單位
史　詔令奏議	

書名編號	藏書單位

未

書名編號	藏書單位

傳記類

總傳

一 劉向古列女傳七卷 漢劉向撰 明黃魯曾贊 續一卷 明嘉靖三十一年黃魯曾刻漢唐三傳本 十二行二十一字白口左右雙邊

二 劉向古列女傳七卷 漢劉向撰 明黃魯曾贊 續一卷 明嘉靖三十一年黃魯曾刻漢唐三傳本（清黃丕烈校並跋）十二行二十一字白口左右雙邊

三 劉向古列女傳七卷 漢劉向撰 明黃魯曾贊 續一卷 明嘉靖三十一年黃魯曾刻漢唐三傳本 清陳鱣跋、吳騫校 十二行二十字白口左右雙邊

四 劉向古列女傳七卷 漢劉向撰 明黃魯曾贊 續一卷 明嘉靖三十一年黃魯曾刻漢唐三傳本 當健錄清黃丕烈校 十二行二十字白口左右雙邊

五 劉向古列女傳七卷 漢劉向撰 續一卷 明萬曆三十四年唐錦池文林閣刻本 十行二十字白口四周單邊

六 劉向古列女傳七卷 漢劉向撰 續一卷 明萬曆三十四年唐錦池文林閣刻本（卷二至三配抄本） 徐沅跋並臨清吳騫校 十行二十字白口四周單邊

七 劉向古列女傳七卷 漢劉向撰 續一卷 明萬曆三十四年唐錦池文林閣刻本 吳盦過錄清吳騫批校 徐康題識 十行二十字白口四周單邊

八 古列女傳七卷 漢劉向撰 續一卷 明末張溥刻本 九行十八字白口左右雙邊

九 新鐫增補全像評林古今列女傳八卷 漢劉向撰 明茅坤補 明彭烊評 明書坊唐富春刻本 十行二十字白口左右雙邊

一〇 古列女傳七卷 漢劉向撰 續一卷 攷證一卷 清顧廣圻撰 清嘉慶元年顧之逵小讀書堆刻本 清吳騫校

一一 古列女傳七卷 漢劉向撰 續一卷 考證一卷 清顧廣圻撰 清嘉慶元年顧之逵小讀書堆刻本 清孫星衍校 莫棠跋

一二 列女傳八卷 漢劉向撰 清梁端注 清道光十七年汪氏振綺堂刻本 清陳倬校並跋

一二 列女傳十六卷 明真誠堂刻本 十行廿一字白口四周單邊 存十二卷 三至十四

一三 列女傳十六卷 漢劉向撰 明汪氏增輯 仇英繪圖 明萬曆汪氏刻清乾隆四十四年鮑氏知不足齋印本

一四 列女傳集注八卷 補遺一卷 附錄一卷 清蕭道管撰 清光緒刻本 王國維校

一五 古今列女傳三卷 明解縉等撰 明永樂元年內府刻本 十行十八字黑口四周雙邊

一六 古今列女傳三卷 明解縉等撰 明永樂元年內府刻本 卷二傳卅二字外字以行間黑口四周雙邊

一七 古今列女傳三卷 明解縉等撰 明永樂元年內府刻本 清丁丙跋 十行十八字黑口四周雙邊

一八 高士傳三卷 晉皇甫謐撰 明黃省曾頌 明嘉靖三十一年黃省曾刻漢唐三傳本 十二行二十字白口四周單邊

一九 高士傳三卷 晉皇甫謐撰 明黃省曾頌 明嘉靖三十一年黃省曾刻漢唐三傳本 清丁丙跋 十二行二十字白口左右雙邊

二〇 高士傳二卷 晉皇甫謐撰 續高士傳十卷 明皇甫涍撰 明嘉靖刻本 十行二十字白口左右雙邊

二一 高士傳三卷 晉皇甫謐撰 清刻廣漢魏叢書本 清孫志祖、孫同元校

二二 刪補高士傳三卷 續補三卷 晉皇甫謐撰 清楊尚介刪補並撰續補 清康熙五年至七年刻本

二三 高士傳四卷 明薛應旂撰 明隆慶刻本 十行二十字白口四周單邊

二四 續高士傳十卷 明皇甫涍撰 明姚氏茶夢齋抄本

二五 高士傳贊三卷 清王道徵撰 稿本

二六 太學分門增廣聖賢事實□卷 漢唐事實□卷 宋刻本 十行十六字白口四周雙邊雙魚尾 存三卷 聖賢事實三（一至廿七葉） 漢唐事實八、九

二七 新刊官板批評正百將傳十卷 宋張預輯 明趙光裕評 新刊官板批評續百將傳四卷 明何喬新輯 趙光裕評 明萬曆仁壽堂刻本 十行二十字白口四周單邊

二八 新刻批評百將傳正集十卷 宋張預輯 續集四卷 明何喬新輯 明天啟四年起秀堂刻本 十行廿三字白口

二九 歷代將鑑博議十卷 宋戴溪撰 清鄭氏書帶草堂抄本

三〇 歷代經世詳說六卷附錄一卷 元方回撰 明抄本

三一 孝順事實十卷 明成祖朱棣撰 明永樂十八年內府刻本 十行十九字上下黑口四周雙邊

三二 歷代臣鑑三十七卷 明宣宗朱瞻基撰 明宣德元年內府刻本 十行二十字黑口四周雙邊

三三 歷代臣鑒三十七卷 明宣宗朱瞻基撰 明宣德元年內府刻本 清丁丙跋 十行二十字大黑口四周雙邊

三四 歷代君鑒五十卷 明代宗朱祁鈺撰 明景泰四年內府刻本 十行二十字大黑口四周雙邊

三五 歷代君鑒五十卷 明代宗朱祁鈺撰 明景泰四年內府刻本 清丁丙跋 十行二十字大黑口四周雙邊

三六 名相贊五卷 明尹直撰 清曹氏倦圃抄本

三七 歷代忠義錄十四卷 明王寶撰 明刻本 十行二十字白口四周單邊 存十二卷 三至十四

三八 二俠傳二十卷 明徐廣編 明萬曆四十一年刻本 八行二十字白口四周單邊

三九 歷代古人像贊不分卷　明弘治十一年刻本

四〇 古今人物志略十二卷　明何堅輯　明嘉靖四十四年俞前溪刻本
存十一卷（一至十、十二）

四一 集古像贊一卷　明徐承恩輯　清影明抄本

四二 新鍥評林旁訓薛鄭二先生家藏酉陽搜古人物奇編十八卷首一卷　明薛應旂輯　鄭以偉注評　明萬曆三十七年書林余彥光刻本　九行廿二字小字雙行同白口

四三 新鍥評林旁訓薛湯二先生家藏酉陽搜古人物奇編十八卷首一卷　明薛應旂輯　湯賓尹注評　明萬曆四十四年鄭名猶刻本　九行廿二字小字雙行同白口四周單邊

四四 重刻聖賢圖像不分卷　明大雅堂刻本　十行二十字白口四周雙邊

四五 帝鑑圖說不分卷　明張居正等撰　明萬曆元年刻本　九行十九字白口四周雙邊

四六 帝鑑圖說六卷　明張居正等撰　明萬曆三十二年金濂刻本　九行廿一字白口四周單邊有刻工

四七 帝鑑圖說六卷　明張居正等撰　明天啟二年刻本　九行十九字白口單魚尾四周雙邊

四八 帝鑑圖說六卷　明張居正等撰　清嘉慶二十四年張赤焙等純忠堂刻本　清翁同龢批注並抄補

四九 帝鑑直解二卷　明張居正輯　明抄本

五〇 高奇往事十卷　明何鏜撰　明萬曆刻本　十行二十字白口四周單邊

五一 師資論統一百卷　明周仁撰　周良金增　明刻本　十行廿二字白口四周單邊
存十一卷　十五至廿一、廿五至廿八

五二 碩輔寶鑑要覽四卷　明耿定向輯　明嘉靖四十五年刻本　九行二十字白口雙邊有刻工

五三 碩輔寶鑑要覽四卷　明耿定向輯　明萬曆七年建安楊肇刻本　九行十七字白口單邊

五四 碩輔寶鑑要覽四卷　明耿定向輯　明刻本　九行二十字小字雙行同白口四周單邊

五五 碩輔寶鑑四卷　明耿定向輯　明抄本
存一卷　四

五六 守令懿範四卷　明蔡國熙撰　明隆慶四年劉世昌刻本　九行十九字白口左右雙邊有刻工

五七 守令懿範四卷　明蔡國熙撰　明隆慶六年錢養廉、周成章刻本　九行十九字白口四周雙邊

五八 守令懿範四卷　明蔡國熙撰　明王好義刻本　梁雲龍等校　九行十八字白口四周雙邊

五九 守令懿範四卷　明蔡國熙撰　曾忠道等輯　明刻本　九行十九字白口左右雙邊

六〇 小隱書不分卷　題明敬虛子輯　明萬曆刻藍印本　十行二十字白口四周單邊

六一 小隱書全帖一卷　題明敬虛子輯　清初抄本

六二 百將提衡四卷　明穆文熙輯　明萬曆十二年刻本　九行十八字白口四周雙邊單魚尾

六三 全史吏鑑四卷　明徐元太輯　明萬曆涂夢麟、張以翔等刻本　十行廿二字白口四周雙邊有刻工

六四 全史吏鑑四卷　明徐元太輯　明萬曆涂夢麟、張以翔等刻本　清徐時棟跋　十行廿二字白口四周雙邊

六五 全史吏鑑四卷　明徐元太輯　明萬曆涂夢麟、張以翔等刻本　清丁丙跋　十行廿二字白口四周雙邊有刻工

六六 古今廉鑑八卷　明喬懋敬撰　明萬曆九年兩淮都轉運鹽使司刻本　九行十八字白口四周雙邊有刻工

六七 歷代象賢錄二十卷　明鄭良弼輯　皇明任子考　明王世貞撰　明萬曆三十五年刻本　九行二十字白口四周單邊有刻工

六八 歷朝忠義彙編二十二卷　明鄭良弼輯　明萬曆三十九年刻本　九行二十字白口單邊

六九 臺諫寶鑑三卷　明耿廷洞輯　明隆慶五年刻藍印本　十行二十字白口四周雙邊

七〇 重刻古先君臣圖鑑不分卷　明萬曆十二年益藩刻本　十一行至十七行廿一字至廿五字四周單邊

七一 重刻古先君臣圖鑑不分卷　明萬曆十二年益藩刻本　陳乃乾、趙元方跋　十四行至十一行十九字至廿五字

七二 古先君臣圖鑑不分卷　明刻本　十行廿一字白口左右雙邊

七三 鹽梅志二十卷　明李茂春輯　明萬曆三十七年刻本　九行二十字白口單邊

七四 歷代隱逸傳不分卷　明張敘輯　王鶴府題款　稿本　明董宜陽　清葉昌熾跋

七五 貧士傳二卷　明黃姬水撰　王子遇校　明嘉靖刻本　八行十八字白口四周單邊

七六 女範編四卷　明黃尚文輯　明萬曆刻本　九行二十字白口四周單邊

七七 歷代相臣傳一百六十八卷　明魏顯國撰　明萬曆三十四年刻本　十行二十字白口四周單邊

七八 歷代守令傳二十四卷　明魏顯國撰　明萬曆三十四年刻本　十行二十字白口單魚尾四周單邊

七九 歷代守令傳二十四卷　明魏顯國撰　明萬曆三十四年刻本　清丁丙跋　十行二十字白口四周單邊

八〇 孝經列傳七卷　明胡時化輯　明萬曆刻本　七行十五字白口四周單邊

八一 聖學宗傳十八卷　明周汝登撰　明萬曆三十四年刻本　九行十八字白口四周單邊

八二 聖學宗傳十八卷　明周汝登撰　明萬曆刻本　九行二十字白口四周單邊

八三 廉平錄六卷　明傅巖撰、高爲表輯　明萬曆十六年韓璀刻本　九行十九字白口四周雙邊有刻工

八四 遯世編十四卷　明錢一本撰　明真止堂刻本　九行二十字白口單魚尾四周單邊

八五 景行篇四卷　明王養浩輯　明刻本　七行十五字白口
存三卷　二、四

八六 養正圖解不分卷　明焦竑撰　丁雲鵬繪圖　吳繼序書解　明萬曆二十二年吳懷讓刻本　十行廿一字白口四周單邊　清丁丙跋

八七 養正圖解不分卷　明焦竑撰　明萬曆二十二年吳懷讓刻本　十行廿一字白口四周單邊有刻工

八八　養正圖解不分卷　明焦竑撰　明萬曆刻本　十行二十字白口四周單邊　有刻工
八九　養正圖解不分卷　明焦竑撰　清康熙八年曹鈖刻本
九〇　養正圖解不分卷　明焦竑撰　丁雲鵬繪圖　吳繼序書解　清乾隆張様抄本
九一　養正圖解二卷　明焦竑撰　清董誥抄本
九二　御製養正圖讚一卷　清高宗弘曆撰　清董誥抄本
九三　人物概十五卷　明陳尚撰輯　明刻本　十一行廿二字白口左右雙邊
九四　人物概十五卷　明陳尚撰輯　明萬曆刻本　十行廿四字白口四周單邊
九五　蒐集羣書紀載萬年壽錄六卷　明劉維詔輯　明末抄本
九六　事編内篇八卷　明孫慎行輯　明崇禎十一年孫士九刻本　九行二十字白口四周單邊
九七　康吏傳十四卷附康蠹一卷　明黃汝亨輯　明萬曆刻本　八行十九字白口四周單邊
九八　歷代人鑒便覽五卷　明承煌雖撰　明萬曆二十六年刻本　十行廿一字白口單花魚尾四周單邊
九九　仕隱霞標四卷　明龍遇奇撰　明萬曆四十五年自刻本　九行十九字白口四周雙邊
一〇〇　名世編八卷　明吳亮輯　明天啟四年刻本　九行二十字白口四周單邊
一〇一　人鏡陽秋二十二卷　明汪廷訥撰　明萬曆二十八年汪氏環翠堂刻本　九行十八字白口單邊單魚尾
一〇二　三史統不分卷　明屠本畯撰　明屠氏霞爽閣抄本
一〇三　新編歷代名臣芳躅二卷　明金汝諧撰　明萬曆四十三年刻本　十行廿一字白口左右雙邊
一〇四　新編歷代名臣芳躅二卷　明金汝諧撰　明萬曆四十三年刻本　清孫根麟跋　十行二十一字白口左右雙邊單魚尾
一〇五　鏡古錄八卷　明毛鍔九撰　明萬曆武陽書院刻本　九行二十字白口四周單邊
一〇六　註釋評點古今名將傳十七卷附錄一卷　明沐九素輯　明天啟刻本　九行十八字白口四周單邊
一〇七　古今長者錄八卷　明丁明登輯　明天啟刻本　八行二十字白口四周單邊　有刻工
一〇八　古今長者錄八卷　明丁明登輯　清乾隆八年雪洲刻本
一〇九　衡門晤語六卷　明潘京南輯　明刻本　十行二十字小字雙行同白口四周單邊
一一〇　女鏡八卷　明夏樹芳撰　明萬曆刻本　七行十六字白口四周單邊
一一一　栖真志四卷　明夏樹芳輯　明萬曆刻本　七行十六字白口四周單邊　有刻工
一一二　瑞世良英五卷　明金忠輯　明崇禎史應魁刻本　十二行廿七字白口四周雙邊
一一三　宰相守令合宙二十四卷　明吳伯與輯　明末刻本
存十三卷　一至十三
一一四　宰相守令合宙二十四卷　明吳伯與輯　明末刻本　清錢泰吉跋
存十三卷　一至十三
一一五a　醫林續傳不分卷　明劉浴德輯　明萬曆刻本　八行十二字白口四周單邊
一一五b　壽者傳三卷　明沐榮仁撰　清乾隆五十年刻本
一一六　古今宗藩懿行考十卷　明朱常淓輯　明崇禎九年潞藩刻本　九行十八字白口雙魚尾四周雙邊
一一七　為臣不易編不分卷　明黃廷鵠輯　明崇禎刻本　九行二十字白口單邊
一一八　古今義烈傳八卷　明張岱撰　清鳳嬉堂抄本
一一九　逸民史二十二卷　明陳繼儒輯　明萬曆刻本　九行十八字白口左右雙邊
一二〇　新鐫繡像旁批詳註總斷廣百將傳二十卷　明黃道周撰　周亮輔增補　明崇禎十六年刻本　九行二十字白口四周單邊
一二一　忠孝廉節彙集三十四卷　明徐標輯　明崇禎傅少山刻本　八行十八字白口四周單邊
一二二　古今明堂記六卷　明黃景昉撰　清初刻本
一二三　古今明堂記六卷　明黃景昉撰　清抄本　鄭道乾跋
一二四　歷代人模五卷　明王廷拱輯　清乾隆五十七年綠崎山房刻本
一二五　孝史十二卷　明潘振輯　明崇禎潘氏昆山堂刻本　八行二十字白口單邊
孝友傳二十四卷　明鄭漱之撰　明崇禎刻本　八行十九字白口四周雙邊

一二七　景行錄八卷　明鄭漱之輯　明崇禎刻本　九行二十字白口四周單邊
一二八　康濟譜二十五卷　明潘游龍輯　金汝明評　明崇禎十三年五新昇刻本　九行二十字白口左右雙邊
一二九　郡牧康平傳十卷　明王品時撰　明末刻本　八行十八字白口四周單邊
一三〇　三立堂新編閫外春秋三十二卷　明尹商撰　明崇禎刻本　九行十八字白口單黑魚尾四周單邊
一三一　孝紀十六卷拾遺一卷　明蔡保禎輯　明刻本　九行二十字白口四周單邊
一三二　守令寶鑑錄四卷　明馬子騏等輯　明抄本
一三三　詩女史纂十四卷　題明處囊齋主人輯　明刻本　十一行廿四字白口四周單邊
一三四　歷代帝王像四十八幅　明彩繪本
一三五　歷代帝王名臣相不分卷　明繪本
一三六　歷代帝王人臣記不分卷　清抄本　清周錫恩跋
一三七　歷代名人畫像不分卷　明刻本　九行四字白口單邊雙魚尾
一三八　坤史十六卷　題清鬘乾一撰　清順治四年守雅堂刻本　九行二十字白口單邊
一三九　內政輯要二卷　清世杜福輯　清順治十二年內府抄本
一四〇　益智錄二十卷　清孫承澤撰　清康熙十四年刻本

一四一 名世述三卷 清初不昧齋抄本
一四二 古人幾部六卷 清沈光術撰 清初刻本
一四三 聖學知統錄二卷聖學知統翼錄二卷致知格物解二卷 清魏裔介撰 清康熙刻本
一四四 千古奇聞八卷 清李漁輯 清康熙十八年刻本
一四五 希賢錄五卷 清朱顯祖輯 清康熙三十二年大馥堂刻本
一四六 歷代仙史八卷 清王建章撰 清乾隆三十七年公善堂刻本
一四七 林雁塔不分卷 清孔尚任輯 孔衍栻校 清初抄本
一四八 女史全編八卷 清朱鴻圖輯 清康熙三十六年萬卷堂刻本
一四九 程氏人物志八卷 清程之康輯 清康熙程氏延慶堂刻本
一五〇 南陵無雙譜一卷 清金古良撰 清康熙刻本 鄭振鐸跋
一五一 南陵無雙譜一卷 清金古良撰 清乾隆四十八年沈懋發刻本
一五二 鈍菴管見八卷遺補一卷 清王方輯 稿本
一五三 嚌史摘要十卷 清王公治輯 清味蜜室抄本
一五四 垂世芳型十三卷 清金維寧輯 清康熙五十三年滄秋軒刻本
一五五 世寶錄十卷 清戴天章輯 清康熙刻本
一五六 懷山園歷朝名將類編八卷 清林堪輯 清康熙振鄴堂刻本
一五七 歷代名吏錄四卷 清張星薇撰 清雍正湖山草堂刻本
一五八 疑年錄不分卷 清錢大昕撰 稿本 清吳騫校注
一五九 疑年錄四卷 清錢大昕撰 清嘉慶十五年黃錫蕃學易軒抄本
一六〇 疑年錄四卷 清錢大昕撰 清抄本 清吳騫增補校注
一六一 疑年錄四卷 清錢大昕撰 清抄本 清周星詒校補
一六二 疑年錄四卷 清錢大昕撰 續疑年錄四卷 清吳修撰 清嘉慶十八年吳修刻本
一六三 疑年錄四卷 清錢大昕撰 續疑年錄四卷 清吳修撰 清嘉慶十八年吳修刻本 清吳修增補並題記
一六四 補疑年錄四卷 清錢椒輯 清潘康保抄本
一六五 疑年賡錄二卷 清張鳴珂輯 稿本
一六六 四續疑年錄一卷 清朱昌燕輯 稿本
一六七 疑年彙編十六卷 清潘觀保輯 稿本
一六八 疑年彙編二十卷 清潘觀保輯 稿本
一六九 訂補廬中集十卷前集一卷 清周篠長輯 周來賦訂補 稿本
一七〇 古今指掌十二卷首一卷 清歐陽魁、歐陽棫撰 清抄本 清方燕昭跋
一七一 女紅余覽不分卷 題退學老人重訂 清乾隆退學齋刻本
一七二 我師錄不分卷 清葉遠時撰 稿本
一七三 人物通考一百五十二卷 清陶煒輯 清抄本
存一百三十七卷（一至五、十六至三十九、四十六至一百五十二）
一七四 齒德錄四卷 清司馬芙生輯 稿本
一七五 歷代僧儒傳不分卷 清抄本
一七六 孔氏祖庭廣記十二卷 金孔元措撰 蒙古乃馬真后元年孔氏刻本 清錢大昕、瞿中溶、黃丕烈、鄒淵權跋 孫星衍、吳翌鳳題款
一七七 孔氏祖庭廣記十二卷 金孔元措撰 清影蒙古抄本
一七八(1) 孔氏祖庭廣記十二卷 金孔元措撰 清影蒙古抄本 佚名錄清錢大昕跋
一七八(2) 孔氏祖庭廣記十二卷 金孔元措撰 清影蒙古抄本 佚名錄清錢大昕跋
一七九 孔氏祖庭廣記十二卷 金孔元措撰 清抄本
一八〇 孔氏祖庭廣記十二卷 金孔元措撰 清抄本
一八一 闕里誌十三卷 明陳鎬撰 明弘治十八年刻本 十行廿一字白口四周單邊
一八二 闕里誌十三卷 明陳鎬撰 明弘治刻嘉靖萬曆遞修本
一八三 闕里誌十五卷 明陳鎬撰 孔弘幹續修 明嘉靖三十一年孔承業刻本 十行廿一字白口四周單邊
一八四 闕里誌八卷首圖一卷 明陳鎬撰 孔弘幹續修 明嘉靖四十五年刻隆慶五年重修本
一八五 闕里誌十二卷 明孔貞叢撰 明萬曆三十七年刻本 九行廿一字小字雙行同白口四周單邊
一八六 闕里誌十二卷 明孔貞叢撰 明萬曆三十七年刻崇禎修補本
一八七 闕里廣志二十卷 清宋際、宋慶長撰 清康熙十二年刻本
一八八 增修孔庭纂要十卷 明正德十六年刻本 八行廿二字小字雙行同白口左右雙邊
存二卷（一至二）
一八九 聖門通考十二卷年譜二卷 明包大爟撰 續考三卷 明包星撰 明萬曆十五年書林清心堂刻本 十行廿一字小字雙行同白口左右雙邊
一九〇 宗聖譜十四卷 明郁衆撰 明萬曆十六年徐振德刻本 十一行廿四字白口四周單邊
一九一 從祀先賢事蹟錄二十四卷 明李廷寶撰 明嘉靖四十五年刻本 十行廿一字黑口四周雙邊
一九二 儒林全傳二十卷 明魏顯國撰 明刻本 十行二十字白口四周單邊
一九三 孔門傳道錄十六卷 明張朝瑞撰 明萬曆二十六年姚履旋顧端祥刻本 十行二十字白口左右雙邊

一九四 聖門人物志十二卷 明郭子章撰 明萬曆二十二年趙彥刻本 九行廿二字白口四周雙邊
一九五 聖門人物志十二卷 明郭子章撰 明葉夫氏刻本 十行廿三字白口四周單邊
一九六 刻生民未有編四卷續刻一卷 明李燦輯 明萬曆二十六年自刻本 十三行二十字白口四周單邊 孔門遺像一卷 歷世協贈一卷 孔廷任序考次一卷 優崇報式一卷
一九七 孔門源流考十卷 明戴庭槐輯 明萬曆刻本 十行二十字小字雙行白口單魚尾四周雙邊
一九八 聖門志六卷 明呂元善輯 明天啟五年刻本 十行十九字白口左右雙邊單魚尾有刻工
一九九 聖門志六卷附錄一卷 明呂兆善輯 明崇禎三年刻本 六卷十行十九字白口左右雙邊單魚尾
二〇〇 聖賢像贊三卷 明崇禎刻本 十行十九字小字雙行白口左右雙邊單黑魚尾
二〇一 新刻孔門儒教列傳四卷 明刻本 十行二十字小字雙行同白口四周單邊
二〇二 儒林宗派十六卷 清萬斯同撰 清醉經書屋抄本
二〇三 儒林宗派十六卷 清萬斯同撰 清抄本
二〇四 學統五十六卷 清熊賜履撰 清康熙二十四年刻本 清胡煦校
二〇五 學校人物志十二卷首一卷 清童異生輯 清康熙五十六年私淑齋刻本

二〇六 大成通志十八卷首一卷 清楊慶撰 清康熙刻本
二〇七 新刻三士錄四卷 明李庭貴輯 王遴之增輯 明嘉靖四年刻本 九行廿一字黑口上下粗黑口四周雙邊雙魚尾
二〇八 徐蘇傳二卷 明李庭貴輯 王遴之增輯 明永樂二十二年李貴等刻遞修本 十行二十字黑口四周雙邊
二〇九 奇女子傳四卷 明吳震元輯 明刻本 八行十九字白口四周單邊
二一〇 貂璫史鑑四卷 明張世則撰 明萬曆刻本 九行廿一字白口四周雙邊
二一一 貂璫史鑑四卷 明張世則撰 明萬曆刻本 九行廿一字小字雙行同白口左右雙邊
二一二 歷代內侍考十四卷 明毛一公撰 清抄本
二一三 歷代內侍考十四卷 明毛一公撰 清抄本
二一四 歷代內侍考十四卷 明毛一公撰 清抄本
二一五 宦寺考八卷 明李騰芳撰 明天啟吳氏刻本 九行二十字白口單魚尾四周單邊有刻工
二一六 中鑒錄七卷 明刻本 九行二十字白口四周雙邊單黑魚尾
二一七 壺天玉露四卷 明錢澄撰 明天啟五年刻本 九行十九字白口左右雙邊有刻工
二一八 壺天玉露四卷又一卷 明錢澄撰 明天啟五年自刻本 九行十九字白口左右雙邊
二一九 憨士列傳不分卷 明何本暇輯 明萬曆四十年人倫堂刻本 八行十七字白口四周單邊
二二〇 廣卓異記二十卷 宋樂史撰 清康熙刻本

二二一 廣卓異記二十卷 宋樂史撰 清道光二十七年黃秩模遜敏書屋活字印本
二二二 廣卓異記二十卷 宋樂史撰 清道光二十七年黃秩模遜敏書屋活字印本 傅增湘校並跋
二二三 廣卓異記二十卷 宋樂史撰 清抄本
二二四 廣卓異記二十卷 宋樂史撰 清抄本
二二五 廣卓異記二十卷 宋樂史撰 清抄本
二二六 廣卓異記二十卷 宋樂史撰 清抄本
二二七 廣卓異記二十卷 宋樂史撰 清抄本 清丁丙跋
二二八 昭鑒錄五卷 明陶凱、張籌等撰 明初刻本
存一卷 五
二二九 續觀感錄六卷 明方鵬輯 明嘉靖刻本 十一行二十字白口左右雙邊
二三〇 續觀感錄十二卷 明方鵬輯 明刻本 十一行廿三字白口左右雙邊
二三一 關學編四卷 明馮從吾纂 明胡邑世德堂刻本 九行十八字白口四周雙邊
二三二 刻漢唐宋名臣錄五卷 明李廷機編 明萬曆三十四年刻本 九行十八字白口左右雙邊
二三三 宗藩訓典十二卷 明馮柯輯 明萬曆襄藩貞白書院刻本 十一行廿一字白口四周雙邊有刻工
存九卷 子、丑、寅、巳、未、申、酉、戌、亥

二三四 經世要略二十卷 明萬廷言輯 明萬曆三十八年萬廷謙刻本 十行二十字白口四周雙邊
二三五 聖學嫡派四卷 明過庭訓輯 明萬曆四十一年刻本 九行十八字白口雙邊
二三六 聖學嫡派四卷 明過庭訓輯 明天啟元年賀克恭刻本 九行十八字白口四周雙邊
二三七 安危注四卷 明吳甡輯 清初吳元復刻本
二三八 懿畜前編四卷懿畜後編四卷 明黃道周撰 清初梅閣抄本
二三九 廬墓考三卷 明方以智撰 明末刻本 八行十八字白口四周單邊
二四〇 閩義二十二卷 清吳藹公輯 清康熙四十六年劉息照齋園刻本
二四一 洛學編四卷 清湯斌輯 續編一卷 清尹會一輯 清乾隆三年懷澗堂刻本
二四二 北學編四卷 清魏一鰲輯 尹會一訂 戈濤續輯 清乾隆二十九年刻本
二四三 粹史節略十八卷 清初抄本
二四四 歷代名畫錄三卷法書舉要不分卷 清康熙內府抄本
二四五 列史碧血錄五卷 清莊仲方輯 清木活字印本
二四六 蘭閨寶錄六卷 清惲珠輯 稿本
存四卷 二、四至六
二四七 餘師錄四卷 宋王正德撰 清抄本（四庫底本）

傳雲館鈔錄藝事殘帙不分卷 明末抄本 二四八
台學統一百卷 清王棻輯 稿本 二四九
唐宋名臣筆錄二卷 明朱棨輯 明崇禎八年華州知州史文楷刻本 九行十八字白口左右雙邊單魚尾 二五〇
讀史日記二十卷 清路德撰 稿本 二五一
西湖六一泉崇祀錄一卷 清梁燕撰 清抄本 清譚獻校並跋 二五二
新安學繫錄十六卷 明程曈輯 明正德程啓刻清康熙三十五年程陰國重修本 十三行二十三字小字雙行同細黑口四周單邊有刻工 二五三
道南源委錄十二卷 明朱衡撰 明嘉靖刻本 九行二十字白口左右雙邊有刻工 二五四
朱門授受錄十卷 清吳鼐輯 清乾隆抄本 二五五
朱門授受錄十卷 清吳鼐輯 清抄本 清吳友芝題識 二五六
藝林彙譜一卷 清翁方綱撰 沈錫森補 清竹林書塾抄本 二五七
宋元學案補遺四十二卷 清馮雲濠、王梓材輯 稿本 二五八
宋元學案補遺一百卷 清馮雲濠、王梓材輯 稿本 二五九
宋元明餘師錄二十卷 清楊希閔輯 稿本 二六〇
餘師錄後集十卷續集八卷 清楊希閔輯 清抄本 二六一
元明人傳略不分卷 清鄭然輯 稿本 二六二
濟美錄四卷 明鄭燭輯 明嘉靖十四年鄭氏家塾刻本 十行二十字白口四周單邊有刻工 二六三
斗山文會錄五卷 清江德中等纂 清康熙二十年刻本 二六四
留溪外傳十八卷 清陳鼎撰 清康熙三十七年刻本 二六五
婦人集一卷 清陳維崧撰 補一卷 清冒丹書撰 清孫氏壽松堂抄本 清孫峻跋 二六六
婦人集一卷 清陳維崧撰 清孫氏壽松堂抄本 清丁丙跋 二六七
貞烈傳一卷 清朱述善撰 清道光滄道振抄本 二六八
彘齋錄五卷 明張北撰 明嘉靖刻本 八行十八字白口 二六九
彘齋志六卷 明白瑜撰 明萬曆二十八年刻本 九行十九字白口四周單邊 存一 二六九
彘齋志六卷 明白瑜撰 清抄本 二七〇
春秋臣傳三十卷 宋王當撰 明抄本 二七一
標注蜀本王學士當春秋名臣傳三十卷 宋王當撰 明曹嘉之 丘間之校正 明抄本 存十卷 十至十九 二七二
春秋列傳五卷 明劉節撰 明刻本 十行二十或廿一字白口四周單邊 二七三
春秋列傳五卷 明劉節撰 明刻本 十行二十字白口四周單邊 二七四
增釋春秋列傳五卷 明劉節撰 明萬曆三十六年潘搢刻本 十行二十字白口左右雙邊 二七五
春秋列傳八卷 明劉節撰 明萬曆七年劉古志刻本 九行廿一字白口左右雙邊單魚尾 二七六
春秋列傳八卷 明劉節撰 明萬曆十三年大梁刻本 九行廿一字白口四周單邊單魚尾 二七七
春秋列傳十卷 明劉節撰 明刻本 八行十八字白口四周單邊 二七八
纂補春秋諸名臣傳十三卷 明姚涔撰 明隆慶五年安紹芳刻本 十行二十或二十一字白口四周單邊 二七九
孔顏孟三氏志六卷提綱一卷 明劉濬撰 明成化十八年張泰刻本 九行二十字黑口四周雙邊 二八〇
孔孟事蹟圖譜四卷 明季本撰 明重漢臣刻本 十行廿一字白口左右雙邊 二八一
孔孟聖蹟圖一卷 明謝東秀輯 明嘉靖三年郎縣刻本 九行十七、十八字不等小字雙行黑口四周雙邊 二八二
孔門弟子傳略二卷 明夏洪基輯 明崇禎刻本 九行廿一字小字雙行白口四周單邊 二八三
戰國人才言行錄十卷 明秦瀹輯 明嘉靖三十二年歙業書院刻本 十行廿四字白口左右雙邊 二八四
東西漢列傳不分卷 明山椒館抄本 二八五
兩漢高士贊一卷 清張篤慶撰 清初抄本 清趙執信跋 二八六
漢名臣言行錄十二卷 清夏之芳輯 清乾隆十七年植華軒刻本 二八七
漢西京博士考二卷 清胡秉虔撰 清德清戴氏長留閣抄本 清戴望校 二八八
兩漢五經博士考三卷 清張金吾撰 清道光十五年刻本 清王狀聲校跋 二八九
兩漢五經博士考三卷 清張金吾撰 清道光十五年刻本 清王闓雄校注並跋 二九〇
雲臺二十八將圖一卷 清張士保繪 清道光二十六年白松岩刻本 二九一
漢書人名表一卷 清陳倬撰 稿本 二九二
英雄記一卷 題漢王粲撰 清抄本 二九三
國志舉正四卷 清陳景雲撰 清抄本 二九四
季漢五志十二卷 清王復禮撰 清康熙四十一年尊行齋刻本 二九五
季漢百官名簿二卷 清張澍輯 稿本 二九六
五胡指掌編一卷 明季國楨撰 明末刻本 九行二十字白口左右雙邊 二九七
唐才子傳十卷 元辛文房撰 弦異一卷 清陸芝榮撰 清嘉慶十年陸氏三間草堂刻本 二九八
唐才子傳十卷 元辛文房撰 弦異一卷 清陸芝榮撰 清嘉慶十年陸氏三間草堂刻本 清陳鱣校並跋 二九九

唐才子傳校勘記一卷 清陳鍾撰 清道光二十五年管庭芬抄本 清管庭芬跋 三〇〇

唐忠臣錄三卷 明鄭瑄輯 明正德十四年衛膺刻本 十一行二十字黑口四周雙邊 三〇一

唐忠臣錄三卷 明鄭瑄輯 明正德四年歸德州刻本 十行二十字黑口四周雙邊 三〇二

協忠錄三卷 明許南金增訂 清許以政、許企韋重輯 清康熙十年許東衡等刻本 三〇三

協忠錄不分卷 明許南金增訂 清初抄本 三〇四

全唐詩人表一卷 清汪士鋐輯 清抄本 三〇五

凌煙閣功臣圖一卷 清劉源繪 清康熙七年柱笏堂刻本 三〇六

凌煙閣功臣圖像一卷 清劉源繪 清康熙七年柱笏堂刻本 黃賓虹、張宗祥跋 三〇七

孫內翰北里志一卷 唐孫棨撰 清初錢曾述古堂抄本 三〇八

孫內翰北里誌一卷 唐孫棨撰 清抄本 繆荃孫校 三〇九

四朝名臣言行錄□□卷 宋刻本 傅增湘跋 存四卷 一至二、六、八 三一〇

四朝名臣言行別錄□卷 元刻本 存一卷 四 三一一

五朝名臣言行錄十卷三朝名臣言行錄十四卷 宋朱熹輯 宋淳熙刻本 十行十七字小字雙行二十字白口四周雙邊 三一二

一三

五朝名臣言行錄前集十卷後集十四卷 宋朱熹輯 續集八卷別集二十六卷外集十七卷 宋李幼武輯 元刻本 十二行廿三字細黑口左右雙邊有刻工 三一三

五朝名臣言行錄前集十卷後集十四卷 宋朱熹輯 續集八卷別集二十六卷外集十七卷 宋李幼武輯 元刻本 十二行廿三字上下細黑口左右雙邊單魚尾有刻工 存六十二卷 前集一至十、後集一至十四、續集一至八、別集一至十二、外集一至十七 三一四

五朝名臣言行錄前集十卷後集十四卷 宋朱熹輯 續集八卷別集二十六卷外集十七卷 宋李幼武輯 元刻本 十二行廿三字黑口左右雙邊有刻工 存五十七卷 前集一至十、後集一至十四、續集四至八、別集一至十一、外集一至十七 三一五

五朝名臣言行錄前集十卷後集十四卷 宋朱熹輯 續集八集別集二十六卷外集十七卷 宋李幼武輯 元刻本 十二行廿三字細黑口左右雙邊有刻工 存二十二卷 續集一至三、別集三至十三、外集十至十七 三一六

五朝名臣言行錄前集十卷 宋朱熹輯 元刻本 十二行廿三字上下細黑口左右雙邊單魚尾有刻工 三一七

五朝名臣言行錄前集十卷 宋朱熹輯 元刻本 十二行廿三字細黑口左右雙邊有刻工雙魚尾間有單魚尾 存四卷 一、三、六、十 三一八

五朝名臣言行錄前集十卷後集十四卷 宋朱熹撰 明建昌郡齋刻本 十一行廿三字白口四周單邊 三一九

五朝名臣言行錄前集十卷後集十四卷 宋朱熹輯 續集八卷別集十三卷外集十三卷新集十三卷 宋李幼武輯 明正德十三年建陽書肆刻本 十行廿三字注文小字單行四周雙邊小黑口 三二〇

五朝名臣言行錄前集十卷後集十四卷 宋朱熹輯 續集八卷別集二十六卷外集十七卷 宋李幼武輯 明張鰲山刻本 十二行廿三字白口四周單邊 三二一

五朝宋名臣言行錄前集十卷後集十四卷 宋朱熹輯 續集八卷別集二十六卷外集十七卷 宋李幼武輯 明萬曆三十五年黃吉士等刻本 十一行廿二字白口四周單邊有刻工 三二二

一四

宋朱晦菴先生名臣言行錄前集十卷後集十四卷 宋朱熹輯 續集八卷別集十三卷外集十七卷 宋李幼武輯 明崇禎十一年張采刻本 十行二十字白口左右雙邊 三二三

宋名臣言行錄前集十卷後集十四卷 宋朱熹輯 續集八卷別集十三卷外集十七卷 宋李幼武輯 明崇禎十一年張采刻本 清許東批注 十行二十字白口左右雙邊單魚尾 三二四

皇朝名臣言行續錄八卷別集三卷 宋李幼武輯 明初刻本 十二行廿三字黑口左右雙邊 三二五

皇朝道學名臣言行外錄十七卷 宋李幼武輯 明初刻本 十二行二十三字黑口左右雙邊 三二六

皇朝道學名臣言行外錄十七卷 宋李幼武輯 明初刻本 十二行二十三字黑口左右雙邊有刻工 三二七

宋朝道學名臣言行錄外集十七卷 宋李幼武輯 明萬曆三十五年刻本 三二八

清張蓉鏡批校　周錫瓚跋　十一行廿二字白口四周單邊

新纂門目十朝名臣言行錄四十卷　宋刻本　十四行廿三字細黑口左右雙邊　三二九

新刊名臣碑傳琬琰之集上集二十七卷中集五十五卷下集二十五卷　宋杜大珪輯　宋刻本　十五行二十五字白口左右雙邊雙魚尾　三三〇

新刊名臣碑傳琬琰之集上集二十七卷中集五十五卷下集二十五卷　宋杜大珪輯　宋刻本　十五行廿五字白口左右雙邊雙魚尾　三三一

新刊名臣碑傳琬琰之集上集二十七卷中集五十五卷下集二十五卷　宋杜大珪輯　宋刻本（四庫底本　中集六至十二、二十九至五十六、下集（一至六、二十至二十五配明抄本）　清俞樾題款　十五行廿五字白口左右雙邊　三三二

名臣碑傳琬琰之集上集二十七卷中集五十五卷下集二十五卷　宋杜大珪輯　宋刻本（上集十一、下集十九至二十二配清抄本、中集三十二至四十二配另一宋刻明修本）　十五行廿五字白口左右雙邊

存七十六卷　上集一至二十七、中集三十二至五十五、下集一至廿五　三三三

新刊名臣碑傳琬琰之集上集二十七卷中集五十五卷下集二十五卷　宋杜大珪輯　宋刻本　十五行廿五字白口左右雙邊　三三四

存三十一卷　中集一至三十一

一五

新刊名臣碑傳琬琰之集上集二十七卷中集五十五卷下集二十五卷　宋杜大珪輯　宋刻本　曹元忠跋　十五行廿五字白口左右雙邊　三三五

存八十三卷　上集十、十三至廿七、中集十一至廿四、下集一至廿五

新刊名臣碑傳琬琰之集上集二十七卷中集五十五卷下集二十五卷　宋杜大珪輯　宋刻元明遞修本　十五行廿五字白口左右雙邊　三三六

新刊名臣碑傳琬琰之集上集二十七卷中集五十五卷下集二十五卷　宋杜大珪輯　宋刻元明遞修本　十五行廿五字白口左右雙邊雙魚尾　三三七

新刊名臣碑傳琬琰之集上集二十七卷中集五十五卷下集二十五卷　宋杜大珪輯　宋刻元明遞修本　十五行廿五字白口左右雙邊雙魚尾　三三八

新刊名臣碑傳琬琰之集上集二十七卷中集五十五卷下集二十五卷　宋杜大珪輯　宋刻元明遞修本（上集一至十五配清抄本）　十五行廿五字白口左右雙邊　三三九

新刊名臣碑傳琬琰之集上集二十七卷中集五十五卷下集二十五卷　宋杜大珪輯　宋刻元明遞修本（集九、十、十七、十八配清抄本）　十五行廿五字白口左右雙邊　三四〇

新刊名臣碑傳琬琰之集上集二十七卷中集五十五卷下集二十五卷　宋杜大珪輯　宋刻元明遞修本　十五行二十五字白口左右雙邊雙魚尾　三四一

存二十七卷　中集二十九至五十五

新刊名臣碑傳琬琰之集上集二十七卷中集五十五卷下集二十五卷　宋杜大珪輯　宋刻元明遞修本　十五行二十五字白口左右雙邊雙魚尾　三四二

存二卷　中集三十九至四十

新刊名臣碑傳琬琰之集上集二十七卷中集五十五卷下集二十五卷　宋杜大珪輯　宋刻元明遞修本　十五行二十五字白口左右雙邊　三四三

存五卷　中集三十一至三十五

新刊名臣碑傳琬琰之集上集二十七卷中集五十五卷下集二十五卷　宋杜大珪輯　明抄本　三四四

新刊名臣碑傳琬琰之集上集二十七卷中集五十五卷下集二十五卷　宋杜大珪輯　清經鉏堂抄本　三四五

新刊名臣碑傳琬琰之集上集二十七卷中集五十五卷下集二十五卷　宋杜大珪輯　清經鉏堂抄本　三四六

新刊名臣碑傳琬琰之集上集二十七卷中集五十五卷下集二十五卷　宋杜大珪輯　清經鉏堂抄本　三四七

新刊名臣碑傳琬琰之集上集二十七卷中集五十五卷下集二十五卷　宋杜大珪輯　清抄本　清丁丙跋　三四八

皇朝名臣續錄八卷　宋杜大珪撰　明刻本　十二行廿三字黑口左右雙邊　三四九

存六卷　一至六

皇朝名臣言行類編□卷　宋趙元翁輯　宋刻本　十二行廿一字細黑口左右雙邊　三五〇

存十一卷　前集四至七、後集四至七、續刊壬集一至三

皇朝名臣言行別錄□卷　元刻本　十二行廿三字細黑口左右雙邊有刻工　三五一

存一卷　三

名臣經世輯要四卷　元李衎文撰　清抄本　清丁丙跋　三五二

一六

三五三 宋相臣傳□□卷 明初刻本 十行二十字花口 存八卷 九至十六

三五四 宋名臣言行略十二卷 明劉廷元輯 明萬曆刻本 十二行廿三字白口四周單邊單魚尾

三五五 宋三大臣彙志三種十九卷 明鄭鄤輯 明崇禎元年大觀堂刻本 九行十八字白口四周單邊
宋丞相韓忠獻公家傳十卷
宋丞相文山先生别集六卷
宋丞相李忠定公别集三卷

三五六 訓士彙編不分卷 清涑世信撰 清康熙六十年刻本

三五七 宋十賢傳不分卷 清涑世信撰 清乾隆八年刻本

三五八 伊洛淵源錄十四卷 宋朱熹撰 元至正刻本 十一行廿一字黑口雙邊

三五九 伊洛淵源錄十四卷 宋朱熹撰 元至正刻本 十一行廿一字或廿二字小字單行黑口四周雙邊

三六〇 伊洛淵源錄十四卷 宋朱熹撰 明黄瑜刻本 十行十九字粗黑口四周雙邊

三六一 伊洛淵源錄十四卷 宋朱熹撰 明成化九年張瓚刻書林葉氏印本 十行二十字白口左右雙邊

三六二 伊洛淵源錄十四卷 宋朱熹撰 續錄六卷 明謝鐸撰 明嘉靖八年刻本 十行二十字白口左右雙邊

三六三 伊洛淵源錄十四卷 宋朱熹撰 續錄六卷 明謝鐸撰 明嘉靖八年刻本 清王棨校並跋 十一行廿一字白口四周雙邊

三六四 新刊京本伊洛淵源錄十四卷 宋朱熹撰 明萬曆四年積善堂陳氏刻本 十一行廿一字下黑口四周雙邊單魚尾

三六五 伊洛淵源錄十四卷 宋朱熹撰 明刻本 十一行廿一字白口左右雙邊

三六六 伊洛淵源錄十四卷 宋朱熹撰 明刻本 十一行廿一字白口四周雙邊

三六七 伊洛淵源錄十四卷 宋朱熹撰 明刻本 十行二十字白口白魚尾

三六八 伊洛淵源錄十四卷 宋朱熹撰 清康熙刻本 清丁丙跋

三六九 伊洛淵源續錄六卷 明謝鐸撰 明嘉靖八年刻本 清丁丙跋 十行二十字白口左右雙邊

三七〇 伊洛淵源續錄二十卷 清張伯行撰 清張氏正誼堂抄本

三七一 道命錄十卷 宋李心傳輯 明刻本 十三行廿七字白口左右雙邊

三七二 程朱闕里志八卷 明趙滂編 明萬曆刻本

三七三 宋六子傳不分卷附程、朱氏門人傳一卷二張傳一卷 明周鉉撰 明崇禎十五年刻本 九行二十字白口單邊

三七四 蘇米志林三卷 明毛晉輯 明天啓五年毛氏綠君亭刻本 八行十八字白口四周單邊
蘇子瞻二卷
米元章一卷

三七五 宋四家外紀四種五十卷 明陳之伸編 明崇禎二年刻本 十行二十字白口左右雙邊
蔡福州外紀十卷附錄一卷 明徐㶿撰
黄豫章外紀十二卷 明陳之伸撰
米襄陽外紀十二卷 明范明泰撰
蘇東坡外紀十五卷 明王世貞撰

三七五(二) 元祐黨籍錄一卷 明抄本

三七六 道學世家孝書像傳一卷 清稻本戴輯 清康熙清源石室刻本

三七七 家世舊聞二卷 宋陸游撰 明穴研齋抄本 鄧邦述跋

三七八 家世舊聞二卷 宋陸游撰 清影抄穴研齋抄本 李盛鐸題記

三七九 重刊宋朝南渡十將傳十卷 元刻本 清黄丕烈校補並跋 十二行廿一字黑口左右雙邊

三八〇 經進皇宋中興四將傳四卷 宋章穎撰 种太尉傳一卷 宋趙起撰 韓世忠傳一卷 清抄本

三八一 宋中興四將傳四卷 宋章穎撰 种太尉傳一卷 宋趙起撰 韓世忠傳一卷 清抄本

三八二 考亭淵源錄二十四卷 明宋端儀撰 薛應旂重輯 明隆慶三年刻本 十行二十字白口單邊單魚尾有刻工

三八三 慶元黨禁一卷 原題宋樵叟撰 清抄本 清陳國仕跋

三八四 宋遺民錄十五卷 明程敏政輯 明嘉靖二年至四年程威程曾等刻本 九行十七字黑口四周單邊

三八五 宋遺民錄十五卷 明程敏政輯 清康熙三十三年抄本

三八六 宋遺民錄十五卷 明程敏政輯 清初抄本 清黄丕烈校並跋

三八七 宋遺民錄十五卷 明程敏政輯 清乾隆四十三年吳翌鳳抄本 清吳翌鳳校跋並錄黄丕烈校跋

三八八 宋遺民錄十五卷 明程敏政輯 清張德榮抄本 存六卷 一至六

三八九 宋遺民錄不分卷 明程敏政輯 廣宋遺民錄不分卷 明李長科輯 清嘉慶五年韓學敏抄本

三九〇 宋遺民廣錄不分卷 清抄本

三九一 三忠列傳遺民錄不分卷 清抄本

三九二 昭忠錄一卷 清抄本 清羅以智校

三九三 宋季忠義錄十六卷 清萬斯同輯 清抄本

三九四 國朝名臣事略十五卷 元蘇天爵輯 元元統三年余志安勤有書堂刻本

三九五 國朝名臣事略十五卷 元蘇天爵輯 元元統三年余志安勤有書堂刻本 清黄丕烈跋 張金吾校並跋 [illegible]

三九六 國朝名臣事略十五卷 元蘇天爵輯 明祁氏澹生堂抄本 清黄丕烈校跋並抄補缺葉

三九七 國朝名臣事略十五卷 元蘇天爵輯 明抄本（卷一至三配抄本） 馮貞羣考證並跋

三九八 國朝名臣事略十五卷 元蘇天爵輯 清影元抄本

三九九 國朝名臣事略十五卷 元蘇天爵輯 清影元抄本 清沈炳垣校並題識 李兆洛題識 繆荃孫題識

四〇〇 國朝名臣事略十五卷 元蘇天爵輯 清王氏孝慈堂抄本 清朱錫庚題識

四〇一 國朝名臣事略十五卷 元蘇天爵輯 清揚州阮氏抄本

四〇二 國朝名臣事略十五卷 元蘇天爵輯 清抄本 清張紹仁、黃丕烈校並跋

四〇三 國朝名臣事略十五卷 元蘇天爵輯 清抄本 清李文田校並跋

四〇四 國朝名臣事略十五卷 元蘇天爵輯 清抄本（卷六至七、十一至十五配另一清抄本） 清孫頤校

四〇五 元朝名臣事略十五卷 元蘇天爵輯 清乾隆武英殿聚珍版印本 清陳徵校

四〇六 元朝名臣事略十五卷 元蘇天爵輯 清刻本 清邵恩多校並跋 丁丙跋

四〇七 元朝名臣事略十五卷 元蘇天爵輯 清光緒五年徐德宝刻彙補叢書二編本 王國維校並跋

四〇八 元朝名臣事略十五卷 元蘇天爵輯 清抄本

四〇九 元朝名臣事略十五卷 元蘇天爵輯 清抄本 清沫烟校跋並錄黃丕烈題識

四一〇 元儒考略四卷 明馮從吾撰 明萬曆刻本 鄒邦述跋 八行十七字白口四周單邊

四一一 元儒攷略四卷 明馮從吾撰 清道光十七年毛嶽生抄本 清丁丙跋

四一二 元畫家姓氏錄不分卷 清抄本

四一三 青樓集一卷 題元雪蓑釣隱撰 明嘉靖青蘿館刻本

四一四 青樓集一卷 元夏庭芝撰 清初錢氏述古堂抄本

四一五 青樓集一卷 元夏庭芝撰 清抄本 繆荃孫校

四一六 稗史集傳一卷 元徐顯撰 明刻本 十行十八字白口左右雙邊

四一七 草莽私乘一卷 明陶宗儀輯 清初抄本

四一八 草莽私乘一卷 明陶宗儀輯 清抄本

四一九 草莽私乘一卷 明陶宗儀輯 清抄本

四二〇 草莽私乘一卷 明陶宗儀輯 清抄本

四二一 草莽私乘一卷 明陶宗儀輯 清抄本

四二二 草莽私乘一卷 明陶宗儀輯 清趙氏小山堂抄本 清趙烈文校

四二三 草莽私乘一卷 明陶宗儀輯 清抄本 清丁丙跋

四二四 草莽私乘一卷 明陶宗儀輯 清抄本 清周星詒校

四二五 草莽私乘一卷 明陶宗儀輯 清抄本 清周星詒校

四二六 元季伏莽志十卷 清周昂撰 稿本

四二七 七姬詠林三卷 清貝墉輯 清嘉慶二十五年貝氏千墨庵刻道光補刻本

四二八 皇朝名臣言行通錄十二卷 明尹直撰 明弘治十三年刻本 十行廿一字黑口四周雙邊

四二九 皇明名臣錄贊一卷 明彭韶撰 明成化十四年刻本 十行十九字粗黑口四周雙邊

四二九 皇明名臣言行錄繹二卷 明彭韶撰 熊人霖考釋 明崇禎刻本 八行十八字白口單黑魚尾四周單邊

四三〇 皇明開國功臣錄三十一卷續編一卷 明黃金撰 明弘治正德間馬金刻本 十行廿一字黑口四周單邊

四三一 皇明開國功臣錄三十一卷續編一卷 明黃金撰 明弘治正德間馬金刻本 清丁丙跋 十行廿一字白口四周雙邊

四三二 掾曹名臣錄一卷 明王瓊撰 明正德刻本 十行十八字白口左右雙邊 有刻工

四三三 皇明名臣琬琰錄二十四卷后集二十二卷 明徐紘輯 明弘治刻本（卷十九至廿四配清抄本） 十行廿一字小字雙行同黑口四周雙邊

四三四 皇明名臣琬琰錄二十四卷後集二十二卷 明徐紘輯 存三十一卷 明弘治刻本 十行廿一字黑口四周雙邊單黑魚尾 前集一至廿一、後集一至十

四三五 皇明名臣琬琰錄二十四卷後集二十二卷 明徐紘輯 續集八卷 明王道端輯 明嘉靖四十年刻本 十二行廿一字小字雙行同小黑口四周雙邊有刻工

四三六 皇明名臣琬琰錄二十四卷後集二十二卷 明徐紘輯 續集八卷 明王道端輯 明嘉靖四十年刻本 清繆九疇校 丁丙跋 十二行二十一字四周雙邊 前後集黑口有刻工 續集白口

四三七 皇明名臣琬琰錄二十四卷後集二十二卷 明徐紘輯 明抄本

四三八 皇明名臣琬琰錄二十四卷 明徐紘輯 清初抄本

四三九 皇明名臣琬琰錄續集八卷 明王道端輯 清抄本 清繆九疇校

四四〇 皇明名臣琬琰錄二十二卷 明王世貞輯 明抄本

四四〇 琬琰廣錄不分卷 明抄本

四四一 明狀元圖考五卷 明顧鼎臣撰 明萬曆三十五年吳承恩黃文德刻本 九行二十字白口四周單邊有刻工

四四二 狀元圖考六卷 明顧祖訓輯 吳承恩、程一楨補 清陳枚增訂 明萬曆三十五年吳承恩黃文德刻清初陳氏文治堂增刻本 九行二十字白口四周單邊

四四三 新刊皇明名臣言行錄四卷 明楊廉輯 徐咸續輯 明嘉靖二十年施有本刻本 十行二十字白口左右雙邊

四四四 皇明理學名臣言行錄二卷 明楊廉輯 續一卷 明劉澄輯

明嘉靖三十六至四十一年刻本　十行十八字小字雙行白口四周雙邊單魚尾

四四五 皇明理學名臣言行錄二卷　明楊廉輯　續一卷　明劉渾輯　明萬曆十八年崔上榮刻本　十行十八字白口四周雙邊

四四六 近代名臣言行錄十卷　明徐咸撰　明嘉靖十一年刻本　十二行廿三字上下黑口單邊雙魚尾

四四七 近代名臣言行錄十卷　明徐咸撰　明萬曆十六年張祖刻本　九行十九字白口四周單邊

四四八 皇明名臣言行錄前集十二卷後集十二卷　明徐咸輯　明嘉靖二十八年施漸刻本　續集八卷　明徐咸輯　明嘉靖三十九年侯東萊何思刻本　十二行廿三字白口四周單邊

四四九 皇明名臣言行錄前集十二卷後集十二卷　明徐咸輯　明嘉靖二十八年施漸刻本　續集八卷　明徐咸輯　明嘉靖三十九年侯東萊何思刻本　清丁丙跋　十二行廿三字白口四周單邊

四五〇 殿閣詞林記二十二卷　明廖道南撰　明嘉靖刻本　十行二十字白口左右雙邊

四五一 殿閣詞林記二十二卷　明廖道南撰　明嘉靖刻本　清丁丙跋　十行二十字白口左右雙邊

四五二 殿閣詞林記二十二卷　明廖道南撰　明嘉靖刻本　清汪文柏批校　十行二十字白口左右雙邊　存十三卷　一至十三

四五三 殿閣詞林記二十二卷　明廖道南撰　明書林詹氏就正齋刻本　十行二十字白口四周單邊　[illegible]跋

四五四 皇明獻實三十九卷　明袁袠撰　明壺翠山房抄本

四五五 皇明獻實不分卷　明袁袠撰　明抄本　清祝康銓校補並跋

四五六 皇明獻實四十卷　明袁袠撰　明南洙書屋抄本　存五卷　一至五

四五六 國琛集二卷　明唐樞撰　明嘉靖二十六年刻本　九行十八字白口四周單邊單黑魚尾

四五七 國朝列卿紀一百六十五卷　明雷禮輯　明萬曆徐鑒刻本　十行二十五字白口單黑魚尾四周雙邊有刻工

四五八 國朝列卿紀一百六十五卷　明雷禮輯　明抄本　存十八卷　三十一至四十六、一百廿七至一百廿八

四五九 國朝列卿紀一百六十六卷　明雷禮輯　明抄本　羅振玉跋　存一百五卷　一至三十、四十七至六十四、一〇五至一二六、一二九至一六六

四六〇 國朝進士列卿表二卷　明雷禮輯　李維楨續補　明萬曆刻本　十行二十字白口四周雙邊

四六一 國朝列卿年表一百三十九卷　明雷禮輯　明刻本　九行十九字小字雙行十六字白口四周雙邊　存六十八卷　一至六十八

四六二 內閣行實八卷　明雷禮輯　明刻本　十行廿四字白口四周單邊

四六三 皇明名臣言行錄新編三十四卷　明沈應魁輯　明嘉靖三十二年自刻本　十行廿四字白口四周單邊

四六四 先進遺風二卷　明耿定向撰　毛在增輯　明萬曆刻本　九行二十字小字雙行同白口四周雙邊　存一卷　上

四六五 國朝名世類苑四十六卷　明凌迪知輯　秦嘉楫校　明萬曆四年刻本　十行二十字白口左右雙邊有刻工

四六六 國朝名世類苑四十六卷　明凌迪知輯　秦嘉楫校　明萬曆四年刻本　清王鐘批校　十行二十字白口單黑魚尾左右雙邊有刻工

四六七 今獻備遺四十二卷　明項篤壽撰　明萬曆十一年項氏萬卷堂刻本　九行二十字白口四周單邊

四六八 皇明十六朝廣彙紀二十八卷　明陳建輯　陳龍可補輯　明末友石居刻本　十行廿四字白口四周單邊　存一卷　一

四六九 皇明帝后紀略一卷附藩封一卷　明鄭汝璧撰　明萬曆四十七年內府刻本　九行二十字白口四周雙邊

四七〇 皇明輔世編六卷　明唐鶴徵撰　明崇禎十五年陳睿謨刻本　十行廿五字白口四周單邊

四七一 寶善編甲集一卷乙集一卷　明馮時可撰　明萬曆二十六年刻本　九行十八字白口單邊單魚尾

四七二 掖垣人鑑十七卷附錄一卷　明蕭彥、王敬祥等撰　明刻本　十二行廿二字白口四周雙邊　存九卷　六至九、十四至十七、附錄

四七三 蘭臺法鑒錄二十卷　明何出光等輯　明萬曆刻後印本　十二行廿二字白口四周雙邊

四七四 蘭臺法鑒錄二十八卷　明何出光、陳登雲等撰　喻思恂續撰　明萬曆二十五年刻崇禎四年續刻本　十二行廿二字白口四周雙邊

四七五 焦太師編輯國朝獻徵錄一百二十卷　明焦竑輯　明萬曆四十四年徐象橒曼山館刻本　十行二十字白口左右雙邊單魚尾

四七六 熙朝名臣實錄二十七卷　明焦竑輯　明末刻本　十行廿二字白口四周單邊單魚尾

四七七 鍥兩狀元編次皇明要考六卷　明焦竑輯　附一二考一卷　明張復撰　明萬曆許承濂刻本　十一行廿二字白口四周單邊

四七八 鍥兩狀元編次皇明要考六卷　明焦竑輯　附一二考一卷　明張復撰　明書林葉貴刻本　十行二十字白口四周雙邊

鋟兩狀元編次皇明要考六卷　明焦竑輯　明萬曆二十二年書林雙峯堂刻本　十一行廿七字白口單魚尾四周双邊　存四卷　一至四　四七九

皇明文獻世家考四卷　明曾一德撰　明萬曆刻本　九行二十字白口四周單邊　四八〇

皇明后紀妃嬪傳不分卷　明楊繼禮撰　清抄本　清周星詒校　四八一

皇明十六種小傳四卷　明江盈科輯　明萬曆二十九年刻本　九行十八字白口單邊單魚尾　四八二

皇明名臣言行錄新編四十四卷　明汪國楠輯　明萬曆四十年刻本　九行廿二字白口左右双邊　四八三

藩獻記四卷　明朱謀㙔撰　明萬曆刻本　十行十八字白口四周單邊　四八四

國朝名臣言行略四卷　明劉廷元輯　明萬曆刻本　十行廿五字白口四周單邊單魚尾　四八五

本朝京省人物考一百十五卷　明過庭訓撰　明天啟二年刻本　十行二十字白口四周單邊有刻工　四八六

皇明詞林人物考十二卷　明王兆雲撰　明萬曆刻本　九行十八字白口左右双邊　四八七

皇明卓異記□卷　明羅弘運撰　明刻本　存七卷　一至七　四八八

皇明名臣言行錄四卷　明李廷機撰　明刻本　九行十八字左右双邊　四八九

皇明閣臣錄四卷　明李廷機撰　明萬曆刻本　十行廿二字白口四周單邊　四九〇

可恨人五卷人義二卷不義人一卷　明賀仲軾　明崇禎十五年刻本　明九行二十字白口四周單邊　四九一

國朝内閣名臣事略十六卷　明吳伯與輯　明崇禎五年刻本　九行十八字白口四周單邊　四九二

昭代明良錄二十卷　明童時明輯　明萬曆童文龍刻本　十行二十字白口四周双邊　四九三

昭代明良錄二十卷　明童時明輯　明萬曆童文龍刻本　清翟鍾淑跋　十行二十字白口四周双邊單魚尾　存十八卷　三至二十　四九四

西園聞見錄一百七卷　明張萱撰　明沫氏居敬堂抄本　四九五

西園聞見錄一百七卷　明張萱撰　清抄本　存九十一卷　一至十九、二十二至二十五、三十至四十四、四十八至六十二、六十八至九十、九十三至一百七　四九六

西園聞見錄一百六卷　明張萱撰　清抄本　存八十九卷　一至十三、十五至十九、廿一至廿五、三十至四十四、四十八至六十二、六十八至九十、九十三至一百六　四九七

皇明孝友傳八卷　明鄒正中撰　明刻本　八行十九字白口單魚尾四周双邊　四九八

皇明相業軍功攷二卷　明沈夢熊撰　明天啟三年刻本　九行二十字白口單魚尾左右双邊　四九九

昭代名臣志鈔二十四卷　明吳孝章輯　明天啟三年刻本　九行二十字白口四周双邊單魚尾　存二十卷　一至四、九至廿四　五〇〇

昭代紀略五卷　明朱浹輯　明天啟刻本　十行二十字白口四周單邊　存四卷　一至三、五　五〇一

本朝生氣錄十六卷　明涂與參撰　明崇禎刻本　九行十八字白口四周單邊　存十三卷　一至十三　五〇二

新刻皇明百將列傳評林四卷　明顧其言輯　吳邦正評　明武林涂龍峰刻本　十行二十二字白口單邊　五〇三

皇明同姓諸王表不分卷　明刻本　十行廿一字小字双行工魚尾四周双邊　存六冊　五〇四

勳臣世系不分卷　明抄本　存後冊　五〇五

明臣列傳一卷　清抄本　五〇六

錢牧齋先生列朝詩集小傳十卷　清錢謙益撰　錢陸燦輯　清康熙三十七年黃氏誦芬堂刻本　五〇七

錢牧齋先生列朝詩集小傳十卷　清錢謙益撰　錢陸燦輯　清康熙三十七年黃氏誦芬堂刻本　清□顯谷批注並跋　五〇八

列朝詩集小傳不分卷　清錢謙益撰　清初抄本　清柯廷時題記　存：乾集至丙集　五〇九

列朝詩集小傳不分卷　清錢謙益撰　清稜香抄本　清孫原湘評並跋　存：丁集、閏集　五一〇

明儒學案六十二卷師説一卷　清黃宗羲撰　清康熙三十二年賈樸刻本　五一一

明儒學案六十二卷師説一卷　清黃宗羲撰　清道光元年莫晉莫階刻本　清陳澧批點　五一二

明儒學案小傳不分卷師説一卷　清黃宗羲撰　清抄本　清陳仟批校並跋　存七卷　一至六、師説全　五一三

逸史三傳一卷　清趙士喆撰　清抄本　擴廓帖木兒傳　北塘五娘子傳　毛大龍孔有德列傳　五一四

明朝名臣紀略不分卷　清王介錫撰　周鉦輯　清抄本　五一五

明朝百家小傳二卷　清王介錫撰　周鉦輯　清抄本　五一六

五一七 明名臣言行錄九十五卷 清徐開任輯 清康熙崑山徐氏刻本
五一八 儒林錄十九卷 清張恒撰 清康熙四十七年康志堂刻本
五一九 雒閩源流錄十七卷 清張夏撰 清康熙二十一年黄昌衢彝叙堂刻本
五二〇 雒閩源流錄十八卷 清張夏撰 清康熙二十一年黄昌衢彝叙堂刻二十四年補刻本
五二一 雒閩源流錄十九卷 清張夏撰 清康熙二十一年黄昌衢彝叙堂刻二十七年補刻本
五二二 後鑒錄七卷 清毛奇齡撰 清抄本

存二卷 一五二

五二三 明女史八卷 清萬言撰 稿本
五二四 十八衛指揮攷一卷 清陳棐沛撰 稿本
五二五 明能書人名二卷 清李光廷輯 清抄本
五二六 擬明代人物志十卷 清劉肯堂撰 清乾隆十八年刻本
五二七 史外三十二卷 清汪有典撰 清乾隆十三年刻本
五二八 史外八卷 清汪有典撰 清同治三年盧浚尋樂山房重刻本 鄒凡叔批校並題識
五二九 史外三十二卷 清汪有典撰 清黄廷鑑家抄本 清黄廷鑑校並跋
五三〇 史外三十二卷 清汪有典撰 清抄本

存十七卷 一五十七

五三一 明臣謚略不分卷 清湯成烈輯 稿本
五三二 明季正氣錄十一卷 清張廷琛撰 稿本
五三三 明儒學案正編十一卷 清張廷琛撰 稿本
五三四 三家世典一卷 明郭勛撰 明抄本
五三五 三家世典一卷 明郭勛撰 明抄本
五三六 三家世典一卷 明郭勛撰 清抄本
五三七 忠義傳一卷 明黄毓輯 明刻本 十二行二十字黑口四周雙邊
五三八 備遺錄一卷 明張芹撰 清曹氏倦圃抄本
五三九 表忠錄九卷 明汪宗伊撰 明萬曆刻本 九行十八字白口四周雙邊有刻工
五四〇 革朝遺忠錄二卷附錄一卷 明郁袞撰 明嘉靖杜思刻本 十行廿五字白口左右雙邊有刻工
五四一 革朝遺忠錄二卷附錄一卷 明郁袞撰 明刻本 十二行廿五字小字雙行同大黑口四周單邊
五四二 忠節錄六卷首一卷 明張朝瑞撰 明萬曆刻本 九行十八字白口四周單邊
五四三 忠節錄六卷首一卷 明張朝瑞撰 清抄本
五四四 表忠棠錄六卷 明張□□撰 明刻本 九行十八字白口四周單邊

存四卷 三五六

五四五 南都新建閩中表忠祠錄一卷 明姚邦俊等輯 明萬曆刻本 八行十八字白口左右雙邊
五四六 皇明表忠記十卷首一卷附錄一卷 明錢士升撰 明崇禎六年刻本 九行十九字白口四周單邊單魚尾
五四七 皇明表忠記十卷首一卷附錄一卷 明錢士升撰 明崇禎胡氏十竹齋刻本 八行十八字白口四周單邊
五四八 皇明表忠記十卷 明錢士升撰 明末刻本 九行十九字白口左右雙邊
五四九 遜國表忠記十卷首一卷 明錢士升撰 明崇禎刻本 九行十九字白口左右雙邊單魚尾
五五〇 遜國忠記十八卷 明周鑣撰 明崇禎刻本 九行二十字白口四周單邊
五五一 遜國神會錄二卷 明黄士良撰 清康熙刻本
五五二 奇忠志一卷附建文從亡諸臣攷一卷 明史仲彬撰 明史兆斗撰 清抄本
五五三 皇明忠義存褒什二卷 明許有穀撰 明崇禎刻本 八行廿二字白口四周單邊
五五四 史翼一卷附錄一卷 清抄本
五五五 皇明三異人錄四卷 明俞允諧輯 明刻本 九行二十字白口四周單邊
五五六 明三異人紀略四卷 趙熙古潤輯 清抄本 清謝章鋌跋
五五七 明三異人紀略四卷 趙熙古潤輯 清抄本

存三卷 一五三

五五八 雙忠錄二卷 明嘉靖十九年刻本 十行十九字白口左右雙邊
五五九 奕世清風錄六卷 明沈榮輯 明刻本 十行十八字白口單邊單魚尾

存三卷 四五六

五六〇 義慈集四卷 明沐璘、沐崧輯 明嘉靖四年刻本 十行十八字白口左右雙邊單魚尾
五六一 同門錄一卷 明嘉靖三十六年謝錫命等刻本 十行廿一字小字雙行同白口四周單邊
五六二 嘉靖以來內閣首輔傳八卷 明王世貞撰 明刻本 九行十八字白口左右雙邊
五六三 嘉靖以來首輔傳八卷 明王世貞撰 明萬曆四十五年茅元儀刻本 九行十八字白口四周單邊
五六四 嘉靖以來首輔傳三卷 明王世貞撰 明抄本
五六五 五朝三楚文獻錄十六卷 清高世泰輯 清抄本
五六六 黔壞封疆錄一卷 明魏應嘉撰 清李文田抄本 清李文田注
五六七 天鑒錄一卷 清李文田抄本 清李文田注
五六八 娟瑞分款全錄一卷 明崇禎刻本 九行二十字小字雙行同白口四周單邊

五六九 明瑞彰瘅錄一卷 明顧爾邁輯 清抄本

五七〇 啟禎遼節錄二卷 明孫承宗、茅元儀撰 清尹琳輯 清康熙刻本

五七一 啟禎野乘一集十六卷 清鄒漪撰 明崇禎十七年柳圍草堂刻本 九行二十字白口四周單邊

五七二 啟禎野乘一集十六卷 清鄒漪撰 明崇禎十七年柳圍草堂刻清康熙五年重修本

五七三 啟禎野乘一集十六卷 清鄒漪撰 清抄本

五七四 啟禎野乘二集八卷 清鄒漪撰 清康熙十八年書林存仁堂素政堂刻本

五七五 啟禎野乘二集八卷 清鄒漪撰 清康熙十八年書林存仁堂素政堂刻本 清李文田校

五七六 崇禎五十宰相傳一卷 清曹溶撰 清抄本

五七七 崇禎五十宰相傳一卷 清曹溶撰 清研古樓抄本 清丁丙跋

五七八 崇禎五十輔臣傳一卷 清曹溶撰 閣臣年表一卷 內閣行略一卷 清陳盟撰 清抄本

五七九 崇禎內閣行略一卷 清陳盟撰 清嘉慶二十年抄本

五八〇 崇禎閣臣事略一卷 清陳盟撰 清抄本

五八一 思陵宰輔錄不分卷 清抄本 清張文濟題識

五八二 東林點將錄一卷 明王紹徽撰 清李文田抄本 清李文田校注

二七

五八三 碧血錄不分卷 明黃煜輯 清抄本

五八四 碧血錄二卷 明黃煜輯 周端孝先生血疏貼黃一卷 清周茂蘭等撰 清抄本

五八五 碧血錄二卷附錄一卷 明黃煜輯 續編一卷 清傅以禮輯 清抄本 清丁丙跋、傅以禮校並跋

五八六 東林同難錄一卷 明偉仲等輯 同難列傳一卷同難附傳一卷 清繆敬持輯 清嘉慶二十一年繆緘抄本

五八七 東林同難錄一卷 明楊坤等輯 列傳一卷附錄一卷 清繆敬持輯 清同治十年周氏書鈔閣抄本 清周星詒校並跋

五八八 東林列傳二十四卷末二卷 清陳鼎輯 清初刻本 清傅以禮批注 蔣鳳藻、周星詒批注並跋

五八九 東林列傳二十四卷末二卷 清陳鼎輯 清康熙五十年舊山山學堂刻本

五九〇 東林列傳二十四卷末二卷 清陳鼎輯 清康熙五十年鐵肩書屋刻本

五九一 涇泉淵源錄八卷 清顧貞觀輯 顧玫均增輯 稿本

五九二 東林三君子傳不分卷 清周廣業輯 清周氏秋聲山館抄本

五九三 東林明儒列傳不分卷 清抄本

五九四 東林籍貫一卷 清李文田抄本 清李文田注

五九五 盜柄東林夥一卷 清李文田家抄本 清李文田注

五九六 復社姓氏目錄前卷一卷 明吳應箕撰 清忠氏虹立齋抄本

五九七 復社姓氏不分卷 明吳應箕撰 清杭鍾傳抄本 清錢大昕、趙之謙批注

五九八 復社姓氏錄不分卷南都防亂公揭一卷 清吳翻撰
復社姓氏傳略十卷首一卷 清吳山嘉輯 清道光十一年吳氏南陵堂刻本

五九九 復社姓氏錄不分卷南都防亂公揭一卷 清吳翻撰
復社姓氏傳略十卷首一卷 清吳山嘉輯 清道光十一年吳氏南陵堂刻本 清凌霞補注及錄吳翻森注

六〇〇 復社姓氏傳略補正不分卷 清吳劍森輯 稿本

六〇一 節義錄二卷補遺一卷 明謝宋撰 稿本

六〇二 劉蕺山弟子考不分卷 清曾瑞堂氏竹蔭學舍抄本

六〇三 山陽錄一卷 明沐貞懃撰 清抄本 清吳騫跋

六〇四 煙艇永懷三卷 明龔立本撰 清抄本 清趙宗建校

六〇五 亡友五君傳不分卷 明沈自駧撰 附錄一卷 清楊秋室抄本 清章懷識

二八

六〇六 古風行素兩禪師傳贊一卷 明沈瑞思等撰 明崇禎刻本 九行二十字白口四周單邊

六〇七 郎忠全典一卷 明殷愷輯 清初刻本

六〇八 甲申後亡臣表一卷 明彭孫貽撰 清道光三年綠筠館抄本 費寅跋

六〇九 明末殉難諸臣備考四卷 清抄本

六一〇 明末殉難諸臣請郎疏一卷 明末刻本 八行二十字白口四周單邊

六一一 四朝成仁錄不分卷 清屈大均撰 清抄本

六一二 自靖錄六卷 清高承埏撰 高佑記補 稿本

六一三 崇禎忠節錄三十二卷 清高承埏撰 清抄本

六一四 崇禎忠節錄三十二卷 清高承埏撰 清抄本

六一五 崇禎忠節錄三十二卷 清高承埏撰 清抄本 葛影軒主人校並跋

六一六 崇禎忠節錄三十二卷 清高承埏撰 清抄本 清東村廢叟跋 存三十一卷 一至十七、十九至三十二

六一七 流芳實錄一卷附錄一卷 清□□撰 雲間忠義錄一卷 清朱在鎬撰 清抄本

六一八 國壽錄四卷便記一卷 清查繼佐撰 清涵古樓抄本

六一九 國壽錄四卷 清查繼佐撰 清抄本 清吳騫跋
六二〇 國語不分卷 清查繼佐撰 清抄本
六二一 敬脩堂諸子出處偶記一卷 清查繼佐撰 清抄本 清吳騫校
六二二 天問閣明季雜稿三卷 清李長祥撰 清抄本
六二三 天問閣明季雜稿三卷附錄一卷 清李長祥撰 清傅以禮跋 清傅氏抄本
存二卷半 一至二、三之半
六二四 雪交亭集十二卷 清高宇泰撰 清光緒九年六一山房抄本 清費盧題識
存十一卷 一至八、十至十二（卷九士民紀原缺）
六二五 雪交亭集十二卷 清高宇泰撰 清咸豐元年何樹齋抄本 清何樹齋跋
存十一卷 一至八、十至十二（卷九士民紀原缺）
六二六 忠烈考二卷 清王業滲撰 清抄本
六二七 表忠記八卷 清趙吉士撰 盧宜輯 清康熙三十七年趙吉士刻本 附 春暉樓十三君子表忠詩一卷 清汪若藻撰 清康熙刻本
六二八 續表忠記八卷 清趙吉士撰 盧宜輯 清康熙三十七年趙吉士刻本
六二九 續表忠記八卷二續八卷 清趙吉士撰 盧宜輯 清康熙三十七年趙吉士刻本
六三〇 二續表忠記八卷 清盧宜輯 清康熙三十九年鴻遠堂刻本
六三一 南忠紀一卷 清錢肅潤輯 稿本
六三二 南忠紀一卷 清錢肅潤輯 清抄本
六三三 江人事四卷 清章於今撰 清抄本
六三四 江人事四卷 清章於今撰 清抄本
六三五 明末忠烈紀實二十卷 清徐秉義撰 清抄本
六三六 明末忠烈紀實二十卷 清徐秉義撰 清抄本
六三七 明末忠烈紀實二十卷 清徐秉義撰 清抄本
六三八 明末忠烈紀實二十卷 清徐秉義撰 清書福樓抄本
六三九 明末忠烈紀實二十卷 清徐秉義撰 清許氏鑑止水齋抄本
六四〇 明末忠烈紀實二十卷 清徐秉義撰
存十五卷 一至六、十二至二十
六四一 明末忠烈紀實二十卷 清徐秉義撰 清抄本 祖春跋
存十三卷 一至十三
六四二 明末忠烈紀實五卷 清徐秉義撰 清抄本

六四三 明末忠烈紀實五卷 清徐秉義撰 清抄本
六四四 忠義錄六卷附隱逸錄一卷 清朱溶撰 清抄本 丁來衡跋
存三卷 一、四、附一
六四五 忠義錄不分卷 清朱溶撰 清抄本
六四六 殷頑錄六卷 清楊陸榮撰 清康熙刻本
六四七 盡忠實錄一卷 清道光二十六年潘道根抄本
六四八 重麟玉冊六卷 清沈冰壺撰 清沈氏鳴野山房抄本
六四九 重麟玉冊六卷 清沈冰壺撰 吳張祖重輯 清抄本
六五〇 勝國遺獻諸人傳不分卷 清沈冰壺撰 稿本
六五一 勝國傳略不分卷 清沈冰壺撰 清抄本
六五二 欽定勝朝殉節諸臣錄十二卷首一卷 清紀昀 舒赫德撰 清嘉慶二年掛成花刻本 清傅以禮批校
六五三 勝國遺民錄四卷 清侯登岸輯 清抄本
六五四 明史續編不分卷 清傅以禮撰 稿本
六五五 存友札小引一卷 清徐沁撰 清抄本
六五六 聞見錄不分卷 清顧自俊撰 稿本
六五七 印人傳三卷 清周亮工撰 清孔繼涵抄本（四庫全書底本）
六五八 昭忠祠列傳初集□□卷 清抄本
存八十一卷 公侯伯爵一卷一、大臣六卷一至六、官員五十三卷一至十一、十三至五十四、兵丁二十一卷一至五、七、九至十五、十七至廿四。
六五九 昭忠祠列傳二集□□卷 清抄本
存二十六卷 公侯伯爵一卷一、大臣一卷一、官員十七卷一至三、五至十八、兵丁七卷二至八
六六〇 昭忠祠列傳續集□□卷 清抄本
存三百三十六卷 平定貴州興義苗官員五卷一至三、兵丁九十卷一至九十。平定黔楚苗匪大臣二卷福康安、和珅官員八卷二至八、十、兵丁五十六卷一至廿八、三十、三十二至三十九、四十一至四十四、四十六至六十。平定臺灣官員六卷一至六、兵丁二十七卷一至十一、一至五十四。平定安南官員五卷一至三、五至六、平定廓爾喀官員六卷一至六、十三至十五、十七至五十五、三十八至四十。兵丁十五卷一至十五。平定川楚教匪官員一卷一、兵丁二十九卷十一至廿三、廿五至三十、三次楚三省教匪官員一卷十九。剿捕川陝楚四十九卷十一至廿三、十二至三十七、四十至六十二、六十五。剿捕林清四八卷一至五、七、九至十。剿滅林清逆匪四八卷。剿滅小山東四四卷九至十二。剿滅烏什逆犯官員一卷六十三。
六六一 昭忠祠列傳續集□□卷 清抄本

存：和珅傳一卷

昭忠祠列傳續編二百卷　清抄本　六六二

昭忠祠列傳續編三百六十卷　清抄本　六六三

道光三十年至咸豐六年兵部彙題忠義錄不分卷　清抄本　六六四

咸豐三年至五年吏部議卹忠義錄不分卷　清抄本　六六五

國初貝子傳不分卷　清抄本　六六六

大清國史宗室列傳□□卷　清國史館撰　稿本　存三卷　五至七　六六七

宗室王公功績表傳五卷表一卷　清允祕等撰　清乾隆內府刻本　六六八

宗室王公功績表傳五卷表一卷　清允祕等撰　清抄本　六六九

欽定宗室王公功績表傳十二卷首一卷　清國史館撰　清嘉慶二年武英殿刻本　六七〇

欽定宗室王公功績表傳十二卷首一卷　清國史館撰　清抄本　六七一

恩封宗室王公表不分卷　清永瑆等撰　清乾隆四十九年武英殿刻本　六七二

欽定宗室王公功績表傳十二卷首一卷　清國史館撰　清抄本　六七三

欽定宗室王公功績表傳十二卷首一卷　清國史館撰　清抄本　六七四

國朝宗室四卷　清抄本　六七五

八旗列傳檔案稿不分卷　稿本　六七六

清初八旗名臣列傳不分卷　清抄本　六七七

名臣傳□□卷　清抄本　存二卷　二十五、三十　六七八

名臣傳不分卷　清抄本　存：順治十一年十二月至十二年七月　六七九

名臣傳二十卷　清抄本　六八〇

元功名臣錄十二卷　清弘旺撰　稿本　六八一

功臣傳不分卷　清抄本　六八二

滿洲名臣傳一百二十卷貳臣傳十二卷逆臣傳四卷　清國史館撰　清抄本　存一百三十五卷　名臣一至七十、七十二至一百二十，貳臣一至十二，逆臣一至四　六九一

滿漢列臣三傳二十四卷　清抄本　六九二

清史列傳□□卷　清抄本　存：吳椿、鄧廷楨、程祖洛、李振祜、曹振鏞、王宗誠、程恩澤、陶澍八傳　六九三

欽定國史逆臣傳三卷　清抄本　六九四

清光緒王公侯伯文武大臣生日住址致一卷　清光緒抄本　六九五

江西大臣傳不分卷附循吏傳一卷忠義傳一卷　清抄本　六九六

清史黔省臣工列傳四編　清抄本　六九七

欽定外藩蒙古回部王公表傳一百二十卷　清國史館撰　清乾隆四十四年內府刻本　六九八

欽定外藩蒙古回部王公功績表傳一百二十　六九九

卷 清國史館撰 清抄本

七〇〇 欽定外藩蒙古回部王公表傳一百二十卷 清國史館撰 清抄本

七〇一 欽定續纂外藩蒙古回部王公表十二卷傳十二卷 清松筠等撰 清嘉慶武英殿刻本

七〇二 欽定續纂外藩蒙古回部王公表十二卷傳十二卷 清潘世恩等撰 清道光武英殿刻本

七〇三 欽定續纂外藩蒙古回部王公表傳二十四卷 清國史館纂 清道光二十九年武英殿刻本

七〇四 欽定續纂外藩蒙古回部王公表十二卷傳十二卷 清彭蘊章等撰 清咸豐武英殿刻本

七〇五 本朝名家詩鈔小傳二卷 清鄭方坤撰 清乾隆枕葄軒刻本

七〇六 本朝名家詩鈔小傳二卷 清鄭方坤撰 稿本

七〇七 本朝名家詩鈔小傳二卷 清鄭方坤撰 清抄本 清程錫功校

七〇八 咸熙錄不分卷 清查禮輯 清乾隆四十二年刻本

七〇九 大清名臣言行錄不分卷 清留保輯 清抄本

七一〇 國朝詞人名氏爵里表補一卷 清孔繼涵撰 稿本

七一一 國朝書法名家考略一卷 清姜振輯 孔谷園書法論一卷 清同治抄本

七一二 國朝名家小傳不分卷 清抄本 錢儀和跋

七一三 幽芳錄一卷 題高郵雷春撰 清嘉慶十四年焦循抄本 清焦循跋

七一四 儒林傳擬稿不分卷 清阮元撰 稿本

七一五 儒林傳擬稿不分卷 清阮元撰 清抄本

七一六 儒林傳擬稿不分卷 清阮元撰 清抄本

七一七 文苑傳擬稿不分卷 清阮元等撰 清抄本 清錢泰吉跋

七一八 清朝文苑小傳不分卷 清阮元撰 清抄本 清曹振鏞題識

七一九 國史儒林傳二卷國史文苑傳二卷國史循吏傳一卷賢良祠王大臣小傳二卷 清阮元撰 清同治刻本 繆荃孫批校 存五卷 文苑傳一、二，循吏傳一、王大臣傳一、二

七二〇 儒林傳三十二卷又四十一卷 清抄本

七二一 初月樓聞見錄十卷 清吳德旋撰 清抄本

七二二 國朝畫傳編韻十一卷 清姜寧撰 清抄本

七二三 國朝畫傳編韻十二卷首一卷 清姜安撰 清抄本

七二四 從政觀法錄三十卷 清朱方增撰 稿本 存十六卷 四至十二、十四至十五、十七至二十、廿三

七二五 國朝臣工言行記二十六卷 清梁章鉅撰 清抄本 吳文燮校

七二六 文獻徵存錄十卷 清錢林撰 清咸豐八年王藻有嘉樹軒刻本 清劉瀚錄獻批校

七二七 國朝漢學師承記八卷經師經義目錄一卷 清江藩撰 清嘉慶二十三年黃信仲艷古堂刻本 清王振聲批校並跋

七二八 漢學師承續記不分卷 清趙之謙撰 稿本

七二九 國朝先正事略補編二卷 清李元度撰 清光緒十六年鄒存淦抄本 清鄒存淦校

七三〇 經學博采錄十二卷 清桂文燦撰 稿本

七三一 重游泮水紀盛錄一卷 清壽光撰 稿本

七三二 國朝名宦傳略一卷 清丁士涵撰 稿本

七三三 國朝孝子傳九卷 清毋自欺室抄本

七三四 賈孫兩婦貞烈雙傳一卷 清王偉撰 詩一卷 清初刻本

七三五 孝貞錄□□卷 清順治刻本 存四卷 五至八

七三六 兩朝詩人錄不分卷 題清子誠子輯 稿本

七三七 黃梨洲先生思舊錄一卷 清黃宗羲撰 清嘉慶刻本 清謝章鋌跋

七三八 思舊錄一卷 清黃宗羲撰 清抄本 清羅以智校跋

七三九 五藩禱乘二卷 題正峽遺人撰 清抄本

七四〇 四王傳四卷 清錢名世撰 清抄本

七四一 四王傳四卷 清錢名世撰 清抄本

七四二 四王傳四卷 清錢名世撰 清抄本

七四三 四王合傳不分卷 清抄本

七四四 公車徵士小錄不分卷 清全祖望撰 清乾隆刻本

七四五 師友淵源錄一卷 清嚴長明撰 後業二十八卷 清嚴觀撰 稿本

七四六 與居錄一卷 清王祖昌撰 稿本 劉語吉批校並跋

七四七 我暇編不分卷 清王鍾思撰 稿本

七四八 師友淵源記一卷 清宋犖撰 清光緒十一年汪氏郋亭抄本 清汪鳴鑾校跋 [illegible]
七四九 □隣人物考不分卷 稿本
七五〇 畿輔人物略不分卷 清孫承澤撰 稿本
七五一 畿輔人物志二十卷 清孫承澤撰 清初刻本
七五二 瀛洲人物考略一卷 清崔□傑撰 稿本
七五三 江右先賢錄七卷 稿本
七五四 帝里明代人文略二十二卷附後一卷 清路鴻休撰 清道光三十年甘熙津逮樓活字印本
七五五 帝里明代人文略二十二卷附後一卷 清路鴻休撰 清道光三十年甘熙津逮樓活字印本 清甘炳跋
七五六 蒭詢錄□卷 存二卷（卷上、下） 清劉思敬撰 清康熙六年周亮工刻本 夏仁虎跋
七五七 紀善錄一卷 明杜瓊撰 明刻本 十行十八字白口單魚尾左右雙邊有刻工
七五八 紀善錄一卷 明杜瓊撰 明抄本
七五九 紀善錄一卷 明杜瓊撰 明抄本
七六〇 紀善錄一卷 明杜瓊撰 清乾隆三十三年惠元澤抄本
七六一 紀善錄一卷 明杜瓊撰 清吳氏金竹山房抄本
七六二 紀善錄一卷 明杜瓊撰 清抄本 清丁丙跋
七六三 吳中人物志十三卷 明張昶撰 明隆慶四年張鳳翼、張燕翼刻本 十行二十字白口四周單邊間有單白魚尾
七六四 成化間蘇材小纂四卷 明祝允明撰 明抄本 清蔣□□跋
七六五 吳中往哲記一卷 明楊循吉撰 補遺三卷 明黃魯曾撰 明刻本 九行十八字白口左右雙邊
七六六 吳中往哲記一卷 明楊循吉撰 續吳中往哲記一卷 補遺一卷 明黃魯曾撰 明嘉靖刻本 九行十八字白口左右雙邊單魚尾
七六七 續吳中故實記一卷 明黃魯曾撰 明徐執春刻本 九行十八字白口左右雙邊
七六八 吳郡二科志一卷 明閻秀卿撰 明刻顧氏明朝四十家小說公文紙印本
七六九 東吳名賢記二卷 明周復俊輯 先祖通奉府君遺稿二卷 明周元學撰 明萬曆二年崑山周氏刻本 十行廿二字白口左右雙邊單魚尾
七七〇 吳中人物志不分卷 明錢穀撰 稿本 羅振常跋
七七一 續吳先賢讚十五卷 明劉鳳撰 明萬曆刻本 九行十八字白口左右雙邊有刻工
七七二 續吳先賢讚十五卷續吳錄二卷 明劉鳳撰 明萬曆刻本 九行十八字白口四周左右雙邊單白魚尾
七七三 續吳錄二卷 明劉鳳撰 清抄本
七七四 吳釋傳一卷 明劉鳳撰 明劉□□刻本
七七五 吳中先賢品節不分卷 明楊□爽撰 稿本
七七六 姑蘇名賢小紀二卷 明文震孟撰 明萬曆四十二年文氏竺塢刻本
七七七 姑蘇名賢小紀二卷 明文震孟撰 明萬曆四十二年文氏竺塢刻本 九行十八字白口單魚尾左右雙邊 清沈觀瀾校並題識
七七八 姑蘇名賢小紀二卷 明文震孟撰 明萬曆四十二年文氏竺塢刻清順治九年文然重修本 九行十八字白口左右雙邊
七七九 姑蘇名賢小紀二卷 明文震孟撰 清初抄本
七八〇 姑蘇名賢小紀二卷 明文震孟撰 清乾隆三十五年惠元澤抄本
七八一 姑蘇名賢小紀二卷 明文震孟撰 清抄本
七八二 姑蘇名賢小紀二卷 明文震孟撰 續紀一卷 明文秉撰 清抄本
七八三 姑蘇名賢續紀一卷 明文秉撰 清初文然刻本
七八四 武陵小史初編一卷彙編一卷 明顧□□輯 □□□等撰 清抄本
七八五 明代吳中往哲像傳不分卷 明陳煒圖輯贊 清李□□補 清初增本
七八六 吳郡名賢圖傳贊不分卷 清顧沅輯 孔繼堯繪 清道光刻增本
七八七 蘇州府徵顯志八卷 清□□撰 清雍正刻本
七八八 長元節孝祠志五卷 清丁士涵撰 稿本
七八九 長元鄉小志二卷 清蔣□□撰 清丁士涵家抄本 清丁士涵跋
七九〇 吳郡甫里人物攷二十二卷 清徐達源撰 稿本
七九一 吳郡甫里人物考二十二卷 清徐達源撰 稿本 存十一卷（五至十五）
七九二 國朝甫里人物志六卷 清徐達源撰 清抄本
七九三 梅花草堂集十卷 明張大復撰 明刻本 九行二十字白口左右雙邊
七九四 梅花草堂集十卷崑山名宦傳一卷 明張大復撰 清江中鵬補訂 明崇禎刻清雍正二年江氏補修本
七九五 梅花草堂集十卷崑山名宦傳一卷 明張大復撰 清江中鵬補訂 明崇禎刻清雍正二年江氏補修本 清方功惠跋

七九六 崑山人物傳十卷附雜誌一卷 明張大復輯 清順治十二年自刻本
七九七 崑山人物小傳七卷 清葉均稽撰 清抄本
七九八 玉峯完節錄一卷 清張立平撰 清道光潘道根抄本
七九九 崑山名家詩人小傳五卷 清潘道根輯 稿本
八〇〇 崑山先賢塚墓考不分卷 清潘道根輯 稿本
八〇一 崑山名賢墓誌銘十二卷 清潘道根輯 杜裴增輯 清抄本
存六卷 一至二、七至八、十一、十二
八〇二 聖明常熟先賢傳略十六卷 明馮復京撰 稿本 明湯紹榮補並跋
八〇三 明常熟先賢事略十六卷 明馮復京撰 清大樹堂刻本
八〇四 [illegible]明常熟先賢傳略十六卷 明馮復京撰 附一卷 明湯紹榮撰 清初抄本 清陳鴻跋
八〇五 聖明常熟先賢事略十六卷 明馮復京撰 清抄本
八〇六 虞山先哲考一卷 明王夢鼎撰 清乾隆二十九年惠兆傳抄本 清惠兆傳跋
八〇七 虞山先哲傳記一卷 明王夢鼎輯 清嘉慶三年孫毅培抄本
八〇八 海虞世家碑銘志傳一卷 明抄本

三七

八〇九 海虞先達遺事一卷海虞世家錄一卷 清初抄本
八一〇 海虞科第世家考不分卷 清初抄本
八一一 虞邑先民傳略十六卷附錄一卷 清蒲貞一撰 清乾隆二十九年惠兆傳抄本 清惠兆傳跋
八一二 常熟人物志十六卷 清沈玉樞撰 稿本
存十一卷 六至十六
八一三 虞山論譔編二卷 清王慶藻輯 稿本
八一四 虞邑先民事略不分卷 清王慶藻輯 稿本 清翁同龢批校並跋
八一五 虞山先哲小紀一卷附藤花室雜鈔一卷 清程天爽輯 稿本
八一六 鏡塍軒肉譜四卷外縣交游一卷 清龔繪熙撰 稿本
八一七 鏡塍軒肉譜口卷 清龔繪熙撰 稿本
存一卷 一
八一八 吳江耆舊傳三卷 明史玄撰 清抄本
八一九 同里先哲志四卷 明吳騏撰 續十卷 清章夢易撰 清抄本
八二〇 同里先哲志一卷 明吳騏撰 續同里先哲志二卷 清章夢撰 清梧陰書舍抄本

八二一 松陵文獻十五卷 清潘檉章撰 清康熙三十二年潘耒刻本
八二二 松陵文獻十五卷 清潘檉章撰 清康熙三十二年潘耒刻本 清徐達源題識
八二三 雲間人物志四卷附家志一卷 明李紹文輯 清乾隆十八年抄本
八二四 毘陵人品記十卷 明毛憲撰 吳亮增補 明萬曆刻本 九行二十字小字雙行同 白口四周單邊 有刻工
八二五 毘陵人品記十卷 明毛憲撰 吳亮增補 清雙桂軒抄本
八二六 宜興縣鄉評備考口口卷 清楊懷遠輯 清抄本
存五卷 二至三、六至八
八二七 京口耆舊傳九卷 宋劉宰撰 清抄本 清丁丙跋
八二八 潤州先賢錄六卷 明姚堂、劉文徵輯 明天順七年刻本 十二行廿一字 白口四周雙邊
八二九 淮郡文獻志二十六卷補遺一卷 明潘塤輯 明嘉靖三十四年刻本 十行十八字白口左右雙邊
八三〇 淮郡文獻志二十六卷補遺一卷 明潘塤輯 明嘉靖三十四年刻本 清潘亮彝跋 十行十八字白口左右雙邊
八三一 江渚貞烈志一卷 清熊維熙撰 清吳錫抄本 清吳衍跋
八三二 明代寶應人物志不分卷 清朱克生撰 稿本

三八

八三三 寶應人物志列傳一卷 清劉寶楠撰 稿本
八三四 婁東耆舊傳六卷末一卷 清程穆衡撰 清抄本
八三五 婁東耆舊傳八卷 清程仲衡撰 清抄本
八三六 婁東耆舊傳八卷 清程穆衡撰 清乾隆王祖畬抄本 清王祖畬跋
八三七 婁東耆舊傳九卷 清程穆衡撰 清光緒三十二年王晉九抄本
八三八 新安女史徵一卷 清汪洪度撰 清康熙四十五年古墨齋刻本
八三九 篁墩程朱闕里祠志八卷 清徐光文 程世錫輯 清乾隆五十六年愛日堂刻本
八四〇 桐彝三卷續二卷 明方學漸撰 清抄本 劉之口跋
八四一 陵陽獻徵錄十二卷 清陸錫熙撰 稿本
存七卷 一至六、八
八四二 三立祠攷二卷 明袁繼咸撰 明刻本 十行廿一字白口四周雙邊
八四三 三立祠名賢傳二卷 明袁繼咸撰 清劉梅重訂 清康熙二十一年刻本
八四四 三立祠傳二卷 明袁繼咸撰 清和其衷重輯 清乾隆三十年刻本
八四五 東雍士女志二卷 明黃希聲撰 清康熙四十四年孫溧刻本
八四六 東雍耆舊傳三卷後集一卷 清謝玉振撰 清康熙刻本

八四七 山左書畫志略十三卷 清李浴輯 稿本
八四八 海岱史略一百四十卷 清王馭超撰 稿本 清李放跋
八四九 北海耆舊傳十二卷 清張昭潛撰 稿本
八五〇 北海耆舊傳十卷 清張昭潛撰 清抄本
八五一 皇朝中州人物志十六卷 明朱睦㮮撰 明隆慶四年朱睦㮮刻本 十行十八字白口左右雙邊單魚尾
存六卷 六至八、十四至十六
八五二 國朝祥符文獻志十七卷 明李濂撰 明嘉靖二十四年刻 九行十八字白口四周單邊
存十五卷 一至十二、十五至十七
八五三 睢陽人物志二十八卷 明劉環纂 明天啟六年刻本 九行十九字白口四周雙邊
八五四 厚鄉錄一卷 明王承裕輯 明正德十六年弘道書院刻清初印本
八五五 襄武人物志二卷 清吳之埏撰 稿本
八五六 河州景忠錄一卷附記二卷 清胡東浚撰 清戴紀校 清戴氏長留閣抄本
八五七 甘州明季成仁錄四卷 清胡東浚撰 清道光刻本
八五八 兩浙名賢錄五十四卷外錄八卷 明徐象梅撰 明天啟徐氏光碧堂刻本 九行廿一字白口四周單邊

三九

八五九 歷代兩浙人物志十六卷 清沈文芬撰 稿本 清諸星杓、沈文述、朱福謙、魯思廷識 章鈺跋
八六〇 兩浙明遺獻傳略不分卷 清汪炤齋撰 稿本 張壽鏞跋
八六一 兩浙耆獻傳略不分卷 稿本
八六二 杭郡新刊按誌兩浙人物考三卷 明吳從政輯 清抄本
八六三 海昌五臣殉節軼事一卷 清周廣業輯 清莊以學校 清周氏種松書塾抄本 周勳懋跋
八六四 海昌五忠紀實一卷 清周氏種松書塾抄本
八六五 嘉禾徵獻錄五十二卷外記八卷 清盛楓撰 稿本
八六六 嘉禾徵獻錄五十卷外記八卷 清盛楓撰 清抄本
八六七 嘉禾徵獻錄三十卷外記六卷 清盛楓撰 清抄本
八六八 嘉禾徵獻錄三十卷外記六卷 清盛楓撰 清抄本
八六九 平湖縣名宦鄉賢實略不分卷 清陸恩孝等撰 清康熙五十五年刻本
八七〇 湖州氏族考六卷本朝湖州府縣官考一卷本朝科名盛事錄一卷 清沈樹本撰 稿本
八七一 皇明鄞獻表二卷 明薛岡撰 清抄本 馮貞群跋
八七二 蛟川耆舊傳不分卷 清姚燮撰 稿本

八七三 於越有明一代三不朽圖贊一卷 明張岱撰 清鳳嬉堂刻乾隆六十年南湖澗佑歡樓重修本 清李念銘校注並跋
八七四 紹興府鄉賢世次錄一卷 清唐九經編 清順治十五年刻本
八七五 越殉義傳六卷 清湯赤霞、俞忠孫撰 清乾隆三年刻本
八七六 越中文獻輯錄不分卷 清王紹蘭輯 徐維則補輯
八七七 諸暨賢達傳八卷 清郭世勳撰 清抄本
存四卷 五至八
八七八 台州續攷不分卷 清郭協寅撰 清刻本
八七九 敬鄉錄十四卷 元吳師道撰 清朱氏結一廬抄本
八八〇 敬鄉錄十四卷 元吳師道撰 清抄本 清徐時棟校並跋
存十卷 一至六、十、十二至十四
八八一 金華先民傳十卷 明應廷育撰 清抄本
八八二 金華先民傳十卷 明應廷育撰 清抄本 清丁丙跋
存三卷 一至三
八八三 婺書八卷 明吳之器撰 明崇禎十四年刻本 九行十八字白口四周單邊無魚尾

四〇

八八四 婺學志二卷 清張祖年撰 清康熙五十五年刻本
八八五 寶婺獻編不分卷 清王同廉撰 清抄本
八八六 金華賢達傳十二卷 清鄭柏撰 清康熙四十七年鄭璧刻本
八八七 義烏人物記二卷 明金江撰 明嘉靖刻本
八八八 浦陽人物記二卷附錄一卷 明宋濂撰 明刻本 十二行二十字黑口四周雙邊
八八九 浦陽人物記前集二卷 明宋濂撰 後集二卷 明張應機撰 明崇禎四年刻本 十行二十字白口單邊
八九〇 雲峰文獻志十一卷 明吳文渭輯 吳一獄續輯 明萬曆刻本 九行二十字白口四周單邊有刻工
八九一 東嘉先哲錄二十卷 明王朝佐撰 清影明抄本 清孫詒讓跋
八九二 鄉先生錄不分卷 清孫衣言撰 稿本
八九三 溫州氏族韻編不分卷 清孫衣言撰 稿本
八九四 甌海軼聞不分卷 清孫衣言撰 稿本
八九五 豫章祀紀四卷 清宋犖撰 清康熙刻本
八九六 豫章十代文獻略五十卷補遺二卷首一卷 清王謨撰 清乾隆刻本

八九七 廬山蓮社高賢傳七卷 明宋懋貞撰 明萬曆刻本 九行二十字白口四周單邊有刻工

八九八 廣信先賢事實錄六卷 明姚堂輯 明景泰七年廣信府刻本 十二行廿一字黑口四周雙邊
存二卷 一至二

八九九 吉州人文紀略二十六卷 清郭景昌 賴良鳴輯 清康熙永思堂刻本

九〇〇 永新人物錄一卷 明劉沈之撰 清抄本

九〇一 楚寶四十五卷總論一卷 明周聖楷撰 明崇禎刻本 九行二十字白口單黑尾四周單邊

九〇二 襄陽耆舊傳一卷 明嘉靖刻本 十行十八字白口左右雙邊單黑尾

九〇三 重校襄陽耆舊傳二卷 清抄本

九〇四 荊門耆舊紀略三卷烈女紀略一卷 清胡作柄撰 清康熙刻本

九〇五 閩學宗傳不分卷 明劉廷蕙撰 浙學宗傳不分卷 揚豪別錄一卷 明劉鱗長撰 明崇禎十一年劉鱗長刻本 八行二十字白口四周雙邊

九〇六 東越文苑六卷 明陳鳴鶴撰 趙世顯訂正 稿本

九〇七 東越文苑六卷 明陳鳴鶴撰 清抄本 清郭柏蒼校

九〇八 閩中理學淵源考九十二卷 清李清馥撰 清丁氏竹書堂抄本

九〇九 八閩理學源流四卷 清蔣垣撰 清抄本

九一〇 八閩人物志不分卷 清吳鳳春撰 稿本

九一一 榕陰新檢十六卷 明徐𤊹輯 明萬曆三十四年刻本 十行二十字白口四周單邊有刻工

九一二 榕陰新檢十六卷 明徐𤊹輯 清[illegible]抄本 清謝章鋌校並跋

九一三 長林氏族錄不分卷 清林則徐輯 稿本

九一四 莆陽文獻十三卷列傳七十四卷 明鄭岳輯 明嘉靖刻本 十行二十字白口四周雙邊
存七十九卷 文獻一至十三、列傳九至七十四

九一五 莆陽文獻十三卷列傳七十五卷 明鄭岳輯 明萬曆四十四年黃起龍刻本 十行二十字白口四周雙邊

九一六 莆陽文獻十三卷列傳七十五卷 明鄭岳輯 明萬曆四十四年黃起龍刻本 清丁丙跋 十行二十字白口四周雙邊有刻工

九一七 閩漳先賢列傳四卷 清高維檜撰 清康熙高氏寶山堂刻本

九一八 建寧人物傳四卷 明李默撰 明嘉靖十七年李來光刻本 九行廿二字白口四周雙邊

九一九 廣州人物傳二十四卷 明黃佐撰 明嘉靖刻本 十行二十字白口左右雙邊單黑尾
存　卷 十五至十九

九二〇 東莞庠士錄四卷 清張小遊輯 稿本

九二一 滇南人物志不分卷 清張然撰 清抄本

別傳

九二二 太師比干錄三卷 明曹安輯 明天順六年應信刻本 十一行二十字黑口四周單邊

九二三 殷太師比干錄三卷微子附錄一卷箕子附錄一卷旁證一卷 明曹安輯 明弘治刻本 十一行二十字黑口四周雙邊

九二四 殷太師忠烈錄十卷 明曹安輯 蔡孟奇重訂 明萬曆六年李思羅刻十五年周思宸增刻本 十行二十字白口單黑尾四周單邊

九二五 晏子春秋四卷 明萬曆十六年吳懷保刻本 九行二十字白口四周單邊

九二六 晏子春秋四卷 明黃之寀刻本 九行十八字左右雙邊白口

九二七 晏子春秋四卷 明吳中珩刻本 九行十八字白口左右雙邊單黑尾

九二八 晏子春秋六卷 明凌澄初刻套印本 八行十八字白口四周單邊

九二九 晏子春秋六卷 明刻本 九行二十字白口四周單邊

九三〇 晏子春秋六卷 明刻本 九行二十字四周單邊有刻工

九三一 晏子春秋六卷 明末刻本 清唐仲冕題記 九行二十字白口四周單邊

九三二 晏子春秋七卷 明藏修館刻本 九行二十字小字雙行同白口左右雙邊

九三三 晏子春秋七卷 題周晏嬰撰 音義二卷 清孫星衍撰 清乾隆畢沅刻經訓堂叢書本 清戴望錄洪頤煊校

九三四 晏子春秋七卷 題周晏嬰撰 音義二卷 清孫星衍撰 清乾隆畢沅刻經訓堂叢書本 清顧曾彝跋

九三五 晏子春秋七卷 清乾隆畢沅刻經訓堂叢書本 佚名校 清丁丙跋

九三六 晏子春秋八卷 明沈啟南刻本 九行二十字白口四周單邊有刻工

九三七 晏子春秋八卷 明李氏綿眇閣刻本 十行二十字白口左右雙邊單黑尾
存七卷 一至七

九三八 晏子春秋八卷 明刻本 九行十八字白口左右雙邊

九三九 晏子春秋八卷 明刻本 清王[illegible]跋 周鑾詒題款 九行十八字白口左右雙邊

九四〇 晏子春秋八卷 明活字印本 清丁丙跋

九四一 晏子春秋八卷 清嘉慶二十一年吳鼒刻本 清王念孫校 盛昱校並跋

九四二 晏子春秋八卷 清嘉慶二十一年吳鼒刻本 黃昌儀校並跋

晏子春秋八卷　清抄本　清顧廣圻校並序跋　九四三
東家雜記二卷　宋孔傳撰　宋刻遞修本　清袁則明、黃丕烈、錢大昕跋　十行十八字白口左右雙邊　九四四
東家雜記二卷　宋孔傳撰　清初毛氏汲古閣影宋抄本　清馮鑑、勞健跋　九四五
東家雜記二卷　宋孔傳撰　清影宋抄本　九四六
東家雜記二卷　宋孔傳撰　清影宋抄本　九四七
東家雜記二卷　宋孔傳撰　清張蓉鏡抄本　丁祖蔭校　九四八
東家雜記二卷　宋孔傳撰　孔聖生年月日考異一卷　宋趙去疾撰　明刻本　十行十八、九字不等黑口四周單邊　九四九
東家雜記二卷　宋孔傳撰　孔聖生年月日考異一卷　宋趙去疾撰　清影宋抄本　九五〇
至聖先師孔子刊定世家七卷　明馮斌撰　明萬曆三十九年刻本　九行二十字白口四周雙邊　九五一
刻孔聖全書八卷　明安夢松撰　明萬曆二十七年書林鄭雲竹刻本　十行二十字白口四周雙邊　九五二
存七卷　一至七
孔聖全書三十五卷　明蔡復賞撰　明萬曆金陵書坊葉貴刻本　十行廿四字白口四周單邊　九五三
存十六卷　一至十六
新鍥孔聖宗師出身全傳四卷　明刻本　十行十七字白口四周雙邊　九五四
聖蹟圖一卷　明正德元年刻彩色印本　九五五
聖蹟圖一卷　明張楷撰　明嘉靖三十七年潘湍朱應紹刻本　九五六
聖蹟圖一卷　明張楷撰　明刻本　九五七
聖蹟圖不分卷　明刻藍印本　九五八
孔子聖蹟圖不分卷　明隆慶六年刻本　九五九
聖蹟圖不分卷　明萬曆二十年刻本　行款字數不等四周雙邊　九六〇
聖蹟圖不分卷　明崇禎刻本　左圖右說十九字小字雙行白口單魚尾四周單邊　九六一
仲志四卷　明劉天和撰　周燕雲訂　趙時雍增次　明崇禎十三年刻清康熙中增補印本　九行十九字白口四周雙邊單魚尾　九六二
卞里志六卷　明呂兆祥重修　明崇禎二年呂聖符刻本　十行十九字白口左右雙邊　九六三
宗聖志十二卷　明呂兆祥撰　明崇禎刻清康熙增修本　九六四
曾志四卷首一卷末一卷　明李天植輯　明萬曆二十六年曾承業刻本　九行十六字白口上下雙邊有刻工　九六五
孟誌五卷　明潘榛輯　明萬曆三十九年刻本　九行二十字白口單魚尾四周單邊　九六六
三遷志六卷　明呂元善撰　明嘉靖刻本　十行字不等黑口四周雙邊　九六七
三遷誌六卷　明呂元善撰　明嘉靖刻隆慶增補印本　十行廿一字黑口四周雙邊　九六八
三遷誌六卷　明呂元善撰　明萬曆刻本　十行廿一字上白口下大黑口雙魚尾四周雙邊　九六九
三遷志十二卷　清孟衍泰等輯　清康熙六十一年刻本　十行十九字白口左右雙邊單魚尾　九七〇
孟子生卒年月考辯證一卷　清董桂新撰　清抄本　九七一
孟子編略六卷　清孫葆田、柯劭忞撰　稿本　九七二
重刻懷忠錄二卷　明梁汝佐輯　劉芳節增輯　明萬曆三年刻本　趙萬里題識　九行十八字白口四周雙邊　九七三
東方先生類語十六卷　明朱維陞輯　明刻本　九行十八字白口單魚尾左右雙邊　九七四
會稽朱太守事實一卷　清沈復粲輯　稿本　九七五
鄭玄列傳一卷　劉宋范曄撰　清鄭文焯抄本　鄭文焯校補並跋　九七六
北海三攷三卷　清胡元儀撰　清抄本　柯劭忞等題識　九七七
思賢集二卷　清徐本公輯　清康熙四十九年高士祠刻本　九七八
南州高士祩記一卷蘇雲卿逸事一卷　明李應青輯　清初抄本　九七九
關王事迹五卷　元胡琦撰　明成化七年張寧刻本　八行十六字黑口四周雙邊　九八〇
漢壽亭侯誌二卷　元胡琦撰　明呂鳴增訂　明嘉靖刻本　九行十九字白口單魚尾四周雙邊　九八一
漢壽亭侯誌五卷　元胡琦撰　明萬曆二年刻本　九行二十字白口四周雙邊　九八二
義勇武安王集八卷　明顧問輯　明嘉靖四十三年顧夢羽刻本　十二行廿四字白口四周單邊　九八三
重編義勇武安王集八卷　清錢謙益輯　稿本　清沈兆奎、吳觀谷、毛扆跋　姚源復時等九家跋　九八四
重編義勇武安王集八卷附錄二卷　清錢謙益輯　清顧湄輯　清康熙八年顧湄刻本　九八五
關天帝紀四卷　明孫祥宇奇撰　明天啟五年刻本　八行廿一字白口四周單邊　九八六
漢前將軍漢壽亭侯關公志十二卷　明丁鍈輯　明崇禎五年刻本　九行二十字白口單邊單魚尾　九八七
關聖類編六卷補編一卷　明黃希聲輯　清順治十三年拔山萬承緒重刻本　九八八
關夫子誌二卷　清張鵬翮輯　清康熙四十四年盧鑑刪刻本　九八九
漢前將軍壯繆侯關公考十八卷　清冉鎧祖撰　清同治八年大梁王繼祖抄本　九九〇
漢丞相諸葛忠武侯傳一卷　宋張栻撰　宋刻本　清黃丕烈跋　十行十七字白口左右雙邊雙魚尾　九九一
漢丞相諸葛忠武侯傳一卷　宋張栻撰　清初抄本　九九二
忠武錄五卷　明沈津輯　明嘉靖十九年唐藩刻本　十行二十字白口四周雙邊　九九三
忠武錄五卷　明沈津輯　明嘉靖十九年唐藩刻本　清武蛟生題識　十行二十字白口四周雙邊雙魚尾　九九四

四五

九九五 武侯集十六卷 明王士騏輯 錢世揚跋 明萬曆四十五年刻本 九行十九字白口左右雙邊

九九六 諸葛忠武侯全書二十卷 明王士騏輯 諸葛羲評 明崇禎十一年吳天祺刻本 九行十九字白口單邊

九九七 諸葛忠武書十卷 明楊時偉輯 明萬曆四十七年楊時偉刻忠武靖節二編本 九行十八字白口四周單邊

九九八 諸葛忠武書十卷 明楊時偉輯 明萬曆四十七年楊時偉刻忠武靖節二編本 八行十八字白口單邊

九九九 臥龍先生志一卷 清朱瞻九輯 抄本

一〇〇〇 琅邪王羲之世系譜二卷 明王志堅撰 圖一卷 明孫鑛撰 明崇禎刻本 十一行二十字白口四周單邊

一〇〇一 絳帖錄二卷 宋王質撰 清康熙三十年南陽孔氏抄本 清何焯校並識

一〇〇二 絳帖錄二卷 宋王質撰 清乾隆四十一年孔繼涵家抄本 清孔繼涵校並識

一〇〇三 絳帖錄二卷 宋王質撰 清抄本 清吳騫、錢廷傅校

一〇〇四 絳帖錄二卷 宋王質撰 清王氏十萬卷樓抄本

一〇〇五 絳帖錄二卷 宋王質撰 清全氏文會清書屋抄本

一〇〇六 絳帖錄二卷 宋王質撰 清抄本 蔣谷孫校

一〇〇七 唐李衛公通纂四卷 明王[illegible]撰 明正德十六年弘道書院刻清道光十八年補刻本

一〇〇八 魏鄭公諫錄五卷 唐王方慶撰 明正德二年書大有刻本 十行十七字白口左右雙邊

一〇〇九 魏鄭公諫錄五卷 唐王方慶撰 清抄本 清李錫晴校並跋

一〇一〇 魏鄭公諫錄五卷 唐王方慶撰 宋翟思續書 清康熙鳥衣平堂刻本 清曹炎錄唐太

一〇一一 崔府君神異實錄不分卷 明楊瑄輯 明成化刻明清遞修本

一〇一二 新安忠烈廟神紀實十五卷乾集一卷 元鄭弘祖輯 明汪儀鳳增輯 明天順四年至成化九年汪儀鳳刻本 十一行二十字黑口四周雙邊 存五卷（一至四、乾集全）

一〇一三 新安忠烈廟神紀實十五卷 元鄭弘祖輯 明成化元年刻正德重修本 十一行二十字黑口四周雙邊

一〇一四 昭忠錄五卷附錄一卷 明周璟輯 明弘治八年刻本 十一行廿一字大黑口四周雙邊

一〇一五 唐賀監紀略四卷 清聞性善、聞性道輯 清抄本 張壽鏞跋

一〇一六 唐貴妃楊太真全史[illegible]卷 明西湖樵逸人輯 明刻本 九行二十字白口左右雙邊 存五卷（一至三、五至六）

一〇一七 唐賀監紀略四卷 清聞性善、聞性道輯 清抄本

一〇一八 安祿山事迹三卷 唐姚汝能撰 五國故事二卷 佚名撰 明抄本

一〇一九 安祿山事迹三卷 唐姚汝能撰 清初抄本 傅增湘跋

四六

一〇二〇 安祿山事迹三卷 唐姚汝能撰 清抄本 清丁丙跋

一〇二一 安祿山事蹟三卷 唐姚汝能撰 清汪氏振綺堂抄本

一〇二二 安祿山事迹三卷 唐姚汝能撰 清鮑氏知不足齋抄本 蔣谷孫校並跋

一〇二三 安祿山事迹三卷 唐姚汝能撰 清抄本 清謝[illegible]跋 翁曾源校並跋

一〇二四 安祿山事迹三卷 唐姚汝能撰 清道光十九年翁氏抄本 清翁曾權校並跋

一〇二五 安祿山事迹三卷 唐姚汝能撰 清宋氏詩瀛室抄本 清徐毅林校

一〇二六 安祿山事蹟三卷 唐姚汝能撰 清沈桐齋抄本

一〇二七 譎倂外紀二十卷 明王璽撰 清初抄本

一〇二八 李深之文集六卷補一卷 唐李絳撰 蔣偕輯 明抄本（補一卷配清抄本）

一〇二九 李深之文集六卷補一卷 唐李絳撰 蔣偕輯 清抄本 清丁丙跋

一〇三〇 李深之文集六卷 唐李絳撰 清彭氏知聖道齋抄本 清彭元瑞校並識

一〇三一 李相國論事集六卷 唐李絳撰 清抄本 清李[illegible]校並跋

一〇三二 羅江東外紀三卷 明聞元衡輯 天地間集一卷 宋謝翱輯 晞髮道人近稿一卷 宋謝翱撰 明崇禎刻本 九行二十字白口四周單邊

一〇三三 陳觀察遺事一卷 清鄭杰輯 墓誌一卷 唐黃璞撰 清乾隆六十年劉永樹刻本

一〇三四 張乖崖事文錄四卷 明顧瑞、徐鍇輯 明弘治三年邢表、劉忠刻本 十行二十字黑口四周雙邊

一〇三五 張乖崖事文錄四卷 明顧瑞、徐鍇輯 清抄本

一〇三六 張乖崖事文錄四卷 明顧瑞、徐鍇輯 清張純修增輯 清康熙刻本 清黃丕烈跋

一〇三七 文正王公遺事一卷 宋王素撰 宋刻百川學海本 十二行二十字細黑口左右雙邊 有刻工

一〇三八 文正王公遺事一卷 宋王素撰 明初刻本

一〇三九 文正王公遺事一卷 宋王素撰 清徐常橋抄本 清吳翌鳳校並跋

一〇四〇 天后聖像一卷 清刻本

一〇四一 褒賢集七卷遺蹟一卷鄱陽遺事錄一卷 元天曆元年范賢世家刻本 十二行二十字黑口左右雙邊

一〇四二 范文正公鄱陽遺事錄一卷褒賢詞錄二卷 明刻本 九行二十字白口四周單邊 有刻工

一〇四三 范文正公言行拾遺錄一卷范文正公義莊規矩一卷 明嘉靖三十九年范惟一刻本 九行二十字白口四周單邊

一〇四四 范文正公言行拾遺事錄一卷義莊規矩一卷鄱陽遺事錄一卷 明萬曆三十六年刻本 九行二十字白口四周單邊

一〇四五 宋范文正公流寓長山事跡考一卷 清劉鴻儀撰 清康熙刻本

一〇四六 樂全先生張公行狀一卷 宋王鞏撰 清小輞川抄本

一〇四七 淑清錄二卷 明丁明登輯 明崇禎六年刻本

一〇四八 韓忠獻公別錄三卷 宋王巖叟撰 明抄本

一〇四九 忠獻韓魏王君臣相遇別錄三卷 宋王巖叟撰 遺事一卷 宋強至撰 傳十卷 明萬曆四十二年徐培芳刻本 九行十八字白口左右雙邊

一〇五〇 韓忠獻公遺事一卷 宋強至撰 宋刻百川學海本 清許心扆、丁丙跋

一〇五一 韓忠獻公遺事一卷 宋強至撰 明初刻本

一〇五二 邵康節先生外紀四卷 明宋繼儒輯 明刻本 八行十八字白口四周雙邊

一〇五三 蔡端明別紀十二卷 明徐𤊹輯 明萬曆刻本 十行二十字白口左右雙邊 清米東元

一〇五四 豐清敏公遺事一卷 宋李朴撰 附錄一卷 明豐慶輯 明刻本 十行十八字黑口四周雙邊

一〇五五 豐清敏公遺事一卷 宋李朴撰 清同治徐時棟煙嶼樓抄本 清徐時棟跋

一〇五六 种太尉傳一卷 宋趙起撰 明抄本

一〇五七 种太尉傳一卷 宋趙起撰 清抄本

一〇五八 濂溪志九卷 明李楨撰 明萬曆刻本 十行廿一字白口四周雙邊

一〇五九 濂溪志十卷 明李禎輯 明刻本 十行廿一字白口四周雙邊單魚尾 存九卷 二至十

一〇六〇 東坡先生遺事十二卷 明顧道洪輯 明萬曆二十一年顧道洪刻本 十行二十字白口四周單邊

一〇六一 東坡先生遺事不分卷 明崇禎九年抄本

一〇六二 蘇長公外紀十二卷 明王世貞輯 璩之璞校補 明萬曆二十二年璩氏燕石齋刻本 十行十八字白口左右雙邊 有鄗工

一〇六三 蘇長公外紀十二卷 明王世貞輯 璩之璞校補 明萬曆二十二年璩氏燕石齋刻二十三年重修本 十行十八字白口左右雙邊

一〇六四 蘇長公外紀十二卷 明王世貞輯 璩之璞校補 明萬曆二十二年璩氏燕石齋刻二十三年重修本 清方其道批注 十行十八字白口左右雙邊

一〇六五 蘇長公外紀十六卷 明王世貞輯 明刻本 九行十八字白口左右雙邊

一〇六六 蘇文忠公外紀二卷 明王世貞輯 逸編一卷 明璩之璞輯 明崇刻本 清秋舫跋 九行十九字白口四周單邊

一〇六七 東坡烏臺詩案一卷 明刻本 十行廿一字白口左右雙邊

一〇六八 烏臺詩案一卷 明秦氏玄覽中區抄本

一〇六九 烏臺詩案一卷 清康熙四十年海寧馬氏衎齋刻本

一〇七〇 烏臺詩案一卷 清抄本

一〇七一 烏臺詩案一卷 清抄本

一〇七二 烏臺詩案一卷 清長洲吳氏抄本 清吳翌鳳校並跋

一〇七三 東坡烏臺詩案一卷 清抄本 鄧邦述跋

一〇七四 烏臺詩案一卷 清滂溪文氏抄本

一〇七五 蘇長公諱史二卷 明鄭化撰 明閔于忱刻套印本

一〇七六 刻宋鄭一拂先生祠錄一卷 明焦竑輯 明萬曆三十四年鄭鐵刻本 八行十八字白口四周單邊

一〇七七 黃豫章外紀十二卷 明沫之仲輯 明崇禎九年刻本 十行二十字白口左右雙邊

一〇七八 米襄陽志林十三卷 明范明泰輯 米襄陽遺集一卷 海嶽名言一卷 寶章待訪錄一卷 米襄陽研史一卷 宋米芾撰 明范明泰輯 明萬曆三十二年范氏舜放軒刻本 九行十八字白口左右雙邊

一〇七九 米襄陽志林十三卷 明范明泰輯 明萬曆三十二年范氏舜放軒刻本（四庫底本） 九行十八字白口左右雙邊 存九卷 一至九

一〇八〇 米襄陽志林十三卷 明范明泰輯 米襄陽遺集一卷 海岳名言一卷 寶章待訪錄一卷 研史一卷 宋米芾撰 明范明泰輯 明萬曆三十二年范氏舜放軒刻清宛委堂重修本 九行十八字白口左右雙邊

一〇八一 米襄陽志林十三卷 明范明泰輯 米襄陽遺集一卷 海嶽名言一卷 寶章待訪錄一卷 研史一卷 宋米芾撰 明范明泰輯 明萬曆三十二年范氏舜放軒刻清宛委堂重修本 清陳奐校並跋 九行十八字白口左右雙邊

一〇八二 米襄陽外紀十二卷 明范明泰輯 明刻本 十行二十字白口左右雙邊

一〇八三 宋儒楊龜山先生通紀二卷 明林兆藺、吳文琳輯 明崇禎十六年楊氏刻本 十行二十字白口四周單邊

一〇八四 宋陳忠肅公言行錄六卷 清抄本

一〇八五 忠簡宗公遺事三卷 清初抄本 清孫潛、[illegible]校並跋

一〇八六 忠簡宗公遺事三卷 宋宗穎輯 清抄本

一〇八七 呂忠穆公年譜一卷 勤王記一卷 遺事一卷 逢辰記一卷 清乾隆四十二年孔繼涵家抄本 清孔繼涵校並跋

一〇八八 宋陳少陽先生盡忠錄八卷 續錄一卷 明陳沂輯 明正德十一年刻本

本　十二行二十字白口左右雙邊

1089 宋太學生陳東盡忠錄八卷　明陳沂輯　明天啟七年朱國盛四印堂刻本　九行十九字白口四周單邊

1090 宋陳少陽先生盡忠錄八卷　明陳沂輯　清武凌仲子文房抄本

1091 宋陳少陽先生盡忠錄八卷補錄二卷　明陳沂輯　清彭氏知聖道齋抄本　清彭元瑞、謝寶樹校並跋

1092 宋陳少陽先生盡忠錄八卷補錄二卷　明陳沂輯　清道光七年東武李氏愛吾鼎齋抄本　清李璋煜跋

1093 宋太學生陳東盡忠錄八卷　明陳沂輯　清抄本　張蓉鏡批校

1094 忠文王紀事實錄五卷　宋謝起巖撰　宋咸淳七年吳安朝等刻明初公文紙印本　傅增湘跋

1095 鄂國金佗稡編二十八卷　宋岳珂輯　元至正二十三年朱元佑刻本　九行十七字白口雙魚尾左右雙邊

1096 鄂國金佗稡編二十八卷　宋岳珂輯　元至正二十三年朱元佑刻本　九行十七字白口左右雙邊有刻工　存十九卷　五至二十、廿四至廿六

1097 鄂國金佗稡編二十八卷續編三十卷　宋岳珂輯　明嘉靖二十一年洪富刻本　清丁丙跋　九行十七字黑口左右雙邊有刻工（一〇九七號至一一〇二號同）

1098 鄂國金佗稡編二十八卷續編三十卷　宋岳珂輯　元至正二十三年朱元佑刻本　九行十七字黑口左右雙邊雙魚尾有刻工　存續編四卷　十七至二十

1099 鄂國金佗稡編二十八卷續編三十卷　宋岳珂輯　元至正二十三年朱元佑刻明修本　九行十七字細黑口左右雙邊有刻工

1100 鄂國金佗稡編二十八卷續編三十卷　宋岳珂輯　元至正二十三年朱元佑刻明修本　九行十七字細黑口左右雙邊有刻工

1101 鄂國金佗稡編二十八卷續編三十卷　宋岳珂輯　元至正二十三年朱元佑刻明修本　九行十七字黑口左右雙邊有刻工

1102 鄂國金佗稡編二十八卷　宋岳珂輯　元至正二十三年朱元佑刻明修本　九行十七字白口左右雙邊　存十三卷　一至四、廿一至廿八、續二十

1103 鄂國金佗稡編二十八卷續編三十卷　宋岳珂輯　明嘉靖二十一年洪富刻三十七年黃日敬重修本　九行十七字黑口左右雙邊

1104 宋史岳飛傳一卷岳忠武廟名賢詩一卷　元釋高會重輯　元至元六年刻本　十行或十二行不等行字數不等左右雙邊或四周雙邊黑口

1105 精忠錄三卷圖一卷　明袁純輯　明景泰刻本　十一行二十字粗黑口四周雙邊

1106 朱僊鎮岳廟集十二卷附錄一卷　明李濂輯　明嘉靖刻本　九行十八字小字雙行白口四周單邊

1107 新鐫增補宋岳鄂武穆王精忠彙編十四卷　明高應科輯　明崇禎元年刻本　九行廿四字白口四周單邊　存八卷　一至八

1108 辯誣筆錄一卷　宋趙鼎撰　清抄本

1109 劉豫事迹一卷　清曹溶輯　清初抄本

1110 劉豫事跡一卷　清抄本

1111 劉豫事蹟一卷　清曹溶輯　清汪氏振綺堂抄本

1112 劉豫事迹一卷　清曹溶輯　清大興徐氏治樸學齋抄本　清陸松校

1113 劉豫事迹不分卷　清曹溶輯　清抄本

1114 宋鄭忠穆公事實不分卷　清抄本

1115 董令升遺事不分卷　清吳騫輯　稿本

1116 洪文惠公行狀一卷　宋許及之撰　洪文惠公神道碑銘一卷　宋周必大撰　明毛氏汲古閣影宋抄本

1117 宋汪文定公行實一卷　宋樓鑰撰　明刻本　十行二十字小字雙行白口加黑魚尾左右雙邊有刻工

1118 宋丞相崔清獻公全錄十卷　宋崔與之撰　明崔子璲輯　崔曉增輯　明嘉靖十三年唐胄、鄒鍊刻本　十行十九字黑口四周雙邊

1119 宋丞相崔清獻公全錄十卷　宋崔與之撰　明崔子璲輯　崔曉增輯　明嘉靖十三年唐胄、鄒鍊刻本　清丁丙跋　十行十九字大黑口四周單邊

1120 宋丞相崔清獻公全錄十卷　宋崔與之撰　明崔子璲輯　崔曉增輯　明嘉靖三十二年廣郡刻本　十行十九字黑口單邊單魚尾

1121 宋丞相崔清獻公言行錄內集二卷外集三卷　明崔子璲輯　崔曉增輯　明嘉靖十五年崔曉刻萬曆遞修本　十行二十字小字雙行雙黑魚尾黑口四周雙邊

1122 宋丞相崔清獻公言行錄內集二卷外集三卷　明崔子璲輯　崔曉增輯　明嘉靖十五年崔曉刻萬曆遞修本　清丁丙跋　十行二十字大黑口四周雙邊

1123 晦菴先生朱文公行狀二卷　元至正九年謝池刻本　十行二十字小黑口四周雙邊對魚尾　存一卷　上

1224 朱子實紀十二卷 明戴銑輯 明正德八年鮑雄刻本 十行二十字白口四周單邊

1225 朱子晚年定論不分卷 清王應昌撰 清順治五年稿本

1226 子朱子為學次第考三卷 清童能靈撰 清刻本
存二卷 二至三

1227 宋東萊呂成公外錄四卷 明戴光啟、王崇巖輯 明崇禎五年呂允祉等刻本 九行二十字白口四周單邊

1228 懷賢錄不分卷 明沈懋輯 附龍洲詞一卷 宋劉過撰 明正統三年刻弘治修補印本

1229 鶴山述聞十二卷 清沈家鎮輯 稿本
存十卷 一至十

1230 象臺首末七卷 宋胡知柔輯 清胡宗元重訂 清乾隆胡宗元抄本

1231 象臺首末五卷 宋胡知柔輯 附錄一卷 明胡榛輯 清蘭山王氏十萬卷樓抄本

1232 象臺首末五卷 宋胡知柔輯 附錄一卷 明胡榛輯 清抄本

1233 象臺首末五卷 宋胡知柔輯 附錄一卷 明胡榛輯 清抄本 清丁丙跋

1234 明良慶會四卷 明刻本 十行二十字黑口四周雙邊

1235 陸右丞蹈海錄一卷 明丁元吉輯 清康熙姜氏五玲瓏閣抄本 清姜期輯、姜炳璋、丁丙跋

1236 陸右丞蹈海錄一卷 明丁元吉輯 清康熙十二年王乃絡抄本 潘承厚跋

1237 太洋洲蕭侯廟志六卷 明郭子章撰 明天啟二年甘鳳翔刻本 十行二十字白口左右雙邊

1238 運使復齋郭公言行錄一卷 元徐東撰 敏行錄一卷 元至順刻本 十行廿一字黑口左右雙邊

1239 運使復齋郭公言行錄一卷 元徐東撰 敏行錄一卷 清張蓉鏡家影元抄本 清半學傳跋 孫谷孫跋

1240 崇氏二奇女傳一卷 題元中繼賢撰 清抄本 清陳鱣、吳騫跋

1241 迂翁志林十二卷 清抄本

1242 倪雲林一卷 明毛晉輯 附題畫詩一卷 元倪瓚撰 明毛晉輯 明末毛氏綠君亭刻本 八行十八字白口四周單邊

1243 倪雲林一卷 明毛晉輯 題畫詩一卷 元倪瓚撰 明毛晉輯 明末毛氏綠君亭刻本 鄭振鐸跋 八行十八字白口四周單邊

1244 金姬傳一卷 明楊儀撰 清抄本 鄧邦述跋

1245 尚書嚴公流芳錄三卷 明嚴訥輯 續一卷 清嚴荣貴輯 明嚴續刻清康熙二十六

1246 大明太祖高皇帝御製周顛仙人傳一卷 明太祖朱元璋撰 明嘉靖十八年唐拓石書堂抄本 平湖葛嗣浵跋

1247 御製周顛仙人傳一卷 明太祖朱元璋撰 明抄本

1248 黔寧集一卷 明李文秀輯 明刻本 十行十八字黑口四周雙邊

1249 明良世翰不分卷 明萬曆二十六年金文中刻本 九行廿二字白口四周單邊

1250 胡康一撫孤井柳錄不分卷 明胡山輯 明胡山刻公文紙印本

1251 史氏鳴冤略一卷 清抄本

1252 胡忠烈遺事四卷 清史珥輯 清乾隆四十年聽湖書屋刻本

1253 卓氏遺書二卷 明卓發之輯 明天啟刻本 八行十九字白口四周雙邊

1254 卓氏忠烈遺事一卷 清卓爾康輯 清康熙刻本

1255 忠貞錄三卷 明李維樾、林增志輯 附錄一卷 清抄本 清丁丙跋

1256 明禮部侍中黃文貞公忠節紀略七卷補遺一卷續集三卷 清柯自逵輯 清康熙五十一年仁壽堂刻本

1257 王靜學先生傳二卷 明黃維撰 清康熙四十五年刻本

1258 夏忠靖公遺事一卷 明何喬新輯 明弘治十四年馬炳然刻本 九行十七字黑口四周雙邊

1259 明忠肅王公行狀神道碑一卷 明姚夔、彭時撰 明崇禎刻本 九行廿二字白口四周單邊

1260 薛文清公行實錄五卷 明王鴻輯 明萬曆十六年吳達可刻崇禎重修本 十行十八字白口四周雙邊

1261 薛文清行實錄五卷 明王鴻撰 清康熙五十三年刻本

1262 薛文清公行實不分卷 明刻本 十一行二十字白口四周單邊
存一卷 上

1263 韓襄毅公傳一卷 明韓勳輯 明嘉靖新淦草堂刻本 十行十八字白口左右雙邊

1264 商文毅公遺行集一卷 明商汝頤撰 明正德十六年刻本 十行十九字黑口四周雙邊

1265 陳選傳一卷 明田汝成撰 明嘉靖二十一年陳克培刻本 十行十八字黑口四周雙邊

1266 黃氏祖德錄三卷 明黃孔昭輯 明成化刻本 九行十九字黑口四周雙邊

1267 金沙魏公將軍壯烈志二卷 清順治十七年侯路峻刻本

1268 楓山章先生實紀八卷 語錄一卷 明章懋撰 章拯輯 明嘉靖十三年刻本 九行十八字白口四周單邊

1269 韓忠定公墓誌銘一卷 明楊一清撰 明嘉靖五年韓[illegible]刻本 八行二十字白口上下單邊左右雙邊

1170 重葺楊文襄公實錄一卷 明謝𫐐撰 明萬曆雲南安寧刻清康熙四十七年遞修本 九行二十字小字雙行

1171 清風祠錄三卷 明許岳英輯 明成化十一年刻本 九行二十字小字雙行大黑口四周雙邊

1172 垂休錄不分卷 明潘潢撰 明隆慶刻本 十行廿字黑口四周雙邊

1173 垂休錄不分卷 明謝登輯 明萬曆二十四年刻本 十一行廿六字黑口雙魚尾四周單邊

1174 榮哀錄六卷 明洪伊輯 明正德刻本 九行十九字白口四周單邊
存五卷 一至五

1175 尚書洪公遺芳錄六卷 明洪伊、洪健等輯 明嘉靖十二年洪健刻本 九行十九字白口四周單邊
存三卷 四至六

1176 忠義實記不分卷 明潘二和撰 明嘉靖十年刻本 八行二十字白口四周單邊

1177 先大司馬公（姚鏌）事實彙集不分卷 清姚世琛輯 稿本

1178 南京戶部尚書平川先生王公行實一卷 明馬理撰 明刻本 九行十七字白口四周單邊

1179 忠烈編一卷 明孫振等撰 明嘉靖三十年刻本 八行十六至二十字黑口或白口四周單邊

1180 褒忠錄一卷 清初刻本

1181 伍忠襄公事蹟鈔略一卷 清伍陽輯 清康熙二十六年伍氏家刻本

1182 王文成傳一卷 明鄒鄖撰 稿本 清釋德隆跋

1183 王陽明先生圖譜一卷 明鄒守益等撰 清抄本

1184 壯遊記二卷 明劉良臣撰 稿本
存一卷 一

1185 何文定公錫休錄四卷 明何光祖輯 明隆慶三年賈南書屋刻本 十一行二十字細黑口四周雙邊雙魚尾

1186 重恩錄三卷 明嚴嵩輯 明嘉靖三十三年嚴氏刻本 十行十八字白口左右雙邊

1187 陸文裕公榮哀錄十卷附一卷 明陸楫輯 明嘉靖二十五年刻本（序目、卷七至十、附卷抄補，卷一、四有抄補頁）

1188 崔文敏公考終錄不分卷 明崔滂輯 崔士棨校 明刻本 九行二十字白口左右雙邊

1189 書岑猛一卷 明田汝成撰 清初抄本

1190 恭簡歐陽公哀榮錄二卷 明歐陽默輯 明嘉靖二十七年刻本 九行二十字細黑口四周雙邊

1191 許忠節錄六卷 明楊思撰 明嘉靖十一年刻本 十行二十字白口四周單邊
存二卷 五至六

1192 昭德錄一卷 明李信輯 明刻本 九行二十字白口四周雙邊

1193 邵端峯先生遺範錄三卷 明邵子存撰 明嘉靖十九年刻本 十行廿五字白口四周單邊

1194 恩慶集二卷 明[illegible]道南輯 明嘉靖家刻本 十行二十字白口左右雙邊

1195 崇忠錄十卷 明何世守撰 明嘉靖二十六年刻本 十行廿二字白口左右雙邊
存三卷 八至十

1196 歸養錄九卷 明費階輯 明嘉靖費階刻本 十行二十字白口四周單邊

1197 竹泉集一卷 明張元淳輯 明嘉靖刻本 七行十一字白口左右雙邊

1198 清南王公榮哀錄□卷 明嘉靖刻本 十行二十字白口雙魚尾四周雙邊
存一卷 三

1199 明歐陽德傳集三卷 明嘉靖刻本 九行十九字白口四周雙邊

1200 恩命錄不分卷 明嘉靖刻本 八行十五字白口四周單邊

1201 鏡川吳公配贈淑人蔡氏行狀墓銘一卷 明諸大綬、張居正撰 明刻本 十行二十字白口單邊

1202 幻跡自警一卷 明殷邁撰 明虎嘯山房抄本

1203 先公少司馬傳一卷 明胡大慎撰 明刻本 九行十八字白口四周單邊

1204 褒忠錄一卷 明隆慶刻本 九行十八字白口左右雙邊

1205 受菴功行譜一卷 明沈[illegible]績撰 明刻本 九行十八字白口四周雙邊 有刻工

1206 王源春谷錄一卷 明謝瀛輯 明萬曆三年自刻本 十行廿三字白口四周雙邊

1207 馬將軍傳一卷 明李維楨撰 明萬曆三十六年刻本 九行十八字白口四周雙邊單魚尾 有刻工

1208 崑崙山人傳不分卷 明王世貞等撰 清抄本

1209 明故嘉靖大夫南京光祿寺卿前都察院右副都御史象岡胡公胡植行狀一卷 明羅崇奎撰 墓誌一卷 明尹臺撰 明隆慶刻本 九行十九字黑口四周雙邊

1210 提督四夷館太常少卿前南京國子司業訥谿周公墓誌銘一卷 明姜寶等撰 明刻本 十行二十字白口四周單邊

1211 孤憤集一卷 明沈明臣等撰 明隆慶刻本 九行十七字白口單邊

1212 胡公（胡宗憲）行實不分卷 明胡桂奇、胡松奇撰 清抄本

1213 少司徒王公傳一卷 明邵正城撰 明刻本 八行十六字白口四周單邊

1214 忠勤錄四卷 明王家乾、王家賓輯 明萬曆三十五年刻本 九行十七字白口四周雙邊 有刻工

1215 少司徒王公重光忠勤錄三卷 明萬曆二十年富忠忠刻本 十行二十字白口四周單邊

有刻工

一二一六 王公忠勤錄三卷 明雷思霈輯 清抄本

一二一七 少司徒王公平蠻督木傳一卷 明詹時雍撰 明刻本 九行十八字白口單魚尾四周雙邊

一二一八 明前太僕寺少卿灤川王公配劉氏合葬墓誌銘一卷 明楊巍撰 明刻本 十行二十字白口四周雙邊

一二一九 劉太淑人傳一卷 明鄒正域撰 明刻本 八行十六字白口四周單邊

一二二〇 范運吉傳一卷 明徐養正撰 明嘉靖刻本 八行十九字白口四周雙邊

一二二一 浙江先生江公傳行狀墓誌銘一卷 明汪道昆等撰 明萬曆刻本 九行十八字白口左右雙邊

一二二二 王鳳洲先生行狀一卷 明王士騏撰 神道碑一卷 明王錫爵撰 大司寇王公傳一卷 明唐堂撰 明萬曆太倉王氏刻本 八行十八字白口單邊單魚尾

一二二三 御史大夫張公定變錄六卷 明許敬輯 明萬曆十一年許敬刻本 八行十六字白口四周雙邊

一二二四 顧伯子英紀不分卷 明顧社訓輯 明隆慶三年顧氏玉齋刻本 十行二十字細黑口左右雙邊 有刻工

一二二五 明都察院右僉都御史張公張九一暨元配王恭人墓誌銘一卷 明李維楨撰 行狀一卷 明閻調羹撰 明萬曆刻本 八行十六字白口四周單邊

一二二六 勞母榮哀錄一卷 明萬曆刻本 九行十八字白口四周雙邊

一二二七 贈太僕寺少卿蒼野王公褒忠錄不分卷 清鄒一鵠輯 清初抄本

一二二八 大廷尉張公輝懿編二卷 明萬曆刻本 八行十八字白口四周單邊

一二二九 廣宗遺愛錄二卷 明張廷庚輯 明萬曆十七年刻本 八行十八字白口單魚尾四周雙邊

一二三〇 明中奉大夫四川布政使司右布政使充菴潘公墓誌銘行狀行實勅諭碑記不分卷 明申時行等撰 明萬曆刻本 行款字數不等白口左右雙邊

一二三一 歷仕錄一卷 明王之垣撰 清康熙四十一年王氏家塾刻本

一二三二 任邱李太師次溪公史略不分卷 清康熙間刻本

一二三三 游一川行述不分卷 明游元淵等輯 明萬曆刻本 九行二十字白口四周單邊

一二三四 生平紀略一卷 明王基撰 稿本

一二三五 見田公行述一卷 明余同元撰 清抄本

一二三六 明誥封中憲大夫太僕寺少卿隣黌安公暨配誥封劉太恭人合葬墓誌銘一卷 明建羽正撰 明誥封劉太恭人顯妣行實一卷 明安仕寺撰 明崇禎刻本 七行十七字白口四周雙邊

一二三七 明勅累封太安人畢母劉氏墓誌銘一卷 明高拱撰 行狀一卷 明王家水撰 行實一卷 明畢自嚴撰 明萬曆刻本 八行十九字白口四周雙邊

一二三八 誠信錄一卷 明俞思甲撰 明萬曆刻本 九行十八字白口四周單邊

一二三九 葬錄一卷 明文布范輯 明刻本 八行十八字白口四周單邊

一二四〇 觀戒圖冊彙編五卷首一卷 明李鎮亨輯 清抄本

一二四一 宮省賢籌錄四卷 明高日烺撰 明萬曆十五年楚藩刻本 九行十六字白口四周雙邊雙魚尾

一二四二 徵聘本末不分卷 明崔星亨輯 清抄本

一二四三 汪公（汪應蛟）哀終錄一卷 明崇禎刻本 九行二十字上黑口下白口四周雙邊

一二四四 直道編三卷首引一 明沈洙撰、鄒德泳等輯 明刻本 十行廿一字白口四周雙邊

一二四五 厚銘日記四卷 明謝科大撰 明天啟刻本 九行廿二字白口四周單邊

一二四六 榮貴錄一卷 明萬曆刻本 九行二十字白口四周雙邊

一二四七 鴻飛錄十卷 明萬曆刻本 九行十九字白口四周單邊

一二四八 皇明後軍都督府署都同知高策行狀一卷諭祭本揭一卷 明孫知游輯 明萬曆四十八年刻本 九行十八字白口四周單邊

一二四九 曹侍御忠諫集四卷 明曹正儀撰、曹正儒輯 清乾隆十五年忠孝堂刻本

一二五〇 明兵部尚書贈太子太保諡恭敏青雷薛公傳一卷 明賀逢聖等撰 文武官員祭恭敏公奠稿一卷 清抄本

一二五一 趙凡夫傳叙行實三卷 明刻本 章鈺跋 趙凡夫先生傳一卷 明馮時可撰 明萬曆四十六年趙宧光刻本 趙凡夫自叙一卷 明趙宧光撰 明刻本 先考凡夫府君行實一卷 明趙均撰 明天啟五年趙均刻本

一二五二 馮母范氏墓誌銘一卷 清金之俊撰 清乾隆二十九年抄本

一二五三 朱少師公事實不分卷 清朱世衍輯 清乾隆朱氏刻本 清李慈銘跋

一二五四 陝西右布政使備兵靖邊道畢自嚴生祠記一卷 明張廷玉等撰 明天啟刻本 九行十四字黑口四周單邊

一二五五 洮岷邊備知參政事畢自嚴生祠志一卷 明楊恩等撰 明天

啟刻本　九行十八字白口四周單邊

1256 畢少保公傳一卷　明蔣平階撰　畢公墓碑一卷　清孫廷銓撰　清康熙刻本

1257 畢少保公傳一卷　明蔣平階撰　清康熙刻本　清李九達跋

1258 龍章累錫三卷　明萬曆崇禎間刻本印本　五行十字白口四周單邊

1259 攀輿去思錄一卷　明抄本

1260 桐鄉盛延祜夫婦誌銘行略輓詩彙刻不分卷　明崇禎刻本　九行十八字白口四周單邊

1261 禺園悼往錄不分卷　清吳瀛輯　稿本

1262 性氣先生熊廷弼傳不分卷　清抄本

1263 劉蕺山先生傳不分卷　清劉士林輯　稿本

1264 劉宗周列傳附子汋傳不分卷　清抄本

1265 蔡明安翁誌銘行狀一卷　明倪元璐撰　明刻本　七行十六字白口四周單邊

1266 張朓行實墓誌銘一卷　明紀維翰正等撰　明崇禎刻本　八行十八字白口四周單邊

1267 揚大洪先生忠烈實錄一卷　明楊繼先輯　忠烈全集（移宮紀事）一卷　明楊漣撰　忠烈誌銘一卷　[illegible]

1268 明故太學次公周君暨配鄒孺人墓誌銘一卷　明吳安國撰　紀略一卷　明周文井、周文蔦撰　行狀一卷　明周廷鼐撰　明萬曆刻本　九行十七字白口左右雙邊　吳宣刻本　八行十九字白口左右不上

1269 先德集一卷　明秦鏞輯　明末刻本　九行二十字四周單邊

1270 孫兌巔天錄十六卷末一卷　清楊山松撰　清康熙十九刻本

1271 襄平出憤先生錄八卷　清佟國器輯　清順治刻本

1272 闇然編四卷　明李承場等輯　明崇禎刻本　十一行廿二字黑口四周雙邊

1273 鹿太常傳一卷　明鹿泉卉撰　鹿忠節公傳一卷　明方家撰

1274 鹿解元傳一卷　明范士楫撰　清乾隆刻本

明魏忠節公大中孝子學洢畫象傳贊不分卷　清宋犖、曹度等撰　魏儒熙輯　稿本

1275 阮大鋮始末一卷　清孫潛抄本

1276 蔡忠襄公遺事不分卷　清趙始英輯　稿本

1277 右僉都御史巡撫祁公傳一卷　明謝吾撰　清初自濯園刻戒仁集本

五七

1278 先大夫世培府君殉節述一卷　明郁理撰　明弘光元年刻本　八行十八字白口四周單邊

1279 尚書倪文正公傳一卷　明蔣平階撰　清康熙刻本

1280 愍綸錄一卷附歷仕政績一卷　明弘光元年汪刻本　八行十九字白口四周單邊

1281 太常磊齋吳公殉節實錄一卷　明倪鴻撰　吳太常殉節遺書一卷　明吳業昌等輯　明末刻本　八行十八字白口左右雙邊

1282 明太子少保資政大夫都察院左都御史中湛先生事述不分卷　清初抄本　清侯方域修訂

1283 白按臺宗師栢蔭錄十卷　明張星輯　明崇禎刻本　八行二十字白口四周單邊

1284 偁東餓夫傳一卷　明章正宸撰　清沈氏鳴野山房抄本　蔡元培校

1285 偁東餓夫傳一卷　明章正宸撰　清抄本

1286 申端愍公旌忠錄二卷任杞實政錄一卷端愍公年譜略一卷　清申涵光輯　清康熙六年刻本

1287 姜貞毅先生輓章不分卷　清姜安節、姜實節輯　清康熙十九年刻本　德政實錄一卷　明崇禎刻本　八行二十字白口四周單邊

1289 吳鼎吾行實一卷　清吳源起撰　清康熙刻本

1290 吳鼎吾行實一卷　清吳源起撰　墓誌銘一卷　清郝惟訥撰　行狀一卷　清杜臻撰　清康熙刻本

1291 劉邑侯惠豐治錄四卷　明吳璋等輯　明崇禎十五年刻本　八行十八字白口左右雙邊　存一卷

1292 諭祭葬忠烈徐同卿祔葬戴恭人合錄不分卷　明徐石麒等輯　明末刻本　八行十八字白口四周單邊

1293 維揚兵憲鄭公棠蔭紀二卷　明黃元斗輯　明崇禎黃元鼎刻清康熙修補印本

1294 治棠記略一卷　明張國士等撰　明崇禎十五年康爾衍刻本　十行十七字白口四周雙邊

1295 原侍御先考芳侯湯府君行述一卷　清湯駿述　清康熙元年刻本

1296 鄭成功傳二卷　清鄭亦鄒撰　附鄭成功逸事　清鄭永河撰　清光緒九年當歸草堂抄本　清□□跋

1297 偽鄭逸事一卷附鄭芝龍始末一卷　清鄭永河撰　清抄本

1298 胡延政克復城都報功圖一卷　明刻本

1299 衍慶錄十卷　清黃必遠輯　清乾隆刻本

1300 衍慶錄十二卷又二卷　清黃必遠輯　清乾隆刻本

五八

一三〇一 睿忠親王多爾袞傳不分卷 清福恩撰 清道光李蔭堂抄本
一三〇二 攝政睿忠親王起居注（順治二年五月六月閏六月）不分卷 清李若琳等記 清劉啟瑞食舊德齋抄本
一三〇三 徵君孫先生日譜年譜不分卷 清孫奇逢撰 清蔡時敏等編 稿本
一三〇四 孟忠毅公傳一卷 清范允鑨撰 先府君忠毅公行述一卷 清孟亮揆撰 清康熙刻本
一三〇五 沈華陽傳一卷附蜀難叙略一卷諸先生跋一卷 清范文光撰 清抄本
一三〇六 先府君行實一卷 清毛泉奇撰 清初抄本
一三〇七 嬾齋別集自傳一卷傳餘一卷 明釋通門撰 清初刻本
一三〇八 東山外紀二卷 清周頫、劉振麟輯 清乾隆查業抄本 清查業跋
一三〇九 奉天遼陽州千山剩禪師塔碑銘一卷 清華峯道人撰 清康熙刻本
一三一〇 王道增行狀一卷 清王鴻撰 清順治刻本
一三一一 覺羅柯爾崑傳一卷 清李來章撰 清康熙查昇抄本
一三一二 天念錄一卷二集一卷 清柳同春撰 清初刻本

一三一三 御製行狀一卷 清世祖福臨撰 清抄本 修苓禎校
一三一四 崇祀錄一卷 清順治刻本
一三一五 何道林傳一卷 清陳瑚撰 清抄本
一三一六 淵上草堂紀略一卷 清徐達源輯 清嘉慶十四年自刻本
一三一七 平南敬親王尚可喜事實冊不分卷 清抄本
一三一八 平南王元垂範二卷 清釋今釋撰 續一卷 清張允格撰 清康熙刻乾隆續刻本
一三一九 巡憲楊公保台實績錄不分卷 清康熙刻本
一三二〇 聲冤錄五卷 清康熙刻本 賦天根二卷 孝義公傳一卷 朱水濂生殁紀略一卷 孝義將書和疏一卷 清新竹主人編次
一三二一 渠宮保壯猷紀不分卷 清吳偉業撰 清康熙刻本
一三二二 褒忠錄八卷崇祀錄八卷崇祀名宦錄一卷 清王敏輯 清康熙刻本
一三二三 張湘曉行述一卷 清張玉書撰 清康熙刻藍印本
一三二四 袁若遺行述一卷 清袁佑撰 清康熙刻藍印本
一三二五 復陽府君行實略一卷 清郝林等撰 清康熙刻藍印本
一三二六 郝復陽行實略一卷 清郝林撰 清康熙刻藍印本
一三二七 蜀粵名宦錄一卷 清康熙刻本
一三二八 石埭學博張漢章傳一卷 清徐乾學撰 清抄本
一三二九 王公（鷹）治績紀略一卷 清樊澤達等撰 清康熙刻本
一三三〇 誥授奉直大夫都察院湖廣道監察御史何公墓碑銘附何母陳宜人壽序一卷 清毛奇齡撰 稿本
一三三一 中藏集二卷 清彭鵬撰 清康熙澂齋刻本
一三三二 閩頌彙編四十卷 清康熙刻本 述略一卷 王一卷 愛民冊卷 疏文卷 奏疏批文各四卷 閩頌二十八卷
一三三三 蘭絮話腴四卷 清曾承業輯 稿本
一三三四 平母馮孺人傳一卷 清王日旭等撰 清順治刻本

一三三五 寧海將軍固山貝子功績錄五卷 清康熙刻本 寧海將軍固山貝子功績二卷 福建功蹟一卷 平閩功績見聞錄一卷 清余泳撰 甲寅遇難錄一卷 清朱錦撰
一三三六 惠獻貝子功績錄六卷 清黃任、陳廷輯 清乾隆刻本
一三三七 惠獻貝子忠定錄八卷附頌言一卷 清德沛輯 清乾隆刻本
一三三八 孝義殳公傳不分卷 清潘耒等撰 清康熙刻本
一三三九 櫟園府君行述一卷 清周在浚、周在延等撰 清康熙十一年刻本
一三四〇 李濟巖行實一卷 清李含澂撰 清康熙刻藍印本
一三四一 王良夫行狀一卷 清王彩撰 清康熙刻本
一三四二 寧波府知府九春楊公行狀一卷 清史大成撰 清順治刻本
一三四三 海寧查嗣琪暨配丁太君墓誌銘一卷 清沈珩撰 清沫吳禧抄本 清沫素禧跋
一三四四 都梁政紀四卷 清康熙十五年刻本
一三四五 永言八卷 清趙吉士輯 清康熙刻本

一三四六 董正先行述一卷 清董德偁撰 清康熙刻本
一三四七 孫思克行述不分卷 清俞益謨撰 清抄本
一三四八 至誼堂實紀二卷 清李維淳輯 清康熙五十七年刻本
一三四九 周季珍行述一卷 清周蔚撰 清康熙刻藍印本
一三五〇 沈孺人行實一卷 清康熙刻本
一三五一 驍騎將軍王銘公行實一卷 清王鳳翔撰 清康熙刻本
一三五二 王阮亭行述一卷 清王啟涑等撰 清康熙五十年刻藍印本
一三五三 陳光龍行略一卷 清抄本
一三五四 先考奕慶府君行略稿一卷附一卷 清祁□徵撰 稿本
一三五五 呂晚村先生行略一卷 清抄本
一三五六 吳慶伯先生行狀一卷 清寧枝功撰 曾璠校 清曾氏丹鉛精舍抄本
一三五七 武英殿大學士兼吏部尚書容齋府君行述一卷 清李丁奇、李孚蒼述 清康熙刻藍印本
一三五八 欽旌孝子伯寧趙公傳一卷 清胡天游撰 清沈復粲抄本
一三五九 遺愛集四卷 清程端幸撰 清康熙十一年上壽堂百一堂刻本 雜文一卷 清汪瑞撰 虞山碑一卷 清陸璟撰 峴山碑一卷 樂府一卷 清程端幸撰

六一

一三六〇 紀夢編年一卷 清釋光鷟撰 清抄本
一三六一 陳成郊行實一卷 清沈社熙撰 清康熙刻藍印本
一三六二 溫文簡公遺像題詞六卷 清康熙五十六年刻本
一三六三 太倉王公傳略一卷 清楊繩武撰 清抄本 遂亭跋
一三六四 寄遊八景八卷 清駱滋撰 清康熙刻本
一三六五 蒿里錄二卷 清康熙刻本
一三六六 綏德馬如龍墓誌銘一卷 清張玉書撰 清沈式善題識 清康熙海寧查升抄本
一三六七 薛總戎墓誌銘一卷 清徐樹屏撰 清抄本
一三六八 雪谷府君行述一卷 清孔衍淦等撰 清康熙五十七年刻藍印本
一三六九 棠蔭彙編四卷首一卷 清王掄志等輯 清康熙刻本
一三七〇 棠蔭彙編四卷首一卷 清王掄志等輯 清抄本
一三七一 戚應蛟妻張氏事略一卷 清抄本

一三七二 鄧嶧亭墓表一卷 清王澍撰 清雍正七年稿本 清張之洞題簽
一三七三 章六府君暨傳太君行述一卷 清潘體泰撰 清康熙四十一年刻藍印本
一三七四 西亭王公行狀一卷 清黃叔琳撰 清抄本
一三七五 理學鄒念魯先生傳一卷 清萬經撰 念魯先生本傳一卷 清叔國麟撰 清康熙刻本
一三七六 王素巖行述一卷 清王素巖撰 清雍正刻藍印本
一三七七 名教罪人不分卷 清道光九年保定府番禎衛氏抄本
一三七八 曙峰陳公行狀一卷 清沈傳華撰 清康熙六十一年刻本
一三七九 皇清誥封淑人王元配李室人行狀一卷 清王然撰 清康熙三十九年刻藍印本
一三八〇 孝潔黃先生墓誌銘一卷 清徐元霖撰 清抄本
一三八一 尋樂堂日錄二十五卷 清竇克勤撰 清康熙六十一年朱陽書院刻本
一三八二 郝公崇祀名宦錄一卷 清康熙刻本
一三八三 張清恪公墓誌銘一卷 清沈廷玉撰 清抄本
一三八四 山東布政使孟偉府君行述一卷 清孟安孚等撰 清康熙刻藍印本

六二

一三八五 霜筠錄不分卷 清許廷昆輯 清康熙五十三年刻本
一三八六 高陽晚集二卷 清許浩輯 清雍正三年刻本
一三八七 孝子盛建極事實一卷 清抄本
一三八八 徐元植行狀一卷 清包爾庚撰 傳贊一卷 清顧成天撰 墓表一卷 清曹一士撰 清抄本
一三八九 節孝錄一卷 清李培輯 清康熙刻本
一三九〇 朱一貴小史一卷 清抄本
一三九一 恪勤陳公墓誌銘一卷 清鄂伍倫撰 陳恪勤公家傳一卷 清李紱撰 行述一卷 清陳樹芝等撰 清抄本
一三九二 屠退齋行述一卷袁太君行述一卷 清屠用中撰 清乾隆刻藍印本
一三九三 張坤漢行狀一卷 清張顯祖等撰 清雍正刻藍印本
一三九四 貞孝錄不分卷 清汪萃宗等輯 清乾隆遠文堂刻本
一三九五 紳佩搞光錄不分卷 清乾家本輯 清乾隆二十四年刻本
一三九六 黃廷瑗妻胡氏行狀一卷 清黃煥采等撰 清雍正刻藍印本
一三九七 屠畏庵行述一卷 清屠廷材撰 清乾隆刻本

一三九八 兵部右侍郎郝基誥勅誌銘行狀一卷 清抄本
一三九九 錢文端公行述一卷 清錢汝城等撰 稿本
一四〇〇 周吾堂行略一卷夏太孺人行述一卷遺事一卷 清周慶京撰 稿本
一四〇一 純良祠碑記一卷 清諸錫城撰 清乾隆秦大士抄本 圭田記一卷 清尹嘉銓撰 清乾隆三十年尹嘉銓抄本
一四〇二 檜門府君行狀一卷 清金忠濟等撰 清乾隆二十七年刻藍印本
一四〇三 佟府四華公太夫人傳一卷 清祖心撰 清乾隆刻本
一四〇四 壺溪府君黃可潤行述一卷 清黃宗度等撰 清乾隆刻藍印本
一四〇五 餘冬璅錄一卷 清徐鑒撰 清嘉慶二十三年結石軒刻本
一四〇六 濬川府君行述一卷 清姚祖本撰 清乾隆四十六年刻本
一四〇七 阿文成公列傳一卷 清內府抄本
一四〇八 阿桂列傳一卷 清抄本
一四〇九 尊生老人自敘一卷 清沈公蕙撰 稿本
一四一〇 馮孟亭先生行述一卷 清馮省悅、馮集梧撰 稿本
一四一一 周兩塍先生行狀一卷 清楊峒撰 墓誌銘一卷 清潘庚丹撰 錫楠金抄本 清管庭芬校
一四一二 周存齋行略一卷 清周慶棠撰 稿本
一四一三 竹汀府君行述一卷 清錢東壁、錢東塾撰 清姚氏師石山房抄本
一四一四 耕厓先生傳一卷 清吳騫撰 聽松圖題辭一卷 清董秉常輯 清周文程松雪齋抄本
一四一五 姚公美政三卷雜編一卷 清曹虞、端有位輯 清乾隆刻本
一四一六 吳兔牀行述一卷 清吳壽照、吳壽暘撰 清嘉慶刻本
一四一七 陳石甫師述一卷 清陳吳撰 清道光九年許槐抄本 清許槐校並跋
一四一八 金粟逸人逸事一卷 清朱琰撰 清乾隆五十五年錢人龍刻本
一四一九 翁潛虛祀海州名宦記一卷 清翁心存輯 清抄本
一四二〇 姚磬兜傳一卷 清沈清瑞撰 清抄本
一四二一 淨因道人傳一卷 清阮元撰 稿本 清孫星衍著 吳錫麒、唐仲冕、程恩澤贊 唐傳、江藩跋 [illegible]題跋
一四二二 松筠列傳一卷 清何紹基撰 稿本 清翁同龢題識
一四二三 從叅[illegible]中丞行述一卷 清錢泰吉撰 稿本
一四二四 張月霄遺像不分卷 清胡駿聲繪 清孫原湘、郁處、屈秋田贊 黃廷鑑、錢泳、黃丕烈、唐艽、王鼎、褚逢椿、瞿志澂、鈕志詒、丁榮題詩
一四二五 阮元列傳一卷 清何紹基撰 清通州何氏來洲草堂抄本
一四二六 王引之行狀一卷 清王壽昌撰 清道光十四年高郵王氏家刻本
一四二七 陳半亭自述一卷 清陳慶鏞撰 稿本 清徐達源跋
一四二八 陳卿贅鰲峰載筆圖紀事輯錄一卷 清謝章鋌輯 稿本
一四二九 英和列傳一卷 清抄本
一四三〇 畫扇齋叢錄不分卷 清杜紹祁輯 稿本
一四三一 孝節錄六卷 清臧庸輯 清嘉慶十年自刻本
一四三二 曲阜孔母徐太孺人壽序一卷 清何紹基撰 稿本
一四三三 偉堂筆記一卷 清陳官俊撰 稿本 吳倍鍇跋 列傳碑文一卷 清吳重熹輯 清抄本
一四三四 凝香室鴻雪因緣圖記三集 清麟慶撰 汪春泉繪圖 清道光二十七年至二十九年揚州刻本
一四三五 先府君（黃輔辰）行略不分卷 清黃彭年撰 稿本
一四三六 翁文端公行述一卷年譜一卷 清翁同書、翁同爵、翁同龢撰 稿本
一四三七 羽琌逸事三卷 清陳元祿撰 清道光二十一年稿本
一四三八 黃廷棟列傳一卷 清國史館抄本
一四三九 黃母左淑人家傳一卷 清莫友芝撰 稿本
一四四〇 倭仁列傳一卷 清國史館抄本
一四四一 呂賢基列傳一卷 清國史館抄本
一四四二 袁甲三列傳一卷 清內府抄本
一四四三 星齋府君暨陸太夫人行述一卷 清潘祖同、潘祖蔭撰 稿本
一四四四 寶素室金石書畫編年錄二卷 清譚達交撰 清抄本
一四四五 陳蘭甫先生履歷及著述
一四四六上 楊濠叟（沂孫）行述一卷 清楊同福等撰 稿本
一四四六下 賓蘭泉先生行狀一卷 清瑜懷信撰 稿本
一四四七 何桂珍列傳一卷 清國史館抄本
一四四八 楊勇慤公事略一卷 清楊正儀等撰 稿本
一四四九 王介軒墓誌銘一卷 清謝章鋌撰 稿本
一四五〇 翔鵠錄□□卷 清黃彭年撰 稿本 存一卷 五

一四五一 錢氏鑑自述不分卷 清錢氏鑑撰 稿本
一四五二 李眉生(鴻裔)行述一卷 清李廣伐撰 稿本
一四五三 劉銘傳列傳一卷 清陳光甲撰 清光緒三山齋抄本
一四五四 四本堂約言不分卷 清沈李炯撰 稿本 王文燾跋
一四五五 香屋府君行述一卷 清史久晉撰 稿本
一四五六 香屋府君行述一卷輓聯一卷 清史久晉 稿本
一四五七 香屋府君行述一卷 清史久晉撰 清抄本
一四五八 湘煙小錄三卷 清陳裴之輯 清光緒十四年許增抄本 許增跋
一四五九 韓先生傳一卷 清馮文炳撰 清抄本

年譜

一四六〇 齒譜九卷 清高宗詔輯 清雍正三年稿書堂刻本
一四六一 歷代名人年譜不分卷 清吳榮光撰 稿本
一四六二 四朝先賢七家年譜七卷 清楊希閔撰 稿本
漢諸葛忠武侯年譜一卷 唐李鄴侯年譜一卷 唐陸宣公年譜一卷
一四六三 五朝先賢十九家年譜三十卷 清楊希閔撰 清抄本
唐柳柳州年譜一卷 宋趙忠獻公年譜一卷 吳騰君年譜一卷 胡文恭公年譜一卷
一四六四 孟子年譜□卷考一卷 清魏源撰 清陳流抄本
一四六五 孟子年譜一卷 清管同撰 清賀若璟抄本
一四六六 孟子時事略一卷 清任兆麟撰 清乾隆五十三年刻本
一四六七 孟子時事考徵四卷 清陳寶泉撰 清嘉慶五年拜經堂刻本
一四六八 孔子編年五卷 宋胡仔撰 清顧氏藝海樓抄本
一四六九 孔子年譜綱目一卷附孔門弟子傳略二卷 明夏洪基撰 明崇禎刻本 九行廿一字小字雙行白口四周單邊
一四七〇 孔志四卷 清龔景瀚撰 稿本
一四七一 至聖編年世紀二十四卷 清李灼 黃晟輯 清乾隆十六年亦政堂刻本
一四七二 許君年表稿一卷附淮南參政殘草一卷說文古讀考二卷 清陶方琦撰 稿本
一四七三 許君年表一卷 清陶方琦撰 清抄本 清譚獻批注
一四七四 許君疑年錄一卷 清諸可寶輯 稿本
一四七五 鄦君年表一卷 清陶方琦撰 稿本
一四七六 鄦君年表一卷 清陶方琦撰 稿本
一四七七 鄦君事跡攷一卷攷附一卷 清姚覲元撰 稿本
一四七八 鄭司農年譜一卷 清戴德淳撰 清末抄本
一四七九 漢大司農康成鄭公年譜一卷 清洪登岸撰 清道光二十一年抄本
一四八〇 鄭大司農蔡中郎年譜合表一卷 清孫春澤撰 稿本
一四八一 漢諸葛忠武侯年譜一卷 清楊希閔撰 稿本
一四八二 陶靖節先生年譜一卷 宋吳仁傑撰 宋刻陶靖節先生集本(殘卷)
一四八三 顏魯公年譜一卷 宋留元剛撰 明安國桂坡館銅活字印顏魯公文集本 清翁同龢跋 十二行十六字白口左右雙邊
一四八四 白氏文公年譜一卷 宋陳振孫撰 明抄本 周叔弢跋
一四八五 唐柳柳州年譜一卷 清楊希閔輯 稿本
一四八六 韓柳二先生年譜八卷 清馬曰璐輯 清雍正七年馬氏小玲瓏山館刻本
韓文類譜七卷 柳先生年譜一卷 宋呂大防撰
一四八七 韓柳二先生年譜八卷 清馬曰璐輯 清雍正七年馬氏小玲瓏山館刻本 清吳友之過識
韓文類譜七卷 柳先生年譜一卷 宋呂大防等撰
一四八八 范文正公年譜一卷 宋樓鑰撰 明正德刻本 八行十八字黑口四周
一四八九 范文正公年譜一卷 宋樓鑰撰 明刻本 十行十八字白口左右雙邊
一四九〇 二梅公年譜四卷附二卷 明梅一科輯 清初抄本(進呈四庫本)
許昌梅公年譜一卷 宋陳天錫輯 許昌梅公詩略一卷附一卷 明梅一科輯 宛陵先生年譜一卷 元張師曾輯 宛陵先生文集拾遺一卷附一卷 明梅一科輯
一四九一 歐陽文忠公年譜一卷 宋胡柯撰 宋刻本 十行十六字至十八字白口左右雙邊魚尾有刻工
一四九二 趙清獻年譜一卷 清張以智撰 清抄本 清王棻校
一四九三 司馬溫公年譜六卷 明馬巒撰 明萬曆四十七年司馬露刻本 九行二十字小字雙行白口四周單邊單魚尾
一四九四 宋孫莘老先生年譜一卷 清孫洋林撰 清道光十五年高郵兩字刻本
一四九五 伊川程子年譜七卷 清池生春、諸星杓輯 稿本
一四九六 二程年譜不分卷 清池生春、諸星杓輯 稿本
初訂程子年譜未定稿 明道先生年譜初稿 明道先生年譜二稿 伊川先生年譜二稿 伊川先生年譜三稿

一四九七 明道程子年譜二卷 清池生春、諸星杓撰 稿本

一四九八 東坡先生年譜一卷 宋王宗稷撰 附宋史本傳一卷 明天啓元年大觀堂刻本 清錢泰吉批校 八行十八字白口單邊中魚尾

一四九九 山谷先生年譜三十卷附別傳一卷 宋黃㽦撰 明弘治刻嘉靖修補印本 十二行廿一字白口四周雙邊

一五〇〇 重刻山谷先生年譜十五卷 宋黃㽦撰 明萬曆四十二年黃廷梅刻本 十一行二十字白口單邊

一五〇一 山谷年譜不分卷 清抄本

一五〇二 米海岳年譜一卷 清翁方綱撰 清抄本

一五〇三 延平四先生年譜四卷 清毛念恃輯 清康熙刻本

宋儒龜山楊先生年譜一卷 豫章羅先生年譜一卷 延平李先生年譜一卷 紫陽朱先生年譜一卷

一五〇四 大慧普覺禪師年譜一卷 宋釋祖詠撰 明刻本

一五〇五 孱守齋所編年譜五種五卷 清錢大昕撰 清嘉慶八年十二年桑春堂刻本

洪文惠公年譜一卷 洪文敏公年譜一卷 陸放翁先生年譜一卷 深寧先生年譜一卷 弇州山人年譜一卷 清吳騫批注

一五〇六 太師徽國文公年譜不分卷 明刻本

一五〇七 紫陽文公先生年譜五卷 明李默、朱河撰 明嘉靖三十一年刻本 七行十八字小字雙行同白口四周單邊

一五〇八 紫陽文公先生年譜五卷 明李默編 明萬曆三十年刻本 七行十八字小字雙行白口四周單邊

一五〇九 紫陽文公先生年譜五卷 明李默、朱河撰 明朱崇沐重編 明萬曆朱崇沐刻本 七行十八字 九行十九字白口四周單邊

一五一〇 朱子年譜考異四卷 清王懋竑撰 稿本

一五一一 象山陸先生年譜二卷 宋李子愿撰 明嘉靖二十五年刻本 八行十九字白口四周單邊

一五一二 象山陸先生年譜一卷 宋袁燮、李子愿撰 明隆慶刻本 八行二十字小字雙行同白口單魚尾四周雙邊 存一卷下

一五一三 象山先生年譜三卷 宋李子愿撰 清李紱增訂 清雍正十年藏有俊刻本

一五一四 慈湖先生年譜不分卷 清葉意深、馮可鏞撰 稿本

一五一五 宣聖世系年表辯證三卷 宋程時登撰 明刻本 九行十八字小字雙行同黑口四周雙邊

一五一六 元遺山先生年譜二卷 清凌廷堪撰 清道光刻本

一五一七 元遺山先生年譜三卷 清翁方綱撰 清積翠山房刻本

一五一八 宋金仁山先生年譜不分卷 明徐袍撰 清乾隆九年金華瑞培賢祠義學刻本

一五一九 謝皐羽先生年譜一卷 清徐沁撰 金華遊錄一卷 宋謝翱撰 清徐沁輯 金華遊錄注二卷 清徐沁撰 清抄本 清丁丙跋

一五二〇 趙松雪年譜一卷 清徐允倫撰 稿本

一五二一 明禮部右侍郎戚友菊先生年譜一卷 清黃媽撰 稿本

一五二二 養忠定年譜一卷 明養英撰 明正統十四年刻本 十行廿三字黑口四周雙邊

一五二三 建文年譜二卷後事一卷辯疑一卷 明趙士喆撰 清刻本

一五二四 建文年譜三卷附甲申秋抄山僧問答一卷 明趙士喆撰 清道光十二年吳存抄本

一五二五 建文年譜二卷 明趙士喆撰 清抄本

一五二六 周文襄公年譜二卷 明儲清撰 附錄一卷 清抄本

一五二七 薛文清公年譜一卷 明楊鶴、楊祠昌撰 行實一卷 明萬曆張□刻本 十行二十字白口四周雙邊

一五二八 薛文清公年譜一卷 明楊鶴、楊祠昌撰 清康熙五十二年薛氏刻本

一五二九 薛文清公年譜一卷 明楊鶴、楊祠昌撰 清抄本

一五三〇 明三元太傅商文毅公年譜四卷 明商振倫撰 明萬曆四十四年九好堂刻本 八行廿二字白口四周雙邊

一五三一 皇明三元太傅商文毅公年譜四卷 明商振倫撰 明萬曆四十四年九好堂刻本 清乾隆、嘉慶遞修 八行廿二字下字雙行廿一字白口四周單邊

一五三二 皇明三元太傅商文毅公年譜四卷 明商振倫撰 明抄本

一五三三 項襄毅公年譜五卷實紀四卷遺稿一卷 明項德楨編 明萬曆二十四年項氏家刻本 九行十九字白口四周雙邊有刻工

一五三四 項襄毅公年譜五卷實紀四卷 明項德楨輯 遺稿一卷 明項篤壽撰 明萬曆刻本 項襄毅公實紀續補四卷 明項夢芳輯 明天啓刻本 九行十九字白口左右雙邊 萬曆、天啓兩刻本遞 存九卷 年譜全實紀續補全

一五三五 秦襄毅公年譜一卷 明秦鋐撰 明嘉靖十八年秦汴書刻本 清乾隆五十七年修補本 十二行二十字黑口四周雙邊

一五三六 楓山章文懿公年譜二卷 明沈鍾撰 明嘉靖三十五年唐錢刻本 八行二十字白口四周雙邊

一五三七 劉忠宣公年譜二卷 明劉廷節撰 宣召錄一卷 明劉大夏撰 清乾隆五十一年劉氏自刻本

一五三八 王文恪公年譜一卷誌傳一卷 清抄本

一五三九 明南京工部尚書進階榮祿大夫簡菴陳公年譜一卷 明宋堪、陳孟莊等撰 明萬曆刻本 九行廿一字白口四周雙邊

一五四〇 何公世行三卷 明何遷輯 明嘉靖二十五年刻本 十行二十字白口左右雙邊

一五四一 陽明先生年譜三卷 明錢德洪撰 明嘉靖四十三年胡松刻本 九行十八字白口左右雙邊

一五四二 重修陽明先生年譜二卷 明錢德洪撰 錢國棋補編 明刻本（卷下有缺頁） 九行十八字白口左右雙邊有刻工

一五四三 陽明先生年譜二卷 明李贄撰 明刻本 九行十八字白口四周雙邊

一五四四 端巖公自叙年譜一卷 明張文麟撰 附錄一卷 清張廷芳輯 清張廷秀抄本 清張永光跋

一五四五 宮保霍文敏公年譜黃淮集八卷 明霍韜撰 明霍尚守增修 明抄本 存七卷（一至七）

六九

一五四六 明水陳先生年譜二卷 明江治等輯 明抄本 清鄒彥跋

一五四七 吳太宰公年譜二卷 明吳惟貞撰 明萬曆刻本 九行十九字小字雙行同白口左右雙邊

一五四八 太師楊襄毅公年譜十卷 明楊俊民撰 明刻本 九行十九字白口左右雙邊

一五四九 文靖公年譜一卷 清嚴炳、嚴燮撰 清抄本

一五五〇 瑯琊鳳麟兩公年譜合編一卷 清王瑞國撰 清康熙五十二年王氏抄本

一五五一 戚少保年譜耆編十卷 明戚祚國等撰 清道光抄本

一五五二 大司徒一川游公年譜一卷 明游□□撰 明萬曆三十九年□□堂刻本 七行十八字白口四周單邊

一五五三 東明范先生神位履歷稿一卷 明抄本

一五五四 王文肅公年譜不分卷 明王衡撰 稿本 徐□題識

一五五五 覃賓居士年譜一卷 明黃□學撰 明天啓元年刻本

一五五六 宋文懿公茶史一卷 明宋□撰 宋公行狀一卷 明鄒元標撰 清抄本

一五五七 沈文恭公年譜一卷 明沈泰鴻撰 清□□□抄本

一五五八 東阿于文定公年譜二卷 明郝洞撰 明末抄本

一五五九 顧端文公年譜二卷首一卷末一卷 明顧與沐記略 清顧樞輯 顧貞觀訂補 清康熙何碩卿刻本

一五六〇 太傅文恪公年譜一卷 清朱守保撰 稿本

一五六一 蘧編二十卷 明葉向高撰 明崇禎刻本 十行十八字白口左右雙邊

一五六二 高忠憲公年譜二卷 清高世寧撰 清順治十六年刻本（卷一首頁抄配）

一五六三 高陽太傅孫文正公年譜五卷 明孫銓輯 清乾隆六年孫宸然刻本

一五六四 淄川畢少保公年譜二卷 清畢□□撰 清初抄本

一五六五 畢司徒東郊先生年譜不分卷 明胡湛文撰 清抄本

一五六六 自叙年譜一卷 明王兆吉撰 稿本 清王度超跋

一五六七 魏忠節公自撰年譜一卷 明魏大中撰 清潘錫瑞抄本 清潘鍾瑞跋

一五六八 左忠毅公年譜二卷 清左宰撰 清乾隆四年敬恕堂刻本

一五六九 王季重先生自叙年譜一卷 明王思任撰 清初王鼎錫、王國錫刻本

一五七〇 鹿忠節公年譜二卷 清陳鋐輯 清康熙七年尋樂堂刻本

一五七一 會稽陸忠烈公自著年譜二卷 明陸夢龍撰 清乾隆四十年陸繹抄本

一五七二 張太素侍郎自著年譜不分卷 明張文郁撰 稿本 清張五樹跋

一五七三 先君子戴山先生年譜二卷 清劉洵撰 清乾隆四十二年璩人堂刻本

一五七四 先君子忠正公年譜二卷錄遺一卷行狀一卷 清劉洵撰 清初抄本

一五七五 忠定公履歷不分卷 明李□□撰 清抄本

一五七七 黃忠端公年譜二卷 清黃炳垕撰 稿本

一五七八 歲寒居年譜不分卷 明孫奇逢撰 稿本

一五七九 徵君孫先生年譜稿四卷 清湯斌等撰 清康熙十四年刻本

一五八〇 徵君孫先生年譜二卷 清魏一鰲、湯斌等輯 雜著四種不分卷 清孫奇逢撰 清乾隆元年刻本

一五八一 徵君孫先生年譜不分卷 清湯斌等撰 清初抄本

一五八二 石齋黃先生年譜二卷 明莊起儔、洪思撰 清抄本

一五八三 石齋黃先生年譜二卷 明莊起儔撰 清初抄本

一五八四 呂明德先生年譜四卷 清呂化遠等撰 清康熙二年呂氏刻本

一五八五 奉直大夫吏部員外郎豫如府君年譜二卷首

一卷末一卷

華鳳超先生年譜二卷首一卷 清華表灝撰 清康熙刻本 一五八六

天寥道人自撰年譜一卷續一卷 明葉紹袁撰 清抄本 一五八七

何騰蛟傳一卷附何光烈傳編年紀略一卷 清吳晉之撰 稿本 一五八八

吳忠節公年譜一卷 清蕃昌撰 清康熙刻本 一五八九

倪文貞公年譜四卷 清倪會鼎撰 清抄本 一五九〇

一笑錄一卷 清王欽諭撰 稿本 一五九一

王羌重自訂年譜一卷 清王尚撰 稿本 清潘道根跋 一五九二

堵文襄公年譜一卷 清抄本 清吳騫校並跋 一五九三

祁忠敏公年譜一卷 明王思任撰 稿本 一五九四

祁忠敏公年譜一卷 清祁理孫輯訂 稿本 清祁[?]佳批注並跋 一五九五

白耷山人年譜一卷 清魯一同撰 稿本 一五九六

陳乾初先生年譜二卷 清吳騫撰 陳敬璋訂補 清抄本 永爲訂 一五九七

陳乾初先生年譜二卷 清吳騫撰 補 清抄本 一五九八

皇清賜謚忠裕明兵科給事中大樽陳公自述年譜一卷 明陳子龍撰 續一卷 清王澐輯 清潘[?]編抄本 一五九九

尊道先生年譜一卷 清凌錫祺撰 稿本 清蘇文海、葉裕仁跋 一六〇〇

楊園張先生年譜一卷 清姚夏撰 清乾隆十八年當湖刻本 一六〇一

楊園先生年譜四卷 清姚夏撰 陳梓補訂 附錄一卷 清陳梓輯 近鑑一卷 清陳梓撰 清抄本 清童俊題詞 一六〇二

楊園張先生年譜四卷 清嚴辰華、嚴以學輯 清光緒二十三年平嚴山房抄本 清曹宙校並跋 一六〇三

安道公年譜二卷 清陳渟撰 清道光三十年道庚肯抄本 清葉裕仁跋 一六〇四

亭林先生年譜二卷 清徐彥撰 馬光補輯 清抄本 一六〇五

顧亭林先生年譜一卷 清吳映奎撰 稿本 清潘道根校補 一六〇六

顧亭林先生年譜一卷 清吳映奎撰 車持謙增補 清抄本 清周岷源跋 一六〇七

顧亭林先生年譜一卷 清張穆撰 清道光二十四年刻本 一六〇八

顧亭林先生年譜一卷 清張穆撰 清楊峯[?]抄本 一六〇九

顧亭林先生年譜一卷 清張穆撰 清道光二十四年刻本 王國維校注 羅振玉題款 一六一〇

顧亭林年譜校錄一卷 清王筠撰 稿本 一六一一

古瑞室集不分卷 清馮繼祖撰 清康熙三十三年馮諧刻本 一六一二

應潛齋先生年譜一卷 清羅以智撰 稿本 一六一三

蓼野年譜一卷 清翁長庸撰 清翁同書抄本 清翁心存跋 一六一四

施侍讀年譜一卷矩齋先生外傳一卷 清施琮撰 寄雲樓書目一卷 清施琮輯 稿本 一六一五

申鳧盟先生年譜附崇祀鄉賢錄不分卷 清申涵煜等輯 清康熙刻本 一六一六

王船山先生年譜不分卷 清劉毓崧撰 清同治四年稿本 一六一七

張忠烈公年譜不分卷 清趙之謙輯 稿本 一六一八

忠貞堂年譜十八卷附錄一卷 清佟國器撰 清康熙刻本 一六一九

四本堂自撰編年不分卷 清柯吉撰 清刻本 一六二〇

年譜詩話一卷附錄一卷 明何蔚文撰 清何相才、何相學輯補 清康熙三十八年何氏抄本 一六二一

王考功年譜一卷 清王士禎撰 清康熙刻本 一六二二

王考功年譜一卷 清王士禎撰 清抄本 一六二三

五馬先生紀年不分卷 清傅述香撰 清道光二年傅諸濟抄本 一六二四

上浦經歷筆記二卷 清姚文選撰 清抄本 一六二五

歷年紀略不分卷 清光龍淵撰 清康熙刻本 一六二六

陸稼書先生年譜一卷 清陸宸徵、李鉉等撰 清康熙五十七年三[?]堂刻本 一六二七

陸稼書先生年譜定本二卷附錄一卷 清吳光酉輯 清雍正三年清風堂刻乾隆六年增訂刻本 一六二八

陸子年譜二卷 清張師載撰 清乾隆刻本 一六二九

長泖陸子年譜一卷 清陸理徵、陸宸徵撰 清乾隆抄本 一六三〇

東海公年譜一卷 清徐釴撰 稿本 一六三一

漁洋山人自撰年譜註補二卷 清惠棟撰 稿本 一六三二

漁洋山人自撰年譜二卷 清惠棟注補 清惠氏紅豆齋刻本 一六三三

漫堂年譜四卷 清宋犖撰 清宋氏漫堂抄本 一六三四

蒙齋年譜一卷 清田雯撰 續年譜一卷 清田肇麗增補 清康熙刻本 一六三五

閻潛丘先生年譜一卷 清張穆輯 清道光二十七年祁氏積[?]刻本 一六三六

學齋自著年譜一卷 清張爲慶撰 稿本 一六三七

一六三八 歷年自記一卷 清彭定求撰 稿本 清鄒梧保簽注
一六三九 先大人大樹公自誌年譜一卷 清董思休撰 稿本
一六四〇 張清恪公年譜二卷 清張師栻、張師載撰 清乾隆四年刻本
一六四一 潘敬九自訂年譜一卷 清潘兆鼎撰 續一卷 清潘鍾瑞撰 清光緒九年潘鍾瑞抄本
一六四二 楊文定公年譜一卷 清楊敍序撰 稿本 清湯金釗跋
一六四三 尹太夫人年譜一卷 清尹會一撰 清乾隆十年自刻本
一六四四 古艸老人年譜不分卷 清王本撰 稿本
一六四五 敬亭公年譜一卷 清沈起元撰 清嘉慶沈姓抄本
一六四六 香岩小乘不分卷高門馬太安人年譜一卷 清高宅揆撰 稿本
一六四七 厲樊榭年譜一卷附樊榭山房集目錄一卷 清朱文藻撰 稿本
一六四八 陸端門自訂年譜一卷 清陸觀瞻撰 稿本
一六四九 朱少司農先生年譜不分卷 清柴鼎柱撰 清康熙二十七年刻本

一六五〇 陳句山年譜一卷 清陳玉繩撰 清乾隆抄本
一六五一 歷年紀略不分卷 清彭啟豐撰 清抄本
一六五二 山漢年譜一卷 清靖山漢撰 清抄本
一六五三 敬亭自記年譜不分卷 清王祖肅撰 清乾隆王氏刻本
一六五四 阿文成公年譜三十四卷 清那彥成撰 清嘉慶十八年刻本
一六五五 楚珍自記年譜一卷 清尹壯圖撰 尹佩珩等續撰 清道光五年刻本
一六五六 翠微山房自訂年譜一卷 清曹錫齡撰 稿本
一六五七 南江先生年譜初稿一卷 清朱蘭撰 稿本
一六五八 容甫先生年譜一卷先君年表一卷 清汪喜孫撰 壽母小記一卷 清鄒尚先等撰 清汪氏抄本
一六五九 收菴居士自敘年譜略二卷 清達俵玉撰 清道光十二年達氏家刻本
一六六〇 賜詩樓世系紀年錄不分卷 清陳大用撰 稿本
一六六一 孫淵如先生年譜二卷 清張紹南撰 繆氏藝風堂抄本 繆荃孫校
一六六二 芙蓉山館自訂年譜不分卷 清楊芳燦撰 稿本 清徐熊飛跋
一六六三 孫淵如先生年譜二卷 清張紹南撰 清海虞顧氏抄本

一六六四 蔣氏年譜五卷自序六卷 清蔣慶第撰 稿本
一六六五 曹文正公自訂年譜不分卷 清曹振鏞撰 清抄本
一六六六 曹文正公年譜不分卷 清曹振鏞撰 清抄本
一六六七 韓蔚年譜一卷 清韓蔚撰 清抄本
一六六八 梅溪先生年譜一卷 清錢泳撰 清錢氏述祖德堂抄本 清錢泳校訂
一六六九 心鐵石齋年譜不分卷 清宋鳴璜撰并批 稿本
一六七〇 李尚之先生年譜一卷 稿本 清馬釗批注
一六七一 武進李先生年譜一卷 清蔣彤編 清道光二十八年毛氏尚友齋抄本
一六七二 養生子年譜一卷 清羅中藩撰 清道光二十二年刻本
一六七三 思補老人自訂年譜一卷 清潘世恩撰 稿本
一六七四 嚴烺年譜不分卷 清嚴烺撰 稿本
一六七五 潘四農先生年譜一卷 清潘亮熙、潘亮彝等撰 清抄本
一六七六 檢身錄不分卷 清朱士端撰 稿本
一六七七 勝溪居士自撰年譜一卷 清柳自芳撰 稿本
一六七八 定盦先生年譜不分卷 清吳昌綬撰 稿本

一六七九 小園紀年一卷 清彭蘊章撰 稿本
一六八〇 觀齋行年自記一卷 清祁寯藻撰 清咸豐八年稿本
一六八一 吳竹如先生年譜一卷 清方宗誠輯 稿本
一六八二 丁儉卿年譜一卷 清丁壽恒等撰 清傳抄本
一六八三 李文清公年譜一卷 清抄本
一六八四 駒隙錄二卷 清楊之藻撰 稿本
一六八五 夢瀛居士自訂年譜一卷 清李汝嶠撰 清繆氏香奮廬抄本
一六八六 曹王父宣三公年譜一卷 清曹秉安撰 曹景堯補 稿本
一六八七 時晴齋主人年譜一卷 清唐翊賢撰 稿本
一六八八 息盦自訂年譜一卷 清凌敏忠撰 稿本
一六八九 御賜齋莊中正堂春夢錄不分卷 清殷兆鏞撰 稿本
一六九〇 張忠素年譜八卷 清張德康、張恩純撰 稿本
一六九一 王壯愍公年譜不分卷 清王尚雲等撰 稿本
一六九二 紱庭年譜一卷 清潘曾綬撰 稿本
一六九三 曹文正公年譜 清曹耀湘輯 稿本

一六九四 曾文正公年譜十二卷 清黎庶昌輯　清光緒三年刻本　莫伸跋　部高　莫批校

一六九五 吳引之自訂年譜一卷 清吳引之撰　稿本

一六九六 韡園自定年譜不分卷 清潘霨撰　稿本

一六九七 韡園歲計錄不分卷 清潘霨撰　稿本

一六九八 靜叟自述年譜一卷 清詹崇瑜撰　清光緒抄本

一六九八 主善堂主人年譜 清成時撰　清抄本

一六九九 味道腴軒自紀年譜二卷 清梁祖撰　稿本

一七〇〇 樂壽堂主人自訂年譜一卷 清桑樹勲撰　稿本

一七〇一 定安靜郵年譜六卷一品夫人鈕祜祿氏年譜一卷瑚旺吉雅爾氏祭祀章程一卷訓子要言一卷 清定安撰　稿本

一七〇二 陳培之自訂年譜一卷 清陳偉撰　稿本

一七〇三 台獻疑年錄不分卷 清王保撰　稿本

一七〇四 雪鴻山館紀年不分卷 清趙守純撰　稿本

一七〇五 成山廬主人自撰年譜不分卷 清唐烔撰　稿本

一七〇六 丁丙年譜不分卷 清丁立中撰　清光緒二十五年稿本

一七〇七 丁丙年譜不分卷 清朱文懋撰　稿本

一七〇八 石阡成其濟自撰年譜不分卷 清成其濟撰　稿本

一七〇九 海珊自叙年譜一卷 清翁曾翰撰　稿本

一七一〇 馮給事中年譜一卷 清馮士傑撰　稿本

一七一一 鴛鴦誄一卷 清王韜撰　稿本

一七一二 補讀書室自訂年譜不分卷 清朱蘭撰　稿本

日記

一七一三 郭天錫日記（元至大元年八月至二年六月） 元郭畀撰　手稿本　清翁方綱、周爾墉、李恩誠跋

一七一四 郭天錫日記一卷（至大元年八月至至大二年十月） 元郭畀撰　清嘉慶四年趙之玉抄本　清趙魏等跋　清魏廷鍔校

一七一五 雲山日記不分卷（至大元年八月至二年十月） 元郭畀撰　清宋葆淳抄本

一七一六 雲山日記不分卷（至大元年九月至十月） 元郭畀撰　清魯樞抄本

一七一七 客長日記一卷（至大元年十一月至閏十一月） 元郭畀撰　清抄本

一七一八 元郭天錫手書日記真迹不分卷（元至大元年至二年）附錄一卷 元郭畀撰　清魯樞輯　清魯樞抄本　清魯樞校並錄厲鶚、沈廷博、袁滌浮、龍翔等跋

一七一九 使西日記二卷（正德八年四月至七月） 明都穆撰　明刻本　九行十七字白口左右雙邊

一七二〇 西巡錄一卷（嘉靖四十一年） 明陳克撰　明嘉靖刻本　九行廿二字白口四周雙邊

一七二一 味水軒日記八卷（萬曆三十七年正月至四十年十二月） 明李日華撰　清抄本　清戴光曾校並跋

一七二二 玉華堂日記不分卷（萬曆十四年至二十九年） 明潘允端撰　手稿本　姚光跋

一七二三 味水軒日記八卷（萬曆三十七年至四十四年） 明李日華撰　清嘉慶十八年戴光曾抄本　清戴光曾校並跋

一七二四 真率先生學譜不分卷（萬曆三十八年至四十八年天啟五年至七年） 明徐日久撰　明崇禎五年刻本　九行二十字白口四周單邊

一七二五 司徒恩遇日記二卷（崇禎元年至九年） 明華自嚴撰　清康熙五十七年華觀瀾抄本

一七二六 呼桓日記五卷（萬曆四十年五月至九月） 明項鼎鉉撰　清抄本

一七二七 龔淵孟先生北征日記三卷（萬曆四十六年六月至四十七年三月） 明龔立本撰　清朱光濤抄本　清朱光濤、許行健、王志全、顧鎮、王大梅跋

一七二八 文文肅公日記二卷北征紀行一卷（天啟元年至六年崇禎七年至八年） 明文震孟撰　稿本　清文點跋

一七二九 孫夏峰先生日譜殘稿不分卷（萬曆三十年至三十六年） 明孫奇逢撰　稿本　徐坊跋

一七二九 孫徵君日譜錄存三十六卷（順治六年至康

熙十四年）故園日譜四卷（康熙三年至四年）成安日譜一卷（康熙四年四月）夏峰日譜二卷（康熙四年至五年）清孫奇逢撰 清抄本 存 孫徵君日譜錄二十七卷：一、三、五、七至十一、十三至十五、十七至十九、廿二、廿四至三十五 一七二九

春浮園別集五種六卷 明蕭士瑋撰 清初刻本 一七三〇
南歸日錄一卷（天啟七年二月至五月）
春浮園偶錄二卷（崇禎三年五月至四年十月）
蕭齋日記一卷（崇禎八年九月至十二月）
汴遊錄一卷（崇禎四年十一月至五年二月）
深牧菴日涉錄一卷（崇禎六年九月至十二月）

明安鄺菴先生日記不分卷（崇正八年正月至十七年八月）明安演居撰 手稿本 一七三一

明侯文節日記二卷（隆武元年至永曆元年）明侯峒曾撰 手稿本 明侯涵跋 金元鈺題識 一七三二

祁忠敏公日記不分卷（崇禎四年至弘光元年）明祁彪佳撰 明末祁氏遠山堂抄本 一七三三

祁忠敏公日記十五卷（崇禎四年至順治二年）明祁彪佳撰 明末祁氏遠山堂抄本 一七三四
涉北程言一卷
役南瑣記一卷
歸南快錄一卷
棲北冗言一卷
巡吳省錄一卷
林居適筆一卷
山居拙錄一卷
棄錄一卷
小捄錄一卷
癸未日曆一卷
乙酉日曆一卷（清抄本）
自鑒錄一卷
感慕錄一卷
壬午日曆一卷
甲申日曆一卷（清抄本）

甲申日曆一卷乙酉日曆一卷（崇禎十七年正月至弘光元年閏六月）明祁彪佳撰 稿本 一七三五

陳確菴先生日記八卷（明崇禎十一年至清康熙十一年）明陳瑚撰 清周南抄本 一七三六

丙寅北行日譜一卷（天啟六年三月至六月）明朱祖文撰 明崇禎二年張世偉等刻本 九行二十字白口四周單邊 一七三七

丙寅北行日譜一卷（天啟六年三月至六月）明朱祖文撰 明崇禎二年張世偉等刻本 康有為跋 九行二十字白口四周單邊單魚尾 一七三八

歸園日記一卷（崇禎五年）清張怡撰 清初刻本 一七三九

清初皇父攝政王起居注不分卷（順治二年五月至七月）清李若琳等錄 清順治二年抄本 一七四〇

南征紀略二卷（順治八年）清孫廷銓撰 稿本 一七四一

南征紀略二卷（順治八年）清孫廷銓撰 清初刻本 一七四二

南征紀略二卷 清孫廷銓撰 清初刻本 清楊淦校並跋 康讓居主人跋 一七四三

南征紀略一卷 清孫廷銓撰 清抄本 清翁同龢跋 一七四四

北游日記一卷（順治十四年六月）清陸嘉淑撰 清管庭芬抄本 清管庭芬跋 一七四五

東石澗日記一卷瀑雪記一卷（康熙十四年十二月至十五年六月）清釋南潛撰 稿本 清周星詒、李思跋 一七四六

行間日記不分卷（康熙十二年至二十二年）清李之芳撰 清抄本 一七四七

霞郎日記不分卷（順治十三年十月至十一月）清莊回生撰 稿本 清莊國楨跋 一七四八

陸清獻公日記三卷（順治十四年至十五年、康熙五年至六年、八年至九年、十一年、十四年、十六至十七年、十九年至三十一年）清陸隴其撰 清抄本 清管庭芬校跋並臨清張烈眉校 一七四九

陸清獻公日記十卷（康熙五年至六年、八年至九年、十一年、十四年、十六年至十七年、十九年至三十一年）清陸隴其撰 清道光二十一年吳江柳氏刻本 清姚椿批點 一七五〇

三魚堂日記二卷（康熙十九年）清陸隴其撰 清抄本 清李應機圈點並跋 一七五一

晉遊日記略稿不分卷（順治康熙間）清華鑒有撰 清初抄本 清蒲松齡評 王獻唐跋 一七五二

秦蜀驛程後記二卷（康熙三十五年二月至七月）清王士禛撰 清王氏抄本 王士禛校 一七五三

迎鑾日紀一卷（康熙三十七年十二月至三 一七五四

十八年）二紀一卷（康熙四十二年初至四月）三紀一卷（康熙四十四年正月至四月）清宋犖撰　稿本

拜經齋日記不分卷（康熙十一年至十三年十五年）清鄭鼓撰　稿本　一七五五

出塞紀略一卷（康熙二十七年五月至六月）清錢良擇撰　清順德李氏依指海本傳抄　清李宗顥校　一七五六

顏修來日記不分卷（乾隆十八年九月至十二月）清顏光猷撰　稿本　一七五七

南齋日記不分卷（康熙四十三年正月至十二月）清查慎行撰　稿本　一七五八

浙遊漫錄一卷浙遊重記一卷（康熙三十二年十一月至十二月）清顏光斅撰　稿本　一七五九

丙子西征記一卷（康熙三十五年）清顏悚撰　清抄本　一七六〇

匏廬公日記不分卷（康熙四十五年至雍正十三年）清陳邦彥撰　摘錄匏廬公日記一卷　稿本　一七六一

楊子日記一卷（康熙五十年）清楊賓撰　清毛康抄本　一七六二

西征記一卷（康熙五十四年）清張寅撰　稿本　一七六三

東歸紀略二卷（康熙五十五年八月至五十六年三月）清杜致遠撰　清刻本　一七六四

粵遊詩話日記一卷（康熙五十七年二月至六月）清林源撰　稿本　邢西陽跋　一七六五

西征日記一卷（康熙五十九年）清杜書丁撰　清抄本　一七六六

果親王西藏日記不分卷（雍正十二年十月至十三年四月）清允禮撰　稿本　一七六七

燕程日記不分卷（乾隆二年正月至二月）清程穆衡撰　清抄本　一七六八

戊午年日記一卷（乾隆三年）清徐尚撰　稿本　一七六九

甲寅年譜一卷（雍正十二年二月至十二月）　一七七〇
蘭省東歸記三卷（乾隆十五年六月至八月）清牛運震撰　稿本

竹汀先生日記鈔三卷（乾隆五十三年至嘉慶九年）清錢大昕撰　何元錫輯　清嘉慶十年何氏夢華館刻本　清劉喜海、李慈銘批注　一七七一

竹汀先生日記鈔三卷（乾隆五十三年至嘉慶九年）清錢大昕撰　何元錫輯　清嘉慶十年何氏夢華館刻本　清潘介繁、潘康保、潘志萬批點　一七七二

竹汀先生日記鈔三卷（乾隆五十三年至嘉慶九年）清錢大昕撰　何元錫輯　清嘉慶十年何元錫夢華館刻本　清鄭樹鏞、葉德輝題識批校　一七七三

竹汀先生日記鈔二卷（乾隆五十三年至嘉慶九年）清錢大昕撰　何元錫輯　劉喜海批注　清潘氏滂喜齋刻套印本　清李慈銘校注　一七七四

竹汀先生日記鈔二卷（乾隆五十三年至嘉慶九年）清錢大昕撰　何元錫輯　劉喜海批注　清潘氏滂喜齋刻套印本　清潘祖蔭校　一七七五

竹汀先生日記鈔二卷（乾隆五十三年至嘉慶九年）清錢大昕撰　何元錫輯　劉喜海批注　清潘氏滂喜齋刻套印本　清陳懋鈞校注　吳祖蔭錄各家藏書目　一七七六

構山使蜀日記一卷（乾隆二十七年五月至十一月）清積善撰　清何紹基抄本　一七七七

王際華日記不分卷（乾隆三十七年正月至十二月）清王際華撰　稿本　一七七八

恩平程記一卷（乾隆三十四年至三十五年）清李文藻撰　稿本　一七七九

冬集紀程一卷附詩一卷（乾隆四十八年至四十九年）清周廣業撰　清省吾盧稿本　清馮敏昌跋　江梓祖題詩　一七八〇

冬集紀程一卷附詩一卷（乾隆四十八年至四十九年）清周廣業撰　清種松書屋抄本　一七八一

容皖紀行二卷（乾隆五十五年至五十六年二月）容皖錄一卷　清周廣業撰　稿本　一七八二

兗床日記不分卷（乾隆四十五年二月至三月）清吳鶚撰　稿本　一七八三

吳兗床日譜不分卷（乾隆四十八年至嘉慶十七年）清吳鶚撰　稿本　[illegible]氏平鄉人跋　一七八四

癸卯入闈記一卷（乾隆四十八年）附書畫詩　一七八五

夢石研屏歌一卷 清翁方綱撰 稿本

一七八六 李石桐先生赴岱□日記不分卷（乾隆四十六年九月至四十七年正月） 清李懷民撰 稿本

一七八七 李少鶴日記不分卷（乾隆五十一年五月至七月、嘉慶二年三月至八月） 清李憲喬撰。稿本

一七八八 少鶴先生日記不分卷（乾隆五十七年至嘉慶二年） 清李憲喬撰。稿本

一七八九 雷州公日記不分卷（乾隆五十六年至嘉慶十八年） 清宋堅垣撰 稿本

一七九〇 李叔白日記不分卷（乾隆四十三年四月至十二月） 清李憲暠撰 稿本

一七九一 還京日記三卷（乾隆五十八年至六十年）南歸記二卷（嘉慶二年二月至六月） 清吳錫麒撰 稿本

一七九二 查山學人日記不分卷（嘉慶元年至道光二年） 清張璿華撰 稿本

一七九三 南歸紀程一卷（道光十一年至十二年四月） 清姚祖同撰 稿本 周偉祥跋

一七九四 理堂日記一卷（嘉慶元年七月至十二月） 清焦循撰 清姚氏咫進齋抄本

一七九五 注易日記三卷（嘉慶十八年二月至二十一年三月） 清焦循撰 稿本

一七九六 陳秋坪日記不分卷（嘉慶元年至十二年） 清陳登龍撰。稿本

一七九七 鮑蘭谷日記不分卷（道光十二年正月） 清鮑桂星撰 手稿本

一七九八 觀妙居日記（乾隆六十年至嘉慶元年、嘉慶九年至十六年、嘉慶十八年至二十一年） 清李銳撰 附吳笠湖祭文稿不分卷 清吳嘉泰撰 清嘉慶二十五年吳嘉泰抄本 清吳嘉泰、周廣、夏文燾跋

一七九九 觀妙居日記不分卷（嘉慶十年六月至十一月、十五年正月至八月） 清李銳撰 稿本

一八〇〇 張叔未日記不分卷（嘉慶三年至七年） 清張廷濟撰 稿本

一八〇一 張叔未日記不分卷（嘉慶九年至二十二年、道光元年至三年） 清張廷濟撰 稿本

一八〇二 清儀閣日記一卷（嘉慶十年） 清張廷濟撰 稿本

一八〇三 張叔未日記雜稿不分卷（嘉慶十五年至二十年） 清張廷濟撰 稿本

一八〇四 亦吾廬隨筆不分卷（道光五年至十年） 清潘世恩撰 稿本 清潘祖同題款

一八〇五 潘世恩日記不分卷（道光十八年正月至二十六年十二月） 清潘世恩撰 稿本

一八〇六 潘世恩日記不分卷（道光十八年二月至二十六年二月） 清潘世恩撰 稿本

一八〇七 鏡塀日記一卷（嘉慶二年正月至八月） 清沈彩撰。稿本 柳亞子跋

一八〇八 攬洲日記一卷（嘉慶二年） 清沈俊克撰 稿本 柳亞子跋

一八〇九 壬戌扈從隨筆不分卷（嘉慶七年七月至九月） 清英和撰 清嘉慶七年抄本

一八一〇 奉使陝甘日記一卷（嘉慶十一年） 清英和撰 稿本

一八一一 朱茶堂日記不分卷（嘉慶十四年） 清朱爲弼撰 稿本

一八一二 閩軺日記一卷（嘉慶十三年） 清陳嵩慶撰 稿本 清李彦章、陶澍跋

一八一三 蜀輶日記一卷（嘉慶十五年五月至十一月） 清陶澍撰 稿本

一八一四 陶文毅公使蜀日記不分卷 清陶澍撰 稿本 徐積立題識

一八一五 常惺惺齋日記不分卷（道光五年至八年） 清謝蘭生撰 稿本

一八一六 退庵日記一卷（□□年三月至九月） 清梁章鉅撰 稿本

一八一七 樗寮日記不分卷（道光元年至四年） 清姚椿撰 稿本

一八一八 勤補錄一卷客游筆記一卷篤行錄一卷（道光十年至十二年、十八年至二十三年） 清姚椿撰 稿本

補讀書齋日記不分卷（道光十七年至二十五年）清沈維鐈撰　稿本　一八一九

壺中日記不分卷（嘉慶元年正月至二月四月）清叢鈞撰　稿本　一八二〇

小安樂窩日記一卷（嘉慶十四年）清張海鵬撰　清抄本　一八二一

澹靜齋巡軺百日記一卷（道光八年七月至十月）清吳傑撰　清道光二十年刻本　一八二二

潘曉香日記不分卷（道光四年至七年咸豐二年）清潘遵璈撰　稿本　一八二三

潘曉香日記一卷（道光十年）清潘遵璈撰　稿本　一八二四

陰子翼先生日記三卷（道光十□年）清陰承獻撰　稿本　一八二五

般陽高中謀先生日誌不分卷（道光二十九年至三十年）清高中謀撰　稿本　一八二六

雪嶠日記十二卷（道光十五年至二十六）清王培荀撰　清道光二十九年聽雨樓刻本　一八二七

日譜不分卷（嘉慶二十年至同治四年）清晉庚浛撰　稿本　一八二八

海漚日記不分卷（嘉慶十九年）清倪稻孫撰　稿本　清盧昌祚跋　一八二九

日省編二卷（嘉慶二十二年十一月至二十五年四月）清張大鏞撰　清抄本　一八三〇

鸝聲館日誌不分卷（嘉慶二十五年至咸豐八年）清黃金臺撰　稿本　孫振麟跋　一八三一

李文敏公日記不分卷（道光二十九年四月至咸豐十年十一月）感遇錄一卷　清李芝昌撰　稿本　測程日記　晉陛日記　閱操日記　歸田日記　養餘日記　感遇錄一卷　一八三二

知止齋日記不分卷（道光五年五月至同治元年十月）清翁心存撰　稿本　一八三三

知止齋日記不分卷（道光三十年）清翁心存撰　清翁同龢跋　稿本　一八三四

棣華盦日記不分卷（咸豐十年正月至十一年十二月）清葉廷琯撰　稿本　一八三五

葉調生日記一卷（同治八年至九年）清葉廷琯撰　稿本　一八三六

味雪齋日言不分卷（道光四年至五年十月）清戴綗孫撰　稿本　一八三七

越峴山人日記不分卷（道光六年至同治二年）清宗稷辰撰　稿本　一八三八

過來語不分卷（道光六年至同治元年）清趙鈞撰　稿本　一八三九

夢硯齋日記不分卷（道光二十三年至二十四、二十七年至三十年、咸豐元年至三年）清唐樹義撰　稿本　一八四〇

癸丑出山錄不分卷（咸豐三年三月至四年三月）清唐樹義撰　清末抄本　一八四一

入黔日記一卷（道光二十一年十月）清吳振棫撰　稿本　清吳慶坻跋　一八四二

常大淳日記不分卷（咸豐四年至同治十三年）清常大淳撰　稿本　一八四三

觀我齋日記不分卷（嘉慶二十一年正月至十二月）清祁寯藻撰　稿本　一八四四

奉使記一卷（道光二十年）清祁寯藻撰　稿本　一八四五

樞廷載筆不分卷（道光二十四年）清祁寯藻撰　稿本　一八四六

樞廷載筆不分卷　清祁寯藻撰　稿本　一八四七

靜默齋日記一卷（同治二年十一月至三年二月）清祁寯藻撰　稿本　一八四八

祁寯藻日記不分卷（同治四年七月至九月）清祁寯藻撰　稿本　一八四九

程可山日記不分卷（咸豐十一年至同治十年）詩一卷　清程焜撰　附程可山年譜不分卷　清汪宗沂撰　稿本　一八五〇

王慶雲日記不分卷（道光二十六年至咸豐十一年）清王慶雲撰　稿本　一八五一

一八五二 宦遊雜記不分卷（道光二十九年至咸豐八年）清馬秀濤撰 稿本

一八五三 憑良心錄不分卷（道光八年十月至十年三月）清李棠階撰 稿本

一八五四 強齋日記不分卷（咸豐元年十一月至二年四月）清李棠階撰 稿本

一八五五 張興鏞日記不分卷（嘉慶二十三年三月至道光三年七月、道光十年七月至十三年十一月）清張興鏞撰 稿本

一八五六 金陵行記不分卷（道光十一年十一月至十二月、二十年十二月至二十一年三月）清姚祖同撰 稿本

姚祖同墓誌銘行述稿一卷 清姚大成輯 稿本

一八五七 東洲草堂日記不分卷 清何紹基撰 稿本

存：道光十四年五月十五至十二月附雜記
道光十九年五月至十二月
道光二十三年閏七月至二十四年七月
咸豐元年閏八月至十二月種竹日記
咸豐二年七月至三年三月西譯日記
咸豐四年正月至九月使蜀日記附雜記
咸豐十年二月至十一年三月法華小航日記
咸豐十一年三月至同治元年二月
同治十年七月至十二月過蘇日記

一八五八 蝯翁日記不分卷（道光十五年六月至十一月）清何紹基撰 稿本 清翁同龢跋

一八五九 何道州日記不分卷（道光三十年至咸豐元年）清何紹基撰 稿本 清張穆跋

一八六〇 東洲草堂日記不分卷（咸豐二年正月至七月）清何紹基撰 稿本

一八六一 何紹基日記不分卷（同治三年正月至四年三月）清何紹基撰 稿本

一八六二 許賓門日記不分卷（道光二十二年正月至二十四年十月）清許乃濟撰 稿本

一八六三 春明日記二卷（道光二十四年、二十六年至二十八年）清殷兆鏞撰 稿本 王大隆跋

八五

一八六四 澄懷園日記不分卷（咸豐八年至九年）清殷兆鏞撰 稿本

一八六五 謹言慎好之居日記一卷（道光二十一年）清張耀孫撰 稿本

一八六六 潘黻廷先生日記不分卷（道光十四年至十六年、二十四年至二十五年、咸豐八年至十年）清潘曾瑩撰 稿本 王式通、唐晏等題識

一八六七 小鷗波館日記不分卷（道光十九年至光緒四年）清潘曾瑩撰 稿本

一八六八 丙午使滇日記一卷（道光二十六年閏五月至九月）清潘曾瑩撰 稿本

一八六九 鎖闈偶記一卷（道光三十年三月至四月）清潘曾瑩撰 稿本

一八七〇 癸丑鎖闈日記一卷（咸豐三年三月至四月）清潘曾瑩撰 稿本

一八七一 圖南錄不分卷（道光二十五年四月至十（月））清黃治撰 稿本

一八七二 蘭檢京都日記不分卷（咸豐二年）清孫銘恩撰 稿本

一八七三 澄懷園日記一卷（道光二十年五月至八月）清李汝倫撰 清繆氏吉香廬抄本

一八七四 隨軺載筆十三種十三卷（道光二十六年至光緒十三年）清董醇撰 稿本

隨軺載筆一卷
權衡金衷一卷
勤事先思一卷
駢清衡湘一卷
秋闈瑣記一卷
時雍鷹揚一卷
文場須知一卷
春闈歸里一卷
桃闈重檢一卷
量入為出一卷
千佛名經一卷
選讀我書一卷
范我馳驅一卷

一八七五 楊濠叟日記一卷（道光二十六年正月至二十九年十二月）清楊沂孫撰 稿本

八六

一八七六 日記不分卷（同治二年） 清錢辰撰 稿本
一八七七 舒藝室日記不分卷（同治三年至九年） 清張文虎撰 稿本
一八七八 何兆瀛日記不分卷（同治三年至四年、光緒元年至十六年）附澥闇紀言不分卷（光緒十三年） 清何兆瀛撰 稿本
一八七九 郘亭日記不分卷（咸豐十年十二月至十一年九月） 清莫友芝撰 稿本
一八八〇 郘亭日記不分卷（同治五年五月至七年九月） 清莫友芝撰 稿本
一八八一 郘亭日記不分卷（同治八年正月至十年八月） 清莫友芝撰 稿本
一八八二 龔又村自怡日記三十二卷（嘉慶十五年至同治十二年） 清龔續熙撰 清倪澤封抄本
一八八三 龔又村自怡日記不分卷（道光二十年至咸豐二年） 清龔續熙撰 稿本
一八八四 薇垣日記不分卷（咸豐八年四月至光緒三年六月） 清姚康撰 稿本
一八八五 求闕齋日記類鈔二卷（道光二十年至同治十一年） 清曾國藩撰 王啟原輯 稿本
一八八六 求闕齋日記類鈔二卷（咸豐八年至同治十一年） 清曾國藩撰 王啟原輯 清光緒二年傳忠書局刻本 清趙烈文跋
一八八七 陔蘭書屋日記不分卷（道光二十七年至咸豐元年） 清潘曾綬撰 稿本 清潘祖蔭跋
一八八八 紱庭日記不分卷（咸豐十年至十一年） 清潘曾綬撰 稿本
一八八九 潘曾綬日記不分卷（光緒四年一月至七年十二月） 清潘曾綬撰 稿本
一八九〇 星烈日記□□卷（咸豐六年二月至同治二年五月） 清方玉潤撰 稿本 存五十一卷 十至十三、二十至廿六、六十一至一百
一八九一 心烈日記二十四卷（同治二年六月至四年五月） 清方玉潤撰 稿本
一八九二 星烈日記彙要四十卷附一卷年表一卷（咸豐五年至光緒元年）新烈日記十六卷（光緒五年九月至六年十二月）又新烈日記卷七至十二（光緒七年一月至六月） 清方玉潤撰 稿本 存日記彙要二十七卷 一至十四、十七至二十、廿五至三十、三十八至四十
一八九三 過雲樓日記不分卷（光緒五年至十年） 清顧文彬撰 稿本
一八九四 望凫行館宦粤日記不分卷（同治五年五月至光緒八年十月） 清杜鳳治撰 稿本
一八九五 同治三年甲子京師日記一卷（同治三年九月至十二月） 清周壽昌撰 稿本 清何栻 李鴻裔等跋
一八九六 孫衣言日記四卷 清孫衣言撰 稿本 丙子膳天日記一卷（光緒二年正月至二月） 出都日記一卷（光緒二年五月） 丙戌泛游日記一卷（光緒十二年四月至八月） 丁亥江泛游記一卷（光緒十三年五月至八月）
一八九七 夫齋日記不分卷（同治元年、五年） 清張備君撰 稿本
一八九八 養芍花館日記不分卷（咸豐二年十二月至三年四月、九月至十一月、七年正月至十二月、八年至九年七月、十年十月至十一年） 清周騰虎撰 稿本 清趙烈文跋
一八九九 同治壬戌回京日記不分卷（同治元年七月至閏八月、二年一月至三月） 清祿聯鳴撰 稿本
一九〇〇 杭湖掃墓記三卷（光緒二年、五年至六年） 清陸懋修撰 稿本
一九〇一 顛沛餘生錄不分卷（咸豐三年一月至九年二月） 清方宗誠撰 清抄本
一九〇二 駒隙錄不分卷（嘉慶二十三年至光緒元年） 清龍士傑撰 稿本
一九〇三 養知書屋日記不分卷（咸豐五年十二月至光緒十七年六月） 清郭嵩燾撰 稿本
一九〇四 罣罔紀事一卷（同治元年正月至三年七月）

清王華九撰　稿本

一九〇五　星軺日記一卷（咸豐二年）清沈炳垣撰　稿本

一九〇六　計偕日錄不分卷（道光二十四年正月至九月）清吳繼撰　稿本

一九〇七　孔懷錄不分卷（道光十七年十一月至十八年二月）清黄治撰。稿本

一九〇八　山左星軺隨筆三卷（道光二十一年至二十三年）清李汝嶠撰。稿本

一九〇九　羲難日記不分卷（道光二十二年）清喬重禧撰。稿本

一九一〇　范湖日記不分卷（同治三年）清周閑撰　稿本

一九一一　京華日識一卷醉六室日記不分卷（道光十七年、二十二年、二十八年）清沈宗涵撰。稿本

一九一二　謝碩甫日記不分卷公車用費日記不分卷（咸豐元年）清謝宗本撰。謝叔元修訂。稿本

一九一三　薛春黎己未庚申日記不分卷（咸豐九年正月至十年十二月）清薛春黎撰　稿本

一九一四　星軺日記不分卷（咸豐十一年）清薛春黎撰　稿本

一九一五　額勒和布日記十六卷（同治三年至光緒六年）清額勒和布撰　廷寄錄存一卷　清額勒和布輯　清抄本

一九一六　姚覲元日記不分卷（同治十四年正月至十二月）清姚覲元撰。稿本

一九一七　慎一堂日記一卷（光緒三年正月至十二月）清景廉撰　稿本

一九一八　桓垣日記不分卷（光緒三年正月至四年十二月）清景廉撰　稿本

一九一九　黄陶樓日記不分卷（咸豐八年）雜抄不分卷　清黄彭年撰　稿本　清黄晨成跋

一九二〇　鄂行日記一卷（光緒三年）清潘鍾瑞撰　稿本

一九二一　香禪日記不分卷（光緒十年正月至十六年五月）清潘鍾瑞撰　稿本

一九二二　寄鷗館日記不分卷（光緒七年至九年）清任道鎔撰　稿本

一九二三　祁子和先生日記不分卷（光緒七年）清祁世長撰　稿本

一九二四　春明日記不分卷（道光五年七月至七年十二月、十年四月至十一月）清許庚身撰　稿本

一九二五　禝山日記不分卷（同治九年閏十月至十年六月）清潘遵璽撰。稿本

一九二六　禝山讀書樓日記□卷（同治十二年六月至十三年四月）清潘遵璽撰。稿本

一九二七　禝山日記一卷（光緒元年正月至七月）清潘遵璽撰。稿本

一九二八　省盦養痾日記一卷（光緒六年）清潘遵璽撰。稿本

一九二九　榆翁日記不分卷（光緒六年）清許增撰　稿本

一九三〇　南歸紀程不分卷（道光二十七年至二十八年）清祁世長撰　稿本

一九三一　鷗堂日記三卷（咸豐九年）清周星譽撰　稿本

一九三二　求補拙齋日記不分卷（同治三年正月至光緒六年十二月）清孫培深撰　稿本

一九三三　遯敏齋日記不分卷（同治二年至三年）清徐恭子撰　稿本

一九三四　李興鋭日記不分卷（同治九年至光緒十三年）清李興鋭撰　稿本

一九三五　卧虎山人日記不分卷（光緒十五年至二十五年）清王榮撰　稿本

一九三六　舊山樓日記一卷（同治元年七月至閏八月）清趙宗建撰　清光緒三十一年趙沖孫抄本　清張瓛良　趙詒琛跋

一九三七　夢鷗筆記一卷（同治二年）清趙宗建撰　稿本

一九三八　非昔居士日記不分卷（光緒三年八月至十二月、四年正月至六月、十六年正月至四月、二十一年正月至五月）清趙宗建撰　稿本

一九三九　庚子非昔日記一卷（光緒二十六年一月至五月）補錄書目一卷　清趙宗建撰　稿本

一九四〇　蘅花館日記不分卷（咸豐八年十月至十年五月）清王韜撰　稿本

一九四一 弢園日記不分卷（光緒八年至十四年）清王韜撰 稿本

一九四二 淞隱廬雜識不分卷（光緒十二年三月至十一月）清王韜撰 稿本

一九四三 潘譜琴日記不分卷（咸豐元年至三年）清潘祖同撰 稿本

一九四四 介夫日記不分卷（咸豐九年至光緒十七年）清何承禧撰 稿本

一九四五 忍默恕退之齋日記一卷（咸豐五年十二月至六年十二月）滬行日記一卷（同治四年二月至五月）清沈寶禾撰 稿本

一九四六 周爾墉日記不分卷（咸豐二年）清周爾墉撰 稿本

一九四七 何竟山日記不分卷（咸豐二年至十一年）清何澂撰 稿本

一九四八 懷慶守城日誌一卷（咸豐三年五月至八月）附錄一卷 清余福清撰 清史館抄本

一九四九 滬上從戎日記不分卷（咸豐四年十一月至五年二月）清顧仲廷撰 稿本

一九五〇 懷蕎樓日記不分卷（咸豐四年至同治二年）清倪世錫撰 稿本

一九五一 澗賓居士日記四種四卷（咸豐四年至光緒元年）題清澗賓居士撰 稿本
戊午廣陵日遊記一卷
乙未吳中日遊記一卷
訪徵和尚閩殿南滁四縣驛程略記一卷
辛未鎮江看都天會遊京口三山遊記一卷

一九五二 師竹廬主人記年編不分卷（道光九年正月至光緒二十九年九月）清鄒存淦撰 稿本

一九五三 張丙炎家書稿不分卷（咸豐八年至十年）清張丙炎撰 稿本

一九五四 楝山日記不分卷（咸豐八年至光緒十二年）清平步青撰 稿本

一九五五 南輶紀程二卷（同治三年至四年）清平步青撰 稿本

一九五六 庚申禊湖被難日記一卷（咸豐十年）清范其駿撰 稿本

一九五七 緩雅堂日記不分卷（同治六年至九年）清王詒壽撰 稿本

一九五八 縵雅堂日記不分卷（同治十一年至光緒四年）清王詒壽撰 稿本

一九五九 方勉夫日記不分卷（咸豐六年至光緒十二年）清方本賢撰 稿本

一九六〇 杏花春雨館日記不分卷（同治九年至光緒十九年）清費念蓉撰 稿本

一九六一 潘祖蔭日記不分卷（同治二年正月至十二月、光緒七年正月至十三年十二月、光緒十五年正月至十六年十月）清潘祖蔭撰 稿本

一九六二 潘文勤日記一卷（光緒十四年）清潘祖蔭撰 稿本

一九六三 越縵堂日記不分卷（咸豐四年至同治二年）清李慈銘撰 稿本

一九六四 越縵堂日記戊集一卷（咸豐八年）清李慈銘撰 稿本

一九六五 越縵堂日記不分卷（咸豐十年三月至同治四年正月）清李慈銘撰 清抄本 清吳重熹校並跋

一九六六 越縵堂日記不分卷（同治二年至光緒十五年）清李慈銘撰 稿本

一九六七 癸巳殯院旬日記一卷（光緒十九年九月）清李慈銘撰 稿本

一九六八 陳培之先生日記不分卷（同治十三年正月至十一月）清陳倬撰 稿本

一九六九 隱蛛盦日記一卷（光緒六年至七年）清陳倬撰 稿本

一九七〇 翁文恭公軍機處日記不分卷（光緒九年至十年）清翁同龢撰 稿本

一九七一 翁同龢日記一卷（光緒十八年九月至十月）清翁同龢撰 稿本

一九七二 丁酉軍機雜記一卷（光緒二十三年）清翁同龢撰 稿本

一九七三 王文韶日記不分卷（同治六年至十一年、光緒元年至二十八年）清王文韶撰 稿本

楊古醞先生日記不分卷（咸豐五年至六年）清楊葆光撰　稿本　一九七四

訂頑日程不分卷（同治元年三月至光緒元年六月、光緒元年十月至二十五年、二十七年）清楊葆光撰　稿本　一九七五

河運日記不分卷（同治九年四月至十一月）清王大經撰。清抄本　一九七六

蘇鄰日記不分卷（同治十三年至光緒元年十月）清李鴻裔撰　稿本　一九七八

霏蒼閣日記一卷（光緒六年至八年）清李鴻裔撰　稿本　一九七九

譚宗庚日記一卷（同治十年至光緒三年）清譚宗庚撰。稿本　一九八〇

落花春雨巢日記六卷（咸豐二年至五年）清趙烈文撰　稿本　一九八一

落花春雨巢日記六卷（咸豐二年至五年）清趙烈文撰　清趙氏能靜居抄本　一九八二

復堂日記不分卷（同治元年八月至光緒二十七年六月）清譚獻撰　稿本　一九八三

山桑宧記不分卷（光緒五年六月至六年八月）清譚獻撰　稿本　一九八四

寄園子日記一卷（咸豐八年三月至八月）清□锷撰。稿本　一九八五

記里鼓一卷（咸豐三年）清翁曾源撰　稿本　一九八六

隱梅庵日記一卷（同治元年四月至十二月）清顧春福撰。稿本　一九八七

蘭泉居士日記不分卷（同治元年、同治十一年至十三年）清沈其撰。稿本　一九八八

楊雪滄日記不分卷（光緒七年正月至九年三月）清楊浚撰　稿本　一九八九

湘綺樓日記不分卷（光緒十四年六月至十五年六月）清王闓運撰　稿本　一九九〇

庚寅科日記一卷（光緒十六年九月至十月）清韓書撰　清翁同龢抄本　一九九一

研樵山房日記不分卷（同治元年至十三年）清董文渙撰　稿本　一九九二

雲山讀書記不分卷（同治五年至光緒二十二年）清鄧輝撰　稿本　一九九三

窳盦日札不分卷（光緒二十一年至二十二年）清周星詒撰　稿本　一九九四

北征日記三卷（光緒十五年）清宋源瀚撰　清宋氏抄本　一九九五

芝祥隨筆三種三卷　清翁曾純撰　稿本　一九九六

揩城瑣記一卷（咸豐八年四月至五月）

游杭雜錄一卷（咸豐十年九月至十月）

避兵紀略一卷（咸豐十年七月至九月）

佩韋室日記不分卷（咸豐十年至同治二年）清高心夔撰　稿本　一九九七

建寧粵匪圍城日記不分卷（咸豐七年三月至四月）清程成寯撰。稿本　一九九八

樿和子日記不分卷（咸豐七年至同治三年）清沈賢修撰。稿本　一九九九

補讀齋日記不分卷（咸豐八年至同治十二年）清唐錦清撰。稿本　二〇〇〇

王海客日記不分卷（咸豐九年至同治二年）清王海客撰。稿本　二〇〇一

敬孚日記不分卷（咸豐十年至光緒二十七年、光緒二十九年至三十年七月）清蕭穆撰　稿本　二〇〇二

杏西篠榭耳目記不分卷（咸豐十年至光緒八年）附鴻魚傳書不分卷　杏西篠榭未定稿不分卷　題清植槐書舍主人撰。稿本　二〇〇三

宛行記四卷陝行記四卷（咸豐□年五月至十月）清彭興高撰。稿本　二〇〇三

忍瞻日識一卷（咸豐十一年）清姚覲元撰 稿本 二〇〇四
弓齋日記不分卷（同治十三年至光緒十六年）清姚覲元撰 稿本 二〇〇五
蒙廬日記不分卷（同治十年至光緒十二年）清沈景修撰 稿本 二〇〇六
辛酉日記一卷（咸豐十一年）清吳大澂撰 稿本 二〇〇七
恒軒日記不分卷（同治六年七月至九年五月、七月至八月）清吳大澂撰 稿本 二〇〇八
奉使吉林日記一卷（光緒六年四月至十二月）清吳大澂撰 稿本 二〇〇九
北征日記一卷（光緒八年至九年）清吳大澂撰 稿本 二〇一〇
奉使日記十六卷（光緒十二年至十五年）清張蔭桓撰 稿本 二〇一一
奉使日記不分卷（光緒十二年至十五年）清張蔭桓撰 清張氏殿靈樓抄本 二〇一二
甲午日記一卷（光緒二十年十月至十二月）清承澐植撰 稿本 二〇一三
海珊日記不分卷（同治二年正月至四年五月、六年七月至七年正月、八年六月至九年八月、十一年正月至光緒三年二月）清翁曾翰撰 稿本 二〇一四
薛叔耘日記不分卷（同治七年至光緒二十年）清薛福成撰 稿本 二〇一五
出使英法義比四國日記六卷續十卷（光緒十七年三月至二十年五月）清薛福成撰 稿本 清薛瑩中校 存十一卷（光緒十六年一月至二月）、續全 二〇一六
洪鈞日記不分卷（同治九年九月至十年九月、光緒二年十一月至四年九月、七年正月至十三年九月、十八年四月至十九年七月）清洪鈞撰 稿本 二〇一七
從戎日記一卷（同治元年一月至十二月、二年一月至六月、三年正月）清林家柾撰 稿本 二〇一八
白啟南日記不分卷（同治元年八月至光緒七年四月）清白恩佑撰 清白廷瀛抄本 二〇一九
隨手煙雲十三卷（同治十三年至光緒六年）清白恩佑撰 稿本 二〇二〇
聞見日記不分卷（同三年至四年）清湖橋莊居士撰 稿本 二〇二一
日損齋日記不分卷（同治七年至九年）清徐敦仁撰 稿本 二〇二二
澹宦日記一卷（同治八年至九年）清周長森撰 稿本 二〇二三
琴餘館日記不分卷（同治八年、光緒二十三年至二十八年）清沈篤撰 稿本 二〇二四
郎亭日記一卷（同治十年）清江鴻鑾撰 稿本 二〇二五
膽岱軒日記不分卷（同治十二年至光緒十六年）清范道生撰 稿本 二〇二六
請纓日記十卷（光緒八年七月至十二年九月）清唐景崧撰 清光緒十九年臺灣布政使署刻本 二〇二七
葉惝予日記不分卷（光緒九年至十一年）清葉大鏘撰 稿本 二〇二八
顧肇熙日記不分卷 清顧肇熙撰 稿本 二〇二九
思無邪室日記（同治四年正月至四年二月、八月至五年四月）
玉水齋日記（同治四年五月至八月）
顧肇熙日記（同治九年二月至十五年二月、光緒三年四月至四年，十四年五月至十五年十月）
詞垣日錄（同治十二年正月至光緒二年七月、三年正月至二月、四年五月至九月五年正月）
獲作日記（光緒四年六月至十二月）
吉林日記（光緒九年二月至八月）
秋歲日記（光緒十四年八月至十五年四月）
古澤集（光緒二十三年六月至二十五年三月）
問津日錄不分卷（光緒三年至四年）清顧肇熙撰 稿本 二〇三〇
吉林日記不分卷（光緒六年至十一年）清顧肇熙撰 二〇三一
鄉柳齋日記不分卷（光緒二十四年至二十六年）清廖壽恒撰 稿本 二〇三二
載恩溥日記不分卷（光緒十七年至二十三 二〇三三

年）清嚴思澤撰　稿本

二〇三四 使閩雜誌不分卷（光緒十六年八月至十七年二月）清貴恆撰　稿本

二〇三五 家芝門康訪日記一卷（同治六年十月至七年四月）清錢恩棨撰。稿本

二〇三六 香草園日記不分卷（光緒元年至六年、八年）清章文彬撰　稿本

二〇三七 雪煩山房日記不分卷（咸豐四年正月至十二月、七年正月至九月）清徐潘撰　稿本

二〇三八 秋鐙課詩之屋日記（光緒二年至三十年）清王彥威撰　稿本

二〇三九 秋燈課詩之屋日記（光緒十五年）清王彥威撰　稿本

二〇四〇 文恪公手書日記五十卷（同治元年至光緒二十六年）清保棻撰。稿本

二〇四一 癸亥日記不分卷（同治二年一月至十二月）清雪舫居士撰。抄本

二〇四二 惜分陰室日記一卷（同治六年十一月至七年四月）清李邦楨撰　稿本

二〇四三 烏里雅蘇台日記不分卷（光緒十五年正月至十六年閏二月）清祥麟撰　稿本

二〇四四 祥麟日記不分卷（光緒二十四年）清祥麟撰。稿本

顧廷龍題記

二〇四五 西征日記二卷（同治六年至七年）清潘效四撰。稿本

二〇四六 東渡日記一卷（光緒二十一年二月至三月）清馬建忠撰　稿本

二〇四七 厚庵公日記一卷粤游日記一卷（光緒三年至四年）清鄧乃寬撰　稿本

二〇四八 甲戌日錄一卷乙亥日錄一卷丙子日錄一卷（同治十三年至光緒二年）清袁昶撰　稿本

二〇四九 莊寶樹日記不分卷（光緒四年至五年、十年至十二年、二十年、二十二年）清莊寶樹撰　稿本

二〇五〇 黎雲仙館日記一卷（同治七年）葉昌熾撰　稿本

二〇五一 梨雲仙館日記不分卷（同治七年十一月至九年十月）葉昌熾撰　稿本

二〇五二 緣督廬日記不分卷（同治九年至民國六年）葉昌熾撰　稿本

二〇五三 馮申之先生日記不分卷（咸豐七年、十一年）清馮芳緝撰　稿本

二〇五四 馮芳緝日記不分卷（光緒三年至四年、十年正月至閏五月）清馮芳緝撰　稿本

二〇五五 鴻雪巢日記不分卷（咸豐十年九月至同治元年九月）稿本

二〇五六 避寇日記不分卷（咸豐十年至同治三年）清沈梓撰。稿本

二〇五七 游蜀日記二卷後記一卷川中雜識一卷（同治十三年四月至六月、光緒二年正月至五月）清吳慶撰。稿本

二〇五八 蘂齋日記不分卷（同治五年至八年）清陳則棫撰　稿本

二〇五九 朱蜕廬先生日記不分卷（光緒二十三年至二十七年）附摘抄胡文忠公函札一卷　清朱鍾琪撰並輯。稿本

二〇六〇 續記事珠不分卷（同治五年五月至七年十一月）清朱竹指撰。稿本

二〇六一 客杭日記附續記不分卷（同治十二年七月至十月）清朱竹瑞撰。稿本

二〇六二 李笙魚日記不分卷（光緒元年至二年）清李嘉福撰。稿本

二〇六三 甘元煥日記不分卷（光緒元年至四年、十一年至十三年、十七年至二十三年）清甘元煥撰。稿本

二〇六四 王子獻先生日記不分卷（光緒二年正月至十六年十一月、十九年十一月至二十年九月、二十三年四月至三十一年五月）函

稿不分卷　清王繼香撰。稿本

二〇六五 南遊日記五十卷（光緒三年至十三年）附續黄梁起居墳五卷　清尚品懋撰。稿本　存三十一卷（一至六、八、十一、十三、十四、十六至十七、廿三、廿五、廿七至三十、三十五、二十九至四十二、四十八至五十。附續黄梁起居墳全）

二〇六六 莊鼎臣日記不分卷（光緒三年至五年、十年）　清莊鼎臣撰。稿本

二〇六七 伯絅己卯北行日記一卷（光緒五年）　清龐鴻文撰　稿本

二〇六八 桂軺日記一卷（光緒八年）　清龐鴻文撰　稿本

二〇六九 鄂軺日記一卷（光緒二十年）　清龐鴻文撰　稿本

二〇七〇 師伏堂日記不分卷（光緒十八年至三十四年）　清皮錫瑞撰　稿本

二〇七一 乾惕記十卷（光緒十八年七月至二十九年五月）　清李杜撰。清抄本

二〇七二 屏山雜著一卷（光緒十五年）　清張雲錦撰　稿本

二〇七三 張徵君日記不分卷附禹貢釋地一卷（光緒十一年至二十五年）　清張錫恭撰　稿本

二〇七四 補忘略草一卷（光緒十六年、十九年）　清李駕撰

二〇七五 卧盦日記不分卷（光緒十七年至二十二年、二十五年至二十七年、宣統二年）附卧盦雜存一卷　清錢人龍撰　稿本

二〇七六 姚之烜日記不分卷（光緒六年至八年六月）附詩草二卷　清姚之烜撰。稿本

二〇七七 赴浙日記一卷桐盧日記一卷西泠日記一卷信州日記一卷（光緒六年至十八年）　稿本

二〇七八 顧森書日記不分卷（光緒六年至三十年）　清顧森書撰。稿本

二〇七八 光緒九年歲次癸未琴詠樓主日記一卷（光緒九年元月至十二月）　清姚紫受撰。稿本

二〇七九 安宜日記不分卷（光緒十年至十二年）　清？撰　稿本

二〇八〇 蘭亭居士日記不分卷（咸豐六年四月至七年二月）　清唐郭生撰　清寶硯齋抄本

二〇八一 魏稼孫日記殘稿不分卷（同治六年一月至六月、八年一月至三月）　清魏錫曾撰　稿本

二〇八二 夢梅華館日記三十一卷（光緒三年十月至十六年八月）　清孫熙撰。稿本

二〇八三 旃蒙作鄂游申日襍作一卷（光緒十一年三月至六月）　清姚燮撰。稿本

二〇八四 交軺隨筆不分卷（光緒十一年）　清楊宜治撰。稿本

二〇八五 林子莊日記一卷（光緒十三年十月至十二月）　清林朐澤撰。稿本

二〇八七 王迺譽日記不分卷（光緒十七年至三十一年）附古錢考不分卷　清王迺譽撰。稿本

二〇八七 北行日記草冊一卷（光緒十九年）　清陸以湉撰。附

二〇八八 嶺南遊日記一卷（光緒二十年）　清口環園撰　清代百熙抄本　日記不分卷（光緒二十五年六月至七月、八月至十月）　清劉學询撰　稿本

二〇八九 游歷東洋考查商務日記一卷（光緒二十五年六月至八月）附條陳商務公牘一卷　清劉學询撰　稿本

二〇九〇 燕中日記不分卷（光緒二十二年至二十三年）　清延仁撰。稿本　存二卷（二、六）

二〇九一 怡若日記不分卷（光緒三十四年至宣統二年）　清鄒嘉來撰　稿本

二〇九二 陳鍾信日記一卷（光緒三十年一月至三十一年十二月）　清陳鍾信撰　稿本

二〇九三 琴夢龕日記不分卷（同治八年十一月至九年六月）　清程秉釗撰　稿本

二〇九四 豫章行記不分卷（光緒十一年十月至十二月） 清筱泉（？）劍撰 稿本

二〇九五 知一齋日記一卷（光緒十二年六月） 清筱泉劍撰 稿本

二〇九六 寄龕日記不分卷（光緒二十一年至二十三年） 清孫德祖撰 稿本

二〇九七 鱻菴日記一卷（光緒二十三年正月至五月） 清曾康撰 稿本

二〇九八 游歷日本考查農務日記一卷（光緒二十八年六月至九月） 清黃璟撰 稿本

二〇九九 瀹如日記不分卷（光緒三十年九月至三十一年三月） 清瀹如撰 清抄本

二一〇〇 何汝霖日記不分卷（光緒三十三年至宣統元年） 清何汝霖撰 稿本

二一〇一 嘉善丁氏家傳不分卷 明錢士升等撰 明崇禎至清康熙刻本

二一〇二 旌功錄五卷 明于冕編 明弘治十年于允忠刻本 十一行二十三字上下黑口單邊雙魚尾

二一〇三 萬柳溪邊舊話一卷 元尤玘撰 清抄本

二一〇四 萬柳溪邊舊話一卷 元尤玘撰 清抄本

二一〇五 萬柳溪邊舊話一卷 元尤玘撰 清抄本 吳雲跋

二一〇六 明麗江知府木氏六公傳一卷 明馮時可撰 忠孝紀一卷 明蔡毅中撰 明崇禎刻本 八行十八字白口四周單邊

二一〇七 陳情歸本一卷 明王道宣撰 明萬曆四十六年刻本 七行十六字白口四周單邊

二一〇八 王謝世家三十卷 明韓昌箕撰 聶縅評 明天啟刻本 九行十九字白口四周單邊

琅琊世家十四卷
太原正派四卷
太原支派二卷
太原别派二卷
陽夏世家八卷

二一〇九 永思錄二卷 清王弘祚輯 清康熙十年雲南王氏自刻本

二一一〇 王端簡公永思錄二卷 清王瑜輯 清康熙十六年王氏自刻本

二一一一 高郵王氏志傳事實不分卷 清咸豐刻本

二一一二 涑水司馬氏源流集略八卷 明司馬晰輯 明萬曆十五年刻本

二一一三 涑水司馬氏源流集略八卷 明司馬晰輯 明萬曆十五年司馬祉刻三十五年司馬露增補印本 九行二十字四周雙邊烏絲欄白口單魚尾

二一一四 朱廣行狀一卷 明鄒元標撰 稿本

二一一五 山陰朱氏家傳不分卷 清朱兆熊輯 清抄本

二一一六 明遺民族祖楚嶼先生家傳 清朱衍緒撰 稿本

二一一七 上卿奕光錄三卷 清諸應辰輯 蕭沐錫增訂 清康熙三十五年奕思堂刻本

二一一八 盧江郡何氏家記不分卷 明何崇祖撰 明抄本

二一一九 何氏家乘不分卷 清何相才、何栢學撰 清康熙二十八年抄本

二一二〇 吳氏家乘□卷 明抄本
存一卷 三

二一二一 吳氏家乘□□卷 明抄本
存一卷 四

二一二二 世思錄一卷 明吳嶽輯 明正德十六年自刻本 八行十七字黑口左右雙邊

二一二三 節孝義忠集四卷 明呂兆璜、呂兆琳輯 清康熙十五年呂氏刻本
存三卷 一、三至四

二一二四 惇行彙編六卷 清宋大業輯 清康熙五十二年刻本 清宋湘跋

二一二五 汪氏世範錄不分卷 明汪雲秀輯 明隆慶刻本 十一行二十字白口左右雙邊

二一二六 汪氏家傳不分卷 清汪喜孫輯 清抄本

二一二七 汪氏學行記六卷 壽母小記一卷 清汪喜孫撰 清道光六年刻本

二一二八 汪氏宗賢六卷 清抄繪本

二一二九 周元公世系遺芳集十五卷 明周與爵輯 明萬曆刻本 十行二十字白口四周單邊

二一三〇 章巖周先生藏山錄六卷 明周蜓、周蓋卿輯 明萬曆二十八年周蓋卿刻本 八行十八字白口四周單邊
存五卷 十一至十五

二一三一 宋忠武岳鄂王精忠類編八卷 明徐縉芳輯 明萬曆四十二年刻本 十行二十字小字雙行同白口左右雙邊

二一三二 岳氏載志錄不分卷 清岳昭瓊輯 清道光二十年岳昭瑋抄本

二一三三 林氏雜記不分卷 明林燡撰 清初抄本 清王存善跋

二一三四 皇明恩命錄四卷 明嘉靖九年刻本 十行二十字下黑口四周雙邊
存三卷 一至二、四

二一三五　薦德記一卷　清祁寯藻撰　稿本

二一三六　續祁氏傳芳錄一卷附悼輓梅川祁公詩詞不分卷　明祁汝森輯　稿本

二一三七　洛陽邵氏三世名賢行實圖像錄不分卷　清康熙刻本

二一三八　瓃溪家譜補戚篇六卷附錄一卷　明金德容撰　明萬曆十四年刻本　十一行二十五字白口四周雙邊

二一三九　地字闆書不分卷　明萬曆三十五年金滄家抄本

二一四〇　奕葉恩榮錄三卷　清永壽、永福輯錄　清康熙抄本

二一四一　蕭山施君家傳一卷　清陳元淞撰　稿本

二一四二　查氏七烈編三卷詞一卷　清查日乾輯　清乾隆刻本

二一四三　明經胡氏儒宦錄一卷　明胡僧輯　明嘉靖刻本　九行二十字白口四周單邊

二一四四　孫氏家傳二卷　明刻本　八行十六字白口左右雙邊

二一四五　宋待制徐文清公家傳一卷　宋朱元龍等撰　明正德六年徐興刻本　九行十八字黑口四周雙邊單魚尾

二一四六　宋待制徐文清公家傳一卷　宋朱元龍等撰　毅齋詩集別錄一卷　明徐興輯　清抄本　清丁丙跋

二一四七　無錫浦氏誦芬錄二卷　清浦起龍撰　清刻本

二一四八　秦氏叢談六卷　清秦炔輯　清抄本

二一四九　翁氏家事略記一卷　清翁方綱撰　清抄本

二一五〇　袁氏簪纓錄一卷　明袁廷修撰　明嘉靖刻本　九行二十字白口左右雙邊

二一五一　袁正獻公從祀錄不分卷　清徐時棟輯　稿本

二一五二　扶風世澤錄四卷　清馬國光輯　清乾隆三十八年刻本

二一五三　高氏家模彙編二集二卷　清高中勝輯　清抄本

二一五四　保定張氏忠烈合傳不分卷　清雍正刻本

二一五五　儀制司郎中松溪戚府君墓誌行實不分卷　明當禮、戚元佐撰　明隆慶刻本　八行十七字白口左右雙邊

二一五六　曹月川先生家規輯畧一卷　明曹端撰　明石光璐刻本　九行二十字白口四周單邊

二一五七　真定梁氏直饗集□□卷　存十卷（一至五、八至十二）　明梁維樞輯　明末抄本

二一五八　思綸不分卷　明畢自嚴輯　明崇禎刻本　五行十字白口單邊

二一五九　四代恩榮事畧一卷　明畢自嚴輯　明崇禎六年刻本　八行十八字白口四周單邊

二一六〇　四代恩綸錄不分卷　明崇禎刻本　九行十九字白口四周單邊

二一六一　淄西畢氏世德家傳一卷　明畢自嚴撰　明崇禎刻本　九行十九字白口四周單邊

二一六二　四世恩綸不分卷　明畢自嚴輯　明末刻[illegible]字白口四周單邊

二一六三　淄川畢氏傳誌六卷　明畢自嚴撰　明崇禎刻本　八行十七字白口四周單邊有刻工

二一六四　畢氏恩綸錄三卷　明萬曆天啟間刻本　五行十字白口四周單邊

二一六五　畢氏恩綸錄一卷　明天啟刻本　六行十三字白口四周單邊

二一六六　喀爾喀四部落汗王貝勒貝子公札薩克台吉等源流冊　清抄本

二一六七　宋陳忠肅公言行錄八卷　明陳戴興輯　明嘉靖二十九年刻本　十行二十字白口四周雙邊雙魚尾

二一六八　濟美錄九卷　明陳采等輯　明刻清康熙三十五年重修本　十一行二十二字白口左右雙邊

二一六九　忠孝節義錄不分卷　明陶譜等撰　陶漸達等續　明萬曆三十九年陶重茂、陶世徵刻本　九行十九字白口單邊

二一七〇　福建按察司副使陸公暨妻楊氏行實不分卷　明唐龍撰　明嘉靖刻本　九行二十字白口四周單邊

二一七一　平湖陸氏家傳不分卷　清陸壿撰　清初刻本

二一七二　彭氏舊聞錄一卷太僕（彭期生）行略一卷　清彭孫貽撰　稿本　清□世熾跋

二一七三　程氏貽範集甲集七卷乙集十六卷　明程敏政輯　明成化刻本　十一行二十一字小字雙行同黑口四周雙邊有刻工

二一七四　倍郭程氏敦本錄二卷　明程亨養修　明弘治五年程璽刻本　十一行二十一字黑口四周雙邊

二一七五　程氏貽範集補甲集五卷乙集二十卷丙集一卷丁集三卷戊集一卷己集十卷　明程一枝輯　明隆慶刻本　十一行二十一字黑口左右雙邊

二一七六　竇山公家議七卷附錄一卷　明程昌撰　程鈁增補　明萬曆三年刻本　十行二十一字白口四周雙邊

二一七七　率東程氏家乘八卷　明程南鵬輯　明末抄本

二一七八　華氏傳芳集十一卷　明華方輯　續集五卷　明華察輯　明嘉靖十一年華從智刻隆慶六年華察續刻本　十一行二十一字細黑口四周雙邊

二一七九　華氏傳芳集八卷　明華允誼、華鉉宗等輯　明末刻本　九行二十字白口四周單邊

二一八〇　晚香錄三卷　清□熙輯　稿本

二一八一 左田著宗全書不分卷 清黃金甲、黃周鼎撰 清順治刻本
二一八二 黃氏家錄一卷續錄五卷黃氏壚殘集不分卷 清黃家驂撰 清康熙四十一年黃炳抑抑堂刻本
二一八三 禮府家傳一卷友竹軒遺稿一卷 清楊泰撰 南征圖詩章一卷 清乾隆刻本
二一八四 康府家傳不分卷 清乾隆刻本
二一八五 裔烈娥本末二卷 清裔振遠輯 清焦循重輯 稿本
二一八六 過叔度家傳一卷附華太君紀略一卷 清陳奐撰 稿本
二一八七 寒山趙氏三世誌傳不分卷 清趙元復輯 清康熙趙氏小宛堂刻本
二一八八 四朝恩典錄不分卷 明高拱輯 明嘉靖六年刻本 九行十八字白口左右雙邊
二一八九 瀛海長春錄六卷 明萬曆刻本 九行十九字白口四周雙邊
二一九〇 菏城劉氏家傳不分卷 明劉良臣撰；清劉士錫續撰 清康熙五十四年劉士錫刻本
二一九一 有宋故和衆輔國功臣太傅護國鎮安保靜軍節度使楊國公致仕贈太師謚武傳追封鄜王劉公家傳□卷 清抄本
二一九二 玉川文稿一卷 清薪園正撰 清抄本 存三卷 一至三
二一九三 誦芬錄四卷 清鄭倩撰 清嘉慶二十四年家刻本
二一九四 濟美錄四卷 明鄭熠輯 明嘉靖十四年鄭熠刻本 十行二十字白口單邊單魚尾下有刻工
二一九五 彩風志乘不分卷 清衛守誠輯 清順治刻本
二一九六 崇孝錄一卷 明錢鳳來輯 明隆慶三年刻本 十一行二十二字白口四周雙邊
二一九七 錢氏家史十六卷 明錢薇撰 明萬曆二十四年刻本 九行十八字白口左右雙邊單魚尾 存十四卷 一至十、十三至十六
二一九八 魏塘錢氏家傳不分卷 稿本
二一九九(一) 吳越順存集三卷附一卷 清吳允嘉輯 稿本
二一九九(二) 吳越順存集三卷附一卷 清吳允嘉輯 清抄本
二二〇〇 續澉□紀□分卷 □□□□□、清初抄本
二二〇一 述德編□□卷 清□□□撰 稿本 存□目志一卷、金石志二卷
二二〇二 清芬世守錄二十卷首六卷 清錢泰吉輯 稿本
二二〇三 錢氏家集稿不分卷 清抄本 清錢泰吉校
二二〇四 錢氏家史六卷 明錢薇撰 錢應晋、錢瑞徵跋 清抄本
二二〇五 寒松錄二卷 清韓鍈、韓是升同輯 清乾隆二十八年刻本
二二〇六 顏氏家乘□卷 明呂兆祥重修 清抄本（配明刻本）
二二〇七 顏氏家乘一卷 清刻本
二二〇八 顏氏家誡四卷 清顏光猷撰 稿本 劉墉跋
二二〇九 餘澤錄四卷 清藍洞輯 清順治十六年刻本
二二一〇 羅文莊完各集壽棋錄壽棋錄榮壽錄□卷 明羅欽順等編 明嘉靖二十五年刻本 十行二十字白口左右雙邊 存二卷 榮壽錄一至二
二二一一 羅氏楊千院歸結始末一卷 明羅顒撰 明刻本 十行二十二字四周單邊單魚尾白口
二二一二 世旌孝義集十四卷 明刻本 八行十七字白口四周單邊
二二一三 尺五堂述祖彙畧一卷 清嚴我斯、嚴允斯撰 清康熙三十五年刻本

宗譜

二二一四 丁氏家譜不分卷 清丁立中纂修 稿本
二二一五 于氏宗譜五卷 清于準纂修 清康熙家刻本
二二一六 孔氏實錄十四卷 明孔弘作撰 □□□抄本 存□卷一至□、□□八□□□ □□□
二二一七 會修尹氏宗譜八卷 明尹壇纂修 明抄本
二二一八 巴氏族譜不分卷 明抄本
二二一九 巴氏族譜不分卷 明抄本
二二二〇 文氏族譜續集不分卷 清文含纂修 清道光十一年沈復燦抄本
二二二一 支子述餘十卷 明支大綸撰 明天啟支如金刻本 八行十六字白口四周雙邊
二二二二 漢歙丹陽河南方氏衍慶統宗圖譜一卷 宋方桂森纂修 明刻本
二二二三 方氏宗譜不分卷 明初抄本
二二二四 新安歙邑環山方氏重修流芳譜九卷 明方達纂修 明成化二十三年刻本
二二二五 方氏統會宗譜五卷 明方純仁、方煙纂修 明嘉靖刻本 十行二十一字黑口四周單邊
二二二六 靈陽方氏譜四卷 明方佑纂修 明嘉靖刻本 有刻工
二二二七 古歙方氏宗譜六卷 明方伯安纂修 明隆慶間刻本 二十四行四十五字下黑口四周單邊

存四卷 三至六

方氏宗譜十二卷 明方祿、方祈纂修 明萬曆十三年刻本 存十一卷 一至五、七至十二 二二二八

池陽義門竹溪方氏統宗世系圖一卷宗譜一卷 明方啟宗纂修 方文沅續修 明萬曆十四年刻本 十五行廿四字白口四周雙邊 二二二九

平盈方氏世譜五卷 明方九中、方惟禎纂修 明萬曆二十五年刻本 十一行廿三字白口四周單邊 二二三〇

漢歙靈山方氏宗支世譜□卷 明方在明纂修 明萬曆二十七年刻本 十行二十字白口四周雙邊 存二卷 三至四 二二三一

歙西靈山方氏世譜文選一卷 明方在明纂修 清抄本 二二三二

沙南方氏宗譜五卷 明方四維、方汝遷纂修 明萬曆三十四年活字印本 二二三三

方氏宗譜二卷 明方尚中纂修 明崇禎八年活字印本 二二三四

古歙方氏歷代源流世譜十卷 明方鵬纂修 明刻本 廿四行四十字黑口四周雙邊 二二三五

方氏族譜前集不分卷後集不分卷 明抄本 二二三六

佘葉方氏續脩世譜四卷 明方錄纂修 明抄本 二二三七

方氏宗譜一卷 明抄本 二二三八

莆陽刺桐金紫方氏族譜二卷 清方九會纂修 清順治刻本 二二三九

木氏宦譜不分卷 清木鍾等編 清同治抄本 二二四〇

火氏家譜一卷 清火安大纂修 火繼賢增補 清火氏忠書堂抄本 二二四一

王氏家譜不分卷 明王介興纂修 明正統四年刻本 二二四二

王氏族譜六卷 明王富纂修 明成化十六年刻本 十行廿四字黑口四周雙邊 二二四三

太原王氏會通世譜十三卷卷首一卷 明王友槿等纂修 明弘治十四年刻本 十三行廿五字白口四周雙邊 二二四四

新安王氏統宗世譜二十卷 明王寵、王齊良纂修 明正德十年刻本 十二行廿五字黑口四周雙邊 存十一卷 一至五、十五至二十 二二四五

王氏家乘一卷 明王從輔 附錄一卷 明李休輯 明嘉靖刻本（附錄清抄本） 八行十八字白口左右雙邊 二二四六

新安王氏墓譜記略不分卷 明嘉靖刻本 九行十八字白口四周雙邊 二二四七

武口王氏統宗世譜不分卷 明王銳等纂修 明隆慶四年刻本 九行廿四至廿七字不等白口四周單邊 二二四八

新安武口王氏重修統宗惇叙支圖二十四卷 明王銳等纂修 明末刻本 十二行廿四至廿六字白口單魚尾四周單邊 二二四九

新安武口王氏重修統宗世譜□□卷 明刻本 十二行廿八字白口四周單邊 存十卷 一至十 二二五〇

新安澤富王氏家譜□□卷 明刻本 十行廿四字黑口四周雙邊 存十卷 一至十 二二五一

歙縣澤富王氏宗譜八卷 明隆慶六年王景象刻本 十五行字數不一白口左右雙邊 存七卷 一至四、六至八 二二五二

清苑王氏家譜九卷 明王湖纂修 明萬曆十一年寫抄本 二二五三

休寧宣仁王氏族譜十二卷 明王宗本纂修 明萬曆三十八年刻本 十行廿四字白口四周單邊 二二五四

東嘉英橋王氏重修宗譜十卷 明王叔杲等纂修 明萬曆抄本 二二五五

王氏族譜八卷 明王仁先等纂修 明天啟五年刻本 二二五六

王氏族譜十三卷 明王家晉撰 明崇禎三年毛氏汲古閣刻本 二二五七

王氏宗譜□卷 明刻本 存三卷 一至三 二二五八

新安太原王氏宗譜十卷 明王廷邦等修 明抄本 二二五九

浙東王氏宗譜不分卷 清乾隆抄本 二二六〇

新城王氏世譜八卷 清王兆弘等纂修 清乾隆二十五年刻本 二二六一

郭源王氏分山志一卷 清王成鵬纂修 清乾隆二十五年刻本 二二六二

太原家譜二十卷首一卷末一卷 清王奕社、王言廷纂修 清乾隆三十六年刻本 二二六三

太原家乘一卷 清王光裘纂修 稿本 二二六四

青箱堂王氏家譜三卷 清王惺纂修 清乾隆四十九年青箱堂抄本 二二六五

兗平王氏族譜不分卷 清王桂、王光鳳纂修 清乾隆五十九年王氏青箱堂刻本 二二六六

山陰縣仁讓堰王氏族譜八卷 清王紹萬、王光有等纂修 清乾隆文德堂刻本 二二六七

蕭山西河王氏泰支瓜瓞譜六卷 清王紹蘭撰 清王氏知不足齋抄本 存三卷 四至六 二二六八

黃縣王氏族譜不分卷 清王塔壇纂修 玉雪軒七律一卷 清王塔壇撰 稿本 二二六九

二二七一 柔橋王氏家譜九卷 清王荃纂修 稿本

二二七二 王謝世家三十卷 瑯琊世家十四卷 太原正派四卷 支派二卷 別派二卷 淸夏世家八卷 明韓昌箕撰 明天啟二年刻本

二二七三 河東令狐氏族譜不分卷 清乾隆九年刻本

二二七四 史氏吳中派文獻譜不分卷 明史冊纂修 清史在相續修 清抄本

二二七五 會稽石氏宗譜不分卷 清石之貞纂修 清抄本

二二七六 石氏宗譜十一卷 清石焰南纂修 清乾隆十二年刻本

二二七七 向氏家乘十卷 明向洪上纂修 明嘉靖抄本 明薛應旂題識 存八卷 二、二、四至七、九、十

二二七八 貴州水西安氏族譜不分卷 清光緒抄本

二二七九 天潢玉牒一卷 明嘉靖十八年秦汴璵石書堂抄本 明秦汴校並跋 清錢遵、錢求赤題款

二二八〇 天潢世系圖不分卷 明周之興撰 明崇禎十六年毛氏汲古閣刻本

二二八一 新安朱氏族譜十卷 宋朱希編 元朱汝賢續 明朱良家等重編 明成化九年刻本 十二行廿四字黑口四周雙邊

二二八二 旌川西溪朱氏家譜五卷文行一卷 明朱真興纂修 明正德十五年刻本 十二行廿三字粗黑口四周雙邊

二二八三 涇縣張香朱氏家譜七卷 明游北溟纂修 明嘉靖十九年刻本

二二八四 涇川朱氏宗譜七卷 明朱秀纂修 明嘉靖刻本 九行二十字小字雙行同大黑口四周雙邊

二二八五 朱氏宗譜不分卷 明朱世恩纂修 明嘉靖刻本 十二行二十至三十字黑口四周雙邊

二二八六 紫陽朱氏統宗世譜十卷 明萬曆二十七年刻本 十二行廿二字白口四周單邊

二二八七 朱氏統宗譜九卷 明朱邦輔、朱邦枝等纂修 明天啟四年刻本

二二八八 徽婺紫陽朱氏正宗重修統譜九卷 明朱邦輔、朱邦枝纂修 明天啟四年刻本 存八卷 一至七、九

二二八九 婺源茶院朱氏家譜二卷 明刻本 十二行三十二字黑口四周雙邊

二二九〇 休寧霓湖朱氏族譜四卷 明朱全、朱桂纂修 明抄本

二二九一 歸安竹溪朱氏頤濬公承家錄五卷 明朱濬纂 續錄頤濬編一卷 明朱懷禎纂 明抄本 清朱寅、朱綸等題記

二二九二 官源朱氏宗譜不分卷 明朱□□纂修 明抄本

二二九三 朱氏統宗譜不分卷 明朱邦材、朱國詳等纂修 明末抄本

二二九四 朱氏家乘□卷 清朱一龍纂修 清順治刻本 存四卷 世系一、述略一至三

二二九五 涇川朱氏宗譜十六卷首一卷末一卷 清朱樹纂修 清乾隆三十年刻本

二二九六 涇川朱氏支譜八卷首一卷末一卷 清朱武考、朱月庚等纂修 清乾隆三十九年刻本

二二九七 朱馬氏家乘二卷 清朱縣治纂修 清抄本 黃寅跋

二二九八 沛國家志一卷 清朱元戴輯 清抄本

二二九九 秀水朱氏家乘不分卷 清抄本

二三〇〇 大興朱氏家乘五卷 清朱錫庚纂修 稿本 清李威跋

二三〇一 旌西金鰲江氏宗譜六卷首一卷文集不分卷 明江德汴、江廷溱纂修 明嘉靖刻本 十二行五十字黑口四周雙邊 有刻工

二三〇二 旌西金鰲江氏宗譜六卷首一卷文集不分卷 明江德汴、江廷溱纂修 清抄本

二三〇三 重修濟陽江氏族譜八卷 明江來賦、江中淮纂修 明萬曆四十年刻本 十行二十字白口四周雙邊 存六卷 一至四、七至八

二三〇四 蘭陵蕭江氏譜不分卷 明江學禮纂修 明崇禎十二年刻本

二三〇五 郡北濟陽江氏宗譜十卷 明江國華、江德行纂修 明崇禎十七年刻本 十行廿二字白口四周雙邊

二三〇六 江氏族譜三卷 明江德徽纂修 明抄本

二三〇七 溪南江氏族譜不分卷 明江珍等纂修 明刻本 九行二十字白口四周單邊

二三〇八 溪南江氏族譜不分卷 明江珍纂修 江□□續修 明抄本

二三〇九 虎林江氏族譜不分卷 明江鑾編 明刻清修本

二三一〇 歙縣結林蕭江氏支譜六卷 清蕭國璟纂修 清乾隆十七年刻本

二三一一 竹氏家譜一卷 明竹鑾纂修 清抄本

二三一二 土橋何氏族譜不分卷 清何紹漢等纂修 清乾隆三十一年刻本

二三一三 泗水余氏會通世譜五卷外紀一卷 明余灝纂修 明正德三年刻本 十三行廿三字黑口四周雙邊

梅易世紀二卷補說一卷　明徐璧撰　明徐褒刻本　九行廿二字白口左右雙邊　二三一四
遂安西澗洋南余氏族譜三卷　清余之顯纂修　清康熙余氏排新堂刻本　二三一五
佟氏宗譜口卷　清佟國勳等纂修　清康熙十二年自刻本
存一卷　上　二三一六
佟氏宗譜八卷　清佟試纂修　清康熙五十九年佟試澤刻本
存六卷　三至八　二三一七
富饒吳氏會通譜二十卷　明吳道邇、吳奇茂等纂修　明正德七年刻本　十三行廿四字黑口四周雙邊　二三一八
休寧縣市吳氏本宗譜十卷　明吳紙、吳兆、吳律等纂修　明嘉靖七年刻本　十一行二十五字黑口四周雙邊　二三一九
新安休寧乾灘吳氏會通譜十二卷　明吳肖、吳斌、吳湖纂修　明嘉靖十一年刻本　十二行廿五字黑口四周雙邊　二三二〇
富饒吳氏會通譜十五卷　明吳積忠纂修　明嘉靖十六年刻本　十三行廿三字黑口四周雙邊　二三二一
休寧吳田吳氏分支統譜口口卷　明吳頤纂修　明嘉靖十七年吳渠刻本　十二行廿五字白口四周單邊有刻工
存五卷　一至五　二三二二

嚴鎮吳氏續修宗譜不分卷　明吳元、吳鎡等纂修　明嘉靖二十五年刻本　十六行二十六字白口四周雙邊　二三二三
休寧璜源吳氏族譜八卷　明吳祥、吳應期纂修　明萬曆七年吳氏沐初堂刻本　十二行二十五字白口四周雙邊　二三二四
涇川茂林吳氏宗譜五卷　明吳與道纂修　明萬曆七年刻本　十行廿二字白口四周雙邊　二三二五
涇川吳氏統宗族譜五卷　明吳之和等纂修　明萬曆八年刻本　十行廿二字白口四周雙邊
存四卷　一至三、五　二三二六
吳氏紀源錄不分卷　明吳遠纂修　明萬曆十五年刻本　二三二七
新安歙西溪南吳氏世譜不分卷　明吳九滿纂修　明萬曆五十年家刻本　十六行白口四周雙邊　二三二八
左臺吳氏譜圖續編不分卷　明吳欽漢、吳宗先纂修　明萬曆二十四年刻本　十四行四十字白口四周雙邊　二三二九
左臺吳氏譜圖續編不分卷　明吳欽漢、吳從周纂修　明萬曆刻本　二三三〇
吳氏本枝墓譜不分卷　明吳可學撰　明萬曆刻本　九行二十字白口四周單邊　二三三一
山陰縣州山吳氏族譜十五卷序狀誌銘一卷　明吳有臨纂修　明萬曆刻天啟六年重修本　十行二十字白口四周單邊　二三三二

歙南吳氏族譜六卷　明吳汝洛纂修　明崇禎元年刻本　十五行廿四字白口四周單邊　二三三三
臨溪吳氏族譜七卷　明吳元本纂修　明崇禎十四年刻本　十行廿五字白口四周單邊　二三三四
商山吳氏重修族譜二卷　宋吳潛纂修　明吳明彥、吳士彥等續集　明崇禎十六年刻本　十四行三十一字白口左右雙邊　二三三五
商山吳氏祖墓四至圖不分卷　明吳士彥、吳甲滋撰　明崇禎十七年刻本　十六行廿六字白口四周雙邊　二三三六
吳氏家譜不分卷　明吳淏福、吳嘉璣纂修　明崇禎刻本　十四行十八字白口四周雙邊　二三三七
會稽延陵吳氏宗譜二卷　宋吳明初纂修　明吳欽儀續修　吳從周增訂　明刻本　十二行二十四字白口四周雙邊　二三三八
吳氏世譜不分卷　明刻本　十五行三十二字白口四周雙邊　二三三九
梢雲吳氏族譜十卷　明吳大塨纂修　明抄本
存三卷　八至十　二三四〇
梢雲吳氏族譜十卷　明吳大塨纂修　明抄本
存三卷　一至三　二三四一

衛川吳氏家乘不分卷　明抄本　二三四二
商山吳氏族譜不分卷　明吳士吉纂修　明抄本　二三四三
商山吳氏宗法規條一卷　明抄本　二三四四
吳氏宗譜五卷　明吳公等纂修　明抄本　二三四五
錫山延陵宗譜五卷　清吳人秀、吳世琥纂修　清康熙五十年刻本　二三四六
長林吳氏支譜四卷　清吳公洋纂修　清乾隆五年篤敘堂刻本　二三四七
吳氏正宗譜不分卷　清吳允瑢纂修　清乾隆十二年刻本　二三四八
向杲吳氏世紀四卷　清吳代斌、吳戎氏纂修　清乾隆二十七年刻本　二三四九
歙西吳氏家譜四卷　清吳一楠纂修　清乾隆二十九年嘉慶堂刻本　二三五〇
皐廡吳氏家乘四卷　清吳啓等纂修　清乾隆三十三年刻本　二三五一
休寧厚田吳氏宗譜六卷　清吳滿纂修　清乾隆五十二年吳霖等錫錦堂刻本　二三五二
新安吳氏族譜不分卷　清抄本　二三五三
吳氏族譜不分卷　清吳鏊等纂修　清抄本　二三五四
新安世家梢雲吳田吳氏族譜不分卷　清抄本　二三五五
古歙巖鎮鎮東礲頭吳氏族譜不分卷　清吳實清纂修　清抄本　二三五六

二三五七　北渠吳氏族譜不分卷　清抄本

二三五八　婺源澧溪呂氏續修舉要世譜四卷　明刻本

二三五九　餘姚新河呂氏家乘十二卷　明呂本纂修　附錄一卷　明刻本　十行二十字白口左右雙邊　存七卷　四至九、十二

二三六〇　河東呂氏族譜□□卷　清呂鳴恭、呂懋修等纂修　呂留良跋　清康熙刻本　存二十六卷　一、三至二十七

二三六一　呂氏家譜不分卷　清呂治平纂修　清康熙五十二年刻本

二三六二　南渡呂氏族譜十二卷　清呂志安等纂修　清乾隆五十四年刻本

二三六三　新安宋氏宗譜十八卷　明宋吉信、宋上寰纂修　明嘉靖三十七年刻本　十行廿五字白口四周雙邊　存十五卷　一至八、十至十四、十六至十七

二三六四　宋氏宗譜不分卷　明唐濟纂修　明抄本

二三六五　商丘宋氏家乘十四卷　清宋犖等纂修　清康熙家刻本

二三六六　歙西金山宋村宋氏族譜十二卷　清宋德洋纂修　清康熙五十八年東德堂刻本

二三六七　嚴田李氏會編世譜□卷　明李雲鵠纂修　明嘉靖三十四年刻本　十二行廿八字白口四周雙邊

二三六八　婺源嚴田李氏會編宗譜八卷　明嘉靖刻本　十一行廿五字白口四周單邊　存三卷　二至三、五

二三六九　三田李氏統宗世譜不分卷　明李歸祥、李該祥等纂修　明嘉靖四十三年刻本　十一行廿四字黑口四周雙邊　存三卷　一、二、八

二三七〇　三田李氏統宗譜不分卷　明李烨、李暹等纂修　明萬曆四十二年刻本　十行二十字白口四周單邊

二三七一　重脩李氏族譜五卷　明李禹纂修　明嘉靖刻本

二三七二　〔明永樂〕南昌豐城李氏族譜一卷雍正續譜一卷　明李尤進纂　清李惠寶續纂　明永樂三年至清雍正元年遞修本

二三七三　豐城李氏族譜不分卷　明嘉靖刻本

二三七四　理田李氏世譜十五卷　明李賢齊、李斌賢等纂修　明抄本

二三七五　三田李氏統宗譜不分卷　明李洪先、李璐明等纂修　明抄本

二三七六　李氏族譜十卷　明李待詔纂修　明崇禎十五年刻本　十行廿一字小字雙行白口四周單邊

二三七七　李氏族譜三卷　清李延基纂修　清康熙四十三年師禮堂刻本　朱獻修跋

二三七八　淄川李氏家譜一卷　清李文煐纂修　稿本

二三七九　新安旌城汪氏家錄七卷　元汪炤纂修　元泰定元年刻本　十六行五十二字白口左右雙邊

二三八〇　新安汪氏慶源宗譜不分卷　元汪垚纂修　元抄本（明葉懋錄丹、趙文信題評　胡以升錫均明時抄補）

二三八一　新安汪氏重輯淵源譜八卷　明程孟、趙孟龍等纂修　明成化元年刻本　十五行廿四字黑口四周雙邊

二三八二　新安汪氏統宗譜不分卷　明汪璞纂修　明嘉靖刻本　十五行二十八字白口四周雙邊

二三八三　新建汪氏譜系四卷　明汪彥齡、汪仕吾纂修　明成化十年刻本

二三八四　城北汪氏族譜二卷　明汪珠纂修　明成化二十二年刻本　十一行廿二字黑口四周雙邊

二三八五　汪氏族譜十卷　明汪志、汪道纂修　明弘治二年刻本　十行廿二字黑口四周雙邊　有刻工

二三八六　巖鎮汪氏重輯本宗譜四卷　明汪淵纂修　明弘治十五年刻本　十六行二十四字白口四周雙邊

二三八七　汪氏淵源錄十卷　明汪松壽纂修　明刻正德十五年重修本　十四行廿大字細黑口左右雙邊

二三八八　休寧西門汪氏族譜十一卷附錄一卷　明汪環、汪尚和等纂修　明嘉靖六年刻本　十四行五十字黑口四周單邊　有刻工

二三八九　休寧藏溪汪氏世譜十卷總目一卷　明嘉靖刻本　十三行二十八字黑口四周雙邊

二三九〇　休寧東門汪氏家乘十卷　明汪七寶修　明嘉靖二十年刻本　十三行廿五字黑口雙黑魚尾四周雙邊

二三九一　汪氏世紀四卷　明汪銀纂修　明嘉靖二十九年刻本　十一行廿二字黑口四周雙邊

二三九二　汪氏續修統宗譜不分卷　明汪于仁纂修　明嘉靖四十年刻本

二三九三　績溪西園汪氏重修族譜六卷　明嘉靖刻本　十二行廿五字細黑口雙黑魚尾四周雙邊

二三九四　汪氏統宗正脈一卷　明汪鴻儒等纂修　明隆慶四年刻本　十四行廿字白口四周雙邊

二三九五　汪氏遷派實錄提綱七卷　明汪國言纂修　明萬曆元年黃源刻本　白口四周雙邊

二三九六　汪氏統宗譜一百七十二卷　明汪湘纂修　明萬曆三年刻本　十六行四十字白口四周雙邊　存一百五十卷　一至七、九至五十、五十二至五十七、五十九至六十五、六十六至七十、七十二至八十八、九十一、九十八至一百三、一百六至一百三十、一百三十五至一百五十五、一百五十六、一百六十至一百六十七、一百六十八至一百七十二

二三九七　汪氏十六族近屬家譜十卷　明汪道昆纂修　明萬曆二十年刻四十年汪存重修本　十行廿八字白口四周雙邊

二三九八　重修藤塋便覽一卷　明汪大恩等纂修　明萬曆二十二年汪明孝抄本

二三九九　巖鎮汪氏家譜不分卷　明汪道昆纂修　明萬曆二十七年刻本　十行廿八字上白口下黑口四周雙邊

二四〇〇　越國世子正脈七卷　明汪正之、汪鴻樣等纂修　明萬曆三十七年刻本　十二行二十八字白口四周雙邊　有刻工

新安汪氏族譜不分卷　明天啟四年刻本　二四〇一
汪氏重脩統宗譜一百五十卷　明汪士芳纂修　明崇禎八年刻本　十四行三十二字小字　二四〇二
雙行白口四周單邊
方塘汪氏思本錄不分卷　明抄本　二四〇三
赤山汪氏宗譜不分卷　明刻本　十行十九字黑口四周雙邊　二四〇四
赤山汪氏宗譜八卷　明刻本　十行廿五字白口四周單邊有刻工　二四〇五
存七卷　二五八
汪氏總譜淵源世系七卷譜說一卷　明汪志英、汪志燮等纂修　明刻本　二四〇六
黑口四周雙邊
存七卷　一五六、播祝
潛川汪氏敬思流芳集一卷後集一卷　明汪靜甫纂修　明抄本　二四〇七
西溪汪氏先塋便覽不分卷定例一卷　明汪仲渚撰　明抄本　二四〇八
梅溪汪氏宗譜十二卷　明汪應泰纂修　明抄本　二四〇九
潛口西山汪氏流芳世譜十卷　明汪大斌纂修　明汪大西花宝抄本　二四一〇
存五卷　一五五

巖鎮汪氏譜系不分卷　明抄本　二四一一
汪氏族譜二卷　明汪澂纂修　明抄本　二四一二
汪氏宗譜一卷　清汪正仁等纂修　清順治七年刻本　二四一三
隱川錦堂汪氏家乘不分卷　清汪岳霞纂修　清順治十四年抄本　二四一四
休寧西門汪氏宗譜十四卷　清汪澍、汪廷璋等纂修　清順治九年刻本　二四一五
休寧西門汪氏大公房揮僉公支譜九卷　清汪立正纂修　清乾　二四一六
隆四年百城書屋刻本
汪氏宗譜正脈四十四卷首一卷　清汪學熙等纂修　清乾隆五年敦和堂刻本　二四一七
汪氏統宗譜一卷　清乾隆二十一年汪道圳抄本　二四一八
汪氏通宗世譜二卷　清汪世衡纂修　清乾隆四十一年刻本　二四一九
汪氏通宗世譜一百四十卷目錄二卷　清汪璣、汪嘉謨等纂修　清　二四二〇
乾隆刻本
存一百三十二卷　卷四至五十五、五十九至九十七、一百二至一百四十、目錄全
汪氏譜乘不分卷　清汪樹纂修　清乾隆抄本　二四二一
汪氏世譜十二卷　清汪注纂修　清嘉慶刻本　重修遷浙支

代表二卷祠墓考續一卷　清汪淞等纂修　清道光刻本　二四二二
汪氏統宗正脈一卷　清抄本　二四二三
孔靈汪氏世乘錄十三卷世系圖不分卷　清抄本　二四二四
山陰沈氏族譜不分卷　明沈鯨纂修　明萬曆七年抄本　二四二五
四明沈氏宗譜世傳二卷　清康熙二十三年抄本　二四二六
嵊邑太平邢氏宗譜不分卷　明抄本　二四二七
蕭山來氏族譜十七卷　明來端蒙纂修　稿本　二四二八
績溪周氏族譜七卷首一卷終一卷　明周文化纂修　明嘉靖二十年刻本　二四二九
十二行廿三字白口四周雙邊
錫山周氏宗譜四卷　明周士賢纂修　明萬曆三十八年刻本　八行十七字左右白口四周單邊　二四三〇
越城周氏支譜不分卷　清周以均、周錫嘉纂修　清光緒三年周氏寶壽堂活字本　二四三一
三韓尚氏族譜三卷　清康熙刻本　二四三二
尚氏宗譜六卷　清尚必榮等纂修　清乾隆刻本　二四三三
宋忠武穆王宗譜一卷　明抄本　二四三四
濂江林氏家譜五卷　清林枝春纂修　清乾隆十一年清白堂刻本　二四三五
存四卷　一至二、四至五
莆田林氏九牧大宗族譜不分卷　清林□頌纂修　清乾隆四十九年抄本　二四三六
祁氏世譜不分卷　清抄本　二四三七
山陰祁氏家譜不分卷　清抄本　二四三八
山陰祁氏世系表不分卷　清祁晶馥撰　附錄不分卷　清　二四三九
慶五年祁文行抄本
山陰祁氏世系表不分卷　清祁晶馥撰　清抄本　二四四〇
山陰祁氏世系表不分卷　清祁晶馥撰　清抄本　二四四一
邵氏世譜一卷家譜一卷外譜一卷先世遺事　二四四二
一卷先塋志一卷　明邵桂子纂修　元刻本　十一行二十字白口左右雙邊
休寧邵氏宗譜不分卷　明萬曆刻朱印本　二四四三
邵氏宗譜十卷　清邵恆仁纂修　清乾隆五十二年永思堂刻本　二四四四
新安休寧汪溪金氏族譜五卷附錄一卷　明金升、金有常等　二四四五
纂修　明嘉靖三十二年刻本　十二行三十二字白口細黑口四周雙邊
新安休寧文昌金氏世譜十卷附錄一卷　明程大禮纂修　明　二四四六

正德十年刻本 十一行廿二字黑口四周雙邊

二〇四四七 瑞溪金氏族譜十八卷 明金拔、金應宿纂修 明隆慶二年刻本 十一行廿五字白口四周雙邊

二〇四四八 俞氏續修家譜不分卷 明俞文燿、俞明熒纂修 明隆慶四年刻本 十行廿六字黑口左右雙邊有刻工

二〇四四九 俞氏統會大宗譜三卷 明俞將育纂修 明萬曆三十八年活字印本

二〇四五〇 休寧山斗俞氏宗譜十卷 明俞尚玉纂修 明萬曆四十八年刻本 十行廿五字白口四周雙邊
存八卷 一至八

二〇四五一 重編俞氏統譜十八卷 明俞胄纂修 又二卷 明俞周清纂修 明萬曆刻本 十行廿四字白口四周雙邊

二〇四五二 新安俞氏統宗譜□□卷 明活字印本
存七卷 十三至十五、十七至十八、卷數不明二卷

二〇四五三 秋浦霞湖姚氏家譜四卷 明程文續纂修 明隆慶五年刻本 十二行三十字白口四周單邊

二〇四五四 古歙武擔姚氏重脩族譜二卷 明萬曆刻本 十二行三十字黑口四周單邊

二〇四五五 萬翠姚氏後裔重脩族譜十五卷 明姚郎撰纂修 明萬曆四十年刻本 十二行二十字上白口下黑口四周單邊
存十一卷 一至七、十二至十五

二〇四五六 旌川縣前姚氏家譜不分卷 明姚德纂修 明萬曆四十五年刻本 八行十九字白口四周單邊

二〇四五七 重訂絡興姚氏譜十五卷首三卷附存三卷 清姚振宗纂修 稿本

二〇四五八 姜氏家譜不分卷 清姜國璸纂修 清抄本

二〇四五九 施氏統宗正傳家譜十卷 明施金鑽、施永康纂修 明萬曆刻本

二〇四六〇 溼川查氏族譜世系四卷前一卷後一卷 明查鐸、查坤纂修 萬曆二十六年刻本 十行廿一字白口四周單邊

二〇四六一 休寧西門查氏祠記一卷 明查應光纂修 查旺森續修 明崇禎十六年刻本 十行廿三字白口四周單邊

二〇四六二 休寧查氏家譜四卷 清抄本

二〇四六三 峽川柯氏族譜不分卷 明柯一來纂修 明隆慶四年刻本 十行十八字或十二行二十四字黑口四周雙邊

二〇四六四 柳氏續譜不分卷 清柳如椏纂修 清乾隆五十五年抄本

二〇四六五 紫氏家乘一卷 清紫桂纂修 稿本

二〇四六六 洪氏家乘十二卷附錄一卷 明洪璧纂修 明嘉靖十七年刻本 十二行廿五字黑口四周單邊

二〇四六七 鄱陽洪氏統宗譜八卷首一卷末一卷 明洪璐纂修 明嘉靖二十七年刻本 十二行廿一字白口單邊雙魚尾

二〇四六八 新安洪氏統宗譜不分卷 明洪烈纂修 明嘉靖四十三年刻本 十行廿六字白口四周單邊

二〇四六九 丹陽洪氏宗譜不分卷 明刻本 白口四周雙邊

二〇四七〇 遂安洪氏家譜一卷 明洪汝仲等纂修 明抄本

二〇四七〇 洪氏族譜四卷 元洪求老纂修 明抄本
存一卷 四

二〇四七一 江村洪氏家譜十四卷 清洪晶等纂修 清雍正八年刻本

二〇四七二 雲山洪氏重修家譜不分卷 清洪文禧等纂修 清乾隆七年刻本

二〇四七三 畸山皇甫宗譜二卷 清徐淳肇纂修 清乾隆四十八年抄本

二〇四七四 景城紀氏家譜十八卷 清紀昀纂修 清嘉慶七年紀樹馨刻本

二〇四七五 新安胡氏歷代報功圖一卷 元刻本

二〇四七六 清華胡氏族譜六卷 明胡尚仁、胡天民等纂修 明天順二年刻本

二〇四七七 貴溪胡氏族譜六卷 明胡自立纂修 明成化四年刻本 十二行廿五字黑口四周雙邊

二〇四七八 龍坦胡氏家乘八卷 明胡瑞輪纂修 明嘉靖十四年刻本 十行廿二字白口四周雙邊

二〇四七九 清華胡氏譜系□卷 明胡克俊、胡俟岐等纂修 明刻本
存三卷 一至二、四

二〇四八〇 清華胡氏統會族譜二卷 明胡用賓纂修 明嘉靖三十年刻本 十五行廿八字白口四周單邊

二〇四八一 清華胡氏統會族譜二卷 明胡用賓等纂修 明嘉靖三十年刻萬曆增刻本 十五行二十八字黑口四周單邊

二〇四八二 清華胡氏統會族譜不分卷 明胡周虞等纂修 明刻本 十二行二十三字白口四周單邊

二〇四八三 清華胡氏統會族譜不分卷 明胡壽、胡武纂修 明萬曆刻本 十三行字數不定大黑口四周單邊

二〇四八四 翠園胡氏宗譜二卷 明萬曆二十九年刻本

二〇四八五 重修龍坦胡氏世譜不分卷 明胡儀、胡北淮纂修 明萬曆刻本 八行白口四周單邊

二〇四八六 胡氏世德堂家規一卷 明抄本

二〇四八七 安定胡氏世譜十八卷首一卷 清胡忠楨纂修 清康熙胡氏春野堂抄本

二〇四八八 清華胡氏勲賢統譜十八卷首一卷末一卷 清胡翹元纂修 清乾隆二十八年刻本

二〇四八九 重修胡氏龔原西岙派宗譜不分卷 清周南性纂修 清抄本

二〇四九〇 清華胡氏六公派舊圖譜三卷歷世淵源錄不分卷 清胡嘉績、胡慶餘纂修 清抄本

休寧范氏族譜九卷　明范來纂修　明萬曆刻本　十五行廿八字白口四周單邊　二四九一
范公義莊奠不分卷　明金光裕撰　明崇禎元年刻本　八行十八字小字雙行同白口四周雙邊　二四九二
四明范氏宗譜不分卷　明范大澈纂修　清范正發重訂　稿本　二四九三
鄞范氏族譜不分卷　清范上林纂修　稿本　二四九四
鄮西范氏宗譜不分卷　清范邦綬纂修　稿本　二四九五
欽州乘川范氏宗譜不分卷　清范世冕纂修　清乾隆九年刻本　二四九六
范氏家乘十卷　清范章霖纂修　清乾隆四十八年刻本　二四九七
文正書院傳譜不分卷　清范承祚纂修　清抄本　二四九八
新安唐氏宗譜二卷附錄一卷　明唐仕纂修　明嘉靖十八年刻本　十一行二十四字白口四周雙邊　二四九九
唐氏族譜十卷　清唐學彬纂修　清乾隆四十五年永思堂刻本　二五〇〇
休寧仙林孫氏本宗譜三卷　明孫福生纂修　明正德八年刻本　十一行十八字白口四周單邊　有刻工　二五〇一
孫氏世系一卷　明孫建纂修　明刻本　二五〇二
孫氏宗譜殘本不分卷　明抄本　二五〇三
海虞孫氏族譜一卷　清初抄本　二五〇四
孫氏世乘三卷　明孫兆熙等輯　清康熙刻本　二五〇五
孫氏世乘三卷　明孫兆熙等輯　清康熙刻乾隆二十年孫際渭重修本　二五〇六
孫氏家乘一卷　清孫炳文等纂修　清抄本　二五〇七
新安孫氏宗譜五卷　清孫啟華纂修　支譜六卷　清孫德照纂修　清抄本　二五〇八
新安孫氏重續宗譜不分卷　明孫廷瑞纂修　清抄本　二五〇九
席氏家譜十六卷　清席啟禎纂修　清康熙九年刻本　二五一〇
下圍徐氏族譜一卷　明徐官纂修　明隆慶元年刻本　二五一一
新安歙北徐村徐氏宗譜不分卷　明徐文清、徐渭等纂修　明萬曆二十九年刻本　十一行廿五字白口四周單邊　二五一二
蜀阜徐氏世譜□卷　明萬曆刻本　十四行廿四字白口四周雙邊　存四卷（一至四）　二五一三
古吳瀫紫山徐氏世譜不分卷　明刻本　二五一四
管溪徐氏宗譜五卷　明徐希明纂修　稿本　二五一五
餘姚江南徐氏宗譜不分卷　明徐師道纂修　稿本　二五一六
剡溪徐氏族譜不分卷　清康熙六十年抄本　二五一七
新安徐氏宗譜十八卷　清徐景京等纂修　清乾隆徐道鳴等刻本　二五一八
慈谿秦氏宗譜不分卷　明秦應鸞纂修　明萬曆二十一年刻本　十行廿四字白口四周雙邊　二五一九
秦氏家譜不分卷　清秦啟賢纂修　清抄本　二五二〇
袁氏宗譜不分卷　明袁芾、袁晉纂修　明活字印本　二五二一
郜氏家譜二卷　明郜然纂修　明末刻本配清抄本　二五二二
馬氏宗譜不分卷　清抄本（其中一冊配清刻本）　二五二三
高氏家模彙編二卷　清高之騏輯　清康熙五十年家刻本　二五二四
膠西高氏世德錄十一卷　清高鳳翰、高敬業等纂修　清得真堂抄本　二五二五
新安許氏統宗世譜不分卷　明許漢纂修　明嘉靖十八年刻本　白口四周雙邊　二五二六
續修新安歙北許村許氏東支世譜九卷　明許可復、許嘉翔纂修　明隆慶三年刻本　十二行廿七字白口四周雙邊　二五二七
重修古歙城東許氏世譜八卷　明許光勳纂修　明崇禎七年家刻本　十行二十六字白口四周雙邊　二五二八
新安高陽許氏宗譜餘慶集二卷　明許翩、許業纂修　明抄本　二五二九
許氏宗譜五卷　明抄本　二五三〇
許氏家譜一卷　清許夢閎纂修　清雍正刻本　二五三一
重修古歙東門許氏宗譜十卷首一卷　清許登瀛纂修　清乾隆六年刻本　二五三二
海寧洛塘許氏宗譜十二卷　清許惟楨纂修　清乾隆二十一年刻本　二五三三
金沙許氏宗譜十卷　清許國材纂修　清乾隆刻本　二五三四
高陽許氏常熟東唐墅支譜附錄八卷　清許廷詔纂修　稿本　清俞鍾鑑跋　二五三五
崔氏家塾志一卷　明崔銑撰　明萬曆十二年刻本　十行十八字白口四周單邊　卷末有刻工　二五三六
太邑崔氏宗譜四卷　明崔弘範等纂修　程文編纂　明萬曆十六年刻本　十行廿四字白口四周單邊　有刻工　二五三七
重刻瀔潭康氏族譜不分卷　明康元和、康元蔭纂修　明崇禎八年刻本　九行二十四字白口四周雙邊　存二篇（綸音志、乾名錄）　二五三八
新安張氏續修族譜十卷　明張旭纂修　明成化十二年刻本　十五行廿五字粗黑口四周雙邊　存二卷（一至二）　二五三九

二五四〇 旌德張氏統宗世譜十卷 明張惠纂修 明嘉靖十四年刻本 十二行廿五字白口四周單邊有刻工

二五四一 張氏統宗世譜十八卷文獻十一卷 明張士鎬、張濂等纂修 明嘉靖刻本 十二行廿五字白口四周單邊

二五四二 張氏統宗世譜二十一卷文獻不分卷 明張雎、張鳴鳳纂修 明嘉靖刻本 十二行廿五字白口四周單邊

二五四三 重梓遂邑純峯張氏宗譜一卷 明張印烤纂修 明萬曆三十九年活字印本 七行二十七字下黑口四周單邊

二五四四 新安王獨張氏家譜十二卷文翰不分卷 明張一桂、張士鎬纂修 明萬曆四十年刻本 十五行廿五字紅口四周雙邊有刻工

二五四五 涇川張氏宗譜三卷 明程文編纂修 明萬曆四十六年刻本 十四行廿四字白口四周單邊

二五四六 張氏族譜不分卷 明刻本（內五冊配清抄本）

二五四七 新安張氏續脩宗譜三十卷 清張習孔、張士麟纂修 清順治十六年刻本

二五四八 西寧張氏族譜不分卷 清張宗術纂修 清康熙四十七年刻本

二五四九 三韓張氏世系譜不分卷 清張朝璘、張朝珍纂修 張承恩續修 清同治至光緒間抄本

二五五〇 重修晉侯天師世家張氏宗譜九卷首一卷 清張仁最纂修 清光緒十六年刻本 存九卷 一至三、五至九、卷首

二五五一 婺東曹氏譜書不分卷 明曹世麟纂修 明嘉靖十二年刻本 十四行廿四字黑口四周雙邊

二五五二 休寧曹氏統宗譜十五卷 明萬曆四十年刻本 十一行廿五字白口四周單邊

二五五三 曹氏重修譜牒不分卷 明曹允來纂修 明萬曆四十五年刻本 十行廿一字白口左右雙邊

二五五四 曹氏續修宗譜八卷家傳一卷 明曹來鳳纂修 明崇禎十六年刻本 九行二十二字白口四周單邊

二五五五 曹氏族譜五卷 明曹仁纂修 明初抄本 存四卷 一至四

二五五六 竹渚曹氏族譜不分卷 清乾隆三十九年刻本

二五五七 會稽曹氏族譜六卷 清曹□□纂修 稿本 存二卷 三、六

二五五八 梁氏族譜一卷 明梁紀、梁綱纂修 明萬曆刻本 九行二十字白口四周單邊

二五五九 梁氏宗譜不分卷 清梁興化纂修 清抄本

二五六〇 梁氏支譜不分卷 清安定堂抄本

二五六一 淩氏宗譜不分卷 明刻本

二五六二 新安畢氏族譜十七卷附錄一卷 明畢濟川、畢郁等纂修 明正德四年刻本 十行廿五字白口四周單邊

二五六三 淄川畢氏世譜不分卷 清畢㕣塈纂修 清嘉慶刻本

二五六四 畢氏家乘一卷南村畢氏家譜一卷 清畢金麟纂修 清抄本

二五六五 章氏族譜□卷 明章明贊等纂修 明嘉靖十八年刻本 存三卷 二至四

二五六六 績溪西關章氏族譜五卷 明章裔纂修 明萬曆元年刻本 十二行廿五字黑口四周雙邊有刻工

二五六七 潥林章氏宗譜六卷 明章廷訓等纂修 明萬曆五年刻本

二五六八 瀛川章氏家譜不分卷 明章瑞纂修 明抄本

二五六九 章氏世家源流族譜二卷 明抄本

二五七〇 會稽偁山章氏家乘初集二卷彙集六卷首一卷正集三十一卷首一卷 清初刻本

二五七一 新安莊氏族譜六卷 明莊欽纂修 明天順二年刻本 十三行廿六字黑口四周雙邊

二五七二 陽山莊氏族譜不分卷 明上巘纂修 明抄本

二五七三 武進莊氏增修族譜三十卷首一卷 清莊斯才纂修 清道光刻本

二五七四 莫氏家乘不分卷 清莫友芝撰 稿本

二五七五 黽溪郭氏宗譜不分卷 明郭志高纂修 明萬曆十一年刻本 十二行十五字白口四周雙邊

二五七六 郭氏族譜一卷 清郭道光纂修 稿本

二五七七 新安蜀川陳氏宗譜十二卷文翰五卷 明刻本 十二行二十四字黑口四周雙邊

二五七八 新安陳氏宗譜二卷附錄一卷 明陳清、陳宗墉纂修 明正德二年刻本 十二行廿五字黑口四周雙邊

二五七九 新安陳氏宗譜二卷附錄一卷 明陳清重纂修 明抄本

二五八〇 陳氏大成宗譜八卷 明陳瑩纂修 明嘉靖六年刻本 十三行三十字黑口四周雙邊

二五八一 竹溪陳氏墓祀錄四卷 明陳光撰 明嘉靖十年至十五年刻本 十一行廿四字白口四周單邊

二五八二 陳氏增輯宗譜□卷 明陳璲纂修 明嘉靖十九年陳孟蓀刻本 十行廿二字白口左右雙邊 存四卷 一至四

二五八三 石墅陳氏家乘二卷 明陳楠纂修 明刻本 十行二十字白口左右雙邊

文堂鄉約家法不分卷　明隆慶六年刻本。文行至八行十五至十八字不等白口四周雙邊　二五八四

陳氏宗譜七卷　清陳學淵修　清康熙十年刻本　二五八五

魯陳宗譜三卷續初集一卷　清陳克鴻等纂修　清康熙五十二年刻本　二五八六

松陵陳氏家譜不分卷　清陳三錫纂修　清抄本　二五八七

陳氏支譜三卷　清陳以楨、陳有運纂修　稿本　二五八八

古靈陳氏家乘續增十卷餘篇一卷　清陳續纂修　清雍正抄本　二五八九

海寧陳氏家譜二十卷　清陳元龍纂修　陳邦直增訂　清乾隆刻本　二五九〇

陳氏宗譜十二卷　清陳兆崙纂修　清乾隆十二年星聚堂刻本　二五九一

陳氏宗譜不分卷支譜不分卷　清抄本　二五九二

莆攬卷文峰陳氏族譜不分卷　清陳其昌纂修　清乾隆刻本　二五九三

玉湖陳氏家乘不分卷　清陳天爵纂修　稿本　二五九四

宣城陳氏族譜一卷　清陳仕濤纂修　稿本　二五九五

蓬萊陳氏十四世簡歷不分卷　清陳翊閣纂修　稿本　二五九六

抱罕陳氏族譜五卷　清陳鑾等纂修　清道光二十三年抄本　二五九七

魯陳宗譜不分卷　清陳綸超輯　清道光抄本　二五九八

陳氏家乘舊譜序跋一卷　清陳澧輯　稿本　二五九九

會稽陶氏族譜三十卷　清陶元藻纂修　清乾隆刻本　二六〇〇

會稽陶氏族譜三十二卷外編一卷　明陶崇道纂修　清陶元藻重修　清陶繼先增修　清乾隆刻道光十年增修本　二六〇一

陸氏宗譜不分卷　明陸萬安纂修　清抄本　二六〇二

山陽陸氏族譜八卷　清陸求可、陸志程纂修　清康熙二十五年陸氏思過堂刻本　二六〇三

定興鹿氏家譜十三卷　清鹿荃纂修　清乾隆五十六年鹿氏世德堂刻本　二六〇四

鹿氏族譜八卷　清鹿祐纂修　清康熙五十一年刻本　二六〇五

高密單氏家乘世譜三卷　清單烺等續修　清乾隆四十四年高密單氏家祠刻本　二六〇六

長沙青山彭氏會宗譜不分卷　明彭澤纂修　明正德刻本　二六〇七

惠氏宗譜不分卷　清抄本　二六〇八

廬陵曾氏家乘□□卷　明曾孔化編　明嘉靖刻本　存二十九卷　昭先錄十卷存八卷一至七、十　表忠錄上卷　修考錄二卷存卷下　祉節錄二卷　存省錄十一卷　諱后錄二卷　清休二卷　二六〇九

廬陵曾氏家乘□□卷　明曾孔化輯　明嘉靖刻本　二六〇九

一二三

存五卷　崇義錄上、中、下。昭先錄八、九

曾氏宗譜□卷　明隆慶活字印本　九行十六字白口單魚尾四周雙邊　存三卷　一至三　二六一〇

欽氏遺譜不分卷　清欽其寶輯　稿本　清饒瀚乾、薛澍學、吳大澂跋　二六一一

湯氏族譜一卷　明湯啟吾纂修　湯合尚重修　明崇禎刻藍印本　二六一二

秣陵盛氏族譜一卷　明盛時泰撰　明嘉靖四十年刻本　九行十八字白口左右雙邊　二六一三

休寧率東程氏家譜不分卷　明程以發纂修　明正統五年刻本　十一行二十字黑口四周雙邊　二六一四

新安程氏諸譜會通十四卷　明程孟纂修　明景泰二年刻本　十五行廿四字黑口四周雙邊　二六一五

新安程氏家譜七卷　明程克崇等纂修　明成化七年刻本　十四行三十一字大黑口四周雙邊　二六一六

休寧陪郭程氏本宗譜不分卷　明程敏政纂修　明弘治十年刻本　十五行二十五字粗黑口四周雙邊有刻工　二六一七

休寧率口程氏本宗譜十卷　明程曾纂修　明正德六年刻本　十二行二十五字黑口四周雙邊有刻工　存五卷　六至十　二六一八

新安休寧長龍程氏本宗譜五卷墓圖一卷文翰一卷　明程嚴頡、程永繞等纂修　明正德十一年刻本　十二行廿五字黑口四周雙邊　二六一九

新安腆鎮程氏家譜不分卷　明程京富纂修　明嘉靖九年成倫堂刻本　十一行二十一字白口四周雙邊　二六二〇

休寧汊口程氏本宗重續譜十二卷　明程存節等纂修　明嘉靖十一年刻本　十二行二十八字黑口四周雙邊　二六二一

涪溪程氏家譜六卷　明程永寧、吳翻纂修　程相增修　明嘉靖十八年刻本　十二行廿五字細黑口單邊　二六二二

祁門善和程氏譜十四卷寵光錄一卷足徵錄四卷　明程昌纂修　明嘉靖二十年刻本　二六二三

世忠程氏泰塘族譜五卷　明程子珪、程子鐘等纂修　明嘉靖二十四年刻本　十行字不等白口四周單邊　二六二四

十萬程氏會譜六卷　明程岭等纂修　明嘉靖二十八年刻本　清程世璋跋　十五行細黑口四周單邊有刻工　二六二五

程氏慶源家乘二十卷　明程衍綸、程有亮纂修　明嘉靖三十一年刻本　十四行四十字黑口四周雙邊　二六二六

新安程氏統宗列派遷徙註腳纂一卷　明程續纂修　明嘉靖四十二年程時化刻本　十行廿二字白口四周單邊有刻工　二六二七

歙西堨田程氏本宗譜一卷　明程顯存纂修　明嘉靖四十五年程正泰刻本　十五行字數不一上　二六二八

一二四

黑口，左右雙邊

上饒東田程氏世譜不分卷 明程瑣纂修 明嘉靖刻本 十六行廿八字白口四周雙邊 二六二九

率東程氏重修家譜十二卷 明程孟纂修 明嘉靖刻本 十二行廿六字黑口四周雙邊 二六三〇

程氏祠墓志三卷 明程銘撰 明嘉靖刻本 十行二十字白口四周單邊 二六三一

新安程氏族譜三卷又不分卷 明程祉、程愈然纂修 明嘉靖刻本 二六三二

新安休寧古城程氏宗譜十一卷引證一卷會訂一卷 明程尚芳、程楫特纂修 明隆慶二年刻本 十二行二十字白口四周雙邊 二六三三

世忠程氏延緒公宗譜四卷 明程汝齡、程光翼等纂修 明隆慶六年刻本 十四行二十八字白口四周雙邊 二六三四

休寧率口程氏續編本宗譜六卷 明程付周、程師周等纂修 明隆慶刻本 十四行三十字黑口四周雙邊 二六三五

藤田裏村程氏本宗譜四卷 明程大澤纂修 明萬曆六年刻本 十二行廿五字白口雙邊 二六三六

休寧芳坦程氏本支譜不分卷 明萬曆十二年刻本 十二行廿八字白口單魚尾四周雙邊 二六三七

槐塘程氏宗譜二十卷首一卷 明程珊勳纂修 明萬曆十四年刻本 十五行二十五字黑口四周雙邊 二六三八

程典三十二卷 明程一枝纂修 明萬曆二十六年至二十七年刻本 十行廿五字白口左右雙邊有刻工 二六三九

程氏慶源家乘要抄不分卷 明萬曆三十六年程鵬先抄本 二六四〇

程里程氏續修世譜三卷 明程嶽興纂修 明萬曆四十年刻本 十四行廿五字黑口四周雙邊 二六四一

歙托山程氏族譜五卷 明程濟纂修 明萬曆刻本 十行廿五字白口四周雙邊
存四卷 一、二、三、五 二六四二

歙西巖鎮百忍程氏本宗信譜口卷會訂一卷 明程弘賓纂修 明萬曆刻本 十三行廿三字白口四周單邊有刻工
存九卷 會訂、二至五、八至十一 二六四三

程氏宗譜十二卷 明程道南等纂修 明天啟元年刻本 十二行廿八字白口四周單邊 二六四四

旌陽程氏宗譜十三卷首一卷 明程師道、程國楨等纂修 明天啟元年刻本 十二行廿八字白口四周單邊
存四卷 一至三、首 二六四五

古歙長原托山程氏重修家譜二十二卷 明程本等纂修 明崇禎九年刻本 十行廿二字白口四周單邊有刻工 二六四六

黄塘程氏具徵錄口卷 明刻本 十行二十字白口四周單邊
存七卷 二至八 二六四七

休寧率東程氏家譜十二卷附上草市宗譜一卷 明程良錫纂修 明萬曆元年刻本 十行廿四字白口四周雙邊 二六四八

程氏世譜口卷 明刻本
存口卷 二至口 二六四九

程氏家乘文獻不分卷 明刻本 十行廿二字白口四周單邊 二六五〇

歙托山程氏族譜五卷 明程祖遠纂修 明刻本 十行廿五字白口四周雙邊 二六五一

程氏世譜不分卷 明抄本 二六五二

新安程氏統宗世譜二十卷譜辨一卷附錄二卷 明程敏政纂修 明抄本
存二十一卷 一至十一、十四至二十、譜辨、附錄一至二 二六五三

程氏東里祠典一卷 明抄本 二六五四

程氏祖塋疆理圖不分卷 明程夢稷撰 明抄本 二六五五

程氏慶源家乘十三卷 明程有亮等纂修 程夢稷補修 明抄本
存十卷 一至 二六五六

程氏宗譜不分卷 明抄本 二六五七

閔川十萬程氏本宗譜十卷 清程以道、程僎等纂修 清順治十六年自刻本 二六五八

霞阜程氏世譜不分卷 清程攸佺修 清康熙二十四年刻本 二六五九

新安世忠程氏原錄璦公支譜十卷 清程鳳錫纂修 清康熙五十九年刻本 二六六〇

巖鎮程氏家譜六卷附羅祁程氏源流譜一卷 清乾隆刻本 二六六一

程氏世譜八卷諸譜會通六卷各派續譜不分卷 清抄本 二六六二

程氏世譜不分卷 清抄本 二六六三

休寧芳干程氏續譜不分卷外譜不分卷 明程五泰修 程鵬先續修 清抄本 二六六四

程氏慶源家乘十九卷首一卷 明程有亮等纂修 明抄本 二六六四

京兆舒氏統宗譜口口卷 明舒應鸞等纂修 明成化九年刻本 八行十七字白口四周雙邊
存一卷 二六六五

馮氏宗譜十卷首一卷 明馮楷纂修 明嘉靖刻本 十五行廿四或二十二、三字黑口四周雙邊 二六六六

福聚馮氏宗譜十卷 明馮鑰功撰 明天啟抄本 二六六七

復始編一卷馮氏祠堂規條一卷 清馮熙撰 稿本 二六六八
涿州馮氏世譜四卷 清馮煥纂修 清乾隆四十三年扶雲堂刻本 二六六九
新安黄氏會通譜十六卷文獻錄二卷外集三卷 明黄禄、程天相纂修 明弘治十四年刻本 二六七〇
新安左田黄氏正宗譜派系二十卷文獻十九卷 明黄積瑜纂修 明嘉靖三十七年自刻本 十四行三十字黑口四周雙邊 二六七一
新安左田黄氏正宗譜不分卷 明黄瑜纂修 明抄本 二六七二
左田黄氏孟宗譜七卷 明黄應櫃等纂修 明嘉靖三十七年刻本 十行廿二字黑口四周雙邊 二六七三
竦塘黄氏統宗譜十卷 明方信纂修 明嘉靖四十一年刻本 十四行三十字白口四周雙邊有刻工 二六七四
歙縣竦塘黄氏宗譜十卷 明方信纂修 明嘉靖四十一年刻本 十四行字數不一白口左右雙邊有刻工 存九卷 一至六、八至十 二六七五
續溪黄氏重修族譜六卷 明黄桃、黄琯纂修 明隆慶刻本 十二行廿五字黑口四周雙邊 二六七六
國諭黄氏家譜不分卷 明黄鳳鵬纂修 明萬曆四十二年刻本 二六七七
古林黄氏重修族譜四卷 明黄文明纂修 明崇禎十六年刻本 十四行三十字白口四周雙邊 二六七八

一二九

新安黄氏統宗世譜不分卷 明洪熾等纂修 明刻本 十二行字不等黑口四周雙邊 二六七九
黄氏金字譜牒□□卷 清初錫類堂刻本 存二卷 一至二 二六八〇
黄氏續錄五卷首一卷 清黄炳纂修 清康熙四十二年刻本 二六八一
黄氏續錄五卷首一卷 清黄炳纂修 清康熙四十二年刻本 清周星詒跋 二六八二
黄氏家譜不分卷墓圖一卷 清黄之倬、黄始上纂修 清康熙黄氏致新堂刻本 二六八三
痛思堂城西黄氏族譜不分卷 清黄鉞纂修 稿本 二六八四
潭渡黄氏族譜十卷末一卷 清黄元豹、黄景琯纂修 清雍正九年刻本 二六八五
莘郊黄氏族譜四卷 清黄化龍纂修 清乾隆刻本 存二卷 一、四 二六八六
休寧古林黄氏重修族譜十二卷首一卷末一卷 清黄治安、盧鵬纂修 清乾隆三十一年刻本 二六八七
黄氏家乘二十卷 清黄守平纂修 稿本 二六八八
江夏黄氏宗譜不分卷 清黄之澗纂修 稿本 二六八九
龍溪壺山黄氏族譜圖系不分卷 清黄寬纂修 清抄本 二六九〇

徽城楊氏宗譜七卷 明楊萬春纂修 明崇禎三年刻本 十行廿四字白口四周單邊 二六九一
四明櫟溪楊氏宗譜不分卷 明楊應鵬纂修 楊如銳續修 明抄本 二六九二
崇陽楊氏族譜不分卷 明抄本 二六九三
楊氏宗譜不分卷 清嘉慶活字印本 二六九四
田莊楊氏譜不分卷 清楊浙槎纂修 稿本 二六九五
濠梁萬氏宗譜內集十四卷 清萬表重修 萬斯大增修 清乾隆三十七年辨志堂刻本 二六九六
休寧葉氏續譜不分卷 明葉伯清、葉大用纂修 明天順七年刻本 十五行廿四字黑口四周雙邊 二六九七
休寧陪郭葉氏世譜四卷附錄三卷 明葉志道纂修 明弘治四年刻本 十一行廿二字黑口四周雙邊 二六九八
新安休寧葉氏宗譜六卷 明葉春暉纂修 明嘉靖三十五年刻本 十行三十四字白口四周雙邊 二六九九
葉氏宗譜□卷 明葉天府纂修 明嘉靖刻本 十四行廿五字黑口四周雙邊 存六卷 一至六 二七〇〇
續修吳中葉氏族譜十卷 清葉長齡等重修 明萬曆刻清康熙修清印本 二七〇一
績溪積慶坊葛氏重修族譜八卷首一卷終一卷 明葛文簡纂修 明嘉靖四十四年刻本 十二行廿四字大黑口四周雙邊 二七〇二

一二八

東陽葛氏宗譜四卷 清王明根、金光望纂修 清康熙四十二年活字印本 二七〇三
五修包山葛氏世譜十卷 清葛炳周、葛錫璜等纂修 清道光二十七年木活字印本 二七〇四
會稽小江董氏家譜二卷 明董源纂修 明弘治刻本 九行十九字黑口四周雙邊 存一卷 下 二七〇五
董氏家譜十二卷 明董廷獻 清□□增修 明萬曆四十八年刻清康熙增補嘉慶補抄本 二七〇六
四明儒林董氏宗譜二十卷終一卷 清董秉純纂修 清抄本 存十五卷 五至十七、二十、終 二七〇七
慶源詹氏族譜不分卷 元詹晟等纂修 明初抄本 二七〇八
休寧流塘詹氏宗譜六卷 明詹貴纂修 明弘治十二年刻本 十二行廿三字黑口四周雙邊 二七〇九
新安詹氏統宗世譜十四卷 明詹溪鳳纂修 明嘉靖二十七年刻本 二七一〇
詹氏統宗世譜六卷 明詹朝聘纂修 明嘉靖刻本 十二行某字大黑口四周單邊 存四卷 三至六 二七一一
新安星源龍川詹氏統宗世譜二卷 明嘉靖刻本 十一行廿一字黑口四周單邊 二七一二
詹氏統宗世譜二卷 明詹文中纂修 明萬曆十三年刻本 二七一三

錫山過氏世譜四卷 明過家禮纂修 明萬曆刻本 十行廿二字白口左右雙邊有刻工 二七一四

東郡雷氏族譜二卷 明雷企躍纂修 明萬曆九年刻本 十行二十字白口四周雙邊有刻工 二七一五

京源廖氏族譜十卷 清廖自芳纂修 清乾隆二十二年廖氏抄本 二七一六

涇川水東翟氏宗譜不分卷 明翟台纂修 清咸豐七年涇金生泥活字印本 二七一七

涇川水東翟氏宗譜四卷 清翟紫柱、翟思紀纂修 清光緒三十二年刻本 二七一八

東萊翟氏家乘不分卷 清抄本 二七一九

裴氏世譜十二卷 清裴爲官原纂 裴偉虔增輯 清嘉慶十年裴正文刻本 二七二〇

仙源類譜□□□卷 宋史浩等纂修 宋內府抄本 二七二一
存四十卷 太祖下六世一、二十二、太祖下七世二、二十二、二十六、三十、四十五、太宗下六世四、六、二十一、三十九、四十一、五十六、□□、太宗下七世□□、二十七、□□、四十四、五十、六十二、九十六、九十八、一百五十一、一百十一、一百十四、一百二十二、一百二十五、一百三十一、一百五十八、一百四十

仙源類譜□□□卷 宋史浩等纂修 宋抄本 二七二二
存六葉 卷二十五太宗下第七世璞葉六葉

仙源類譜一百四十卷 宋史浩纂修 清抄本 二七二三

宗藩慶系錄□□卷 宋內府抄本 二七二四

大港趙氏重脩宗譜不分卷 明郁騶纂修 明抄本 二七二五
存二十二卷 太祖下六世四、太祖下七世十五、十七、太宗下六世二十、太宗下七世十八至十九、二十三、二十七至二十八、三十、三十四、五十九、魏王下七世、魏王下六世二至五、九、十二、魏王下七世八、二十二至二十三、三十五至三十六

潢涇趙氏宗譜不分卷 明趙璧纂修 清趙封補修 清抄本 二七二六

龍關趙氏族譜不分卷 明趙汝源纂修 清趙鑾瀛增修 稿本 二七二七

趙氏族譜一卷 清趙弼、趙玉藻纂修 清初刻本 二七二八

劍川州土官百戶趙元將歷代履歷宗圖結報不分卷 清趙日宣等撰 稿本 二七二九

大港趙氏族譜六卷 清康熙二十八年刻本 二七三〇

青郡趙氏宗譜不分卷 清抄本 二七三一

趙氏家譜不分卷 清抄本 二七三二

城陽趙氏族譜不分卷 清趙錫琛、趙子嘉纂修 稿本 二七三三

嵩峽齊氏譜牒十卷 明齊德洪纂修 明刻本 九行二十字白口四周雙邊 二七三四
存三卷 一至三

山陰劉氏宗譜不分卷 明正德刻本 十行廿一或廿二字黑口四周雙邊 二七三五

休寧邑前劉氏族譜六卷 明劉堯龜、劉麟瑄纂修 明嘉靖三十六年刻本 十三行三十字上白口下黑口四周雙邊 二七三六

彭城劉氏歙南族譜不分卷 明劉景旺、劉景義纂修 明嘉靖刻本 十二行二十五字黑口四周雙邊 二七三七

南豐西理劉氏重脩宗譜□□卷 明刻本 十四行廿四字黑口四周雙邊 二七三八
存三卷 一至三

劉氏家譜不分卷文獻譜一卷 明劉朝纂修 明萬曆五年刻藍印本 二七三九

水澄劉氏家譜一卷 明劉宗周纂修 明崇禎八年刻本 九行二十字白口四周單邊 二七四〇

安丘劉氏族譜十一卷 清劉正學纂修 清康熙十四年劉氏家塾刻本 二七四一

洪洞劉氏族譜不分卷 清抄本 二七四二

婺源桃溪潘氏本宗譜十六卷 明潘鉦、程師魯纂修 明正德刻本 十行二十六字大黑口四周雙邊 二七四三

婺源桃溪潘氏宗譜二十一卷 明潘文鳴、潘濬纂修 明崇禎六年 二七四四

潘氏族譜二卷 宋潘度撰修 明潘埠附註 明抄本 二七四五

滎陽潘氏家譜不分卷 清潘道根纂修 稿本 二七四六

蔡氏新譜二卷 明蔡汝賢纂修 明隆慶刻本 九行十八字白口四周雙邊 二七四七

濟陽羔谿族譜一卷 明蔡節纂修 清蔡斌猶抄本 二七四八

隆陽蔣氏宗譜不分卷 清蔣文樂纂修 清乾隆十四年刻本 二七四九

睢溪蔣氏宗譜六卷 清王恭協纂修 清乾隆五十九年刻本 二七五〇

祁門奇峯鄭氏本宗譜四卷 明鄭岳纂修 鄭維誠增補 明嘉靖四十五年刻本 十四行三十二字黑口四周雙邊 二七五一

新安鄭氏家譜不分卷峯陽鄭氏家譜不分卷 明抄本 雙橋鄭氏續異姓譜不分卷 清鄭文熙纂修 清抄本 二七五二

營前鄭氏家譜五卷 明鄭周世、鄭端世纂修 明萬曆九年刻本 十一行廿四字白口四周單邊 二七五三

歙縣雙橋鄭氏宗譜不分卷 明鄭氏愷、鄭九夏纂修 明萬曆五年抄本 二七五四

安徽歙縣鄭氏族譜不分卷 明抄本 二七五五

鄭氏宗譜不分卷 明宗楫鄭應鳴抄本 二七五六

滎陽鄭氏統宗譜不分卷 明鄭仲纂修 明抄本 二七五七

二七五八 浦江鄭氏旌義編二卷 明鄭濤纂修 鄭榕重修 明書種堂刻本 九行二十字白口四周單邊
二七五九 鄭氏族譜不分卷 明鄭元鑑、鄭崙纂修 明隆慶元年鄭崇岐抄本
二七六〇 富江西山鄭氏宗譜五卷 明鄭崇敬、鄭存經纂修 明抄本 存四卷 一至三、五
二七六一 鄭氏宗譜不分卷 清抄本
二七六二 遵義沙灘黎氏家譜一卷 清黎庶昌纂修 稿本
二七六三 東陽盧氏家乘不分卷 明活字印本
二七六四 盧氏譜不分卷 明抄本
二七六五 廬江錢氏年譜六卷續編二卷 清錢儀吉輯 稿本
二七六六 常熟衛氏家乘不分卷 稿本
二七六七 海虞錢氏家乘八卷 明錢岱纂修 明萬曆二十八年刻本 十行廿一字白口左右雙邊
二七六八 海虞錢氏譜系攷二卷 清錢謙益等纂修 清抄本
二七六九 錢氏譜牒一卷 清錢操益纂修 清抄本
二七七〇 吳越錢氏鳳林派宗譜不分卷 清錢經一纂修 清錢氏述德堂抄本
二七七一 錢氏族譜不分卷 清錢濃纂修 稿本
二七七二 錢氏族譜言行紀略不分卷 清錢澧撰書 稿本
二七七三 延澤家乘不分卷 清錢儀吉輯 稿本
二七七四 鮑氏宗譜不分卷 清鮑淡善纂修 明正統刻本 八行十六字白口四周單邊
二七七五 重編棠越鮑氏三族宗譜二百卷首一卷 清鮑光純纂修 清乾隆二十五年一本堂刻本 存一百九十九卷 一至一百三十、一百五十三至二百、首
二七七六 棠樾鮑氏宣忠堂支譜二十二卷 清鮑琮纂修 清嘉慶十年刻本
二七七七 新安蕭江宗譜四卷 明蕭清春纂修 明嘉靖四十三年刻本 八行十六字白口四周單邊
二七七八 新安蕭江氏宗譜不分卷 明江從音、江文灼纂修 明刻本 十二行二十二字白口四周單邊
二七七九 蕭江大宗統譜二十五卷 明萬曆刻本 十行廿八字黑口下黑口左右雙邊
二七八〇 烏堂蕭氏族譜不分卷 清康熙刻本
二七八一 山陰蕭氏家乘四卷 清蕭琳纂修 清道光二十六年抄本
二七八二 王源謝氏孟宗譜十卷 明謝瑚纂修 明嘉靖十六年刻本 有刻工
二七八三 王源謝氏孟宗譜十卷 明萬曆刻本 十行廿二字白口四周雙邊
二七八四 萬曆癸未謝太常公析產鬮書不分卷 明萬曆抄本
二七八五 古歙巖鎮大塘謝氏重修家譜三卷 明謝鴻卓纂修 明萬曆二十六年刻謝氏統宗志本 十二行廿四字白口四周雙邊
二七八六 古歙謝氏統宗志八卷 明謝廷諒等纂修 明萬曆三十二年刻本 十一行廿四字白口四周雙邊 存三卷 一、三、六
二七八七 歙北黃山芳村謝氏家譜一卷 明謝帥教纂修 明萬曆三十八年刻謝氏統宗志本 十一行廿四字白口四周雙邊
二七八八 祁門金吾謝氏宗譜四卷 明刻本
二七八九 謝氏正吾孝義規約一卷 明謝心元撰 明萬曆刻本 八行十六字白口四周單邊
二七九〇 中山謝氏家譜九卷 明謝啟纂修 明抄本
二七九一 謝氏世譜不分卷 明抄本
二七九二 東嵐謝氏族譜不分卷 清抄本
二七九三 鶴岡世系考不分卷 清謝鎧纂修 稿本
二七九四 忠惠咸陽王賽氏家傳不分卷 元賽東明輯 清潘涇、秦均時輯 稿本 清馮洋斌
二七九五 洪洞韓氏家譜三卷 明韓文等纂修 清韓啟鈺等增修 清咸豐九年抄本
二七九六 績溪戴氏族譜六卷首一卷 明戴琛纂修 明嘉靖刻本 十二行廿五字黑口四周雙邊
二七九七 休寧戴氏族譜十五卷 明戴堯天纂修 明崇禎五年刻本 九行廿二字白口四周單邊
二七九八 豫章羅氏重修宗譜不分卷 明隆慶元年刻本 十三行白口四周雙邊
二七九九 豫章羅氏重脩宗譜不分卷 明羅懋道纂修 明萬曆三十七年刻本 行字不等白口四周單邊
二八〇〇 廟事志七卷 明羅應鶴輯 明萬曆刻本 十行二十字白口四周雙邊單魚尾
二八〇一 羅氏家譜不分卷 清羅萬錦、羅萬鏞纂修 稿本
二八〇二 望仙譚氏宗譜口卷 明萬曆刻本 十一行廿一字白口四周雙邊 存二卷 六、口
二八〇三 譚氏族譜不分卷 清譚兆志等纂修 清乾隆刻本
二八〇四 柘城竇氏乘十卷 清竇克勤纂修 竇容邃增修 清乾隆五年竇紓刻本
二八〇五 新安蘇氏族譜十五卷 明蘇大纂修 清康熙刻本
二八〇六 越南顧氏宗譜不分卷 明顧光纂修 明萬曆三十四年抄本
二八〇七 越南顧氏宗譜不分卷 明顧光纂修 明抄本
二八〇八甲 帝系不分卷 清內府抄本
二八〇八乙 帝系不分卷 清內府抄本

二八〇九 清室世系表不分卷 清抄本
二八一〇 玉牒不分卷 清抄本
二八一一 玉牒宗室附女直檔不分卷 清道光二十九年抄 清道光內府抄本
二八一二 玉牒宗室不分卷 清內府抄本
二八一三 玉牒覺羅不分卷 清內府抄本
二八一四 星源集慶不分卷 清內府抄本
二八一五 近支宗室名冊不分卷遠支宗室名冊不分卷 清抄本
二八一六 恩封宗室王公表不分卷 清乾隆抄本
二八一七 開國佐運功臣弘毅公家譜不分卷 清特成額、福明纂修 清乾隆抄本
二八一八 鑲黃旗滿洲鈕祜祿氏弘毅公家譜十三卷弘毅公勳績二卷 清抄本
二八一九 鑲黃旗滿洲鈕祜祿氏弘毅公家譜不分卷譜圖一卷 清抄本
二八二〇 鑲黃旗滿洲鈕祜祿氏弘毅公家譜不分卷 清嘉慶三年抄本
二八二一 開國佐運功臣弘毅公家譜不分卷 稿本
二八二二 鑲黃旗鈕祜祿氏弘毅公家譜不分卷 清納親纂修 清抄本
二八二三 鑲黃旗滿洲鈕祜祿氏弘毅公第十房家譜一卷 清抄本
二八二四 八旗滿洲氏族通譜八十卷凡例一卷 稿本 存八十卷（凡例、一至三十五、三十七至八十）
二八二五 八旗滿洲氏族通譜八十卷凡例一卷 稿本
二八二六 八旗滿洲氏族通譜八十卷目錄二卷 清鄂爾泰等纂 清乾隆九年內府刻本
二八二七 八旗滿洲氏族通譜不分卷附載滿洲旗分內之蒙古高麗尼堪姓氏不分卷 清抄本
二八二八 格勒博羅特譜傳不分卷 清德坤輯 清抄本
二八二九 多羅順承郡王家譜不分卷 抄本
二八三〇 和碩睿忠親王[多爾袞]子孫七世家譜一卷和碩豫通親王[多鐸]子孫八世家譜一卷 稿本
二八三一 訥殷富察氏譜傳不分卷 清性澂、富林撰 清嘉慶十二年抄本
二八三二 訥音富察氏增脩支譜不分卷 清德馨、德佺撰 清光緒十六年抄本
二八三三 蒙古世系譜五卷 清博明撰 稿本
二八三四 蒙古家譜□卷 清抄本 存一卷（下）
二八三五 蒙古世譜圖攷不分卷 清抄本
二八三六 額爾德特氏宗譜不分卷 清丕昌、璧昌編訂 清道光抄本
二八三七 蒙古博爾吉忒氏族譜不分卷 清羅密撰 博清額重纂 清乾隆四十六年抄本
二八三八 鑲藍旗漢軍世管佐領原由家譜清冊不分卷 清抄本
二八三九 會計司旗下園頭家譜不分卷 清抄本

氏姓

二八四〇 義墨堂宋朝別號錄二卷 明鄒遷慶輯 稿本
二八四一 百家姓考略不分卷 明王相撰 清乾隆徐士業刻本
二八四二 奇姓通十四卷 明夏樹芳輯 明天啟四年江陰夏氏冠安堂刻本 七行十六字白口四周單邊有刻工
二八四三 姓氏輯略五卷 □楊翔楷鑑 清初抄本
二八四四 姓氏全編二十五卷 清唐婷編 清抄本
二八四五 姓氏詳註四卷 清周景輯 清初吳錫天和堂刻本
二八四六 古今氏族雜證不分卷 清邊佑撰 稿本
二八四七 古今姓滙二卷 清錢馮善編 清乾隆十年菀韻軒刻本
二八四八 氏族箋釋八卷 清熊峻運撰 清雍正五年刻本
二八四九 稀姓錄一卷 清謝璧撰 清怡怡草堂抄本
二八五〇 姓韻四十七卷 清張澍撰 稿本 存四十六卷（一至四十四、四十六至四十七）
二八五一 姓韻一百卷 清張澍輯 清抄本 存九十八卷（二至九十九）
二八五二 姓韻五卷 清張澍撰 清抄本 存三卷（上、去、入）

二八五三　姓氏錄一卷名字錄一卷　清張澍撰　稿本

二八五四　姓氏辯誤十卷　清張澍撰　稿本　葉景葵跋

二八五五　西夏姓氏錄不分卷　清張澍撰　稿本

二八五六　西夏姓氏錄二卷　清張澍撰　稿本

二八五七　代北姓譜二卷　清周春撰　清乾隆刻本

二八五八　代北姓譜一卷遼金元姓譜一卷　清周春撰　清抄本

二八五九　代北姓譜二卷遼金元姓譜一卷　清周春撰　清抄本

二八六〇　代北姓譜二卷遼金元姓譜一卷　清周春撰　清抄本　清盧文弨題記

二八六一　新安名族志二卷　明汪孟汴、戴廷明等撰　明嘉靖刻本　九行二十字白口四周單邊

二八六二　新安名族志二卷　明程尚寬撰　明嘉靖刻本　九行二十字小字雙行同白口四周雙邊

二八六三　休寧名族志四卷　明曹叔明輯　明天啟六年刻本　十一行廿三字白口四周單邊有刻工

二八六四　常熟氏族志不分卷　清□□撰　稿本

二八六五　詞人姓氏爵里表一卷作者異同表一卷同調異名錄一卷　清沈名蓀輯　清抄本　清吳騫跋

二八六六　紫陽崇文會錄十卷首一卷末一卷　清葉生、方時輪輯　清康熙刻本　許承堯跋

貢舉

二八六七　磨英找登科記考三十卷　清徐松輯　清抄本

二八六八　宋歷科狀元錄八卷　明朱希召輯　明嘉靖四十年朱黃元刻本　九行二十字白口左右雙邊

二八六九　宋歷科狀元錄八卷附元朝歷科狀元姓名　明朱希召輯　明刻本　清李晉詒跋　九行二十字白口左右雙邊

二八七〇　紹興十八年進士登科錄一卷　明刻本　清何煌跋　十行黑口四周雙邊

二八七一　宋紹興十八年戊辰科題名錄一卷附錄一卷　清乾隆四十八年謝家康樂堂看活字本

二八七二　宋紹興十八年戊辰科題名錄一卷附錄一卷　清乾隆四十八年謝家康樂堂署活字本　清徐松校

二八七三　紹興十八年同年小錄一卷附錄一卷　清乾隆四十二年孔氏青谿書房抄本　清孔繼涵跋

二八七四　紹興十八年同年小錄一卷附錄一卷　清存古山房抄本

二八七五　紹興十八年同年小錄一卷附錄一卷　清抄本

二八七六　紹興十八年同年小錄一卷附錄一卷　清抄本

二八七七　紹興十八年同年小錄一卷　明嘉靖十五年刻本　八行十七字小字十五行二十字黑口四周雙邊雙魚尾

二八七八　紹興十八年同年小錄一卷　明刻本　十五行黑口四周雙邊

二八七九　紹興十八年同年小錄一卷　明刻本　十五行二十字上下黑口四周雙邊

二八八〇　紹興十八年同年小錄一卷　清抄本　清翁方綱、丁錦鴻校注　吳壽暘校

二八八一　紹興十八年同年小錄一卷　清抄本　清黃丕烈校並跋

二八八二　紹興十八年同年小錄一卷　清抄本　清傅以禮跋

二八八三　紹興十八年同年小錄一卷　清王氏十萬卷樓抄本　清丁丙跋

二八八四　紹興十八年同年小錄一卷　清抄本　清翁同龢題簽

二八八五　紹興十八年登科錄一卷附一卷　清乾隆四十一年孔氏青谿書房抄本　清孔繼涵跋

二八八六　寶祐四年丙辰登科錄一卷附錄一卷　清乾隆四十八年謝家康樂堂署活字本

二八八七　寶祐四年登科錄一卷　明嘉靖汀州刻本　十行二十字白口四周單邊

二八八八　寶祐四年登科錄一卷　明刻本　十行二十字細黑口四周單邊

二八八九　寶祐四年登科錄一卷　明刻本　八行二十字白口左右雙邊

二八九〇　寶祐四年登科錄一卷　清抄本

二八九一　寶祐四年登科錄一卷　清抄本　清翁方綱、丁錦鴻校注　吳壽暘校並跋

二八九二　寶祐四年登科錄一卷淳熙薦士錄一卷　宋潘萬里撰　清抄本　清蔡名衡、丁丙跋

二八九三　元進士考不分卷　清錢大昕輯　稿本

二八九四　元統元年進士題名錄一卷　清影元抄本

二八九五　元統元年進士題名錄一卷　清影元抄本　佚名錄清錢大昕跋　丁丙跋

二八九六　元統元年進士題名錄一卷　清抄本　清錢大昕跋

二八九七　洪武四年會試紀錄一卷　明洪武刻本　九行黑口四周雙邊

二八九八　洪武四年會試紀錄一卷　清影抄明洪武刻本

二八九九　洪武四年進士登科錄一卷　明洪武刻本　十行黑口四周雙邊

二九〇〇　建文二年殿試登科錄一卷　清抄本

二九〇一　永樂九年進士登科錄一卷　明永樂刻本　十行二十字黑口四周雙邊雙魚尾

二九〇二　永樂十三年會試錄一卷　明嘉靖十一年禮部刻本　十行廿四字上下黑口四周雙邊單魚尾

2903 宣德五年會試錄一卷 明宣德刻本 十行黑口四周雙邊
2904 宣德五年進士登科錄一卷 明宣德刻本 十行黑口四周雙邊
2905 宣德八年會試錄一卷 明抄本
2906 宣德八年進士登科錄一卷 明宣德刻本 十行黑口四周雙邊
2907 宣德八年進士登科錄一卷 明宣德刻本 清黃宗羲跋 十行黑口四周雙邊
2908 正統元年會試錄一卷 明正統刻本 九行黑口四周雙邊
2909 正統元年進士登科錄一卷 明正統刻本 十行二十字上下粗黑口四周雙邊雙魚尾
2910 正統四年會試錄一卷 明正統刻本 九行黑口四周雙邊
2911 正統四年進士登科錄一卷 明正統刻本 十行黑口四周雙邊
2912 正統七年會試錄一卷 明正統刻本 九行黑口四周雙邊
2913 正統七年進士登科錄一卷 明正統刻本 十行黑口四周雙邊
2914 正統十年會試錄一卷 明正統刻本 九行黑口四周雙邊
2915 正統十年進士登科錄一卷 明正統刻本 十行黑口四周雙邊
2916 正統十三年會試錄一卷 明正統刻本 九行黑口四周雙邊
2917 正統十三年進士登科錄一卷 明正統刻本 十行黑口四周雙邊

2918 景泰二年會試錄一卷 明景泰刻本 九行黑口四周雙邊
2919 景泰二年進士登科錄一卷 明景泰刻本 十行黑口四周雙邊
2920 景泰五年會試錄一卷 明景泰刻本 九行黑口四周雙邊
2921 景泰五年進士登科錄一卷 明景泰刻本 十行黑口四周雙邊
2922 天順元年會試錄一卷 明天順刻本 九行黑口四周雙邊
2923 天順四年會試錄一卷 明天順刻本 九行黑口四周雙邊
2924 天順四年進士登科錄一卷 明天順刻本 十行黑口四周雙邊
2925 天順七年會試錄一卷 明天順刻本 九行黑口四周雙邊
2926 天順八年進士登科錄一卷 明天順刻本 十行黑口四周雙邊
2927 成化二年會試錄一卷 明成化刻本 九行黑口四周雙邊
2928 成化二年進士登科錄一卷 明成化刻本 十行黑口四周雙邊
2929 成化五年進士登科錄一卷 明成化刻本 十行黑口四周雙邊
2930 成化八年會試錄一卷 明成化刻本 九行黑口四周雙邊
2931 成化十一年會試錄一卷 明成化刻本 八行十八字上下黑口四周雙邊
2932 成化十一年進士登科錄一卷 明成化刻本 十行字不等上下黑口四周雙邊

2933 成化十四年進士登科錄一卷 明成化刻本 十行黑口四周雙邊
2934 成化十七年會試錄一卷 明成化刻本 九行黑口四周雙邊
2935 成化十七年進士登科錄一卷 明成化刻本 十行黑口四周雙邊
2936 成化二十年會試錄一卷 明成化刻本 九行黑口四周雙邊
2937 成化二十三年會試錄一卷 明成化刻本 九行黑口四周雙邊
2938 成化二十三年進士登科錄一卷 明成化刻本 十行黑口四周雙邊
2939 弘治三年進士登科錄一卷 明弘治刻本 十行黑口四周雙邊
2940 弘治六年進士登科錄一卷 明弘治刻本 十行黑口四周雙邊
2941 弘治十二年會試錄一卷 明弘治刻本 九行黑口四周雙邊
2942 弘治十二年進士登科錄一卷 明弘治刻本 十行廿二字黑口四周雙邊單魚尾
2943 弘治十五年進士登科錄一卷 明弘治刻本 十行黑口四周雙邊
2944 弘治十八年會試錄一卷 明弘治刻本 九行黑口四周雙邊
2945 弘治十八年進士登科錄一卷 明弘治刻本 十行黑口四周雙邊
2946 正德三年會試錄一卷 明正德刻本 九行十八字黑口四周雙邊
2947 正德三年進士登科錄一卷 明正德刻本 十行廿一字黑口四周雙邊

2948 正德六年會試錄一卷 明正德刻本 九行黑口四周雙邊
2949 正德六年進士登科錄一卷 明正德刻本 十行黑口四周雙邊
2950 正德九年會試錄一卷 明正德刻本 九行黑口四周雙邊
2951 正德十二年會試錄一卷 明正德刻本 九行黑口四周雙邊
2952 正德十二年進士登科錄一卷 明正德刻本 十行黑口四周雙邊
2953 正德十二年丁丑同年增註會錄一卷 明嘉靖刻本 蔡張常跋
2954 正德十五年會試錄一卷 明正德刻本 九行十八字黑口四周雙邊
2955 嘉靖二年會試錄一卷 明嘉靖刻本 九行黑口四周雙邊
2956 嘉靖二年會試錄一卷 明嘉靖刻本 張元濟跋 九行十八字黑口四周雙邊單魚尾
2957 嘉靖二年進士登科錄一卷 明嘉靖刻本 十行黑口四周雙邊
2958 嘉靖八年會試錄一卷 明嘉靖刻本 九行黑口四周雙邊
2959 嘉靖八年進士登科錄一卷 明嘉靖刻本 十行黑口四周雙邊
2960 嘉靖己丑科進士同年便覽錄一卷 明張明道輯 明諸然齋抄本
2961 嘉靖十一年會試錄一卷 明嘉靖刻本 九行黑口四周雙邊
2962 嘉靖十一年進士登科錄一卷 明嘉靖刻本 十行黑口四周雙邊

嘉靖十一年壬辰科進士同年序齒錄一卷 明萬曆刻本 十行黑口四周雙邊 二九六三
嘉靖十四年進士登科錄一卷 明嘉靖刻本 十行黑口四周雙邊 二九六四
嘉靖十七年進士登科錄一卷 明嘉靖刻本 十行黑口四周雙邊 二九六五
嘉靖二十年會試錄一卷 明嘉靖刻本 九行十八字上下黑口四周雙邊單魚尾 二九六六
嘉靖二十年進士登科錄一卷 明嘉靖刻本 十行黑口四周雙邊 二九六七
嘉靖二十三年會試錄一卷 明嘉靖刻本 九行黑口四周雙邊 二九六八
嘉靖二十三年進士登科錄一卷 明嘉靖刻本 十行黑口四周雙邊 二九六九
嘉靖二十六年會試錄一卷 明嘉靖刻本 九行黑口四周雙邊 二九七〇
嘉靖二十六年進士登科錄一卷 明嘉靖刻本 十行黑口四周雙邊 二九七一
嘉靖丁未科進士序齒錄一卷 明張辰抄本 清祁駿佳題識 二九七二
嘉靖二十九年會試錄一卷 明嘉靖刻本 九行黑口四周雙邊 二九七三
嘉靖二十九年進士登科錄一卷 明嘉靖刻本 十行黑口四周雙邊 二九七四
嘉靖三十二年會試錄一卷 明嘉靖刻本 九行黑口四周雙邊 二九七五
嘉靖三十二年進士登科錄一卷 明嘉靖刻本 二九七六
嘉靖癸丑科進士同年便覽錄一卷 明陳堉輯 明嘉靖三十九年陳堉等刻本 十四行行二十餘字白口四周雙邊 二九七七
嘉靖三十五年會試錄一卷 明嘉靖刻本 九行黑口四周雙邊 二九七八
嘉靖三十五年進士登科錄一卷 明嘉靖刻本 十行黑口四周雙邊 二九七九
嘉靖三十八年會試錄一卷 明嘉靖刻本 九行黑口四周雙邊 二九八〇
嘉靖三十八年進士登科錄一卷 明嘉靖刻本 十行黑口四周雙邊 二九八一
嘉靖三十八年己未科會試同年齒錄一卷 明隆慶四年至萬曆二年陳省刻本 十行廿四字白口四周雙邊 二九八二
嘉靖四十一年會試錄一卷 明嘉靖刻本 九行黑口四周雙邊 二九八三
嘉靖四十一年進士登科錄一卷 明嘉靖刻本 十行上下黑口四周雙邊 二九八四
嘉靖四十四年會試錄一卷 明嘉靖刻本 九行黑口四周雙邊 二九八五
嘉靖四十四年進士登科錄一卷 明嘉靖刻本 十行白口四周雙邊有刻工 二九八六
嘉靖四十四年乙丑科進士履歷便覽一卷 明嘉靖刻本 十行白口四周單邊 二九八七
嘉靖乙丑科進士同年鄉籍一卷 明萬曆二十九年啟祥齋刻本 十八行白口四周雙邊 二九八八
隆慶二年會試錄一卷 明隆慶刻本 九行十八字上下黑口四周雙邊單魚尾 二九八九
隆慶二年進士登科錄一卷 明隆慶刻本 十行十九字上下粗黑口四周雙邊單魚尾 二九九〇
隆慶五年會試錄一卷 明隆慶刻本 九行黑口四周雙邊 二九九一
隆慶五年進士登科錄一卷 明隆慶刻本 十行黑口四周雙邊 二九九二
隆慶五年辛未科進士履歷便覽一卷 明隆慶刻本 二九九三
明萬曆會試錄不分卷 明刻本 十六行廿八字白口四周單邊 二九九四
萬曆二年會試錄一卷 明萬曆刻本 九行黑口四周雙邊 二九九五
萬曆二年進士登科錄一卷 明萬曆刻本 十行黑口四周雙邊 二九九六
萬曆二年甲戌科會試小錄一卷 清抄本 二九九七
萬曆五年會試錄一卷 明萬曆刻本 九行黑口四周雙邊 二九九八
萬曆五年進士登科錄一卷 明萬曆刻本 十行黑口四周雙邊 二九九九
萬曆八年會試錄一卷 明萬曆刻本 九行黑口四周雙邊 三〇〇〇
萬曆八年庚辰科進士履歷便覽一卷 明萬曆刻本 三〇〇一
萬曆十一年進士登科錄一卷 明萬曆刻本 十行黑口四周雙邊 三〇〇二
萬曆十一年癸未科進士同年序齒便覽一卷 明萬曆刻本 三〇〇三
萬曆十四年丙戌科進士履歷便覽一卷 明萬曆刻本 二十行白口四周單邊 三〇〇四
萬曆十七年己丑科進士履歷便覽一卷 明萬曆刻本 二十行白口四周單邊 三〇〇五
萬曆二十三年乙未科會試錄一卷 明萬曆刻本 十行十六字小字雙行三十四字白口四周雙邊 三〇〇六
萬曆乙未科進士同年序齒錄一卷 明萬曆刻本 十二行二十四字白口單邊單魚尾 三〇〇七
萬曆二十三年乙未科進士履歷便覽一卷 明刻本 行數字數均不等白口上下雙邊 三〇〇八
萬曆二十六年會試錄一卷 明萬曆刻本 九行十八字上下黑口四周雙邊單魚尾 三〇〇九
萬曆二十六年戊戌科會試錄一卷 明萬曆刻本 三〇一〇
萬曆二十六年進士登科錄一卷 明萬曆刻本 十行上下黑口四周雙邊單魚尾 三〇一一

三〇一二 萬曆戊戌科進士同年序齒錄一卷 明抄本

三〇一三 萬曆二十六年戊戌科進士履歷便覽一卷 明萬曆刻本 行數字數均不等白口上下雙邊

三〇一四 萬曆二十九年辛丑科會試錄一卷 明萬曆刻本

三〇一五 萬曆二十九年進士登科錄一卷 清抄本

三〇一六 萬曆二十九年辛丑科進士履歷便覽一卷 明萬曆刻本 行數字數均不等白口上下雙邊

三〇一七 萬曆三十二年甲辰科會試錄一卷 明萬曆刻本

三〇一八 萬曆三十二年進士登科錄一卷 明萬曆刻本 十行上下粗黑口單魚尾

三〇一九 萬曆三十二年甲辰科會試進士履歷便覽一卷 明萬曆刻本 白口單魚尾

三〇二〇 萬曆三十五年進士登科錄一卷 明萬曆刻本 清潘祖蔭跋 十行大小字不一黑口四周雙邊

三〇二一 萬曆三十五年丁未科進士履歷便覽一卷 明萬曆刻本 白口單魚尾

三〇二二 萬曆四十一年會試錄一卷 明萬曆刻本 九行十八字黑口單魚尾四周雙邊

三〇二三 天啟二年會試錄一卷 明天啟刻本 九行十八字上下黑口四周雙邊單魚尾

三〇二四 天啟二年壬戌科進士履歷一卷 明天啟刻本 二十一行大小字不一大字占雙行白口四周單邊

三〇二五 天啟壬戌科進士同年序齒錄一卷 明天啟刻本 十二行二十四字白口四周單邊單魚尾

三〇二六 崇禎四年辛未科進士履歷便覽一卷 明刻本 行數字數均不等白口上下雙邊

三〇二七 崇禎七年甲戌科進士履歷便覽一卷 明崇禎刻本 行數字數均不等白口四周單邊

三〇二八 崇禎十年丁丑科進士履歷便覽一卷 明崇禎刻本 行數字數均不等白口上下雙邊

三〇二九 崇禎十三年庚辰科進士履歷便覽一卷 明崇禎刻本 行數字數均不等白口上下雙邊

三〇三〇 崇禎十六年癸未科進士三代履歷一卷 明崇禎刻本

三〇三一 順治三年丙戌科進士履歷便覽一卷 清順治刻本

三〇三二 順治四年丁亥科進士履歷便覽一卷 清順治刻本

三〇三三 順治六年己丑科登科錄一卷 清順治刻本

三〇三四 順治六年己丑科會試四百名進士三代履歷便覽一卷 清順治刻本

三〇三五 順治六年己丑科進士履歷便覽一卷 清順治刻本

三〇三六 順治九年壬辰科會試四百七名進士三代履歷便覽一卷 清順治刻本

三〇三七 順治九年壬辰科會試四百七名進士三代履歷便覽一卷 清順治刻本 清阮元、法式善詩 洪亮吉題識 姚文田、張惠言等題款

三〇三八 順治十二年乙未科進士履歷便覽一卷 清順治刻本 行數字數均不等白口四周單邊

三〇三九 順治十二年乙未科會試三百八十五名進士三代履歷便覽一卷 清順治刻本 清翁方綱、王芑孫跋 黃鉞本題詩 伊秉綬題識 洪亮吉、趙懷玉等題款

三〇四〇 順治十五年會試錄一卷 清順治刻本

三〇四一 順治十五年戊戌科進士履歷便覽一卷 清順治刻本 行數字數均不等白口四周單邊

三〇四二 順治十五年戊戌科會試四百一名進士三代履歷便覽一卷 清順治刻本 清[illegible]本跋 何道生題識 洪亮吉、石韞玉等題款 繆荃孫過錄

三〇四三 順治十六年己亥科會試三百五十名進士三代履歷便覽一卷 清順治刻本

三〇四四 順治十八年辛丑科會試四百名進士三代履歷便覽一卷 清順治刻本

三〇四五 康熙三年甲辰科進士履歷便覽一卷 清康熙刻本

三〇四六 康熙六年丁未科進士履歷便覽一卷 清康熙刻本

三〇四七 康熙九年庚戌科進士履歷便覽一卷 清康熙刻本

三〇四八 康熙十二年癸丑科會試一百五十九名進士三代履歷便覽一卷 清康熙刻本

三〇四九 康熙十五年丙辰科會試二百九名進士三代

履歷便覽一卷 清康熙刻本

30250 康熙十八年己未科會試進士三代履歷便覽一卷 清康熙刻本

30251 康熙二十一年壬戌科殿試題名全錄一卷 清康熙刻本

30252 康熙二十一年壬戌科同年序齒錄一卷 清康熙刻本

30253 康熙二十四年乙丑科會試一百五十名進士三代履歷便覽一卷 清康熙刻本

30254 康熙三十三年甲戌科進士履歷便覽一卷 清康熙刻本

30255 康熙五十一年登科錄一卷 清康熙刻本

30256 雍正八年進士登科錄一卷 清雍正八年刻本

30257 乾隆十九年甲戌科會試錄一卷 清長洲王氏仁壽堂抄本

30258 乾隆四十九年甲辰科會試錄一卷 清乾隆刻本

30259 重訂嘉慶七年壬戌科會試齒錄二卷 清嘉慶十九年刻本 鄒韋跋

30260 歷科甲第錄不分卷（道光壬午恩科至丁未科） 清咸豐楊氏海源閣抄本

30261 重訂道光二年壬午恩科同年齒錄不分卷 清周含萬斠 清道光十五年刻本 清翁心存批

30262 道光二十年庚子科會試同年齒錄一卷 清翁同書抄本

30263 道光二十四年甲辰科進士同年錄一卷 清松竹齋抄本

30264 咸豐六年丙辰科會試同年齒錄不分卷 清咸豐刻本 清翁同龢批注

30265 同治二年癸亥恩科進士題名錄一卷 清同治刻本 清翁曾源批注

30266 光緒六年庚辰科會試同年齒錄不分卷 清光緒會文齋等刻本 清翁同龢批注本

30267 光緒十六年庚寅科會試錄一卷金榜題名錄一卷 清光緒刻本 清翁同龢批注並跋

30268 建文元年京闈小錄一卷 清莫棠抄本 莫棠跋

30269 建文元年京闈小錄一卷 清抄本 清丁丙跋

30270 永樂十二年福建鄉試錄一卷 明抄本

30271 永樂十八年浙江鄉闈小錄一卷 明抄本

30272 宣德元年福建鄉試錄一卷 明抄本

30273 景泰元年應天府鄉試小錄一卷 明景泰刻本 行數字數均不等黑口四周雙邊

30274 景泰四年福建鄉試錄一卷 明抄本

30275 天順三年江西鄉試錄一卷 明天順刻本 九行字不一黑口四周雙邊

30276 天順六年應天府鄉試錄一卷 明天順刻本 行、字數均不一黑口四周雙邊

30277 天順六年山西鄉試錄一卷 明天順刻本 九行字不一黑口四周雙邊

30278 天順六年山東鄉試錄一卷 明天順刻本 九行字不一黑口四周雙邊

30279 天順六年浙江鄉試錄一卷 明天順刻本 八行字不一黑口四周雙邊

30280 成化元年山東鄉試錄一卷 明成化刻本 八、九行字不一黑口四周雙邊

30281 成化元年四川鄉試錄一卷 明成化刻本 行、字均不一黑口四周雙邊

30282 成化四年應天府鄉試錄一卷 明成化刻本 行、字均不一黑口四周雙邊

30283 成化四年浙江鄉試錄一卷 明成化刻本 鄒韋、姚華跋 九行二十字黑口四周雙邊

30284 成化四年廣東鄉試錄一卷 明成化刻本 八行字不一黑口四周雙邊

30285 成化七年應天府鄉試錄一卷 明成化刻本 九行字不一黑口四周雙邊

30286 成化七年陝西鄉試錄一卷 明成化刻本 八行字不一黑口四周雙邊

30287 成化七年浙江鄉試錄一卷 明抄本

30288 成化七年湖廣鄉試錄一卷 明成化刻本 八行字不一黑口四周雙邊

30289 成化七年廣東鄉試錄一卷 明成化刻本 八行字不一黑口四周雙邊

30290 成化七年順天府鄉試錄一卷 明成化刻本 九行字不一黑口四周雙邊

30291 成化十年應天府鄉試錄一卷 明成化刻本 行、字均不一黑口四周雙邊

30292 成化十年山東鄉試錄一卷 明成化刻本 九行字不一黑口四周雙邊

30293 成化十年陝西鄉試錄一卷 明成化刻本 八行字不一黑口四周雙邊

30294 成化十年浙江鄉試錄一卷 明成化刻本 八行字不一黑口四周雙邊

30295 成化十年江西鄉試錄一卷 明成化刻本 九行字不一黑口四周雙邊

30296 成化十年廣東鄉試錄一卷 明成化刻本 八行字不一黑口四周雙邊

30297 成化十三年順天府鄉試錄一卷 明成化刻本 行、字均不一黑口四周雙邊

30298 成化十三年應天府鄉試錄一卷 明成化刻本 九行字不一黑口四周雙邊

30299 成化十三年浙江鄉試錄一卷 明成化刻本 八行字不一黑口四周雙邊

3100 成化十三年江西鄉試錄一卷 明成化刻本 九行字不一 黑口四周雙邊
3101 成化十六年順天府鄉試錄一卷 明成化刻本 九行字不一 黑口四周雙邊
3102 成化十六年應天府鄉試錄一卷 明成化刻本 九行字不一 黑口四周雙邊
3103 成化十六年山東鄉試錄一卷 明成化刻本 九行字不一 黑口四周雙邊
3104 成化十六年浙江鄉試錄一卷 明成化刻本 九行字不一 黑口四周雙邊
3105 成化十六年湖廣鄉試錄一卷 明成化刻本 九行字不一 黑口四周雙邊
3106 成化十九年山東鄉試錄一卷 明成化刻本 九行字不一 黑口四周雙邊
3107 成化十九年浙江鄉試錄一卷 明抄本
3108 成化二十二年山西鄉試錄一卷 明成化刻本 八、九行不等字不一 黑口四周雙邊
3109 成化二十二年河南鄉試錄一卷 明成化刻本 九行字不一 黑口四周雙邊
3110 成化二十二年浙江鄉試錄一卷 明成化刻本 九行字不一 黑口四周雙邊
3111 成化二十二年廣東鄉試錄一卷 明成化刻本 九行字不一 黑口四周雙邊
3112 弘治二年江西鄉試錄一卷 明弘治刻本 九行字不一 黑口四周雙邊
3113 弘治二年廣東鄉試錄一卷 明弘治刻本 九行字不一 黑口四周雙邊
3114 弘治五年順天府鄉試錄一卷 明弘治刻本 九行字不一 黑口四周雙邊
3115 弘治五年山西鄉試錄一卷 明弘治刻本 九行字不一 黑口四周雙邊
3116 弘治五年浙江鄉試錄一卷 明弘治刻本 九行十八字上下黑口四周雙邊
3117 弘治五年江西鄉試錄一卷 明弘治刻本 九行字不一 黑口四周雙邊
3118 弘治五年湖廣鄉試錄一卷 明弘治刻本 九行字不一 黑口四周雙邊
3119 弘治五年廣西鄉試錄一卷 明弘治刻本 九行字不一 黑口四周雙邊
3120 弘治八年山東鄉試錄一卷 明弘治刻本 九行字不一 黑口四周雙邊
3121 弘治八年河南鄉試錄一卷 明弘治刻本 九行字不一 黑口四周雙邊
3122 弘治八年陝西鄉試錄一卷 明弘治刻本 九行字不一 黑口四周雙邊
3123 弘治八年福建鄉試錄一卷 明弘治刻本 九行字不一 黑口四周雙邊
3124 弘治八年廣東鄉試錄一卷 明弘治刻本 九行字不一 黑口四周雙邊
3125 弘治十一年順天府鄉試錄一卷 明弘治刻本 九行字不一 黑口四周雙邊
3126 弘治十一年河南鄉試錄一卷 明弘治刻本 九行字不一 黑口四周雙邊
3127 弘治十一年陝西鄉試錄一卷 明弘治刻本 九行字不一 黑口四周雙邊
3128 弘治十一年湖廣鄉試錄一卷 明弘治刻本 九行字不一 黑口四周雙邊
3129 弘治十一年福建鄉試錄一卷 明弘治刻本 九行字不一 黑口四周雙邊
3130 弘治十四年順天府鄉試錄一卷 明弘治刻本 九行字不一 黑口四周雙邊
3131 弘治十四年河南鄉試錄一卷 明弘治刻本 九行字不一 黑口四周雙邊
3132 弘治十四年江西鄉試錄一卷 明弘治刻本 九行字不一 黑口四周雙邊
3133 弘治十四年福建鄉試錄一卷 明弘治刻本 九行字不一 黑口四周雙邊
3134 弘治十四年雲貴鄉試錄一卷 明弘治刻本 九行字不一 黑口四周雙邊
3135 弘治十七年順天府鄉試錄一卷 明弘治刻本 九行字不一 黑口四周雙邊
3136 弘治十七年山東鄉試錄一卷 明嘉靖三十七年游居敬畧時中刻本 九行十九字上下黑口四周雙邊單魚尾
3137 弘治十七年陝西鄉試錄一卷 明弘治刻本 九行字不一 黑口四周雙邊
3138 弘治十七年浙江鄉試錄一卷 清影明弘治抄本
3139 正德二年順天府鄉試錄一卷 明正德刻本 九行字不一 黑口四周雙邊
3140 正德二年應天府鄉試錄一卷 明正德刻本 九行字不一 黑口四周雙邊
3141 正德二年山西鄉試錄一卷 明正德刻本 九行字不一 黑口四周雙邊
3142 正德二年河南鄉試錄一卷 明正德刻本 九行字不一 黑口四周雙邊
3143 正德二年浙江鄉試錄一卷 明抄本
3144 正德二年江西鄉試錄一卷 明正德刻本 九行字不一 黑口四周雙邊
3145 正德二年廣東鄉試錄一卷 明正德刻本 九行字不一 黑口四周雙邊
3146 正德二年廣西鄉試錄一卷 明正德刻本 九行字不一 黑口四周雙邊
3147 正德二年雲貴鄉試錄一卷 明正德刻本 九行字不一 黑口四周雙邊
3148 正德五年順天府鄉試錄一卷 明正德刻本 九行字不一 黑口四周雙邊
3149 正德五年應天府鄉試錄一卷 明正德刻本 九行字不一 黑口四周雙邊
3150 正德五年浙江鄉試錄一卷 明正德刻本 九行字不一 黑口四周雙邊
3151 正德五年福建鄉試錄一卷 明正德刻本 九行字不一 黑口四周雙邊
3152 正德五年廣東鄉試錄一卷 明正德刻本 九行字不一 黑口四周雙邊
3153 正德八年順天府鄉試錄一卷 明正德刻本 九行字不一 黑口四周雙邊
3154 正德八年應天府鄉試錄一卷 明正德刻本 九行字不一 黑口四周雙邊
3155 正德八年山西鄉試錄一卷 明正德刻本 九行字不一 黑口四周雙邊
3156 正德八年山東鄉試錄一卷 明正德刻本 九行字不一 黑口四周雙邊
3157 正德八年河南鄉試錄一卷 明正德刻本 九行字不一 黑口四周雙邊

21158 正德八年浙江鄉試錄一卷 明抄本 九行字不一白口左右雙邊
21159 正德八年四川鄉試錄一卷 明正德刻本 九行字不一黑口四周雙邊
21160 正德八年福建鄉試錄一卷 明正德刻本 九行字不一黑口四周雙邊
21161 正德八年廣西鄉試錄一卷 明正德刻本 九行字不一黑口四周雙邊
21162 正德十一年順天府鄉試錄一卷 明正德刻本 九行字不一黑口四周雙邊
21163 正德十一年應天府鄉試錄一卷 明正德刻本 九行字不一黑口四周雙邊
21164 正德十一年山西鄉試錄一卷 明正德刻本 九行字不一黑口四周雙邊
21165 正德十一年山東鄉試錄一卷 明正德刻本 九行字不一黑口四周雙邊
21166 正德十一年陝西鄉試錄一卷 明正德刻本 九行字不一黑口四周雙邊
21167 正德十一年江西鄉試錄一卷 明正德刻本 九行字不一黑口四周雙邊
21168 正德十一年湖廣鄉試錄一卷 明正德刻本 九行字不一黑口四周雙邊
21169 正德十一年福建鄉試錄一卷 明正德刻本 九行字不一黑口四周雙邊
21170 正德十四年應天府鄉試錄一卷 明正德刻本 九行字不一黑口四周雙邊
21171 正德十四年山西鄉試錄一卷 明正德刻本 九行字不一黑口四周雙邊
21172 正德十四年河南鄉試錄一卷 明正德刻本 九行字不一黑口四周雙邊

一四七

21173 正德十四年湖廣鄉試錄一卷 明正德刻本 九行字不一黑口四周雙邊
21174 正德十四年廣東鄉試錄一卷 明正德刻藍印本 九行字不一黑口四周雙邊
21175 正德十四年廣西鄉試錄一卷 明正德刻本 九行字不一黑口四周雙邊
21176 嘉靖元年山西鄉試錄一卷 明嘉靖刻本 九行字不一黑口四周雙邊
21177 嘉靖元年河南鄉試錄一卷 明嘉靖刻本 九行字不一白口四周雙邊
21178 嘉靖元年浙江鄉試錄一卷 明嘉靖刻本 張九擀跋 九行十八字上下黑口四周雙邊單魚尾
21179 嘉靖元年江西鄉試錄一卷 明嘉靖刻本 九行字不一黑口四周雙邊
21180 嘉靖元年雲貴鄉試錄一卷 明嘉靖刻本 九行字不一黑口四周雙邊
21181 嘉靖四年順天府鄉試錄一卷 明嘉靖刻本 九行字不一黑口四周雙邊
21182 嘉靖四年山東鄉試錄一卷 明嘉靖刻本 九行字不一白口四周雙邊
21183 嘉靖四年陝西鄉試錄一卷 明嘉靖刻本 九行字不一黑口四周雙邊
21184 嘉靖四年浙江鄉試錄一卷 明嘉靖刻本 九行十八字黑口四周雙邊
21185 嘉靖四年江西鄉試錄一卷 明嘉靖刻本 九行字不一黑口四周雙邊
21186 嘉靖四年雲貴鄉試錄一卷 明嘉靖刻本 九行字不一黑口四周雙邊
21187 嘉靖七年順天府鄉試錄一卷 明嘉靖刻本 九行字不一黑口四周雙邊

21188 嘉靖七年應天府鄉試錄一卷 明嘉靖刻本 九行字不一黑口四周雙邊
21189 嘉靖七年山東鄉試錄一卷 明嘉靖刻本 九行字不一黑口四周雙邊
21190 嘉靖七年戊子科山東鄉試錄一卷 明抄本
21191 嘉靖七年河南鄉試錄一卷 明嘉靖刻本 九行字不一黑口四周雙邊
21192 嘉靖七年浙江鄉試錄不分卷 明嘉靖刻本 九行字不一黑口四周雙邊
21193 嘉靖七年浙江同年錄一卷 明嘉靖刻本 八行字不一白口四周雙邊
21194 嘉靖七年江西鄉試錄一卷 明嘉靖刻本 九行字不一白口四周雙邊
21195 嘉靖七年湖廣鄉試錄一卷 明嘉靖刻本 九行字不一黑口四周雙邊
21196 嘉靖七年福建鄉試錄一卷 明嘉靖刻本 九行字不一黑口四周雙邊
21197 嘉靖十年應天府鄉試錄一卷 明嘉靖刻本 九行十八字大黑口四周雙邊
21198 南畿辛卯同年方齒錄一卷 明嘉靖二十七年刻本 十六行二十九字白口左右雙邊雙魚尾
21199 嘉靖十年湖廣鄉試錄一卷 明嘉靖刻本 九行字不一黑口四周雙邊
21200 嘉靖十年順天府鄉試錄一卷 明嘉靖刻本 九行字不一黑口四周雙邊
21201 嘉靖十三年應天府鄉試錄一卷 明嘉靖刻本 九行字不一黑口四周雙邊
21202 嘉靖十三年河南鄉試錄一卷 明嘉靖刻本 九行字不一黑口四周雙邊

一四八

21203 嘉靖十三年浙江鄉試錄一卷 明嘉靖刻本 九行字不一黑口四周雙邊
21204 嘉靖十三年江西鄉試錄一卷 明嘉靖刻本 九行字不一黑口四周雙邊
21205 嘉靖十三年福建鄉試錄一卷 明嘉靖刻本 九行字不一黑口四周雙邊
21206 嘉靖十三年廣東鄉試錄一卷 明嘉靖刻藍印本 九行字不一黑口四周雙邊
21207 嘉靖十三年雲貴鄉試錄一卷 明嘉靖刻本 九行字不一黑口四周雙邊
21208 嘉靖十六年順天府鄉試錄一卷 明嘉靖刻本 九行十八字上下黑口四周雙邊單魚尾
21209 嘉靖十六年應天府鄉試錄一卷 明嘉靖刻本 九行字不一黑口四周雙邊
21210 嘉靖十六年山西鄉試錄一卷 明嘉靖刻本 九行字不一黑口四周雙邊
21211 嘉靖十六年河南鄉試錄一卷 明嘉靖刻本 九行字不一黑口四周雙邊
21212 嘉靖十六年陝西鄉試錄一卷 明嘉靖刻本 九行字不一黑口四周雙邊
21213 嘉靖十六年浙江鄉試錄一卷 明嘉靖刻本 九行十八字粗黑口四周雙邊單魚尾
21214 嘉靖十六年江西鄉試錄一卷 明嘉靖刻本 九行字不一黑口四周雙邊
21215 嘉靖十六年四川鄉試錄一卷 明嘉靖刻本 九行字不一黑口四周雙邊
21216 嘉靖十六年福建鄉試錄一卷 明嘉靖刻本 九行字不一黑口四周雙邊
21217 嘉靖十六年廣東鄉試錄一卷 明嘉靖刻藍印本 九行字不一黑口四周雙邊

嘉靖十六年廣西鄉試錄一卷 明嘉靖刻本 九行字不一黑口四周雙邊 三二一八
嘉靖十六年雲南鄉試錄一卷 明嘉靖刻本 九行字不一黑口四周雙邊 三二一九
嘉靖十九年順天府鄉試錄一卷 明嘉靖刻本 九行字不一黑口四周雙邊 三二二〇
嘉靖十九年山東鄉試錄一卷 明嘉靖刻本 九行字不一黑口四周雙邊 三二二一
嘉靖十九年河南鄉試錄一卷 明嘉靖刻本 九行字不一黑口四周雙邊 三二二二
嘉靖十九年江西鄉試錄一卷 明嘉靖刻本 九行字不一黑口四周雙邊 三二二三
嘉靖十九年湖廣鄉試錄一卷 明嘉靖刻本 九行字不一黑口四周雙邊 三二二四
嘉靖十九年四川鄉試錄一卷 明嘉靖刻本 九行字不一黑口四周雙邊 三二二五
嘉靖十九年廣東鄉試錄一卷 明嘉靖刻本 九行字不一黑口四周雙邊 三二二六
嘉靖二十二年順天府鄉試錄一卷 明嘉靖刻本 九行字不一黑口四周雙邊 三二二七
嘉靖二十二年應天府鄉試錄一卷 明嘉靖刻本 九行字不一黑口四周雙邊 三二二八
嘉靖二十二年河南鄉試錄一卷 明嘉靖刻本 九行字不一黑口四周雙邊 三二二九
嘉靖二十二年浙江鄉試錄一卷 明嘉靖刻本 九行字不一黑口四周雙邊 三二三〇

一四九

嘉靖二十二年江西鄉試錄一卷 明嘉靖刻本 九行字不一黑口四周雙邊 三二三一
嘉靖二十二年湖廣鄉試錄一卷 明嘉靖刻本 九行字不一黑口四周雙邊 三二三二
嘉靖二十二年四川鄉試錄一卷 明嘉靖刻本 九行字不一黑口四周雙邊 三二三三
嘉靖二十二年廣東鄉試錄一卷 明嘉靖刻藍印本 三二三四
嘉靖二十五年順天府鄉試錄一卷 明嘉靖刻本 九行字數不一黑口四周雙邊 三二三五
嘉靖二十五年應天府鄉試錄一卷 明嘉靖刻本 九行字數不一黑口四周雙邊 三二三六
嘉靖二十五年山西鄉試錄一卷 明嘉靖刻本 九行字不一黑口四周雙邊 三二三七
嘉靖二十五年河南鄉試錄一卷 明嘉靖刻本 九行字不一黑口四周雙邊 三二三八
嘉靖二十五年浙江鄉試錄一卷 明嘉靖刻本 九行十八字黑口四周雙邊 三二三九
嘉靖二十五年江西鄉試錄一卷 明嘉靖刻本 九行字不一黑口四周雙邊 三二四〇
嘉靖二十五年湖廣鄉試錄一卷 明嘉靖刻本 九行字不一黑口四周雙邊 三二四一
嘉靖二十五年四川鄉試錄一卷 明嘉靖刻本 九行字不一黑口四周雙邊 三二四二
嘉靖二十五年福建鄉試錄一卷 明嘉靖刻本 九行字不一黑口四周雙邊 三二四三

嘉靖二十五年雲南鄉試錄一卷 明嘉靖刻本 九行字不一黑口四周雙邊 三二四四
嘉靖二十五年廣東鄉試錄一卷 明嘉靖刻本 九行字不一黑口四周雙邊 三二四五
嘉靖二十五年貴州鄉試錄一卷 明嘉靖刻本 九行字不一黑口四周雙邊 三二四六
嘉靖二十八年順天府鄉試錄一卷 明嘉靖刻本 九行字數不一黑口四周雙邊 三二四七
嘉靖二十八年應天府鄉試錄一卷 明嘉靖刻本 九行十八字上下黑口四周雙邊 三二四八
嘉靖二十八年山西鄉試錄一卷 明嘉靖刻本 九行字不一黑口四周雙邊 三二四九
嘉靖二十八年山東鄉試錄一卷 明嘉靖刻本 九行字不一黑口四周雙邊 三二五〇
嘉靖二十八年河南鄉試錄一卷 明嘉靖刻本 九行字不一黑口四周雙邊 三二五一
嘉靖二十八年陝西鄉試錄一卷 明嘉靖刻本 九行字不一黑口四周雙邊 三二五二
嘉靖二十八年浙江鄉試錄一卷 明嘉靖刻本 九行字不一黑口四周雙邊 三二五三
嘉靖二十八年福建鄉試錄一卷 明嘉靖刻本 九行字不一黑口四周雙邊 三二五四
嘉靖二十八年廣東鄉試錄一卷 明嘉靖刻本 九行字不一黑口四周雙邊 三二五五
嘉靖三十一年順天府鄉試錄一卷 明嘉靖刻本 九行字數不一黑口四周雙邊 三二五六

一五〇

嘉靖三十一年順天府鄉試錄一卷 明嘉靖刻本 九行字不一黑口四周雙邊 三二五七
嘉靖三十一年北畿壬子同年錄一卷 明嘉靖刻本 十二行行二十餘字上下黑口四周雙邊 三二五八
嘉靖三十一年應天府鄉試錄一卷 明嘉靖刻本 九行字數不一黑口四周雙邊 三二五九
嘉靖三十一年山西鄉試錄一卷 明嘉靖刻本 九行字不一黑口四周雙邊 三二六〇
嘉靖三十一年陝西鄉試錄一卷 明嘉靖刻本 九行字不一黑口四周雙邊 三二六一
嘉靖三十一年河南鄉試錄一卷 明嘉靖刻本 九行字不一黑口四周雙邊 三二六二
嘉靖三十一年江西鄉試錄一卷 明嘉靖刻本 九行字不一黑口四周雙邊 三二六三
嘉靖三十一年湖廣鄉試錄一卷 明嘉靖刻本 九行字不一黑口四周雙邊 三二六四
嘉靖三十一年福建鄉試錄一卷 明嘉靖刻本 九行字不一黑口四周雙邊 三二六五
嘉靖三十一年貴州鄉試錄一卷 明嘉靖刻本 九行字不一黑口四周雙邊 三二六六
嘉靖三十一年廣東鄉試錄一卷 明嘉靖刻本 九行字不一黑口四周雙邊 三二六七
嘉靖三十四年順天府鄉試錄一卷 明嘉靖刻本 九行字數不一黑口四周雙邊 三二六八

三二六九 嘉靖三十四年應天府鄉試錄一卷 明嘉靖刻本 九行十八字黑口四周雙邊

三二七〇 嘉靖三十四年山西鄉試錄一卷 明嘉靖刻本 九行字不一黑口四周雙邊

三二七一 嘉靖三十四年山東鄉試錄一卷 明嘉靖刻本 九行字不一黑口四周雙邊

三二七二 嘉靖三十四年河南鄉試錄一卷 明嘉靖刻本 九行字不一黑口四周雙邊

三二七三 嘉靖三十四年貴州鄉試錄一卷 明嘉靖刻本 九行字不一黑口四周雙邊

三二七四 嘉靖三十七年順天府鄉試錄一卷 明嘉靖刻本 九行字數不一黑口四周雙邊

三二七五 嘉靖三十七年應天府鄉試錄一卷 明嘉靖刻本 九行字數不一黑口四周雙邊

三二七六 嘉靖三十七年山東鄉試錄一卷 明嘉靖刻本 九行字不一黑口四周雙邊

三二七七 嘉靖三十七年戊午科山東鄉試同年齒錄一卷 明隆慶五年刻本 清王之栻跋 九行廿二字白口四周雙邊

三二七八 嘉靖三十七年河南鄉試錄一卷 明嘉靖刻本 九行字不一黑口四周雙邊

三二七九 嘉靖三十七年陝西鄉試錄一卷 明嘉靖刻本 九行字不一黑口四周雙邊

三二八〇 嘉靖三十七年湖廣鄉試錄一卷 明嘉靖刻本 九行字不一黑口四周雙邊

三二八一 嘉靖四十年浙江鄉試錄一卷 明嘉靖刻本 九行字不一黑口四周雙邊

三二八二 嘉靖四十年江西鄉試錄一卷 明嘉靖刻本 九行字不一黑口四周雙邊

三二八三 嘉靖四十年廣東鄉試錄一卷 明嘉靖刻本 九行字不一黑口四周雙邊

三二八四 嘉靖四十年廣西鄉試錄一卷 明嘉靖刻本 九行字不一黑口四周雙邊

三二八五 嘉靖四十年貴州鄉試錄一卷 明嘉靖刻本 九行字不一黑口四周雙邊

三二八六 嘉靖四十三年應天府鄉試錄一卷 明嘉靖刻本 九行字不一黑口四周雙邊

三二八七 嘉靖四十三年山西鄉試錄一卷 明嘉靖刻本 九行字不一黑口四周雙邊

三二八八 嘉靖四十三年山東鄉試錄一卷 明嘉靖刻本 九行字不一黑口四周雙邊

三二八九 嘉靖四十三年河南鄉試錄一卷 明嘉靖刻本 九行字不一黑口四周雙邊

三二九〇 嘉靖四十三年陝西鄉試錄一卷 明刻本 九行十八字黑口四周雙邊

三二九一 嘉靖四十三年江西鄉試錄一卷 明嘉靖刻本 九行字不一黑口四周雙邊

三二九二 嘉靖四十三年福建鄉試錄一卷 明嘉靖刻本 九行字不一黑口四周雙邊

三二九三 嘉靖四十三年廣東鄉試錄一卷 明嘉靖刻藍印本

三二九四 嘉靖四十三年廣西鄉試錄一卷 明嘉靖刻本 九行字不一黑口四周雙邊

三二九五 嘉靖四十三年雲南鄉試錄一卷 明嘉靖刻本 九行字不一黑口四周雙邊

三二九六 隆慶元年順天府鄉試錄一卷 明隆慶刻本 九行字不一黑口四周雙邊

三二九七 隆慶元年應天府鄉試錄一卷 明隆慶刻本 九行字不一黑口四周雙邊

三二九八 隆慶元年山西鄉試錄一卷 明隆慶刻本 九行字不一黑口四周雙邊

三二九九 隆慶元年山東鄉試錄一卷 明隆慶刻本 九行十八字黑口四周雙邊

三三〇〇 隆慶元年河南鄉試錄一卷 明隆慶刻本 九行字不一黑口四周雙邊

三三〇一 隆慶元年浙江鄉試錄一卷 明隆慶刻本 九行十八字上下黑口四周雙邊 黑魚尾

三三〇二 隆慶元年江西鄉試錄一卷 明隆慶刻本 九行十八字上下黑口四周雙邊 黑魚尾

三三〇三 隆慶元年福建鄉試錄一卷 明隆慶刻本 九行字不一黑口四周雙邊

三三〇四 隆慶四年順天府鄉試錄一卷 明隆慶刻本 九行字不一黑口四周雙邊

三三〇五 隆慶四年應天府鄉試錄一卷 明隆慶刻本 九行字不一黑口四周雙邊

三三〇六 隆慶四年山西鄉試錄一卷 明隆慶刻本 九行字不一黑口四周雙邊

三三〇七 隆慶四年山東鄉試錄一卷 明隆慶刻本 九行十八字黑口四周雙邊

三三〇八 隆慶四年河南鄉試錄一卷 明隆慶刻本 九行字不一黑口四周雙邊

三三〇九 隆慶四年陝西鄉試錄一卷 明隆慶刻本 九行字不一黑口四周雙邊

三三一〇 隆慶四年浙江鄉試錄一卷 明隆慶刻本 九行字不一黑口四周雙邊

三三一一 隆慶四年江西鄉試錄一卷 明隆慶刻本 九行字不一黑口四周雙邊

三三一二 隆慶四年四川鄉試錄一卷 明隆慶刻本 九行字不一黑口四周雙邊

三三一三 隆慶四年福建鄉試錄一卷 明隆慶刻本 九行字不一黑口四周雙邊

三三一四 隆慶四年廣東鄉試錄一卷 明隆慶刻藍印本

三三一五 隆慶四年廣西鄉試錄一卷 明隆慶刻本 九行字不一黑口四周雙邊

三三一六 隆慶四年貴州鄉試錄一卷 明隆慶刻本 九行字不一黑口四周雙邊

三三一七 萬曆元年順天府鄉試錄一卷 明萬曆刻本 九行字不一黑口四周雙邊

三三一八 萬曆元年山西鄉試錄一卷 明萬曆刻本 九行字不一黑口四周雙邊

三三一九 萬曆元年河南鄉試錄一卷 明萬曆刻本 九行字不一黑口四周雙邊

三三二〇 萬曆元年陝西鄉試錄一卷 明萬曆刻本 九行字不一黑口四周雙邊

三三二一 萬曆元年浙江鄉試錄一卷 明萬曆刻本 九行字不一黑口四周雙邊

三三二二 萬曆元年四川鄉試錄一卷 明萬曆刻本 九行字不一黑口四周雙邊

三三二三 萬曆元年福建鄉試錄一卷 明萬曆刻本 九行字不一黑口四周雙邊

三三二四 萬曆元年湖廣鄉試錄一卷 明萬曆刻本 九行字不一黑口四周雙邊

一三三二五 萬曆元年廣東鄉試錄一卷 明萬曆刻遞印本

一三三二六 萬曆四年廣西鄉試錄一卷 明萬曆刻本 九行字不一黑口四周雙邊

一三三二七 萬曆四年順天府鄉試錄一卷 明萬曆刻本 九行字不一黑口四周雙邊

一三三二八 萬曆四年應天府鄉試錄一卷 明萬曆刻本 九行字不一黑口四周雙邊

一三三二九 萬曆四年山西鄉試錄一卷 明萬曆刻本 九行字不一黑口四周雙邊

一三三三〇 萬曆四年山東鄉試錄一卷 明萬曆刻本 九行字不一黑口四周雙邊

一三三三一 萬曆四年河南鄉試錄一卷 明萬曆刻本 九行字不一黑口四周雙邊

一三三三二 萬曆四年浙江鄉試錄一卷 明萬曆刻本 九行字不一黑口四周雙邊

一三三三三 萬曆四年江西鄉試錄一卷 明萬曆刻本 九行字不一黑口四周雙邊

一三三三四 萬曆四年福建鄉試錄一卷 明萬曆刻本 九行字不一黑口四周雙邊

一三三三五 萬曆四年廣東鄉試錄一卷 明萬曆刻本 九行字不一黑口四周雙邊

一三三三六 萬曆四年廣西鄉試錄一卷 明萬曆刻本 九行字不一黑口四周雙邊

一三三三七 萬曆四年雲南鄉試錄一卷 明萬曆刻本 九行字不一黑口四周雙邊

一三三三八 萬曆四年貴州鄉試錄一卷 明萬曆刻本 九行字不一黑口四周雙邊

一三三三九 萬曆七年順天府鄉試錄一卷 明萬曆刻本 九行字不一黑口四周雙邊

一三三四〇 萬曆七年應天府鄉試錄一卷 明萬曆刻本 九行字不一黑口四周雙邊

一三三四一 萬曆七年山西鄉試錄一卷 明萬曆刻本 九行字不一黑口四周雙邊

一三三四二 萬曆七年山東鄉試錄一卷 明萬曆刻本 九行字不一黑口四周雙邊

一三三四三 萬曆己卯山東鄉試同年總錄一卷 明萬曆刻本 九行二十字左右黑口四周雙邊單魚尾

一三三四四 萬曆七年陝西鄉試錄一卷 明萬曆刻本 九行字不一黑口四周雙邊

一三三四五 萬曆七年浙江鄉試錄一卷 明萬曆刻本 九行字不一黑口四周雙邊

一三三四六 萬曆七年江西鄉試錄一卷 明萬曆刻本 九行字不一黑口四周雙邊

一三三四七 萬曆七年福建鄉試錄一卷 明萬曆刻本 九行字不一黑口四周雙邊

一三三四八 萬曆七年廣東鄉試錄一卷 明萬曆刻本 九行字不一黑口四周雙邊

一三三四九 萬曆七年廣西鄉試錄一卷 明萬曆刻本 九行字不一黑口四周雙邊

一三三五〇 萬曆十年順天府鄉試錄一卷 明萬曆刻本 九行字不一黑口四周雙邊

一三三五一 萬曆十年山東鄉試錄一卷 明萬曆刻本 九行字不一黑口四周雙邊

一三三五二 萬曆十年應天府鄉試錄一卷 明萬曆刻本 九行字不一黑口四周雙邊

一三三五三 萬曆十年山西鄉試錄一卷 明萬曆刻本 九行字不一黑口四周雙邊

一三三五四 萬曆十年陝西鄉試錄一卷 明萬曆刻本 九行字不一黑口四周雙邊

一三三五五 萬曆十年浙江鄉試錄一卷 明萬曆刻本 九行字不一黑口四周雙邊

一三三五六 萬曆十年江西鄉試錄一卷 明萬曆刻本 九行十八字上下黑口四周雙邊單魚尾

一三三五七 萬曆十年湖廣鄉試錄一卷 明萬曆刻本 九行字不一黑口四周雙邊

一三三五八 萬曆十年四川鄉試錄一卷 明萬曆刻本 九行字不一黑口四周雙邊

一三三五九 萬曆十年福建鄉試錄一卷 明萬曆刻本 九行字不一黑口四周雙邊

一三三六〇 萬曆十年廣東鄉試錄一卷 明萬曆刻本 九行字不一黑口四周雙邊

一三三六一 萬曆十年廣西鄉試錄一卷 明萬曆刻本 九行字不一黑口四周雙邊

一三三六二 萬曆十年雲南鄉試錄一卷 明萬曆刻本 九行字不一黑口四周雙邊

一三三六三 萬曆十年貴州鄉試錄一卷 明萬曆刻本 九行字不一黑口四周雙邊

一三三六四 浙江辛卯科同年序齒總錄一卷 明萬曆刻本 十一行二十二字白口四周雙邊單魚尾

一三三六五 萬曆二十二年山東鄉試錄一卷 明萬曆刻本 九行十八字上下黑口四周雙邊單魚尾

一三三六六 萬曆甲午科山東鄉試同年齒錄一卷 清抄本

一三三六七 萬曆二十二年浙江鄉試錄一卷 明萬曆刻本 清丁丙跋 九行十八字黑口四周雙邊

一三三六八 萬曆二十八年順天府鄉試錄一卷 明萬曆刻本 九行十八字上下黑口四周雙邊單魚尾

一三三六九 萬曆庚子科順天鄉試同年錄一卷 明萬曆刻本 十行二十字白口四周單邊單魚尾

一三三七〇 浙江庚子科同年序齒錄一卷 明萬曆刻本 十行白口四周雙邊單魚尾

一三三七一 萬曆二十八年福建鄉試錄一卷 明萬曆刻本 九行十八字四周雙邊

一三三七二 萬曆四十六年河南鄉試錄一卷 明萬曆刻本

一三三七三 浙江戊午科鄉試同年錄一卷 明萬曆刻本 十行十九字白口四周單邊單魚尾

一三三七四 天啟元年山西鄉試錄一卷 明天啟刻本

一三三七五 天啟四年廣西鄉試錄一卷 明天啟四年刻本 九行十八字四周雙邊

一三三七六 天啟四年雲南鄉試錄一卷 明天啟四年刻本

一三三七七 崇禎六年癸酉科山東鄉試錄一卷 清[illegible]跋 清乾隆七年抄本 九行字不等大黑口

一三三七八 崇禎六年四川鄉試錄一卷 明崇禎刻本 四周雙邊

崇禎十二年應天府鄉試錄一卷　明崇禎刻本　九行十八字大黑口四周雙邊　三三七九
崇禎十二年己卯科山東鄉試錄一卷　明崇禎刻本　十行廿三字大小字不一白口四周單邊　三三八〇
崇禎十二年己卯科山東鄉試錄一卷　清孫惟揆打拼　清乾隆七年抄本　三三八一
補萬曆元年應天府鄉試錄一卷　明萬曆刻本　九行字不一黑口四周雙邊　三三一七
崇禎壬午科京省題名錄一卷　明崇禎刻本　十行　三三八二
崇禎十五年壬午科山東鄉試錄一卷　清孫惟揆打拼　清乾隆七年抄本　三三八三
順治五年江南鄉試錄一卷　清順治刻本　三三八四
順治五年戊子科山東鄉試錄一卷　清順治刻本　三三八五
順治八年辛卯科山東同貢序齒錄一卷　清順治刻本　三三八六
順治八年陝西鄉試錄一卷　清順治刻本　三三八七
順治八年陝西鄉試序齒錄一卷　清順治刻本　三三八八
順治十一年山東鄉試錄一卷　清順治刻本　三三八九
康熙十一年江西鄉試錄一卷　清康熙刻本　三三九〇

康熙二十三年四川鄉試錄一卷　清康熙刻本　三三九一
康熙二十三年福建鄉試錄一卷　清康熙刻本　三三九二
康熙二十六年江西鄉試錄一卷　清康熙刻本　三三九三
康熙三十二年癸酉科順天鄉試錄一卷　清康熙刻本　三三九四
康熙三十五年山東鄉試錄一卷　清康熙刻本　三三九五
康熙三十五年陝西鄉試錄一卷　清康熙刻本　三三九六
康熙四十一年山東鄉試錄一卷　清康熙刻本　三三九七
康熙五十年江南鄉試錄一卷　清康熙刻本　三三九八
康熙五十年山西鄉試錄一卷　清康熙刻本　三三九九
康熙五十年福建鄉試錄一卷　清康熙刻本　三四〇〇
雍正二年廣西鄉試錄一卷　清雍正刻本　三四〇一
清雍正七年江南鄉試錄一卷　清雍正抄本　三四〇二
雍正十年壬子科四川鄉試錄一卷　清雍正刻本　三四〇三
雍正十三年湖廣湖北鄉試錄一卷　清雍正刻本　三四〇四
乾隆元年丙辰恩科山西鄉試錄一卷　清乾隆刻本　三四〇五

乾隆三年戊午科順天鄉試錄履歷不分卷　清抄本　三四〇六
乾隆三年戊午科順天鄉試同年錄不分卷　清刻本　三四〇七
乾隆三年山西鄉試錄一卷　清乾隆刻本　三四〇八
乾隆六年辛酉科湖南鄉試錄一卷　清乾隆刻本　三四〇九
乾隆九年甲子科順天鄉試錄一卷　清乾隆刻本　三四一〇
乾隆九年甲子科江南鄉試錄一卷　清乾隆刻本　三四一一
乾隆十二年江西鄉試錄一卷　清乾隆刻本　三四一二
乾隆二十一年浙江鄉試錄一卷　清乾隆刻本　三四一三
乾隆二十四年己卯科順天鄉試錄一卷　清抄本　三四一四
乾隆二十七年浙江鄉試錄一卷　清乾隆刻本　三四一五
乾隆二十七年江西鄉試題名錄一卷　清抄本　三四一六
乾隆三十三年戊子科順天鄉試錄一卷　清乾隆刻本　三四一七
乾隆三十三年浙江鄉試錄一卷　清乾隆刻本　三四一八
乾隆三十五年庚寅恩科福建鄉試錄一卷　清乾隆刻本　三四一九

乾隆三十九年甲午科福建鄉試錄一卷　清乾隆刻本　三四二〇
乾隆四十二年丁酉科河南鄉試錄一卷　清乾隆刻本抄配一至三十葉　三四二一
乾隆四十二年浙江鄉試錄一卷　清乾隆刻本　三四二二
乾隆己亥恩科各省鄉試齒錄不分卷　清法式善輯　清乾隆刻本　三四二三
乾隆四十四年己亥恩科陝西鄉試錄一卷　清乾隆刻本　三四二四
乾隆四十八年癸卯科鄉試齒錄一卷　清咸豐二年紅橋生抄本　清翁同書跋　三四二五
乾隆四十八年癸卯科江南鄉試同年齒錄一卷　清乾隆刻本　清翁同龢跋　三四二六
乾隆四十八年湖北鄉試錄一卷　清乾隆刻本　三四二七
乾隆五十九年恩科四川鄉試題名錄一卷　清乾隆抄本　三四二八
乾隆五十九年甲寅恩科雲南鄉試錄一卷　清乾隆刻本　三四二九

本

三四三〇 嘉慶六年辛酉科河南鄉試題名錄一卷 清嘉慶抄本

三四三一 嘉慶九年廣西鄉試題名錄一卷 清嘉慶刻本

三四三二 嘉慶十二年廣西鄉試題名錄一卷 清嘉慶抄本

三四三三 嘉慶十五年廣西鄉試題名錄一卷 清嘉慶刻本

三四三四 嘉慶二十一年丙子科四川鄉試題名錄一卷 清嘉慶刻本

三四三五 道光八年戊子科廣東鄉試題名錄一卷 清道光刻本

三四三六 道光十二年壬辰科直省鄉試同年齒錄一卷 清翁同書抄本

三四三七 道光十二年壬辰科四川鄉試題名錄一卷 清道光刻本

三四三八 道光十四年甲午科江西鄉試題名錄一卷 清道光抄本

三四三九 道光十四年甲午科湖南鄉試題名錄一卷 清道光抄本

三四四〇 道光十四年甲午科繙譯鄉試錄一卷 清道光抄本

三四四一 道光十五年乙未恩科廣東鄉試錄一卷 清道光抄本

三四四二 道光十五年乙未恩科繙譯鄉試錄一卷 清道光抄本

三四四三 道光二十三年癸卯科山西鄉試題名錄一卷 清道光抄本

三四四四 道光二十四年甲辰恩科廣東鄉試題名錄一卷 清抄本

三四四五 道光丙午科直省鄉試題名全錄一卷 清同治八年鄞縣徐時棟抄本

三四四六 咸豐九年己未恩科山西鄉試題名錄一卷 清咸豐抄本

三四四七 同治元年壬戌恩科山西鄉試同年齒錄一卷 清同治刻本 清翁同龢批注

三四四八 同治三年甲子科江南鄉試錄一卷 清翁同龢抄本

三四四九 同治三年甲子科廣東鄉試題名錄一卷 清同治抄本

三四五〇 同治六年丁卯科並補行辛酉科江南鄉試題名錄一卷 清同治抄本

三四五一 同治六年丁卯科江西鄉試題名錄一卷 清同治抄本

三四五二 同治六年丁卯科廣東鄉試錄一卷 清同治抄本

三四五三a 同治六年丁卯科廣西鄉試題名錄一卷 清同治抄本

三四五三b 同治九年庚午科廣東鄉試錄一卷 清同治刻本

三四五四 光緒十四年戊子科順天鄉試錄一卷 清翁同龢稿本

三四五五 嘉靖二十三年武舉錄一卷 明嘉靖刻本 九行字不一 黑口 四周雙邊

三四五六 嘉靖二十六年武舉錄一卷 明嘉靖刻本 九行字不一 黑口 四周雙邊

三四五七 嘉靖二十九年武舉錄一卷 明嘉靖刻本 九行字不一 黑口 四周雙邊

三四五八 嘉靖三十二年武舉錄一卷 明嘉靖刻本 九行字不一 黑口 四周雙邊

三四五九 嘉靖三十五年武舉錄一卷 明嘉靖刻本 九行字不一 黑口 四周雙邊

三四六〇 嘉靖三十八年武舉錄一卷 明嘉靖刻本 九行字不一 黑口 四周雙邊

三四六一 嘉靖四十一年武舉錄一卷 明嘉靖刻本 九行字不一 黑口 四周雙邊

三四六二 隆慶五年武舉錄一卷 明隆慶刻本 九行字不一 黑口 四周雙邊

三四六三 萬曆二年武舉錄一卷 明萬曆刻本 九行字不一 黑口 四周雙邊

三四六四 萬曆八年武舉錄一卷 明萬曆刻本 九行字不一 黑口 四周雙邊

三四六五 萬曆十一年武舉錄一卷 明萬曆刻本 九行字不一 黑口 四周雙邊

三四六六 嘉靖二十八年江南武舉鄉試錄一卷 明嘉靖刻本 九行字不一 黑口 四周雙邊

三四六七 嘉靖二十八年蘇松武舉錄一卷 清影抄明嘉靖本 九行十八字 黑口 四周雙邊 單魚尾

三四六八 嘉靖三十四年福建武舉鄉試錄一卷 明嘉靖刻本 九行字不一 黑口 四周雙邊

三四六九 嘉靖四十年浙江武舉鄉試錄一卷 明嘉靖刻本 八行字數不一 黑口 四周雙邊

三四七〇 隆慶四年廣東武舉鄉試錄一卷 明隆慶刻本 九行字不一 黑口 四周雙邊

三四七一 隆慶四年貴州武舉鄉試錄一卷 明隆慶刻本 九行字不一 黑口 四周雙邊

三四七二 萬曆元年浙江武舉鄉試題名錄一卷 明萬曆刻本 九行字不一 黑口 四周雙邊

萬曆十年應天武舉鄉試錄一卷　明萬曆刻藍印本　三四七三

萬曆十年江北武舉鄉試錄一卷　明萬曆刻藍印本　三四七四

萬曆二十八年福建武舉鄉試錄一卷　明萬曆刻本　九行十八字四周雙邊　三四七五

康熙四十五年武會試錄一卷　清康熙刻本　三四七六

康熙五十年辛卯科福建鄉試武舉錄一卷　清康熙五十年刻本　三四七七

雍正二年陝西甘肅兩河武舉鄉試錄一卷　清雍正刻本　三四七八

乾隆三十三年廣東鄉試武舉錄一卷　清乾隆刻本　三四七九

乾隆四十二年丁酉科福建武闈鄉試錄一卷　清乾隆刻本　三四八〇

同治四年補行乙未恩科並辛酉正科浙江武鄉試錄一卷　清同治刻本　三四八一

同治六年丁卯科廣東鄉試武舉錄一卷　清同治刻本　三四八二

同治九年庚午科補帶戊午江南武鄉試題名錄一卷　清同治抄本　三四八三

同治九年庚午科江西武鄉試題名錄一卷　清同治抄本　三四八四

同治九年庚午科湖北武鄉試題名錄一卷　清同治抄本　三四八五

同治九年庚午科湖南武鄉試題名錄一卷　清同治抄本　三四八六

同治九年庚午科福建省武闈鄉試題名錄一卷　清同治抄本　三四八七

同治九年庚午科廣東鄉試武舉錄一卷　清同治抄本　三四八八

同治十年補行庚午科帶補戊午正科乙未恩科雲南武鄉試題名錄一卷　清同治抄本　三四八九

同治九年庚午正科並補行咸豐乙未恩科貴州武鄉試題名錄一卷　清同治抄本　三四九〇

序齒錄一卷　明崇禎刻本　十行字不等　三四九一

南國賢書五卷　明張朝瑞輯　明萬曆應天府刻本　十行二十字白口左右雙邊　三四九二

南國賢書六卷前編二卷　明張朝瑞輯　明崇禎五年潘潤禮刻本　十行廿四字小字雙行白口左右雙邊　三四九三

南國賢書六卷前編二卷　明張朝瑞輯　許大敍增補　明崇禎六年董天敍刻本　十二行二十一字白口左右雙邊　三四九四

前明山東歷科鄉試錄一卷國朝山東歷科鄉試錄一卷　清抄本　三四九五

國朝河南進士名錄一卷　明李濂編　明嘉靖刻本　十行二十字白口四周單邊　三四九六

國朝河南舉人名錄不分卷　明高濬子（李濂）輯　明嘉靖刻本　十行二十字白口四周單邊　三四九七

皇清陝西歷科進士錄不分卷　清康熙刻雍正至咸豐續刻本　三四九八

明常熟科貢錄一卷　清屈鉞輯　清抄本　清韓天成跋　三四九九

永樂六年至崇禎十七年常熟科名錄一卷附嘉靖三十四年至弘光元年科舉歲考優劣等案一卷　清初抄本　三五〇〇

嘉靖元年至道光二十三年虞邑科名錄一卷　清巢雲書屋抄本　三五〇一

毘陵科第攷八卷　清趙熙鍋輯　錢人麟、莊柱增訂　清乾隆十九年刻本　三五〇三

常熟翁氏入泮同登錄不分卷　清翁心存、翁同龢輯　稿本　三五〇四

清順治至乾隆吳江縣學冊不分卷　清抄本　三五〇五

皇明浙士登科考十卷首一卷　明陳士元撰　明萬曆三十一年自刻萬曆天啟補刻本　九行二十字白口四周單邊　三五〇六

皇明浙士登科攷十二卷　明陳汝元輯　明天啟刻本　三五〇七

浙江鄉試科名錄不分卷　清黃廷鉞等編　清光緒蔡鴻鑒抄本　三五〇八

杭屬鬻業不分卷　清錢唐丁氏抄本　清丁丙校並跋　三五〇九

國朝海寧舉貢表二卷　清鄒存淦輯　稿本　三五一〇

皇明吉安進士錄一卷　明正德刻本　十行二十字白口四周雙邊　三五一一

福城鄉進士題名記一卷　明張常試　明弘治十六年林洋刻嘉靖增刻本　八行十五字黑口四周雙邊　羅　三五一二

閩省賢書七卷　明邵捷春輯　續閩省賢書一　清邵明澤續輯　三五一三

卷 清郁明偉輯 清康熙刻本

三五一四 閩省賢書六卷 明邵捷春輯 清孔氏嶽雪樓抄本 康有為題識

三五一五 明莆田科第錄二卷 清張湖峙輯 清抄本

三五一六 廣東貢舉錄三卷 清張小遇輯 稿本

三五一七 粵東校士日錄不分卷 清翁心存撰 稿本

三五一八 粵東校士錄不分卷 清翁心存撰 稿本

三五一九 西江校士錄不分卷 清翁心存撰 稿本

三五二〇 宋元科舉題名錄七卷 清抄本
紹興十八年同年小錄一卷
延祐甲寅科江西鄉試錄一卷
山東鄉試題名記一卷 元毛元慶撰
山東鄉試題名碑記一卷 元孫鑄撰
至正十一年進士題名記一卷
至正庚子國子監貢試題名記一卷 元宋[illegible]撰
至正丙午國子監公試題名記一卷

三五二一 宋元明三朝狀元及第不分卷 明抄本

三五二二 明貢舉錄不分卷 明范欽輯 稿本

三五二三 皇明貢舉考八卷 明張朝瑞輯 明萬曆六年刻本 十行廿四字小字雙行同 左右雙邊白口

三五二四 皇明貢舉考九卷 明張朝瑞輯 明萬曆刻本 十行廿四字小字雙行同 白口左右雙邊 單魚尾

三五二五 增補貢舉考略五卷 清黃崇蘭撰 清道光二十四年民權齋刻本 清李慈銘校注
國朝貢舉考略三卷
國朝貢舉考略五卷

三五二六 皇明歷科狀元錄四卷 明陳鎏輯 明隆慶刻本 九行二十字白口 左右雙邊

三五二七 歷科狀元圖考全書六卷 明顧鼎臣編 吳承恩校正 黃應澄增 明萬曆四十五年刻清增刻本

三五二八 歷科狀元圖考全書六卷 明顧鼎臣編 吳承恩校正 黃應澄增 清陳枚增訂 清康熙武林文治堂書坊刻本

三五二九 皇明三元考十四卷科名盛事錄七卷 明張弘道、張凝道輯 明書林何敬塘刻本 八行十九字小字雙行同白口四周單邊

三五三〇 皇明三元考十四卷科名盛事錄七卷 明張弘道、張凝道輯 明刻本 八行字不一小字十七字白口四周單邊

三五三一 皇明三元考十四卷 明張弘道、張凝道輯 明魏奎福刻本 八行十九字小字雙行同白口四周單邊

三五三二 皇明三元考十四卷 明張弘道、張凝道輯 明刻本 清丁丙跋 八行十九字小字雙行同白口四周單邊

三五三三 科名盛事錄七卷 明張弘道、張凝道輯 明刻本 九行十九字白口四周單邊

三五三四 皇明進士登科考十二卷 明俞憲輯 明嘉靖楊鳴鍾刻本 十行廿二字白口四周單邊

存三卷 一至三

三五三五 皇明程世錄□□卷 [illegible]
存九卷
成化五年己丑科會試錄一卷
成化十一年乙未科會試錄一卷
成化十四年戊戌科會試錄一卷
成化十七年辛丑科會試錄一卷
成化二十年甲辰科會試錄一卷
成化二十三年丁未科會試錄一卷
弘治三年庚戌科會試錄一卷
弘治九年丙辰科會試錄一卷
弘治十二年己未科會試錄一卷

三五三六 鼎甲徵信錄二卷 清閻湘蕙輯 清抄本

三五三七 明朝進士題名錄不分卷 清初刻本

三五三八 類姓登科考不分卷 清盛子鄴輯 清抄本

三五三九 明類姓登科考□卷 清盛子鄴輯 清抄本 清盛丈濬跋
存一卷

三五四〇 國朝歷科館選錄不分卷 清沈廷芳輯 稿本 清楊泰亨跋 邵廷烈跋

三五四一 國朝歷科館選錄不分卷 清沈廷芳輯 陸費墀、沈世煒重訂 清乾隆金閶書業堂刻本

三五四二 順治康熙雍正三朝會試及順天鄉試闈官名錄不分卷 清抄本 傅增湘跋

三五四三 康熙十六年備錄司考試錄一卷 清康熙刻本

三五四四 康熙十八年博學鴻儒科題名錄一卷 清抄本

三五四五 康熙十八年博學鴻詞姓氏錄一卷 清抄本

三五四六 康熙十八年鴻博履歷一卷 清抄本

三五四七 雍正十二十三年寅卯拔貢同年序齒錄一卷 清雍正刻本

三五四八 乾嘉道咸四朝鄉會試題名錄不分卷 清抄本

三五四九 薦舉同年姓氏不分卷 清張金吾、邵淵耀、孫原湘輯 清乾隆元年刻本

三五五〇 嘉慶二十五年庚辰科欽取漢教習同年齒錄一卷 清嘉慶刻本 清翁心存批注 翁同龢跋

三五五一 道光二十九年己酉科拔貢庚戌朝考同年齒錄不分卷 清道光韞寶齋刻本 清翁同龢批注

三五五二 道光二十九年己酉科貴州選拔同年錄一卷 清道光刻本 清翁同書批注

三五五三 同光兩朝草題名錄不分卷 清同治光緒間刻本 章鈺、夏孫桐、傅增湘、袁毓慶跋 邵章題詩

三五五四 傳衣錄不分卷 清翁心存、翁同龢輯 稿本

三五五五 學海堂丁亥課士錄不分卷 清翁心存輯 稿本

職官錄

三五五六 宋中興百官題名一卷 宋何異撰 清抄本

三五五七 續宋宰輔編年錄二十六卷 明呂邦耀撰 明天啓元年刻本 十行二十字白口四周單邊黑魚尾

三五五八 續宋宰輔編年錄二十六卷 明呂邦耀撰 清抄本

三五五九 國朝列卿年表一百三十九卷 明雷禮撰 明萬曆十四年雷禮烏程刻本 九行二十字小字雙行白口四周雙邊

三五六〇 國朝列卿年表一百四十五卷 明雷禮撰 崇禎補 明萬曆四十六年刻崇禎八年補刻本 九行二十字小字雙行同白口左右雙邊有刻工

三五六一 國朝列卿年表一百三十九卷 明雷禮撰 明董志澄刻本 九行二十字小字雙行白口左右雙邊

三五六二 國朝殿閣部院大臣年表十七卷附開國省侍諸臣年表一卷 明許重熙輯 明刻本

三五六三 國朝殿閣部院大臣年表十八卷附開國省侍諸臣年表一卷 明許重熙輯 明崇禎刻本 十行二十字白口四周單邊

三五六四 明內閣部院大臣年表十八卷 明許重熙輯 清順治刻本

三五六五 皇明閣臣錄四卷 明李廷機纂 明萬曆三十六年刻本 九行廿二字白口四周單邊白魚尾

三五六六 明嘉靖萬曆縉紳全書殘冊一卷 明嘉靖萬曆刻本 二十行小字十字白口四周單邊

三五六七 新刊真楷大字全號縉紳便覽一卷 明萬曆十二年北京鐵匠胡同葉鋪刻藍印本 繆荃孫、魏毓泉、曹元忠跋 李詳、金蓉鏡手題詩

三五六八 新刊南北直隸十三省府州縣正佐首領全號宦林備覽二卷 明萬曆十二年北京鐵匠胡同刻本 陶祥康跋 大字八行小字十六行黑口四周單邊

三五六九 明萬曆搢紳冊不分卷 明萬曆刻本 十二行字不一黑口上下雙邊

三五七〇 新刊詳註縉紳便覽不分卷 明崇禎洪氏敬刷齋刻本

三五七一 崇禎大臣年表一卷 清俞汝言撰 稿本

三五七二 戶部題名一卷（永樂至崇禎三年） 明梁自嚴輯 明崇禎三年刻本 九行二十字白口四周雙邊單魚尾

三五七三 南垣論世考十四卷 明余懋學撰 盧大中續 明萬曆刻本 八行十八字白口四周單邊

三五七四 土官底簿二卷 清文氏法抄本

三五七五 殘民百滅簿兩卷 稿本 沈濂、繆濮士跋

三五七六 皇清百官題名不分卷 清抄本

三五七七 宗室王公世職章京爵秩襲次全表十卷 清抄本

三五七八 宗室王公章京世襲爵秩冊不分卷 清黃協房抄本

三五七九 宗室王公章京世襲爵秩冊不分卷 清黃協房抄本

三五八〇 內務府官員名冊不分卷 清末抄本

三五八一 內閣漢票簽中書舍人題名一卷續編一卷 清咸豐十一年至同治刻本 清翁同龢批注

三五八二 國朝御史題名不分卷 清黃叔璥輯 清乾隆十九年河南刻本

三五八三 給事中題名一卷 清戴璐輯 清乾隆刻本

三五八四 [順治九年]司道職名冊一卷 清劉啟瑞食舊德齋抄本

三五八五 同咨錄一卷 清順治刻本

三五八六 清初縉紳錄不分卷 清初刻本

三五八七 順治十八年縉紳冊不分卷 清順治洪氏敬刷齋刻本 清翁方綱、法式善、阮元、丁晏孫、潘祖蔭、朱珪、邵懿辰、吳存義題詩 伊秉綬、梁恭辰、沈濤、李文田、李鴻裔題跋

三五八八 康熙縉紳冊不分卷 清康熙洪氏敬刷齋刻本

三五八九 康熙五十四年爵秩新本不分卷 清康熙五十四年刻本 朱彭壽校補 邵章題記

三五九〇 新刻雍正九年爵秩全覽不分卷 清雍正榮錦堂書坊刻本

三五九一 新刻雍正十二年冬季爵秩全覽不分卷 清雍正十二年榮錦堂刻本 邵章題記

三五九二 滿漢縉紳全書十卷 清乾隆三年京都同陞閣書坊刻本

三五九三 滿漢縉紳全書不分卷 清乾隆八年京都同陞閣書坊刻本

三五九四 爵秩新本不分卷 清乾隆四年刻本

三五九五 乾隆十年滿漢爵秩新本不分卷 清乾隆十年京都榮錦堂書坊刻本

三五九六 爵秩新本不分卷 清乾隆刻本

三五九七 縉紳全本不分卷 清乾隆十二年同陞閣書坊刻本

新刻乾隆十八年爵秩全覽不分卷　清乾隆崇錦堂坊刻本　三五九八
乾隆縉紳全本不分卷　清乾隆刻本　三五九九
新刻乾隆二十二年爵秩全覽不分卷　清乾隆崇錦堂書坊刻本　傅增湘跋　三六〇〇
乾隆二十二年縉紳全本不分卷　清乾隆刻本　三六〇一
縉紳全本不分卷　清乾隆刻本　三六〇二
乾隆二十三年縉紳全本不分卷　清乾隆刻本　三六〇三
乾隆二十五年爵秩全覽不分卷　清乾隆二十五年刻本　三六〇四
乾隆二十八年滿漢縉紳全本不分卷　清乾隆二十八年同陞閣書坊刻本　三六〇五
大清職官遷除全書不分卷（乾隆二十八年夏季）　清乾隆二十八年寶名堂刻本　江標題記　三六〇六
大清中樞備覽不分卷　清乾隆二十九年刻本　三六〇七
乾隆三十年縉紳錄不分卷　清乾隆三十年崇錦堂書坊刻本　三六〇八
乾隆三十一年丙戌仕籍全編不分卷　清乾隆三十一年琉璃廠觀光閣刻本　三六〇九

一六五

爵秩新本不分卷　清乾隆三十二年刻本　三六一〇
乾隆三十二年縉紳全書不分卷　清乾隆三十二年寶名堂刻本　三六一一
乾隆三十五年爵秩新本不分卷　清乾隆三十五年刻本　三六一二
乾隆三十六年夏季職官遷除錄不分卷　清乾隆三十六年崇壽堂刻本　三六一三
乾隆三十六年職官遷除題名錄不分卷　清乾隆三十六年崇壽堂刻本　三六一五
乾隆三十七年縉紳全書不分卷　清乾隆三十七年刻本　三六一六
乾隆三十七年春季縉紳全書不分卷　清乾隆三十七年崇錦堂刻本　邵章題記　三六一七
乾隆三十七年職官遷除題名錄不分卷　清乾隆三十七年崇壽堂刻本　三六一八
乾隆三十八年職官遷除題名錄不分卷　清乾隆三十八年崇壽堂刻本　三六一九
大清縉紳全書不分卷　清乾隆三十九年崇錦堂刻本　三六二〇

乾隆三十九年縉紳全書四卷　清乾隆三十九年五本堂刻本　三六二一
大清縉紳全書不分卷　清乾隆四十二年刻本　三六二二
爵秩新本不分卷　清乾隆四十二年刻本　三六二三
新刻乾隆四十三年秋季爵秩全覽不分卷　清乾隆四十三年刻本　三六二四
乾隆縉紳全書不分卷　清乾隆刻本　鄭振鐸跋　三六二五
乾隆四十七年縉紳全書不分卷　清乾隆刻本　三六二六
乾隆五十年秋季大清中樞備覽不分卷　清乾隆五十年刻本　三六二七
大清縉紳全書不分卷　清乾隆五十七年京都寶名堂刻本　三六二八
乾隆五十九年爵秩全覽四卷　清乾隆刻本　三六二九
爵秩新本不分卷　清乾隆六十年刻本　三六三〇
爵秩新本不分卷　清嘉慶二年刻本　三六三一
清嘉慶八年春季爵秩全覽不分卷　清嘉慶八年刻本　三六三二
道光六年春季大清搢紳全書不分卷　清道光六年刻本　三六三三
道光十六年春季大清縉紳全書不分卷　清道光十六年[illegible]刻本　三六三四

一六六

道光二十三年秋季爵秩全覽不分卷　清道光二十三年刻本　邵章題記　三六三五
咸豐七年秋季爵秩全覽不分卷　清咸豐七年刻本　邵章題記　三六三六
光緒十七年京察滿漢司員履歷冊不分卷　清抄本　清翁同龢批注　三六三七
光緒二十年京察滿漢司員履歷冊不分卷　清抄本　清翁同龢批注　三六三八
北直隸河南山東山西職官名冊不分卷　清順治九年抄本　三六三九
內翰林弘文院各官履歷文冊不分卷　清順治抄本　三六四〇
議用徽寧池太安慶伍府廣德壹州各官職名履歷文冊不分卷　清順治四年抄本　清洪承疇跋　三六四一
議用蘇松常鎮肆府營制各官職名履歷文冊不分卷　清順治四年抄本　清洪承疇跋　三六四二
山西通省正印官員簡明履歷冊一卷　清抄本　三六四三
皇清武職大臣年表不分卷　清內府抄本　三六四四

大清武職遷除題名錄不分卷　清乾隆棠蔭堂刻本　三六四五

京外武職大臣名單不分卷　清抄本　三六四六

神機營官兵銜名數目一卷　清抄本　三六四七

國朝詞垣考鏡五卷　清吴鼎雯撰　清乾隆五十八年刻本　三六四八

收藏情況表

書名編號	藏書單位						
史 傳記類 1	0101	0198	0201	1601	1715		
2	0141						
3	0101						
4	0101						
5	0101	0141	0201	1601	1615	2702	
6	0101						
7	0301						
8	0247	1615	1627				
9	0101						
10	2301						
11	1601						
12⑩	0201						
12⑪	0101						
13	0102	0142	0144	0145	0150	0163	0173
	0182	0198	0201	0241	0301	0341	1301
	1501	1581	1881	2201	2401	2541	2542
	2701	2789					
14	0101						
15	0101⊗	0197	0441	1582	2001⊗	1701	
16	0101	0201	2701	2702			
17	1601						
18	0101	0201	0841	1681	1741	2302	2701
19	1601						
20	0101						
21	0201						
22	0201						
23	0101	1704					
24	0201						
25	0161						
26	0201						
27	0193	0441⊗	1587				
28	0142⊗	0341					
29	2001						
30	1501						
31	0101	0141	0242	0301	1041	1581	1701
	2401						
32	0141	0144	0181	0201	0241	0301	0701⊗
	0841	1601	1605	1688	1701	1841	2041

書名編號	藏書單位						
史 傳記類	2401	2441					
33	1601						
34	0101	0141	0142	0143	0144	0145	0181
	0201	0301	0701	0841	1101	1601	1581⊗
	1605	1688	1741	2041	2241	2401	2901
35	1601						
36	0101						
37	1705⊗						
38	0102						
39	0101						
40	0701						
41	0201						
42	0197	0701	1541				
43	0102	1501	1701				
44	0182						
45	0101	0141	0162	0181	0741	1241	1501
	1642	1584	1705				
46	0101	0201	0281				
47	0141	0301					
48	0101						
49	0241						
50	0161						
51	1582						
52	0142						
53	0142						
54	1603						
55	0201						
56	0701						
57	0101						
58	0182						
59	1502						
60	0101						
61	0201						
62	0141	0201					
63	0142	0181	1601	2541			
64	0101						
65	1601						
66	0101	0141	0142	0143	0144	0164	0841
	1082	1604	1701	2542			

書名編號	藏書单位						
史 傳記類 67	0102	0142					
68	0181	0301					
69	0841⊗	2401					
70	0241						
71	0101						
72	0101	0181					
73	0181	0201	1701				
74	0101						
75	1081						
76	0101	0142	2701				
77	0201⊗	0301⊗	1741	2401⊗			
78	0141	0242	2201				
79	1601						
80	2561						
81	0144	0181	0201	0241	0441	0701	0803
	0841	1201	1501	2401	2541	2701	2741
82	1601						
83	0142	0161	0181	0841	1601		
84	0141						
85	2001						
86	0101	0143	0181	0197	0201	0261	0281
	1101	1701	2041	2542	2701		
87	1601						
88	0101						
89	0101	1601					
90	2201						
91	0241						
92	0241						
93	0101	0141	0201	2843			
94	0102						
95	0181						
96	0201	1601	1541	1601			
97	0101	0201	0243	0842	1341	1601	2241
	2401						
98	0242						
99	0101	1502⊗					
100	0142	1705					
101	0101	0201	0281	0601	1041	1501	
102	1701						

書名編號	藏書单位						
史 傳記類 103	0101						
104	0201						
105	0141	0144	1101	1801	1741	1881	
106	0161	0201	0301	0701	0741	0841	1701
107	0441	1601					
108	0141						
109	0101	0301					
110	0101	0141	0541	2501			
111	0541	1801					
112	0101	0181					
113	0144⊗						
114	1605⊗						
115①	2541						
115②	2504						
116	0141	0181⊗	0301	0601⊗	0801	2201⊗	
117	0142						
118	1701						
119	0101	0141	0150	0193	0201	1601	1701
	1705	1801	2201	2702			
120	0150	0201	1544				
121	0142	1601					
122	0143	1604	2041				
123	1701						
124	1082	1461					
125	0142						
126	0141	1601	1704				
127	2041						
128	1601	1604					
129	1615						
130	0101⊗	0161	0301	1641	2201	2501	
131	1841						
132	2501						
133	0101						
134	0242						
135	0101						
136	0201						
137	0201						
138	0241						
139	0181						

書名編號	藏書单位			
史 傳記類 140	2302			
141	1701			
142	0201	2501		
143	1542			
144	0102	0163		
145	0291	0520	1001	2041
146	2701			
147	1581			
148	0201			
149	1601			
150	0101			
151	0101	0242		
152	1501			
153	0142			
154	0842			
155	2042			
156	0142			
157	2003			
158	0341			
159	0101			
160	0101			
161	0201			
162	0101			
163	2541			
164	0201			
165	1601			
166	0101			
167	1605			
168	0201			
169	0241			
170	0701			
171	0141			
172	1701			
173	0301			
174	1502			
175	0150			
176	0101			
177	0101			
178_1	0144			

書名編號	藏書单位						
史 傳記類 178_2	2401						
179	0101						
180	0201						
181	0163	1601	1843				
182	0141						
183	0161						
184	0201						
185	0101	0142	0144	0163	0173	0181	0201
	0701	0802	1063	1581	1787		
186	0161						
187	0201						
188	0101						
189	0101						
190	0101	0201					
191	1701						
192	0101						
193	0101	0142	0144	0181	0592	1601	
194	0101	0181	0201	0701			
195	0101	0144	0763				
196	2501						
197	0141						
198	0142	0201	1701	2304	2542	2942	
199	0201	1981	2701				
200	0102	0141	0142	0181	0261	0241	0342
	0441	1001	1241	1501	1502	1582	2701
201	0101						
202	1703						
203	2401						
204	0201						
205	0241	2041					
206	0291	1010	1201	2041			
207	0201						
208	0101						
209	0101	0163	0242	0591	1101	1605	2745
210	0101	0301					
211	1641						
212	0101						
213	0161						
214	1701						

書名編號	藏書單位						
史 傳記類 215	0141	1601⊙					
216	0101						
217	0201	1701					
218	0101	0144					
219	1705						
220	0101						
221	1601						
222	0101						
223	0101						
224	0141						
225	0201						
226	1601						
227	1601						
228	0101						
229	1601						
230	2301						
231	0144						
232	0141	0142	0144	0301	0404	0701	0801
233	0101⊙	0201⊙					
234	0144	0150	1601⊙	1705⊙			
235	0142						
236	1701						
237	0142	0143	0242	1808	2041	2042	2383
	2541						
238	0163						
239	1741						
240	0101	0141	0143	0144	0201	0241	0243
	2041						
241	0142	0165	1732	2901			
242	0142						
243	0701						
244	0181						
245	0201						
246	2701						
247	0201						
248	0801						
249	1720						
250	0102	0201	0701				
251	1501						

叁四

書名編號	藏書單位						
史 傳記類 252	0301						
253	0101	1616	1881	2241			
254	2001						
255	1701						
256	0241						
257	0101						
258	0341						
259	1701						
260	2441						
261	1601						
262	2541						
263	0142						
264	2301						
265	0101	0241	1541	1710			
266	1601						
267	1701						
268	1601						
269₁	0281						
269₂	0181						
270	1688						
271	0101						
272	1705						
273	0101	0141	0145	0301	0361	0842	1541
	1701	1705	2542	2601	2701		
274	0141						
275	1501	2001	2702				
276	0201	0841	1101				
277	0141	1741					
278	0142	1901	2304				
279	0101						
280	0101						
281	0101	0143					
282	1705						
283	0144	0191					
284	1606						
285	1501						
286	1581						
287	0142	0291	0641				
288	0101						

書名編號	藏書單位						
史 傳記類 289	0201						
290	0101						
291	0101						
292	0701						
293	0101						
294	0201						
295	0141	0143	0201	0242	0520		
296	1081						
297	1501						
298	0101	0150	1601	1616	2301	2941	
299	0101						
300	0101						
301	0101						
302	0101						
303	0101						
304	0301						
305	0201						
306	0101	0141⊙	0201	0241	1581	1601	
307	1791						
308	0101						
309	1242						
310	0101						
311	1601						
312	0101						
313	2541						
314	0261						
315	1801						
316	1701						
317	0201						
318	0141						
319	1901						
320	0161						
321	0144⊙	1544⊙	1601	1701	1881⊙	2441⊙	
322	0144	0242	1261	1461⊙	1501	1601	1605
	1701	1941	2041	2401	2541		
323	0131	0197	0241	0702⊙	1201	1241	1501
	1502	1541	1601	1701	1705	1801	1808
	1844	2001	2203	2311	2341	2401	2561
	2701						

叁五

書名編號	藏書單位						
史 傳記類 324	0201						
325	0101						
326	0101						
327	0101						
328	1501						
329	0101						
330	0242						
331	1705						
332	1701						
333	0101						
334	0701						
335	0281						
336	0101						
337	0201						
338	0201						
339	2401						
340	2701						
341	0201						
342	0201						
343	1601						
344	0301						
345	0101						
346	1601						
347	0150						
348	1601						
349	0101						
350	0101						
351	1601						
352	1601						
353	1101						
354	0161	0201	2702				
355	1513						
356	0842						
357	0142						
358	0201						
359	2501						
360	1901						
361	1701						
362	0102	0161	0242⊙	0842	1605⊙	1701⊙	2441⊙

書名編號	藏書單位						
史 傳記類	2701	2881					
363	1785						
364	0141	0201					
365	0101						
366	0142						
367	0150						
368	1601						
369	1601						
370	1601						
371	0101						
372	0161⊗	1881⊗					
373	0142						
374	0101	0141	0142	0143	0144	0163	0181
	0243	0291	0701	0801	1101	1441	1501
	1544	1606	1616	1644	1689	1701	1881
	1901	1943	2041	2302	2381	2401	3441
	2501	2542	2741	2750	2801		
375①	0841⊗	2401⊗					
375②	0101						
376	0141						
377	0101						
378	0141						
379	0101						
380	0101						
381	1601						
382	0142	0144	0181	0198	0201	1701	2001
	2643	2561					
383	0201						
384	0101	0201					
385	0101						
386	0101						
387	0101						
388	0101						
389	1501						
390	0201						
391	0201						
392	0201						
393	0101						
394	0101						

書名編號	藏書單位		
史 傳記類 395	0101		
396	0101		
397	0201		
398	0101		
399	0144		
400	0201		
401	0141		
402	0101		
403	0101		
404	1601		
405	0101		
406	1601		
407	0101		
408	0161		
409	0101		
410	0101	0201	
411	1601		
412	0161		
413	0150		
414	0101		
415	1042		
416	0101		
417	0201		
418	0101		
419	0201		
420	0241		
421	1607		
422	0201		
423	1601		
424	0101		
425	0101		
426	1601		
427	0101		
428	1705		
429①	2001		
429②	0141		
430	0101	0141	0143
431	1601		
432	0161		

書名編號	藏書單位						
史 傳記類 433	1601						
434	0201						
435	1681						
436	1601						
437	1701						
438	2401						
439	1601						
440_1	1701						
440_2	0101						
441	0101	0181	0198	0301	0341	1601	
442	0101	0201	0801	1601	1705⊗	1741	
443	0101	0141	1601	1641	1701		
444	0141						
445	0101	0163	1901	2541	2702⊗		
446	0201						
447	1701						
448	0201	0941	1601	2041⊗			
449	1601						
450	0101	0144	0161	0701	1741		
451	1601						
452	1501						
453	0101	1501					
454	0101						
455	0101						
456_1	0201						
456_2	0242						
457	0145	0520⊗	0701⊗	0842⊗	1501	2201	
458	0301						
459	0701						
460	0101						
461	0842						
462	0201	[illegible]					
463	0164	1501	1601	1641	1705⊗	2541	
464	0161						
465	0141	0201	0242	0301	1641	1701	1902
	2301	2702					
466	2206						
467	0101	0102	0141	0291	1701	2702	
468	2603						

書名編號	藏書單位						
史 傳記類 469	0181						
470	0101	0141	0201	1601			
471	0201	1605	2541				
472	0101						
473	2041						
474	0101						
475	0101	0141	0201	0242	0341	0703	1701
	2209						
476	0201						
477	0141	0142	0201	0841	1601	1628	
478	1641	2701	2702				
479	0141						
480	1689						
481	0101						
482	0201						
483	0291	1501	1604	2301			
484	0101	0141					
485	0201	1701	2603				
486	0102	0141	0161⊗	0164⊗	0181	0201⊗	0701⊗
	0703	0841⊗	1541⊗	1701	2301	1601	
487	0101	0141	0143	0201	0241	1509	2041
488	0101						
489	0101	0141	1001	1705			
490	1501						
491	0143						
492	0101	0141	1704				
493	0101⊗	1701	2701				
494	0201						
495	0141						
496	0141						
497	0301						
498	0141						
499	0164						
500	0201						
501	0241						
502	0101						
503	0142						
504	0141						
505	1705						

書名編號	藏書單位						
史 傳記類 506	0101						
507	0141	0198	0201	0301	0404	0542	1601
	1627	1646	2001	2301	2342	2461	2542
508	0241						
509	2381						
510	0301						
511	0143	0701	0901	0941	0942	1701	2206
	2301	2346	2401	2441	2544		
512	0101						
513	0101						
514	1605						
515	0141						
516	0141						
517	2041						
518	0101						
519	0141						
520	1601	1801	2001				
521	0101	0142	0241				
522	0181						
523	1701						
524	0301						
525	1501						
526	0201						
527	0141	0201	0501	1046	1712	1844	1862
	2301	2642					
528	1741						
529	1601						
530	0101						
531	1941						
532	1787						
533	1787						
534	0141						
535	0141						
536	0161						
537	0101						
538	0101						
539	2001						
540	0101						
541	0201						

書名編號	藏書單位						
史 傳記類 542	0101						
543	1688						
544	0102						
545	0101						
546	0141㊉	0201	0841	1615	1701		
547	0101	2301㊉					
548	0101						
549	0161	0201					
550	0101	1801	1641	1881	2201		
551	0101	0241					
552	0201						
553	1705						
554	0201						
555	1705						
556	2301						
557	2001						
558	1705						
559	0201						
560	0201						
561	0101						
562	0143	0201	0241	0243	0341	0801	1042
	1606	2702					
563	0102	0161	0201	0703	1601	1741	
564	0141						
565	2301						
566	0101						
567	0101						
568	0101						
569	1615						
570	1601						
571	0161	1601					
572	0101	0181	0201	1341	1605	2701㊉	
573	2541						
574	0101	0301	2701㊉				
575	0101						
576	0101						
577	1601						
578	0101						
579	1601						

書名編號	藏書單位						
史 傳記類 580	0141						
581	0201						
582	0101						
583	0242						
584	0701						
585	0201						
586	0201						
587	0101						
588	0101						
589	0102	0160	0161	0198	0201	0242	0243
	0291	0542	0801	0842	1710	2301	2341
	2603	2701	2707				
590	0143	0145	0146	0164	0166	0241	0841
	0901	0942	1501	1601	1628	1681	1901
	2201	2241					
591	0201						
592	0142						
593	0144						
594	0101						
595	0101						
596	0101						
597	0201						
598	0101	2301					
599	0201						
600	0201						
601	0301						
602	1716						
603	0101						
604	0201						
605	0241						
606	0101						
607	0101						
608	0101						
609	0101						
610	0101						
611	0201						
612	0141						
613	0261						
614	1501						

書名編號	藏書單位						
史 傳記類 615	0241						
616	0201						
617	0161						
618	2701						
619	0201						
620	0101						
621	0101						
622	0101						
623	0201						
624	0144						
625	1701						
626	0101						
627	0101						
628	0142	0150	0181	0101	0241	0242	0842
	1601	1701	2002	2301			
629	0101						
630	0241						
631	0201						
632	0301						
633	0141						
634	0201						
635	0101						
636	0101						
637	0301						
638	1701						
639	1701						
640	1601						
641	0201						
642	0101						
643	0144						
644	1601						
645	1701						
646	0101	0141	1601	1681	2041	2301	
647	1601						
648	1601						
649	0201						
650	1701						
651	1716						
652	0141						

書名編號	藏書單位						
史 傳記類 663	1582						
654	1701						
655	0241						
656	1701						
657	0181						
658	0101						
659	0101						
660	0101						
661	0101						
662	0101						
663	0101						
664	0101						
665	0101						
666	0703						
667	0181						
668	0102	0142	0150⊗	0181	0241	0701	0842
669	0101						
670	0141	0150	0181	0701			
671	0801						
672	0181	0242					
673	0201						
674	0142						
675	0782						
676	0801						
677	0150						
678	0101						
679	0101						
680	0101						
681	0141						
682	0803						
683	0161						
684	0241						
685	0242						
686	1629						
687	0142						
688	0341						
689	2702						
690	2307						
691	0842						

書名編號	藏書單位		
史 傳記類 692	0146		
693	0150		
694	0341		
695	0101		
696	2541		
697	2701		
698	0242	0701	
699	0201		
700	1601		
701	0242	0701	
702	0181⊙	0242	0701
703	0181		
704	0150	0242	0701
705	0201	2001	
706	1501		
707	0201		
708	0142		
709	1601		
710	0141		
711	1501		
712	0101		
713	0101		
714	0141		
715	0101		
716	1601		
717	0201		
718	0591		
719	2702		
720	0101		
721	0101		
722	0101		
723	0201		
724	1601		
725	0201		
726	2314		
727	1628		
728	0101		
729	0241		
730	0701		

書名編號	藏書單位		
史 傳記類 731	1601		
732	0201		
733	1601		
734	0101		
735	0101		
736	0201		
737	2001		
738	1601		
739	0242		
740	0201		
741	0841		
742	0241		
743	2542		
744	0241		
745	1601		
746	1501		
747	0161		
748	0201		
749	0101		
750	0101		
751	0101	0514	1501
752	0341		
753	0141		
754	1601	1603	
755	0101		
756	0101		
757	0141		
758	0101		
759	0301		
760	0201		
761	0101		
762	1601		
763	0201	1601	1701
764	0101		
765	0101		
766	0141	0241⊗	1705⊗
767	1601		
768	0141		
769	0201	0841	

書名編號	藏書單位						
史 傳記類 770	0201						
771	0101	0145	0150	0161	0198	0404	1601
	1701	1705	2541				
772	0201	0241	2301⊗				
773	0301						
774	0201						
775	0341						
776	0181	1606					
777	0201						
778	0101	0141	0201	1601	2501		
779	0201						
780	0201						
781	0201						
782	0150						
783	0101	0141	0163				
784	0101						
785	2041						
786	1601						
787	0101	0201	0241				
788	0201						
789	0241						
790	1694						
791	1605						
792	0201						
793	0150	1601					
794	0141	0161	0520	1501	1684		
795	0201						
796	0703						
797	1601						
798	1601						
799	0201						
800	0201						
801	1601						
802	1601						
803	0101	0201					
804	0201						
805	0201						
806	0201						
807	0201						

書名編號	藏書單位
史 傳記類 808	0201
809	0201
810	0201
811	0201
812	0201
813	1601
814	1601
815	0201
816	0241
817	1601
818	0201
819	0201
820	1605
821	0101 0198 0201 0241 1401 1601 1684 2583
822	0161
823	0201
824	1607
825	0201
826	1601
827	1601
828	1601
829	0101 0144 0163
830	1601
831	0101
832	0201
833	0201
834	0201
835	0141
836	1601
837	1601
838	0201
839	0142
840	0101
841	1601
842	0163
843	1144
844	0542
845	0101

書名編號	藏書單位
史 傳記類 846	0101
847	0201
848	0842
849	1501
850	0150
851	0201
852	1705
853	0141
854	1081
855	0842
856	0101
857	0101
858	0101 0141 0201 0301 1601 1605 2702
859	0201
860	0163
861	1701
862	0201
863	0101
864	0243
865	0201
866	1601
867	0301
868	2541
869	0243
879	0101
871	0841
872	1701
873	0101
874	0201
875	0101
876	0201
877	0101
878	1787
879	0163
880	1601
881	0150
882	1601
883	0141 0198 0201 0301 0341 1601
884	0201

書名編號	藏書單位
史 傳記類 885	0144
886	2301
887	0101
888	0101
889	1101
890	0161
891	1741
892	1704
893	1704
894	1704
895	0141 0142
896	0142
897	2001
898	0101
899	0101
900	0201
901	0141
902	0201 0301
903	0101
904	0101 0161
905	1701
906	2301
907	2001
908	1601
909	2004
910	0201
911	1601
912	2381
913	2001
914	0101
915	0101 0142 0163 0841 1601 1705 2001 2041
916	1601
917	0101 1601
918	0141 0701
919	0201
920	2561
921	0150
922	0141

書名編號	藏書單位
史 傳記類 923	1705
924	0101 0181 0242 0546
925	0101 0197 1501 1601 1901
926	0901 1502 2001
927	0201
928	0101 0143 0144 0145 0161 0181 0193 0198 0201 0291 0301 0341 0501 0701 1501 1542 1841 2201 2401 2501 2701 2901
929	0101 0841 1701 1901
930	0703
931	2541
932	1605
933	1601
934	0201
935	1601
936	0241 1601
937	0141
938	0101 0201 1581
939	1601
940	1601
941	0101
942	0201
943	0101
944	0101
945	0101
946	0101
947	0201
948	0201
949	0101
950	0101
951	0101 0201
952	0101
953	1542
954	0101
955	0141
956	0101
957	0101
958	0101

書名編號	藏書單位						
史 傳記類 959	1881						
960	0141	0144	2201				
961	0141						
962	0201						
963	1701						
964	0520	1601	2219				
965	1701						
966	0141	0142					
967	2401						
968	0102						
969	2542						
970	0201	0520					
971	0201						
972	1502						
973	0301						
974	0141	0201					
975	1701						
976	1601						
977	0101						
978	0201						
979	0201						
980	0101	0141					
981	0141						
982	0144						
983	0101						
984	0101						
985	0201						
986	1705						
987	0201	1601	2541				
988	1701						
989	0201						
990	2203						
991	0201						
992	0201						
993	0101						
994	0201						
995	1705						
996	0141	0201	0291	1601	1801		
997	0141	0142	0146	0161	0198	0201	0241

書名編號	藏書單位					
史 傳記類	0341	1082	1881	2206	2541	2701
998	0201					
999	0201					
1000	0101					
1001	0101					
1002	0101					
1003	0101					
1004	0101					
1005	0201					
1006	1741					
1007	1042					
1008	0101					
1009	0101					
1010	0201					
1011	0141	1601				
1012	0101⊗	1701⊗				
1013	0101					
1014	1601					
1015	0841					
1016	0101					
1017	0144					
1018	1041					
1019	0946					
1020	0101					
1021	0201					
1022	0201					
1023	0101					
1024	0101					
1025	2401					
1026	0101					
1027	1601					
1028	0101					
1029	1601					
1030	0201					
1031	0101					
1032	0101	0201	0243	2301	2701⊗	
1033	0101					
1034	0101					
1035	0201					

書名編號	藏書單位						
史 傳記類 1036	0201						
1037	1601						
1038	0341						
1039	0101						
1040	0201						
1041	1705						
1042	1901						
1043	0701						
1044	1705						
1045	0101						
1046	1601						
1047	0201						
1048	1705						
1049	0101	0141	1701	2001	2261	2401	
1050	1601						
1051	0341						
1052	1705						
1053	0201	0242	0801	1705	2001	2702	
1054	0101						
1055	2701						
1056	0101						
1057	0201						
1058	1606⊗	2001⊗					
1059	0201⊗						
1060	0101	2785					
1061	1741						
1062	0201	1601					
1063	0101	0141	0144	0145	0163	0164	0181
	0201	0443	0841	0941	1501	1541	1542
	1601	1641	1702	1701	1881	2041	2202
	2701						
1064	1901						
1065	0842	1601	2542	2702			
1066	1501						
1067	0101						
1068	0101						
1069	1702						
1070	0101						
1071	0201						

書名編號	藏書單位						
史 傳記類 1072	0201						
1073	0201						
1074	0281						
1075	1542						
1076	0101	0841					
1077	0144	0193					
1078	0101	1601	1705	1741	1881	2501	
1079	0161						
1080	0141	0142	0201	0801	0841	1582	1601
	2541						
1081	1605						
1082	1741	2702	2901				
1083	2301						
1084	2001						
1085	0101						
1086	0201						
1087	0101						
1088	0163						
1089	2242						
1090	0241						
1091	0101						
1092	0101						
1093	0341						
1094	0101						
1095	2901						
1096	1601						
1097	1601						
1098	0201						
1099	0101						
1100	0201						
1101	0164						
1102	0182						
1103	0101	0141⊗	0145⊗	0201	0241⊗	0242	0261⊗
	0281	0801⊗	1501⊗	1701	2241	2901⊗	2941⊗
1104	0281						
1105	1801						
1106	0141						
1107	1704						
1108	0101						

書名編號	藏書单位
史 傳記類 1109	0946
1110	0101
1111	0201
1112	0201
1113	0201
1114	0141
1115	0101
1116	0141
1117	2381
1118	0101 0141 0201 0241 2301 2541
1119	1601
1120	0201 0701 1701 2501
1121	0141 1501
1122	1601
1123	0102
1124	0101 0141 0201 0701 2042 2501
1125	0141
1126	0101
1127	1001 1601
1128	0201 0441
1129	2701
1130	0181
1131	0201
1132	1601
1133	1601
1134	0101
1135	1601
1136	0201
1137	0101
1138	0101
1139	0101
1140	0101
1141	0101
1142	0102 1606 1684 2001 2302
1143	0101
1144	0101
1145	1601
1146	1601
1147	2201

書名編號	藏書单位
史 傳記類 1148	0101
1149	0701
1150	0201
1151	0101
1152	0142 1902
1153	0101
1154	0101
1155	1601
1156	0142
1157	0164
1158	0201 1705
1159	0101
1160	0142 0501 0541 0597 1007 1601 1615
	1628 2701
1161	0512
1162	1705
1163	2541
1164	1705
1165	0101
1166	1787
1167	0101
1168	1615
1169	0701
1170	2901
1171	0161
1172	0101
1173	0141
1174	0101
1175	0101
1176	1705
1177	0201
1178	0841
1179	1705
1180	0201 0101
1181	2301
1182	0201
1183	0161
1184	0511
1185	0201

書名編號	藏書单位
史 傳記類 1186	0701
1187	0201
1188	0142
1189	0201
1190	0701
1191	1705
1192	1601
1193	1705
1194	0701
1195	1705
1196	0101
1197	0101
1198	0141
1199	0701
1200	1705
1201	0142
1202	0101
1203	1705
1204	0101
1205	0701
1206	0101
1207	0142 0201
1208	1684
1209	0101
1210	2941
1211	0101 0201
1212	0101
1213	0101
1214	0101⊗ 0144
1215	0101
1216	0201
1217	1241
1218	0101
1219	1241
1220	0101 0141
1221	0101
1222	0201
1223	2701
1224	0701

書名編號	藏書单位
史 傳記類 1225	0101
1226	0101
1227	1797 2541
1228	0101
1229	0141
1230	0101
1231	1524 1501
1232	0141
1233	1701
1234	0101
1235	1701
1236	1601
1237	0101
1238	0101
1239	1606
1240	1601
1241	0201
1242	0150
1243	0101
1244	1601
1245	0101
1246	0101
1247	0101
1248	0101 0701
1249	0141
1250	1701
1251	0101
1252	0101
1253	0101
1254	0101 2342
1255	0101
1256	0101
1257	1581
1258	0101
1259	0101
1260	0101
1261	0101
1262	0101
1263	0141

書名編號	藏書單位
史 傳記類 1264	0150
1265	1501
1266	1604
1267	0201 0141 0701⊗ 1501⊗
1268	0201
1269	1606
1270	0201
1271	1601
1272	0101
1273	2301
1274	1701
1275	0201
1276	0241
1277	0101
1278	0101
1279	1701
1280	0101
1281	0101
1282	0101
1283	0101
1284	0201
1285	1705
1286	0201
1287	0101 1601
1288	1601
1289	0101
1290	0101
1291	0201
1292	0701
1293	2201
1294	0101
1295	0241
1296	2461
1297	0201
1298	0281
1299	0143 0301 1681 2641
1300	0101
1301	0701
1302	1701

書名編號	藏書單位
史 傳記類 1303	0198
1304	0241
1305	0301
1306	1601
1307	0101
1308	2541
1309	0101
1310	0301
1311	0241
1312	0101
1313	0241
1314	0101
1315	0101
1316	0101 681 1684
1317	0101
1318	0101 0141 0241 0703 2541⊗ 2701⊗
1319	0101
1320	0101
1321	1601
1322	0101
1323	0101
1324	0101
1325	0101
1326	0101
1327	0101
1328	0101
1329	0301
1330	1701
1331	0161 0201
1332	0101 0141 0201 0241 1601⊗
1333	0101
1334	0101
1335	0101
1336	0101 0166 0701⊗
1337	0141
1338	1705
1339	0101
1340	0101
1341	0101

書名編號	藏書單位
史 傳記類 1342	1705
1343	0241
1344	0141
1345	0201
1346	0101
1347	0101
1348	1601
1349	0101
1350	0101
1351	1705
1352	0101
1353	0101
1354	0101
1355	1701
1356	0101
1357	0241
1358	0241
1359	0101
1360	0161
1361	0201
1362	0101 1701
1363	1701
1364	0101 0141
1365	0101
1366	0241
1367	0101
1368	0101
1369	0150
1370	0142
1371	0101
1372	1701
1373	0241
1374	0101
1375	0101
1376	0101
1377	0842
1378	0101
1379	0241
1380	0101

書名編號	藏書單位
史 傳記類 1381	0142 0509 0701
1382	0101
1383	0101
1384	0241
1385	0142
1386	0142 1001
1387	0101
1388	0101
1389	0101
1390	0150
1391	0101
1392	0101
1393	0101
1394	0142
1395	0142
1396	0101
1397	0101
1398	0101
1399	0701
1400	0101
1401	0101
1402	0101
1403	0101
1404	0101
1405	1601
1406	0101
1407	0150
1408	0101
1409	1601
1410	0201
1411	0101
1412	0101
1413	0101
1414	0101
1415	0201
1416	0101
1417	0101
1418	0101 0241
1419	0101

書名編號		藏書單位					
史 傳記類 1420	0241						
1421	0101						
1422	0201						
1423	0101						
1424	0101						
1425	0201						
1426	0201						
1427	0201						
1428	2001						
1429	1601						
1430	0241						
1431	0101						
1432	2461						
1433	0101						
1434	0703	0701	1201	1801	2301	2346	
1435	0144						
1436	0101						
1437	0201						
1438	1601						
1439	0101						
1440	1601						
1441	1601						
1442	0842						
1443	1684						
1444	0101						
1445	2501						
1446	0201						
1446_2	2902						
1447	1601						
1448	1601						
1449	1701						
1450	0150						
1451	1601						
1452	0201						
1453	0842						
1454	0201						
1455	0101						
1456	0101						
1457	0101						

書名編號		藏書單位					
史 傳記類 1458	2541						
1459	0101						
1460	0201	0641⊗					
1461	1741						
1462	0242						
1463	0198						
1464	0201						
1465	0101						
1466	0141	2504					
1467	2301						
1468	0201						
1469	0141	0191	0241				
1470	2001						
1471	0142						
1472	1701						
1473	0101						
1474	0241						
1475	0201						
1476	0201						
1477	0201						
1478	2301						
1479	0342						
1480	2001						
1481	2041						
1482	0201						
1483	0101						
1484	0101						
1485	2041						
1486	0101	0141	0143	0841	1301	2301	2302
	2342						
1487	2401						
1488	2001						
1489	0244	1705					
1490	0201						
1491	0201						
1492	1601						
1493	0141	1541	1741				
[illegible]	2301						
[illegible]	1701						

書名編號		藏書單位					
史 傳記類 1496	0201						
1497	1701						
1498	0201						
1499	0141						
1500	0150	0241					
1501	0141						
1502	0141						
1503	0143						
1504	0101						
1505	0101						
1506	1801						
1507	0101	1501	1701	1705	2543	2702	
1508	0141						
1509	0201	0842	1501				
1510	0141						
1511	1705						
1512	0141						
1513	2001	2301					
1514	0161						
1515	1601						
1516	0101						
1517	0509						
1518	1722						
1519	1601						
1520	1701						
1521	1787						
1522	1705						
1523	0101	0141	1581	1582			
1524	0161						
1525	0150						
1526	1601						
1627	0101						
1528	0509	0512					
1629	0142						
1530	0101	0242					
1531	0301						
1532	0161						
1533	0201⊗	0301					
1634	1601						

書名編號		藏書單位					
史 傳記類 1535	0101						
1536	0145	0841	1601	1710			
1537	2750						
1538	1601						
1539	0101	1601					
1540	0201						
1541	0101	1701	1705	1881			
1542	0201						
1543	0101	0241	1601	1705			
1544	0201						
1545	0141						
1546	2702						
1547	0101						
1548	0101⊗	0201⊗					
1549	1601						
1550	0101						
1551	2001						
1552	1701						
1553	0101						
1554	0161						
1555	0168						
1556	0701						
1557	0201						
1558	1501						
1559	0201						
1560	[illegible]						
1561	0101	02[illegible]					
1562	0161						
1563	0142	0161	0201	0701	2341	2741	
1664	0101						
1565	0101						
1666	0198						
1567	1665						
1568	2301						
1569	0101						
1570	0142	2341					
1671	0201						
1572	1787						
1573	0141	0542	1716				

書名編號	藏書単位			
史 傳記類 1574	0301			
1575	2501			
1576	0201			
1577	1715			
1578	0101			
1579	2301			
1580	0166	2343		
1581	0243			
1582	0141			
1583	0243			
1584	2206			
1585	0201			
1586	0141			
1587	0241			
1588	0201			
1589	0201			
1590	1715			
1591	1704			
1592	0201			
1593	0101			
1594	0101			
1595	1701			
1596	0201			
1597	0101			
1598	0701			
1599	1605			
1600	1681			
1601	2301			
1602	0201			
1603	1701			
1604	1601			
1605	2401			
1606	1601			
1607	0101			
1608	2301			
1609	1701			
1610	0101			
1611	1581			
1612	0142			

書名編號	藏書単位			
史 傳記類 1613	1601			
1614	0201			
1615	0101			
1616	0161			
1617	2461			
1618	1705			
1619	0141			
1620	1704			
1621	2901			
1622	0301			
1623	1601			
1624	2701			
1625	0101			
1626	0142			
1627	1712	2301		
1628	0201	1712	2302	2525
1629	0141			
1630	0701			
1631	1641			
1632	1601			
1633	0101	1501	1503	1801
1634	0101			
1635	0142			
1636	2301			
1637	1501			
1638	0201			
1639	0241			
1640	0243	0942	2301	
1641	1601			
1642	2401			
1643	0101			
1644	1702			
1645	1601			
1646	0201			
1647	0201			
1648	1601			
1649	0508			
1650	0181			
1651	1605			

書名編號	藏書単位	
史 傳記類 1652	0141	
1653	0142	
1654	2301	
1655	2901	
1656	0101	
1657	1715	
1658	0701	
1659	0241	1622
1660	0150	
1661	0101	
1662	1601	
1663	0101	
1664	0701	
1665	0841	
1666	0801	
1667	0161	
1668	0101	
1669	0241	
1670	1684	
1671	0201	
1672	0241	
1673	0201	
1674	0161	
1675	1609	
1676	1601	
1677	1601	
1678	0163	
1679	1601	
1680	0201	
1681	0201	
1682	0101	
1683	2206	
1684	1601	
1685	1601	
1686	0201	
1687	0101	
1688	1601	
1689	0201	
1690	0150	

書名編號	藏書単位
史 傳記類 1691	1601
1692	0201
1693	2401
1694	2461
1695	0201
1696	2041
1697	0201
1698①	0161
1698②	0101
1699	1601
1700	0201
1701	0198
1702	0201
1703	1702
1704	2641
1705	0141
1706	2742
1707	1702
1708	2881
1709	0101
1710	2401
1711	0201
1712	1715
1713	0201
1714	0101
1715	0301
1716	0201
1717	1701
1718	1601
1719	0101
1720	0101
1721	0101
1722	0281
1723	1701
1724	1702
1725	0101
1726	0101
1727	0201
1728	0101

書名編號	藏書单位
史 傳記類 1729①	0101
1729②	1701
1730	0101
1731	0201
1732	0201
1733	1701
1734	0101
1735	0101
1736	0201
1737	0101
1738	0201
1739	1501
1740	1742
1741	0101
1742	0201
1743	0201
1744	0201
1745	1701
1746	1601
1747	0301
1748	1701
1749	0241
1750	0241
1751	0101
1752	1581
1753	0161
1754	0101
1755	1791
1756	0201
1757	0101
1758	0201
1759	1581
1760	0101
1761	0201
1762	0241
1763	1501
1764	0101
1765	2401
1766	1701

書名編號	藏書单位
史 傳記類 1767	0101
1768	0201
1769	0201
1770	1581
1771	0101
1772	0201
1773	2401
1774	0101
1775	0201
1776	0101
1777	0341
1778	0201
1779	1581
1780	0101
1781	1701
1782	0201
1783	0101
1784	0201
1785	1701
1786	1581
1787	1581
1788	1582
1789	1716
1790	1582
1791	2801
1792	0201
1793	0101
1794	0101
1795	0101
1796	2001
1797	0201
1798	0201
1799	0101
1800	0201
1801	0101
1802	0201
1803	0201
1804	0201
1805	1684

書名編號	藏書单位
史 傳記類 1806	1684
1807	0201
1808	0201
1809	0142
1810	0101
1811	0201
1812	1601
1813	2461
1814	2401
1815	0101
1816	1601
1817	0241
1818	0241
1819	0201
1820	0101
1821	0201
1822	0101
1823	1601
1824	0241
1825	1501
1826	1501
1827	0201 1542
1828	1701
1829	0201
1830	0201
1831	0201
1832	1601
1833	0101
1834	0201
1835	1601
1836	1601
1837	2901
1838	1701
1839	1704
1840	2881
1841	0841
1842	0262
1843	2401
1844	0101

書名編號	藏書单位
史 傳記類 1845	0201
1846	0101
1847	1601
1848	0201
1849	0201
1850	1881
1851	0101
1852	1501
1863	2206
1864	2206
1855	0201
1856	1702
1857	2461
1858	0201
1859	0201
1860	0101
1861	2401
1862	1628
1863	0241
1864	0201
1865	0201
1866	0301
1867	0201
1868	1684
1869	1684
1870	1684
1871	1787
1872	1604
1873	1601
1874	0703
1875	1628
1876	0201
1877	0201
1878	0201
1879	0101
1880	0101
1881	0163
1882	0101
1883	1601

書名編號	藏書单位
史 傳記類 1884	1901
1885	2401
1886	1601
1887	0201
1888	0201
1889	1684
1890	0101
1891	0101
1892	1042
1893	0201
1894	2541
1895	1701
1896	1704
1897	0201
1898	1605
1899	1784
1900	1646
1901	1881
1902	0201
1903	2401
1904	0201
1905	0241
1906	1708
1907	1787
1908	0201
1909	0281
1910	0201
1911	0201
1912	2001
1913	0181
1914	0181
1915	0150
1916	1701
1917	0141
1918	0161
1919	0101
1920	0201
1921	1684
1922	0201

書名編號	藏書单位
史 傳記類 1923	0201
1924	0201
1925	0243
1926	0201
1927	0201
1928	0201
1929	1601
1930	0201
1931	0201
1932	2481
1933	0201
1934	0301
1935	1720
1936	0101
1937	1601
1938	0101
1939	0101
1940	0201
1941	0101
1942	1601
1943	1684
1944	0201
1945	0201
1946	0101
1947	1701
1948	0181
1949	0301
1950	0201
1951	1501
1952	0101
1953	2544
1954	0101
1955	1701
1956	0201
1957	1701
1958	0201
1959	0161
1960	[illegible]
1961	1684

書名編號	藏書单位
史 傳記類 1962	0201
963	0201
964	0201
965	0301
966	0281
967	0201
968	0201
1969	0201
1970	0141
1971	1689
1972	1601
1973	1702
1974	0282
1975	0282
1976	0161
1977	
1978	0201
1979	0201
1980	1701
1981	1601
1982	1601
1983	1601
1984	1741
1985	1701
1986	0101
1987	1601
1988	2702
1989	2001
1990	2461
1991	1689
1992	0501
1993	2401
1994	1701
1995	1601
1996	1601
1997	1701
1998	1702
1999	2701
2000	1716

書名編號	藏書单位
史 傳記類 2001	0201
2002	0201
2003①	0201
2003②	0201
2004	0201
2005	0201
2006	0241
2007	0201
2008	0201
2009	1601
2010	0201
2011	0201
2012	1601
2013	1681
2014	0101
2016	1601
2016	1601
2017	1684
2018	0201
2019	0201
2020	0201
2021	0201
2022	0201
2023	1601
2024	0141
2025	0201
2026	2541
2027	2002
2028	2001
2029	1605
2030	0201
2031	0201
2032	0201
2033	0142
2034	2002
2035	0145
2036	2881
2037	1605
2038	0144

書名編號		藏書单位
史 傳記類	2039	1704
	2040	0241
	2041	0161
	2042	1601
	2043	0161
	2044	0201
	2045	1701
	2046	1681
	2047	0201
	2048	1601
	2049	0201
	2050	0201
	2051	0262
	2052	1605
	2053	0201
	2054	0262
	2055	0341
	2056	1710
	2057	0201
	2058	2001
	2059	0201
	2060	1715
	2061	1715
	2062	1701
	2063	1601
	2064	0101
	2065	0842
	2066	0201
	2067	0201
	2068	0201
	2069	0201
	2070	2301
	2071	0161
	2072	0201
	2073	0201
	2074	0201
	2075	0201
	2076	0201
	2077	0842

卷六八

書名編號		藏書单位
史 傳記類	2078①	0301
	2078②	1701
	2079	0201
	2080	0142
	2081	0201
	2082	0201
	2083	0101
	2084	0142
	2085	2001
	2086	0201
	2087	0201
	2088	1601
	2089	1601
	2090	0141
	2091	0201
	2092	0145
	2093	1601
	2094	1601
	2095	1601
	2096	1701
	2097	2461
	2098	0201
	2099	0161
	2100	0201
	2101	0101
	2102	0201
	2103	0101
	2104	0101
	2105	1605
	2106	2901
	2107	2702
	2108	0101 0141 0201 0242 1601 1801
	2109	2901
	2110	2901
	2111	0101
	2112	0150
	2113	0141 0201 0501 0701 1501 1741 2501
	2114	0201
	2115	0101

書名編號		藏書单位
史 傳記類	2116	1715
	2117	0201
	2118	1601
	2119	2901
	2120	1704
	2121	1788
	2122	0101
	2123	2220
	2124	0150
	2125	1801
	2126	0101
	2127	0163 2302 2401
	2128	0101
	2129	2401
	2130	0150
	2131	0201 2541⑧
	2132	1601
	2133	1701
	2134	1705
	2135	1601
	2136	0201
	2137	0141
	2138	0101
	2139	0101
	2140	0141
	2141	1701
	2142	0101
	2143	1881
	2144	0101
	2145	0201
	2146	1601
	2147	0161
	2148	0601
	2149	0101
	2150	1601
	2151	0201
	2152	0242
	2153	1501
	2154	0142

卷六九

書名編號		藏書单位
史 傳記類	2155	1705
	2156	2501
	2157	0101
	2158	0142 0145 0703
	2159	0101
	2160	0101 0141 0142 0703
	2161	0101
	2162	0301
	2163	1581
	2164	0101
	2165	1601
	2166	0141
	2167	0201
	2168	0101 0301
	2169	0142 2242
	2170	1705
	2171	1705
	2172	0201
	2173	1601
	2174	0101
	2175	0101
	2176	0101 0144
	2177	1801
	2178	1601 1705⑧
	2179	0101
	2180	1787
	2181	1801
	2182	0201
	2183	0101 0142⑧
	2184	0142
	2185	0201
	2186	0201
	2187	0101
	2188	1705
	2189	1701
	2190	2201
	2191	0101
	2192	0161
	2193	0101

書名編號	藏書单位		
史 傳記類 2194	0141	0201	0803
2195	0201		
2196	1705		
2197	0201		
2198	0101		
2199[illegible]	1461		
2199[illegible]	0161		
2200	1101		
2201	0201		
2202	0201		
2203	0101		
2204	2301		
2205	2542		
2206	0201		
2207	1544		
2208	1544		
2209	0101		
2210	1705		
2211	0164		
2212	0141		
2213	0101		
2214	1702		
2215	0101		
2216	1587		
2217	0101		
2218	0101		
2219	0101		
2220	1601		
2221	0161		
2222	0101		
2223	0101		
2224	0101		
2225	1601	1882⊙	
2226	0101		
2227	0841		
2228	0101		
2229	0101		
2230	0101		
2231	0101		
2232	2301		

書名編號	藏書单位	
史 傳記類 2233	0101	
2234	0101	
2235	0141	
2236	0101	
2237	0101	
2238	0141	
2239	0101	
2240	2981	
2241	0101	
2242	0101	
2243	0101	
2244	0101	2461
2245	0101	
2246	0201	
2247	0101	
2248	1705	
2249	0141	
2250	0101	
2261	0101	
2252	1881	
2253	0101	
2254	0101	
2255	1792	
2256	0161	
2257	1581	
2258	0101	
2259	0201	
2260	1714	
2261	1501	
2262	0101	
2263	0101	
2264	0241	
2265	0101	
2266	0101	
2267	0101	
2268	0101	
2269	1501	
2270	1702	
2271	0501	

書名編號	藏書单位	
史 傳記類 2272	0150	
2273	0703	
2274	1601	
2275	0101	
2276	0141	
2277	1701	
2278	0150	
2279	1601	
2280	0201	
2281	0101	0182
2282	0101⊙	1801
2283	0101	
2284	1601	
2285	1882	
2286	0101	
2287	0101	
2288	0101	
2289	0101	
2290	1601	
2291	0161	
2292	1901	
2293	0101	
2294	1701	
2295	0141	
2296	0141	
2297	0101	
2298	0201	
2299	0101	
2300	0201	
2301	0101	
2302	0101	
2303	0101⊙	0841⊙
2304	0101	
2305	0101	
2306	0101	
2307	1882	
2308	1601	
2309	1705	
2310	0141	

書名編號	藏書单位	
史 傳記類 2311	1601	
2312	0141	
2313	0101	1882
2314	0101	
2315	0101	
2316	0101	
2317	0841	
2318	0101	
2319	0101	
2320	0101	
2321	0841	
2322	1601	
2323	0101	
2324	0101	1801
2325	1801	
2326	0101	
2327	1801	
2328	0101	
2329	0101	
2330	0101	
2331	0101	
2332	0101	
2333	0101	0144
2334	0101	
2335	0101	
2336	0101	1601
2337	0101	
2338	0241	
2339	0101	
2340	0101	
2341	0201	
2342	0141	
2343	1801	
2344	0101	
2345	0101	
2346	0592	
2347	0141	
2348	0141	
2349	0141	

書名編號		藏書单位		
史 傳記類	2350	0141		
	2351	0101		
	2352	0101		
	2353	0101		
	2354	0101		
	2355	0101		
	2356	0101		
	2357	0161		
	2358	0101		
	2359	0101		
	2360	0101		
	2361	0101		
	2362	0141		
	2363	0101		
	2364	0141		
	2365	0101		
	2366	0141		
	2367	0101		
	2368	0761		
	2369	0101		
	2370	0101⊗	1881⊗	
	2371	0101		
	2372	2481		
	2373	2401		
	2374	0101		
	2375	0101		
	2376	2506		
	2377	0841		
	2378	1501		
	2379	1881		
	2380	0101		
	2381	0101		
	2382	0101		
	2383	0101		
	2384	0101		
	2385	0101		
	2386	0102		
	2387	0101	1701	1801
	2388	0101	1801	

書名編號		藏書单位		
史 傳記類	2389	0101	0201	
	2390	0141		
	2391	0101		
	2392	0101		
	2393	0201		
	2394	1801		
	2395	1801		
	2396	0101⊗	0144⊗	0841⊗
	2397	0101		
	2398	0841		
	2399	0101	1601⊗	
	2400	0101	0141	
	2401	0101		
	2402	0101⊗	0141	
	2403	0101		
	2404	0101		
	2405	0101		
	2406	0101		
	2407	0101		
	2408	0101		
	2409	0101		
	2410	0101		
	2411	0101		
	2412	0101		
	2413	0201		
	2414	0341		
	2415	0101		
	2416	0141		
	2417	0141		
	2418	0141		
	2419	0141		
	2420	0101		
	2421	1883		
	2422	0101		
	2423	0141		
	2424	0101		
	2425	1701		
	2426	1795		
	2427	0101		

書名編號		藏書单位		
史 傳記類	2428	1702		
	2429	0101		
	2430	0841		
	2431	0102		
	2432	0102	0141	
	2433	0101		
	2434	1701		
	2435	2041		
	2436	2541		
	2437	0141		
	2438	0101		
	2439	0101		
	2440	0101		
	2441	0101		
	2442	0101		
	2443	0101		
	2444	0141		
	2445	0101	0141	1601
	2446	0101		
	2447	0101	0141	1795
	2448	0101		
	2449	0101		
	2450	0101		
	2451	0101		
	2452	0101		
	2453	0101		
	2454	0101		
	2455	0101		
	2456	0101		
	2457	1101		
	2458	0101		
	2459	0101		
	2460	0101		
	2461	1881		
	2462	0101		
	2463	0101		
	2464	0141		
	2465	0201		
	2466	0101		

書名編號		藏書单位		
史 傳記類	2467	0201		
	2468	0101		
	2469	0101	1601⊗	
	2470	0201		
	2471①	0101		
	2471②	0141		
	2472	0101		
	2473	1795		
	2474	0101		
	2475	0281		
	2476	0101		
	2477	0101		
	2478	1601		
	2479	0101		
	2480	0101		
	2481	0101		
	2482	1801		
	2483	1801		
	2484	0101		
	2485	0101		
	2486	0101		
	2487	0101		
	2488	0141		
	2489	1795		
	2490	0101		
	2491	0101	1601	1801
	2492	1601		
	2493	0101		
	2494	1705		
	2495	1705		
	2496	0141		
	2497	0141		
	2498	0101		
	2499	0101		
	2500	1001		
	2501	0101		
	2502	0102		
	2503	2201		
	2504	0201		

書名編號		藏書单位			
史 傳記類	2505	0701			
	2506	0101			
	2507	0481			
	2508	0101			
	2509	0101			
	2510	0201			
	2511	0101			
	2512	0101			
	2513	0101			
	2514	0101			
	2515	0201			
	2516	0201			
	2517	1714			
	2518	0141			
	2519	0101	1701		
	2520	0141			
	2521	0101			
	2522	1701			
	2523	0141			
	2524	0101			
	2525	0101			
	2526	0101	1882		
	2527	1801	1882		
	2528	0101	0102⊗		
	2529	0101			
	2530	0101			
	2531	0101			
	2532	0141			
	2533	2701			
	2534	0101			
	2535	1601			
	2536	0201			
	2537	1801			
	2538	2401			
	2539	1801			
	2540	1881			
	2541	0101⊗	1601⊗		
	2542	0101⊗	2461⊗		
	2543	1601			

書名編號		藏書单位			
史 傳記類	2544	0101	0141		
	2545	0101			
	2546	0101			
	2547	0101	0161⊗	1881	
	2548	0141			
	2549	0703			
	2550	1906			
	2551	0101			
	2552	0101			
	2553	1801			
	2554	0841			
	2555	0101			
	2556	0141			
	2557	0241			
	2558	0101			
	2559	0101			
	2560	2541			
	2561	0101			
	2562	0101	1801		
	2563	0101			
	2564	0101			
	2565	0101			
	2566	0101			
	2567	0101			
	2568	0101			
	2569	0101			
	2570	0101	0141		
	2571	0101			
	2572	2008			
	2573	0101			
	2574	1601			
	2575	0101			
	2576	1501			
	2577	0101			
	2578	0101			
	2579	0101			
	2580	0101	1801	2010	
	2581	0101			
	2582	0101			

表三四

書名編號		藏書单位			
史 傳記類	2583	0101			
	2584	1801			
	2585	0141			
	2586	2003			
	2587	0101			
	2588	0101			
	2589	2041			
	2590	0101			
	2591	0141			
	2592	0101			
	2593	2041			
	2594	2041			
	2595	1501			
	2596	1501			
	2597	1101			
	2598	2003			
	2599	2501			
	2600	0101			
	2601	0141			
	2602	1627			
	2603	0101			
	2604	0101	2401⊗		
	2605	0101			
	2606	2741			
	2607	0101	2401		
	2608	0201			
	2609⊗	0201⊗	1705⊗		
	2609⊗	0201			
	2610	0141			
	2611	0201			
	2612	0201			
	2613	0101			
	2614	0101			
	2615	1881			
	2616	1701			
	2617	1801			
	2618	1701			
	2619	0101	1601		
	2620	1801			

書名編號		藏書单位			
史 傳記類	2621	0101			
	2622	0241			
	2623	0101			
	2624	0101			
	2625	0101			
	2626	0101	1701⊗		
	2627	0101	1801		
	2628	1881			
	2629	0161			
	2630	0101			
	2631	0701			
	2632	0101			
	2633	0101	0144⊗	0201	1881⊗
	2634	0101			
	2635	0101	0141	0201	
	2636	0241			
	2637	0141			
	2638	0101			
	2639	0101⊗	1801⊗		
	2640	0101			
	2641	0101			
	2642	0841			
	2643	0101			
	2644	1801			
	2645	0101			
	2646	1881			
	2647	0101			
	2648	0101	1881		
	2649	0101			
	2650	0101			
	2651	0101			
	2652	0101			
	2653	0101			
	2654	0101			
	2655	0101			
	2656	0144			
	2657	0101			
	2658	0101			
	2659	0141			

表三五

書名編號		藏書單位				
史 傳記類	2660	0141				
	2661	0141				
	2662	0101				
	2663	2702				
	2664①	0101				
	2664②	0144				
	2665	1801				
	2666	0101				
	2667	1701				
	2668	0101				
	2669	0101				
	2670	0101	0702	0141	0241	1881
	2671	0101	1601	1704		
	2672	0101				
	2673	0101				
	2674	0101				
	2675	1881				
	2676	0101				
	2677	2041				
	2678	0161⊗	1801			
	2679	0144				
	2680	1918				
	2681	1788	1715			
	2682	0201				
	2683	0101				
	2684	0101				
	2685	0101	0141	1881		
	2686	2041				
	2687	0141	2941			
	2688	1501				
	2689	1601				
	2690	2001				
	2691	0101				
	2692	0101				
	2693	0101				
	2694	2701				
	2695	0201				
	2696	1705				
	2697	0101				

書名編號		藏書單位				
史 傳記類	2698	0101				
	2699	0101				
	2700	0101				
	2701	0201				
	2702	0101				
	2703	1601				
	2704	0101				
	2705	1706				
	2706	1710				
	2707	0101				
	2708	0101				
	2709	0101				
	2710	0101				
	2711	1601				
	2712	0101				
	2713	0101				
	2714	1601				
	2715	1501				
	2716	0701				
	2717	0101	0182	0201	1801	1809
	2718	0101				
	2719	2541				
	2720	0501				
	2721	0101				
	2722	0201				
	2723	0201				
	2724	0101				
	2725	0101				
	2726	0161				
	2727	2981				
	2728	1501				
	2729	2901				
	2730	0141	0841			
	2731	0150				
	2732	1281				
	2733	1501				
	2734	1903				
	2735	0101				
	2736	0101	0144⊗	1601	1701⊗	

書名編號		藏書單位				
史 傳記類	2737	0101				
	2738	0101				
	2739	0101				
	2740	1701	1716			
	2741	0101				
	2742	0141				
	2743	0101⊗	1501			
	2744	0101				
	2745	0841				
	2746	0201				
	2747	0101				
	2748	0201				
	2749	0141				
	2750	1775				
	2751	0101	1801			
	2752	0101				
	2753	0101				
	2754	1881				
	2755	0161				
	2756	1544				
	2757	1701				
	2758	1705				
	2759	0101				
	2760	0101				
	2761	2401				
	2762	0101				
	2763	0101				
	2764	0141				
	2765	0201				
	2766	0101				
	2767	0101	0201			
	2768	0161				
	2769	0591				
	2770	0101				
	2771	2901				
	2772	2901				
	2773	0201				
	2774	0141				
	2775	0101				

書名編號		藏書單位				
史 傳記類	2776	0101				
	2777	0341				
	2778	2461				
	2779	0841				
	2780	2701				
	2781	0341				
	2782	0101				
	2783	0101	0148	1702⊗		
	2784	0101				
	2785	0161				
	2786	0101				
	2787	0161				
	2788	0161				
	2789	0101				
	2790	0101				
	2791	0101				
	2792	2001				
	2793	0101				
	2794	1581				
	2795	0161				
	2796	0101				
	2797	0101	0341⊗	0301	1801	
	2798	0101				
	2799	0101				
	2800	0201				
	2801	0141				
	2802	0101				
	2803	0141				
	2804	0542				
	2805	0241				
	2806	1701				
	2807	1701				
	2808①	0142				
	2808②	0101				
	2809	0142				
	2810	0101				
	2811	0341				
	2812	0142				
	2813	0142				

書名編號	藏書單位	
史 傳記類 2814	0101	
2815	0101	
2816	0101	
2817	0101	
2818	0101	
2819	0101	
2820	0701	
2821	0703	
2822	0101	
2823	0150	
2824	0101	
2825	0101	
2826	0150	
2827	0101	
2828	0601	
2829	0101	
2830	0141	
2831	0161	
2832	0161	
2833	1601	
2834	0101	
2835	0601	
2836	0103	
2837	0601	
2838	0101	
2839	0101	
2840	0201	
2841	0142	
2842	1541	1581
2843	0241	
2844	2302	
2845	0142	
2846	1781	
2847	1891	
2848	1917	
2849	2542	
2850	1081	
2851	0101	
2852	0201	

書名編號	藏書單位				
史 傳記類 2853	1081				
2854	0201				
2855	1281				
2856	1281				
2857	2401				
2858	0141				
2859	0201				
2860	0201				
2861	0101	0144	1801		
2862	0101	0141	0201	1601	1701
2863	0201	1641			
2864	0201				
2865	0201				
2866	1881				
2867	0201				
2868	1601				
2869	0101				
2870	0101				
2871	0201㊀	1501			
2872	0141				
2873	0101				
2874	0101				
2875	0101				
2876	0841				
2877	0201				
2878	0101				
2879	0101				
2880	0101				
2881	0101				
2882	0101				
2883	1601				
2884	0101				
2885	0101				
2886	0141	0201	1501		
2887	0242				
2888	0201				
2889	0201				
2890	0141				
2891	0101				
2892	1801				

書名編號	藏書單位	
史 傳記類 2893	0101	
2894	0101	
2895	1601	
2896	0201	
2897	1705	
2898	0201	
2899	1705	
2900	0201	
2901	0201	
2902	0201	
2903	1705	
2904	1705	
2905	1705	
2906	1705	
2907	0101	
2908	1705	
2909	0201	
2910	1705	
2911	1705	
2912	1705	
2913	1705	
2914	1705	
2915	1705	
2916	1705	
2917	1705	
2918	1705	
2919	1705	
2920	1705	
2921	1705	
2922	1705	
2923	1705	
2924	1705	
2925	1705	
2926	1705	
2927	1705	
2928	0101	1705
2929	1705	
2930	1601	1705
2931	0101	

書名編號	藏書單位	
史 傳記類 2932	0101	1705
2933	1705	
2934	1705	
2935	1705	
2936	1705	
2937	1705	
2938	1705	
2939	1705	
2940	1705	
2941	1705	
2942	0201	
2943	1705	
2944	1705	
2945	1705	
2946	0101	
2947	0101	1801
2948	1705	
2949	1705	
2950	1705	
2951	1705	
2952	1705	
2953	0101	
2954	0101	
2955	1705	
2956	0201	
2957	1705	
2958	1705	
2959	1705	
2960	0201	
2961	1705	
2962	1705	
2963	1705	
2964	1705	
2965	1705	
2966	0201	
2967	0201	1705
2968	1705	
2969	1705	
2970	0201	1705

表三九

書名編號	藏書单位		
史 傳記類 2971	0201	1705	
2972	0201		
2973	1705		
2974	1705		
2975	1705		
2976	0101	1705	
2977	0101		
2978	1705		
2979	1705		
2980	1705		
2981	1705		
2982	0841		
2983	1705		
2984	0101	1705	
2985	1705		
2986	0101	1705	
2987	0101		
2988	0101		
2989	0201		
2990	0201		
2991	1705		
2992	1705		
2993	0201		
2994	1501		
2995	1705		
2996	1705		
2997	1701		
2998	1705		
2999	1705		
3000	1705		
3001	0201		
3002	1705		
3003	0201		
3004	1705		
3005	1705		
3006	0841		
3007	0201		
3008	1705		
3009	0201		
史 傳記類 3010	0841		
3011	0201		
3012	1581		
3013	0201	1705	
3014	0841		
3015	1701		
3016	0201	1705	
3017	0841		
3018	0201		
3019	0201	1705	
3020	0101		
3021	0201		
3022	0141		
3023	0201		
3024	0101		
3025	0201	2201	
3026	1705		
3027	0201	1705	
3028	0201	1705	
3029	0201	1705	
3030	0201		
3031	1705		
3032	1705		
3033	0101		
3034	0101	1705	
3035	1705		
3036	0101	0201	1705
3037	0101		
3038	0201	1705	
3039	0101		
3040	0101		
3041	1705		
3042	0101		
3043	0101	1705	
3044	0101	1705	
3045	1705		
3046	1705		
3047	1705		
3048	0101	1705	

書名編號	藏書单位	
史 傳記類 3049	0101	1705
3050	0101	1705
3051	1705	
3052	0101	
3053	0101	1705
3054	1705	
3055	0101	
3056	0142	
3057	1701	
3058	1501	
3059	0101	
3060	1501	
3061	0101	
3062	0101	
3063	1701	
3064	0101	
3065	0101	
3066	0101	
3067	0101	
3068	0201	
3069	1601	
3070	1705	
3071	1705	
3072	1705	
3073	1705	
3074	1705	
3075	1705	
3076	1705	
3077	1705	
3078	1705	
3079	1705	
3080	1705	
3081	1705	
3082	1705	
3083	0101	
3084	1705	
3085	1705	
3086	1705	
3087	1705	
史 傳記類 3088	1705	
3089	1705	
3090	1705	
3091	1705	
3092	1705	
3093	1705	
3094	1705	
3095	1705	
3096	1705	
3097	1705	
3098	1705	
3099	1705	
3100	1705	
3101	1705	
3102	1705	
3103	1705	
3104	1705	
3105	1705	
3106	1705	
3107	1705	
3108	1705	
3109	1705	
3110	1705	
3111	1705	
3112	1705	
3113	1705	
3114	1705	
3115	1705	
3116	0201	
3117	1705	
3118	1705	
3119	1705	
3120	1705	
3121	1705	
3122	1705	
3123	1705	
3124	1705	
3125	1705	
3126	1705	

書名編號		藏書单位
史 傳記類	3127	1705
	3128	1705
	3129	1705
	3130	1705
	3131	1705
	3132	1705
	3133	1705
	3134	1705
	3135	1705
	3136	0201
	3137	1705
	3138	0201
	3139	1705
	3140	1705
	3141	1705
	3142	1705
	3143	0101
	3144	1705
	3145	1705
	3146	1705
	3147	1705
	3148	1705
	3149	1705
	3150	1705
	3151	1705
	3152	1705
	3153	1705
	3154	1705
	3155	1705
	3156	1705
	3157	1705
	3158	1705
	3159	1705
	3160	1705
	3161	1705
	3162	1705
	3163	1705
	3164	1705
	3165	1705

書名編號		藏書单位
史 傳記類	3166	1705
	3167	1705
	3168	1705
	3169	1705
	3170	1705
	3171	1705
	3172	1705
	3173	1705
	3174	1705
	3175	1705
	3176	1705
	3177	1705
	3178	0201
	3179	1705
	3180	1705
	3181	1705
	3182	1705
	3183	1705
	3184	0101
	3185	1705
	3186	1705
	3187	1705
	3188	1705
	3189	1705
	3190	1501
	3191	1705
	3192	1705
	3193	1705
	3194	1705
	3195	1705
	3196	1705
	3197	1628
	3198	0201
	3199	1705
	3200	1705
	3201	1705
	3202	1705
	3203	1705
	3204	1705

書名編號		藏書单位
史 傳記類	3205	1705
	3206	1705
	3207	1705
	3208	0201
	3209	1705
	3210	1705
	3211	1705
	3212	1705
	3213	0701
	3214	1705
	3215	1705
	3216	1705
	3217	1705
	3218	1705
	3219	1705
	3220	1705
	3221	1705
	3222	1705
	3223	1705
	3224	1705
	3225	1705
	3226	1705
	3227	1705
	3228	1705
	3229	1705
	3230	1705
	3231	1705
	3232	1705
	3233	1705
	3234	1705
	3235	1705
	3236	1705
	3237	1705
	3238	1705
	3239	0101
	3240	1705
	3241	1705
	3242	1705
	3243	1705

書名編號		藏書单位
史 傳記類	3244	1705
	3245	1705
	3246	1705
	3247	1705
	3248	0101 1705
	3249	1705
	3250	1705
	3251	1705
	3252	1705
	3253	0201 1705
	3254	1705
	3255	1705
	3256	1705
	3257	1705
	3258	0101
	3259	0701 1705
	3260	1705
	3261	1705
	3262	1705
	3263	0101 1705
	3264	1705
	3265	1705
	3266	1705
	3267	1705
	3268	1705
	3269	0101
	3270	1705
	3271	1705
	3272	1705
	3273	1705
	3274	1705
	3275	1705
	3276	1705
	3277	0841
	3278	1705
	3279	1705
	3280	1705
	3281	1705
	2282	1705

書名編號	藏書單位	
史 傳記類 3263	1705	
3284	1705	
3285	1705	
3286	1705	
3287	1705	
3288	1705	
3289	1705	
3290	0101	
3291	1705	
3292	1705	
3293	1705	
3294	1705	
3295	1705	
3296	1705	
3297	1705	
3298	1705	
3299	0101	
3300	1705	
3301	0201	
3302	0201	
3303	1705	
3304	1705	
3305	1705	
3306	1705	
3307	0101	1705
3308	1705	
3309	1705	
3310	1705	
3311	1705	
3312	1705	
3313	1705	
3314	1705	
3315	1705	
3316	1705	
3317	1705	
3318	1705	
3319	1705	
3320	1705	
3321	1705	

書名編號	藏書單位	
史 傳記類 3322	1705	
3323	1705	
3324	1705	
3325	1705	
3326	1705	
3327	1705	
3328	1705	
3329	1705	
3330	1705	
3331	1705	
3332	0201	1705
3333	1705	
3334	1705	
3335	1705	
3336	1705	
3337	1705	
3338	1705	
3339	1705	
3340	1705	
3341	1705	
3342	1705	
3343	0141	
3344	1705	
3345	1705	
3346	1705	
3347	1705	
3348	1705	
3349	1705	
3350	1705	
3351	1705	
3352	1705	
3353	1705	
3354	1705	
3355	1705	
3356	0201	
3357	1705	
3358	1705	
3359	1705	
3360	1705	

書名編號	藏書單位	
史 傳記類 3361	1705	
3362	1705	
3363	1705	
3364	0201	
3365	0101	0201
3366	0144	
3367	0101	
3368	0201	
3369	0201	
3370	0201	
3371	0201	
3372	0101	
3373	0201	
3374	0101	
3375	0201	
3376	0101	
3377	1504	
3378	2701	
3379	1641	
3380	0101	
3381	1504	
3317	1705	
3382	0101	
3383	1504	
3384	0101	
3385	0101	
3386	0101	
3387	0201	
3388	1705	
3389	0101	
3390	0101	
3391	1705	
3392	1601	
3393	0201	
3394	0101	
3395	0101	
3396	0841	
3397	0101	
3398	1601	

書名編號	藏書單位	
史 傳記類 3399	1601	
3400	1601	
3401	0101	
3402	0201	
3403	0101	
3404	0101	
3405	0141	
3406	0101	
3407	0141	
3408	0141	
3409	0101	
3410	0101	
3411	0101	
3412	0141	
3413	0166	
3414	0341	
3415	0101	
3416	0101	
3417	0101	
3418	1601	
3419	0101	
3420	0101	
3421	0201	
3422	0201	
3423	1601	
3424	0141	
3425	0101	
3426	0101	
3427	1601	
3428	0141	
3429	0101	
3430	0101	
3431	0101	
3432	0101	
3433	0101	
3434	0101	
3435	0101	
3436	0101	
3437	0101	

書名編號		藏書单位
史 傳記類	3438	0101
	3439	0101
	3440	0101
	3441	0101
	3442	0101
	3443	0101
	3444	0101
	3445	1701
	3446	0101
	3447	0101
	3448	0101
	3449	0101
	3450	0101
	3451	0101
	3452	0101
	3453①	0101
	3453②	0101
	3454	0101
	3455	1705
	3456	1705
	3457	1705
	3458	1705
	3459	1705
	3460	1705
	3461	1705
	3462	1705
	3463	1705
	3464	1705
	3465	1705
	3466	1705
	3467	0201
	3468	1705
	3469	1705
	3470	1705
	3471	1705
	3472	1705
	3473	1705
	3474	1705
	3475	0201

書名編號		藏書单位
史 傳記類	3476	0101
	3477	0101
	3478	0101
	3479	0101
	3480	0101
	3481	0101
	3482	0101
	3483	0101
	3484	0101
	3485	0101
	3486	0101
	3487	0101
	3488	0101
	3489	0101
	3490	0101
	3491	0101
	3492	1701
	3493	0201③ 2401② 2541
	3494	0201 1601
	3495	0101
	3496	1705
	3497	1705
	3498	0101
	3499	0201
	3500	1628
	3501	1628
	3502	2602
	3503	2401
	3504	0101
	3505	0201
	3506	0101
	3507	0150
	3508	0161
	3509	0201
	3510	0201
	3511	1705
	3512	0101
	3513	0101
	3514	0201

書名編號		藏書单位
史 傳記類	3515	0161
	3516	2561
	3517	0101
	3518	0101
	3519	0101
	3520	0101
	3521	0101
	3522	1705
	3523	0161
	3524	0141
	3525	0101
	3526	0101 2401
	3527	0163
	3528	0182 2401⑧
	3529	0101 1606⑨ 1705⑧
	3530	0161⑧ 0181 0201 0841⑨ 1701⑧
	3531	2702
	3532	1601
	3533	0101
	3534	1705
	3535	1601
	3536	1501
	3637	0903
	3538	2301
	3539	1601
	3540	0201
	3541	0141 1082
	3542	0101
	3543	0181
	3544	1705
	3545	0101
	3546	1601
	3547	0101
	3548	1701
	3549	2201
	3550	0101
	3551	0101
	3552	0101
	3553	0101

書名編號		藏書单位
史 傳記類	3554	0101
	3555	0101
	3556	0101
	3557	0201
	3558	1601
	3559	0141 0701 1682
	3560	0301 1601
	3561	2701
	3562	0101
	3563	0201
	3564	0701
	3565	2901
	3566	0198
	3567	0101
	3568	0101
	3569	0201
	3570	0101
	3571	0201
	3572	0101 0141
	3573	0101
	3574	2401
	3575	1701
	3576	0241
	3577	0101
	3578	0161
	3579	0150
	3580	0161
	3581	0101
	3582	2461
	3583	0141
	3584	1701
	3585	0101
	3586	0101
	3587	0101
	3588	0141
	3589	0161
	3590	1606
	3591	0161
	3592	1601

書名編號	藏書單位
史 傳記類 3593	0961
3594	0201
3595	0101
3596	0141
3597	0101
3598	0101
3599	0101
3600	0101
3601	0101
3602	0101
3603	1972
3604	0841
3605	0101
3606	0161
3607	0201⊗
3608	0201
3609	0101
3610	0201
3611	0241
3612	0101
3613	0101
3615	0101
3616	0101
3617	0161
3618	0101
3619	0150 1628⊗
3620	0198
3621	0101
3622	0198
3623	0201
3624	0201
3625	0101
3626	0101
3627	0141
3628	0301
3629	0101
3630	0201
3631	0201
3632	0201

書名編號	藏書單位
史 傳記類 3633	0161
3634	0161
3635	0161
3636	0161
3637	0101
3638	0101
3639	0101
3640	0101
3641	0101
3642	0101
3643	1501
3644	0101
3645	0101
3646	0101
3647	0101
3648	1241

史抄類

一 史記法語八卷 宋洪遵輯 清萃古齋抄本
二 荊川先生精選批點史記十二卷 明唐順之輯 明萬曆五年童子山刻本 十行二十二字白口四周單邊有刻工
三 荊川先生精選批點史記十二卷 明唐順之輯 明萬曆刻本 十行二十二字白口
四 重刻唐荊川精選史記十二卷精選漢書六卷 明唐順之輯 明萬曆十二年毛在鄭曼尊刻本 十行二十二字白口四周雙邊
五 唐荊川批選史記十二卷漢書四卷 明唐順之輯 明天啟三年沈琦御刻本 半頁九行行十八字白口四周單邊
六 史記抄九十一卷首一卷 明茅坤輯 明萬曆三年刻本 十行行二十一字白口四周單邊有刻工
七 史記抄九十一卷補遺十二卷首一卷 明茅坤輯 明萬曆三年刻本
八 史記鈔九十一卷 明茅坤輯 明泰昌元年吳興閔氏刻套印本 九行十九字白口左右雙邊无魚尾
九 茅鹿門先生批評史記抄一百四卷 明茅坤輯 明天啟元年茅兆海刻本 九行十九字白口無格四周單邊無刻工
一〇 茅鹿門先生批評史記抄一百四卷 明茅坤評 明天啟元年茅兆海刻本 清諸錦批校 九行十九字白口四周單邊
一一 史記鈔二十卷 明沈科輯 明嘉靖三十六年沈氏自刻本 十行二十字白口四周雙邊
一二 太史史例一百卷 明張之象輯 明嘉靖四十四年長水書院刻本 十行十八字白口左右雙邊雙魚尾
一三 新鍥葉先生傳家舉業要訣史記文髓二卷 明葉向高輯 王錫爵校 明萬曆十九年書林劉大易刻本 十二行二十四字小字雙行字同白口四周雙邊
一四 旁註史漢芳潤五卷 明吳了凡、袁黃註 明萬曆三十四年刻本 八行二十四字行間有雙界綫內刻旁訓小字三十二至三十四字不等白口四周單邊黑魚尾
一五 史記約言不分卷 明王錫侯輯 明萬曆二十一年陳堂雲刻本 九行二十字小字雙行行二十字白口四周雙邊
一六 鐫侗初張先生評選史記雋六卷 明張鼐輯 明師儉堂蕭少衢刻本 九行二十一字白口單邊无魚尾
一七 兩漢奇鈔十四卷 明陳仁錫、鍾惺纂定 明天啟五年刻本 九行二十字小字雙行二十字眉欄小字雙行四字白口四周單邊
一八 梅太史訂選史記神駒四卷 明梅之煥輯 明刻本 半頁十行行二十字小字雙行字數同无界欄有眉欄白口无魚尾
一九 史記摘麗不分卷 明范大澈輯 明范大澈抄本
二〇 史記拔奇二卷 明詹惟修輯 明萬曆刻本 十一行二十字白口四周單邊
二一 史記摘抄六卷補抄二卷 明錢鍾義輯 明萬曆刻本 十行十九字白口左右雙邊有刻工
二二 史記奇鈔十四卷 明陳仁錫輯 明末刻本 九行二十字白口四周單邊
二三 史記統五卷 明董養正輯 明崇禎九年刻本 九行二十字白口單邊單魚尾
二四 史記選不分卷 明萬曆上谷書院刻本 十行二十二字白口左右雙邊單魚尾口下右有刻工
二五 史記珍抄五卷 明張溥輯 明末刻本 十行二十字小字雙行同白口四周單邊
二六 史記選抄不分卷 明抄本
二七 同庵史彙十卷 清蔣善撰 清康熙三十一年恩永堂刻本
二八 左策史漢約選八卷 清洪德常輯 清康熙世綸堂刻本
二九 史記菁華錄四卷 清姚祖恩輯 清道光二十三年刻本 清王筠校
三〇 史記觀要二十四卷 清張兆長輯 稿本
三一 史記鈔不分卷 清鄭珍輯評 稿本 清裴伯謙跋
三二 史評赤函四卷 明陳仁錫輯 明刻本（八有抄配） 九行二十二字小字雙行同无行綫白口四周單邊无魚尾
三三 兩晉南北合纂四十卷 明錢岱輯 明萬曆刻本 十行二十字白口四周單邊有刻工
三四 南朝史精語十卷 宋洪遵輯 清乾隆五十二年吳照刻本 十行十八字白口上魚尾左右雙邊
三五 南史刪三十一卷 明茅國縉輯 明刻本 十行二十字白口單魚尾左右雙邊
三六 南史獵俎六卷 明徐孚遠輯 清抄本
三七 南史摘略二卷 清梁玉繩輯 清清吟閣抄本
三八 南朝史摘不分卷 清錢陸江輯 稿本
三九 南北史藻不分卷 明陳翔輯 明萬曆四十年刻本 九行十八字白口單邊單魚尾
四〇 南北史鈔不分卷 明周詩雅輯 明崇禎五年刻本 九行二十字白口四周單邊
四一 南北史類鈔八卷 清李興祖輯 清康熙三十四年保貞堂刻本
四二 南史識小錄八卷北史識小錄八卷 清沈名蓀、朱昆田輯 清劉文淇青溪舊屋抄本
四三 南史識小錄八卷北史識小錄八卷 清沈名蓀、朱昆田輯 清顧氏藝海樓抄本 存十五卷（南史一至七 北史一至八）
四四 南史識小錄十四卷北史識小錄十四卷 清沈名蓀、朱昆田輯 張應昌補正 清抄本 清杜樑桔跋 存十二卷（南史識小錄全 北史識小錄一至四）
四五 南史識小錄八卷北史識小錄八卷 清沈名蓀、朱昆田輯 清抄本

南北史意摭不分卷 清孔廣栻撰 稿本 四六

北史抄三卷 明抄本 四七

通鑑總類二十卷 宋沈樞輯 元至正二十三年吳郡庠刻本 十一行廿三字細黑口左右雙邊 四八(1)

通鑑總類二十卷 宋沈樞輯 元至正二十三年吳郡庠刻本 十一行廿三字細黑口左右雙邊單魚尾有刻工 四八(2)

通鑑總類二十卷 宋沈樞輯 元至正二十三年吳郡庠刻本 十一行廿三字綫黑口左右雙邊有刻工 四八(3)

通鑑總類二十卷 宋沈樞輯 元至正二十三年吳郡庠刻本（卷九、十配清初抄本） 十一行廿三字細黑口上下單邊左右雙邊有刻工 四八(4)

通鑑總類二十卷 宋沈樞輯 元至正二十三年吳郡庠刻本 十一行廿三字細黑口左右雙邊有刻工 四八(5)

通鑑總類二十卷 宋沈樞輯 元至正二十三年吳郡庠刻本 十一行廿三字細黑口左右雙邊有刻工 四九(1)
存十卷 四至五、七至十四

通鑑總類二十卷 宋沈樞輯 元至正二十三年吳郡庠刻本 十一行廿三字細黑口左右雙邊有刻工 四九(2)
存五卷 三、六、八、十一、十四

通鑑總類二十卷 宋沈樞輯 元至正二十三年吳郡庠刻本 十一行廿三字細黑口左右雙邊有刻工 四九(3)
存一卷 四

通鑑總類二十卷 宋沈樞輯 元至正二十三年吳郡庠刻本 十一行廿三字白口左右雙邊有刻工 四九(4)
存一卷 十八

通鑑總類二十卷 宋沈樞輯 元至正二十三年吳郡庠刻本 十一行廿三字細黑口左右雙邊單魚尾有刻工 四九(5)
存二卷 十七

通鑑總類二十卷 宋沈樞輯 元至正二十三年吳郡庠刻本 十一行廿三字細黑口左右雙邊有刻工 四九(6)
存十四卷 七至二十

通鑑總類二十卷 宋沈樞輯 元至正二十三年吳郡庠刻本（卷二十第一、二頁補抄） 十一行廿三字細黑口左右雙邊有刻工 四九(7)
存八卷 十三至二十

通鑑總類二十卷 宋沈樞輯 元至正二十三年吳郡庠刻本 十一行廿三字白口左右雙邊有刻工 四九(8)
存二卷 十一至十二

通鑑總類二十卷 宋沈樞輯 元至正二十三年吳郡庠刻本 十一行廿三字左右雙邊、有刻工 四九(9)
存一卷 三

通鑑總類二十卷 宋沈樞輯 元至正二十三年吳郡庠刻本 十一行廿三字、口有刻工 四九(10)
存一卷 六

通鑑總類二十卷 宋沈樞輯 元刻明印本 十一行廿三字小黑口左右雙邊 五〇

通鑑總類二十卷 宋沈樞輯 明萬曆二十三年孫隆刻本 十一行廿三字白口左右雙邊 五一

通鑑總類二十卷 宋沈樞輯 明萬曆二十三年孫隆刻天啟重修本 五二

通鑑總類二十卷 宋沈樞輯 明萬曆二十三年孫隆刻天啟重修本 清李錫時校 五三

通鑑總類二十卷 宋沈樞輯 明萬曆二十三年孫隆刻天啟重修本 清丁丙跋 十一行廿三字白口左右雙邊 五四

通鑑總類二十卷 宋沈樞輯 明萬曆三十九年劉戣刻本 十一行廿三字白口左右雙邊 五五

新集分類通鑑不分卷 明弘治十二年祝榮刻本 十一行二十字黑口四周雙邊黑花魚尾 五七

分門史志通典治原之書十五卷目錄一卷 宋刻本 十五行二十六七字不等白口上下單邊左右雙邊 五八

資治通鑑外紀詳節十卷 宋刻本 十四行廿五字白口左右雙邊 五九(1)

諸儒校正西漢詳節三十卷 宋呂祖謙輯 宋刻本 羅振常跋 十四行廿四字小字雙行綫口左右雙邊 五九(2)
存二十八卷 一至二十三、二十六至三十

名公增修標註南史詳節二十五卷 宋呂祖謙輯 宋刻本 十行二十字細口四周單邊 六〇
存六卷 一、六、二十二至二十五

名公增修標註隋書詳節二十卷 宋呂祖謙輯 宋刻本 十行二十字細黑口左右雙邊黑雙魚尾 六一

京本增修五代史詳節十卷 宋呂祖謙輯 宋刻本 十三行廿一字細黑口四周雙邊有耳 六二

十七史詳節二百七十三卷 宋呂祖謙輯 元刻本（三國志、唐書配明劉弘毅慎獨齋刻本） 十三行廿六字黑口四周雙邊 配本十四行二十字黑口左右雙邊 六三
東萊先生增入正義音註史記詳節二十卷
參附漢書三劉互註西漢詳節三十卷
諸儒校正東漢詳節三十卷
東萊先生三國志詳節二十卷
東萊先生校正晉書詳節三十卷
東萊先生校正隋書詳節二十卷
東萊先生校正南史詳節二十五卷
東萊先生校正北史詳節二十八卷
諸儒唐書詳節六十卷
東萊校正五代史詳節十卷

十七史詳節二百七十三卷 宋呂祖謙輯 元刻本（東漢詳節卷二十三、二十八至三十、隋書詳節卷十一配清抄本） 十四行廿四字細黑口左右雙邊 六四

十七史詳節二百七十三卷 宋呂祖謙輯 元刻本 十三行廿四字黑口左右雙邊 六五
存二百六十二卷
東萊先生增入正義音註史記詳節 存十三卷 一至七、十五至二十
參附漢書三劉互註西漢詳節 存二十八卷 一至二十五、二十八至三十
諸儒校正東漢詳節三十卷
東萊先生標注三國志詳節二十卷

六六 十七史詳節二百七十三卷 宋呂祖謙輯 元刻本 東萊校正晉書詳節三十卷 東萊先生校正隋書詳節二十卷 東萊先生校正南史詳節二十五卷 存二十四卷一、三至二十五 東萊先生校正北史詳節二十八卷 諸儒校正唐書詳節六十卷 存五十九卷一至九、十一至六十 東萊校正五代史詳節十卷
存九十八卷 史記一至二十。東漢五至九、二十二至三十。三國志十一至二十。南史一至七、十七至二十五。北史一至八、十九至二十八。隋書一至二十。

六七 十七史詳節二百七十三卷 宋呂祖謙輯 元刻本 清丁丙跋 十四行廿四字細黑口左右雙邊
存五十三卷 東萊先生校正南史詳節二十五卷 東萊先生校正北史詳節二十八卷

六八 東萊先生增入正義音註史記詳節二十卷 宋呂祖謙輯 宋刻本 十三行廿四字黑口左右雙邊
存二卷 一至二

六九 東萊先生增入正義音註史記詳節二十卷 宋呂祖謙輯 元刻十七史詳節本 十三行廿四字白口單邊雙魚尾

七〇 東萊先生增入正義音註史記詳節二十卷 宋呂祖謙輯 元刻十七史詳節本 清趙宗建跋
存八卷 一至七、九

七一 東萊先生增入正義音註史記詳節二十卷 宋呂祖謙輯 元刻本 十五行廿四字細黑口左右雙邊雙魚尾
存十六卷 一至十六

七二 參附群書三劉互註西漢詳節三十卷 宋呂祖謙輯 元刻十七史詳節本 十四行廿一至廿四字白口左右雙邊雙魚尾

七二 參附群書三劉互註西漢詳節三十卷 宋呂祖謙輯 元刻本（八有補鈔） 十四行廿四字小字雙行細黑口左右雙邊

七三 諸儒校正東漢詳節三十卷 宋呂祖謙輯 元刻十七史詳節本 十四行廿四字細黑口雙邊間單邊雙魚尾

七五 諸儒校正東漢詳節三十卷 宋呂祖謙輯 元刻十七史詳節本 十四行廿四字細黑口左右雙邊雙魚尾

七四 東萊先生西漢詳節三十卷東漢詳節三十卷 宋呂祖謙輯 明抄本

七五 東萊先生標註三國志詳節二十卷 宋呂祖謙輯 元刻十七史詳節本

七六 東萊先生標注三國志詳節二十卷 宋呂祖謙輯 元刻十七史詳節本 十四行二十四字上下黑口左右雙邊雙魚尾
存十二卷 一至四、八至十、十四至十六、十九至二十

七七 諸儒先生標註三國志詳節二十卷 宋呂祖謙輯 元刻十七史詳節本 十四行二十四字小字雙行二十四字細黑口左右雙邊行中有明文年代

七八 東萊校正晉書詳節三十卷 宋呂祖謙輯 宋刻本 十四行二十四字黑口左右雙邊

七九 東萊校正晉書詳節三十卷 宋呂祖謙輯 元刻十七史詳節本 十四行二十四字細黑口四周雙邊雙魚尾

八〇 東萊先生校正南史詳節二十五卷 宋呂祖謙輯 元刻十七史詳節本 十四行二十四字細黑口左右雙邊雙魚尾

八一 東萊先生校正北史詳節二十八卷 宋呂祖謙輯 元刻十七史詳節本 十四行二十四字細黑口左右雙邊雙魚尾

八二 東萊先生校正隋書詳節二十卷 宋呂祖謙輯 元刻十七史詳節本 十四行二十四字細黑口左右雙邊雙魚尾

八三 諸儒校正唐書詳節六十卷 宋呂祖謙輯 元刻十七史詳節本 十四行二十四字細黑口四周雙邊雙魚尾

八四 東萊校正五代史詳節十卷 宋呂祖謙輯 元刻十七史詳節本 十四行二十四字細黑口左右雙邊雙魚尾

八五 呂大著增注點校三劉東漢詳節三十卷 元刻本 十四行二十二字細黑口左右雙邊有耳
存六卷 一至六

八六 十七史詳節二百七十四卷 宋呂祖謙輯 明正德十一年劉弘毅慎獨齋刻本 十三行二十六字小字雙行同下細黑口四周雙邊 東萊先生史記詳節二十卷首一卷

東萊先生西漢詳節三十卷
東萊先生東漢詳節三十卷
東萊先生三國志詳節二十卷
東萊先生晉書詳節三十卷
東萊先生南史詳節二十五卷
東萊先生北史詳節二十八卷
東萊先生隋書詳節二十卷
諸儒唐書詳節六十卷
東萊先生五代史詳節十卷

十七史詳節二百七十三卷　宋呂祖謙輯　明嘉靖四十五年至隆慶四年陝西布政司刻本　十行二十二字小字雙行二十二字白口四周單邊有刻工　八七
東萊先生史記詳節二十卷
東萊先生西漢書詳節三十卷
東萊先生東漢書詳節三十卷
東萊先生三國志詳節二十卷
東萊先生晉書詳節三十卷
東萊先生南史詳節二十五卷
東萊先生北史詳節二十八卷
東萊先生隋書詳節二十卷
東萊先生唐書詳節六十卷
東萊先生五代史詳節十卷

眉山新編十七史策要一百五十卷　宋刻本　十四行二十五字白口左右雙邊　八八
存一百十一卷　史記六卷全　前漢書一至十五、二十二至二十七　後漢書二十六卷全　魏志一至四　蜀志二卷全　吳志五卷全　晉書六至二十一　南齊書三卷全　梁書三卷全　陳書二卷全　元魏書八卷全　周書二卷全　北齊書二卷全　隋書三卷全　唐書一至四、十至十三

眉山新編前漢策要□·□卷　宋刻十七史策要本　李盛鐸跋　十四行二十五字白口左右雙邊單魚尾　八九
存七卷　七至八、十一、十六至十七、十九至二十

諸史提要十五卷　宋錢端禮撰　宋乾道紹興府學刻本　九行十四字小字雙行二十八字左右雙邊版心下鐫刻工白口　九〇

諸史提要十五卷　宋錢端禮撰　清張英補　清康熙五十二年內府刻本　九一

古今紀要十九卷　宋黃震撰　明初刻本　十行二十字白口左右雙邊雙魚尾　九二

古今紀要十九卷　宋黃震撰　明初刻本　清張敦仁校　十行二十字白口左右雙邊　九三
存一卷　一

古今紀要十九卷　宋黃震撰　明初刻本　清曾釗跋　十行二十字白口左右雙邊　九四
存十六卷　一至七、十至十八

直說通畧十三卷　元鄭鎮孫撰　明成化十六年盧藩刻本　十行十八字黑口單魚尾四周雙邊有抄配　九五
存十卷　一至十

讀史備忘八卷　明范理撰　明嘉靖十二年鍾錫刻本　九行二十三字黑口四周雙邊　九六

雷廬讀史快編六十卷　明趙維寰輯　明天啟四年趙氏刻本　十行二十字白口左右雙邊　九七

史觿十七卷　明謝肇淛撰　明崇禎四年建安黃氏景晉齋刻本　九行十八字白口單邊無魚尾　九八

東皐漫録八卷　明楊櫰撰　明天啟六年刻本　九行十八字白口左右雙邊　九九

歐陽文忠公新唐書鈔二卷五代史鈔二十卷　明茅坤輯　明萬曆七年茅一桂刻本　九行十九字白口左右雙邊單魚尾　一〇〇

歐陽文忠公五代史鈔二十卷　明茅坤輯　明萬曆七年茅一桂刻本　九行十九字白口左右雙邊有刻工　一〇一

歐陽文忠公新唐書抄二卷五代史抄二十卷　明茅坤輯　明末刻本　九行二十字白口四周單邊單魚尾　一〇二

歐陽文忠公新唐書鈔二卷五代史鈔二十卷　明茅坤輯　明末刻本　清潘奕雋錄清顧有孝批註並跋　九行二十字白口四周單邊　一〇三

歐陽文忠公新唐書抄二卷五代史抄二十卷　明茅坤輯　明末刻本　九行二十字白口四周單邊鐫有眉批　一〇四

歐陽文忠公五代史抄二十卷　明茅坤輯　明閔刻套印本　八行十八字無格白口四周單邊　一〇五

歐陽文忠公五代史抄二十卷　明茅坤輯　明李兆刻本　九行二十字白口單邊單魚尾刻眉批卷端有「錢塘後學李兆校梓」一行　一〇六

史編抄斷四卷　明林雲程撰　明萬曆林氏刻本　十行二十四字四周雙邊花口　一〇七

史管五卷　宋范晞撰　明王家植批點　明萬曆四十六年史高先刻本　九行二十一字白口四周單邊版心下刻工　一〇八

史管五卷　宋范晞撰　明王家植批點　明崇禎十四年刻本　九行二十一字白口四周單邊有刻工　一〇九

歷代十八史略二卷綱目一卷　元曾先之輯　元至正二年刻本　八行十七字白口左右雙邊　一一〇

古今歷代十八史略二卷綱目一卷　元曾先之撰　元刻本　十八行三十二字或三十三字黑口四周雙邊　一一一
存二卷　上、綱目全

新增音義釋文古今歷代十八史略二卷　元曾先之撰　元刻本　十八行三十三字黑口四周雙邊間有左右雙邊雙魚尾　一一二

古今歷代十八史略二卷綱目一卷　元曾先之撰　明初刻本（有抄配）　十八行三十四字小黑口四周雙邊　一一三

古今歷代十八史畧二卷　元曾先之撰　明刻本　十行十八字黑口四周雙邊　一一四

史纂通要後集三卷　元董鼎撰　元刻本　明孫鼎佃跋　十一行二十一字細黑口左右雙邊有耳　一一五

史纂通要後集三卷　元董鼎撰　清抄本　清翁同書跋　一一六

游東山房批校廬陵曾氏十八史畧八卷　元曾先之撰　明萬曆八年張鹵刻本　九行十八字小字双行十八字白口左右双边有眉欄　一一七

游東山房批校廬陵曾氏十八史畧八卷　元曾先之撰　明萬曆十二年趙慎修刻本　九行十八字小字双行同白口左右双边上方横格　一一八

趙無聲先生選刻快史拾遺十二卷　明趙維寰撰　明崇禎刻本　九行二十字四周單边白口无行格　一一九

標題事義明解十九史畧大全十卷　元曾先之撰　明梁寅輯　明弘治六年廣德書堂刻本　十三行二十六字黑口四周双边　存六卷　二至四、八至十　一二〇

標題事義明解十九史畧大全十卷首一卷　元曾先之撰　明梁寅輯　明陳殷音釋　明王逢標題　明李紀增校　明嘉靖刻本　十二行二十六字黑口四周双边　一二一

標題詳註史畧補遺大成十卷首一卷　元曾先之編　明李紀補遺　明刻本　十二行二十六字小字双行同白口間有黑口四周單边　存九卷　一至八、首卷全、卷一題名作標題詳註史畧補遺大成七　一二二

八

讀史集四卷　明楊以任輯　明崇禎書林槃薖所刻本　半頁八行行十八字白口單黑魚尾四周單边有眉批　一二三

讀史集四卷　明楊以任輯　清乾隆活字本　一二四

新刊通鑑一勺史意二卷　明弘治十七年劉氏日新書堂刻本　十行二十字黑口四周双边　一二五

史書大紀八卷　明抄本　一二六

史鈔二十二卷　明吳文度輯　明刻本　十一行二十二字白口四周双边　一二七

諸史品節三十九卷　明陳深輯　明萬曆二十一年刻本　九行二十字白口四周單边有眉欄眉批　一二八

諸史品節四十卷　明陳深輯　明萬曆刻本　九行二十字小字双行二十字白口四周單边　一二九

諸史品節四十卷後集八卷　明陳深輯　明萬曆刻本　九行二十字二截板上刻評語四周單边白口版心下有刻工名及字數　一三〇

歷代史纂左編一百四十二卷　明唐順之輯　明嘉靖四十年胡宗憲刻本　半叶十行二十字白口四周單边有刻工　一三一

歷代史纂左編一百四十二卷　明唐順之撰　明嘉靖四十年胡宗憲刻公文紙印本　十行二十字小字双行行同白口四周單边有刻工　一三二

歷代史纂左編一百四十二卷　明唐順之輯　明萬曆三十九年吳用先等刻本　十行二十字白口左右双边　一三三

新刻補遺標題論策指南綱鑑纂要二十卷首一卷　明余有丁删輯　申時行補遺　明萬曆十四年余氏自新齋刻本　十行至十二行二十四字小字双行字數不等白口双魚尾版心下有「自心齋刻」四字　一三四

新刻補遺標題論策指南綱鑑纂要二十卷首一卷　明余有丁删輯　申時行補遺　明萬曆二十七年余氏自新齋刻本　十二行二十四字小字双行二十四字白口四周單边　一三五

書系十六卷　明唐大章撰　清順治三年刻本　存十三卷　一至十三　一三六

歷代志畧四卷　明唐琺輯　明嘉靖蔣時刻本　十行二十一字大黑口四周双边　一三七

全史論贊八十一卷　明項篤壽輯　明嘉靖四十五年項氏萬卷堂刻本　十行十九字白口左右双边單白魚尾有刻工　一三八

古今彝語十二卷　明汪應蛟撰　明末汪氏家刻本　十行二十字黑口四周單边　一三九

古今彝語十二卷　明汪應蛟撰　清康熙四十一年刻本　存六卷　七至十二　一四〇

增定二十一史韻四卷首一卷末一卷續編四卷　明趙南星編　清仲弘道增續　清康熙三十五年閬雲堂刻本　一四一

史書纂略二百二十卷目錄二卷　明馬維銘輯　明萬曆四十三年刻本　九行二十字白口四周單边　一四二

九

史要編十卷　明梁夢龍輯　明隆慶六年刻本　十行二十字白口左右双边　一四三

史要□□卷　明抄本　存七十六卷　九至八十四　一四四

新鍥鰲頭歷朝實錄音釋引蒙鑑鈔八卷　明張棠仁輯　明萬曆十七年鄭雲竹刻本　十二行二十四字白口四周双边版心上鐫「引蒙鑑鈔」下鐫「宗文書舍」有上下板　一四五

史裁二十六卷　明吳士奇輯　明萬曆三十年吳逸學刻本　十行二十字白口四周双边　一四六

王損仲史抄十三卷　明王惟儉撰　明刻本　九行十八字白口單魚尾四周單边　一四七

諸史採奇四卷　明蔣以化輯　明萬曆刻本　九行十八字小字双行字數同白口四周双边　一四八

歷代史正二卷　明饒汝楫撰　明萬曆刻本　十行二十字白口左右双边　一四九

歷代史正二卷　明饒汝楫撰　清樂山堂抄本　一五〇

史竊二十五卷　明余文龍輯　明萬曆四十六年余兆龍刻本　十行二十字白口四周單边有刻工　一五一

二十一史撮奇十卷　明李一公輯　明刻本　九行十八字白口單边有刻工　一五二

二十一史論贊輯要三十六卷　明彭以明輯　明萬曆三十七年彭惟成彭惟直刻本　十行二十字白口左右双边　一五三

一五四 二十一史論贊輯要三十六卷 明彭以明輯　明萬曆歐陽照刻本　九行十八字白口四周單边
一五五 二十一史論贊輯要三十六卷 明彭以明輯　明萬曆吳淘美刻本　凡半頁十行行二十字白口單線魚尾四周双边
一五六 二十一史論贊輯要三十六卷 明彭以明輯　明萬曆三十八年師古齋刻本　十行二十字白口左右双边單魚尾
一五七 二十一史論贊輯要三十六卷 明彭以明輯　明萬曆三十九年孫光裡等刻本　半頁十行行二十字白口左右双边
一五八 二十一史論贊三十六卷 明沈國元輯　明崇禎十年大來堂刻本　九行二十五字白口四周單边无界框版心下鐫大來堂
一五九 二十一史文鈔五十八卷 明沈國元輯　明崇禎十二年沈氏大來堂刻本　九行二十五字小字双行白口四周單边书口刻有「大來堂」
一六〇 廿一史識餘三十七卷 明張墉輯　明崇禎刻本　九行二十字白口四周單边
一六一 新刊通鑑題意便覽五卷 明李廷機輯　明萬曆十六年弘農居士刻本　上下格上格大字八行七至十一字下格无行界小字十六行二十二字白口四周單边
一六二 竹香齋類書三十七卷 明張墉輯　明崇禎刻本　九行二十字白口四周單边單魚尾柱上有評註
一六三 二十一史文鈔三百三十二卷 明戴義輯　明崇禎刻本　九行十九字白口四周單边
一六四 史綱纂要三集 明鄧以讚輯　明刻本　十一行二十三字白口左右双边无序跋
一六五 總斷不分卷 明抄本　清樂山題識
一六六 正史新奇二十六卷 清李清輯　清抄本
一六七 二十一史衡轂通全五百六十三卷 清袁棟如輯　清抄本
存五百四十二卷 一至三百四十二、三百五十九至四百十三、四百十九至五百六十三
一六八 通鑑嚴六卷 清張奇逢輯　清順治刻本
一六九 歷朝君紀不分卷 明抄本
一七〇 通鑑類纂四十卷 清松椿輯　清光緒朱格抄進呈本
一七一 嘉謨錄十八卷 明胡喬侃撰　明萬曆二十四年刻本　十行二十一字白口四周双边
一七二 新刻世史類編四十五卷首一卷 明李純卿輯　王世貞會纂　明萬曆書林熊少溪刻本　十二行二十八字白口單边板框双层有刻工
一七三 檇李曹太史評鑴古今全史一覽五卷 明舒弘諤輯　明崇禎二年周覺正刻本　十行二十四字小字双行字數同白口四周單边双边不定
一七四 聖主芳規五卷 清施永圖輯　清初刻本
一七五 全史紀要二卷 清高維檜輯　清康熙十年寶山堂刻本
一七六 半窗史畧四十二卷 清龍灝刚撰　清雍正四年刻本
一七七 古史輯要六卷首一卷 清內府抄本
一七八 四史鴻裁四十卷 明穆文熙輯　明萬曆十八年朱朝聘刻本　十行二十字白口四周双边
一七九 三史文類五卷 明趙文華編　明嘉靖十六年刻本　九行十八字白口四周双边
左傳十二卷　國語八卷　戰國策八卷　史記十二卷
存四卷 一至三、五
一八〇 精摘古史粹語舉業前茅五卷附古文類集不分卷 明楊九經輯　明萬曆二十九年熊成建種德堂刻本　双节版十行十八字小字双行行字同白口單边双魚尾上刻「附古文類集」
一八一 周玉繩先生家藏二十三史綺編十七卷 明周廷儒輯　明萬曆覽峯堂余文台刻本　七行十八字白口四周双边單魚尾眉上刻評
一八二 古史談苑三十六卷 明錢世揚輯　明萬曆四十三年張惠孟刻本　十行二十字白口四周單边
一八三 史略啓蒙不分卷 明李承晶撰　明胡翰、胡撒校　明抄本
一八四 史略啟蒙不分卷 明李承晶撰　清初抄本
一八五 史統一百四十六卷 明鄭郊輯　清好古堂抄本
存一百十卷 一至三十、六十二至一百三十二、一百三十五至一百三十八、一百四十二至一百四十六
一八六 閱史約書五卷附碧漸堂詩草一卷 明王光魯撰　清順治十三年刻本
地圖一卷　地理直音二卷　國諸官制一卷　古語訓畧一卷　元史備忘錄一卷
附：碧漸堂詩草一卷
一八七 閱史約書五卷 明王光魯撰　清順治十三年刻本　清宋犖跋
一八八 鑑語經世編二十七卷 清魏裔介輯　清抄本
一八九 讀史前鈔甲本不分卷 清乾隆五十九年許鴻磐抄本　清許鴻盤批校
一九〇 史學提要纂言前編十九卷後編十二卷金史通輯八卷 清王芝藻撰　清抄本
一九一 讀史鏡古編不分卷 清潘世恩輯　稿本
一九二 古史輯要六卷 稿本
一九三 讀史異彙二十四卷 清李清輯　清抄本

一九四 讀史蒙拾一卷 清王士禛輯 清抄本

一九五 左國編儁八卷國策標奇四卷 明張嘉言輯 明萬曆二十四年刻本 九行二十一字小字双行白口四周單边

一九六 旁註左國芳潤六卷 明吳獻輯 明萬曆三十六年刻本 七行二十四字行間有双界綫內刻評註小字三十六至三十九字不等白口四周單边黑魚尾
左傳三卷
國語三卷

一九七 左國腴四卷 明王納諫輯 明萬曆三十九年刻本 八行二十字白口四周單边 刻工劉国兴、劉子才

一九八 春秋紀傳五十一卷 清李鳳雛輯 清康熙刻本

一九九 左國纂求不分卷 清孔廣栻撰，稿本

二〇〇 左國纂求不分卷 清孔廣栻撰 清抄本

二〇一 新刻侗初張先生評選國語雋四卷 明張鼐輯 明末師儉堂蕭少衢刻本 九行二十一字四周單边 版分上下欄上欄批文后有「張侗初回」評

二〇二 鐫侗初張先生評選戰國策雋四卷 明張鼐輯 明末蕭少衢師儉堂刻本 九行二十一字白口單边无魚尾卷四后有「師儉堂蕭少衢依京板刻」牌記

二〇三 張陸二先生批評戰國策抄四卷 明阮宗孔删注 張居正、陸深評 明萬曆六年王篆刻本 十行二十字小字双行二十字白口四周双边

二〇四 張陸二先生批評戰國策抄四卷 明阮宗孔删註 張居正、陸深評 明萬曆七年錢普重刻本 十行二十字白口四周双边有刻工

二〇五 張陸二先生批評戰國策抄四卷 明阮宗孔删注 張居正、陸深評 明刻本 十行二十字小字双行二十字白口四周双边

二〇六 張陸二先生批評戰國策抄四卷 明阮宗孔删注 張居正、陸深評 明萬曆三十五年楊廷采刻本 十行二十字白口單边

二〇七 張賓王先生批評戰國策抄四卷 明張榜撰 明崇禎十六年袁樞刻本 十行二十字白口單边

二〇八 西漢書抄六卷 明茅瓚輯 明谷蹈吉刻本 十行二十字白口單綫魚尾左右双边版心下有刻工姓名

二〇九 新刊批點西漢咀華十六卷 明傅順孫輯 明萬曆貴州刻本 八行十八字白口四周双边有刻工

二一〇 周史八卷 清朱寧龍輯 稿本

二一一 兩漢函雅二卷 清陶穀輯 稿本

二一二 東漢史刪三十三卷 宋范曄撰 明茅國縉删 明萬曆三十一年刻本 十行二十字白口左右双边有刻工

二一三 兩漢博聞十二卷 宋楊侃輯 宋乾道八年胡元質姑孰郡齋刻本（卷一至三抄補） 十行十九字白口左右双边

二一四 兩漢博聞十二卷 宋楊侃輯 明嘉靖三十七年黃魯曾刻本 八行十六字白口左右双边

二一五 兩漢博聞十二卷 宋楊侃輯 明嘉靖三十七年黃魯曾刻本 清高宗弘曆題詩 八行十六字白口左右双边單魚尾

二一六 兩漢博聞十二卷 宋楊侃輯 明抄本

二一七 兩漢博聞類編十卷 明黃魯曾輯 明萬曆二十九年楊明盛刻本 半叶十行二十字白口左右双边

二一八 東萊呂氏西漢精華十四卷東漢精華十四卷 明正德元年張氏刻本 十行二十一、二字不等小字双行白口四周双边序文為細黑口

二一九 東萊呂氏西漢精華十四卷東漢精華十四卷 宋呂祖謙輯 明嘉靖二十六年唐藩朱彌鉗忠敬堂刻本 十行二十三字黑口四周双边

二二〇 東萊呂氏西漢精華十四卷東漢精華十四卷 宋呂祖謙輯 明嘉靖二十六年唐藩朱彌鉗忠敬堂刻本 黃丕烈跋 十行二十三字黑口四周双边

二二一 東萊呂氏西漢精華十四卷 宋呂祖謙輯 明嘉靖二十六年唐藩朱彌鉗忠敬堂刻本 清莫棠題識 十行二十三字白口四周双边双魚尾

二二二 東萊呂氏西漢精華十四卷 宋呂祖謙輯 明抄本

二二三 漢雋十卷 宋林鉞輯 宋淳熙五年滁陽穊汲功刻本 九行十五字小字双行三十字白口左右双边双魚尾下有刻工

二二四 漢雋十卷 宋林鉞輯 宋淳熙十年象山縣學刻本 九行大小字相間小字双行三十字白口左右双边

二二五 漢雋十卷 宋林鉞輯 宋刻本 九行十五字小字双行三十字白口左右双边双魚尾下有刻工

二二六 漢雋十卷 宋林鉞輯 宋嘉定四年滁陽郡齋刻本 九行約十五字小字双行三十字白口左右双边 版心下鐫刻工

二二七 漢雋十卷 宋林鉞輯 宋刻本 九行白口左右双边十八字（大字）

二二八 漢雋十卷 宋林鉞撰 元延祐七年刻本 九行大字不等小字双行三十字黑口左右双边

二二九 漢雋十卷 宋林鉞輯 元刻本 九行十五字小字双行三十字大黑口左右双边

二三〇 漢雋十卷 宋林鉞輯 元元統刻本 八行十七字小字双行字同白口左右双边

二三一 漢雋十卷 宋林鉞輯 元刻本 清沈炳垣批校 九行十五字小字双行三十字有格左右双边大黑口双魚尾版心下有卷數版心下有刻工姓名

二三二 漢雋十卷 宋林鉞輯 元刻本 清葉德輝題識 九行十五字小字双行三十字大黑口四周双边

二三三 漢雋十卷 宋林鉞輯 元刻明印本 九行大字十五小字双行三十字黑口左右双边双魚尾

二三四 漢雋十卷 宋林鉞輯 明初刻本 九行行大字不等小字双行字數約二十八至三十字之間粗黑口四周双边

二三五 漢雋十卷 宋林鉞輯 明正統四年刻本 九行字無整行小字双行三十字黑口左右双边

二三六 漢雋十卷 宋林鉞輯 明嘉靖十一年鄭鼎刻本 十行白口四周單边

二三七 漢雋十卷 宋林鉞輯 明嘉靖四十年何鏜刻本 九行大字二至十字不等小字双行二十四字細黑口四周双边

二三八 漢雋十卷 宋林鉞輯 明嘉靖十一年鄭鼎刻本 清黃國瑾題識 十行二十三四字不等有界格四周單边白口无魚尾 版心中有卷數叶碼

二三九 漢雋十卷 宋林鉞輯 明嘉靖四十五年何全刻本 九行大小字不一白口四周双边有刻工

漢雋十卷 宋林鉞輯 明隆慶四年新安王文節七瑞山房刻本 八行十七字小字雙行行字同白口左右雙邊 二四〇
漢雋十卷 宋林鉞輯 明萬曆十二年呂元刻本 八行二十四字白口左右雙邊單魚尾下有刻工及字數 二四一
漢雋十卷 宋林鉞輯 明萬曆十二年呂元刻本 清丁丙跋 八行行字無定數白口左右雙邊有刻工 二四二
漢雋十卷 宋林鉞輯 明萬曆十三年周對峰刻本 八行二十四字白口左右雙框 二四三
漢雋十卷 宋林鉞輯 明萬曆二十六年張平仲刻本 八行行字無定數白口左右雙邊 二四四
漢雋十卷 明林鉞輯 明萬曆二十八年吳繼安刻本 八行十七字小字雙行同白口四周雙邊 二四五
漢雋十二卷 宋林鉞輯 明萬曆三十五年萬衰篤之堂刻本 七行小字雙行十七字白口四周單邊 二四六
漢雋十卷 宋林鉞輯 明崇禎十二年新安祖楊刻本 八行十七字小字雙行白口左右雙邊 二四七
漢雋十卷 宋林鉞輯 明銅活字印本 十行大字二至四字不等小字單行十八至二十四字不等白口四周單邊 二四八
漢雋十卷 宋林鉞輯 明刻本 九行二十八字上下粗黑口四周雙邊粗黑口雙魚尾 二四九
漢雋十卷 宋林鉞輯 明刻本 清丁丙跋 九行行字無定數大黑口四周雙邊有刻工 二五〇
兩漢雋言十六卷 宋林鉞輯 明凌迪知增輯 明萬曆四年凌迪知文林綺繡叢書本 清周尚芝題識 八行十七字小字雙行左右雙行白口有刻工 二五一
兩漢雋言十六卷 宋林鉞輯 明凌迪知增輯 明萬曆十五年詹氏易齋刻本 八行行字無定數小字雙行行十七字白口四周單邊間有左右雙邊及刻工 二五二
荊川先生批點精選漢書六卷 明唐順之輯 明刻本 十行二十二字白口四周單邊單魚尾 二五三

荊川先生批點精選漢書二卷 明唐順之評選 明嘉靖胡宗憲刻本 十行二十二字白口四周雙邊單魚尾 二五四
荊川先生批點精選漢書六卷 明唐順之輯 明萬曆刻本 十行二十二字白口四周單邊上鐫小字評語 二五五
荊川先生批點精選漢書六卷 明唐順之輯 明萬曆刻本 清張廷濟題識 清錢坫批 十行二十二字白口上魚尾四周單邊 二五六
荊川先生批點精選漢書六卷 明唐順之輯 明刻本 張元濟跋 十行二十二字白口單邊單魚尾 二五七
前漢書抄八卷後漢書抄八卷 明王廷輯 明嘉靖四十三年淮安府刻本 十行二十字白口四周單邊 二五八
新刻李太史祕藏玉閣學漢書選要鈔評二卷 明王錫爵輯 李廷機評 明萬曆張弘道刻本 九行二十字小字雙行字數同上批框小字行四至六字白口四周單邊 二五九
兩漢書選三卷 明趙南星輯 明天啟元年正心會刻本 十行二十一字白口單邊無魚尾眉上刻評 二六〇
漢書雋不分卷 明陳許廷輯 明崇禎刻本 九行二十字白口四周單邊 二六一

漢書鈔四卷 清許鴻磐輯 清食跡軒稿本 二六二
漢事會最二十四卷 清惠棟輯 清抄本 清周星詒跋 二六三
漢事會最人物志二卷 清惠棟撰 稿本 二六四
漢書二十三家注鈔十四卷 清楊守敬輯 稿本 存十二卷（一至四、七至十四） 二六五
三國纂略十一卷 明馬維銘輯 明刻本 九行二十字白口四周單邊 三國魏纂略五卷 三國蜀漢纂略三卷 三國吳纂略三卷 二六六
三國志鈔三十六卷 明吳孝章輯 明天啟刻本 九行二十字白口四周雙邊 魏志十八卷 蜀志八卷 吳志十卷 二六七
兩晉南北奇談六卷 明王渙輯 明刻本 李一誠跋並錄清彭元瑞跋 九行十八字白口左右雙邊 存三卷（一、五至六） 二六八
晉史刪四十卷 明茅國縉撰 明刻本 十行二十字白口左右雙邊 二六九
晉書纂七卷 明華玄祉輯 明刻本 九行二十字小字雙行二十字白口四周雙邊 二七〇

晉書抄八卷 明浩踊軒抄本 存六卷（一至三、五、七至八） 二七一
隋前人物類記二十九卷 明抄本 二七二
石壁精舍音註唐書詳節□□□卷 宋陳鑑輯注 宋刻本 九行十八字綫黑口左右雙邊 存一百七十三卷（一至三、六至七、十一至十三、二十一至七十四、八十二至八十四、八十八至一百十三、一百十七至一百七十六、一百七十八至一百七十九、一百八十一至二百（八、五十八、一百四十二至一百五十三抄配）） 二七三
唐書獵俎二十四卷 明徐孚遠輯 清抄本 二七四
宋史詳節二百二十卷 清華希閔撰 清康熙抄本 二七五
元史略四卷 明梁寅輯 明初刻本 十一行二十四字黑口四周雙邊上下細黑口雙魚尾 二七六
元史節要二卷釋文一卷 明張美和輯 明洪武三十年建安書堂刻本 清宋筠跋 十七行二十九字細黑口四周雙邊 二七七
元史節要二卷 明張美和輯 明初刻本 十四行二十四字黑口四周雙邊 二七八
元史節要十四卷 明張美和輯 明正德九年張克文刻本 十行二十字白口四周雙邊 二七九
元史節要 明張美和輯 明抄本 二八〇

二八一　明襍史鈔不分卷　清初抄本

二八二　亮工雜抄　佚名撰　明抄本

二八三　殘明大統麻不分卷附宰輔年表二卷　清傳以禮撰　稿本　清俞人蔚跋

二八四　鑑古輯覽不分卷　清沈淑輯　清抄本　諸宗元跋

十六

收藏情況表

書名編號			藏書單位						
史	史抄類	1	2702						
		2	0144	0201					
		3	1101◎	0201	1501◎	1510◎	1601	1606	1901
			2702	2742					
		4	0101						
		5	1701	2201					
		6	0102	1201	1606	1701	1702	2702	
		7	0201	1601	2001	2541			
		8	0102	0142	0144	0145	0163	0181	0201
			0301	0441	0501	0504	0701	0801	0841
			0842	0861	0941	1010	1081	1101	1341
			1501	1502	1541	1606	1701	2301	2342
			2381	2641	2701	2702			
		9	1501	1606	2041	2541			
		10	2401						
		11	0141	0165	1004	1701	2701		
		12	0201	2741					
		13	0301						
		14	2242						
		15	0701	2701					
		16	0201						
		17	0144						
		18	0701						
		19	1701						
		20	1710						
		21	0142◎	0201◎	0261	0703	0842	1201	
		22	1704	1795					
		23	0201						
		24	0201						
		25	0703	1653					
		26	1601						
		27	0141	0142	0201	1501	1901	2041	
		28	2301						
		29	1581						
		30	0201						
		31	0241						

書名編號			藏書單位						
史	史抄類	32	0150						
		33	0102	0142	0143	0161	0442	0501	0801
			1101	1105	1501	1601	1681	1701	1742
			1881	2701	2702	2745			
		34	0142	2001	2301				
		35	0141	0241◎	1701	1741	1901		
		36	0201						
		37	0144						
		38	0163						
		39	0201	1082					
		40	1101	2301	2701				
		41	2301						
		42	2541						
		43	1601						
		44	0201						
		45	1601						
		46	0101						
		47	1601						
		48							
		49							
		50	0801						
		51	0101	0141	0142	0143	0144	0146	0150
			0168	0193	0197	0201	0241	0301	0341
			0443	0601	0701	0842	1101	1282	1441
			1501	1541	1601	1606	1701	2001	2343
			2441	2501	2561	2701	2702	2742	2901
		52	0101	0145					
		53	0101						
		54	1601						
		55	0102	2401	2522				
		56	[illegible]						
		57	0241						
		58	0701						
		59	0242						
		60	1641						
		61	2702						
		62	0101						

48①	0101
48②	0201
48③	0341
48④	0701
48⑤	2522
49①	0101
49②	0101
49③	0101
49④	0102
49⑤	0141
49⑥	0142
49⑦	0181
49⑧	0193
49⑨	0242
49⑩	2701
59①	0101
59②	0242

史抄表一

書名編號			藏書單位						
史	史抄類	63	0101						
		64	0101						
		65	0101						
		66	0101						
		67	1601						
		68	0101						
		69	0201						
		70	1628						
		71	0141						
		72	0201						
		72◎	2501						
		73	0201						
		73◎	0141						
		74	0145						
		75	0201						
		76	0201						
		77	0144						
		78	0241						
		79	0101	0201					
		80	0201						
		81	0201◎	0401◎					
		82	0141	0201	0241	2701			
		83	0201	0445◎					
		84	0141	0201					
		85	0101						
		86	0101	0141	0142	0145	0163	0165◎	0121
			0201	0241	0243	0301	0701	0841	1341◎
			1601	1681	1688	2543	2701		
		87	0150	0197	0541	1501	1541	1601	1701
			1741	2401					
		88	0101						
		89	0141						
		90	0101						
		91	0101	0181	0243	0301	0701	0781	2301
			2401						
		92	0182◎	0201◎	2001				
		93	0101						
		94	0101						
		95	0101◎	0141					
		96	0101	0145	1705◎				

史抄表二

書名編號			藏書單位						
史	史抄類	97	0102	0142	0143	0144	0150	0171	0201
			0241	0641	0842	1504	1601	1606	1688
			1701	1741	1501	1841	1881	2701	2901
		98	0141	0142	0161	0201	1605	1701	2702
		99	0301						
		100	0201	0242◎	1701	2501	2701		
		101	0142	0168	0942	1601	1628	2702	
		102	0141	0142	0145	0201	0301	0641	0842
			1501	1646	1688	1801	1843	1901	2001
			2010	2401	2602◎	2702			
		103	1701						
		104	0141◎	0242◎	0842◎	0902◎	1301	2003◎	2401◎
		105	0142	0150	0161	0181	0193	0198	0241
			0441	0701	0703	0741	0801	0842	0861
			1342	1501	1542	1581	1601	1681	1688
			1701	1741	2001	2501	2541	2701	2881
		106	0150	0201	1646	2206			
		107	1141						
		108	0547						
		109	1501						
		110	1082						
		111	0101						
		112	0141						
		113	0802						
		114	0101	0441	0861	2701◎			
		115	0101						
		116	0101						
		117	0141	0144	0145	2201			
		118	0101	0165	0441	1441	1601	1606	1684
			2201						
		119	0161						
		120	1705						
		121	0101						
		122	1901						
		123	0144	0201	0841	0842	1605	2201	2944
		124	1201	1461					
		125	0141						
		126	0101						

書名編號			藏書單位						
史	史抄類	127	0101	1501	1601				
		128	0102	0141	0201	0703	0842	2302	2320
		129	0123	0144	0145	0150	0161	0242	0803
			1622	2042	2301	2302	2881		
		130	0181	0198	0342	1341			
		131	0102	0141	0144	0161	0201	0241	0701
			0801	1601	1604	1641	1681	2001◎	2401
			2441	2761	2702				
		132	1605						
		133	0102	0141	0202	0301	0402	0502	0701
			0703	1341	1587	1601	1606	1701	1741◎
			1924	2341	2601	2701	2752		
		134	1802						
		135	1881						
		136	0701						
		137	1601	1741					
		138	0144	0201	0501	1501	1604	2201◎	2601
		139	1502						
		140	0161						
		141	0201						
		142	0141	0144	0201	0841	0842	1341	1601
			1741	2543◎	2843◎				
		143	0141	0195	0301	1603			
		144	0201						
		145	1702						
		146	0141	0144	0161	0201	0242	1501	
		147	2206						
		148	2702						
		149	0101						
		150	0842						
		151	0144	0150	0242	0291	1601		
		152	0142	2201◎					
		153	0101	0143	0145	0161	0241	1501	2304
			2401	2501	2702				
		154	0141	0142	0601	1501	1542	1605	1904
			2702						
		155	0144	0145	0241	0702	1741	2001	2201
		156	0201						

史抄表三

書名編號			藏書單位						
史	史抄類	157	1101	1105	1601				
		158	0144	0741	0942	1701	2301		
		159	0143	0121	0242	0502	1441	2745	
		160	0144	0301	0501	1601	1841	2383	
		161	0145	1881					
		162	0102	1705	2401				
		163	0181	0301	1501	2001	2543		
		164	1501						
		165	0145						
		166	0144						
		167	0181						
		168	0142						
		169	0145						
		170	0181						
		171	0101	0181	1605				
		172	0142						
		173	0163	2541					
		174	0181						
		175	0150						
		176	1917◎	2041	2301	2461			
		177	1681						
		178	0141	0142	0144	0145	0150	0841◎	0842
			1001	1501					
		179	1705						
		180	0201						
		181	0181	0201	1606				
		182	0101	0161◎	0181	0243	0703	1601	1741
			1281	2041	2702				
		183	1741						
		184	0341						
		185	0201						
		186	0162	0141	0161	0201	0241	0701	0841
			1201	1501	1615	1901			
		187	1501						
		188	0193						
		189	1501						
		190	0101						
		191	0201						

書名編號	藏書單位						
史 史抄類 192	0201						
193	1701						
194	0301						
195	0141						
196	2242						
197	0142	1601					
198	0150						
199	0101						
200	0101						
201	1581	2541⊕					
202	0201	1541					
203	1141	1601	1806	1901			
204	0146	2401					
205	0171	0201	0301	0441	0801	1601	1646
	2301						
206	0241						
207	0241						
208	0148	1601					
209	0144	2201⊕					
210	0144						
211	0201						
212	0141	1582	1605	1628	2401	2407	
213	0101						
214	0101	0102	0141	0146	0161	0193	0198
	0201	0242	0291	0301	0701	0942	1101
	1501	1582	1601	1705	1741	1881	2242
	2301	2702					
215	0201						
216	0161						
217	0102	0165	1606				
218	2702						
219	0101						
220	0101						
221	0201						
222	1705						
223	0201						
224	0101	0701	2701				
225	0261						

史抄表四

書名編號	藏書單位						
史 史抄類 226	0101						
227	0101						
228	0141						
229	0201	1101					
230	1581						
231	2241						
232	2401						
233	0141	0193					
234	0102						
235	0842						
236	0161	0144	0150	1541	1601	1741	2242
	2901						
237	0141	0301	2304	2342			
238	2241						
239	0101	0161					
240	0501	0542	0601				
241	0144	0201	0361	0341	0801	0861	1501
	1542	1622	1644	1701	1741	2302	2401
	2541	2543					
242	1601						
243	0143	0441	0741				
244	1601						
245	0509	0841	1141	1606	1701	2441	2543
246	0101						
247	1701	2541					
248	0141						
249	0201						
250	1601						
251	1741						
252	1601						
253	0201	0341	1705	1801	1881	2541	
254	0201	1605					
255	1701	2543					
256	2301						
257	0201						
258	0101	0201	0942	1341	1501	1641	1901
	2702						
259	2541						

書名編號	藏書單位						
史 史抄類 260	0141	0201	0403	0701			
261	0144	0146	0150	0842	0942	1341	1605
	1701	1716	1741	2281	2341	2701	
262	0145						
263	0101						
264	0201						
265	2301						
266	0301						
267	0441						
268	0101⊕						
269	1541						
270	0143	0144	1341				
271	1601						
272	0201						
273	0101⊕	0201⊕	0301⊕	1601⊕			
274	0201						
275	0198						
276	0201						
277	0101						
278	1705						
279	0143	1501	1544	2702			
280	0101						
281	0201						
282	2401						
283	1702						
284	0241						

史抄表五

書名編號	藏書單位
史 史抄類	

時令類

歲時廣記四卷首一卷　宋陳元靚撰　明刻本　十四行廿五字白口四周單邊　一
歲時廣記四十卷首一卷末一卷　宋陳元靚撰　明抄本　二
歲時廣記四十卷首一卷末一卷　宋陳元靚撰　清王氏十萬卷樓抄本　清丁丙跋　存四十一卷　首卷、一至四、六至四十、末卷　三
歲時廣記四卷首一卷　宋陳元靚撰　清抄本　四
歲時廣記四卷圖說一卷　宋陳元靚撰　清抄本　四
歲時廣記四十卷首一卷末一卷　宋陳元靚撰　清咸豐六年胡氏琳琅秘室抄本　清胡珽、徐紹楨校並跋　五
歲時廣記四十卷首一卷末一卷　宋陳元靚撰　清劉氏嘉蔭簃抄本　清劉喜海跋　存四十一卷　一至四、六至四十、首、末　六
月令纂言一卷　元吳澄撰　清抄本　七
四時氣候集解四卷　明李泰撰　明景泰六年林廷傑刻本　大黑口十行二十字上下注黑口四周雙邊雙魚尾　八
四時氣候集解四卷　明李泰撰　明抄本　九
太玄月令經不分卷　明朱灝輯　明隆慶五年裴府刻本　十二行二十七字或十二行二十二字十五行二十二字白口四周雙邊　一〇
歲時節氣集解一卷附錄一卷　明洪常撰　明正德八年洪氏家塾夢蕉艸堂刻本　八行十八字小字雙行同白口左右雙邊　一一
月令通攷十六卷　明盧翰輯　明萬曆十七年王道增刻本　十行二十字白口四周雙邊有刻工　一二
月令廣義二十四卷首一卷附錄一卷　明馮應京輯　戴任增釋　明萬曆陳邦泰刻本　九行二十字小字雙行同白口四周單邊　一三
月令廣義二十四卷首一卷　明馮應京輯　戴任增釋　明萬曆陳邦泰刻本　九行二十字白口四周單邊　一四
月令廣義二十四卷首一卷附錄一卷　明馮應京輯　戴任增釋　明萬曆三十年刻張文堂張心所印本　九行二十字小字雙行白口四周單邊　一五
月令廣義二十四卷首一卷　明馮應京輯　戴任增釋　明萬曆三十年刻麟瑞堂印本　九行二十字小字雙行同白口四周單邊　一六
月令廣義二十四卷首一卷　明馮應京輯　戴任增釋　明萬曆三十年刻梅墅石渠閣印本　九行二十字小字雙行同白口單黑魚尾四周單邊　一七
日涉編十二卷　明陳堦輯　明萬曆三十九年徐養量刻本　九行十九字白口四周單邊　一八
日涉編十二卷　明陳堦輯　明萬曆三十九年徐養量刻本　明顧福眾批校　九行十九字白口上黑四周單邊　一九
日涉編十二卷　明陳堦輯　清曲䆉補輯　明萬曆三十九年徐養量刻清康熙二十七年紀元補修本　二〇
日涉編十二卷　明陳堦輯　明萬曆三十九年徐養量刻清乾隆五十四年清畏堂重修本　存六卷　二至三、五至六、八、十一　二一
日涉編十二卷　明陳堦輯　清曲䆉補輯　清抄本　二二
編日新書不分卷　明陳堦輯　明萬曆刻本　九行十九字小字雙行同白口四周單邊　二三
養餘月令三十卷　明戴羲輯　明崇禎刻本　九行十九字白口四周單邊　二四
養餘月令三十卷　明戴羲輯　清雍正九年戴佼刻本　九行十九字白口四周單邊　二五
歲令彙編十二卷　明陶承憲輯　明末抄本　二六
月令輯要二十四卷首一卷　清李光地、吳廷楨等輯　清康熙五十四年內府刻本　二七
御製題月令輯要不分卷　清高宗弘曆撰　清費鍼抄本　二八
月令纂不分卷　清王玨撰　清咸豐徐兆祥抄本　二九
月令精鈔二卷　清鄭泰、吳張撰　清康熙三十五年刻本　三〇
時令事宜一卷　清四色抄本　三一
歲時小令四卷　清萬廷撰　餘清軒文叢一卷　清陳士鑛撰　清康熙三十八年陳士鑛刻本　三二
帝京歲時紀勝一卷　清潘榮陛撰　清乾隆刻本　三三
歲時碎金四卷　清抄本　三四
古今類傳四卷　清董穀士、董炳文輯　清康熙五十一年本學齋刻本　三五
月日紀古十二卷　清蕭智漢輯　清乾隆五十九年聽濤山房刻本　三六
節物出典五卷　清王復禮輯　清康熙尊行齋刻本　三七
節物出典五卷　清王復禮輯　清康熙尊行齋刻本　趙之琛跋　三八
節序日考四卷　清徐卓撰　清嘉慶二十三年海棠書巢刻本　三九
新年雜詠二卷　清吳錫麒輯　清乾隆四十年刻本　四〇
歲時日記一卷　清林春溥撰　稿本　四一
燕京歲時記一卷　清富察敦崇撰　稿本　四二
榕城歲時記一卷　清戴成芬輯　清抄本　四三
四民月令一卷　清嚴可均輯　手稿本　清勞格校補　四四
增刪田家五行全書三卷　清顧培源撰　稿本　四五
七十二候表一卷　清羅以智纂　稿本　四六
月令彙纂六卷　清冰絲館抄本　四七

收藏情況表

書名編號		藏書單位							
史 時令	1	0101	0197	0201					
	2	1705							
	3	1601							
	4	0101							
	5	0101							
	6	0101							
	7	0201							
	8	0201							
	9	0101							
	10	0101							
	11	0101							
	12	0101	0161	0181	0201	0701	0541	1082	2702⊕
	13	0143	0150	0162	0202	0544	1001	1101	1143
		1441	1506	1531	1542	1601	1605	1641	1661
		1701	1714	2341	2542				
	14	0141	0142	0144	0162	0177	0262	0342	0601
		0642	0801	1646	1653	1501	1541	2201	2301
		2304	2441	2602	2701				
	15	0102	0520	1041	2401	2544			
	16	2201	2401						
	17	0243	0841	1501	1503	2201	2401	2561	2702
	18	0101	0141	0142	0144	0161⊕	1101⊕	1501	1581
		1601	1701	1801⊕	1901	2603⊕			
	19	2301							
	20	0181	0201	0801	0842	0942	1041	1241	2201
		2401	2541	2702	2901				
	21	1501	1510⊕						
	22	2441							
	23	1606	2301						
	24	0101⊕	0291	1701					
	25	0101	0201						
	26	0181							
	27	0101	0102	0142	0144	0146	0150	0161	0181
		0261	0341	0405	0701	0801	0802	0803	0841
		0901	1501	1601	1901	2001	2301	2401	0177
	28	0181							
	29	0241							
	30	0161							
史 時令	31	0101							
	32	0241	1601						
	33	0101	0142						
	34	1701							
	35	0142	0177	0341	0842	1841	2001	2041	2342
		2602							
	36	0143	1916	2201					
	37	0201							
	38	0101							
	39	0101							
	40	0163							
	41	2001							
	42	2241							
	43	2001							
	44	0201							
	45	1501							
	46	1714							
	47	0201							

表一

地理類

總志

一 元和郡縣圖志四十卷 唐李吉甫纂修 明抄本
存三十四卷 一至十八、二十一至二十二、二十五至三十四、三十七至四十

二 元和郡縣圖志四十卷 唐李吉甫纂修 明抄本
存十七卷 十八、二十一至二十二、二十五至三十四、三十七至四十

三 元和郡縣圖志四十卷目錄二卷 唐李吉甫纂修 明抄本
存八卷 一至二、二十一至二十二、二十五至二十六、二十九至三十

四 元和郡縣圖志四十卷 唐李吉甫纂修 清初抄本
存三十四卷 一至十八、二十一至二十二、二十五至三十四、三十七至四十

五 元和郡縣圖志四十卷 唐李吉甫纂修 清初抄本 清吳焯、丁丙跋
存三十四卷 一至十八、二十一至二十二、二十五至三十四、三十七至四十

六 元和郡縣圖志四十卷 唐李吉甫纂修 清乾隆三十四年錢氏適經樓抄本 清孔繼涵跋
存三十四卷 一至十八、二十一至二十二、二十五至三十四、三十七至四十

七 元和郡縣圖志四十卷 唐李吉甫纂修 清乾隆趙氏小山堂抄本
存三十四卷 一至十八、廿一至廿二、廿五至三十四、三十七至四十

八(1) 元和郡縣圖志四十卷 唐李吉甫纂修 清陳樹華抄本 清黃丕烈跋、陳鱣校跋並錄孫星衍題識
存三十四卷 一至十八、廿一至廿二、廿五至三十四、三十七至四十

八(2) 元和郡縣圖志四十卷 唐李吉甫纂修 清吳氏拜經樓抄本
存三十四卷 一至十八、廿一至廿二、廿五至三十四、三十七至四十

九 元和郡縣圖志四十卷 唐李吉甫纂修 清抄本 清李文藻校並跋 周嘉猷跋
存三十四卷 一至十八、廿一至廿二、廿五至三十四、三十七至四十

一〇 元和郡縣圖志四十卷 唐李吉甫纂修 清抄本 清顧廣圻跋 戈襄校並跋
存三十四卷 一至十八、廿一至廿二、廿五至三十四、三十七至四十

一一 元和郡縣圖志四十卷 唐李吉甫纂修 清抄本
存三十四卷 一至十八、廿一至廿二、廿五至三十四、三十七至四十

一二 元和郡縣圖志四十卷 唐李吉甫纂修 清抄本
存三十四卷 一至十八、廿一至廿二、廿五至三十四、三十七至四十

一三 元和郡縣圖志四十卷 唐李吉甫撰 清抄本
存三十四卷 一至十八、廿一至廿二、廿五至三十四、三十七至四十

一四 元和郡縣圖志四十卷 唐李吉甫纂修 清抄本
存三十二卷 一至四、七至十八、廿一至廿二、廿五至三十四、三十七至四十

一五 元和郡縣圖志四十卷首一卷 唐李吉甫撰 清嘉慶元年孫氏刻岱南閣叢書本 清沈欽韓校

一六 太平寰宇記二百卷目錄二卷 宋樂史撰 清初抄本 葉啟勳跋
存一百八十二卷 一至一百十二、一百二十五至二百、目錄全

一七 太平寰宇記二百卷目錄二卷 宋樂史撰 清汪氏開萬樓抄本
存一百九十四卷 一至三、五至一百十二、一百二十至二百、目錄全

一八 太平寰宇記二百卷目錄二卷 宋樂史撰 清趙氏小山堂抄本（卷十三至十八、九十二至九十三、一百四十至一百四十二；一百五十七至一百五十九、一百八十二至一百八十五、一百九十七至二百配清丁氏八千卷樓抄本，卷一百十三至一百十八配日本抄本） 清吳焯、趙一清、王鳴盛校並跋 丁丙跋
存二百卷 一至三、五至一百十八、一百二十至二百、目錄全

一九 太平寰宇記二百卷目錄二卷 宋樂史撰 清抄本 [illegible]璞跋 [illegible]斯校並跋
存一百四十六卷 一至三、五至十五、三十三至四十一、七十五至一百十二、一百二十至二百、目錄全

二〇 太平寰宇記二百卷目錄二卷 宋樂史撰 清抄本 清孔繼涵校
存一百九十四卷 一至三、五至一百十二、一百二十至二百、目錄全

二一 太平寰宇記二百卷目錄二卷 宋樂史撰 清宋氏貞節堂抄本
存一百十六卷 十六至二十、廿五至三十四、四十至四十五、五十九至六十五、七十八至九十五、一百三至一百十六、一百二十至一百四十一、一百五十至一百六十六、一百八十至二百。

二二 太平寰宇記二百卷目錄二卷 宋樂史撰 清抄本 清李文藻校
存一百九十四卷 一至三、五至一百十二、一百二十至二百、目錄全

二三 太平寰宇記二百卷 宋樂史撰 清抄本 清胡渼琳跋 徐恕校
存一百二十六卷 一至一百十二、一百六十九至一百八十二

二四 太平寰宇記二百卷目錄二卷 宋樂史撰 清韵雅軒抄本
存一百九十二卷 一至三、五至十二、二十至二百、目錄全

二五 太平寰宇記二百卷目錄二卷 宋樂史撰 清抄本
存一百九十四卷 一至三、五至一百十二、一百二十至二百、目錄全

二六 太平寰宇記二百卷目錄二卷 宋樂史撰 清抄本
存一百九十四卷 一至三、五至一百十二、一百二十至二百、目錄全

二七 太平寰宇記二百卷目錄二卷 宋樂史撰 清抄本

二八　太平寰宇記二百卷　宋樂史撰　清抄本　存一百九十三卷　一至六、十四至二百

二九　太平寰宇記二百卷目錄二卷　宋樂史撰　清抄本　存一百八十九卷　一至五、五至八十一、八十三至一百、一百二十五至二百

三〇　太平寰宇記二百卷目錄二卷　宋樂史撰　清光緒八年金陵書局刻本　佚名校　存一百九十四卷　一至五、五至十二、一百二十五至二百、目錄全

三一　元豐九域志十卷　宋王存等纂修　清初影宋抄本

三二　元豐九域志十卷　宋王存等纂修　清乾隆五十年盧文弨家抄本　清盧文弨校並跋

三三　元豐九域志十卷　宋王存等纂修　清抄本　清盧文弨校

三四　元豐九域志十卷　宋王存等纂修　清抄本　清陳鱣校

三五　元豐新定九域志十卷　宋王存等纂修　清吳氏拜經樓抄本　清吳騫校並跋　唐翰題跋

三六　元豐新定九域志十卷　宋王存等纂修　清同治九年劉履芬抄本　清劉履芬錄吳騫校並跋　吳梅跋

三七　元豐新定九域志十卷　宋王存等纂修　清抄本

三八　元豐新定九域志十卷　宋王存等纂修　清抄本

三九　元豐新定九域志十卷　宋王存等纂修　清抄本

四〇　元豐新定九域志十卷　宋王存等纂修　清抄本

四一　元豐新定九域志十卷首一卷　宋王存等纂修　清抄本（卷六至十配另一清抄本）

四二　元豐新定九域志十卷首一卷　宋王存等纂修　清抄本　清孔廣栻錄朱森尊跋、清周夢棠校並跋

四三　元豐新定九域志十卷　宋王存等纂修　清抄本　清丁丙跋

四四　元豐九域志十卷　宋王存等纂修　清馮集梧校訂　清乾隆四十九年馮集梧刻本　清唐翰題跋、劉履芬跋並錄吳騫校

四五　元豐九域志十卷　宋王存等纂修　清馮集梧校訂　清乾隆四十九年馮集梧刻本　清佚名錄吳騫校

四六　輿地廣記三十八卷　宋歐陽忞撰　宋刻遞修本（卷一至二配清抄本）　清黃丕烈、顧廣圻跋

四七　輿地廣記三十八卷　宋歐陽忞撰　宋九江郡齋刻嘉泰四年嘉定十三年淳祐十年遞修本　存十二卷　七至十一、廿五至三十一

四八　輿地廣記三十八卷　宋歐陽忞撰　宋九江郡齋刻嘉泰四年嘉定十三年淳祐十年遞修本　清顧廣圻、黃丕烈、李盛鐸跋　存二十一卷　十八至三十八

四九　輿地廣記三十八卷　宋歐陽忞撰　校勘札記二卷　清黃丕烈撰　清嘉慶十七年黃丕烈刻士禮居叢書本　清顧廣圻校並跋

五〇　輿地廣記三十八卷　宋歐陽忞撰　清嘉慶十七年黃丕烈刻士禮居叢書本　清黃丕烈等校、周星詒跋　存三十四卷　一至三十四

五一　輿地廣記三十八卷　宋歐陽忞撰　清抄本　清周錫瓚、黃丕烈校並跋

五二　輿地紀勝二百卷　宋王象之撰　清初影宋抄本　存一百九十二卷　一至一百九十二

五三　輿地紀勝二百卷　宋王象之撰　清影宋抄本　清張穆批校　葉啟勳、葉啟發題識　存一百七十五卷　一至十二、十七至四十九、五十六至一百四十五、一百四十七至一百六十七、一百七十四至一百九十二

五四　輿地紀勝二百卷　宋王象之撰　清影宋抄本　存八十六卷　一至十二、十七至四十九、五十五至九十五

五五　輿地紀勝二百卷　宋王象之撰　清抄本　存一百六十九卷　一至十二、十七至四十九、五十五至一百四十五、一百四十七至一百六十七、一百七十四至一百八十五

五六　輿地紀勝二百卷　宋王象之撰　清抄本　存一百六十八卷　一至十二、十七至廿八、三十至四十九、五十五至一百四十五、一百四十七至一百六十七、一百七十四至一百九十五

五七　輿地紀勝二百卷　宋王象之撰　清抄本　清顧廣圻校目錄　存一百五十五卷　一至十二、十七至四十九、五十五至一百四十五、一百六十七、一百七十五至一百九十二

五八　新編方輿勝覽七十卷　宋祝穆撰　宋咸淳三年吳堅、劉震孫刻本　七行大小字不一小字雙行二十五字細黑口左右雙邊

五九　新編方輿勝覽七十卷　宋祝穆撰　宋咸淳三年吳堅、劉震孫刻本（卷首、四至八、十三至十五、五十四至五十六配清抄本）　七行十四字小字雙行廿三字細黑口左右雙邊

六〇　新編方輿勝覽七十卷　宋祝穆撰　宋咸淳三年吳堅、劉震孫刻本　俞誠跋　大字七行十三字小字十四行廿三字大字跨行十四字

六一　新編方輿勝覽七十卷　宋祝穆撰　宋咸淳三年吳堅、劉震孫刻本　十四行廿三字細黑口左右雙邊　存三卷　十五、十六、十七

六二　新編方輿勝覽七十卷　宋祝穆撰　宋咸淳三年吳堅、劉震孫刻本　七行十四字小字雙行廿三字細黑口左右雙邊　存一卷　五十二

六三　新編方輿勝覽七十卷　宋祝穆撰　元刻本　七行十五字小字十四行廿三字細黑口左右雙邊

六四　新編方輿勝覽七十卷　宋祝穆撰　元刻本　小字雙行廿三字黑口左右雙邊

五

六五 新編方輿勝覽七十卷　宋祝穆撰　元刻本

六六 新編方輿勝覽七十卷　宋祝穆撰　元刻本

六七 新編方輿勝覽七十卷　宋祝穆撰　元刻本

六八 新編方輿勝覽七十卷　宋祝穆撰　元刻本

六九 新編方輿勝覽七十卷　宋祝穆撰　元刻本　十四行廿三字黑口左右雙邊

七〇 新編方輿勝覽七十卷　宋祝穆撰　元刻本　七行十五字小字雙行廿三字細黑口左右雙邊

七一 新編方輿勝覽七十卷　宋祝穆撰　元刻本　十四行廿三或廿四字黑口左右雙邊

七二 新編方輿勝覽七十卷　宋祝穆撰　元刻本（卷十五、二十二至二十七、三十六至五十配清抄本）　清丁丙跋　十四行廿五字細黑口左右雙邊

七三 新編方輿勝覽七十卷　宋祝穆撰　宋建陽刻元遞修本　七行十四、十六字不等小字雙行廿三字細黑口左右雙邊
存六十五卷　三至四、八至七十

七四 新編方輿勝覽七十卷　宋祝穆撰　元刻本　十四行廿三字黑口四周單邊
存四十八卷　一至二、十九至廿五、三十二至七十

七五 新編方輿勝覽七十卷　宋祝穆撰　元刻本　鄧邦述跋
存三十六卷　三至八、十五至三十、四十至四十五、四十七至四十九、六十五至六十七

七六 新編方輿勝覽七十卷　宋祝穆撰　元刻本　清孫峻題識　十四行廿三字細黑口左右雙邊
存十六卷　十一、十二、十七至二十、廿八、廿九、三十二至三十四、五十、五十一、五十四至五十六

七七 新編方輿勝覽七十卷　宋祝穆撰　元刻本
存十四卷　十至十一、四十八至五十、五十九至六十　又存序目

七八 新編方輿勝覽七十卷　宋祝穆撰　元刻本
存十卷　六至九、十三至十四、十六至十九

七九 新編方輿勝覽七十卷　宋祝穆撰　元刻本
存八卷　五至十、十七至十八

八〇 新編方輿勝覽七十卷　宋祝穆撰　元刻本　十四行廿三字大小不等行細黑口四周單邊
存五卷　三十九至四十三

八一 新編方輿勝覽七十卷　宋祝穆撰　元刻本　十四行廿三字細黑口左右雙邊
存二卷　十五至十六

八二 新編方輿勝覽七十卷　宋祝穆撰　元刻本　七行十四字小字十四行廿三字黑口左右雙邊
存二卷　四十九至五十

六

八三 新編方輿勝覽七十卷　宋祝穆撰　元刻本　七行十四字小字廿三字黑口左右雙邊
存二卷　五十四、五十九

八四 類編古今事林羣書一覽十卷　元刻本　十二行廿四字細黑口左右雙邊
存五卷　一至五

八五 聖朝混一方輿勝覽三卷　明初刻事文類聚翰墨全書后乙集本　十二行二十字小字雙行同黑口四周雙邊

八六 聖朝混一方輿勝覽三卷　明初刻事文類聚翰墨全書后乙集本　清佚名錄清錢大昕跋　十二行廿六字黑口上下雙邊左右單邊

八七 歷代地理指掌圖不分卷　題宋蘇軾撰　明刻本　十行廿一字小字雙行同白口左右雙邊

八八 歷代地理指掌圖一卷　題宋蘇軾撰　明刻本　十行二十字小字雙行同白口左右雙邊

八九 歷代地理指掌圖一卷　題宋蘇軾撰　明刻本　十行二十字白口四周雙邊

九〇 歷代地理指掌圖一卷　題宋蘇軾撰　明刻本（版葉配另一明刻本）　清彭元瑞跋　十行二十字白口四周雙邊

九一 歷代地理指掌圖一卷　題宋蘇軾撰　明刻本　清李文田跋　十行二十字小字雙行同白口左右雙邊

九二 歷代地理指掌圖不分卷　題宋蘇軾撰　明刻本　清吳騫題記　十行二十字小字雙行同白口左右雙邊

九三 大元大一統志一千卷　元孛蘭肹岳鉉等纂修　清抄本
存九卷　三六〇均州至三六一房州、巨津州、通安州、五四四至五四五鄜州、五四八至五五〇葭州

九四 廣輿圖不分卷　元朱思本撰　明羅洪先、胡松增補　明嘉靖四十年胡松刻本

九五 廣輿圖不分卷　元朱思本撰　明羅洪先、胡松增補　明嘉靖四十三年刻本

九六 廣輿圖二卷　元朱思本撰　明羅洪先、胡松增補　明嘉靖四十五年韓君恩刻本　十五行廿五字白口左右雙邊有刻工

九七 廣輿圖二卷　元朱思本撰　明羅洪先、胡松增補　明嘉靖四十五年韓君恩刻本　清丁丙跋　十五行廿五字白口四周單邊有刻工

九八 廣輿圖二卷　元朱思本撰　明羅洪先、胡松增補　明萬曆七年錢岱刻本　十二行二十字或十五行廿五字十四行廿五字白口四周雙邊

九九 輿地圖不分卷　元朱思本撰　清抄本

一〇〇 廣輿圖不分卷　明抄本

一〇一 大明清類天文分野之書二十四卷　題明劉基等撰　明洪武刻本　八行二十字小字雙行同黑口四周雙邊有刻工

一〇二 大明清類天文分野之書二十四卷　題明劉基等撰　明抄本　清丁丙跋

一〇三 寰宇通衢不分卷　明初刻本　十行約廿四字黑口左右雙邊

一〇四 形勝要略十二卷　明戚繼撰　明抄本　黃景縣跋
存八卷　一至八

一〇五 大明一統志九十卷 明李賢、萬安等纂修 明天順五年內府刻本 十行二十二字小字雙行同大黑口四周雙邊

一〇六 大明一統志九十卷 明李賢、萬安等纂修 明弘治十八年慎獨書齋刻本 十行廿二字大黑口四周雙邊

一〇七 大明一統志九十卷 明李賢、萬安等纂修 明嘉靖三十八年書林楊氏歸仁齋刻本 十行二十二字小字雙行同黑口四周單邊

一〇八 大明一統志九十卷 明李賢、萬安等纂修 明萬曆十六年楊氏歸仁齋刻本 十行二十二字小字雙行同黑口四周單邊有圖

一〇九 大明一統志九十卷 明李賢、萬安等纂修 明萬壽堂刻本 十行廿二字小字雙行同白口四周單邊

一一〇 大明一統志九十卷 明李賢、萬安等纂修 明刻本 十行廿二字小字雙行同大黑口四周雙邊有刻工

一一一 新鍥大明一統輿圖廣略十五卷 明沈一貫輯 明萬曆二十五年余氏夢峰館廣慶堂刻本 九行二十字小字雙行白口四周雙邊單魚尾

一一二 寰宇通志一百十九卷 明彭時等纂修 明景泰刻本 十行廿二字小字雙行同黑口四周雙邊

一一三 大明一統賦三卷 明莫旦撰 明嘉靖十五年鄭普刻本 十行廿二字小字雙行白口單魚尾左右雙邊

一一四 大明一統賦三卷 明莫旦撰 明嘉靖十六年刻本 九行十九字白口左右雙邊

一一五 大明一統賦三卷 明莫旦撰 明嘉靖十六年刻本 清丁丙跋 九行十九字小字雙行同白口四周單邊

一一六 大明一統賦三卷 明莫旦撰 明嘉靖三十年江雲程刻本 九行十九字小字雙行白口四周單邊

一一七 大明一統賦補四卷 明莫旦撰 明刻本 九行十九字小字雙行同白口左右雙邊

一一八 大明一統賦補十卷 明邵名臣輯 明萬曆二十三年刻本 九行十九字白口四周雙邊

一一八 輿地略一卷 明蔡汝楠撰 明嘉靖白石精舍刻本 十行二十字小字雙行白口四周單邊

一一九 大明一統名勝志二百八卷 明曹學佺撰 明崇禎三年自刻本 十行十九字白口左右雙邊單魚尾有刻工

一二〇 大明一統名勝志二百八卷 明曹學佺撰 明崇禎三年自刻本 清瀰廬老人跋 十行十九字白口左右雙邊有刻工 存一百二十卷 直隸十二卷 陝西十五卷 山西八卷 山東九卷 江南二十卷 浙江十一卷 江西十三卷 湖廣十卷 雲南二十四卷

一二一 大明一統名勝志二百八卷 明曹學佺撰 明崇禎三年自刻本（內一至七十二卷配繆氏雲自在鈔本） 繆荃孫跋 十行十九字白口左右雙邊

一二二 大明一統名勝志二百八卷 明曹學佺撰 明崇禎三年自刻本（一卷至十四卷配清抄本） 傅增湘跋 存：北直十二卷 南直二十卷 山西八卷 陝西十五卷 山東遼東九卷 江西十三卷 浙江十一卷 福建十卷 河南十二卷 湖北湖南十七卷 四川三十五卷 廣東十卷 廣西十卷 雲南二十三卷 貴陽四卷

一二三 天下名勝志殘帙不分卷 明抄本

一二四 皇輿考十卷 明張天復撰 明嘉靖三十六年應明德刻本 九行二十字白口左右雙邊

七

一二五 皇輿考十二卷 明張天復撰 明嘉靖三十六年刻本 十行廿四字白口四周單邊 存十卷（一至十）

一二六 皇輿考十卷 明張天復撰 明嘉靖三十六年應明德刻萬曆范可奇補刻本 九行二十字白口左右雙邊有刻工

一二七 皇輿考十二卷 明張天復撰 明萬曆朱建刻本

一二八 皇輿考十二卷 明張天復撰 明萬曆十六年張象賢遊藝堂刻本 九行十八字白口左右雙邊

一二九 皇輿考十二卷 明張天復撰 明書林葉均宇刻本 九行十八字白口左右雙邊

一三〇 廣皇輿考二十卷 明張天復撰 張元忭增補 明萬曆二十九年張汝霖刻天啟六年張汝懋增修本 六行十七字小字雙行同白口四周單邊

一三一 廣輿圖叙一卷 明桂萼撰 明嘉靖四十五年刻本 九行十九字白口四周雙邊有刻工

一三二 脩攘通考六卷 明何鏜輯 明萬曆六年自刻本 十行廿二字小字雙行同白口四周單邊

一三三 脩攘通考六卷 明何鏜輯 明抄本

一三四 一統路程圖記八卷 明黃汴撰 明隆慶四年刻本 九行十九字白口四周雙邊單魚尾

一三五 新刻大明一統志集略不分卷 明孫麟輯 明萬曆二十年孫瑾芳刻本 十一行二十四字白口四周單邊有刻工

一三六 職方攷鏡六卷 明盧傳印撰 盧奇剛補 明萬曆二十二年盧奇刻本 九行廿一字小字雙行同白口四周單邊

一三七 皇明地理述二卷 明鄭曉撰 明萬曆刻鄭端簡公全集本 十行十九字白口左右雙邊有刻工

一三八 皇明四夷考二卷 明鄭曉撰 明萬曆刻鄭端簡公全集本 十行十九字白口左右雙邊

一三九 郡縣釋名二十六卷 明郭子章撰 明萬曆四十二年刻本 八行十九字白口四周雙邊單魚尾有刻工

一四〇 廣輿記二十四卷 明陸應陽輯 明刻本 十行十九字小字雙行同白口左右雙邊

一四一 廣輿記二十四卷 明陸應陽輯 明萬曆刻本 十行十九字小字雙行十八字白口左右雙邊

一四二 廣輿記二十四卷 明陸應陽輯 明袁水堂刻本 十行十九字白口單邊單魚尾

一四三 廣輿記二十四卷 明陸應陽輯 蔡方炳增訂 明凝香閣刻本 九行二十字小字雙行白口四周雙邊

一四四 廣輿記二十四卷 明陸應陽輯 明刻本 清佚名錄 蔡方炳校

一四五 廣輿記二十四卷 明陸應陽輯 明末刻本 清李兆洛批注

一四六 方輿勝略十八卷總目一卷 明程百二等撰 外夷六卷 明程百二纂 吳迎學輯 又一卷 明唐時升等輯 明萬曆三十八年程百二刻本 十行二十字白口四周雙邊

一四七 廣輿考二卷 明汪縫預撰 明萬曆三十九年汪作舟刻本

一四八 輿地圖考六卷 明程道生輯 明刻本

一四九 刻一握坤輿十三卷 明鄭業南輯 明天啟七年刻本 九行廿二字白口單邊

一五〇 皇明職方兩京十三省地圖表三卷 明陳組綬撰 明崇禎九年刻本

八

一五一 存古地函一卷　明陳組綬撰　明刻本　九行廿四字白口四周單邊
一五二 目營小輯四卷　明陸化熙撰　明末刻本　九行廿二字小字雙行同白口四周單邊
一五三 目營小輯四卷　明陸化熙撰　清抄本
一五四 彙輯輿圖備攷全書十八卷　明潘光祖撰　明崇禎六年傅昌辰版築居刻本　十行二十字小字雙行同白口四周雙邊
一五五 今古輿地圖三卷　明沈定之、吳國輔等撰　明崇禎十六年刻朱墨套印本　十行廿四字白口四周單邊
一五六 地圖綜要三卷　明吳學儼等撰　明末刻本　十行廿七字白口四周單邊
一五七 地圖綜要三卷　明吳學儼等撰　明末刻本　清遠宜題款　十行廿七字白口四周單邊有刻工
一五八 地圖綜要三卷　明吳學儼等撰　明末刻本　清汪棻坤跋　十行廿七字四周單邊有刻工
一五九 廣志繹五卷雜志一卷　明王士性撰　清康熙十五年刻本
一六〇 九邊輯略一卷　明陳長祚輯　清抄本
一六一 輿地略一卷　明白石精舍刻本　十行二十字白口四周單邊
一六二 九邊圖說不分卷　明刻本　十一行廿二字白口四周雙邊
一六三 天下郡國利病書不分卷　清顧炎武撰　稿本　清錢大昕、黃丕烈（傳沈書山書）跋
一六四 天下郡國利病書一百二十卷　清顧炎武撰　清康熙抄本
一六五 天下郡國利病書一百二十卷　清顧炎武撰　清錢氏萃古齋抄本
一六六 天下郡國利病書一百二十卷　清顧炎武撰　清錢氏萃古齋抄本
一六七 天下郡國利病書一百二十卷　清顧炎武撰　清錢氏萃古齋抄本
一六八 天下郡國利病書一百二十卷　清顧炎武撰　清樹蕙草堂抄本
一六九 天下郡國利病書一百二十卷　清顧炎武撰　清稻筍抄本（卷十三至十七、二十四至三十五配清龍氏活字印本）
一七〇 天下郡國利病書一百二十卷　清顧炎武撰　清二餘軒抄本
存五十七卷（一至八、十三至十四、十七至二十、廿五至三十二、三十五至三十七、三十九至六十、六十八、七十二至七十八、八十三至八十四。）
一七一 天下郡國利病書一百二十卷　清顧炎武撰　清抄本
一七二 天下郡國利病書一百二十卷　清顧炎武撰　清抄本
一七三 天下郡國利病書一百二十卷　清顧炎武撰　清抄本
一七四 天下郡國利病書一百二十卷　清顧炎武撰　清抄本
一七五 天下郡國利病書一百二十卷　清顧炎武撰　清抄本
一七六 天下郡國利病書一百二十卷　清顧炎武撰　清抄本
一七七 天下郡國利病書一百二十卷　清顧炎武撰　清抄本

一七八 天下郡國利病書一百二十卷　清顧炎武撰　清抄本
一七九 天下郡國利病書一百二十卷　清顧炎武撰　清抄本
存一百十六卷（三至一百十八）
一八〇 郡國利病書一百二十卷　清顧炎武撰　清抄本
一八一 郡國利病書一百二十卷　清顧炎武撰　清抄本
一八二 天下郡國利病書一百二十卷　清顧炎武撰　清抄本
存八十三卷（一至四、十四、四十八至六十四、六十八至八十四、八十六至九十）
一八三 天下郡國利病書一百二十卷　清顧炎武撰　清嘉慶十二年敷文閣木活字印本
一八四 明季郡國利病全書一百二十卷　清顧炎武撰　清顧純等抄本　傅增湘題識
存一百二卷（一至十三、二十五至三十八、四十七至八十四、八十九至一百二十）
一八五 肇域志不分卷　清顧炎武撰　清同治抄本
一八六 肇域志五十卷　清顧炎武撰　清抄本
一八七 肇域志不分卷　清顧炎武撰　清抄本
一八八 肇域志不分卷　清顧炎武撰　清沫作霖抄本　清沫作霖跋
存：金陵分志
一八九 肇域志南畿稿十卷　清顧炎武撰　清抄本
一九〇 肇域記六卷　清顧炎武撰　清王雪舫抄本　清韓應陛跋
一九一 歷代帝王宅京記二十卷　清顧炎武撰　清初抄本
一九二 歷代帝王宅京記二十卷　清顧炎武撰　清抄本　清錢大昕、鄧邦述校並跋
一九三 歷代宅京記二十卷　清顧炎武撰　清抄本　清丁丙跋　張敦仁校並跋
一九四 歷代宅京記二十卷　清顧炎武撰　清嘉慶十三年來鶴閣刻本　清張穆校　鄧邦述校並跋
一九五 歷代宅京記二十卷　清顧炎武撰　清定州王氏抄本
一九六 歷代宅京記二十卷　清顧炎武撰　清抄本
一九七 歷代宅京記二十卷　清顧炎武撰　清抄本
一九八 歷代宅京記二十卷　清顧炎武撰　清抄本　清徐眉似跋
一九九 歷代宅京記二十卷　清顧炎武撰　清抄本　清丁丙跋
二〇〇 歷代帝王宅京記二十卷　清顧炎武撰　清有竹齋抄本
存四卷（十七至二十）
二〇一 一統志案說十六卷　題清顧炎武撰　清道光九年張青選清芬閣活字印本
二〇二 太平三書十二卷　清張萬選輯　清順治五年刻本

二〇三 車書圖攷一卷 清孫羆祚撰 清順治十四年自刻套印本

二〇四 大清一統志不分卷 清康熙內府抄本
存：盛京、海城縣、蓋平縣、金州

二〇五 大清一統志不分卷 清內府抄本
存：京師、直隸統部、順天府、常德府、衡州府、永州府、辰州府、朝鮮、西部蒙等圖

二〇六 大清一統志不分卷 清蔣廷錫、王安國等纂修 清乾隆內府抄本
存：京師、直隸、江南、安徽、山東、河南、陝西、甘肅、盛京、浙江、江西、湖北、湖南、四川、福建、廣東、廣西、雲南、貴州

二〇七 大清一統志三百五十六卷 清蔣廷錫、王安國等纂修 清乾隆內府抄本
存：京師、直隸、盛京、江蘇、安徽、山西、山東、河南、陝西、甘肅

二〇八 大清一統志三百五十六卷 清蔣廷錫、王安國等纂修 清乾隆內府抄本
存：盛京、福建、直隸、江蘇、廣東、四川

二〇九 大清一統志不分卷 清蔣廷錫、王安國等纂修 清乾隆內府抄本 車校跋
存：雲南

二一〇 大清一統志□□卷 清乾隆底稿本
存：延安府、鳳翔府、漢中府

二一一 大清一統志三百五十六卷 清蔣廷錫、王安國等纂修 清乾隆九年武英殿刻本

二一二 大清一統志三百五十六卷 清蔣廷錫、王安國等纂修 清道光二十九年孫子瑜活字印本

二一三 大清一統志四百二十四卷 清和珅等纂修 清乾隆五十五年武英殿刻本

二一四 大清一統志四百二十四卷 清和珅等纂修 清乾隆四十九年內府抄本
存三百二十五卷 八至三十四、四十九至一百七十六、一百九十七至二百五十六、二百五十七至二百六十二、二百六十七至二百七十九、二百八十五至二百九十、二百九十七至三百二十一、三百二十四至四百三

二一五 大清一統志四百二十四卷 清和珅等纂修 清內府抄本
存二卷 八、三十

二一六 大清一統志不分卷 清潘錫恩等纂修 稿本

二一七 大清一統志不分卷 清潘錫恩等纂修 稿本
存：直隸、東三省、山西、山東、甘肅、浙江、陝西、河南、湖北、江西、湖南、四川、安徽、福建、廣東、廣西、貴陽、新疆

二一八 大清一統志不分卷 清潘錫恩等纂修 稿本
存：京師、直隸、東三省、安徽省、江蘇省、山西省、山東、河南、甘肅、湖北、四川、廣東、福建、陝西、江西、浙江、湖南、廣西、雲南、江蘇、蒙古、貴州、朝貢各國

二一九 大清一統志五百六十卷 清潘錫恩等纂修 稿本

二二〇 大清一統志不分卷 清潘錫恩等纂修 稿本
存：鳳陽府、江西統部、陳州府、延平府、臺灣府、永順府、廣東統部、廣州府、南寧府、潮州府、一統志表

二二一 大清一統志分修稿不分卷 清王安撰 稿本

二二二 皇輿表十六卷 清喇沙里等纂修 揆敘等增修 清康熙內府刻本

二二三 皇輿便覽一卷 清康熙內府抄本

二二四 欽定皇輿全覽□□卷 稿本
存：江南

二二五 欽定皇輿全覽□□卷 稿本
存三卷 浙江三至四、直隸岑花州等地

二二六 欽定皇輿全覽□□卷 稿本
存一卷 雲南二

二二七 明史地理志稿不分卷 清萬斯同撰 清萬氏家抄本

二二八 欽定方輿路程考略不分卷 清錢名世、江士鋐等纂修 清抄本
存九十三冊 直隸三冊（八、九、十一）江南一冊（五十八）河南二十冊（一至五、七至八、十一、十七、十九、二十一至三十）陝西二十二冊（西安府十、十四、十六、二十、二十二至二十八、三十、三十二至五十七、延安府一至二、鞏昌府一、汾西鄉折一）浙江七冊（十一、二十六、三十八、五十二、五十三至五十六、六十一）江西十冊（袁州府一至二、饒州府一、三至四、贛州府二、南安府一、吉安府一、四、南康府七）湖南十四冊（八十八至一百、一百三十二）四川三冊（十二至十四）福建六冊（七至十、十四安溪一冊）廣東七冊（南雄府一、韶州府二至三、惠州府一至四）

二二九 欽定方輿路程考略不分卷 清江士鋐等纂修 清康熙內府刻本

二三〇 讀史方輿紀要總論不分卷 清顧祖禹撰 清翁肖源抄本

二三一 方輿紀要州域形勢說五卷 清顧祖禹撰 清抄本 葉景葵跋

二三二 讀史方輿紀要輿圖要覽四卷 清顧祖禹撰 清抄本

二三三 讀史方輿紀要圖不分卷 清顧祖禹撰 清抄本
存：輿圖總覽

二三四 讀史方輿紀要圖說不分卷 清顧祖禹撰 清抄本

二三五 方輿紀要五卷 清顧祖禹撰 清康熙五年顧氏織思堂自刻本

二三六 讀史方輿紀要一百三十卷 清顧祖禹撰 稿本（卷三十三、八十九配清抄本） 清闞潛室題識 葉景葵跋

二三七 讀史方輿紀要一百三十卷 清顧祖禹撰 清初抄本

二三八 讀史方輿紀要一百三十卷 清顧祖禹撰 清初宋氏緯蕭草堂抄本 清彭元瑞校

二三八 讀史方輿紀要一百三十卷 清顧祖禹撰 清初抄本 清陳璉校
存二十九卷 一至九、二十至廿五、三十七至四十、六十二至七十四
二三九 讀史方輿紀要一百三十卷 清顧祖禹撰 清初抄本
存一百二十一卷 一至九十一、九十三至一百十一、一百十五至一百二十三
二四〇 讀史方輿紀要一百三十卷 清顧祖禹撰 清抄本
二四一 讀史方輿紀要一百三十卷 清顧祖禹撰 清抄本 清何紹基批標校並跋
存一百二十二卷 一至十八、二十七至一百三十
二四二 讀史方輿紀要一百三十卷 清顧祖禹撰 附輿地圖不分卷 清抄本
二四三 讀史方輿紀要一百三十卷 清顧祖禹撰 清抄本
二四四 讀史方輿紀要一百三十卷 清顧祖禹撰 清抄本
二四五 讀史方輿紀要一百三十卷 清顧祖禹撰 清抄本
二四六 讀史方輿紀要一百三十卷 清顧祖禹撰 清抄本
存一百二十七卷 一至廿四、廿七至五十、五十二至一百三十

二四七 讀史方輿紀要一百三十卷 清顧祖禹撰 清抄本
存六十一卷 十至十八、廿三至廿四、三十九至四十五、四十九至六十五、七十至七十二、七十五至九十七
二四八 讀史方輿紀要一百三十卷 清顧祖禹撰 清抄本 清佚名批校
存八卷 十九至廿六
二四九 讀史方輿紀要□□卷 清顧祖禹撰 清康熙通志堂刻本
存十四卷 陝西一至十四
二五〇 輿圖要覽四卷 清顧祖禹撰 清抄本
二五一 輿圖要覽四卷 清顧祖禹撰 清抄本
二五二 王會新編一百四十五卷 清茹鉉輯 清康熙可園刻本
二五三 歷代地理沿革表四十七卷 清陳芳績撰 清抄本
二五四 歷代郡國考略三卷 清葉澐輯 清康熙刻本
二五五 皇輿統志十四卷 清錢霑輯 稿本 清莊同獻跋
二五六 地理志□□卷 清周熹撰 稿本
存二卷 湖北六、湖南
二五七 直隸相距各省路程不分卷 清抄本
二五八 東晉南北朝輿地表二十八卷 清徐文范撰 稿本
存十九卷 年表一至十二、州郡表一至四、郡縣表七至九
二五九 東晉南北朝輿地表年表十卷首一卷末一卷 州郡表不分卷 清徐文范撰 清雪雨書齋抄本
二六〇 東晉南北朝輿地表年表十卷首一卷末一卷 州郡表不分卷 清徐文范撰 清抄本
二六一 東晉南北朝輿地表二十二卷 清徐文范撰 清抄本
二六二 廣輿古今鈔二卷 清程蟠川輯 清乾隆有識堂刻本
二六三 灰畫集二十卷 清李培輯 清抄本
二六四 方輿考證九十一卷 清許鴻磐撰 稿本
二六五 古今輿圖二卷附天下水陸路程一卷 清王龍圖撰 稿本
二六六 乾隆府廳州縣圖志五十卷 清洪亮吉撰 清嘉慶八年洪氏卷施閣刻本 清汪士鐸跋
二六七 地輿沿革表一卷附東都事略注殘稿一卷 清錢儀吉撰 手稿本
二六八 兩漢幽并涼三州今地考略不分卷 清徐繼畬撰 手稿本
二六九 繩鄉紀略不分卷 清張邦伸撰 稿本

二七〇 大地總論不分卷 清何炳撰 稿本
二七一 江南北沿海州縣要隘記略不分卷 清沈炳垣輯 手稿本
二七二 寶華錄不分卷 清周中孚撰 稿本
二七三 塞北路程考不分卷 清李文田撰 手稿本
二七四 十六省總略不分卷 清方濬撰 稿本
二七五 宇宙周知不分卷 清錢文瀚輯 稿本
存：滿州、直隸、四川、陝西、廣西、山西、山東、江西、江蘇
二七六 輿地考略六卷 清景方昶撰 稿本
二七七 歷代輿地略不分卷 清魏子豐輯 稿本

雜志

二七八 六朝事迹編類二卷 宋張敦頤撰 明抄本 清周星詒跋
二七九 六朝事迹編類二卷 宋張敦頤撰 清初馮知十家抄本 清馮知十校 馮武校並跋
二八〇 六朝事迹編類二卷 宋張敦頤撰 清初抄本
二八一 六朝事迹編類十四卷附識一卷 宋張敦頤撰 清抄本
二八二 夢梁錄二十卷 宋吳自牧撰 清初[illegible]跋
二八三 夢梁錄不分卷 宋吳自牧撰 明楊循吉刪節 明抄本
二八四 夢梁錄二十卷 宋吳自牧撰 清初徐釚、虹亭抄本
二八五 夢梁錄二十卷 宋吳自牧撰 清初抄本 清周星譽題識
二八六 夢梁錄二十卷 宋吳自牧撰 清抄本 清吳翌鳳批校並跋 存六卷 十五至二十
二八七 新編夢梁錄二十卷 宋吳自牧撰 清抄本 清翁同書校並跋
二八八 夢梁錄二十卷 宋吳自牧撰 清抄本 楊守敬題款
二八九 夢梁錄二十卷 宋吳自牧撰 清抄本 鄧邦述校
二九〇 夢梁錄二十卷 宋吳自牧撰 清抄本
二九一 冀越通一卷 明王同撰 清抄本
二九二 嶺海名勝記二十卷 明郭棐輯 明萬曆二十四年自刻本 九行二十字白口四周雙邊
二九三 西遷注一卷 明張鳴鳳撰 清抄本
二九四 嶺海異聞一卷續聞一卷 明蔡汝賢撰 明刻本 九行十八字小字雙行同白口四周雙邊
二九五 山川紀異錄□卷 明刻本 清翁斌孫題識 存十一卷 一至十一
二九六 鄭開陽先生雜著十種十一卷 明鄭若曾撰 清鄭起泓等重訂 清康熙三十九年刻本
海防圖論一卷 海運圖說一卷 黄河圖議一卷 蘇松浮賦議一卷 朝鮮圖說一卷 琉球圖說一卷 安南圖說一卷 日本圖纂一卷 江防圖考一卷 萬里海防二卷
二九七 方輿互考八卷 明盧若騰撰 清抄本
二九八 嶺海風物紀一卷 清吳綺輯 宋俊增補 江闓刪句 清初抄本
二九九 嶺海見聞四卷 清錢以塏撰 清康熙刻本

三〇〇 方雅二卷 清秦峰撰 手稿本
三〇一 墜名考異一卷 清錢大昕撰 清抄本
三〇二 方輿叢錄不分卷 清許鴻磐撰 稿本
三〇三 海國聞見錄二卷 清陳倫炯撰 清乾隆刻本
三〇四 重刻海國聞見錄二卷 清陳倫炯撰 清乾隆刻本
三〇五 海國聞見錄一卷 清陳倫炯撰 清乾隆抄本 清戴光曾校
三〇六 海國聞見錄一卷 清陳倫炯撰 清抄本
三〇七 天下沿海形勢錄一卷 清陳倫炯撰 清抄本
三〇八 漢三輔考二十四卷 清吳卓信撰 稿本
三〇九 地輿隨記二卷 清劉體祖撰 清抄本
三一〇 海國輿地釋名十卷 清陳士芑撰 稿本
三一一 都城紀勝一卷 題宋灌圃耐得翁撰 清康熙四十五年曹寅揚州使院刻楝亭十二種本 清黃丕烈校並跋
三一二 都城紀勝一卷 題宋灌圃耐得翁撰 清蔣氏別下齋抄本
三一三 都城紀勝一卷 題宋灌圃耐得翁撰 清抄本
三一四 都城紀勝一卷 題宋灌圃耐得翁撰 清抄本
三一五 都城紀勝一卷 題宋灌圃耐得翁撰 清抄本 清丁丙跋
三一六 帝京景物略二卷 明劉侗、于奕正撰 明崇禎十二年刻本 八行十九字白口四周單邊
三一七 帝京景物略八卷 明劉侗、于奕正撰 明崇禎刻本 八行十九字白口四周單邊
三一八 帝京景物略八卷 明劉侗、于奕正撰 方逢年定 明崇禎刻本 八行十九字白口四周單邊
三一九 帝京景物略八卷 明劉侗、于奕正撰 明崇禎金陵弘道堂刻本 八行十九字四周單邊烏絲欄白口
三二〇 帝京景物略八卷 明劉侗、于奕正撰 明崇禎盧高刻本 九行二十字白口四周單邊
三二一 帝京景物略八卷 明劉侗、于奕正撰 明崇禎刻本 十一行二十一字白口左右雙邊
三二二 帝京景物略不分卷 明劉侗、于奕正撰 清觀我生齋抄本
三二三 舊京遺事一卷 明史玄撰 清抄本 丁國鈞校
三二四 客燕雜記三卷附北京歲華記一卷 明陸啟浤撰 清抄本
三二五 天府廣紀四十四卷 清孫承澤撰 清初抄本
三二六 天府廣紀四十四卷 清孫承澤撰 清抄本 存四十三卷 一至四十三
三二七 天府廣紀四十四卷 清孫承澤撰 清抄本 存三十七卷 一至三十二、三十八至四十、四十三至四十四

三二八　天府廣記四十四卷　清孫承澤撰　清抄本　陳澤霖校並跋
存四十三卷　一至四十三

三二九　古香齋鑒賞袖珍春明夢餘錄七十卷　清孫承澤撰　清乾隆內府刻古香齋鑒賞袖珍叢書本

三三〇　春明夢餘錄七十卷　清孫承澤撰　清抄本　清宋賓王校並跋

三三一　春明夢餘錄七十卷　清孫承澤撰　清乾隆抄本

三三二　北平考五卷　清初抄本

三三三　日下舊聞考一百十卷　清抄本

三三四　欽定日下舊聞考一百六十卷譯語總目一卷　清朱彝尊、于敏中等纂　清乾隆抄本（卷八、凡例、目錄、卷九至十八、五十一至五十四、六十二至六十八、九十二至九十四、一百[illegible]、[illegible]九、一一二至一一六、[illegible]目錄卷四至一〇九、一一五至一六〇、譯語總目全）
存一百五十六卷

三三五　盛京景物輯要十二卷　清勵宗萬輯　清乾隆十九年進呈抄本

三三六　畿輔見聞錄一卷　清黃可潤撰　清乾隆十九年璞園刻本

三三七　金遼備攷不分卷　題清林佶撰　清抄本

三三八　金遼備考二卷　題清林佶撰　清抄本　清李文田跋

一七

三三九　金遼備攷二卷　題清林佶撰　清抄本　黃汲批校

三四〇　遼左見聞錄一卷　清王一元撰　清劉氏天尺樓抄本

三四一　遼左見聞錄不分卷　清王一元撰　清抄本

三四二　欽定滿洲源流考二十卷　清阿桂等撰　清乾隆內府抄本
存十二卷　九至二十

三四三　欽定滿洲源流考二十卷　清阿桂等撰　清乾隆四十二年武英殿刻本

三四四　欽定滿洲源流考二十卷　清阿桂等撰　清抄本

三四五　寧古塔紀略一卷　清方拱乾撰　清抄本

三四六　寧古塔記略一卷　清吳南榮撰　清抄本　清錢泰吉校並跋

三四七　寧古塔紀略一卷　清吳振臣撰　清抄本　清葉廷琯跋

三四八　柳邊紀略二卷　清楊賓撰　清抄本

三四九　柳邊紀略五卷　清楊賓撰　清抄本　清葉廷琯校

三五〇　柳邊紀略三卷塞外草一卷　清楊賓撰　楊霈編　清海石山房抄本　清李文田批校

三五一　興植景物志略二卷　清賀瑜撰　稿本

三五二　吉林輿地說畧一卷　清抄本

三五三　三姓山川記一卷富克錦輿地略一卷琿春境內村屯里數一卷寧古塔村屯里數一卷　清祁寯藻撰　稿本

三五四　金陵瑣事四卷續二卷二續二卷　明周暉撰　明萬曆刻本　八行十六字白口四周單邊

三五五　金陵瑣事四卷　明周暉撰　清乾隆四十年紙溪活字印本

三五六　金陵古今圖考一卷　明陳沂撰　金陵圖詠一卷　明朱之蕃撰　金陵雅游編一卷　明余孟麟等撰　明天啟三年朱之蕃刻本　九行二十一字白口四周單邊

三五七　金陵古今圖考一卷　明陳沂撰　明刻本　清丁丙跋　十行二十字白口四周單邊

三五八　秣陵竹枝一卷清溪新詠一卷　明文震亨撰　明天啟二年文氏水鑄堂刻本　八行十六字白口四周雙邊

三五九　留都見聞錄一卷　明吳應箕撰　清康熙十九年吳孟堅樓山堂刻本

三六〇　留都見聞錄二卷　明吳應箕撰　清抄本　清蕭穆跋

三六一　金陵名勝一卷　清唐賢宸撰　清抄本

三六二　中吳紀聞六卷　宋龔明之撰　明弘治七年嚴春刻本　十一行二十一字上下黑口四周雙邊

一八

三六三　中吳紀聞六卷　宋龔明之撰　明弘治七年嚴春刻本　清沈欽韓校　十一行二十一字黑口雙邊

三六四　中吳紀聞六卷　宋龔明之撰　明弘治七年嚴春刻本　李盛鐸跋　十一行二十一字黑口四周雙邊

三六五　中吳紀聞六卷　宋龔明之撰　明弘治刻本　清蔣杲校並跋　十一行二十一字黑口四周單邊

三六六　中吳紀聞六卷　宋龔明之撰　明正德九年龔吉弘刻本　明錢穀校　錢允治題簽　清佚名校　葉景葵題識　十一行二十一字上下黑口四周雙邊

三六七　中吳紀聞六卷　宋龔明之撰　明正德九年龔吉弘刻本　李盛鐸跋　十一行二十一字黑口四周雙邊

三六八　中吳紀聞六卷　宋龔明之撰　明末毛氏汲古閣刻本　明毛晉　清毛扆校　陸貽典校並跋

三六九　中吳紀聞六卷　宋龔明之撰　明末毛氏汲古閣刻本（卷六補抄補錄一則）　清毛扆校　毛扆、陸貽典、錢延燁、劉壽海題識　九行十八字黑口左右雙邊

三七〇　中吳紀聞六卷　宋龔明之撰　明末毛氏汲古閣刻本　清袁廷檮校　吳志忠校跋並錄毛扆陸貽典校跋　何焯跋　丁丙跋　九行十八字大黑口左右雙邊

三七一　中吳紀聞六卷　宋龔明之撰　明末毛氏汲古閣刻本　孫毓修錄清陸貽典校跋

三七二　中吳紀聞六卷　宋龔明之撰　明末毛氏汲古閣刻本　清曹炎臨毛扆校跋　九行十八字黑口左右雙邊

三七三　中吳紀聞六卷　宋龔明之撰　明末毛氏汲古閣刻本　清王嘆校並錄毛扆題識　胡珽校跋並錄錢世楷題識侯繼跋　九行十八字黑口左右雙邊

三七四 中吳紀聞六卷 宋龔明之撰 明毛氏汲古閣刻本 清何焯批校
三七五 中吳紀聞六卷 宋龔明之撰 明末毛氏汲古閣刻本 清勞權跋並臨何焯盧文弨校跋 勞健跋並錄毛扆題識
三七六 中吳紀聞六卷 宋龔明之撰 明末毛氏汲古閣刻本 佚名錄清何焯校跋
三七七 中吳紀聞六卷 宋龔明之撰 明末毛氏汲古閣刻本 佚名錄清何焯校跋 楊廷錫跋
三七八 中吳紀聞六卷 宋龔明之撰 明末毛氏汲古閣刻本 清王芑孫批註
三七九 中吳紀聞六卷 宋龔明之撰 明末毛氏汲古閣刻本 清黃丕烈校並跋
三八〇 中吳紀聞六卷 宋龔明之撰 明末毛氏汲古閣刻本 葉裳錄繆荃孫校
三八一 中吳紀聞六卷 宋龔明之撰 明末毛氏汲古閣刻本 王澧塤校
三八二 中吳紀聞六卷 宋龔明之撰 明末若斐堂刻本 八行十八字白口單邊
三八三 中吳紀聞六卷 宋龔明之撰 明末若斐堂刻本 清陸貽典毛扆校並跋 八行十八字白口四周單邊
三八四 中吳紀聞六卷 宋龔明之撰 明末若斐堂刻清清木趣堂重修本 清陸損之校並跋 羅振玉跋 八行十八字白口四周單邊
三八五 中吳紀聞六卷 宋龔明之撰 清嘉慶十五年張海鵬刻墨海金壺本 佚名臨何焯校跋 伯洪、周星詒跋
三八六 中吳紀聞六卷 宋龔明之撰 明抄本
三八七 中吳紀聞六卷 宋龔明之撰 清乾隆張希傑嘯湖鑄雪齋抄本
三八八 中吳紀聞六卷 宋龔明之撰 清抄本
三八九 中吳紀聞六卷 宋龔明之撰 清抄本 清趙宗建跋並錄清顧若波校
三九〇 中吳紀聞摘要錄三卷 明秦復齋撰 明隆慶三年刻本 十行十八字白口左右雙邊
三九一 吳中舊事一卷 元陸友仁撰 明刻本 十行十八字白口左右雙邊
三九二 吳中舊事一卷 元陸友仁撰 明隆慶元年吳縣顧德育抄本 清徐康跋
三九三 吳中舊事一卷 元陸友仁撰 清抄本 清李文銳、戴光曾跋
三九四 吳中舊事一卷 元陸友仁撰 清抄本 清丁丙跋
三九五 吳中舊事一卷 元陸友仁撰 清抄本 葉恭綽校注
三九六 吳中舊事一卷 元陸友仁撰 清抄本
三九七 吳中舊事一卷 元陸友仁撰 清抄本
三九八 吳中舊事一卷 元陸友仁撰 清抄本
三九九 平江記事一卷 元高德基撰 明刻本 清李兆洛跋 八行十七字白口左右雙邊
四〇〇 平江記事一卷 元高德基撰 明刻本 十行十八字白口左右雙邊
四〇一 平江記事一卷 元高德基撰 明抄本
四〇二 平江記事一卷 元高德基撰 清沈氏十經齋抄本

一九

四〇三 平江記事一卷 元高德基撰 清抄本
四〇四 平江記事一卷 元高德基撰 清抄本
四〇五 洞庭紀實不分卷 明鄭傑撰 清抄本
四〇六 蘇州府纂修識略五卷 明楊循吉輯 明萬曆刻本 九行十八字白口單邊單魚尾
四〇七 蓬軒吳記二卷別記一卷 明黃暐撰 清抄本
四〇八 三吳雜志不分卷 明潘之恒撰 明萬曆刻本 十行二十字白口左右雙邊
四〇九 雨航記一卷 明王穉登撰 明嘉靖四十年顧元慶大石山房刻本 十行十八字白口左右雙邊
四一〇 三吳舊語一卷 明顧岕撰 清抄本
四一一 虞鄉雜志不分卷 明毛晉輯 明末毛氏汲古閣抄本
四一二 百城烟水九卷 清徐崧、張大純撰 清康熙二十九年張大純彩霞軒刻本
四一三 采風類記十卷 清張大純撰 清康熙四十九年深柳讀書堂刻本
四一四 采風類記十卷 清張大純撰 清康熙四十九年深柳讀書堂刻乾隆二十年印本
四一五 采風類記十卷 清張大純撰 清雍正十三年讀書堂刻本
四一六 采風類記十卷 清張大純撰 清雍正慶蘊堂刻本
四一七 吳門表隱二十卷附集一卷 清顧震濤撰 清道光刻本
四一八 吳門表隱二十卷補錄一卷附集一卷 清顧震濤撰 清抄本
四一九 紅蘭逸乘四卷 清張霞房撰 清抄本 清朱記榮校補
四二〇 湖陰汗簡二卷首一卷末一卷 清徐有珂輯 清抄本
四二一 桐橋倚棹錄十二卷 清顧祿撰 清道光二十二年自刻本
四二二 吳郡歲華紀麗十二卷吳俗箴言一卷 清袁學瀾撰
吳俗諷喻詩一卷 清袁學瀾輯 稿本
四二三 松陵瑣綴六卷 清吳允楫撰 稿本
存三卷 四至六
四二四 小蘇齋隨筆一卷 清翁棨撰 稿本
四二五 桃塢百絕二卷 清石方洛撰 稿本
四二六 荊溪外紀二十五卷 明沈敕輯 明嘉靖二十四年宇郁書屋刻本 十行二十二字小字雙行同左右雙邊細黑口
四二七 錫山景物略十卷 明王永積撰 清順治五年嘉樂堂刻本
四二八 常州賦二卷 清譚邦慶撰 清乾隆刻本
四二九 雲間據目鈔五卷 明范濂撰 清范曉枝一求齋刻本 清李心馨跋
四三〇 雲間據目鈔五卷 明范濂撰 清抄本

二〇

四四三一 雲間雜識八卷 明李紹文撰 明萬曆刻本 九行二十字白口單邊單魚尾
四四三二 雲間雜識八卷 明李紹文撰 清抄本
四四三三 雲間雜誌二卷 明李紹文撰 清抄本 清睦𤨏題款
四四三四 五茸志逸隨筆八卷 明吳履震撰 五茸志餘一卷 明唐之屏撰 清初抄本
四四三五 五茸志逸隨筆八卷 明吳履震撰 說夢一卷 清曹家駒撰 清道光八年王星震醉漁居抄本
四四三六 五茸志逸隨筆八卷 明吳履震撰 清抄本
四四三七 五茸志逸隨筆八卷 明吳履震撰 清抄本
四四三八 五茸志逸隨筆八卷 明吳履震撰 清抄本
四四三九 五茸志逸錄存一卷 明吳履震撰 清姚椿通藝閣抄本 清王海客校
四四四〇 申江隨錄不分卷 清徐本立撰 稿本
四四四一 揚州畫舫錄十八卷 清李斗撰 清嘉慶二年刻本 清吳翥校跋
四四四二 邗記二卷 清焦循撰 稿本
四四四三 邗記六卷 清焦循撰 稿本

二一

四四四四 北湖小志六卷圖一卷 清焦循撰 清抄本 清焦循、汪鋆跋
四四四五 廣陵近事一卷廣陵舊事一卷 清雷舫居士撰 稿本
四四四六 泗州考古錄一卷 清許鴻磐撰 稿本 清王宗廷跋
四四四七 泗州考古錄一卷 清許鴻磐撰 清抄本 王頁悅批校
四四四八 山陽河下園亭記不分卷 清李元庚撰 稿本
四四四九 翠華備覽不分卷 清乾隆抄本 莫棠題識
四四五〇 小海場新志十卷 清林正青纂修 清乾隆刻本
四四五一 祁閶雜詠一卷 明汪玫撰 續一卷 明汪璪撰 明正德元年汪衍刻本 十一行二十字白口四周雙邊
四四五二 盧陽客記一卷金山雜志一卷 明楊循吉撰 明楊可刻本 十行十八字白口左右雙邊
四四五三 新安大好紀麗八卷 清吳梯撰 清刻本
四四五四 桐川紀事一卷續一卷 清楊苞撰 蔡之汾輯 清康熙刻本
四四五五 池州府歷朝沿革考□卷 清董永燦撰 清抄本 周叔弢題識
四四五六 山西郡縣釋名二卷 明郭子章撰 明刻本 八行十九字白口四周雙邊
四四五七 晉疆紀事一卷 明馬大驄纂 附行述一卷 清馬雲駿撰 清抄本 清歸莊跋
四四五八 恒州偶紀三卷 清鄧嘯撰 清乾隆十五年刻本

四四五九 箕城雜綴三卷 清程穆衡撰 稿本
四四六〇 濟勝一覽不分卷 明侯懋璟撰 萬曆四十六年刻本 八行十七字小字雙行白口四周單邊
四四六一 海岱觀風錄□□卷 明末刻本 十行二十二字白口四周單邊 存（四頁）
四四六二 山東海疆圖記五卷首一卷 清胡德琳、王尚玨輯 清抄本
四四六三 新齊音風淪集二卷 清范炯撰 清嘉慶綠暋草堂刻本
四四六四 道光十三年新城採訪錄一卷 清胡公桓輯 清抄本
四四六五 諸城山海物產志二卷 清臧耀初撰 清光緒九年抄本
四四六六 幽蘭居士東京夢華錄十卷 宋孟元老撰 元刻本 十四行二十二之二十四字細黑口左右雙邊
四四六七 幽蘭居士東京夢華錄十卷 宋孟元老撰 明弘治十七年劇公文甑印本 潘承弼跋 八行十六字白口左右雙邊
四四六八 幽蘭居士東京夢華錄十卷 宋孟元老撰 明弘治十七年刻嘉靖摭版印本 八行十六字白口單魚尾
四四六九 幽蘭居士東京夢華錄十卷 宋孟元老撰 明刻本 十四行二十二字黑口左右雙邊
四四七〇 幽蘭居士東京夢華錄十卷 宋孟元老撰 明[illegible]本 清吳翌鳳、[illegible]題跋

二二

四四七一 東京夢華錄十卷 宋孟元老撰 明末刻本 清劉履芬、王國維校並跋 九行二十字白口左右雙邊
四四七二 東京夢華錄十卷 宋孟元老撰 明崇禎毛氏汲古閣刻津逮秘書本（一卷十抄補一） 清黃丕烈、張紹仁校並跋 九行十八字白口左右雙邊
四四七三 東京夢華錄十卷 宋孟元老撰 明崇禎毛氏汲古閣刻津逮秘書本 清繆荃孫校 徐乃昌跋
四四七四 幽蘭居士東京夢華錄十卷 宋孟元老撰 九行十八字白口左右雙邊 清抄本
四四七五 汴都遺聞一卷 清三友學長輯 清嘉慶七年抄本 清鮑廷博題
四四七六 東京志略十八卷 清宋繼郊輯 稿本
四四七七 睢州人物藝文所見錄 清趙振鑑輯 稿本
四四七八 鐫長安客話八卷 明蔣一葵撰 明刻本 九行十八字白口四周單邊
四四七九 鐫長安客話八卷 明蔣一葵撰 明刻本 鄭振鐸跋 九行十八字白口四周單邊
四四八〇 隴蜀餘聞一卷 清王士禛撰 清初抄本
四四八一 越事瑣錄一卷 清沈復燦撰 稿本
四四八二 敦煌雜鈔二卷敦煌隨筆二卷 清常鈞撰 清乾隆清淵齋刻本
四四八三 武林舊事六卷 宋周密撰 明正德十三年宋廷佐刻本 十行二十字白口四周單邊
四四八四 武林舊事六卷 宋周密撰 明正德十三年宋廷佐刻本 明徐燉、清何焯跋 十行二十字白口四周單邊

四八五 武林舊事六卷 宋周密撰 明正德十五年宋廷佐刻本 清方毅跋 十行二十字白口四周單邊

四八六 武林舊事六卷 宋周密撰 明嘉靖三十九年杭州府知府陳柯刻本 十行二十字白口四周單邊

四八七 武林舊事六卷 宋周密撰 明嘉靖三十九年杭州府知府陳柯刻本 清周星詒題記 十行二十字白口單邊單魚尾

四八八 高寄齋訂正武林舊事六卷寶顏堂後集武林舊事五卷 宋周密撰 明刻寶顏堂秘笈本 清翁同書跋 八行十八字小字雙行同白口四周單邊

四八九 武林舊事逸四卷 宋周密撰 明抄本 清鮑廷博校 丁丙跋

四九〇 武林舊事六卷後集四卷 宋周密撰 清乾隆四十二年江日昊夙夜齋刻本 清周鑾燮錄丁黃丕烈校跋

四九一 武林舊事六卷後集四卷 宋周密撰 清乾隆四十二年江日昊夙夜齋刻本 章鈺校並跋

四九二 武林舊事十卷 宋周密撰 清乾隆嘉慶間鮑廷博刻知不足齋叢書本 傅增湘校並跋

四九三 武林舊事十卷 宋周密撰 清初山暉草堂抄本（卷七至十配清初曹炎抄本） 清曹炎校並錄陸貽典題識

四九四 武林舊事十卷 宋周密撰 清初抄本

四九五 武林舊事十卷 宋周密撰 清抄本（四庫底本）

四九六 武林舊事十卷 宋周密撰 清抄本

四九七 武林舊事十卷 宋周密撰 清抄本 清黃鈞校

四九八 武林舊事十八卷 宋周密撰 都城紀勝一卷 宋耐得翁撰 清管庭芬抄本 清管庭芬校

四九九 增補武林舊事八卷 宋周密撰 明朱廷煥增補 明崇禎十年朱廷煥刻本 丁立誠跋 九行二十字白口四周單邊

五〇〇① 增補武林舊事八卷 宋周密撰 明朱廷煥增補 清康熙四十五年[illegible]畢堂刻本

五〇一 臨平記四卷 明沈謙撰 臨平三十詠一卷 明洛雲赤輯 沈謙注 清順治五年刻本

五〇二 臨平記三卷 清沈謙撰 清四勿齋抄本

五〇三 東城雜記二卷 清厲鶚撰 稿本

五〇四 東城雜記二卷 清厲鶚撰 稿本 清丁丙跋

五〇五 東城雜記二卷 清厲鶚撰 清吳氏拜經樓抄本 清陳鱣跋 魏式校 清吳騫校並跋 [illegible]校並跋

五〇六 東城雜記二卷 清厲鶚撰 清嘉慶十四年陳震英抄本 清陳鱣批校並跋 又錄吳騫題識

五〇七 東城雜記二卷 清厲鶚撰 清抄本 佚名錄清吳騫、陳鱣跋

五〇八 東城雜記二卷 清厲鶚撰 清陶氏萬東好齋抄本 清王安瀾跋

五〇九 東城雜記二卷 清厲鶚撰 清抄本 夏振鋼校並跋

五一〇 城東雜錄二卷 清厲鶚撰 清乾隆四十二年抄本

五一一 東城拾遺一卷 清陳元熙撰 清咸豐五年勞權抄本 清勞權校

五〇〇② 杭城坊巷志不分卷 清丁丙[illegible]編 稿本 存五十四冊（冊一至十二、冊十四至十七、冊十九至五十四、目錄一冊、引用書目一冊）

五〇〇③ 湖山百詠一卷 明夏時撰 清抄本 清丁丙跋

五〇〇④ 武林覽勝記四十二卷 清杭世駿輯 清乾隆抄本

五〇〇⑤ 武林雜錄不分卷 清葉氏[illegible]好齋抄本

五〇〇⑥ 武林文獻不分卷 清吳允嘉輯 稿本

五〇〇⑦ 郭西小誌十四卷 清姚禮輯 清抄本

五〇〇⑧ 棲里景物略十二卷 清張之鼐撰 清張雲錦抄本

五〇〇⑨ 棲里景物略十二卷補遺一卷 清張之鼐撰 清嘉慶張迎煦抄本

五〇〇⑩ 棲里景物略十二卷補遺一卷 清張之鼐撰 清嘉慶十四年抄本 清張迎煦題識

五〇〇⑪ 艮山雜志二卷 清翟灝撰 清抄本

五〇〇⑫ 補訂艮山雜志不分卷 清翟灝輯 張爾嘉增 稿本

五一二　北部叢抄不分卷　清丁丙輯　稿本

五一三　龍井見聞錄十卷附宋僧元淨外傳二卷　清汪孟鋗輯　稿本
存六卷　三至六、外傳二卷

五一四　龍井見聞錄十卷附宋龍井僧元淨外傳二卷　清汪孟鋗輯　清乾隆二十七年延美抄本

五一五　海昌勝覽二十卷　清周春撰　稿本　清錢馥、張中、葛繼常、金光照跋

五一六　海昌勝覽二十卷　清周春撰　清道光十至十一年葛繼常抄本　清葛繼常跋

五一七　海昌勝覽二十卷　清周春撰　清抄本

五一八　海波小志一卷　清徐達吉撰　補一卷　清陳素鍾撰　清抄本　清羅以智校

五一九　北隅掌錄二卷　清黃士珣撰　清道光十七年刻本　綴錄二卷續錄二卷　清丁丙撰　稿本

五二〇　嘉禾百咏一卷　宋張堯同撰　清抄本

五二一　嘉禾百詠二卷　宋張堯同撰　清抄本

五二二　嘉禾名勝記二卷　清黃日紀輯　清乾隆刻本

五二三　秋坪偶錄不分卷　清王炳虎輯　王良補輯　稿本　清湯登泗、王良跋

五二四　天香錄十二卷　清李遇孫輯　稿本　馮雛跋
存六卷　一至六

五二五　天香錄十二卷　清李遇孫輯　清抄本
存六卷　一至六

五二六　西吳里語四卷　明宋雷撰　明嘉靖二十六年刻本　八行二十字白口四周雙邊單魚尾下有刻工

五二七　西吳里語四卷　明宋雷撰　清初抄本

五二八　西吳里語四卷　明宋雷撰　清初抄本

五二九　西吳里語四卷　明宋雷撰　清抄本　佚名錄明顧應祥、[illegible]跋

五三〇　西吳里語四卷　明宋雷撰　清吳允嘉抄本（卷一至二、四配清抄本）　清丁丙跋

五三一　西吳里語四卷　明宋雷撰　清抄本

五三二　西吳里語四卷　明宋雷撰　清抄本

五三三　吳興掌故集十七卷　明徐獻忠撰　明嘉靖三十九年范惟一刻本　八行十六字白口左右雙邊

五三四　吳興掌故集十七卷　明徐獻忠撰　明萬曆茅獻徵刻本　八行十六字白口左右雙邊

五三五　吳興掌故集十七卷　明徐獻忠撰　明抄本

五三六　吳興掌故集十七卷　明徐獻忠撰　清影明抄本　清吳騫校　周廣業、愚谿道跋

五三七　吳興合璧四卷　清陳文煜輯　清乾隆活字印本

五三八　明州繫年錄七卷　清董沛撰　稿本

五三九　明州繫年錄七卷　清董沛撰　稿本
存三卷　一至三

五四〇　西吳枝乘二卷　明謝肇淛撰　明萬曆三十六年刻《小草齋集》本　九行十八字白口左右雙邊

五四一　句餘土音三十二卷　清全祖望撰　陳銘海注　稿本　張美翊跋
存二十八卷　一至十二、十七至三十二

五四二　昌國典詠十卷　清朱緒曾撰　稿本

五四三　昌國典詠十卷　清朱緒曾撰　稿本　[illegible]跋

五四四　會稽三賦注一卷　宋王十朋撰　周世則注　史鑄增注　宋刻元修本　清顧廣圻抄補　黃丕烈跋　九行十七、八字小字雙行三十字白口左右雙邊

五四五　會稽三賦一卷　宋王十朋撰　周世則注　史鑄增注　宋刻元修本　九行約十七字小字雙行三十字白口左右雙邊

五四六　會稽三賦一卷　宋王十朋撰　周世則注　史鑄增注　宋刻元明遞修本　九行十八字小字雙行三十二字白口左右雙邊

五四七　會稽三賦一卷　宋王十朋撰　周世則注　史鑄增注　宋刻元明遞修本　九行大十九字小三十二字白口左右雙邊

五四八　會稽三賦一卷　宋王十朋撰　周世則注　史鑄增注　明初刻本　十一行二十一字黑口四周雙邊

五四九　會稽三賦一卷　宋王十朋撰　周世則注　史鑄增注　清道光十五年杜氏知聖教齋刻本　清沈宗畸、丁丙跋

五五〇　會稽三賦校注一卷　宋王十朋撰　明南逢吉校注　明嘉靖二年南大吉刻本　十行二十一字白口四周單邊

五五一　會稽三賦一卷　宋王十朋撰　明南逢吉校注　明刻本　九行二十字白口左右雙邊

五五二　會稽三賦一卷　宋王十朋撰　明南逢吉校注　明刻本　清王宗炎、丁丙跋　九行二十字小字雙行同白口左右雙邊

五五三　會稽三賦一卷　宋王十朋撰　明南逢吉校注　明刻本　□子敷跋　九行二十字白口左右雙邊

五五四　會稽三賦一卷　宋王十朋撰　明南逢吉校注　尹壇補注　明彭富刻本　十行二十字白口四周單邊有圖

五五五　會稽三賦四卷　宋王十朋撰　明南逢吉注　尹壇補注　明刻本　八行十八字小字雙行白口單魚尾四周單邊

五五六　重刻會稽三賦四卷　宋王十朋撰　明南逢吉註　尹壇補註　明天啟元刻本　八行十八字白口四周單邊

五五七　會稽三賦四卷　宋王十朋撰　明南逢吉注　尹壇補注　陶望齡評　明天啟元年凌弘憲刻套印本　八行十八字小字雙行同白口四周單邊

五五八　王梅溪先生會稽三賦四卷　宋王十朋撰　明南逢吉註　周炳曾增註　明人木堂刻本　九行二十字小字雙行白口雙邊

五五九　稽城東南志不分卷　清王毓芝撰　清初抄本

五六〇　浙中會稽見聞錄六卷　稿本

五六一　台郡識小錄十六卷　清宋世犖撰　清抄本　清王舟瑤批校

金華雜識四卷 明楊德周撰 明刻本 十行二十字白口四周單邊 存三卷 一至三 五五六二
三衢孔氏家廟志一卷附錄二卷 明沈杰輯 明嘉靖刻本 九行二十一字黑口四周雙邊 五五六三
三衢孔氏家廟志一卷附錄二卷 明沈杰輯 清抄本 五五六四
永嘉聞見錄四卷 清孫同元輯 清抄本 清勞格校 五五六五
潯陽蹠醢六卷 清文行遠撰 清康熙敦明堂刻本 五五六六
瀔水志林二十二卷 清張尚瑗撰 清康熙五十年刻本 五五六七
湖北舊聞錄五卷 清陳詩撰 清抄本 五五六八
下雉纂一卷 明馬啟撰 明天啟四年徐𤊹抄本 十行二十字白口四周單邊 五五六九
岳陽風土記一卷 宋范致明撰 明嘉靖四十二年許敔刻本 九行二十字白口左右雙邊 五五七〇
岳陽風土記一卷 宋范致明撰 明嘉靖四十二年許敔刻本 九行二十字白口左右雙邊 清吳騫校 五五七一
岳陽風土記一卷 宋范致明撰 明嘉靖四十二年許敔刻本 九行二十字白口左右雙邊 清丁丙跋 五五七二
岳陽風土記一卷 宋范致明撰 明抄本 五五七三
岳陽風土記一卷 宋范致明撰 明抄本 五五七四
溪蠻叢笑一卷 宋朱輔撰 明抄本 清伐當趣跋 五五七五
溪蠻叢笑一卷 宋朱輔撰 清抄本 五五七六
郴江百詠一卷 宋阮閱撰 清抄本 清丁丙跋 五五七七
酉陽正俎十卷 明郭棐撰 明萬曆十七年自刻本 九行二十字白口四周雙邊 五五七八
浯溪志十卷 清王啟烈撰 清康熙迎雲閣刻本 五五七九
楚南苗志六卷 清段汝霖撰 清乾隆二十三年刻本 五五八〇
楚庭稗珠錄六卷 清檀萃撰 清乾隆三十八年刻本 五五八一
閩越叢談三卷 清沈可培撰 手稿本 五五八二
瀟湘聽雨錄八卷 清江昱撰 清乾隆刻本 五五八三
荊州記一卷 劉宋盛弘之撰 繆荃孫輯 稿本 十一行二十二字白口紅格四周單邊 五五八四
下陴記談二卷 明皇甫錄撰 明嘉靖刻本 十行二十字白口左右雙邊 五五八五
益部談資三卷 明何宇度撰 明刻本 十行二十字白口四周單邊 五五八六
蜀中廣記一百八卷 明曹學佺撰 明刻本 十行二十字白口四周雙邊 存九十一卷 名勝記三十卷、郡縣古今通釋四卷、風俗記四卷、人物記六卷、方物記一至十一、著作記十卷、高僧記十卷、詩話四卷、畫苑四卷、宦游記四卷、邊防記一至四 五五八七
蜀中廣記一百零八卷 明曹學佺撰 明刻本 十行二十字白口單魚尾四周雙邊 存四種二十二卷 蜀郡縣古今通釋四卷、蜀中風俗記四卷、蜀中宦游記四卷、蜀中邊防記十卷 五五八八
蜀中廣記一百八卷 明曹學佺撰 明刻本 十行二十字白口左右雙邊 存五十四卷 蜀中詩話四卷、蜀中著作十卷、蜀中神仙十卷、蜀中風俗四卷、蜀中畫苑四卷、蜀中方物十二卷、蜀中高僧十卷 五五八九
蜀都碎事四卷藝文補遺二卷 清陳祥裔撰 清康熙漱雪軒刻本 五五九〇
蜀有閒八卷 清金之鏘輯 清抄本 清李如儒跋 五五九一
邊州聞見錄十一卷 清陳聶恒撰 清抄本 傅增湘跋 五五九二
遂州聞見錄十一卷 清陳聶恒撰 清抄本 五五九三
蜀典八卷 清張澍撰 稿本 存六卷 六至十一 五五九四
粵閩巡視紀略五卷附紀彭湖臺灣一卷 清杜臻撰 清康熙經緯堂刻本 五五九五
莆陽比事七卷 宋李俊甫撰 明萬曆三十三年周登刻本 八行二十字白口四周單邊 有刻工 五五九六
莆陽比事七卷 宋李俊甫撰 清抄本 五五九七
莆陽比事七卷 宋李俊甫輯 清抄本 五五九八
續莆陽比事□□卷 清黃海撰 稿本 存三卷 六至八 五五九九
莆輿紀勝九卷 明林登名撰 明萬曆刻本 八行二十字白口四周單邊 五六〇〇
閩會小記百韻一卷 明孫學稼撰 孫起宗注 清抄本 楊浚題識 五六〇一
七閩觀風錄□□卷 明末刻本 存四頁 五六〇二
東甌掌錄不分卷 清陸進撰 清抄本 清孫詒讓校 管庭芬校並跋 五六〇三
閩小紀四卷 清周亮工撰 清康熙六年周氏賴古堂刻本 五六〇四
閩小紀四卷 清周亮工撰 清乾隆四庫全書館抄本 五六〇五
閩小紀四卷 清周亮工撰 清乾隆四庫全書館抄本 五六〇六
榕海舊聞不分卷 清林正青輯 稿本 五六〇七
榕海舊聞不分卷 清林正青輯 清抄本 五六〇八
榕海舊聞不分卷 清林正青輯 清抄本 五六〇九
東越沿革表五卷 清魏本唐撰 稿本 五六一〇

六一一 東越沿革表不分卷 清張本唐撰 清抄本
六一二 榕城要纂一卷 清林春溥撰 稿本
六一三 知過軒隨錄不分卷 清吳廷式輯 稿本
六一四 榕城景物錄一卷 清抄本
六一五 廈門港紀事不分卷 清寶抱龍撰 清王千寮齋抄本 清姚衡跋
六一六 壺蘭晶鏡不分卷 題清綠竹野居士輯 清抄本
六一七 臺海見聞錄四卷 清董天工撰 清乾隆十六年琢玉軒刻本
六一八 臺海見聞錄二卷 清董天工撰 清抄本
六一九 番社采風圖考一卷臺海采風圖考二卷 清六十七撰 清乾隆刻本
六二〇 臺海采風圖考二卷 清六十七撰 清乾隆刻本
六二一 蛤仔難紀略一卷 清謝金鑾撰 清嘉慶刻本
六二二 劉總戎南巡紀略不分卷 清張用鎔撰 清抄本
六二三 羅景山臺灣海防開山日記不分卷 清羅大春撰 清抄本
六二四 北户錄三卷 唐段公路撰 崔龜圖注 明文始堂抄本
六二五 北户錄三卷 唐段公路撰 崔龜圖注 明抄本
六二六 北户錄三卷 唐段公路撰 崔龜圖注 清歸氏抄本 章棫題識
六二七 北户錄三卷 唐段公路撰 崔龜圖注 清歸氏抄本 章棫題識
六二八 北户錄注三卷 唐崔龜圖撰 明抄本
六二九 新刻北户錄二卷 唐段公路撰 明萬曆三十一年胡文煥刻格致叢書本 佚名錄清黃丕烈校並跋 清丁丙跋
六三〇 粵劍編四卷 明王臨亨撰 明刻本 八行十八字白口四周單邊
六三一 粵東聞見錄二卷 清張渠撰 清乾隆三年刻本
六三二 粵述一卷 清閔敘撰 粵西偶記一卷 清陸祚蕃撰 清抄本
六三三 連陽八排風土記八卷 清李來章撰 清康熙刻本
六三四 嶺海見聞四卷 清錢以塏撰 清康熙刻本
六三五 瓊志擷錄不分卷 稿本
六三六 瓊島桃園不分卷 清抄本
六三七 珠璣巷民族南遷記一卷 清黃慈博輯 稿本
六三八 澳門記畧二卷 清印光任、張汝霖撰 清乾隆西阪艸堂刻本
六三九 石窟一徵九卷 清黃釗撰 清光緒六年古香閣刻本
六四〇 桂林風土記一卷 唐莫休符撰 明抄本
六四一 桂林風土記一卷 唐莫休符撰 清抄本
六四二 桂林風土記一卷 唐莫休符撰 清乾隆五十六年錢坫曹抄本 清錢坫曹校並跋 丁丙跋
六四三 桂林風土記一卷 唐莫休符撰 清吳翌鳳抄本 清吳翌鳳跋
六四四 桂林風土記一卷 唐莫休符撰 清抄本 佚名錄校 清張蓉鏡題記 清楊守敬跋
六四五 桂林風土記一卷 唐莫休符撰 清張位抄本 清黃丕烈校並跋
六四六 桂林風土記一卷 唐莫休符撰 清抄本 清柯逢時校並題識
六四七 桂海虞衡志一卷 宋范成大撰 明抄本 清丁丙跋
六四八 桂海虞衡志一卷 宋范成大撰 清抄本 清黃丕烈跋
六四九 桂海虞衡志一卷 宋范成大撰 清抄本 清□益農校 周星詒校並跋
六五〇 桂勝十六卷桂故八卷 明張鳴鳳撰 明萬曆十八年何太庚刻本 九行十八字白口四周雙邊有刻工
六五一 桂勝十六卷桂故八卷 明張鳴鳳撰 清初抄本
　桂勝存四卷 一至四
六五二 桂勝十六卷 明張鳴鳳撰 清抄本
六五三 桂勝十六卷 明張鳴鳳撰 清抄本 清丁丙跋
　存四卷 一至四
六五四 桂故八卷 明張鳴鳳撰 清抄本
六五五 殿粵要纂四卷 明楊芳、詹景鳳纂修 明萬曆三十年楊芳刻本 九行二十字白口四周雙邊
六五六 百粵風土記不分卷 明謝肇淛撰 清鄭氏注韓居抄本
六五七 百粵風土記一卷 明謝肇淛撰 清抄本 清黃世發、謝章鋌、徐𤊹跋
六五八 梧潯雜佩一卷 明張所望撰 明末刻本 八行十八字白口左右雙邊有刻工
六五九 西事珥八卷嶠南瑣記二卷 明魏濬撰 明萬曆四十一年刻本 九行十八字白口四周單邊有刻工
六六〇 西事珥八卷 明魏濬撰 明萬曆刻本 九行二十字白口四周單邊
六六一 紀古滇說原集一卷 題宋張道宗撰 明嘉靖四年刻本 十行十九至二十字黑口左右雙邊
六六二 紀古滇說集一卷 題宋張道宗撰 明阮元聲改正 明刻本 九行二十字白口四周單邊
六六三 紀古滇說集一卷 題宋張道宗撰 清抄本
六六四 滇載記一卷 明楊慎撰 明祁氏澹生堂抄本
六六五 南詔備考四卷 明楊慎原輯 清胡蔚訂正 丁毓仁增補 清嘉慶七年李孝新刻本
六六六 滇雲歷年傳十二卷 清倪蛻輯 清乾隆抄本
　存十卷 一至十

六六六七 滇小記二卷 清倪蜕撰 清乾隆抄本
存一卷 卷下
六六六八 滇海虞衡志十三卷 清檀萃撰 清嘉慶九年刻本
六六六九 滇南聞見錄二卷 清吳大勳撰 清乾隆刻本
六六七〇 雲南志鈔不分卷 清王崧撰 杜允中校 清道光刻本
存 地理志、建置志、封建志上下、邊裔志上下、土司志上下
六六七一 雲南昭通鎮風土武備總冊不分卷 清張文煥撰 稿本
六六七二 雲南苗族風俗圖不分卷 清彩繪本
六六七三 黔記四卷 清李宗昉撰 清棲雅有雅齋抄本 清黎庶昌跋
六六七四 黔語二卷 清吳振棫撰 稿本
六六七五 黔中風土記三十二卷 清抄本
六六七六 黔省苗族風俗圖解不分卷 清彩繪本
六六七七 黔省苗圖全說一卷 清抄本
六六七八 苗圖不分卷 清抄本
六六七九 西征記一卷 清張寅撰 清黃爾安抄本
六六八〇 西征紀略一卷 清張寅撰 清抄本
六六八一 新疆紀實徵信錄二卷 清七十一撰 清抄本
六六八二 新疆小記草十二卷首一卷 清李星撰 稿本
存九卷 一至三、七至十二
六六八三 烏里雅蘇臺志略不分卷 清抄本
六六八四 進藏紀程一卷 清王世睿撰 清乾隆元年自刻本
六六八五 藏紀概三卷 清李鳳彩撰 稿本
六六八六 西域遺聞不分卷 清陳克繩撰 清抄本
六六八七 西藏紀聞一卷 稿本
六六八八 西藏達賴喇嘛班禪額爾德尼及大小呼圖克圖沙布隴源流一卷 清抄本
六六八九 西疆簡覽一卷 題清鴻軒氏撰 稿本
六六九〇 西行紀程不分卷 清抄本
六六九一 西藏攷一卷 清抄本
六六九二 蠻書十卷 唐樊綽撰 清乾隆刻武英殿聚珍版叢書本 清盧文弨跋 丁丙跋
六六九三 蠻書十卷 唐樊綽撰 清乾隆刻武英殿聚珍版叢書本 清李慈銘跋
六六九四 九夷古事一卷 明況叔祺撰 明祁氏澹生堂抄本
六六九三 彝志
六六九五 志勝口口卷 明末刻本 十行十九字白口左右雙邊有刻工
存十五卷 一至十五（應天府、徽州府、寧國府、池州府、太平府、安慶府、盧州府、鳳陽府、淮安府）
六六九六 古今名勝紀里口口卷 清鄭文鐸纂 清志仁堂抄本
存三十一卷 十至十一、二十八至五十六
六六九七 唐兩京考不分卷 清徐松撰 手稿本
六六九八 唐兩京城坊考五卷 清徐松撰 稿本 清張穆批校
六六九九 盛京城垣事蹟考六卷 清劉光棻輯 清抄本
六七〇〇 盛京城垣事蹟考六卷 清劉光棻輯 清抄本
六七〇一 金陵世紀四卷 明陳沂撰 明隆慶三年史際刻本 八行十八字小字雙行同 白口左右雙邊
六七〇二 金陵選勝十二卷 明孫應嶽輯 明天啟二年刻本 八行十八字白口四周單邊
六七〇三 金陵覽古不分卷 清余賓碩撰 清康熙萬玉山房刻本
六七〇四 樂圃遺蹟一卷 清朱岐蕃輯 清敦倫堂刻本
六七〇五 桃塢名勝記八卷 清謝家福撰 稿本
六七〇六 桃塢名勝記八卷 清謝家福撰 稿本
六七〇七 祠山事要指掌集十卷 宋周秉秀撰 元梅應發續輯 明宣德八年胡儼刻本 十行二十二字黑口四周雙邊
六七〇八 龍華八志八卷 清張宸撰 清抄本
六七〇九 平山堂小志十二卷 清程夢星撰 清乾隆十六年刻本
六七一〇 平山堂志八卷首一卷 清盧見曾撰 稿本
六七一一 寶應名勝紀略二卷 清劉中柱撰 清抄本
六七一二 文星閣小志二卷 清彭定求輯 清乾隆十七年刻本
六七一三 盧陽名勝便覽六卷 清吳名鏊輯 清乾隆三十二年鳴鶴堂刻本 八行十五字白口單邊單魚尾
六七一四 疊嶂樓記一卷 明史起欽輯 明萬曆三十四年刻本 十行二十字白口、邊單魚尾
六七一五 蓮谷八詠圖詩一卷 明洪鼎輯 明嘉靖八年刻本 十行二十字白口、左右雙邊單魚尾
六七一六 靈巖集不分卷 明釋一蘭輯 明刻本 李斌鐸跋 九行十九字 上空一字不計小字雙行白口雙魚尾
存詩類一卷
六七一七 三邊志六卷 明史鶚撰 明嘉靖三十二年刻本 十行二十一字版心上白口下黑口四周雙邊雙魚尾
六七一八 三邊志五卷 明呂兆祥、呂逢時撰 明天啟七年刻本 清丁丙跋 十行十九字白口左右雙邊

七一九 陋巷志八卷 明陳鎬撰 明正德二年曹來旬刻本 王綖跋 十行二十一字白口四周單邊
七二〇 陋巷志八卷 明陳鎬撰 明嘉靖十三年嘉興公署刻萬曆四年增修印本 十行二十一字白口左右單邊雙魚尾
七二一 陋巷志八卷 明陳鎬撰 顏胤祚輯 呂兆祥重修 明萬曆二十九年刻本 九行二十字小字雙行同白口四周單邊有刻工
七二二 陋巷志八卷 明陳鎬撰 顏胤祚輯 呂兆祥重修 明萬曆二十九年刻清順治增修本 清丁丙跋 九行二十字小字雙行十九字白口四周單邊有刻工
七二三 陋巷志八卷 明陳鎬撰 顏胤祚輯 呂兆祥重修 明萬曆二十九年刻清康熙增修本 九行二十字白口單邊單魚尾下有刻工
七二四 陋巷志六卷 明陳鎬撰 顏胤祚輯 呂兆祥重修 明崇禎刻本 九行二十字白口四周單邊
七二五 蓬萊閣記一卷 明游璉輯 明嘉靖九年刻本 十行二十字白口四周雙邊
七二六 二樓小志四卷 清程兆愈輯 汪越、沈廷璐補輯 二樓紀略四卷 清佟賦偉撰 清康熙五十九年刻本
七二七 汴京遺蹟志二十四卷 明李濂撰 明嘉靖二十五年自刻本 十行二十字白口四周單邊
七二八 汴京遺蹟志二十四卷 明李濂撰 明嘉靖二十五年自刻本 清丁丙跋 十行二十字白口四周單邊
七二九 汴京遺蹟志二十四卷 明李濂撰 清抄本 清劉喜海校
七三〇 志略備選不分卷 清宋繼郊撰 稿本
七三一 雍錄十卷 宋程大昌撰 明嘉靖十一年李經刻本 十行二十一字白口四周單邊
七三二 雍錄十卷 宋程大昌撰 明嘉靖十一年李經刻本 清丁丙跋 十行二十一字白口四周單邊
七三三 雍錄十卷 宋程大昌撰 明嘉靖十一年李經刻本 余嘉錫跋 十行二十一字白口四周單邊
七三四 雍錄十卷 宋程大昌撰 清乾隆四十四年抄本 清陳徵芝校並跋
七三五 雍錄十卷 宋程大昌撰 清抄本
七三六 雍錄十卷 宋程大昌撰 清抄本
七三七 雍大記三十六卷 明何景明纂修 明嘉靖刻本 十行二十一字白口四周單邊
七三八 雍大記三十二卷 明何景明撰 明抄本
七三九 雍勝略二十四卷 明李應祥、俞安期撰 明萬曆二十五年刻本 九行十八字白口左右雙邊單魚尾有刻工
七四〇 雍勝略二十四卷 存二十卷 五至二十四 明李應祥、俞安期撰 清抄本
七四一 陝西四鎮圖說四卷 存甘肅鎮圖說一卷 明刻本 十六行十四字白口單邊
七四二 關中勝蹟圖志三十卷 清畢沅纂修 清乾隆畢沅經訓堂刻本
七四三 浙江山川古蹟記六卷 清杭世駿輯 清抄本 清唐翰題、章鈺跋
七四四 苧蘿志八卷 明張夬輯 明崇禎六年刻本 七行十七字白口單邊

三六

七四五 苧蘿誌八卷 明張夬、路邁輯 明崇禎刻本 六行十三字白口四周單邊
七四六 韜光紀遊初編二卷 清釋澗高輯 清康熙二十七年釋澗高刻本
七四七 聖駕南巡御題西湖名勝詩一卷 清高宗弘曆撰 清乾隆刻本
七四八 烟雨樓志四卷 清朱稻孫撰 清嘉慶十七年馬玉堂抄本 清胡重校
七四九 東湖弄珠樓志六卷 清張雲錦輯、清乾隆三年蔣紹翁等刻本
七五〇 接濟國志一卷 清周文煦撰 清曾廷枚抄本
七五一 蘭亭圖記一卷遺墨一卷 明釋覺顯輯 明刻本 八行二十四字或九行、十行、十一行字不等白口四周雙邊或單邊
七五二 蘭亭志十一卷首一卷 清吳高增輯 清乾隆十七年凝秀堂刻本
七五三 賀氏忠孝故蹟錄一卷 宋戴良齊撰 明萬曆二十五年戴文郁刻藍印本
七五四 臨海北岸巖洞圖志二卷 清口口撰 稿本 清黃瑞校並跋
七五五 江城名蹟記二卷 清陳弘緒撰 清抄本 鄧之誠題記
七五六 桃溪雜詠一卷 元嚴士貞撰 清抄本 清丁丙跋
七五七 赤壁志不分卷 清賈鉉撰 清康熙三十七年刻本 清厲鶚校補並跋
七五八 考亭誌十卷 明朱世澤撰 明萬曆十七年刻本 十行二十一字白口四周雙邊
七五九 考亭誌四卷 明刻本 十行二十四字白口四周雙邊
七六〇 安溪志名勝諸景詩集一卷 明倪鴻範撰 明集德堂刻本 九行十九字白口四周雙邊單魚尾
七六一 天關精舍誌十四卷 存十一卷 一至十一 明吳純撰 明嘉靖二十九年刻本 十行二十一字白口四周單邊有刻工
七六二 秦漢圖記十二卷 三輔黃圖六卷 西京雜記六卷 明萬曆三十年陝西布政使司刻本 九行十八字白口左右雙邊
七六三 三輔黃圖六卷 元致和元年余氏勤有堂刻本 十一行二十一字細黑口四周雙邊
七六四 三輔黃圖六卷 明刻本 清黃廷鑑校並跋 十一行二十一字黑口四周雙邊
七六五 三輔黃圖六卷 明嘉靖三十八年劉景韶刻本 十行二十字白口左右雙邊
七六六 三輔黃圖六卷 明嘉靖四十三年薛晨刻本 十一行二十字白口左右雙邊有刻工
七六七 三輔黃圖六卷 佚名撰 明嘉靖四十三年薛晨刻本 葉德輝、葉啟勳題識 十一行二十字小字雙行同白口左右雙邊
七六八 三輔黃圖六卷 明萬曆三十年陝西布政使司刻秦漢圖記本 九行十八字白口左右雙邊
七六九 三輔黃圖六卷 明萬曆三十年陝西布政使司刻秦漢圖記本 清毛扆校、顧廣圻跋 九行十八字小字雙行同白口左右雙邊
七七〇 三輔黃圖六卷 明萬曆三十年陝西布政使司刻秦漢圖記本 清柯逢時藏 九行十八字白口上魚尾四周單邊
七七一 三輔黃圖六卷 明萬曆潘義卿刻本 九行十八字小字雙行同白口左右雙邊

三三

七七二 三輔黄圖六卷 明刻本 九行十八字小字雙行白口四周單邊
七七三 三輔黄圖六卷 明刻本 九行二十字白單魚尾白口左右雙邊
七七四 三輔黄圖六卷 明抄本
七七五 三輔黄圖六卷 明抄本
七七六 三輔黄圖六卷三輔黄圖補遺一卷 清畢沅撰 清乾隆五十六年王謨刻增訂漢魏叢書本（補遺配清抄本） 清鄭珍批校
七七七 歷代宮殿名一卷 宋李昉等撰 明抄本
七七八 歷代宮殿名一卷 宋李昉等撰 清抄本 清丁丙跋
七七九 禁扁五卷 元王士點撰 明抄本
七八〇 禁扁五卷 元王士點撰 清抄本
七八一 禁扁五卷 元王士點撰 清抄本
七八二 禁扁五卷 元王士點撰 清抄本
七八三 元故宮遺錄一卷 明蕭洵撰 清彭氏知聖道齋抄本 清彭元瑞校並跋
七八四 故宮遺錄一卷 明蕭洵撰 清乾隆四十七年抄本
七八五 故宮遺錄一卷 明蕭洵撰 清抄本
七八六 太和殿紀事十卷 清江藻輯 清康熙刻本
七八七 先秦宮殿考一卷 清年庶撰 稿本 王獻唐跋
七八八 行宮座落圖不分卷江南名勝圖不分卷 清乾隆刻本
七八九 皇明寺觀志一卷 明抄本 清丁丙跋
七九〇 潭柘山岫雲寺志七卷 清抄本
七九一 敕建弘慈廣濟寺新志三卷 清釋湛祐撰 釋然叢輯 清康熙四十五年大悲壇刻本
七九二 敕建隆興寺誌二卷 清王發枝撰 清抄本
七九三 金陵梵剎志五十三卷 明葛寅亮撰 明萬曆三十五年南京僧錄司刻本 十行二十二字白口四周單邊
七九四 金陵梵剎志五十三卷 明葛寅亮撰 明萬曆三十五年南京僧錄司刻天啟七年增修本 十行二十二字白口四周單邊
七九五 金陵梵剎志五十三卷 明葛寅亮撰 明萬曆三十五年南京僧錄司刻天啟七年增修本 清丁丙跋 十行二十二字白口四周單邊
七九六 金陵玄觀志十三卷 明刻本 清丁丙跋 十行二十二字白口四周單邊
七九七 攝山棲霞寺誌三卷 明金鑾撰 明刻本 九行二十字白口左右雙邊
七九八 鄧尉聖恩寺志十八卷 明周永年撰 明崇禎十七年刻清初增刻本 九行二十一字白口左右雙邊

七九九 寒山寺志三卷 清葉昌熾撰 稿本 鄭文焯批校
八〇〇 常熟縣破山興福寺志四卷 明程嘉燧撰 明崇禎十五年刻本 清丁丙跋 八行二十字白口四周單邊
八〇一 常熟縣破山興福寺志四卷 明程嘉燧撰 清釋超益參訂 續志二卷 清釋超益、魏啟萬撰 清抄本
八〇二 鳳凰山永慶寺志二卷 清釋宗智撰 清康熙刻本
八〇三 常熟縣虞山三峯清涼禪寺志二卷首一卷 清趙允懷趙金昌輯 清道光十八年趙宗濂、趙宗建刻本 清王振聲校補並跋
八〇四 常熟三峯清涼禪寺志七卷 清蔡炳撰 孫溟續輯 清抄本
八〇五 常熟縣福山鎮大慈教寺誌一卷 清釋延齡撰 清道光十九年狄城抄本
八〇六 本一禪院志三卷 明釋大玄輯 明崇禎四年刻本 九行二十字白口單邊單魚尾
卷中存下半卷
八〇七 金山龍遊禪寺志略四卷 清釋行海撰 清康熙刻本
八〇八 靜安八詠事蹟一卷 明錢鼒撰 明刻本 八行十八字白口單邊雙魚尾
八〇九 鵜林寺志一卷 明釋明賢撰 明萬曆四十二年刻本 九行二十字白口單邊單魚尾
八一〇 敕建金山江天寺新志十六卷 清釋明銓輯 釋貫雄編 清康熙五十九年刻本
八一一 黄山翠微寺誌二卷附隨錄一卷 清釋超綱輯 清康熙三十年刻本
八一二 齊雲山桃源洞天誌不分卷 明魯點撰 清康熙刻本
八一三 榼山大雲寺志二卷 清張鈴撰 清康熙刻本
八一四 洛陽伽藍記五卷 北魏楊衒之撰 明如隱堂刻本 九行十八字細黑口左右雙邊
八一五 洛陽伽藍記五卷 北魏楊衒之撰 明萬曆二十年刻廣漢魏叢書本 清吳翌鳳校並跋 九行二十字白口左右雙邊
八一六 洛陽伽藍記五卷 北魏楊衒之撰 明萬曆二十年刻廣漢魏叢書本 清顧廣圻批校 九行二十字左右雙邊白口單魚尾
八一七 洛陽伽藍記五卷 北魏楊衒之撰 明萬曆吳琯刻古今逸史本 葉瀚校 十行二十字白口左右雙邊單魚尾
八一八 洛陽伽藍記五卷 北魏楊衒之撰 明萬曆吳琯刻古今逸史本 方地山批校 十行二十字白口左右雙邊
八一九 洛陽伽藍記五卷 北魏楊衒之撰 明末毛氏綠君亭刻本 清毛扆、黄丕烈、周星詒、周寅校並跋 蔣雪、顧廣圻跋 八行十八字白口四周單邊
八二〇 洛陽伽藍記五卷 北魏楊衒之撰 明末毛氏綠君亭刻本 繆荃孫校 八行十八字白口單邊
八二一 洛陽伽藍記五卷 北魏楊衒之撰 清嘉慶十年照曠閣刻學津討原本 清吳卓信校並跋
八二二 洛陽伽藍記五卷 北魏楊衒之撰 清嘉慶十年照曠閣刻學津討原本 清陸心源錄毛扆校並題識
八二三 洛陽伽藍記五卷 北魏楊衒之撰 清嘉慶十六年璜川吳氏活字印真意堂叢書本 [illegible]

撰題識

洛陽伽藍記五卷 北魏楊衒之撰 集證一卷 清吳若準撰 清道光十四年吳若準刻本 清劉壽海跋 八二四

洛陽伽藍記五卷 北魏楊衒之撰 集證一卷 清吳若準撰 清道光十四年吳若準刻本 清勞權錄清盧文弨校 八二五

洛陽伽藍記五卷 北魏楊衒之撰 集證一卷 清吳若準撰 清道光十四年吳若準刻本 清李慈銘校並跋 八二六

洛陽伽藍記五卷 北魏楊衒之撰 集證五卷 清吳若準撰 清光緒二十九年李梅閣琵劍齋刻朱印本 鄭文焯批校並跋 八二七

相國寺志略不分卷 清宋繼郊輯 稿本 八二八

風穴志略二卷 清依振輯 清康熙十二年刻本 八二九

少林寺志不分卷 清施奕簪、焦如蘅等撰 清乾隆十三年刻本 八三〇

超化志三卷 清錢九開撰 清南溪書屋抄本 八三一

重陽菴集□卷 明梅志道輯 俞人彭增 明成化刻嘉靖、隆慶、萬曆遞修本 清丁丙跋 九行十七字黑口四周雙邊或左右雙邊 有刻工 存五卷 重陽菴集卷一、五、□ 重陽詩集一卷 委山重陽叢林八景詩集 宋代名公詩五一卷 八三二

南屏淨慈寺志十卷 明釋大壑撰 明萬曆四十四年汪汝淳 江汝懿刻本 十行二十字白口左右雙邊 存四卷 一至二、七至八 八三三

雲棲紀事不分卷 明萬曆刻本 九行十八字白口左右雙邊單魚尾 八三四

雲棲紀事不分卷 孝義無礙庵錄不分卷 明萬曆刻清康熙增修本 九行十八字白口單魚尾上下單邊左右雙邊 八三五

慧因寺志十二卷 明李翥撰 明崇禎刻本 八行十九字白口四周單邊 有刻工 八三六

西谿梵隱志四卷 清吳本泰輯 清順治秋雪菴刻本 八三七

西谿梵隱志四卷 清吳本泰輯 清順治秋雪菴刻本 清盧文弨校 八三八

武林梵志十二卷 明吳之鯨撰 明萬曆刻本 十行二十字黑口上有書名 四周單邊 八三九

武林梵志十二卷 明吳之鯨撰 明萬曆刻本 清劉壽海跋 十行二十字白口四周單邊 八四〇

武林梵志十二卷 明吳之鯨撰 清眠雲精舍抄本 八四一

[順治]杭州上天竺講寺誌十五卷 清釋廣賓纂 清順治五年刻本 八四二

東明寺志三卷 清釋德潛輯 清康熙十三年刻本 八四三

鳳凰山聖果寺志一卷 清釋超乾撰 清康熙刻本 八四四

重修白雲山福林禪院志二卷 清李嵩、釋德潛纂修 清乾隆二十九年釋王明燈刻本 八四五

雲居聖水寺志六卷 清釋林澂等輯 釋通渊等重修 清乾隆三十七年釋實銘刻本 八四六

通玄觀志二卷 明姜南撰 清吳陳琰增定 清康熙刻本 八四七

大滌洞天記三卷 元鄧牧編 清徐康抄本 清徐康校 八四八

洞霄宮志五卷 清聞人儒撰 清乾隆十八年汪特民本世刻三十六年增補印本 八四九

長水塔院紀六卷 明俞汝爲撰 明萬曆二十七年刻本 九行十九字白口左右雙邊單魚尾 存三卷 一至三 八五〇

明州福泉山法海禪寺志十二卷 清釋性琭輯 清康熙二十八年刻本 八五一

天童寺志十卷 明釋通布撰 張廷賓輯 明崇禎五年刻本 九行二十字白口四周雙邊 八五二

天童寺集七卷 明楊明撰 釋無愛輯 清初抄本 存二卷 一至二 八五三

寧波府鄞縣錫山寶嚴寺誌二卷 清當當輯 清康熙二十九年刻本 八五四

天井寺志略六卷 清釋通新撰 清康熙釋繼瑒刻乾隆嘉慶遞修本 八五五

延福寺志畧二卷 清聞性道撰 釋正業續 清抄本 八五六

明州岳林寺志六卷 清戴明琮撰 清康熙刻本 八五七

雪竇寺志略一卷 明釋䖍平撰 明弘光刻本 九行二十字白口四周雙邊 八五八

雪竇寺志十卷附明州雪竇寺重復公案一卷 清釋行正輯 釋行恂增輯 清乾隆刻本 八五九

大善寺志稿不分卷 清沈復棨撰 清沈復棨鳴野山房抄本 八六〇

雲門顯聖寺志十六卷 清趙甸撰 清順治十六年釋淨斯刻本 八六一

幽溪別志十六卷 明釋無盡傳燈撰 明崇禎七年刻本（卷六至十六配清刻本） 九行十八字小字雙行白口四周單邊 八六二

清聖祠志六卷 清張聯元輯 清康熙六十一年刻本 八六三

江心志六卷 明王光蘊輯 明萬曆十八年王叔杲刻本 九行十八字白口單邊 八六四

江心志十卷首一卷 清釋元奇撰 清康熙四十六年刻本 八六五

溫州瑞安縣仙巖寺誌十卷 清釋佛彥撰 釋佛來增輯 清康熙刻本 八六六

鵞湖峯頂志五卷首一卷 明王祚昌撰 清張時泰重輯 清康熙二十一年刻本 存四卷 一至三、首卷全 八六七

盧山歸宗寺志四卷 明釋德清撰 明天啓刻本 八行十九字白口四周雙邊 八六八

盧山秀峯寺志八卷首一卷 清范昌治撰 漱玉亭詩集不分卷 清釋超淵撰 清康熙六十一年十樹堂刻本 八六九

麻姑山丹霞洞天誌十七卷 清羅森等修 黃鎮補 清康熙刻本 八七〇

八七一 續刻麻姑山丹霞洞天志十七卷 明左宗郢輯 清何大猷續 清康熙五十七年邵時彬雞溪晚樓刻本
八七二 南泉慈化寺志二卷 明錢文薦撰 明刻本 九行十八字白口四周單邊
八七三 玉泉山寺志三卷 清釋弘之撰 清康熙刻本
八七四 華巖備志二卷 清鄒廷撰 石林即景一卷 清魏玉撰 清康熙三十四年刻本
八七五 西禪長慶寺志六卷 清沈涵撰 清康熙刻本
八七六 黃檗寺志三卷 明釋行璣等輯 明崇禎刻本 十行二十字下黑口四周雙邊
八七七 黃檗山寺志八卷 明釋隱元輯 清順治刻本 十行二十字白口四周雙邊
八七八 溫陵開元寺志四卷 明釋元賢撰 明末刻本 清陳圍仕跋 九行十八字白口四周單邊
八七九 支提寺志六卷 明謝肇淛等撰 清釋照微增補 清康熙三十五年江大潤等刻本
八八〇 海珠小志五卷 明李鉌輯 明萬曆二十五年刻清遞修本 八行十八字白口四周單邊
八八一 海珠小志五卷 明李鉌輯 清李文炤重輯 清康熙三十六年刻本 清曹釗題識
八八二 重修曹溪通志五卷 明釋德清撰 明萬曆刻本 九行十八字白口單魚尾四周雙邊
八八三 重修曹溪通志五卷 明釋德清撰 明萬曆刻清順治增修印本 九行十八字白口四周雙邊
八八四 曹溪通志八卷首一卷 清馬元撰 釋真樸輯 清康熙十一年刻本
八八五 鼎湖山慶雲寺志八卷 清丁易、釋成鷲撰 清康熙刻本
八八六 棲霞寺志二卷附一卷 清趙炯纂修 清康熙刻本
八八七 湘山事狀全集十二卷 明正德十一年[illegible]刻本 十一行十八字黑口四周雙邊
八八八 北嶽廟集十一卷首一卷 明何出光撰 姚學禮編 明萬曆十八年刻本 九行二十字白口四周雙邊單魚尾
八八九 陽明先生祠志三卷 明周汝登撰 明萬曆刻本 九行十八字白口四周單邊
八九〇 錫山錢武肅王祠志不分卷 清錢泳抄本 許漢卿題識
八九一 毘陵忠義祠錄四卷 明葉夔輯 清抄本
八九二 敕建黃墩世忠廟集二卷 明汪萱輯 明崇禎十六年刻本 九行二十二字白口單邊無魚尾
八九三 漢前將軍關公祠志九卷 明趙欽湯輯、焦竑訂 明萬曆三十一年趙欽湯刻本 九行二十字白口四周雙邊
八九四 關廟志四卷 清周廣業、崔應榴輯 稿本
八九五 東野志四卷 明呂兆祥撰 呂濬、呂逢時輯 清康熙二十五年刻本
八九六 聰聖志四卷附錄一卷 明范弘嗣輯 明崇禎刻本 九行二十一字白口四周單邊
八九七 嵩嶽廟史十卷 清景日昣輯 清康熙三十五年太室園刻本

八九八 靈衛廟志一卷 明夏從撰 楊廷筠重修 明萬曆三十五年刻本 八行十七字白口左右雙邊
八九九 平湖陸氏景賢祠志不分卷 明萬曆刻本 九行十八字白口四周雙邊
九〇〇 西湖關帝廟廣紀八卷 明趙欽湯、丁啟濬等輯 明天啟刻本 九行二十字白口四周單邊
九〇一 古杭崇聖院紀事一卷 明釋行泉撰 明崇禎十七年刻本 九行二十字白口四周單邊
九〇二 董孝子廟誌八卷 明何士晉撰 明崇禎刻本 八行十六字白口四周單邊
九〇三 柳亭菴志二卷 存一卷 上 明余侗輯 明弘光元年刻本 九行十八字白口四周單邊
九〇四 曹江孝女廟志十卷首一卷末一卷 清沈志禮輯 清康熙二十七年慎德堂刻本
九〇五 臨海僊巖文信公新祠錄二卷 存一卷 上 明葉淡編 王梅齡輯 明嘉靖四十四年刻本 九行二十字白口單邊單魚尾有刻工
九〇六 僊巖大忠祠錄二卷 清乾隆刻本
九〇七 關聖陵廟紀略四卷 清饒鈞、王禹書撰 清康熙三十九年壹鄉刻本
九〇八 忠惠祠錄二卷 明青霞輯 明嘉靖八年刻本 九行二十字白口四周單邊
九〇九 報功祠錄一卷 明萬曆十年刻本 八行十八字白口單邊
九一〇 臺灣學宮廟宇圖冊附圖說一卷 稿本
九一一 歷代山陵考二卷 明王在晉撰 明刻本 九行二十字白口四周單邊
九一二 歷代山陵考一卷 明王在晉撰 明末毛氏汲古閣抄本
九一三 歷代山陵考二卷 明王在晉撰 清初錢曾抄本
九一四 歷代山陵考一卷 明王在晉撰 清初抄本
九一五 關中陵墓志二卷附錄一卷 明祁光宗撰 明萬曆三十五年刻本 九行二十字白口四周單邊 存二卷 下卷七十八頁至一百五十四頁、附錄一卷
九一六 關中陵墓志二卷附錄一卷 明祁光宗撰 清初抄本
九一七 關中陵墓志二卷附錄一卷 明祁光宗撰 清抄本
九一八 仲子三墓志七卷 明呂維祺輯 明崇禎五年刻本 十行十九字白口四周單邊
九一九 肅松錄五卷 清緯吉總撰 稿本
九二〇 肅松錄四卷 清緯吉總撰 清康熙有恒堂刻本
九二一 南宋六陵遺事一卷 清萬斯同輯 清鮑氏知不足齋抄本
九二二 帝陵圖說三卷 清梁份撰 清抄本 清丁丙跋

存二卷二至三
帝陵圖説三卷 清梁份撰 清抄本 九二三
昌瑞統志八卷首一卷 清布蘭泰等撰 清乾隆六年進呈抄本 九二四
明諸陵圖説一卷 清抄本 九二五
六陵叔餘志不分卷 清丁棻撰 清古泉草堂抄本 九二六
崑山名賢冢墓攷十卷 清潘道根撰 稿本 九二七
存四卷一、四、九、十
新安程氏統宗世譜墓圖二卷 清樹本堂抄本 九二八
網師園題贈錄一卷 清瞿中培輯 清瞿嵗豐刻本 九二九
師子林紀勝集二卷 明釋道恂輯 清鮑氏知不足齋抄本 九三〇
師子林紀勝集二卷 明釋道恂輯 清嘉慶十六年貝氏千墨菴抄本 清貝墉跋 趙光照題款 九三一
師子林紀勝二卷 明釋道恂輯 清初抄本 九三二
師子林紀勝集二卷 明釋道恂輯 附拙政園題詠一卷 明文徵明撰 清抄本 九三三
亦園集五卷末一卷 清陳嘶善撰 清乾隆刻本 九三四
四〇
弇山園十二記一卷 明王世貞撰 明章鏞刻本 八行十五字白口左右雙邊單魚尾 九三五
頤真園圖詠不分卷 明王文鉁輯 明萬曆刻本 九三六
鍾山書院志十六卷首一卷 清湯椿年輯 清雍正三年刻本 九三七
學古小志四卷 清董端椿輯 抄本 九三八
無錫縣學筆記十二卷 明談修撰 明萬曆刻本 九行二十字花口四周雙邊有刻工 九三九
東林書院志二卷續一卷 清嚴穀撰 清康熙刻本 九四〇
東林書院志二十二卷 清高廷珍等撰 清雍正十一年刻本 九四一
寶晉書院志八卷 清貴中孚、魯琢等輯 清乾隆三十年刻本 九四二
二張先生書院錄一卷 明張文化輯 竹房先生文集補一卷 宋張學龍撰 明張廷庚輯 明刻本 九行二十三字白口四周雙邊 九四三
仁文書院志十一卷 明岳元聲撰 明萬曆刻本 八行十八字白口單邊單魚尾 九四四
虞山書院志十卷 明張鼐等撰 明萬曆刻本 九行十八字小字雙行同白口左右雙邊 九四五
虞山書院志十五卷 明馭庭懷修 陵化熙等輯 孫森等編 明萬曆三十六年虞山藏板刻本 九行十八字白口上下單邊左右雙邊 九四六
白鹿洞志十九卷 明鄭廷鵠等撰 明嘉靖刻本 十行二十字白口左右雙邊 九四七
白鹿洞書院志十二卷 明周偉、戴某獻等撰 明萬曆二十年田琯刻本 十行二十字小字雙行同白口四周雙邊 九四八
白鹿書院志十七卷 明李應昇撰 明天啟二年南康府刻本 九行二十一字白口四周單邊有刻工 九四九
白鹿書院志十六卷 清廖文英撰 錢正振增 清康熙刻本 九五〇
白鹿書院志十九卷 清毛德琦撰 清康熙五十九年刻本 九五一
鼎鍥蔡魁吾先生重校鰲湖書院講略三卷外集一卷 清仕文煒輯 清順治十三年刻本 九五二
朱陽書院志五卷 清竇克勤輯 清康熙三十四年尋樂堂刻本 九五三
百泉書院志四卷 明呂柟撰 明嘉靖十二年刻本 九行二十字白口四周單邊 九五四
百泉書院志三卷 明蘇良札撰 明萬曆六年刻本 十行二十一字白口左右雙邊單魚尾間有刻工 九五五
嵩陽書院志二卷 清耿介輯 清康熙刻本 九五六
存一卷一
長沙府嶽麓誌六卷 清趙寧纂輯 清康熙二十六年鏡水堂刻本 九五七
長沙府嶽麓誌八卷首一卷 清趙寧輯 清康熙鏡水堂刻本 九五八
石鼓書院志二卷 明李安仁撰 明萬曆十七年王大韶刻本 九行二十四字白口單魚尾四周雙邊 九五九
四一
明山書院私志二卷 明刻本 八行十八字黑口四周雙邊上下粗黑口雙魚尾 九六〇
共學書院誌三卷 明盛初馨等撰 明萬曆刻本 八行十八字白口單邊單魚尾間有刻工 九六一
南溪書院志四卷 明葉廷祥修 紀廷譽纂 明萬曆二十二年刻本 十行二十一字白口四周雙邊 九六二
南溪書院志四卷首一卷 清楊毓健等纂 清康熙五十六年刻本 九六三

山水志

九六四 古今游名山記十七卷總錄三卷 明何鏜輯 明嘉靖四十四年自刻本 十四行二十七字白口左右雙邊

九六五 古今游名山記十七卷總錄三卷 明何鏜輯 明嘉靖四十四年自刻萬曆重修本 十四行二十七字小字雙行同白口左右雙邊

九六六 古今游名山記十七卷總錄三卷 明何鏜輯 明嘉靖四十四年自刻萬曆重修本 清丁丙跋 十四行二十七字白口左右雙邊有刻工

九六七 古今遊名山記十七卷 明何鏜輯 明末刻本 九行二十字白口左右雙邊

九六八 名山勝槩記四十六卷名山圖一卷 明何鏜輯 明崇禎刻本 九行二十字白口左右雙邊

九六九 名山勝槩記四十八卷名山圖一卷附錄一卷 明何鏜輯 明崇禎刻本 九行二十字白口左右雙邊

九七〇 名山勝槩記四十八卷名山圖一卷附錄一卷 明何鏜輯 明崇禎刻本 清丁晏跋 九行二十字白口左右雙邊

九七一 游名山一覽記十六卷 明慎蒙輯 明萬曆四年自刻本 十行二十字白口左右雙邊有刻工字數

四二

九七二 名山勝記十六卷 明慎蒙輯 明崇禎十二年刻本 十行二十字小字雙行白口左右雙邊

九七三 名山勝記不分卷 明慎蒙撰 明崇禎抄本

九七四 新鐫海內奇觀十卷 明楊爾曾撰 明萬曆三十七年夷白堂刻本 清何石題款 丁葯廷批校 十行二十四字白口四周單邊

九七五 新鐫海內奇觀十卷 明楊爾曾撰 明萬曆三十七年夷白堂刻本 清丁丙跋 十行二十四字白口四周單邊 有刻工

九七六 新鐫海內奇觀十卷 明楊爾曾撰 明萬曆三十七年夷白堂刻本 十行二十四字白口四周單邊

九七七 靈勝分紀一卷 明黎堪撰 明刻本 九行十八字白口單邊單魚尾

九七八 名山記選二十卷 明王衡輯 明末刻本 九行二十字白口左右雙邊

九七九 山水爭奇三卷 明鄧志謨撰 明末刻本 六行二十字白口單邊有刻評

九八〇 六岳登臨志六卷 明龔黃撰 明敦厚堂抄本

九八一 嶽圖秘書二種二卷 清談泰來撰 清康熙姜雪亭刻本
嶽圖說義祈嚮一卷 壽宮事嶽圖本問一卷

九八二 萬山綱目二十卷 清李誠撰 稿本
存十三卷 一至十三

九八三 崑崙山故實不分卷 清張澍撰 稿本

九八四 說山一卷 清陳澧撰 手稿本

九八五 上方山志五卷首一卷末一卷 清釋自如、吳仁敞撰 清乾隆二十九年陳光國刻本

九八六 寶華山志十卷首一卷 清釋德基輯 清康熙刻本

九八七 寶華山志十五卷首一卷 清劉名芳撰 清乾隆刻本

九八八 寧古塔山水記一卷附域外集一卷 清張縉彥撰 清康熙松石齋刻本

九八九 棲霞小誌一卷 明盛時泰撰 清嘉慶二十四年友琴堂刻本 清甘元煥跋

九九〇 鍾山考三卷 清周在浚撰 清初抄本

九九一 茅山志十五卷 元劉大彬撰 元刻本（卷三至七配明刻本 卷十至十二、十四至十五清劉履芬抄配） 清吳翥、章鈺跋 十三行二十三、四字細黑口左右雙邊

九九二 茅山志十五卷 元劉大彬撰 元刻本 十三行二十三、四字細黑口左右雙邊

九九三 茅山志十五卷 元劉大彬撰 元刻本（尾缺頁） 十三行二十三字細黑口左右雙邊
存二卷 十四至十五

九九四 茅山志十五卷 元劉大彬撰 明初刻本 十三行二十三字黑口左右雙邊

九九五 茅山志十五卷 元劉大彬撰 明初刻本 清孫星衍跋 十三行二十三字大黑口四周單邊

四三

九九六 茅山志十五卷 元劉大彬撰 明嘉靖二十九年道士張全恩刻本 十一行二十三字白口四周單邊

九九七 茅山志十五卷續編二卷 元劉大彬撰 明江永年增補 明嘉靖二十九年道士張全恩刻本 清孫文川題識 十一、十三行不等二十三、二十五字不等白口單魚尾四周單邊

九九八 茅山志十四卷 清笪蟾光撰 清康熙八年刻本

九九九 蘇松太山川攷一卷 清王廷瑚撰 清乾隆三十三年自刻本

一〇〇〇 虎丘山志一卷 明王賓撰 總集一卷 明王賓輯 明成化二十二年劉樟刻本 九行十七字黑口四周雙邊

一〇〇一 虎丘志總集一卷 明王賓輯 鈕昂補輯 明刻本 九行十八字黑口四周雙邊

一〇〇二 虎丘志總集一卷 明王賓輯 鈕昂補輯 明刻本 鄧邦述、王蔭嘉跋 九行十八字黑口四周雙邊

一〇〇三 虎丘山圖志四卷 明文肇祉撰 明萬曆刻本 八行十九字白口（卷一像下黑口）左右雙邊

一〇〇四 虎丘山志六卷 明文肇祉撰 明萬曆刻崇禎增修本 八行十九字小字雙行同白口左右雙邊

一〇〇五 虎丘山志二十四卷 清周鳳岐、顧詒祿撰 清乾隆刻本

一〇〇六 虎丘綴英志略二卷首一卷 清釋佛海撰 清乾隆十六年刻本

一〇〇七 吳中靈巖山志八卷 明黃習遠撰 明萬曆刻本 九行十八字白口四周單邊

一〇〇八 靈巖記略內篇二卷外篇二卷 清釋弘儲述意 釋碩揆輯 清初刻本

靈巖志略一卷 清王鎬撰 靈巖山紀略一卷 清趙酉撰 清照松書屋抄本 一〇〇九

寒山志一卷復記一卷歸復華山記一卷 明趙宧光撰 清抄本 一〇一〇

寒山志一卷 明趙宧光撰 清抄本 清趙錫智跋 一〇一一

寒山志不分卷 清趙允復輯 清潘碩庭手抄本 一〇一二

堯峯山志□□卷 明陳仁錫撰 明萬曆刻本 護石亭跋一卷 明釋增愛輯 明天啟刻本 八行二十字白口刻書名單黑魚尾左右双边 一〇一三
存六卷 一至五、跋全

堯峯山志六卷 明陳仁錫輯 明崇禎十一年刻本（卷四至六配清抄本） 王大隆跋 八行十八字白口單边 一〇一四

堯峯山志六卷 清初抄本 清釋逸照跋 一〇一五
存三卷 四至六

盛湖誌二卷 清仲沈洙撰 仲周霈補輯 清乾隆三十五年刻本 一〇一六

吳山彙鈔不分卷 清初抄本 一〇一七

穹窿山志六卷 清向球撰 李標輯 清康熙刻本 一〇一八

林屋民風十二卷見聞錄一卷 清王維德撰 清康熙五十二年王氏鳳梧樓刻本 一〇一九

洞書二卷 清錢綏撰 稿本 一〇二〇

洞書二卷 清錢綏撰 清抄本 一〇二一

陽山志三卷 明岳岱撰 明嘉靖九年刻本 十行十八字白口左右双边 一〇二二

陽山志三卷 明陸沆成撰 明崇禎五年聞楓堂刻本 八行十九字白口四周單边 一〇二三

陽山志三卷 明陳禮錫、陳濟生撰 清陳屬留補修 舊志一卷附一卷新錄一卷 明顧元慶、岳岱撰 明崇禎五年聞楓堂刻清康熙三十二年重修本 八行十九字白口四周單边 一〇二四

馬鞍山志二十八卷 清朱墣撰 清抄本 一〇二五

惠山古今考十卷附錄三卷 明談修撰 明萬曆二十七年刻本 九行二十字白口單魚尾四周單边 一〇二六

京口三山志十卷 明張萊撰 明正德七年刻本 九行十七字小字双行同白口左右双边 一〇二七

京口三山續志四卷 明徐邦佐撰 明隆慶元年刻本 九行十七字白口左右双边 一〇二八

京口三山志十卷 明張萊、高一福撰 明萬曆二十八年刻本 九行十七字白口左右双边 一〇二九

京口三山全志十二卷 明張萊、高一福撰 明萬曆二十八年刻遞修本 九行十七字小字双行字數同大字白口左右双边 一〇三〇

京口三山志選補□□卷 明萬曆三十九年清讓堂刻本 十行二十字白口單魚尾四周双边 一〇三一
存二卷 一、二

金山集二卷 明釋圓濟撰 明刻本 十行十八字白口左右双边 一〇三二

金山志八卷首一卷 清盧見曾撰 稿本 一〇三三

金山志十九卷首一卷 清劉名芳纂修 清乾隆十七年刻本 一〇三四

金山志十六卷首一卷 清劉名芳纂修 黃大工輯 清乾隆刻本 一〇三五

焦山志八卷首一卷 清盧見曾撰 稿本 一〇三六

平山志四卷附晴空閣集四卷麗果禪師語錄六卷 清釋麗果撰 清康熙四十三年刻本 一〇三七

雲臺山志八卷首一卷末一卷 清崔應階輯 清乾隆三十七年吳恒宣刻本 一〇三八

狼五山志四卷 明王揚德撰 明萬曆四十四年刻本 王培孫跋 九行十八字白口四周單边 一〇三九

南通州五山全志二十卷 清劉名芳撰 清乾隆十四年塗氏刻本 一〇四〇

司空見聞錄一卷 清陳恪源撰 司空歷朝詩刻錄遺一卷 清陳恪源輯 清康熙刻本 一〇四一

黃山圖經不分卷 清抄本 一〇四二

黃海不分卷 明潘之恒輯 明刻本 十行二十字白口左右双边 一〇四三

黃山圖經一卷後集一卷附新安黃山題詠一卷 明程孟撰 明刻本 十一行二十一字黑口四周双边 一〇四四

黃山志十卷 明釋弘眉輯 清康熙六年刻本 一〇四五

黃山志四十九卷首一卷 清程弘志等撰 清康熙十三年黃撰刻本 一〇四六

黃山志續集八卷 清汪士鋐等撰 清康熙刻本 一〇四七

黃山志續集六卷首一卷 清汪士鋐等撰 清康熙致玉堂刻本 一〇四八

黃山志續集十二卷 清汪士鋐等撰 清康熙致玉堂刻本 一〇四九

黃山志畧十卷 清黃身先輯 清康熙三十一年刻本 一〇五〇

黃山圖一卷 清釋雪莊繪 清康熙吳苓刻本 一〇五一

讀黃合志一卷 清許起昆等撰 清雍正刻本 一〇五二

黃山志二卷 清張佩芳撰 清乾隆三十五年刻本 一〇五三

雲嶺志六卷 清釋會臧、蒼霞等撰 清康熙五十七年釋蒼霞刻本 一〇五四

城陽山志三卷 明許志古撰 明晚香堂刻本 十行二十字白口四周單边 一〇五五

雲巖史二卷 明江山撰 明嘉靖九年新安刻本 十行二十二字白口四周單边 一〇五六
存一卷 二

齊雲山志六卷 明刻本 九行十九字白口左右双边 一〇五七

齊雲山志五卷 明魯點撰 明萬曆刻本 十行十八字白口四周單邊 一〇五八
齊雲山志七卷首一卷 清李壽撰 清康熙刻本 一〇五九
九華山志六卷圖一卷 明孫樾撰 明萬曆七年蘇萬民刻本 十行二十二字白口四周單邊 一〇六〇
存五卷（一至四、圖一卷）
九華山志六卷 明蔡立身撰 明萬曆二十三年刻本 九行行十八字小字雙行同白口四周雙邊 一〇六一
九華山志八卷圖一卷 明顧元鏡撰 明崇禎二年刻本 十行二十二字白口單邊單魚尾 一〇六二
九華山志十二卷 清喻成龍、李燦撰 清康熙刻本 一〇六三
晉陵問一卷 明常志譽撰 周治侯註 明萬曆十二年李衛常州刻本 八行十八字小字雙行同白口四周單邊 一〇六四
龍門志三卷 明樊得仁等撰 明刻本 九行二十字白口四周單邊 一〇六五
龍山誌四卷 清釋遠審輯 清雍正刻本 一〇六六
恒岳志三卷 清張崇德等撰 清順治十八年刻本 一〇六七
五臺山志一卷 明喬世寧撰 明嘉靖刻本 九行二十字白口四周單邊 一〇六八
清涼山志十卷 明釋鎮澄撰 明萬曆二十四年刻本 九行二十字黑口四周雙邊雙魚尾 一〇六九
清涼山志十卷 明釋鎮澄撰 明萬曆二十四年刻清順治十八年增修本 九行二十字小字雙行同白口四周雙邊 一〇七〇
清涼山新志十卷 清釋老藏丹巴撰 清康熙四十年刻本 一〇七一

欽定清涼山志二十二卷首一卷 清乾隆內府抄本 一〇七二
欽定清涼山志二十二卷 清嘉慶十六年武英殿刻本 一〇七三
靈巖志六卷 清李興祖、馬大相撰 清康熙三十五年刻本 一〇七四
東鎮沂山志五卷目錄二卷 明王居易撰 明萬曆十五年刻本 十行十八字白口四周單邊 一〇七五
膠東山水志一卷 清安齡撰 清抄本 一〇七六
嶗山志八卷 明黃宗昌撰 清抄本 一〇七七
泰山志四卷 明汪子卿撰 明嘉靖三十三年項守禮刻本 九行二十六字小字雙行同細黑口四周雙邊 一〇七八
泰山紀事三卷 明宋燾撰 明萬曆刻本 十行十九字白口四周雙邊 一〇七九
岳紀六卷 明張士元撰 明萬曆二十年羅紳刻本 九行二十字小字雙行同白口四周單邊 一〇八〇
岱史十八卷 明查志隆撰 明萬曆戴相堯刻本 九行二十字白口四周單邊 一〇八一
岱史十八卷 明查志隆撰 清張緒彥刪補 明萬曆十五年戴相堯刻清順治康熙增修本 九行二十字白口單邊 一〇八二
雲浦文選三卷 清張泰來撰 清康熙謙謙石室刻本 一〇八三
岱宗記一卷 清朱孟琰撰 清乾隆十七年刻本 一〇八四
嵩書二十二卷 明傅梅撰 明萬曆四十年自刻本 九行二十字白口左右雙邊 一〇八五
嵩山志二十卷首一卷 清葉封等撰 清康熙十八年刻本 一〇八六

嵩嶽文志八卷 明陸東輯 續收詩文一卷 明萬曆刻本 半頁九行行二十字白口上下單邊左右雙邊單黑魚尾 一〇八七
兩京新記不分卷 唐韋述撰 曹元忠輯 稿本 清王大隆跋 一〇八八
吳山志四卷 明胡靈成撰 明嘉靖八年刻本 九行二十字白口四周單邊 一〇八九
太白山志二卷 清路之順撰 清乾隆四十五年袁氏抄本 清吳重熹題識 一〇九〇
西嶽華山誌一卷 金王處一撰 明王氏增補 明萬曆三十四年王氏順刻本 九行十八字白口左右雙邊 一〇九一
華嶽全集十一卷 明李時芳撰 明嘉靖四十一年自刻清補刻本 十行二十字白口四周單邊 一〇九二
華嶽全集十三卷 明張維新等輯 明萬曆二十五年刻本 九行二十字小字雙行同白口四周單邊 一〇九三
華嶽全集十三卷 明張維新等輯 明萬曆二十五年刻大順初年李士翁印本 九行二十字白口四周單邊 一〇九四
華嶽全集十三卷 明張維新等輯 明萬曆二十五年刻清康熙增補印本 九行二十字小字雙行同白口四周單邊單魚尾 一〇九五
華嶽全集十三卷 明張維新等輯 明萬曆二十五年刻清康熙增補印本 叢林跋 九行二十字白口四周單邊單魚尾 一〇九六
華嶽全集十三卷 明張維新輯 馮嘉會續輯 明萬曆刻本 九行二十字白口四周雙邊單魚尾 一〇九七
華嶽全集十三卷 明張維新等輯 清初抄本 一〇九八
華山經一卷 明商雲撰並注 明崇禎七年李續照刻本 九行十八字白口左右雙邊單黑魚尾 一〇九九
華山書六卷首一卷 清黃昌嗣撰 清乾隆十五年刻本 一一〇〇

華嶽志十二卷首一卷 清姚遠翻撰 清乾隆二十七年綠樹軒刻本 一一〇一
華嶽志八卷首一卷 清李榕蔭撰 稿本 一一〇二
首陽錄一卷 清孟昌祚輯 清康熙三十三年自刻本 一一〇三
徑山集三卷 明釋宗淨輯 明萬曆七年刻本 清丁丙跋 十一行十八字小黑口左右雙邊 一一〇四
徑山志十四卷 明宋奎光撰 明天啟四年李燁然刻本 一一〇五
乍浦九山補志十二卷 清李確撰 清抄本 一一〇六
阿育王山志略二卷 明郭子章撰 明天啟四年徐孝志刻本 九行十八字白口左右雙邊單魚尾 一一〇七
明州阿育王山志二卷 明郭子章撰 明刻本 十行十九字白口四周單邊 一一〇八
明州阿育王山志十卷 明郭子章撰 續六卷 清釋畹荃撰 清乾隆刻本 卷烈 一一〇九
相連為十六卷 十行十九字白口四周單邊
四明鶴巖志略五卷 清張僧之輯 清抄本 一一一〇
候濤山志三卷 清姚炎輯 手稿本 一一一一
補陀洛伽山志六卷 明屠隆撰 明萬曆十七年侯繼高刻本 八行十六字白口左右雙邊 一一一二
普陀山志六卷 明周應賓撰 明萬曆三十五年張隨刻本 八行十六字白口四周單邊 一一一三
南海普陀山志十五卷 清朱謹、陳璿等撰 清康熙刻本 一一一四

一一一五 雲門志畧五卷 明張元忭撰 明萬曆二年刻本 九行十七字白口四周雙邊單魚尾
一一一六 雲門志畧五卷 明張元忭撰 明萬曆二年刻本 清丁丙跋 九行十七字白口四周雙邊
一一一七 寓山志不分卷 明祁彪佳撰 明崇禎十二年刻本 八行十七字白口四周單邊
一一一八 寓山志不分卷 明祁彪佳撰 明崇禎十二年刻本 清臧牧題詩 八行十七字白口單邊
一一一九 寓山志不分卷 明祁彪佳撰 清抄本
一一二〇 寓山續志不分卷 明祁彪佳撰 明末抄本
一一二一 僊山志二卷 清李世洽等撰 清乾隆抄本
一一二二 東山志十九卷 明謝敏行撰 明萬曆刻本 八行二十四字黑口四周單邊 有刻工
一一二三 東山志十九卷 明謝敏行撰 清謝鐘和增補 清康熙六年謝鐘和刻本
一一二四 東山志十卷 清謝起龍撰 清雍正抄本
一一二五 天台勝紀六卷 明李素撰 明萬曆十九年自刻本 十行二十字白口左右雙邊
一一二六 天台山方外志三十卷 明釋傳燈撰 明萬曆幽溪講堂刻本 九行行字無定數小字雙行十七字白口左右雙邊
一一二七 天台山全志十八卷 明張聯元輯 清康熙六十年蔡鏜閣刻本
一一二八 雁山志四卷 明朱諫撰 明汝寧重編 明萬曆刻本 十行二十字白口四周單邊單魚尾下有刻工
一一二九 鴈山志四卷首一卷 明朱諫撰 胡汝寧續 明萬曆沈灌刻崇禎遞修本 十行二十二字白口四周雙邊 有刻工

一一三〇 雁山志四卷 明朱諫撰 胡汝寧重編 清抄本 清孫詒讓批校
一一三一 雁蕩山誌十卷 清林友王撰 清康熙十六年刻本
一一三二 雁山志稿二十五卷 清李象坤撰 稿本
存十一卷 一至十一
一一三三 爛柯山志不分卷 清徐嶸中輯 清初刻本
一一三四 仙霞志畧不分卷 清楊正龍輯 清康熙刻本
一一三五 僊巖志十卷 明李燦箕撰 明崇禎六年刻本 八行二十字白口四周單邊
一一三六 白石山志六卷首一卷末一卷 清施元孚輯 陳煒增輯 清乾隆三十四年刻本
一一三七 仙都志二卷 元陳性定撰 清抄本
一一三八 江西地理鈴記不分卷 清抄本
一一三九 增刊石鍾山集九卷附湖口縣八景一卷 明王忠蓋輯 王乞佐增 明正德十三年刻本 十行二十一字黑口四周雙邊
一一四〇 逍遙山萬壽宮通志二十卷 清郭懋隆、丁步上輯 清乾隆五年逍遙山刻本
一一四一 懷玉山志八卷首一卷末一卷 清朱承煦撰 清乾隆四十年懷玉書院刻本
一一四二 龍虎山志三卷 元元明善撰 續編一卷 元周召撰 元刻本 十行二十四字（或二十五、二十一字）四周雙邊

一一四三 龍虎山志三卷 元元明善撰 明張國祥、張顯庸續修 明刻本 九行二十字白口四周雙邊
一一四四 續修龍虎山志六卷 元元明善撰 明張國祥續修 清內府抄本
一一四五 龍虎山誌三卷 明李仁撰 明嘉靖二十三年刻本 十行二十一字黑口四周雙邊
存二卷 上、中
一一四六 廬山記三卷 宋陳舜俞撰 廬山記略一卷 宋釋惠遠撰 清抄本
一一四七 廬山紀事十二卷 明桑喬撰 明嘉靖刻本 十行二十二字白口四周單邊
一一四八 廬山紀事十二卷 明桑喬撰 明抄本
一一四九 廬山紀事十二卷 明桑喬撰 明末抄本
一一五〇 廬山紀事十二卷 明桑喬撰 清范礽補輯 清順治刻本
一一五一 廬山紀事十二卷 明桑喬撰 清康熙五十九年蔡國祥刻本
一一五二 增定廬山志十五卷 清吳煒、李滢撰 清康熙日懿堂刻本
一一五三 麻姑山誌口卷 明左宗郢撰 清嚴芳令增補 清康熙五十六年刻本
存十卷 一至十
一一五四 閣皁山志二卷 明俞策撰 清施閏章定 清康熙刻本

一一五五 閣皁山志二卷 明俞策撰 清抄本 清丁丙跋
一一五六 太嶽太和山誌十五卷 明任自垣撰 明刻本 十五行二十二字至二十四字黑口四周單邊
存十四卷 二至十五
一一五七 大岳太和山誌十七卷 明[illegible]、貢如惠等撰 明嘉靖三十五年王佐刻本 十行二十字黑口四周雙邊
一一五八 大岳太和山志八卷 明盧重華撰 明隆慶六年張渚刻本 九行十八字白口四周雙邊
一一五九 大岳太和山誌九卷 明盧重華撰 明隆慶六年張著刻萬曆遞修本 九行十八字白口四周雙邊
一一六〇 大岳太和山誌九卷 明盧重華撰 明隆慶六年張著刻萬曆天啓遞修本（卷一至二配清抄本） 九行十八字白口四周雙邊單魚尾
一一六一 衡岳志八卷續刻附錄一卷 明鄧雲霄、曾鳳儀纂修 明萬曆四十年自刻本 十行二十字小字雙行同白口四周單邊版心下有刻工
一一六二 湘山志五卷 清徐泌、謝允復撰 清康熙二十一年刻本
一一六三 纂集通覽湘山志一卷 清張澄撰 清康熙四十七年刻本
一一六四 南嶽小錄一卷 唐李沖昭撰 清抄本
一一六五 南嶽總勝集三卷 宋陳田夫撰 宋刻本 十行二十字黑口左右雙邊
一一六六 南嶽總勝集三卷 宋陳田夫撰 清嘉慶九年果克山房刻本

一一六七 南嶽總勝集三卷 宋陳田夫撰 清嘉慶七年眾香山房刻本 鮑荼孫跋 [illegible]題識

一一六八 衡嶽志六卷 明彭簪撰 明嘉靖七年刻本 十行二十字上下大黑口四周雙邊

一一六九 衡嶽志九卷 明彭簪撰 明嘉靖二十四年刻藍印本 十行二十字黑口四周雙邊 存七卷 一至五、七、八

一一七〇 衡岳志八卷 清朱袞、[illegible]撰 清康熙九仙靈臺館刻本

一一七一 游衡山南歸圖一卷 清旭齋繪並詩 稿本

一一七二 九疑山志八卷 明蔣鐄輯 明萬曆四十八年刻本 九行二十字白口四周單邊雙魚尾

一一七三 九疑山志四卷 清徐旭旦撰 清康熙四十八年心誠堂刻本 附虞陵紀要一卷 清乾隆補刻本

一一七四 譯峨籟彙錄一卷續刻一卷 清胡世安輯 清初刻本

一一七五 峨眉山志十八卷 清蔣超撰 清康熙二十八年刻本

一一七六 嘉州二山志六卷 明袁子讓撰 明萬曆三十五年刻本 十一行二十字白口單邊單魚尾下有刻工 存四卷 一至四（三、四卷尾缺）

一一七七 鼓山志十二卷 明謝肇淛、徐𤊹撰 明萬曆刻本 九行十八字白口左右雙邊

一一七八 鼓山志十二卷 清釋元賢撰 清初刻本

一一七九 重修鼓山志□□卷 清[illegible]撰 稿本 存五卷 五至八、十

一一八〇 藤山實紀一卷 清鄭思鉉撰 清宋林樹抄本

一一八一 瑞巖山志四卷 明歐應昌撰 明萬曆三十八年自刻本 九行十八字白口四周單邊有刻工

一一八二 道山紀略不分卷 清黃賓撰 清康熙刻本

一一八三 續刻木蘭陂集二卷 清方鼎銓、姚文堂輯 清雍正刻本

一一八四 玉華洞勝景圖一卷 明末刻本 清程樹勳跋

一一八五 武夷山志四卷 明勞堪撰 明萬曆十年刻本 九行十八字白口四周單邊

一一八六 武夷山志十卷附錄一卷 明江維楨撰 明萬曆二十三年安如峰刻本 九行二十字白口四周單邊

一一八七 武夷志略四卷 明徐表然撰 明萬曆四十七年孫世昌刻本 七行二十字白口四周單邊

一一八八 武夷山志十九卷 明衷仲孺撰 明崇禎十六年刻本 九行二十字白口四周單邊

一一八九 武夷紀要三卷 清盛朝之撰 清康熙五十四年刻本

一一九〇 武夷山志二十八卷首一卷續修二卷 清[illegible]輯 清康熙四十九年帶經堂刻本

一一九一 武夷山志十六卷 清王復禮撰 清康熙五十七年刻本

一一九二 武夷山志二十八卷 清王梓輯 清康熙刻本

一一九三 武夷山志二十四卷首一卷 清董天工撰 清乾隆刻本

一一九四 太姥山志三卷 明謝肇淛撰 明萬曆刻本 九行十八字白口左右雙邊

一一九五 太姥山志三卷 明謝肇淛撰 清康熙二十三年刻本

一一九六 洞山九潭誌四卷 明劉中藻撰 清抄本

一一九七 匡山志五卷 明黃鍾撰 明萬曆三十九年刻清修補本

一一九八 禺峽山志四卷 清徐繼祖撰 清康熙五十九年刻本

一一九九 丹霞山志十卷 清陳世英撰 釋古如增補 清雍正十一年丹霞別傳寺刻本

一二〇〇 丹霞山志十卷 清陳世英撰 清抄本

一二〇一 龍川霍山志三卷 明巫三祝輯 明崇禎十七年刻本 九行二十字白口單邊

一二〇二 羅浮山志十二卷 明黎民表撰 明嘉靖三十六年刻本 十行二十字白口四周單邊 存九卷 四至十二

一二〇三 羅浮山誌十四卷 明王希文撰 明嘉靖三十七年刻本 十行二十一字白口四周單邊

一二〇四 羅浮志略二卷 明韓鳴鸞撰 明萬曆刻本 九行二十字白口四周單邊

一二〇五 羅浮紀勝二卷 清吳騫撰 清康熙六十一年刻本

一二〇六 羅浮外史一卷圖一卷 清錢以塏撰 清康熙刻本

一二〇七 浮山小志二卷 清黃培芳撰 清抄本

一二〇八 湯山志略二卷 清黃元治輯 清康熙三十五年刻本

一二〇九 鷄山志□卷 稿本 存一卷 二

一二一〇 雞足山志十三卷首一卷 清高奣映撰 稿本 由雲龍跋

一二一一 黔靈山志十二卷 清釋道頓輯 清康熙刻本 存六卷 一至六

一二一二 水經三卷 題漢桑欽撰 明正德十三年盛夔刻本 八行十四字白口四周雙邊

一二一三 水經三卷 題漢桑欽撰 明正德十三年盛夔刻本 胡適校並跋 八行十四字白口四周雙邊

一二一四 水經二卷 題漢桑欽撰 明刻本 九行二十字白口左右雙邊

一二一五 水經注四十卷 北魏酈道元撰 宋刻本 袁克文跋 十一行二十字白口左右雙邊有刻工 存十二卷 五至八、十六至十九、三十四、三十八至四十

一二一六 水經注四十卷 北魏酈道元撰 明嘉靖十三年黃省曾刻本 十二行二十字白口左右雙邊單白魚尾卷一有刻工

一二一七 水經注四十卷 北魏酈道元撰 明嘉靖十三年黃省曾刻本 明錢允治抄補卷一至三並校跋 清黃丕烈跋 韓應陛校跋並錄[illegible]

莘田題識　十二行二十字白口左右双边

一二一八 水經注四十卷　北魏酈道元撰　明嘉靖十三年黄省曾刻本　清惠棟校注　十二行二十字白口左右双边

一二一九 水經注四十卷　北魏酈道元撰　明嘉靖十三年黄省曾刻本　鄧邦述跋　胡適校並跋　十二行二十字白口左右双边

一二二〇 水經注四十卷　北魏酈道元撰　明萬曆十三年吴琯刻合刻山海經水經本　十行二十字白口左右双边

一二二一 水經注四十卷　北魏酈道元撰　明萬曆十三年吴琯刻合刻山海經水經本　佚名錄明趙琦美校並跋　清丁丙跋　十行二十字白口左右双边

一二二二 水經注四十卷　北魏酈道元撰　明萬曆十三年吴琯刻合刻山海經水經本　佚名錄明趙琦美、清孫潛批校　十行二十字白口左右双边有刻工

一二二三 水經注四十卷　北魏酈道元撰　明萬曆十三年吴琯刻合刻山海經水經本　佚名錄明朱謀㙔箋　十行二十字白口左右双边

一二二四 水經注四十卷　北魏酈道元撰　明萬曆十三年吴琯刻合刻山海經水經本　清詹岳照校　十行二十字白口左右双边

一二二五 水經注四十卷　北魏酈道元撰　明萬曆十三年吴琯刻合刻山海經水經本　清孫灃鼎校　十行二十字白口左右双边单魚尾

一二二六 水經注四十卷　北魏酈道元撰　明萬曆十三年吴琯刻合刻山海經水經本　清佚名校　十行二十字白口左右双边单魚尾

一二二七 水經注四十卷　北魏酈道元注　明萬曆十三年吴琯刻合刻山海經水經本　〔徐鴻寶校並跋　李盛鐸跋〕　十行二十字白口左右双边单魚尾

一二二八 水經注四十卷　北魏酈道元注　明萬曆十三年吴琯刻合刻山海經水經本　徐鴻寶校　十行二十字左右双边白口

一二二九 水經注存十卷　十四至二十、三十八至四十　北魏酈道元撰　明萬曆十三年吴琯刻合刻山海經水經本　武爲徐氏錄徐鴻寶校　十行二十字白口上魚尾左右双边

一二三〇 水經注四十卷　北魏酈道元撰　明崇禎二年嚴忍公等刻本　九行二十字白口四周单边

一二三一 水經注四十卷　北魏酈道元撰　明崇禎二年嚴忍公等刻本　清周夢棠校並跋　孔廣栻校　九行二十字白口四周单边

一二三二 水經注四十卷　北魏酈道元撰　明崇禎二年嚴忍公等刻本　清徐焕校並題識　九行二十字白口单边单魚尾眉上刻字

一二三三 水經注四十卷　北魏酈道元撰　明崇禎二年嚴忍公等刻本　清梁千埍批校圈點　九行二十字白口四周单边

一二三四 水經注四十卷　北魏酈道元撰　明崇禎二年嚴忍公等刻本　東達氏題識批校　九行二十字小字双行同白口四周单边

一二三五 水經注四十卷　北魏酈道元撰　明抄本

一二三六 水經注四十卷　北魏酈道元撰　明抄本　清何焯、顧廣圻校　袁廷檮跋

一二三七 水經注四十卷　北魏酈道元撰　明抄本　清沈廷芳　陳懋陵校並跋

一二三八 水經注四十卷　北魏酈道元撰　明抄本　王國維、章炳麟跋

一二三九 水經注不分卷　北魏酈道元撰　明崇禎四年鍾洞正抄本　清李文藻批校

一二四〇 水經注四十卷　北魏酈道元撰　清康熙五十三年至五十四年項絪群玉書堂刻本（卷一至四配清乾隆十八年黄晟槐蔭草堂刻本）　佚名錄明趙琦美、清孫潛、何焯校　清丁丙跋

一二四一 水經注四十卷　北魏酈道元撰　清康熙五十三年至五十四年項絪群玉書堂刻本　清何焯校並跋

一二四二 水經注四十卷　北魏酈道元撰　清康熙五十三年至五十四年項絪群玉書堂刻本　清王峻校跋並錄清何焯批校　清季錫疇、楊沂孫跋

一二四三 水經注四十卷　北魏酈道元撰　清康熙五十三年至五十四年項絪群玉書堂刻本　清佚名校並錄清何焯校跋

一二四四 水經注四十卷　北魏酈道元撰　清康熙五十三年至五十四年項絪群玉書堂刻本　清佚名錄何焯校　顧廷龍錄清王峻跋

一二四五 水經注四十卷　北魏酈道元撰　清康熙五十三年至五十四年項絪群玉書堂刻本　清佚名錄清何焯批校並題識

一二四六 水經注四十卷　北魏酈道元撰　清康熙五十三年至五十四年項絪群玉書堂刻本　清小隱批　清金鳳清校

一二四七 水經注四十卷　北魏酈道元撰　清康熙五十三年至五十四年項絪群玉書堂刻本　清陳璞批

一二四八 水經注四十卷　北魏酈道元撰　清康熙五十三年至五十四年項絪群玉書堂刻本　清吳小谷校

一二四九 水經注存十七卷　四至八、十七至十九、二十四至二十七、三十二至三十六　北魏酈道元撰　清乾隆十八年黄晟槐蔭草堂刻本　清沈大成錄何焯校　清周星詒題識

一二五〇 水經注存二十七卷　十四至四十　北魏酈道元撰　清乾隆十八年黄晟槐蔭草堂刻本　清孫星衍校注並跋　顧廣圻跋

一二五一 水經注四十卷　北魏酈道元撰　清乾隆十八年黄晟槐蔭草堂刻本　清孫詒讓錄洪亮吉、孫星衍、顧廣圻校　清孫衣言跋

一二五二 水經注四十卷　北魏酈道元撰　清乾隆十八年黄晟槐蔭草堂刻本　清楊沂孫跋並錄　清王峻校跋

一二五三 水經注四十卷　北魏酈道元撰　清乾隆十八年黄晟槐蔭草堂刻本　清佚名錄王峻校跋

一二五四 水經注四十卷　北魏酈道元撰　清乾隆十八年黄晟槐蔭草堂刻本　清俞廷颺、沈鉞森批並跋

一二五五 水經注四十卷　北魏酈道元撰　清乾隆十八年黄晟槐蔭草堂刻本　清佚名校　楊守敬題識

一二五六 水經注四十卷　北魏酈道元撰　清乾隆十八年黄晟槐蔭草堂刻本　佚名據水經注箋太平御覽及抄本校

一二五七 水經注四十卷　北魏酈道元撰　清乾隆十八年黄晟槐蔭草堂刻清同治二年長沙余氏明辨齋修本　清劉履芬跋並錄孫星衍校注

一二五八 水經注不分卷　北魏酈道元撰　清戴震校訂　清乾隆孔繼涵微波榭刻本　清洪亮吉批校

一二五九 水經注不分卷　北魏酈道元撰　清戴震校訂　清乾隆孔繼涵微波榭刻本　清趙坦、李慈銘校

一二六〇 水經注不分卷　北魏酈道元撰　清戴震校訂　清乾隆孔氏微波榭刻本　清楊傳第校

一二六一 水經注四十卷　北魏酈道元撰　清乾隆振氏勵志書屋刻本　葉德輝校跋並錄清顧廣圻、洪亮吉、孫星衍批校並跋

一二六二 水經注四十卷　北魏酈道元撰　清乾隆武英殿聚珍版印本　清王闓運批校圈點並跋

一二六三 水經注四十卷　北魏酈道元撰　清光緒十八年長沙思賢講舍刻本　清楊守敬批校

一二六四 水經注四十卷首一卷　北魏酈道元撰　附錄二卷　清趙一清輯　清光緒十八年長沙思賢講舍刻本　清楊守敬批校

一二六五 水經注四十卷　北魏酈道元撰　附錄二卷　清趙一清輯　清光緒十八年長沙思賢講舍刻本　清楊守敬批校　存三十九卷　一至二十、二十二至四十

7700

水經注四十卷 北魏酈道元撰 附錄二卷 清趙一清輯 清光緒二十三年新化三味書屋刻本 清楊守敬批校 一二六六

水經注四十卷首一卷 北魏酈道元撰 附錄二卷 清趙一清輯 清光緒二十三年新化三味書屋刻本 清楊守敬批校 存三十八卷 三至四十卷、首卷、附錄二卷 一二六七

水經注四十卷 北魏酈道元撰 明練湖書院抄本 一二六八

水經注四十卷 北魏酈道元撰 清初抄本 存十六卷 卷二十一至二十四、二十九至四十 一二六九

水經注四十卷 北魏酈道元撰 清小山堂抄本 清全祖望校 一二七〇

水經注箋四十卷 明朱謀㙔撰 明萬曆四十三年李長庚刻本 十行二十字小字雙行同白口左右雙邊 一二七一

水經注箋四十卷 明朱謀㙔撰 明萬曆四十三年李長庚刻本 明安有聲校 十行十九、二十字小字雙行同白口左右雙邊有刻工 一二七二

水經注箋四十卷 明朱謀㙔撰 明萬曆四十三年李長庚刻本 鄒承鈐錄明譚元春批並譚元春跋 十行十九、二十字小字雙行十九字白口左右雙邊有刻工 一二七三

水經注箋四十卷 明朱謀㙔撰 明萬曆四十三年李長庚刻本 王禮培錄明朱之臣、陳仁錫、鍾惺、譚元春批校並跋 佚

五四

名錄清何焯批校並跋 十行二十字小字雙行白口四周單邊有刻工 一二七四

水經注箋四十卷 明朱謀㙔撰 明萬曆四十三年李長庚刻本 佚名錄清何焯批校 十行二十字小字雙行同白口左右雙邊 一二七五

水經注箋四十卷 明朱謀㙔撰 明萬曆四十三年李長庚刻本 清李馥校 十行二十字白口左右雙邊單魚尾下有刻工 一二七六

水經注箋四十卷 明朱謀㙔撰 明萬曆四十三年李長庚刻本 佚名錄清錢大昕、戴震校 十行二十字小字雙行同左右雙邊上下單邊白口單魚尾 一二七七

水經注箋四十卷 明朱謀㙔撰 明萬曆四十三年李長庚刻本 清孫潛、袁廷檮校並跋 清貝墉跋 存十六卷 一至五、九至十六、三十八至四十 一二七八

水經注箋四十卷 明朱謀㙔撰 明萬曆四十三年李長庚刻本 清袁廷檮校 十行二十字注文小字雙行同左右雙邊白口有刻工 一二七九

水經注箋四十卷 明朱謀㙔撰 明萬曆四十三年李長庚刻本 清吳騫跋 十行二十字白口左右雙邊單魚尾下有刻工 一二八〇

水經注箋四十卷 明朱謀㙔撰 明萬曆四十三年李長庚刻本 清嚴思泰批校並跋 十行十九字白口左右雙邊有刻工 存五卷 一至二、三十二至三十四 一二八一

水經注箋四十卷 明朱謀㙔撰 明萬曆四十三年李長庚刻本 清翁同書校 十行二十字白口左右雙邊有刻工 一二八二

水經注箋四十卷 明朱謀㙔撰 明萬曆四十三年李長庚刻本 清錢西田批校並跋 十行二十字小字雙行十九字白口左右

雙邊有刻工 一二八三

水經注箋四十卷 明朱謀㙔撰 明萬曆四十三年李長庚刻本 清楊守敬跋 十行二十字白口左右雙邊單魚尾 一二八四

水經注箋四十卷 明朱謀㙔撰 明萬曆四十三年李長庚刻本 王國維校並跋 十行二十字白口左右雙邊有刻工 一二八五

水經注箋四十卷 明朱謀㙔撰 明萬曆四十三年李長庚刻本 佚名錄王國維批校 十行二十字注文雙行二十字白口左右雙邊有刻工 一二八六

水經注箋四十卷 明朱謀㙔撰 明萬曆四十三年李長庚刻本 佚名錄王國維批校 十行二十字小字雙行白口單魚尾左右雙邊有刻工 一二八七

水經注箋四十卷 明朱謀㙔撰 明萬曆四十三年李長庚刻本 佚名錄王國維校 十行二十字白口左右雙邊有刻工 一二八八

水經注箋四十卷 明朱謀㙔撰 明萬曆四十三年李長庚刻本 武昌徐氏錄王國維校並錄王國維臨明趙琦美、清孫潛、袁廷檮校並跋 一二八九

水經注箋四十卷 明朱謀㙔撰 明萬曆四十三年李長庚刻本 武昌徐氏錄王國維校並錄王國維臨袁廷檮校並跋 十行二十字小字雙行同白口上魚尾左右雙邊有刻工 一二九〇

水經注箋四十卷 明朱謀㙔撰 明萬曆四十三年李長庚刻本 日本松崎鶴雄錄明趙琦美、王國維校並跋 十行二十字白口單魚尾有刻工 一二九一

水經注刪八卷 明朱之臣輯並評 明萬曆刻本 九行十九字白口無直格四周單邊 一二九二

五五

水經注抄一卷 明抄本 一二九三

水經注摘抄不分卷 北魏酈道元撰 清馬曰璐輯 清雍正八年馬曰璐抄本 清翁同書跋 一二九四

水經注重校本四十卷 清全祖望撰 稿本（卷七至四十黃香谷抄補） 清徐松、林頤山校 清王梓材跋 胡適跋、葉景葵題識 一二九五

水經注重校本四十卷 清全祖望撰 清陳勱抄本 存三十二卷 一至三、五至十一、十三至二十一、二十四至二十七、三十至三十五、三十七至三十九、（十一、十七、二十一、二十四、二十六、三十一、三十三、三十五、三十七、三十八殘缺） 一二九六

全氏七校水經注彙錄四十卷附水道表四十卷 清全祖望撰 清抄本 清黃志琁跋 陳勱題識 存七十四卷 注彙錄全、水道表七至四十 一二九七

水經注類鈔不分卷 清沈瑞輯 稿本 一二九八

水經注釋四十卷首一卷 清趙一清撰 稿本 清丁丙跋 一二九九

水經注釋四十卷首一卷附錄二卷水經注箋刊誤十二卷 清趙一清撰 清乾隆五十一年趙氏小山堂刻本 清江士鐸校並跋 一三〇〇

水經注釋四十卷首一卷附錄二卷 清趙一清撰 清乾隆五十一年趙氏小 一三〇一

山堂刻本　清佚名錄各家校

一三〇二 水經注釋四十卷附錄二卷水經注箋刊誤十二卷　清趙一清撰　清乾隆五十一年趙氏小山堂刻五十九年修改印本　鄭樹叔校跋並錄清全祖望跋

一三〇三 水經注釋四十卷首一卷附錄二卷　清趙一清撰　清乾隆五十一年趙氏小山堂刻五十九年修改印本　清王詠霓校正並補箋

一三〇四 水經注釋四十卷首一卷附錄二卷水經注箋刊誤十二卷　清趙一清撰　清乾隆五十一年趙氏小山堂刻五十九年修改印本　清□海俞□校並批注

一三〇五 水經注釋四十卷首一卷附錄二卷水經注箋刊誤十二卷　清趙一清撰　清乾隆五十一年趙氏小山堂刻五十九年修改印本　清劉傳瑩校

一三〇六 水經注釋四十卷首一卷附錄二卷水經注箋刊誤十二卷　清趙一清撰　清汪氏振綺堂抄本（卷六、十至十六、二十至二十五、二十九至三十五、三十八至四十、附錄、水經注箋刊誤卷一、四至十、十二配清乾隆五十一年趙氏小山堂刻本）清丁丙跋

一三〇七 水經注釋四十卷附錄二卷　清趙一清撰　清吳氏拜經樓抄本　清吳騫校

一三〇八 水經考次一卷　清戴震撰　清抄本　胡適跋

一三〇九 水經釋地一卷　清孔繼涵撰　稿本

一三一〇 水經注疏證四十卷　清沈欽韓撰　稿本

一三一一 水經注疏證四十卷　清沈欽韓撰　稿本

一三一二 水經注箋疏□卷　清孫顧山撰　稿本　存一卷（一）

一三一三 水經注箋疏□卷　清孫顧山撰　稿本　存一卷（一）

一三一四 水經廣注四十卷　清佚名廣注　稿本　葉景葵跋

一三一五 水經注圖一卷附錄一卷　清汪士鐸撰　清咸豐十一年刻本　清汪士鐸批校並跋

一三一六 水經注圖一卷附錄一卷　清汪士鐸撰　清咸豐十一年刻本　清楊守敬批校

一三一七 水經注匯校四十卷　清楊希閔撰　稿本

一三一八 水經注札記不分卷　清王闓運撰　稿本

一三一九 水經注戴趙合校勘本不分卷　清楊守敬撰　稿本

一三二〇 水經注疏□□卷　清楊守敬、熊會貞撰　稿本　存三卷（卷三十一至三十三）

一三二一 水經注要删引用書目不分卷　清楊守敬、熊會貞輯　稿本

五六

一三二二 漢志水經注水道疏證及汭水考不分卷　清楊守敬、熊會貞撰　稿本

一三二三 今水經一卷　清黃宗羲撰　清乾隆四十二年孔繼涵家抄本　清孔繼涵跋

一三二四 今水經一卷表一卷　清黃宗羲撰　清咸豐七年翁同書家抄本　清翁同書批注並跋

一三二五 今水經一卷　清黃宗羲撰　清咸豐十一年翁曾源抄本　清翁同書跋　翁曾源校並跋

一三二六 今水經一卷　清黃宗羲撰　清抄本　清翁同書校跋

一三二七 今水經一卷表一卷　清黃宗羲撰　清一角山樓主人抄本

一三二八 今水經一卷　清黃宗羲撰　清抄本　沈曾植跋

一三二九 考定今水經表一卷　清黃宗羲撰　陳宗彝補正　稿本

一三三〇 今水經注四卷　清吳承志撰　稿本　吳慶坻跋

一三三一 三峽通志五卷　明吳守忠輯　明萬曆十九年刻本　九行二十二字白口四周雙邊雙魚尾　有刻工

一三三二 古今疏治黃河全書一卷　明黃克纘撰　酌議泇黃便宜疏一卷　明劉士忠撰　明萬曆三十九年刻本　十行二十字白口左右雙邊單魚尾

一三三三 南河志十卷全考二卷　明朱國盛撰、徐標續　明天啟五年刻崇禎六年遞修本　九行二十三字白口四周單邊

一三三四 南河志十四卷　明朱國盛撰、徐標續　明天啟五年刻崇禎六年刻本　九行二十三字白口四周單邊

一三三五 南河全考二卷圖一卷　明朱國盛輯　明刻本　九行二十三字白口四周單邊單魚尾

一三三六 西瀆大河志六卷　明張光孝撰　明萬曆三十八年刻本　十行二十字小字雙行同左右雙邊白口有刻工

一三三七 大河志八卷　清曹玉珂撰　清康熙刻本

一三三八 兩河清彙易覽八卷　清薛鳳祚撰　清抄本

一三三九 兩河清彙易覽八卷　清薛鳳祚撰　清抄本

一三四〇 巖居叢錄黃河考四卷東莊遺集一卷　清汪份撰　清抄本

一三四一 廣西湖名山合志內函三十九卷外函十六卷　明章之采輯　明崇禎刻本　十行二十字白口四周單邊

一三四二 歷代河渠考三卷　清萬斯同輯　清初抄本

一三四三 崑崙河源考二卷　清萬斯同撰　清抄本

一三四四 崑崙河源考一卷　清萬斯同撰　清抄本

一三四五 朱止泉先生河道合意編一卷　清朱澤澐撰　清姚椿校　清吉祥雲室抄本

一三四六 行水金鑑一百七十五卷首一卷　清傅澤洪撰　清雍正三年淮揚官署刻本　清王芑孫題識

一三四七 水道提綱二十八卷　清齊召南撰　清乾隆四十一年戴殿海傳經書屋刻本　姚尹跋

五七

一三四八 地脈考六卷 清李榮陛撰 清抄本
存二卷 五至六

一三四九 水地記一卷 清戴震撰 稿本

一三五〇 水地記三卷 清戴震撰 清乾隆四十二年孔繼涵家抄本 清孔繼涵跋

一三五一 水地記五卷 清戴震撰 清抄本

一三五二 復淮故道圖說不分卷 清丁顯撰 清乾隆八年抄本

一三五三 三河紀要口卷 清萬于道撰 清閑照齋抄本
存一卷 三

一三五四 西域水道記四卷 清徐松撰 稿本

一三五五 西域水道記五卷 清徐松撰 清道光三年刻本 清張穆校

一三五六 西域水道記五卷 清徐松撰 清抄本

一三五七 靈泉志不分卷 清陳熺撰 手稿本

一三五八 葛壯節公增輯兩浙海洋圖撫本一卷 清葛雲飛增輯 清光緒王繼香抄本 清王繼香跋

一三五九 皇朝水道略不分卷 清薛時雨撰 稿本

五八

一三六〇 增補運道觀略纂不分卷 清抄本

一三六一 直隸海口圖說不分卷 清納爾經額撰 清咸豐進呈抄本

一三六二 北河紀八卷紀餘四卷 明謝肇淛撰 明萬曆刻本 九行十九字白口左右雙邊

一三六三 北河續紀七卷附餘二卷 清閻廷謨撰 清順治九年刻本

一三六四 畿輔安瀾志五十六卷 清王履泰撰 稿本
存十五卷 唐河二卷、衛河卷六至八、白河卷一至二、淵河一卷、灤河二卷、清河卷下、鄴津河一卷、潦陽河一卷、前運河卷上、陡河沙河一卷

一三六五 畿輔安瀾志五十六卷 清王履泰撰 清嘉慶內府抄本

一三六六 畿輔河渠略十四卷 清崔迺翬撰 稿本

一三六七 漕河圖志八卷 明王瓊撰 明弘治九年刻本 十二行二十二字大黑口四周雙邊

一三六八 通惠河志二卷 明吳仲撰 明嘉靖刻隆慶增修本 九行十九字大黑口四周雙邊

一三六九 通惠河源流圖議一卷 明張兆元撰 明萬曆三十年刻本 十行二十一字白口單魚尾四周單邊

一三七〇 永定河志十九卷首一卷 清陳琮撰 清乾隆進呈抄本

一三七一 永定河志十九卷首一卷 清陳琮撰 清乾隆抄本

一三七二 永定河志十二卷 清陳琮撰 清抄本 清黄定烱跋

一三七三 海潭志略四卷 清楊受謙撰 稿本

一三七四 直隸水田簡要事宜一卷 清姚椿抄本 清姚椿校

一三七五 直隸水田簡要事宜一卷 清同治八年楊氏退思堂抄本

一三七六 三吳水考十六卷 明張內蘊、周大韶撰 明萬曆十年刻本 十行二十一字白口左右雙邊單魚尾下有刻工
存二卷 一至二

一三七七 吳中開江書三種五卷 清顧士璉等輯 清康熙刻本
婁江志二卷
新劉河志正集一卷附集一卷
治水要法一卷

一三七八 婁江志二卷 清顧士璉等輯 清康熙刻吳中開江書本

一三七九 震澤編八卷 明蔡昇、王鏊撰 明弘治十八年林世遠刻本 八行十六字白口左右雙邊

一三八〇 震澤編八卷 明蔡昇、王鏊撰 明萬曆四十五年刻本 八行二十字小字雙行同白口四周單邊

一三八一 震澤編八卷 明蔡昇、王鏊撰 明王氏三槐堂刻本 九行二十字白口四周單邊

一三八二 震澤編八卷 明蔡昇、王鏊撰 清抄本

一三八三 後湖志十卷 明趙官等撰 陸鳳儀重修 明刻本 九行十八字白口左右雙邊
存二卷 一、二

五九

一三八四 石湖志六卷 明莫震撰 莫旦增補 明刻本 八行十八字小字雙行同黑口四周雙邊

一三八五 石湖志略一卷 明盧襄撰 文略一卷 明盧襄輯 明嘉靖刻本 清吳翌鳳、黃丕烈跋

一三八六 石湖志略一卷 明盧襄撰 文略一卷 明盧襄輯 明嘉靖刻本 清黃丕烈跋 八行十六字白口左右雙邊

一三八七 石湖志略一卷 明盧襄撰 文略一卷 明盧襄輯 清照松書屋抄本 清顧沅校並跋

一三八八 太倉州新劉河志正集二卷附集一卷 清顧士璉撰 治水要法一卷 清顧岎生輯 清康熙刻本

一三八九 太湖漁風一卷 清吳莊撰 漁風和章一卷 清蔡書雲撰 清乾隆刻本

一三九〇 篠谿記不分卷篠谿詩不分卷 明孫柚撰 清抄本

一三九一 海口支河錄一卷 清劉寶楠撰 稿本

一三九二 高堰河防事畧一卷 清靳輔等輯 清抄本

一三九三 山東全河備考四卷 清葉方恒輯 清康熙十九年刻本

一三九四 東泉誌四卷 明王寵撰 明正德五年陳澍刻本 十一行二十二字小字雙行同白口四周單邊

一三九五 香泉志不分卷 明胡永成輯 明嘉靖刻本 九行十九字白口四周單邊

一三九六 涇渠志一卷圖放一卷 清王太岳撰 清乾隆刻本

一三九七 泉河紀略七卷 明張純撰 明隆慶三年清風堂刻本 十行二十一字白口四周双边

一三九八 泉河史十五卷 明胡瓚撰 明萬曆二十七年刻本 十行二十字白口四周单边

一三九九 泉河史十五卷 明胡瓚撰 明萬曆二十七年刻清順治四年增補印本 十行二十字小字双行同白口单魚尾四周单边

一四〇〇 濬復西湖錄一卷 明楊孟瑛輯 明正德刻本 蒋楷、吳昌綬跋

一四〇一 西湖遊覽志二十四卷志餘二十六卷 明田汝成撰 明嘉靖二十六年嚴寬刻本 十行二十字細黑口四周双边有刻工

一四〇二 西湖遊覽志二十四卷志餘二十六卷 明田汝成撰 明嘉靖二十六年嚴寬刻萬曆十二年范鳴謙重修本 十行二十字四周双边白口

一四〇三 西湖遊覽志二十四卷 明田汝成撰 明嘉靖二十六年嚴寬刻萬曆十二年范鳴謙重修本 十行十九字白口四周双边

一四〇四 西湖遊覽志二十四卷志餘二十六卷 明田汝成輯 明萬曆二十五年李東壽刻本 十行二十字白口四周双边

一四〇五 西湖遊覽志二十四卷志餘二十六卷 明田汝成撰 明萬曆四十七年商維濬刻本 十行二十一字四周单边白口

一四〇六 西湖遊覽志二十四卷 明田汝成撰 明萬曆四十七年商維濬刻本 十行二十一字白口四周单边

一四〇七 西湖遊覽志餘二十六卷 明田汝成撰 明萬曆四十七年商維濬刻本 十行二十一字白口四周单边

一四〇八 西湖志摘粹補遺奚囊便覽十二卷 明田汝成撰 明高應科摘補 明萬曆三十二年刻本 九行二十四字白口四周单边单魚尾

一四〇九 西湖志八卷志餘十八卷 清姚靖增刪 清康熙二十八年姚氏立懋堂刻本

一四一〇 西湖志類鈔三卷首一卷 明俞思冲撰 明萬曆刻本 八行十八字白口左右双边

一四一一 湖山勝槩二卷 明刻彩色套印本

一四一二 西湖夢尋五卷 清張岱撰 清康熙刻本

一四一三 西湖覽勝詩志八卷 存四卷 一至四 清夏基撰 清順治十二年刻本

一四一四 西湖紀勝二卷 清吳農輯 清康熙六十一年刻本

一四一五 西湖古蹟志不分卷 清沈謙然撰 西湖人物志不分卷 清馬緯雲撰 稿本

一四一六 南湖考一卷 明陳幼學撰 明萬曆刻本 清丁丙跋 八行十七字白口四周单边

一四一七 寶前兩溪志略十二卷 清吳玉樹輯 清嘉慶十二年孔氏蔭園刻本

一四一八 鎮海縣城塘圖略一卷 清王茀綸輯 清乾隆十六年務增本

一四一九 南漳子二卷 清孫文駿撰 清抄本

一四二〇 荊州萬城隄圖說一卷 清徐家幹撰 稿本

一四二一 蜀水經十六卷 清李元撰 清嘉慶五年傳經堂刻本

一四二二 三山西湖志六卷 清姚循義撰 清乾隆十六年刻本 清儲遵跋

一四二三 九鯉湖志十八卷首一卷 存十八卷 首、一至三、五至十八 明康當世撰 明萬曆三十六年刻本 九行十八字白口四周单边

一四二四 鯉湖志二卷 明方懋德、柯憲世輯 明萬曆四十三年方萬科朱兵館刻本 九行十八字四周单边有刻工

一四二五 廣東全省海圖總說不分卷 清抄本

一四二六 滇南山水綱目二卷 清趙元祚撰 清抄本 吳棠題記

一四二七 六河圖說一卷 清黃士傑撰 清道光十五年劉人選刻本

一四二八 碧玉泉志稿不分卷 清段昕撰 稿本

一四二九 雲南溫泉志一卷 清李坤撰 稿本

一四三〇 巡查新疆南路河道日記不分卷 清光緒七年抄本

水利

一四三一 水利集不分卷 元任仁發輯 明末抄本

一四三二 治河總考四卷 明車璽撰 陳銘續 明正德十一年刻本 十行二十六字上下黑口四周双边三魚尾

一四三三 問水集六卷 明劉天和撰 明刻本 十行十九字白口左右双边

一四三四 水利芻言一卷 明李慶雲撰 清抄本

一四三五 治河通考十卷 明吳山撰 明嘉靖刻本 十行二十字白口单魚尾左右双边

一四三六 治河通考十卷 明吳山撰 明崇禎十一年吳士顏刻本 九行二十字白口左右双边

一四三七 治水筌蹄二卷 明萬恭撰 明張文奇南旺公署刻本 十行二十字白口双边有刻工

一四三八 漕書一卷 明張鳴鳳撰 清抄本

一四三九 古今疏治黃河全書一卷 明黃克纘撰 酌議泇黃便宜疏一卷 明劉士忠撰 清抄本

一四四〇 宸斷兩河大工錄十卷 明余毅中、徐黌等輯 明萬曆九年余毅中、徐黌等刻本 九行二十字白口四周双边

一四四一 河渠考略一卷 明曹胤儒撰 明抄本

一四四二 河工諸議三卷附一卷新議一卷 明李國祥撰 明萬曆刻本 九行十九字白口四周双边

一四四三 漕黃要覽口卷 存一卷 二 明高捷撰 明刻本 九行十六字白口四周双边

一四四四 河防一覽十四卷 明潘季馴撰 明萬曆十八年自刻本 九行二十字上黑口下白口四周单边

一四四五 河防一覽十四卷 明潘季馴撰 明萬曆十八年自刻清增修印本 九行二十字上黑口单边单魚尾下有刻工字數

一四四六 河防一覽榷十二卷 明潘季馴、潘大復撰 明刻本 八行二十字白口四周單邊
一四四七 水利集議不分卷 明潘季馴撰 清抄本
一四四八 河紀二卷 清孫承澤撰 清初抄本 清丁丙跋
一四四九 河防芻議六卷 清崔維雅撰 清康熙十三年刻本
一四五〇 河工備考二十四卷 清張鵬翮撰 清抄本
一四五一 聖謨全書二十四卷 清張鵬翮撰 清抄本 陳錫麟跋
一四五二 治河全書二十四卷 清張鵬翮撰 清抄本
一四五三 治河上諭事宜二十四卷 清張鵬翮纂輯 清抄本
一四五四 河決考不分卷 清張鵬翮撰 清抄本
一四五五 河防獻曝不分卷 清許粲枝撰 清抄本
一四五六 河防一覽纂要六卷 清陳子緣撰 清康熙三十九年孫秀安刻本
一四五七 河防一覽纂要六卷 清陳子緣撰 附文集一卷 清孫宏舜撰 孫秀安輯 清康熙三十九年孫秀安刻本
一四五八 河防志二十四卷 清抄本

一四五九 河防志□卷 清抄本 清弘業跋 存二卷 三、續編
一四六〇 治河書三卷 清靳輔撰 清抄本
一四六一 天一遺書不分卷 清陳潢撰 清咸豐四年楊象濟抄本 清楊象濟跋
一四六二 下河水利集說不分卷 清劉台斗輯 清抄本
一四六三 治河前策二卷後策二卷 清馮祚泰撰 清抄本
一四六四 治河前策二卷後策二卷 清馮祚泰撰 清抄本
一四六五 閘水漫錄四卷 清戴百二輯 清乾隆四十九年抽堂刻本
一四六六 題定河工則例十二卷 清乾隆刻本
一四六七 治河書二卷 淮揚道屬七卷 淮徐道屬五卷 清抄本
一四六八 河防紀要（乾隆二年至三十年）不分卷 清抄本
一四六九 河防事宜不分卷 清瀚寶齋抄本
一四七〇 河渠志四卷 清抄本
一四七一 疏河心鏡一卷 清凌鳴喈撰 清抄本

一四七二 河工器具圖說四卷 清麟慶撰 稿本 周蔚佐跋
一四七三 河壖褉誌二卷稟復廖工部鴻荃委查黃河水源一卷 清鄒兌廷撰 清抄本
一四七四 熊氏水利叢書三種六卷 清熊煐輯 稿本
淮揚下河水利集要四卷 淮揚下河水利彙議一卷 淮揚下河疏浚備議一卷
一四七五 河工考不分卷 稿本
一四七六 河工輯抄不分卷 稿本
一四七七 淮徐淮揚河工漕規條例不分卷 清抄本
一四七八 潞水客談不分卷 明徐貞明撰 明萬曆刻本 十行二十字白口四周雙邊
一四七九 直隸河渠志一卷 清陳儀撰 清乾隆進呈抄本
一四八〇 直隸五道成規五卷目錄一卷 清高斌輯 清乾隆刻本
一四八一 直隸河道事宜不分卷 稿本
一四八二 邦畿水利集說四卷九十九淀考一卷 清沈聯芳撰 清抄本
一四八三 邦畿水利集說四卷九十九淀考一卷 清沈聯芳撰 清抄本

一四八四 邦畿水利集說四卷九十九淀考一卷 清沈聯芳撰 清抄本
一四八五 邦畿水利集說四卷九十九淀考一卷 清沈聯芳撰 清抄本 清汪喜孫跋 龔自珍批校並跋
一四八六 邦畿水利集說四卷九十九淀考一卷 清沈聯芳撰 清抄本 葉景葵校
一四八七 直隸河淀估濬工程圖說不分卷 稿本
一四八八 直隸治河記不分卷 清伯英撰 清末抄本
一四八九 永定河水利事宜不分卷 清抄本
一四九〇 大通河考不分卷 清抄本
一四九一 北方河流圖說不分卷 清抄本
一四九二 吳中水利通志十七卷 明嘉靖三年錫山安國銅活字印本
一四九三 吳中水利通志十七卷 明刻本 八行十七字小字雙行同白口左右雙邊
一四九四 三吳水利圖考四卷蘇松常鎮水利圖一卷 明呂光洵撰 明嘉靖四年刻本 十一行二十字白口左右雙邊
一四九五 東吳水利考十卷 明王圻撰 明刻本 九行二十字白口四周雙邊

一四九六 三吳水利錄四卷續增一卷 明歸有光撰 明刻本 十行二十字白口左右雙邊

一四九七 三吳水利錄四卷續增一卷 明歸有光撰 歸錫世重輯 附錄一卷 明歸子寧撰 清抄本

一四九八 敬止集不分卷 明陳應芳撰 明萬曆二十四年刻本 九行十八字白口四周雙邊有刻工

一四九九 三吳水利便覽不分卷 明童時明撰 明萬曆刻本 十行二十字白口四周雙邊

一五〇〇 水利節略二卷 明周大韶撰 清抄本

一五〇一 吳中水利全書二十八卷 明張國維、蔡懋德纂修 明崇禎九年刻本 八行二十字白口左右雙邊

一五〇二 三吳水利不分卷 清呂雲撰 稿本

一五〇三 三吳水利集說不分卷 清錢炆駟輯 清抄本

一五〇四 江南防河使者東軒奉答陳撫臺書附詩文稿不分卷 清高斌撰 稿本

一五〇五 江南河道圖說一卷 清高斌等撰 清乾隆彩繪本

一五〇六 重濬江南水利全書八十四卷首一卷 清陳鑾輯 清道光刻本

一五〇七 江南各廳全河圖考四卷 清抄本

一五〇八 蘇州府水利纂不分卷 清宋大業撰 清初抄本

一五〇九 常熟縣水利全書十卷附錄二卷 明耿橘撰 明王化等輯 明萬曆刻本 十一行二十三字小字雙行同白口四周單邊

一五一〇 常熟縣水利全書十卷附錄二卷 明耿橘撰 明王化等輯 明萬曆刻本 清王家相跋 十一行二十三字小字雙行同白口四周單邊

一五一一 常熟縣水利全書十卷附錄二卷 明耿橘撰 明王化等輯 明刻本 十一行二十三字小字雙行同白口四周雙邊

一五一二 漴缺捍海石塘記事一卷 明吳嘉允撰 清道光十五年抄本 清姜皋、錢鴻杲跋

一五一三 華亭海塘紀略一卷 清曹家駒撰 清康熙刻本

一五一四 海塘紀略四卷 清宋楚望輯 清乾隆十九年婁東書院刻本

一五一五 清河縣河口圖說不分卷 清徐御良等撰 稿本

一五一六 淮南水利考二卷 明刻本 十行二十字白口左右雙邊

一五一七 淮南水利考二卷 明刻本 清丁丙、黃通泰跋 十行二十字小字雙行同白口左右雙邊

一五一八 靈璧河渠原委三卷靈璧縣河防錄一卷 清貢震撰 清乾隆二十一年石藝山房刻本

一五一九 萊海述一卷 明李世昌撰 清刻本

一五二〇 居濟一得五卷 清張伯行撰 清康熙刻本

一五二一 居濟一得八卷 清張伯行撰 清康熙刻本

一五二二 山東水利管窺略四卷 清李方膺撰 清抄本

一五二三 魯政輯要不分卷 清抄本

一五二四 河南管河道事宜一卷 明商大節撰 明刻本 十行二十字白口四周單邊

一五二五 河南河防局鈔呈黃運兩河修防諭旨奏疏章程不分卷 清河南河防局輯 清宣統進呈抄本

一五二六 溝洫水利輯說八卷 清陳仲良輯 清抄本

一五二七 浙西水利書三卷 明姚文灝撰 清抄本 清丁丙跋

一五二八 勅修兩浙海塘通志二十卷首一卷 清方觀承等撰 清浙江布政司海塘吏江牧江巖抄本

一五二九 勅修兩浙海塘通志二十卷首一卷 清方觀承等撰 清抄本

一五三〇 海塘新志稿六卷 清[illegible]撰 清乾隆五十六年進呈抄本

一五三一 捍海塘志一卷 清錢文瀚撰 清抄本

一五三二 海塘錄二十六卷首二卷 清翟均廉撰 清古泉草堂抄本

一五三三 塘工紀略二卷續一卷三續一卷 清連仲愚撰 稿本

一五三四 浙江海塘事宜冊一卷 清彩繪本

一五三五 重築孫家堰案一卷 清陳鶴輯 清乾隆五十五年刻本

一五三六 蕭山水利二卷 明富玹輯 清來鴻雯重訂 續刻一卷 明張文瑞輯 清康熙五十七年孝友堂刻本

一五三七 蕭山水利續刻一卷三刻三卷 清張文瑞撰 附蕭山諸湖水利一卷 清張學懋撰 清來氏壺隱居抄本

一五三八 蕭山水利三刻三卷 清張文瑞撰 清雍正十三年孝友堂刻本

一五三九 蕭山三江閘議一卷 清毛奇齡撰 稿本

一五四〇 四明它山水利備覽二卷 宋魏峴撰 明崇禎十四年陳朝輔刻本 九行二十字小字雙行同白口左右雙邊

一五四一 四明它山水利備覽二卷 宋魏峴撰 清抄本 清丁丙跋

一五四二 三江閘務全書二卷 清程鳴鶴撰 附湯神事實錄一卷 清康熙漱玉齋刻本（附配清抄本）

一五四三 三江閘務全書二卷 清程鶴翥撰 清徐氏鑄學齋抄本

一五四四 閘務全書續刻四卷 清平衡撰 稿本

一五四五 上虞縣五鄉水利本末一卷 元陳恬撰 又一卷 清康熙刻本
一五四六 皇李湖水利事實不分卷 明雁舸撰 清唐雲度重輯 清康熙刻本
一五四七 湖北安襄鄖道水利集案二卷 清王槩撰 清乾隆刻本
一五四八 湖北江漢水利議一卷 清倫守誠撰 稿本
一五四九 莆田水利志八卷 清道光抄本
一五五〇 莆陽水利志不分卷 清陳池養撰 稿本
一五五一 東晉湖志不分卷 明莊誠輯 清馬寶雲續修 清道光三十年刻本
一五五二 盤龍江水利圖說一卷 清孫髯撰 清道光抄本

遊記

一五五三 遊城南記一卷 宋張禮撰 清抄本 清李葆恂、李放題識
一五五四 石湖居士驂鸞錄一卷 宋范成大撰 明抄本
一五五五 石湖居士驂鸞錄一卷 宋范成大撰 明抄本
一五五六 高寄齋訂正吳船錄二卷 宋范成大撰 明刻寶顏堂祕笈本 清何焯批校並跋 八行十八字白口四周單邊
一五五七 石湖居士吳船錄二卷 宋范成大撰 明抄本
一五五八 石湖紀行三錄四卷桂海虞衡志一卷 宋范成大撰 清抄本
一五五九 石湖紀行三錄不分卷 宋范成大撰 清抄本 清李盛鐸題識 白堅跋
一五六〇 入蜀記六卷 宋陸游撰 清乾隆鮑廷博刻知不足齋叢書本 清鮑廷博校注 章鈺跋
一五六一 入蜀記四卷 宋陸游撰 清秦榆錫抄本 清柳清琛校並跋
一五六二 金華遊錄一卷 宋謝翱撰 清初思耕堂刻本 金華遊錄注二卷附年譜一卷 清徐沁撰
一五六三 鴨江行部誌一卷 金王寂撰 清抄本
一五六四 遼東行部志一卷 金王寂撰 清光緒丁氏竹書堂抄本 清丁丙跋
一五六五 西遊錄注一卷 元耶律楚材撰 盛如梓刪略 清李文田注 清光緒江氏湖南使院刻靈鶼閣叢書本 王國維校注
一五六六 長春真人西遊記二卷 元李志常撰 附錄一卷 清道光四年劉喜海家抄本 清劉喜海跋
一五六七 長春真人西遊記二卷 元李志常撰 附錄一卷 清抄本 清周星詒校
一五六八 長春真人西遊記二卷 元李志常撰 附錄一卷 清抄本
一五六九 長春真人西遊記二卷 元李志常撰 清道光二十七年楊氏刻連筠簃叢書本 清沈垚注
一五七〇 長春真人西遊記二卷 元李志常撰 清趙氏能靜居抄本
一五七一 西使記一卷 元劉郁撰 清李宗穎注 稿本

六六

一五七二 西使記一卷 元劉郁撰 曹元忠校注 稿本
一五七三 河朔訪古記三卷 元納新撰 清抄本 清沈樹鏞題識
一五七四 遊志續編不分卷 明陶宗儀輯 明嘉靖四十年錢穀抄本 明錢穀校 清黃丕烈跋 勞健題款
一五七五 遊志續編一卷 明陶宗儀輯 清張氏愛日精廬抄本 清趙宗建校並跋
一五七六 遊志續編一卷 明陶宗儀輯 清劉氏味經書屋抄本 清劉喜海跋
一五七七 遊志續編一卷 明陶宗儀輯 清遜雲樓抄本 清勞格、勞權校
一五七八 遊志續編一卷 明陶宗儀輯 清咸豐五年勞格家抄本 清勞格校並跋
一五七九 遊志續編一卷 明陶宗儀輯 清勞權抄本
一五八〇 遊志續編一卷 明陶宗儀輯 清抄本 清李芝綬校
一五八一 遊志續編一卷 明陶宗儀輯 清抄本
一五八二 遊志續編一卷 明陶宗儀輯 清抄本
一五八三 遊志續編二卷 明陶宗儀輯 清王棻抄本 蔡虎、蔣詠霓校
一五八四 甘泉先生岳遊紀行錄一卷 明湛若水撰 周榮朱記 明嘉靖二十四年羅朝岳一泉書堂刻本 十行二十二字白口四周單邊
一五八五 重遊南嶽紀行錄一卷 明湛若水撰 周榮朱記 明嘉靖三十五年周榮朱刻本 十行二十一字白口四周單邊
一五八六 安桂坡遊記一卷 明安國撰 稿本
一五八七 北遊記一卷西遊記事一卷東遊記一卷 明安國撰 附贈言三卷 明安氏西林書屋抄本
一五八八 遊名山記六卷 明都穆撰 明閔元衢刻本 八行十八字白口四周單邊
一五八九 十四遊記一卷 明呂柟撰 明嘉靖十六年胡大器刻本 九行十八字白口四周單邊
一五九〇 勝遊錄五卷 明張時徹等撰 明萬曆十四年刻本 九行十九字白口左右雙邊單魚尾
一五九一 笠澤遊記不分卷 明王世貞、俞允楨等撰 明萬曆刻本 鄭振鐸跋 八行二十字白口四周單邊
一五九二 奇游漫記四卷 明董傳策撰 明萬曆二十九年刻本 九行二十字白口四周雙邊
一五九三 名山遊記一卷 明王世懋撰 明萬曆刻本 九行十八字白口左右雙邊
一五九四 東遊記不分卷 明于慎行撰 明萬曆十一年刻本 九行十八字白口左右雙邊
一五九五 容越志二卷 明王淳登撰 明隆慶元年延陵吳氏蕭球齋刻本 十行十八字白口左右雙邊
一五九六 容越志二卷 明王鏻仝撰 明隆慶元年延陵吳氏蕭球齋刻本 清周亮工跋 十行十八字白口左右雙邊單魚尾
一五九七 臺鴈遊草二卷 明鄒迪光撰 明刻本 八行十六字白口左右雙邊
一五九八 王太初先生五岳遊草十二卷 明王士性撰 清康熙三十年馮甦刻本
一五九九 汴遊錄一卷深牧庵日涉錄一卷南歸日錄一

六七

卷 明蕭士瑋撰 明崇禎毛氏汲古閣刻本 清□四春跋

一六〇〇 安希范遊記一卷 明安希范撰 手稿本 清孫慈跋、朱祖謀題識 孫毓修跋

一六〇一 禮白嶽記一卷蓬櫳夜話一卷璽召錄一卷薊旋錄一卷 明李日華撰 明刻本 八行十九字白口單邊

一六〇二 禮白嶽紀一卷蓬櫳夜話一卷 明李日華撰 明刻本 八行十九字白口四周單邊

一六〇三 遊喚一卷歷遊記一卷讀書佳山水題咏一卷傳一卷墓誌銘一卷 明王思任撰 明刻本 八行十七字或十八字白口單邊

一六〇四 遊喚一卷 明王思任撰 明刻本 八行十八字白口四周單邊

一六〇五 峨山紀遊一卷 明尹伸撰 明刻本 八行二十字白口單魚尾四周單邊間有上欄雙邊

一六〇六 天都遊草不分卷 明汪懋孝撰 明萬曆四十年鶴綵樓刻本 九行十九字左右雙邊白口

一六〇七 密娛齋稿雁山紀遊一卷遊雁山記一卷 明王嗣奭撰 明刻本 九行十八字白口四周單邊

一六〇八 馴鶴樓稿□□卷 明錢天錫撰 明刻本 九行十八字白口單魚尾四周單邊 存使楚記二卷

一六〇九 蟬窠集十三卷 明黃以陞撰 明末刻本 九行十八字白口單魚尾左右雙邊

一六一〇 蟬窠集十二卷 明黃以陞撰 明末刻本 清李文田跋 九行十八字白口左右雙邊

一六一一 遊西山記一卷遊西山詩一卷 明范櫂撰 明崇禎清暉堂刻本 七行十八字白口左右雙邊

一六一二 遊西湖小紀一卷 明潘祊撰 清乾隆五十八年張時沅抄本

一六一三 橫山遊記一卷 明馬元調撰 清丁氏八千卷樓抄本

一六一四 徐霞客遊記不分卷 明徐弘祖撰 清初抄本 存游天台山日記、日游滇記、西南游記

一六一五 徐霞客遊記十二卷 明徐弘祖撰 清乾隆抄本 清趙懷玉題識

一六一六 徐霞客遊記不分卷 明徐弘祖撰 清乾隆抄本 葉景葵校

一六一七 徐霞客遊記不分卷 明徐弘祖撰 清鮑氏知不足齋抄本 清鮑廷博校、吳騫、唐翰題跋

一六一八 徐霞客遊記不分卷 明徐弘祖撰 清徐嶽初抄本 清江上寓人批校 孟跋

一六一九 徐霞客遊記不分卷 明徐弘祖撰 清楊名寧抄本 存遊名山記、日游滇記四至七、十至十四、附雞山紀略、鹽江考、溯江紀源、遊顏洞、遊太華山

一六二〇 徐霞客遊記十二卷 明徐弘祖撰 清抄本

一六二一 徐霞客遊記十二卷 明徐弘祖撰 清抄本

一六二二 徐霞客遊記十卷附錄一卷 明徐弘祖撰 清抄本

一六二三 遊名山記不分卷 明徐弘祖撰 清抄本

一六二四 徐霞客遊記不分卷 明徐弘祖撰 清抄本 余紹宋、葉景葵跋

一六二五 名山遊記十二卷附錄一卷 明徐弘祖撰 清初抄本

一六二六 遊名山記不分卷 明徐弘祖撰 清抄本

一六二七 徐霞客西游紀五卷 明徐弘祖撰 清抄本

一六二八 終南遊記一卷 明劉士龍撰 明崇禎刻本 七行十四字後有行二十字白口四周單邊

一六二九 小白渡紀勝一卷 明歸正衡撰 清抄本

一六三〇 清游集不分卷 清初抄本 清鮑毓東跋

一六三一 滇行紀程一卷 清許纘曾撰 清康熙刻本

一六三二 東還紀程一卷贈言一卷 清許纘曾撰 清康熙刻本

一六三三 二勞遊紀不分卷 清李□撰 稿本

一六三四 廣州遊覽小志一卷南來志一卷北歸志一卷秦蜀驛程後記二卷 清王士禛撰 清初抄本

一六三五 四岳遊記一卷 清吳源起撰 清康熙清畏堂刻本

一六三六 水箋四卷補三卷 清徐沁撰 清初息耕堂抄本 蔡元培題識

一六三七 金華遊記一卷 清順治五年刻本

一六三八 廬山紀遊一卷 清查嗣瑮撰 清康熙刻本

一六三九 孫文定公游記一卷 清孫嘉淦撰 清百齡抄本

一六四〇 西山紀遊一卷 清張永銓撰 清康熙刻本

一六四一 鴻爪集一卷附硯賦一卷硯銘一卷 清潘耒撰 清康熙三十年刻本

一六四二 鴻爪集一卷附硯賦一卷硯銘一卷 清潘耒撰 清康熙三十年刻本 清俞洽批點

一六四三 秦楚之際遊記二卷 清蔣熙撰 廉夫均評 清康熙三十三年廣州文翰堂刻本 葉恭綽跋

一六四四 宦蜀紀程四卷 清郎廷極撰 清康熙刻本

一六四五 知北遊草一卷 清張萬慶撰 清初抄本 周振濂跋

一六四六 伊蒿公粵遊紀略一卷 清張銓撰 清初抄本 清王士禛批

一六四七 公車圖不分卷 清萬貞元編繪 稿本 存建水州至貴州貴定縣界驛站一冊

一六四八 南征記程不分卷 清黃叔璥撰 清乾隆刻本

一六四九 天下名山記鈔十六卷圖一卷 清吳秋士輯 清康熙三十四年江左名刻本
一六五〇 天下名山記鈔十六卷名山圖一卷 清吳秋士輯 清康熙三十四年江左名刻五十六年賓餘樓印本
一六五一 煙語不分卷 清鄒淑琨撰 清初大雲閣抄本
一六五二 此遊計日二卷 清丁士一撰 清雍正刻本
一六五三 閩行日誌一卷 清劉靖撰 清雍正刻本
一六五四 藏行記程一卷 清杜昌丁撰 清雍正刻本 清吳城跋
一六五五 渡海輿記一卷 清雍正十年周于仁刻本
一六五六 渡海輿記一卷附裨海編一卷 清抄本 清吳騫校並跋
一六五七 遊徑山記一卷 清朱文藻撰 清抄本
一六五八 黔遊記程一卷 清杜應鵬撰 清乾隆刻本
一六五九 惣題上方二山紀遊集一卷 清金禮撰 清乾隆自刻本
一六六〇 入蜀記一卷 清李保泰撰 清抄本
一六六一 據鞍錄一卷 清楊應琚撰 清乾隆刻本
一六六二 西樵遊覽記十四卷 清劉子秀撰 清乾隆五十一年南會半堂刻本
一六六三 婺源山水遊記二卷 清周鴻撰 清乾隆五十五年婺源紫陽書院活字印本
一六六四 東巡記畧五卷 清山府抄本
一六六五 邊藏計程一卷 清抄本
一六六六 儔遊紀勝不分卷 清錢泳撰 手稿本
一六六七 游汴日記一卷歸舟日記一卷遊楚日記一卷遊都日記一卷遊閩日記一卷 清錢泳撰 清抄本 清潘奕雋、潘遵祁跋
一六六八 楚蜀紀遊一卷 清呂㙔撰 清抄本
一六六九 南征記不分卷 清張澍撰 稿本
一六七〇 康衛紀行十二卷附重訂本目錄一卷 清姚瑩撰 稿本
一六七一 閩浮提志二卷 清林忠員撰 清刻本
一六七二 度隴記四卷 清黃輔撰 稿本
一六七三 使蜀紀程一卷蜀輶吟艸一卷 清李德儀撰 稿本
一六七四 滇蜀紀程一卷 清王定柱撰 稿本
一六七五 鴻泥日錄九卷續錄四卷三錄三卷四錄五卷 清王定柱撰 清抄本
一六七六 西遊記金山以東釋一卷 清沈垚撰 清抄本
一六七七 赴滇紀程一卷 清抄本
一六七八 東輶紀程二卷 清壽士成撰 稿本
一六七九 宛南陝右行役記八卷 清彭鳳高撰 稿本
一六八〇 泰山紀游一卷 清楊鐸撰 稿本 清江鏊繪圖並跋 方朔跋 戴星題詩
一六八一 越縵生蘿菴游賞小志一卷 清李慈銘撰 清抄本
一六八二 西遊錄注一卷 清李文田撰 余家鼎補 稿本
一六八三 遊記日錄三卷（川遊日記一卷 成都偶紀一卷 進京偶記一卷） 清金紱撰 手稿本
一六八四 入剡記初稿不分卷 清陶濬宣撰 稿本
一六八五 漫游隨錄三卷 清王韜撰 稿本
一六八六 漫游隨錄三卷 清王韜撰 稿本 存二卷（一至二）
一六八七 俄游彙編十二卷 清繆祐孫撰 稿本
一六八八 目游錄不分卷 稿本
一六八九 滇軺紀程不分卷 清花沙納著 稿本
一六九〇 出塞紀程不分卷 清花沙納撰 清抄本

外紀

一六九一 佛國記一卷 晉釋法顯撰 清嘉慶十年張氏照曠閣刻學津討原本 清沈曾植批校
一六九二 大唐西域記十二卷 唐釋玄奘譯 釋辯機撰 宋崇寧二年刻福州藏本 六行十七字小字雙行上下單邊 存一卷（四）
一六九三 大唐西域記十二卷 唐釋玄奘譯 釋辯機撰 宋紹興二年王永從刻安吉州思溪法寶資福禪寺大藏本（卷一卷六配日本抄本） 六行十七字上下單邊
一六九四 大唐西域記十二卷 唐釋玄奘譯 釋辯機撰 宋平江府磧砂延聖院刻大藏本 六行十七字每板三十行 存一卷（一）
一六九五 大唐西域記十二卷 唐釋玄奘譯 釋辯機撰 明萬曆吳氏西爽堂刻本 十行二十字小字雙行白口左右雙邊
一六九六 大唐西域記十二卷 唐釋玄奘譯 釋辯機撰 明孟洪宇程寄刻本 每版三十行行十七字
一六九七 大唐西域記十二卷 唐釋玄奘譯 釋辯機撰 明抄本

一六九八 奉使西域行程記三卷 明陳誠、李暹撰 清抄本
一六九九 大唐西域記地理攷證一卷附錄一卷印度風俗總記一卷 清丁謙撰 稿本
一七〇〇 西域釋地一卷 清祁韻士撰 清道光十七年刻本 清張穆批校
一七〇一 宣和奉使高麗圖經四十卷 宋徐兢撰 明抄本
一七〇二 宣和奉使高麗圖經四十卷 宋徐兢撰 明抄本 清毛扆校
一七〇三 宣和奉使高麗圖經四十卷 宋徐兢撰 清乾隆翰林院抄本 清李盛鐸校並跋
一七〇四 宣和奉使高麗圖經四十卷 宋徐兢撰 清彭氏知聖道齋抄本 清彭元瑞批校
一七〇五 宣和奉使高麗圖經四十卷 宋徐兢撰 附錄一卷 清乾隆嘉慶間鮑廷博刻知不足齋叢書本 傅增湘校並跋
一七〇六 宣和奉使高麗圖經四十卷 宋徐兢撰 清抄本
一七〇七 宣和奉使高麗圖經四十卷 宋徐兢撰 清抄本
一七〇八 宣和奉使高麗圖經四十卷 宋徐兢撰 清抄本 清丁丙跋
一七〇九 宣和奉使高麗圖經四十卷缺 宋徐兢撰 清抄本 傅增湘校並跋
一七一〇 宣和高麗圖經三卷 宋徐兢撰 明吳岫釐正 清抄本
一七一一 朝鮮史略六卷 明萬曆四十五年趙宧光、翁一龍等刻本 九行十八字小字雙行同白口四周單邊
一七一二 朝鮮史略六卷 清康熙四十三年王覲抄本 清王覲跋
一七一三 朝鮮史略十二卷 清抄本 清丁丙跋
一七一四 東國史略六卷 明抄本 明趙琦美校並跋
一七一五 東國史略六卷 清初黃氏抄本
一七一六 東國史略六卷 清初抄本
一七一七 東國史略六卷 清吳縣顧氏文房抄本 清黃丕烈校並跋
一七一八 東國史略六卷 清抄本 清翁樹培校 羅振玉跋
一七一九 東國史略六卷 清繆氏藝風堂抄本 清繆荃孫校
一七二〇 朝鮮紀事一卷 明倪謙撰 明抄本
一七二一 使東日錄一卷 明董越撰 明正德九年刻本 十行十五字黑口四周雙邊
一七二二 朝鮮賦一卷 明董越撰 明弘治三年吳必顯、王政刻本 十行大二十字小二十字大黑口
一七二三 朝鮮賦一卷 明董越撰 明正德十六年刻本 八行十八字小字雙行同黑口四周雙邊
一七二四 朝鮮賦一卷 明董越撰 清康熙六十一年朱彝抄本
一七二五 朝鮮賦一卷 明董越撰 清抄本 清丁丙跋
一七二六 朝鮮國誌一卷箕子紀實一卷 朝鮮李珥撰 明萬曆刻朝鮮錄本
一七二七 朝鮮日本圖說不分卷 明刻本 十行二十三字白口四周雙邊
一七二八 朝鮮志不分卷 明抄本
一七二九 朝鮮志二卷 清劉氏嘉蔭簃抄本
一七三〇 朝鮮彙考五卷 清王元灝撰 稿本
一七三一 東藩事略二卷 清丁立鈞輯 清光緒內府抄本
一七三二 高麗史一百三十九卷 朝鮮鄭麟趾等撰 清抄本 沈石溪清夫尊跋
一七三三 高麗史一百三十七卷 朝鮮鄭麟趾撰 清抄本 清丁丙跋
一七三四 高麗史一百三十七卷目錄二卷 朝鮮鄭麟趾撰 清抄本
存一百三十八卷（一至一百三十七卷、目錄下）
一七三五 高麗史一百三十七卷 朝鮮鄭麟趾撰 清抄本
存一百三十四卷（一至一百十七、一百二十一至一百二十五、一百二十七至一百三十七）
一七三六 安南志略三卷 元黎崱撰 清吳蘭修抄本
一七三七 安南志略十九卷 元黎崱撰 清抄本 清黃丕烈校並跋
一七三八 越嶠書二十卷 明李文鳳輯 明抄本（卷一至二配清抄本）
一七三九 越嶠書二十卷 明李文鳳輯 清劉氏味經書屋抄本
一七四〇 安南志一卷 明蘇濬撰 明刻本 九行十八字白口四周雙邊有刻工
一七四一 海外紀事六卷 清釋大汕撰 清康熙三十八年寶綸堂刻本
一七四二 海外紀事六卷 清釋大汕撰 清康熙三十八年寶綸堂刻本 傅增湘跋
一七四三 安南紀略二卷 清金潼撰 清抄本
一七四四 越史略三卷 清彭氏知聖道齋抄本 清彭元瑞校並跋
一七四五 安南志一卷附安南國形勢考略一卷廣西苗傜各族風土記一卷 清楊仲興撰 清抄本
一七四六 越南輿地略一卷 清袁氏漸西村舍抄本
一七四七 日本國考略一卷補遺一卷 明薛俊撰 王文光增補 明嘉靖九年王文光刻本 十行十九字白口左右雙邊
一七四八 日本圖纂一卷 明鄭若曾撰 明抄本 清翁同龢跋
一七四九 倭志一卷 明王世貞撰 明抄本
一七五〇 日本考三卷 明李言恭、郝杰撰 明刻本（目錄配清抄本） 九行十八字小字雙行白口單魚尾四周單邊

吾妻鏡補三十卷 清翁廣平纂 清抄本 一七五一
吾妻鏡補二十八卷 清翁廣平纂 清抄本 一七五二
吾妻鏡補二十八卷 清翁廣平纂 清抄本 一七五三
吾妻鏡補二十八卷 清翁廣平纂 清抄本 一七五四
日本國志十卷 清姚文棟撰 清光緒十四年姚文棟家抄本 清姚文棟跋 一七五五
扶桑紀年四卷附日本歷代在位年齒表一卷 清錢國祥撰 手稿本 一七五六
扶桑記年四卷 清錢國祥撰 稿本 一七五七
日本源流考二十二卷 清王先謙撰 清光緒二十八年刻本 清王先謙校 一七五八
日本輿地通志六十一卷 日本關祖衡撰 清劉氏味經書屋抄本 一七六〇
琉球記一卷中山詩集一卷 明胡靖撰 明萬曆刻本 八行十六字白口四周單邊 一七六一
使琉球錄一卷 明陳侃、高澄撰 琉球譯二卷 清抄本 清翁樹崑跋 一七六二
使琉球錄一卷 明陳侃、高澄撰 清徐氏煙嶼樓抄本 清徐時棟跋 一七六三
使琉球記一卷 清張學禮、王垓撰 清抄本 一七六四
使琉球雜錄五卷 清汪楫撰 清康熙退五抄本 一七六五
中山沿革志二卷 清汪楫撰 清康熙抄本 一七六六
中山傳信錄六卷附富建道中詩一卷舶中集一卷遊泰山詩一卷 清徐葆光撰 清康熙六十年二友齋刻本 一七六七
中山傳信錄六卷附二友齋詩稿三卷 清徐葆光撰 贈送詩文一卷 清徐葆光輯 清康熙六十年二友齋刻本 一七六八
中山傳信錄六卷舶中集一卷 清徐葆光撰 贈送詩文一卷 清康熙六十年二友齋刻本 一七六九
中山傳信錄六卷 清徐葆光撰 贈送詩文一卷 清康熙六十年二友齋刻本 一七七〇
琉球國志略十六卷首一卷 清周煌撰 清乾隆進呈抄本 一七七一
琉球小志一卷補遺一卷說略一卷 清姚文棟譯 清光緒九年刻本 清楊守敬批校 一七七二
琉球實錄一卷 清□崎撰 稿本 一七七三
緬甸館來文一卷 清初同文堂抄本 一七七四

英吉利夷船入寇記二卷 清李鳳翔撰 清抄本 一七七五
英軺日記十二卷 清載振撰 清光緒二十八年內府抄本 一七七六
諸蕃志二卷 宋趙汝适撰 清孔氏嶽雪樓抄本 清孔繼涵校並跋 一七七七
諸蕃志二卷 宋趙汝适撰 清嘉慶十年張氏照曠閣刻學津討原本 清沈曾植批並跋 一七七八
真臘風土記一卷 元周達觀撰 清吳翌鳳抄本 清吳翌鳳題記 一七七九
真臘風土記一卷 元周達觀撰 清抄本 佚名錄清吳翌鳳跋 一七八〇
島夷誌略一卷 元汪大淵撰 清彭氏知聖道齋抄本 清彭元瑞校 一七八一
西洋番國誌一卷 明鞏珍撰 清彭氏知聖道齋抄本 清彭元瑞跋 一七八二
三寶征夷集一卷 明馬歡撰 明抄本 一七八三
瀛涯勝覽一卷 明馬歡撰 明祁氏澹生堂抄本 一七八四
瀛涯勝覽一卷 明馬歡撰 清嘉慶抄本 清翁方綱題識並校 葉啓勳跋 一七八五
南夷書一卷 明張洪撰 明抄本 清程恩澤跋 一七八六
殊域周咨錄二十四卷 明嚴從簡撰 明萬曆刻本 九行二十字白口四周單邊 一七八七
東夷圖總說一卷嶺海異聞一卷嶺海續聞一卷 明蔡汝賢撰 明萬曆刻本 九行十八字白口四周雙邊 一七八八
東夷圖總說一卷 明蔡汝賢撰 明萬曆刻本 九行十八字白口四周雙邊 一七八九
諸夷考三卷 明游樸撰 明萬曆刻本 九行十八字白口四周雙邊 一七九〇
四夷考八卷 明葉向高撰 明萬曆刻本 一七九一
裔乘八卷 明楊一葵撰 明萬曆刻本 八行十八字白口單邊 一七九二
皇明象胥錄八卷 明茅瑞徵撰 明崇禎茅氏芝園刻本 九行十九字白口四周單邊 一七九三
咸賓錄八卷 明羅曰褧撰 明萬曆十九年劉一焜刻本 十行二十字白口四周單邊 一七九四
東西洋考十二卷 明張燮撰 明萬曆四十六年刻本 九行十八字小字雙行同白口四周單邊 有刻工 一七九五
東西洋考十二卷 明張燮撰 明萬曆四十六年刻本 清丁丙跋 一七九六
赤雅不分卷 明鄺露撰 清趙氏小山堂抄本 一七九七
赤雅不分卷 明鄺露撰 清抄本 一七九八
四夷攷經國雄畧二卷 明鄭大郁撰 明三槐堂刻本 八行十八字小字雙行同白口四周單邊 一七九九
外夷朝貢考二卷 明抄本 一八〇〇
海國雜記一卷 清胡學峰撰 清丁氏八千卷樓抄本 一八〇一
海國雜記不分卷 清胡學峰撰 清抄本 一八〇二
遐域瑣談四卷 清七十一撰 清潘[illegible]堂抄本 一八〇三

一八〇四 遐城瑣談二卷 清七十一撰 清抄本
一八〇五 遐城瑣談□卷 清七十一撰 清抄本
一八〇六 皇朝藩部要略二十二卷 清祁韻士撰 清抄本
存十一卷 卷十至十四、十七至二十二
一八〇七 海島逸志六卷 清王大海撰 清嘉慶十一年漳園刻本 鄭振鐸跋
一八〇八 皇明諸夷考一卷 清彭孫貽撰 清抄本
一八〇九 瀛寰志略不分卷 清徐繼畬撰 稿本
一八一〇 談瀛微實八卷 清方桐撰 清方氏娛經堂抄本
一八一一 東西洋考每月統計傳不分卷 迦愛漢者纂 清道光十三年
存 道光癸巳十三年六月、十二月、道光丁酉十七年二月 十七年刻本
一八一二 海國四說十四卷 清梁廷枏撰 清道光刻本
耶穌教難入中國說一卷 合省國說三卷 蘭崙偶說四卷 粵道貢國說六卷
一八一三 合省國說三卷 清梁廷枏撰 清道光刻海國四說本
一八一四 粵道貢國說六卷 清梁廷枏撰 清道光刻海國四說本
一八一五 海國圖志五十卷附圖一卷 清魏源撰 清末民劉氏嘉蔭移抄本
一八一六 乘槎筆記一卷 清斌椿撰 清吳氏二百蘭亭齋抄本 清吳雲批校
一八一七 航海瑣記一卷 清余思詒撰 稿本
一八一八 航海瑣記四卷 清余思詒撰 稿本
一八一九 談瀛錄三卷 清王之春撰 清光緒六年上洋文藝齋刻本 清翁同龢批
一八二〇 亞細亞疆域說一卷 清王韜撰 手稿本
一八二一 西洋雜志八卷 清黎庶昌撰 手稿本
存四卷 一至四
一八二二 西洋雜志八卷 清黎庶昌撰 稿本
一八二三 西洋雜志八卷 清黎庶昌撰、清光緒十一年莫繩孫家抄本 清莫繩孫跋
存七卷 一至六、八
一八二四 希臘春秋八卷 清王樹枏撰 稿本
存七卷 二至六、八
一八二五 西國通鑑□□卷 清王先謙撰 稿本
一八二六 西國通鑑□□卷 清王先謙撰 稿本
存三十二卷 一至十二、十四至三十三
一八二七 諸蕃類考不分卷 清初抄本
一八二八 諸蕃類考不分卷 清抄本
一八二九 重譯圖經二卷 清繪本
一八三〇 皇朝外蕃圖三卷 清咸豐十年趙齊嬰抄本
一八三一 諸夷圖一卷 清抄本
一八三二 職方外紀六卷首一卷 泰西艾儒略撰 明楊廷筠記 明天啟刻本
九行十九字白口四周單邊
一八三三 職方外紀五卷首一卷 泰西艾儒略撰 明楊廷筠記 明天啟刻本
九行十七字白口左右雙邊
存四卷 一至三、首
一八三四 職方外紀二卷首一卷 泰西艾儒略撰 明楊廷筠記 清初抄本
一八三五 職方外紀五卷 泰西艾儒略撰 明楊廷筠記 清抄本
一八三六 職方外紀五卷首一卷 泰西艾儒略撰 清道光二十四年錢熙祚刻守山閣叢書本 清李文田批注
一八三七 西方答問二卷 泰西艾儒略撰 明崇禎十年刻本 九行十九字白口四周雙邊
一八三八 坤輿圖說二卷 比利時南懷仁撰 清康熙刻本
一八三九 坤輿圖說二卷 比利時南懷仁撰 清康熙刻本、莫棠題識

收藏情况 六

書名編號	藏書單位
史 地理類總志 1	0141
2	0101
3	1705
4	0101
5	1601
6	0101
7	0241
8①	0101
8②	1601
9	0201
10	0101
11	0201
12	0161
13	2301
14	1701
15	1605
16	2401
17	0201
18	1601
19	0101
20	0161
21	0101
22	0201
23	2301
24	1701
25	0101
26	0201
27	1705
28	2702
29	2541
30	0101
31	0101
32	0101
33	0201
34	0101
35	0201
36	0101
37	0101

書名編號	藏書單位
史 地理類總志 38	0101
39	0101
40	1601
41	0101
42	0101
43	1601
44	0101
45	0201
46	0101
47	0101
48	0101
49	0101
50	0101
51	0101
52	1791
53	2401
54	0101
55	0101
56	1606
57	0201
58	0101
59	2742
60	0201
61	0145
62	2701
63	0101
64	0101
65	0101
66	0141
67	0201
68	0141
69	1601
70	1681
71	1741
72	1601
73	2881
74	2001
75	1601
76	0142

表一

書名編號	藏書單位
史 地理類 總志 77	0201
78	0101
79	2041
80	0902
81	1601
82	1101
83	0101
84	0101
85	0101 0141 0143 0150 0164 0201 2501
86	0241
87	0101 0150 0164 0201 0701 0703 0841 1601 1701
88	1601 2042
89	0301 1658
90	0101
91	0101
92	0161
93	0101
94	1701 2201
95	1701
96	0182
97	1601
98	0101 0102 0181 0201 0242 1681 2201 2543
99	0201
100	1541
101	0101 0102 0141 0161 1510 1601
102	1601
103	0101
104	0201
105	0101 0102 0141 0145 0168 0201 0301 0404 0501 0592 0701 1501 1581 1601 2501 2541 2741 2901
106	0101 1501 1702 1981 2541
107	0101 0201 0861 1501 1641 1704 2001 2701
108	0141 0143 0144 0165 1741 2301 2341 2741
109	0144 0150 0159 0163 0181 0182 0241

書名編號	藏書單位
史 地理類 總志	0242 0661 0701 0841 0842 1541 1601 1605 1701 1704 1741 1843 2001 2242 2501 2541 2561 2641 2701 2742
110	1601 2041
111	0164
112	0301 1705
113	0141
114	1705 1881
115	1601
116	0101
117	0101 0141 1705 2206
118①	2381
118②	0141
119	0101 0150 0163 0201 0241 0301 0341 0841 1601 2301 2543 2701
120	1701
121	0161
122	0101
123	1601
124	0101 0141 0161
125	1505
126	0281
127	0101 0102 0150 0161 0201
128	0141 0201 0703
129	0101
130	0101 0142 0144 0161 0181 0201 0701 1601 1941
131	0201
132	0101 0141 0144 0164
133	1581
134	0201
135	1641
136	0101 0150 0201
137	0841
138	0164
139	0101 0201 0242 2081 2301
140	0101 0141 0161 0182 0198 0201 0241 0529 0842 1341 1501 1542 1582 2501 2702

表二

書名編號	藏書單位
史 地理類 總志 141	0143 0181 1462 1601 1605 2217 2301 2541 2701
142	0201
143	0145 1787 1881
144	2042
145	1701
146	0101 0141 0150 0181 0301○ 0201 1101○ 1601
147	0101
148	0201
149	0142 0201 0703 1881
150	0101 0141* 0161 0164 0201 0241 0703 1601 1801 2001
151	0101
152	0150 0242 1601
153	0201
154	0108 0520 0701○ 0703 1506 1601
155	0141 0161 0198 0201 0241 0242 0291 0501 1601 1606 2301
156	0101 0141 0161 0181 0201 0241 0291 0341 0501 0701 0841 1541 1601 1604 1606 1801 1941 1981 2314 2501
157	1601
158	0201
159	0101 0291 2001○
160	0201
161	1705
162	0101 1601 .801
163	1601
164	2702
165	0101
166	1501
167	2201
168	0201
169	0241
170	0201
171	0101
172	0161
173	0201

表三

書名編號	藏書單位
史 地理類 總志 174	0201
175	0701
176	0241
177	1201
178	1501
179	0101
180	0101
181	2541
182	2441
183	2701
184	2702○
185	2901
186	0201
187	2701
188	0243
189	0101
190	0101
191	0198
192	1501
193	0101
194	0201
195	0198
196	0841
197	2541
198	1601
199	1601
200	0201
201	0101 2301 2501
202	1542○ 1501○
203	0101 0141 0841
204	0101
205	0101
206	0101
207	0142
208	0181
209	0241
210	0141
211	0181○ 0198 0641 0701 09… 543
212	0101 0201 0601 0701

書名編號	藏書單位
史 地理類 總志 213	0181 0701 0841○
214	0181
215	0801
216	0181
217	0181
218	0181○ 0241○
219	0181
220	0241
221	0201
222	0101 0102 0142 0144 0145 0150 0161 0165 0181 0182 0201 0241 0242 0291 0405 0501 0701 0703 0801 0842 1341 1501 1601 1641 1681 1701 1705 2702 2901
223	0181
224	0201
225	0101
226	0701
227	1701
228	0101
229	0301
230	1601
231	0201
232	1901
233	2501
234	1701
235	0101 0142 1901
236	0201
237	0181
238○	0101
238○	0201
239	0101
240	0701
241	0201
242	0201
243	2401
244	0101
245	0161
246	0701

書名編號	藏書單位
史 地理類 總志 247	0101
248	2401
249	2341○
250	0601
261	0182
262	0141 0142 0161 2041 2541
253	0101
254	0150 2301
255	1701
256	0701
257	0101
258	0701
259	0201
260	0201
261	0241
262	0142 0201 1883
263	0201
264	2745
265	2201
266	0241
267	0201
268	0145
269	2741
270	2541
271	0201
272	1501
273	0201
274	0181
275	2050
276	0181
277	0201

表四

書名編號		藏書单位
史 地理類 雜志	278	2001
	279	0101
	280	0101
	281	0201
	282	0241
	283	0101
	284	2501
	285	0141
	286	1701
	287	0101
	288	0101
	289	0201
	290	0201
	291	0101
	292	0101⊙ 2501
	293	0101
	294	0101 2441
	295	0101
	296	0181⊙ 0201 0241 1646⊙
	297	2002
	298	0201
	299	0201
	300	1092
	301	0101
	302	1581
	303	0101 1601 1605
	304	1502 2691
	305	0801
	306	0161
	307	2301
	308	0201
	309	0101
	310	0141
	311	0101
	312	0101
	313	0201
	314	0101
	315	1601
	316	0102

表五

書名編號		藏書单位
史 地理類 雜志	317	0101 0141 0143 0144 0161 0165 0115 0198 0241 0642 0803 0842 1144 1601 1646 2301 2501 2601
	318	0141 0142 0161 0163 0181 0193 0198 0301 0741 1014 1042 1501 1605 1881 2281 2741 2801
	319	0404 0441 0701 0703 1881 1901 2261 2501 2702 2745
	320	1541 2301
	321	0301 1801
	322	1601
	323	0241
	324	0201
	325	0701
	326	0144
	327	0101
	328	0101
	329	0101 2742
	330	0101
	331	0181
	332	0101
	333	0101
	334	0701
	335	0741
	336	2042
	337	1601
	338	0101
	339	0701
	340	1601
	341	0101
	342	0181
	343	0142 0181 0242 0701 0841
	344	0601
	345	1601
	346	0101
	347	1601
	348	0701
	349	1601
	350	0201

書名編號		藏書单位
史 地理類 雜志	351	0341
	352	0201
	353	0101
	354	0101 0173⊙ 0201 0942 1601 1701 1881⊙ 2401
	355	1601
	356	0101 0141 0150 0161 0198 0201 1501 1682 1801⊙ 1881⊙
	357	1601
	358	0101
	359	0101
	360	1601
	361	0301
	362	0145 0201
	363	0241
	364	0101
	365	0101
	366	0201
	367	0141
	368	0101
	369	0163
	370	1601
	371	1601
	372	0101
	373	0101
	374	0198
	375	0101
	376	0101
	377	0101
	378	1701
	379	0101
	380	0201
	381	0201
	382	0201
	383	0101
	384	0101
	385	0101
	386	2261
	387	1601

表六

書名編號		藏書单位
史 地理類 雜志	388	0101
	389	0101
	390	2343
	391	0301
	392	0241
	393	0101
	394	1601
	395	2541
	396	1601
	397	0101
	398	0101
	399	0101
	400	0301
	401	0101
	402	0201
	403	0101
	404	0141
	405	0241
	406	0201
	407	0241
	408	0101 0201
	409	0101 0161
	410	1601
	411	0101
	412	0101 0142 0161 0201 0241 0243 1601 1605 1684 2241
	413	1601 1684
	414	0101 0201 0301
	415	2401
	416	0161
	417	1684 1601
	418	0101
	419	0101
	420	0201
	421	1684
	422	1601
	423	1601
	424	0241
	425	1605

書名編號	藏書單位
史 地理類 雜志 426	0101① 0161 0201 1601 2702
427	0241
428	2901
429	0101
430	0241
431	0201
432	0101
433	0101
434	1601
435	0161
436	0101
437	0201
438	0341
439	0201
440	0201
441	0163
442	0101
443	0101
444	0101
445	0161
446	1581
447	1581
448	1601
449	0701
450	0101 0201 2001
451	0101 1705
452	0101
453	0101
454	0101
455	0301
456	0101
457	0201
458	0201 1019
459	1601
460	0301
461	1501
462	1641
463	0241
464	0163

書名編號	藏書單位
史 地理類 雜志 465	1537
466	0101
467	0101
468	0201
469	0101
470	0101
471	0101
472	0101
473	0201
474	0101
475	0201
476	2242
477	2201
478	1601
479	0101
480	0201
481	0201 0241 1601
482	0201
483	0101 0161 0198
484	0141
485	1701
486	0101 0163
487	0201
488	0101
489	0101
490	1601
491	0101
492	0101
493	0101
494	0341
495	0101
496	1601
497	0201
498	0201
499	1601
500①	0161 0201 0242 [illegible]
501	1601
502	0201
503	2789

書名編號	收藏單位
500②	1701
500③	1601
500④	1761
500⑤	1601
500⑥	1601
500⑦	0101
500⑧	1601
500⑨	1761
500⑩	2541
500⑪	0101
500⑫	0261

書名編號	藏書單位
史 地理類 雜志 504	1601
505	1601
506	0101
507	1601
508	0201
509	0201
510	1701
511	0101
512	1701
513	1702
514	0181
515	0101
516	0101
517	1601
518	1601
519	1601
520	0101
521	0591
522	2002
523	1741
524	0201
525	0201
526	0201
527	1241
528	2702
529	0163
530	1601
531	0101
532	1601
533	0101 0201
534	0101 0141 0142 0201 0242 1501 1601 1701 2041 2702
535	0201
536	0201
537	0142 1501
538	2301
539	2541
540	1701
541	0241

書名編號	藏書單位
史 地理類 雜志 542	1601
543	0201
544	0101
545	0101
546	0101
547	0201
548	0101 0141 0201
549	1601
550	0101 0141
551	0201
552	1601
553	0101
554	0101 0141 1701 2001 2541 2641
555	0141 0146 0161 0182 0242 0342 0801 1441 1501 1605 1615 1702 1716 2042 2202 2401 2543
556	0101 0164 0242 0601 1716 1718 1843
557	0101 0141 0142 0143 0158 0181 0201 0301 0701 1006 1501 1601 1701 1704
558	0142
559	2561
560	0201
561	1787
562	0101
563	0101
564	2301
565	0201
566	0101 0141 0161
567	0591
568	2301
569	2001
570	0101 0201
571	0201
572	1601
573	0101
574	2702
575	0101
576	0101
577	1601

書名編號	藏書单位
史 地理類 雜志 578	0101 0201
579	1626
580	0101
581	0143
582	0201
583	0101 1628 2701
584	0101
585	0101
586	0101 2701
587	0101 0141 1706
588	0141
589	1705
590	0141 0161 2782 1601
591	1704
592	0101
593	0701
594	2701
595	0101 0141 0201 0301 1601
596	0101 0291
597	0101
598	0102
599	2041
600	0701
601	2001
602	1501
603	1704
604	0101 0181 0201 1501 1601 1604 2401
605	0181
606	0301
607	0241
608	1701
609	0101
610	2701
611	1601
612	2001
613	0101
614	0101
615	0201
616	2001

書名編號	藏書单位
史 地理類 雜志 617	0101
618	0101
619	0101
620	0101 0163
621	0101
622	1701
623	2041
624	0101
625	0101
626	0201
627	0141
628	0101
629	1601
630	0101 1601
631	2501
632	2441
633	0101 0201 0301 2501
634	0201 2501
635	0201
636	0181
637	2501
638	0101 1801 2501 2543
639	0101
640	1705
641	0141
642	1601
643	0141
644	0201
645	0101
646	2381
647	1601
648	0101
649	0101
650	0101 0201
651	0201
652	0101
653	1601
654	0101
655	0101

表九

書名編號	藏書单位
史 地理類 雜志 656	0101
657	0101
658	2301
659	0201
660	0101 0201 1601
661	1705
662	0101
663	0101
664	0201
665	2901
666	0182
667	2901
668	2901
669	0201
670	2901
671	0201
672	0301
673	0201
674	1701
675	0291
676	0301
677	0201
678	0601
679	0201
680	0101
681	0241
682	1501
683	0141
684	0101
685	0144
686	0101
687	1801
688	0201
689	0341
690	0141
691	0141
692	1601
693	0101
694	0101

書名編號	藏書单位
史 地理類 雜志 695	2583
696	1501
697	0201
698	0141 0201
699	0201 0341
700	0341
701	0101
702	0181
703	0161 0201
704	1605
705	1601
706	0201
707	0101
708	0201
709	1201
710	0101
711	2702
712	0201
713	0201
714	0201
715	0201
716	0141
717	0201
718	1601
719	0101
720	0201
721	0101 0144 0163 0164 0242 0541 1501 1513 1687 1701 1841 2201 2281 2704
722	1601
723	0201 0141
724	2702
725	1705
726	0101 0146 0181 0201 2641
727	0101 0198 0201 1705
728	1601
729	0101
730	2242
731	0101 0141 0161 0198 0201 0703 1601
732	1601

表一〇

書名	編號	藏書单位
史 地理類 專志	733	0101
	734	2301
	735	0201
	736	0201
	737	0101 0201 1641 1701⊗
	738	0197
	739	0201
	740	1103
	741	0201
	742	0101 0161 0201 0703
	743	0101
	744	0201
	745	0101 0141 0201 1701
	746	0101
	747	0201
	748	0201
	749	0201 1601
	750	0101
	751	0101
	752	0201
	753	1787
	754	1787
	755	0161
	756	1601
	757	0241
	758	1601
	759	1701
	760	0201
	761	1705
	762	0101 0141 0201
	763	0101
	764	0101
	765	0101 0161 0163 0201
	766	0141 0591 1601 1705 1791
	767	2401
	768	0101 0142 0198 2286
	769	0101
	770	2301
	771	0101

書名	編號	藏書单位
史 地理類 專志	772	1701 2702
	773	0141 0145 0541 1882
	774	0201
	775	0241
	776	2701
	777	0101
	778	1601
	779	0201
	780	0101
	781	1101
	782	1741
	783	0101
	784	0201
	785	0201
	786	0141
	787	1581
	788	0141 1581 1587 2201
	789	1601
	790	0101
	791	0165 0193 0201 0242
	792	0701
	793	0101 1601 1701 2501⊗
	794	0301 1641 1688 2401
	795	1601
	796	1601
	797	1701
	798	0101 0161 0181 0201 0243 1501 1601
	799	1684
	800	1601
	801	1601
	802	1689
	803	1601
	804	0201
	805	1628
	806	0201
	807	0101 0181 1301 1601 1701
	808	0201
	809	0201
	810	0201

書名	編號	藏書单位
史 地理類 專志	811	1881
	812	1881
	813	0101
	814	0101 0141
	815	1681
	816	2241
	817	0201
	818	0301
	819	0101
	820	0201
	821	1691
	822	2702
	823	0102
	824	0101
	825	0101
	826	0101
	827	1601
	828	2242
	829	0301
	830	2201
	831	0144
	832	1601⊗
	833	2702
	834	0201
	835	1791
	836	0163 1601
	837	0141 0164 0201
	838	0164 1601
	839	1701
	840	0101
	841	1601
	842	0201 0703 2042
	843	0201
	844	1601
	845	2501
	846	0201
	847	0101
	848	0201
	849	0201

書名	編號	藏書单位
史 地理類 專志	850	0201
	851	1701
	852	0201 1705
	853	0201
	854	0201
	855	0101 0201
	856	0201
	857	0101 0201
	858	1601
	859	0201
	860	1701
	861	0701 0201
	862	1787
	863	0201
	864	0201
	865	1741 0201
	866	0101 0142 0201 1788
	867	1912
	868	1646
	869	0161 0201
	870	0201
	871	0141 0181 0201 0291
	872	2001
	873	0161
	874	0201
	875	0141
	876	0191
	877	1601
	878	2042
	879	0101 2041 2042
	880	1601
	881	2501
	882	0141⊗ 0242⊗
	883	1701
	884	0201
	885	0101 0142 0201
	886	0101 1902⊗
	[illegible]	0101⊗ 1787⊗
	[illegible]	0201

書名編號		藏書單位						
史 地理類 專志	889	0101						
	890	0144						
	891	0201						
	892	0201						
	893	0101						
	894	1601						
	895	0142	0201					
	896	1501						
	897	0201	1144					
	898	1701						
	899	0101						
	900	0101						
	901	1701						
	902	1601						
	903	0101						
	904	0201						
	905	0201						
	906	0201						
	907	0201						
	908	0201						
	909	0201						
	910	0201						
	911	0101	0198	0201	2701			
	912	0101						
	913	0101						
	914	0701						
	915	1702						
	916	1681						
	917	0201						
	918	1606						
	919	0291						
	920	0101						
	921	0101						
	922	1601						
	923	1705						
	924	0181						
	925	0201						
	926	1601						
	927	1601						

表一五

書名編號		藏書單位						
史 地理類 專志	928	2541						
	929	1601						
	930	0201						
	931	1681						
	932	1701						
	933	0201						
	934	0142						
	935	0201						
	936	1101						
	937	0201						
	938	0201						
	939	1606						
	940	0101	0241	1042				
	941	0201	0142	1513				
	942	0142						
	943	0101						
	944	0201						
	945	0101						
	946	1701						
	947	0101	0142					
	948	0101	1701	1901				
	949	0181	1501					
	950	0201	1641					
	951	0181						
	952	0142						
	953	0201	0242					
	954	0703						
	955	0201	2201					
	956	2201						
	957	0201						
	958	0141	0201					
	959	0141						
	960	0201						
	961	0201						
	962	0101	1701					
	963	0142	0163	0201	2041			

書名編號		藏書單位						
史 地理類 山水志	964	0101	0150	0703(亡)	1701(亡)	1705(亡)		
	965	0101	0141	0161	0201	0301	0801	1041
		1641	2201	2702				
	966	1601						
	967	0261						
	968	0102	0141	0142	0144	0150	0161	0198
		0201	0281	0501	0520	1092	1601	1606
		1701	2501	2541				
	969	0145	0146	0163	0193	0241	0301	0701
		0703	1101	1301	1603	2704		
	970	1501						
	971	0141	0142	0150	0163	0164	0166	0181
		0198(亡)	0201	0242	0291	0701	0841	1681
		2701						
	972	0142						
	973	0201						
	974	0301						
	975	1601						
	976	0101	0102	0141	0143	0144	0161	0164
		0201	0241	0242	0291	1501	1705	1716
		2501						
	977	0201						
	978	0144	0146					
	979	0201						
	980	0101						
	981	2201						
	982	1787						
	983	1281						
	984	2501						
	985	0201						
	986	0242	2041					
	987	0142	0198	2961				
	988	0201						
	989	1601						
	990	0101						
	991	0101						
	992	0101						
	993	0201						
	994	0101						

表一四

書名編號		藏書單位						
史 地理類 山水志	995	1601						
	996	1705						
	997	0141						
	998	0161	0201					
	999	0201						
	1000	0101						
	1001	1705						
	1002	0101						
	1003	0101						
	1004	0102(亡)	1601(亡)					
	1005	0201						
	1006	0181	1702					
	1007	0101	1684					
	1008	0101	1601					
	1009	0101						
	1010	0201						
	1011	0201						
	1012	0301						
	1013	1684						
	1014	0241						
	1015	1684						
	1016	0301						
	1017	0201						
	1018	0161	0181	0201	0241	0301	1601	
	1019	0101	0142	0201	0241	1601	1605	1781
		2241	2701					
	1020	0201						
	1021	1601						
	1022	0301						
	1023	0101	0201					
	1024	0101						
	1025	1681						
	1026	0242	1601(亡)					
	1027	1601						
	1028	1705						
	1029	1705						
	1030	0201(亡)	0241					
	1031	0141						
	1032	[illegible]						

書名編號		藏書單位						
史 地理類山水志	1033	0101						
	1034	0201						
	1035	0141						
	1036	0101						
	1037	0181						
	1038	0142	0201					
	1039	2201						
	1040	0101	0142	0301	2701			
	1041	0101						
	1042	1841						
	1043	0101						
	1044	0141						
	1045	0201	1705⊗	1801	1802			
	1046	0201						
	1047	0101	0201	1881				
	1048	0201						
	1049	0161						
	1050	0198	0201	1606	1833			
	1051	0141	0301	1761	1801	1883		
	1052	0101	0198					
	1053	0102	0198	0201	1501			
	1054	0101	0201	0301	1601	1881		
	1055	0101						
	1056	1705						
	1057	1601	1705					
	1058	0101	0181	0201	1601	1606	1701	1801
		1843						
	1059	0141						
	1060	0101						
	1061	1801						
	1062	0101⊗	0201					
	1063	0161						
	1064	1645						
	1065	0441						
	1066	0161	0530					
	1067	0161	0201					
	1068	0101						
	1069	0141	0201					
	1070	0181						

書名編號		藏書單位						
史 地理類山水志	1071	0181	0341	2206	2501			
	1072	0181						
	1073	0181	0701					
	1074	0301						
	1075	1501						
	1076	0201						
	1077	1601						
	1078	0101	0201	1701				
	1079	0101	0161⊗					
	1080	1606	1701					
	1081	0102	0165	0201	0242	0901	1581	1601
		1603	1701	2301	2541	2702		
	1082	0141	0164	0182	0198	0201	0241	0701
		0703	1501	1582	1601	1603	2701	
	1083	0101						
	1084	0141						
	1085	0101	0141	0150	0161⊗	0181	0201	1581⊗
		2201⊗						
	1086	0165	0201	2201	2206	2571		
	1087	0201	2201					
	1088	0241						
	1089	1705						
	1090	0201						
	1091	0101						
	1092	0102	0141					
	1093	0144						
	1094	0201						
	1095	0141	0241	1101	1601			
	1096	0201						
	1097	0301	1101					
	1098	0201						
	1099	2201						
	1100	0181						
	1101	0201	1704					
	1102	0101						
	1103	2201						
	1104	1601						
	1105	0101	0102	0161	2201			
	1106	0101						

書名編號		藏書單位						
史 地理類山水志	1107	0102	0201	0241	0701	2042		
	1108	0201						
	1109	0142	0143	0201	0241	0242	2383	2602
	1110	1701						
	1111	0201						
	1112	0101⊗	1501⊗					
	1113	0141	0201	0703	1606	1641	1701	2301
		2541						
	1114	0102	0181	0201	2346	2543		
	1115	0101⊗	0201					
	1116	1601						
	1117	0101	1701					
	1118	0201						
	1119	0201						
	1120	0101						
	1121	0198						
	1122	1601						
	1123	0101	0141	0201				
	1124	0201						
	1125	0101						
	1126	0101	0102	0201	1601	1705		
	1127	0161	0181	0201	0301	1741	2591	
	1128	0201						
	1129	0101						
	1130	1704						
	1131	1787						
	1132	1741						
	1133	0301						
	1134	1701						
	1135	1764						
	1136	0201						
	1137	0101						
	1138	2441						
	1139	2001						
	1140	1841						
	1141	0141						
	1142	0101						
	1143	0101						
	1144	0161						

書名編號		藏書單位						
史 地理類山水志	1145	1705						
	1146	0101						
	1147	0101	0102	0141	0201	1601	1642	1701
		1705	2541	2702				
	1148	0201						
	1149	2201						
	1150	0141	0161	2301				
	1151	0101	0141	0201				
	1152	0101	0161	0201				
	1153	1931						
	1154	0101						
	1155	1601						
	1156	0101⊗	1705⊗					
	1157	0101						
	1158	0101	1601					
	1159	0101						
	1160	0201						
	1161	0101	0102⊗	0141	0201⊗	1541	1601	1901⊗
	1162	0201						
	1163	0201	1705					
	1164	1601						
	1165	0101						
	1166	0101	2701					
	1167	0201						
	1168	0201						
	1169	1705						
	1170	0141	0161	0198	0201			
	1171	0201						
	1172	0102	0201					
	1173	0142	1701					
	1174	0101						
	1175	0101						
	1176	0201						
	1177	0101						
	1178	0101	0201	2001⊗	2042⊗			
	1179	2001						
	1180	0341						
	1181	0101	2041					
	1182	2001						

書名編號		藏書单位
史 地理類 山水志	1183	0101
	1184	0201
	1185	0101 0201 1601 1705
	1186	0201 1501
	1187	0101 0161 0201 0291 0441 0520 0703 0801 1101 1601 1607 1646 1701 1916 2001 2041 2241 2401 2701 2702
	1188	0101 0182 0201 0242 0743 1681 1901
	1189	0201
	1190	0201
	1191	1705
	1192	0141
	1193	0101 2583
	1194	0101 0301 1581 1601
	1195	0341 2042
	1196	0101
	1197	0144 0201 1542
	1198	0101 0161
	1199	0201
	1200	1601
	1201	0201
	1202	0201
	1203	1705
	1204	0101
	1205	1681
	1206	0201 0243
	1207	0101
	1208	2901
	1209	2903
	1210	2901
	1211	2881
	1212	0101
	1213	0161
	1214	1781
	1215	0101
	1216	0141 0161 0182 0201 0301 0341 0801 1601 2304 2401 2701 2941
	1217	0101
	1218	0101
史 地理類 山水志	1219	0101
	1220	0101 0102 0144 0161 0181 0182 0201 0291 0301 0481 0591 0701 0703 0841 1001 1144 1801 1604 1641 1881 2284 2541 2583 2742 2881
	1221	1601
	1222	1701
	1223	0101
	1224	2541
	1225	0201
	1226	0201
	1227	0141
	1228	0161
	1229	2301
	1230	0101 0141 0144 0173 0201 0241 0341 0591 0841 1042 1101 1103 1501 1601 1604 1641 1691 1701 1801 1881 1901 1941 2201 2301 2302 2341 2342 2501 2561 2701
	1231	0101
	1232	0201
	1233	2501
	1234	2401
	1235	0101
	1236	0101
	1237	0101
	1238	0101
	1239	1501
	1240	1601
	1241	0165
	1242	0241
	1243	0101
	1244	0301
	1245	0163
	1246	0144
	1247	0141
	1248	0241
	1249	0201
	1250	0101
史 地理類 山水志	1251	1601
	1252	1601
	1253	0201
	1254	1601
	1255	2301
	1256	0101
	1257	0101
	1258	0301
	1259	0101
	1260	0201
	1261	2301
	1262	0178
	1263	2301
	1264	2301
	1265	2301
	1266	2301
	1267	2301
	1268	0301
	1269	0201
	1270	0301
	1271	0141 0142 0161 0163 0164 0182 0198 0201 0241 0242 0301 0441 0520 0842 0941 1141 1181 1582 1601 1641 1701 2001 2003 2242 2401 2441 2701 2745
	1272	0165
	1273	0165
	1274	2341
	1275	0101
	1276	0201
	1277	0701
	1278	0101
	1279	0161
	1280	0201
	1281	1501
	1282	0101
	1283	0165
	1284	0201
	1285	0841
	1286	0102
史 地理類 山水志	1287	0198
	1288	1541
	1289	2301
	1290	2301
	1291	0201
	1292	0101 0141 2301 2701
	1293	0101
	1294	0101
	1295	0201
	1296	0201
	1297	0301
	1298	0142
	1299	1601
	1300	0241
	1301	0201
	1302	1301
	1303	0201
	1304	2301
	1305	2301
	1306	1601
	1307	0101
	1308	0101
	1309	0141
	1310	0101
	1311	1601
	1312	0241
	1313	0241
	1314	0201
	1315	1501
	1316	2301
	1317	2001
	1318	2401
	1319	2702
	1320	2702
	1321	2702
	1322	2702
	1323	0101
	1324	0101
	1325	1628

書名編號		藏書單位						
史 地理類 山水志	1326	0301						
	1327	0701						
	1328	1601						
	1329	0201						
	1330	1541						
	1331	0201						
	1332	0201						
	1333	0101						
	1334	1701						
	1335	0201	1501	1601	1701			
	1336	0161						
	1337	1082						
	1338	0101						
	1339	1601						
	1340	0201						
	1341	0101	0193⊗					
	1342	1701						
	1343	0161						
	1344	0165						
	1345	0201						
	1346	2542						
	1347	0301						
	1348	1917						
	1349	0141						
	1350	0101						
	1351	1604						
	1352	0141						
	1353	0201						
	1354	0101						
	1355	0201						
	1356	0201						
	1357	0201						
	1358	1701						
	1359	1601						
	1360	2541						
	1361	0181						
	1362	0101	0201⊗	2041⊗				
	1363	0101	0181					
	1364	[illegible]						

書名編號		藏書單位						
史 地理類 山水志	1365	0181						
	1366	0141						
	1367	2401①	2541①					
	1368	1601						
	1369	0242						
	1370	0181						
	1371	0141						
	1372	0101						
	1373	1601						
	1374	0201						
	1375	0161						
	1376	0201						
	1377	0181	0201					
	1378	1601						
	1379	0101	1601	1741				
	1380	0101	0141	0164	0201	0241	0243	1684
		1701						
	1381	0101	0242	2042				
	1382	2301						
	1383	0841						
	1384	0101						
	1385	0101						
	1386	0441						
	1387	0101						
	1388	1601						
	1389	0241						
	1390	0161						
	1391	0201						
	1392	0142						
	1393	0141	0201	1507	1544			
	1394	0301						
	1395	1605	1705					
	1396	0101						
	1397	0102						
	1398	0161①	2401					
	1399	0242						
	1400	0101						
	1401	0101	0144	0201	0341	1501	2220①	2301①
		2701						

書名編號		藏書單位					
史 地理類 山水志	1402	0141	0161	0301			
	1403	0101	1501				
	1404	1701					
	1405	0161	0201	1601	1641	1701	1702
	1406	0101	0182	0241			
	1407	0841	1528	1542			
	1408	0141	0201	0241	1601	1605	2501
	1409	0101	0150	0301	1627		
	1410	0101	0161	0182	0201	1501	1701
	1411	0101					
	1412	0101①	0193				
	1413	0201	1601				
	1414	1881					
	1415	0201					
	1416	1601					
	1417	0241					
	1418	3201					
	1419	1601					
	1420	2343					
	1421	0101	2301	2701			
	1422	2001					
	1423	0101					
	1424	0301					
	1425	2541					
	1426	2901					
	1427	2901					
	1428	2401					
	1429	2401					
	1430	2306					
史 地理類 水利	1431	0243					
	1432	0201①	1705①				
	1433	0101					
	1434	0201					
	1435	0141	0201				
	1436	0161	0141	0198	0231	1341	2561
	1437	0142					
	1438	0101					
	1439	0141					
	1440	0101					

書名編號		藏書單位						
史 地理類 水利	1441	0101						
	1442	0101						
	1443	0101						
	1444	0101	0141	0144	0161	0162	0166	0181
		0501	0701	0841	1107⊗	1501	1601	1605
		1701	1901⊗	1643⊗	1901	2541	2561	
	1445	0201	0703	1461	1601	2603	2707	
	1446	0101	0151	0201	0241	1701		
	1447	0101						
	1448	1601						
	1449	1601						
	1450	0197						
	1451	2702						
	1452	0301						
	1453	0703						
	1454	0141						
	1455	0101						
	1456	0101	0703					
	1457	0201						
	1458	0701						
	1459	0101						
	1460	0701						
	1461	0101						
	1462	0101						
	1463	0161						
	1464	1701						
	1465	1604	1702	1710				
	1466	0141						
	1467	0703						
	1468	0141						
	1469	1902						
	1470	2401						
	1471	0201						
	1472	1501						
	1473	0501						
	1474	0141						
	1475	1701						
	1476	2242						
	1477	2242						

書名編號	藏書單位				
史 地理類 水利 1478	1705				
1479	0181				
1480	0141	2501			
1481	0141				
1482	0101				
1483	0241				
1484	0301				
1485	0101				
1486	0201				
1487	0703				
1488	0703				
1489	1601				
1490	0141				
1491	0141				
1492	0101				
1493	0101				
1494	0301				
1495	0101	1082	1881	2704	
1496	0101	1601			
1497	0201				
1498	0201	1616			
1499	2741				
1500	0241				
1501	0101	0201	0301	2561	2641
1502	2702				
1503	1701				
1504	1701				
1505	0102				
1506	0101				
1507	0141				
1508	0703				
1509	0101	0161	0164	0201	1601
1510	0101				
1511	0101				
1512	0241				
1513	0101				
1514	1605				
1515	0701				
1516	1101				

書名編號	藏書單位			
史 地理類 水利 1517	1601			
1518	0101			
1519	2301			
1520	0701	2401		
1521	0164	1601	2542	
1522	1604			
1523	0141			
1524	0101	0141		
1525	0181			
1526	2501			
1527	1601			
1528	0201			
1529	0241			
1530	0181			
1531	1601			
1532	1601			
1533	1701			
1534	1601			
1535	0201			
1536	0201	1701		
1537	1601			
1538	1701			
1539	1701			
1540	0101			
1541	1601			
1542	0181	0703	1601	1716
1543	0201			
1544	1701			
1545	0101	0841		
1546	0201			
1547	2304			
1548	2702			
1549	0701			
1550	2041			
1551	2904			
1552	2901			
史 地理類 遊記 1553	0301			
1554	0101			
1555	0101			

書名編號	藏書單位		
史 地理類 遊記 1566	2701		
1557	0101		
1558	0201		
1559	0141		
1560	0101		
1561	0241		
1562	0201		
1563	0101		
1564	1601		
1565	0101		
1566	0101		
1567	0101		
1568	0101		
1569	1781		
1570	1601		
1571	2501		
1572	0241		
1573	0201		
1574	0101		
1575	1694		
1576	0161		
1577	0201		
1578	1601		
1579	0101		
1580	0201		
1581	0101		
1582	0101		
1683	1720		
1584	0101		
1585	0101		
1586	0141		
1587	1601		
1588	0142	1601	1701
1589	0101	1025	
1590	0301		
1591	0101		
1592	0101		
1593	0101		
1594	1705		

書名編號	藏書單位			
史 地理類 遊記 1595	0101	0301	1601	
1596	0201			
1597	2701			
1598	0161	0201	1704	0247
1599	0201			
1600	0201			
1601	0201			
1602	0101			
1603	0201			
1604	0145	1601		
1605	0141			
1606	1801			
1607	0101			
1608	0141			
1609	0141			
1610	0101			
1611	2001			
1612	0301			
1613	1601			
1614	0201			
1615	2201			
1616	0201			
1617	0101			
1618	1601			
1619	0242			
1620	0101			
1621	0141			
1622	2702			
1623	0201			
1624	0201			
1625	1101			
1626	2042			
1627	0101			
1628	0141			
1629	2001			
1630	0241			
1631	0101			
1632	0161			
1633	0161			

書名編號		藏書单位				
史 地理類 遊記	1634	0241				
	1635	0201				
	1636	0161				
	1637	0201				
	1638	0101	0201			
	1639	2561				
	1640	0101				
	1641	0241	1801			
	1642	0301				
	1643	0201				
	1644	0101				
	1645	1581				
	1646	1581				
	1647	2981				
	1648	0142				
	1649	0101	0198	0201		
	1650	0141	0161	0201	2583	0902
	1651	0101				
	1652	0101				
	1653	0101				
	1654	1801				
	1655	0101				
	1656	0301				
	1657	0201				
	1658	0142	2901			
	1659	0101	0141	0782		
	1660	0241				
	1661	0101	0142			
	1662	2543				
	1663	0101				
	1664	0101				
	1665	2701				
	1666	0201				
	1667	1605				
	1668	1501				
	1669	1081				
	1670	1801				
	1671	2901				
	1672	0301				

書名編號		藏書单位		
史 地理類 遊記	1673	0101		
	1674	0101		
	1675	0201		
	1676	2301		
	1677	0101		
	1678	1801		
	1679	0201		
	1680	0101		
	1681	0101		
	1682	0101		
	1683	0283		
	1684	0163		
	1685	0201		
	1686	1601		
	1687	0102		
	1688	0201		
	1689	0150		
	1690	0150		
	1691	1781		
	1692	0141		
	1693	0101		
	1694	1601		
	1695	0198㊀	0201㊀	2702
	1696	0281		
史 地理類 外紀	1697	0101		
	1698	0101		
	1699	0101		
	1700	0591		
	1701	0141		
	1702	0101		
	1703	0141		
	1704	2501		
	1705	0101		
	1706	0101		
	1707	1601		
	1708	1601		
	1709	0101		
	1710	0301		
	1711	0101	0201	1142

書名編號		藏書单位
史 地理類 外紀	1712	0201
	1713	1601
	1714	0101
	1715	0101
	1716	0198
	1717	0101
	1718	0101
	1719	0150
	1720	0701
	1721	1705
	1722	0281
	1723	0291
	1724	0141
	1725	1601
	1726	1601
	1727	0701
	1728	0101
	1729	0101
	1730	0141
	1731	0181
	1732	2401
	1733	1601
	1734	0101
	1735	0101
	1736	0141
	1737	2503
	1738	0141
	1739	0201
	1740	2001
	1741	0101
	1742	0591
	1743	0101
	1744	0141
	1745	2341
	1746	1641
	1747	1606
	1748	0101
	1749	0101
	1750	0141

書名編號		藏書单位		
史 地理類 外紀	1751	0201		
	1752	1701		
	1753	2301		
	1754	2341		
	1755	1601		
	1756	0201		
	1757	1606		
	1758	0201		
	1759	2401		
	1760	0101		
	1761	0101		
	1762	0101		
	1763	0701		
	1764	1501		
	1765	0181		
	1766	0181		
	1767	0201	1167	
	1768	0201	2702	
	1769	2241		
	1770	0101	0301	1501
	1771	0181		
	1772	2301		
	1773	0201		
	1774	0101		
	1775	2401		
	1776	0181		
	1777	0101		
	1778	1781		
	1779	0141		
	1780	1607		
	1781	0101		
	1782	0101		
	1783	0101		
	1784	2001		
	1785	2401		
	1786	0101		
	1787	0101	0161	1501
	1788	0101		
	1789	0101		

書名編號	藏書單位						
史 地理類 外紀 1790	0101						
1791	0156						
1792	0101	0201					
1793	0101	1606(○)					
1794	0101	1501					
1795	0141	0142	0144	0150	0161	0163	0164
	0181	0201	0241	0242	0261	0281	0301
	0701	0842	1041	1046	1241	1501	1503
	1542	1544	2341	2901			
1796	1601						
1797	3101						
1798	0173						
1799	0141						
1800	0201						
1801	1601						
1802	1705						
1803	1601						
1804	1601						
1805	0173						
1806	0150						
1807	0101						
1808	0141						
1809	0101						
1810	0101						
1811	0101						
1812	0101						
1813	0101						
1814	0101						
1815	1841						
1816	2541						
1817	0201						
1818	1101						
1819	1601						
1820	0201						
1821	2701						
1822	2701						
1823	0101						
1824	1701						
1825	0141						
史 地理類 外紀 1826	0141						
1827	0198						
1828	1705						
1829	0301						
1830	1910						
1831	0201						
1832	3101						
1833	0101						
1834	0161						
1835	0164						
1836	0101						
1837	1601						
1838	0101(○)	1601	1606				
1839	0201						

方志

四鎮三關誌十卷 明劉效祖等纂修 明萬曆四年刻本 十行二十一字白口四周雙邊 一a
四鎮三關誌十卷 明劉效祖等纂修 清抄本 一b
順天府志□□卷 繆氏藝風堂抄本 繆荃孫校 一c
存八卷 七至十四
[萬曆]順天府志六卷 明沈應文、張元芳纂修 明萬曆刻、 九行十九字白口四周雙邊 二
[康熙]順天府志八卷 清張吉午纂修 清康熙抄本 三
存七卷 二至八
[光緒]順天府志□□卷 清洪良品、繆荃孫纂 稿本 四
[康熙]宛平縣志六卷 清王養濂、李開泰纂修 康熙二十五年刻本 五
[康熙]良鄉縣志八卷 清李慶祖、張琛等纂修 清康熙抄本 六
存七卷 一至七
[康熙]良鄉縣志八卷 清楊嗣奇、見聖等纂修 清康熙刻本 七
[康熙]固安縣志九卷 清陳純升 李燦纂修 清康熙抄本 八
存四卷 一至四
[康熙]固安縣志八卷首一卷 清鄭善述、潘昌纂修 清康熙五十三年刻本 九
[康熙]永清縣志十五卷 清萬一鼒、俞寓等纂修 清康熙刻本 一〇
[康熙]東安縣志十卷 清王士美、張琪纂修 清康熙刻本 一一
[康熙]通州志十二卷 清吳存禮、陸茂騰纂修 清康熙刻本 一二
[雍正]通州新志九卷 清黃成章纂修 清雍正二年刻本 一三
[康熙]三河縣志二卷 清陳伯嘉纂修 清康熙抄本 一四
[康熙]武清縣志十卷 清鄧欽楨、狄錫胤纂修 清康熙十四年刻本 一五
存四卷 一至三、十
[光緒]武清縣志十卷首一卷末一卷 清蔡壽臻、錢錫寀等纂修 稿本 一六
[康熙]寶坻縣志八卷 清牛一象、施有藩纂修 清康熙刻本 一七
[隆慶]昌平州志八卷 明崔學履纂修 明隆慶元年刻本 十行二十一字白口左右雙邊 一八
存五卷 四至八
[光緒]昌平志外志稿一卷補稿一卷 清麻兆慶撰 稿本 一九
[康熙]順義縣志二卷 清黎淑文纂修 清康熙刻本 二〇

[康熙]密雲縣志十八卷 清趙弘化纂修 清康熙刻本 二一
[正德]涿州志十二卷 明劉瓔、鄭欽纂修 明正德九年刻嘉靖三十二年增修本 八行二十字白口左右雙邊 二二
存八卷 五至十二
[康熙]涿州志十二卷 清劉德弘纂修 清康熙牧愛堂刻本 二三
[乾隆]房山縣志一卷 清佟世法纂修 清乾隆四十一年刻本 二四
[嘉靖]霸州志九卷 明唐交、高濬等纂修 明嘉靖刻本 九行二十字白口四周雙邊 二五
[同治]霸州志八卷 清周乃大、宋文榮纂修 稿本 二六
[康熙]文獻備考十卷 清井增撰 清抄本 二七
[萬曆]保定縣志九卷 明田龍、龔如泰纂修 明萬曆刻本 九行二十字白口四周雙邊 二八
存二卷半 卷七半、八、九
[嘉靖]薊州志十八卷 明熊相纂修 明嘉靖三年刻本 九行二十一字白口四周單邊 二九
存四卷 一至四
[康熙]薊州志八卷 清[illegible]廷思纂修 路遇續修 清抄本 三〇
存五卷 一至五
[康熙]平谷縣志三卷 清徐在壁、李枚明纂修、項宋清增修 清康熙六年刻雍正十年增修本 三一
[成化]重修保定志二十五卷 明章律修 張才纂 徐琰重訂 明弘治七年刻本 九行二十字黑口四周雙邊 三二
[光緒]保定府志稿八十卷 清鄭士蕙纂修 稿本 三三
[嘉靖]清苑縣志六卷 明李廷寶纂修 明嘉靖十七年刻本 九行二十字白口四周雙邊 三四
[康熙]滿城縣志十卷 清裴國楨、劉之淙纂修 清康熙刻本 三五
存九卷 一至五、七至十
[康熙]安肅縣志四卷 清梁舟、陳公定纂修 清康熙刻本 三六
[康熙]定興縣志十卷 清張其珍、尚新民纂修 清康熙刻本 三七
[雍正]續唐縣志略一卷 清王恪纂修 清雍正十二年刻本 三八
[康熙]博野縣志四卷 清王圖泰、劉馨纂修 清康熙刻本 三九
[乾隆]望都縣志八卷 清陳洪書修 陳啟光纂 清乾隆三十六年刻本 四〇
[康熙]容城縣志八卷 清趙士麟、李進光纂修 清康熙刻本 四一
[康熙]完縣志十卷 清劉安國 王斌纂修 清康熙刻本 四二
存九卷 二至十
[嘉靖]蠡縣志五卷 明李復初纂修 明嘉靖十五年刻本 九行二十字白口四周單邊 四三

[嘉靖]雄乘二卷　明王齊纂修　明嘉靖十六年刻本　十一行二十五字白口四周單邊　四四
[崇禎]祁州志十卷　明鄒懋膂纂修　清柚郎中續修　明崇禎刻清康熙增修本　八行二十二字白口四周單邊　四五
存九卷　一至七、九至十
[康熙]安州志十卷　清王謝位　兵瀛洋纂修　清康熙刻本　四六
[順治]新安縣志八卷　清□□□纂修　□□□續修　清順治刻康熙增修本　四七
存五卷　一至四、八
[弘治]永平府志十卷　明張廷綱纂修　明弘治十四年刻本　十一行二十字黑口四周雙邊　四八
[萬曆]永平府志十卷　明徐準、涂國柱纂修　明萬曆刻本　九行十九字白口四周雙邊　四九
存九卷　二至十
[康熙]續補永平志一卷　清宋□一纂修　清康熙抄本　五〇
[康熙]永平府志二十四卷　清宋琬纂修　常文魁續修　清康熙刻本　五一
[康熙]永平府志二十四卷首一卷　清張朝琮、宋當寺纂　清康熙五十年刻本　五二
[康熙]遷安縣志二卷　清王承□纂修　清康熙抄本　五三
存一卷　上
[康熙]遷安縣志八卷　清張一鴻、□□纂修　清康熙刻本　五四
[康熙]撫寧縣志十二卷　清劉馨修　王述唯纂　清康熙十八年刻本　五五
存六卷　五至八、十至十二
[嘉靖]灤志五卷　明陳士元纂修　明嘉靖二十九年刻本　九行二十四字白口四周雙邊　五六
存三卷　二、三、五
[萬曆]灤志六卷　明周宇纂修　明萬曆刻本　九行二十二字小字雙行行字同白口四周雙邊　五七
灤志六卷灤志補一卷　明周宇纂修　清馬如龍等續修　明萬曆刻清康熙增修本　五八
[康熙]灤志八卷　清孫象元、劉九逵纂修　清康熙抄本　五九
存六卷　一至三、四、五、八
[光緒]灤州志十八卷　清楊文鼎、王大本等纂修　稿本　六〇
[嘉靖]山海關志八卷　明詹榮纂修　明嘉靖十四年蔡時雍刻本　八行十八字小字雙行同白口四周雙邊　六一
[嘉靖]河間府志二十八卷　明郭維藩、樊深纂修　明嘉靖十九年刻本　九行二十一字白口四周單邊　六二
[萬曆]河間府志十五卷　明杜應芳、陳士彥纂修　明萬曆刻本　九行二十字小字雙行行字同白口四周單邊　六三
存十卷　二、五至十、十五
[康熙]河間縣志十二卷　清袁元、楊九有纂修　清康熙刻本　召閒志一卷　六四
[康熙]獻縣志八卷　清劉徵廉、鄭大綸纂修　清康熙十二年刻本　六五

[康熙]重修阜志二卷　清黃邦、多松齡纂修　清康熙刻本　六六
存一卷　下
[萬曆]肅寧縣志二卷　明戚汝懋修　明萬曆二十七年刻嘉慶九年藍印本　九行十六字小字雙行同白口四周雙邊　六七
[康熙]肅寧縣志一卷　清王家翼纂修　清康熙十年刻本　六八
[康熙]重修任丘縣志四卷　清姚康琳、邊之驌纂修　清康熙刻本　六九
[康熙]交河縣志七卷　清崔鼎修　黃沅纂　清康熙刻本　七〇
[康熙]吳橋縣志十卷　清任先覺、楊芊纂修　[康熙]吳橋縣志續補一卷　清廖廷瑄修　楊芊纂　清康熙十二年刻十九年增修本　七一
[康熙]故城縣志六卷　清吳友聞、張應辰纂修　宋晉祁增修　清康熙十九年增修本　七二
存五卷　一至三、五至六
[康熙]靜海縣志四卷　清閻甲胤、馬方伸纂修　清康熙十二年刻本　七三
[嘉靖]興濟縣志二卷　明蒲鎔、鄭孝纂修　清抄本　七四
[嘉靖]興濟縣志二卷　明蒲新、鄭孝纂修　清抄本　七五
[康熙]青縣志四卷　清楊復、姚世□纂修　清康熙刻本　七六
存三卷　一至二、四
[萬曆]滄州志八卷　明李夢熊、顧憲宇纂修　明萬曆三十一年刻本　十行二十一字白口上下單邊左右雙邊　七七
[康熙]滄州新志十五卷　清莊□□、王鵬祖纂修　清康熙刻本　七八
存十三卷　一至六、八、九至十五
[康熙]滄州新志十五卷　清徐沛、王鵬祖纂修　周□元續修　清康熙十三年刻十九年增修本　七九
[康熙]南皮縣志八卷首一卷　清馬士琰、吳燦等纂修　清康熙刻本　八〇
[康熙]鹽山縣志十二卷　清朱帽等纂修　黄貞麟續修　清康熙刻本　八一A
存六卷　一至二、六至九
[康熙]慶雲縣志十二卷　清李居一、崔允貞纂修　清康熙十二年刻本　八一B
存九卷　一至七、十一至十二
[嘉靖]真定府志三十三卷　明雷禮纂修　明嘉靖二十八年刻本　八二
存二十九卷　一至五、十至三十三
[嘉靖]獲鹿縣志十二卷　明趙惟勤纂修　明嘉靖三十五年刻本　八行二十字白口四周單邊　八三
[萬曆]靈壽縣志十卷　明張燦、王鏘纂修　明萬曆四年刻本　十行二十五字白口四周雙邊　八四
[康熙]欒城縣志四卷　清王珮、賈忠瑄纂修　清康熙二十二年刻本　八五
[嘉靖]平山縣續錄志□卷　明□天民纂修　明嘉靖刻本　九行十八字白口四周單邊　八六

存二卷 四至五
八七 【康熙】行唐縣新志十二卷 清王鳴、薛瑞纂修 清康熙刻本
存二卷 卷一、二
八八 【乾隆】行唐縣新志十二卷 清吳根穀、王正則纂修 清乾隆刻本
存五卷 一至三 十一至十二
八九 【同治】續修行唐縣新志八卷首一卷末一卷 清崔令瑞纂修 清抄本
九〇 【康熙】贊皇縣志九卷附錄一卷 清李因清、楊文東纂修 清康熙十一年刻本
存九卷 一至五、九至九 附錄一卷
九一 【康熙】晉州志十卷 清郭建章、閻永清纂修 清康熙抄本
存八卷 一至八
九二 【康熙】重修無極志二卷 清高必大、楊兆元纂修 清康熙刻本
九三 【康熙】重修無極志二卷 清高必大修 楊兆元纂 張大焜續修 清康熙刻十九年增修本
九四 【萬曆】新樂縣志二十卷 明張立賢、陳賞纂修 清林華皖、郝懿常纂修 明萬曆刻清康熙增刻本
九五 【嘉靖】順德志三十五卷 明孫錦、高滄纂修 明嘉靖十五年刻本 九行二十字白口四周單邊
存二十六卷 十至三十五
九六 【萬曆】順德府志四卷 明王守誠、張四箴纂修 張廷庭增修 明萬曆刻本 九行二十一字小字雙行同白口四周雙邊
九七 【萬曆】順德府志四卷 明王守誠、張四箴纂修 清順治八年刻本
九八 【萬曆】順德府志四卷 明王守誠、張四箴纂修 清嚴作霖等遞修 清順治八年刻康熙增修本
九九 【康熙】邢臺縣志十二卷 清高穀、李京纂修 清康熙十一年刻本
一〇〇 【康熙】重修沙河縣志八卷 清談九乾纂修 清康熙二十七年刻本
一〇一 【康熙】南和縣志八卷 清李兆慶、周鑄纂修 清康熙刻本
一〇二 【乾隆】南和縣志十二卷首一卷 清周章煥纂修 清抄本
一〇三 【康熙】平鄉縣志六卷 清趙灝纂修 清康熙十一年刻本
存四卷 一、三、五、六
一〇四 【乾隆】平鄉縣志十二卷 清楊喬纂修 清乾隆十六年刻本
一〇五 【順治】鉅鹿縣志八卷 清王羅纂 郭繼靖修 清順治刻康熙五十一年增修本
一〇六 【康熙】廣宗縣志十二卷 清吳存禮、吳承寵纂修 清康熙五十六年刻本
一〇七 【康熙】唐山縣志四卷 清孫鐵、張鵬翮纂修 清康熙十二年刻本
一〇八 【康熙】唐山縣志四卷 清孫鐵、張鵬翮纂修 朱煌然、米玫彩增修 清康熙十二年刻十九年增修本
一〇九 【康熙】內丘縣志四卷 清江侯顯、和英纂修 清康熙刻本
一一〇 【康熙】任縣志十二卷 清李益、謝元宸纂修 清康熙十二年刻本
一一一 【康熙】任縣志十二卷 清李益、謝元宸纂修 賀熙龍續修 清康熙十二年刻五十年增修本
一一二 【嘉靖】廣平府志十六卷 明翁相、陳棐纂修 明嘉靖二十九年刻藍印本 十行二十五字白口四周單邊
一一三 【康熙】廣平府志二十卷 清沈澄、申涵盼纂修 清康熙刻本
一一四 【康熙】永年縣志十九卷 清李世瑞纂修 王玲等增修 清康熙十一年刻雍正十一年乾隆十年增修本
一一五 【順治】曲周縣志四卷 清李時茂、趙永吉纂修 清順治刻本
一一六 【雍正】肥鄉縣志六卷首一卷 清王進中、宋錦纂修 清雍正十年刻本
一一七 【順治】雞澤縣志十卷 清吳恩文纂修 清順治刻本
一一八 【康熙】雞澤縣志十卷 清姜炽纂修 清康熙刻本
一一九 【萬曆】邯鄲縣志八卷 明張第、姚成畿纂修 明萬曆刻本 【順治】續志二卷 清許思敬纂修 清順治刻本
存六卷 志五至八 續志全
一二〇 【康熙】邯鄲縣志十二卷 清張慎貸等纂修 清康熙十二年刻本
一二一 【雍正】邯鄲縣志十二卷 清郭方坤纂修 清雍正刻本
一二二 【光緒】邯鄲縣志八卷 清吳榮壽修 劉瑞璋纂修 稿本
一二三 【嘉靖】威縣志八卷 明胡容纂修 明嘉靖二十九年王祉刻本 九行二十四字白口四周雙邊
一二四 【嘉靖】磁州志四卷 明周文龍、孫紹纂修 明嘉靖三十二年刻本 九行二十字黑口四周雙邊
一二五 【萬曆】重修磁州志八卷 明趙範、蔣鎔纂修 明萬曆九年刻本 九行二十字白口四周單邊
存六卷 一至五、八
一二六 【康熙】磁州志十二卷首一卷 清蔣擢、樊玉衡纂修 清康熙五十三年寶致堂刻本
一二七 【正德】大名府志十卷 明唐錦纂修 明正德元年刻本 九行十八字白口四周雙邊
一二八 【嘉靖】大名府志二十九卷 明湯中纂修 趙慎修續修 明嘉靖三十七年刻萬曆十一年增修本 九行十八字白口四周雙邊
存二十三卷 一至三、十至二十九
一二九 【康熙】大名縣志二十卷 清顏成泰、王建立纂修 清康熙刻本
一三〇 【雍正】魏縣志四卷首一卷 清馬震、劉翱儀纂修 清雍正五年刻本
一三一 【雍正】宣化縣志三十卷 清陳坦撰 清雍正十五年刻本
一三二 【正德】宣府鎮志十卷 明王崇獻纂修 明正德刻本 九行二十字小字雙行行字同黑口四周雙邊
一三三 【嘉靖】宣府鎮志四十二卷 明孫世芳、欒尚約纂修 明嘉靖刻本 半頁九行行二十字小字雙行行二十字四周單邊
存三十一卷 六至十七、二十一至三十四、三十八至四十二

宣府鎮志四十二卷　明孫世芳、欒尚約纂修　明嘉靖刻萬曆增修本〔卷二十七至二十九、三十五至四十二配清抄本〕　五十六册　九行二十字小字双行行字同白口四周單边　一一三四
[康熙]新續宣府誌不分卷　清姜懋龍纂修　清康熙抄本　一一三五
[康熙]宣鎮下北路誌十卷　清王治國、楊國士纂修　清康熙抄本　一一三六
[康熙]宣鎮西路誌四卷　清劉先毅、錢永試纂修　清康熙抄本　一一三七
[順治]蔚州志二卷　清李英纂修　清順治十六年刻本　一一三八
[嘉靖]隆慶志十卷附錄一卷　明謝庭桂纂修　蘇乾續修　明嘉靖二十八年刻本　九行二十二字白口四周双边　一一三九
[順治]延慶州誌九卷　清進四緯、程光祖纂修　清順治刻本　一一四〇
[康熙]補庚子後誌一卷　清余泳、于嘉禎等纂修　清康熙刻本
[乾隆]延慶衛志略一卷　清李士宣、周碩勳纂修　清乾隆抄本　一一四一
延慶衛志略一卷　清李士宣、周碩勳纂修　清抄本　一一四二
[康熙]保安州誌二卷　清寧光瑞、朱光纂修　清康熙刻本　一一四三
[嘉慶]熱河志略不分卷　清和瑛撰　清抄本　一一四四A
[光緒]圍場廳志十四卷首六卷　清奎英修、瀚霖涛纂修　稿本　存十八卷（一至八、十一至十四、首六卷全）　一一四四B
[康熙]遵化州志十二卷　清鄒儒主、葉向升纂修　清康熙抄本　一一四五
[康熙]遵化縣志十卷　明從杰纂修　清劉鍾龍增訂　清康熙刻本　一一四六
[康熙]遵化志略一卷　清周體觀撰　清康熙七年刻本　一一四七
[崇禎]玉田識略八卷　明楊繼烈纂修　明崇禎刻本　九行十八字白口左右双边　一一四八
[康熙]玉田縣志八卷　清王光漢纂修　清康熙刻本　一一四九
[康熙]豐潤縣志八卷　清熊景州、曹鼎望纂修　清康熙三十一年刻本　一一五〇
[弘治]易州志二十卷　明戴銑纂修　明弘治十五年刻本　十行二十字白口左右双边　一一五一
[順治]易水志三卷　清朱懋文、張紫浒等纂修　清順治二年刻本　一一五二
[康熙]續誌一卷　清韓文焜纂修　清康熙刻本
[康熙]易水續志一卷　清韓文焜纂修　清康熙十九年刻本　一一五三
[康熙]淶水縣志十卷首一卷　清陳家藏纂修　清康熙刻本　一一五四
[康熙]淶水縣志十一卷首一卷　清陳家藏纂修　趙銘續修　清康熙刻雍正增修本　一一五五
[乾隆]淶水縣志十二卷首一卷　清王洽纂修　清乾隆刻本　一一五六
[康熙]廣昌縣志八卷首一卷　清林於蔚、李成章纂修　清康熙三十年刻本　一一五七
[嘉靖]冀州志十卷　明張彙道、張亜纂修　明嘉靖刻本　十行二十字小字双行行二十六字白口四周双边　一一五八
[康熙]冀州志十卷　清吳顧忠、狄德暗等纂修　清康熙十四年刻十八年增補印本　一一五九
[萬曆]南宮縣志十三卷　明邢侗纂修　清抄本　一一六〇
[康熙]南宮縣志十二卷　清胡觀鈺纂修　清康熙刻本　一一六一
[康熙]新河縣志十卷　清王效諭、程家圻纂修　清康熙刻本　一一六二
[康熙]新河縣志十卷　清王效諭、程家圻纂修　清康熙刻乾隆重印本　一一六三
[康熙]棗強縣志四卷　清胡夢龍、單煜纂修　清康熙刻本　存三卷（一、三至四）　一一六四
[乾隆]棗強縣志八卷首一卷末一卷　清單作哲纂修　清乾隆十七年刻本　一一六五
[康熙]武邑縣志六卷　清許維枳、朱國南纂修　清康熙三十三年刻本　一一六六
[康熙]衡水縣志六卷　清鄒鳴鶴等纂修　清康熙十九年刻本　一一六七
[正德]趙州志八卷　明楊權纂修　明正德十年刻本　九行十九字黑口四周双边　一一六八
[隆慶]趙州志十卷　明蔡懋昭纂修　明隆慶元年刻本　十一行二十四字白口四周單边　一一六九
[康熙]趙州志十卷　清祝萬祉、呂永齡等纂修　稿本　一一七〇
[同治]直隸趙州志二十一卷首一卷　清孫傳栻纂修　稿本　一一七一
趙州村莊圖志稿不分卷　清抄本　一一七二
[康熙]栢鄉縣志十卷　清劉昆瑞、趙齊介纂修　清康熙刻本　一一七三
[崇禎]隆平縣志九卷　明宋尚學纂修　明崇禎三年刻清康熙五十七年增修後印本　九行二十一字小字双行字同白口四周双边　一一七四
[康熙]高邑縣志三卷　清劉塤、趙端纂修　清康熙二十四年刻本　一一七五
[乾隆]高邑縣志八卷　清江寄澄、林鴻儀纂修　清抄本　一一七六
[萬曆]臨城縣志七卷　明楊端瑞、喬璧星等纂修　明萬曆十五年刻本　九行二十字小字双行白口　一一七七A
[康熙]臨城縣志八卷　清佟寬、命已翁纂修　清康熙二十年刻本　一一七七B
[康熙]深州志八卷　清李天培、段文華纂修　清康熙三十六年刻本　一一七八
[雍正]直隸深州志八卷　清徐綬纂修　清雍正刻本　一一七九
[康熙]重修武強縣志四卷　清李道光、賀保爽纂修　李凝增修　清康熙刻本　一一八〇
[順治]饒陽縣後志六卷　清劉世祚、劉淑宗等纂修　清順治刻本　一一八一
[萬曆]安平縣志六卷　明王圻、王三餘纂修　何鑿增修　明萬曆十七年刻二十四年增修本　九行十八字白口四周双边　存一卷（六）　一一八二
[康熙]安平縣志十卷　清陳宗石纂修　清康熙忠立堂刻本　一一八三
[嘉靖]定州志四卷　明倪曉、劉堪纂修　明嘉靖元年刻本　九行二十字白口左右双边　一一八四

存三卷　二至四

［康熙］定州志十卷　清黄開運纂修　清康熙刻本　一八五

存七卷　四至十

［康熙］保定府祁州深澤縣志十卷首一卷　清許來音纂修　清康熙刻本　一八六

存六卷　首、一至二、八至十

［嘉靖］遼東志九卷圖一卷　明任洛等纂修　明嘉靖十六年刻嘉靖增修本　九行氣一格十七字小字雙行字同黑口四周雙邊　一八七

［嘉靖］全遼志六卷　明李輔、陳梅纂修　明嘉靖刻藍印本　九行二十字小字雙行字同白口四周雙邊　一八八

全遼備考不分卷　清抄本　一八九

全遼備考不分卷　清抄本　惠兆壬跋　一九〇

［雍正］盛京通志三十三卷　清呂耀曾、魏樞纂修　清雍正抄本　一九一

［康熙］遼陽州志二十八卷　清楊鑣、施鴻纂修　清康熙抄本　一九二

遼載前集不分卷　清林本裕纂修　清抄本　一九三

［康熙］蓋平縣志二卷　清路雲纂修　清康熙抄本　一九四

［康熙］開原縣志二卷　清劉起凡纂修　劉志炳續修　清康熙抄本　一九五

［康熙］鐵嶺縣志二卷　清賈弘文、董國祥纂修　李廷欽續修　清康熙抄本　一九六

［康熙］錦州府志十卷　清劉源溥、孫成、范勲纂修　清康熙抄本　一九七

［康熙］錦縣志八卷　清王奕曾、范勲纂修　清康熙抄本　一九八

［康熙］寧遠州志八卷　清馮昌奕、范勲纂修　清康熙抄本　一九九

［康熙］廣寧縣志八卷　清項蕙、范勲纂修　清康熙抄本　二〇〇A

存六卷　一至六

黑龍江外紀八卷　清西清撰　清抄本　清[illegible]跋　二〇〇B

黑龍江外紀八卷　清西清撰　清抄本　清樊彬跋　二〇〇C

江南通省府州縣輿圖冊說不分卷　清抄本　二〇一

［景定］建康志五十卷　宋周應合纂修　清錢大昕抄本　二〇二

［至正］金陵新志十五卷　元張鉉纂修　元至正四年集慶路儒學溧陽州學溧水州學刻本　九行十八字白口左右雙邊　二〇三

存十二卷　四至十五

［至正］金陵新志十五卷　元張鉉纂修　元至正四年集慶路儒學溧陽州學溧水州學刻本　九行十八字小字雙行同白口左右雙邊　二〇四

存三卷　七至九

［至正］金陵新志十五卷　元張鉉纂修　元至正四年集慶路儒學溧陽州學溧水州學刻明正德十五年南京國子監遞修本　九行十八字小字雙行行字同白口左右雙邊　二〇五

［至正］金陵新志十五卷　元張鉉纂修　元至正四年集慶路儒學溧陽州學溧水州學刻明正德十五年南京國子監遞修本（卷五之下四、十一至十二、十四至十五配清抄本）　清丁丙跋　九行十八字小字雙行十八字白口左右雙邊　二〇六

［至正］金陵新志十五卷　元張鉉纂修　明初抄本　二〇七

存六卷　一至二、四至五、十四至十五

洪武京城圖志一卷　明王俊華纂修　明弘治五年[illegible]刻本　清丁丙跋　半頁十行十九字黑口四周雙邊　二〇八

洪武京城圖志一卷　明王俊華纂修　清抄本　十行十九字無格　二〇九

［嘉靖］南畿志六十四卷　明聞人詮、陳沂纂修　明嘉靖刻本　九行十九字白口左右雙邊　二一〇

［康熙］江寧府志四十卷　清于成龍纂修　清抄本　二一一

存三十四卷　五至二十九、三十四至四十

江寧府志秉要不分卷　清張湜撰　稿本　二一二

［萬曆］上元縣志十二卷　明程三省、李登纂修　明萬曆二十五年刻本　九行十九字白口左右雙邊　二一三

［康熙］上元縣志二十四卷　清唐開陶纂修　清康熙六十年刻本　二一四

［正德］江寧縣志十卷　明王誥、劉雨纂修　明正德十四年刻本　十行十七字白口四周單邊　二一五

［康熙］江寧縣志十四卷首一卷　清佟世燕、戴本孝纂修　清康熙二十二年刻本　二一六

［乾隆］江寧縣新志二十六卷　清袁枚纂修　清乾隆十三年刻本　二一七

存二十二卷　一至二十、二十五至二十六

［弘治］句容縣志十二卷　明王僖、程文纂修　明弘治九年刻本　十行二十四字黑口四周雙邊　二一八

［弘治］句容縣志十二卷　明王僖、程文纂修　清抄本　二一九

［順治］重修句容縣志十卷　清葛翊寅、胡貴纂修　清順治刻本　二二〇

存九卷　一至九

［順治］溧水縣志十卷　清閻泳曾、林古度纂修　清順治刻本　二二一

［康熙］溧水縣志十一卷首一卷　清劉發科、謝文運纂修　清康熙十五年刻本　二二二

［乾隆］溧水縣志十六卷首一卷　清凌世御、諸自峙等纂修　清乾隆四十二年刻本　二二三

［萬曆］江浦縣志十二卷　明沈孟化、張參樹纂修　明萬曆七年刻本　九行二十字白口四周雙邊　二二四

存九卷　一至五、九至十二

［萬曆］江浦縣志十二卷　明余樞、熊師望纂修　明萬曆四十六年刻本　九行二十字白口四周雙邊　二二五

存三卷　一至三

［康熙］重修江浦縣新志八卷　清郎起泰纂修　清康熙刻本　二二六

[雍正]江浦縣志八卷　清項維正纂修　清雍正四年刻乾隆印本　二二七

[嘉靖]六合縣志八卷　明黄紹文纂修　明嘉靖三十二年刻本　九行二十字白口四周雙邊　二二八

[順治]六合縣志十二卷　清劉慶運、孫宗岱纂修　清順治二年刻本　二二九

[康熙]六合縣志十二卷　清洪煒、江鍼纂修　清康熙二十五年刻本　二三〇

[雍正]六合縣志十卷首一卷　清蘇偉膺、徐重齡纂修　清雍正十三年刻本　二三一

竹鎮紀畧二卷　清李淑撰　清道光十一年戴文燦抄本　二三二

[嘉靖]高淳縣志四卷　明劉啟東等纂修　明嘉靖四十一年刻本　九行十七字白口四周單邊　二三三

[順治]高淳縣志十八卷　清紀聖訓、林古度纂修　劉澤嗣續修　清順治刻康熙增修本　二三四

[康熙]高淳縣志二十五卷　清李斯佺纂修　清康熙二十二年刻本　存十七卷（六至二十二）　二三五

吳地記一卷　題唐陸廣微撰　後集一卷　明萬曆吳琯刻古今逸史本　清黄丕烈校並跋　九行二十一字黑口左右雙邊　二三六

吳地記一卷　題唐陸廣微撰　後集一卷　清嘉慶十年張氏照曠閣刻學津討源本　清吳騫校並錄錢大昕、趙魏、唐翰題校並跋　二三七

吳地記一卷　題唐陸廣微撰　後集一卷　清同治十二年江蘇書局刻本　鄭文焯批校　二三八

吳地記佚文一卷吳地志佚文一卷　曹元忠輯　稿本　二三九

[元豐]吳郡圖經續記三卷　宋朱長文纂修　明萬曆二年龔宗武刻本　九行十八字白口左右雙邊　二四〇

[元豐]吳郡圖經續記三卷　宋朱長文纂修　明萬曆二年龔宗武刻本　清宋賓王校　九行十八字白口左右雙邊　二四一

[元豐]吳郡圖經續記三卷　宋朱長文纂修　明抄本　葉德輝跋　半葉八行行十八字　二四二

[元豐]吳郡圖經續記三卷　宋朱長文纂修　清乾隆二十四年朱綸明叔堂刻本　清黄丕烈校並跋　二四三

[元豐]吳郡圖經續記三卷　宋朱長文纂修　清嘉慶十年張氏照曠閣刻學津討原本　清貝墉、唐翰題校　二四四

[元豐]吳郡圖經續記三卷　宋朱長文纂修　清乾隆五十一年黄氏拜經樓抄本　清周星詒跋　並跋劉叔□跋　二四五

[元豐]吳郡圖經續記三卷　宋朱長文纂修　清初抄本　二四六

[元豐]吳郡圖經續記三卷　宋朱長文纂修　清抄本　[illegible]跋　二四七

[元豐]吳郡圖經續記三卷　宋朱長文纂修　清抄本　清[illegible]校並跋　陳鱣校並跋　[illegible]　洪園題跋合一冊　二四八

[元豐]吳郡圖經續記三卷　宋朱長文纂修　清抄本　清顧[illegible]校並跋　[illegible]、顧廣圻跋　二四九

[元豐]吳郡圖經續記三卷　宋朱長文纂修　清抄本　卷中、下配舊抄本　[illegible]校並跋　二五〇

[元豐]吳郡圖經續記三卷　宋朱長文纂修　清袁氏貞節堂抄本　清陳揆校並跋　二五一

[元豐]吳郡圖經續記三卷　宋朱長文纂修　清抄本　佚名校　清徐渠跋　二五二

[元豐]吳郡圖經續記三卷　宋朱長文纂修　清抄本　清丁丙跋　二五三

[紹定]吳郡志五十卷　宋范成大纂修　汪泰亨等續修　宋紹定刻元修本　九行十八字白口左右雙邊　有刻工　二五四

[紹定]吳郡志五十卷　宋范成大纂修　汪泰亨等續修　宋紹定刻元修本　九行十八字白口左右雙邊　有刻工　二五五

[紹定]吳郡志五十卷　宋范成大纂修　汪泰亨等續修　宋紹定刻元修本　卷一、十五至十八、三十五至五十配清抄本　九行十八字小字雙行行十七字白口左右雙邊　有刻工　二五六

[紹定]吳郡志五十卷　宋范成大纂修　汪泰亨等續修　明毛氏汲古閣刻本　九行十八字小字雙行行十七字大黑口左右雙邊　二五七

[紹定]吳郡志五十卷　宋范成大纂修　汪泰亨等續修　明毛氏汲古閣刻本　清沈十峰校並跋　九行十八字小字雙行行十八字黑口左右雙邊　二五八

[紹定]吳郡志五十卷　宋范成大纂修　汪泰亨等續修　清抄本　清吳[illegible]校　二五九

[紹定]吳郡志五十卷　宋范成大纂修　汪泰亨等續修　附校勘記一卷　清錢熙祚撰　清道光十九年錢氏刻守山閣叢書本　清唐仁壽錄[illegible]跋　二六〇

[洪武]蘇州府志五十卷　明盧熊纂修　明洪武刻本　毛扆汲古閣抄補　清朱奐、黄丕烈校　十三行二十五字黑口四周雙邊　二六一

[正德]姑蘇志六十卷　明林世遠、王鏊等纂修　明正德元年刻本　十行二十字小字雙行二十字白口左右雙邊　二六二

[正德]姑蘇志六十卷　明林世遠、王鏊等纂修　明正德元年刻嘉靖修本　十行二十字小字雙行同白口左右雙邊　二六三

[康熙]蘇州府志八十二卷　清盧騰龍、寧雲鵬纂修　清康熙三十年刻本　二六四

[同治]蘇州府志一百五十卷首三卷附金石目錄一卷　清李銘皖、馮桂芬纂修　稿本　存一百二十二卷（一至一百十二、一百三十一至四十、首、金石目錄）　二六五

[嘉靖]吳邑志十六卷　明蘇祐、楊循吉纂修　圖說一卷　明曹自守撰　明嘉靖刻本　十行十八字白口左右雙邊　二六六

[嘉靖]吳邑志十六卷　明蘇祐、楊循吉纂修　圖說一卷　明曹自守撰　明嘉靖刻本　清吳翌鳳校並抄補　十行十八字小字雙行同白口左右雙邊　二六七

[嘉靖]吳邑志十六卷　明蘇祐、楊循吉纂修　圖說一卷　明曹自守撰　清抄本　二六八

[嘉靖]吳邑志十六卷　明蘇祐、楊循吉纂修　圖說一卷　明曹自守撰　清抄本　存四卷（十三至十六）　二六九

[崇禎]吳縣志五十四卷　明牛若麟、王煥如纂修　明崇禎刻本　九行二十三字白口四周單邊　二七〇

[康熙]吳縣志六十卷首一卷　清湯斌、孫珮纂修　清康熙三十年刻本　二七一

[隆慶]長洲縣志十四卷　明張德夫、皇甫汸纂修　明隆慶五年刻本　十行十八字白口左右雙邊　二七二

[隆慶]長洲縣志十四卷藝文志十卷 明張德夫、皇甫汸纂修 張鳳翼、錢允治等增修 明隆慶五年刻萬曆二十六年增修本 十行十八字白口左右雙邊 存十四卷 一至三、十一至十四、藝文志存卷四至十 二七三
[康熙]長洲縣志二十二卷 清祝聖培、蔡方炳纂修 清康熙二十三年刻本 二七四
[康熙]長洲縣志摘要不分卷 清康熙二十九年吳沈格抄本 二七五
[同治]橫金志十八卷首一卷 清柳商賢撰 稿本 二七六
[道光]光福志十二卷首一卷 清徐傅撰 稿本 二七七
[嘉靖]滸墅關志十八卷 明張裕撰 明嘉靖十六年刻本 十行二十字白口左右雙邊 二七八
[萬曆]滸墅關續志四卷 明王之都纂修 清抄本 二七九
[康熙]滸墅關志二十卷 清陳常夏、孫珮纂修 清康熙十二年刻二十二年增修本 二八〇
[康熙]滸墅關志二十卷 清陳常夏、孫珮纂修 孫蘊璜纂 清康熙十二年刻增修本 二八一
[康熙]滸墅關志二十卷 清陳常夏、孫珮纂修 孫蘊璜修 清康熙十二年刻乾隆增修本 二八二
橫谿錄八卷 明徐鳴時撰 谿上詠一卷 明崇禎二年刻本 九行二十字白口單邊 二八三
[至正]崑山郡志六卷 元楊譓纂修 清抄本 佚名錄錢大昕跋 二八四
[至正]崑山郡志六卷 元楊譓纂修 清抄本 清顧沅跋 二八五
[至正]崑山郡志六卷 元楊譓纂修 清嘉慶七年鄒[illegible]抄本 清黃丕烈校並跋 二八六
[至正]崑山郡志六卷 元楊譓纂修 清抄本 繆荃孫校並跋 二八七
[淳祐]玉峯志三卷 宋凌萬頃、邊實纂修 [咸淳]玉峯續志一卷 宋邊實纂修 清抄本 二八八
[淳祐]玉峯志三卷 宋凌萬頃、邊實纂修 [咸淳]續志一卷 宋邊實纂修 清抄本 二八九
[淳祐]玉峯志三卷 宋凌萬頃、邊實纂修 [咸淳]續志一卷 宋邊實纂修 清抄本 二九〇
[淳祐]玉峯志三卷 宋凌萬頃、邊實纂修 [咸淳]續志一卷 宋邊實纂修 清抄本 二九一
[淳祐]玉峯志三卷 宋凌萬頃、邊實纂修 [咸淳]續志一卷 宋邊實纂修 清蔣敘塢求是齋抄本 二九二
[淳祐]玉峯志三卷 宋凌萬頃、邊實纂修 [咸淳]續志一卷 宋邊實纂修 清抄本佚名錄吳翌鳳校 二九三
[淳祐]玉峯志三卷 宋凌萬頃、邊實纂修 [咸淳]續志一卷 宋邊實纂修 清黃氏士禮居抄本 清黃丕烈跋 二九四
[淳祐]玉峯志三卷 宋凌萬頃、邊實纂修 [咸淳]續志一卷 宋邊實纂修 清抄本 清潘道根校並跋 二九五
[淳祐]玉峯志三卷 宋凌萬頃、邊實纂修 [咸淳]續志一卷 宋邊實纂修 清抄本 佚名校 清丁丙跋 二九六
[淳祐]玉峯志三卷 宋凌萬頃、邊實纂修 [咸淳]續志一卷 宋邊實纂修 清抄本 繆荃孫校並跋 二九七
[淳祐]玉峯志三卷 宋凌萬頃、邊實纂修 [咸淳]續志一卷 宋邊實纂 清抄本 李武輝校 二九八
[弘治]崑山志十四卷 明吳祺、顧潛纂修 稿本 存十二卷 一至十二 二九九
[弘治]崑山縣志十四卷 明吳祺、顧潛纂修 清杜蕓堂抄本 三〇〇
[嘉靖]崑山縣志十六卷 明楊逢春、方鵬纂修 明嘉靖十七年刻本 八行十七字白口左右雙邊 三〇一
兩朝實錄備纂三卷 明張大復輯 清抄本 三〇二
[萬曆]崑山縣志八卷 明申思科、周世昌纂修 明萬曆四年刻本 九行二十字白口上黑魚尾左右雙邊 三〇三
[康熙]崑山縣志二十卷 清董正位、葉奕苞等纂修 稿本 清顧鎮、董純政校 清潘道根校跋 三〇四
[康熙]崑山縣志二十卷 清董正位、葉奕苞纂修 清康熙抄本 三〇五
[康熙]崑山縣志二十五卷 清董正位、戴詩升纂修 清抄本 三〇六
信義志稿二十一卷首一卷末一卷 清楊湘蘽纂 稿本 三〇七
菉谿志四卷 清諸世器撰 稿本 三〇八
璜涇志畧不分卷 清趙曜撰 稿本 三〇九
[寶祐]重修琴川志十五卷 宋孫應時纂修 鮑廉增補 元盧鎮續修 清道光三年瞿氏恬裕齋影元抄本 清邵恩多校並跋 三一〇
[寶祐]重修琴川志十五卷 宋孫應時纂修 鮑廉增補 元盧鎮續修 明末毛氏汲古閣刻本 清陸貽典校並跋 三一一
[寶祐]重修琴川志十五卷 宋孫應時纂修 鮑廉增補 元盧鎮續修 明末毛氏汲古閣刻本 清陳揆校 三一二
[寶祐]重修琴川志十五卷 宋孫應時纂修 鮑廉增補 元盧鎮續修 清乾隆五十四年吳卓信抄本 清吳卓信跋並錄明龔立本、清陸貽典跋 三一三
[寶祐]重修琴川志十五卷 宋孫應時纂修 鮑廉增補 元盧鎮續修 清曹炎抄本 清黃丕烈跋 三一四
[寶祐]重修琴川志十五卷 宋孫應時纂修 鮑廉增補 元盧鎮續修 清抄本 清翁同龢校並跋 趙宗建跋 三一五
[寶祐]重修琴川志十五卷 宋孫應時纂修 鮑廉增補 元盧鎮續修 清趙宗建抄本 三一六
[寶祐]重修琴川志十五卷 宋孫應時纂修 鮑廉增補 元盧鎮續修 清張海鵬刻本 清翁心存錄[illegible]清陸貽典校並跋 三一七
琴川志注草十二卷 清陳揆撰 稿本 清翁同龢跋 三一八
琴川志注草十二卷續志草十卷續志草補二卷 清陳揆撰 清抄本 三一九

三二〇 琴川志注草十二卷續志草十卷續志草補二卷 清陳揆撰 清趙元懷抄本 清趙元懷校並跋
三二一 虞鄉續記八卷 清黃廷鑑撰 稿本
三二二 琴川三志補記十卷續八卷 清黃廷鑑撰 清道光十一年張大鏞刻十四年澂藝齋續刻本 清王振聲校並跋
三二三 [弘治]常熟縣志四卷 明楊子器、桑瑜纂修 清抄本 瞿士龍跋
三二四 [嘉靖]常熟縣志十三卷 明馮汝弼、鄧韍纂修 明嘉靖刻本 九行十八字白口左右雙邊
存八卷 一至八
三二五 皇明常熟文獻志十二卷 明管一德纂修 清翁同龢跋 明萬曆三十五年刻本 九行二十字白口四周單邊
三二六 皇明常熟文獻志十八卷 明管一德纂修 明萬曆刻本 九行二十字白口无魚尾四周單邊
三二七 [萬曆]常熟私志二十八卷 明姚宗儀撰 明抄本
存一卷 十九
三二八 [萬曆]常熟私志二十八卷 明姚宗儀撰 明抄本
存二卷 二十至二十一
三二九 [萬曆]常熟縣私志二十八卷 明姚宗儀撰 清抄本
三三〇 海虞別乘不分卷 明陳三恪撰 清趙氏舊山樓抄本 清趙宗建校 翁同龢跋
三三一 海虞別乘不分卷 明陳三恪撰 清抄本 清翁同龢校並跋
三三二 海虞別乘摘抄一卷 清鄭元燦抄本
三三三 [乾隆]常昭合志十二卷首一卷 清王錦、言如泗等纂修 清嘉慶二年刻本 清翁同龢批校並跋
存十二卷 一、三至十二、首全
三三四 虞乘利譔十九卷 清沈介撰 清抄本 清俞廷颺跋
三三五 虞鄉志略十二卷 清鄭林撰 稿本
三三六 [道光]虞鄉志略十二卷 清鄭林撰 稿本
三三七 [光緒]常昭合志採訪錄不分卷 清龐鴻文、曾之撰等纂 稿本
三三八 桂村小志不分卷 清吳卓信撰 稿本
三三九 唐墅徵獻錄一卷 清沈鴻撰 清抄本 清黃廷鑑校
三四〇 支溪小志四卷 清顧鎮撰 稿本
三四一 支溪小志不分卷 清周昂撰 清抄本
三四二 [弘治]吳江縣志二十二卷 明莫旦纂修 清洪松小□□抄本
三四三 [嘉靖]吳江縣志二十八卷首一卷 明曹一麟、徐師曾纂修 明嘉靖四十年刻本 八行十六字小字雙行行字同白口左右雙邊
三四四 [崇禎]吳江縣志二十二卷首一卷 明沈□纂修 清初抄本 清史在柱
三四五 [康熙]續吳江縣志不分卷 清董二酉纂修 清康熙刻本
三四六 [康熙]吳江縣志續編十卷 清王前、包成等纂修 清康熙六十年刻本
三四七 分湖志八卷 清沈剛中撰 陸燿訂 清抄本
三四八 [紹熙]雲間志三卷 宋楊潛纂修 明抄本 黃丕烈跋
三四九 [正德]松江府志三十二卷 明陳威、顧清等纂修 明正德七年刻本
三五〇 [正德]松江府志三十二卷 明陳威、顧清等纂修 明正德七年刻明補版印本 九行二十二字白口左右雙邊
三五一 [天啟]雲間志略二十四卷 明何三畏纂修 明天啟四年刻本 十行二十字白口無魚尾四周單邊
三五二 [崇禎]松江府志五十八卷 明方岳貢、陳繼儒纂修 明崇禎四年刻本 九行十九字白口四周單邊單魚尾
三五三 [崇禎]松江府志九十四卷 明方岳貢、陳繼儒纂修 明崇禎四年刻本 九行十九字白口四周單邊單魚尾
存四十六卷 十一至二十七、六十六至九十四
三五四 [正德]華亭縣志十六卷 明聶豹、沈錫等纂修 明正德十六年刻本 十行二十字白口左右雙邊
三五五 干山志十六卷 清周厚地撰 清抄本
存十五卷 一至十五
三五六 [正德]金山衛志二卷 明張奎、夏有文纂修 清抄本 陳□□校並跋
三五七 [咸豐]金山縣志稿不分卷 清錢熙泰纂 稿本
三五八 [弘治]上海志八卷 明郭經、唐錦纂修 明弘治十七年刻本 九行十八字白口左右雙邊
三五九 [嘉靖]上海縣志八卷 明鄭洛書、高企纂修 明嘉靖三年刻本 清徐渭仁跋 半葉十行行二十一字左右雙邊白口
三六〇 [萬曆]上海縣志十卷 明顏洪範、張之象等纂修 明萬曆十六年刻本 九行十八字小黑口左右雙邊
三六一 [同治]上海縣志三十二卷首一卷末一卷 清應寶時 俞樾纂修 稿本
存一卷 卷三
三六二 澤國紀聞五卷滬城備考三卷 清褚華撰 清抄本
三六三 滬城備考六卷 清褚華撰 清抄本
三六四 紫隄小志二卷續一卷 清汪永安撰 稿本
三六五 真如里志四卷 清陸立撰 清乾隆三十七年陸鎮等從謙堂刻本
三六六 [萬曆]青浦縣志八卷 明卓鈿、王圻纂修 明萬曆刻本 九行二十字小字雙行同白口左右雙邊

存四卷 一至四

367 〔康熙〕青浦縣志十卷 清魏球、諸嗣郢纂修 清康熙九年刻本

368 〔咸淳〕重修毗陵志三十卷 宋史能之纂修 明初刻本 清趙懷玉校並跋 洪然烈題款 九行二十字白口左右雙邊
存二十九卷 一至十九、二十一至三十

369 〔咸淳〕重修毗陵志三十卷 宋史能之纂修 清乾隆五十年孫源榮抄本 清黃丕烈校並跋 吳騫跋
存二十九卷 一至二十五、二十七至三十

370 〔咸豐〕重修毗陵志三十卷 宋史能之纂修 清抄本
存二十九卷 一至十九、二十一至三十

371 〔咸豐〕重修毗陵志三十卷 宋史能之纂修 清抄本、沙蕃檢校並跋
存二十九卷 一至十九、二十一至三十

372 〔洪武〕常州府志十九卷 明張度、謝應芳纂修 清抄本 清華湛恩校

373 〔成化〕重修毗陵志四十卷 明孫仁、朱昱纂修 明成化刻本 九行二十字黑口四周雙邊

374 〔成化〕重修毗陵志四十卷 明孫仁、朱昱纂修 清古懷堂抄本
存三十一卷 一至十二、二十二至三十二、三十五至四十

375 〔正德〕常州府志續集八卷 明張愷纂修 明正德八年刻本 九行二十字黑口四周雙邊

376 〔萬曆〕重修常州府志二十卷 明劉廣生、唐鶴徵纂修 明萬曆刻本 九行二十字白口左右雙邊

377 〔萬曆〕武進縣志八卷 明晏文輝、唐鶴徵纂修 明萬曆三十三年刻本（卷八配抄本） 十行二十二字小字雙行低一格二十一字白口左右雙邊

378 〔萬曆〕武進縣志八卷 明晏文輝、唐鶴徵纂修 清抄本

379 〔萬曆〕武進縣志八卷 明晏文輝、唐鶴徵纂修 清抄本

380 〔康熙〕武進縣志四十四卷 清武俊、陳玉璂纂修 清康熙二十二年刻本

381 〔乾隆〕武進縣志十四卷首一卷 清王祖肅、虞鳴球等纂修 清乾隆三十年刻本

382 〔光緒〕武進陽湖縣志三十卷首二卷末一卷 清湯成烈纂修 稿本
存十六卷 一至六、八至十、十二至十四、二十至二十一

383 〔光緒〕武進陽湖縣合志人物傳七卷 稿本

384 無錫志四卷 元王仁輔撰 元刻明初印本 十行二十字白口雙魚尾左右雙邊

385 〔弘治〕重修無錫縣志三十六卷古今郡縣表一卷 明吳鳳翔、李庶明纂修 明弘治七年刻本 九行二十字黑口四周雙邊

386 〔萬曆〕無錫縣志二十四卷 明周邦傑、秦梁纂修 明萬曆二年刻本 九行二十字白口單邊雙魚尾
存十二卷 十三至二十四

387 錫山補志一卷 清錢泳撰 稿本

388 〔弘治〕江陰縣志十四卷 明黃傅纂修 明正德刻本 六行字不等小字雙行五行四行白口四周雙邊

389 〔嘉靖〕江陰縣志二十一卷 明趙錦、張袞纂修 明嘉靖二十七年刻本 九行十九字白口左右雙邊

390 〔康熙〕江陰縣志二十二卷 清沈清世、陳寶高纂修 清康熙刻本

391 〔萬曆〕宜興縣志十卷 明陳遇聖、王升纂修 明萬曆刻本 清吳騫跋 十行二十字白口左右雙邊

392 宜興縣志刊譌不分卷 清徐溍撰 清活字印本 清吳騫批注

393 〔崇禎〕靖江縣志□□卷 明陳函輝、顧燮纂修 清初刻本

394 〔嘉定〕鎮江志二十二卷 宋盧憲纂修 清張金吾愛日精廬抄本

395 〔嘉定〕鎮江志二十二卷首一卷 宋盧憲纂修 清思貽堂抄本

396 〔至順〕鎮江志二十一卷首一卷 元俞希魯纂 清張金吾愛日精廬抄本

397 〔至順〕鎮江志二十一卷首一卷 元俞希魯纂 清思貽堂抄本

398 〔萬曆〕重修鎮江府志三十六卷 明王應麟、王樵等纂修 明萬曆二十四年刻天啟五年增修本 十行低一格二十字小字雙行字同白口四周雙邊

399 〔萬曆〕丹徒縣志四卷 明何世學纂修 明萬曆刻本 十行二十字白口四周雙邊

400 〔順治〕丹徒縣志五卷 清抄本

401 〔康熙〕丹徒縣志十卷首一卷 清鮑天鍾、何挈纂修 清康熙二十二年刻本

402 〔康熙〕開沙志二卷 清王錫極、丁時霈纂修 清康熙刻本

403 〔康熙〕溧陽縣志十四卷首一卷 清徐一經纂修 清康熙刻本

404 〔康熙〕金壇縣志十六卷 清郭毓秀等纂修 清康熙刻本
存十一卷 一至三、九至十六

405 〔萬曆〕淮安府志二十卷 明陳文燭、郭大綸纂修 明萬曆元年刻本 十行二十字小字雙行白口單魚尾左右雙邊

406 淮安府圖說不分卷 明抄彩繪本

407 〔天啓〕淮安府志二十四卷首一卷 明宋祖舜、方尚祖纂修 清順治六年刻本

408 〔康熙〕淮安府志十三卷首一卷 清高成美、胡從中纂修 清康熙刻本

409 山陽志遺四卷 清吳玉搢撰 清抄本 清丁晏識、吳遇校

410 山陽志遺四卷 清吳玉搢撰 清抄本 清丁晏識、李鍾恩校

411 〔乾隆〕山陽志遺四卷 清吳玉搢撰 清抄本 清段朝端批校並跋

412 山陽志遺四卷 清吳玉搢撰 清抄本 清段朝端跋
存三卷 二至四

【乾隆】阜寧縣志八卷 清高鵬飛纂修 清抄本 四一三

【萬曆】鹽城縣志十卷 明楊瑞雲、夏應星纂修 明萬曆刻本 九行十八字白口四周雙邊 四一四

【康熙】清河縣志四卷 清胡興樹、江之滋纂修 清康熙刻本
存三卷 一至三 四一五

【康熙】安東縣志八卷 清喬[illegible]纂修 清康熙二十七年刻遞印本 四一六

【雍正】淮安府安東縣志十七卷 清余光祖、蘇超宗纂修 清雍正五年刻本 四一七

【康熙】桃源縣志□□卷 清蕭文蔚纂修 清康熙刻本
存一卷 二 四一八

【嘉靖】惟揚志三十八卷 明朱懷幹、盛儀纂修 明嘉靖二十一年刻本 十行二十字白口左右雙邊
存十八卷 一至三、七至十二、十八至二十二、三十二至三十三、三十七至三十八 四一九

【萬曆】揚州府志二十七卷首一卷 明楊洵、陸君弼纂修 明萬曆刻本 十行二十字小字雙行字同白口四周雙邊 四二〇

【康熙】揚州府志二十七卷首一卷 清雷應元纂修 清康熙三年刻本 四二一

嘉慶揚州府圖經□□卷 清阮元、江藩等纂 清抄本 清汪喜孫汶並跋
存五卷 一至五 四二二

揚州府圖經不分卷 清焦循纂修 稿本 四二三

揚州足徵錄十九卷 清焦循輯 稿本 四二四

揚州足徵錄二十七卷 清焦循輯 清嘉慶間抄本 四二五

【萬曆】江都縣志二十三卷 明張寧、陸君弼纂修 明萬曆刻本 九行二十字白口四周雙邊 清馬之驦批點並跋 四二六

【康熙】江都縣志十六卷 清李蕙纂修 清康熙五十六年刻本 四二七

甘棠小志四卷末一卷 清董醇撰 稿本 四二八

【咸豐】甘棠小志四卷 清董醇纂 稿本 四二九

【隆慶】儀真縣志十四卷 明申嘉瑞等纂修 明隆慶元年刻本 九行十九字白口左右雙邊 四三〇

【康熙】儀真縣志十二卷 清胡崇倫、陳邦楨纂修 清康熙七年刻本 四三一

【康熙】儀真縣志十二卷 清馬章玉纂修 清康熙刻本
存三卷 一、二、十 四三二

【嘉慶】儀徵縣續志十卷 清顏希源等纂修 稿本
存八卷 三至十 四三三

【隆慶】高郵縣志十二卷 明范惟恭、王應元纂修 明隆慶刻本 十行二十字白口左右雙邊 單魚尾 四三四

【康熙】高郵州志十卷 清孫宗彝纂修 李培茂、俞[illegible]增修 清康熙十一年刻二十三年增修本 四三五

【萬曆】興化縣志十卷 明歐陽東鳳、嚴詩等纂修 明萬曆刻本 九行二十一字白口左右雙邊 四三六

【康熙】興化縣志十四卷 清張可立纂修 清康熙刻本 四三七

【嘉靖】寶應縣志略四卷 明朱[illegible]、聞人詮纂修 明嘉靖十七年刻本 九行二十二字白口左右雙邊 四三八

【嘉靖】寶應縣志略四卷 明[illegible]、聞人詮纂修 清抄本 四三九

【萬曆】寶應縣志十二卷 明陳煃、吳敏道纂修 明萬曆刻本 十行二十一字小字雙行二十一字白口四周單邊 四四〇

寶應圖經六卷首一卷 清劉寶楠纂修 稿本 四四一

【道光】寶應圖經六卷 清劉寶楠纂修 稿本 四四二

【萬曆】泰州志十卷 明李存信、黃佑纂修 明萬曆三十二年刻本
存四卷 一至四 四四三

【崇禎】泰州志十卷 明李自滋、劉萬春纂修 明崇禎刻本 十行二十字白口四周單邊 四四四

【萬曆】徐州志六卷 明姚應龍等纂修 明萬曆五年刻本 十行低一格十九字小字雙行字同白口左右雙邊 四四五

【順治】徐州志八卷 清余志明、李向陽纂修 清順治十一年刻本 四四六

【康熙】續徐州志八卷 清姚興頖、吳文元纂修 清康熙二十二年抄本 四四七

【康熙】徐州志三十六卷 清姜焯等纂修 清康熙六十一年刻本 四四八

【順治】蕭縣志十二卷 清祖永勳、許作梅纂修 陳爾端增修 清順治七年刻康熙十一年增修本
存八卷 四至七、九至十二 四四九

【順治】蕭縣志十二卷 清祖永勳、許作梅纂修 潘元吉續修 清順治七年刻康熙二十二年增修本 四五〇

【順治】新修豐縣誌十卷 清潘[illegible]、段運嵩纂修 清順治十三年刻本 四五一

【嘉靖】沛縣志十卷 明王治、馬[illegible]纂修 明嘉靖二十二年刻本 九行二十字黑口四周雙邊 四五二

【萬曆】沛志二十五卷圖一卷 明羅士學、李令儀纂修 李汝讓增修 明萬曆二十五年刻三十七年增修本 九行十九字小字雙行字同白口左右雙邊 有抄配
存五卷 一至五 四五三

【嘉靖】重修邳州志十卷 明楊輔纂修 明嘉靖十六年刻本 十行二十字黑口四周雙邊
存八卷 一至八 四五四

【萬曆】宿遷縣志八卷 明喻文偉、何儀纂修 明萬曆五年刻本 十行二十二字白口四周雙邊 四五五

【康熙】宿遷縣志九卷 清胡家鼎、沈貞吉纂修 當鑑增纂 清康熙三年刻二十二年增修本 四五六

【康熙】宿遷縣志十二卷 清張尚元纂 清抄本 四五七

【康熙】睢寧縣志十卷 清蔣之英、沐哲纂修 清康熙刻本 四五八

【嘉靖】太倉州志十卷 明周士佐、張寅纂修 明嘉靖二十七年刻本 十行二十字白口左右雙邊 單魚尾 四五九

存三卷 五至五

四六〇 [嘉靖]太倉州志十卷 明周士佐、張寅纂修 明崇禎二年劉彥心刻本 十行二十字白口左右雙邊

四六一 [崇禎]太倉州志十五卷 明錢肅樂、張采纂修 明崇禎刻本 九行十九字小字雙行行字同白口左右雙邊

四六二 [崇禎]太倉州志十五卷 明錢肅樂、張采纂修 明崇禎刻清康熙十七年遞修本

四六三 [崇禎]太倉州志十五卷 明錢肅樂、張采纂修 明崇禎刻清康熙十七年增修本 清邵朗基校並跋

四六四 州乘備採不分卷 清程穆衡纂 稿本

四六五 沙頭里志十卷 清趙曜纂 清抄本

四六六 直塘里志六卷 清楊寶淦、黄恩純纂 稿本

四六七 [康熙]重修崇明縣志十四卷 清朱衣點、黄國雍纂修 清康熙二十二年刻本

四六八 [雍正]崇明縣志二十卷首一卷 清張文英、沈龍翔纂修 清雍正五年刻本

四六九 [正德]練川圖記二卷 明沈琳、都穆纂修 清吳縣張伯倫抄本

四七〇 [嘉靖]嘉定縣志十二卷 明楊旦、浦南金纂修 明嘉靖刻本 九行十八字小字雙行行十七字白口左右雙邊
存九卷 一至九

四七一 [萬曆]嘉定縣志二十二卷 明韓浚、張應武等纂修 明萬曆三十三年（一六〇五）刻本 九行十八字白口左右雙邊

四七二 [康熙]嘉定縣志二十四卷 清趙昕、蘇淵纂修 清康熙十二年刻本

四七三 [康熙]嘉定縣續志五卷 清聞在上、許自俊纂修 清康熙二十三年刻本

四七四 馬陵志七卷 清封導源撰 清嘉慶二十年刻本

四七五 [嘉慶]安亭江志稿二十卷 清孫岱撰 手稿本 清錢大昕題識
存人物志（明代）

四七六 [嘉慶]安亭志稿二十卷 清陳樹德撰 稿本 存藝文志

四七七 [嘉慶]方泰志三卷 清王初桐撰 清嘉慶十二年刻本

四七八 [光緒]月浦志十卷 清張人鏡撰 稿本

四七九 淞南志八卷 清秦立撰 清嘉慶十一年秦鑑刻本

四八〇 紀王鎮志四卷 清黃起澐撰 稿本

四八一 [道光]劉河鎮紀略十四卷 清金端表撰 稿本

四八二 [隆慶]海州志十卷 明張峰纂修 明隆慶六年刻本 十行二十字白口左右雙邊

四八三 [順治]海州志十卷 清劉飛龍、蕭汝霍等纂修 [illegible] 雲臺山記略 詩集一卷 清邊一麟撰 清順治十七年刻康熙九年增修本

四八四 贛榆縣志□卷 明萬曆刻本 九行二十字白口四周雙邊
存七卷 一至六、十

存一卷 五

四八五 [康熙]重修沭陽縣志四卷 清張奇抱、周頊璇纂修 清康熙十五年刻本

四八六 [嘉靖]通州志六卷 明陳汶、顧磐等纂修 明嘉靖九年刻本 九行二十字白口四周單邊

四八七 [萬曆]通州志八卷 明林雲程、沈明臣纂修 明萬曆五年刻本 九行二十字黑口左右雙邊單魚尾

四八八 州乘資四卷 清邵潛撰 明崇禎刻本 九行十九字白口四周單邊

四八九 州乘資鈔一卷 清邵潛撰 清抄本 清王士禛校

四九〇 州乘一覽八卷 清江黃撰 清抄本

四九一 [嘉靖]海門縣志集六卷 明吳宗元、崔桐纂修 明嘉靖十六年刻萬曆修本 八行二十字白口四周單邊

四九二 [順治]海門縣志八卷 清姚文□、李兆星纂修 清順治十二年刻本

四九三 [嘉靖]重修如皋縣志十卷 明湛璉纂修 明嘉靖三十九年刻本 十行二十字白口四周雙邊

四九四 [康熙]如皋縣志十六卷 清□□、許納陛纂修 清康熙刻本
存十四卷 一至十二、十五、十六

四九五 [康熙]泰興縣志四卷 清張元龍、吳瑛纂修 清康熙二十七年刻乾隆印本

四九六 [道光]安徽通志二百六十卷首六卷 清陶澍、余振康等纂修 稿本
存卷一百九十一卷首六卷 一至五十、六十四至一百、一百十二至一百二十、二百二十六至二百六十

四九七 [道光]安徽通志二百六十卷首六卷 清陶澍、余振康等纂修 稿本
存六卷 二百四十五至二百四十七、二百五十至二百五十二

四九八 [光緒]重修安徽通志稿三百五十卷補遺十卷 清沈葆楨、何紹基等纂修 稿本
存徽州、寧國、滁州、池州、安慶六府之沿革、職官、人物、武備志兵事六

四九九 [天順]直隸安慶郡志十二卷 明劉翊、張璇纂修 明天順六年刻本 十二行二十四字黑口四周雙邊

五〇〇 [正德]安慶府志三十一卷 明胡纘宗纂修 明嘉靖二年刻本 八行十八字白口四周單邊
存二十五卷 七至三十一

五〇一 [嘉靖]安慶府志三十一卷 明李遜纂修 明嘉靖三十二年刻本 八行二十字白口左右雙邊
存十九卷 一至十九

五〇二 [康熙]安慶府志十八卷 清姚琅、陳焯纂修 劉澴續修 清康熙十四年刻二十五年增修本

五〇三 [康熙]安慶府懷寧縣志三十六卷 清段飛鵬、方都秦纂修 清康熙十二年刻本
存二十五卷 一至十九、二十五至三十

五〇四 [康熙]安慶府懷寧縣志三十六卷 清段飛鵬、方都秦纂修 張國彪續修 清康熙十二年刻二十九年增修本

存九卷 一至七、二十一至三十二

[康熙]安慶府懷寧縣志三十六卷 清張楚中、方加公纂修 張若鯤續修 清康熙十二年刻康熙遞修本 五〇五

存十一卷 二十一至二十五、三十一至三十六

[康熙]安慶府懷寧縣志三十六卷 清張楚中、方加公纂修 張若鯤、劉深等增修 清康熙四十九年刻本 五〇六

[康熙]安慶府桐城縣志八卷 清胡必選、完濤等纂修 清康熙十二年刻本 五〇七

存六卷 一至三、六至八

[康熙]安慶府桐城縣志八卷 清胡必選、完濤等纂修 王凝命、王式鑑等續修 清康熙十二年刻二十三年增修本 五〇八

[康熙]安慶府潛山縣志十二卷 清胡光文、胡衷赤等纂修 清康熙刻本 五〇九

[順治]安慶府太湖縣志十卷 清李世洽、何天衢纂修 清順治十年刻本 五一〇

[康熙]安慶府太湖縣志二十二卷 清王紫芝、沈璁纂修 清康熙十四年刻本 五一一

存二十一卷 一至六、八至二十二

[康熙]安慶府太湖縣志二十四卷 清曾時化、張玢升纂修 王廷續修 清康熙刻本 五一二

[康熙]安慶府宿松縣志三十六卷 清朱維高、黃斌纂修 清康熙十四年刻本 五一三

[康熙]安慶府宿松縣志三十六卷 清朱維高、黃斌纂修 清康熙十四年刻康熙四十二年增修本 五一四

[順治]新修望江縣志十卷圖一卷 清王世胤、程之琳等纂修 清順治八年刻本 五一五

[康熙]安慶府望江縣志十二卷 清劉天驥、龍變等纂修 清康熙十六年刻本 五一六

[康熙]安慶府望江縣志十五卷 清淳九思、吳張成纂修 清康熙三十四年刻本 五一七

存十二卷 一至十二

[康熙]安慶府望江縣志四卷 清尚峻、王□纂修 清康熙五十四年刻本 五一八

[淳熙]新安志十卷 宋趙不悔、羅願纂修 清影宋抄本 五一九

[淳熙]新安志十卷 宋趙不悔、羅願纂修 清抄本 五二〇

[淳熙]新安志十卷 宋趙不悔、羅願纂修 清抄本 五二一

[淳熙]新安志十卷 宋趙不悔、羅願纂修 清抄本 清惠棟跋 五二二

[弘治]徽州府志十二卷 明彭澤、汪舜民纂修 明弘治十五年刻本 九行二十二字黑口四周雙邊雙魚尾 五二三

[弘治]徽州府志十二卷 明彭澤、汪舜民纂修 明弘治十五年刻本（四庫底本） 九行二十二字上下細黑口四周雙邊雙魚尾 五二四

[嘉靖]新安志補八卷 明方信纂修 清抄本 五二五

[嘉靖]新安志補八卷 明方信纂修 舊抄本 五二六

[嘉靖]徽州府志二十二卷 明何東序、汪尚寧纂修 明嘉靖刻本 九行二十二字小字雙行二十五字白口左右雙邊 五二七

[康熙]徽州府通志二十六卷 清高晫纂修 [康熙]續編不分卷 清林潤綬纂修 清抄本 五二八

[康熙]徽州府志十八卷圖一卷 清丁廷楗、趙吉士等纂修 清康熙刻朱印本 五二九

[萬曆]歙志三十卷 明張濤、謝陛纂修 明萬曆刻本 八行十六字白口四周單邊 有刻工 五三〇

[天啟]歙縣志三十六卷 明戴東旻等纂修 明天啟四年刻本 九行二十字小字雙行字數同白口四周單邊 有刻工 五三一

存二十八卷 一至十九、二十五至二十九、三十五至三十六

[順治]歙志十四卷 清宋希肅、吳孔嘉纂修 清順治四年刻本 五三二

[乾隆]橙陽散志十五卷末一卷 清江登雲纂修 江紹蓮續修 稿本 五三三

[嘉靖]休寧縣志八卷 明米鑑、吳宗堯纂修 明嘉靖刻本 九行二十二字白口單邊雙魚尾 五三四

[萬曆]休寧縣志八卷 明李喬岱纂修 明萬曆三十五年刻本 九行二十二字白口單邊單魚尾 五三五

[萬曆]休寧縣志八卷 明李喬岱纂修 明萬曆三十五年刻本［卷四、卷一配抄本］ 九行二十字小字雙行字數同白口四周單邊白魚尾 五三六

[嘉靖]婺源縣誌六卷 明馮瑗纂修 明嘉靖刻本 十行二十一字小字雙行同白口四周單邊 五三七

存三卷 四至六

[康熙]婺源縣志十二卷 清劉光宿、詹養沉等纂修 清康熙八年刻本 五三八

[康熙]婺源縣志十二卷 清蔣燦等纂修 清康熙三十三年刻本 五三九

[永樂]祁閶志十卷 明舒俊、黃汝濟纂修 明抄本 五四〇

[萬曆]祁門縣志四卷 明余士奇、謝存仁纂修 明萬曆二十八年刻本（卷四配清抄本） 九行二十字白口四周雙邊 五四一

[順治]黟縣誌八卷 清竇士範纂修 清順治刻本 五四二

[康熙]黟縣志四卷 清王景曾纂修 清康熙刻本 五四三

存三卷 二至四

[同治]黟縣三志稿十六卷首一卷 清謝永泰、程鴻詔纂修 稿本 五四四

存十一卷 二至四、六至八、十至十二、十五、十六

[萬曆]績溪縣志十二卷 明陳嘉策、何家容纂修 明萬曆刻本 九行二十二字白口左右雙邊 五四五

[康熙]績溪縣志續編四卷 清路雲來、曹有光等纂修 清康熙刻本 五四六

[嘉靖]寧國府志十卷 明黎晨、李默纂修 明嘉靖十五年刻本 九行十九字左右雙邊白口單魚尾 五四七

[萬曆]寧國府志二十卷 明陳俊、沈懋學等纂修 明萬曆刻本 九行十九字白口左右雙邊 五四八

〔康熙〕寧國府志三十二卷圖考一卷 清莊泰弘、劉堯枝纂修 清康熙十三年刻本 五四九

〔乾隆〕寧國府志三十四卷 清宋瓌、淩存淳等纂修 清乾隆刻本 五五〇

〔順治〕寧國府宣城縣志十卷 清王阿奉纂修 清順治刻本 五五一

存八卷 二至六、八至十

〔乾隆〕宣城縣志三十二卷首一卷 清吳兆九、趙廷讓等纂修 清乾隆刻本 五五二

〔嘉靖〕涇縣志十一卷 明王廷幹纂修 明嘉靖三十一年刻四十年續刻本 九行十八字白口四周單邊 五五三

〔順治〕涇縣志十二卷 清李炎、王實聰纂修 〔康熙〕補遺一卷 清鄭相、王山等纂修 清順治刻康熙增修本 五五四

〔順治〕南陵縣志四卷 清楊必達、秦啟淑纂修 清順治十三年刻本 五五五

存二卷 一、四

〔雍正〕南陵縣志十六卷首一卷 清余廷璜、江遜等纂修 清雍正四年刻本 五五六

〔嘉靖〕寧國縣志四卷 明范鎬纂修 明嘉靖二十八年刻本 九行二十字白口四周單邊 五五七

〔順治〕寧國縣志六卷 清儲惠遠、黃可瑞纂修 清順治四年刻本 五五八

存五卷 一至三、五至六

〔萬曆〕旌德縣志十卷 明蘇宇庶纂修 明萬曆刻本 九行二十字白口四周雙邊 有刻工 五五九

〔順治〕旌德縣志十卷 清王綖、毛元采纂修 清順治刻本 五六〇

〔萬曆〕太平縣志十卷 明張建楷、龔秉忠纂修 明萬曆刻本 十行二十字白口左右雙邊 五六一

存六卷 一至六

〔康熙〕太平縣誌十卷 清沐椿、鄭淶元纂修 清康熙四年刻本 五六二

〔正德〕池州府志十二卷 明何紹正、戴璘纂修 明正德十二年刻本 十行二十二字四周雙邊上下粗黑口雙魚尾 五六三

〔嘉靖〕池州府志九卷 明王崇纂修 明嘉靖二十四年刻本 十行十九字白口左右雙邊 五六四

〔康熙〕池州府志九十二卷 清喻世永纂修 李宗續修 清康熙刻乾隆五年增修本 五六五

〔順治〕貴池縣志略八卷 清李豫品纂修 清順治刻本 五六六

存二卷 七至八

〔康熙〕貴池縣志略八卷 清張國采纂修 清康熙三十一年刻本 五六七

〔康熙〕貴池縣志略八卷 清洪國柱纂修 清康熙三十一年刻乾隆九年增修本 五六八

〔乾隆〕貴池縣志續編八卷首一卷 清潘錫恩、江廷霖纂修 清乾隆十年刻本 五六九

〔康熙〕杏花邨志十二卷首一卷末一卷 清郎遂纂 清康熙二十四年聚星樓刻本 五七〇

〔順治〕青陽縣志六卷 清蔡夢鼐纂修 清順治十四年刻本 五七一

〔嘉靖〕銅陵縣志八卷 明李士元、沈海纂修 明嘉靖四十二年刻本 九行十八字白口四周雙邊單魚尾 五七二

存七卷 一至七

〔順治〕銅陵縣志八卷 清劉曰義、李小枝纂修 清順治刻本 五七三

存六卷 一至三、五至八

〔乾隆〕銅陵縣志十六卷首一卷 清單乾中纂修 清乾隆十二年刻本 五七四

〔康熙〕建德縣志十卷 清高炎、張光岐纂修 清康熙元年刻本 五七五

存六卷 一至二、五至八

〔乾隆〕建德縣志八卷首一卷 清許起鳳纂修 清乾隆四十三年刻本 五七六

〔萬曆〕東流縣志十二卷 明陳炎、汪大奎纂修 明萬曆五年刻本 十行二十字白口四周單邊 五七七

存七卷 一至三、九至十二

〔順治〕新修東流縣志六卷藝文初集二卷 清蘇弘祺、陳祖恩纂修 清順治九年刻本 五七八

〔康熙〕太平府志四十卷 清黃桂、宋驤等纂修 清康熙十二年刻本 五七九

〔康熙〕當塗縣志二十八卷 清王升、張景福纂修 清康熙抄本 五八〇

存二十一卷 一至十三、十九至二十六

〔康熙〕當塗縣志三十二卷 清祝元敏、孫光祖等纂修 戴文達、嵩孫峻纂修 清康熙三十四年刻增刻本 五八一

〔康熙〕蕪湖縣志十四卷補遺一卷 清馬汝驍、孫天衆纂修 清康熙刻本 五八二

存十卷 一至二、八至十四、補遺

〔乾隆〕繁昌縣志三十卷 清王紱龍纂修 清乾隆十六年刻本 五八三

〔萬曆〕廬州府志十三卷 明吳道明、杜璁纂修 明萬曆四年刻本 十行二十二字白口四周雙邊單魚尾 五八四

存三卷 八、九、十五

〔康熙〕廬州府志十卷 清劉獻修、劉夢鼎纂修 清康熙抄本 五八五

〔康熙〕廬州府志四十七卷 清張純修纂修 清康熙二十五年刻本 五八六

〔乾隆〕廬州衛志六卷首一卷 清尹峽纂修 清乾隆十二年刻本 五八七

〔康熙〕合肥縣志十三卷 清宮勤鑒、宋鑑等纂修 清康熙抄本 五八八

〔康熙〕合肥縣志二十卷 清賓琳、王方岐纂修 清康熙三十六年刻本 五八九

〔雍正〕合肥縣志二十四卷首一卷 清趙良墅、田實發纂修 清雍正刻本 五九〇

存二十二卷 一至十五、十九至二十四、首

五九一 〔順治〕廬江縣誌十卷 清孫弘哲、王永年纂修 清順治十三年刻本

五九二 〔康熙〕廬江縣志十六卷 清吳焕彩、丁象驅纂修 清康熙三十七年刻本
存七卷（一至五、十五、十六）

五九三 〔雍正〕廬江縣志十二卷首一卷 清陳慶門纂修 清雍正十年刻本

五九四 〔康熙〕舒城縣志□□卷 清錢文楙纂修 清康熙鈔本
存十四卷（祠祀、寺觀、古蹟、名宦、人物、職官、公署、學校、選舉、孝義、烈女、流寓隱逸、方伎）

五九五 〔康熙〕無為州志十六卷 清顧見龍、楊文蔚纂修 清康熙十二年刻本

五九六 〔康熙〕巢縣志二十卷 清于覺世、陸龍騰纂修 清康熙十二年刻本

五九七 〔雍正〕巢縣志二十二卷 清舒夢齡纂修 清雍正八年刻本

五九八 〔成化〕中都志十卷 明柳瑛纂修 明弘治元年刻本 十行二十四字大黑口四周雙邊有刻工
存六卷（五至十）

五九九 〔成化〕中都志十卷 明柳瑛纂修 明弘治元年刻嘉靖隆慶遞修本

六〇〇 〔成化〕中都志十卷 明柳瑛纂修 明弘治元年刻清康熙嘉慶增修本

六〇一 〔康熙〕鳳陽府誌四十卷 清耿繼志、汪徽猷纂修 清康熙二十四年刻本

六〇二 〔天啟〕鳳書八卷 明袁文新、柯仲炯纂修 明天啟元年刻本 九行十八字小字雙行同白口四周雙邊

六〇三 〔康熙〕臨淮縣志八卷 清施宗洵、郁仕斌纂修 清康熙十一年刻本

六〇四 〔嘉靖〕懷遠縣志二卷 明楊鈞纂修 明嘉靖刻本 八行十八字黑口四周雙邊

六〇五 〔嘉靖〕定遠縣志十卷 明高鶴纂修 明嘉靖刻萬曆增修本 十行二十一字白口四周單邊有刻工

六〇六 〔康熙〕定遠縣志四卷 清徐栻、蘇端試纂修 清康熙刻本
存三卷（一、二、四）

六〇七 〔嘉靖〕壽州志八卷 明栗永祿纂修 明嘉靖二十九年刻本 八行二十字白口四周單邊

六〇八 〔順治〕壽州志五卷 清李大升、陳邦翰纂修 清順治十三年刻本
存四卷（二至五）

六〇九 〔順治〕壽州志五卷 清李大升、陳邦翰纂修 清順治十三年刻康熙增修本

六一〇 〔乾隆〕鳳臺縣志四卷 清龍濂纂修 清乾隆三十八年刻本

六一一 〔弘治〕直隸鳳陽府宿州志二卷 明曾顯纂修 明弘治十二年刻十八年增修本 十行二十字白口四周單邊

六一二 〔嘉靖〕宿州志八卷 明余鍧纂修 明嘉靖十六年刻本 九行二十四字白口四周雙邊

六一三 〔康熙〕宿州志十二卷 清黃泓圖、潘仁樾纂修 清康熙五十七年刻本

六一四 〔康熙〕宿州志十二卷 清黃泓圖、潘仁樾纂修 清沈欽與、沈政渥校補 清康熙五十七年刻本

存十卷（一至十）

六一五 〔康熙〕靈璧縣志八卷外紀一卷 清吳焕然、汪之壹纂修 清康熙鈔本

六一六 〔成化〕潁州志六卷 明劉節纂修 清謝樹校補 明正德刻本 九行二十字黑口四周雙邊

六一七 〔嘉靖〕潁州志二十卷 明呂景蒙、胡宸纂修 明嘉靖十五年刻本 九行十九字白口四周單邊

六一八 〔萬曆〕潁州志□卷 明孫崇先纂修 明萬曆刻本 十行二十字白口四周雙邊
存一卷（下）

六一九 〔順治〕潁州志二十卷 清王天民、郝獻琛纂修 清順治刻本

六二〇 〔乾隆〕阜陽縣志二十卷 清潘世仁纂修 清乾隆二十年刻本

六二一 〔順治〕潁上縣志十四卷 清瞿乃墳、高願寬纂修 清順治刻本

六二二 〔乾隆〕潁上縣志十二卷首一卷 清許芳纂修 清乾隆十八年刻本

六二三 〔康熙〕霍丘縣志十卷 清姚之篁、李堂纂修 清康熙九年又十一年刻本

六二四 〔乾隆〕霍邱縣志十二卷首一卷 清張海、薛觀光纂修 清乾隆十九年刻本

六二五 〔順治〕亳州志四卷 清劉澤溥、高摶九纂修 清順治刻本

六二六 〔順治〕太和縣誌八卷 清陳大綸、丁亮纂修 清順治刻本

六二七 〔萬曆〕蒙城縣志八卷 明吳一鸞纂修 明萬曆刻本 九行二十字小字雙行二十字白口四周雙邊
存七卷（一至七）

六二八 〔順治〕蒙城縣志十二卷 清田本沛纂修 清順治刻本

六二九 〔康熙〕蒙城縣志十八卷 清道尚、何名瑞等纂修 清康熙十五年刻本

六三〇 〔同治〕渦陽縣志六卷 清石成之、儲丙寅等纂修 稿本

六三一 〔康熙〕全椒縣志十八卷 清藍學鑑纂修 清康熙刻本
存四卷（五至七、十四）

六三二 〔萬曆〕新修來安縣志十卷首一卷 明關之龍、周餘纂修 明天啟刻本 十行二十字白口四周單邊
存十卷（二至十、首）

六三三 〔正統〕和州志五卷 明朱汎、陳鈞纂修 明正統六年刻本 十一行二十一字黑口四周雙邊

六三四 〔嘉靖〕和州志十七卷 明易鸞纂修 明嘉靖七年刻本 九行十七字白口四周雙邊
存八卷（八至十五）

六三五 〔康熙〕和含志三十卷 清夏煒、楊元恩纂修 清康熙刻本

六三六 〔康熙〕和含志三十卷 清夏煒、楊元恩纂修 王琰、陶夢陽續修 清康熙刻本

六三七 〔乾隆〕和州志一卷 清章學誠撰 清末抄文史通義外編志隅本 清末瑞炎跋

六三八 〔順治〕含山縣志四卷 清朱元右、凌嘉禧等纂修 清順治刻本

六三九 〔乾隆〕含山縣志十六卷 清張緒、唐遵等纂修 清乾隆十三年刻本

六四〇 〔萬曆〕新修廣德州志十卷 明李得中、李得陽纂修 明萬曆刻清順治增補刻本 清關以妹重修 九行十九字小字双行白口單魚尾左右双边

六四一 〔康熙〕廣德州志二十六卷 清高洪範、吕振纂修 清康熙刻本

六四二 〔康熙〕廣德州志二十六卷 清高洪範、戈振纂修 清康熙二十二刻增修本 存十五卷（一至九、十四至十九）

六四三 〔嘉靖〕建平縣志九卷 明連鏞、姚文燁纂修 明嘉靖十年刻本 十行二十二字黑口四周双边 存五卷（一至五）

六四四 〔康熙〕建平縣志二十四卷 清黃成勛、劉寅纂修 清康熙三十九年刻本 存二十一卷（一至八、十二至二十四）

六四五 〔雍正〕建平縣志二十二卷首一卷 清陶廷珍纂修 清雍正刻本

六四六 〔康熙〕重修六安州志十卷 清王所容、孟毓藻修 清抄本 存八卷（一至六、九至十）

六四七 〔康熙〕六安州志二十卷 清王見田、陶協纂修 清康熙二十八年刻本

存十五卷（一至十、十六至二十）

六四八 〔康熙〕英山縣通誌十三卷 清劉五緯纂修 清康熙抄本

六四九 〔康熙〕英山縣志二卷 清劉五緯纂修 清康熙二十六年刻本

六五〇 〔乾隆〕英山縣志二十六卷首一卷 清張承寅、姚之琅纂修 清乾隆二十一年刻本

六五一 〔順治〕霍山縣誌四卷 清侯元魁、殷漾纂修 清順治十八年刻本

六五二 〔乾隆〕霍山縣志八卷首一卷末一卷 清甘山、程在嶸纂修 清乾隆四十一年刻本

六五三 〔嘉靖〕泗志備遺三卷 明汪良、汪之翔纂修 明嘉靖刻藍印本 十行十九字至二十一字不等小字双行白口左右双边

六五四 〔康熙〕泗州通志三十卷 清金綸耀、戚珥纂修 清康熙抄本 存二十八卷（一至二十八）

六五五 〔康熙〕泗州志十八卷 清莫之翰纂修 清康熙二十七年刻本

六五六 〔正德〕盱眙縣志二卷 明李天祥、陳惟淵纂修 明正德刻本 十行二十四字白口四周双边

六五七 〔康熙〕盱眙縣志三十二卷 清朱弘祚、周琳纂修 清康熙刻本

六五八 〔嘉靖〕皇明天長志七卷 明邵時敏、王心纂修 明嘉靖二十九年刻本 九行二十一字白口左右双边

六五九 〔康熙〕五河縣志四卷 清余家誠、仇兆鰲纂修 清康熙刻本

六六〇 〔康熙〕五河縣志五卷 清李宗蕃、仇正秀纂修 鄭灝、周世賢續修 清康熙刻康熙二十五年增修本

六六一 〔嘉靖〕山西通志三十二卷 明楊宗氣、周斯盛纂修 明嘉靖刻本 十行二十字小字双行字數同白口四周双边單黑魚尾

六六二 〔萬曆〕山西通志三十卷 明李維楨纂修 明萬曆刻崇禎補刻印本 十行二十字小字双行二十字白口單黑魚尾左右双边

六六三 三關志十卷 明廖希顏纂修 明嘉靖刻本 八行十八字白口四周單边 存七卷（地理總考五卷、武備考一卷、兵食考一卷、馬政考一卷、官師考卷）

六六四 〔萬曆〕三關志不分卷 明康丕揚、李茂春纂修 明抄本

六六五 〔萬曆〕太原府志二十六卷 明關廷訪、張慎言纂修 明萬曆四十年刻本 七行十八字小字双行白口單魚尾四周双边

六六六 〔萬曆〕太原府志二十六卷 明關廷訪、張慎言纂修 明萬曆刻清順治重修本 九行十八字小字双行白口四周双边

六六七 〔順治〕太原府志四卷 清順治刻本

六六八 〔嘉靖〕太原縣志六卷 明高汝行纂修 明嘉靖三十年刻本 八行十八字白口四周單边

六六九 〔嘉靖〕太原縣志六卷 明高汝行纂修 明嘉靖三十年刻天啟六年增修本 八行十八字白口四周單边

六七〇 〔萬曆〕榆次縣志十卷 明張鶴騰纂修 史記事、王懋楨續修 明萬曆刻天啟增修本 九行十九字白口四周双边

六七一 〔康熙〕榆次縣續志十四卷首一卷 清劉星、王介石等纂修 清康熙二十五年刻本

六七二 〔萬曆〕太谷縣志十卷 明古雲九、陳崇禮纂修 清順治九年刻本 〔順治〕續太谷縣志二卷 清郭顯宗纂修 清順治十二年刻本 存七卷（一、二、八至十）

六七三 〔乾隆〕太谷縣志六卷 清高繼允、徐逢泰纂修 清乾隆二十年刻本

六七四 〔康熙〕祁縣志八卷 清郭樸、周鐵芳纂修 清康熙四年刻本

六七五 〔康熙〕祁縣志八卷 清郭樸、周鐵芳纂修 米廷琰修 清康熙刻四十五年增修本

六七六 〔順治〕清源縣志二卷 清和羹、王顯儒纂修 清順治十八年刻本

六七七 〔順治〕清源縣志二卷 清和羹、王顯儒纂修 清順治十八年刻康熙增補印本

六七八 〔康熙〕交城縣志八卷首一卷 清趙吉士、武學龍纂修 清康熙刻本

六七九 〔天啟〕文水縣志十卷 明米世發、鄭家相纂修 明天啟五年刻本 九行二十字白口單魚尾左右双边

六八〇 〔康熙〕嵐州志四卷 清何顯祖、宋術纂修 清康熙刻本

六八一 〔洪武〕平陽志□□卷 明洪武十五年刻本 十行二十字黑口四周双边 存九卷（一至九）

六八二 〔正德〕平陽志□□卷 明正德刻本 九行十八字白口四周單边 存六卷（卷十一至十二、十五至十七、二十二）

六八三 [萬曆]平陽府志十卷 明傅淑訓、□□□纂修 明萬曆四十三年刻清□□□本 九行十八字白口上下□□左右雙邊

六八四 [雍正]臨汾縣志八卷 清徐三俊、林汝可等纂修 清雍正刻本

六八五 [萬曆]臨汾縣志九卷 明邢雲路纂修 明萬曆十九年刻本 十行二十一字白口四周雙邊
存三卷 七、八、九（紀事、藝文、雜志）

六八六 [萬曆]臨汾縣志九卷 明邢雲路纂修 清林弘化增修 彭希孔再增修 明萬曆十九年刻清康熙十二年、三十四年增修本 十行二十字白口四周雙邊
存三卷 六至八

六八七 [康熙]臨汾縣志八卷 清□□□等纂修 清康熙五十七年刻本

六八八 [萬曆]洪洞縣志八卷圖一卷 明喬因阜、晉朝臣纂修 明萬曆十九年刻本（卷五至卷八清抄本） 九行二十二字小字雙行白口四周單邊

六八九 [康熙]洪洞縣續志一卷 清孫鼎、王深源纂修 清康熙十二年刻本

六九〇 [光緒]洪洞縣志十六卷首一卷 清□□□纂修 稿本

六九一 [嘉靖]浮山縣志八卷 明許安纂修 明嘉靖刻本 十行二十字黑口四周雙邊
存七卷 一至七

六九二 [康熙]浮山縣誌四卷 清潘□□、□□□纂修 清康熙刻本

六九三 [康熙]岳陽縣志二卷 清□□□、劉允敘纂修 清康熙刻本
存二卷 三至四

六九四 [嘉靖]曲沃縣誌五卷 明劉魯生、李汝寬纂修 明嘉靖三十年刻本 九行十八字白口四周雙邊
存一卷 上

六九五 [萬曆]沃史二十六卷 明趙彥復纂修 明萬曆刻本 十行二十字白口左右雙邊

六九六 [康熙]沃史二十五卷 清張奇勛、王甫□纂修 清康熙刻本

六九七 [康熙]曲沃縣志三十卷 清潘錦、仇翊道等纂修 清康熙刻本

六九八 [嘉靖]翼城縣志六卷 明鄭桂枝、楊汝江纂修 明嘉靖二十七年刻本 十行二十四字白口四周雙邊

六九九 [康熙]翼乘十二卷 清朱應雷等纂修 清康熙刻本

七〇〇 [萬曆]太平縣志八卷 明劉民望、王繼復纂修 明萬曆刻清□□增修本 八行二十二小字黑口四周雙邊

七〇一 [康熙]鄉寧縣志六卷 清張驥昇纂修 清康熙刻本

七〇二 [康熙]吉州誌二卷 清□□□、□□□纂修 清康熙十二年刻本

七〇三 [康熙]蒲州志十二卷 清□康民、□□□等纂修 清康熙九年刻本

七〇四 [康熙]臨晉縣志十卷 清蔣以治、王□元纂修 清康熙二十五年刻本

七〇五 [康熙]榮河縣志八卷 清李長庚、□□□纂修 清康熙刻本

七〇六 [康熙]萬泉縣志八卷 清□□□纂修 清康熙刻本
存六卷 三至八

七〇七 [萬曆]猗氏縣誌□卷 明□□□纂修 明萬曆刻本 九行二十一字白口四周雙邊
存八卷 一至六、八至九

七〇八 [康熙]猗氏縣志十卷 清□□□、□□□纂修 清康熙刻本
存七卷 四至十

七〇九 [順治]潞安府志二十卷 清□□□、李中白等纂修 清順治十六年刻本

七一〇 [康熙]長治縣志八卷 清□□□、□公□纂修 清康熙十二年刻本

七一一 [康熙]長子縣志六卷 清□□□、□□□纂修 清□□□、□□□增修 清康熙□十□年刻四十四年增修本

七一二 [康熙]重修襄垣縣志十卷 清□□□、□□□纂修 清康熙四十五年刻本

七一三 [康熙]平順縣志十卷 清杜之□、□□□、□□□纂修 清康熙刻本

七一四 [康熙]壺關縣志四卷 清□□□纂修 清康熙刻本

七一五 [萬曆]汾州府志十六卷 明王道一、□□□等纂修 明萬曆刻本 九行十八字白口四周雙邊

七一六 [順治]汾陽縣志四卷 清□□□、劉文□纂修 清順治十四年刻本

七一七 [雍正]孝義縣志十八卷首一卷 清□□□纂修 清雍正四年刻本

七一八 [康熙]重修平遙縣志二卷 清□□□、□□□、□□□纂修 清康熙十二年刻本

七一九 [順治]石樓縣志□□卷 清□□□纂修 清順治刻康熙增修本
存二卷 一至二

七二〇 [順治]永寧州誌一卷 清□□□、□□□纂修 清順治刻本

七二一 澤州志十八卷 明□□□、□□□纂修 明萬曆三十五年刻本 八行二十字小字雙行白口四周雙邊

七二二 [康熙]澤州志三十卷 清陶自悅、□□□纂修 清康熙四十五年刻本

七二三 泫志拾遺八卷 清□□□纂修 清抄本
存七卷 一、三至八

七二四 [順治]高平縣志十卷 清□□□、□□□纂修 清順治十五年刻康熙五年增修本
存四卷 三至六

七二五 [順治]陽城縣志十卷 清□□□、□□□纂修 清順治刻本

七二六 [康熙]陵川縣志八卷 清□□□纂修 清康熙刻本

七二七 [康熙]沁水縣志十卷 清趙鳳詔纂修 清康熙三十七年刻本

七二八 [康熙]沁水縣志十卷 清趙鳳詔纂修 清康熙三十七年刻乾隆印本

七二九 大同志不分卷 明□□□撰 清初刻本

七三〇 [正德]大同府志十八卷 明張欽纂修 明正德十年刻嘉靖增修本 十行十八字黑口四周雙邊

七三一 [萬曆]懷仁縣志二卷 明楊守介等纂修 明萬曆二十八年刻清康熙修補印本 十行二十一字黑口四周雙邊

七三二 [弘治]渾源州誌五卷 明楊文通、董錫纂修 明弘治六年刻本 十行二十二字黑口四周雙邊

存一卷 五

七三三 [順治]渾源州志二卷 清張崇德纂修 清順治十八年刻本

七三四 [萬曆]應州志六卷 明王有容、田蕙纂修 明萬曆二十七年刻本（卷六配清抄本） 九行二十字白口四周單邊

七三五 [雍正]應州志十卷 清□□、□□□纂修 清雍正刻本

七三六 [崇禎]山陰縣志六卷 明劉以守纂修 明崇禎三年刻清補版印本 九行二十字小字雙行同白口四周雙邊

七三七 [崇禎]山陰縣志六卷 明劉以守纂修 明崇禎二年刻本 九行二十字小字雙行同白口四周雙邊

七三八 [乾隆]天鎮縣志八卷 清胡元朗纂修 清乾隆四年刻本

七三九 [光緒]天鎮縣志四卷首一卷 清洪汝霖、楊篤纂修 稿本

七四〇 [康熙]廣靈縣誌十卷 清李煥斗、王汝雅纂修 清康熙二十四年刻本

七四一 [康熙]山西寧武守禦所志書一卷 清王嗣纂修 清康熙抄本

七四二 [順治]朔州誌六卷 清汪嗣聖纂修 方叔裔續修 清順治十七年刻康熙十二年增修本

存三卷 一至三

七四三 [康熙]馬邑縣誌五卷 清秦雄褒、霍燦纂修 清康熙四十四年刻本

七四四 [乾隆]平定州志八卷 清德保、王松庚纂修 清乾隆十四年刻本

七四五 [乾隆]平定州志十卷 清金明源、竇忻等纂修 清乾隆五十四年刻本

七四六 [嘉靖]盂縣志十三卷 明蘇璇、張升學纂修 明嘉靖三十年刻萬曆七年增修本 八行二十字小字雙行同白口四周雙邊

七四七 [康熙]新修盂縣志八卷 清黎廣纂修 清康熙四十一年刻本

七四八 [康熙]壽陽縣志八卷 清吳祚昌纂修 清康熙十一年刻本

七四九 [嘉靖]樂平縣志六卷 明喬承澂纂修 明嘉靖刻本 七行約二十二字白口四周雙邊

七五〇 [康熙]樂平縣志八卷 清王祚永、王登昌纂修 清康熙刻本

七五一 [康熙]樂平縣志八卷 清王祚永、王登昌纂修 清康熙刻本

存七卷 一至七

七五二 [乾隆]樂平縣志八卷 清李榕纂修 清乾隆十八年刻本

七五三 [乾隆]樂平縣志八卷 清李畢燦纂修 清乾隆四十二年刻本

七五四 [萬曆]定襄縣志八卷 明王立愛、劉國治等纂修 明萬曆四十四年刻本 八行二十字白口單魚尾左右雙邊

七五五 [康熙]定襄縣志八卷 清王時炯、牛翰垣纂修 清康熙五十一年刻本

七五六 [康熙]靜樂縣志十卷 清黃圖昌纂修 清康熙刻本

存八卷 一至八

七五七 [康熙]靜樂縣志十卷 清黃圖昌纂修 劉爰雍續修 清康熙刻雍正八年增修本

七五八 [萬曆]代州志二卷 明周弘禴纂修 明萬曆十三年刻本 九行二十二字白口四周雙邊

七五九 [康熙]五臺縣誌八卷首一卷 清周三進、馬家鼎纂修 清康熙刻本

七六〇 [順治]河曲縣誌四卷 清馬蒙纂修 清順治刻康熙增修本

七六一 [嘉靖]霍州志八卷 明褚相、楊繼纂修 明嘉靖刻本 九行二十一字白口四周雙邊

七六二 [康熙]重脩霍州志十卷 清黃復生等纂修 清康熙十二年刻本

七六三 [順治]趙城縣志八卷 清安鍚祚、劉啟龍纂修 明崇禎十五年刻清順治十六年增修本 九行十九字九行二十二字不等白口四周雙邊

七六四 [康熙]解州志十卷 清沐士性、馬淑復纂修 清康熙刻本 汾河集略二卷

解州條議一卷 清江闓撰 清康熙刻本

七六五 [康熙]解州志二十二卷首一卷 清沐時、伶孝峰纂修 清康熙五十六年刻本

存七卷 四至十

七六六 [萬曆]安邑縣志十卷 明默鼓、當子沐纂修 明萬曆刻崇禎增修本 七行十九字小字雙行不等白口四周雙邊

七六七 [萬曆]安邑縣志十二卷 明默鼓、當子沐纂修 清趙增續修 明萬曆刻崇禎至清康熙增修本 九行十九字二十一字小字雙行十九字白口四周雙邊

存五卷 七至十一

七六八 新修河東運司志十卷 清蘇昌臣纂修 張應徵續修 清康熙十一年刻本

七六九 [康熙]夏縣志四卷 清蔣在公纂修 清康熙刻本

存三卷 一至二、四

七七〇 夏縣志四卷 清蔣在公纂修 清康熙刻本

七七一 [康熙]平陸縣誌八卷 清蔣懋義纂修 清康熙十八年刻五十二年增修本

七七二 [隆慶]芮城縣志不分卷 明李斗、薛一鶚纂修 明隆慶刻本 九行二十字小字雙行同白口四周雙邊

七七三 [康熙]芮城縣志四卷首一卷 清梁式瀾、王涉民纂修 清康熙十一年刻本

七七四 [萬曆]絳州志三卷 明方五城、□一中等纂修 明萬曆刻本 十行二十字白口四周單邊

七七五 [康熙]絳州志四卷 清劉顯第、陶用曙纂修 清康熙刻本

七七六 [康熙]垣曲縣志十六卷 清紀弘謨、馬洛等纂修 清康熙刻本

七七七 [順治]聞喜縣志七卷 清孫本楨、王禮吉纂修 清順治十年刻本

存三卷 一至四

七七八 [順治]聞喜縣志七卷 清孫本楨、王禮吉纂修 [康熙]聞喜縣志續編一卷 清沈光禧、楊水寧纂修 清順治十年刻康熙續刻本

[順治]絳縣志五卷 清趙云弘、呂浣文等纂修 清順治刻本 七七九
[萬曆]稷山縣志八卷 明張思恭、紀賓纂修 明萬曆刻本 八行十八字白口四周單邊 卷八十行二十字 七八〇
[康熙]稷山縣志八卷 清沈澂初纂修 清康熙刻本 存七卷 一至七 七八一
[康熙]河津縣志八卷 清高光迹、劉錫嵩纂修 清康熙十一年刻本 七八二
[乾隆]河津縣志十二卷 清黃鶴齡、張其高纂修 清乾隆四十八年刻本 七八三
[康熙]蒲縣新志八卷 清胡勤希、賀文苑纂修 清康熙十二年刻本 存五卷 四至八 七八四
[康熙]永和縣志二十四卷 清王士儀纂修 清康熙四十九年刻本 七八五
[康熙]山西直隸沁州志八卷 清杜家擧纂修 清康熙刻本 七八六
[康熙]遂州志八卷 清紀大璿、吳淑泰纂修 清康熙十二年刻本 七八七
[康熙]和順縣志四卷 清邵憲瑋纂修 清康熙十四年刻本 七八八
[康熙]榆社縣志十卷 清修國弘、王徵綱纂修 清康熙十三年刻本 七八九
齊乘六卷 元于欽纂修 附釋音一卷 元于潛撰 明嘉靖四十三年杜思刻本 八行十五字白口左右雙邊 七九〇
齊乘六卷 元于欽纂修 附釋音一卷 元于潛撰 明嘉靖四十三年杜思刻本 清錢名世識語 八行十五字白口左右雙邊單魚尾下有刻工 七九一
齊乘六卷 元于欽纂修 附釋音一卷 元于潛撰 明嘉靖四十三年杜思刻本（卷五配清抄本） 清丁丙跋 八行十五字白口左右雙邊有刻工 七九二
齊乘六卷 元于欽纂修 附釋音一卷 元于潛撰 明嘉靖四十三年杜思刻本 周叔弢跋 八行十五字白口左右雙邊 七九三
齊乘六卷 元于欽纂修 清抄本 七九四
齊乘六卷 元于欽纂修 附釋音一卷 元于潛撰 清抄本 清李文藻校並跋 盛百二跋 七九五
齊乘六卷 元于欽纂修 清抄本 清瑞(?)批校並跋 七九六
[嘉靖]山東通志四十卷 明陸釴等纂修 明嘉靖十二年刻本 十行二十字白口左右雙邊 七九七
[嘉靖]山東通志四十卷 明陸釴等纂修 明嘉靖刻本 十行二十字白口四周雙邊有刻工 七九八
[嘉靖]山東通志四十卷 明陸釴纂修 呂元善續修 明嘉靖刻萬曆增修本 十行二十字小字雙行字同白口四周雙邊有刻工 七九九
[同治]山東通志口口卷 清張晰等纂修 稿本 存三卷 山東郡縣沿革表二、三 典謨志一 八〇〇
山東海疆圖記九卷 清抄本 八〇一
[崇禎]歷乘十九卷 明劉永泰、劉勅纂修 明崇禎刻本 九行二十字白口四周單邊 八〇二

[崇禎]歷城縣志十六卷 明宋祖法、葉承宗纂修 明崇禎十三年文發堂刻本 八行二十字小字雙行字同白口版心下刻文發堂 存十五卷 一至十五 八〇三 1
[崇禎]歷城縣志十六卷 明宋祖法、葉承宗纂修 明崇禎十三年文發堂刻本 九行二十字白口左右雙邊 存十四卷 三至十六 八〇五 2
[崇禎]歷城縣志十六卷 明宋祖法、葉承宗纂修 明崇禎十三年文發堂刻清康熙六十一年李師白增修本 九行二十字白口左右雙邊版心下刻文發堂 存十五卷 一至十三、十五至十六 八〇四
[光緒]歷城續志十五卷 清高鴻裁纂修 稿本 八〇五
歷城縣修志條款採訪冊不分卷 清崔霖等輯 稿本 八〇六
[弘治]章丘縣志四卷 明陸野、楊循吉纂修 明嘉靖刻藍印本 七行大十五小十八字黑口四周單邊 八〇七
[萬曆]章丘縣志三十四卷 明董復亨纂修 明萬曆二十四年刻本 八行十七字上白口下大黑口四周單邊 八〇八
[康熙]章邱縣志十二卷首一卷 清鍾運泰、高家廳纂修 清康熙三十年刻本 八〇九
[順治]鄒平縣志八卷 清徐政、馬驌纂修 清順治刻本 八一〇
[嘉靖]淄川縣志六卷 明王琮纂修 明嘉靖二十五年刻本 九行二十一字黑口四周雙邊 八一一
淄乘徵一卷 清畢際有輯 清康熙刻本 八一二
[康熙]淄川縣志八卷首一卷 清張嵋、唐夢賚纂修 清康熙刻本 八一三
[乾隆]淄川縣志八卷首一卷 清王康、臧岳纂修 清乾隆八年刻本 八一四
[康熙]長山縣志八卷 清耿憲祖纂修 清康熙抄本 八一五
[天啟]新城縣志十四卷 明王象晉纂修 清王啟(?)魯纂修 [康熙]續志一卷 清高孔(?)彰續修 清康熙抄本 存十卷 五至十四 八一六
[康熙]齊河縣志八卷首一卷 清趙贊撰、王邁光纂修 清康熙刻本 八一七
[萬曆]濟陽縣志十卷 明吳知(?)、邢其詠纂修 明萬曆刻清順治增刻本 九行十八字白口上魚尾下四周雙邊 [順治]濟陽縣續志一卷 清解元才、邢其詠纂修 八一八
[康熙]禹城縣志八卷 清王炎、吳綱芳纂修 清康熙十二年刻本 八一九
[萬曆]臨邑縣志十六卷 明邢承志、邢侗纂修 清陳起鳳續修 明萬曆刻清順治九年續修本 九行十八字小字雙行行十八字白口左右雙邊 八二〇
[康熙]重修臨邑縣志十六卷首一卷 清陶蘭、高孔毅纂修 清康熙五十一年刻本 八二一
[康熙]長清縣志十四卷 清舒岳之、徐繼曾纂修 清康熙刻本 八二二
[康熙]陵縣志六卷首一卷 清史惺廷、康滋來等纂修 清康熙刻本 八二三
[嘉靖]德州志三卷 明何洪、鄒瀛纂修 明嘉靖七年刻本 九行二十一字白口四周單邊 八二四

〔萬曆〕德州志十二卷 明熊文華、李論等修 安受善、王元寵續修 明萬曆刻天啓增修本 八行二十字白口四周雙邊 八二五
〔康熙〕德州志十卷 清金祖彭、程先貞纂修 清康熙十二年刻本 八二六
〔光緒〕續修德州志略四卷 稿本 八二七
〔康熙〕山東濟南府德州德平縣志四卷 清戴王縉、劉胤鄴纂修 清康熙刻本 八二八
〔萬曆〕兗州府志五十一卷 明朱泰、游季勳、包大爟纂修 明萬曆元年刻本 十行二十字白口四周雙邊 八二九
存五十卷（一至六、八至五十一）
〔萬曆〕兗州府志五十二卷 明□登瀛、孟學遠、于慎行纂修 明萬曆二十四年刻本 十行二十字白口左右雙邊有刻工 八三〇
存四十九卷（一至二十五、二十九至五十二）
〔康熙〕兗州府志四十卷首一卷 清張鵬翮、葉崙纂修 清康熙刻本 八三一
〔康熙〕兗州府志續編二十卷 清金一鳳纂修 清康熙五十八年刻本 八三二
〔崇禎〕曲阜縣志六卷 明孔弘毅纂修 明崇禎八年刻本 九行十八字白口四周雙邊 八三三
存四卷（一至四）
〔崇禎〕曲阜縣志六卷 明孔弘毅纂修 清孔衍淳續修 明崇禎八年刻清康熙十二年增補印本 九行十八字小字雙行字同白口四周雙邊 八三四

三七

〔萬曆〕寧陽縣志□□卷 明萬曆刻本 十行二十字白口四周雙邊 八三五
存二卷（三、五）
〔康熙〕寧陽縣志八卷 清劉淇纂修 清康熙刻本 八三六
〔康熙〕寧陽縣志八卷首一卷 清李溫皋纂修 清康熙四十一年刻本 八三七
〔萬曆〕鄒志四卷圖一卷 明胡繼先纂修 明萬曆三十九年刻本 九行該一格十九字小字雙行字同白口四周單邊 八三八
〔康熙〕鄒縣志三卷 清朱承命、陳于芝纂修 清康熙刻本 八三九
存三卷（一下、二、五）
〔萬曆〕泗水縣誌十二卷 明尤應魯纂修 清劉桓增修 明萬曆刻清康熙增修印本 十行二十字小字雙行白口單魚尾四周雙邊 八四〇
卞里誌二卷 明武羽翔撰 明萬曆刻本 十行二十字白口單魚尾四周單邊 八四一
存一卷（二）
〔康熙〕滕志八卷 清陸璣纂修 清康熙刻本 八四二
存六卷（三至八）
〔康熙〕嶧縣志五卷 清田顯吉、褚光鑛纂修 清康熙刻本 八四三
〔康熙〕嶧縣志五卷 清田顯吉纂修 劉允恭、褚光漢續修 清康熙十二年刻二十四年增修本 八四四

〔萬曆〕汶上縣志八卷 明栗可仕、王命新纂修 明萬曆三十六年刻本 十行二十字小字雙行十九字白口四周單邊 八四五
〔康熙〕陽穀縣志八卷首一卷 清王天璧纂修 清康熙刻本 八四六
〔康熙〕陽穀縣志八卷首一卷 清王時來、杭雲龍等纂修 武之燕續修 清康熙五十五年刻乾隆十二年增修本（卷八配清抄本） 八四七
〔萬曆〕東昌府志二十二卷 明王命爵、王汝訓等纂修 明萬曆刻本 十行二十字白口四周單邊版心下鐫刻工 八四八
東昌府志五十卷首一卷 清胡德林、周永年纂修 清乾隆四十二年刻本 八四九
〔順治〕堂邑縣志三卷 清郝誠孝纂修 明萬曆三十八年刻清順治增修印本 八五〇
〔康熙〕堂邑縣志三卷 清張茂節纂修 清康熙十一年刻本 八五一
存二卷（二至三）
〔康熙〕堂邑縣志二十卷 清盧承琰、劉淇纂修 清康熙刻本 八五二
〔正德〕博平縣志八卷 明周璞、鄒泰寧纂修 明正德刻本 八五三
〔康熙〕博平縣志五卷 清梅斌、張翰纂修 清康熙刻本 八五四
〔康熙〕茌平縣志四卷 清王書一、張翰纂修 清康熙二年刻本 八五五
〔康熙〕重修清平縣志二卷 清王依纂修 清康熙五十六年刻本 八五六
〔正德〕莘縣志十卷 明吳家器纂修 明正德十年刻嘉靖增修印本 十行二十四字黑口四周雙邊 八五七

三八

〔康熙〕莘縣志八卷 清劉躍鎮纂修 清康熙刻本 八五八
存四卷（五至八）
〔萬曆〕新修館陶縣志四卷 明李汝全、趙邦治纂修 明萬曆刻本 十行二十字白口四周雙邊 八五九
存一卷（三）
〔康熙〕館陶縣志十二卷 清鄭先民、耿穎齊纂修 清康熙刻本 八六〇
存九卷（四至十二）
〔嘉靖〕恩縣志九卷 明張聿嘉纂修 明嘉靖十七年林汝昌刻本 八行二十字小字十六行二十字白口雙邊 八六一
〔萬曆〕恩縣志六卷 明孫居湘、劉企景纂修 明萬曆二十七年刻藍印本 十行二十二字小字雙行白口四周雙邊 八六二
〔康熙〕高唐州志十二卷首一卷 清陸國耀、李宗臣纂修 清康熙五十八年刻本 八六三
〔嘉靖〕青州府志十八卷 明杜思、馮惟訥纂修 明嘉靖四十四年刻本 九行十九字白口左右雙邊 八六四
〔萬曆〕青州府志二十卷 明王家士、鍾羽正纂修 明萬曆刻本 九行二十字小字雙行字同四周單邊白口單魚尾書口下有刻工及字數 八六五
存五卷（十四、十五、十六、十九、二十）
〔康熙〕青州府志二十卷 清崔俊、李煥章纂修 清康熙刻本 八六六
〔康熙〕青州府志二十卷 清張連登、張貞等纂修 清康熙四十八年刻本 八六七

[萬曆]益都縣志九卷 明田仰纂修 明萬曆刻本 九行二十字白口四周單邊 存六卷 四至九 八六八
[康熙]博興縣志八卷 清蕭必泰纂修 清康熙刻本 存三卷 六至八 八六九
[康熙]高苑縣誌八卷末一卷 清米渭纂修 清康熙刻本 八七〇
[康熙]高苑縣誌八卷 清宋綱纂修 清康熙十一年刻雍正八年印本 八七一
[康熙]高苑縣續志十卷 清古承繁、劉大重纂修 清康熙五十五年刻本 八七二
[萬曆]樂安縣志二十卷 明孔承祖、聯子蓍纂修 明萬曆刻本 八七三
[康熙]樂安縣續志二卷 清陳鳴鑾、李含章纂修 清康熙刻本 八七三
[康熙]壽光縣志三十二卷 清劉有成、安致遠纂修 清康熙三十七年刻本 八七四
[乾隆]續壽光縣志三十卷 清王椿、錫廷殿纂修 清乾隆刻本 八七五
[嘉靖]昌樂縣志四卷 明朱木蔡修 明嘉靖二十七年刻本 九行二十字白口、單邊 存三卷 一至三 八七六
[康熙]昌樂縣志六卷 清賀基昌、閻湘纂修 清康熙刻本 八七七
[嘉靖]臨朐縣志四卷 明王家士、祝文纂修 明嘉靖三十一年刻本 九行二十字白口四周雙邊 八七八
[嘉靖]臨朐縣志四卷 明王家士、祝文纂修 明嘉靖刻萬曆天啟遞修本 九行二十字四周雙邊 存二卷 一至二 八七九
[萬曆]安丘縣志二十八卷 明熊元、馬文煒纂修 明萬曆刻本 九行十八字細黑口上魚尾左右雙邊 八八〇
[萬曆]安丘縣志二十八卷 明熊元、馬文煒纂修 明萬曆刻本 清王筠跋 八八一
[萬曆]安邱縣志二十八卷 明熊元、馬文煒纂修 清抄本 九行十八字白口左右雙邊 高鴻裁沅校并跋 八八二
[道光]安邱新志乘韋二十八卷 清張柏恒纂修 稿本 八八三
[道光]安邱新志乘韋不分卷 清張柏恒纂修 稿本 八八四
[道光]安邱新志乘韋不分卷 清張柏恒纂修 稿本 八八五
[萬曆]諸城縣志十二卷 明王之良、陳燁纂修 明萬曆刻本 七行二十字白口左右雙邊 八八六
[康熙]諸城縣志十二卷 清卞穎、王勳纂修 清康熙刻本 八八七
[康熙]高唐州志十二卷 清劉佑纂修 清康熙刻本 存八卷 四至九、十一至十二 八八八
[萬曆]登州府志十八卷圖一卷 明徐應元纂修 明泰昌元年刻本 存十六卷及圖 一至六、九至十八 八八九
[康熙]黄縣志八卷 清李蕃、范廷璐纂修 清康熙十二年刻本 八九〇

[萬曆]福山縣志八卷 明宋大奎、鄭如春纂修 明萬曆刻本 九行二十二字白口四周雙邊 存四卷 一至四 八九一
[康熙]福山縣志十二卷 清羅瀛、宛兆中等纂修 清康熙刻本 八九二
[康熙]棲霞縣志八卷 清胡璘、牟國玠纂修 清康熙十一年刻本 八九三
[嘉靖]寧海州志二卷 明李光先、焦希程纂修 明嘉靖二十七年刻本 八行十八字白口四周雙邊 八九四
[嘉靖]寧海州志二卷 明李光先、焦希程纂修 清抄本 八九五
[雍正]文登縣志十卷 清王一夔、孫舉賢等纂修 清雍正三年刻本 八九六
[萬曆]萊州府志八卷 明龍文明、趙燿等纂修 明萬曆刻本 十行二十二字白口四周單邊 八九七
[萬曆]萊州府志八卷 明龍文明、趙燿纂修 清初抄本 八九八
[康熙]萊州府志十二卷首一卷 清甘國璧、陳謙、孔尚任、劉以貴纂修 清康熙五十一年刻本 八九九
掖乘十六卷 清侯登岸纂修 稿本 九〇〇
掖乘六卷 清侯登岸撰 清劉喜海抄本 劉喜海跋 九〇一
[康熙]平度州志十二卷 清李世昌纂修 清康熙刻本 九〇二
[萬曆]濰縣志十卷 明劉廷錫纂修 清抄本 九〇三
[康熙]濰縣志九卷 清王珍、陳調元纂修 清康熙刻本 九〇四
濰縣古城考一卷 清郭象灝 稿本 九〇五
[順治]昌邑縣志八卷 清竇丕顯、[illegible]纂修 清順治十八年刻康熙十一年增修本 許全懋續修 九〇六
[康熙]膠州志八卷 清孫蘊韜、高鳳標纂修 清康熙[illegible]堂刻本 存五卷 四至八 九〇七
[康熙]高密縣志十卷 清張浩、張實威纂修 清康熙四十九年刻本 九〇八
[嘉靖]武定州志不分卷 明劉佃、劉繼先等纂修 明嘉靖二十七年刻本 九行二十二字黑口四周雙邊 九〇九
[萬曆]武定州志十五卷 明桑東陽、邢侗纂修 明萬曆十六年刻本 十行二十字白口四周單邊 存十卷 六至十五 九一〇
[萬曆]武定州志十五卷 明桑東陽、邢侗纂修 明萬曆十六年刻清增修本 十行二十字白口左右雙邊 存十卷 六至十五 九一一
[萬曆]青城縣志二卷 明王儀、楊夢衮纂修 明萬曆四十年王儀刻本 九行十七字白口四周雙邊 九一二
[康熙]陽信縣志十卷 清劉虎文、張瓚等纂修 清康熙二十一年刻本 九一三
[同治]信邑志稿八卷 題峻皆氏纂修 清抄本 九一四
[康熙]海豐縣誌十二卷首一卷 清胡公著、張克家纂修 清康熙九年刻本 九一五

九一六 〔順治〕樂陵縣志八卷 清郝獻明、胡宗素纂修 清順治十七年刻本

九一七 〔萬曆〕商河縣志十卷 明曾一翔、翁文光等纂修 明萬曆刻崇禎十年增修本 九行二十一字白口四周單邊

九一八 〔康熙〕重修蒲臺縣志十卷 清嚴曾業、李瀚等纂修 清康熙刻本

九一九 〔乾隆〕沂州府志原稿二十六卷 清李希賢、王璲等纂修 稿本

九二〇 〔康熙〕郯城縣志十卷 清張五俊、馮可參纂修 清康熙刻本

九二一 〔康熙〕莒州志二卷 清郭文龍、段榮纂修 清康熙刻本

九二二 〔乾隆〕莒州志十五卷 清彭中謙、陳有常纂修 清乾隆七年刻本

九二三 〔康熙〕蒙陰縣志四卷 清厲進乘、王運昇纂修 清康熙十一年刻本
存三卷 二至四

九二四 〔康熙〕沂水縣誌六卷 清黃復坐纂修 清康熙十一年刻本

九二五 〔康熙〕日照縣志十二卷 清楊士雄、丁時纂修 清康熙刻本
存十卷 三至十二

九二六 〔光緒〕日照縣志十二卷 清陳懋、張作相纂修 稿本

九二七 〔嘉靖〕泰安縣志九卷 明吳顯宗纂修 明嘉靖十四年刻清順治增修本 九行十八字白口四周單邊

九二八 〔萬曆〕泰安州志六卷 明任弘烈、段達選纂修 明萬曆三十一年刻本 八行十八字白口四周雙邊

九二九 〔康熙〕肥城縣誌書二卷 清尹任、尹定域纂修 清康熙十一年刻本

九三〇 〔天啟〕新泰縣志十卷 明趙希林、安選纂修 明天啟刻本 九行十九字白口四周雙邊有抄配
存七卷 四至十

九三一 〔順治〕新泰縣志六卷 清楊瓏芳、牟岱纂修 寧養氣增修 清順治十五年刻康熙十七年增修本

九三二 〔嘉靖〕萊蕪縣志八卷 明陳甘雨纂修 明嘉靖二十七年刻藍印本 九行二十一字黑口四周單邊

九三三 〔光緒〕萊蕪縣志四十二卷 清張梅亭、王希曾纂修 稿本

九三四 〔康熙〕東平州志六卷 清張聰、單民功纂修 〔康熙〕續志八卷 清李鳴雷、沈端閶纂修 清康熙刻五十九年補刻本

九三五 〔康熙〕東阿縣志十二卷 清劉沛先、王吉金纂修 清康熙四年刻本

九三六 〔康熙〕東阿縣志十二卷 清鄭廷璽、蘇日增纂修 清康熙五十六年刻本

九三七 〔康熙〕張秋志十二卷 清林芃重修 馬之驦補編 清康熙刻本

九三八 〔隆慶〕單縣志二卷 明夏緝編、劉衡纂修 明隆慶刻本 九行十八字小字雙行同白口四周雙邊

九三九 〔順治〕單縣誌四卷 清徐化民纂修 清順治十一年刻本

九四〇 〔康熙〕單縣志十二卷首一卷 清王鏞、秦寅等纂修 清康熙五十七年刻本
存三卷 二至四

九四一 〔康熙〕兗州府城武縣志五卷 清劉佐臨、劉爾煥纂修 清康熙九年刻本

九四二 〔康熙〕城武縣志十卷圖一卷 清趙瀾、王孫廷等纂修 清康熙四十一年刻本

九四三 〔嘉靖〕鄆城誌二卷 明馬岱纂修 明嘉靖十九年刻本 九行二十四字白口四周單邊
存卷二

九四四 〔崇禎〕鄆城縣志八卷 明米嘉穗、梁珠纂修 明崇禎七年刻本 八行二十字白口四周單邊

九四五 〔順治〕定陶縣志八卷首一卷末一卷 清趙國琳、張秀士纂修 清順治十二年刻本

九四六 〔嘉靖〕濮州志十卷 明鄒穀纂修 明嘉靖六年刻本 十一行二十一字白口左右雙邊

九四七 〔萬曆〕濮州志六卷 明李先芳、況乾纂修 明萬曆刻本 九行二十字小字雙行同白口左右雙邊

九四八 〔嘉靖〕范縣志八卷 明冰時泰、王瑤纂修 明嘉靖十四年刻本 九行二十一字白口四周雙邊
存五卷 一、三至六

九四九 〔康熙〕范縣志三卷 清賓之琦、李簡身纂修 清康熙十一年刻本

九五〇 〔康熙〕觀城縣志五卷首一卷 清沈璣、劉士聰纂修 清康熙刻本

九五一 〔康熙〕濟寧州誌十卷 清廖有恆、楊通睿纂修 清康熙刻本

九五二 〔道光〕濟寧直隸州志十卷首一卷 清徐宗幹、許瀚纂修 稿本 趙憲軒跋

九五三 〔康熙〕金鄉縣志七卷 清沈淵纂修 清康熙刻本
存四卷 一至三、五

九五四 〔康熙〕金鄉縣志十六卷首一卷 清沈淵、孫中翹纂修 清康熙五十一年刻本

九五五 〔順治〕嘉祥縣志六卷 清張太升、賈方大纂修 清順治九年刻本
存二卷 五、六

九五六 〔順治〕嘉祥縣志六卷 清張太升、董方大纂修 清順治刻康熙增修本
存四卷 三至六

九五七 〔順治〕嘉祥縣志六卷 清張太升、董方大纂修 清順治刻康熙乾隆增修本

九五八 〔康熙〕魚臺縣志十八卷 清馬得禎纂修 清康熙三十年刻本

九五九 〔康熙〕臨清州志四卷 清于睿明、胡悉寧纂修 清康熙十三年刻本

九六〇 〔乾隆〕臨清州志十二卷 清王俊、李森纂修 清乾隆刻本

九六一 〔嘉靖〕武城縣志十卷 明尤麟、沈霖纂修 明嘉靖二十九年刻本 十行二十字白口四周單邊

九六二 〔順治〕武城縣志四卷 清房萬達、王維州纂修 清順治刻本

九六三 〔嘉靖〕夏津縣志五卷 明易時中、王琳纂修 明嘉靖刻本 八行二十字黑口左右雙邊

九六四 〔嘉靖〕夏津縣志五卷 明易時中、王琳纂修 明嘉靖刻清順治補修本 八行二十一字黑口左右雙邊 收心錄下
存二卷 四至五

九六五 〔康熙〕夏津縣志六卷　清梁文鴻等纂修　清康熙刻本
存二卷　五至六

九六六 〔康熙〕丘縣志八卷　清張暎、劉爾涵纂修　清康熙刻本

九六七 〔康熙〕邱縣志八卷　清張暎、劉爾涵纂修　清抄本

九六八 〔雍正〕邱縣志八卷　清王格、賀思聖纂修　清雍正刻本

九六九 〔乾隆〕邱縣志八卷　清黃宗茂、許瀛然等纂修　稿本

九七〇 〔成化〕河南總誌十九卷　明胡謐纂修　明成化二十二年刻本　十二行二十九字黑口上下粗黑口四周雙邊雙魚尾
存一卷　十八

九七一 〔嘉靖〕河南通志四十五卷　明鄒守愚、李濂纂修　明嘉靖三十五年刻本　十行二十字小字雙行字數同白口單魚尾左右雙邊

九七二 〔雍正〕河南通志七十二卷　清田文鏡纂修　清抄本
存六十二卷　六至七、十二至十三、十五至七十二

九七三 〔萬曆〕開封府志三十四卷　明朱睦㮮纂　明萬曆十三年刻本　九行二十字白口左右雙邊
存六卷　一至六

九七四 〔順治〕開封府志三十五卷　清張俊綸、武潔然纂修　清順治刻本

九七五 〔順治〕祥符縣志六卷　清李同亨、張俊哲、馬士騭纂修　清順治刻本
存三卷　三至五

九七六 〔同治〕重修祥符縣志稿不分卷　清宋繼郊輯　稿本

九七七 〔同治〕祥符縣采訪初稿不分卷　清宋繼郊輯　稿本

九七八 〔同治〕邑乘備采不分卷　清宋繼郊輯　稿本

九七九 〔順治〕陳留縣志十二卷　清張重潤、武正色纂修　清順治刻本

九八〇 〔康熙〕陳留縣志四十二卷首一卷　清錢定纂修　清康熙刻本

九八一 〔嘉靖〕杞縣志八卷　明孫騰雲、王嶽志纂修　明嘉靖二十五年刻本　八行二十一字白口四周雙邊單魚尾
存四卷　五至八

九八二 〔萬曆〕杞乘四十八卷　明馬應龍纂修　明萬曆刻本　九行十八字白口

九八三 〔萬曆〕杞乘四十八卷　明馬應龍纂修　清抄本

九八四 〔康熙〕杞縣志二十卷　清李繼烈纂修　清康熙刻本
存十八卷　三至二十

九八五 〔乾隆〕杞縣志二十卷首一卷　清王之翰、潘均纂修　清乾隆刻本

九八六 〔嘉靖〕通許縣志二卷　明邵玉、孫瑞等纂修　明嘉靖二十二年刻本　八行二十字白口四周單邊

九八七 〔雍正〕通許縣志十卷　清王懋珽、錢鼎纂修　清雍正刻本

九八八 〔嘉靖〕尉氏縣志五卷　明曾嘉誥、汪心纂修　明嘉靖二十七年刻本　九行二十二字白口四周單邊

九八九 〔順治〕尉氏縣志四卷首一卷　清高龍植、馬從州纂修　清順治十五年刻本

九九〇 尉氏縣志四卷首一卷　清高龍植、馬從州纂修　清順治十五年刻乾隆印本

九九一 〔康熙〕洧川縣志八卷　清何世璣、馮為大纂修　清康熙三十一年刻本

九九二 〔乾隆〕洧川縣志八卷　清鄭止琮、何之淇等纂修　清乾隆二十年刻本

九九三 〔嘉靖〕鄢陵志八卷　明劉訒纂修　明嘉靖十六年刻本　八行二十字白口左右雙邊

九九四 〔順治〕鄢陵縣志十卷　清滕玉京、梁之灝纂修　清順治刻本

九九五 〔康熙〕鄢陵縣志十卷首一卷　清靳起鵬、劉漢藜纂修　清康熙二年刻本

九九六 〔嘉慶〕鄢陵縣志十二卷　清吳堂纂修　清嘉慶十三年刻本

九九七 〔順治〕中牟縣志十卷　清吳秀芳、徐廷壽纂修　清順治刻康熙乾隆增修本

九九八 〔順治〕中牟縣志十五卷首一卷　清吳秀芳、徐廷壽纂修　韓藎光、韓觀祖續修　清順治刻康熙十四年增修本
存十一卷　一至七、十二至十五、首一卷

九九九 〔嘉靖〕蘭陽縣志十卷　明李希程纂修　明嘉靖二十五年褚寶刻本　九行二十一字黑口四周單邊

一〇〇〇 〔康熙〕蘭陽縣志十二卷　清高世琦、王思等纂修　清康熙三十四年刻本

一〇〇一 〔乾隆〕蘭陽縣續志八卷　清涂光範、王士俊纂修　清乾隆刻本

一〇〇二 〔嘉靖〕儀封縣志不分卷　明抄本

一〇〇三 〔萬曆〕儀封縣志四卷　明林繼、張由纂修　明萬曆刻本　九行二十一字白口四周雙邊
存二卷　三至四

一〇〇四 〔順治〕儀封縣志八卷　清莊雍纂修　清順治刻本
存七卷　二至八

一〇〇五 〔康熙〕儀封縣志四十卷　清宋秉士纂修　清康熙刻本

一〇〇六 〔康熙〕東明縣誌八卷　清楊日升、虞純粹纂修　清康熙刻本

一〇〇七 〔嘉靖〕鄭州志六卷　明徐恕、王環洛纂修　明嘉靖三十一年刻本　十行二十字上下黑口四周雙邊單魚尾

一〇〇八 〔康熙〕鄭州志十二卷首一卷　清何錫爵、黃志清纂修　清康熙三十二年刻本

一〇〇九 〔康熙〕滎陽縣志八卷　清張文鍵纂修　清康熙刻本

一〇一〇 〔康熙〕滎澤縣志八卷　清王曉、賀九士纂修　清康熙三十四年刻本

一〇一一 〔光緒〕河陰志十六卷　清蔣藻纂　稿本
存十五卷　一至十五

〔萬曆〕汜乘□□卷　明張廷詵、鄒入文等纂修　明萬曆刻本　九行行十九字白口無魚尾四周雙邊　〔一〇一二〕
　存一卷　三
〔順治〕汜誌八卷　清吳琪修、賈鍾麟纂修　清順治十六年刻本　〔一〇一三〕
〔順治〕禹州志九卷　清朱鉽、李雲鶴纂修　史延祺續修　清順治八年刻十八年增修本　〔一〇一四〕
〔康熙〕禹州志十卷　清劉國儒、劉湛纂修　清康熙刻本　〔一〇一五〕
　存七卷　四至十
〔嘉靖〕鈞州志八卷　明謝琡纂修　明抄本　〔一〇一六〕
　存二卷　一至二
〔順治〕密縣志八卷　清李芝蘭、張耀文纂修　清順治刻本　〔一〇一七〕
　存七卷　二至八
〔順治〕密縣志四卷　清李鶴鳴、張耀文纂修　清順治刻本　〔一〇一八〕
〔順治〕新鄭縣志五卷　清馮嗣京、張光祖纂修　清順治刻本　〔一〇一九〕
〔康熙〕新鄭縣志四卷　清朱廷獻、劉曰煃纂修　清康熙三十三年刻本　〔一〇二〇〕
〔順治〕陳州誌十二卷　清王士綸、何鋼纂修　清順治刻本　〔一〇二一〕
〔康熙〕續修陳州志四卷　清王清彥、吳爾淑等纂修　清康熙三十四年刻本　〔一〇二二〕
〔順治〕商水縣志十一卷　清尚琛、鄒人鍚纂修　清順治十六年刻本　〔一〇二三〕
〔順治〕西華縣志八卷　清王鼎鎮、吳中奇纂修　清順治刻本　〔一〇二四〕
〔順治〕西華縣志十卷　清王鼎鎮、吳中奇纂修　徐樹聲續修　清順治刻康熙增修本　〔一〇二五〕
〔順治〕項城縣志八卷首一卷　清李芳春、宋存撰纂修　清順治刻本　〔一〇二六〕
〔康熙〕項城縣志八卷首一卷　清顧芳宗、王耿商纂修　清康熙刻本　〔一〇二七〕
〔嘉靖〕沈丘縣志五卷　明李宗元纂修　明嘉靖九年刻本　九行二十二字白口四周雙邊　〔一〇二八〕
　存四卷　一至四
〔順治〕沈丘縣志十四卷　清李芳春、李涵玉纂修　清順治刻本　〔一〇二九〕
〔嘉靖〕太康縣誌增定十卷文集十卷　明安都纂修　明嘉靖三年刻本　縣志七行十九字、二十六至二十七字黑口左右雙邊　文集十行二十字黑口左右雙邊　〔一〇三〇〕
〔康熙〕太康縣志十卷　清朴懷賢、李貞元纂修　清康熙二十六年刻本　〔一〇三一〕
〔康熙〕扶溝縣志四卷　清道如嶝纂修　清康熙刻本　〔一〇三二〕
〔乾隆〕扶溝縣志十二卷首一卷末一卷　清七十一、鄒廷松等纂修　清乾隆二十七年刻本　〔一〇三三〕
〔嘉靖〕歸德府志八卷　明黃鉛纂修　明嘉靖刻隆慶增修本　九行二十字黑口　〔一〇三四〕
〔順治〕歸德府志十卷　清宋國榮、羊琦等纂修　清順治刻本　〔一〇三五〕
〔萬曆〕商丘縣志十卷　明呂純是、宋黌、沈經纂修　明萬曆十八年刻本　八行二十字白口單邊無魚尾　〔一〇三六〕
　存三卷　六至七、九
〔康熙〕鹿邑縣志十卷首一卷　清呂士鵕、洪廷晉纂修　清康熙刻本　〔一〇三七〕
〔嘉靖〕夏邑縣志八卷　明鄭相、黃虎臣纂修　明嘉靖三十年刻本　九行十九字白口左右雙邊　〔一〇三八〕
〔康熙〕夏邑縣志十卷首一卷　清尚崇震、關誠如纂修　清康熙刻本　〔一〇三九〕
〔嘉靖〕永城縣志六卷　明鄒滋纂修　明嘉靖二十三年刻本　八行十九字上下黑口單邊　〔一〇四〇〕
〔順治〕虞城縣志八卷　清大樞、胡爾器等纂修　清順治刻本　〔一〇四一〕
〔弘治〕睢州志九卷　明李孟暘纂修　明抄本　〔一〇四二〕
〔康熙〕柘城縣志四卷　清史鑑纂修　清康熙三十九年刻本　〔一〇四三〕
〔嘉靖〕彰德府志八卷　明崔銑纂修　明嘉靖刻本　八行十八字白口左右雙邊　〔一〇四四〕
〔嘉靖〕彰德府志八卷　明崔銑纂修　明萬曆九年刻本（卷一、卷七、卷八配清抄本）　八行十九字白口左右雙邊　〔一〇四五〕
〔萬曆〕彰德府續志三卷　明常存仁、郭朴纂修　明萬曆九年刻本（卷一配清抄本）　八行十九字白口左口雙邊　〔一〇四六〕
〔萬曆〕彰德府續志三卷　明常存仁、郭朴纂修　明萬曆九年刻清順治增修本　八行十九字白口左右雙邊　〔一〇四七〕
〔康熙〕彰德府志十八卷首一卷　清楊時薦、翁介論等纂修　清康熙二十五年刻本　〔一〇四八〕
〔康熙〕安陽縣志十卷　清高國溥、曹琇翔纂修　清康熙承恩堂刻本　〔一〇四九〕
〔康熙〕安陽縣志十卷　清馮國頌、唐臣翊纂修　清康熙承恩堂刻雍正增修本　〔一〇五〇〕
〔正德〕臨漳縣誌十卷　明景芳纂修　明正德元年刻本　十行十九字黑口四周雙邊　〔一〇五一〕
〔康熙〕臨漳縣志六卷　清陶韻纂修　陳大玠續修　清康熙刻雍正增修本　〔一〇五二〕
〔順治〕湯陰縣志九卷　清沙蔚召纂修　清順治十六年刻本　〔一〇五三〕
　存二卷　八至九
〔順治〕林縣志十二卷　清王玉鏞、閻劉鐸纂修　清順治十七年遞修刻本　〔一〇五四〕
　存三卷　一至三
〔康熙〕林縣志十三卷　清徐偕、萬兆龍等纂修　清康熙五十三年刻本　〔一〇五五〕
　存十一卷　一至六、九至十三
〔嘉靖〕武安縣志四卷　明唐交、陳嘉纂修　明嘉靖二十六年刻本　十行二十至二十六字白口四周雙邊　〔一〇五六〕
〔康熙〕武安縣志十八卷　清黃之孝、奈錯等纂修　清康熙刻本　〔一〇五七〕
〔嘉靖〕彰德府磁州涉縣志不分卷　明抄本　〔一〇五八〕
〔嘉靖〕內黃志九卷　明張鳴、崔鐵等纂修　明嘉靖十六年刻本　九行十八字白口四周單邊　〔一〇五九〕
〔萬曆〕內黃縣志二十六卷　明王廷瑛、黃汲等纂修　明萬曆刻本　九行十八字白口左右雙邊　〔一〇六〇〕

一〇六一 〔萬曆〕衛輝府志十六卷 明萬曆刻本 九行二十字白口四周單邊
一〇六二 〔康熙〕衛輝府志十九卷 清程啓朱、李芳春纂修 清康熙刻本
一〇六三 〔康熙〕汲縣志十二卷 清吳子湘、李中節纂修 清康熙刻本
一〇六四 〔正德〕新鄉縣志六卷 明儲珊、李錦纂修 明抄本
一〇六五 〔康熙〕新鄉縣續志十卷 清周國琦、任鼎揚纂修 清康熙刻本
一〇六六 〔康熙〕獲嘉縣志十卷 清吳大奇、賀振能纂修 清康熙刻本
一〇六七 〔嘉靖〕輝縣志十卷 明張天真纂修 明嘉靖七年刻本 九行二十一字白口四周單邊
一〇六八 〔萬曆〕輝縣志八卷 明聶良杞、張守一纂修 明萬曆八年刻本 十行二十一字小字雙行同白口單黑魚尾左右雙邊
一〇六九 〔萬曆〕輝縣志八卷 明聶良杞、張守一纂修 明王庭訓續修 明萬曆八年刻崇禎續修本 十行二十一字小字雙行同白口左右雙邊 存四卷 五至八
一〇七〇 〔康熙〕輝縣志十八卷 清滑彬、吳從然纂修 清康熙刻本
一〇七一 〔嘉靖〕延津縣志不分卷 明黃鉞、張宗伋纂修 唐子峻增修 明抄本
一〇七二 〔萬曆〕延津縣志四卷 明劉元會、李鉞纂修 明萬曆二十九年刻本 十行二十字白口左右雙邊單魚尾 存二卷 一至二

四七

一〇七三 〔萬曆〕濬縣志二卷 明李人升、張尚忠等纂修 明萬曆八年安養心刻本 九行二十字白口雙魚尾四周單邊
一〇七四 〔康熙〕濬縣志四卷 清劉德新、萬秉忠纂修 清康熙刻本
一〇七五 滑乘補不分卷 明王廷琛纂修 稿本
一〇七六 〔順治〕滑縣志十卷 清王濟、朱凱等纂修 清順治十一年刻本
一〇七七 〔萬曆〕封丘縣志□□卷 明張鐘、崔如恆纂修 明萬曆四十三年刻本 十行二十一字白口四周雙邊單魚尾 存一卷 七
一〇七八 〔正德〕長垣縣志九卷 明劉芳等纂修 明嘉靖二十年刻本 九行二十字白口四周雙邊
一〇七九 〔嘉靖〕開州志十卷 明孫臣、王崇慶纂修 明嘉靖十五年刻本 十行十九字白口四周雙邊
一〇八〇 〔康熙〕開州志十卷首一卷 清蔣棻纂修 清康熙刻本
一〇八一 〔順治〕懷慶府志十四卷 清彭清典、蕭家芝纂修 清順治十七年刻本
一〇八二 〔萬曆〕河內縣志四卷 明盧逢麟、王所用纂修 明萬曆刻本 九行二十字白口左右雙邊
一〇八三 〔順治〕河內縣志五卷 清孫灝、王玉汝纂修 稿本
一〇八四 〔康熙〕修武縣志四卷 清蓮深、范秋纂修 清康熙三十四年刻本
一〇八五 〔康熙〕武陟縣志八卷 清甘國墀、杜之蘭纂修 清康熙刻本
一〇八六 〔康熙〕孟縣志十二卷 清張之紀、喬騰鳳等纂修 清康熙刻本

一〇八七 〔乾隆〕溫縣志十六卷 清張承謨、劉大津纂修 清乾隆十一年刻本
一〇八八 〔順治〕原武縣志二卷 清賈弘祚、朱之堂纂修 清順治刻本
一〇八九 〔康熙〕原武縣志六卷首一卷末一卷 清周德份、戴一夔纂修 清康熙二十九年刻本
一〇九〇 〔嘉靖〕陽武縣志三卷 明方謹纂修 明嘉靖六年刻本 十行二十四字黑口四周雙邊
一〇九一 河南志不分卷 宋宋敏求纂修 清全唐文纂修館抄本 清徐松、錢繹跋
一〇九二 宋次道雒陽志圖 宋宋敏求纂修 清道光四年蔡琛繪本 清何紹基、張穆分寫各圖說 明書徐松跋
一〇九三 〔弘治〕河南郡志四十五卷 明陳宣、喬縉纂修 明弘治刻本 十行二十字黑口四周雙邊 存二十四卷 一至三、十五至三十、三十八至四十二
一〇九四 〔順治〕河南府志二十七卷 清朱明魁、何柏如纂修 清順治十八年刻康熙增修本
一〇九五 〔康熙〕河南府志二十八卷 清張聖業、董正纂修 清康熙三十四年刻本
一〇九六 〔順治〕洛陽縣志十二卷 清武攀龍纂修 清順治十五年刻本
一〇九七 〔順治〕洛陽縣誌十二卷 清武攀龍纂修 吳梁起瑞定 錢瑩增修 清順治十五年刻康熙四十年增修本
一〇九八 〔弘治〕偃師縣志四卷 明魏津纂修 明抄本
一〇九九 〔順治〕偃師縣志四卷 清艾元復、蘭瑊然纂修 清順治刻康熙增修本

四八

一一〇〇 〔康熙〕偃師縣志四卷 清王澤長、魏之藍纂修 清康熙刻本 存三卷 一、二、四
一一〇一 〔乾隆〕偃師縣志十四卷 清湯毓倬、孫星衍等纂修 清乾隆刻本
一一〇二 〔康熙〕宜陽縣志四卷 清申明倫纂修 清康熙三十二年刻本
一一〇三 〔康熙〕新安縣志十七卷 清韓佑啓纂修 清康熙三十三年刻本
一一〇四 〔嘉靖〕鞏縣志八卷 明周泗、康紹第纂修 明嘉靖三十四年刻本 九行二十四至二十七字白口四周單邊
一一〇五 〔嘉靖〕登封新志六卷 明侯泰、王玉城等纂修 明嘉靖刻本 八行二十字白口四周單邊
一一〇六 〔順治〕登封縣志七卷首一卷 清張朝瑞、焦復亨纂修 清順治九年刻本
一一〇七 〔康熙〕登封縣志十卷 清張聖誥、景日昣纂修 施奕簪、焦如蘅續修 清康熙三十五年刻乾隆增修本
一一〇八 〔乾隆〕永寧縣志八卷首一卷 清單履成纂修 清乾隆刻本
一一〇九 〔康熙〕嵩縣志十卷 清盧志遜、李滋纂修 清康熙刻本
一一一〇 〔順治〕南陽府志十三卷 清王維新、劉漢客纂修 清順治十六年刻本
一一一一 〔康熙〕泌陽縣志四卷 清程儀千、馬之起纂修 清康熙五十三年刻本
一一一二 〔康熙〕續修桐柏縣志四卷 清高士鐸、樊翰纂修 清康熙刻本
一一一三 〔康熙〕鎮平縣志三卷 清張璿、侯畢寅纂修 清康熙刻本

一二一四 [嘉靖]鄧州志十六卷 明潘庭楠纂修 明嘉靖刻四十五年刻本 十行二十字白口四周單邊

一二一五 [順治]鄧州志二十卷 清陳良玉纂修 清順治刻本

一二一六 [康熙]鄧州志八卷 清趙懋、彭始超纂修 清康熙三十五年刻本

存五卷 一至五

一二一七 [康熙]淅川縣志八卷 清鄒治纂修 清康熙刻本

一二一八 [康熙]新野縣志八卷首一卷 清武國楨纂修 清康熙刻本

一二一九 [嘉靖]舞陽志要十二卷外紀一卷 明張頴纂修 明嘉靖十五年刻本 九行二十至二十二字白口四周單邊

存八卷 五至十二

一二二〇 [順治]舞陽縣志十四卷 清張蓋、陳法禹纂修 清順治刻本

一二二一 [康熙]汝寧府志十六卷 清金鎮纂修 清康熙元年刻本

一二二二 [順治]汝陽縣志十卷 清紀國璘、牟嶼等纂修 清順治刻本

一二二三 [萬曆]汝南志二十四卷 明戴以華、李本固纂修 明萬曆三十六年刻本 九行十八字白口四周雙邊有刻工

一二二四 [嘉靖]真陽縣志十卷 明涂完、何繡纂修 明嘉靖三十三年刻本 八行十八字黑口四周雙邊有刻工

一二二五 [康熙]真陽縣志八卷 清安圻、晏元恭纂修 清康熙刻本

一二二六 [康熙]新蔡縣志八卷 清呂民服、李楗等纂修 清康熙刻本

一二二七 [順治]遂平縣志十五卷 清張鼎新、趙之衍等纂修 清順治刻本

一二二八 [嘉靖]確山縣志二卷 明陳耀文纂修 明嘉靖三十六年刻本 九行二十二字白口四周雙邊

存一卷 一

一二二九 [順治]重修信陽州志八卷續志一卷 清賈待旗、劉兆芳纂修 陳昌言、王補之續修 清順治刻康熙增修本

存六卷 一至五、八

一二三〇 [弘治]許州志二十卷 明邵寶纂修 明弘治六年刻本 十行二十字黑口四周單邊

存五卷 一至五

一二三一 [嘉靖]許州志八卷 明張良知、欽用等纂修 明嘉靖二十年刻本 九行十八字白口四周單邊

一二三二 [康熙]許州誌十五卷首一卷 清胡良弼、焦金鏞等纂修 清康熙五年刻本

一二三三 [嘉靖]襄城縣志八卷 明林鸞纂修 明嘉靖三十年刻本 九行十六字白口四周雙邊

一二三四 [萬曆]襄城縣誌八卷 明譚性教、張寧纂修 明萬曆刻本 十行二十字黑口四周單邊

一二三五 [順治]襄城縣志八卷 清佟昌年、傅廷獻纂修 清順治刻本

存七卷 一至七

一二三六 [嘉靖]郾城縣志十二卷 明楊邦梁、趙應式纂修 明嘉靖三十三年刻本 八行二十至二十三字黑口四周雙邊

一二三七 [順治]郾城縣志十卷 清荊其惇、閻璟等纂修 清順治刻本

一二三八 [乾隆]郾城縣志十卷 清趙作霖纂修 清乾隆刻本

一二三九 [正德]長葛縣志六卷 明李璣、韋明理纂修 明正德刻本 十一行二十字上下黑口四周雙邊單魚尾

存三卷 四至六

一二四〇 [康熙]長葛縣志八卷 清何鼎、呂貢拔纂修 清康熙三十年思補堂刻本

一二四一 [順治]重修陝州志八卷 清吳世英、王用徽纂修 清順治刻本

一二四二 [嘉靖]靈寶縣志二卷 明薛廷安纂修 明嘉靖三十五年刻本 十行二十四字白口四周單邊

存一卷 下

一二四三 [順治]靈寶縣志五卷 清梁鑰、李林茂纂修 宋鉁繼續修 清順治十四年刻十七年增修本

一二四四 [康熙]靈寶縣志四卷 清黄濬德、劉顯極纂修 清康熙三十年刻本

一二四五 [乾隆]靈寶縣志括記不分卷 清馮銘文撰 稿本

一二四六 [順治]閿鄉縣志六卷 清張三省等纂修 楊遇續修 清順治十一年刻十六年增修本

一二四七 [康熙]盧氏縣誌四卷 清胡廷彥、靳杜州纂修 清康熙五十五年刻藍印本

一二四八 [康熙]光州志十五卷 清繆發、龔竣夫纂修 清康熙三十一年刻本

一二四九 [乾隆]續修光州志十二卷 清李錫纂修 清乾隆二十七年刻本

一二五〇 [嘉靖]光山縣志九卷 明沈紹慶、王家士纂修 明嘉靖三十五年刻本 八行二十字白口四周雙邊

一二五一 [康熙]光山縣志十卷 清楊之徐、張文炳等纂修 清康熙刻本

一二五二 [嘉靖]固始縣志十卷 明張梯、葛臣纂修 明嘉靖二十一年南岡草堂刻三十一年增修本 八行二十字白口四周單邊

一二五三 [康熙]固始縣志十二卷首一卷 清楊汝楫纂修 清康熙三十二年刻本

一二五四 [乾隆]固始縣續志十二卷 清包桂纂修 清乾隆十年刻本

一二五五 [嘉靖]息縣志八卷 明鄒鳴岐纂修 明嘉靖三十二年刻本 九行十六字白口四周雙邊

存四卷 五至八

一二五六 [順治]息縣志十卷 清邵光胤、宮洪猷纂修 清順治十四年刻本

存二卷 七至八

一二五七 [嘉靖]新刻商城縣志八卷 明葛桐、張懋長等纂修 明嘉靖三十年刻本 八行二十二字黑口四周雙邊

一二五八 [順治]商城縣志十卷 清高材纂修 清順治十七年刻本

一二五九 [正德]汝州志八卷 明王雄、承天貴纂修 明正德五年刻本 八行十九字黑口四周雙邊

一二六〇 [康熙]汝州全志十二卷 清金光聲纂修 清康熙二年刻本

一二六一 [康熙]汝州全志十二卷圖考一卷 清王登魁、李在蘇纂修 清康熙刻本

一一六二 〔嘉靖〕魯山縣誌十卷 明姚卿、孫鐸纂修 明嘉靖三十一年刻本 八行十八字黑口左右雙邊

一一六三 〔康熙〕魯山縣全志八卷 清王雍、楊正儒等纂修 清康熙刻本

一一六四 〔順治〕郟縣志八卷 清張篤行纂修 清順治刻本

一一六五 〔康熙〕郟縣志四卷 清金世純纂修 清康熙全軌刻本

一一六六 〔康熙〕郟縣志四卷 清金世純纂修 清康熙刻本 〔乾隆〕續志一卷 清張楷等纂修 清乾隆八年刻本

一一六七 〔乾隆〕重修寶豐縣志五卷 清馬珍、李宏志纂修 清乾隆八年刻本

一一六八 〔康熙〕伊陽縣志三卷 清謝帶綱、杜李等纂修 清康熙刻本
存二卷 一至二

一一六九 〔嘉靖〕陝西通志四十卷 明趙廷瑞、馬理纂修 明嘉靖二十一年刻二十六年增修本

一一七〇 〔萬曆〕陝西通志三十五卷首一卷 明李思孝、王紹先纂修 明萬曆三十九年刻本 十行二十字白口四周單邊單黑魚尾書口下有刻工及字數

一一七一 〔雍正〕陝西通志一百卷首一卷 清劉於義、沈青崖纂修 稿本
存八十七卷 卷二、四至五、七至十四、十六至二十九、三十一至三十九、四十一至四十二、四十五至四十八、五十一至五十四、五十六至六十、六十二至九十九

一一七二 長安志二十卷 宋宋敏求纂修 圖三卷 元李好文撰 明成化四年郃陽書堂刻本 清顧廣圻、朱錫庚、徐松跋 十二行二十二字小字雙行同黑口四周單邊

一一七三 長安志二十卷 宋宋敏求纂修 圖三卷 元李好文撰 明成化四年郃陽書堂刻本 清黃丕烈跋 十二行二十二字黑口四周單邊

一一七四 長安志二十卷 宋宋敏求纂修 圖三卷 元李好文撰 明嘉靖十一年李經刻本 十行二十字白口單邊无魚尾

一一七五 長安志二十卷 宋宋敏求纂修 長安志圖三卷 元李好文撰 明嘉靖十一年李經刻本 清黃丕烈跋 十行二十字小字雙行同白口四周單邊

一一七六 長安志二十卷 宋宋敏求纂修 明嘉靖十一年李經刻本 清李文藻跋並錄朱彝尊跋 十行二十字白口四周單邊

一一七七 長安志二十卷 宋宋敏求纂修 圖三卷 元李好文撰 十二行二十二字小字雙行同无格 清抄本

一一七八 長安志二十卷 宋宋敏求纂修 圖三卷 元李好文撰 清抄本 清丁丙跋

一一七九 〔元貞〕類編長安志十卷 元駱天驤纂修 明抄本
存八卷 三至十

一一八〇 〔元貞〕類編長安志十卷 元駱天驤纂修 清錢氏小琅嬛室影元抄本

一一八一 〔元貞〕類編長安志十卷 元駱天驤纂修 清抄本 清丁丙跋

一一八二 〔萬曆〕咸陽縣新志二卷 明李夢麟、張應詔纂修 明萬曆刻本 九行二十二字白口四周單邊

一一八三 〔順治〕咸陽誌四卷 清江山秀、師從德纂修 張枚增修 清順治刻康熙增修本

一一八四 〔隆慶〕興平續志一卷 明隆慶刻本 九行二十字小字雙行同白口四周單邊

一一八五 〔順治〕興平縣志八卷 清徐開然、王建璧纂修 清順治十六年刻本

一一八六 〔萬曆〕臨潼縣志四卷 明王聯芳、武之望纂修 明萬曆刻本 九行二十二字白口四周單邊
存三卷 二至四

一一八七 〔順治〕臨潼縣志不分卷 清馬良史、高翔鸞纂修 清順治十八年刻本

一一八八 〔嘉靖〕高陵縣志七卷 明呂柟纂修 明嘉靖二十年刻本 九行二十二字白口上下單邊左右雙邊

一一八九 〔雍正〕高陵縣志十卷 清丁應松、樊景顔纂修 清雍正十年刻本

一一九〇 〔萬曆〕鄠縣志十一卷 明劉璞、趙涵纂修 明萬曆刻本 八行十八字白口四周單邊
存七卷 一至七

一一九一 〔康熙〕鄠縣志十二卷 清康如璉、康弘祥纂修 清康熙刻本

一一九二 〔雍正〕鄠縣重續志五卷 清魯一佐、周夢熊纂修 清雍正刻乾隆增修本

一一九三 〔順治〕藍田縣志四卷 清郭顯賢、楊益藻纂修 清順治十七年刻本

一一九四 〔康熙〕涇陽縣志八卷 清王際有纂修 清康熙刻本

一一九五 〔雍正〕涇陽縣志八卷 清唐秀纂修 清雍正刻本

一一九六 〔康熙〕三原縣志七卷 清李瀛纂修 清康熙四十四年刻本

一一九七 〔乾隆〕三原縣志二十二卷首一卷 清張象魏纂修 清乾隆三十年刻本

一一九八 〔康熙〕盩厔縣誌十卷 清章泰纂修 清康熙刻本
存八卷 一至八

一一九九 〔乾隆〕盩厔縣志十五卷 清鄒儒、王學纂修 清乾隆十四年刻本

一二〇〇 〔順治〕渭南縣志十六卷 清尚九遷、朱可衍纂修 清順治刻本

一二〇一 〔萬曆〕富平縣志十卷 明劉兌、孫丕揚纂修 明萬曆十二年刻本 十行二十字白口左右雙邊

一二〇二 〔乾隆〕富平縣志八卷 清喬履信纂修 清乾隆五年刻本

一二〇三 〔康熙〕醴泉縣誌六卷首一卷 清裘陳珮纂修 清康熙三十八年刻本

一二〇四 〔乾隆〕醴泉縣續誌三卷首一卷 清宮燿亮纂修 清乾隆刻本

一二〇五 〔嘉靖〕耀州志二卷 明張璉纂修 明嘉靖二十年刻本 九行二十字白口四周單邊

一二〇六 〔萬曆〕同官縣志十卷 明寇慎、劉澤遠纂修 明萬曆四十六年刻崇禎十三年增修本

一二〇七 〔康熙〕延安府志十卷圖一卷 清陳天植、劉爾烑纂修 孔尚標增修 清康熙十八年刻本

一二〇八 〔康熙〕安定縣志八卷 清張爾介、曹晟纂修 清康熙十九年刻本

一二〇九 雍正安定縣誌不分卷　清吳琰、王鴻嶶纂修　清乾隆抄本
一二一〇 順治保安縣誌七卷　清張翺賢、王玫新纂修　清順治抄本
一二一一 順治延川縣志一卷　清劉毅纂修　清順治十八年刻本
一二一二 康熙延長縣志十卷首一卷　清孫芳聲、樊鑪秀纂修　鄭燒年增修　清抄本
一二一三 康熙延長縣志十卷首一卷　清孫芳聲、樊鑪秀纂修　清抄本
一二一四 康熙靖邊縣志一卷　清抄本
一二一五 正德鳳翔府志八卷　明王江、王正、王鏌纂修　明正德十六年刻本　九行二十字黑口四周雙邊
存三卷（一至三）
一二一六 萬曆重修鳳翔府志五卷　明周易纂修　明萬曆五年刻清康熙增修本　九行小字雙行二十二字黑口單魚尾四周雙邊
存四卷（一至四）
一二一七 康熙重修鳳翔府志五卷附錄一卷　清朱琦纂修　清康熙四十九年刻本
一二一八 乾隆鳳翔志略三卷　清劉紐曾纂修　清乾隆刻本
一二一九 康熙鳳翔縣志十卷　清王嘉孝、李佩茂纂修　清康熙刻本
一二二〇 雍正鳳翔縣志十卷　清韓鏞纂修　清雍正十一年刻本

一二二一 萬曆重修岐山縣志六卷　明于邦棟、南宮纂修　明萬曆十九年刻本　十三行二十二字白口四周雙邊
一二二二 順治重修岐山縣志四卷　清王鉞、王業隆纂修　清順治十四年刻本
一二二三 順治寶雞縣志三卷　清周焌纂修　清順治十四年刻本
一二二四 康熙寶雞縣志三卷　清何錫爵、吳之鰲纂修　清康熙二十一年刻本
一二二五 順治扶風縣志四卷　清劉瀚芳、馮文可纂修　清順治十八年本
一二二六 順治扶風縣志四卷　清劉瀚芳、馮文可纂修　張安度、于闐泰增修　清順治十八年刻雍正增修本
一二二七 萬曆郿志八卷　明劉九經纂修　清陳廷祚續修　明萬曆刻清順治康熙增修本　十行二十四字小字雙行同白口四周雙邊
一二二八 雍正郿縣志十卷　清張素、張執中纂修　清雍正十一年刻本
一二二九 順治麟遊縣志四卷　清吳汝爲、劉元泰纂修　清順治刻本
一二三〇 石門遺事七卷　清王國瑋纂修　清順治刻本
一二三一 順治漢中府志六卷　清馮達道纂修　清順治刻本
一二三二 嘉靖城固縣志六卷　明楊守正、胡廷纂修　明嘉靖四十五年刻本　十行二十四字白口四周雙邊
一二三三 康熙西鄉縣志十卷　清史左、陳鵬程纂修　清康熙刻本
存五卷（一至五）
一二三四 康熙西鄉縣志十卷　清王穆、夏榮纂修　清康熙刻本

一二三五 萬曆重修寧羌州志八卷　明盧大謨、楊堂、范啟東纂修　清初抄本
一二三六 嘉靖略陽縣志六卷　明李遇春纂修　李東甲、賈言校補　明嘉靖三十一年刻本　九行二十字上下黑口四周雙邊雙魚尾
存四卷（一至四）
一二三七 雍正略陽縣志二卷　清范昉纂修　清雍正九年刻本
一二三八 萬曆延綏鎮志八卷　明鄭汝璧、劉餘澤纂修　金瑤、謝天春增修　明萬曆刻本　十行二十字小字雙行白口單魚尾左右雙邊　版心下有刻工
存七卷（一至六、八）
一二三九 康熙興安州志四卷　清王希舜、劉應秋纂修　清康熙刻本
一二四〇 雍正洵陽縣志六卷　清葉時鴻纂修　清抄本
一二四一 雍正洵陽縣志六卷　清葉時鴻纂修　清抄本
一二四二 康熙石泉縣誌一卷　清潘瑞奇、張峻蹟纂修　清康熙抄本
一二四三 康熙漢陰縣志六卷　清趙世震、江澤廷纂修　清康熙刻本
一二四四 乾隆漢陰縣志八卷　清郝敬修纂修　清乾隆四十年刻本
一二四五 天啟同州志十八卷　明張一英、馬朴纂修　明天啟五年刻本　十行二十字白口四周單邊
一二四六 乾隆大荔縣志十六卷首一卷　清沈應俞纂修　清乾隆七年刻本

一二四七 正德朝邑縣志二卷　明王道、韓邦靖纂修　明正德十四年刻本黃啟欽、葉啟發遞修　八行十六字黑口四周雙邊
一二四八 順治重修郃陽縣志七卷　清葉子循纂修　清順治刻本
一二四九 康熙宰莘退食錄八卷　清錢萬選纂　清康熙四十九年刻本
一二五〇 萬曆韓城縣志八卷　明蘇進、張士佩纂修　明萬曆三十五年刻天啟三年增修本　九行十九字白口四周單邊
一二五一 康熙韓城縣續志八卷　清康行僩、康乃心纂修　清康熙四十二年刻本
一二五二 隆慶華州志二十四卷　明李可久、張光孝纂修　明隆慶六年刻萬曆八年增修本
一二五三 康熙續華州志四卷　清馮昌奕、劉遇奇纂修　清康熙刻本
一二五四 萬曆華陰縣志八卷　明王九疇、張毓翰纂修　明萬曆刻本　九行二十字小字雙行同白口四周雙邊
一二五五 萬曆華陰縣志九卷　明王九疇、張毓翰纂修　明萬曆四十二年刻清康熙增修本　九行二十字小字雙行白口四周單邊
一二五六 順治蒲城志四卷　清張彝舉、李馥蒸纂修　鄧永芳續修　清順治刻康熙增修本
一二五七 康熙蒲城志不分卷　稿本
一二五八 康熙蒲城縣續志四卷　清汪元仕、何芬纂修　清康熙五十三年刻本
一二五九 順治白水縣志二卷　清王永命纂修　清順治刻本
一二六〇 乾隆白水縣志續稿二卷　清王甫伊纂修　清乾隆四十四年刻本
一二六一 康熙續修商志十卷首一卷　清王廷伊、李本定纂修　清康熙四年刻本

〔雍正〕鎮安縣志三卷 清武維緒、侯滋茂纂修 清雍正四年刻本 一二六二
〔康熙〕雒南縣志八卷 清嚇耀元纂修 清康熙二年刻本 一二六三
〔康熙〕山陽縣初志三卷 清秦凝奎、尚升纂修 清康熙刻本 一二六四
〔正德〕武功縣志三卷 明康海纂修 明正德十四年刻本 十行二十二字白口四周雙邊（縣志有小字雙行二十二字） 一二六五
〔正德〕武功縣志三卷 明康海纂修 明正德十四年刻本 清王士禎跋並題詩 沈仲常跋 十行二十四字白口左右雙邊 一二六六
〔正德〕武功縣志三卷 明康海纂修 明正德十四年刻本 清林佶跋 十行二十四字小字雙行同白口左右雙邊 一二六七
〔正德〕武功縣志三卷 明康海纂修 明正德十四年刻本 清閻鎬嗣批 十行二十四字白口左右雙邊有刻工 一二六八
〔正德〕武功縣志四卷 明康海纂修 明萬曆四十五年許國秀刻本 半頁八行十七字白口四周單邊 一二六九
〔順治〕武功縣續志不分卷 清李錫辭、張文熙纂修 清康熙元年刻本 一二七〇
〔康熙〕永壽縣志七卷 清狄琨、趙遵熙纂修 清康熙七年刻本 一二七一
〔嘉靖〕邠州誌四卷 明姚本、閻本恩纂修 清蘇東柱續修 清順治六年刻本 一二七二
〔康熙〕三水縣志四卷 清林建泰、文保天纂修 清康熙十六年刻本 一二七三
〔光緒〕三水縣新志六卷 清賀瑞麟纂修 稿本 一二七四
〔康熙〕淳化縣志八卷 清張如錦纂修 舊志甘泉曆年表一卷 明羅廷繡撰 清康熙四十年史悠堂刻本 一二七五
〔康熙〕長武縣志二卷 清樊純儒、吳深纂修 清康熙十六年刻本 一二七六
〔順治〕洛川志二卷 清李楷、宋齊爾纂修 清順治十八年刻本 一二七七
〔康熙〕中部縣志四卷 清李暲、劉爾怡纂修 清康熙三十二年刻本 一二七八
〔順治〕宜君縣誌一卷 清順治抄本 一二七九
〔順治〕綏德州志八卷 清王元女、郝鴻圖纂修 清順治刻康熙增修本 一二八〇
〔順治〕清澗縣志四卷 清秦元筱、白乃貞纂修 清順治十八年刻本 一二八一
〔乾隆〕清澗縣續志八卷 清吳其琰、吳亞璇纂修 清乾隆十七年刻本 一二八二
〔嘉慶〕山陽縣志十二卷 清何樹滋纂修 黃樹瑞修 清嘉慶元年刻十三年增修本 一二八三
甘肅地畧六卷 清抄本 清許容題記 一二八四
隴書不分卷 稿本 一二八五
〔康熙〕臨洮府志二十六卷 清康熙刻遞修本（卷五、二十、二十三、二十五配清抄本） 存十七卷 五至十、十六、十七、十九、二十、二十二至二十六 一二八六
〔康熙〕蘭州志四卷 清陳如稷纂修 清康熙二十五年刻康熙五十四至六十一年增修本 一二八七
〔康熙〕金縣誌二卷 清耿喻、郭殿邦纂修 清康熙刻本 一二八八
〔康熙〕狄道縣志八卷 清李觀成纂修 清康熙二十七年刻本 一二八九

〔康熙〕狄道縣誌一卷 清李觀成纂修 清抄本 一二九〇
〔康熙〕渭源縣志一卷 清張弘域、張淑孔纂修 清康熙刻本 一二九一
〔康熙〕渭源縣志一卷 清張弘試、張淑孔纂修 清抄本 一二九二
〔嘉靖〕河州志四卷 明吳禎纂修 明嘉靖四十二年劉卓仕優堂重刻本 九行二十一字二十二字不等小字雙行白口四周單邊 版心下刻「仕優堂」三字 一二九三
〔康熙〕河州志□□卷 清鼓瓚纂修 清抄本 存二卷 一至二 一二九四
〔嘉靖〕鞏郡記三十卷 明胡纘宗纂修 明嘉靖清渭草堂刻本 存一卷 十四 一二九五
〔康熙〕隴西縣志一卷 清閻耀述纂修 清康熙抄本 一二九六
〔萬曆〕重修通渭縣志四卷 明劉世綸、白我心纂修 明萬曆四十四年刻本 八行十八字花口單邊 版心下鐫卷葉數 存三卷 一至三 一二九七
〔乾隆〕通渭縣志十卷首一卷 清何大璋纂修 清抄本 一二九八
〔乾隆〕通渭縣志十卷首一卷 清何大璋纂修 清抄本 一二九九
〔萬曆〕寧遠縣志五卷 明鄒浩、賀一清纂修 明萬曆刻本 九行二十五字白口四周雙邊 一三〇〇
〔康熙〕伏羌縣志一卷 清王文煜纂修 清康熙抄本 一三〇一
〔康熙〕西和縣志一卷 清王殿元纂修 清康熙抄本 一三〇二
〔康熙〕岷州衛志一卷 清胡可楨纂修 清康熙抄本 一三〇三
〔康熙〕洮州衛志一卷 清吳宴纂修 清康熙抄本 一三〇四
〔乾隆〕洮州衛志一卷 清抄本 一三〇五
〔嘉靖〕平涼府志十三卷 明趙時春纂修 明嘉靖三十九年刻本 八行十九字小字雙行十九字花口單邊有刻工 一三〇六
〔雍正〕平涼府志四十七卷 清抄本 存三十三卷 一至十四、十八至三十六 一三〇七
靜寧州志十四卷 清黃廷鈺、吳之珽纂修 清康熙五十五年刻本 一三〇八
〔萬曆〕莊浪彙紀八卷 明李作舟纂修 明萬曆刻本 九行十九字白口四周雙邊 一三〇九
〔康熙〕莊浪縣志七卷 清王鍾鳴、盧必培纂修 清康熙六年刻本 一三一〇
〔順治〕慶陽府志十四卷 清楊藻鳳纂修 清順治抄本 存十一卷 一至十一 一三一一
〔康熙〕寧州志五卷 清舒顯卿、王星翰纂修 清康熙刻本 一三一二

甘肅鎮考見略一卷　明周一敬撰　明崇禎刻本　九行二十二字白口左右双边　一三一三
〔順治〕甘鎮志不分卷　清楊春茂纂修　清順治十四年刻本　一三一四
〔順治〕涼鎮志不分卷　清蘇銑纂修　清順治十四年刻本　一三一五
〔乾隆〕永昌縣志十卷首一卷　清李登瀛、南濟漢纂修　清乾隆五十年刻本　一三一六
〔順治〕崇信縣志二卷　清于元煜、劉顯世纂修　芮谷誌一卷　清武全文撰　于元煜增修　清順治刻本　一三一七
〔順治〕靈臺志四卷　清黃居中、楊遵纂修　清順治刻本　一三一八
〔康熙〕鎮原縣志二卷　清錢志彤、張述振纂修　清康熙五十四年刻本　一三一九
〔順治〕秦州志□□卷　清江琬纂修　清順治刻本　一三二〇
存四卷　卷十至十三
〔康熙〕秦州志不分卷　清趙世德纂修　清康熙抄本　一三二一
〔嘉靖〕秦安志九卷　明尤世英、胡纘宗纂修　明嘉靖十四年刻明修本　九行十八字白口四周单边　一三二二
〔嘉靖〕秦安志九卷　明尤世英、胡纘宗纂修　明嘉靖十四年刻清順治增修本　九行十八字小字双行字同白口四周单边　一三二三
〔康熙〕清水縣誌十二卷　清劉俊聲、張桂芳等纂修　清康熙抄本　一三二四
〔康熙〕清水縣誌十二卷　清劉俊聲、張桂芳等纂修　清康熙二十六年刻本　一三二五
〔康熙〕禮縣新志一卷　清王倫善纂修　清康熙抄本　一三二六
〔雍正〕禮縣志一卷　清黃興國纂修　清雍正抄本　一三二七
〔嘉靖〕徽郡志八卷　明孟鵬年、鄒從道纂修　明嘉靖四十二年刻本　九行二十字白口四周单边　一三二八
〔康熙〕徽州志二卷　清鄭天棟纂修　清康熙抄本　一三二九
〔康熙〕徽州志二卷　清鄭天棟纂修　清康熙抄本　一三三〇
〔乾隆〕徽縣志不分卷　清趙同湖纂修　清抄本　一三三一
〔康熙〕兩當縣誌一卷　清武國棟纂修　清抄本　一三三二
〔萬曆〕階州志不分卷　明余新民、覃建泰纂修　明萬曆四十四年刻本　九行十六字或十七字不等白口四周单边　一三三三
〔康熙〕階州志一卷　清祖肇慶纂修　清康熙抄本　一三三四
〔康熙〕文縣志八卷　清江景瑞纂修　清康熙四十一年刻本　一三三五
〔乾隆〕續修文縣志不分卷　清孫嵋、何璟纂修　清乾隆二十七年刻本　一三三六
〔康熙〕成縣志一卷　清楊法纂修　清康熙抄本　一三三七
〔萬曆〕肅鎮志四卷　明李應魁纂修　清順治十四年高弥高刻本　一三三八
〔乾隆〕敦煌縣志不分卷　清乾隆抄本　一三三九
〔乾隆〕玉門縣志不分卷　清道光六年趙福祉抄本　一三四〇
〔弘治〕寧夏新志八卷　明胡汝礪纂修　明弘治十四年刻本　[illegible]字黑口四周双边　一三四一
〔嘉靖〕寧夏新志八卷　明管律纂修　明嘉靖十九年刻本　八行二十字至二十三字白口四周单边下有刻工　一三四二
存七卷　一至六、八
〔萬曆〕朔方新志五卷　明楊壽纂修　明萬曆四十三年刻本　王獻唐跋　九行二十一字白口四周双边　一三四三
存一卷　一
〔萬曆〕朔方新志五卷　明楊壽纂修　明萬曆四十五年刻清順治增修本　九行二十一字白口四周双边　一三四四
〔萬曆〕朔方新志五卷　明楊壽纂修　明萬曆四十五年刻清順治康熙增修本　九行二十一字白口四周双边　一三四五
〔乾隆〕銀川小志不分卷　清汪繹辰撰　稿本　一三四六
〔康熙〕朔方廣武志二卷　清高嶷、俞汝欽纂修　清康熙五十六年刻本　一三四七
〔萬曆〕固原州志二卷　明劉敏寬纂修　明萬曆刻本　十行二十字白口四周双边　一三四八
〔康熙〕隆德縣志二卷　清常星景、張煒纂修　清康熙二年刻本　一三四九
〔嘉靖〕浙江通志七十二卷　明胡宗憲、薛應旂纂修　明嘉靖四十年刻本　九行二十字白口四周单边　一三五〇
〔雍正〕浙江通志二百四十卷首三卷　清抄本　一三五一
續修浙江通志海塘長編不分卷　清盧詠裳輯　稿本　一三五二
丙申修志錄存一卷　清謝存濂輯　稿本　一三五三
兩浙郡邑道里圖一卷　清伊靖阿撰　清乾隆二十年刻本　一三五四
〔乾道〕臨安志十五卷　宋周淙纂修　清抄本　佚名錄清杭世駿、厲鶚跋　一三五五
存三卷　一至三
〔乾道〕臨安志十五卷　宋周淙纂修　清抄本　佚名錄清杭世駿、厲鶚跋　一三五六
存三卷　一至三
〔乾道〕臨安志十五卷　宋周淙纂修　清抄本　清王緗蘭校並跋　丁丙跋　一三五七
存三卷　一至三
〔乾道〕臨安志十五卷　宋周淙纂修　清劉氏味經書屋抄本　一三五八
存三卷　一至三
〔乾道〕臨安志十五卷　宋周淙纂修　清抄本　清朱爾卿校　譚以禮跋　一三五九
存三卷　一至三
〔乾道〕臨安志十五卷　宋周淙纂修　清抄本　繆荃孫校　一三六〇
存三卷　一至三
〔乾道〕臨安志十五卷　宋周淙纂修　清抄本　清丁丙跋　一三六一
存三卷　一至三

〔乾道〕臨安志十五卷 宋周淙纂修 清抄本 佚名校 存三卷 一至三 一三六二

〔乾道〕臨安志十五卷 宋周淙纂修 清抄本 存三卷 一至三 一三六三

〔乾道〕臨安志十五卷 宋周淙纂修 清抄本 存三卷 一至三 一三六四

〔乾道〕臨安志十五卷 宋周淙纂修 清抄本 存三卷 一至三 一三六五

〔乾道〕臨安志十五卷 宋周淙纂修 清抄本 存三卷 一至三 一三六六

〔乾道〕臨安志十五卷 宋周淙纂修 清抄本 存三卷 一至三 一三六七

咸淳臨安志一百卷 宋潛說友纂修 宋咸淳臨安府刻本卷七至十、十七至十九、三十三至三十四、四十至四十五、六十一至六十五、七十六至七十七、七十九、九十一至九十七配清抄本 傅玉露、楊烱和跋 十行二十字白口左右雙邊小字雙行同 存七十八卷 一至二十五、二十九至四十五、六十至六十五、六十五至八十九、九十一至九十七 一三六八

咸淳臨安志一百卷 宋潛說友纂修 宋咸淳臨安府刻本（目錄卷一至二、五至十、十三至十九、三十二至五十、五十六至六十三、六十五至八十九、九十一至九十七配清鮑氏知不足齋抄本） 清周廣業校並跋 沈埉校跋並題詩 丁丙跋 十行二十字白口左右雙邊有刻工 存九十五卷 一至六十三、六十五至八十九、九十一至九十七 一三六九

咸淳臨安志一百卷 宋潛說友纂修 宋咸淳刻本 存三葉 卷二十四第十葉、卷五十五第八葉、卷七十五第十五葉 一三七〇

咸淳臨安志一百卷 宋潛說友纂修 清趙氏小山堂抄本（目錄卷一至四、十五至二十六、四十六至五十配清丁氏八千卷樓抄本） 清趙一清校跋並錄吳焯校跋 黃士珣校並跋 李富孫校 丁丙跋 存九十三卷 一至六十三、六十七至八十九、九十一至九十七 一三七一

〔淳祐〕臨安志五十二卷 宋趙與𥲅、陳仁玉纂修 清抄本 存三卷 五至七 一三七二

〔淳祐〕臨安志五十二卷 宋趙與𥲅、陳仁玉纂修 清抄本 存六卷 五至十 一三七三

〔淳祐〕臨安志五十二卷 宋趙與𥲅、陳仁玉纂修 清抄本 清蔣登居士校並跋 丁丙跋 存六卷 五至十 一三七四

〔淳祐〕臨安志五十二卷 宋趙與𥲅、陳仁玉纂修 清抄本 清錢泰吉校 存六卷 五至十 一三七五

〔淳祐〕臨安志五十二卷 宋趙與𥲅、陳仁玉纂修 清抄本 清丁丙跋 存六卷 五至十 一三七六

咸淳臨安志一百卷 宋潛說友纂修 清知田堂古歡堂抄本 清吳翌鳳校并錄盧文弨校跋 存九十七卷 卷一至九十七 一三七七

咸淳臨安志一百卷 宋潛說友纂修 清乾隆黃澐抄本 清張燕昌、丁丙跋 存九十三卷 一至六十三、六十七至八十九、九十一至九十七 一三七八

咸淳臨安志一百卷 宋潛說友纂修 清環閣書抄本 清環閣書跋 存四卷 六十八至七十一 一三七九

咸淳臨安志一百卷 宋潛說友纂修 清馬氏道古樓抄本配蔣村藥堂抄本吳氏繡谷亭抄本（清吳焯、□蔣村校並跋 吳玉墀校並吳城跋） 一三八〇

〔咸淳〕臨安志一百卷 宋潛說友纂修 清抄本 存九十五卷 一至六十三、六十五至八十九、九十一至九十七 一三八一

咸淳臨安志一百卷 宋潛說友纂修 清抄本 清錢大昕、傅增湘題跋 陳鱣跋 沈左臨盧文弨校跋 存九十五卷 一至六十三、六十五至八十九、九十一至九十七 一三八二

咸淳臨安志一百卷 宋潛說友纂修 清海寧馬鄭嵒藏館抄本 存九十五卷 一至六十三、六十五至八十九、九十一至九十七 一三八三

〔咸淳〕臨安志一百卷 宋潛說友纂修 清許氏堪喜齋抄本 清許乃普題識、批校並臨朱彝尊、厲鶚跋 存九十三卷 一至六十三、六十七至八十九、九十一至九十七 一三八四

咸淳臨安志抄不分卷 宋潛說友纂修 清吳騫輯 稿本 一三八五

〔咸淳〕臨安志序錄不分卷 宋潛說友纂修 清吳騫抄本 清吳騫、鮑廷博校 一三八六

咸淳臨安志序錄不分卷 宋潛說友纂修 清萬世美蒼茫齋抄本 一三八七

咸淳臨安志校槧札記不分卷 清黃士珣撰 稿本 一三八八

〔成化〕杭州府志六十三卷首一卷 明陳讓、夏時正纂修 明成化刻本 清丁丙、丁立中跋 十行二十字小字雙行行字同黑口四周雙邊有刻工 一三八九

〔成化〕杭州府志六十三卷首一卷 明陳讓、夏時正纂修 清抄本 一三九〇

〔萬曆〕杭州府志一百卷 明劉伯縉、陳善纂修 明萬曆刻本 九行二十字白口單邊單魚尾下有刻工 一三九一

〔萬曆〕杭州府志一百卷外志一卷 明劉伯縉、陳善纂修 明萬曆刻本 清丁丙跋 十行二十字小字雙行行字同白口四周單邊 一三九二

一三九三 [光緒]杭州府志稿二百二十卷 清丁丙、王棻纂修 羅榘等校定 稿本 葉景葵跋
存十卷 一百六至一百十五、卷末
一三九四 [光緒]杭州府志二百二十卷 清丁丙、王棻纂修 羅榘等校定 稿本
存人物志
一三九五 杭州府志建置表二卷 稿本
一三九六 [萬曆]錢塘縣志不分卷 明聶心湯、虞淳熙纂修 明萬曆刻本 九行十九字白口四周雙邊
一三九七 錢塘縣志補不分卷 清吳允嘉纂修 清抄本
一三九八 錢塘志補不分卷 清吳允嘉纂 清抄本 清丁丙跋
一三九九 [嘉靖]仁和縣志十四卷 明沈朝宣纂修 清抄本 清丁丙跋
一四〇〇 北新關志十六卷 明王宗沐纂修 明崇禎八年刻本 九行十八字小字雙行十八字白口四周單邊有刻工
一四〇一 唐棲志略稿二卷 清何琪撰 清乾隆三十二年朱文藻抄本 清朱文藻跋
一四〇二 [乾隆]塘棲志略二卷 清何琪撰 清羅以智抄本 清羅以智跋
一四〇三 [嘉靖]海寧縣誌九卷 明蔡完纂修 清抄本 清羅以智校
一四〇四 [嘉靖]海寧縣志九卷附錄一卷 明蔡完纂修 清光緒二十四年刻本 王國維校並跋
一四〇五 寧誌備考十二卷 明趙維寰纂 明崇禎三年刻本 九行十九字小字雙行行字同白口四周雙邊
一四〇六 [崇禎]寧誌備考十二卷 明趙維寰纂修 清抄本
一四〇七 海昌外志八卷 明談遷撰 清抄本 清管庭芬校
存四卷 一至四
一四〇八 海昌外志八卷 明談遷撰 清抄本 清管庭芬校並跋
存四卷 五至八
一四〇九 海昌外志八卷 明談遷撰 清抄本 陳鱣跋
一四一〇 海昌外志八卷 明談遷撰 清靜衍樓抄本
一四一一 海昌外志八卷 明談遷撰 清抄本
一四一二 海昌外志八卷 明談遷撰 清抄本
一四一三 海昌外志八卷 明談遷撰 清抄本
一四一四 海寧志略不分卷 清范驄纂修 稿本 清周春跋
一四一五 [乾隆]海寧州志十六卷首一卷 清戰效曾、高瀛洲纂修 清乾隆刻本 清管庭芬跋並錄吳騫校注
一四一六 海寧州志校勘記一卷 清吳騫撰 清吳氏拜經樓抄本

六一

一四一七 海昌叢載二十卷續載七卷首一卷 清管庭芬輯 稿本
一四一八 海昌叢載二十卷 清管庭芬輯 稿本
存十八卷 卷三至二十
一四一九 [道光]海昌備志五十二卷附錄二卷 清錢泰吉等纂修 稿本
存二卷 卷十七至十八
一四二〇 寧志餘聞八卷 清周廣業輯 稿本
一四二一 寧志餘聞八卷 清周廣業輯 稿本 蔣纓棠跋
一四二二 [同治]長安鎮志不分卷 清鄒滄纂 稿本
一四二三 花溪志補遺一卷 清許良模撰 稿本
一四二四 花溪志補遺一卷 清許良模撰 清張光第小清儀閣抄本 王國維跋
一四二五 硤川誌一卷 明潘廷章纂修 清初抄本 清管庭芬抄補
一四二六 [正統]重修富春誌六卷 明吳堂纂修 清初抄本
一四二七 [正統]重修富春誌六卷 明吳堂纂修 清抄本
一四二八 [康熙]富陽縣志十二卷 清牛奐纂修 清康熙刻本
一四二九 [萬曆]餘杭縣誌十卷 明戴日強纂修 明萬曆刻本
存七卷 二至六、九至十
一四三〇 [康熙]餘杭縣新志十卷 清宋士吉纂修 清康熙刻本
存九卷 二至十
一四三一 [康熙]餘杭縣志八卷 清張思齊纂修 清康熙刻本
一四三二 [康熙]餘杭縣新志八卷 清龔嶸、孫恩龍等纂修 清康熙刻本
一四三三 [康熙]臨安縣志十卷 清陸文煥纂修 清康熙刻本
一四三四 [康熙]於潛縣志八卷 清趙之術、章國佐纂修 清康熙十二年刻本
一四三五 [康熙]於潛縣志八卷 清趙之術、章國佐纂修 清康熙十二年刻乾隆增修本
一四三六 [萬曆]新城縣志四卷 明溫朝祚、方康纂修 明萬曆四年刻本 九行十九字白口四周單邊 清汪采庭批校
一四三七 [萬曆]新城縣志四卷 明溫朝祚、方康纂修 清抄本
一四三八 [乾隆]昌化縣志二十卷 清甘文蔚、蘇世璠纂修 清乾隆刻本
一四三九 [至元]嘉禾志三十二卷 元單慶、徐碩纂修 清小雲谷抄本
一四四〇 [至元]嘉禾志三十二卷 元單慶、徐碩纂修 清抄本
一四四一 [至元]嘉禾志三十二卷 元單慶、徐碩纂修 清抄本
一四四二 [至元]嘉禾志三十二卷 元單慶、徐碩纂修 清抄本 清吳翌鳳、黃丕烈校並跋

六二

一四四三 [至元]嘉禾志三十二卷 元單慶、徐碩纂修 清抄本 佚名錄清吳翌鳳校 黃丕烈校跋

一四四四 [至元]嘉禾志三十二卷 元單慶、徐碩纂修 清抄本 清沈炳垣校並跋
存三卷 一至三

一四四五 [至元]嘉禾志三十二卷 元單慶、徐碩纂修 清抄本 清李芝綬、李蓉校

一四四六 [至元]嘉禾志三十二卷 元單慶、徐碩纂修 清咸豐六年抄本 佚名臨清馮浩、錢廷濟、管廷谷、唐仁壽等校並李文泰跋

一四四七 [至元]嘉禾志三十二卷 元單慶、徐碩纂修 清抄本 清王振聲校並跋

一四四八 嘉禾舊志合刻三十四卷 清末沈氏海日樓刻本 沈曾植校
[紹定]澉水志二卷 宋常棠纂修 [至元]嘉禾志三十二卷 元徐碩纂修

一四四九 [弘治]嘉興府志三十二卷 明柳琰纂修 明弘治五年刻本 十行大字十八字小字雙行三十六字大黑口四周雙邊雙魚尾

一四五〇 [至元]嘉禾志三十二卷 元單慶、徐碩纂修 清抄本 清陳鱣校 清沈炳垣、沈蓮枝並跋
存二十九卷 四至三十二

一四五一 [弘治]嘉興府志三十二卷 明柳琰纂修 清抄本 清何元錫、丁丙跋
存十八卷 十一至二十八

一四五二 [正德]嘉興志補十二卷 明于鳳皆、鄒衍纂修 明正德七年刻本 清佚名錄校 十行十七字上下黑口四周雙邊雙魚尾

一四五三 [正德]嘉興府志補十二卷 明鄒衍、于鳳皆纂修 清嘉慶五年鷲湖書院志局抄本 清戴光曾校并跋

一四五四 [嘉靖]嘉興府圖記二十卷 明趙瀛、趙文華纂修 明嘉靖刻本 九行十九字白口左右雙邊

一四五五 [嘉靖]嘉興府圖記二十卷 明趙瀛、趙文華纂修 明嘉靖刻本 清張廷濟跋 九行十九字小字雙行行十九字白口左右雙邊有刻工

一四五六 [萬曆]嘉興府志三十二卷 明劉應鈳、沈堯中纂修 明萬曆三十八年刻本 九行十九字白口四周雙邊

一四五七 [康熙]嘉興府志十八卷首一卷 清袁國梓、陳邃纂修 清康熙二十一年刻本

一四五八 嘉興府志稿□卷 稿本
存：闕簽、藝文

一四五九 [萬曆]秀水縣志十卷 明李培、黃洪憲纂修 明萬曆二十四年刻本 九行十八字白口左右雙邊單魚尾下有刻工

一四六〇 [同治]新塍瑣志十四卷 清鄭鳳鏘纂 鄭文謙增補 稿本

一四六一 梅里志稿不分卷 清楊氏研經廬抄本

一四六二 竹里述略十二卷附錄一卷 清徐士燕輯 稿本

一四六三 [宣統]聞湖志稿二十卷首一卷 清唐佩金纂 稿本

一四六四 [正德]嘉善縣志六卷 明倪璣、沈概纂修 清抄本 清華星燦跋

一四六五 [萬曆]重修嘉善縣志十二卷首一卷 明章士雅、盛唐纂修 明萬曆二十四年刻本 十一行二十一字白口左右雙邊單魚尾下刻字數
存十二卷 二至十二、首一卷

一四六六 [康熙]續修嘉善縣志八卷 清獲維華、毛蕃纂修 清康熙刻本

一四六七 [雍正]續修嘉善縣志十二卷 清戈鳴岐、錢元佑等纂修 清雍正刻本

一四六八 海鹽澉水誌八卷 宋常棠纂修 續澉水誌九卷 明董穀纂修 明嘉靖三十六年董穀刻本 清吳騫、羅振玉跋 十行二十字白口四周雙邊有圖

一四六九 海鹽澉水誌八卷 宋常棠纂修 明嘉靖三十六年董穀刻本 十行二十字小字雙行白口單魚尾四周雙邊有刻工

一四七〇 海鹽澉水志八卷 宋常棠纂修 清劉氏嘉蔭簃抄本

一四七一 紹定澉水志八卷 宋常棠纂修 清豐華堂抄本

一四七二 [嘉靖]續澉水誌九卷 明董穀纂修 明嘉靖三十六年刻本 十行二十字白口四周雙邊單魚尾下刻字數

一四七三 [嘉靖]續澉水志九卷 明董穀纂修 清抄本 俞方穀校並跋

一四七四 [嘉靖]續澉水志九卷 明董穀纂修 清抄本 張元濟跋

一四七五 [嘉靖]海鹽縣志五卷 明夏浚、徐泰纂修 清抄本

一四七六 [嘉靖]海鹽縣志五卷 明夏浚、徐泰纂修 清抄本 清佚名校跋

一四七七 [天啟]海鹽縣圖經十六卷 明樊維城、胡震亨纂修 明天啟刻本 十行二十字小字雙行行字同白口左右雙邊

一四七八 [康熙]海鹽縣志十卷 清張素仁、彭孫貽、童申祉纂修 稿本

一四七九 海鹽縣志補遺不分卷 清彭孫貽撰 清孫志祖抄本

一四八〇 [萬曆]崇德縣志十二卷 明靳一派纂修 明萬曆刻本 九行十九字白口四周雙邊單魚尾

一四八一 [天啟]平湖縣志十九卷 明程楷、楊儁卿纂修 明天啟七年刻本 十行二十字白口左右雙邊單魚尾

一四八二 [康熙]平湖縣志十卷 清朱維熊、陸葇纂修 清康熙二十八年刻本

一四八三 [正德]桐鄉縣志十卷 明仫洛、談紱同纂修 清初抄本 清汪文柏校

一四八四 [正德]桐鄉縣志十卷 明仫洛纂修 清抄本

一四八五 前朱里紀略不分卷 清戴燕撰 清抄本

一四八六 濮川志略十四卷 宋濮孟清編 清濮鎬基重修 清抄本

一四八七 濮院瑣志八卷 清楊樹本撰 清抄本

一四八八 濮錄不分卷 清岳昭垣撰 稿本

[嘉泰]吳興志十五卷 宋談鑰纂修 清抄本 （一四八九）
[嘉泰]吳興志十五卷 宋談鑰纂修 清宣統抄本 嚴啟豐校 沈家本校並跋 （一四九〇）
[嘉泰]吳興志十八卷 宋談鑰纂修 清末陸氏拉貴東堂抄本 繆荃孫校 （一四九一）
[嘉泰]吳興志校稿不分卷 宋談鑰纂 清佚名校增 稿本 （一四九二）
[嘉靖]湖州府志十六卷 明張鐸、浦南金纂修 明嘉靖二十一年刻本 九行十八字白口左右雙邊單魚尾 （一四九三）
存四卷 四、五、十、十一
[萬曆]湖州府誌十四卷 明栗祁、唐樞纂修 明萬曆刻本 九行十八字小字雙行字同白口四周雙邊 （一四九四）
[萬曆]湖州府誌十四卷 明栗祁、唐樞纂修 明萬曆刻本 清丁丙跋 九行十八字小字雙行行字同白口四周雙邊 （一四九五）
[萬曆]湖州府誌前編十二卷 明栗祁、唐樞纂修 清程黃重編 清順治七年刻本 （一四九六）
[天啟]吳興備志三十二卷 明董斯張纂 清康熙四十八年董朝枝抄本 吳昌綬校 董燃跋 （一四九七）
[天啟]吳興備志三十二卷 明董斯張纂 清康熙四十八年董朝枝抄本 （一四九八）
存二十卷 卷十二至三十二
湖州誌□□卷 明刻本 十二行（一圖只有半頁，不計字數）大黑口四周雙邊版心上刻"湖州誌卷一" （一四九九）
湖錄一百二十卷 清鄭元慶撰 稿本 清李少青、丁寶書跋 楊峴、俞樾題識 （一五〇〇）
存五卷 二十至二十四
湖錄二卷 清鄭元慶撰 清康熙刻本 （一五〇一）
[康熙]烏程縣志十二卷 清高必騰、沈從龍纂修 清康熙刻本 （一五〇二）
[光緒]烏程縣志三十六卷 清潘玉璿、汪曰楨纂修 稿本 （一五〇三）
晟舍鎮志八卷首一卷 清閔寶樑輯 稿本 （一五〇四）
南潯鎮志十二卷首一卷 清潘爾夔纂修 夏光遠增輯 陳可升、張鴻翥續輯 稿本 （一五〇五）
存四卷 四至七
南潯鎮志十二卷首一卷 清潘爾夔纂修 夏光遠增輯 陳可升、張鴻翥續輯 清董蓉跋 抄本 （一五〇六）
存十二卷 一至十、十二、首
[萬曆]重修烏青鎮誌五卷 明李樂纂 明萬曆二十九年刻本 九行二十二字白口四周單邊單魚尾 （一五〇七）
[乾隆]烏青鎮志十二卷 清董世寧纂修 清乾隆二十五年刻本 清嚴辰校 （一五〇八）
[順治]長興縣誌十卷 清張煥為、金鏡纂修 附補遺一卷 清順治六年刻康熙增刻本 （一五〇九）
[康熙]長興縣志八卷 清韓應恒、金鏡等纂修 清康熙十二年刻本 （一五一〇）
[嘉靖]德清縣誌十卷 明郗武性、陳霆纂修 明嘉靖四年刻十六年增修本 九行二十字白口單邊四周單欄單魚尾 （一五一一）
[嘉慶]德清縣續誌十卷 清周紹濂、張凱等纂修 稿本 （一五一二）

[嘉慶]德清縣續誌十卷 清周紹濂、張凱等纂修 稿本 （一五一三）
[嘉靖]武康縣志八卷 明程嗣功、駱文盛纂修 明嘉靖二十九年刻本 九行二十字白口左右雙邊 （一五一四）
[康熙]武康縣志八卷 清馮聖澤、駱維本纂修 清康熙十一年刻本 （一五一五）
[嘉靖]安吉州誌十六卷 明伍餘福纂修 明嘉靖十三年刻本 九行十九字白口四周單邊 （一五一六）
存九卷 一至四、九至十一、十五至十六
[嘉靖]安吉州誌十六卷 明伍餘福纂修 明嘉靖十三年刻本 八行十七字白口四周雙邊雙魚尾 （一五一七）
存四卷 五至八
[嘉靖]安吉州誌八卷 明江一麟、陳敬則纂修 明嘉靖三十六年刻本 八行十七字白口四周雙邊 （一五一八）
[嘉靖]安吉州誌八卷 明江一麟、陳敬則纂修 明嘉靖三十六年刻萬曆增修本 九行十九字白口四周單邊 （一五一九）
[康熙]安吉州誌十卷 清曹封祖、朱進纂修 清康熙十年刻本 （一五二〇）
宋元四明六志七種八十八卷 清徐氏煙嶼樓刻本 清徐時棟、陳子相校並跋 （一五二一）
[乾道]四明圖經十二卷 宋張津等纂修
[寶慶]四明志二十一卷 宋胡榘、羅濬纂修
[開慶]四明續志十二卷 宋梅應發、劉錫纂修
[大德]昌國州圖志七卷 元馮福京纂修
[延祐]四明志二十卷目錄二卷 元袁桷纂修
[至正]四明續志十二卷 元王元恭纂
四明它山水利備覽二卷 宋魏峴撰
校勘記三十一卷 清徐時棟撰
[乾道]四明圖經十二卷 宋張津等纂 清抄本 （一五二二）
[乾道]四明圖經十二卷 宋張津等纂 清抄本 （一五二三）
[寶慶]四明志二十一卷 宋胡榘、羅濬纂修 宋刻本 鄭郊述跋 十行十八字白口左右雙邊 （一五二四）
[寶慶]四明志二十一卷 宋胡榘、羅濬纂修 明抄本 （一五二五）
存七卷 附志存二卷（卷八至九）鄞縣志二卷 奉化縣志二卷 昌國縣志一卷
[寶慶]四明志二十一卷 宋胡榘、羅濬纂修 清抄本 （一五二六）
[寶慶]四明志二十一卷 宋胡榘、羅濬纂修 清抄本 清王梓材校 （一五二七）
寶慶四明志二十一卷 宋胡榘、羅濬纂修 清劉氏嘉蔭簃抄本 （一五二八）
[開慶]四明續志十二卷 宋梅應發、劉錫纂修 宋開慶元年刻本 十行十八字小字雙行字同白口左右雙邊 （一九二九）
開慶四明續志十二卷 宋梅應發、劉錫纂修 清劉氏嘉蔭簃抄本 （一五三〇）
延祐四明志二十卷 元袁桷撰 清劉氏嘉蔭簃抄本 （一五三一）
存十七卷 一至八、十二至二十
延祐四明志二十卷 元袁桷撰 清抄本 （一五三二）
存十七卷 一至八、十二至二十

[至正]四明續志十二卷 元王元恭纂修 明抄本 一五三三

[至正]四明續志十二卷 元王元恭纂修 清抄本（卷一至三、十至十二配另一清抄本） 清劉飄雲校 丁丙跋 一五三四

[成化]寧波郡誌十卷 明張瓚、楊寔纂修 明成化刻本 九行二十二字黑口四周雙邊 一五三五

[成化]寧波郡誌十卷 明張瓚、楊寔纂修 清徐氏煙嶼樓抄本 一五三六

寧波府簡要志五卷 明黃潤玉纂修 清抄本 一五三七

[嘉靖]寧波府志四十二卷 明周希哲、張時徹纂修 明嘉靖刻本 九行十九字白口左右雙邊 一五三八

[嘉靖]寧波府志四十二卷 明周希哲、張時徹纂修 明嘉靖刻本 清丁丙跋 九行十九字白口左右雙邊 一五三九

[康熙]寧波府志三十三卷 清李廷機、丘業黃等纂修 清抄本
存三十一卷 一至六、八至十二、十四至三十三 一五四〇

[康熙]寧波府志三十三卷 清李廷機、丘業黃等纂修 清康熙抄本
存十三卷 一至十三 一五四一

敬止錄四十卷 明高宇泰撰 清徐時棟校 清徐氏煙嶼樓抄本 徐時棟跋 沈良跋 一五四二

四明它山圖經十二卷 清魏峴撰 稿本 清許穀跋、沈德壽題款 魏瑛光、李恭淵、董沛、王□跋 一五四三

寧波府文獻不分卷 稿本 書名本館擬定 一五四四

四明文獻考不分卷 明抄本 一五四五

校錄四明志徵□□卷 明抄本
存一卷 卷二十六 一五四六

[康熙]鄞縣志二十四卷 清汪源澤、聞性道纂修 清抄本
存二十卷 二至十一、十五、十六至二十四 一五四七

[天啟]慈谿縣誌十六卷 明李逢申、姚宗文纂修 明天啟刻本 九行十九字小字雙行行字同白口四周雙邊 一五四八

[嘉靖]觀海衛誌四卷 明周粟纂修 清抄本 一五四九

[嘉靖]奉化縣圖志十二卷 明錢璠、沈淙纂修 明嘉靖十四年刻本 九行二十二字小字雙行同白口四周單邊 一五五〇

[順治]奉化縣志十六卷首一卷 清王奕、項斯勤纂修 清順治十八年刻本 一五五一

鎮海縣志備修二十二卷 清姚景沛輯 稿本
存二十卷 本書亦名：鎮海縣志稿 一五五二

[嘉靖]象山縣志十五卷 明毛德京、周希哲纂修 明嘉靖三十五年刻隆慶五年增修本 十行二十二字白口四周雙邊 一五五三

[康熙]象山縣志十六卷 清李樟纂修 清康熙刻本
存十五卷 一至十五 一五五四

[康熙]象山縣志十六卷 清胡祚遠、姚廷傑纂修 清康熙五十七年刻本 一五五五

[雍正]象山縣志四十二卷 清馬璽曾、林文懋纂修 清雍正刻本
存十七卷 九至二十、三十八至四十二 一五五六

[同治]象山縣志二十四卷末一卷 清黃丙焌、馬瀾瀅等纂修 清抄本 張美翊跋 一五五七

[道光]南田志稿不分卷 清馬鍾府纂 手稿本 葉葆蔡題識 一五五八

[嘉靖]定海縣志十三卷 明何愈、張時徹纂修 明嘉靖刻本 九行十九字白口左右雙邊 一五五九

[康熙]定海縣志十七卷 清王元士、郝良桐纂修 清抄本
存十三卷 五至十七 一五六〇

[康熙]定海縣志八卷 清繆燧、陳璁寻纂修 清康熙刻本 一五六一

[康熙]續定海縣志□□卷 清王元士、裘光作纂修 清抄本
存十四門 一五六二

蛟川備志二十一卷 清姚景沛輯 稿本
存十九卷 一至四、六至十二、十四至二十一 一五六三

蛟川備志舉要不分卷 清姚景沛輯 稿本 一五六四

[嘉泰]會稽志二十卷 宋沈作賓、施宿纂修 [寶慶]續志八卷 宋張淏、孫因纂修 明正德五年石存禮刻本 十行二十字小字雙行同白口左右雙邊 一五六五

[嘉泰]會稽志二十卷 宋沈作賓、施宿纂修 [寶慶]續志八卷 宋張淏、孫因纂修 明正德五年石存禮刻本 明佚名題記 十行二十字白口左右雙邊卑黑尾 一五六六

[嘉泰]會稽志二十卷 宋沈作賓、施宿纂修 [寶慶]續志八卷 宋張淏、孫因纂修 明正德五年石存禮刻本 清姚燮過錄（八一總名子）跋 十行二十字白口單黑尾 一五六七

[嘉泰]會稽志二十卷 宋沈作賓、施宿纂修 [寶慶]續志八卷 宋張淏、孫因纂修 明正德五年石存禮刻本 清丁丙跋 十行二十字小字雙行行字同白口左右雙邊 一五六八

[嘉泰]會稽志二十卷 宋沈作賓、施宿纂修 [寶慶]續志八卷 宋張淏、孫因纂修 清嘉慶十三年采鞠軒刻本 清李慈銘校 一五六九

[嘉泰]會稽志二十卷 宋沈作賓、施宿纂修 明正德五年石存禮刻本（卷一至二配清抄本） 一五七〇

[嘉泰]會稽志二十卷 宋沈作賓、施宿等纂修 清抄本 一五七一

[嘉泰]會稽志二十卷 宋沈作賓、施宿纂修 明抄本
存二卷 十四至十五 一五七二

[萬曆]紹興府志五十卷 明蕭良幹、張元忭等纂修 明萬曆十五年刻公文紙印本 羅振玉跋 半葉十行行二十字小字雙行行二十字上下單邊左右雙邊白口有刻工 一五七三

〔萬曆〕紹興府志五十卷　明蕭良幹、張元忭等纂修　明萬曆十五年刻本　十行二十字小字雙行二十字白口左右雙邊　一五七四
〔康熙〕紹興府志五十八卷　清張三異、王嗣皋纂修　清康熙刻本　一五七五
〔康熙〕紹興府志五十八卷　清王之賓、董欽德纂修　清康熙刻二十二年本　一五七六
〔康熙〕紹興府志五十八卷　清李鐸、王嘉采等纂修　清康熙五十八年刻本　一五七七
〔乾隆〕紹興府志八十卷首一卷　清李亨特、平恕等纂修　清乾隆刻本　清李慈銘批校　一五七八
〔乾隆〕紹興府志八十卷首一卷　清李亨特、平恕等纂修　清乾隆五十七年刻本　清李慈銘批校　一五七九
〔嘉靖〕山陰縣志十二卷　明許東望、張天復等纂修　明嘉靖三十年刻本　十行二十字白口左右雙邊　一五八〇
〔康熙〕山陰縣志三十八卷　清高登先、沈麟趾纂修　紀其崗增修　丁弘再增　清雍正二年補刻本　一五八一
〔嘉慶〕山陰縣志三十卷首一卷　清徐元梅、朱文翰等纂修　清嘉慶刻本　清李慈銘校並跋　一五八二
〔萬曆〕會稽縣志十六卷　明楊維新、張元忭纂修　明萬曆三年刻本　十行二十字白口左右雙邊　一五八三
〔萬曆〕會稽縣志十六卷　明楊維新、張元忭纂修　明萬曆三年刻本　清[illegible]跋　十行二十字小字雙行二十字白口左右雙邊有刻工　一五八四
〔嘉靖〕蕭山縣志六卷　明林策、張燭纂修　魏堂續增　明嘉靖三十六年刻萬曆三年增修本　十行二十字白口左右雙邊　一五八五
〔萬曆〕蕭山縣志六卷　明劉會、戴文明等纂修　明萬曆刻本　十行二十字白口左右雙邊　一五八六
〔康熙〕蕭山縣志二十一卷　清鄒勷、黎將啟纂修　清康熙十一年刻本　一五八七
〔康熙〕諸暨縣誌十二卷　清蔡杓、章平事纂修　清康熙刻本　一五八八
〔嘉靖〕餘姚縣志十七卷　明楊撫、參承道、胡[illegible]纂修　明嘉靖二十一年刻本　十行十九字白口左右雙邊　一五八九
存十三卷　五至十七
〔康熙〕新修餘姚縣志二十五卷　清康如璉纂修　清康熙三十一年刻本　一五九〇
滸山志八卷　清高杲、沈瑆纂　清道光十一年活字印本　一五九一
〔萬曆〕新修上虞縣志二十卷首一卷　明徐待聘、馬明瑞等纂修　明萬曆三十四年刻本　九行十九字白口左右雙邊單魚尾下刻字數　一五九二
家山鄉眷錄不分卷　上虞金石志略不分卷　清錢玫撰　清抄本　一五九三
上虞縣志刊誤五卷　清沈奎撰　王振綱重輯　清抄本　一五九四
〔咸豐〕虞志備稿不分卷　清王振綱撰　稿本　一五九五
〔咸豐〕上虞志備稿不分卷　清王振綱撰　稿本　一五九六

存典籍志
剡錄十二卷　宋高似孫撰　明抄本　清胡[illegible]題記　一五九七
存十一卷　一至六、八至十二
剡錄十二卷　宋高似孫撰　清黃丕烈家抄本　清黃丕烈、吳翌鳳校並跋　一五九八
〔嘉定〕剡錄十卷　宋高似孫撰　清嘉慶元年[illegible]抄本　一五九九
〔嘉定〕剡錄十卷　宋高似孫撰　清抄本　一六〇〇
嵊志十卷　明抄本　一六〇一
存五卷　一至五
〔弘治〕嵊縣志十卷　明徐[illegible]、夏雷等纂修　明弘治十四年刻本　十行二十二字上下粗黑口四周雙邊雙魚尾　一六〇二
存五卷　二至六
〔萬曆〕嵊縣志十三卷　明林岳庠、周汝登纂修　明萬曆刻本　九行二十字小字雙行同白口左右雙邊有刻工　一六〇三
〔康熙〕嵊縣誌十二卷　清張逢歡、吳鉉纂修　清康熙刻本　一六〇四
〔成化〕新昌縣志十六卷　明李楫、莫旦纂修　明正德十六年刻本　八行二十字上下黑口四周雙邊雙魚尾　一六〇五
〔萬曆〕新昌縣志十三卷　明田琯、呂光洵等纂修　明萬曆七年刻本　十行十九字白口左右雙邊單魚尾　一六〇六
存五卷　三至七
〔康熙〕台州府志十八卷首一卷　清[illegible]、馬[illegible]纂修　清康熙二十二年[illegible]堂刻本　一六〇七
光緒台州府志稿一百卷　清趙亮熙、王舟瑤纂修　稿本　一六〇八
存：地理志、沿革表、建置表、武備考、經籍考、金石考、人物傳、烈女傳
〔嘉靖〕臨海志二十六卷　明劉大直、余[illegible]纂修　明嘉靖刻本　九行十九字白口左右雙邊　一六〇九
存八卷　一至四、十五至十八
〔康熙〕臨海志補遺初稿不分卷　清洪若瑞撰　稿本　清王棻校並跋　一六一〇
〔咸豐〕臨海縣續志六卷　清[illegible]纂　稿本　一六一一
存一卷　建置稿
〔萬曆〕黃巖縣志七卷　明袁應祺、牟汝忠等纂修　明萬曆七年刻本　十行二十一字白口四周單邊　一六一二
〔康熙〕黃巖縣志八卷　清張思齊、潘文錦纂修　清康熙二十一年刻本　一六一三
存五卷　四至八
〔咸豐〕黃巖縣志四十卷卷首一卷黃巖集三十二卷首一卷　清曾元澄、姜文衡纂修　唐[illegible]續修　清光緒三年刻本　清曾世駿批校　一六一四
邑乘管窺二卷　清曾世駿撰　稿本　一六一五
邑乘管窺拾遺十二卷　清曾世駿撰　項詠植　稿本　一六一六

〔萬曆〕僊居縣志十二卷　明顧實宇、王建纂修　清道光十八年王魏勝活字印本　一六一七

〔崇禎〕寧海縣志十二卷　明宋奎光纂修　明崇禎五年刻本　七行二十一字白口四周單邊　一六一八

〔嘉靖〕太平縣志八卷　明曾才漢、葉良佩纂修　明嘉靖十九年刻本　九行二十字白口四周單邊　一六一九

〔成化〕金華府志二十卷　明周宗智纂修　明成化十六年刻本　十一行二十一字上下粗黑口四周雙邊粗黑邊雙魚尾　一六二〇

〔萬曆〕金華府志三十卷　明王懋德、陸鳳儀纂修　明萬曆刻本　八行二十一字白口四周雙邊有刻工（一題永和刊字數）　一六二一

〔康熙〕金華縣志十卷　清趙泰甡、張猶纂修　清康熙刻本　一六二二

〔弘治〕蘭谿縣志五卷　明王倬、章懋纂修　許光增修　明正德五年刻本　清鄧鍾玉跋　存三卷　三至五　一六二三

〔萬曆〕蘭谿縣志九卷　明程子鍙、徐用檢纂修　明萬曆三十四年刻本　九行十八字白口四周雙邊單魚尾　存二卷　四（五十五頁起）至卷五（六十一頁止）　一六二四

〔康熙〕蘭谿縣志七卷　清劉芳喆、郭起曄纂修　清康熙刻本　一六二五

〔隆慶〕東陽縣志十七卷　明鄭準纂修　黃汝齡增修　明隆慶六年刻萬曆天啟遞修本　十行二十字白口四周雙邊　存七卷　一至五、十三至十四　一六二六

〔萬曆〕義烏縣志二十卷　明周士英、吳從周纂修　明萬曆刻本　九行二十一字白口四周雙邊　存十三卷　一至八、十一至十四、二十　一六二七

〔崇禎〕義烏縣志二十卷　明熊人霖、盧國體等纂修　明崇禎十三年刻本　九行二十一字小字雙行同白口四周雙邊　一六二八

〔康熙〕義烏縣志二十卷　清王廷曾纂修　清康熙刻本　一六二九

〔康熙〕義烏縣志二十卷　清王廷曾纂修　錢慧基續修　清康熙刻雍正乾隆增修本　一六三〇

〔嘉靖〕永康縣志八卷　明胡楷、陳泗等纂修　明嘉靖四年刻本　九行十九字白口四周單邊　一六三一

〔嘉靖〕永康縣志八卷　明胡楷、陳泗等纂修　明抄本　一六三二

〔萬曆〕新修武義縣志十卷　明張國宗修　清盛內有、李經邦增修　明萬曆刻清順治康熙增修本　八行十八字白口四周單邊　一六三三

武川備考十二卷輿圖一卷　清何德潤輯　稿本　一六三四

〔嘉靖〕浦江志略八卷　明毛鳳韶纂修　明嘉靖五年刻本　十行二十字白口四周單邊　一六三五

〔崇禎〕浦江縣誌十二卷　明吳應台、張一侯纂修　明崇禎刻本　九行二十字白口四周單邊　一六三六

〔康熙〕浦江縣誌十二卷首一卷　清毛文瑩、張一煒纂修　清康熙十二年刻本　一六三七

〔萬曆〕湯溪縣志八卷　明汪文璧、楊維斌纂修　明萬曆三十二年刻本　九行十八字白口左右雙邊　一六三八

〔康熙〕湯溪縣志十卷　清宋紹業、張廷年纂修　清康熙刻本　一六三九

〔弘治〕衢州府志十五卷　明沈杰、吾冔等纂修　明弘治十六年刻本　九行二十二字黑口四周雙邊　一六四〇

〔天啟〕衢州府志十六卷　明林應翔、葉秉敬纂修　丁明登增修　明天啟二年刻崇禎增修本　九行二十字小字雙行白口單魚尾四周單邊　一六四一

〔萬曆〕龍游縣志十卷首一卷　明萬廷謙、曹聞禮纂修　明萬曆四十年刻本　九行二十字白口四周雙邊有刻工　一六四二

〔天啟〕江山縣志十卷　明張鳳翼、徐日炅纂修　明天啟刻本　九行二十字小字雙行同白口四周單邊　一六四三

〔康熙〕江山縣志十卷　清佘錫纂修　清抄本　存七卷　四至十　一六四四

〔康熙〕江山縣志十四卷首一卷附錄一卷　清紐浩、宋俊纂修　清康熙刻本　一六四五

〔康熙〕常山縣志十二卷首一卷　清孔毓璣纂修　清雍正刻本　一六四六

〔順治〕開化縣志十卷　清朱鳳台、徐世蔭纂修　清順治刻本　一六四七

〔順治〕開化縣志十卷　清朱鳳台、徐世蔭纂修　黃鐸、汪爾掞增修　清順治九年刻康熙二十三年增修本　一六四八

〔雍正〕開化縣志十卷首一卷　清孫鏘、方蘇蓁纂修　清雍正七年刻本　一六四九

〔淳熙〕嚴州圖經八卷　宋陳公亮、劉文富纂修　清丁丙八千卷樓影宋抄本　清丁丙跋　存三卷　一至三　一六五〇

〔淳熙〕嚴州圖經八卷　宋陳公亮、劉文富纂修　清抄本　存三卷　一至三　一六五一

〔景定〕嚴州續志十卷　宋錢可則、鄭瑤、方仁榮纂修　清抄本　清李錫齡校　一六五二

〔景定〕嚴州續志十卷　宋錢可則、鄭瑤、方仁榮纂修　清劉氏嘉蔭簃抄本　一六五三

〔景定〕嚴州續志十卷　宋錢可則、鄭瑤、方仁榮纂修　清光緒刻漸西村舍叢刊本　王國維校並跋　一六五四

〔弘治〕嚴州府志二十二卷　明李德恢纂修　明弘治六年刻嘉靖增修本　十行二十二字上下黑口四周雙邊雙魚尾　一六五五

〔萬曆〕嚴州府志二十五卷　明楊守仁、徐楚纂修　明萬曆刻本　十行二十字白口左右雙邊單魚尾　存二十一卷　三至二十一、二十四至二十五　一六五六

〔萬曆〕續修嚴州府志二十四卷　明呂昌期、俞炳然纂修　明萬曆刻本　十行二十字白口左右雙邊　一六五七

〔萬曆〕續修嚴州府志二十四卷　明呂昌期、俞炳然等纂修　明萬曆刻清順治重修本　十行二十字白口四周單邊　補遺一卷　清錢廣居纂修　清順治刻本　一六五八

〔康熙〕建德縣志九卷　清戚延裔、馬天選、李翔勤纂修　清康熙刻本　一六五九

存七卷　一至五、八至九

一六六〇　【嘉靖】淳安縣志十七卷　明姚鳴鸞、吳端鳳纂修　明嘉靖三年刻本　十行二十一字黑口四周雙邊

一六六一　【嘉靖】淳安縣志十七卷　明姚鳴鸞纂修　明嘉靖三年刻本　十行二十三字上下粗黑口四周雙邊單魚尾

存九卷　一至六、十五至十七

一六六二　【順治】新修淳安縣誌六卷　清紱一廷、謝箴元纂修　清順治刻本

一六六三　【康熙】淳安縣志二十卷　清胡就臣、咏梁纂修　清康熙刻本

一六六四　【嘉靖】桐廬縣志八卷　明盾繼祖、濮澱等纂修　明嘉靖五年刻本　十行二十字白口單邊

存二卷　卷一至二

一六六五　【萬曆】遂安縣志十卷　明吳鴻謙、余乾亨、余乾貞纂修　明萬曆四年刻本　九行二十三字白口四周雙邊

存一卷　卷十

一六六六　【萬曆】遂安縣志四卷　明韓晟、毛一鷺纂修　明萬曆四十年刻本　十行二十字白口四周雙邊單魚尾

一六六七　【萬曆】遂安縣志四卷　明韓晟、毛一鷺纂修　清抄本

一六六八　【萬曆】遂安縣志四卷　明韓晟、毛一鷺纂修　清抄本

一六六九　【康熙】遂安縣志十卷　清劉從龍、方承琪纂修　清康熙十三年刻本

一六七〇　【康熙】遂安縣志十卷　清劉閣儒、毛升芳纂修　清康熙刻本

一六七一　【嘉靖】重修壽昌縣志十二卷　明李思悅、洪一鰲纂修　李世芳、楊文奇續修　明嘉靖刻萬曆增修本　九行二十一字白口四周單邊

存九卷　四至十二

一六七二　【弘治】溫州府志二十二卷　明鄧淮、王瓚纂修　明弘治十六年刻本　十一行二十五字白口四周單邊

一六七三　【嘉靖】溫州府志八卷　明張孚敬纂修　明嘉靖十六年刻本　九行二十一字白口四周雙邊

一六七四　【萬曆】溫州府志十八卷　明湯日昭、王光蘊纂修　明萬曆三十三年刻本　九行十九字白口左右雙邊

一六七五　【康熙】溫州府志三十二卷　清汪嬪、李琬纂修　清康熙二十四年刻本

一六七六　【乾隆】重修溫州府志三十卷首一卷　清李琬、齊召南纂修　清乾隆二十六年刻本　清孫衣言批校

存二十九卷半　一至十八、十九中至三十

一六七七　【萬曆】永嘉縣志十七卷　明王光蘊纂　明萬曆二十八年刻本　九行十八字小字雙行間白口左右雙邊

存十卷　卷一至十

一六七八　【康熙】永嘉縣志十卷　清鄭廷俊、林占春纂修　清康熙二十一年刻本

一六七九　【嘉靖】瑞安縣志十卷　明劉畿、朱綽纂修　明嘉靖三十四年刻本　十行二十二字小字雙行行字同白口四周單邊有刻工

一六八〇　【康熙】瑞安縣志十卷　清范永盛、章起鴻等纂修　清康熙刻本

一六八一　【乾隆】瑞安縣志十卷　清陳永清、吳慶雲纂修　清乾隆十四年刻本

一六八二　【永樂】溫州府樂清縣志八卷　明刻本　十一行二十字黑口四周雙邊

一六八三　【隆慶】樂清縣志七卷　明胡用賓、侯一元纂修　清王海樓抄本　清孫詒讓批校

一六八四　【康熙】樂清縣志八卷　清徐化民、林允楫纂修　清康熙二十四年刻本

一六八五　【萬曆】平陽縣志八卷　明萬民華補纂　明萬曆刻崇禎增修本　十行二十字白口四周單邊

存四卷　五至八

一六八六　【順治】平陽縣志八卷　清馬騰霄纂修　清順治刻本

一六八七　【康熙】平陽縣志十二卷　清金以埈、呂弘誥纂修　清康熙刻本

一六八八　【崇禎】重修泰順縣志八卷　明涂鼎藏、包大方等纂修　明崇禎六年刻本　九行十九字白口左右雙邊

存五卷　一至五

一六八九　【康熙】泰順縣志不分卷　清劉可騁纂修　清抄本

一六九〇　【成化】處州府志十八卷　明郭忠、劉宣纂修　明成化二十二年刻本　十行二十一字黑口四周雙邊

存十一卷　一至二、五至六、九至十二、十六至十八

一六九一　【成化】處州府志十八卷　明郭忠、劉宣纂修　明成化二十二年刻本　十行二十一字上下黑口四周雙邊三魚尾

存二卷　三至四

一六九二　栝蒼彙紀十五卷　明熊子臣、何鏜纂修　明萬曆七年刻本　清丁丙跋　十行二十字小字雙行行字同白口四周單邊有刻工

一六九三　栝蒼彙紀十五卷　明熊子臣、何鏜纂修　明萬曆七年刻本　十行二十字白口四周單邊單魚尾下有刻工

一六九四　【萬曆】續處州府志八卷　明許國忠、葉志淑纂修　明萬曆三十三年刻本　十行二十字白口四周單邊有刻工

一六九五　【崇禎】處州府志十八卷　明朱葵、王一中纂修　明崇禎八年刻本　九行二十字小字雙行同白口四周單邊

一六九六　【康熙】處州府志十二卷　清劉廷璣等纂修　清康熙二十九年刻本

一六九七　【嘉慶】麗水志稿四卷　清金學超輯　屠本仁增輯　清道光十六年刻本

一六九八　【康熙】青田縣志十二卷　清張星輔、錢嘉選纂修　清康熙二十五年刻本

一六九九　【乾隆】青田縣續志六卷　清吳楚椿纂修　清乾隆四十二年刻本

存五卷　一至五

一七〇〇　【康熙】縉雲縣志十卷　清曾懋極、鄭容唐纂修　清抄本

一七〇一　【康熙】縉雲縣志四卷　清盧維騰纂修　清康熙刻本

一七〇二　【乾隆】縉雲縣志八卷　清令狐亦岱、沈鹿鳴纂修　清乾隆三十二年刻本

一七〇三　【順治】松陽縣志十卷　清佟慶年、胡世定纂修　清順治刻本

一七〇四　【康熙】遂昌縣志十卷　清繆之猶、俟定纂修　清康熙五十一年刻本

順治龍泉縣志十卷 清徐可先、胡世定、謝蔡鉉纂修 清順治十二年刻本 一七〇五
萬曆慶元縣志□□卷 明沈維龍纂修 汪猷志增補 楊芝瑞再增 明萬曆五年刻四十六年增修崇禎十五年再增修刻本 十行二十二字白口單邊單魚尾 一七〇六
存四卷 五至八
康熙慶元縣志十卷 清程維伊、吳運光纂修 清康熙十一年刻本 一七〇七
康熙雲和縣誌五卷 清林汪遠、柳之元纂修 清康熙刻本 一七〇八
雍正景寧縣志十卷 清李應機、潘可藻纂修 清雍正刻本 一七〇九
嘉靖江西通志三十七卷 明林庭㭿、周廣纂修 明嘉靖刻本 九行二十字白口四周雙邊 一七一〇
嘉靖江西省大志七卷 明王宗沐纂修 明嘉靖刻本 十行二十一字白口四周雙邊 一七一一
嘉靖江西省大志八卷 明王宗沐纂修 陸萬垓增修 明萬曆二十五年刻本 十行二十二字白口四周單邊有刻工 一七一二
光緒贛省通志稾序例一卷 清趙之謙撰 手稿本 一七一三
光緒江西通志一百八十卷首五卷 清李文敏、劉繹等纂修 清光緒六年繕正進呈本 一七一四
康熙南昌郡乘五十五卷 清葉舟、陳弘緒纂修 清康熙刻本 一七一五
存四十九卷 一至十六、十九至二十四、二十六至二十九、三十二至五十四
康熙新建縣志三十卷首一卷 清楊周憲纂修 清康熙十九年刻本 一七一六
存十七卷 首、八至十八、二十五至二十九
乾隆新建縣志七十四卷首一卷末一卷 清郝蘭林、曾秀先纂修 清乾隆刻本 一七一七
嘉靖豐乘十卷 明李貴纂修 明嘉靖四十二年刻本 九行二十字白口四周雙邊 一七一八
存八卷 一至八
康熙豐城縣志十二卷 清滿士錦、陸飛狀纂修 清康熙刻本 一七一九
康熙進賢縣志二十卷 清聶當世、黃兆瑞纂修 清康熙刻本 一七二〇
順治奉新縣志十四卷 清黃廣再、閔鉞纂修 清康熙刻本 一七二一
康熙靖安縣志八卷 清高光濂、舒其綰纂修 清康熙三十二年刻本 一七二二
革樂實紀一卷 清張叔琳撰
嘉靖武寧縣志六卷 明徐麟纂修 明嘉靖四十一年刻本 十行二十字白口左右雙邊 一七二三
乾隆武寧縣志三十卷首一卷 清鄒應元、盛大謨纂修 清乾隆二十年刻本 一七二四
乾隆武寧縣志三十卷 清梁鳴岡纂修 清乾隆四十七年刻本 一七二五
嘉靖寧州志十八卷 明陸鈍、龔暹纂修 明嘉靖二十二年刻本 八行二十一字白口四周雙邊 一七二六
康熙寧州志八卷 清班衣錦、戴實章纂修 清康熙刻本 一七二七

正德饒州府志四卷 明陳策纂修 明正德六年刻本 九行二十二字白口四周雙邊 一七二八
康熙饒州府志四十卷 清王澤洪、吳佼等纂修 清康熙十一年刻本 一七二九
同治饒州府志稿□□卷 清錫德、石景芬等纂修 稿本 一七三〇
存十九卷 鄱陽史事考二至十、康熙十一年饒州府志二至五、十二至十五、二十一至二十二
康熙餘干縣志十卷首一卷 清江南齡纂修 清康熙刻本 一七三一
康熙餘干縣志十二卷首一卷 清呂瑋、張潔等纂修 清康熙二十三年刻本 一七三二
康熙餘干縣志十二卷首一卷 清呂瑋、鐵灃等纂修 清康熙二十三年刻乾隆印本 一七三三
順治樂平縣志十四卷 清王德明、胡士鵠等纂修 清順治刻本 一七三四
康熙樂平縣志十六卷 清宋良翰、楊光祚纂修 清康熙二十年刻本 一七三五
康熙浮梁縣志八卷首一卷 清王臨元、曹鼎元纂修 清康熙刻本 一七三六
存四卷 一、六、七、首全
康熙浮梁縣志九卷 清陳淯、鄧墀等纂修 清康熙二十一年刻本 一七三七
乾隆浮梁縣志二十卷 清李濟德、汪潓纂修 清乾隆刻本 一七三八
康熙德興縣志十卷首一卷 清屯九瑞、嚴濟明纂修 清康熙十二年刻本 一七三九
存七卷 一至六、首全
康熙德興縣志十卷首一卷 清吳啟新、葉友柏纂修 清康熙二十三年刻本 一七四〇
康熙安仁縣志八卷 清丘象豫、吳士騏纂修 清康熙二十二年刻本 一七四一
康熙萬年縣誌十卷首一卷 清王萬鐵、江九逵纂修 清康熙刻本 一七四二
乾隆萬年縣志二十四卷 清李繼聖、劉文泰纂修 清乾隆十六年刻本 一七四三
存二十三卷 二至二十四
嘉靖廣信府志二十卷 明江俊、江汝璧等纂修 明嘉靖五年刻本 八行二十一字白口四周單邊 一七四四
康熙廣信府志四十卷輿圖一卷拾遺一卷 清周錫元、馬道明纂修 蘇仕、羅元昌續修 清康熙刻雍正八年增修本 一七四五
康熙新修上饒縣志十二卷 清馬之驦、祝當鎔纂修 清康熙二十三年刻本 一七四六
乾隆上饒縣志十六卷首一卷 清江文韜、鄭紹濬等纂修 清乾隆九年刻本 一七四七
康熙新修玉山縣志十卷 清唐世徵、郭金臺纂修 彭天福續修 清康熙十年刻二十年增修本 一七四八
康熙新修玉山縣志十卷 清唐世徵、郭金臺纂修 彭天福續修 清康熙刻雍正增修本 一七四九
康熙弋陽縣志十卷 清譚瑄纂修 清康熙十二年刻本 一七五〇
乾隆弋陽縣志 清陳元鼎、劉熙纂修 清乾隆十五年刻本 一七五一
乾隆弋陽縣志十三卷首一卷 清左方海纂修 清乾隆四十九年刻本 一七五二

一七五三 康熙貴溪縣誌八卷 清楊士俊、江熙龍纂修 清康熙刻本
一七五四 乾隆貴溪縣志十四卷首一卷 清鄭高華纂修 清乾隆四十九年刻本
一七五五 嘉靖鉛山縣志十二卷 明費寀纂修 明嘉靖四年刻本 八行二十字白口四周單邊
一七五六 萬曆鉛書八卷 明笪繼良、柯仲炯纂修 明萬曆四十六年刻本 十行二十二字白口四周單邊
一七五七 康熙鉛山縣志八卷 清潘士瑞、詹兆泰等纂修 清康熙刻本
一七五八 康熙廣永豐縣誌二十四卷 清夏巘瑶、李世昌纂修 廖贊宸續修 清康熙十年刻增修本
一七五九 乾隆廣豐縣志十三卷 清速杖、胡光祖纂修 清乾隆四十九年刻本
一七六〇 康熙興安縣志八卷 清胡裕世纂修 清康熙刻本
存六卷 三至八
一七六一 康熙新修興安縣志八卷 清胡裕世纂修 孔鴻增修 清康熙二十二年刻增修本
一七六二 康熙興安縣志八卷 清胡裕世纂修 劉夢旭續修 清康熙刻乾隆十一年續修本
存六卷 三至八
一七六三 乾隆興安縣志十二卷 清速杖、雷汾清等纂修 清乾隆四十八年刻本
一七六四 正德南康府志十卷 明陳霖纂修 明正德十年刻本 十一行二十字黑口四周單邊
一七六五 康熙南康府志十二卷 清廖文英、熊維典纂修 倫品卓增修 清康熙十二年刻十五年增修本
一七六六 康熙都昌縣志十卷首一卷 清曾王孫、徐孟深纂修 清康熙刻乾隆印本
一七六七 康熙建昌縣志十一卷 清李道泰、袁懋芹纂修 清康熙刻本
存十卷 一至八、十、十一
一七六八 康熙安義縣志十卷 清陳墀、周曰炯纂修 清抄本
一七六九 嘉靖九江府志十六卷 明馮曾、李汎纂修 明嘉靖六年刻本 八行二十一字白口左右雙邊
一七七〇 康熙九江府志十八卷 清江殷道、張秉鉉等纂修 清康熙刻本
一七七一 康熙德化縣志不分卷 清黨繼邦纂修 清康熙抄本
存：職官、公署、學校、選舉、祠祀、丘墓、古蹟、寺觀、名宦、藝文
一七七二 康熙德安縣志十卷 清姚文然、曾可求纂修 禹瑞續修 清康熙十二年刻增修本
一七七三 隆慶瑞昌縣志八卷 明劉儲、謝顧纂修 明隆慶四年刻本 九行二十一字白口四周雙邊
一七七四 康熙瑞昌縣志八卷 清江皋、周士俊纂修 清康熙十二年刻本
一七七五 雍正瑞昌縣志八卷 清郝之芳、萬定恩等纂修 清雍正四年刻本
一七七六 康熙湖口縣志十卷首一卷 清范之焕、陳啟禧纂修 清康熙十二年刻本
一七七七 康熙彭澤縣志十四卷首一卷 清王廷瀚、潘瀚纂修 清康熙二十二年刻本
一七七八 正德建昌府志十九卷 明夏良勝纂修 明正德十二年刻藍印本 九行二十二字白口左右雙邊
一七七九 康熙建昌府志二十六卷 清高天爵、吳起之纂修 清康熙十二年刻本
一七八〇 康熙南城縣志十二卷 清曹養恆、蕭韻纂修 清康熙刻本
存四卷 三至六
一七八一 正德新城縣志十三卷 明黃文鷺纂修 明正德十一年刻本 十行十九字白口四周雙邊
一七八二 康熙江西新城縣志十卷 清閻天德、涂秉祚纂修 清康熙刻本
一七八三 康熙瀘溪縣志十一卷末一卷 清梁殷庶、鄒化日纂修 清康熙十二年刻本
一七八四 乾隆瀘溪縣志十二卷首二卷末一卷 清朱拯、周立愛纂修 清乾隆十六年刻本
一七八五 弘治撫州府志二十八卷 明胡企參、呂傑等纂修 明弘治十六年刻本 九行二十字黑口四周單邊
一七八六 嘉靖撫州府志十六卷 明黃顯、陳九川等纂修 明嘉靖三十三年刻隆慶增修本 九行十九字白口四周雙邊、單魚尾有刻工、字數
一七八七 康熙撫州府志三十五卷首一卷 清劉玉瓚、姚昌胤纂修 清康熙四年刻本
一七八八 康熙臨川縣志三十卷 清胡亦堂纂修 清康熙十九年刻本
一七八九 乾隆臨川縣志四十九卷 清李廷友、李紱纂修 清乾隆五年刻本
一七九〇 順治增修崇仁縣誌四卷 清謝胤啟、劉壽祺纂修 脉潛續修 清順治刻康熙十二年增修本
存三卷 一、三、四
一七九一 嘉靖金谿縣志九卷 明馮九、王璽纂修 明嘉靖二十四年刻本 十行十八字白口四周單邊
存四卷 一至二、五至六
一七九二 康熙金谿縣志三十五卷 清白皖如、狄必佐纂修 清康熙刻本
存三十卷 一至十四、十八至三十一、三十三至三十四
一七九三 嘉靖宜黃縣志考訂十四卷 明黃瓚纂修 明嘉靖刻本 八行十九字黑口四周單邊
存八卷 四至十一
一七九四 康熙宜黃縣志八卷 清尤揮章、歐陽斗照等纂修 清康熙刻本
一七九五 康熙宜黃縣志八卷 清尤揮章、歐陽斗照等纂修 清康熙三年刻康熙十九年增修乾隆印本
一七九六 康熙樂安縣志八卷 清郭肇基纂修 清康熙抄本
存五卷 二至四、七至八
一七九七 康熙樂安縣志十卷 清方燧、詹細廷纂修 清康熙二十三年刻本
一七九八 嘉靖東鄉縣志二卷 明饒文璧纂修 明嘉靖刻本 九行十九字白口四周雙邊
一七九九 康熙東鄉縣志八卷 清沈士秀纂修 清康熙四年刻六年增修本
存七卷 二至八

〔康熙〕東鄉縣志五卷首一卷　清朱旋纂修　清康熙五十六年刻本　(一八〇〇)

〔嘉靖〕臨江府志九卷　明徐頲、陳德文等纂修　明嘉靖十五年刻本　九行十七字白口四周雙邊　(一八〇一)

〔隆慶〕臨江府志十四卷　明管大勳、劉松纂修　明隆慶六年刻本　九行二十字白口左右雙邊　(一八〇二)

〔康熙〕臨江府誌十六卷　清王樵民、高詠纂修　清康熙七年刻本　(一八〇三)

〔康熙〕臨江府誌十六卷　清王樵民、高詠纂修　陳丸峻增修　清康熙七年刻十九年增修本　(一八〇四)

存十四卷　一至九、十二至十六

〔康熙〕新淦縣志十五卷　清董謙吉、李煥斗纂修　王琉德續修　清康熙十二年刻五十四年增修本　(一八〇五)

〔康熙〕新喻縣志十四卷　清符執桓纂修　清康熙十二年刻本　(一八〇六)

〔乾隆〕新喻縣志三十卷首一卷　清暨用其纂修　清乾隆十五年刻本　(一八〇七)

〔康熙〕峽江縣志九卷　清佟國才、謝錫蕃纂修　清康熙八年刻本　(一八〇八)

〔乾隆〕峽江縣志十四卷首一卷　清俞大裕、王金英纂修　清乾隆三十三年刻本　(一八〇九)

〔正德〕瑞州府志十四卷　明鄭瑢、熊相纂修　明正德十年刻本　九行二十二字白口四周單邊　(一八一〇)

〔康熙〕高安縣志十卷　清張文旦、陳九疇纂修　清康熙刻本　(一八一一)

〔乾隆〕高安縣志十二卷首一卷　清聶元善纂修　清乾隆十九年刻本　(一八一二)

〔康熙〕上高縣誌六卷首一卷　清劉啟泰、李文漢纂修　清康熙刻本　(一八一三)

七九

〔康熙〕新昌縣志六卷　清黃運啟、張任纂修　清康熙四年刻本　(一八一四)

〔乾隆〕新昌縣志二十五卷首一卷末一卷　清楊文峰、萬廷蘭等纂修　清乾隆五十七年刻本　(一八一五)

〔正德〕袁州府志十四卷　明嚴嵩纂修　明正德九年刻本　九行二十二字白口四周雙邊　(一八一六)

〔嘉靖〕袁州府志十卷　明陳德文纂修　明嘉靖二十二年刻本　九行二十字白口四周單邊　(一八一七)

〔嘉靖〕袁州府志二十卷　明嚴嵩纂修　明嘉靖二十五年刻本　十行二十字白口左右雙邊　(一八一八)

存十四卷　七、十至十二、十九至二十

〔康熙〕袁州府志二十卷首一卷　清李芳春、袁瑞梓纂修　清康熙九年刻本　(一八一九)

〔康熙〕宜春縣志二十卷　清王光烈、周家楨纂修　清康熙刻本　(一八二〇)

存十九卷　二至二十

〔康熙〕分宜縣志十卷　清蘇文樞纂修　清康熙二十二年刻本　(一八二一)

〔乾隆〕分宜縣志二十卷首一卷　清林郁乾、黃維綱等纂修　清乾隆四十二年(一七七七)刻本　(一八二二)

〔康熙〕萍鄉縣志八卷　清尚崇年、譚鈴纂修　清康熙二十二年刻本　(一八二三)

〔嘉慶〕萍鄉縣志二十卷　清陳建勳等纂修　清嘉慶十六年刻本　(一八二四)

〔康熙〕萬載縣志十六卷首一卷　清常維楨、汪映極纂修　清康熙刻本　(一八二五)

存十二卷　一至六、十至十二、十五至十六、首

〔嘉靖〕吉安府志十九卷　明王昂纂修　明嘉靖刻本　十行二十字粗黑口單邊單魚尾　(一八二六)

存十二卷　五至十六

〔順治〕吉安府志三十六卷　清李興元、歐陽主生纂修　清順治刻本　(一八二七)

〔康熙〕盧陵縣志□□卷　清于藻、張貞生纂修　清康熙刻本　(一八二八)

存五卷　四至八

〔康熙〕盧陵縣志二十六卷　清陸在新、歐陽齊等纂修　清康熙二十八年刻本(卷十九、二十配抄本)　(一八二九)

〔永樂〕東昌志三卷　明鍾彥章、曾子魯纂修　清抄本　(一八三〇)

〔康熙〕吉水縣志十六卷　清王維、李振裕纂修　清康熙刻本　(一八三一)

存九卷　一至五、十二至十五

〔乾隆〕吉水縣志四十二卷　清朱嘉端、黃世成等纂修　清乾隆十五年刻本　(一八三二)

〔嘉靖〕永豐縣志四卷　明管景纂修　明嘉靖二十五年刻本　九行十九字白口四周單邊　(一八三三)

〔順治〕吉安府永豐縣志六卷　清鄧來恆、涂拔尤纂修　清康熙刻本　(一八三四)

〔康熙〕吉安府永豐縣志八卷　清陸湘纂修　清康熙刻本　(一八三五)

〔康熙〕安福縣志六卷　清狄召南、劉翼璇纂修　清康熙十七年刻本　(一八三六)

〔乾隆〕龍泉縣志二十卷首一卷末一卷　清杜一鴻、周樸纂修　清乾隆三十六年刻本　(一八三七)

〔康熙〕吉安府萬安縣志十二卷　清胡楨、郎星纂修　清康熙刻本　(一八三八)

存十一卷　二至十二

〔康熙〕萬安縣志十二卷首一卷　清黃國昌、劉應琛等纂修　清康熙二十八年刻本　(一八三九)

〔康熙〕永寧縣志二卷　清陳欲達、袁有龍纂修　清康熙刻本　(一八四〇)

〔乾隆〕永寧縣志八卷　清賴能發纂修　清乾隆十五年刻本　(一八四一)

〔乾隆〕蓮花廳志八卷首一卷末一卷　清李其昌纂修　清乾隆刻本　(一八四二)

〔嘉靖〕贛州府志十二卷　明康河、董天錫纂修　明嘉靖十五年刻本　十行二十一字白口四周單邊　(一八四三)

〔天啟〕贛州府志二十卷　明余文龍、謝詔纂修　清順治十七年補試刻本　(一八四四)

〔康熙〕續修贛州府志二十卷　清李文獻、易學實纂修　清康熙刻本　(一八四五)

存十九卷　一至十六、十八至二十

〔康熙〕贛縣志十六卷　清劉瀚芳、孫瑞貴纂修　清康熙二十三年刻本　(一八四六)

〔嘉靖〕雩都縣志二卷外志一卷　明許泉學、袁昭纂修　明嘉靖刻本　九行二十一字黑口四周單邊　(一八四七)

一八四八 〔順治〕雩都縣志十四卷 清李祐之、楊學賞纂修 清康熙元年刻本
一八四九 〔康熙〕雩都縣志十四卷 清盧崧先、管泰鐄纂修 清康熙四十七年刻本
一八五〇 〔乾隆〕雩都縣志十四卷 清高澤叙、段彩纂修 清乾隆二十二年刻本
一八五一 〔康熙〕信豐縣志十二卷首一卷 清楊宗昌、曹空光纂修 清康熙刻本 存十二卷 二至十二、首
一八五二 〔康熙〕興國縣志十二卷 清黃惟桂、王鼎相纂修 清康熙二十二年刻本
一八五三 〔乾隆〕興國縣志二十六卷首一卷 清孔興浙、孔衍倬纂修 清乾隆十五年學海堂刻本
一八五四 〔康熙〕新修會昌縣志十四卷 清王凝命、董儁纂修 清康熙十四年刻本
一八五五 〔乾隆〕會昌縣志稿三十四卷 清戴體仁、吳湘皋纂修 清乾隆十五年友琴堂刻本
一八五六 〔康熙〕安遠縣志十卷 清千作霖、歐陽時纂修 清康熙二十二年刻本
一八五七 〔乾隆〕安遠縣志八卷 清董正、劉定京等纂修 清乾隆刻本
一八五八 〔康熙〕長寧縣志六卷 清井欣、張同行纂修 清康熙刻本 存二卷 五、六
一八五九 〔康熙〕長寧縣志六卷 清井欣、張同行纂修 清康熙抄本
一八六〇 〔康熙〕龍南縣志十二卷 清馬鎮纂修 清康熙抄本 存十一卷 一至十一
一八六一 〔康熙〕龍南縣志十二卷 清蔣國楨、王之驥纂修 清康熙四十八年刻本
一八六二 〔乾隆〕龍南縣志二十六卷 清永祿、廖運芳纂修 清乾隆十七年刻本
一八六三 〔乾隆〕龍南縣志八卷 清蔣大綸、王霆等纂修 清乾隆十五年刻本
一八六四 〔康熙〕定南縣志十卷 清林毓孚、賴俐輝纂修 清康熙刻本
一八六五 〔乾隆〕定南廳志七卷 清朱昕、劉霖等纂修 清乾隆四十四年刻本
一八六六 〔嘉靖〕南安府志三十五卷 明劉節纂修 明嘉靖十五年刻本 八行二十字白口四周單邊
一八六七 〔康熙〕南安府誌十五卷 清李世昌纂修 清康熙抄本
一八六八 〔嘉靖〕南康縣志十三卷 明劉昭文纂修 明嘉靖三十四年刻本 九行二十一字白口四周單邊
一八六九 〔康熙〕南康縣志十六卷 清申毓來、宋玉朗纂修 清抄本 存六卷 八至十三
一八七〇 〔康熙〕南康縣志十六卷 清申毓來、宋玉朗纂修 清抄本 存十四卷 一至十四

一八七一 〔乾隆〕南康縣志十九卷 清鄭蘭、陳之蘭纂修 清乾隆十七年刻本
一八七二 〔康熙〕上猶縣志不分卷 清陳廷繡纂修 清康熙抄本
一八七三 〔康熙〕上猶縣志十三卷 清方求義等纂修 清乾隆十五年刻本
一八七四 〔乾隆〕上猶縣志二十卷 清實文召、蔡泰均纂修 清乾隆五十五年刻本 存十三卷 一至十五
一八七五 〔康熙〕崇義縣誌不分卷 清王璧纂修 清康熙抄本
一八七六 〔同治〕寧都直隸州志三十二卷 稿本
一八七七 〔嘉靖〕瑞金縣志八卷 明趙勲、林有年纂修 明嘉靖二十二年刻本 十行二十字白口四周單邊
一八七八 〔乾隆〕瑞金縣志八卷首一卷 清郭燦、黃天策等纂修 清乾隆十八年刻本
一八七九 〔順治〕贛石城縣志十卷 清郭克京、鄧斗光纂修 清順治刻本
一八八〇 〔乾隆〕石城縣志八卷 清楊拓升、黃鶴雯纂修 清乾隆四十六年刻本
一八八一 〔正德〕湖廣圖經志書二十卷 明吳廷舉、薛綱纂修 明正德刻本 大字九行二十二字小字十二行二十四字 存十九卷 二至二十
一八八二 〔萬曆〕湖廣總志九十八卷 明徐學謨纂修 明萬曆二年至四年刻本 十行二十二字小字雙行同白口左右双边
一八八三 〔光緒〕湖北通志稿不分卷 清楊守敬撰 稿本
一八八四 湖北通志志餘二十六卷 清洪良品撰 稿本
一八八五 〔康熙〕武昌府志十六卷 清杜毓秀纂修 清康熙抄本 存十五卷 二至十六
一八八六 〔康熙〕江夏縣志四卷 清馬仲駿纂修 清康熙抄本
一八八七 〔康熙〕江夏縣志二十二卷 清潘家鼎、劉宗賢纂修 清康熙刻本
一八八八 〔康熙〕武昌縣志八卷 清熊登、孟振祖纂修 清康熙刻本
一八八九 〔康熙〕武昌縣志八卷 清熊登、孟振祖纂修 清康熙刻本 清王家璧批校 存五卷 一至二、六至八
一八九〇 〔乾隆〕武昌縣志十卷首一卷 清邵遐齡、談有典等纂修 清乾隆二十八年刻本 清王家璧批校增補
一八九一 〔咸豐〕武昌縣志稿五卷 清王家璧撰 稿本 存：人物、詩文
一八九二 〔康熙〕嘉魚縣志三卷 清李元震纂修 清康熙刻本

存一卷　下

〔乾隆〕重修嘉魚縣志八卷　清張其維、李懋泗纂修　清乾隆二年刻本　（一八九三）
〔康熙〕蒲圻縣志十五卷　清張圻隆、龔達烈等纂修　清康熙十二年刻本　（一八九四）
〔乾隆〕蒲圻縣志十五卷　清王雲翔、李四瑚纂修　清乾隆四年刻本　（一八九五）
〔康熙〕咸寧縣志十二卷　清何廷韜、王禹錫纂修　清康熙刻本　（一八九六）
〔康熙〕崇陽縣志十卷　清高景之、江騰雯纂修　清康熙九年刻本　（一八九七）
存二卷　九、十
〔乾隆〕崇陽縣志十卷　清黃衮、郭彥博纂修　清乾隆六年刻本　（一八九八）
〔順治〕通城縣志九卷　清盛治纂修　丁允揚續修　清順治九年刻康熙十一年增修本　（一八九九）
〔康熙〕興國州志二卷　清楊遐、馮之圖纂修　王之賓續修　清康熙四年刻十四年增修本　（一九〇〇）
〔雍正〕興國州志十卷首一卷　清姚鈿、顧昆纂修　清雍正十五年刻本　（一九〇一）
〔康熙〕大冶縣志九卷　清胡繩、胡繩祖纂修　清康熙抄本　（一九〇二）
存六卷　一至四、八至九
〔康熙〕通山縣志八卷　清任鐘麟、余廷詔纂修　清康熙刻本　（一九〇三）

〔嘉靖〕漢陽府志十卷　明朱衣纂修　明嘉靖刻本　九行十八字白口左右雙邊　（一九〇四）
〔嘉靖〕漢陽府志十卷　明朱衣纂修　王崁、江廷元增修　明嘉靖刻萬曆十二年增修本　九行十八字白口左右雙邊　（一九〇五）
〔康熙〕漢陽府志十六卷首一卷　清陳國儒、李學仲等纂修　清康熙八年刻本　（一九〇六）
〔順治〕孝感縣志二十二卷附錄一卷　清張擢士、沈宜纂修　清順治刻本　（一九〇七）
存十五卷　一至四、九至十、十五至二十二、附錄
〔康熙〕孝感縣志十六卷　清劉國俊纂修　清康熙刻本　（一九〇八）
〔康熙〕孝感縣志二十四卷　清梁鳳翔、李湘纂修　清康熙三十四年刻本　（一九〇九）
〔康熙〕黃陂縣志十五卷　清楊廷蘊纂修　清康熙刻本　（一九一〇）
〔嘉靖〕沔陽志十八卷　明童承叙纂修　明嘉靖十年刻本　九行十八字白口左右雙邊　（一九一一）
〔康熙〕沔陽州志二十卷　清王之佐、王澹冲纂修　清康熙抄本　（一九一二）
存十五卷　二至五、十至二十
〔乾隆〕沔陽州志三十卷首一卷　清高殿棨、方弘毅纂修　清乾隆刻本　（一九一三）
存二十九卷　一至二十二、二十五至三十，首一卷
〔弘治〕黃州府志十卷　明盧希哲纂修　明弘治十四年刻本　九行二十字黑口四周雙邊　（一九一四）
〔康熙〕黃州府志九卷　清蘇良嗣、吳琳皜纂修　清康熙二十四年刻本　（一九一五）

〔康熙〕黃岡縣志六卷　清董九俊、孫錫蕃纂修　清康熙抄本　（一九一六）
存五卷　二至六
〔萬曆〕黃安初乘二卷　明耿定向纂修　清耿汝忞增修　清康熙四年刻本　（一九一七）
〔康熙〕黃安縣志十二卷　清劉承啟、詹大衢纂修　清康熙三十六年刻本　（一九一八）
〔嘉靖〕蘄水縣志四卷　明吳琡、龔廣纂修　明嘉靖刻本　十行二十一字黑口四周雙邊　（一九一九）
〔順治〕蘄水縣志二十六卷首一卷　清劉佑、楊繼經纂修　清順治十四年刻本　（一九二〇）
存十七卷　一至十五、二十四至二十六、首
〔康熙〕續修蘄水縣志四卷　清李振宗纂修　清康熙刻本　（一九二一）
〔乾隆〕蘄水縣志二十卷首一卷末一卷　清高澤、徐養忠纂修　清乾隆五十九年刻本　（一九二二）
〔嘉靖〕羅田縣志八卷　明祝翀、楊濟纂修　明嘉靖二十一年刻本　九行二十字白口四周雙邊　（一九二三）
〔康熙〕羅田縣志八卷　清蔡容達纂修　清康熙抄本　（一九二四）
〔康熙〕羅田縣志八卷　清蔡容達纂修　清康熙抄本　（一九二五）
〔康熙〕羅田縣志八卷　清張琳、劉肯宗纂修　清康熙刻本　（一九二六）
〔乾隆〕羅田縣志十二卷首一卷末一卷　清姜廷銘、李一鵬等纂修　清活字印本　（一九二七）

〔康熙〕麻城縣志十卷　清屈振奇、王汝霖纂修　清康熙九年刻本　（一九二八）
〔乾隆〕麻城縣志二十八卷文徵六卷掌故六卷　清黃書紳等纂修　清乾隆六十年刻本　（一九二九）
存三十九卷　一至二十七、文徵六卷、掌故六卷
〔嘉靖〕蘄州誌九卷　明甘澤纂修　明嘉靖十五年刻本　十行二十字白口四周雙邊　（一九三〇）
〔康熙〕蘄州志十二卷　清王宗堯、盧紘纂修　清康熙四年刻增修本　（一九三一）
〔康熙〕廣濟縣志十八卷　清黃玉琳、王臨纂修　清康熙刻本　（一九三二）
〔乾隆〕廣濟縣志二十二卷　清虞學灝纂修　清乾隆十八年刻本　（一九三三）
〔乾隆〕廣濟縣志十二卷　清黃煃、陳詩纂修　清乾隆五十八年刻本　（一九三四）
〔順治〕黃梅縣志九卷　清徐旦、蕭鉉樞纂修　清順治十七年刻本　（一九三五）
〔乾隆〕黃梅縣志十二卷　清薛乘時、沈允寅纂修　清乾隆五十四年刻本　（一九三六）
〔乾隆〕湖北下荆南道志二十八卷　清晉之裕、靖道謨纂修　清乾隆刻本　（一九三七）
〔康熙〕鍾祥縣志十卷圖考一卷　清程起鵬、鄭茂泰纂修　清康熙六年刻本　（一九三八）
〔乾隆〕鍾祥縣志十卷　清高世榮、李逢纂修　清乾隆六年刻本　（一九三九）

八三　八四

一九四〇 [康熙]潛江縣志□□卷 清向大觀、朱士尊纂修 清康熙抄本 存七卷 三至七、藝文志上下

一九四一 [康熙]景陵縣志十二卷 清李蕃、吳泰纂修 清康熙七年刻本

一九四二 [正德]德安府志十二卷 明周翁纂修 明正德十二年刻本 十行二十字白口左右双边 存八卷 一至三、八至十二

一九四三 [康熙]鼎修德安府全志二十四卷 清傅鶴祥、李士鋐等纂修 清康熙二十四年刻本

一九四四 [康熙]鼎修德安府全志二十卷 清傅鶴祥、李士鋐等纂修 清康熙抄本 存十八卷 一至十七、二十

一九四五 [康熙]德安安陸郡縣志二十卷 清高聯捷、沈会霖纂修 清康熙五年刻本

一九四六 [康熙]雲夢縣志十二卷 清陳夢舟、張金華纂修 清康熙六年至七年刻本

一九四七 [康熙]應城縣誌八卷 清樊司鐸、吳元檣纂修 清康熙刻本

一九四八 [咸豐]應城縣志十二卷首一卷末一卷 清吳大壯、姚觀纂修 呂廷樹、熊汝翔續修 稿本

一九四九 [康熙]隨州志四卷 清劉霖、何澄纂修 清康熙六年刻本

一九五〇 [嘉靖]應山縣志三卷 明顏木纂修 明嘉靖十九年刻本 十行二十二字白口左右双边

八五

一九五一 [康熙]應山縣志七卷 清周祐、陳聯璧纂修 清康熙刻本

一九五二 [嘉靖]荊州府志十二卷 明謙存、王寵懷纂修 明嘉靖十一年刻本 八行二十一字白口四周双边 存十卷 二至十、十二

一九五三 荊州衛誌一卷 清王斌纂修 清康熙刻本

一九五四 荊州右衛誌一卷 清王大奎纂修 清康熙刻本

一九五五 [康熙]荊州府志四十卷圖考一卷 清郭茂泰、胡在恪等纂修 清康熙刻本

一九五六 [光緒]荊州府誌不分卷 清楊守敬纂修 稿本

一九五七 [順治]江陵志餘十卷 清孔自來撰 清順治刻本 存四卷 一至四

一九五八 [順治]江陵志餘十卷首一卷 清孔自來撰 清康熙活字印本

一九五九 [康熙]江陵縣誌□□卷 清康熙抄本 存一卷 三

一九六〇 [順治]監利縣志十一卷 清蘭光璧、潘世粽纂修 清順治九年刻本

一九六一 [康熙]監利縣志十卷 清郭徽祚纂修 清抄本

一九六二 [康熙]松滋縣誌二卷 清屈超乘、李楠元纂修 清康熙抄本

一九六三 [康熙]松滋縣志二十(四)卷 清陳麟、丁楚琮等纂修 清康熙三十五年刻本

一九六四 [康熙]松滋縣志二十(四)卷 清陳麟、丁楚琮等纂修 清康熙三十五年刻乾隆印本

一九六五 [康熙]枝江縣志十卷 清周廷柱、楊潔春纂修 清康熙九年刻本

一九六六 [乾隆]枝江縣志十卷 清王世爵、鍾彝纂修 清乾隆五年刻本

一九六七 [天順]襄陽郡志四卷 明張恒纂修 明天順三年刻本 十二行二十一字黑口四周双边

一九六八 [正德]襄陽府志二十卷 明聶賢、曹璘纂修 明正德十二年刻本 十行二十字上下黑口四周双边有刻工

一九六九 [萬曆]襄陽府志五十一卷 明吳道邇纂修 明萬曆刻本 十行二十一字白口左右双边 存五十卷 一至九、十一至五十一

一九七〇 [順治]襄陽府志三十四卷 清趙兆麟纂修 清順治九年刻本

一九七一 [康熙]襄陽府志八卷 清杜養性、鄒敏祚纂修 清康熙刻本 存七卷 一至六、八

一九七二 [萬曆]襄陽縣志□卷 明李思啟、馮舜臣等纂修 明萬曆四十五年刻本 九行二十字白口四周双边有刻工 存二卷 一、三

八六

一九七三 [嘉靖]宜城縣誌三卷 明鄭廷靈纂修 明嘉靖刻本 八行二十字粗黑口四周双边 存二卷 上中

一九七四 [康熙]宜城縣志四卷 清胡永慶、闞寧等纂修 清康熙二十二年刻本

一九七五 [正德]光化縣志六卷 明黃世棠、曾瑞纂修 明正德十年刻本 八行十八字黑口四周双边

一九七六 [康熙]均州志四卷末一卷 清黨居易、王欽命等纂修 江闓增修 清康熙十二年刻二十八年增修本

一九七七 [康熙]湖廣鄖陽府志四十二卷 清劉作霖、楊廷耀纂修 清康熙刻本 存四十一卷 一至三十四、三十六至四十二

一九七八 [康熙]鄖縣志略一卷 清侯世忠纂修 清康熙抄本

一九七九 [康熙]竹山縣志一卷 清賈待聘纂修 清康熙抄本

一九八〇 [乾隆]竹山縣志二十七卷 清常丹葵、鄧光仁等纂修 清乾隆五十年刻本

一九八一 [康熙]竹谿縣志一卷 清徐京墀纂修 清康熙抄本

一九八二 [康熙]保康縣志一卷 清金國明纂修 清康熙抄本

一九八三 [康熙]鄖西縣志十二卷 清馮泰運纂修 清康熙抄本

一九八四 [乾隆]鄖西縣志二十卷首一卷 清張道南纂修 清乾隆四十二年刻本

一九八五 [弘治]夷陵州志十卷 明劉允、沈寬纂修 明弘治九年刻本 八行二十字黑口四周双边 存七卷 一至七

一九八六 [康熙]彝陵州志八卷 清鮑孜、徐同功纂修 清康熙十年刻本

1987 [康熙]荊門州誌口口卷 清康熙抄本 存六卷半 二至八

1988 [天啟]荊門州志十四卷 明徐兆祐、蔣大發纂修 明天啟刻本 九行十八字白口四周雙邊 存十二卷 三至十四

1989 [萬曆]歸州志五卷 明張尚儒、趙子文纂修 明萬曆刻本 九行二十字白口四周雙邊 存四卷 一至四

1990 [康熙]歸州誌書一卷 清王景陽、李致昌纂修 清康熙抄本

1991 [乾隆]歸州志不分卷 清抄本

1992 [乾隆]長陽縣志六卷藝文志一卷 清李拔纂修 清抄本

1993 [康熙]長陽縣志一卷 清田恩遠、石高嵩纂修 清康熙刻本

1994 [嘉靖]巴東縣志三卷 明楊培之纂修 明嘉靖三十年刻本 九行二十字黑口四周單邊

1995 [萬曆]巴東縣志四卷 明李光前纂修 清抄本 存二卷 三、四

1996 [康熙]巴東縣志四卷 清齊祖望纂修 清康熙二十二年刻本

1997 [乾隆]鶴峯州志二卷 清毛峻德纂修 清乾隆六年刻本

1998 [乾隆]來鳳縣志十二卷 清林翼池、蒲又洪纂修 清康熙二十一年刻本

1999 [嘉靖]歸州全志二卷 明宋錫、張時纂修 明嘉靖二十八年刻藍印本 九行二十四字黑口四周雙邊

2000 [嘉靖]歸州誌四卷 明鄭喬纂修 明嘉靖四十五年刻本 九行大二十字小三十一至三十七字白口四周雙邊

2001 [康熙]當陽縣志八卷 清袁肇鏞、朱引之纂修 清康熙八年刻本 存六卷 三至八

2002 [乾隆]當陽縣志九卷首一卷 清黄仁、童煜纂修 清乾隆五十九年刻本

2003 [順治]遠安縣志八卷 清安可願、曹先孔纂修 清順治十八年刻本

2004 [嘉靖]長沙府志六卷 明徐一鳴纂修 明嘉靖刻本 九行二十一字小字雙行同白口四周雙邊 存一卷 五

2005 [崇禎]長沙府志十卷 明堵起龍、吳道行纂修 明崇禎十二年刻本 九行二十一字白口四周單邊 存八卷 一至三、五至九

2006 [康熙]長沙府志二十卷 清蘇佳嗣、譚紹琬纂修 清康熙二十四年刻本

2007 [康熙]長沙縣志十卷 清王元菼、朱奇政纂修 清康熙四十二年刻本(卷六到十配清抄本)

2008 [乾隆]長沙縣續志十二卷 清李大本、周宜武纂修 清乾隆十二年刻本

2009 [康熙]善化縣志四卷 清陳璟、趙又昂纂修 清康熙刻本 存二卷 二至三

2010 [康熙]湘潭縣志七卷 清鄭有成、郭金臺纂修 清康熙三年刻十九年增修本

2011 [康熙]湘潭縣志七卷 清吳修仁、唐世徵等增補 清康熙二十四年刻本(卷一、二、四配清抄本)

2012 [康熙]鼎修湘陰縣志四卷 清唐愬淳、譚紹琬纂修 清康熙八年刻本

2013 [乾隆]湘陰縣志三十二卷 清陳鍾理、楊光熾纂修 清乾隆二十二年刻本

2014 [乾隆]湘陰縣志三十二卷 清陳鍾理、楊光熾纂修 清抄本

2015 [康熙]新修寧鄉縣志十卷 清解應泰、陶汝鼐纂修 王錢易、吳嘉驥續修 清康熙刻本

2016 [康熙]瀏陽縣志十四卷 清曹鼎新、龍舜纂修 清康熙十九年刻本

2017 [康熙]瀏陽縣志十七卷 清王從、徐旭旦纂修 清康熙四十三年刻本 存五卷 八至十、十四至十五

2018 [雍正]瀏陽縣志四卷首一卷 清陳夢文、方璧纂修 清雍正十一年刻本

2019 [康熙]醴陵縣志六卷邑譜一卷 清陳九疇、曾之璵纂修 清康熙二十四年清風閣刻本

2020 [乾隆]益陽縣志二十四卷 清高自位、曾璋纂修 清乾隆十三年刻本

2021 [康熙]湘鄉縣志十卷 清劉履泰、劉象賢等纂修 清康熙十二年刻本

2022 [康熙]湘鄉縣志十卷 清李翊、蕭世封纂修 清康熙三十七年刻本 存二卷 八至九

2023 [乾隆]湘鄉縣志六卷 清張天如、劉天錫纂修 清乾隆十三年刻本

2024 [順治]攸縣誌六卷 清朱英徵、劉自煒纂修 清順治刻本 存四卷 一至四

2025 [順治]攸縣誌六卷 清朱英徵、劉自煒纂修張濬增修 清順治刻康熙十九年增修本

2026 [康熙]續攸縣誌不分卷 清余三奇、藍應泰等纂修 清康熙二十三年刻本

2027 [康熙]安化縣志八卷 清王丕振、周啟節纂修 清康熙六年刻本

2028 [嘉靖]茶陵州志二卷 明夏良勝、張治纂修 明嘉靖四年刻本 九行二十一字白口左右雙邊

2029 [康熙]茶陵州志二十四卷 清馬崇韶、尹士翀纂修 清康熙刻本 存十五卷 十至二十四

2030 [康熙]茶陵州志二十三卷首一卷 清趙國宣、彭廷康纂修 清康熙三十四年刻乾隆印本

2031 [弘治]湖廣岳州府志十卷 明李文明、劉璣纂修 明弘治元年刻本 八行十九字黑口四周雙邊

2032 [隆慶]岳州府誌十八卷 明李元芳、鍾崇文纂修 明隆慶刻本 九行二十二字白口四周雙邊

2033 [康熙]岳州府志二十八卷 清李遇時、楊柱朝纂修 清康熙二十四年刻本

2034 [乾隆]岳州府志二十四卷 清李齊瀛、黄秀纂修 清乾隆元年刻本(卷一至七、二十二配抄本)

2035 [康熙]巴陵縣志二十二卷 清趙士珩、盧儒棋等纂修 清康熙二十四年岳陽樓刻本

2036 [康熙]臨湘縣志八卷 清楊敬儒、楊柱朝纂修 清康熙刻本

存六卷 一至六、五至八
〔康熙〕平江縣志一卷 清許國瑞纂修 清康熙刻本 二〇三七
〔隆慶〕寶慶府志五卷 明陸東纂修 明隆慶元年刻本 九行二十字白口四周單邊 二〇三八
存二卷 四至五
〔康熙〕寶慶府志二十八卷 清李益陽、錢卯芝等纂修 清康熙十二年刻本 二〇三九
存四卷 二至三、九至十
〔康熙〕寶慶府志三十八卷首一卷 清梁碧海、劉應祁纂修 清乾隆二十三年刻本 二〇四〇
〔康熙〕邵陽縣志十六卷 清張起鵾、劉應祁纂修 清康熙二十三年刻本 二〇四一
存十四卷 二至十一、十三下至十六
〔康熙〕新化縣志十二卷首一卷 清于肖龍、陽文炳纂修 清康熙七年刻本 二〇四二
〔乾隆〕新化縣志二十七卷 清梁棟、楊振鐸纂修 清乾隆二十四年刻本 二〇四三
〔康熙〕城步縣志十卷 清王鏈、楊時憲纂修 清康熙刻本 二〇四四
〔康熙〕武岡州志十二卷首一卷 清吳從謙、潘應斗纂修 清康熙二年刻本 二〇四五
存十一卷 一至十、十二

八九

〔康熙〕新寧縣誌十卷 清崔錡、劉禹甸纂修劉勃忠續修 清康熙十九年刻本 二〇四六
存六卷 一至三、八至十
〔康熙〕新寧縣志十八卷 清年國鎮、朱宏緒纂修 清康熙二十四年刻本 二〇四七
〔嘉靖〕衡州府志九卷 明楊珮、岳雲子纂修 明嘉靖十五年刻本 八行二十字白口四周双边 二〇四八
〔康熙〕衡州府志二十三卷 清張奇勛、周士儀纂修 清康熙十年刻本 二〇四九
存十五卷 一至二、五至十、十七至二十三
〔康熙〕衡州府志二十三卷 清張奇勛、周士儀纂修譚弘憲、周士儀續修 清康熙十年刻二十一年增修本 二〇五〇
存二十二卷 一至二十、二十二、二十三
〔雍正〕衡陽縣志二十四卷 清楊純、徐璞纂修 清雍正十二年刻本 二〇五一
存十六卷 一至九、十二至十三、十七至十九、二十三至二十四
〔康熙〕衡山縣志二十九卷 清王家賢、蕭士熙纂修 清康熙十年刻本 二〇五二
〔康熙〕衡山縣志十四卷 清萬亮臣、戴晉元纂修 清康熙五十九年刻本 二〇五三
存三卷 四至六
〔乾隆〕衡山縣志十四卷 清德貴纂修饒光序增修 清乾隆十一年刻三十九年增修本 二〇五四

〔康熙〕耒陽縣志八卷 清張應星纂修歐陽純等增修 清康熙六十年刻雍正三年乾隆十四年增修本 二〇五五
〔康熙〕常寧縣志十三卷 清張聞明、殷鉻纂修 清康熙刻本 二〇五六
存八卷 一至四、十至十三
〔雍正〕常寧縣志二十九卷 清倪國正、孫鑑纂修 清雍正刻本 二〇五七
〔康熙〕酃縣鼎修縣志四卷首一卷 清李嗣事、譚愛顯纂修 清康熙刻本 二〇五八
〔嘉靖〕常德府志二十卷 明陳洪謨纂修 明嘉靖十四年刻嘉靖增修印本 八行二十一字白口四周單边 二〇五九
〔康熙〕桃源縣志四卷 清汪虬、羅人琮纂修 清康熙二十四年刻本 二〇六〇
〔康熙〕龍陽縣志四卷 清黎陸、陳一揆纂修 清康熙二十五年刻本 二〇六一
〔康熙〕沅江縣志十卷 清顧智纂修 清康熙抄本 二〇六二
〔萬曆〕辰州府志八卷 明馬協、吳瑞登纂修 明萬曆刻本 十行二十一字白口四周双边 二〇六三
存七卷 一至六、八
〔康熙〕辰州府誌八卷 清劉異明纂修 清康熙刻本 二〇六四
存五卷 一、五至八
〔康熙〕辰州府志八卷 清劉應中纂修 清康熙二十四年刻本 二〇六五
存六卷 二至四、六至八

九〇

〔乾隆〕續編辰州府志八卷 清石安氏纂修 清乾隆刻本 二〇六六
〔康熙〕沅陵縣志一卷 清儲以新纂修 清康熙刻本 二〇六七
〔康熙〕瀘谿縣志八卷 清鄧將英、余廷蘭纂修 清康熙刻本 二〇六八
存四卷 一至四
〔康熙〕辰溪縣誌一卷 清朱兆梓纂修 清康熙二十四年刻本 二〇六九
〔康熙〕辰溪縣誌一卷 清宋兆梓纂修 清康熙抄本 二〇七〇
〔雍正〕辰谿縣志八卷 清陳承虞、劉亮纂修 清雍正九年刻本 二〇七一
〔康熙〕溆浦縣誌一卷 清劉柯纂修 清康熙刻本 二〇七二
〔康熙〕溆浦縣誌書一卷 清劉柯纂修 清康熙抄本 二〇七三
〔康熙〕沅州志八卷 清楊希震、孟長鮮纂修 清康熙刻本 二〇七四
存二卷 一、八
〔乾隆〕沅州府志五十卷首一卷 清瑭珠、朱景英纂修 清乾隆刻本 二〇七五
〔乾隆〕芷江縣志十二卷 清閔從隆纂修 清乾隆二十五年刻本 二〇七六
〔康熙〕黔陽縣志十卷 清張扶翼纂修 清康熙刻本 二〇七七
〔康熙〕麻陽縣志十卷 清陳五典纂修 清康熙刻本 二〇七八

存四卷（一至三、九）

錦江志略一卷　清陳五典撰　清康熙刻本　二〇七九

［弘治］永州府志十卷　明姚昺、沈鍾纂修　明弘治八年刻本　八行十九字黑口四周雙邊　二〇八〇

［康熙］零陵縣志十四卷　清王元弼、黄佳色纂修　清康熙二十三年刻乾隆三十四年增修本　二〇八一

［康熙］祁陽縣志十卷首一卷　清王頤纂修　王霧增修　清康熙八年刻十九年增修本　二〇八二

［萬曆］道州志□□卷　明萬曆刻本　九行二十三字白口四周雙邊　二〇八三

存三卷（十二至十四）

［康熙］道州志十五卷　清張大成、魏希范纂修　清康熙六年刻本　二〇八四

［康熙］道州志十五卷　清張大成、魏希范纂修　清康熙六年刻三十三年增修本　二〇八五

［萬曆］寧遠縣志二十卷　明唐之儒、荊朝豐等纂修　明萬曆二十四年刻本　九行二十三字上下粗黑口單邊單魚尾　二〇八六

存八卷（十三至二十）

［康熙］寧遠縣志六卷　清沈仁敷纂修　清康熙刻本　二〇八七

［乾隆］寧遠縣志十四卷　清鍾人文纂修　清乾隆十九年刻本　二〇八八

［康熙］永明縣志十三卷　清譚惟一、蔣士昌纂修　清康熙刻本　二〇八九

［康熙］永明縣志十四卷　清周鶴、王纘纂修　清康熙四十八年刻本　二〇九〇

存十卷（四至十三）

［萬曆］江華縣志九卷　明杜漸、曹栢纂修　明萬曆刻藍印本　九行二十一字小字雙行同黑口四周雙邊　二〇九一

存六卷（一至六）

［雍正］江華縣志十一卷　清鄭嘉勲、蔣琛纂修　清雍正七年刻十一年增修本　二〇九二

［康熙］新田縣志四卷　清鍾運泰、沈惟鄒纂修　清康熙九年刻本　二〇九三

存一卷（四）

［雍正］保靖縣志四卷　清王欽命、蕭肇極等纂修　清雍正刻本　二〇九四

［乾隆］桑植縣志四卷首一卷　清顧奎光纂修　清乾隆二十九年刻本　二〇九五

［嘉靖］澧州志六卷　明水之文、李獻陽等纂修　明嘉靖四十一年刻本　九行二十一字白口四周雙邊　二〇九六

存五卷（二至六）

［萬曆］澧紀十九卷首一卷　明高尚志纂　高出續纂　明萬曆四十年高博宗刻本　九行十八字白口單邊單魚尾　二〇九七

［康熙］續修澧志四卷　清宋士華、龔迺遲纂修　清康熙刻本　二〇九八

［康熙］石門縣志三卷補遺一卷　清張霖纂修　清康熙刻本　二〇九九

［康熙］石門縣志三卷　清張霖纂修　許溶增修　清康熙刻四十九年增修本　二一〇〇

［康熙］安鄉縣志□□卷　清王之佐纂修　清康熙刻本　二一〇一

存二卷（三至四）

［萬曆］慈利縣志十八卷　明陳光前纂修　明萬曆元年刻本　九行二十字白口四周單邊　二一〇二

［康熙］岳州府慈利縣志四卷　清胡公成、蔡瓊纂修　清康熙二十四年刻本　二一〇三

［康熙］九谿衛志三卷　清袁翹、董儒修纂修　清康熙刻本　二一〇四

［康熙］永定衛志三卷　清湯袁、楊顯德纂修　清康熙刻本　二一〇五

［康熙］桂陽州志十四卷　清董之輔、吴為相纂修　清康熙二十二年刻本　二一〇六

存十一卷（一至十一）

［康熙］桂陽州志十四卷　清董之輔、吴為相纂修　清康熙二十二年刻三十五年增修本　二一〇七

［乾隆］桂陽州志二十八卷首一卷　清張宏燧、盧世昌等纂修　清乾隆三十年刻本　二一〇八

［乾隆］直隸桂陽州志二十八卷補續一卷　清張宏燧、盧世昌纂修　周仕儀、李昰煥增輯　清嘉慶十年刻本　二一〇九

［康熙］臨武縣志一卷　清張聲遠纂修　清康熙鈔本　二一一〇

［康熙］臨武縣志十六卷　清張聲遠、鄒章周纂修　清康熙二十七年刻本　二一一一

［康熙］藍山縣志十五卷首一卷　清劉涵、劉世丞纂修　清鈔本　二一一二

［康熙］嘉禾縣志一卷　清張聲遠纂修　清康熙鈔本　二一一三

［乾隆］嘉禾縣志二十六卷　清高大成、李光中纂修　清乾隆三十一年刻本　二一一四

［乾隆］嘉禾縣志二十六卷首一卷　清高大成、李光中纂修　張其聚、李存素增修　清乾隆刻嘉慶增修本　二一一五

［康熙］靖州志六卷　清祝鍾賢、李大翥纂修　清康熙刻本　二一一六

［乾隆］靖州志十四卷首一卷末一卷　清呂宣曾、張開東纂修　清乾隆三十一年刻本　二一一七

［康熙］會同縣志八卷　清曹興隆、唐文炳纂修　清康熙十二年刻二十二年增修本　二一一八

［乾隆］會同縣志十卷　清于文駿、梁嘉瑜纂修　清乾隆十九年刻本　二一一九

［康熙］通道縣志二卷　清嚴遇正纂修　清康熙刻本　二一二〇

［康熙］綏寧縣志五卷　清楊九鼎、周文源纂修　范成龍續修　清康熙十一年刻二十四年增修本　二一二一

［乾隆］綏寧縣志二十卷　清程際泰、辛超士纂修　清乾隆刻本　二一二二

［萬曆］郴州志二十卷　明胡漢纂修　明萬曆四年刻本　八行十九字白口左右雙邊　二一二三

〔康熙〕郴州總志十一卷 清陳邦器、李嗣泌纂修 清康熙刻本 二一二四
〔乾隆〕郴州總志三十卷首一卷末一卷 清謝仲坑、何全吉等纂修 清乾隆三十七年刻本 二一二五
〔乾隆〕永興縣志十二卷首一卷末一卷 清沈維基、楚大經等纂修 清乾隆二十七年刻本 二一二六
〔康熙〕宜章縣志十卷 清鹿廷瑛、錢奇才纂修 清康熙刻本 二一二七
存九卷 一至九
〔康熙〕興寧縣志十三卷 清耿念劬、林春芳等纂修 清康熙九年刻本 二一二八
〔康熙〕桂陽縣志六卷 清戴民鑒纂修 清康熙刻本 二一二九
存四卷 二至四、六上
〔康熙〕桂陽縣續志一卷 清沈玘、鄧嗣禹纂修 清康熙二十年刻本 二一三〇
〔康熙〕桂東縣志六卷 清田國楨、周一寬纂修 清康熙刻本 二一三一
〔乾隆〕桂東縣志十二卷 清洪鍾、黃徵總等纂修 清乾隆二十四年刻本 二一三二
〔嘉靖〕乾州志二卷 明宋廷佐撰 明嘉靖刻本 十行二十字白口單邊无魚尾 二一三三
〔乾隆〕鳳凰廳志二十三卷 清潘曙、楊盛芳纂修 清乾隆二十三年刻本 二一三四
〔乾隆〕永綏廳志四卷 清段汝霖纂修 清抄本 二一三五
存三卷 一至二、四
〔正德〕四川志三十七卷 明熊相纂修 明正德刻嘉靖增修本 九行二十三字小字雙行字數同白口四周單邊 二一三六
〔嘉靖〕四川總志十六卷 明劉大謨、王元正等纂修 周復俊、崔廷槐重編 全蜀藝文志六十四卷 明楊慎輯 明嘉靖刻本 九行低一格二十一字小字雙行字同无格白口四周雙邊 二一三七
〔萬曆〕四川總志三十四卷 明虞懷忠、郭棐纂修 明萬曆刻本 九行二十二字或十二行二十二字白口四周雙邊〔卷一至卷四配清抄本〕 二一三八
〔萬曆〕四川總志二十七卷 明吳之皥、杜應芳纂修 附全蜀藝文志六十四卷續藝文志□□卷 明萬曆四十七年刻本 九行二十字白口四周單邊單魚尾 二一三九
存四卷〔總志〕一至二、十一至十二、二十五、三十四至三十五、五十一至五十九、藝文志存十七卷：十九至二十三、二十二十三至三十三、三十六至四十一 續藝文志存十七卷：
〔雍正〕四川通志四十七卷首一卷 清黃廷桂、張晉生纂修 清抄本 二一四〇
存四十五卷 首、一、三至四十五
〔雍正〕四川通志循吏傳草檢一卷 清抄本 二一四一
〔康熙〕四川成都府志三十五卷 清佟世雍、何如偉纂修 清抄本 二一四二
〔乾隆〕雙流縣志七卷 清黃鍔纂修 清乾隆刻本 二一四三
〔乾隆〕溫江縣志四卷首一卷 清馮中存、王邁成纂修 清乾隆十六年刻本 二一四四
〔光緒〕溫江縣鄉土志十二卷 清曾學傳纂 稿本 二一四五
〔乾隆〕新繁縣志十四卷首一卷末一卷 清鄭方城、宋啟修纂修 清乾隆年刻本 二一四六
〔乾隆〕金堂縣志畧不分卷 清孫南煐纂修 清乾隆十六年抄本 二一四七
〔乾隆〕新都縣志書清冊不分卷 清楊錦祚纂修 清乾隆十七年抄本 二一四八
〔乾隆〕郫縣志書十卷首一卷 清李馨纂修 清乾隆十六年刻二十七年增修本 二一四九
〔康熙〕崇慶州志不分卷 清吳鳥鳴纂修 〔雍正〕續志不分卷 清田廷錫纂修 清康熙刻雍正增修本 二一五〇
〔乾隆〕崇慶州志四卷 清楊長森、陳世熙纂修 清乾隆五十六年刻本 二一五一
〔康熙〕新津縣志一卷 清儞可大、熊占祥纂修 清康熙刻本 二一五二
〔乾隆〕漢州志十四卷首一卷 清張琎、侯國棟纂修 清乾隆刻本 二一五三
〔乾隆〕漢州志十四卷首一卷 清張琎、侯國棟纂修 李鍼蒙增修 清乾隆刻二十二年增修本 二一五四
〔乾隆〕什邡縣志十八卷首一卷 清史進爵、朱音恬纂修 清乾隆十三年刻本 二一五五
〔成化〕重慶府志□□卷 明江朝宗纂修 明成化刻本 八行十八字黑口四周雙邊 二一五六
存五卷 長壽、南川、綦江、江津、永川
〔萬曆〕重慶府志八十六卷 明張文耀、鄒廷彥纂修 明萬曆三十四年刻本 九行二十字白口四周雙邊有刻工 二一五七
存六十四卷 一至三、二十六至八十六
〔乾隆〕江津縣志二十二卷 清曾受一纂修 清乾隆三十三年刻本 二一五八
〔康熙〕長壽縣志十卷 清薛綵天、劉廉成纂修 清康熙五十三年刻本 二一五九
〔乾隆〕永川縣志九卷首一卷 清王鍇、黃鈞纂修 清乾隆刻本 二一六〇
〔乾隆〕榮昌縣志四卷首一卷 清許元基纂修 清乾隆十一年刻本 二一六一
〔乾隆〕榮昌縣志四卷首一卷 清許元基纂修 王式訓增修 清乾隆十一年刻二十九年增修本 二一六二
〔乾隆〕榮昌縣志四卷首一卷續增一卷 清許元基纂修 王式訓增修 朱毅續增修 清乾隆十一年刻二十九年增修五十一年嘉慶二年遞增刻本 二一六三
〔崇禎〕合州志不分卷 清抄本 二一六四
〔乾隆〕合州志八卷 清宋錦、劉桐纂修 清乾隆十三年刻本 二一六五

二一六六 〔乾隆〕涪州志十二卷 清多澤厚、陳于宣纂修 清乾隆五十一年刻本
二一六七 〔乾隆〕大足縣志十一卷 清李德纂修 清乾隆十五年刻本
二一六八 〔乾隆〕璧山縣志二卷 清黃在中、夏璁纂修 清乾隆二年刻本
二一六九 〔康熙〕蒼溪縣志十一卷 清陶淑禮、陶其性纂修 清抄本
二一七〇 〔乾隆〕蒼溪縣志四卷 清丁映奎纂修 清乾隆四十八年刻本
二一七一 〔乾隆〕巴州志略不分卷 清陳毓瓚纂修 清抄本
二一七二 〔康熙〕保寧府通江縣志不分卷 清抄本
二一七三 〔乾隆〕通江縣志畧不分卷 清闞肇瓊纂修 清乾隆十六年抄本
二一七四 〔乾隆〕四川保寧府南江縣備造新編誌書清冊不分卷 清乾隆抄本
二一七五 〔康熙〕西充縣志十二卷 清李棠、李昭治纂修 清康熙六十一年刻本
二一七六 〔正德〕蓬州志十卷 明吳德器、徐泰纂修 明正德十三年刻本 八行十八字白口四周雙邊
二一七七 〔萬曆〕重修營山縣志八卷 明王廷稷、李彭年纂修 明萬曆四年刻本 九行二十四字白口四周雙邊
二一七八 〔乾隆〕營山縣志四卷 清李榕纂修 清乾隆八年刻本
二一七九 〔雍正〕廣安州志書八卷 清曹膽錦、李鼎長纂修 清雍正十一年刻本
二一八〇 〔乾隆〕廣安州志十三卷 清陸良瑜、鄭時敏纂修 清乾隆三十四年刻本
二一八一 〔康熙〕鄰水縣誌不分卷 清徐枚芳、馮志韋纂修 清康熙刻本
二一八二 〔乾隆〕鄰水縣志四卷 清陳觀光、楊爾式纂修 清乾隆二十二年刻本
二一八三 〔乾隆〕岳池縣志八卷 清黃先顯纂修 清乾隆二十一年刻本
二一八四 〔康熙〕四川叙州府志宜賓縣六卷 清平廷瀛、狄星燁纂修 清康熙刻本
二一八五 〔康熙〕四川叙州府慶符縣志二卷 清丁林聲、王之熙纂修 清乾隆五十六年抄本
二一八六 〔康熙〕四川叙州府志慶符縣志二卷 清丁林聲、王之熙纂修 清抄本
二一八七 〔乾隆〕富順縣志二十卷 清熊葵向、周士拔纂修 清乾隆二十五年刻本
二一八八 〔康熙〕南溪縣志二卷 清王大麒纂修 清康熙二十五年刻本
二一八九 〔康熙〕長寧縣志二卷 清宋驤、宋肆樺纂修 清康熙二十五年刻本
二一九〇 〔乾隆〕高縣志十卷 清李鴻楷纂修 清乾隆二十七年刻本
二一九一 〔乾隆〕筠連縣志四卷 清乾隆抄本
二一九二 〔康熙〕叙州府興文縣志一卷 清宋振纂修 清康熙二十六年刻本

二一九三 〔乾隆〕四川叙州府興文縣志一卷 清乾隆六十年抄本
二一九四 〔乾隆〕隆昌縣志十二卷首一卷 清許文理纂修 清乾隆二十九年刻本
二一九五 〔乾隆〕隆昌縣志二卷 清朱雲駿纂修 清乾隆四十年刻本
二一九六 〔嘉靖〕馬湖府志七卷 明余承勛纂修 明嘉靖三十四年刻本 九行二十一字白口左右雙邊
二一九七 〔正德〕夔州府志十二卷首一卷 明吳潛、傅汝舟纂修 明正德八年刻本 八行十七字黑口四周雙邊
二一九八 〔康熙〕夔州府志十卷 清吳昊秀、程灝纂修 清康熙刻本
二一九九 〔乾隆〕奉節縣志四卷 清鄭王越、王良弼、楊榮纂修 清乾隆十年活字印本
二二〇〇 〔嘉慶〕巫山縣志不分卷 清王圻纂修 清抄本
二二〇一 〔嘉靖〕雲陽縣志二卷 明楊鸞、秦覺纂修 明嘉靖二十年刻本 八行二十二字白口四周雙邊
二二〇二 〔乾隆〕雲陽縣志四卷 清曹源邦、楊坊纂修 清乾隆十一年刻本
二二〇三 〔乾隆〕萬縣志四卷 清劉高墉、趙志本纂修 清乾隆十一年刻本
二二〇四 〔乾隆〕開縣志不分卷 清胡邦盛纂修 清乾隆十一年刻本
二二〇五 〔乾隆〕大寧縣志四卷 清闞源清、焦懋熙纂修 清乾隆十一年刻本
二二〇六 〔雍正〕江油縣志二卷 清彭陛纂修 清雍正刻本
二二〇七 〔乾隆〕江油縣志二卷 清瞿錫曾纂修 清乾隆二十六年刻本
二二〇八 〔嘉慶〕寧遠府志五十四卷 清抄本
二二〇九 〔道光〕西昌縣志二卷首一卷 清書綸纂修
二二一〇 〔乾隆〕晃寧縣清冊不分卷 清陽麗中纂修 清乾隆抄本
二二一一 〔康熙〕蘆山縣志二卷 清楊廷琚、竹全仁纂修 曾符升增修 清康熙六十年刻乾隆十年增修本
二二一二 天全閑見記四卷 清陳登龍撰
二二一三 〔乾隆〕打箭鑪志二卷 清抄本
二二一四 〔康熙〕嘉定州志五卷 清張能鱗、彭欽纂修 清康熙刻本
二二一五 〔康熙〕峨眉縣志八卷 清房星修、楊維岑纂修 清康熙刻本
二二一六 〔乾隆〕峨眉縣志十二卷 清文曙、張弘映纂修 清乾隆五年刻本
二二一七 〔嘉靖〕洪雅縣志五卷 明束載、張可述纂修 明嘉靖四十一年刻本 九行二十四字黑口四周雙邊
二二一八 〔乾隆〕犍為縣誌九卷 清宋錦、李拔纂修 清乾隆刻本
二二一九 〔乾隆〕榮縣志四卷 清黃大本纂修 清乾隆二十一年刻二十八年增修本
二二二〇 〔乾隆〕三臺縣志八卷 清鄭纓、張鶴坪纂修 清乾隆五十一年刻本
二二二一 〔乾隆〕射洪縣志八卷 清沈詩杜、張鶴坪纂修 清乾隆五十一年刻本

［乾隆］鹽亭縣志書不分卷 清胡華訓纂修 清乾隆十七年抄本 二二二二
［乾隆］鹽亭縣志書不分卷 清胡華訓纂修 清抄本 二二二三
［乾隆］鹽亭縣志四卷 清雷夢當纂修 清乾隆二十八年刻本 二二二四
［康熙］中江縣志五卷 清李維翰、王一貞纂修 清康熙五十四年刻本 二二二五
［乾隆］中江縣志十二卷 清張松孫、陳景輝纂修 清乾隆五十二年刻本 二二二六
漢乘備錄□□卷 明宋介恕編 明抄本 二二二七
存二卷 二十九至三十
［康熙］遂寧縣志四卷 清張鵬翮纂修 清康熙刻本 二二二八
［乾隆］遂寧縣志八卷首一卷 清田朝鼎、周彭年纂修 清乾隆十一年刻本 二二二九
［康熙］蓬溪縣志二卷 清潘之彪纂修 清康熙十一年刻本 二二三〇
［康熙］蓬溪縣志二卷 清潘之彪纂修、徐繼功增修 清康熙十一年刻五十二年增修本 二二三一
［乾隆］蓬溪縣志八卷 清謝泰宸纂修 清乾隆五十一年刻本 二二三二
［光緒］蓬溪縣續志十四卷首一卷 清周學銘、熊祥謙纂修 稿本 二二三三
［康熙］安岳縣志三卷 清鄭吉士、周于仁纂修 清康熙五十八年刻本 二二三四
［乾隆］安岳縣志八卷 清朱紹簡纂修 清乾隆五十一年刻本 二二三五
［雍正］樂至縣志不分卷 清楊依觀、舒華纂修 清雍正刻本 二二三六
［乾隆］直隸達州志四卷 清陳慶門纂修 宋名立增修 清乾隆七年刻十二年增修本 二二三七
［乾隆］新寧縣志四卷 清賓容遷纂修 清乾隆刻本 二二三八
［乾隆］新寧縣志四卷 清管聖遜纂修 周金坤增修 清乾隆十八年刻二十四年增修本 二二三九
［乾隆］渠縣志四卷 清李雲鵬、李毓纂 清乾隆五年刻本 二二四〇
［乾隆］大竹縣志十卷 清陳仕林纂修 清乾隆五十二年刻本 二二四一
［康熙］眉州屬志五卷首一卷 清張潞、汪俚纂修 清康熙五十六年刻本 二二四二
［乾隆］□丹稜縣志十二卷首一卷 清李光泗、彭遵泗纂修 清乾隆二十六年 二二四三
［道光］重修丹稜縣志七卷 清高士魁纂修 手稿本 清丁晏跋 二二四四
［乾隆］彭山縣志七卷 清張鳳翥纂修 清乾隆二十二年刻本 二二四五
［嘉靖］青神縣志七卷 明余承勳纂修 明嘉靖三十年刻本 九行二十一字白口左右雙邊 二二四六
存三卷 一至三
［乾隆］青神縣志十一卷 清王承爍纂修 乾隆二十九年刻本 二二四七
［康熙］邛州志十三卷 清戚延裔、王韶驥纂修 清康熙刻本 二二四八
［乾隆］大邑縣志四卷 清宋載纂修 清乾隆二十年刻本 二二四九

瀘州志不分卷 清抄本 繆荃孫校并題識 二二五〇
［康熙］瀘志十二卷 清王帝臣纂修 清抄本 二二五一
［康熙］瀘州志四卷 清張士浩、董新策纂修 清康熙四十八年刻本 二二五二
［乾隆］直隸瀘州志八卷 清夏詔新纂修 清乾隆刻本 二二五三
［乾隆］九姓司志二卷 清任啟烈纂修 任履蔚續修 清乾隆刻本 二二五四
［乾隆］合江縣志八卷 清葉體仁、朱維鋅纂修 清乾隆二十七年刻本 二二五五
［康熙］資縣總志八卷 清朴懷德、周壯雷纂修 清康熙二十五年刻本 二二五六
［乾隆］資陽縣志十六卷 清張德源纂修 清乾隆三十年刻本 二二五七
［康熙］內江縣志二卷 清孫嘉霖、何思華纂修 清康熙刻本 二二五八
［嘉慶］內江縣志五十四卷 清顧文瓚、羅文離纂修 二二五九
［雍正］井研縣志二卷 清黃光璵、黃遂纂修 清雍正刻本 二二六〇
［乾隆］直隸綿州志十九卷 清屠用謙、何雄翰纂修 清乾隆元年刻本 二二六一
［乾隆］直隸綿州德陽縣志二十卷首一卷 清闞昌言、張又李纂修 清乾隆九年刻本 二二六二
［乾隆］直隸綿州羅江縣志十四卷首一卷 清沈潛 周文麟纂修 農書一卷 清張文萱撰 學規偶擬一卷 清沈潛撰 清乾隆十年刻本 二二六三
羅江外紀不分卷 清李鶴儀撰 稿本 二二六四
［乾隆］安縣志四卷 清張仲芳纂修 清乾隆五十四年刻本 二二六五
［乾隆］梓潼縣志二卷 清朱簾、杜莢纂修 清乾隆四十五年刻本 二二六六
［乾隆］茂州志八卷 清丁映奎纂修 清抄本 二二六七
［乾隆］忠州志十五卷 清乾隆抄本 二二六八
存十三卷 一至七、九、十、十二至十五
［康熙］酆都縣志八卷補遺一卷 清王廷獻纂修 宋家璫增修 清康熙四十九年刻本 二二六九
［乾隆］梁山縣志不分卷 清乾隆抄本 二二七〇
［乾隆］酉陽州志四卷 清邵陸纂修 清乾隆三十九年刻本 二二七一
［康熙］彭水縣志四卷 清陶文彬纂修 清康熙刻本 二二七二
［康熙］敘永廳志二卷 清宋敏學、袁斯恭纂修 康熙二十五年刻本 二二七三
［乾隆］保縣志八卷 清陳克繩纂修 清乾隆抄本 二二七四
［弘治］八閩通誌八十七卷 明陳道、黃仲昭纂修 明弘治刻本 九行二十一字小字雙行同 黑口四周雙邊 二二七五

[萬曆]閩大記五十五卷 明王應山撰 清抄本一卷四十七、四十八、五十、五十四至五十五原缺一 二二七六
閩書抄口口卷 明刻本 八行二十字小字双行十九字白口四周双边 二二七七
存方外志一卷
閩書一百五十四卷 明何喬遠纂修 明崇禎刻本 半頁十行二十字白口單魚尾四周單边 二二七八
[康熙]福建通志六十四卷 清金鋐、鄭開極纂修 清康熙刻本 二二七九
福建通志采書鈔不分卷 清抄本 二二八〇
東越沿革表不分卷 清魏本唐撰 二二八一
[淳熙]三山支四十二卷 宋梁克家纂修 明崇禎十二年林弘衍越山草堂刻本 半頁九行行十九字小字双行行十九字白口單魚尾上下單边左右双边 二二八二
[淳熙]三山志四十二卷 宋梁克家纂修 清乾隆張德榮抄本 清錢大昕跋 二二八三
[淳熙]三山支四十二卷 宋梁克家纂修 清傳硯齋抄本 二二八四
[淳熙]三山支四十二卷 宋梁克家纂修 清抱山堂抄本 二二八五
[淳熙]三山志四十二卷 宋梁克家纂修 清抄本 清詹翰題跋 二二八六
[正德]福州府志四十卷 明葉溥、張孟敬纂修 明正德刻本 九行二十一字小字双行字數同白口左右双边 卷十六第二頁有刻工「王良」 二二八七
[萬曆]福州府志三十六卷 明潘頤龍、林燫纂修 明萬曆刻本 九行行二十字白口四周双边有刻工 二二八八

九九

[萬曆]福州府志七十六卷 明喻政、林烶纂修 明萬曆刻本 九行十九字小字双行同白口左右双边間有抄配 二二八九
存九卷 二十六至三十、四十、五十至五十二
[萬曆]閩都記三十三卷 明王應山纂修 王毓德增修 清抄本 二二九〇
存十六卷 一至四、二十六至三十五
藤山志不分卷 清盧蘭友增修 清抄本 二二九一
[康熙]長樂縣志八卷 清孫胤光、李廷祥纂修 清康熙刻本 二二九二
[康熙]福清縣志十二卷 清李傳甲、郭文祥纂修 清康熙十一年刻本 二二九三
[康熙]羅源縣志十卷 清王楠、林萬荷纂修 清康熙六十一年刻本 二二九四
[乾隆]屏南縣志八卷首一卷 清沈鍾纂修 清乾隆五年刻本 二二九五
[乾隆]屏南縣志八卷首一卷 清沈鍾纂修 沈宗良續修 清乾隆五年刻乾隆十七年增修本 二二九六
[道光]屏南縣志六卷 清梅鼎臣、陳之駒等纂修 二二九七
[萬曆]永福縣志六卷 明唐學仁、謝肇淛纂修 清抄本 二二九八
[弘治]大明興化府志五十四卷 明陳效、周瑛等纂修 明弘治建陽書林刻本 十行二十一字小字双行同黑口四周双边 二二九九
存十九卷 一至九、十九至二十四、五十一至五十四
[萬曆]興化府志五十九卷 明馬夢吉、林堯俞纂修 明萬曆刻本 九行二十字小字双行同白口四周單边 二三〇〇
存八卷 三至四、二十五至三十
[康熙]興化府莆田縣志三十六卷首一卷 清金皋謝、林麟焻纂修 清康熙刻本 二三〇一
存三十二卷 三至十六、十九至三十六
[同治]莆田縣志不分卷 清林揚祖纂修 稿本 二三〇二
[寶祐]仙溪志四卷 宋趙與泌、黃巖孫纂修 元黃真仲重訂 清抄本 二三〇三
[寶祐]仙溪縣志四卷 宋趙與泌、黃巖孫纂修 元黃真仲重訂 清抄本 二三〇四
[弘治]僊谿志十六卷 明陳遷等纂修 明弘治四年陳文刻本 十行二十字小字双行同黑口四周双边 二三〇五
存十卷 一至十
[嘉靖]僊遊縣志八卷 明林有年、黃寅纂修 明天一閣抄本 二三〇六
[康熙]僊遊縣志四十卷 清盧岷、鄭彥伋纂修 清康熙十七年刻本 二三〇七

一〇〇

存三十五卷 一、二、八至四十
[萬曆]泉州府志二十四卷 明陽思謙、黃鳳翔等纂修 明萬曆刻本 十行二十字白口四周双边 二三〇八
[道光]晉江縣志七十七卷首一卷 清胡之鋘、周學曾等纂修 稿本 二三〇九
存五十四卷 一至三十六、六十一至七十七
[康熙]南安縣志二十卷 清劉佑、葉獻論纂修 清康熙十一年刻本 二三一〇
[嘉靖]惠安縣志十三卷 明莫尚簡、張岳纂修 明嘉靖九年刻藍印本 十行二十字白口左右双边 二三一一
[嘉靖]惠安縣志十三卷 明莫尚簡、張岳纂修 清抄本 二三一二
[康熙]同安縣志十二卷首一卷 清朱奇珍、葉心朝纂修 清康熙五十二年刻本 二三一三
[嘉靖]安溪縣志八卷 明汪瑀、林有年纂修 明嘉靖三十一年刻本 九行二十一字白口四周單边 二三一四
[康熙]安溪縣志十二卷 清謝宸荃、洪龍見纂修 清康熙十二年刻本 二三一五
漳州府志三十八卷 明袁業泗、劉庭蕙纂修 明萬曆四十一年刻本 十行二十字白口四周双边有刻工 二三一六
[萬曆]漳州府志三十八卷 明袁業泗、劉庭蕙纂修 清抄本 二三一七
存十二卷 一至三、十一、十二、十七至二十、二十三至二十五
[康熙]漳州府志三十四卷首一卷 清魏荔彤、蔡世遠纂修 清康熙五十四年刻本 二三一八

【嘉靖】龍溪縣志八卷　明林魁、李愷纂修　明嘉靖十四年刻本　八行十九字白口四周双边　二三一九
【萬曆】漳州府龍溪縣誌六卷　清抄本　二三二〇
【康熙】龍溪縣志十二卷　清江國棟、陳元麟纂修　清康熙五十六年刻本　二三二一
【康熙】海澄縣志二十卷　清胡巍、陳貞亮纂修　清康熙三十二年刻本　二三二二
【嘉靖】長泰縣志六卷　明抄本　二三二三
【嘉靖】長泰縣志二卷　明張傑夫、蕭廷宣纂修　明嘉靖三十七年刻本　九行二十二字白口四周單边　二三二四
存一卷　下
【康熙】長泰縣志十卷　清王廷、葉先登纂修　清康熙刻本　二三二五
【乾隆】長泰縣志十二卷首一卷　清張懋建、賴翰顒纂修　清乾隆十六年刻本　二三二六
【康熙】平和縣誌九卷首一卷　清金鋐、游瀛洲纂修　清康熙抄本　二三二七
【康熙】平和縣志十二卷首一卷　清王相、昌天錦等纂修　清康熙五十八年刻本　二三二八
【嘉靖】延平府志二十三卷　明陳能、鄭慶雲等纂修　明嘉靖四年刻本　八行二十字白口左右双边　二三二九
【萬曆】重修延平府志三十四卷　明易可久、吳必學纂修　明萬曆十年刻本　九行二十字白口四周双边　二三三〇
存廿六卷　一至五、十二至二十六
【順治】延平府志二十二卷　清郭巳昌、吳䟽纂修　蕭來鸞、金章續修　清順治刻康熙十一年增修本　二三三一
【嘉靖】南平縣志十七卷　明劉繼善纂修　明嘉靖元年刻本　九行十八字黑口四周双边　二三三二
存九卷　九至十七
【康熙】南平縣誌二十五卷　清朱燮、鄒廷鐵纂修　清康熙五十八年刻本　二三三三
【正德】順昌邑志十卷　明馬性魯纂修　明正德十六年刻本　九行十八字黑口四周双边　二三三四
存八卷　一至八
【康熙】順昌縣志六卷　清郭鍈、黄宣纂修　清康熙刻本　二三三五
存五卷　二至六
【乾隆】順昌縣志十卷　清陳瑛、呂天芹、葉鈴纂修　清乾隆三十五年刻本　二三三六
【弘治】將樂縣志十四卷　明李敏纂修　明弘治十八年刻本　十行二十字黑口四周双边　二三三七
【嘉靖】沙縣志十卷　明葉聯芳纂修　明嘉靖二十四年刻本　九行二十字白口四周單边　二三三八
存六卷　一至六
【康熙】沙縣誌十二卷　清林采、樂成纂修　清康熙四十年刻本　二三三九
【嘉靖】尤溪縣志七卷　明田頊纂修　明嘉靖六年李文範刻本　八行十八字白口左右双边　二三四〇
存三卷　一至三

【嘉靖】尤溪縣志七卷　明田頊纂修　明嘉靖六年李文範刻本　八行大小字均十八字小字双行白口左右双边无魚尾　二三四一
存四卷　四至七
【康熙】尤溪縣誌十卷　清劉宗樞、劉鴻略纂修　清康熙五十年刻本　二三四二
存七卷　一至五、九、十
【乾隆】尤溪縣志八卷首一卷　清焦長發、王家畬等纂修　清乾隆四十一年刻本　二三四三
【順治】永安縣誌十卷　清陳廷樞、黄鈞纂修　清順治刻本　二三四四
【嘉靖】建寧府志二十一卷　明范嵩、汪佃纂修　明嘉靖二十年刻本　八行二十字白口四周單边　二三四五
【萬曆】建寧府志五十二卷首一卷　明丁繼嗣、陳儒、朱東光等纂修　明天啟刻本　九行二十字白口四周双边有刻工　二三四六
存四十九卷　一至三十四、三十八至五十二、首一卷
【康熙】建寧府志四十八卷　清張琦、鄒山等纂修　清康熙三十二年刻本　二三四七
【景泰】建陽縣誌四卷雜誌三卷續集一卷　明趙文、黄璿纂修　袁銛續纂　明弘治十七年刻本　十一行二十二字黑口四周双边　二三四八
存六卷　三至四、雜誌三卷、續集一卷
【嘉靖】建陽縣志十六卷　明馮繼科、朱凌纂修　明嘉靖三十二年刻本　八行二十字白口四周單边　二三四九
【康熙】建陽縣誌八卷首一卷　清柳正芳、藍陳略纂修　清康熙四十二年刻本　二三五〇
【康熙】崇安縣志八卷　清管聲駿、王紹遷纂修　清康熙九年刻本　二三五一
存五卷　四至八
【萬曆】浦城縣志十六卷　明黎民範、陳玄藻纂修　明萬曆刻本　十行二十二字白口四周双边　二三五二
【順治】浦城縣志十二卷　清李葆貞纂修　清順治八年刻本　二三五三
【乾隆】浦城縣志十三卷　清李蒲、林瀾等纂修　清乾隆八年刻本　二三五四
【嘉靖】松溪縣志十四卷　明黄金、廖芝纂修　明嘉靖十六年刻本　九行二十字白口四周双边　二三五五
存九卷　一至九
【康熙】松溪縣志十卷首一卷末一卷　清潘拱辰、黄鑒纂修　清康熙刻本　二三五六
存七卷　一、七至十、首、末
【永樂】政和縣誌四卷　明黄裳、鄒斯盛纂修　雜誌四卷　明范瓘輯　清抄本　二三五七
【弘治】邵武府志二十五卷　明陳勉、黄仲昭纂修　明弘治刻本　十行二十二字小字双行同黑口四周双边　二三五八

存九卷 九至十六

二三五九 [嘉靖]邵武府志十五卷 明邢址、陳讓纂修 明嘉靖二十二年刻本 九行二十三字白口四周双边

二三六〇 [康熙]邵武府續志十卷 清汪鑒日、吳迎化纂修 清康熙刻本

二三六一 [康熙]光澤縣志八卷附一卷 清金鳴鳳纂修 張彭增修 清康熙二十二年刻三十三年增修本

二三六二 [康熙]續纂光澤縣志九卷 清馬琪、龔騰聲纂修 清康熙四十七年刻本

二三六三 [嘉靖]建寧縣志七卷附錄一卷 明何孟倫纂修 明嘉靖二十五年刻本 九行二十一字白口四周双边

二三六四 [康熙]建寧縣志十四卷 清周燦、陳惕纂修 清康熙十一年刻本

二三六五 [康熙]閩泰寧縣志十卷 清洪濱、江應昌纂修 清康熙十一年閩心堂刻本

二三六六 [康熙]續纂泰寧縣誌十卷 清甘國埴、廖壽光等纂修 清康熙四十三年程範署刻本

二三六七 [乾隆]泰寧縣志十卷 清施文煊、張鳳珠、許崇纂修 清乾隆五十四年刻本

二三六八 [嘉靖]汀州府誌十九卷 明邵有道、何孟倫纂修 明嘉靖六年刻本 八行二十字白口四周双边双魚尾

二三六九 [崇禎]汀州府志二十四卷 明唐世涵、馬上榮纂修 明崇禎十年刻本 八行二十字小字双行白口四周双边

二三七〇 [洪武]臨汀縣志口卷 清翁氏三莊精舍抄本

二三七一 [康熙]長汀縣志不分卷 清潘世嘉纂修 清康熙抄本

二三七二 [乾隆]長汀縣志二十六卷 清陳朝義纂修 清乾隆四十七年刻本

二三七三 [崇禎]寧化縣誌十卷 明張士俊、潘維棟纂修 明崇禎刻清順治增修本 九行二十一字白口四周双边 存九卷 一至九

二三七四 [嘉靖]清流縣志五卷 明陳桂芳纂修 明嘉靖二十四年刻本 九行二十字白口四周單边

二三七五 [康熙]清流縣志十卷首一卷 清王士俊、王霖纂修 清康熙刻本

二三七六 [康熙]歸化縣志十卷 清王國脈纂修 湯傳楷續纂 清康熙刻三十七年增修本

二三七七 [康熙]連城縣志十卷首一卷末一卷 清杜士晉、謝家寶纂修 清康熙刻本 存五卷 七至十、末

二三七八 [康熙]上杭縣志十二卷 清蔣廷銓纂修 清康熙二十六年刻本

二三七九 [乾隆]上杭縣志六卷首一卷末一卷 清趙成、趙寧靜纂修 清乾隆十八年刻本

二三八〇 [嘉靖]武平志六卷 明徐甫宰纂修 明嘉靖三十八年刻本 九行二十字白口四周双边 存三卷 四至六

二三八一 [康熙]武平縣誌十卷 清劉昕、趙良生纂修 清康熙三十八年刻乾隆遞修本

二三八二 [康熙]永定縣誌十卷 清潘翊清、陳鈞奎等纂修 趙良生續修 清康熙十二年刻三十六年增修本

二三八三 [乾隆]永定縣志八卷首一卷 清伍煒、王見川纂修 清乾隆二十二年刻本 存七卷 一至六、八、首卷

二三八四 [嘉靖]福寧州志十二卷 明陳應賓、閔文振纂修 明嘉靖十七年刻本 九行二十一字白口四周單边 存九卷 一至三、七至十二

二三八五 [萬曆]福寧州志十六卷 明殷之輅、朱梅纂修 明萬曆刻本 九行二十字白口四周單边 存二卷 十至十一

二三八六 [嘉慶]福鼎縣志八卷 清譚掄纂修 清嘉慶十一年刻本

二三八七 [嘉靖]寧德縣志四卷 明閔文振纂修 明嘉靖十七年刻本 九行二十一字白口四周單边

二三八八 [嘉靖]永春縣志九卷 明柴鑣、林希元纂修 明嘉靖五年刻本 九行二十字白口左右双边无魚尾 馮貞群跋 存二卷 三至四

二三八九 [萬曆]永春縣志十二卷 明許兼善、朱安期纂修 明萬曆刻本 九行二十字白口四周双边 存九卷 二至三、五至十一

二三九〇 [康熙]永春縣志十卷 清鄭功勳、宋祖墀纂修 清康熙刻本 存七卷 四至十

二三九一 [康熙]德化縣志十六卷 清范正輅纂修 清康熙二十六年刻本

二三九二 [萬曆]大田縣志三十一卷 明劉維棟纂修 明萬曆刻本 九行二十字小字双行同白口四周双边 存三十卷 二至三十一

二三九三 [康熙]大田縣志十卷首一卷 清葉振甲纂修 周卜世續修 清康熙二十四年刻三十二年增修本

二三九四 [嘉靖]漳平縣志十卷 明朱召、曾汝檀纂修 明嘉靖二十八年刻本 八行十九字白口四周双边

二三九五 [康熙]漳平縣誌九卷首一卷 清查繼純、蔣振芳纂修 清康熙二十四年刻本 存七卷 一、五至九

二三九六 [康熙]寧陽縣志十卷 清沈荃、吳建纂修 清康熙三十一年刻本

二三九七 [康熙]臺灣府誌十卷 清蔣毓英纂修 清康熙刻本

二三九八 [康熙]臺灣府志十卷 清靳治揚、高拱乾纂修 清康熙刻本

二三九九 [乾隆]重修福建臺灣府志二十卷首一卷 清劉良璧、錢

滐等纂修　乾隆七年刻本

[光緒]臺灣通志稿不分卷　清唐景崧、蔣師轍、薛紹元纂修　稿本　二四〇〇

[光緒]臺灣通志稿不分卷　清唐景崧、蔣師轍、薛紹元纂修　稿本　存物產　二四〇一

[乾隆]臺灣志畧三卷　清尹士俍纂修　清乾隆刻本　二四〇二

[康熙]臺灣縣志十卷　清王禮、陳文達、林中桂等纂修　清康熙五十九年刻本　二四〇三

[乾隆]臺灣縣志六卷　抄本　二四〇四

[康熙]鳳山縣志十卷首一卷　清李丕煜、陳文達、李欽文等纂修　清康熙五十九年刻本　二四〇五

[康熙]嘉義縣志十二卷　清周鍾瑄纂修　清抄本
存七卷　六至十二　二四〇六

[光緒]恒春縣志二十二卷首一卷　清陳文緯、屠繼善纂修　稿本　二四〇七

[光緒]恒春縣志二十二卷首一卷末一卷　清陳文緯、屠繼善纂修　清修史廬抄本　二四〇八

[道光]噶瑪蘭志略十四卷　清柯培元纂修　稿本　羅振玉跋　二四〇九

[乾隆]澎湖志略不分卷　清周于仁等纂修　清乾隆刻本　二四一〇

澎湖紀畧十二卷　清胡建偉撰　清乾隆刻本　二四一一

澎湖續編二卷　清蔣鏞撰　清道光十二年刻本　二四一二

[光緒]澎湖廳志十五卷首一卷　清林豪[?]、林豪等纂修　稿本　二四一三

[康熙]龍巖縣志十卷　清江藻、鄭慄[?]纂修　清康熙二十八年刻本　二四一四

[乾隆]龍巖州志十六卷首一卷　清張廷球、徐銳纂修　清乾隆三年刻本　二四一五

[嘉靖]廣東通誌初藁四十卷首一卷　明戴璟、張岳等纂修　明嘉靖刻本　二四一六

[嘉靖]廣東通志七十卷　明黄佐纂修　明嘉靖刻本　十行二十字白口四周單邊　二四一七

粵大記三十二卷　明郭棐撰　明萬曆刻本　九行二十字白口四周雙邊　二四一八

[萬曆]廣東通志七十二卷　明郭棐纂修　明萬曆三十年刻本　九行二十字白口四周雙邊單魚尾下有刻工
存二十七卷　三至二十九
存十卷　二十三、三十七至三十八、四十五至四十七、五十五至五十六、六十八至六十九　二四一九

[康熙]廣東輿圖十二卷　清蔣伊、韓作棟等撰　盧士、劉任繪圖　清康熙二十四年韓作棟刻本　二四二〇

[道光]廣東通志三百三十四卷首一卷　清阮元、陳昌齊等纂修　清道光抄本　二四二一

廣東輿地圖說九十二卷首一卷　清內府抄本　二四二二

[成化]廣州志三十二卷　明吳中、王文鳳纂修　明成化刻本　九行或八行二十二字黑口四周雙邊
存九卷　十四至十五、二十五至二十六、三十至三十二　二四二三

[嘉靖]廣州志七十卷　明黄佐纂修　明嘉靖刻本　十行二十字白口四周單邊
存三十七卷　四至七、十二至十七、二十二至四十八　二四二四

[康熙]新修廣州府志五十四卷　清汪永瑞纂修　清康熙抄本
存四十四卷　四、七至二十三、二十六至三十四、三十七至五十三　二四二五

[大德]南海志二十卷　元陳大震、呂桂孫纂修　元大德刻本　十一行二十一字細黑口四周單邊
存五卷　六至十　二四二六

[崇禎]南海縣志十三卷　明朱光熙、龐景忠纂修　清抄本　二四二七

[康熙]番禺縣志二十卷　清孔興璉纂修　清康熙刻本　二四二八

[乾隆]番禺縣志二十卷　清任果、檀萃等纂修　清乾隆三十九年刻本　二四二九

[康熙]順德縣志十三卷首一卷　清張學孔、嚴而舒纂修　清康熙十三年刻本　二四三〇

[康熙]順德縣志十二卷首一卷　清姚肅規、余象斗纂修　清康熙二十六年刻本　二四三一

[崇禎]東莞志八卷　明張二果、曾起莘纂修　清抄本　二四三二

[雍正]東莞縣志十四卷　清周天成、鄧廷喆纂修　清雍正刻乾隆印本　二四三三

[崇禎]從化縣志十二卷　明王至彝纂修　清孫繩續修　明崇禎七年刻清康熙增修本　九行十八字小字雙行同白口左右雙邊
存十卷　一至十　二四三四

[康熙]龍門縣志十二卷　清楊燁、向右纂修　清康熙六年刻本　二四三五

[康熙]龍門縣志十二卷　清成王宏纂修　清康熙二十六年刻乾隆印本　二四三六

[嘉靖]增城縣志十九卷　明文章、張文海纂修　明嘉靖十七年刻本　十行二十字白口左右雙邊
存十五卷　一至十一、十六至十九　二四三七

[康熙]增城縣志十四卷　清許代岳、盧弼纂修　清刻熙刻本
存十卷　二至四、八至十四　二四三八

[萬曆]新會縣志七卷　明王命璿、黄淳等纂修　明萬曆三十七年刻清順治補版印本　八行十八字白口單邊　二四三九

[康熙]新會縣志十八卷　清賈雒英、薛起蛟等纂修　清康熙二十九年刻本　二四四〇

[康熙]香山縣志十卷　清申良翰、歐陽羽文纂修　清康熙十二年刻本　二四四一

[康熙]三水縣誌十五卷首一卷　清蘇嵋、湛紹光纂修　清康熙十二年刻本　二四四二

存十四卷（一至二、五至十五、首）

[康熙]三水縣志十五卷首一卷　清鄧玫、董振鸞纂修　清康熙五十年刻本　二四四三

[嘉靖]新寧縣志十卷首一卷　明陳元珂、王臣纂修　明嘉靖刻本　九行十八字小字雙行同白口四周單邊　二四四四

[康熙]新寧縣志十卷　清冀林、麥泛梓纂修　清康熙十一年刻本　二四四五

[康熙]新寧縣志十卷　清張殿珠纂修　清康熙二十五年刻本　二四四六

[乾隆]新寧縣志四卷　清王暠、陳衍纂修　清乾隆三年刻嘉慶九年增修本　二四四七

[康熙]清遠縣志十一卷　清陳丹蓋、夏雲纂修　潘集雍續修　清康熙元年刻十一年增修本　二四四八

[乾隆]清遠縣志十四卷　清陳鉻、佘錫純等纂修　清乾隆三年刻本　二四四九

[康熙]新安縣志十三卷　清靳文謨、鄧文蔚纂修　清康熙刻本　二四五〇

[康熙]花縣志四卷　清王永名、黃士龍纂修　施允中續修　清康熙刻乾隆印本　二四五一

[康熙]韶州府志十六卷　清馬元纂修　清康熙刻本　二四五二

存十卷（二、四、七至九、十二至十六）

[康熙]新修曲江縣志四卷　清周韓瑞纂修　清康熙刻本　二四五三

存一卷（卷一）

一〇七

[康熙]樂昌縣志十卷　清李成棟、張日昱纂修　清康熙五年刻本　二四五四

[康熙]樂昌縣志十卷　清李成棟、張日新纂修　任衡增修　清康熙二十六年刻五十八年增修本　二四五五

[嘉靖]仁化縣志五卷　明胡居安纂修　明抄本　二四五六

[萬曆]仁化縣志二卷　明司馬曄纂修　明萬曆刻本　九行二十字白口四周雙邊　二四五七

存一卷（上）

[康熙]仁化縣志二卷　清李夢鸞纂修　清康熙二十五年刻本　二四五八

[康熙]乳源縣志十二卷　清裘秉鈁、龐璘纂修　清康熙刻本　二四五九

[嘉靖]廣東韶州府翁源縣誌不分卷　明李孔明、吳其等纂修　明抄本　二四六〇

[康熙]新修翁源縣志□卷　清孫可訓纂修　清康熙刻本　二四六一

存四卷（三至六）

[乾隆]翁源縣志八卷　清楊楚枝、郭正嘉纂修　清乾隆三十年刻本　二四六二

[康熙]重修英德縣誌五卷　清張斗、立有墻纂修　清康熙十二年刻本　二四六三

存四卷（一、三至五）

惠大記六卷　明鄭維新撰　明嘉靖刻本　十行二十字白口四周雙邊　二四六四

惠大記六卷　明鄭維新撰　明嘉靖刻本　清丁丙跋　十行行二十字白口四周雙邊　二四六五

[嘉靖]惠州府志十二卷　明李玘、劉梧纂修　明嘉靖刻藍印本　十行二十字小字雙行同白口四周單邊　二四六六

[嘉靖]惠州府志十六卷　明姚良弼、楊載鳴纂修　明嘉靖三十五年刻藍印本　九行二十三字白口四周單邊　二四六七

[嘉靖]惠志略一卷　明楊載鳴撰　明嘉靖三十九年刻本　九行十八字白口左右雙邊　二四六八

[萬曆]惠州府志二十一卷　明程有守、楊起元等纂修　龍國祿等續修　明萬曆二十三年刻四十五年增修藍印本　九行二十二字小字雙行同白口四周雙邊　二四六九

[崇禎]惠州府志二十一卷　明梁招孟、鄭伯升纂修　清抄本　二四七〇

存十一卷（三至四、七至十三、十六至十七）

[康熙]歸善縣志二十一卷　清連國柱、龔章纂修　清康熙十四年刻本　二四七一

存二十卷（一至十三、十五至二十一）

[崇禎]博羅縣志七卷　明蘇元起、韓日纘纂修　明崇禎刻本　九行十八字白口四周單邊　二四七二

[雍正]長寧縣志十卷　清李紹膺、吳飆光纂修　楚元士增修　清乾隆二十一年刻本　二四七三

[萬曆]永安縣志二卷圖一卷　明郭之藩、葉春及纂修　明萬曆刻本　九行二十字白口四周單邊　二四七四

[康熙]永安縣次志十七卷　清張進籙纂修　清康熙二十六年刻本　二四七五

[嘉靖]海豐縣志二卷　明張炎道、李田纂修　明嘉靖三十八年刻本　九行二十字白口左右雙邊　二四七六

存一卷（上）

[萬曆]龍川縣志九卷　明林庭植纂修　清抄本　二四七七

存六卷（一至二、六至九）

[康熙]龍川縣志十二卷　清潘舒讓、陳繼芳纂修　清康熙二十七年刻本　二四七八

存十卷（一至十）

[乾隆]龍川縣志十二卷　清胥圖、楊廷釗纂修　清乾隆二十七年刻本　二四七九

[康熙]和平縣志八卷　清唐嗣光纂修　韓師愈、龔以時續修　清康熙抄本　二四八〇

[乾隆]和平縣志八卷　清曹繩翊、朱超文等纂修　清乾隆二十八年刻本　二四八一

[嘉慶]和平縣志八卷首一卷　清羅天柱、徐延翰纂修　清嘉慶二十四年刻本　二四八二

[順治]潮州府志十二卷　清吳穎纂修　清順治十八年刻康熙五年增修本　二四八三

[康熙]潮州府志十六卷首一卷　清林杭學、楊鍾岳纂修　清康熙二十四年刻本　二四八四

[康熙]海陽縣志五卷首一卷　清金一鳳纂修　清康熙抄本　二四八五

存五卷（一至四、首）

[隆慶]潮陽縣志十五卷附錄一卷　明林大春、黃一龍纂修　明隆慶六年刻本　二四八六

一〇八

十行二十字白口四周單邊

[康熙]潮陽縣志二十卷 清臧憲祖、蔣鵬翱纂修 清康熙二十六年刻乾隆印本 二四八七

[崇禎]揭陽縣志□卷 明陳鼎新、郭之奇纂修 清抄本 存一卷 藝文 二四八八

[康熙]饒平縣志四卷 清劉抃、佟以琮纂修 清康熙二十五年抄本 二四八九

[康熙]惠來縣志十八卷圖一卷 清張秉政、張經昇纂修 清康熙二十六年刻本 二四九〇

[嘉靖]大埔縣志九卷 明吳思立、陳毛道等纂修 明嘉靖刻本 九行二十字黑口四周雙邊 二四九一

[康熙]埔陽誌六卷 清宋嗣纂修 清康熙刻本 二四九二

[乾隆]大埔縣志十二卷 清蔺墻纂修 清乾隆十年刻本 存十卷 一至十 二四九三

[康熙]澄海縣志二十二卷首一卷 清王岱、王楚書纂修 清康熙二十五年刻本 二一九四

[雍正]澄海縣志二十四卷首一卷 清寫時文等纂修 清雍正九年刻本 二四九五

[萬曆]肇慶府志二十二卷 明鄭一麟、葉春及纂修 明萬曆十六年刻本 十行二十二字白口單邊 尾有刻工 二四九六

[康熙]肇慶府志三十二卷 清史樹駿、區簡臣等纂修 清康熙刻本 二四九七

[康熙]肇慶府志三十二卷 清史樹駿、區簡臣纂修宋志益增輯 清康熙五十八年刻本 二四九八

[乾隆]肇慶府志二十八卷 清吳繩年纂修 清乾隆刻本 存二十五卷 四至二十八 二四九九

[康熙]高要縣志二十九卷 清譚桓、梁鉴瀛纂修 清康熙十二年刻本 二五〇〇

[康熙]肇慶府四會縣志二十卷 清李復、吳國軒纂修 清康熙刻本 增補邑志一卷八景圖一卷 清吳樹臣纂修 清康熙二十五年刻本 二五〇一

[康熙]四會縣志二十卷 清陳欽宗、鄒紫客纂修 清康熙刻本 存十五卷 一至五、十一至二十 二五〇二

[康熙]新興縣志二十卷 清李超纂修 清康熙刻本 存十六卷 五至二十 二五〇三

[康熙]新興縣志二十卷 清康善述、徐煌纂修 清康熙刻本 二五〇四

[康熙]新興縣志二十卷 清康善述、徐煌纂修 清康熙刻四十九年補版印本 二五〇五

[乾隆]新興縣志三十卷 清劉芳纂修 清乾隆二十三年刻本 二五〇六

[萬曆]陽春縣誌十五卷 明張文諾、羅兆祺纂修 清抄本 二五〇七

[康熙]陽春縣志十八卷 清康善述、劉嵩燦纂修 清康熙刻本 二五〇八

[乾隆]陽春縣志十四卷首一卷末一卷 清吳山、呂伊纂修 清乾隆二十三年刻本 二五〇九

[康熙]陽江縣志四卷 清周玉衡、陳本纂修 清康熙刻本 二五一〇

[乾隆]陽江縣志八卷 清蔣大中纂修 清乾隆刻本 存六卷 三至八 二五一一

[康熙]高明縣志十八卷 清曾傑、羅守昌等纂修 清康熙刻本 存十七卷 一至十五、十七至十八 二五一二

[崇禎]恩平縣志十一卷 明米應昇、梁維棟纂修 康熙續恩平縣志六卷 清佟世男纂修 清抄本 存十五卷 志一至四、六至十、續志 二五一三

[康熙]恩平縣志十一卷 清佟世男、鄭鈇等纂修 清康熙二十七年刻本 二五一四

[乾隆]恩平縣志十卷 清曾等纂修 清乾隆三十一年刻本 二五一五

[乾隆]廣寧縣志十卷 清李本潔、梁喬桀纂修 清乾隆十四年刻本 二五一六

[康熙]開平縣志十三卷 清薛璧、鼓芑纂修 清康熙抄本 存七卷 一至七 二五一七

[康熙]開平縣志二十四卷 清陳遇、陳冏平纂修 清康熙五十四年刻乾隆印本 存二十二卷 一至十、十二至十七、十九至二十四 二五一八

[乾隆]鶴山縣志十二卷 清劉繼纂修 清乾隆刻本 二五一九

[嘉靖]德慶州志十六卷 明陸舜臣纂修 明嘉靖刻本 九行十八字白口左右雙邊 二五二〇

[康熙]德慶州志十二卷 清譚桓、梁宗典纂修 清康熙十二年刻本 二五二一

[乾隆]懷集縣志十卷 清顧旭明、唐廷梁纂修 清乾隆二十年刻本 二五二二

[天啓]封川縣志二十二卷 明方尚祖纂修 康熙續志二卷 清胡璿纂修 清康熙二十四年刻乾隆印本 二五二三

[康熙]開建縣誌十卷 清張冲斗、侯文邦纂修 清康熙刻本 存六卷 一、二、五至八 二五二四

[康熙]開建縣志十卷 清鄧龍元纂修 清康熙三十一年刻乾隆印本 二五二五

[乾隆]高州府志十六卷 清王槩、于殿琰纂修 清乾隆二十四年刻本 二五二六

[乾隆]高州府志十六卷 清王槩、于殿琰纂修 清抄本 存十二卷 五至十六 二五二七

[康熙]茂名縣志四卷　清周振聲、周永耀纂修　清康熙抄本　二五二八
存三卷（一、三、四）
[康熙]茂名縣志四卷　清鐵以壎纂修　清康熙三十八年刻乾隆印本　二五二九
[順治]電白縣志八卷　清相斗南纂修、張兆統、黎日昇續修　清順治刻康熙二十五年續修本　二五三〇
[康熙]電白縣志八卷　清鄭措南纂修　清康熙十二年刻二十五年慶四年增修本　二五三一
[康熙]信宜縣志十二卷　清李宗、李麟祥纂修　清康熙十三年刻本　二五三二
[乾隆]信宜縣志十三卷　清劉汝江、李東紹纂修　清乾隆二十一年刻本　二五三三
存八卷（一至五、十一至十三）
[康熙]化州志十二卷　清西兆璜纂修　清康熙刻本　二五三四
存七卷（六至十二）
[康熙]化州志十二卷　清楊齊濃纂修　清康熙二十五年刻本　二五三五
[乾隆]化州志十卷　清楊芳、林玉葉等纂修　清乾隆十三年刻本　二五三六
[康熙]吳川縣志四卷　清熊若番、吳士望纂修　清康熙十二年刻本　二五三七
[康熙]吳川縣志四卷　清李球護纂修　清康熙刻本　二五三八
[雍正]吳川縣志十卷　清盛熙祚、葉國緣纂修　清雍正十年刻乾隆印本　二五三九
[康熙]高州府石城縣志上編六卷下編五卷　清梁之棟、魏民鐸纂修李琰續修　清康熙六年刻十一年增修本　二五四〇
[康熙]石城縣志十一卷　清周宗臣、韓鑠纂修　清康熙二十五年刻本　二五四一
[康熙]石城縣志五卷　清孫繩祖纂修　清康熙五十一年刻乾隆印本　二五四二
[康熙]合浦縣志十四卷　清張翀、林如夏纂修　清抄本　二五四三
存八卷（一至二、九至十四）
[嘉靖]欽州志九卷　明林希元纂修　明嘉靖刻本　九行二十字白口四周單邊　二五四四
[康熙]欽州志十四卷　清馬世祿、謝蓬升纂修　清抄本　二五四五
[雍正]欽州志十四卷　清董紹美、吳邦璜纂修　清雍正刻本　二五四六
[康熙]靈山縣志四卷　清林長存、王斅輔纂修　清康熙抄本　二五四七
存三卷（一、三至四）
[乾隆]靈山縣志十二卷　清陳雍、黃乙基纂修　清乾隆二十九年刻本　二五四八
[康熙]雷州府志十卷　清吳盛藻、洪泮洙纂修　清康熙刻本　二五四九
[康熙]海康縣志三卷　清鄭俊、宋紹啟纂修　清康熙二十六年刻乾隆印本　二五五〇
[康熙]遂溪縣志四卷　清宋國用、洪泮洙纂修　清康熙二十六年刻乾隆印本　二五五一
[康熙]徐聞縣志不分卷　清關如琨、吳平等纂修　清康熙抄本　二五五二
[康熙]徐聞縣志四卷　清孫稚纂修　清康熙三十七年刻乾隆印本　二五五三
[正德]瓊臺志四十四卷　明唐胄纂修　明正德十六年刻本　九行十九字黑口四周雙邊　二五五四
存四十卷（一至二十一、二十一至四十二）
[康熙]瓊州府志十卷　清牛天宿、朱子虛纂修　清康熙刻本　二五五五
[乾隆]瓊州府志十卷　清蕭應植、陳景塤纂修　清乾隆三十九年刻本　二五五六
[康熙]瓊山縣志十二卷　清潘廷侯、吳南傑纂修　清康熙抄本　二五五七
[乾隆]瓊山縣志十二卷　清楊宗秉纂修　清康熙十二年刻本　二五五八
[康熙]澄邁縣志四卷　清丁斗柄、曾典學纂修　清康熙刻本　二五五九
[康熙]澄邁縣志十卷　清高魁標纂修　清康熙四十九年刻乾隆印本　二五六〇
[康熙]定安縣志八卷　清張文豹、梁廷佐纂修　清康熙抄本　二五六一
[康熙]定安縣志四卷　清董興祚、梁廷佐纂修　清康熙三十年刻乾隆五十三年增修本　二五六二
[康熙]文昌縣志十卷　清馬日炳纂修　清康熙五十七年刻本　二五六三
[康熙]文昌縣志十卷　清馬日炳纂修　清康熙五十七年刻乾隆印本　二五六四
[康熙]樂會縣志不分卷　清林子蘭、陳宗琛等纂修　清康熙八年刻本　二五六五
[康熙]樂會縣志四卷首一卷　清程秉慥纂修　清抄本　二五六六
[康熙]儋州志三卷　清韓祜、文冠斗纂修　清康熙四十三年刻本　二五六七
[康熙]昌化縣志五卷　清方岱、璩之璨纂修　清康熙三十年刻乾隆印本　二五六八
[康熙]萬州志四卷　清李琰纂修　清康熙刻本　二五六九
[康熙]陵水縣志不分卷　清潘廷侯纂修　清康熙二十七年刻雍正印本　二五七〇
[康熙]崖州志二卷　清張擢士、李如柏纂修　清抄本　二五七一
[康熙]崖州志二卷　清張擢士、李如柏纂修　清抄本　二五七二
[嘉靖]南雄府志二卷　明胡永成、譚大初纂修　明嘉靖二十一年刻本　九行二十字白口四周單邊　二五七三
[康熙]南雄府志八卷　清陸世楷修姚禹亂續修　清康熙十四年刻本　二五七四
存七卷（一至五、七至八）
[康熙]保昌縣志八卷　清張進賢纂修　清康熙抄本　二五七五
[乾隆]保昌縣志十四卷　清陳志儀纂修　清乾隆十八年刻本　二五七六
[嘉靖]始興縣誌二卷　明汝壹舟纂修　明嘉靖十五年刻本　九行十九字黑口四周單邊　二五七七
[康熙]始興縣志十六卷　清李璨纂修　清康熙抄本　二五七八

2579 【乾隆】始興縣志十六卷　清鄭炳、蔡元騊纂修　清乾隆二十年刻本

2580 【康熙】建山縣志十卷　清劉允元、彭鋐等纂修李來章續修　清康熙刻本

2581 【康熙】建州志十卷　清李贊、石光祖纂修　清康熙刻本
存九卷　二至十

2582 【順治】陽山縣志八卷　清熊兆師纂修　清順治十五年刻本

2583 【乾隆】陽山縣志二十二卷　清萬光謙纂修　清乾隆十二年刻本

2584 【正德】興寧志四卷　明祝允明纂修　手稿本

2585 【正德】興寧志四卷　明祝允明纂修　明正德刻本　八行十六字小字双行同白口左右双边

2586 【嘉靖】興寧縣志四卷　明黄國奎、盛繼纂修　明嘉靖三十年刻藍印本　十行二十二字白口四周單邊
存一卷　卷一

2587 【康熙】長樂縣志八卷　清孫蕙、孔元體等纂修　清康熙二十六年刻本

2588 【康熙】平遠縣志十卷圖一卷　清劉驗名纂修張天培續修　清康熙刻本

2589 【康熙】鎮平縣志八卷　清程夢簡、黄岐棹等纂修　清康熙嘉樹堂刻本
存五卷　一至五

2590 【康熙】東安縣志十卷古誌一卷　清韓允嘉纂修張其善增修　清康熙十一年刻本

一一三

2591 【康熙】東安縣志十一卷　清袁承泰纂修　清康熙刻本

2592 【康熙】西寧縣志十卷　清趙震陽、鍾光斗纂修　清康熙六年刻本

2593 【康熙】西寧縣志十二卷首一卷　清張溶、區益賢等纂修　清康熙刻本

2594 【康熙】西寧縣志十二卷首一卷　清李玉鋐、全光綻纂修　清康熙刻本

2595 【嘉靖】廣西通志六十卷　明林富、黄佐纂修　明嘉靖刻藍印本　十行二十字小字双行同白口四周單邊

2596 【萬曆】廣西通志四十二卷　明蘇濬纂修　明萬曆刻本　九行十九字白口四周双边單尾下有刻工

2597 【宣德】桂林郡誌三十二卷　明陳建纂修　明景泰刻本　十一行二十二字黑口四周双边
存二十卷　一至八、十九至二十二、二十五至三十二

2598 【康熙】桂林府志不分卷　清程可則纂修　清康熙抄本

2599 【康熙】陽朔縣志四卷　清陳洪疇、權汝驗等纂修　清抄本

2600 【康熙】全州志八卷　清黄志璋纂修　清康熙刻本
存七卷　一至七

2601 【康熙】灌陽縣志十卷　清單此藩、簡學元等纂修　清康熙四十七年刻本

2602 【乾隆】象州志四卷　清李宏渭、蔣日萊纂修　清乾隆二十九年刻本

2603 【乾隆】慶遠府志十卷　清李文琰、何天祥纂修　清乾隆十九年刻本

2604 【乾隆】武緣縣志十六卷　清耿昭忠纂修　清乾隆六年刻本

2605 【康熙】上林縣志二卷　清張邵振纂修　清康熙四十四年刻本

2606 【康熙】平樂府志不分卷　清鄭長青纂修　清康熙抄本

2607 【雍正】平樂府志二十卷　清胡醇仁纂修　清雍正四年刻乾隆印本

2608 【康熙】平樂縣志八卷　清黄大成纂修　清康熙五十六年刻乾隆印本

2609 【嘉慶】永安州志十八卷　清李炘纂修　清嘉慶十八年刻本

2610 【崇禎】梧州府志二十卷　明謝君惠、王雨賢等纂修　清初抄本

2611 【乾隆】岑溪縣志四卷　清何夢瑶纂修劉廷棟續修　清乾隆九年刻本

2612 【乾隆】桂平縣志四卷　清吳志綰、黄國顯纂修　清乾隆三十五年刻本

2613 【嘉靖】南寧府志十卷　明郭楠纂修　明嘉靖十七年刻本　八行十八字白口四周双边
存九卷　一至九

2614 【康熙】南寧府全志不分卷　清全光馨纂修　清康熙抄本

2615 【乾隆】南寧府志五十六卷　清蘇士俊纂修　清乾隆八年刻本

2616 【康熙】永淳縣志十四卷　清凌森美纂修　清康熙刻本
存十一卷　四至十四

一一四

2617 【康熙】上思州志四卷　清戴夢熊、唐光縉纂修　清抄本

2618 【雍正】太平府志五十卷　清甘汝來、王夢元纂修　清雍正四年刻乾隆三年增修本

2619 【康熙】左州志二卷　清李鈺纂修　清康熙四十九年刻本

2620 【乾隆】博白縣志十卷　清李鳳起纂修　清乾隆抄本
存八卷　一、三至六、八至十

2621 【乾隆】北流縣志十卷　清張允觀纂修　清乾隆十三年刻本

2622 【乾隆】興業縣志四卷　清王巡泰纂修　清乾隆刻本

2623 【景泰】雲南圖經志書十卷　明鄭顒、陳文纂修　明景泰刻本　八行二十四字黑口四周双边

2624 【正德】雲南志四十四卷　明周季鳳纂修　明正德五年刻本　九行二十字白口四周双边

2625 【隆慶】雲南通志十七卷　明鄒應龍、李元陽纂修　明萬曆刻本　十行除一格十九字小字双行字同白口四周双边

2626 滇略十卷　明謝肇淛撰　明萬曆刻本　九行十八字白口左右双边

2627 滇略十卷　明謝肇淛撰　清抄本

2628 滇史十四卷　明諸葛元聲撰　明萬曆四十六年刻本　九行二十二字中無直格黑口單邊無魚尾

2629 【天啟】滇志三十三卷　明劉文徵纂修　清抄本

〔乾隆〕滇黔志略三十卷　清謝聖綸纂修　清乾隆二十八年雙溪山房刻本　二六三〇
〔康熙〕富民縣志一卷　清彭兆逵、楊搗秀纂修　清康熙刻本　二六三一
〔康熙〕新修宜良縣志十卷　清黄澍纂修　清抄本　二六三二
〔乾隆〕宜良縣志四卷　清王誧芳纂修　清乾隆三十二年刻本　二六三三
〔乾隆〕宜良縣志四卷　清李淳纂修　清乾隆五十一年刻本　二六三四
〔康熙〕嵩明州志八卷　清汪照、任洵纂修　清康熙五十九年刻本　二六三五
〔康熙〕晉寧州志五卷　清杜紹先纂修　清抄本　二六三六
〔乾隆〕晉寧州志二十八卷　清毛鉽、朱陽纂修　清乾隆二十七年刻本　二六三七
〔康熙〕呈貢縣志二卷　清夏瓚纂修　清抄本　二六三八
〔康熙〕安寧州志六卷　清高鈴、段拱新纂修　清康熙四十九年刻本　二六三九
〔康熙〕祿豐縣志四卷　清劉自唐、唐服芳纂修　清康熙五十一年刻本　二六四〇
〔康熙〕昆陽州志十二卷首一卷　清王克剛、王枚纂修　清抄本　二六四一
存十一卷　一至十、首
〔康熙〕易門縣志不分卷　清抄本　二六四二
〔乾隆〕易門縣志十二卷　清秦爾方、阿、藍良材纂修　清乾隆四十二年刻本　二六四三
〔康熙〕大理府志三十卷首一卷　清李斯佺、黄元治纂修　清康熙刻本　二六四四
〔康熙〕雲南縣志不分卷　清伍青蓮纂修　清抄本　二六四五
〔乾隆〕雲南縣志四卷　清李世保、張聖功纂修　清乾隆三十二年刻本　二六四六
〔康熙〕續修浪穹縣志八卷　清趙珙纂修　清康熙刻本　二六四七
〔康熙〕續修浪穹縣志八卷　清衛覺、楊淑纂修　清康熙刻本　二六四八
〔道光〕浪穹縣志十一卷　清輿肇新纂修　清道光二十二年刻本　二六四九
存八卷　一至六、十至十一
〔雍正〕雲龍州十二卷首一卷　清陳希芳纂修　清雍正刻本　二六五〇
〔雍正〕臨安府志二十四卷　清張無咎、夏是纂修　清雍正九年刻本　二六五一
存十三卷　二至八、十一至十四、二十三至二十四
〔康熙〕建水州志十八卷首一卷　清陳肇奎、葉涞纂修　清康熙刻本　二六五二
〔康熙〕石屏州志十三卷　清程封纂修　清康熙十二年刻本　二六五三
〔康熙〕續石屏州志五卷　清張毓瑞纂修　清康熙刻本　二六五四
〔康熙〕阿迷州志不分卷　清王民皞纂修　清康熙刻本　二六五五
〔雍正〕阿迷州志二十四卷　清陳權、顧琳纂修　清雍正刻本　二六五六
〔嘉慶〕阿迷州志十三卷　清張大鼎纂修　清嘉慶元年刻本　二六五七
〔康熙〕寧州郡志二卷　清馬世浚纂修　清抄本　二六五八
〔康熙〕河西縣志六卷　清周天任纂修　清康熙刻本　二六五九
〔康熙〕嶍峨縣志四卷　清陸紹闓、彭學曾纂修　清康熙三十七年刻本　二六六〇
〔康熙〕嶍峨縣志四卷　清陸紹闓、彭學曾纂修薛祖順增修　清康熙三十七年刻五十六年增修本　二六六一
〔康熙〕蒙自縣志四卷　清韓三異、張巖柱纂修　清康熙刻本　二六六二
〔康熙〕楚雄府志十卷首一卷　清張嘉穎、李銳纂修　清康熙刻本　二六六三
〔乾隆〕碍嘉誌書草本不分卷　清羅仰錡纂修　二六六四
〔康熙〕南安州志六卷　清張倫至纂修　清康熙四十八年刻本　二六六五
〔康熙〕定遠縣志八卷首一卷　清張彦紳、李仲偉纂修　清康熙刻本　二六六六
〔康熙〕廣通縣志九卷首一卷　清李銓、張維彦纂修　清康熙刻本　二六六七
〔康熙〕黑鹽井志八卷　清沈懋價、楊璿纂修　清康熙四十九年刻本　二六六八
〔嘉慶〕黑鹽井志二十七卷　清王守柱纂修　清嘉慶刻本　二六六九
存三卷　三、五、六
〔康熙〕琅鹽井志四卷　清沈鼐纂修　清抄本　二六七〇
〔康熙〕姚州志四卷　清管棆纂修　清康熙刻本　二六七一
〔康熙〕姚州志四卷增補二卷圖志一卷　清管棆纂修丁士可增修　清康熙五十二年刻乾隆增修本　二六七二
〔乾隆〕白鹽井志四卷　清郭存莊、趙淳纂修　清乾隆刻本　二六七三
〔康熙〕大姚縣誌書不分卷　清陸應穀纂修　清抄本　二六七四
〔康熙〕澂江府志十六卷　清柳正芳、李應綬纂修　清康熙五十八年刻本　二六七五
〔康熙〕澂江府附郭河陽縣志二十卷　清李丕垣、李弘勲纂　清抄本　二六七六
存十九卷　一至十九
〔康熙〕新興州志十卷　清任中宜、嚴慎纂修　清康熙刻本　二六七七
〔康熙〕路南州志四卷　清金廷獻、李汝相纂修　清康熙刻本　二六七八
〔乾隆〕續編路南州志四卷　清史進爵、郭廷選纂修　清乾隆二十二年刻本　二六七九
〔康熙〕順寧府志三卷　清董永艾纂修　清抄本　二六八〇
〔乾隆〕順寧府志十卷　清范溥修、劉靖續修　清乾隆二十六年刻本　二六八一
〔康熙〕雲州志五卷首一卷　清蔣旭、王錫纂修　清康熙抄本　二六八二
〔乾隆〕霑益州志四卷　清王秉韜纂修　清乾隆三十五年刻本　二六八三

二六八四 [康熙]羅平州志不分卷　清楊子鼎、張端纂修　清抄本

二六八五 [康熙]羅平州志四卷　清黄德巽、胡承灝等纂修　清康熙五十七年刻本

二六八六 [崇禎]馬龍州志書不分卷　清抄本

二六八七 [雍正]馬龍州志十卷首一卷　清許日藻纂修　清雍正元年刻本

二六八八 [嘉靖]尋甸府志二卷　明王尚用纂修　明嘉靖二十九年刻本　九行二十字白口左右雙邊

二六八九 [康熙]尋甸州志八卷　清李月枝纂修　清康熙五十九年刻本

二六九〇 [康熙]平彝縣志十卷　清任中宜、葉沬纂修　清康熙刻本

二六九一 [乾隆]麗江府志略二卷　清管學宣、萬咸燕纂修　清乾隆八年刻本

二六九二 [光緒]麗江府志稿八卷　清陳宗海、冒沅等纂修　稿本

二六九三 [光緒]麗江縣志八卷首一卷　清陳宗海、冒沅等纂修　稿本

二六九四 [康熙]鶴慶府志二十六卷　清佟鎮、鄒啟孟纂修　清康熙五十三年刻本　卷三配清抄本

二六九五 [康熙]劍川州志二十卷　清王世貴、張倫纂修　清康熙五十二年刻本

二六九六 [光緒]新修中甸廳志書三卷　清吳自修、張翼夔纂修　稿本

二六九七 [康熙]永昌府志二十六卷首一卷　清羅綸、李文淵纂修　清康熙刻本

二六九八 [乾隆]永昌府志二十六卷首一卷　清宣世濤纂修　清乾隆五十年刻本

二六九九 [乾隆]開化府志十卷　清湯大賓、趙震纂修　清乾隆二十四年刻本

二七〇〇 [雍正]東川府志二卷　清崔乃鏞纂修　清雍正刻本

二七〇一 [乾隆]鎮雄州志六卷　清屠述濂纂修　清乾隆四十九年刻本（卷四配抄本）

二七〇二 [康熙]纂修廣西府志十三卷　清趙弘任纂修　清抄本

二七〇三 [康熙]師宗州志二卷　清管棆纂修　夏治源增修　清康熙五十七年刻雍正七年增修本

二七〇四 [康熙]彌勒州志十二卷　清吳永緒纂修　清抄本

二七〇五 [康熙]武定府志四卷　清王清賢、陳淳纂修　清康熙二十八年刻本

二七〇六 [康熙]元謀縣志五卷　清莫舜鼐、彭學曾纂修　王弘任續修　清康熙三十五年刻五十一年重修本

二七〇七 [乾隆]元謀縣志十四卷　清檀萃纂修　清乾隆四十六年刻本　存六卷　一至六

二七〇八 [康熙]祿勸州志二卷　清李廷宰、高聲雷纂修　清康熙五十八年刻本

二七〇九 [康熙]元江府志二卷　清章履成、張鳳鳴纂修　清康熙刻本

二七一〇 [康熙]新平縣志四卷　清張雲翮、韓紹薙纂修　清抄本

二七一一 [雍正]景東府志五卷首一卷　清徐樹閎、李蘊仲纂修　清抄本

二七一二 [康熙]蒙化府志六卷首一卷　清蔣旭、陳金珏纂修　清康熙三十七年刻本

二七一三 [乾隆]續修蒙化直隸廳志六卷首一卷　清劉埥、吳湉纂修　清乾隆五十五年刻本

二七一四 [乾隆]雲南騰越州志十三卷　清屠述濂纂修　清乾隆刻本

二七一五 [康熙]定邊縣誌不分卷　清楊書纂修　清抄本

二七一六 [弘治]貴州圖經新志十七卷　明沈庠、趙瓚、王佐纂修　明刻本（卷一至三、八至十配明抄本）　八行二十四字黑口四周雙邊

二七一七 [嘉靖]貴州通志十二卷　明謝東山、張道纂修　明嘉靖三十四年刻本　八行二十二至二十四字黑口四周雙邊

二七一八 黔記六十卷　明郭子章撰　明萬曆刻本　九行二十二字白口四周雙邊單魚尾下有刻工　存五十八卷　一至二十四、二十七至六十

二七一九 [康熙]貴州通志三十三卷　清曹申吉、潘馴纂修　清康熙刻本

二七二〇 [康熙]貴州通志三十六卷　清衛既齊、薛載德纂修　清康熙三十一年刻本

二七二一 [康熙]貴州通志三十七卷　清衛既齊、薛載德等纂修　閻興邦補修　清康熙三十一年刻三十六年增修本

二七二二 [乾隆]獨山州志十卷　清劉岱修、艾茂纂　清乾隆三十四年刻本

二七二三 [咸豐]荔波縣志稿不分卷　清鄭珍纂修　稿本

二七二四 [乾隆]鎮遠府志二十八卷　清蔡宗建、龔傳坤纂修　清乾隆五十八年刻本

二七二五 [嘉靖]思南府志八卷　明鍾添、田秋纂修　明嘉靖十五年刻二十九年增修本　九行二十字白口四周雙邊

二七二六 [乾隆]石阡府志八卷　清羅文思纂修　清乾隆三十年刻本

二七二七 [康熙]龍泉縣志不分卷　清張其文纂修　清抄本

二七二八 [康熙]思州府志八卷　清蔣深纂修　清康熙六十一年刻本

二七二九 [康熙]平溪衛誌書不分卷　清鄭逢元纂修　清抄本

二七三〇 [乾隆]玉屏縣志十卷首一卷　清趙沁、田榕纂修　清乾隆二十二年刻本

二七三一 [康熙]清浪衛誌略一卷　清朱鵬纂修　清康熙抄本

二七三二 [乾隆]開泰縣志四卷　清郝大成纂修　清乾隆十七年刻本

二七三三 [乾隆]平遠州志十六卷　清李雲龍、劉再向纂修　清乾隆二十一年刻本

二七三四 [乾隆]黔西州志八卷　清馮光宿纂修　清乾隆抄本

二七三五 [乾隆]畢節縣志八卷　清董朱英、路元升纂修　清乾隆二十三年刻本

二七三六 [乾隆]南籠府志八卷首一卷末一卷　清李其昌纂修　清乾隆二十九年刻本

[嘉靖]普安州志十卷 明高廷愉纂修 明嘉靖二十八年刻本 八行十八字黑口四周雙邊 二七三七
[乾隆]普安州志二十六卷 清王粵麟、曹維祺等纂修 清乾隆二十三年刻本 二七三八
[康熙]餘慶縣志八卷 清蔣深、許之衡纂修 清康熙刻本 二七三九
欽定皇輿西域圖志四十八卷首四卷 清英廉等纂修 清抄本（四庫底本）費寅跋 存二十八卷 一至六、八至十一、十三至十四、十八、二十、二十二至二十四、二十六至二十七、三十五、三十七、四十一至四十三、四十五至四十八 二七四〇
西陲要略四卷 清祁韻士撰 稿本 二七四一
西陲要略四卷 清祁韻士撰 稿本 二七四二
新疆圖考十四卷 清經貫函抄本 二七四三
新疆圖考不分卷 清經貫函抄本 二七四四
西域地理圖說不分卷 稿本 李文田跋 二七四五
[乾隆]河套志六卷 清陳履中纂修 清乾隆寓園刻本 龔穗輝跋 二七四六
歸綏識略三十六卷 清張曾纂修 稿本 二七四七
[順治]西鎮志不分卷 清蘇銑纂修 清順治刻本 二七四八
[康熙]碾伯所志不分卷 清李天祥纂 清抄本 二七四九

[乾隆]循化廳志稿八卷 清龔景瀚纂 稿本 存四卷 一、五至七 二七五〇
[乾隆]循化廳志稿八卷 清龔景瀚纂 謄清稿本 二七五一
西陲今略不分卷 清梁份撰 清光緒十九年李文田家抄本 清李文田校並跋 二七五二
西陲今略八卷 清梁份撰 清抄本 存七卷半 一下、二至八 二七五三
[乾隆]西藏誌不分卷 清抄本 二七五四
[乾隆]西藏志一卷 清徐綱活字印本 二七五五
[乾隆]西藏誌不分卷 清抄本 二七五六
[乾隆]西藏志不分卷 清抄本 二七五七
[乾隆]西藏誌四卷 清允禮撰 清抄本 傅增湘校並跋 二七五八
西藏全誌二卷 抄本 二七五九
衛藏通志不分卷 清抄本 李盛鐸跋 二七六〇

書名編號		藏書單位			
地理類 方志	1A	1601	1701		
	1B	0141			
	1C	0141			
	2	0101			
	3	0101			
	4	0141			
	5	0101	0703		
	6	0101			
	7	0101	0181		
	8	0101			
	9	0181			
	10	0101			
	11	0101			
	12	0101	0102		
	13	0102			
	14	0101			
	15	0101			
	16	0144			
	17	0101	0141	0301	0441
	18	1705			
	19	1641			
	20	0101			
	21	0101			
	22	1705			
	23	0101			
	24	0241			
	25	0141	1705		
	26	1601			
	27	0141			
	28	0101			
	29	1705			
	30	0101			
	31	0181			
	32	1601	1705		
	33	2301			
	34	1705			
	35	0101			

書名編號		藏書單位	
地理類 方志	36	0101	
	37	0101	
	38	1701	
	39	0101	
	40	2401	
	41	0101	
	42	0101	
	43	1705	
	44	1705	
	45	0101	
	46	0101	
	47	0101	
	48	1705	
	49	0101	0301
	50	0101	
	51	0101	
	52	0141	0163
	53	0101	
	54	0101	
	55	0101	
	56	1705	
	57	1662	
	58	0141	
	59	0101	
	60	0301	
	61	0101	
	62	1705	
	63	0101	1662
	64	0101	
	65	0101	
	66	0101	
	67	0101	
	68	0101	
	69	0101	0141
	70	0161	
	71	0181	0703
	72	0101	

方志表二

書名編號		藏書單位		
地理類　方志	73	0161		
	74	0342		
	75	0341		
	76	0101		
	77	1701		
	78	0101		
	79	0301		
	80	0101		
	81A	0101		
	81B	0101		
	82	0201		
	83	1705		
	84	0201		
	85	0101		
	86	1705		
	87	0101		
	88	0101		
	89	0101		
	90	0101		
	91	0101		
	92	0101		
	93	0301		
	94	1601	0101	
	95	1705		
	96	0101		
	97	0141		
	98	0101	0301	
	99	0101		
	100	0101		
	101	0101		
	102	0144		
	103	0101		
	104	0181		
	105	0101	0241	
	106	0101	0181	
	107	0101		
	108	0101	0141	1601

書名編號		藏書單位		
地理類　方志	109	0101		
	110	0101		
	111	0703		
	112	1705		
	113	0101		
	114	0301	2341	
	115	0101		
	116	0141	0703	1581
	117	0101		
	118	0101		
	119	0101		
	120	0141		
	121	1662		
	122	0144		
	123	1705		
	124	1705		
	125	0101		
	126	0101	1662	
	127	1705		
	128	0101	2301	
	129	0101	0301	
	130	0101		
	131	1141		
	132	1601		
	133	0701		
	134	1662		
	135	0101		
	136	0101		
	137	0101		
	138	0101	0182	
	139	1705		
	140	[illegible]		
	141	0101		
	142	0703		
	143	0101		
	144A	0184		
	144B	0101		

方志表三

書名編號		藏書單位		
地理類　方志	145	0101		
	146	0101		
	147	2201		
	148	0101		
	149	0101		
	150	0101		
	151	1705		
	152	0101		
	153	0181	0511	
	154	0101		
	155	1628		
	156	0101		
	157	0341		
	158	0101	0801	
	159	0101		
	160	0101		
	161	0101		
	162	0101		
	163	0181		
	164	0101		
	165	0181	0301	
	166	0101	0166	
	167	0101		
	168	1705		
	169	1705		
	170	0141		
	171	1601		
	172	2703		
	173	0101		
	174	0181		
	175	0101	0161	0703
	176	0181		
	177A	0141		
	177B	0101	1716	
	178	0101	0301	
	179	0101	0181	0201
	180	0101		
	181	0101⊗	0301	
	182	0301		

書名編號		藏書單位				
地理類　方志	183	0101	2201			
	184	1705				
	185	0101				
	186	0101				
	187	0301				
	188	0101				
	189	0101				
	190	0201				
	191	0101				
	192	0101				
	193	1601				
	194	0101				
	195	0101				
	196	0101				
	197	0101				
	198	0101				
	199	0101				
	200A	0101				
	200B	0101				
	200C	0201				
	201	0101				
	202	0101				
	203	0101				
	204	0101				
	205	0101	0141	0201⊗	1601⊗	1641⊗
	206	1601				
	207	0101				
	208	1601				
	209	0101				
	210	0101	0161⊗	0301	0201⊗	1705⊗
	211	0101				
	212	1281				
	213	0101	0141	0201		
	214	0241				
	215	0101				
	216	1681				
	217	0181				

書名編號	藏書單位
地理類 方志 218	1705
219	0101
220	0101
221	0101
222	0101
223	0101
224	1705
225	0101
226	0101
227	0181
228	1705
229	0101
230	1641
231	0101
232	0101
233	1705
234	0101
235	0101
236	0101
237	0101
238	1701
239	0241
240	1705
241	0201
242	0281
243	0101
244	0101
245	0101
246	0201
247	0201
248	0101
249	0101
250	0101
251	1601
252	0281
253	1601
254	0101

方志表四

書名編號	藏書單位
地理類 方志 255	0201
256	1601
257	0101 0102 0141 0198 0201 0701 1541 1601
258	1101
259	0101
260	0201
261	0101
262	0101 0201 0703 2704
263	0101 0141 0142 0144 0161 0243 0341 0703 1101 1601 1604 1605 1681 1705 1919 2407
264	0101 0201
265	1605
266	1705
267	0101
268	0201
269	0701
270	0201 1601 1705 0841⊕
271	1681
272	1705
273	1701
274	0101 0201
275	0301
276	1684
277	1601
278	0101
279	0141
280	0201 1701
281	1601
282	0201
283	0201 1684
284	0101
285	0241
286	0101
287	0841
288	0241

書名編號	藏書單位
地理類 方志 289	0101
290	0143
291	0101
292	0101
293	2901
294	0101
295	1681
296	1601
297	0841
297	0141
299	1684
300	0101
301	1705
302	1601
303	0101 0144⊕ 0201 1681 2301
304	1605
305	0101
306	0101
307	0241
308	1601
309	1601
310	0101
311	0201
312	0101
313	1601
314	0201
315	0101
316	0241
317	0101
318	0101
319	1601
320	1601
321	0101
322	1601
323	0201
324	0101 0201 0301 1628⊕
325	0101

方志表五

書名編號	藏書單位
地理類 方志 326	0101 0144 0198
327	1601
328	1628
329	1689
330	0201
331	0201
332	0201
333	1601
334	0101
335	1689
336	0201
337	1628
338	1628
339	0201
340	1689
341	0101
342	0201
343	0101⊕ 0201 0301 0841⊕ 1629
344	1601
345	0101
346	1629
347	1601
348	0141
349	1705 0201⊕
350	0201
351	0141 0201
352	0201
353	0201
354	1601 0201⊕
355	0201
358	0201
357	0201
358	1705
359	0281
360	0201 0281 1501⊕
361	0201
362	0101

書名編號	藏書單位
地理類　方志 363	0101
364	0281
365	0101
366	0101
367	0101
368	0101
369	0101
370	0201
371	0201
372	0201
373	0101⊗ 1705⊗
374	0101
375	0201 1705
376	0101⊗ 0201⊗ 1601 1681
377	0301
378	1601
379	0201
380	0141
381	2401
382	1601
383	0201
384	0141
385	0101⊗ 1601
386	0201⊗ 1705⊗
387	1606
388	0101
389	1705
390	0101
391	0101
392	0101
393	0101
394	0101
395	2001
396	0101
397	2001
398	0301
399	1705

方志表六

書名編號	藏書單位
地理類　方志 400	1601
401	0141 0161 0241
402	0101
403	1601 1662
404	1705
405	0141 1705
406	0101
407	0201⊗ 1609
408	0101 0241
409	0101
410	0144
411	0243
412	1609
413	0181
414	0101
415	0101
416	0101
417	1662
418	0101
419	1705
420	0101 0201 2301 2702
421	0291
422	0101
423	0101
424	0141
425	0101
426	0101
427	0161
428	0101
429	1101
430	1705
431	0101
432	0101
433	0241
434	0101 0201⊗
435	0101
436	0101 0301 1641

書名編號	藏書單位
地理類　方志 437	0101
438	1705
439	0101
440	1601
441	0141
442	0101
443	1687
444	0101 0141 0163⊗ 1610 1616
445	0301
446	0101 0301 1701
447	0101
448	0141
449	0101
450	0101
451	0101
452	1705
453	1662
454	1705
455	1705
456	0101
457	0201
458	0101
459	0101⊗ 0201⊗
460	1601 1705
461	0101 1628
462	0141 0161 1681
463	0241
464	1601
465	0241
466	1601
467	1581
468	0101
469	0201
470	1601
471	0281 1705⊗
472	0283 1601 1662
473	0201

方志表七

書名編號	藏書單位
地理類　方志 474	0281
475	0201
476	0201
477	0281
478	0281
479	0201
480	0281
481	0201
482	1705
483	0101⊗ 0181⊗
484	1705
485	2401
486	1705
487	0101⊗ 0201⊗ 1705
488	1601 1604
489	0101
490	1604
491	1705
492	0161
493	1705
494	0101
495	0181 1601
496	1881
497	2401
498	0201
499	0101
500	1705
501	1705
502	0101
503	0101⊗ 0841⊗ 1802⊗
504	0101
505	0101
506	2541
507	0101
508	0101
509	0101 0291 1641
510	0101

書名編號	藏書單位
地理類 方志 511	0101
512	0101 0201
513	0101
514	0291 0301 1801⊕
515	0301
516	0101
517	0101
518	0291
519	0201
520	0101
521	1601
522	0101
523	0198⊕ 0201 0242 1662 1705 1801 1881
524	0201
525	0101
526	1881
527	0101 0201 0241 0291⊕ 0301 0841 1801 1881⊕
528	0101
529	0101 1741
530	0101 0201 1601
531	1801
532	0101 1881⊕ 1883⊕
533	0101
534	0101 0201⊕ 1881
535	0201
536	0101 1662 1881⊕
537	0101
538	0101 0201 0291
539	0141 1801
540	1801
541	0241 1101 1662⊕ 1801
542	0101 1601 1821
543	0101
544	0201
545	0101
546	0101 1801

方志卷八

書名編號	藏書單位
地理類 方志 547	0201⊕ 1705
548	0101 0201
549	0101 0301
550	0101 0141 1662
551	0101
552	0101 1662
553	1705
554	0101 1662
555	0101
556	0301 1741⊕
557	1705
558	0101
559	1601
560	0101
561	0101⊕ 1705⊕
562	0101
563	0201
564	1705
565	0101 0301 1843
566	0101
567	0101 1662
568	1662 1701
569	0121 1662
570	0101 1705
571	1701
572	1705
573	0101⊕ 0201
574	0301
575	0101⊕
576	1662
577	1705
578	0101 1601⊕
579	0141
580	0101
581	0241 1641
582	0101
583	0301

書名編號	藏書單位
地理類 方志 584	0201
585	0101
586	1601 1701
587	0301
588	0101
589	0301
590	0101
591	0101
592	0101
593	0102
594	0101
595	0101
596	0101
597	0181 1716
598	1601
599	1641
600	1705
601	0101 0161
602	0101 0201 0291 1662
603	0101 0241 1601
604	1705
605	1601
606	0101
607	1705
608	0101
609	0101
610	1701
611	1705
612	1705
613	0181
614	0201
615	0101
616	1705
617	1705
618	0101
619	0101⊕ 0201⊕ 0241
620	0181

方志卷九

書名編號	藏書單位
地理類 方志 621	0101
622	0181 1701 2301
623	0101
624	0291 0492
625	0101
626	0101 0291
627	1702
628	1705
629	0101 1662
630	0301
631	0101
632	0101
633	0101
634	1705
635	0101
636	0101 0161 1701
637	0201
638	0101
639	0181
640	0141
641	0101
642	0101
643	0101⊕ 1705⊕
644	1601
645	0141 0161 1662
646	0161
647	0101
648	0101
649	0101
650	0181 1701
651	0101
652	0161 2301
653	0101
654	0101
655	0241 0101⊕
656	0101
657	0101

書名編號	藏書單位
地理類 方志 658	1705
659	0101
660	0101
661	0101 0301 0501 0144⊕ 2201⊕
662	0101⊕ 0201⊕ 0581 2210⊕
663	0101
664	0141
665	0141 0501 1662
666	1601
667	0141 0501 1601
668	1705 0842⊕
669	0161 1662 0541⊕
670	0101 0841
671	0101 0141
672	0301
673	0161 1662
674	0511
675	0101
676	0101 0501
677	0501
678	0101
679	0141
680	0101 2401
681	0101
682	0141
683	0141 2301⊕
684	0161 0703
685	0182
686	0301
687	0141
688	0301 0141⊕
689	0101
690	1662
691	0101
692	0101
693	0101
694	0101 1705

方志表一〇

書名編號	藏書單位
地理類 方志 695	0301
696	0101 0141 2401
697	0101 0301 0841
698	1601 1705
699	0101
700	1662
701	0101
702	0101 0541 1662
703	0301 0101⊕
704	0101 0141 0161
705	0101
706	0101
707	0101
708	0101
709	0101 0141 0501
710	0101
711	0101 0161
712	0101
713	0101 0501
714	0101 0161
715	0101 0141 0142 0501 0518 0591 1662
716	0101
717	2301
718	0101
719	0101
720	0101
721	2211
722	0101 0301
723	0101
724	0301
725	0101
726	0101
727	0301
728	0181
729	0842
730	2401 1705
731	0541

書名編號	藏書單位
地理類 方志 732	1705
733	0101 0501
734	0301
735	0101
736	0141 0501 1662
737	0591
738	0161
739	0161
740	0101
741	0101
742	0101
743	0101
744	2341
745	0141 0501 2341
746	0101
747	0101 1662 2301
748	0101
749	0101
750	0101
751	0101
752	1601
753	0181
754	0198
755	0101
756	0101
757	0501
758	1601
759	0101 0501 0161
760	0101
761	0101
762	0101 0161
763	0101 0301⊕
764	0101
765	0141 0301 1662
766	0101 0501
767	0101 0501⊕
768	0101 0161

方志表一一

書名編號	藏書單位
地理類 方志 769	0101
770	0161 0291 0527
771	0101 1701
772	0101
773	0101
774	0101
775	0101 1662
776	0101
777	0101
778	0101
779	0101 0161
780	0101
781	0101
782	0101
783	0181
784	0301
785	0501
786	0101 0301⊕
787	0101
788	0101
789	0101 0301⊕
790	0101 0163 0201 0341 0701 0841 1662 1901
791	0201
792	1601
793	0101
794	1582
795	0101
796	1581
797	0201 0241 1501 1641 1705 2301
798	0198 0301 0481 2702
799	0201 1601
800	1501
801	0101
802	0101
803	0161⊕ 0201⊕ 1501 1581⊕
804	1501

書名編號	藏書單位
地理類　方志 805	1581
806	1501
807	1705
808	0141、 1501⊗
809	0101
810	0101
811	1705
812	0101
813	1581　1662　2541
814	0101
815	0101
816	0101
817	0101　0141
818	0101　1581　2301
819	0101　0141
820	0101　0241　1042
821	0101
822	0101
823	0101　1662
824	1705
825	0101
826	0101
827	1581
828	0101　1662
829	1705
830	1501
831	0101　0141　1501
832	0101　0141　0241
833	0101
834	0101　0201　1662
835	0101
836	1662
837	0241
838	0301
839	0101
840	0141　1662
841	0198

書名編號	藏書單位
地理類　方志 842	0101
843	0101　1601
844	0101
845	0841　1662
846	0101
847	0301
848	0144
849	0142　0703
850	0101
851	0101
852	0101
853	0101
854	0101
855	0101
856	0101
857	1705
858	0101
859	0101
860	0101
861	0201
862	0145
863	1581　1502
864	1705
865	0841⊗　2201
866	1662
867	0161　0301
868	0101
869	0101
870	0101　1581
871	0301
872	0161
873	0101　0161⊗
874	0101　1501　2206
875	0101　2206
876	1705
877	0101　1581
878	1705

書名編號	藏書單位
地理類　方志 879	0101
880	0101　0161　0261　0341　0841　1102　1501 1542　2301
881	0101
882	1581
883	1561
884	1501
885	1561
886	0101
887	0141
888	0101
889	2201
890	0101
891	0101
892	1662
893	0101
894	1705
895	1501
896	0101
897	0161　1662
898	0101
899	0145
900	1501
901	0198
902	0101
903	1581
904	0101
905	1501
906	0101
907	0101
908	0141
909	1705
910	1561
911	1501
912	0145
913	0101
914	0101

書名編號	藏書單位
地理類　方志 915	0101　0161
916	0101
917	1601
918	0101　0301
919	1581
920	0101
921	0101　0301
922	0101　1581　1662
923	0101
924	0101
925	0101
926	1501
927	1501
928	0101
929	0101　0161
930	0101
931	0101
932	1705
933	1501
934	0101　0161　1501
935	0101
936	0161　1501
937	0101
938	0101
939	0101
940	0141
941	0101
942	0101　0301
943	1705
944	0101
945	0101　0241
946	1705
947	0101
948	1705
949	0101　1662
950	0101　0181　0301
951	0101　0141　0161

書名編號	藏書單位
地理類　方志 952	1501
953	0101
954	2401
955	0101　1662⊕
956	0101
957	0101
958	0101　0241
959	0101　1662
960	0101　1501
961	1705
962	0101
963	1705
964	0101
965	0101
966	0101
967	1581
968	0101
969	1501
970	0201
971	0161⊕　0201⊕　1662⊕　1705⊕　2201⊕　2242
972	0101
973	0192
974	0101　2401⊕
975	0101
976	2242
977	2242
978	2242
979	1662
980	0101　0703　2201
981	0201
982	0101
983	1641
984	1641
985	0101　2203
986	1705
987	0101　2201
988	1705

書名編號	藏書單位
地理類　方志 989	0101　0141
990	2261
991	0101
992	0181
993	1705
994	0101
995	2281
996	2341
997	0101
998	0101
999	1705
1000	0101
1001	0101　0301
1002	1705
1003	0101
1004	0101
1005	0101　0141　0301
1006	0101
1007	0201
1008	0101　0141
1009	0101
1010	0101
1011	2301
1012	2202
1013	0101
1014	0101
1015	0101
1016	1705
1017	0101
1018	0101
1019	0101　0161
1020	0101　0141　0161
1021	0101
1022	0101　1662
1023	0101
1024	2210
1025	0101

書名編號	藏書單位
地理類　方志 1026	0101
1027	0101
1028	1705
1029	0101
1030	1705
1031	0101　1662
1032	0101　2201
1033	0181
1034	1705
1035	0101　1662
1036	0201
1037	0101　0141
1038	1705
1039	0101　0301
1040	0201⊕　1705
1041	0101
1042	0101
1043	0101　1705
1044	0101　1705
1045	0161
1046	0161
1047	0101
1048	0101　1662
1049	0301
1050	0101
1051	1705
1052	0101　0141　2203
1053	0144
1054	0101
1055	1705
1056	1705
1057	0101　2201
1058	1705
1059	1705
1060	0101
1061	0101
1062	0101　1662

書名編號	藏書單位
地理類　方志 1063	0101
1064	1705
1065	0101
1066	0101
1067	1705
1068	2201
1069	0101
1070	0101
1071	0101
1072	0201
1073	0141
1074	0101　2206
1075	1601
1076	0161
1077	0201
1078	1705
1079	1705
1080	0101　0181　2301
1081	0101　0301
1082	0101　0841⊕
1083	0141
1084	0101
1085	0101　0141　1101
1086	0101　1705
1087	0101　1662
1088	0101
1089	0101
1090	1705
1091	0101
1092	0101
1093	0101⊕　1662⊕　2401⊕
1094	0101　0161　2261
1095	0161　0241
1096	0141
1097	0201　0841⊕　1701
1098	1705
1099	0161

書名編號		藏書單位
地理類 方志	1100	0101
	1101	0101
	1102	0301
	1103	0101
	1104	1705
	1105	1601
	1106	0101
	1107	0101
	1108	0101
	1109	0101
	1110	0101
	1111	0101 0141
	1112	0101
	1113	0101 1701 2203
	1114	1705
	1115	0161
	1116	1801
	1117	0101
	1118	0101
	1119	1705
	1120	0101
	1121	0101 0301
	1122	1801
	1123	0101⊕ 2001
	1124	1601 1705
	1125	0101 2541
	1126	0101 1601
	1127	0101 0301⊕
	1128	1705
	1129	0101
	1130	1705
	1131	1705
	1132	2201
	1133	1705
	1134	0101
	1135	0101
	1136	1705

書名編號		藏書單位
地理類 方志	1137	0101 0301⊕
	1138	0101 2201
	1139	0101° 0201⊕
	1140	0101
	1141	0101
	1142	1705
	1143	0101
	1144	0101
	1145	1708
	1146	0101
	1147	0101
	1148	0101
	1149	0241
	1150	0201 1705
	1151	0101 1662
	1152	1705
	1153	0301
	1154	2301
	1155	1705
	1156	2201
	1157	1705
	1158	1082
	1159	1705
	1160	0101
	1161	0101
	1162	1705
	1163	0101
	1164	0101
	1165	0141 1503
	1166	0101
	1167	0101
	1168	0101
	1169	0242 0301 1681⊕
	1170	0101 2201⊕
	1171	0141
	1172	0101
	1173	0101

書名編號		藏書單位
地理類 方志	1174	0161 0178 0201 1705
	1175	0101
	1176	0101
	1177	0101
	1178	1601
	1179	0101
	1180	2401
	1181	1601
	1182	0101
	1183	0101
	1184	0101
	1185	0101
	1186	0101
	1187	0101
	1188	0145
	1189	0101
	1190	0101
	1191	0101
	1192	0101
	1193	0101 0703
	1194	0101 1001 1641
	1195	1641
	1196	0101 1144
	1197	0161
	1198	0101
	1199	0101
	1200	0101
	1201	1082
	1202	1001
	1203	0101
	1204	0101
	1205	1705
	1206	1001
	1207	0101 0703
	1208	0101
	1209	0101
	1210	0101
	1211	0101

書名編號		藏書單位
地理類 方志	1212	2704
	1213	1201
	1214	0101
	1215	1705
	1216	1004● 1031● 1101●
	1217	0161
	1218	0101
	1219	0101
	1220	0301
	1221	0101
	1222	0101 0145
	1223	0101
	1224	0101 1001 1004
	1225	0101
	1226	0101 0703 1006
	1227	0101
	1228	0101 0141 1011
	1229	0101
	1230	0101
	1231	0101
	1232	0101
	1233	0101
	1234	0101 0703
	1235	0703
	1236	0201● 1705●
	1237	0181
	1238	0101● 0141●
	1239	0101
	1240	0101
	1241	1001
	1242	0101
	1243	0101 1001
	1244	0181 2301
	1245	0509 0703 1001
	1246	0101 1001
	1247	2401
	1248	0101 0161 1041 1006

方志表十八

書名編號	藏書單位
地理類　方志 1249	1006　1022
1250	0161⊗　0703　1006　2242
1251	0101　0301　2242
1252	0242　2041　2701
1253	0242
1254	0101　0341　0701　0703
1255	0161　0163　0201　0901　1541　1601　1641　1705　1741　2383　2501
1256	0101
1257	0341
1258	0301
1259	0161　1001
1260	1081
1261	0101
1262	0101
1263	0101
1264	0101　0181　1201
1265	0201　0241　0703　1701
1266	0101
1267	0161
1268	1881
1269	0161
1270	0101
1271	0101
1272	0101　1798⊗
1273	0101　1001
1274	1222
1275	0101　1001⊗
1276	0101　1001
1277	0101　0201　1201
1278	1001
1279	0101
1280	0101　1001
1281	0101　1001
1282	0181
1283	0181
1284	0242

書名編號	藏書單位
地理類　方志 1285	2701
1286	0101
1287	0101　0161　1101
1288	0101　1101
1289	0101
1290	0101
1291	0101　0703
1292	0101
1293	0141
1294	0161
1295	0101⊗　2701⊗
1296	0101
1297	1101
1298	0181
1299	0301
1300	0101
1301	0101
1302	0101
1303	0101
1304	0101
1305	0101
1306	0161　1101⊗
1307	1601
1308	1101
1309	0101
1310	1181
1311	0101
1312	0101　1101　0703
1313	1601
1314	0101　1101
1315	0101　2701
1316	1662
1317	0101
1318	0101　1801
1319	0101　0181
1320	1101
1321	0101

方志表十九

書名編號	藏書單位
地理類　方志 1322	0101　0161　0703　1601　2401
1323	0145　1101　1641
1324	0101
1325	0101　1101　1181
1326	0101
1327	0101
1328	0101
1329	0101
1330	0101
1331	0181
1332	0101
1333	0101
1334	0101
1335	0161　1101
1336	0181
1337	0101
1338	0101
1339	0181
1340	0144
1341	1705
1342	1705
1343	1501
1344	0201　0841　1101　1701
1345	0161　0181　2207
1346	1601
1347	1101
1348	1601　1705
1349	0101　0181　0291　1101
1350	0101　0144　0201　0301　1601　1662　1705
1351	0101
1352	0201
1353	0201
1354	0101　0144　0241
1355	1701
1356	0842
1357	1601
1358	0101
1359	0242

書名編號	藏書單位
地理類　方志 1360	0341
1361	1601
1362	0201
1363	0101
1364	0101
1365	0101
1366	1601
1367	1581
1368	0101
1369	1601
1370	0101
1371	1601
1372	0701
1373	0101
1374	1601
1375	0201
1376	1661
1377	2541
1378	1601
1379	0101
1380	0101
1381	0101
1382	0101
1383	1701
1384	1081
1385	0161
1386	0101
1387	2201
1388	1601
1389	1601
1390	1701
1391	0101　0201⊗　1662
1392	1601
1393	0201
1394	0201
1395	0201
1396	1601

書名編號	藏書單位
地理類 方志 1397	1781
1398	1601
1399	1601
1400	1601
1401	1601
1402	0201
1403	0141
1404	0101
1405	1662
1406	0201
1407	0101
1408	0201
1409	1701
1410	0201
1411	0101
1412	0101
1413	1701
1414	0101
1415	0101
1416	0101
1417	0101
1418	0201
1419	0201
1420	0101
1421	0101
1422	0201
1423	1701
1424	1761
1425	0101
1426	0201
1427	1701
1428	0101
1429	0101
1430	0101
1431	0161 1701
1432	0101 0161
1433	1662

書名編號	藏書單位
地理類 方志 1434	1761
1435	0141 0181
1436	1701
1437	0241
1438	0101 1701
1439	0101
1440	0141
1441	1601
1442	0101
1443	1601
1444	0101
1445	0201
1446	1741
1447	0101
1448	0101
1449	0201
1450	0201
1451	1601
1652	0201
1453	1701
1454	0201 0301 1601
1455	1601
1456	0101⊕ 0142 0201 1601
1457	0101 0201 1705 1710
1458	0201
1459	0201
1460	1710
1461	1701
1462	1701
1463	1662
1464	1710
1465	0201
1466	0101
1467	0101 1542
1468	0101
1469	0141
1470	0101

方志表二〇

書名編號	藏書單位
地理類 方志 1471	1801
1472	0201
1473	1701
1474	0201
1475	0201
1476	1701
1477	0101 0141 0161 0201 0241 0242 0701 1601 1662
1478	1601
1479	1601
1480	0101 0201
1481	1705 0201
1482	0201
1483	0201
1484	1601
1485	0241
1486	1701
1487	1701
1488	1601
1489	0201
1490	0101
1491	0201
1492	0161
1493	0201
1494	0201 1662
1495	1601
1496	0101 0141
1497	1701
1498	0101
1499	1501
1500	1701
1501	0101
1502	0101
1503	0101
1504	1701
1505	1702
1506	0101

書名編號	藏書單位
地理類 方志 1507	0201
1508	0201
1509	0201
1510	0241
1511	0201
1512	1601
1513	1601
1514	1705
1515	0101 0201
1516	1705
1517	0201
1518	1705
1519	1641
1520	0101 0241
1521	0101
1522	0201
1523	0201
1524	0101
1525	0241
1526	0101
1527	0101
1528	0201
1529	0101
1530	0201
1531	0201
1532	1841
1533	0201
1534	1601
1535	0101
1536	0701
1537	0101
1538	0101 0144 0164 0201 0241 0841 1641 1701 1741 1501⊕ 1705⊕
1539	1601
1540	0101
1541	1601
1542	0101

方志表二一

書名編號	藏書單位
地理類 方志 1543	0101
1544	1781
1545	0101
1546	1707
1547	0101
1548	0101 0143 0161 0201 1601
1549	0101
1550	0201 0101⊗
1551	0101
1552	1701
1553	1705
1554	1601
1555	1701
1556	0101⊗ 1705⊗
1557	1703
1558	0201
1559	0101 1641 1662 1705
1560	1701
1561	0101
1562	1701
1563	1701
1564	1701
1565	0101
1566	0201
1567	0201
1568	1601
1569	0101
1570	0201
1571	0201
1572	1705
1573	0701
1574	0144 0161⊗ 1641 0201⊗ 1701 1705⊗ 1716⊗
1575	0101 0142
1576	0101
1577	1701 1741
1578	0101
1579	1701

書名編號	藏書單位
地理類 方志 1580	0201
1581	1705
1582	0101
1583	0201 0301 1641 1662 1705
1584	1716
1585	1705
1586	0101 0201⊗ 1705⊗
1587	0161
1588	0101
1589	1705
1590	0101
1591	0241
1592	0301 1662 1701 0101⊗ 0201⊗
1593	0101
1594	0101
1595	1701
1596	1662
1597	0141
1598	0101
1599	0101
1600	0101
1601	1705
1602	0201
1603	0101
1604	0101 1641
1605	0201
1606	0201⊗ 1705
1607	0101 1601
1608	0201
1609	0101
1610	1787
1611	1787
1612	1705
1613	0161
1614	1705
1615	1701
1616	1701

書名編號	藏書單位
地理類 方志 1617	0241
1618	1601
1619	1705
1620	0201
1621	0101 1730 0201⊗ 0241⊗
1622	0101
1623	1701
1624	0201
1625	0101 0181
1626	0201⊗ 1701⊗
1627	1701
1628	1522
1629	0241
1630	0181
1631	1705
1632	0141
1633	0101
1634	1722
1635	1705
1636	1601
1637	0241 1662
1638	0201 1601 0101⊗
1639	0141
1640	1705
1641	0101⊗ 0141 1701
1642	1701
1643	0101
1644	0101
1645	0101 0141 1701
1646	0101
1647	1601 0101⊗
1648	0101 1781
1649	0101
1650	1601
1651	0101
1652	0101
1653	0101

書名編號	藏書單位
地理類 方志 1654	0101
1655	0201
1656	0101⊗ 0201⊗ 1701⊗
1657	0101 0201⊗ 0301 1704
1658	0101 1701
1659	0101
1660	1705 0201⊗
1661	0201
1662	0101
1663	0101
1664	0201
1665	0144
1666	1601 0201⊗
1667	0101
1668	1142
1669	0101
1670	1662
1671	0101
1672	1705
1673	1705
1674	0101⊗ 1704
1675	0161
1676	1704
1677	0161⊗ 1788⊗
1678	0101
1679	1662
1680	1662
1681	0101 1704
1682	1705
1683	1704
1684	0161 1704 1781
1685	1741
1686	1601
1687	0101
1688	1741
1689	0101
1690	1705

書名編號	藏書單位		
地理類 方志 1691	0201		
1692	1601		
1693	0201		
1694	0201	1601	
1695	0101⊗	1662	
1696	0241		
1697	1641		
1698	0101		
1699	0181		
1700	0201		
1701	0141	1641	
1702	0181		
1703	1601		
1704	1641		
1705	0141		
1706	0201		
1707	0101		
1708	0101		
1709	0101	1641	1704
1710	0201	1401	
1711	0101	1705⊗	
1712	1601		
1713	0201		
1714	0181		
1715	0101⊗	1901⊗	
1716	0101		
1717	0101	1401	
1718	1705 ←	0101⊗	1704⊗
1719 1720	0101	0181	1662
1721	0101	1401	
1722	0101		
1723	1705		
1724	1601	2301	
1725	0181		
1726	1705		
1727	0101		
1728	1705		

書名編號	藏書單位	
地理類 方志 1729	0101	
1730	1911	
1731	0101	
1732	0181	1411
1733	0181	
1734	0101⊗	1601
1735	0161	
1736	0101	
1737	1903	
1738	0101	
1739	0101	
1740	0101	0703
1741	0101	0161
1742	0101	
1743	0101	
1744	0101⊗	1705
1745	0101	
1746	0101	
1747	1662	
1748	0101	
1749	0101	
1750	0703	
1751	0291	
1752	0181	1901
1753	0101	
1754	0301	
1755	1705	
1756	0141	
1757	0101	1701
1758	1662	
1759	0703	
1760	0101	
1761	1662	
1762	0101	
1763	0181	
1764	1705	
1765	0101	1641

書名編號	藏書單位		
地理類 方志 1766	0181		
1767	0101		
1768	1601		
1769	1705		
1770	0101		
1771	0101		
1772	0101		
1773	1705		
1774	0101		
1775	0101	0161	0181
1776	0101		
1777	0101		
1778	1705		
1779	0101	1641	
1780	0101		
1781	1705		
1782	0101		
1783	0101		
1784	1901		
1785	1705		
1786	0201		
1787	0101		
1788	1914		
1789	1901		
1790	0101		
1791	1705		
1792	0101		
1793	1705		
1794	0101		
1795	0181		
1796	0101		
1797	0101	1701	
1798	1705		
1799	0101		
1800	0101		
1801	1705		
1802	1705		

書名編號	藏書單位		
地理類 方志 1803	0101	1901	
1804	0101		
1805	0101	0703	
1806	0101		
1807	1901		
1808	0101		
1809	0101		
1810	1705		
1811	0181		
1812	0241		
1813	0101		
1814	0101		
1815	0161	0181	1641
1816	1705		
1817	1705⊗		
1818	0201⊗	1705⊗	
1819	0101⊗		
1820	0101⊗	0841⊗	
1821	0101		
1822	0291		
1823	0161		
1824	2341		
1825	0101		
1826	0101⊗	0201⊗	
1827	0101	0141	
1828	1915		
1829	1662		
1830	1981		
1831	0101		
1832	0301		
1833	1705		
1834	0101		
1835	0101		
1836	0161		
1837	0181		
1838	0101		
1839	0301		

書名編號	藏書單位		
地理類　方志 1840	0101		
1841	0141		
1842	1662		
1843	1705		
1844	0101		
1845	0101		
1846	0101		
1847	0101		
1848	0101		
1849	0101		
1850	0181		
1851	0101		
1852	0101		
1853	0101		
1854	0101		
1855	0101		
1856	0101		
1857	1601		
1858	0101		
1859	0101		
1860	0101		
1861	0101		
1862	0181	1701	
1863	0181		
1864	0101		
1865	0301	0703	
1866	1705		
1867	0101		
1868	1705		
1869	0101		
1870	1788		
1871	0181		
1872	0101		
1873	1901		
1874	1701		
1875	0101		
1876	0141		

書名編號	藏書單位				
地理類　方志 1877	1705				
1878	0161				
1879	0101				
1880	0181	1981			
1881	1601				
1882	0101⊗	0201	1601⊗	2001	2401⊗
1883	2301				
1884	2301				
1885	0101				
1886	0101				
1887	0101				
1888	0101				
1889	2301				
1890	2301				
1891	2301				
1892	0101				
1893	1701				
1894	0101				
1895	0181				
1896	0101	0181			
1897	0161				
1898	0161				
1899	0101	0181	1701		
1900	0101				
1901	0101	0181			
1902	0101				
1903	0101				
1904	1705				
1905	1601				
1906	0241				
1907	0101				
1908	0101				
1909	0161⊗	1701			
1910	0101	0181			
1911	1705				
1912	0101				
1913	0101⊗	2301⊗			

書名編號	藏書單位		
地理類　方志 1914	0201⊗	1705⊗	
1915	1601	2301	
1916	0101		
1917	0101		
1918	0301		
1919	0101		
1920	0101		
1921	0101		
1922	0181		
1923	1705		
1924	0101		
1925	0101		
1926	0101		
1927	2704		
1928	0101	0301	
1929	0181		
1930	1705		
1931	0101		
1932	0101	1662	
1933	0181		
1934	0181		
1935	0101		
1936	0181		
1937	0161	2543	
1938	0101		
1939	2301		
1940	0101		
1941	0101	0301	
1942	1705		
1943	0181		
1944	0101		
1945	0101	0181	2314
1946	0101		
1947	0101		
1948	2341		
1949	0101		
1950	1705		

書名編號	藏書單位		
地理類　方志 1951	0101		
1952	1705		
1953	0101		
1954	0101		
1955	0101	0301	
1956	2301		
1957	0101⊗		
1958	2301		
1959	0101		
1960	0101		
1961	0181		
1962	0101		
1963	0301		
1964	0181		
1965	0101		
1966	0101	0181	
1967	1001		
1968	0201		
1969	0101⊗	0201⊗	
1970	0241		
1971	0101		
1972	2301		
1973	0101		
1974	0181		
1975	1705		
1976	0181⊗	0241	
1977	0101⊗		
1978	0101		
1979	0101		
1980	0181	0251	
1981	0101		
1982	0101		
1983	0101		
1984	0181	0301	2301
1985	1705		
1986	0101		
1987	0105		

書名編號	藏書單位		
地理類 方志. 1988	0101		
1989	0101		
1990	0101		
1991	0181		
1992	0181		
1943	0101		
1994	1705		
1945	0101		
1996	2441		
1997	0101	0181	
1998	0181		
1999	1705		
2000	1705		
2001	0101		
2002	0181		
2003	0101	0181	
2004	0101		
2005	2461		
2006	0101	2401	
2007	2401		
2008	0181	2341	
2009	0101		
2010	0101		
2011	2401	2481	
2012	2441		
2013	2441		
2014	0181		
2015	0101	2401	
2016	0101		
2017	2401		
2018	0181	2401	
2019	0101		
2020	0181		
2021	0101	1662	
2022	2401		
2023	0181	2401	
2024	0101		

方志表二十八

書名編號	藏書單位		
地理類 方志. 2025	1641		
2026	1641		
2027	0101		
2028	1705		
2029	0101		
2030	0181	2401	
2031	1705		
2032	1705		
2033	0101	0291	
2034	2401		
2035	0101		
2036	0101		
2037	0101		
2038	1705		
2039	2401		
2040	0101◎	2401◎	
2041	0101		
2042	0101		
2043	2308	0181	
2044	0101		
2045	0101◎	2401◎	
2046	0101◎	2401◎	
2047	0201		
2048	1705		
2049	0101		
2050	0101◎	2401◎	
2051	2401		
2052	0101		
2053	2401		
2054	2401	0181	
2055	0181	1662	
2056	0101		
2057	0181◎	1662	
2058	0101		
2059	1705		
2060	0101		
2061	0703		

書名編號	藏書單位		
地理類 方志. 2062	0101		
2063	0101		
2064	0101		
2065	2401		
2066	0141		
2067	0101		
2068	0101		
2069	0101		
2070	0101		
2071	0101		
2072	0101		
2073	0101		
2074	0101		
2075	0161		
2076	0181	2341	
2077	0101		
2078	0101		
2079	0101		
2080	1705		
2081	0181		
2082	0101		
2083	0101		
2084	0101	0161	
2085	0301		
2086	0201		
2087	0101◎	2401◎	
2088	0291	0181	
2089	0101◎		
2090	0181		
2091	0101		
2092	0141		
2093	0101◎	2401◎	
2094	0101		
2095	2301		
2096	1705		
2097	0201		
2098	0101		

方志表二九

書名編號	藏書單位		
地理類 方志. 2099	0101		
2100	0301	0181	
2101	0101		
2102	1705		
2103	0101		
2104	0101		
2105	2401		
2106	0101		
2107	0301		
2108	0181		
2109	2401		
2110	0101		
2111	0181	1662	
2112	0181		
2113	0101		
2114	0181		
2115	0101		
2116	0101	1641	
2117	0301	0181	
2118	0101		
2119	2341	0181	
2120	0101	2341	
2121	0101		
2122	0181	2405	2441
2123	1705		
2124	0101	1641	
2125	0181		
2126	0181◎	1662	
2127	0101		
2128	0101		
2129	0101		
2130	0101		
2131	0101		
2132	0181		
2133	0201		
2134	0181		
2135	1601		

書名編號	藏書單位	
地理類 方志 2136	2541	
2137	0101	0301
2138	0101	0201◎
2139	0201	
2140	0101	
2141	0161	
2142	0101	
2143	0101	
2144	0101	
2145	2701	
2146	0101	0341
2147	0101	
2148	0101	
2149	0181	
2150	0101	
2151	0181	
2152	0101	0181
2153	0161	
2154	1641	
2155	0101	0181
2156	0101	
2157	0201	
2158	0181	
2159	0101	
2160	0161	
2161	2706	
2162	0181	
2163	0241	
2164	0401	
2165	0181	
2166	0181	
2167	0181	
2168	0181	
2169	0101	
2170	0181	1101
2171	0181	
2172	0101	

方志表三〇

書名編號	藏書單位	
地理類 方志 2173	0161	
2174	0181	
2175	0101	1101
2176	1705	
2177	1705	
2178	0101	
2179	0101	
2180	0181	
2181	0101	
2182	0181	
2183	0181	
2184	0101	
2185	0181	
2186	0101	
2187	0181	
2188	0181	
2189	0181	
2190	0181	
2191	0181	
2192	0181	
2193	0181	
2194	0161	0181
2195	0301	
2196	1705	
2197	1705	
2198	0101	
2199	0181	
2200	1541	
2201	1705	
2202	0181	
2203	0181	
2204	0181	
2205	1641	
2206	0101	
2207	0181	2701
2208	2701	
2209	2711	

書名編號	藏書單位		
地理類 方志 2210	0181		
2211	0181		
2212	2001		
2213	0201		
2214	0101		
2215	0101		
2216	0181		
2217	1705		
2218	0101	0141	0161
2219	0181	1601	
2220	0181		
2221	0181		
2222	0101		
2223	0101		
2224	0141	0181	
2225	0101		
2226	0181	1662	2701
2227	0201		
2228	0101		
2229	0101	0161	
2230	0101		
2231	0101		
2232	0181		
2233	0341		
2234	0101		
2235	0181		
2236	0101		
2237	0101	1701	
2238	0101		
2239	0181		
2240	0101		
2241	0181	2706	
2242	0101	0161	0141
2243	0181	2701	
2244	0201		
2245	0181		
2246	1705		

方志表三一

書名編號	藏書單位					
地理類 方志 2247	0181					
2248	0101	1662				
2249	0181					
2250	0198					
2251	0101					
2252	0101					
2253	0141	0181				
2254	0161	2721				
2255	0181					
2256	0101					
2257	0181					
2258	0101					
2259	0241					
2260	0101					
2261	0101					
2262	0101					
2263	0101					
2264	0201					
2265	0181					
2266	0161	0181	2701			
2267	0181					
2268	0181					
2269	0101	1662				
2270	0181					
2271	0181					
2272	0181					
2273	0181					
2274	0181					
2275	0101	0161	0301	1662	1705◎	2441
2276	0101					
2277	2001					
2278	0101◎	0703◎	0841◎	2001	2041	2042
2279	0101					
2280	2301					
2281	2001					
2282	0242					
2283	0101					

書名編號	藏書單位		
地理類 方志 2284	2441		
2285	2001		
2286	0101		
2287	0101	2041	
2288	1801		
2289	0101		
2290	0101		
2291	2001		
2292	0101	1701	
2293	0101		
2294	0101	1841	
2295	2081		
2296	0181	0301	2001
2297	2001		
2298	0101		
2299	0101◎	1705◎	
2300	0101		
2301	0101		
2302	2006		
2303	0101		
2304	0141		
2305	0101		
2306	0141		
2307	0101		
2308	0101	1662◎	
2309	2001		
2310	0101		
2311	1705		
2312	0101		
2313	0101		
2314	1705		
2315	0101		
2316	0201	0841◎	1601◎
2317	0101		
2318	0101	1704	
2319	1705		
2320	0101		

書名編號	藏書單位	
地理類 方志 2321	0101	
2322	0101	
2323	1705	
2324	1705	
2325	0101	
2326	0301	
2327	0101	
2328	0101	
2329	1705	
2330	1705	
2331	0101	
2332	1705	
2333	0101	
2334	1705	
2335	0101	
2336	0181	
2337	1705	
2338	1705	
2339	0101	2001
2340	1705	
2341	0201	
2342	0101	
2343	0181	
2344	0101	
2345	0201◎	1705
2346	2001	
2347	0141	2041
2348	1705	
2349	1705	
2350	0101	
2351	0101	
2352	0101	2001◎
2353	0101	
2354	0161	
2355	1705	
2356	0101	
2357	0101	

書名編號	藏書單位		
地理類 方志 2358	0101		
2359	1705		
2360	0101	1628	1662
2361	0141		
2362	0101		
2363	1705		
2364	0101		
2365	0101		
2366	0101		
2367	2001	2091	
2368	0201◎	1705	
2369	0141		
2370	0141		
2371	0101		
2372	0181		
2373	0101		
2374	1705		
2375	2091		
2376	2091		
2377	0101		
2378	0101		
2379	2401		
2380	1705		
2381	0101		
2382	0101		
2383	0181		
2384	1705		
2385	0101		
2386	1601		
2387	1705		
2388	0201		
2389	0141		
2390	0101		
2391	0101	0201	1705
2392	0101		
2393	0101		
2394	1705		

書名編號	藏書單位		
地理類 方志 2395	0101◎	2042◎	
2396	0101	2001	
2397	0201		
2398	0101	2001	
2399	2541		
2400	0101		
2401	2041		
2402	0101		
2403	1601		
2404	0301		
2405	0301	1601	
2406	0101		
2407	2701		
2408	1601		
2409	1601		
2410	0301		
2411	0201	1601	2501
2412	1601		
2413	0301		
2414	0101		
2415	0101	1662	2041
2416	0101		
2417	0201◎	1705◎	2501
2418	2541		
2419	0201		
2420	0101	1710	2501
2421	0181		
2422	0181		
2423	0101		
2424	1705		
2425	0101		
2426	0101		
2427	0101		
2428	0101		
2429	0181	0141	
2430	0101		
2431	1662		

書名編號	藏書單位		
地理類　方志 2432	2501		
2433	0181		
2434	0101		
2435	0101		
2436	0181		
2437	1705		
2438	0101		
2439	0241		
2440	2501		
2441	2541		
2442	0101		
2443	0101	0181	1662
2444	0101		
2445	0101		
2446	1601		
2447	0181		
2448	0101		
2449	0291	0181	
2450	0101		
2451	0181		
2452	0101		
2453	0101		
2454	0101		
2455	1601	2543	
2456	1705		
2457	0101		
2458	0181		
2459	0101		
2460	1705		
2461	0101		
2462	0181		
2463	0101		
2464	1705		
2465	1601		
2466	0101		
2467	1705		
2468	1705		

方志表三四

書名編號	藏書單位		
地理類　方志 2469	0101⊗	0201	
2470	0101		
2471	0101		
2472	0101		
2473	0181	2501⊗	
2474	0101		
2475	0181	2501	
2476	1705		
2477	0101		
2478	1501		
2479	0181	2501⊗	
2480	0101		
2481	0181	2501	
2482	0241		
2483	0101	2501	
2484	0101		
2425	0101		
2486	1705		
2487	0181	1581	2501⊗
2488	0101		
2489	0101		
2490	0301		
2491	0101		
2492	0101⊗	0291	
2493	0181		
2494	0101		
2495	0141		
2496	0201		
2497	0161		
2498	1701		
2499	0181		
2500	0101	0291	
2501	0101		
2502	0161	0301	
2503	0101⊗		
2504	0141		
2505	0301		

書名編號	藏書單位	
地理類　方志 2506	1701	0181
2507	0101	
2508	1601	
2509	0181	
2510	0101	
2511	0181	
2512	0101	
2513	0101	
2514	0301	
2515	0181	
2516	0181	
2517	0101	
2518	0181	
2519	0181	1662
2520	1705	
2521	0101	0291
2522	0181	0301
2523	0181	
2524	0101	
2525	0181	
2526	0181	
2527	0101	
2528	0101	
2529	0181	0241
2530	0101	1705
2531	0181	
2532	0101	
2533	0181	
2534	0101	
2535	1705	
2536	0181	
2537	0101	
2538	1601	
2539	0181	
2540	0101	
2541	1705	
2542	0181	

方志表三五

書名編號	藏書單位	
地理類　方志 2543	0101	
2544	1705	
2545	0101	
2546	0101	
2547	0101	
2548	0101	
2549	0161	0181
2550	0181	
2551	0181	1701
2552	0101	
2553	0181	
2554	1705	
2555	0101	
2556	0181	1662
2557	0101	
2558	0181	
2559	0101	
2560	0181	
2561	0101	
2562	0101	0181
2563	1701	
2564	0181	
2565	0101	
2566	0181	
2567	0181	
2568	0181	
2569	0101	
2570	0181	
2571	0141	
2572	0161	
2573	1705	
2574	0101	
2575	0101	
2576	0181	
2577	1705	
2578	0101	
2579	0181	

書名編號	藏書單位			
地理類 方志 2580	0101			
2581	0101			
2582	0101			
2583	0181			
2584	1684			
2585	1704			
2586	1705			
2587	0181	0301	1701	2501
2588	0101			
2589	0101			
2590	0101			
2591	0161			
2592	1701			
2593	0101	0301		
2594	0101	0181		
2595	0101			
2596	0201			
2597	0101			
2598	0101			
2599	1662			
2600	0101			
2601	0181			
2602	0181			
2603	0181			
2604	1601			
2605	0181			
2606	0101			
2607	0181			
2608	0161	0181		
2609	0181			
2610	0101			
2611	0181			
2612	0181			
2613	1705			
2614	0101			
2615	0703			
2616	0101			

書名編號	藏書單位		
地理類 方志 2617	2301		
2618	0181		
2619	0181		
2620	0181		
2621	0101	0181	
2622	0301	0181	
2623	0101		
2624	1705		
2625	0101	0201	0301
2626	0101⑩	0201	1601
2627	1601		
2628	0201		
2629	0101		
2630	0161	0241	
2631	0101		
2632	0101		
2633	0181		
2634	1601	2901	
2635	0181		
2636	0161		
2637	0181	2901	
2638	0101		
2639	0101		
2640	0101		
2641	0161		
2642	0101		
2643	0161	2901	
2644	0101	1705	2901
2645	0101		
2646	0181		
2647	0101		
2648	0101		
2649	2901		
2650	0101		
2651	2901		
2652	0161		
2653	0101		

書名編號	藏書單位		
地理類 方志 2654	0101		
2655	0101		
2656	0101		
2657	0181		
2658	0101		
2659	0101	2901	
2660	1101		
2661	0101	2901	2902
2662	0101	1601	
2663	0101	2901	
2664	0101		
2665	0101	0181	
2666	0101		
2667	0101	0301	
2668	0241		
2669	2901		
2670	0141		
2671	1601		
2672	2901		
2673	0101	0181	1662
2674	0101		
2675	0101	2901	
2676	0101		
2677	0101	0161	
2678	0101	0301	
2679	0181	0301	
2680	0101		
2681	0301		
2682	0161		
2683	0181		
2684	0101		
2685	1701		
2686	0101		
2687	2901		
2688	1705		
2689	0181		
2690	0101		

書名編號	藏書單位		
地理類 方志 2691	2901		
2692	2905		
2693	1701		
2694	0101	0181	
2695	0101	2901	
2696	2401		
2697	0101		
2698	0241		
2699	0181	2706	
2700	0101		
2701	2901		
2702	0101		
2703	0101	2901	
2704	0101		
2705	0101		
2706	0101		
2707	0181		
2708	0101	1628	
2709	0101		
2710	0101		
2711	0161		
2712	0201		
2713	0181		
2714	0101		
2715	0101		
2716	0101		
2717	1705		
2718	0101⑩	0201⑩	
2719	0101		
2720	0841	2702	
2721	2901		
2722	0181	2301	2821
2723	2881		
2724	0181		
2725	1705		
2726	0181		
2727	1701		

書名編號	藏書單位
地理類 方志 2728	0291 1101
2729	0101
2730	0181
2731	0101
2732	0181
2733	0181
2734	0181
2735	0181
2736	0181
2737	1705
2738	0181
2739	0101
2740	0101
2741	0101
2742	2301
2743	0101
2744	1702
2745	2750
2746	0101
2747	0142
2748	0301
2749	0144
2750	1605
2751	0241
2752	0101
2753	1601
2754	2701
2755	0141
2756	2541
2757	0102
2758	0101
2759	0291
2760	0141

書名編號	藏書單位
地理類 方志	

職官類

官制

一 歷代職官考十卷歷代封建考十一卷 明刻本 十二行廿五字白口四周單邊
二 欽定歷代職官表七十二卷 清紀昀等纂 清乾隆四十五年武英殿刻本
三 古今官制沿革圖一卷 明王光魯撰 明末刻本
四 歷代宰輔彙考八卷 清萬斯同撰 清抄本
五 漢官解詁一卷 漢王隆撰 胡廣注 清孫星衍輯 稿本（平津館叢書底本） 清顧廣圻校
六 漢舊儀二卷補遺二卷 漢衛宏撰 清孫星衍輯 稿本（平津館叢書底本） 清顧廣圻校
七 漢官儀二卷 漢應劭撰 清孫星衍輯 稿本（平津館叢書底本） 清顧廣圻校
八 季漢官爵考三卷 清周廣業撰 手稿本 清吳騫跋並原校 清蔣師爚周春跋
九 季漢官爵考三卷 清周廣業撰 稿本 清吳騫跋
一〇 季漢官爵考二卷 清周廣業撰 稿本 清蔣師爚跋
一一 季漢官爵考三卷 清周廣業撰 清周氏種松書塾抄本 清周勳懋校
一二 漢州郡縣吏制考一卷 清張汝梅撰 清劉履芬抄本
一三 大唐六典三十卷 唐玄宗李隆基撰 李林甫等注 宋紹興四年溫州州學刻遞修本 十行二十字小字雙行二十三字白口單魚尾左右雙邊 存七卷 一至三、十二至十五
一四 大唐六典三十卷 唐玄宗李隆基撰 李林甫等注 宋紹興四年溫州州學刻遞修本 十行十九、二十字不等小字雙行廿三字白口左右雙邊有刻工 存五卷 七至十一
一五 大唐六典三十卷 唐玄宗李隆基撰 李林甫等注 宋紹興四年溫州州學刻遞修本 王秉恩、沈曾植跋 十行二十字小字雙行廿三字白口左右雙邊 存四卷 五、二十八至三十
一六① 大唐六典三十卷 唐玄宗李隆基撰 李林甫等注 明正德十年席書、李承勛刻本 十二行二十字左右雙邊有刻工
一六② 大唐六典三十卷 唐玄宗李隆基撰 李林甫等注 明正德十年席書、李承勛刻本 傅增湘校並跋 十二行二十字小字雙行同白口左右雙邊有刻工
一七 大唐六典三十卷 唐玄宗李隆基撰 李林甫等注 明嘉靖二十三年浙江按察司刻本 十一行二十字小字雙行同白口四周單邊
一八 大唐六典三十卷 唐玄宗李隆基撰 李林甫等注 明嘉靖二十三年浙江按察司刻公文紙印本（卷一至二配清抄本） 清丁丙跋 十一行二十字小字雙行同白口四周單邊
一九 大唐六典三十卷 唐玄宗李隆基撰 李林甫等注 清嘉慶五年掃葉山房刻本 傅增湘校並跋
二〇 大唐六典三十卷 唐玄宗李隆基撰 李林甫等注 清彭氏知聖道齋抄本
二一 大唐六典三十卷 唐玄宗李隆基撰 李林甫等注 清抄本 清馮浩校
二二 大唐六典三師三公尚書都省三十卷 唐玄宗李隆基撰 李林甫等注 清抄本
二三 元豐官志不分卷 清抄本
二四 憲綱事類一卷申明憲綱一卷 明王廷相撰 風憲忠告一卷 元張養浩撰 御史箴一卷 明薛瑄撰 明嘉靖二十一年曾佩刻本 九行二十字白口四周單邊
二五 憲綱事類一卷 不著撰人 風憲忠告一卷 元張養浩撰 御史箴一卷 明薛瑄撰 明刻本 九行十八字細黑口雙魚尾四周雙邊
二六 大明一統文武諸司衙門官制十六卷 明嘉靖二十年焦璉、祝詠刻本 十三行三十二字白口左右雙邊
二七 大明一統文武諸司衙門官制五卷 明陶承慶校正 葉時用增補 明萬曆十四年寶善堂刻本
二八 大明一統文武諸司衙門官制五卷 明陶承慶校正 葉時用增補 明萬曆十四年寶善堂刻四十一年印本 十二行廿九字白口四周單邊
二九 大明一統文武諸司衙門官制五卷 明陶承慶校正 葉時用增補 明萬曆刻本 十二行三十字白口四周雙邊
三〇 諸司職掌十卷 明刻本 清沈家本跋 十行廿二字黑口四周雙邊
三一 皇明功臣封爵考八卷 明鄭汝璧撰 明萬曆刻本 十行二十字白口四周單邊
三二 品級考二卷 明萬曆閻廷甲等刻本 九行二十字小字雙行同白口左右雙邊
三三 官制備考二卷 明李日華撰 明末刻本 九行二十字白口四周單邊
三四 古今官制沿革圖不分卷 明王光魯撰 明刻本 行格不一白口四周單邊
三五 啟雋職官考五卷 明李國祥等輯 明萬曆刻本 十行二十字白口四周單邊有刻工
三六 官品令三十卷 明抄本 存十卷 二十一至三十
三七 滿漢官品級考不分卷 清社立德等撰 清康熙刻本
三八 六官政考不分卷 清抄本

三九 内閣小志一卷 清葉鳳毛撰 清沈樹鏞抄本 羅振玉跋
四〇 殘明百官簿四卷 題清平步青輯 稿本
四一 皇朝賜號考十二卷 清姚覲元撰 稿本
四二 宋宰輔編年錄二十卷 宋徐自明撰 明萬曆四十六年呂邦燿刻本 十行二十字白口四周單邊
四三 宋宰輔編年錄二十卷 宋徐自明撰 明萬曆四十六年呂邦燿刻本 清蔣詒穀校 十行二十字白口四周單邊有刻工
存十七卷（一至七、九、十、十一至十三、十五至二十）
四四 宋宰輔編年錄二十卷 宋徐自明撰 清嘉慶二年王氏十萬卷樓抄本（卷一至二配清抄本） 清王宗炎校並跋 丁丙跋
四五 文淵閣職掌錄一卷 清舒赫德等撰 清抄本
四六 中書典故彙紀八卷 清王正功輯 題群寧校補 稿本
四七 吏部四司條例三卷考功驗封條例三卷 明蹇義輯 明抄本
四八 禮部奏議宗藩事宜不分卷 明戚元佐撰 明刻本 十行二十字白口四周雙邊
四九 吏部職掌不分卷 明李默、黄養蒙等刪定 明嘉靖刻本 十行廿二字下黑口四周雙邊
五〇 吏部職掌不分卷 明李默、黄養蒙等刪定 明萬曆刻本 九行廿二字白口單邊單魚尾

三

五一 吏部志四十卷 明宋啟明撰 明萬曆刻本 九行二十字白口四周單邊
存二十七卷（九至三十五）
五二 萬曆八年四月急選報一卷 明萬曆刻本
五三 官爵志三卷 明徐石麒撰 清抄本 清韓崇校並跋
五四 官爵志三卷 明徐石麒撰 清抄本 清吳騫校
五五 吏部銓選漢官品級考四卷 清内府抄本
五六 吏部銓選漢官品級考四卷 清内府抄本
存二卷（三、四〈正七品至九品及未入流漢軍〉）
五七 吏部銓選漢官品級考四卷 清抄本
五八 吏部銓選滿州官員品級考□卷 清内府抄本
存一卷（正一品至從四品）
五九 吏部處分章程二十一卷 清内府抄本
六〇 兩淮運司志□卷 明弘治刻本 九行二十字黑口四周雙邊
存四卷（四至七）
六一 福建運司志三卷續志一卷 明林大有撰 明嘉靖刻本 九行二十至二十一字白口四周雙邊

六二 南京刑部志四卷首一卷 明龐嵩等纂修 明嘉靖三十四年刻本 十行二十字小字雙行同白口四周雙邊
六三 南京工部職掌條例五卷 明劉汝勉等撰 清抄本
六四 都察院奏明職掌肅風紀冊不分卷 明王應鵬輯 明嘉靖十一年刻本 九行十七字白口四周雙邊
六五 南臺舊聞十六卷 清黄叔璥撰 清乾隆刻本
六六 臺規不分卷 清紀昀等纂 清内府抄本
六七 臺規四十二卷 清延煦等纂 清光緒十六年都察院進呈抄本
六八 南京五城察院職掌志二卷 明施沛撰 清同治十年陳文川家抄本
六九 南京五城察院職掌志二卷 明施沛撰 清同治十年陳文川家抄本
七〇 南京五城察院職掌志二卷 明施沛撰 清抄本
七一 南京大理寺志七卷 明張希九撰 明嘉靖刻本 十行廿一字白口四周單邊
七二 南京尚寶司志二十卷 明潘煥宿纂修 明天啟三年刻本 九行十九字白口左右雙邊
存二卷（六、七）
七三 總管内務府堂現辦事宜不分卷 清道光抄本
七四 麟臺故事五卷 宋程俱撰 明抄本 明錢穀、清黄丕烈跋

四

七五 麟臺故事五卷 宋程俱撰 清抄本 清佚名錄明錢穀、清黄丕烈跋
存三卷（一至三）
七六 麟臺故事五卷 宋程俱撰 清馬世異□□齋抄本 清馬世異錄、明錢穀跋 清黄丕烈跋
存三卷（一至三）
七七 麟臺故事五卷 宋程俱撰 清抄本
存三卷（一至三）
七八 麟臺故事五卷 宋程俱撰 清述鄭齋抄本
七九 麟臺故事五卷 宋程俱撰 清抄本 清丁丙跋
八〇 麟臺故事五卷 宋程俱撰 拾遺二卷 清孫星華輯 攷異一卷 清孫星華撰 清光緒二十五年廣雅書局刻聚珍版叢書本 傅增湘校並跋
八一 翰苑群書二卷 宋洪遵輯 明抄本 傅增湘跋並題詩 陳寶琛、吳祿桐、邵章、陳雲誥、郭則澐、俞陛雲題詩
八二 翰苑群書前集一卷後集一卷 宋洪遵輯 清彭氏知聖道齋抄本 清彭元瑞校並跋
八三 翰苑群書一卷後集一卷 宋洪遵輯 清抄本
八四 翰苑群書二卷 宋洪遵輯 清抄本

八五 翰苑群書十三卷 宋洪遵輯 清尚友館抄本

八六 淳熙玉堂雜記三卷 宋周必大撰 清葉名澧家抄本

八七 南宋館閣錄十卷 宋陳騤撰 南宋館閣續錄十卷 清乾隆四十九年抄本

八八 中興館閣錄十卷 宋陳騤撰 續錄十卷 清抄本

八九 中興館閣錄十卷 宋陳騤撰 續錄十卷 清錢氏潛研堂抄本 清黃丕烈校 程枕虞、楊守敬、葉德輝、余嘉錫跋
存九卷 二至十

九〇 中興館閣錄十卷 宋陳騤撰 續錄十卷 清彭氏知聖道齋抄本 清翁同龢跋
存十一卷 二至六、九至十、續錄二至四、六

九一 中興館閣錄十卷 宋陳騤撰 續錄十卷 清抄本 清周星詒校並跋
存十八卷 二至十、續錄一至八、十

九二 中興館閣錄十卷 宋陳騤撰 續錄十卷 清抄本 丁丙跋
存十八卷 二至十、續錄一至八、十

九三 中興館閣錄十卷 宋陳騤撰 續錄十卷 清抄本 徐時棟校並跋
存十八卷 二至十、續錄一至八、十

九四 中興館閣錄十卷 宋陳騤撰 清盧文弨抄本（卷一至六、九配清光緒十二年丁氏刻武林掌故叢編本） 清盧文弨校並跋

九五 中興館閣錄十卷 宋陳騤撰 清吳騫抄本 清吳騫、周星詒校
存三卷 二至四

九六 中興館閣錄十卷 宋陳騤撰 清抄本
存九卷 二至十

九七 中興館閣錄十卷 宋陳騤撰 清抄本
存九卷 二至十

九八 中興館閣續錄十卷 清初滴雪軒抄本

九九 中興館閣續錄十卷 清初抄本

一〇〇 中興館閣續錄十卷 清抄本 清黃丕烈校
存七卷 一至七

一〇一 南宋館閣錄十卷 宋陳騤撰 清抄本 清雷格校
存五卷 二至六

一〇二 中興館閣續錄十卷 清抄本
存九卷 一至八、十

一〇三 秘書志五卷 元王士點、商企翁撰 清抄本 清張穆跋
存三卷 一至三

一〇四 秘書志十一卷 元王士點、商企翁撰 清乾隆抄本
存四卷 一至四

一〇五 秘書志十一卷 元王士點、商企翁撰 清抄本 清吳騫批注並跋

一〇六 秘書志十一卷 元王士點、商企翁撰 清同治六年劉履芬抄本 清劉履芬跋並錄吳騫校跋

一〇七 秘書志十一卷 元王士點、商企翁撰 清抄本 清李希芸跋

一〇八 秘書志十一卷 元王士點、商企翁撰 清抄本

一〇九 秘書監志十一卷 元王士點、商企翁撰 清抄本

一一〇 秘書監志十一卷 元王士點、商企翁撰 清抄本

一一一 秘書志十一卷 元王士點、商企翁撰 清抄本

一一二 翰林記二十卷 明黃佐撰 明抄本
存五卷 十一至十五

一一三 翰林記二十卷 明黃佐撰 清初抄本 清丁丙跋

一一四 詞林典故一卷 明張位、于慎行等撰 明萬曆十四年張位刻本 九行二十字白口四周單邊

一一五 館閣舊事二卷 明黃景昉撰 清抄本

一一六 詞林典故八卷 清張廷玉等撰 清乾隆十三年武英殿刻本

一一七 皇朝詞林典故六十四卷 清朱珪等撰 清抄本（四庫底本）
存三卷 四十九至五十二

一一八 皇朝詞林典故六十四卷 清朱珪等撰 清嘉慶十年內府抄本
存八卷 一至八

一一九 皇朝詞林典故六十四卷 清朱珪等撰 清嘉慶十年武英殿刻本

一二〇 南京詹事府志二十卷 明郜熙纂修 明刻本 八行十八字白口四周單邊
存三卷 一至三

一二一 南京太常寺志十三卷 明汪宗元撰 明嘉靖二十九年本 十行廿四字白口四周單邊
存二卷 一至二

一二二 太常寺續紀二十二卷 明李日宣撰 明崇禎九年刻本 十行二十字白口左右雙邊

一二三 南京太僕寺志十六卷 明雷禮纂修 明嘉靖刻本 九行廿一字白口四周雙邊
存十一卷 一至十一

一一二四 南京太僕寺志十六卷 明雷禮纂修 明嘉靖刻本 清丁丙跋 九行廿一字小字雙行同白口四周雙邊
一一二五 鴻臚寺志略五卷 明楊爾繩輯 明崇禎刻本 傅增湘跋 九行十九字白口四周雙邊
一一二六 國子監通志十卷 明邵讓撰 明成化三年刻本 九行二十字黑口四周雙邊 存九卷 一至五、七至十
一一二七 國子監續志十一卷 明謝鐸撰 明弘治十六年刻本 八行十四字黑口四周雙邊 存十卷 一至十
一一二八 國子監監規一卷 明萬曆刻本 八行十八字細黑口四周雙邊
一一二九 欽定國子監則例三十卷首二卷 清蔡新等纂 清乾隆三十七年武英殿刻本
一一三〇 欽定國子監志六十二卷首一卷 清梁國治等撰 清乾隆抄本
一一三一 國子監志八十二卷首二卷引用書目一卷 清文慶、翁心存纂修 清道光抄本
一一三二 國子監則例四十四卷首六卷擬删舊例一卷 清嘉慶內府抄本
一一三三 國子監則例四十五卷 江旦珍等纂修 清道光內府抄本
一一三四 南廱志二十四卷 明黃佐撰 明嘉靖二十三年刻本 十行二十字白口四周雙邊
一一三五 南廱志二十四卷 明黃佐撰 明嘉靖刻隆慶增修本 存二十一卷 一至十二、十五至二十三
一一三六 南廱志二十四卷 明黃佐撰 明嘉靖刻隆慶、萬曆增修本
一一三七 南廱志二十四卷 明黃佐撰 明嘉靖刻隆慶、萬曆、天啟增修本 清丁丙跋 朱緒曾跋
一一三八 南雍志十八卷 明黃儒炳纂 明天啟六年刻本 十行二十字四周雙邊
一一三九 皇明太學志十二卷 明王材、郭鎜等纂修 明嘉靖三十六年國子監刻隆慶、萬曆遞修本 十行二十一字白口四周雙邊
一一四〇 皇明太學志十二卷 明王材、郭鎜等纂修 明嘉靖三十六年國子監刻隆慶、萬曆遞修本 清丁丙跋 九行廿一字小字雙行同白口四周雙邊
一一四一 皇朝太學志口口卷 清內府抄本 存二卷 九十三、一百四十八
一一四二 太醫院志不分卷 明朱儒撰 清初抄本
一一四三 蒼梧總督軍門志三十四卷 明應檟纂 劉堯誨重修 明萬曆九年刻本（卷四至七配清抄本） 九行二十字白口四周雙邊單魚尾有刻工 存三十一卷 一至七、十一至三十四

一一四四 宗室王公世職章京爵秩冊附現任職官不分卷 稿本
一一四五 宗室王公世職章京爵秩襲次全表十卷 清年其汶撰 清光緒三十二年進呈抄本
一一四六 宗室王公世職章京爵秩襲次全表十卷 清年其汶撰 清光緒內府抄本
一一四七 諮訪冊不分卷 清順治抄本 存：北直、江南、河南、山東、山西、陝西
一一四八 土官底簿二卷 清彭氏知聖道齋抄本
一一四九 旗務積略不分卷 清于濬輯 清光緒十八年抄本
一一五〇 旗務集覽三卷 清抄本
一一五一 旗務志略不分卷 清抄本

官箴

一一五二 作邑自箴十卷 宋李元弼撰 清影宋抄本
一一五三 作邑自箴十卷 宋李元弼撰 清抄本
一一五四 官箴一卷 宋呂本中撰 明成化四年邢讓刻本 八行十六字黑口四周雙邊
一一五五 官箴一卷 宋呂本中撰 清道光十五年葉廷琯家抄本 清葉廷琯校並跋
一一五六 州縣提綱四卷 宋陳襄撰 清道光十五年葉廷琯家抄本 清葉廷琯校並跋
一一五七 晝簾緒論一卷 宋胡太初撰 明成化七年何鑑刻本 清朱錫庚跋 九行二十字大黑口四周雙邊
一一五八 晝簾緒論一卷 宋胡太初撰 明成化七年何鑑刻本 葉德輝跋 九行二十字黑口四周雙邊
一一五九 晝簾緒論一卷 宋胡太初撰 清初抄本 存十一篇
一一六〇 晝簾緒論一卷 宋胡太初撰 清道光十五年葉廷琯家抄本 清葉廷琯校並跋
一一六一 山屋百官箴六卷 宋許月卿撰 明嘉靖十四年潘滋刻本 九行十八字白口四周雙邊有刻工
一一六二 百官箴六卷 宋許月卿撰 清抄本
一一六三 牧民忠告二卷經進風憲忠告一卷廟堂忠告一卷 元張養浩撰 元刻本 清邵尚光跋
一一六四 三事忠告四卷 元張養浩撰 明隆慶元年貢安國刻本 九行二十字白口四周雙邊有刻工
一一六五 三事忠告四卷 元張養浩撰 明刻本 八行十七字黑口四周雙邊雙魚尾

三事忠告四卷 元張養浩撰 明初刻重修本 清丁丙跋 八行十七字黑口四周双邊黑魚尾 一六六
爲政忠告四卷（牧民忠告二卷 風憲忠告一卷 廟堂忠告一卷） 元張養浩撰 明萬曆刻本 八行十七字大黑口四周双邊 一六七
爲政忠告四卷（牧民忠告二卷 煌迆風憲忠告一卷 廟堂忠告一卷） 元張養浩撰 清道光十一年尹濟源碧鮮齋刻本 傅增湘校並跋 一六八
宣宗章皇帝御制官箴不分卷 明宣宗朱瞻基撰 明抄本 一六九
黄少卿蜀游經略遺書十卷蜀游視篆經略佚書一卷 明黄清撰 明萬曆刻本 十行廿一字白口四周單邊有刻工 一七〇
開州政蹟八卷 明李呈祥輯 明嘉靖十六年李蕊科刻本 九行二十字黑口四周双邊有刻工 一七一
官箴集要二卷 明汪天錫撰 明嘉靖十四年刻本 九行廿一字白口四周双邊 一七二
官箴集要二卷 明汪天錫撰 明萬曆四十七年萬献策、黄道光刻本 十行二十字白口四周單邊 一七三
留臺雜記八卷 明符驗撰 明萬曆三十一年刻本 十行廿三字白口四周双邊 一七四
存六卷 一至六

國子先生璞山蔣公政訓一卷 明蔣廷璧撰 明王尚樂金陵書坊刻本 十二行二十二字白口四周双邊 一七五
初仕錄一卷 明吴遵撰 明嘉靖沈子木刻藍印本 一七六
巡方總約一卷 明孫丕揚撰 黄訂 明末刻本 十行廿八字四周單邊 一七七
全陝政要四卷 明龔輝撰 明嘉靖刻本 十行廿三字白口四周單邊 一七八
全陝政要略四卷 明龔輝撰 明萬曆范氏天一閣抄本 一七九
牧鑑十卷 明楊昱撰 明嘉靖三十四年李仲撰刻本 十行二十字白口四周單邊 一八〇
牧鑑十卷 明楊昱撰 明隆慶六年康誥刻本 十行二十字白口四周單邊有刻工 一八一
恵安政書十二卷 明葉春及撰 附錄口卷 明萬曆刻本 十行二十字小字双行同白口四周双邊 一八二
存四卷 一至三、附錄二
言治紀略一卷 明劉大紹撰 保安太守文登劉公去思錄一卷 明陳柱等輯 保安州士民歌戴劉天錄一卷 明深川野史輯 明萬曆刻本 十行十八字白口四周單邊 一八三
實政錄七卷 明吕坤撰 明萬曆二十六年趙文炳刻本 九行十八字白口四周双邊 一八四

實政錄十卷 明吕坤撰 明萬曆四十六年得澂訓刻本 九行二十字白口四周單邊 一八五
寶坻政書十二卷 明劉邦謨、王好善輯 明萬曆刻本 十行二十字白口四周双邊 一八六
巢陽十議一卷轂罔八議一卷 明馬如麟撰 明萬曆刻本 九行十六字白口四周双邊 一八七
牧津四十四卷 明祁承㸁輯 明天啟四年刻本 九行十八字白口上下單邊左右双邊四周單邊 一八八
風憲事宜一卷 明萬曆四十年刻朱印本 十行十八字白口左右双邊 一八九
臺儀輯略一卷 清抄本 一九〇
政蹟遺錄不分卷 明張福臻撰 明抄本 一九一
勿所劉先生居官水鏡四卷 明劉時俊撰、孔貞時輯 明萬曆吴長齡刻本 十行二十字小字双行同白口左右双邊 一九二
新刻精纂詳註仕途懸鏡八卷 明王世茂撰 明天啟刻本 上下二層八字下層十行二十字白口四周單邊 一九三
兩理略四卷 明王徵撰 明崇禎十年孟道弘刻本 九行二十字白口四周單邊 一九四
移鄞莬略不分卷 明王章輯 明崇禎刻本 九行二十字白口左右双邊 一九五
知漳罪略九卷附錄一卷 明張肯志撰 明崇禎九年臨漳縣署刻遞修補本 七行十六字白口四周單邊 一九六
治平要略二卷治平要續不分卷 明章世純撰 明崇禎刻本 九行十九字白口四周單邊 一九七
治要錄四卷 明潘游龍輯 清抄本 一九八
康濟譜二十五卷 明潘游龍輯 明崇禎十四年王新昇刻本 九行二十字白口左右双邊單魚尾 一九九
康濟譜二十三卷 明潘游龍撰 明崇禎刻本 九行十八字白口左右双邊 二〇〇
考成錄略口卷 明朱國壽撰 明崇禎刻本 八行十八字白口四周單邊 二〇一
存五卷 清、僕、時、勤、仁
下車異績錄一卷 明崇禎刻本 九行二十字白口四周單邊 二〇二
治譜十卷續集一卷 明佘自强撰 附錄一卷 明崇禎十年李模刻本（卷五、六配明胡璇刻本） 二〇三
治譜十卷續集一卷 明佘自强撰 附錄一卷 明崇禎十二年胡璇刻本 九行二十字白口四周單邊 二〇四
治譜十卷 明佘自强撰 明崇禎王漳翰刻本 九行二十字白口四周單邊單魚尾 二〇五
御製人臣儆心錄一卷 清世祖福臨撰 清順治十二年内府抄本 二〇六
按閩政略不分卷 清朱克簡撰 清順治刻本 二〇七
百僚金鑑十二卷 清牛天宿輯 清忠恕堂刻本 二〇八

治鮮集三卷 清林華皖撰 清順治十七年刻本 二〇九

治安文獻十卷 清陸壽名、韓訥輯 清康熙刻本 二一〇

匡時良言一卷 清許三禮撰 海昌講學集註一卷 清許汝龍等輯
邑侯許公保障教養實政錄一卷 清康熙刻本 二一一

新輯仕學大乘十二卷 題摩然堂主人彙纂 清康熙五年卓觀堂刻本 二一二

聽言紀略不分卷 清劉儀撰 清康熙七年刻本 二一三

江左興革事宜略四卷 清戴符升輯 清康熙刻本 二一四

蒞政摘要二卷 清陸隴其輯 稿本 清潘世恩、張廷濟、陸寶誠 二一五

備員條略一卷 清鄭綉撰 清康熙刻本 二一六

文檄六卷 清劉鳩圖撰 清康熙十一年刻本 二一七

珠官初政錄二卷獄書錄一卷 清楊袞撰 清康熙二十五年自刻本 二一八

滇蒙平政錄不分卷 清陳朝君撰 清康熙二十八年刻本 二一九

左司筆記三卷 清吳隸撰 稿本 清張變跋 二二〇

守寧行知錄二十八卷 清張星耀撰 清康熙刻本 二二一

福惠全書三十二卷 清黃六鴻撰 清康熙刻本 二二二

肥鄉政略四卷 清范大士撰 清康熙四十年王佳刻本 二二三

天台治略十卷 清戴兆佳撰 清康熙六十年活字印本 二二四

天台治略十卷 清戴兆佳撰 清嘉慶九年潘春輝等活字印本 二二五

峯桃譜一卷 清王之良撰 清雍正刻本 二二六

欽定訓飭州縣規條一卷 清田文鏡、李衛撰 清雍正八年內府刻本 二二七

東萊紀略二卷 清嚴有禧撰 清乾隆刻本 二二八

莊浪政略四卷 清邵陸撰 清徐氏煙嶼樓抄本 二二九

學治臆説叄繹六卷附學治説贅一卷 清汪輝祖撰 顧鶴趾增補 稿本 二三〇

鈐衛便覽二卷 清錢汝誠撰 清乾隆錢汝誠進呈抄本 二三一

閩藩政務三卷 清抄本
存一卷 二三二

四川布政錄二卷 清抄本 二三三

絲綸歷辨成式十卷 清抄本 二三四

秦疆治略不分卷 清刻本 二三五

畚塘芻論二卷 清孫鼎臣撰 清抄本 二三六

奉使金鑑六十卷首一卷 清呂海寰撰 清光緒進呈抄本 二三七

危言四卷 清潘震抄本 二三八

商司馬政績紀略一卷 清商卿□等纂 鄒誠輯 □學楨蔡參訂 清繆氏杏香廬抄本 二三九

收藏情況表

表一

書名編號		藏書單位							
史 職官	1	0102							
	2	0162	0150	0181	0701	0801	1029		
	3	0101							
	4	0101							
	5	0201							
	6	0201							
	7	0201							
	8	0201							
	9	1601							
	10	1705							
	11	0101							
	12	0101							
	13	0141							
	14	1681							
	15	0101							
	16	0161	0162	0201	0441	0642	0703	1641	2701
		2742							
	16	0101							
	17	0101	0141	0301	1101	2042	2702		
	18	1601							
	19	0101							
	20	1606							
	21	0241							
	22	1581							
	23	0201							
	24	0201	1601⊕	1705⊕					
	25	0101⊕	0198	1601⊕					
	26	0101							
	27	0166							
	28	0101							
	29	0141	1601						
	30	0101							
	31	0101⊕	0141	0201⊕					
	32	1901							
	33	0341	0703						
	34	0162							
	35	0193							
	36	1705							

書名編號		藏書單位						
史 職官	37	0141	0161⊕					
	38	0161						
	39	0701						
	40	1701						
	41	0161						
	42	0101	0141	0164	0201	1008	1601	2301
	43	1741						
	44	1601						
	45	0701						
	46	1701						
	47	1705						
	48	1705						
	49	0101	0141	0198				
	50	0181	0201	1705⊕				
	51	0341						
	52	0101						
	53	0101						
	54	0201						
	55	0101						
	56	2206						
	57	0161						
	58	2206						
	59	0101						
	60	0101						
	61	0101⊕	1705					
	62	1641						
	63	0101						
	64	1705						
	65	0141	0142	0201	0242	1701	2301	
	66	0703						
	67	0181						
	68	0161						
	69	1601						
	70	1601						
	71	1705						
	72	1601						
	73	0161						
	74	0101						
	75	1601						

表二

書名編號		藏書單位
史 職官	76	2201
	77	0101
	78	0201
	79	1601
	80	0101
	81	0101
	82	0101
	83	0101
	84	0101
	85	2401
	86	0101
	87	2261
	88	0201
	89	0201
	90	0101
	91	0101
	92	1601
	93	0101
	94	1601
	95	0101
	96	1601
	97	0101
	98	0141
	99	0161
	100	0101
	101	0101
	102	0101
	103	0201
	104	0198
	105	0703
	106	1601
	107	0201
	108	0101
	109	1701
	110	0101
	111	0201
	112	1705
	113	1601
	114	0101

書名編號		藏書單位						
史 職官	115	0101						
	116	0187	0191	0641	0701	0906	2042	2502
	117	0141						
	118	0181						
	119	0181	0701					
	120	0101						
	121	1705						
	122	0301						
	123	1705						
	124	1601						
	125	0101						
	126	1705						
	127	1705						
	128	1705						
	129	0701						
	130	0161						
	131	0101						
	132	0101						
	133	0101						
	134	1705						
	135	1601						
	136	1641						
	137	1601						
	138	0201						
	139	0101	0142	1641				
	140	1601						
	141	1101						
	142	0201						
	143	0201						
	144	2301						
	145	0151						
	146	0198						
	147	0101						
	148	0101						
	149	0161						
	150	0142						
	151	0161						
	152	0101						
	153	0301						

書名編號	藏書單位							
史 職官 154	0101							
155	1601							
156	1601							
157	1501							
158	0101							
159	2582							
160	1601							
161	1601							
162	0341							
163	0101							
164	1501	1881						
165	0141	0193						
166	1601							
167	1542							
168	0101							
169	0164							
170	0141							
171	1601							
172	0141							
173	0181							
174	1705							
175	0101							
176	0101							
177	0201							
178	0101							
179	0243							
180	0101	1705●						
181	0101							
182	1629							
183	1501							
184	0101	0142	0146●	0241	0301	0701	0842	1082
	1542	1701	2201	2205	2211	2441●	2541	
185	0703●	2541						
186	0101							
187	0101							
188	2301							
189	0101							
190	0101							
191	1582							

表三

書名編號	藏書單位							
史 職官 192	0141							
193	0101							
194	0144							
195	1705							
196	0141							
197	0164							
198	1741							
199	0141	0144	0262	0592	0703	2001	0162	0181
	0291	1701	1741	2201	2941			
200	2501	2701						
201	0101							
202	0101							
203	0164							
204	0101	0144	2206					
205	0701							
206	0242	0802	0601	0701				
207	0201							
208	0150							
209	0161							
210	0101							
211	0101							
212	0101							
213	0161							
214	0101●	0201						
215	1601							
216	0101							
217	0701							
218	0101							
219	0701							
220	0101							
221	0101							
222	0509	0527	1507					
223	0101							
224	0701							
225	1601							
226	0101							
227	0701	0861						
228	0101							
229	0101							

書名編號	藏書單位
史 職官 230	0161
231	0181
232	0101
233	1103
234	1704
235	1082
236	0201
237	0181
238	0101
239	1601

表四

政書類

通制

一 古今治平略三十三卷 明朱健撰 明崇禎十一年鍾鉉刻本 九行二十字白口四周單邊

二 治平類纂三十卷 明朱健撰 清康熙二年刻本

三 治平略增定全書三十三卷 明朱健、朱徽撰 清康熙三年刻本

四 經世大典不分卷 清文廷式輯 稿本

五 通典二百卷 唐杜佑撰 宋刻本 鄭非跋 十五行大字廿五、六字小字卅五至三十七不等白口左右雙邊有刻工 存八卷 八十三至八十五、一百三十六至一百四十

六 通典二百卷 唐杜佑撰 宋刻本 十五行廿四至廿八字小字雙行約三十六字白口左右雙邊有刻工 存二卷 七十九至八十

七 通典二百卷 唐杜佑撰 宋刻元元統三年江浙等處儒學重修本 十五行廿七至三十字白口左右雙邊 存五卷 十一至十五、目錄

八 通典二百卷 唐杜佑撰 宋刻宋元遞修本 十五行廿五至廿六字小字雙行三十五至三十七字白口左右雙邊單魚尾有刻工 存八十八卷 一至五、二十六至三十五、八十一至一百、一百十一至一百四十五、一百六十三至一百八十

九 通典二百卷 唐杜佑撰 宋刻宋元遞修本 十五行廿五至廿九字小字三十五至三十七字白口左右雙邊有刻工 存二十三卷 十一至十五、廿一至廿七、三十六至三十八、四十六至四十八、一百八十一至一百八十三、一百九十四至一百九十五

一〇 通典二百卷 唐杜佑撰 宋刻宋元遞修本 十五行廿六至廿八字白口左右雙邊有刻工 存五卷 一百九十一至一百九十三、一百九十八至一百九十九

一一 杜氏通典二百卷 唐杜佑撰 明嘉靖十八年王德溢吳鵬刻本 十一行二十字白口四周單邊

一二 杜氏通典二百卷 唐杜佑撰 明嘉靖李元陽刻本 十行十八字小字雙行同白口四周單邊有刻工

一三 杜氏通典二百卷 唐杜佑撰 明嘉靖李元陽刻本 清丁丙、丁立中跋 十行十八字小字雙行同白口四周單邊有刻工

一四 通典二百卷 唐杜佑撰 明刻本 十行廿三字白口四周雙邊

一五 通典二百卷 唐杜佑撰 明刻本 清段鏻並批點 十行廿三字小字雙行同白口四周雙邊 存四十卷 一至四十

一六 通典二百卷 唐杜佑撰 明刻本 清梅曾亮批並題款 清朱琦題款 十行廿三字小字雙行同四周雙邊有刻工

一七 通典二百卷 唐杜佑撰 明刻本 清吳棠跋 十行廿三字小字雙行同白口四周雙邊有刻工

一八 通典二百卷 唐杜佑撰 明刻本 清丁丙跋 十行廿三字小字雙行同白口四周雙邊有刻工

一九 通典二百卷 唐杜佑撰 明刻本 傅增湘校並跋 十行廿五字白口四周雙邊

二〇 新刊浙本通典二百卷 唐杜佑撰 明抄本 存一百九十三卷 一至七十三、七十九至二百

二一 通典二百卷附考證一卷 唐杜佑撰 明抄本 存四十六卷 一百五十五至二百

二二 通典二百卷 唐杜佑撰 清乾隆十二年武英殿刻本

二三 通典二百卷 唐杜佑撰 清乾隆十二年武英殿刻本 清丁晏校並跋

二四 新入諸儒議論杜氏通典詳節四十二卷圖譜一卷 宋紹熙五年擇善堂刻本 十四行廿三字小字雙行同黑口左右雙邊 存詳節十八卷 一至十八

二五 新入諸儒議論杜氏通典詳節四十二卷圖譜一卷 宋紹熙五年擇善堂刻元修本 十四行廿三字黑口左右雙邊雙魚尾 存詳節四卷 二十四至二十七

二六 新入諸儒議論杜氏通典詳節四十二卷 元至元二十三年刻本 十四行廿三字細黑口左右雙邊上下單邊

二七 新入諸儒議論杜氏通典詳節四十二卷 元至元二十三年刻本 十四行廿三字小字雙行同細黑口間有白口左右雙邊雙魚尾 存四十卷 一至三十一、三十四至四十二

二八 新入諸儒議論杜氏通典詳節四十二卷 元至元二十三年刻本 十四行廿三字小字雙行細黑口間有白口雙魚尾左右雙邊 存九卷 三、四、七至十三

二九 新入諸儒議論杜氏通典詳節四十二卷 唐杜佑撰 元刻本 十四行廿三字小字雙行同細黑口左右雙邊 存一卷 十四

三〇 新入諸儒議論杜氏通典詳節四十二卷 元刻本 王維國跋 十四行廿三字黑口左右雙邊 存二卷 三十五至五十六

三一 新入諸儒議論杜氏通典詳節四十二卷 元刻明修本 十四行廿三字黑口左右雙邊 存二十一卷 十至二十、三十三至四十二

三二 新入諸儒議論杜氏通典詳節四十二卷 元刻本 十四行廿三字小字雙行同白口左右雙邊 存三卷 十八至二十

增入諸儒議論杜氏通典詳節四十二卷 明弘治八年刻公文紙印本 三三

增入諸儒議論杜氏通典詳節四十二卷圖譜一卷 明弘治八年刻本 十三行廿四字大黑口四周雙邊 三四

新刊增入諸儒議論杜氏通典詳節四十二卷圖譜一卷 明刻本 十一行廿五字黑口四周雙邊有刻工 三五

杜氏通典纂要二卷 明刻本 十行十八字白口四周單邊 三六

續通典一百五十卷 清嵇璜 曹仁虎纂修 清內府抄本 存八十三卷（一、七至十、十二至十三、十五至十八、二十五至二十六、二十八、三十一至三十六、四十至四十三、四十六至四十七、五十至五十二、五十四至五十六、五十九至六十、六十六、七十至七十六、七十七、八十三至八十四、八十六、八十九至九十二、九十六至九十七、一百五至一百九、一百十一至一百十四、一百十七至一百二十、一百二十六至一百二十七、一百二十九至一百三十六、一百四十二至一百四十八） 三七

欽定續通典一百五十卷 清嵇璜 曹仁虎纂修 清乾隆四十八年武英殿刻本 三八

文獻通考三百四十八卷 元馬端臨撰 元泰定元年西湖書院刻本 十三行廿六字細黑口左右雙邊有刻工 存二百八十二卷（一至七十三、七十八至八十一、八十八至一百一、一百六至一百二十、一百二十八至一百三十一、一百三十六至一百四十八、一百五十六至一百六十九、一百七十一至一百八十七、一百九十三至二百五十三、二百四十五至二百五十三、二百五十七至二百七十六、二百八十七至三百十一、三百十五至三百四十八） 三九

文獻通考三百四十八卷 元馬端臨撰 元泰定元年西湖書院刻本 十三行廿六字細黑口左右雙邊有刻工 存八卷（一百五十三至一百五十六、二百六十二至二百六十五、三百三至三百四） 四〇

文獻通考三百四十八卷 元馬端臨撰 元泰定元年西湖書院刻本 十三行二十六字黑口左右雙邊 存二卷（一百九十九、二百） 四一

文獻通考三百四十八卷 元馬端臨撰 元泰定元年西湖書院刻本 十三行廿六字細黑口左右雙邊雙魚尾有刻工 存三卷（三百四十六至三百四十八） 四二

文獻通考三百四十八卷 元馬端臨撰 元泰定元年西湖書院刻本 十三行廿六字細黑口左右雙邊有刻工 存卷（二百九第四頁（有補缺）、二百十一第十一頁、二百十二第三、五至八頁、二百十三第一、二及末頁、二百十四第九、十二頁、二百十五第七、八頁、二百十六第五、九、十頁、二百十七第二至四、七至十及末頁） 四三

文獻通考三百四十八卷 元馬端臨撰 元泰定元年西湖書院刻後至元五年余謙修補本 十三行廿六字小字雙行黑口左右雙邊雙魚尾有刻工 四四

文獻通考三百四十八卷 元馬端臨撰 元泰定元年西湖書院刻後至元五年余謙修補本 十三行廿六字小字雙行細黑口左右雙邊有刻工 四五

文獻通考三百四十八卷 元馬端臨撰 元泰定元年西湖書院刻元明遞修本 十三行二十六字細黑口左右雙邊 四六

文獻通考三百四十八卷 元馬端臨撰 元泰定元年西湖書院刻明初印本 十三行二十六字細黑口左右雙邊有刻工 存一百七十三卷（四十七至五十、五十四至五十七、六十一至六十四、七十一至八十二、九十七至一百十九、一百二十五至一百二十七、一百三十一至一百三十六、一百四十六至一百五十一、一百五十八至一百六十七、一百七十一至二百九、二百十三至二百三十八、二百四十三至二百五十五、二百五十七至二百六十一、二百六十五至二百八十二） 四七

文獻通考三百四十八卷 元馬端臨撰 元泰定元年西湖書院刻明初印本 十三行廿六字細黑口左右雙邊有刻工 存一百四十五卷（四十七至五十、五十四至五十七、六十一至六十四、七十一至八十二、一百至一百十七、一百五十八至一百六十七、一百七十一至一百九十五、二百二十五至二百三十五、二百四十四至二百五十五、二百五十七至二百六十九、二百七十五至二百七十六、二百八十五至二百九十八、三百、三百五至三百十一、三百十八至三百二十一、三百二十五至三百二十八、三百三十三至三百三十六、三百四十一至三百四十四） 四八

文獻通考三百四十八卷 元馬端臨撰 元泰定元年西湖書院刻明初印本 十三行二十六字白口左右雙邊 存一百二十六卷（七十九至八十一、九十七至一百十九、一百二十五至一百二十七、一百三十一至一百三十六、一百四十六至一百五十一、一百七十九至二百九、二百十三至二百二十四、二百二十九至二百三十八、二百四十三至二百四十五、二百五十四、二百五十七至二百六十五、二百八十二） 四九

文獻通考三百四十八卷 元馬端臨撰 元泰定元年西湖書院刻元明遞修本 十三行二十六字細黑口左右雙邊 五〇

文獻通考三百四十八卷 元馬端臨撰 元泰定元年西湖書院刻元明遞修本 十三行二十六字黑口左右雙邊 五一

文獻通考三百四十八卷 元馬端臨撰 元泰定元年西湖書院刻元明遞修本 清丁丙跋（序、目錄、卷一至二、九至十二、三十二至三十四、七十八至六十五、一百至一百五、一百五十四至一百七十、一百九十九至二百十五至二百二十卷清抄本） 五二

文獻通考三百四十八卷 元馬端臨撰 元刻明成化、弘治、正德遞修本 十三行廿六字細黑口左右雙邊 存九卷（二百九至二百十七） 五三

文獻通考三百四十八卷 元馬端臨撰 元刻明成化補修本（卷首一至二、十一至十二配清抄本） 存三百四十卷（一至十二、十七至三百四十八） 五四

文獻通考三百四十八卷 元馬端臨撰 明正德十一年至十四年劉洪慎獨齋刻本 十二行二十五字細黑口四周雙邊 五五

五六　文獻通考三百四十八卷　元馬端臨撰　明正德十一年至十四年劉洪慎獨齋刻十六年重修本　十二行廿五字上下綫口四周雙邊雙魚尾

五七　文獻通考三百四十八卷　元馬端臨撰　明正德十一年至十四年劉洪慎獨齋刻十六年重修本　今自清殷松本抄補并跋　十二行廿五字細黑口四周雙邊

五八　文獻通考三百四十八卷　元馬端臨撰　明正德十一年至十四年劉洪慎獨齋刻十六年重修本　清丁丙跋　十二行廿五字細黑口四周雙邊

五九　文獻通考三百四十八卷　元馬端臨撰　明嘉靖三年司禮監刻本　十二行二十字小字雙行同黑口四周雙邊

六〇　文獻通考三百四十八卷首一卷　元馬端臨撰　明嘉靖馮天馭刻本　十三行廿四字白口左右雙邊

六一　文獻通考三百四十八卷首一卷　元馬端臨撰　明嘉靖馮天馭刻萬曆、崇禎遞修本　十六行廿四字小字雙行同白口左右雙邊有刻工

六二　文獻通考三百四十八卷　元馬端臨撰　明末刻本　十行二十字小字雙行同白口四周單邊

六三上　文獻通考三百四十八卷　元馬端臨撰　清乾隆十二年武英殿刻本

六三下　文獻通考三百四十八卷　元馬端臨撰　清乾隆十二年武英殿刻本

六四　續文獻通考二百五十四卷　明王圻撰　明萬曆三十一年曹時聘許維新等刻本　十一行二十二字白口左右雙邊有刻工

六五　續文獻通考二百五十四卷　明王圻撰　清抄本

六六　文獻通考纂二十四卷　元馬端臨撰　明胡震亨輯　明萬曆駱駿曾刻本　十行二十一字白口左右雙邊單魚尾

六七　文獻通考纂二十四卷　元馬端臨撰　明胡震亨輯　明天啟六年刻本　十行二十一字白口左右雙邊單魚尾

六八　文獻通考纂二十四卷　元馬端臨撰　明胡震亨輯　明崇禎十六年朱長敘刻本　十行二十一字白口左右雙邊

六九　文獻通考纂二十四卷　元馬端臨撰　明胡震亨輯　明崇禎十六年朱長敘刻本　清江文炳批校並題款　十行廿一字白口左右雙邊　存十八卷半　一至七、十至十一、十四至十五、十七至十八上、十九至廿四

七〇　文獻通考詳節二十四卷　元馬端臨撰　清嚴虞惇輯　清乾隆二十九年嚴有禧漱芳堂刻本　清丁晏批校　十行廿四字白口左右雙邊

七一　文獻通考鈔二十四卷　馬端臨撰　清史以遇輯　續文獻通考鈔三十卷　明王圻撰　清史以甲輯　清康熙刻本

七二　續文獻通考鈔三十卷　明王圻撰　清史以甲輯　清康熙刻本

七三　訂正通考纂要六卷　清蔡紹炳輯　清康熙二十八年天祿閣刻本

七四　訂正通考纂要六卷　清蔡紹炳輯　清康熙二十八年天祿閣刻本　清張廷濟批校

七五　文獻通考節貫十卷　清周宋濂輯　清竹友草堂刻本

七六　文獻通考補增三卷參補二十六卷　清葉濤徐撰　稿本　存二十六卷　補增一至三、參補一至十七、十九、二十上、二十一、二十二上、二十四至二十六

七七　文獻通考參補二十卷　清葉濤徐撰　清林星衍抄本　葉德輝跋　存二卷半　十八、二十二下、二十五

七八　文獻通考補增三卷參補二十六卷　清葉濤徐撰　清抄本　存二十五卷　補增一至三、參補一至十七、十九、二十上、二十一、二十二上、二十四、二十六

七九　續文獻通考二百五十卷　清嵇璜、曹仁虎纂修　清內府抄本　存一百二十三卷　一至四、七、九至十、十三、十七至十八、二十一至二十二、二十四至二十五、二十七至三十一、三十四、三十九、四十六、四十八至五十三、五十六、六十五、六十七至六十九、七十三至七十九、八十五至八十六、九十至九十三、九十六至九十九、一百一、一百六至一百十四、一百十六至一百二十、一百二十七至一百二十九、一百三十三、一百三十六至一百四十、一百四十四至一百四十六、一百四十八、一百五十、一百五十二至一百五十三、一百五十五、一百五十八、一百六十、一百六十四、一百六十六至一百六十七、一百七十四、一百七十六、一百八十六、一百八十八、一百九十、一百九十二至一百九十五、一百九十九至二百四、二百七、二百十至二百十五、二百十六至二百二十、二百二十四至二百二十八、二百三十一、二百三十三至二百三十六、二百四十五至二百四十六。

八〇　欽定續文獻通考二百五十卷　清嵇璜、曹仁虎纂修　清乾隆四十九年武英殿刻本

八一　正續文獻通考識大編二十四卷　清方苞跋輯　清康熙刻本

八二　正續文獻通考輯要二十四卷　清嚴文煒輯　稿本

八三　續文獻通考補四十八卷　清朱奇齡撰　稿本　清楊大堉校

八四　歷朝經濟考不分卷　明王光魯撰　明崇禎武林懷寶齋刻本　十行廿一字白口單邊

八五　南朝會要不分卷　清錢儀吉撰　手稿本　葉景葵跋

八六　歷代封建史蹟考不分卷　清□□□撰　稿本

八七　七國攷十四卷　明董說撰　清抄本（卷七至十四配抄本）　清徐時棟跋

八八　漢制考四卷　宋王應麟撰　明汲古閣抄本

八九　西漢會要七十卷　宋徐天麟撰　宋嘉定建寧郡齋刻本　十一行二十字白口雙魚尾有刻工　存十六卷　二十四至三十二、四十三至四十九

九〇　西漢會要七十卷　宋徐天麟撰　宋嘉定建寧郡齋刻元修本　十一行二十字白口左右雙邊有刻工　存七卷　十三至十九

九一　西漢會要七十卷　宋徐天麟撰　宋嘉定建寧郡齋刻元明遞修本　十一行二十字白口左右雙邊雙魚尾有刻工

九二　西漢會要七十卷　宋徐天麟撰　宋嘉定建寧郡齋刻元明遞修本　十一行二十字白口左右雙邊有刻工

存八卷　六十三至七十

西漢會要七十卷　宋徐天麟撰　宋嘉定建寧郡齋刻元明遞修公文紙印本　九三

西漢會要七十卷目錄二卷　宋徐天麟撰　明抄本　存三十卷　一至二十八、目錄二卷　九四

西漢會要七十卷　宋徐天麟撰　清抄本　九五

西漢會要七十卷　宋徐天麟撰　清抄本　九六

西漢會要七十卷　宋徐天麟撰　清抄本　清錢泰吉校並跋　九七

東漢會要四十卷　宋徐天麟撰　宋寶慶二年建寧郡齋刻本〈卷三十六至四十六配清抄本〉　十一行二十字細黑口左右雙邊有刻工　九八

東漢會要四十卷　宋徐天麟撰　宋寶慶二年建寧郡齋刻本　十一行二十字小字雙行同細黑口左右雙邊有刻工　存二十八卷　一至八、十六至二十五、三十一至四十　九九

東漢會要四十卷　宋徐天麟撰　宋寶慶二年建寧郡齋刻本　袁克文跋　十一行二十字白口左右雙邊有刻工　存三卷　一至三　一〇〇

東漢會要四十卷　宋徐天麟撰　宋寶慶二年建寧郡齋刻元明遞修本　十一行二十字白口左右雙邊有刻工　一〇一

東漢會要四十卷　宋徐天麟撰　清初毛氏汲古閣影宋抄本　一〇二

東漢會要四十卷　宋徐天麟撰　清初影宋抄本　存三十六卷　一至十四、十九至四十　一〇三

東漢會要四十卷　宋徐天麟撰　清抄本　一〇四

東漢會要四十卷　宋徐天麟撰　清道光二年刻本，卷三十六清錢泰吉校　存三十七卷　一至三十七　一〇五

三國會要不分卷　清錢儀吉撰　稿本　存：禮、山、儀器、兵、刑　一〇六

三國會要不分卷晉會要不分卷　清錢儀吉撰　三國會要補一卷　稿本　清錢儀發校　一〇七

晉會要八十卷　清朱銘盤撰　稿本　一〇八

宋會要不分卷　清朱銘盤撰　稿本　一〇九

齊會要不分卷　清朱銘盤撰　稿本　一一〇

梁會要不分卷　清朱銘盤撰　稿本　一一一

陳會要不分卷　清朱銘盤撰　稿本　一一二

唐會要一百卷　宋王溥撰　明抄本　存四十卷　一至五、十二至十五、二十至二十五、二十八至五十九、六十六至七十二、七十六至八十五　一一三

唐會要一百卷　宋王溥撰　清初抄本　一一四

唐會要一百卷　宋王溥撰　清抄本　存九十八卷　一至九十一、九十四至一百　一一五

唐會要一百卷　宋王溥撰　清抄本　一一六

唐會要一百卷　宋王溥撰　清抄本　一一七

唐會要一百卷　宋王溥撰　清抄本　一一八

唐會要一百卷　宋王溥撰　清抄本　一一九

唐會要一百卷　宋王溥撰　清抄本　一二〇

唐會要一百卷　宋王溥撰　清抄本　清彭元瑞校並跋　存九十一卷　十至一百　一二一

唐會要一百卷　宋王溥撰　清抄本　清王宗炎校　存九十八卷　一至九十一、九十二殘、九十五至一百　一二二

唐會要一百卷　宋王溥撰　清乾隆武英殿活字印聚珍版叢書本　清李慈銘校　存九十八卷　一至九十一、九十四至一百　一二三

唐會要一百卷　宋王溥撰　清木活字印本　一二四

五代會要三十卷　宋王溥撰　清初抄本　一二五

五代會要三十卷　宋王溥撰　清康熙六年孫潛抄本　清孫潛跋、何焯校並跋、彭元瑞校　一二六

五代會要三十卷　宋王溥撰　清乾隆四十二年周夢棠抄本　一二七

五代會要三十卷　宋王溥撰　清抄本　清彭元瑞校並跋　一二八

五代會要三十卷　宋王溥撰　清抄本　清錢大昕校、黃丕烈校並跋　一二九

五代會要三十卷　宋王溥撰　清嘉慶十八年黃徵抄本　清黃徵跋　一三〇

五代會要三十卷　宋王溥撰　清抄本　清吳城跋　方熙路、葉景葵題識　一三一

五代會要三十卷　宋王溥撰　清吳任臣抄本　一三二

五代會要三十卷　宋王溥撰　清抄本　一三三

五代會要三十卷　宋王溥撰　清抄本　一三四

五代會要三十卷　宋王溥撰　清抄本　一三五

五代會要三十卷　宋王溥撰　清抄本　一三六

五代會要三十卷　宋王溥撰　清抄本　一三七

五代會要三十卷　宋王溥撰　清涵芳閣活字印本　一三八

一三九　宋會要不分卷　宋陳騤、京鏜等纂修　清徐松輯　清嘉慶全唐文纂修館抄本

一四〇　宋會要不分卷　清徐松輯　稿本　校記不分卷　[illegible]清撰　抄本

一四一　宋會要四百六十卷　清徐松輯　劉承幹編　宋會要考略一卷　宋會要輯一卷　稿本
存一百三十二、一百三十五、一百五十五、四百五十一、四百五十五、四百五十六、帝係、食貨輯

一四二　建炎以來朝野雜記甲集二十卷乙集二十卷　宋李心傳撰　明趙琦美家抄本（甲集三至二十卷、乙集十八至二十配清抄本）　明趙琦美、清丁丙跋

一四三　建炎以來朝野雜記甲集二十卷乙集二十卷　宋李心傳撰　明抄本　清王大隆跋
存一卷　甲集十二

一四四　建炎以來朝野雜記甲集二十卷乙集二十卷　宋李心傳撰　清抄本　清孔繼涵跋並臨吳焯鮑廷博校跋

一四五　建炎以來朝野雜記甲集二十卷乙集二十卷　宋李心傳撰　清張德榮抄本　清張德榮跋、周星詒校並跋

一四六　建炎以來朝野雜記甲集二十卷乙集二十卷　宋李心傳撰　清錢氏萃古齋抄本

九

一四七　建炎以來朝野雜記甲集二十卷乙集二十卷　宋李心傳撰　清錢氏萃古齋抄本　清吳城跋

一四八　建炎以來朝野雜記甲集二十卷乙集二十卷　宋李心傳撰　清錢氏萃古齋抄本　清錢時霽跋

一四九　建炎以來朝野雜記甲集二十卷乙集二十卷　宋李心傳撰　清乾隆四十年抄本

一五〇　建炎以來朝野雜記甲集二十卷乙集二十卷　宋李心傳撰　清抄本

一五一　建炎以來朝野雜記甲集二十卷乙集二十卷　宋李心傳撰　清抄本

一五二　建炎以來朝野雜記甲集二十卷乙集二十卷　宋李心傳撰　清抄本　清丁丙跋

一五三　建炎以來朝野雜記甲集二十卷　宋李心傳撰　明抄本　傅增湘跋
存十卷　一至二、十二、十四至二十

一五四　建炎以來朝野雜記甲集二十卷　宋李心傳撰　清乾隆三十一年鮑廷博抄本　清鮑廷博、周星詒校並跋

一五五　建炎以來朝野雜記乙集二十卷　宋李心傳撰　清乾隆四十年至四十四年吳翌鳳抄本　清吳翌鳳校並跋

一五六　慶元條法事類八十卷　宋謝深甫等纂修　開禧重修尚書吏部侍郎右選格二卷　清抄本　清丁丙跋
存三十八卷　慶元條法事類三至十九、三十至三十二、三十六至三十七、四十七至五十二、七十三至八十，右選格全

一五七　慶元條法事類八十卷　宋謝深甫等纂修　開禧重修尚書吏部侍郎右選格二卷　清抄本
存三十八卷　慶元條法事類三至十七、二十八至三十二、三十六至三十七、四十七至五十二、七十三至八十，右選格全

一五八　文獻宋事記不分卷　明抄本

一五九　元朝典故編年考八卷　清孫承澤撰　清抄本

一六〇　大元聖政國朝典章六十卷新集至治條例不分卷　清影元抄本　莫棠跋

一六一　大元聖政國朝典章六十卷新集至治條例不分卷　清彭氏知聖道齋抄本　清彭元瑞校

一〇

一六二　大元聖政國朝典章六十卷新集至治條例不分卷　清曾釗面城樓抄本

一六三　大元聖政國朝典章六十卷新集至治條例不分卷　清抄本

一六四　大元聖政國朝典章六十卷新集至治條例不分卷　清光緒三十三年法律館抄本　沈家本跋

一六五　大元聖政典章新集至治條例不分卷　清抄本
存二十卷　一至九、二十八至三十八、新集全

一六六　元典章奉使類纂一卷　清鮑氏賜書堂抄本

一六七　憲臺通紀不分卷　清抄本　徐維則跋

一六八　大明會典一百八十卷　明徐溥等纂修　明正德六年司禮監刻本　十行二十字黑口四周雙邊

一六九　大明會典一百八十卷　明徐溥等纂修　明刻本　十行二十字黑口四周雙邊

一七〇　大明會典二百二十八卷　明申時行、趙用賢等纂修　明萬曆十五年內府刻本　十行二十字黑口四周雙邊

一一七一 大明會典二百二十八卷　明申時行、趙用賢等纂修　明天啟元年刻本　十一行二十六字小字雙行同白口四周單邊有刻工

一一七二 大明會典二百二十八卷　明申時行、趙用賢等纂修　明江西驛傳道刻本　十三行二十六字小字雙行同白口四周單邊

一一七三 大明會典二百二十八卷　明申時行、趙用賢等纂修　明刻本　十行二十字白口單邊

一一七四 大明會典二百八十卷　明張居正等纂修　明內府抄本

存十六卷（一、五十七、八十八至八十九、九十六至一百、一百十五至一百十一、一百四十八至一百四十九）

一一七五 大明會典抄略不分卷　明萬曆刻本　九行廿五字白口四周雙邊有刻工

一一七六 國朝典章不分卷　明抄本

一一七七 明會要八十卷　清龍文彬撰　清抄本

一一七八 皇明制書二十卷　明萬曆七年張鹵刻本　九行十七字小字雙行白口四周雙邊有刻工

一一七九 皇明制書十四卷　明鎮江府丹徒縣刻本　十行二十至二十二字不等小字雙行黑口四周雙邊

一一八〇 皇明制書□□卷　明刻本　八行十八字黑口四周雙邊

存七卷（大明令一卷、洪武禮制一卷、孝慈錄一卷、禮儀定式一卷、稽古定制一卷、教民榜文一卷、大誥武臣一卷）

一一八一 大明令一卷　明刻本　十二行廿五字黑口雙魚尾四周雙邊

一一八二 嘉靖事例不分卷　明抄本

一一八三 憲章類編四十二卷　明勞堪撰　明萬曆六年自刻本　九行廿二字白口四周雙邊

一一八四 皇明泳化類編一百三十六卷續編十七卷　明鄧球撰　明隆慶刻本　十二行廿二字白口四周雙邊單魚尾

一一八五 皇明泳化類編一百三十六卷續編十七卷　明鄧球撰　明隆慶刻萬曆遞修本　十一行廿一字小字雙行同白口四周左右單雙邊

一一八六 新刻皇明經世要略五卷　明魏仁濟輯　明萬曆三十八年至四十年刻本　十行廿二字白口四周單邊單魚尾

一一八七 增修條例備考二十卷　明夏良心、史繼辰等輯　明萬曆刻本　十行二十字白口四周單邊有刻工

存十七卷（吏部一至三、戶部一至二、禮部一至二、兵部一至六、刑部一至二、工部一至二）

一一八八 皇明開天玉律四卷　明王象乾輯　明萬曆三十八年刻本　七行十四字白口四周雙邊

一一八九 萬曆大政類編不分卷　明祁氏澹生堂遠山堂抄本

一一九〇 國朝典彙二百卷　明徐學聚撰　明天啟四年徐與參刻本　十行廿二字白口四周單邊

一一九一 國朝典彙二百卷　明徐學聚撰　明天啟四年徐與參刻崇禎七年徐介壽重修本　十行廿二字小字雙行同白口四周單邊

一一九二 皇明經世實用編二十八卷首一卷　明馮應京輯　明萬曆三十一年刻本　十行廿五字小字雙行同白口四周雙邊

一一九三 皇明經世實用編二十八卷首一卷續集二卷　明馮應京輯　明萬曆三十一年刻本　十二行廿二字小字雙行白口單魚尾四周雙邊

一一九四 新刻陳太史經制考略八卷　明陳子壯輯　明末刻本　十行二十字白口四周單邊

一一九五 皇明世法錄九十二卷　明陳仁錫撰　明崇禎刻本　十行二十字白口四周單邊

一一九六 明吏律一卷戶律一卷刑律一卷　明抄本

一一九七 明六部條例各衙門條例不分卷　明抄本

一一九八 先餘錄八卷　明姜志衡輯　明天啟三年自刻本　十一行廿四字白口四周單邊

一一九九 清朝聖政不分卷　明向日孚輯　明崇禎元年南京禮部刻本　八行十八字白口四周單邊

一二〇〇 經世導源錄十六卷　清侯開國撰　清抄本

一二〇一 大清會典一百六十二卷　清伊桑阿等纂修　清康熙內府刻本

一二〇二 大清會典二百五十卷　清尹泰等纂修　清雍正十年內府刻本

一二〇三 大清會典□□□卷　清雍正內府抄本

存一百八十八卷（宗人府一卷、戶部三十一卷、禮部四十五卷、兵部三十二卷、刑部四十八卷、工部十八卷、盛京戶部一卷、盛京禮部一卷、盛京兵部一卷、盛京工部二卷、理藩院二卷、都察院二卷、內務府六卷）

一二〇四 大清會典□□□卷　清乾隆內府抄本

存一百五十九卷（吏部六卷、戶部十五卷、禮部二十八卷、兵部二十六卷、刑部二卷、工部二十六卷、盛京戶部一卷、盛京禮部一卷、盛京兵部一卷、盛京刑部一卷、盛京工部一卷、理藩院七卷、都察院一卷、通政使司一卷、大理寺一卷、內務府七卷、翰林院一卷、起居注館一卷、詹事府一卷、太常寺一卷、順天府一卷、奉天府一卷、光祿寺一卷、太僕寺一卷、鴻臚寺一卷、國子監一卷、六科一卷、欽天監一卷、太醫院一卷、鑾儀衛一卷、領侍衛府一卷、八旗九卷、都統二卷、前鋒統領一卷、護軍統領一卷、步軍營一卷、火器營一卷、護軍營一卷、健銳營一卷、[illegible]一卷、虎槍營一卷）

一二〇五 大清會典□□□卷　清乾隆內府抄本

存理藩院六卷（典屬清吏司一卷、王會清吏司一卷、理刑清吏司一卷、旗籍清吏司一卷、柔遠清吏司一卷、銀庫一卷）

一二〇六 欽定大清會典一百卷　清張廷玉等纂修　清乾隆二十九年武英殿刻本

一二〇七 欽定大清會典八十卷事例九百二十卷目錄八卷圖一百三十二卷　清[illegible]等纂　清嘉慶二十三年武英殿刻本

一二〇八 大清會典□□卷　清嘉慶內府抄本

存一百八卷（中書科一卷、戶部十六卷、盛京戶部一卷、盛京禮部一卷、兵部十一卷、刑部八卷、工部九卷、盛京兵部一卷、盛京刑部一卷、盛京工部一卷、理藩院七卷、都察院一卷、通政使司一卷、大理寺一卷、翰林院一卷、起居注一卷、詹事府一卷、太僕寺一卷、奉天府一卷、欽天監五卷、太醫院一卷、侍衛處一卷、前鋒營一卷、八旗都統五卷、護軍營一卷、步軍統領一卷、[illegible]處一卷、虎槍營一卷、圓明園護軍營一卷、健銳營

一卷、內務府二十三卷

2208 大清會典事例□□□□卷 清崑岡等纂修 清嘉慶內府抄本
存四百八十四卷 吏部十三卷、户部九十卷、盛京户部一卷、禮部十五卷、盛京禮部一卷、兵部一百二十七卷、刑部十五卷、盛京刑部一卷、工部六十七卷、盛京工部四卷、理藩院二十四卷、都察院二十卷、通政使司一卷、大理寺一卷、翰林院四卷、起居注一卷、詹事府一卷、太常寺十九卷、順天府二卷、奉天府一卷、鴻臚寺三卷、國子監一卷、欽天監一卷、太醫院一卷、侍衛處二卷、鑾儀衛三卷、八旗都統三十五卷、前鋒統領一卷、護軍統領二卷、步軍統領四卷、火器營一卷、圓明園八旗內務府三旗護軍營一卷、健銳營一卷、嚮導處一卷、三旗虎槍營一卷、內務府二十三卷

2209 欽定大清會典一百卷首一卷事例一千二百二十卷目錄八卷圖二百七十卷首二卷 清崑岡、徐桐等纂 清光緒二十五年內府抄本

2209 欽定大清會典圖一百三十二卷目錄二卷 清抄本
存八十八卷 一至八十六、目錄全

2210 欽定大清會典則例一百八十卷 清張廷玉等纂修 清乾隆內府刻本

2211 欽定大清會典則例一百八十卷 清乾隆內府抄本

2212 大清會典則例一百八十卷 清乾隆內府抄本
存理藩院五卷 一百四十至一百四十四

2213 內政輯要不分卷 清世祖福臨撰 清順治十二年內府刻本

2214 政治典訓不分卷 清聖祖玄燁敕撰 清內府抄本
存：撫刑、蠲租、賑濟、用人、求言、嚴法紀、飭吏工、訓將帥、持恩、懷邦、論進人、理前代、閱部院、廣教化、審幾、論方、崇文治、咨儆、寬仁、恤民。

2215 政治典訓初集一百卷目錄一卷 清康熙內府抄本
存九十九卷 目錄、一至九十七、九十九

2216 政治典訓初集一百卷目錄一卷 清康熙內府抄本

2217 皇朝通志一百二十六卷 清嵇璜、曹仁虎等纂修 清內府抄本

2218 皇朝通志一百二十六卷 清嵇璜、曹仁虎等纂修 清乾隆武英殿刻本

2219 皇朝通典一百卷 清嵇璜等纂 清乾隆武英殿刻本

2220 皇朝文獻通考三百卷 清嵇璜 清乾隆武英殿刻本

2221 皇朝政治全書前集十二卷後集六卷附錄八卷 清朱槿仁輯 清雍正刻本

2222 永憲錄六卷 清蕭奭齡撰 清抄本

2223 他山集三十六卷 清戴兆平撰 稿本

2224 石渠紀餘不分卷 清王慶雲撰 清抄本

2225 外藩表奏式不分卷 清鮑康撰 清抄本

2226 宮同蘇館經世文雜鈔六卷目錄校勘記一卷 清金安清撰 張履撰編 稿本

2227 盛京事宜八卷 清抄本

2228 歐美政治要義四卷 清光緒內府抄本

2229 中外政務異同致□卷 清光緒二十四年□□寫本

[illegible] 核訂□□網目□□分卷 清□□選□抄本

2230 □□典禮□不分卷 □□□抄本

2231 漢禮器制度一卷 漢叔孫通撰 清顧廣圻校 清孫星衍輯 稿本（天津館藏書底本）

2232 封禪書一卷 漢司馬遷撰 明王鏊等評 清初抄本

2233 大唐開元禮一百五十卷 唐蕭嵩等撰 清初抄本

2234 大唐開元禮一百五十卷 唐蕭嵩等撰 清初抄本

2235 大唐開元禮一百五十卷 唐蕭嵩等撰 清抄本

2236 大唐開元禮一百五十卷 唐蕭嵩等撰 清嘉慶十六年朱邦衡抄本

2237 大唐開元禮一百五十卷 唐蕭嵩等撰 清汪氏環碧山房抄本

2238 大唐開元禮一百五十卷 唐蕭嵩等撰 清抄本

2239 大唐開元禮一百五十卷 唐蕭嵩等撰 清抄本

2240 大唐開元禮一百五十卷 唐蕭嵩等撰 清抄本 清朱絡頤、項佰宝、李念本等校

2241 大唐開元禮一百五十卷 唐蕭嵩等撰 清抄本 清徐松校

2242 大唐開元禮一百五十卷 唐蕭嵩等撰 清抄本
存一百二十九卷 二十二至一百五十

2243 大唐開元禮一百五十卷 唐蕭嵩撰 清抄本（卷一至十五、三十一至三十八、八十六至九十、九十九配另一清抄本） 清丁丙跋

2244 大唐開元禮一百五十卷 唐蕭嵩等撰 辯證一卷 清王念孫等撰 清李樟遠輯 清抄本

2245 大唐郊祀錄十卷 唐王涇撰 清抄本

2246 大唐郊祀錄十卷 唐王涇撰 清抄本

2247 大唐郊祀錄十卷 唐王涇撰 清抄本

2248 大唐郊祀錄十卷 唐王涇撰 清抄本

二四九　大唐郊祀錄十卷 唐王涇撰 清抄本

二五〇　大唐郊祀錄十卷 唐王涇撰 清大興徐氏抄本

二五一　大唐郊祀錄十卷 唐王涇撰 清抄本 李盛鐸錄江田積校並跋

二五二　大唐郊祀錄十卷 唐王涇撰 清抄本 清張金吾跋

二五三　太常因革禮一百卷 宋歐陽修等撰 清抄本 清丁丙跋

二五四　太常因革禮一百卷 宋歐陽修等撰 清抄本 清王端履校
存十四卷 一至十四

二五五　太常因革禮一百卷 宋歐陽修等撰 清東武劉氏味經書屋抄本
存八十三卷 一至五十、六十八至一百

二五六　太常因革禮一百卷 宋歐陽修等撰 清抄本 清顧廣圻跋
存八十三卷 一至五十、六十八至一百

二五七　太常因革禮一百卷 宋歐陽修等撰 清抄本 清洪棨跋
存八十三卷 一至五十、六十八至一百

二五八　太常因革禮一百卷 宋歐陽修等撰 清抄本
存八十三卷 一至五十、六十八至一百

二五九　太常因革禮一百卷 宋歐陽修等撰 清抄本
存八十三卷 一至五十、六十八至一百

二六〇　太常因革禮一百卷 宋歐陽修等撰 清抄本
存八十三卷 一至五十、六十八至一百

二六一　政和五禮新儀二百四十卷目錄六卷 宋鄭居中等撰 明抄本 清華芳、宋錫慶跋

二六二　政和五禮新儀二百四十卷目錄六卷 宋鄭居中等撰 清苕溪漫士抄本
存二百二十七卷 一至一百七、一百十一至一百四十七、一百五十八至二百四十

二六三　政和五禮新儀二百四十卷目錄六卷 宋鄭居中等撰 清抄本
存二百三十三卷 一至一百七、一百十一至一百四十七、一百五十八至二百四十、目錄全

二六四　政和五禮新儀二百二十卷 宋鄭居中等撰 政和御製冠禮十卷 清初抄本 清丁丙跋
存二百十一卷 一至一百五、一百十至一百十六、一百二十一至一百二十七、一百三十八至一百九十七、一百九十九至二百二十、冠禮全

二六五　政和五禮新儀二百二十卷 宋鄭居中等撰 政和御製冠禮十卷 清孔廣陶嶽雪樓抄本
存二百十六卷 一至一百五、一百十至一百二十七、一百三十八至二百二十、冠禮全

二六六　政和五禮新儀二百二十卷目錄六卷 宋鄭居中等撰 政和御製冠禮十卷 清抄本
存二百六卷 一至七十三、七十五至八十七、九十一至一百七、一百十三至一百二十七、一百三十八至一百九十九、二百一至二百二十、目錄全

二六七　政和五禮新儀二百二十卷目錄六卷 宋鄭居中等撰 政和御製冠禮十卷 清抄本
存二百卷 一至七十三、七十五至八十七、九十一至一百七、一百十三至一百二十七、一百三十八至一百九十九、二百七至二百二十、目錄全

二六八　政和五禮新儀二百二十卷目錄六卷 宋鄭居中等撰 清散文閣抄本

二六九　中興禮書三百卷 宋禮部太常寺纂修 清徐松輯 中興禮書續編八十卷 宋葉宗魯纂修 清徐松輯 清蔣氏寶彝堂抄本 清沈焯跋
存二百四十七卷 一至二、四、六至十六、十八至二十、二十二至八十五、九十至九十五、九十九至一百十九、一百二十至一百二十一、一百二十五至一百二十九、一百三十一至一百三十九、一百四十一至一百四十二、一百四十九至一百五十、一百五十二

二七〇　中興禮書三百卷 宋禮部太常寺纂修 清徐松輯 中興禮書續編八十卷 宋葉宗魯纂修 清徐松輯 清曾釗面城樓抄本 清曾釗校
存三百二十二卷 一、二、四、六至十六、十八至二十、二十二至八十五、九十至一百十八、一百二十、一百二十一、一百二十五至一百二十九、一百三十一至一百三十九、一百四十一、一百四十二、一百四十九、一百五十、一百五十二至一百五十四、一百五十六至一百六十、一百六十三至一百六十五、一百六十九、一百七十、一百七十三至一百七十六、一百七十八至一百九十一、一百九十三至一百九十六、二百六、二百九至二百十、二百十五至二百十八、二百二十至二百二十三、二百二十六、二百二十八至二百三十、二百三十二、二百三十五至三百・續編一至三、五至九、十一、十五至二十二、三十、三十五至八十・

二七一　中興禮書三百卷 宋禮部太常寺纂修 清徐松輯 中興禮書續編八十卷 宋葉宗魯纂修 清徐松輯 清好學為福齋抄本

二七二　中興禮書三百卷 宋禮部太常寺纂修 清徐松輯 中興禮書續編八十卷 宋葉宗魯纂修 清徐松輯 清抄本

二七三　中興禮書三百卷 宋太常寺纂 清徐松輯 中興禮書續編八十卷 宋葉宗魯纂修 清徐松輯 清抄本

二七四　大金集禮四十卷 清沈氏鳴野山房抄本

二七五 大金集禮四十卷 清抄本

二七六 大金集禮四十卷 清抄本

二七七 大金集禮四十卷 清抄本

二七八 大金集禮四十卷 清抄本

二七九 金集禮四十卷 清初抄本
存三十三卷 一至十二、十八至二十五、二十七至三十二、三十四至四十

二八〇 大金集禮四十卷 清初抄本 清吳焯、丁丙跋
存三十八卷 一至二十五、二十七至三十二、三十四至四十

二八一 大金集禮四十卷 清抄本
存三十八卷 一至二十五、二十七至三十二、三十四至四十

二八二 大金集禮四十卷 清抄本 清彭元瑞校並跋
存三十八卷 一至二十五、二十七至三十二、三十四至四十

二八三 大金集禮四十卷 清抄本
存三十八卷 一至二十五、二十七至三十二、三十四至四十

二八四 大金集禮四十卷 清抄本
存三十八卷 一至二十五、二十七至三十二、三十四至四十

二八五 大金集禮四十卷 清抄本 吳昌綬跋
存十三卷 二十七至三十二、三十四至四十

二八六 聖朝通制孔子廟祀一卷 明刻本 十五行廿三字黑口四周雙邊

二八七 聖朝通制孔子廟祀一卷 清初抄本

二八八 廟學典禮六卷 清抄本

二八九 廟學典禮六卷 清抄本

二九〇 廟學典禮六卷 清抄本

二九一 廟學典禮六卷 清抄本

二九二 洪武禮制不分卷 明刻本 九行廿二字白口四周雙邊

二九三 大明集禮五十三卷 明徐一夔、梁寅等撰 明嘉靖九年內府刻本 九行十八字白口四周雙邊

二九四 大明集禮五十三卷 明徐一夔、梁寅等撰 明嘉靖九年內府刻 清丁丙跋 九行十八字小字雙行字同白口四周雙邊

二九五 禮儀定式一卷 明李原名等撰 明嘉靖二十四年嚴嵩刻本 九行十六字黑口四周雙邊

二九六 皇明典禮不分卷 明建文二年刻本 十行二十字黑口四周雙邊有刻工

二九七 皇明典禮不分卷 清光緒二年抄本

二九八 明倫大典二十四卷 明楊一清、熊浹等纂修 明嘉靖七年內府刻本 八行十八字大黑口四周雙邊

二九九 明倫大典二十四卷 明楊一清、熊浹等纂修 明嘉靖七年內府刻本 清丁丙跋 八行十八字大黑口四周雙邊

三〇〇 明倫大典二十四卷 明楊一清、熊浹等纂修 明嘉靖鎮江府刻本 八行十八字白口四周單邊

三〇一 褒崇禮圖不分卷 明易貢撰 明刻本 九行廿五字黑口四周雙邊

三〇二 宋明諡法一卷 明張志淳撰 清彭氏知聖道齋影抄本

三〇三 朝覲事宜一卷 明朱裳撰 明嘉靖刻本 九行十七字白口四周單邊

三〇四 聖駕重幸太學錄不分卷 明夏言等輯 明嘉靖刻本 八行十八字黑口四周雙邊

三〇五 廟制考義不分卷 明季本撰 明嘉靖二十五年刻本 十行二十字白口左右雙邊

三〇六 承天大誌四十卷 明徐階、李春芳等纂修 明嘉靖刻本 九行十八字白口四周雙邊

三〇七 聖廟祀典不分卷 明汪宗伊輯 清抄本

三〇八 文廟禮樂志八卷 明萬恭撰 明萬曆刻本 九行十八字白口四周雙邊單魚尾

三〇九 皇明異典述五卷 明王世貞撰 明萬曆世經堂刻本（卷二、三配清抄本） 十行二十字白口四周雙邊

三一〇 諡法通考十八卷 明王圻撰 明萬曆二十四年刻本 九行二十字白口四周雙邊單魚尾有刻工

三一一 諡法通考十八卷 明王圻輯 明萬曆二十四年刻本 清孫星衍跋 九行二十字白口四周雙邊有刻工

三一二 宋藩條例二卷 明嘉靖刻本 十行二十字上黑口四周雙邊

三一三 王國典禮八卷 明朱勤美撰 明萬曆四十三年周府刻天啟增刻本 九行十八字白口四周雙邊

三一四 孔廟禮樂考六卷 明瞿九思撰 明萬曆三十五年史學遷刻本 九行二十字白口四周雙邊單魚尾

三一五 銓曹儀注五卷 明唐伯元撰 明萬曆刻本 九行二十字白口四周單邊

三一六 銓曹儀注五卷 明唐伯元撰 □□□增 清初刻本

三一七 臺儀輯略一卷 明許弘綱訂正 明萬曆四十年林恭章田鳳儀等刻本 十行十八字小字雙行同白口左右雙邊

三一八 文廟禮樂志六卷 明潘巒撰 明萬曆十二年刻本 十行十九字四周雙邊雙魚尾

三一九 皇明典禮志二十卷 明郭正域撰 明萬曆四十一年刻本 十行二十字白口左右雙邊

三二〇 頖宮禮樂疏十卷 明李之藻撰 明萬曆四十六年馮時來刻本 十行廿二字小字雙行白口四周雙邊有刻工

三二一 文廟考二卷 明方承郁撰 明萬曆刻本 九行二十字白口四周單邊

三二二 皇明臣謚彙考二卷 明鮑應鰲撰 明末刻本 九行廿一字白口上雙魚尾左右雙邊有刻工

三二三 明臣謚彙考二卷 明鮑應鰲撰 清抄本 清王宗炎校並跋

三二四 皇明臣謚彙考二卷 明鮑應鰲撰 清抄本

三二五 明謚考三十八卷 明葉秉敬撰 清抄本
存三十六卷 一至十、十三至三十八

三二六　皇明謚紀彙編二十五卷　明郭良翰輯　明萬曆四十二年張延登刻本　九行二十字小字同白口四周單邊

三二七　皇明謚法考一卷　明萬曆四明范氏抄本

三二八　明謚考七卷　明郭良翰撰　清李清增撰　清抄本

三二九　謚法纂十卷　明孫能傳撰　明萬曆四十五年孫能正刻本　十行廿一字白口四周單邊
存七卷　一至四、八至十

三三〇　諸家謚文類編不分卷　明抄本

三三一　增定館則二十卷　明呂維祺輯　清許三禮、霍維翰增輯　新增館則二卷　清曾濬、錢綖輯　明崇禎刻清康熙秦懋德重修本

三三二　皇明大內規制記四卷　清抄本

三三三　明朝宮史五卷　明劉若愚撰　呂毖編　明末刻本　八行二十字白口四周單邊

三三四　明朝宮史五卷　明劉若愚撰　呂毖編　明末刻本　清張蓉鏡、黃廷鑑跋　李兆洛、張思澤、方若蘅題識　八行二十字白口四周單邊

三三五　明宮史五卷　明劉若愚撰　呂毖編　清初抄本（四庫底本）

三三六　明朝宮史五卷　明劉若愚撰　呂毖編　清抄本

三三七　祀事孔明一卷　明李應桃撰　明崇禎五年刻本　九行二十字不等白口四周單邊

三三八　辟雍紀事不分卷　明盧上銘、馮士驊撰　明崇禎刻本　九行二十字白口四周單邊

三三九　辟雍紀事八卷原始一卷辟雍考一卷　明盧上銘、馮士驊撰　清李氏戴璟家抄本

三四〇　皇明典要八卷　明涂建輯　明末書林王濟刻本　八行十八字小字雙行同白口四周單邊

三四一　明代祀典紀實不分卷　明抄本

三四二　太常考不分卷　明抄本

三四三　太常考不分卷　明抄本

三四四　太常考不分卷　明抄本

三四五　通祀輯略三卷　明抄本

三四六　祀典彙册不分卷　明刻本　九行廿一字白口四周單邊

三四七　紀事錄四卷　明抄本

三四八　臺規一卷　明刻本　八行十六字白口四周雙邊

三四九　大清通禮不分卷　清來保等纂修　稿本
存：吉禮

三五〇　國朝宮史三十六卷　清于敏中等纂修　清乾隆三十四年

三五一　國朝宮史三十六卷　清于敏中等纂修　清乾隆內府抄本

三五二　國朝宮史三十六卷　清于敏中等纂修　清嘉慶十一年

三五三　國朝宮史三十六卷　清于敏中等纂修　清嘉慶十一年內府抄本

三五四　國朝宮史續編一百卷　清慶桂等纂輯　清嘉慶十一年進呈抄本

三五五　國朝宮史續編一百卷　清慶桂等撰　清嘉慶十一年內府抄本

三五六　國朝宮史續編一百卷　清慶桂等撰　清嘉慶十一年內府抄本

三五七　欽定滿洲祭神祭天典禮六卷　清乾隆內府抄本

三五八　欽定滿洲祭神祭天典禮六卷　清抄本

三五九　欽定滿洲祭神祭天典禮五卷圖一卷　清抄本

三六〇　欽定滿洲祭祀條例五卷　清內府抄本

三六一　南巡盛典不分卷（殘）　清高晉等纂修　稿本

三六二　南巡盛典七十卷　清高晉等纂修　清乾隆三十一年內府抄本

三六三　欽定南巡盛典一百卷首一卷　清高晉、薩載纂修　清乾隆五十六年內府抄本

三六四　大禮記注不分卷　清張廷玉等撰　清雍正抄本

三六五　萬壽記不分卷　清趙昌等撰　清康熙四十九年內府刻本

三六六　八旬萬壽盛典一百二十卷首一卷　清劉鳳誥等纂修　清乾隆五十七年武英殿活字印本

三六七　西巡盛典二十四卷　清董誥等纂修　清嘉慶十七年武英殿聚珍版印本

三六八　幸浙盛典八卷　清熊學鵬等撰　清乾隆十六年進呈抄本

三六九　幸浙盛典八卷　清熊學鵬等撰　清乾隆二十二年進呈抄本

三七〇　幸浙盛典八卷　清熊學鵬等撰　清乾隆二十七年進呈抄本

三七一　幸浙盛典十卷　清熊學鵬等撰　清乾隆三十年進呈抄本

三七二　幸浙盛典圖說不分卷　清熊學鵬等撰　清乾隆進呈抄本

三七三　幸浙盛典圖畫四卷圖記四卷　清乾隆內府繪刻本

三七四　續纂幸浙盛典八卷　清楊應琚、楊廷璋纂　清乾隆抄本

三七五　國朝盛典一卷　清不忍仁撰　清乾隆刻本

三七六　祭祀圖說一卷　清彩繪本

三七七　歷代祭祀樂章不分卷　清初抄本

三七八　廟制圖考一卷　清萬斯同撰　清抄本（四庫底本）

三七九　廟制圖考一卷　清萬斯同撰　清抄本

三八〇 廟制圖考不分卷 清萬斯同撰 清抄本
三八一 內閣典儀一卷 清梁維樞撰 清抄本
三八二 太常紀要十五卷 清江蘩撰 清康熙刻本
三八三 太常紀要十五卷 清江蘩撰 清抄本
三八四 四譯館考十卷 清江蘩撰 清康熙刻本
三八五 四夷館考二卷 清抄本
三八六 四夷館考二卷 清抄本 清曾允忠跋
三八七 聖哲文獻考十六卷 清張清選撰 稿本
三八八 類宮禮樂全書十六卷 清張安茂纂 清順治十三年刻本
三八九 祀孔典禮三十五卷 清孔傳鐸撰 清雍正抄本
存二十二卷 一、六至十一、二十、二十二至三十五
三九〇 聖門禮樂統二十四卷 清張行言撰 清康熙四十一年萬松書院刻本
三九一 國學禮樂錄二十卷 清李周望、謝履忠輯 清康熙五十八年國子監刻本
三九二 大禮記注二十卷 清張廷玉等撰 清雍正內府刻本
三九三 大禮記注不分卷 清張廷玉等撰 清抄本
三九四 欽頒服色條例一卷 清康熙十八年刻本
三九五 滿洲四禮集五卷 清索寧安撰 清抄本
家祠祭祀儀注一卷 滿洲祭天祭神儀注一卷 滿洲婚禮儀注一卷 慎終集一卷 追遠論一卷
三九六 大清會典祭祀行禮圖不分卷 清內府抄本
三九七 皇朝大臣謚迹錄四卷 清邵晉涵撰 清沈氏鳴野山房抄本 清丁丙跋
三九八 明代謚法考二卷 清言良玉撰 稿本
三九九 鹵簿圖不分卷 清彩繪本
四〇〇 清仁宗睿皇帝儀注不分卷 清抄本
四〇一 大禮儀注不分卷 清抄本
四〇二 兩漢月日考三卷 清鍾汪杰撰 清抄本
四〇三 孝靜康慈皇后大事檔十一卷 清抄本
四〇四 仁宗睿皇帝大事奏檔四卷祝文一卷目錄一卷宣宗成皇帝大事奏檔三卷目錄一卷文宗顯皇帝大事奏檔二卷目錄一卷穆宗毅皇帝大事奏檔二卷目錄一卷 清內府抄本
四〇五 仁宗睿皇帝大事檔十三卷 清道光抄本
四〇六 孝和睿皇后大事檔不分卷 清抄本
四〇七 內務府事宜便覽不分卷 清抄本
四〇八 御茶膳房儀注一卷 清道光十七年內府抄本
四〇九 寶應祀典紀略三卷 清劉寶楠撰 稿本
四一〇 聖廟祀典輯聞不分卷 清黃位清輯 謝有仁編 稿本
四一一 文廟祀典考五十卷 清同治二年內府抄本
四一二 文宗顯皇帝奉安記事檔不分卷 清同治元年抄本
四一三 禮志不分卷 清抄本
存：太祖高皇帝、太宗文皇帝、世祖章皇帝、聖祖仁皇帝
四一四 阿哥婚娶定例二卷 清內府抄本
四一五 玉牒諸凡一卷 清抄本
四一六 皇朝謚法考五卷續編一卷 清鮑康輯 李慈銘補並跋 清同治三年刻本 清
四一七 皇朝謚法考五卷 清鮑康輯 清同治三年刻本 續編五卷 清王鵬運輯 翁同龢訂補 清光緒刻本
四一八 皇朝謚法考五卷續編一卷補編一卷 清鮑康輯 皇朝謚法考續編一卷 清徐士鑾輯 清抄本
四一九 蘇州織造承辦大婚鹵簿名色物價清冊一卷 清抄本
四二〇 宗祀議不分卷 清翁同龢輯 稿本
四二一 明謚考四卷 清傅以禮撰 稿本
四二二 歷代大禮辨誤一卷 清丁立鈞撰 清抄本 清朱鍾琪校
四二三 建中錄內篇十八卷外篇十四卷 清陳世信輯 稿本
存十八卷 內篇一至十八
四二四 蘇州府學志十二卷 明王穀祥纂修 明嘉靖刻本 十行廿四字小字雙行同白口左右雙邊
存七卷 三至七、十一至十二
四二五 常熟縣儒學志八卷 明孫樓祖、馮復京等纂修 明萬曆三十八年蔣國玖刻本 九行十八字白口左右雙邊
四二六 蕭山縣儒學志八卷首一卷 清魯燮光撰 稿本

四二七 學政錄一卷 明嘉靖三十年興化府刻本 八行二十字白口四周單邊
四二八 皇明歷科會試錄典要五卷 明劉萬春輯 明崇禎十四年自刻本 十行廿二字白口四周單邊
四二九 學典三十卷 清孫承澤撰 清抄本 葉啟勳跋 十
存二卷 十七、二十一
四三〇 欽定科場條例四卷欽定繙譯考試條例一卷 清光緒內府刻本
四三一 欽定科場條例四卷 清光緒內府刻本
四三二 科場條例六十卷 清咸豐二年退玉抄本
四三三 科場條例六十卷冒占旗籍案例一卷 清光緒十三年禮部續纂 清光緒禮部抄本
存十四卷 八至十八、五十五、五十二至五十四，冒占旗籍案例一
四三四 韻略條式一卷 清抄本 清丁丙跋
四三五 典試事宜不分卷 清同治抄本

邦計

四三六 定傾論一卷 宋王應撰 清馬氏叢書樓抄本 清彭元瑞校並跋
四三七 戶部集議揭帖一卷 明嘉靖抄本
四三八 方城均田志一卷 明呂時輯 明嘉靖十七年陳鳳刻本 九行二十字白口四周雙邊
四三九 經世挈要二十二卷 明狄遜撰 明崇禎六年傅昌辰版築居刻本 九行十八字白口四周單邊
存二十卷 一至二十

二三

四四〇 道古樓筆存一卷 明曾儲翠竹山房抄本
四四一 管見編二卷 清寇蘭皋撰 清抄本
四四二 清代福建省例不分卷 清抄本
四四三 同治十一年戶部現辦各案節要不分卷 清抄本 清潘祖蔭跋
四四四 洋務輯要初編不分卷 清王韜輯 稿本
四四五 禁煙私議一卷 清沈善登撰 清光緒九年抄本 葉景葵跋
四四六 熬波圖二卷 元陳椿撰 清朱錫曾家抄本 清劉喜海跋
四四七 熬波圖二卷 元陳椿撰 清抄本
四四八 熬波圖二卷 元陳椿撰 清抄本
四四九 鹽政志十卷 明朱廷立等撰 明嘉靖刻本 八行十七字白口四周單邊
四五〇 鹽政志十卷 明朱廷立撰 明嘉靖刻二十八年增修本
四五一 鹽政志十卷 明朱廷立撰 清影明嘉靖八年抄本
四五二 鹽法條例□□卷 明嘉靖刻本 十一行廿二字白口左右雙邊 黑魚尾 有刻工
存二卷 十一、十二
四五三 鹽法條例不分卷 清抄本
四五四 兩淮鹽法志十二卷 明史起蟄、張榘撰 明嘉靖三十年刻本 九行廿一字小字雙行同白口四周單邊
四五五 山東鹽法志四卷 明唐仰庇、查志隆纂修 明萬曆刻本 九行二十字白口四周單邊
存一卷 一
四五六 長蘆鹽法誌七卷 明方啟撰 明隆慶三年刻本 九行二十字白口左右雙邊
存三卷 一至三
四五六 皇明兩淮鹽政編四卷 明朱世振撰 明抄本
四五七 兩浙訂正鹺規四卷 明楊鶴撰 明楊升、傅宗龍等輯 明萬曆刻天啟五年重修本 九行二十字白口四周單邊
四五八 福建鹺政全書二卷 明周昌晉撰 明天啟七年活字印本
四五九 重修兩浙鹺志十二卷 明王圻纂修 明萬曆四十二年劉炳元刻本 九行二十字白口單魚尾四周單邊
四六〇 重修兩浙鹺志二十四卷 明王圻纂修 兩浙訂正鹺規四卷 明楊鶴撰 明萬曆刻天啟、崇禎增修本 九行二十字白口四周單邊
存：志十五、十七至二十一。規二、四。
四六一 重修兩浙鹺志二十四卷 明王圻纂修 明崇禎刻本 九行二十字白口左右雙邊
存二十卷 五至二十四

二四

四六二 浙鹺紀事一卷玉城奏疏一卷 明葉永盛撰 清抄本
四六三 古今鹺略九卷補九卷 明汪砢玉撰 清抄本
四六四 古今鹺略補九卷 明汪砢玉撰 清抄本 清王乙孫校並跋
四六五 淮鹺本論二卷 清胡文學撰 清康熙元年刻本
四六六 河東鹽政彙纂六卷 清蘇昌臣纂輯 清康熙二十九年刻本
四六七 欽定學政全書八十卷 清素爾訥等纂 清乾隆三十九年內府刻本
四六八 欽定學政全書八卷續增學政全書四卷 清乾隆刻本
四六九 兩淮鹽法志十六卷 清噶爾泰撰 清雍正刻本
四七〇 兩淮鹽法志四十卷首一卷 清王世球撰 清乾隆十三年刻本
四七一 河東鹽法調劑紀十四卷 清沈業富輯 清乾隆刻本（卷六至十抄配）
四七二 兩淮鹽運使司鹺務類編四卷 清兩淮鹽運使司輯 清乾隆刻本

四七三 兩廣鹽法志二十四卷首一卷 清李侍堯等纂修 清乾隆進呈抄本
四七四 續纂河東鹽法備覽十二卷 清蔣兆奎纂輯 稿本
四七五 長蘆鹽法志十八卷首一卷 清徵瑞纂修 沈廷年增圖 稿本
四七六 長蘆鹽法志二十卷援證十一卷 清黃掌綸等纂修 清嘉慶抄本
四七七 敕修兩浙鹽法新志三十卷首二卷 清延豐纂修 清嘉慶六年抄本
四七八 兩廣鹽法志三十五卷 清伍長華纂 清抄本
存三十四卷（一至二、四至三十五）
四七九 鹽說一卷 清抄本 清秦廣形跋
四八〇 新鹺備要十卷 清芋香山館抄本
四八一 山東鹽法續增備考六卷 清抄本
四八二 鹽法議略一卷 清王守基撰 清同治十二年刻本 清翁同龢批
四八三 四川鹽法志四十卷 清丁寶楨等纂修 清光緒八年進呈抄本
四八四 南運紀要八卷 清藝林堂抄本
四八五 訂正鹽志說帖不分卷 清秦賢等撰 清抄本
四八六 重修兩淮鹽法志一百六十卷首一卷 清王定安等纂修 清光緒二十年抄本

二五

四八七 闞鹺外記不分卷 清戴廣驥撰 清話蘭室抄本
四八八 闞鹺外記不分卷 清戴廣驥撰 清末抄本
四八九 淮鹺分類新編六卷 清陸費瑔撰 稿本
四九〇 兩淮鹺務考略十卷 清抄本
四九一 大元海運記二卷 元趙世延、揭傒斯等纂修 清胡敬輯 清咸豐元年勞氏丹鉛精舍抄本
四九二 大元海運記二卷 元趙世延、揭傒斯等纂修 清胡敬輯 清咸豐羅氏恬養齋抄本 清羅以智校並跋 丁丙跋
四九三 大元海運記二卷 元趙世延、揭傒斯等纂修 清胡敬輯 清抄本 清羅以智跋
四九四 大元海運記二卷 元趙世延、揭傒斯等纂修 清胡敬輯 清光緒抄本
四九五 漕運通志十卷 明謝純撰 明嘉靖七年楊宏刻本 八行廿二字白口左右雙邊
四九六 漕運議單不分卷 明抄本
四九七 海運新考三卷 明梁夢龍撰 明萬曆七年刻本 九行二十字白口左右雙邊 有刻工
四九八 船政新書四卷 明倪涷編 明萬曆刻本 九行二十字白口四周雙邊單魚尾
四九九 通漕類編九卷 明王在晉撰 明萬曆刻本 九行二十字白口四周單邊
五〇〇 漕河一覕□□卷 明周之龍撰 明萬曆刻本 十行十九字白口左右雙邊單魚尾

存八卷（一、五至十一）
五〇一 海運紀事不分卷 明刻藍印本
五〇二 海運紀事不分卷 明刻本 九行十九字白口四周單邊
五〇三 董漕副墨二卷 明王象晉撰 明崇禎七年刻本（卷一配清抄本）
五〇四 夏鎮漕渠志略二卷前集一卷 清狄敬纂修 清順治刻康熙增修本
五〇五 各省衛所屯用各漕運議單不分卷 清張大有撰 清抄本
五〇六 漕運則例纂二十卷 清乾隆三十一年內府抄本
五〇七 漕運全書三十九卷 清抄本
五〇八 續修漕運全書三十卷 清沈元輯 清抄本
存二十八卷（二至二十九）
五〇九 江西漕運備覽不分卷 清張雨輯 稿本
五一〇 錢漕雜鈔不分卷 清翁心存輯 稿本
五一一 戶部海運新案十卷 清道光二十八年戶部進呈抄本
五一二 海運續案六卷 清咸豐二年戶部進呈抄本
五一三 海運續案六卷 清抄本

二六

五一四 海運續案六卷 清咸豐抄本
五一五 淮北水陸透私圖說一卷 清末彩繪本
五一六 河漕備考四卷歷代黃河指掌圖說一卷 清朱鋐撰 清抄本
五一七 銅運陸官訣不分卷 清抄本
五一八 萬曆會計錄四十三卷 明張學顏撰 明萬曆九年刻本 十行二十字白口四周雙邊
存四十二卷（一至五、七至四十三）
五一九 蕪關榷志二卷 明劉洪謨輯 明萬曆十五年刻清順治增修本
五二〇 兩院發刻司道酌議錢糧徵解事宜一卷 明萬曆四十四年刻本 九行二十字白口四周雙邊
五二一 重訂賦役成規不分卷 明熊尚文等編 明萬曆刻本 九行廿一字白口黑單魚尾四周單邊
五二二 榷政紀略四卷奏疏一卷淮政八箴一卷 明堵胤錫撰 明崇禎刻本 九行二十字白口四周單邊
五二三 析徵籽粒本末四卷馬房裁革本末一卷 明鹿善繼輯 明崇禎刻本 九行二十字白口四周單邊
五二四 賦鏡錄四卷明賦考二卷 清祝錫敬輯 清康熙自刻本

程賦統會十八卷首一卷 清劉斯樞輯 清康熙五十六年依仁堂刻本 五五二五

用過雜項錢糧數目册不分卷 清阿里袞等撰 清乾隆二十八年内府抄本 五五二六

錢谷金針二卷 清抄本 五五二七

錢穀視成二卷 清謝鳴篁撰 清抄本 五五二八

錢穀視成不分卷 題清眷蓑居士撰 清南海李長崇卿堂抄本 五五二九

金穀瑣言二卷 清抄本 五五三〇

金穀瑣言二卷 清抄本 五五三一

道光歲入歲出簡明總册不分卷 清抄本 五五三二

食貨志不分卷 清陳田輯 清同治抄本 五五三三

度支摘要不分卷 清抄本 五五三四

租數不分卷 清閻煦撰 清抄本 清黄國瑾校並跋 五五三五

户部彙題光緒十三年各直省民數穀數清册不分卷 清抄本 五五三六

户部彙題光緒二十一年各直省民數穀數清册不分卷 清抄本 五五三七

兩浙南關榷事書不分卷 明楊時喬撰 明隆慶元年自刻本 九行十七字白口四周雙邊 五五三八

兩浙南關榷事書不分卷 明楊時喬撰 明隆慶元年自刻清重修本

北關自雍正十一年四月至雍正十二年三月一年收過税料等項錢糧數目文册不分卷 清隆昇等撰 清雍正抄本 五五三九

淮關統志十四卷 清伊齡阿、兵霖纂修 清乾隆四十五年淮關刻本 五五四〇

山海關榷政便覽四卷 題籌軒主人撰 清乾隆五十九抄本 五五四一

户部地畝案鈔不分卷 清乾隆抄本 五五四二

直隸順天府五州二十一縣賦役册三十卷 清康熙刻本 五五四三

順天府一卷　霸昌道一卷　霸州一卷　保定縣一卷　文安縣一卷　大城縣一卷　涿州一卷　房山縣一卷　良鄉縣一卷　固安縣一卷　永清縣一卷

畿輔條鞭賦役全書□□卷 清乾隆刻本 五五四四

東安縣一卷　香河縣一卷　宛平縣一卷　大興縣一卷　昌密道一卷　昌平州一卷　順義縣一卷　懷柔縣一卷　密雲縣一卷　平谷縣一卷　通薊道一卷　通州一卷　三河縣一卷　武清縣一卷　寶坻縣一卷　薊州一卷　遵化縣一卷　豐潤縣一卷　玉田縣一卷

大興縣一卷　宛平縣一卷　良鄉縣一卷　固安縣一卷　永清縣一卷　東安縣一卷　三河縣一卷　武清縣一卷

寶坻縣一卷　寧河縣一卷　昌平州一卷　順義縣一卷　密雲縣一卷　懷柔縣一卷　涿州一卷　房山縣一卷　霸州一卷　文安縣一卷　大城縣一卷　保定縣一卷　薊州一卷　平谷縣一卷　盧龍縣一卷　昌黎縣一卷　臨榆縣一卷　豐潤縣一卷　玉田縣一卷　清苑縣一卷　安肅縣一卷　定興縣一卷　新城縣一卷　唐縣一卷　博野縣一卷　望都縣一卷　容城縣一卷　完縣一卷　蠡縣一卷　雄縣一卷

祁州一卷
束鹿縣一卷
安州一卷
高陽縣一卷
新安縣一卷
河間縣一卷
獻縣一卷
阜城縣一卷
肅寧縣一卷
任邱縣一卷
交河縣一卷
寧津縣一卷
景州一卷
吳橋縣一卷
東光縣一卷
故城縣一卷
正定縣一卷
井陘縣一卷
獲鹿縣一卷
靈壽縣一卷
欒城縣一卷
平山縣一卷
阜平縣一卷
行唐縣一卷
贊皇縣一卷
新樂縣一卷
沙河縣一卷
平鄉縣一卷
鉅鹿縣一卷
唐山縣一卷
內邱縣一卷
任縣一卷
廣平府總一卷
永年縣一卷
曲周縣一卷
肥鄉縣一卷
雞澤縣一卷
廣平縣一卷
邯鄲縣一卷
成安縣一卷
威縣一卷
清河縣一卷
磁州一卷
大名府總一卷
元城縣一卷
大名縣一卷
南樂縣一卷
清豐縣一卷
東明縣一卷
長垣縣一卷
開州一卷
[illegible]縣一卷
天津縣一卷
青縣一卷
靜海縣一卷
滄州一卷
鹽山縣一卷
慶雲縣一卷
海防清軍廳一卷
宣化縣一卷

二九

赤城縣一卷
萬全縣一卷
蔚州一卷
懷安縣一卷
保安州一卷
易州一卷
淶水縣一卷
廣昌縣一卷
冀州一卷
南宮縣一卷
新河縣一卷
棗強縣一卷
武邑縣一卷
衡水縣一卷
趙州一卷
柏鄉縣一卷
隆平縣一卷
高邑縣一卷
臨城縣一卷
寧晉縣一卷
深州一卷
武強縣一卷
饒陽縣一卷
安平縣一卷
定州一卷
曲陽縣一卷
深澤縣一卷
八旗理事通判一卷
熱河理事同知一卷
八溝理事同知一卷
延慶衛一卷

宛平縣道光九年十年二十六年地糧簡明俸工門祖官地民房鑾儀衛等項奏銷冊稿不分卷　稿本　五四五

永平府賦役全書七卷　清同治刻本　五四六

永平府一卷
盧龍縣一卷
遷安縣一卷
撫寧縣一卷
昌黎縣一卷
樂亭縣一卷
灤州一卷

河間府賦役全書十八卷　清同治刻本　五四七

河間府一卷
河間縣一卷
獻縣一卷
阜城縣一卷
任丘縣一卷
肅寧縣一卷
交河縣一卷
寧津縣一卷
景州一卷
吳橋縣一卷

三〇

東光縣一卷　故城縣一卷　青縣一卷　靜海縣一卷　滄州一卷　南皮縣一卷　鹽山縣一卷　慶雲縣一卷

直隸真定府賦役全書三十三卷　清王弘祚等撰　清順治刻本　五四八

真定府總一卷　真定縣一卷　井陘縣一卷　獲鹿縣一卷　元氏縣一卷　靈壽縣一卷　藁城縣一卷　贊皇縣一卷　阜平縣一卷　欒城縣一卷　無極縣一卷　南宮縣一卷　棗強縣一卷　平山縣一卷　行唐縣一卷　晉州一卷　新樂縣一卷　冀州一卷　新河縣一卷　武邑縣一卷

三一

衡水縣一卷　柏鄉縣一卷　高邑縣一卷　寧晉縣一卷　武強縣一卷　安平縣一卷　曲陽縣一卷　趙州一卷　隆平縣一卷　臨城縣一卷　深州一卷　饒陽縣一卷　定州一卷

直隸順德府賦役全書十卷　清順治刻本　五四九

順德府一卷　邢臺縣一卷　沙河縣一卷　南和縣一卷　平鄉縣一卷　鉅鹿縣一卷　廣宗縣一卷　唐山縣一卷　內丘縣一卷　任縣一卷

直隸廣平府賦役全書十卷　清順治刻本　五五〇

廣平府一卷　成安縣一卷

清河縣一卷　曲周縣一卷　永年縣一卷　威縣一卷　邯鄲縣一卷　廣平縣一卷　雞澤縣一卷　肥鄉縣一卷

直隸大名府賦役全書十一卷　清順治刻　五五一

大名府總一卷　元城縣一卷　大名縣一卷　南樂縣一卷　魏縣一卷　清豐縣一卷　內黃縣一卷　濬縣一卷　開州一卷　東明縣一卷　長垣縣一卷

宣府鎮賦役全書八卷　清順治刻本　五五二

奉天賦役全書□□卷　清雍正刻本　存一卷　二（承德縣、遼陽州、海城縣、蓋平縣）　五五三

江南簡明賦役全書□□卷　清順治抄本　五五四

三二

安慶府一卷　懷寧縣一卷　桐城縣一卷　潛山縣一卷　太湖縣一卷　宿松縣一卷　望江縣一卷　徽州府一卷　歙縣一卷　休寧縣一卷　婺源縣一卷　祁門縣一卷　黟縣一卷　績溪縣一卷　寧國府一卷　宣城縣一卷　南陵縣一卷　涇縣一卷　寧國縣一卷　旌德縣一卷　太平縣一卷　池州府一卷　貴池縣一卷　青陽縣一卷　銅陵縣一卷　石埭縣一卷　建德縣一卷　東流縣一卷　太平府一卷　當塗縣一卷

江南賦役全書□□卷
存四十卷
蕪湖縣一卷　繁昌縣一卷　廣德州一卷　建平縣一卷　安慶府總一卷　簡明一卷　懷寧縣一卷　桐城縣一卷　太湖縣一卷　宿松縣一卷　望江縣一卷　徽州府總一卷　簡明一卷　歙縣一卷　休寧縣一卷　婺源縣一卷　祁門縣一卷　黟縣一卷　績溪縣一卷　寧國府總一卷　簡明一　宣城縣一卷　南陵縣一卷　涇縣一卷　寧國縣一卷　旌德縣一卷
清順治刻本

五五五

蘇州府總一卷　太倉州一卷　長洲縣一卷　吳江縣一卷　常熟縣一卷　崇明縣一卷　華亭縣一卷　江都縣一卷　婁縣一卷　吳縣一卷　崑山縣一卷　嘉定縣一卷　上海縣一卷　青浦縣一卷　揚州府總二卷　儀真縣一卷　泰興縣一卷　高郵州一卷　興化縣一卷　寶應縣一卷　泰州一卷　如皋縣一卷　通州一卷　海門縣一卷　徐州總一卷　徐州一卷　豐縣一卷　沛縣一卷　蕭縣一卷　碭山縣一卷

三三

江南賦役全書□□□卷
存一百三十九卷
太平縣一卷　池州府總一卷　簡明一卷　貴池縣一卷　青陽縣一卷　銅陵縣一卷　石埭縣一卷　建德縣一卷　東流縣一卷　太平府總一卷　簡明一卷　當塗縣一卷　蕪湖縣一卷　繁昌縣一卷　廣德州總一卷　簡明一卷　廣德州一卷　建平縣一卷　江寧府總一卷　江寧縣一卷　溧陽縣一卷　江浦縣一卷　上元縣一卷　句容縣一卷　溧水縣一卷　六合縣一卷
清順治刻本

五五六

常州府總一卷　武進縣一卷　宜興縣一卷　靖江縣一卷　無錫縣一卷　江陰縣一卷　鎮江府總一卷　金壇縣一卷　丹陽縣一卷　丹徒縣一卷　淮安府總二卷　山陽縣一卷　清河縣一卷　鹽城縣一卷　安東縣一卷　桃源縣一卷　沭陽縣一卷　海州一卷　睢寧縣一卷　宿遷縣一卷　邳州縣一卷　安慶府總一卷　安慶府簡明賦役一卷　懷寧縣一卷　桐城縣一卷　太湖縣一卷　宿松縣一卷　潛山縣一卷　徽州府總一卷　徽州府簡明賦役一卷

三四

婺源縣一卷
祁門縣一卷
黟縣一卷
績溪縣一卷
休寧縣一卷
寧國府總一卷
寧國府簡明賦役一卷
寧國縣一卷
宣城縣一卷
涇縣一卷
太平縣一卷
旌德縣一卷
南陵縣一卷
池州府總一卷
池州府簡明賦役一卷
東流縣一卷
建德縣一卷
石埭縣一卷
青陽縣一卷
銅陵縣一卷
貴池縣一卷
太平府總一卷
太平府簡明賦役一卷
當塗縣一卷
蕪湖縣一卷
繁昌縣一卷
廬州府總二卷
廬江縣一卷
合肥縣一卷
巢縣一卷

舒城縣一卷
無為州一卷
六安州一卷
英山縣一卷
霍山縣一卷
廬山衛一卷
鳳陽府總二卷
鳳陽縣一卷
懷遠縣一卷
臨淮縣一卷
定遠縣一卷
五河縣一卷
虹縣一卷
壽州一卷
泗州一卷
潁州一卷
盱眙縣一卷
潁上縣一卷
霍丘縣一卷
蒙城縣一卷
天長縣一卷
宿州一卷
靈璧縣一卷
太和縣一卷
亳州一卷
鳳陽衛總一卷
廣德州總一卷
廣德州簡明賦役一卷
廣德州一卷
建平縣一卷

和州總一卷
和州一卷
含山縣一卷
滁州總一卷
滁州一卷
來安縣一卷
全椒縣一卷

江南賦役全書□□□卷 清順治刻本
存四十九卷
淮安府總一卷
海州一卷
邳州一卷
山陽縣一卷
桃源縣一卷
宿遷縣一卷
睢寧縣一卷
沭陽縣一卷
安東縣一卷
贛榆縣一卷
鹽城縣一卷
揚州府總二卷
高郵州一卷
泰州一卷
通州一卷
江都縣一卷
儀真縣一卷
泰興縣一卷

江南賦役全書□□□卷 清順治刻本（婺源縣一卷宿遷縣一卷配清抄本）
寶應縣一卷
興化縣一卷
如皋縣一卷
海門縣一卷
廬州府總下一卷
舒城縣一卷
鳳陽府總二卷
壽州一卷
泗州一卷
宿州一卷
潁州一卷
亳州一卷
鳳陽縣一卷
臨淮縣一卷
懷遠縣一卷
定遠縣一卷
五河縣一卷
虹縣一卷
蒙城縣一卷
霍丘縣一卷
盱眙縣一卷
天長縣一卷
靈璧縣一卷
潁上縣一卷
太和縣一卷
鳳陽衛總一卷
廣德州總一卷
廣德州一卷

存四十八卷

江寧府總下一卷　上元縣一卷　江寧縣一卷　句容縣一卷　溧陽縣一卷　溧水縣一卷　江浦縣一卷　六合縣一卷　高淳縣一卷　蘇州府總二卷　太倉州一卷　長洲縣一卷　吳縣一卷　吳江縣一卷　常熟縣一卷　崑山縣一卷　嘉定縣一卷　崇明縣一卷　松江府總二卷　青浦縣一卷　華亭縣一卷　婁縣一卷　上海縣一卷　鎮江府總一卷　丹徒縣一卷　丹陽縣一卷　金壇縣一卷　淮安府總二卷

三十七

桃源縣一卷　宿遷縣一卷　江都縣一卷　興化縣一卷　如皋縣一卷　泰興縣一卷　池州府總一卷　貴池縣一卷　青陽縣一卷　銅陵縣一卷　石埭縣一卷　建德縣一卷　東流縣一卷　無為州一卷　英山縣一卷　霍山縣一卷　來安縣一卷

江南賦役全書□□□卷　清順治刻本

存四十卷

淮安府總一卷　海州一卷　邳州一卷　清河縣一卷　宿遷縣一卷　沭陽縣一卷　揚州府總二卷　泰州一卷

五五九

通州一卷　江都縣一卷　泰興縣一卷　寶應縣一卷　興化縣一卷　如皋縣一卷　豐縣一卷　廬州府總下一卷　合肥縣一卷　巢縣一卷　霍山縣一卷　鳳陽府總二卷　壽州一卷　泗州一卷　亳州一卷　鳳陽縣一卷　臨淮縣一卷　定遠縣一卷　虹縣一卷　蒙城縣一卷　霍丘縣一卷　天長縣一卷　靈璧縣一卷　潁上縣一卷　太和縣一卷　滁州總一卷　滁州一卷　全椒縣一卷　來安縣一卷　和州總一卷

三八

江南賦役全書□□□　清順治刻本

存三十四卷

安慶府總一卷　懷寧縣一卷　桐城縣一卷　潛山縣一卷　太湖縣一卷　宿松縣一卷　望江縣一卷　徽州府總一卷　歙縣一卷　婺源縣一卷　祁門縣一卷　黟縣一卷　績溪縣一卷　寧國府總一卷　宣城縣一卷　南陵縣一卷　涇縣一卷　寧國縣一卷　旌德縣一卷　太平縣一卷　池州府總一卷　貴池縣一卷　青陽縣一卷　銅陵縣一卷　石埭縣一卷　建德縣一卷

五六〇

東流縣一卷
太平府總一卷
當塗縣一卷
蕪湖縣一卷
繁昌縣一卷
廣德州總一卷
廣德州一卷
建平縣一卷

江南省江寧布政司所屬八府五州賦役全書□□卷　清乾隆刻本　五六一
存七十七卷
安徽司總二卷
安慶府總一卷
懷寧縣一卷
桐城縣一卷
潛山縣一卷
太湖縣一卷
宿松縣一卷
望江縣一卷
徽州府總一卷
歙縣一卷
休寧縣一卷
婺源縣一卷
祁門縣一卷
黟縣一卷
績溪縣一卷
寧國府總一卷
宣城縣一卷
南陵縣一卷
涇縣一卷
寧國縣一卷
旌德縣一卷
太平縣一卷
池州府總一卷
貴池縣一卷
青陽縣一卷
銅陵縣一卷
石埭縣一卷
建德縣一卷
東流縣一卷
太平府總一卷
當塗縣一卷
蕪湖縣一卷
繁昌縣一卷
廬州府總一卷
合肥縣一卷
廬江縣一卷
舒城縣一卷
無為州一卷
巢縣一卷
鳳陽府總一卷
鳳陽縣一卷
懷遠縣一卷
定遠縣一卷
壽州一卷
鳳臺縣一卷
宿州一卷

靈璧縣一卷
臨淮縣一卷
虹縣一卷
潁州府總一卷
阜陽縣一卷
潁上縣一卷
霍丘縣一卷
亳州一卷
蒙城縣一卷
太和縣一卷
六安州總一卷
六安州一卷
英山縣一卷
霍山縣一卷
泗州總一卷
泗州一卷
盱眙縣一卷
五河縣一卷
天長縣一卷
廣德州總一卷
廣德州一卷
建平縣一卷
和州總一卷
和州一卷
含山縣一卷
滁州總一卷
滁州一卷
全椒縣一卷
來安縣一卷

江寧布政使司財政檔冊不分卷　清抄本　五六二
寧藩各屬發典生息出入款目不分卷
寧藩放款不分卷
內銷各款收支約數不分卷
屯稅清單附二十三、四年冬收分數不分卷
各司關局盈餘解司撥支式附單細目不分卷
光緒二十七年府縣提漕米盈餘未已編目不分卷

重修江蘇省蘆課全書不分卷　清乾隆四十年刻本　五六三

賦役全書八卷徭里全書二卷　明末蘇州府刻本　十行廿五字白口上下單邊　五六四

康熙貳拾伍年分蘇州府屬額徵起存地丁本折錢糧督催經徵各官職名完欠分數文冊不分卷　清田雯輯　清康熙二十六年抄本　五六五

蘇州織造局志十二卷　清孫珮輯　清康熙二十五年刻本　五六六

蘇松歷代賦考一卷各憲請減浮糧疏稿一卷居官備覽一卷　清康熙刻本　五六七

蘇松浮賦考略一卷　清秦萬成等輯　清康熙刻本　五六八

蘇松浮糧考不分卷　清雍正刻本　五六九

蘇松浮糧考一卷　清抄本　唐文治跋　五七〇

571 蘇松浮糧考不分卷 清抄本

572 蔣辛田先生流民十二圖一卷奏疏一卷 清蔣伊撰 蘇松財賦圖一卷 清周夢顏撰 蘇松田賦攷三卷 清邵廣惠撰 清道光十四年彭蘊琛耕硯田齋刻本

573 太倉州屬州總賦役全書六卷 清乾隆刻本
太倉州總一卷 太倉州一卷 鎮洋縣一卷 嘉定縣一卷 寶山縣一卷 崇明縣一卷

574 絲絹全書八卷 明程任卿輯 明萬曆刻本 十行廿二字白口左右雙邊

575 溧水縣永折全書 卷 清康熙二十六年刻後印本

576 江南安慶府賦役全書十二卷 清順治刻本
懷寧縣一卷 簡明一卷 桐城縣一卷 簡明一卷 潛山縣一卷 簡明一卷 太湖縣一卷 簡明一卷 宿松縣一卷 簡明一卷 望江縣一卷 簡明一卷

577 休寧縣二十五都八圖丈量保簿不分卷 明吳嵩注 明萬曆二十四年活字印本

578 休寧縣賦役官解條議全書不分卷 明常茂桂輯 明天啟刻本 九行二十字白口四周雙邊

579 直隸池州府貴池縣池口河泊所魚課冊不分卷 明隆慶三年抄本

580 江南池州府賦役全書十四卷 清順治刻本
池州府總一卷 簡明一卷 貴池縣一卷 簡明一卷 青陽縣一卷 簡明一卷 銅陵縣一卷 簡明一卷 石埭縣一卷 簡明一卷 建德縣一卷 簡明一卷

四一

東流縣一卷 簡明一卷

581 江南安屬歸併省衛賦役全書二十卷 清乾隆刻本
歸併省衛司總一卷 太平府總一卷 當塗縣一卷 蕪湖縣一卷 廬州府總一卷 無為州一卷 巢縣一卷 合肥縣一卷 定遠縣一卷 滁州總一卷 滁州一卷 全椒縣一卷 來安縣一卷 和州總一卷 和州一卷 含山縣一卷 泗州總一卷 泗州一卷 盱眙縣一卷 天長縣一卷

582 江南安屬歸併外衛賦役全書十七卷 清乾隆刻本
歸外衛司總一卷 合肥縣一卷 鳳陽府總一卷 壽州一卷 鳳陽縣一卷 臨淮縣一卷 懷遠縣一卷 定遠縣一卷 鳳臺縣一卷 潁州府總一卷 霍丘縣一卷 亳州一卷 蒙城縣一卷 六安州一卷 泗州總一卷 五河縣一卷 天長縣一卷

583 江南新宣等衛司賦役全書十二卷 清乾隆刻本
新安等衛司總一卷 新安衛一卷 宣州衛一卷 建陽衛一卷 安慶衛一卷 廬州衛一卷 鳳陽衛一卷 鳳陽中衛一卷 長淮衛一卷 滁州衛一卷 泗州衛一卷 徐州衛一卷

584 山西文地簡明文冊不分卷 明牟應乾編 明萬曆抄本

四二

山西賦役全書□□卷　清盧崇峻、白如梅等修　清順治刻本　五八五

存九十四卷

山西省總一卷　太原府一卷　陽曲縣一卷　太原縣一卷　榆次縣一卷　太谷縣一卷　祁縣一卷　徐溝縣一卷　清源縣一卷　交城縣一卷　文水縣一卷　壽陽縣一卷　盂縣一卷　靜樂縣一卷　河曲縣一卷　平定州一卷　樂平縣一卷　忻州一卷　定襄縣一卷　代州一卷　五臺縣一卷　繁峙縣一卷　崞縣一卷　岢嵐縣一卷　嵐縣一卷　興縣一卷　保德州一卷　平陽府一卷　臨汾縣一卷　襄陵縣一卷　洪洞縣一卷　浮山縣一卷　趙城縣一卷　太平縣一卷　岳陽縣一卷　曲沃縣一卷　翼城縣一卷　汾西縣一卷　蒲縣一卷　靈石縣一卷　蒲州一卷　臨晉縣一卷　榮河縣一卷　猗氏縣一卷　萬泉縣一卷　河津縣一卷　解州一卷　安邑縣一卷　夏縣一卷　聞喜縣一卷　平陸縣一卷　芮城縣一卷　絳州一卷　稷山縣一卷　絳縣一卷　垣曲縣一卷

霍州一卷　吉州一卷　鄉寧縣一卷　隰州一卷　大寧縣一卷　永和縣一卷　潞安府一卷　長治縣一卷　長子縣一卷　屯留縣一卷　襄垣縣一卷　潞城縣一卷　黎城縣一卷　壺關縣一卷　平順縣一卷　汾州府一卷　汾陽縣一卷　平遙縣一卷　介休縣一卷　孝義縣一卷　臨縣一卷　石樓縣一卷　永寧州一卷　寧鄉縣一卷　澤州總一卷　澤州一卷　高平縣一卷　陽城縣一卷　陵川縣一卷　沁水縣一卷　遼州總一卷　榆社縣一卷　和順縣一卷　沁州總一卷　沁州一卷　沁源縣一卷　武鄉縣一卷

山西省賦役全書□□卷　清覺羅石麟等纂修　清雍正刻本　五八六

存一百六卷

山西賦役司總一卷　太原府所屬一卷　稅課司一卷　陽曲縣一卷　太原縣一卷　榆次縣一卷　太谷縣一卷　祁縣一卷　徐溝縣一卷　清源縣一卷　交城縣一卷　文水縣一卷　岢嵐州一卷　嵐縣一卷　興縣一卷　平定州并屬一卷　平定州一卷　樂平縣一卷

盂縣一卷
壽陽縣一卷
忻州并屬一卷
忻州一卷
定襄縣一卷
靜樂縣一卷
代州并屬一卷
代州一卷
五臺縣一卷
崞縣一卷
繁峙縣一卷
保德州并屬一卷
保德州一卷
河曲縣一卷
平陽府所屬一卷
臨汾縣一卷
洪洞縣一卷
浮山縣一卷
趙城縣一卷
岳陽縣一卷
曲沃縣一卷
翼城縣一卷
靈石縣一卷
太平縣一卷
襄陵縣一卷
汾西縣一卷
霍州一卷
蒲州府所屬一卷
永濟縣一卷
臨晉縣一卷
虞鄉縣一卷
榮河縣一卷
萬泉縣一卷
猗氏縣一卷
解州并屬一卷
解州一卷
安邑縣一卷
夏縣一卷
平陸縣一卷
芮城縣一卷
絳州并屬一卷
絳州一卷
垣曲縣一卷
聞喜縣一卷
絳縣一卷
稷山縣一卷
河津縣一卷
吉州并屬一卷
吉州一卷
鄉寧縣一卷
隰州并屬一卷
隰州一卷
大寧縣一卷
蒲縣一卷
永和縣一卷
汾州府所屬一卷
孝義縣一卷
汾陽縣一卷
平遙縣一卷
介休縣一卷

石樓縣一卷
臨縣一卷
永寧州一卷
寧鄉縣一卷
澤州府所屬一卷
鳳臺縣一卷
高平縣一卷
陽城縣一卷
陵川縣一卷
沁水縣一卷
遼州并屬一卷
遼州一卷
和順縣一卷
榆社縣一卷
大同府所屬并糧捐庶峴抹冊一卷
大同縣一卷
懷仁縣一卷
渾源州一卷
應州一卷
山陰縣一卷
陽高縣一卷
天鎮縣一卷
廣靈縣一卷
靈邱縣一卷
寧武府所屬一卷
寧武縣一卷
偏關縣一卷
神池縣一卷
五寨縣一卷

山西大同府屬賦役全書十二卷 存十一卷 清盧崇峻、白如梅等纂 抄 清順治刻本

大同府一卷
應州一卷
渾源州一卷
蔚州一卷
朔州一卷
大同縣一卷
懷仁縣一卷
山陰縣一卷
馬邑縣一卷
靈丘縣一卷
廣靈縣一卷

五八七

山東省賦役全書一百十一卷 清順治刻本

山東省司總一卷
濟南府一卷
臨邑縣一卷
海豐縣一卷
霑化縣一卷
陽信縣一卷
利津縣一卷
武定州一卷
青城縣一卷
平原縣一卷
德平縣一卷
高城縣一卷

五八八

泰安州一卷
濟陽縣一卷
肥城縣一卷
章丘縣一卷
齊東縣一卷
濱州一卷
淄川縣一卷
商河縣一卷
齊河縣一卷
樂陵縣一卷
陵縣一卷
長山縣一卷
萊蕪縣一卷
新城縣一卷
鄒平縣一卷
新泰縣一卷
歷城縣一卷
長清縣一卷
霑化縣一卷
德州一卷
兗州府一卷
城武縣一卷
鄒縣一卷
鉅野縣一卷
寧陽縣一卷
鄆城縣一卷
曲阜縣一卷
曹縣一卷
滋陽縣一卷
定陶縣一卷

四七

泗水縣一卷
沂州一卷
滕縣一卷
郯城縣一卷
嶧縣一卷
費縣一卷
汶上縣一卷
濟寧州一卷
陽穀縣一卷
金鄉縣一卷
壽張縣一卷
魚臺縣一卷
東阿縣一卷
嘉祥縣一卷
東平州一卷
平陰縣一卷
曹州一卷
單縣一卷
東昌府一卷
高唐州一卷
茌平縣一卷
丘縣一卷
聊城縣一卷
濮州一卷
莘縣一卷
觀城縣一卷
冠縣一卷
夏津縣一卷
臨清州一卷
恩縣一卷

堂邑縣一卷　武城縣一卷　清平縣一卷

清平縣一卷
朝城縣一卷
范縣一卷
館陶縣一卷
青州府一卷
蒙陰縣一卷
益都縣一卷
沂水縣一卷
臨淄縣一卷
日照縣一卷
博興縣一卷
高苑縣一卷
樂安縣一卷
壽光縣一卷
昌樂縣一卷
臨朐縣一卷
安丘縣一卷
諸城縣一卷
莒州一卷
萊州府一卷
濰縣一卷
掖縣一卷
膠州一卷
昌邑縣一卷
高密縣一卷
即墨縣一卷
平度州一卷
登州府一卷
蓬萊縣一卷
文登縣一卷

四八

黄縣一卷
棲霞縣一卷
福山縣一卷
招遠縣一卷
萊陽縣一卷
寧海州一卷

山東省賦役全書一百十一卷　清順治刻本

山東司總一卷
濟南府一卷
臨邑縣一卷
海豐縣一卷
蒲臺縣一卷
陽信縣一卷
利津縣一卷
武定州一卷
青城縣一卷
平原縣一卷
德平縣一卷
禹城縣一卷
濟陽縣一卷
泰安州一卷
肥城縣一卷
章丘縣一卷
齊東縣一卷
濱州一卷
淄川縣一卷
商河縣一卷
齊河縣一卷
樂陵縣一卷

陵縣一卷　長山縣一卷　萊蕪縣一卷　新城縣一卷　鄒平縣一卷　新泰縣一卷　歷城縣一卷　長清縣一卷　霑化縣一卷　德州一卷　城武縣一卷　鄒縣一卷　鉅野縣一卷　寧陽縣一卷　曲阜縣一卷　費縣一卷　滋陽縣一卷　泗水縣一卷　定陶縣一卷　沂州一卷　滕縣一卷　郯城縣一卷　嶧縣一卷　曹縣一卷　汶上縣一卷　濟寧州一卷　陽穀縣一卷　金鄉縣一卷　壽張縣一卷　東臺縣一卷

東阿縣一卷　嘉祥縣一卷　東平州一卷　平陰縣一卷　曹州一卷　單縣一卷　高唐州一卷　茌平縣一卷　丘縣一卷　鄆城縣一卷　濮州一卷　莘縣一卷　觀城縣一卷　冠縣一卷　夏津縣一卷　臨清州一卷　恩縣一卷　博平縣一卷　武城縣一卷　堂邑縣一卷　清平縣一卷　館陶縣一卷　范縣一卷　朝城縣一卷　蒙陰縣一卷　益都縣一卷　沂水縣一卷　臨淄縣一卷　日照縣一卷　博興縣一卷

高苑縣一卷　樂安縣一卷　壽光縣一卷　昌樂縣一卷　安丘縣一卷　莒州一卷　蓬萊縣一卷　文登縣一卷　黃縣一卷　棲霞縣一卷　招遠縣一卷　福山縣一卷　萊陽縣一卷　寧海州一卷　膠州一卷　昌邑縣一卷　高密縣一卷　即墨縣一卷　平度州一卷　掖縣一卷　濰縣一卷

山東通省州縣經徵錢糧數目簡明表册不分卷　清胡廷幹編　清光緒三十年抄本　五九〇

山東度支省例附錢穀款目及廉俸章程不分卷　清抄本　五九一

河南賦役總會文册十卷　明嘉靖刻本　十行廿二字白口四周單邊　存一卷（二）　五九二

河南議處祿糧稿不卷　明抄本　五九三

河南省賦役全書□□□卷　清順治至康熙刻本　存一百二十五卷　五九四

布政使一卷　布政使衙所一卷　開封府總一卷　祥符縣一卷　陳留縣一卷　杞縣一卷　通許縣一卷　尉氏縣一卷　洧川縣一卷　鄢陵縣一卷　中牟縣一卷　儀封縣一卷　蘭陽縣一卷　太康縣一卷　扶溝縣一卷　原武縣一卷　陽武縣一卷　延津縣一卷　封丘縣一卷　鄭州一卷

鄭州一卷 滎陽縣一卷 滎澤縣一卷 汜水縣一卷 河陰縣一卷 許州一卷 臨潁縣一卷 襄城縣一卷 郾城縣一卷 長葛縣一卷 禹州一卷 新鄭縣一卷 密縣一卷 陳州一卷 商水縣一卷 西華縣一卷 項城縣一卷 沈丘縣一卷 歸德府總一卷 商丘縣一卷 寧陵縣一卷 鹿邑縣一卷 夏邑縣一卷 永城縣一卷 虞城縣一卷 睢州一卷 考城縣一卷 柘城縣一卷 衛所一卷 彰德府總一卷

安陽縣一卷 臨漳縣一卷 湯陰縣一卷 林縣一卷 磁州一卷 武安縣一卷 涉縣一卷 衛所一卷 衛輝府總一卷 汲縣一卷 胙城縣一卷 新鄉縣一卷 獲嘉縣一卷 淇縣一卷 輝縣一卷 懷慶府總一卷 河內縣一卷 濟源縣一卷 修武縣一卷 武陟縣一卷 孟縣一卷 溫縣一卷 衛所一卷 河南府總一卷 洛陽縣一卷 偃師縣一卷 宜陽縣一卷 新安縣一卷 鞏縣一卷 盧氏縣一卷 孟津縣一卷 登封縣一卷 永寧縣一卷 澠池縣一卷 嵩縣一卷 陝州一卷 靈寶縣一卷

五一

閿鄉縣一卷 南陽府總一卷 南陽縣一卷 南召縣一卷 唐縣一卷 泌陽縣一卷 桐柏縣一卷 鎮平縣一卷 鄧州一卷 淅川縣一卷 新野縣一卷 內鄉縣一卷 裕州一卷 舞陽縣一卷 葉縣一卷 衛所一卷 汝寧府總一卷 汝陽縣一卷 真陽縣一卷 上蔡縣一卷 新蔡縣一卷 西平縣一卷 遂平縣一卷 確山縣一卷 信陽州一卷 羅山縣一卷 光州一卷 光山縣一卷 固始縣一卷 息縣一卷

商城縣一卷 衛所一卷 汝州一卷 魯山縣一卷 郟縣一卷 寶豐縣一卷 伊陽縣一卷 衛所一卷

河南省賦役全書□□卷 清順治刻本
存四十四卷

陳留縣一卷 杞縣一卷 中牟縣一卷 儀封縣一卷 太康縣一卷 陽武縣一卷 西華縣一卷 沈丘縣一卷 臨潁縣一卷 長葛縣一卷 新鄭縣一卷 鄭州一卷 滎澤縣一卷 河陰縣一卷 封丘縣一卷 安陽縣一卷 林縣一卷 武安縣一卷

五二

汲縣一卷　孟縣一卷　温縣一卷　河南府一卷　洛陽縣一卷　偃師縣一卷　宜陽縣一卷　新安縣一卷　鞏縣一卷　閿鄉縣一卷　汝寧府一卷　汝陽縣一卷　真陽縣一卷　上蔡縣一卷　西平縣一卷　遂平縣一卷　確山縣一卷　光州一卷　光山縣一卷　固始縣一卷　息縣一卷　商城縣一卷　汝州總一卷　汝州一卷　伊陽縣一卷　郟縣一卷

五九六　河南布政司賦役全書一卷　清順治刻本

五九七　河南開封府賦役全書三十五卷　清順治刻本

存二十八卷

開封府一卷　祥符縣一卷　陳留縣一卷　杞縣一卷　通許縣一卷　太康縣一卷　尉氏縣一卷　洧川縣一卷　鄢陵縣一卷　扶溝縣一卷　陽武縣一卷　原武縣一卷　封丘縣一卷　延津縣一卷　蘭陽縣一卷　儀封縣一卷　新鄭縣一卷　陳州一卷　項城縣一卷　沈丘縣一卷　許州一卷　臨潁縣一卷　襄城縣一卷　郾城縣一卷　長葛縣一卷　鄭州一卷　滎澤縣一卷　滎陽縣一卷

五三

五九八　陝西省賦役全書□□□卷　清順治刻本

存一百二十六卷

陝甘總一卷　西安府一卷　長安縣一卷　富平縣一卷　涇陽縣一卷　咸陽縣一卷　三原縣一卷　咸寧縣一卷　渭南縣一卷　臨潼縣一卷　高陵縣一卷　乾州一卷　華州一卷　蒲城縣一卷　華陰縣一卷　同州一卷　韓城縣一卷　盩厔縣一卷　興平縣一卷　邠州一卷　郃陽縣一卷　澄城縣一卷　朝邑縣一卷　耀州一卷　白水縣一卷　鄠縣一卷　武功縣一卷　醴泉縣一卷　商州一卷　同官縣一卷　山陽縣一卷　藍田縣一卷　淳化縣一卷　商南縣一卷　雒南縣一卷　鎮安縣一卷　永壽縣一卷　三水縣一卷　長武縣一卷　延安府一卷　膚施縣一卷　安塞縣一卷　甘泉縣一卷　延安定縣一卷　延川縣一卷　延長縣一卷　鄜州一卷　清澗縣一卷　洛川縣一卷　中部縣一卷　保安縣一卷　宜川縣一卷　綏德州一卷　宜君縣一卷　米脂縣一卷　葭州一卷

五四

吳堡縣一卷　府谷縣一卷　神木縣一卷　鳳翔府一卷　岐山縣一卷　寶雞縣一卷　扶風縣一卷　隴州一卷　郿縣一卷　麟遊縣一卷　汧陽縣一卷　漢中府一卷　南鄭縣一卷　洋縣一卷　城固縣一卷　西鄉縣一卷　鳳縣一卷　褒城縣一卷　略陽縣一卷　沔縣一卷　寧羌州一卷　興安州一卷　興安州□一卷　平利縣一卷　白河縣一卷　紫陽縣一卷　洵陽縣一卷　漢陰縣一卷　石泉縣一卷　平涼府一卷

平涼縣一卷　華亭縣一卷　鎮原縣一卷　崇信縣一卷　固原州一卷　涇州一卷　靈臺縣一卷　靜寧州一卷　莊浪縣一卷　隆德縣一卷　鞏昌府一卷　秦州一卷　隴西縣一卷　寧遠縣一卷　伏羌縣一卷　清水縣一卷　秦安縣一卷　鞏安定縣一卷　會寧縣一卷　通渭縣一卷　西和縣一卷　禮縣一卷　岷州一卷　成縣一卷　兩當縣一卷　漳縣一卷　階州一卷　文縣一卷　慶陽府一卷　安化縣一卷

寧州一卷　真寧縣一卷　合水縣一卷　環縣一卷　金縣一卷　渭源縣一卷　河州一卷　狄道縣一卷　蘭州一卷

陝西省賦役全書□□卷　清順治刻本
存九十二卷

陝甘總一卷　西安府一卷　長安縣一卷　富平縣一卷　涇陽縣一卷　咸陽縣一卷　三原縣一卷　咸寧縣一卷　渭南縣一卷　臨潼縣一卷　高陵縣一卷　乾州一卷　華州一卷　蒲城縣一卷　華陰縣一卷　同州一卷

韓城縣一卷　盩厔縣一卷　郃陽縣一卷　澄城縣一卷　白水縣一卷　武功縣一卷　醴泉縣一卷　山陽縣一卷　淳化縣一卷　鎮安縣一卷　膚施縣一卷　延安定縣一卷　延長縣一卷　洛川縣一卷　中部縣一卷　保安縣一卷　宜川縣一卷　綏德縣一卷　葭州一卷　鳳翔府一卷　鳳翔縣一卷　岐山縣一卷　寶雞縣一卷　扶風縣一卷　隴州一卷　郿縣一卷　麟遊縣一卷　汧陽縣一卷　南鄭縣一卷　城固縣一卷　鳳縣一卷

陝西省賦役全書□□□卷　清順治刻本

存六十六卷

陝甘總一卷　西安府一卷　長安縣一卷　富平縣一卷　涇陽縣一卷　咸陽縣一卷　三原縣一卷　咸寧縣一卷　渭南縣一卷　臨潼縣一卷　高陵縣一卷　乾州一卷　興安州總一卷　興安州一卷　平利縣一卷　白河縣一卷　紫陽縣一卷　洵陽縣一卷　漢陰縣一卷　石泉縣一卷　平涼府一卷　平涼縣一卷　華亭縣一卷　鎮原縣一卷　崇信縣一卷　固原州一卷　涇州一卷　靈臺縣一卷　靜寧州一卷　莊浪縣一卷　慶陽府一卷　安化縣一卷　寧州一卷　真寧縣一卷　合水縣一卷　環縣一卷　鞏昌府一卷　秦州一卷　隴西縣一卷　寧遠縣一卷　伏羌縣一卷　清水縣一卷　秦安縣一卷　鞏安定縣一卷　會寧縣一卷　通渭縣一卷　西和縣一卷　禮縣一卷　徽州一卷　成縣一卷　兩當縣一卷　漳縣一卷　階州一卷　文縣一卷　金縣一卷　渭源縣一卷　狄道縣一卷

五六九

五七

陝西省屯糧賦役全書□□卷　清康熙刻本

存五十一卷

陝西省總一卷　西安府一卷　華州一卷　蒲城縣一卷　華陰縣一卷　同州一卷　韓城縣一卷　盩厔縣一卷　興平縣一卷　鄜州一卷　郃陽縣一卷　澄城縣一卷　朝邑縣一卷　耀州一卷　白水縣一卷　郿縣一卷　武功縣一卷　醴泉縣一卷　商州一卷　同官縣一卷　山陽縣一卷　藍田縣一卷　淳化縣一卷　商南縣一卷　雒南縣一卷　鎮安縣一卷　永壽縣一卷　三水縣一卷　長武縣一卷　鳳翔府一卷　鳳翔縣一卷　岐山縣一卷　寶雞縣一卷　扶風縣一卷　隴州一卷　邠州一卷　麟遊縣一卷　汧陽縣一卷　漢中府一卷　南鄭縣一卷　洋縣一卷　城固縣一卷　西鄉縣一卷　鳳縣一卷　褒城縣一卷　略陽縣一卷　沔縣一卷　寧羌州一卷　興安州總一卷　興安州一卷　平利縣一卷　白河縣一卷　紫陽縣一卷　洵陽縣一卷　漢陰縣一卷　石泉縣一卷

六〇〇

五八

長安縣一卷
富平縣一卷
涇陽縣一卷
咸陽縣一卷
三原縣一卷
咸寧縣一卷
渭南縣一卷
臨潼縣一卷
高陵縣一卷
乾州一卷
華州一卷
蒲城縣一卷
華陰縣一卷
同州一卷
盩厔縣一卷
興平縣一卷
鄠縣一卷
武功縣一卷
醴泉縣一卷
藍田縣一卷
永壽縣一卷
潼關衛一卷
延安府一卷
膚施縣一卷
綏德州一卷
葭州一卷
高家堡一卷
保寧各堡一堡一卷
府谷縣一卷
神木縣一卷
榆林衛一卷
鳳翔府一卷
鳳翔縣一卷
岐山縣一卷
寶雞縣一卷
扶風縣一卷
隴州一卷
郿縣一卷
麟遊縣一卷
汧陽縣一卷
興安州屬一卷
興安州一卷
漢陰縣一卷
石泉縣一卷
漢中府屬一卷
城固縣一卷
褒城縣一卷
沔縣一卷
寧羌州一卷

五九

渭南縣一卷
臨潼縣一卷
高陵縣一卷
乾州一卷
華州一卷
蒲城縣一卷
華陰縣一卷
同州一卷
韓城縣一卷
盩厔縣一卷
興平縣一卷
郃陽縣一卷
澄城縣一卷
朝邑縣一卷
耀州一卷
白水縣一卷
鄠縣一卷
武功縣一卷
邠州一卷
商州一卷
同官縣一卷
山陽縣一卷
藍田縣一卷
淳化縣一卷
商南縣一卷
醴泉縣一卷
雒南縣一卷
鎮安縣一卷
永壽縣一卷
三水縣一卷
長武縣一卷
延安府一卷
膚施縣一卷
安塞縣一卷
甘泉縣一卷
延安定縣一卷
延川縣一卷
延長縣一卷
鄜州一卷
清澗縣一卷
洛川縣一卷
中部縣一卷
保安縣一卷
宜川縣一卷
綏德州一卷
宜君縣一卷
米脂縣一卷
葭州一卷
吳堡縣一卷
府谷縣一卷
神木縣一卷
鳳翔府一卷
鳳翔縣一卷
岐山縣一卷
寶雞縣一卷
扶風縣一卷
隴州一卷
郿縣一卷
麟遊縣一卷
汧陽縣一卷

六〇

陝西省西安布政司賦役全書八十六卷 清康熙刻本

陝西省西安布政司一卷
西安府一卷
長安縣一卷
富平縣一卷
涇陽縣一卷
咸寧縣一卷
咸陽縣一卷
三原縣一卷

六〇一

六〇二　陝西省西安布政司賦役全書九十三卷　清乾隆刻本

漢中府一卷　南鄭縣一卷　洋縣一卷　城固縣一卷　西鄉縣一卷　鳳縣一卷　褒城縣一卷　略陽縣一卷　沔縣一卷　寧羌州一卷　興安州總一卷　興安州一卷　平利縣一卷　白河縣一卷　紫陽縣一卷　洵陽縣一卷　漢陰縣一卷　石泉縣一卷　陝西省西安布政司一卷　西安府一卷　長安縣一卷　富平縣一卷　涇陽縣一卷　渭南縣一卷　咸寧縣一卷　三原縣一卷　咸陽縣一卷　臨潼縣一卷

盩厔縣一卷　鄠縣一卷　醴泉縣一卷　同官縣一卷　高陵縣一卷　興平縣一卷　藍田縣一卷　耀州一卷　延安府一卷　膚施縣一卷　安塞縣一卷　甘泉縣一卷　安定縣一卷　延川縣一卷　延長縣一卷　保安縣一卷　宜川縣一卷　鳳翔府一卷　鳳翔縣一卷　岐山縣一卷　寶雞縣一卷　扶風縣一卷　隴州一卷　郿縣一卷　麟遊縣一卷　汧陽縣一卷　漢中府一卷　南鄭縣一卷　洋縣一卷　城固縣一卷

西鄉縣一卷　鳳縣一卷　褒城縣一卷　略陽縣一卷　沔縣一卷　寧羌州一卷　同州府一卷　華州一卷　大荔縣一卷　韓城縣一卷　郃陽縣一卷　蒲城縣一卷　華陰縣一卷　白水縣一卷　朝邑縣一卷　澄城縣一卷　榆林府一卷　葭州一卷　府谷縣一卷　神木縣一卷　邠州總一卷　邠州一卷　三水縣一卷　長武縣一卷　淳化縣一卷　乾州總一卷　乾州一卷　永壽縣一卷　武功縣一卷　商州總一卷

六〇三　陝西省屯衛賦役全書□□卷　清乾隆刻本　存八十四卷

商州一卷　雒南縣一卷　商南縣一卷　山陽縣一卷　鎮安縣一卷　鄜州總一卷　鄜州一卷　洛川縣一卷　中部縣一卷　宜君縣一卷　綏德州總一卷　綏德州一卷　米脂縣一卷　清澗縣一卷　吳堡縣一卷　興安州一卷　興安州總一卷　平利縣一卷　白河縣一卷　紫陽縣一卷　洵陽縣一卷　漢陰縣一卷　石泉縣一卷

陝西省屯衛總一卷　陝西督糧道簡明一卷

陝西分糧道已給銀糧一卷
陝西糧道並鳳商二府一卷
西安府總一卷
長安縣一卷
富平縣一卷
涇陽縣二卷
咸陽縣二卷
渭南縣二卷
咸寧縣二卷
三原縣二卷
臨潼縣二卷
盩厔縣二卷
鄠縣二卷
醴泉縣二卷
高陵縣二卷
興平縣二卷
藍田縣二卷
鎮安縣一卷
潼關縣一卷
延安府總一卷
膚施縣一卷
靖邊縣一卷
定邊縣一卷
鳳翔府總二卷
鳳翔縣二卷
岐山縣一卷
寶雞縣二卷
扶風縣一卷
隴州二卷
郿縣二卷

麟遊縣一卷
汧陽縣二卷
漢中府總一卷
南鄭縣一卷
城固縣一卷
褒城縣一卷
沔縣一卷
寧羌州一卷
同州府總一卷
華州二卷
大荔縣一卷
蒲城縣一卷
華陰縣一卷
榆林府總一卷
榆林縣一卷
鄜州一卷
府谷縣一卷
神木縣一卷
懷遠縣一卷
乾州總一卷
乾州一卷
永壽縣一卷
武功縣二卷
綏德州總一卷
綏德州一卷
米脂縣一卷
清澗縣一卷
興安州總一卷
洵陽縣一卷

陝西省賦役全書不分卷 清道光十四年陝西官刻本

延安府賦役全書二十卷 清順治刻本

六三

六〇四

六〇五

延安府一卷
膚施縣一卷
安塞縣一卷
甘泉縣一卷
延安定縣一卷
延川縣一卷
延長縣一卷
鄜州一卷
清澗縣一卷
洛川縣一卷
中部縣一卷
保安縣一卷
宜川縣一卷
綏德州一卷
宜君縣一卷
米脂縣一卷
葭州一卷
吳堡縣一卷
府谷縣一卷
神木縣一卷

甘肅民屯賦役全書□□卷 清雍正刻本
存八十三卷

鞏昌府一卷
隴西縣一卷
安定縣一卷
會寧縣一卷
伏羌縣一卷
寧遠縣一卷

靖遠縣一卷
西和縣一卷
通渭縣一卷
漳縣一卷
岷州一卷
西固撫民廳一卷
洮州衛一卷
平涼府一卷
平涼縣一卷
隆德縣一卷
崇信縣一卷
華亭縣一卷
鎮原縣一卷
靈臺縣一卷
莊浪縣一卷
涇州一卷
固原州一卷
靜寧州一卷
鹽茶廳一卷
寧夏府一卷
寧夏縣一卷
寧朔縣一卷
中衛縣一卷
平羅縣一卷
新渠縣一卷
寶豐縣一卷
靈州一卷
花馬池州一卷
涼州府一卷
武威縣一卷

六四

六〇六

平番縣一卷
永昌縣一卷
古浪縣一卷
鎮番縣一卷
莊浪廳一卷
臨洮府一卷
狄道縣一卷
渭源縣一卷
蘭州一卷
金縣一卷
河州一卷
歸德所一卷
慶陽府一卷
安化縣一卷
寧州一卷
真寧縣一卷
合水縣一卷
環縣一卷
西寧府一卷
西寧縣一卷
碾伯縣一卷
大通衛一卷
甘州府一卷
張掖縣一卷
山丹縣一卷
洮岷道一卷
直隸秦州一卷
秦州一卷
秦安縣一卷
清水縣一卷
禮縣一卷
徽縣一卷
兩當縣一卷
直隸階州一卷
階州一卷
文縣一卷
成縣一卷
肅州道一卷
直隸肅州一卷
高臺縣一卷
安西廳一卷
安西衛一卷
柳溝衛一卷
沙州衛一卷
靖逆廳一卷
靖逆衛一卷
赤金衛一卷

六〇七

欽定浙江賦役全書□□卷　清張瑞等纂　清順治刻本

浙江省總一卷
杭州府一卷
仁和縣一卷
錢塘縣一卷
海寧縣一卷
富陽縣一卷
餘杭縣一卷
臨安縣一卷
新城縣一卷
於潛縣一卷
昌化縣一卷
嘉興府一卷
嘉興縣一卷
秀水縣一卷
嘉善縣一卷
海鹽縣一卷
平湖縣一卷
崇德縣一卷
桐鄉縣一卷
湖州府一卷
安吉州一卷
歸安縣一卷
烏程縣一卷
長興縣一卷
德清縣一卷
武康縣一卷
孝豐縣一卷
寧波府一卷
鄞縣一卷
慈谿縣一卷
奉化縣一卷
定海縣一卷
象山縣一卷
紹興府一卷
山陰縣一卷
會稽縣一卷
蕭山縣一卷
諸暨縣一卷
餘姚縣一卷
上虞縣一卷
新昌縣一卷
台州府一卷
江山縣一卷
常山縣一卷
開化縣一卷
嚴州府一卷
建德縣一卷
淳安縣一卷
遂安縣一卷
壽昌縣一卷
桐廬縣一卷
分水縣一卷
溫州府一卷
永嘉縣一卷
樂清縣一卷
瑞安縣一卷
平陽縣一卷
泰順縣一卷
處州府一卷
麗水縣一卷
縉雲縣一卷
青田縣一卷
松陽縣一卷
遂昌縣一卷
雲和縣一卷
龍泉縣一卷
慶元縣一卷
景寧縣一卷
宣平縣一卷

六五

六六

兩浙裁減全書不分卷　清順治刻本　六〇八

浙江省賦役全書□□卷　清康熙刻本　六〇九

存：司總、杭州府、仁和縣、錢塘縣、海寧縣、富陽縣、餘杭縣、臨安縣、新城縣、於潛縣、昌化縣、嘉興府、嘉興縣、秀水縣、嘉善縣、海鹽縣、平湖縣、石門縣、桐鄉縣、湖州府、安吉州、歸安縣、烏程縣、長興縣、德清縣、武康縣、孝豐縣、寧波府、鄞縣、慈谿縣、奉化縣、定海縣、象山縣、紹興府、山陰縣、會稽縣、蕭山縣、諸暨縣、餘姚縣、上虞縣、新昌縣、嵊縣、台州府、臨海縣、黃巖縣、太平縣、寧海縣、天台縣、仙居縣、金華府、金華縣、蘭谿縣、東陽縣、義烏縣、永康縣、武義縣、浦江縣、湯溪縣、衢州府、西安縣、溫州府、永嘉縣、樂清縣、平陽縣、泰順縣、處州府、麗水縣、縉雲縣、青田縣、松陽縣、遂昌縣、雲和縣、龍泉縣、慶元縣、景寧縣、宣平縣。

浙江省賦役全書不分卷　清乾隆浙江刻本　六一〇

存：司總

浙江省賦役全書不分卷　清道光四年浙江杭州府刻本　六一一

乾隆十一年分歲額鹽課錢糧經徵完欠解存款項文冊不分卷　清乾隆十三年抄本　六一二

慈谿縣丈量過田地實總一卷　明開少峰輯　明隆慶五年刻本　九行二十七字白口四周單邊單魚尾　六一三

江西賦役紀十五卷　明刻本　九行二十字白口四周單邊　六一四

存十卷　二至六、十一至十五

六七

江西賦役經制全書□□□卷　清順治刻本　六一五

存九十二卷

江西省總一卷　南昌府一卷　南昌縣一卷　新建縣一卷　豐城縣一卷　進賢縣一卷　奉新縣一卷　靖安縣一卷　武寧縣一卷　寧州一卷　袁州府一卷　萬載縣一卷　萍鄉縣一卷　分宜縣一卷　宜春縣一卷　九江府一卷　德安縣一卷　彭澤縣一卷　瑞昌縣一卷　湖口縣一卷　德化縣一卷　贛州府一卷　會昌縣一卷　安遠縣一卷

定南縣一卷　龍南縣一卷　長寧縣一卷　信豐縣一卷　興國縣一卷　寧都縣一卷　雩都縣一卷　瑞金縣一卷　贛縣一卷　石城縣一卷　南安府一卷　上猶縣一卷　南康縣一卷　崇義縣一卷　大庾縣一卷　吉安府一卷　廬陵縣一卷　泰和縣一卷　吉水縣一卷　永寧縣一卷　萬安縣一卷　永新縣一卷　龍泉縣一卷　安福縣一卷　吉永豐縣一卷　撫州府一卷　崇仁縣一卷　金谿縣一卷　臨川縣一卷　樂安縣一卷　宜黃縣一卷　東鄉縣一卷　建昌府一卷　新城縣一卷　南豐縣一卷　廣昌縣一卷　瀘溪縣一卷　南城縣一卷　廣信府一卷　永豐縣一卷　鉛山縣一卷　貴溪縣一卷　弋陽縣一卷　興安縣一卷　玉山縣一卷　上饒縣一卷　饒州府一卷　鄱陽縣一卷　餘干縣一卷　樂平縣一卷　德興縣一卷　浮梁縣一卷　安仁縣一卷　萬年縣一卷　臨江府一卷　峽江縣一卷　新淦縣一卷　清江縣一卷　新喻縣一卷　瑞州府一卷

六八

新昌縣一卷 上高縣一卷 高安縣一卷 南康府一卷 安義縣一卷 建昌縣一卷 都昌縣一卷 星子縣一卷

江西賦役經制全書□□□卷 清順治刻本
存八十一卷
江西省總一卷 南昌府一卷 南昌縣一卷 新建縣一卷 豐城縣一卷 進賢縣一卷 奉新縣一卷 靖安縣一卷 武寧縣一卷 寧州一卷 袁州府總一卷 宜春縣一卷 分宜縣一卷 萍鄉縣一卷 萬載縣一卷 九江府總一卷 德化縣一卷 德安縣一卷 瑞昌縣一卷 湖口縣一卷 彭澤縣一卷 贛州府總一卷 贛縣一卷 雩都縣一卷 信豐縣一卷 興國縣一卷 會昌縣一卷 長寧縣一卷 龍南縣一卷 定南縣一卷 寧都縣一卷 瑞金縣一卷 石城縣一卷 安遠縣一卷 南安府總一卷 大庾縣一卷 南康縣一卷 上猶縣一卷 崇義縣一卷 吉安府總一卷 廬陵縣一卷 泰和縣一卷 吉水縣一卷 吉永豐縣一卷 安福縣一卷 龍泉縣一卷 萬安縣一卷 永新縣一卷

六一六

六九

永寧縣一卷 撫州府總一卷 臨川縣一卷 崇仁縣一卷 金谿縣一卷 宜黃縣一卷 樂安縣一卷 東鄉縣一卷 永豐縣一卷 弋陽縣一卷 興安縣一卷 饒州府總一卷 鄱陽縣一卷 餘干縣一卷 樂平縣一卷 安仁縣一卷 浮梁縣一卷 德興縣一卷 萬年縣一卷 臨江府總一卷 清江縣一卷 新喻縣一卷 新淦縣一卷 峽江縣一卷 瑞州府總一卷 高安縣一卷 上高縣一卷 新昌縣一卷 南康府總一卷 星子縣一卷 都昌縣一卷 建昌縣一卷 安義縣一卷

江西賦役經制全書□□□卷 清順治刻本
存四十七卷
江西省總一卷 南昌府一卷 南昌縣一卷 新建縣一卷 豐城縣一卷 靖安縣一卷 奉新縣一卷 寧州一卷 武寧縣一卷 進賢縣一卷 萬載縣一卷 萍鄉縣一卷 九江府一卷 湖口縣一卷 瑞昌縣一卷 德化縣一卷 會昌縣一卷 信豐縣一卷 瑞金縣一卷 上猶縣一卷 南康縣一卷 吉安府一卷

六一七

七〇

吉永豐縣一卷
萬安縣一卷
廬陵縣一卷
龍泉縣一卷
永新縣一卷
廣昌縣一卷
南城縣一卷
鉛山縣一卷
貴溪縣一卷
上饒縣一卷
饒州府一卷
萬年縣一卷
鄱陽縣一卷
樂平縣一卷
臨江府一卷
新喻縣一卷
清江縣一卷
新淦縣一卷
峽江縣一卷
瑞州府一卷
上高縣一卷
新昌縣一卷
高安縣一卷
安義縣一卷
建昌縣一卷

江西賦役經制全書九十二卷 清乾隆刻本

江西省總一卷
南昌府一卷
南昌縣一卷
新建縣一卷
豐城縣一卷
進賢縣一卷
奉新縣一卷
靖安縣一卷
武寧縣一卷
寧州一卷
袁州府一卷
宜春縣一卷
分宜縣一卷
萍鄉縣一卷
萬載縣一卷
九江府一卷
德化縣一卷
德安縣一卷
瑞昌縣一卷
湖口縣一卷
彭澤縣一卷
贛州府一卷
贛縣一卷
雩都縣一卷
信豐縣一卷
興國縣一卷
會昌縣一卷
安遠縣一卷
長寧縣一卷
龍南縣一卷
定南縣一卷
寧都縣一卷

七一

六一八

瑞金縣一卷
石城縣一卷
南安府一卷
大庾縣一卷
南康縣一卷
上猶縣一卷
崇義縣一卷
吉安府一卷
廬陵縣一卷
泰和縣一卷
吉水縣一卷
永豐縣一卷
安福縣一卷
龍泉縣一卷
萬安縣一卷
永新縣一卷
永寧縣一卷
撫州府一卷
臨川縣一卷
崇仁縣一卷
金谿縣一卷
宜黃縣一卷
樂安縣一卷
東鄉縣一卷
建昌府一卷
南城縣一卷
新城縣一卷
南豐縣一卷
廣昌縣一卷
瀘溪縣一卷
廣信府一卷
上饒縣一卷
玉山縣一卷
弋陽縣一卷
貴溪縣一卷
鉛山縣一卷
廣豐縣一卷
興安縣一卷
饒州府一卷
鄱陽縣一卷
餘干縣一卷
樂平縣一卷
安仁縣一卷
浮梁縣一卷
德興縣一卷
萬年縣一卷
臨江府一卷
清江縣一卷
新喻縣一卷
新淦縣一卷
峽江縣一卷
瑞州府一卷
高安縣一卷
上高縣一卷
新昌縣一卷
南康府一卷
星子縣一卷
都昌縣一卷
建昌縣一卷
安義縣一卷

七二

江西省款目不分卷 清抄本 六一九

度支括要□卷 清抄本 存二卷 度支括要卷一、南州度支括要卷下 六二〇

錄呈江西糧臺第一案報銷各款清册不分卷 清咸豐七年抄本 六二一

江西省同治拾壹至拾叁年催徵各年民欠及緩徵地丁錢糧隨本奏銷文册不分卷 清劉秉璋、李文敏等撰 清光緒抄本 六二二

湖廣賦役全書一百四十四卷 清順治刻本 六二三
存一百三十八卷
湖廣司總一卷 武昌府一卷 江夏縣一卷 武昌縣一卷 咸寧縣一卷 蒲圻縣一卷 崇陽縣一卷 嘉魚縣一卷 通城縣一卷 興國州一卷

大冶縣一卷 通山縣一卷 漢陽府一卷 漢陽縣一卷 漢川縣一卷 黃州府一卷 黃岡縣一卷 蘄水縣一卷 麻城縣一卷 黃陂縣一卷 黃安縣一卷 羅田縣一卷 蘄州一卷 黃梅縣一卷 廣濟縣一卷 安陸府一卷 鍾祥縣一卷 京山縣一卷 景陵縣一卷 潛江縣一卷 沔陽州一卷 荊門州一卷 當陽縣一卷 德安府一卷 安陸縣一卷 雲夢縣一卷 應城縣一卷 孝感縣一卷 隨州一卷 應山縣一卷

荊州府一卷 江陵縣一卷 公安縣一卷 石首縣一卷 監利縣一卷 松滋縣一卷 枝江縣一卷 夷陵州一卷 宜都縣一卷 遠安縣一卷 巴東縣一卷 歸州一卷 長陽縣一卷 興山縣一卷 岳州府一卷 巴陵縣一卷 平江縣一卷 華容縣一卷 臨湘縣一卷 安鄉縣一卷 澧州一卷 石門縣一卷 慈利縣一卷 鄖陽府一卷 鄖縣一卷 房縣一卷 竹山縣一卷 保康縣一卷 鄖西縣一卷 上津縣一卷

竹谿縣一卷 襄陽府一卷 襄陽縣一卷 棗陽縣一卷 宜城縣一卷 南漳縣一卷 均州一卷 光化縣一卷 穀城縣一卷 長沙府一卷 茶陵州一卷 長沙縣一卷 善化縣一卷 湘陰縣一卷 瀏陽縣一卷 醴陵縣一卷 湘潭縣一卷 寧鄉縣一卷 湘鄉縣一卷 攸縣一卷 安化縣一卷 衡州府一卷 衡陽縣一卷 衡山縣一卷 耒陽縣一卷 常寧縣一卷 益陽縣一卷 酃縣一卷 桂陽縣一卷 臨武縣一卷

嘉禾縣一卷
安仁縣一卷
藍山縣一卷
永州府一卷
零陵縣一卷
祁陽縣一卷
東安縣一卷
道州一卷
寧遠縣一卷
永明縣一卷
江華縣一卷
新田縣一卷
辰州府一卷
沅陵縣一卷
沅州一卷
辰溪縣一卷
黔陽縣一卷
麻陽縣一卷
漵浦縣一卷
瀘溪縣一卷
常德府一卷
武陵縣一卷
桃源縣一卷
龍陽縣一卷
沅江縣一卷
郴州總一卷
郴州一卷
永興縣一卷
宜章縣一卷
桂陽縣一卷
興寧縣一卷
桂東縣一卷
靖州總一卷
靖州一卷
綏寧縣一卷
會同縣一卷
通道縣一卷
天柱縣一卷

湖廣賦役全書一百四十四卷　清順治刻本

存一百六卷

湖廣司總一卷
江夏縣一卷
漢陽府一卷
漢陽縣一卷
漢川縣一卷
黃州府一卷
黃岡縣一卷
蘄水縣一卷
麻城縣一卷
黃陂縣一卷
黃安縣一卷
羅田縣一卷
蘄州一卷
黃梅縣一卷
廣濟縣一卷
安陸府一卷
鍾祥縣一卷
京山縣一卷

七十

六二四

景陵縣一卷
沔陽州一卷
荊門州一卷
當陽縣一卷
荊州府一卷
江陵縣一卷
公安縣一卷
石首縣一卷
監利縣一卷
松滋縣一卷
枝江縣一卷
夷陵州一卷
宜都縣一卷
遠安縣一卷
巴東縣一卷
岳州府一卷
巴陵縣一卷
平江縣一卷
華容縣一卷
臨湘縣一卷
安鄉縣一卷
澧州一卷
石門縣一卷
慈利縣一卷
鄖陽府一卷
鄖縣一卷
房縣一卷
竹山縣一卷
保康縣一卷
鄖西縣一卷
竹谿縣一卷
襄陽府一卷
襄陽縣一卷
棗陽縣一卷
宜城縣一卷
南漳縣一卷
均州一卷
光化縣一卷
穀城縣一卷
長沙府一卷
茶陵州一卷
長沙縣一卷
善化縣一卷
湘陰縣一卷
瀏陽縣一卷
醴陵縣一卷
湘潭縣一卷
寧鄉縣一卷
益陽縣一卷
湘鄉縣一卷
攸縣一卷
安化縣一卷
衡山縣一卷
耒陽縣一卷
常寧縣一卷
酃縣一卷
嘉禾縣一卷
藍山縣一卷
永州府一卷
零陵縣一卷

七六

祁陽縣一卷　東安縣一卷　道州一卷　寧遠縣一卷　永明縣一卷　江華縣一卷　新田縣一卷　辰州府一卷　沅陵縣一卷　沅州一卷　辰溪縣一卷　黔陽縣一卷　麻陽縣一卷　溆浦縣一卷　瀘溪縣一卷　郴州總一卷　郴州一卷　永興縣一卷　宜章縣一卷　桂陽縣一卷　興寧縣一卷　桂東縣一卷　靖州總一卷　靖州一卷　綏寧縣一卷　會同縣一卷　通道縣一卷　天柱縣一卷

六二五　湖廣德安府條議不分卷　明抄本

七七

六二七　湖南賦役全書□□卷　清雍正刻本　存八十六卷

湖南司總一卷　長沙府總一卷　長沙縣一卷　善化縣一卷　益陽縣一卷　湘鄉縣一卷　攸縣一卷　安化縣一卷　茶陵州一卷　湘陰縣一卷　瀏陽縣一卷　醴陵縣一卷　湘潭縣一卷　寧鄉縣一卷　岳州府總一卷　巴陵縣一卷　平江縣一卷　臨湘縣一卷　華容縣一卷　岳州衛一卷　永州府總一卷　零陵縣一卷　祁陽縣一卷　東安縣一卷　道州一卷

寧遠縣一卷　永明縣一卷　江華縣一卷　新田縣一卷　郴州總一卷　郴州一卷　永興縣一卷　宜章縣一卷　興寧縣一卷　桂陽縣一卷　桂東縣一卷　靖州總一卷　靖州一卷　綏寧縣一卷　會同縣一卷　通道縣一卷　衡州府總一卷　衡陽縣一卷　衡山縣一卷　耒陽縣一卷　常寧縣一卷　安仁縣一卷　酃縣一卷　常德府總一卷　武陵縣一卷　桃源縣一卷　龍陽縣一卷　沅江縣一卷　寶慶府總一卷　邵陽縣一卷

七八

武岡州一卷　新化縣一卷　新寧縣一卷　城步縣一卷　辰州府總一卷　沅陵縣一卷　瀘溪縣一卷　辰谿縣一卷　溆浦縣一卷　沅州一卷　黔陽縣一卷　麻陽縣一卷　乾州一卷　永綏一卷　鳳凰營一卷　澧州總一卷　澧州一卷　安鄉縣一卷　石門縣一卷　慈利縣一卷　安福縣一卷　桂陽州總一卷　桂陽州一卷　臨武縣一卷　藍山縣一卷　嘉禾縣一卷　永順府總一卷　永順縣一卷　保靖縣一卷　龍山縣一卷

桑植縣一卷

湖南賦役全書□□卷　清乾隆刻本　六二七

存八十八卷

湖南司總一卷　長沙府總一卷　長沙縣一卷　善化縣一卷　益陽縣一卷　湘鄉縣一卷　攸縣一卷　安化縣一卷　茶陵州一卷　湘潭縣一卷　瀏陽縣一卷　醴陵縣一卷　湘陰縣一卷　寧鄉縣一卷　岳州府總一卷　巴陵縣一卷　平江縣一卷　臨湘縣一卷　華容縣一卷　岳州衛一卷　永州府總一卷　零陵縣一卷　祁陽縣一卷　東安縣一卷　道州一卷　寧遠縣一卷　永明縣一卷　江華縣一卷　新田縣一卷　郴州總一卷　郴州一卷　永興縣一卷　宜章縣一卷　興寧縣一卷　桂陽縣一卷　桂東縣一卷　靖州總一卷　靖州一卷　綏寧縣一卷　會同縣一卷　通道縣一卷　衡州府總一卷　衡陽縣一卷　衡山縣一卷　耒陽縣一卷　常寧縣一卷　安仁縣一卷　酃縣一卷　常德府總一卷　武陵縣一卷　桃源縣一卷　龍陽縣一卷　沅江縣一卷　寶慶府總一卷

邵陽縣一卷　武岡州一卷　新化縣一卷　新寧縣一卷　城步縣一卷　辰州府總一卷　沅陵縣一卷　瀘溪縣一卷　辰谿縣一卷　溆浦縣一卷　乾州一卷　永綏一卷　鳳凰營一卷　沅州府總一卷　芷江縣一卷　黔陽縣一卷　麻陽縣一卷　澧州總一卷　澧州一卷　安鄉縣一卷　石門縣一卷　慈利縣一卷　安福縣一卷　永定縣一卷　桂陽州總一卷　桂陽州一卷　臨武縣一卷　藍山縣一卷　嘉禾縣一卷　永順府總一卷　永順縣一卷　保靖縣一卷　龍山縣一卷　桑植縣一卷

清嘉慶至光緒黔陽縣徵收地丁執照不分卷　稿本　六二八

四川重刊賦役書冊二卷　明萬曆刻本　十一行二十字白口四周雙邊　六二九

四川賦役全書□□卷　清乾隆刻本　六三〇

存三十卷（一、三至八、十至十九、二十一至三十五）

明萬曆錢糧報銷冊一卷　明萬曆五年刻本　九行十七字白口單邊單魚尾　六三一

催徵錢糧降罰事例不分卷　明萬曆五年福建布政司刻本　九行十八字白口四周單邊　六三二

福建賦役全書十二卷　清順治十五年刻本　六三三

福建通省賦役總冊全書七十九卷　清乾隆刻本　六三四

福建省總一卷　福州府總一卷　閩縣一卷　侯官縣一卷　長樂縣一卷　福清縣一卷　連江縣一卷　羅源縣一卷

古田縣一卷
屏南縣一卷
閩清縣一卷
永福縣一卷
福寧府總一卷
霞浦縣一卷
福安縣一卷
寧德縣一卷
壽寧縣一卷
福鼎縣一卷
延平府總一卷
南平縣一卷
順昌縣一卷
將樂縣一卷
沙縣一卷
尤溪縣一卷
永安縣一卷
建寧府總一卷
建安縣一卷
甌寧縣一卷
建陽縣一卷
崇安縣一卷
浦城縣一卷
政和縣一卷
松溪縣一卷
邵武府總一卷
邵武縣一卷
光澤縣一卷
建寧縣一卷
泰寧縣一卷
汀州府總一卷
長汀縣一卷
寧化縣一卷
上杭縣一卷
武平縣一卷
清流縣一卷
連城縣一卷
歸化縣一卷
永定縣一卷
漳州府總一卷
龍溪縣一卷
漳浦縣一卷
南靖縣一卷
長泰縣一卷
平和縣一卷
南澳軍民廳一卷
詔安縣一卷
海澄縣一卷
龍巖州總一卷
龍巖州徵一卷
漳平縣一卷
寧洋縣一卷
興化府總一卷
莆田縣一卷
仙遊縣一卷
泉州府總一卷
晉江縣一卷
南安縣一卷
惠安縣一卷
同安縣一卷

安溪縣一卷
永春州總一卷
永春州徵一卷
德化縣一卷
大田縣一卷
臺灣府總一卷
臺灣縣一卷
鳳山縣一卷
諸羅縣一卷
彰化縣一卷
淡防廳一卷

福建賦役全書八十八卷　清乾隆刻本

福建省總一卷
福州府總一卷
閩縣一卷
侯官縣一卷
長樂縣一卷
福清縣一卷
連江縣一卷
羅源縣一卷
古田縣一卷
屏南縣一卷
閩清縣一卷
永福縣一卷
福防廳一卷
福糧廳一卷
福寧府總一卷
霞浦縣一卷
福安縣一卷
寧德縣一卷
壽寧縣一卷
延平府總一卷
南平縣一卷
順昌縣一卷
將樂縣一卷
沙縣一卷
尤溪縣一卷
永安縣一卷
延糧廳一卷
建寧府總一卷
建安縣一卷
甌寧縣一卷
建陽縣一卷
崇安縣一卷
浦城縣一卷
松溪縣一卷
政和縣一卷
建糧廳一卷
建軍廳一卷
邵武府總一卷
邵武縣一卷
光澤縣一卷
建寧縣一卷
泰寧縣一卷
汀州府總一卷
長汀縣一卷
寧化縣一卷
清流縣一卷

六五五

歸化縣一卷
建寧縣一卷
上杭縣一卷
武平縣一卷
永定縣一卷
汀軍廳一卷
漳州府總一卷
龍溪縣一卷
漳浦縣一卷
海澄縣一卷
南靖縣一卷
長泰縣一卷
平和縣一卷
詔安縣一卷
漳糧廳一卷
龍巖州總一卷
龍巖州徵一卷
漳平縣一卷
寧洋縣一卷
興化府總一卷
莆田縣一卷
仙遊縣一卷
興防廳一卷
興糧廳一卷
泉州府總一卷
晉江縣一卷
南安縣一卷
惠安縣一卷
同安縣一卷
安溪縣一卷
泉糧廳一卷
永春州總一卷
永春州徵一卷
德化縣一卷
大田縣一卷
臺灣府總一卷
臺灣縣一卷
鳳山縣一卷
諸羅縣一卷
彰化縣一卷
淡防廳一卷
南澳軍民廳一卷

雲南屯政賦役全書五卷　清康熙二年刻本　六三六
雲南司總一卷
分守安普道屬一卷
分守臨元道屬一卷
分守金滄道屬一卷
分守洱海道屬一卷

雲南屯政賦役全書三卷　清康熙十年刻本　六三七
雲南司總一卷
雲南都使司所轄各衛所一卷
雲南都使司經徵左等六衛一卷

雲南屯政賦役全書三卷　清康熙十年抄本　六三八
雲南司總一卷
雲南都使司所轄各衛所一卷
雲南都使司經徵左等六衛一卷

雲南民糧賦役全書七十七卷　清康熙刻本　六三九
司總一卷
雲南府一卷
昆明縣一卷
安寧州一卷
祿豐縣一卷
晉寧州一卷
呈貢縣一卷
昆陽州一卷
易門縣一卷
嵩明州一卷
宜良縣一卷
羅次縣一卷
富民縣一卷
曲靖府一卷
南寧縣一卷
霑益州一卷
馬龍州一卷
陸涼州一卷
羅平州一卷
尋甸州一卷
臨安府一卷
建水州一卷
石屏州一卷
阿迷州一卷
寧州一卷
通海縣一卷
嶍峨縣一卷
河西縣一卷
蒙自縣一卷
新平縣一卷
澂江府一卷
河陽縣一卷
路南州一卷
新興州一卷
江川縣一卷
廣西府一卷
師宗州一卷
彌勒州一卷
元江府一卷
鎮沅府一卷
廣南府一卷
開化府一卷
大理府一卷
太和縣一卷
趙州一卷
雲南縣一卷
鄧川州一卷
浪穹縣一卷
賓川州一卷
雲龍州一卷
北勝州一卷
永昌府一卷
保山縣一卷
永平縣一卷
騰越州一卷
鶴慶府一卷
劍川州一卷
蒙化府一卷

麗江府一卷
永寧府一卷
順寧府一卷
雲州一卷
楚雄府一卷
楚雄縣一卷
鎮南州一卷
南安州一卷
廣通縣一卷
定遠縣一卷
定邊縣一卷
姚安府一卷
姚州一卷
大姚縣一卷
武定府一卷
和曲州一卷
元謀縣一卷
祿勸州一卷
景東府一卷

雲南民糧賦役全書七十七卷　清康熙十年抄本

司總一卷
雲南府一卷
昆明縣一卷
安寧州一卷
祿豐縣一卷
晉寧州一卷
呈貢縣一卷
昆陽州一卷

八五

易門縣一卷
嵩明州一卷
宜良縣一卷
羅次縣一卷
富民縣一卷
曲靖府一卷
南寧縣一卷
霑益州一卷
馬龍州一卷
陸涼州一卷
羅平州一卷
尋甸州一卷
臨安府一卷
建水州一卷
石屏州一卷
阿迷州一卷
寧州一卷
通海縣一卷
嶍峨縣一卷
河西縣一卷
蒙自縣一卷
新平縣一卷
澂江府一卷
河陽縣一卷
路南州一卷
新興州一卷
江川縣一卷
廣西府一卷
師宗州一卷
彌勒州一卷

六四〇

元江府一卷
鎮沅府一卷
廣南府一卷
開化府一卷
大理府一卷
太和縣一卷
趙州一卷
雲南縣一卷
鄧川州一卷
浪穹縣一卷
賓川州一卷
雲龍州一卷
北勝州一卷
永昌府一卷
保山縣一卷
永平縣一卷
騰越州一卷
鶴慶府一卷
劍川州一卷
蒙化府一卷
麗江府一卷
永寧府一卷
順寧府一卷
雲州一卷
楚雄府一卷
楚雄縣一卷
鎮南州一卷
南安州一卷
廣通縣一卷
定遠縣一卷

八六

定邊縣一卷
姚安府一卷
姚州一卷
大姚縣一卷
武定府一卷
和曲州一卷
元謀縣一卷
祿勸州一卷
景東府一卷

雲南民屯賦役全書七十七卷　清康熙二十四年抄本

司總一卷
雲南府一卷
昆明縣一卷
安寧州一卷
祿豐縣一卷
晉寧州一卷
呈貢縣一卷
昆陽州一卷
易門縣一卷
嵩明州一卷
宜良縣一卷
羅次縣一卷
富民縣一卷
曲靖府一卷
南寧縣一卷
霑益州一卷
馬龍州一卷
陸涼州一卷

六四一

羅平州一卷
尋甸州一卷
臨安府一卷
建水州一卷
石屏州一卷
阿迷州一卷
寧州一卷
通海縣一卷
嶍峨縣一卷
河西縣一卷
蒙自縣一卷
新平縣一卷
澂江府一卷
河陽縣一卷
路南州一卷
新興州一卷
江川縣一卷
廣西府一卷
師宗州一卷
彌勒州一卷
元江府一卷
鎮沅府一卷
廣南府一卷
開化府一卷
大理府一卷
太和縣一卷
趙州一卷
雲南縣一卷
鄧川州一卷
浪穹縣一卷

賓川州一卷
雲龍州一卷
北勝州一卷
永昌府一卷
保山縣一卷
永平縣一卷
騰越州一卷
鶴慶府一卷
劍川州一卷
蒙化府一卷
麗江府一卷
永寧府一卷
順寧府一卷
雲州一卷
楚雄府一卷
楚雄縣一卷
鎮南州一卷
南安州一卷
廣通縣一卷
定遠縣一卷
定邊縣一卷
景東府一卷
姚安府一卷
姚州一卷
大姚縣一卷
武定府一卷
和曲州一卷
元謀縣一卷
祿勸州一卷

八七

雲南民屯賦役全書九十二卷　清乾隆十二年刻本

司總一卷
雲南府一卷
昆明縣一卷
安寧州一卷
祿豐縣一卷
晉寧州一卷
呈貢縣一卷
昆陽州一卷
易門縣一卷
嵩明州一卷
宜良縣一卷
羅次縣一卷
富民縣一卷
曲靖府一卷
南寧縣一卷
霑益州一卷
宣威州一卷
馬龍州一卷
陸涼州一卷
羅平州一卷
尋甸州一卷
平彝州一卷
臨安府一卷
建水州一卷
石屏州一卷
阿迷州一卷
寧州一卷
通海縣一卷

嶍峨縣一卷
河西縣一卷
蒙自縣一卷
澂江府一卷
河陽縣一卷
路南州一卷
新興州一卷
江川縣一卷
廣西府一卷
師宗州一卷
彌勒州一卷
邱北州一卷
元江府一卷
新平縣一卷
普洱府一卷
思茅同知一卷
寧洱縣一卷
鎮沅府一卷
威遠同知一卷
恩樂縣一卷
廣南府一卷
寶寧縣一卷
開化府一卷
文山縣一卷
大理府一卷
太和縣一卷
趙州一卷
雲南縣一卷
鄧川州一卷
浪穹縣一卷

八八

賓川州一卷
雲龍州一卷
永北府一卷
永昌府一卷
保山縣一卷
永平縣一卷
騰越州一卷
鶴慶府一卷
劍川州一卷
蒙化府一卷
麗江府一卷
順寧府一卷
雲州一卷
楚雄府一卷
楚雄縣一卷
鎮南州一卷
南安州一卷
[illegible]嘉州一卷
廣通縣一卷
定遠縣一卷
景東府一卷
姚安府一卷
姚州一卷
大姚縣一卷
武定府一卷
和曲州一卷
元謀縣一卷
祿勸州一卷
東川府一卷
會澤縣一卷
昭通府一卷
恩安縣一卷
鎮雄州一卷
永善縣一卷

六四三 貴州省民政賦役全書不分卷 清雍正刻本

六四四 貴州省民政賦役全書十卷 清雍正刻本

貴陽府總一卷
貴陽府親轄一卷
長寨廳一卷
定番州一卷
廣順州一卷
開州一卷
貴筑縣一卷
貴定縣一卷
龍里縣一卷
修文縣一卷

六四五 貴州省民政賦役全書七十八卷 清乾隆刻本

布政司總一卷
貴陽府總一卷
貴陽府親轄一卷
長寨廳一卷
定番州一卷
廣順州一卷
開州一卷
貴筑縣一卷
貴定縣一卷
龍里縣一卷

修文縣一卷
安順府總一卷
安順府親轄一卷
郎岱廳一卷
歸化廳一卷
鎮寧州一卷
永寧州一卷
普定縣一卷
清鎮縣一卷
安平縣一卷
南籠府總一卷
南籠府親轄一卷
普安州一卷
永豐州一卷
普安縣一卷
安南縣一卷
平越府總一卷
平越府親轄一卷
黃平州一卷
平越縣一卷
餘慶縣一卷
甕安縣一卷
湄潭縣一卷
都勻府總一卷
都勻府親轄一卷
獨山州一卷
麻哈州一卷
都勻縣一卷
清平縣一卷
荔波縣一卷
鎮遠府總一卷
鎮遠府親轄一卷
鎮遠縣一卷
施秉縣一卷
天柱縣一卷
思南府總一卷
思南府親轄一卷
安化縣一卷
印江縣一卷
婺川縣一卷
石阡府總一卷
石阡府親轄一卷
龍泉縣一卷
思州府總一卷
思州府親轄一卷
玉屏縣一卷
青溪縣一卷
銅仁府總一卷
銅仁府親轄一卷
銅仁縣一卷
黎平府總一卷
黎平府親轄一卷
永從縣一卷
錦屏縣一卷
開泰縣一卷
大定府總一卷
大定府親轄一卷
威寧州一卷
平遠州一卷
黔西州一卷

六四六　貴州省賦役全書不分卷　清嘉慶刻本

畢節縣一卷
遵義府總一卷
遵義縣一卷
正安州一卷
遵義縣一卷
桐梓縣一卷
綏陽縣一卷
仁懷縣一卷

六四七　廣東賦役全書□□卷　清順治刻本
存九十六卷

廣東省總一卷
廣州府總一卷
南海縣一卷
番禺縣一卷
新會縣一卷
順德縣一卷
東莞縣一卷
香山縣一卷
增城縣一卷
龍門縣一卷
三水縣一卷
從化縣一卷
清遠縣一卷
新安縣一卷
新寧縣一卷
連州一卷
連山縣一卷
陽山縣一卷
南雄府總一卷
保昌縣一卷
始興縣一卷
韶州府總一卷
曲江縣一卷
樂昌縣一卷
仁化縣一卷
英德縣一卷
翁源縣一卷
乳源縣一卷
惠州府總一卷
歸善縣一卷
博羅縣一卷
海豐縣一卷
河源縣一卷
龍川縣一卷
長樂縣一卷
長寧縣一卷
興寧縣一卷
和平縣一卷
永安縣一卷
連平州一卷
潮州府總一卷
海陽縣一卷
潮陽縣一卷
揭陽縣一卷
陽江縣一卷
陽春縣一卷

九一

新興縣一卷
開平縣一卷
德慶州一卷
封川縣一卷
開建縣一卷
高州府總一卷
茂名縣一卷
電白縣一卷
信宜縣一卷
化州一卷
吳川縣一卷
石城縣一卷
雷州府總一卷
海康縣一卷
遂溪縣一卷
徐聞縣一卷
欽州一卷
合浦縣一卷
靈山縣一卷
瓊州府總一卷
瓊山縣一卷
儋州一卷
萬州一卷
崖州一卷
澄邁縣一卷
臨高縣一卷
文昌縣一卷
會同縣一卷
陵水縣一卷
定安縣一卷
樂會縣一卷
感恩縣一卷
羅定州總一卷
羅定州一卷
東安縣一卷
西寧縣一卷

六四八　廣東賦役全書一百五卷　清乾隆刻本

廣東省總二卷
廣州府總一卷
南海縣一卷
番禺縣一卷
新會縣一卷
順德縣一卷
東莞縣一卷
香山縣一卷
增城縣一卷
龍門縣一卷
三水縣一卷
從化縣一卷
清遠縣一卷
新安縣一卷
新寧縣一卷
花縣一卷
南雄府總一卷
保昌縣一卷
始興縣一卷
韶州府總一卷
曲江縣一卷
樂昌縣一卷

九二

仁化縣一卷 英德縣一卷 翁源縣一卷 乳源縣一卷 惠州府總一卷 歸善縣一卷 博羅縣一卷 海豐縣一卷 陸豐縣一卷 河源縣一卷 龍川縣一卷 長寧縣一卷 和平縣一卷 永安縣一卷 連平州一卷 潮州府總一卷 海陽縣一卷 潮陽縣一卷 揭陽縣一卷 澄海縣一卷 饒平縣一卷 惠來縣一卷 大埔縣一卷 普寧縣一卷 肇慶府總一卷 高要縣一卷 高明縣一卷 恩平縣一卷 四會縣一卷 廣寧縣一卷

陽江縣一卷 陽春縣一卷 新興縣一卷 開平縣一卷 德慶州一卷 封川縣一卷 開建縣一卷 鶴山縣一卷 高州府總一卷 茂名縣一卷 電白縣一卷 信宜縣一卷 化州一卷 吳川縣一卷 石城縣一卷 雷州府總一卷 海康縣一卷 遂溪縣一卷 徐聞縣一卷 廉州府總一卷 欽州一卷 合浦縣一卷 靈山縣一卷 瓊州府總一卷 瓊山縣一卷 儋州一卷 萬州一卷 崖州一卷 澄邁縣一卷 臨高縣一卷

文昌縣一卷 會同縣一卷 陵水縣一卷 定安縣一卷 樂會縣一卷 感恩縣一卷 昌化縣一卷 羅定州總一卷 羅定州一卷 東安縣一卷 西寧縣一卷 連州總一卷 連州一卷 連山縣一卷 陽山縣一卷 嘉應州總一卷 嘉應州一卷 興寧縣一卷 長樂縣一卷 平遠縣一卷 鎮平縣一卷

六四九 增城縣清田集二卷 清沈瑩撰 清康熙刻本

六五〇 欽定廣西賦役全書□□卷 清康熙刻本

存六十三卷

廣西司總一卷 桂林府總一卷 臨桂縣一卷 靈川縣一卷 興安縣一卷 陽朔縣一卷 永寧州一卷 永福縣一卷 義寧縣一卷 全州一卷 灌陽縣一卷 平樂府總一卷 平樂縣一卷 永安州一卷 恭城縣一卷 富川縣一卷 賀縣一卷 荔浦縣一卷 昭平縣一卷 梧州府總一卷 蒼梧縣一卷 藤縣一卷 容縣一卷 岑溪縣一卷 懷集縣一卷 鬱林州一卷 博白縣一卷 北流縣一卷 陸川縣一卷 興業縣一卷 潯州府一卷 平南縣一卷

南寧府總一卷　隆安縣一卷　橫州一卷　永淳縣一卷　新寧州一卷　太平府一卷　崇善縣一卷　左州一卷　養利州一卷　永康州一卷　太平府屬土州縣一卷　柳州府一卷　馬平縣一卷　雒容縣一卷　融縣一卷　懷遠縣一卷　來賓縣一卷　象州一卷　武宣縣一卷　賓州一卷　遷江縣一卷　上林縣一卷　慶遠府一卷　宜山縣一卷　天河縣一卷　河池州一卷　荔波縣一卷　思恩縣一卷　慶遠府屬土州縣一卷　思恩軍民府屬土司一卷

武緣縣一卷

九五

廣西賦役簡明全書□□卷　清康熙刻本

存五十四卷

廣西省總一卷　桂林府一卷　臨桂縣一卷　靈川縣一卷　陽朔縣一卷　義寧縣一卷　灌陽縣一卷　永福縣一卷　全州一卷　平樂縣一卷　永安州一卷　恭城縣一卷　富川縣一卷　賀縣一卷　昭平縣一卷　梧州府一卷　蒼梧縣一卷　藤縣一卷　容縣一卷　岑溪縣一卷　懷集縣一卷　鬱林州一卷　北流縣一卷　陸川縣一卷

興業縣一卷　南寧府一卷　隆安縣一卷　橫州一卷　新寧州一卷　太平府一卷　崇善縣一卷　左州一卷　養利州一卷　柳州府一卷　馬平縣一卷　柳城縣一卷　融縣一卷　懷遠縣一卷　來賓縣一卷　象州一卷　武宣縣一卷　賓州一卷　遷江縣一卷　慶遠府一卷　宜山縣一卷　天河縣一卷　河池州一卷　荔波縣一卷　思恩縣一卷　慶遠府土司一卷　鎮安府一卷　田州土州一卷　向武土州一卷　都康土州一卷

歸順土州一卷　奉議州一卷　泗城土府一卷　上林土縣一卷　西隆州一卷　白山土司一卷　興隆土司一卷　定羅土司一卷　舊城土司一卷　下旺土司一卷　那馬土司一卷　都陽土司一卷　古零土司一卷　安定土司一卷　何旺堡一卷

九六

欽修廣西賦役全書□□□卷　清雍正刻本

存一百二十八卷

廣西司總一卷　桂林府總一卷　臨桂縣一卷　靈川縣一卷　興安縣一卷　陽朔縣一卷　永寧縣一卷　義寧縣一卷　全州一卷　灌陽縣一卷

平樂府總一卷
平樂縣一卷
永安州一卷
恭城縣一卷
富川縣一卷
賀縣一卷
修仁縣一卷
荔浦縣一卷
昭平縣一卷
梧州府總一卷
蒼梧縣一卷
藤縣一卷
容縣一卷
岑溪縣一卷
懷集縣一卷
潯州府總一卷
桂平縣一卷
平南縣一卷
貴縣一卷
武宣縣一卷
南寧府總一卷
宣化縣一卷
隆安縣一卷
橫州一卷
永淳縣一卷
新寧州一卷
上思州一卷
忠州一卷
歸德州一卷
果化州一卷
遷隆峒一卷
利甘等村一卷
太平府總一卷
崇善縣一卷
左州一卷
養利州一卷
永康州一卷
寧明州一卷
萬承土州一卷
太平土州一卷
安平土州一卷
龍英土州一卷
思城州一卷
都結土州一卷
結安土州一卷
上下凍土州一卷
佶倫土州一卷
全茗土州一卷
茗盈土州一卷
鎮遠土州一卷
羅陽土縣一卷
思州一卷
上石西州一卷
下石西州一卷
思陵土州一卷
上龍土司一卷
下龍土司一卷
憑祥土州一卷
江州土州一卷
羅白土縣一卷

九七

柳州府總一卷
馬平縣一卷
雒容縣一卷
柳城縣一卷
羅城縣一卷
融縣一卷
懷遠縣一卷
來賓縣一卷
象州一卷
慶遠府總一卷
宜山縣一卷
天河縣一卷
河池州一卷
思恩縣一卷
東蘭州一卷
東蘭州土州一卷
理苗縣丞一卷
那地土州一卷
南丹土州一卷
忻城土縣一卷
永定土司一卷
永順正土司一卷
永順副土司一卷
思恩軍民府總一卷
武緣縣一卷
賓州一卷
遷江縣一卷
上林縣一卷
白山土司一卷
興隆土司一卷
定羅土司一卷
舊城土司一卷
下旺土司一卷
那馬土司一卷
都陽土司一卷
古零土司一卷
安定土司一卷
何旺堡一卷
田州土司一卷
泗城府總一卷
泗城府一卷
西隆州一卷
西林縣一卷
鎮安府總一卷
鎮安府一卷
歸順州一卷
奉議州一卷
向武土州一卷
都康土州一卷
上映土州一卷
下雷土州一卷
湖潤土寨一卷
直隸鬱林州總一卷
直隸鬱林州一卷
博白縣一卷
北流縣一卷
陸川縣一卷
興業縣一卷

九八

廣西賦役簡明全書□□□卷　清乾隆刻本

六五三

存一百二十二卷

廣西司總一卷
桂林府一卷
臨桂縣一卷
靈川縣一卷
興安縣一卷
陽朔縣一卷
永寧州一卷
永福縣一卷
義寧縣一卷
全州一卷
灌陽縣一卷
平樂府一卷
平樂縣一卷
永安州一卷
恭城縣一卷
富川縣一卷
賀縣一卷
修仁縣一卷
荔浦縣一卷
昭平縣一卷
梧州府一卷
蒼梧縣一卷
藤縣一卷
容縣一卷
岑溪縣一卷
懷集縣一卷
潯州府一卷
桂平縣一卷

平南縣一卷
貴縣一卷
武宣縣一卷
南寧府一卷
宣化縣一卷
隆安縣一卷
橫州一卷
永淳縣一卷
新寧州一卷
上思州一卷
忠州一卷
歸德州一卷
果化州一卷
遷隆峒一卷
劃甘寺村一卷
太平府一卷
崇善縣一卷
左州一卷
養利州一卷
永康州一卷
寧明州一卷
萬承土州一卷
太平土州一卷
安平土州一卷
龍英土州一卷
思城土州一卷
都結土州一卷
結安土州一卷
上下凍土州一卷
佶倫土州一卷

全茗土州一卷
茗盈土州一卷
鎮遠土州一卷
羅陽土縣一卷
思州土州一卷
上石西州一卷
下石西州一卷
思陵州一卷
上龍土司一卷
下龍土司一卷
憑祥州一卷
江州一卷
羅白縣一卷
馬平縣一卷
雒容縣一卷
柳城縣一卷
羅城縣一卷
融縣一卷
懷遠縣一卷
來賓縣一卷
象州一卷
慶遠府一卷
宜山縣一卷
天河縣一卷
河池州一卷
思恩縣一卷
東蘭州一卷
慶遠府八土司一卷
思恩府一卷
武緣縣一卷

賓州一卷
遷江縣一卷
上林縣一卷
白山土司一卷
興隆土司一卷
定羅土司一卷
上林土司一卷
舊城土司一卷
下旺土司一卷
那馬土司一卷
都陽土司一卷
古零土司一卷
安定土司一卷
何旺堡一卷
田州土司一卷
泗城府總一卷
泗城府一卷
西隆州一卷
西林縣一卷
鎮安府總一卷
鎮安府一卷
歸順州一卷
奉議州一卷
向武土州一卷
都康土州一卷
上映土州一卷
下雷土州一卷
湖潤寨一卷
鬱林州總一卷
直隸鬱林州一卷

六五四 救荒活民補遺書三卷 宋董煟撰 元張光大增 明朱熊補遺 明正統八年河間府知府常在刻本 九行十八字白口四周單邊 博白縣一本 北流縣一卷 陸川縣一卷 興業縣一卷
六五五 重刊救荒活民補遺書二卷 宋董煟撰 元張光大增 明朱熊補遺 明萬曆四十年陝西布政司刻本 九行十九字白口左右雙邊
六五六 活民書三卷增補一卷 宋董煟撰 元張光大增補 明朱熊補遺 明萬曆四十五年姚思仁刻本 九行二十字白口四周雙邊有刻工
六五七 救荒活民類要三卷 元張光大撰 元刻本 十行二十字黑口左右雙邊或四周雙邊
六五八 救荒活民類要不分卷存一卷中 元張光大撰 明刻本 十行二十字黑口四周雙邊
六五九 救民急務錄二卷 明畢淵編 明嘉靖二十三年刻本 清黃丕烈跋 十二行廿一字白口四周單邊黑魚尾
六六〇 太倉考十卷 明劉斯潔撰 明萬曆八年王大用張翀等刻本 十行二十字白口四周單邊
六六一 荒政要覽十卷 明俞汝爲輯 明萬曆三十五年刻本 九行二十字白口四周單邊黑魚尾
六六二 荒政彙編二卷 明何淳之輯 明萬曆二十三年譚廷臣刻本 九行二十字白口左右雙邊
六六三 芻蕘窾議一卷 明畢自嚴撰 明萬曆清穡堂刻本 九行十九字白口四周單邊
六六四 救荒成法一卷 明王家晉輯 明萬曆自刻本 十行廿一字白口四周單邊
六六五 救荒全書十八卷 明祁彪佳撰 稿本
六六六 救荒全書十六卷存十一卷 一至六、十二至十六 明祁彪佳撰 清沈復粲鳴野山房抄本
六六七 從政雜著四種四卷 明孫繩武撰 清初抄本 招撫條議一卷 荒政條議一卷 中州軍撫散難民文 郟苦志一卷
六六八 救荒策會七卷 明陳龍正輯 明崇禎十五年潔梁堂刻本 九行十九字白口單邊黑魚尾
六六九 蠲荒始末不分卷 清江藝撰 清康熙五十四年刻本
六七〇 荒政叢書六種六卷 清俞森輯 清康熙二十九年刻本 救荒全法一卷 宋董煟撰 荒政叢言一卷 明林希元撰 荒箸略一卷 明劉世教撰 社倉考一卷 清俞森輯 常平倉考一卷 清俞森輯 義倉考一卷 清俞森輯
六七一 廣惠編二卷附輅車雜錄二卷 清朱軾輯 清康熙六十年劉鎮刻本

六七二 先憂叢鈔不分卷 清陳芳生輯 清初刻本
六七三 救養紀事一卷紀事續編二卷 清魏定國撰 清乾隆刻本
六七四 孚惠全書六十四卷 清彭元瑞等纂 清乾隆六十年進呈抄本
六七五 荒政錄五卷玩草園讀書筆記一卷 清劉楨輯 清葉氏脩怡草堂抄本
六七六 欽定辛酉工賑紀事三十八卷首二卷 清慶桂等撰 清嘉慶七年武英殿刻本
六七七 鎮國公蒙荒案卷不分卷 清光緒三十二年抄本
六七八 大明通寶義一卷 明羅汝芳撰 明萬曆二十四年董裕刻本 清張照昌 丁丙跋 九行十八字小字雙行同白口左右雙邊
六七九 寶泉新牘二卷 明陳于廷輯 明天啟四年刻本 九行二十字白口四周雙邊
六八〇 借發金花始末二卷 明鹿善繼輯 明萬曆刻本 九行二十字白口單黑魚尾四周單邊
六八一 新廠錢法易知全冊一卷 明魏良佐撰 明末抄本
六八二 錢通三十二卷 明胡我琨撰 明萬曆刻本 八行十八字白口四周單邊
六八三 天津衛屯墾條款不分卷 明天啟刻本
六八四 天津關豆文冊不分卷 明抄本
六八五 歷代錢法備考八卷 清沈學詩撰 清抄本
六八六 歷代錢法備考八卷 清沈學詩撰 清抄本
六八七 鈔幣論一卷 清許楣撰 清道光二十六年許氏古均閣刻本
六八八 大錢雜鈔不分卷 清抄本
六八九 萬曆清丈休寧縣叄拾叄都八圖歸戶緯冊不分卷 稿本
六九〇 雲南省麗江府劍川州西廂西十戶籍冊不分卷 稿本
六九一 使規一卷 明張洪撰 明成化十年刻本 明王廣跋 十行二十字大黑口雙邊雙魚尾
六九二 使朝鮮錄二卷 明龔用卿撰 明嘉靖十六年刻本 清丁丙跋 十行二十字大黑口四周雙邊有刻工
六九三 西洋朝貢典錄三卷 明黃省曾撰 清抄本
六九四 西洋朝貢典錄三卷 明黃省曾撰 清道光曾釗抄本
六九五 議處安南事宜一卷 明抄本 清丁丙跋
六九六 使交紀事不分卷 清鄔黑等撰 清康熙進呈抄本
六九七 使交紀事一卷 清鄔黑等撰 南交好音一卷 清周燦輯 使交吟一卷 安南世系略一卷 清周燦撰 清康熙刻本

六九八 〔道光〕籌辦夷務始末八十卷 清文慶等纂輯〔咸豐〕籌辦夷務始末八十卷 清賈楨等纂輯〔同治〕籌辦夷務始末一百卷 清寶鋆等纂輯 清道光抄本

六九九 〔道光〕籌辦夷務始末八十卷 清文慶等纂輯 清咸豐內府抄本

七〇〇 〔咸豐〕籌辦夷務始末八十卷 清賈楨等纂輯 清同治內府抄本

七〇一 〔同治〕籌辦夷務始末一百卷 清寶鋆等纂輯 清光緒內府抄本

七〇二 中外和戰議十六卷 清王荣輯 稿本

七〇三 中外和戰議十六卷 清王荣輯 稿本

七〇四 籌洋三策一卷 清金安清撰 清傅氏長恩閣抄本

七〇五 柔遠全書六種四十二卷 國初成案二卷 道咸成案十卷 和約彙編六卷首一卷附一卷 善後雜抄十卷 中外紀事本末十一卷 備錄一卷 清衡家福輯 稿本

七〇六 柔遠全書八種十六卷 清袁𣶏輯 清抄本 清袁昶批校 鍾鏞跋 存七種十一卷 戊憲錄一卷 德威錄二至五卷 嘉謀錄一卷、遐治錄一卷、撫綏錄一卷 洋清宗案一卷、崇正錄一卷、管窺錄一

一〇三

七〇七 柔遠全書八種十六卷 清袁𣶏輯 清抄本 存七種十二卷 戊憲錄一卷 德威錄五卷 中外交涉成案二卷 管窺錄一卷 嘉謀錄一卷 遐治錄一卷 崇正錄一卷 卷

七〇八 柔遠全書八種十六卷 清袁𣶏輯 清末抄本 存七種十二卷 戊憲錄一卷 崇正錄一卷 德威錄五卷 中外交涉成案集編二卷 嘉謀錄一卷 遐治錄一卷 管窺錄一卷

七〇九 柔遠全書八種十六卷 清袁𣶏輯 清末抄本 存五種十卷 戊憲錄一卷 崇正錄一卷 德威錄五卷 中外交涉成案二卷 嘉謀錄一卷

七一〇 柔遠策二卷 清張斯桂撰 清抄本

七一一 泰西歸附始末十卷 清林嘗齋輯 清末抄本

七一二 中俄界約斠注六卷 清錢恂撰 清末抄本

七一三 大清中立類誌二十六卷 清末抄本

七一四 會勘黑龍江省中俄國界案不分卷 清末抄本

軍政

七一五 歷代兵制八卷 宋陳傅良撰 明張應文怡顏堂抄本

七一六 補漢兵志不分卷 宋錢文子撰 清彭宗抄本

七一七 補漢兵志一卷 宋錢文子撰 明抄本

七一八 補漢兵志一卷 宋錢文子撰 清張位抄本

七一九 補漢兵志一卷 宋錢文子撰 清抄本

七二〇 補漢兵志一卷 宋錢文子撰 清乾隆抄本 清李文藻跋

一〇四

七二一 補漢兵志一卷 宋錢文子撰 清乾隆五十四年故陽書院刻本 清孫詒讓跋

七二二 軍政備例不分卷 明趙堂撰 明抄本

七二三 大閱錄二卷 明張居正、霍冀等撰 明隆慶二年兵部刻本 九行十九字白口四周雙邊 存一卷 上

七二四 軍政條例類考六卷 明霍冀輯 明嘉靖三十一年刻本 八行廿二字白口四周雙邊

七二五 軍政條例續集五卷 明孫聯泉撰 明嘉靖三十一年江西桌司刻本 九行十八字白口四周雙邊 存三卷 三至五

七二六 兵部武選司條例不分卷 明抄本

七二七 軍政一卷 明嘉靖二十六年刻本 十行二十字白口四周單邊

七二八 軍令一卷 明嘉靖二十六年刻本 十行十七字白口四周單邊

七二九 沅州善後策一卷 明李承撰 備累議一卷 復議一卷 明嘉靖刻本 九行廿一字大黑口四周雙邊

七三〇 寧波府通判諭保甲條約不分卷 明吳九畹撰 明嘉靖三十四年刻本 七行十大字白口四周雙邊

七三一 營規一卷 明嘉靖四十年刻本 九行十九字白口四周雙邊

七三二 軍政事宜一卷 明龐尚鵬撰　明萬曆五年自刻本　九行十八字白口四周單邊單黑魚尾
七三三 守城事宜一卷 明龐尚鵬撰　明刻本　九行十四字至十八字白口四周單邊
七三四 嶺西水陸兵紀二卷拙政編一卷 明戚萬年撰　清雍正資崙堂刻本
七三五 哨守條約二卷 明刻本　八行十七字白口四周雙邊
存一卷 下
七三六 浙江總兵肅紀維風册不分卷 明萬曆十一年刻本　八行二十字白口四周雙邊
七三七 中樞政考不分卷 清明珠等纂　稿本
存三部 忠、康、節
七三八 中樞政考不分卷 清明珠等纂　清康熙刻本
七三九 欽定中樞政考三十一卷欽定軍衛道里表十八卷 清鄂爾泰等纂　清乾隆八年武英殿刻本
七四〇 欽定中樞政考四十卷 清保寧等纂　清抄本
七四一 欽定五軍道里表十八卷 清尹繼善等纂　清乾隆三十二年武英殿刻本
七四二 欽定五軍道里表十八卷 清福隆安等纂　清乾隆四十四年武英殿刻本
七四三 八旗通志初集二百五十卷目錄二卷 清鄂爾泰、涂天相等纂修　清乾隆武英殿刻本
七四四 八旗通志初集二百五十卷目錄二卷 清鄂爾泰、涂天相等纂修　清乾隆抄本
七四五 欽定八旗通志三百四十二卷首十二卷 清內府抄本
存六十二卷 二十二至二十五、六十至六十四、六十七、六十八、八十七至八十九、一百二、一百三、一百三十九至一百四十四、一百四十七、一百四十八、一百五十一、一百五十二、一百五十五至一百五十八、一百六十三、一百六十四、一百六十九、一百七十、二百十八、二百二十一、二百二十二、二百二十七至二百二十九、二百三十四、二百三十五、二百四十四至二百五十三、二百七十七、二百七十八、二百八十二、二百八十八、二百八十九、三百二十五至三百二十七、三百三十五、三百三十六、
七四六 欽定八旗通志三百四十二卷首十二卷目錄二卷 清嘉慶武英殿刻本
七四七 鑲黃旗漢軍取租官房細册不分卷 清乾隆八年內府抄本
七四八 雲南劍川營營制總册不分卷 清抄本
七四九 雲南昭通鎮標四營營制總册不分卷 清解志撰　稿本
七五〇 雲南昭通鎮標四營營制總册不分卷 清王樹芳撰　稿本
七五一 雲南永順鎮營制總册不分卷 清趙維屏撰　清抄本

七五二 雲南永順鎮營制總册不分卷 清趙維屏撰　清抄本
七五三 鋪夫額設不分卷 清內府抄本
七五四 武場部文一卷 清道光刻本
七五五 揚州營志十六卷 清陳述祖輯、李北山纂修　清道光十一年刻本
七五六a 水師輯略不分卷 清陳良弼撰　清抄本
七五六b 水師輯要不分卷 清陳良弼撰　清抄本
七五七 武闈鄉試事宜一卷 清黃[illegible]輯編　稿本
七五八 求闕齋弟子記不分卷 清王定安撰　清抄本
七五九 金吾事宜不分卷 清抄本
七六〇 金吾事例四編十一卷 敘官二卷 章程六卷 緝捕二卷 [illegible]入一卷 清載銓輯纂　稿本
七六一 清同治三年吉中先字營名册不分卷 稿本
七六二 金陵軍需報銷總局報銷册不分卷 清同治九年抄本
七六三 汝南軍務紀略不分卷 題清鄭亭子撰　清同治十三年觀妙山房抄本
七六四 水師撮要一卷 清抄本
七六五 駐粵八旗志二十四卷首一卷 清長善等纂　清光緒進呈抄本
七六六 海軍旗式及章服圖說一卷 清光緒內府抄繪本
七六七 杭州八旗駐防營志略二十五卷 清張大昌輯　清抄本
七六八 陝西提標五營每歲額支錢糧册不分卷 清光緒抄本
七六九 一撫五鎮額設官兵總數册不分卷 清光緒抄本
七七〇 湘楚軍營制不分卷 清末抄本
七七一 北邊備對一卷 宋程大昌撰　清初錢曾家抄本
七七二 北轅錄一卷 宋周煇撰　清初錢曾家抄本
七七三 經略錄二卷奏疏一卷 明袁翾撰　明抄本
七七四 九邊圖論不分卷 明許論撰　明嘉靖十七年謝少南宋宜刻本　九行二十字左右雙邊
七七五 九邊圖論不分卷 明許論撰　明天啟元年閔氏刻朱墨套印「兵垣四編」本
七七六 兩鎮三關通志□□卷 明尹耕纂修　明刻本　十行廿一字白口四周單邊
七七七 兩鎮三關通志□□卷 明尹耕纂修　明刻本　十二行二十字白口四周單邊
存二卷 二十一至二十二

七七八　兩鎮三關通志□□卷　明尹耕纂修　明抄本　存五卷　二至三、七、九、十四
七七九　籌海圖編十三卷　明鄭若曾撰　明嘉靖四十一年胡宗憲刻本（卷八至九、十三配另一明刻本）　十二行二十二字白口四周雙邊
七八〇　籌海圖編十三卷　明鄭若曾撰　明隆慶六年刻本　十二行廿二字小字雙行白口四周雙邊有刻工
七八一　籌海圖編十三卷　明胡宗憲撰　明天啓四年胡維極刻本　十二行廿二字小字雙行白口四周單邊
七八二　籌海圖編十三卷　明鄭若曾撰　清康熙三十二年鄭起泓刻本
七八三　籌海重編十二卷　明鄧鍾重輯　明萬曆刻本　十二行廿二字小字雙行白口四周雙邊
七八四　籌海重編十二卷　明鄭若曾撰　鄧鍾重輯　清抄本
七八五　萬里海防圖論二卷　明鄭若曾撰　清康熙三十年鄭起泓刻本
七八六　邊政考十二卷　明張雨撰　明嘉靖二十六年李世芳刻本　十行廿四字白口四周雙邊單魚尾
七八七　江防考六卷　明吳時來撰　王篆增補　明萬曆五年刻本　九行十九字白口左右雙邊單魚尾　存四卷　二至三、五至六
七八八　經略復國要編十四卷圖一卷　明宋應昌撰　附一卷　明萬曆刻本　十行廿一字白口四周單邊單魚尾
七八九　經略復國要編十四卷圖一卷　明宋應昌撰　附一卷　明萬曆刻本　清丁丙跋　十行廿一字白口四周單邊
七九〇　禦倭軍事條款一卷　明嘉靖刻藍印本　羅振常跋　十行十九字白口四周單邊
七九一　宣大山西三鎮圖說三卷　明楊時寧撰　明萬曆刻本　十一行二十字白口四周雙邊
七九二　地水師邊略四卷　地水師邊略一卷　地水師圖演一卷　地水師條陳一卷　地水師或問一卷　明潘鳳梧撰　明萬曆刻本　十行廿一字白口左右雙邊
七九三　兩浙海防類考四卷　明劉堯誨撰　明萬曆三年澄清堂刻本　十行廿七字白口
七九四　兩浙海防類考續編十卷　明范涞撰　明萬曆三十年刻本　十行二十七字白口四周單邊有刻工
七九五　溫處海防圖略二卷　明蔡逢時撰　明萬曆刻本　九行二十字白口四周雙邊單魚尾
七九六　三雲籌俎考四卷　安攘考一卷　封貢考一卷　險隘考一卷　軍實考一卷　明王士琦撰　明萬曆刻本　八行十七字或十行廿一字白口四周單邊
七九七　籌邊纂議八卷續集一卷　明鄭文彬撰　明萬曆十八年刻本　九行廿二字白口四周雙邊單魚尾
七九八　籌邊纂議八卷　明鄭文彬撰　清抄本

一〇七

七九九　盧龍塞略二十卷　明郭造卿撰　郭應寵輯　明萬曆三十八年郭應寵刻本　九行十八字白口四周雙邊單魚尾有刻工　存十七卷　一至四、八至二十
八〇〇　三關圖說不分卷　明康丕揚撰　劉餘澤續　明萬曆刻本　九行廿二字白口四周雙邊有刻工
八〇一　三關圖說不分卷　明康丕揚撰　劉餘澤續　明抄繪本
八〇二　海防纂要十三卷圖一卷　明王在晉撰　明萬曆四十一年自刻本　十行二十字白口四周單邊
八〇三　開原圖說二卷　明馮瑗撰　明刻本　十行廿一字白口四周單邊
八〇四　開原圖說二卷　明馮瑗撰　明抄本
八〇五　開原圖說二卷　明馮瑗撰　明末抄本
八〇六　開原圖說二卷　明馮瑗撰　清抄本
八〇七　開原圖說二卷　明馮瑗撰　清抄本
八〇八　楚邊圖說一卷　明吳國仕撰　明萬曆四十五年刻本　清丁丙跋　八行十六字白口四周雙邊
八〇九　楚邊條約一卷楚邊餉一卷　明吳國仕撰　明萬曆四十五年自刻本　八行十六字白口四周雙邊
八一〇　五邊典則二十四卷　明徐日久撰　明崇禎刻本　九行十八字白口四周雙邊
八一一　全邊略記十二卷　明方孔炤輯　明崇禎刻本　九行二十字白口四周雙邊單魚尾
八一二　全邊略記十二卷　明方孔炤輯　清抄本　清李文田校注並跋
八一三　全吳籌患預防錄四卷　明陳仁錫撰　清抄本
八一四　全吳籌患預防錄四卷　明陳仁錫撰　清抄本
八一五　全吳籌患預防錄四卷　明陳仁錫撰　清抄本
八一六　全吳籌患預防錄四卷　明陳仁錫撰　清抄本
八一七　三鎮邊防總要五卷　明李如樟撰　明刻本　九行十九字白口四周單邊
八一八　禦倭條款一卷　明王□□輯　明萬曆四十五年刻本　九行十八字白口單邊
八一九　御覽籌兵樂言三十六字四卷　明曹飛撰　明崇禎傅氏嚴菀居刻本　九行二十字白口四周單邊
八二〇　新刻防守險要圖考不分卷　明朱紹本輯　明崇禎刻本　十行廿七字小字雙行同白口四周單邊
八二一　經國雄略四十八卷　天經考三卷　皇輿紀一卷　識前考五卷　省藩考四卷　江防考三卷　河防考四卷　海防考三卷　邊塞考五卷　屯政考二卷　賦役考二卷　明鄭大郁撰　明弘光元年觀社刻本　八行二十字小字雙行同白口四周單邊

一〇八

八二二 武學備考十四卷（城規考二卷 四炎考二卷 奇門考三卷 武備考九卷 天運攷三卷 奇門攷三卷 武備攷八卷） 明鄭大郁編 明末版歙堂刻本 八行二十字小字雙行同白口四周單邊

八二三 喜峯路副總兵張玠下所屬董李貳提調并喜峯路標下沿邊關營臺墩邊城高險平易女墻山崖軍馬器械錢糧等項數目不分卷 明抄本

八二四 籌邊一得不分卷 明易文撰 清抄本

八二五 沿海設防圖說不分卷 清初抄本

八二六 籌邊圖說不分卷 清抄本

八二七 集思廣益編二卷 清陳選 王家濱撰 清光緒上洋文藝齋刻本 清翁同龢跋

八二八 宴海管見不分卷附錄備覽一卷 清趙鳴珂撰 清抄本

八二九 宴海管見不分卷 清趙鳴珂撰 清抄本

八三〇 海防事宜不分卷 清趙鳴珂撰 清抄本

八三一 邊防要略不分卷 清康熙抄本

八三二 秦邊紀略五卷 清梁份撰 清乾隆李萱盧氏抄本

八三三 七省海疆圖說不分卷 清抄本

八三四 福州駐防志十六卷 清新柱等纂修 清乾隆進呈抄本

八三五 福州駐防志十六卷 清新柱等纂修 清乾隆九年刻本

八三六 海防經略纂要二卷 清章綸撰 清乾隆十八年章氏勵經堂刻本

八三七 白塔信礮章程一卷 清乾隆內府抄本

八三八 白塔信礮章程一卷 清乾隆內府抄本

八三九 漢南一覽一卷 清李炳先輯 稿本

八四〇 海防集覽四卷 清積華撰 稿本
存二卷 一至二

云（

八四一 總統伊犁事宜不分卷 清抄本

八四二 籌海編不分卷 清孫則徐輯 清抄本

八四三 靖海論不分卷 清李廷鈺撰 清抄本

八四四 三廳屯防錄二卷 清傅□撰 稿本

八四五 外海紀要不分卷 清李增階撰 清道光八年刻本

八四六 西南備邊後錄□卷 清道光抄本
存一卷 五

八四七 守邊輯要一卷 清屋昌撰 清抄本

八四八 籌議海防文稿一卷 沈炳垣撰 手稿本

八四九 廣州駐防事宜一卷 清慶保輯 清抄本

八五〇 廣州永康砲台工程不分卷 清顧炳章等輯 稿本

八五一 勘建九龍城砲台全案文牘不分卷 清顧炳章等輯 稿本

八五二 勘建三水縣琴沙砲台文牘不分卷 清顧炳章輯 稿本

八五三 估修粵東省垣文牘不分卷 清顧炳章輯 稿本

八五四 修建東莞砲台文牘不分卷 清顧炳章輯 稿本

八五五 勘建虎門砲台並解運廣西砲公牘不分卷 清顧炳章等輯 稿本

八五六 平海心籌二卷 清徐福祥撰 清咸豐四年刻本 清符湙批校

八五七 海防芻論八編附山東福建海防條議不分卷 清龔易圖撰 稿本

八五八 歸德寨堡圖表九卷 清傅壽彤撰 清咸豐九年抄本

八五九 雲南戎事志不分卷 清抄本

八六〇 晃州探防日錄不分卷 稿本

八六一 東北邊防輯要不分卷 清曹廷杰撰 清抄本

八六二 俄界情形不分卷 清曹廷杰撰 清光緒抄本

八六三 偵探記二卷 清張德馨撰 清光緒上洋文藝齋刻本 清翁同龢批

八六四 歷代籌邊略八十四卷 清陳蘭圃輯計 清光緒進呈抄本

八六五 邊疆叛蹟全錄一卷 清常有綬撰 清光緒二十七年抄本

八六六 洋防通論四卷 清林聯霄撰 稿本

八六七 籌藏芻議不分卷 清姚錫光撰 稿本

八六八 馬政志四卷 明陳講撰 明嘉靖刻本
存二卷 一、四

法令

八六九 漢律令攷三卷 清徐鴻鈞撰 手稿本

故唐律疏議三十卷　唐長孫無忌等撰　宋刻本　九行十八字黑口左右雙邊雙魚尾有刻工　八七〇
存卷十一第四頁、十三第五至第八頁、第十五至十九頁、十四第一至第三頁
故唐律疏議三十卷　唐長孫無忌等撰　清孫氏平津館影宋抄本　清孫星衍校　八七一
故唐律疏議三十卷　唐長孫無忌等撰　失名釋文　纂例十二卷　元王元亮撰　元余志安勤有堂刻本　十二行廿四字黑口四周雙邊　八七二
故唐律疏議三十卷　唐長孫無忌等撰　失名釋文　纂例十二卷　元王元亮撰　元余志安勤有堂刻本　十二行廿四字黑口四周雙邊　八七三
故唐律疏議三十卷　唐長孫無忌等撰　失名釋文　纂例十二卷　元王元亮撰　元余志安勤有堂刻本　十二行廿四字黑口四周雙邊　八七四
存：故唐律疏議十五卷一至十四、三十、纂例五卷名例、衛禁、職制
故唐律疏議三十卷　唐長孫無忌等撰　纂例十二卷　元王元亮撰　元刻本　九行十八字黑口左右雙邊有刻工　八七五
存：故唐律疏議八卷十五、二十四、二十六至三十、纂例六卷一至六
故唐律疏議三十卷　唐長孫無忌等撰　元刻本　九行十八字黑口左右雙邊有刻工　八七六
存一卷二十五
故唐律疏議三十卷　唐長孫無忌等撰　元刻本　九行十八字細黑口左右雙邊　八七七
唐律疏議三十卷　唐長孫無忌等撰　清乾隆四十六年曲阜孔氏抄本　八七八
唐律疏議三十卷　唐長孫無忌等撰　清邵晉涵家抄本　清丁丙跋　八七九
唐律疏議三十卷　唐長孫無忌撰　清抄本　八八〇
唐律纂例一卷　清宋氏貞勤堂抄本　八八一
唐明律合刻不分卷　清薛允升撰　手稿本　八八二
律十二卷　音義一卷　宋孫奭撰　宋刻宋元遞修本　清錢曾、邵錫辰跋　九行十八字白口左右雙邊　八八三
律十二卷　音義一卷　宋孫奭撰　清王振聲影宋抄本　清王振聲校並跋　八八四
律十二卷　音義一卷　宋孫奭撰　清抄本　清李錫齡校　八八五
律十二卷　音義一卷　宋孫奭撰　清抄本　八八六
律文十二卷　音義一卷　宋孫奭撰　清求振堂抄本　黃壽校　八八七
律十二卷　律音義一卷　宋孫奭撰　附刊律音義　八八八
札記一卷　丁國鈞撰　清光緒二十六年柯逢時抄本　丁國鈞校
慶元條法事類八十卷　宋謝深甫纂　清抄本　清翁同書題識　八八九
存三十一卷三至十二、十四、十六至十七、二十八至三十二、三十六至三十七、四十七至五十二、七十三、七十五至八十

御製大誥一卷　明太祖朱元璋撰　明洪武十八年內府刻本　十行二十字黑口四周雙邊　八九〇
御製大誥續編一卷三編一卷　明太祖朱元璋撰　明洪武十九年內府刻本　十行二十字黑口四周雙邊　八九一
御製大誥一卷續編一卷三編一卷大誥武臣　八九二
一卷　明太祖朱元璋撰　明洪武二十年刻本　十行二十字大黑口雙邊
御製大誥續編一卷三編一卷　明太祖朱元璋撰　明洪武二十年太原府刻本　十行二十字黑口四周雙邊　八九三
御製大誥續編一卷　明太祖朱元璋撰　明初刻本　十行二十字黑口四周雙邊　八九四
御製大誥三編一卷　明太祖朱元璋撰　明初刻本　十行二十字黑口四周雙邊　八九五
御製大誥一卷續編一卷　明太祖朱元璋撰　明刻本　十行十六字小字雙行十一字白口四周單邊　八九六
御製紀非錄一卷　明太祖朱元璋撰　清丁氏八千卷樓抄本　八九七
御製紀非錄一卷　明太祖朱元璋撰　清抄本　八九八
御製大明律不分卷　明刻本　十行二十字白口四周雙邊有刻工　八九九
大明律二卷　明嘉靖刻本　十行廿二字黑口四周雙邊　九〇〇
存一卷下
大明律十二卷　明刻本　九行二十字白口左右雙邊　九〇一
存六卷一至六
大明律三十卷　明刻本　十行二十字白口四周雙邊雙魚尾　九〇二
大明律三十卷　明胡瓊集解　明正德十六年刻本　十行廿二字小字雙行白口四周單邊　九〇三
大明律三十卷　明劉惟謙等撰　明嘉靖范永鑾刻本　九行十八字白口四周雙邊　九〇四
大明律三十卷　明劉惟謙等撰　附錄一卷　明隆慶元年陳省刻本　九行二十字白口四周單邊　嵩廣生跋　九〇五
大明律三十卷　明劉惟謙等撰　附錄一卷　明萬曆二十九年刻本　九行字數不等小字雙行數不等白口四周單邊　九〇六
大明律三十卷　明劉惟謙等撰　附錄一卷　明萬曆三十七年董漢儒等刻本　九行二十字白口四周單邊有刻工　九〇七
大明律三十卷　明劉惟謙等撰　明刻本　清丁丙跋　十行二十字大十六行三十字大黑口四周雙邊　九〇八
大明律三十卷為政規模節要論一卷刑名啟　明劉惟謙等撰　明刻本　十行廿二字小字雙行同黑口四周雙邊　九〇九
蒙心妙總集一卷新奏准時估折鈔則例一　九一〇

卷會定運磚運灰等項做工則例一卷 明劉惟謙等撰 明北京刑部衙陳氏刻本 十行二十字小字雙行三十字黑口四周雙邊

九一一 大明律例附解十二卷附錄一卷 明刻本 九行二十字小字雙行同白口左右雙邊

九一二 大明律釋義三十卷 明應檟撰 明嘉靖三十一年廣東布政使司刻本 十行十八字白口四周雙邊

九一三 重增釋義大明律七卷 明楚本堂刻本 十二行廿五字黑口左右雙邊

九一四 律條疏義三十卷 明張楷撰 明天順五年刻本 十一行廿四字上下黑口四周雙邊黑魚尾

九一五 大明律附例三十卷 明王樵、王肯堂箋釋 慎刑說一卷 明王肯堂撰 明刻本 十行二十字白口四周單邊

九一六 大明律附例三十卷 明王樵、王肯堂箋釋 慎刑說一卷 明王肯堂撰 清抄本

九一七 大明律附例三十卷圖一卷附一卷 明舒化等纂修 明萬曆十三年刻本 九行二十字小字雙行同白口四周雙邊有刻工

九一八 大明律附例三十卷圖一卷附一卷問刑條例七卷 明舒化等纂修 明萬曆刻本 九行二十字白口四周雙邊單魚尾

九一九 大明律例三十卷律例類抄一卷 明萬曆[illegible]刻本 [illegible]白口四周單邊 存二十八卷 一、八、五至三十。律例類抄

九二〇 大明律附例三十卷 明刻本 九行二十字白口四周雙邊 存十卷 一至十

九二一 大明律例添釋旁註□□卷 明徐昌祚輯 明萬曆晉賢堂刻本 八行十九字旁注廿一字小字雙行十九字白口左右雙邊有刻工 存二十七卷 一至二十七

九二二 刻御製新頒大明律例註釋招擬折獄指南十八卷首一卷 明金陵書坊周近泉大有堂刻本 十行二十字小字雙行同上欄小字十五行二十字下黑口上白口四周雙邊 存十七卷 一至二、四至十八

九二三 鼎鐫大明律例法司增補刑書據會十二卷首三卷 明刻本 存十二卷 一至五、八、九、十一、十二、首全

九二四 新刻京本大明律法增補招擬直引大全□□卷 明刻本 十一行四十二字大黑口四周單邊 存四卷 五至八

一一三

九二五 鼎鐫六科奏准御製新頒分類注釋刑臺法律十八卷附卷一卷副卷一卷首一卷 明蕭近高注釋 明熊氏種德堂刻本 下段十行二十字上段十六行十二字白口單魚尾

九二六 新刻御頒新例三台明律招判正宗□卷首一卷 明舒化等輯 明福建建邑余象斗雙峯堂刻本 十行廿四字白口四周雙邊 存一卷 名例律、首一卷

九二七 三台明律正宗□卷 明刻本 上十二行九字白口下十行十九字黑口四周雙邊 存二卷 卷十二洗冤錄、十三無冤錄

九二八 大明律附解三十卷附錄一卷 明萬曆二十年陳遇文刻本 十行二十字白口左右雙邊 存二十二卷 一至十七、二十一、二十三至二十六、附錄

九二九 大明律附例註解三十卷 明姚思仁撰 明刻本 九行十八字白口左右雙邊單魚尾

九三〇 皇明成化二十三年條例二卷 明抄本

九三一 大明刑書金鑑六卷 明抄本

九三二 大明刑書金鑑不分卷 明抄本

九三三 明罰錄不分卷 明刻本 九行廿二字白口四周雙邊

九三四 皇明藩府政令六卷 明皇甫録輯 明刻本 清丁丙跋 十行廿一字白口四周單邊有刻工

九三五 祥刑要覽二卷 明吳訥撰 明成化二十二年林符刻本 十行十八字黑口四周雙邊

九三六 祥刑要覽二卷 明吳訥撰 明正德十一年郝琮刻本 十行廿一字白口單邊

九三七 祥刑要覽三卷 明吳訥撰 張鑑增輯 明嘉靖刻本 十行二十字小字雙行同細黑口四周單邊

九三八① 條例全文不分卷 明抄本 存：十一、十三至十五、十九、三十五、三十九至四十

九三八② 嘉靖新例不分卷 明抄本

九三九 西都雜例一卷 明抄本

九四〇 六部事例不分卷 明抄本 存三卷 禮律、兵律、工律

九四一 明六部纂修條例不分卷 明抄本

九四二 風紀輯覽四卷 明傅漢臣輯 明嘉靖十年刻本 十一行廿二字小字雙行同白口四周單邊

九四三 讀律瑣言三十卷附錄一卷 明雷夢麟撰 明嘉靖三十六年江見周刻本 十行廿二字白口四周單邊

一一四

存二十六卷 二至十七、二十二至三十、附錄

讀律瑣言三十卷 明雷夢麟撰 明刻本 十二行廿五字白口四周單邊 九四四
存九卷 二至十

讀律私箋二十九卷附錄一卷 明王樵撰 明萬曆刻本 十行二十字白口四周單邊或雙邊 九四五

問刑條例七卷 明舒化等纂修 明刻本 十二行廿二字細黑口四周雙邊 九四六
存三卷 一至三

百一新判二卷續一卷 明胡今撰 明嘉靖三十八年刻本 十行二十字白口四周單邊 九四七
存二卷 一至二

淑問彙編六卷 明李天麟撰 明萬曆二十一年徐萬仞、杜日章刻本 十行二十字白口四周雙邊 九四八

新刻官板律例臨民寶鏡十卷首三卷末三卷 明蘇茂相輯 明末書林金閶張獻堂刻本 十行二十字小字雙行同白口四周單邊 九四九

洮岷文武禁約一卷 明畢自嚴撰 明萬曆寶鈔刻本 九行十五字白口四周單邊 九五〇

鼎鐫欽頒辨疑律例昭代王章五卷首一卷 明熊鳴岐輯 錢士晉正批 明蕭少衢師儉堂刻本 九五一

無冤錄不分卷 明安僚撰 明末刻本 八行十八字白口四周單邊 九五二

鼎鐫刑憲校纂律例正宗法家心訣三卷 明沈鼎新撰 明萬曆四十五年虎春館刻本 上十六行十三字下十一行十八字白口四周單邊 九五三

重刻律條告示活套三卷 明萬曆刻本 十行廿四字白口四周單邊單魚尾 九五四

出巡條規不分卷 明萬曆刻藍印本 九五五

判語全書六卷 明游大猷輯 明天啟元年刻本 八行二十字四周單邊單魚尾 九五六

盟水齋存牘一刻十二卷二刻九卷 明顏俊彥撰 明崇禎刻本 九行廿一字白口四周單邊單魚尾 九五七

三邑政編□卷 明劉時俊撰 清抄本 九五八
存一卷 一

新鐫註釋法門便覽公庭約束□卷 題寧忠堂編集 明刻本 十行十九字白口四周單邊 九五九
存四卷 一至四

大明刑法志二卷 清姜宸英撰 清吳氏繡谷亭抄本 九六〇
存一卷 上

大清律集解附例三十卷附一卷 清剛林等纂修 清順治四年內府刻本 九六一

大清律例集解附例三十卷 清吳達海等纂修 清朱于上注 清內府刻本 九六二

大清律集解附例三十卷附一卷 清剛林等纂修 清康熙四十五年刻朱墨套印本 九六三

大清律集解附例三十卷附一卷 清剛林等纂修 清康熙刻本 九六四

大清律集解附例三十卷目錄二卷 清剛林等纂修 清康熙抄本 九六五
存十三卷 一、二上、二下、三下、四至六、十三、十四、十六至十七、十八下、目錄全

大清律集解附例三十卷附一卷 清剛林等纂修 清刻本 九六六

大清律集解附例三十卷圖一卷服制一卷律例總類六卷 清朱軾、常鼐等纂修 清雍正刻本 九六七
存三十七卷 集解附律一至十八、二十五至三十、律例總類圖服制全

大清律集解八卷 清朱軾等重訂 清抄本 九六八

王儀部先生箋釋三十卷首一卷末一卷 明王肯堂撰 清顧鼎重編 清康熙三十年顧鼎刻本 九六九

欽定服色肩輿永例一卷 清順治九年內府刻本 九七〇

大清律例續纂不分卷 清乾隆刻本 九七一

大清律例四十七卷 清劉統勳等續纂 清乾隆三十三年武英殿刻本 九七二

大清律例四十七卷 清劉統勳、依蘭泰纂修 督捕則例二卷三流道里表不分卷洗冤錄四卷 清仝士潮刻本 九七三
存三十九卷 律例一至三十九

大清律纂修條例二卷 清劉統勳等纂修 清乾隆武英殿刻本 九七四

大清律纂修條例一卷 清阿桂等纂修 清乾隆四十八年武英殿刻本 九七四

大清律例四十七卷 清阿桂等纂修 清乾隆五十五年武英殿刻本 九七五

欽定大清律例四十七卷 清阿桂等纂修 清嘉慶七年武英殿刻本 九七六

大清律續纂條例總類二卷 清乾隆內府刻本 九七七

大清律續纂條例六卷 清弘晝等纂修 清乾隆武英殿刻本 九七八

大清律續纂條例二卷 清舒赫德等纂修 清乾隆內府抄本 九七九

大清律例按語二十四卷 清嘉慶十九年進呈抄本 九八〇

大清律纂修條例不分卷 清道光刻本 九八一

大清律纂修條例不分卷 清同治進呈抄本 九八二

大清刑律二編不分卷 清沈家本等纂修 清宣統二年抄本 九八三

三流道里表不分卷 清徐本等纂修 清乾隆八年武英殿刻本 九八四

九八五 三流道里表不分卷 清阿桂等纂修 清乾隆四十九年武英殿刻本
九八六 蒙古律例十二卷 清乾隆武英殿刻本
九八七 律例全編六卷 清雍正刻本
九八八 乾隆二十四年六部例不分卷 清抄本
九八九 六部名例律十卷 清抄本
九九〇 新定六部考成現行則例十九卷目錄二卷 清瑠璃廠萬古齋抄本 吏部四卷 戶部四卷 禮部二卷 兵部三卷 督捕二卷 刑部三卷 工部一卷
九九一 上諭條例〔乾隆二十一年至二十六年〕 清乾隆刻本
九九二 上諭條例〔乾隆四十二年〕 清刻本
九九三 刑部緩決處決重囚招冊一卷 清康熙刻本
九九四 刑部浙江司情真重囚招冊一卷 清康熙刻本
九九五 刑部山東司緩決重囚招冊一卷 清雍正刻本

一一七

九九六 刑部情實重囚招冊不分卷 清乾隆刻本
九九七 刑部安徽等司咨駁題駁改正應行量加議叙事件清冊不分卷 清乾隆抄本
九九八 刑部山東司情實重囚招冊一卷 清嘉慶刻本
九九九 刑部廣東司情實重囚招冊一卷 清嘉慶刻本
一〇〇〇 刑部陝西司緩決重囚招冊一卷 清嘉慶刻本
一〇〇一 刑部比照加減成案三十二卷 清許槤、熊莪訂補 清道光十四年許槤刻本
一〇〇二 刑部比照加減成案續編三十二卷 清許槤輯 清道光二十三年自刻本
一〇〇三 緩決目錄一卷 清康熙刻本
一〇〇四 彙刊條例冊〔乾隆三十至五十九年〕 清乾隆刻本
一〇〇五 刑部浙江司刑案錄□卷 清浙江司輯 清康熙刻本
存十三宗
一〇〇六 事紀一卷 清抄本
一〇〇七 大清雍正朝定例成案合鈔不分卷 清抄本
一〇〇八 例案一卷 清抄本

一〇〇九 律例說帖不分卷 清抄本
一〇一〇 說帖不分卷 清抄本
一〇一一 說帖不分卷 清抄本
一〇一二 秋審實緩矜緩比較條款五卷 清抄本
一〇一三 說帖□□卷 清抄本
存六十六卷 九至十五、三十至四十、四十九至五十六、六十五至七十二、八十一至一百十二
一〇一四 嘉慶年各省案例請示四卷 清抄本
一〇一五 乾嘉道三朝說帖不分卷 清抄本
一〇一六 說帖輯要全類不分卷 清抄本
一〇一七 律例館說帖不分卷 清宋保輯 清抄本
一〇一八 成案備考五卷 清抄本
一〇一九 詳稿彙抄不分卷 題清耆英輯 清抄本
一〇二〇 西曹秋審彙案八卷 清抄本
一〇二一 判案須知一卷 題清蓮塘輯 清道光抄本
一〇二二 刑事襍案鈔不分卷 清抄本

一一八

一〇二三 近年秋審比較彙案十六卷 清抄本
一〇二四 秝聽草十二卷賦役詳稿一卷 清李之芳撰 清康熙四十一年李鍾麟刻本
一〇二五 祥刑遺範十卷 清毛逵撰 清康熙刻本
一〇二六 上諭合律鄉約全書不分卷 清陳秉直撰 清康熙十八年刻本
一〇二七 思生錄二卷 清趙開雍撰 清順治刻本
一〇二八 祥刑要覽四卷 清于琨輯 清康熙三十六年易簡堂刻本
一〇二九 定例全編五十卷續刊六卷 清李珍輯 清康熙五十四年京都瑠璃廠榮錦堂刻本 清康熙五十九年京都瑠璃廠榮錦堂刻本
一〇三〇 本朝題駁公案十一卷 清李珍輯
一〇三一 疑獄箋四卷 清陳芳生撰 清康熙刻本
一〇三二 覆甕集刑名十卷餘集〔一〕卷 清張我觀撰 清雍正四年刻本
一〇三三 例案全集四十三卷 清張月光編 清雍正十二年思敬堂刻本
一〇三四 定例續編十二卷 清梁懋修輯 清乾隆十年榮錦堂刻本
存十一卷 二至十二
一〇三五 律例圖說十卷 清萬維翰撰 清乾隆十五年芸暉堂刻本
一〇三六 律例圖說正編十卷 清萬維翰撰 清乾隆三十九年芸暉堂刻本

律例圖説辨譌十卷附荒政瑣言一卷 清萬維翰纂 清抄本 一〇三七
成規拾遺不分卷 清萬維翰輯 清乾隆三十九年刻本 一〇三八
律表三十六卷首一卷 清曾恆德編 纂修條例一卷 清曾浙編 督捕則例表二卷洗冤錄表四卷 清乾隆五十六年曹氏承裕堂刻本 一〇三九
新疆條例説略二卷 清吳英先撰 清乾隆六十年冰鈴書屋刻本 一〇四〇
名法指掌續訂二卷 清沈年田輯 清乾隆刻本 一〇四一
治政集要十種不分卷 清王又槐輯 清乾隆五十九年刻本 一〇四二
六部浪圖六卷
中樞浪圖
刑字宗纂
秋審章程
題本咨事件
簡明做法
考成章程
中樞成規
州案要略
三流表圖
本朝則例十二卷 清陸海撰 清康熙刻本 一〇四三
本朝則例類編十二卷續增新例不分卷 清陸海撰 清康熙雲 一〇四四
則例便覽三十三卷 清沈書城輯 清乾隆五十六年刻本 林書坊重刻本 一〇四五
欽定宗人府則例十六卷 清嘉慶七年抄本 一〇四六
欽定宗人府則例三十一卷 清道光二十九年內府抄本 一〇四七
欽定宗人府則例三十一卷 清抄本 一〇四八
欽定宗人府則例三十一卷首一卷 清光緒抄本 一〇四九
欽定宗人府則例三十一卷 清宣統元年內府抄本 一〇五〇
六部則例全書二十九卷 清鄂海纂修 清康熙五十四年刻本 一〇五一
康熙六部考成現行則例不分卷 清抄本 一〇五二
欽定六部則例不分卷 清乾隆抄本 一〇五三
存二十八冊
禮部三冊
兵部三冊
刑部九冊
工部三冊
吏部六冊
戶部四冊
吏部戶部則例不分卷 清乾隆抄本 一〇五四

欽定吏部則例五十八卷 清雍正三年內府刻本 一〇五五
欽定吏部滿洲銓選則例一卷 清雍正內府抄本 一〇五六
欽定吏部銓選滿官則例一卷銓選漢官則例三卷滿洲品級考蒙古品級考三卷漢官品級考五卷 清雍正內府刻本 一〇五七
欽定吏部則例六十六卷 清張廷玉等纂修 清乾隆七年武英殿刻本 一〇五八
欽定吏部則例六十八卷 清阿桂等纂修 清乾隆四十八年武英殿刻本 一〇五九
吏部則例□□卷 清乾隆內府抄本 一〇六〇
存六十六卷
吏部銓選滿官則例五卷
吏部銓選滿官品級考三卷
吏部銓選漢官則例八卷
吏部銓選蒙古官員品級考四卷
吏部增改銓選漢官品級考不分卷
吏部增改銓選漢官則例不分卷
吏部增改銓選滿官則例不分卷
吏部增改銓選滿官品級考不分卷
吏部處分則例一至四十一卷四十三至四十七卷
吏部則例□□卷 清乾隆內府抄本 一〇六一
存六十六卷
吏部銓選滿官則例五卷
吏部銓選滿官品級考三卷
吏部銓選漢官則例八卷
吏部銓選蒙古官員品級考四卷
吏部增改銓選漢官品級考不分卷
吏部增改銓選漢官則例不分卷
吏部增改銓選滿官則例不分卷
吏部增改銓選滿官品級考不分卷
吏部處分則例一至四十一卷、四十三至四十七卷
乾隆職官揀選不分卷 清乾隆內府抄本 一〇六二
欽定吏部則例六十八卷 清保寧等纂 清乾隆六十年武英殿聚珍版印本 一〇六三
吏部銓選漢官則例八卷漢官品級考四卷漢軍品級考不分卷 清抄本 一〇六四
吏部處分則例四十七卷 清抄本 一〇六五
清吏部職官銓選則例不分卷 清抄本 一〇六六
吏部文選司則例稿不分卷附籌餉八十一卯掣籤簿一卷 稿本 一〇六七

一〇六八 戶部則例□□卷 清乾隆內府抄本
存二十卷
漕運五卷 俸餉二卷 鹽法二卷 關稅二卷 蠲恤二卷 雜賦二卷 戶口二卷 積貯一卷 庫藏一卷 倉庾一卷 權量一卷 錢法一卷

一〇六九 欽定戶部則例一百二十六卷首一卷 清于敏中等纂修 清乾隆四十六年武英殿刻本

一〇七〇 欽定戶部鼓鑄則例十卷 清傅恆等纂 清乾隆三十一年武英殿刻本

一〇七一 欽定戶部旗務則例十二卷 清傅恆等纂 清乾隆三十四年武英殿刻本

一〇七二 欽定戶部軍需則例九卷續增一卷欽定兵部軍需則例五卷欽定工部軍需則例一卷 清阿桂等纂 清乾隆五十三年武英殿刻本

一〇七三 欽定戶部則例不分卷 清乾隆刻本

一〇七四 旂地則例四卷 清抄本

一〇七五 常稅則例二卷 清雍正五年古香齋刻本

一〇七六 北新關商稅則例不分卷 清雍正刻遞修本

一〇七七 浙海鈔關刊刻現行則例不分卷 清雍正刻本

一〇七八 浙海鈔關徵收稅銀則例一卷 清雍正刻本

一〇七九 太平遇仙洽光三關則例一卷 清文林堂刻本

一〇八〇 閩海關常稅則例二卷 清愛蓮書屋抄本

一〇八一 山海鈔關則例不分卷 清抄本

一〇八二 崇文門商稅則例不分卷 清乾隆刻本

一〇八三 欽定禮部則例一百九十四卷圖一卷 清劉統勳等纂修 清乾隆三十八年武英殿刻本

一〇八四 盛京禮部則例一卷 清乾隆內府抄本

一〇八五 掌儀司現行則例四卷 清抄本

一〇八六 兵部則例□□卷 清乾隆內府抄本
存三十九卷
武選清吏司 職制七卷 官制一卷 恩卹一卷 大閱一卷 親征一卷 大狩一卷 守衛一卷 關禁一卷 土司一卷 職方清吏司 營制四卷 公式三卷 軍政二卷 職制一卷 簡閱一卷 邊防一卷 軍功一卷 海禁一卷 詰禁一卷 恩卹一卷 車駕清吏司 郵政二卷 馬政一卷 武庫清吏司 軍功一卷 武科一卷 軍器一卷 兵符一卷 發配一卷

一〇八七 盛京兵部則例一卷 清乾隆內府抄本

一〇八八 兵部督捕則例一卷 清索額圖等纂修 清康熙刻本

一〇八九 欽定督捕則例二卷 清徐本等纂修 清乾隆八年武英殿刻本

一〇九〇 欽定軍器則例二十卷 清史貽直等纂修 清乾隆二十一年刻本

一〇九一 欽定軍器則例不分卷 清阿桂等纂修 清乾隆五十六年武英殿刻本

一〇九二 鞍庫則例一卷 清內府抄本

一〇九三 盛京刑部則例一卷 清乾隆內府抄本

一〇九四 欽定工部則例五十卷 清史貽直等纂 清乾隆刻本

一〇九五 工部則例□□卷 清乾隆內府抄本
存三十二卷
營繕清吏司 宮殿一卷 壇廟一卷 城垣一卷 府第一卷 倉廒一卷 公廨一卷 書房一卷

物材一卷　抽分一卷　報銷一卷　屯田清吏司　薪炭一卷　匠役一卷　虞衡清吏司　鼓鑄一卷　軍器一卷　採捕一卷　雜料一卷　都水清吏司　河工四卷　船政二卷　水利二卷　橋道一卷　海塘一卷　織造一卷　器用一卷　藏冰一卷　製造庫一卷　節慎庫一卷　盛京工部則例一卷

工部纂修則例□□卷　清書麟、朱佩初等纂修　稿本　存九卷　八十四至九十一、九十三　一〇九六

理藩院則例□□卷　清乾隆內府抄本　存八卷　賓客清吏司一卷　柔遠清吏右司一卷　柔遠清吏左司二卷　理刑清吏司一卷　徠遠清吏司二卷　銀庫一卷　一〇九七

理藩院修改回疆則例四卷　清咸豐內府抄本　一〇九八

都察院則例□□卷　清乾隆內府抄本　存五卷　一、三至六　一〇九九

都察院則例二卷　清乾隆內府抄本　一一〇〇

通政使司則例一卷　清乾隆內府抄本　一一〇一

大理寺則例一卷　清乾隆內府抄本　一一〇二

翰林院則例一卷　清乾隆內府抄本　一一〇三

起居注館則例一卷　清乾隆內府抄本　一一〇四

詹事府則例一卷　清乾隆內府抄本　一一〇五

太常寺則例一卷　清乾隆內府抄本　一一〇六

欽定太常寺則例一百十四卷另輯六卷首一卷　清觀保等纂修　清乾隆四十二年武英殿刻本　一一〇七

太常寺則例一百二十九卷另輯六卷　清道光內府抄本　存一百九卷　一至四十三　七十五至一百二十九、另輯六卷　一一〇八

鴻臚寺則例一卷　清乾隆內府抄本　一一〇九

欽天監則例一卷　清乾隆內府抄本　一一一〇

欽定八旗則例十二卷　清乾隆抄本　一一一一

欽定八旗則例十二卷　清鄂爾泰等纂修　清乾隆六年武英殿刻本　一一一二

八旗則例□□卷　清乾隆抄本　存十六卷　授官一卷　襲爵一卷　優卹一卷　旗制一卷　公式一卷　田宅一卷　戶口一卷　兵制一卷　訓練一卷　教養一卷　火器營一卷　護軍營一卷　健銳營一卷　嚮導一卷　虎槍營一卷　步軍營一卷　一一一三

欽定八旗則例十二卷　清尹繼善等纂修　清乾隆三十九年武英殿刻本　一一一四

欽定八旗則例十二卷　清福隆安等纂修　清乾隆五十年武英殿刻本　一一一五

欽定宮中現行則例不分卷　清抄本　一一一六

欽定宮中現行則例四卷　清嘉慶二十五年內府抄本　一一一七

欽定宮中現行則例四卷　清嘉慶二十五年武英殿刻本　一一一八

欽定宮中現行則例四卷　清道光二十一年內府抄本　一一一九

欽定宮中現行則例四卷　清咸豐六年武英殿刻本　一一二〇

欽定宮中現行則例四卷　清同治九年內府抄本　一一二一

欽定宮中現行則例四卷　清光緒五年內府抄本　一一二二

欽定宮中現行則例四卷　清光緒六年武英殿刻本　一一二三

總管內務府現行則例一卷　清乾隆內府抄本　一一二四

總管內務府現行則例一卷都虞司四卷　清咸豐內府抄本　一一二五

總管內務府圓明園現行則例二卷　清內府抄本　一一二六

總管內務府暢春園現行則例三卷　清內府抄本　一一二七

總管內務府暢春園現行則例一卷　清內府抄本　一一二八

總管內務府現行則例靜宜園一卷清漪園一卷靜明園一卷　清同治內府抄本　一一二九

總管內務府現行則例奉宸苑二卷　清內府抄本　一一三〇

內務府現行則例咸安宮官學一卷　清乾隆內府抄本　一一三一

總管內務府現行則例犧牲所一卷　清光緒內府抄本　一一三二

熱河園庭現行則例十二卷　清抄本　一一三三

內庭物料斤兩尺寸價值則例不分卷　清抄本　一一三四

總管內務府會計現行則例四卷　清道光二十六年內府抄本　一一三五

欽定總管內務府現行則例五十七卷　清文煜等纂修　清咸豐內府抄本
堂上四卷　廣儲司四卷　都虞司四卷　掌儀司四卷　慶豐司二卷　會計司四卷　營造司二卷　慎刑司一卷　上駟院三卷　武備院四卷　奉宸苑二卷　圓明園二卷　靜明園一卷　靜宜園一卷　掌關防管理內管領事務處二卷　管理三旗銀兩莊頭處一卷　官房租庫一卷　中正殿一卷　造辦處一卷　武英殿修書處一卷　御茶膳房二卷　御藥房一卷　寧壽宮一卷　雍和宮一卷　南苑二卷　清漪園一卷　景山官學一卷　咸安宮官學一卷　雪糖房役處一卷　犧牲所一卷　一一三六

欽定總管內務府現行則例四卷　清宣統內府抄本　一一三七

光祿寺則例八十四卷首一卷　清德成等纂　清乾隆四十年武英殿刻本
祀禮九卷　表儀十一卷　宴粢十八卷　供應十二卷　製造十三卷　藏械九卷　承制二卷　官府十卷　一一三八

光祿寺則例一百四卷　清道光內府抄本　一一三九

萬國公法四卷　清何師孟等譯　清同治三年京都崇實館刻本　清翁同龢批點　一一四〇

考工

營造法式三十四卷　宋李誡撰　宋刻元修本　十行廿二字細黑口左右雙邊　存三卷　十一至十三、卷十存末四葉　一一四一

營造法式三十四卷　宋李誡撰　清初影宋抄本　一一四二

營造法式三十四卷　宋李誡撰　清抄本　一一四三

營造法式三十四卷看詳一卷　宋李誡撰　清抄本　佚名錄清錢曾、孫原湘、黃丕烈、張蓉鏡、邵淵耀、張金吾、褚逢椿等跋　丁丙跋　一一四四

營造法式三十四卷看詳一卷　宋李誡撰　清抄本　清翁同龢跋　一一四五

營造法式三十四卷看詳一卷　宋李誡撰　清抄本（卷十八至三十四配抄本）　一一四六

河道平治議一卷　明徐儲撰　明嘉靖刻藍印本　八行十六字白口四周雙邊　一一四七

繕部紀略一卷　明郝敬友撰　明萬曆四十二年任家相等刻本　九行十四字白口四周雙邊　一一四八

工部廠庫須知十二卷　明何士晉撰　明萬曆刻本　九行十八字白口四周單邊　一一四九

新鐫工師雕斲正式魯班木經匠家鏡三卷附秘訣仙機一卷　明午榮、章嚴撰　明刻本　九行二十字白口四周單邊　單魚尾　一一五〇

新刻京板工師雕鏤正式魯班經匠家鏡二卷附秘訣仙機一卷　明午榮、章嚴撰　明刻本　十一行廿二字白口四周單邊　單魚尾　一一五一

新鐫京板工師雕斲正式魯班經匠家鏡三卷附秘訣仙機一卷　明午榮、章嚴撰　明末刻本　九行二十字白口四周單邊　一一五二

新鐫京板工師雕鏤正式魯班經匠家鏡二卷　明午榮、章嚴撰　明刻本　十一行廿二字白口四周單邊　一一五三

新鐫京板工師雕斲正式魯班經匠家鏡三卷　明午榮、章嚴撰　明末刻本　九行二十字白口四周單邊　一一五四

新鐫工師雕斲正式魯班木經匠家鏡二卷　明午榮、章嚴撰　清古吳三多齋刻本　一一五五

新鐫工師雕斲正式魯班木經匠家鏡三卷附　一一五六

靈驅解法洞明真言秘書一卷 明午榮、章嚴撰 明末刻本 九行二十字白口四周單邊

一一五七 工師雕斲正式魯班木經匠家鏡三卷首一卷 靈驅解法洞明真言秘書一卷 明午榮、章嚴撰 清刻本

一一五八 新刻板工師雕正式魯班經匠家鏡二卷秘訣仙機一卷 明午榮、章嚴撰 清刻本

一一五九 新編魯般營造正式六卷 明刻本 八行十五字上下黑口四周雙邊

一一六〇 園冶三卷 存一卷 明計成撰 明崇禎刻本 九行十八字白口四周單邊

一一六一 天工開物三卷 明宋應星撰 明崇禎十年自刻本 九行廿一字小字雙行同 白口四周單邊

一一六二 天工開物三卷 明宋應星撰 明書林楊素卿刻本 九行廿一字白口四周單邊

一一六三 南船紀四卷 明沈𡺚撰 清乾隆六年沈守義刻本

一一六四 工部為建殿堂修都城勸民捐款章程一卷 明嘉靖刻本 十行廿二字白口四周雙邊

一一六五 船政不分卷 明嘉靖刻本 九行二十字白口左右雙邊

一一六六 條議船政撥差事宜書冊不分卷 明萬曆刻本 九行二十字白口四周單邊

一一六七 工程做法八卷 清抄本

一一六八 內庭大木石搭土油裱畫現行則例四卷 清允禮等撰 清抄本

一一六九 乘輿儀仗做法二卷 清工部輯 清乾隆十四年武英殿刻本

一一七〇 欽定硝磺鉛斤價值則例不分卷 清工部輯 清乾隆五十七年刻本

一一七一 欽定物料價值則例八卷 清陳宏謀、狄志亨撰 清甘肅布政使司抄本

一一七二 物料價值則例不分卷 清內府抄本

一一七三 布經八卷 清范銅撰 清抄本

一一七四 燒爐新語一卷 清吳啟撰 清乾隆五十年抉際抄本

一一七五 駐防德州滿營軍械工料價值圖冊不分卷 清抄彩繪本

一一七六 陵寢規制不分卷 清吳潤等纂抄 稿本

一一七七 滇南礦廠圖略二卷 清吳其濬撰 徐金生繪輯 清道光雲南刻本 雲南礦廠工器圖略一卷 雲南礦廠輿程圖略一卷

一一七八 鐵模圖說二卷 清龔振麟撰 清道光二十二年刻本

一一七九 銅政便覽八卷 清雲南布政使司抄本

一一八〇 銅政便覽八卷 清道光雲南刻本

一一八一 銅政便覽八卷 存七卷 二至八 清抄本

一一八二 礦政輯略十三卷首一卷 清劉啟賓撰 稿本

一一八三 鏡鏡詅癡五卷 清鄭復光撰 清道光二十七年楊尚文刻連筠簃叢書本 清王筠批校

一一八四 惠陵工程備要六卷 清延昌撰 清光緒抄本

一一八五 七檁硬山大式做法不分卷 清抄本

一一八六 普祥峪萬年吉地工程備要十卷 清內府抄本

一一八七 普祥峪萬年吉地工程備要八卷 清光緒內府抄本

一一八八 菩陀峪萬年吉地工程備要二十四卷首一卷 清光緒內府抄本

一一八九 菩陀峪萬年吉地工程輯要七卷 清載良等輯 清抄本

一一九〇 菩陀峪萬年吉地工程輯要七卷首一卷 清載良等輯 清抄本

一一九一 菩陀峪萬年吉地工程輯要七卷 清載良等輯 清末抄本

一一九二 菩陀峪萬年吉地工程輯要七卷 清載良等輯 清末抄本

一一九三 平安峪工程備要十二卷續一卷 清光緒內府抄本

一一九四 火戲略五卷 清趙學敏撰 稿本

一一九五 滇南銅政考一卷 清王昶輯 稿本

一一九六 圓明園修建工程則例不分卷 稿本

一一九七 圓明園工程則例不分卷 清抄本

一一九八 圓明園內工彙成工程則例不分卷 稿本

一一九九 圓明園內工則例不分卷 稿本

一二〇〇 熱河工程則例□□卷 存十七卷 一至十六、五十一 清抄本

一二〇一 萬壽山工程則例十九卷 清抄本

一二〇二 圓明園萬壽山內庭彙同則例不分卷 清抄本

一二〇三 內庭石作例不分卷 清抄本

一二〇四 太和殿工程錄不分卷 清抄本
一二〇五 城工事宜一卷 清抄本

公牘檔冊

一二〇六 欽恤錄不分卷 清抄本
一二〇七 省愆錄一卷 明胡錠撰 明嘉靖三年刻本 九行廿二字白口單邊雙魚尾
一二〇八 余肅敏公經略公牘不分卷 明余子俊撰 明嘉靖五年張增刻本 十行十九字白口四周單邊
一二〇九 陳槐建入祠文移碑傳一卷 明魏良貴等撰 明嘉靖抄本
一二一〇 工部檔案一卷 明抄本
一二一一 恤刑題稿十四卷 明孟淳撰 明嘉靖刻本 十行廿一字細黑口四周雙邊
一二一二 建置書草不分卷 明朱勲塗撰 明嘉靖二十八年朱佩梓、佩椅刻本 九行廿一字白口四周單邊
一二一三 甌東政錄□卷 明項喬撰 明嘉靖刻本 十行二十字白口四周雙邊
存二卷 二至三
一二一四 嘉靖三十四年武職考勤錄一卷 明嘉靖三十四年抄本
一二一五 顧大司馬籌陝存牘類抄二卷 明顧其志撰 清康熙十年顧晗培刻本
一二一六 著存文卷集不分卷 明萬曆刻本 九行二十字白口左右雙邊單魚尾
一二一七 三方聰斷五卷 明沈幼學輯 明萬曆自刻本 九行十九字白口四周雙邊單魚尾
一二一八 熊襄敏公軍中書移不分卷 明熊廷弼撰 清解志書塾抄本
一二一九 職方存草四卷附錄一卷 明茅瑞徵撰 明萬曆四十五年刻本 九行二十字白口單黑魚尾四周單邊
一二二〇 問心錄不分卷 明金之俊撰 明崇禎刻本 八行二十字白口左右雙邊
一二二一 萬曆邸鈔四十五卷 抄本
一二二二 按吳檄稿不分卷牌示稿不分卷 明祁彪佳撰 明末抄本
一二二三 按吳審錄詞語不分卷 明祁彪佳撰 明末抄本
一二二四 按吳親審檄稿不分卷 明祁彪佳撰 明末抄本
一二二五 巡按蘇松等處揭帖不分卷 明祁彪佳撰 明末抄本
一二二六 公牘不分卷 明刻本配明抄本
一二二七 西巡政略十卷 明周燦撰 明崇禎十七年刻本 九行十八字白口四周單邊單魚尾
一二二八 實政錄二卷紀事一卷 明藍再茂輯 明崇禎八年刻本 九行廿一字白口四周單邊單魚尾
一二二九 崇禎年抄檔不分卷 明抄本
一二三〇 明禁碑錄□卷 明林之蘭輯 清初活字印本
存一卷 一

一二三一 欽天監檔不分卷 明崇禎刻清順治遞修本
一二三二 用老迂略二卷 明趙維寰撰 明刻本 九行十九字白口四周雙邊單魚尾
一二三三 稟擬簿不分卷［崇禎甲戌］ 明抄本
一二三四 賦役冊一卷 明張泰娟等撰 稿本
一二三五 祁門東都張氏地產房產簿不分卷 明抄本
一二三六 巡撫河南都察院右副御史吳景道塘報一卷 清順治四年抄本
一二三七 籌邊紀略一卷 清張彥珩撰 清順治刻本
一二三八 總制浙閩文檄六卷 清劉兆麒撰 清康熙刻本
一二三九 淄川蒲氏遺稿一卷 稿本
一二四〇 容我軒雜稿不分卷 稿本
一二四一 崧臺書五種十七卷 清崇日昣撰 清刻本
崧臺學製書九卷 崧臺隨筆三卷 撫叢半月錄一卷 崧臺叢錄一卷 鷹後錄三卷
一二四二 宰邡集十二卷 清孫廷璋撰 稿本
一二四三 撫苗錄不分卷沿邊營汛路程一卷新撫苗寨路程一卷 清鄂海撰 紅苗歸化恭紀詩不分卷 清車鼎晉撰 清康熙養石堂刻本
一二四四 澂江義渡公案不分卷 清康熙刻本
一二四五 閩疆小草四卷 清張兆鳳撰 清抄本
一二四六 福康安檔冊不分卷 清抄本
一二四七 撫粵條告彙編二卷 清德保撰 清乾隆刻本
一二四八 嘉定府犍為縣檔冊不分卷 清乾隆抄本
一二四九 邸抄不分卷［嘉慶五年正月至十二月］ 清紀昀輯 清嘉慶抄本
一二五〇 乾隆官報［三十五年七月十五日至二十九日］ 清乾隆三十五年公慎堂活字印本
一二五一 洞庭山禁革現總案一卷禁革現總碑案一卷 清乾隆刻本

一二五二 清乾隆河南巡撫衙門河工檔案不分卷 稿本
一二五三 內閣票擬不分卷 清宋紹安輯 清嘉慶抄本 清何金、吳葆晉跋
一二五四 乾隆蘇藩司批稿不分卷 稿本
一二五五 林文忠函牘滙存八卷 清林則徐撰 清抄本 存四卷 五至八
一二五六 江蘇督學采訪冊一卷 清邵寓潦輯 稿本
一二五七 甘肅查辦全集不分卷 清邵寓潦輯 清抄本 邵寓潦題款
一二五八 賜錦堂江督承訊親供稿一卷 清牛鑑撰 清抄本
一二五九 軍務要件不分卷 清吳致撝撰 稿本
一二六〇 清同治元年至五年軍機處飭令兩江總督文件不分卷 清曾國藩輯 稿本
一二六一 王家璧書札六卷 清王家璧撰 稿本
一二六二 川東軍務公牘十卷 清程祖潤輯 稿本
一二六三 李少荃公牘稿不分卷 清李鴻章撰 稿本
一二六四 李鴻章摺稿不分卷 清薛福成撰 稿本

一五一

一二六五 李鴻章函牘不分卷 清薛福成撰 稿本
一二六六 李鴻章函稿不分卷 清薛福成撰 稿本
一二六七 李鴻章函稿不分卷 稿本
乙酉（光緒十一年）函稿 丙戌（光緒十二年）函稿 丁亥（光緒十三年）函稿 戊子（光緒十四年）函稿 己丑（光緒十五年）函稿 庚寅（光緒十六年）函稿 不紀年函稿
一二六八 代擬曾國藩李鴻章函稿不分卷 清薛福成撰 稿本
一二六九 出使公牘□□卷 清薛福成撰 稿本 存一卷 十
一二七〇 沈文肅公牘十六卷 清沈葆楨撰 清抄本
一二七一 江西鹽餉稟稿一卷 清沈葆楨、耆齡等撰 清抄本
一二七二 軍報不分卷 清錢恩棨輯 稿本
一二七三 軍情不分卷 清錢恩棨輯 稿本
一二七四 豫章憲典不分卷 清抄本

一二七五 東昌軍中牘案一卷 清龔易圖撰 稿本
一二七六 清廣西按察使司浙江布政使司公牘不分卷 清蔣上治撰 稿本
一二七七 河南通省驛站賦稅徵收支解確冊六卷 清抄本
驛站衙門錢糧冊二卷 驛站衙門支解冊一卷 驛站協濟改解冊一卷 驛站協濟留用冊一卷 驛站撥協改解留用冊一卷
一二七八 徽郡禦寇案牘不分卷 清楊沂孫輯 清楊沂孫家抄本
一二七九 河南巡撫衙門軍政檔案不分卷 稿本
軍務河工 咸豐元年至三年、四年五月至十二月、五年三月至十二月 平捻軍務 咸豐六年元月至五月、八月至十月 迭次剿匪奏摺 咸豐七年七月至九月 同治四年四月至十二月
一二八〇 張文襄公電稿不分卷 清張之洞撰 稿本
一二八一 張文襄公督粵電稿不分卷 清張之洞撰 稿本
一二八二 張之洞分類電稿不分卷 清張之洞撰 清光緒抄本
一二八三 督楚公牘不分卷 清張之洞撰 抄本

一三二

一二八四 吳清卿中丞電稿附信稿不分卷 清吳大澂撰 稿本
一二八五 吳愙齋公函不分卷 清吳大澂撰 稿本
一二八六 吳愙齋光緒甲午中日戰事電報手稿不分卷 清吳大澂撰 稿本
一二八七 芸暉書屋筆記不分卷 清兆琛輯 稿本
一二八八 左宗棠肅州大營檔案原本不分卷 清同治十二年稿本
示諭 關防 劉錦棠函牘 咨劉思鎮匪函牘 督辦邊防軍務函牘
一二八九 清閩浙爵督部堂營務處公牘不分卷 清慶裕南撰 稿本
一二九〇 磁州批牘不分卷 清趙熙文撰 清趙氏能靜居抄本
一二九一 撫吳公牘五十卷 清丁日昌撰 清丁氏百蘭山館抄本 存十五卷 六至十五 三十六至四十
一二九二 丁汝昌海軍函稿不分卷 清丁汝昌撰 稿本
一二九三 饒應祺公牘不分卷 清饒應祺撰 清抄本
一二九四 吉林公牘不分卷 清顧肇熙撰 清光緒十一年顧氏抄本

一二九五 譯署檔案十卷 清光緒二十三年抄本
呈報章程二卷 條陳出使一卷 出使保案一卷 慰問慶賀一卷 借款合同一卷 條陳使事一卷 各使咨函一卷 洪使函牘一卷 許使函牘一卷

一二九六 清代中外法事彙抄不分卷 清末藏脩書屋抄本

一二九七 雲南礦務案牘類編十六卷首一卷 清唐炯輯 清光緒抄本

一二九八 津滬京各路密報軍情不分卷 清袁氏浙西邨舍抄本

一二九九 奉使公函稿不分卷 清呂海寰撰 稿本

一三〇〇 使德發電稿〔光緒二十七年一月至十月〕 清呂海寰撰 稿本

一三〇一 理藩院公牘不分卷 清抄本

一三〇二 錫良遺稿不分卷 清錫良撰 清抄本

一三〇三 察壁彙編不分卷 清馮汝玠 稿本

一三〇四 寶簿一卷 清初抄本

一三〇五 兵科造完順治十一年八月分註銷清冊不分卷 清督庫納哥撰 清順治抄本

一三〇六 總管內務府會計司曉諭衆莊頭檔一卷 清康熙五十年刻本

一三〇七 和碩淑慎公主房屋各處修用過物料工價銀錢數目總冊不分卷 清允禮等撰 清雍正抄本

一三〇八 欽定酌歸簡易條款一卷 清乾隆刻本

一三〇九 雍和宮佛樓等處貳拾玖案供器檔案不分卷 清乾隆二十一年內府抄本

一三一〇 雍和宮陳設供器什物清冊□□卷 清嘉慶抄本
存九卷
海棠院清暉綏人高雲清殿座陳設清冊一卷 如意室平安居殿座陳設清冊一卷 庫貯執事法器蚕頭衣服等項什物清冊一卷 永佑殿等處佛像供器清冊一卷 綏成殿等處佛像供器清冊一卷 大和齋靜挹化源三層房殿座陳設清冊一卷 五福堂松柏室蘚月軒畫房殿座陳設清冊一卷 法輪殿等處佛像供器清冊一卷

萬福閣等處佛像供器清冊一卷

一三一一 雍和宮陳設供器什物清冊□□卷 清道光二十四年抄本
存九卷
如意室平安居殿座陳設清冊一卷 庫貯執事法器蚕頭衣服等項什物清冊一卷 永佑殿等處佛像供器清冊一卷 綏成殿等處佛像供器清冊一卷 大和齋靜挹化源三層房殿座陳設清冊一卷 五福堂松柏室蘚月軒書房殿座陳設清冊一卷 法輪殿等處佛像供器清冊一卷 萬福閣等處佛像供器清冊一卷 後佛樓等處[illegible]供器清冊一卷

一三一二 雍和宮陳設冊不分卷 清光緒十三年內府抄本

一三一三 內庭畫佛註銷檔案不分卷 清乾隆內府抄本

一三一四 各州縣解存清河道庫陳設器物圖冊不分卷 清徐瀾勛 韓寶書等撰 清乾隆抄本

一三一五 太常寺衙署工程用過工料銀錢細數併丈尺做法清冊不分卷 清李元亭等撰 清乾隆抄本

一三一六 太常寺衙署工程修理過丈尺做法清冊不分卷 清抄本

一三一七 臨雍檔冊十卷 清抄本

一三一八 駐防太原正藍鑲藍滿洲蒙古四旗造送乾隆四十八年四十九年兵部來文抄案冊不分卷 清嘉慶抄本

一三一九 宣宗成皇帝大事檔□□卷 清抄本
存八卷 十七至二十二、二十四至二十五

一三二〇 牧群司抄案一卷 清抄本

收藏情况表

書名編號		藏書單位							
史政書類	1	0101	0141	0144	0161	0168	0181	0201	0301
		1641	1701	1705	1910	2001	2342	2401	2843
	2	0197	0291	2843					
	3	0242	2541						
	4	0701							
	5	0201							
	6	0101							
	7	0101							
	8	0141							
	9	0101							
	10	0101							
	11	0101	0143	0201	0291	[illegible]	1604	1701	1705⊙
		2341	2501	2581⊙	2702				
	12	0101	0141	0164	0198	0527⊙	0701	0841	1341
		1501	2002	2342					
	13	1601							
	14	0101	0141	0150	0161	0182	0197	0198	0201
		0241	0701	0703	0801	0842	0941	1103	1441⊙
		1601	1605	2301	2401	2542	2704		
	15	0101⊙							
	16	0145							
	17	2702							
	18	1601							
	19	0101							
	20	0101							
	21	0201							
	22	0181	0192	2342	2541				
	23	0201							
	24	0101							
	25	0201							
	26	0145							
	27	0161							
	28	0198							
	29	0101							
	30	0101							
	31	1705							
	32	0842							
	33	0101							

書名編號		藏書單位							
史政書	34	2501							
	35	0181	0193	0241	2642	2742			
	36	1501	1609						
	37	0101							
	38	0181							
	39	0101							
	40	1581							
	41	0198							
	42	0198							
	43	2702							
	44	0201							
	45	2501							
	46	0101							
	47	0101⊙							
	48	0101							
	49	0101							
	50	0101							
	51	0241							
	52	1601							
	53	1581							
	54	2742							
	55	0101	0142	0241	0705⊙	1101	1501	1701	1741
		1871	1581⊙	2304	2591⊙	2704⊙			
	56	0164	0201	0505	0901	1441	1461	1642	2002
		2501	2901						
	57	0101							
	58	1601							
	59	0101	0141	0161	0173	0181	0182	0193	0201
		0241	0243	0301	0341	0481	0501	0520	0591
		0701	0781	0784	0805	0841	0941	1041	1082
		1441	1501	1503	1581⊙	1582	1601	1641	1701
		1702	1705	1901	2047	2341	2401	2542	2701
		2741	2745	2901					
	60	0101	0102	0141	0144	0145	0161	0201	0291
		0701	0841	1182	1441	1701	1704	1904⊙	2201
		2205	2301	2401	2441	2702	2842		
	61	0301	0505	1601	1691	1701	1715	1843	1942
		2701							
	62	0197	1101⊙	1441	1586	1601	1688	1710	1720

書名編號		藏書單位							
史政書		1901	1910	2001	2011	2201	2302	2401	2541
		2625	2741						
	63	0181	0192						
	63	0101							
	64	0101	0102	0141	0143	0144	0150	0161	0163
		0164	0182	0197	0201	0242	0281	0520	0703
		0841	0842	1042	1501	1601	1641	1688	1701
		1801	1881	2242	2541	2701⊙	2702	2901	
	65	0101							
	66	0142	0161	0201	0842	0861	1508	1701	1704
		2701							
	67	0161	0201	0241	1629	1705			
	68	0101	0141	0161⊙	0201	2541			
	69	2401							
	70	2241							
	71	0143	0242						
	72	0301							
	73	2041	2301						
	74	0201							
	75	2301							
	76	1701⊙							
	77	1605⊙							
	78	0164⊙							
	79	0101							
	80	0181							
	81	0201	0142	1501					
	82	0201							
	83	0201							
	84	0241							
	85	0201							
	86	1741							
	87	0101							
	88	0193							
	89	0201							
	90	0101							
	91	0201							
	92	0101							
	93	1601							
	94	1705⊙							

書名編號		藏書單位
史政書	95	2581
	96	1701
	97	0201
	98	2201
	99	0101
	100	0101
	101	1601
	102	0101
	103	0101
	104	0101
	105	0201
	106	1710
	107	0201
	108	0101
	109	0101
	110	0101
	111	0101
	112	0101
	113	0101
	114	0201
	115	0101
	116	0101
	117	0161
	118	2501
	119	1701
	120	1688
	121	0201⊙
	122	0201⊙
	123	0101
	124	2345
	125	0201
	126	0101
	127	0102
	128	0201
	129	0101
	130	0101
	131	0201
	132	0201
	133	0101

表三

書名編號		藏書单位							
史 政書	134	0101							
	135	0301							
	136	0201							
	137	0141							
	138	2301							
	139	0101							
	140	0101							
	141	1101							
	142	1601							
	143	0101							
	144	0101							
	145	0101							
	146	0101							
	147	2702							
	148	0301							
	149	1601							
	150	0201							
	151	1701							
	152	1601							
	153	0101⊕							
	154	0101							
	155	0101							
	156	1601							
	157	0101							
	158	1601							
	159	0201							
	160	0101							
	161	0101							
	162	2541							
	163	0842							
	164	0198							
	165	0101							
	166	0341							
	167	0301							
	168	0101	0141	0241	0301	0701	0703		
	169	0703							
	170	0101⊕	0102	0144	0150	0161	0164	0201	0261
		1008	1082	1501⊕	1541	1582	1701⊕	2301	2341
		2401	2441	2702					

書名編號		藏書单位							
史 政書	171	0101	0141	0143	0144	0161	0165	0181	0182
		0201	0341	0701	0841	1601	1605	1701	1801
		1881	2241	2301	2501				
	172	0161							
	173	0141	0142	0146	1042	1641	1701⊕		
	174	0101							
	175	0161	2501						
	176	0101							
	177	2843							
	178	0145⊕	0703						
	179	0101	0142	0842	1705⊕				
	180	0101							
	181	0141							
	182	0101							
	183	0101	0141	0142	0161	0301	1741	2501	
	184	0141	0201	0301	1701				
	185	0301	2201	2501	2702⊕				
	186	0201	0242						
	187	1601							
	188	0181	0301	1501					
	189	0101							
	190	0101	0143	0150	0161	0201	0242	0703	2901
	191	0201	0441	0841	1631	2742			
	192	0143	0144	0181	0703	1601	1641		
	193	0141							
	194	0141	1601						
	195	0141	0142	0143	0144	0145	0161	0181	0201
		0241	0301	0520	0703	1601	1605	1641	1701
		2041	2301	2501	2541	2603			
	196	2541							
	197	2541							
	198	0181							
	199	0141	0201						
	200	0301							
	201	0101	0150	0161	0241	0701	0841	1731	
	202	0101	0142	0181	0701	0841	1042	2241	2501⊕
		2541							
	203	0101							
	204	0101							

表四

書名編號		藏書单位							
史 政書	205	0101							
	206	0142	0181	0405	0601	0701			
	207	0181	0701						
	208	0101							
	209₁	0101							
	209₂	0181							
	209₃	0101							
	210	0142	0150	0181	0405	0701	2541		
	211	0101							
	212	0101							
	213	0301							
	214	0101							
	215	0101							
	216	0101							
	217	0101							
	218	0181	0701						
	219	0181	0701						
	220	0181	0701						
	221	0141							
	222	2401							
	223	0201							
	224	0161							
	225	0101							
	226	1710							
	227	0701							
	228	0181							
	229	0181							
	230	0181							
	231	0201							
	232	0241							
	233	0802							
	234	0141							
	235	1701							
	236	1541							
	237	1616							
	238	1601							
	239	0101							
	240	1601							
	241	0241							

書名編號		藏書单位							
史 政書	242	1705							
	243	1601							
	244	0101							
	245	0101							
	246	0101							
	247	0201							
	248	0141							
	249	1701							
	250	0141							
	251	0141							
	252	1741							
	253	1601							
	254	2201							
	255	0101							
	256	0101							
	257	1601							
	258	2201							
	259	1701							
	260	2209							
	261	2201							
	262	1681							
	263	0101							
	264	1601							
	265	2541							
	266	0101							
	267	0101							
	268	2301							
	269	0101							
	270	2501							
	271	0201							
	272	0141							
	273	1701							
	274	1601							
	275	0201							
	276	0201							
	277	1701							
	278	2501							
	279	2201							
	280	1601							

表五

書名編號	藏書單位							
史 政書 281	0101							
282	0201							
283	0101							
284	0161							
285	1601							
286	0101							
287	0101							
288	0101							
289	0101							
290	0201							
291	0141							
292	1705							
293	0101	0144	0161	[illegible]	0201	0701	0861	1641
	1701	2481						
294	1601							
295	1705							
296	0703							
297	1701							
298	0101	0102	0150	0181	0201	0301	0441	1701
	2501	2742						
299	1601							
300	0101	0141	0201	1741				
301	2941							
302	0201							
303	0701							
304	0101							
305	1705							
306	0181							
307	0201							
308	0141							
309	0150							
310	0161	0182	0201	0703	1041	2702		
311	2501							
312	0101							
313	0101							
314	0175	0201⊕	0242	0701	0841	1651	2541	
315	1601							
316	0101							
317	[illegible]							

書名編號	藏書單位					
史 政書 318	0181	0201				
319	0101	0102	1601	1701		
320	0141	0144	0201	1601	1705⊕	2541
321	0101					
322	2301					
323	1601					
324	0201					
325	0144					
326	0141	0181				
327	1701					
328	0301					
329	0101					
330	0703					
331	0101	1601				
332	0144					
333	0181	1601				
334	2201					
335	0144					
336	0101					
337	0144	0181				
338	1601	2501				
339	0101					
340	0144	2041				
341	2401					
342	0141					
343	1510					
344	0101					
345	0101					
346	0101					
347	0101					
348	0101					
349	0181					
350	0181					
351	1681					
352	0181					
353	1681					
354	0181					
355	1681					
356	0701					

表六

書名編號	藏書單位				
史 政書 357	0181				
358	0101				
359	0161				
360	0161				
361	2541				
362	1681				
363	0181				
364	2701				
365	0181				
366	0181	0201	0701	1681	
367	0102	0181	2301		
368	1681				
369	1681				
370	1681				
371	1681				
372	1681				
373	0201				
374	2941				
375	0141				
376	0150				
377	0181				
378	0141				
379	0101				
380	0201				
381	0201				
382	0101	0141	0142	0166	1601
383	0701				
384	0101	0242	1601	1622	2584
385	1601				
386	0101				
387	0241				
388	0161	0181	0861	2001	
389	0701				
390	2001				
391	0142	0241	0202	0701	2541
392	0101	0141	0181	0301	0701
393	0101				
394	1705				
395	0101				

書名編號	藏書單位	
史 政書 395	0101	
396	0101	
397	1601	
398	0201	
399	0201	
400	0150	
401	0101	
402	1701	
403	0101	
404	0161	
405	0187	
406	0197	
407	0781	
408	0161	
409	0201	
410	2702	
411	0181	
412	0101	
413	0101	
414	0101	
415	1521	
416	0101	
417	0101	
418	1701	
419	0201	
420	0101	
421	1701	
422	0201	
423	0201	
424	0101⊕	0201⊕
425	0101	1601⊕
426	1706	
427	1705	
428	1701	
429	2401	
430	0701	
431	0141	
432	0181	
433	2206⊕	

表七

書名編號	藏書單位		
史 政書 434	1601		
435	0181		
436	0201		
437	1705		
438	1606		
439	0101⊙	0181⊙	
440	0201		
441	0241		
442	3010		
443	0101		
444	0201		
445	0201		
446	0101		
447	0101		
448	0101		
449	0101	0143	0341	1701
450	0102	0301	
451	1042		
452	0201		
453	0703		
454	0101		
455	0101		
456_1	1705		
456_2	0142		
457	0101		
458	0101		
459	0141		
460	0841		
461	0201⊙	0841⊙	
462	1601		
463	0101		
464	0201		
465	0241		
466	0142	0241	
467	0701	2901	
468	0142⊙	2001	
469	0142		
470	0166		
471	0141		

書名編號	藏書單位		
史 政書 472	0161		
473	0181		
474	0241		
475	0341		
476	0101		
477	0181		
478	2702		
479	2541		
480	1601		
481	0301		
482	1601		
483	0187		
484	0161		
485	0161		
486	0181		
487	1041		
488	0782		
489	0101		
490	0161		
491	1601		
492	1601		
493	0101		
494	0161		
495	0101		
496	1705		
497	0141	0143⊙	0701
498	0201		
499	0141	0242	0841⊙
500	0141⊙		
501	0201		
502	0101		
503	0141		
504	0101		
505	1206		
506	0187		
507	0101		
508	0701		
509	1901		
510	0101		

表八

書名編號	藏書單位		
史 政書 511	0181		
512	0181		
513	0161		
514	0198		
515	0141		
516	0101		
517	0161		
518	0101⊙	2541⊙	
519	1641		
520	0101		
521	0141		
522	0101		
523	0701		
524	0143		
525	0142		
526	0141		
527	0161		
528	2301		
529	2541		
530	2541		
531	0163		
532	0101		
533	0842		
534	0882		
535	0164		
536_1	0101		
536_2	0101		
537	0101		
538	1601		
539	0101		
540	0101	0242	2301
541	0703		
542	0161		
543	0101		
544	0101		
545	0161		
546	0101		
547	0101		
548	0101		

書名編號	藏書單位		
史 政書 549	0101		
550	0101		
551	0101		
552	0101		
553	0181		
554	0101		
555	0101		
556	0101		
557	0101		
558	0101		
559	0101		
560	0101		
561	0101		
562	0161		
563	0241		
564	0181		
565	0161		
566	1605		
567	0101		
568	0201		
569	1601		
570	0241		
571	0703		
572	1601		
573	0101		
574	0101	1881⊙	
575	0161		
576	0101		
577	0201		
578	1801	1882	
579	0161		
580	0101		
581	0101		
582	0101		
583	0101		
584	0141		
585	0101		
586	0101		
587	0101		

書名編號	藏書單位		
史　政書 588	0101		
589	0101		
590	0102		
591	0161		
592	0101		
593	0701		
594	0101		
595	0101		
596	0101		
597	0101		
598	0101		
598	0101◎		
599	0101		
600	0101		
601	0101		
602	0101		
603	0101		
604	0181		
605	0101		
606	0101		
607	0101		
608	0101		
609	0241		
610	0181		
611	0181		
612	0101		
613	0201		
614	1705		
615	0101		
616	0101		
617	0101		
618	0101		
619	2010		
620	2541		
621	0101		
622	0842		
623	0101		
624	0101		
625	2541		

書名編號	藏書單位		
史　政書 626	0101		
627	0101		
628	2401		
629	0101		
630	0101		
631	0201		
632	1705		
633	0101		
634	0101		
635	0101		
636	0101		
637	0101		
638	0101		
639	0101		
640	0101		
641	0101		
642	0101		
643	0101		
644	0101		
645	0101		
646	0181		
647	0101		
648	0101		
649	0121		
650	0101		
651	0101		
652	0101		
653	0101		
654	0142		
655	1601		
656	1544	0121	
657	0101		
658	0101		
659	0201		
660	0101		
661	0201		
662	2541		
663	0101	0150	0201
664	1501		

卷九

書名編號	藏書單位		
史　政書 665	0101		
666	1716		
667	0341		
668	0201		
669	2584		
670	0301		
671	0141	2206◎	
672	1701		
673	0141		
674	0181		
675	0201		
676	0181	0701	
677	0842		
678	1601		
679	0101		
680	0141		
681	0241		
682	1082		
683	0101		
684	0101		
685	0101		
686	0241		
687	0101		
688	0101		
689	2702		
690	2901		
691	0201		
692	1601		
693	0201		
694	2542		
695	1601		
696	0181		
697	0201	0701	
698	2401		
699	0181		
700	0181		
701	0181		
702	1720		
703	2601		

書名編號	藏書單位		
史　政書 704	2001		
705	0201		
706	2001		
707	2561		
708	0241		
709	1601		
710	0145		
711	2001		
712	0102		
713	0142		
714	0703		
715	1701		
716	0301		
717	0101		
718	0101		
719	2481		
720	1881		
721	1741		
722	0301		
723	1705		
724	0101		
725	1705		
726	1705		
727	1705		
728	1705		
729	0101		
730	1705		
731	1705		
732	0101		
733	1705		
734	0101	0701◎	
735	1705		
736	1705		
737	0321		
738	0141		
739	0181	0701	
740	2701		
741	0701	0121	
742	0701		

卷十

書名編號	藏書單位							
史　政書 743	0101	0102	0141	0150	0181	0201	0242	0301
	0601	0701	0802◎	0842	1042	2042		
744	0101							
745	0201							
746	0101	0242	0701	2401				
747	0198							
748	2501							
749	1702							
750	2901							
751	2501							
752	2501							
753	0161							
754	0101							
755	0101	1601	1615					
756-1	0242							
756-2	2581							
757	1601							
758	2401							
759	1601							
760	0341							
761	2401							
762	0101							
763	2304							
764	2541							
765	0181							
766	0181							
767	1601							
768	1081							
769	1282							
770	2801							
771	0101							
772	0101							
773	0201							
774	0101	0201	1527	2201				
775	0102	0301	1803					
776	1705							
777	0591							
778	0101							
779	0101	0281	2341					

書名編號	藏書單位							
史　政書 780	0141	0142	0201◎	0241				
781	0101	0102	0141	0142	0145	0146	0150	0162
	0163	0164	0165	0168	0182	0201	0261	0242
	0262	0291	0301	0341	0404	0441	0501	0641
	0701	0741	0801	0841	0842	0861	1041	1241
	1501	1541	1542	1544	1601	1604	1606	1607
	1615	1681	1701	1705	1801	1910	1961	2001
	2041	2042	2219	2341	2382	2401◎	2461	2501
	2541	2561	2581	2601	2641	2702	2843	
782	0101	0102	1601	1641	1701	2541	2843	2981
783	0101◎	2201						
784	0141							
785	0141	0201	1601					
786	0101	0201	1705◎					
787	0201							
788	0301	0402	0591◎					
789	1601							
790	0101							
791	0101							
792	0703							
793	0281							
794	0141	1601	1641	2541				
795	0141							
796	0101							
797	0201							
798	0701							
799	0141							
800	0101◎	1801◎						
801	0101							
802	0101	0141◎	0842◎	0201	0242	0321	1615	2541
803	0101							
804	1581							
805	0703							
806	0281							
807	0154							
808	1601							
809	0101							
810	0150	1282						
811	0141	0198						

書名編號	藏書單位					
史　政書 812	0101					
813	0201					
814	0201					
815	0241					
816	1606					
817	2541					
818	0201					
819	0181					
820	0141					
821	0101◎	0161◎	0201◎	0202◎	0841◎	2001◎
822	0101					
823	0101					
824	0701					
825	0201					
826	0201					
827	1601					
828	1601					
829	0242					
830	1704					
831	0181					
832	0241					
833	1541					
834	0181					
835	0241					
836	0101	0201				
837	0181					
838	0181					
839	1292					
840	1601					
841	0161					
842	2582					
843	2001					
844	1702					
845	2001					
846	0341					
847	1601					
848	0201					
849	2501					
850	2501					

書名編號	藏書單位		
史　政書 851	2501		
852	2501		
853	2501		
854	2501		
855	2501		
856	2501		
857	2001		
858	2161		
859	0842		
860	0241		
861	0201		
862	0703		
863	1601		
864	0181		
865	0842		
866	2001		
867	0142		
868	1705◎	1801◎	2701◎
869	0201		
870	0201		
871	0201		
872	0101		
873	0102		
874	0101		
875	0101		
876	0101		
877	0101		
878	0141		
879	1601		
880	0161		
881	0101		
882	0201		
883	0101		
884	0201		
885	0101		
886	0101		
887	0701		
888	2302		
889	0141		

表二

書名編號		藏書單位			
史　政書	890	0101	0181		
	891	0101	0181◎		
	892	0142			
	893	0101			
	894	0181			
	895	0101			
	896	0842			
	897	1601			
	898	0101			
	899	0182			
	900	1705			
	901	0101			
	902	0201			
	903	0101			
	904	0101			
	905	0198			
	906	0301			
	907	2541			
	908	1601			
	909	1601			
	910	0101			
	911	0101			
	912	0201			
	913	1705			
	914	0201			
	915	0101	0161	0262	1701
	916	0101			
	917	1601			
	918	0141			
	919	0101			
	920	0101			
	921	2501			
	922	0101◎	0201◎	1702◎	
	923	0101			
	924	1501			
	925	0301	1501◎	1701	
	926	0201◎	2712◎		
	927	0801			
	928	0841			

表一三

書名編號		藏書單位				
史　政書	929	0141	0242			
	930	0101				
	931	0101				
	932	0201				
	933	0101				
	934	1601				
	935	0101				
	936	0201				
	937	2541				
	938_1	1705				
	938_2	1705				
	939	1705				
	940	1705				
	941	0301				
	942	0541	1601			
	943	0101				
	944	0101				
	945	0101				
	946	1601				
	947	1681				
	948	0101				
	949	0101				
	950	0101				
	951	0101	0841	1901◎		
	952	0161				
	953	0841				
	954	0201				
	955	2702				
	956	1801				
	957	0141				
	958	0141				
	959	0101				
	960	1601				
	961	0101	0181	0841		
	962	1101				
	963	0162	0701	0841	1601	
	964	0101	0164	0701	2501	2742
	965	0101				
	966	0101	0150			

書名編號		藏書單位					
史　政書	967	0101◎	1901◎				
	968	0241					
	969	0101	0141	0161	0262	0703	0802
	970	0101					
	971	0141					
	972	0181	0701	1461			
	973	0101◎	1514◎				
	974_1	0161	0701				
	974_2	0181					
	975	0701					
	976	0701					
	977	0701					
	978	0701					
	979	0701					
	980	0181					
	981	0161					
	982	0181					
	983	0181					
	984	0181	0502	0701			
	985	0701					
	986	0161	0181	0242	0701		
	987	0141	0142				
	988	0141					
	989	0161					
	990	0141					
	991	0141					
	992	0141					
	993	0101					
	994	0101					
	995	0101					
	996	0101					
	997	0101					
	998	0101					
	999	0101					
	1000	0101					
	1001	0101	2301				
	1002	0101	2301				
	1003	0101					
	1004	0161					

表一四

書名編號		藏書單位						
史　政書	1005	0201						
	1006	0161						
	1007	0241						
	1008	0161						
	1009	0161						
	1010	0161						
	1011	2041						
	1012	0161						
	1013	2241						
	1014	0161						
	1015	0842						
	1016	0161						
	1017	0701						
	1018	0161						
	1019	2541						
	1020	0161						
	1021	3201						
	1022	0150						
	1023	2541						
	1024	0101	0141	0150	0701	0703	0841◎	2001◎
	1025	0520						
	1026	0101	0142	0701				
	1027	0301						
	1028	0150						
	1029	0141	0701					
	1030	0141						
	1031	0141						
	1032	0142						
	1033	0141						
	1034	0141◎						
	1035	0701						
	1036	0141						
	1037	0161						
	1038	0141	0701					
	1039	0241						
	1040	0141						
	1041	0141						
	1042	2901						
	1043	0703						

表十五

書名編號		藏書單位			
史　政書	1044	0141			
	1045	0141			
	1046	0181			
	1047	0181			
	1048	0101			
	1049	0301			
	1050	0181			
	1051	0101⊕	0141	1601⊕	
	1052	0141			
	1053	2214			
	1054	0141			
	1055	0181			
	1056	0101			
	1057	0241			
	1058	0181	0701		
	1059	0181	0701		
	1060	0181			
	1061	0703			
	1062	0703			
	1063	0701			
	1064	0141			
	1065	2461			
	1066	0703			
	1067	0161			
	1068	0101			
	1069	0181	0701	2342	
	1070	0181	0701		
	1071	0181	0701		
	1072	0181	0141	0166	
	1073	0166			
	1074	0101			
	1075	0141			
	1076	0101			
	1077	0141			
	1078	0101	0181	0201	1601
	1079	0201			
	1080	0101			
	1081	0101			
	1082	0141	0142		

書名編號		藏書單位			
史　政書	1083	0701			
	1084	0101			
	1085	0161			
	1086	0101			
	1087	0101			
	1088	0101			
	1089	0141	0161	0701	
	1090	0701			
	1091	0181	0701		
	1092	0150			
	1093	0101			
	1094	0101	0102	0141	0161
	1095	0101			
	1096	0101			
	1097	0101			
	1098	0101			
	1099	0101			
	1100	0101			
	1101	0101			
	1102	0101			
	1103	0161			
	1104	0101			
	1105	0101			
	1106	0101			
	1107	0181			
	1108	0102			
	1109	0101			
	1110	0101			
	1111	0101			
	1112	0150	0181	0242	
	1113	0101			
	1114	0181	0701		
	1115	0181			
	1116	1601			
	1117	0181			
	1118	0181			
	1119	0181			
	1120	0181			
	1121	0181			

表十六

書名編號		藏書單位			
史　政書	1122	0181			
	1123	0181			
	1124	0201			
	1125	0161			
	1126	0101			
	1127	0101			
	1128	0101			
	1129	0161			
	1130	0161			
	1131	0161			
	1132	0161			
	1133	0101			
	1134	0101			
	1135	0181			
	1136	0181			
	1137	0181			
	1138	0181			
	1139	0181			
	1140	0101			
	1141	0101			
	1142	0181			
	1143	0201			
	1144	1601			
	1145	0101			
	1146	0101			
	1147	0301			
	1148	0101			
	1149	0101	1601		
	1150	0141	1716	1881	
	1151	0141			
	1152	0161			
	1153	1801			
	1154	0101	0152	1701	
	1155	0163	0591		
	1156	0241	0242	0301	
	1157	0101	0201	1601	1606
	1158	1784			
	1159	1705			
	1160	0101			

書名編號		藏書單位			
史　政書	1161	0101	0201⊕		
	1162	0101			
	1163	0101	1601		
	1164	1705			
	1165	1705			
	1166	0101			
	1167	0101			
	1168	0142			
	1169	0101	0151	0701	2302
	1170	0141			
	1171	0161			
	1172	0161			
	1173	0161			
	1174	0198			
	1175	0101			
	1176	0101			
	1177	1601	1701	2901	2961
	1178	1601			
	1179	0161			
	1180	2901			
	1181	2901			
	1182	1601			
	1183	1501			
	1184	1601			
	1185	1705			
	1186	0701			
	1187	0161			
	1188	0161			
	1189	0101			
	1190	1041			
	1191	0701			
	1192	0142			
	1193	0161			
	1194	0301			
	1195	0201			
	1196	0141			
	1197	0101			
	1198	0141			
	1199	2401			

表一七

書名編號	藏書單位
史 政書 1200	0101
1201	0101
1202	0101
1203	0161
1204	1881
1205	0161
1206	1601
1207	0201
1208	1705
1209	0701
1210	2541
1211	2541
1212	1881
1213	1628
1214	0201
1215	0201 0701
1216	0201
1217	0201
1218	1601
1219	2201
1220	0841
1221	0101
1222	0101
1223	1601
1224	0101
1225	1701
1226	0101
1227	0201
1228	0301
1229	0101
1230	2801
1231	0161
1232	0201
1233	0201
1234	1501
1235	0161
1236	0101
1237	0101
1238	0101

書名編號	
史 政書 1239	1881
1240	0201
1241	0141
1242	1601
1243	0101⊕ 0141 0150⊕ 0161 0201 0701⊕ 1601
1244	0141
1245	0241
1246	1601
1247	0166
1248	0101
1249	2941
1250	0102
1251	0281
1252	2242
1253	0841
1254	1601
1255	2001
1256	0201
1257	0101
1258	1101
1259	1601
1260	2401
1261	2301
1262	2702
1263	0241
1264	1601
1265	1601
1266	1681
1267	1843
1268	1681
1269	1601
1270	2001
1271	1601
1272	1681
1273	1681
1274	2461
1275	1628
1276	2801
1277	2202

表一八

書名編號	藏書單位
史 政書 1278	1601
1279	2242
1280	2541
1281	2541
1282	0150
1283	0142
1284	0201
1285	0281
1286	0281
1287	2242
1288	2701
1289	2401
1290	1601
1291	2503
1292	0301
1293	0150
1294	0141
1295	0142
1296	1501
1297	0144
1298	1601
1299	0741
1300	1042
1301	1601
1302	0161
1303	0150
1304	0101
1305	0101
1306	0101
1307	0101
1308	0101
1309	0101
1310	0101
1311	0101
1312	0101
1313	0101
1314	0101
1315	0101
1316	0101

書名編號	藏書單位
史 政書 1317	0101
1318	0101
1319	0101
1320	0101

書名編號	藏書單位

表

書名編號	藏書單位

目錄類

公藏

七畧別錄佚文一卷七畧佚文七卷 清姚振宗輯 稿本 一
班史藝文志一卷 漢班固撰 明嘉靖三十年許初抄本 清李兆洛跋 二
補後漢書藝文志不分卷 清顧櫰三撰 稿本 佚名跋 三
七錄一卷 梁阮孝緒撰 清抄本 四
七錄一卷 梁阮孝緒撰 清道光七年東武劉氏味經書屋抄本 清朱大源校 五
隋經籍志攷證五卷 清章宗源撰 清抄本 六
隋經籍志攷證三卷 清章宗源撰 清抄本 清許宗彥校 丁丙跋 七
隋書經籍志考證十三卷 清章宗源撰 清抄本 清嚴厚民跋 八
隋經籍志考證不分卷 清章宗源撰 清孫氏玉海樓抄本 清孫詒讓批校並跋 九
隋書經籍志考證不分卷 清章宗源撰 清抄本 清孫詒讓校並跋 傅以禮重校 一〇

存史部

崇文總目六十六卷 宋王堯臣等撰 明抄本 一一
崇文總目六十六卷 宋王堯臣等撰 清邢澍守雅堂抄本 一二
崇文總目六十六卷 宋王堯臣等撰 清抄本 一三
崇文總目六十六卷 宋王堯臣等撰 清抄本 清翁方綱批校 葉啓發 葉啓勳題識 一四
宋崇文總目六十六卷 宋王堯臣等撰 清抄本 佚名校並錄清朱彝尊、錢大昕跋 清丁丙跋 一五
一六
秘書省續編到四庫闕書二卷 清抄本 一七
秘書省續編到四庫闕書二卷 清道光十二年李兆洛家抄本 清李兆洛、丁申、丁丙跋 一八
秘書省續編到四庫闕書目二卷 清倪思福抄本 葉德輝批校 一九
四庫闕書一卷 清徐松輯注 清東武劉氏味經書屋抄本 二〇
四庫闕書一卷 清徐松輯注 清抄本 二一
四庫闕書不分卷 清徐松輯注 清抄本 二二
元西湖書院重整書目一卷 清東武劉氏味經書屋抄本 二三
文淵閣書目二十卷 明楊士奇等撰 清嘉慶四年顧修刻讀畫齋叢書本 王國維校 二四
文淵閣書目不分卷 明楊士奇等撰 清宋氏漫堂抄本 二五
文淵閣書目不分卷 明楊士奇等撰 清漫堂抄本 二六
文淵閣書目不分卷 明楊士奇等撰 清抄本 二七
文淵閣書目不分卷 明楊士奇等撰 清抄本 清錢大昕、丁丙跋 二八
文淵閣書目四卷 明楊士奇等撰 清乾隆邢澍守雅堂抄本 二九
存三卷 一至三
内閣藏書目錄八卷 明張萱等撰 清錫恒遠齋抄本 三〇
内閣藏書目錄八卷 明張萱等撰 清遊雲樓抄本 三一
内閣藏書目錄八卷 明張萱等撰 清抄本 三二
内閣藏書目錄八卷 明張萱等撰 清抄本 三三
内閣藏書目錄八卷 明張萱等撰 清抄本 清沈復粲跋 三四
内閣藏書目錄八卷 明張萱等撰 清抄本 清丁丙跋 三五
内閣藏書目錄八卷 明張萱等撰 清江陰繆氏藕香簃抄本 繆荃孫校 三六
内閣藏書目錄八卷 明張萱等撰 清乾隆抄本 三七
存四卷 五至八
内閣藏書目錄八卷 明張萱撰 清東武劉氏味經書屋抄本 三八
存四卷 五至八
内閣藏書目錄八卷 明張萱等撰 清抄本 清唐翰題跋 三九
存七卷 一至七
秘閣書目不分卷 明錢溥撰 清抄本 鄧之誠題記 四〇
内閣藏書目錄一卷 明梁維樞撰 清抄本 四一
欽定天祿琳琅書目十卷 清于敏中等撰 清乾隆內府抄本（四庫底本） 四二
欽定天祿琳琅書目十卷 清于敏中等撰 清乾隆四十年內府抄本 四三
欽定天祿琳琅書目十卷 清于敏中等撰 清內府抄本 四四
欽定天祿琳琅書目十卷 清于敏中等撰 清內府抄本 四五
存一卷 二
欽定天祿琳琅書目十卷 清于敏中等撰 清海寧陳氏抄本 高世異跋 四六
欽定天祿琳琅書目十卷 清于敏中等撰 清袁氏貞節堂抄本 四七
欽定天祿琳琅書目十卷 清于敏中等撰 清抄本 四八
欽定天祿琳琅書目十卷 清于敏中等撰 後編二十卷 清彭元瑞等撰 清道光抄本 四九
天祿琳琅書目十卷 清于敏中等撰 後編二十卷 清彭元瑞等撰 清道光六年劉氏味經書屋抄本 五〇

欽定天祿琳瑯書目後編二十卷 清彭元瑞撰 清嘉慶內府抄本 五一

欽定四庫全書總目二百卷 清紀昀等撰 稿本 存一百二十三卷各卷殘頁 一、三、六、十一至十四、十六、十九、二十、二十二至二十五、二十七、二十八、三十二、三十四至三十八、四十至四十四、五十四至五十六、六十二至七十二、七十四至七十七、九十一、九十三至一百零九、一百十一、一百十三、一百十五、一百十六、一百十八、一百十九、一百二十一至一百二十三、一百三十五至一百三十七、一百三十九至一百四十二、一百四十六至一百五十八、一百六十、一百六十一、一百六十三、一百六十四、一百六十六、一百六十八、一百七十至一百七十六、一百七十八、一百八十四、一百八十六、一百八十九至一百九十三、一百九十五、一百九十八至二百 五二

欽定四庫全書總目二百卷 清紀昀等撰 稿本 存十三卷 五十至五十三、八十一至八十七、八十九至九十 五三

欽定四庫全書總目二百卷 清紀昀等撰 稿本 存一卷 一〇三 五四

四庫全書總目提要不分卷 清紀昀等撰 清內府抄本 五五

欽定四庫全書總目二百卷 清紀昀等撰 清乾隆四庫全書纂修館抄本 存六十三卷 一至二、四至五、九、十五、十七至二十二、二十五、二十九、三十八至四十一、四十七、五十一至五十二、五十六至七十三、七十六、一百十七、一百二十六至一百二十九、一百四十一至一百四十二、一百五十、一百五十六至一百五十九、一百六十五至一百六十六、一百七十三、一百七十五至一百七十七、一百八十六至一百八十七、一百九十七 五六

欽定四庫全書總目二百卷首一卷聖諭一卷凡例目錄一卷 清紀昀等撰 清乾隆文淵閣抄本 存一百四十三卷 一至三十三、三十五、三十六、三十八至四十一、四十四至四十七、五十至八十、八十二至九十、一百十七、一百十八、一百二十四至一百二十九、一百三十六、一百三十七、一百四十六至一百五十一、一百五十六至一百七十四、一百七十七至二百。 五七

欽定四庫全書總目二百卷首四卷 清紀昀等撰 清乾隆武英殿刻本 五八

四庫全書總目二百卷 清紀昀等撰 清同治七年廣東書局刻本 清李文田注 五九

欽定四庫全書簡明目錄二十卷 清紀昀等撰 清乾隆刻本 清吳騫跋 六〇

欽定四庫全書簡明目錄二十卷 清紀昀等撰 清乾隆刻本 清徐鴻熙錄邵懿辰批 六一

欽定四庫全書簡明目錄二十卷 清紀昀等撰 清乾隆四十九年趙懷玉等刻本 陸樹藩批注並跋 六二

欽定四庫全書簡明目錄不分卷 清紀昀等撰 清乾隆內府抄本 六三

欽定四庫全書簡明目錄二十卷 清紀昀等撰 清內府抄本 六四

欽定四庫全書簡明目錄二十卷 清紀昀等撰 清乾隆內府抄本 六五

欽定四庫全書簡明目錄二十卷 清紀昀撰 清乾隆內府抄本 存一卷 十五 六六

欽定四庫全書簡明目錄二十卷 清紀昀等撰 清乾隆文淵閣抄本 六七

欽定四庫全書簡明目錄二十卷 清紀昀等撰 清抄本 六八

欽定四庫全書簡明目錄二十卷 清紀昀等撰 清抄本 清劉春海校注 六九

欽定四庫全書簡明目錄二十卷 清紀昀等撰 清蕭穆抄本 清沈曾植跋 七〇

欽定四庫全書簡明目錄二十卷 清紀昀等撰 清孫氏玉海樓抄本 清孫詒讓校並跋 七一

欽定四庫全書附存目錄十卷 清胡虔輯 清乾隆五十八年自刻本 清吳騫跋 七二

七二 四庫全書簡明目錄標注二十卷 清邵懿辰撰 清光緒二十年錫恒遠齋抄本
七三 四庫全書簡明目錄標注二十卷 清邵懿辰撰 清秦文田校注 清抄本
七四 四庫全書簡明目錄標注二十卷 清邵懿辰撰 清光緒三十年胡念修抄本 繆荃孫、吳慶坻批校 胡念修、邵章跋
七五 欽定四庫全書目錄韻編五卷 清紀昀輯 清乾隆內府抄本
七六 欽定四庫全書考證一百卷 清王太岳、王燕緒等輯 清內府抄本
七七 欽定四庫全書考證一百卷 清王太岳、王燕緒等輯 清乾隆抄本
七八 四庫全書表注不分卷 清抄本
七九 四庫全書輯永樂大典本書目一卷 清孫馮翼撰 清謝氏賭棋山莊抄本 清吳友芝題識
八〇 文宗閣四庫全書裝函清冊四卷 清抄本
八一 皇朝欽定書目錄一卷 清嘉慶二十五年管庭芬抄本
八二 懋勤殿書目二卷 清東武劉氏味經書屋抄本 一冊
八三 御書樓書目一卷 清道光七年劉氏味經書屋抄本
八四 國子監典籍廳存貯書目一卷石刻目錄一卷 清劉氏味經書屋抄本
八五 武英殿東廡凝道殿存貯書目十九卷 清抄本
八六 內閣庫存詔諭碑版輿圖目一卷內閣庫存書目一卷殘書目一卷殘複書目一卷 清抄本
八七 清宮影堂陳設書目錄不分卷 清內府抄本
八八 內庫書目不分卷 清抄本
八九 盤山行宮收存陳設清冊不分卷盤山行宮收存書籍清冊不分卷 清咸豐內府抄本
九〇 武英殿修書處存書清冊一卷 清咸豐六年內府抄本
九一 武英殿修書處存書清冊一卷 清同治內府抄本
九二 方畧館書籍簿不分卷 清光緒十年抄本
九三 滿漢書籍簿不分卷 清光緒二十九年至宣統元年抄本
九四 清史藝文志不分卷 清王守訓、田智枚輯 清光緒年國史館稿本
九五 行取餘材料檔不分卷 清乾隆抄本
九六 太倉縣官庫書目一卷 清乾隆三十八年抄本

家藏

九七 遂初堂書目一卷 宋尤袤藏並撰 明抄本
九八 遂初堂書目一卷 宋尤袤藏並撰 明湖東精舍抄本
九九 遂初堂書目一卷 宋尤袤藏並撰 清抄本
一〇〇 遂初堂書目一卷 宋尤袤藏並撰 清抄本
又一〇〇 遂初堂書目不分卷 宋尤袤藏並撰 清抄本
一〇一 遂初堂書目一卷 宋尤袤藏並撰 清抄本
一〇二 尤氏遂初堂書目一卷 宋尤袤藏並撰 清乾隆二十八年汪景龍抄本 清汪景龍跋
一〇三 遂初堂書目一卷 宋尤袤藏並撰 清道光六年東武劉氏味經書屋抄本 清劉喜海跋
一〇四 遂初堂書目一卷 宋尤袤藏並撰 清抄本 清丁丙跋
一〇五 昭德先生郡齋讀書志四卷後志二卷 宋晁公武撰 附志一卷考異一卷 宋趙希弁撰 明抄本 清何焯批校 張敦仁跋 顧廣圻題款
一〇六 昭德先生郡齋讀書志四卷後志二卷 宋晁公武撰 附志一卷考異一卷 宋趙希弁撰 清康熙六十一年陳師曾刻本 清鮑廷博校並跋
一〇七 昭德先生郡齋讀書志四卷後志二卷 宋晁公武撰 附志一卷考異一卷 宋趙希弁撰 清康熙六十一年陳師曾刻本 清宋廷傳錄何焯、顧廣圻批校 陳鱣跋
一〇八 昭德先生郡齋讀書志四卷後志二卷 宋晁公武撰 附志一卷二本四卷考異一卷 宋趙希弁撰 康熙六十一年陳師曾刻本 清陳鱣校 徐洪堃、沈澄跋 佚名參校
一〇九 昭德先生郡齋讀書志四卷後志二卷 宋晁公武撰 附志一卷考異一卷 宋趙希弁撰 清康熙六十一年陳師曾刻本 清管庭芬跋並錄清陳鱣校跋
一一〇 昭德先生郡齋讀書志五卷後志二卷 宋晁公武撰 清抄本
一一一 昭德先生郡齋讀書志五卷後志二卷 宋晁公武撰 清初錢氏述古堂抄本 清丁丙跋
一一二 昭德先生郡齋讀書志四卷後志二卷 宋晁公武撰 附志一卷考異一卷 宋趙希弁撰 清抄本 清沈嚴錄清何焯批校
一一三 昭德先生郡齋讀書志二十卷 宋晁公武撰 姚應績輯 明范氏卧雲山房抄本 存十八卷 一至十八
一一四 昭德先生郡齋讀書志二十卷 宋晁公武撰 姚應績輯 清嘉慶二十四年汪氏藝芸書舍刻本 清顧廣圻校並跋

昭德先生郡齋讀書志二十卷 宋晁公武撰 姚應績輯 清嘉慶二十四年汪氏藝芸書舍刻本 清袁芳瑛批校 一一五
昭德先生郡齋讀書志二十卷 宋晁公武撰 姚應績輯 清嘉慶二十四年汪氏藝芸書舍刻本 清周星詒跋 一一六
昭德先生郡齋讀書志二十卷 宋晁公武撰 姚應績輯 清龍池山房抄本 一一七
昭德先生郡齋讀書志二十卷 宋晁公武撰 姚應績輯 清抄本 一一八
昭德先生郡齋讀書志二十卷 宋晁公武撰 姚應績輯 清抄本 清王聞遠校 一一九
昭德先生郡齋讀書志二十卷 宋晁公武撰 姚應績輯 清抄本 清袁廷檮校 顧廣圻、李富孫校並跋 黃丕烈校並錄 錢大昕跋 一二〇
昭德先生郡齋讀書志二十卷 宋晁公武撰 姚應績輯 清抄本 清瞿中溶跋 李錫疇校並錄 清顧廣圻校 一二一
昭德先生郡齋讀書志二十卷 宋晁公武撰 姚應績輯 清抄本 清楊希閔跋並錄 清李富孫、汪士鐘跋 一二二
郡齋讀書記二十卷 宋晁公武撰 姚應績輯 清抄本 清佚名錄 黃丕烈題跋 一二三
直齋書錄解題五十六卷 宋陳振孫撰 元抄本 一二四

六

直齋書錄解題二十二卷 宋陳振孫撰 清乾隆武英殿聚珍版叢書本 傅增湘錄 清盧文弨校跋 一二五
存四卷 四十七至五十
直齋書錄解題二十二卷 宋陳振孫撰 清乾隆浙江刻武英殿聚珍版叢書本 清盧文弨校 丁丙跋 一二六
直齋書錄解題二十二卷 宋陳振孫撰 清刻本 蔣茝孫批校 一二七
新訂直齋書錄解題五十六卷 宋陳振孫撰 清盧文弨重輯 稿本 一二八
存四十七卷 一至七 十七至五十六
菉竹堂書目不分卷 明葉盛藏並撰 清初抄本 一二九
菉竹堂書目不分卷 明葉盛藏並撰 清抄本 一三〇
菉竹堂書目不分卷 明葉盛藏並撰 清抄本 一三一
菉竹堂書目不分卷 明葉盛藏並撰 清抄本 一三二
菉竹堂書目不分卷 明葉盛藏並撰 清抄本 一三三
菉竹堂書目不分卷 明葉盛藏並撰 清抄本 一三四
菉竹堂書目不分卷 明葉盛藏並撰 清抄本 一三五
菉竹堂書目不分卷 明葉盛藏並撰 清抄本 一三六

菉竹堂書目不分卷 明葉盛藏並撰 清抄本 一三七
菉竹堂書目不分卷 明葉盛藏並撰 清顧氏小石山房抄本 一三八
菉竹堂書目不分卷 明葉盛藏並撰 清道光六年東武劉氏味經書屋抄本 清劉喜海、葉志詵跋 一三九
菉竹堂書目不分卷 明葉盛藏並撰 清抄本 清周星詒校 一四〇
菉竹堂書目不分卷 明葉盛藏並撰 清抄本 清周星詒校並跋 一四一
菉竹堂書目不分卷 明葉盛藏並撰 清經鉏堂抄本 一四二
存五卷 一至二、四至六
天一閣書目不分卷 清宋氏漫堂抄本 一四三
天一閣書目不分卷 明范欽藏 清初抄本 清林佶跋 一四四
天一閣進呈書目不分卷 清范懋柱輯 清抄本 一四五
天一閣藏書目不分卷 清阮元撰 稿本 一四六
存集部兩卷 次存未編定
天一閣書目十卷 清阮元撰 清嘉慶十三年阮氏文選樓刻本 清張鑑校 一四七
天一閣見存書目四卷 清薛福成撰 稿本 一四八
天一閣現存書目四卷首一卷末一卷 清薛福成編 錢學嘉校錄 稿本 清錢學嘉、范彭壽跋 一四九

七

萬卷堂書目一卷 明朱睦㮮藏 清陳氏稽瑞樓抄本 一五〇
萬卷堂書目不分卷 明朱睦㮮藏 清進雲樓抄本 一五一
萬卷堂書目不分卷 明朱睦㮮藏 清抄本 一五二
萬卷堂書目不分卷 明朱睦㮮藏 清抄本 一五三
萬卷堂書目一卷 明朱睦㮮藏 正文齋抄本 一五四
萬卷堂書目不分卷 明朱睦㮮藏 清抄本 呂景端跋 一五五
萬卷堂藝文目錄二卷 明朱睦㮮藏 清道光六年東武劉氏味經書屋抄本 清劉喜海跋 一五六
萬卷堂家藏藝文目不分卷 明朱睦㮮藏 清抄本 清江士驤校並跋 丁丙跋 一五七
聚樂堂藝文目錄十七卷 明朱睦㮮藏 清道光六年東武劉氏味經書屋抄本 清劉喜海跋 一五八
聚樂堂藝文目錄六卷 明朱睦㮮藏 清抄本 清劉喜海、余嘉錫校注並跋 一五九
趙定宇書目不分卷 明趙用賢撰 清初抄本 一六〇
脉望館書目不分卷 明趙琦美藏 清抄本 一六一
脉望館藏書目不分卷 明趙琦美藏 清嘉慶七年黃氏士禮居抄本 清黃丕烈校並跋 一六二
脉望館藏書目不分卷 明趙琦美藏 清抄本 清劉喜海跋 一六三

一一六四 脉望館書目四卷 存三卷 經、史、子 明趙琦美藏 清管氏丹鉛精舍抄本 清管權校
一一六五 世善堂書目二卷 明陳第藏 清抄本
一一六六 世善堂書目一卷 明陳第藏 清抄本 清鮑廷博批校
一一六七 淡生堂藏書目不分卷 明祁承㸁藏並撰 稿本 清丁丙跋
一一六八 澹生堂藏書目不分卷 明祁承㸁藏並撰 明末抄本
一一六九 澹生堂藏書目不分卷附藏書訓一卷藏書約一卷 明祁承㸁藏並撰 明抄本 清顧廣圻跋 存 經史子三部目 藏書訓一卷、藏書約一卷
一一七〇 澹生堂藏書目八卷藏書約一卷庚申整書小記一卷庚申整書例畧一卷 明祁承㸁藏並撰 清宋氏漫堂抄本
一一七一 澹生堂書目不分卷 明祁承㸁藏並撰 清錢氏萃古齋抄本
一一七二 淡生堂書目不分卷 明祁承㸁藏並撰 清抄本
一一七三 澹生堂書目不分卷 明祁承㸁藏並撰 清沈氏鳴野山房抄本 清王宗炎校 清馬用錫跋
一一七四 澹生堂藏書目不分卷 明祁承㸁藏並撰 清嘉慶汪氏藝芸書舍抄本 清劉喜海跋

一一七五 百川書志二十卷 明高儒藏並撰 清抄本
一一七六 百川書志二十卷 明高儒藏並撰 清抄本
一一七七 百川書志二十卷 明高儒藏並撰 清抄本
一一七八 百川書志二十卷 明高儒藏並撰 清抄本
一一七九 百川書志二十卷 明高儒藏並撰 清抄本
一一八〇 百川書志二十卷 明高儒藏並撰 清抄本
一一八一 百川書志二十卷 明高儒藏並撰 清王端履抄本 清丁丙跋
一一八二 百川書志二十卷 明高儒藏並撰 清道光二十八年東武劉氏嘉蔭簃抄本 清劉喜海跋
一一八三 百川書志二十卷 明高儒藏並撰 繆氏藕香簃抄本 葉德輝批校並跋
一一八四 徐氏家藏書目四卷附明集諸家姓氏一卷 明徐𤊹藏並撰 清抄本
一一八五 徐氏家藏書目七卷 明徐𤊹藏並撰 清道光七年東武劉氏味經書屋抄本 清劉喜海跋
一一八六 絳雲樓書目五卷 清錢謙益藏 清嘉慶二十五年東武劉氏嘉蔭簃抄本
一一八七 絳雲樓書目二卷 清錢謙益藏 清康熙五十一年松軒狀我子抄本
一一八八 絳雲樓書目二卷 清錢謙益藏 清抄本

一一八九 絳雲樓書目二卷 清錢謙益藏 清抄本
一一九〇 絳雲樓書目二卷 清錢謙益藏 清抄本
一一九一 絳雲樓書目二卷 清錢謙益藏 清抄本 清佚名錄清吳翌鳳錄陳景雲批注
一一九二 絳雲樓書目二卷 清錢謙益藏 清抄本 清李富孫錄吳翌鳳校
一一九三 絳雲樓書目二卷 清錢謙益藏 清抄本 清袁芳瑛校並跋 葉德輝校並跋
一一九四 絳雲樓藏書目二卷 清錢謙益藏 清抄本 清周星詒校並跋
一一九五 絳雲樓書目二卷 清錢謙益藏 清抄本 清佚名錄吳翌鳳跋並錄吳翌鳳錄陳景雲批注 翁同龢跋
一一九六 絳雲樓書目二卷 清錢謙益藏 清抄本 清佚名臨清吳翌鳳校注題識
一一九七 絳雲樓書目不分卷 清錢謙益藏 清康熙舒木魯介夫抄本 清程式莊跋
一一九八 絳雲樓書目不分卷 清錢謙益藏 清乾隆沈錢青抄本
一一九九 絳雲樓書目不分卷 清錢謙益藏 清嘉慶觀我生齋抄本
一二〇〇 絳雲樓書目不分卷 清錢謙益藏 清抄本
一二〇一 絳雲樓書目不分卷 清錢謙益藏 清抄本
一二〇二 絳雲樓書目不分卷 清錢謙益藏 清抄本
一二〇三 絳雲樓書目不分卷 清錢謙益藏 清抄本

一二〇四 絳雲樓書目不分卷 清錢謙益藏 清抄本
一二〇五 絳雲樓書目不分卷 清錢謙益藏 清抄本
一二〇六 絳雲樓書目不分卷 清錢謙益藏 清抄本 佚名錄清吳翌鳳跋並錄吳翌鳳錄陳景雲批注 劉喜海校注並跋
一二〇七 絳雲樓書目不分卷 清錢謙益藏 清張納抄本 清張納錄吳翌鳳跋並錄陳景雲批注 李璋煜跋
一二〇八 絳雲樓書目不分卷 清錢謙益藏 清抄本 清徐康跋
絳雲樓書目不分卷 清錢謙益藏 清抄本
一二〇九 絳雲樓書目不分卷 清錢謙益藏 清抄本 佚名錄清陳景雲批注 丁丙跋
一二一〇 絳雲樓書目不分卷 清錢謙益藏 清抄本 鄧邦述跋並錄清吳翌鳳錄陳景雲批注
一二一一 絳雲樓書目不分卷 清錢謙益藏 清抄本 佚名錄清吳翌鳳錄陳景雲批注
一二一二 絳雲樓書目不分卷 清錢謙益藏 清抄本 清佚名錄吳翌鳳錄陳景雲批注
一二一三 絳雲樓書目不分卷 清錢謙益藏 清抄本 佚名錄清吳翌鳳錄陳景雲批注
一二一四 絳雲樓書目不分卷 清錢謙益藏 清抄本 佚名錄清陳景雲批注
一二一五 牧齋書目不分卷 清錢謙益藏 清抄本
一二一六 牧齋書目不分卷 清錢謙益藏 清乾隆抄本 清李文藻校並題記
一二一七 虞山錢牧齋先生絳雲樓書目一卷 清錢謙益藏 清王芑孫跋 清抄本

二一八 虞山錢牧齋絳雲樓書目不分卷 清錢謙益藏 清海寧吳氏拜經樓抄本 清吳騫校

二一九 汲古閣毛氏藏書目一卷 明毛晉藏 清抄本

二二〇 汲古閣珍藏秘本書目一卷 清毛扆藏並撰 清嘉慶五年黃氏士禮居刻本 清周星詒批注

二二一 汲古閣珍藏秘本書目一卷 清毛扆藏並撰 清嘉慶十年士禮居刻本 清江標跋

二二二 汲古閣珍藏秘本書目一卷 清毛扆藏並撰 清嘉慶五年黃氏士禮居刻本 姚尹跋 傅增湘批注並跋又錄清吳騫批注

二二三 汲古閣珍藏秘本書目一卷 清毛扆藏並撰 清抄本

二二四 汲古閣珍藏秘本書目一卷 清毛扆藏並撰 清嘉慶三年吾德潭抄本 孫毓修跋

二二五 汲古閣珍藏秘本書目一卷 清毛扆藏並撰 清同治八年劉履芬抄本 清劉履芬跋

二二六 汲古閣珍藏秘本書目一卷 清毛扆藏並撰 清光緒鄭文焯抄本 鄭文焯跋

二二七 錢遵王述古堂藏書目錄十卷 清錢曾藏並撰 清初錢氏述古堂抄本 清錢曾校

二二八 述古堂書目十卷 清錢曾藏並撰 清抄本

二二九 述古堂書目十卷 清錢曾藏並撰 清讀史精舍抄本 佚名錄清吳翌鳳批注並跋

二三〇 述古堂書目不分卷 清錢曾藏並撰 清汪氏屐硯齋抄本

二三一 述古堂書目不分卷 清錢曾藏並撰 清向學收抄本

二三二 述古堂書目不分卷 清錢曾藏並撰 清抄本

二三三 述古堂書目不分卷 清錢曾藏並撰 清抄本

二三四 述古堂書目不分卷宋板目一卷 清錢曾藏並撰 清乾隆三十八年朱邦衡抄本 清朱邦衡校

二三五 述古堂書目不分卷 清錢曾藏並撰 清抄本 清蔣鳳藻跋

二三六 述古堂書目二卷 清錢曾藏並撰 清劉氏嘉蔭簃抄本

二三七 述古堂書目二卷 清錢曾藏並撰 清抄本

二三八 也是園藏書目十卷 清錢曾藏並撰 稿本

二三九 也是園藏書目十卷 清錢曾藏並撰 清道光六年劉氏味經書屋抄本 丁敬補編

二四〇 也是園藏書目十卷 清錢曾藏並撰 清同治十二年劉履芬抄本

二四一 也是園藏書目十卷 清錢曾藏並撰 清抄本

二四二 也是園藏書目十卷 清錢曾藏並撰 清抄本

二四三 也是園藏書目十卷 清錢曾藏並撰 清乾隆二十八年許戒抄本 清許戒校並跋 清翁心存題識

二四四 也是園藏書目十卷 清錢曾藏並撰 清抄本 清鮑廷博校

二四五 也是園藏書目十卷 清錢曾藏並撰 清道光二十八年翁氏陔華吟館抄本 清翁心存校並跋

二四六 也是園藏書目十卷 清錢曾藏並撰 清抄本 清周星詒校

二四七 也是園藏書目十卷 清錢曾藏並撰 清抄本 莫棠跋

二四八 也是園藏書目十卷 存四卷一至四 清錢曾藏並撰 清抄本

二四九 也是園藏書目十卷 存四卷一至四 清錢曾藏並撰 清抄本

二五〇 也是園藏書目九卷 清錢曾藏並撰 清抄本

二五一 也是園藏書目九卷 清錢曾藏並撰 清抄本 清陳揆校並跋

二五二 也是園藏書目不分卷 清錢曾藏並撰 清抄本

二五三 也是園藏書目不分卷 清錢曾藏並撰 清抄本

二五四 也是園藏書目不分卷 清錢曾藏並撰 清乾隆三十年抄本 清魚元傅跋

二五五 也是園藏書目不分卷 清錢曾藏並撰 清抄本 清王墳跋

二五六 靜惕堂宋元人集目一卷 清曹溶藏 清劉氏味經書屋抄本

二五七 靜惕堂書目一卷 清曹溶藏 清抄本

二五八 靜惕堂藏書目錄一卷 清曹溶藏 清鮑氏知不足齋抄本 清鮑廷博、吳騫校

二五九 靜惕堂藏書目一卷 清曹溶藏 清抄本 清丁丙跋

二六〇 延令宋板書目一卷 清季振宜藏 清鮑氏知不足齋抄本 清鮑廷博 吳騫校

二六一 延令宋板書目一卷 清季振宜藏 清同治八年劉履芬抄本

二六二 季滄葦藏書目一卷 清季振宜藏 清嘉慶十年黃氏士禮居刻本 清周星詒批校

二六三 季滄葦藏書目一卷 清季振宜藏 清嘉慶十年黃氏士禮居刻本 清江標跋

二六四 季滄葦藏書目一卷 清季振宜藏 清嘉慶十年黃氏士禮居刻本 清陳鱣題識

二六五 池北書目一卷碑目一卷 清王士禛藏 清道光十二年味經書屋劉如海抄本 清劉喜海跋

二六六 佳山堂書目一卷 清馮溥藏 清道光十二年味經書屋劉如海抄本 清劉喜海跋

二六七 慎貽堂書目一卷 清畢忠吉藏 清劉氏味經書屋抄本

二六八 曝書亭書目二卷 清朱彝尊藏 清抄本

二六九 曝書亭書目一卷 清朱彝尊藏 清鮑氏知不足齋抄本 清鮑廷博 吳騫校

二七〇 曝書亭藏書目一卷 清朱彝尊藏 清抄本 佚名校

二七一 曝書亭藏書目不分卷 清朱彝尊藏 清抄本

曝書亭藏書目不分卷　清朱彝尊藏　清抄本　二七二
曝書亭書目不分卷　清朱彝尊藏　清劉喜海跋　清道光六年劉氏味經書屋抄本　二七三
曝書亭藏書集目偶存一卷　清朱彝尊藏　清抄本　佚名校　二七四
三魚堂書目一卷　清陸隴其藏並撰　清抄本　清劉喜海跋　二七五
商邱宋氏西陂藏書目一卷　清宋犖藏　清劉喜海跋　清劉氏味經書屋抄本　二七六
傳是樓宋元板書目一卷　清徐乾學藏　清道光六年劉氏味經書屋抄本　二七七
傳是樓書目不分卷　清徐乾學藏　稿本　清吳騫跋　二七八
存：卅頁
傳是樓書目不分卷　清徐乾學藏　清初抄本　二七九
傳是樓書目不分卷　清徐乾學藏　清抄本　二八〇
傳是樓書目不分卷　清徐乾學藏　清抄本　二八一
傳是樓書目不分卷　清徐乾學藏　清雲棟書屋抄本　二八二
傳是樓書目不分卷　清徐乾學藏　清吳氏拜經樓抄本　清吳騫校　二八三
傳是樓書目四卷　清徐乾學藏　清道光七年劉氏味經書屋抄本　清劉喜海跋　二八四
傳是樓書目六卷　清徐乾學藏　清陸香圃三間草堂抄本　二八五
傳是樓書目六卷　清徐乾學藏　清抄本　二八六
傳是樓書目六卷　清徐乾學藏　清道光八年劉氏味經書屋抄本　清劉喜海跋　二八七
傳是樓書目八卷傳是樓宋元版書目一卷　清徐乾學藏　清壺園主人抄本　二八八
傳是樓書目十卷　清徐乾學藏　清抄本　二八九
傳是樓藏書目十卷　清徐乾學藏　清抄本　二九〇
傳是樓藏書目十卷　清徐乾學藏　清抄本　二九一
培林堂書目不分卷　清徐秉義藏　清述鄦齋抄本　二九二
培林堂書目不分卷　清徐秉義藏　傳以禮題跋　清抄本　清周星詒、蔣鳳藻跋　二九三
含經堂書目不分卷　清徐元文藏並撰　清陳氏稽瑞樓抄本　二九四
寶翰堂藏書考十四卷　清王元晶藏並撰　清抄本　清李文田校注　二九五
謙牧堂藏書目二卷　清揆敘藏　清道光十年東武劉氏味經書屋抄本　二九六
楝亭書目不分卷　清曹寅藏　清抄本　二九七
楝亭書目不分卷　清曹寅藏　清抄本　二九八
楝亭書目不分卷　清曹寅藏　清抄本　二九九

曹氏楝亭書目不分卷　清曹寅藏　清劉喜海跋　清道光六年劉氏味經書屋抄本　三〇〇
經籍考不分卷　清陸元輔撰　清抄本　清盧文弨校　周星詒跋　三〇一
道古樓藏書目一卷　清馬思贊藏　清吳氏拜經樓抄本　三〇二
裘杼樓藏書目四卷　清汪森藏　清劉喜海跋　清道光十年劉氏味經書屋劉如海抄本　三〇三
蘊素堂藏書目錄一卷續目一卷　清道光六年劉氏味經書屋抄本　清劉喜海跋　三〇四
題跋四種五卷　清劉氏嘉蔭簃抄本　三〇五
何學士題跋一卷　清何焯撰
[illegible]集題跋一卷　清王士禛撰
鮚埼亭跋一卷[illegible]一卷　清全祖望撰
隱[illegible]軒題識一卷　清沈[illegible]撰
春暉堂書目一卷　清寶祿藏　清道光十一年劉氏味經書屋劉如海抄本　三〇六
孝慈堂書目不分卷　清王聞遠藏並撰　清抄本　三〇七
孝慈堂書目不分卷　清王聞遠藏並撰　清抄本　三〇八
孝慈堂書目不分卷　清王聞遠藏並撰　清抄本　三〇九
孝慈堂書目不分卷　清王聞遠藏並撰　清道光雲纏抄本　三一〇
孝慈堂書目不分卷　清王聞遠藏並撰　清龍泓山房抄本　清劉喜海跋　三一一
孝慈堂書目六卷　清王聞遠藏並撰　清抄本　清蔣鳳藻跋　三一二
寶閒齋藏書目四卷　清張仁美藏並撰　清張充齡抄本　清黃廷鑑、張充齡跋　三一三
閱清樓書目不分卷　清道光六年劉氏味經書屋抄本　清劉喜海跋　三一四
清吟閣書目四卷　清瞿世瑛撰　清抄本　三一五
文瑞樓藏書目錄不分卷　清金檀撰　稿本　三一六
文瑞樓書目不分卷　清金檀撰　稿本　吳騫跋　三一七
存：金九人另目
文瑞樓藏書志不分卷　清金檀撰　清抄本　藏書紀要一卷　清孫從添撰　三一八
文瑞樓藏書志不分卷　清金檀撰　清抄本　藏書記要一卷　清孫從添撰　三一九
文瑞樓藏書志不分卷　清金檀撰　清抄本　三二〇
文瑞樓藏書目錄十二卷　清金檀撰　清抄本　三二一
怡府書目不分卷　清弘曉藏　稿本　三二二
清綺齋藏書目四卷　清張宗松藏　清道光二十三年管庭芬抄本　清管庭芬跋　妻嚴福跋　三二三
清綺齋藏書目四卷　清張宗松藏　清抄本　佚名過錄清管庭芬跋　三二四

325 潯陽書目一卷　清陶元鋕藏　清抄本

326 靜寄軒書目一卷續四卷　題閒閒主人藏　清抄本

327 西川李氏萬卷樓書簿□□卷　清李調元藏並撰　清抄本
存二十一卷（一至十一、二十至二十九）

328 時和園珍藏書籍總目十二卷　清袁守德藏並撰　稿本

329 好古堂書目四卷附收藏宋元板書目一卷　清姚際恒藏並撰　清抄本　清丁丙跋

330 振綺堂書目不分卷　清汪誠撰　清顧廷綸玉蜀山房抄本

331 振綺堂書目不分卷　清金石錄十卷人家抄本

332 振綺堂書目不分卷　清汪遠孫藏　清抄本

333 振綺堂書目四卷　清汪遠孫藏　清抄本

334 振綺堂書目四卷　清汪邁孫、汪遠孫撰　陳奐校　清光緒二十九年章壽康抄本　章壽康校並跋

335 抱經樓藏書目錄十二卷　清盧址藏　稿本

336 抱經樓書目四卷　清盧址藏　清抄本

337 抱經樓盧氏書目四卷　清盧址藏　清抄本

一四

338 椒花吟舫書目不分卷　清朱筠　朱錫庚藏　清抄本　清翁心存跋

339 琴清閣書目不分卷　清周錫瓚撰　稿本　清江標跋

340 借書園書目五卷　清周永年藏並撰　清李氏愛吾鼎齋抄本

341 借書園書目五卷　清周永年藏並撰　清道光六年劉氏味經書屋抄本　清劉喜海跋

342 西園藏書志四卷　清侯長松撰　清抄本

343 蓀醇堂藏書錄不分卷　清朱文藻藏並撰　清道光十年劉氏味經書屋抄本

344 古歡堂經籍畧第一集不分卷　清吳翌鳳藏並撰　稿本

345 拜經樓書目一卷　清吳騫藏　稿本

346 觀復堂藏書總目一卷分目一卷附拜經樓分撥總記一卷　清吳騫藏並撰　清嘉慶十七年吳氏拜經樓抄本　清吳騫跋

347 拜經樓書目不分卷　清吳之淳撰　清吳氏拜經樓抄本

348 拜經樓藏書題跋記五卷附錄一卷　清吳壽暘撰　經籍跋文一卷　清陳鱣撰　清光緒章氏刻式訓堂叢書本　清李慈銘批校

349 拜經樓藏書題跋記五卷附錄一卷　清吳壽暘撰　清光緒章氏刻式訓堂叢書本　王維國校注

350 拜經樓藏書題跋記五卷附錄一卷　清吳壽暘撰　清道光二十七年蔣氏宜年堂刻本　葉啟勳題識

351 拜經樓書目不分卷　清吳之澄撰　沈叔抄本

352 存素堂書目四卷詩龕藏書目錄續編一卷書畫錄三卷　清法式善藏並撰　稿本

353 孫氏金陵忠愍侯祠堂書目前編四卷　清孫星衍藏並撰　稿本　羅振常跋

354 孫氏祠堂書目內編四卷外編三卷　清孫星衍藏並撰　清嘉慶十五年孫氏金陵祠屋刻本　清周星詒批識並跋

355 孫氏祠堂書目內編四卷外編三卷　清孫星衍藏並撰　清抄本

356 平津館鑒藏記三卷　清孫星衍撰　清孫氏平津館抄本

357 平津館鑒藏記三卷補遺一卷續編一卷　清孫星衍撰　清道光二十年洙宋燕獨抱廬刻本

358 平津館鑒藏記三卷補遺一卷續編一卷　清孫星衍撰　清光緒章氏式訓堂叢書本　清柯逢時批

一五

359 文選樓藏書記六卷　清阮元撰　李慈銘校訂　清越縵堂抄本

360 竹崦盦傳鈔書目不分卷　清趙魏藏並撰　清道光十一年味經書屋劉如海抄本

361 竹崦盦傳鈔書目不分卷　清趙魏藏並撰　清抄本　清劉履芬跋

362 吳郡黃氏所藏宋槧本書目一卷　清黃丕烈藏並撰　清劉氏味經書屋抄本

363 百宋一廛書錄一卷　清黃丕烈撰　清管格抄本

364 求古居宋本書目一卷　清黃丕烈藏並撰　清嘉慶十七年黃氏求古居抄本　清黃丕烈校並跋　吳梅校　吳翌燕跋

365 百宋一廛書錄一卷　清黃丕烈撰　姚振宗輯　稿本　清陶方琦　陶濬宣校並跋

366 百宋一廛書錄一卷　清黃丕烈撰　姚振宗輯　清光緒陶氏寒梅館抄本　清陶方琦　陶濬宣校

367 鑑止水齋書目不分卷　清許宗彥藏　清抄本　清顧沅跋

368 帶經堂書目四卷　清陳徵芝藏　陳樹杓撰　稿本　清陸心源、周星詒批注

369 帶經堂書目四卷　清陳徵芝藏　陳樹杓撰　清末抄本　佚名批校

370 藝芸書舍書目不分卷　清汪士鐘藏　清抄本

371 藝芸書舍宋元本書目二卷　清汪士鐘藏　清姚氏咫進齋抄本

三七二 藝芸書舍宋元本書目不分卷 清汪士鐘藏 清末曹氏箋經室抄本 曹元忠校並跋 張鈞衡跋
三七三 愛日精廬藏書志四卷 清張金吾藏並撰 清嘉慶二十五年張氏愛日精廬活字印本
三七四 稽瑞樓書目四卷 清陳揆藏並撰 稿本
三七五 稽瑞樓書目不分卷 清陳揆藏並撰 清道光八年吳鄭山人抄本
三七六 稽瑞樓書目不分卷 清陳揆藏並撰 清抄本 清宋廷輔校
三七七 映雪樓藏書目考十卷 清莊仲方撰 稿本
三七八 宋存書室宋元秘本書目四卷 清楊紹和藏並撰 清楊氏海源閣抄本
三七九 楹書隅錄四卷續編四卷 清楊紹和藏 清翔蝶庵高氏抄本
三八〇 海源閣書目不分卷 清楊保彝藏並撰 稿本
三八一 海源閣書目不分卷 清楊保彝藏並撰 稿本
三八二 慈雲樓藏書志不分卷 清李筠嘉藏 周中孚撰 稿本 清顧廣圻跋
存：經部、史部、子部
三八三 古香閣藏書志□□卷 清李筠嘉藏並撰 稿本
存二十九卷 一至二十二、二十五至二十六、三十四至三十六、又集部目二卷
三八四 唫香仙館書目不分卷 清馬瀛藏並撰 稿本 費寅跋
三八五 吟香仙館書目不分卷 清馬瀛藏並撰 清抄本
三八六 恬裕齋藏書記四卷 清瞿鏞撰 清抄本 清勞權校
三八七 恬裕齋藏書記不分卷 清瞿鏞撰 清抄本 清周星詒校並題識 佚名錄勞格校
三八八 開有益齋讀書志六卷續志一卷金石文字記一卷 清朱緒曾撰 清光緒六年金陵翁氏茹古閣刻本 清周星詒、蔣鳳藻批注
三八九 別下齋書存一卷 清蔣光煦藏並撰 稿本
三九〇 衍芬草堂藏書目錄不分卷 清蔣光焴藏並撰 稿本
三九一 煙嶼樓書目不分卷 清徐時棟藏並撰 稿本
三九二 張石洲所藏書籍總目不分卷 清張穆藏 稿本
三九三 道州何氏東洲草堂書目不分卷 清何紹基撰 稿本
三九四 東洲草堂藏書目不分卷 清何紹基撰 稿本
三九五 讀有用書齋書目表一卷 清韓應陛藏並撰 稿本
三九六 影山草堂書目不分卷 清莫友芝藏並撰 稿本
三九七 郘亭行篋書目不分卷 清莫友芝藏 稿本

一六

三九八 漱六樓書目不分卷 清東芳璞藏並撰 稿本
三九九 大梅山館藏書目十二卷 清姚燮藏並撰 稿本
四〇〇 大楳山館書目不分卷 清姚燮藏並撰 稿本
四〇一 仁和龔氏舊藏書目不分卷 清龔橙藏並撰 稿本
四〇二 兩罍軒收藏經籍碑帖書畫目不分卷 清吳雲藏並撰 稿本
四〇三 怡雲仙館藏書目錄四編十六卷 清陳善撰 清怡雲仙館抄本
四〇四 紅梅閣書目不分卷 清劉履芬藏 吳梅抄本
四〇五 五桂樓黃氏書目不分卷 清黃澄量撰 清黃安瀾抄本
四〇六 滂喜齋藏書志殘稿不分卷 清潘祖蔭藏 葉昌熾撰 稿本
四〇七 弢園藏書目不分卷 清王韜藏並撰 稿本
四〇八 弢園藏書志二卷 清王韜藏並撰 稿本
四〇九 三十有三萬卷堂書目畧四卷 清孔廣陶藏 清抄本
四一〇 師石山房書目三十卷 清姚振宗撰 稿本
四一一 結一廬書目四卷 清朱澂藏 清抄本
四一二 結一廬書目四卷 清朱澂藏並撰 清抄本 吳昌綬批校
四一三 永慕堂藏書目錄六卷附碑目一卷 清袁昶藏 稿本
四一四 吳郡陸氏藏書目錄不分卷 清陸心源藏 清陸氏皕宋樓抄本
四一五 秦漢十印齋書目四卷 清蔣鳳藻藏並撰 稿本
四一六 鐵華館藏書目錄不分卷 清蔣鳳藻藏 稿本 清彭清藜跋
四一七 怡園藏書續目錄四卷 清吳嶔撰 稿本 清程天勲跋
四一八 寒松閣書目一卷 清張鳴珂撰 稿本
四一九 舊山樓書目不分卷 清趙宗建藏並撰 稿本
四二〇 八千卷樓藏書目不分卷 清丁丙藏並撰 稿本
四二一 石蓮闇藏書目不分卷 清吳重憙藏並撰 稿本
四二二 海豐吳氏藏書目不分卷 清吳重憙撰 清抄本
四二三 樂道堂多福軒書目不分卷 清奕訢藏 清光緒抄本
四二四 述史樓書目四卷 清抄本 李盛鐸跋
四二五 觀海堂書目不分卷 楊守敬藏並撰 楊氏觀海堂抄本
四二六 碧琳瑯館珍藏書目四卷 清方功惠撰 清陳毅闇慎室抄本
四二七 闇慎室藏書目錄不分卷 清陳毅撰 稿本

一七

一八

四二八 萬宜樓善本書目一卷 清江鳴鑾藏 徐乃昌抄本
四二九 江陰繆氏藏書目一卷 繆祐孫輯 稿本
四三〇 鄰蘇園藏書目一卷 楊守敬藏並撰 楊氏鄰蘇園抄本 楊守敬跋
四三一 海日樓書目一卷 沈曾植藏並撰 稿本
四三二 存寸堂書目不分卷 清嘉慶二十年黃氏士禮居抄本 清黃丕烈校並跋
四三三 三山劉氏書目一卷 清抄本 清蔣鳳藻跋
四三四 蘋花閣藏書目錄八 清抄本

地方

四三五 蜀中著作記十卷 明曹学佺撰 明刻本 傅增湘跋 十行二十字白口四周双边
四三六 蜀中著作記十卷 明曹学佺撰 明刻本 十行二十字白口四周双边
四三七 蜀中著作記十卷 明曹学佺撰 清抄本
存七卷 一至七
四三八 杭州新城縣藝志殘卷 明抄本
四三九 錫山古今藝文考一卷 清王真撰 王鑑續輯 清乾隆抄本
四四〇 訪求中州先賢詩文集目一卷 清周在浚撰 清宋氏漫堂抄本
四四一 選明代山左詩鈔采訪書目一卷 清王士禛輯 續開六郡采訪名人書目一卷 清盧見曾輯 清盧見曾刻本
四四二 畿輔經籍目錄十六卷 稿本
四四三 關右經籍考十一卷 清邢澍撰 清刻本
四四四 兩浙地志錄一卷 清周廣業撰 清抄本
四四五 海寧名宦修志目一卷 清吳騫輯 稿本
四四六 海寧經籍備考二卷 清吳騫撰 稿本 清陳敬璋校補
四四七 松郡文獻不分卷 清黃烈撰 稿本
存：集部
四四八 興福寺書目二卷 清陳揆撰 清道光七年開示道人抄本 清開示道人存並題識
四四九 海昌經籍志畧十六卷附錄一卷 清管庭芬撰 稿本
四五〇 海昌經籍誌畧四卷 清管庭芬撰 稿本 鄧邦述跋
四五一 海昌經籍誌畧六卷 清管庭芬撰 稿本
存二卷 五至六

一九

四五二 海虞藝文目錄十六卷 清楊英奕撰 清抄本
四五三 擬嘉定縣藝文志稿三卷 清錢慶曾撰 稿本
四五四 上虞書目三編一卷 清錢玫撰 稿本 與上虞金石志合一冊
四五五 萊郡經籍考四卷附編一卷 清侯登岸撰 清抄本
四五六 永嘉書目一卷 清孫衣言輯 清抄本 清翁同龢跋
四五七 畿輔藝文考不分卷 清史夢蘭撰 稿本
四五八 句章徵文錄八卷 清馮可鏞撰 稿本
四五九 日本書籍襍記一卷 清王韜輯 稿本
四六〇 海虞藝文志補遺一卷續編五卷 清袁景輅撰 稿本
四六一 莆志書目集證二卷 清劉尚文撰 稿本
四六二 武林藏書錄不分卷 清丁申撰 稿本
四六三 溫州經籍志初稿二十五卷附外編辨誤不分卷 清孫詒讓撰 稿本 清孫衣言批校
存十八卷 一至七、九至十二、十五至十七、二十二至二十五
四六四 溫州經籍志再稿三十三卷附外編辨誤不分卷 清孫詒讓撰 稿本（第八卷楊紹廉抄配） 清孫衣言批校
存十四卷 五至十四、十七至十八、三十二至三十三、及外編辨誤
四六五 溫州經籍志定稿三十三卷外編二卷辨誤一卷 清孫詒讓撰 稿本 楊紹廉、孫延釗校
存十二卷 二、五至六、十七至十八、二十三至二十五、三十 三十三 外編二卷
四六六 溫州經籍志三十二卷 清孫詒讓撰 稿本
存三卷 八、九、二十四
四六七 日本訪書志十六卷 楊守敬撰 稿本
四六八 日本訪書志不分卷 楊守敬撰 稿本
四六九 蘇州府藝文志三卷 清抄本
存二卷 上、中
四七〇 國朝著述未刊書目一卷 清鄭文焯輯 鄭存紵校錄 國朝海寧著述未刊書目畧一卷 清鄭存紵輯 清抄本

其他

四七一 子畧四卷 宋高似孫撰 明刻本 十二行二十字白口左右雙邊

四七二 子畧四卷子畧目一卷 宋高似孫撰 明刻本 十二行二十字白口四周單邊

四七三 子畧四卷子畧目一卷 宋高似孫撰 明刻本 十二行二十字白口左右雙邊

四七四 子畧四卷 宋高似孫撰 清海寧周氏抄本 清周廣業校

四七五 子畧四卷目錄一卷 宋高似孫撰 清抄本 清丁丙跋

四七六 經籍考七十六卷 元馬端臨撰 明弘治九年黄仲昭、張汝舟刻本 十行十九字小字雙行同白口四周雙邊

四七七 經籍考十二卷 元馬端臨撰 明抄本 十三行二十四字白口四周單邊

四七八 歷代經籍考二十四卷 明王建撰 明正德十三年慎獨齋刻本 十二行廿四字黑口四周雙邊

四七九 玉軒新纂古今書目二卷 明劉充亮撰 明抄本

四八〇 南濠居士文跋四卷 明都穆撰 明刻本 十行十六字白口左右雙邊

四八一 南濠居士文跋四卷 明都穆撰 清如不足齋抄本 清鮑廷博校並題記

四八二 南濠文跋四卷 明都穆撰 清拱翠山房抄本 清吳翌鳳校並跋

四八三 古今書刻二卷 明周弘祖撰 明刻本 十行廿三字白口四周雙邊單魚尾

四八四 古今書刻二卷 明周弘祖撰 清光緒葉氏郋園刻朱印本 葉德輝校並題識

四八五 古今書刻二卷 明周弘祖撰 清抄本

四八六 經序錄五卷 明朱睦㮮撰 明聚樂堂自刻本 十行二十字白口左右雙邊

四八七 經序錄五卷 明朱睦㮮撰 清抄本

四八八 國史經籍志六卷 明焦竑撰 明徐象橒曼山館刻本 十行二十字小字雙行同白口單魚尾左右雙邊

四八九 國史經籍志六卷 明焦竑撰 明徐象橒曼山館刻本 清陶濬宣題識 十行十九字白口四周單邊

四九〇 國史經籍志六卷 明焦竑撰 明徐象橒曼山館刻本 復廬題識 十行十九字白口單魚尾左右雙邊上下單邊

四九一 國史經籍志六卷 明焦竑撰 明萬曆三十年謝汝元刻本 十一行二十四字白口四周單邊

四九二 國史經籍志五卷附錄一卷 明焦竑撰 明萬曆刻本 清敖元熙跋 十一行二十四字白口單邊單魚尾

四九三 國史經籍志六卷 明焦竑撰 清初抄本

四九四 國史經籍志六卷 明焦竑撰 清康熙三十五年傳抄明徐象橒曼山館刻本

四九五 國史經籍志六卷 明焦竑撰 清康熙抄本

四九六 國史經籍志六卷 明焦竑撰 清曹炎抄本

四九七 國史經籍志六卷 明焦竑撰 清盧文弨抄本

四九八 國史經籍志六卷 明焦竑撰 清抄本

四九九 國史經籍志六卷 明焦竑撰 清抄本

五〇〇 國史經籍志六卷 明焦竑撰 清抄本

五〇一 國史經籍志六卷 明焦竑撰 清抄本

五〇二 國史經籍志六卷 明焦竑撰 清抄本

五〇三 國史經籍志六卷 明焦竑撰 清抄本

五〇四 國史經籍志六卷 明焦竑撰 清金俊明抄本 清唐翰題跋

五〇五 國史經籍志六卷補一卷 明焦竑撰 清雍正元年抄本

五〇六 國史經籍志補稿不分卷存四卷(四至六、補一卷) 清宋賓王、謝浦泰撰 稿本 清孫毓修跋

五〇七 澹生堂藏書訓約四卷曠亭集二卷 明祁承㸁撰 明刻本 九行十八字白口左右雙邊

五〇八 紅雨樓題跋二卷 明徐𤊹撰 清鄭杰輯 清嘉慶三年鄭杰刻本 孫毓修跋

五〇九 紅雨樓題跋不分卷 明徐𤊹撰 清觀九閣抄本

五一〇 紅雨樓題跋不分卷 明徐𤊹撰 清抄本

五一一 皇朝書刻不分卷 清吳氏拜經樓抄本

五一二 明季著述書籍不分卷 清嶽六軒抄本

五一三 千頃堂書目三十二卷 清黄虞稷撰 清抄本

五一四 千頃堂書目三十二卷 清黄虞稷撰 清抄本

五一五 千頃堂書目三十二卷 清黄虞稷撰 清抄本

五一六 千頃堂書目三十二卷存十六卷(十七至三十二) 清黄虞稷撰 清鮑氏知不足齋抄本 清潘志萬跋

五一七 千頃堂書目三十二卷 清黄虞稷撰 清抄本 清王振聲錄吳騫校

五一八 千頃堂書目三十二卷 清黄虞稷撰 清抄本 佚名校補

五一九 千頃堂書目不分卷 清黄虞稷撰 清道光六年東武劉氏味經書屋抄本 清劉喜海跋

五二〇 千頃堂書目不分卷 清黄虞稷撰 清抄本 清丁丙跋

五二一 千頃堂書目三十二卷 清黄虞稷撰 清抄本

五二二 千頃堂書目三十二卷 清黄虞稷撰 清好古敏求齋抄本

五二三 汲古閣所刻書目一卷 清陳秉鑰輯 補遺一卷書板存亡考一卷 清鄭德懋輯 清抄本

汲古閣刊書細目一卷　明毛晉撰　汲古閣珍藏秘本書目一卷　清毛扆藏並撰　清抄本　清沈鍾校並跋　五二四
題跋一卷　明毛晉撰　明崇禎六年毛氏汲古閣刻本　五二五
題跋二卷　明毛晉撰　明崇禎六年毛氏汲古閣刻崇禎十二年增補印本　五二六
題跋二卷　明毛晉撰　清道光二十一年瑞野山房抄本　清沈復粲校並跋　五二七
題跋續集一卷　明毛晉撰　明崇禎十五年刻本　五二八
明文海目錄不分卷　清黃宗羲撰　清抄本　五二九
讀書叢殘三卷　清王鉞撰　清康熙六十一年世德堂刻本　五三〇
虞山錢遵王述古堂藏書目錄題詞不分卷　清錢曾撰　稿本　清莫友芝跋　丁日昌批注並跋　五三一
虞山錢遵王述古堂藏書目錄題詞一卷　清錢曾藏並撰　清抄本　清周星詒校並跋　五三二
讀書敏求記四卷　清錢曾撰　清雍正四年趙氏松雪齋刻本　五三三
讀書敏求記四卷　清錢曾撰　清雍正四年趙氏松雪齋刻本　清吳其濬校　五三四
讀書敏求記四卷　清錢曾撰　清雍正四年趙氏松雪齋刻本　清范深泉錄黃丕烈校跋　五三五
讀書敏求記四卷　清錢曾撰　清雍正四年趙氏松雪齋刻本　羅振常錄諸家校並跋　五三六
讀書敏求記四卷　清錢曾撰　清雍正四年趙氏松雪齋刻本　劉劍白錄清吳騫、陳鱣等批校　徐恕錄清黃丕烈校跋　五三七
讀書敏求記四卷　清錢曾撰　清雍正六年濮梁延古堂刻本　清吳志忠錄黃丕烈批校、周星詒批校並跋　蔣鳳藻、陸心源批注跋　五三八
讀書敏求記四卷　清錢曾撰　清雍正六年濮梁延古堂刻本　清邵思多校並跋　五三九
讀書敏求記四卷　清錢曾撰　清乾隆十年沈尚傑雙桂草堂刻本　清黃丕烈校　五四〇
讀書敏求記四卷　清錢曾撰　清乾隆十年沈尚傑雙桂草堂刻本　清顧錫麒校　五四一
讀書敏求記四卷　清錢曾撰　清乾隆十年沈尚傑雙桂草堂刻本　清于赤城臨管庭芬錄名家校　宋深瀚、宋宰年復校　徐鴻烈、韋鈺、鄭邦述跋　五四二
讀書敏求記四卷　清錢曾撰　清乾隆十年沈尚傑雙桂草堂刻本　鄭邦述校並錄清宋賓王、吳騫、陳鱣、黃丕烈、嚴元照、管庭芬、勞權等批校題跋　五四三
讀書敏求記四卷　清錢曾撰　清乾隆十年沈尚傑雙桂草堂刻本　佚名錄清袁廷檮校　五四四
讀書敏求記四卷　清錢曾撰　清乾隆十年沈尚傑雙桂草堂刻本　佚名錄清黃丕烈、陳鱣、吳騫、吳坤批校　五四五
讀書敏求記四卷　清錢曾撰　清乾隆十年沈尚傑雙桂草堂刻六十年沈炎者英堂重修本　清黃丕烈批注　陳鱣校跋並錄吳坤、吳騫等題識　張時宜跋　五四六
讀書敏求記四卷　清錢曾撰　清乾隆十年沈尚傑雙桂草堂刻六十年沈炎者英堂重修本　清黃丕烈批校並跋　佚名批注　五四七
讀書敏求記四卷　清錢曾撰　清乾隆十年沈尚傑雙桂草堂刻六十年沈炎者英堂重修本　清吳卓信校並跋　宗舜年藥校題識　五四八
讀書敏求記四卷　清錢曾撰　清乾隆十年沈尚傑雙桂草堂刻六十年沈炎者英堂重修本　清姚覲元校跋並錄清管庭芬批校　五四九
讀書敏求記四卷　清錢曾撰　清乾隆十年沈尚傑雙桂草堂刻六十年沈炎者英堂重修本　傅以禮跋　佚名錄清黃丕烈批校　五五〇
讀書敏求記四卷　清錢曾撰　清乾隆十年沈尚傑雙桂草堂刻乾隆六十年沈炎者英堂重修本　清潘祖蔭校並題識　五五一
讀書敏求記四卷　清錢曾撰　清乾隆十年沈尚傑雙桂草堂刻乾隆六十年沈炎者英堂重修本　清蔣鳳藻校並錄清張宗橚、許昂霄、黃丕烈校　五五二
讀書敏求記四卷　清錢曾撰　清乾隆十年沈尚傑雙桂草堂刻六十年沈炎者英堂重修本　清楊尚文錄清黃丕烈校跋　五五三
讀書敏求記四卷　清錢曾撰　清乾隆十年沈尚傑雙桂草堂刻六十年沈炎者英堂重修本　清孫廷翰跋並錄清吳坤、吳騫、陳鱣等批校題識　五五四
讀書敏求記四卷　清錢曾撰　清乾隆十年沈尚傑雙桂草堂刻六十年沈炎者英堂重修本　清吳慈培校並錄清黃丕烈、管庭芬校注　趙星、鄭邦述題識　五五五
讀書敏求記四卷　清錢曾撰　清乾隆十年沈尚傑雙桂草堂刻六十年沈炎者英堂重修本　清韋鈺校跋並錄清吳坤、吳騫等諸家題識　五五六
讀書敏求記四卷　清錢曾撰　清乾隆十年沈尚傑雙桂草堂刻六十年沈炎者英堂重修本　羅振常臨清陳其榮校並跋　韋鈺、高世異跋　五五七
讀書敏求記四卷　清錢曾撰　清乾隆十年沈尚傑雙桂草堂刻六十年沈炎者英堂重修本　葉德輝批校並題識　五五八
讀書敏求記四卷　清錢曾撰　清乾隆十年沈尚傑雙桂草堂刻六十年沈炎者英堂重修本　佚名錄清胡重校跋　五五九
讀書敏求記四卷附補遺一卷　清錢曾撰　清道光五年阮福小瑯嬛仙館刻本　清徐松題款　葉啟勳題識　五六〇
讀書敏求記四卷　清錢曾撰　清道光五年阮福小瑯嬛僊館刻本　清翁心存校並跋　五六一
讀書敏求記四卷　清錢曾撰　清道光五年阮福小瑯嬛僊館刻本　清翁同龢校並跋　五六二
讀書敏求記四卷附補遺一卷　清錢曾撰　清道光五年阮福小瑯嬛僊館刻本　葉德輝題識　五六三
讀書敏求記四卷　清錢曾撰　清道光五年阮福小瑯嬛僊館刻本　倫明校　五六四
讀書敏求記四卷　清錢曾撰　清席氏掃葉山房印本　葉德輝批校並題識　五六五
讀書敏求記四卷　清錢曾撰　清抄本　五六六
讀書敏求記四卷　清錢曾撰　清抄本　五六七

六一四 應繳全燬書目一卷應行抽燬書目一卷 清乾隆四十八年河南布政使司刻本
六一五 應繳違礙書籍各種目錄一卷 清乾隆河南布政使榮柱刻本
六一六 奏准銷燬書及續查應燬各書名目冊不分卷 清乾隆四十二年浙西刻本
六一七 禁書總目不分卷 清刻本
六一八 禁書總目不分卷 清刻本
六一九 禁書總目不分卷 清刻本 羅建珍跋
六二〇 禁燬書目一卷各省咨查銷燬書目一卷摘燬書目一卷 清刻本
六二一 禁燬書目畧一卷 清抄本
六二二 應禁書目不分卷 清刻本
六二三 應禁書籍目錄一卷 清抄本 李宗顥校
六二四 纂輯禁書目錄一卷 清乾隆刻本
六二五 違礙書籍目錄一卷 清刻本
六二六 違礙書籍目錄不分卷 清刻本
六二七 違礙書籍目錄不分卷 清刻本
六二八 違礙書籍目錄不分卷 清刻本
六二九 違礙書籍目錄不分卷 清乾隆刻本
六三〇 違礙書籍目錄不分卷 清山西刻本
六三一 違礙書籍目錄一卷 清乾隆江寧布政使刻本
六三二 違礙書目一卷 清乾隆五十三年刻本 王少夯批並跋
六三三 違礙書目一卷應禁書目一卷 清永武劉氏味經書屋抄本
六三四 違礙書籍目錄不分卷 清蕭穆抄本
六三五 違礙書籍目錄不分卷 清抄本
六三六 咨查書目六卷 清乾隆刻本
六三七 咨送違礙書目一卷 清抄本 葉景葵題識
六三八 各省咨查禁燬書籍目錄不分卷 清光緒二十一年李文田家抄本 李文田校並跋
六三九 士禮居藏書題跋記六卷續目一卷年譜二卷 清黃丕烈撰 清光緒十年潘氏滂喜齋刻本印本 葉德輝批校並過錄識

六四〇 士禮居藏書題跋記四卷 清黃丕烈撰 繆荃孫校 清抄本 王懿榮題識
六四一 經籍跋文一卷 清陳鱣撰 清抄本 清錢泰吉跋、管庭芬校並跋
六四二 經籍跋文一卷 清陳鱣撰 清抄本 清周星詒、魏錫曾校並跋 翁斌孫校
六四三 經籍跋文一卷 清陳鱣撰 清抄本 葉景葵跋
六四四 鄭堂讀書記不分卷 清周中孚撰 稿本
六四五 鄭堂讀書記七十一卷 清周中孚撰 鄒志海等校 清康雍書局抄本（卷七十、七十一配吳興劉氏嘉業堂抄本）
六四六 王氏合集書目考畧一卷 清王先謙撰 稿本
六四七 榆樓題跋不分卷 清蔡毅撰 稿本
六四八 書目類編不分卷 清劉喜海輯 清道光十年劉氏味經書屋劉如海抄本
六四九 書目彙編二卷 朝鮮書目一卷 日本所刊書目一卷 清道光十一年劉氏味經書屋劉如海抄本
六五〇 讀書札記不分卷 清錢泰吉撰 稿本
六五一 曝書雜記二卷 清錢泰吉撰 清道光蔣氏別下齋刻本 清李慈銘批校
六五二 曝書雜記二卷 清錢泰吉撰 清道光蔣氏刻別下齋叢書本 清周星詒批 費念慈題識
六五三 曝書雜記三卷 清錢泰吉撰 清同治七年刻本 清潘祖蔭批
六五四 雪泥屋遺書目錄一卷補遺一卷 清牟房輯 清道光二十三年自刻本
六五五 雪泥屋遺書目錄一卷補遺一卷 清牟房輯 清道光二十三年自刻本 清周悅讓跋
六五六 彙刻書目初編十卷補編一卷 清顧修輯 清陳光照輯 清光緒元年陳氏無夢園刻本 清李文田校注
六五七 文村題跋一卷 清王振聲撰 稿本
六五八 北山集不分卷 清朱緒曾撰 清光緒九年甘元煥抄本 清甘元煥跋
六五九 昭代名人尺牘目錄一卷 清吳修撰 稿本
六六〇 擬史籍考校例一卷 清許瀚撰 稿本 王獻唐跋
六六一 研六齋筆記不分卷 清周世敬撰 稿本 清劉禧延跋
六六二 擬刻古籍書目一卷 清戴望撰 稿本
六六三 宋元舊本書經眼錄不分卷 清莫友芝撰 稿本
六六四 宋元舊本書經眼錄三卷附錄一卷 清莫友芝撰 稿本

宋元舊本書經眼錄三卷附錄二卷 清莫友芝撰 清同治刻本 清姚覲元校注 六六五
宋元舊本書經眼錄三卷附錄二卷 清莫友芝撰 清姚氏晉石厂抄本 存四卷 經眼錄第一、三卷，附錄二卷 六六六
郘亭知見傳本書目十六卷 清莫友芝撰 清莫繩孫抄本 六六七
莫友芝書目不分卷 清莫友芝撰 稿本 六六八
藏書家印記序跋不分卷 清潘祖蔭輯 百宋一廛賦一卷 清黃丕烈撰 清潘氏滂喜齋抄本 清潘祖蔭批校 六六九
全上古三代秦漢三國晉南北朝文編目一百三卷 清蔣壑撰 清光緒五年蔣鎬初刻本 楊守敬校補 六七〇
書目答問四卷別錄一卷叢書目一卷國朝著述諸家姓名畧一卷 清張之洞撰 清光緒刻本 清蔣鳳藻批注 六七一
書目答問四卷別錄一卷叢書目一卷國朝著述諸家姓名畧一卷 清張之洞撰 清光緒刻本 葉德輝校並跋 六七二
書目答問四卷別錄一卷叢書目一卷國朝著述諸家姓名畧一卷 清張之洞撰 清光緒九年刻本 葉德輝批校 六七三
書目答問四卷別錄一卷叢書目一卷國朝著述諸家姓名畧一卷 清張之洞撰 清光緒刻本 葉德輝批校並跋 六七四
四庫後出書序跋四十四卷四庫未收書序跋一卷 清曾文玉輯 清末抄本 六七五
陳桂顧刻書序跋一卷 清陳其榮撰 稿本 六七六
書鈔閣題跋一卷 清周星詒撰 稿本 六七七
舊青藤館校本彙查不分卷 清丁丙撰 稿本 六七八
朱子文集目錄口卷 清抄本 清陳澧批校 六七九
漢晉經籍目錄不分卷 清孫詒讓撰 稿本 六八〇
四部別錄四卷 清孫詒讓撰 稿本 存二卷 經部一卷、史部一卷 六八一
黎蒓齋星使近刻古逸叢書目不分卷 清黎庶昌撰 清光緒陶濬宣抄本 清孫詒讓校並跋 六八二
藏書紀事詩不分卷 清葉昌熾撰 初稿本 六八三

二八

藏書紀事詩殘帙不分卷 清葉昌熾撰 稿本 六八四
藏書紀事詩七卷 清葉昌熾撰 稿本 存二卷 二、三 六八五
藏書紀事詩六卷目錄一卷 清葉昌熾撰 清光緒二十三年江氏湖南使院刻靈鶼閣叢書本 王闓運批校 六八六
藏書紀事詩七卷 清葉昌熾撰 清宣統二年木印本 葉伯暎跋 六八七
太平廣記引用書目一卷補一卷 楊守敬撰 稿本 六八八
歷代經籍存佚考不分卷 清抄本 楊守敬批校 六八九

書影

宋元明書譜 宋元明刻本 六九〇
宋元書影 宋元刻本 六九一
宋元精槧萃編 俞誠之輯 宋元明刻本 六九二
內閣大庫宋元本集錦 徐鴻寶輯 宋元刻本 六九三
宋元明本書影 宋元明刻本 六九四
宋元明本書影 宋元明刻本 六九五
宋元明本書影 潘宗周輯 宋元明刻本 六九六
宋元明本書影 陶湘輯 宋元明刻本 六九七
小百宋一廛書葉 張宗祥集 宋刻本 六九八

附

太平廣記通志等書簽訛總檔不分卷 稿本 六九九
景陽宮陳設書目排架圖不分卷 清內府抄本 七〇〇
欽定四庫全書薈要排架圖不分卷 清內府抄本 七〇一
清史館庫書檔十二卷 清國史館編 清宣統國史館抄本 七〇二
浙江進呈書檔冊不分卷 清三寶纂 清抄本 七〇三
虞山毛氏汲古閣圖 明崇禎十五年王咸繪本 清錢大昕題額 朱照志 康、何元錫、段玉裁、陳廷慶、吳凌雲、翁冠 王人作、唐仲冕、沈鴻舉、李福、李銳、邵騤、姚椿、黃丕烈、鈕樹玉、瞿中溶、袁廷檮、夏文熹、顧廣圻、孫衛、顧純、戈襄、胡觀、錢大昭、湯文蔚、潘奕雋、潘繹曾、陳文述、徐渭仁、韓崇、楊文蓀、何士祁、李威、錢錫熊詩 七〇四
秀野草堂圖詠一卷 清黃給繪 顧嗣立輯 清繪本 七〇五
涉園圖詠一卷 清張柯輯 張元濟續輯 清繪本 七〇六
詩龕圖不分卷 清顧鶴慶、張問陶、吳文徵等繪圖 清繪本 清王墨、孫原湖、吳鼒等題詩 張惠言賦 王引之跋 七〇七

二九

（稿本）中國古籍善本書目　史部　目録

收藏情況表

表一

書名編號	藏書單位
史 目録類 1	0201
2	1701
3	1502⊕
4	0241
5	0101
6	1601
7	1601
8	0201
9	1701
10	1701
11	1705
12	0198
13	1001
14	2401
15	1601
17	0101
18	1631
19	2201
20	0101
21	0201
22	1701
23	0101
24	0101
25	0101
26	1601
27	0101
28	1601
29	0198
30	0101
31	0101
32	0141
33	0201
34	0241
35	1601
36	0201
37	2801
38	0101
39	0101

書名編號	藏書單位				
史 目録類 40	0161				
41	0201				
42	1101				
43	0181				
44	0144				
45	0101				
46	0141				
47	0301				
48	2702				
49	1101				
50	0101				
51	0181				
52	0201				
53	0182				
54	0701⊕				
55	0101				
56	0101⊕				
57	0301				
58	0101	0181	0842	1341	2301
59	0101				
60	0201				
61	0201				
62	1601				
63	0181				
64	0101				
65	1621				
66	2702				
67	1101				
68	1841				
69	0161				
70	0241				
71	1741				
72	0201				
	0101				
73	0101				
74	0101				
75	1681				
76	0101				
77	1101				

表二

書名編號	藏書單位	
史 目録類 78	0101	
79	2341	
80	0101	
81	0101	
82	0101	
83	0101	
84	0101	
85	0101	
86	0101	
87	1601	
88	0101	
89	0181	
90	0181	
91	0181	
92	0101	
93	0101	
94	0181	
95	0161	
96	1601	
97	0101	
98	0201	
99	0101	
100	0101	
100	1601	
101	1701	
102	1601	
103	0101	1601
104	1601	
105	0101	
106	0101	
107	0101	
108	0201	
109	0101	
110	0101	
111	1601	
112	0101	1601
113	0181⊕	
114	0201	
115	2401	

書名編號	藏書單位
史 目録類 116	0101
117	1601
118	1741
119	0301
120	0101
121	0101
122	0241
123	2401
124	0101⊕
125	0101
126	1601
127	1342
128	0201⊕
129	0301
130	0101
131	0701
132	0201
133	0201
134	0201
135	0701
136	0201
137	1501
138	0201
139	0101
140	0101
141	0101
142	0101
143	0101
144	0101
145	1281
146	0301
147	0241
148	0101
149	1701
150	0301
151	1601
152	0142
153	0181
154	0891

表三

書名編號	藏書單位
史　目録類 155	1601
156	0101
157	1601
158	0101
159	0101
160	0201
161	0201
162	0101
163	0101
164	0101◎
165	0101
166	0101
167	1601
168	0703
169	0201◎
170	0101
171	0101
172	0401
173	1705
174	1582
175	0101
176	0101
177	0102
178	0301
179	0301
180	0261
181	1601
182	0101
183	2201
184	0201
185	0101
186	0101
187	0141
188	0101
189	1601
190	0150
191	2702
192	0341
193	2401

書名編號	藏書單位
史　目録類 194	0101
195	0101
196	0101
197	1101
198	2701
199	2901
199	0161
200	0101
201	0101
202	0144
203	0201
204	1627
205	1701
206	0101
207	0101
208	0201
209	1601
210	1601
211	0131
212	0201
213	1601
214	1606
215	0101
216	0161
217	1581
218	0201
219	0161
220	0101
221	0202
222	0101
223	0150
224	1601
225	0101
226	1601
227	0101
228	0101
229	1601
230	1601
231	2704

表四

書名編號	藏書單位
史　目録類 232	0201
233	0201
234	0101
235	0101
236	0101
237	0101
238	0101
239	0101
240	0101
241	0101
242	1601
243	0201
244	0101
245	0101
246	0101
247	0201
248	0101◎
249	0201◎
250	1601
251	0101
252	0201
253	1701
254	0201
255	0301
256	0101
257	0161
258	0201
259	1601
260	0201
261	0101
262	0101
263	0262
264	2005
265	0101
266	0101
267	0101
268	0101
269	0201
270	1601

書名編號	藏書單位
史　目録類 271	0101
272	0201
273	0101
274	1601
275	0101
276	0101
277	0101
278	0201
279	0201
280	1601
281	0241
282	2702
283	0201
284	0101
285	0101
286	0101
287	0101
288	2541
289	0261
290	0301
291	0201
292	1601
293	0101
294	0201
295	0101
296	0101
297	0101
298	0101
299	0201
300	0101
301	0101
302	0101
303	0101
304	0101
305	0101
306	0101
307	0144
308	0201
309	0861

表五

書名編號	藏書單位
史 目録類310	1681
311	0101
312	0101
313	1601
314	0101
315	0591
316	2742
317	0201
318	0101
319	1601
320	1701
321	0161
322	0101
323	0101
324	0201
325	0101
326	0101
327	2701⑧
328	1501
329	1601
330	0341
331	1601
332	0101
333	0101
334	2302
335	1401
336	0101
337	0101
338	0101
339	0241
340	0101
341	0101
342	0141
343	0101
344	0101
345	1601
346	0201
347	0201
348	0101

書名編號	藏書單位
史 目録類349	0101
350	2401
351	0101
352	0101
353	0141
354	0101
355	0101
356	0101
357	0101
358	2302
359	0161
360	0101
361	0101
362	0101
363	0101
364	0101
365	1701
366	0201
367	0101
368	0101
369	2301
370	0101
371	0233
372	0241
373	0101
374	0101
375	0201
376	0201
377	0201
378	0101
379	0161
380	1501
381	1581
382	0201⑧
383	1601
384	0101
385	0101
386	1601
387	2201

表六

書名編號	藏書單位
史 目録類388	0101
389	0201
390	1701
391	1705
392	0101
393	0101
394	2401
395	0101⑧
396	0101
397	0101
398	0201
399	1701
400	1705
401	0101
402	0281
403	0141
404	0101
405	1701
406	0101
407	0101
408	0101
409	0141
410	1401
411	0121
412	1501
413	1401
414	0141
415	0101
416	0201
417	0232
418	0262
419	1401
420	1601
421	1282
422	0101
423	0181
424	0101
425	0101
426	2401

書名編號	藏書單位	
史 目録類427	2401	
428	0101	
429	0161	
430	0101	
431	0201	
432	0101	
433	0101	
434	0101	
435	0142	
436	0181	0301⑧
437	2541	
438	0161⑧	
439	0201	
440	0101	
441	0101	
442	0141	
443	0101	
444	0101	
445	0201	
446	0101	
447	2241⑧	
448	1201	
449	0101	
450	0101	
451	1718	
452	1601	
453	0101	
454	0242	
455	0144	
456	0101	
457	0101	
458	0101	
459	0201	
460	1601	
461	2081	
462	1601	
463	1704⑧	
464	1704⑧	
465	1704⑧	

表七

書名編號	藏書單位						
史 目録類 466	1788⊗						
467	2702						
468	2702						
469	0165⊗						
470	1701						
471	2401						
472	0161						
473	2901						
474	0201						
475	1601						
476	0101	0163	0262	1705⊗			
477	1705						
478	0144						
479	1581						
480	3101	0201					
481	0161						
482	1601						
483	0201						
484	2401						
485	0201						
486	0101⊗	0163					
487	1615						
488	0101	0102	0152	0201	0241	0242	0301
	1501	1601	1606	1681	1624	2001	2301
	2201						
489	2702						
490	2402						
491	0163	1617					
492	0201						
493	0144						
494	0591						
495	0161						
496	0101						
497	1705						
498	0101						
499	0101						
500	0102						
501	2561						
502	2562						

書名編號	藏書單位			
史 目録類 503	1616			
504	0201			
505	1601			
506	0201			
507	0101			
508	0101			
509	0161			
510	0301			
511	0201			
512	0201			
513	0101			
514	0101			
515	0101			
516	0262⊗			
517	0201			
518	0101			
519	0101			
520	1601			
521	0201			
522	1741			
523	0101			
524	2701			
525	0201			
526	0101	0201	1601	2001
527	1701			
528	0201			
529	1715			
530	0101	0241⊗	1601	
531	0101			
532	0101			
533	0661	0198	1601	
534	2702			
535	0201			
536	0201			
537	2301			
538	0101			
539	0201			
540	0201			
541	0201			

表八

書名編號	藏書單位						
史 目録類 542	0201						
543	1601						
544	0101						
545	1041						
546	0101						
547	0101						
548	0201						
549	1601						
550	0101						
551	0201						
552	2201						
553	0101						
554	0101						
555	0101						
556	0101						
557	0281						
558	2401						
559	2101						
560	2201						
561	0101						
562	0101						
563	2201						
564	0101						
565	2001						
566	0101						
567	0101						
568	0101						
569	0201						
570	0101						
571	0101						
572	0101						
573	1601						
574	0263						
575	0101						
576	0701						
577	0101						
578	0101	0162	0150	0165	0404	0501	0591
	0701	0901	0902	0903	1461	1808	1841
	1863	2504	2602				

書名編號	藏書單位						
史 目録類 579	0201						
580	0201						
581	0101						
582	0201						
583	0261						
584	0261						
585	1701						
586	0101						
587	1601						
588	0161						
589	1601						
590	1601						
591	0101						
592	0101						
593	0101						
594	0201						
595	0101						
596	0101						
597	0141						
598	0201						
599	0701						
600	0301						
601	1601						
602	1601						
603	0101						
604	0201						
605	0151						
606	0101						
607	0141	2301					
608	0101	2301					
609	0241						
610	0101	0141	0162	0201	1702		
611	0101						
612	0101						
613	0101						
614	2201						
615	2201	2301					
616	0142						
617	0101	0142	0201	1042	1601	1701	1702

表九

書名編號	藏書單位
史 目録類	1704 1716 2203 2301 2451
618	0101
619	1501
620	0101
621	0101
622	1641
623	0201
624	0101
625	0101
626	0101
627	0101
628	0101
629	1702
630	0201
631	2301
632	1501
633	0101
634	0101
635	0101
636	0242
637	0201
638	0101
639	2401
640	0242
641	0101
642	0101
643	2201
644	1601
645	0301
646	1501
647	1601
648	0101
649	0101
650	0101
651	0101
652	0145
653	0201
654	1601
655	0101

書名編號	藏書單位
史 目録類 656	0101
657	1601
658	1641
659	1701
660	1501
661	0201
662	0201
663	0101
664	0101
665	0101
666	0201
667	0101
668	0121
669	0201
670	0101
671	0101
672	1601
673	2401
674	2401
675	1605
676	0201
677	1605
678	2461
679	2501
680	1721
681	17410
682	1701
683	0201
684	1684
685	1684
686	0101
687	2002
688	2301
689	2301
690	0101
691	0201
692	0201
693	0201
694	0201

表十

書名編號	藏書單位
史 目録類 695	0201
696	0201
697	0201
698	1701
699	0101
700	0181
701	0181
702	0181
703	0701
704	0101
705	0301
706	0201
707	0121

金石類

總類

一 集古錄跋尾十卷 宋歐陽修撰 宋刻本 十行十六字小字雙行白口左右雙邊雙魚尾有刻工 存三卷 一至二、四

二 集古錄跋尾十卷 宋歐陽修撰 清抄本 清沈曦校 存五卷 一至五

三 集古錄十卷 宋歐陽修撰 清抄本 清盧文弨校並跋

四 金石錄三十卷 宋趙明誠撰，宋淳熙龍舒郡齋刻本 張元濟跋 十行二十一字白口左右雙邊

五 金石錄三十卷 宋趙明誠撰 宋開禧元年浚儀刻本（清余集補抄序及後序一） 清翁方綱、吳惠浴、洪頤煊、顧廣圻、江藩、沈濤、余集等跋 十行廿一字左右雙邊雙魚尾 存十卷 十一至二十

六 金石錄三十卷 宋趙明誠撰 明范氏臥雲山房抄本 存八卷 二十三至三十

七 金石錄三十卷 宋趙明誠撰 明祁承㸁澹生堂抄本 存十七卷 一至五、十九至三十

八 金石錄三十卷 宋趙明誠撰 明崇禎五年謝恆抄本 清朱奐、沈顥跋 周叔弢跋 馮彪、朱為題款

九 金石錄三十卷 宋趙明誠撰 明抄本 清顧元泰校並跋

一〇 金石錄三十卷 宋趙明誠撰 明抄本

一一 金石錄三十卷 宋趙明誠撰 清順治七年謝世箕刻本

一二 金石錄三十卷 宋趙明誠撰 清光緒十三年朱記榮刻槐廬叢書本 章鈺校並跋 章壽康校並跋

一三 金石錄三十卷 宋趙明誠撰 清初抄本 清王士禛跋 陳奐培批校並跋

一四 金石錄三十卷 宋趙明誠撰 清呂無黨抄本（卷二十五至三十呂氏傭人抄補） 清呂無黨校 張元濟跋

一五 金石錄三十卷 宋趙明誠撰 清初抄本 佚名錄清葉國華、何焯校跋 清丁丙跋

一六 金石錄三十卷 宋趙明誠撰 清初抄本 存二十卷 一至十、十九至三十

一七 金石錄三十卷 宋趙明誠撰 清楊氏四知堂抄本

一八 金石錄三十卷 宋趙明誠撰 清抄本

一九 金石錄三十卷 宋趙明誠撰 清抄本 清顧霖校跋並錄錢敬、陸貽典題識 吳志忠校跋並錄葉國華、何焯、顧廣圻題識

二〇 金石錄三十卷 宋趙明誠撰 清趙氏小山堂抄本（卷二十七至三十配清抄本） 清丁丙跋

二一 金石錄三十卷 宋趙明誠撰 清抄本 清翁方綱批校並跋

二二 金石錄三十卷 宋趙明誠撰 清嘉慶徐氏治樸學齋抄本 清徐松[illegible]黨跋 錢題識

二三 金石錄三十卷 宋趙明誠撰 清抄本 清錢大昕、錢東垣校並跋 唐翰題、吳雲題跋

二四 金石錄三十卷 宋趙明誠撰 清抄本 佚名錄清何焯校 清丁丙跋

二五 金石錄三十卷 宋趙明誠撰 清抄本 佚名錄清何焯批校

二六 金石錄三十卷 宋趙明誠撰 清抄本 佚名臨錢儀吉校跋

二七 金石錄三十卷 宋趙明誠撰 清順治七年謝世箕刻本 清何紹基批校 葉啟勳、葉啟發題識

二八 金石錄三十卷 宋趙明誠撰 清順治七年謝世箕刻本 清董錄臨何焯校 翁同龢跋

二九 金石錄三十卷 宋趙明誠撰 清乾隆二十七年盧見曾刻雅雨堂叢書本 清錢大昕校

三十 金石錄三十卷 宋趙明誠撰 清乾隆二十七年盧見曾刻雅雨堂叢書本 清黃丕烈校並跋、顧廣圻校跋並影抄葉國華、何焯題識

三一 金石錄三十卷 宋趙明誠撰 清乾隆二十七年盧見曾刻雅雨堂叢書本 清顧廣圻校並跋又錄何焯識

三二 金石錄三十卷 宋趙明誠撰 清乾隆二十七年盧見曾刻雅雨堂叢書本 清張廷濟校並跋

三三 金石錄三十卷 宋趙明誠撰 清乾隆二十七年盧見曾刻雅雨堂叢書本 清道坦、錢錫曾校

三四 金石錄三十卷 宋趙明誠撰 清乾隆二十七年盧見曾刻雅雨堂叢書本 清張志說錄何焯評校

三五 籀史二卷 宋翟耆年撰 清抄本 存一卷 上

三六 籀史二卷 宋翟耆年撰 清抄本 清王士禛、戈宙襄跋 存一卷 上

三七 籀史二卷 宋翟耆年撰 清抄本 清王文治跋 存一卷 上

三八 籀史二卷 宋翟耆年撰 清劉氏味經書屋抄本 清劉喜海錄吳翌鳳跋 存一卷 上

三九 籀史二卷 宋翟耆年撰 清抄本 佚名錄清王士禎跋 存一卷 上

四〇 籀史二卷 宋翟耆年撰 清抄本 佚名錄清吳翌鳳跋 存一卷 上

四一 隸釋二十七卷 宋洪适撰 明萬曆十六年王雲鷺刻本 九行二十字白口四周雙邊

四二 隸釋二十七卷 宋洪适撰 明萬曆十六年王雲鷺刻本 清翁思益校並跋 九行二十字小字雙行白口四周雙邊有刻工

四三 隸釋二十七卷 宋洪适撰 明吳氏叢書堂抄本 存四卷 一至四

四四　隸釋二十七卷　宋洪适撰　明金陵朱木抄本　明臧時泰跋　清何焯校並跋

四五　隸釋二十七卷　宋洪适撰　明萬曆四年抄本　清孫從添跋　周渠校並跋

四六　隸釋二十七卷　宋洪适撰　明抄本　清吳焯、吳城、翁同書校並跋　翁同龢識

四七　隸釋二十七卷　宋洪适撰　明影元泰定二年寧國路儒學刻本抄（卷四、五、六清嘉慶二年抄配）　清陳鱣、顧廣圻、袁廷檮、
魏錫曾校跋

四八　隸釋二十七卷　宋洪适撰　明抄本
存二十六卷（一至十九、二十一至二十七）

四九　隸釋二十七卷隸續二十一卷　宋洪适撰　清乾隆四十二年至四十三年汪日秀樓松書屋
刻本

五〇　隸釋二十七卷隸續二十一卷　宋洪适撰　清乾隆四十二年至四十三年汪日秀樓松書屋
刻本　清桂馥、何紹基批校並跋　葉啟勳題識

五一　隸釋二十七卷　宋洪适撰　清乾隆四十二年至四十三年汪日秀樓松書屋刻本　清桂馥、陸繩夫批校並跋

五二　隸釋二十七卷隸續二十一卷　宋洪适撰　清乾隆四十二年至四十三年汪日秀樓松書屋
刻本　清丁傳批校

五三　隸釋二十七卷　宋洪适撰　清鮑各抄本

五四　隸釋二十七卷隸續二十一卷　宋洪适撰　清初抄本
存隸釋二十七卷隸續四卷（一至四）

五五　隸釋二十七卷　宋洪适撰　清葉潘抄本　清王鳴盛校並跋

五六　隸釋二十七卷　宋洪适撰　清抄本　清李文藻校並跋
存二十四卷（四至二十七）

五七　隸釋二十七卷隸續二十一卷　宋洪适撰　清抄本　清龔橙跋
存：隸釋二十七卷　隸續七卷（一至七）

五八　隸釋二十七卷　宋洪适撰　清竹崦盦南山房抄本　清周星詒跋
存十九卷（一至十九）

五九　隸釋二十七卷　宋洪适撰　清九曜山居士抄本　清柯逢時跋
存二十四卷（一至十九、二十三至二十七）

六〇.1　隸續二十一卷　宋洪适撰　明刻本　清沈宗畸校並跋　十行二十字白口左右雙邊
存七卷（一至七）

六〇.2　隸續二十一卷　宋洪适撰　明抄本（卷八、十一、十九、二十一配清抄本）　清黃丕烈、翁同龢跋　翁同書校並跋

六〇.3　隸續二十一卷　宋洪适撰　清康熙四十五年曹寅揚州使院刻本

六一　隸續二十一卷　宋洪适撰　清康熙四十五年曹寅揚州使院刻本　清惠棟校　錢泳、陸僎題識

六二　隸續二十一卷　宋洪适撰　清康熙四十五年曹寅揚州使院刻本　清陸錫曾校
存十九卷（一至八、十一至二十一）

六三　隸續二十一卷　宋洪适撰　清康熙四十五年曹寅揚州使院刻本　清吳志忠校並跋　袁廷檮校並錄錢大昕、顧廣圻校跋
存十九卷（一至八、十一至二十一）

六四　隸續二十一卷　宋洪适撰　清康熙四十五年曹寅揚州使院刻本　清顧廣圻校並跋
存十九卷（一至八、十一至二十一）

六五　隸續二十一卷　宋洪适撰　清康熙四十五年曹寅揚州使院刻本　清貝墉跋並錄錢大昕校跋
存十九卷（一至八、十一至二十一）

六六　隸續二十一卷　宋洪适撰　清康熙四十五年曹寅揚州使院刻本　清劉彬嘉錄何焯、李文藻、江□、孔繼涵等校跋　徐榕錄
顧廣圻校跋　潘景鄭跋
存十九卷（一至八、十一至二十一）

六七　隸續二十一卷　宋洪适撰　清乾隆四十三年汪日秀樓松書屋刻本　清黃丕烈跋
存十九卷（一至八、十一至二十一）

六八　隸續二十一卷　宋洪适撰　清影元抄本
存八卷（一至八）

六九　隸續二十一卷　宋洪适撰　清影元抄本　清陸秀岩、張燕昌題款
存七卷（一至七）

七〇　隸續二十一卷　宋洪适撰　清影元抄本　蔡元培跋
存三卷（五至七）

七一　隸續二十一卷　宋洪适撰　附洪文惠公年譜一卷　清錢大昕撰　清李文藻影抄康熙四十五年曹寅刻本　附年譜據稿本抄　清李文藻校並跋

七二　隸續二十一卷　宋洪适撰　洪文惠公年譜一卷　清錢大昕撰　隸續目錄補正一卷　清桂馥撰　清抄本　清桂馥校跋　佚名過錄清李文藻、翁方綱校跋
存十九卷（一至八、十一至二十一）

七三　隸釋二十七卷隸續二十一卷　宋洪适撰　清影抄元泰定二年寧國路儒學刻本
存隸釋二十七卷隸續四卷（一至四）

七四　汪本隸釋刊誤一卷　清黃丕烈撰　清嘉慶二十一年黃氏士禮居刻本　清魏錫曾校並跋

七五　隸釋鈔一卷　宋洪适撰　清錢泳選　清錫山錢氏抄本　清錢泳校

七六　亦政堂重修宣和博古圖錄三十卷　宋王黼等撰　亦政堂重修考古圖十卷　宋呂大臨撰　亦政堂重考古玉圖二卷　元朱德潤撰　明萬曆三十一年寶古堂刻清乾隆十七年亦政堂將版改刻印本

七七　三器圖義一卷　宋程迥撰　清抄本　清吳騫校

七八　金石文七卷　明徐獻忠撰　明嘉靖十九年刻本　十行十七字白口單魚尾左右雙邊

七九　金石文七卷　明徐獻忠撰　清康熙十三年祝椒耕抄本

八〇　金石文七卷　明徐獻忠撰　清抄本

八一　金石文七卷　明徐獻忠撰　清濼南崇氏抄本　清葛世榮跋

八二　金石遺文五卷　明豐道生撰　清初抄本

八三　金陵古金石考目一卷　明顧起元撰　明萬曆四十八年刻本　宋體　九行十五字白口單邊

八四　金陵古金石考目一卷　明顧起元撰　清抄本

八五　金石古文十四卷　明楊慎輯　明萬曆十八年張蛇刻本　八行十六字白口四周雙邊

八六　金石古文十四卷　明楊慎輯　明嘉靖三十三年孫略、李蕊刻本　九行十六字白口四周單邊

八七　金石古文十四卷　明楊慎輯　明嘉靖三十三年孫略、李蕊刻本　清陸[illegible]跋　[illegible]題識

八八　咸陽金石遺文一卷　明王家瑞撰　明刻本　十行二十字白口四周單邊

八九　寒山堂金石林時地考一卷　明趙均撰　清初抄本

九〇　寒山堂金石林時地考一卷部目一卷　明趙均撰　清初抄本　清朱錫庚題識

九一　寒山堂金石林時地考一卷部目一卷　明趙均撰　清抄本

九二　寒山堂金石林時地考一卷　明趙均撰　清抄本

九三　寒山堂金石林時地考一卷部目一卷　明趙均撰
葉氏菉竹堂碑目六卷　清乾隆二十四年吳元潤抄本　清許瀚跋

九四　寒山金石林時地考二卷首一卷　明趙均撰　清嘉慶十九年抄本　清丁丙跋

九五　寒山堂金石林時地考一卷部目一卷　明趙均撰　清抄本　清鄧邦述校並跋

九六　金石史不分卷附錄一卷　明郭宗昌撰　明抄本

九七　金石史不分卷附錄一卷　明郭宗昌撰　明末抄本

九八　金石史二卷　明郭宗昌撰　清康熙二年刻本

九九　金石史二卷　明郭宗昌撰　清凌霞抄本

一〇〇　金石史二卷　明郭宗昌撰　清抄本　羅復堪校並跋

一〇一　金石備攷不分卷　明來濬輯　清抄本

一〇二　天下金石志十五卷附錄一卷　明于奕正撰　明崇禎刻本　八行十九字白口四周單邊

一〇三　天下金石志十五卷附錄一卷　明于奕正撰　明崇禎刻本　清潘國祚跋補　翁方綱校補並跋　葛正笏、口樹藥跋　八行十九字白口四周單邊

一〇四　天下金石志不分卷　明于奕正撰　清順治八年于氏吳門刻本

一〇五　天下金石志不分卷附錄一卷　明于奕正撰　清初于藻刻本

一〇六　天下金石志不分卷　明于奕正撰　清初抄本

一〇七　天下金石志不分卷　明于奕正撰　清初抄本

一〇八　天下金石志不分卷　明于奕正撰　清乾隆四十二年邱鴻焯抄本

一〇九　天下金石志不分卷　明于奕正撰　清抄本　清朱錫庚跋
存：北京、南京、浙江、江西、陝西

一一〇　天下金石志不分卷附補不分卷　明于奕正撰　清孫國敉撰　清抄本　清吳志忠校並跋　徐渭仁校

一一一　天下金石志十五卷　明于奕正撰　清吳氏尚嘉書屋抄本　清吳式芬校並跋

一一二　金石臧匭記一卷　明朱幼瑤撰　清抄本

一一三　金石大字記六卷　清顧炎武撰　清康熙刻亭林遺書本　清翁方綱批校

一一四　金石文隨錄五卷　清葉樹廉撰　稿本　清錢大昕題款　丁丙跋

一一五　金石錄補不分卷　清葉奕苞撰　稿本　清趙昱跋、趙一清校補　丁丙跋

一一六　金石錄補不分卷　清葉奕苞撰　清翁方綱抄本

一一七　金石錄補二卷　清葉奕苞撰　清趙氏能靜居抄本

一一八　金石錄補三卷　清葉奕苞撰　戴麟補　清嘉慶六年周大鼎抄本　清道宗建跋

一一九　金石錄補二十七卷　清葉奕苞撰　清光緒十二年朱記榮刻槐廬叢書本　清[illegible]熙文校並跋

一二〇　金石錄補二十七卷　清葉奕苞撰　清李一徽抄本　清吳騫校
存八卷　九至十六

一二一　來齋金石刻考畧三卷　清林侗撰　清嘉慶二十一年馮增刻本　清姚錫曾校並跋　王文燾校並跋

一二二　來齋金石刻考畧三卷　清林侗撰　清嘉慶二十一年馮縉刻本　榮啟勤批校

一二三　來齋金石刻考畧三卷　清林侗撰　清道光二十一年徐氏刻春暉堂叢書本　清龔橙校　吳雲跋

一二四　來齋金石刻考畧三卷　清林侗撰　清乾隆抄本

一二五　來齋金石刻考畧三卷　清林侗撰　清抄本　清徐渭仁校
存二卷　上、下

一二六　金陵金石志一卷唐昭陵墨蹟攷畧五卷　清陳奕禧撰　清抄本　清江鳳彝校並跋

一二七　湖州金石錄八卷　清鄭元慶撰　清抄本

金石續錄四卷　清劉青藜撰　清康熙四十九年傳經堂刻本　一二八
金石續錄四卷　清劉青藜撰　清康熙四十九年傳經堂刻本　清魏錫曾校　一二九
鐵函齋書跋六卷　清楊賓撰　清抄本　清鐵道人校並跋　清張叟跋　一三〇
中州金石考八卷　清黃叔璥撰　清乾隆六年刻本　一三一
中州金石攷八卷　清黃叔璥撰　清乾隆六年刻本　清嚴長明校　一三二
中州金石攷八卷　清黃叔璥撰　清乾隆六年刻本　清吳岸校　一三三
武林金石記十卷　清丁敬撰　清抄本　清丁傳校並跋　魏錫曾校　丁丙跋　存八卷（一至二、四至五、七至十）　一三五
金石癖十五卷　清吳玉搢撰　清乾隆四十五年李調元刻本　一三六
金石存十五卷　清吳玉搢撰　清嘉慶二十四年李氏聞妙香室刻本　一三七
金石存十五卷　清吳玉搢撰　清乾隆五十七年孔繼涵壽雲簃抄本　存九卷（一至五、十二至十五）　一三八
金石存十五卷續二卷　清吳玉搢撰　清抄本　清王琛校並跋　一三九
興平縣金石志不分卷　清黃樹穀撰　清抄本　一四〇
蘇州府學金石志不分卷　清徐堅撰　稿本　一四一
寶雞金石志一卷　清鄧夢琴撰　清凌霞娛好堂抄本　一四二
金石記十卷　清李繼悊撰　稿本　存一卷（一）　一四三
粤東金石略目一卷　清翁方綱撰　清陸增祥抄本　清陸增祥跋　一四四
兩漢金石記二十二卷　清翁方綱撰　清乾隆五十四年翁氏刻本　清何紹基、張穆批校　葉啟勳、葉啟發題識　一四五
兩漢金石記二十二卷　清翁方綱撰　清乾隆五十四年翁氏刻本　清張廷濟校並跋　一四六
兩漢金石記二十二卷　清翁方綱撰　清乾隆五十四年翁氏刻本　清龔橙校　徐康、葉景葵跋　存六卷（一至六）　一四七
兩漢金石記二十二卷　清翁方綱撰　清乾隆五十四年翁氏刻本　清翁同龢批校　一四八
金石萃編一百六十卷　清王昶撰　清嘉慶十年刻本　清龔橙校注　一四九
金石萃編一百六十卷　清王昶撰　清嘉慶十年刻本　清李慈銘校　一五〇
金石粹編一百六十卷　清王昶撰　清嘉慶十年刻本　清周壽昌批校　易九九題識　一五一
金石萃編未刻稿三卷　清王昶撰　清抄本　清朱文藻校　一五二

金石萃編元碑不分卷　清朱文藻輯　稿本　一五三
金石後錄八卷　清錢大昕藏並撰　清抄本　一五四
金石後錄八卷　清錢大昕藏並撰　清袁氏貞節堂抄本　清顧廣圻校補並跋　一五五
潛研堂金石文跋尾一卷　清錢大昕撰　清嘉慶四年黃廷鑑抄本　一五六
粤西金石略目一卷　清謝啟昆撰　清陸增祥抄本　一五七
金石契不分卷　清張燕昌撰　清乾隆三十六年刻四十五年重定本　一五八
金石契不分卷　清張燕昌撰　清乾隆三十六年刻四十五年重定本　清嚴樹培批注　一五九
東巡金石錄八卷　清崔應潛、梁素濟輯　清乾隆刻本　一六〇
微波榭叢鈔不分卷　清孔繼涵輯　稿本　一六一
容甫金石跋尾一卷　清汪中撰　清嘉慶抄本　清汪喜孫跋　一六二
金石品二卷　清李調元撰　何學士題跋一卷　清何焯撰　清方功惠碧琳瑯館抄本　一六三
小蓬萊閣金石文字三卷　武氏祠祥瑞圖題字一卷　尉氏令鄭季宣碑一卷　敦煌長史武班碑一卷　清黃易輯　清刻本　一六四
小蓬萊閣金石文字不分卷　清黃易輯　易學洛豐摹　清道光二十二年易學洛陵笏館刻本　清李鴻裔批校　一六五
小蓬萊閣金石文字一卷　清黃易輯　清嚴翎齋抄本　一六六
小蓬萊閣金石目不分卷　清黃易藏並撰　稿本　一六七
小蓬萊閣金石目不分卷　清黃易藏並撰　稿本　清孫星衍題款　一六八
小蓬萊閣金石目不分卷　清黃易藏並撰　稿本　清丁丙跋　一六九
小蓬萊閣金石目不分卷　清黃易藏並撰　清抄本　清沈樹鏞跋　劉之泗跋　一七〇
小蓬萊閣金石目不分卷　清黃易撰　清張簸庵抄本　清黃爾安跋　一七一
金石補編不分卷　清黃錫蕃輯　稿本　一七二
金石補編目錄一卷　清黃錫蕃撰　稿本　清顧廣圻跋　一七三
金石補編目錄一卷　清黃錫蕃撰　清抄本　一七四
偃師金石記四卷金石三跋十卷小石山房文集一卷　清武億撰　武木淳輯　清乾隆五十三至五十五年刻本　一七五
偃師金石遺文記二卷　清武億撰　清乾隆五十三年刻本　一七六
安陽金石錄目一卷　清武億撰　清陸增祥抄本　一七七

一七八 竹崦盦金石目錄不分卷 清趙魏撰 稿本 清江鳳彝校並跋
一七九 竹崦盦金石目錄不分卷 清趙魏撰 清抄本 清顧廣圻批校
一八〇 金石文跋尾三卷 清吳東發撰 稿本
一八一 河陽金石記三卷 清馮敏昌撰 仇汝瑚輯 稿本
一八二 湖北金石存佚考二十二卷 清陳詩撰 清嘉慶二十四年江漢書院刻本
一八三 京畿金石考二卷 清孫星衍撰 清乾隆活字印本
一八四 京畿金石考二卷 清孫星衍撰 清乾隆活字印本 沈曾植批校
一八五 京畿金石考二卷 清孫星衍撰 清抄本
一八六 寫經樓金石目五卷 清錢泳撰 清抄本
一八七 寫經樓金石目不分卷 清錢泳撰 清錢氏述祖德堂抄本 黃鉞跋
一八八 金源金石目一卷 清鈕樹玉輯 稿本 王蓉跋
一八九 周秦漢魏六朝隋唐金石記不分卷 清潘應椿撰 清抄本
一九〇 平津館金石萃編二十卷補編一卷 清嚴可均輯 劉氏嘉業堂抄本
一九一 倦舫碑目六卷 清洪頤煊撰 黃錫蕃定 清黃氏鄰南書藏抄本
一九二 李氏芝省齋雜著七卷 清李遇孫撰 清道光四年二十年李氏芝省齋刻本

一九二(二) 栝蒼金石志十二卷 金石學錄四卷 金石學錄補一卷 金石原始說考補一卷 北宋石經補考一卷 清李遇孫輯 清抄本 清譚學鎔跋
一九三 清儀閣題跋不分卷 清張廷濟撰 稿本
一九四 張叔未先生題跋不分卷 清張廷濟撰 稿本
一九五 眉壽翁跋語不分卷 清張廷濟撰 稿本
一九六 清儀閣題跋七卷 清張廷濟撰 清郁齋抄本
一九七 吳郡金石志一卷 清翟中溶撰 清抄本
一九八 金石續編二十一卷 清陸耀遹撰 陸增祥校訂 稿本 清陸增祥跋
一九九 金石續編二十一卷 清陸耀遹撰 清同治十三年雙白燕堂刻本 清陸鼎翰校
二〇〇 筠清館金石記目二卷 清吳榮光撰 陸增祥輯 稿本
二〇一 益都金石記四卷益都金石略二卷 清段松苓撰 清抄本
二〇二 益都金石略二卷 清傅洪撰 清劉氏嘉蔭簃抄本 清劉喜海跋 朱文鈞校並跋
二〇四 江寧金石記八卷待訪目二卷 清嚴觀撰 清嘉慶九年嫣書堂刻本 清葉志詵跋
二〇五 江寧金石記八卷待訪目二卷 清嚴觀撰 清嘉慶九年嫣書堂刻本 清吳友芝訂補 俞鴻籌跋

二〇五 江寧金石記八卷待訪目二卷 清嚴觀撰 清抄本 繆荃孫校
二〇六 湖北金石詩一卷 清嚴觀撰 清道光二十五年安慶潮刻本
二〇七 湖北金石詩一卷 清嚴觀撰 清抄本
二〇八 湖北金石詩一卷 清嚴觀撰 清怡怡草堂抄本
二〇九 湖北金石詩不分卷 清嚴觀撰 清許瀚批校並跋
二一〇 平安館金石文字四種四卷 公頃秦篆殘刻題跋一卷 漢婁壽碑一卷 日本殘碑一卷 仿鑄漢建初銅尺一卷 清葉志詵輯 清道光刻本
二一一 兩浙金石志目一卷 清沈復粲輯 稿本
二一二 閩中金石志十四卷 清馮登府撰 稿本
二一三 閩中金石志三卷 清馮登府撰 稿本
二一四 金石志不分卷 清馮登府撰 稿本 [illegible]
二一五 閩中金石志十四卷 清馮登府撰 清抄本
二一六 閩中金石沽錄五卷 清馮登府撰 稿本
二一七 刻鵠軒集古錄一卷 清王錫輯 稿本

二一八 金石萃編補正不分卷附澠池縣碑目一卷 清方履籛撰 清許志嵩抄本 清趙熙文跋
二一九 金石萃編補正不分卷 清方履籛撰 清光緒抄本
二二〇 歸樸龕金石跋一卷 清彭蘊章撰 清凌霞抄本
二二一 金石苑一百二十一卷 目錄不分卷 洛陽存古錄三十二卷 蒐古彙編七十卷 昭陵復古錄十卷 鼓山題名六卷 烏石山題名三卷 雜錄不分卷 清劉喜海輯 況周頤編 稿本 王國維跋
二二二 金石苑不分卷 清劉喜海輯 稿本
二二三 海東金石苑八卷 清劉喜海撰 稿本
二二四 海東金石苑八卷 清劉喜海撰 稿本
二二五 海東金石存考一卷 清劉喜海輯 稿本
二二六 海東金石存考一卷 清劉喜海輯 清抄本
二二七 求古精舍金石圖題辭一卷 清陳經輯 稿本

求古精舍金石圖初集四卷 清陳經撰 清嘉慶二十一年陳氏說劍樓刻本 二二八

淮安北門城樓金天德年大鐘款識一卷淮安府学元鑄祭器錄一卷淮安府城南宋古瓻記一卷 清丁晏撰 清道光刻頤志齋叢書本 清許瀚校並跋 二二九

上虞金石志一卷 清錢玫輯 稿本 二三〇

宜祿堂收藏金石記一卷 清朱士端撰 稿本 二三一

金石萃編補目三卷元碑存目一卷 清黃本驥撰 清咸豐四年劉銓福抄本 清劉位坦、劉銓福跋 二三二

金石彙目分編二十卷 清吳式芬撰 稿本 二三三

金石目錄分編五卷 清吳式芬撰 稿本 二三四

金石彙目分編不分卷 清吳式芬撰 稿本 二三五

金石彙目分編不分卷 清吳式芬撰 稿本 二三六

金石彙目分編二十卷 清吳式芬撰 清光緒刻本 清陳文郁跋 二三七

攈古錄殘稿不分卷 清吳式芬撰 稿本 清許瀚訂補 陳介祺批注 二三八

攈古錄一卷 清吳式芬撰 稿本 二三九

攈古錄二十卷 清吳式芬撰 清道光九年抄本 二四〇
存十一卷 一至二、五至六、八至九、十一至十二、十五至十六

江西金石存佚總目不分卷 清吳式芬撰 稿本 二四一

輿地金石目不分卷 清吳式芬撰 稿本 二四二

石泉書屋金石題跋一卷 清李佐賢撰 清抄本 二四三

㞐齋金石跋一齋 清張穆撰 清凌霞抄本 二四四

寶鐵齋金石文跋尾不分卷 清韓崇撰 稿本 清嚴保庸、徐康跋 二四五

古金石文漫鈔一卷 清吳友芝輯 稿本 二四六

金石影不分卷 清吳友芝藏並輯 稿本 二四七

金石錄顏碑目一卷 清吳友芝輯 稿本 二四八

兩罍軒題跋不分卷 清吳雲撰 稿本 二四九

兩罍軒題跋不分卷 清吳雲撰 稿本 二五〇

二百蘭亭齋收藏金石記四卷 清吳雲撰 清咸豐六年自刻本 二五一

二百蘭亭齋金石記一卷 清吳雲撰 清咸豐六年吳氏刻本 清沈樹鏞跋 二五二

漢碑跋不分卷 清魏源撰 清何氏小蓬萊仙館抄本 二五三

濰縣金石志八卷 清郭麐撰 稿本 二五四

濰縣金石志八卷 清郭麐輯 稿本 二五五

濰縣金石志八卷 清郭麐輯 陳介祺訂 稿本 王棠廷跋 二五六

秦前文字之語二卷 清陳介祺撰 稿本 二五七

秦前文字之語二卷 清陳介祺撰 稿本 二五八
存一卷上

簠齋藏古目十八卷古朱文官私鉥一卷 清陳介祺撰 稿本 二五九

八瓊室金石補正不分卷 清陸增祥撰 稿本 二六〇

八瓊室金石補正一百三十卷祛僞一卷元金石偶存一卷目錄三卷札記四卷 清陸增祥輯 稿本 二六一

八瓊室金石補正節錄 清陸增祥撰 稿本 二六二

八瓊室金石補正目不分卷 清陸增祥輯 稿本 二六三

八瓊室金石文字不分卷 清陸增祥輯 稿本 二六四

八瓊室待訪金石錄一卷 清陸增祥輯 稿本 二六五

八瓊室乙卯金石錄目二卷 清陸增祥輯 稿本 二六六

山左金石志目一卷 清陸增祥撰 稿本 二六七

河南廣西雲南金石摘錄一卷 清陸增祥撰 稿本 二六八

龔孝拱古金石文字叢著不分卷 清龔橙撰 稿本 清何紹基跋 二六九

隨軒金石文字九種不分卷 清徐渭仁輯 建貽鴈足鐙考二卷 清徐渭仁撰 清翁同龢批注 清道光十七年二十四年自刻同治七年重修本 二七〇

金石壬銘二十卷 清宗思輯 稿本 二七一

香南精舍金石契不分卷 清宗思撰 稿本 二七二

香南精舍金石契二卷 清宗思撰 清方氏碧琳琅館抄本 二七三

攀古小廬雜著三卷 清許瀚撰 清抄本、稿本 二七四

鄒縣金石志不分卷 吉金考識一卷 釋布一卷 漢朱提劉懿墓仙門記一卷 清吳企寬、孟廣均撰 清道光抄本 二七五

濟南金石志四卷 清馮雲鵷撰 稿本 二七六
存三卷 一、三至四

二七七 中州金石目四卷 清姚晏撰 稿本

二七八 金石衡鑑錄□□卷補三十二卷再補十二卷續一卷三補一卷 清孫三錫撰 稿本
存一百十三卷（金一至六、九，石五至六十四，補三十二卷，再補十二卷，續一卷，三補一卷）

二七九 百甓齋金石文字目錄六卷附錄一卷補遺一卷 清陳瑑撰 稿本

二八〇 百甓齋金石文字目錄六卷 清陳瑑撰 稿本

二八一 百甓齋金石文字目錄六卷 清陳瑑撰 清抄本

二八二 三巴孴古志一卷 清姚覲元撰 稿本 繆荃孫批

二八三 魏氏家藏金石總目不分卷 清魏錫曾撰 稿本

二八四 和林金石錄一卷 清李文田撰 稿本

二八五 和林金石錄一卷詩一卷 清李文田撰 和林考一卷 清黃楙材撰 清光緒二十五年江氏湖南使院靈鶼閣叢書本 王國維校

二八六 鄭齋金石題跋記一卷 清沈樹鏞撰 沈敏慶編 吳湖帆、潘承厚增輯 稿本

二八七 漢石經室金石書畫跋尾一卷 清沈樹鏞撰 稿本

二八八 台州金石錄二十卷闕訪四卷 清黃瑞撰 稿本 清王棻批校

二八九 台州金石錄十三卷闕訪二卷 清黃瑞撰 清光緒二十四年抄本 清凌瑕、繆荃孫跋

二九〇 葳齋金石目一卷 清龔顯撰 稿本

二九一 蜀中金石志十卷 清葉毓榮撰 稿本

二九二 天放樓金石跋尾不分卷 清趙烈文撰 稿本 蔣祖詒跋

二九三 畿輔金石畧不分卷 清趙烈文撰 稿本

二九四 蜀中古刻補編一卷古陶稽證錄一卷唐善棠泥造像拓本題咏一卷 清吳大澂撰 稿本

二九五 愙齋金石塼瓦題跋一卷恒軒詩存一卷 清吳大澂撰 稿本

二九六 愙齋公手書金石書畫草目一卷 清吳大澂撰 稿本

二九七 愙齋雜錄六種不分卷 清吳大澂輯 稿本
百宋陶齋藏尉目 古玉圖考目 集古器壽字 李山農藏器目 古陶文字目 集古錄目清相國法錄

二九八 吳愙齋手書金石目錄三種三卷 清吳大澂撰 稿本 吳湖帆題識
師簠室金文目一卷 海豐吳氏藏器目一卷 愙齋所藏古刻目一卷

二九九 權衡度量實驗考一卷 清吳大澂撰 清光緒二十年長沙節署刻本

三〇〇 山東金石志五卷 清尹彭壽撰 稿本

三〇一 諸城金石志四卷 清尹彭壽撰 稿本 王懿榮題簽

三〇二 諸城金石小識一卷石刻存目一卷 清尹彭壽撰 稿本

三〇三 八瓊室金石補正續編六十四卷 清陸繼煇撰 清潘祖蔭跋 稿本

三〇四 潮州府金石畧不分卷 清陳質璣撰 清清畑樓抄本

三〇五 閩中金石畧十五卷 清陳棨仁撰 清冠梅堂抄本

三〇六 閩中金石畧十五卷 清陳棨仁撰 清抄本
存十二卷（一至十二）

三〇七 山東金石志稿不分卷 清孫文楷、高鴻裁撰 稿本

三〇八 稷山所見金石目一卷 清陶濬宣撰 稿本

三〇九 金石隨筆一卷 清陶濬宣撰 稿本

三一〇 歷代金石目分域編不分卷 清丁論棣輯 稿本

三一一 翠雲草堂金石存畧四卷 清蔡鼎撰注 稿本 清譚獻、吳受福批

三一二 翠雲草堂金石近存考畧不分卷 清蔡鼎撰 稿本

三一三 金石補編不分卷 清潘志萬輯 稿本

三一四 朊清二十三家藏器目不分卷 清王懿榮輯 清王崩西抄本

三一五 山西金石記畧十卷 清孫衍實撰 稿本

三一六 金石摘錄十卷 清畢文事輯 稿本
存九卷（一至四、六至十）

三一七 癖好堂收藏金石書目一卷 清凌霞編 清抄本

三一八 金石詩所見錄不分卷 清凌霞輯 稿本

三一九 慕汲軒金石文未定稿不分卷 清吳鼎昌撰 稿本

三二〇 增廣金石名著彙目一卷續一卷再續一卷拾遺一卷 清田士懿撰 稿本

三二一 山右金石存畧二十一卷 清宋琦撰 稿本
存十九卷（三至二十一）

金石三編二十四卷通考六卷　清王仁俊輯　稿本　三二二
存金石三編二十四卷　清王仁俊輯　稿本　三二三
金石萃編補跋二十四卷　清傅雲龍撰　稿本　三二四
慕喜廬訪金石錄一卷　清莊屬甲輯　清莊經鋭寫本　三二五
莊經鋭手摹金石文字不分卷　三二六
遂盦題跋二卷　楊寶鏞撰　稿本　三二七
觀古碑法一卷　楊寶鏞撰　稿本　三二八
湖北金石志十四卷　楊守敬撰　清光緒湖北通志局刻朱印本　楊守敬、熊會貞批校　三二九
湖北金石志十四卷　楊守敬撰　清光緒湖北通志局刻朱印本　楊守敬、熊會貞批校　三三〇
湖北金石志十四卷　楊守敬撰　清末刻朱印本　楊守敬校　三三一
藝風堂金石文字續目三卷　繆荃孫撰　繆氏藝風堂抄本　繆荃孫校補　三三二
江蘇金石記二十八卷　繆荃孫輯　稿本　三三三
雲自在龕金石目不分卷　繆荃孫輯　稿本　三三四
畿輔金石畧不分卷　曹模輯　稿本　三三五
磊盦金石跋尾稿一卷　張祖翼撰　稿本　三三六
黑龍江金石志摘要一卷　金梁輯　稿本　三三七
池書不分卷　稿本　三三八
篆雲樓金石稿不分卷　稿本　三三九
海東金石文字不分卷　清方氏萬善花室抄本　清潘祖蔭跋　清潘登府跋　洪頤煊跋　三四〇
陝西碑目不分卷　清抄本　清吳大澂校　繆荃孫校　三四一
虎邱金石目一卷　清姚氏咫進齋抄本　三四二
述史樓語古錄一卷　清徐友蘭撰　稿本　三四三
吳郡金石文字鈔四卷　清抄本　清唐翰題跋
存三卷　二至四　三四四

金類

考古圖十卷　宋呂大臨撰　元羅更翁考訂　明初刻本　八行二十字四周雙邊三魚尾　三四五
考古圖十卷　宋呂大臨撰　元羅更翁考訂　明初刻本　清翁同龢跋
存一卷　三　三四六
考古圖十卷　宋呂大臨撰　元羅更翁考訂　明初刻本　繆荃孫題款　行款不一　粗黑口　三魚尾　四周雙邊　三四七
寶古堂重修考古圖十卷　宋呂大臨撰　元羅更翁考訂　明萬曆三十一年刻本　八行十七字白口單邊單魚尾　三四八

十五

考古圖十卷　宋呂大臨撰　元羅更翁考訂　明刻本　八行十六字白口單邊　三四九
考古圖十卷　宋呂大臨撰　元羅更翁考訂　明刻本　行款字數不一　白口四周單邊　三五〇
泊如齋重修考古圖十卷　宋呂大臨撰　明泊如齋刻本　八行十七字白口四周單邊　三五一
泊如齋重修考古圖十卷續考古圖五卷釋文一卷　宋呂大臨撰　明泊如齋刻　八行十七字白口四周單邊　有刻工　三五二
重修考古圖十卷　宋呂大臨撰　元羅更翁考訂　明天啟元年鄭宏燈刻本　八行十七字白口四周雙邊　三五三
重修考古圖十卷　宋呂大臨撰　元羅更翁考訂　明天啟元年鄭宏燈刻本　八行十七字白口四周雙邊　三五四
續考古圖五卷釋文一卷　宋呂大臨撰　清據翁方綱手錄本影抄　三五五
嘯堂集古錄二卷　宋王俅撰　宋刻本　元干文傳、清翁方綱、阮元、黄紹箕、朱文鈞跋　滕用亨題款　白口左右雙邊　三五六
嘯堂集古錄二卷　宋王俅撰　明影宋刻本　三五七
嘯堂集古錄二卷　宋王俅撰　明影宋刻本　清方輔、吳翥、周叔弢跋　佚名錄吳翥校跋　白口左右雙邊　三五八
嘯堂集古錄二卷　宋王俅撰　明影宋刻本　傅增湘跋　三五九
嘯堂集古錄二卷　宋王俅撰　清初影宋抄本　三六〇
嘯堂集古錄二卷　宋王俅撰　清影宋抄本　三六一
嘯堂集古錄二卷　宋王俅撰　清何堂據宋淳熙本影抄　清何堂跋　三六二
至大重修宣和博古圖錄三十卷　宋王黼等撰　元刻本　半葉八行十七字白口左右雙邊　有刻工　三六三
至大重修宣和博古圖錄三十卷　宋王黻輯　元刻本　八行十七字白口左右雙邊　三六四
至大重修宣和博古圖錄三十卷　宋王黼等撰　元刻本　八行十七字白口左右雙邊
存二卷　二十四至二十五　三六五
至大重修宣和博古圖錄三十卷　宋王黼等撰　元刻本　八行十七字白口左右雙邊　有刻工
存三卷　十六、二十三、二十四　三六六
至大重修宣和博古圖錄三十卷　宋王黼等撰　元刻本　八行十七字白口左右雙邊　雙魚尾　有刻工
存卷二十九第二十八葉、第三十一至三十七葉　三六七
至大重修宣和博古圖錄三十卷　宋王黼等撰　元刻本　八行十七字白口四周單邊

十六

存四十葉

至大重修宣和博古圖錄三十卷　宋王黼等撰　元刻明修本　三六八

至大重修宣和博古圖錄三十卷　宋王黼等撰　元刻明修本　八行十七字白口左右雙邊　三六九

至大重修宣和博古圖錄三十卷　宋王黼等撰　元刻明修本　半葉八行十七字白口左右雙邊　三七〇

至大重修宣和博古圖錄三十卷　宋王黼等撰　元刻明修本　八行十七字白口左右雙邊雙魚尾有刻工　三七一

至大重修宣和博古圖錄三十卷　宋王黼等撰　元刻明修本　八行十七字白口左右雙邊有刻工　三七二

至大重修宣和博古圖錄三十卷　宋王黼等撰　元刻明修本　八行十七字白口左右雙邊有刻工　三七三

至大重修宣和博古圖錄三十卷　宋王黼等撰　元刻明修本　八行十七字白口左右雙邊　三七四

至大重修宣和博古圖錄三十卷　宋王黼等撰　元刻明修本　八行十七字白口左右雙邊　存六卷　一至三、二十二至二十四　三七五

至大重修宣和博古圖錄三十卷　宋王黼等撰　元刻明修本　八行十七字白口左右雙邊　存二十七卷　一至五、七、八至十四、十五至二十、二十一至二十九　三七六

至大重修宣和博古圖錄三十卷　宋王黼等撰　元刻明修本　八行十七字白口左右雙邊　存二十三卷　二至六、八至十、十二至十四、十七至二十一、二十三至二十九　三七七

至大重修宣和博古圖錄三十卷　宋王黼等撰　明嘉靖七年蔣暘刻本　八行十七字白口左右雙邊　三七八

至大重修宣和博古圖錄三十卷　宋王黼等撰　明嘉靖七年蔣暘刻本　清丁丙跋　半頁八行十六字白口左右雙邊有刻工　三七九

至大重修宣和博古圖錄三十卷　宋王黼等撰　明抄本　清王澍跋　存一卷　十八　三八〇

泊如齋重修宣和博古圖錄三十卷　宋王黼等撰　明萬曆十六年泊如齋刻本　八行十七字白口四周單邊雙魚尾　三八一

泊如齋重修宣和博古圖錄三十卷　宋王黼等撰　明萬曆十六年泊如齋刻本　賀天健、王蓋英跋　八行十六字白口四周單邊　三八二

重修宣和博古圖錄三十卷　宋王黼等撰　明萬曆二十七年于承祖刻本　八行十七字白口單邊雙魚尾　三八三

重修宣和博古圖錄三十卷　宋王黼等撰　明萬曆二十七年于承祖刻崇禎九年于道南修補印本　八行十七字白口單邊雙魚尾　三八四

重修宣和博古圖錄三十卷　宋王黼等撰　明萬曆二十八年銑二渠刻本　八行十七字白口四周單邊　三八五

寶古堂重修宣和博古圖錄三十卷　宋王黼等撰　明萬曆三十一年吳萬化刻本　八行十七字白口四周單邊　三八六

寶古堂重修宣和博古圖錄三十卷　宋王黼等撰　明萬曆三十一年吳萬化刻本　清李宗瀚跋　八行十七字白口四周單邊　三八七

博古圖錄考正三十卷　宋王黼等撰　明鄭樸考正　明萬曆二十四年鄭樸刻本　八行十七字白口四周單邊　三八八

歷代鐘鼎彝器款識法帖二十卷　宋薛尚功撰　明萬曆十六年萬岳山人刻朱印本　行字不定白口左右雙邊　三八九

歷代鐘鼎彝器款識法帖二十卷　宋薛尚功撰　明萬曆十六年萬岳山人刻朱印本　明王鐸跋　三九〇

歷代鐘鼎彝器款識法帖二十卷　宋薛尚功撰　明萬曆十六年萬岳山人刻朱印本　清鄒炳泰跋　三九一

歷代鐘鼎彝器款識法帖二十卷　宋薛尚功撰　明崇禎六年朱謀垔刻本　行字不等四周單邊　三九二

歷代鐘鼎彝器款識法帖二十卷　宋薛尚功撰　明崇禎六年朱謀垔刻本　清何紹基題識　三九三

歷代鐘鼎彝器款識法帖二十卷　宋薛尚功撰　明崇禎六年朱謀垔刻本　清王憲成、朱善旂跋　行字不等白口四周單邊　三九四

歷代鐘鼎彝器款識法帖二十卷　宋薛尚功撰　明崇禎六年朱謀垔刻本　闕百益跋並錄清瞿鏞題識　三九五

歷代鐘鼎彝器款識二十卷　宋薛尚功撰　明抄本　佚名校並跋　三九六

歷代鐘鼎彝器款識法帖二十卷　宋薛尚功撰　明末抄本　三九七

歷代鐘鼎彝器款識法帖二十卷 宋薛尚功撰 清嘉慶二年阮元刻本 清朱善旂校並跋 三九八
歷代鐘鼎彝器款識法帖二十卷 宋薛尚功撰 清嘉慶二年阮元刻本 清馮桂芬跋並錄翁方綱跋語 三九九
歷代鐘鼎彝器款識法帖二十卷 宋薛尚功撰 清嘉慶二年阮元刻本 清黃彭年題識 四〇〇
歷代鐘鼎彝器款識法帖二十卷 宋薛尚功撰 清嘉慶二年阮元刻本 清尹彭壽校注並跋 四〇一
歷代鐘鼎彝器款識法帖二十卷 宋薛尚功撰 清嘉慶二年阮元刻本 王國維校注 四〇二
歷代鐘鼎彝器款識二十卷 宋薛尚功撰 清初毛氏汲古閣抄本 四〇三
歷代鐘鼎彝器款識二十卷 宋薛尚功撰 清初抄本 四〇四
歷代鐘鼎彝器款識法帖二十卷 宋薛尚功撰 清張紹抄本 清潘祖蔭、周斯戩、翁同龢、楊濠叟題識 四〇五
歷代鐘鼎彝器款識二十卷 宋薛尚功撰 清雍正三年陸楳抄本 四〇六
歷代鐘鼎彝器款識二十卷 宋薛尚功撰 清雍正三年抄本 清胡澍跋 四〇七
歷代鐘鼎彝器款識二十卷 宋薛尚功撰 清二老閣抄本 清徐時棟校並跋 四〇八
歷代鐘鼎彝器款識法帖二十卷 宋薛尚功撰 清張位抄本 四〇九
歷代鐘鼎彝器款識法帖二十卷 宋薛尚功撰 清抄本 清李仲珠跋 四一〇
歷代鐘鼎彝器款識法帖二十卷 宋薛尚功撰 清抄本 四一一
鐘鼎款識一卷 宋王厚之輯 清嘉慶七年阮氏積古齋影刻宋拓琉球紙印本 清阮元跋 四一二
鐘鼎款識一卷 宋王厚之輯 清嘉慶七年阮氏積古齋影刻宋拓本 清許瀚批注並跋 四一三
鐘鼎款識一卷 宋王厚之輯 清嘉慶七年阮氏積古齋影刻宋拓本 清謝鎣題款、鮑逸福跋 四一四
鐘鼎款識一卷 宋王厚之輯 清嘉慶七年阮氏積古齋影刻宋拓本 清黃培芳題識 四一五
西清古鑑四十卷錢錄十六卷 清梁詩正、蔣溥等輯 清乾隆十六年武英殿刻本 四一六
西清古鑑四十卷 清梁詩正、蔣溥等輯 清乾隆十六年武英殿刻本 四一七
牛氏空山堂藏鏡一卷 清牛運震撰 清拓本 清吳文題識 許瀚釋文並跋 四一八
寧壽鑑古十六卷 清內府抄本 四一九
寧壽古鑑不分卷附目錄一卷 清陳孝泳撰 稿本 清潘祖蔭題簽 四二〇
西清續鑑甲編二十卷附錄一卷 清王杰等輯 清乾隆五十八年內府抄本 四二一

西清續鑑二十卷附錄一卷 清王杰等輯 清抄本 吳湖帆跋 存十一卷（十一至二十、附錄） 四二二
西清續鑑乙編二十卷 清內府抄本 四二三
焦山鼎銘考一卷 清翁方綱撰 清乾隆刻本 四二四
鐵券作歌不分卷 清錢遵等撰 清乾隆二十七年刻本 四二五
十六長樂堂古器款識考 清錢坫撰 清嘉慶九年自刻本 四二六
十六長樂堂古器款識考 清錢坫撰 清嘉慶九年自刻本 清忱丸、丁見善題簽 許瀚校注 丁見善跋 四二七
浣花拜石軒銘集錄二卷 清錢坫撰 清嘉慶刻本 四二八
豐潤古鼎圖一卷 清黃易輯 清乾隆刻本 四二九
商周文字拾遺三卷 清吳東發撰 稿本 褚德彝跋 存一卷（下） 四三〇
商周文拾遺三卷 清吳東發撰 清抄本 四三一
商周文拾遺三卷 清吳東發撰 清抄本 清張廷濟跋 四三二
吳侃叔吉金跋不分卷 清吳東發撰 清嘉慶二十年徐同柏抄本 四三三
金塗銅塔考一卷 清錢泳撰 清乾隆五十九年表忠觀刻本 四三四
積古齋鐘鼎彝器款識十卷 清阮元、朱為弼撰 清嘉慶九年自刻本 清王筠校注並跋 四三五
積古齋鐘鼎彝器款識十卷 清阮元、朱為弼撰 清嘉慶九年自刻本 清貝墉跋 四三六
積古齋鐘鼎彝器款識十卷 清阮元、朱為弼撰 清嘉慶九年自刻本 清何紹基批注 四三七
積古齋鐘鼎彝器款識十卷 清阮元、朱為弼撰 清嘉慶九年自刻本 清楊沂孫訂校並跋 四三八
積古齋鐘鼎彝器款識十卷 清阮元、朱為弼撰 清嘉慶九年自刻本 清楊沂孫校 四三九
積古齋鐘鼎彝器款識十卷 清阮元、朱為弼撰 清嘉慶九年自刻本 清楊沂孫批識並跋 四四〇
積古齋鐘鼎彝器款識十卷 清阮元、朱為弼撰 清嘉慶九年自刻本 清楊沂孫校 四四一
積古齋鐘鼎彝器款識十卷 清阮元、朱為弼撰 清嘉慶九年自刻本 清潘祖蔭批注 四四二
積古齋鐘鼎彝器款識十卷 清阮元、朱為弼撰 清嘉慶九年自刻本 清潘祖蔭校 四四三
積古齋鐘鼎彝器款識十卷 清阮元、朱為弼撰 清嘉慶九年自刻本 清吳大澂批校 四四四
積古齋鐘鼎彝器款識十卷 清阮元、朱為弼撰 清嘉慶九年自刻本 清陳者古、陳宗彝批識並跋 四四五
積古齋鐘鼎彝器款識十卷 清阮元、朱為弼撰 清嘉慶九年自刻本 清趙烈文校 四四六
積古齋鐘鼎彝器款識十卷 清阮元、朱為弼撰 清嘉慶九年自刻本 王文燾錄諸家跋 四四七

四四八 積古齋鐘鼎彝器款識十卷 清阮元撰 朱爲弼編 清嘉慶九年自刻本 清錢儀吉錄清許瀚批 葉志詵、龔橙、潘祖蔭、江鳴鑾、吳大澂錄入批校 [illegible]、顧廷龍等題識

四四九 積古齋鐘鼎彝器款識十卷 清阮元、朱爲弼撰 清光緒五年刻本 清楊沂孫校

四五〇 積古齋鐘鼎彝器款識十卷 清阮元、朱爲弼撰 清光緒五年刻本 [illegible]批校

四五一 積古齋鐘鼎彝器款識十卷 清阮元、朱爲弼撰 清光緒八年抱芳閣刻本 王國維、羅振玉跋

四五二 阮氏鐘鼎補遺二卷 清阮元撰 稿本 清翁同龢題跋

四五三 鈕綬室金石跋不分卷 伯右甫吉金古文釋不分卷 清朱爲弼撰 稿本 清朱善旂、葉志詵、張廷濟、徐同柏、路慎莊、金剛、朱熹、吳東發、翁樹培、吳雲、黃彭年、朱之榛跋

四五四 古鑑齋鐘鼎款識一卷 隸雅樓款識一卷 清張廷濟撰 稿本

四五五 籀莊遺稿一卷 清徐同柏撰 稿本

四五六 從古堂款識學不分卷 清徐同柏撰 稿本

四五七 從古堂款識學不分卷 清徐同柏撰 稿本 清葉志詵、陳介祺 清何紹基跋

四五八 從古堂款識學不分卷 清徐同柏撰 清抄本

四五九 [illegible]閣鼎彝一卷 清徐同柏撰 稿本 清沈濤、馬瑞辰跋

四六〇 從古堂款識學不分卷 清徐同柏撰 清咸豐徐[illegible]校錄抄本 葉德輝、葉啟勳題識

四六一 周毛公鼎銘釋文一卷 清徐同柏、陳介祺撰 抄本

四六二 楊澥藏漢綏和鼎圖說一卷 清楊澥撰 稿本

四六三 筠清館金石文字五卷 清吳榮光撰 清道光二十二年吳氏筠清館刻本 清王筠、吳士[illegible]批校 尹彭壽跋

四六四 筠清館金石文字五卷 清吳榮光撰 清道光二十二年吳氏筠清館刻本 清陳慶鏞批注

四六五 筠清館金石文字五卷 清吳榮光撰 清道光二十二年吳氏筠清館刻本 清吳式芬校注並錄許瀚批識

四六六 筠清館金石文字五卷 清吳榮光撰 清道光二十二年吳氏筠清館刻本 清龔橙校釋並跋 姚華跋

四六七 筠清館金石文字五卷 清吳榮光撰 清道光二十二年吳氏筠清館刻本 王錫棨、[illegible]石卿批校

四六八 筠清館金石文字五卷 清吳榮光撰 清道光二十二年吳氏筠清館刻本 清盛昱批校

四六九 筠清館金石文字五卷 清吳榮光撰 清道光二十二年吳氏筠清館刻本 清江標校並跋

四七〇 筠清館金石文字五卷 清吳榮光撰 清道光二十二年吳氏筠清館刻本 陳介祺校注

四七一 鐘鼎彝器款識不分卷附集聯不分卷 清許槤撰 稿本

四七二 諸城劉氏金文拓本釋不分卷 清劉喜海藏並釋 清同治吳重憙抄本

四七三 長安獲古編不分卷 清劉喜海撰 稿本 清陳介祺、戴熙批校

二一

四七四 齊陳氏韶舞樂罍通釋校稿二卷 清陳慶鏞撰 稿本 何秋濤校

四七五 攈古錄金文三卷 清吳式芬撰 稿本 清丁艮善校

四七六 攈古錄金文三卷 清吳式芬撰 稿本 清吳重熹題識 吳[illegible]校 吳[illegible]校

四七七 攈古錄金文三卷 清吳式芬撰 清光緒吳重憙刻本 清吳[illegible]校

四七八 分類彝器目不分卷 清吳式芬撰 稿本

四七九 敬吾心室鐘鼎款識不分卷 清朱善旂撰 稿本

四八〇 藤花亭鏡譜八卷 清梁廷枏撰 清道光刻本

四八一 二百蘭亭齋鐘鼎款識八卷 清吳雲撰 稿本

四八二 二百蘭亭齋金文不分卷 清吳雲藏並輯 拓本 清吳雲批識 王[illegible]跋

四八三 二百蘭亭齋金石記號季子白盤一卷 清吳雲撰 清咸豐九年自刻本 清吳雲批注並跋 錢泰吉、姚燮、勒方錡、潘遵祁、李鴻裔、顧文彬、彭慰高、潘曾瑋、沈秉成題跋

四八四 銅僊傳一卷 清徐元潤撰 清抄本

四八五 銅僊傳一卷 清徐元潤撰 清抄本

四八六 濰縣陳氏寶簠齋藏古目一卷 清陳介祺藏並撰 稿本

四八七 濰縣陳氏寶簠齋藏器目一卷 清陳介祺藏 清同治十一年吳重憙抄本 清陳介祺跋

四八八 寶簠齋集各家彝器釋不分卷 清陳介祺輯 稿本

四八九 簠齋藏古冊目並題記一卷 清陳介祺撰 稿本

四九〇 簠齋藏古冊目並題記一卷 清陳介祺撰 稿本

四九一 簠齋金文攷釋不分卷 清陳介祺撰 稿本

四九二 簠齋吉金目一卷 清陳介祺藏並撰 稿本

四九三 濰縣陳氏金文拓本釋不分卷 清陳介祺藏 清同治十年吳重憙抄本 清吳重憙校

四九四 濰縣陳氏寶簠齋藏金文冊目釋二卷 清陳介祺撰 清濰縣陳氏抄本 清陳介祺題識

四九五 濰縣陳氏寶簠齋藏劉氏集金文冊目釋一卷 清陳介祺撰 清濰縣陳氏抄本

四九六 濰縣陳氏寶簠齋藏目照許氏東武李氏利津李氏集金文冊目釋一卷 清陳介祺撰 清濰縣陳氏抄本

四九七 周[illegible]敦說釋一卷 清陳介祺撰 清抄本

四九八 陶嘉書屋鐘鼎彝器款識目錄八卷 清許瀚撰 稿本

四九九 攀古小廬金文集釋一卷 清許瀚撰 稿本

二二

攈古小廬鏡銘一卷　清許瀚藏並跋　稿本　五〇〇

日照許氏諸城李氏金文拓本釋不分卷　清許瀚、李璋煜藏　清同治吳重熹抄本　五〇一

南海李氏寳召齋吉金目錄一卷　清李宗岱藏並撰　清抄本　五〇二

延煦堂金文拓本目一卷　清潘祖蔭撰　清胡義贊、王懿榮、鄭綿芳合抄本　清潘祖蔭題識並校　陳介祺批　五〇三

攈古廔彝器款識二卷　清潘祖蔭撰　清同治十一年潘氏滂喜齋刻本　王國維校注　五〇四

攈古廔款識目不分卷　清潘祖蔭撰　清抄本　清陳介祺批校並跋　五〇五

攈古廔金文目一卷　清潘祖蔭藏並撰　清抄本　五〇六

攈古樓藏器目不分卷　潘祖蔭藏　吳大澂輯　稿本　五〇七

濰縣陳氏寳簠齋金文冊目三卷　清吳重熹輯　清陳介祺校注並跋
濰縣陳氏寳簠齋藏別集金文目一卷
濰縣陳氏寳簠齋藏李許集金文目一卷
簠齋摘抄利津李氏集金文目一卷　五〇八

般易漢鑑圖釋不分卷　清朱百度撰　清抄本　五〇九

克鼎集釋一卷　清李文田等撰　清抄本　五一〇

鄦齋鐘鼎文字不分卷　清童文煥撰　稿本　五一一

吳清卿學使金文考一卷　清吳大澂撰　五一二

古器考目一卷　清吳大澂撰　稿本　五一三

愙齋集古錄不分卷　清吳大澂撰　稿本　五一四

愙齋集古錄十二卷　清吳大澂撰　稿本　五一五

愙齋集古錄敦文考釋一卷爵文考釋一卷　清吳大澂撰　稿本　五一六

商周彝器釋文一卷　清孫詒讓撰　稿本　五一七

商周金文拾遺稿三卷　清孫詒讓撰　稿本　劉恭冕校並跋　五一八

陶齋吉金續錄不分卷　清端方撰　稿本　五一九

奇觚室吉金文述二十卷首一卷　清劉心源撰　稿本　五二〇

善齋吉金錄二十八卷　劉體智輯　稿本　五二一

石類

御史臺精舍碑題名二卷　唐崔湜撰　清吳氏拜經樓抄本　清吳騫校　五二二

集古錄目五卷　宋歐陽棐撰　清黃本驥輯　清道光十九年抄本　五二三

石刻鋪敘二卷　宋曾宏父撰　附二王帖目錄評釋三卷　明范氏卧雲山房抄本　[illegible]、鄭[illegible]跋　五二四

石刻鋪敘二卷　宋曾宏父撰　清乾隆李文藻刻五十四年周氏竹西書屋印貸園叢書本　清翁方綱校跋並錄　清何焯批校題識　五二五

石刻鋪敘二卷　宋曾宏父撰　清乾隆李文藻刻五十四年周氏書屋印貸園叢書本　清翁方綱跋　五二六

石刻鋪敘二卷　宋曾宏父撰　清朱彝尊抄本　清朱彝尊、丁杰、許瀚跋　五二七

石刻鋪敘二卷　宋曾宏父撰　清初抄本　清何焯、朱錫庚、翁方綱批校　五二八

石刻鋪敘二卷　宋曾宏父撰　清抄本　清何[illegible]跋　[illegible]題識　五二九

石刻鋪敘二卷　宋曾宏父撰　清乾隆二十五年董兆元抄本　清董[illegible]跋並臨何焯批校　五三〇

石刻鋪敘二卷　宋曾宏父撰　清乾隆四十三年吳翌鳳抄本　清何望鳳跋　迻錄清何焯批校題識　五三一

石刻鋪敘二卷　宋曾宏父撰　清抄本　佚名過錄清何焯批校　五三二

輿地碑記目四卷　宋王象之撰　清抄本　五三三

輿地碑記目四卷　宋王象之撰　清抄本　五三四

輿地碑記目四卷　宋王象之撰　清抄本　五三五

輿地碑目四卷　宋王象之撰　清乾隆[illegible]抄本　清瞿中溶校並跋　五三六

輿地碑記目六卷　宋王象之撰　清抄本　清吳允嘉校　陳壽祺校並跋　五三七

輿地碑記目四卷　宋王象之撰　清抄本　清嚴可均校　五三八

輿地碑目四卷　宋王象之撰　清東武劉氏味經書屋抄本　清翁同龢校　五三九

寶刻叢編二十卷　宋陳思輯　宋抄本　存二卷（[illegible]一、五）　五四〇

寶刻叢編二十卷　宋陳思輯　清光緒十四年陸心源刻十萬卷樓叢書本　傅增湘、周叔弢校並跋　五四一

寶刻叢編二十卷　宋陳思輯　清康熙抄本　五四二

寶刻叢編二十卷　宋陳思輯　清初抄本　五四三

寶刻叢編二十卷　宋陳思輯　清初抄本　清翁方綱、丁小疋、錢綠窗等批校　[illegible]題跋　五四四

寶刻叢編二十卷　宋陳思輯　清[illegible]抄本　[illegible]跋　存十二卷（一至四、八、十、十三至十五、十八至二十）　五四五

寶刻叢編二十卷　宋陳思輯　清寶米齋抄本　五四六

寶刻叢編二十卷　宋陳思輯　清抄本　五四七

寶刻叢編二十卷　宋陳思輯　清抄本　五四八

寶刻叢編二十卷　宋陳思輯　清抄本　清盛文錫跋　五四九

寶刻叢編二十卷　宋陳思輯　清汪之珩抄本　清朱錫庚、黃叔勳題跋　五五〇

五五一 寶刻叢編二十卷 宋陳思輯 清道光八年顧廣圻家抄本 清顧廣圻校並跋 存十五卷 一至八、十、十三至十五、十八至二十

五五二 寶刻叢編二十卷 宋陳思輯 清抄本 清戴光曾跋 潘康保校並跋 存十七卷 一至十、十二至十五、十八至二十

五五三 寶刻叢編二十卷 宋陳思輯 清抄本 清韓崇校並跋 存十七卷 一至十、十二至十五、十八至二十

五五四 寶刻叢編二十卷 宋陳思輯 清抄本 清勞格校 存二卷 七至八

五五五 寶刻叢編二十卷 宋陳思輯 清抄本 楊寶鏞跋 存十七卷 一至十、十二至十五、十八至二十

五五六 寶刻類編十卷 清初抄本 清盧文弨跋

五五七 寶刻類編八卷 清揚州阮氏文選樓抄本

五五八 寶刻類編八卷 清抄本

五五九 寶刻類編八卷 清抄本 清鮑廷博校並跋 佚名錄盧文弨、周春跋、嚴九熙、趙魏、鮑廷博校

五六〇 寶刻類編八卷 清鮑氏知不足齋抄本 清顧廣圻跋並錄鮑廷博、嚴九熙校

五六一 寶刻類編八卷 清乾隆四十七年沈叔埏家抄本 清沈叔埏校並跋

五六二 寶刻類編八卷 清道光十八年東武劉氏嘉蔭簃刻本（卷三至四配清抄本） 清劉喜海校並錄李宗瀚題識

五六三 寶古堂重考古玉圖二卷 元朱德潤撰 明萬曆三十七年吳萬化刻本 八行十七字白口單邊單魚尾

五六四 周秦刻石釋音一卷 元吾邱衍撰 清抄本 清勞格校

五六五 古刻叢鈔一卷 明陶宗儀輯 稿本 明吳元恭、鄒香蕃、徐𤊹題識

五六六 古刻叢鈔一卷 明陶宗儀輯 清抄本

五六七 古刻叢鈔一卷 明陶宗儀輯 清抄本 佚名校注 清翁方綱跋

五六八 古刻叢鈔一卷 明陶宗儀輯 清抄本 清顧廣圻校並跋

五六九 古刻叢鈔一卷 明陶宗儀輯 清抄本 清陳鱣校並跋又錄清周春跋、顧廣圻跋 羅振玉題識

五七〇 名蹟錄七卷 明朱珪輯 清初徐釚家抄本 清丁丙跋

五七一 名蹟錄六卷 明朱珪輯 清抄本 繆荃孫校

五七二 名蹟錄七卷 明朱珪輯 清倚抄詞嘉慶二年錢叙抄本

五七三 名蹟錄七卷 明朱珪輯 清抄本

五七四 名蹟錄六卷 明朱珪輯 清抄本

五七五 名蹟錄七卷 明朱珪輯 清抄本

五七六 吳中金石新編八卷 明陳暐輯 清劉氏味經書屋抄本

五七七 金薤琳琅二十卷 明都穆撰 明嘉靖刻本 十行十七字

五七八 金薤琳琅二十卷 明都穆撰 明刻本 十行十七字白口左右雙邊

五七九 金薤琳琅二十卷 明都穆撰 明刻本 清張四教臨清何焯校跋

五八〇 金薤琳琅二十卷 明都穆撰 補遺一卷 清宋振譽撰 清乾隆四十三年汪啟淑刻本

五八一 金薤琳琅二十卷 明都穆撰 補遺一卷 清宋振譽撰 清乾隆四十三年汪啟淑刻本 清吳大澂跋並臨清何焯批校

五八二 金薤琳琅二十卷 明都穆撰 補遺一卷 清宋振譽撰 清乾隆四十三年汪啟淑刻本 清雷戊沐校 丁鈞衡校並跋 沈汝瑾跋

五八三 金薤琳琅二十卷 明都穆撰 補遺一卷 清宋振譽撰 清乾隆四十二年汪啟淑刻本 清許瀚臨清何焯批校

五八四 金薤琳琅二十卷 明都穆撰 補遺一卷 清宋振譽撰 清乾隆四十三年汪啟淑刻本 佚名跋並臨清金俊明校

五八五 金薤琳琅二十卷 明都穆撰 補遺一卷 清宋振譽撰 清乾隆六年宋振譽抄本 清宋振譽、吳騫、唐翰題跋

五八六 金薤琳琅二十卷 明都穆撰 清乾隆五十一年李文藻抄本 清李文藻校

五八七 金薤琳琅二十卷 明都穆撰 清抄本 清孔繼涵補目並校跋

五八八 吳下冢墓遺文三卷 明都穆輯 續一卷 明葉恭煥輯 清初葉氏賜書樓抄本

五八九 吳下冢墓遺文三卷 明都穆輯 清鮑氏知不足齋抄本 清鮑廷博校

五九〇 石鼓文音釋三卷附錄一卷 明楊慎撰 明正德十六年刻本 本葉三行四字卷二、三及附錄半葉十行十八字白口左右雙邊

五九一 石鼓文音釋三卷附錄一卷 明楊慎撰 明正德十六年刻本 葉啟勳題識 三行四字全書十十行十八字白口左右雙邊

五九二 水經注所載碑目一卷附輿地紀勝所載碑目一卷 明楊慎輯 明嘉靖十六年刻本 九行十九字白口四周雙邊單魚尾

五九三 石鼓文正誤四卷 明陶滋撰 明嘉靖十二年刻本 九行二十字細黑口四周雙邊

五九四 碧落碑文正誤三卷 明陶滋撰 明萬曆二十一年陶登刻本 六行十八字白口四周單邊

五九五 碑帖記證不分卷 明范大澈撰 清乾隆抄本

五九六 蒼潤軒碑帖跋記一卷 明盛時泰撰 清初抄本

五九七 蒼潤軒碑跋紀一卷續記一卷 明盛時泰撰 清抄本 清姚錫曾校並跋

五九八 玄牘紀十二卷續一卷 明盛時泰撰 清抄本 清周星詒、魏錫曾校並跋

五九九 元牘紀不分卷 明盛時泰撰 清抄本 清丁丙跋

六〇〇 玄牘紀一卷續一卷 明盛時泰撰 清抄本 清顧鱄庚跋 葉啟勳題識

六〇一 古今石刻碑帖目二卷 明周弘祖撰 清抄本

六〇二 新刻古今碑帖考一卷 明朱晨撰 清抄本

六〇三 吳下冢墓遺文續集不分卷 明葉恭煥輯 清抄本 清孫詒讓跋

六〇四 石墨鐫華八卷 明趙崡撰 明萬曆四十六年自刻本 八行十八字白口四周單邊

六〇五 石墨鐫華八卷 明趙崡撰 明萬曆四十六年自刻本 明毛晉、清毛扆批校 清黃丕烈跋 八行十八字白口四周單邊

六〇六 石墨鐫華八卷 明趙崡撰 明萬曆四十六年自刻本 清徐時棟、王弘壽題識 八行十八字白口四周單邊

六〇七 石墨鐫華八卷 明趙崡撰 明萬曆四十六年自刻本 清林國彥題識 八行十八字白口四周單邊

六〇八 石墨鐫華八卷 明趙崡撰 明萬曆四十六年自刻本 清丁丙跋

六〇九 石墨鐫華八卷 明趙崡撰 清乾隆鮑氏知不足齋刻本 清劉履芬校並跋

六一〇 石墨鐫華六卷 明趙崡撰 清抄本

六一一 石墨鐫華八卷 明趙崡撰 清康熙三年金俊明抄本 清金俊明跋 韓應陛跋並錄清毛晉、毛扆批校 黃丕烈題識

六一二 石墨鐫華八卷 明趙崡撰 清抄本 清喬遠、劉喜海校注並跋

六一三 岣嶁閣石史三卷 明周士顯撰 明天啟三年刻本 八行十五字白口四周單邊

六一四 古今石刻碑帖目二卷 明孫克弘撰 明萬曆二十九年刻本 七行十六字白口單邊

六一五 皇明碑刻不分卷 明趙克家撰 明抄本

六一六 唐碑帖跋四卷 明周錫琰撰 清沈氏鳴野山房抄本

六一七 唐碑帖跋四卷 明周錫琰撰 清道光沈大家抄本 清小雲巢主人跋 金嗣潮校

六一八 嶽麓書院石壁禹碑一卷 明嘉靖十八年李平刻本

六一九 石鼓詩一卷 明萬曆十五年沈鈇刻本

六二〇 古器款識二卷 明沈竹東家抄本 明許榆跋

六二一 國朝碑版考不分卷碑帖目錄不分卷 明末抄本

六二二 求古錄不分卷 清顧炎武撰 清抄本

六二三 求古錄一卷 清顧炎武撰 清彭氏知聖道齋抄本 清彭元瑞校並跋

六二四 求古錄一卷 清顧炎武撰 清文瑞樓抄本 清徐渭仁校並跋

六二五 求古錄一卷 清顧炎武撰 清抄本 清魏錫曾校並跋

六二六 求古錄一卷 清顧炎武撰 清抄本 葉啟發、葉啟勳題跋

六二七 博古鏡四卷 清千承祖輯 清初抄本

六二八 漢圉令趙君碑一卷 清洙璜鈞撰 稿本

六二九 古碑證文不分卷 清葉樹廉輯 清抄本 清翁方綱、葉志銑、張問福跋

六三〇 嵩陽石刻集記二卷紀遺一卷 清葉封輯 清康熙十二年刻本

六三一 嵩陽石刻集記二卷補遺一卷紀遺一卷 清葉封輯 清彭氏知聖道齋抄本

六三二 嵩陽石刻集記二卷 清葉封撰 清抄本

六三三 周宣王石鼓文定本不分卷 清劉凝撰 清抄本

六三四 濟寧漢碑釋文一卷 清張弨撰 稿本 清翁藹批校

六三五 濟州學碑釋文一卷 清張弨撰 清抄本

六三六 唐昭陵石蹟考畧五卷 清林侗撰 清嘉慶二十一年馮詩刻本

六三七 唐昭陵石蹟考畧五卷 清林侗撰 清道光四年葉夢龍喜聞過齋刻本

六三八 學古堂墨蹟考不分卷 清林侗撰 稿本

六三九 漢魏石經考一卷唐宋石經考一卷 清萬斯同輯 清彭氏知聖道齋抄本 清彭元瑞校並跋

六四〇 瘞鶴銘考一卷 清陳鵬年輯 重立瘞鶴銘詩集一卷 清趙永懷等輯 清康熙刻本

六四一 瘞鶴銘考一卷 清陳鵬年輯 重立瘞鶴銘詩集一卷 清趙永懷等輯 清康熙刻本 馮汝玠跋

六四二 瘞鶴銘考一卷 清汪士鋐撰 清康熙五十二年松南書屋自刻本

六四三 瘞鶴銘考一卷 清汪士鋐撰 清康熙五十二年松南書屋自刻本 清徐渭仁跋

六四四 武林石刻記一卷 清丁敬撰 清乾隆江氏求是齋抄本 清丁傳、吳壽暘、唐翰題跋

六四五 漢魏碑刻紀存一卷 清謝道承撰 清嘉慶二十一年馮培、劉鍇刻本

六四六 舊吳墨寶二卷 清謝崧洲撰 稿本

六四七 漢魏碑刻紀存一卷 清謝道承撰 清嘉慶二十四年抄本

六四八 話雨樓碑帖目錄四卷 清王楠撰 清道光十五年自刻本

六四九 鮚埼亭碑跋二卷 清全祖望撰 清抄本

六五〇 武林石刻記□卷 清倪濤撰 稿本 清丁丙跋 存六卷（一至四、書刻一卷、神祠一卷）

六五一 武林石刻記□卷 清倪濤輯 清抄本 存四卷（一至四） 書附丁丙手札

六五二 桐川石墨不分卷 清周廣業撰 稿本
六五三 瘞鶴銘考一卷 清翁方綱撰 稿本 清吳大澂跋
六五四 石鼓考六卷附文二卷 清翁方綱撰 稿本
六五五 石鼓考八卷 清翁方綱撰 稿本
存七卷（一至六、八）
六五六 覃溪手書要緊碑目一卷 清翁方綱輯 稿本
六五七 化度寺碑考一卷 清翁方綱撰 漢陽葉氏抄本
六五八 化度寺碑考一卷 清翁方綱撰 清抄本
六五九 宋開封石經不分卷 清翁方綱輯 稿本 葉啟發跋
六六〇 蒼頡廟碑釋文不分卷 清翁方綱撰 稿本
六六一 國山碑釋文不分卷 清翁方綱撰 稿本
六六二 孔子廟堂碑考一卷 清翁方綱撰 清嘉慶十二年刻本
六六三 桂未谷先生臧碑跋語一卷 清桂馥撰 清抄本
六六四 拜經樓碑帖目錄一卷 清吳騫輯 稿本
六六五 國山碑考一卷補遺一卷 清吳騫撰 清乾隆五十一年刻拜經樓叢書本 清周廣業校補

六六六 國山碑考一卷補遺一卷 清吳騫撰 清乾隆五十一年刻拜經樓叢書本 清羅以智、魏錫曾批校
六六七 國山碑考一卷 清吳騫撰 清乾隆五十一年拜經樓刻本 清龔橙、趙烈文批校
六六八 國山碑考一卷 清吳騫撰 清乾隆五十一年吳氏拜經樓刻嘉慶九年重印本
六六九 國山碑考一卷 清吳騫撰 清魏錫曾抄本 清魏錫曾跋
六七〇 陽羨摩厓紀畧一卷 清吳騫撰 清吳壽暘抄本
六七一 石鼓文續考三卷 清楊磊撰 清抄本
六七二 碑錄二卷附一卷金石雜錄一卷 清朱文藻輯 清道光九年瞿氏清吟閣抄本 清魏錫曾校
六七三 碑錄二卷附一卷金石雜錄一卷 清朱文藻輯 清魏錫曾抄本 清魏錫曾校
六七四 朗齋碑錄二卷 清朱文藻輯 清抄本
六七五 石鼓文釋存一卷補注一卷 清張燕昌撰 清吳騫校 清乾隆五十三年刻本
六七六 石鼓文釋存一卷補注一卷 清張燕昌撰 清乾隆五十三年刻本 清馮登府跋
六七七 漢熹平石經殘字一卷 清乾隆四十五年張燕昌刻本 清翁方綱、黃易、錢泳等考證並跋 清羅以智錄
六七八 漢酸棗令劉熊碑一卷 清巴慰祖鈎摹 清乾隆刻本
六七九 黃小松先生嵩麓訪碑記一卷 清黃易撰 清同治四年槃鄉抄本
六八〇 嵩洛訪碑日記一卷岱巖訪古日記一卷 清黃易撰 清抄本

六八一 嵩洛訪碑日記一卷 清黃易撰 清同治十年劉履芬抄本 清劉履芬跋
六八二 黃小松藏碑目不分卷 清黃易輯 清抄本 清魏錫曾校
六八三 趙氏竹崦盦碑目一卷 清趙魏撰 清張穆度抄本 清葉爾安題識並蘇校
六八四 石鼓讀七種七卷 清吳東發撰 清乾隆五十九年刻本
石鼓釋文考異一卷 石鼓文章句一卷 石鼓辨一卷 石鼓鑑一卷 石鼓釋文考異或問一卷 石鼓爾雅一卷 敘鼓一卷
六八五 泰山石刻記一卷 清孫星衍撰 稿本 清丁丙跋
六八六 怡靜齋輯錄稿一卷 清孫星衍、邢澍撰 清抄本 清王懿榮、王廟淡批校
六八七 寰宇訪碑錄十二卷 清孫星衍、邢澍撰 清嘉慶七年刻本 清劉喜海、周具悊校注並跋 錄頤海、呂世宜、唐仲康跋 紀康題款
存五卷（一至五）
六八八 寰宇訪碑錄十二卷 清孫星衍、邢澍撰 清嘉慶七年刻本 清何元錫批 魏錫曾、周星詒題記
存三卷（一至三）

六八九 寰宇訪碑錄十二卷 清孫星衍、邢澍撰 清嘉慶七年刻本 清沈樹鏞校並錄清劉喜海校
六九〇 寰宇訪碑錄十二卷 清孫星衍、邢澍撰 清嘉慶七年刻本 繆荃孫校
六九一 水經注碑錄一卷 清徐東煥輯 清徐康抄本
六九二 縮本漢碑不分卷 清錢泳撰 稿本
六九三 石塔碑刻記一卷 清林喬蔭撰 附考一卷 清龔景瀚撰 清乾隆刻本
六九四 刻碑姓名錄三卷 清黃錫蕃輯 清抄本
六九五 刻碑姓名錄三卷 清黃錫蕃輯 清抄本 清劉喜海補輯並跋 翁同龢 黃賓補輯
六九六 海東文獻不分卷 清翁樹崐撰 稿本 劉位坦跋
六九七 文選樓鑑藏碑目不分卷 清阮元撰 稿本 清汪鋆跋
六九八 平津讀碑續記一卷再續一卷三續一卷 清洪頤煊撰 清嘉慶二十一年至道光六年刻傳經堂叢書本（三續配清抄本） 清許瀚校
六九九 平津讀碑記再續一卷三續二卷 清洪頤煊撰 清抄本 清魏錫曾校
七〇〇 續中州金石考一卷 清常茂徠輯 清抄本
七〇一 芝省齋碑錄不分卷 清李遇孫撰 清金吉祥盦抄本
七〇二 百漢碑研齋縮摹漢刻目不分卷附文 清萬承紀摹

選樓縮刻嵩山闕十五石　清吳氏儀書堂抄本　清莫友芝校
七〇三　清儀閣藏碑目一卷附古專瓦當目一卷　清張廷濟撰　稿本　褚德彝跋　吳昌碩題詩
七〇四　燕園石墨不分卷　清蔣因培撰　稿本
七〇五　漢武梁祠堂石刻畫像攷六卷　清瞿中溶撰　清抄本　清龔橙校注
七〇六　岣嶁碑考一卷　清庄文鈞撰　清抄本
七〇七　唐昭陵陪葬名氏攷一卷　清馮培撰　清嘉慶二十一年馮培刻本
七〇八　唐昭陵陪葬名氏攷一卷　清馮培撰　清嘉慶二十四年抄本
七〇九　筠清館石文輯存不分卷　清吳榮光輯　清吳氏宜銘金室抄本
七一〇　山左碑目四卷　清段松苓撰　清抄本
七一一　山左碑目四卷　清段松苓撰　清抄本
七一二　淄川石刻記畧一卷　清高廷璟輯　清抄本
七一三　江寧石刻記一卷　清嚴觀撰　清抄本
七一四　嘉祥漢石畫記疏證一卷　清曾衍撰　稿本
七一五　岱頂秦篆殘刻題跋一卷漢劉熊殘碑並題跋一卷宋拓虞恭公碑並題跋一卷　清葉志詵輯　清道光十七年葉氏平安館刻本　清龔橙校　徐渭仁跋　葉景葵跋
七一六　鄉賢緘翰記一卷　清沈復粲輯　清沈氏鳴野山房抄本
七一七　大足縣金石錄不分卷　清張澍輯　稿本
七一八　古均閣寶刻錄不分卷　清許槤撰　清咸豐八年自刻本
七一九　伊闕造像題字目錄一卷　清方履籛輯　清道光抄本
七二〇　蒼玉洞題名石刻一卷　清劉喜海輯並注　清道光十四年刻本
七二一　金石苑三巴漢石紀存不分卷　清劉喜海輯　清道光二十六年劉氏來鳳堂刻本
七二二　三巴孴古志目一卷　清劉喜海撰　清陸增祥抄本
七二三　海東櫝古志八卷昭陵復古錄一卷貞珉闡古錄一卷佛幢證古錄一卷　清劉喜海輯　清抄本
七二四　十經齋元碑釋文一卷　清沈濤撰　稿本
七二五　十經齋金石文跋尾一卷　清沈濤撰　清沈氏十經齋抄本
七二六　常山貞石志二十四卷　清沈濤撰　清道光二十二年刻本　清龔橙批
七二七　楚州使院石柱題名記一卷　清蕭令裕撰　清道光刻本
七二八　崇川金石志不分卷　清馮雲鵬撰　稿本
七二九　頤志齋碑帖敘錄一卷　清丁晏撰　稿本
七三〇　石門碑醳一卷　清王森文撰　附醳補一卷　清蔣光煦撰　清道光抄本
七三一　漢魏六朝志墓金石例三卷唐人志墓諸例一卷附論一卷　清吳鎬撰　清嘉慶姚汲閣刻本
七三二　江左石刻文編不分卷　清韓崇撰　清平敞閣抄本
存：漢光和四年至宋咸淳九年
七三三　江左石刻文編不分卷　清韓崇輯　翼鶴螢館抄本　章鈺跋
七三四　樂石搜遺不分卷　清沈兆霖輯　稿本
存：漢至隋．五代五公
七三五　樂石溯遺不分卷　清沈兆霖撰　稿本　清黃彭年題記
七三六　隋唐石刻拾遺二卷附錄關中金石記隋唐石刻原目一卷補編一卷　清黃本驥撰　清道光二年關中碑林刻本　清劉喜海跋
七三七　石鼓文縮本釋文一卷　清木吾許撰　稿本
七三八　待訪碑目不分卷　清吳式芬撰　稿本
七三九　金石著錄攷一卷　清翁大年撰　稿本
七四〇　漢石存佚表一卷　清張穆撰　稿本
七四一　紅厓刻石釋文題詠一卷　清鄒漢勛撰　清光緒十二年王子獻抄本
七四二　嘉蔭簃金石目摘錄不分卷　清莫友芝輯　稿本
七四三　郘亭校碑記一卷　清莫友芝撰　稿本
七四四　應訪碑目一卷　清莫友芝輯　稿本
七四五　紅崖古刻釋文卷子二卷　清莫友芝撰　稿本　莫棫華跋
七四六　粵西得碑記不分卷　清楊翰撰　清光緒二年洛上息園刻本　清潘志萬批並跋
七四七　嘉蔭簃龍門造像錄目四卷　清陸增祥輯　稿本
七四八　漢碑奇字考畧一卷　清汪鋆撰　稿本
七四九　補瘞鶴銘考二卷　清汪鋆撰　稿本
七五〇　十二硯齋金石過眼錄十八卷　清汪鋆撰　清光緒九年刻本　清魏錫曾批校
存一卷下
七五一　金石刻墨所見目錄不分卷　清龔橙撰　稿本
七五二　漢碑文考釋不分卷　清龔橙撰　稿本

七五三 鐵傭旅寓碑帖隨記十卷 清楊希閔撰 稿本
七五四 涪州石魚文字所見錄一卷 清姚覲元、錢保塘撰 清光緒姚氏咫進齋抄本
七五五 東甌金石志十卷 清戴咸弼撰 清光緒三年溫州郡庠活字印本 清孫詒讓補校
存八卷 一至三、六至十
七五六 東甌金石志十二卷 清戴咸弼撰 清孫詒讓批校 清光緒八年刻本 清孫詒讓校
七五七 詠蘭室石墨證古一卷 清葉爾安撰 稿本
七五八 北朝造像題跋稿一卷 清葉爾安撰 稿本
七五九 北朝造像石刻目一卷 清葉爾安撰 稿本
七六〇 至聖林廟碑目六卷 清孔昭薰輯 清道光十八年孔氏家族刻本 徐乃昌校
七六一 山陽縣學唐楚州石柱題名考一卷 清范以煦撰 清道光二十七年刻本
七六二 昭陵碑考十二卷 清孫三錫撰 清咸豐八年刻本
七六三 列代篆籀碑刻錄一卷 清錢師璟輯 稿本
七六四 虎阜石刻僅存錄一卷 清潘鍾瑞撰 稿本
七六五 唐叢碑目稿一卷 楊浚撰 稿本
七六六 滕縣漢殷微子墓碑考一卷 清楊浚撰 稿本

七六七 南潯石刻存考不分卷 清孫殿元撰 稿本
七六八 續語堂碑錄不分卷 清魏錫曾撰 清光緒刻本 清魏錫曾校
七六九 兩漢石續六卷 清溫忠翰撰 清光緒二十四年翁同龢抄本 清翁同龢跋
七七〇 秋好軒石刻目存不分卷 清吳棋輯 稿本
七七一 二金蝶堂雙鉤十種序跋一卷 清趙之謙撰 稿本
七七二 補寰宇訪碑錄五卷 清趙之謙撰 清同治三年自刻本 清樊彬、周鑾詒題識批校
七七三 補寰宇訪碑錄五卷失編一卷 清趙之謙撰 清同治三年自刻本 清劉履芬校補並跋
戴望題跋
七七四 補寰宇訪碑錄五卷失編一卷 清趙之謙撰 清章鈺慶抄本 [illegible]跋
七七五 補寰宇訪碑錄五卷失編一卷 清趙之謙撰 清同治三年自刻本 鄭文焯校補並跋 倫
明校
七七六 寶漢樓碑刻目錄不分卷 清孫祿增藏並撰 稿本
七七七 畿輔碑目二卷畿輔待訪碑目二卷 清樊彬輯 清趙烈文天放樓抄本
七七八 石門訪碑記一卷 清吳大澂撰 稿本
七七九 山右石刻叢編四十卷 清胡聘之輯 稿本

七八〇 成周石鼓考一卷 清沈梧輯 稿本
七八一 石鼓文析執一卷 清沈梧撰 稿本
七八二 岐陽石鼓地名考一卷 清沈梧撰 稿本
七八三 武梁祠畫像贊考證一卷 清沈梧撰 稿本
七八四 漢隸考一卷 清胡義贊撰 稿本
七八五 石鼓文音訓集證一卷 清尹彭壽撰 稿本
七八六 山右訪碑錄一卷 清魯燮光輯 清光緒間修和堂抄本
七八七 魏三體石經釋六卷訂正一卷 清朱百度撰 清抄本
七八八 羣玉樓所收石刻拓本目錄不分卷 清雷之撰 稿本
七八九 漢石存目二卷 清王懿榮撰 稿本
七九〇 漢石存目二卷 清王懿榮撰 清抄本 清翁同龢補訂並跋
七九一 南北朝存石目不分卷 王懿榮輯 稿本 孫壯、馮汝玠題記
七九二 南北朝存石目八卷 王懿榮撰 清張抄本 吳寶批跋
七九三 慕汲軒考藏歷代志銘目二卷 清吳鼎昌撰 稿本
七九四 漢石記目錄一卷 清孫詒讓輯 稿本

七九五 永嘉瑞安石刻文字不分卷 清孫詒讓輯 清抄本
七九六 碧琳琅館金石碑版目錄不分卷 清方功惠藏並撰 稿本
七九七 仁民愛物齋手藏碑目並考證十卷 清丁紹基撰 稿本
七九八 仁民愛物齋手藏碑目並考證十卷 清丁紹基撰 清光緒三十年丁同方抄
本 繆荃孫、丁國鈞跋
七九九 雪履尋碑錄不分卷 清盛昱輯 清抄本
八〇〇 漢石刻考一卷 清劉鶚撰 稿本
八〇一 閩碑考十卷 清葉大莊撰 清抄本
八〇二 閩碑存目一卷 清葉大莊撰 稿本
八〇三 閩中石刻記二卷 清葉大莊撰 稿本
八〇四 銅梁王氏收藏魏齊隋唐墓誌目錄一卷 清王瑾編 清抄本
八〇五 江南碑目不分卷 清柯逢時輯 稿本
八〇六 節錄石墨鐫華一卷附節錄金石史一卷節錄
聞者軒帖考一卷 清梁際昌輯 稿本 張伯英跋
八〇七 隸韻碑目考證補不分卷 清丁嘉葆撰 稿本

八〇八 頑夫碑錄一卷 清歐家廉撰 稿本
八〇九 古碑古拓説明一卷 伍寶鍇撰 稿本
八一〇 寰宇訪碑錄合編五卷存二卷（至二八 九八至一九〇紙） 楊守敬輯 稿本
八一一 續寰宇訪碑錄一卷 楊守敬撰 稿本
八一二 續補寰宇訪碑錄一卷 楊守敬撰 稿本
八一三 藝風堂金石文字目十八卷 繆荃孫輯 稿本
八一四 藝風堂金石文字目十八卷 繆荃孫輯 徐乃昌批補 清光緒三十二年刻本
八一五 藝風堂續藏金石文字目五卷 繆荃孫輯 徐氏積學齋抄本
八一六 五百經幢館唐誌跋一卷 清葉昌熾撰 稿本
八一七 五百經幢館碑目初稿不分卷 葉昌熾撰 稿本
八一八 五百經幢館碑目不分卷 葉昌熾撰 稿本
奇觚室樂石文述七卷 劉心源撰 稿本
秦刻石二卷 漢刻石二卷 唐刻石三卷
八一九 奇觚室石鼓文集聯一卷 劉心源撰 稿本 吳炯然跋
八二〇 蕭弇讀碑校勘記二卷 李宗穎撰 稿本
八二一 漢名碑考卷一卷附漢代年號考一卷 原題清臧松嚴主人輯 稿本
八二二 石鼓釋文一卷 稿本
八二三 光緒慈谿縣志金石稿不分卷 稿本
八二四 石刻叢考 清孫正抄本
唐昭陵墓誌考略五卷 清林侗撰
瘞鶴銘考一卷 清張弨撰
石經考二卷 清萬斯同撰
金石遺文錄三卷 清萬斯同撰
焦山古鼎考一卷 清張潮撰
八二五 元碑錄文不分卷 清抄本
八二六 咸陽金石文不分卷 清抄本
八二七 古今碑帖考不分卷 清抄本
八二八 未著錄碑目一卷 清抄本
八二九 續古刻叢抄一卷 清抄本
八三〇 敦好齋藏漢碑題跋輯略二卷 清抄本

八三一 關中石刻彙編不分卷 清顧氏藝海樓抄本
八三二 唐碑六十種不分卷 清抄本 清臧庸校
八三三 光福許氏貯書樓收藏碑版目四卷附錄宋金元石刻一卷 清抄本 清潘志萬跋
八三三 武梁祠像不分卷 清刻本 清許瀚批校並跋
陶類
八三四 秦漢瓦當文字二卷續一卷 清程敦撰 清乾隆五十二年横渠書院刻五十九年續刻本
八三五 秦漢瓦當文字二卷續一卷 清程敦撰 清乾隆五十二年横渠書院刻五十九年續刻本 清吳式芬跋
八三六 秦漢瓦當文字二卷續一卷 清程敦撰 清乾隆五十二年横渠書院刻五十九年續刻本 姚尹題識
八三七 秦漢瓦當文字一卷 清孫星衍撰 清吳騫抄本 清吳騫批校
八三八 古覆仁鄉金石文字一卷 清徐同柏撰 稿本
八三九 竹里秦漢瓦當文存不分卷 清王福田撰 清咸豐二年王氏七録州堂刻本
八四〇 浙江磚錄考四卷 清馮登府撰 清抄本
八四一 磚文考略四卷 清宋經畬撰 稿本 清黄鴻校並跋
八四二 甎文考略六卷 清宋經畬撰 稿本
八四三 吳廷康撫塼文一卷 清吳廷康輯 清刻本 清岳琪跋
八四四 十鐘山房藏齋魯三代兩漢瓦當文字目一卷 十鐘山房藏齋魯秦漢瓦當文字目一卷簠齋古泥封目一卷簠齋泉範目一卷 清陳介祺撰 稿本
八四五 簠齋漢量文字不分卷 清陳介祺輯 稿本
八四六 八瓊室塼錄初集一卷 清陸增祥撰 後續二卷 清陸繼徳撰 稿本
八四七 攀古小廬瓦當文字不分卷 清許瀚撰 稿本
八四八 三代古陶文字釋四卷 清吳大澂撰 稿本
八四九 簠齋古陶文字考釋不分卷 清吳大澂撰 稿本
八五〇 吳清卿學使讀古陶文記一卷 清吳大澂撰 稿本
八五一 温州古甓記不分卷 清孫詒讓撰 稿本
八五二 二百長生館藏瓦目一卷 清吳大澂輯 清抄本 清陳介祺批注
錢幣
八五三 泉志十五卷 宋洪遵撰 明萬曆三十一年胡震亨刻秘册彙函本 清佚名錄翁樹培批

八五四 泉志十五卷 宋洪遵撰 明崇禎毛氏汲古閣刻津逮秘書本 清翁樹培校

八五五 泉志十五卷 宋洪遵撰 明毛氏汲古閣刻津逮秘書本 清趙烈文批並跋
存十卷 六至十五

八五六 泉志十五卷 宋洪遵撰 清初抄本 清翁樹培校

八五七 泉志十五卷 宋洪遵撰 附續志三卷補遺二卷 清郎承宋撰 清抄本 清于鬯校

八五八 續泉志十二卷 清陸鳳岑撰 稿本

八五九 錢錄十六卷 清梁詩正等撰 清乾隆十六年內府抄本

八六〇 古錢目一卷 清贊齋行撰 清乾隆二年魚元傅抄本

八六一 錢錄十二卷 清張端木撰 清嘉慶十年海城梅氏抄本

八六二 錢錄十二卷 清張端木撰 清王述槃室抄本

八六三 錢錄十卷 清張端木撰 清抄本

八六四 錢錄十二卷 清張端木撰 清嘉慶十年哥養抄本 清哥蘅校

八六五 張端木錢錄十二卷 清張端木撰 清嘉慶十八年葉志詵抄本 清葉志詵跋

八六六 錢錄十二卷 清張端木撰 清道光五年劉燮抄本 清劉喜海校注 金鳳沼校並跋

八六七 錢錄十二卷 清張端木撰 清抄本 佚名校

八六八 凌寒竹軒泉布錄不分卷 清江恂撰 清抄本

八六九 江于九先生手拓泉布錄不分卷 清江恂撰 清光緒影抄江氏手拓本

八七〇 錢幣考不分卷 清華玉淳撰 清道光二十八年東武劉氏嘉蔭簃抄本 清劉喜海跋

八七一 貨泉備考八卷首一卷末一卷 清蔡仲由撰 稿本

八七二 歷代鍾官圖經八卷 清陳萊孝撰 清抄本

八七三 歷代鍾官圖經八卷 清陳萊孝撰 清抄本

八七四 歷代鍾官圖經八卷 清陳萊孝撰 清道光三年劉氏嘉蔭簃抄本

八七五 歷代鍾官圖經八卷 清陳萊孝撰 清抄本 清張廷濟校注

八七六 泉文不分卷 清黃易輯 清拓本 清鮑康跋

八七七 古金錄四卷 清萬光煒輯 清乾隆四十九年頡香齋刻本

八七八 古金錄四卷 清萬光煒輯 清抄本

八七九 選錢齋筆記十五卷續三卷 清吳鈞撰 稿本

八八〇 選錢齋錢譜十五卷 清吳鈞撰 稿本

八八一 古錢彙考八卷 清翁樹培撰 稿本

八八二 古錢彙考十卷 清翁樹培撰 稿本
存一卷 十

八八三 古錢彙考八卷 清翁樹培撰 清抄本 清劉喜海批校並跋

八八四 古泉彙考八卷 清翁樹培撰 清抄本

八八五 嘉蔭簃古泉隨筆八卷 清翁樹培撰 劉喜海輯 清抄本

八八六 嘉蔭簃古泉隨筆八卷 清翁樹培撰 劉喜海輯 清劉氏嘉蔭簃抄本 清劉喜海訂補並跋

八八七 晴韻館收藏古泉述記十卷 清金錫鬯撰 稿本 清劉喜海跋

八八八 泉史十六卷 清盛大士撰 清道光十四年鄧文進齋刻本

八八九 泉幣圖說六卷 清吳文炳、吳鸞撰 清嘉慶五年吳文炳香雪山莊刻本

八九〇 泉幣圖說六卷 清吳文炳、吳鸞撰 清嘉慶五年吳文炳香雪山莊刻本 清翁樹培訂校

八九一 泉志三卷附建元便覽一卷 清蘇溥輯 稿本

八九二 錢幣考殘稿不分卷 清錢侗撰 稿本 清瞿中溶批注 清翁斌孫跋

八九三 列代泉幣圖考不分卷 錢侗撰 稿本

八九四 癖談六卷附清白士集校補一卷 清蔡雲撰 清道光七年刻本 清龔橙校注

八九五 癖談六卷附清白士集校補一卷 清蔡雲撰 清道光七年刻本 吳俊校並題識

八九六 馮氏錢譜不分卷 清馮登府撰 稿本

八九七 古泉苑一百卷附皇朝錢法一卷 清劉喜海輯 稿本

八九八 古泉苑目錄一卷 清劉喜海輯 清咸豐五年劉氏嘉蔭簃抄本 東元文批

八九九 嘉蔭簃錢考十四卷 清張暄燃輯 稿本

九〇〇 古泉目錄不分卷 清曹三選撰 清抄本

九〇一 古泉錢范一卷 清吳式芬輯 稿本

九〇二 錢譜不分卷 清曹庭蓉撰 稿本

九〇三 古泉叢話三卷又一卷 清戴熙撰 清同治十一年潘氏滂喜齋刻本 清李恩綬跋

九〇四 古泉叢話三卷又一卷 清戴熙撰 清道光李京尹抄本

九〇五 戴氏泉拓四卷 清戴熙撰 稿本 清張桐孫跋

九〇六 古泉滙首集四卷元集十四卷亨集十四卷利集十八卷貞集十四卷 清李佐賢撰 稿本
存二卷 二、四

存十五卷 元集六、亨集八至十、利集二、十至十一、十三至十五、貞集五至六、十一至十三

九〇七一 李竹朋先生古泉滙首集四卷元集十四卷亨集十四卷利集十八卷貞集十四卷 清李佐賢撰 稿本
存二卷 首集一、亨集一

九〇七二 古泉滙首集四卷元集十四卷亨集十四卷利集十八卷貞集十四卷 清李佐賢撰 清同治三年利津李氏石泉書屋刻本 清陳介祺批校並跋 清李佐賢批校

九〇八 觀古閣泉拓不分卷 清鮑康輯 稿本

九〇九 觀古閣泉拓不分卷 清鮑康輯 稿本

九一〇 兩罍軒古錢拓本四卷 清吳雲輯 沈雲跋釋 稿本

九一一 簠齋藏古金化不分卷 清陳介祺輯 清陳氏簠齋拓本

九一二 簠齋泉范不分卷 清陳介祺輯 清陳氏簠齋拓本

九一三 錢譜續編四卷 清陳啟運撰 稿本

九一四 錢錄補遺十六卷 清陳啟運撰 稿本

九一五 趙燒窦手書泉譜考釋一卷 清趙彥珍撰 稿本 張文運跋

九一六 紅藕花軒泉品不分卷 清馬國翰輯 清抄本

九一七 貨布文字考四卷說一卷 清馬昂撰 清道光二十二年錢塘孟開陳國刻本

九一八 韓綠卿稱梧桐館藏趙體原古泉搨本五冊題跋一卷 清馬昂、韓應陛撰 清抄本

九一九 泉幣彙考十六卷首一卷 清唐與崐輯 清咸豐九年刻本 清唐與崐批校

九二〇 恆春閣泉圖不分卷 清徐啟欽撰 稿本 王修跋

九二一 六泉十布室錢錄四卷 清吳崇增輯 清抄本

九二二 六泉十布室錢錄四卷 清吳崇增輯 張光第增補 清抄本

九二三 泉貨彙考不分卷 清王錫棨撰 稿本

九二四 泉貨彙考十二卷 清王錫棨撰 稿本 王鍾棠跋

九二五 泉幣志略十卷 清孫三錫撰 清抄本

九二六 歷代泉影不分卷 清李錦鴻輯 稿本 清俞樾題識 徐寶倫、劉熙跋

九二七 古泉彙不分卷壬午說幣不分卷 清楊繼震撰 稿本

九二八 楊氏差不貪于古齋古泉喜神譜不分卷 清楊繼震輯 稿本

九二九 楊氏差不貪于古齋古泉喜神譜不分卷 清楊繼震輯 稿本

九三〇 楊氏差不貪于古齋古泉喜神譜不分卷 清楊繼震輯 稿本

九三一 竹遇兩宋泉類四卷 清楊繼震撰 稿本

九三二 楊幼雲藏空首布拓本不分卷 清楊繼震輯 清楊氏袚德東堂拓本 清鮑康、馮汝玠、潘祖蔭、董文燦、王懿榮題款

九三三 古泉略釋六卷 清金邠虔撰 稿本

九三四 古泉略釋十八卷刀布釋文十卷 清金邠虔撰 稿本

九三五 泉志校誤四卷 清金邠虔撰 稿本

九三六 紅杏軒合桐錢鑒二卷附錄一卷 清宋珍琴輯 稿本

九三七 歷代錢法備考二卷 清許桂銳撰 稿本

九三八 泉緣滙珍記不分卷 清張兆蘭輯 稿本 王獻唐跋

九三九 泉緣滙珍記十二卷 清張兆蘭輯 稿本
存十卷 一至二、五至十二

九四〇 六泉十布室錢錄四卷 清吳崇增輯 張光第增補 清抄本

九四一 古翠軒泉拓不分卷 清張光第撰 稿本

九四二 古金質疑不分卷 清方復輯 清抄本

九四三 古泉鑑一卷 清孫文楷輯 稿本

九四四 錢幣考一卷 清抄本 乾隆五十二年范希思跋

九四五 錢幣考不分卷 清抄本

九四六 錢幣考摘要六卷 清六君子齋抄本

九四七 蒙古錢譜一卷 清抄本 吳士鑑批校

璽印

九四八 羅氏古今印數不分卷 明羅龍文輯 明鈐印本

九四九 秦漢印統八卷 明羅王常輯 明萬曆三十四年吳氏樹滋堂刻朱印本 八行十七字小字雙行廿四字白口四周單邊

九五〇 集古印譜六卷 明王常輯 明萬曆三年顧氏芸閣刻朱印本 十行十九字細黑口四周單邊

九五一 集古印譜六卷 明王常輯 明萬曆三年顧氏芸閣刻朱印本 清張鈉跋

九五二 顧氏印藪初稿一卷 明顧從德輯 明鈐印本 清毛扆跋

九五三 集古印譜二卷 明顧從德輯 明隆慶鈐印本

九五四 集古印譜不分卷 明顧從德輯 明隆慶鈐印本 清韋楊晴、俞同甑 吳蕃澂跋
九五五 集古印譜一卷 明顧從德輯 明隆慶鈐印本 清吳騫跋
九五六 楊氏集古印章四卷 明楊元祥輯 明萬曆十五年鈐印本
九五七 致古正文印藪五卷 明練學禮等輯 明萬曆十七年刻鈐印本
九五八 集古印譜五卷 明甘暘輯 印正附說一卷 明萬曆二十四年自刻鈐印本 八行二十四字白口四周雙邊
九五九 宣和集古印史八卷 明來行學輯 明萬曆二十四年來氏寶印齋刻鈐印本
九六〇 集古印譜十卷 明范汝桐輯 明萬曆二十八年范氏臥雲山房鈐印本
九六一 集古印譜十卷 明范汝桐輯 明萬曆二十八年范氏臥雲山房鈐印本 清蔣學鏞跋
九六二 古今印則十一卷印旨一卷 明程遠輯 明萬曆項夢原刻鈐印本
九六三 古今印則十一卷 明程遠輯 明萬曆項夢原刻鈐印本
九六四 古今印則二卷 明程遠輯 明萬曆項夢原刻鈐印本
九六五 古今印則二卷印旨一卷 明程遠輯 明萬曆項夢原刻鈐印本
九六六 古今印選四卷 明方用光輯 明萬曆三十一年許嘉謨、許嘉猷刻藍印本
九六七 古印選四卷 明沫鉅昌纂刻 明萬曆三十三年鈐印本
九六八 秦漢印範六卷 明潘雲杰、陸鐘輯 楊當時、蘇宣摹 明萬曆三十五年刻藍印本
九六九 集古印範十卷 明潘雲杰輯 明萬曆三十五年刻藍印本
九七〇 片玉堂集古印章六卷 明陸鐘輯 明萬曆鈐印本
九七一 印品七卷印章要論一卷 明朱簡輯 明萬曆三十九年刻鈐印本
九七二 圖書府印譜六卷 明釋自彥纂刻 明萬曆四十年刻鈐印本
九七三 印法參同四十二卷 明徐上達撰 明萬曆四十二年刻鈐印本
九七四 寶印齋印式二卷 明汪關纂刻 稿本
九七五 寶印齋印式二卷 明汪關纂刻 稿本 程嘉燧、李流芳、唐汝詢跋
九七六 松談閣印史五卷 明郭宗昌輯 稿本
九七七 印史一卷 明郭胤伯輯 明抄鈐印本
九七八 印苑八卷印說一卷 明徐西化輯 明天啟元年自刻鈐印本
九七九 石鼓齋印鼎九卷 明余藻撰 明崇禎九年自刻本
九八〇 佩銘類譜八卷 明安世鳳輯 明崇禎二年刻本
九八一 姓苑印章二卷 明江萬全輯 明崇禎二年鈐印本
九八二 翰苑印林二卷 明吳日章輯 明崇禎七年刻鈐印本

九八三 俞氏爰園印藪□卷 明俞彥撰 明崇禎十四年自刻鈐印本 存四卷 卷一至四
九八四 宣和集古印史一卷 明沈文玉纂刻 明刻鈐印本 半頁六印白口四周單邊
九八五 拾古印遺不分卷 清夏一駒輯 清乾隆五十三年夏氏半閑刻鈐印本
九八六 積古堂印譜四卷 清謝慶之輯 清康熙鈐印本
九八七 愚譜不分卷 清姚潤撰 清初姚氏鈐印本
九八八 稽古齋印譜十卷 清吳觀均輯 清康熙二十三年刻鈐印本
九八九 稽古齋古印譜十卷 清吳觀均輯 清康熙吳觀均刻鈐印本
九九〇 秦漢印譜不分卷 清程從龍輯 清乾隆三年師意齋刻鈐印本
九九一 程荔江印譜不分卷 清程從龍輯 清乾隆三年程氏鈐印本 清周鑾詒跋
九九二 漢銅印叢八卷 清汪啟淑輯 清乾隆十七年汪啟淑鈐印本
九九三 漢銅印叢十二卷 清汪啟淑輯 清乾隆十七年刻鈐印本
九九四 古銅印叢四卷 清汪啟淑輯 清乾隆三十一鈐印本
九九五 訒葊集古印存三十二卷 清汪啟淑輯 稿本
九九六 訒葊集古印存三十二卷 清汪啟淑輯 稿本 存十九卷 五、六、九至十一、十三至二十、二十五至五十一
九九七 訒葊集古印存三十二卷 清汪啟淑輯 清乾隆二十五年汪氏開萬樓刻鈐印本
九九八 漢銅印原十六卷 清汪啟淑輯 清乾隆二十五年汪氏開萬樓刻鈐印本 金洪銓跋
九九九 漢銅印原十六卷 清汪啟淑輯 清乾隆三十四年刻鈐印本
一〇〇〇 悔堂印外八卷 清汪啟淑叢益輯 清乾隆五十三年鈐印本
一〇〇一 秦漢印集不分卷 清吳好禮輯 清乾隆七年吳氏世德堂刻鈐印本
一〇〇二 西京職官印錄二卷印戔說一卷 清徐堅輯 清乾隆十一年徐氏衆新館刻鈐印本 章鈺跋
一〇〇三 西京職官印錄二卷印戔說一卷 清徐堅輯 清乾隆十一年徐氏衆新館刻鈐印本
一〇〇四 西京職官印錄不分卷 清徐堅輯 清嘉慶十三年徐保鈐印本
一〇〇五 四香堂摹印二卷附百壽圖一卷 清巴慰祖纂刻 清乾隆刻鈐印本
一〇〇六 四香堂摹印不分卷 清巴慰祖纂刻 清乾隆刻鈐印本
一〇〇七 四香堂印餘八卷 清巴慰祖纂刻 清鈐印本
一〇〇八 松筠桐蔭館印譜三卷附集印一卷 清郭偉勣輯 清乾隆四十三年刻鈐印

本

一〇〇九 印徵二卷 清朱楓輯 清乾隆四十六年刻鈐印本

一〇一〇 印徵二卷 清朱楓輯 清乾隆四十六年刻鈐印本 清傅崋跋

一〇一一 四本堂印譜不分卷 清沈森年輯 清乾隆四十七年刻鈐印本

一〇一二 四本堂印譜不分卷 清沈森年輯 清鈐印本

一〇一三 多野齋印說一卷 清董洵撰 清葉名澧家抄本

一〇一四 柿葉齋兩漢印萃一卷 清鄭大宋刻 鄭本茂輯 清乾隆五十八年刻鈐印本

一〇一六 秦漢銅印一卷 清黄易輯 清乾隆五十九年鈐印本 清葉志詵題款

一〇一七 讀古印式二卷 清黄錫蕃撰 清乾隆六十年刻鈐印本

一〇一八 續古印式二卷 清黄錫蕃撰 清乾隆六十年刻鈐印本 清戴衍祉、林尊保跋

一〇一九 蓮湖集古印譜不分卷 清鈐印本 清慶蘭跋

一〇二〇 銅鼓書堂藏印不分卷 清查禮輯 清嘉慶四年查氏銅鼓書堂鈐印本

一〇二一 阮氏積古齋漢銅印得不分卷 清阮元輯 清鈐印本

一〇二二 看篆樓鑑藏古銅印譜不分卷 清潘有為輯 清嘉慶鈐印本

一〇二三 看篆樓鑒藏古銅印譜不分卷 清潘有為輯 清鈐印本 秦更年題識

一〇二四 古銅印彙三卷 清潘季彤輯 清道光潘氏聽颿樓鈐印本

一〇二五 清儀閣古印偶存不分卷 清張廷濟輯 稿本

一〇二六 清儀閣古印偶存七卷 清張廷濟輯 清道光十五年刻鈐印本

一〇二七 清儀閣古印偶存七卷 清張廷濟輯 清道光十五年刻鈐印本 清陳介祺批注

一〇二八 集古官印攷十七卷集古虎符魚符攷一卷 清瞿中溶撰 稿本 清翁大年校並跋 存七卷 一至七

一〇二九 集古官印攷十七卷集古虎符魚符攷一卷 清瞿中溶撰 稿本 清翁大年校 存十卷 八至十七

一〇三〇 集古虎符魚符攷一卷 清瞿中溶撰 稿本

一〇三一 集古官印攷十七卷集古虎符魚符攷一卷 清瞿中溶撰 清同治十三年刻本 清陳介祺批校 存十三卷 一至十三

一〇三二 集古官印攷十七卷集古虎符魚符攷一卷 清瞿中溶撰 清同治十三年瞿樹鎬刻光緒十八年鈐印本 清吳大澂跋

一〇三三 鐵琴銅劍樓集古印譜不分卷 清瞿鏞輯 清咸豐八年鈐印本

一〇三四 選集漢印分韻二卷 清袁日省輯 謝雲生臨摹 續集二卷 謝景卿輯並臨摹 清嘉慶二年八年漱藝堂刻本

一〇三五 雙虞壺齋印存不分卷 清吳式芬輯 清吳氏雙虞壺齋鈐印本

一〇三六 雙虞壺齋印存不分卷 清吳式芬輯 清刻鈐印本

一〇三七 雙虞壺齋印存不分卷 清吳式芬輯 清鈐印本

一〇三八 雙虞壺齋印存不分卷 清吳式芬輯 清鈐印本

一〇三九 雙虞壺齋印存不分卷 清吳式芬輯 清刻鈐印本

一〇四〇 雙虞壺齋印存不分卷 清吳式芬輯 清吳氏雙虞壺齋鈐印本

一〇四一 雙虞壺齋印存八卷 清吳式芬輯 清光緒吳氏刻鈐印本

一〇四二 封泥考略十卷 清吳式芬、陳介祺藏並輯 翁大年考編 稿本 清陳介祺校

一〇四三 漢官私印泥封考三卷 清吳式芬、陳介祺藏並輯 翁大年編 稿本 清陳介祺跋

一〇四四 漢泥封考略二卷 清吳式芬、陳介祺藏並輯 翁大年編 清抄本 清陳介祺跋

一〇四五 澹靜齋印存不分卷 清楊尚文輯 清刻鈐印本

一〇四六 周秦印譜不分卷 清陳介祺輯 鈐印稿本

一〇四七 周秦玉印璽一卷 清陳介祺輯 鈐印稿本

一〇四八 秦漢官印類選不分卷 清陳介祺輯 鈐印稿本

一〇四九 簠齋印集不分卷 清陳介祺輯 鈐印稿本

一〇五〇 簠齋印集不分卷 清陳介祺輯並注釋 清道光二十七年鈐印稿本

一〇五一 簠齋印集不分卷 清陳介祺藏並注釋 清道光二十七年鈐印稿本

一〇五二 簠齋印集不分卷 清陳介祺輯 許瀚、吳式芬、何紹基審定 清咸豐元年刻鈐印本

一〇五三 簠齋印集不分卷 清陳介祺輯 何紹基審定 清咸豐九年鈐印本

一〇五四 十鐘山房印舉不分卷 清陳介祺輯 鈐印稿本

一〇五五 十鐘山房印舉不分卷目錄一卷 清陳介祺輯 鈐印稿本

一〇五六 十鐘山房印舉不分卷 清陳介祺輯 清道光鈐印本

一〇五七 十鐘山房印舉不分卷 清陳介祺輯 清同治十一年陳氏十鐘山房鈐印本

一〇五八 十鐘山房印舉不分卷 清陳介祺輯 清同治十一年陳氏十鐘山房鈐印本

一〇五九 十鐘山房印舉不分卷 清陳介祺輯 清同治十一年陳氏十鐘山房鈐印本

一〇六〇 十鐘山房印舉不分卷 清陳介祺輯 清同治十一年陳氏十鐘山房鈐印本 二十二冊
一〇六一 十鐘山房印舉不分卷 清陳介祺輯 清同治十一年陳氏十鐘山房鈐印本 十四冊
一〇六二 十鐘山房印舉不分卷 清陳介祺輯 清同治十一年陳氏十鐘山房鈐印本 八冊
一〇六三 十鐘山房印舉不分卷 清陳介祺輯 清同治十一年陳氏十鐘山房鈐印本 八十一冊
一〇六四 十鐘山房印舉不分卷 清陳介祺輯 清陳氏十鐘山房鈐印本 一百八冊
一〇六五 十鐘山房印舉不分卷 清陳介祺輯 清同治十一年陳氏十鐘山房鈐印本 六十三冊
一〇六六 十鐘山房印舉不分卷 清陳介祺輯 清同治十一年陳氏十鐘山房鈐印本 四十冊
一〇六七 十鐘山房印舉不分卷 清陳介祺輯 清同治十一年陳氏十鐘山房鈐印本 六十四冊
一〇六八 十鐘山房印舉不分卷 清陳介祺輯 清同治十一年陳氏十鐘山房鈐印本 二十九冊
一〇六九 十鐘山房印舉不分卷 清陳介祺輯 清同治十一年陳氏十鐘山房鈐印本 一百冊
一〇七〇 十鐘山房印舉不分卷 清陳介祺輯 清陳氏十鐘山房鈐印本 一百二十冊
一〇七一 十鐘山房印舉不分卷 清陳介祺輯 清陳氏十鐘山房鈐印本 一百九十一冊
一〇七二 十鐘山房印舉不分卷 清陳介祺輯 清陳氏十鐘山房鈐印本 一百九十冊
一〇七三 十鐘山房印舉不分卷 清陳介祺輯 清光緒九年陳氏十鐘山房鈐印本 一百九十一冊
一〇七四 十鐘山房印舉不分卷 清陳介祺輯 清光緒九年陳氏十鐘山房鈐印本 一百九十一冊
一〇七五 十鐘山房印舉不分卷 清陳介祺輯 清光緒九年陳氏十鐘山房鈐印本 徐鈞補錄序文並跋 一百九十二冊
一〇七六 十鐘山房印舉不分卷 清陳介祺輯 清光緒陳氏十鐘山房鈐印本 一百九十二冊
一〇七七 千鉥齋古鉥選不分卷 清陳介祺藏 吳大澂輯 清光緒九年鈐印本
一〇七八 萬印樓印譜不分卷 清陳介祺輯 清光緒鈐印本
一〇七九 得壺山房印寄不分卷 清李佐賢輯 清鈐印本
一〇八〇 古銅印選三卷 清姚覲元輯 清道光十八年姚氏墨林如惠堂刻鈐印本
一〇八一 金石衡鑑錄十二卷 清濮玉錫撰 稿本
一〇八二 齊魯古印攈四卷 清高慶齡輯 清光緒七年刻鈐印本
一〇八三 秦漢印章拾遺四卷 清高慶齡藏並輯 清鈐印本
一〇八四 秦漢印章拾遺不分卷 清鈐印本
一〇八五 古印本不分卷 清謝倩輯 清道光九年聽松閣鈐印本 清常茂保增補並題識
一〇八六 秦漢印存不分卷 清吳峻撰 清同治四年鈐印本
一〇八七 吉金齋古銅印譜六卷續一卷 清何昆玉輯 清同治八年刻鈐印本
一〇八八 周秦兩漢名人印考一卷 清吳大澂撰 稿本
一〇八九 簠齋所藏封泥目一卷 清吳大澂藏並撰 清陳介祺校並跋 清吳氏十二金符齋抄本

四五

一〇九〇 十二金符齋印存不分卷附藏符一卷漢人名印考一卷 清吳大澂輯 清光緒七年鈐印稿本
一〇九一 十六金符齋印存十二卷 清吳大澂輯 清鈐印本
一〇九二 十六金符齋印存不分卷 清吳大澂輯 清光緒十四年鈐印本
一〇九三 十六金符齋印存不分卷 清吳大澂輯 清光緒十四年鈐印本 清吳大澂跋
一〇九四 十六金符齋印選不分卷 清吳大澂輯 清鈐印本 清吳大澂校 汪
一〇九五 鐵雲藏印初集不分卷 清劉鶚輯 清鈐印本
一〇九六 淨硯齋艎印錄三十卷續一卷 清周鑾詒輯 鈐印稿本
一〇九七 先秦鉥印拓存一卷 清周鑾詒輯 清光緒周氏五鐙從樓室鈐印本 秦吏年跋
一〇九八 稽庵古印箋四卷 清孫文楷輯 清光緒十一年孫氏依鑄山房刻鈐印本
一〇九九 師讓庵漢銅印存不分卷 清丁丙藏 清光緒二十七年刻鈐印本
一一〇〇 續齊魯古印攈十六卷 清郭裕之輯 清光緒十八年刻鈐印本
一一〇一 望堂集古官印譜不分卷 楊守敬輯 清光緒楊氏刻鈐印本
一一〇二 贍麓齋古鉥印選不分卷 龔心釗輯 鈐印本
一一〇三 贍麓齋古印徵不分卷附考釋不分卷 龔心釗輯 鈐印本
一一〇四 贍麓齋古鉥印選不分卷 龔心釗輯 鈐印本
一一〇五 印蹟不分卷 明汲古閣刻朱藍套印本
一一〇六 寶數不分卷 清康熙鈐印本
一一〇七 寶數不分卷 清乾隆鈐印本
一一〇八 寶數不分卷 清嘉慶鈐印本
一一〇九 寶數不分卷 清道光鈐印本
一一一〇 寶數不分卷 清咸豐鈐印本
一一一一 漢印拾遺不分卷 清鈐印本
一一一二 齊魯封泥攷存不分卷 清拓本

四六

收藏情況表

書名編號	藏書單位
史 金石類 1	0141
2	0101
3	0101
4	0101
5	0201
6	0101
7	2302
8	0101
9	1601
10	0141
11	0101 0161 0162 0163 0165 0198 0301 0701 2202 2351 2640
12	0101
13	0101
14	0201
15	1601
16	0101
17	0201
18	1601
19	0101
20	1601
21	1401
22	2401
23	0101
24	1601
25	2201
26	0101
27	2301
28	0201
29	0201
30	0101
31	0101
32	0201
33	1281
34	0201
35	1601
36	0201
37	0181

表一

書名編號	藏書單位
史 金石類 38	0101
39	0301
40	0163
41	0101 0125 0161 0165 0201 0342 1501 1601 1945 2201 2401
42	1632
43	0101
44	0201
45	0101
46	0101
47	0201
48	2201
49	0101 0142 0542 0701 0705 1804 2342 2343
50	2401
51	1581
52	1712
53	2701
54	0201
55	0701
56	0201
57	0201
58	0301
59	2301
60	0101
60-1	0101
60-2	0703 0701
61	0201
62	2201
63	0181
64	0101
65	0101
66	2301
67	0101
68	1705
69	0101
70	0201
71	0261
72	0201

書名編號	藏書單位
史 金石類 73	0201
74	0101
75	0161
76	0150 0164 0182 0201 0341 1311 1701 2343 2503
77	0101
78	0164
79	0101
80	0101
81	0201
82	2401
83	0201
84	0101
85	0101 0161 0201 1582
86	0101 0144 1606 1701 2541 2701 2702
87	2401
88	1601 1701
89	2401
90	0201
91	0101
92	0201
93	0101
94	1601
95	1601
96	0182
97	0101
98	0162
99	0201
100	0101
101	1081
102	0101 0241
103	0101
104	0161 2001
105	0161
106	0201
107	2702
108	0201
109	0101
110	0201

表二

書名編號	藏書單位
史 金石類 111	0101
112	0946
113	1601
114	0201
115	1601
116	1601
117	1601
118	1601
119	1601
120	0201
121	0201
122	2401
123	0201
124	2401
125	0201
126	0101
127	0101
128	0182 0241 2401
129	0201
130	0145
131	0161 0701 0903 0905 2301
132	2201
133	0241
134	
135	1601
136	0701 2543
137	0101 0220 1023 2301
138	1501
139	0201
140	1601
141	1605
142	0241
143	0201
144	2201
145	2401
146	0181
147	0201
148	1701
149	0101

書名編號	藏書單位					
史 金石類150	0101					
151	2401					
152	0701					
153	1701					
154	0161					
155	0101					
156	0201					
157	0201					
158	0141	0201	0701	0841	0901	1802	2001
	2041	2301	2541	2543	2641		
159	0101						
160	0142	0150	0701	0842			
161	1581						
162	2461						
163	2701						
164	0101						
165	2701						
166	0201						
167	0201						
168	0101						
169	1601						
170	0101						
171	0301						
172	0301						
173	0101						
174	0241						
175	0141						
176	0141	0241					
177	0201						
178	0201						
179	0201						
180	0201						
181	0201						
182	0101	0201	2301				
183	0101	0141	0198				
184	1781						
185	0201						
186	0101						
187	0101						

書名編號	藏書單位	
史 金石類188	0201	
189	0101	
190	0201	
191	1701	
192	0101	0201
192①	0201	
193	0301	
194	0201	
195	0201	
196	0201	
197	0201	
198	1601	
199	0281	
200	0301	
201	2401	
202	0101	
203	1844	
204	0101	
205	0142	
206	0101	2301
207	0201	
208	0201	
209	2301	
210	2101	
211	0201	
212	1601	
213	0201	
214	2301	
215	0241	
216	2301	
217	1581	
218	0201	
219	2301	
220	1701	
221	0101	
222	0144	
223	0201	
224	0241	
225	0141	

書名編號	藏書單位					
史 金石類226	1701					
227	1781					
228	0101	0201	0341	1301	1601	1681	2002
	2042	2241	2301	2302	2742		
229	0101						
230	0342						
231	0201						
232	1601						
233	0101						
234	0101						
235	0141						
236	0201						
237	0101						
238	0101						
239	1587						
240	0701						
241	0101						
242	0201						
243	0201						
244	1701						
245	1601						
246	0101						
247	0163						
248	1661						
249	0101						
250	1601						
251	0101						
252	0201						
253	2401						
254	0142						
255	0149						
256	1501						
257	0201						
258	0201						
259	0201						
260	0201						
261	0201						
262	0201						
263	1681						

書名編號	藏書單位
史 金石類264	1681
265	1681
266	1681
267	0201
268	0201
269	1701
270	0101
271	1501
272	1241
273	2041
274	0101
275	0701
276	0701
277	0141
278	0101
279	0201
280	2701
281	1601
282	0201
283	0201
284	0201
285	0101
286	0201
287	0201
288	1787
289	2301
290	2001
291	1601
292	2702
293	2561
294	0201
295	0201
296	0201
297	0201
298	0281
299	0101
300	1501
301	0201
302	1501

書名編號	藏書單位						
史　金石類 303	0201						
304	0101						
305	0101						
306	2001						
307	0341						
308	0201						
309	0201						
310	0201						
311	0101						
312	0201						
313	0201						
314	2461						
315	0161						
316	1510						
317	0341						
318	1615						
319	0161						
320	1501						
321	0515						
322	0201						
323	1751						
324	1701						
325	0181						
326	0201						
327	1701						
328	2301						
329	2301						
330	2301						
331	0101						
332	0161						
333	0201						
334	0201						
335	0301						
336	2341						
337	0201						
338	0241						
339	0201						
340	0201						
341	2541						

書名編號	藏書單位						
史　金石類 342	2301						
343	0201						
344	0141	0161	0201				
345	0101						
346	0342						
347	0201	0342	1241	1501	1601	2001	2541
	2542						
348	0201						
349	0181	1582	1881				
350	0101	0181	0201	1705	1881		
351	1045						
352	0101						
353	1622						
354	0201						
355	0101						
356	0101	0165	0201	1401	1705	2702	
357	0101						
358	0101						
359	0101						
360	1741						
361	0201						
362	0251						
363	0301						
364	1582						
365	1801						
366	0141						
367	2501						
368	0101						
369	0101						
370	0173						
371	0201						
372	1541						
373	1581						
374	1701						
375	0101						
376	0197						
377	2701						
378	0141	0241	0291	0301	0501	0521	1082
	1081	1101	1544	1605	1701	1705	2041

卷五

書名編號	藏書單位						
史　金石類	2341						
379	1601						
380	0291						
381	0102	0141	0150	0161	0165	0197	0198
	0201	0301	0342	0502	0516	0521	0591
	0701	0741	0803	0841	0842	1001	1002
	1081	1082	1105	1301	1441	1461	1501
	1502	1503	1530	1541	1581	1582	1604
	1605	1606	1616	1622	1641	1651	1705
	1791	1801	1802	1841	1881	1885	1902
	2001	2009	2041	2043	2201	2262	2281
	2283	2301	2342	2401	2441	2541	2542
	2601	2681	2701	2702	2703	2741	2745
	2901						
382	1701						
383	0142	0150	0161	0201	0803	1601	1686
	1701	1710	1801	1881	2236	2261	2502
	2981						
384	0102	0165	0201	0241	0541	0571	0661
	1086	1681	2043				
385	2702						
386	0101	1701	1717	1761	1881		
387	1901						
388	0101	0141	0181	0201	1632	1701	1931
389	0101	1601					
390	0101						
391	0101						
392	0101	0161	0201	0262	0581	1381	
393	0241						
394	1615						
395	2281						
396	1041						
397	1581						
398	0101						
399	1631						
400	0301						
401	0101						
402	0101						
403	0198						

書名編號	藏書單位						
史　金石類 404	2301						
405	0301						
406	0941						
407	0201						
408	1705						
409	0101						
410	0282						
411	1182						
412	0101						
413	0101						
414	0101						
415	2261						
416	0101	0102	0141	0162	0181	0182	0196
	0241	0301	0701	1341	1501	1604	1701
	1741	2401	2843				
417	0342	1542					
418	0101						
419	0101						
420	0201						
421	0181						
422	0201						
423	1681						
424	0101	0301	2201	2301			
425	0141						
426	0101						
427	0101						
428	0101						
429	0101	0201					
430	0201						
431	0201						
432	0101						
433	1701						
434	0101	2301					
435	0101						
436	1502						
437	0101						
438	0101						
439	0201						
440	1601						

卷六

表七

書名編號	藏書單位
史　金石類441	1601
442	0101
443	0201
444	0201
445	0101
446	0201
447	0201
448	0163
449	0281
450	0201
451	0101
452	0242
453	0161
454	0204
455	0201
456	0201
457	0201
458	2701
459	0201
460	2801
461	0101
462	0301
463	1581
464	0101
465	0101
466	0101
467	2702
468	0101
469	0242
470	0101
471	0201
472	0101
473	1581
474	0161
475	1581
476	0301
477	0201
478	0201
479	0201

書名編號	藏書單位
史　金石類480	0101
481	0101
482	0101
483	0281
484	0201
485	0703
486	1501
487	0101
488	1581
489	1581
490	0201
491	0101
492	0161
493	0101
494	0201
495	0201
496	0201
497	0201
498	0101
499	1581
500	1520
501	0401
502	0161
503	0201
504	0161
505	1581
506	0101
507	2702
508	0101
509	0862
510	1741
511	0201
512	0101
513	0101
514	0201
515	0201
516	0201
517	1701
518	1701

表八

書名編號	藏書單位
史　金石類519	0201
520	2301
521	0201
522	0101
523	1101
524	0141
525	0101
526	1701
527	1581
528	2601
529	0201
530	0101
531	0101
532	2441
533	0101
534	0101
535	0201
536	0201
537	0101
538	0141
539	0101
540	0101
541	0101
542	0201
543	1702
544	2001
545	0101
546	0201
547	0101
548	0201
549	0201
550	2401
551	0101
552	0101
553	0101
554	0101
555	0101
556	0301
557	1801

書名編號	藏書單位							
史　金石類558	0101							
559	0101							
560	0101							
561	1781							
562	0101							
563	0201	0661	0701	2001	1261	1791	1902	2541
564	0201							
565	0201							
566	0101							
567	0101							
568	0101							
569	0201							
570	1601							
571	0101							
572	0164							
573	0341							
574	0301							
575	1601							
576	0101							
577	0101	0193	0201					
578	0341	1501	1601	1632				
579	0241							
580	0141	0201	0701	0703	0641	0861	1841	
	2241	2341	2401	2701				
581	1581							
582	0101							
583	2301							
584	0101							
585	0101							
586	0281							
587	0101							
588	0201							
589	0101							
590	0165							
591	2801							
592	0201							
593	0101	0141	0201	0808	1001	1601	1602	
	1701							
594	0101							

表九

書名編號	藏書單位
史 金石類595	0181
596	1701
597	0101
598	0101
599	1601
600	2401
601	2908
602	0101
603	1741
604	0141 0142 0143 0161 0201 0241 0281 0542 0591 0592 0741 0803 1001 1062 1101 1103 1301 1501 1502 1503 1541 1542 1601 1701 1702 1705 1741 1801 2042 2201 2206 2401 2541 2641 2701 2702 2705 2704 2741 2304
605	0101
606	0301
607	0701
608	1601
609	0201
610	0101
611	0101
612	0101
613	0201
614	0201
615	1101
616	0201
617	1601
618	0101
619	0101
620	0101
621	0101
622	0201
623	0101
624	0101
625	0101
626	2401
627	0141
628	0101

書名編號	藏書單位
史 金石類629	0101
630	2091
631	0201
632	1601
633	0201
634	1581
635	2701
636	2401
637	0101 1601 2301
638	2301
639	0201
640	1601
641	0101
642	0101 0201 0301 1615 1688 2001
643	0241
644	0101
645	0101 2401
646	0201
647	0903
648	0101 2301
649	0241
650	1601
651	0201
652	0201
653	1659
654	[illegible]
655	0201
656	0101
657	0101
658	1501
659	2401
660	2401
661	2401
662	0101 2301
663	2301
664	0201
665	1601
666	1601
667	1601

表一〇

書名編號	藏書單位
史 金石類668	0101
669	1701
670	0101
671	0201
672	1601
673	0101
674	0161
675	0201
676	0101
677	1601
678	0101
679	0101
680	0101
681	0101
682	0201
683	0201
684	0198
685	1601
686	158
687	1601
688	0201
689	0201
690	0281
691	0201
692	0201
693	0141 0198 0201 2001
694	0201
695	0101
696	0101
697	0101
698	0101
699	0201
700	0701
701	0101
702	0163
703	1601
704	0201
705	0101
706	0141

書名編號	藏書單位
史 金石類707	2401
708	0903
709	0101
710	0101
711	0144
712	0241
713	0141
714	2501
715	0201
716	1701
717	1081
718	0101 1601 2301
719	2251
720	0101 2401
721	0101
722	0201
723	0782
724	1702
725	0101
726	0201
727	0101
728	0101
729	0242
730	0501
731	0101
732	1621
733	0101
734	0201
735	0201
736	0198
737	0201
738	0201
739	0301
740	0101
741	1701
742	0101
743	0101
744	1681
745	1701

表十一

書名編號	藏書單位	
史 金石類 746	1605	
747	1681	
748	0501	
749	1681	
750	1601	
751	1601	
752	2702	
753	1901	
754	0101	
755	1704	
756	1741	
757	0201	
758	0201	
759	0201	
760	2302	
761	0101	
762	0101	1067
763	1651	
764	1601	
765	2001	
766	2001	
767	0101	
768	1601	
769	0101	
770	0842	
771	0201	
772	2401	
773	1646	
774	2401	
775	0101	
776	1601	
777	0201	
778	0101	
779	1621	
780	0101	
781	0101	
782	0101	
783	0101	
784	1601	

書名編號	
史 金石類 785	1501
786	0150
787	0201
788	0201
789	2521
790	2401
791	2161
792	1701
793	0161
794	1741
795	1704
796	0101
797	2201
798	0201
799	0161
800	0161
801	2001
802	2401
803	2001
804	2341
805	2351
806	0201
807	0201
808	2501
809	1701
810	2301
811	2501
812	2702
813	2201
814	2301
815	0201
816	0201
817	1601
818	2301
819	2301
820	2501
821	0141
822	2001
823	0161

表十二

書名編號	藏書單位						
史 金石類 824	2342						
825	0101						
826	0181						
827	1701						
828	0161						
829	0701						
830	0142						
831	0101						
832	0144						
833	0101						
834①	0101						
834②	0101	0121	0142	0144	0241	0281	3661
	0701	0781	0841	1461	1702	2301	2543
	2601	2701					
835	1581						
836	0501						
837	1601						
838	0201						
839	0101	0241					
840	2161						
841	1787						
842	1787						
843	0101						
844	0201						
845	1581						
846	1641						
847	1581						
848	1551						
849	0101						
850	0101						
851	1741						
852	0101						
853	0301						
854	0101						
855	1646						
856	0198						
857	1601						
858	2165						
859	0181						

書名編號	藏書單位
史 金石類 860	0101
861	0241
862	0101
863	2301
864	0501
865	0101
866	0101
867	0201
868	0341
869	0161
870	0101
871	0201
872	1501
873	1781
874	0161
875	0101
876	0101
877	0241
878	0966
879	0201
880	1551
881	0161
882	1681
883	1581
884	0101
885	1582
886	0101
887	1601
888	0101
889	0101
890	0101
891	0201
892	0101
893	1651
894	0101
895	0201
896	0041
897	1581
898	2302

書名編號	藏書單位					
史　金石類899	2301					
900	0101					
901	0201					
902	1701					
903	0101					
904	1581					
905	0241					
906	1526					
907	1501					
907[illegible]	0101					
908	0201					
909	1581					
910	0241					
911	0101					
912	0101					
913	0241					
914	0241					
915	0201					
916	0241					
917	0101					
918	0241					
919	0703					
920	0201					
921	0241					
922	1941					
923	1582					
924	0242					
925	1601					
926	0241					
927	0101					
928	0101					
929	0101					
930	1601					
931	0101					
932	0101					
933	1605					
934	1701					
935	0201					
936	1787					

書名編號	藏書單位					
史　金石類937	0161					
938	1581					
939	1501					
940	2201					
941	0241					
942	0142					
943	0241					
944	0141					
945	2541					
946	0701					
947	1701					
948	1581					
949	0141	0142	0144	[illegible]	[illegible]	0201	0241
	0221	0301	0341	[illegible]	[illegible]	0901	0902
	0941	0942	1501	[illegible]	1601	1622	1801
	2001	2042	2401	2501			
950	0101	0102	0141	0161	0181	0182	0198
	0201	0241	0281	0341	0520	0591⊕	0701
	0801	0841	1081	1201	1505	1581	1601
	1616	1799	1881	1901	2201	2301	2401
	2461	2701	2742				
951	1581					
952	0201					
953	2203					
954	0201					
955	1701					
956	1799					
957	0101	0201	0281	1799			
958	0101	0141	0143	0201⊕	0281	0301	1042
	1622	1701	1799				
959	0101	0144	0281⊕	1799	1801⊕	2001	2461
	2501						
960	0841					
961	1799					
962	0101					
963	0201	1641	2702				
964	2789					
965	0198	0281					
966	0201					

表十三

書名編號	藏書單位					
史　金石類967	1701					
968	0161	0181⊕	0201	0221	0701		
969	0201	1799					
970	1799						
971	0281⊕	1701	1761⊕	2301⊕			
972	1799	2702					
973	1799						
974	0201						
975	0201						
976	1799						
977	0101						
978	0281						
979	0101	1048	1799				
980	0103						
981	1799						
982	1799						
983	1201⊕	0101⊕					
984	0841						
985	0281						
986	1582						
987	0901						
988	2701						
989	0101						
990	1799	0201	2301				
991	0281						
992	0101	0841					
993	0201	0281	1501	1799	2701		
994	1799						
995	2702						
996	2581						
997	0101	0141	0201	0241	0282	0281	0341
	0701	0841	1601	1615	1681	2041	2301
	2361	2701					
998	1799						
999	0201						
1000	1799						
1001	0281						
1002	0101						
1003	0101	0141	0201	0221	0341	0542	0841

書名編號	藏書單位				
史　金石類	1501	1601	1605	1799	2644
1004	0101				
1005	1799				
1006	0101	0281			
1007	1701				
1008	2681				
1009	0301	1799			
1010	0281				
1011	1799				
1012	2401				
1013	0101				
1014	0201	1799			
1015					
1016	0281				
1017	0101	0281			
1018	0101				
1019	0101				
1020	0101	0142	0701	2701	
1021	0101				
1022	2701				
1023	0541				
1024	1744	2701			
1025	1712				
1026	0101	0241			
1027	0101				
1028	1666				
1029	0201				
1030	0181				
1031	1581⊕				
1032	1601				
1033	1701				
1034	0101				
1035	0101				
1036	0101				
1037	0101				
1038	0198				
1039	0201				
1040	1601				
1041	0201	1581⊕			

表十四

書名編號	藏書單位		
史　金石類1042	0101		
1043	0201		
1044	1581		
1045	0101		
1046	0101		
1047	0101		
1048	1781		
1049	0101		
1050	0101		
1051	0101		
1052	0101		
1053	1799		
1054	0101		
1055	0201		
1056	1581		
1057	2101		
1058	0101		
1059	0101		
1060	0101		
1061	0101		
1062	0101		
1063	0101		
1064	0101		
1065	0198		
1066	0201		
1067	0281		
1068	1581		
1069	1799		
1070	0301		
1071	0182		
1072	0341		
1073	2101		
1074	0301		
1075	0281		
1076	2701		
1077	0281		
1078	1581		
1079	0101		
1080	2701		

表一五

書名編號	藏書單位			
史　金石類1081	1601			
1082	0198	1799	2701	
1083	0341			
1084	0101			
1085	2217			
1086	2002			
1087	0101	0201◎	1704◎	2301
1088	0201			
1089	0101			
1090	0281			
1091	0281			
1092	0201			
1093	0201			
1094	0201			
1095	0101	0701		
1096	0101			
1097	0281			
1098	0281			
1099	1701			
1100	0198	1799	2701	
1101	2701			
1102	0201			
1103	0201			
1104	0201			
1105	2505			
1106	0181			
1107	0181			
1108	0181			
1109	0181			
1110	0181			
1111	0101			
1112	0198			

史評類

史通二十卷 唐劉知幾撰 明嘉靖十四年陸深刻本 十行二十字白口四周單邊 一

史通二十卷 唐劉知幾撰 明嘉靖十四年陸深刻本 清黃丕烈跋 孫毓修校並錄清何焯、顧廣圻校跋 十行二十字小字雙行行二十字白口四周單邊 二

史通二十卷 唐劉知幾撰 明刻本 十行二十字小字雙行白口四周單邊 三

史通二十卷 唐劉知幾撰 明刻本 清顧廣圻校跋並抄配缺頁 鄒邦述、葉景葵、洪頤煊跋 四

史通二十卷 唐劉知幾撰 明萬曆五年張之象刻本 十行二十字白口左右雙邊單魚尾 五

史通二十卷 唐劉知幾撰 明萬曆五年張之象刻本 清何焯批校並跋又錄清馮舒評語 清顧廣圻跋 鄒邦述跋 十行十九字白口左右雙邊 六

史通二十卷 存十三卷 一至十三 唐劉知幾撰 明萬曆五年張之象刻本 清蔣杲錄清何焯校識 十行十九字白口左右雙邊單魚尾下記刻工 七

史通二十卷 唐劉知幾撰 明萬曆五年張之象刻本 清喬載繇跋並錄清黃叔琳、盧文弨批校 十行十九字白口左右雙邊有刻工 八

史通二十卷 唐劉知幾撰 明萬曆五年張之象刻本 清翁同龢過錄並臨清何焯校跋 十行十九字白口左右雙邊單魚尾下有刻工及字數 九

史通二十卷 唐劉知幾撰 明萬曆五年張之象刻本 清丁丙跋 半頁十行十九字白口左右雙邊有刻工 一〇

史通二十卷 唐劉知幾撰 明萬曆五年張之象刻本 傅增湘跋並臨唐翰題校 吳慈培跋並臨清何焯、顧廣圻校跋 十行十九字白口左右雙邊有抄配 一一

史通二十卷 唐劉知幾撰 明萬曆三十年張鼎思刻本 九行十八字白口左右雙邊有刻工 一二

史通二十卷 唐劉知幾撰 明萬曆三十年張鼎思刻本 清錢陸燦批校 清吳卓信錄清王峻批校並跋 九行十八字白口左右雙邊 一三

史通二十卷 唐劉知幾撰 明萬曆三十年張鼎思刻本 鄒登孫跋並錄清顧廣圻、盧文弨校跋 九行十八字白口左右雙邊 一四

史通二十卷 唐劉知幾撰 明萬曆三十年張鼎思刻本 吳慈培錄清孫潛、顧廣圻校並錄清顧廣圻、吳嘉泰、顧沅題識 九行十八字白口左右雙邊 一五

史通二十卷 唐劉知幾撰 明萬曆三十年張鼎思刻本 葉景葵跋並錄清何焯、顧廣圻校跋 九行十八字白口左右雙邊單魚尾下間有刻工 一六

史通二十卷 唐劉知幾撰 明萬曆三十年張鼎思刻本 洪業題識 九行十八字小字雙行白口單魚尾左右雙邊版心下有刻工名 一七

史通二十卷 存十卷 一至十 唐劉知幾撰 明萬曆三十年張鼎思刻本 傅增湘題識 九行十八字白口單魚尾左右雙邊 一八

史通二十卷 唐劉知幾撰 明李維楨評 郭孔延評釋 明刻本 徐永禎校跋並錄陳鱣題識 九行二十字白口四周單邊 一九

史通二十卷 唐劉知幾撰 明李維楨評 郭孔延評釋 明末刻本 吳慈培、鄒邦述、葉景葵跋 九行二十字白口單邊單魚尾 二〇

史通評釋二十卷 明郭孔延撰 明萬曆三十二年郭孔陵刻本 十行二十二字小字雙行字數同白口四周雙邊 二一

史通二十卷 唐劉知幾撰 明李維楨評 郭孔延評釋 明刻本 九行二十字白口四周單邊 二二

史通二十卷 唐劉知幾撰 清初葉氏抄本 二三

史通訓故二十卷 明王惟儉撰 明萬曆三十九年刻本 十行二十字白口四周單邊 二四

史通訓故二十卷 明王維儉撰 明末刻本 九行十八字小字雙行白口四周單邊 二五

史通註二十卷 明陳繼儒撰 明末刻本 九行二十字白口四周單邊 二六

史通注二十卷 明陳繼儒撰 明末刻本 清王孝詠校並題識 九行二十字小字雙行二十字白口四周單邊 二七

史通訓故補二十卷 清黃叔琳撰 清乾隆十二年黃叔琳養素堂刻本 二八

史通訓故補二十卷 清黃叔琳撰 清浦起龍批校 清乾隆十二年黃叔琳養素堂刻本 二九

史通訓故補二十卷 清黃叔琳撰 清乾隆十二年黃叔琳養素堂刻本 清盧文弨校跋並錄清馮舒、錢曾、何焯校 清丁丙跋 三〇

史通訓故補二十卷 清黃叔琳撰 清乾隆十二年黃叔琳養素堂刻本 清紀昀批點並跋 三一

史通訓故補二十卷 清黃叔琳撰 清乾隆十二年黃叔琳養素堂刻本 清沈彤過錄清馮舒、何焯批校 三二

史通訓故補二十卷 清黃叔琳撰 清乾隆十二年黃叔琳養素堂刻本 于石生校 三三

史通通釋二十卷附錄一卷 清浦起龍撰 清乾隆十七年浦氏求放心齋刻本 三四

史通通釋二十卷 清浦起龍撰 清乾隆十七年浦氏求放心齋刻本 佚名錄紀昀批校 清銅柯跋 三五

史通通釋二十卷附錄一卷 清浦起龍撰 清乾隆十七年浦氏求放心齋刻本 清紀昀評點並跋 三六

史通通釋二十卷 清浦起龍撰 清乾隆十七年浦氏求放心齋刻本 清李錫齡校並跋 三七

史通通釋二十卷 清浦起龍撰 清乾隆十七年梁溪浦氏求放心齋刻本 口立齋跋並錄馮舒、錢曾、何焯及盧文弨校 三八

史通通釋二十卷附錄一卷 清浦起龍撰 清乾隆十七年浦氏求放心齋刻本 清李慈銘跋 三九

史通通釋二十卷 清浦起龍撰 清乾隆十七年浦氏求放心齋刻本 楊守敬錄清紀昀批校 四〇

史通通釋二十卷 清浦起龍撰 清乾隆浦氏求放心齋刻本 曹仲煜批點並過錄紀昀識語 四一

史通削繁不分卷 清紀昀輯 清抄本 四二

胡曾詠史詩一卷 唐胡曾撰 清抄本 清丁丙跋 四三

唐史論斷三卷 宋孫甫撰 清初抄本 四四

唐史論斷三卷 宋孫甫撰 清抄本 四五

唐史論斷三卷 宋孫甫撰 清抄本 四六

唐史論斷三卷 宋孫甫撰 清抄本 四七

唐史論斷三卷 宋孫甫撰 清抄本 四八

唐史論斷三卷 宋孫甫撰 清抄本 四九

唐史論斷三卷 宋孫甫撰 清初抄本 清滌盧主人題識 五〇

三

唐史論斷三卷 宋孫甫撰 清彭氏知聖道齋抄本 清彭元瑞校 五一
唐史論斷三卷 宋孫甫撰 清抄本 清黃丕烈校 五二
唐史論斷三卷 宋孫甫撰 清抄本 清丁丙跋 五三
新唐書贊不分卷 宋歐陽脩撰 清抄本 五四
唐書直筆新例四卷新例須知一卷 宋呂夏卿撰 明抄本 五五
唐書直筆新例四卷新例須知一卷 宋呂夏卿撰 明影宋抄本 五六
唐書直筆新例四卷新例須知一卷 宋呂夏卿撰 清影宋抄本 清顧錫麒校並跋 五七
唐書直筆新例四卷新例須知一卷 宋呂夏卿撰 清抄本 五八
唐鑑十二卷 宋范祖禹撰 宋刻本 十一行二十三字白口四周双边双魚尾 四周双边左右双边不等 五九
東萊先生音註唐鑑二十四卷 宋范祖禹撰 呂祖謙註 宋刻元修本 劉啟瑞校並跋 十一行十九字小字双行二十四字白口左右双边 六〇
東萊先生音註唐鑑二十四卷 宋范祖禹撰 呂祖謙註 明弘治十年呂鏜刻本 九行十八字小字双行行十八字黑口双边 六一
東萊先生音註唐鑑二十四卷 宋范祖禹撰 呂祖謙註 明弘治十年呂鏜刻本 清周錫瓚校 九行十八字小字双行同上下黑口四周双边 六二
東萊先生音註唐鑑二十四卷 宋范祖禹撰 呂祖謙註 明弘治刻本 十一行十八、十九字不等小字双行字數同細黑口左右双边 六三
東萊先生音註唐鑑二十四卷 宋范祖禹撰 呂祖謙註 明刻本 九行十八字大黑口左右双边 六四
東萊先生音註唐鑑二十四卷 宋范祖禹撰 呂祖謙註 明刻本 清朱奕尊批 九行十八字小字十八字黑口四周双边 六五
東萊先生音註唐鑑二十四卷 宋范祖禹撰 呂祖謙註 清刻本 傅增湘校並跋 六六
東萊先生音註大唐文鑑二十四卷 宋范祖禹撰 呂祖謙註 明刻本 清丁丙跋 半頁十行二十一字小字双行行二十字范祖禹進書表大黑口正文版心上刻「大唐文鑑」加大黑口四周双边 六七
四明尊堯集四卷 宋陳瓘撰 明刻本 十一行二十字黑口四周双边 六八
四明尊堯集四卷 宋陳瓘撰 明刻本 十行二十一字細黑口四周单边 六九
四明尊堯集四卷 宋陳瓘撰 清抄本 七〇
四明尊堯集四卷 宋陳瓘撰 清影元抄本 七一
宋忠肅陳了齋四明尊堯集十一卷 宋陳瓘撰 清光緒十年韋業祥翠竹書堂刻本 傅增湘校並跋 七二

四

三國雜事二卷 宋唐庚撰 明范氏天一閣抄本（四庫全書底本） 七三
致堂讀史管見三十卷 宋胡寅撰 宋嘉定十一年衡陽郡齋刻本（卷五至六、九至十、十三至三十配元刻本） 十二行二十三字白口左右双边双魚尾下記刻工 七四
致堂讀史管見三十卷 宋胡寅撰 宋寶祐二年刻元明遞修本 十二行二十三字白口左右双边 七五
致堂讀史管見三十卷 宋胡寅撰 宋刻本 十二行二十三字白口左右双边双魚尾 存一卷 二十一 七六
致堂讀史管見三十卷 宋胡寅撰 宋刻本 十二行二十三字白口左右双边 存一卷 三十 七七
致堂讀史管見三十卷 宋胡寅撰 宋刻明補本 十二行二十三字白口左右双边 七八
致堂讀史管見三十卷 宋胡寅撰 元刻本 十二行二十三字白口左右双边 存十五卷 七至十五、十九至二十四 七九
致堂讀史管見三十卷 宋胡寅撰 元刻本 十二行二十三字白口左右双边 存四卷 二十六至二十九 八〇
致堂讀史管見三十卷 宋胡寅撰 元刻本 十二行二十三字白口左右双边有刻工 存三卷 四至六 八一
致堂讀史管見三十卷 宋胡寅撰 元刻明修本 十二行二十三字白口左右双边有刻工 八二
宋儒致堂胡先生讀史管見三十卷 宋胡寅撰 明正德七年劉弘毅慎獨齋刻本 十三行二十四字白口四周双边 八三
讀史管見三十卷目錄二卷 宋胡寅撰 明崇禎八年張溥刻本 九行二十字白口左右双边 八四
讀史管見三十卷目錄二卷 宋胡寅撰 明崇禎八年張溥刻張氏後人重印本 九行二十字白口左右双边 八五
三國雜事二卷 宋唐庚撰 清抄本 八六
李侍郎經進六朝通鑑博議十卷 宋李燾撰 宋畢萬裔宅富學堂刻本 十二行二十二字白口左右双边 八七
李侍郎經進六朝通鑑博議十卷 宋李燾撰 清抄本 八八
李侍郎經進六朝通鑑博議十卷 宋李燾撰 清抄本 八九
李侍郎經進六朝通鑑博議十卷 宋李燾撰 清咸豐九年求志齋抄本 九〇
李侍郎經進六朝通鑑博議十卷 宋李燾撰 清抄本 清丁丙跋 九一
經幄管見四卷 宋曹彥約撰 清抄本 清丁丙跋 九二

涉史隨筆一卷　宋葛洪撰　明弘治刻本　九行十八字黑口四周雙邊　九三

涉史隨筆一卷　宋葛洪撰　明正德十一年鄒瑞刻本　沈峄跋　九行十八字白口四周單邊　九四

涉史隨筆一卷　宋葛洪撰　清抄本　九五

舊聞證誤十五卷　宋李心傳撰　清初毛氏汲古閣影宋抄本　存二卷一至二　九六

舊聞證誤四卷　宋李心傳撰　清咸豐五年葉廷琯抄本　清葉廷琯校並跋　又錄明姚咨、勞格校　九七

舊聞證誤四卷　宋李心傳撰　清抄本　清丁丙跋　九八

永嘉先生三國六朝五代紀年總辨二十八卷　宋朱黼撰　清抄本　清丁丙跋　九九

舊聞證誤四卷　宋李心傳撰　清抄本　陸樹藩校並跋　一〇〇

泉南新刊古板大字小學史斷二卷首一卷　宋南宮靖一撰　明晏彥文續　明嘉靖三十七年泉南翰墨餘香堂刻本　半頁九行二十字白口四周單邊　一〇一

小學史斷二卷　宋南宮靖一撰　續一卷　明晏彥文撰　明嘉靖十二年邊潘朱寵瓖刻本　十行二十字小字雙行同白口四周雙邊　一〇二

小學史斷二卷　宋南宮靖一撰　續一卷　明晏彥文撰　明嘉靖十七年張木刻本　九行二十字白口四周單邊　一〇三

五

小學史斷二卷　宋南宮靖一撰　續一卷　明晏彥文撰　附通鑑總論一卷　元潘榮撰　明嘉靖二十六年趙瀛刻本　九行二十字白口左右雙邊　一〇四

小學史斷二卷　宋南宮靖一撰　明晏彥文續　明刻本　九行二十字黑口四周雙邊　一〇五

小學史斷二卷　宋南宮靖一撰　明刻本　十行十八字小字雙行同黑口四周雙邊　一〇六

小學史斷四卷　宋南宮靖一撰　前編一卷續編一卷　明徐師曾撰　明嘉靖三十三年刻本　十行二十字注文小字雙行字同左右雙邊白口　一〇七

小學史斷四卷　宋南宮靖一撰　明晏彥文續撰　附資治通鑑總要通論一卷　元潘榮撰　明隆慶二年龔岩川刻本　九行二十字白口四周雙邊單魚尾　一〇八

小學史斷四卷　宋南宮靖一撰　明晏彥文續撰　明刻本　九行二十字小字雙行白口四周雙邊　一〇九

小學史斷四卷　宋南宮靖一撰　明徐師曾音註　前編一卷續編一卷　明徐師曾撰　明刻本　八行十七字小字雙行同四周單邊白口有刻工　一一〇

小學史斷補刻四卷　宋南宮靖一撰　明管袖之、翟公學續撰　明嘉靖刻本　九行二十字小字雙行白口單魚尾左右雙邊　一一一

類編皇朝大事記講義二十三卷　宋呂中撰　明抄本　一一二

類編皇朝大事記講義二十三卷中興講義一卷　宋呂中撰　清文瑞樓抄本　一一三

類編皇朝中興大事記講義二十七卷　宋呂中撰　清抄本　一一四

類編皇朝大事記講義二十三卷　宋呂中撰　清抄本　一一五

類編皇朝大事記講義二十三卷　宋呂中撰　清抄本　一一六

類編皇朝大事記講義二十三卷中興講義一卷　宋呂中撰　清抄本　清丁丙跋　一一七

通鑑答問五卷　宋王應麟撰　元至元六年慶元路儒學刻本　十行二十字小字雙行同白口左右雙邊　一一八

通鑑答問五卷　宋王應麟撰　元刻明正德、嘉靖、萬曆遞修玉海本　十行二十字左右雙邊　存二卷四至五　一一九

史學提要三卷　宋黃繼善撰　明抄本　一二〇

史學提要一卷　宋黃繼善撰　清賦實精舍抄本　清丁丙跋　一二一

史詠詩集二卷　宋徐鈞撰　清何元錫抄本　清丁丙跋　一二二

重刻定宇陳先生增廣通略四卷　元陳櫟撰　明崇禎八年陸錫明刻本　九行二十一字白口四周單邊　一二三

十七史纂古今通要十七卷　元胡一桂撰　後集三卷　元董鼎撰　元大德刻本　十一行二十一字細黑口左右雙邊雙魚尾有刻工　一二四

十七史纂古今通要十七卷　元胡一桂撰　史纂通要後集三卷　元董鼎撰　元刻本　十一行二十一字小字雙行同黑口四周單邊　一二五

十七史纂古今通要十七卷　元胡一桂撰　後集三卷　元董鼎撰　清抄本　清丁丙跋　一二六

史義拾遺二卷　元楊維楨撰　明嘉靖十九年伍撤刻本　九行十八字小字雙行十八字白口四周單邊　一二七

史義拾遺二卷　元楊維楨撰　明刻本　九行二十字白口四周單邊　一二八

史義拾遺二卷　元楊維楨撰　左逸一卷短長一卷　明蔣護輯　明崇禎五年蔣世枋刻本　八行二十字小字雙行字數同白口四周單邊　一二九

新刊點校諸儒論斷唐三宗史編句解九卷　元刻本　十二行二十三字小字雙行同黑口左右雙邊　存六卷四至九　一三〇

策要六卷　元梁寅撰　元刻本　十四行二十一字細黑口四周雙邊　存二卷一至二　一三一

六

一三二 通鑑博論三卷 明朱權撰 明永樂五年內府刻本 八行二十字大黑口双魚尾四周双边
一三三 通鑑博論三卷 明朱權撰 明萬曆十四年內府刻本 八行二十字大黑口四周双边
一三四 通鑑博論三卷 明朱權撰 明萬曆十四年內府刻本 清丁丙跋 半頁八行二十字大黑口四周双边
一三五 通鑑博論三卷 明朱權撰 清抄本 清宋筠校 存二卷 上、下
一三六 史鉞二十卷 明晏璧編 明景泰七年劉氏翠巖精舍刻本 十一行二十四字細黑口四周双边双魚尾
一三七 史鉞二十卷 明晏璧撰 明弘治十五年劉祥刻本 十二行二十四字黑口双边
一三八 史鉞二十卷 明晏璧撰 明嘉靖二十七年刻本 半頁十一行二十二字四周單边白口單边
一三九 政監三十二卷 明夏寅撰 明成化刻本 十行十九字粗黑口对魚尾四周双边
一四〇 政監三十二卷 明夏寅撰 明成德十六年刻本 十行十九字白口四周單边
一四一 新舊唐書雜論一卷 明李東陽撰 清抄本 清丁丙跋
一四二 宋紀受終考三卷 明程敏政撰 清味書軒抄本
一四三 續宋論三卷 明蔣誼撰 明成化二十二年許岳英、王洪刻本 十行二十字黑口四周双边
一四四 張文僖公詠史詩四卷 明張昇撰 莊一俊評 清抄本
一四五 雪湖詠史錄二卷 明馮蘭撰 明刻本 九行十七字黑口四周双边双魚尾

七

一四六 學史十三卷 明邵寶撰 明正德十三年刻本 十行二十字白口左右双边
一四七 學史十三卷 明邵寶撰 明正德十五年陳察刻本 半頁十行二十字黑口左右双边
一四八 學史十三卷 明邵寶撰 明嘉靖七年陳察刻本 十行二十字白口左右双边
一四九 學史十三卷 明邵寶撰 明嘉靖七年陳察刻本 清丁丙跋 半頁十行二十字白口左右双边
一五〇 學史十三卷 明邵寶撰 明嘉靖二十三年秦汶刻本 十行二十字白口左右双边
一五一 唐宋名賢歷代確論一百卷 明弘治十七年錢孟濬刻本 十一行二十字白口左右双边
一五二 唐宋名賢歷代確論一百卷 明弘治十七年錢孟濬刻本 清丁丙跋 十一行二十字白口左右双边
一五三 唐宋名賢歷代確論一百零一卷 清抄本
一五四 新刊唐宋名賢歷代確論十卷 明錢福撰 明正德二年宗文書堂刻本 十一行二十四字上下黑口四周双边双魚尾
一五五 新刊唐宋名賢歷代確論十卷 明錢福撰 明刻本 鄧瑞勳跋 半頁十一行行二十四字黑口双順黑魚尾四周双边
一五六 宋史闡幽二卷 明許浩撰 明崇禎元年許錞刻本 九行二十字白口四周單边
一五七 元史闡幽一卷 明許浩撰 明弘治十七年錢如京刻本 十行十九字大黑口四周双边

一五八 新刊翰林會選批點史鑑新論四卷 明滕霄撰 明刻本 十三行二十七字四周双边黑口双順魚尾
一五九 史評十卷 明范光宙撰 清順治十五年刻本
一六〇 古史通略二卷 明芸莊精舍刻本 十行十七字上下黑口四周双边双魚尾
一六一 責備餘談一卷 明方鵬撰 明抄本 清毛扆跋 □壽若跋
一六二 新刊通鑑綱目策論摘題二十卷 明戚時泰輯 明嘉靖三年鄭氏宗文堂刻本 半頁十六行字數不等黑口四周双边
一六三 兀涯西漢書議十二卷 明霍韜撰 張邦奇增修 明抄本
一六四 尚論編二十卷 明鄒泉撰 明萬曆十六年閩州葉龍溪刻本 十一行二十四字小字双行字數同白口四周單边
一六五 讀史備忘八卷 明鄭濬泰撰 明萬曆十年鄭心材刻本 十行十九字白口左右双边有刻工
一六六 删政史論二卷附國朝制書一卷 明鄭曉輯 明萬曆三十四年王洵刻本 十行十九字白口左右双边單魚尾
一六七 史談補五卷 明陳一奇輯 陳南補 明萬曆二十五年刻本 九行十六字小字双行十六字白口左右双边
一六八 證道編摘卷不分卷 明唐樞撰 鮑士龍等摘 明隆慶刻本 清陳其榮跋 九行行十八字白口四周單边
一六九 新刊資治通鑑漢唐綱目經史品藻十二卷宋元綱目經史品藻五卷 明戴璟撰 明嘉靖十五年清江堂刻本 十一行二十一字白口四周双边

八

一七〇 新編漢唐通鑑品藻三十卷 明戴璟撰 明嘉靖十七年西安府刻本 十二行二十一字花口單边
一七一 新編漢唐綱目群史品藻三十卷 明戴璟撰 明建邑書林安正堂刻本 十一行二十一字白口四周双边
一七二 覺山洪先生史説二卷 明洪垣撰 明萬曆四十二年刻本 九行二十字白口左右双边單魚尾
一七三 史學綱領五卷 明王坤撰 明嘉靖二十六年刻本 十一行二十四字白口四周單边
一七四 史衡六卷 明陳堯撰 明嘉靖二十五年刻本 九行二十一字黑口四周双边
一七五 刻王弇州文部讀史論辨不分卷 明王世貞撰 明刻本 八行十九字白口四周單边
一七六 史學要義五卷 明卜大有輯 明萬曆刻本 十行二十五字白口四周單边
一七七 洗心居雅言集二卷 明范欽撰 明萬曆三十六年陶望齡刻本 十行二十字白口四周單边
一七八 通鑑纂鑰十卷 明嘉靖三十年蟠溪書堂刻本 十一行二十五字白口左右双边單魚尾
一七九 霞漪閣校訂史綱評要三十六卷 明李贄撰 明萬曆四十一年吳從先刻本 九行十八字白口單黑魚尾左右双边
一八〇 霞漪閣校訂史綱評要三十六卷 明李贄撰 明萬曆四十一年吳從先刻本 清袁

自超題識　九行十八字白口左右雙邊單魚尾

讀史愚見四卷　明趙沃撰　明嘉靖三十三年刻本　八行二十字白口單邊　一八一

新刊未軒林先生類纂古今名家史綱疑辨四卷　明林有望選　明萬曆元年金陵鍾仁卿刻本　十二行二十四字白口單邊單魚尾　一八二

留餘堂史取十二卷　明賀祥撰　明刻本　九行二十字白口四周單邊　一八三

新鐫古史要評五卷　明吳崇節撰　明萬曆三十八年吳宗茂刻本　十行十九至二十一字不等白口四周雙邊　一八四

刻歷朝捷錄大成二卷　明顧充撰　明萬曆十二年定海學宮刻本　七行十八字白口左右雙邊　一八五

刻歷朝捷錄大成二卷　明顧充撰　明萬曆刻本　六行十四字白口上下單邊左右雙邊下有刻工　一八六

刻歷朝捷錄大成二卷　明顧充撰　明張國璽刻本　九行十八字白口四周雙邊　一八七

歷朝捷錄二卷　明顧充撰　明刻本　半頁十行二十字白口左右雙邊　一八八

重刻顧迴瀾增改歷朝捷錄大成二卷　明顧充撰　明刻本　十行二十三字白口左右雙邊　一八九

新刻顧迴瀾先生歷朝捷錄正文二卷　明顧充撰　明刻本　八行十八字白口四周雙邊　一九〇

歷朝捷錄大成二卷　明顧充撰　清雍正內府抄本　一九一

新鋟歷朝評林捷錄四卷　明顧充撰　明萬曆存德堂刻本　半頁九行行八十八字白口四周雙邊　一九二

新鐫全補標題音注歷朝捷錄四卷　明顧充撰　一九三

新刻全補標題音注元朝捷錄四卷　明湯賓尹輯

新鐫增補評林音注國朝捷錄四卷　明鄭以偉輯　明刻本　九行十八字白口單邊

重刻增改標題音註歷朝捷錄大成四卷　明顧充撰　顧憲成音釋　明萬曆十二年舒用中刻本　十行二十二字小字雙行同白口四周雙邊　一九四

重刻歷朝捷錄四卷　明顧充撰　明刻本　九行二十二字白口四周單邊　一九五

重刻全補標題音註歷朝捷錄四卷　明顧充撰　顧憲成音釋　明萬曆六年舒少軒刻本　十行二十二字白口四周雙邊　一九六

鐫重訂補註歷朝捷錄史鑑提衡四卷首一卷　大字靖難紀略一卷　明顧充撰　李廷機重訂　明萬曆書林熊冲宇刻本　七行十七字每行右邊有小字旁注字數不等白口四周單邊　一九七

新鍥評林註釋列朝捷錄四卷　明顧充等撰　明萬曆二十四年書林熊冲宇種德堂刻本　十行二十字小字雙行行字同白口四周單邊　一九八

新刻開基翰林評選歷朝捷錄總要四卷　明王永楨評　張瑞圖註　明萬曆三十六年儲賢館詹恒忠刻本　十行二十字小字雙行同白口无直格四周雙邊　一九九

鼎雕陳眉公先生批點歷朝捷錄四卷　明顧充撰　陳繼儒批點　明末刻本　十行二十字白口四周單邊　二〇〇

新鐫歷朝捷錄增定全編原本四卷　明顧充撰　鍾惺等增定　明刻本　八行十八字小字雙行字數同白口四周單邊　二〇一

新鐫歷朝捷錄增定全編大成四卷　明顧充撰　鍾惺補輯　明末刻本　八行十八字白口四周單邊　二〇二

新鐫歷朝捷錄增定全編大成四卷　明顧充撰　鍾惺等增定　明錢達卿、王公先刻本　八行十八字小字雙行白口四周單邊　二〇三

校刻歷朝捷錄百家評林八卷　明顧充撰　明萬曆十六年舒用中刻本　九行十八字白口四周單邊　二〇四

歷朝捷錄百家評林八卷　明顧充撰　劉應秋輯評　明刻本　九行二十字小字雙行同白口四周單邊　二〇五

新鐫增定歷朝捷錄全編四卷　明顧充撰　明周昌年增定　明金陵周文煥刻本　十行二十一字小字雙行二十一字白口四周單邊　二〇六

新鐫增定歷代捷錄全編八卷首一卷　明顧充撰　陳繼儒增訂　明天啟梅墅石渠閣刻本　九行十八字小字雙行同白口四周單邊　二〇七

六訂歷朝捷錄百家評林五卷　明顧充撰　趙東忠集評　明萬曆二十九年陳擢吾存德堂刻本　九行二十一字白口四周雙邊　二〇八

新鐫顧迴瀾先生歷朝捷錄大成原本五卷　明顧充撰　鍾惺評　明末醉畊堂刻光啟堂印本　九行二十一字白口四周雙邊上下邊欄　二〇九

新鐫湯睡菴先生批評歷朝捷錄六卷　明顧充撰　湯賓尹評　明萬曆四十二年書林黃擢宇刻本　十一行二十二字小字雙行二十二字白口單魚尾四周雙邊　二一〇

新鐫詳訂註釋捷錄評林十卷　明顧充撰　明李九我集評　明萬曆二十二年明徵堂刻本　半頁九行行二十字小字雙行行二十字上批欄白口雙魚尾四周雙邊　二一一

歷朝捷錄四卷　明顧充撰　元朝捷錄一卷　明張四知撰　皇明捷錄二卷　明李良翰、鍾惺撰　明崇禎十二年刻本　十二行二十三字小字雙行同白口四周單邊　二一二

歷朝捷錄四卷　明顧充撰　元朝捷錄一卷　明張四知撰　國朝捷錄一卷　明李良翰撰　明末刻本　十行二十二字小字雙行白口四周單邊　二一三

古照堂鑒定標題注釋歷朝捷錄七卷　明顧充等撰　明刻本　十行二十一字白口單邊　二一四

訂補標題釋註歷朝捷錄二十四卷本朝聖政捷錄六卷 明鄒以濬輯　明崇禎刻本　八行二十二字小字双行部分無行界白口四周單边 二一五

新刻校正歷朝捷錄旁訓評林四卷新刻校正皇明我朝捷錄旁訓二卷 明顧充等撰　明書林詹聖澤刻本　七行二十二字白口四周双边 二一六

新鐫詹儀部編纂元朝捷錄四卷 明詹陞輯　明萬曆三十七年金陵書林刻本　九行二十一字小字双行二十一字眉欄小字双行六字白口四周双边 二一七

新鐫全補標題音註國朝捷錄六卷 明鄒以濬輯　鍾惺增補　明刻本　八行十九字小字双行同四周單边白口 二一八

新刻校正纂輯皇明我朝捷錄不分卷 明李良翰撰　明末刻本　九行十八字小字双行同白口四周双边 二一九

新刊舉業總論歷代君臣史學珠囊六卷 明田一儁撰　明隆慶三年張氏西池刻本　十一行二十七字白口單边單魚尾 二二〇

皇明歷朝功德捷錄註釋題評鐫一卷附洪武功臣等錄 明李良翰撰 皇明歷朝捷錄一卷 明王世貞撰　明萬曆二十三年刻本　九行二十一字小字双行白口單魚尾四周單边 二二一

讀史漫錄十四卷 明于慎行撰　明萬曆三十七年鄧應瀛刻本　十行二十字白口四周單边 二二二

讀史漫錄十四卷 明于慎行撰　明萬曆四十二年于緯刻本　九行十八字白口四周單边 二二三

讀史漫錄十四卷 明于慎行撰　明萬曆李時駿刻本　九行十八字白口四周双边有刻工 二二四

讀史漫錄十四卷 明于慎行撰　明萬曆刻本　九行十八字白口四周單边 二二五

讀史漫錄十四卷 明于慎行撰　明抄本 二二六

讀史隨筆二卷 明余懋學撰　明萬曆三十六年余昌祚直方堂刻本　九行十九字白口左右双边 二二七

史綱要領三十六卷 明姚舜牧撰　明萬曆三十八年刻本　十行二十字白口四周單边 二二八

涉世雄譚八卷 明朱正色撰　明萬曆刻本　十行十七字白口上魚尾四周双边 二二九

涉世雄譚八卷 明朱正色撰　明萬曆二十四年刻本　清沈壽嵩題識　十行十五字十七字不等白口四周双边 二三〇

趙忠毅公儕鶴先生史韻二卷 明趙南星撰　清順治刻本 二三一

先聖經綸五卷 明柯挺撰　明刻本　八行十八字白口四周單边 二三二

三史統類臆斷一卷 明范大沖撰　明萬曆八年天一閣刻本　八行十六字白口四周單边 二三三

西園彙史義例二卷 明張萱撰　明刻本　九行十九字白口左右双边 二三四

史概十卷 明俞思學輯　明萬曆十五年俞氏自刻本　九行二十字白口四周單边有刻工 二三五

史概十卷 明俞思學輯　明萬曆十六年刻本　九行二十字白口四周單边 二三六

新刻湯會元精選評釋國語狐白四卷 明湯賓尹輯　明萬曆二十四年余氏自新齋刻本　十行二十字白口四周單边 二三七

史記萃寶評林三卷 明焦竑輯　李廷機註　李光縉彙評　明萬曆十八年余紹崖自新齋刻本　半頁十一行二十字小字双行同四周單边白口有眉欄 二三八

史記萃寶評林三卷 明焦竑輯　明萬曆二十年萬卷樓周對峯刻本　半頁十一行二十字注文小字双行间或間行四周單边白口有眉欄 二三九

靜觀室增補史記纂評林六卷 明李廷機增補　蘇濬評　明萬曆閩建書林詹殿洪刻本　九行二十三字白口双边 二四〇

鼎鐫金陵三元合選評註史記狐白六卷 明湯賓尹輯　朱之蕃註　龔三益評　明萬曆二十八年書林余氏本自新齋刻本　十行二十字白口四周單边 二四一

兩漢萃寶評林三卷 明焦竑輯　李廷機註　李光縉彙評　明萬曆十九年自新齋余明吾刻本　十一行二十字白口四周單边 二四二

兩漢萃寶評林三卷 明焦竑輯　李廷機註　李光縉彙評　明萬曆二十年萬卷樓周對峯刻本　十一行二十字小字双行二十字白口四周單边 二四三

鼎鐫金陵湯會元評釋漢書狐白三卷 明湯賓尹輯　明萬曆三十六年書林自新齋余紹崖刻本　半頁十行二十字注文小字双行同四周單边白口 二四四

鄭太史評選三國策十二卷 明劉寔化撰　明萬曆刻本　半頁十行行二十二字白口四周單边 二四五

讀史商語四卷 明王志堅撰　明萬曆四十七年刻本　九行二十字白口單边 二四六

讀史商語四卷 明王志堅輯　明刻本　陳繼儒跋　九行二十字白口四周單边 二四七

舊唐書論二卷唐文歸□□卷 明鍾惺輯評　明末集賢堂刻本　九行二十六字白口四周單边　存十一卷 舊唐書論二卷　唐文歸二至十 二四八

史懷十七卷 明鍾惺撰　陶珽評　明崇禎刻本　九行二十字白口單边單魚尾 二四九

史懷十七卷 明鍾惺撰　明蔣勵志、蔣勵修合輯　明刻本　九行十九字白口單魚尾四周單边 二五〇

史懷二十卷 明鍾惺撰　陶珽、許有評　明末刻本　九行二十四字白口無行格四周單边 二五一

史懷十七卷晉史懷三卷 明鍾惺撰　陶珽、許有評　明末刻本　九行二十字白口四周單边 二五二

讀宋史偶識三卷 明項夢原撰　明天啟六年刻本　九行二十字白口左右双边單魚尾 二五三

靳史三十卷 明查應光撰　明天啟刻本　九行二十字白口四周單边 二五四

靳史三十卷 明查應光撰　清康熙四十七年查廷璋刻本 二五五

顧氏詩史十五卷 明顧汝翊撰　明萬曆二十八年顧正誼刻本　九行十八字白口四周單边 二五六

二五七　晉唐指掌四卷　明張大齡撰　明萬曆二十九年讀書樓刻本　半頁十行二十字四周單邊白口

二五八　玄羽外編六種四十六卷　明張大齡撰　明萬曆三十九年張養正刻本　小行二十字白口單邊單魚尾
史論四卷　說史蒐富十八卷　晉五胡指掌六卷　唐藩鎮指掌六卷　遼夏八卷　支離漫語四卷

二五九　龍伯子虞齋評古草一卷　明龍子申撰　明萬曆四十二年刻本　九行十八字四周單邊

二六〇　龍伯子新齋評古續草一卷　明龍子申撰　明萬曆四十六年刻本　九行十八字四周單邊大黑口

二六一　新刻精纂註釋歷史標題通鑑捷旨六卷　明萬曆書林詹氏進賢堂刻本　清謝家福跋　十行二十一字小字雙行行二十一字白口四周雙邊

二六二　纂評註漢書奇編十四卷　明袁黃纂　許以義校　明萬曆建陽余彰德萃慶堂刻本　九行二十字小字雙行行二十字白口雙邊

二六三　新鍥名家纂定註解兩漢評林三卷　明吳爨輯　明書林富聖堂刻本　十一行二十四字小字雙行二十四字白口四周雙邊

二六四　斯羽堂評點謝在杭先生史測二卷　明謝肇淛撰　明天啟四年斯羽堂刻本　八行十八字白口四周單邊

二六五　史考九卷　明謝肇淛撰　明萬曆四十七年刻本　九行十八字白口白魚尾左右雙邊

二六六　新鍥千古一覽一卷　明宋文鑑撰　明萬曆五十七年刻本　八行二十字白口四周單邊有闕二

二六七　新鋟千古一覽一卷　明宋文鑑撰　清抄本

二六八　蘭曹讀史日記四卷　明熊尚文撰　明萬曆四十五年刻本　九行十八字白口左右雙邊

二六九　千百年眼十二卷　明張燧撰　明萬曆刻本　八行十九字白口四周單邊

二七〇　千百年眼十二卷　明張燧撰　明萬曆刻本　八行十九字白口四周單邊

二七一　千百年眼十二卷　明張燧撰　清光緒二十八年王增祺抄本　清朱知雄校

二七二　古今傳贊序記文稿不分卷　明王命璿撰　明崇禎刻本　九行二十字白口四周單邊

二七三　史乘纂誤不分卷　明周之翰撰　明萬曆四十一年刻本　八行十七字白口四周雙邊

二七四　古今人物論三十六卷　明鄭賢撰　明萬曆三十六年余彰德刻本　十行二十四字白口四周單邊

二七五　新刊陳眉公先生精選古今人物論三十六卷　明鄭賢撰　陳繼儒選　明萬曆刻本　十行二十四字白口四周單邊

二七六　史鑑綱目論說十卷　明孫奇輯　明抄本

二七七　太白劍二卷　明姚康撰　清康熙刻本

二七八　太白劍二卷　明姚康撰　清姚灼活字印本

二七九　太白劍二卷　明姚康撰　清抄本

二八〇　史評小品二十二卷　明汪明際撰　明崇禎刻本　八行十八字四周雙邊白口有刻工

二八一　寰宇分合志七卷附錄一卷　明徐樞撰　明刻本　十行二十字白口四周雙邊

二八二　性史快論二卷　明陳元素撰評　明天啟元年刻本　九行二十四字白口四周單邊

二八三　史拾不分卷　明吳宏基撰　明末刻本　八行二十字白口左右雙邊

二八四　新刻官板大字評史心見十二卷　明郭大有撰　明萬曆十二年周對峰刻本　十一行二十五字白口四周雙邊

二八五　評史心見十二卷　明郭大有撰　明萬曆十五年張誠刻本　八行二十字黑口四周雙邊

二八六　新刻陳徐二先生評選史記則八卷　明陳繼儒、徐肅穎撰　明崇禎書林陳國旺刻本　半頁九行二十二字小字雙行同四周單邊白口有眉欄

二八七　史漢異同補評三十二卷　明凌稚隆撰　明萬曆刻本　九行十九字小字雙行字數同白口左右雙邊

二八八　秋士史疑四卷附秋士新詩一卷君子堂詩一卷　明宋存標撰　明崇禎二年宋氏君子堂刻本　九行二十字白口左右雙邊

二八九　史尚四卷　明戴嵋撰　明末刻本　九行十九字四周單邊

二九〇　歷代史論一編四卷二編十卷　明張溥撰　明崇禎刻本　九行十八字白口左右雙邊

二九一　歷代史論一編四卷　明張溥撰　明崇禎刻本　清洪祖年批點　九行十八字白口左右雙邊

二九二　歷代史論一編四卷　明張溥撰　明崇禎刻本　清潘霨批並跋

二九三　史統二十卷　明余大明撰　明崇禎刻本　十行二十字小字雙行同白口四周單邊

二九四　史編餘言十卷　明包萬有撰　明崇禎刻本　九行二十字白口左右雙邊

二九五　通鑑記事本末後論五卷　明張溥撰　清道光姚氏抄本　清姚椿校並手錄第五卷

二九六　史糾六卷　明朱明鎬撰　清抄本　存五卷　一至三、五至六

二九七　史糾不分卷　明朱明鎬撰　清抄本

二九八　狂狷裁中十卷　明楊崇偉撰　明天啟刻本　九行十八字白口四周單邊

二九九　古今治統二十卷　明徐奮鵬撰　清雍正元年槐柳齋刻本

三〇〇　續史疑二卷　明張一鵾撰　明萬曆四十一年刻本　半頁九行行二十一字白口四周單邊

三〇一　楊旭菴史衡初集八卷　明楊汝升撰　楊汝翹訂　明刻本　存七卷　一、三至八

三〇二　秋夜讀史隨筆二卷　明譚靜長撰　明崇禎刻公文紙印本　九行二十字白口四周單邊

三〇三　明農草堂讀史衡初鈔不分卷　明陸康撰　清初抄本

三〇四　宋史筆斷十二卷　題正誼齋編集　明刻本　十行十九字黑口四周雙邊

三〇五　尚論編七卷　明崇禎刻本　九行二十字白口四周單邊

三〇六　宋元史鑑甓得編十卷　題明紫荊書樓主人祺垣撰　清抄本

三〇七 史貫十二卷 明周士儀撰 清康熙十七年刻本
存十一卷 一至十一
三〇八 霸繩□□卷 題明鄒寧撰 明刻本 九行十七字白口左右雙邊
存一卷 內篇
三〇九 國典二卷 明王聖俞選 明末刻本 八行二十字白口四周單邊
三一〇 明史斷略不分卷 清錢遴立撰 清抄本 雲麟批校
三一一 讀書論世十六卷 清吳肅公撰 清康熙誦清堂刻本
三一二 通鑑獨觀不分卷 清王餘佑撰 稿本
三一三 史論補議不分卷 清曹用龢撰 稿本
三一四 讀通鑑論二十卷 清王夫之撰 清乾隆王嘉愷抄本
三一五 讀通鑑論三十卷卷末一卷 清王夫之撰 清同治四年曾氏刻本 清皮錫瑞批
存二十七卷 一至十八、二十三至三十、末全
三一六 宋論十五卷 清王夫之撰 清乾隆王嘉愷抄本
三一七 後漢書評論一卷 清魏禧撰 清抄本 清錢成芬校
三一八 楊升菴史略詞話二卷 清余清、曾灌鄉正誤 清康熙刻本

三一九 問奇志畧不分卷 清方逢撰 稿本
三二〇 論史同異全集二十卷 清王仕雲撰 清康熙纖漢樓刻本 清吳翊鳳跋
存十九卷 一至五、七至二十
三二一 史緯三十卷 清馬青撰 清抄本
三二二 漢史億二卷 清孫廷銓撰 清康熙刻本
三二三 漢史億二卷 清孫廷銓撰 清康熙刻本 清周治霖題記
三二四 明史斷略四卷 清彭而述撰 清康熙九年刻本
三二五 史豫不分卷 清魏裔祥撰 清順治九年府署刻本
三二六 論世八編十二卷 清華安逵撰 稿本
三二七 論世編八編十二卷 清華慶遠撰 清抄本 清秦瀛題識
三二八 青藜續史十八卷 清朱里撰 清順治十四年刻本
三二九 明史三朝考異六卷 清潘檉章撰 吳炎訂 清末抄本
三三〇 後漢史論四卷 清范夢甲撰 清抄本
三三一 宮詞二卷 清錢仕坤撰 清順治刻本
三三二 鑑語經世編二十七卷 清魏裔介撰 清康熙十四年兼濟堂刻本

三三三 史論一卷 清沈琰撰 清順治十年刻本
三三四 天史十三卷 清丁耀亢撰 清抄本 清王宗炎跋
三三五 四言史徵十二卷 清吕震撰 曾益注 清康熙曾氏芷園刻本
三三六 讀史偶錄附集一卷內集五卷外集三卷總論問答一卷 清吳夢蛟輯 稿本
三三七 史記椎參三卷漢書椎參三卷 清王治皞撰 徐咸均輯 清末抄本
三三八 一草亭讀史漫筆二卷 清吳孟堅撰 清康熙二十九年吳氏一草亭刻本
三三九 澂景堂史測十四卷 清施鴻撰 施鉿注 閱漢紀畧一卷 清施鴻撰 盧元昌評點 清康熙八年自刻本
三四〇 鼎刻杜史閣佘嶺山先生懼史大書增補經書闡義六卷 清佘雲祚撰 清康熙二十四年赤文堂刻本
三四一 史記論文一百三十卷 清吳見思評 吳興祚訂 清康熙二十六年刻本 清胡德琳批校
存一百二十七卷 一至五、九至一百三十
三四二 四史勦說十六卷 清史珥撰 清乾隆二十九年清風堂刻本
三四三 擬明史樂府一百首 清尤侗撰 尤珍注 清李林雨齋抄本

三四四 擬明史樂府 清尤侗撰 清抄本
三四五 通鑑評語五卷 清申涵煜撰 清抄本
三四六 閱史郄視四卷續一卷 清李塨撰 清抄本
三四七 睢州逸總軒田賁山先生評選史記六卷 清田蘭芳撰 清宋齋塾抄本
三四八 一山老人史肇不分卷附致元考一卷名臣略一卷 題清一山氏撰 清初刻本
三四九 閱史郄視五卷 清李塨撰 清抄本
三五〇 讀史論略一卷 清杜詔撰 清抄本
三五一 讀史論略一卷 清杜詔撰 清雍正八年御風閣刻本
三五二 讀史論略一卷 清杜詔撰 王孫蓀、吳廷燮 清抄本
三五三 季漢紀二十卷國志陳評贊言一卷 清趙作賓撰 清趙正稿本
三五四 讀史論略詳註一卷 清杜詔撰 唐桂注 清乾隆四十六年有敘堂刻本
三五五 外史新奇十二卷 清李瀚撰 清勞權抄本

三三五六 滌萍灣史論初集一卷史論二集綱目議一卷 清朱直撰 清康熙四十五年刻本
三三五七 閱史紀咏二卷 清黃柱撰 清抄本
三三五八 評鑑闡要十二卷 清劉統勳等撰 清乾隆三十六年內府刻本
三三五九 評鑑闡要十二卷 清劉統勳等撰 清內府抄本
三三六〇 讀史提要錄十二卷 清夏之蓉撰 清乾隆三十七年刻本
三三六一 讀左傳詩不分卷 清王廷才撰 清抄本
三三六二 石溪史話八卷補遺四卷 清劉毓崧撰 清乾隆二十年實本山堂刻本
三三六三 欽定古今儲貳金鑑六卷首一卷 清乾隆五十一年內府刻本 清乾隆五十一年武英殿
三三六四 欽定古今儲貳金鑑六卷 清乾隆五十一年內府抄本
三三六五 新唐書糾謬一卷 清錢大昕撰 清抄本
三三六六 十七史商榷一百卷 清王鳴盛撰 清乾隆五十二年洞涇草堂刻本 清李慈銘批校並跋
三三六七 十七史商榷一百卷 清王鳴盛撰 清乾隆五十二年洞涇草堂刻本 清朱鑑成批校
三三六八 史漢義法六卷 清范家相撰 清抄本
三三六九 二十二史考異一百卷 清錢大昕撰 清乾隆四十五年刻本 清李慈銘跋
三三七〇 二十二史劄記三十六卷 清趙翼撰 清乾隆六十年刻本 清李慈銘批注並校
三三七一 二十二史劄記三十六卷補遺一卷 清趙翼撰 清嘉慶五年湛貽堂刻本 清嘉慶沈遺臺批校
三三七二 宋遼金元四史朔閏考二卷 清錢大昕撰 清嘉慶二十五年錢侗刻本 清錢繹跋
三三七三 史說六卷 清李調元撰 抄本
三三七四 文史通義稿本殘卷 清章學誠撰 清乾隆五十二年朱錫庚抄本 清朱錫庚跋
三三七五 文史通義不分卷續通志校讎略擬稿三卷 清章學誠撰 清抄本
三三七六 讀史小論二卷 清吳成佐撰 清乾隆二十九年吳氏刻本
三三七七 深卷居史評 清高遠來撰 清乾隆刻本
三三七八 後漢摹英四卷 清沈赤然撰 稿本
三三七九 五代新樂府一卷 清徐寶善撰 徐屯等注 稿本 清潘德輿、程恩澤、張蔡蔚、何紹基跋
三三八〇 四史餘論四卷 清丁晏撰 清丁晏頤志齋抄本（漢書餘論律曆志以下抄配）
三三八一 四史餘論四卷 清丁晏撰 清吳棠望三益齋抄本
三三八二 日省齋儁鈔不分卷 清程兆鶚撰 稿本 清左宗棠批 張蔭根等題跋

三三八三 讀史隨筆二卷 清魏吉江撰 清抄本
三三八四 治平寶鑑二十卷 清狄之為等撰 清同治元年南書房抄本 存十三卷（五至七、十、十二至二十）
三三八五 斐英閣史論一卷 清史有撰 稿本
三三八六 史書序目不分卷 清姚椿輯 稿本
三三八七 昌峯論古錄十六卷 清孫爾宗撰 清抄本
三三八八 讀鑑瑣言二卷 清葉廷琯撰 清咸豐九年勞格抄本 清勞格校補並跋
三三八九 宋書考論四卷 清孫獻撰 稿本
三三九〇 讀鑑述聞六卷 清孫憲祖撰 稿本
三三九一 諸史瑣言十八卷 清沈家本撰 稿本
三三九二 史記末議五卷 清楊以貞撰 清抄本
三三九三 湖樓史話四卷 清楊以貞撰 稿本
三三九四 志遠齋史話三卷 清楊以貞撰 稿本
三三九五 志遠齋史話六卷 清楊以貞撰 佚名題識 稿本 清文廷式、俞樾批 清孫衣言、
三三九六 半情紀略十二卷 題清半扇山人撰 清抄本
三三九七 史漢評校三卷 清抄本
三三九八 史論一卷 清抄本
三三九九 左傳做史錄十二卷 清瑞榮成撰 清抄本

收藏情況表

書名編號	藏書單位						
史　史評類 1	0101	0141	0165	0201	1741		
2	1601						
3	0201						
4	0201						
5	1601						
6	0101						
7	0201						
8	0101						
9	0201						
10	1601						
11	0101						
12	1601						
13	0101						
14	0101						
15	0101						
16	0201						
17	0141						
18	0148						
19	0101						
20	0201						
21	0101	2041					
22	0141	0161	0201	0661	0703	1601	1641
	1701	1741	2041	2201	2301	2302	2701
23	0101						
24	0201	1601	2263				
25	0142						
26	1601	1701					
27	0144						
28	0102	0141	0142	0143	0144	0150	0342
	0701	2601					
29	1601						
30	1601						
31	2301						
32	2314						
33	0163						
34	0141	0142	0145	0148	0301	0303	0404
	0701	0841	0861	0902	0903	0942	1601
	2401	2501					

書名編號	藏書單位						
史　史評類 35	0520						
36	0101						
37	0201						
38	0101						
39	0101						
40	2301						
41	2602						
42	0201						
43	1601						
44	0201						
45	0101						
46	0101						
47	0101						
48	0201						
49	0163						
50	2782						
51	0101						
52	0101						
53	1601						
54	2242						
55	0101						
56	0101						
57	0101						
58	0101						
59	0201						
60	0101						
61	0101	0201	0241				
62	2401						
63	1705	2702					
64	0102	0141	0146	0181	0241	0301	0661
	0701	0741	0803	1644	1741	1781	1881
	1902	1981	2001	2201	2206	2301	2304
	2641						
65	1101						
66	0101						
67	1601						
68	0101						
69	0101						
70	0101						

書名編號	藏書單位						
史　史評類 71	0198						
72	0101						
73	2201						
74	0101	0201 [illegible]					
75	2704						
76	0141						
77	2701						
78	~~0304~~ [illegible]						
79	0101						
80	0101						
81	0101						
82	0101	1615 [illegible]	1681 [illegible]				
83	0841	1606					
84	201	1441	1705				
85	141	197	702	1501	1606	2301	2402
	2543	2706					
86	0141						
87	0101						
88	0101						
89	0201						
90	2301						
91	1601	0301					
92	1601						
93	0101	1705	2702				
94	0101						
95	0591						
96	0101						
97	1601						
98	1601						
99	1601						
100	2341						
101	1601						
102	0101	0703					
103	0101	1801	1705				
104	0164	0181 [illegible]	0201	0241	1601	1704	
105	0145	2901					
106	0101						
107	0201	0301					
108	0201						

書名編號	藏書單位						
史　史評類 109	0141						
110	0141	0161	0201				
111	0141						
112	0201						
113	0241						
114	0201						
115	0101						
116	2041						
117	1601						
118	0101						
119	1581	2263 [illegible]					
120	0101						
121	1601						
122	1601						
123	0150	0841					
124	0141 [illegible]	0201	1581 [illegible]				
125	0101						
126	1601						
127	0101	0143					
128	1606	2341					
129	0144	0150 [illegible]	0701	1684 [illegible]	1741	1787 [illegible]	2041 [illegible]
130	0101						
131	2881						
132	0201						
133	0145	0181	1101	1981 [illegible]			
134	1601						
135	0101						
136	0201						
137	0101	0241					
138	0701	0703					
139	2301						
140	0703	1705					
141	1601						
142	0165						
143	0101						
144	0102						
145	0201						
146	0142	0150	0201				
147	1601	1741					

史評類 表三

書名編号	藏書單位
史 史評類 148	1615
149	1601
150	0101 0144 0181 0201 0241 0441 0841 1601
151	0101 0241 0301⊗ 1501⊗ 2341 2702
152	1801
153	2541
154	0161 0201
155	2201
156	1702
157	1582
158	0181
159	0161
160	0201
161	0201
162	1801
163	0101
164	0101 0141 0142 0145 0201 0301 1901 2041
165	1601
166	0201
167	0141 0291 0501⊗
168	1605
169	1701
170	0101⊗ 0143 0161 0201 1101
171	0101
172	0201
173	1705
174	0182 0701
175	0144
176	0101 1501
177	0101 0163
178	0101 0141 0161 0201
179	0182 1705 1801⊗ 2083 2461⊗
180	0201
181	0201
182	0201
183	0141 0150 0161 0164 0201 1605 1606
184	0842

書名編号	藏書單位
史 史評類 185	0101 0142 0181 0242 1601 1701
186	0145 0181 0198 0201 0441 1717 1795
187	0101 1701
188	0201 1619
189	1542
190	1541
191	0181
192	1801
193	0102 0142 0181 0201 0241⊗ 0242 1101⊗ 1641 1881⊗ 2702⊗
194	0703
195	0143 0145 0161 0241 1741
196	1705
197	0142 1542 1881⊗
198	1682
199	0101
200	0841
201	0144 2702
202	0102 0161 0342 0701 1541 1628 1702 1741 1841 2041 2641
203	0301
204	1582
205	2401
206	0142 0143
207	0143⊗ 0191 0506 0802 2441
208	0182 1501
209	1501
210	0242
211	0242
212	0703
213	0301 2702⊗
214	0201
215	0842⊗ 1801⊗ 2702⊗
216	1541
217	0144 1801
218	0161
219	1801 1881
220	0201
221	0141

史評類 表四

書名編号	藏書單位
史 史評類 222	0161 0145 0501 0842
223	0101 0141 0142 0150 0197 0201 0441 0703 0741 0842 1101 1301 1501 1542 1606 1841 1901 2041 2201 2341 2702 2745
224	0201 0144 1581
225	0161 1587 2941
226	0201
227	0101
228	0201 0701⊗ 0841 0842 2401
229	0141 2301
230	2701
231	0141
232	1741⊗ 2701
233	1705
234	0150 2001
235	0144 0841⊗ 1501
236	0181 0841 1042 1542 1601
237	0141 2201 2543
238	0161 0163 0301 0601 2041
239	0161
240	0142
241	0842 1081
242	0101 0201 0601 2301
243	0144 0145 0161
244	0143 0161
245	1605 1801 2401
246	0161 0201 1704
247	2461
248	2001
249	0144 0161 0201 0241 0242 0341 0501 0842 0881 1646 1701 1781 1801 1881 2543 2701
250	0141 0142 0144 0242 1441 1502 1541 1542 1582 1601 1646 1881 2001 2261 2702
251	0301 0801 1606⊗ 1622 1704 2301
252	0182 2301 2641
253	0201

書名編号	藏書單位
史 史評類 254	0102 0161
255	0201
256	0101 0144 0201 1701
257	0161
258	0101 0201
259	0163
260	0161
261	1601
262	1615
263	1606
264	0144 1881 2001
265	0592
266	0201 0841
267	0301
268	0141 1702
269	0101 0181 2301 2303
270	142 193 0201 1601 1701 2702
271	2701
272	0101
273	0101
274	1501
275	0150 0201 0301 0701 0703 1701
276	2041
277	1601
278	2301
279	0241
280	0161 0842⊗ 1701 2041
281	0341
282	0242
283	1041
284	1001
285	0144 0145
286	0161
287	0242 1601 2702
288	0102 0341 1881⊗
289	0101 1841
290	0201 0242⊗ 1741 1903 2541⊗
291	2744
292	[illegible]

書名編号	藏書單位						
史　史評類 293	0642	2401	2541				
294	0301	0441					
295	0241						
296	0101						
297	0301						
298	0102	0150	1641	2001			
299	0142	0143	1914	2301	2603		
300	1801						
301	1701						
302	1881						
303	1601						
304	0101	0201					
305	1603						
306	0241						
307	0101						
308	0841						
309	0801						
310	0145						
311	0101	0141	0161	0201	1601		
312	0341						
313	0241						
314	2481						
315	2301						
316	2481						
317	0201						
318	0841	2041	2301				
319	1601						
320	1601						
321	0201						
322	0161	2341					
323	0341						
324	0161						
325	1101						
326	0201						
327	0301						
328	0161						
329	1801						
330	0241						
331	1601						

書名編号	藏書單位						
史　史評類 332	0621						
333	0181						
334	1591						
335	0142	0150	0242	0741			
336	2541						
337	1701						
338	0101						
339	0181						
340	0161						
341	1506⑤						
342	0201	0242	2343	2504			
343	0201						
344	0144						
345	2301						
346	3163						
347	2201						
348	0201						
349	0201						
350	0201						
351	1806	2551					
352	0241						
353	0141						
354	0901						
355	0201						
356	2301						
357	0201						
358	0181	0342	0701	0842	0902	2501	2641
359	0150						
360	0161	0908	0942	2514	2541		
361	0241						
362	0201⑤	2001					
363	0142	0181	0701	1726	2542	2708	
364	0181						
365	0201						
366	0101						
367	2710						
368	0201						
369	0101						
370	0101						

書名編号	藏書單位
史　史評類 371	2541
372	0241
373	0342
374	0141
375	0242
376	0701
377	0141
378	0201
379	0201
380	0101
381	0101
382	0301
383	2001
384	0181
385	0141
386	0201
387	2001
388	1605
389	2481
390	1701
391	0101
392	1701
393	1601
394	1701
395	1601
396	2481
397	0341
398	0141
399	2242

書名編号	藏書單位
史　史評類	

書名編號	藏書單位

表

書名編號	藏書單位

總類

一　纂圖互註五子五十卷　明刻本　十一行字不等黑口左右双边
纂圖互註老子道德經二卷　題漢河上公注
纂圖互註南華真經十卷　晉郭象注　唐陸德明音義
沖虛至德真經八卷　晉張湛注
纂圖互註荀子二十卷　唐楊倞注
纂圖互註揚子法言十卷　晉李軌、唐柳宗元、宋宋咸、吳祕、司馬光注

二　纂圖互註五子四十卷　明刻本　十一行二十一字黑口四周双边
纂圖互註老子道德經二卷　題漢河上公注
纂圖互註南華真經十卷　晉郭象注　唐陸德明音義
沖虛至德真經八卷　晉張湛注
纂圖互註揚子法言十卷　晉李軌、唐柳宗元、宋宋咸、吳祕、司馬光注
中說十卷　宋阮逸注

三　纂圖互註五子五十卷　明刻本　十一行二十一字黑口四周双边
纂圖互註老子道德經二卷　題漢河上公注
沖虛至德真經八卷　晉張湛注
纂圖互註荀子二十卷　唐楊倞注
纂圖互註揚子法言十卷　晉李軌、唐柳宗元、宋宋咸、吳祕、司馬光注
中說十卷　宋阮逸注

四　新刊五子書二十卷　明李瀚編　明弘治九年自刻本　九行十九字黑口四周双边
鬻子二卷　唐逢行珪注
鶡冠子三卷　宋陸佃解
子華子十卷
尹文子二卷
公孫龍子三卷

五　五子書八卷　明歐陽清編　明嘉靖二十三年自刻本　八行十七字黑口左右双边
鬻子一卷　唐逢行珪注
子華子二卷
鶡冠子三卷　宋陸佃解
尹文子一卷
公孫龍子一卷

六　楊升菴先生評註先秦五子全書五卷　明張懋寀編　明天啓五年武林張氏樸欽閣刻本　九行二十字白口四周單边

七　楊升菴先生評註先秦五子全書五卷　明張懋寀編　明天啓五年武林張氏樸欽閣刻本　清王芑孫跋
鬻子一卷
關尹子一卷
鬼谷子一卷
鄧子一卷
公孫龍子一卷

八　謝爲銘五刻□□卷　明謝鑰編　明崇禎八年自刻本　八行十九字白口左右双边
存二種三卷
黃帝玉訣陰符經一卷　鬼谷子一卷外篇一卷

九　六子書六十二卷　明許宗魯編　明嘉靖六年樊川別業刻本　十行二十字白口左右双边
老子四卷
列子八卷
莊子十卷
荀子二十卷
揚子十卷
文中子十卷

一〇　六子書六十二卷　明許宗魯編　明芸窗書院刻本　十行二十字白口左右双边
老子四卷
列子八卷
莊子十卷
荀子二十卷
揚子十卷
文中子十卷

一一　六子書六十二卷　明嘉靖十二年周祠邪山精舍刻本　十行二十字白口左右双边
老子四卷
列子八卷
莊子十卷
荀子二十卷
揚子十卷
文中子十卷

一二　六子書六十卷　明顧春編　明嘉靖十二年顧春世德堂刻本　八行十七字白口四周双边
老子道德經二卷　題漢河上公注
南華真經十卷　晉郭象注　唐陸德明音義
沖虛至德真經八卷　晉張湛注
荀子二十卷　唐楊倞注
新纂門目五臣音註揚子法言十卷　晉李軌、唐柳宗元、宋宋咸、吳祕、司馬光注
中說十卷　宋阮逸注

一三　六子書六十卷　明顧春編　明嘉靖十二年顧春世德堂刻本
老子道德經二卷　題漢河上公注
南華真經十卷　晉郭象注　唐陸德明音義　清顧之逵校並跋
沖虛至德真經八卷　晉張湛注　清顧之逵校並跋、顧廣圻校
荀子二十卷　唐楊倞注
新纂門目五臣音註揚子法言十卷　晉李軌、唐柳宗元、宋宋咸、吳祕、司馬光注
中說十卷　宋阮逸注

一四　六子書六十卷　明顧春編　明嘉靖十二年顧春世德堂刻本　清姚世鈺校跋並錄何焯校

一五　六子書六十卷　明桐陰書屋刻本　八行十七字白口四周双边
老子道德經二卷　題漢河上公注
南華真經十卷　晉郭象注　唐陸德明音義
沖虛至德真經八卷　晉張湛注
荀子二十卷　唐楊倞注
新纂門目五臣音註揚子法言十卷　晉李軌、唐柳宗元、宋宋咸、吳祕、司馬光注
中說十卷　宋阮逸注

一六　六子書六十卷　明刻本　八行十七字白口四周双边
老子道德經二卷　題漢河上公注
沖虛至德真經八卷　晉張湛注

六子全書六十卷 明萬曆十一年胡東塘刻本 十一行二十三字白口四周双边　一七
老子道德經二卷 題漢河上公注 唐陸德明音義
南華真經十卷 晉郭象注 唐陸德明音義
冲虛至德真經八卷 晉張湛注
荀子二十卷 唐楊倞注
新纂門目五臣音註揚子法言十卷 晉李軌、唐柳宗元、宋宋咸、吳祕、司馬光注
中說十卷 宋阮逸注

六子全書六十卷 明隆慶五年陳袁衆積善堂刻本 十行二十四字黑口四周双边　一八
纂圖互註老子道德經二卷 題漢河上公注 唐陸德明音義
纂圖互註南華真經十卷 晉郭象注 唐陸德明音義
冲虛至德真經八卷 晉張湛注
纂圖互註荀子二十卷 唐楊倞注
纂圖互註揚子法言十卷 晉李軌、唐柳宗元、宋宋咸、吳祕、司馬光注
文中子十卷 宋阮逸注

六子全書六十卷 明刻本 十二行二十六字黑口四周双边　一九
纂圖互註老子道德經二卷 題漢河上公注
纂圖互註南華真經十卷 晉郭象注 唐陸德明音義
冲虛至德真經八卷 晉張湛注
纂圖互註荀子二十卷 唐楊倞注
纂圖互註揚子法言十卷 晉李軌、唐柳宗元、宋宋咸、吳祕、司馬光注
中說十卷 宋阮逸注

三

重刊京本纂圖互註標題六子全書六十卷 明刻本 十一行二十四字黑口四周双边　二〇
纂圖互註老子道德經二卷 題漢河上公注 唐陸德明音義
纂圖互註南華真經十卷 晉郭象注
冲虛至德真經八卷 晉張湛注
纂圖互註荀子二十卷 唐楊倞注
纂圖互註揚子法言十卷 晉李軌、唐柳宗元、宋宋咸、吳祕、司馬光注
文中子十卷 宋阮逸注

六子全書二十一卷 明陶履娘編 明末聚奎樓刻本 九行二十字白口四周单边　二一
鶡冠子三卷 宋陸佃解 明王宇評
關尹子二卷 宋陳顯微注
亢倉子三卷 明何璨注
鄧析子一卷 明何璨注
揚子法言十卷 晉李軌、唐柳宗元、宋宋咸、吳祕、司馬光注 明孫鑛評
劉子二卷 唐袁孝政注

十子十一卷 明刻本 十行十九字白口左右双边　二二
鬻子一卷 唐逢行珪注
關尹子一卷
亢倉子一卷
鄧析子一卷
尹文子一卷
公孫龍子一卷
鬼谷子一卷外篇一卷
小荀子一卷 漢荀悅撰
天隱子一卷
玄真子一卷 唐張志和撰

十子十三卷 明刻本 十行十九字白口左右双边　二三
鬻子一卷 唐逢行珪注
鄧析子一卷
子華子二卷
鶡冠子二卷 清朱學勤盛昱跋
公孫龍子一卷
尹文子一卷
鬼谷子一卷外篇一卷
關尹子一卷 傅增湘校並跋
亢倉子一卷
小荀子一卷 漢荀悅撰

十二子十五卷 明刻本 十行十九字白口左右双边　二四
鬻子一卷 唐逢行珪注
關尹子一卷
尹文子一卷
小荀子一卷 漢荀悅撰
亢倉子一卷
公孫龍子一卷
鄧析子一卷
鬼谷子一卷外篇一卷
天隱子一卷
玄真子一卷 唐張志和撰
无能子三卷
鹿門子一卷 唐皮日休撰

十二子十五卷 明刻本 清丁丙跋　二五

四

十二子十五卷 明刻本 鬻子、尹文子、公孫龍子、鹿門子清江藩校　二六

十二子十五卷 明刻本　二七
存六種六卷 關尹子一卷 尹文子一卷 清袁芳瑛校 小荀子一卷 漢荀悅撰 亢倉子一卷 清袁芳瑛校並跋 公孫龍子一卷 天隱子一卷

十二子十五卷 明刻本 清翁大年跋 莫棠跋　二八
存十種十三卷 鬻子一卷 唐逢行珪注 關尹子一卷 小荀子一卷 漢荀悅撰 亢倉子一卷 公孫龍子一卷 鄧析子一卷 鬼谷子一卷外篇一卷 天隱子一卷 无能子三卷 鹿門子一卷 唐皮日休撰

十二子十二卷附二種二卷 明方疑編 明刻本 九行十九字白口四周单边　二九
鬻子一卷
鄧子一卷
公孫子一卷
鬼谷子一卷
商子一卷
慎子一卷
尹文子一卷
亢倉子一卷
於陵子一卷
鶡冠子一卷
黃石公素書一卷
陸子新語一卷 漢陸賈撰
附山書一卷 唐劉蛻撰
絳守居園池記一卷 唐樊宗師撰

十三子全書十四卷附二種二卷　明方疑編　明末刻本　九行二十字白口四周單邊　三〇
黃帝陰符經一卷　明廣香館刻本
鄧子一卷　明孫鑛評　明泰和堂刻本
商子一卷　明楊慎等評　明胡東關刻本
亢倉子一卷　明王宇評　明花齋刻本
黃石子素書一卷　明泰和堂刻本
廣成子一卷　明楊慎評點　明自得軒刻本
公孫子一卷　明慎評點　明泰和堂刻本
慎子一卷　明楊慎評點
於陵子一卷　明泰和堂刻本
陸子新語一卷　明楊慎評點　明自得軒刻本
鬻子一卷　明楊慎評點　明自得軒刻本
鬼谷子一卷　明泰和堂刻本
尹文子一卷　明泰和堂刻本
鶡冠子一卷　明王宇評　明花齋刻本
附山書一卷　唐劉蛻撰
絳守居園池記一卷　唐樊宗師撰

二十家子書二十九卷　明謝汝韶編　明萬曆六年吉藩崇德書院刻本　十一行二十二字白口四周雙邊　三一
老子道德經二卷
關尹子文始真經一卷
亢倉子洞靈真經一卷
文子通玄真經一卷
尹文子一卷
子華子二卷
鬻子一卷
公孫龍子一卷
鬼谷子一卷
列子沖虛真經二卷

二十家子書二十九卷　明謝汝韶編　清朱瀓跋　明萬曆六年吉藩崇德書院刻本　三二
莊子南華真經四卷
荀子三卷
揚子法言一卷　漢揚雄撰
文中子中說一卷
抱朴子二卷　晉葛洪撰
劉子一卷　北齊劉晝撰
黃石公素書一卷
天隱子一卷
玄真子一卷　唐張志和撰
無能子一卷

二十子全書一百六十九卷　明吳勉學編　明吳勉學刻本　九行十八字白口左右雙邊　三三
老子道德經二卷
文子二卷
關尹子文始真經一卷
列子沖虛真經八卷
莊子南華真經三卷難字音義一卷
司馬子一卷
譚子化書六卷　五代譚峭撰
管子二十四卷
晏子春秋四卷
孫子一卷
吳子一卷
鬼谷子一卷外篇一卷
黃石公書一卷
商子五卷
韓非子二十卷
呂氏春秋二十六卷

五

淮南子二十一卷
荀子二十卷
揚子法言十卷　漢揚雄撰
中說十卷

二十子一百六十八卷存十七子九十八卷　明黃之寀輯　明萬曆刻本　九行十八字白口左右雙邊　三四
老子道德經二卷
關尹子文始真經一卷
列子沖虛真經八卷
莊子南華真經三卷
荀子二十卷
商子五卷
晏子春秋四卷
孫子一卷
吳子一卷
司馬子一卷
黃石公素書一卷
鬼谷子一卷外篇一卷
淮南子二十一卷
揚子法言十卷
中說十卷
譚子化書六卷
楚辭二卷

二十子一百六十八卷存四子三十一卷　明黃之寀輯　明萬曆刻本　九行十八字白口左右雙邊　三五
老子道德經二卷
關尹子文始真經一卷
管子二十四卷
晏子春秋四卷

子彙二十四種三十四卷　明周子義編　明萬曆四年至五年南京國子監刻本　十行二十一字白口四周雙邊有刻工　三六
鬻子一卷　唐逢行珪注
晏子春秋內篇二卷
孔叢子三卷
陸子一卷　漢陸賈撰
賈子新書二卷　漢賈誼撰
小荀子一卷　漢荀悅撰
鹿門子一卷　唐皮日休撰
文子二卷
關尹子一卷
亢倉子一卷
鶡冠子一卷　宋陸佃解
黃石公素書一卷
天隱子一卷
玄真子外篇一卷　唐張志和撰
无能子三卷
齊丘子一卷　五代譚峭撰
鄧析子一卷
尹文子一卷
公孫龍子一卷
慎子一卷
鬼谷子一卷外篇一卷
墨子一卷

六

子華子二卷
劉子二卷　北齊劉晝撰

子彙二十四種三十四卷　明周子義編　明萬曆四年至五年南京國子監刻本　傅增湘批校　三七

中立四子集六十四卷　明朱東光編　張登雲參補　明萬曆七年刻本　十行二十一字白口四周雙邊　三八

老子道德經二卷　題漢河上公注　唐陸德明音義
莊子南華真經十卷　晉郭象注
管子二十四卷　唐房玄齡注　明劉績增注
淮南鴻烈解二十八卷　漢劉安撰　高誘注

中立四子集六十四卷　明朱東光編　張登雲參補　明萬曆七年刻朱印本　三九

道言翼六種四十三卷　明彭好古編　明刻本　九行十八字白口左右雙邊　四〇

文子二卷
鬼谷子一卷
列子沖虛真經八卷
老子道德真經二卷
楊子法言十卷　漢揚雄撰
荀子二十卷

先秦諸子合編十六種三十五卷　明馮夢禎編　明萬曆三十年縣眇閣刻本　十行二十字白口左右雙邊　四一

晏子春秋八卷
孔叢子三卷
子華子二卷
鬻子一卷
關尹子一卷
文子二卷
亢倉子一卷
鶡冠子二卷
黃石公素書一卷
商子五卷
慎子一卷
鄧析子一卷
尹文子一卷
公孫龍子一卷
鬼谷子一卷
墨子四卷

先秦諸子合編十六種三十五卷　明馮夢禎編　明萬曆三十年縣眇閣刻本　四二

晏子春秋八卷
孔叢子三卷
子華子二卷
鬻子一卷
關尹子一卷　傅增湘校並跋
文子二卷
亢倉子一卷
鶡冠子二卷
黃石公素書一卷
商子五卷
慎子一卷
鄧析子一卷　傅增湘校
尹文子一卷
公孫龍子一卷　傅增湘校
鬼谷子一卷
墨子四卷

且且菴初箋十六子三十七卷　明刻本　九行十九字白口四周單邊　四三

子華子二卷
公孫龍子一卷　明郎兆玉點評
亢倉子一卷
鬼谷子一卷
商子一卷
陸賈新語一卷　漢陸賈撰
晏子二卷　明馬權奇刪評
鄧子一卷
无能子三卷　明孫鑛批點
尹文子二卷
黃石公素書一卷
玄真子三卷　唐張志和撰
中論一卷　漢徐幹撰
慎子一卷
鹿門子隱書一卷　唐皮日休撰
墨子十五卷　明郎兆玉評

合諸名家批點諸子全書□□種□□卷　明天啓武林坊刻本　四四

九行二十字白口四周單邊

存二十六種五十六卷

老子道德經二卷　魏王弼注　明陸可教等評　明溪香館刻本　存一卷　一
關尹子二卷　宋陳顯微注　明孫鑛等評　明讀書坊刻本
子華子二卷　明郎兆玉評　明堂策檻刻本
列子八卷　明孫鑛評　明宗雅堂刻本
晏子六卷　明楊慎評點　明坊刻本
鬼谷子一卷　明高金體評點　明新安高衢刻本
於陵子一卷　明徐渭評　明月賓居刻本
商子二卷　明楊慎　顧起元評釋　明朝爽閣刻本
鶡冠子三卷　明王宇評　明花齋刻本
乾鑿度一卷　坤鑿度一卷　明楊慎評點　明自得軒刻本
廣成子解一卷　宋蘇軾撰　明楊慎評點　明自得軒刻本
鬻子一卷　唐逢行珪注　明楊慎評點
補鬻子一卷　明楊之森輯　明自得軒刻本
陸子新語一卷　漢陸賈撰　明徐渭評　明花齋刻本
亢倉子一卷　明楊慎評注
譚子化書六卷　五代譚峭撰　明楊慎評　明溪香館刻本
廣成子一卷　宋蘇軾注　劉辰翁等評　明溪香館刻本
玄真子三卷　唐張志和撰　明秋室刻本
無能子三卷　明孫鑛評點　明朱府刻本
隱書一卷　唐皮日休撰　明酣子幄刻本
中論一卷　漢徐幹撰　明酣子幄刻本
檀弓記二卷　宋謝枋得評點　明楊慎附注　明溪香館刻本
黃帝陰符經纂註一卷　□鄭道淳撰　明楊起元評　明花齋刻本
公孫龍子一卷　明屠隆評　明花齋刻本
古三墳一卷　宋劉辰翁等評　明快閣刻本
合刻連珠三卷　漢班固、晉陸機、明劉基等撰　明酣子幄刻本

合諸名家批點諸子全書□□種□□卷　明天啓武林坊刻本　四五

存十六種四十五卷

白虎通德論四卷　漢班固撰　明堂策檻刻本
風俗通義十卷　漢應劭撰　明堂策檻刻本
黃帝陰符經一卷　唐李筌等注　明虞淳熙評點　明溪香館刻本
黃石公素書一卷　宋張商英注　明楊慎評　明溪香館刻本
劉子二卷　北齊劉晝撰　唐袁孝政注　明孫鑛評　明泰和堂刻本
无能子三卷　明孫鑛批點　沈景麟、李廷謨訂正　明朱氏刻本
譚子化書六卷　五代譚峭撰　明楊慎評　明溪香館刻本
廣成子一卷　宋蘇軾注

諸子褒異九種十二卷附二種二卷 明汪定國編 明末刻本 九行十九字白口四周單邊 四六
關尹子二卷 宋陳顯微注 明楊慎等批點 明讀書坊刻本
子華子二卷 明邵北玉評 明黨葉樵刻本
亢倉子一卷 明楊慎評 明橫秋閣刻本
晏子春秋六卷 明楊慎評
鬼谷子一卷 明楊慎評 明橫秋閣刻本
公孫龍子一卷 明楊慎評 明十顧齋刻本
商子二卷 明楊慎評 明朝爽閣刻本
吳子二卷 明劉寅注 明翠竹居刻本
廣成子一卷 宋蘇軾注
鶡子一卷 宋逢行珪注
子華子二卷 明邵北玉評
陰子新語一卷 漢陸賈撰
桂巖子春秋繁露一卷 漢董仲舒撰
譚子化書三卷 五代譚峭撰 明楊慎評
商子一卷
孫子太玄經一卷 漢揚雄撰
鬼谷子一卷
附
山書一卷 唐劉銳撰
綠守園池記一卷 唐樊宗師撰

金衛公彙選名濾峭書七種九卷 明金堡編 明韓[illegible]刻本 九行二十五字白口四周單邊 四七
副張賓王先生彙纂子二卷 明張榜輯
張賓王先生彙韓非子二卷 明張榜輯

諸子節錄六種六卷 清焦氏抄本 清焦循校並跋 四八
荀子一卷 明歸有光輯
墨子一卷 明李贄輯
於陵子一卷 明徐渭評
鶡冠子一卷 明陳仁錫輯
呂覽纂一卷 明張榜輯

子書六種十二卷 清嘉慶七年嚴可均抄本 清嚴可均校並跋 四九
文子通玄真經一卷
尹文子一卷
亢倉子洞靈真經一卷
黃石公素書一卷
無能子一卷
天隱子一卷

劉宋二子四卷 明嘉靖三十五年何鏜刻本 十行二十字白口左右雙邊 五〇
尹文子二卷
公孫龍子三卷
鶡子二卷
道德經古本篇二卷
新語二卷
無上妙道文始真經一卷

劉宋二子四卷 明嘉靖三十五年何鏜刻本 清丁丙跋 五一
郁離子二卷 明劉基撰
龍門子凝道記二卷 明宋濂撰

諸子選不分卷 明陸穩輯 明刻本 十一字二十三字白口左右雙邊 五二

九

三教品一卷 明李贄撰 永慶答問一卷 明余永寧、吳世徵撰 時化評 讀永慶答問一卷 明鮑觀光撰 明陳邦泰刻本 九行十八字白口左右雙邊 五三

十

收藏情况表

書名編號		藏書單位				
子 總類	1	0101				
	2	0101				
	3	0201				
	4	0101	0141			
	5	0101	0141	0201	1601	1788
	6	0101	0102	1101		
	7	1601				
	8	0101 ⊗				
	9	0101	0143	0198	0201	0301
		0542	1601	2541		
	10	0101	0161	0201	2702	2704
	11	0101	0201			
	12	0102	0143	0144	0145	0173
		0182	0197	0198	0201	0241
		0242	0243	0261	0301	0701
		0801	1001	1041	1144	1501
		1601	1641	1701	1841	1901
		2202	2241	2642	2701	2702
		2704				
	13	0101				
	14	1701				
	15	0101	0142	0201	0301	1901
		2541	2701			
	16	0101	0102	0143	0182	0197
		0243	0341	0501	0802	0841
		1101	1684	2704		
	17	0141	0145	0703	1101	1802
		2401	2701	2750		
	18	1701				
	19	1701				
	20	0197				
	21	2301				
	22	0101				
	23	0101				
	24	1682	1601			
	25	1601				
	26	0201				
	27	0101 ⊗				

表

收藏情况表

書名編號		藏書單位			
子 總類	28	0201 ⊗			
	29	0141	0142	1601	2301
	30	0161			
	31	0101	0143	0198	0201
		1541	1704	2341	2401
		2702	2841		
	32	0201			
	33	0101	0201	0801	0803
		1201	1641	2341	2701
		2702			
	34	1582 ⊗			
	35	2741 ⊗			
	36	0101	0141	0143	0182
		0201	0242	0301	0481
		0701	0801	2401	2701
		2702	2901		
	37	0591			
	38	0141	0143	0145	0150
		0201	0301	0341	0841
		1501	1705	2341	2702
	39	1601			
	40	0145			
	41	0141	0201		
	42	0101			
	43	0101			
	44	0101 ⊗			
	45	0201 ⊗			
	46	0161			
	47	0161			
	48	0201			
	49	0242			
	50	0101	2401		
	51	1601			
	52	0841	1018		
	53	0182			

儒家類

一 孔子家語三卷 明刻本 十行十九字黑口四周双边間有四周单边
二 孔子家語十卷 明刻本 九行二十字白口四周双边有刻工
三 孔子家語十卷 題魏王肅注 明嘉靖三十三年黃魯曾刻本 九行十六字白口左右双边
四 孔子家語十卷 題魏王肅注 明嘉靖三十三年黃魯曾刻本 清耕爾氏校 丁丙跋
五 孔子家語十卷 題魏王肅注 明刻本 王國維校注並跋 九行十六字白口左右双边
六 孔子家語十卷 題魏王肅注 明隆慶六年徐祚錫刻本 九行十六字白口左右双边有刻工
七 孔子家語十卷 題魏王肅注 明隆慶六年徐祚錫刻本 清蔣鳳藻跋
八 孔子家語十卷 題魏王肅注 明萬曆吳勉學刻本 九行十八字白口左右双边
九 孔子家語十卷 題魏王肅注 明刻本 九行十六字白口左右双边
一〇 孔子家語十卷 題魏王肅注 明末毛氏汲古閣刻本 佚名錄清毛扆校 九行十七字白口左右双边
一一 孔子家語十卷 題魏王肅注 明末毛氏汲古閣刻本 清嚴虞惇批點並跋
一二 孔子家語十卷 題魏王肅注 明末毛氏汲古閣刻清黄翰撰印本 清孫淇校並跋
一三 孔子家語十卷 題魏王肅注 明末毛氏汲古閣刻本 清盧文弨校並跋 丁丙跋
一四 孔子家語十卷 題魏王肅注 明末毛氏汲古閣刻本 清孫詒讓校並跋

一五 孔子家語十卷 題魏王肅注 明末毛氏汲古閣刻本 葉德輝跋
一六 家語十卷 題魏王肅注 明何棠評 明末刻本 九行二十字白口左右双边
一七 孔子家語十卷 題魏王肅注 明嘉靖四十三年陸治抄本 清惠棟評點 王鳴盛跋
一八 孔子家語十卷 題魏王肅注 清抄本
一九 新編孔子家語句解十卷 元至正二十七年劉祥卿家刻本 十行十九字黑口四周单边間有左右双边
二〇 新刊標題句解孔子家語三卷 元王廣謀撰 聖朝通制孔子廟祀一卷 明初刻本 十行二十一字黑口四周双边
二一 新刊標題句解孔子家語三卷 元王廣謀撰 孔聖廟式一卷 明王少山刻本 九行二十二字白口四周双边
二二 標題句解孔子家語三卷 元王廣謀撰 明內府刻本 九行十五字黑口四周双边
二三 孔子家語八卷 明何孟春注 明正德十六年張公瑞刻本 十行二十字白口四周单边
二四 孔子家語八卷 明何孟春注 明正德十六年張公瑞刻本 羅振常跋
二五 孔子家語八卷 明何孟春注 明嘉靖二年高應禎刻本 十行二十字白口四周单边
二六 孔子家語八卷 明何孟春注 明嘉靖二年高應禎刻本 明徐𤊹跋
二七 孔子家語八卷 明何孟春注 明刻本 十行二十字白口左右双边

二八 孔子家語八卷 明何孟春注 明永明書院刻本 九行二十字白口四周双边間有单边
二九 標題句解孔子家語三卷 明何孟春撰 明永明書院刻遞修本 九行十五字黑口四周双边
三〇 標題句解孔子家語三卷 明何孟春撰 明刻本 九行十五字黑口四周双边
三一 新鍥臺閣清講補註孔子家語五卷首一卷 明鄭德溥撰 明喬山堂劉龍田刻本 九行二十一字白口四周双边或四周单边
三二 新鍥訂註孔子家語五卷 明路一麟撰 明萬曆四十二年李再白、毛應啟刻本 九行二十字白口左右双边
三三 家語十卷 明吳勉學注 明刻本 清汪喜孫校 九行十九字白口四周单边
三四 孔子家語考次不分卷 明劉宗周撰 明末正氣堂抄本
三五 孔聖家語圖十一卷 明吳嘉謨輯 明萬曆十七年自刻本 十行二十字白口四周单边有刻工
三六 孔聖家語圖十一卷 明吳嘉謨輯 明書林余碧泉刻本 十行二十字白口四周单边
三七 鼎刻楊先生註釋孔聖家語五卷首一卷 明楊守勤撰 明天啓六年書林種德堂熊建山刻本 九行二十一字白口四周单边
三八 新鍥侗初張先生注釋孔子家語雋五卷 明張鼐撰 明萬曆書林蕭世熙刻本 九行二十一字白口四周单边
三九 新刻註釋孔子家語衡二卷首一卷 明周宗建撰 明書林劉龍田刻本 九行二十一字白口四周单边

四〇 新刻註釋孔子家語二卷 明夏允彝撰 明書林鄭以禎刻本 九行二十八字白口四周单边
四一 新刻註釋孔子家語憲四卷 明陳際泰撰 明末劉舜臣刻本 九行二十一字白口四周单边
四二 家語證僞十卷 清范家相撰 稿本
四三 家語疏證六卷 清孫志祖撰 清刻本
四四 家語疏證六卷 清孫志祖撰 清刻本 清李福臧校
四五 家語疏證六卷 清孫志祖撰 清刻本 清丁晏跋
四六 家語疏證六卷 清孫志祖撰 清抄本 清陳鱣校
四七 家語弟子補注五卷 清呂承恩撰 稿本 清邵瑛校
四八 孔子集語二卷 宋薛據輯 清抄本 清顧之逵跋
四九 傳道四子書八卷 存四卷（曾子二卷 子思子二卷） 明徐達左輯 明刻本 清唐翰題跋
五〇 傳道四子書八卷（顏子二卷 曾子二卷 子思子二卷 孟子二卷） 明徐達左輯 清抄本 清丁丙跋

五一 新編顏子五卷 元李純仁輯 明抄本 羅振常跋
五二 顏子二卷後總論一卷刪訂諸家總說一卷顏子世家一卷 明潘府集注 明刻本 清丁丙跋 九行十七字黑口四周双边
五三 顏子二卷 明薛應旂輯 明嘉靖十五年吳維嶽刻本 八行二十字白口四周單边
五四 顏子二卷 明顏欲章輯 明萬曆三十六年自刻本 九行十九字白口左右双边
五五 曾思二子全書二卷 宋汪晫輯 明隆慶四年汪文川等刻本 九行十九字白口四周双边
曾子全書一卷 子思子全書一卷
五六 子曾子一卷 宋趙汝騰輯 明抄本 羅振常跋
五七 曾子全書三卷 明曾承業輯 明萬曆四十三年自刻本 八行十六字白口四周單边
五八 曾子四卷 明李宗延輯 明天啓四年劉尚信刻本 七行十五字白口四周單边
五九 曾子註釋四卷 清阮元撰 叙錄一卷 清阮氏揅經室刻本
六〇 曾子章句一卷附錄一卷 清魏源撰 清陳沆抄本
六一 言子二卷附錄一卷 宋王爚輯 明抄本
六二 荀子二十卷 明黃之寀刻本 清葉奕校並跋 葉樹廉跋 九行十八字白口左右双边
六三 荀子二十卷 唐楊倞注 宋刻本 清顧廣圻跋 八行十六字有刻工
六四 荀子二十卷 唐楊倞注 宋刻本 清李芝綬楊沂孫翁同龢跋 九行十七字黑口左右双边

三

六五 荀子二十卷 唐楊倞注 明嘉靖十二年顧春世德堂刻六子書本 清鈕樹玉顧廣圻校 八行十七字白口左右双边有刻工
荀子存十六卷 一至六 十一至二十
六六 荀子二十卷 唐楊倞注 明嘉靖十二年顧春世德堂刻六子書本 清鈕樹玉校
六七 荀子二十卷 唐楊倞注 明嘉靖十二年顧春世德堂刻六子書本 清翁同書批校並跋
六八 荀子二十卷 唐楊倞注 明嘉靖十二年顧春世德堂刻六子書本 傅增湘校
六九 荀子二十卷 唐楊倞注 明桐陰書屋刻六子書本（卷一至二配清抄本） 清沈大成校跋並錄惠棟校
七〇 荀子二十卷 唐楊倞注 明桐陰書屋刻六子書本（卷十四至十七配明嘉靖十二年顧春世德堂刻六子書本） 清盧文弨校並跋 八行十七字白口四周双边
七一 荀子二十卷 唐楊倞注 明桐陰書屋刻六子書本 清顧廣圻跋並錄惠棟校注題識 鈕樹玉校
七二 荀子二十卷 唐楊倞注 明桐陰書屋刻六子書本 清丁晏批校 康有為跋
七三 荀子二十卷 唐楊倞注 明刻六子書本（卷一至五配明嘉靖十二年顧春世德堂刻六子書本） 清惠士奇惠棟錄葉奕校識 八行十七字白口四周双边有刻工
七四 荀子二十卷 唐楊倞注 明刻六子書本 清顧廣圻校並跋 八行十七字白口四周双边
七五 荀子二十卷 唐楊倞注 明刻六子書本 清王頌蔚錄惠棟顧廣圻校跋

七六 纂圖互註荀子二十卷 唐楊倞注 宋刻元修本 張元濟跋 十一行二十一字黑口左右双边
七七 纂圖互註荀子二十卷 唐楊倞注 宋刻元明遞修本 十一行二十一字黑口左右双边
七八 纂圖互註荀子二十卷 唐楊倞注 元刻明修本 清戈載跋 十一行二十字黑口左右双边
七九 纂圖互註荀子二十卷 唐楊倞注 元刻明修本 冒廣生跋 十一行二十字黑口左右双边
八〇 纂圖互註荀子二十卷 唐楊倞注 元刻明修本 十行二十字黑口左右双边
八一 纂圖互註荀子二十卷 唐楊倞注 明初刻本 十一行二十一字黑口左右双边有刻工
八二 纂圖互註荀子二十卷 唐楊倞注 明刻本 十一行二十四字黑口四周双边
八三 纂圖互註荀子二十卷 唐楊倞注 明刻本 十二行二十六字黑口四周双边有刻工
八四 荀子二十卷 唐楊倞注 宋錢佃考異 清抄本 張允亮校 周叔弢跋
八五 荀子考異一卷 宋錢佃撰 清抄本
八六 荀子二十卷 唐楊倞注 明刻本 九行十九字白口四周單边有刻工
八七 荀子二十卷 唐楊倞注 明刻本 清[illegible]以智批校 九行十九字白口四周單边有刻工
八八 荀子二十卷 唐楊倞注 明刻本 冒廣生跋 九行十九字白口四周單边有刻工
八九 荀子二十卷 唐楊倞注 明虞九章、王震亨訂正 明刻本 九行十九字白口左右双边
九〇 荀子二十卷 唐楊倞注 明虞九章、王震亨訂正 明刻本 清丁丙跋 九行十九字白口左右双边

四

九一 荀子二十卷 唐楊倞注 宋劉辰翁、明孫鑛等評 明末刻本 清傅山批校 九行二十字白口左右双边
荀子存十七卷 四至二十
九二 荀子二十卷 唐楊倞注 明孫鑛評 明天啓刻本 九行二十字白口四周單边
九三 荀子評註三十二卷 清傅山撰 稿本
九四 荀子二十卷 唐楊倞注 清謝墉輯補 校勘補遺一卷 清謝墉撰
清乾隆五十一年謝墉刻本 清盧文弨校
九五 荀子二十卷 唐楊倞注 清謝墉輯補 校勘補遺一卷 清謝墉撰
清乾隆五十一年謝墉刻本 清王念孫校
九六 荀子二十卷 唐楊倞注 清謝墉輯補 校勘補遺一卷 清謝墉撰
清乾隆五十一年謝墉刻本 清戈襄校
九七 荀子二十卷 唐楊倞注 清謝墉輯補 校勘補遺一卷 清謝墉撰
清乾隆五十一年謝墉刻本 清顧廣圻校並跋
九八 荀子二十卷 唐楊倞注 清謝墉輯補 校勘補遺一卷 清謝墉撰
清乾隆五十一年謝墉刻本 清劉寶楠校
九九 荀子二十卷 唐楊倞注 清謝墉輯補 校勘補遺一卷 清謝墉撰

清乾隆五十一年謝墉刻本　清韓應陛校並跋

一〇〇　荀子二十卷　唐楊倞注　清謝墉輯補　校勘補遺一卷　清謝墉撰　清乾隆五十一年謝墉刻本　清唐翰題批校並跋

一〇一　荀子二十卷　唐楊倞注　清謝墉輯補　校勘補遺一卷　清謝墉撰　清乾隆五十一年謝墉刻本　清孫衣言錄清姚鼐評點並跋　清孫詒讓錄清戴望校

一〇二　荀子二十卷　唐楊倞注　清謝墉輯補　校勘補遺一卷　清謝墉撰　清乾隆五十一年謝墉刻本　清翁同龢錄方苞圈點又錄翁同書校跋　補注二卷　清郝懿行撰　清刻齊魯先喆遺書本

一〇三　荀子二十卷　唐楊倞注　清謝墉輯補　校勘補遺一卷　清謝墉撰　清乾隆五十一年謝墉刻本　王闓運批點

一〇四　荀子二十卷　唐楊倞注　清刻本　王仁俊校

一〇五　音點大字荀子句解二十卷　宋龔士高撰　宋刻本　十行二十字黑口左右雙邊　存十卷　一至十

一〇六　荀子二卷　明王納諫刪注　明萬曆刻本　九行二十一字白口四周單邊有刻工

一〇七　荀子微言一卷　清熊棟撰　稿本

一〇八　荀子校勘記不分卷　清孫詒讓撰　清抄本

一〇九　孔叢子三卷　題漢孔鮒撰　明崇禎六年孔胤植刻本　十行十九字白口四周單邊

一一〇　孔叢子三卷　題漢孔鮒撰　清孔毓圻孔毓埏刻本　清王鵠校並跋

一一一　孔叢子三卷　題漢孔鮒撰　清乾隆四庫全書本

一一二　孔叢子七卷　釋文一卷　題漢孔鮒撰　明刻本　八行十七字白口四周雙邊

一一三　孔叢子七卷　釋文一卷　題漢孔鮒撰　宋宋咸注　宋刻本　十二行二十四字白口四周單邊

一一四　孔叢子七卷　釋文一卷　題漢孔鮒撰　明刻本　潘承弼跋　八行十七字白口四周雙邊

一一五　孔叢子七卷　題漢孔鮒撰　宋宋咸注　明刻本　八行十四字白口左右雙邊

一一六　孔叢子七卷　題漢孔鮒撰　明嘉靖二十九年蔡宗兗刻本　十行十八字白口左右雙邊

一一七　新語二卷　漢陸賈撰　明弘治十五年李廷梧刻本　清錢謙益跋　十行二十字白口左右雙邊

一一八　新語二卷　漢陸賈撰　明刻本　十行二十字白口左右雙邊

一一九　新語二卷　漢陸賈撰　明刻本　九行十七字白口四周雙邊有刻工

一二〇　新語二卷　漢陸賈撰　明萬曆程榮刻漢魏叢書本　清王念曾校並跋

一二一　新語二卷　漢陸賈撰　明萬曆何允中刻廣漢魏叢書本　清盧文弨校　丁丙跋　九行二十字白口左右雙邊

一二二　新語二卷　漢陸賈撰　明天啓元年朱謀㙔南州補堂刻本　莫棠跋　十行十七字白口左右雙邊

一二三　新語二卷　漢陸賈撰　清抄本　清畢沅跋

一二四　新語二卷　漢陸賈撰　清孫氏玉海樓抄本　清孫詒讓校並跋

一二五　陸子一卷　漢陸賈撰　明萬曆四年至五年南京國子監刻子彙本　清王念曾校並跋

一二六　新書十卷　漢賈誼撰　明正德九年陸相刻本　八行十八字黑口四周雙邊

一二七　新書十卷　漢賈誼撰　明正德九年陸相刻本　清陸心源跋

一二八　新書十卷　漢賈誼撰　明正德十年吉府刻本　八行十八字黑口四周雙邊

一二九　新書十卷　漢賈誼撰　明正德十年吉府刻本　清唐翰題跋

一三〇　新書十卷　漢賈誼撰　明正德十年吉府刻本　清丁丙跋

一三一　新書十卷　漢賈誼撰　明正德十年吉府刻本　清翁安孫跋

一三二　新書十卷　漢賈誼撰　附錄一卷　明刻遞修本　九行十八字黑口四周雙邊　存八卷　一至六　九至十

一三三　新書十卷　漢賈誼撰　附錄一卷　明萬曆程榮刻漢魏叢書本　清孫志祖校並跋　九行二十字白口左右雙邊有刻工

一三四　新書十卷　漢賈誼撰　明萬曆何允中刻廣漢魏叢書本　清盧文弨校並跋　丁丙跋

一三五　新書十卷　漢賈誼撰　明黃甫龍唐琳訂　附錄一卷　明末刻本　清汪道謙校並跋　九行十八字白口四周單邊

一三六　新書十卷　漢賈誼撰　清乾隆盧氏抱經堂刻本　清黃丕烈校　張元濟傅增湘跋

一三七　賈誼新書十卷　漢賈誼撰　明弘治十八年沈頡刻本　十行十八字白口左右雙邊

一三八　賈誼新書十卷　漢賈誼撰　明弘治十八年沈頡刻本　清馮班校

一三九　賈誼新書十卷　漢賈誼撰　明弘治十八年沈頡刻本　清黃丕烈校並跋

一四〇　賈誼新書十卷　漢賈誼撰　洛陽賈生傳一卷　明刻本　九行十八字黑口四周雙邊

一四一　賈子十卷　漢賈誼撰　明正德八年李夢陽刻本　十行二十字白口左右雙邊

一四二　賈子十卷　漢賈誼撰　明正德八年李夢陽刻本　清戴望跋　存二卷　二至三

一四三　賈子十卷　漢賈誼撰　明萬曆十年胡維新刻兩京遺編本　清汪文臺　朱駿聲校　朱師轍跋

一四四　賈太傅新書十卷　漢賈誼撰　明何孟春訂註　明正德十四年刻本　十行二十字白口四周雙邊有刻工

一四五　賈太傅新書十卷　漢賈誼撰　明何孟春訂註　明正德十四年刻本　清丁丙跋

一四六　賈太傅新書十卷　漢賈誼撰　明何孟春訂註　明刻本　十行二十字白口四周單邊

一四七　賈太傅新書十卷　漢賈誼撰　附錄二卷　明天啓六年孟稱堯刻本　九行二十字白口四周單邊

一〇四八 賈太傅新書十卷 漢賈誼撰 清昫山堂抄本

一〇四九 新刊鹽鐵論十卷 漢桓寬撰 明初刻本 十三行二十六字黑口四周双边

一〇五〇 鹽鐵論十卷 漢桓寬撰 明弘治十四年涂禎刻本 十行二十字白口左右双边

一〇五一 鹽鐵論十卷 漢桓寬撰 明弘治十四年涂禎刻本 清毛扆校並跋 馮知十跋 馮武抄補並跋

一〇五二 鹽鐵論十卷 漢桓寬撰 明嘉靖三十年倪邦彥刻本 十行二十字白口四周双边

一〇五三 鹽鐵論十卷 漢桓寬撰 明刻本 九行十八字白口四周单边

一〇五四 鹽鐵論十卷 漢桓寬撰 明刻本 葉德輝跋

一〇五五 鹽鐵論十卷 漢桓寬撰 明刻本 孫毓修校

一〇五六 鹽鐵論十卷 漢桓寬撰 明萬曆十四年張衣星聚堂刻本 九行二十字白口四周单边

一〇五七 鹽鐵論四卷 漢桓寬撰 明沈延銓刻本 傅增湘校並跋 九行二十字白口左右双边

一〇五八 鹽鐵論十卷 漢桓寬撰 明櫻寧齋抄本 清黃丕烈葉萬識吳郁生跋

一〇五九 鹽鐵論十卷 漢桓寬撰 清抄本 清顧廣圻校並跋

一〇六〇 鹽鐵論十二卷 漢桓寬撰 明張之象注 明嘉靖三十三年張氏猗蘭堂刻本 九行十七字白口左右双边

一〇六一 鹽鐵論十二卷 漢桓寬撰 明張之象注 明嘉靖三十三年張氏猗蘭堂刻本 清丁丙跋

一〇六二 鹽鐵論十二卷 漢桓寬撰 明張之象注 明嘉靖三十三年張氏猗蘭堂刻程榮重修本 佚名跋並錄清盧文弨校

一〇六三 鹽鐵論十二卷 漢桓寬撰 明張之象注 明嘉靖三十三年張氏猗蘭堂刻程榮重修本 清熙徵校

一〇六四 鹽鐵論十二卷 漢桓寬撰 明張之象注 明刻本 九行十七字黑口左右双边

一〇六五 鹽鐵論十二卷 漢桓寬撰 明張之象注 明刻本 九行十七字黑口左右双边

一〇六六 鹽鐵論十二卷 漢桓寬撰 明張之象注 明刻本 葉景葵跋

一〇六七 鹽鐵論十二卷 漢桓寬撰 明張之象注 明萬曆七年胡僕刻本 九行十七字黑口左右双边

一〇六八 鹽鐵論十二卷 漢桓寬撰 明張之象注 明萬曆八年趙南星等刻本 九行十七字黑口左右双边

一〇六九 鹽鐵論十二卷 漢桓寬撰 明張之象注 明末刻本 九行二十字白口四周单边

一〇七〇 鹽鐵論十二卷 漢桓寬撰 明張之象注 清初刻本 清譚獻校

一〇七一 鹽鐵論十卷 校勘小識一卷 漢桓寬撰 校勘小識 清王先謙撰 清光緒十七年思賢講舍刻本 王秉恩校並跋

一〇七二 劉氏二書三十卷 劉向說苑二十卷 劉向新序十卷 漢劉向撰 明嘉靖十四年楚藩崇本書院刻本 十行十九字黑口四周双边

一〇七三 劉氏二書三十卷 劉向說苑二十卷 劉向新序十卷 漢劉向撰 明嘉靖三十八年楊美益刻本 十一行十八字黑口四周双边

一〇七四 劉氏二書三十卷 劉向說苑二十卷 劉向新書十卷 漢劉向撰 明萬曆四年刻本 十一行二十字白口四周单边

七

一〇七五 劉氏二書三十卷 劉向說苑二十卷 劉向新序十卷 漢劉向撰 明刻本 十一行十八字黑口四周双边

一〇七六 重刻說苑新序三十卷 劉向說苑二十卷 劉向新序十卷 漢劉向撰 明嘉靖二十六年何良俊刻本 十行二十字白口左右双边

一〇七七 重刻說苑新序三十卷 劉向說苑二十卷 劉向新序十卷 漢劉向撰 明嘉靖二十六年何良俊刻本 清朱駿聲校

一〇七八 劉氏新序說苑合集三十卷 新序十卷 說苑二十卷 漢劉向撰 明天啓二年嚴翼刻本 八行十八字白口四周单边

一〇七九 新序十卷 漢劉向撰 宋刻本 清錢謙益、黃丕烈、金錫爵跋 十一行二十字白口左右双边

一〇八〇 新序十卷 漢劉向撰 宋刻本 十一行十九字白口左右双边
存二卷 一至二

一〇八一 新序十卷 漢劉向撰 明刻本 清黃丕烈校並跋、陸損之校、孫星衍跋 十一行十八字黑口四周双边

一〇八二 新序十卷 漢劉向撰 明萬曆程榮刻漢魏叢書本 清佚名錄清蔣杲校 九行二十字白口左右双边

一〇八三 新序十卷 漢劉向撰 明萬曆程榮刻漢魏叢書本 清陸損之跋並錄黃丕烈校 佚名錄清顧廣圻校跋

一〇八四 新序十卷 漢劉向撰 明萬曆程榮刻漢魏叢書本 周叔弢校並跋

一〇八五 新序十卷 漢劉向撰 清初刻漢魏叢書本 清黃丕烈陳鱣校

一〇八六 新序十卷 漢劉向撰 清初刻本 清丁晏校

一〇八七 新序十卷 漢劉向撰 清初刻本 清鄭珍校並跋

一〇八八 劉向新序十卷 漢劉向撰 明正德五年楚府正心書院刻本 十一行十八字黑口四周双边

一〇八九 劉向新序十卷 漢劉向撰 明正德五年楚府正心書院刻本 清陳揆校並跋

一〇九〇 劉向新序十卷 漢劉向撰 明嘉靖十三年安正堂刻本 九行二十字白口四周双边

一〇九一 劉向新序十卷 漢劉向撰 明嘉靖二十六年何良俊刻重刻說苑新序本 清吳翌鳳錄黃丕烈校 十行二十字白口左右双边

一〇九二 劉向新序十卷 漢劉向撰 明嘉靖二十六年何良俊刻重刻說苑新序本 清姚椿校

一〇九三 劉向新序十卷 漢劉向撰 明嘉靖二十六年何良俊刻重刻說苑新序本 清戴望校並跋、郭柏蒼、周星詒、蔣鳳藻跋

一〇九四 劉向新序十卷 漢劉向撰 明嘉靖三十八年楊美益刻劉氏二書本 清蔣杲校並跋 十一行十八字黑口四周双边

一〇九五 劉向新序十卷 漢劉向撰 明吳勉學刻本 九行十八字白口左右双边

一〇九六 劉向新序十卷 漢劉向撰 明刻本 十行十八字白口左右双边

一〇九七 劉向新序十卷 漢劉向撰 明刻本 明劉宗周批校 清王紹蘭蔡名衡批校並跋

一〇九八 劉向新序十卷 漢劉向撰 明刻本 十行十九字黑口四周双边有刻工

八

劉向新序十卷　漢劉向撰　明刻本　佚名録清顧廣圻跋并録何焯校　十行十九字黑口四周双边　一九九
劉向新序十卷　漢劉向撰　明刻本　十一行十八字黑口四周双边　二〇〇
劉向新序十卷　漢劉向撰　明刻本　清何焯校并跋　丁丙跋　二〇一
劉向新序十卷　漢劉向撰　明刻本　清丁丙跋　二〇二
劉向新序十卷　漢劉向撰　明刻本　葉昌熾録清蔣杲校　二〇三
劉向新序十卷　漢劉向撰　明刻本　褚德彝録徐釚跋　二〇四
劉向新序十卷　漢劉向撰　明刻本　十一行二十字白口四周单边　二〇五
劉向新序旁註評林十卷　明黄從誡撰　明見晛堂刻本　六行十七字白口左右双边　二〇六
説苑二十卷　漢劉向撰　宋咸淳元年鎮江府學刻元明遞修本　九行十八字白口四周有黑口左右双边有刻工　二〇七
説苑二十卷　漢劉向撰　宋咸淳元年鎮江府學刻元明遞修本卷八至十三配清道光三年黄氏士禮居抄本　清黄丕烈校并跋　顧廣圻跋　二〇八
説苑二十卷　漢劉向撰　宋刻本　十一行二十字白口左右双边有刻工　存四卷十六至十九　二〇九
説苑二十卷　漢劉向撰　宋刻本　袁克文跋　傅增湘校并跋　存十卷十一至二十　二一〇
校正劉向説苑二十卷　漢劉向撰　元大德七年雲謙刻本　十一行二十字白口左右双边有刻工　二一一

九

説苑二十卷　漢劉向撰　元大德陳仁子刻本　十行十七字黑口左右双边　存二卷九至十　二一二
劉向説苑二十卷　漢劉向撰　明初刻本　十三行二十四字黑口四周双边　二一三
劉向説苑二十卷　漢劉向撰　明初刻本　清王端履跋　存五卷一至五　二一四
劉向説苑二十卷　漢劉向撰　明建文四年錢古訓刻本　十行十九字黑口四周双边　存十卷十一至二十　二一五
新刊劉向先生説苑二十卷　漢劉向撰　明永樂十四年西園精舍刻本　十二行二十四字黑口四周双边　二一六
新刊劉向先生説苑二十卷　漢劉向撰　明永樂十四年西園精舍刻本　清丁丙跋　二一七
劉向説苑二十卷　漢劉向撰　明刻本　十行十八字白口左右双边　二一八
劉向説苑二十卷　漢劉向撰　明刻本　明劉宗周批校　清王紹蘭、蔡名衡批校并跋　十行十八字白口左右双边　二一九
劉向説苑二十卷　漢劉向撰　明刻本　佚名校　清丁丙跋　存十五卷一至十　十六至二十　二二〇
劉向説苑二十卷　漢劉向撰　明刻本　清吳昌綬跋　二二一

劉向説苑二十卷　漢劉向撰　明刻本　羅振常跋　十行十八字白口左右双边　二二二
劉向説苑二十卷　漢劉向撰　明刻本　十行十九字黑口四周双边有刻工　二二三
劉向説苑二十卷　漢劉向撰　明刻本　清袁芳瑛跋　鄭邦述校　二二四
劉向説苑二十卷　漢劉向撰　明刻本　清朱學勤校　二二五
劉向説苑二十卷　漢劉向撰　明刻本　曾元忠跋　二二六
劉向説苑二十卷　漢劉向撰　明刻本　十行十九字黑口四周双边　二二七
劉向説苑二十卷　漢劉向撰　明刻本　二二八
劉向説苑二十卷　漢劉向撰　明刻本　十一行十八字黑口四周双边　二二九
劉向説苑二十卷　漢劉向撰　明刻本　清黄儀校　錢曾、何煌校并跋　二三〇
劉向説苑二十卷　漢劉向撰　明刻本　清傅山批　存十卷十一至二十　二三一
劉向説苑二十卷　漢劉向撰　明嘉靖二十六年何良俊刻重刻説苑新序本　清黄丕烈校并跋　十行二十字白口左右双边　二三二
劉向説苑二十卷　漢劉向撰　明嘉靖二十六年何良俊刻重刻説苑新序本　清吳翌鳳録黄丕烈校　二三三
劉向説苑二十卷　漢劉向撰　明嘉靖二十六年何良俊刻重刻説苑新序本　莫友芝跋　二三四
劉向説苑二十卷　漢劉向撰　明嘉靖二十六年何良俊刻重刻説苑新序本　繆荃孫校　二三五

十

説苑二十卷　漢劉向撰　明萬曆四年刻劉氏二書本　清李璋煜、許瀚校，章鈺跋　十一行二十字白口四周单边　二三六
劉向説苑二十卷　漢劉向撰　明吳勉學刻本　九行十八字白口左右双边　二三七
劉向説苑二十卷　漢劉向撰　明吳勉學刻本　清顧觀光校　二三八
説苑二十卷　漢劉向撰　明刻本　清孫志祖、吳騫、黄丕烈跋　九行十八字黑口左右双边　存十九卷一至十三　十五至二十　二三九
説苑二十卷　漢劉向撰　明萬曆程榮刻漢魏叢書本（卷一至四配清初抄本）　清陸貽典校并跋　九行二十字白口左右双边　二四〇
説苑二十卷　漢劉向撰　明萬曆程榮刻漢魏叢書本　清黄丕烈校并跋　吳翌鳳題款　二四一
説苑二十卷　漢劉向撰　明萬曆程榮刻漢魏叢書本　單丕録清黄丕烈校　二四二
説苑二十卷　漢劉向撰　明萬曆程榮刻漢魏叢書本　傅增湘校并跋　二四三
説苑二十卷　漢劉向撰　明萬曆程榮刻漢魏叢書本　王大隆跋并録清張紹仁校跋　二四四
説苑二十卷　漢劉向撰　明抄本　二四五
説苑二十卷　漢劉向撰　明末刻本　清姚觀元校并跋　九行二十字白口左右双边　二四六
説苑二十卷　漢劉向撰　清初刻漢魏叢書本　清陳鱣、黄丕烈校并跋　朱昌燕跋　二四七
説苑二十卷　漢劉向撰　清初刻本　清嚴可均校并跋　二四八
説苑二十卷　漢劉向撰　清初刻本　清丁晏校　二四九

二二五〇 說苑二十卷 漢劉向撰 清初刻本 清丁晏校、王謨跋

二二五一 說苑二十卷 漢劉向撰 清初刻本 清王振聲校並跋

二二五二 說苑二十卷 漢劉向撰 清刻本 清袁芳瑛校

二二五三 說苑二十卷 漢劉向撰 清乾隆五十六年王謨刻增訂漢魏叢書本 清姚覲元校並跋

二二五四 說苑二十卷 漢劉向撰 清光緒元年崇文書局刻本 清譚獻校並跋

二二五五 劉向說苑旁注評林二十卷 明黃從誡撰 明見聞堂刻本 六行十七字白口左右双边或四周單边

二二五六 法言十卷 漢揚雄撰 清初刻廣漢魏叢書本 清沈大成校

二二五七 法言十卷 漢揚雄撰 清刻本 清陳鱣校跋並錄何焯、盧文弨題識

二二五八 法言十卷 漢揚雄撰 清乾隆五十六年刻增訂漢魏叢書本 清姚永槩批

二二五九 揚子法言十三卷 漢揚雄撰 晉李軌注 音義一卷 宋刻宋元遞修本 十行十八字白口左右双边

二二六〇 揚子法言十三卷 漢揚雄撰 晉李軌注 宋刻宋元遞修本 存零葉十四葉 又十半葉

二二六一 揚子法言十三卷 漢揚雄撰 晉李軌注 音義一卷 宋刻宋元遞修本 清顧廣圻跋 傅增湘跋

二二六二 揚子法言十三卷 漢揚雄撰 晉李軌注 音義一卷 清嘉慶二十三年秦氏石研齋影宋刻本 清翁同龢錄何焯批校題識

二二六三 揚子法言十三卷 漢揚雄撰 晉李軌注 音義一卷 清光緒二年浙江書局刻本 清王仁俊校

二二六四 揚子法言十三卷 漢揚雄撰 晉李軌、唐柳宗元、宋宋咸、吳祕、司馬光注 音義一卷 宋刻本 八行十六字白口左右双边有刻工

二二六五 纂圖分門類題五臣註揚子法言十卷 晉李軌、唐柳宗元、宋宋咸、吳祕、司馬光撰 新增麗澤編次揚子事實品題一卷 宋呂祖謙輯 新刊揚子門類題目一卷 宋陳傅良輯 宋劉通判宅仰高堂刻本 十行十九字黑口左右双边

二二六六 新纂門目五臣音註揚子法言十卷 漢揚雄撰 晉李軌、唐柳宗元、宋宋咸、吳祕、司馬光撰 宋蔡川余氏刻本 十一行十九字黑口左右双边

二二六七 新纂門目五臣音註揚子法言十卷 漢揚雄撰 晉李軌、唐柳宗元、宋宋咸、吳祕、司馬光注 明嘉靖十二年顧春世德堂刻六子書本 清何煌校、何焯批校並跋 八行十七字白口四周双边

二二六八 新纂門目五臣音註揚子法言十卷 漢揚雄撰 晉李軌、

十一

唐柳宗元、宋宋咸、吳祕、司馬光注 明嘉靖十二年顧春世德堂刻六子書本 清丁士涵錄清吳焯批跋 傅增湘跋並錄清何焯、何煌批校何焯題識

二二六九 新纂門目五臣音註揚子法言十卷 漢揚雄撰 晉李軌、唐柳宗元、宋宋咸、吳祕、司馬光注 明嘉靖十二年顧春世德堂刻六子書本 清沈巖錄何焯批校題識 清黃丕烈、顧廣圻跋 存五卷 六至十

二二七〇 新纂門目五臣音註揚子法言十卷 漢揚雄撰 晉李軌、唐柳宗元、宋宋咸、吳祕、司馬光注 明嘉靖十二年顧春世德堂刻六子書本 清顧廣圻校並跋

二二七一 新纂門目五臣音註揚子法言十卷 漢揚雄撰 晉李軌、唐柳宗元、宋宋咸、吳祕、司馬光注 明嘉靖十二年顧春世德堂刻六子書本 清姚鼐校並跋

二二七二 新纂門目五臣音註揚子法言十卷 漢揚雄撰 晉李軌、唐柳宗元、宋宋咸、吳祕、司馬光注 明嘉靖十二年顧春世德堂刻六子書本 清吳以淳批校

二二七三 新纂門目五臣音註揚子法言十卷 漢揚雄撰 晉李軌、唐柳宗元、宋宋咸、吳祕、司馬光注 明嘉靖十二年顧春世德堂刻六子書本 清吳友芝跋

二二七四 新纂門目五臣音註揚子法言十卷 漢揚雄撰 晉李軌、唐柳宗元、宋宋咸、吳祕、司馬光注 明嘉靖十二年顧春世德堂刻六子書本（卷一至二配清抄本） 清葉昌熾錄清何焯校

二二七五 新纂門目五臣音註揚子法言十卷 漢揚雄撰 晉李軌、唐柳宗元、宋宋咸、吳祕、司馬光注 明桐陰書屋刻六子書本 清何煌校並跋 八行十七字白口四周双边

二二七六 新纂門目五臣音註揚子法言十卷 漢揚雄撰 晉李軌、唐柳宗元、宋宋咸、吳祕、司馬光注 明桐蔭書屋刻六子書本 清袁廷檮錄何焯、沈巖、顧廣圻批校題識

二二七七 新纂門目五臣音註揚子法言十卷 漢揚雄撰 晉李軌、唐柳宗元、宋宋咸、吳祕、司馬光注 明桐蔭書屋刻六子書本 袁思亮跋並錄清姚鼐批校

二二七八 新纂門目五臣音註揚子法言十卷 漢揚雄撰 晉李軌、唐柳宗元、宋宋咸、吳祕、司馬光注 明刻六子書本 佚名錄清何煌校並錄何焯校跋 八行十七字白口四周双边

二二七九 新纂門目五臣音註揚子法言十卷 漢揚雄撰 晉李軌、唐柳宗元、宋宋咸、吳祕、司馬光注 明刻六子書本 清吳焯錄明葉盛校

二二八〇 新纂門目五臣音註揚子法言十卷 漢揚雄撰 晉李軌、唐柳宗元、宋宋咸、吳祕、司馬光注 明刻六子書本 佚名錄清方楘如批校

二二八一 新纂門目五臣音註揚子法言十卷 漢揚雄撰 晉李軌、唐柳宗元、宋宋咸、吳祕、司馬光注 明刻六子書本 佚名錄清顧廣圻批校

二二八二 新纂門目五臣音註揚子法言十卷 漢揚雄撰 晉李軌、唐柳宗元、宋宋咸、吳祕、司馬光注 明刻六子書本 清王振聲校並跋

十

六八三 纂圖互註揚子法言十卷 漢揚雄撰 晉李軌、唐柳宗元、宋宋咸、吳祕、司馬光注 宋刻元修本 十一行十九字黑口左右双边 清孫原湘、邵淵耀、陳鑾、王誦芬跋 蔣因培、劉萬程、方若蘅、何佩芬、何佩玉題款

六八四 纂圖互註揚子法言十卷 漢揚雄撰 晉李軌、唐柳宗元、宋宋咸、吳祕、司馬光注 明初刻本 十二行二十六字黑口四周双边

六八五 纂圖互註揚子法言十卷 漢揚雄撰 晉李軌、唐柳宗元、宋宋咸、吳祕、司馬光注 明刻本 十二行二十六字黑口四周双边

六八六 纂圖互註揚子法言十卷 漢揚雄撰 晉李軌、唐柳宗元、宋宋咸、吳祕、司馬光注 明刻六子全書本 王濟蔚批校 十一行二十四字黑口四周双边

六八七 揚子法言十卷 漢揚雄撰 晉李軌、唐柳宗元、宋宋咸、吳祕、司馬光注 明讀書坊刻本 清焦循跋 九行十八字白口左右双边

六八八 揚子法言十卷 漢揚雄撰 晉李軌、唐柳宗元、宋宋咸、吳祕、司馬光注 明天啓六年武林書坊趙世楷刻本 九行十八字白口四周單边

六八九 揚子法言十卷 漢揚雄撰 明趙大綱集注 明嘉靖刻本 九行十七字白口四周双边
存四卷 七至十

六九〇 揚子法言十卷 漢揚雄撰 明趙大綱集注 明隆慶二年崔近思刻本 九行十七、十八字不等四周双边

六九一 法言十三卷 漢揚雄撰 明藍文炳注 明萬曆刻本 九行二十字白口四周單边

六九二 揚子法言十三卷 漢揚雄撰 明陸時雍論述 明末刻本 九行二十字白口四周單边

十三

六九三 揚子法言十三卷 漢揚雄撰 晉李軌注 附考一卷 考異一卷 清徐養源撰 音義一卷 清嘉慶十二年稻香吟館刻本 清唐仁壽錄 戴望校

六九四 桓子新論三卷 漢桓譚撰 清嚴可均輯 清抄本 清□思儼校

六九五 曹大家女誡一卷 漢班昭撰 明刻本 九行十八字白口四周單边

六九六 潛夫論十卷 漢王符撰 明刻本 九行十七字白口四周双边有刻工

六九七 潛夫論十卷 漢王符撰 明刻本 清丁丙跋

六九八 潛夫論十卷 漢王符撰 明刻本 李盛鐸跋

六九九 潛夫論十卷 漢王符撰 明刻本 十行十八字白口左右双边

七〇〇 潛夫論十卷 漢王符撰 明刻本 清黃丕烈、黃士礦跋

七〇一 潛夫論十卷 漢王符撰 明萬曆程榮刻漢魏叢書本 清黃廷鑑校 九行二十字白口左右双边

七〇二 潛夫論十卷 漢王符撰 明萬曆程榮刻漢魏叢書本 清丁紹基跋

七〇三 潛夫論十卷 漢王符撰 明萬曆何允中刻廣漢魏叢書本 清盧文弨校、丁丙跋 九行二十字白口左右双边

七〇四 潛夫論十卷 漢王符撰 清順治五年馮舒家抄本 清馮舒校並跋

七〇五 潛夫論十卷 漢王符撰 清抄本 佚名錄清馮舒校跋 清丁丙跋

七〇六 潛夫論箋十卷 清汪繼培撰 稿本

七〇七 潛夫論一卷 漢王符撰 清汪因可箋注 清抄本

七〇八 申鑒五卷 漢荀悅撰 明正德十三年李濂刻本 十行二十字白口四周單边

七〇九 申鑒五卷 漢荀悅撰 明嘉靖十二年張惟恕刻本 十行二十字白口四周單边

七一〇 申鑒五卷 漢荀悅撰 明萬曆何允中刻廣漢魏叢書本 清盧文弨校、丁丙跋 九行二十字白口左右双边

七一一 申鑒五卷 漢荀悅撰 明黃省曾注 明正德十四年黃氏文始堂刻本 清焦循校並跋 九行十七字白口四周双边

七一二 申鑒五卷 漢荀悅撰 明黃省曾注 明正德十四年黃氏文始堂刻本 莫棠跋

七一三 申鑒五卷 漢荀悅撰 明黃省曾注 明正德十六年黃氏文始堂刻本 九行十七字白口四周双边有刻工

七一四 申鑒五卷 漢荀悅撰 明黃省曾注 明嘉靖文始堂刻本 九行十七字白口四周双边有刻工

七一五 徐幹中論二卷 漢徐幹撰 明弘治十五年黃紋刻本 八行十六字白口左右双边

七一六 徐幹中論二卷 漢徐幹撰 明弘治十五年黃紋刻本（卷上配清抄本）

七一七 徐幹中論二卷 漢徐幹撰 明嘉靖四十四年杜思刻本 八行十六字白口左右双边

七一八 徐幹中論二卷 漢徐幹撰 明嘉靖四十四年杜思刻本 清黃丕烈題識 傅增湘校跋並錄

七一九 徐幹中論二卷 漢徐幹撰 明刻本 八行十六字白口左右双边

七二〇 徐幹中論二卷 漢徐幹撰 明刻本 八行十六字白口四周單边

七二一 徐幹子中論二卷 漢徐幹撰 明刻本 九行十八字白口四周單边

十四

存一卷 下

七二二 徐幹中論二卷 漢徐幹撰 明刻本 十行十七字白口四周單边

七二三 徐幹中論二卷 漢徐幹撰 明刻本 清黃丕烈跋 顧廣圻校

七二四 徐幹中論二卷 漢徐幹撰 明抄本 清丁丙跋

七二五 中論二卷 漢徐幹撰 明刻本 清陳鱣校 九行二十字白口左右双边

七二六 中論二卷 漢徐幹撰 明何允中刻廣漢魏叢書本 清張錫瑜校並跋 王大隆跋 九行二十字白口左右双边

七二七 中論二卷 漢徐幹撰 清嘉慶十八年焦循抄本

七二八 孝經集註指南大全一卷 宋邢昺、元董鼎撰 忠經集註指南大全一卷 小學集註指南大全六卷 宋朱熹撰 明周汝壽補注 太祖聖諭演訓二卷 明雨花齋刻本 十行十七字白口四周單边

七二九 小學大全六卷 孝經詳解一卷 明陶原良注 忠經詳解一卷 漢馬融撰、鄭玄注 明崇禎王壯猷刻本 八行十八字白口四周單边

七三〇 忠經一卷 漢馬融撰、鄭玄注 明嘉靖四十五年令狐鏓刻本 八行十八字白口四周双边

七三一 忠經集註一卷 漢馬融撰 明劉勅注 明萬曆刻本 八行十九字白口四周單边

三三二 忠經詳解一卷 漢馬融撰 鄭玄注 明陶原良詳解 明崇禎刻本 七行十八字白口四周单边
三三三 崔寔政論一卷 漢崔寔撰 清嚴可均輯 清陶濬宣家抄本 清陶濬宣校並跋
三三四 崔寔政論一卷 漢崔寔撰 清姚振宗輯 清姚氏師石山房抄本
三三五 傅子一卷附錄一卷 晉傅玄撰 清乾隆四十二年浙江重刻武英殿聚珍版書本（附錄配清抄本） 清盧文弨校
三三六 傅子一卷 晉傅玄撰 清乾隆武英殿活字印聚珍版叢書本 傅增湘跋並錄清盧文弨校記
補遺一卷 清孔廣根輯 稿本
三三七 傅子一卷 晉傅玄撰 清抄本 清陳鱣校
三三八 傅子一卷 晉傅玄撰 清孫氏玉海樓抄本 清孫詒讓校
三三九 傅子三卷 晉傅玄撰 清抄本
三四〇 傅子四卷 晉傅玄撰 清嚴可均輯 清抄本 清□思儼校
三四一 傅子四卷 晉傅玄撰 清傅以禮輯 稿本 清傅以禮校並跋
三四二 傅子拾遺二卷 晉傅玄撰 清抄本
三四三 文中子十卷 題隋王通撰 明刻本 十行二十字白口四周单边
三四四 文中子十卷 題隋王通撰 明刻本 十一行二十四字黑口四周双边
三四五 中說十卷 題隋王通撰 宋阮逸注 宋刻本 清葉奕錢謙益跋 十四行二十六七字白口左右双边

一五

三四六 中說十卷 題隋王通撰 宋阮逸注 宋王氏取瑟堂刻本 十一行二十字白口左右双边
三四七 中說十卷 題隋王通撰 宋阮逸注 明初刻本 十一行二十一字黑口四周双边
三四八 中說十卷 題隋王通撰 宋阮逸注 明初刻本 清丁丙跋
三四九 中說十卷 題隋王通撰 宋阮逸注 明初刻本 清周星詒跋
三五〇 中說十卷 題隋王通撰 宋阮逸注 明初刻本 曹元忠跋
三五一 中說十卷 題隋王通撰 宋阮逸注 明刻本 十二行二十六字黑口四周双边
三五二 中說十卷 題隋王通撰 宋阮逸注 明刻本 清喬松年蔣寶齡跋
三五三 中說十卷 題隋王通撰 宋阮逸注 明刻本 清丁丙跋
三五四 中說十卷 題隋王通撰 宋阮逸注 明刻本 清戴望校
三五五 中說十卷 題隋王通撰 宋阮逸注 明嘉靖四年鄭慶雲刻本 十行十六字白口四周单边
三五六 中說十卷 題隋王通撰 宋阮逸注 明嘉靖四年鄭慶雲刻本 清翁同書跋
三五七 中說十卷 題隋王通撰 宋阮逸注 明嘉靖十二年顧春世德堂刻六子書本 清唐翰題校 八行十七字白口左右双边
三五八 中說十卷 題隋王通撰 宋阮逸注 明嘉靖十二年顧春世德堂刻六子書本 清查燕緒校
三五九 中說十卷 題隋王通撰 宋阮逸注 明嘉靖十二年顧春世德堂刻六子書本 傅增湘校並跋 又錄清唐翰題校跋
三六〇 中說十卷 題隋王通撰 宋阮逸注 明桐陰書屋刻六子書本 佚名錄清何焯批校 八行十七字白口四周双边
三六一 中說十卷 題隋王通撰 宋阮逸注 明刻六子書本 傅增湘錄清何焯批校 八行十七字白口四周双边
三六二 中說十卷 題隋王通撰 宋阮逸注 明敬忍居刻本 八行十七字白口四周双边
三六三 中說十卷 題隋王通撰 宋阮逸注 明敬忍居刻本 清丁丙跋
三六四 中說十卷 題隋王通撰 宋阮逸注 明敬忍居刻本 清丁紹基校並跋
三六五 中說十卷 題隋王通撰 宋阮逸注 明敬忍居刻本 清方功惠校並跋
三六六 中說十卷 題隋王通撰 宋阮逸注 明敬忍居刻本 曹元忠跋
三六七 中說十卷 題隋王通撰 宋阮逸注 明敬忍居刻本 王獻唐跋並錄清方功惠校跋
三六八 中說二卷 題隋王通撰 明萬曆何允中刻廣漢魏叢書本 清盧文弨校 丁丙跋 九行二十字白口左右双边
三六九 文中子中說十卷 題隋王通撰 宋阮逸注 清光緒二年浙江書局刻二十二子本 清楊沂孫批點並跋
三七〇 中說考七卷 明崔銑撰 明河汾書院刻本 十行十八字白口四周单边
三七一 伸蒙續孟子二卷 唐林慎思撰 明萬曆四年林一龍林一豹等刻本 九行二十字白口四周单边
三七二 伸蒙子三卷 唐林慎思撰 清光緒元年崇文書局刻百子全書本 傅增湘校並跋
三七三 伸蒙子三卷 唐林慎思撰 清抄本
三七四 素履子三卷 唐張弧撰 清光緒元年崇文書局刻百子全書本 傅增湘校並跋
三七五 邵子全書二十四卷 宋邵雍撰 明萬曆三十四年徐必達刻本 十行二十字白口四周双边

一六

三七六 公是先生弟子記一卷 宋劉敞撰 明穴硯齋抄本 清王芑孫跋
三七七 公是先生弟子記一卷 宋劉敞撰 清趙氏小山堂抄本 清丁丙跋
三七八 宋司馬溫國文正公家範十卷 宋司馬光撰 明萬曆三年陳世寶刻本 九行二十二字白口四周双边有刻工
三七九 宋司馬溫國文正公家範十卷 宋司馬光撰 明萬曆七年莫與齊刻本 十行二十字白口四周双边有刻工
三八〇 宋司馬溫國文正公家範十卷 宋司馬光撰 明萬曆七年莫與齊刻本 清丁丙跋
三八一 家範十卷 宋司馬光撰 明天啓六年司馬露等刻本 九行二十字白口四周双边
三八二 家範十卷 宋司馬光撰 明刻本 九行十八字白口左右双边
三八三 王賢良儒志編一卷 宋王開祖撰 明弘治七年陳璽刻本 十行二十字黑口四周双边
三八四 儒志編一卷附錄一卷 宋王開祖撰 明弘治十二年汪循刻本 十行十八字黑口四周双边
三八五 帝學八卷 宋范祖禹撰 清省園刻本
三八六 帝學八卷 宋范祖禹撰 清乾隆永瑢抄本
三八七 帝學八卷 宋范祖禹撰 清抄本
三八八 帝學八卷 宋范祖禹撰 清抄本

帝學八卷 宋范祖禹撰 清抄本 清翁曾源校並跋 三八九

周子全書六卷 宋周敦頤撰 明萬曆二十四年張國璽刻本 九行十八字白口四周双边 三九〇

周子全書七卷 宋周敦頤撰 明顧造輯 明萬曆四十年顧造刻本 十行二十一字白口左右双边有刻本 三九一

張子全書十五卷 宋張載撰 宋朱熹注 明萬曆刻本 十行二十字白口四周双边 三九二

張子全書十五卷 宋張載撰 清抄本 三九三

正蒙二卷 宋張載撰 清初刻本 三九四

新刊正蒙解四卷 明劉儓撰 明嘉靖二十五年刻本 十行二十字白口四周單边 三九五

正蒙釋四卷 明高攀龍集注 徐必達發明 明萬曆刻本 十行二十字白口四周双边有刻工 三九六

橫渠經學理窟五卷 宋張載撰 明嘉靖元年黃鞏刻本 十行十九字白口四周双边 三九七

橫渠經學理窟五卷 宋張載撰 明萬曆二十年李楨刻本 十行十九字白口四周双边 三九八

張子語錄三卷後錄二卷 宋福建漕治刻本 十行十八字白口左右双边有刻工 三九九

橫渠張子釋六卷 明呂柟撰 明嘉靖五年刻本 十行二十二字白口四周單边有刻工 四〇〇

合刻周張兩先生全書二十二卷 明萬曆三十四年徐必達刻本 十行二十字白口四周双边有刻工 四〇一

周子全書七卷 宋周敦頤撰 宋朱熹注

張子全書十五卷 宋張載撰 宋朱熹注

合刻周張兩先生全書二十二卷 明萬曆三十四年徐必達刻本 佚名錄明呂柟批 四〇二

周子全書七卷 宋周敦頤撰 宋朱熹注

張子全書十五卷 宋張載撰 宋朱熹注

一七

程氏遺書二十五卷附錄一卷 宋朱熹輯 宋刻本 十行二十字白口左右双边 四〇三

存三卷 十五 二十一 二十二下 附錄全

河南程氏遺書附錄一卷 宋刻本 十一行二十字白口左右双边 四〇四

二程全書六十二卷 宋程顥、程頤撰 明成化十二年段堅刻本 清丁丙跋 九行二十字黑口四周双边有刻工 四〇五

遺書二十五卷 宋朱熹輯

外書十二卷 宋朱熹輯

經說八卷

明道先生文集五卷 宋程顥撰

伊川先生文集八卷 宋程頤撰

附錄三卷

後序一卷

二程全書六十五卷 宋程顥、程頤撰 明弘治十一年陳宣刻本 十行二十一字黑口四周單边 四〇六

遺書二十八卷附錄一卷 宋朱熹輯

外書十二卷 宋朱熹輯

經說八卷

明道文集五卷 宋程顥撰

伊川文集八卷 宋程頤撰

文集拾遺一卷 宋程顥、程頤撰

續附錄二卷

二程全書六十五卷 宋程顥、程頤撰 明弘治十一年陳宣刻本 清丁丙跋 四〇七

遺書二十八卷附錄一卷 宋朱熹輯

外書十二卷 宋朱熹輯

經說八卷

明道文集五卷 宋程顥撰

伊川文集八卷 宋程頤撰

文集拾遺一卷 宋程顥、程頤撰

續附錄二卷

二程全書六十五卷 明萬曆二十年蔣春芳刻本 十行二十一字白口四周双边 四〇八

遺書二十八卷附錄一卷 宋朱熹輯

外書十二卷 宋朱熹輯

經說八卷

明道文集五卷 宋程顥撰

伊川文集八卷 宋程頤撰

文集拾遺一卷 宋程顥、程頤撰

續附錄二卷

二程子全書五十一卷 明嘉靖三年李中、余祐刻本 十行二十字黑口四周双边 四〇九

河南程氏遺書二十五卷附錄一卷 宋朱熹輯

外書十二卷 宋朱熹輯

文集十二卷遺文一卷 宋程顥、程頤撰

二程子全書五十一卷 明嘉靖三年李中、余祐刻本 傅增湘校並跋 四一〇

河南程氏遺書二十五卷附錄一卷 宋朱熹輯

外書十二卷

文集十二卷遺文一卷 宋程顥、程頤撰

一八

二程全書五十一卷 明刻本 十行二十字黑口四周双边有刻工 四一一

河南程氏遺書二十五卷附錄一卷 宋朱熹輯

外書十二卷

文集十二卷遺文一卷 宋程顥、程頤撰

二程全書五十一卷 明刻本 十行二十字黑口四周双边 四一二

河南程氏遺書二十五卷附錄一卷 宋朱熹輯

外書十二卷

文集十二卷遺文一卷 宋程顥、程頤撰

二程先生書五十一卷 宋程顥、程頤撰 明閻禹錫輯 明隆慶四年金立敬刻本 十行二十一字白口四周双边 四一三

遺書二十五卷 宋朱熹輯

外書十二卷 宋朱熹輯

文集十二卷 宋程顥、程頤撰

附錄一卷

續附錄一卷

二程全書六十八卷 宋程顥、程頤撰 明萬曆三十四年徐必達刻本 十行二十字白口四周双边 四一四

遺書二十八卷附錄一卷 宋朱熹輯

外書十卷 宋朱熹輯

粹言二卷 宋楊時輯

易傳四卷 宋程頤撰

經說八卷 宋程頤撰

明道文集五卷 宋程顥撰

四一五 二程全書六十四卷 宋朱熹輯 清康熙内府寫本
二程遺書二十五卷 宋朱熹輯
二程外書十二卷 宋朱熹輯
明道文集五卷 宋程顥撰
伊川文集八卷 宋程頤撰
伊川易傳四卷 宋程頤撰
伊川經說八卷 宋程頤撰
二程粹言二卷 宋楊時輯
伊川文集八卷 宋程頤撰
遺文一卷 宋程顥、程頤撰
續附錄一卷

四一六 遺書編一卷 宋程顥、程頤撰 明聶鉉刻本 九行十八字白口左右双边

四一七 河南程氏外書十二卷 宋朱熹輯 明抄本 存七卷 一至七

四一八 程氏遺書分類三十一卷外書分類十卷 明楊廉輯 明刻本 十行十九字黑口四周双边

四一九 二程子抄釋十卷 明呂柟撰 明嘉靖五年解梁書院刻本 十行二十字至二十二字不等白口左右双边

四二〇 二程子抄釋十卷 明呂柟撰 明嘉靖二十七年周璞刻藍印本 十行二十四字白口四周单边

四二一 二程子抄釋十卷 明呂柟撰 明嘉靖二十七年周璞刻本

四二二 二程先生粹言九卷 明徐養正輯 明嘉靖刻本 十行二十字白口四周单边

四二三 二程先生類語八卷 明唐伯元輯 明萬曆十三年姜召等刻本 十行二十一字白口左右双边

四二四 二程先生語錄二卷 明徐元璧輯 明崇禎六年刻本 十行二十字白口四周单边

四二五 程子詳本二十卷 明陳龍正撰 明崇禎十六年刻本 九行十九字白口四周单边

四二六 呂氏鄉約一卷鄉儀一卷 宋呂大鈞撰 宋嘉定五年李大有刻本 七行十四字白口左右双边有刻工

四二七 鄉約一卷鄉儀一卷 宋呂大鈞撰 明正德五年弘道書院刻本 七行十四字白口四周单边

四二八 藍田呂氏遺書二卷 宋呂大鈞撰 明正德十四年李東刻本 九行十八字白口左右双边

四二九 浩齋過先生語錄二卷 題宋過源撰 明萬曆三十三年過繼美刻本 八行十七字白口四周单边

四三〇 上蔡先生語錄三卷 宋謝良佐撰 明正德八年江正刻本 十行二十字白口四周单边

四三一 上蔡先生語錄三卷 宋謝良佐撰、曾恬、胡安國輯 明正德九年許翔鳳刻遞修本 十行二十字黑口四周双边

四三二 上蔡先生語錄三卷 宋謝良佐撰、朱熹輯 明刻本 十行二十一字白口四周单边

四三三 上蔡先生語錄三卷 宋謝良佐撰、朱熹輯 明刻本 十行二十字白口左右双边

四三四 龜山先生語錄四卷後錄二卷 宋吳堅福建漕治刻本 十行十八字白口左右双边

四三五 龜山先生語錄四卷 宋楊時撰 元刻本 十行十八字黑口四周双边

四三六 晁氏儒言一卷 宋晁說之撰 明嘉靖三十三年晁瑮寶文堂刻本 十行二十字白口四周单边

十九

四三七 和靖先生語錄三卷 宋尹焞撰、祁寬輯 明抄本

四三八 童蒙訓三卷 宋呂本中撰 明刻本 十行二十字白口左右双边

四三九 童蒙訓三卷 宋呂本中撰 明刻本 清丁丙跋

四四〇 童蒙訓三卷 宋呂本中撰 清乾隆二十年王嗣賢抄本 清王嗣賢跋

四四一 童蒙訓三卷 宋呂本中撰 清抄本

四四二 家訓筆錄一卷 宋趙鼎撰 清初抄本 清丁丙跋

四四三 袁氏世範三卷 宋袁采撰 集事詩鑒一卷 宋方昕撰 宋刻本 清許乃陸跋並錄明袁表袁褧清袁廷檮題識 十一行二十字白口左右双边

四四四 安正忘筌集二卷 宋潘殖撰 明萬曆刻本 九行二十字白口四周单边

四四五 忘筌書十卷 宋潘殖撰 清嘉慶十六年祝昌泰留香室刻浦城遺書本 傅增湘校並跋

四四六 諸儒鳴道七十二卷 宋刻端平二年黃壯猷重修本（近思錄卷五十一、二程語錄卷八至十九配清抄本） 十二行二十一字白口左右双边有刻工

四四七 諸儒鳴道七十二卷 清初宋氏榮光樓抄本 清宋筠校 完顏景賢、傅增湘跋

四四八 致堂先生崇正辯三卷 宋胡寅撰 明刻本 十行二十四字黑口四周双边

四四九 致堂先生崇正辯三卷 宋胡寅撰 明刻本 十行十八字白口四周单边

四五〇 省心雜言一卷 宋李邦獻撰 明抄本 清錢謙益題款

四五一 泳齋近思錄衍註十四卷 宋朱熹、呂祖謙撰、楊伯嵒衍注 宋刻本 九行十八字白口左右双边有刻工

四五二 近思錄十四卷 宋朱熹、呂祖謙撰 明嘉靖六年賈世祥刻本 九行十九字白口四周单边

四五三 近思錄十四卷 宋朱熹、呂祖謙撰 明萬曆三十五年朱崇沐刻本 九行十九字白口左右双边

四五四 近思錄十四卷 宋朱熹、呂祖謙撰 明崇禎八年鮑懋度刻本 九行二十字白口四周单边

四五五 近思錄十四卷 宋朱熹、呂祖謙撰 明崇禎九年張鳴等刻本 九行二十字白口左右双边

四五六 近思錄十四卷 宋朱熹、呂祖謙撰 明吳邦楨刻本 九行十六字白口左右双边

四五七 近思錄十四卷 宋朱熹、呂祖謙撰 明刻本 八行十八字黑口四周双边

四五八 近思錄十四卷 宋朱熹、呂祖謙撰 明刻本 九行十六字白口左右双边

四五九 近思錄十四卷 宋朱熹、呂祖謙撰 明刻本 九行十八字白口四周单边

四六〇 近思錄十四卷 宋朱熹、呂祖謙撰 明刻本 十行十九字白口左右双边

四六一 近思錄十四卷 宋朱熹、呂祖謙撰 明刻本 清沈啟堠跋 九行十八字白口左右双边

四六二 近思錄集解十四卷 宋葉采撰 元刻明修本 八行十八字黑口左右双边

四六三 近思錄集解十四卷 宋葉采撰 元刻明修本 八行十八字黑口四周双边

四六四 分類經進近思錄集解十四卷 宋葉采撰 明嘉靖十七年劉仕贇刻本 九行二十字黑口

廿

四周单边

分類經進近思錄集解十四卷 宋葉采撰 明吳勉學刻本 九行十八字白口左右双边 四六五

近思錄集解十四卷 宋葉采撰 明崇禎八年陸雲龍刻本 九行十九字四周单边 四六六

近思錄集解十四卷 宋葉采撰 明刻本 九行二十一字白口左右双边 四六七

五子近思錄十四卷 明錢士升輯 明崇禎刻本 九行十九字白口四周单边 四六八

小學五書五卷 宋張時舉編 曾子弟子職注一卷 唐房玄齡撰 女誡一卷 漢班昭撰 呂氏鄉約一卷 宋呂大鈞撰 鄉儀一卷 宋呂大鈞撰 居家雜儀一卷 宋司馬□撰 清初毛氏汲古閣影宋抄本 四六九

標題注疏小學集成十卷 元刻本 十行十八字黑口左右双边 四七〇
存三卷 八至十

小學三卷 小學書之綱領一卷 宋朱熹撰 小學書圖一卷 何士信輯 文公小學書集成一卷 元刻本 十三行二十二字黑口左右单边 四七一

小學五卷 明萬曆三十七年刻本 七行十七字白口左右双边有刻工 四七二

十二

文公先生小學明說便覽六卷 宋夏相輯 小學書綱領一卷 文公先生年譜一卷 文公先生小學淵源一卷 小學書圖隱括纂要二卷 明刻本 清丁丙跋 十一行二十一字黑口四周双边 四七三

文公先生小學集解大成六卷 明吳訥撰 明宣德八年劉氏翠巖堂刻本 十一行二十一字黑口四周双边 四七四
存二卷 一至二

文公先生小學集註大成六卷 宋朱熹撰、熊禾集注 明劉剡校正 小學淵源一卷 小學書綱領一卷 小學書圖隱括纂要一卷 明宣德九年梅隱精舍刻本 十一行二十一字黑口四周双边 四七五
存五卷 文公先生小學集註大成一至二 餘全

文公先生小學書解四卷 宋朱熹撰 明刻本 十四行二十一字黑口四周双边 四七六

文公小學六卷 宋朱熹撰 小學書綱領一卷 文公先生年譜一卷 明萬曆三十七年趙良相刻本 七行十五字白口左右双边 四七七

小學句讀六卷 宋朱熹撰 明陳選集注 明弘治十八年王鏻刻本 九行十八字白口四周双边 四七八

小學句讀十卷 宋朱熹撰 明吳訥集解、陳選增注、王雲鳳輯 明刻本 十一行二十字白口四周双边 四七九

小學六卷 宋朱熹撰 明陳選注 明嘉靖三十五年李德用刻本 十一行二十一字黑口四周双边有刻工 四八〇

小學六卷 宋朱熹撰 明陳選注 明萬曆二十六年曹璜刻本 十一行二十一字白口四周双边有刻工 四八一

文公小學集註大全六卷 明陳選撰 明刻本 九行十九字黑口四周双边 四八二

小學集註六卷 明陳選撰 明崇禎八年內府刻本 十行二十字白口四周双边 四八三

小學集註六卷 明陳選撰 明崇禎八年刻本 十行二十字白口四周双边 四八四

文公先生經世大訓十六卷 明余祐輯 明嘉靖元年河南按察司刻本 十行二十四字白口四周双边 四八五

文公先生經世大訓十六卷 明余祐輯 明嘉靖五年湖廣布政司刻本 十行二十四字白口四周双边 四八六

晦菴先生語錄大綱領十卷附錄三卷 宋刻本 十一行十九字黑口左右双边 四八七
存十二卷 一至十二

朱子語類一百四十卷 宋黎靖德輯 明成化九年陳煒刻本 十四行二十四字白口左右双边 四八八

朱子語類一百四十卷 宋黎靖德輯 明成化九年陳煒刻本 清丁丙跋 四八九

朱子語類一百四十卷 宋黎靖德輯 明萬曆三十二年朱崇沐刻本 十一行二十二字白口四周单边 四九〇

十三

晦菴先生語錄類要十八卷 宋葉士龍輯 明成化六年韓儼刻本 十一行十九字黑口四周双边有刻工 四九一

新刊京本晦菴先生語錄類要十八卷 宋葉士龍輯 明刻本 文素松跋 十二行二十四字黑口四周双边 四九二

朱子語畧二十卷 宋楊與立輯 明弘治四年南京國子監刻本 九行十五字黑口四周双边 四九三

朱子讀書法四卷 宋張洪、齊𤋮輯 清抄本 四九四

朱子成書十卷 元黃瑞節輯 元至正元年日新書堂刻本 十一行二十一字黑口四周双边 四九五

朱子成書十卷 元黃瑞節輯 元至正元年日新書堂刻本 四九六
存七卷 易學啟蒙一卷 家禮及圖一卷 律呂新書一卷 皇極經世指要一卷 周易參同契一卷 陰符經一卷 正蒙一卷

朱子成書十卷 元黃瑞節輯 元至正元年日新書堂刻本 四九七
存三卷 皇極經世指要一卷 周易參同契一卷 陰符經一卷

朱子成書十卷 元黃瑞節輯 明初刻本 十一行二十字黑口四周双边 四九八

朱子成書十卷 元黃瑞節輯 清初抄本 四九九
存一卷 周易參同契

五〇〇 朱子節要十四卷　明高攀龍撰　明萬曆三十年刻本　九行十八字白口四周單邊

五〇一 朱子抄十卷　明孫應鼇、劉教輯　明嘉靖十八年陳鶴刻本　十行二十字白口左右双边

五〇二 朱子大全私抄十二卷　明王宗沐輯　明嘉靖三十二年自刻本　十行二十字白口四周單边

五〇三 朱文公語錄類要述十八卷　明范涞撰　明萬曆四十年詹光陛等刻本　十行二十字白口四周單边有刻工

五〇四 重輯朱子錄要十五卷　明馮應京輯　明萬曆三十三年朱崇沐刻本　九行十九字白口左右双边

五〇五 淵鑒齋御纂朱子全書六十六卷　清熊賜履、李光地等纂修　清康熙五十三年武英殿刻本

五〇六 宋四子抄釋二十一卷　明呂柟撰　明嘉靖十六年汪克儉等刻本　十行二十二字白口四周單边
周子抄釋三卷　二程子抄釋十卷　横渠張子抄釋六卷　朱子抄釋二卷

五〇七 宋四子抄釋二十一卷　明呂柟撰　明嘉靖十六年汪克儉等刻本
存十八卷　周子抄釋三卷　二程子抄釋一至七卷　横渠張子抄釋六卷　朱子抄釋二卷

五〇八 胡子知言六卷　宋胡宏撰　附錄一卷疑義一卷　明程敏政輯　明嘉靖五年正心書院刻本　十一行二十一字黑口四周双边

五〇九 胡子知言六卷　宋胡宏撰　附錄一卷疑義一卷　明程敏政輯　清抄本　清丁丙跋

五一〇 麗澤論說集錄十卷　宋呂祖儉輯　宋嘉泰四年呂喬年刻本　十行二十字白口左右双边有刻工

五一一 麗澤論說集錄十卷　宋呂祖儉輯　宋嘉泰四年呂喬年刻元明遞修本

五一二 麗澤論說集錄十卷　宋呂祖儉輯　宋嘉泰四年呂喬年刻元明遞修本（卷五配清影宋抄本）
存五卷　一至五

五一三 麗澤論說集錄十卷　宋呂祖儉輯　宋嘉泰四年呂喬年刻元明遞修本
存五卷　六至十

五一四 陸氏家制一卷　宋陸九韶撰　清初刻本

五一五 類編標註文公先生經濟文衡前集二十五卷後集二十五卷續集二十二卷　宋滕珙輯　元泰定元年梅溪書院刻本　十三行二十三字黑口四周双边

五一六 類編標註文公先生經濟文衡前集二十五卷　宋滕珙輯　元泰定元年梅溪書院刻本

五一七 類編標註文公先生經濟文衡前集二十五卷後集二十五卷續集二十二卷　宋滕珙輯　元刻本　十三行二十三字黑口四周双边
存九卷　十七至二十五

五一八 類編標註文公先生經濟文衡前集二十五卷後集二十五卷續集二十二卷　宋滕珙輯　明正德四年趙俊刻本　十二行二十三字白口四周單边有刻工

五一九 類編標註文公先生經濟文衡前集二十五卷後集二十五卷續集二十二卷　宋滕珙輯　明正德四年趙俊刻本　清金紹綸校

五二〇 類編標註文公朱先生經濟文衡前集二十五卷後集二十五卷續集二十二卷　宋滕珙輯　明萬曆三十四年朱吾弼、朱崇沐等刻本　九行二十字白口四周單边

五二一 類編標註文公先生經濟文衡前集二十五卷後集二十五卷　宋滕珙輯　明萬曆三十四年朱吾弼、朱崇沐等刻崇禎七年李寅賓重修本　九行二十字白口四周單边

五二二 類編標註文公先生經濟文衡前集二十五卷後集二十五卷　宋滕珙輯　明萬曆三十四年朱吾弼、朱崇沐等刻崇禎七年李寅賓重修本　清丁丙跋

五二三 朱子經濟文衡類編前集二十五卷後集二十五卷續集二十二卷　宋滕珙輯　明刻本　九行二十字白口四周單边

五二四 先聖大訓六卷　宋楊簡撰　明萬曆四十三年張翼軫等刻本　八行十六字白口四周單边

五二五 先聖大訓六卷　宋楊簡撰　明萬曆四十三年張翼軫等刻清嘉慶九年裘春鼎重修本　清丁丙跋

五二六 先聖大訓六卷　宋楊簡撰　明刻本　十行二十一字白口左右双边

五二七 先聖大訓八卷　宋楊簡撰　明刻本　九行十八字白口四周單边有刻工

五二八 東宮備覽六卷　宋陳模撰　清抄本

五二九 東宮備覽六卷　宋陳模撰　清抄本

五三〇 東宮備覽六卷　宋陳模撰　清抄本

五三一 東宮備覽六卷　宋陳模撰　清抄本

五三二 東宮備覽六卷　宋陳模撰　清抄本　清丁丙跋

五三三 大學衍義四十三卷　宋真德秀撰　宋刻本　九行十七字白口左右双边
存一頁　乙上三十九卷第二十八頁

五三四 大學衍義四十三卷　宋真德秀撰　元刻本　十一行二十一字黑口左右双边

五三五 大學衍義四十三卷　宋真德秀撰　元刻本　九行十七字白口四周双边有刻工
存二十四卷　一至九　十九至二十三　三十四至四十三

大學衍義四十三卷 宋真德秀撰 元刻本 九行十七字白口四周双边有刻工 存十四卷 一至九 十九至二十三 五三六

大學衍義四十三卷 宋真德秀撰 元刻本 十一行二十一字黑口左右双边 存二十四卷 一至十一 二十三至三十五 五三七

大學衍義四十三卷 宋真德秀撰 元刻明修本 十一行二十一字黑口四周双边 五三八

大學衍義四十三卷 宋真德秀撰 元刻明修本 存二十二卷 一至二十二 五三九

大學衍義四十三卷 宋真德秀撰 元刻明修本 存六卷 二十三至二十八 五四〇

大學衍義四十三卷 宋真德秀撰 明弘治十五年周津刻本 十一行二十一字黑口左右双边 五四一

大學衍義四十三卷 宋真德秀撰 大學衍義補一百六十卷 明丘濬撰 明正德元年宋文堂刻本大學衍義卷八至十二配清抄本 十行二十一字黑口四周双边 五四二

大學衍義四十三卷 宋真德秀撰 明嘉靖六年司禮監刻本 八行十四字黑口四周双边 五四三

大學衍義四十三卷 宋真德秀撰 大學衍義補一百六十卷 明丘濬撰 明嘉靖吉澄刻本 十行二十字白口四周单边 五四四

大學衍義四十三卷 宋真德秀撰 明嘉靖吉澄刻本 十行二十字白口四周单边 五四五

大學衍義四十三卷 宋真德秀撰 明萬曆四年吴清刻本 十行二十字黑口四周双边有刻工 五四六

大學衍義四十三卷 宋真德秀撰 明陳仁錫評 大學衍義補一百六十卷首一卷 明丘濬撰、陳仁錫評 明崇禎陳仁錫刻本 十行二十字白口四周单边 五四七

大學衍義四十三卷 宋真德秀撰 明崇禎十一年楊鶚刻本 十行二十一字白口四周双边 五四八

大學衍義四十三卷 宋真德秀撰 明刻本 十行二十字黑口四周双边 五四九

大學衍義四十三卷 宋真德秀撰 明刻本 卷一至十八十行二十字 卷十九至四十三九行十七字白口四周单边有刻工 五五〇

大學衍義四十三卷 宋真德秀撰 明刻本 五五一

真西山讀書記乙集上大學衍義四十三卷 宋真德秀撰 明刻本 十行二十字白口間有黑口四周双边 五五二

大學衍義四十三卷 宋真德秀撰 明刻本 十行二十二字黑口四周双边 五五三

大學衍義四十三卷 宋真德秀撰 明刻本 十一行二十一字左右双边黑口 五五四

大學衍義四十三卷 宋真德秀撰 明刻本 清丁丙跋 十一行二十二字白口四周单边 五五五

真西山讀書記乙集上大學衍義四十三卷 宋真德秀撰 明刻本 九行十七字白口四周双边 五五六

真西山讀書記□□卷 宋刻本 九行十六字白口左右双边 存一頁 甲二十三第二頁 五五七

真西山讀書記乙集上大學衍義四十三卷 宋真德秀撰 明刻本 十行二十字黑口四周双边 五五八

真西山讀書記乙集上大學衍義四十三卷 宋真德秀撰 明刻本 十行二十字白口間有黑口四周双边 五五九

真西山讀書記乙集上大學衍義四十三卷 宋真德秀撰 明刻公文紙印本 九行十七字或十行二十字白口四周单边有刻工 五六〇

西山先生真文忠公讀書記甲集三十七卷丁集二卷 宋真德秀撰 宋福州學官刻元修本 乙集下二十二卷 宋真德秀撰 宋開慶元年福州官刻元修本 九行十六字白口左右双边有刻工 五六一

西山先生真文忠公讀書記甲集三十七卷丁集二卷 宋真德秀撰 宋福州學官刻元修本 乙集下二十二卷 宋真德秀撰 宋開慶元年福州官刻元修本 存五十九卷 甲集一至二 五至三十七 丁集全 乙集下全 五六二

西山先生真文忠公讀書記甲集三十七卷丁集二卷 宋真德秀撰 宋福州學官刻元修本 乙集下二十二卷 宋真德秀撰 宋開慶元年福州官刻元修本 存八卷 甲集一至二 八 二十八 丁集全 乙集下十一至十二 五六三

西山先生真文忠公讀書記甲集三十七卷丁集二卷 宋真德秀撰 宋福州學官刻元明遞修本 乙集下二十二卷 宋真德秀撰 宋開慶元年福州官刻元明遞修本 五六四

西山先生真文忠公讀書記甲集三十七卷 宋真德秀撰 宋福州學官刻元明遞修本 西山讀書記乙集下二十二卷 宋真德秀撰 宋開慶元年福州官刻元修本 九行十六字白口左右双边 存五卷 甲集五至八 乙集下五 五六五

西山先生真文忠公讀書記甲集三十七卷 宋真德秀撰 宋福州學官刻元修本 九行十六字白口左右双边 五六六

西山先生真文忠公讀書記甲集三十七卷 宋真德秀撰 宋福州學官刻元明遞修本 五六七

五六八　西山讀書記乙集下二十二卷　宋真德秀撰　宋開慶元年福州官刻元修本　九行十七字白口左右双边

五六九　西山讀書記乙集下二十二卷　宋真德秀撰　宋開慶福州福清縣學刻元延祐五年修本　九行十七字白口左右双边
存五卷　八至十二

五七〇　西山讀書記乙集下二十二卷　宋真德秀撰　宋開慶元年福州官刻元修本
存二卷　十五至十六

五七一　西山讀書記乙集下二十二卷　宋真德秀撰　宋開慶元年福州官刻元明遞修本

五七二　西山先生真文忠公讀書記丁集二卷　宋真德秀撰　宋刻本　清丁丙跋　九行十六字白口左右双边
存一卷　一

五七三　西山先生真文忠公讀書記□□卷　宋真德秀撰　宋福州學官刻元修本　九行十六字白口左右双边
存零頁

五七四　西山先生真文忠公讀書記□□卷　宋真德秀撰　元刻本　十三行二十三

十七

字黑口四周双边
存五卷　乙記十三　二十二至二十三　續甲記十二至十三

五七五　真文忠公政經一卷　宋真德秀撰　宋刻本　十行十八字白口左右双边有刻工

五七六　真西山先生心經一卷政經一卷　宋真德秀撰　明隆慶四年高文薦刻本　八行十七字白口四周双边

五七七　真西山先生心經一卷　宋真德秀撰　明隆慶四年高文薦刻本　八行十七字白口四周双边

五七八　心經附註四卷　宋真德秀撰　明程敏政注　明弘治五年刻本　十三行二十三行黑口四周双边有刻工
存二卷　三至四

五七九　心經附註四卷　宋真德秀撰　明程敏政注　清抄本　清丁丙跋

五八〇　新編音點性理羣書句解前集二十三卷　宋熊節輯、熊剛大集解　宋刻本　十三行二十四字黑口四周双边間有左右双边
存八卷　一至八

五八一　新編音點性理羣書句解前集二十三卷　宋熊節輯、熊剛大集解　新刊音點性理羣書句解後集二十三卷　宋朱熹、呂祖謙撰、熊剛大集解　元刻本　十三行二十四字黑口四周双边

五八二　新編音點性理群書句解前集二十三卷　宋熊節輯、熊剛大集解　新刊音點性理羣書句解後集二十三卷　宋朱熹、呂祖謙撰、熊剛大集解　元刻本（前集目錄配清抄本）　十三行二十四字黑口四周双边
存十八卷　前集一至十　後集一至八

五八三　新編音點性理群書句解前集二十三卷　宋熊節輯、熊剛大集解　元刻本　秦更年跋　十三行二十四字黑口四周双边

五八四　新刊音點性理羣書句解後集二十三卷　宋朱熹、呂祖謙撰、熊剛大集解　元刻本　十三行字无定数黑口四周双边

五八五　新刊音點性理羣書句解後集二十三卷　宋朱熹、呂祖謙撰、熊剛大集解　元刻本　十三行二十四字黑口四周双边
存十二卷　一至十二

五八六　新刊音點性理群書句解後集二十三卷　宋熊節輯　元刻本　十三行二十四字黑口四周双边

五八七　性理群書十四卷　宋熊節輯、熊剛大集解　明吳訥補注　明宣德九年刻本　十一行二十一字黑口四周双边

五八八　潛室陳先生木鐘集十一卷　宋陳埴撰　元吳氏友于堂刻本　十二行二十二字黑口左右双边

十八

存十卷　一　三至十一

五八九　潛室陳先生木鐘集十一卷　宋陳埴撰　元吳氏友于堂刻本　羅振常跋
存一卷　十一

五九〇　潛室陳先生木鐘集十一卷　宋陳埴撰　明刻本　十二行二十二字黑口左右单边間有左右双边

五九一　潛室陳先生木鐘集十一卷　宋陳埴撰　明弘治十四年鄒俊、高賓刻本　十二行二十二字黑口四周单边

五九二　潛室陳先生木鐘集十一卷　宋陳埴撰　明弘治十四年鄒准、高賓刻本　清丁丙跋

五九三　北溪先生字義二卷嚴陵講義一卷　宋陳淳撰　明弘治五年林同刻本　十行二十一字黑口四周双边

五九四　北溪先生字義二卷嚴陵講義一卷　宋陳淳撰　明弘治五年林同刻本　清丁丙跋

五九五　北溪先生字義詳講二卷嚴陵講義一卷　宋陳淳撰　明正德三年壽鄉書堂刻本　九行十六字黑口四周双边

五九六　北溪先生字義詳講二卷　宋陳淳撰　明隆慶李巍嗣刻本　九行十六字黑口四周双边

五九七　北溪先生字義二卷補遺一卷嚴陵講義一卷

五九八　北溪先生字義二卷補遺一卷嚴陵講義一卷　宋陳淳撰　清康熙五十三年戴嘉禧愛判堂刻本　清王振聲校並跋
宋陳淳撰　清康熙五十三年戴嘉禧愛判堂刻本　清王振聲校並跋

五九九　慈溪黃氏日抄分類九十七卷　宋黃震撰　宋紹定二年積德堂刻本　十行二十字白口左右双边
存二卷　二十七至二十八

六〇〇　慈溪黃氏日抄分類九十七卷　宋黃震撰　宋紹定二年積德堂刻元至元重修本　十行二十字白口間有黑口左右双边有刻工
存二十五卷　四至五　十二至十三　十七　十九　二十五至二十六　二十九　三十四至三十八　七十一至七十八　九十四至九十六

六〇一　慈溪黃氏日鈔分類九十七卷古今紀要十九卷　宋黃震撰　元後至元三年刻本　卷九十三至九十七配明刻本　十行二十字白口左右双边有刻工

六〇二　慈溪黃氏日抄分類九十七卷　宋黃震撰　元刻遞修本　卷八十一、八十四至九十七配清抄本　十行二十字白口左右双边
存九十五卷　一至八十四　八十七至九十七

六〇三　慈溪黃氏日抄分類九十七卷　宋黃震撰　元刻本　十行二十字白口左右双边有刻工
存九十四卷　一至八十　八十二至八十八　九十至九十一　九十三至九十七

十九

六〇四　慈溪黃氏日抄分類九十七卷　宋黃震撰　元刻本
存四十五卷　二至四　十二至十四　二十六至二十九　四十七至五十四　六十至六十二　六十四　七十一至七十二　七十四至八十　八十二至八十八　九十至九十一　九十三至九十七

六〇五　慈溪黃氏日抄分類九十七卷　宋黃震撰　元刻本
存三十一卷　二十四至五十四

六〇六　慈溪黃氏日抄分類九十七卷　宋黃震撰　元刻本　十行十九字白口四周單边有刻工
存一頁　讀禮記十五第三十五頁

六〇七　慈溪黃氏日抄分類九十七卷古今紀要十九卷　宋黃震撰　明正德十四年書林蘇氏明賓堂刻本　十四行二十六字黑口四周双边

六〇八　慈溪黃氏日抄分類九十七卷古今紀要十九卷　宋黃震撰　明刻本　十三行二十四字黑口四周双边

六〇九　慈溪黃氏日抄分類九十七卷古今紀要十九卷　宋黃震撰　明刻本　十四行二十六字黑口四周双边

六一〇　增廣字訓六卷　宋程若庸撰　元刻本　八行二十字白口左右双边有刻工
存二卷　三至四

六一一　研幾圖一卷　宋王柏撰　明正德刻本　李盛鐸跋　十二行二十六字黑口四周双边

六一二　家山圖書一卷　清抄本　丁立誠校並跋

六一三　羅氏重刊家政三卷　明刻本　十二行二十三字白口四周單边

六一四　魯齋心法二卷　元許衡撰　清抄本

六一五　草廬吳先生輯粹七卷　明王夔輯　明嘉靖二十四年謝道然刻本　八行二十字白口左右双边

六一六　新刊標題明解聖賢語論四卷首一卷　元王廣謀撰　明嘉靖十二年書林余氏自新齋刻本　九行十八字黑口四周双边

六一七　新刊標題明解聖賢語論四卷首一卷　元王廣謀撰　明萬曆十四年書林張氏居仁堂刻本　卷二配明嘉靖十一年書林余氏自新齋刻本　九行十八字黑口四周边欄不一

六一八　周子通書訓義一卷　元保八撰　元刻本　八行十八字黑口左右双边

六一九　程氏讀書分年日程三卷　元程端禮撰　元元統三年甬東家塾刻本　清程恩澤題款　九行二十二字黑口左右双边

六二〇　程氏家塾讀書分年日程三卷綱領一卷　元程端禮撰　明刻本　九行二十二字黑口四周双边

十四

六二一　辨惑編四卷附錄一卷　元謝應芳撰　續編七卷附錄二卷　明顧亮撰　明成化五年刻本　九行二十字黑口四周双边

六二二　辨惑編四卷附錄一卷　元謝應芳撰　續編七卷附錄二卷　明顧亮撰　明萬曆二年益藩活字印本　八行十七字白口四周双边

六二三　辨惑編四卷附錄一卷　元謝應芳撰　續編七卷附錄二卷　明顧亮撰　清抄本

六二四　辨惑編四卷附錄一卷　元謝應芳撰　清抄本

六二五　管窺外編一卷　元史伯璿撰　明成化九年呂洪刻本　清毛扆跋　十一行二十二字黑口四周双边

六二六　管窺外編一卷　元史伯璿撰　明刻本　十行十六字黑口四周双边

六二七　元儒學案四卷　清黃宗羲撰　清黃百家輯、全祖望續修　清施氏修五鳳樓抄本　王梓材、張壽鏞校

六二八　浦江鄭氏家範一卷　明鄭濤撰　清初毛氏汲古閣抄本

六二九　資世通訓一卷　明太祖朱元璋撰　明刻本　十四行二十二字黑口四周双边

六三〇　聖學心法四卷　明成祖朱棣撰　明永樂七年內府刻本　十行二十二字黑口四周双边

六三一　大明仁孝皇后內訓一卷　明仁孝皇后徐氏撰　明刻本　八行十七字黑口四周双边

六三二　大明仁孝皇后內訓一卷女訓一卷　明仁孝皇后徐氏撰

六三三 女訓一卷 明興獻皇后蔣氏撰 明嘉靖九年内府刻本 八行十七字黑口四周双边
六三四 理學類編八卷 明張九韶撰 明初刻本 十行二十字黑口四周双边
六三五 理學類編八卷 明張九韶撰 明成化七年楊景刻本 十四行二十二字黑口四周双边
六三六 理學類編八卷 明張九韶撰 明嘉靖二十一年益府刻本 清丁丙跋 十一行二十二字黑口四周双边
六三七 理學類編八卷 明張九韶撰 明張克文刻本 十行二十字白口四周双边
六三八 理學類編八卷 明張九韶撰 明刻本 十行二十字白口四周双边
六三九 重刻西村顧先生省己錄二卷 明顧諒撰 明萬曆九年刻本 七行十八字白口四周單边
六四〇 性理大全書七十卷 明胡廣等撰 明永樂十三年内府刻本 十行二十二字黑口四周双边
六四一 性理大全書七十卷 明胡廣等撰 明永樂十三年内府刻本 清丁丙跋
六四二 性理大全書七十卷 明胡廣等撰 明弘治五年梅隱精舍刻本 十二行二十五字黑口四周双边
六四三 性理大全書七十卷 明胡廣等撰 明魏氏仁實書堂刻本 十一行二十二字黑口四周双边
六四四 性理大全書七十卷 明胡廣等撰 明弘治八年書林魏氏仁實堂刻本 十一行二十二字黑口四周双边
六四五 性理大全書七十卷 明胡廣等撰 明嘉靖十二年葉氏作德堂刻本 十二行二十四字白口四周双边
六四六 性理大全書七十卷 明胡廣等撰 明嘉靖十三年王氏三槐堂刻本 十二行二十四字黑口四周双边
六四七 性理大全書七十卷 明胡廣等撰 明嘉靖二十二年應天府學刻本 十行二十字白口四周双边有刻工
六四八 性理大全書七十卷 明胡廣等撰 明嘉靖三十八年洪獻科刻本 十行二十字白口左右双边有刻工
六四九 性理大全書七十卷 明胡廣等撰 明萬曆二十五年吳勉學師古齋刻本 十行二十字白口左右双边
六五〇 性理大全書七十卷 明胡廣等撰 明萬曆二十五年吳勉學師古齋刻本 清胡煦批點
六五一 性理大全書七十卷 明胡廣等撰 明刻本 十行二十字白口左右双边
六五二 性理大全書七十卷 明胡廣等撰 明刻本 十一行二十二字黑口四周双边
六五三 性理大全書七十卷 明胡廣等撰 明抄本
存四十卷 一至十 十四至十五 二十六至二十八 三十八至三十九 四十六至五十 五十八 六十一至七十
六五四 性理大全書七十卷 明胡廣等撰 明抄本
存九卷 五十二至六十
六五五 性理大全四卷 明胡廣等撰 明抄本
六五六 性理群書集覽大全七十卷 題玉峯道人輯 明正德六年宗德書堂刻本 十一行二十二字黑口四周双边
六五七 性理群書集覽大全七十卷 題玉峯道人輯 明正德六年宗德書堂刻本 清丁丙跋
六五八 性理群書大全七十卷 題玉峯道人輯 明書林劉氏日新堂刻本 十一行二十二字黑口四周双边
六五九 性理群書大全七十卷首一卷 題玉峯道人輯 明刻本 十一行二十二字黑口四周双边
六六〇 新刊性理大全七十卷 明胡廣等撰 明嘉靖十七年黃氏集義堂刻本 十一行二十六字白口左右双边
六六一 新刊性理大全七十卷 明胡廣等撰 明嘉靖二十六年鄭氏宗文堂刻本 十一行字无定数白口四周双边
六六二 新刊性理大全七十卷 明胡廣等撰 明嘉靖二十七年王氏新三槐堂刻本 十一行二十六字白口四周双边
六六三 新刊性理大全七十卷 明胡廣等撰 明嘉靖三十年張氏新賢堂刻本 十一行二十二字白口四周双边
六六四 新刊性理大全書七十卷 明胡廣等撰 明嘉靖三十一年葉氏廣勤堂刻本 十一行二十六字白口四周双边
六六五 新刊性理大全七十卷 明胡廣等撰 明嘉靖三十一年愛桂書堂刻本 十一行二十六字白口四周双边
六六六 新刊性理大全七十卷 明胡廣等撰 明嘉靖三十二年熊氏一峯堂刻本 十一行二十六字白口四周双边
六六七 新刊性理大全七十卷 明胡廣等撰 明嘉靖三十五年張氏新賢堂刻本 十一行二十六字白口四周双边
六六八 新刊性理大全七十卷 明胡廣等撰 明隆慶二年張氏靜山齋刻本 十一行二十六字白口四周單边
六六九 新刊性理大全七十卷首一卷 明胡廣等撰 明萬曆二十六年建邑書林安正堂劉蓮台刻本 十一行二十五字白口四周双边
六七〇 新刊憲臺釐正性理大全七十卷 明胡廣等撰 明嘉靖三十一年余氏自新齋刻本 十一行二十四字白口四周双边
六七一 新刊憲臺釐正性理大全七十卷 明胡廣等撰 明刻本 十一行二十四字白口四周双边
六七二 新刊憲臺攷正性理大全書七十卷 明胡廣等撰 明萬曆十四年徐元太等刻本 十行二十二字白口四周双边有刻工
六七三 新刻京本性理大全書七十卷 明胡廣等撰 明吳勉學刻本 十行二十字白口左右双边
六七四 新刻九我李太史校正大方性理全書七十卷 明胡廣等撰 明萬曆三十一年吳勉學刻本 十行二十字白口左右双边
六七五 新刊性理大全七十卷 明胡廣等撰 明刻本 十一行二十六字白口四周双边
六七六 新刊性理大全七十卷 明胡廣等撰 明刻本 十一行二十六字白口四周双边
六七七 性理纂要標題四卷 明胡廣等撰 明嘉靖三十五年刻本 十一行三十二字白口四周單边
六七八 性理會通七十卷續編四十二卷 明鍾人傑輯 明崇禎刻本 十行二十字白口四周單边
六七九 月川曹夫子通書述解二卷 明曹端撰 明萬曆石允珍刻本 十行二十四字白口四周單边
六八〇 曹月川先生夜行燭一卷家規輯略一卷 明曹端撰 清初抄本 九行十
六八一 月川曹先生錄粹一卷 明孟化鯉輯 明萬曆曹繼儒刻本 七字白口四周單边

字白口四周双边有刻工

6682 月川曹先生理學證印要覽二卷 明曠驥輯 明萬曆二十年鄧珖刻本 十行十八字白口四周双边有刻工

6683 讀書録十卷 明薛瑄撰 明正德十五年鄭維新刻本 十行二十字白口四周双边

6684 讀書録十一卷續録十二卷 明薛瑄撰 明嘉靖四年刻本 十行二十字白口左右单边

6685 讀書録十卷續録十二卷 明薛瑄撰 明嘉靖三十四年沈維藩刻本 十行二十字白口四周双边

6686 薛文清公讀書録十一卷續録十二卷 明薛瑄撰 明趙府味經堂刻本 十一行二十二字白口左右双边

6687 讀書録十一卷 明薛瑄撰 明萬曆二年湖廣布政司刻本 十行二十字白口四周单边

6688 讀書録十一卷續録十二卷 明薛瑄撰 薛文清公事實一卷 明萬曆七年王圻青州府刻本 十行二十字白口四周双边

6689 讀書録二十四卷 明薛瑄撰 明嘉靖二年蕭鳴鳳刻本 十一行二十四字黑口左右双边

6690 讀書録二十四卷 明薛瑄撰 明刻本 十一行二十四字黑口左右双边

6691 薛文清公讀書全録類編二十卷 明薛瑄撰、侯鶴齡輯 明萬曆二十四年刻本 十行二十字白口四周单边

6692 薛文清公讀書全録類編二十卷 明薛瑄撰 明萬曆四十二年張銓刻本 十行二十字白口四周双边

6693 薛文清公要語内篇一卷外篇一卷 明薛瑄撰、谷中虚輯 明嘉靖四十五年盛貴汝刻本 九行十七字黑口四周双边

6694 薛文清公要語内篇一卷外篇一卷 明薛瑄撰、谷中虚輯 明隆慶四年山東布政司刻本 九行十七字黑口四周双边

6695 薛文清公要言二卷 明薛瑄撰、谷中虚輯 明萬曆三十年吳獻台刻本 八行十八字白口四周双边

6696 薛子粹言三卷 明薛瑄撰 明刻藍印本 九行十八字黑口四周双边

6697 五倫書六十二卷 明宣宗朱瞻基撰 明正統十二年内府刻本 九行十八字黑口四周双边

6698 五倫書六十二卷 明宣宗朱瞻基撰 明正統十二年内府刻本 清丁丙跋

6699 五倫書六十二卷 明宣宗朱瞻基撰 明景泰五年劉氏翠巖精舍刻本 十一行二十二字黑口四周双边

6700 勤政要典一卷 明代宗朱祁鈺撰 明内府刻本 九行十五字黑口四周双边

6701 白沙先生至言十卷 明陳獻章撰 明嘉靖二十六年刻本 十行二十六字黑口四周双边

6702 白沙先生至言十卷 明陳獻章撰 明嘉靖二十六年刻本 清丁丙跋

6703 大學衍義補一百六十卷 明丘濬撰 明弘治元年建寧府刻本 十一行二十字黑口四周双边

6704 大學衍義補一百六十卷 明丘濬撰 明宗文堂刻本 十行二十字黑口四周双边

6705 大學衍義補一百六十卷 明丘濬撰 明嘉靖三十八年吉澄、樊獻科等刻本 十行二十字白口四周单边

6706 大學衍義補一百六十卷 明丘濬撰 明萬曆三十三年内府刻本 九行二十一字黑口四周双边

6707 大學衍義補一百六十卷 明丘濬撰 明萬曆三十三年喬應甲等刻本 十一行二十二字白口四周单边

6708 大學衍義補一百六十卷 明丘濬撰、陳仁錫評 明崇禎刻本 十行二十字白口四周单边

6709 大學衍義補抄六卷 明丘濬撰 明刻本 十行二十字白口四周双边有刻工

6710 大學衍義補摘要四卷 明嘉靖十二年孫應奎刻本 十二行二十四字白口四周单边

6711 大學衍義補摘要四卷 明嘉靖劉氏安正書堂刻本 十行二十字白口四周双边

6712 大學衍義補纂要六卷 明徐栻輯 明嘉靖三十七年顧名儒刻本 十行二十字白口四周单边有刻工

6713 大學衍義補纂要六卷 明徐栻輯 明隆慶南昌府刻本 十行二十字白口四周单边有刻工

6714 大學衍義補纂要六卷 明徐栻輯 明隆慶瑞州府刻本 十行二十字白口四周单边有刻工

6715 大學衍義補纂要六卷 明徐栻輯 明隆慶袁州府刻本 十行二十字白口四周单边有刻工

6716 大學衍義補纂要六卷 明徐栻輯 明萬曆元年九江府刻本 十行二十字白口四周单边

6717 大學衍義補纂要六卷 明徐栻輯 明萬曆五年刻本 十行二十字白口四周单边有刻工

6718 大學衍義補摘要五卷 明顧起輯 明嘉靖二十七年穀芳書屋刻本 十行十八字白口四周单边

6719 大學衍義通略三十一卷 明王諍輯 明嘉靖四十一年刻本 十二行二十五字黑口四周双边有刻工

6720 大學衍義通略三十卷 明王諍輯 明嘉靖四十三年刻本 十二行二十五字黑口四周双边有刻工

6721 大學衍義補編述二卷 明臧繼華撰 明大雅堂刻本 九行十八字白口左右双边

6722 纂丘瓊山先生大學衍義補英華十八卷 明凌遇知輯 明萬曆三年凌迪知刻本 十行二十一字白口左右双边

6723 丘瓊山先生大學衍義補贊英華六卷 明陳仁錫輯 明末刻本 十行二十二字白口四周单边

6724 學的二卷 明丘濬輯 明正德刻本 八行十六字黑口四周双边

6725 重編朱子學的二卷 明朱吾弼輯 明萬曆三十四年朱崇沐刻本 九行十九字白口左右双边

6726 明良交泰錄十八卷 明尹直撰 明抄本

6727 居業錄四卷 明胡居仁撰 明嘉靖元年刻本 十行二十字白口左右双边

6728 居業錄四卷 明胡居仁撰 明萬曆二十年李楨刻本 十行二十字白口左右双边

6729 刻胡文敬居業錄八卷 明胡居仁撰 清抄本 清丁丙跋

6730 居業錄要語四卷 明胡居仁撰、張吉輯 明正德二年刻本 十行十八字黑口四周双边

6731 道一編六卷 明程敏政撰 明弘治三年李汎刻本 八行十七字白口左右双边

6732 道一編六卷 明程敏政撰 明弘治三年李信刻本 十一行十九字黑口四周双边

七三三　道一編六卷　明程敏政撰　明弘治三年李信刻本　清丁丙跋
七三四　道一編五卷　明程敏政撰　明嘉靖刻本　九行二十字白口四周双边有刻工
七三五　敬業編三卷　明張鼎輯　清袁氏漸西邨舍抄本　清袁昶校
七三六　諸儒講義二卷　明章懋、董遵輯　明嘉靖三十七年漢東書院刻本　九行十八字白口左右双边有刻工
七三七　歷代道學統宗淵源問對十二卷　明黎溫撰　明成化四年劉氏日新書堂刻本　十三行二十四字黑口四周双边
七三八　契翁中說錄二卷　明于鎰撰　明嘉靖十六年于湛刻藍印本　十行十八字白口四周單边
七三九　正蒙會稿四卷　明劉璣撰　明正德十五年祝壽、武當等刻本　十行二十一字黑口四周双边
七四〇　正蒙會稿四卷　明劉璣撰　明嘉靖十一年刻本　十行二十一字白口四周双边
七四一　東溪日談錄十三卷　明周琦撰　明嘉靖十六年呂景蒙刻本　十行二十字白口左右双边
七四二　思菴野錄三卷　明薛敬之撰　思菴薛先生行實一卷附錄一卷　明薛極等輯　明天啓張經世刻本　十行二十一字白口四周双边
七四三　鳴寃錄四卷附錄一卷　明席書輯　明刻本　十一行二十一字白口四周單边
七四四　困知記二卷續二卷三續一卷四續一卷續補一卷附錄一卷　明羅欽順撰　明萬曆刻本　十行二十字白口左右單边

三五

七四五　困知記二卷續二卷附錄二卷續補一卷外編一卷　明羅欽順撰　明天啓三年羅瑛仕、羅旋仕刻本　九行二十字白口左右双边
七四六　帝祖萬年金鑑錄三卷　明汪循撰　清江家相抄本
七四七　陽明先生則言二卷　明王守仁撰　明嘉靖十六年薛侃刻本　九行十九字白口左右双边
七四八　陽明先生則言二卷　明王守仁撰　明嘉靖四十四年谷中虛刻本　九行十七字黑口四周單边
七四九　陽明先生則言二卷　明王守仁撰　明刻本　九行二十字白口四周單边
七五〇　傳習錄三卷　明王守仁撰、徐愛等輯　明嘉靖三年南大吉刻本　十行二十字四周双边有刻工　存三卷　卷上一至三
七五一　傳習錄三卷續錄二卷　明王守仁撰　明嘉靖三十三年刻本　十行二十字白口四周双边有刻工　存三卷　卷上一至三
七五二　傳習錄三卷　明王守仁講、徐愛、薛侃等記　續錄二卷　明陳九川、錢德洪等記　明刻本　十行二十字白口四周双边有刻工
七五三　朱子晚年定論二卷　明王守仁撰　明嘉靖三十七年懷玉書院刻本　九行十九字白口四周双边
七五四　陽明先生道學鈔八卷　明王守仁撰　明萬曆三十七年繼錦堂刻本　九行十八字白口四周單边
七五五　陽明先生語錄三卷　明胡嘉棟輯　明萬曆三十一年刻本　九行十八字白口四周單边
七五六　陽明先生集要十五卷　明王守仁撰、施邦曜輯　年譜一卷　明崇禎八年王立準刻本　十行二十字白口左右双边有刻工
七五七　東川羅先生潛心語錄十卷內稿一卷外稿一卷　明羅僑撰　明萬曆三十六年羅文彬、羅文機刻本　九行二十字白口四周單边
七五八　鳳川子克己示兒編一卷　明劉良臣撰　明嘉靖二十七年鍾如蕎刻本　十行十八字白口四周單边
七五九　讀書劄記八卷　明徐問撰　明嘉靖十四年刻本　十一行二十三字白口左右双边
七六〇　士翼四卷　明崔銑撰　明嘉靖十四年刻本　十行二十字白口四周單边
七六一　士翼三卷　明崔銑撰　明萬曆九年崔氏家塾刻本　九行十八字白口四周單边
七六二　士翼三卷　明崔銑撰　明萬曆九年崔氏家塾刻本　王獻唐跋
七六三　程志十卷　明崔銑撰　明嘉靖刻本　十行二十字白口四周單边
七六四　崔氏家塾志一卷　明崔銑撰　明萬曆十三年張文輸等刻本　十行十八字白口四周單边有刻工
七六五　聖學格物通一百卷　明湛若水撰　明嘉靖十二年陳階刻本　十一行十九字白口左右双边
七六六　揚子折衷六卷　明湛若水撰　明嘉靖刻藍印本　十一行二十一字白口左右双边有刻工
七六七　揚子折衷六卷　明湛若水撰　明嘉靖葛澗刻本　十行二十字白口四周單边
七六八　重刻心齋王先生語錄二卷　明王艮撰　明刻本　九行十八字白口四周單边

三六

七六九　莊渠先生門下質疑錄二卷　明魏校撰　清瑞道根抄本
七七〇　涇野子二卷　明呂柟撰　明嘉靖二十七年刻本　九行二十字白口四周單边
七七一　涇野子內篇二十七卷　明呂柟撰、王光祖輯　明萬曆十五年呂昀刻本　十行二十二字白口四周單边
七七二　涇野先生語錄二十卷附錄一卷　明呂柟撰、康介、王光祖、胡大器等輯　明萬曆四十年畢□、馮從吾刻本　九行十八字白口四周單边有刻工
七七三　翰林節摘性理粹言十卷　明呂柟輯　明萬曆三十五年關世亨刻本　九行十八字白口左右双边
七七四　性理三解七卷　啓蒙意見五卷　律呂直解一卷　洪範圖解一卷　明韓邦奇撰　明嘉靖十九年樊得仁刻本　十行二十字白口左右双边有刻工
七七五　性理三解七卷　啓蒙意見五卷　律呂直解一卷　洪範圖解一卷　明韓邦奇撰　明刻本　十一行二十字白口左右双边
七七六　苑洛先生語錄六卷　明韓邦奇撰　明嘉靖二十四年白璧刻本　十行二十字白口四周單边
七七七　海樵子一卷　明王崇慶撰　明嘉靖十七年呂景蒙刻本　九行二十字白口四周單边
七七八　中庸衍義十七卷　明夏良勝撰　清乾隆翰林院抄本

七七九 鄒氏學脉四卷 明鄒守益撰 清初刻本
七八〇 大儒心學語錄二十七卷 明王蓂輯 明嘉靖二十八年撫州儒學刻本 十行二十一字白口四周双边
七八一 家訓一卷 明霍韜撰 清初毛氏汲古閣影明抄本
七八二 正學編二卷 明陳琛撰 明嘉靖刻本 九行十八字白口四周双边
七八三 許氏貽謀四則四卷 明許相卿撰 明刻本 九行十九字白口左右双边
七八四 說理會編十六卷 明季本撰 明馮繼科刻本 十行二十一字白口四周单边間有左右双边
七八五 雙江先生困辯錄八卷 明聶豹撰 明刻本 九行十九字白口左右双边有刻工
七八六 研幾錄不分卷 明薛侃撰 明萬曆四十五年薛茂杞、薛茂橡刻本 九行二十字白口四周单边
七八七 性理諸家解三十四卷 明楊維聰輯 明嘉靖十五年楊維聰、高叔嗣等刻本 十行二十二字白口左右双边有刻工
七八八 文華大訓箴解六卷 明廖道南撰 明嘉靖刻本 清丁丙跋 十行二十字白口左右双边
七八九 庸言十二卷 明黄佐撰 明嘉靖三十一年孫學古等刻本 十行二十字白口四周单边有刻工
七九〇 閑闢錄十卷 明程曈撰 明嘉靖四十三年程纘洛刻本 九行十八字白口左右双边
七九一 柯子答問六卷 明柯維騏撰、吳大揚、方文沂輯 明隆慶四年刻本 九行十八字白口四周单边有刻工
七九二 荊川先生精選批點語錄十五卷 明唐順之輯 明隆慶五年葉世遇寶山堂刻本 十行二十二字白口左右双边有刻工

丰七

七九三 唐荊川先生編纂諸儒語要十卷 明唐順之輯 明萬曆三十年吳達可刻本 九行二十字白口四周双边有刻工
七九四 唐荊川先生編纂諸儒語要十卷 明唐順之輯 明萬曆三十九年黄一騰刻本 九行二十字白口四周双边
七九五 汝濱蔡先生語錄二十卷附錄一卷 明蔡鍰撰 明嘉靖刻本 九行十八字白口四周双边
七九六 學蔀通辯前編三卷後編三卷續編三卷終編三卷 明陳建撰 明嘉靖刻本 十行二十字白口四周单边有刻工
七九七 學蔀通辯前編三卷後編三卷續編三卷終編三卷 明陳建撰 明萬曆三十三年黄吉士、吳中立刻本 九行二十字白口四周双边
七九八 學蔀通辯前編三卷後編三卷續編三卷終編三卷 明陳建撰 清湛園抄本
七九九 學蔀通辯前編三卷後編三卷續編三卷終編三卷 明陳建撰 清雍正元年謝浦泰抄本
八〇〇 道林先生摘言四卷 明蔣信撰 明隆慶刻本 十行二十字白口左右单边

八〇一 新刊性理白文輯畧要語四卷 明黄大廉輯、林東海增 明嘉靖十年三槐堂刻本 十三行二十五字黑口四周双边
八〇二 西田語略二十三卷續集二十九卷 明樊深撰 明嘉靖二十七年刻本 九行二十一字白口四周双边
八〇三 薛子庸語十二卷 明薛應旂撰、何程釋 明隆慶刻本 八行十七字白口四周单边
八〇四 後言二卷 明楊銳賢撰 明抄本 清史亮嶠跋
八〇五 仰止錄一卷 明方瑜輯 明嘉靖刻本 十行二十字白口左右双边
八〇六 獻子講存二卷 明盧寧撰 明嘉靖三十九年張翊刻本 九行十九字白口四周双边 存一卷 一
八〇七 新刊鳳洲先生簽題性理精纂約義八卷首一卷 明王世貞撰 明萬曆三十四年濮邑詹霖宇刻本 九行二十二字
八〇八 紹聞編八卷 明王樵撰 明萬曆二十四年楊時喬刻本 十行二十字白口四周单边有刻工
八〇九 監懲錄前編一卷後編一卷附編一卷 明殷士儋撰 明隆慶四年金輿山房刻本 十行二十二字白口左右双边 存二卷 後編一卷 附編一卷

丰八

八一〇 監懲錄前編一卷後編一卷附編一卷 明殷士儋撰 明刻本 八行十九字白口四周双边
八一一 性理要刪八卷首一卷 明宗臣撰 明萬曆十五年大雅堂刻本 十一行二十六字白口左右双边
八一二 翠娛閣增訂宗方城先生性理抄八卷 明宗臣輯、明陸雲龍增補 明崇禎刻本 九行十九字白口四周单边
八一三 新刊性理集要八卷 明詹淮輯 明嘉靖四十年李廷海刻本 十一行二十六字黑口四周单边
八一四 新刊性理集要八卷 明詹淮輯 明嘉靖四十年書林歸仁齋刻本 十一行二十六字黑口四周单边
八一五 性理標題綜要二十二卷 明詹淮撰、陳仁錫訂正 明崇禎刻本 九行十九字白口四周单边
八一六 兩大儒語錄四卷 明王學謨輯 明嘉靖四十三年劉溱刻本 十行十八字白口四周双边
八一七 羅子要錄一卷 明羅汝芳撰、陳履祥輯 明萬曆十八年孫一奎刻本 八行十八字白口四周单边
八一八 聖宗錄二卷 明萬虞子輯 明抄本
八一九 新刊性理會要十卷 明游遜輯 明嘉靖三十四年余氏自新齋刻本 十二行二十三字白口四周双边
八二〇 石泉先生識言三卷 明王九成撰 明刻本 九行十八字白口四周双边
八二一 胡子衡齊八卷 明胡直撰 明萬曆王繼明刻本 十行二十字白口四周双边
八二二 薛王二先生教言四卷 明曾省吾輯 明萬曆刻本 八行十六字白口四周单边

小學經傳二卷　文清薛先生㪅言二卷　文成王先生教言二卷　明薛瑄撰　明王守仁撰　明耿定向撰　左右双边　明萬曆三十七年刻本　九行二十一字白口　八二三

枲菴宋先生纂古今藥石二卷　明宋纁輯　明萬曆刻本　八行十六字黑口四周单边　八二四

大儒學粹九卷　明魏時亮輯　明萬曆十六年刻本　九行十八字白口四周双边　八二五

見羅先生書二十卷　明李材撰　明萬曆李復陽刻本　十行二十字白口左右双边有刻工　八二六

見羅李先生書要三十卷　明李材撰、李復陽編　明刻本　九行十九字白口左右双边有刻工　八二七

見羅李先生南中問辨錄要十卷　明朱萬元輯　明萬曆燮武堂刻本　九行十八字白口左右双边　八二八

心學宗四卷　明方學漸輯　續編四卷　清方中通輯　清康熙繼聲堂刻本　八二九

桐川語四卷　明方學漸撰　明刻本　八行十八字白口四周双边　八三〇

諸儒文要八卷　明刻本　十行二十一字白口左右双边　八三一

三先生類要五卷　明徐用檢輯　明萬曆七年李充實刻本　十行二十字白口左右双边　八三二

皇明三儒言行要錄十四卷　明鄒永春等輯　明隆慶二年刻本　十行二十二字白口四周双边有刻工
新刊皇明文清薛先生要錄五卷　明薛瑄撰
新刊皇明白沙陳先生要錄四卷　明陳獻章撰
新刊皇明陽明王先生要錄五卷　明王守仁撰　八三三

三九

太極辨疑二卷　明孔學周撰　明萬曆十年楊起元、牛樞刻本　九行十七字白口四周单边有刻工　八三四

精刻大學衍義補摘粹十二卷　明許國輯　明隆慶查策刻本　十一行二十四字白口四周双边　八三五

義蒼子一卷　明李得陽撰　明萬曆二十一年刻本　八行十七字白口左右双边　八三六

陸王二先生要語類抄六卷　象山先生要語三卷　宋陸九淵撰　陽明先生要語三卷　明王守仁撰　明蕭廩輯　明萬曆二年刻本　九行十八字白口四周单边　八三七

養正錄一卷　明張世良輯　清抄本　八三八

一書四卷　明余邦時撰　明萬曆刻本　十行二十字白口左右双边
存二卷　一至二　八三九

性理纂要四卷　明施夢龍撰　明萬曆施方晟等刻本　十行二十二字白口四周单边　八四〇

性理抄二十卷　明楊道會撰　明萬曆刻本　十行二十一字白口左右双边　八四一

憲世編六卷　明唐鶴徵輯　明萬曆四十二年純白齋刻本　十行二十字白口四周单边　八四二

重刊增補論策全題性理集要八卷　明郭汎昭輯　明萬曆十一年金濮書林詹廷仁刻本　十五行二十八字白口四周双边　八四三

諸儒學案不分卷　明劉元卿輯、劉應𡏖重修　明萬曆劉應𡏖刻本　九行十八字白口四周单边有刻工　八四四

小學新編摘畧不分卷　明劉元卿輯　明萬曆二十五年賀應甲刻本　九行十八字白口四周单边有刻工　八四五

理要酬諮錄二卷　明曾志道撰　明萬曆二十年刻本　九行十八字白口四周双边　八四六

何氏心訓一卷　明何倫撰　明萬曆刻本　九行十八字白口四周双边　八四七

讀書輯要不分卷　明何倫輯　明萬曆刻本　九行十八字白口四周双边　八四八

羣書歸正集十卷　明林嵩撰　明萬曆十九年林祖述刻本　十行二十字白口四周双边　八四九

新鐫性理節要八卷　明蘇文韓輯　明萬曆刻本　十一行二十二字白口四周单边　八五〇

完訣一卷　明丁從竟撰　明萬曆四十二年刻本　九行二十字白口四周单边　八五一

汪子中詮六卷　明汪應蛟撰　明萬曆四十六年敬思堂刻本　十行二十字白口四周单边　八五二

汪子中詮六卷　明汪應蛟撰　明崇禎十四年刻本　九行二十字白口四周单边有刻工　八五三

呻吟語摘二卷　明呂坤撰　明萬曆四十四年刻本　八行二十字白口四周单边　八五四

呻吟語節錄六卷　明呂坤撰　清嘉慶十四年呂持周刻本　清潘德輿評并跋　八五五

呢言十卷　明范淶撰　明萬曆四十五年汪浚等刻本　九行二十字白口四周单边有刻工　八五六

性理指歸二十八卷　明姚舜牧撰　明萬曆三十八年刻清順治十三年重修本　十行二十字白口四周单边　八五七

大儒文要□□卷　明劉斯原輯　明刻本　九行十九字白口四周双边
存四卷　一至四　八五八

王門宗旨十四卷　明周汝登輯　明萬曆余懋孳刻本　九行十九字白口四周双边　八五九

四〇

南皋鄒先生會語合編二卷講義合編二卷　明鄒元標撰　明萬曆四十七年龍遇奇刻本　九行十九字白口左右双边　八六〇

南皋鄒先生會語合編二卷講義合編二卷　明鄒元標撰　明天啓二年閩中書院刻本　九行十九字白口左右双边
存三卷　會語上卷　講義上、下卷　八六一

信古餘論八卷　明徐三重撰　清抄本　八六二

小心齋劄記十八卷　明顧憲成撰　明萬曆顧與淳刻本　八行十八字白口四周单边
存六卷　十三至十八　八六三

堂廡箴銘二卷　明李懋檜輯　明萬曆四十三年何慶元、黃元立刻本　九行十八字白口四周单边　八六四

養蒙圖說一卷　明塗時相輯　清譽杏書屋刻本　八六五

理學平譚二卷　明李天麟撰　明萬曆三十六年刻本　九行十九字白口四周单边　八六六

明朝十先生語四卷　明于孔兼輯　明萬曆三十七年刻本　九行十八字白口四周双边　八六七

一中四卷圖解一卷　明李玄育撰　明萬曆九年刻本　十行二十字白口四周双边　八六八

性理要選四卷　明李廷機輯　明萬曆十八年刻本　十二行二十七字白口四周双边　八六九

常郡新刻李會元先生性理書抄八卷　明李廷機輯　八七〇

明萬曆十九年書林舒其材刻本　十行二十二字白口四周双边

八七一　章孔錄十六卷　明安世鳳撰　明天啓元年刻本　九行十八字白口四周双边

八七二　邑記四卷　明錢一本撰　明萬曆四十一年刻本　九行十九字白口四周單边

八七三　陽和語錄六卷　明涂宗濬撰　明萬曆刻本　十行二十字白口四周双边

八七四　居家懿範八卷　明龔廷賓輯　明萬曆二十七年自刻本　九行十九字白口四周双边

八七五　理學迴言二卷　明李修吉撰　明萬曆刻本　九行二十字白口四周單边

八七六　脩九儒請畧前編一卷後編一卷　明桂大運撰　明萬曆彭縣李川會心館刻本　九行十八字白口四周單边有刻工

八七七　大明心學測翼一卷　明桂大運輯　明萬曆刻本　八行十八字白口四周單边

八七八　女範編四卷　明黄尚文撰、程起龍繪　明萬曆三十年刻本　九行二十字白口四周單边有刻工

八七九　女範編四卷　明黄尚文撰、程起龍繪　明萬曆三十年刻本　清王芑孫跋

八八〇　閨鑑圖集四卷首一卷末一卷　明黄希周撰、俞時育繪　明萬曆刻本　九行二十字白口四周單边

八八一　寧澹語三卷　明方大鎮撰　明刻本　八行十八字白口四周單边

八八二　辨學錄一卷　明馮從吾撰　明萬曆刻本　八行十八字白口四周双边

四一

八八三　疑思錄六卷　明馮從吾撰　明萬曆三十七年刻本　九行十八字白口四周單边

八八四　皇明寶善類編二卷　明蘇茂相輯　明萬曆四十一年刻本　九行二十字白口四周單边

八八五　家訓類編五卷　明王演疇輯　明萬曆四十四年自刻本　九行十八字白口四周單边

八八六　龍沙學錄六卷　明王在晋撰　明萬曆刻本　八行二十字白口左右双边

八八七　增訂論語外篇四卷　明潘士達輯　明天啓五年刻本　八行十八字白口四周單边有刻工

八八八　艾雲蒼先生希聖錄不分卷　明艾自新撰　明萬曆二十六年刻本　十行十八字白口四周双边

八八九　近思錄補十四卷　明江起鵬撰　明萬曆三十二年自刻本　九行十八字白口左右双边

八九〇　明手斧言前集一卷後集一卷明手鋤言前集一卷後集一卷　明金勵撰　明萬曆刻本　十行十八字白口四周單边

八九一　余先生講學紀錄二卷　明余永寧撰　明萬曆衆文書院刻本　九行二十字白口四周單边

八九二　續纂國朝諸先生語要六卷　明黄一騰輯　明萬曆刻本　九行二十字白口四周双边

八九三　龍谿王先生全集語錄二十卷　明王畿撰　明萬曆十六年蕭良幹刻本　九行十九字白口四周單边有刻工

八九四　龍谿王先生文錄鈔九卷　明王畿撰、李贄評　明萬曆二十七年何繼高刻本　八行十八字白口四周單边

八九五　王龍谿先生語錄鈔九卷　明王畿撰、李贄評　明光裕堂刻本　十行二十字白口四周單边

八九六　卓吾先生批評龍谿王先生語錄鈔八卷　明王畿撰、李贄評　明萬曆刻本　九行十八字白口四周單边

八九七　石林先生批評龍谿王先生語錄鈔八卷　明王畿撰、祝世祿評　明崇禎十五年刻本　九行十八字白口四周單边

八九八　龍溪王先生會語六卷　明王畿撰、貢安國輯　明萬曆四年查氏刻本　九行十八字白口左右双边

八九九　五倫圖說五卷　明董□撰　明萬曆十六年刻本　七行二十字白口四周双边

九〇〇　證心錄二卷　題池上客輯　明刻本　八行十九字白口四周單边

九〇一　荊關叢語六卷　明葉秉敬撰　明刻本　七行十八字白口四周單边

九〇二　人譜一卷續篇二卷　明劉宗周撰　清順治刻藍印本

九〇三　人譜大全三卷　明劉宗周撰　清順治六年葉鈔事天閣刻本

九〇四　人譜一卷人譜類記二卷　明劉宗周撰　清康熙二十八年金渭四吉草堂刻本

九〇五　人譜類記不分卷　明劉宗周撰　清康熙三十八年樹滋堂刻本

九〇六　人譜正篇一卷　明劉宗周撰　清康熙三十八年證道堂刻本　清苗樓伯子跋

九〇七　人譜正篇一卷續篇二卷類記增訂六卷　明劉宗周撰　清光緒三年湖北崇文書局刻本　清楊沂孫批並跋

四二

九〇八　蒙史一卷　明嚴澂撰　手稿本　清嚴烺、魚元傅跋

九〇九　刻孔聖全書十四卷首一卷　明安夢松輯　明萬曆二十六年書林鄭世豪刻本　十行二十字白口四周双边有刻工

九一〇　盱壇直詮二卷　明曹胤儒輯　明萬曆二十七年程開祜刻本　九行二十字白口四周單边

九一一　費氏家訓十卷附一卷　明費元祿撰、周斐注　明萬曆三十八年刻本　九行二十字白口四周單边有刻工

九一二　山中讀書印三卷補一卷　明張鼐撰　明萬曆四十五年俞廷諤刻本　九行十八字白口左右双边

九一三　皇明性理翼六卷　明過庭訓輯　明萬曆三十四年刻本　九行二十字白口四周單边

九一四　皇明性理翼六卷　明過庭訓輯　明萬曆四十一年刻本　九行十八字白口四周双边

九一五　新刻伯孝曹先生蒐輯性理筆乘集要五卷首一卷　明曹學鶡輯　明萬曆四十年刻本　九行二十字白口四周單边

九一六　皇明理學彙編六卷　明吳尚德輯　明萬曆四十一年自刻本　九行二十字白口四周單边有刻工

九一七　密菴窮言二卷　明樊良樞撰　明末刻本　八行十九字白口四周單边

九一八　河汾教十六卷　明文翔鳳撰　明天啓元年刻本　九行二十字白口四周單边　存十三卷　一　五至十六

九一九　傳是堂合編五卷　明李日宣撰　明天啓刻本　九行十八字白口四周双边

九二〇 真儒一脈不分卷 明吳桂森輯 明天啓刻本 九行二十一字白口四周單邊
九二一 乾惕錄二卷 明晉賓王撰 明天啓刻本 十一行二十二字白口四周雙邊
九二二 新鐫性理輿十卷首一卷 明丁迎撰 明天啓六年刻本 九行二十字白口四周雙邊
九二三 論語遹編三十一卷 明鍾韶輯 明萬曆刻本 八行十六字白口左右雙邊有刻工
九二四 閑道錄二十卷 明沈壽民輯 清雍正二年有本堂刻本
九二五 張抱初先生印正稿六卷 明張信民撰 清雍正四年王箴輿刻本 九行二十字白口四周單邊
九二六 衛門芹一卷 明辛全撰 明晉淑偉等刻本 九行二十字白口四周單邊
九二七 思聰錄一卷 明賀時泰撰 明萬曆四十六年刻本 八行二十字白口四周單邊有刻工
九二八 御世仁風四卷 明金忠撰 明萬曆四十八年自刻本 十行二十二字白口四周雙邊
九二九 孝史十二卷 明徐守綱輯 明崇禎元年昆山堂刻本 八行二十字白口四周單邊
九三〇 歷代人模五卷 明王挺拱輯 明崇禎八年刻本 十一行二十五字白口四周單邊
九三一 古今治平略三十三卷 明朱健撰 明崇禎十二年刻本 九行二十字白口四周單邊
九三二 西疇日抄二卷 明顧樞撰 清康熙九年顧貞觀刻本 八行十八字白口四周單邊
九三三 章子不分卷 明章世純撰 清道光十九年韓應陛抄本 清韓應陛校
九三四 素菴先生栖綠堂經史釋義二十二卷 明林胤昌撰 明崇禎刻本 九行二十二字白口四周單邊
九三五 讀書劄記四卷 明喬可聘撰 清康熙刻本
九三六 講學要語四卷 明王之晉輯 明崇禎十七年刻本 七行十六字白口四周單邊
九三七 白渡語一卷 明朱鼐錯撰 明天啓刻本 九行二十字白口四周單邊
九三八 慧眼山房說書二十卷 明陳天定撰 明末刻本 九行二十四字白口四周雙邊 存四卷 七至八 十九至二十
九三九 學言三卷 明陳龍正撰 明崇禎刻本 九行十八字白口四周單邊
九四〇 疊菴雜述二卷 明朱朝瑛撰 清康熙十一年周煒嘉許齋刻本
九四一 疊菴雜述二卷 明朱朝瑛撰 清康熙十一年周煒嘉許齋刻本 清陸思勳跋
九四二 疊菴雜述二卷 明朱朝瑛撰 清抄本 清丁丙跋
九四三 錢子存笥稿不分卷 明錢爾登撰 清康熙二十五年錢肅潤刻本
九四四 讀書知不分卷 明施達撰 明崇禎元年刻本 九行二十字白口四周雙邊
九四五 見聞日錄不分卷 明鄭文兆撰 明崇禎四年刻本 十行二十字白口左右雙邊
九四六 至理約書六卷首一卷 明文餘慶撰、李理輯注 清抄本
九四七 硯山齋集一卷 清孫承澤撰 清雍正十一年孫玫刻本
九四八 學言二卷續一卷 清白胤謙撰 清康熙刻本
九四九 此菴語錄十卷 清胡統虞撰 清順治刻本
九五〇 理學錄不分卷 清姜希轍輯注 清抄本
九五一 理學宗傳二十六卷 清孫奇逢撰 清康熙五年張沐等刻本
九五二 答問一卷 清孫奇逢撰 清順治十三年刻本
九五三 宋元學案一百卷備覽四卷 清黃宗羲輯、全祖望訂補 清道光馮雲濠、王梓材抄本
九五四 宋元學案一百卷首一卷 清黃宗羲輯、全祖望訂補、馮雲濠、王梓材校正 清道光十七年至十八年馮氏醉經閣刻本 清王梓材跋
九五五 黃梨洲先生明夷待訪錄一卷 清黃宗羲撰 清初刻本
九五六 明夷待訪錄一卷附思舊錄一卷 清黃宗羲撰 清抄本 清戴望、周星詒校並跋
九五七 明夷待訪錄一卷 清黃宗羲撰 清抄本 清謝章鋌跋
九五八 理學錄二卷 清黃宗羲撰 清抄本 清王紹蘭跋
九五九 陸桴亭思辨錄輯要三十五卷 清陸世儀撰、張伯行重訂 清康熙四十八年張氏正誼堂刻本 清盛百二批注並跋
九六〇 思辨錄輯要二十二卷 清陸世儀撰 清康熙四十二年遵道堂刻本
九六一 陸桴亭先生志學錄節鈔不分卷 清吳大澂輯 清同治八年吳大澂抄本 清方宗誠、蔡裕仁、萬斛泉跋
九六二 楊園先生集訓子語二卷初學備忘二卷備忘錄四卷 清張履祥撰 清抄本
九六三 楊園先生備忘錄補遺一卷 清張履祥撰 清抄本 清劉傳瑩跋
九六四 王煙客先生家訓一卷 清王時敏撰 清道光四年李錫疇抄本 清李錫疇、吳錫曾跋
九六五 醒夢一卷 清王夫之撰 稿本
九六六 近思續錄十四卷 清劉源淥撰 清康熙三十二年至三十三年馬常沛抄本 清馬常沛跋
九六七 近思續錄十四卷 清劉源淥撰 清嘉慶十二年劉燿椿抄本
九六八 近思續錄十四卷 清劉源淥撰 清抄本
九六九 讀書日記六卷補編二卷 清劉源淥撰 清雍正五年劉村東等刻本
九七〇 闡職三儀一卷祠居三儀一卷 清吳蕃昌撰 桐陰小牘一卷 清吳騫輯 清吳氏拜經樓抄本
九七一 晚邨先生家訓真蹟五卷 清呂留良撰 清康熙四十二年呂無黨刻本
九七二 呂子評語正編四十二卷附刻一卷首一卷餘

編八卷附刻一卷首一卷　清呂留良撰　清康熙五十五年刻本
九七三 四存編十一卷　清顏元撰　清康熙刻本
九七四 下學堂劄記三卷橫園遁語二卷歸潔園偶筆一卷五緯正圖解一卷堂規一卷會約一卷　清熊賜履撰　清康熙刻本
九七五 熊敬修先生閑道錄纂要三卷　清熊賜履撰、詹龍輯　清抄本
九七六 講學二卷　清李塨撰、陳祖銘輯　清抄本
九七七 雙橋隨筆十二卷　清周召撰　清抄本
九七八 王學質疑一卷附錄一卷　清張烈撰　清抄本
九七九 大學講義困勉錄三十七卷　清陸隴其撰　清康熙五十八年陸公鏐刻本
九八〇 御纂性理精義十二卷　清李光地纂修　清康熙五十四年武英殿刻本
九八一 御纂性理精義十二卷　清李光地纂修　清康熙內府朱墨抄本
九八二 御纂性理精義十二卷　清李光地纂修　清乾隆內府朱墨抄本
九八三 信陽子卓錄八卷補遺二卷　清張鵬翮撰　清康熙刻本
九八四 萬世玉衡錄四卷　清蔣伊撰　清康熙刻本

四五

九八五 儒門法語集一卷　清彭定求撰、湯金釗輯　清抄本　清李文耀跋
九八六 小學纂註四卷　清彭定求撰　清吳大澂抄本　王同愈、吳湖帆跋
九八七 性理大中二十八卷　清應撝謙撰　清康熙二十五年刻本
九八八 性理大中二十八卷　清應撝謙撰　清初抄本　清丁丙跋
九八九 平書訂一卷　清李塨撰　清抄本　劉師培跋
九九〇 性理纂要八卷　清冉覲祖撰　清康熙刻本
九九一 寄願堂文測一卷　清冉覲祖撰　清康熙刻本
九九二 嵩厓學凡六卷　清景日昣撰　清康熙刻本
九九三 晚村駁義偶述一卷　清方邁撰　清抄本
九九四 三子定論五卷　清王復禮撰　清康熙刻本
九九五 先儒正修錄三卷齊治錄三卷　清于準撰　清康熙刻本
九九六 近思錄集朱十四卷　清黃叔璥輯　稿本
九九七 朱子晚年全論八卷　清李紱撰　清雍正十三年無怒軒刻本
九九八 陸子學譜二十卷　清李紱撰　清雍正十年無怒軒刻本
九九九 章江會講不分卷　清吳雲撰　清康熙四十年刻本

一〇〇〇 筆記二卷附錄一卷　清程大純撰　清乾隆三年程光鉅刻本
一〇〇一 正蒙初義十七卷　清王植撰　清乾隆七年刻本
一〇〇二 正蒙集說十七卷　清楊方達撰　清乾隆五年復初堂刻本
一〇〇三 雷翠庭先生讀書偶記三卷　清雷鋐撰　清乾隆刻本
一〇〇四 切近編一卷　清桑調元、沈廷芳輯　清盧文弨抄本　清盧文弨校並跋
一〇〇五 逸語十卷　清曹庭棟輯注　清乾隆十二年刻本
一〇〇六 理學萃成十六卷　清潘乙震撰　清抄本
一〇〇七 宋元學案校補不分卷　清黃璋撰　稿本
一〇〇八 濂洛關閩源流考一卷　清檀萃撰　清道光八年吉祐堂刻本
一〇〇九 近思錄集說十四卷　清黃奭撰　清叢書樓抄本
一〇一〇 原善三卷緒言三卷　清戴震撰　清刻本
一〇一一 孟子私淑錄三卷　清戴震撰　清張氏照曠閣抄本
一〇一二 孟子私淑錄三卷　清戴震撰　清抄本
一〇一三 教諭語四卷　清謝金鑾撰　清道光十七年刻本　清姚椿校
一〇一四 里堂家訓二卷　清焦循撰　手稿本　王大隆、顧廷龍、潘承弼跋

四六

一〇一五 里堂家訓二卷　清焦循撰　稿本
一〇一六 正學編八卷　清潘世恩輯、潘曾瑋疏解　清同治六年刻本　清郭嵩燾批注
一〇一七 供冀小言一卷　清林伯桐撰　清刻本　清陳澧批並跋
一〇一八 近思錄補注十四卷　清陳沆撰　稿本　清魏源批
一〇一九 乙丑學規一卷　清黃培芳撰　手稿本
一〇二〇 座右名言一卷　清潘德輿輯　稿本
一〇二一 學思錄不分卷　清陳澧撰　稿本
一〇二二 困學語一卷　清范臺撰　清光緒丁頤生抄本　清丁立誠跋
一〇二三 彭氏家訓四卷　清彭瑞毓撰　稿本
一〇二四 愙齋自省錄不分卷　清吳大澂撰　手稿本

收藏情况表

書名編號		藏書單位				
子 儒家類	1	0141				
	2	0101	0193	0701	1601	
	3	0101	0201	1701		
	4	1601				
	5	0101				
	6	0101	0141	0161	0201	0242
		1501	1646	1701	2304	2702
	7	0201				
	8	0161	0201	0242	1701	1802
		2043	2541	2701		
	9	0102	0201	0701	2043	2201
		2702	2901			
	10	0101				
	11	0201				
	12	0101				
	13	1601				
	14	1741				
	15	0341				
	16	1701	1901	2401	2702	
	17	0201				
	18	0101				
	19	0101				
	20	0101				
	21	0145				
	22	0201				
	23	0182	0201	1646	1689	1801
	24	0101				
	25	0101	0141			
	26	0101				
	27	1797				
	28	0101	0144	0161	0402	1701
		1705	2541	2702		
	29	0101				
	30	0101	0181	0201	0801	2701
	31	0101				
	32	0101				
	33	0101				
	34	0101				

表十

收藏情况表

書名編號		藏書單位				
子 儒家類	35	0101	0144	0173	0182	0201
		0342	1701	1705	1801	
	36	0201				
	37	0191				
	38	0201				
	39	0101				
	40	1601				
	41	0145	0161	0164	0191	0201
		1601	1741	2241		
	42	0201				
	43	0101	2301			
	44	0101				
	45	0161				
	46	0101				
	47	0241				
	48	0101				
	49	0101				
	50	1601				
	51	2201				
	52	1601				
	53	0201				
	54	1717				
	55	0101	0141			
	56	2201				
	57	0197	0198	0201		
	58	0201				
	59	0101				
	60	0201				
	61	2201				
	62	0101				
	63	0101				
	64	0101				
	65	0201				
	66	1701				
	67	0201				
	68	0101				
	69	0201				
	70	0101				

收藏情况表

書名編號		藏書單位				
子 儒家類	71	0101				
	72	0201				
	73	0201				
	74	0101				
	75	0161				
	76	0201				
	77	0101				
	78	0201				
	79	0201				
	80	0201				
	81	0101	0441			
	82	0201				
	83	0201	2541			
	84	0101				
	85	0101				
	86	0141	0161	0501	1501	1701
		1702	2001			
	87	1702				
	88	0201				
	89	0141	0161	0201	1701	1741
		1801	2003	2701	2745	
	90	1601				
	91	0101				
	92	0101	0161	0201	0941	1461
		1601	2041	2501	2702	2841
	93	0581				
	94	0201				
	95	0201				
	96	0301				
	97	1629				
	98	0201				
	99	0201				
	100	0841				
	101	1741				
	102	0101				
	103	0144				
	104	2302				
	105	0101				

表十一

收藏情况表

書名編號		藏書單位				
子 儒家類	106	0161	1603	1615		
	107	0201				
	108	1741				
	109	0101	0145	0161	0181	0201
		0301	0592	2041	2346	2441
		2501	2543	2701		
	110	0101				
	111	2401				
	112	0101	0141	0201		
	113	0201				
	114	0201				
	115	0101	0161	0201		
	116	2001				
	117	0101				
	118	0101				
	119	2501				
	120	1601				
	121	1601				
	122	0201				
	123	0201				
	124	1741				
	125	1601				
	126	0141				
	127	1701				
	128	0163	0164	0201	0301	1501
		1601	1628			
	129	0101				
	130	1601				
	131	0101				
	132	0101				
	133	1653				
	134	1601				
	135	0201				
	136	0201				
	137	0101	0201	1641		
	138	1627				
	139	0201				
	140	0101				

收藏情况表

書名編號	藏書單位			
子儒家類 141	0101	2701		
142	0201			
143	1653			
144	0143	0161		
145	1601			
146	0101	0141		
147	1701			
148	0101			
149	0101			
150	0101	0201		
151	0101			
152	0101			
153	0101	0141	0144	0182	0198
	0201	0341	1601	1705	1741
	2401	2441			
154	0101			
155	0101			
156	0101			
157	0101			
158	0101			
159	0101			
160	0101	0141	0164	0182	0201
	0701	0841	1091	1501	1502
	1582	1601	1701	1704	1705
	2001	2441	2701	2702	
161	1601			
162	0101			
163	2301			
164	0801			
165	1601			
166	0201			
167	0201			
168	0161	2541		
169	0101	0150	0541	2321	2561
170	0201			
171	2541			
172	0101	0201		
173	0101			

收藏情况表

書名編號	藏書單位			
子儒家類 174	0201	0241	1601	
175	0101	0141		
176	0101	0193	0201	0301	0341
	1501	1601	1701	2501	2702
177	0101			
178	0163	0542		
179	0101			
180	0141			
181	0101			
182	0201			
183	1601			
184	0101			
185	0101			
186	0201			
187	0101			
188	0701◎	1541		
189	0101			
190	2701			
191	0201			
192	0201			
193	0101			
194	0101			
195	0144	0801	1441	1501	1701
	1705				
196	0101	0141	0341	1629	1705
197	1793			
198	0201	0262	0301	
199	0101			
200	1441	2001	2301	
201	1601			
202	1601			
203	0201			
204	0201			
205	0141	0143		
206	0181			
207	0201			
208	0101			
209	[illegible]			

表三

收藏情况表

書名編號	藏書單位			
子儒家類 210	0141			
211	0201			
212	0101			
213	0101			
214	1705			
215	0101			
216	0801			
217	1601			
218	0141	0146	0201	0242	0301
	2701				
219	1793			
220	1601			
221	2702			
222	0201			
223	0262	1606	1641	1686	2501
224	0101			
225	0241			
226	0201			
227	0101			
228	2401			
229	0101	0161	1701	1705	1801
230	0101			
231	0144			
232	0101			
233	0201			
234	0242			
235	2701			
236	0141			
237	0144	0803	1701	1705	1801
238	1601			
239	0101			
240	0101			
241	0101			
242	1701			
243	0101			
244	0101			
245	0101			
246	1701			

收藏情况表

書名編號	藏書單位		
子儒家類 247	0101		
248	0201		
249	0101		
250	0201		
251	0201		
252	2441		
253	1601		
254	1701		
255	0158	0161	2701
256	0201		
257	0101		
258	1601		
259	0101		
260	0101		
261	0101		
262	0101		
263	0701		
264	0701		
265	0101		
266	0101		
267	0101		
268	0101		
269	0101		
270	0201		
271	0861		
272	0201		
273	1501		
274	0201		
275	0101		
276	0201		
277	0201		
278	0101		
279	0193		
280	1883		
281	1701		
282	1684		
283	0101		
284	024[illegible]		

表四

收藏情況表

書名編號	藏書單位				
子 儒家類 285	2341	2342			
286	0141				
287	0101				
288	0181	0201	1601	1629	2301
289	0101				
290	0201	0301			
291	0164				
292	2001				
293	0201				
294	0201				
295	0198				
296	0145	0801			
297	1601				
298	0141				
299	0101	0201	1701		
300	0101				
301	0101				
302	0903				
303	1601				
304	0101				
305	1601				
306	0201				
307	0201				
308	1705				
309	0101				
310	1601				
311	1045				
312	0101				
313	0201	1701			
314	0141	0163			
315	0201				
316	1601				
317	0101				
318	0101				
319	0101				
320	0101				
321	1705				
322	0101				

表末

收藏情況表

書名編號	藏書單位				
子 儒家類 323	0101				
324	1601				
325	0101				
326	0241				
327	0101				
328	0101				
329	1605				
330	0201				
331	1001				
332	0201				
333	1701				
334	0241				
335	0201				
336	0101				
337	2541				
338	1741				
339	1701				
340	0201				
341	0201				
342	1701				
343	0150	0201			
344	0150				
345	0101				
346	0101				
347	0182	0201	0301	1601	1684
	1901	2501	2702	2741	
348	1601				
349	0101				
350	0201				
351	0141	0143	0201	0801	1041
	1544	2001			
352	0241				
353	1601				
354	0341				
355	0101	0198	0201	0291	
356	0101				
357	0201				
358	0201				

收藏情況表

書名編號	藏書單位				
子 儒家類 359	0101				
360	0101				
361	0101				
362	0141	0144	0150	0161	0341
	1581	1801	2006	2201	2242
	2401	2541	2701	2703	2941
363	1601				
364	0201				
365	1581				
366	0201				
367	1501				
368	1601				
369	1601				
370	0201	1601			
371	0101				
372	0101				
373	0201				
374	0101				
375	0501	1501	1503		
376	0101				
377	1601				
378	1705				
379	0201				
380	1601				
381	0201	0842	1001	1605	1705
	1741				
382	1601				
383	0101				
384	0101				
385	0101	0141	0181	0701	1101
	1542				
386	0161				
387	0182				
388	0201				
389	1601				
390	0703	0803	2206		
391	0101				
392	0161	2001			

表末

收藏情況表

書名編號	藏書單位				
子 儒家類 393	0101				
394	0201				
395	0201				
396	0201	0921	1606	2701	
397	0101	0181			
398	1741				
399	0101				
400	2702				
401	0101	0741	2001	2301	2701
402	1601				
403	0101				
404	0101				
405	1601				
406	0101	0141	0161	0198	0201
	1601	1701	2602	2702	
407	1601				
408	0101				
409	0101				
410	0101	1601			
411	0101	0103	0201	0242	1843
412	0842				
413	0201	0841	1901	2401	
414	0143	0144	0803	1501	1705
	2401	2701			
415	0181				
416	1701				
417	0201				
418	1701				
419	1601				
420	2501				
421	2001				
422	1587				
423	1601	1741	2206		
424	2301				
425	2401				
426	0101				
427	0101				
428	0101				

收藏情况表

書名編號	藏書單位				
子 儒家類 429	0101				
430	1701				
431	0101				
432	0291				
433	2001				
434	0101				
435	0301				
436	0101	0141			
437	1605				
438	0201	0301	2401		
439	1601				
440	0101				
441	0201				
442	1601				
443	0101				
444	0101				
445	0201				
446	0101				
447	0101				
448	0101				
449	1705				
450	0201				
451	0141				
452	0161	0201			
453	2401				
454	1501				
455	0101				
456	0201				
457	2401				
458	0841				
459	0197				
460	0141				
461	1629				
462	0101				
463	0101				
464	0101	0301	0703	1601	1701
	2702				
465	0201	0241	1501	1582	1601

收藏情况表

書名編號	藏書單位				
子 儒家類	1702	1881	2001		
466	1616				
467	0201				
468	0241	1623	1701		
469	0101				
470	0101				
471	0201				
472	0141				
473	1601				
474	0101				
475	0101				
476	2201				
477	0101	0142	0191		
478	0143				
479	2541				
480	1881				
481	0143				
482	0144				
483	0101	0144	0181	0591	1881
484	0150	0161	0201	0701	1601
485	0141	0142	1601	1741	
486	1801				
487	0101				
488	0101	0301			
489	1601				
490	0161	0201	1701	1433	2541
491	0141	0142	0241	1701	2203
492	0201				
493	0161	1704			
494	0201				
495	0101	0201			
496	1615				
497	0161	0801			
498	0101				
499	0101				
500	1581	1601	1606		
501	0161	0342			
502	0145	0161	0201	1646	1701

表七

收藏情况表

書名編號	藏書單位				
子 儒家類	1720	2941			
503	0142	0143	0161	0942	1606
	1801	2401			
504	0161	1705			
505	0101	0142	0181	0301	0701
	1601	2381	2383		
506	0101	0142	0145	1902⊕	
507	1902				
508	0101				
509	1601				
510	0101				
511	0341				
512	0101				
513	0141				
514	0101				
515	0142				
516	0281				
517	0101				
518	0181	0241	0291	0842	1501
	1901				
519	0201				
520	0101	0181	0701	0703	1501
	1502	1606	1615	1705	2301
521	0141				
522	1601				
523	1601				
524	0102	0141	0145	0165	0201
	0301	0741	1601	1705	2541
525	1601				
526	0101	0181	0241	0701	0801
	0842				
527	0801				
528	0101				
529	0101				
530	0241				
531	1701				
532	1601				
533	0182				

收藏情况表

書名編號	藏書單位				
子 儒家類 534	0101				
535	0101				
536	0101				
537	0201				
538	0242	0701			
539	0144				
540	1101				
541	0201	0841			
542	1601				
543	0102	0141	0161	0181	0301
	0341	0542	1082	1101	1501
	1601	1701	1881	2701	2741
	2901				
544	0201				
545	0701	1101	1542	2001	2441
	2701				
546	0201	0701			
547	0181	0241	0341	0520	0842
	1441	1801	1882	2401	2701
548	0181	0182	0301	1605	2306
549	0101				
550	0201	0801	1701	1901	1943
	2501				
551	0201				
552	2301				
553	0197	0241	0801	1001	1601
	2201	2544	2901		
554	0101	0701	2304		
555	1601				
556	0591				
557	0182				
558	0150				
559	2702				
560	0703				
561	0101				
562	0201				
563	1581				
564	0141	0201	0801	1201	1601

表八

收藏情況表

書名編號	藏書單位				
子儒家類	1681				
565	0101				
566	0341				
567	0101	1701			
568	0146				
569	0101				
570	1501				
571	1281				
572	1601				
573	0101				
574	0101				
575	0101				
576	0142				
577	1501				
578	2401				
579	1601				
580	1705				
581	0101				
582	0141				
583	0201				
584	0101				
585	0101				
586	1587				
587	0181				
588	0201				
589	0201				
590	1701				
591	0101	0143	0145	0201	1741
	2001	2561			
592	1601				
593	0101				
594	1601				
595	0201				
596	0101				
597	0201				
598	1601				
599	0101				
600	1581				

表九

收藏情況表

書名編號	藏書單位				
子儒家類 601	0201				
602	0801				
603	0141				
604	0101				
605	1701				
606	0182				
607	0241	1843	2401	2501	
608	0101	2001			
609	1082	2901			
610	0101				
611	0141				
612	1601				
613	0101				
614	0101				
615	0101				
616	0201	1705			
617	1702				
618	0101				
619	0101				
620	0101	0201			
621	0201				
622	1688				
623	0101				
624	0101				
625	0201				
626	1622				
627	0101				
628	0101				
629	0101				
630	0101	0102	0142	0144	0163
	0241	0301	0341	0701	0801
	1601	2702			
631	0101	0181			
632	0101				
633	0101	0181	0201		
634	0201				
635	0201				
636	1601				

收藏情況表

書名編號	藏書單位				
子儒家類	0101				
638	0198	0241	0842		
639	0741				
640	0101	0161	0198	0241	0341
	0501	1701	1741	2001	2401
	2501	2702	2901		
641	1601				
642	0191				
643	0146	0443			
644	0242	2603			
645	1641				
646	0201				
647	0141	0161	0242	0701	1541
	1701	2401			
648	0102	0291	0741	0942	1701
	1801	1881	2047	2241	
649	0102	0141	0142	0144	0301
	0441	0842	0861	1142	1461
	1622	1704	2001	2741	
650	0201				
651	0301	1441	1605	1715	
652	0201				
653	0101				
654	0101				
655	0201				
656	0301				
657	1601				
658	0291				
659	0102				
660	0701				
661	0101				
662	0142				
663	0201				
664	2301				
665	1701				
666	1688				
667	1941				
668	1841				

表十

收藏情況表

書名編號	藏書單位				
子儒家類 669	0141	0242			
670	0102	0197	1605		
671	1601				
672	1605				
673	0141	2702	2801		
674	0193	0201	1341	1441	1615
	1646	1702	2461		
675	2383				
676	0601	1701	1544		
677	0145				
678	0145	1701	1741	1748	2441
	0242				
679	1502				
680	0241				
681	0198	2501			
682	0142				
683	1101	1641			
684	0150	0641	2541		
685	0101	0102	0241	1601	
686	0101				
687	0201	1701	1881		
688	0101	0141	0181	0201	0241
	1803	2201	2741		
689	2702				
690	0144				
691	0141	0142	0143	0144	0145
	0161	0201	0241	0262	0291
	0501	0502	0642	0781	0842
	1001	1501	1601	1605	1701
	1705	1716	1801	1901	1941
	2001	2041	2042	2201	2242
	2341	2346	2401	2501	2703
	2901				
692	0143	0301	0501	1741	2346
693	1542				
694	0101				
695	0141	0201			
696	0101				

收藏情況表

書名編號		藏書單位				
子儒家類	697	0102	0141	0143	0150	0181
		0201	0341	0701	0741	1606
		2461	2701	2715		
	698	1601				
	699	1615	2702			
	700	0701				
	701	2501				
	702	1601				
	703	0102	0141	0242	1042	1501
		1701				
	704	0102	0142	0841	0861	0941
		1615	1646			
	705	0102	0701	0801	0842	1082
		1101	1601	1741	2461	
	706	0201				
	707	0142	0501	0641	1601	
	708	0143	0161	0164	0441	0502
		0641	0661	0702	0704	1510
		1544	1582	1601	1701	1705
		1843	1881	1910	2202	2302
		2342	2501	2561	2702	
	709	0141				
	710	0201				
	711	0242				
	712	0141	0342	1712		
	713	1606				
	714	0301				
	715	0198				
	716	0101	0144	0241	1701	2201
		2206				
	717	0102	0108	0142	0146	0198
		0201	0502	0844	1001	1341
		1601	1881	2501		
	718	0150				
	719	0301	1601			
	720	0161	1581	2518		
	721	0842				
	722	0143	1601	1795		

表二十

收藏情況表

書名編號		藏書單位				
子儒家類	723	0151	0842			
	724	0101	0341	0841		
	725	0141	0143			
	726	0101				
	727	1715				
	728	0101	1601			
	729	1606				
	730	1715				
	731	0101	2702			
	732	0164	0201			
	733	1601				
	734	0141				
	735	0241				
	736	0101	1606			
	737	0181				
	738	0101				
	739	0101				
	740	1741				
	741	0801				
	742	1541				
	743	1606				
	744	0143	0301	2541		
	745	0102	0201	1901		
	746	1701				
	747	0101	1801			
	748	1601				
	749	0142				
	750	0201				
	751	0842				
	752	0101	0141			
	753	1881				
	754	0141	0181	0182	2701	
	755	0801				
	756	1542				
	757	0101				
	758	0101				
	759	1008	2702			
	760	0301	1705			

收藏情況表

書名編號		藏書單位				
子儒家類	761	0141	0142	0161	1501	2342
		2541				
	762	1501				
	763	0161	0301	0441	1605	
	764	1601				
	765	0141	0145	0291	0301	1641
		2002				
	766	2001				
	767	1701				
	768	0161				
	769	1601				
	770	1705				
	771	0291	0541			
	772	0101	1802			
	773	2541				
	774	0101	0181	1501		
	775	0181				
	776	0201				
	777	1601				
	778	1082				
	779	0142				
	780	0142	1605	2301		
	781	0101				
	782	1501				
	783	0101	1601			
	784	0141	0142			
	785	1682				
	786	2501				
	787	0201	2561			
	788	1601				
	789	0101	1606			
	790	0101	0142	0144	0150	0201
		0701	1441	1881	2541	
	791	0101	1881			
	792	1601	1881			
	793	0101	0143	1701	2543	2702
	794	0101				
	795	0101				

表二十一

收藏情況表

書名編號		藏書單位				
子儒家類	796	0141	1513			
	797	0101	2708			
	798	0201				
	799	2041				
	800	2401				
	801	2001				
	802	0141				
	803	1601	1606	1607	1901	
	804	0101				
	805	0141				
	806	0143				
	807	2702				
	808	2702				
	809	1701				
	810	0241				
	811	0291				
	812	0142	0181	1501	1741	
	813	0141	0201	0241	1605	1701
	814	1601				
	815	0141	0145	0941	1605	1701
		1741	1801	2342		
	816	0101				
	817	0201				
	818	0101				
	819	0198	1605			
	820	0241	0341			
	821	0161	0201	0301	1901	
	822	0145				
	823	0861				
	824	1882				
	825	0144	0592	1605	1801	2702
	826	1606				
	827	0161	1605			
	828	0201				
	829	1903				
	830	0164				
	831	0101	0242			
	832	0144	0181	0242	0262	1601

收藏情况表

書名編號	藏書單位				
子儒家類	2201				
833	0301				
834	0101				
835	0191				
836	0201				
837	0201				
838	0101				
839	2541				
840	0141				
841	2001				
842	0528	0842			
843	1001	2541			
844	0102⊗	0161⊗			
845	1701				
846	0242				
847	0841				
848	1601				
849	0291	0703			
850	0301	1606	1701	1710	1801
851	1705				
852	0161	0191	0201	0242	1601
	1701	2341	2541		
853	0142				
854	2203				
855	0201				
856	0142	0161	0163	0164	0181
	0201	1601	1843	2541	
857	2301				
858	0241				
859	0243	1701			
860	0142	1601	1701	2001	
861	1502				
862	0101				
863	0141				
864	1605				
865	0301				
866	2702				
867	0201				

收藏情况表

書名編號	藏書單位				
子儒家類 868	0144	0201	1282	2701	2742
869	0145				
870	0102				
871	2201				
872	0161	1601	1605		
873	0142	1901			
874	0701				
875	0142				
876	0201	1801			
877	1881				
878	0142				
879	1581				
880	2382				
881	2206				
882	0201				
883	1144				
884	0201				
885	1705				
886	0161				
887	2541				
888	0801				
889	1606				
890	0102				
891	0101				
892	0241				
893	0141	1501			
894	0141	0145	0701		
895	0441				
896	0141	0145	0161	0193	0201
	0242	0301	1101	1601	1616
	1653	1701	2301	2401	2701
	2702	2741			
897	1541				
898	0141				
899	0181				
900	0141	0198	2001	2301	
901	0201				
902	0101				

表一五

收藏情况表

書名編號	藏書單位				
子儒家類 903	0201				
904	2401				
905	0201				
906	2301				
907	1628				
908	0201				
909	0164	1801			
910	0201	2701			
911	2301				
912	0142	0201	1605	1791	1801
	2702				
913	0142				
914	0144	0181	1542		
915	0242	2741			
916	0142				
917	2541				
918	0141				
919	0141				
920	1606				
921	0101				
922	0141	0161	0181	0201	0242
	0842	1701			
923	0144	0841			
924	0142				
925	0142				
926	0101	0501	1001	1701	
927	2301				
928	0101	0181	0182	0197	
929	0150				
930	0150				
931	1501				
932	0142	0164			
933	1701				
934	0161				
935	0262				
936	0181				
937	0101				
938	2004				

收藏情况表

書名編號	藏書單位				
子儒家類 939	0841				
940	0101	1601	1710		
941	0101				
942	1601				
943	0101				
944	2702				
945	2541				
946	0141				
947	0101	0143	0201	2301	
948	0301	0501	2042		
949	0161				
950	1701				
951	0508	0523	1241		
952	1529	2001	2206		
953	1701				
954	0101				
955	0101				
956	2381				
957	2381				
958	0163				
959	0101				
960	0842				
961	0201				
962	0198				
963	2301				
964	1681				
965	2481				
966	0101				
967	1581				
968	0241				
969	0142	0143	0166	0404	1542
	2701				
970	0141				
971	0101	0150	0161	0201	0242
	0501	1601	1629	1701	2701
	2941				
972	0142	0146	0241	0301	0441
	0501	0591	2301		

表一六

收藏情況表

書名編號		藏書單位				
子儒家類	973	0201	2707			
	974	2301				
	975	0201				
	976	0101				
	977	1601				
	978	1701				
	979	2002				
	980	0101	0103	0141	0161	0181
		0242	0301	0701	0801	0842
		1341	1803	2001	2006	2007
		2206	2346	2401	2542	2751
	981	0181				
	982	0181				
	983	0141	0142	0143	0198	1082
		2042				
	984	0141	0143	0341	0701	2215
	985	0201				
	986	0201				
	987	0142	0165	0201	2301	
	988	1601				
	989	1601				
	990	0142				
	991	2201				
	992	2701				
	993	0101				
	994	2001				
	995	0142	0404	0501	2010	
	996	0101				
	997	0161	2001			
	998	0141	0161	2301		
	999	1946				
	1000	2201	2941			
	1001	0142				
	1002	0142	2541			
	1003	0145				
	1004	1601				
	1005	0101	0141	0142	0701	2301
		2401				

表一五

收藏情況表

書名編號		藏書單位
子儒家類	1006	0181
	1007	1715
	1008	2901
	1009	0101
	1010	0101
	1011	0144
	1012	0201
	1013	0241
	1014	0201
	1015	0201
	1016	2441
	1017	0101
	1018	2301
	1019	2501
	1020	2301
	1021	0101
	1022	0101
	1023	2301
	1024	0201

兵家類

一 武經七書二十五卷 清影宋抄本
孫子三卷 吳子二卷 司馬法三卷 唐太宗李衛公問對三卷 尉繚子五卷 黃石公三略三卷 六韜六卷

二 武經七書二十五卷 宋刻元明遞修本 六韜十行二十字、二十二字不等白口左右双边、三略及孫子均二十字
存十二卷 六韜六卷 黃石公三略三卷 孫子三卷

三 武經七書二十五卷 明初刻本 十四行二十五字黑口四周双边
魏武帝註孫子三卷 吳子二卷 司馬法三卷 唐太宗李衛公問對三卷 尉繚子五卷 黃石公三略三卷 六韜六卷

四 武經七書二十五卷 明嘉靖三十一年陝藩刻本 九行二十字白口四周單边
孫子三卷 吳子二卷 司馬法三卷 唐太宗李衛公問對三卷 尉繚子五卷 黃石公三略三卷 六韜六卷

五 武經七書二十五卷 明刻本 九行十七字白口左右双边
孫子三卷 吳子二卷 司馬法三卷 太宗問三卷 尉繚子五卷 三略三卷 六韜六卷

六 校正武經七書二十五卷 明國子監刻本 十一行二十字白口四周單边
孫子三卷 漢曹操注 吳子二卷 司馬法三卷 唐太宗李衛公問對三卷 尉繚子五卷 黃石公三略三卷 六韜六卷

七 武經七書全集□□卷 明刻本 十行
存十一卷 尉繚子五卷 六韜六卷

八 武經直解二十五卷附錄一卷 明劉寅撰 明成化二十二年趙英刻本 十行二十字黑口四周双边
孫武子直解三卷 吳子直解二卷 司馬法直解三卷 唐太宗李衛公問對直解三卷 尉繚子直解五卷 三略直解三卷 六韜直解六卷 附錄一卷

九 武經直解二十五卷附錄一卷 明劉寅撰 明萬曆九年莫與齊刻本[吳子直解配清抄本] 十行二十字黑口四周双边
孫武子直解三卷 吳子直解二卷 司馬法直解三卷 唐太宗李衛公問對直解三卷 尉繚子直解五卷 黃石公三略直解三卷 六韜直解六卷 附錄一卷

一〇 武經直解二十五卷附錄一卷 明劉寅撰 明萬曆九年莫與齊刻本 清丁丙跋

一一 武經直解十二卷 明劉寅撰 張居正增訂 明崇禎十年翁鴻業刻本 九行二十一字白口四周單边

一二 重鐫武經七書集註八卷 明李清撰 明天啓四年李逢申刻本 九行二十一字白口四周單边

一三 新鐫武經七書七卷 明王守仁評 胡宗憲參評 明天啓元年茅震東刻套印本 八行十七字白口四周單边

一四 武經七書二十八卷 明何守法音注 投筆膚談二卷 題明西湖逸士撰 明萬曆三十二年陳汝忠弘錫堂刻本 十行二十字黑口四周双边

一五 七書參同七卷 明李贄推釋 范方評次 明末東壁齋刻本 十行二十五字白口四周單边
孫子六卷 吳子二卷 司馬法三卷 李衛公三卷 尉繚子五卷 黃石公三略三卷 六韜六卷 投筆膚談二卷

一六 新鐫武經標題正義七卷 明趙光裕注釋 附鐫武經節要一卷附陣法馬步射法棍法一卷 明趙光裕校正 明萬曆十六年刻本 十二行二十六字白口四周單边

一七 新鐫武經標題正義八卷 明趙光裕注釋 附馬步射法棍法一卷 明萬曆十六年書林華慶堂余泗泉刻本 十行二十四字白口四周單边

一八 新鐫武經標題正義八卷 明趙光裕注釋 附馬步射法棍法占法一卷 明末金陵唐錦池刻本 十一行二十六字白口四周單边两节版

一九 新鐫武經標題正義八卷 明趙光裕注釋 明末金陵唐錦池刻本 十行二十八字四周單边两节板

二〇 新鐫增補標題武經七書七卷 明陳玖學訂 明末金閶十乘樓刻本 十行二十字白口四周單边

二一 新鐫武經標題七書十卷 明謝弘儀輯 明末刻本 九行二十三字白口四周單边
存九卷 一至四 六至十

二二 新鐫註解武經十四卷 明沈應明輯注 明崇禎九年經世堂刻本 九行二十字白口四周單边

二三 標題評釋武經七書十卷 明陳元素輯 明龔紹山刻本 九行十八字白口四周單边

二四 寝谷子商隱武經七書十卷武畧雜言一卷 明謙履恒撰 明崇禎刻本 八行二十字白口四周單边

二五 武經七書合箋十卷首三卷附一卷 明沈際飛纂 明崇禎刻本 九行二十字白口左右双边

二六 武經開宗十卷 明黄獻臣輯 明崇禎九年刻本 十行二十七字白口四周單边

二七 武經開宗十卷 明黄獻臣輯 明崇禎五聚堂刻本 十行二十七字白口四周單边有刻工

二八 標題武經七書開宗七卷 清沈定遠訂正 清康熙刻本

二九 武經七書彙解七卷首一卷末一卷 清朱墉輯 清康熙懷山園刻本

三

三〇 武經大全會解七卷 清魯經撰 清康熙四十八年實旭齋刻本

三一 武經摘要六卷 明吳相輯 明嘉靖二十七年張玭刻藍印本 十行十九字白口四周双边

三二 武經節要二卷 明隆慶三年刻本 九行十七字白口左右双边

三三 武學經傳三種三十九卷 明翁溥編 明嘉靖三十二年翁氏刻本 十行二十字白口四周双边
校正武經七書二十五卷
十七史百將傳十卷 宋張預撰
百將傳續編四卷 明何喬新撰

三四 武學經傳三種三十九卷 明翁溥編 明嘉靖三十二年翁氏刻隆慶元年耿文光重修本 十行二十字白口四周双边
存三種十六卷
校正武經七書二種九卷 黄石公三略三卷 六韜六卷
十七史百將傳一至五
百將傳續編二卷

三五 兵垣四編四卷附四種四卷 明閔聲編 明天啓元年閔氏刻三色套印本 八行十八字白口四周單边
黄帝陰符經一卷 明唐順之評釋
素書一卷 宋張商英注
孫子一卷 明王世貞評釋
吳子一卷 明王世琪評釋
附九邊圖論一卷 明許論撰
海防圖論一卷 明胡宗憲撰
遼東軍餉論一卷 明萬世德撰
日本考略一卷 明殷都撰

三六 兵垣四編四卷附四種四卷 明閔聲編 明天啓元年閔氏刻套印本 八行十八字白口四周單边
黄帝陰符經一卷 明唐順之評釋
素書一卷 宋張商英注
孫子一卷 明王世貞評釋
吳子一卷 明王世琪評釋
附九邊圖論一卷 明許論撰
海防圖論一卷 明胡宗憲撰
遼東軍餉論一卷 明萬世德撰
日本考略一卷 明殷都撰

三七 經武秘要九種十八卷 清抄本
握機經一卷 明王應電傳
大六壬明體經六卷 □高修纂輯
大六壬摠門占課十八卷附錄一卷 明卓世彥注
火攻挈要三卷 德國湯若望授 明焦勗纂
日晷圖法一卷 西班牙龐迪我口譯 明孫元化筆授
象數寄言不分卷 □李自樞撰
玄精碧匣靈寶眞玄經三卷
天文鬼料竅一卷
干支占一卷

三八 皇明將略五卷 明顧少軒輯 新刻硃批武備全書海防總論不分卷 明周弘祖撰 新鐫武備全書一卷

四

明王我暗輯 萬頃撰 新刻武備三場韜略全書不分卷 明江 戰畧一卷 諸葛武侯占風識地火攻正畧一卷 秘刻武略神機火藥一卷 新刻武略火器圖說一卷 明胡宗憲輯 明天啓元年茅氏刻朱墨套印本 八行十六字白口四周單边

三九 新鐫古今合法將傳十四卷 明趙光裕 趙子玄撰 明趙吾山玉戍齋刻本 十行二十字白口四周單边

四〇 韜畧世法□□種□□□□卷 明崇禎刻本 十行二十四字白口四周單边
新鐫批選百將傳合法兵戎事類四卷
新鐫批選續百將傳合法兵戎事類三卷
新鐫批選皇明百將傳合法兵戎事類三卷
新鐫批選外紀列國傳合法兵戎事類四卷
存十九種二十五卷
新編歷科程墨武論韜畧世法一卷 明徐光啓輯
新編八十六朝名將韜畧世法五卷 明尹商輯
新編孫武子十三篇說印韜畧世法二卷 明李騰芳輯
新編吳子標題引証韜畧世法一卷 明李檟評釋
新編司馬法標題引證韜畧世法一卷 明臧應驥輯
新編尉繚子標題引証韜畧世法一卷 明李騰芳輯
新編李衛公標題引証韜畧世法一卷 明何武臣輯
新編武侯兵要箋註評林韜畧世法一卷 宋謝枋得輯
新編皇明戚將軍將畧韜畧世法一卷 明戚繼光輯
新鐫行兵占驗天時韜畧世法一卷 明張岳輯

新編大明一統地利險要韜畧世法一卷　明陳廷對輯　吳起賓箋注　荊可棟彙圖
新編大明一統九邊險要韜畧世法一卷　明徐光啓輯　王在晉評釋
新編張靖峰家藏攻城急務韜畧世法一卷　明張皇威輯
新編張靖峰家藏守城急策韜畧世法一卷　明張皇威輯
新編張靖峰家藏火攻急務韜畧世法一卷　明張皇威輯
新編張靖峰家藏水戰急務韜畧世法一卷　明張皇威輯
新編戚總兵家藏學陣圖說韜畧世法一卷　明張繼孟撰　荊可棟彙圖
新編武備騎射車牌彙奇韜畧世法一卷　明程輔國輯
新編百戰百勝令法引證韜畧世法一卷　宋謝枋得輯

四一　帷幄全書十四種五十三卷　清抄本
劉伯溫先生重纂諸葛忠武侯兵法心要五卷
施山公心畧三卷
劉伯溫先生百戰奇畧十卷
金湯十二籌十二卷
六甲奇書九卷
戚總戎兵法二卷
風角占二卷
醫方備要二卷
塞外行軍指掌一卷
弩法備覽二卷
弓法拾遺一卷
劉青田劍法全集一卷
輿圖備覽全集二卷
陳資齋天下沿海形勢錄一卷

四二　水陸攻守戰略秘書七種三十七卷　題清瀞統道人輯　清咸豐三年麟桂活字印本
劉伯溫先生重纂諸葛忠武侯兵法心要內集二卷外集三卷
劉伯溫先生百戰奇略十卷
施山公心略二卷火攻圖式一卷水攻一卷
陳資齋天下沿海形勢錄一卷圖一卷　清陳□撰
塞外行軍指掌一卷
李盤金湯十二籌十二卷圖一卷　明李盤撰
軍中醫方備要二卷

五

四三　握奇經一卷　清張惠言輯　清抄本　清譚獻校
四四　握機經二卷　明程道生輯　明末刻本　十二行二十五字白口四周單边
四五　握機經三卷握機緯十五卷　明曾胤儒輯　明末刻本　九行二十字白口四周單边
四六　六韜六卷　清順治八年影宋抄本
四七　六韜逸文一卷　清孫同元輯　清孫氏壽松堂抄本
四八　孫子兵法十三篇一卷　清咸豐四年丁晏抄本　清段朝端跋
四九　孫子一卷　清咸豐十年翁同書家抄本　清翁同書批並跋
五〇　孫子二卷　漢曹操注　清抄本　清王懿榮跋、佚名錄王念孫校、吳大澂跋
五一　十一家註孫子三卷　漢曹操、唐杜牧等注　十家註孫子遺說一卷　宋鄭友賢撰　宋刻本　八行十七字白口左右双边有刻工
五二　十一家註孫子三卷　漢曹操、唐杜牧等注　宋刻本　八行十七字白口左右双边　清潘祖蔭跋　存一卷　下
五三　十一家註孫子三卷　漢曹操、唐杜牧等注　十家註孫子遺說一卷　宋鄭友賢撰　清抄本　清丁丙跋
五四　孫子集註十三卷　漢曹操、唐杜牧等撰　明嘉靖三十四年談愷刻本　十行二十字白口四周双边有刻工
五五　孫子集註十三卷　漢曹操、唐杜牧等撰　明嘉靖三十四年談愷刻本　清丁丙跋
五六　孫子集註十三卷　漢曹操、唐杜牧等撰　明隆慶六年李棟刻本　十行二十字白口四周双边
五七　孫子集註十三卷　漢曹操、唐杜牧等撰　明萬曆十七年黃邦彥刻本　十行二十字白口四周單边
五八　孫子集註十三卷　漢曹操、唐杜牧等撰　明刻本　十行二十字白口四周單边
五九　孫子注一卷　宋梅堯臣撰　明末梅士生刻本　九行二十字白口四周單边
六〇　孫武子三卷　明陳珂斷　陳天策注　明正德刻本　十一行二十字黑口四周双边
六一　新刊京本孫武子十三篇本義三卷　明鄭靈撰　明成化二十年陳道刻本　八行十六字黑口四周双边
六二　方山先生孫子說二卷　明薛應旂撰　明嘉靖三十五年吳中刻本　九行十八字白口四周單边有刻工
六三　孫子書三卷　明趙本學解　明萬曆七年梁夢龍刻本　八行十九字白口四周單边
六四　孫子書三卷　明趙本學解　明萬曆四十三年梁見孟刻本　九行十八字白口四周單边

六

六五　孫子取裹十三卷　明趙庭撰　明萬曆三十七年刻本　九行二十一字白口四周單边
六六　孫子參同三卷　明李贄撰　明萬卷樓刻本　八行十八字白口四周單边
六七　孫子參同三卷　明李贄撰　明刻本　九行十八字白口左右双边
六八　孫子參同五卷　明閔于忱輯　明萬曆四十八年閔于忱松筠館刻套印本　八行十八字白口四周單边
六九　孫子參同五卷　明閔于忱輯　明萬曆四十八年閔于忱松筠館刻本　八行十八字白口四周單边
七〇　孫武子會解四卷　明鄭良弼輯　明崇禎三年鄭氏萬卷堂刻本　九行二十字白口四周單边
七一　孫子明解八卷　明鄭二陽撰　附師卦解一卷　明崇禎胡正言刻本　八行十八字白口四周單边
七二　批點孫子正義十三卷　明施達原批點　新鐫孫子兵法衍義十三卷　明施達原撰　明崇禎十二年自刻本　九行二十字白口四周單边
七三　孫子約鈔一卷　明抄本
七四　孫子彙徵八卷　清鄭端撰　清康熙抄本
七五　吳子二卷　明劉寅注　明天啓六年刻本　九行二十字白口四周單边
七六　司馬灋集解三卷　明闕禹錫輯　十二行二十字黑口四周双边　明弘治元年邢表刻本　清孫星衍跋
七七　司馬灋三卷音義一卷　曹元忠輯　清光緒二十年刻箋經室叢書本　曹元忠訂補並跋

尉繚子直解五卷 明劉寅撰 明刻本 十行二十字黑口四周双边 七八

尉繚子直解五卷 明劉寅撰 明刻本 清丁丙跋 十行二十字黑口四周双边有刻工 七九

尉繚子標釋一卷 明阮漢聞撰 明天啓三年反朴刻本 八行十八字白口四周单边 八〇

黃石公素書一卷 宋張商英注 明刻本 九行十八字黑口四周双边 八一

黃石公素書一卷 宋張商英注 明刻本 九行十八字黑口四周双边 八二

黃石公素書一卷 宋張商英注 明抄本 八三

素書一卷 明慎懋賞解 明萬曆刻本 清林報曾、翁斌孫跋 九行十六字白口左右双边 八四

直說素書一卷 明刻本 十行十八字黑口四周双边 八五

素書一卷 清王匡注 稿本 八六

諸葛孔明心書一卷 題蜀諸葛亮撰 明正德十二年韓襲芳銅活字印本 七行十四字黑口四周双边 八七

諸葛孔明心書一卷 題蜀諸葛亮撰 明刻本 十行十六字黑口四周双边 八八

諸葛武侯心書二卷 題蜀諸葛亮撰 明書林鄭少齋刻本 八行十七字白口四周双边 八九

諸葛武侯心書四卷 題蜀諸葛亮撰 明萬曆三十三年書林鄭少齋刻本 李盛鐸跋 八行十七字白口四周双边 存二卷（一、四） 九〇

諸葛武侯心書一卷 題蜀諸葛亮撰 八陣合變圖說一卷 明黃邦彥刻本 八行十七字白口四周双边 九一

七

武侯武備心法百章一卷 題蜀諸葛亮撰 清抄本 九二

武侯兵要七種十六卷 題蜀諸葛亮撰 明郭子章批 明天啓三年方淑如刻套印本 七行十六字白口四周双边 九三
武侯新書三卷 武侯心書六卷 武侯八陣圖一卷 八陣圖說二卷 八陣辯正二卷 四奇四正辯一卷 八陣伍法辯一卷

唐太宗李衛公問對三卷 清陳氏稽瑞樓抄本 九四

李衛公望江南一卷 明萬曆十年保定府刻本 九行十七字白口四周双边 九五

李衛公望江南集一卷 明抄本 九六

白猿奇書日月風雲占候圖說一卷李衛公天象占候秘訣歌一卷 題唐李靖撰 明蘇茂相訂 明嚴之偉補 明末刻本 九行二十字白口四周单边 九七

白猿奇書兵法雜占彖詞二十六卷九星考史記天官書一卷 題唐李靖撰 明末抄本 九八

神機制敵太白陰經十卷 唐李筌撰 明抄本 清孫星衍校並跋 九九

神機制敵太白陰經十卷 唐李筌撰 明汲古閣抄本 一〇〇

神機制敵太白陰經十卷 唐李筌撰 清初抄本 一〇一

太白陰經十卷 唐李筌撰 清乾隆四庫全書館抄本 一〇二

太白陰經十卷 唐李筌撰 清內府抄本 一〇三

神機制敵太白陰經十卷 唐李筌撰 清抄本 一〇四

神機制敵太白陰經十卷 唐李筌撰 清抄本 一〇五

神機制敵太白陰經十卷 唐李筌撰 清抄本 一〇六

神機制敵太白陰經十卷 唐李筌撰 清抄本 一〇七

神機制敵太白陰經十卷 唐李筌撰 清抄本 一〇八

神機制敵太白陰經十卷 唐李筌撰 清抄本 一〇九

武經總要前集二十二卷後集二十一卷 宋曾公亮、丁度等撰 附武經總要行軍須知二卷 明正統四年李進刻本 清孫星衍跋 葉德輝跋 十一行二十一字黑口四周双边 一一〇

武經總要前集二十二卷後集二十一卷 宋曾公亮、丁度等撰 行軍須知二卷百戰奇法二卷 明弘治十七年李贊刻本 十一行二十一字黑口四周双边 一一一

武經總要前集二十卷 宋曾公亮、丁度等撰 武經要覽行軍須知二卷 明嘉靖刻本 十行十八字黑口四周双边 一一二

武經總要前集二十二卷後集二十一卷 宋曾公亮、丁度等撰 百戰奇法二卷行軍須知二卷 明金陵書林唐富春刻本 十一行二十一字白口四周单边 一一三

武經總要前集二十二卷後集二十一卷 宋曾公亮、丁度等撰 明刻本 十一行二十一字黑口四周双边 一一四

武經總要前集二十卷後集二十卷 宋曾公亮、丁度等撰 明萬曆三十六年莊重抄本 明莊立跋 清高宗弘曆題詩 一一五

武經總要前集二十卷後集二十卷 宋曾公亮、丁度等撰 明抄本（四庫底本） 一一六

武經總要前集二十卷後集二十卷 宋曾公亮、丁度等撰 明抄本 存二十一卷（前集全 後集一） 一一七

武經總要前集二十卷後集二十卷 宋曾公亮、丁度等撰 明抄本 存十二卷（前集一至五 後集五至八 十八至二十） 一一八

八

一一九 武經總要前集二十卷後集二十卷 宋曾公亮、丁度等撰 明抄本
存十一卷 前集六至九 後集十三至十九
一二〇 武經總要前集二十卷 宋曾公亮、丁度等撰 明抄本
存四卷 一至四
一二一 武經總要前集二十卷後集二十卷 宋曾公亮、丁度等撰 明抄本 清岳濬跋
存三十五卷 前集一至二 六至九 十二至二十 後集全
一二二 武經總要前集二十二卷後集二十卷 宋曾公亮、丁度等撰 清抄本
清丁丙跋
一二三 百戰奇法二卷 明嘉靖七年李詔德刻本 九行十七字黑口四周双边
一二四 行軍須知不分卷 明嘉靖三十五年賈應春刻本 十行二十一字白口左右双边
一二五 重刊續武經總要八卷 明趙本學、俞大猷撰 明萬曆刻本 十行二十字白口左右双边
一二六 虎鈐經二十卷 宋許洞撰 明刻本 李盛鐸跋 十行二十字白口四周單边
一二七 虎鈐經二十卷 宋許洞撰 明刻本 周叔弢校並跋
一二八 虎鈐經二十卷 宋許洞撰 明抄本
一二九 虎鈐經二十卷 宋許洞撰 明抄本
一三〇 虎鈐經二十卷 宋許洞撰 明抄本
存十六卷 一至十六
一三一 虎鈐經二十卷 宋許洞撰 清抄本 清張敦仁校並跋
存九卷 一至九
一三二 何博士備論一卷 宋何去非撰 明穴硯齋抄本 清黃丕烈、錢天樹、黃廷鑑跋 王芑孫、程恩澤題款
一三三 備論一卷 宋何去非撰 清抄本 清黃廷鑑校並跋
一三四 守城錄二卷 宋陳規撰 清乾隆四十年孔繼涵家抄本
一三五 將鑑論斷十卷 宋戴少望撰 明刻本 十行二十字黑口四周双边
一三六 將鑑論斷十卷 宋戴少望撰 明抄本
一三七 武經龜鑑二十卷 宋王彥撰 宋刻本 十二行二十二字白口左右双边 有刻工
存一卷 一
一三八 江東十鑑一卷 宋李舜臣撰 清彭氏知聖道齋抄本 清彭元瑞校並跋
一三九 大宋勅賜秘藏兵法不分卷三方秘與三卷 清初抄本
一四〇 新刻古今武考三卷 明朱權撰 明崇禎刻本 九行十八字白口左右双边
一四一 保生管見一卷附固本迂談一卷 明馮清撰 明嘉靖四年刻本 九行十七字白口四周單边

九

一四二 八陣合變圖說一卷 明藍章、龍正撰 明正德十一年藍章、高朝用刻本 八行十六字白口四周双边
一四三 八陣合變圖說一卷 明藍章、龍正撰 明正德十一年藍章、高朝用刻重修本
一四四 師律提綱一卷 明陳璠撰 明刻本 十行二十一字黑口四周双边
一四五 兵志不分卷 明王守仁輯 明抄本
一四六 歷朝武機捷錄十四卷國朝武機捷錄三卷 明王守仁撰 郭子章注 商周祚評 明末刻本 八行十八字白口四周單边
一四七 唐荊川先生纂輯武編十二卷 明唐順之撰 明萬曆四十六年徐象樌曼山館刻本 十行二十字白口左右双边
存四卷 一至四
一四八 唐荊川先生纂輯武編十二卷 明唐順之撰 明萬曆四十六年徐象樌曼山館刻重修本
一四九 塞語不分卷 明尹畊撰 明嘉靖刻本 九行十九字白口四周單边
一五〇 鄉約一卷 明尹畊撰 明隆慶五年劉良弼刻本 九行十九字白口四周單边
一五一 枕戈雜言一卷 明皇甫冲撰 明刻華陽別集本 八行十六字白口左右双边
一五二 行軍直指不分卷 題明鏡徹子撰 明刻本 清宋思仁跋 十三行二十四字黑口四周双边
一五三 陣紀四卷 明何良臣撰 明萬曆十七年徐元刻本 九行十八字白口四周單边
一五四 陣紀四卷 明何良臣撰 明抄本
一五五 方略摘要十卷 明李承寶輯 明天啓二年黃成衮刻本 九行十九字白口四周單边
一五六 決勝綱目十卷 明葉夢熊撰 明刻本 八行十九字白口四周單边
一五七 江南經略八卷 明鄭若曾撰 明隆慶二年林潤刻本 十二行二十二字白口四周双边 有刻工
一五八 江南經略八卷 明鄭若曾撰 明隆慶二年林潤刻萬曆四十二年重修本
一五九 江南經畧八卷 明鄭若曾撰 清康熙鄭起泓、鄭定遠刻本
一六〇 守城法一卷 明鄭若曾撰 清抄本
一六一 經畧雜纂不分卷 明抄本
一六二 經武淵源十二卷 明李材輯 明萬曆十五年刻本 八行十七字白口左右双边
一六三 經武淵源十五卷 明李材輯 左光斗訂正 明天啓錢士晉等刻本 九行十八字白口四周双边
一六四 將將紀二十四卷 明李材撰 明萬曆二十四年徐即登、張鼎思等刻本 九行十八字白口四周双边 有刻工
一六五 紀効新書十八卷首一卷 明戚繼光撰 明萬曆二十三年徐夢麟刻本 十行二十字白口四周双边 有刻工
一六六 紀效新書十八卷首一卷 明戚繼光撰 明萬曆二十三年書林江殿卿明雅堂刻本 十行二十字白口四周單边

一〇

一六六七 紀效新書十八卷首一卷 明戚繼光撰 明萬曆刻本 九行十九字白口左右双边有刻工

一六六八 紀効新書十八卷首一卷 明戚繼光撰 明刻本 十行二十字白口左右双边有刻工

一六六九 紀効新書十八卷首一卷 明戚繼光撰 明版筑居傳少山刻本 十行二十字白口四周单边

一六七〇 紀效新書十八卷首一卷 明戚繼光撰 明刻本 十行二十字白口四周双边

一六七一 紀効新書十四卷 明戚繼光撰 明萬曆十六年李承勛刻本（卷十二配另一明刻本） 九行十八字白口四周双边 存九卷 一至二 八至十四

一六七二 紀効新書十四卷 明戚繼光撰 明萬曆二十年莊氏刻本 九行十八字白口四周双边有刻工

一六七三 紀効新書十四卷 明戚繼光撰 明萬曆二十一年福建布政司刻本（卷十三配清抄本） 九行十八字白口四周单边有刻工

一六七四 紀効新書十四卷 明戚繼光撰 明崇禎十七年刻本 八行二十三字白口四周单边

一六七五 練兵實紀九卷雜集六卷 明戚繼光撰 明萬曆二十五年邢玠刻本 八行十七字白口四周双边

一六七六 練兵實紀九卷雜集六卷 明戚繼光撰 明天啓二年刻本 九行十九字白口四周双边

一六七七 重訂批點類輯練兵諸書十八卷 明戚繼光撰 陳士鎮批點 董承詔輯 傳略一卷 明董承詔等撰 明天啓二年董承詔刻本 八行二十一字白口四周单边

一六七八 補釋戚少保南北兵法要略五卷補輯兵法要略一卷 明郭應響輯 明抄本

一六七九 補釋戚少保南北兵法要畧三卷附錄一卷 明郭應響輯 兵法叢談一卷 □單侃輯 清抄本

一六八〇 補釋戚少保南北兵法要略三卷 明郭應響輯 清抄本

一六八一 刪定武庫益智錄二十卷 明何東序輯 明天啓二年劉樹勛刻本 九行二十字白口四周双边

一六八二 壬式兵詮不分卷 明馬承勳撰 明刻本 十行二十字黑口四周双边

一六八三 新刻武學經史大成十八卷 明吳可參輯 明末唐廷仁刻本 十二行二十七字白口四周单边

一六八四 經世宏籌三十六卷 明鄭璧輯 明萬曆刻本 十行二十字白口四周单边

一六八五 武德全書十五卷 明李槃輯 明萬曆十八年汪一鸞刻本 九行十九字白口四周单边

一六八六 武德全書十五卷 明李槃輯 明刻本 九行十九字白口四周单边

一六八七 幄籌編四卷 明解元輯評 明萬曆二十年刻本 十行二十字白口四周双边

一六八八 古方畧四十五卷續編六卷 明余懋衡輯 明崇禎十三年忠貞堂刻本 九行二十字白口四周单边

一六八九 新鐫漢丞相諸葛孔明異傳奇論註解評林五卷 明章嬰撰 明萬曆二十六年書林雙峯堂余文台刻本 八行十八字白口四周双边

一六九〇 新鐫漢丞相諸葛孔明異傳奇論註解評林五卷 明章嬰撰 明萬曆二十六年書林雙峯堂余文台刻本 李盛鐸跋

一六九一 登壇必究四十卷 明王鳴鶴撰 明萬曆刻本 十行二十字白口四周单边或四周双边

一六九二 讀史機畧十卷 明何謨輯 明天啓三年王鳳翔劉文顯刻本 九行二十二字白口四周单边

一六九三 戰機覽快覽怅不分卷 明陳伯友輯 清雍正陳楷抄本

一六九四 兵機秘纂十三卷 明周永春撰 明萬曆四十七年刻本 九行十九字白口左右双边有刻工

一六九五 武策要畧一卷 明徐希震撰 明萬曆刻本 九行二十字白口四周单边

一六九六 兵錄十四卷 明何汝賓撰 明崇禎刻本 九行十九字白口四周双边

一六九七 救命書一卷 明呂坤撰 明萬曆四十二年喬胤刻本 八行二十字白口左右双边

一六九八 安民實務不分卷 明呂坤撰 明刻本 九行十八字白口四周双边

一六九九 安民實務不分卷 明呂坤撰 清抄本

一七〇〇 講武全書兵覽三十二卷兵律二十八卷 明萬曆四十一年刻本 十行二十二字白口四周单边有刻工

一七〇一 講武全書兵占二十七卷 明崇禎十二年惜穗堂刻本 九行二十字白口四周单边

一七〇二 閑暇清論十三卷 明唐萬齡撰 明刻本 清游尚烈跋 八行十八字白口四周单边

一七〇三 約言六卷 明王鼎新撰 明刻本 八行十七字白口四周单边

一七〇四 秘授金鎖八門陣圖要訣一卷空羣齋集一卷 明何觀撰 明天啓二年張鳴時刻本 八行十八字白口四周单边

一七〇五 講武要畧十七卷首一卷附一卷 明徐九章輯 明萬曆四十八年張五典刻本 十行二十字白口四周双边

一七〇六 武畧神機一卷 明胡獻忠撰 明萬曆刻本 十行二十一字白口四周双边

一七〇七 兵家要領二卷 明周承邦撰 明抄本

一七〇八 戡定玄機三十二卷 明張龍翼撰 明刻本 十行二十五字白口四周单边 存二十四卷 二至八 十五至三十二

一七〇九 經世急切時務九十九籌十卷 明顏季亨撰 明天啓刻本 十行二十二字白口四周单边

一七一〇 左畧一卷 明曾益撰 明天啓元年刻本 九行二十字白口四周单边

一七一一 左氏兵畧三十二卷 明陳禹謨撰 明萬曆吳用先彭端吾等四川刻本 九行二十字白口四周双边有刻工

一七一二 左氏兵畧三十二卷 明陳禹謨撰 明天啓刻本 九行二十字白口四周双边有刻工

一七一三 左兵十二卷 明龔[illegible]撰 明崇禎兩參堂刻本 八行十七字白口左右双边

一七一四 左氏兵法測要二十卷首二卷 明宋徵璧撰 明崇禎十年劍閒齋刻本 八行二十字白口四周单边

一七一五 武備志二百四十卷 明茅元儀撰 明天啓刻本 九行十九字白口四周单边

武備志二百四十卷 明茅元儀撰 明天啓刻蓮溪草堂印本 九行十九字白口四周双边有刻工 二一六
萬勝真韜五卷 明馮嘉會輯 明天啓三年刻本 九行十八字白口四周双边 二一七
萬勝真韜五卷 明馮嘉會輯 明崇禎七年馮映璧刻本 九行十八字白口四周双边 二一八
守揚練兵輯要一卷 明郭光復撰 明萬曆二十五年自刻本 九行十九或二十字白口四周双边 二一九
兵機纂八卷 明郭光復撰 明萬曆二十七年自刻本 十行二十字白口四周單边 二二〇
兵機纂八卷 明郭光復撰 明崇禎六年刻本 十行二十字白口四周單边 二二一
倭情考畧一卷 明郭光復撰 清抄本 二二二
城守驗方一卷 明劉錫玄撰 明天啓刻本 八行二十字白口四周双边 二二三
練兵節要四卷 明李自蕃撰 明天啓三年自刻本 九行十八字白口四周單边 二二四
籌兵藥言一卷 明曹飛撰 清章介人抄本 清苑宗崇跋 二二五
籌兵三畧不分卷 明曹飛撰 清抄本 二二六
新刻國朝名公批點文武並用今古紆籌八卷 明朱錦、施汝明輯 明萬曆金陵車書樓刻本 十一行二十二字白口四周單边 二二七
古今紆籌十卷 明朱錦輯 明崇禎十二年朱泌之刻本 九行二十字白口四周單边 二二八
淯書二十卷 明王應遴撰 明天啓刻本 十行二十字白口四周双边 二二九

一三

緯弢二卷 明郭增光撰 明天啓七年自刻本 九行十八字白口四周双边 二三〇
兵鏡二十卷綱目一卷 明吳惟順 吳鳴球撰 明末問奇齋刻本 十行二十字白口四周單边 二三一
喻子十三種秘書兵衛十三卷 明喻龍德撰 明天啓鄭大經刻本 十行二十字白口四周單边 二三二
存十二卷 一至七 九至十三
飛鳴園陣法答客問十二卷 明樊以昇撰 明崇禎三年書林吳晧之萬鎮吾刻本 九行二十字白口左右双边有刻工 二三三
忠統日錄三卷 明崇禎刻本 九行十九字白口四周單边 二三四
武備要畧十四卷 明程子頤撰 明崇禎八年刻本 九行十八字白口左右双边 二三五
武備要畧十四卷 明程子頤撰 明崇禎八年刻重修本 九行十八字白口左右双边 二三六
車營百八叩不分卷附錄二卷 明孫承宗撰 清同治八年傳氏長恩閣抄本 清傳以禮跋 二三七
師律十六卷 明范景文撰 明崇禎刻本 九行十八字白口四周單边 二三八
戰守全書十八卷 明范景文撰 明崇禎刻本 九行十八字白口四周單边 二三九
金湯借箸十二籌十二卷 明李盤、周鑑、韓霖撰 明崇禎刻本 八行十九字白口四周單边 二四〇
守城全書十八卷 明祁彪佳撰 清抄本 二四一

守城全書十八卷 明祁彪佳撰 清抄本 二四二
存十一卷 一至三 七至十四
經武要略上集二卷正集二十二卷 明莊應會撰 明崇禎十五年刻本 九行二十字白口四周單边 二四三
城守籌畧五卷 明錢栴撰 明崇禎十七年錢默當刻本 九行二十二字白口四周單边 二四四
單徵集不分卷 明劉世鵾輯 清順治閒叅堂刻本 二四五
戍事彙纂五十三卷 清初抄本 二四六
守城事宜一卷 明安國賢輯 清抄本 二四七
古今平定略八卷 清洪承疇輯 明崇禎余環刻本 九行二十二字白口四周單边 二四八
懼謀錄四卷 題清顧炎武輯 清嘉慶四年抄本 二四九
古將平定畧二卷
明將平定畧六卷
懼謀錄四卷 題清顧炎武輯 清嘉慶六年抄本 清丁丙跋 二五〇
兵鏡三種十六卷 清鄧廷羅撰 清初刻本 二五一
兵鏡備考十三卷
兵鏡或問二卷
孫子集註一卷

一四

武備志畧五卷 清傅禹輯 清康熙刻本 二五二
洴澼百金方十四卷 清袁宮桂撰 清抄本 二五三
洴澼百金方十四卷 清袁宮桂撰 清抄本 二五四
洴澼百金方十四卷 清袁宮桂撰 清抄本 二五五
洴澼百金方十四卷 清袁宮桂撰 清抄本 二五六
洴澼百金方十四卷 清袁宮桂撰 清抄本 清王芑孫跋 二五七
舟師繩墨一卷 清林君陞撰 清乾隆三十七年陳奎刻本 九行十八字白口四周双边 二五八
兵略三卷 清揭暄撰 清抄本 二五九
兵經百篇三卷 清揭暄撰 清抄本 二六〇
虎帳必知錄二卷 清陳階平撰 稿本 二六一
讀史兵畧四十六卷 清胡林翼撰 清咸豐十一年武昌節署刻本 清莫友芝校並跋 二六二
讀史兵畧四十六卷 清胡林翼撰 清咸豐十一年武昌節署刻本 清汪士鐸批校並跋 二六三
武備類鈔一卷 清姚椿輯 手稿本 二六四
兵武聞見錄不分卷 清璧昌撰 清抄本 清翁同書校並跋 二六五
唐兵鑑四卷 清蔣敦復撰 稿本 清莫友芝跋 二六六

二六七 間書四卷 清朱逢甲撰 清抄本

二六八 靖寇管窺四卷 清水確擊撰 稿本

二六九 軍政神機二十卷 清抄本

二七〇 城書四卷 清抄本

二七一 兵法輯要不分卷 清抄本

二七二 張氏集註百將傳一百卷 宋張預撰 宋刻本 清王昶、鄧邦述跋 十四行二十四字黑口左右双边 存十卷 五十四至五十八 六十四至六十八

二七三 張氏集註百將傳一百卷 宋張預撰 宋刻本 清丁丙跋 十四行二十四字細黑口或白口左右双边 存八卷 五十九至六十三 八十九至九十一

二七四 十七史百將傳十卷 宋張預撰 元刻本 十六行三十一字黑口四周双边

二七五 十七史百將傳十卷 宋張預撰 明刻本 十行二十二字黑口四周双边

二七六 十七史百將傳十卷 宋張預撰 明刻本 十行二十二字白口左右双边

二七七 十七史百將傳十卷 宋張預撰 明刻本 曾元忠跋 十行二十字白口四周双边

二七八 十七史百將傳十卷 宋張預撰 續編四卷 明何喬新撰 明刻本 十行二十字白口四周双边

一五

二七九 新刊官板批評正百將傳十卷 宋張預撰 明趙光裕評 續百將傳四卷 明何喬新撰 趙光裕評 明萬曆十七年金陵周曰校刻本 十行二十字白口四周單邊

二八〇 新刊官板批評正百將傳十卷 宋張預撰 明趙光裕評 續百將傳四卷 明何喬新撰 趙光裕評 明余元長刻本 十行二十字白口四周單邊

二八一 百將傳續編四卷 明何喬新撰 明刻本 十行二十二字黑口四周双边

二八二 百將傳續編節評四卷 明何喬新撰 張湶節評 明萬曆刻本 十一行二十二字白口四周單邊

二八三 諸史將畧十六卷 明劉鈙撰 明嘉靖四十五年毛鋼刻本 九行二十字白口四周双边

二八四 古今將畧四卷 明馮孜輯 明萬曆十八年刻本 十行二十字白口四周單邊有刻工

二八五 古今將畧四卷 題明馮時寧輯 明遺經堂刻本 八行十八字白口左右双边

二八六 將畧類編二十四卷 明高折枝撰 明萬曆四十一年刻本 九行二十字白口四周双边

二八七 新鐫繡像旁批詳註總斷廣百將傳二十卷 明黃道周註斷 周亮輔增補 明崇禎十六年本立堂刻本 九行二十字白口四周單邊

二八八 將略標六十六卷 明周鑑撰 明崇禎十年張國維刻本 九行十九字白口四周單邊

二八九 彈柳居精纂百將類編十卷 明李元埃撰 明末建業書林聚奎樓刻本 十行十九字白口四周單邊

二九〇 近花樓纂釋分類合法百將全傳二卷 清陳裕輯 清初俞大縉刻本

二九一 耕餘剩技六卷 明程宗猷撰 明萬曆四十二年、天啓元年程爲踨等刻本 十二行二十二字白口四周双边
少林棍法闡宗三卷 蹶張心法一卷 長鎗法選一卷 單刀法選一卷

二九二 射史八卷 明程宗猷撰 明崇禎二年自刻本 九行十九字白口四周双边

二九三 射史八卷 明程宗猷撰 明崇禎二年自刻本 清丁丙跋

二九四 貫虱篇一卷 清紀鑑撰 清康熙十八年居仁堂刻本

二九五 射法指歸二卷 清王國翰輯 清雍正五年刻本

二九六 手臂錄四卷附峨嵋槍法一卷夢綠堂槍法一卷程冲斗十六槍勢一卷 清吳殳撰 清抄本

二九七 九門鏈譜一卷解法一卷套法一卷三才刀法譜一卷 清成德撰 清嘉慶二年張萬青抄本

二九八 葛仙神火畧一卷 題明焦玉撰 清抄本

二九九 火龍神器陣法一卷 題明焦玉撰 明抄本

三〇〇 火龍神器陣法一卷 題明焦玉撰 清道光二十年陔華吟館翁心存抄本 清翁同龢跋

三〇一 火龍神器陣法一卷 題明焦玉撰 清抄本

一六

三〇二 火攻陣法四卷 明曾燦編 明天啓三年吳之皞等刻本 十四行二十字白口四周双边
觀察魏先生選刻火攻紀要一卷 吳游兩直指先生選刻陣圖紀要二卷 天地運旋陣圖一卷

三〇三 元戎濟陣風雷集一卷 明焦玉撰 清抄本 清丁丙跋

三〇四 火攻挈要三卷圖一卷 德國湯若望授 明焦勖輯 清康熙內府抄本

三〇五 火攻挈要二卷火攻祕要一卷 德國湯若望授 明焦勖輯 清抄本 清莫友芝跋

三〇六 神技編不分卷 明全宗舜撰 明抄本

三〇七 神器譜一卷續一卷或問一卷防虜車銃議一卷車銃圖一卷倭情屯田議一卷中國朝鮮日本形勢圖畧一卷 明趙士楨撰 明萬曆二十六年刻本 九行十八字白口四周單邊

三〇八 軍器圖說不分卷 明畢懋康撰 明崇禎十一年張繼孟刻本 十行二十一字白口四周單邊

三〇九 魁敵武略熒惑神機十卷 明抄本

三一〇 新刊名教真傳拳勢体式二卷棍棒体勢一卷新刊武學至寶射法捷要一卷 明刻本 十一行十二字黑口四周單邊

三一一 禹氏鎗譜秘傳不分卷 清禹祥年抄本

少林拳棍刀槍譜四卷 清抄本 三三

一七

收藏情况表

書名編號	藏書單位				
子 兵家類 1	0101				
2	1681				
3	0201				
4	0201				
5	0903				
6	0141	0201			
7	0101				
8	2702				
9	2702				
10	1601				
11	0242	0701	1501		
12	0141	1701			
13	0198	0701	0902	1901	2201
14	0242				
15	1701				
16	0101				
17	0242				
18	0181				
19	0181				
20	1701				
21	1701				
22	0242				
23	1601				
24	0201				
25	0201				
26	0141				
27	2201				
28	2801				
29	0141	0902			
30	0141	0901			
31	2501				
32	1705				
33	0141				
34	0241				
35	0182	1701			
36	0141	0145	0150	0161	0164
	0181	0193	0201	0261	0281
	0341	0701	0703	1001	1101

表一

收藏情况表

書名編號	藏書單位				
	1507	1601	1681	1801	2201
	2702	2901	0501		
37	2301				
38	0101⊗	0141	0201		
39	0101	0141⊗			
40	0101⊗	0141⊗	0161⊗	0201⊗	
41	0781				
42	0101	0842⊗			
43	0201				
44	1701				
45	0146	0242	1101	2541	
46	0101				
47	1601				
48	0201				
49	1601				
50	0101				
51	0101	0201			
52	0101				
53	1601				
54	0101	1881	2241	2702	
55	1601				
56	0201				
57	0101	0141	0161	0182	0291
	1501	2501			
58	0101				
59	1705				
60	0101				
61	0150				
62	0241				
63	1701	2401			
64	0201				
65	2702				
66	0181	0201			
67	0145				
68	0101	0142	0161	0181	0201
	0242	0291	0342	0441	0701
	0841	1581	1601	1613	1684
	1801	2401	2441	2701	

收藏情況表

書名編號	藏書單位				
69	0201				
70	0101				
71	0142	0201	1501		
72	0161	0701	2302		
73	0201				
74	0181				
75	1601	1901			
76	0101				
77	0241				
78	0101	1582			
79	1601				
80	0101				
81	1601				
82	2801				
83	1705				
84	0101				
85	0101				
86	1628				
87	0201				
88	0201				
89	0101				
90	0141				
91	0101				
92	0101				
93	1501				
94	0201				
95	0101				
96	2701				
97	1701				
98	0842				
99	0141				
100	0591				
101	0241				
102	0181				
103	1681				
104	0101				
105	0201				
106	0201				

表二

收藏情況表

書名編號	藏書單位				
107	1101				
108	1606				
109	2241				
110	0201				
111	0141	0701●	1701●		
112	0101				
113	0141	0701	1601		
114	0101				
115	0101				
116	0201				
117	2541				
118	0101				
119	0101				
120	0101				
121	0101				
122	1601				
123	1701				
124	1541				
125	0141				
126	0141				
127	0101				
128	0101				
129	1701				
130	1501				
131	2401				
132	0101				
133	0101				
134	0101				
135	0101●	1801●			
136	0101				
137	0101	0201			
138	0101				
139	0201				
140	2801				
141	0141				
142	0161	0164	0481	1511	2801
143	0101				
144	0141				

收藏情況表

書名編號	藏書單位				
145	0201				
146	2203				
147	0141	0144	0145	0161	0163
	0201	0242	0501	0701	1604
	1705	2544	2561	2601	2701
148	0143	0165	0166	0701	0703
	0842	1501	1601	1615	1641
	1681	1701	2461	2701	
149	0102				
150	0101				
151	1705				
152	0201				
153	1601				
154	1601				
155	2801				
156	0141				
157	0102	1282			
158	1282				
159	0101	1501	1601		
160	2001				
161	1629				
162	0181	0301			
163	0141				
164	0101	0141	1601		
165	0181				
166	0141	0197	0201	0522	0591
	2001	2343	2346		
167	0201				
168	0181				
169	0182				
170	0101				
171	0101				
172	1701				
173	0145				
174	0242				
175	1601				
176	0181	1601			
177	0101	0141	1501	1511	1741

表三

收藏情況表

書名編號	藏書單位				
178	1705				
179	1601				
180	1616				
181	2801				
182	0164				
183	2801				
184	0141				
185	0101				
186	2801				
187	2801				
188	0141	0161			
189	0241	0701			
190	0141				
191	0141	0197	0341	0661	0841
	1201	1641	1714	1801	2301
192	0142				
193	0701				
194	0201				
195	0201				
196	0161	1881			
197	0201	0701	1705		
198	0101				
199	1701				
200	0141				
201	0101	0161	1701		
202	0101				
203	0141				
204	0101				
205	1605				
206	0101				
207	0201				
208	0102				
209	0201				
210	2541				
211	0161	0701	1601	1801	2041
212	2801				
213	0161				
214	0141	0150	0201	0291	1521

收藏情況表

書名編號	藏書單位				
	1701	1787	2001		
215	0161				
216	1601				
217	0101	0142			
218	0201	2541			
219	0101				
220	1605				
221	0101⊕	0141			
222	1241				
223	0101	0201			
224	0161				
225	1501				
226	0161				
227	2801				
228	0142	0201	0242	0301	0841
	1701				
229	2801				
230	0101	0102	0241		
231	0141	0161	0181	1601	2401
	2541				
232	0161				
233	0141	2201			
234	0101				
235	2941				
236	0161				
237	1701				
238	0101	1501			
239	0101				
240	0101				
241	0707				
242	2304				
243	0101⊕	0102			
244	0101				
245	0201				
246	0703				
247	2001				
248	0242				
249	1626				

收藏情況表

書名編號	藏書單位				
250	1601				
251	0181				
252	0141				
253	0101				
254	2202				
255	2203				
256	0101				
257	0701				
258	0101				
259	1702				
260	2301				
261	1601				
262	0201				
263	2541				
264	0201				
265	1601				
266	0201				
267	0242				
268	2201				
269	0161				
270	0101				
271	0101				
272	0101				
273	1601				
274	0201	1705⊕			
275	0101				
276	1601				
277	0201				
278	1606				
279	1641	0141⊕	1701⊕		
280	1701	0141⊕			
281	0101	0181			
282	0141	2702			
283	0101	0142	0143	2801	
284	0701	2541			
285	0142	0145	0161	0404	1711
	2201	2461	2301		
286	0201				

表四

收藏情況表

書名編號	藏書單位				
287	0142	0144	0173	0182	0201
	0301	0701	1601	2702	
288	1601				
289	0841				
290	1601	1701	1702		
291	0101	0201	0242	1601	1702
	1716	2001			
292	0101	0201			
293	1601				
294	0101	1710			
295	0201				
296	0201				
297	1741				
298	0201				
299	2001				
300	0101				
301	0101				
302	0201				
303	1601				
304	0181				
305	0101				
306	2301				
307	0141	0201			
308	0101	1601			
309	1701				
310	1882				
311	2201				
312	0141				

收藏情況表

書名編號	藏書單位

表五

書名編號	藏書單位

表

書名編號	藏書單位

法家類

一　管韓合刻四十四卷（管子二十四卷　韓非子二十卷）　唐房玄齡注　明趙用賢編　明萬曆十年自刻本　九行十九字小字双行行字同白口四周單边有刻工

二　合刻管韓二子四十四卷（管子二十四卷　韓子二十卷）　明崇禎十一年葛鼐刻本　九行二十四字白口四周單边

三　管韓合纂四卷（管子纂二卷　韓非子纂二卷）　明張榜撰　明末刻本　十行二十一字白口四周單边

四　管子二十四卷　明劉氏安正書堂刻本　冒廣生郭沫若跋　十行二十一字白口左右双边无魚尾

五　管子二十四卷　明刻本　十行二十一字白口左右双边

六　管子二十四卷　明萬曆黄之寀刻二十子本　九行十八字左右双边白口

七　管子二十四卷　明萬曆吳勉學刻二十子全書本　清沈大成校跋並錄惠棟校　九行十八字白口左右双边

八　管子不分卷　明魏時應輯　明刻本　八行十八字小字双行白口双边有刻工

九　管子約鈔一卷　明抄本

十　管子不分卷　清方苞删定　清康熙刻本　清沈嵘校並跋

十一　管子今編七卷　清楊沂孫輯　稿本

一

十二　管子二十四卷　唐房玄齡註　宋刻本　清黄丕烈戴望跋　十二行二十二至二十五字白口左右双边

十三　管子二十四卷　唐房玄齡注　清初影宋抄本（卷十三至二十四配清黄氏士禮居影宋抄本）　清黄丕烈校並跋

十四　管子二十四卷　唐房玄齡註　明萬曆十年趙用賢刻管韓合刻本　清傅山批校　九行十九字白口四周單边有刻工

十五　管子二十四卷　唐房玄齡註　明萬曆十年趙用賢刻管韓合刻本　清王念孫王引之校　臧庸跋　宋琨葉景葵跋

十六　管子二十四卷　唐房玄齡註　明萬曆十年趙用賢刻管韓合刻本　清袁廷檮顧廣圻校並跋　莫棠跋

十七　管子二十四卷　唐房玄齡註　明萬曆十年趙用賢刻管韓合刻本　清黄丕烈校陳奐校並跋　戴望莫友芝譚獻題款

十八　管子二十四卷　唐房玄齡註　明萬曆十年趙用賢刻管韓合刻本　清顧廣圻校並跋又錄惠棟校注

十九　管子二十四卷　唐房玄齡註　明萬曆十年趙用賢刻管韓合刻本　清吳志忠校跋並錄黄丕烈顧廣圻段玉裁王引之等校注

二十　管子二十四卷　唐房玄齡註　明萬曆十年趙用賢刻管韓合刻本　佚名錄清陳奐校並跋

二一　管子二十四卷　唐房玄齡註　明萬曆十年趙用賢刻管韓合刻本　清戴望校並錄孫星衍洪頤煊王念孫王引之丁士涵俞樾校

二二　管子二十四卷　唐房玄齡註　明萬曆十年趙用賢刻管韓合刻本　清唐炯批點並跋

二三　管子二十四卷　唐房玄齡注　清陳奐家抄本　清陳奐校跋並錄黄丕烈題識　郭沫若潘承弼跋

二四　管子二十四卷　唐房玄齡注　清光緒二年浙江書局刻二十二子本　清楊沂孫批校

二五　管子二十四卷　唐房玄齡注　清光緒二年浙江書局刻二十二子本　清華衡芳華世芳校

二六　管子二十四卷　唐房玄齡注　清抄本　王闓運批校

二七　管子二十四卷　唐房玄齡注　明劉績補注　明萬曆刻中立四子集監印本　十行二十一字小字双行行字同白口四周双边

二八　管子二十四卷　唐房玄齡注　明劉績補注　明刻本　九行二十字白口四周双边

二九　管子二十四卷　唐房玄齡注　明劉績補注　明刻本　清陸貽典黄丕烈校並跋

三〇　管子二十四卷　唐房玄齡註　明劉績補注　明刻本　清顧廣圻校並抄補缺葉又錄陸貽典校跋　九行二十字小字双行行字同白口四周双边

三一　管子二十四卷　唐房玄齡注　明劉績補注　明刻本　佚名錄清陸貽典校　清丁丙跋　九行二十字小字双行行字同白口四周双边

三二　管子二十四卷　唐房玄齡注　明劉績補注　明刻本　清王芑孫跋　冒廣生跋　九行二十字小字双行行字同白口四周双边

三三　管子二十四卷　唐房玄齡注　明劉績補注　明抄本

三四　管子二十四卷　唐房玄齡注　明劉績補注　張榜等評　明天啓五年朱養純花齋刻本　九行二十字小字双行行字同白口四周單边

三五　管子二十四卷　唐房玄齡注　明劉績補注　張榜等評　明天啓五年朱養純花齋刻本　清譚獻跋並錄陳奐校跋　九行二十字白口四周單边

三六　管子二十四卷　唐房玄齡注　明劉績朱長春補注　張榜等評　明刻本　九行二十字小字双行行字同白口左右双边

三七　管子二十四卷　唐房玄齡注　明劉績朱長春補注　張榜等評　明刻本　九行二十五字小字双行行字同白口四周單边

三八　管子二十四卷　唐房玄齡註　明劉績朱長春補註　張榜等評　明刻本　清陳希曾校並跋　九行二十字白口左右双边

二

三九　管子二十四卷　唐房玄齡註　明劉績朱長春補註　張榜等評　明刻本　清葉裕仁跋李錫嘏校跋並錄顧廣圻批校題識　九行二十字小字双行行十九字白口左右双边

四〇　管子權二十四卷　明朱長春撰　明萬曆四十年張維樞刻本　九行十九字小字双行行字同白口左右双边有刻工

四一　管子權二十四卷　存十二卷（一至十二）　明朱長春撰　明萬曆四十年張維樞刻本　九行十九字小字双行行字同白口左右双边

四二　管子二十四卷　明趙用賢朱長春等評　明萬曆四十八年凌汝亨刻朱墨套印本　九行十九字白口四周單边

四三　管子二十四卷　唐房玄齡註　明劉績等註　管子文評一卷　明末刻管韓子百家評林本　九行十九字白口單边

四四　管子删評六卷　明梅士享撰　明萬曆四十三年梅氏天一館刻本　九行二十字白口四周單边

四五　詮叙管子成書十五卷　明梅士享撰　首一卷　明梅士享輯　明天啓五年貫毓祥刻本　九行十九字小字双行行字同白口四周單边

四六　管子治署窺言八卷　明凌登嘉輯評　明萬曆刻本　九行二十字白口左右双边

四七　管子治署窺言八卷　明凌登嘉輯評　明萬曆刻本　清宋翔鳳批並跋　黄國瑾跋　九行二十字小字双行行字同白口左右双边眉上小字双行行五字

四八　鐫管子芟不分卷　明沈仲衡輯　明天啓刻本　九行二十字小字双行行二十字无行格白口四周單边

管子校本二卷 清丁士涵撰 稿本 清陳奐批 存一卷（下） 四九
管子校議不分卷 清丁士涵撰 稿本 清陳奐批 五〇
筦子按不分卷 清丁士涵撰 稿本 五一
管子案殘稿不分卷 清丁士涵撰 稿本 清陳奐校 郭沫若跋 五二
管子誤文勘四卷 清抄本 五三
管子正誤二十四卷 清戴望撰 清抄本 五四
管子析疑不分卷 清何如璋撰 稿本 五五
管子通一卷 清周悅讓撰 稿本 五六
管子學不分卷 清張佩綸撰 稿本 五七
管子集注二十四卷 清王仁俊撰 稿本 五八
弟子職注一卷 清孫同元撰 清孫氏壽松堂抄本 清孫峻校 五九
鄧析子二卷 明刻本 十一行十六字大黑口四周双边 六〇
鄧析子二卷 清同治十一年劉履芬刻本 清譚儀校 六一
鄧析子二卷 清同治十一年劉履芬刻本 拾遺一卷 清孫詒讓輯 清玉海樓抄本 清孫詒讓校並跋 六二
鄧析子二卷 清同治十一年劉履芬刻本 清王仁俊校跋並錄譚儀校 通考一卷 清王仁俊輯 清抄本 六三
鄧析子二卷 校文一卷 清譚儀撰 清同治十一年劉履芬刻本 倫明錄清王仁俊校 六四
商子五卷 明范氏天一閣刻天一閣奇書本 清戈襄跋 九行十八字白口左右双边 六五
商子五卷 明萬曆程榮刻漢魏叢書本 清莫友芝跋並錄嚴可均校跋 九行二十字白口左右双边 六六
商子五卷 明萬曆程榮刻漢魏叢書本 譚戒甫批校 六七
商子五卷 明萬曆吳勉學刻二十子全書本 清譚儀校 九行十八字白口左右双边 六八
商子五卷 明天啓元年刻本 九行二十一字白口單魚尾四周單边有刻工 六九
商子五卷 明馮覲點評 明天啓六年馮情刻本 清丁丙跋 九行二十字白口四周單边 七〇
商子五卷 明末馮知十抄本 明馮知十校 傅增湘跋 七一
商子五卷 清嘉慶八年孫氏問經堂刻本 倫明錄嚴可均校 七二
商子五卷 清抄本 佚名錄清嚴可均校跋 七三
商子五卷 清抄本 佚名錄清嚴可均校跋 七四
商子五卷 清咸豐三年管慶祺抄本 清管慶祺跋並錄嚴可均楊峴批校題識 七五
商君書新校正五卷 清嚴萬里撰 附攷一卷 清嚴萬里輯 清嚴可均抄本 七六

三

商君書五卷 附攷一卷 清嚴萬里輯 清光緒二年浙江書局刻二十二子本 清孫詒讓錄孫星衍嚴可均錢雪枝批校 七七
韓非子二十卷 清初錢曾家影宋抄本 清黃丕烈校並跋顧廣圻跋 孫毓修校 七八
韓非子二十卷 清影宋抄本 清顧廣圻跋 七九
韓非子二十卷 清嘉慶二十三年吳鼒影宋刻本 十三行二十四字白口四周單边 識誤三卷 清顧廣圻撰 清嘉慶二十三年吳鼒刻本 十行二十字白口左右双边 章炳麟跋 八〇
韓非子二十卷 清嘉慶二十三年吳鼒影宋刻道光二十五年汪氏編印韓晏合編本 識誤三卷 清顧廣圻撰 清嘉慶二十三年吳鼒刻道光二十五年汪氏編印韓晏合編本 十三行二十四字小字双行行字同細黑口（識誤白口）四周單边 清李慈銘校並跋 八一
韓非子二十卷 識誤三卷 清顧廣圻撰 清光緒元年浙江書局刻二十二子本 吳廣霈校 八二
韓非子二十卷 明嘉靖四十年張鼎文刻本 十行二十字小字双行行字同白口四周單边有刻工 八三
韓非子二十卷 明嘉靖四十年張鼎文刻本 清丁丙跋 八四
韓非子二十卷 明萬曆十年趙用賢刻管韓合刻本 清王允升校並跋 九行十九字注文小字双行十九字四周單边白口有刻工 八五
韓非子二十卷 明萬曆十年趙用賢刻管韓合刻本 清盧文弨校跋並錄馮舒校 丁丙跋 八六
韓非子二十卷 明萬曆十年趙用賢刻管韓合刻本 清王念孫校 八七
韓非子二十卷 明萬曆十年趙用賢刻管韓合刻本 清黃丕烈校 八八
韓非子二十卷 明萬曆十年趙用賢刻管韓合刻本 清戈襄、王渭校、並、蔣應陛跋 戈載錄顧廣圻題識 八九
韓非子二十卷 明萬曆十年趙用賢刻管韓合刻本 清顧廣圻校跋並錄惠棟批校題識 九〇
韓非子二十卷 明萬曆十年趙用賢刻管韓合刻本 清顧廣圻、王渭校注並跋 九一
韓非子二十卷 明萬曆十年趙用賢刻管韓合刻本 清翁同書校並跋 九二
韓非子二十卷 明萬曆周孔教刻本 八行十四字黑口四周双边 九三
韓非子二十卷 明萬曆吳勉學刻二十子全書本 清王友光評點 九行十八字白口左右双边單魚尾 九四
韓非子二十卷 明萬曆吳勉學刻二十子全書本 清康岳校 九行十八字白口左右双边 九五
韓非子二十卷 明萬曆黃之寀刻二十子本 九行十八字白口單魚尾左右双边 九六
韓非子二十卷 明刻本 九行十九字小字双行行字同白口四周單边有刻工 九七
韓非子二十卷 明刻本 十行二十字小字双行行字同白口左右双边 九八
韓非子二十卷 明刻本 十行二十字小字双行行字同白口左右双边有刻工 九九
韓非子二十卷 明刻本 十行二十一字白口左右双边 一〇〇

四

一〇一　韓非子二十卷　明刻本　清黃丕烈校並跋　十行二十字白口左右双边

一〇二　韓非子二十卷　明刻本　清丁丙跋　十行二十字小字双行行二十字白口左右双边

一〇三　韓非子二十卷　明刻本　清方功惠跋　十行二十一字小字双行行字同白口左右双边

一〇四　韓非子二十卷　附錄一卷　明天啓五年趙如源刻本　九行十八字小字双行行字同白口四周單边

一〇五　韓非子二十卷　附錄一卷　明天啓五年趙如源刻本　清丁丙跋

一〇六　韓非子二十卷　明楊慎等評　明刻本　九行十九字小字双行行字同　四周單边白口

一〇七　韓非子二十卷　明孫鑛批點　明沈景麟刻本　九行二十字白口四周單边

一〇八　韓非子二十卷　明孫鑛批點　明末刻本　九行二十五字白口四周單边

一〇九　韓非子二十卷　明凌瀛初訂注　明凌瀛初刻本　九行十九字白口左右双边有刻工

一一〇　韓子迂評二十卷　題明門無子撰　附錄一卷　明萬曆六年自刻本　八行十八字白口四周双边有刻工

一一一　韓子迂評二十卷　題明門無子撰　附錄一卷　明萬曆六年自刻本　吳廣霖校注並跋

一一二　韓子迂評二十卷　題明門無子撰　附錄一卷　明萬曆六年自刻十一年重修本

一一三　韓子迂評二十卷　題明門無子撰　附錄一卷　明萬曆六年自刻十一年重修本　清胡思敬校

五

一一四　韓子迂評二十卷　題明門無子撰　附錄一卷　明刻本　十行二十三字白口四周双边

一一五　韓子迂評二十卷　題明門無子撰　明刻套印本　九行二十字白口四周單边

一一六　韓非子評林二十卷　明刻本　九行十九字小字双行行字同白口四周單边

一一七　韓非子節鈔二卷　明孫鑛輯　明隆慶三年活字印本　九行二十字白口四周單边　清錢陸燦批並跋

一一八　鍇韓非子神駒三卷　明莊天合輯　明刻本　九行十九字小字双行行字同白口四周單边

一一九　韓非子校正一卷　清宋錫庚撰　稿本

一二〇　韓非子校正一卷　清朱錫庚撰　清抄本　清胡澍校

一二一　折韓一卷　清王棻撰　稿本

一二二　疑獄集三卷　五代和凝、和㠓撰　清初抄本　清宋筠校

一二三　疑獄集三卷　五代和凝、和㠓撰　清抄本

一二四　疑獄集三卷　五代和凝、和㠓撰　清抄本　清吳長元、陸心源跋

一二五　疑獄集三卷　五代和凝、和㠓撰　明張景增輯　明嘉靖十四年李崧祥刻本　九行十八字細黑口四周双边

一二六　棠陰比事一卷　宋桂萬榮撰　元刻本

一二七　桂氏棠陰比事一卷　宋桂萬榮撰　明刻公文紙印本　七行十六字白口四周双边

一二八　棠陰比事二卷　宋桂萬榮撰　清嘉慶十七年鮑氏知不足齋抄本　清鮑廷博校並跋

一二九　棠陰比事一卷　宋桂萬榮撰　清同治六年桂嵩慶木犀山房活字印本　清徐時棟跋

一三〇　棠陰比事一卷　宋桂萬榮撰　清抄本

一三一　刑統賦一卷　宋傅霖撰　元郄□韻釋　元刻本　十二行二十四字黑口四周双边

一三二　刑統賦一卷　宋傅霖撰　元郄□韻釋　明刻本　十一行二十二字黑口四周双边

一三三　刑統賦解二卷　宋傅霖撰　元郄□韻釋、王亮增註　清初抄本　清查慎行、查岐昌、黃丕烈跋

一三四　刑統賦解二卷　宋傅霖撰　元郄□韻釋、王亮增註　刑統賦一卷　宋傅霖撰　清道光二年黃氏士禮居抄本　清黃丕烈校並跋

一三五　刑統賦解二卷　宋傅霖撰　元郄□韻釋、王亮增注　清抄本

一三六　粗解刑統賦一卷　元孟奎撰　清初抄本

一三七　刑統賦疏一卷　元沈仲緯撰　清抄本　清邵恩多校

一三八　宋元檢驗三錄九卷　清吳鼒編　清嘉慶十七年自刻本　沈曾植校並跋
宋提刑洗寃集錄五卷　宋宋慈撰　聖朝頒降新例一卷　平寃錄一卷　無寃錄二卷　元王與撰

一三九　宋提刑洗寃集錄五卷　宋宋慈撰　元刻本　十六行二十七字黑口四周双边

六

一四〇　洗寃錄二卷　宋宋慈撰　明萬曆三十七年刻本　九行二十字白口四周單边有刻工

一四一　新刻洗寃錄二卷　宋宋慈撰　體式一卷　明胡文煥刻格致叢書本　十行二十字白口左右双边　清黃丕烈校並跋

一四二　律例館校正洗寃錄四卷　清律例館輯　清初刻本

一四三　洗寃彙編一卷　清郎廷棟輯　清笠龕堂抄本

一四四　洗寃錄表四卷　清曾恒德撰　清乾隆刻本

一四五　洗寃錄詳義四卷　清許槤撰　清咸豐六年許氏古均閣刻本

一四六　平寃錄一卷　明金陵書坊王慎吾刻本　十二行二十二字白口四周双边

一四七　新刻平寃錄一卷　宋宋慈撰　明胡文煥刻格致叢書本　清顧廣圻校　十行二十字白口左右双边

一四八　無寃錄三卷　存二卷　中、下　元王與撰　明萬曆三年陳氏積善堂刻本　十三行三十字白口四周單边

一四九　無寃錄一卷　元王與撰　明金陵書坊王慎吾刻本　十二行二十二字白口四周單边

一五〇　無寃錄一卷　元王與撰　明金陵書坊王慎吾刻本　清丁丙跋

一五一　新刻無寃錄一卷　明胡文煥刻格致叢書本　清顧廣圻校並跋　十行二十字白口左右双边

一五二　新刊無寃錄二卷　明刻本　十一行二十字黑口四周双边

新刻聖朝頒降新例宋提刑無冤錄十三卷 明萬曆三十四年書林余文台刻本 上层十二行九字下层十行二十字 [illegible]
存二卷 十二至十三
折獄龜鑑二卷 宋鄭克撰 明萬曆二十三年張泰徵刻遞修本 十行二十字白口四周双边 一五四
折獄龜鑑二卷 宋鄭克撰 明萬曆王邦才刻本 十行二十字白口四周双边 一五五
吏學指南八卷 元徐元瑞撰 元刻本 十一行小注双行二十四字黑口四周双边 一五六
法家裒集一卷 明蘇祐輯 明嘉靖三十年唐堯臣刻本 十行二十字細黑口左右双边 一五七
愼刑錄四卷 明王士翹輯 明嘉靖二十九年刻本 九行十九字白口單边 一五八
名公書判清明集十四卷 明張四維輯 明隆慶三年盛時選刻藍印本 九行二十四字白口四周双边 一五九
名公書判清明集十四卷 明張四維輯 明隆慶三年盛時選刻藍印本 一六〇
存十卷 一至十
明刑裒鑑三卷 明金像撰 明萬曆十三年李熙刻本 十行二十字白口四周双边 一六一
浙[illegible]洺擬指的七卷首一卷新刊比部招擬五卷 明樊大器輯 明萬曆五年官賢等刻本 九行二十二字白口四周單边有刻工 一六二
仁獄類編三十卷 明萬曆三十六年直方堂刻本 九行十九字白口左右双边 一六三

七

敬由編十二卷 明實子偁撰 明萬曆二十九年刻本 九行二十字白口四周双边 一六四
敬由編十二卷 明實子偁撰 明萬曆三十九年浙江按察司種德堂刻本 十行二十字白口四周双边 一六五
敬由編十二卷 明實子偁撰 明萬曆三十九年浙江按察司種德堂刻本 清丁丙跋 一六六
治譜續集口口卷 明余自強撰 陳龍正評 明末刻本 九行二十字白口四周單边 一六七
存一卷 一
新鍥蕭曹遺筆四卷 明萬曆二十三年吳東白雪精舍刻本 九行二十字白口四周單边 一六八
新鍥蕭曹遺筆四卷 明刻本 九行二十字白口四周單边 一六九
蕭曹遺筆口卷 明末刻本 上层十四行九字下层十一行二十字四周双边间有單边白口 一七〇
存二卷 一至二
勝蕭曹遺筆四卷 題西吳空洞主人輯 明萬曆二十九年吳西徽玉軒刻本 七行十九字四周單边 一七一
新鐫音釋四民要覽蕭曹明鏡五卷 明刻本 上栏十二行九字下栏十行十八字白口四周双边 一七二
雲間讞略十卷 明毛一鷺撰 明刻本 九行十九字白口左右双边 一七三
存八卷 一至四 七至十
讞豫勿書錄十六卷 明李日宣撰 明崇禎五年劉憲伯刻本 九行二十字白口四周單边 一七四

新刊孔部元法題四六參語二卷 明孔貞運撰 明萬曆二十八年刻本 十二行二十二字白口四周單边 一七五
熙綬法叢勝覽四卷 明刻本 上阑十二行七字下阑十行二十字白口四周單边 一七六
新鐫法家透膽寒十六卷 題明湘間柏子撰 明刻本 九行二十四字小字双行白口四周單边 一七七
䓨辭十二卷 明張肯堂撰 明崇禎七年刻本 七行二十字白口單边 一七八
折獄新語十卷 清李清撰 明末刻本 九行二十字白口四周單边 一七九
江北卹疏一卷 明毛[illegible]撰 明崇禎刻本 八行二十字白口四周双边 一八〇
崇禎拾叁年捌月南雄審語一卷 明周燦撰 明崇禎抄本 九行字不一四周單边 一八一
武林臨民錄四卷首一卷 清李鐸撰 清康熙三十四年杭州府刻本 一八二
巡漳讞詞不分卷 清徐士林撰 稿本 一八三
守皖讞詞不分卷 清徐士林撰 稿本 一八四
覆甕集刑名十卷餘集一卷 清張我觀撰 清雍正四年刻本 一八五
刑名一得二卷 清白如珍撰 清乾隆十九年刻本 一八六
刑案匯覽三編不分卷中外交涉案件不分卷 清沈家本輯 稿本 一八七

八

王恭毅公駁稿二卷 明王槩撰 明弘治五年高銓刻本 十行十九字黑口四周双边（補批一五六號後） 一八八

收藏情況表

書名編號	藏書單位				
子法家類 1	0102	0141	0161	0193	0198
	0201	0241	0262	0301	0311
	0841	1441	1501	1601	1622
	1641	1701	1741	1801	2206
	2261	2301	2601	2701	2702
2	0242	0291	1501	1606	1705
	2745				
3	0142	1601	1701	2702	
4	0201				
5	0101	0201	0591	0801	
6	0161	0701	1581		
7	0241				
8	0142				
9	0201				
10	0201				
11	1601				
12	0101				
13	0201				
14	0591				
15	0201				
16	0101				
17	0101				
18	0101				
19	0101				
20	0201				
21	0201				
22	2801				
23	0201				
24	1601				
25	0201				
26	2461				
27	0101				
28	0101	0161			
29	0101				
30	0101				
31	1601				
32	0101				
33	0101				

表一

收藏情況表

書名編號	藏書單位					
子法家類 34	0102	0103	0141	0142	0143	
	0161	0163	0164	0201	0241	
	0243	0291	0301	0342	0404	
	0501	0525	0842	0861	0903	0905
	0961	1001	1101	1142	1461	
	1501	1541	1601	1653	1681	
	1701	1705	1719	1801	1881	
	1922	1924	2001	2041	2042	
	2201	2210	2242	2302	2401	
	2541	2561	2702	2741		
35	1704					
36	0141	0143	0145	0161	0301	
	0803	0841	0842	0861	1601	
	1604	1641	1708	2001	2041	
	2201	2541				
37	0145					
38	0181					
39	1681					
40	0101	0141	0142	0143	0144	
	0145	0161	0201	0243	0301	
	0520	0703	0801	1501	1581	
	1601	1605	1606	1701	1803	
	2041	2242	2301	2302	2342	
	2541	2561	2701			
41	2701					
42	0101	0141	0144	0150	0161	
	0181	0182	0197	0242	0291	
	0342	0701	0801	0841	0861	
	1101	1144	1341	1501	1581	
	1601	1641	1701	1705	1801	
	1803	1881	2242	2301	2342	
	2401	2441	2501	2541	2542	
	2701					
43	0241					
44	0101	0144				
45	0101	0141	0142	0144	0145	
	0201	0241	0801	0841	0842	
	0861	1042	1501	1606	1705	

收藏情況表

書名編號	藏書單位				
子法家類	1881	2941			
46	0161	0201	1705	1841	2301
	2401				
47	1605				
48	0842				
49	1601				
50	1601				
51.	0241				
52	0201				
53	0241				
54	0841				
55	0201				
56	1501				
57	0201				
58	0701				
59	1601				
60	1601				
61	1601				
62	1741				
63	0101				
64	0101				
65	0101				
66	0101				
67	2401				
68	0301				
69	0198				
70	0101	1601			
71	0101				
72	0101				
73	0101				
74	0201				
75	2301				
76	0101				
77	1741				
78	0101				
79	0201				
80	2401				
81	0101				

表二

收藏情況表

書名編號	藏書單位				
子法家類 82	0241				
83	0101	1601			
84	1601				
85	0161				
86	1601				
87	0101				
88	0201				
89	0101				
90	0101				
91	0101				
92	0101				
93	0101	0201	0291	1001	2301
	2701				
94	0201				
95	2541				
96	0141	0701	2003		
97	0161	0201	0301	1501	1601
98	0193	0201	1601	1621	1701
	1705	2541			
99	2441				
100	1705				
101	0101				
102	1601				
103	0101				
104	0141	0198	0201	0241	0291
	0301	0341	0541	0661	0842
	1041	1042	1461	1501	1541
	1581	1601	1604	1605	1701
	1785	1801	1841	1881	2341
	2401	2701	2702	2714	2901
105	1601				
106	0161				
107	0142	0198	1601	1641	1901
108	0601				
109	0141	1106	1541	1701	1801
	2401				
110	0141	0163	0198	0301	0441
	1601	1701	1720	1801	2042

收藏情況表

書名編號	藏書單位				
子法家類	2261	2302	2461	2701	
111	0101				
112	0142	0201	0842	1705	2401
	2541	2714			
113	1901				
114	0342	0841	1701		
115	0102	0143	0144	0145	0146
	0161	0164	0181	0182	0201
	0241	0242	0291	0301	0341
	0701	1042	1082	1101	1541
	1601	1615	1629	1641	1646
	1702	1705	2001	2201	2301
	2401	2441	2702	2881	
116	0145	1653			
117	0201				
118	0145	0161			
119	0201				
120	0101				
121	1701				
122	0201				
123	0201				
124	0301				
125	0101	0201	1741		
126	0141				
127	0101				
128	0101				
129	0101				
130	0101				
131	0102				
132	0101				
133	0101				
134	0101				
135	0101				
136	0101				
137	0101				
138	1781				
139	0141				
140	0142				

表三

收藏情況表

書名編號	藏書單位		
子法家類 141	0101		
142	1901		
143	0141		
144	0171		
145	0101		
146	0101		
147	0101		
148	0193		
149	1601		
150	1601		
151	0101		
152	0101		
153	0201		
154	0101	0141	2201
155	0301		
156	0101		
157	1601		
158	0201		
159	0201		
160	0101		
161	0101		
162	0141		
163	0301		
164	1702		
165	0201	1701	
166	1601		
167	1501		
168	0101		
169	0101		
170	0201		
171	1701		
172	0101		
173	0101		
174	0101		
175	0242		
176	0101		
177	0141		
178	0201		

農家類

一　齊民要術十卷雜說一卷　北魏賈思勰撰　明嘉靖三年馬紀刻本　十行十八字小字双行行字同白口左右双边兀魚尾

二　齊民要術十卷雜說一卷　北魏賈思勰撰　明嘉靖三年馬紀刻本（卷七至十配明萬曆胡震亨沈士龍刻秘冊彙函本）　葉景葵校　鄧邦述跋

三　齊民要術十卷雜說一卷　北魏賈思勰撰　明萬曆胡震亨沈士龍刻秘冊彙函本　清陳揆校並跋　九行十八字小字双行行字同白口左右双边

四　齊民要術十卷雜說一卷　北魏賈思勰撰　明萬曆胡震亨沈士龍刻秘冊彙函本　清管慶祺校

五　齊民要術十卷雜說一卷　北魏賈思勰撰　明萬曆胡震亨沈士龍刻秘冊彙函本　清張步瀛校並跋

六　齊民要術十卷雜說一卷　北魏賈思勰撰　明刻本　清焦循跋　九行十八字小字双行同白口左右双边

七　齊民要術十卷雜說一卷　北魏賈思勰撰　明刻本　清陳揆校並跋　九行十七字白口四周双边　存九卷（一至六　九至十　雜說全）

八　齊民要術十卷雜說一卷　北魏賈思勰撰　清道光抄本　清戴師古校並跋

九　農書三卷　宋陳旉撰　蠶書一卷　宋秦觀撰　於潛令樓公進耕織二圖詩一卷　宋樓璹撰　明末毛氏汲古閣影宋抄本

一〇　農書三卷　宋陳旉撰　蠶書一卷　宋秦觀撰　於潛令樓公進耕織二圖詩一卷　宋樓璹撰　清初錢氏述古堂抄本

一一　農書三卷　宋陳旉撰　蠶書一卷　宋秦觀撰　於潛令樓公進耕織二圖詩一卷　宋樓璹撰　清陳氏稽瑞樓抄本

一二　農桑輯要七卷　元司農司撰　元後至元五年刻明修本　九行十五字細黑口四周双边双魚尾有刻工

一三　農桑輯要七卷　元司農司撰　清乾隆武英殿活字印聚珍版叢書本　傅增湘錄清盧文弨校記

一四　農桑撮要一卷　元魯明善撰　明弘治二年毛泰重慶府刻本　十行十八字粗黑口四周双边双魚尾

一五　農桑撮要一卷　元魯明善撰　明刻本　十行二十二字黑口四周双边

一六　新刊農桑撮要二卷　元魯明善撰　明刻本　八行十五字黑口四周双边

一七　農書三十六卷　元王禎撰　明嘉靖九年山東布政使司刻本　十一行二十二字白口四周單边

一八　農書三十六卷　元王禎撰　明萬曆二年濟南府章丘縣刻本　十一行二十二字白口四周單边无魚尾有刻工及字數

一九　農書二十二卷　元王禎撰　清乾隆武英殿活字印聚珍版叢書本　黄裳跋

二〇　樹藝篇三十三卷　題元胡古愚撰　明純白齋抄本　清錢天樹跋　韋鈺跋

二一　田家五行三卷拾遺一卷紀曆撮要一卷　明婁元禮撰　東方朔探春歷記一卷　明刻遞修本　十行二十字白口四周單边

二二　新刻增集紀驗田家五行三卷　明婁元禮撰　明萬曆四十年茅樗刻本　九行二十四字四周單边

二三　廣輯田家五行三卷　清抄本　題半樵老人跋

二四　救荒本草二卷　明朱橚撰　明嘉靖四年畢昭、蔡天祐刻本　十六行二十四、五字黑口四周双边

二五　救荒本草二卷　明朱橚撰　明嘉靖三十四年陸東刻本　十二行或十四行二十四字黑口四周双边

二六　救荒本草二卷　明朱橚撰　明萬曆十四年刻本　八行二十字小字双行二十四字黑口四周双边

二七　便民圖纂十六卷　明嘉靖二十三年王貞吉刻藍印本　十行二十四字白口四周双边

二八　便民圖纂十五卷　明萬曆二十一年于永清刻本　十行二十字白口四周單边

二九　農書三十六卷　元王禎撰　明萬曆四十五年鄧渼文遠堂刻本　十行二十字小字双行行二十字白口四周單边有刻工

三〇　農書三十六卷　元王禎撰　明刻本　十一行二十二字白口四周單边

三一　宋氏樹畜部四卷　明宋詡撰　明刻竹嶼山房雜部本　十行二十字白口左右双边

三二　野菜譜一卷　明王磐撰　明嘉靖刻本　左右双边白口單魚尾

三三　野菜譜一卷　明王磐撰　明刻本　白口左右双边

三四　野菜譜一卷　明王磐撰　明刻本　清丁丙跋　白口左右双边

三五　王西樓先生野菜譜一卷　明王磐撰　明嘉靖三十年張守中刻本　上文下圖字數不等

三六　王西樓野菜譜一卷　明王磐撰　明刻本

三七　重訂高郵王西樓先生野菜譜一卷　明王磐撰　明刻本　白口四周單边

三八　司農便輯四卷　明唐守欽輯　明萬曆十三年吳從周刻本　十行二十二字白口四周單边

三九　野菜博錄三卷　明鮑山撰　明天啓二年刻本　白口四周單边

四〇　致富全書十二卷　明周文華撰　明末刻本　八行十八字白口左右双边

四一　增補陶朱公致富奇書八卷　題明陳繼儒輯　清鐘山逸史增補　清初聽松樓刻本　存六卷（一　三至六　八）

四二　重訂增補陶朱公致富奇書八卷　題明陳繼儒輯　清鐘山逸史增補　清康熙三十六年郁郁堂刻本

四三　致富奇書二卷首一卷　清初刻本

四四　農政全書六十卷　明徐光啓撰　明崇禎十二年平露堂刻本　九行二十字白口四周單边

四五　農政全書六十卷　明徐光啓撰　明崇禎十二年平露堂刻本　葉景葵跋

四六　農書六卷　明沈大經撰　明刻本　九行二十字小字双行行字同白口四周單边

四七　植品二卷　明趙崡撰　明萬曆刻本　八行十八字白口四周單边

四八　灌園草木識六卷　明陳正學撰　明崇禎刻本　九行十八字白口四周單边單魚尾

四九　師曠占荒熟應驗曆一卷　明抄本
五〇　占六十年甲子豐稔歌一卷　明抄本
五一　田園經濟六種　明刻本
新刻農桑輯要七卷　新刻田家五行二卷拾遺一卷　新刻田家五行記一卷　東方朔探春歷記一卷　新刻種樹書一卷　新刻農圃四書四卷　曆撮要一卷
五二　農圃六書六卷　清周之璵撰　清順治十一年濯露刻本
五三　倦圃蒔植記三卷總論二卷　清曹溶撰　清抄本
五四　農丹一卷　清張標撰　清焦循抄本　清焦循跋
五五　農田要務稿不分卷　清胡煦撰　稿本
五六　稼圃輯一卷　清王芷撰　清抄本
五七　秘傳花鏡六卷　清陳淏子撰　清康熙金閶書業堂刻本
五八　秘傳花鏡六卷　清陳淏子撰　清文會堂刻本
五九　梭山農譜三卷　清劉應棠撰　清刻本
六〇　便農占鏡三卷　清蘇毓煇撰　稿本

三

六一　閑墾論不分卷　清王椿撰　清乾隆十九年刻本
六二　三農紀二十四卷　清張宗法撰　清乾隆文祿堂刻本
六三　金薯傳習錄二卷　清陳世元輯　清乾隆三十三年陳雲等刻本　治蝗傳習錄一卷　清陳世元輯　清乾隆四十一年升尺堂刻本
六四　桑志十卷首一卷　清李聿求撰　清虎溪山房刻本
六五　雙鉛物產疏十五卷　清陳能撰　清嘉慶二十一年雅春堂刻本
六六　橡繭圖說二卷　清劉祖憲撰　清道光七年自刻本
六七　江南催耕課稻編一卷　清李彥章撰　清道光十四年刻本　清王振聲批並跋
六八　蠶桑要法輯注十二卷　清錢錫麒撰　清抄本
六九　田家占候集覽一卷　清鄒存淦輯　手稿本
七〇　田家占候集覽十卷　清鄒存淦輯　稿本
七一　吳興蠶書不分卷　題清白蘋洲徵士撰　稿本
七二　小言錄一卷　清孔憲庚撰　稿本
七三　蠶桑撮要不分卷　清謝用麻撰　稿本

七四　司牧安驥集五卷　明弘治十七年楊一清刻本　清丁丙跋　十三行二十四字黑口四周双边
七五　司牧安驥集八卷　明萬曆二十一年張世則刻本　十三行二十四字黑口四周双边
七六　新刻馬書十四卷　明楊時喬撰　明萬曆二十二年自刻本　十行二十字小字双行行字同黑口四周双边
存十一卷（一至十一）
七七　元亨療馬集四卷　明俞仁、喻傑撰　清初刻本
七八　馬經十卷　明天啓刻本　九行二十字小字双行行字同白口四周單边
七九　增訂馬經二十八卷　明俞彥撰　清內府抄本
八〇　馬經不分卷　明刻本　九行二十字白口四周單边單魚尾
八一　馬經不分卷　清抄本
八二　馬經二卷　清抄本
八三　活獸慈舟四卷　題青峰子撰　清刻本

四

收藏情況表

書名編號		藏書單位		
子農家類	1	0201	1581	1661
	2	0201		
	3	0101		
	4	0241		
	5	1661		
	6	0165		
	7	0101		
	8	0201		
	9	2201		
	10	0101		
	11	0201		
	12	0201		
	13	0101		
	14	0201		
	15	0101		
	16	0101		
	17	1601	1701	
	18	0201	0281	
	19	1701		
	20	0101		
	21	0101		
	22	1701		
	23	0301		
	24	0101	0170	1082
	25	0101	0201	
	26	0171		
	27	0101		
	28	0101		
	29	0165	1901	
	30	0101		
	31	0101		
	32	0201		
	33	0101		
	34	1601		
	35	0101		
	36	0201		
	37	0161	2543	
	38	0172	1901	

表一

收藏情況表

書名編號		藏書單位				
子農家類	39	0301	1601			
	40	0162	0301			
	41	0301				
	42	0101				
	43	0201				
	44	0161	0143	0165	0181	0182
		0158	0242	0291	0301	0341
		0481	0701	0641	0503	1642
		1501	1512	1601	1605	1641
		1801	2501	2544	2561	2581
		2701				
	45	0201				
	46	0141	1501	1605		
	47	0101				
	48	0201				
	49	0141				
	50	0171				
	51	0162				
	52	0201	2702			
	53	0201				
	54	0101				
	55	0161				
	56	0201				
	57	1701	2401			
	58	2707				
	59	2301				
	60	0301				
	61	1586				
	62	1841				
	63	2001	1601			
	64	1601	0201			
	65	0101	0201	1601	1701	
	66	1601	1661	1701		
	67	0201				
	68	0241				
	69	0201				
	70	0101				
	71	0201				

收藏情況表

書名編號		藏書單位
子農家類	72	2301
	73	2001
	74	1601
	75	0101
	76	0101
	77	1601
	78	2545
	79	0181
	80	0201
	81	0162
	82	2401
	83	2701

表二

收藏情況表

書名編號	藏書單位

書名編號	藏書單位

表

書名編號	藏書單位

醫家類

叢編

東垣十書二十卷　明刻本　清丁丙跋　十行十七字黑口四周雙邊　一
存七種十三卷
脾胃論三卷　金李杲撰
醫經溯洄集一卷　元王履撰
辨惑論三卷　金李杲撰
格致餘論一卷　元朱震亨撰
局方發揮一卷　元朱震亨撰
湯液本草二卷　元王好古撰
外科精義二卷　元齊德之撰

東垣十書二十卷　明嘉靖八年遼藩朱寵瀼梅南書屋刻本　十一行二十字白口左右雙邊　二
脈訣一卷　宋崔嘉彥撰
湯液本草三卷　元王好古撰
脾胃論三卷　金李杲撰
內外傷辨惑論三卷　金李杲撰
蘭室秘藏三卷　金李杲撰
醫經溯洄集一卷　元王履撰
格致餘論一卷　元朱震亨撰
局方發揮一卷　元朱震亨撰
東垣先生此事難知集二卷　元王好古撰
外科精義二卷　元齊德之撰

新刊東垣十書二十卷　明嘉靖十七年唐氏進賢書堂刻本　行格不一　白口四周雙邊　三
脈訣一卷　宋崔嘉彥撰
局方發揮一卷　元朱震亨撰
脾胃論三卷　金李杲撰
格致餘論一卷　元朱震亨撰
蘭室秘藏三卷　金李杲撰
內外傷辨惑論三卷　金李杲撰
東垣先生此事難知集二卷　元王好古撰
湯液本草三卷　元王好古撰
醫經溯洄集一卷　元王履撰
外科精義二卷　元齊德之撰

新刊東垣十書二十卷　金李杲等撰　明萬曆十一年周曰校刻本　十三行二十六字白口四周雙邊　四
脈訣一卷　宋崔嘉彥撰
局方發揮一卷　元朱震亨撰
脾胃論三卷　金李杲撰
格致餘論一卷　元朱震亨撰
蘭室秘藏三卷　金李杲撰
內外傷科辨惑論三卷　金李杲撰
東垣先生此事難知集二卷　元王好古撰
湯液本草三卷　元王好古撰
醫經溯洄集一卷　元王履撰
外科精義二卷　元齊德之撰

東垣十書三十二卷　明書林楊懋卿刻本　九行二十字白口四周單邊　五
脈訣一卷　宋崔嘉彥撰
局方發揮一卷　元朱震亨撰
脾胃論四卷　金李杲撰
內外傷辨惑論二卷　金李杲撰
格致餘論二卷　元朱震亨撰
湯液本草六卷　元王好古撰
此事難知四卷　金李杲撰
蘭室秘藏六卷　金李杲撰
溯洄集二卷　元王履撰
外科精義四卷　元齊德之撰

東垣十書三十二卷　明書林德馨堂刻本　九行二十字白口四周單邊　六
脈訣一卷　宋崔嘉彥撰
局方發揮一卷　元朱震亨撰
脾胃論四卷　金李杲撰
辨惑論二卷　金李杲撰
格致餘論二卷　元朱震亨撰
湯液本草六卷　元王好古撰
此事難知四卷　元王好古撰
蘭室秘藏六卷　金李杲撰
溯洄集二集　元王履撰
外科精義四卷　元齊德之撰

東垣十書二十卷附二卷　明刻本　十行二十字白口四周雙邊　七
脈訣一卷　宋崔嘉彥撰
局方發揮一卷　元朱震亨撰
脾胃論三卷　金李杲撰
格致餘論一卷　元朱震亨撰
蘭室秘藏三卷　金李杲撰
此事難知二卷　元王好古撰
內外傷辨惑論三卷　金李杲撰
醫經溯洄集一卷　元王履撰
外科精義二卷　元齊德之撰
湯液本草三卷　元王好古撰
醫壘元戎一卷　元王好古撰
癍論萃英一卷　元王好古撰

東垣十書十三卷　明隆慶二年曹灼刻本　十二行二十字白口左右雙邊　有刻工　八
潔古家珍一卷　金張元素撰
雲岐子脈一卷　金張璧撰
雲岐子保命集二卷　金張璧撰
脾胃論一卷　金李杲撰
醫學發明一卷　金張璧撰
活法機要一卷
醫壘元戎一卷　元王好古撰
此事難知一卷　元王好古撰
陰證略例一卷　元王好古撰
海藏癍論萃英一卷　元王好古撰
蘭室秘藏一卷　金李杲撰
田氏保嬰集一卷

青囊雜纂八種八卷　明邵以正編　明弘治崇德堂刻本　十二行二十字或十四行二十四字黑口四周雙邊　九
仙傳濟陰方一卷
徐氏胎產方一卷
仙傳外科集驗方一卷
新刊小兒痘疹證治一卷　明許榮撰
秘傳外科方一卷
濟急仙方一卷
上清紫庭追癆仙方一卷
仙授理傷續斷方一卷

汪石山醫書七種二十六卷　明汪機撰　明嘉靖刻本　行格不一　一〇
讀素問鈔三卷補遺一卷　元滑壽輯　明汪機續註
運氣易覽三卷
痘治理辨一卷附方一卷
針灸問對三卷

外科理例七卷附方一卷
石山醫案三卷附錄一卷
推求師意二卷　明戴元禮撰

石山醫案八種三十二卷　明汪機撰　明嘉靖元年至崇禎六年樸墅刻本　行格不一白口四周單邊　二
脈訣刊誤集解二卷　元戴起宗撰　附錄二卷　明汪機輯
石山醫案三卷附錄一卷
讀素問鈔三卷補遺一卷　元滑壽輯　明汪機續
運氣易覽三卷
針灸問對三卷
外科理例七卷補遺一卷附方一卷
痘治理辨一卷附方一卷
推求師意二卷附錄一卷　明戴元禮撰

家居醫錄□種□□卷　明嘉靖刻本　十行十八字白口左右雙邊　三
存九種十七卷
內科摘要二卷　明薛己撰
女科撮要二卷　明薛己撰
錢氏小兒直訣四卷　宋錢乙撰　閻孝忠輯　明薛鎧校註
陳氏小兒痘疹方論一卷　宋陳文中撰　明薛己校註
癘瘍機要三卷　明薛己撰
正體類要二卷　明薛己撰
口齒類要一卷　明薛己撰
保嬰粹要一卷　明薛己撰
保嬰金鏡錄一卷　明薛己撰

薛氏醫按二十四種一百七卷　明吳琯編　明萬曆刻本　十行二十字白口左右雙邊　十三
十四經發揮三卷　元滑壽撰
難經本義二卷　元滑壽註
本草發揮四卷　明徐用誠撰
平治會萃三卷　元朱震亨撰
內科摘要二卷　明薛己撰
明醫雜著六卷　明王綸輯　薛己註
傷寒鈐法一卷　溝張機撰
外傷金鏡錄一卷　明薛己撰
原機啓微二卷附錄一卷　元倪維德撰
保嬰撮要二十卷　明薛鎧撰
錢氏小兒直訣四卷　宋錢乙撰　閻孝忠輯　明薛己註
陳氏小兒痘疹方論一卷　宋陳文中撰　明薛己註
保嬰金鏡一卷　明薛己撰
婦人良方二十四卷　宋陳自明撰　明薛己註

三(上)

女科撮要二卷　明薛己撰
立齋外科發揮八卷　明薛己撰
外科心法七卷　明薛己撰
外科樞要四卷　明薛己撰
外科精要三卷　宋陳自明撰　明薛己註
癘瘍神秘驗方一卷　明陶華撰
外科經驗方一卷　明薛己撰
正體類要二卷　明薛己撰
口齒類要一卷　明薛己撰
癘瘍機要三卷　明薛己撰

薛氏醫按二十四種一百七卷　明吳琯編　明陳長卿刻本　十行二十字白口四周單邊　一四
十四經發揮三卷　元滑壽撰
難經本義二卷　元滑壽註
本草發揮四卷　明徐用誠撰
平治會萃三卷　元朱震亨撰
內科摘要二卷　明薛己撰
明醫雜著六卷　明王綸輯、薛己註
傷寒鈐法一卷　溝張機撰
外傷金鏡錄一卷　明薛己撰
原機啓微二卷附錄一卷　元倪維德撰
保嬰撮要二十卷　明薛鎧撰
錢氏小兒直訣四卷　宋錢乙撰　閻孝忠輯　明薛己註
陳氏小兒痘疹方論一卷　宋陳文中撰　明薛己註
保嬰金鏡一卷　明薛己撰
婦人良方二十四卷　宋陳自明撰　明薛己註
女科撮要二卷　明薛己撰
立齋外科發揮八卷　明薛己撰
外科心法七卷　明薛己撰
外科樞要四卷　明薛己撰

薛氏醫按六種十七卷　明胡正心編　明崇禎五年胡氏十竹齋刻本　一五
外科精要三卷　宋陳自明撰　明薛己註
癘瘍神秘驗方一卷　明陶華撰
外科經驗方一卷　明薛己撰
正體類要二卷　明薛己撰
口齒類要一卷　明薛己撰
癘瘍機要三卷　明薛己撰
內科摘要二卷　明薛己撰
原機啓微二卷附錄一卷　元倪維德撰
痘疹撮要四卷　明薛己撰
痘疹方論二卷　明薛己撰
女科撮要二卷　明薛己撰
外科樞要四卷　明薛己撰

薛氏醫書十六種七十八卷　明崇禎元年朱明刻本　九行十九字白口四周單邊　一六
婦人良方二十四卷　宋陳自明撰　明薛己註
保嬰撮要二十卷　明薛鎧撰
明醫雜著六卷　明王綸撰、薛己註
外科精要三卷　宋陳自明撰　明薛己註
外科樞要四卷　明薛己撰
錢氏小兒直訣四卷　宋閻孝忠輯　明薛鎧註
原機啓微集二卷　明倪維德撰　附錄一卷　明薛己撰
內科摘要二卷　明薛己撰
女科撮要二卷　明薛己撰
癘瘍機要三卷　明薛己撰
正體類要二卷　明薛己撰
保嬰粹要一卷　明薛己撰
陳氏小兒痘疹方論一卷　宋陳文中撰　明薛己註
口齒類要一卷　明薛己撰

三(下)

保嬰金鏡錄一卷　明薛己撰
敖氏傷寒金鏡錄一卷　元杜本撰

合刻二種醫書五十八卷　明萬曆浙江布政司刻本　九行二十字白口四周双边　一七
玉機微義五十卷　明徐用誠撰、劉純增輯
醫學正傳八卷　明虞摶輯、王濟增補

古今醫統正脈全書四十四種二百六卷　明王肯堂編　明萬曆二十九年吳勉學刻本　十行二十字白口四周單边有刻工　一八
重廣補註黃帝內經素問二十四卷遺篇一卷　唐王冰註　宋林億等校正、孫兆改誤
黃帝素問靈樞經十二卷
鍼灸甲乙經十二卷　晉皇甫謐撰
華氏中藏經八卷　題漢華佗撰
脈經十卷　晉王叔和撰
難經本義二卷　元滑壽撰
注解傷寒論十卷　漢張機撰　金成無己注
傷寒明理論四卷　金成無己撰
新編金匱要畧方論三卷　漢張機撰
增注類證活人書二十二卷　宋朱肱撰
素問玄機原病式一卷　金劉完素撰
黃帝素問宣明論方十五卷　金劉完素撰
傷寒標本心法類萃二卷　金劉完素撰
劉河間傷寒醫鑒一卷　元馬宗素撰
素問病機氣宜保命集三卷　金劉完素撰
劉河間傷寒直格論方三卷　金劉完素撰　元葛雍編
河間傷寒心要一卷　金鏐洪編
張子和心鏡別集一卷　金常德編
脈訣一卷　宋崔嘉彥撰
局方發揮一卷　元朱震亨撰
脾胃論三卷　金李杲撰
格致餘論一卷　元朱震亨撰
蘭室秘藏三卷　金李杲撰
內外傷辨三卷　金李杲撰
東垣先生此事難知集二卷　元王好古撰
湯液本草三卷　元王好古撰
醫經溯洄集一卷　元王履撰
外科精義二卷　元齊德之撰
醫壘元戎一卷　元王好古撰
海藏癍論萃英一卷　元王好古撰
丹溪先生心法五卷附錄一卷　元朱震亨撰
新刻校定脈訣指掌病式圖說一卷　元朱震亨撰　金李杲撰
丹溪先生金匱鈎玄三卷　元朱震亨撰
醫學發明一卷　元朱震亨撰
活法機要一卷　元朱震亨撰
秘傳證治要訣十二卷　明戴元禮撰
證治要訣類方四卷　明戴元禮撰
儒門事親十五卷　金張從正撰
傷寒瑣言一卷　明陶華撰
傷寒家秘的本一卷　明陶華撰
殺車槌法一卷　明陶華撰
傷寒一提金一卷　明陶華撰
傷寒證脈藥截江網一卷　明陶華撰
傷寒明理續論一卷　明陶華撰

證治準繩六種四十四卷　明王肯堂撰　明萬曆三十年至三十六年刻本　十行十八字或十行二十字十一行二十一字白口左右双边或四周單边　一九
證治準繩八卷
雜病證治類方八卷
傷寒證治準繩八卷
瘍醫證治準繩六卷
幼科證治準繩九卷
女科證治準繩五卷

難經脈訣合編二種八卷　明吳文炳編　明刻本　十一行二十六字白口四周單边　二〇
新刻明醫校正訂就八十一難經四卷　明吳文炳註
新刻明醫參補三合王叔和脈訣四卷　明吳文炳參補

醫學六要十九卷　明張三錫撰　明萬曆刻崇禎十七年張維藩等重修本　九行十八字白口四周單边　二一
經絡考一卷
四診法一卷
病機部二卷
運氣略一卷
本草選六卷
治法彙八卷

便產痘疹合併方書二種二卷　明萬曆四十一年王朝相刻本　九行十八字白口四周双边　二二
便產須知一卷
新刊經驗痘疹不求人方論一卷　明朱棟隆撰

保產痘症合編二種三卷　明萬曆四十一年梁治麟刻本　九行二十字四周双边　二三
保產萬全書一卷　明陳治道撰
家園痘症要訣二卷　明吳子揚輯

芷園醫種十二卷　明盧復編　明天啓刻本　十行二十字白口四周双边　二四
醫經種子　本經一卷　難經一卷
醫論種子　傷寒論一卷　金匱要略論一卷
醫方種子　傷寒方一卷　金匱要略方一卷　附金鏡舌法一卷
醫案種子　扁鵲傳一卷　倉公傳一卷　附薛文學醫按一卷　易思蘭醫按一卷　附芷園臆草一卷

醫學研悅七卷附三卷　明李盛春編　明天啓六年刻本　九行十八字白口四周單边　二五
重刊張鳳逵傷暑全書二卷
脈理原始全書一卷
胤嗣全書一卷
病機要旨一卷
治傷寒全書一卷
治雜症驗方一卷
附小兒形症一卷　小兒研悅方一卷
附刻小兒推拿一卷

醫藥鏡八卷　明崇禎十四年蔣儀刻本　九行二十字白口四周單边　二六
醫鏡四卷　明王肯堂撰
藥鏡四卷　明蔣儀撰

醫要集覽九種九卷　明內府刻本　十行二十字黑口四周双边　二七
脈賦一卷
王叔和脈訣一卷
復真劉三點先生脈訣一卷
用藥歌訣一卷
藥性賦一卷
珍珠囊一卷
傷寒活人指掌提綱一卷
諸病論一卷
難經一卷

二八 醫要集覽九種九卷 明內府刻本 清丁丙跋

二九 醫要集覽九種九卷 明抄本

脈賦一卷
王叔和脈訣一卷
復真劉三點先生脈訣一卷
用藥歌一卷
藥性賦一卷
珍珠囊一卷
諸病論一卷
傷寒活人指掌提綱一卷
雜證一卷

三〇 濟世全書十六種十七卷二集十一種十四卷 清汪啓賢等選注 清康熙二十年至四十年刻本

修真指南二卷
添油接命金丹大道一卷
女媧氏煉石補天一卷
清淨金丹大道一卷
六科應驗神方一卷
虛癆彙選應驗良方一卷
女科彙選應驗良方一卷
幼科彙選應驗良方一卷
外科彙選應驗良方一卷
動功按摩秘訣一卷
中風癱瘓驗方一卷
痰喘彙選驗方一卷
彙選方外奇方一卷
彙選增補應驗良方一卷
廣嗣秘訣驗方一卷
臟腑辨論一卷
二集
性命道統一卷
道體源流一卷
金丹撮要四卷
三峰祖師秘訣一卷
醒世理言一卷
養生須知一卷
食物須知一卷
湯液須知一卷
脈訣宗機一卷
明醫治驗一卷
醫學碎金一卷

三一 鄭素圃先生醫案五種二十三卷 清鄭重光撰 清康熙五十五年秋斯堂刻本

素圃醫案四卷 清鄭重光撰
傷寒論證辨三卷 清鄭重光撰
傷寒論翼二卷 清柯琴撰
溫疫論補註 明吳有性撰 清鄭重光補註
傷寒論條辨續註十二卷 明方有執撰 清鄭重光續註

三二 醫鏡六種十六卷 清顧靖遠撰 清康熙抄本

素靈摘要二卷
內景圖解一卷
脈法刪繁一卷
格言匯纂二卷

六

本草必用二卷
莊方發明八卷

三三 沈氏尊生書五種七十卷 清沈金鰲撰 稿本

雜病源流犀燭三十卷首二卷
傷寒論綱目十六卷
幼科釋迷六卷
婦科玉尺六卷
要藥分劑十卷

三四 經史秘彙六種六卷 清吳璽鳳家抄本

法古宜今一卷 清沈錦桐輯
景岳十機摘要一卷 清沈錦桐輯
翻醒集一卷 明張介賓撰 清沈錦桐輯
濕瘧論一卷 清薛雪撰
濕熱條辨一卷 清薛雪撰
受正玄機神光經一卷

醫經

三五 黃帝內經素問十二卷素問靈樞經十二卷 明嘉靖刻本 十一行二十一字黑口左右雙邊

三六 重廣補註黃帝內經素問二十四卷 唐王冰注 宋林億等校正、孫兆改誤 新刊黃帝內經靈樞二十四卷 宋史崧音釋 明繡谷書林周曰校刻本 十一行二十三字白口四周雙邊

三七 補註釋文黃帝內經素問十二卷 唐王冰注 宋林億等校正、孫兆改誤 遺篇一卷 黃帝素問靈樞經十二卷 宋史崧音釋 明趙府居敬堂刻本 八行十七字黑口四周雙邊

三八 補註釋文黃帝內經素問十二卷 唐王冰注 宋林億等校正、孫兆改誤 遺篇一卷 黃帝素問靈樞經十二卷 宋史崧音釋 明趙府居敬堂刻本 清丁丙跋 八行十七字黑口四周雙邊有刻工

三九 補註釋文黃帝內經素問十二卷 唐王冰注 宋林億等校正、孫兆改誤 遺篇一卷 明趙府居敬堂刻本 清傅山批

四〇 補註釋文黃帝內經素問十二卷 唐王冰注 宋林億等校正、孫兆改誤 明趙府居敬堂刻本 清傅山批 八行十七字白口四周雙邊 存七卷 五至十一

四一 黃帝素問靈樞經十二卷 宋史崧音釋 明趙府居敬堂刻本 清王韜批校 八行十七字白口四周雙邊

四二 黃帝素問靈樞經十二卷 宋史崧音釋 明趙府居敬堂刻本 清柯逢時跋

四三 新刊補註釋文黃帝內經素問十二卷 唐王冰注 宋林億等校正

七

孫兆改誤　新刊黃帝內經靈樞十二卷　黃帝內經素問遺篇一卷　新刊素問入式運氣論奧三卷　宋劉溫舒撰　素問運氣圖括定局立成一卷　黃帝內經素問靈樞運氣音釋補遺一卷　明熊宗立輯　明熊氏種德堂刻本　十三行二十三字、十四行二十二至二十五字或十一行二十一字黑口四周雙邊

四四　新刊補註釋文黃帝內經素問十二卷　唐王冰註　宋林億等校正　孫兆改誤　新刊黃帝內經靈樞十二卷　黃帝內經素問遺篇一卷　黃帝內經素問靈樞運氣音釋補遺一卷　明熊宗立輯　明熊氏種德堂重刻本　清胡澍校

四五　新刊補註釋文黃帝內經素問十二卷　唐王冰註　宋林億等校正　孫兆改誤　新刊黃帝內經靈樞十二卷　新刊素問入式運氣論奧三卷　宋劉溫舒撰　明熊氏種德堂刻本（內經素問卷一至十配明書林詹林所刻本）　莫棠跋　熊刻行不等字不等　詹刻十二行二十五字白口四周雙邊

八

四六　新刊補註釋文黃帝內經素問十二卷　唐王冰註　宋林億等校正　孫兆改誤　新刊黃帝內經靈樞十二卷　黃帝內經素問遺篇一卷　新刊素問入式運氣論奧三卷　素問運氣圖括定局立成一卷　黃帝內經素問靈樞運氣音釋補遺一卷　明嘉靖四年山東布政使司刻本　各種行格不一白口四周單邊

四七　新刊補註釋文黃帝內經素問十二卷　唐王冰註　宋林億等校正　孫兆改誤　遺篇一卷　入式運氣論奧三卷　運氣圖括定局立成一卷　靈樞運氣音釋補遺一卷　明刻本　十三行二十三字白口四周單邊

四八　京本校正註釋音文黃帝內經素問十二卷　唐王冰註　宋林億等校正　孫兆改誤　京本黃帝內經素問遺篇一卷　京本黃帝素問靈樞經二卷　京本素問入式運氣論奧一卷　宋劉溫舒撰　素問運氣圖括定局立成一卷　黃帝內經素問靈樞運氣音釋補遺一卷　明熊宗立輯　明書林詹林所刻本　十二行二十五字白口四周單邊

四九　重廣補註黃帝內經素問二十四卷　唐王冰註　宋林億等校正　孫兆改誤　明嘉靖二十九年顧從德影宋刻本　十行二十字小字雙行三十字白口左右雙邊

五〇　重廣補註黃帝內經素問二十四卷　唐王冰註　宋林億等校正　孫兆改誤　明嘉靖二十九年顧從德影宋刻本　清薛福辰跋

五一　重廣補註黃帝內經素問二十四卷　唐王冰註　宋林億等校正　孫兆改誤　明嘉靖二十九年顧從德影宋刻本　清潘霨圈點

五二　重廣補註黃帝內經素問二十四卷　唐王冰註　宋林億等校正　孫兆改誤　明嘉靖二十九年顧從德影宋刻本　清丁丙跋

九

五三　黃帝內經素問二十四卷　唐王冰註　宋林億等校正　孫兆改誤　亡編一卷　金刻本　十三行二十二字小字雙行三十字白口四周雙邊　存十三卷　三至五　十一至十八　亡編全

五四　新刊黃帝內經素問二十四卷　唐王冰註　孫兆改誤　宋林億等校正　亡篇一卷　元讀書堂刻本　十行十八字黑口左右雙邊

五五　黃帝內經素問二十四卷　唐王冰註　明萬曆四十八年潘之恒刻黃海本　十行二十字白口左右雙邊

五六　重廣補註黃帝內經素問二十四卷　唐王冰註　宋林億等校正　孫兆改誤　清咸豐二年錢培杰等刻守山閣叢書本　清胡澍校

五七　重刻補註黃帝內經素問二十四卷　唐王冰註　宋林億等校正　孫兆改誤　清抄本　清莫友芝校

五八　新刊補註釋文黃帝內經素問十二卷　唐王冰註　宋林億等校正　孫兆改誤　元至元五年胡氏古林書堂刻本　十三行二十三字黑口四周雙邊

五九　新刊補註釋文黃帝內經素問十二卷　唐王冰註　宋林億等校正　孫兆改誤　元刻本　十三行二十三字黑口四周雙邊　存二卷　三至四

六〇 黄帝素問靈樞集註二十三卷素問遺篇五卷 清袁氏貞節堂抄本

六一 黄帝内經素問二十四卷 明吳崐註 明萬曆三十七年刻本 八行十七字白口左右双边

六二 黄帝内經素問二十四卷 明吳崐註 明萬曆三十七年刻本 清子宓跋

六三 黄帝内經素問二十四卷 明吳崐注 清刻本 清陸懋修批校

六四 新刊黄帝内經靈樞二十四卷 宋史崧音釋 明刻本 十行二十字白口左右双边

六五 新刊黄帝内經靈樞二十四卷 宋史崧音釋 明刻本 莫棠跋 十行二十字白口左右双边

六六 黄帝内經靈樞二十四卷 宋史崧音釋 清咸豐二年錢培杰等刻守山閣叢書本 清胡澍校

六七 新刊黄帝内經靈樞十二卷 元至元五年胡氏古林書堂刻六年印本 十四行二十四字黑口四周双边

六八 黄帝素問靈樞經十二卷 宋史崧音釋 明刻本 十一行二十一字黑口左右双边

六九 黄帝素問靈樞經十二卷 宋史崧音釋 明刻本 清丁丙跋 十一行二十一字黑口左右双边

七〇 黄帝内經太素三十卷 隋楊上善注 清[illegible]精舍抄本 存二十二卷 二至三 五至六 八至十五 十七 十九 二十三至三十

七一 黄帝内經太素三十一卷 隋楊上善注 清抄本 清□延平校 存三十卷 二至三十一

七二 新刊素問入式運氣論奥三卷 宋劉温舒撰 黄帝内經素問遺篇一卷 元至元五年胡氏古林書堂刻本 十四行二十三四字或十三行二十三字黑口四周双边

七三 素問玄機原病式二卷 金劉完素撰 明嘉靖元年刻本 九行二十字黑口左右双边

七四 素問玄機原病式二卷 金劉完素撰 明嘉靖七年刻本 九行二十字白口左右双边

七五 素問玄機原病式二卷 金劉完素撰 明嘉靖胡續宗刻本 十行十八字白口四周單边

七六 新刊圖解素問要旨論八卷 金劉完素撰 清抄本

七七 讀素問鈔二卷 元滑壽撰 明嘉靖十二年明德書堂刻本 十行二十字黑口四周双边

七八 讀素問鈔十二卷 元滑壽撰 明萬曆三十年潘府刻本 十一行二十字白口左右双边

七九 讀素問鈔十二卷 元滑壽撰 明萬曆三十年潘府刻本 清楊傳鴻跋

八〇 讀素問鈔十二卷 元滑壽撰 明萬曆刻本 十行二十字白口四周双边

八一 刻黄帝内經素問鈔七卷 元滑壽撰 明汪機續註 明萬曆四十年奇木山房刻本 九行十九字白口四周單边

八二 素問鈔補正十二卷附滑氏診家樞要一卷 明丁瓚撰 明嘉靖八年自刻本 十行二十二字黑口四周双边

一〇

八三 素問鈔補正十二卷附滑氏診家樞要一卷 明丁瓚撰 明刻本 十行二十二字白口四周單边

八四 内經類抄一卷 明孫應奎輯 明嘉靖十八年刻本 十二行二十字白口四周單边

八五 黄帝内經始生考三卷 明陳東暘撰 明隆慶元年刻本 十一行二十字白口四周單边

八六 素問聽説二卷 明王來賓撰 明萬曆七年種芝堂刻本 九行十七字白口左右双边有刻工

八七 黄帝内經素問註證發微九卷補遺一卷黄帝内經靈樞註證發微九卷 明馬蒔撰 明萬曆十四年王元敬刻本 十行二十二字白口四周双边

八八 黄帝内經素問節文註釋十卷 明黄俅撰 明萬曆四十七年瓊芝室刻本 八行十七字白口四周双边

八九 黄帝内經素問靈樞經合類九卷 明王九達撰 明崇禎刻本 十行二十字白口四周双边

九〇 靈素合鈔十五卷 明林瀾撰 清康熙刻本 九行二十字白口左右双边

九一 内經挈領增删集註二十二卷 清羅美撰 清趙宗德跋 清杏林書屋抄本 存十四卷 九至二十二

九二 内經博議四卷 清羅美撰 清抄本 清孫從添校並跋

九三 内經博議四卷 清羅美撰 清乾隆二十二年許鈞抄本

九四 醫經原旨六卷 清薛雪撰 清乾隆十九年薛氏掃葉莊刻本 清曾慶祺批 管尚平跋 存五卷 一至三 五至六

九五 素問釋義十卷 清張琦撰 稿本

九六 素問校義一卷 清胡澍撰 稿本

九七 呂茶邨内經要論一卷 清呂震名撰 清咸豐五年曾慶祺抄本

九八 補注黄帝内經素問校記二十四卷黄帝内經靈樞校記十二卷 清丁士涵撰 清末高德馨抄本 胡玉縉跋

九九 内經運氣遺篇病釋一卷 清陸懋修撰 稿本

一〇〇 難經本義二卷 元滑壽撰 明萬曆十八年薛己刻本 十行二十一字白口左右双边

一〇一 難經本義二卷 元滑壽撰 明刻本 十行二十一字白口左右双边有刻工

一〇二 難經本義二卷 元滑壽撰 明刻本 十一行二十一字白口四周單边

一〇三 圖註八十一難經八卷 明張世賢撰 明正德五年呂邦佑刻本 清戈襄跋 十一行二十字白口四周單边

一〇四 圖註八十一難經八卷 明張世賢撰 明沈氏碧梧亭刻本 十行十八字白口左右双边

一〇五 圖註八十一難經八卷 明張世賢撰 明刻本 十行十八字白口四周單边

一一

一〇六 圖註八十一難經辨真四卷 明張世賢撰 明刻本 九行二十字白口四周單边

一〇七 圖註八十一難經辨真四卷 明張世賢撰 清乾隆十六年玉樹堂刻本 清薛雪校注並跋 存二卷一至二

一〇八 新刊八十一難經四卷 明張世賢圖註 熊宗立解 明隆慶元年四仁堂刻本 八行十七字黑口四周單边

一〇九 新刊太醫院校正圖註指南八十一難經四卷 明張世賢、熊宗立撰 明萬曆元年熊冲宇刻本 十一行二十八字白口四周双边

一一〇 鍥圖註八十一難經四卷 明張世賢、熊宗立撰 明萬曆三十四年陳耀吾存德堂刻本 十一行二十五字四周双边

一一一 新刊勿聽子俗解八十一難經後集一卷纂圖纂括一卷 明熊宗立撰 明書林劉氏闇山刻本 十二行二十三字白口四周双边

一一二 八十一難經經絡解四卷 明熊宗立撰 明萬曆六年唐氏富春堂刻本 八行十七字黑口四周單边

一一三 難經正義九卷 明馬蒔撰 明萬曆八年寶命堂刻本 十行二十二字白口四周双边 存五卷一至五

一一四 鍥王氏秘傳圖註八十一難經評林捷徑統宗六卷 明王文潔撰 明萬曆二十七年書林劉朝琯安正堂刻本 九行二十一字黑口四周双边

一二

一一五 類經三十二卷 明張介賓類註 圖翼十一卷附翼四卷 明張介賓撰 明天啓四年自刻本 八行十八字白口四周單边有刻工

本草

一一六 神農本草經四卷 魏吳普等撰 清顧觀光輯 手稿本

一一七 吳氏本草一卷 魏吳普等撰 清焦循輯 稿本

一一八 神農本經會通十卷 明滕弘撰 明萬曆四十四年滕萬里刻本 九行二十字四周單边白口有刻工

一一九 經史證類大觀本草三十一卷 宋唐慎微撰 本草衍義二十卷 宋寇宗奭撰 元大德六年宗文書院刻本 十二行二十字黑口四周双边

一二〇 本草衍義二十卷 宋寇宗奭撰 元刻本 十二行二十一字黑口四周双边

一二一 經史證類大觀本草三十一卷 宋唐慎微撰 清光緒三十年柯逢時刻朱印本 清楊守敬校並跋

一二二 經史證類備急本草三十一卷 宋唐慎微撰 宋嘉定四年劉甲刻本 十一行二十一字白口左右双边

一二三 重修政和經史證類備用本草三十卷 宋唐慎微撰 宋寇宗奭衍義 蒙古定宗四年張存惠晦明軒刻本 清錢謙益跋 十一行字不等白口四周双边有刻工

一二四 重修政和經史證類備用本草三十卷 宋唐慎微撰 宋寇宗奭衍義 蒙古定宗四年張存惠晦明軒刻本 存九卷十二至二十

一二五 重修政和經史證類備用本草三十卷 宋唐慎微撰 宋寇宗奭衍義 蒙古定宗四年張存惠晦明軒刻本 存二卷六 三十

一二六 重修政和經史證類備用本草三十卷 宋唐慎微撰 宋寇宗奭衍義 蒙古定宗四年張存惠晦明軒刻本 存一卷目錄

一二七 重修政和經史證類備用本草三十卷 宋唐慎微撰 宋寇宗奭衍義 明成化四年原傑、雷復等刻本 十二行二十三字黑口四周双边

一二八 重修政和經史證類備用本草三十卷 宋唐慎微撰 宋寇宗奭衍義 明嘉靖二年陳鳳梧刻本 十二行二十三字白口四周單边

一二九 重修政和經史證類備用本草三十卷 宋唐慎微撰 宋寇宗奭衍義 明嘉靖二年陳鳳梧刻本 曹元忠跋

一三〇 重修政和經史證類備用本草三十卷 宋唐慎微撰 宋寇宗奭衍義 明嘉靖十六年楚府崇本書院刻本 十二行二十三字白口四周單边

一三

一三一 重修政和經史證類備用本草三十卷 宋唐慎微撰 宋寇宗奭衍義 明嘉靖三十一年周珫、李遷刻本 十二行二十三字白口四周單边有刻工

一三二 重修政和經史證類備用本草三十卷 宋唐慎微撰 宋寇宗奭衍義 明隆慶三年刻本 十二行二十三字白口四周双边

一三三 重修政和經史證類備用本草三十卷 宋唐慎微撰 宋寇宗奭衍義 明隆慶三年刻本 清丁丙跋

一三四 重修政和經史證類備用本草三十卷 宋唐慎微撰 宋寇宗奭衍義 明隆慶六年施篤臣、曹科刻本 十一行二十三字白口四周双边

一三五 重修政和經史證類備用本草三十卷 宋唐慎微撰 宋寇宗奭衍義 明隆慶六年施篤臣、曹科刻公文紙印本 羅振玉跋 十一行二十三字白口四周双边有刻工

一三六 重修政和經史證類備用本草三十卷 宋唐慎微撰 宋寇宗奭衍義 明萬曆五年官府刻本 十二行二十三字黑口四周双边

一三七 重修政和經史證類備用本草三十卷 宋唐慎微撰 宋寇宗奭衍義 明萬曆六年歸仁齋刻本 十行二十一字黑口四周双边

重修政和經史證類備用本草三十卷 宋唐慎微撰 寇宗奭衍義 明萬曆十五年內府刻本 十二行二十三字黑口四周雙邊 一三八

重修政和經史證類備用本草三十卷 宋唐慎微撰 寇宗奭衍義 明萬曆十五年內府刻本 清丁丙跋 一三九

重修政和經史證類備用本草三十卷 宋唐慎微撰 寇宗奭衍義 明天啓五年曹爾楨樊時英等刻本 十二行二十三字白口四周單邊有刻工 一四〇

新編證類圖註本草四十二卷序例五卷 宋唐慎微撰、寇宗奭衍義 元刻本 十行十九字黑口左右雙邊
存四十四卷 一至十 十二至十四 四十二 序例全 一四一

類編圖經集註衍義本草四十二卷序例五卷 宋唐慎微撰 寇宗奭衍義 元刻本 十行十九字黑口四周單邊
存六卷 十八至二十三 一四二

類編圖經集註衍義本草四十二卷序例五卷 宋唐慎微撰 寇宗奭衍義 元刻本 十行十九字黑口四周單邊
存五卷 序例全 一四三

十四

重刊經史證類大全本草三十一卷 宋唐慎微撰 寇宗奭衍義 明萬曆五年王秋尚義堂刻本 十二行二十三字白口四周單邊 一四四

重刊經史證類大全本草三十一卷 宋唐慎微撰 寇宗奭衍義 明萬曆二十八年籍山書院刻本 十二行二十三字白口四周單邊 一四五

重刊經史證類大全本草三十一卷 宋唐慎微撰 寇宗奭衍義 明萬曆二十八年籍山書院刻三十八年彭端吾重修本 十二行二十三字白口四周單邊 一四六

重刊經史證類大全本草三十一卷 宋唐慎微撰 寇宗奭衍義 明萬曆二十八年籍山書院刻三十八年彭端吾重修本（卷六至七配明刻本） 清丁丙、丁立誠跋 一四七

重刊經史證類大全本草三十一卷 宋唐慎微撰 寇宗奭衍義 明萬曆二十八年籍山書院刻三十八年彭端吾清順治十四年楊必達遞修本 曹元忠跋 一四八

本草衍義二十卷 宋寇宗奭撰 宋淳熙十二年江西轉運司刻慶元元年重修本 十一行二十一字白口左右雙邊 一四九

本草衍義二十卷 宋寇宗奭撰 宋刻本 十行十七字白口四周雙邊
存十一卷 一至十一 一五〇

寶慶本草折衷□□卷 宋陳衍撰 元刻本 十四行二十五字黑口四周雙邊
存十四卷 一至十三 又一卷 一五一

履巉巖本草三卷 題宋鄭獬默菴撰 明抄彩繪本 一五二

食物本草二卷 明隆慶四年谷中虛刻本 九行二十字白口四周雙邊 一五三

食物本草四卷 明盧和撰 明隆慶五年一樂堂後泉書舍刻本 八行十七字白口四周單邊 一五四

食物本草七卷 題金李杲輯 日用本草三卷 元吳瑞輯 明萬曆四十八年刻本 九行二十字白口四周單邊 一五五

食物本草二十二卷 題金李杲輯 明李時珍訂 救荒野譜一卷 明姚可成撰 明天啓刻清初修本 九行二十字白口四周單邊 一五六

食物本草四卷 明抄彩繪本 一五七

本草集要八卷 明王綸撰 明正德五年羅汝聲刻本 十一行十九字白口四周單邊 一五八

本草集要八卷 明王綸撰 明嘉靖八年朱廷立刻本 十行十八字白口左右雙邊 一五九

本草集要八卷 明王綸撰 明章元綸刻本 十行十八字黑口四周雙邊 一六〇

本草集要八卷 明王綸撰 明萬曆三十年劉龍田刻本 十行十八字白口四周單邊 一六一

本草集要八卷 明王綸撰 明刻本 十行二十一字黑口四周雙邊 一六二

本草品彙精要四十二卷 明劉文泰徐鎮等撰 明抄彩繪本
存十一卷 一至二 十三 二十四至二十六、三十 三十二 三十四至三十五 四十 一六三

十五

本草品彙精要四十二卷 明劉文泰徐鎮等撰 清抄彩繪本
存十二卷 一至十二 一六四

本草品彙精要四十二卷 明劉文泰徐鎮等撰 清抄彩繪本
存二卷 二十四至二十五 一六五

本草品彙精要四十二卷首一卷 明劉文泰徐鎮等撰 續集十卷 清王道純江兆元撰 脉訣四言舉要二卷 宋崔嘉彥撰 清王道純註 清康熙抄本 一六六

本草約言四卷 明薛己撰 明刻本 九行二十字白口四周單邊 一六七

撮要便覽本草蒙筌十二卷 明陳嘉謨撰 明劉氏本誠書堂刻本 十一行二十一字黑口四周雙邊 一六八

本草蒙筌十二卷 明陳嘉謨撰 明萬曆元年周氏仁壽堂刻本 十一行二十一字四周單邊 一六九

圖像本草蒙筌十二卷首一卷總論一卷 明陳嘉謨撰 劉孔敦增補 明崇禎元年刻本 十二行二十六字白口四周單邊 一七〇

本草發明蒙筌十二卷總論一卷 明陳嘉謨撰 歷代名醫考一卷 明末刻本 九行二十字白口四周單邊 一七一

本草蒙筌七卷總論一卷 明陳嘉謨撰 明崇禎元年歸在嚞刻本 九行二十字白口左右雙邊 一七二

一七三 本草發明六卷 明皇甫嵩、皇甫相撰 明萬曆刻本 十行二十二字白口四周雙邊

一七四 本草綱目五十二卷首二卷 明李時珍撰 明萬曆十八年胡承龍刻本 十二行二十四字白口四周單邊

一七五 本草綱目五十二卷附圖二卷瀕湖脈學一卷脈訣攷證一卷奇經八脈攷一卷 明李時珍撰 明萬曆三十一年張鼎思刻本 九行二十字白口四周單邊

一七六 本草綱目五十二卷附圖二卷瀕湖脈學一卷奇經八脈攷一卷脈訣攷證一卷 明李時珍撰 明萬曆三十四年楊道會刻本 九行二十字白口四周單邊有刻工

一七七 本草綱目五十二卷附圖三卷 明李時珍撰 明崇禎十三年錢蔚起刻本 九行二十字白口四周單邊

一七八 本草纂要九卷 明方穀撰 明萬曆十五年楊鶴泉抄本

一七九 上醫本草四卷 明趙南星輯 明泰昌元年趙憬學刻本 十行二十字白口四周單邊有刻工

一八〇 新刊官板本草真銓二卷 明楊崇魁撰 明萬曆刻本 十行二十字白口四周單邊

一八一 新刻吳氏家傳養生必要仙製藥性全備食物本草四卷 明吳文炳輯 明潭陽書林劉欽恩刻本 十行二十九字白口四周單邊

一六

一八二 蒲水齋食治廣要八卷 明應麐撰 明天啓刻本 九行二十字白口四周單邊

一八三 本草原始十二卷 明李中立撰 明萬曆刻本 八行二十四字白口四周單邊

一八四 本草原始十二卷 明李中立撰 明崇禎十一年永懷堂刻本 九行二十四字白口四周單邊

一八五 神農本草經疏三十卷 明繆希雍撰 明天啓五年毛晉綠君亭刻本 八行十八字白口四周單邊

一八六 續神農本草經序例三卷讀神農本草經疏九卷 明繆希雍撰 明天啓四年朱之贊刻本 九行二十字白口左右雙邊

一八七 分部本草妙用十卷 明顧逢伯撰 明崇禎三年刻本 九行二十字白口四周單邊

一八八 本草通玄二卷 明李中梓撰 清康熙十七年刻本

一八九 得宜本草四卷 明抄本 明吳勉學跋

一九〇 本草圖譜□卷 明周榮起抄周淑祜、周淑禧彩繪本 存三卷

一九一 山居本草六卷 清程履新撰 清康熙三十五年刻本

一九二 圖經節要補增本草歌括八卷 元胡仕可輯 明熊宗立增補 明刻本 十行黑口四周雙邊

一九三 圖經節要補增本草歌括二卷 元胡仕可輯 明熊宗立增補 明刻本 行格不等黑口四周雙邊

一九四 藥性粗評四卷 明許希周撰 明嘉靖三十年刻本 九行二十二字黑口四周雙邊

一九五 釋藥集韻二卷 明程伊撰 明嘉靖刻本 十一行二十字白口四周單邊 存一卷 上

一九六 太醫院補遺本草歌訣雷公炮製八卷 明余應奎撰 明書林陳崙刻本 十一行二十字黑口四周雙邊 存六卷 一至二 五至八

一九七 新刊雷公炮製便覽五卷 明俞汝溪撰 明刻本 十行二十字黑口四周雙邊

一九八 新刻藥鑑二卷 明杜文燮撰 明萬曆刻本 十行二十四字白口四周單邊

一九九 新編注解藥性賦一卷 明劉全備撰 新編論四時六氣用藥權正活法一卷 明刻本 十一行二十字白口四周單邊

二〇〇 新刻官板補遺珍珠囊藥性賦三卷 明金陵書林唐富春刻本 十行二十字白口四周單邊

二〇一 鼎刻京板太醫院校正分類青囊藥性賦三卷 明閩建書林黃燦宇刻本 上欄十一行八字下欄十行十八字白口左右雙邊

二〇二 新刻太醫院何先生校正便用醫方捷徑藥性賦三卷 明書林存誠堂刻本 上欄十二行十一字下欄十一行十八字白口四周單邊

一七

二〇三 太醫院增補青囊藥性賦直解四卷 明木泰和堂刻本 上欄十五行十字下欄十五行十七字白口四周單邊

二〇四 新刻太乙仙製本草藥性大全八卷 明書林積善堂刻本 上欄十五行十五字下欄十二行十八字

二〇五 藥性主治品部諸類歌總要不分卷 明抄本

二〇六 鐫補雷公炮製藥性解六卷 明李中梓撰 明天啟二年刻本 九行二十字白口四周單邊

二〇七 鐫補雷公炮製藥性解六卷 明李中梓撰 明末唐鯉飛刻本 十行二十字白口四周單邊

診法

二〇八 新刊王氏脈經十卷 晋王叔和撰 宋林億等校定 元天曆三年廣勤書堂刻本 十二行二十四字黑口左右双边
二〇九 脈經十卷 晋王叔和撰 宋林億等校定 明成化十年畢玉刻本 十四行二十字黑口四周双边
二一〇 脈經十卷 晋王叔和撰 宋林億等校定 明成化十年畢玉刻本 葉德輝跋
二一一 新刊西晋王氏脈經大全十卷首一卷 晋王叔和撰 宋林億等校定 明正德十三年劉氏慎獨齋刻本 十行二十一字黑口四周双边
存八卷 一至七 首全
二一二 王氏脈經十卷 晋王叔和撰 宋林億等校定 明趙府居敬堂刻本 八行十七字黑口四周双边有刻工
二一三 脈經十卷 晋王叔和撰 宋林億等校定 明萬曆三年袁表刻本 九行十八字白口左右双边
二一四 脈經十卷 晋王叔和撰 宋林億等校定 明書林童文擧刻本 九行十八字白口左右双边有刻工
二一五 脈經十卷人元脈影歸指圖說二卷 晋王叔和撰 宋林億等校定 明天啓四年繆希雍刻本 十行二十字白口四周双边
二一六 脈經十卷人元脈影歸指圖說二卷 晋王叔和撰 明末沈際飛刻本 九行十八字白口四周单边

十八

二一七 脈經十卷 晋王叔和撰 宋林億等校定 明刻本 清楊紹和跋 十二行二十字白口左右双边
二一八 新刊校正王叔和脈訣四卷 晋王叔和撰 明熊宗立注解 明隆慶元年四仁堂刻本 八行十七字黑口四周单边
二一九 新刊太醫院校正圖註指南王叔和脈訣四卷 晋王叔和撰 明熊宗立注解 明萬曆種德堂熊沖宇刻本 十一行二十八字白口四周双边
二二〇 鐫圖註王叔和脈訣琮璜五卷 明張世賢撰 明萬曆三十四年存德堂陳耀吾刻本 十一行二十五字四周双边
二二一 圖註王叔和脈訣四卷附方一卷 明張世賢撰 明沈氏碧梧亭刻本 十行十八字白口左右双边
二二二 圖註脈訣辨真四卷附方一卷 明張世賢撰 明刻本 九行二十字白口四周单边
二二三 圖註脈訣辨真四卷附方一卷 明張世賢撰 明刻本 九行二十字白口四周单边
二二四 圖註脈訣辨真四卷附方一卷 明張世賢撰 明刻本 九行二十字白口四周单边
二二五 圖註脈訣辨真四卷附方一卷 明張世賢撰 明刻本 九行字數不一白口四周单边
二二六 圖註脈訣辨真四卷附方一卷 明張世賢撰 明刻本 九行二十字白口四周单边
二二七 圖註脈訣辨真四卷附方一卷 明張世賢撰 明馮籍刻本 九行二十字白口四周单边
二二八 圖註脈訣辨真四卷附方一卷 明張世賢撰 明刻本 九行二十字白口四周单边
二二九 鍥王氏秘傳叔和圖註釋義脈訣評林捷徑統宗八卷 晋王叔和撰 明王文潔釋評 明萬曆二十七年書林安正堂刻本 九行二十一字黑口四周双边
二三〇 廣成先生玉函經一卷 題前蜀杜光庭撰 元刻本 清黃丕烈瞿啟甲跋 十一行二十一字黑口左右双边
二三一 紫虛崔真人脈訣秘旨一卷 宋崔嘉彥撰 明抄本
二三二 方脈舉要三卷 宋劉開撰 明嘉靖三十三年黃魯曾刻本 八行十六字白口左右双边
二三三 重修脈訣指掌病式圖說一卷 元朱震亨撰 明刻本 十二行二十四字黑口单边有刻工
二三四 脈訣刊誤集解二卷 元戴起宗撰 明汪機補訂 附錄二卷 明汪機輯 明嘉靖元年吳隸刻本 九行二十字或二十二字黑口四周双边有刻工
二三五 脈薈二卷 明程伊撰 明嘉靖刻本 八行十六字白口四周单边
二三六 脈經直指七卷 明方穀撰 明萬曆刻本 十行二十一字四周单边
二三七 太素脈要二卷 明程大中撰 明萬曆刻本 十行十八字白口四周双边
二三八 鍥太上天寶太素張神仙脈訣玄微綱領宗統七卷 明劉伯祥注 明萬曆二十七年安正堂劉雙松刻本 九行二十一字黑口四周双边
二三九 家傳太素脈秘訣二卷 明劉伯祥注 明周文煒刻本 十行二十二字白口四周单边

一九

二四〇 脈學三書三卷 明劉浴德撰 明萬曆三十一年刻本 八行二十字白口
脈賦訓解一卷
脈學正訛一卷
壺隱子應手錄一卷
二四一 重刊巢氏諸病源候總論五十卷 隋巢元方撰 元刻本 十三行二十三字黑口左右双边
二四二 重刊巢氏諸病源候總論五十卷 隋巢元方撰 元刻本（卷六至十一配清抄本） 十三行二十三字黑口左右双边
二四三 重刊巢氏諸病源候總論五十卷 隋巢元方撰 明汪氏主一齋刻本 十行十九字白口左右双边
二四四 重刊巢氏諸病源候總論五十卷 隋巢元方撰 明汪氏主一齋刻本 清丁丙跋
二四五 重刊巢氏諸病源候總論五十卷 隋巢元方撰 明方東雲聚奎堂刻本 十行十九字白口左右双边
二四六 重刊巢氏諸病源候總論五十卷 隋巢元方撰 明抄本
二四七 東垣先生此事難知集二卷 元王好古撰 明成化二十二年刻本 十行十七字黑口四周双边
二四八 東垣先生此事難知集二卷 元王好古撰 明抄本

二四九 丹溪先生醫書纂要二卷 元朱震亨撰 明盧和注 明刻本 繆荃孫跋 十行二十二字黑口四周双边

二五〇 丹溪先生醫書纂要二卷 元朱震亨撰 明盧和注 明刻本 十行二十字白口四周双边

二五一 易庵先生編註丹溪纂要四卷 元朱震亨撰 明盧和注 明嘉靖二十六年盧堯亮刻本 十行二十二字白口四周单边

二五二 易庵先生編註丹溪纂要四卷 元朱震亨撰 明盧和注 明刻本 十一行二十二字白口四周单边

二五三 新鍥丹溪先生醫書纂要心法六卷 元朱震亨撰 明盧和注 明萬曆二十九年書林喬山堂刻本 十一行二十五字四周双边

二五四 丹溪先生纂要八卷 元朱震亨撰 明盧和注 丹溪先生治法心要八卷 元朱震亨撰 明盧和輯 明高叔宗刻嘉靖三十五年趙應春重修本 七行十四字白口四周双边

二五五 丹溪手鏡三卷 元朱震亨撰 明天啓元年吳尚默等刻本 九行二十字白口四周单边

二五六 秘傳證治要訣十二卷 明戴元禮撰 明正統八年陳鍍刻本 清沈閬崑跋 十行三十字黑口四周双边 存二卷 一至二

二五七 秘傳證治要訣十二卷類方十二卷 明戴元禮撰 明萬曆三十三年王肯堂刻本 十行二十一字白口四周单边

二〇

二五八 秘傳證治要訣十二卷 明戴元禮撰 明末刻本 十行二十字白口四周双边

二五九 新刊醫學集成十二卷 明傅滋撰 明正德十一年刻本 十行二十一字黑口四周双边

二六〇 體仁彙編六卷 明彭用光撰 明嘉靖二十三年蔡經刻本 九行二十字白口四周双边

二六一 體仁彙編六卷 明彭用光撰 明嘉靖二十八年蔡經刻本 九行二十字黑口四周双边

二六二 體仁彙編六卷 明彭用光撰 明嘉靖二十八年傅鳳翔刻萬曆三十二年陸長庚重修本 九行二十字黑口四周双边

二六三 重刊體仁彙編十卷 明彭用光撰 明萬曆三年刻本 十行二十二字白口四周单边

二六四 重刊體仁彙編十卷 明彭用光撰 明唐錦池刻本 十行二十二字白口四周单边

二六五 校註病機賦三卷 明徐師曾撰 明嘉靖四十五年欽懋熙刻本 九行二十字白口左右双边

二六六 醫學鉤玄八卷補議一卷 明杜子華輯 明萬曆三年刻本 十一行二十二字白口左右双边

二六七 刻內照經抄二卷 明章鎬撰 章潤輯 明萬曆錢穀刻本 十行十九字白口左右双边

二六八 重校東垣先生正脈十二卷 明王執中撰 明萬曆八年姚氏世徵堂刻本 十行十九字白口左右双边有刻工

二六九 新刊四海同春二卷 明朱棟隆撰 明萬曆刻本 十行二十一字白口四周单边

二七〇 萬氏纂要□卷 明徐之沂撰 明萬曆三十五年刻本 十行二十四字白口四周双边 存二卷 一至二

二七一 辨症入藥鏡六卷 明唐昌胤撰 明崇禎三年刻本 十行二十字白口左右双边

二七二 四診心傳一卷 明王九達撰 明崇禎刻本 十行二十字白口四周双边

二七三 敬修堂醫源經旨八卷 明李日宣撰 明崇禎四年刻本 九行二十一字白口四周双边

二七四 新刊醫要見證秘傳三卷 明張文介輯注 明刻本 九行十八字白口四周单边

二七五 脉經輯要一卷首圖一卷 清張三錫輯 陸大純參 清毛綏壽抄本

二七六 醫學正脈不分卷 清潘道根撰 稿本

二七七 臟腑證治圖說人鏡經八卷附錄二卷 明錢雷撰 明萬曆三十四年洪啓睿刻本 十行二十字白口四周单边

二七八 臟腑證治圖說人鏡經八卷附錄二卷 明錢雷撰 明萬曆四十年吳用先刻本 十行二十字白口四周单边

二七九 臟腑證治圖說人鏡經八卷附錄二卷 明錢雷撰 續錄二卷 明張俊英撰 明崇禎十三年張俊英刻本 十行二十字白口四周单边

二八〇 泰西人身說概二卷 瑞士鄧玉函譯述 人身圖說一卷 五臟軀殼圖形一卷 意大利羅雅谷等譯述 清抄本 清姚衡跋

二一

方論

二八一 重刊褚氏遺書一卷 南齊褚澄撰 明萬曆刻本 七行十八字白口四周双边

二八二 醫經正本書一卷 宋程迥撰 明初刻本 十二行二十二字白口左右双边

二八三 新刊醫學啟源三卷 金張元素撰 明嘉靖十一年安正堂刻本 十行二十一字白口四周双边

二八四 醫學啟源三卷 金張元素撰 明刻本 十一行二十字白口左右双边

二八五 太醫張子和先生儒門事親十五卷 金張從正撰 蒙古中統三年刻本 十三行二十五字白口左右双边 存八卷 一至八

二八六 格致餘論一卷 元朱震亨撰 明刻本 十行十八字黑口四周双边

二八七 醫經溯洄集不分卷 元王履撰 明初刻本 十行十八字黑口四周双边

二八八 新鐫醫論二卷 明王肯堂撰 明刻本 七行十八字白口四周双边

二八九 醫論一卷 明王肯堂撰 清初毛氏汲古閣抄本

二九〇 醫纂不分卷 明抄本

二九一 葛仙翁肘後備急方八卷 題晉葛洪撰 陶弘景增補 明萬曆二年李栻刻本 十行二十字白口左右双边

二九二 重刊孫真人備急千金要方三十卷 唐孫思邈撰 元刻本 十二行二十二

字黑口左右双边

二九三 重刊孫真人備急千金要方三十卷 唐孫思邈撰 明刻本 十二行二十三字黑口四周双边

二九四 孫真人備急千金要方九十三卷目錄二卷 唐孫思邈撰 明嘉靖二十二年喬世定小丘山房刻本 十一行二十四字黑口左右双边

二九五 孫真人備急千金要方九十三卷目錄二卷 唐孫思邈撰 明萬曆十六年刻本 十行十八字白口四周双边

二九六 孫真人備急千金要方九十三卷目錄二卷 唐孫思邈撰 明萬曆三十一年刻本 十行二十四字白口四周双边

二九七 千金翼方三十卷 唐孫思邈撰 明萬曆三十三年王肯堂刻本 十行二十字白口四周单边

二九八 千金翼方三十卷 唐孫思邈撰 明萬曆三十三年王肯堂刻本 清孫星衍跋

二九九 千金簡易方十卷 唐孫思邈撰 明嘉靖刻本 十行二十字白口四周双边

三〇〇 外臺祕要方四十卷 唐王燾撰 宋紹興兩浙東路茶鹽司刻本(卷一、七至二十、二十四至二十五、二十七至三十二、三十四至四十配明抄本、二十六至二十七配清抄本) 十三行二十四或二十五字白口左右双边
存三十六卷 一至二十 二十四至三十二 三十四至四十

三〇一 外臺祕要方四十卷 唐王燾撰 宋紹興兩浙東路茶鹽司刻本 李盛鐸跋 十三行二十四字白口左右双边有刻工
存一卷 三(二至二十三葉)

三〇二 唐王燾先生外臺秘要方四十卷 唐王燾撰 明崇禎十三年程氏經餘居刻本 十行二十二字白口左右单边或四周单边

三〇三 太平聖惠方一百卷 宋王懷隱等撰 清抄本 楊守敬跋

三〇四 博濟方五卷 宋王袞撰 清袁氏貞節堂抄本

三〇五 旅舍備要方一卷 宋董汲撰 清沈氏鳴野山房抄本

三〇六 太平惠民和劑局方十卷 宋陳師文等撰 指南總論三卷 宋許洪撰 增廣和劑局方圖經本草藥性總論一卷 元至正二十六年高氏日新堂刻本 十四行二十三或二十四字黑口左右双边

三〇七 太平惠民和劑局方十卷 宋陳師文等撰 指南總論三卷 宋許洪撰 圖經本草藥性總論一卷 元刻本 十五行間有十九、二十行不等二十五至三十六字不等黑口四周双边

三〇八 太平惠民和劑局方十卷 宋陳師文等撰 指南總論三卷 宋許洪撰 增廣和劑局方圖經本草藥性總論三卷 元刻本 十五行二十四字黑口四周双边

三〇九 太平惠民和劑局方十卷 宋陳師文等撰 指南總論三卷 宋許洪撰 元宗文書堂鄭天澤刻本 十四行二十五字黑口左右双边

三一〇 太平惠民和劑局方十卷 宋陳師文等撰 元陳氏留畊書堂刻本 十四行二十三字黑口左右双边 指南總論三卷

三一一 太平惠民和劑局方十卷 宋陳師文等撰 指南總論三卷 宋許洪撰 和劑局方圖註本草藥性歌括總論四卷 元刻本 十五行二十六字黑口四周双边

三一二 太平惠民和劑局方十卷 宋陳師文等撰 指南總論三卷 宋許洪撰 增廣和劑局方圖經本草藥性總論一卷 元刻本(總論配明抄本) 十五行二十四至二十六字總論十九行三十四字至三十九字黑口四周双边偶有左右双边

三一三 太平惠民和劑局方十卷 宋陳師文等撰 明正德六年陳氏存德堂刻本 十五行二十八字黑口四周双边

三一四 重刻太平惠民和劑局方十卷 宋陳師文等撰 明崇禎十年朱葵袁元熙刻本 十行二十字白口左右双边

三一五 史載之方二卷 宋史堪撰 清抄本 佚名錄清黄丕烈跋

三一六 史載之方二卷 宋史堪撰 清抄本 清王振聲跋

三一七 聖濟經解義十卷 宋吳禔撰 明嗣雅堂抄本
存一卷 一

三一八 聖濟經解義十卷 宋吳禔撰 清抄本 清翁同書跋

三一九 大德重校聖濟總錄二百卷 元大德三年至四年江浙等處行中書省刻本 八行十七字黑口四周双边 有刻工
存二十一卷 二下 二十三 三十五至三十六 四十四 五十四至五十六 六十五至六十六 七十一 七十九 九十三 九十六 一百五十 一百五十六 一百六十九 一百七十三至一百七十五 一百八十三

三二〇 大德重校聖濟總錄二百卷 元大德三年至四年江浙等處行中書省刻本
存十卷 一下 二中 十七 十九至二十 六十一至六十二 八十三至八十四 九十九

三二一 大德重校聖濟總錄二百卷 元大德三年至四年江浙等處行中書省刻本(卷一百二十八至一百二十九、一百三十八配元抄本)

三二二 大德重校聖濟總錄二百卷 元大德三年至四年江浙等處行中書省刻本
存六卷 三至四 一百二十八至一百三十 一百三十八

三二三 大德重校聖濟總錄二百卷 明抄本
存一卷 二十四

三二四 類證普濟本事方十卷 宋許叔微撰 宋刻本 十三行二十一字黑口左右双边
存五卷 一至五

三二五 類證普濟本事方十卷 宋許叔微撰 清抄本 清陳鱣校跋並錄黄丕烈題識 楊沂孫校並跋 丁丙跋

三二六 類證普濟本事方十卷 宋許叔微撰 清錢氏萃古齋抄本

三二七 洪氏集驗方五卷 宋洪遵輯 宋乾道六年姑孰郡齋刻公文紙印本 清黄丕烈顧廣圻跋 九行十六字小字双行二十二字白口左右双边

三二八 傳信適用方二卷 宋吴彦夔撰 夏子益治奇疾方一卷 宋夏子益撰 清抄本

三二九 新編備急管見大全良方十卷診脉要訣一卷 宋陳自明撰 清抄本

三三〇 新編近時十便良方四十卷 宋萬卷堂刻本 十二行二十二字白口左右双边
存十卷 十一至十七 二十一至二十三

三三一 三因極一病證方論十八卷 宋陳言撰 宋刻本 十三行二十三字黑口左右双边

三三二 三因極一病證方論十八卷 宋陳言撰 元刻本 十三行二十三字黑口左右双边

三三三 濟生方八卷 宋嚴用和撰 清裘氏貞節堂抄本

二四

三三四 新刊仁齋直指方論二十六卷小兒方論五卷 宋楊士瀛撰 醫脉真經一卷傷寒類書活人總括七卷 宋楊士瀛撰 元景定元年至五年環溪書院刻本 十四行二十四字黑口左右双边

三三五 新刊仁齋直指附遺方論二十六卷小兒附遺方論五卷醫脉真經二卷傷寒類書活人總括七卷 宋楊士瀛撰 明朱崇正補遺 明嘉靖二十九年朱崇正刻本 十四行二十四字白口四周單边

三三六 新刊仁齋直指附遺方論二十六卷小兒附遺方論五卷醫脉真經二卷傷寒類書活人總括七卷 宋楊士瀛撰 明朱崇正補遺 明書林熊成初刻本 十四行二十四字白口四周單边

三三七 新刊仁齋直指附遺方論二十六卷小兒附遺方論五卷醫脉真經二卷傷寒類書活人總括七卷 宋楊士瀛撰 明朱崇正補遺 明刻本 清丁丙跋 十四行二十四字白口四周單边

三三八 東垣先生試效方九卷 金李杲撰 明刻本 十行二十二字白口四周双边

三三九 新刻全補醫方便儒三卷 金李杲撰 明萬曆書林喬山堂刻本 十行二十五字白口四周單边

三四〇 濟生拔粹方十九卷 元杜思敬編 元刻本 十二行二十四字黑口四周双边

三四一 新編南北經驗醫方大成十卷 元孫允賢輯 明初刻本 清丁丙跋 十四行二十四字黑口左右双边或四周單边

三四二 新編醫方大成十卷 元孫允賢輯 明成化十七年書林劉氏溥濟藥室刻本 十四行二十四字黑口四周單边

三四三 瑞竹堂經驗方十五卷 元沙圖穆蘇撰 明成化十年熊氏種德堂刻本 十四行二十三字黑口

三四四 瑞竹堂經驗方五卷 元沙圖穆蘇撰 清袁氏貞節堂抄本

三四五 永類鈐方二十二卷首一卷 元李仲南撰 元至順刻本 行字无定數黑口左右双边

三四六 永類鈐方二十二卷首一卷 元李仲南撰 元至順刻本(卷十七至十九配明書林鄭箄山刻本)

三四七 世醫得效方二十卷 元危亦林撰 元至正五年陳志刻本 十一行二十二字黑口四周双边

三四八 世醫得效方二十卷 元危亦林撰 元至正五年陳志刻本
存十二卷 一至十二

三四九 世醫得效方二十卷 元危亦林撰 明初書林魏家刻本 十一行二十二字黑口四周双边

三五〇 如宜方二卷 元艾元英撰 明初刻本 八行二十字黑口四周單边

三五一 衛生寶鑑二十四卷 元羅天益撰 補遺一卷 明永樂十五年韓夷刻本 十二行二十二字黑口四周双边有刻工

三五二 衛生寶鑑二十四卷 元羅天益撰 補遺一卷 明永樂十五年韓夷刻明重修本

二五

三五三 衛生寶鑑二十四卷 元羅天益撰 補遺一卷 明嘉靖十四年明德堂刻本 十二行二十五字白口四周双边

三五四 醫壘元戎十二卷 元王好古撰 明嘉靖二十二年顧遂刻本 十一行二十字白口四周單边

三五五 醫壘元戎十二卷 元王好古撰 明嘉靖四十一年魏尚純刻本 十行二十字白口四周双边

三五六 醫壘元戎十二卷 元王好古撰 明嘉靖四十一年魏尚純刻本 清丁丙跋

三五七 醫壘元戎十二卷 元王好古撰 明萬曆二十一年層本畯刻本 九行二十字白口四周單边

三五八 伊尹湯液仲景廣爲大法四卷 元王好古撰 明刻本 九行二十字白口四周單边

三五九 局方發揮一卷 元朱震亨撰 明刻東垣十書本 清翁大年跋 十行十七字黑口四周双边

三六〇 重訂丹溪心法三卷 元朱震亨撰 附錄一卷 明弘治六年程祖興等刻本 十行二十二字黑口四周双边

三六一 重訂丹溪先生心法三卷 元朱震亨撰 明嘉靖十八年鄭臨等刻本 十行二十字白口四周單边有刻工

三六二 丹溪心法類集四卷 明楊珣撰 明正德三年盧翊刻本 九行十八字黑口四周双边

三六三 新鍥丹溪朱先生心法大全四卷 明萬曆二十九年閩書林劉氏喬山堂刻本 十一行二十五字白口四周双边

三六四 新鍥丹溪朱先生心法大全四卷 明龔少岡刻本 十一行二十五字白口四周双边

三六五 新刊丹溪先生心法五卷 元朱震亨撰 附錄一卷 明嘉靖三十三年蔣瑩刻本 十行二十二字白口四周双边

三六六 新刊丹溪先生心法五卷 元朱震亨撰 附錄一卷 明刻本 十行二十二字白口四周单边

三六七 重訂丹溪心法五卷 元朱震亨撰 附錄一卷 明刻本 十行二十二字白口四周双边有刻工

三六八 新刊明醫攷訂丹溪心法大全八卷 元朱震亨撰 明萬曆元年熊沖宇刻本 十一行二十五字白口四周单边

三六九 丹溪心法附餘二十四卷首一卷 明方廣撰 明嘉靖十五年姚文清陳讓刻本 十二行二十七字白口四周单边

三七〇 丹溪心法附餘二十四卷首一卷 明方廣撰 明嘉靖十五年姚文清陳讓刻公文紙印本

三七一 丹溪心法附餘二十四卷首一卷 明方廣撰 明嘉靖刻本 十行二十二字白口四周单边有刻工

三七二 丹溪心法附餘二十四卷首一卷 明方廣撰 明隆慶六年施篤臣刻本 十行二十二字白口四周单边

十六

三七三 丹溪心法附餘二十四卷首一卷 明方廣撰 明萬曆二十八年沈九疇刻本 十行二十二字白口四周双边有刻工

三七四 丹溪心法附餘二十四卷首一卷 明方廣撰 明崇禎八年彭堣刻本 十行二十二字白口四周单边有刻工

三七五 丹溪心法附餘二十四卷首一卷 明方廣撰 明葉觀刻本 十行二十二字白口四周单边

三七六 丹溪心法附餘二十四卷首一卷 明方廣撰 明金陵書林唐鯉耀刻本 十一行二十六字白口四周单边

三七七 丹溪心法附餘二十四卷首一卷 明方廣撰 明書林四知館楊君臨刻本 十一行二十四字白口四周单边

三七八 丹溪心法附餘二十四卷首一卷 明方廣撰 明刻本 十一行二十四字黑口四周单边

三七九 丹溪心法附餘二十四卷首一卷 明方廣撰 明刻本 十二行二十四字白口四周单边

三八〇 丹溪心法附餘二十四卷 明方廣撰 明抄本
存十二卷 六至十二 十八至二十 二十三至二十四

三八一 回回藥方三十六卷 明抄本
存四卷 目錄下 十二 三十 三十四

三八二 玉機微義五十卷 明徐彥純撰 劉純續 明正統四年陳有戒刻本 十行二十至二十四字不等黑口四周双边

三八三 玉機微義五十卷 明徐彥純撰 劉純續 明正統四年陳有戒刻明重修本

三八四 玉機微義五十卷 明徐彥純撰 劉純續 明景泰二年吳從政刻本 十行十八字黑口四周双边

三八五 玉機微義五十卷 明徐彥純撰 劉純續 明黄焯刻藍印本 十行二十一字白口四周单边

三八六 玉機微義五十卷 明徐彥純撰 劉純續 明書林靜齋葉秀刻本 九行二十字白口单边

三八七 玉機微義五十卷 明徐彥純撰 劉純續 明刻本 十一行二十四字黑口四周双边

三八八 新刊玉機微義五十卷 明徐彥純撰 劉純續 明王象晉刻本 十行二十字白口四周单边

三八九 王醫官纂輯簡選袖珍方書八卷 明王永輔輯 明刻本 十二行二十五字白口四周双边
存七卷 一 三至八

三九〇 急救仙方十一卷 明徐守貞輯 明抄本 清丁丙跋

三九一 普濟方一百六十八卷 明朱橚撰 明永樂周藩刻本 十五行二十七字黑口四周双边有刻工
存十九卷 八 三十一 三十四 四十五至四十六 四十九 五十二 五十 六十三 七十二 八十 八十二至八十四 八十七至八十八 一百二 一百四 一百十六 一百四十

十七

三九二 普濟方一百六十八卷 明朱橚撰 明永樂周藩刻本
存二卷 六十三至六十四

三九三 普濟方一百六十八卷 明朱橚撰 明永樂周藩刻本
存二卷 九十七至九十八

三九四 普濟方一百六十八卷 明朱橚撰 明抄本
存三十五卷 八至十 十六至二十一 二十三至二十七 三十四至三十六 四十至四十三 一百二十 一百三十二至一百三十四 一百四十九 一百五十四 一百五十八至一百六十五

三九五 乾坤生意二卷 明朱權撰 明刻本 十行二十二字黑口四周双边

三九六 壽域神方□□卷 明朱權撰 明初刻本 十二行二十二字黑口四周双边
存二卷 三至四

三九七 袖珍方四卷 明李恒撰 明永樂十三年刻本 十六行二十五字至二十六字黑口四周双边

三九八 袖珍方四卷 明李恒撰 明嘉靖元年劉氏明德堂刻本 十七行二十六字黑口四周双边

三九九 袖珍方四卷 明李恒撰 明刻本 十一行二十一字黑口四周双边有刻工

四〇〇 新刊袖珍方四卷 明李恒撰 明弘治五年楊氏清江書堂刻本 十六行二十六字黑口四周双边

四〇一 新刊袖珍方四卷 明李恒撰 明刻本 十七行二十六字黑口四周双边

四〇二 魁本清囊雜纂袖珍方大全四卷 明李恒撰 明弘治十八年羅氏集賢書堂刻本 清丁丙跋 十六行三十字黑口四周双边

四〇三 魁本袖珍方大全四卷 明李恒撰 明正德二年楊氏清江書堂刻本 十七行三十字黑口四周双边

四〇四 魁本袖珍方大全四卷 明李恒撰 明刻本 十六行三十字白口四周双边

四〇五 新刊袖珍方大全四卷 明李恒撰 明嘉靖十八年楊氏清江書堂刻本 十六行三十字黑口四周双边

四〇六 新刊袖珍方大全四卷 明李恒撰 明嘉靖十八年熊氏種德堂刻本 十六行三十字黑口四周双边

四〇七 新刊京本袖珍方大全四卷 明李恒撰 明刻本 十六行三十字白口四周双边

四〇八 袖珍方八卷 明李恒撰 明刻本 十一行二十字白口四周双边 存一卷五

四〇九 衛生易簡方十二卷附錄一卷 明胡濙撰 明宣德二年刻本 十行二十字黑口四周双边有刻工

四一〇 衛生易簡方十二卷附錄一卷 明胡濙撰 明嘉靖四十一年淮安府刻本 十行二十字黑口四周双边

十八

四一一 衛生易簡方十二卷 明胡濙撰 明嘉靖四十一年姚一元等刻本 十行二十字黑口四周双边

四一二 衛生易簡方十二卷 明胡濙撰 明嘉靖刻本 清丁丙跋 十行二十字黑口四周双边

四一三 衛生易簡方十二卷附錄一卷 明胡濙撰 明刻藍印本 十行二十字白口四周双边

四一四 衛生易簡方十二卷附錄一卷 明胡濙撰 明刻本 十行二十字黑口四周单边

四一五 衛生易簡方十二卷附錄一卷 明胡濙撰 明刻本 十行二十字黑口四周双边

四一六 衛生易簡方十二卷附錄一卷 明胡濙撰 明刻本 十行二十字黑口四周双边

四一七 衛生易簡方十二卷附錄一卷 明胡濙撰 明刻本 十行二十字黑口四周双边

四一八 衛生易簡方十二卷附錄一卷 明胡濙撰 明刻本 十行二十字黑口四周双边

四一九 慈濟方一卷 明釋景隆撰 明正統刻本 九行二十一字黑口四周双边

四二〇 慈意方一卷慈義方一卷 明釋景隆撰 明刻本 九行二十一至二十三字黑口四周双边

四二一 救急易方一卷附錄一卷 明趙季敷撰 明成化十五年刻本 十行二十字黑口四周双边

四二二 名方類證醫書大全二十四卷 明熊宗立輯 明成化三年熊氏種德堂刻本 十三行二十四字黑口左右双边

四二三 群書鈔方一卷 明丘濬輯 群方續鈔一卷 明何孟春輯 明刻本 八行十八字白口四周单边

四二四 奇効良方六十九卷 明方賢撰 明成化七年刻本 十一行二十四字黑口四周双边

四二五 太醫院經驗奇効良方大全六十九卷 明方賢撰 明正德六年劉氏日新書堂刻本 十二行二十四字黑口四周双边

四二六 本草權度三卷 明黃濟之撰 附錄一卷 明嘉靖十四年董漢儒刻本 十行二十字白口左右双边

四二七 醫方集論不分卷 明俞朝言撰 明弘治六年自刻本 十行二十二字黑口四周双边

四二八 醫說鈔方十卷 明張鳳刻本 十行二十字黑口四周双边

四二九 醫方選要十卷 明周文采輯 明嘉靖二十四年黄鎏刻本 十行二十一字黑口四周双边有刻工

四三〇 醫方選要十卷 明周文采輯 明刻本 十行二十一字黑口四周双边

四三一 醫方選要十卷 明周文采輯 明刻本 十行二十一字黑口四周双边

四三二 醫方選要十卷 明周文采輯 明刻本 十行二十一字黑口四周双边

四三三 醫方選要十卷 明周文采輯 明刻本 十行二十一字黑口四周双边

四三四 醫方選要十卷 明周文采輯 明刻本 十行二十一字黑口四周双边

四三五 醫方選要十卷 明周文采輯 明刻本 十行二十一字黑口四周双边

十九

四三六 醫方選要十卷 明周文采輯 明刻本 十行二十一字黑口四周双边

四三七 醫方選要十卷 明周文采輯 明刻本 十行二十一字黑口四周双边

四三八 醫方選要十卷 明周文采輯 明刻本 十行二十一字黑口四周双边

四三九 重刊醫方選要十卷附外科集驗方二卷 明周文采輯 明隆慶四年金陵書坊東塘胡氏刻本 十二行二十三字白口四周双边有刻工

四四〇 本草單方八卷 明王鏊輯 明嘉靖王延喆刻本 十行十八字白口左右双边

四四一 原病集六卷 明唐椿撰 明崇禎六年唐敏學刻本 九行十八字白口四周双边

四四二 保生餘餘不分卷 明弘治十六年王杲刻本 十行二十字黑口四周双边

四四三 不自秘方一卷 題梅山遠叟輯 明弘治十六年趙倫刻本 徐乃昌跋 六行十三字黑口四周双边

四四四 新編醫學正傳八卷 明虞摶撰 明嘉靖刻本 十二行二十四字白口四周单边

四四五 京本校正大字醫學正傳八卷 明虞摶撰 明萬曆五年三山書舍刻本 十三行二十四字白口四周双边

四四六 新編醫學正傳八卷 明虞摶撰 明萬曆六年邊有猷刻本 九行二十字白口四周双边

四四七 王氏增補醫學正傳八卷 明王淳撰 明崇禎刻本 九行二十字白口四周双边

四四八 衛生集四卷 明周宏撰 明嘉靖刻本 十行二十字黑口四周双边

四四九 韓氏醫通二卷 明韓懋撰 明嘉靖刻本 九行十八字四周双边
存一卷 上

四五〇 新刊京本校訛大字諸症辯疑四卷 明吳球撰 明刻本 十二行二十五字白口四周双边

四五一 諸症辯疑四卷 明吳球撰 明抄本

四五二 良方類編四卷 明楊瑞輯 明嘉靖十年平政堂刻本 十行二十二字黑口四周单边

四五三 新刊續補扶壽精方三卷 明吳旻輯 王采增續 明萬曆十五年刻本 九行十九字白口四周双边有刻工

四五四 新刊扶壽精方二卷 明天啓二年高推刻本 八行十八字白口四周双边

四五五 萬氏家抄濟世良方五卷 明萬表輯 明嘉靖刻本 十一行二十二字白口左右双边

四五六 萬氏家抄濟世良方六卷 明萬表輯 萬邦孚增補 明萬曆三十年萬邦孚刻本 十行二十三字白口四周单边

四五七 萬氏家抄濟世良方六卷 明萬表輯 萬邦孚增補 明萬曆三十七年沈敬炌刻本 十行二十三字白口四周单边

四五八 萬氏家抄濟世良方六卷 明萬表輯 萬邦孚增補 明萬曆四十四年刻本 十行二十三字白口四周单边

四五九 重刻萬氏家傳濟世良方五卷 明萬表輯 萬邦孚增補 明杭城書林翁傳山刻本 十二行二十五字白口四周单边

十四

四六〇 重刊京本萬氏積善堂集驗方三卷 明書林余氏正慎堂刻本 十行二十二字白口四周双边

四六一 萬氏積善堂秘驗滋補方一卷附論一卷 明刻本 九行十八字白口四周双边

四六二 世醫通變要法二卷 明葉廷器撰 明嘉靖十八年刻本 十行二十字白口左右双边

四六三 簡便單方俗論二卷 明楊起輯 明嘉靖二十一年楊鋑刻本 十行二十三字白口左右双边

四六四 簡便單方俗論二卷附經驗奇方一卷 明楊起輯 明萬曆十一年姚弘謨刻本 八行二十二字白口左右双边

四六五 醫方集畧□□卷 明郭鑒撰 明嘉靖二十四年刻本 十行二十一字白口四周双边
存二卷 七至八

四六六 松篁崗劉氏保壽堂活人經驗方□卷 明嘉靖二十七年刻本 十行二十字左右双边
存二卷 一 四

四六七 松篁崗劉氏保壽堂活人經驗方□卷 明嘉靖二十七年刻本
存三卷 一至三

四六八 藥方類二卷 明吳近山輯 明嘉靖刻本 九行二十一字白口四周单边

四六九 急救良方二卷 明張時徹輯 明嘉靖二十九年自刻本 十行二十字白口四周双边

四七〇 攝生衆妙方十一卷 明張時徹撰 明嘉靖二十九年自刻本 十行二十字白口四周双边

四七一 攝生衆妙方十一卷 明張時徹撰 明刻本（卷九至十一配清抄本） 十行二十字白口四周双边有刻工

四七二 攝生衆妙方十一卷 明張時徹撰 急救良方二卷 明張時徹輯 傷寒金鏡錄一卷 元杜本撰 明隆慶三年衡府刻本 十行二十字白口四周双边

四七三 攝生衆妙方十一卷 明張時徹撰 急救良方二卷 明張時徹輯 明隆慶三年衡府刻本 十行二十字白口四周双边

四七四 急救良方二卷 明張時徹輯 明萬曆三十八年張一棟刻本 九行二十字白口左右双边

四七五 攝生衆妙方十一卷 明張時徹撰 明萬曆三十八年張一棟刻本 九行二十字白口左右双边

四七六 新刊醫家必用類選四卷 明孫應奎輯 明嘉靖三十二年自刻本 十行二十字四周单边
存一卷 一

四七七 醫經大旨四卷 明賀岳撰 明嘉靖三十五年刻本 十一行二十四字白口左右双边

四七八 醫經大旨八卷 明賀岳撰 明余氏敬賢堂刻本 十一行二十四字四周单边

十五

四七九 新刊醫方約說二卷 明鮑叔鼎撰 明嘉靖刻本 九行二十字四周单边

四八〇 醫方集宜十卷 明丁鳳撰 明萬曆四十六年丁明登刻本 九行二十字白口四周单边有刻工

四八一 簡易普濟良方六卷 明彭用光輯 明嘉靖四十年胡堤刻本 十行二十字白口左右双边

四八二 親驗簡便諸方一卷 明徐陟撰 明嘉靖刻本 十行二十字白口四周双边

四八三 太醫院補遺真傳醫學源流肯綮大成十六卷 明龔信輯 余應奎補遺 明萬曆三十四年建邑書林積善堂陳賢刻本 双欄上欄十五行八字下欄十三行二十二字白口四周单边

四八四 證治寶鑑二卷 明俞橋撰 明嘉靖刻本 九行二十字黑口四周单边
存一卷 上

四八五 醫方鈔不分卷 明范氏卧雲山房抄本

四八六 醫指如宜方脉四卷 明閔道揚輯 明隆慶二年刻本 十行二十字白口左右双边
存二卷 一至二

四八七 新刊精選醫方摘要十二卷 明楊拱撰 明隆慶六年刻本 十行字无定數白口四周双边

四八八 醫便二卷附禁方一卷 明王三才 饒景曜輯 明萬曆四十二年洪有助張汝懋等刻本 九行二十二字白口四周单边有刻工

四八九 增刻醫便二卷 明王三才輯 劉世賞增輯 明萬曆三十五年刻本 九行二十字白口四周双边有刻工

四九〇 增刻醫便二卷 明王三才輯 劉世賞增輯 明萬曆四十年沈一中刻本 九行二十字白口四周双边有刻工
存一卷 上
四九一 醫便二卷附一卷 明王三才輯 劉世賞增輯 明刻本 九行二十二字白口四周單边
四九二 醫便二卷附一卷 明王三才輯 劉世賞增輯 明楊應聘、黄洛中刻本 十行二十二字白口四周單边
存二卷 下 附全
四九三 醫便初集二卷 明王三才輯 明末刻本 十行二十二字白口左右双边
四九四 醫便初集二卷 明王三才輯 明末刻本 十行二十二字白口左右双边
四九五 醫便五卷 明王三才輯 明末讀書坊刻本 八行二十字白口四周單边
四九六 醫便初集五卷二集六卷脉便二卷本草便二卷 明王三才輯 明刻本 九行二十字白口四周單边
四九七 古今醫統大全一百卷 明徐春甫輯 明陳長卿刻本 十行二十六字白口四周單边
四九八 古今醫統大全一百卷 明徐春甫輯 明刻本 十行二十六字白口四周單边
四九九 醫學指南捷徑六書六卷 明徐春甫撰 明萬曆二十五年書林劉雙松刻本 十行二十四字白口四周双边
存四卷 三至六
五〇〇 醫聖階梯十卷 明周禮撰 明萬曆刻本 十行二十字白口四周單边或双边
主二
五〇一 鼎刻京板太醫院校正增補青囊醫方捷徑二卷 明刻本
五〇二 新刻太醫院校正增補醫方捷徑二卷 明書林劉氏遺安堂刻本 十二行十九字白口四周單边
五〇三 宦邸便方一卷 明錢启崖輯 李齊芳增輯 明萬曆六年李齊芳刻本 九行十八字白口四周單边
五〇四 新刻種杏仙方四卷 明龔廷賢輯 明萬曆周庭槐刻本 十一行二十字白口四周双边
五〇五 新刊種杏仙方四卷 明龔廷賢輯 明刻本 十一行二十四字白口四周單边
五〇六 醫方便覽四卷首一卷 明殷之屏撰 明萬曆十年夏鏜刻本 八行二十六字白口四周單边
五〇七 醫林繩墨八卷 明方隅撰 明萬曆十二年方穀刻本 清丁丙跋 十行二十字白口四周單边有刻工
五〇八 醫方考六卷 明吳崐撰 明萬曆方元振等刻本 十行二十字白口左右双边
五〇九 醫方考六卷脉語二卷 明吳崐撰 明萬曆刻本 十行二十字白口四周單边
五一〇 醫方考六卷脉語二卷 明吳崐撰 明刻本 十行二十字白口左右双边
五一一 醫方考六卷脉語二卷 明吳崐撰 明萬曆十二年刻本 十行二十字白口左右双边
五一二 仁術便覽四卷 明張浩輯 明萬曆十三年刻本 九行十八字白口四周双边
五一三 諸證提綱十卷 明陳文治撰 明萬曆四十年魏惺吾刻本 十行二十二字白口四周双边

五一四 新刊魯府秘方四卷 明劉應泰撰 明抄本
五一五 壺隱子日用方括一卷 明劉浴德撰 明萬曆刻本 八行二十字白口四周單边
五一六 家妙仙方四卷 明萬曆二十四年馮時可刻本 十行二十字白口四周双边
五一七 新鐫增補醫方捷徑三卷 明王宗顯撰 楊翊卿增補 明萬曆二十八年方瑞泉刻本 十二行二十五字白口四周双边
五一八 記方二卷 明許兆禎撰 明萬曆刻本 九行二十一字白口四周單边
五一九 增補醫貫奇方一卷 明陰有瀾撰 明書林張起鵬刻本 九行十八字白口四周單边
五二〇 新鐫窮鄉便方二卷 明張賓字撰 秀齋刻本 九行二十字白口四周單边
五二一 新鍥家傳諸症虛實辯疑示兒仙方總論十卷 明萬曆喬山書舍刻本 十行二十三字白口四周單边
五二二 類集試驗良方二卷 明潘雲杰輯 明萬曆三十三年自刻本 八行十八字白口四周單边
五二三 新刊十八大家參併名醫方考醫家赤幟益辯全書十二卷 明吳文炳撰 明萬曆熊冲宇種德堂刻本 十一行二十四字白口四周單边
存六卷 一至三 十至十二
五二四 簡明醫要五卷補遺一卷 明顧儒撰 明萬曆三十四年自刻本 十行二十二字白口四周單边
主三
五二五 鼎鍥太醫院頒行内外諸科方論百代醫宗十卷 明涂紳撰 明萬曆三十五年李潮刻本 十三行二十八字白口四周單边
五二六 醫林正印十卷 明馬兆聖撰 明萬曆四十四年自刻本 十行二十五字白口四周單边
五二七 諸證總錄奇方二十六卷 明胡任撰 明萬曆刻本 十一行二十三字白口四周双边
存十一卷 一至十一
五二八 奚囊便方十卷 明陳朝增輯 明天啓五年刻本 九行十八字白口四周單边
五二九 仁文書院集驗方七卷 明鄧元標輯 明天啓二年馮嘉會刻本 十行二十四字白口四周單边
存六卷 一 三至七
五三〇 新刊明醫選要濟世奇方十卷 明沈應暘輯 明天啓三年刻本 十行二十字白口四周單边
五三一 醫學經略十卷 明趙金撰 明天啓刻本 十行二十二字白口四周單边
五三二 晉門醫品四十八卷 明王化貞輯 明崇禎元年刻本 九行二十字白口左右双边
五三三 簡明醫彀八卷 明孫志宏撰 明崇禎三年刻本 十行二十四字白口四周單边
五三四 新刊簡明醫彀八卷要言一卷 明孫志宏撰 明崇禎刻本 十行二十四字白口四周單边
五三五 太素心法便覽四卷 明朱培撰 明崇禎刻本 九行二十字白口四周單边
五三六 丹臺玉案六卷 明孫文胤撰 明末書林陳爾潤刻本 九行二十字白口四周單边

懸袖便方四卷 明張延登輯 明崇禎二年刻本 七行十四字白口左右双边 五三七
洇後方不分卷 明俞政輯 明崇禎刻本 十行十九字白口四周双边 五三八
胞與堂丸散譜一卷 明洪基輯 明崇禎十一年刻朱墨套印本 九行二十字 五三九
祖劑四卷附雲起堂診籍一卷 明施沛撰 明崇禎刻本 八行十八字四周單边 五四〇
雪潭居醫約八卷 明陳澈撰 明崇禎十四年自刻本 十行二十二字白口四周單边 五四一
三補簡便驗方四卷 明王象晋撰 明崇禎十七年刻本 八行二十字白口左右双边 五四二
重刻軒岐救正論六卷 明蕭京撰 清初蕭震刻本 八行十九字白口左右双边 五四三
新刻醫滙十二卷 明徐爾貞輯 明崇禎刻本 九行二十字白口左右双边 五四四
訂補簡易備驗方十六卷 明胡正心、胡正言輯 明末胡氏十竹齋刻本 五四五
校增救急易方二卷 明廣西府江兵巡道刻本 九行二十字白口四周双边 五四六
草方選要□□卷 □趙鳳翔撰 清初抄本 存三卷 四至五 七 五四七
保生祕鑰四卷 清俞汝覺撰 清乾隆[illegible]抄本 五四八
管見集不分卷 清徐大椿輯 稿本 五四九
脈藥聯珠一卷 清龍柏輯 潘霨增輯 清抄本 清潘霨跋 五五〇
徐村老農手鈔方不分卷 清咸豐二年潘道根抄本 五五一
留石軒良方一卷瘟科方一卷 清錢峻撰 清咸豐四年潘道根抄本 五五二
臨證度鍼六卷 清潘道根輯 稿本 存五卷 二至六 五五三
選方一卷 章炳麟輯 稿本 潘承弼跋 五五四

三四

醫案醫話

彙輯薛氏内科醫案三卷附方一卷 明薛己撰 黄承昊評輯 明崇禎刻本 八行十六字白口四周單边 五五五
名醫類案十二卷 明江瓘輯 明萬曆十九年刻本 十行二十三字白口四周單边 五五六
名醫類案十二卷 明江瓘輯 明萬曆十九年刻本 清丁丙跋 五五七
醫案六卷附驗方一卷 明程崙撰 明天啓元年方道大刻本 九行十八字白口四周單边 五五八
兩都醫案二卷 明倪士奇撰 明崇禎刻本 八行十八字白口四周單边 五五九
金少游先生醫案一卷 明金九淵撰 明崇禎刻本 七行十八字白口四周單边 五六〇
松心筆記一卷 清繆遵義撰 清徐子俞抄本 清徐康跋 五六一
硯北方案不分卷 清吳蒙撰 清乾隆四十一年葉孝燮抄本 五六二
張氏醫案不分卷 清張省齋撰 清嘉慶十四年鄭珩抄本 五六三
陳士蘭先生醫案不分卷 清陳元凱撰 清潘道根抄本 五六四
簳山何氏方案不分卷 清何元長撰 清咸豐元年潘道根抄本 五六五
曾樂山先生醫案不分卷 清曹存心撰 清咸豐二年潘道根抄本 五六六
吳門曹氏醫案四卷 清曹存心撰 清咸豐七年潘道根抄本 五六七

三五

飲香道人醫案不分卷 清潘道根撰 稿本 五六八
醫論問答一卷 明王綸撰 明嘉靖刻本 十行二十字黑口四周單边 五六九
醫宗粹言十四卷 明羅周彥撰 明萬曆四十年何敬塘刻本 十行二十字白口四周双边有刻工 五七〇
醫無閒子醫貫六卷 明趙獻可撰 明書林張起鵬刻本 九行二十字白口四周單边 五七一
醫無閒子醫貫六卷 明趙獻可撰 明崇禎刻本 九行二十二字白口四周單边 五七二
醫貫六卷 明趙獻可撰 清康熙刻本 清徐康跋 五七三
折肱漫錄六卷 明黄承昊撰 明崇禎八年刻本 九行十九字白口左右双边 五七四
觀物篇醫說四卷 清張礎撰 清管慶祺抄本 清管禮耕跋 五七五
說醫私識四卷 清姚凱元撰 稿本 五七六

史傳

醫史十卷 明李濂輯 明刻本 十行二十字白口四周单边 五七七

醫林續傳一卷 明劉浴德輯 明萬曆刻本 八行二十字四周单边 五七八

醫藏目錄一卷附秘傳疹子心法一卷 明殷仲春撰 清順治十三年殷觀園刻本 五七九

雙梧書屋醫學讀書志二卷 清曹禾撰 清光緒九年章同壽抄本 五八〇

內科 主六

仲景全書二十六卷 漢張機撰 明萬曆二十七年趙開美刻本 十行十九字白口四周单边 五八一
傷寒論十卷 漢張機撰
註解傷寒論十卷 金成無己注
傷寒類証三卷 金宋雲公撰
金匱要略方論三卷 漢張機撰

新編金匱方論三卷 漢張機撰 晉王叔和輯 宋林億詮次 元刻明修本 楊守敬跋 十二行二十四字黑口四周双边 五八二

金匱要略方三卷 漢張機撰 晉王叔和輯 宋林億詮次 明洪武二十八年吳遷抄本 五八三

脚氣治法總要二卷 宋董汲撰 清袁氏貞節堂抄本 五八四

脾胃論三卷 金李杲撰 明初刻本 十行十七字黑口四周双边 五八五
存二卷上中

醫學發明九卷 金李杲撰 明抄本 五八六
存一卷一

丹溪先生金匱鈎玄三卷 元朱震亨撰 明戴原禮校補 明成化二十一年沈純刻本 十行十八字黑口四周双边 五八七

丹溪摘玄二十卷 明抄本 五八八

金匱玉函經二註二十二卷 元趙良仁衍義 清周揚俊補注 清白鹿山房活字印本 清潘道根 五八九

拙校並跋

醫學綱目四十卷 明樓英撰 明嘉靖四十四年曹灼刻本 十三行二十二字白口左右双边 五九〇

醫學綱目四十卷 明樓英撰 明刻本 十二行二十六字白口四周单边 有刻工 五九一

心印紺珠經二卷 明李湯卿撰 明嘉靖二十一年邢址刻本 十行二十字白口四周单边有刻工 五九二

心印紺珠經二卷 明李湯卿撰 明嘉靖二十六年趙瀛刻本 十行二十字白口四周单边 五九三

心印紺珠經二卷 明李湯卿撰 明嘉靖二十六年趙瀛刻本 清陳鱣跋 五九四

心印紺珠經二卷 明李湯卿撰 明嘉靖二十六年趙瀛刻本 清貝墉跋 五九五

心印紺珠經二卷 明李湯卿撰 明嘉靖二十六年趙瀛刻本 清林正青跋 五九六

心印紺珠經二卷 明李湯卿撰 明刻本 十行二十字白口四周单边 五九七

心印紺珠經二卷 明李湯卿撰 明刻本 十行二十字白口四周单边 五九八

紺珠經二卷 明李湯卿撰 明崇禎六年刻本 十行十九字白口左右双边 五九九

醫林類證集要十卷 明王璽撰 明成化十八年春德堂刻本 十二行二十四字黑口四周双边 六〇〇

醫林類證集要十卷 明王璽撰 明正德十年胡韶刻本 十二行二十四字黑口四周双边 六〇一

新刊官本類證醫林集要二十卷 明王璽撰 明嘉靖八年書林劉氏刻本 十二行二十五字黑口四周双边 六〇二

主七

濟世内科經驗全方三卷 明劉倫撰 明末刻本 十一行二十五字白口四周单边 六〇三
存二卷上中

薛氏醫錄二卷 明薛己撰 明萬曆刻本 十行二十二字白口四周单边 六〇四

醫學統旨六卷 明葉文齡撰 明嘉靖十四年胡體乾刻本 十行二十字白口四周单边 六〇五

醫學統旨八卷 明葉文齡撰 明隆慶六年鄔璉刻本 十行二十字白口四周单边 六〇六

識病捷法十卷 明繆存濟撰 明萬曆十一年刻本 十行十九字白口左右双边 六〇七

明醫指掌圖前集五卷後集五卷 明皇甫中撰並注 明嘉靖三十五年自刻本 十行二十四至二十五字白口左右双边 六〇八

明醫指掌圖前集五卷後集五卷 明皇甫中撰並注 明萬曆七年書林劉氏安正堂刻本 十行二十五字白口四周单边 六〇九

訂補明醫指掌十卷 明皇甫中撰 王肯堂等訂補 明天啓刻本 九行二十字白口四周单边 六一〇

百病問對辯疑五卷痧疹問對辯疑一卷 明張昶撰 明萬曆張學詩刻本 九行二十字白口四周双边 六一一
存四卷 百病問對辯疑三至五 痧疹問對辯疑全

古今醫家經論彙編五卷 明徐常吉輯 明刻本 九行十九字白口四周双边有刻工 六一二

國醫宗旨四卷 明梁學孟撰 明萬曆陸世科刻本 九行二十字白口左右双边 六一三

痰火顓門四卷 明梁學孟撰 明萬曆三十八年葉大受刻本 十一行二十五字白口四周单边 六一四

傷暑全書二卷 明張鶴騰撰 明天啓三年刻本 八行十六字白口四周单边 六一五

重刻張鳳逵傷暑全書十卷 明張鶴騰撰 彭翊生輯 明天啓五年黃呂刻本 八行十八字白口四周单边 六一六

一萬社草十二卷 明盧明銓撰 明天啓刻本 九行二十字白口四周双边 六一七

存八卷 一至八

新刻痰火點雪四卷 明龔居中撰 明書林劉大易刻本 十行字数不定白口四周单边 六一八

慎柔五書五卷 明釋住想撰 清順治刻本 六一九

吳又可溫疫論節要一卷 清吳有性撰 潘道根刪潤 稿本 六二〇

沈朗仲先生病機彙論十八卷 清沈頲撰 清咸豐七年潘道根抄本 清潘道根跋 六二一

存十七卷 二至十八

溫熱朗照八卷 清繆遵義撰 清抄本 清管禮耕、徐康跋 六二二

瘄徵四卷 清談遵撰 清嘉慶七年陸壎抄本 六二三

條次張仲景傷寒論不分卷 明萬曆刻本 十行二十二字白口四周单边 六二四

未

傷寒微旨二卷 宋韓祗和撰 清袁氏貞節堂抄本 六二五

傷寒總病論六卷音訓一卷修治藥法一卷 宋龐安時撰 清汪氏藝芸書舍影宋抄本 佚名錄清黃丕烈跋 六二六

活人書二十卷 宋朱肱撰 明萬曆四十四年張惟任等刻本 九行二十字白口四周双边 六二七

張仲景註解傷寒百證歌五卷 宋許叔微撰 元刻本 八行十七字黑口左右双边 六二八

張仲景註解傷寒百證歌五卷 宋許叔微撰 清咸豐二年唐棉村抄本 六二九

新編張仲景註解發微論二卷 宋許叔微撰 元刻本 八行十七字黑口左右双边 六三〇

新鍥註解張仲景傷寒發微論四卷 宋許叔微撰 明萬曆三十九年喬山堂劉龍田刻本 九行十九字白口四边单边 六三一

類證增註傷寒百問歌四卷 宋錢聞禮撰 元至大二年刻本 十一行二十一字黑口四周双边 六三二

傷寒活人指掌圖一卷藥方一卷 元吳恕撰 明初刻本 版式有上下數柱左右數柱不一字數不一黑口左右双边 六三三

類編傷寒活人書括指掌圖論九卷續一卷首一卷 宋李知先輯 元吳恕圖說 明熊宗立續 明嘉靖四十三年日新書堂刻本 十二行二十三字白口四周单边 六三四

類編傷寒活人書括指掌圖論九卷續一卷首一卷 宋李知先輯 元吳恕圖說 明熊宗立續 明萬曆十七年金陵書坊唐少橋刻本 十二行二十三字白口四周双边 六三五

類編傷寒活人書括指掌圖論九卷續一卷首一卷 宋李知先輯 元吳恕圖說 明熊宗立續 明唐氏進賢堂刻本 十二行二十三字白口四周双边 六三六

新刻圖註傷寒活人指掌五卷首一卷 元吳恕撰 明萬曆二十八年喬山堂劉龍田刻本 十一行二十五字白口四周双边 六三七

校刻傷寒圖歌活人指掌五卷 元吳恕撰 明萬曆刻本 十行二十二字四周双边 六三八

新刊圖註指南傷寒活人指掌四卷 元吳恕撰 明吳文炳增補 明萬曆二十三年書林熊成冶刻本 十一行二十八字白口四周双边 六三九

傷寒要旨一卷藥方一卷 宋李檉撰 宋乾道七年姑孰郡齋刻本 清黃丕烈跋、楊象濟題款 九行十六字或十七字白口左右双边 六四〇

傷寒補亡論五卷 題宋郭雍撰 清抄本 六四一

傷寒類書活人總括七卷 宋楊士瀛撰 清道光八年鮑泰圻活字印鮑氏家校醫書四種本 清黃丕烈補目 六四二

傷寒明理論三卷方論一卷 金成無己撰 宋刻本（明理論卷三、方論配清抄本） 十行十九字或二十字白口左右双边 六四三

傷寒明理論三卷方論一卷 金成無己撰 明萬曆汪濟明刻本 清何煌校跋並錄毛扆題識 十行二十字白口左右双边 六四四

王九

傷寒明理論二卷 金成無己撰 明巴應奎校補 補論二卷 明巴應奎撰 明查氏書林刻本 十行二十字白口四周单边 六四五

傷寒論注解十卷圖解一卷 金成無己撰 元至正二十五年西園余氏刻本 十二行二十四字黑口四周双边 六四六

傷寒論注解十卷圖解一卷 金成無己撰 元至正二十五年西園余氏刻本 李盛鐸跋 十二行二十四字黑口四周双边間有左右双边 六四七

註解傷寒論十卷 金成無己撰 明熊氏種德堂刻本 十行十九字白口左右双边 六四八

註解傷寒論十卷 金成無己撰 圖解運氣圖一卷 明嘉靖二十四年汪通值生式齋刻本 十行十九字白口左右双边有刻工 六四九

考證註解傷寒論十卷 明黃甲撰 明嘉靖二十四年馮岳刻本 九行二十字白口四周双边 六五〇

新刊河間劉守真傷寒直格三卷 金劉完素撰 元天曆元年建安翠巖精舍刻本 十六行二十九字黑口四周双边 六五一

新刊河間劉守真傷寒直格三卷 金劉完素撰 後集一卷 元鎦洪撰 續集一卷 元馬宗素撰 別集張子和心 六五二

鏡一卷 金張從正撰 明洪武六年陳氏書堂刻本 直格十三行二十四字黑口四周單边後集以下十二行二十字黑口四周單边

新刊河間劉守真傷寒直格三卷 金劉完素撰 後集一卷 元劉洪輯 續集一卷 元馬宗素撰 心鏡一卷 金張從正撰 附集一卷 金張道輔撰 明萬曆三十七年書林張斐刻本 十一行二十五字白口四周双边 六五三

劉河間傷寒三書二十卷 金劉完素撰 明萬曆十三年王來賢等刻本 十行二十字白口四周双边 六五四
黄帝素問宣明論方十五卷 素問玄機原病式一卷 素問病機氣宜保命集三卷

劉河間傷寒三書二十卷 金劉完素撰 明萬曆刻本 十行二十二字白口四周双边 六五五
黄帝素問宣明論方十五卷 素問病機氣宜保命集三卷 新刊注釋素問玄機原病式二卷

金鏡內臺方議十二卷 明許弘撰 清抄本 章炳麟跋 六五六

新刊陶節菴傷寒十書十卷 明陶華撰 明嘉靖十年明德書堂刻本 十行二十一字黑口四周双边 六五七
存五卷 一至五

傷寒六書十卷 明陶華撰 明嘉靖十二年湖廣布政使司刻本 十行二十字白口四周單边 六五八

四〇

編次陶節菴傷寒六書五卷 明陶華撰 明萬曆四十二年王軒刻本 十行二十二字白口四周双边 六五九

新鍥陶節菴家藏傷寒六書六卷 明陶華撰 明何景道刻本 十行二十字白口四周單边 六六〇

陶節菴全生集四卷 明陶華撰 明崇禎十三年刻本 十行二十二字白口四周双边有刻工 六六一

陶節菴傷寒全生集四卷 明陶華撰 明刻本 九行二十字白口四周單边 六六二

傷寒瑣言一卷 明陶華撰 明嘉靖元年王子言刻本 十行二十字黑口四周双边 六六三

傷寒家秘的本一卷 明陶華撰 明嘉靖八年胡汝誠刻本 十行二十字黑口四周双边 六六四

新編傷寒類證便覧十二卷首一卷 明陸彥功撰 明刻本 十二行二十二字白口左右双边 六六五

傷寒蘊要全書四卷 明吴綬撰 明弘治十八年刻本 十行二十字黑口四周双边 六六六

傷寒蘊要全書八卷 明吴綬撰 明刻本 十行二十字白口四周單边 六六七

潛溪續編新增傷寒蘊要全書二卷 明彭用光撰 明嘉靖四十一年胡憓刻本 十行二十字白口左右双边 六六八

王氏家寶傷寒証治明條九卷 明王震撰 明嘉靖四十年雙泉書齋刻本 十行二十字白口四周單边 六六九

王氏家寶傷寒証治明條備覽六卷 明王震撰 明刻本 十一行二十二字白口四周双边 六七〇
存二卷 四至五

新刊傷寒撮要六卷 明繆存濟撰 明隆慶元年汪滋刻本 十行二十三字白口左右單边 六七一

傷寒集驗六卷 明陳文治輯 明崇禎六年四川布政司刻本 十一行二十二字四周單边 六七二

傷寒論條辨八卷或問一卷本草鈔一卷痙書一卷 明方有執撰 明萬曆二十年至二十七年方氏刻本 九行十九字白口四周單边 六七三

傷寒理鏡六卷 明王肯堂撰 卜日乂衷解 明刻本 八行十八字白口四周單边 六七四

傷寒論纂要辨疑四卷傷寒活人指掌補註辨疑三卷 明佟養學輯 明崇禎五年刻本 九行二十二字白口四周單边 六七五

窺垣秘術二卷 明崇禎五年雷芳刻本 明張欽跋 九行二十字白口四周單边 六七六

傷寒秘要二卷 明董玹撰 胡正心補 明崇禎六年胡氏十竹齋刻本 七行十五字白口四周單边 六七七

傷寒五法二卷 明陳長卿撰 明崇禎胡氏十竹齋刻本 七行十五字白口四周單边 六七八

傷寒貫珠集七卷 清尤怡注 清道光潘道根抄本 清潘道根批注並跋 六七九

傷寒雜病論集註十六卷首一卷末一卷 清曹家玲撰 稿本 六八〇

四一

讀傷寒論二卷 清潘道根撰 稿本 六八一

御纂傷寒雜病心法要訣八卷 清抄本 六八二

外科

六八三 劉涓子鬼遺方五卷 齊龔慶宣撰　宋刻本
六八四 劉涓子遺方五卷 齊龔慶宣撰　清抄本　清翁同書跋
六八五 外科精要三卷 宋陳自明撰　明薛己注　明嘉靖刻本　十行十八字黑口左右双边有刻工
六八六 外科精要三卷 宋陳自明撰　明薛己注　補遺一卷 明熊宗立撰　明刻本　十二行二十二字白口四周双边
六八七 重校宋竇太師瘡瘍經驗全書十二卷 宋竇漢卿撰　明隆慶三年三衢大酉堂刻本　九行二十二字白口四周單边
六八八 仙傳外科集驗方一卷 明趙宜真撰　秘傳外科方一卷仙授理傷續斷方一卷 明洪武二十八年淵然道者刻本　十二行二十字黑口四周双边
六八九 仙傳外科集驗方十一卷 明趙宜真撰　明抄本　清丁丙丁立誠跋
六九〇 仙傳外科集驗秘方十一卷 明趙宜真撰　清袁氏貞節堂抄本
六九一 大河外科二卷 明王泰撰　明余文台雙峯堂刻本　八行十八字白口四周單边或四周双边
六九二 外科集驗方二卷 明周文采撰　明嘉靖刻本　十行二十一字白口四周單边
六九三 外科集驗方二卷 明周文采撰　明刻本　十行二十一字黑口四周双边
六九四 新刊太醫院外科心法□卷 明薛己撰　明嘉靖七年日新書堂刻本　十行二十一字白口四周双边
存四卷 一至二　六至七
六九五 立齋外科心法五卷 明薛己撰　明嘉靖十七年蔡經刻本　十行二十字白口四周單边
六九六 外科樞要四卷 明薛己撰　明隆慶五年沈啟原刻本　十行十八字白口左右双边有刻工
六九七 外科經驗精要方一卷 明隆慶六年劉方府山堂刻本　十行二十字白口四周双边有刻工
六九八 新刊秘授外科百效全書六卷 明龔居中撰　明刻本　十行二十五字白口四周單边
六九九 中斗堙校正外科啟玄十二卷 明申拱宸撰　明萬曆富春堂刻本　十行二十字白口四周双边
存十一卷 一至十一
七〇〇 新刊外科正宗四卷 明陳實功撰　明萬曆刻本　八行二十字白口左右双边
七〇一 新刊外科正宗四卷 明陳實功撰　明萬曆刻本　八行二十字白口四周單边
七〇二 新刊外科正宗四卷 明陳實功撰　明崇禎四年刻本　八行二十字白口左右双边
七〇三 新刊外科微義四卷 明刻本　八行二十字白口左右双边
七〇四 瘍科選粹八卷 明陳文治撰　明崇禎元年許僖刻本　十行二十字白口左右双边
七〇五 瘍科選粹八卷 明陳文治撰　明崇禎元年許僖刻本　清王濂瑈跋並錄徐大椿批校
存四卷 一至二　七至八

眼科

七〇六 銀海精微二卷 題唐孫思邈撰　明萬曆十五年陳九仞刻本　十行二十一字白口四周双边有刻工
七〇七 銀海精微二卷 題唐孫思邈撰　明書林鼎毅堂刻本　十行二十一字白口四周單边
七〇八 銀海精微二卷 題唐孫思邈撰　明刻本　十行二十一白口四周双边
七〇九 銀海精微二卷 題唐孫思邈撰　明刻本　十行二十一字白口四周双边
七一〇 銀海精微二卷 題唐孫思邈撰　清乾隆四庫全書本
七一一 原機啟微集二卷 元倪維德撰　明薛己校補　附錄一卷 明嘉靖刻本　十行二十二字白口四周双边
七一二 原機啟微集一卷 元倪維德撰　明王道刻本　八行二十字白口四周双边
七一三 秘傳眼科龍木醫書總論十卷附葆光道人秘傳眼科一卷 題明葆光道人撰　明萬曆三年刻本　十行二十字白口左右双边
七一四 新鍥纂頭復明眼方外科神驗全書六卷 明龔廷賢輯　明萬曆十九年王祐三槐堂刻本　十行十九字白口四周双边
七一五 重訂明目至寶四卷 明萬曆二十一年呂坤刻本　九行二十字白口四周双边
七一六 明目至寶四卷 明刻本　十行二十字白口四周双边
七一七 新刻明目良方二卷 明鄭餘刻本　十行二十字白口四周單边
七一八 新刊明目良方二卷 明萬曆二十八年饒鏵刻本　十行二十四字白口四周双边
七一九 新刊明目良方二卷首一卷 明萬曆存德堂刻本　十行二十四字白口四周双边
七二〇 傅氏眼科審視瑤函六卷首一卷 明傅仁宇撰　林長生校補　明崇禎十七年刻本　十行二十二字白口四周單边

婦科

七二一 新編婦人大全良方二十四卷辯識修製藥物法度一卷 宋陳自明撰 元勤有書堂刻本 十二行二十二字黑口左右双边

七二二 新編婦人良方補遺大全二十四卷首一卷 宋陳自明撰 明熊宗立補遺 明天順八年熊氏種德堂刻本（卷二、二十一至二十四配清抄本） 十二行二十二字黑口四周双边

七二三 新刊婦人良方補遺大全二十四卷 宋陳自明撰 明熊宗立補遺 明正德四年陳氏存德書堂刻本 十三行二十七字黑口四周双边

七二四 婦人良方二十四卷 宋陳自明撰 明薛己注 明嘉靖二十七年沈鏊刻本 十行十八字黑口左右双边有刻工

七二五 太醫院校註婦人良方大全二十四卷 宋陳自明撰 明薛己注 明建邑書林余彰德刻本 十一行二十四字白口四周双边 存十二卷（五至八、十至十八）

七二六 太醫院校註婦人良方大全二十四卷 宋陳自明撰 明薛己注 明金陵書林富春堂刻本 十一行二十二字白口四周双边

七二七 太醫院校註婦人良方大全二十四卷 宋陳自明撰 明薛己注 明陳長卿刻本 十一行二十二字白口四周双边

四四

七二八 三刻太醫院補註婦人良方大全二十四卷 宋陳自明撰 明薛己注 明楊鈐飛四知館刻本 十一行二十五字白口四周單边

七二九 三刻太醫院補註婦人良方大全二十四卷首一卷 宋陳自明撰 明薛己注 明書林余氏書端堂刻本 十一行二十六字白口四周單边

七三〇 女科百問二卷附產寶雜錄一卷 宋齊仲甫撰 明崇禎十三年閔齊伋刻本 十行十九字白口四周双边

七三一 支氏女科樞要三卷 明支秉中撰 明萬曆九年刻本 十行二十字白口左右双边

七三二 濟陰綱目五卷 明武之望撰 明萬曆四十八年刻本 十行二十一字白口四周双边

七三三 濟陰綱目五卷 明武之望撰 明天啓元年刻本 十行二十一字白口四周双边

七三四 濟陰綱目十四卷 明武之望撰 明萬曆象賢館刻本 九行十九字白口四周單边

七三五 調經法門一卷 明呂獻策撰 明崇禎二年刻本 八行二十字白口四周單边

七三六 衛生家寶產科備要八卷 宋朱端章輯 宋淳熙十一年南康郡齋刻本 清黄丕烈 瞿中溶跋 錢大昕題款 九行十五字白口左右双边

七三七 衛生家寶產科備要八卷 宋朱端章輯 清影宋抄本 佚名錄清黄丕烈 瞿中溶跋

七三八 產寶百問五卷 明書林楊懋卿刻本 九行二十字白口四周單边

七三九 產寶百問五卷 明書林茂德堂刻本 九行二十字白口四周單边

七四〇 產寶百問五卷 明末德馨堂刻本 九行二十字白口四周單边

七四一 產寶百問二卷 明嘉靖三十八年刻本 九行二十字白口四周双边

七四二 便產須知一卷 明弘治十三年高賓刻本 九行二十字白口四周双边

七四三 便產須知二卷 明嘉靖三十九年張景賢刻本 十行二十字白口四周單边

七四四 便產須知二卷 明隆慶三年吳紳刻本 十行二十字白口左右双边

七四五 便產須知二卷 明崇禎十四年王蕊祚刻本 十行二十五字白口四周單边

七四六 濟生產寶論方二卷 明金陵書林富鳴刻本 十行二十字白口左右双边

七四七 胤產全書四卷婦人脉法一卷提綱一卷 明王肯堂撰 明書林喬山堂刻本 九行二十字白口四周單边

七四八 胤產全書四卷 明王肯堂撰 明刻本 九行二十字白口四周單边

七四九 胎產方書二卷 明鄭五全撰 明天啓刻本 十行二十字白口左右双边

七五〇 鄭氏產科補亡不分卷 明鄭敷政輯 清咸豐五年潘道根抄本

七五一 蘭閨秘方二卷 明丁明登刻本 九行二十字白口四周單边有刻工

七五二 產孕集二卷 清張曜孫撰 稿本

四五

七五三 螽斯秘訣一卷 明刻本 九行十九字白口左右双边

七五四 二難寶鑑二卷閨門寶鑑一卷博愛心鑑撮要一卷 明魏直撰 明刻本 十行二十字白口四周單边有刻工

七五五 廣嗣要語不分卷 明俞橋撰 明抄本

七五六 新刻萬氏家傳廣嗣紀要五卷 明萬全撰 明萬曆元年怡慶堂余秀峯刻本 十一行二十六字白口四周單边

七五七 萬氏家傳廣嗣紀要十六卷 明萬全撰 明萬曆刻本 九行二十字白口四周双边有刻工

七五八 妙一齋醫學正印種子編二卷 明岳甫嘉撰 明崇禎刻本 八行二十字白口四周双边

兒科

七五九 顱顖經二卷 清乾隆陳鱣家抄本 清陳鱣、丁丙跋

七六〇 校正錢氏小兒藥證直訣十卷 宋錢乙撰 閻孝忠輯 陳氏集驗小兒痘瘮方論一卷 宋陳文中撰 校正經驗良方一卷 明成化六年刻本 十一行二十四字黑口四周双边

七六一 類證註釋錢氏小兒方訣十卷 明熊宗立撰 明正德三年存德書堂刻本 十三行二十六字不等黑口四周双边

七六二 錢氏小兒直訣四卷 宋錢乙撰 閻孝忠輯 明薛鎧註 明崇禎元年梁忠刻本 九行十九字白口左右双边

七六三 幼幼新書四十卷拾遺一卷 宋劉昉撰 明萬曆十四年陳履端刻本 九行二十字白口四周單边

七六四 幼幼新書四十卷 宋劉昉撰 明抄本

七六五 小兒衛生總微論方二十卷 明弘治二年李延壽刻本 十行十八字黑口四周双边 有刻工

七六六 小兒衛生總微論方二十卷 明萬曆二年徐一欃刻十四年徐植重修本 十一行二十字白口四周双边

七六七 新刻太醫院校授丹溪秘藏幼科捷徑全書四卷 清初文林閣唐錦池刻本 十一行二十二字白口四周双边

四六

七六八 新刊袖珍小兒經驗良方十卷 明徐用宣撰 明弘治刻本 十行二十二字黑口四周双边 存七卷 三至四 六至十

七六九 袖珍小兒方十卷 明徐用宣撰 明嘉靖十一年陳璿刻本 十行字不等黑口四周双边

七七〇 袖珍小兒方六卷 明徐用宣撰 明刻本 十行二十字黑口四周双边 有刻工

七七一 補要袖珍小兒方論十卷 明莊應祺撰 附小兒痘疹方論別集二卷 明魏直撰 秘傳小兒痘疹經驗良方口訣一卷 明萬曆二年刻本 十行二十字白口左右双边

七七二 全幼心鑑四卷 明寇平撰 明成化四年全幼堂刻本 十二行二十四字黑口四周双边

七七三 全幼心鑑四卷 明寇平撰 明嘉靖刻本 十一行二十四字白口四周單边

七七四 全幼心鑑八卷 明寇平撰 明嘉靖二十六年王峯書堂刻本 十一行二十二字白口四周單边 存六卷 一至六

七七五 太醫院真傳小兒方全幼心鑑八卷 明寇平撰 明嘉靖二十八年清江書舍刻本 十二行二十三字白口左右双边

七七六 嬰童百問十卷 明魯伯嗣撰 明嘉靖二十三年陳與音刻本 十行二十字白口左右双边

七七七 嬰童百問十卷 明魯伯嗣撰 明楊麗泉四知館刻本 十行二十字白口四周單边

七七八 嬰童百問十卷 明魯伯嗣撰 明刻本 十行二十四字黑口左右双边

七七九 嬰童百問十卷 明魯伯嗣撰 明刻本 九行二十字白口四周單边

七八〇 活幼便覽二卷 明劉錫撰 明正德五年刻本 十一行二十一字黑口四周双边

七八一 活幼便覽二卷 明劉錫撰 明刻本 十行二十一字白口四周双边

七八二 活幼便覽二卷 明劉錫撰 明刻本 九行二十字白口四周双边

七八三 幼科類萃二十八卷 明王鑾撰 明嘉靖十三年白坪刻本 十行二十字白口左右双边

七八四 幼科類萃二十八卷 明王鑾撰 明刻本 十行二十字白口四周單边

七八五 重刻保嬰全書十一卷 明萬全撰 明萬曆二年刻本 十行二十二字白口四周單边

七八六 明醫保幼一卷 明王朝撰 明嘉靖三十一年自刻本 十行二十字白口四周單边

七八七 保嬰撮要十卷 明薛鎧撰 明嘉靖三十四林懋舉刻本 八行十七字白口四周單边 有刻工

七八八 保嬰撮要二十卷 明薛鎧撰 明刻本 八行十七字白口左右双边

七八九 保嬰撮要二十卷 明薛鎧撰 明刻本 八行十七字白口左右双边

七九〇 保嬰全書二十卷 明薛鎧撰 明萬曆三十年刻本 八行十七字四周單边

七九一 保嬰全書二十卷 明薛鎧撰 明萬曆刻本 八行十七字白口四周單边

七九二 生生直指六卷 明沈大治輯 明刻本 十行二十字白口四周單边 存二卷 二 六

七九三 保嬰全集四卷 明費一元撰 明萬曆刻本 九行二十字白口四周單边

七九四 重正懷幼切要二卷 明郡懋臣撰 明萬曆刻本 九行十八字白口四周單边

七九五 保赤全書二卷 明管橓撰 李時中增補 明萬曆十四年周曰校刻本 十行二十二字白口四周單边

七九六 保赤全書二卷 明管橓撰 李時中增補 明刻本 十行二十二字白口四周單边

七九七 新刻幼幼集四卷 明孟繼孔撰 明萬曆書林唐鯉飛刻本 九行十八字白口四周單边

七九八 慈幼秘傳一卷 明萬曆刻本 九行二十一字白口四周双边

七九九 新刊太乙秘傳急救小兒推拿法二卷 明姚國楨撰 明書林劉氏刻本 九行二十字白口四周單边

四七

八〇〇 小兒推拿仙術秘訣不分卷 明周子蕃撰 明萬曆刻本 九行十八字白口四周單边

八〇一 嬰童類萃三卷 明王大綸撰 明天啓二年自刻本 十行二十字白口四周單边

八〇二 保幼雜症一卷 明金廷相撰 明崇禎刻本 九行二十字白口四周單边

八〇三 聞人氏痘疹論三卷 宋聞人規撰 明嘉靖二十一年劉尚義刻本 十一行二十四字白口左右双边

八〇四 聞人氏痘疹論三卷 宋聞人規撰 附錄一卷 明嘉靖三十三年張鐸刻本 九行十八字白口四周單边

閻人氏痘疹論三卷 宋閻人規撰 明嘉靖刻本 十一行二十四字白口左右双边 八〇五
閻人氏痘疹論四卷 宋閻人規撰 明嘉靖二十三年黄樑刻本 八行十六字白口左右双边 八〇六
秘傳小兒豆疹經驗良方一卷 元魏君用撰 明刻本 七行十三字黑口四周双边 八〇七
袁氏痘疹叢書五卷 明袁顥撰 袁祥增修 明書林攀峯堂刻本 十一行二十八字白口四周双边 八〇八
袁氏痘疹全書三卷 明袁顥撰 袁祥增修 明刻本 十一行三十六字白口四周双边 八〇九
王氏痘瘄決疑二卷 明抄本 八一〇
蔡氏小兒痘疹袖金方論一卷附合用藥方并君臣佐使之法一卷 明蔡維藩撰 明抄本 八一一
新校博愛心鑑發明全書三卷 明魏直撰 朱惠明發明 明萬曆三十年刻本 九行二十字白口四周單边 八一二
新校博愛心鑑發明全書三卷 明魏直撰 朱惠明發明 明萬曆刻本 八行十七字白口左右双边 八一三
博愛心鑑代斷二卷 明魏直撰 朱惠明發明 周繼正代斷 明末刻本 九行二十字白口四周单边 八一四
重刻痘疹傳心抄訣三卷 明高如山撰 明書林陳璜刻本 十二行字不等白口四周单边 八一五
錦囊痘疹麻症一卷 明抄本 八一六
痘疹世醫心法十二卷格致要論十一卷碎金賦二卷 明萬全撰 明萬曆十一年陳允升刻本 十行二十字白口四周双边 八一七
痘疹世醫心法十二卷格致要論十一卷碎金賦二卷 明萬全撰 明萬曆刻本 十行二十五字白口四周双边 八一八
痘疹世醫心法十二卷 明萬全撰 明萬曆二十九年秦大夔刻本 十行二十字白口四周双边有刻工 八一九
痘疹全書十六卷 明萬全撰 明萬曆三十八年彭端吾刻本 九行二十字白口左右双边 八二〇
　痘疹世醫心法十二卷
　痘疹碎金賦二卷
　毓麟芝室玉髓摘要二卷
痘疹全書十六卷 明萬全撰 明鄧世昌刻本 九行二十字白口左右双边 八二一
　痘疹世醫心法十二卷
　痘疹碎金賦二卷
　毓麟芝室玉髓摘要二卷
痘治答難八卷 明方元勳撰 明嘉靖三十三年刻本 九行十八字白口四周單边 八二二
痘科纂要一卷 明畢鋐撰 明嘉靖三十七年盧璣刻藍印本 十行十八字黑口四周双边 八二三
新刊經驗治痘活法五卷 明楊鳴元撰 明建邑書林葉氏作德堂刻本 十行二十字黑口四周双边 八二四
新刊纂註釋文明痘心法二卷 明舒季撰 明隆慶六年宋良佐刻本 八行二十四字黑口四周双边 八二五

四八

支氏痘疹玄機四卷方一卷 明支秉中撰 明萬曆二年自刻本 十行二十字白口左右双边 八二六
痘科庭訓二卷 存一卷（上） 明宗守仁撰 明萬曆四年薛夢雷刻本 十行二十二字白口四周双边有刻工 八二七
汪氏痘書一卷 明汪若源撰 明藺鼎衡刻本 七行十五字白口四周单边 八二八
新刊補遺秘傳痘疹全嬰金鏡錄三卷 明翁仲仁撰 陸道元補遺 新刊小兒雜症秘傳便蒙捷法一卷 明陸金輯 陸道光參補 明萬曆七年壽春堂刻本 九行二十字白口左右双边 八二九
新刊補遺秘傳痘疹全嬰金鏡錄三卷 明翁仲仁撰 陸道元補遺 陸道光參補 明刻本 十二行三十字白口四周单边 八三〇
重刻補遺秘傳痘疹全嬰金鏡錄三卷 明翁仲仁撰 陸道元補遺 重刻小兒雜症秘傳便蒙捷法一卷 明陸金輯 陸道光參補 明萬曆刻本 十行二十二字白口四周单边 八三一
新刊痘疹證治要訣五卷 明盧銳撰 明萬曆七年刻本 十行二十字白口四周单边有刻工 八三二
痘疹全書十卷 明黄廉撰 明刻本 八行十七字白口四周单边 八三三
秘傳經驗痘疹方四卷 明黄廉撰 明萬曆七年邢邦刻本 十行二十字白口四周单边 八三四
秘傳經驗痘科玉函集六卷 明丁鳳撰 明萬曆十年蔡四蘭刻本 九行二十字白口四周单边 八三五
傳氏痘疹保嬰珠璣十卷 明傳梀撰 明萬曆十七年刻本 九行二十字白口四周双边 八三六
痘疹一斑一卷 明侯繼濟撰 補遺一卷 明萬曆四十六年陳汝元刻本 十行二十二字白口四周单边 八三七
新刊痘疹傳心錄十六卷 明朱惠民撰 明萬曆刻本 九行十九字白口左右双边 八三八
治痘精詳大全十四卷 明何汾等撰 明萬曆二十二年任匡世刻本 十行二十字白口四周双边有刻工 八三九
痘疹括一卷 明張帽陽撰 明萬曆二十四年刻本 十行二十字白口四周双边 八四〇
鐫鄭正吾先生痘經會成十卷 明鄭大忠撰 明崇禎五年葉高標刻本 九行二十二字白口四周单边 八四一
萬氏家抄痘疹諸家方論三卷附集二卷 明萬邦孚撰 明萬曆二十八年葉樫刻本 十行二十字白口四周单边 八四二
痘疹大全□種□□卷 明吳勉學編 明萬曆刻本 十行二十字白口四周双边 八四三
　存八種二十一卷
　類證註釋錢氏小兒方訣十卷 宋錢乙撰 閻孝忠輯 明熊宗立註
　閻人氏伯圖先生痘疹論二卷 宋閻人規撰

四九

痘疹寶鑑二卷 博愛心鑑二卷 明魏直撰
陳氏小兒痘疹方論一卷 宋陳文中撰
蔡氏小兒痘疹方論一卷 明蔡維藩撰
陳蔡二先生合併痘疹方一卷
博集稀痘方論二卷 明郭子章撰

痘疹大全□種□□卷 明吳勉學編 明萬曆刻本 十行二十字白口四周雙邊 八四四
存七種十一卷
閩人氏伯圜先生痘疹論二卷 宋聞人規撰
陳氏小兒痘疹方論一卷 宋陳文中撰
蔡氏小兒痘疹方論一卷 明蔡維藩撰
陳蔡二先生合併痘疹方一卷
博愛心鑑二卷 明魏直撰
痘疹寶鑑二卷
博集稀痘方論二卷 明郭子章輯

痘疹大全□種□□卷 明吳勉學編 明萬曆刻本（博集稀痘方論二卷配明萬曆刻本） 佚名批校 十行二十字白口四周雙邊 八四五
存七種十一卷
痘疹全書二卷 明萬全撰
閩人氏伯圜先生痘疹論二卷 宋聞人規撰
痘疹寶鑑二卷
陳氏小兒痘疹方論一卷 宋陳文中撰
蔡氏小兒痘疹方論一卷 明蔡維藩撰
陳蔡二先生合併痘疹方一卷
博集稀痘方論二卷 明郭子章輯

五〇

新鐫痘疹心印二卷 明孫一奎撰 明萬曆三十年刻本 九行十九字白口四周單邊 八四六

疹科真傳一卷 明萬曆查熙樸刻本 八行十八字白口四周單邊 八四七

痘疹真訣二卷 明陳文治輯 明萬曆三十五年康丕揚刻本 十行二十字白口四周雙邊 八四八

秘傳痘疹神書慈幼玄玄附經驗良方四卷 明陳應旌撰 明萬曆三十八年刻本 十行二十字白口四周雙邊 八四九

小兒司命八卷 明彭克諭撰 明萬曆刻本 九行二十字白口四周單邊有刻工 八五〇
存六卷 一至六

痘疹活幼心法全書不分卷 明聶尚恒撰 明崇禎六年四美堂刻本 十行十九字白口四周雙邊 八五一

痘疹仁端錄八卷 明徐謙撰 清康熙五十年繡閣子抄本 清吳騫跋 八五二

新刻太醫院校正痘疹醫鏡二卷 明龔居中輯 明建邑書林蕭騰鴻刻本 十一行二十六字白口四周單邊 八五三

新刊太醫院校正痘疹醫鏡二卷 明龔居中輯 明復古齋刻本 十一行二十六字白口四周單邊 八五四

痘科類編釋意三卷 明翟良輯 明抄本 八五五

新刻痘疹青囊大全三卷 明王自泰撰 明崇禎三年陳長卿刻本 十行二十四字白口四周單邊 八五六

痘疹幼幼全書十七卷 明呂獻策撰 明崇禎八年呂獻禎呂獻瑞刻本 十行二十二字白口四周單邊 八五七

痘疹玄言二卷 明汪勳撰 明崇禎十年程士遠刻本 九行二十二字白口四周單邊 八五八

疹科纂要一卷 明馬之騏撰 明末刻本 十二行二十二字黑口左右雙邊 八五九

鳴鶯集纂兒科痘疹全書十二卷 清沈復撰 清芸氏敦好齋抄本 八六〇

針灸

鍼灸甲乙經十二卷 晉皇甫謐撰 明萬曆二十九年吳勉學刻古今醫統正脈全書本 莫棠跋 十行二十字白口左右雙邊 八六一

鍼灸甲乙經十二卷 晉皇甫謐撰 清光緒十年陸潤庠家抄本 清陸潤庠校 八六二

黄帝神聖工巧甲乙經二卷 晉皇甫謐撰 清咸豐七年潘道根抄本 清潘道根跋 八六三

新刊銅人鍼灸經七卷新編西方子明堂灸經八卷 元刻本 十三行二十一字黑口左右雙邊 八六四

新刊銅人鍼灸經七卷 元刻本 十三行二十一字黑口四周雙邊 八六五
存三卷 五至七

新編西方子明堂灸經八卷 元刻本 十三行二十一字黑口左右雙邊 八六六

五一

新編西方子明堂灸經八卷 元熊氏衛生堂刻本 十三行二十一字黑口四周雙邊 八六七
存三卷 一至三

新刊銅人鍼灸經七卷新編西方子明堂灸經八卷 明山西平陽府刻本 十行二十一字白口四周單邊 八六八

新刊銅人鍼灸經七卷新編西方子明堂灸經八卷 明山西平陽府刻本 清丁丙跋 八六九

銅人腧穴鍼灸圖經三卷 宋王惟一輯 明書林宗文堂刻本 十行二十五字白口四周雙邊 八七〇

鍼灸資生經七卷目錄二卷 宋王執中撰 明正統十二年葉景逵廣勤書堂刻本 十二行二十四字黑口四周雙邊 八七一

鍼灸資生經七卷目錄二卷 宋王執中撰 明正統十二年葉景逵廣勤書堂刻本 清姚衡跋 八七二

大本瓊瑤發明神書三卷 題宋劉真人撰 明刻本 八行十六字白口左右雙邊 八七三

鍼灸四書九卷 元至大四年燕山活濟堂刻本 行格不等黑口左右雙邊 八七四
新刊黄帝明堂灸經三卷
新刊子午流注鍼經三卷 南唐何若愚撰
新刊竇漢卿編集鍼經指南一卷 金竇傑撰 附鍼灸雜説一卷 元竇桂芳撰
新刊莊季裕編灸膏肓腧穴法一卷 宋莊綽撰

十四經發揮三卷 元滑壽撰 明抄本 八七五

八七六 十四經絡歌訣圖不分卷 明抄本
八七七 神應經一卷 明陳會撰 明洪熙元年刻本 清丁丙跋 十二行二十三字黑口四周雙边
八七八 靈樞經脉翼三卷 明夏英輯 明抄本
八七九 新鋟太醫院參訂徐氏鍼灸大全六卷 明徐鳳撰 明喬山堂劉龍田刻本 十一行二十五字白口四周雙边
八八〇 新鋟太醫院參訂徐氏鍼灸大全六卷 明徐鳳撰 明刻本 十一行二十五字白口四周雙边
八八一 鍼灸節要三卷鍼灸聚英五卷 明高武撰 明嘉靖十六年陶師文刻本 十行二十二字黑口四周雙边
八八二 鍼灸問答不分卷 明抄本
八八三 新鍥秘傳常山敬齋楊先生鍼灸全書二卷 明陳言撰 明刻本 十行二十四字白口四周單边
八八四 鍼灸大成十卷 明楊繼洲撰 明萬曆二十九年趙文炳刻本 十行二十二字白口四周雙边
八八五 足經圖殘帙不分卷 明彩繪本 存三葉半

五二

八八六 鍼方六集六卷 明吴崑撰 明萬曆四十六年程標刻本 八行二十字白口左右雙边
八八七 經絡穴法一卷 明抄本
八八八 經絡圖說一卷 明張明撰 清初抄本
八八九 鍼灸圖經三卷 清姜希轍撰 清康熙刻本
八九〇 身經通考四卷 清李潆撰 清康熙刻本
八九一 考定經穴不分卷 清吴超士撰 稿本 清徐大椿跋
八九二 人體經穴臟腑圖一卷 清五色彩繪本

養生

八九三 古今錄驗養生必用方三卷 宋初虞世撰 清葉廷琯抄本 清葉廷琯跋
八九四 養生類纂二十二卷養生月覽二卷 宋周守忠撰 明成化十年謝頌刻本 卷十三至十五配清抄本 葉景葵跋 十二行二十六字黑口四周雙边
八九五 養生月覽二卷 宋周守忠撰 明成化十年謝頌刻本 十二行二十六字黑口四周雙边
八九六 萬壽仙書二卷 明末刻本 八行二十二字白口四周單边
八九七 三元延壽參贊書五卷 元李鵬飛撰 明嘉靖刻本 十行二十四字黑口四周雙边
八九八 壽親養老新書四卷 元鄒鉉撰 明初刻本 清黄丕烈跋 十行十六字黑口四周雙边
八九九 壽親養老新書四卷 元鄒鉉撰 明初刻本 清丁丙跋 十行十六字黑口四周雙边
九〇〇 壽親養老新書四卷 元鄒鉉撰 明成化十二年徐灌刻本 十行十六字黑口左右雙边 存一卷 四
九〇一 壽親養老新書四卷 元鄒鉉撰 明刻本 清王渡[illegible]楊沂孫跋 十行十六字黑口四周雙边有刻工
九〇二 壽親養老新書四卷 元鄒鉉撰 明刻本 十行十六字黑口四周單边
九〇三 壽親養老新書四卷 元鄒鉉撰 明萬曆四年刻本 十行十七字四周雙边
九〇四 壽親養老新書四卷 元鄒鉉撰 明末刻本 十行十七字白口四周雙边
九〇五 壽親養老新書四卷 元鄒鉉撰 明抄本 存二卷 二至三
九〇六 安老懷幼書四卷 明劉宇編 明弘治十一年自刻藍印本 九行十九字黑口四周雙边
九〇七 安老懷幼書四卷 明劉宇編 明弘治十一年自刻本 九行十九字黑口四周雙边
九〇八 泰定養生主論十六卷 元王珪撰 明正德六年[illegible]藩刻本 十行二十字白口左右雙边
九〇九 泰定養生主論十六卷 元王珪撰 明刻本 十行二十字白口左右雙边
九一〇 活人心二卷 明朱權撰 明刻本 八行十八字黑口四周雙边
九一一 修真秘要一卷保生心鑑一卷養生導引法一卷 明正德八年王蔡刻本 二十一字白口四周單边

五三

九一二 保生心鑑一卷 明刻本 八行十八字白口四周雙边
九一三 保生心鑑一卷 明刻本 行格不等白口四周單边
九一四 新鐫厚生訓纂二卷 明周臣撰 明萬曆三十二年孫成名刻本 八行十八字白口四周雙边
九一五 尊生要旨一卷 明蔣學成輯 許樂善補 明刻本 十行二十二字四周雙边
九一六 養生類要前集一卷 明吴正倫撰 明嘉靖刻本 十行二十字白口左右雙边
九一七 攝生要義一卷 明沈槩撰 明范氏天一閣抄本
九一八 淨戒微言一卷離見衛生錄一卷 題明癯齋居士撰 明刻本 十行二十一字白口左右雙边
九一九 修養節要二卷 明宋明德撰 明萬曆二十八年自刻本 九行二十字白口四周雙边
九二〇 達生錄二卷 明褚胤昌輯 明萬曆三十二年定志齋刻本 九行二十字白口四周單边
九二一 攝生要語一卷 明郁調元輯 明萬曆三十二年刻本 九行十九字白口四周單边
九二二 心聖圖說要言一卷却病心法一卷 明殷宗器輯 明萬曆刻本 九行十九字白口四周雙边有刻工
九二三 養生說略二卷 明刻本 八行十八字白口四周單边

悟生觀一卷　明洪應明輯　養生一卷　明陳繼儒輯

運氣彀不分卷　明張昶撰　明萬曆四十七年刻本　九行二十字白口四周双边　九二四

五福全書七卷　明龔居中撰　明崇禎刻本　八行十八字白口四周單边　九二五

養生要括一卷　明孟笨撰　明崇禎七年刻本　九行二十二字白口四周双边　九二六

三教聖人修身圖訣一卷　清修捷徑一卷　明張我續撰　明崇禎刻本　九行十七字白口四周單边　九二七

養生必要活人心訣四卷　明洪基撰　明崇禎刻本　八行十八字左右双边　九二八

萬育仙書二卷　明曹無極輯　明末刻本　八行二十二字白口四周單边　九二九

新鐫養生大要一卷　明崇古書院刻本　九行十七字白口上下双边左右單边　九三〇

修養要覽三卷　明刻本　九行二十字白口四周双边　九三一

養生餘論不分卷　清姚椿輯　稿本　九三二

洗心輯要二卷　清徐文弼輯　清乾隆四十年刻本　行格不等四周單边　九三三

玄功近指一卷　清李汝鈞輯　稿本　九三四

雜錄

醫說十卷　宋張杲撰　宋刻本　清黃丕烈、丁丙跋　九行十八字白口左右双边有刻工　九三五

五四

醫說十卷　宋張杲撰　明嘉靖二十二年張子立刻本　十行二十字白口左右双边　九三六

醫說十卷　宋張杲撰　明嘉靖二十三年顧定芳刻本　九行十八字白口左右双边有刻工　九三七

醫說十卷　宋張杲撰　明嘉靖二十九年刻本　十行二十字白口左右双边　九三八

醫說十卷　宋張杲撰　明嘉靖二十九年刻本　佚名校並錄清黃丕烈跋、丁丙跋　九三九

醫說十卷　宋張杲撰　明萬曆十三年刻本　十行二十字白口左右双边　九四〇

醫說十卷　宋張杲撰　明馮承治刻本　十一行二十字白口四周單边　九四一

醫說十卷　宋張杲撰　明吳勉學刻本　十行二十字白口四周双边　九四二

醫說續編十八卷　明周恭撰　明隆慶三年曾灼刻本　十二行二十字白口左右双边有刻工　九四三

續醫說十卷　明俞弁撰　明吳勉學刻本　十行二十字白口四周双边　九四四

蘭室秘藏三卷　金李杲撰　明刻本　清丁丙跋　十行十八字黑口四周双边　九四五

醫經小學六卷　明劉純撰　明正統三年陳有戒刻本　十一行二十四字黑口四周双边　九四六

醫經小學六卷　明劉純撰　明成化九年熊氏種德堂刻本　十一行二十字黑口四周双边　九四七

醫經小學六卷　明劉純撰　明刻本　十一行二十字白口左右双边　九四八

醫經小學六卷　明劉純撰　明刻本　九行十七字黑口四周双边　九四九

明醫雜著一卷續一卷　明王綸撰　明弘治十五年刻本　十行二十一字黑口四周双边　九五〇

明醫雜著六卷　明王綸撰　薛己注　明嘉靖三十年宋陽山刻本　十行十八字白口左右双边　九五一

明醫雜著二卷　明王綸撰　薛己注　王朝補遺　明嘉靖三十一年王朝刻本　十行二十字白口四周單边　九五二

存一卷　上

新刊明醫雜著二卷　明王綸撰　薛己注　明萬曆二十一年劉龍田喬山堂刻本　十一行二十四字白口四周双边　九五三

明醫二著五卷　明隆慶元年宋璟卿刻彙印本　十行十九字白口四周單边　九五四

存三卷　三至五

程進士松厓醫徑四卷　明程玠撰　明萬曆二十八年刻本　十行二十四字白口四周双边　九五五

松厓醫徑二卷　明程玠撰　明天啓五年程標刻本　九行二十字白口四周單边　九五六

新刻汪先生家藏醫學原理十三卷　明汪機輯　明吳繼武謝敬刻本　十二行二十三字白口四周單边　九五七

新刻萬氏家傳保命歌括十卷　明萬全撰　明萬曆二十五年余秀峰刻本　十一行二十六字白口四周單边　九五八

編註醫學入門七卷首一卷　明李梴撰　明萬曆刻本　九行二十二字白口四周双边　九五九

重刻古今醫鑑八卷　明龔信輯　明萬曆四年金陵書林周四達刻本　十三行二十六字白口四周單边　九六〇

新刻增補古今醫鑑八卷　明龔信輯　龔廷賢續　明金陵書林周庭槐刻本　十二行二十八字白口四周單边　九六一

五五

王宇泰先生訂補古今醫鑑十六卷　明龔信輯　龔廷賢續　王肯堂訂補　明萬曆十七年葉龍生刻本　十行二十字白口四周單边　九六二

程氏醫彀集古四卷　明程式撰　明萬曆刻本　十行二十字白口四周單边　九六三

新刻太醫院纂集醫教立命元龜七卷　明朱儒撰　明萬曆十八年閩建潭城書林余成章刻本　十二行二十八字白口四周双边　九六四

醫鏡二卷　明許兆禎撰　明刻本　十行十八字白口左右双边　九六五

新鍥雲林神彀四卷　明龔廷賢撰　明萬曆十九年刻本　十行二十字白口四周單边　九六六

新刊萬病回春八卷　明龔廷賢輯　明閩門書林葉龍溪刻本　十一行二十二字白口左右双边　九六七

萬病回春八卷　明龔廷賢輯　明萬曆三十年周成印刻本　十二行二十四字白口四周双边　九六八

雲林醫聖普渡慈航八卷　明龔廷賢撰　明崇禎金閶書林唐廷瑞刻本　十三行二十六字白口四周單边　九六九

新刊醫林狀元壽世保元十卷　明龔廷賢撰　明末周文卿光霽堂刻本　十三行二十八字白口四周單边　九七〇

新刻太醫院發刻醫家必究杏苑生春八卷　明芮經輯　明金陵書坊蔣氏石渠閣刻本　十二行二十四字白口四周双边　九七一

赤水玄珠三十卷醫案五卷醫旨緒餘二卷　明孫一奎撰　明萬曆二十四年孫泰來孫朋來刻本　九行十九字白口四周單边　九七二

士林餘業醫學全書六卷　明葉雲龍　明萬曆刻本　九行二十四字白口四周單边　九七三

醫鏡四卷　明王肯堂撰　清道光二十八年潘道根抄本　九七四

先醒齋筆記一卷　明繆希雍撰　丁元薦輯　明萬曆四十一年刻本　十行二十字白口四周單边　九七五

先醒齋筆記一卷　明繆希雍撰　丁元薦輯　明崇禎七年覺空子抄本　九七六

廣筆記十四卷炮炙大法一卷用藥凡例一卷　明繆希雍撰　丁元薦輯　莊鏡光增次　明天啓二年莊繼光刻本　十行二十字白口四周双边　九七七

先醒齋筆記十四卷炮炙大法一卷用藥凡例一卷　明繆希雍撰　丁元薦輯　明崇禎十五年李枝刻本　十行二十字白口左右双边　九七八

頭生微論四卷　明李中梓撰　明書林棠仰峰刻本　九行二十字白口四周單边　九七九

刪補頭生微論四卷　明李中梓撰　明崇禎十五年沈頲刻本　十行二十字白口四周單边　九八〇

新刻聶久吾先生醫學彙函十三卷首一卷　明聶尚恒撰　明崇禎澹劍山房刻本　十行二十二字白口四周單边　九八一

秋室我聞錄一卷　清余集撰　手稿本　清沈慶雲跋　九八二

五六

收藏情況表

書名編號		藏書單位				
子 醫家類	1	1601●				
	2	0101	0141	0171	0201	
	3	0901				
	4	0171	0701			
	5	0141	0161	0193		
	6	0149	0171	1001	1601	1629
		1647	2901			
	7	0170	0345	0391	0903	
	8	0261	2743●			
	9	0201●	0262●	1601●		
	10	0141	0142	0161	2701	
	11	0102	0149	0170	0171	0242
		0391	1761	2301	2545	
	12	0101●	0102●	0161●	0171●	0244●
		0944●	1705●			
	13	0141	0245	0943	1601	1701
		1808				
	14	0161	0241	2401		
	15	0171				
	16	0244	0245	1601		
	17	0141	0171	0201		
	18	0170	0263	1101	1701	2401
		2701				
	19	0181	0201	0244	0701	0742
		1601	2702			
	20	0244				
	21	0161	0171	0193	1695	1701
	22	0171				
	23	0244				
	24	0198	2701			
	25	1543				
	26	0171	0201	0244		
	27	0101	0149	0161	0171	0181
		0201	0301			
	28	1601				
	29	0101				
	30	0170●	0201●	0261●	0444●	
	31	0244				

表十

收藏情況表

書名編號		藏書單位				
子 醫家類	32	0170				
	33	0171				
	33	0201				
	35	0201	0742	1615	2702	
	36	0141	0171	0291	1701	2201
		2701				
	37	0101	0102	0171	0182	0197
		0198	0201	0242	0301	0341
		0743	0801	1101	1501	1601
		1701	2348	2702	2743	
	38	1601				
	39	0101				
	40	0141				
	41	0171				
	42	2301				
	43	0141●	0198●	0742●	1601●	
	44	0201				
	45	0201				
	46	1701	2350●			
	47	0101				
	48	0141	0244			
	49	0101	0102	0141	0142	0163
		0170	0171	0197	0198	0201
		0241	0242	0244	0261	0263
		0345	0701	0742	0801	1001
		1041	1101	1501	1543	1601
		1604	1606	1701	1702	1705
		1716	1761	1801	1842	1883
		2202	2401	2701	2702	
	50	1842				
	51	2501				
	52	1601				
	53	0101●				
	54	0101				
	55	0161	0171	0301		
	56	0101				
	57	0101				
	58	0101	0141	0171	0182	

收藏情況表

書名編號		藏書單位				
子醫家類	59	0170				
	60	2702				
	61	0101	0141	0149	0161	0170
		0171	0181	0198	0201	0244
		0261	0301	0345	0743	0801
		0942	0962	1047	1543	1605
		1607	1647	1701	1742	2201
		2301	2401	2501	2545	2546
		2701	2743	2901		
	62	0201				
	63	0201				
	64	0101	0171	0201	0345	0742
		1701	1842	2461		
	65	0201				
	66	0101				
	67	0101	0261			
	68	0141	0182	1605	1301	
	69	1601				
	70	0101⊙				
	71	0201⊙				
	72	0101	0141	2501		
	73	0171	1705			
	74	0149				
	75	1601				
	76	0101				
	77	0161				
	78	0201	0843			
	79	1705				
	80	0102				
	81	0170	0171	0201	1701	1881
	82	0201	1705			
	83	0244				
	84	1705				
	85	0161	0171			
	86	1601				
	87	0201				
	88	0141	0161	0201	0244	0263
		2401				

收藏情況表

書名編號		藏書單位				
子醫家類	89	0171	0263	0843		
	90	0345				
	91	1601⊙				
	92	1601				
	93	0161				
	94	1601⊙				
	95	0101				
	96	0101				
	97	0201				
	98	0241				
	99	1101				
	100	0201				
	101	0201				
	102	0201				
	103	0201				
	104	0101	0201	0244	1601	2203
	105	1601				
	106	0101	0141	0170	0171	0181
		0962	1716	2247		
	107	1701⊙				
	108	0242				
	109	0101	1002			
	110	0244				
	111	1601				
	112	2701				
	113	0161⊙				
	114	0170	0201			
	115	0142	0181	0201	0291	0529
		0943	0962	1101	1161	1301
		1501	1503	1543	1601	1605
		1606	1647	1842	1881	1901
		2701	2743			
	116	0201				
	117	0201				
	118	0161				
	119	0101	0141	0201		
	120	0171				
	121	2321				

表十

收藏情況表

書名編號		藏書單位				
子醫家類	122	0101				
	123	0101				
	124	0101				
	125	0244				
	126	0201				
	127	0101	0171	1601	1606	1701
	128	0201	0501	1101	2348	2701
		2702				
	129	1601				
	130	0301	0801			
	131	0101	0149	0161	0170	0171
		0182	0201	0244	0291	0703
		1002	1604	1705	2401	2701
	132	0141	0142	0161	0170	0171
		0742	2541	2702		
	133	1601				
	134	0161	0244	0261	1002	1601
		2243	2943			
	135	0701				
	136	0170				
	137	0101	0171	0244	1601	
	138	0101	0170	0171	0198	0201
		0591	0742	1161	1501	1641
	139	1601				
	140	0171	1641	2201	2701	
	141	0101⊙				
	142	0101⊙				
	143	0171⊙				
	144	0142	0171	0261	0801	1705
		1716	2702	2943	2944	
	145	2743				
	146	0101	0141	0161	0201	0244
		0542	1716	2041	2401	2541
		2702				
	147	1601				
	148	0201				
	149	0101				
	150	0101⊙				

收藏情況表

書名編號		藏書單位				
子醫家類	151	0101				
	152	0101				
	153	0742				
	154	2501				
	155	0141	0244	0703	1716	2348
	156	0101	1643	1801		
	157	0101				
	158	0742				
	159	0101				
	160	0198	0244			
	161	0263				
	162	0171				
	163	0101⊙				
	164	0101⊙				
	165	0201⊙				
	166	0181				
	167	0171				
	168	0141	0703			
	169	0244				
	170	0101	0201	1101		
	171	0161	0171	1761	2201	
	172	0101	0263	1601		
	173	0201	1701			
	174	0171	0201			
	175	0171	0201	0244	0261	0703
		1501	1641	1701	2701	2702
	176	0171	0201	0244		
	177	0170	0241	0524	0742	2743
	178	0244				
	179	0161	0170	0201	0742	1701
	180	0141				
	181	0171				
	182	0101	2702			
	183	1701				
	184	0171				
	185	0102	0142	0161	0170	0171
		0181	0201	0242	0244	0245
		0261	0263	0291	0345	0701

表十

收藏情況表

書名編號	藏書單位				
子 醫家類	0742	0801	0943	1101	1601
	1605	1628	1695	1701	1712
	1742	1743	1801	2044	2541
	2546	2563	2701	2702	2743
	2748	2943			
186	0101	0244			
187	0101⊕	0244⊕	1705⊕	1881	
188	0171				
189	0201				
190	0101				
191	0201				
192	0201				
193	0201				
194	0201	0444			
195	0101				
196	0141				
197	0101				
198	0171				
199	0141	0171			
200	0161				
201	0101	0171			
202	0171				
203	0171				
204	0171				
205	0101				
206	0171	0701	1881		
207	0510	1701			
208	0101				
209	0201	0703			
210	0101				
211	2401⊕				
212	0101	0141	0201	0301	0520
	2348	2401			
213	0141	0201	0742	1705	
214	1606	2743			
215	0141	0201	0743		
216	0141	0171	0182	0244	0742
	[illegible]				

收藏情況表

書名編號	藏書單位				
子 醫家類 217	0101				
218	0242	0703			
219	0101	0161			
220	0244				
221	0101	1601	2203		
222	0101	0161			
223	0244				
224	0244				
225	1801				
226	0170	0181			
227	0141				
228	0181				
229	0170				
230	0101				
231	0171				
232	0101				
233	0201				
234	0101				
235	0101				
236	0263	0244⊕	0263		
237	0101				
238	0141	0170			
239	0142	0261	0345	0701	1801
240	0161				
241	0101				
242	0141				
243	0201	0244	0263	0701	
244	1601				
245	0101	0161	0171	0201	0703
	1647	2541			
246	0201				
247	0201				
248	0101				
249	0201				
250	0244				
251	0161	1601			
252	0161				
253	0101				

表四

收藏情況表

書名編號	藏書單位				
子 醫家類 254	0161⊕	0201⊕	2941⊕		
255	0101	0161	0201		
256	1701⊕				
257	0101				
258	0741				
259	0201				
260	0201				
261	0171				
262	0101				
263	0141	0201	0345	1101	
264	0171				
265	0101				
266	0201				
267	0201				
268	0201				
269	0244				
270	0201				
271	0261				
272	0161				
273	0201				
274	0201				
275	0201				
276	1647				
277	0201	0743			
278	1601	1701	2301	2348	
279	0181	0201	2701		
280	0101				
281	0201				
282	0101				
283	0101	0263			
284	0201				
285	0141				
286	0101	0201			
287	0201				
288	0101				
289	0201				
290	0101				
291	0101	0171	0201		

收藏情況表

書名編號	藏書單位				
子 醫家類 292	0101	0141	0201	1606	0301⊕
	0171⊕				
293	0141	1701			
294	0101	0171	0701	1701	1842
295	1202	2702	1202		
296	0170	0182	1543	1705	
297	0171	0181	0201	0241	0244
	0261	0291	0703	1542	1701
	1901	2701	2702		
298	2701				
299	0198				
300	0101⊕				
301	0141⊕				
302	0141	0161	0171	0291	1601
	1881	2701	2702		
303	2701				
304	2702				
305	0241				
306	0101				
307	0141				
308	0198				
309	0101				
310	0344				
311	0101				
312	1601				
313	0201				
314	0101	0244			
315	1601				
316	0101				
317	1701⊕				
318	0101				
319	0101				
320	0742				
321	0101				
322	2702				
323	1501				
324	0201⊕				
325	1601				

表五

收藏情況表

書名編號	藏書單位				
子 醫家類 326	0101				
327	0101				
328	0101				
329	0101				
330	0101●				
331	0141				
332	0101	0141			
333	2702				
334	0101●	0201			
335	0101	0198			
336	0141	0170	1343		
337	1601				
338	0201	0244	1501		
339	0244				
340	0141●	0101●	2401●		
341	1601				
342	0101				
343	0201				
344	2702				
345	0201	1601●			
346	0141				
347	0141	0171●			
348	0171				
349	0101	0201			
350	0101				
351	0171				
352	1701				
353	0141	0201			
354	0201	0244	0501		
355	0261	1701			
356	1601				
357	0101	1501	2501		
358	1705				
359	0244				
360	0171				
361	0201	0391			
362	0101	0244			
363	0141	[illegible]			

表六

收藏情況表

書名編號	藏書單位				
子 醫家類 364	0101	1629			
365	0102	0171	1601		
366	0141	1701	2702		
367	1605				
368	1702				
369	0502	0701			
370	1701				
371	2701				
372	0201	0244	0261	0291	0742
	2304	2401			
373	0142	0171			
374	0201	1601	1742		
375	0241	1701			
376	0345	1601	1716	1806	
377	0391	0701	1501		
378	0201	1082			
379	0703	1601			
380	0201●				
381	0101●				
382	0201	0301			
383	1606				
384	0701				
385	0244	1101			
386	0201				
387	0101	0171	0201	1601	2701
388	0291	0743			
389	0244●				
390	1601				
9	0101				
392	0201				
393	0742				
394	0101●				
395	0101				
396	2301●				
397	0101	0141			
398	0244				
399	1643				
400	0101				

收藏情況表

書名編號	藏書單位				
子 醫家類 401	0161				
402	1601				
403	0141	0201	2701		
404	0101				
405	0701				
406	1701				
407	2702				
408	0201●				
409	2702				
410	0101	0261	0263		
411	0141	0201			
412	1601				
413	0196				
414	0101				
415	0161	0171			
416	0171				
417	0201	0742			
418	1705	2348			
419	0101				
420	0701				
421	0201				
422	0171				
423	0101	0198			
424	0101	0141	0171	0199	
425	0101	1701			
426	1601				
427	0171				
428	0101				
429	1601	2561			
430	0101				
431	0101				
432	0171				
433	0201				
434	0201				
435	0201				
436	0261				
437	1701				
438	1761				

表七

收藏情況表

書名編號	藏書單位				
子 醫家類 439	0703				
440	0201				
441	0102	0149	0161	0170	0244
	0261	0263	1601	1761	2545
442	0101	0141			
443	0101				
444	0170	1702			
445	0171	0263			
446	0261	0742	1701		
447	0101				
448	0101				
449	0244				
450	0171				
451	2701				
452	0171				
453	0141	0171	0198		
454	0161				
455	0201				
456	0170	0171	0801	0944	
457	0101	0141			
458	0201				
459	0261				
460	0171				
461	0101	0801			
462	0201				
463	0201				
464	0201				
465	0171				
466	0201●				
467	0345●				
468	1705				
469	0101	0161	0171	0201	0244
	0261	0803	1501		
470	0101	0171			
471	0201				
472	0171	0201	0244	0444	
473	0102	0141	0198	0291	0301
	0391	0591	0742	1601	1695

收藏情况表

書名編號	藏書單位				
子 醫家類	1701				
474	0101	0141	0201	0345	0742
	2243				
475	0161	0170	0198	0201	1501
	1601	1705			
476	0244◎				
477	0201	0291			
478	0101	0244			
479	0244				
480	0171	1601			
481	0171◎	0198			
482	1705				
483	0171				
484	1788◎				
485	0201				
486	1629◎				
487	2501				
488	0171				
489	0171				
490	0201◎				
491	0261				
492	0201◎				
493	0161	0263			
494	0263				
495	0170				
496	0244◎	0261			
497	0171	0244	0301	1501	1643
	1701				
498	2701				
499	0149◎				
500	0101◎	2541			
501	0101	0171			
502	1801				
503	0201	2201			
504	0181				
505	0171				
506	0101				
[illegible]	0101				

表八

收藏情况表

書名編號	藏書單位				
子 醫家類 508	0101	0161	0201	0291	
509	0149	0171	0801	1101	1501
	1601	1695	1801	2302	
510	0161	0170	0244	0301	0701
	1101	1742	1842	2702	
511	0261				
512	0149	0171	0198	0201	
513	0101	0161	0244		
514	0101				
515	0161				
516	0101	0171			
517	2701				
518	0101				
519	0171	0345			
520	0345				
521	0101				
522	1695				
523	2546◎				
524	0101	0244			
525	0201◎	0263			
526	0101				
527	0244◎				
528	0843	1701◎			
529	2220◎				
530	0170				
531	0261				
532	0101	0181			
533	0171	0201			
534	1701				
535	0171				
536	0244	0301	1901		
537	0170				
538	0261				
539	0201				
540	0244				
541	0101	1543	1701		
542	0161	0171			
543	0171				

收藏情况表

書名編號	藏書單位				
子 醫家類 544	1701				
545	0171	1502◎			
546	0101	1002			
547	0101◎				
548	1601				
549	0201				
550	1605				
551	1647				
552	1647				
553	1647◎				
554	0244				
555	0171	0742	2701		
556	0171	0943	2541	2701	
557	1601				
558	0102	0171			
559	1701				
560	0263				
561	1601				
562	1647				
563	1647				
564	1647				
565	1647				
566	1647				
567	1647				
568	1647				
569	1701				
570	0161	0171	0261	0263	1605
	1701	1881			
571	0245	0301			
572	1881	2743			
573	1605				
574	0161	0843			
575	0201				
576	0161				
577	0201				
578	0161				
579	1601				
	0101				

收藏情况表

書名編號	藏書單位				
子 醫家類 581	0171	0201	0244	0742	
582	0141				
583	0201				
584	2702				
585	0201◎				
586	0101◎				
587	0201				
588	1705				
589	1601				
590	0102	0141	0161	0171	0197
	0198	0201	0244	0261	0301
	0844	1002	1047	1601	1702
	2541	2545			
591	0170	0801	2546	2743	
592	0171	0198	0201	1643	1701
593	0141	0171	0201	0263	1702
	2701				
594	0101				
595	0101				
596	2001				
597	0201				
598	0743				
599	0242				
600	0141	1601			
601	0171	0198	0244	0261	1501
	1601				
602	0141				
603	2702				
604	0141				
605	1606	1705	2702		
606	0201				
607	0170	0171	2501		
608	2701				
609	0170	1701			
610	0161	0171	1001	2201	
611	0171				
612	1605				
613	0244	0261	1601		

表九

表一〇

收藏情况表

書名編號	藏書單位				
子醫家類 614	0444	1605	1702		
615	2401				
616	0201				
617	1606				
618	1716	1801			
619	0170				
620	0201				
621	1647				
622	1605				
623	1601				
624	0263				
625	2702				
626	0201				
627	0161	0171	0198	2545	
628	0101				
629	1601				
630	0101				
631	0101	0201			
632	0201	0943			
633	0171	0198			
634	0201				
635	0141	0149	0261	1705	
636	0201				
637	0101				
638	0244				
639	0201				
640	0101				
641	0101				
642	0201				
643	0101				
644	0101				
645	0101				
646	0101				
647	0141				
648	0149				
649	0101	0182	0201	0843	
650	1101				
651	0141				

收藏情况表

書名編號	藏書單位				
子醫家類 652	0101				
653	0201				
654	1601				
655	0171	0244	0263	0301	0501
	0903	0962	1647	2001	2545
	2546				
656	0244				
657	0101◎				
658	0161	0201	2743		
659	1601				
660	0170	1701	2702		
661	0161	0170	0171	0201	0245
	0263	0703	0843	1701	2501
	2541	2601	2643	2701	2743
	2943				
662	0101	0149	0171	0201	0244
	1601	1605	1643	2347	2561
663	0263				
664	0201				
665	2701				
666	1705				
667	1601				
668	0261				
669	0201				
670	1601◎				
671	0102	1701			
672	0244				
673	0171	0201	1701		
674	0101	0171			
675	0171				
676	0201				
677	0101	0171			
678	0171				
679	1647				
680	1601				
681	1647				
682	0101				
683	0101				

表一一

收藏情况表

書名編號	藏書單位				
子醫家類 684	0101				
685	0101	0171	0201		
686	0171				
687	0201	1701			
688	0101				
689	1601				
690	2702				
691	0301				
692	0161				
693	0101	0171			
694	0171◎				
695	0101				
696	0201				
697	0201				
698	0244				
699	2201●				
700	0101	0171	0244	1801	
701	1701				
702	0171	0244	1501		
703	0261	1601			
704	0101	0102	0161	0171	0201
	0244	0263	0301	0742	0743
	0962	1801	2202	2401	
705	1629●				
706	1501				
707	0171				
708	0101	0201			
709	0170	0244			
710	1601				
711	0102	1606			
712	0141				
713	0161	0244	0263	0701	1501
	1701	1743	1801	1842	
714	0201				
715	0171				
716	0101				
717	0161				
718	0703				

收藏情况表

書名編號	藏書單位				
子醫家類 719	0161				
720	0528	2401			
721	0101				
722	2702				
723	0101				
724	0102	0943	1629		
725	0743◎				
726	0161				
727	0171	0261	0531	0701	
728	1701				
729	2702				
730	0161	0263	0345		
731	0201				
732	0102	0142	0171	1301	1615
	1742	2001	2941		
733	0161	0245	0444	0801	0803
	1704				
734	0201				
735	1716				
736	0101				
737	1601				
738	0171	2383			
739	0244	0263			
740	0261	0801	2347		
741	0263	0843			
742	0201				
743	1701				
744	0101				
745	1716				
746	1701				
747	0101				
748	0345	2546			
749	0198				
750	1647				
751	1742				
752	1716				
753	0101				
754	0101	0171			

收藏情況表

書名編號	藏書單位				
子 醫家類 755	0171				
756	0201				
757	0703				
758	0171	0201	0244	0345	0444
	2243				
759	1601				
760	0161				
761	2702				
762	0161	0482	0244	0301	1601
763	0101	0171	0201	0244	1601
764	0201				
765	0101	0141	0198	0291	1501
	1601	1701			
766	0101	0201			
767	0201				
768	0261 ●				
769	1801				
770	0201				
771	0244	1501			
772	0201	0244			
773	0161	0170	0171	0201	
774	1701 ●				
775	0201	0843 ●			
776	0101	0171	0201	1842	
777	1601				
778	2701				
779	0171	0201	0244	0263	1047
	1301	1722	1761	2041	
780	0263				
781	0101	1615	1705		
782	1001				
783	0141	0345			
784	0841				
785	0201				
786	1705				
787	0101				
788	0101	0301			
789	0201	0241	0742		

表一二

收藏情況表

書名編號	藏書單位				
子 醫家類 790	0244				
791	0198				
792	0161 ●				
793	0198				
794	0101				
795	0244	0261	0263	1601	2401
796	0161	0170	0171	0201	
797	0171				
798	0198				
799	0101				
800	0510				
801	0244	1646			
802	2563				
803	1705				
804	1705				
805	0201	1705			
806	0171				
807	0201				
808	0101	0201	0444	1701	
809	0101				
810	0244				
811	0201				
812	0141				
813	0201				
814	0171				
815	0101				
816	0201				
817	0201	1627	1643	1701	
818	0201				
819	1701				
820	0170	0742			
821	0171				
822	0201				
823	0101				
824	0201				
825	0291				
826	0101				
827	0201				

收藏情況表

書名編號	藏書單位				
子 醫家類 828	0141	0171	1601		
829	0101	1701	2702		
830	0101				
831	0101	0161	0171	0201	
832	0201				
833	0141				
834	0170	0843			
835	0171				
836	0201				
837	0149				
838	0101				
839	0201				
840	0201				
841	0161				
842	2044				
843	0170				
844	0171				
845	1601				
846	0171				
847	1647	2701			
848	0170	0171	0201	1881	
849	0201				
850	1801 ●				
851	0444				
852	1601				
853	0244				
854	0263				
855	0201				
856	0171				
857	0101	0171			
858	1801				
859	0244				
860	1601				
861	0201				
862	0101				
863	1647				
864	2341				
865	0101				

收藏情況表

書名編號	藏書單位				
子 醫家類 866	0101				
867	0101				
868	0101	0141	0171	0201	0244
	0261	0291	0301	0742	0801
	1501	1701	1705	1742	
869	1601				
870	0171				
871	0101	0201			
872	1701				
873	1705				
874	1705				
875	1601				
876	1041				
877	1601				
878	0171				
879	0244				
880	0201	0301			
881	0171				
882	0171				
883	0161				
884	0102	0161	0170	0171	0201
	0244	0263	0444	0501	0592
	0742	0743	1501	1622	1701
	1704	2243	2545	2702	
885	0101 ●				
886	0141				
887	0201				
888	0141				
889	0245				
890	0161				
891	1701				
892	1701				
893	1601				
894	0201				
895	0101				
896	0198				
897	0201				
898	0201				

表一三

收藏情況表

書名編號	藏書單位				
子 醫家類 899	1601				
900	0101				
901	1601				
902	0101				
903	0244				
904	0261				
905	0201				
906	1705				
907	0171	0201			
908	0101				
909	1705 ◎	1742			
910	0198				
911	1601				
912	0198	1784			
913	0171				
914	0170				
915	1643				
916	0101				
917	0201				
918	0241				
919	1881				
920	0201				
921	0201				
922	0102				
923	1701				
924	0161				
925	0141				
926	0171				
927	0701				
928	0244				
929	0171	1801			
930	0101				
931	1501	1601 ◎			
932	0201				
933	0201				
934	0291				
935	1601				
936	0101	0141	0198	0201	0301

表十四

收藏情況表

書名編號	藏書單位				
子 醫家類	1501				
937	0161	0171	0801	1101	1601
	1842	2001	2701		
938	1705				
939	1601				
940	0141	0198	0201	0742	
941	1705				
942	0149	0171			
943	0171	0201	1601		
944	0198				
945	1601				
946	0171				
947	0201				
948	0170	1641			
949	2207				
950	1701				
951	0101	0198	0201		
952	1705				
953	0181				
954	0101 ◎				
955	0171	0201			
956	0161				
957	0244	0301	2563		
958	0141				
959	0101	0141	0201	0520	0944
	1601	2545	2743		
960	0301	2545			
961	0291				
962	0141	0171	0244	0301	1881
	1901	2243	2861		
963	0244				
964	1101				
965	1629				
966	0201	0344	0345	0391	
967	0141	2701			
968	0170				
969	0141	0344	1761		
970	0261				

收藏情況表

書名編號	藏書單位				
子 醫家類 971	1643				
972	0141	0244	0743	1501	1705
	1742				
973	0141				
974	1647				
975	0244				
976	1601				
977	0101	0161	0171	0201	0291
	1501	1705	2701		
978	0174	0198	0201	0291	0301
	0801	1601	1628	1689	1742
	1801	2545	2563		
979	0141				
980	0101	0141	0161	0201	0244
	0245	2701			
981	0170	0244	1601		
982	0201				

表十五

天文算法類

天文

一 周髀算經二卷 題漢趙君卿注 北周甄鸞重述 唐李淳風等注釋 音義一卷 宋李籍撰 宋刻本 九行十八字白口四周双边单鱼尾有刻工

二 周髀算經二卷 題漢趙君卿注 北周甄鸞重述 唐李淳風等注釋 音義一卷 宋李籍撰 數術記遺一卷 題漢徐岳撰 北周甄鸞注 明趙開美刻本 九行十八字白口左右双边有刻工

三 周髀算經二卷 題漢趙君卿注 北周甄鸞重述 唐李淳風等注釋 音義一卷 宋李籍撰 數術記遺一卷 題漢徐岳撰 北周甄鸞注 明趙開美刻本 明馮舒校

四 周髀二卷 題漢趙君卿注 北周甄鸞重述 唐李淳風等注釋 音義一卷 宋李籍撰 數術記遺一卷 題漢徐岳注 北周甄鸞注 明抄本 莫棠 鄧邦述跋

五 周髀算經二卷 題漢趙君卿注 北周甄鸞重述 唐李淳風等注釋 音義一卷 宋李籍撰 清內府抄本

六 古周髀算經一卷 題漢趙君卿注 明朱載堉圖解 圓方句股圖解一卷 明朱載堉撰 明萬曆三十八年刻本 八行十七字白口四周单边

一

七 周髀算經淺注一卷 清鄒復光撰 清抄本 清王筠校

八 張衡大象賦一卷 隋李播撰 唐苗爲注 清嘉慶孫星衍家抄本 清孫星衍、顧廣圻校並跋 丁丙跋

九 唐丹元子步天歌一卷 題唐王希明撰 清抄本

一〇 步天歌一卷 明抄本 明徐𤊹批校

一一 步天歌一卷 清抄本

一二 天文步天歌一卷 清內府抄本

一三 天文鬼料竅不分卷 明抄本

一四 天文鬼料竅一卷 明抄本 李盛鐸跋

一五 天文鬼料竅五卷 清彭氏知聖道齋抄本 清陳介祺校並跋

一六 天文鬼料竅四卷 題晉丹玄子撰 唐王希明注 清抄本 清丁丙跋

一七 列象步天不分卷 清抄本

一八 儀象法纂一卷 宋蘇頌撰 明抄本

一九 紹聖新儀象法要二卷 宋蘇頌撰 清抄本

二〇 新儀象法要三卷 宋蘇頌撰 清抄本

二一 宋天文書十五卷 宋王安禮撰 清抄本

二二 乾象通鑑一百卷 宋李季撰 明鈕氏世學樓抄本 存三卷 十至十二

二三 準齋心製几漏圖式一卷 宋孫逢吉撰 清道光三年黄氏士禮居抄本 清黄丕烈跋

二四 銅壺漏箭制度一卷 清道光三年黄氏士禮居抄本 清黄丕烈跋

二五 革象新書五卷 元趙友欽撰 清抄本

二六 重刊革象新書二卷 元趙友欽撰 明王禕刪定 明刻本 九行二十字白口四周双边

二七 革象新書二卷 元趙友欽撰 明王禕刪定 清沈氏鳴野山房抄本

二八 趙緣督先生革象新書一卷 元趙友欽撰 章濬麟 清抄本

二九 天象玄機八卷 明姚廣孝撰 清初抄本

三〇 天象玄機八卷 明姚廣孝撰 清雍正三年瑤草山房抄本

三一 天象玄機八卷 明姚廣孝撰 清抄本

三二 閑中錄前集不分卷 明楊瑄撰 明抄本

三三 醯雞甕集天文釋意 明李泰撰 明抄本

三四 醯雞甕集十二卷 明李泰撰 清抄本

三五 天文主管釋意三卷 明李泰撰 清抄本

二

三六 天文精義賦一卷 祥異賦一卷 天文主管一卷 明抄本

三七 天心復要不分卷 明鮑泰撰 明弘治十一年香溪書屋刻本 十行十九字白口四周双边

三八 天心復要不分卷 明鮑泰撰 明抄本

三九 天文略一卷 明蔡汝楠撰 明嘉靖白石精舍刻本 清羅士琳批校 十行二十字小字双行行字同白口四周单边

四〇 象緯彙編二卷 明韓萬鍾撰 明抄本

四一 象緯彙編二卷 明韓萬鍾撰 明抄本 清劉鸑翔校並跋

四二 照天寶鑑不分卷 明俞閑撰 明抄本

四三 雲淵先生文選六卷 明周述學撰 明萬曆二十年何繼高刻本 九行十八字白口四周双边

四四 渾蓋通憲圖說二卷首一卷 明李之藻撰 明萬曆三十五年鄭懷魁刻本 九行十八字白口四周双边有刻工

四五 神道大編象宗華天五星九卷 明周雲撰 明抄本

四六 論存四卷 明安世鳳撰 明萬曆刻本 九行十八字白口双边

四七 空際格致二卷 意大利高一志撰 清抄本

四八 空際格致二卷 意大利高一志撰 清抄本

四九 空際格致二卷 意大利高一志撰 清抄本

五〇 天問畧一卷 葡萄牙陽瑪諾撰 明萬曆刻本 十行二十二字白口左右双边 有刻工

五一 測食二卷 德國湯若望撰 明周子愚卓爾康訂 明天啟五年汪喬年刻本 十行二十字白口左右双边

五二 重刻曆體略三卷 明王英明撰 清順治三年刻本

五三 重刻曆體略三卷 明王英明撰 清抄本 李盛鐸跋

五四 星官筆記不分卷 明程廷策撰 明新都程氏萃見堂抄本

五五 天官圖不分卷 明張汝璧撰 清咸豐三年來熹伊抄本

五六 週天星鑑一卷 明章士純撰 明抄本

五七 天象儀全圖一卷 明徐敬儀輯 明末彩繪本

五八 摘玄天文風晴陰雨占驗圖總畧二卷 明朱光甯輯 清抄本

五九 天文圖說不分卷 明袁啓輯 明抄本

六〇 象林一卷磺庵欒一卷 明陳藎謨撰 明崇禎刻本 九行二十字白口四周單边

六一 象林一卷 明陳藎謨撰 明崇禎刻本 十行二十四字白口四周單边

六二 天文彙抄十一種二十二卷 明抄本
玉曆通政經一卷 天文星總一卷 題唐李淳風撰 天文星纂一卷 天元玉曆十二卷 三垣列舍八宿去極集一卷 星說一卷 天文玉曆精異賦一卷 天文風雨賦一卷 監正元統一卷 風角一覽占一卷 天文樞會一卷

六三 天文三十六全圖一卷 明黃道時繪 明崇禎十一年彩繪本

六四 乾象圖三卷 明刻本 十三行十九字无边框

六五 天鑰總要不分卷 明抄本

六六 五星通軌一卷 明抄本

六七 交食通軌一卷日食通軌一卷月食通軌一卷
四餘通軌一卷 明抄本

六八 天象總斷一卷 清初抄本

六九 天文圖說不分卷 清抄本

七〇 新製靈臺儀象志十六卷 比利時南懷仁撰 清康熙刻本
存十四卷 一至十四

七一 御製律曆淵源一百卷 清允祉允祿等修 清雍正二年內府刻本
御製曆象考成上編十六卷下編十卷表十六卷 御製律呂正義上編二卷下編二卷續編一卷 御製數理精蘊上編五卷下編四十卷表八卷

七二 靈臺儀器圖不分卷 清康熙刻本

七三 坤輿格致畧說一卷 比利時南懷仁撰 清抄本

七四 天地全圖一卷 清周志撰 清抄本

七五 天官考異一卷 清吳肅公撰 稿本

七六 房星圖解一卷 意大利閔明我撰 清康熙刻本

七七 天元曆理全書十二卷首一卷 清徐發撰 清康熙刻本

七八 乾象坤圖格鏡十八卷 清王宏翰撰 稿本

七九 星圖一卷 清梅文鼎撰 清康熙三十五年刻本

八〇 仰觀資謹三垣二十八宿諸星精約纂錄一卷
仰觀資謹日月精約纂錄一卷 清絢心堂抄本

八一 周天星位經緯宿度考不分卷 清抄本

八二 天曆彙鈔不分卷 清抄本

八三 黃赤道距度表用法一卷附交食表二卷日纏表二卷 清康熙內府抄本

八四 三才實義天集二十卷 清周于漆撰 清湯瀅跋 清乾隆二十年湯瀅抄本

八五 星象全圖一卷 清黃泌撰 清乾隆四十七年吳守抄本

八六 不得已二卷 清楊光先撰 清抄本

八七 不得已二卷 清楊光先撰 清同治八年抄本 清顧大昌批並跋

八八 天經或問後集不分卷 清游藝撰 清書林熊氏大業堂刻本

八九 璇璣遺述七卷 清揭暄撰 清乾隆三十年會友堂刻本

九〇 益都薛氏遺書□□卷 清薛鳳祚撰 清康熙刻本

九一 益都薛氏遺書□□卷 清薛鳳祚撰 清康熙刻本 章鈺跋

九二 天步真原一卷天學會通一卷 清薛鳳祚撰 清抄本

九三 天步真原一卷 清薛鳳祚撰 清乾隆內府抄本

九四 天步真原一卷 清薛鳳祚撰 清抄本

九五 天學會通一卷 清薛鳳祚撰 清四庫全書館抄本

九六 曉庵遺書二卷 清王錫闡撰 清乾隆抄本 清孔繼涵校跋

萬青樓經星譜一卷 清邵昂霄撰 清抄本 九七
萬年中星更錄三垣恆星圖說各省北極高度偏度表不分卷 清乾隆內府刻套印本 九八
欽定天文正義八十卷 清乾隆內府抄本 九九
欽定天文正義八十卷 清抄本 一〇〇
欽定天文正義八十卷 清抄本 一〇一
天象源委二十卷 清張永祚輯 清抄本 一〇二
更漏中星考一卷附梅文鼎傳一卷 清徐春和抄本 一〇三
斗建彙考一卷先聖卒年月日考一卷服鳥賦年月日考一卷 清談泰撰 清抄本 一〇四
日食不分卷 清陳壽撰 清乾隆抄本 一〇五
日食細草一卷 清方履亨撰杜松亭注 稿本 一〇六
地圓說一卷 清焦延琥撰 稿本 一〇七
宣西通三卷 清許桂林撰 清嘉慶刻本 一〇八
圖書說一卷 清王筠撰 稿本 一〇九
天學辨編四卷 清程萬里撰 稿本 一一〇
天學稗編四卷 清程萬里撰 清抄本 一一一
天學闡微十卷 清王家弼撰 清慈蔭堂抄本 一一二
陳氏天文算學叢書十五種二十三卷 清陳希齡撰 稿本 一一三
數理通考五卷
交食論義三卷
推日食法一卷
推月食法一卷
推視差法一卷
推坤輿圖法一卷
推七曜中星法一卷
算法捷要三卷
借根方法捷要一卷
漏壺算術一卷
交食備考一卷
棋法代珠法一卷
儀象簡明圖說一卷
推太陰盈亏法一卷
籌筆會通一卷
同治八年七月朔日食坤輿圖纂稿不分卷 清陳希齡撰 稿本 一一四

五

曆法

回回曆法一卷 明洪武十六年內府刻本 十一行二十二字黑口左右双边 一一五
回回曆法二卷 清抄本 一一六
太陰通軌不分卷 明元統撰 清抄本 一一七
授時曆法撮要一卷 明顧應祥撰 明嘉靖刻本 十行二十四字白口四周双边 一一八
神道大編曆宗通議十八卷 明周述學撰 明抄本 清丁丙跋 一一九
折中曆法十三卷 明朱仲福撰 清抄本 一二〇
推衍皇極經世先天曆數綱要三卷 明冷逢震撰 明萬曆十五年刻本 九行二十字白口四周双边 一二一
古今律曆考七十二卷 明邢雲路撰 明萬曆二十七年徐安刻本 九行十八字白口四周單边 一二二
古今律曆考七十二卷 明邢雲路撰 明萬曆三十六年張宗禎王國楨刻本 九行十八字白口單边 一二三
古今律曆考七十二卷 明邢雲路撰 明萬曆刻本 清丁丙跋 一二四
戊申立春考證一卷 明邢雲路撰 明萬曆刻本 八行十六字白口四周單边 一二五
新編遵依司天臺經緯曆書六卷 明陸位校 明萬曆刻本 白口單边 一二六
大明大統曆法六卷 明周相等撰 明抄本 一二七
大統萬年曆十二卷 明朱奠抄本 一二八
大統萬年曆十二卷 明抄本 一二九
大統錦靈經一卷 清抄本 清汪萊李銳跋 一三〇
大統曆註不分卷 明抄本 清丁丙跋 一三一
新鐫皇明司臺曆法立福通書大全□□卷 明熊宗立輯 明潭邑書林種德堂熊秉宸刻本 十六行字不一小黑口左右双边 存五卷 十一至十四 一三二
新鐫臺監曆法增補全備應福通書□□卷首三卷 明熊冲宇種德堂刻本 十五行三十二字白口四周單边 存三卷 首全 一三三
三訂曆法發微通書捷覽十卷 明刻本 十五行三十一字白口單边 存八卷 二至九 一三四
曆測二卷附曆元布算法一卷 明魏文魁撰 明崇禎二年方一藻刻本 九行二十字白口四周單边 一三五
曆測二卷 明魏文魁撰 清抄本 一三六

六

一三七 曆誌二十一卷 明周乃祺輯 明崇禎七年刻本 十行二十三字白口四周單邊 存十七卷 一至十一 十六至二十一

一三八 曆誌十六卷 清抄本

一三九 新刻玉函全奇五氣朝元斗首合節三台通書正宗首三卷 明吳圖南輯 明崇禎十年余仰止刻本 十六行三十字白口四周双边

一四〇 民曆鋪註解惑一卷 德國湯若望撰 清康熙刻本

一四一 授時曆故四卷 清黃宗羲撰 清抄本

一四二 授時曆故四卷 清黃宗羲撰 清抄本 清宋景昌跋 曾元忠校 王大隆跋

一四三 曆學假如二卷 清黃宗羲 姜希轍撰 清康熙二十二年刻本

一四四 曆法六卷 清王錫闡撰 清徐鈗家抄本

一四五 大統曆法啟蒙一卷補遺一卷 清王錫闡撰 清抄本

一四六 曆象本要一卷 清楊文言撰 清康熙刻本 清盛百二跋

一四七 御製欽若曆書上編十六卷下編十六卷表十六卷 清康熙內府銅活字印本 存十九卷 上編全 下編一至三卷

一四八 曆學疑問三卷 清梅文鼎撰 清康熙刻本

一四九 明史曆志二卷 清黃百家撰 清抄本

一五〇 周正彙考八卷 清萬斯同輯 清抄本

一五一 七政臺曆八卷 清康熙金陵龔氏刻本

一五二 算七政交食凌犯法一卷 清康熙內府抄本

一五三 七政全書大成不分卷 清初刻本

一五四 蹈蹈子曆鏡一卷 清胡龍恭 方江自輯 清康熙桂花書屋刻本

一五五 大清時憲書箋釋一卷 清繆之晉輯 清抄本

一五六 定曆玉衡十八卷首一卷 清張雍敬撰 清抄本

一五七 補修宋金六家術六卷 清李銳撰 清抄本 清孫詒讓跋

一五八 古今歲實考不分卷 清戴震撰 錢大昕補 黃汝成校補

一五九 七政四餘萬年圖一卷 清六嚴撰 稿本

一六〇 校訂曆書稿二十六卷 清史致準撰 稿本

一六一 史伯平先生所著書六種六卷 清史致準撰 稿本
補春秋長曆一卷 太初曆辨一卷 續春秋長曆一卷 古曆考一卷 三統曆述一卷 庚辰元四分曆述一卷

七

一六二 歷代長術五十卷附錄三卷 清汪曰楨撰 稿本

一六三 歷代長術輯要十卷古今推步諸術考二卷 清汪曰楨撰 手稿本

一六四 歷代長術輯要十卷古今推步諸術考二卷 清汪曰楨撰 稿本

一六五 古今推步諸術考二卷 清汪曰楨撰 稿本

一六六 推策小識三十六卷 清汪曰楨撰 稿本
古今諸術考二卷 歲餘度餘考一卷 朔餘考一卷 古今朔閏考十二卷 疑年表一卷 太歲超辰表三卷 甲子紀元表一卷 四分術章蔀紀率表二卷 授時術諸應定率表十卷 授時術氣朔閏數鈔三卷

一六七 六曆甄微不分卷 清孫詒讓撰 稿本

一六八 閏八月考三卷 清王錫祺輯 稿本

一六九 交食曆書一卷 比利時南懷仁撰 清康熙刻本

一七〇 乾隆五十至六十年太陽太陰入食限蓮時憲法推得時刻分秒各種細草一卷 清徐春和撰 手稿本

一七一 天方曆法圖一卷 清馬復初釋 稿本

一七二 大宋寶祐四年丙辰歲會天萬年具注曆一卷 宋荊執禮撰 清抄本 清朱邦衡校並跋

一七三 大宋寶祐四年丙辰歲會天萬年具注曆一卷 宋荊執禮撰 清張氏小嫏嬛福地抄本 清黃丕烈 丁丙跋 王文治 孫原湘題款

一七四 大宋寶祐四年丙辰歲會天萬年具注曆一卷 宋荊執禮撰 清咸豐六年翁同書家抄本 清翁同書跋並題詩

一七五 大宋寶祐四年丙辰歲會天萬年具注曆一卷 宋荊執禮撰 清咸豐六年翁同書家抄本 清翁同書跋並題詩 翁同龢跋

一七六 大宋寶祐四年丙辰歲會天萬年具注曆一卷 宋荊執禮撰 清盛昱抄本

八

一七七　大宋寶祐四年丙辰歲會天萬年具注曆一卷　宋荊執禮撰　清抄本

一七八　大宋寶祐四年丙辰歲會天萬年具注曆一卷　宋荊執禮撰　清抄本

一七九　大明天順四年歲次庚辰大統曆一卷　明天順刻本

一八〇　大明成化四年歲次戊子大統曆一卷　明成化刻本

一八一　大明成化六年歲次庚寅大統曆一卷　明成化刻本

一八二　大明成化七年歲次辛卯大統曆一卷　明成化刻本

一八三　大明成化八年歲次壬辰大統曆一卷　明成化刻本

一八四　大明成化十五年歲次己亥大統曆一卷　明成化刻本

一八五　大明成化十六年歲次庚子大統曆一卷　明成化刻本

一八六　大明成化十八年歲次壬寅大統曆一卷　明成化刻本

一八七　大明成化十九年歲次癸丑大統曆一卷　明成化刻本

存六個月（一至六）

一八八　大明成化二十年歲次甲辰大統曆一卷　明成化刻本

九

一八九　大明弘治元年歲次戊申大統曆一卷　明弘治刻本

一九〇　大明弘治三年歲次庚戌大統曆一卷　明弘治刻本

一九一　大明弘治十五年歲次壬戌大統曆一卷　明弘治刻本

一九二　大明正德三年歲次戊辰大統曆一卷　明正德刻本

一九三　大明正德五年歲次庚午大統曆一卷　明正德刻本

一九四　大明正德八年歲次癸酉大統曆一卷　明正德刻本　王修跋

一九五　大明正德十一年歲次丙子大統曆一卷　明正德刻本

一九六　大明正德十二年歲次丁丑大統曆一卷　明正德刻本

一九七　大明正德十三年大統曆一卷　明正德刻本

一九八　大明正德十五年歲次庚辰大統曆一卷　明正德刻本

一九九　大明正德十六年歲次辛巳大統曆一卷　明正德刻本

二〇〇　大明嘉靖元年歲次壬午大統曆一卷　明嘉靖刻本

二〇一　大明嘉靖二年歲次癸未大統曆一卷　明嘉靖刻本

二〇二　大明嘉靖三年歲次甲申大統曆一卷　明嘉靖刻本

二〇三　大明嘉靖五年歲次丙戌大統曆一卷　明嘉靖刻本

二〇四　大明嘉靖六年歲次丁亥大統曆一卷　明嘉靖刻本

二〇五　大明嘉靖九年歲次庚寅大統曆一卷　明嘉靖刻本

二〇六　大明嘉靖十年歲次辛卯大統曆一卷　明嘉靖刻本

二〇七　大明嘉靖十年歲次辛卯七政躔度一卷　明嘉靖刻本

二〇八　大明嘉靖十一年歲次壬辰大統曆一卷　明嘉靖刻本

二〇九　大明嘉靖十二年歲次癸巳大統曆一卷　明嘉靖刻本

二一〇　大明嘉靖十三年歲次甲午大統曆一卷　明嘉靖刻本

二一一　大明嘉靖十八年歲次己亥大統曆一卷　明嘉靖刻本

二一二　大明嘉靖十九年歲次庚子大統曆一卷　明嘉靖刻本

二一三　大明嘉靖二十年歲次辛丑大統曆一卷　明嘉靖刻本

二一四　大明嘉靖二十二年歲次癸卯大統曆一卷　明嘉靖刻本

二一五　大明嘉靖二十三年歲次甲辰大統曆一卷　明嘉靖刻本

二一六　大明嘉靖二十四年歲次乙巳大統曆一卷　明嘉靖刻本

二一七　大明嘉靖二十六年歲次丁未大統曆一卷　明嘉靖刻本

二一八　大明嘉靖二十七年歲次戊申大統曆一卷　明嘉靖刻本

十

二一九　大明嘉靖二十九年歲次庚戌大統曆一卷　明嘉靖刻本

二二〇　大明嘉靖三十一年歲次壬子大統曆一卷　明嘉靖刻本

二二三　大明嘉靖三十六年歲次丁巳大統曆一卷　明嘉靖刻本

二二四　大明嘉靖三十七年歲次戊午大統曆一卷　明嘉靖刻本

二二五　大明嘉靖三十八年歲次己未大統曆一卷　明嘉靖刻本

二二六　大明嘉靖三十九年歲次庚申大統曆一卷　明嘉靖刻本　清李肇偁跋

二二九　大明嘉靖四十二年歲次癸亥大統曆一卷　明嘉靖刻本

二三一　大明嘉靖四十四年歲次乙丑大統曆一卷　明嘉靖刻本

大明嘉靖四十五年歲次丙寅大統曆一卷　明嘉靖刻本　二一二
大明隆慶二年歲次戊辰大統曆一卷　明隆慶刻本　二一三
大明隆慶四年歲次庚午大統曆一卷　明隆慶刻本　二一四
大明隆慶六年歲次壬申大統曆一卷　明隆慶刻本　二一五
大明萬曆二年歲次甲戌大統曆一卷　明萬曆刻本　二一六
大明萬曆三年歲次乙亥大統曆一卷　明萬曆刻本　二一七
大明萬曆五年歲次丁丑大統曆一卷　明萬曆刻本　二一八
大明萬曆六年歲次戊寅大統曆一卷　明萬曆刻本　二一九
大明萬曆七年歲次己卯大統曆一卷　明萬曆刻本　二二〇
大明萬曆九年歲次辛巳大統曆一卷　明萬曆刻本　二二二
大明萬曆十六年歲次戊子大統曆一卷　明萬曆刻本　二二四
大明萬曆十八年歲次庚寅大統曆一卷　明萬曆刻本　二二五

大明萬曆十九年歲次辛卯大統曆一卷　明萬曆刻本　二二六
大明萬曆二十一年歲次癸巳大統曆一卷　明萬曆刻本　二二七
大明萬曆二十二年歲次甲午大統曆一卷　明萬曆刻本　二二八
大明萬曆二十三年歲次乙未大統曆一卷　明萬曆刻本　二二九
大明萬曆二十七年歲次己亥大統曆一卷　明萬曆刻本　二三〇
大明萬曆二十八年歲次庚子大統曆一卷　明萬曆刻本　二三一
大明萬曆二十九年歲次辛丑大統曆一卷　明萬曆刻本　二三二
大明萬曆三十年歲次壬寅大統曆一卷　明萬曆刻本　二三三
大明萬曆三十二年歲次甲辰大統曆一卷　明萬曆刻本　二三四
大明萬曆三十四年歲次丙午大統曆一卷　明萬曆刻本　二三五
大明萬曆三十六年歲次戊申大統曆一卷　明萬曆刻藍印本　二三六
大明萬曆三十七年歲次己酉大統曆一卷　明萬曆刻本　二三七
大明萬曆三十九年歲次辛亥大統曆一卷　明萬曆刻本　二三八
大明萬曆四十年大統曆一卷　明萬曆刻本　二三九
大明萬曆四十一年歲次癸丑大統曆一卷　明萬曆刻本　二四〇

十一

大明萬曆四十三年歲次乙卯大統曆一卷　明萬曆刻本　二四一
大明萬曆四十四年歲次丙辰大統曆一卷　明萬曆刻本　二四二
大明萬曆四十五年歲次丁巳大統曆一卷　明萬曆刻本　二四三
大明萬曆四十七年歲次己未大統曆一卷　明萬曆刻藍印本　二四四
大明萬曆四十七年歲次己未大統曆一卷　明萬曆刻本　二四五
大明萬曆四十八年歲次庚申大統曆一卷　明萬曆刻本　二四六
大明天啓元年歲次辛酉大統曆一卷　明天啓刻本　二四七
大明天啓二年歲次壬戌大統曆一卷　明天啓刻本　二四八
大明天啓三年歲次癸亥大統曆一卷　明天啓刻本　二四九
大明天啓四年歲次甲子大統曆一卷　明天啓刻本　二五〇
大明天啓五年歲次乙丑大統曆一卷　明天啓刻本　二五一
大明崇禎三年歲次庚午大統曆一卷　明崇禎刻本　二五二
大明崇禎八年歲次乙亥大統曆一卷　明崇禎刻藍印本　二五三
大明崇禎八年歲次乙亥大統曆一卷　明崇禎刻本　二五四
大明崇禎十二年歲次己卯大統曆一卷　明崇禎刻藍印本　二五五

大明崇禎十二年歲次己卯大統曆一卷　明崇禎刻本　二五六
大明弘光元年歲次乙酉大統曆一卷　明弘光刻本　二五七
大清順治元年歲次甲申時憲曆一卷　清順治刻本　二五八
大清順治元年七政經緯躔度時憲書一卷　清順治刻本　二五九
大清順治二年歲次乙酉時憲曆一卷　清順治刻本　二六〇
大清順治二年七政經緯躔度時憲書一卷　清順治刻本　二六一
大清順治三年歲次丙戌時憲曆一卷　清順治刻本　二六二
大清順治三年歲次丙戌時憲曆一卷　清順治刻本　沈曾植、王秉恩、
陳垣跋　二六三
大清順治三年七政經緯躔度時憲書一卷　清順治刻本　二六四
大清順治四年歲次丁亥時憲曆一卷　清順治刻本　二六五
大清順治四年七政經緯躔度時憲書一卷　清順治刻本　二六六
大清順治五年歲次戊子時憲曆一卷　清順治刻本　二六七
大清順治五年歲次戊子時憲曆一卷　清順治内府抄本　二六八
大清順治五年七政經緯躔度時憲書一卷　清順治刻本　二六九

十二

大清順治六年歲次己丑時憲曆一卷　清順治刻本　二九〇
大清順治六年七政經緯躔度時憲書一卷　清順治刻本　二九一
大清順治七年歲次庚寅時憲曆一卷　清順治刻本　二九二
大清順治七年歲次庚寅時憲曆一卷　清順治內府抄本　二九三
大清順治七年七政經緯躔度時憲曆一卷　清順治刻本　二九四
大清順治八年歲次辛卯時憲曆一卷　清順治刻本　二九五
大清順治八年歲次辛卯時憲曆一卷　清順治內府抄本　二九六
大清順治八年七政經緯躔度時憲書一卷　清順治刻本　二九七
大清順治九年歲次壬辰時憲曆一卷　清順治刻本　二九八
大清順治九年歲次壬辰時憲曆一卷　清順治內府抄本　二九九
大清順治九年七政經緯躔度時憲書一卷　清順治刻本　三〇〇
大清順治十年歲次癸巳時憲曆一卷　清順治刻本　三〇一
大清順治十年歲次癸巳時憲曆一卷　清順治內府抄本　三〇二
大清順治十年七政經緯躔度時憲書一卷　清順治刻本　三〇三
大清順治十一年歲次甲午時憲曆一卷　清順治刻本　三〇四
大清順治十一年歲次甲午時憲曆一卷　清順治內府抄本　三〇五
大清順治十一年七政經緯躔度時憲書一卷　清順治刻本　三〇六
大清順治十二年歲次乙未時憲曆一卷　清順治刻本　三〇七
大清順治十二年歲次乙未時憲曆一卷　清順治內府抄本　三〇八
大清順治十二年七政經緯躔度時憲書一卷　清順治刻本　三〇九
大清順治十三年歲次丙申時憲曆一卷　清順治刻本　三一〇
大清順治十三年歲次丙申時憲曆一卷　清順治內府抄本　三一一
大清順治十三年七政經緯躔度時憲書一卷　清順治刻本　三一二
大清順治十四年歲次丁酉時憲曆一卷　清順治刻本　三一三
大清順治十四年歲次丁酉時憲曆一卷　清順治內府抄本　三一四
大清順治十四年七政經緯躔度時憲書一卷　清順治刻本　三一五

大清順治十五年歲次戊戌時憲曆一卷　清順治刻本　三一六
大清順治十五年七政經緯躔度時憲書一卷　清順治刻本　三一七
大清順治十六年歲次己亥時憲曆一卷　清順治刻本　三一八
大清順治十六年歲次己亥時憲曆一卷　清順治內府抄本　三一九
大清順治十六年七政經緯躔度時憲書一卷　清順治刻本　三二〇
大清順治十七年歲次庚子時憲曆一卷　清順治刻本　三二一
大清順治十七年歲次庚子時憲曆一卷　清順治內府抄本　三二二
大清順治十七年七政經緯躔度時憲書一卷　清順治刻本　三二三
大清順治十八年歲次辛丑時憲曆一卷　清順治刻本　三二四
大清順治十八年七政經緯躔度時憲書一卷　清順治刻本　三二五
大清康熙元年歲次壬寅時憲曆一卷　清康熙刻本　三二六
大清康熙二年歲次癸卯時憲曆一卷　清康熙刻本　三二七
大清康熙三年歲次甲辰時憲曆一卷　清康熙刻本　三二八
大清康熙四年歲次乙巳時憲曆一卷　清康熙刻本　三二九
大清康熙五年歲次丙午時憲曆一卷　清康熙刻本　三三〇
大清康熙五年七政經緯躔度時憲曆一卷　清康熙刻本　三三一
大清康熙六年歲次丁未時憲曆一卷　清康熙刻本　三三二
大清康熙六年七政經緯躔度時憲曆一卷　清康熙刻本　三三三
大清康熙七年歲次戊申時憲曆一卷　清康熙刻本　三三四
大清康熙七年七政經緯躔度時憲曆一卷　清康熙刻本　三三五
大清康熙八年歲次己酉時憲曆一卷　清康熙刻本　三三六
大清康熙八年七政經緯躔度時憲曆一卷　清康熙刻本　三三七
大清康熙九年歲次庚戌時憲曆一卷　清康熙刻本　三三八
大清康熙九年七政經緯躔度時憲曆一卷　清康熙刻本　三三九
大清康熙十年歲次辛亥時憲曆一卷　清康熙刻本　三四〇
大清康熙十年七政經緯躔度時憲曆一卷　清康熙刻本　三四一

大清康熙十一年歲次壬子時憲曆一卷　清康熙刻本　三三四二

大清康熙十一年歲次壬子時憲曆一卷　清康熙內府朱墨抄本　三三四三

大清康熙十一年七政經緯躔度時憲曆一卷　清康熙刻本　三三四四

大清康熙十二年歲次癸丑時憲曆一卷　清康熙刻本　三三四五

大清康熙十二年歲次癸丑時憲曆一卷　清康熙內府朱墨抄本　三三四六

大清康熙十二年七政經緯躔度時憲曆一卷　清康熙刻本　三三四七

大清康熙十三年歲次甲寅時憲曆一卷　清康熙刻本　三三四八

大清康熙十三年歲次甲寅時憲曆一卷　清康熙內府朱墨抄本　三三四九

大清康熙十三年七政經緯躔度時憲曆一卷　清康熙刻本　三三五〇

大清康熙十四年歲次乙卯時憲曆一卷　清康熙刻本　三三五一

大清康熙十四年歲次乙卯時憲曆一卷　清康熙內府朱墨抄本　三三五二

大清康熙十四年七政經緯躔度時憲曆一卷　清康熙刻本　三三五三

大清康熙十五年歲次丙辰時憲曆一卷　清康熙刻本　三三五四

大清康熙十五年歲次丙辰時憲曆一卷　清康熙內府朱墨抄本　三三五五

大清康熙十五年七政經緯躔度時憲曆一卷　清康熙刻本　三三五六

大清康熙十六年歲次丁巳時憲曆一卷　清康熙內府朱墨抄本　三三五七

大清康熙十六年七政經緯躔度時憲曆一卷　清康熙刻本　三三五八

大清康熙十七年歲次戊午時憲曆一卷　清康熙刻本　三三五九

大清康熙十七年歲次戊午時憲曆一卷　清康熙內府朱墨抄本　三三六〇

大清康熙十七年七政經緯躔度時憲曆一卷　清康熙刻本　三三六一

大清康熙十八年歲次己未時憲曆一卷　清康熙刻本　三三六二

大清康熙十八年歲次己未時憲曆一卷　清康熙內府朱墨抄本　三三六三

大清康熙十八年歲次己未時憲曆一卷　清抄本　三三六四

大清康熙十八年七政經緯躔度時憲曆一卷　清康熙刻本　三三六五

大清康熙十九年歲次庚申時憲曆一卷　清康熙內府朱墨抄本　三三六六

大清康熙十九年歲次庚申時憲曆一卷　清內府抄本　清龔心釗跋　三三六七

大清康熙十九年七政經緯躔度時憲曆一卷　清康熙刻本　三三六八

大清康熙二十年歲次辛酉時憲曆一卷　清康熙內府朱墨抄本　三三六九

大清康熙二十年七政經緯躔度時憲曆一卷　清康熙刻本　三三七〇

大清康熙二十一年歲次壬戌時憲曆一卷　清康熙內府朱墨抄本　三三七一

大清康熙二十一年七政經緯躔度時憲曆一卷　清康熙刻本　三三七二

大清康熙二十一年歲次壬戌月五星凌犯時憲曆一卷　清康熙內府朱墨抄本　三三七三

大清康熙二十二年歲次癸亥時憲曆一卷　清康熙內府朱墨抄本　三三七四

大清康熙二十二年七政經緯躔度時憲曆一卷　清康熙刻本　三三七五

大清康熙二十二年歲次癸亥月五星凌犯時憲曆一卷　清康熙內府朱墨抄本　三三七六

大清康熙二十三年歲次甲子時憲曆一卷　清康熙刻本　三三七七

大清康熙二十三年歲次甲子時憲曆一卷　清康熙內府朱墨抄本　三三七八

大清康熙二十三年七政經緯躔度時憲曆一卷　清康熙刻本　三三七九

大清康熙二十三年歲次甲子月五星凌犯時憲曆一卷　清康熙內府朱墨抄本　三三八〇

大清康熙二十四年歲次乙丑時憲曆一卷　清康熙刻本　三三八一

大清康熙二十四年歲次乙丑時憲曆一卷　三三八二

清康熙内府朱墨抄本

大清康熙二十四年七政經緯躔度時憲曆一卷清康熙刻本 三八三

大清康熙二十四年歲次乙丑月五星凌犯時憲曆一卷清康熙内府朱墨抄本 三八四

大清康熙二十五年歲次丙寅時憲曆一卷清康熙刻本 三八五

大清康熙二十五年歲次丙寅時憲曆一卷清康熙内府朱墨抄本 三八六

大清康熙二十五年七政經緯躔度時憲曆一卷清康熙刻本 三八七

大清康熙二十五年歲次丙寅月五星凌犯時憲曆一卷清康熙内府朱墨抄本 三八八

大清康熙二十六年七政經緯躔度時憲曆一卷清康熙刻本 三八九

大清康熙二十六年歲次丁卯月五星凌犯時時憲曆一卷清康熙内府朱墨抄本 三九〇

十七

大清康熙二十七年歲次戊辰時憲曆一卷清康熙刻本 三九一

大清康熙二十七年歲次戊辰時憲曆一卷清康熙内府朱墨抄本 三九二

大清康熙二十七年七政經緯躔度時憲曆一卷清康熙刻本 三九三

大清康熙二十七年歲次戊辰月五星凌犯時憲曆一卷清康熙内府朱墨抄本 三九四

大清康熙二十八年歲次己巳時憲曆一卷清康熙内府朱墨抄本 三九五

大清康熙二十八年七政經緯躔度時憲曆一卷清康熙刻本 三九六

大清康熙二十八年歲次己巳月五星凌犯時憲曆一卷清康熙内府朱墨抄本 三九七

大清康熙二十九年歲次庚午時憲曆一卷清康熙内府朱墨抄本 三九八

大清康熙二十九年七政經緯躔度時憲曆一卷清康熙刻本 三九九

大清康熙二十九年歲次庚午月五星凌犯時憲曆一卷清康熙内府朱墨抄本 四〇〇

大清康熙三十年歲次辛未時憲曆一卷清康熙内府朱墨抄本 四〇一

大清康熙三十年七政經緯躔度時憲曆一卷清康熙刻本 四〇二

大清康熙三十年歲次辛未月五星凌犯時憲曆一卷清康熙内府朱墨抄本 四〇三

大清康熙三十一年歲次壬申時憲曆一卷清康熙刻本 四〇四

大清康熙三十一年歲次壬申時憲曆一卷清康熙内府朱墨抄本 四〇五

大清康熙三十一年歲次壬申月五星凌犯時憲曆一卷清康熙内府朱墨抄本 四〇六

十八

大清康熙三十二年歲次癸酉時憲曆一卷清康熙刻本 四〇七

大清康熙三十二年歲次癸酉時憲曆一卷清康熙内府朱墨抄本 四〇八

大清康熙三十二年歲次癸酉月五星凌犯時憲曆一卷清康熙内府朱墨抄本 四〇九

大清康熙三十三年歲次甲戌時憲曆一卷清康熙刻本 四一〇

大清康熙三十三年歲次甲戌時憲曆一卷清康熙内府朱墨抄本 四一一

大清康熙三十三年歲次甲戌月五星凌犯時憲曆一卷清康熙内府朱墨抄本 四一二

大清康熙三十四年歲次乙亥時憲曆一卷清康熙内府朱墨抄本 四一三

大清康熙三十四年歲次乙亥月五星凌犯時憲曆一卷清康熙内府朱墨抄本 四一四

大清康熙三十五年歲次丙子時憲曆一卷 四一五

清康熙內府朱墨抄本

大清康熙三十五年歲次丙子月五星凌犯時憲曆一卷　清康熙內府朱墨抄本　四一六

大清康熙三十六年歲次丁丑時憲曆一卷　四一七

大清康熙三十六年歲次丁丑時憲曆一卷　清康熙刻本　四一八

清康熙內府朱墨抄本

大清康熙三十六年歲次丁丑月五星凌犯時憲曆一卷　清康熙內府朱墨抄本　四一九

大清康熙三十七年歲次戊寅時憲曆一卷　四二〇

清康熙內府朱墨抄本

大清康熙三十七年歲次戊寅月五星凌犯時憲曆一卷　清康熙內府朱墨抄本　四二一

大清康熙三十八年歲次己卯時憲曆一卷　清康熙刻本　四二二

大清康熙三十八年歲次己卯時憲曆一卷　四二三

清康熙內府朱墨抄本

一九

大清康熙三十八年歲次己卯月五星凌犯時憲曆一卷　清康熙內府朱墨抄本　四二四

大清康熙三十九年歲次庚辰時憲曆一卷　清康熙刻本　四二五

大清康熙三十九年歲次庚辰時憲曆一卷　四二六

清康熙內府朱墨抄本

大清康熙三十九年歲次庚辰月五星凌犯時憲曆一卷　清康熙內府朱墨抄本　四二七

大清康熙四十年歲次辛巳時憲曆一卷　清康熙內府朱墨抄本　四二八

大清康熙四十年歲次辛巳月五星凌犯時憲曆一卷　清康熙內府朱墨抄本　四二九

大清康熙四十一年歲次壬午時憲曆一卷　清康熙刻本　四三〇

大清康熙四十一年歲次壬午時憲曆一卷　四三一

清康熙內府朱墨抄本

大清康熙四十一年歲次壬午時憲曆一卷　四三二

清康熙內府抄本

大清康熙四十一年七政經緯躔度時憲曆一卷　清康熙刻本　四三三

大清康熙四十二年歲次癸未時憲曆一卷　清康熙刻本　四三四

大清康熙四十二年歲次癸未時憲曆一卷　四三五

清康熙內府朱墨抄本

大清康熙四十二年七政經緯躔度時憲曆一卷　清康熙刻本　四三六

大清康熙四十三年歲次甲申時憲曆一卷　四三七

清康熙內府朱墨抄本

大清康熙四十三年七政經緯躔度時憲曆一卷　清康熙刻本　四三八

大清康熙四十四年歲次乙酉時憲曆一卷　清康熙刻本　四三九

大清康熙四十四年歲次乙酉時憲曆一卷　四四〇

清康熙內府朱墨抄本

大清康熙四十四年七政經緯躔度時憲曆一卷　清康熙刻本　四四一

二〇

大清康熙四十五年歲次丙戌時憲曆一卷　四四二

清康熙內府朱墨抄本

大清康熙四十五年七政經緯躔度時憲曆一卷　清康熙刻本　四四三

大清康熙四十六年歲次丁亥時憲曆一卷　四四四

清康熙內府朱墨抄本

大清康熙四十六年七政經緯躔度時憲曆一卷　清康熙刻本　四四五

大清康熙四十七年歲次戊子時憲曆一卷　清康熙刻本　四四六

大清康熙四十七年歲次戊子時憲曆一卷　四四七

清康熙內府朱墨抄本

大清康熙四十七年七政經緯躔度時憲曆一卷　清康熙刻本　四四八

大清康熙四十八年歲次己丑時憲曆一卷　四四九

清康熙內府朱墨抄本

大清康熙四十八年七政經緯躔度時憲曆一卷　清康熙刻本　四五〇

大清康熙四十九年歲次庚寅時憲曆一卷　清康熙內府朱墨抄本　四五一

大清康熙四十九年七政經緯躔度時憲曆一卷　清康熙刻本　四五二

大清康熙五十年歲次辛卯時憲曆一卷　清康熙內府朱墨抄本　四五三

大清康熙五十年七政經緯躔度時憲曆一卷　清康熙刻本　四五四

大清康熙五十一年七政經緯躔度時憲曆一卷　清康熙刻本　四五五

大清康熙五十二年七政經緯躔度時憲曆一卷　清康熙刻本　四五六

二一

大清康熙五十三年歲次甲午時憲曆一卷　清康熙刻本　四五七

大清康熙五十三年七政經緯躔度時憲曆一卷　清康熙刻本　四五八

大清康熙五十四年七政經緯躔度時憲曆一卷　清康熙刻本　四五九

大清康熙五十四年歲次乙未七政經緯宿度五星伏見目錄一卷　清康熙刻本　四六〇

大清康熙五十五年七政經緯躔度時憲曆一卷　清康熙刻本　四六一

大清康熙五十五年歲次丙申便覽全備通書一卷　清張友峰輯　清康熙刻本　四六二

大清康熙五十六年七政經緯躔度時憲曆一卷　清康熙刻本　四六三

大清康熙五十七年歲次戊戌時憲曆一卷　清康熙內府朱墨抄本　四六四

大清康熙五十七年七政經緯躔度時憲曆一卷　清康熙刻本　四六五

大清康熙五十八年七政經緯躔度時憲曆一卷　清康熙刻本　四六六

大清康熙五十九年七政經緯躔度時憲曆一卷　清康熙刻本　四六七

大清康熙六十年歲次辛丑時憲曆一卷　清康熙內府朱墨抄本　四六八

大清康熙六十年七政經緯躔度時憲曆一卷　清康熙刻本　四六九

大清康熙六十一年歲次壬寅時憲曆一卷　清康熙刻本　四七〇

大清康熙六十一年歲次壬寅時憲曆一卷　清康熙內府抄本　四七一

大清雍正元年七政經緯躔度時憲曆一卷　清雍正內府抄本　四七二

大清雍正元年歲次癸卯月五星凌犯時憲曆　四七三
一卷　清雍正內府朱墨抄本

二二

大清雍正二年歲次甲辰時憲曆一卷　清雍正刻套印本　四七四

大清雍正二年歲次甲辰時憲曆一卷　清雍正內府抄本　四七五

大清雍正二年歲次甲辰便覽溪口通書一卷　清雍正刻本　四七六

大清雍正三年歲次乙巳時憲曆一卷　清雍正刻套印本　四七七

大清雍正三年七政經緯躔度時憲曆一卷　清雍正內府抄本　四七八

大清雍正四年歲次丙午時憲曆一卷　清雍正刻套印本　四七九

大清雍正四年七政經緯躔度時憲曆一卷　清雍正內府抄本　四八〇

大清雍正五年歲次丁未時憲曆一卷　清雍正刻套印本　四八一

大清雍正五年歲次丁未時憲曆一卷　清雍正內府朱墨抄本　四八二

大清雍正五年七政經緯躔度時憲曆一卷　清雍正內府刻本　四八三

大清雍正五年七政經緯躔度時憲曆一卷 清雍正內府抄本 四八四

大清雍正六年歲次戊申時憲曆一卷 清雍正刻套印本 四八五

大清雍正六年七政經緯躔度時憲曆一卷 清雍正內府抄本 四八六

大清雍正六年歲次戊申月五星凌犯時憲曆一卷 清雍正內府朱墨抄本 四八七

大清雍正七年歲次己酉時憲曆一卷 清雍正刻套印本 四八八

大清雍正七年歲次乙酉時憲曆一卷 清雍正內府朱墨抄本 四八九

大清雍正七年七政經緯躔度時憲曆一卷 清雍正內府抄本 四九〇

大清雍正八年歲次庚戌時憲曆一卷 清雍正刻套印本 四九一

大清雍正八年歲次庚戌時憲曆一卷 清雍正刻本 四九二

大清雍正八年七政經緯躔度時憲曆一卷 清雍正內府抄本 四九三

大清雍正八年歲次庚戌月五星凌犯時憲曆一卷 清雍正內府朱墨抄本 四九四

十五

大清雍正九年歲次辛亥時憲曆一卷 清雍正刻套印本 四九五

大清雍正九年歲次辛亥時憲曆一卷 清雍正內府朱墨抄本 四九六

大清雍正九年七政經緯躔度時憲曆一卷 清雍正刻本 四九七

大清雍正九年七政經緯躔度時憲曆一卷 清雍正內府抄本 四九八

大清雍正十年歲次壬子時憲曆一卷 清雍正刻套印本 四九九

大清雍正十年歲次壬子時憲曆一卷 清雍正內府朱墨抄本 五〇〇

大清雍正十年七政經緯躔度時憲曆一卷 清雍正抄本 五〇一

大清雍正十一年歲次癸丑時憲曆一卷 清雍正刻套印本 五〇二

大清雍正十一年七政經緯躔度時憲曆一卷 清雍正刻本 五〇三

大清雍正十一年歲次癸丑月五星凌犯時憲曆一卷 清雍正內府朱墨抄本 五〇四

大清雍正十二年歲次甲寅時憲曆一卷 清雍正刻套印本 五〇五

大清雍正十二年歲次甲寅時憲曆一卷 清雍正內府抄本 五〇六

大清雍正十三年歲次乙卯時憲曆一卷 清雍正刻套印本 五〇七

大清雍正十三年歲次乙卯時憲曆一卷 清雍正內府朱墨抄本 五〇八

大清雍正十三年歲次乙卯時憲曆一卷 清雍正內府抄本 五〇九

大清雍正十三年七政經緯躔度時憲曆一卷 清雍正刻本 五一〇

大清乾隆元年七政經緯躔度時憲書一卷 清乾隆刻本 五一一

大清乾隆元年中星更錄一卷 清乾隆內府抄本 五一二

大清乾隆二年中星更錄一卷 清乾隆內府抄本 五一三

大清乾隆四年歲次己未七政經緯宿度五星伏見目錄一卷 清乾隆刻本 五一四

大清乾隆六年歲次辛酉月五星相距時憲書一卷 清乾隆內府朱墨抄本 五一五

大清乾隆七年歲次壬戌時憲書一卷 清乾隆內府朱墨抄本 五一六

十四

大清乾隆七年中星更錄一卷 清乾隆內府抄本 五一七

大清乾隆八年中星更錄一卷 清乾隆內府抄本 五一八

大清乾隆十年歲次乙丑時憲書一卷 清乾隆刻本 五一九

大清乾隆十二年歲次丁卯月五星相距時憲書一卷 清乾隆內府朱墨抄本 五二〇

大清乾隆十三年歲次戊辰月五星相距時憲書一卷 清乾隆內府朱墨抄本 五二一

大清乾隆十五年中星更錄一卷 清乾隆內府抄本 五二二

大清乾隆十六年七政經緯躔度時憲書一卷 清乾隆刻本 五二三

大清乾隆二十二年歲次丁丑時憲書一卷 清乾隆內府抄本 五二四

大清乾隆二十三年歲次丁丑時憲書一卷 清乾隆刻套印本 五二五

五二六 大清乾隆二十七年歲次壬午時憲書一卷 清乾隆刻套印本
五二七 大清乾隆二十七年中星更錄一卷 清乾隆內府抄本
五二八 大清乾隆二十九年中星更錄一卷 清乾隆內府抄本
五二九 大清乾隆三十年歲次乙酉時憲書一卷 清乾隆刻本
五三〇 大清乾隆三十五年歲次庚寅時憲書一卷 清乾隆刻套印本
五三一 大清乾隆三十六年中星更錄一卷 清乾隆內府抄本
五三二 大清乾隆三十七年歲次壬辰時憲書一卷 清乾隆刻套印本
五三三 大清乾隆三十八年歲次癸巳月五星相距時憲書一卷 清乾隆內府朱墨抄本
五三四 大清乾隆三十八年中星更錄一卷 清乾隆內府抄本
五三五 大清乾隆四十年中星更錄一卷 清乾隆內府抄本
五三六 大清乾隆四十一年中星更錄一卷 清乾隆內府抄本
五三七 大清乾隆四十二年歲次丁酉時憲書一卷 清乾隆刻套印本

十五

五三八 大清乾隆四十二年歲次丁酉時憲書一卷 清乾隆刻本
五三九 大清乾隆四十三年歲次戊戌時憲書一卷 清乾隆刻套印本
五四〇 大清乾隆四十四年中星更錄一卷 清乾隆內府抄本
五四一 大清乾隆四十五年中星更錄一卷 清乾隆內府抄本
五四二 大清乾隆四十六年歲次辛酉月五星相距時憲書一卷 清乾隆內府朱墨抄本
五四三 大清乾隆四十七年歲次壬寅時憲書一卷 清乾隆刻本
五四四 大清乾隆四十七年歲次壬寅月五星相距時憲書一卷 清乾隆內府朱墨抄本
五四五 大清乾隆四十八年中星更錄一卷 清乾隆內府抄本
五四六 大清乾隆五十年歲次乙巳時憲書一卷 清乾隆刻本
五四七 大清乾隆五十年中星更錄一卷 清乾隆內府抄本
五四八 大清乾隆五十一年歲次丙午時憲書一卷 清乾隆刻本

五四九 大清乾隆五十二年歲次丁未時憲書一卷 清乾隆刻套印本
五五〇 大清乾隆五十二年歲次丁未時憲書一卷 清乾隆刻本
五五一 大清乾隆五十三年歲次戊申時憲書一卷 清乾隆刻本
五五二 大清乾隆五十四年歲次己酉時憲書一卷 清乾隆刻本
五五三 大清乾隆五十五年歲次庚戌時憲書一卷 清乾隆刻本
五五四 大清乾隆五十六年中星更錄一卷 清乾隆內府抄本
五五五 大清乾隆五十七年歲次壬子月五星相距時憲書一卷 清乾隆內府朱墨抄本
五五六 大清乾隆五十八年中星更錄一卷 清乾隆內府抄本
五五七 大清乾隆五十九年歲次甲寅時憲書一卷 清乾隆刻本
五五八 大清乾隆五十九年中星更錄一卷 清乾隆內府抄本
五五九 大清乾隆六十年歲次乙卯時憲書一卷 清乾隆刻套印本
五六〇 大清乾隆六十年歲次乙卯時憲書一卷 清乾隆刻本
五六一 大清嘉慶元年歲次丙辰時憲書一卷 清嘉慶刻套印本

十六

五六二 大清嘉慶元年歲次丙辰時憲書一卷 清嘉慶刻本
五六三 大清乾隆六十一年歲次丙辰時憲書一卷 清乾隆刻本
五六四 大清乾隆六十一年歲次丙辰時憲書一卷 清乾隆刻本 清紀樹馨吳振棫跋
五六五 大清嘉慶二年歲次丁巳時憲書一卷 清嘉慶刻套印本
五六六 大清乾隆六十二年歲次丁巳時憲書一卷 清嘉慶刻本
五六七 大清乾隆六十二年中星更錄一卷 清嘉慶內府抄本
五六八 大清嘉慶三年歲次戊午時憲書一卷 清嘉慶刻套印本
五六九 大清嘉慶三年歲次戊午時憲書一卷 清嘉慶刻本
五七〇 大清乾隆六十三年歲次戊午時憲書一卷 清嘉慶刻本
五七一 大清乾隆六十三年歲次戊午時憲書一卷 清嘉慶刻本 陳垣跋
五七二 大清乾隆六十三年中星更錄一卷 清嘉慶內府抄本
五七三 大清嘉慶四年歲次己未時憲書一卷 清嘉慶刻套印本
五七四 大清嘉慶四年歲次己未時憲書一卷 清嘉慶刻本

五七五 大清乾隆六十四年歲次己未時憲書一卷 清嘉慶刻本
五七六 大清嘉慶五年歲次庚申時憲書一卷 清嘉慶刻本
五七七 大清嘉慶六年歲次辛酉時憲書一卷 清嘉慶刻套印本
五七八 大清嘉慶六年歲次辛酉時憲書一卷 清嘉慶刻本
五七九 大清嘉慶六年歲次辛酉時憲書一卷 清嘉慶內府抄本
五八〇 大清嘉慶七年歲次壬戌時憲書一卷 清嘉慶刻套印本
五八一 大清嘉慶七年歲次壬戌時憲書一卷 清嘉慶刻本
五八二 大清嘉慶七年歲次壬戌時憲書一卷 清嘉慶內府抄本
五八三 大清嘉慶八年歲次癸亥時憲書一卷 清嘉慶刻套印本
五八四 大清嘉慶八年歲次癸亥時憲書一卷 清嘉慶刻本
五八五 大清嘉慶九年歲次甲子時憲書一卷 清嘉慶刻套印本
五八六 大清嘉慶九年歲次甲子時憲書一卷 清嘉慶刻本
五八七 大清嘉慶九年歲次甲子時憲書一卷 清嘉慶內府朱墨抄本
五八八 大清嘉慶十年歲次乙丑時憲書一卷 清嘉慶刻套印本
五八九 大清嘉慶十年歲次乙丑時憲書一卷 清嘉慶刻本
五九〇 大清嘉慶十年歲次乙丑時憲書一卷 清嘉慶內府朱墨抄本
五九一 大清嘉慶十年歲次乙丑時憲書一卷 清嘉慶內府抄本
五九二 大清嘉慶十一年歲次丙寅時憲書一卷 清嘉慶刻套印本
五九三 大清嘉慶十二年歲次丁卯時憲書一卷 清嘉慶刻本
五九四 大清嘉慶十二年歲次丁卯月五星相距時憲書一卷 清嘉慶內府朱墨抄本
五九五 大清嘉慶十三年歲次戊辰時憲書一卷 清嘉慶刻套印本
五九六 大清嘉慶十三年歲次戊辰時憲書一卷 清嘉慶刻本
五九七 大清嘉慶十三年歲次戊辰月五星相距時憲書一卷 清嘉慶內府朱墨抄本
五九八 大清嘉慶十五年歲次庚午時憲書一卷 清嘉慶刻套印本
五九九 大清嘉慶十五年歲次庚午時憲書一卷 清嘉慶內府抄本
六〇〇 大清嘉慶十五年歲次庚午月五星相距時憲書一卷 清嘉慶內府朱墨抄本
六〇一 大清嘉慶十六年歲次辛未時憲書一卷 清嘉慶刻套印本

十七

六〇二 大清嘉慶十六年歲次辛未時憲書一卷 清嘉慶刻本
六〇三 大清嘉慶十六年歲次辛未月五星相距時憲書一卷 清嘉慶內府朱墨抄本
六〇四 大清嘉慶十七年歲次壬申時憲書一卷 清嘉慶刻套印本
六〇五 大清嘉慶十七年歲次壬申月五星相距時憲書一卷 清嘉慶內府朱墨抄本
六〇六 大清嘉慶十八年歲次癸酉時憲書一卷 清嘉慶刻套印本
六〇七 大清嘉慶十八年歲次癸酉時憲書一卷 清嘉慶內府抄本
六〇八 大清嘉慶十八年歲次癸酉月五星相距時憲書一卷 清嘉慶內府朱墨抄本
六〇九 大清嘉慶十九年歲次甲戌時憲書一卷 清嘉慶刻套印本
六一〇 大清嘉慶十九年歲次甲戌時憲書一卷 清嘉慶內府抄本
六一一 大清嘉慶二十年歲次乙亥時憲書一卷 清嘉慶刻套印本
六一二 大清嘉慶二十一年歲次丙子時憲書一卷 清嘉慶刻套印本
六一三 大清嘉慶二十二年歲次丁丑時憲書一卷 清嘉慶刻套印本
六一四 大清嘉慶二十三年歲次戊寅時憲書一卷 清嘉慶刻套印本
六一五 大清嘉慶二十四年歲次己卯時憲書一卷 清嘉慶刻套印本
六一六 大清嘉慶二十四年歲次己卯時憲書一卷 清嘉慶刻本
六一七 大清嘉慶二十五年歲次庚辰時憲書一卷 清嘉慶刻套印本
六一八 大清道光元年歲次辛巳時憲書一卷 清道光刻套印本
六一九 大清道光元年歲次辛巳月五星相距時憲書一卷 清道光內府朱墨抄本
六二〇 大清道光二年歲次壬午時憲書一卷 清道光刻套印本
六二一 大清道光二年歲次壬午月五星相距時憲書一卷 清道光內府朱墨抄本

十八

大清道光二年中星更錄一卷 清道光內府抄本 六二一
大清道光三年歲次癸未時憲書一卷 清道光刻套印本 六二二
大清道光四年歲次甲申時憲書一卷 清道光刻套印本 六二三
大清道光四年歲次甲申月五星相距時憲書一卷 清道光內府朱墨抄本 六二四
大清道光五年歲次乙酉時憲書一卷 清道光刻本 六二五
大清道光五年歲次乙酉月五星相距時憲書一卷 清道光內府朱墨抄本 六二六
大清道光五年中星更錄一卷 清道光內府抄本 六二七
大清道光六年歲次丙戌時憲書一卷 清道光刻套印本 六二八
大清道光七年歲次丁亥時憲書一卷 清道光刻本 六二九
大清道光八年歲次戊子時憲書一卷 清道光刻套印本 六三〇
大清道光八年歲次戊子時憲書一卷 清道光刻本 六三一
大清道光九年歲次己丑時憲書一卷 清道光刻套印本 六三二
大清道光九年中星更錄一卷 清道光內府抄本 六三三
大清道光十年歲次庚寅時憲書一卷 清道光刻套印本 六三四
大清道光十一年歲次辛卯時憲書一卷 清道光刻套印本 六三五
大清道光十一年歲次辛卯月五星相距時憲書一卷 清道光內府朱墨抄本 六三六
大清道光十一年中星更錄一卷 清道光內府抄本 六三七
大清道光十二年歲次壬辰時憲書一卷 清道光刻套印本 六三八
大清道光十三年歲次癸巳時憲書一卷 清道光刻套印本 六三九
大清道光十三年七政經緯躔度時憲書一卷 清道光刻本 六四〇
大清道光十四年歲次甲午時憲書一卷 清道光刻套印本 六四一
大清道光十四年歲次甲午時憲書一卷 清道光刻本 六四二
大清道光十五年歲次乙未時憲書一卷 清道光刻套印本 六四三
大清道光十六年歲次丙申時憲書一卷 清道光刻套印本 六四四
大清道光十六年中星更錄一卷 清道光內府抄本 六四五
大清道光十七年歲次丁酉時憲書一卷 清道光刻套印本 六四六
大清道光十七年歲次丁酉月五星相距時憲書一卷 清道光內府朱墨抄本 六四七
大清道光十七年中星更錄一卷 清道光內府抄本 六四八
大清道光十八年歲次戊戌時憲書一卷 清道光刻套印本 六四九
大清道光十八年中星更錄一卷 清道光內府抄本 六五〇
大清道光十九年歲次己亥時憲書一卷 清道光刻套印本 六五一
大清道光十九年歲次己亥時憲書一卷 清道光刻本 六五二
大清道光二十年歲次庚子時憲書一卷 清道光刻套印本 六五三
大清道光二十一年歲次辛丑時憲書一卷 清道光刻套印本 六五四
大清道光二十一年歲次辛丑時憲書一卷 清道光刻本 六五五
大清道光二十二年歲次壬寅時憲書一卷 清道光刻套印本 六五六
大清道光二十二年歲次壬寅月五星相距時憲書一卷 清道光內府朱墨抄本 六五七
大清道光二十二年中星更錄一卷 清道光內府抄本 六五八
大清道光二十三年歲次癸卯時憲書一卷 清道光刻本 六五九
大清道光二十四年歲次甲辰時憲書一卷 清道光刻套印本 六六〇
大清道光二十四年中星更錄一卷 清道光內府抄本 六六一
大清道光二十五年歲次乙巳時憲書一卷 清道光刻套印本 六六二
大清道光二十六年歲次丙午時憲書一卷 清道光刻套印本 六六三
大清道光二十六年歲次丙午時憲書一卷 清道光刻本 六六四
道光二十六年日月刻度通書不分卷 清道光刻本 鄭振鐸跋 六六五
大清道光二十六年中星更錄一卷 清道光內府抄本 六六六
大清道光二十七年歲次丁未時憲書一卷 清道光刻套印本 六六七
大清道光二十八年歲次戊申時憲書一卷 六六八

清道光刻套印本

大清道光二十九年歲次己酉時憲書一卷 清道光刻套印本 六六九

大清道光二十九年時憲書一卷 清道光內府抄本 六七〇

大清道光三十年歲次庚戌時憲書一卷 清道光刻套印本 六七一

大清咸豐元年歲次辛亥時憲書一卷 清咸豐刻套印本 六七二

大清咸豐元年歲次辛亥時憲書一卷 清咸豐刻本 六七三

大清咸豐元年歲次辛亥時憲書一卷 清咸豐內府抄本 六七四

大清咸豐二年歲次壬子時憲書一卷 清咸豐刻套印本 六七五

大清咸豐二年歲次壬子時憲書一卷 清咸豐內府抄本 六七六

大清咸豐三年歲次癸丑時憲書一卷 清咸豐刻套印本 六七七

大清咸豐四年歲次甲寅時憲書一卷 清咸豐刻套印本 六七八

大清咸豐四年歲次甲寅時憲書一卷 清咸豐刻本 六七九

大清咸豐四年歲次甲寅時憲書一卷 清咸豐內府抄本 六八〇

大清咸豐五年歲次乙卯時憲書一卷 清咸豐刻套印本 六八一

大清咸豐五年歲次乙卯時憲書一卷 清咸豐抄本 六八二

大清咸豐六年歲次丙辰時憲書一卷 清咸豐刻套印本 六八三

大清咸豐七年歲次丁巳時憲書一卷 清咸豐刻套印本 六八四

大清咸豐七年歲次丁巳時憲書一卷 清咸豐內府抄本 六八五

大清咸豐七年歲次丁巳月五星相距時憲書一卷 清咸豐內府朱墨抄本 六八六

大清咸豐八年歲次戊午時憲書一卷 清咸豐刻套印本 六八七

大清咸豐九年歲次己未時憲書一卷 清咸豐刻套印本 六八八

大清咸豐九年歲次己未時憲書一卷 清咸豐內府朱墨抄本 六八九

大清咸豐九年歲次己未月五星相距時憲書一卷 清咸豐內府朱墨抄本 六九〇

大清咸豐十年歲次庚申時憲書一卷 清咸豐刻套印本 六九一

大清咸豐十年歲次庚申時憲書一卷 清咸豐刻本 六九二

大清咸豐十年歲次庚申時憲書一卷 清咸豐內府朱墨抄本 六九三

大清咸豐十一年歲次辛酉時憲書一卷 清咸豐刻套印本 六九四

大清咸豐十一年歲次辛酉時憲書一卷 清咸豐內府朱墨抄本 六九五

咸豐十一年中星更錄一卷 清抄本 六九六

大清咸豐十二年歲次壬戌時憲書一卷 清咸豐內府抄本 六九七

大清祺祥元年歲次壬戌時憲書一卷 清刻套印本 六九八

大清祺祥元年歲次壬戌時憲書一卷 清刻本 六九九

大清同治元年歲次壬戌時憲書一卷 清同治刻本 七〇〇

大清同治二年歲次癸亥時憲書一卷 清同治刻套印本 七〇一

大清同治二年歲次癸亥時憲書一卷 清同治刻本 七〇二

大清同治二年歲次癸亥時憲書一卷 清同治內府朱墨抄本 七〇三

大清同治二年歲次癸亥月五星相距時憲書一卷 清同治內府朱墨抄本 七〇四

大清同治三年歲次甲子時憲書一卷 清同治刻套印本 七〇五

大清同治四年歲次乙丑時憲書一卷 清同治刻套印本 七〇六

大清同治四年歲次乙丑時憲書一卷 清同治刻本 七〇七

大清同治四年歲次乙丑時憲書一卷 清同治內府抄本 七〇八

大清同治四年歲次乙丑月五星相距時憲書一卷 清同治內府朱墨抄本 七〇九

大清同治五年時憲書一卷 清同治刻套印本 七一〇

大清同治五年歲次丙寅月五星相距時憲書一卷 清同治內府朱墨抄本 七一一

大清同治六年歲次丁卯時憲書一卷 清同治刻套印本 七一二

大清同治六年歲次丁卯月五星相距時憲書一卷 清同治內府朱墨抄本 七一三

大清同治七年歲次戊辰時憲書一卷 清同治刻套印本 七一四

大清同治七年歲次戊辰月五星相距時憲書一卷 清同治內府朱墨抄本 七一五

大清同治八年歲次己巳時憲書一卷 清同治刻套印本 七一六

大清同治八年歲次己巳月五星相距時憲書一卷 清同治內府朱墨抄本 七一七

大清同治九年歲次庚午時憲書一卷 清同治刻套印本 七一八

七一九 大清同治十年歲次辛未時憲書一卷 清同治刻套印本
七二〇 大清同治十一年歲次壬申時憲書一卷 清同治刻套印本
七二一 大清同治十一年歲次壬申時憲書一卷 清同治刻本
七二二 大清同治十二年歲次癸酉時憲書一卷 清同治刻套印本
七二三 大清同治十二年歲次癸酉時憲書一卷 清同治刻本
七二四 大清同治十二年七政經緯躔度時憲書一卷 清同治刻本
七二五 大清同治十三年歲次甲戌時憲書一卷 清同治刻套印本
七二六 大清同治十三年歲次甲戌時憲書一卷 清同治刻本
七二七 大清同治十三年歲次甲戌時憲書一卷 清同治內府抄本
七二八 大清同治十三年七政經緯躔度時憲書一卷 清同治刻本
七二九 大清同治十三年歲次甲戌月五星相距時憲書一卷 清同治內府朱墨抄本
七三〇 大清同治十四年歲次乙亥時憲書一卷 清同治刻套印本

三三

七三一 大清同治十四年歲次乙亥時憲書一卷 清同治刻本
七三二 大清同治十四年七政經緯躔度時憲書一卷 清同治刻本
七三三 大清光緒元年歲次乙亥時憲書一卷 清光緒刻本
七三四 大清光緒元年歲次乙亥時憲書一卷 清光緒內府朱墨抄本
七三五 大清光緒元年七政經緯躔度時憲書一卷 清光緒刻本
七三六 大清光緒元年歲次乙亥月五星相距時憲書一卷 清光緒內府朱墨抄本
七三七 大清光緒二年歲次丙子時憲書一卷 清光緒刻套印本
七三八 大清光緒二年歲次丙子月五星相距時憲書一卷 清光緒內府朱墨抄本
七三九 大清光緒三年歲次丁丑時憲書一卷 清光緒刻套印本
七四〇 大清光緒三年歲次丁丑時憲書一卷 清光緒刻本
七四一 大清光緒三年歲次丁丑時憲書一卷 清光緒內府朱墨抄本
七四二 大清光緒四年歲次戊寅時憲書一卷 清光緒刻套印本
七四三 大清光緒四年歲次戊寅時憲書一卷 清光緒內府朱墨抄本
七四四 大清光緒四年歲次戊寅月五星相距時憲書一卷 清光緒內府朱墨抄本
七四五 大清光緒五年歲次己卯時憲書一卷 清光緒刻套印本
七四六 大清光緒五年歲次己卯時憲書一卷 清光緒刻本
七四七 大清光緒六年歲次庚辰時憲書一卷 清光緒刻套印本
七四八 大清光緒六年歲次庚辰時憲書一卷 清光緒內府朱墨抄本
七四九 大清光緒六年歲次庚辰月五星相距時憲書一卷 清光緒內府朱墨抄本
七五〇 大清光緒七年歲次辛巳時憲書一卷 清光緒刻套印本
七五一 大清光緒七年七政經緯躔度時憲書一卷 清光緒刻本
七五二 大清光緒七年中星更錄一卷 清光緒內府抄本
七五三 大清光緒八年歲次壬午時憲書一卷 清光緒刻套印本
七五四 大清光緒八年歲次壬午時憲書一卷 清光緒內府朱墨抄本
七五五 大清光緒八年中星更錄一卷 清光緒內府抄本
七五六 大清光緒九年歲次癸未時憲書一卷 清光緒刻套印本
七五七 大清光緒九年歲次癸未時憲書一卷 清光緒內府抄本
七五八 大清光緒十年歲次甲申時憲書一卷 清光緒刻套印本
七五九 大清光緒十年歲次甲申時憲書一卷 清光緒內府朱墨抄本
七六〇 大清光緒十一年歲次乙酉時憲書一卷 清光緒刻套印本
七六一 大清光緒十一年歲次乙酉時憲書一卷 清光緒刻本
七六二 大清光緒十一年歲次乙酉時憲書一卷 清光緒內府朱墨抄本
七六三 大清光緒十一年七政經緯躔度時憲書一卷 清光緒刻本
七六四 大清光緒十一年歲次乙酉月五星相距時憲書一卷 清光緒內府朱墨抄本
七六五 大清光緒十二年歲次丙戌時憲書一卷 清光緒刻套印本
七六六 大清光緒十二年歲次丙戌時憲書一卷 清光緒刻本
七六七 大清光緒十三年歲次丁亥時憲書一卷 清光緒刻套印本
七六八 大清光緒十四年歲次戊子時憲書一卷 清光緒刻套印本

三四

大清光緒十四年歲次戊子時憲書一卷 清光緒內府朱墨抄本 七六九
大清光緒十五年歲次己丑時憲書一卷 清光緒刻套印本 七七〇
大清光緒十五年歲次己丑時憲書一卷 清光緒刻本 七七一
大清光緒十六年歲次庚寅時憲書一卷 清光緒刻套印本 七七二
大清光緒十六年歲次庚寅時憲書一卷 清光緒內府朱墨抄本 七七三
大清光緒十七年歲次辛卯時憲書一卷 清光緒刻套印本 七七四
大清光緒十七年歲次辛卯時憲書一卷 清光緒刻本 七七五
大清光緒十八年歲次壬辰時憲書一卷 清光緒刻套印本 七七六
大清光緒十八年歲次壬辰時憲書一卷 清光緒刻本 七七七
大清光緒十九年歲次癸巳時憲書一卷 清光緒刻套印本 七七八
大清光緒十九年歲次癸巳時憲書一卷 清光緒刻本 七七九
大清光緒二十年歲次甲午時憲書一卷 清光緒刻套印本 七八〇
大清光緒二十年歲次甲午時憲書一卷 清光緒刻本 七八一
大清光緒二十年七政經緯躔度時憲書一卷 清光緒刻本 七八二
大清光緒二十一年歲次乙未時憲書一卷 清光緒刻套印本 七八三
大清光緒二十一年歲次乙未時憲書一卷 清光緒刻本 七八四
大清光緒二十一年七政經緯躔度時憲書一卷 清光緒刻本 七八五
大清光緒二十二年歲次丙申時憲書一卷 清光緒刻套印本 七八六
大清光緒二十二年歲次丙申時憲書一卷 清光緒刻本 七八七
大清光緒二十二年七政經緯躔度時憲書一卷 清光緒刻本 七八八
大清光緒二十三年歲次丁酉時憲書一卷 清光緒刻套印本 七八九
大清光緒二十三年歲次丁酉時憲書一卷 清光緒刻本 七九〇
大清光緒二十四年歲次戊戌時憲書一卷 清光緒刻套印本 七九一

三五

大清光緒二十四年歲次戊戌時憲書一卷 清光緒刻本 七九二
大清光緒二十四年七政經緯躔度時憲書一卷 清光緒刻本 七九三
大清光緒二十五年歲次己亥時憲書一卷 清光緒刻套印本 七九四
大清光緒二十五年歲次己亥時憲書一卷 清光緒刻本 七九五
大清光緒二十六年歲次庚子時憲書一卷 清光緒刻套印本 七九六
大清光緒二十六年歲次庚子時憲書一卷 清光緒刻本 七九七
大清光緒二十六年七政經緯躔度時憲書一卷 清光緒刻本 七九八
大清光緒二十七年歲次辛丑時憲書一卷 清光緒刻套印本 七九九
大清光緒二十七年歲次辛丑時憲書一卷 清光緒刻本 八〇〇
大清光緒二十七年七政經緯躔度時憲書一卷 清光緒刻本 八〇一
大清光緒二十八年歲次壬寅時憲書一卷 清光緒刻套印本 八〇二
大清光緒二十八年歲次壬寅時憲書一卷 清光緒刻本 八〇三
大清光緒二十八年歲次壬寅時憲書一卷 清光緒內府朱墨抄本 八〇四
大清光緒二十九年歲次癸卯時憲書一卷 清光緒刻套印本 八〇五
大清光緒二十九年歲次癸卯時憲書一卷 清光緒刻本 八〇六
大清光緒三十年歲次甲辰時憲書一卷 清光緒刻套印本 八〇七
大清光緒三十年歲次甲辰時憲書一卷 清光緒刻本 八〇八
大清光緒三十年歲次甲辰時憲書一卷 清光緒朱墨抄本 八〇九
大清光緒三十年晴雨錄一卷 清光緒內府朱墨抄本 八一〇
大清光緒三十一年歲次乙巳時憲書一卷 清光緒刻套印本 八一一

三六

大清光緒三十一年歲次乙巳時憲書一卷 清光緒刻本 八一二
大清光緒三十一年歲次乙巳時憲書一卷 清光緒內府朱墨抄本 八一三
大清光緒三十一年晴雨錄一卷 清光緒內府抄本 八一四
大清光緒三十二年歲次丙午時憲書一卷 清光緒刻套印本 八一五
大清光緒三十二年歲次丙午時憲書一卷 清光緒刻本 八一六
大清光緒三十二年七政經緯躔度時憲書一卷 清光緒刻本 八一七
大清光緒三十二年中星更錄一卷 清光緒內府抄本 八一八
大清光緒三十二年晴雨錄一卷 清光緒內府抄本 八一九
大清光緒三十三年歲次丁未時憲書一卷 清光緒刻套印本 八二〇
大清光緒三十三年歲次丁未時憲書一卷 清光緒刻本 八二一
大清光緒三十三年中星更錄一卷 清光緒內府抄本 八二二

三十七

大清光緒三十三年晴雨錄一卷 清光緒內府抄本 八二三
大清光緒三十四年歲次戊申時憲書一卷 清光緒刻套印本 八二四
大清光緒三十四年歲次戊申時憲書一卷 清光緒刻本 八二五
大清光緒三十四年歲次戊申時憲書一卷 清光緒內府抄本 八二六
大清光緒三十四年中星更錄一卷 清光緒內府抄本 八二七
大清光緒三十四年晴雨錄一卷 清光緒內府抄本 八二八
大清光緒三十五年歲次己酉時憲書一卷 清宣統刻套印本 八二九
大清光緒三十五年歲次己酉時憲書一卷 清光緒刻本 八三〇
大清光緒三十五年七政經緯躔度時憲書一卷 清光緒刻本 八三一
大清宣統元年歲次己酉時憲書一卷 清宣統刻套印本 八三二
大清宣統元年歲次己酉時憲書一卷 清宣統刻本 八三三
大清宣統元年歲次己酉七政經緯躔度時憲書一卷 清宣統刻本 八三四
大清宣統元年中星更錄一卷 清宣統內府抄本 八三五
大清宣統二年歲次庚戌時憲書一卷 清宣統刻本 八三六
大清宣統二年歲次庚戌月五星相距時憲書一卷 清宣統內府朱墨抄本 八三七
大清宣統二年中星更錄一卷 清宣統內府抄本 八三八
大清宣統二年晴雨錄一卷 清宣統內府朱墨抄本 八三九
大清宣統三年歲次辛亥時憲書一卷 清宣統刻套印本 八四〇
大清宣統三年歲次辛亥時憲書一卷 清宣統刻本 八四一
大清宣統三年歲次辛亥七政經緯躔度時憲書一卷 清宣統刻本 八四二
大清宣統三年歲次辛亥月五星相距時憲書一卷 清宣統內府朱墨抄本 八四三
大清宣統三年中星更錄一卷 清宣統內府抄本 八四四

三八

算書

九章算經九卷 魏劉徽注 唐李淳風等注釋 宋刻本 十二行二十四字小字双行行字同白口左右双边 存五卷 一至五 八四五
九章算術九卷 魏劉徽注 唐李淳風等注釋 音義一卷 宋李籍撰 海島算經一卷 魏劉徽撰 唐李淳風等注釋 清乾隆四十一年豫簪堂刻本 清陳揆校 八四六
孫子算經三卷 唐李淳風等注釋 宋刻本 九行十八字細黑口左右双边單魚尾 八四七
孫子算經三卷 唐李淳風等注釋 清乾隆武英殿活字印聚珍版叢書本 八四八
五曹算經五卷 唐李淳風等注釋 清李銳校 數術記遺一卷 題漢徐岳撰 北周甄鸞注 算學源流一卷 宋刻本 九行十八字細黑口左右双边單魚尾有刻工 八四九
五曹算經五卷 唐李淳風等注釋 清影宋抄本 八五〇
五曹算經五卷 唐李淳風等注釋 清乾隆四十二年鮑廷博刻知不足齋叢書本 傅增湘校並跋 八五一
數術記遺一卷 題漢徐岳撰 北周甄鸞注 明抄本 八五二
夏侯陽算經三卷 □夏侯陽撰 清影宋抄本 八五三
張丘建算經三卷 北周甄鸞注 唐李淳風等注釋劉孝孫細草 宋刻本 九行十八字細黑口左右双边單魚尾 清顧廣圻跋 八五四
張丘建算經三卷 北周甄鸞注 唐李淳风等注釋劉孝孫細草 清抄本 清孔繼涵校 八五五

緝古算經一卷 唐王孝通撰并注 清影宋抄本 八五六
緝古算經一卷 唐王孝通撰并注 清抄本 清孔繼涵校 八五七
緝古算經一卷 唐王孝通撰并注 清乾隆四十二年孔廣森抄本 清孔廣森校 八五八
緝古算經三卷 唐王孝通撰并注 清張敦仁細草 清嘉慶八年藝學軒刻本 八五九
數書九章十八卷 宋秦九韶撰 明萬曆四十四年趙琦美家抄本 明趙琦美跋 八六〇
數學九章十八卷 宋秦九韶撰 清焦循抄本 清焦循李銳批校 八六一
存二卷 一至二
數書九章九卷 宋秦九韶撰 清王萱鈴抄本 清龔自珍畢檢王萱鈴臨李銳羅士琳校注 八六二
楊輝算法六卷 宋楊輝撰 清抄本 清宋景昌校並跋 八六三
測圓海鏡細草十二卷 元李冶撰 明抄本 八六四
益古演段三卷 元李冶撰 清王萱鈴抄本 八六五
新編四元玉鑑三卷 元朱世傑撰 清嘉慶二十四年王萱鈴家抄本 清王萱鈴沈源跋李銳校 八六六
新編算學啟蒙三卷總括一卷 元朱世傑撰 清羅士琳附釋 鄭祖蔭注 清鄭祖蔭抄本 八六七
諸家算法附序說不分卷 清抄本 八六八
算法全能集二卷 明賈亨撰 明初刻本 十行二十字黑口左右雙邊雙魚尾有刻工 八六九
九章詳註比類算法大全十卷乘除開方起例一卷 明吳敬撰 明景泰元年王均刻弘治元年吳訥重修本 十行二十二字小字雙行行字同黑口四周雙邊 八七〇
測圓海鏡分類釋術十卷測圓算術四卷勾股算術一卷弧矢算術一卷方圓術一卷 明顧應祥撰 明嘉靖刻本 十行二十二字小字雙行行字同白口四周單邊 八七一
測圓海鏡分類釋術十卷首一卷 明顧應祥撰 清初抄本 八七二
測圓海鏡分類釋術十卷首一卷 明顧應祥撰 清抄本 八七三
測圓海鏡分類釋術十卷首一卷 明顧應祥撰 清抄本 八七四
測圓海鏡分類釋術十卷首一卷 明顧應祥撰 清抄本 八七五
測圓海鏡分類釋術十卷首一卷 明顧應祥撰 清抄本 八七六
測圓算術四卷 明顧應祥撰 明嘉靖二十二年顧高刻本 清王萱鈴題識 丁丙跋 十行二十二字小字雙行行字同白口四周雙邊 八七七
測圓算術四卷弧矢算術一卷附一卷 明顧應祥撰 清道光七年王萱鈴抄本 清王萱鈴跋 八七八
弧矢算術一卷 明顧應祥撰 明嘉靖三十六年史柱芳刻本 十行二十二字白口四周雙邊 八七九
弧矢算術一卷 明顧應祥撰 明嘉靖刻本 十行二十二字白口四周雙邊 八八〇

勾股算術二卷 明顧應祥撰 明嘉靖三十六年史柱芳刻本 十行二十一字白口四周雙邊 八八一
新集通證古今算學寶鑑四十一卷首一卷 明王文素撰 清抄本 八八二
神道大編曆宗算會十五卷 明周述學撰 明抄本 八八三
新刻一鴻簡捷便覽算法四卷 明余楷撰 明萬曆十三年明雅堂刻本 十行二十四字小字雙行行字同黑口四周雙邊 八八四
新編直指算法統宗十七卷首一卷 明程大位撰 明萬曆二十年賓渠旅舍刻本 十行二十二字白口四周雙邊 八八五
新編直指算法統宗十七卷首一卷 明程大位撰 明萬曆二十六年賓渠旅舍刻本 十行二十一字白口四周雙邊 八八六
新編直指算法統宗十七卷首一卷 明程大位撰 明榮觀堂刻本 十行二十二字白口四周雙邊 八八七
新編直指算法統宗十七卷首一卷 明程大位撰 明刻本 十行二十二字白口四周雙邊 八八八
新編直指算法纂要四卷 明程大位撰 明萬曆二十六年賓渠旅舍刻本 十行二十二字白口四周雙邊 八八九
新編直指算法纂要四卷 明程大位撰 明崇禎九年刻本 十行字數不定白口四周雙邊 八九〇
嘉量算經三卷問答一卷 明朱載堉撰 明萬曆三十八年刻本 八行十六字小字雙行行字同白口四周單邊 八九一
幾何原本六卷 意大利利瑪竇口譯 明徐光啟筆受 明萬曆三十五年刻本 十行二十二字白口左右雙邊 八九二
幾何原本六卷 意大利利瑪竇口譯 明徐光啟筆受 明萬曆三十五年刻本 清韓應陛跋 八九三
幾何原本六卷 意大利利瑪竇口譯 明徐光啟筆受 明萬曆三十九年重修本 十行二十二字白口黑魚尾左右雙邊 八九四
幾何原本六卷 意大利利瑪竇口譯 明徐光啟筆受 明萬曆天啟間刻天學初函本 清楊貞吉跋 十行二十二字白口左右雙邊 八九五
幾何原本十二卷附算法原本二卷 意大利利瑪竇譯 明徐光啟記 清康熙內府抄本 八九六
幾何原本□卷 清抄本 八九七
存六卷 一至五 七
中西數學圖說十卷 明李篤培撰 清抄本 八九八
測量全義十卷附比例規解一卷 意大利羅雅谷撰 清抄本 莫棠跋 八九九
度測三卷開立方說一卷 明陳藎謨撰 清抄本 九〇一
度測二卷 明陳藎謨撰 清抄本 九〇二
度測二卷 明陳藎謨撰 清抄本 九〇三

九〇四 笑海說詳九卷 清李長茂撰 清康熙元年刻本
九〇五 算義探奥不分卷 清陳厚耀撰 清抄本
九〇六 勾股引蒙不分卷 清陳訏撰 清康熙刻本
九〇七 句股引蒙一卷象限線度一卷 清陳訏撰 清康熙刻本
九〇八 九章蠡測十卷首一卷 清毛宗旦撰 稿本 清楊復跋
存八卷 二 五至十 首全
九〇九 數度衍二十三卷首三卷 清方中通撰 清康熙繼聲堂刻本
九一〇 數學鑰六卷 清杜知耕撰 清康熙式好堂刻本
九一一 御製數理精蘊上編五卷下編四十卷表八卷
清銅活字印本
九一二 算法纂要總綱二卷數表一卷數表用法一卷
地平線離地球圖面表一卷測量儀器用法
一卷比例規解一卷 清康熙內府抄本
九一三 御定對數表二卷度數表一卷 清康熙內府刻套印本
九一四 對數表一卷八線對數表一卷 清康熙內府抄本

四一

九一五 數表一卷 清康熙內府刻套印本
九一六 數表問答不分卷 清康熙內府朱墨抄本
九一七 御製對數闡微十卷 清康熙內府抄本
九一八 御製數表精詳一卷 清康熙內府抄本
九一九 對數廣運一卷 清康熙內府刻本
九二〇 對數廣運一卷 清康熙內府抄本
九二一 對數精蘊一卷對數闡微一卷 清康熙內府抄本
九二二 三三等數圖一卷 清康熙內府抄本
九二三 借根方算法六卷節要二卷 清康熙內府抄本
九二四 借根方算法節要二卷 清抄本
九二五 勾股相求之法一卷 清抄本
九二六 測量高遠儀器用法一卷比例規解一卷八線
表根一卷 清抄本
九二七 九章錄要十二卷 清屠文漪撰 清王氏十萬卷樓抄本
九二八 翼梅八卷續一卷 清江永撰 稿本 清徐有壬校
存三卷 一至三
九二九 數學舉要十四卷 清陳世明撰 清抄本
九三〇 數學舉要十四卷 清陳世明撰 清抄本
九三一 勾股割圜記三卷 清戴震撰 勾股割圜記三卷 清戴震撰
吳思孝注 附考一卷 清徐春和撰 清乾隆五十年徐春和抄本
九三二 勾股割圜記三卷 清戴震撰吳思孝注 清孔繼涵校並跋 清乾隆孔氏刻微波榭叢書本
九三三 準望簡法一卷割圜弧矢補論一卷句股割圜
全義圖一卷方圜比例數表一卷 清戴震撰 稿本
九三四 準望簡法一卷割圜弧矢補論一卷句股割圜
全義圖一卷方圜比例數表一卷 清戴震撰 清抄本 清陳澧批校
九三五 同度記四卷 清孔繼涵撰 手稿本
九三六 同度記四卷 清孔繼涵撰 稿本
九三七 緝古算經攷注二卷 清李潢撰 清道光十二年吳蘭修刻本
九三八 勾股形內容三事和較不分卷 清伯啟撰 清道光元年姚元之家抄本 清姚元之跋
九三九 焦理堂天文曆法算稿不分卷 清焦循撰 稿本

四二

九四〇 開方釋例一卷 清焦循撰 手稿本
九四一 開方通釋一卷 清焦循撰 稿本
九四二 乘方釋例不分卷 清焦循撰 稿本
九四三 天元一釋二卷 清焦循撰 稿本
九四四 歐邏巴西鏡錄一卷附地球圖說一卷 清嘉慶五年焦循抄本 清焦循跋
九四五 衡齋算學七卷 清汪萊撰 清嘉慶十五年刻本
九四六 量倉通法五卷方田通法補例六卷倉田通法
續編三卷 清張作楠撰 稿本
九四七 六九軒算書六種八卷 清劉衡撰 稿本
存十二卷 量倉通法全 方田通法補例全 倉田通法續編卷一
九四八 六九軒算書六種八卷 清劉衡撰 清咸豐元年劉良駒抄本
尺算日晷新義二卷
句股尺測量新法一卷
籌表開諸乘方捷法二卷
借方淺說補一卷
四率淺說一卷
緝古算經補注一卷
尺算日晷新義二卷
句股尺測量新法一卷

籌表開諸乘方捷法二卷 借根方法淺說補一卷 四率淺說一卷 緝古算經補注一卷

九四九 四元玉鑑細艸不分卷 清羅士琳撰 清道光元年至二年駱大錕 (?) 過錄 (?) 焦循 (?) 白杜負 (?) 抄本 清王萱鈴跋

九五〇 平三角和較術二卷弧三角和較術二卷 清項名達撰 清清 (?) 光二十三年玉大有刻本

九五一 象數一原七卷 清項名達撰 清抄本

九五二 算牘餘稿一卷 清顧觀光撰 手稿本

九五三 求表捷術三種十卷 清戴煦撰 稿本

對數簡法二卷續對數簡法一卷附一卷 外切密率四卷 假數測圓二卷

九五四 如積引蒙十卷 清汪曰楨撰 稿本

九五五 算法九章摘要備覽八卷 清張㨗昭撰 清抄本

九五六 策算記遺不分卷 清王萱齡撰 稿本

九五七 陳氏六書十三卷 清陳啟運輯 稿本

勾股斜要四卷 數理摘要四卷

九五八 弧矢開方草一卷 清宋景昌撰 清抄本

交食論義二卷 清陳遺新撰 躔離法推一卷 氣候備考一卷 清陳際新撰 北極高度表一卷 清陳啟運撰

九五九 筆算說略一卷籌算說略一卷 清鄭復光撰 清抄本

九六〇 致曲術一卷致曲圖解一卷 清夏鸞翔撰 稿本 葉景葵跋

九六一 中算對十三卷 清汪香祖撰 稿本

九六二 金匱華氏行素軒算學叢書十種二十四卷 清華蘅芳撰 稿本

開方古義二卷 積較術三卷 學算筆談十二卷 三角測量一卷 諸方變式一卷 算法須知一卷 重心術演一卷 不可思議一卷 附若曦算艸一卷 清華世芳撰 再續疇人傳擬目一卷 清華世芳撰

九六三 星算補遺一卷 清董毓琦撰 稿本

九六四 陳子瑨算學稿不分卷 清陳瑨撰 清同治五年陳偉抄本

四三

九六五 測圓圖解不分卷 清戴源撰 清抄本

九六六 春雨山房曆算集攷五種八卷 清陳希齡撰 清抄本

勾股捷表一卷 勾股補遺二卷 勾股和較一卷 推補七政補二卷 靈台六儀補二卷

九六七 代數闡微衍草一卷 清張鼎祐撰 清光緒十九年種竹齋屋抄本

補遺

九六八 天文秘旨五卷 清道光二十二年夔新觜麓豐列抄本 (補排一一一二號後)

四四

收藏情況表

書名編號		藏書單位				
子天文算法類	1	0201				
	2	0162	1628	1701		
	3	0101				
	4	0101				
	5	0181				
	6	0144	0181			
	7	1581				
	8	1601				
	9	0101				
	10	2001				
	11	0177				
	12	0181				
	13	0142				
	14	0141				
	15	1701				
	16	1601				
	17	0101				
	18	1601				
	19	0101				
	20	0101				
	21	0182				
	22	0161				
	23	0101				
	24	0101				
	25	0101				
	26	0703				
	27	0241				
	28	0201				
	29	1601				
	30	1701				
	31	1741				
	32	0101				
	33	2701				
	34	2702				
	35	0201				
	36	0101				
	37	0341				
	38	1705				

表一

收藏情況表

書名編號		藏書單位				
子天文算法類	39	0141				
	40	0141				
	41	1688				
	42	0101				
	43	0101				
	44	0142	0161	0703	1701	2544
		2801				
	45	1601				
	46	0142				
	47	0703				
	48	1601				
	49	1622				
	50	1501	1601			
	51	0101				
	52	0161	1741			
	53	0141				
	54	0162				
	55	1701				
	56	2001				
	57	0141				
	58	0201				
	59	1701				
	60	0161				
	61	0201	1601	1881		
	62	0101				
	63	0141				
	64	0101				
	65	0101				
	66	0101				
	67	0101				
	68	0201				
	69	1601				
	70	0141	0162	0164	0177	0191
		1701	2401			
	71	0181	0701	0841	1601	2041
		2302				
	72	0101				
	73	0201				

收藏情況表

書名編號		藏書單位				
子天文算法類	74	0201				
	75	0201				
	76	0101				
	77	0177	1601	1604	1641	1701
		2301				
	78	1741				
	79	0163				
	80	0201				
	81	1701				
	82	0201				
	83	0181				
	84	1701				
	85	0161				
	86	1601				
	87	1601				
	88	0101				
	89	0142				
	90	0101				
	91	0101				
	92	0101				
	93	0101				
	94	2701				
	95	0181				
	96	0101				
	97	1701				
	98	0101				
	99	0181				
	100	0142				
	101	0144				
	102	0201				
	103	0283				
	104	0144				
	105	0591				
	106	0161				
	107	0101				
	108	0101				
	109	1501				
	110	0101				

表二

收藏情況表

書名編號		藏書單位				
子天文算法類	111	2001				
	112	0161				
	113	1581				
	114	0101				
	115	0101				
	116	1601				
	117	0101				
	118	1705				
	119	1601				
	120	2301				
	121	0144				
	122	0101	0141	0150	0182	0301
		0404	1041	1701	2441	2541
		2745				
	123	0201	1606	1641	2702	
	124	1601				
	125	0101				
	126	0201				
	127	0165				
	128	0142				
	129	1501				
	130	1581				
	131	1601				
	132	1501				
	133	0101				
	134	0201				
	135	1601				
	136	0201				
	137	0841				
	138	0101				
	139	0201				
	140	0101				
	141	2941				
	142	0201				
	143	0101				
	144	1601				
	145	0141				
	146	0101				

收藏情況表

書名編號	藏書單位				
子天文算法類 147	0701				
148	0101	0141	2201		
149	0161				
150	0242				
151	0181				
152	0181				
153	0101				
154	0142				
155	0201				
156	0241				
157	1704				
158	0201				
159	1688				
160	1601				
161	2750				
162	0101				
163	0201				
164	0101				
165	0101				
166	0101				
167	1741				
168	1701				
169	0101				
170	0283				
171	2701				
172	0101				
173	1601				
174	0101				
175	0101				
176	0201				
177	0101				
178	0101				
179	1001				
180	0101				
181	1601				
182	0141	1081			
183	0101	0301	1501		
184	0101				

表三

收藏情況表

書名編號	藏書單位				
子天文算法類 185	0101				
186	0101				
187	0182				
188	0101				
189	0102				
190	0101				
191	0141				
192	0101				
193	0101	2701			
194	0201				
195	0102				
196	0101	0141			
197	0101				
198	0101	0182			
199	0101				
200	0101				
201	0101				
202	0101				
203	0101				
204	0101				
205	1781				
206	0101	1781			
207	0101				
208	0101				
209	0101				
210	0101	0141			
211	0101	1701			
212	0101	1701			
213	0101				
214	0101				
215	0101	0182	0201		
216	0101	0141			
217	0101	0201			
218	0201	0281			
219	0101	0141	0201		
220	0101				

收藏情況表

書名編號	藏書單位				
子天文算法類 223	0101				
224	0182				
225	0101				
226	0101				
229	0101				
231	0101	0341			
232	0101				
233	0102				
234	1016				
235	0101	0102			
236	2702				
237	0404				
238	0101	0182	0542	0861	1601
239	0141				
240	0101				
242	0101				
244	0201				
245	1601				
246	1601				
247	0841				
248	0101	0102			
249	0101	1004			
250	0101				
251	0101				
252	0198				
253	0101				
254	0101				
255	0101				
256	0201				
257	2901				
258	0101				
259	0101				

表四

收藏情況表

書名編號	藏書單位	
子天文算法類 260	0101	
261	0201	
262	0101	
263	0142	
264	0101	
265	0102	
266	0101	
267	0101	
268	0101	
269	0101	
270	0101	
271	0101	
272	0101	0144
273	0101	
274	0101	
275	2501	
276	2909	
277	0281	
278	1501	
279	0181	
280	0181	1501
281	0181	
282	1501	
283	0101	
284	0181	
285	1501	
286	0181	
287	1501	
288	0181	
289	0181	
290	1501	
291	0181	
292	1501	
293	0181	
294	0181	
295	1501	
296	0181	
297	0181	

收藏情况表

書名編號	藏書單位		
子天文算法類 298	1501		
299	0181		
300	0181		
301	1501		
302	0181		
303	0181		
304	1501		
305	0181		
306	0181		
307	1501		
308	0181		
309	0181		
310	1501		
311	0181		
312	0181		
313	1501		
314	0181		
315	0181		
316	0101	0841	1501
317	0181		
318	1501		
319	0181		
320	0181		
321	1501		
322	0181		
323	0181		
324	1501		
325	0181		
326	0181		
327	0181		
328	0181		
329	0181		
330	0181		
331	0181		
332	0181		
333	0181		
334	0181		
335	0181		

收藏情况表

書名編號	藏書單位	
子天文算法類 336	0181	
337	0181	
338	0181	
339	0181	
340	0181	
341	0181	
342	0181	0201
343	0181	
344	0181	
345	0181	
346	0181	
347	0181	
348	0181	
349	0181	
350	0181	
351	0181	0201
352	0181	
353	0181	
354	0101	
355	0181	
356	0181	
357	0181	
358	0181	
359	0181	
360	0181	
361	0181	
362	0181	
363	0181	
364	0101	
365	0181	
366	0181	
367	0201	
368	0181	
369	0181	
370	0181	
371	0181	
372	0181	
373	0181	

表五

收藏情况表

書名編號	藏書單位	
子天文算法類 374	0181	
375	0181	
376	0181	
377	0181	
378	0181	
379	0181	
380	0181	
381	0181	0191
382	0181	
383	0181	
384	0181	
385	0181	
386	0181	
387	0181	
388	0181	
389	0181	
390	0181	
391	0181	
392	0181	
393	0181	
394	0181	
395	0181	
396	0181	
397	0181	
398	0181	
399	0181	
400	0181	
401	0181	
402	0181	
403	0181	
404	0181	2701
405	0181	
406	0181	
407	2701	
408	0181	
409	0181	
410	2701	
411	0181	

收藏情况表

書名編號	藏書單位
子天文算法類 412	0181
413	0181
414	0181
415	0181
416	0181
417	2701
418	0181
419	0181
420	0181
421	0181
422	2701
423	0181
424	0181
425	0198
426	0181
427	0181
428	0181
429	0181
430	0181
431	0181
432	0181
433	0181
434	0181
435	0181
436	0181
437	0181
438	0181
439	1501
440	0181
441	0181
442	0181
443	0181
444	0181
445	0181
446	0181
447	0181
448	0181
449	0181

表六

表七

收藏情况表

書名編號	藏書單位	
子天文算法類 450	0181	
451	0181	
452	0181	
453	0181	
454	0181	
455	0181	
456	0181	
457	0101	
458	0181	
459	0181	
460	0101	
461	0181	
462	0101	
463	0181	
464	0181	
465	0181	
466	0181	
467	0181	
468	0181	
469	0181	
470	0101	
471	0181	
472	0181	
473	0181	
474	0181	
475	0181	
476	0101	
477	0181	
478	0181	
479	0181	
480	0181	
481	0181	
482	0181	
483	0181	
484	0181	
485	0181	
486	0181	
487	0181	

收藏情况表

書名編號	藏書單位	
子天文算法類 488	0181	
489	0181	
490	0181	
491	0181	
492	2261	
493	0181	
494	0181	
495	0101	0181
496	0181	
497	0181	
498	0181	
499	0181	
500	0181	
501	0181	
502	0101	0181
503	0181	
504	0181	
505	0181	
506	0181	
507	0181	
508	0181	
509	0181	
510	0181	
511	0181	
512	0181	
513	0181	
514	0101	
515	0181	
516	0181	
517	0181	
518	0181	
519	0162	
520	0181	
521	0181	
522	0181	
523	0181	
524	0181	
525	1601	

表八

收藏情况表

書名編號	藏書單位		
子天文算法類 526	0101		
527	0181		
528	0181		
529	0341		
530	0182		
531	0181		
532	0101		
533	0181		
534	0181		
535	0181		
536	0181		
537	0101		
538	0101	0201	
539	0101		
540	0181		
541	0181		
542	0181		
543	0182		
544	0181		
545	0181		
546	0141	0181	
547	0181		
548	0141		
549	0181		
550	0101		
551	0141		
552	0101		
553	0101		
554	0181		
555	0181		
556	0181		
557	0181		
558	0181		
559	0177		
560	0101	0181	0201
561	0177		
562	0101	0181	
563	0181		

收藏情况表

書名編號	藏書單位		
子天文算法類 564	0101		
565	0177		
566	0101	0121	
567	0181		
568	0177		
569	0181		
570	0101	0181	
571	0101		
572	0181		
573	0177		
574	0181		
575	0101	0181	
576	0101	0177	0181
577	0177		
578	0181		
579	0181		
580	0177		
581	0181		
582	0181		
583	0177		
584	0101	0181	
585	0177		
586	0181		
587	0181		
588	0177		
589	0181		
590	0181		
591	0181		
592	0177		
593	0177		
594	0181		
595	0177		
596	0101	0181	
597	0181		
598	0177		
599	0181		
600	0181		
601	0177		

收藏情況表

書名編號	藏書單位	
子天文算法類 602	0101	
603	0181	
604	0177	
605	0181	
606	0177	
607	0181	
608	0181	
609	0177	
610	0181	
611	0177	
612	0177	
613	0177	
614	0177	
615	0101	
616	0177	
617	0177	
618	0177	
619	0181	
620	0177	
621	0181	
621	0181	
622	0177	
623	0177	
624	0181	
625	0177	
626	0181	
627	0181	
628	0162	0177
629	0101	0177
630	0177	
631	2941	
632	0177	
633	0181	
634	0177	
635	0177	
636	0181	
637	0181	
638	0101	0177

表九

收藏情況表

書名編號	藏書單位	
子天文算法類 639	0177	
640	0101	
641	0177	
642	0181	
643	0177	
644	0177	
645	0181	
646	0177	
647	0181	
648	0181	
649	0177	
650	0181	
651	0177	
652	0181	
653	0177	
654	0177	
655	0162	0181
656	0177	
657	0181	
658	0181	
659	0177	
660	0177	
661	0181	
662	0177	
663	0177	
664	0162	
665	0101	
666	0181	
667	0177	
668	0177	
669	0177	0181
670	0181	
671	0177	
672	0177	0181
673	0101	
674	0181	
675	0177	0181
676	0181	

收藏情況表

書名編號	藏書單位	
子天文算法類 677	0177	0181
678	0177	0181
679	0162	
680	0181	
681	0177	0181
682	0101	
683	0177	0181
684	0177	
685	0181	
686	0181	
687	0177	
688	0177	0181
689	0181	
690	0181	
691	0177	0181
692	0162	
693	0181	
694	0177	
695	0181	
696	0161	
697	0181	
698	0177	
699	0101	0201
700	0181	
701	0177	0181
702	0181	
703	0181	
704	0181	
705	0177	0181
706	0177	
707	0181	
708	0181	
709	0181	
710	0177	
711	0181	
712	0177	0181
713	0181	
714	0177	0181

表十

收藏情況表

書名編號	藏書單位	
子天文算法類 71[illegible]	0181	
71[illegible]	0177	0181
71[illegible]	0181	
718	0177	0181
719	0177	0181
720	0177	
721	0101	
722	0177	
723	0181	
724	0181	
725	0177	0181
726	0181	
727	0181	
728	0181	
729	0181	
730	0177	
731	0181	
732	0181	
733	0181	
734	0181	
735	0181	
736	0181	
737	0177	0181
738	0181	
739	0177	0181
740	0181	
741	0181	
742	0177	0181
743	0181	
744	0181	
745	0177	0181
746	0162	
747	0177	0181
748	0181	
749	0181	
750	0177	0181
751	0181	
752	0181	

收藏情況表

書名編號	藏書單位	
子天文算法類 753	0177	0188
754	0181	
755	0181	
756	0177	0181
757	0181	
758	0177	0181
759	0181	
760	0177	0181
761	0181	
762	0181	
763	0162	
764	0181	
765	0177	0181
766	0181	
767	0177	0181
768	0177	0181
769	0181	
770	0177	0181
771	0181	
772	0177	0181
773	0181	
774	0177	0181
775	0101	
776	0177	
777	0181	
778	0177	
779	0162	
780	0177	
781	0162	
782	0162	
783	0177	
784	0162	
785	0162	
786	0177	
787	0162	0181
788	0162	
789	0177	
790	0181	

收藏情況表

書名編號	藏書單位	
子天文算法類 791	0177	
792	0162	
793	0162	
794	0177	
795	0162	0181
796	0177	0181
797	0162	0181
798	0162	
799	0177	0181
800	0162	0181
801	0181	
802	0177	
803	0162	0181
804	0181	
805	0177	0181
806	0162	
807	0177	
808	0162	
809	0101	
810	0181	
811	0177	0181
812	0162	0181
813	0181	
814	0181	
815	0177	0181
816	0162	0181
817	0181	
818	0181	
819	0181	
820	0177	
821	0162	0181
822	0181	
823	0181	
824	0177	0181
825	0162	0181
826	0181	
827	0181	
828	0181	

表十

收藏情況表

書名編號	藏書單位			
子天文算法類 829	0177	0181		
830	0162	0181		
831	0181			
832	0181			
833	0101	0181		
834	0181			
835	0181			
836	0101	0162	0177	0181
837	0181			
838	0181			
839	0181			
840	0177	0181		
841	0181			
842	0181			
843	0181			
844	0181			
845	0201			
846	0101			
847	0201			
848	0101			
849	0141			
850	0101			
851	0101			
852	0101			
853	0101			
854	0201			
855	0101			
856	0101			
857	0101			
858	1501			
859	0101	1601		
860	0101			
861	0141			
862	0101			
863	0162			
864	0101			
865	0101			
866	0101			

收藏情況表

書名編號	藏書單位				
子天文算法類 867	1701				
868	0162				
969	0841	1601			
870	0101	0141	0201		
871	1701				
872	0141				
873	0162				
874	0201				
875	1001				
876	2401				
877	1601				
878	0101				
879	0201				
880	0241				
881	0101				
882	0101				
883	1601				
884	1882				
885	0101				
886	1801				
887	0101				
888	0101				
889	0101	0162	0201	1601	1801
	1881	1882			
890	1801				
891	0144	0181			
892	0182				
893	0101				
894	2302				
895	0281				
896	0181				
897	0101				
898	0162				
899	0201				
901	0162				
902	0141				
903	1705				
904	0181	1501			

表十一

收藏情況表

書名編號	藏書單位		
子天文算法類 905	0162		
906	0101		
707	0201		
908	0201		
909	0162		
910	0101		
911	0150		
912	0182		
913	0142	0181	0701
914	0181		
915	0181	0701	
916	0181		
917	0181		
918	0181		
919	0701		
920	0181		
921	0181		
922	0181		
923	0181		
924	0101		
925	0101		
926	0101		
927	1601		
928	1601		
929	0162		
930	1701		
931	0283		
932	0101		
933	0141		
934	2541		
935	0141		
936	0101		
937	0101		
938	0101		
939	0101		
940	0201		
941	0161		
942	0101		

表一五

收藏情況表

書名編號	藏書單位
子天文算法類 943	0101
944	0141
945	0101
946	0201
947	0162
948	0701
949	0101
950	0101
951	1601
952	0201
953	0201
954	0101
965	0162
956	0101
957	0101
958	2941
959	0162
960	0201
961	0162
962	1601
963	1701
964	0201
965	1701
966	0141
967	0162
968	1701

術數類

數學

選擇叢書集要五種二十八卷　明江之棟輯　明崇禎五年尚白齋刻本　十行二十二字白口四周單邊　一
元經十卷　晉郭璞撰　趙載注
選擇璇璣經集註一卷　晉趙載撰　明吳公遂輯
陽明按索五卷　明陳復心撰　陳漢御補注
佐玄直指圖解九卷　明劉基撰
陰陽寶海三元玉鏡奇書三卷　元釋幕講撰

五種秘竅全書十七卷附一卷　明甘霖撰　明唐鯉耀文林閣刻本　九行十九字白口四周單邊　二
選擇通書秘竅三卷
奇門遁甲秘要二卷
天星秘竅圖書一卷
地理秘竅一卷
羅經秘竅圖書十卷　附新鐫唐氏奇城一卷　明王楊賢撰

太玄經十卷　漢揚雄撰　晉范望宋司馬光等注　宋刻本　十行十七字白口左右雙邊　三
存一卷　六上

太玄經十卷　漢揚雄撰　晉范望解贊　說玄一卷　唐王涯撰　釋文一卷　明嘉靖孫沐萬玉堂刻本　八行十七字白口四周雙邊　四

十一

太玄經十卷　漢揚雄撰　晉范望解贊　說玄一卷　唐王涯撰　釋文一卷　明嘉靖孫沐萬玉堂刻本　清惠棟批校黃丕烈跋　五

太玄經十卷　漢揚雄撰　晉范望解贊　說玄一卷　唐王涯撰　釋文一卷　明嘉靖孫沐萬玉堂刻本　清吳友芝跋　關叔殷校　六

太玄經十卷　漢揚雄撰　晉范望解贊　說玄一卷　唐王涯撰　釋文一卷　明嘉靖孫沐萬玉堂刻本　莫棠跋　七

太玄經十卷　漢揚雄撰　晉范望解贊　說玄一卷　唐王涯撰　釋文一卷　明嘉靖三年郝梁刻本　十行十八字白口左右雙邊　八

太玄經十卷　漢揚雄撰　晉范望解贊　說玄一卷　唐王涯撰　釋文一卷　明嘉靖三年郝梁刻本　佚名錄清何焯批校　九

太玄經十卷　漢揚雄撰　晉范望解贊　說玄一卷　唐王涯撰　釋文一卷　明嘉靖三年郝梁刻本（說玄配清抄本）　清吳友芝校並跋　一〇

太玄經十卷　漢揚雄撰　晉范望解贊　說玄一卷　唐王涯撰　釋文一卷　明嘉靖三年郝梁刻本　清胡澍校並跋　一一

太玄經十卷　漢揚雄撰　晉范望解贊　說玄一卷　唐王涯撰　釋文一卷　明嘉靖三年郝梁刻本　李盛鐸跋　一二

太玄經十卷　漢揚雄撰　晉范望解贊　說玄一卷　唐王涯撰　釋文一卷　明嘉靖三年郝梁刻本　傅增湘跋並錄清盧文弨校錄胡澍題識　一三

太玄經十卷　漢揚雄撰　晉范望解贊　說玄一卷　唐王涯撰　釋文一卷　明嘉靖三年郝梁刻本　周叔弢校跋並錄清盧文弨校　一四

太玄經十卷　漢揚雄撰　晉范望解贊　說玄一卷　唐王涯撰　釋文一卷　清同治八年劉履芬抄本　清劉履芬校　一五

太玄經十卷　漢揚雄撰　晉范望解贊　說玄一卷　唐王涯撰　釋文一卷　明五蕊堂刻本　八行十七字白口四周雙邊　一六

太玄經十卷　漢揚雄撰　晉范望解贊　說玄一卷　唐王涯撰　釋文一卷　明五蕊堂刻本　清丁丙跋　一七

太玄經十卷　漢揚雄撰　晉范望解贊　說玄一卷　唐王涯撰　釋文一卷　明末刻本（說玄釋文配清光緒三年鍾文烝抄本）　八行十七字白口四周雙邊有刻工　清鍾文烝批校並跋　一八

太玄經十卷　漢揚雄撰　晉范望解贊　說玄一卷　唐王涯撰　釋文一卷　明[illegible]堂刻本　九行十八字白口四周單邊　一九

十

太玄經十卷　漢揚雄撰　晉范望解贊　明呂胤昌樂元聲輯　明萬曆樂元聲刻本　八行十七字白口四周單邊　二〇

太玄經十卷　漢揚雄撰　晉范望注　明黃道周王侯輯　明末刻本　八行十七字白口四周雙邊　二一

揚子太玄經十卷　漢揚雄撰　明趙如源輯注　說玄一卷　宋司馬光撰　明天啟六年武林書坊趙世楷刻本　九行十八字白口四周單邊　二二

揚子太玄經十卷　漢揚雄撰　明趙如源輯注　說玄一卷　宋司馬光撰　明天啟六年武林書坊趙世楷刻本　清梅春跋並錄惠周惕校　清丁丙跋　二三

揚子太玄經十卷　漢揚雄撰　明趙如源輯注　說玄一卷　宋司馬光撰　明天啟六年武林書坊趙世楷刻本　清戈載校　戈培跋　二四

太玄經集註十卷　宋司馬光撰　清嘉慶三年陶氏五柳居刻本　清謝曉敦校　吳攸倫跋　二五

集註太玄經六卷　宋司馬光撰　說玄一卷　唐王涯撰　明嘉靖五年張士鎬刻本　九行二十一字黑口左右雙邊　二六

集註太玄經六卷　宋司馬光撰　說玄一卷　唐王涯撰　明嘉靖五年張士鎬刻本　莫棠跋　二七
存三卷　一至三

二八 太玄經集注六卷 漢揚雄撰 晉范望注 明萬曆二十六年刻本 五行十七字白口上下双边

二九 集注太玄六卷 宋司馬光撰 太玄解四卷 宋許翰撰 太玄曆一卷 明抄本 清錢大昕、唐仲冕跋 黄念慈題款

三〇 集注太玄六卷 宋司馬光撰 太玄解四卷 宋許翰撰 太玄曆一卷 清抄本 清翁同書跋

三一 太玄集注四卷 宋司馬光、許翰撰 清孫澍增補 清道光十一年孫氏青棠書屋刻本 傅增湘校

三二 說玄五篇一卷 唐王涯撰 太玄經釋文一卷 清抄本 清顧廣圻跋

三三 太玄經二卷 漢揚雄撰 晉范望解贊 明楊起元批評 明刻本 九行二十字白口四周单边

三四 太玄本旨九卷 明葉子奇撰 明正德九年劉斐刻本 九行二十字黑口四周双边有刻工

三五 元包經傳五卷 北周衛元嵩撰 唐蘇源明傳 李江注 元包數總義二卷 宋張行成撰 宋紹興三十一年張洸刻本 八行十六字白口左右双边

三六 元包經傳五卷 北周衛元嵩撰 唐蘇源明傳 李江注 元包數總義二卷 宋張行成撰 明范氏天一閣刻天一閣奇書本 陳乃乾校並跋 八行十六字白口四周单边有刻工

三七 元包經傳五卷 北周衛元嵩撰 唐蘇源明傳 李江注 元包數總義二卷 宋張行成撰 明刻本 八行十六字白口四周单边有刻工

三

三八 元包經傳五卷 北周衛元嵩撰 唐蘇源明傳 李江注 元包數總義二卷 宋張行成撰 明刻本 清劉郁題款

三九 元包經傳五卷 北周衛元嵩撰 唐蘇源明傳 李江注 元包數總義二卷 宋張行成撰 明天啓六年呂茂良刻本 九行二十字白口四周单边

四〇 元包經傳五卷 北周衛元嵩撰 唐蘇源明傳 李江注 元包數總義二卷 宋張行成撰 明天啓六年呂茂良刻本 清王韜跋

四一 潛虛一卷 宋司馬光撰 潛虛發微論一卷 宋張敦實撰 清影宋抄本

四二 潛虛一卷 宋司馬光撰 潛虛發微論一卷 宋張敦實撰 明范氏天一閣刻天一閣奇書本 莫棠批校 九行十八字白口左右双边有刻工

四三 潛虛一卷 宋司馬光撰 明刻本 九行二十字白口四周单边

四四 皇極經世書十二卷觀物外篇二卷 宋邵雍撰 明刻本 十行二十字白口四周单边有刻工

四五 皇極經世書十二卷觀物外篇二卷 宋邵雍撰 明抄本 存九卷 六至十二 觀物外篇全

四六 皇極經世十二卷 宋邵雍撰 明萬曆刻本 十二行字數不一白口四周单边有刻工 存十卷 一至十

四七 皇極經世十二卷 宋邵雍撰 明抄本 存三卷 四 十一至十二

四八 皇極經世書卦玄玄集不分卷 明抄本 清丁丙跋

四九 通變四十卷 宋張行成撰 清抄本 清丁丙跋

五〇 易通變四十卷 宋張行成撰 清抄本（四庫底本） 存三卷 十六至十八

五一 易通變四十卷 宋張行成撰 清抄本 清周懋琦校

五二 皇極經世通變四十卷 宋張行成撰 明抄本

五三 康節先生觀物篇解五卷 宋祝泌撰 明抄本

五四 康節先生觀物篇解五卷 宋祝泌撰 明抄本 存四卷 二至五

五五 康節先生觀物篇解五卷附皇極經世解起數訣一卷 宋祝泌撰 明抄本 清馬鑑偶、丁丙跋

五六 康節先生觀物篇解四卷附錄三卷 宋祝泌撰 清抄本

四

五七 洪範皇極內篇五卷 宋蔡沈撰 清抄本

五八 天原發微十八卷 宋鮑雲龍撰 明椒山書院抄本

五九 天原發微五卷圖一卷篇目名義一卷 宋鮑雲龍撰 明鮑寧辨正 問答節要一卷 明鮑寧輯 明天順五年鮑氏耕讀書堂刻本 十一行二十二字黑口四周双边

六〇 天原發微五卷圖一卷篇目名義一卷 宋鮑雲龍撰 明鮑寧辨正 問答節要一卷 明鮑寧輯 明嘉靖二十九年秦瀹刻本 十一行二十二字白口左右双边

六一 天原發微五卷圖一卷篇目名義一卷 宋鮑雲龍撰 明鮑寧辨正 問答節要一卷 明鮑寧輯 明嘉靖二十九年秦瀹刻本 清丁丙跋

六二 皇極經世書解十八卷 元朱隱老撰 明刻遞修本 十行十八字二十字不等黑口四周双边

六三 皇極經世書傳八卷 明黄畿撰 明嘉靖三十三年黄佐刻本 十行二十字白口四周单边

六四 洪範圖解二卷 明韓邦奇撰 明正德十六年王道刻藍印本

六五 洪範圖解二卷 明韓邦奇撰 明正德十六年王道刻本 十行十八字白口左右双边

六六 皇極經世觀物外篇釋義四卷 明余本撰 明嘉靖青州府刻四十四年杜思重修本 九行二十五字二十三字不等白口四周单边

六七 新編性理三書圖解九卷 明韓萬鍾撰 明嘉靖四十一年張啟德刻本 十行二十七字白口四周单边

六八 古太極測一卷　明徐𤊹撰　明嘉靖四十三年都温刻本　十二行二十字白口四周双边

六九 皇極經世心易發微七卷　明楊向春撰　清抄本

七〇 皇極觀物心易三卷　明李鄴詩撰　明萬曆二十年刻本　十行二十字白口四周單边

七一 範衍十卷　明錢一本撰　明萬曆刻本　九行二十字白口四周單边

七二 象緯占候三卷　明抄本

七三 農用政書曆占不分卷　明萬曆刻本　十行三十三字黑口四周單边

七四 大易象數鈎深圖不分卷　明李行志撰　明天啓刻套印本

七五 三易洞璣十六卷　明黄道周撰　明刻本　十行二十一字白口四周單边

七六 三易洞璣十六卷　明黄道周撰　清郁晋之抄本

七七 三易洞璣十六卷　明黄道周撰　清抄本

七八 太玄闡秘十卷首一卷附編一卷外編一卷　清陳本禮撰　稿本（卷一至二配清陳逢衡抄本）　清[illegible]跋

七九 太玄闡秘六卷附錄一卷　清陳本禮撰　稿本　清陳逢衡校

占候

八〇 靈臺秘苑十五卷　宋王安禮歐陽發等重修　明抄本

五

八一 靈臺秘苑十五卷　宋王安禮歐陽發等重修　明抄本　清黄丕烈校並跋

八二 乙巳占十卷　題唐李淳風撰　明抄本

八三 乙巳占十卷　題唐李淳風撰　明抄本
存七卷　一至七

八四 乙巳占十卷　題唐李淳風撰　清初抄本

八五 乙巳占十卷　題唐李淳風撰　清抄本

八六 乙巳占九卷　題唐李淳風撰　清抄本

八七 乙巳占九卷　題唐李淳風撰　清抄本

八八 乙巳占七卷　題唐李淳風撰　明抄本

八九 乙巳占三卷　題唐李淳風撰　清嘉慶二十四年劉氏嘉蔭簃抄本

九〇 玉曆通政經三卷　題唐李淳風撰　明抄本

九一 玉曆通政經三卷　題唐李淳風撰　清初抄本　康有爲跋

九二 玉曆通政經三卷　題唐李淳風撰　清抄本

九三 玉曆通政經三卷　題唐李淳風撰　清抄本

九四 玉曆通政經三卷　題唐李淳風撰　清抄本

九五 觀象玩占五十卷　題唐李淳風撰　明成化二年抄本

九六 觀象玩占五十卷　題唐李淳風撰　明抄本

九七 觀象玩占五十卷　題唐李淳風撰　明抄本

九八 觀象玩占五十卷　題唐李淳風撰　明抄本

九九 觀象玩占五十卷　題唐李淳風撰　明抄本

一〇〇 觀象玩占五十卷　題唐李淳風撰　明抄本

一〇一 觀象玩占五十卷　題唐李淳風撰　明抄本

一〇二 觀象玩占五十卷　題唐李淳風撰　明抄本

一〇三 觀象玩占五十卷　題唐李淳風撰　明抄本

一〇四 觀象玩占五十卷　題唐李淳風撰　明抄本

一〇五 觀象玩占五十卷　題唐李淳風撰　明抄本

一〇六 觀象玩占五十卷　題唐李淳風撰　明抄本

一〇七 觀象玩占五十卷　題唐李淳風撰　明抄本

一〇八 觀象玩占五十卷　題唐李淳風撰　明抄本

一〇九 觀象玩占四十八卷拾遺一卷　題唐李淳風撰　明清虚館抄本

六

一一〇 觀象玩占五十卷　題唐李淳風撰　明抄本
存四十八卷　一至四十八

一一一 觀象玩占五十卷　題唐李淳風撰　明抄本
存四十八卷　一至四十八

一一二 觀象玩占五十卷　題唐李淳風撰　明抄本
存四十八卷　一至四十八

一一三 觀象玩占五十卷　題唐李淳風撰　明抄本
存四十卷　四至十、十四至四十八

一一四 觀象玩占五十卷　題唐李淳風撰　明抄本
存十三卷　一至十三

一一五 觀象玩占五十卷　題唐李淳風撰　清初抄本

一一六 觀象玩占五十卷　題唐李淳風撰　清乾隆左氏念宛齋抄本
存二十八卷　一至二十八

一一七 乾坤變異錄六卷　明抄本

一一八 乾坤變異錄四卷　清抄本

一一九 開元占經一百二十卷目錄二卷 唐瞿曇悉達撰 明大德堂抄本

一二〇 大唐開元占經一百二十卷目錄二卷 唐瞿曇悉達撰 明抄本

一二一 大唐開元占經一百二十卷目錄二卷 唐瞿曇悉達撰 明抄本
存八十一卷 一至二十八 三十五至六十五 七十一至九十 目錄全

一二二 大唐開元占經一百二十卷目錄二卷 唐瞿曇悉達撰 清抄本

一二三 大唐開元占經一百二十卷 唐瞿曇悉達撰 清抄本 清姚晏校

一二四 唐開元占經一百二十卷目錄二卷 唐瞿曇悉達撰 清抄本

一二五 唐開元占經一百二十卷 唐瞿曇悉達撰 清抄本

一二六 唐開元占經一百二十卷 唐瞿曇悉達撰 清邱氏三省齋抄本 清嚴可均校

一二七 唐開元占經一百二十卷 唐瞿曇悉達撰 清抄本 清顧廣圻校 蔣二松校並跋 丁丙跋

一二八 天文會通占三十三卷 明抄本

一二九 天文會通占三十卷 明抄本

一三〇 天文會通占□□卷 明抄本
存十一卷 二十一至三十一

一三一 讖子五行志五卷 唐濮陽夏撰 明抄本

一三二 讖子五行志五卷 唐濮陽夏撰 清抄本

一三三 讖子五行志五卷 唐濮陽夏撰 清抄本

七

一三四 素問六氣玄珠密語十七卷 題唐王冰撰 明抄本

一三五 素問六氣玄珠密語十七卷 題唐王冰撰 明抄本 清黃丕烈校並跋

一三六 素問六氣玄珠密語十六卷 題唐王冰撰 清抄本 清吳騫陳鱣莫友芝跋

一三七 素問六氣玄珠密語十七卷 題唐王冰撰 清袁氏貞節堂抄本 清陳鱣校並跋

一三八 素問六氣玄珠密語十七卷 題唐王冰撰 清抄本 清儀克中跋

一三九 素問六氣玄珠密語十七卷 題唐王冰撰 清抄本 清丁丙跋

一四〇 太白陰經一卷 明抄本

一四一 景祐乾象新書三十卷 宋楊惟德等撰 北宋元豐元年司天監秦孝先、蘇宋卿、宋寬、徐欽鄰等抄本 清邵淵耀、錢天樹、許廷吉、錢泳、張步瀛、張爾旦、李兆洛、孫鑒跋 蔣因培題詩 黃廷鑑、王家相、高世異、易順鼎、程清等題款
存十二卷 三至六 十二至十三 十六至十九 二十七至二十八

一四二 乾象通鑑一百卷首一卷 題宋李季撰 明抄本

一四三 乾象通鑑一百卷 題宋李季撰 明抄本 莫棠康有為跋

一四四 乾象通鑑一百卷首一卷 題宋李季撰 清抄本

一四五 乾象通鑑一百卷首一卷 題宋李季撰 清抄本 清蕉林逸史校 孫星衍跋

一四六 乾象通鑑一百卷 題宋李季撰 清抄本

一四七 戎事類占二十一卷 元李克家撰 明萬曆二十五年歐原山館刻本 十一行二十二字白口左右雙邊

一四八 戎事類占二十一卷 元李克家撰 明萬曆四十五年刻本 十一行二十二字白口左右雙邊

一四九 天文祕苑占六種六卷 明抄本
天文密室風雨日月經緯星度一卷 天文風雨賦注解一卷 明劉基撰 天文五行吟一卷 天文星象附占總兵機賦一卷 兵機賦一卷 明劉基撰 天文風雨雷電占賦一卷 明甘氏占

一五〇 天元玉曆祥異賦七卷 明仁宗朱高熾撰 明洪熙元年內府刻本 九行十八字黑口四周雙邊

一五一 天元玉曆祥異賦七卷 明仁宗朱高熾撰 明洪熙元年內府刻本 清丁丙跋

一五二 天元玉曆祥異賦不分卷 明仁宗朱高熾撰 明抄本

一五三 天元玉曆祥異賦不分卷 明仁宗朱高熾撰 明抄本

一五四 天元玉曆祥異賦不分卷 明仁宗朱高熾撰 明抄本

一五五 天元玉曆祥異賦不分卷 明仁宗朱高熾撰 明抄本

一五六 天元玉曆祥異賦不分卷 明仁宗朱高熾撰 明抄本

八

一五七 天元玉曆祥異賦不分卷 明仁宗朱高熾撰 明抄本

一五八 天元玉曆祥異賦不分卷 明仁宗朱高熾撰 明抄本

一五九 天元玉曆祥異賦不分卷 明仁宗朱高熾撰 明抄本

一六〇 天元玉曆祥異賦不分卷 明仁宗朱高熾撰 明抄本

一六一 天元玉曆祥異賦不分卷 明仁宗朱高熾撰 明抄本

一六二 天元玉曆祥異賦十九卷 明仁宗朱高熾撰 明抄本
存七卷 一至二 九至十二 十八

一六三 天人祥異賦十卷 明抄本

一六四 大明天元玉曆祥異圖說七卷 明萬曆四十七年余文龍刻本 九行十一字白口四周單邊

一六五 五行類事占徵驗九卷 明李淑通撰 清抄本

一六六 五行類事占七卷 明抄本

一六七 五行類事占七卷 清抄本

一六八 乾占捷要不分卷 明抄本

一六九 新鍥纂集諸家全書大成斷易天機六卷 明徐紹錦校正 明萬曆二十五年書林鄭氏雲齋刻本 十行二十四字白口四周單邊

一七〇 天文畧步天歌二卷 明嘉靖刻本 十三行二十六字黑口左右雙邊
一七一 通志天文秘畧不分卷 明抄本
一七二 天文秘略不分卷 明胡獻忠輯 明萬曆刻本 十一行二十四字小字无格十五行二十八字白口四周單邊
一七三 天文秘畧不分卷 明胡獻忠輯 明抄本
一七四 天文秘略不分卷 明揭獻忠輯 清初抄本
一七五 天文秘略不分卷 明胡獻忠輯 清抄本
一七六 彙選筮吉指南十五卷 明萬邦孚撰 明萬曆三十三年刻本 十二行二十四字白口四周單邊
一七七 史異編十七卷 明余文龍撰 明萬曆四十六年自刻本 九行二十字白口四周單邊
一七八 六軍鏡三卷 明抄本
一七九 占候六壬遁法不分卷 明抄本
一八〇 太乙九宮圖說不分卷 明抄本
一八一 承天紀十卷 明黃廣撰 明崇禎七年黃氏玉裳齋刻本 九行二十字白口四周單邊
一八二 參籌秘書十卷 明汪三益輯注 明崇禎十二年楊廷樞刻本 十行二十字白口四周單邊
一八三 求雨法一卷止雨法一卷 清康熙五十二年盧詢刻本

占卜

一八四 黃帝龍首經二卷 清抄本
一八五 靈棋經口卷 明成化五年毛贇刻本 清黃丕烈校補缺葉缺字並跋 十行二十字黑口四周雙邊.
存一册 下
一八六 靈棋經一卷 題晉顏幼明、宋何承天、元陳師凱、明劉基注解 明成化十七年刻本 十行二十字黑口四周單邊
一八七 靈棋經一卷 題晉顏幼明、宋何承天、元陳師凱、明劉基注解 明正德十五年喬遷刻遞修本 十行二十字白口左右雙邊
一八八 靈棋經一卷 題晉顏幼明、宋何承天、元陳師凱、明劉基注解 明正德十五年董天錫刻本 十行二十字黑口四周雙邊.
一八九 靈棋經一卷 題晉顏幼明、宋何承天、元陳師凱、明劉基注解 明正德十五年榮府刻本 十行二十八字白口四周雙邊
一九〇 靈棋經一卷 題晉顏幼明、宋何承天、元陳師凱、明劉基注解 明萬曆元年刻本 九行二十字白口四周單邊
一九一 靈棋經一卷 題晉顏幼明、宋何承天、元陳師凱、明劉基注解 明萬曆三年朱正民刻本 十行二十八字白口四周雙邊
一九二 靈棋經一卷 題晉顏幼明、宋何承天、元陳師凱、明劉基注解 明萬曆刻本 九行十八字白口四周雙邊
一九三 靈棋經一卷 題晉顏幼明、宋何承天、元陳師凱、明劉基注解 明刻本 九行二十字黑口四周雙邊
一九四 靈棋經一卷 題晉顏幼明、宋何承天、元陳師凱、明劉基注解 明刻本 九行二十字白口四周雙邊
一九五 靈棋經一卷 題晉顏幼明、宋何承天、元陳師凱、明劉基注解 明刻本 十行二十字黑口四周雙邊
一九六 靈棋經一卷 題晉顏幼明、宋何承天、元陳師凱、明劉基注解 明抄本

九

一九七 靈棋經一卷 題晉顏幼明、宋何承天、元陳師凱、明劉基注解 明抄本 清丁丙跋
一九八 靈棋經二卷 題晉顏幼明、宋何承天、元陳師凱、明劉基注解 清葉廷琯抄本 清葉廷琯校
一九九 焦氏易林二卷 題漢焦延壽撰 明成化九年彭華刻本 十二行二十四字白口左右雙邊
二〇〇 焦氏易林二卷 題漢焦延壽撰 明嘉靖四年姜恩刻本 十二行二十四字白口左右雙邊
二〇一 焦氏易林二卷 題漢焦延壽撰 明嘉靖四十年潘潢勉學書院刻本 十二行二十四字白口四左右雙邊
二〇二 焦氏易林二卷 題漢焦延壽撰 明嘉靖四十年潘潢勉學書院刻本 清葉樹廉校
存一卷 上
二〇三 焦氏易林二卷 題漢焦延壽撰 明嘉靖四十年潘潢勉學書院刻本 清顧廣圻跋並錄陸貽典校跋 清丁丙跋
二〇四 焦氏易林二卷 題漢焦延壽撰 明萬曆二十一年周曰校刻本 十二行二十四字白口四周單邊
二〇五 焦氏易林二卷 題漢焦延壽撰 明萬曆二十一年周曰校刻本 清翟玄錦校
二〇六 焦氏易林二卷 題漢焦延壽撰 明抄本
二〇七 焦氏易林二卷 題漢焦延壽撰 清抄本 清吳晉德校跋並錄陸貽典黃丕烈題識
二〇八 焦氏易林四卷 題漢焦延壽撰. 明萬曆何允中刻廣漢魏叢書本 清盧文弨校 清丁丙跋 九行二十字白口左右雙邊
存二卷 一至二
二〇九 焦氏易林四卷 題漢焦延壽撰 明崇禎毛氏汲古閣刻津逮秘書本 清王念孫校 九行十九字白口左右雙邊

二一〇 焦氏易林四卷 題漢焦延壽撰 明崇禎毛氏汲古閣刻津逮秘書本 清顧廣圻錄陸貽典校 九行十八字白口左右雙邊
二一一 焦氏易林四卷 題漢焦延壽撰 明崇禎毛氏汲古閣刻津逮秘書本 清張蓉鏡錄黃丕烈陸貽典校跋 葉樹廉跋
二一二 焦氏易林四卷 題漢焦延壽撰 明崇禎毛氏汲古閣刻津逮秘書清廣大堂印本 清陳倬校 九行十九字白口左右雙邊
二一三 焦氏易林四卷 題漢焦延壽撰 明刻本 葉德輝跋並錄清陸貽典校跋 十行二十二字白口四周單邊
二一四 焦氏易林四卷 題漢焦延壽撰 明鍾惺評 明末刻本 九行二十字白口左右雙邊
二一五 焦氏易林四卷 題漢焦延壽撰 清初刻本 清牟庭校注
二一六 易林四卷 題漢焦延壽撰 筮儀一卷 清嘉慶賜曦閣刻本 清王引之校
二一七 焦氏易林十六卷 題漢焦延壽撰 明天啓六年唐瑜唐琳刻本 九行二十字白口四周單邊
二一八 焦氏易林十六卷 題漢焦延壽撰 清嘉慶十三年黃氏士禮居刻黃氏叢書本 清王芑孫跋
二一九 焦氏易林十六卷 題漢焦延壽撰 清嘉慶十三年黃氏士禮居刻黃氏叢書本 清姚元之跋
二二〇 易林註十六卷 清初毛氏汲古閣影元抄本
二二一 易林補遺十二卷 明張世寶撰 明萬曆三十四年刻本 九行二十字白口左右雙邊
二二二 易林元篇四卷附十測一卷 明戴如林撰 明崇禎刻本 九行二十二字白口四周單邊
二二三 易林釋文二卷 清丁晏撰 清抄本
二二四 京氏易傳三卷 漢京房撰 明刻本 八行十七字白口左右雙邊

十

存二卷中下

河洛真數三卷　明抄本　二二五

新刊圖解玉靈聚義占卜龜經四卷　題宋王洙撰　元陸森編　明刻本　十行十六字黑口四周雙邊　二二六

新刊圖解玉靈聚義占卜龜經四卷　題宋王洙撰　元陸森編　明刻本　清貞心存跋　十行十六字黑口四周雙邊　二二七

先天後天理氣心印補註三卷　宋吳景鸞撰　清初毛氏汲古閣抄本　二二八

玉靈照膽經一卷　宋邵平軒撰　心傳要訣一卷　明抄本　二二九

覆盆明鏡照占真經八卷　宋趙天祐撰　明抄本　二三〇

增注周易神應六親百章海底眼前集一卷後集一卷　宋王蒿撰　何侁重編　元刻本　十二行二十字黑口左右雙邊　二三一

增註周易神應六親百章海底眼前集一卷後集一卷　宋王蒿撰　何侁重編　清抄本　二三二

增註周易神應六親百章海底眼前集一卷後集一卷　宋王蒿撰　何侁重編　清抄本　二三三

十一

邵康節先生前定鎖地鈴一卷　明程龍湖刻本　周叔弢跋　十四行二十二字白口四周雙邊　二三四

大易斷例卜筮元龜八卷　清抄本　二三五

周易尚占三卷附一卷　元李之純撰　明刻本　九行二十一字四周單邊白口　二三六

玉靈聚義五卷　元陸森撰　元天曆平江路刻本　十行十六字黑口左右雙邊　二三七

玉靈聚義五卷　元陸森撰　明抄本

存二卷一至二　二三八

龜卜玉靈經不分卷　清抄本　二三九

神課金口訣六卷別錄一卷　題明逸然子撰　明成化二十二年刻本　九行十九字黑口四周雙邊　二四〇

軍帳神機不分卷　題樵陽子撰　明嘉靖七年刻本　十三行二十四字白口左右雙邊　二四一

軍帳神機不分卷　題樵陽子撰　明刻朱印本　二四二

演卦詩斷□卷　明抄本　二四三

範圍易數明斷精義不分卷　明抄本　清丁丙跋　二四四

甘氏奇門一得二卷　明甘霖撰　明唐氏文林閣刻本　九行十九字白口四周單邊　二四五

卜筮全書十四卷　明姚際隆刪補　明崇禎翁少麓刻本　九行二十字白口四周單邊　二四六

玄易增衍天機秘鈐四卷　明樊志張撰　清黃須五年[illegible]刻　九行二十字白口四周單邊　二四七

鼎鍥卜筮啟蒙便讀通玄斷易大全三卷首一卷　明刻本　十一行三十二字白口四周雙邊　二四八

鼎鍥卜筮鬼谷源流斷易天機大全三卷首一卷　明刻本　十一行大小字不等白口四周單邊　二四九

新鍥徽郡原板夢學全書三卷首一卷　明書林熊建山刻本　十行十五字白口四周雙邊　二五〇

五鑰集一卷　明抄本　二五一

卜法詳考四卷　清胡煦撰　清雍正六年葆璞堂刻本　十行二十四字白口四周雙邊　二五二

卜筮精蘊彙義不分卷　清胡煦撰　稿本　二五三

御定卜筮精蘊三卷　清康熙內府抄本　二五四

卦象便覽不分卷　清陸寅撰　清五色抄本　二五五

天竺靈籤一卷　宋刻本　九行九字白口左右雙邊

存四十三葉　第五籤至二十二籤　二十五籤至九十二籤　二五六

天竺靈籤一卷　明洪武杭州衆安橋楊家經坊刻本　二五七

百籤詩意圖不分卷　明抄彩繪本　二五八

十二

占書一卷　明抄彩繪本　二五九

南無大慈悲靈感觀世音菩薩三十二課一卷觀音感應卦一卷　明抄彩繪本　二六〇

南無大慈悲靈感觀世音菩薩三十二課一卷　明抄彩繪本　二六一

陰陽五行

五行大義五卷　隋蕭吉撰　清抄本　清丁丙跋　二六二

專征賦一卷　題唐袁天罡撰　六甲主事賦遁甲起例等不分卷　明抄本　二六三

九天明鑑神捷奇書一卷　題宋陳摶撰　明抄本　二六四

洪範政鑑十二卷　宋仁宗趙禎撰　宋淳熙十三年內府寫本　傅增湘、邵章跋　二六五

洪範政鑑十二卷　宋仁宗趙禎撰　清光緒八年黃彭年家抄本　清黃彭年、葉昌熾跋　二六六

洪範淺解十一卷　明程宗舜撰　明嘉靖三十六年楊可教等刻本　十行二十二字白口四周雙邊　二六七

禮緯含文嘉三卷　明王氏鬱岡齋抄本　二六八

金樞符應秘文三卷　明抄本　二六九

景祐太乙福應經十卷 明誠劍山居抄本 二七〇
犀冠必用集一卷 宋周涓撰 九日別法一卷 明抄本 二七一
六甲天元氣運鈐二卷 宋刻本 二七二
三曆撮要一卷 宋刻本 清錢大昕孫星衍跋瞿中溶題款 十行十九字白口左右雙邊 二七三
三曆撮要一卷 清咸豐元年顧士鈞影宋抄本 清楊紹和跋 二七四
寶顏堂訂正丙丁龜鑑五卷 宋柴望撰 續二卷 清彭氏知聖道齋抄
本 清彭元瑞校並跋 劉喜海跋 二七五
太乙金鑰匙一卷 題宋陳希夷撰 續集一卷 題玄同子撰 明誠劍山居抄本 二七六
河洛數十卷 題宋陳搏邵雍撰 明萬曆二十年刻本 十行二十字四周雙邊 二七七
太乙統宗寶鑑二十卷 題元曉山老人撰 明抄本 二七八
太乙統宗寶鑑二十卷 題元曉山老人撰 明抄本 二七九
太乙統宗寶鑑二十卷 題元曉山老人撰 明抄本 二八〇
太乙統宗寶鑑二十卷 題元曉山老人撰 明抄本 二八一
太乙統宗寶鑑二十卷 題元曉山老人撰 明抄本 二八二
存十八卷 一至十八
太乙統宗寶鑑二十卷 題元曉山老人撰 明抄本 二八三
存十一卷 十至二十
太乙統宗寶鑑二十卷 題元曉山老人撰 明抄本 二八四
存九卷 十二至二十
類編陰陽備用差穀奇書十五卷 元至元三年刻本 李盛鐸跋 十四行二十三字
黑口四周雙邊 二八五
太乙統宗福應紫庭金鏡集不分卷 明抄本 二八六
存六卷 一至六
太乙統宗局法通五卷 明抄本 二八七
太乙總論不分卷 明抄本 二八八
太乙集成不分卷 明抄本 二八九
太乙真數二卷 明成諧撰 清抄本 二九〇
太乙真數二卷 明成諧撰 清抄本 二九一
太乙秘訣二卷 明抄本 二九二
太乙廟算不分卷 明抄本 二九三

十三

太乙陽遁不分卷 明抄本 二九四
太乙起例不分卷 清初抄本 清丁丙跋 二九五
年月備要前集一卷後集六卷 元刻本 十行二十字黑口四周單邊 二九六
新刊陰陽寶鑑尅擇通書前集五卷後集五卷
元刻本 十八行行字不等黑口四周雙邊 二九七
新刊陰陽寶鑑尅擇通書前集五卷 明初刻本 二九八
存四卷 一至四
新編曆法纂成前集一卷後集一卷續集一卷
別集一卷 元何士泰撰 元刻本 十七行行字不等黑口四周雙邊 二九九
類編曆法通書大全三十卷 元宋魯珍通書 何士泰曆法 明熊宗立類編 明刻本 十二行二
十字黑口四周雙邊 三〇〇
類編曆法通書大全三十卷 元宋魯珍通書 何士泰曆法 明熊宗立類編 明嘉靖三十年蔡氏
道義堂刻本 十五行二十六字黑口四周雙邊 三〇一
存二卷 二十九至三十
類編曆法通書大全三十卷 元宋魯珍通書 何士泰曆法 明熊宗立類編 三〇二
新增補遺陰陽備要曆法通書大全二卷 明蔡彬撰
明嘉靖三十年劉釪刻遞修本 十四行或十五行二十六字黑口四周雙邊
存二十八卷 一至二十八
新鍥全補發微曆正通書大全乾集三卷 元何士泰曆法 明
顧乃德編集 羅崇麟增補 明崇禎書林陳國旺刻本 十五行三十或三十一字白口四周單邊 三〇三
新刊理氣詳辯纂要三台便覽通書正宗二十
卷首一卷 明林紹周纂 林維松重編 明萬曆書林余象斗雙峰堂刻本 十五行三十字黑口四周雙邊 三〇四
五刻理氣纂要詳辯三台便覽通書正宗十八
卷首三卷 明林紹周纂輯 林維松重編 附二卷 明柯珮編集 林維松補遺 明崇禎十
年余仰止刻本 十六行三十字白口四周雙邊 三〇五
陰陽備用三元節要三卷 □王履道撰 元刻本 十六行行字不等黑口四周單邊 三〇六
新刊陰陽正理論二卷 元刻本 十七行二十七字黑口四周雙邊 三〇七
三元六甲二十四用太玄作用召吉奇書不分
卷 元劉啟撰 明弘治十三年張鳳翔刻本 十行二十字白口左右雙邊 三〇八
天文書四卷 明海達兒等口授 李翀吳伯宗譯 明洪武十六年內府刻本 十行十八字黑口四周雙邊 三〇九

十四

三三一〇 天文書不分卷 明海答兒等口授 李翀吳伯宗譯 明抄本

三三一一 明譯天文書四卷 明海答兒等口授 李翀吳伯宗譯 清抄本

三三一二 姚少師秘書一卷 明姚廣孝撰 清抄本

三三一三 陰陽辨疑二卷陰陽辨疑論一卷 明顧青霞撰 明隆慶三年潘光端刻本 十行二十字白口左右雙邊

三三一四 陰陽定論三卷 明周視撰 明刻本 李盛鐸跋 十行二十二字黑口四周單邊

三三一五 秘微經二卷 明抄本

三三一六 楊曾天機年月陰陽正義二十二卷 明曾繼武撰 明抄本

三三一七 新刻楊筠松秘傳開門放水陰陽捷徑二卷 明廿霖輯 明萬曆三十三年叢山堂劉龍田刻本 十行二十五字白口四周單邊

三三一八 武侯八門神書一卷 明胡獻忠撰 明萬曆三十年刻本 十一行二十四字白口四周單邊

三三一九 重刻校增武侯八門神書一卷 明胡獻忠撰 明萬曆四十三年自刻本 十行二十一字白口左右雙邊有刻工

三三二〇 選擇曆書不分卷 明刻本 十二行字數不定黑口四周雙邊

三三二一 選擇曆書不分卷 明嘉靖元年刻本 十二行三十一字黑口四周雙邊

十五

三三二二 選擇曆書不分卷 明刻本 十二行三十字白口四周雙邊

三三二三 通書類聚尅擇大全□□卷 存四卷 十六至十九 明嘉靖三十年芝城銅活字印本 十二行二十四字白口四周單邊

三三二四 新刊尅擇便覽十卷 存六卷 一至六 明刻本 十五行三十字黑口四周雙邊

三三二五 編集檢擇家傳秘訣不分卷 明抄本

三三二六 彙選易見曆書六卷 明羅彥驊撰 明萬曆八年金陵書林周宗孔刻本 十二行二十八字白口四周雙邊

三三二七 欽天監明傳秘指日用通書三卷 明胡以信輯 夏以仁訂補 明書林葉貴刻本 九行十八字白口四周單邊

三三二八 一貫齋輯刻三元選擇丹書三卷 明王尚累撰 明天啓元年金陵一貫齋刻朱墨套印本 十二行二十四字白口四周單邊

三三二九 修方涓吉符不分卷 明唐本曉輯 明刻本 十行字數不等白口四周單邊

三三三〇 諏擇秘典二卷諏擇曆眼十二卷 明黃汝和撰 明天啓三年刻本 李盛鐸跋 十行二十字白口左右雙邊

三三三一 選擇集要七卷 明黃一鳳撰 明抄本

三三三二 一貫齋輯刻明便通書四卷首一卷 明王尚累撰 明天啓王氏一貫齋刻本 十行二十一字白口四周單邊

三三三三 三式囊珍不分卷 明刻朱墨套印本 十三至十六行不等二十四字至二十七字不等四周單邊

三三三四 欽定選擇曆書十卷 清安泰等纂修 清康熙內府刻本

三三三五 欽定選擇曆書不分卷 清安泰等纂修 清康熙內府抄本

三三三六 御定星曆考原六卷 清李光地等撰 清康熙五十二年內府銅活字印本

三三三七 御定星曆考原六卷 清李光地等撰 清康熙內府抄本

三三三八 御定星曆考原六卷 清李光地等撰 清抄本

三三三九 時日選擇用事宜忌一卷 清四色抄本

三三四〇 天鏡的旨二卷 清乾隆刻朱墨套印本

三三四一 臞仙肘後神樞二卷 明朱權撰 明成化八年饒慶壽堂刻本 十二行二十三字黑口四周雙邊

三三四二 臞仙肘後神樞二卷 明朱權撰 明刻本 十三行二十四字黑口四周雙邊

三三四三 臞仙肘後經二卷 明朱權撰 明嘉靖三十九年晉府寶賢堂刻本 九至十三行不等行字無定數黑口四周雙邊

三三四四 臞仙肘後經二卷 明朱權撰 明刻本 十三行二十二字黑口四周雙邊

三三四五 並吉肘後經二卷 明朱權撰 明刻本 行數字數大小不等黑口四周雙邊

十六

三三四六 五行類應九卷 明錢春撰 明萬曆四十二年侯加地刻本 九行二十字白口四周雙邊有刻工

三三四七 五行類應九卷 明錢春撰 明萬曆四十二年侯加地刻本 清丁丙跋

三三四八 大統皇曆經世三卷 明胡獻忠撰 明兼竹堂刻本 行數字數不等白口四周雙邊

三三四九 大統皇曆經世三卷 明胡獻忠撰 明萬曆四十一年刻本 十二行二十四字白口四周雙邊

三三五〇 曆府鉤圓不分卷 明宋安雅撰 清初刻本

三三五一 六壬神定經五卷 宋楊維德等撰 明抄本 王獻唐跋

三三五二 六壬畢法賦一卷 題宋凌福之撰 明刻本 十行二十三字白口四周單邊有刻工

三三五三 壬課纂義十二卷 題真一山人撰 明抄本

三三五四 大六壬金櫃經一卷大六壬苗公鬼撮脚一卷 明抄本

三三五五 大六壬五變中黃經正文一卷釋義四卷 明抄本

三三五六 六壬雲開觀月經一卷 明始豐山房抄本

三三五七 大六壬斷占經不分卷 明抄本

三三五八 新編詳註大六壬斷經秘訣十卷課起例口訣一卷 明抄本

三五九　大六壬神課金口訣六卷別錄一卷　題明遁遁子撰　明萬曆唐氏富春堂刻本　十行字數不等白口四周雙邊
三六〇　六壬集應鈐不分卷　明抄本
三六一　六壬三黔集覽不分卷　明抄本
三六二　新訂六壬總要不分卷　明抄本
三六三　都天大六壬總真祕訣一卷　清初抄本
三六四　六壬集要四卷　明抄本
三六五　六壬集要四言斷一卷　明始豐山房抄本
三六六　六壬分野一卷　明刻本　十行二十三字白口四周單邊有刻工
三六七　六壬龜甲統宗不分卷　明刻藍印本　十三行白口四周雙邊
三六八　六壬軍帳神機四十八卷　清抄本　清宋昌頤跋姚燮王覺題款
三六九　六壬正易軍帳鈎玄鈐不分卷　清初刻本
三七〇　六壬行軍指南不分卷　明刻本　十三行黑口四周雙邊
三七一　六壬兵占一卷　明刻藍印本　十六行二十四字白口四周單邊
三七二　六壬兵占一卷　明刻本　十行二十三字白口四周單邊有刻工

十七

三七三　六壬日占不分卷　明刻藍印本　十三行字數不等
三七四　易占經緯四卷附錄一卷　明韓邦奇輯　明嘉靖二十七年金城刻本　十行字不等白口四周單邊有刻工
三七五　易冒十卷　清程良玉撰　清康熙三年蟾濱草堂刻本
三七六　御定六壬直指二卷析義六卷　清康熙內府抄本
三七七　御定六壬直指三卷附鈐一卷　清康熙內府抄本
三七八　御定六壬直指三卷附鈐一卷　清內府抄本
三七九　御定六壬金口合占六卷　清康熙內府抄本
三八〇　御定六壬金口合占六卷　清康熙內府抄本
三八一　武侯奇門遁甲全書六卷首一卷　題唐李荃諸葛鈍注　清內府抄本
三八二　景祐遁甲蓮華通神經一卷　明抄本
三八三　景祐遁甲符應經三卷　宋楊惟德等撰　清曾廣祺抄本　清曾廣祺跋
三八四　景祐遁甲符應經三卷　宋楊惟德等撰　清抄本　清程玉琳校並跋
三八五　合刻奇門五總龜四卷煙波釣叟歌一卷　題宋趙普撰　明池紀綸注　明唐錦池刻本　十行二十字白口四周單邊
三八六　重刻箋元奇門遁甲句解煙波釣叟賦一卷　題宋趙普撰　明羅通遁法　池紀解編　明刻本　十行二十字白口四周單邊
三八七　遁甲句解煙波釣叟歌十二卷　題宋趙普撰　池紀解　明抄本
三八八　奇門祕書握機經二卷奇門陰陽十八遁不分卷　明羅通遁法　明萬曆四年抄本
三八九　遁甲日用涓吉奇門五總龜二卷　明郭子晟輯　明刻本　十四行三十字黑口四周雙邊
三九〇　奇門鴻寶不分卷　明天啓元年三色套印本　十行二十四字白口四周單邊
三九一　遁甲九卷　明抄本
　七元禽遁一卷
　年月擇諭一卷
　祕傳金函奇門陽遁丁甲法書三卷
　金樞符應和文三卷
　景祐遁甲蓮華通神經一卷
三九二　陽遁陰遁□卷　明抄本　清楊思林跋
　陽遁一至七局　陰遁一至七局
三九三　存十四卷
　禽星易見一卷　明池本理撰　明抄本（四庫底本）
三九四　兵占奇門遁甲書不分卷　明唐楷纂輯　清抄本　清吳卓信跋

十八

三九五　奇門遁甲十卷　明抄本
三九六　遁甲秘文二卷　明抄本
三九七　御定奇門真詮不分卷　清康熙內府抄本
三九八　御定奇門寶鑑六卷　清康熙內府抄本
三九九　御定奇門寶鑑摘要二卷　清康熙內府抄本
　命書相書
四〇〇　鬼谷子前定書一卷　明黎光閣刻本　十二行二十五字白口四周單邊
四〇一　新編評註通玄先生張果星宗大全十卷　題唐張果撰　明陸位輯補　明萬曆二十二年書林唐謙刻本　十二行二十四字白口四周單邊
四〇二　新雕注疏珞琭子三命消息賦三卷　宋李仝注　東方明疏
　新雕李燕陰陽三命二卷　全刻本　明唐寅題款　清黃丕烈跋　十二行二十字□口左右雙邊
四〇三　新雕注疏珞琭子三命消息賦三卷　宋李仝注　東方明疏
　新雕李燕陰陽三命二卷　清影金抄本
四〇四　新雕注疏珞琭子三命消息賦三卷　宋李仝注　東方明疏　清抄本　夏敬觀批校　葉德輝跋

新編四家註解經進珞琭子消息賦六卷 宋王廷光李仝釋曇瑩徐子平撰 清影元抄本 四〇五

新編四家註解經進珞琭子消息賦六卷 宋王廷光李仝釋曇瑩徐子平撰 清抄本 葉德輝跋 四〇六

新雕注疏珞琭子三命消息賦三卷新雕李燕陰陽三命二卷 宋李仝注 東方明疏 新編四家註解經進珞琭子消息賦六卷 宋王廷光李仝釋曇瑩徐子平撰 清抄本 清胡珽校 四〇七

新刊補注得秘訣三命指迷賦一卷 題宋珞琭子撰 岳珂述 徐子平注 清抄本 清戈宙襄校並跋 四〇八

子平遺書不分卷 明抄本 四〇九

子平遺書不分卷 明抄本 四一〇

子平遺書不分卷 明抄本 四一一

子平遺書不分卷 明抄本 羅振玉跋 四一二

音義評註淵海子平五卷 宋徐升撰 明崇禎七年崇德書院刻本 十三行二十五字白口四周單邊 四一三

子平集要一卷 清康熙內府抄本 四一四

神相全編十二卷首一卷 題宋陳摶撰 明袁忠徹訂正 明刻本 九行二十字白口四周單邊 四一五

新刻簪集紫微斗數捷覽四卷 題宋陳摶撰 白玉蟾增輯 明萬曆九年金陵書坊王洛川刻本 十行二十二字白口四周雙邊 四一六

上官拜命玉曆大全不分卷 宋陳元龍撰 明抄本 四一七

太清神鑑錄二卷 明吳續刻本 十行二十字白口左右雙邊 有刻工 四一八

太清神鑑六卷 清抄本 四一九

星命總括三卷 遼耶律純撰 清抄本 清丁丙跋 四二〇

新刊相法人倫大統賦解一卷 金張行簡撰 元薛延年集解 元皇慶二年刻本 莫棠跋 九行十八字黑口四周雙邊 四二一

新刊範圍數二卷 元刻本 十三行二十三字黑口左右雙邊 四二二

古今識鑒八卷 明袁忠徹輯 人象賦一卷 明袁忠徹撰 明景泰二年刻本 十行二十二字黑口四周雙邊 四二三

古今識鑒八卷 明袁忠徹輯 明景泰二年刻本 清丁丙跋 十行二十二字黑口四周雙邊 四二四

古今識鑒八卷 明袁忠徹輯 人象賦一卷 明袁忠徹撰 明嘉靖六年袁大綸刻本 十行二十二字黑口四周雙邊 四二五

新刻校正增釋合併麻衣先生人相編十卷 題明袁忠徹輯 明萬曆十五年唐氏益新刻本 十一行二十三字白口四周雙邊 存三卷 二 九至十 四二六

星禽十卷 明刻本 十二行二十四字黑口四周雙邊 四二七

斗柄天書大法三卷 明抄本 存二卷 上 中 四二八

大定新編四卷 明楊向春撰 明嘉靖二十五年刻本 九行二十至二十八字不等白口左右單邊 四二九

大定新編四卷 明楊向春撰 明刻本 清黃丕烈跋 九行二十字白口四周雙邊 四三〇

大定新編便覽二卷 明楊向春撰 清抄本 李盛鐸跋 四三一

新刊一行禪師演禽命書六卷 明喻晃輯 明書林熊繡刻本 十一行二十五字白口四周單邊 四三二

新刊一行禪師演禽命書一卷 明喻晃輯 明書林熊繡刻本 十一行二十五字白口四周單邊 四三三

蘭臺妙選三卷 明萬民英撰 明隆慶二年刻本 十行二十字白口四周雙邊 四三四

三命通會十二卷 明萬民英撰 明萬曆刻本 十行二十二字白口四周雙邊 四三五

三命通會十二卷 清內府抄本 四三六

新刊京本曆正總括天機星學正傳二十一卷 明楊淙輯 明萬曆十年饒鈞溪刻本 十二行二十三四字不等白口四周雙邊 四三七

新刊漢諸葛武侯秘演禽書十二卷 明何勤輯 明萬曆十六年文林閣葉貴刻本 十二行二十四字白口四周雙邊 四三八

回谷先生人倫廣鑑集說十卷 明吳續刻本 十行二十字白口左右雙邊 四三九

新鍥圖像麻衣相法四卷 明書林劉龍田刻本 九行十九字白口四周雙邊 四四〇

新鍥柳莊麻衣相法四卷 明萬曆四十五年書林余雲坡刻本 十行二十二字白口四周單邊 四四一

新刊圖相麻衣相法二卷 明刻本 十行十一字白口四周雙邊 四四二

麻衣道者正易心法一卷 清初抄本 四四三

新刊圖像人相編六卷 明刻本 十三行二十一字黑口左右雙邊 四四四

新刊指南臺司袁天罡先生五星三命大全四卷 明書林種德堂熊冲宇刻本 十一行二十五字白口四周雙邊 四四五

陰陽神書不分卷 題右髻道人註 明刻本 八行二十字白口四周單邊 四四六

新編分類當代名公文武星案六卷首一卷 明陸位撰 明萬曆四十四年書林余應虬刻本 十二行二十五字白口四周單邊 四四七

新刻劉伯溫萬化仙禽八卷 明宋國祥撰 明書林詹國重刻本 十行二十二字白口四周單邊 四四八

鼎鍥燕臺校板發微五星大全二卷 明萬曆二十四年閩建書林楊氏刻本 十一行二十五字白口四周單邊 四四九
造命宗鏡集十二卷 明吳國仕輯 明崇禎三年吳氏搜玄齋刻本 九行二十字白口四周單邊 四五〇
太歲六卷 明馬績等撰 明末刻本 八行二十二字白口四周單邊 四五一

相宅相塋

二宅一覽二卷 明高懋撰 明刻本 八行十八字白口四周單邊 四五二
黃帝宅經二卷 明抄本 四五三
新刻楊救貧秘傳陰陽二宅便用統宗二卷 明郁權撰 明種德堂熊冲宇刻本 十行二十五字白口四周單邊 四五四
新抄楊救貧宅寶經一卷 明抄本 四五五
新刻陽宅新編二卷 明周繼撰 明刻本 十行二十字白口四周單邊 存一卷上 四五六
相宅全書一卷 明柴復貞撰 明書林敬止居刻本 十行二十字白口四周單邊 四五七
新刻東海王先生纂輯陽宅十書四卷 明王君榮撰 明萬曆十八年刻本 十行二十一字白口四周單邊 四五八
精刻編集陽宅真傳秘訣六卷 明李邦祥撰 明萬曆二十七年宏遠堂熊雲濱刻本 十行二十四字白口四周單邊 四五九
陽宅大全十一卷 明萬曆吳勉學刻本 九行十八字白口四周單邊 四六〇
八宅四書四卷 題明一壑居士撰
陽宅真訣三卷 明周繼撰 郭洽輯 吳勉學校補 江潜若訂正
楊救貧先師宅寶經一卷
陽宅神搜心傳秘法一卷
鑿井圖經一卷 題唐李淳風撰
楊公來路玄空烟火活法一卷

續刻陽宅真傳秘訣一卷陽宅甲子啟蒙一卷 明李邦祥撰 明萬曆三十九年刻本 十行十九字白口四周雙邊 四六一
新鐫甬東王先生陽宅大全不分卷 明王元鼎撰 明萬曆三十九年刻本 十行二十字白口四周單邊有刻工 四六二
卜居秘髓二卷 明熊瑕撰 明書林葉貴刻本 八行十九字白口四周單邊 四六三
陽宅珍藏二卷 明刻本 十行二十二字白口四周單邊有刻工 四六四
陽宅秘傳三書三卷 明天啟二年莊起元刻本 八行十八字白口四周單邊 四六五
玄髓經一卷
五樹真經一卷
明陽正範秘書一卷

重訂宅法全書二卷 明黃一鳳撰 明天啟四年廣慶堂刻本 九行十八字白口四周單邊 四六六
重訂相宅造福全書二卷附擇日記全一卷 明黃一鳳撰 葉居中增補 明崇禎二年刻本 九行十八字白口四周單邊 四六七
陽宅指南篇一卷分房變氣論宅法一卷 明蔣平階撰 稿本 四六八
安居金鏡八卷 清周南呂臨輯 清乾隆四十五年周氏壽南堂刻本 四六九
管氏指蒙二卷 題魏管輅撰 宋王伋註 明汪尚賡補註 明萬曆八年汪尚賡刻本 十行二十字白口四周單邊 四七〇
地理葬書集註一卷 題晉郭璞撰 明鄭謐註釋 附葬書問對一卷 明弘治十二年于明刻地理四書本 九行十七字黑口四周雙邊有刻工 四七一
宅葬書十一種十一卷 明抄本 清顧廣圻跋 四七二
九天玄女青囊經集註一卷 明陸穩撰
青烏經一卷 題青烏子撰
葬經一卷 題晉郭璞撰
懷玉經註一卷 題明劉基撰
撼龍經一卷 題唐楊筠松撰
劉江東家藏善本葬書註釋一卷 明鄭謐撰
楊筠松安門樓玉輦經一卷 題唐楊筠松撰
李淳風關井圖一卷
風水辯一卷 明項喬撰
楊公六段玄機賦一卷
地理雪心賦句解一卷 唐卜應天撰 謝嘉呂註

新刊地理五經四書解義郭朴葬經一卷 題晉郭璞撰 元吳澄刪定 明鄭謐註釋 明刻本 李盛鐸校 九行二十字白口四周單邊 四七三
地理玉鏡鈎玄二卷 題晉郭璞撰 元燕肖輯 明吳永明刪訂 明萬曆三十六年刻本 十二行二十五字四周單邊 四七四
水龍經五卷續四卷陰陽宅二卷 題晉郭璞撰 清抄本 四七五
雪心賦句解一卷 唐卜應天撰 明謝志道註 明成化二十年刻本 十行二十二字黑口四周雙邊 四七六
新刊地理雪心賦句解四卷 唐卜應天撰 明謝志道 新增陰陽地理消砂斷法總例大全一卷 明曾萬棠輯 明嘉靖四十五年劉氏閩山書堂刻本 九行二十三字白口四周單邊 四七七
新鍥京本句解消砂經節圖雪心賦五卷尋龍經訣法一卷 唐卜應天撰 明謝志道註解 明萬曆二十九年三建書林劉龍田刻本 九行二十字白口四周雙邊 四七八
重訂校正魁板句解消砂經節圖地理訣要雪心賦四卷 唐卜應天撰 明謝志道註 增補秘傳地理尋龍經訣法一卷 明萬曆三十年書林陳德宗刻本 九行二十二字白口四周雙邊 四七九
重鐫官板地理天機會元三十五卷 唐卜應天撰 明顧乃德輯 徐之鏌補 明萬曆書林陳孫賢刻本 十行二十八字花口四周單邊 四八〇

四八一　雪心賦翼語一卷　唐卜應天撰　明吳一棟翼語　明萬曆三十三年程本初、詹鑑祖刻四十一年程本初彙編秘書四種本　九行二十字白口四周單边

四八二　傳家真寶一粒粟一卷　題唐楊筠松口訣　元譚寬秘傳　明劉基註述　王廷玉圖形　王乳泉輯釋　倒杖圖註一卷　明萬曆十二年刻本　十行二十二字白口四周双边

四八三　龍經三卷　題唐楊筠松撰　宋吳景鸞圖解　明吳嵩集註　明萬曆四十年吳位中刻本　九行二十字白口四周双边

四八四　楊益撼龍經一卷　題唐楊益撰　清高其倬評　清抄本　清丁丙跋

四八五　認龍天寶經葬乘至寶經一卷金函經一卷穴法賦一卷雪心賦一卷　清初毛氏汲古閣抄本

四八六　天機望龍經一卷　題宋吳景鸞授廖金精記　黃明燮參補　清初毛氏汲古閣抄本

四八七　天機撥砂經□卷　題宋廖金精撰　黃明燮集補　清初毛氏汲古閣抄本　存一卷　五

四八八　劉氏心法一卷楊公騎龍穴詩一卷　清初毛氏汲古閣抄本

四八九　新刊宋國師吳景鸞秘傳夾竹梅花院纂四卷　題宋吳景鸞撰　明萬曆二十六年金陵書肆唐謙刻本　十行二十字白口四周双边

四九〇　新刊宋國師吳景鸞秘傳夾竹梅花院纂三卷　題宋吳景鸞撰　明萬曆二十六年金陵書肆唐謙刻本　十行二十字白口四周双边

廿三

四九一　新刻仲祥吳景鸞先生解識秘訣一卷吳公秘傳佑子心法後集一卷　題宋吳景鸞撰　廖瑀注　明萬曆三十六年江世資刻本　十行二十六字白口四周單边

四九二　金精廖公秘授地學心法正傳畫筴扒砂經四卷補遺一卷　宋廖禹撰　彭大雅輯　明萬曆四十二年刻本　九行二十二字白口四周單边

四九三　催官經一卷旅寓集一卷理氣穴法一卷　宋賴文俊撰　明張九鍚輯　明末刻本　十行二十二字白口左右双边

四九四　地理發微釋義二卷問辨一卷　宋蔡發撰　明余栴釋義　明弘治五年刻本　十行二十字黑口四周双边

四九五　地理發微釋義一卷問辨一卷　宋蔡發撰　明余栴釋義　明刻本　八行十行二十字二十二字不等白口四周双边

四九六　地理發微論集註一卷　宋蔡發撰　明謝昌註　附錄宋山陵議狀一卷　宋朱熹撰　明弘治五年于明刻地理四書本　九行十七字黑口四周双边

四九七　地理發微論集註一卷　宋蔡發撰　明謝昌註　明弘治十四年刻本　九行十七字黑口四周双边　有刻工

四九八　地理發微論集註一卷　宋蔡發撰　明謝昌註　明弘治十四年刻本　李盛鐸跋　九行十七字黑口四周双边

四九九　地理正宗六卷　明舒本直輯　明弘治十年刻本　清丁丙跋　九行十七字黑口四周双边

五〇〇　玉髓真經三十卷後卷二十一卷　宋張洞玄撰　劉允中註釋　蔡季通發揮　明嘉靖二十九年福州府刻本　十二行二十四字白口四周單边

五〇一　玉髓真經三十卷後卷二十一卷　宋張洞玄撰　劉允中註釋　蔡季通發揮　明嘉靖二十九年福州府刻本　清李文田校並跋

五〇二　玉髓真經三十卷後卷二十一卷　宋張洞玄撰　劉允中註釋　蔡季通發揮　明嘉靖二十九年福州府刻萬曆二十年何繼高重修本　十三行二十五字白口四周單边

五〇三　重校刊官板地理玉髓真經二十八卷後卷一卷　宋張洞玄撰　劉允中註　宋李正撰　明書林陳孫賢刻本　十行二十八字白口左右双边

五〇四　重校正地理新書十五卷　金明昌刻本　十七行三十字黑口四周双边

五〇五　重校正地理新書十五卷　清影金抄本

五〇六　鐫地理參補評林圖訣全備平沙玉尺經二卷附錄一卷　題元劉秉忠撰　明劉基註　賴從謙增釋　徐之鏌參補　明建邑書林陳賢刻本　十行二十三字白口四周單边

廿四

五〇七　新刻石函平砂玉尺經全書上集六卷後集四卷　題元劉秉忠撰　明劉基解　賴從謙發揮　明萬曆三十四年刻本　九行二十字白口四周單边

五〇八　石函平砂玉尺經六卷後集四卷　題元劉秉忠撰　明劉基解　賴從謙發揮　明刻本　九行二十字白口四周單边

五〇九　新刻石函平砂玉尺經全書真機六卷後集四卷　題元劉秉忠撰　明劉基解　附新刊地理五經四書解義郭璞葬經一卷　明吳勉刪定　鄭謐註釋　擇日紀一卷　新鐫京版工師雕斲正式魯班經匠家鏡三卷　明午榮撰　周言校正　靈驅解法洞明真言秘書一卷　明象賢齋刻本　九行二十字白口四周單边

五一〇　新刻石函平砂玉尺經全書六卷　題元劉秉忠撰　明劉基解　葬經一卷　題晉郭璞撰　明遺經堂刻本　九行二十字白口四周單边

五一一　四神秘訣四卷　元黃德彰撰　明吳勉學刻本　李盛鐸跋　九行十八字白口左右双边

五一二　瑩原總錄□卷　元刻本　十七行二十八字黑口四周單边　存五卷　一至五

新刊京本纂集諸類陰陽地理玉鑰三元三卷增補續集一卷 明初刻本 十三行二十六字黑口四周双边 五一三

纂註堪輿析髓經二卷附堪輿管見二十四辨一卷地理三十六問一卷 題明劉基撰 明抄本 五一四

纂注堪輿析髓經二卷附堪輿管見二十四辨一卷 題明劉基撰 蘇紹軾釋 附石渠閣精訂地理析髓經一卷 明蔣時機撰 清抄本 五一五

劉青田先生鈐記一卷 題明劉基撰 清抄本 五一六

新刊千金風水殺法妙訣一卷 明弘治十四年書林文峯堂刻本 顧振常跋 九行字數不等黑口四周双边 五一七

記師口訣節文一卷 明正德七年刻本 九行十九字白口四周双边 五一八

地理真機十五卷 明正德十六年刻本 十二行二十一字黑口四周双边 五一九

地理發微註解一卷畫筴圖解一卷 明謝廷柱撰 明嘉靖十二年刻本 十行二十字白口四周双边 五二〇

地理樞要四卷地理餘書一卷 明瞿思賢輯 明嘉靖十二年陶諧刻藍印本 九行十九字白口四周双边 楊筠松畫筴圖一卷 金函經二卷 記師口訣節文一卷 五二一

十五

金函經二卷 明趙宏傳 明刻本 九行十九字黑口四周双边 五二二

地理分合總論三卷 明朱震撰 明嘉靖三十五年刻本 十行二十字白口四周單边有刻工 五二三

新刊地理統會大成二十七卷 明柯鴻輯 明隆慶三年書林王覺泉刻本 十四行二十六字二十八字不等白口四周單边 五二四

地理七書七卷 明彭好古輯 明抄本 五二五
楊公養老書一卷 唐楊益撰
楊公口授書一卷 唐楊益撰
楊公枕中書一卷 唐楊益撰
吳公教子書一卷 宋吳克誠撰
劉公石函書一卷 元劉秉忠撰
賴公催官書一卷 元賴文俊撰
彭公一家書一卷 明彭好古撰

吳郡新刊造福秘訣語畧一卷 明吳天洪撰 明萬曆刻本 十行二十三字白口四周單边 五二六

徽郡重刊造福秘訣三卷 明吳天洪撰 明萬曆刻本 十行二十三字白口四周單边 五二七

望江吳先生造福秘訣三卷 明吳天洪撰 明萬曆刻本 八行十八字白口四周單边 五二八

新刊地理纂要七卷 明吳天洪編 明吳國傑刻本 十行二十二字白口四周單边 存六卷 一至四 六至七 五二九

新刊鋤雲楊先生地理心法內篇一卷外篇一卷 明楊芸撰 明萬曆十一年建陽書林善敬堂王興泉刻本 十行七字白口四周單边 五三〇

重刊人子須知資孝地理心學統宗三十九卷 明徐善繼、徐善述同撰 明萬曆十一年曾璠刻本 十行二十一字白口左右双边 五三一

璣衡心旨五卷 明黃錫撰 明貽安堂刻本 十行十九字白口四周双边 五三二

璣衡心旨五卷 明黃錫撰 明萬曆十四年刻本 十行十九字白口四周双边 五三三

賴仙心印一卷 明抄本 五三四

地理參贊玄機僊婆集十三卷 明張鳴鳳輯 張希堯參補 明萬曆書林熊體忠刻本 十行二十二字白口四周單边 五三五

新刊萬天官四世孫家傳平學洞微寶鏡五卷 明萬育水撰 明萬曆十六年余文台刻本 十四行二十八字白口四周双边 五三六

鼎鐫地理太極玄蛤全集神經總括四卷 明翁鄉祥撰 明萬曆書林蕭世熙刻本 十行二十二字白口四周單边 五三七

新刊地理網目樂親入眼福地先知四卷 明王崇德撰 明萬曆二十九年書山書堂劉玉田刻本 十行二十八字白口四周單边 五三八

新著地理獨啓玄關羅經秘旨四卷 明徐世顏撰 明萬曆書林熊秉宸等刻本 八行十九字白口四周單边有刻工 五三九

堪輿論氣正訣二卷 明張應奎撰 明萬曆三十年刻本 十行二十字白口四周單边 五四〇

雙劍閣集地理人天眼目八卷 明李迪撰 明萬曆三十一年刻本 十行二十四字白口四周双边 五四一

堪輿經書十卷 明鮑輝卿撰 明萬曆三十七年自刻本 九行十八字白口左右双边 五四二

梓造福玄機羅經考三卷後一卷 明楊道仲撰 明萬曆刻本 九行二十字白口四周双边 五四三

調燮靈文一卷 明汪道亨輯 明萬曆刻本 八行十八字白口四周單边 五四四

新刊地理紫囊書八卷 明趙栝撰 鄭億初評 明萬曆四十年舒世臣刻本 九行二十字白口四周單边 五四五

重鐫官板天機會元增補地學剖秘萬金琢玉斧三卷 明徐之鏌撰 明萬曆書林陳氏積善堂刻本 十行二十八字白口四周双边 五四六

十六

新刻賴太素天星催官解二卷附破息訣一卷 五四七

明朱傳撰　熊汝獄參補　明刻本　十行二十四字白口四周單边

新刻賴太素天星催官解二卷附破愚論一卷　明朱傳撰　熊汝獄參補　明刻本　九行二十四字白口四周單边　五三四八

新刻官板地理造福玄機體用全書十九卷　明徐華盛輯　明萬曆四十三年書林余繼泉余梓我刻本　十行二十八字白口四周單边　五三四九

地理玄珠二十二卷附地理陽宅玄珠四卷　明夏世隆撰　夏西補　明萬曆四十三年華善繼刻本　十行二十字四周單边　五三五〇

新刊地理紫囊書八卷　明趙祐撰　明萬曆龔堯惠刻本　九行二十字白口四周單边　五三五一

新刊地理紫囊書八卷　明趙祐撰　明萬曆龔堯惠刻本　明邦永燁校　五三五二

存四卷　一至三　五

新刻羅經解三卷　明熊汝獄撰　吳天洪批點　明萬曆刻本　九行二十四字白口四周單边　五三五三

堪輿十一種十一卷　明李思聰編　明天啓二年朱汝賢刻本　九行二十字白口四周單边　五三五四

青烏經一卷　題秦樗里子撰　明再謫僊人註
葬書真本一卷　題晉郭璞撰　明李思聰註
總索一卷　明李思聰訂
撼山篇一卷　明黄妙應撰　李思聰訂
堪輿雜著一卷　明李思聰撰
青囊奧旨拾龍剝水神鉗一卷　唐楊筠松撰　明李思聰、朱汝賢訂次
十二杖法一卷　唐楊筠松撰　明李思聰訂
十六葬法一卷　宋廖禹撰　空石長老宗旨　明再謫僊人訂閱
五星捉脉正變明圖一卷
楊公金鋼鑽本形諸葬圖訣一卷　明再謫僊人訂閱
堪輿漫興一卷　題明劉基撰　李思聰訂　朱汝賢次

十七

新鐫徐氏家藏羅經頂門針二卷鄙言一卷簡易圖解一卷　明徐之鏌撰　明書林余碧泉堂唐錦池刻本　九行二十二字白口四周單边　五三五五

新鐫徐氏家藏羅經頂門針二卷　明徐之鏌撰　明書林陳氏繼善堂刻本　九行二十二字白口四周單边　五三五六

地理醒心錄十卷　題天中星垣主人輯　明天啓刻本　九行十九字白口四周單边　五三五七

刻仰止子參定正傳地理統一全書十二卷首一卷　明余象斗輯　明崇禎元年余應虬余應科刻本　十一行二十八字白口四周單边　五三五八

新編秘傳堪輿類纂人天共寶十二卷　明黄慎輯　明崇禎六年刻本　九行二十四字白口四周單边有刻工　五三五九

地理真訣四卷　明黄復初撰　明崇禎九年黄氏澄心堂刻本　十行二十字白口四周單边　五三六〇

天元歌一卷　明蔣平階撰　三元運氣說一卷　元幕講禪師撰　清葉氏平安館抄本　五三六一

葬書七種　清初抄本　清錢維保批校並跋　五三六二

青烏經一卷
古本葬經內篇一卷
楊氏青囊經一卷
劉氏玉尺經二卷
催官解二卷
小玄空訣一卷
堪輿纂纂一卷

八五偶譚不分卷　清焦循撰　稿本　五三六三

眾囊經不分卷　明抄本　五三六四

眾囊經不分卷　明范越鳳撰　清初抄本　五三六五

青囊內傳不分卷　清嘉慶三年焦循抄本　清焦循校並跋　五三六六

雜術

足奔百怪一卷　唐李淳風撰　清康熙十二年朱鳳崖抄本　五三六七

三悟一卷　明姚廣孝撰　清光緒六年趙氏能靜居抄本　清趙烈文跋　五三六八

救命索一卷　明朱權撰　明永樂刻本　十二行二十二字黑口四周雙边　五三六九

新刻萬法歸宗五卷　明刻本　九行二十字白口四周雙边　五三七〇

三才世緯一百卷　清抄本　清陳其晉丁丙跋　五三七一

十八

夢林玄解三十四卷首一卷　題宋邵雍纂輯　明陳士元增刪　何棟如重輯　明崇禎刻本　十行二十二字白口四周單边　五三七二

夢占類考十二卷　明張鳳翼撰　明萬曆十三年王祖嫡刻本　十行二十二字黑口左右雙边有刻工　五三七三

夢海故事大全五卷　明書林雙溪王氏刻本　十二行十五字白口四周單边　五三七四

珍珠故事一卷
金陵校正合併夢類夢海全書一卷
新刊夢林珍寶故事大全一卷
新刊夢海故事占魁群玉一卷
新刊合併占魁夢海群玉張天師法病書一卷

文成集一卷諸仙詩話一卷　明抄本　五三七五

字觸六卷　清周亮工輯　清康熙六年周氏賴古堂刻本　五三七六

訂正選擇神煞起例二卷　清内府抄本（原書在二五六九前）　五三七七

收藏情况表

書名編號		藏書單位				
子術數類	1	0201				
	2	0161	0941			
	3	0101 ◎				
	4	0101	0141	0161	0201	0241
		0301	0542	0741	1601	1629
		1741	2701	2702		
	5	1701				
	6	0101				
	7	0201				
	8	0101	0161	0201	2702	
	9	0101				
	10	1701				
	11	0163				
	12	0141				
	13	0101				
	14	0101				
	15	0201				
	16	0101	1601	2001	2206	2702
	17	1601				
	18	1601				
	19	0198				
	20	0163				
	21	0161	2441			
	22	0102	0161	0182	0198	0201
		0341	0802	0903	1601	1628
		1701	1702	1705	1741	1841
		1901	2041	2201	2202	2401
		2541	2642	2741		
	23	1601				
	24	0201				
	25	2541				
	26	0101				
	27	0201 ◎				
	28	1581				
	29	0101				
	30	0101				
	31	0101				
	32	0101				

表十

收藏情况表

書名編號		藏書單位				
子術數類	33	2001				
	34	0101				
	35	0201				
	36	0201				
	37	0101	0141	0143	0701	0704
		2001	2401			
	38	0101				
	39	1701	2702			
	40	0101				
	41	0101				
	42	0201				
	43	0101				
	44	0201	0301	1606	2001	2701
	45	1628 ◎				
	46	0101 ◎				
	47	1101 ◎				
	48	1601				
	49	1601				
	50	2401 ◎				
	51	0141				
	52	0142				
	53	1587				
	54	0101 ◎				
	55	1601				
	56	0101				
	57	1601				
	58	0101				
	59	0101	0141	0142	0161	0201
		0841	1701	2001	2541	
	60	0101	0177	0842	1501	
	61	1601				
	62	1601				
	63	0101	1601	1615	1641	
	64	0101				
	65	0842				
	66	0101	0201	1801		
	67	1601				
	68	0101				

收藏情况表

書名編號		藏書單位				
子術數類	69	0198				
	70	0141				
	71	0101	0141	0142	0201	1701
		2701				
	72	0144				
	73	1601				
	74	0101				
	75	0201				
	76	0201				
	77	0101				
	78	0101				
	79	0141				
	80	0101				
	81	0101				
	82	1741				
	83	1705 ◎				
	84	0201				
	85	0141				
	86	0101				
	87	0301				
	88	0101				
	89	0101				
	90	0141				
	91	0201				
	92	0101				
	93	0142				
	94	1441				
	95	0201				
	96	0101				
	97	0141				
	98	0142				
	99	0177				
	100	0201				
	101	0201				
	102	0801				
	103	0841				
	104	1501				
	105	1701				

表十一

收藏情况表

書名編號		藏書單位
子術數類	106	2001
	107	2401
	108	2541
	109	0201
	110	0141 ◎
	111	0161 ◎
	112	1705 ◎
	113	0701 ◎
	114	1601 ◎
	115	1601
	116	0201 ◎
	117	0141
	118	1092
	119	0101
	120	0801
	121	0101 ◎
	122	0101
	123	1101
	124	1041
	125	2401
	126	0201
	127	1601
	128	1101
	129	0301
	130	1911 ◎
	131	0101
	132	1601
	133	1601
	134	0101
	135	0101
	136	0201
	137	0241
	138	1601
	139	1601
	140	0101
	141	0101 ◎
	142	0201
	143	0101

收藏情況表

書名編號		藏書單位				
子術數類	144	0101				
	145	0201				
	146	0241				
	147	0101	0141			
	148	0101				
	149	1705				
	150	1705				
	151	1601				
	152	0101				
	153	0101				
	154	0101				
	155	0141				
	156	0142				
	157	0242				
	158	0261				
	159	0741				
	160	1601				
	161	2401				
	162	0101 ⊗				
	163	0201				
	164	0143	0201	0301	1601	
	165	0703				
	166	0101				
	167	0101				
	168	0101				
	169	0102	0201			
	170	0161				
	171	0162				
	172	2541				
	173	0162				
	174	0141				
	175	0241				
	176	0201				
	177	0101	0141	0902	1605	1716
		2206	2541	2701		
	178	0101				
	179	1705				
	180	0198				

表三

收藏情況表

書名編號		藏書單位				
子術數類	181	0101				
	182	0141	0201	1601	2001	
	183	0101				
	184	0101				
	185	0101 ⊗				
	186	0201				
	187	0101				
	188	0201				
	189	0101				
	190	0341				
	191	2702				
	192	0198				
	193	0201				
	194	0141	0201			
	195	1601				
	196	1705				
	197	1601				
	198	1601				
	199	1601				
	200	0101	1702			
	201	0101	0201			
	202	0201 ●				
	203	1601				
	204	0101	0141	0161	0201	2908
	205	0101				
	206	0101				
	207	0101				
	208	1601 ⊗				
	209	1601				
	210	0201				
	211	2401				
	212	0241				
	213	0101				
	214	0341	1541	1629	1881	2541
		2561	2702			
	215	0101				
	216	0101				
	217	0103	0141	0142	0242	0701

收藏情況表

書名編號		藏書單位				
子術數類		0842	0861	0903	1601	1712
		1881	2301	2501	2801	
	218	1701				
	219	1501				
	220	0101				
	221	0143	1041	1601	1705	
	222	0143				
	223	0101				
	224	0101 ●				
	225	0201				
	226	1705				
	227	0101				
	228	0101				
	229	0101				
	230	0101				
	231	0201				
	232	0101				
	233	0101				
	234	0101				
	235	1688				
	236	0161	0241			
	237	0141				
	238	2541 ●				
	239	0101				
	240	0201				
	241	0201				
	242	0201				
	243	1705				
	244	1601				
	245	0901	1101	2401		
	246	0161	1701			
	247	0141	0201	0441	1082	
	248	0101	1641			
	249	0101	0143			
	250	0101	2702			
	251	0201				
	252	0141	0142	0164	2302	
	253	0145				

表四

收藏情況表

書名編號		藏書單位
子術數類	254	0181
	255	0197
	256	0101 ⊗
	257	0101
	258	0101
	259	0101
	260	0101
	261	0101
	262	1601
	263	0101
	264	1701
	265	0101
	266	0101
	267	0701
	268	1701
	269	0101
	270	0101
	271	0101
	272	0101
	273	0101
	274	0101
	275	0101
	276	0101
	277	0301
	278	0101
	279	0201
	280	1501
	281	2441
	282	0201 ●
	283	1716 ⊗
	284	0201 ●
	285	0141 ⊗
	286	0201
	287	0201
	288	1705
	289	0181
	290	0141
	291	1701

表五

收藏情況表

書名編號		藏書單位				
子術數類	292	0163				
	293	0141				
	294	0141				
	295	1601				
	296	0101				
	297	0101				
	298	0101 ⊕				
	299	0101				
	300	0101	0201	0701	1741	
	301	1601 ⊕				
	302	0101 ⊕				
	303	0101				
	304	1601	2701			
	305	0101	2701			
	306	0101				
	307	0101				
	308	1601				
	309	0101				
	310	0201				
	311	0162				
	312	0201				
	313	1601				
	314	0141				
	315	0101				
	316	0201				
	317	0101				
	318	2541				
	319	0101				
	320	0101				
	321	0201				
	322	1981				
	323	0101 ⊕				
	324	1705 ⊕				
	325	1705				
	326	0701				
	327	0101	0201			
	328	0101	0201	0291		
	329	1705				

收藏情況表

書名編號		藏書單位				
子術數類	330	0141	1701	2702		
	331	0701				
	332	0141				
	333	0181				
	334	0101	0102	0141	0601	0701
		0801	1701			
	335	0181				
	336	0181	0701			
	337	0181				
	338	0101				
	339	0101				
	340	1282				
	341	0101				
	342	0101				
	343	1603				
	344	0101	0141	0182	0341	0842
	345	0141				
	346	0101	0141	1601		
	347	1601				
	348	0181				
	349	0164				
	350	0101	0141	0161		
	351	1581				
	352	2261				
	353	1911				
	354	0101				
	355	0101				
	356	1601				
	357	0141				
	358	0141				
	359	1801				
	360	0101				
	361	0241				
	362	0703				
	363	0201				
	364	1701				
	365	1601				
	366	2261				

表六

收藏情況表

書名編號		藏書單位				
子術數類	367	0201				
	368	0101				
	369	0141				
	370	0101				
	371	1601				
	372	2261				
	373	0101				
	374	0141	0142	0201	0241	0291
		1601				
	375	0143	0201	0242	0341	1701
		2042	2461			
	376	0181				
	377	0181				
	378	0181				
	379	0181				
	380	0181				
	381	0198				
	382	0101				
	383	0201				
	384	0201				
	385	0521				
	386	0341	1701			
	387	0703				
	388	1601				
	389	0201				
	390	0703				
	391	0101				
	392	0101 ⊕				
	393	0101				
	394	0101				
	395	0181				
	396	0141				
	397	0181				
	398	0181				
	399	0181				
	400	0101	0141			
	401	0241	1501	1601	1801	2201
		2401	2702	2911		

收藏情況表

書名編號		藏書單位				
子術數類	402	0101				
	403	0101				
	404	2401				
	405	0101				
	406	2401				
	407	0201				
	408	0201				
	409	0101				
	410	0101				
	411	0101				
	412	0701				
	413	1705				
	414	0181				
	415	1701	1801			
	416	1881				
	417	0141				
	418	0101				
	419	1082				
	420	1601				
	421	2742				
	422	0101				
	423	0201				
	424	1601				
	425	0101				
	426	0101 ⊕				
	427	0241				
	428	0101 ⊕				
	429	1702				
	430	0101				
	431	0141				
	432	1502				
	433	0201				
	434	0801				
	435	0101	0141	0291	1701	
	436	0181				
	437	2701				
	438	0142	0201			
	439	0101				

收藏情況表

書名編號		藏書單位	
子術數類	440	0101	
	441	0101	
	442	0101	
	443	0201	
	444	0101	
	445	0101	
	446	0141	
	447	1601	1702
	448	0141	2701
	449	1801	
	450	0141	0201
	451	1701	
	452	0101	
	453	0141	
	454	0101	
	455	0141	
	456	0101 ⊕	
	457	0101	
	458	1705	
	459	0101	
	460	2702	
	461	0162	
	462	1701	
	463	0101	
	464	0201	1701
	465	0101	
	466	1601	
	467	0143	
	468	0181	
	469	0101	2501
	470	1701	
	471	0101	0201
	472	0101	
	473	0141	
	474	1041	
	475	0181	
	476	0201	
	477	0201	

表七

收藏情況表

書名編號		藏書單位				
子術數類	478	1701				
	479	0101	0161	0201	1801	
	480	1101	1701			
	481	0101				
	482	0101				
	483	0141	1501	1615	2702	
	484	1601				
	485	0101				
	486	0101				
	487	0101 ⊕				
	488	0101				
	489	0101				
	490	0101	0201	0542		
	491	1701				
	492	0161	0201	0291	0701	1101
		1701	1787	2701		
	493	0201				
	494	1705				
	495	0101				
	496	0101				
	497	0201	1801			
	498	0141				
	499	1601				
	500	0201	1705			
	501	0141				
	502	0101				
	503	0102	0161	0242	1101	
	504	0141				
	505	0101				
	506	0101	0141	1501	1701	1882
		2541				
	507	1705				
	508	1601	1701			
	509	0181				
	510	1741				
	511	0141				
	512	0101 ⊕				
	513	0101				

收藏情況表

書名編號		藏書單位		
子術數類	514	0162		
	515	0201		
	516	0241		
	517	0101		
	518	1705		
	519	1705		
	520	1705		
	521	0101		
	522	0201		
	523	1705		
	524	0101		
	525	1701		
	526	0101		
	527	0101	1801	
	528	2702		
	529	0101 ⊕		
	530	0161		
	531	0201	0701	
	532	0201		
	533	0201		
	534	1705		
	535	0142	0.43	2541
	536	1701		
	537	0201		
	538	1705		
	539	0201		
	540	0201		
	541	1601		
	542	0101		
	543	1801		
	544	1541		
	545	0201		
	546	0142	2541	
	547	0101		
	548	0101		
	549	1606		
	550	2541		
	551	1501		

表八

收藏情況表

書名編號		藏書單位				
子術數類	552	1716 ⊕				
	553	0141	0291	1622		
	554	0161	2602			
	555	0161	1501	1606	1701	
	556	1701				
	557	0161				
	558	0201				
	559	0201	1606	1705	1882	2401
		2505	2541			
	560	0141				
	561	0201				
	562	0201				
	563	0241				
	564	0101				
	565	0181				
	566	0101				
	567	0201				
	568	1601				
	569	2541				
	570	0101				
	571	1601				
	572	0101	0141	0144	0161	0201
		0291				
	573	0101	0102	0142	0198	0201
		0404				
	574	0101				
	575	0101				
	576	0101	0142	0201	1601	1841
		2750				
	577	0181 （應排在256前）				

藝術類

書畫

一 宣和書譜二十卷宣和畫譜二十卷 明刻本 九行十九字白口四周雙邊

二 宣和書譜二十卷宣和畫譜二十卷 明刻本（畫譜卷七至八配清抄本） 清丁丙跋

三 宣和書譜二十卷宣和畫譜二十卷 明抄本 清丁丙跋

四 元破臨安所得故宋書畫目一卷 元王惲撰 清抄本 清盧文弨校

五 書畫傳習錄四卷 明王紱撰 清嵇承咸注 續錄一卷 梁谿書畫徵一卷 清嵇承咸撰 清嘉慶十九年嵇氏層雲閣刻本

六 珊瑚木難不分卷 明朱存理輯 稿本 清王應奎、翁方綱、楊繼震跋，顧錫麒詩並跋，又錄文徵明、文震孟、邵一經等詩翰

七 珊瑚木難不分卷 明朱存理輯 清抄本

八 珊瑚木難八卷 明朱存理輯 明抄本

九 珊瑚木難八卷 明朱存理輯 明抄本 清章綬銜校並跋 丁丙跋

一〇 珊瑚木難八卷 明朱存理輯 清初抄本

一一 珊瑚木難八卷 明朱存理輯 清經鉏堂抄本

一二 珊瑚木難八卷 明朱存理輯 清抄本

一三 珊瑚木難八卷 明朱存理輯 清抄本

一四 珊瑚木難八卷 明朱存理輯 清抄本

一五 珊瑚木難八卷 明朱存理輯 清抄本

一六 珊瑚木難八卷 明朱存理輯 清抄本

一七 珊瑚木難八卷 明朱存理輯 清抄本

一八 珊瑚木難八卷 明朱存理輯 清抄本

一九 珊瑚木難八卷 明朱存理輯 清抄本 清丁丙跋

二〇 珊瑚木難八卷 明朱存理輯 清抄本 清陽星齡跋

二一 珊瑚木難八卷 明朱存理輯 清抄本 鄧邦述校

二二 鐵網珊瑚書法八卷畫品五卷石刻一卷 明朱存理輯 明抄本（按傳為存理手稿） 清歸兆籛跋

二三 鐵網珊瑚書品十卷畫品六卷 明朱存理輯 明抄本

二四 鐵網珊瑚不分卷 明朱存理撰 明抄本 清朱錫庚跋

二五 鐵網珊瑚書品十卷畫品六卷 明朱存理輯 清康熙四十五年曹志仁抄本 清王聞遠校並跋

二六 鐵網珊瑚書品十卷畫品六卷 明朱存理輯 清雍正六年年希堯澄鑒堂刻本 存十五卷（書品二至十 畫品全）

二七 鐵網珊瑚書品十卷畫品六卷 明朱存理輯 清雍正六年年希堯澄鑒堂刻本 清張宗泰批校並跋

二八 鐵網珊瑚書品十卷畫品六卷 明朱存理輯 清繹就堂抄本 存三卷（書品八至十）

二九 鐵網珊瑚書品十卷畫品六卷 明朱存理輯 清乾隆內府抄本 存八卷（書品一至二 五至六 畫品一至二 五至六）

三〇 鐵網珊瑚書品十卷畫品六卷 明朱存理輯 清抄本

三一 鐵網珊瑚書品十卷畫品六卷 明朱存理輯 清抄本

三二 鐵網珊瑚書品十卷畫品四卷 明朱存理輯 清抄本 清裕康校並跋

三三 鐵網珊瑚十二卷 明朱存理輯 清抄本

三四 鐵網珊瑚不分卷 明朱存理輯 清抄本

三五 鐵網珊瑚二十卷 明都穆撰 明抄本

三六 鐵網珊瑚二十卷 明都穆撰 清初抄本

三七 南禺書畫目一卷 明豐坊輯 手稿本 清張廷濟跋

三八 王氏書苑十卷 明王世貞編 補益十二卷 明詹景鳳編 王氏畫苑十卷 明王世貞編 補益四卷 明詹景鳳編 明萬曆十八年至十九年王元貞刻本 十行二十字白口左右雙邊

三九 書畫跋跋三卷續三卷 明孫鑛撰 清乾隆五年孫氏居業堂刻本

四〇 畫禪室隨筆四卷 明董其昌撰 楊補輯 清初刻本

四一 董文敏公畫禪室隨筆四卷 明董其昌撰 清汪汝祿輯 清康熙十七年汪汝祿刻本

四二 董文敏公畫禪室隨筆四卷 明董其昌撰 清汪汝祿輯 清康熙十七年汪汝祿刻本 清劉彥沖、顧大昌跋

四三 董太史畫禪室隨筆二卷 明董其昌撰 清初抄本 清仲藝校並跋、孫從添跋、儀克中題款

四四 畫禪室隨筆四卷 明董其昌撰 清大魁堂刻本 清翁同龢圈點批注

四五 清河書畫舫十二卷 明張丑輯 清內府抄本

四六 清河書畫舫十二卷 明張丑輯 清抄本

四七 清河書畫舫十二卷 明張丑輯 清抄本 清陸僎跋

四八　清河書畫舫十一卷　明張丑輯　清初抄本

四九　清河書畫舫十一卷　清[illegible]堂抄本　清宋賓王校並跋

五〇　清河書畫舫十一卷　明張丑輯　清抄本

五一　清河書畫舫六卷　明張丑輯　清抄本

五二　真蹟日錄三卷清河秘篋書畫表一卷南陽法書表一卷名畫表一卷法書名畫見聞表一卷　明張丑撰　清秘藏一卷　明張應文撰　清李耀宗抄本

五三　真蹟日錄一卷二集一卷三集一卷　明張丑撰　清抄本

五四　真蹟日錄一卷二集一卷三集一卷　明張丑撰　清抄本

五五　珊瑚網法書題跋不分卷名畫題跋不分卷法帖題跋三卷　明汪砢玉輯　清初抄本

五六　珊瑚網法書題跋二十四卷名畫題跋二十四卷附錄一卷　明汪砢玉輯　清抄本

五七　珊瑚網法書題跋二十四卷名畫題跋二十四卷　明汪砢玉輯　清抄本

三

五八　珊瑚網法書題跋二十四卷名畫題跋二十四卷　明汪砢玉輯　清抄本　清丁丙跋

五九　珊瑚網法書題跋二十四卷名畫題跋二十四卷　明汪砢玉輯　清抄本　清周星詒校並跋

六〇　汪氏珊瑚網法書題跋二十四卷名畫題跋二十四卷　明汪砢玉輯　清初抄本　清姚[illegible]校

六一　汪氏珊瑚網名畫題跋二十四卷　明汪砢玉輯　清初抄本

六二　汪氏珊瑚網法書題跋二十四卷名畫題跋二十四卷　明汪砢玉輯　清抄本

六三　汪氏珊瑚網法書題跋二十四卷名畫題跋二十四卷　明汪砢玉輯　清抄本

六四　汪氏珊瑚網法書題跋二十四卷名畫題跋二十四卷　明汪砢玉輯　清抄本　清丁丙跋

六五　汪氏珊瑚網法書題跋二十四卷名畫題跋二十四卷　明汪砢玉輯　清抄本　楊儀書校　存三十七卷（法書卷一至八　十三至十四　十七至二十四　名畫卷六至二十四）

六六　汪氏珊瑚網名畫題跋二十四卷　明汪砢玉輯　清抄本

六七　書畫題跋記十二卷續記十二卷　明郁逢慶輯　清抄本

六八　書畫題跋記十二卷續記十二卷　明郁逢慶輯　清抄本

六九　書畫題跋記十二卷續記十二卷　明郁逢慶輯　清抄本

七〇　書畫題跋記十二卷續記十二卷　明郁逢慶輯　清抄本

七一　書畫題跋記十卷續記十二卷　明郁逢慶輯　清汁谿草堂抄本

七二　書畫題跋記十二卷　明郁逢慶輯　清東武劉氏味經書屋抄本

七三　書畫題跋記十二卷　明郁逢慶輯　清抄本

七四　書畫題跋記十二卷　明郁逢慶輯　清抄本

七五　書畫題跋記十二卷　明郁逢慶輯　清抄本　清徐時棟跋　存六卷（四至九）

七六　書畫題跋記十二卷　明郁逢慶輯　清抄本　清何慶涵校

七七　書畫題跋記十二卷　明郁逢慶輯　清抄本　清趙宗建題款

七八　書畫題跋記十二卷　明郁逢慶輯　清抄本　清[illegible]跋

四

七九　書畫題跋記六卷　明郁逢慶輯　清文玲樓抄本

八〇　續書畫題跋記十二卷　明郁逢慶輯　清抄本

八一　續書畫題跋記十二卷　明郁逢慶輯　清抄本

八二　書畫萃苑八卷　明懷楊山人輯　明崇禎十年抄本

八三　書史十二卷畫史十二卷　清初抄本

八四　平生壯觀十卷　清顧復撰　清抄本

八五　書畫記六卷　清吳其貞撰　清乾隆四庫全書館抄本

八六　書畫記六卷　清吳其貞撰　清抄本

八七　書畫記六卷　清吳其貞撰　清抄本

八八　朱臥菴藏書畫目一卷　清朱之赤藏並撰　清趙氏竹崦盦抄本

八九　臥庵藏書畫目一卷　清朱之赤藏並撰　清顧氏藝海樓抄本

九〇　庚子銷夏記八卷　清孫承澤撰　清乾隆二十五至二十六年鮑廷博鄉笠刻本　清陳鱣跋

九一　庚子銷夏記八卷　清孫承澤撰　清乾隆二十五至二十六年鮑廷博鄉笠刻本　清葉商跋並錄何焯批注何煌朱[illegible]盧文弨題識

九二　庚子銷夏記八卷附閒者軒帖考一卷　清孫承澤撰　清乾隆二十五

至二十六年鮑氏知不足齋刻本 清鄭文焯錄何焯校

九三 庚子銷夏記八卷附閒者軒帖考一卷 清孫承澤撰 清乾隆二十五至二十六年鮑廷博刻本 傅增湘跋並錄清何焯翁方綱何紹基題識

九四 庚子銷夏記八卷 清孫承澤撰 附元破臨安所得故宋書畫目一卷 清[illegible]堂抄本

九五 庚子銷夏記八卷 清孫承澤撰 清抄本 清程瑤田跋並臨何焯批注又錄何焯朱筠余集題識 翁方綱余集校並跋 桂馥江德量周壽昌跋

九六 錄何義門評孫退谷庚子銷夏記一卷 清何焯撰 清抄本 清盧文弨跋

九七 研山齋珍賞集覽十卷 清孫承澤撰 清抄本
研山齋珍賞歷代名賢法書集覽三卷
研山齋珍賞歷代名賢圖繪集覽二卷
歷代圖繪姓氏備考二卷
歷代圖繪以論一卷
歷代圖繪要訣一卷
歷代圖繪定評一卷

九八 硯山齋珍賞歷代名賢墨蹟集覽一卷 清孫承澤撰 附元人破臨安所得故宋書畫目一卷 清抄本

九九 七頌堂識小錄一卷 清劉體仁撰 清抄本

一〇〇 七頌堂識小錄一卷 清劉體仁撰 清抄本 清翁方綱批

一〇一 湛園題跋一卷 清姜宸英撰 清乾隆三年黃叔琳刻本 清勞權校並跋

一〇二 湛園題跋一卷 清姜宸英撰 清抄本

一〇三 湛園題跋一卷 清姜宸英撰 清抄本 清濮自寬批注

一〇四 江邨銷夏錄三卷 清高士奇撰 清康熙三十二年刻本（卷三配清刻本） 清翁方綱校

一〇五 江邨銷夏錄三卷 清高士奇撰 清乾隆三十七年陸時化抄本 清陸時化顧澐跋

一〇六 式古堂朱墨書畫紀八十卷 清卞永譽輯 林一瑞考訂 清抄本
存七十七卷 書紀一至四十四 四十六至五十四 五十六至五十八 畫紀一至十八 二十至二十二

一〇七 式古堂書畫彙考六十卷目錄三卷 清卞永譽輯 清康熙二十一年自刻本

一〇八 式古堂書畫彙考六十卷目錄三卷 清卞永譽輯 清康熙二十一年自刻本 清查瑩桐建時跋

一〇九 初白庵藏珍記一卷題跋一卷尺牘二卷 清查慎行撰 吳騫輯 清抄本

一一〇 六藝之一錄四百六卷目錄十卷續編十二卷 清倪濤撰 稿本
存三百八十二卷 一至三百三十 三百三十三至三百三十九 三百四十六至三百五十一 三百五十五至三百六十九 三百九十至四百六 目錄一至三 七至十

一一一 六藝之一錄四百六卷目錄十卷續編十二卷 清倪濤撰 清抄本（卷三百四十三至三百四十七配清孔氏嶽雪樓抄本） 清孔廣陶跋

一一二 佩文齋書畫譜一百卷 清孫岳頒宋駿業等輯 清康熙內府刻本

一一三 墨緣彙觀四卷 清安岐輯 清西古畫樓抄本

一一四 墨緣彙觀四卷 清安岐輯 清抄本

一一五 墨緣彙觀四卷 清安岐輯 清抄本

一一六 大觀錄二十卷 清吳升輯 清抄本

一一七 大觀錄二十卷 清吳升輯 清抄本

一一八 汪氏書畫記不分卷 清汪由敦輯 清抄本

一一九 吳越所見書畫錄六卷 清陸時化輯 書畫說鈴一卷 清陸時化撰 清乾隆四十一年陸氏懷烟閣刻本

一二〇 吳越所見書畫錄六卷 清陸時化輯 書畫說鈴一卷 清陸時化撰 清乾隆四十一年陸氏懷烟閣刻本 清沈梁跋

一二一 吳越所見書畫錄六卷 清陸時化輯 書畫說鈴一卷 清陸時化撰 清乾隆四十一年陸氏懷烟閣刻本 清許增跋

一二二 醉墨軒三種三卷 清程士棟撰 稿本 王大隆跋
醉墨軒題畫詩草一卷
梅竹題跋一卷
醉墨軒書畫錄一卷

一二三 一角編不分卷 清周二學撰 清鮑廷博抄本 清徐楙楊瀚鄭文焯跋

一二四 鄭氏影園扇冊目不分卷 清翁方綱撰 稿本

一二五 十百齋書畫錄二十二卷 清金瑗輯 清乾隆抄本

一二六 法墨珍圖記十卷 清潘應椿輯 清抄本

一二七 法墨珍圖記十卷 清潘應椿輯 清抄本

一二八 法墨珍圖記十卷 清潘應椿輯 清抄本

一二九 閩中書畫錄不分卷 稿本

一三〇 閩中書畫錄十四卷 清黃錫蕃輯 稿本
存八卷 五至十二

一三一 閩中書畫錄十四卷 清黃錫蕃輯 稿本 存八卷 一至八
一三二 閩中書畫錄十四卷 清黃錫蕃輯 清亘庵山房抄本 清楊浚跋
一三三 清秘錄一卷續錄一卷 清吳騫撰 手稿本
一三四 清秘錄一卷 清吳騫撰 手稿本
一三五 書畫題跋五種五卷 清吳騫編 清抄本 清吳騫跋
顧令君政績卷一卷 楊忠愍公手札題跋一卷 文衡山拙政園圖真蹟一卷 徐俟齋鄧尉十景題跋一卷 文衡山拙政園圖真蹟一卷
一三六 書畫涉記一卷 清陳撰撰 手稿本 清釋達受題識
一三七 書畫涉筆一卷 清陳撰撰 清咸豐二年管庭芬抄本
一三八 秘殿珠林二十四卷 清張照等輯 稿本 存十一卷 一 十二至二十一
一三九 秘殿珠林二十四卷 清張照等輯 清乾隆內府抄本
一四〇 秘殿珠林二十四卷 清張照等輯 清乾隆內府抄本
一四一 秘殿珠林二十四卷 清張照等輯 清抄本
一四二 秘殿珠林續編不分卷 清王杰等輯 清乾隆內府抄本
一四三 欽定秘殿珠林三編不分卷 清英和等輯 清嘉慶內府抄本
一四四 石渠寶笈四十四卷 清張照等輯 稿本（四庫底本） 存四十三卷 一至十三 十五至四十四
一四五 石渠寶笈四十四卷 清張照等輯 稿本 存十七卷
一四六 石渠寶笈四十四卷 清張照等輯 清乾隆內府抄本
一四七 石渠寶笈四十四卷 清張照等輯 清乾隆內府抄本 存三十九卷
一四八 欽定石渠寶笈續編八十八卷目錄三卷 清王杰等輯 清乾隆內府抄本
一四九 欽定石渠寶笈續編八十八卷目錄三卷 清王杰等輯 清乾隆內府抄本 存四十四卷

七

一五〇 欽定秘殿珠林石渠寶笈續編不分卷 清王杰等輯 清乾隆內府抄本
一五一 欽定石渠寶笈續編□□卷 清王杰等輯 清內府抄本 存淳化軒藏 一至八
一五二 石渠寶笈三編不分卷 稿本
一五三 欽定石渠寶笈三編一百五卷總目十卷 清英和等輯 清嘉慶內府抄本
一五四 欽定秘殿珠林石渠寶笈三編不分卷 清英和等輯 清嘉慶內府抄本
一五五 柳汀雜著二種五卷 清楊汝諧撰 稿本
跋所藏法帖二卷 書畫題跋三卷
一五六 乾隆二十六年至二十七年續入字畫二卷 清內府抄本
一五七 吉光片羽八卷 清陸時化輯 清抄本
一五八 石渠隨筆八卷 清阮元撰 清抄本 清王宗炎校

八

一五九 辛丑銷夏記五卷 清吳榮光撰 清顧文彬抄本（卷五配清顧辛俠抄本）
一六〇 退庵題跋不分卷 清梁章鉅撰 稿本
一六一 聞妙香室書畫目不分卷 清李宗昉撰 稿本
一六二 遂初堂收藏書畫目錄二十四卷 清抄本
一六三 西昀寓目編不分卷 清陳焯輯 清韓氏寶鐵齋抄本
一六四 西昀寓目編七卷 清陳焯輯 清抄本 清蔣鳳藻批注並跋
一六五 西昀寓目編四卷 清陳焯輯 清顧文彬抄本（卷二至三配清顧辛俠抄本）
一六六 書畫緣書譜姓類二十卷首一卷末一卷畫宗姓類十二卷首一卷末一卷 清沈辰輯 清嘉慶二年懷遠堂刻本
一六七 書畫緣書譜姓類二十卷首一卷末一卷畫宗姓類十二卷首一卷末一卷 清沈辰輯 清抄本
一六八 我川寓賞編不分卷 清沈氏鳴野山房抄本
一六九 珊網一隅四卷 清陳田霽撰 清道光二十年刻本
一七〇 鳴野山房書畫記三卷 清沈復粲撰 手稿本 清嚴名衛校並跋
一七一 鳴野山房書畫記三卷 清沈復粲撰 清末闞氏鑑笑草堂抄本 周大諸校並跋

一六七二 庚子書畫記不分卷 清沈復粲撰 清沈氏鳴野山房抄本

一六七三 南屏行篋錄不分卷 清釋達受輯 清抄本

一六七四 嘉興錢氏世藏書畫錄一卷 清錢泰吉輯 手稿本

一六七五 書畫指南□□卷 清抄本 清管庭芬跋
存二卷 畫學全

一六七六 江皋過眼錄一卷 清滕逸湖抄本 清沈維裕跋

一六七七 履卿書畫錄稿不分卷 清韓崇撰 稿本

一六七八 書畫鑑真六卷 清陶思培輯 手稿本 清陳介祺跋

一六七九 小蓬萊閣畫鑒一卷 清李修易撰 清李氏思永堂抄本

一六八〇 書畫鑑影二十四卷 清李佐賢撰 稿本
存六卷 十三至十八

一六八一 墨緣小錄一卷 清潘曾瑩撰 稿本

一六八二 郘亭書畫經眼錄不分卷 清莫友芝撰 稿本

一六八三 二百蘭亭齋鑒藏書畫錄不分卷 清吳雲撰 手稿本

一六八四 過雲樓書畫記初稿不分卷 清顧文彬撰 稿本

一六八五 過雲樓書畫記四卷 清顧文彬撰 稿本

一六八六 別下齋書畫錄不分卷 清蔣光煦輯 手稿本 清管庭芬跋

一六八七 別下齋書畫錄七卷補闕一卷 清蔣光煦輯 南屏行篋錄殘本一卷 清釋達受輯 清同治四年管庭芬抄本

一六八八 攬古軒書畫錄四卷 清于祉撰 稿本

一六八九 金石書畫雜記不分卷 清李鴻裔撰 手稿本

一六九〇 頤情館書畫跋一卷 清宋源瀚撰 清宋氏頤情館抄本

一六九一 燹餘所見錄三卷 清宋源瀚撰 清宋氏頤情館抄本 宋舜年校

一六九二 梵游寫目編二卷 清顧永之撰 清抄本

一六九三 劉湄書畫記二卷 清王槐撰 劉鎮詩人徵詩節略一卷 清毛宜佶撰 稿本

一六九四 壬戌銷夏記十二卷 清曾協鈞撰 稿本

一六九五 逸廬鑒藏書畫錄四卷古墨緣十三卷書畫估十二卷 清陳長吉輯 稿本

一六九六 吉雲居書畫錄不分卷 清陳驥德輯 手稿本

一六九七 家藏書畫題詠錄不分卷附摺扇書畫冊二卷 清黃蓉廣輯

一六九八 庚辛寓賞編一卷 清李玉棻撰 手稿本

一六九九 壬寅消夏錄不分卷 清端方輯 稿本

書

一七〇〇 書品一卷 梁庾肩吾撰 書品後一卷 唐李嗣真撰 明翻琴堂刻本 九行十八字白口左右雙邊

一七〇一 書品一卷 梁庾肩吾撰 清抄本

一七〇二 唐孫過庭書譜一卷 唐孫過庭撰 姜堯章續書譜一卷 宋姜夔撰 續書斷二卷 宋獨溪陳大撰 明刻本 十一行二十字上黑口下白口左右雙邊

一七〇三 書譜一卷 唐孫過庭撰 續書譜一卷 宋姜夔撰 明刻本 明趙宧光批校

一七〇四 續書譜一卷 宋姜夔撰 清雍正十年繆曰藻抄本 清陸鴻跋 羅振常跋

一七〇五 法書要錄十卷 唐張彥遠撰 明刻本 十一行二十字白口左右雙邊

一七〇六 法書要錄十卷 唐張彥遠撰 明崇禎毛氏汲古閣刻津逮秘書本 清何煌校何焯批校並跋 八行十九字白口左右雙邊

一七〇七 法書要錄十卷 唐張彥遠撰 明崇禎毛氏汲古閣刻津逮秘書本 傅增湘校並臨清何煌校何焯批校題識

一七〇八 法書要錄十卷 唐張彥遠撰 明崇禎毛氏汲古閣刻津逮秘書本 傅增湘校並跋

一七〇九 法書要錄十卷 唐張彥遠撰 明抄本
存六卷 四 六至十

一七一〇 法書要錄十卷 唐張彥遠撰 明抄本 清何焯跋

一七一一 墨藪二卷 題唐韋續撰 法帖音釋刊誤一卷 宋陳與義撰 明程榮刻本 傅增湘跋

一七一二 墨藪一卷 題唐韋續撰 明抄本

一七一三 墨藪一卷 題唐韋續撰 清抄本 清丁丙跋

一七一四 墨藪一卷 題唐韋續撰 清光緒十四年陸心源刻十萬卷樓叢書本 傅增湘校並跋

一七一五 墨池編二十卷 宋朱長文輯 明薛晨校注 續編三卷 明李蕃輯 明薛晨校注 明隆慶二年李蕃永和堂刻本 十行二十字黑口左右雙邊

一七一六 墨池編二十卷 宋朱長文輯 明橫野洲草堂抄本

一七一七 墨池編六卷 宋朱長文輯 明萬曆八年唐徵增等刻本 十行二十二字白口四周雙邊

一七一八 續書斷二卷 宋朱長文撰 明刻本 十一行二十字上黑口下白口左右雙邊

一七一九 米元章書史一卷 宋米芾撰 宋刻百川學海本 十二行二十字黑口左右雙邊

一七二〇 宣和書譜二十卷 明刻本 九行十九字白口四周雙邊

二二一 宣和書譜二十卷 明刻本 葉德輝跋 九行十九字白口四周雙邊

二二二 宣和書譜二十卷 明抄本 清周星詒、蔣錫曾校

二二三 宣和書譜不分卷 題清顧復删定 清抄本

二二四 廣川書跋十卷 宋董逌撰 明吳氏叢書堂抄本 清葉萬、張蓉鏡跋，黄丕烈校

二二五 廣川書跋十卷 宋董逌撰 明秦氏雁里草堂抄本 葉德輝跋

二二六 廣川書跋十卷 宋董逌撰 明抄本

二二七 廣川書跋十卷 宋董逌撰 明抄本 清朱錫庚跋 葉德輝跋

二二八 廣川書跋十卷 宋董逌撰 清初抄本

二二九 廣川書跋十卷 宋董逌撰 清乾隆四十二年盧文弨抄本（卷六至十配清抄本） 清盧文弨校，丁丙跋

二三〇 翰墨志一卷 宋高宗趙構撰 清抄本

二三一 二王帖三卷評釋三卷 宋許開輯 清雍正五年泮溢堂刻本 清姚衡跋

二三二 蘭亭考十二卷附群公帖跋一卷 宋桑世昌輯 明萬曆項德弘刻本 十行二十字白口左右雙邊有刻工

二三三 蘭亭考十二卷附群公帖跋一卷 宋桑世昌輯 明萬曆項德弘刻本 清江鳳彝跋

二三四 蘭亭考十二卷附群公帖跋一卷 宋桑世昌輯 明抄本

二三五 蘭亭考十二卷附群公帖跋一卷 宋桑世昌輯 清潄六軒抄本

二三六 蘭亭考十二卷附群公帖跋一卷 宋桑世昌輯 清抄本

二三七 蘭亭續考二卷 宋俞松輯 宋淳祐刻本（卷二配影宋抄本） 九行十七至二十字不等白口左右雙邊

二三八 蘭亭續考二卷 宋俞松輯 明抄本

二三九 蘭亭續考二卷 宋俞松輯 清抄本

二四〇 蘭亭續考二卷 宋俞松輯 清抄本

二四一 蘭亭續考二卷 宋俞松輯 清抄本

二四二 蘭亭續考二卷 宋俞松輯 清抄本 秦更年跋

二四三 蘇米齋蘭亭考八卷 清翁方綱撰 稿本

二四四 蘇米齋蘭亭考八卷 清翁方綱撰 稿本 王樹枏跋

存一卷 八

二四五 蘇米齋蘭亭考八卷 清翁方綱撰 清嘉慶八年刻本 清翁方綱校，李希曾跋

二四六 蘇米齋蘭亭考八卷 清翁方綱撰 清嘉慶八年刻本 清翁樹培跋

二四七 金壺記三卷 宋釋適之撰 清影宋抄本

二四八 金壺記三卷 宋釋適之撰 明抄本 清毛扆、顧錫麒校

十一

二四九 金壺記三卷 宋釋適之撰 清惠氏紅豆齋抄本

二五〇 金壺記三卷 宋釋適之撰 清乾隆方一峯抄本 清翁方綱跋，羅聘、吳錫麒、趙懷玉、翁樹培題款

二五一 金壺記三卷 宋釋適之撰 清抄本 清吳翌鳳校並跋

二五二 金壺記三卷 宋釋適之撰 清抄本 傅增湘校並跋

二五三 金壺記三卷 宋釋適之撰 清抄本 周叔弢校並跋

二五四 金壺記三卷 宋釋適之撰 清抄本

二五五 金壺記三卷 宋釋適之撰 清抄本

二五六 寶真齋法書贊二十八卷 宋岳珂撰 清乾隆武英殿活字印聚珍版叢書本 清翁方綱、何紹基批校 葉德輝跋

二五七 寶真齋法書贊二十八卷 宋岳珂撰 清經鉏堂抄本 清吳雲跋，丁丙跋

二五八 書苑菁華二十卷 宋陳思輯 宋刻本 十一行二十字白口左右雙邊

二五九 書苑菁華二十卷 宋陳思輯 明抄本 明崔深、清趙烈文跋

二六〇 書苑菁華二十卷 宋陳思輯 明萬曆徐玄佐家抄本 明徐玄佐、清黄丕烈跋

二六一 書苑菁華二十卷 宋陳思輯 明抄本 清朱錫庚跋

二六二 書苑菁華二十卷 宋陳思輯 明抄本 清丁丙跋

二六三 書苑菁華二十卷 宋陳思輯 清初抄本

二六四 御覽書苑菁華二十卷 宋陳思輯 清乾隆四十九年汪氏振綺堂刻本 清盧文弨校並跋

存五卷 十六至二十

二六五 書苑菁華二十卷 宋陳思輯 清抄本 清周星詒跋

二六六 書小史十卷 宋陳思撰 清抄本 清丁丙跋

二六七 皇宋書錄三卷外篇一卷 宋董史撰 清初抄本

二六八 書錄三卷外篇一卷 宋董史撰 清丁氏八千卷樓抄本

十二

二六九 衍極五卷 元鄭杓撰 劉有定釋 攷釋一卷 明[illegible]撰 明萬曆四十七年[illegible]刻本 八行十六字白口左右雙邊

二七〇 衍極五卷 元鄭杓撰 劉有定釋 清康熙二年周榮起抄本 清周榮起、吳翌鳳跋，黄丕烈校並跋

二七一 衍極五卷 元鄭杓撰 劉有定釋 清抄本 清翁同龢跋

二七二 衍極二卷 元鄭杓撰 劉有定釋 清乾隆翰林院抄本（四庫底本）

二七三 衍極二卷 元鄭杓撰 劉有定釋 清抄本 清葉昌熾跋

二七四 書則三卷 元趙[illegible]撰 明刻本 九行十八字白口左右雙邊

二七五 筆則二卷 元趙[illegible]撰 清沈氏鳴野山房抄本

二七六 法書考八卷 元盛熙明撰 清抄本
二七七 古今集論字學新書七卷 元劉惟志輯 明徐氏鐵硯齋抄本
二七八 書法鉤玄四卷 元蘇霖撰 明嘉靖三十六年嚴嵩刻本 十行二十字白口左右双边
二七九 書法鉤玄四卷 元蘇霖撰 明刻本 十一行二十字白口左右双边
二八〇 書法鉤玄四卷 元蘇霖撰 明刻本 明趙宧光批校 清吳翌鳳跋 十一行二十字白口左右双边
二八一 書法鉤玄四卷 元蘇霖撰 明刻本 清黄丕烈跋 十行二十字白口四周双边 存二卷 三至四
二八二 書法鉤玄三卷 元蘇霖撰 明横野洲草堂抄本
二八三 書法鉤玄四卷 元蘇霖撰 明徐氏鐵硯齋抄本
二八四 書法鉤玄四卷 元蘇霖撰 清抄本
二八五 書法鉤玄一卷 元蘇霖撰 閣帖評語一卷 翰林要訣一卷 清初王存一抄本 清王存一、錢天樹跋
二八六 書史會要九卷補遺一卷 明陶宗儀撰 明洪武九年盧樺林應麟等刻本 十一行二十字黑口左右双边
二八七 書史會要九卷補遺一卷 明陶宗儀撰 明洪武九年盧樺林應麟等刻本 清丁丙跋
二八八 書史會要九卷補遺一卷 明陶宗儀撰 明洪武九年盧樺林應麟等刻本 清戴望跋
二八九 書史會要九卷補遺一卷 明陶宗儀撰 明抄本
二九〇 書史會要九卷補遺一卷 明陶宗儀撰 清抄本 清丁丙跋
二九一 書史會要九卷補遺一卷 明陶宗儀撰 續編一卷 明朱謀垔撰 明崇禎二年朱氏寒玉館刻本 十行二十字上黑口下白口左右双边
二九二 書史會要九卷補遺一卷 明陶宗儀撰 續編一卷 明朱謀垔撰 明崇禎二年朱氏寒玉館刻清初朱統鍹重修本 十行二十字黑口左右双边
二九三 書學會編四卷 明黄瑜編 明刻本 十三行二十三字黑口四周双边
二九四 書學會編四卷 明黄瑜編 明刻本 清汪鋆跋 法帖釋文一卷 宋劉次莊撰 書史一卷 宋米芾撰 法帖刊誤一卷 宋黄伯思撰 法帖譜系一卷 宋曹士冕撰
二九五 墨池璅錄四卷 明楊慎撰 清康熙五十四年李組江刻本
二九六 墨池璅錄四卷 明楊慎撰 清康熙五十四年李組江刻本 清孫衣堤校並跋
二九七 墨池璅錄四卷 明楊慎撰 清初抄本
二九八 中書楷訣一卷 明姜立綱撰 明弘治十八年華英堂閔樂軒刻本 四行大字四小字不等白口四周單边有刻工
二九九 書訣一卷 明豐坊撰 明抄本 清翁同龢跋

十三

三〇〇 玄抄類摘六卷 明徐渭輯 陳汝元補注 明萬曆十九年陳汝元刻本 九行二十字白口四周双边
三〇一 玄抄類摘六卷 明徐渭輯 陳汝元補注 清抄本
三〇二 筆玄要旨一卷 明徐渭撰 諸夏評 朱象衡續補 明萬曆三十二年淵雅堂刻本 九行十八字
三〇三 筆道通會二卷 明朱象衡、項道民、許光祚等撰 明刻本 九行十八字白口左右双边
三〇四 筆玄要旨一卷 明徐渭撰 諸夏評 朱象衡續補 筆道通會二卷 明朱象衡、項道民、許光祚等撰 清楊兆璜抄本
三〇五 王氏書苑十卷 明王世貞編 補益十二卷 明詹景鳳編 明萬曆十九年王元貞刻本 十行二十字白口左右双边
三〇六 古今法書苑七十六卷 明王世貞輯 明刻本 十行二十四字白口左右双边
三〇七 古今法書苑二十卷 明王世貞輯 明刻本 十行二十字白口左右双边
三〇八 書法規範一卷 明嘉靖四十五年周文奎書舖刻本
三〇九 書學大成六種十一卷 明陳文元編 明萬曆十九年自刻本 九行二十字白口四周双边有刻工 字學源流一卷 明呂道爋撰 永字八法一卷 明李淳撰 玄抄類摘六卷 明徐渭撰、陳汝元補注
三一〇 大書長語二卷 明費瀛撰 明萬曆刻本 八行十八字白口四周單边
三一一 重刻書法雅言一卷 明項穆撰 明萬曆二十七年刻本 九行十八字白口單边
三一二 重刻書法雅言一卷 明項穆撰 清有竹齋抄本
三一三 墨妙纂六卷 明鄭柏村撰 明萬曆刻本 九行十八字白口左右双边
三一四 書法要錄四卷 明汪其瀾輯 明萬曆四十年潘時從刻本 八行十八字白口四周單边有刻工
三一五 香光隨筆一卷 明董其昌撰 清王夢小輯 稿本
三一六 陳眉公先生手評書法離鉤十卷 明潘之淙撰 陳繼儒評 附歷代帝王法帖釋文十卷 宋劉次莊撰 明天啓七年刻本 九行二十字白口四周單边
三一七 陳眉公先生訂正書譜四卷 明孫丕顯輯 明寶鼎齋刻本 十行二十字白口四周單边
三一八 神龍百法三卷 明刻本 行字數不等 存二卷 上中
三一九 書法小學四卷 明刻本 八行二十二字白口四周双边
三二〇 一覽知書二卷 明刻藍印本 六行十二字白口四周單边
三二一 一覽知書二卷 清抄本
三二二 潞藩新刻述古書法纂十卷 明朱常淓撰 明崇禎九年潞藩刻本 九行十八字白口四周双边
三二三 潞藩新刻述古書法纂十卷 明朱常淓撰 明崇禎九年潞藩刻本 清丁丙跋

十四

書法必稽一卷　明胡正言撰　明末胡氏十竹齋刻本　八行十八字白口四周單邊　五三四
書史紀原一卷　明夏兆昌撰　明末刻本　十行二十字白口左右雙邊　五三五
學書篇不分卷　明抄本　五三六
倪氏雜記筆法一卷　明倪後瞻撰　清寧壹堂抄本　五三七
倪氏雜著筆法一卷　明倪後瞻撰　清抄本　清丁敬跋　五三八
書學彙編十卷　清萬斯同輯　清抄本　五三九
法書釋辨十二卷　清魏繼新輯　稿本　五四〇
圭美堂劄記題跋五卷　清徐用錫撰　注並跋　清抄本　清徐康校、潘志萬跋　五四一
大瓢偶筆八卷　清楊賓撰　清抄本　鐵函齋書跋四卷　清楊賓撰　清抄本　五四二
大瓢偶筆八卷　清楊賓撰　清抄本　五四三
大瓢偶筆八卷　清楊賓撰　清抄本　李盛鐸校　五四四
鐵函齋書跋六卷　清楊賓撰　清抄本　五四五
鐵函齋書跋六卷　清楊賓撰　清抄本　清張蓉鏡校並跋　五四六
鐵函齋書跋六卷　清楊賓撰　清光緒二年魏錫曾家抄本　清魏錫曾校跋並錄周星詒題識、龐澤鑾跋　五四七
分隸偶存二卷　清萬經撰　清乾隆三十四年樹志堂刻本　五四八
碧雲仙師筆法錄一卷　清趙執信撰　稿本　五四九
書法精言四卷　清王錫侯撰　清乾隆刻本　五五〇
蔣氏游藝祕錄二卷　清蔣衡、蔣和撰　清乾隆五十九年刻本　五五一
文端公墨寶不分卷　清汪由敦撰　清抄本　五五二
快雨堂題跋八卷　清王文治撰　清道光十一年汪承誼嶽蓀閣刻本　五五三
快雨堂題跋八卷　清王文治撰　清道光十一年汪承誼嶽蓀閣刻本　清許瀚、何紹基跋　五五四
蘇齋題跋不分卷　清翁方綱撰　何溱輯　附鐵函齋書跋
補一卷　清抄本　五五五
蘇齋論碑帖雜文不分卷　清翁方綱撰　清蔣氏別下齋抄本　五五六
樂毅論考不分卷　清翁方綱撰　稿本　五五七
書法集要四卷　清皇甫鑑、金大鏞輯　清乾隆聽鸝書屋刻本　五五八
御製盛京賦三十二卷附篆書緣起一卷　清傅恒、汪由敦輯
清乾隆十三年內府刻本　五五九
分隸存三卷　清鈕樹玉撰　清抄本　清郭麐題款　五六〇
飛白錄二卷　清陸紹曾、張燕昌撰　清嘉慶九年黃氏學耕軒刻本　五六一
熙朝書家姓纂二十卷　清沈復燦撰　稿本　五六二
歸我室翰墨記一卷　清沈復燦輯　手稿本　五六三
芳堅館書髓一卷　清郭尚先撰　郭篯齡輯　清抄本　五六四
集帖目三卷　清吳兆壬撰　清趙氏亦龍亦蛇之居抄本　五六五
集帖目三卷　清吳兆壬撰　清光緒二十二年陰家振抄本　清王懿榮、費念慈跋　五六六
集帖目三卷　清吳兆壬撰　清抄本　林宰平校補　章鈺跋　五六七
稷山論書詩不分卷　清陶濬宣撰　手稿本　五六八
稷山論書詩不分卷　清陶濬宣撰　稿本　五六九
稷山論書詩不分卷　清陶濬宣撰　稿本　五七〇
稷山論書詩不分卷　清陶濬宣撰　稿本　清王繼香、宋澤瀚題詩　沈曾植跋　五七一
續語堂題跋一卷文存一卷　清魏錫曾撰　稿本　五七二
續語堂藏名人手札目一卷　清魏錫曾輯　手稿本　五七三
廣藝舟雙楫六卷　康有爲撰　清光緒十九年康氏萬木草堂刻本　清黃紹箕批　五七四
存三卷　一至三
雲樵草書集法二卷附聖賢道釋四贊一卷　明胡紫嫡
明弘治四年清江書堂刻本　行字不等黑口四周雙邊　五七五
新刻皇明草對一卷　明李廷機撰　劉國獻增　明萬曆忠正堂刻本　四行六字白口四周單邊　五七六
草韻辨體五卷附草訣百韻歌一卷後韻草訣
歌一卷草訣續韻歌一卷　明郭諶輯　明萬曆刻本　小行十二字白口四周雙邊　五七七
草韻辨體五卷附草訣百韻歌一卷後韻草訣
歌一卷草訣續韻歌一卷　明郭諶輯　明崇禎七年游藩刻本　七行十二字白口四周雙邊　五七八
草韻辨體五卷　明郭諶輯　明崇禎六年閔齊伋刻套印本　六行十二字白口四周雙邊　五七九
草訣百韻歌一卷　明徽城方九如刻本　五八〇
新編歷代草書韻海十卷　明陳鼎新輯　明崇禎三年刻本　六行十二字白口四周單邊　五八一
草書集韻□卷　明刻本　八行十四字黑口四周雙邊
存二卷　平聲下　去聲　五八二
重集艸訣百韻一卷　明范文明撰　明抄本　五八三
草韻彙編二十六卷　清陶南望輯　清乾隆十九年南村草堂刻本　五八四
草書考不分卷　清曾四瑛撰　手稿本　五八五
法帖釋文十卷　宋劉次莊撰　明刻本　九行十八字黑口四周單邊　五八六

歷代帝王法帖釋文十卷 宋劉次莊撰 清抄本 清宋琪、丁丙跋 三七七
歷代帝王法帖釋文十卷 宋劉次莊撰 清道光二十三年劉位坦抄本 清劉位坦跋 三七八
法帖音釋刊誤一卷 宋陳與義撰 清抄本 三七九
法帖刊誤二卷 宋黃伯思撰 明葉國華抄本 明葉國華、清黃丕烈跋 三八〇
法帖刊誤二卷 宋黃伯思撰 明抄本 三八一
法帖刊誤二卷 宋黃伯思撰 清抄本 清盧文弨校 秦更年跋 三八二
絳帖釋文二卷 宋曾槃撰 明抄本 三八三
絳帖平六卷 宋姜夔撰 明抄本 明劉鳳跋 三八四
絳帖平六卷 宋姜夔撰 清彭氏知聖道齋抄本 清彭元瑞校 三八五
絳帖平六卷 宋姜夔撰 清抄本 清翁方綱批校 三八六
絳帖平六卷 宋姜夔撰 清乾隆三十一年東嘯軒郁禮抄本 清郁禮校並跋 三八七
絳帖平六卷 宋姜夔撰 清抄本 清翁同龢跋並題詩 三八八
絳帖平六卷 宋姜夔撰 清抄本 清丁丙跋 三八九
絳帖平六卷 宋姜夔撰 清抄本 三九〇
大觀法帖總釋十卷 明范氏臥雲山房抄本 三九一

十七

鳳墅殘帖釋文二卷 清抄本 三九二
鳳墅法帖釋文八卷 清姚晏撰 清趙氏非昔軒抄本 清趙宗建校並跋 三九三
歷代帝王法帖釋文考異十卷 明顧從義撰 明自刻本 九行十九字白口左右雙邊 三九四
歷代帝王法帖釋文考異十卷 明顧從義撰 明崇禎刻本 八行十六字白口四周單邊 三九五
歷代帝王法帖釋文考異十卷 明顧從義撰 明刻本 九行十九字白口左右雙邊 三九六
歷代帝王法帖釋文考異十卷 明顧從義撰 清抄本 三九七
歷代帝王法帖釋文考異十卷 明顧從義撰 並錄何焯題識 清蔣湘南批校 三九八
石雲先生淳化閣帖釋文考異十卷校定新安十七帖釋文音義一卷 明孫鑛撰 清抄本 佚名錄清何焯批校題識 王薑鈐跋 三九九
淳化帖釋文十卷 明黃道周撰 清嘉慶十年任以治家抄本 清任以治跋 四〇〇
淳化秘閣法帖考正十卷附二卷 清王澍撰 原刻本 清秋水鶴花 四〇一
淳化秘閣法帖考正十卷附二卷 清王澍撰 清雍正時鼎齋刻本 汪玉球參正 四〇二
淳化秘閣法帖考正十卷附二卷 清王澍撰 淳化閣帖釋文二卷 清沈宗騫鈌定 清乾隆三十三年水壺閣刻本 四〇三
淳化秘閣法帖考正十卷附二卷 清王澍撰 淳化閣帖釋文二卷 清沈宗騫較定 錄姚鼐批注 清乾隆三十三年龍官齋刻本 清翁同龢跋 四〇四
王篛林先生題跋十七卷 清王澍撰 清乾隆刻本 清陳鱗跋 四〇五
竹雲題跋四卷 虛舟題跋十卷又三卷 清乾隆三十二年錢人龍刻本 清乾隆三十五年楊建閩川易鶴軒刻三十九年續刻本
王篛林先生題跋十七卷 清王澍撰 清乾隆刻本 清李遐孫校注 四〇六
竹雲題跋四卷 清乾隆三十二年錢人龍刻本 虛舟題跋十卷又三卷 清乾隆三十五年楊建閩川易鶴軒刻三十九年續刻本
竹雲題跋四卷附金粟逸人逸事一卷 清朱坡撰 清乾隆三十二年錢人龍曾上雲閣刻本 四〇七
竹雲題跋四卷 清王澍撰 清乾隆三十二年錢人龍刻本 清翁方綱批校 四〇八
虛舟題跋十卷 清王澍撰 清乾隆三十五年楊建閩川易鶴軒刻本 四〇九
虛舟題跋十卷又三卷 清王澍撰 清乾隆三十五年楊建閩川易鶴軒刻三十九年續刻本 四一〇
虛舟題跋十卷又三卷 清王澍撰 清乾隆三十五年楊建閩川易鶴軒刻三十九年續刻本 清翁方綱批校 四一一
竹雲題跋節抄一卷虛舟題跋節抄一卷 清王澍撰 清翁方綱輯 四一二
墨妙軒法帖錄一卷 清高宗弘曆輯 清乾隆四十一年陳焯抄本 四一三
淳化閣帖考釋十卷叙說一卷附錄四卷 清翁樹培撰 清抄本 四一四

十八

抱經樓淳化祖帖考一卷 清盧登焯撰 清乾隆五十二年盧氏抱經樓刻本 四一五
淳化閣帖釋文集釋十卷 清徐朝弼撰 清嘉慶十七年關中書院刻本 清劉庠校並跋 四一六
名帖紀聞一卷 清朱照廉撰 清嘉慶十七年朱氏小雲谷活字印本 四一七
閣帖彙考十卷 清[illegible]亨衢撰 清刻本 四一八
南邨帖攷不分卷 清程文榮撰 清道光刻本 四一九
南邨帖攷不分卷 清程文榮撰 清道光刻本 清徐康補目並跋 翁同龢跋 四二〇
赤壁賦一卷 宋蘇軾撰 明汪道全書 明弘治七年倪以才刻本 四二一

畫

貞觀公私畫史一卷 唐裴孝源撰 清抄本 四二二
歷代名畫記十卷 唐張彥遠撰 明刻本 十一行二十字白口左右雙邊 四二三
歷代名畫記十卷 唐張彥遠撰 明刻本 清丁丙跋 四二四
唐朝名畫錄一卷 唐朱景玄撰 五代名畫補遺一卷 宋劉道醇撰 明刻本 十一行二十字白口左右雙邊 四二五
唐朝名畫錄一卷 唐朱景玄撰 明刻本 十一行二十字白口左右雙邊 四二六

唐朝名畫錄一卷 唐朱景玄撰 明刻本 清[illegible]跋 四二七

唐朝名畫錄一卷 唐朱景玄撰 明刻本 清丁丙跋 四二八

五代名畫補遺一卷 宋劉道醇撰 明刻本 十一行二十字白口左右双边有刻工 四二九

五代名畫補遺一卷 宋劉道醇撰 明末毛氏汲古閣影宋抄本 四三〇

五代名畫補遺一卷 宋劉道醇撰 清道光樊稽家抄本 清[illegible]跋 四三一

聖朝名畫評三卷 宋劉道醇撰 明刻本 十一行二十字白口左右双边 四三二

益州名畫錄三卷 宋黄休復撰 明刻本 十一行二十字白口左右双边 四三三

益州名畫錄三卷 宋黄休復撰 明刻本 清丁丙跋 四三四

圖畫見聞志六卷 宋郭若虛撰 宋刻本（卷一至三配元抄本） 清黄丕烈跋 十一行二十字白口左右双边 四三五

圖畫見聞誌六卷 宋郭若虛撰 明刻本 十一行二十字白口左右双边 四三六

林泉高致一卷 宋郭思撰 明抄本 四三七

德隅齋畫品一卷 宋李廌撰 清盧氏抱經堂抄本 清盧文弨跋 四三八

米海嶽畫史一卷 宋米芾撰 明刻本 十一行二十字白口左右双边 四三九

宣和畫譜二十卷 明萬曆三十六年高拱明刻本 八行十八字白口四周单边 四四〇

宣和畫譜二十卷 明刻本 九行十九字白口四周单边有刻工 四四一

宣和畫譜二十卷 明刻本 傅增湘校並跋
存十五卷 一至十一 十七至二十 四四二

宣和畫譜二十卷 明末刻本 九行二十字白口左右双边 四四三

宣和畫譜二十卷 明抄本 明翟式耜校並跋 四四四

宣和畫譜二十卷 明抄本 清韓應陛跋 四四五

宣和畫譜二十卷 明卧雲樓抄本 清[illegible]跋 四四六

純全集四卷 宋韓拙撰 明沈辨之野竹齋抄本 四四七

廣川畫跋六卷 宋董逌撰 明韓宸刻本 清黄丕烈校 九行二十一字白口四周双边 四四八

廣川畫跋六卷 宋董逌撰 明韓宸刻本 清丁丙跋 四四九

廣川畫跋六卷 宋董逌撰 明韓宸刻本 清[illegible]跋 [illegible]校並跋 四五〇

廣川畫跋六卷 宋董逌撰 明韓宸刻本 秦更年跋 四五一

廣川畫跋六卷 宋董逌撰 明抄本 四五二

廣川畫跋六卷 宋董逌撰 明抄本 清丁丙跋 四五三

廣川畫跋六卷 宋董逌撰 清抄本 佚名錄清黄丕烈校跋 四五四

畫繼十卷 宋鄧椿撰 五代名畫補遺一卷 宋劉道醇撰 宋臨安府陳道人書籍鋪刻本 十一行二十字白口左右双边有刻工 四五五

畫繼十卷 宋鄧椿撰 明刻本 十一行二十字白口左右双边 四五六

畫繼補遺二卷 元莊肅撰 清乾隆五十四年黄氏醉經樓刻本 四五七

畫鑒一卷 元湯垕撰 明沈氏野竹齋抄本 明沈與文校 史臣紀、顧玄緯、姚咨、馮彦淵跋 清黄丕烈校並跋 四五八

畫鑒一卷 元湯垕撰 清道光二十五年翁同書抄本 清翁同書跋 四五九

圖繪寶鑑五卷補遺一卷 元夏文彦撰 元至正二十六年刻本 十一行二十字黑口左右双边 四六〇

圖繪寶鑑五卷補遺一卷續補一卷 元夏文彦撰 元至正二十六年刻本 清吳騫錄黄丕烈、郭麐校跋 黄鈺跋 十一行二十字黑口左右双边 四六一

圖繪寶鑑五卷補遺一卷續補一卷 元夏文彦撰 元至正二十六年刻本 清丁丙跋 四六二

圖繪寶鑑五卷補遺一卷續補一卷 元夏文彦撰 元至正二十六年刻本 葉德輝跋 四六三

圖繪寶鑑五卷補遺一卷 元夏文彦撰 元至正二十六年刻本 清郭麐校跋 蔣祖詒、吳湖帆跋 四六四

圖繪寶鑑五卷補遺一卷 元夏文彦撰 元至正二十六年刻本 王獻唐批校 四六五

圖繪寶鑑五卷補遺一卷 元夏文彦撰 元至正二十六年刻明印本 四六六

圖繪寶鑑五卷補遺一卷 元夏文彦撰 明刻本 十一行二十字黑口左右双边 四六七

圖繪寶鑑五卷補遺續補一卷 元夏文彦撰 明抄本 清[illegible]翰題跋 四六八

圖繪寶鑑五卷補遺一卷 元夏文彦撰 清抄本 高鴻裁跋 四六九

圖繪寶鑑五卷補遺一卷續補一卷 元夏文彦撰 續一卷 明韓昂撰 明正德十四年苗增刻本 十行二十字黑口四周双边 四七〇

畫髓玄詮五卷 明車備昌輯 明天啓六年車氏雪堂刻本 九行二十字白口四周单边
存三卷 一至三 四七一

圖畫考七卷 題元盛熙明撰 明抄本 四七二

中麓畫品一卷 明李開先撰 明抄本 四七三

畫志一卷 明沈與文撰 評畫行一卷 宋葉夢得撰 明沈與文注 明抄本 四七四

王氏畫苑十卷 明王世貞編 補益四卷 明詹景鳳編 明萬曆十八年王元貞刻本 十行二十字白口左右双边 四七五

王氏畫苑十五種三十七卷 古畫品錄一卷 南齊謝赫撰 續畫品錄一卷 唐李嗣真撰 後畫錄一卷 唐釋彦悰撰 續畫品一卷 陳姚最撰 明刻本 十行二十字白左右双边 四七六

貞觀公私畫史一卷　唐裴孝源撰
沈存中圖畫歌一卷　宋沈括撰
筆法記一卷　五代荊浩撰
王維山水論一卷　唐王維撰
歷代名畫記十卷　唐張彥遠撰
聖朝名畫評三卷　宋劉道醇撰
唐朝名畫錄一卷　唐朱景玄撰
五代名畫補遺一卷　宋劉道醇撰
畫繼七卷　宋鄧椿撰
益州名畫錄三卷　宋黃休復撰
米海嶽畫史一卷　宋米芾撰

四七七　畫苑補益十四卷　明詹景鳳輯　清初抄本　清丁丙跋
山水松石格一卷　梁元帝蕭繹撰
山水訣一卷　唐王維撰
山水賦一卷　五代荊浩撰
山水訣一卷　宋李成撰
林泉高致一卷　宋郭熙撰
畫論一卷　宋郭思撰
紀藝一卷　宋郭思撰
論畫雜評一卷　宋徽宗趙佶撰
山水純全論一卷　宋韓拙撰
畫山水訣一卷　宋李澄叟撰
畫山水歌一卷
華光梅譜一卷　宋釋仲仁撰
竹譜詳錄一卷　元李衎撰
墨竹記一卷　□張退公撰

四七八　類編古今畫史二十卷　明王勣輯　明抄本

二十一

四七九　類編古今畫史二十卷　明王勣輯　清抄本　存十一卷（一至十一）

四八〇　新刻陳先生明牕清暇心畫正宗四卷　明陳三策撰　明萬曆書林詹氏西清堂刻本　十二行二十四字白口四周双边

四八一　汪虞卿梅史一卷　明汪懋孝撰　明汪躍龍汪棣刻本　八行十六字白口四周双边

四八二　畫法小學四卷　明王思義輯　明刻本　八行二十二字白口四周双边

四八三　劉雪湖梅譜二卷　明劉世儒撰　像讚評林贈言二卷　明王思任輯　明萬曆二十三年刻清初墨妙山房印本　十一行二十字白口四周双边

四八四　翰墨會紀十九卷　明金階撰　明萬曆二十四年刻本　十行二十二字白口單边

四八五　歷代畫家姓氏考四卷　題明項聖謨撰　清抄本

四八六　圖繪宗彝八卷　明楊爾曾輯　明萬曆三十五年刻本　十行二十四字白口單边

四八七　畫法大成八卷　明朱壽鏞朱頤厓撰　明萬曆四十三年朱頤厓朱壽鏞等刻藍印本　九行二十字白口左右双边

四八八　寶繪錄二十卷　明張泰階輯　明崇禎刻本　九行二十字白口四周單边

四八九　寶繪錄二十卷　明張泰階輯　明崇禎刻本（卷一至五　十一至十二配清抄本）　清許心喻跋　九行二十字白口四周單边

四九〇　古今畫鑑五卷　明鄢闡旦輯　附山水家法一卷　明崇禎八年刻本　十行二十一字四周双边白口

四九一　古今畫鑑五卷　附山水家法一卷　明鄢闡旦輯　清初抄本　清潘[illegible]氏校並跋　九行二十字白口四周單边

四九二　繪事微言四卷　明唐志契撰　明天啟七年刻本　九行二十字白口四周單边

四九三　繪事微言四卷　明唐志契撰　明崇禎十一年謝肇國刻本　九行二十字白口單边

四九四　繪事微言四卷　明唐志契撰　明抄本

四九五　檀園題畫詩跋一卷　明李流芳撰　手稿本

四九六　山水聞見紀一卷　明郭端撰　明崇禎元年刻本　六行十四字白口四周單边

四九七　墨君題語二卷　明李日華撰　李肇亨撰　江元祚項聖謨輯　明崇禎六年龍潭軒刻本　八行十九字白口四周單边

四九八　畫史會要五卷　明朱謀垔撰　稿本

四九九　畫史會要五卷　明朱謀垔撰　明崇禎刻清初朱統鍇重修本　十行二十字黑口左右双边

五〇〇　畫史會要五卷　明朱謀垔撰　清松南書舍抄本

五〇一　繪事雜錄不分卷　清初抄本

五〇二　讀畫錄四卷　清周亮工撰　清康熙十二年周氏煙雲過眼堂刻本

五〇三　讀畫錄四卷　清周亮工撰　清康熙十二年周氏煙雲過眼堂刻本　吳騫跋

五〇四　讀畫錄四卷　清周亮工撰　清乾隆六年吳元傳抄本　清吳元傳跋　王繩宬批點並跋

二十二

五〇五　讀畫錄四卷　清周亮工撰　清乾隆四庫全書館抄本

五〇六　無聲詩史七卷　清姜紹書撰　清康熙五十九年李光暎觀妙齋刻本

五〇七　無聲詩史七卷　清姜紹書撰　清康熙五十九年李光暎觀妙齋刻本　葉德輝跋

五〇八　無聲詩史七卷　清姜紹書撰　清康熙五十九年李光暎觀妙齋刻本　鄭振鐸跋

五〇九　畫譜一卷　清釋道濟撰　清康熙大滌堂刻本

五一〇　苦瓜和尚畫語錄一卷　清釋道濟撰　大滌子題畫詩跋一卷　清汪繹辰輯　清汪繹辰抄本　清汪繹辰、丁丙跋

五一一　歷朝畫徵錄四卷　清王瑩輯　清抄本

五一二　明州畫史二卷　清邱承嗣撰　清抄本

五一三　繪事備考八卷　清王毓賢撰　清康熙三十年刻本

五一四　繪事發微一卷　清唐岱撰　清康熙刻本

五一五　繪事發微一卷　清唐岱撰　清康熙刻本　鄭振鐸跋

五一六　落亭畫記一卷　清柳公衣撰　清抄本

五一七　視學不分卷　清年希堯撰　清雍正刻本

五一八　冬心先生畫竹題記一卷　冬心齋研銘一卷　清金農撰

五一九 冬心先生畫竹題記一卷 清金農撰 清乾隆刻本
五二〇 冬心先生畫竹題記一卷 清金農撰 清劉履芬抄本
五二一 冬心先生雜著不分卷 清金農撰 清陳氏種榆仙館刻本
五二二 冬心先生雜著不分卷 清金農撰 清陳氏種榆仙館刻本 清傅以禮跋
五二三 冬心先生雜著不分卷 清金農撰 清鄭小邑抄本
五二四 南宋院畫錄八卷 清厲鶚撰 清乾隆二十八年鮑氏知不足齋抄本 清鮑廷博校並跋
五二五 南宋院畫錄八卷 清厲鶚撰 清抄本
五二六 南宋院畫錄八卷 清厲鶚撰 清抄本
五二七 百石圖跋不分卷 清賈鉉輯 清劉氏嘉蔭簃抄本
五二八 海虞畫苑畧一卷附一卷 清魚翼撰 附國朝畫徵錄姓氏目一卷 清張庚撰 清乾隆十九年魚元傅抄本
五二九 續畫苑略一卷 清魚元傅撰 稿本
五三〇 繪林伐材十卷 清王宸輯 清乾隆五十四年刻本
五三一 煙雲供養錄一卷 清吳騫輯 稿本

十三

五三二 山靜居論畫不分卷 清方薰撰 手稿本 清張書撰跋
五三三 繪事瑣言八卷 清迮朗撰 清嘉慶雨金堂刻本
五三四 畫話初稿八卷續稿八卷國朝畫話續輯一卷補遺一卷 清俞楚輯 稿本
五三五 湖上李公山石論一卷 清鄭有善撰 稿本
五三六 芥舟學畫編四卷 清沈宗騫撰 清乾隆四十六年冰壺閣刻本
五三七 芥舟學畫編四卷 清沈宗騫撰 清乾隆四十六年冰壺閣刻本 清吳騫批
五三八 覗園煙墨箸錄一卷 清徐堅撰 許兆熊輯 附編一卷 清嘉慶十九年石契齋刻本
五三九 畫竹齋評竹四十則一卷 清符曾撰 手稿本 清厲式瑤跋 紫景欒跋
五四〇 讀畫記五卷 清沈銓撰 稿本
五四一 讀畫記不分卷 清沈銓撰 稿本
五四二 畫學心法問答二卷 清布顏圖撰 清乾隆十一年松風堂刻本
五四三 畫雜俎二十四卷 清袁樹輯 稿本 存八卷 十七至二十四

五四四 指頭畫說一卷 清高秉撰 清乾隆三十六年高氏樂善廬刻本
五四五 畫人備考八卷 清乾隆抄本
五四六 讀畫韻史五卷 清抄本
五四七 明畫姓氏編韻三卷 清陳豫鍾撰 清丁氏八千卷樓抄本
五四八 畫林二卷 清陳文述撰 清抄本
五四九 畫筌析覽二卷 清湯貽汾撰 清嘉慶十九年湯貽汾刻本
五五〇 懷古田舍梅統十三卷 清徐榮撰 稿本
五五一 窮盦畫塵二卷 清程庭鷺撰 手稿本 存一卷 上
五五二 畫石軒臥遊隨錄四卷 清朱逢泰撰 清嘉慶三年朱氏畫石軒刻本
五五三 論畫脞說一卷梅隱草堂題畫詩一卷 清葉以照撰 清嘉慶五年刻本
五五四 習苦齋畫絮十卷 清戴熙撰 清光緒十九年刻朱印本 清吳大澂批校
五五五 賜硯齋題畫偶錄一卷 清戴熙撰 清咸豐九年沈樹鏞抄本 清沈樹鏞跋
五五六 畫友錄六卷 清陶恩培輯 手稿本

十四

五五七 歸實齋畫計一卷 清顧大昌輯 稿本
五五八 國朝畫後續集一卷 清王光晟撰 清嘉慶十五年恭綸齋刻本
五五九 拙尊園畫存錄一卷 清黎庶昌藏並撰 稿本
五六〇 不可必錄一卷 清顧大昌輯 稿本
五六一 雪泥爪印一卷 清顧大昌輯 稿本 清潘鍾瑞跋

畫譜

五六二 梅花喜神譜二卷 宋宋伯仁輯 宋景定二年刻本 清黃丕烈跋並題詩 錢大昕、孫星衍、洪亮吉、包世臣、戴光曾、蔡學裴、潘曾瑩跋 吳郁生、呂賞生跋 清吳讓之、張敦仁、吳錫麒、鈕樹玉、戴延介、李兆洛、周濟詩題款 朱孝臧、馮幵、鄭邦述、吳梅、夏敬觀題詞 王季烈題詩
五六三 梅花喜神譜二卷 宋宋伯仁撰 清嘉慶十六年沈氏古倪園影宋刻本
五六四 畫譜二卷 明高松繪 明嘉靖刻本
五六五 竹譜一卷 明高松繪 明刻本 趙萬里跋 二十一行二十六字白口四周雙邊
五六六 顧仲方百詠圖譜二卷詠物新詞圖譜一卷 明顧正誼撰 明萬曆刻本 白口四周雙邊
五六七 歷代名公畫譜四卷 明顧炳輯 明萬曆三十一年顧三聘顧三錫刻本 白口四周單邊
五六八 歷代名公畫譜四卷 明顧炳輯 明萬曆雙桂堂刻本

五六九 歷代名公畫譜四卷 明顧炳輯 明刻本

五七〇 程氏竹譜二卷 明程大憲撰 明萬曆三十六年程氏滋蘭館刻本 九行十六字白口四周單边

五七一 閑情圖一卷 明萬曆刻本

五七二 詩餘畫譜不分卷 明萬曆四十年汪□刻本 行款字數不等白口四周單边

五七三 吳姬百媚二卷 明萬曆刻本 八行十八字白口四周單边

五七四 陳眉公先生訂正畫譜八卷 明孫丕顯撰 明寶鼎齋刻本 十行二十字白口四周單边

五七五 黃氏畫譜八種八卷 明黃鳳池輯 明萬曆天啓間集雅齋清繪齋刻本
新鐫五言唐詩畫譜一卷
新鐫六言唐詩畫譜一卷
新鐫七言唐詩畫譜一卷
唐解元倣古今畫譜一卷
新鐫草本花詩譜一卷
新鐫木本花鳥譜一卷
新鐫梅竹蘭菊四譜一卷
張白雲選名公扇譜一卷

五七六 唐詩畫譜不分卷 明刻本 王修跋

五七七 酣酣齋酒牌不分卷 明刻本

五七八 酣酣齋酒牌不分卷 明刻本 鄭振鐸跋

五七九 酒牌不分卷 明刻本

五八〇 畫學南宗一卷 明汪建功撰 明彩繪本

五八一 狀元酒籌一卷 明刻本

五八二 蘿軒變古箋譜二卷 明吳發祥輯 明天啓刻彩色套印本

五八三 十竹齋畫譜八卷 明胡正言輯 明崇禎胡氏十竹齋刻套印本

五八四 十竹齋牋譜初集四卷 明胡正言輯 明崇禎十七年胡氏十竹齋刻套印本

五八五 十竹齋牋譜初集四卷 存一卷 明胡正言輯 明崇禎十七年胡氏十竹齋刻套印本 清徐康沈樹鏞跋

五八六 梨雲館竹譜一卷 明胡曰從輯 明末刻彩色套印本

五八七 陳章侯畫博古牌不分卷 明陳洪綬繪 清順治刻本

五八八 水滸葉子不分卷 明陳洪綬繪 清初刻本

五八九 太平山水圖畫一卷 清蕭雲從繪 清順治五年褱古堂刻本

五九〇 芥子園畫傳五卷 清王槩輯 清康熙十八年李漁刻套印本

五九一 芥子園畫傳二集八卷 清王槩王蓍王臬輯 清康熙四十年芥子園甥館刻套印本

五九二 芥子園畫傳三集四卷 清王槩王蓍王臬輯 清康熙四十年芥子園甥館刻套印本

五九三 芥子園畫傳三集四卷 清王槩王蓍王臬輯 清康熙四十年芥子園甥館刻套印本 鄭振鐸跋

十五

五九四 無雙譜一卷 清金古良撰並繪 清康熙刻本

五九五 耕織圖一卷 清焦秉貞繪 清康熙三十五年內府刻本

五九六 馬豫竹譜一卷 清馬豫繪 清康熙五十一年刻本

五九七 白嶽凝煙一卷 清吳鎔繪 清康熙刻本

五九八 生香樂意不分卷 清高宗弘曆撰並繪 手稿本

五九九 晚笑堂竹莊畫傳不分卷 清上官周撰並繪 清乾隆八年刻本

六〇〇 平定伊犁回部得勝圖不分卷 意大利郎世寧等繪 清乾隆三十年至三十九年內府銅版印本

六〇一 天下有山堂畫藝二卷 清汪之元撰 清樹石山房刻套印本

六〇二 古歙山川圖一卷 清吳逸繪 清乾隆阮溪水香園刻本

六〇三 蘭竹譜一卷 清陳旭撰 清嘉慶刻本

六〇四 清逸山房竹譜二卷 清魏容撰 清嘉慶刻本

六〇五 賞奇軒四種合編四卷 清刻本
南陵無雙譜一卷 清金古良撰
竹譜一卷
東坡遺意一卷
官子譜一卷

六〇六 悟蔭亭畫稿二卷六法管見一卷 清劉愔繪 清道光十八年至二十年梅鍾澍墨刻本

六〇七 傳真必要一卷 清石渠撰 清抄本

六〇八 列仙酒牌一卷 清任熊繪 清咸豐四年蔡照初刻本

六〇九 畫家品類輯要一卷 清張志鈐輯 清道光三年自刻本

六一〇 夢幻居畫學簡明五卷首一卷 清鄭績撰 清同治三年敬賢堂刻本

六一一 盼雲軒畫傳四卷 清李若昌繪 閒窗論畫一卷 清李若昌撰 清同治三年自刻本

六一二 保定名勝圖詠不分卷 清刻本

六一三 紉齋畫賸不分卷 清陳允升繪 清光緒二年陳氏得古歡室刻本

六一四 文美齋百華詩箋譜不分卷 清宣統三年文美齋刻彩色套印本

篆刻

六一五 學古編二卷 元吾丘衍撰 明何震續 正韻篆二卷 明沈延銓撰 明天啓二年沈延銓刻本 十行十八字白口四周單边

六一六 學古編一卷 元吾丘衍撰 清乾隆四十二年吾氏竹素山房刻本

十六

六六一七 學古編一卷 元吾丘衍撰 清抄本 錢孝孫校
六六一八 文三橋先生印譜一卷 明文彭篆刻 清朱學輯 清朱學借月樓鈐印本
六六一九 古今印史一卷附錄一卷 明徐官撰 明隆慶三年自刻本 十行二十字白口左右雙邊
六六二〇 古今印史一卷 明徐官撰 清乾隆五十九年抄本
六六二一 篆印千字文一卷 明馮文懿篆刻 明萬曆二十年刻鈐印本
六六二二 彙姓印苑二卷 明王夢麟篆刻 明萬曆刻鈐印本
六六二三 程氏印譜二卷 明程大憲篆刻並輯 明萬曆三十六年程氏滋蘭館刻鈐印本
六六二四 明臣印譜二卷 明金楷篆刻 明萬曆三十六年刻鈐印本
六六二五 甘氏印集四卷 明甘暘篆刻 明萬曆刻鈐印本
六六二六 印雋四卷 明梁袠篆刻並輯 明萬曆三十八年刻鈐印本
六六二七 印雋四卷缺 明梁袠篆刻並輯 明萬曆三十八年刻鈐印本 清劉[illegible]跋[illegible]題
六六二八 古今印選二卷增一卷 明吳可賓輯 明萬曆刻鈐印本
六六二九 珍善齋印印不分卷 明吳迥篆刻並輯 明萬曆四十年刻鈐印本
六六三〇 曉采居印印四卷 明吳迥篆刻並輯 明萬曆刻鈐印本
六六三一 曉采居印印二卷 明吳迥篆刻並輯 明萬曆刻鈐印本

十七

六六三二 求定齋印章一卷 明吳迥篆刻 明萬曆四十年刻鈐印本
六六三三 叢珠館印譜一卷 明曾一躍篆刻 明萬曆刻鈐印本
六六三四 印選一卷 明金光先輯 印章論一卷 明金光先撰 明萬曆刻鈐印本
六六三五 新安休邑程衙發刻古今印章一卷 明宋佩篆刻 明萬曆刻鈐印本
六六三六 承清館印譜一卷續集一卷 明張灝輯 明刻鈐印本
六六三七 承清館印譜一卷續集一卷 明張灝輯 明刻鈐印本 清傅以禮跋
六六三八 承清館印譜一卷續集一卷 明張灝輯 明刻鈐印本 清傅以禮跋 楊浚題款
六六三九 蘇氏印略四卷 明蘇宣篆刻並輯 明萬曆四十五年刻鈐印本
六六四〇 蘇氏印略三卷 明蘇宣篆刻並輯 明萬曆四十五年刻鈐印本
六六四一 蘇氏印略二卷 明蘇宣篆刻並輯 明萬曆四十五年刻鈐印本
六六四二 蘇氏印略一卷 明蘇宣篆刻並輯 明萬曆刻鈐印本
六六四三 鴻棲館印選一卷 明吳忠篆刻並輯 明萬曆四十六年刻鈐印本
六六四四 方元長印譜五卷 明方逢吉篆刻 朱純錫輯 明萬曆四十八年刻鈐印本
六六四五 曲水軒印志二卷 明黃賁篆刻並輯 明刻鈐印本
六六四六 陳寄生圖書苑不分卷 明陳旅輯 明刻鈐印本

六六四七 江氏圖書府一卷 明江從治輯 明天啓元年刻鈐印本
六六四八 皇明印史四卷 明邵潛篆刻並輯 明天啓刻鈐印本
六六四九 印史五卷 明何通撰 明天啓刻鈐印本
六六五〇 印史五卷 明何通撰 明天啓刻鈐印本 清丁丙跋
六六五一 古今印賞口卷 明釋隱彬篆刻 明天啓刻鈐印本
存二卷 一至二
六六五二 印可不分卷 明吳正暘篆刻並輯 明天啓五年刻鈐印本
六六五三 蘭閣藏印二卷 明朱簡篆刻 韓霖輯 明天啓五年鈐印本
六六五四 印選四卷 明何震篆刻 程原輯 明天啓六年刻鈐印本
六六五五 印選二卷 明何震篆刻 程原輯 明天啓六年刻鈐印本
六六五六 集何雪漁印譜二卷 明金發輯 明崇禎刻鈐印本
六六五七 印章小集一卷 明釋性空篆刻 明崇禎元年刻鈐印本
六六五八 印經一卷印圖二卷 明朱聞輯 明崇禎二年刻鈐印本
六六五九 印書二卷 明朱聞撰 趙宦光刪 明依山堂抄本
六六六〇 印書二卷 明朱聞撰 趙宦光刪 清初抄本

末

六六六一 學山堂印譜五卷首一卷 明張灝輯 明崇禎刻鈐印本
六六六二 學山堂印譜八卷附學山記一卷學山紀遊一卷學山題詠一卷 明張灝輯 明崇禎刻鈐印本
六六六三 印總一卷 明吳斗篆刻 明崇禎三年刻鈐印本
六六六四 鄭弘佑印譜一卷 明鄭基相篆刻 明崇禎六年刻鈐印本
六六六五 濮露堂印賞四卷 明葉樹芬輯 明崇禎刻鈐印本
六六六六 胡君實印雋不分卷 明胡文璋篆刻 明崇禎七年刻鈐印本
六六六七 印商一卷 明程震謨篆刻 明崇禎七年刻鈐印本 鄭文燁跋
六六六八 嚴譽珠先生印藪一卷 明嚴械篆刻 李錫晴跋 明鈐印本 清杜秦石僊跋
六六六九 印品不分卷 明施孟彪篆刻 明崇禎刻鈐印本
六六七〇 懷古堂印藪二卷 明陸鼎篆刻並輯 明崇禎十一年刻鈐印本
六六七一 鶴化堂摘集古今印則一卷 明宋之璉篆刻 胡寅麟題 明崇禎十三年刻鈐印本
六六七二 寶籀齋文玉二卷 明丁日新篆刻 明崇禎十六年刻鈐印本
六六七三 印存初集四卷 明胡正言撰 清順治四年胡氏十竹齋刻鈐印本
六六七四 印存玄覽四卷 明胡正言撰 清順治十七年胡氏帝古堂刻本

漢燈二卷 清薛銓纂刻 清順治十七年刻鈐印本 六七五
倉籀心法一卷 清丙維新纂刻 清康熙元年刻鈐印本 六七六
賴古堂印譜不分卷 清周亮工輯 清初鈐印本 六七七
賴古堂印譜不分卷 清周亮工輯 清初鈐印本 清郭起隆跋 六七八
賴古堂印譜四卷 清周在浚周在延周在建輯 清康熙六年周氏賴古堂鈐印本 六七九
賴古堂別集印人傳三卷 清周亮工撰 清康熙十二年周在浚等刻本 六八〇
波齋百二甲子印一卷 清錢鶴纂刻 清初刻鈐印本 清沈樹鏞跋 六八一
寶硯齋印譜四卷 清林皋纂刻 清康熙刻鈐印本 六八二
許默公印譜一卷 清許容纂刻 清康熙鈐印本 清李波 徐元文跋 六八三
谷園印譜四卷 清許容纂刻 胡介祉輯 清康熙二十五年刻鈐印本 六八四
谷園印譜六卷 清許容纂刻 胡介祉輯 清康熙二十五年刻鈐印本 六八五
韞光樓印譜二卷 清許容纂刻 清康熙二十八年刻鈐印本 六八六
紅朮軒紫泥法定本一卷 清汪鎬京撰 清咸豐七年南瀛漱子抄本 六八七
長嘯齋摹古小技二卷 清張拔纂刻 清康熙三十六年刻鈐印本 六八八
金石紅文六卷 清吳熙纂刻 李繼烈輯 清康熙四十年李繼烈刻鈐印本 六八九

二九

相印軒藏印譜四卷 清張在辛等輯 清康熙鈐印本 六九〇
文雄堂印譜二卷 清周廷佐纂刻 清康熙四十五年刻鈐印本 六九一
衡素齋印稿二卷 清俞嶽奇纂刻 清康熙四十六年刻鈐印本 六九二
謙齋印譜二卷 清沈鳳纂刻 清康熙五十三年刻鈐印本 六九三
謙齋印譜二卷 清沈鳳纂刻 清乾隆十八年刻鈐印本 六九四
六印山房印記一卷 清高鳳翰輯 清康熙五十三年鈐印本 清西巖題詩 六九五
附西亭十二客印紀一卷 清高鳳翰輯 清乾隆二年刻鈐印本
對山草堂印譜一卷 清徐照纂刻 清康熙五十九年鈐印本 六九六
真賞齋印林一卷 清董士標纂刻 邱遂輯 清雍正刻鈐印本 六九七
觀妙齋集印一卷 清徐貞木徐寅纂刻 清雍正七年鈐印本 六九八
珍珠船印譜四卷 清金一晴輯 清雍正八年刻鈐印本 六九九
醉愛居印賞二卷 清王睿章纂刻 徐逵照考訂 清乾隆五年王祖眷刻鈐印本 七〇〇
又一卷 清乾隆王祖眷刻本
靜觀樓印言二卷 清王睿章纂刻 清乾隆刻鈐印本 七〇一
篆鏤心得一卷 清孔繼浩撰 清抄本 七〇二

強易窗印稿一卷 清強行健纂刻 清乾隆十四年鈐印本 七〇三
澂懷堂印譜四卷 清王玉如纂刻 葉錦輯 清乾隆十一年刻鈐印本 七〇四
墨雨堂印餘二卷 清釋道桓纂刻 清乾隆十一年鈐印本 七〇五
飛鴻堂印譜初集八卷二集八卷三集八卷四集八卷五集八卷 清汪啓淑輯 清乾隆刻鈐印本 七〇六
飛鴻堂印餘十二卷 清汪啓淑輯 稿本 七〇七
望華樓印譜不分卷 清朱家興輯 清乾隆十二年刻鈐印本 七〇八
印籍一卷 清胡志仁纂刻 清乾隆十三年刻鈐印本 丁仁跋 七〇九
春暉堂印始八卷 清吳蕃當纂刻 清乾隆十四年鈐印本 七一〇
坤皋鐵筆二卷餘集一卷 清鞠履厚纂刻 研山印草一卷 清王玉如纂刻 補遺一卷 清鞠履厚撰 清乾隆刻鈐印本 七一一
閒中弄筆不分卷 清沈榮鈐纂刻 清乾隆十七年刻鈐印本 七一二
錦囊印林四卷 清汪啓淑輯 清乾隆十九年汪氏香雪亭刻鈐印本 七一三
秋室印粹四卷 清汪啓淑輯 清乾隆二十一年汪啓淑刻鈐印本 七一四
秋室印剩八卷 清汪啓淑輯 清乾隆刻鈐印本 七一五

三〇

印萃不分卷 清嘉際茂纂刻 稿本 七一六
保陽篆草不分卷 清嘉際茂纂刻 清乾隆三十二年鈐印本 七一七
垂棘山房藏印六卷 清梁登庸纂刻並輯 清乾隆二十七年刻鈐印本 七一八
研林鐵書一卷 清丁敬纂刻 清刻鈐印本 七一九
墨花禪印稿五卷 清釋續行纂刻 清乾隆三十年刻鈐印本 七二〇
退齋印類十卷 清汪啓淑輯 清乾隆三十二年汪啓淑刻鈐印本 七二一
袖珍印賞四卷 清汪啓淑輯 清乾隆三十六年刻鈐印本 七二二
靜樂居印娛四卷 清汪啓淑輯 清乾隆四十三年汪啓淑刻鈐印本 七二三
琴鶴堂藏印四卷 清趙冠儒輯 清乾隆三十六年刻鈐印本 七二四
畊先印譜一卷 清李榮曾纂刻 清乾隆五十三年大雅堂鈐印本 七二五
印存不分卷 清陳克恕纂刻 清乾隆存幾希齋鈐印本 清陸費墀吳錫麒桂馥陳鱣祝德麟沈世煒俞煥跋 七二六
嘯月樓印賞六卷 清戴啓偉纂刻 清乾隆四十三年刻鈐印本 七二七
書學印譜不分卷 清王峙纂刻 清乾隆四十九年刻鈐印本 七二八
抱經樓日課編四卷 清盧景焯纂刻 清乾隆四十四年盧氏抱經樓刻鈐印本 七二九
師古堂印譜五卷附說印一卷 清李宜開纂刻 清乾隆四十六年刻鈐印本 七三〇

松園印譜不分卷 清費永篆刻 清乾隆四十八年福壽堂刻鈐印本 七三一
印宗二卷 清李瑞撰 稿本 清鄭復光跋 七三二
松雪堂印萃四卷 清郭啓翼篆刻 清乾隆五十年刻鈐印本 七三三
篆刻鍼度八卷 清陳克恕撰 稿本 七三四
篆刻鍼度八卷 清陳克恕撰 清乾隆五十一年陳氏存幾希齋刻本 七三五
安拙窩印寄八卷 清汪啓淑輯 清乾隆五十四年刻鈐印本 七三六
飛鴻堂印人傳八卷 清汪啓淑撰 清乾隆五十四年自刻本 七三七
衣雲印存一卷 清羅聘輯 清鈐印本 清羅聘、徐楙、顧洛、趙之琛跋 吳昌碩、羅振玉、王禔題款 七三八
歷朝史印十卷 清黃學圯篆刻並輯 清嘉慶二年黃氏楚橋書屋刻鈐印本 七三九
茗花山館印譜十卷 清張應貴篆刻 徐以坤輯 清嘉慶三年小蘭軒刻鈐印本 七四〇
沈筤村選鈔印學四種四卷 清沈清佐編 稿本 七四一
印綴箋一卷 古今印說補一卷 印譜摘要一卷 印說一卷 清尹樹氏撰
雲留小住印志不分卷 清徐學鈞篆刻 清嘉慶刻鈐印本 七四二
續三十五舉一卷 清于守緒撰 稿本 七四三
兩京名賢印錄二卷 清許兆熊篆刻 清嘉慶鈐印本 七四四
紺雪齋集印譜四卷 清陳樹淦輯 清嘉慶二十三年刻鈐印本 七四五
師古堂印譜三卷 清劉紹藜篆刻 附印文輯略一卷 清劉紹藜輯 清嘉慶二十四年劉氏萬花閣刻鈐印本 七四六
種榆仙館印譜八卷 清陳鴻壽篆刻 清道光元年刻鈐印本 七四七
清儀閣藏名人遺印一卷 清張廷濟輯 清鈐印本 楮德彝跋 七四八
印識一卷補遺一卷國朝印識二卷近編一卷 清馮承輝撰 稿本 七四九
印識一卷補遺一卷國朝印識二卷近編一卷 清馮承輝撰 清道光刻本 七五〇
鑑秋閣印存四卷 清孫慧賢輯 清道光十八年刻鈐印本 七五一
印文詳解不分卷 清劉維坊篆刻 稿本 七五二
何子萬印譜不分卷 清何崐篆刻 清咸豐七年鈐印本 七五三
二金蜨堂癸亥以後印稿一卷 清趙之謙篆刻 清同治四年鈐印本 朱志復跋 七五四
二金蜨堂印譜不分卷 清趙之謙篆刻 傅栻輯 清光緒三年傅氏有萬憙齋鈐印本 七五五

風雲陛會法一卷 清胡圻篆刻 清同治九年壽石齋鈐印本 七五六
胡若川金石刀法一卷 清胡圻篆刻 清同治十一年鈐印本 七五七
皕宋樓藏印不分卷 清陸心源輯 清鈐印本 七五八
摹印篆分韻五卷總字一卷偏旁假借通用書法備查一卷 清唐詔撰 手稿本 七五九
西泠六家印存六卷 清傅栻輯 清光緒九年傅氏華延年室刻鈐印本 七六〇

樂譜

琴操二卷補遺一卷 漢蔡邕撰 清抄本 清顧觀光校 七六一
琴史六卷 宋朱長文撰 明抄本 七六二
琴史六卷 宋朱長文撰 明抄本 七六三
琴史六卷 宋朱長文撰 明抄本 清吳騫校並跋 七六四
琴史六卷 宋朱長文撰 清抄本 七六五
琴史六卷 宋朱長文撰 清康熙四十五年曹寅揚州使院刻楝亭十二種本 傅增湘校並跋 七六六
琴苑要錄不分卷 明抄本 七六七
琴統一卷外篇一卷 宋徐理撰 明抄本 七六八
臞仙神奇秘譜三卷 明朱權輯 明洪熙元年刻本 十行十八字黑口四周雙邊 七六九
太古遺音二卷 明刻本 九行十九字黑口四周雙邊 七七〇
太音大全集五卷 明刻本 十一行二十六字黑口四周雙邊 七七一
五聲琴譜一卷 明朱□□撰 明抄本 七七二
太古遺音三卷 明謝琳輯 明正德刻本 十行十五字白口四周單邊 七七三
太古遺音四卷 明黃士達輯 明刻本 十行十五字白口四周雙邊 七七四
風宣玄品十卷 明張鯤撰 明嘉靖十八年徽藩刻本 十一行二十四字白口四周雙邊 七七五
風宣玄品十卷 明張鯤撰 明抄本 七七六
存六卷 二至三 五 七 九至十
梧岡琴譜十卷 明黃獻輯 明嘉靖二十五年刻本 七行十六字白口四周單邊 七七七
梧岡琴譜十卷 明黃獻輯 清抄本 七七八
存二卷 一至二
琴譜正傳六卷 明楊嘉森輯 明一樂堂刻本 七行二十字白口四周雙邊 七七九
步虛僊譜九卷 明顧賢本撰 明嘉靖三十五年刻本 八行十六字白口四周單邊 七八〇
存四卷 一至四
杏莊太音補遺三卷續補一卷 明蕭鸞撰 明嘉靖三十六年自刻本 七行白口四周雙邊 七八一

七八二 杏莊太音補遺三卷 明蕭鸞撰 明嘉靖三十六年自刻本

七八三 太音傳習五卷 明李仁撰 明嘉靖四十年顧桂山刻本

七八四 新刊正文對音捷要琴譜真傳六卷 明楊表正撰 明萬曆元年唐富春刻本 十行二十四字白口四周雙邊

七八五 重修正文對音捷要真傳琴譜大全十卷 明楊表正撰 明萬曆十三年富春堂刻本 十行二十四字白口四周雙邊

七八六 五音琴譜二卷 明朱理輯 明萬曆七年衡藩刻本 七行白口四周雙邊

七八七 玉梧琴譜三卷 明張進朝輯 明萬曆十七年刻本 八行白口四周雙邊

七八八 琴書大全二十二卷 明蔣克謙輯 明萬曆十八年刻本 十一行二十三字黑口四周單邊
存二十一卷 一至八 十至二十二

七八九 琴書大全二十二卷 明蔣克謙輯 明萬曆十八年刻本
存二十一卷 一至二十一

七九〇 三教同聲三卷 明張德新輯 明萬曆二十年刻本 九行十六字白口四周單邊

七九一 藏春塢琴譜六卷 明郝寧等輯 明萬曆刻本 八行十二字白口四周雙邊

七九二 琴譜合璧二種三卷 明楊掄輯 明萬曆三十七年自刻本 八行十六字白口四周雙邊

七九三 太古遺音不分卷 明楊掄輯 清初抄本 清顧曾壽跋
太古遺音二卷 伯牙心法一卷

七九四 太古正音琴經十四卷琴譜四卷 明張大命輯 明萬曆刻本 十行二十字白口四周雙邊

七九五 松絃館琴譜二卷 明嚴澂撰 明萬曆刻本 六行四周單邊白口

七九六 松絃館琴譜二卷 明嚴澂撰 明萬曆刻本 清黃道治批校 六行十四字白口四周單邊

七九七 青蓮舫琴雅四卷 明林有麟輯 明萬曆刻本 九行二十字白口左右雙邊

七九八 琴苑二卷 明夏樹芳撰 明萬曆刻本 七行十六字白口四周單邊有刻工

七九九 新傳理性元雅四卷指法一卷 明張廷玉輯 明萬曆刻本 八行十六字白口四周單邊

八〇〇 思齊堂琴譜不分卷附歷苦哀言一卷 明鍾氏輯 明泰昌元年刻本 六行十六字白口四周單邊

八〇一 樂仙琴譜正音六卷 明汪俊夔輯 明天啓刻本 八行十六字白口四周單邊

八〇二 太音希聲五卷 明陳大斌輯 明天啓刻本 十行二十二字 緯譜十行十八字

八〇三 潞藩纂集古音正宗不分卷 明朱常淓輯 明崇禎七年潞藩刻本 十行黑口四周雙邊

八〇四 羲軒琴經二卷 明張一亨輯 明刻本 七行十六字白口四周雙邊

八〇五 陶氏琴譜一卷 明陶鴻逵輯 清馮式英抄本

八〇六 徽言秘旨不分卷 明尹曄輯 清順治九年魏日檢刻本

八〇七 徽言秘旨訂不分卷 明尹曄輯 清孫淦訂 清康熙三十一年刻本

八〇八 操縵錄十卷 清胡世安輯 清初刻本

八〇九 臣卉堂琴譜不分卷 清蔡璜修輯撰 稿本

八一〇 琴學心聲諧譜二卷 清莊臻鳳撰 清康熙刻本

八一一 琴苑心傳全編二十卷 清孔興誘輯 清康熙九年刻本（卷一配抄本）

八一二 大還閣琴譜六卷谿山琴況一卷萬峯閣指法閟箋一卷 清徐谼撰 清康熙十二年蔡毓榮刻本

八一三 萬峯閣指法閟箋不分卷 清徐谼撰 稿本

八一四 松風閣琴譜二卷附抒懷操一卷 清程雄輯 清康熙刻本

八一五 蓼懷堂琴譜不分卷 清雲志高輯 清康熙刻本

八一六 澄鑒堂琴譜不分卷 清徐常遇輯 清康熙二十五年自刻本

八一七 響山堂琴譜不分卷 清徐常遇輯 稿本

八一八 德音堂琴譜十卷 清郭裕齋輯 清康熙刻本

八一九 琴譜析微六卷指法二卷 清魯鼎撰 新刻本 清康熙三十一年魯氏自刻本

八二〇 琴學圖考一卷 清孫貞湛撰 清抄本

八二一 琴學圖考一卷 清孫貞湛撰 清抄本

八二二 誠一堂琴譜六卷琴談二卷 清程允基輯 清康熙刻本

八二三 琴學正聲六卷 清沈琯撰 清康熙刻本

八二四 飲香書屋琴譜八曲一卷 清抄本

八二五 絲桐纂要不分卷 清戴嘉鴻輯 稿本

八二六 琴劍合譜不分卷 清袁棟輯 清抄本
存琴譜

八二七 治心齋琴學練要五卷 清王善撰 清乾隆九年自刻本

八二八 琴譜新聲六卷 清曹尚絅等撰 清乾隆九年刻本

八二九 琴旨二卷 清王坦撰 清乾隆十一年素堂刻本

八三〇 琴學內篇一卷外篇一卷 清曹庭棟撰 清乾隆刻本

八三一 穎陽琴譜四卷 清李郊撰 清乾隆十八年述德堂刻本

八三二 琴香堂琴譜不分卷 清馬任、馬倩輯 清乾隆二十五年刻本

研露樓琴譜四卷首一卷 清崔應階撰 清乾隆三十一年張松孫刻本 八三三
琴問二卷 清孫爾周撰 稿本 八三四
陽關三疊一卷 清俞宗撰 清乾隆桐圃艸堂刻本 八三五
鈞天妙樂不分卷 清乾隆四十六年抄本 八三六
嘉興鑼鼓不分卷 清乾隆五十五年朱德昭抄本 八三七
柳村琴譜一卷 清吳之騄撰 稿本 八三八
裛露軒琴譜不分卷 清陳逢衡輯 清抄本 八三九
絃索備攷六卷 清榮齋輯 稿本 八四〇
琴譜指法秘詮一卷琴譜五曲一卷 清華文彬輯 手稿本 八四一
琴譜諧聲六卷 清周顯祖撰 清嘉慶二十五年聽真軒刻本 八四二
絃索十三套琵琶譜四卷 清道光五年秀亭抄本 八四三
槐蔭書屋琴譜一卷 清王蓉撰 稿本 八四四
琴嚌不分卷 清黃文玉撰 稿本 八四五
穉雲琴譜不分卷 清曹錡撰 清從善所好山房抄本 八四六
虞山李氏琴譜一卷附指法一卷 清李世則輯 清李雲驤抄本 丁國鈞跋 八四七
丰本
酣琴琴譜八卷 沈琳裕撰 稿本 八四八

棋譜

碁經一卷 宋張擬撰 明崇禎三年沈焯影元抄本 八四九
玄玄碁經一卷 宋張擬撰 明刻本 十二行十八字黑口四周雙邊 八五〇
忘憂清樂集一卷 宋李逸民撰 宋刻本 清黃丕烈跋 八五一
商山奕譜五卷 明抄本 八五二
適情錄二十卷 明林應龍撰 明嘉靖四年刻本 八五三
適情錄二十卷 明林應龍撰 明嘉靖四十年澄心堂刻本 九行二十字白口左右雙邊 八五四
適情錄二十卷 明林應龍撰 明崇本書院刻本 八五五
存六卷 一至六
適情錄二十卷 明林應龍撰 明崇本書院刻本 八五六
存十八卷 一至十四 十七至二十
奕史一卷 明王穉登撰 清抄本 八五七
猶賢集四卷 明汪雲程撰 明嘉靖活字印本 八行十八字白口四周單邊 八五八
存二卷 一 四

秋仙遺譜前集八卷後集四卷 明諸克明撰 碁經一卷 明嘉靖三十六年徐慤懷刻本 八行十八字白口四周單邊 八五九
秋仙遺譜前集八卷後集四卷 明諸克明撰 碁經一卷 明嘉靖三十六年徐慤懷刻本 八六〇
存九卷 前集二 四至八 後集一 三至四
碁經二卷 明鮑一明輯 明亮明齋刻本 十行二十五字白口四周單邊 八六一
石室秘傳十卷 明王文徵等輯 明萬曆四年修竹館刻本 行字不定 白口左右雙邊 八六二
存八卷 甲集一卷 乙集一卷 丁集一卷 戊集一卷 庚集一卷 辛集一卷 壬集一卷 癸集一卷
奕正二卷 明雍熙世撰 明末刻本 九行二十字白口四周單邊 八六三
雍睥如棋譜不分卷 明雍熙世撰 明抄本 八六四
奕志五卷 明汪貞度撰並輯 明萬曆四十一年自刻本 八六五
存四卷 一至四
奕藪四卷碁經註一卷 明蘇之軾撰 明天啟二年自刻三色套印本 八行二十字白口四周單邊 八六六
奕藪四卷 明蘇之軾撰 明刻本 九行二十字白口四周單邊 八六七
仙機武庫八卷 明陸玄宇輯 明崇禎二年刻本 八六八
丰本
奕時初編四卷 明周鼎江一康輯 明末刻本 十行十九字白口四周雙邊 八六九
新鐫益府藏板從姑脩禊一線天會奕通玄譜四卷 明朱常澐輯 明書林兩儀世家刻本 八行三十二字白口四周單邊 八七〇
潞藩輯纂萬彙仙機碁譜十卷 明朱常淓輯 明崇禎潞藩刻本 黑口四周雙邊 八七一
奕編十卷 清鄭東甫撰 清康熙三十一年嵩山草堂刻本 八七二
居易堂圍碁新譜六卷首一卷 清沈賦撰 清康熙刻本 八七三
圍棋近譜不分卷 清徐星友黃月天等撰 金楙志輯 清康熙五十五年刻本 八七四
近譜不分卷 清宋墨抄本 八七五
不古編不分卷 清吳貞吉輯 清康熙刻本 八七六
兼山堂奕譜一卷 清徐星友撰 清康熙五十八年刻本 八七七
奕譜四種四卷 清陸偉辰輯 稿本 八七八
蕉子譜一卷 清范世勛撰
桃花泉奕譜提要一卷 清范世勛撰
奕理指歸摘要一卷 清施紹闇撰
奕叢一卷 清陸偉辰撰

雜技

清時樂事□種□卷 明昔田書堂抄本 八七九

存八種八卷
貫經譜式一卷　太素寶關一卷　閑天八卦圖說一卷　孝觀圖說一卷　古局象棊圖式一卷　打馬圖式一卷　條塞圖式一卷　相彩樂一卷

邯鄲淳藝經一卷彈棊經一卷附雜錄一卷博戲部紀事雜錄一卷　清抄本　八八〇

射義新書二卷雜記一卷　明程道生撰　明崇禎刻本　十行二十七字白口四周單邊　八八一

射書四卷首一卷　清顧煜撰　明崇禎十年刻本　八行二十字白口左右雙邊　八八二

貫經一卷禮記投壺篇一卷投壺譜一卷　明朱權撰　明初刻本　清徐康跋　十二行二十字黑口四周雙邊　八八三

貫經一卷禮記投壺篇一卷投壺譜一卷　明朱權撰　清抄本　八八四

壺譜一卷　明王象征撰　明嘉靖四十一年刻本　上圖下文黑口四周雙邊　八八五

壺史五卷　明郭元鴻撰　明抄本　八八六

投壺譜一卷　清李瑤撰　清抄本　八八七

漢官儀三卷　宋劉攽撰　宋紹興九年臨安府刻本　十行十七字小二十五、二十六字白口左右雙邊　八八八

漢官儀三卷　宋劉攽撰　清影宋抄本　八八九

漢官儀三卷　宋劉攽撰　清影宋抄本　八九〇

漢官儀三卷　宋劉攽撰　清抄本　清黃丕烈跋　八九一

打馬圖一卷　宋李清照撰　清嘉慶二十二年秦氏石研齋抄本　清秦恩復跋　八九二

打馬圖一卷　清翁同龢抄本　八九三

譜雙五卷附錄一卷　清翁同龢抄本　八九四

宣和牌譜一卷　題明浣霞主人輯　明崇禎二年浣霞齋刻本　十二行字數不等白口四周雙邊　八九五

重訂宣和譜牙牌彙集一卷　題瑞槐河上漁人輯　清刻本　八九六

六博碎金七卷　明雕蟲館刻本　八九七

馬吊經不分卷　明馮夢龍撰　清抄本　八九八

牌統孚玉四卷　題栖筠子撰　明崇禎十三年謝氏十竹齋刻本　九行二十字白口四周單邊　八九九

周君建鑒定古牌譜二卷　明胡貞波撰　明末周氏鑒檬刻本　八行二十字白口四周單邊　九〇〇

捭譜合參不分卷　清王國柱撰　清康熙三十二年自刻本　九〇一

集雅牌規不分卷　題凌山道人撰　清康熙刻本　九〇二

馬吊譜一卷　題片玉主人輯　清刻本　九〇三

弔譜一卷　清黃氏椒花唫舫抄本　九〇四

馬吊持平譜八卷　題含香主人等輯　清抄本　九〇五

弔譜補遺八卷　清且渡軒刻本　九〇六

蹴踘譜不分卷　清抄本　九〇七

捭譜集覽八卷　題清芬園前人撰　清抄本　九〇八

新刻時尚華筵趣樂談笑酒令五卷　明書林懋德堂龍沖宇刻本　上欄十三行十字下欄十一行十七字白口四周單邊　九〇九

新刻時尚華筵趣樂談笑酒令四卷　明文德堂刻本　上欄十三行十字下欄十一行十七字白口四周單邊　九一〇

牙牌酒令一卷　明刻本　九一一

梅令一卷　明末刻本　九一二

詩禪不分卷　明李開先撰　清抄本　九一三

果郎謎粧不分卷　清抄本　九一四

清詒堂燈謎一卷　清王翊輯　稿本　九一五

覆瓿社燈謎一卷　清王翊撰　稿本　九一六

百家隱語集一百一卷　題聯璧齋輯　稿本　九一七

嘯旨一卷　明嘉靖二十三年歐陽清刻本　十行十六字白口四周單邊　九一八

畫石軒臥遊隨錄四卷　清朱達泰撰　清嘉慶三年朱氏畫石軒刻本　鄭振鐸跋　（補錄在九五五後面）　九一九

收藏情況表

書名編號		藏書單位				
子藝術類	1	0101	0141			
	2	1601				
	3	1601				
	4	0201				
	5	0101	1601			
	6	0101				
	7	0101				
	8	0591				
	9	1601				
	10	0241				
	11	1701				
	12	0101				
	13	0101				
	14	0141				
	15	0144				
	16	0201				
	17	0241				
	18	0242				
	19	1601				
	20	0101				
	21	0201				
	22	0101				
	23	0242				
	24	0201				
	25	1601				
	26	0101	0106	0143	0150	0182
		0201	0291	0501	0520	0701
		0942	1601	1701	1911	2301
		2401	2501			
	27	0301				
	28	0101				
	29	0201				
	30	0101				
	31	1701				
	32	0101				
	33	0201				
	34	0341				
	35	0201				

表十

收藏情況表

書名編號		藏書單位				
子藝術類	36	0241				
	37	0201				
	38	0141	0142	0161	0181	0198
		0241	1601	2241	2302	2401
		2702	2801			
	39	0141	0142	0161	0281	1601
		2003	2302	2501	2547	
	40	1601				
	41	0704	2701	2741		
	42	1601				
	43	1701				
	44	0101				
	45	0181				
	46	0101				
	47	1701				
	48	0201				
	49	0101				
	50	0101				
	51	0101				
	52	0101				
	53	0101				
	54	1601				
	55	0101				
	56	0101				
	57	1201				
	58	1601				
	59	0241				
	60	0201				
	61	0101				
	62	0101				
	63	0101				
	64	1601				
	65	0201				
	66	0101				
	67	0101				
	68	0101				
	69	1601				
	70	2301				

收藏情況表

書名編號		藏書單位
子藝術類	71	1689
	72	0101
	73	0201
	74	0201
	75	0101
	76	0341
	77	1701
	78	0201
	79	0201
	80	0142
	81	0201
	82	0701
	83	0201
	84	1781
	85	0181
	86	0142
	87	1601
	88	1601
	89	0101
	90	1701
	91	0101
	92	0201
	93	0198
	94	0201
	95	0101
	96	0201
	97	2301
	98	1601
	99	1601
	100	1601
	101	0101
	102	0201
	103	0101
	104	0201
	105	0201
	106	0101
	107	0141
	108	0101

表二

收藏情況表

書名編號		藏書單位				
子藝術類	109	0101				
	110	0141				
	111	0201				
	112	0101	0141	0143	0150	0181
		0197	0261	0701	0802	0841
		0902	1201	1601	1701	1841
		1844	2354	2981		
	113	0591				
	114	0171				
	115	2441				
	116	0102				
	117	0703				
	118	0241				
	119	0101	0142	0201	0241	
	120	0201				
	121	1601				
	122	0241				
	123	0101				
	124	0101				
	125	0181				
	126	1641				
	127	2301				
	128	2701				
	129	2702				
	130	0101				
	131	2001				
	132	0101				
	133	0201				
	134	0201				
	135	0101				
	136	1705				
	137	0201				
	138	0181				
	139	0181				
	140	1601				
	141	1701				
	142	0181				
	143	0181				

收藏情況表

書名編號		藏書單位		
子藝術類	144	0701		
	145	0181		
	146	1681		
	147	0181		
	148	0181		
	149	0181		
	150	1681		
	151	0201		
	152	0161		
	153	0181		
	154	1681		
	155	0282		
	156	0101		
	157	1601		
	158	0101		
	159	1605		
	160	0142		
	161	0201		
	162	1601		
	163	1601		
	164	0101		
	165	1605		
	166	1601		
	167	0201		
	168	1601		
	169	0101	1601	2301
	170	1601		
	171	1705		
	172	1601		
	173	0241		
	174	0201		
	175	0301		
	176	0201		
	177	0201		
	178	1582		
	179	0201		
	180	1526		
	181	0201		

收藏情況表

書名編號		藏書單位				
子藝術類	182	0163				
	183	0201				
	184	0201				
	185	0281				
	186	0201				
	187	0101				
	188	1581				
	189	0201				
	190	1601				
	191	1601				
	192	1605				
	193	0241				
	194	1601				
	195	2301				
	196	0201				
	197	0201				
	198	1601				
	199	0201				
	200	0101				
	201	0101				
	202	0101				
	203	0201				
	204	0201				
	205	0101	0198	0201	1606	
	206	0101				
	207	0101				
	208	0101				
	209	0101				
	210	0101				
	211	0101				
	212	0101				
	213	1601				
	214	0101				
	215	0101	0198	0801	1501	
	216	0241				
	217	0141	0161	0201	0291	0301
		0701	0842	1541	1544	2401
		2501				

表三

收藏情況表

書名編號		藏書單位			
子藝術類	218	0201	~~0101~~		
	219	0101			
	220	0101	2401	2541	2701
	221	0201			
	222	0101			
	223	0101			
	224	0101			
	225	2401			
	226	0198			
	227	0101			
	228	0101			
	229	1601			
	230	0101			
	231	0101			
	232	0101	1601	1701	
	233	0201			
	234	0101			
	235	0842			
	236	0101			
	237	0101			
	238	0101			
	239	0101			
	240	0101			
	241	0181			
	242	0341			
	243	1601			
	244	0101			
	245	0301			
	246	1943			
	247	0181			
	248	0101			
	249	0101			
	250	1629			
	251	0101			
	252	0101			
	253	0101			
	254	0201			
	255	0201			

收藏情況表

書名編號		藏書單位				
子藝術類	256	2401				
	257	1601				
	258	0101				
	259	0101				
	260	0101				
	261	0101				
	262	1601				
	263	0201				
	264	1601				
	265	0101				
	266	1601				
	267	0101				
	268	1501				
	269	0141	0242	0341	2941	
	270	0101				
	271	0141				
	272	0101				
	273	1001				
	274	1501				
	275	1705				
	276	0101				
	277	0101				
	278	0101	0201	1791		
	279	0101	0141	1622		
	280	0201				
	281	0101				
	282	0241				
	283	0101				
	284	1901				
	285	0201				
	286	0201				
	287	1601				
	288	0101				
	289	0101				
	290	1601				
	291	0181				
	292	0102	0201	1701	2343	2901
		2941				

表四

收藏情况表

書名編號		藏書單位				
子藝術類	293	2702				
	294	2401				
	295	0242				
	296	1781				
	297	0201				
	298	1801				
	299	0101				
	300	0102	2201			
	301	0301				
	302	0201				
	303	0101				
	304	1601				
	305	0291	1541	2241	2501	
	306	0142	0201	0291	0841	2501
	307	0101				
	308	0101				
	309	1613				
	310	1601				
	311	0201				
	312	0101				
	313	0101				
	314	1601				
	315	0201				
	316	0101	0201	0301	0901	1501
		1791				
	317	0161	2702			
	318	0101				
	319	0101				
	320	0101				
	321	0141				
	322	0101	1201			
	323	1601				
	324	0101	1601			
	325	0101				
	326	0101				
	327	0201				
	328	0281				
	329	1705				

表五

收藏情况表

書名編號		藏書單位				
子藝術類	330	0201				
	331	1684				
	332	0141				
	333	1701				
	334	0141				
	335	1601				
	336	0201				
	337	0101				
	338	0101	1601	2301		
	339	1504				
	340	0101				
	341	0141	0142	0201	0241	0841
		0861	1601	2301		
	342	1601				
	343	1601	2401			
	344	0161				
	345	2001				
	346	0101				
	347	0101				
	348	0141	2301			
	349	2401				
	350	0701				
	351	0101	1601	2301		
	352	1601				
	353	0201				
	354	0101				
	355	1601				
	356	0101				
	357	0161				
	358	0201				
	359	0101				
	360	1711				
	361	0101				
	362	1601				
	363	0201				
	364	1704				
	365	2702				
	366	1801				

收藏情况表

書名編號		藏書單位				
子藝術類	367	0141	0181			
	368	1801				
	369	0101	0161	0201	0241	0701
		1701	2701			
	370	0101				
	371	0150	0242	0301	1606	
	372	0101				
	373	1881				
	374	0142	0144	0197	0342	1841
		2042	2201	2750		
	375	0201				
	376	0101				
	377	1601				
	378	0241				
	379	0101				
	380	0101				
	381	0198				
	382	0341				
	383	0101				
	384	0101				
	385	0201				
	386	2401				
	387	0101				
	388	0101				
	389	1601				
	390	2401				
	391	0201				
	392	0101				
	393	1601				
	394	0101	0201	0242	1506	1616
		2401	2702			
	395	0341				
	396	0141	1882			
	397	0101				
	398	0144				
	399	0101				
	400	1701				
	401	0101	1808	2302		

表六

收藏情况表

書名編號		藏書單位				
子藝術類	402	0150	0841	0842	1605	1684
		1881				
	403	0142	0150	0701	0903	2042
		2301				
	404	0101				
	405	0101				
	406	0101				
	407	0141	1101	1601		
	408	0101				
	409	0142	2701			
	410	0701	2301			
	411	0101				
	412	0101				
	413	1781				
	414	1601				
	415	0101	0841			
	416	0241				
	417	0101				
	418	0101				
	419	0101	0201	1601	2401	
	420	0101				
	421	0101				
	422	0101				
	423	0168	0198	1681		
	424	1601				
	425	0101	0241	0592	2702	
	426	0201				
	427	1601				
	428	1601				
	429	1601				
	430	0301				
	431	0201				
	432	0101	0592	1601	1704	1791
		2702				
	433	0101	0281			
	434	1601				
	435	0101				
	436	0101	0141	0201		

收藏情況表

書名編號		藏書單位				
子藝術類	437	0101				
	438	0201				
	439	0592				
	440	0101				
	441	0101	0104	0201	0801	1510
		1701	2701			
	442	0101				
	443	0142	0181			
	444	0101				
	445	0201				
	446	0101				
	447	0101				
	448	0101				
	449	1601				
	450	0101				
	451	0201				
	452	0101				
	453	1601				
	454	0101				
	455	0701				
	456	0101	0241	0592		
	457	0101				
	458	0101				
	459	1601				
	460	0101	0201			
	461	0201				
	462	1601				
	463	0201				
	464	2742				
	465	1581				
	466	0141				
	467	0101				
	468	0101				
	469	0201				
	470	0101	0141	0901	1701	2702
	471	0141				
	472	0101				
	473	0201				

收藏情況表

書名編號		藏書單位				
子藝術類	474	0101				
	475	0101	0201	0291	1701	2314
		2381				
	476	0101	1501			
	477	1601				
	478	1881				
	479	0141				
	480	0101				
	481	0101	1881			
	482	0201				
	483	0101	0141	0143	0161	0171
		0198	0201	0241	0242	0243
		0291	0591	0703	0803	0842
		1101	1606	1622	1701	1791
		2001	2301			
	484	0201				
	485	0101				
	486	0201	0701	1601	2501	
	487	0101				
	488	0101	0141	0291		
	489	0201				
	490	0281				
	491	0201				
	492	0201	0242			
	493	0142				
	494	1701				
	495	0201				
	496	0142	0198			
	497	0201	0281			
	498	0201				
	499	0101	0102	0143	0201	0281
		2901				
	500	0101				
	501	0181				
	502	0101	0201	0241	1601	2401
	503	1646				
	504	0101				
	505	0181				

表七

收藏情況表

書名編號		藏書單位				
子藝術類	506	0141	0142	0201	0242	0243
		0642	0701	0741	0841	1042
		1601	1710	1841	2401	2501
		2542	2681	2702	2741	
	507	0301				
	508	0101				
	509	0201				
	510	1601				
	511	0201				
	512	0142				
	513	0141	0142	0198	0201	1601
		2547				
	514	0141	1601			
	515	0101				
	516	2701				
	517	0101	0162			
	518	0141				
	519	0101				
	520	0101				
	521	0163	1601	1705	2401	
	522	1701				
	523	1601				
	524	0101				
	525	0150				
	526	0201				
	527	0101				
	528	0201				
	529	0101				
	530	0201	1601			
	531	0201				
	532	0201				
	533	0101				
	534	0201				
	535	1501				
	536	0141	0241			
	537	0201				
	538	0241	1601	1684		
	539	0201				

收藏情況表

書名編號		藏書單位				
子藝術類	540	0101				
	541	0201				
	542	0198				
	543	1501				
	544	0101				
	545	0141				
	546	0241				
	547	1601				
	548	0101				
	549	0101	1601			
	550	2501				
	551	0283				
	552	1601				
	553	0101	1601	1722		
	554	0201				
	555	1601				
	556	1582				
	557	1681				
	558	0101				
	559	2701				
	560	1681				
	561	1681				
	562	0281				
	563	0101	0341			
	564	0101				
	565	0141				
	566	0101	0141	0201		
	567	0101	0193	0201	0281	0301
		1881				
	568	0101				
	569	0101				
	570	0101	0281	1781		
	571	0101				
	572	0101	1716			
	573	0101				
	574	0101				
	575	0141	0143	0301	1582	
	576	0201				

表八

收藏情況表

書名編號	藏書單位				
子藝術類 577	1881				
578	0101				
579	0101				
580	0201				
581	0101				
582	0291				
583	0101	0102	0141	0181	0182
	0701	0942	1341	2041	
584	0101	0181	0281		
585	0101				
586	0101				
587	0101	1705			
588	0101				
589	0101	0141	0201	1881	2401
590	0101	0141	0142	0198	0201
	0243	0281	0507	0801	0842
	0902	1001	1441	1581	1583
	1881	2401	2501	2542	2602
	2701	2741			
591	0101	0141	0198	0242	0281
	0841	0902	1001	1441	1501
	2501				
592	0902	1581			
593	0101				
594	0182	0901	1601	1705	
595	0101	0142	0162	0198	0201
	0281	0591	0601	0783	0841
	0903	1107	1701	1705	1713
	1791	1881	2601	2641	
596	0141				
597	0101	0201	0703	1881	
598	0181				
599	0142	0182	0247	0542	0591
	0701 0903	1401	1601	1705	1716
	1791	1801	1802	1843	2301
	2304	2342	2461	2501	2547
	2741	2789			
600	0181				

表九

收藏情況表

書名編號	藏書單位				
子藝術類 601	0101	1601			
602	0101	0242	1701		
603	0101	0141			
604	0101				
605	0101	0102	0902	1601	
606	0101	1601			
607	0241				
608	0101	1601	1801	1881	
609	1501				
610	0101	1601			
611	0101				
612	0101				
613	0101	1601			
614	0101	1601			
615	0101	0141	0144	0841	
616	2301				
617	0201				
618	0201	1744			
619	0141				
620	1606				
621	1601				
622	0101				
623	0281	1781			
624	1601	1781			
625	1601				
626	0281	0301	1601	1701	1799
627	1701				
628	1701				
629	1601	1799			
630	1799	1801			
631	1601	1744	1881		
632	1881				
633	1701				
634	0101	1799			
635	0161	0281			
636	0101	0141	0198	0201	0281
	1601				
637	1701				

收藏情況表

書名編號	藏書單位				
子藝術類 638	1701				
639	0201	0281	1582		
640	1601				
641	1799				
642	0101	0165			
643	1799				
644	2301				
645	1601				
646	0101				
647	0201				
648	0101	0141	0144	0145	0281
	1799	2281			
649	0101	0161	0198	0201	0301
	0703	0841	1101	1601	1799
	2301	2701			
650	1601				
651	1601				
652	0281	1701			
653	0281				
654	0201				
655	1601	1799			
656	0101				
657	0201				
658	2701				
659	1601				
660	0201				
661	0281	1042	1501	1544	1799
662	0181	1601	1701	1799	
663	0281				
664	1801				
665	0281				
666	1801				
667	1799				
668	0201				
669	0141				
670	0201				
671	0201				
672	0281				

表十

收藏情況表

書名編號	藏書單位				
子藝術類 673	0101	0148	0281	1531	1601
	1701	1799	2201	2701	
674	0101	1601			
675	0281				
676	0281				
677	0101				
678	1501				
679	0101	0201	0281	0341	1681
	1799	2201	2401		
680	0101	0201	0301	1601	
681	0201				
682	0701				
683	0201				
684	0201	0841	0842	1041	1601
	1701	1744	1799	2201	2401
	2701	2789			
685	0104	0201	0801		
686	0201	0291	0841	1701	
687	1802				
688	1799				
689	0101	0201	0281	1601	1799
690	1799				
691	1799				
692	0281				
693	0281				
694	1799				
695	1799				
696	0281				
697	0142				
698	1799				
699	0801	1799			
700	0101	0281	1799		
701	1744				
702	0101				
703	1799				
704	0201	0281			
705	1799				
706	0144	0842	1799		

收藏情況表

書名編號		藏書單位				
子藝術類	707	2702				
	708	0841				
	709	1799				
	710	1799				
	711	0201				
	712	0201				
	713	0101	0201	1799		
	714	0101	0141	0201	0801	1601
		2701				
	715	0201				
	716	0201				
	717	1799				
	718	0802				
	719	1605				
	720	0281	0701			
	721	0101	0141	0201	0841	1601
		1799				
	722	0281	0841	1799		
	723	1799				
	724	1799				
	725	0242	1799			
	726	0101				
	727	0201				
	728	1799	2901			
	729	0101	0201	0281	1799	
	730	0291	1799			
	731	0104	0148	0281	0902	1799
	732	2281				
	733	0144	0802	0902	1799	2301
		2481	2701	2881		
	734	1808				
	735	0101	0701	0803	1601	2301
	736	0841	1799			
	737	0101	0241	1601		
	738	0281				
	739	2201				
	740	0281				
	741	0201				

收藏情況表

書名編號		藏書單位
子藝術類	742	2401
	743	1701
	744	0903
	745	0701
	746	1701
	747	2701
	748	0281
	749	0201
	750	1601
	751	2201
	752	1501
	753	1799
	754	1701
	755	1701
	756	2327
	757	2481
	758	0242
	759	0201
	760	1781
	761	0201
	762	0101
	763	0101
	764	0101
	765	0101
	766	0101
	767	0101
	768	0101
	769	0201
	770	2742
	771	0101
	772	0101
	773	0175
	774	2701
	775	0175
	776	0101
	777	0175
	778	0181
	779	0175

表十一

收藏情況表

書名編號		藏書單位				
子藝術類	780	0198				
	781	0201				
	782	0101				
	783	0101				
	784	0101	0141	0161	0182	0201
		1501	1601	1701	1902	1941
		2701	2789			
	785	0101	0145	0161	0201	1601
		1681	1741	2602	2701	
	786	0201				
	787	0201				
	788	0175				
	789	0201				
	790	1705				
	791	0141	0175			
	792	0141	0173	0175	0182	0197
		0198	0201	0741	1501	1616
		1641	1901	2041	2201	2206
		2701	2702	2941		
	793	0201				
	794	0198	0201			
	795	0161	0175	0201	1103	1301
		1601	1628	1798	1881	2301
	796	0242				
	797	0175	2941			
	798	0181	0201	1601		
	799	0175	0201	0744	1601	2541
	800	0201				
	801	0181	1601			
	802	0175				
	803	0201				
	804	0175				
	805	0201				
	806	0161	0175	0181	0291	2401
		2702				
	807	0141	0175	0201	2201	2701
	808	0161				
	809	0201				

收藏情況表

書名編號		藏書單位				
子藝術類	810	0175	0197	0201	0246	
	811	2702				
	812	0141	0201	0246	0642	0701
		0744	1001	1232	1798	2353
		2602	2701	2706	2741	
	813	0201				
	814	0246	1798	2701		
	815	0175	0201	0246	0701	0744
		2001	2401	2501	2644	
	816	0175	0201			
	817	0175				
	818	0246	1741	2301	2341	2353
		2401				
	819	0201	2353	2702		
	820	0141				
	821	0161				
	822	0141	0201	1017	1798	2201
		2701				
	823	0161	1798			
	824	0201				
	825	0175				
	826	0175				
	827	0201	1798			
	828	0141	0175	0201	0701	2701
	829	0201				
	830	0101	0145	0175	0201	0241
	831	0198	0701	0744	1798	2309
	832	1798				
	833	0197	0201	0703	1798	
	834	0175				
	835	0101				
	836	0175				
	837	0175				
	838	0201				
	839	0198				
	840	0175				
	841	0201				
	842	0201	2701			

表十二

收藏情況表

書名編號	藏書單位				
子藝術類 843	0101				
844	1601				
845	1741				
846	2701				
847	0201				
848	0201				
849	0101				
850	0201	0301	0841	1501	1581
	1582	1586	1801	2201	2202
	2301	2401	2601	2701	2702
	2781				
851	0101				
852	0101				
853	0197				
854	1001				
855	0101				
856	2201				
857	1601				
858	0101				
859	0101				
860	0201				
861	1704				
862	1681				
863	0101	0102	0141	0198	
864	0201				
865	0101				
866	0101	0201	0701		
867	0101				
868	0242	0301	0601	1001	1002
	1102	1301	1441	1582	2702
	2901				
869	1501	1604			
870	0101	0106			
871	0141				
872	2001				
873	0291	2201	2301		
874	0141	2702	2802		
875	0101				

表十三

收藏情況表

書名編號	藏書單位				
子藝術類 876	0101	0520	2001		
877	0141				
878	1601				
879	0141				
880	1601				
881	1701				
882	0141	0142	0201	2301	
883	0101				
884	0201				
885	1601				
886	0101				
887	0142				
888	0101				
889	0101				
890	0201				
891	0101				
872	0101				
893	0101				
894	0101				
895	0141				
896	0141				
897	0101				
898	0142				
899	0101	0102	0161	0201	2702
900	0101				
901	0101				
902	0101				
903	0101				
904	0101				
905	0701				
906	0101	0701			
907	1682				
908	1601				
909	0101				
910	0161	0201			
911	0101				
912	0201				
913	0101				

收藏情況表

書名編號	藏書單位
子藝術類 914	0161
915	1501
916	1501
917	0241
918	0101
919	0101 〔補排在552後面〕

表十四

收藏情況表

書名編號	藏書單位

收藏情况表

書名編號	藏書單位

表十五

收藏情况表

書名編號	藏書單位

譜錄類

叢編

山居雜志二十三種四十一卷　明汪士賢輯　明萬曆汪氏刻本　九行二十字小字双行行字同　左右双边白口有刻工　一

南方草木狀三卷　晉嵇含撰
筍譜一卷　宋釋贊寧撰
竹譜一卷　晉戴凱之撰
梅譜一卷　宋范成大撰
洛陽牡丹記一卷　宋歐陽修撰
牡丹榮辱志一卷　宋丘璿撰
天彭牡丹譜一卷　宋陸游撰
亳州牡丹志一卷
芍藥譜一卷　宋王觀撰
海棠譜三卷　宋陳思撰
荔枝譜一卷　宋蔡襄撰
橘譜三卷　宋韓彥直撰
百菊集譜六卷菊史補遺一卷諸菊品目一卷　宋史鑄撰
茶經三卷　唐陸羽撰　附茶具圖贊一卷水辨一卷
茶經外集一卷　明孫大綬撰
茶譜一卷　明顧元慶撰
茶譜外集一卷　明孫大綬撰
酒譜一卷　明徐炬撰
疏食譜一卷　宋陳達叟撰
菌譜一卷　宋陳仁玉撰
野菜譜一卷　明王磐撰
蟹譜二卷　宋傅肱撰
禽蟲述一卷　明袁達德撰

張氏藏書十二種十五卷　明張丑編　明萬曆刻本　葉德輝葉啟勳葉啟發跋　九行二十字小字双行行字同无格白口左右双边　二

存十一種十三卷

筆歎樂一卷　明張應文撰
老圃一得二卷　明張應文撰
羅鐘齋蘭譜一卷　明張應文撰
彝齋藝菊譜一卷　明張應文撰
焚香略一卷　明張應文口授張丑筆受
清閟藏二卷　明張應文撰張丑述
山房四友譜一卷　明張丑撰
茶經一卷　明張丑撰
缾花譜一卷　明張丑撰
清供品一卷　明張應文撰
硃砂魚譜一卷　明張丑撰

張氏藏書十二種十五卷　明張丑編　明萬曆刻本　九行二十字白口左右双边　三

存五種六卷

先天換骨新譜一卷圖一卷　明張應文撰
焚香略一卷　明張應文口授張丑筆受
山房四友譜一卷　明張丑撰
茶經一卷　明張丑撰
瓶花譜一卷　明張丑撰

張氏藏書十二種十五卷　明張丑編　清抄本　清丁丙跋　四

存五種五卷

山房四友譜一卷　明張丑撰
茶經一卷　明張丑撰
缾花譜一卷　明張丑撰
野服考一卷　明張丑撰
硃砂魚譜一卷　明張丑撰

清媚合譜二種十六卷　明朱祐檳編　明崇禎刻本　八行二十字小字双行行字同白口四周双边　五

存二種九卷

增訂集會香譜四卷　存一卷一
茶譜十二卷　存八卷三至八　十一至十二

飲食

膳夫經手錄一卷　唐楊曄撰　清初毛氏汲古閣抄本　六

膳夫經手錄一卷　唐楊曄撰　清抄本　七

膳夫經一卷　唐楊曄撰　清抄本　清周星詒校並跋　八

蔬食譜一卷　宋陳達叟撰　清初錢氏述古堂抄本　九

蔬食譜不分卷　清抄本　鄭振鐸跋　一〇

段食良方一卷　清初錢氏述古堂抄本　一一

飲膳正要三卷　元忽思慧撰　元刻本　十行二十字白口左右双边　一二

存一卷三

飲膳正要三卷　元忽思慧撰　明景泰七年內府刻本　十行二十字黑口四周双边　一三

飲膳正要三卷　元忽思慧撰　清初抄本　一四

雲林堂飲食製度集一卷　元倪瓚撰　清初毛氏汲古閣抄本　一五

雲林堂飲食製度集一卷　元倪瓚撰　清抄本　一六

饌史一卷　清抄本　一七

食鑑一卷　明甯源輯　明抄本　一八

宋氏養生部六卷　明宋詡撰　明刻竹嶼山房雜部本　十行二十字白口左右双边　一九

食物輯要八卷　明穆世錫輯　明萬曆四十二年自刻本　八行十八字白口單边　二〇

食憲鴻秘二卷附錄一卷　題清朱彝尊撰　清雍正刻本　九行二十一字白口四周單边　二一

食憲鴻秘二卷附錄一卷　題清朱彝尊撰　清雍正刻本　清李文田跋　二二

鄉味雜詠二卷　清施鴻保撰　稿本　二三

存一卷上

御膳單不分卷　清宣統二年抄本　二四

二五 頤堂先生糖霜譜一卷 宋王灼撰 明抄本 明趙琦美校並跋

二六 頤堂先生糖霜譜一卷 宋王灼撰 清初毛氏汲古閣抄本

二七 頤堂先生糖霜譜一卷 宋王灼撰 清康熙四十五年曹寅揚州使院刻楝亭十二種本 清黄丕烈校跋並錄趙琦美題識

二八 茶書二十七種三十三卷 明喻政編 明萬曆四十一年刻本 九行十八字白口左右双边有刻工

茶經三卷 唐陸羽撰
茶錄一卷 宋蔡襄撰
東溪試茶錄一卷 宋宋子安撰
宣和北苑貢茶錄一卷 宋熊蕃撰
北苑別錄一卷 題宋熊克撰
品茶要錄一卷 宋黄儒撰
茶譜一卷 明顧元慶輯
茶具圖贊一卷 明茅一相撰
茶寮記一卷 明陸樹聲撰
荈茗錄一卷 宋陶穀撰
煎茶水記一卷 唐張又新撰
水品二卷 明徐獻忠撰
湯品一卷 唐蘇廙撰
茶話一卷 明陳繼儒撰
茗笈二卷 明屠本畯撰
茗笈品藻一卷 明王嗣奭等撰
煮泉小品一卷 明田藝蘅撰
張伯淵茶錄一卷 明張源撰
茶考一卷 明陳師撰
茶說一卷 明屠隆撰
許然明茶疏一卷 明許次紓撰
茶解一卷 明羅廩撰
蒙史二卷 明龍膺撰
蔡端明別紀一卷 明徐𤊹輯
茗譚一卷 明徐𤊹撰
茶集二卷 明喻政輯
烹茶圖集一卷 明喻政輯

二九 茶書二十七種三十三卷 明喻政編 明萬曆四十一年刻本 清丁丙跋

三〇 茶書十三種十五卷 明末刻本 九行二十字白口左右双边

茶經三卷 唐陸羽撰
茶錄一卷 宋蔡襄撰
試茶錄一卷 宋宋子安撰
大觀茶論一卷 宋徽宗趙佶撰
宣和北苑貢茶錄一卷 宋熊蕃撰
北苑別錄一卷
品茶要錄一卷 宋黄儒撰
本朝茶法一卷 宋沈括撰
煎茶水記一卷 唐張又新撰
十六湯品一卷 唐蘇廙撰
述煮茶小品一卷 宋葉清臣撰
採茶錄一卷 唐溫庭筠撰
闘茶記一卷 唐唐庚撰

三一 茶書七種十四卷 清抄本

宣和北苑貢茶錄一卷 宋熊蕃撰
北苑別錄一卷 宋趙汝礪撰

三二 茶書七種七卷 題醉茶消客輯 明抄本

茶錄二卷 宋蔡襄撰
品茶要錄一卷 宋黄儒撰
東溪試茶錄一卷 宋宋子安撰
煎茶水記一卷 唐張又新撰
續茶經三卷附錄一卷 清陸廷燦撰
茶經三卷 唐陸羽撰
茶箋一卷
茶文一卷
茶封一卷
茶綱一卷
水經一卷
水詩一卷
水洞一卷

三三 茶經三卷 唐陸羽撰 外集一卷 明嘉靖二十二年柯□刻本 九行二十字白口左右双边

三四 茶經三卷 唐陸羽撰 又一卷 唐張又新等撰 明萬曆十六年程福生竹素圖刻本 八行十六字細黑口四周單边

三五 茶經三卷 唐陸羽撰 外集一卷 明孫大綬輯 茶具圖贊一卷 題宋審安老人撰 水辨一卷 唐張又新等撰 茶譜一卷 明孫大綬校 茶譜外集 明孫大綬編 明萬曆十六年孫大綬秋水齋刻本 九行二十字小字双行白口四周單边有刻工

三六 茶經三卷 唐陸羽撰 茶具圖贊一卷 題宋審安老人撰 水辨一卷 唐張又新等撰 外集一卷 明孫大綬輯 明萬曆十六年孫大綬秋水齋刻本 清丁丙跋

三七 茶經一卷 唐陸羽撰 水辨一卷 明樂元聲刻本 九行十九字白口四周双边

三八 茶經三卷 唐陸羽撰 茶具圖贊一卷 明刻本 九行二十字白口左右双边

三九 原本茶經三卷 唐陸羽撰 續茶經三卷附錄一卷 清陸廷燦輯 清雍正十三年陸氏壽椿堂刻本

四〇 茶錄二卷 宋蔡襄撰 清初錢氏述古堂抄本

四一 茶具圖贊一卷 題宋審安老人撰 清初錢氏述古堂抄本

四二 宣和北苑貢茶錄一卷 宋熊蕃撰 北苑別錄一卷 宋趙汝礪撰 清乾隆翰林院抄本（四庫底本）

四三 宣和北苑貢茶錄一卷 宋熊蕃撰 北苑別錄一卷 宋趙汝礪撰 清抄本 清汪繼壕校並跋、丁丙跋

四四 茶錄四卷 明程用賓撰 明萬曆三十二年戴鳳儀刻本 八行十七字白口四周單边

四五 茶董二卷 明夏樹芳輯 明萬曆夏氏清遠樓刻本 七行十六字白口四周單边有刻工

四六 茶董二卷 明夏樹芳輯 茶董補二卷 明陳繼儒輯 明萬曆刻本 七行十六字白口單魚尾四周單边

四七 茶苑二十卷 明黄履道輯 清抄本

四八 洞山岕茶系一卷 明周高起撰 清乾隆盧文弨抄本 清盧文弨、丁丙跋

四九 茶解一卷 明羅廪撰 明萬曆刻本 九行十八字白口四周雙邊

五〇 茗史二卷 明萬邦寧輯 清抄本

五一 茶乘六卷拾遺一卷 明高元濬撰 明天啓刻本 九行二十字白口四周單邊

五二 茶史二卷 清劉源長撰 補一卷 清余懷撰 清雍正刻本

五三 合刻酒經觴政四卷 酒經三卷 宋朱翼中撰 觴政一卷 明袁宏道撰 明萬曆四十三年程百二刻本 十一行二十二字白口四周單邊

五四 酒經三卷 宋朱翼中撰 宋刻本 清錢謙益跋 十行十八字小字雙行行字同白口左右雙邊有刻工

五五 酒經三卷 宋朱翼中撰 清初毛氏汲古閣影宋抄本

五六 酒經三卷 宋朱翼中撰 清初錢氏述古堂抄本

五七 酒經三卷 宋朱翼中撰 清初抄本 清唐翰校

五八 酒經三卷 宋朱翼中撰 清道光蔣氏別下齋抄本

五九 酒經三卷 宋朱翼中撰 清抄本

六〇 酒譜二卷 宋竇苹撰 繆氏雲自在龕抄本 繆荃孫校

六一 燭夜仙酒法一卷 清初錢氏述古堂抄本

六二 酒史二卷 明馮時化撰 明隆慶四年獨醒居士刻本 八行十九字白口四周單邊

六三 酒史二卷 明馮時化撰 明萬曆刻清康熙十四年重修本 續編六卷 題午橋釣叟撰 清康熙十四年刻本

六四 酒史續編六卷 題午橋釣叟撰 清康熙刻本

六五 酒史六卷 明馮時化撰 附中郎觴政一卷 明袁宏道撰 明末刻本 九行二十字白口四周單邊

六六 觴政一卷 明袁宏道撰 明萬曆三十八年刻本 十行二十字白口四周單邊

六七 觴政一卷 明袁宏道撰 清初錢氏述古堂抄本

六八 酒概四卷 明沈沈撰 明刻本 九行二十字白口四周單邊

六九 酒顛二卷 明夏樹芳輯 明萬曆夏氏清遠樓刻本 七行十六字白口四周單邊有刻工

七〇 酒顛二卷 明夏樹芳輯 酒顛補三卷 明陳繼儒輯 明萬曆刻本 七行十六字白口四周單邊

七一 新刻四書酒政不分卷 明程思志輯 明萬曆二十二年刻本 十行二十字白口左右雙邊

七二 麯志七卷 明蘇化雨撰 明萬曆三十八年刻本 十行二十字白口四周單邊

七三 醯略四卷 清趙信撰 清抄本

七四 醯略四卷 清趙信撰 清抄本

五

器物

七五 歷代帝王傳國璽譜一卷 宋鄭文寶撰 明抄本

七六 文房四譜四卷 宋蘇易簡撰 明龍山童氏刻本 九行十八字白口四周單邊

七七 文房四譜五卷 宋蘇易簡撰 清抄本 清黃丕烈跋並錄趙琦美錢謙益吳翌鳳題識

七八 文房四譜五卷 宋蘇易簡撰 清嘉慶戴光曾抄本 清戴光曾跋並錄吳翌鳳校跋黃丕烈題識 丁丙跋

七九 文房四譜五卷 宋蘇易簡撰 清瞿氏恬裕齋抄本 清黃廷鑑校並跋

八〇 文房四譜五卷 宋蘇易簡撰 清抄本 清黃廷鑑校並跋

八一 文房四譜五卷 宋蘇易簡撰 清抄本 清黃廷鑑校

八二 文房四譜五卷 宋蘇易簡撰 清光緒七年陸心源刻十萬卷樓叢書本 傅增湘校並跋

八三 宋氏文房譜一卷 明宋詡撰 清初毛氏汲古閣抄本

八四 研史一卷 宋米芾撰 清初抄本

八五 硯箋四卷 宋高似孫撰 明萬曆四十二年潘膺祉如韋館刻本 九行十八字白口四周單邊

八六 硯箋四卷 宋高似孫撰 明抄本 清黃丕烈跋並題詩

八七 硯箋四卷 宋高似孫撰 清初抄本

八八 硯箋四卷 宋高似孫撰 清初抄本

八九 硯箋四卷 宋高似孫撰 清康熙四十五年曹寅揚州使院刻楝亭十二種本 清何焯校並跋

九〇 硯箋四卷 宋高似孫撰 清康熙四十五年曹寅揚州使院刻楝亭十二種本 傅增湘跋並錄清何焯校跋沈巖題識

六

九一 硯箋四卷 宋高似孫撰 清嘉慶十五年張紹仁家抄本 清張紹仁抄補並跋 章鈺跋

九二 硯箋四卷 宋高似孫撰 清道光張蓉鏡抄本

九三 硯箋四卷 宋高似孫撰 清抄本

九四 東書堂硯銘不分卷 清乾隆三十六年拓本 清翁方綱跋並題詩 程晉芳紀復亨錢載吳錫麒張塤曹振鏞題詩

九五 端友齋硯譜一卷 明戴舜臣撰 明刻本 六行十三字白口單邊

九六 硯史十卷 清林在峩輯 清抄本

九七 硯史十卷 清林在峩輯 清抄本

九八 歙硯輯考一卷 清徐毅輯 清乾隆五年刻本

九九 端溪研志三卷首一卷 清吳繩年輯 清乾隆刻本

一〇〇 古今硯譜六卷 清倪綸輯 稿本

一〇一 硯錄四卷附詩銘一卷 清殷自洲輯 清抄本

一〇二 飛鴻堂硯譜三卷墨譜一卷瓶譜一卷鼎鐘譜一卷 清汪啓淑輯 清乾隆摹繪本

一〇三 西清硯譜二十四卷 清內府抄本（四庫底本）

一〇四 欽定西清硯譜二十四卷首一卷 清于敏中等輯 清乾隆內府抄本

欽定西清硯譜二十四卷首一卷　清于敏中等輯　清乾隆內府抄本　一〇五
欽定西清硯譜二十四卷首一卷　清于敏中等輯　清乾隆內府抄本　一〇六
拜經樓研錄一卷　清吴騫輯　稿本　一〇七
端溪硯史滙參三卷　清黄欽阿撰　清乾隆五十七年刻本　一〇八
謝氏硯攷四卷首一卷　清謝慎修撰　清乾隆刻本　一〇九
硯譜不分卷　清謝修之撰　稿本　一一〇
英石硯山圖記一卷　清黄錫蕃輯　清嘉慶十五年黄氏醉經樓刻本　一一一
硯小史四卷　清朱棟撰　清嘉慶五年樓外樓刻本　一一二
寶硯堂硯辨一卷　清何傳瑶撰　清道光十七年高鴻刻本　一一三
寶硯堂硯辨一卷　清何傳瑶撰　清道光十七年高鴻刻本　清徐圻跋　一一四
硯坑畧一卷　清景日昣撰　清黄廷鑑抄本　一一五
端溪研坑記一卷　清李兆洛撰　清光緒十年趙氏能靜居抄本　清趙烈文跋　一一六
研譜不分卷　清李鴻裔撰　手稿本　一一七
醉盦硯銘不分卷　清王繼香撰　稿本　一一八
雍正乾隆兩朝進硯檔不分卷　清抄本　一一九

墨苑叢談九卷　清抄本　朱文鈞跋　一二〇
　張晴齋墨譜一卷　元張壽撰
　墨譜一卷　明邢侗撰
　墨記一卷　明邢侗撰
　墨雜説一卷　明陶望齡撰
　雪堂墨品一卷　清張仁熙撰
　漫堂墨品一卷　清宋犖撰
　紀墨小言補編一卷　清汪紹焻撰
　百十二家墨錄一卷　清汪紹焻撰　清邱學勄撰

七

墨譜三卷　宋李孝美撰　如韋館墨評一卷　明潘膺祉輯　明萬曆潘膺祉如韋館刻本　九行十八字白口四周單邊　一二一
墨譜三卷　宋李孝美撰　明潘方凱刻本　九行十八字白口四周單邊　一二二
墨譜三卷　宋李孝美撰　清抄本　一二三
墨史三卷　元陸友撰　清乾隆黄氏醉經樓抄本　清黄錫蕃校　一二四
墨史三卷　元陸友撰　附客杭日記一卷　元郭畀撰　清咸豐劉履芬抄本　清劉履芬校　一二五
吴氏墨紀一卷　明吴甦輯　山泉吴氏小傳一卷　明彭年等撰　一二六
　秋水玄思一卷　明吴頤元輯　明嘉靖四十年吴景明刻本　十行十八字白口四周單邊有刻工
程氏墨苑十四卷　明程大約撰　人文爵里八卷　明萬曆程氏滋蘭堂刻彩色印本　行款字數不等白口四周單邊　一二七
程氏墨苑十二卷　明程大約撰　人文爵里九卷　明萬曆程氏滋蘭堂刻彩色印本　一二八
程氏墨苑十二卷　明程大約撰　人文爵里九卷　明萬曆程氏滋蘭堂刻彩色印本　一二九
　存十一卷　玄工二卷　人文爵里全
程氏墨苑十四卷　明程大約撰　人文爵里九卷　明萬曆程氏滋蘭堂刻本　行款字數不等白口四周單邊　一三〇
程氏墨苑十三卷　明程大約撰　人文爵里九卷　明萬曆程氏滋蘭堂刻本　一三一
程氏墨苑十二卷　明程大約撰　人文爵里九卷　中山狼傳一卷　題宋謝枋得撰　續中山狼傳一卷　明程大約撰　明萬曆程氏滋蘭堂刻本　一三二
方氏墨譜六卷　明方于魯撰　明萬曆方氏美蔭堂刻本　行款字數不等白口四周單邊　一三三
墨紗法式論注三卷　明宋存標撰　明末君子堂刻本　一三四
墨海十二卷　明方瑞生撰　明刻本（圖卷二配石印本）　一三五
墨海十二卷　明方瑞生撰　明刻本　一三六

八

墨志一卷　明麻三衡撰　清抄本　清吴騫校並録吴之潞校並跋　一三七
　存九卷　書一至二　五　圖一至五　又一
曹氏墨林二卷　清曹聖臣輯　清康熙二十七年自刻本　一三八
墨史一卷附耕釣草堂近詩一卷　清程義輯　清康熙刻本　一三九
摩墨亭墨攷一卷　清顧崇槼撰　清乾隆抄本　傅增湘跋　一四〇
汪氏鑑古齋墨藪不分卷　清嘉慶刻本　一四一
筆史二卷　明楊思本撰　清抄本　一四二
小留仙館筆繇一卷附心太平室詩一卷　清潘嘉齡撰　稿本　一四三
雍正乾隆兩朝進提筆檔不分卷　清抄本　一四四
藏經紙説一卷　清張燕昌撰　清吴騫抄本　清吴騫校注　一四五
古今刀劍錄一卷　梁陶宏景撰　明弘治十四年華珵刻百川學海本　李盛鐸跋　袁寒雲題端　十二行二十字白口左右雙邊　一四六
名劍記二卷　明李承勛撰　明萬曆四十二年刻本　十行二十二字白口四周雙邊　一四七
紹興內府古器評二卷　宋張掄撰　明抄本　一四八
紹興內府古器評二卷　宋張掄撰　清雍正三年吴玉搢抄本　清吴玉搢校並跋　一四九
紹興內府古器評二卷　宋張掄撰　清抄本　一五〇

一五一 宣德鼎彝譜八卷　明吳中呂震撰　明天啓抄本〔四庫底本〕
一五二 宣德鼎彝譜八卷　明吳中呂震撰　清乾隆五十三年翁樹培抄本　清翁樹培校並跋周鑾詒跋
一五三 宣德鼎彝譜八卷　明吳中呂震撰　清抄本
一五四 宣德彝器譜三卷　明呂棠等撰　宣爐雜記一卷　清博古堂抄本
一五五 宣德彝器譜三卷　明呂棠等撰　清抄本
一五六 歷代古玉象不分卷　明呂震輯　清抄本　清孫書年跋
存四冊　九至十二
一五七 雲林石譜三卷　宋杜綰撰　明刻本　清錢曾校並跋　十一行二十二字白口四周單邊
一五八 雲林石譜三卷　宋杜綰撰　明抄本　清毛斧季校並跋
一五九 素園石譜四卷　明林有麟撰　明萬曆四十一年自刻本　八行十八字白口四周單邊
一六〇 素園石譜四卷　明林有麟撰　明萬曆四十一年自刻本　鄭振鐸跋
一六一 瓊琚譜三卷　清姜紹書輯　清初姜氏韻石齋刻本
一六二 瑤琨譜二卷二筆一卷　清姜紹書撰　清初姜氏韻石齋刻本
一六三 雲根石天然圖書譜一卷　清孫召南撰　清乾隆白山書屋刻本
一六四 石畫記不分卷　清阮元撰　稿本
一六五 清閟錄十二卷　明黃中行輯　清康熙抄本
一六六 香乘二十八卷　明周嘉胄輯　明崇禎十四年自刻本　九行十七字白口四周單邊
一六七 香乘二十八卷　明周嘉胄輯　明崇禎十四年自刻清康熙元年周亮節重修本　九行十七字白口四周單邊
一六八 香譜四卷　明徐胤翃撰　桂海香志一卷　宋范成大撰　陳氏香品一卷　宋[illegible]撰　清抄本
一六九 冠譜一卷　明顧孟容撰　清抄本
一七〇 冠譜一卷　明顧孟容撰　清抄本　清丁丙跋
一七一 汝水巾譜一卷　明朱術埛撰　明崇禎六年自刻本　清丁丙跋
一七二 汝水巾譜一卷　明朱術埛撰　明崇禎六年自刻本　鄭振鐸跋
一七三 百寶總珍集十卷　清抄本
一七四 金銀珠寶譜一卷　清抄本
一七五 辨銀一卷　題文苑堂主人輯　清乾隆杭城文苑堂刻本
一七六 古銅瓷器攷證二卷　清梁同書撰　清抄本　清蔡錫恭跋
一七七 看珠錄一卷　清汪浩輯　稿本
一七八 陽羨茗壺系一卷　明周高起撰　清乾隆盧文弨抄本　清盧文弨、丁丙跋
一七九 陽羨名陶錄二卷續一卷　清吳騫撰　清陳鱣抄本
一八〇 燕几圖一卷　宋黃伯思撰　清嘉慶十四年姚椿抄本
一八一 淄川畢氏古屏記一卷　清畢盛鑑輯　清抄本
一八二 金叔介畫扇譜不分卷　明刻本
一八三 古今名扇錄不分卷　清陸紹曾輯　清抄本
一八四 尺苑不分卷　清吳騫撰　稿本
一八五 博古奇書不分卷　清初抄本
一八六 授研齋鑑藏錄不分卷　清宋章金藏　稿本
一八七 兔牀清玩錄不分卷　清吳騫輯　清吳氏拜經樓抄本　清吳騫校
一八八 養真齋長物記一卷　清錢聚朝撰　稿本　金兆蕃跋
一八九 陔華吟館書畫雜物目不分卷　清翁心存藏　稿本
一九〇 當譜一卷　清抄本
一九一 裝潢志一卷　明周嘉胄撰　清乾隆十三年求是齋刻本　清翁方綱跋　王獻唐跋
一九二 遠西奇器圖說錄最三卷　瑞士鄧玉函口授明王徵譯繪　新製諸器圖說一卷　明王徵撰　明汪應魁刻本　九行二十字白口四周雙邊
一九三 遠西奇器圖說錄最三卷　瑞士鄧玉函口授明王徵譯繪　新製諸器圖說一卷　明王徵撰　明崇禎元年武位中刻本　九行二十字白口四周雙邊
一九四 新製諸器圖說一卷　明王徵撰　明崇禎四年吳氏西爽堂刻本　清顧廣圻吳樹聲跋　九行十八字白口四周雙邊
一九五 自鳴鐘表圖說一卷　清徐朝俊撰　清抄本
一九六 開成紀要不分卷　意大利利瑪竇口譯明徐光啓校　清咸豐七年韓應陛抄本　清韓應陛校並跋
一九七 乾隆朝使御製絹檔不分卷　清抄本
一九八 熱河都統衙門造送各項陳設數目清冊不分卷　清抄本
一九九 十八學士告身一卷齋中十六友圖說一卷　題明百花主人撰　明萬曆刻本　九行十八字白口四周單邊

花草樹木

二〇〇 華夷花木鳥獸珍玩考十二卷　明慎懋官撰　明萬曆九年刻本　十行二十字白口左右雙邊
二〇一 畧識鳥獸昆蟲草木名七卷　清曹言綏撰　清抄本
二〇二 動植小志六卷　清周廣業輯　稿本
存五卷　二至六

二〇三 養餘山房雜著三種三卷 題石史撰 稿本
牡丹譜一卷 竹譜一卷 魚譜一卷

二〇四 洛陽花木記一卷 宋周師厚撰 清抄本

二〇五 花史左編二十四卷 明王路撰 花塵一卷 題百花主人輯 明萬曆刻本 八行二十字白口左右雙邊

二〇六 花史左編二十七卷 明王路撰 明萬曆四十六年綠綺軒刻本 八行二十字白口左右雙邊

二〇七 花史左編二十四卷 明王路撰 明天啓刻本 八行二十字白口左右雙邊

二〇八 花史四卷 明刻彩色套印本
存三卷 夏集、秋集、冬集

二〇九 汝南圃史十二卷 明周文華撰 明萬曆四十八年書帶齋刻本 八行十八字白口左右雙邊

二一〇 灌園史四卷補遺一卷 明陳詩教撰 明萬曆刻本 七行十六字白口四周單邊

二一一 灌園漫筆七卷 清王初桐撰 稿本 沈瓘跋

二一二 灌園漫筆七卷題詩 清王初桐撰 清趙氏舊山樓抄本 清趙宗建批 翁同龢

二一三 灌園漫筆七卷 清王初桐撰 清光緒十五年周氏研經樓抄本 周大輔跋

十一

二一四 佩文齋廣群芳譜一百卷目錄二卷 清汪灝等撰 清康熙四十七年內府刻本

二一五 佩文齋廣群芳譜一百卷 清汪灝等撰 清康熙內府朱墨抄本

二一六 群芳董狐一卷 清龔齊衍撰 清乾隆二年魚元傅抄本 清龔誠、王應奎跋 魚元傅、許衍健、龔誠、王材任、沈璞、王繼良、曹火棨、聞過、江瀚、衛樹、王大裕、唐鶴廷、衛暉烈、衛士輸、曹炎、許涗、陸三新、許濬題詩 鄧嶠題詞

二一七 華隱麗四卷圖花小說一卷白雲處士傳一卷 明李呈撰 花曆一卷牡丹志一卷梅花志一卷 明末刻本 八行十八字白口四周單邊

二一八 花事錄二卷 明袁宏道輯 明刻本 九行十九字白口左右雙邊

二一九 花編六卷 明韓以化輯 姚宗儀增 明刻本 九行十八字白口左右雙邊
存二卷 一至二

二二〇 花政不分卷 明呂初泰撰 明天啓刻本 八行十八字白口四周單邊

二二一 自韵齋樹石異綴不分卷 明汪砢玉撰 明崇禎元年刻本 十行二十字白口單邊

二二二 轆下放言二卷 明戴從父撰 稿本

二二三 詩餘花戲不分卷 清黃守正撰 稿本

二二四 荷鋤雜志十一卷 清陳弘緒輯 清抄本

二二五 是山花評二卷 清姚世孝撰 稿本 清姚文闓跋

二二六 采芳隨筆二十四卷 清查彬撰 清嘉慶十九年刻本

二二七 種花雜記 清翁同龢輯 手稿本

二二八 栽盆節日一卷 清李桂撰 盆玩瑣言一卷 清李南支撰 清同治四年鍾幼僊抄本

二二九 各花分別一卷 題靖隱阿撰 稿本

二三〇 揚州瓊華集一卷 明楊端撰 明成化二十三年刻本 十行二十一字黑口四周雙邊 清丁申、丁丙跋

二三一 廣陵瓊花志三卷 明馬駿撰 清天祿閣抄本

二三二 洛陽牡丹記一卷 宋歐陽修撰 清刻本

二三三 亳州牡丹史四卷 明薛鳳翔撰 明萬曆刻本

二三四 曹州牡丹譜一卷 清余鵬年撰 清乾隆五十八年刻本

二三五 王一雪柳竹園牡丹記一卷 清抄本

二三六 香雪林集二十六卷 明王思義輯 明萬曆三十一年自刻本 清丁丙跋 八行二十字白口四周雙邊 有刻工

二三七 香雪林集二十六卷 明王思義輯 明萬曆三十一年自刻本

二三八 金章蘭譜一卷 宋趙時庚撰 清抄本

十二

二三九 金漳蘭譜三卷 宋趙時庚撰 清抄本

二四〇 蘭易二卷蘭史一卷 明馮京第撰 清蔣氏別下齋抄本

二四一 蘭易二卷 明馮京第撰 清抄本

二四二 蘭譜一卷 清翁大賚撰 清康熙三十三年寶蘅齋刻本

二四三 蘭語集十五卷 題五山香艸堂主人輯 清嘉慶二年永瑢抄本

二四四 蘭蕙鏡一卷 清屠用寧撰 清抄本

二四五 藝蘭一卷蘭譜一卷 清黃祿謙撰 清光緒二十年自刻本

二四六 第一香筆記四卷 清朱克柔撰 清抄本 清陸淦跋

二四七 竹譜詳錄七卷 元李衎撰 明抄本
存四卷 四至七

二四八 竹譜四卷 清陳僅撰 稿本

二四九 竹譜四卷 清陳僅撰 清抄本

二五〇 古今竹譜一卷 清抄本 清汪璟跋

二五一 鞠小正一卷 題晉陶潛撰 清抄本

二五二 藝菊志八卷 清陸廷燦輯 清康熙五十七年棣華書屋刻本

二五三 菊譜一卷 清弘畯撰 清乾隆二十二年春暉堂刻本

二五四 葉穉夫菊譜二卷 清葉天培撰 清乾隆刻本 清臧壁跋並題詩

二五五 菊譜二卷 清葉天培撰 清乾隆四十一年刻本

二五六 許雲嶠先生養菊說一卷 清許兆熊撰 稿本

二五七 藝菊十三則一卷菊名詩一卷 清孫京撰 清嘉慶刻本

二五八 海天秋色譜九卷養菊法一卷 清閔廷楷撰 清道光二十四年敬佑堂刻本

二五九 海棠譜三卷 宋陳思撰 明刻百川學海本（四庫底本）

二六〇 瓨荷譜一卷 清楊鍾寶撰 清道光元年寶康堂刻本

二六一 鳳仙花譜一卷 清錢永撰 清道光二十四年錢曰祥刻本

二六二 茶花譜一卷茶花詠一卷茶花別名詠一卷擬詠鐘欵茶花詩一卷總說一卷 題樸靜子撰 清康熙五十八年刻本

二六三 桐譜二卷 宋陳翥撰 清初抄本

二六四 閩中荔支通譜八卷 明屠本畯輯 明萬曆刻本 九行十八字白口四周單边有刻工

存五卷 〔一至五〕

二六五 閩中荔支通譜十六卷 明鄧慶寀輯 明崇禎刻本 九行十八字白口左右双边

十三

二六六 曾子荔支譜二卷 清曾弘輯 清初刻本

二六七 橘譜一卷 清諸匡鼎撰 清康熙刻本

二六八 人參考一卷 清唐秉鈞撰 清黃廷鑑抄本

二六九 烟草譜八卷首一卷末一卷 清陳琮輯 清嘉慶刻本

二七〇 洋煙攷述八卷 清姚瑩撰 稿本

鳥獸蟲魚

二七一 見物五卷 明李蘇撰 明刻本 十行二十字白口四周双边

二七二 體物一班不分卷 清張澍撰 稿本

二七三 禽蟲述一卷 明袁達撰 明抄本

二七四 鳥譜十二卷 清抄本

二七五 鵪鶉論一卷黃頭誌一卷畫眉解一卷促織經一卷 題二广撰 清康熙刻本

二七六 四生譜四卷 清金文錦撰 清康熙刻本
鵪鶉論一卷 黃頭誌一卷 畫眉解一卷 促織經一卷

二七七 四生譜四卷 清金文錦撰 清雍正十年存心齋刻本
鵪鶉論一卷 黃頭誌一卷 畫眉解一卷 促織經一卷

二七八 鵪鶉論一卷 題清芬堂氏撰 清啓賢堂抄本

二七九 鵓鴿譜全集四卷 題浣花逸士撰 清道光五年和遜堂刻本

二八〇 名馬記二卷 明郭子章撰 續二卷 明李承勛撰 明萬曆刻本 十行二十二字白口四周双边

二八一 貓乘八卷 清王初桐輯 清嘉慶三年自刻本

二八二 衛蟬小錄八卷 清孫蓀意撰 清嘉慶二十四年高然等刻本

二八三 貓苑二卷 清黃漢輯 清咸豐二年甕雲草堂刻本

二八四 獅子說一卷 意大利利類思撰 清抄本

二八五 蔣氏蠶經十二卷 明蔣德璟撰 明萬曆刻本 九行十九字白口四周双边有刻工

二八六 蔣氏蠶經十四卷 明蔣德璟撰 明天啓六年刻本 九行十九字白口四周双边

二八七 重刊訂正秋蟲譜二卷 題宋賈似道撰 明嘉靖刻本 八行二十字白口四周双边

二八八 鼎新圖像蟲經二卷附檽蒲譜一卷 題宋賈似道輯 明萬曆刻本 七行十太字白口單边

二八九 新刊蟲異賦二卷 明林朝儀撰 明刻本 十行二十字白口四周双边

二九〇 蟲天志十卷 明沈弘正撰 明暢閣刻本 八行十六字細黑口左右双边

二九一 蟲天志十卷 明沈弘正撰 明暢閣刻本 清丁丙跋

二九二 蚟孫鑑三卷 清朱從延輯 清乾隆刻四十一年林德城增修本

二九三 異魚圖贊四卷 明楊慎撰 明萬曆三十二年楊宗吾刻本 九行二十一字白口四周單边

二九四 異魚圖贊四卷 明楊慎撰 明萬曆三十六年范允臨刻本 八行十八字白口四周單边

二九五 異魚圖贊二卷 明楊慎撰 明崇禎元年荷新堂刻本 九行十八字白口左右双边

二九六 異魚圖贊四卷 明楊慎撰 清乾隆抄本 清錢樹校並跋、丁丙跋

二九七 異魚圖贊箋四卷補三卷閏集一卷 清胡世安撰 明崇禎刻本 九行二十一字白口左右双边

二九八 異魚圖贊箋四卷補三卷閏集一卷 清胡世安撰 明崇禎刻本 清丁丙跋

二九九 金魚圖譜不分卷 清句曲山農撰 清道光二十八年景行書屋刻彩色套印本

三〇〇 朱魚譜一卷 清蔣在雝撰 清抄本

三〇一 蟹略四卷 宋高似孫撰 明嘉靖十年柳僉抄本 清汪震跋

三〇二 蟹略四卷 宋高似孫撰 清抄本

十四

蟹畧四卷 宋高似孫撰 清抄本 三〇五

海錯圖贊一卷 清陳元登撰 清初雙泉居刻本 三〇四

十五

收藏情況表

書名編號		藏書單位		
子譜録類	1	0161	0201	0701◎
	2	2401◎		
	3	1601◎		
	4	1601◎		
	5	0181◎		
	6	0101		
	7	0101		
	8	0101		
	9	0101		
	10	0101		
	11	0101		
	12	0141◎		
	13	0101	0141	1606
	14	1601		
	15	0101		
	16	0101		
	17	1601		
	18	0201		
	19	0101		
	20	0201		
	21	0141	1047	2703
	22	0101		
	23	0101◎		
	24	0101		
	25	0101		
	26	0101		
	27	0101		
	28	2401		
	29	1601		
	30	1501		
	31	1501		
	32	1601		
	33	0101		
	34	0101		
	35	2461		
	36	1601		
	37	0101		
	38	0101		

收藏情況表

書名編號		藏書單位				
子譜録類	39	0101	0198	0201	1601	1605
		2501	2702			
	40	0101				
	41	0101				
	42	0141				
	43	1601				
	44	0101				
	45	0102	0161	0181	0197	0541
		0701	1601	1701	2701	
	46	0141	0146	0201	2303	2702
	47	0101				
	48	1601				
	49	0141				
	50	1601				
	51	1641				
	52	0241	1601	2001		
	53	0101				
	54	0101				
	55	0101				
	56	0101				
	57	0341				
	58	0101				
	59	0144				
	60	0141				
	61	0101				
	62	0101	0102	0201	1701	2602
	63	1601	2544			
	64	0101				
	65	0291				
	66	1601	1701			
	67	0101				
	68	0101	0201			
	69	0102	0161	0181	0201	0541
		0701	1101	1601	1701	
	70	0101	0141	0146	0201	1501
		2303				
	71	0141				
	72	1601	1701			

表十

表二

收藏情況表

書名編號	藏書單位				
子譜録類 73	0161				
74	1701				
75	0101				
76	0101				
77	0101				
78	1601				
79	0201				
80	0201				
81	0201				
82	0101				
83	0101				
84	0101				
85	0101				
86	0101				
87	0101				
88	2203				
89	0101				
90	0101				
91	0101				
92	0201				
93	0101				
94	0101				
95	0201				
96	0101				
97	0201				
98	0201				
99	0101				
100	0241				
101	0201				
102	1601				
103	0101				
104	0181				
105	0201				
106	1651				
107	0201				
108	2301				
109	0101	1705			
110	0161				

收藏情況表

書名編號	藏書單位				
子譜録類 111	0101				
112	0101				
113	0101				
114	2261				
115	0201				
116	1601				
117	0201				
118	1701				
119	0101				
120	0101				
121	0101				
122	1506				
123	1601				
124	0591				
125	0201				
126	1901				
127	0101				
128	1181⊗				
129	0101				
130	0101	0102	0701	0841	1201
	1601	2702			
131	0182	0281			
132	0101				
133	0101	0102	0141	0150	0163
	0164	0181	0182	0198	0201
	0241	0261	0281	0301	0341
	0701	0703	0801	0802	0841
	1001	1041	1042	1101	1501
	1542	1544	1581	1582	1601
	1641	1681	1684	1701	1704
	1791	1801	1843	1881	2041
	2201	2301	2401	2441	2501
	2602	2701	2702	2704	2742
	2881	2941			
134	0101				
135	0101				
136	0101⊗				
137	0101				

表三

收藏情況表

書名編號	藏書單位				
子譜録類 138	0101	0201	0241		
139	0201				
140	0591				
141	0101	0201	0703	1601	1701
142	0101				
143	0161				
144	0101				
145	0101				
146	0201				
147	1705				
148	0101				
149	1601				
150	0201				
151	0182				
152	0101				
153	0144				
154	0101				
155	1701				
156	0201⊗				
157	0101				
158	0101				
159	0141	0181	0201	2501	
160	0101				
161	0201				
162	0101	1601			
163	1787				
164	0101				
165	0181				
166	0101	0102	0143	0144	0161
	0201	0261	0301	1501	1625
	1681	2201	2701	2702	
167	0101	0161	0198	1001	1601
	1615	2401			
168	0101⊗				
169	0161				
170	1601				
171	1601				
172	0101				

收藏情況表

書名編號	藏書單位				
子譜録類 173	1601				
174	2702				
175	1704				
176	1601				
177	0201				
178	1601				
179	0201				
180	1701				
181	1581				
182	0101				
183	0101				
184	0201				
185	1601				
186	0101				
187	0201				
188	0241				
189	0101				
190	0101				
191	1581				
192	0101	1787	1801		
193	0101	0141	0841	1022	1881
194	1601				
195	0101				
196	1701				
197	0101				
198	0101				
199	0101				
200	0201	0241	0261	0301	1581
201	1688				
202	0101⊗				
203	0141				
204	0101				
205	0101	1651			
206	0101	0141	0201		
207	0141	2544			
208	0101⊗				
209	0101	0201			
210	0101	0201	1601	1603	

收藏情況表

書名編號	藏書單位				
子譜録類 211	0201				
212	0201				
213	1601				
214	0101	0102	0142	0161	0163
	0181	0197	0701	0802	0841
	0842	1461	1705	1803	1841
	1882	2241	2382	2544	
215	0181				
216	0101				
217	1601				
218	0142	0841	1101		
219	0161 ⊕				
220	0101				
221	0142				
222	1601				
223	0201				
224	1901				
225	0201				
226	0201	2302			
227	0201				
228	0201				
229	0201				
230	1601				
231	1641				
232	0201				
233	1201	1601	1605		
234	2544				
235	0101				
236	1601				
237	0101				
238	0101				
239	1601				
240	1701				
241	2541				
242	0341				
243	0101				
244	0101				
245	0101				

收藏情況表

書名編號	藏書單位				
子譜録類 246	1501				
247	0101 ⊕				
248	0201				
249	1601				
250	0201				
251	0101				
252	0101	0161	0198	0201	0241
	1601	1605	1705	2741	
253	0101				
254	0101				
255	0141				
256	1581				
257	0101				
258	0101				
259	0141				
260	0101				
261	0101				
262	0101				
263	0101				
264	1501 ⊕	2544			
265	0101	0141	0161		
266	0201				
267	0101				
268	0201				
269	1707				
270	1705				
271	1705				
272	1081				
273	1061				
274	0101				
275	0101				
276	0198	2401			
277	0341				
278	1601				
279	0101				
280	1705				
281	1501				
282	0101	1201	1601	1705	1801

表四

收藏情況表

書名編號	藏書單位				
子譜録類 283	0101				
284	1688				
285	0161				
286	1641				
287	1705				
288	0201				
289	1701				
290	0102	0141	0161	0162	0173
	0201	0241	1581	1606	1701
	2301	2702			
291	1601	1606			
292	0161	1641			
293	1641				
294	0101	1701			
295	2001				
296	1601				
297	0141	1601			
298	0198				
299	0101				
300	0201				
301	1581				
302	0101				
303	1601				
304	1647				

收藏情況表

書名編號	藏書單位

表五

書名編號	藏書單位

表

書名編號	藏書單位

雜家類

雜學雜説

一 廣成子鬻子合刻三卷 明楊之森編 明末楊之森刻本 九行十八字白口四周單邊
廣成子一卷 宋蘇軾解
鬻子一卷 唐逢行珪注
鬻子補一卷 明楊之森輯

二 鬻子二卷 唐逢行珪注 明正統十年內府刻道藏嘉靖三年重修本 清盧文弨校 五行十七字左右單邊

三 鬻子二卷 唐逢行珪注 明刻本 九行十九字寬黑口四周雙邊

四 鬻子一卷 唐逢行珪注 補一卷 明楊之森輯 清光緒元年崇文書局刻百子全書本 傅增湘校 十二行二十四字小字雙行行字同黑口四周雙邊

五 鬻子一卷 唐逢行珪注 清抄本 清黄丕烈校

六 鬻子一卷 清嚴可均輯 手稿本

七 墨子十五卷 明正統十年內府刻道藏本 五行十七字左右單邊

八 墨子十五卷 明正統十年內府刻道藏萬曆二十六年印本 清傅山校 盧文弨校並跋

九 墨子十五卷 明嘉靖三十一年芝城銅活字藍印本 清黄丕烈校並跋 十一行二十二字白口四周單邊

一〇 墨子十五卷 明嘉靖三十二年唐堯臣刻本 八行十七字白口四周單邊

一一 墨子十五卷 明嘉靖江藩刻本 八行十七字白口四周單邊

一二 墨子十五卷 明嘉靖江藩刻本 葉德輝跋

一三 墨子十五卷 明李贄輯 郎兆玉評 明天啓郎氏堂策檻刻本（四庫底本） 九行二十字白口四周單邊

一四 墨子十五卷 明抄本
存十卷 六至十五

一五 墨子十五卷 清黄氏士禮居抄本 清黄丕烈、丁丙跋 孫詒讓題款

一六 墨子十五卷 清同治六年孫詒讓家抄本 清戴望、孫詒讓校並跋

一七 墨子閒詁十五卷 清孫詒讓撰 稿本
存十四卷 一至十三 十五

一八 墨子閒詁十五卷 清孫詒讓撰 稿本
存一卷 十

一九 墨子十六卷 清畢沅校注 清乾隆四十九年畢氏靈巖山館刻經訓堂叢書本 佚名錄清王念孫批校

二〇 墨子十六卷 清畢沅校注 清乾隆四十九年畢氏靈巖山館刻經訓堂叢書本 清黄丕烈跋並錄惠士奇批校

二一 墨子十六卷 清畢沅校注 清乾隆四十九年畢氏靈巖山館刻經訓堂叢書本 清戈襄校並跋

二二 墨子十六卷 清畢沅校注 清乾隆四十九年畢氏靈巖山館刻經訓堂叢書本 清顧廣圻校並跋

二三 墨子十六卷 清畢沅校注 清乾隆四十九年畢氏靈巖山館刻經訓堂叢書本 清許宗彦校並跋 秦更年跋

二四 墨子十六卷 清畢沅校注 清乾隆四十九年畢氏靈巖山館刻經訓堂叢書本 清顧觀光批校

二五 墨子十六卷 清畢沅校注 清乾隆四十九年畢氏靈巖山館刻經訓堂叢書本 清翁同書批校

二六 墨子十六卷 清畢沅校注 清乾隆四十九年畢氏靈巖山館刻經訓堂叢書本 清馬釗錄顧廣圻鈕樹玉校並跋

二七 墨子十六卷 清畢沅校注 清乾隆四十九年畢氏靈巖山館刻經訓堂叢書本 清戴望校注並跋 譚儀校

二八 墨子十六卷 清畢沅校注 清乾隆四十九年畢氏靈巖山館刻經訓堂叢書本 清戴望校並錄盧文弨、王念孫、王引之、蘇時學、俞樾校

二九 墨子十六卷 清畢沅校注 清乾隆四十九年畢氏靈巖山館刻經訓堂叢書本 鄭文焯校注並跋

三〇 墨子十六卷 清畢沅校注 清光緒二年浙江書局刻二十二子本 清楊沂孫批校並跋

三一 墨子十六卷 清畢沅校注 清光緒二年浙江書局刻二十二子本 王闓運批校

三二 墨子十六卷 清畢沅校注 清光緒二年浙江書局刻二十二子本 清孫詒讓批校並跋

三三 墨子十六卷 清畢沅校注 清光緒二年浙江書局刻二十二子本 清孫詒讓批校並跋

三四 墨子十六卷 清畢沅校注 清刻本 佚名錄清孫詒讓批校

三五 墨子六卷 明萬曆九年茅坤刻本 九行二十字白口四周單邊

三六 墨子六卷 明萬曆九年書林童思泉涵春樓刻本 九行二十字白口四周單邊單魚尾

三七 墨子六卷 明萬曆九年書林童思泉涵春樓刻本 徐鴻寶校

三八 墨子六卷 清抄本 傅增湘校
存二卷 一至二

三九 墨子三卷 明抄本 清黄丕烈跋

四〇 墨子校記一卷 清翁方綱撰 手稿本

四一 墨子刊誤二卷 清蘇時學撰 清同治六年自刻本 清陳澧跋

四二 墨商三卷 清王景羲撰 稿本

四三 墨子經説解二卷 清張惠言撰 手稿本 清張成孫、張惠華、世芳跋

四四 墨子經説解二卷 清張惠言撰 清抄本 清孫詒讓校

四五 墨子經校注二卷 清楊葆彝撰 清抄本 清孫詒讓校

四六 墨經正文解義四卷 清鄧雲昭撰 清抄本 佚名批注
存疑一卷

四七 尸子二卷 清汪繼培輯 清光緒三年浙江書局刻二十二子本 王仁俊校

四八 子華子十卷 明正統十年內府刻道藏本 清盧文弨校 五行十七字左右單邊

四九 子華子十卷 明嘉靖三十年劉欐刻本 九行十八字白口四周單邊單魚尾

五〇 子華子十卷 明崇禎三年甯鳴時刻本 九行二十字白口左右雙邊

五一 子華子二卷 明嘉靖刻本 十行十九字白口左右雙邊

五二 子華子二卷 明刻本 十行十九字白口四周單邊
五三 子華子二卷 清同治八年劉履芬抄本
五四 古迂陳氏家塾尹文子二卷 元陳仁子刻本 十行十七字細黑口左右雙邊
五五 尹文子二卷 明正統十年內府刻道藏本 清盧文弨校 五行十七字左右單邊
五六 尹文子二卷 明嘉靖三十年劉禋刻本
五七 尹文子二卷 明刻本 九行十九字寬黑口四周雙邊
五八 尹文子二卷 明泰和堂刻本 九行二十字白口四周單邊
五九 尹文子二卷 清抄本
六〇 尹文子一卷 明刻本 八行十七字白口左右雙邊
六一 尹文子一卷 明刻本 十行十九字白口左右雙邊
六二 慎子內篇一卷外篇一卷 明慎懋賞注 傳補一卷 明慎懋賞輯 明萬曆七年慎氏耕芝館刻本 九行十六字白口左右雙邊單魚尾
六三 慎子內篇一卷外篇一卷 明慎懋賞注 傳補一卷 明慎懋賞輯 明萬曆七年慎氏耕芝館刻本 鄧之誠跋
六四 慎子內篇一卷外篇一卷 明慎懋賞注 明萬曆七年慎氏耕芝館刻本
六五 慎子一卷 清抄本（四庫底本） 清黃傳祁校
六六 慎子一卷 清嚴可均輯 手稿本 清勞格校補
六七 慎子內篇一卷外篇一卷逸文一卷 繆荃孫校輯 繆氏藕香簃稿本
六八 鶡冠子三卷 宋陸佃注 明正統十年內府刻道藏萬曆二十六年印本 清盧文弨校 五行十七字左右單邊
六九 鶡冠子三卷 宋陸佃注 明弘治碧雲館活字印本（四庫底本） 清高宗弘曆題詩 十行二十字
七〇 鶡冠子三卷 宋陸佃注 明刻本 八行十七字細黑口左右雙邊
七一 鶡冠子三卷 宋陸佃注 明刻本 九行二十字小字雙行行字同黑口四周雙邊
七二 鶡冠子三卷 宋陸佃注 明抄本 清黃丕烈校並跋
七三 鶡冠子三卷 宋陸佃注 明王宇、汪明際、朱養純等評 明天啓五年朱氏花齋刻本 九行二十字小字雙行行字同白口四周單邊
七四 鶡冠子三卷 宋陸佃注 明王宇、汪明際、朱養純等評 明天啓五年朱氏花齋刻本 清孫詒讓校注
七五 鶡冠子三卷 宋陸佃注 明王宇、汪明際、朱養純等評 清同治八年劉履芬抄本 章鈺校
七六 鶡冠子三卷 宋陸佃注 清乾隆武英殿活字印聚珍版叢書本 清盧文弨校並跋 丁丙跋
七七 鶡冠子三卷 宋陸佃注 清乾隆武英殿活字印聚珍版叢書本 清孫星衍校並跋
七八 鶡冠子二卷 宋陸佃注 明嘉靖刻本 十行十九字白口左右雙邊
七九 鶡冠子二卷 宋陸佃注 明嘉靖刻本 清蔣鳳藻跋

八〇 公孫龍子三卷 明正統十年內府刻道藏本 清盧文弨校 五行十七字左右單邊
八一 公孫龍子三卷 明嘉靖三十年劉禋刻本
八二 公孫龍子三卷 明刻本 九行十九字小字雙行行字同寬黑口四周雙邊
八三 公孫龍子三卷 清抄本
八四 公孫龍子一卷 清光緒元年崇文書局刻百子全書本 傅增湘校並跋
八五 鬼谷子三卷 明刻本 十行二十字白口左右雙邊
八六 鬼谷子二卷 清抄本
八七 鬼谷子三卷 梁陶弘景注 清秦恩復校正 篇目考一卷附錄一卷 清秦恩復輯 清乾隆五十四年秦氏石研齋刻本 清鮑廷博校、丁丙跋
八八 鬼谷子三卷 梁陶弘景注 清秦恩復校正 篇目考一卷附錄一卷 清秦恩復輯 清乾隆五十四年秦氏石研齋刻本 清嚴元照、陳鱣校並跋 鮑廷博、徐鯤校
八九 鬼谷子二卷 梁陶弘景注 清秦恩復校正 篇目考一卷附錄一卷 清秦恩復輯 清嘉慶十年秦氏石研齋刻本 清姚瑩跋 傅增湘跋並臨清嚴元照、徐鯤校跋、盧文弨校語、勞權、繆荃孫題識
九〇 鬼谷子三卷 梁陶弘景注 清秦恩復校正 篇目考一卷附錄一卷 清秦恩復輯 清嘉慶十年秦氏石研齋刻本 清陳澧批校
九一 鬼谷子三卷 梁陶弘景注 清秦恩復校正 篇目考一卷附錄一卷 清秦恩復輯 清嘉慶十年秦氏石研齋刻本 清孫詒讓批
九二 鬼谷子三卷 梁陶弘景注 清秦恩復校正 篇目考一卷附錄一卷 清秦恩復輯 清嘉慶十年秦氏石研齋刻本 章鈺校並跋 繆荃孫校跋並錄清嚴元照、徐鯤、勞權題識
九三 鬼谷子三卷 梁陶弘景注 清秦恩復校正 篇目考一卷附錄一卷 清秦恩復輯 清同治八年劉履芬抄本 章鈺校跋並錄清嚴元照、徐鯤、傅增湘題識 清勞權、繆荃孫校跋
九四 呂氏春秋二十六卷 明黃之寀刻本 九行十八字白口左右雙邊單魚尾
九五 呂氏春秋二十六卷 漢高誘注 元至正嘉興路儒學刻本 十行二十字小字雙行行字同細黑口左右雙邊
九六 呂氏春秋二十六卷 漢高誘注 元至正嘉興路儒學刻本 存二十一卷 一至十四 十七至二十三
九七 呂氏春秋二十六卷 漢高誘注 元至正嘉興路儒學刻本 明周子義 岳復初跋 存二十一卷 一至二 六至十八 二十一至二十六
九八 呂氏春秋二十六卷 漢高誘注 元至正嘉興路儒學刻本 清吳騫跋
九九 呂氏春秋二十六卷 漢高誘注 元至正嘉興路儒學刻明修本
一〇〇 呂氏春秋二十六卷 漢高誘注 明弘治十一年李瀚刻本 十行二十字白口四周單邊

一〇一 呂氏春秋二十六卷 漢高誘注 明弘治十一年李瀚刻本 清丁丙跋

一〇二 呂氏春秋二十六卷 漢高誘注 明弘治十一年李瀚刻本（卷七抄配本） 葉景葵跋

一〇三 呂氏春秋二十六卷 漢高誘注 明嘉靖七年許宗魯刻本 十行十八字小字双行行字同白口左右双边

一〇四 呂氏春秋二十六卷 漢高誘注 明嘉靖七年許宗魯刻本 清盧翰題校並跋

一〇五 呂氏春秋二十六卷 漢高誘注 明嘉靖七年許宗魯刻本 清丁丙跋

一〇六 京本呂氏春秋明解大全二十六卷 漢高誘注 明明德書堂刻本 十一行二十二字小字双行行字同黑口四周双边

一〇七 呂氏春秋二十六卷 漢高誘注 明宋邦乂等刻本 十行二十字小字双行行字同白口左右双边

一〇八 呂氏春秋二十六卷 漢高誘注 明宋邦乂等刻本 清謝墉校

一〇九 呂氏春秋二十六卷 漢高誘注 明宋邦乂等刻本 清錢坫校

一一〇 呂氏春秋二十六卷 漢高誘注 明宋邦乂等刻本 清翁同龢跋

一一一 呂氏春秋二十六卷 漢高誘注 明萬曆七年虞德燁等刻藍印本 十行十八字小字双行行字同白口四周双边有刻工

一一二 呂氏春秋二十六卷 漢高誘注 明萬曆七年虞德燁等刻藍印本 秦更年校並跋

一一三 呂氏春秋二十六卷 漢高誘注 明萬曆七年虞德燁等刻本

一一四 呂氏春秋二十六卷 漢高誘注 明萬曆七年虞德燁等刻本 葉景葵跋

五

一一五 呂氏春秋二十六卷 漢高誘注 明萬曆七年張登雲刻藍印本 十行二十字小字双行行字同白口左右双边

一一六 呂氏春秋二十六卷 漢高誘注 明萬曆七年張登雲刻本

一一七 呂氏春秋二十六卷 漢高誘注 明萬曆七年張登雲刻本 清丁丙跋

一一八 呂氏春秋二十六卷 漢高誘注 明萬曆七年張登雲刻本 清周懋琦校

一一九 呂氏春秋二十六卷 漢高誘注 明萬曆七年張登雲刻藍印本 葉德輝跋

一二〇 呂氏春秋二十六卷 漢高誘注 明萬曆七年張登雲刻本 葉景葵跋

一二一 呂氏春秋二十六卷 漢高誘注 明刻本 十行二十字白口左右双边

一二二 呂氏春秋二十六卷 漢高誘注 明刻本 清邵懿辰批校 邵章跋
存四卷十一至十四

一二三 呂氏春秋二十六卷 漢高誘注 明萬曆二十四年劉如寵刻本 九行十九字小字双行行字同白口四周双边

一二四 呂氏春秋二十六卷 漢高誘注 明萬曆三十三年汪一鸞刻本 九行十八字小字双行行字同白口四周单边

一二五 呂氏春秋二十六卷 漢高誘注 明萬曆三十三年汪一鸞刻本 清丁丙跋

一二六 呂氏春秋二十六卷 題宋陸游評 明凌稚隆批 明萬曆四十八年凌毓枏刻朱墨套印本 九行十八字白口四周单边

一二七 呂氏春秋二十六卷 題宋陸游評 明凌稚隆批 明萬曆四十八年凌毓枏刻朱墨套印本 葉德輝跋

一二八 呂氏春秋二十六卷 明李鳴春評 明天啓七年自刻本 十行二十字白口四周单边

一二九 呂氏春秋二十六卷 漢高誘注 明朱夢龍刻本 九行十八字小字双行行字同白口四周单边

一三〇 呂氏春秋二十六卷 漢高誘注 明朱夢龍刻本 清丁丙跋

一三一 呂氏春秋二十六卷 明王勸士訂批 明崇禎七年王錫袞刻本 八行十九字白口四周单边

一三二 呂氏春秋二十六卷 漢高誘注 清畢沅校 附攷一卷 清畢沅輯 清乾隆五十三年畢氏靈巖山館刻經訓堂叢書本 清朱彬校

一三三 呂氏春秋二十六卷 漢高誘注 清畢沅校 附攷一卷 清畢沅輯 清乾隆五十三年畢氏靈巖山館刻經訓堂叢書本 清翁同書跋並錄梁玉繩校補

一三四 呂氏春秋二十六卷 漢高誘注 清畢沅校 附攷一卷 清畢沅輯 清乾隆五十三年畢氏靈巖山館刻經訓堂叢書本 清李芝綬跋並錄清惠棟校注

一三五 呂氏春秋二十六卷 漢高誘注 清畢沅校 附攷一卷 清畢沅輯 清乾隆五十三年畢氏靈巖山館刻經訓堂叢書本 清孫衣言校

一三六 呂氏春秋二十六卷 漢高誘注 清畢沅校 清乾隆五十三年畢氏靈巖山館刻經訓堂叢書本 清朱學勤批校

一三七 呂氏春秋二十六卷 漢高誘注 附攷一卷 清畢沅輯 清光緒元年浙江書局刻二十二子本 清楊沂孫校點並跋

一三八 新刊批點呂覽二卷 明萬國欽批釋 明萬曆九年唐廷仁刻本 十一行二十二字白口四周双边

一三九 呂氏春秋錄要一卷 清楊沂孫輯 稿本

一四〇 呂氏春秋註補正一卷 清孫鏘鳴撰 稿本 孫樾跋

一四一 淮南鴻烈解二十一卷 漢劉安撰 明茅坤等評 明刻朱墨套印本 九行二十字白口四周单边

一四二 淮南子二十八卷 漢劉安撰 明吳仲刻本 十行十九字白口左右双边

一四三 淮南子二十八卷 漢劉安撰 明嘉靖九年王瑩刻本 九行十七字白口四周单边

一四四 淮南子二十八卷 漢劉安撰 明嘉靖九年王瑩刻萬曆十一年黃克纘等重修本

一四五 淮南鴻烈解二十一卷 漢劉安撰 高誘注 清影宋抄本 清顧廣圻跋
存十六卷四至十一 十四至二十一

一四六 淮南鴻烈解二十一卷 漢劉安撰 高誘注 清抄本 清陳奐校並跋

一四七 淮南鴻烈解二十一卷 漢劉安撰 高誘注 明萬曆八年茅一桂刻本（四庫底本） 九行十九字白口左右双边

一四八 淮南鴻烈解二十一卷 漢劉安撰 高誘注 明萬曆八年茅一桂刻本

一四九 淮南鴻烈解二十一卷 漢劉安撰 高誘注 明萬曆八年茅一桂刻本 清姜宸英批注並跋

一五〇 淮南鴻烈解二十一卷 漢劉安撰 高誘注 明萬曆八年茅一桂刻本 清江聲校
存十七卷一至十七

一五一 淮南鴻烈解二十一卷 漢劉安撰 高誘注 明萬曆八年茅一桂刻本 清丁丙跋

六

一五二　淮南鴻烈解二十一卷　漢劉安撰　高誘注　明萬曆八年茅一桂刻本　清孫詒讓批校
一五三　淮南鴻烈解二十一卷　漢劉安撰　高誘注　明萬曆八年茅一桂刻本　王獻唐跋
一五四　淮南鴻烈解二十一卷　漢劉安撰　高誘注　明萬曆十八年汪一鸞刻本　九行十九字白口四周双边
一五五　淮南鴻烈解二十一卷　漢劉安撰　高誘注　明萬曆十八年汪一鸞刻本　清唐翰題跋並錄清黃丕烈校
一五六　淮南鴻烈解二十一卷　漢劉安撰　高誘注　明萬曆十八年汪一鸞刻本　清朱駿聲校
一五七　淮南鴻烈解二十一卷　漢劉安撰　高誘注　明萬曆十八年汪一鸞刻本　宋育德錄清錢大昕批
一五八　淮南鴻烈解二十一卷　漢劉安撰　高誘注　附錄一卷　明萬曆顧氏刻本　清徐波跋　九行十九字白口四周双边
一五九　淮南鴻烈解二十一卷　漢劉安撰　高誘注　明張袠賢刻本　九行十九字白口四周双边
一六〇　淮南鴻烈解二十一卷　漢劉安撰　高誘注　明張袠賢刻本　佚名錄清何焯批跋
一六一　淮南鴻烈解二十一卷　漢劉安撰　高誘注　明萬曆二十二年張維城刻本　九行十九字小字双行行字同白口四周双边
一六二　淮南鴻烈解二十一卷　漢劉安撰　高誘注　明萬曆二十二年張維城刻本　清錢大昕校
一六三　淮南鴻烈解二十一卷　漢劉安撰　高誘注　明刻本　九行二十字小字双行行字同白口左右双边
一六四　淮南鴻烈解二十一卷　漢劉安撰　高誘注　明刻本　清劉郡跋　九行十九字小字双行行字同四周单边或左右双边

七

一六五　淮南鴻烈解二十一卷　漢劉安撰　高誘注　明刻本　清顧明校、貴微跋　九行二十字小字双行行字同白口左右双边
一六六　淮南鴻烈解二十一卷　漢劉安撰　高誘注　明刻本　清吳重熹批校　九行二十字白口四周单边
一六七　淮南鴻烈解二十一卷　漢劉安撰　高誘注　明茅坤等評　明張斌如刻本　九行二十字小字双行行字同白口四周单边
一六八　淮南鴻烈解二十一卷　漢劉安撰　高誘注　明茅坤等評　明緝柳齋刻本　九行二十字小字双行行字同白口四周单边
一六九　淮南鴻烈解二十一卷　漢劉安撰　高誘注　清初刻本　清沈大成校並錄清惠棟校
一七〇　淮南子二十一卷　漢劉安撰　高誘注　清乾隆五十三年莊逵吉刻本　佚名錄清盧文弨批校題識
一七一　淮南子二十一卷　漢劉安撰　高誘注　清乾隆五十三年莊逵吉刻本　佚名錄清盧文弨孫志祖校　秦更年跋
一七二　淮南子二十一卷　漢劉安撰　高誘注　清乾隆五十三年莊逵吉刻本　清朱邦衡校並跋又錄清惠棟校跋
一七三　淮南子二十一卷　漢劉安撰　高誘注　清乾隆五十三年莊逵吉刻本　清孫志祖　龔橙校
一七四　淮南子二十一卷　漢劉安撰　高誘注　清乾隆五十三年莊逵吉刻本　清朱彬錄王念孫校
一七五　淮南子二十一卷　漢劉安撰　高誘注　清乾隆五十三年莊逵吉刻本　清顧之逵、顧丹棨錄惠棟校　清顧之逵跋　顧廣圻校並跋

一七六　淮南子二十一卷　漢劉安撰　高誘注　清乾隆五十三年莊逵吉刻本　清顧廣圻校並跋又錄清惠棟校
一七七　淮南子二十一卷　漢劉安撰　高誘注　清乾隆五十三年莊逵吉刻本　清顧廣圻校並跋　袁廷檮錄清盧文弨校
一七八　淮南子二十一卷　漢劉安撰　高誘注　清乾隆五十三年莊逵吉刻本　清陳奐校並跋　趙之謙　陶方琦　孫詒讓題款
一七九　淮南子二十一卷　漢劉安撰　高誘注　清乾隆五十三年莊逵吉刻本　佚名錄清陳奐校
一八〇　淮南子二十一卷　漢劉安撰　高誘注　清乾隆五十三年莊逵吉刻本　佚名錄清陳奐校　李盛鐸跋
一八一　淮南子二十一卷　漢劉安撰　高誘注　清乾隆五十三年莊逵吉刻本　清呂賢基、李紱銘校並跋
一八二　淮南子二十一卷　漢劉安撰　高誘注　清乾隆五十三年莊逵吉刻本　清管慶祺錄清顧廣圻校並跋
一八三　淮南子二十一卷　漢劉安撰　高誘注　清乾隆五十三年莊逵吉刻本　清楊沂孫校並錄清錢大昕　王念孫、梁履繩　顧廣圻校
一八四　淮南子二十一卷　漢劉安撰　高誘注　清乾隆五十三年莊逵吉刻本　清陳倬跋並錄清王念孫　顧廣圻校並跋
一八五　淮南子二十一卷　漢劉安撰　高誘注　清乾隆五十三年莊逵吉刻本　清汪琛校
一八六　淮南子二十一卷　漢劉安撰　高誘注　清乾隆五十三年莊逵吉刻本　清趙宗建校跋並錄清惠棟　朱邦衡批校題識
一八七　淮南子二十一卷　漢劉安撰　高誘注　清乾隆五十三年莊逵吉刻本　清蕭穆校
一八八　淮南子存五卷五至九　漢劉安撰　高誘注　清乾隆五十三年莊逵吉刻本　清陶方琦校並跋
一八九　淮南子二十一卷　漢劉安撰　高誘注　清乾隆五十三年莊逵吉刻本　清趙寶謙跋並錄清陳奐題識　潘良駿錄陳奐校

八

一九〇　淮南子二十一卷　漢劉安撰　高誘注　清乾隆五十三年莊逵吉刻本　王秉恩校並錄清惠士奇　盧文弨　孫志祖　梁玉繩　顧廣圻校
一九一　淮南子二十一卷　漢劉安撰　高誘注　清嘉慶九年聚文堂刻本　清胡澍跋並錄清陳奐校跋　丁丙跋
一九二　淮南子二十一卷　漢劉安撰　高誘注　清嘉慶九年聚文堂刻本　清劉履芬錄清顧廣圻批校
一九三　淮南子二十一卷　漢劉安撰　高誘注　清嘉慶九年聚文堂刻本　清孫詒讓錄清陳奐校跋
一九四　淮南子二十一卷　漢劉安撰　高誘注　清光緒二年浙江書局刻二十二子本　清楊沂孫校
一九五　淮南子二十一卷　漢劉安撰　高誘注　清光緒二年浙江書局刻二十二子本　清劉履芬錄譚獻　趙烈文批校並跋
一九六　淮南子二十一卷　漢劉安撰　高誘注　清光緒二年浙江書局刻二十二子本　清張鳴珂校跋並錄清惠棟　顧廣圻　許在衡　管慶祺批校題識
一九七　淮南鴻烈解二十一卷　漢劉安撰　高誘注　清道光十四年陳氏三百書舍抄本　清陳奐跋　莫棠跋
一九八　淮南鴻烈解二十一卷　漢劉安撰　高誘注　清同治十年劉履芬抄本　清劉履芬跋
一九九　淮南鴻烈解二十八卷　漢劉安撰　許慎注　明安正堂刻本　十行二十一字白口四周双边
二〇〇　淮南鴻烈解二十八卷　漢劉安撰　高誘注　明萬曆刻中立四子集本　□著言校並跋　十行二十一字小字双行行字同白口四周双边
二〇一　淮南鴻烈解二十八卷　漢劉安撰　高誘注　明萬曆九年葉近山刻本　十二行二十五字白口四周双边
二〇二　淮南鴻烈解二十八卷　漢劉安撰　高誘注　明王元賓刻本　十行二十一字小字双行行字同黑口四周单边

二〇三 淮南鴻烈解二十八卷 漢劉安撰 高誘注 明刻本 十二行二十五字白口四周双边
二〇四 淮南鴻烈解二十八卷 漢劉安撰 高誘注 明刻本 清丁丙跋
二〇五 淮南鴻烈解二十八卷 漢劉安撰 高誘注 明抄本 清黃丕烈校並跋 唐翰題跋
二〇六 淮南鴻烈解二十八卷 漢劉安撰 高誘注 明劉績補 明弘治王溥刻本 九行十七字小字双行行字同黑口四周双边
二〇七 淮南鴻烈解二十八卷 漢劉安撰 高誘注 明劉績補 明弘治王溥刻本 清丁丙跋
二〇八 淮南鴻烈解二十八卷 漢劉安撰 高誘注 明劉績補 明黃焯刻本 十行十八字小字双行行字同白口四周單边
二〇九 淮南子選一卷 明陳文燭輯 明萬曆元年刻本 九行十八字白口左右双边
二一〇 新刊三元精纂舉業通用標題句解淮南子[illegible]奇二十八卷 明申時行輯 馮夢禎標題 顧憲成句解 明萬曆五年饒仁卿刻本 十二行二十四字白口四周單边
二一一 淮南子評註二十一卷附雜錄一卷 清傅山撰 稿本
二一二 淮南釋音一卷 清□環撰 稿本 清劉恭冕校 葉景葵跋
二一三 淮南許高注二家異同考二卷 清陶方琦撰 手稿本 清譚獻批
二一四 淮南許高二注異同考二卷 清陶方琦撰 稿本
二一五 淮南許注異同詁四卷補遺一卷續補一卷 清陶方琦撰 清光緒七年陶氏漢孳室刻本 清陶方琦批校並跋
存一卷上
二一六 淮南許注異同詁四卷補遺一卷續補一卷 清陶方琦撰 清光緒七年陶氏漢孳室刻本 清王仁俊校補
存一卷補遺全
二一七 淮南許注異同詁四卷 清陶方琦撰 清張氏儀鄦廬抄本 清王仁俊校並跋
存二卷一至二
二一八 淮南子莊逵本異文補校小識一卷 清許在衡撰 稿本
二一九 淮南天文訓補注二卷 清錢塘撰 清抄本 清丁丙跋
二二〇 淮南天文訓存疑一卷 清羅士琳撰 附淮南正朝夕圖解一卷 清丁杰撰 清道光八年王盧鈐抄本
二二一 淮南萬畢術一卷 清孫馮翼輯 清抄本 吳昌綬、鄭文焯校並跋
二二二 淮南萬畢術一卷 清丁晏輯 稿本
二二三 淮南萬畢術一卷 清丁晏輯 稿本 羅振常跋

九

二二四 淮南萬畢術一卷 清沈小垣輯 清校經堂抄本 清陳奐跋 馬釗校並跋
二二五 淮南萬畢術一卷 清沈小垣輯 清抄本 清陳奐跋 馬釗校並跋
二二六 白虎通德論十卷 漢班固撰 元大德五年無錫州學刻本 九行十七字黑口四周双边
二二七 白虎通德論十卷 漢班固撰 元大德九年無錫州學刻本 □雪窗跋 九行十七字黑口四周双边
二二八 白虎通德論十卷 漢班固撰 元大德九年無錫州學刻明修本
二二九 白虎通二卷 漢班固撰 元刻本 十二行二十三字黑口左右双边
二三〇 白虎通二卷 漢班固撰 元刻本 清黃丕烈跋
二三一 白虎通德論十卷 漢班固撰 明楊祐刻本 九行十七字黑口四周單边
二三二 白虎通德論二卷 漢班固撰 明嘉靖元年傅鑰刻本 十行十六字白口左右双边
二三三 白虎通德論二卷 漢班固撰 明嘉靖元年傅鑰刻本 清孫星衍校並跋
二三四 白虎通德論二卷 漢班固撰 明嘉靖元年傅鑰刻本 吳梅校並跋
二三五 白虎通德論二卷 漢班固撰 明嘉靖二十一年葛琦刻本
二三六 白虎通德論二卷 漢班固撰 明刻本 十行十六字白口左右双边
二三七 白虎通德論二卷 漢班固撰 明刻本 清張棟跋
二三八 白虎通德論二卷 漢班固撰 明萬曆十年胡維新刻兩京遺編本 清唐翰題跋 九行十七字白口四周双边有刻工
二三九 白虎通德論二卷 漢班固撰 明萬曆二十二年蔣杰刻藍印本 十行十八字白口四周單边
二四〇 白虎通德論二卷 漢班固撰 明萬曆二十二年蔣杰刻本
二四一 白虎通德論二卷 漢班固撰 明萬曆二十二年蔣杰刻本 清盧文弨校並跋
二四二 白虎通德論二卷 漢班固撰 明萬曆二十二年蔣杰刻本 清趙宗建校
二四三 白虎通德論二卷 漢班固撰 明萬曆程榮刻漢魏叢書本 清宋彬校並跋 九行二十字白口左右双边有刻工
二四四 白虎通德論二卷 漢班固撰 明俞元符刻本 八行十八字白口四周單边
二四五 白虎通德論二卷 漢班固撰 明俞元符刻本 清余集校
二四六 白虎通德論二卷 漢班固撰 明俞元符刻本 清丁丙跋
二四七 白虎通德論二卷 漢班固撰 明俞元符刻本 翁之廉錄清盧見曾、盧文弨校
二四八 白虎通二卷 漢班固撰 清康熙七年汪士漢刻秘書二十一種本 王國維校並跋
二四九 白虎通四卷 漢班固撰 攷一卷闕文一卷 清莊述祖撰並輯 校勘補遺一卷 清盧文弨撰 清乾隆四十九年盧文弨刻抱經堂叢書本 清孫詒讓批校
二五〇 白虎通義校稿一卷 清吳騫撰 稿本
二五一 白虎通考證四卷 清莊述祖撰 清抄本 清吳騫校
二五二 白虎通疏證十二卷 清陳立撰 稿本

一〇

白虎通疏證十二卷 清陳立撰 清光緒元年淮南書局刻本 清謝章鋌跋 二五三
白虎通疏證十二卷 清陳立撰 清光緒元年淮南書局刻本 清王仁俊校 二五四
論衡三十卷 漢王充撰 宋乾道三年紹興府刻宋元明遞修本 十行二十至二十二字黑口或白口四周或左右双边 二五五
論衡三十卷 漢王充撰 宋乾道三年紹興府刻宋元明遞修本 清錢謙益批點 黃丕烈跋 葉昌熾題款 二五六
論衡三十卷 漢王充撰 宋乾道三年紹興府刻元公文紙印本 曾元忠跋 十行二十字白口左右双边有刻工
存五卷 二十六至三十 二五七
論衡三十卷 漢王充撰 宋乾道三年紹興府刻元修公文紙印本
存四卷 十四至十七 二五八
論衡三十卷 漢王充撰 宋乾道三年紹興府刻元明遞修本
存三卷 四至六 二五九
論衡三十卷 漢王充撰 明嘉靖十四年蘇獻可通津草堂刻本 十行二十字白口左右双边 二六〇
論衡三十卷 漢王充撰 明嘉靖十四年蘇獻可通津草堂刻本 清錢謙益評點 清錢曾跋 二六一
論衡三十卷 漢王充撰 明嘉靖十四年蘇獻可通津草堂刻本 清孫潛校並跋 二六二
論衡三十卷 漢王充撰 明嘉靖十四年蘇獻可通津草堂刻本 清陳揆校並跋 二六三
論衡三十卷 漢王充撰 明嘉靖十四年蘇獻可通津草堂刻本 葉德輝跋 二六四

十一

論衡三十卷 漢王充撰 明萬曆程榮刻漢魏叢書本 清陳揆校並跋 九行二十字白口左右双边有刻工 二六五
論衡三十卷 漢王充撰 明萬曆程榮刻漢魏叢書本 鄧邦述校並跋 二六六
論衡三十卷 漢王充撰 明萬曆何允中刻廣漢魏叢書本 清盧文弨校並跋 清丁丙跋 九行二十字白口左右双边 二六七
論衡三十卷 漢王充撰 明萬曆何允中刻廣漢魏叢書本 清孫志祖校並錄盧文弨梁玉繩王宗炎校並錄洪震煊校 二六八
論衡三十卷 漢王充撰 明刻本 九行二十字白口左右双边 二六九
論衡三十卷 漢王充撰 明刻本 二七〇
論衡三十卷 漢王充撰 明刻本 佚名錄清盧文弨孫志祖梁玉繩校 二七一
論衡三十卷 漢王充撰 明刻本 清王振聲校並跋 二七二
論衡三十卷 漢王充撰 明劉光斗評 明天啓六年閻光表刻本 九行二十字白口四周單边 二七三
論衡三十卷 漢王充撰 明劉光斗評 明天啓六年閻光表刻本 倫明錄楊守敬傅增湘校 二七四
論衡十卷 漢王充撰 明丁玄燦評 明天啓六年自刻本 九行二十字白口四周單边 二七五
論衡三十卷 漢王充撰 明末錢震瀧刻本 九行二十字白口左右双边 二七六
論衡三十卷 漢王充撰 明末錢震瀧刻本 清陳鱣校 二七七
新刊王充論衡十五卷 漢王充撰 明刻本 十二行二十四字黑口四周双边 二七八
風俗通義十卷 漢應劭撰 元大德九年無錫州學刻本 九行十七字黑口四周双边 二七九

風俗通義十卷 漢應劭撰 元大德九年無錫州學刻公文紙印本 九行十七字黑口左右双边
存七卷 四至十 二八〇
風俗通義十卷 漢應劭撰 元大德九年無錫州學刻明修本 清黃廷鑑跋 二八一
風俗通義十卷 漢應劭撰 明萬曆程榮刻漢魏叢書本 清黃彭年批校 九行二十字白口左右双边有刻工 二八二
風俗通義十卷 漢應劭撰 明刻本 十行十六字白口左右双边 二八三
風俗通義十卷 漢應劭撰 明刻本 清[illegible]翰題 吳壽暘跋 二八四
風俗通義十卷 漢應劭撰 明刻本 [illegible]迴根批校並跋 二八五
風俗通義十卷 漢應劭撰 明刻本（原目錄卷一至二配冀棠家抄本） 冀棠跋 二八六
風俗通義十卷 漢應劭撰 明天啓六年郎壁金堂策檻刻本 九行二十字白口四周單边 二八七
風俗通義十卷 漢應劭撰 明末刻本 清朱筠校並跋 朱錫庚校 翁同書跋 二八八
風俗通義十卷 漢應劭撰 清道光六年[illegible]過齋刻本 沈曾植批校 二八九
風俗通義十卷 漢應劭撰 明抄本 二九〇
風俗通義校正二卷補遺一卷 清朱筠撰 清抄本 清朱錫庚跋 二九一
風俗通義校正二卷補遺一卷 清朱筠撰 清抄本 清胡澍校 二九二
風俗通十卷 漢應劭撰 明刻本 清丁晏校並跋 九行二十一字白口左右双边 二九三

十二

於陵子一卷 明萬曆綠天館刻本 七行十六字白口四周單边 二九四
於陵子一卷 清嘉慶六年邵恩多抄本 清邵恩多跋 二九五
於陵子一卷 清劉履芬抄本 二九六
明徐渭評 明刻本 八行二十字白口四周單边 二九七
秘傳天祿閣寓言外史八卷 題漢黃憲撰 明嘉靖二年王汝璧刻本 九行二十字黑口四周双边 二九八
秘傳天錄閣寓言外史八卷 題漢黃憲撰 明隆慶四年沈松石留春書館刻本 九行二十字白口四周單边 二九九
秘傳天錄閣寓言外史八卷 題漢黃憲撰 明書林李少渠刻本 九行二十字白口四周單边 三〇〇
秘傳天祿閣寓言外史八卷 題漢黃憲撰 明隆慶六年王近山龔龍川刻本 九行二十字白口四周單边 三〇一
秘傳天祿閣寓言外史八卷 題漢黃憲撰 明萬曆二十三年孫光樓刻本 九行二十字白口四周双边 三〇二
重校天祿閣寓言外史八卷 題漢黃憲撰 明萬曆三十九年王澍刻本 九行二十字白口四周單边 三〇三
秘傳天祿閣寓言外史八卷 題漢黃憲撰 明萬曆四十八年尹應祥刻本 九行二十字黑口 三〇四
秘傳天祿閣寓言外史八卷 題漢黃憲撰 明刻本 九行二十字白口四周双边 三〇五

秘傳天祿閣寓言外史八卷　題漢黃憲撰　明朱養純花齋刻本　九行二十字白口四周單边　三〇六
天祿閣外史八卷　題漢黃憲撰　明刻本　九行二十字白口左右双边　三〇七
天祿閣外史八卷　題漢黃憲撰　明銅活字印本　九行二十字白口　三〇八
天祿閣外史八卷　題漢黃憲撰　明抄本　三〇九
人物志三卷　魏劉邵撰　西涼劉昞注　明嘉靖八年顧定芳刻本　莫棠校並跋　八行十六字小字双行行字同白口四周單边　三一〇
人物志三卷　魏劉邵撰　西涼劉昞注　明刻本　八行十六字小字双行行字同白口四周單边　三一一
人物志三卷　魏劉邵撰　西涼劉昞注　明隆慶六年梁夢龍刻本　八行十六字白口四周双边　三一二
人物志三卷　魏劉邵撰　西涼劉昞注　明萬曆五年李茹刻本　八行十六字白口四周双边　三一三
人物志三卷　魏劉邵撰　西涼劉昞注　明萬曆程榮刻漢魏叢書本　傅增湘校　九行二十字小字双行行字同白口左右双边　三一四
金樓子附校六卷　清吳騫撰　稿本　三一五
金樓子附校六卷　清吳騫撰　稿本　清鮑廷博校補　三一六
劉子十卷　北齊劉晝撰　唐袁孝政注　宋刻本（卷一至二配明刻本）　清孫星衍、黃丕烈跋　十一行十八字白口左右双边　三一七
劉子十卷　北齊劉晝撰　唐袁孝政注　明刻本　清黃丕烈跋　十一行十八字白口左右双边　三一八
劉子十卷　北齊劉晝撰　唐袁孝政注　明萬曆二十年蔣以化刻本　十行二十字白口四周單边有刻工　三一九
劉子十卷　北齊劉晝撰　唐袁孝政注　明萬曆二十年蔣以化刻本　清丁丙跋　三二〇

十三

劉子新論十卷　北齊劉晝撰　唐袁孝政注　明萬曆程榮刻漢魏叢書本　清盧文弨校並跋　九行二十字白口左右双边　三二一
新論十卷　北齊劉晝撰　明末刻本　清黃丕烈校並跋　陸損之校　九行二十字白口左右双边　三二二
劉子十卷　北齊劉晝撰　明龍川精舍抄本　三二三
劉子十卷　北齊劉晝撰　唐袁孝政注　明抄本　清葉子寅、許心扆跋　黃丕烈、陸拙生校並跋　張紹仁題款　三二四
劉子十卷　北齊劉晝撰　清抄本　三二五
劉子二卷　北齊劉晝撰　清光緒元年崇文書局刻百子全書本　傅增湘校並跋　三二六
顏氏家訓二卷　北齊顏之推撰　明正德十三年顏如瓌刻本　十行二十字白口左右双边　三二七
顏氏家訓二卷　北齊顏之推撰　明嘉靖三年傅鑰刻本　十行二十字白口四周單边　三二八
顏氏家訓二卷　北齊顏之推撰　明嘉靖程伯祥刻本　清黃丕烈校跋並抄補缺葉　十行二十字白口四周單边　三二九
顏氏家訓二卷　北齊顏之推撰　明嘉靖程伯祥刻本　佚名校　清丁丙跋　三三〇
顏氏家訓二卷　北齊顏之推撰　明刻本　明馮武校並題款　十行二十字白口四周單边　三三一
顏氏家訓二卷　北齊顏之推撰　明萬曆二年顏懋乾刻本　九行二十字白口左右双边　三三二
顏氏家訓二卷　北齊顏之推撰　明萬曆三年顏嗣慎刻本　十行十九字白口四周單边　三三三
顏氏家訓二卷　北齊顏之推撰　明萬曆三年顏嗣慎刻本　清御樹芳跋　三三四
顏氏家訓二卷　北齊顏之推撰　明萬曆三年顏嗣慎刻本　清丁丙跋　三三五
顏氏家訓二卷　北齊顏之推撰　明萬曆三年顏嗣慎刻本　莫棠跋　三三六
顏氏家訓二卷　北齊顏之推撰　明萬曆三年顏嗣慎刻本　李盛鐸跋　三三七
顏氏家訓二卷　北齊顏之推撰　明萬曆六年顏志邦刻本　九行二十字白口左右双边　三三八
顏氏家訓二卷　北齊顏之推撰　明萬曆程榮刻漢魏叢書本　清何焯校並跋　九行二十字白口左右双边　三三九
顏氏家訓二卷　北齊顏之推撰　明萬曆程榮刻漢魏叢書本　清林芳校　三四〇
顏氏家訓二卷　北齊顏之推撰　明萬曆何允中刻廣漢魏叢書本　清丁晏校　九行二十字白口左右双边　三四一
顏氏家訓二卷　北齊顏之推撰　明鄒之璧刻本　十行二十字白口左右双边　三四二
顏氏家訓二卷　北齊顏之推撰　明天啓三年刻本　八行十八字白口四周双边　三四三
顏氏家訓二卷　北齊顏之推撰　清初刻本　清楊沂孫校並跋　三四四
顏氏家訓二卷　北齊顏之推撰　清康熙五十八年朱軾刻本　清張蓉鏡錄黃廷鑑校　三四五
顏氏家訓二卷　北齊顏之推撰　清乾隆五十六年王謨刻增訂漢魏叢書本　清姚覲元錄何焯校跋　三四六
顏氏家訓七卷附攷證一卷　北齊顏之推撰　攷證宋沈揆撰　元刻本　清何焯、錢大昕、孫星衍、黃丕烈跋　十二行十八字白口四周双边　三四七
顏氏家訓七卷攷證一卷　北齊顏之推撰　清抄本　清鮑廷博校　三四八
顏氏家訓七卷　北齊顏之推撰　清趙曦明注　盧文弨補　北齊書文苑傳顏之推傳一卷　清盧文弨注　清乾隆五十四年盧文弨刻抱經堂叢書本　清盧文弨校　丁丙跋　三四九

十四

顏氏家訓七卷補遺一卷　北齊顏之推撰　清趙曦明注　盧文弨補　北齊書文苑傳顏之推傳一卷　清盧文弨注　注補正一卷　清錢大昕撰　清乾隆五十四年盧文弨刻抱經堂叢書本　清嚴樹萼錄徐鯤補注嚴元照跋　存六卷（家訓五至七　餘全）　三五〇
顏氏家訓七卷補遺一卷重校正一卷　北齊顏之推撰　清趙曦明注　盧文弨補　北齊書文苑傳顏之推傳一卷　清盧文弨注　注補正一卷　清錢大昕撰　清乾隆五十四年盧文弨刻抱經堂叢書五十八年重修本　清崔應榴圈點題款　傅增湘校並跋　三五一
顏氏家訓七卷　北齊顏之推撰　清趙曦明注　盧文弨補　北齊書文苑傳顏之推傳一卷　清盧文弨注　清乾隆五十四年盧文弨刻抱經堂叢書本　清周星詒跋　三五二
續家訓八卷　宋董正功撰　宋刻本　清黃丕烈跋　十行二十字黑口左右双边　存三卷（六至八）　三五三
長短經九卷　唐趙蕤撰　清乾隆抄本　三五四
長短經九卷　唐趙蕤撰　清抄本　三五五

三五六 長短經九卷 唐趙蕤撰 清抄本
三五七 長短經九卷 唐趙蕤撰 清抄本 清李錫齡校並跋
三五八 李涪刊誤二卷 唐李涪撰 清影宋抄本
三五九 刊誤二卷 唐李涪撰 清抄本（四庫底本）
三六〇 封氏見聞記十卷 唐封演撰 明純白齋抄本 清徐釚跋 秦更年跋
三六一 封氏聞見記十卷 唐封演撰 明抄本 清蔣杲校並跋
三六二 封氏聞見記十卷 唐封演撰 明抄本 李盛鐸跋
三六三 封氏聞見記十卷 唐封演撰 清乾隆二十一年盧見曾刻雅雨堂叢書本 清朱邦衡錄黃丕烈批校並跋
三六四 封氏聞見記十卷 唐封演撰 清乾隆二十一年盧見曾刻雅雨堂叢書本 清黃廷芝校並跋
三六五 封氏聞見記十卷 唐封演撰 清乾隆二十一年盧見曾刻雅雨堂叢書本 清繆祐孫錄黃廷芝校跋
三六六 封氏聞見記十卷 唐封演撰 清乾隆二十一年盧見曾刻雅雨堂叢書本 王國維校並跋
三六七 封氏聞見記十卷 唐封演撰 清乾隆二十一年盧見曾刻雅雨堂叢書本 李盛鐸校
三六八 封氏聞見記十卷 唐封演撰 清乾隆二十一年盧見曾刻雅雨堂叢書本 秦更年校並跋
三六九 封氏聞見記十卷 唐封演撰 清乾隆二十一年盧見曾刻雅雨堂叢書本 傅增湘校跋並錄李盛鐸題識
三七〇 封氏聞見記十卷 唐封演撰 清乾隆五十七年秦黌刻本

一五

三七一 封氏聞見記十卷 唐封演撰 清抄本 佚名錄明吳岫清錢曾跋
三七二 封氏聞見記十卷 唐封演撰 清彭氏知聖道齋抄本 清彭元瑞校
三七三 封氏聞見記十卷 唐封演撰 清抄本 清吳志忠校並跋 周星詒跋 翁綬琪批注並跋
三七四 封氏聞見記十卷 唐封演撰 清同治八年劉履芬抄本 清劉履芬校並跋
三七五 因話錄六卷 唐趙璘撰 清順治十五年葉仁祖抄本 清葉萬跋
三七六 因話錄六卷 唐趙璘撰 清初抄本
三七七 因話錄六卷 唐趙璘撰 清初抄本
三七八 因話錄六卷 唐趙璘撰 清同治十一年喬載繇抄本 清喬載繇跋
三七九 化書六卷 五代譚峭撰 宋刻本 清康綸鈞題款 八行十六字白口左右双边
三八〇 化書六卷 五代譚峭撰 元秦昇家塾刻本 九行十八字黑口四周双边
三八一 化書六卷 五代譚峭撰 明初刻本 十行二十字黑口四周双边
三八二 化書六卷 五代譚峭撰 音義一卷 明弘治十七年劉達刻本
三八三 化書六卷 五代譚峭撰 明弘治十七年劉達刻本
三八四 化書六卷 五代譚峭撰 明弘治十七年鄭常清刻本 清丁丙跋 九行二十字白口左右双边有刻工
三八五 化書六卷 五代譚峭撰 明弘治十七年鄭常清刻本 瞿熙邦校並跋
三八六 化書六卷 五代譚峭撰 明萬曆十九年江氏太一書樓刻本 九行十九字白口四周单边
三八七 化書六卷 五代譚峭撰 明刻本 九行二十字白口四周单边
三八八 譚子化書六卷 五代譚峭撰 明宋刻本 九行二十字白口左右双边
三八九 化書六卷 五代譚峭撰 明抄本 羅振常跋
三九〇 化書六卷 五代譚峭撰 清抄本 清祝齡跋
三九一 化書新聲六卷 五代譚峭撰 明王一清注 明萬曆刻本 九行二十四字黑口四周单边
三九二 齊丘子一卷 五代譚峭撰 明嘉靖刻本 清錢鶴翀評點並跋 十行十九字白口四周单边间有双边
三九三 齊丘子一卷 五代譚峭撰 明刻本 十行十九字白口四周单边
三九四 南部新書十卷 宋錢易撰 明刻本 十行二十字白口左右双边
三九五 南部新書十卷 宋錢易撰 明刻本 清錢曾、胡珽校 何焯、周錫瓚、顧廣圻校並跋 十行二十字白口左右双边
三九六 南部新書十卷補遺一卷 宋錢易撰 明抄本
三九七 南部新書十卷補遺一卷 宋錢易撰 明抄本 清馮舒跋
三九八 南部新書十卷補遺一卷 宋錢易撰 清抄本
三九九 南部新書十卷補遺一卷 宋錢易撰 清抄本
四〇〇 南部新書十卷補遺一卷 宋錢易撰 清抄本 清黃丕烈校

一六

四〇一 南部新書十卷 宋錢易撰 清初抄本（四庫底本）
四〇二 南部新書十卷 宋錢易撰 清抄本
四〇三 南部新書十卷 宋錢易撰 清抄本
四〇四 南部新書十卷 宋錢易撰 清抄本 佚名校跋並錄清吳翌鳳跋
四〇五 南部新書十卷 宋錢易撰 清抄本 清嚴蔚校 佚名錄清楊復吉跋
存六卷 甲至己
四〇六 南部新書十卷 宋錢易撰 清抄本 清周星詒校並跋
四〇七 南部新書十卷 宋錢易撰 清抄本 李盛鐸跋
四〇八 昭德新編三卷 宋晁迥撰 明嘉靖三十七年晁氏寶文堂刻本 清丁丙跋 十行二十字白口四周单边有刻工
四〇九 東原錄一卷 宋龔鼎臣撰 明穴硯齋抄本
四一〇 江隣幾雜志一卷 宋江休復撰 明萬曆商濬刻稗海本 清勞格校並跋 九行二十字白口四周单边
補遺一卷 清勞格輯 稿本
四一一 江隣幾雜志二卷補一卷 宋江休復撰 清乾隆四十八年趙氏星鳳閣抄本 清趙輯寧校、丁丙跋
四一二 江氏筆錄三卷 宋江休復撰 清抄本
四一三 江氏筆錄二卷 宋江休復撰 清抄本

四一四 江氏筆錄二卷 宋江休復撰 清抄本

四一五 公是先生極沒要緊一卷 宋劉敞撰 清抄本

四一六 丞相魏公譚訓十卷 宋蘇象先撰 清抄本 清黄丕烈、柯逢時跋，黄美鏐校

四一七 丞相魏公譚訓十卷 宋蘇象先撰 清抄本 清張紹仁校

四一八 丞相魏公譚訓十卷 宋蘇象先撰 清張氏愛日精廬抄本 清李錫嘏跋

四一九 丞相魏公譚訓十卷 宋蘇象先撰 清抄本 清勞格校，丁丙跋

四二〇 丞相魏公譚訓十卷 宋蘇象先撰 清抄本

四二一 丞相魏公譚訓十卷 宋蘇象先撰 清抄本

四二二 近事會元五卷 宋李上交撰 清抄本

四二三 近事會元五卷 宋李上交撰 清抄本

四二四 近事會元五卷 宋李上交撰 清抄本 清譚恪源校並跋

四二五 近事會元五卷 宋李上交撰 清乾隆鮑氏知不足齋抄本 清鮑廷博校並跋，丁丙跋

四二六 近事會元五卷 宋李上交撰 清鄭氏注韓居抄本 清鄭杰校並跋

四二七 近事會元五卷 宋李上交撰 清沈氏鳴野山房抄本

四二八 近事會元五卷 宋李上交撰 清杜氏荊花屋抄本

十七

四二九 墨客揮犀十卷 宋彭乘撰 清抄本

四三〇 續墨客揮犀十卷 宋彭乘撰 明正德四年志雅齋抄本

四三一 續墨客揮犀十卷 宋彭乘撰 明抄本 清翁同龢跋
存五卷 一至五

四三二 續墨客揮犀十卷拾遺三卷 宋彭乘撰 清抄本
存十二卷 二至十 拾遺全

四三三 續墨客揮犀十卷 宋彭乘撰 清抄本 清丁丙跋

四三四 續墨客揮犀十卷 宋彭乘撰 清蔣氏茹古精舍抄本 張元濟校並跋

四三五 麈史三卷 宋王得臣撰 明嘉靖元年柳僉抄本 清丁丙跋

四三六 麈史三卷 宋王得臣撰 明抄本 清錢曾、沈欽韓、繆荃孫校，黄丕烈跋

四三七 麈史三卷 宋王得臣撰 明抄本

四三八 麈史不分卷 宋王得臣撰 明王氏鬱岡齋抄本 周叔弢跋

四三九 麈史三卷 宋王得臣撰 清抄本 清蔣宗海、楊廷錫跋

四四〇 麈史三卷 宋王得臣撰 清抄本 清李文藻批校

四四一 麈史三卷 宋王得臣撰 清抄本 清黄丕烈校跋並錄毛扆題識

四四二 麈史三卷 宋王得臣撰 清乾隆嘉慶間鮑廷博刻知不足齋叢書本 傅增湘校

四四三 麈史三卷 宋王得臣撰 清抄本 跋並錄清毛扆題識

四四四 麈史三卷 宋王得臣撰 清抄本

四四五 麈史三卷 宋王得臣撰 清抄本

四四六 麈史三卷 宋王得臣撰 清抄本

四四七 麈史三卷 宋王得臣撰 清抄本 佚名校並跋

四四八 箕陽子歔欷瑣微論二卷 宋黄晞撰 宋刻本 清嚴元照、丁丙跋 十三行二十三字白口四周單邊

四四九 古迂陳氏家藏夢溪筆談二十六卷 宋沈括撰 元大德九年陳仁子東山書院刻本 十行十七字白口左右双边

四五〇 夢谿筆談二十六卷 宋沈括撰 明弘治八年徐珤刻本 鄧邦述跋 十一行二十字黑口四周双边

四五一 夢溪筆談二十六卷 宋沈括撰 明刻本 十二行十八字黑口左右双边

四五二 夢溪筆談二十六卷 宋沈括撰 明刻本 清永瑆批校並跋

四五三 夢溪筆談二十六卷 宋沈括撰 明刻本 清黄丕烈跋 十行二十一字黑口四周双边

四五四 夢溪筆談二十六卷 宋沈括撰 明刻本 清翁同龢跋 十二行十八字黑口左右双边

四五五 夢溪筆談全編二十六卷 宋沈括撰 明萬曆三十年沈儆炌刻本 十行二十字白口四周双边

十八

四五六 夢溪筆談二十六卷補筆談一卷 宋沈括撰 明萬曆商濬刻稗海本 王國維校 九行二十字白口四周单边

四五七 夢溪筆談二十六卷補筆談三卷續筆談一卷 宋沈括撰 明崇禎四年馬元調刻本 九行十八字黑口左右双边

四五八 夢溪筆談二十六卷補筆談三卷續筆談一卷 宋沈括撰 明崇禎四年馬元調刻本 清莫友芝跋

四五九 夢溪筆談二十六卷補筆談三卷續筆談一卷 宋沈括撰 明崇禎四年馬元調刻本 王國維校並跋

四六〇 西齋話記一卷 宋祖無擇撰 清抄本

四六一 春明退朝錄三卷 宋宋敏求撰 清乾隆四十六年陶緒翰抄本 清張紹仁校並跋

四六二 春明退朝錄三卷 宋宋敏求撰 清抄本 清胡珽校並跋

四六三 宋景文公筆記三卷 宋宋祁撰 明抄本 清鮑廷博校

四六四 宋景文公筆記三卷 宋宋祁撰 清嘉慶五年趙氏半畝天居抄本

四六五 東坡先生志林五卷 宋蘇軾撰 明萬曆二十三年趙開美刻本 九行十八字白口左右双边

四六六 東坡先生志林五卷 宋蘇軾撰 明萬曆二十三年趙開美刻本 清陸玽批校

東坡先生志林五卷 宋蘇軾撰 明刻朱墨套印本 八行十八字白口四周單边 四六七
東坡先生志林五卷 宋蘇軾撰 清光緒二十二年朱文懋抄本 清朱文懋跋並錄盧文弨校跋 丁丙跋 四六八
東坡志林五卷 宋蘇軾撰 明刻本 九行十八字白口左右双边 四六九
東坡先生志林十二卷 宋蘇軾撰 明抄本 明葉國華校並跋 四七〇
東坡先生志林十二卷 宋蘇軾撰 明抄本 清朱錫庚跋 四七一
東坡集選志林一卷 宋蘇軾撰 清江氏鶴菉堂抄本 四七二
東坡先生仇池筆記二卷 題宋蘇軾撰 明萬曆三十年趙開美刻本 九行十八字黑口左右双边 四七三
東坡先生仇池筆記二卷 題宋蘇軾撰 明萬曆三十年趙開美刻本 清王鵔跋 四七四
侯鯖錄八卷 宋趙令畤撰 明嘉靖二十三年芸窗書院刻本 八行十五字白口左右双边 四七五
侯鯖錄八卷 宋趙令畤撰 明嘉靖二十三年芸窗書院刻本 清鮑廷博校 丁丙跋 四七六
侯鯖錄八卷 宋趙令畤撰 明嶽峰書院刻本 十一行二十一字白口四周單边 四七七
珩璜新論一卷 宋孔平仲撰 明嘉靖三十七年楊氏七檜山房抄本 明楊儀 清黃丕烈校並跋 四七八
珩璜新論一卷 宋孔平仲撰 明王氏鬱岡齋抄本 明莫是龍跋 清徐元文校 四七九
珩璜新論一卷 宋孔平仲撰 明抄本 四八〇
珩璜新論一卷 宋孔平仲撰 清抄本 四八一

十九

珩璜新論一卷 宋孔平仲撰 清抄本 四八二
珩璜新論一卷 宋孔平仲撰 清抄本 佚名錄清張蓉鏡校跋 清丁丙跋 四八三
談苑五卷 題宋孔平仲撰 明穴硯齋抄本 四八四
談苑五卷 題宋孔平仲撰 明抄本 清黃廷鑑跋 存二卷 一至二 四八五
晁氏客語一卷 宋晁說之撰 明弘治十四年華珵刻百川學海本（四庫底本） 王國維校並跋 十二行二十字白口左右双边 四八六
晁氏客語一卷儒言一卷 宋晁說之撰 明嘉靖三十三年晁瑮寶文堂刻本 十行二十字白口四周單边 四八七
晁氏客語一卷 宋晁說之撰 明嘉靖三十三年晁瑮寶文堂刻本 四八八
晁氏客語一卷 宋晁說之撰 明抄本 四八九
晁氏客語一卷儒言一卷 宋晁說之撰 清抄本 四九〇
文昌雜錄六卷 宋龐元英撰 清徐氏傳是樓抄本 四九一
文昌雜錄六卷補遺一卷 宋龐元英撰 清乾隆二十一年盧見曾刻雅雨堂叢書本 清沈欽韓校注並跋 傅增湘題款 四九二
文昌雜錄六卷補遺一卷 宋龐元英撰 清乾隆二十一年盧見曾刻雅雨堂叢書本 王國維校並跋 四九三
揚公筆錄一卷 宋楊延齡撰 明抄本 四九四
楊公筆錄一卷 宋楊延齡撰 清抄本 清黃廷鑑校 四九五
張太史明道雜志一卷 宋張耒撰 明抄本 四九六
泊宅編十卷 宋方勺撰 明刻本 十行十九字白口左右双边有刻工 四九七
泊宅編十卷 宋方勺撰 明刻本 清金甸善跋 四九八
冷齋夜話十卷 宋釋惠洪撰 元至正三年刻本 九行十七字白口四周双边 四九九
冷齋夜話十卷 宋釋惠洪撰 元至正三年刻本 存八卷 一至六 八至九 五〇〇
冷齋夜話十卷 宋釋惠洪撰 明刻本 清黃丕烈抄補缺葉並跋 繆荃孫跋 九行十七字白口闊黑口四周双边 五〇一
冷齋夜話十卷 宋釋惠洪撰 明萬曆商濬刻稗海本 傅增湘校跋並錄清何焯批校 九行二十字白口四周双边 五〇二
冷齋夜話十卷 宋釋惠洪撰 清抄本 繆荃孫跋 五〇三
石林避暑錄四卷 宋葉夢得撰 明項德棻宛委堂刻本 八行十八字白口四周單边 五〇四
避暑錄話二卷 宋葉夢得撰 明抄本 五〇五
避暑錄話二卷 宋葉夢得撰 明抄本 清鮑廷博跋 五〇六
避暑錄話二卷 宋葉夢得撰 明崇禎毛氏汲古閣刻津逮秘書本 清李鴻裔校並跋 八行十九字白口左右双边 五〇七
避暑錄話二卷 宋葉夢得撰 清初抄本 五〇八

二十

避暑錄話二卷 宋葉夢得撰 清道光二十五年葉鍾刻本 清胡珽校 葉廷琯校並跋 沈濤跋 五〇九
避暑錄話二卷 宋葉夢得撰 清道光二十五年葉鍾刻本 清勞格、胡珽跋 葉廷琯校並跋 五一〇
巖下放言三卷 宋葉夢得撰 明抄本 五一一
巖下放言三卷 宋葉夢得撰 清魚元傅抄本 清季錫疇校並跋 五一二
巖下放言三卷拾遺一卷 宋葉夢得撰 清道光二十六年葉鍾等刻本 清葉廷琯校跋並錄勞格校 五一三
巖下放言三卷 宋葉夢得撰 清光緒二十年葉德輝觀古堂刻石林遺書本 傅增湘校並跋 五一四
巖下放言三卷 宋葉夢得撰 清抄本 五一五
巖下放言三卷 宋葉夢得撰 清抄本 五一六
玉磵雜書一卷 宋葉夢得撰 清葉廷琯抄本 清葉廷琯校並跋 五一七
玉澗襍書一卷 宋葉夢得撰 清宣統元年葉德輝觀古堂刻石林遺書本 傅增湘校並跋 五一八
元城先生語錄二卷 宋馬永卿撰 明刻本 十行二十字黑口四周双边 五一九
元城語錄三卷 宋馬永卿撰 明刻本 九行十八字白口四周單边 五二〇
元城先生語錄三卷行錄一卷 宋馬永卿撰 明崔銑輯 明正德十三年張儒刻本 清金樹本跋 十行二十字黑口四周双边 五二一
元城先生語錄三卷行錄一卷 宋馬永卿撰 明崔銑輯 明正德十三年張 五二二

儒刻本　清丁丙跋

元城語錄三卷行錄一卷　宋馬永卿撰　明崔銑輯　明萬曆十八年于文熙徐成楚刻本　九行十九字白口四周双边　五二三

元城語錄三卷行錄一卷　宋馬永卿撰　明崔銑輯　明萬曆十八年于文熙徐成楚刻本　清丁丙跋　五二四

元城語錄三卷行錄一卷　宋馬永卿撰　明崔銑輯　清雍正元年抄本　五二五

元城先生語錄三卷行錄一卷　宋馬永卿撰　明崔銑輯　清抄本　清胡珽徐紹乾校　五二六

元城先生語錄三卷附錄一卷　宋馬永卿撰　明嘉靖十年嚴齋刻本　十行二十字白口左右双边　五二七

元城語錄解三卷附行錄解一卷　宋馬永卿撰　明王崇慶注　明嘉靖八年顧鐸刻本　十行二十四字白口四周单边　五二八

元城語錄解三卷附行錄解一卷　宋馬永卿撰　明王崇慶注　明刻本　十行二十四字黑口四周双边　五二九

嬾真子五卷　宋馬永卿撰　明萬曆商濬刻稗海本（四庫底本）　九行二十字白口四周单边　五三〇

二十

嬾真子五卷　宋馬永卿撰　明萬曆商濬刻稗海本　清勞權校　五三一

嬾真子五卷　宋馬永卿撰　明沈氏野竹齋抄本　五三二

嬾真子錄五卷　宋馬永卿撰　明抄本　五三三

嬾真子錄集證五卷　清勞格、胡珽撰　稿本　五三四

嬾真子錄集證五卷　清胡珽撰　稿本　五三五

春渚紀聞十卷　宋何薳撰　明崇禎毛氏汲古閣刻津逮秘書本　清毛扆校並跋　八行十九字白口左右双边　五三六

春渚紀聞十卷　宋何薳撰　明崇禎毛氏汲古閣刻津逮秘書本　清丁竹浯補目、黃丕烈校並跋　五三七

春渚紀聞十卷　宋何薳撰　明崇禎毛氏汲古閣刻津逮秘書本　清勞格校　傅增湘跋　五三八

春渚紀聞十卷　宋何薳撰　明崇禎毛氏汲古閣刻津逮秘書本　傅增湘校　五三九

春渚紀聞十卷　宋何薳撰　明天啓四年王□抄本　清吳翌鳳校跋並錄毛扆題識　清黃丕烈、陳墫、周星詒校並跋　蔣鳳藻跋　五四〇

春渚紀聞十卷　宋何薳撰　明抄本　五四一

春渚紀聞十卷　宋何薳撰　明抄本　五四二

春渚紀聞十卷　宋何薳撰　清抄本　五四三

春渚紀聞十卷　宋何薳撰　清抄本　清丁丙校並跋　五四四

石林燕語十卷　宋葉夢得撰　明正德元年楊武刻本　九行十八字黑口四周单边　五四五

石林燕語十卷　宋葉夢得撰　明正德元年楊武刻本　清王鑅跋　五四六

石林燕語十卷　宋葉夢得撰　明正德元年楊武刻本　清丁丙跋　五四七

石林燕語十卷　宋葉夢得撰　宇文紹奕考異　清抄本　五四八

石林燕語十卷　宋葉夢得撰　宇文紹奕考異　清咸豐三年胡珽活字印琳琅祕室叢書本　清胡珽校並跋　王先謙跋　五四九

石林燕語辨十卷　宋汪應辰撰　繆荃孫抄本　繆荃孫校　五五〇

石林燕語集辨十卷附錄一卷　清葉廷琯、胡珽撰　稿本　五五一

猗覺寮雜記二卷　宋朱翌撰　明謝氏小草齋抄本　五五二

猗覺寮雜記二卷　宋朱翌撰　明抄本　清周星詒校並跋　五五三

猗覺寮雜記二卷　宋朱翌撰　清初抄本　五五四

猗覺寮雜記二卷　宋朱翌撰　清雍正十一年林佶抄本　清魏之琇、朱錫庚跋　五五五

猗覺寮雜記二卷　宋朱翌撰　清抄本（四庫底本）　五五六

猗覺寮雜記二卷　宋朱翌撰　清乾隆四十一年吳氏古歡堂抄本　清吳翌鳳校跋並錄吳焯題識　五五七

猗覺寮雜記二卷　宋朱翌撰　清抄本　清佚名錄何焯校跋　清丁丙跋　五五八

猗覺寮雜記二卷　宋朱翌撰　清抄本　五五九

鐵圍山叢談六卷　宋蔡絛撰　明嘉靖二十九年秦氏雁里草堂抄本　清錢謙益校、施城跋　五六〇

鐵圍山叢談六卷　宋蔡絛撰　清乾隆嘉慶間鮑廷博刻知不足齋叢書本　傅增湘校並跋　五六一

鐵圍山叢談六卷　宋蔡絛撰　清抄本　清季錫疇校並跋　五六二

鐵圍山叢談六卷　宋蔡絛撰　清抄本　五六三

鐵圍山叢談六卷　宋蔡絛撰　清抄本　五六四

百衲居士鐵圍山叢譚六卷　宋蔡絛撰　清雍正五年徐應占抄本　清李文銳、徐敦復跋　五六五

百衲居士鐵圍山叢談六卷　宋蔡絛撰　清抄本　五六六

百衲居士鐵圍山叢談六卷　宋蔡絛撰　清抄本　五六七

南窗紀談一卷　清抄本　五六八

南窗紀談一卷　清抄本　清勞權、勞格校、嚴與、陸心源跋　五六九

萍州可談三卷　題宋朱彧撰　清光緒十八年高鴻裁家抄本　清高鴻裁跋　周叔弢跋　五七〇

可書一卷　宋張知甫撰　明穴硯齋抄本　五七一

卻掃編三卷　宋徐度撰　明崇禎毛氏汲古閣刻津逮秘書本　清黃丕烈校跋並題詩　沈欽韓校　陳鱣跋　八行十九字白口左右双边　五七二

卻掃編三卷　宋徐度撰　明崇禎毛氏汲古閣刻津逮秘書本　清張紹仁跋並錄黃丕烈校跋　五七三

卻掃編三卷　宋徐度撰　明崇禎毛氏汲古閣刻津逮秘書本　傅增湘校並跋　五七四

卻掃編三卷　宋徐度撰　明穴硯齋抄本　清黃丕烈校並跋　五七五

五七六 卻掃編二卷 宋徐度撰 明抄本
五七七 卻掃編三卷 宋徐度撰 清抄本
五七八 卻掃編三卷 宋徐度撰 清宣統三年周左季影宋抄本
五七九 曲洧舊聞十卷 宋朱弁撰 明嘉靖三十四年沈敕楚山書屋刻本 九行十九字白口左右双边
五八〇 曲洧舊聞十卷 宋朱弁撰 明嘉靖三十四年沈敕楚山書屋刻本 清邵恩多跋
五八一 曲洧舊聞十卷 宋朱弁撰 明純白齋刻本 十行十九字白口四周双边
五八二 曲洧舊聞十卷 宋朱弁撰 明抄本 清錢曾王振聲校孫謀跋
五八三 曲洧舊聞十卷 宋朱弁撰 清乾隆嘉慶間鮑廷博刻知不足齋叢書本 傅增湘校並跋
五八四 曲洧舊聞十卷 宋朱弁撰 清抄本
五八五 曲洧舊聞十卷 宋朱弁撰 清抄本 清趙烈文校並跋
五八六 雞肋編不分卷 宋莊季裕撰 清初影抄元抄本
五八七 鷄肋編不分卷 宋莊季裕撰 明穴硯齋抄本
五八八 雞肋編三卷 宋莊季裕撰 清抄本 清邵懿辰丁丙跋
五八九 雞肋編三卷 宋莊季裕撰 校勘記一卷 清胡珽撰 續校一卷 清董金鑑撰 清光緒十四年董金鑑活字印琳琅秘室叢書本 傅增湘校並跋

十三

五九〇 寓簡十卷 宋沈作喆撰 明嘉靖三十六年梁岐泉刻本 吳寬題款 十行二十字白口四周单边
五九一 寓簡十卷 宋沈作喆撰 明刻本 李放跋 十行二十字白口四周单边
五九二 寓簡十卷 宋沈作喆撰 明抄本 明潘滋跋
五九三 寓簡十卷 宋沈作喆撰 明謝氏小草齋抄本 清顧若霖校並跋
五九四 寓簡十卷 宋沈作喆撰 明抄本 清朱錫庚跋
五九五 寓簡十卷 宋沈作喆撰 明抄本 清丁申丁丙跋
五九六 寓簡十卷 宋沈作喆撰 清抄本 清鮑廷博校跋並錄明姚咨題識
五九七 寓簡十卷 宋沈作喆撰 清抄本 清鮑廷博校
五九八 寓簡十卷 宋沈作喆撰 清乾隆四十年鮑廷博刻知不足齋叢書本 傅增湘校並跋
五九九 寓簡十卷 宋沈作喆撰 清戴璐秋樹山房抄本
六〇〇 北牕炙輠錄二卷 宋施德操撰 清乾隆陸烜刻奇晉齋叢書本 清吳騫校並跋
六〇一 北牕炙輠錄二卷 宋施德操撰 清乾隆陸烜刻奇晉齋叢書本 清吳翌鳳章鈺校並跋
六〇二 北窗炙輠錄二卷 宋施德操撰 清抄本
六〇三 北窗炙輠錄二卷 宋施德操撰 清抄本
六〇四 北窗炙輠錄二卷 宋施德操撰 清抄本
六〇五 北窗炙輠錄二卷 宋施德操撰 清抄本
六〇六 北牕炙輠錄二卷 宋施德操撰 清抄本 清黃錫蕃周星詒校並跋 傅增湘跋
六〇七 北窗炙輠錄二卷 宋施德操撰 清抄本 清穀水外史跋
六〇八 北窗炙輠錄二卷 宋施德操撰 清抄本 張元濟跋
六〇九 北窗炙輠錄二卷 宋施德操撰 清抄本
六一〇 北窗炙輠錄二卷 宋施德操撰 清抄本 佚名錄明柳僉清朱彝尊跋 佚名校
六一一 清波雜志十二卷 宋周煇撰 宋刻本 十二行二十字白口左右双边有刻工
六一二 清波雜志十二卷別志二卷 宋周煇撰 清金氏文瑞樓抄本
六一三 清波雜志十二卷別志三卷 宋周煇撰 清抄本 清鮑廷博校並跋
六一四 清波別志二卷 宋周煇撰 清抄本 清鮑廷博校 翁同龢跋
六一五 五總志一卷 宋吳坰撰 明穴硯齋抄本
六一六 學林十卷 宋王觀國撰 清抄本（四庫底本）
六一七 學林十卷 宋王觀國撰 清抄本
六一八 學林十卷 宋王觀國撰 清袁氏貞節堂抄本
六一九 容齋隨筆十六卷續筆十六卷 宋洪邁撰 宋嘉定五年章貢郡齋刻本 繆荃孫跋 十行二十一字白口左右双边有刻工

十四

六二〇 容齋隨筆十六卷續筆十六卷三筆十六卷四筆十六卷五筆十卷 宋洪邁撰 明弘治八年華燧會通館銅活字印本 九行十七字白口四周单边
六二一 容齋隨筆十六卷續筆十六卷三筆十六卷四筆十六卷五筆十卷 宋洪邁撰 明弘治八年華燧會通館銅活字印本（四筆序目卷一至八配清抄本） 清張元照跋 趙元方跋
六二二 容齋隨筆十六卷續筆十六卷三筆十六卷四筆十六卷五筆十卷 宋洪邁撰 明弘治十一年李瀚刻本 十行二十一字黑口四周双边
六二三 容齋隨筆十六卷續筆十六卷三筆十六卷四筆十六卷五筆十卷 宋洪邁撰 明弘治十一年李瀚刻本 清丁丙跋
六二四 容齋隨筆十六卷續筆十六卷三筆十六卷四筆十六卷五筆十卷 宋洪邁撰 明弘治十一年李瀚刻本（隨筆續筆配明崇禎三年馬元調刻本） 清謝章鋌跋
六二五 容齋一筆十六卷二筆十六卷三筆十六卷四筆十六卷五筆十卷 宋洪邁撰 明刻本 九行十八字白口左右双边
六二六 容齋隨筆十六卷續筆十六卷三筆十六卷四

筆十六卷五筆十卷　宋洪邁撰　明崇禎三年馬元調刻本　九行十八字白口左右双边

六二七　容齋隨筆十六卷續筆十六卷三筆十六卷四筆十六卷五筆十卷　宋洪邁撰　明崇禎三年馬元調刻本　清王鳴盛跋

六二八　容齋隨筆十六卷續筆十六卷三筆十六卷四筆十六卷五筆十卷　宋洪邁撰　明崇禎三年馬元調刻本(隨筆卷三、續筆卷一至三配清抄本)　清嚴元照校並跋　丁丙跋

六二九　容齋隨筆十六卷續筆十六卷三筆十六卷四筆十六卷五筆十卷　宋洪邁撰　明抄本

六三〇　容齋隨筆十六卷續筆十六卷三筆十六卷四筆十六卷五筆十卷　宋洪邁撰　明抄本　存十六卷(續筆五至十　三筆十一至十六　四筆一至四)

六三一　容齋隨筆十六卷續筆十六卷三筆十六卷四筆十六卷五筆十卷　宋洪邁撰　清乾隆五十九年掃葉山房刻本　王國維校並跋

六三二　容齋隨筆十六卷續筆十六卷三筆十六卷四筆十六卷五筆十卷　宋洪邁撰　清抄本　清吳騫跋並錄何焯批跋題識

六三三　容齋續筆十六卷　宋洪邁撰　宋嘉定五年章貢郡齋刻本

六三四　容齋三筆十六卷　宋洪邁撰　元刻本　十行二十一字白口左右双边　存六卷(六至十一)

六三五　容齋三筆十六卷四筆十六卷　宋洪邁撰　明永樂五年內府抄本　存十卷(三筆一至四　四筆十一至十六)

六三六　墨莊漫錄十卷　宋張邦基撰　明萬曆商濬刻稗海本　清勞格校並錄錢曾、鮑廷博校跋　九行二十字白口四周單边　存七卷(一至七)

六三七　墨莊漫錄十卷　宋張邦基撰　明萬曆商濬刻稗海本　傅增湘校跋並錄清錢曾、鮑廷博、勞格校跋

六三八　墨莊漫錄十卷　宋張邦基撰　明抄本　明唐寅、陸師道校並跋　沈精、勞健題款

六三九　墨莊漫錄十卷　宋張邦基撰　明抄本

六四〇　墨莊漫錄十卷　宋張邦基撰　明抄本

六四一　東園叢說二卷　宋李如篪撰　清抄本　清孔廣栻校

六四二　東園叢說二卷　宋李如篪撰　清抄本　清丁丙跋

六四三　常談一卷　宋吳箕撰　清抄本(四庫底本)

六四四　常談一卷　宋吳箕撰　清抄本

六四五　東萊呂紫微雜說一卷師友雜志一卷　宋呂本中撰　明穴硯齋抄本　清王芑孫跋

六四六　二老堂雜誌五卷　宋周必大撰　清抄本

六四七　二老堂雜誌五卷近體樂府一卷　宋周必大撰　清抄本　清戈莊校　王禮培跋

六四八　程氏考古編十卷　宋程大昌撰　清乾隆四十七年李調元刻函海本　傅增湘校並跋

六四九　程氏考古編十卷　宋程大昌撰　清抄本

六五〇　考古編十卷　宋程大昌撰　清瞿氏恬裕齋抄本　清瞿鏞校　黃廷鑑校並跋

六五一　程氏續考古編十卷　宋程大昌撰　明鈕氏世學樓抄本　存五卷(六至十)

六五二　程氏續考古編十卷　宋程大昌撰　明抄本　清王芑孫跋　瞿熙邦校並跋

六五三　程氏續考古編十卷　宋程大昌撰　明抄本　存五卷(一至五)

六五四　能改齋漫錄十八卷　宋吳曾撰　明抄本

六五五　能改齋漫錄十八卷　宋吳曾撰　明抄本

六五六　能改齋漫錄十八卷　宋吳曾撰　明抄本　存十五卷(一至十五)

六五七　能改齋漫錄十八卷　宋吳曾撰　清初錢氏述古堂抄本　清陸芝榮錄批、跋跋　存十六卷(一　三至九　十一至十八)

六五八　能改齋漫錄十八卷　宋吳曾撰　清趙氏小山堂抄本(卷五至十二配清抄本、卷十三至十八配趙氏星鳳閣抄本)　清丁丙跋

六五九　能改齋漫錄十八卷　宋吳曾撰　清乾隆三十六年盧文弨抄本　清盧文弨校並跋、孫志祖簽注　存九卷(一至三　七至十二)

六六〇　能改齋漫錄十八卷　宋吳曾撰　清臨嘯書屋活字印本　清張紹仁校並跋

六六一　能改齋漫錄十八卷　宋吳曾撰　清臨嘯書屋活字印本　傅增湘校

六六二　能改齋漫錄十八卷　宋吳曾撰　清抄本　清陳昱批校並跋

六六三　能改齋漫錄十八卷　宋吳曾撰　清抄本

六六四　能改齋漫錄十八卷　宋吳曾撰　清抄本

六六五　能改齋漫錄摘鈔一卷　宋吳曾撰　清何焯輯　清翁方綱抄本

六六六　西溪叢語二卷　宋姚寬撰　明嘉靖二十七年俞憲鴸鳴館刻本　十行二十一字白口四周單边

六六七　西溪叢語二卷　宋姚寬撰　明嘉靖二十七年俞憲鴸鳴館刻本(卷下配清抄本)　清吳焯、丁丙跋

六六八　西溪叢語二卷　宋姚寬撰　明嘉靖二十七年俞憲鴸鳴館刻本　清吳翌鳳錄何焯校跋、張紹仁校並跋　黃丕烈跋

六六九 西溪叢語二卷 宋姚寬撰 明嘉靖二十七年俞憲鴨鳴館刻本 清黃丕烈跋 繆荃孫校
六七〇 西溪叢語二卷 宋姚寬撰 明崇禎毛氏汲古閣刻津逮秘書本 清黃丕烈校並跋 八行十九字白口左右双边
六七一 芻言三卷 宋崔敦禮撰 清抄本
六七二 樂菴先生遺書四卷 宋李衡撰 後題一卷 明萬曆四十六年李通刻本 九行十八字白口左右双边
六七三 樂菴語錄五卷 宋李衡撰 清抄本
六七四 窺牖閒評八卷 宋袁文撰 清光緒二十五年廣雅書局刻聚珍版叢書本 傅增湘跋並輯補遺目
六七五 老學庵筆記十卷 宋陸游撰 明萬曆商濬刻稗海本 傅增湘校跋並錄何焯批校題識 九行二十字白口四周單边
六七六 老學庵筆記十卷 宋陸游撰 明天啓三年周應儀王志堅刻本 九行十八字白口左右双边
六七七 老學庵筆記十卷 宋陸游撰 明天啓三年周應儀王志堅刻本 清丁丙跋
六七八 老學庵筆記十卷 宋陸游撰 明崇禎毛氏汲古閣刻津逮秘書本 佚名錄清毛扆校並跋 八行十八字白口左右双边
六七九 老學庵筆記十卷 宋陸游撰 明崇禎毛氏汲古閣刻津逮秘書本 清張紹仁校並跋
六八〇 老學庵筆記十卷 宋陸游撰 明崇禎毛氏汲古閣刻津逮秘書本 清吳沒批
六八一 老學庵筆記十卷 宋陸游撰 明崇禎毛氏汲古閣刻津逮秘書本 繆荃孫錄清黃丕烈批校
六八二 老學庵筆記十卷 宋陸游撰 明抄本

二十七

六八三 老學庵筆記十卷 存五卷 一至五 宋陸游撰 明抄本
六八四 獨醒雜志十卷 宋曾敏行撰 附錄一卷 明穴硯齋抄本 清王芑孫跋
六八五 習學記言序目五十卷 宋葉適撰 明抄本 清葉萬跋 周星詒校並跋
六八六 習學記言序目五十卷 宋葉適撰 明崇禎十年抄本 清孫衣言校並跋 丁丙跋
六八七 習學記言序目五十卷 存八卷 三十四至四十一 宋葉適撰 明抄本
六八八 習學記言序目五十卷 存八卷 五至八 四十七至五十 宋葉適撰 明抄本
六八九 習學記言序目五十卷 宋葉適撰 清抄本
六九〇 習學記言序目五十卷 宋葉適撰 清抄本
六九一 習學記言序目五十卷 宋葉適撰 清抄本 清唐翰題 吳重憙跋
六九二 習學記言序目五十卷 宋葉適撰 清抄本 清孫衣言校
六九三 習學記言序目五十卷 宋葉適撰 清抄本 丁秉衡校
六九四 習學記言序目五十卷 宋葉適撰 清抄本 葉景葵校並跋

六九五 經鉏堂雜誌八卷 宋倪思撰 明萬曆二十八年潘大復刻本 九行二十字白口四周單边
六九六 經鉏堂雜誌八卷 宋倪思撰 明萬曆二十八年潘大復刻本 清丁丙跋
六九七 經鉏堂雜誌八卷 宋倪思撰 明萬曆三十年金有華刻本 九行二十字白口四周單边
六九八 經鉏堂雜誌八卷 宋倪思撰 明嘉靖四十二年四十三年姚咨抄本 清韓應陛跋
六九九 經鉏堂雜志八卷 宋倪思撰 明穴硯齋抄本
七〇〇 經鉏堂雜志八卷 宋倪思撰 清田寬抄本
七〇一 經鉏堂雜誌四卷 宋倪思撰 清乾隆朱錫庚抄本
七〇二 千古功名鏡十二卷拾遺一卷 宋吳大有撰 明抄本
七〇三 千古功名鏡十二卷拾遺一卷 宋吳大有撰 清抄本
七〇四 千古功名鏡十二卷拾遺一卷 宋吳大有撰 清寶晏齋抄本
七〇五 雲麓漫抄十五卷 宋趙彥衛撰 明抄本 清周星詒跋
七〇六 雲麓漫抄十五卷 宋趙彥衛撰 清[illegible]抄本 清吳焯跋
七〇七 雲麓漫抄十五卷 宋趙彥衛撰 清乾隆四十五年吳騫家抄本 清朱允達校 吳騫批校並跋 陳鱣跋
七〇八 雲麓漫抄四卷 宋趙彥衛撰 明萬曆商濬刻稗海本 傅增湘校並跋 九行二十字白口四周單边
七〇九 雲麓漫抄四卷 宋趙彥衛撰 明王氏鬱岡齋抄本 傅增湘跋

廿八

七一〇 雲麓漫抄四卷 宋趙彥衛撰 清洗桐館抄本 清徐松跋
七一一 捫蝨新語不分卷 宋陳善撰 明抄本 清金九鼎跋
七一二 潮溪先生捫蝨新話十五卷 宋陳善撰 明末祁氏澹生堂抄本
七一三 新刊朝溪先生捫蝨新話十五卷 宋陳善撰 清初抄本
七一四 潮溪先生捫蝨新話十五卷 宋陳善撰 清抄本 佚名錄清黃丕烈校跋
七一五 潮溪先生捫蝨新話十五卷 宋陳善撰 清丁氏八千卷樓抄本 佚名錄清黃丕烈校跋 清丁丙跋
七一六 螢雪叢說二卷 宋俞成撰 明萬曆商濬刻稗海本 傅增湘校 九行二十字白口四周單边
七一七 蘆浦筆記十卷 宋劉昌詩撰 明穴硯齋抄本 清黃丕烈、王芑孫跋
七一八 蘆浦筆記十卷 宋劉昌詩撰 清初抄本
七一九 蘆浦筆記十卷 宋劉昌詩撰 清抄本 清惠棟校 張紹仁校並跋
七二〇 蘆浦筆記十卷 宋劉昌詩撰 清彭氏知聖道齋抄本 清彭元瑞校
七二一 蘆浦筆記十卷 宋劉昌詩撰 清抄本 清吳翌鳳、黃丕烈校並跋 陳鱣跋
七二二 蘆浦筆記十卷 宋劉昌詩撰 清嘉慶三年鮑廷博刻知不足齋叢書本 傅增湘校並錄清吳翌鳳、黃丕烈、陳鱣題識
七二三 蘆浦筆記十卷 宋劉昌詩撰 清抄本 清陳鱣校並跋 林元校、吳壽暘校並錄黃丕烈、吳翌鳳、陳鱣題識
七二四 蘆浦筆記十卷 宋劉昌詩撰 清抄本 清劉喜海跋

蘆浦筆記十卷 宋劉昌詩撰 清抄本 七二五
蘆浦筆記十卷 宋劉昌詩撰 清抄本 七二六
肎綮錄一卷 宋趙叔問撰 清抄本 清鮑廷博校 七二七
肎綮錄一卷 宋趙叔問撰 清乾隆五十一年黃氏醉經樓抄本 七二八
游宦紀聞十卷 宋張世南撰 明萬曆商濬刻稗海本 清毛文光校並跋、毛琸跋 九行二十字白口四周單边 七二九
游宦紀聞十卷 宋張世南撰 明萬曆商濬刻稗海本 傅增湘校並跋 七三〇
游宦紀聞十卷 宋張世南撰 明抄本 七三一
梁谿漫志十卷 宋費袞撰 明刻本 十行十九字白口左右双边 七三二
梁谿漫志十卷 宋費袞撰 明刻本 清丁丙跋 七三三
梁谿漫志十卷 宋費袞撰 清抄本(四庫底本) 七三四
梁谿漫志十卷 宋費袞撰 清抄本 清趙烈文校並跋 七三五
澗泉日記三卷 宋韓淲撰 清乾隆武英殿活字印聚珍版叢書本 清盧文弨校並跋 七三六
澗泉日記三卷 宋韓淲撰 清乾隆浙江刻武英殿聚珍版叢書本 清盧文弨校並跋、勞格校 七三七
澗泉日記三卷 宋韓淲撰 清乾隆浙江刻武英殿聚珍版叢書本 清盧文弨校 丁丙跋 七三八
耆舊續聞二卷 宋陳鵠撰 明抄本 清周星詒校並跋 七三九

十九

耆舊續聞十卷 宋陳鵠撰 明抄本 七四〇
存五卷 六至十
西塘集耆舊續聞十卷 宋陳鵠撰 清乾隆五十八年鮑廷博刻知不足齋叢書本 傅增湘校並跋 七四一
耆舊續聞十卷 宋陳鵠撰 清抄本 清翁同書校並跋 七四二
西塘集耆舊續聞十卷 宋陳鵠撰 清抄本 □根石校並跋 七四三
西塘集耆舊續聞十卷 宋陳鵠撰 清抄本 七四四
賓退錄十卷 宋趙與旹撰 宋臨安府睦親坊陳宅經籍鋪刻本 元張雯題款 十行十八字白口左右双边 七四五
賓退錄十卷 宋趙與旹撰 清影宋抄本 七四六
賓退錄十卷 宋趙與旹撰 明抄本 清孫江跋 葉奕校 七四七
賓退錄十卷 宋趙與旹撰 明姜氏[illegible]抄本 七四八
存八卷 一至四 六至八 十
賓退錄十卷 宋趙與旹撰 明抄本 七四九
賓退錄十卷 宋趙與旹撰 明抄本 七五〇
賓退錄十卷 宋趙與旹撰 明抄本 七五一
賓退錄十卷 宋趙與旹撰 清乾隆十七年存恕堂刻本 清陳鱣校並跋 七五二
存五卷 六至十
賓退錄十卷 宋趙與旹撰 清乾隆十七年存恕堂刻本 清潘介繁跋並錄胡珽校 七五三
賓退錄十卷 宋趙與旹撰 清乾隆十七年存恕堂刻本 清周星詒校並跋 七五四
賓退錄十卷 宋趙與旹撰 清乾隆十七年存恕堂刻本 清李文田校 七五五
賓退錄十卷 宋趙與旹撰 清乾隆十七年存恕堂刻本 王國維校並跋 七五六
賓退錄十卷 宋趙與旹撰 清乾隆十七年存恕堂刻本 傅增湘校並跋 七五七
賓退錄十卷 宋趙與旹撰 清初抄本 七五八
賓退錄十卷 宋趙與旹撰 清初抄本 清吳焯校並跋 七五九
存五卷 六至十
賓退錄十卷 宋趙與旹撰 清何焯抄本 周叔弢校跋並錄清何焯、楊繼震題識 七六〇
賓退錄十卷 宋趙與旹撰 清抄本 清王聞遠、黃丕烈校並跋 七六一
賓退錄十卷 宋趙與旹撰 清抄本 七六二
賓退錄十卷 宋趙與旹撰 清抄本 七六三
賓退錄十卷 宋趙與旹撰 清道光二年李璋煜家抄本 清李璋煜校並跋 七六四
賓退錄十卷 宋趙與旹撰 清抄本 清翁同書跋 七六五

廿

賓退錄十卷 宋趙與旹撰 清抄本 清胡珽校並錄何焯校 七六六
賓退錄十卷 宋趙與旹撰 清抄本 清丁丙跋 七六七
賓退錄十卷 宋趙與旹撰 清抄本 七六八
賓退錄十卷 宋趙與旹撰 清抄本 七六九
密齋筆記五卷續記一卷 宋謝采伯撰 清乾隆翰林院抄本(四庫底本) 七七〇
鶴林玉露十六卷補遺二卷 宋羅大經撰 明嘉靖刻本(補遺配清抄本) 十二行二十四字白口四周單边 七七一
鶴林玉露十六卷 宋羅大經撰 明嘉靖刻本 十二行二十四字白口四周單边間有左右双边 七七二
鶴林玉露十六卷 宋羅大經撰 明刻本 十一行二十一字白口四周單边 七七三
鶴林玉露十六卷補遺一卷 宋羅大經撰 明刻本 明趙琦美輯補並跋 清許昂霄校 陳鱣校並跋 十一行二十一字白口四周單边 七七四
鶴林玉露十六卷補遺一卷 宋羅大經撰 明刻本(補遺配另一明刻本) 清姚正鏞題款 七七五
鶴林玉露十六卷補遺一卷 宋羅大經撰 明刻本 清許濬跋 李盛鐸跋 七七六
鶴林玉露十六卷 宋羅大經撰 明刻本 十行二十二字白口四周單边 七七七
鶴林玉露十六卷 宋羅大經撰 明刻本 清祁李孫跋 蔡元培跋 七七八

七七九 鶴林玉露十六卷 宋羅大經撰 明刻萬曆七年林大黼重修本 十行二十二字白口四周单边
七八〇 鶴林玉露十六卷 宋羅大經撰 明刻萬曆七年林大黼重修本 清丁丙跋
七八一 鶴林玉露十六卷 宋羅大經撰 明刻萬曆七年林大黼重修本 莫棠抄補並跋
七八二 鶴林玉露十六卷補遺一卷 宋羅大經撰 明刻萬曆七年林大黼重修三十六年孫鏞遞修本
七八三 鶴林玉露十六卷 宋羅大經撰 明刻藍印本 十行二十二字白口左右双边
七八四 鶴林玉露十六卷 宋羅大經撰 明刻本 十行二十二字白口左右双边
七八五 鶴林玉露十六卷 宋羅大經撰 明刻本 清張載華批校
七八六 鶴林玉露十六卷補八卷 明謝天瑞撰 明萬曆二十九年謝天瑞刻本 九行二十字白口四周单边
七八七 鶴林玉露十六卷 宋羅大經撰 明王叔承刻本 九行十八字白口四周单边
七八八 鶴林玉露十六卷 宋羅大經撰 清初抄本 清許昂霄、張載華校並跋 丁丙跋
七八九 鶴林玉露六卷 宋羅大經撰 明活字印本 清李宏信校並跋 十行二十字白口左右双边
七九〇 鶴林玉露六卷 宋羅大經撰 明抄本 清徐大臨跋
七九一 張荃翁貴耳集三卷 宋張端義撰 明姚咨抄本 清陳徵芝校並跋 周星詒、翁斌孫跋
七九二 張荃翁貴耳集三卷 宋張端義撰 明抄本 清吞義緣校補
七九三 張荃翁貴耳集三卷 宋張端義撰 明抄本
七九四 貴耳集三卷 宋張端義撰 明崇禎毛氏汲古閣刻津逮秘書本 佚名錄清毛扆校並跋 八行十九字白口左右双边
七九五 貴耳集三卷 宋張端義撰 清嘉慶十年張海鵬照曠閣刻學津討原本 清周星詒校並跋
七九六 吹劍錄一卷 宋俞文豹撰 明嘉靖二十六年古涿百川高氏抄本
七九七 吹劍錄一卷 宋俞文豹撰 明抄本 清許心扆跋 周叔弢跋
七九八 吹劍錄一卷 宋俞文豹撰 明抄本
七九九 吹劍錄一卷 宋俞文豹撰 清抄本
八〇〇 吹劍錄外集一卷 宋俞文豹撰 清抄本 清鮑廷博校 丁丙跋
八〇一 玉峯先生脚氣集一卷 宋車若水撰 清初抄本
八〇二 藏一話腴內編二卷外編二卷 宋陳郁撰 明抄本 清王振聲校並跋
八〇三 藏一話腴內編二卷外編二卷 宋陳郁撰 清抄本 清丁丙跋
八〇四 藏一話腴二卷 宋陳郁撰 明末毛氏汲古閣抄本 清王振聲校
八〇五 佩韋齋輯聞四卷 宋俞德鄰撰 清初抄本 清丁丙跋
八〇六 佩韋齋輯聞四卷 宋俞德鄰撰 清抄本
八〇七 佩韋齋輯聞四卷 宋俞德鄰撰 清抄本

八〇八 書齋夜話四卷 宋俞琰撰 明抄本 清魚元傅、王大椿跋
八〇九 書齋夜話四卷 宋俞琰撰 清沈氏十經齋抄本
八一〇 書齋夜話四卷 宋俞琰撰 清抄本
八一一 書齋夜話四卷 宋俞琰撰 清抄本
八一二 書齋夜話四卷 宋俞琰撰 清姚氏師石山房抄本
八一三 齊東埜語二十卷 宋周密撰 明正德十年胡文璧刻本 十六行十六至十八字黑口四周双边
八一四 齊東埜語二十卷 宋周密撰 明正德十年胡文璧刻本（四庫底本）
八一五 齊東埜語二十卷 宋周密撰 明正德十年胡文璧刻本 清孫星衍跋
八一六 齊東野語二十卷 宋周密撰 明崇禎毛氏汲古閣刻津逮秘書本 清勞權補目並錄吳翌鳳校跋 八行十九字白口左右双边
八一七 齊東野語二十卷 宋周密撰 明刻本 九行二十字白口四周单边
八一八 志雅堂雜鈔一卷 宋周密撰 明抄本 明姚咨校並跋
八一九 志雅堂雜鈔一卷 宋周密撰 清康熙五十九年吳允嘉家抄本 清吳允嘉批校並跋
八二〇 志雅堂雜鈔一卷 宋周密撰 清抄本 清李文鋭補目並跋 戴光曾跋 鮑廷博校
八二一 志雅堂雜抄一卷 宋周密撰 清王氏十萬卷樓抄本
八二二 志雅堂雜鈔一卷 宋周密撰 清抄本 清周星詒跋
八二三 志雅堂雜鈔二卷 宋周密撰 清嘉慶十四年宋琛刻本
八二四 志雅堂雜鈔十卷 宋周密撰 清道光十一年六安晁氏活字印學海類編本 傅增湘校並跋
八二五 志雅堂雜鈔八卷 宋周密撰 清抄本 清丁丙跋
八二六 癸辛雜識前集一卷後集一卷 宋周密撰 明抄本 明馮夢龍校 清馮文昌、黃丕烈、韓應陛跋
八二七 癸辛雜識前集一卷後集一卷 宋周密撰 明抄本
八二八 癸辛雜識前集一卷後集一卷 宋周密撰 清張氏照曠閣抄本 清張海鵬校
八二九 癸辛雜識前集一卷後集一卷續集二卷別集二卷 宋周密撰 明崇禎毛氏汲古閣刻津逮秘書清帶綠草堂印本 清吳騫跋 九行十九字白口左右双边
八三〇 癸辛雜識前集一卷後集一卷續集二卷別集二卷 宋周密撰 清乾隆盧文弨抄本（前集後集續集配清抄本） 清盧文弨校並跋 丁丙跋
八三一 善誘文一卷 宋陳録撰 明抄本
八三二 泉洲几上語一卷枕上語一卷 宋施清臣撰 清抄本
八三三 西疇老人常言一卷 宋何坦撰 明抄本
八三四 衍約說十三卷 宋刻本 清伊秉綬、宋葆淳、阮元跋 謝蘭生、許乃濟、王玉璋等題款 十二行二十一字白口左右双边

敬齋先生古今黈十二卷 元李冶撰 明抄本 清黃廷鑑跋 八三五
敬齋古今黈十二卷補錄一卷 元李冶撰 清咸豐四年張承霈抄本 清丁丙跋 八三六
敬齋古今黈十二卷補錄一卷 元李冶撰 清咸豐八年勞氏丹鉛精舍抄本 清勞權校並跋 八三七
敬齋古今黈八卷拾遺五卷 元李冶撰 清光緒二十五年廣雅書局刻聚珍版叢書本 傅增湘校 八三八
敬齋古今黈八卷 元李冶撰 清抄本 八三九
困學齋雜錄一卷 元鮮于樞撰 清抄本 清楊復吉跋 八四〇
困學齋雜錄一卷 元鮮于樞撰 清星鳳閣趙之玉抄本 清趙之玉校 周星詒跋 八四一
隱居通議三十一卷 元劉壎撰 清嘉慶四年顧修刻讀畫齋叢書本 傅增湘校並跋 八四二
湛淵靜語二卷 元白珽撰 清吳氏繡谷亭抄本 清吳城 周星詒校 八四三
湛淵靜語二卷 元白珽撰 清張德榮抄本 清韓應陛跋 八四四
黃文獻公筆記一卷 元黃溍撰 明抄本 八四五
黃文獻公筆記一卷 元黃溍撰 明抄本 八四六
黃文獻公日損齋筆記一卷 元黃溍撰 清抄本 清聞肇樓主人校並跋 八四七
玉堂嘉話八卷 元王惲撰 清抄本 八四八
庶齋老學叢談三卷 元盛如梓撰 明嘉靖元年柳僉抄本 八四九
十三
庶齋老學叢談三卷 元盛如梓撰 清初抄本 清黃丕烈校並跋 戴光曾跋 八五〇
庶齋老學叢談三卷 元盛如梓撰 清抄本 清厲鶚 黃丕烈跋 八五一
庶齋老學叢談三卷 元盛如梓撰 清抄本 清鮑廷博校 黃丕烈校並跋 八五二
庶齋老學叢談三卷 元盛如梓撰 清嘉慶十年鮑廷博刻知不足齋叢書本 傅增湘校跋並錄清黃丕烈題識 八五三
庶齋老學叢談三卷 元盛如梓撰 清彭氏知聖道齋抄本 清彭元瑞校並跋 八五四
庶齋老學叢談三卷 元盛如梓撰 清抄本 八五五
庶齋老學叢談三卷 元盛如梓撰 清抄本 八五六
研北雜志二卷 元陸友撰 明項德棻宛委堂刻本 清厲鶚、丁敬、孫從添、趙一清校並跋、丁東衡校、丁申、丁丙跋 八行十八字白口四周双边 八五七
研北雜志二卷 元陸友撰 明項德棻宛委堂刻本 清王鵲跋 八五八
研北雜志二卷 元陸友撰 明末刻本 清孔繼涵校跋並錄孫丙題識 傅增湘、米文鈞跋 九行二十字白口左右双边 八五九
研北雜志二卷 元陸友撰 清抄本 八六〇
閒居錄一卷 元吾衍撰 元至正十八年孫道明抄本 八六一
閒居錄一卷 元吾衍撰 明末毛氏汲古閣抄本 八六二
閒居錄一卷 元吾衍撰 清吳氏繡谷亭抄本 清吳城 徐承禮校 周星詒校並跋 八六三
閒居錄一卷 元吾衍撰 清郁氏東嘯軒抄本 八六四
閒居錄一卷 元吾衍撰 清乾隆三十二年趙氏竹影庵抄本 清丁丙校並跋 八六五
閒居錄一卷 元吾衍撰 清乾隆四十一年吾氏竹素山房刻本 八六六
閒居錄一卷 元吾衍撰 清光緒二十二年丁丙刻武林往哲遺書本 傅增湘校並跋 八六七
閒中漫編二卷 元吾衍撰 明萬曆二十一年談氏燕中齋刻本 九行二十字白口四周單边 八六八
冀越集一卷 元熊太古撰 明嘉靖刻本 十行十八字白口左右双边 八六九
冀越集一卷 元熊太古撰 清抄本 八七〇
冀越集記一卷後集一卷 元熊太古撰 相宅管說一卷 清乾隆四十七年吳翌鳳抄本 清吳翌鳳 黃丕烈校並跋 八七一
冀越集記二卷 元熊太古撰 清抄本 佚名校 八七二
南村輟耕錄三十卷 明陶宗儀撰 明成化十年戴珊刻本 十行二十二字黑口四周双边 八七三
南村輟耕錄三十卷 明陶宗儀撰 明成化十年戴珊刻遞修本 八七四
南村輟耕錄三十卷 明陶宗儀撰 明成化十年戴珊刻遞修本（卷七至九配陶氏涉園影明刻本、卷二十三至二十五、二十九至三十配清丁氏嘉惠堂抄本） 八七五
南村輟耕錄三十卷 明陶宗儀撰 明成化十年戴珊刻本 清丁丙跋 八七六
十四
南村輟耕錄三十卷 明陶宗儀撰 明刻本 十二行二十五字黑口四周双边 八七七
南村輟耕錄三十卷 明陶宗儀撰 明刻本 清松巢批並跋 八七八
南村輟耕錄三十卷 明陶宗儀撰 明玉蘭草堂刻本 十行二十一字白口左右双边 有刻工 八七九
南村輟耕錄三十卷 明陶宗儀撰 明玉蘭草堂刻本 清李鼎元批點並跋 張穆 翁心存 翁同書 朱學勤跋 八八〇
南村輟耕錄三十卷 明陶宗儀撰 明玉蘭草堂刻萬曆六年徐球重修本 八八一
南村輟耕錄三十卷 明陶宗儀撰 明玉蘭草堂刻萬曆三十二年王圻重修本 八八二
南村輟耕錄三十卷 明陶宗儀撰 明崇禎毛氏汲古閣刻津逮秘書本 清顧之逵批校 十行二十一字白口左右双边 八八三
退耕錄三十卷 明陶宗儀撰 明抄本 存二十三卷 八至三十 八八四
郁離子十卷 明劉基撰 明刻本 十一行二十一字黑口四周双边 八八五
郁離子二卷 明劉基撰 明萬曆刻本 九行二十字白口四周双边 八八六
郁離子二卷 明劉基撰 明崇禎十七年梅士生刻本 九行二十字白口左右双边 八八七
霏雪錄不分卷 明劉績撰 明弘治元年張文昭刻本 十行十六字黑口四周双边 八八八
霏雪錄不分卷 明劉績撰 清抄本 八八九
霏雪錄不分卷 明劉績撰 清抄本 八九〇

八九一 霏雪錄不分卷 明劉績撰 清初抄本 清鮑廷博校、吳騫校並跋
八九二 霏雪錄二卷 明劉績撰 清嘉慶抄本 清黃丕烈跋
八九三 蠡海集一卷 明王逵撰 明刻本 九行二十字白口四周單边
八九四 草木子四卷 明葉子奇撰 明正德十一年葉溥刻本 九行二十一字白口四周双边 有刻工
八九五 草木子四卷 明葉子奇撰 明嘉靖八年房直顯刻本 九行二十一字白口四周單边
八九六 草木子四卷 明葉子奇撰 明嘉靖二十二年王宏刻本 十行二十字白口四周單边
八九七 草木子四卷 明葉子奇撰 明嘉靖二十二年王宏刻本 清顧曾壽批並跋
八九八 草木子四卷 明葉子奇撰 明嘉靖二十二年王宏刻萬曆八年林大黼重修本
八九九 重刊草木子四卷 明葉子奇撰 明萬曆楊瑞刻括蒼二子本 清邵懿辰跋 十行二十一字白口四周双边 存一卷 一
九〇〇 草木子四卷 明葉子奇撰 明萬曆三十四年林有麟刻本 八行二十字白口四周單边
九〇一 草木子四卷 明葉子奇撰 明刻本 九行二十一字白口四周双边
九〇二 草木子四卷 明葉子奇撰 明刻本 九行二十一字白口四周單边
九〇三 草木子四卷 明葉子奇撰 明天啓郎壑金堂葉權刻本 九行二十字白口四周双边
九〇四 草木子四卷 明葉子奇撰 清乾隆二十七年蘇遇龍刻本 清吳騫跋
九〇五 天游別集三卷 明王逵撰 明嘉靖二十年舒遷劉啓東等刻本 九行二十字白口左右双边
九〇六 筆疇二卷 明王逵撰 明萬曆榮壽堂刻本 八行十八字白口四周單边
九〇七 筆疇二卷補一卷 明王逵撰 明朱正民輯 明萬曆二年朱正民刻本 九行二十字白口四周單边 有刻工
九〇八 慮得集四卷附錄二卷 明華悰韡撰 明嘉靖十一年華從智刻本 十一行二十字白口四周双边
九〇九 慮得集四卷附錄二卷 明華悰韡撰 明萬曆四十二年華繼祥刻本 十行十九字白口四周双边
九一〇 海涵萬象錄四卷 明黃潤玉撰 明正德十六年陳槐刻本 十行二十二字黑口四周双边
九一一 海涵萬象錄四卷 明黃潤玉撰 清抄本
九一二 海涵萬象錄四卷 明黃潤玉撰 清抄本
九一三 讕言長語一卷 明曹安撰 明正德十二年趙元刻本 明范欽批點 十一行二十四字白口四周單边
九一四 讕言長語一卷 明曹安撰 清抄本
九一五 彭文憲公筆記一卷 明彭時撰 明俞寬甫抄本
九一六 彭文憲公筆記一卷 明彭時撰 明抄本
九一七 閒中今古三卷 明陳頎撰 明抄本
九一八 閒中今古二卷 明陳頎撰 明抄本
九一九 閒中今古二卷 明陳頎撰 清抄本
九二〇 蟫精雋十六卷 明徐伯齡撰 明抄本 存八卷 九至十六

九二一 沈氏客譚一卷 明沈周撰 明俞寬甫抄本
九二二 菽園雜記十五卷 明陸容撰 明毛元仲刻本 十二行二十一字白口左右双边
九二三 菽園雜記十五卷 明陸容撰 明毛元仲刻本 清何焯校、戴光曾、丁丙跋
九二四 菽園雜記十五卷 明陸容撰 明抄本 存十一卷 一至十一
九二五 菽園雜記十五卷 明陸容撰 明抄本 存五卷 一至五
九二六 菽園雜記十五卷 明陸容撰 清抄本
九二七 新編策學矜式一卷 明弘治三年馮忠刻本 八行十五字黑口四周双边
九二八 青溪暇筆二十卷 明姚福撰 明抄本
九二九 青溪暇筆二卷 明姚福撰 明邢氏來禽館抄本
九三〇 青溪暇筆二卷 明姚福撰 明抄本
九三一 青溪暇筆二卷 明姚福撰 清抄本
九三二 琅琊漫鈔一卷 明文林撰 明俞寬甫抄本
九三三 琅琊漫抄一卷 明文林撰 清綠斐軒抄本
九三四 震澤長語二卷 明王鏊撰 明萬曆刻本 九行二十字白口四周單边
九三五 震澤長語二卷 明王鏊撰 明萬曆刻本 王仁俊批校 十行二十字白口四周單边
九三六 震澤長語二卷 明王鏊撰 明刻本 十一行二十字白口左右双边
九三七 震澤長語二卷 明王鏊撰 明末刻本 八行十八字白口四周單边
九三八 立齋先生語錄一卷 明楊傑口述 馬森輯 明萬曆四年陳吾德刻本 十行十九字黑口四周双边
九三九 荷亭辨論十卷 明盧格撰 清乾隆三十九年盧文弨抄本 卷六至十配清抄本 清盧文弨校並跋、丁丙跋
九四〇 南園漫錄十卷 明張志淳撰 明嘉靖刻本 十行十八字白口左右双边
九四一 南園漫錄十卷 明張志淳撰 清抄本
九四二 空同子一卷 明李夢陽撰 明萬曆十年李四維刻本 八行二十字白口四周双边
九四三 何恭簡公筆記不分卷 明何孟春撰 明抄本 清姚椿、蔣鳳藻跋 葉景葵跋
九四四 餘冬序錄六十五卷 明何孟春撰 明嘉靖七年郴州家塾自刻本 十一行二十一字白口左右双边
九四五 餘冬序錄六十五卷 明何孟春撰 明嘉靖七年郴州家塾自刻萬曆黃齋賢、張汝賢重修本
九四六 燕泉何先生餘冬序錄六十五卷 明何孟春撰 明萬曆十二年黃齋賢、張汝賢等刻本 十一行二十一字白口左右双边
九四七 燕泉何先生餘冬序錄六十五卷 明何孟春撰 明萬曆十二年黃齋賢、張汝賢等刻

本　清丁丙跋

九四八 燕泉何先生餘冬序錄六十五卷　明何孟春撰　清抄本
九四九 餘冬序錄二卷　明何孟春撰　楊慎輯　明刻本　九行十六字白口四周双边　清翁同龢跋
九五〇 濯舊一卷　明汪俊撰　明嘉靖三十年刻本　十行二十一字白口四周双边
九五一 廣筆疇一卷　明祁氏淡生堂抄本　明祁駿佳錄　祁承㸁跋　清丁丙跋
九五二 廣筆疇一卷　清黃氏醉經樓抄本
九五三 祝子罪知錄十卷　明祝允明撰　明萬曆刻本　九行二十字白口左右双边
九五四 祝子罪知錄十卷　明祝允明撰　明萬曆刻本　丁國鈞跋
九五五 龍江夢餘錄四卷　明唐錦撰　明弘治十七年郭經刻本　九行十七字白口左右双边
九五六 龍江夢餘錄四卷　明唐錦撰　明抄本
九五七 兩山墨談十八卷　明陳霆撰　明嘉靖十八年李檗刻本　九行十八字黑口四周双边
九五八 静虚齋惜陰錄十二卷附錄一卷　明顧應祥撰　明刻本　十行二十字白口四周單边
九五九 静虚齋惜陰錄十二卷附錄一卷　明顧應祥撰　清抄本　清李文田校
九六〇 灼薪劇談二卷　明朱承爵撰　明抄本
九六一 濯纓亭筆記十卷附禮記集說辯疑一卷　明戴冠撰　明嘉靖二十六年華察刻本　九行十八字白口左右双边

主七

九六二 濯纓亭筆記十卷附禮記集說辯疑一卷　明戴冠撰　明嘉靖二十六年華察刻本　清丁丙跋
九六三 楊子卮言六卷　明楊慎撰　明嘉靖四十三年劉大昌刻本　十行二十字白口四周單边
九六四 楊子卮言六卷　明楊慎撰　明嘉靖四十三年劉大昌刻本　清丁丙跋
九六五 約言一卷　明薛蕙撰　明嘉靖刻本　九行十九字白口四周單边
九六六 郊亭偶見不分卷　明戴仲綸撰　明刻本　十二行二十三字黑口四周單边
九六七 虛窗手鏡二卷　明錢體仁撰　明刻本　九行二十一字白口四周單边
九六八 虛窗手鏡二卷　明錢體仁撰　清抄本
九六九 真珠船八卷　明胡侍撰　明嘉靖刻本　十行二十字白口四周單边
九七〇 墅談六卷　明胡侍撰　明嘉靖刻本　九行二十字白口四周單边
九七一 墅談六卷　明胡侍撰　清抄本
九七二 知罪錄一卷　明黃綰撰　明嘉靖刻本　十行二十四字黑口四周單边
九七三 東谷贅言二卷　明敖英撰　明嘉靖二十八年沈淮刻本　清丁丙跋　十行二十字黑口四周双边
九七四 芸莊雜錄備遺十六卷　明侯甸撰　稿本　清丁丙跋

九七五 七修類藁五十一卷續藁七卷　明郎瑛撰　明刻本（卷一至二配清抄本）　十一行二十三字白口四周單边
九七六 七修類藁五十一卷　明郎瑛撰　明刻本　十一行二十三字白口四周單边
九七七 七修類藁五十一卷　明郎瑛撰　明抄本
九七八 山樵暇語十卷　明俞弁撰　明抄本　清顧錫麒校
九七九 美芹錄二卷　明潘恩撰　明萬曆十五年刻本　九行十八字白口左右双边
九八〇 古言二卷今言四卷　明鄭曉撰　明嘉靖四十四年項篤壽刻本　八行十六字白口四周双边
九八一 鄭端簡公古言二卷今言四卷　明鄭曉撰　明鄭心材刻本　八行十六字白口四周双边有刻工
九八二 古言二卷　明鄭曉撰　明嘉靖四十四年項篤壽刻本　八行十六字白口四周双边
九八三 古言二卷　明鄭曉撰　明抄本
九八四 鄭端簡公古言二卷　明鄭曉撰　明鄭心材刻本　八行十六字白口四周双边
九八五 鄭端簡公今言四卷　明鄭曉撰　明鄭心材刻本　八行十六字白口四周双边
九八六 芝園外集二十四卷　明張時徹撰　明嘉靖刻本　十行十九字白口四周双边
九八七 芝園外集說林十六卷　明張時徹撰　明嘉靖刻本　十行十九字白口四周双边

主八

九八八 芝園外集說林十六卷存八卷（一至八）　明張時徹撰　明嘉靖刻本
九八九 古源山人日錄十卷　明李呈祥撰　明嘉靖十七年李敬之、李謙然刻本　九行十九字白口左右双边有刻工
九九〇 古源山人二論八卷　明李呈祥撰　明李敬之、李謙然刻本　九行十九字白口左右双边
九九一 逌旃璅言二卷　明蘇祐撰　明嘉靖刻本　十行二十字白口左右双边
九九二 逌旃璅言二卷　明蘇祐撰　清抄本
九九三 唐一菴雜著十二種十三卷　明唐樞撰　明嘉靖隆慶間楊子龍等刻本　九行十八字白口四周單边
六咨言集一卷　疑誼偶述一卷　宋學商求一卷附錄一卷　景行館論一卷　一菴語錄一卷　太極枝辭一卷　三一測一卷　真談一卷　禮元剩語一卷　酬物難一卷　積承錄一卷　困領錄一卷
九九四 唐一菴雜著十二種十三卷　明唐樞撰　明嘉靖隆慶間楊子龍等刻本　九行十八字白口四周單边
宋學商求一卷附錄一卷　景行館論一卷

真詮一卷　一卷語錄一卷　酬物難一卷　政問錄一卷　法綴一卷　病榻答言一卷　未學學一卷　冀越通一卷　海議一卷　列流測一卷

九九五　賁齋雜著一卷　明陸𦍑撰　附濟齋內言一卷外言一卷　明楊繼益撰　清抄本　佚名錄清吳焯跋

九九六　錢磬室雜錄不分卷　明錢穀撰　稿本　明文從簡跋

九九七　稽古緒論二卷　明趙時春撰　明嘉靖刻本　十行二十二字白口四周單边

九九八　邇言十七卷　明孫宜撰　明萬曆二十三年孫鵬初刻本　十行十九字白口左右双边

九九九　玄亭閒話六卷　明周錫撰　明隆慶元年張振之刻本　十行二十字白口左右双边

一〇〇〇　長齋薛先生緒言四卷　明薛甲撰　明隆慶刻本　十一行二十一字白口四周單边

一〇〇一　黃潭先生讀書一得四卷　明黃訓撰　明嘉靖四十一年黃子學刻本　十行二十一字白口左右双边

一〇〇二　宙載二卷　明張合撰　明萬曆刻本　十行十八字白口四周單边
存一卷　上

三九

一〇〇三　宙載二卷　明張合撰　清抄本

一〇〇四　宙載二卷　明張合撰　清抄本　清丁丙跋

一〇〇五　觀心約一卷　明鄧豪撰　清順治十二年馮如京刻本

一〇〇六　覺山先生緒言二卷　明洪垣撰　明萬曆三十六年刻本　九行二十字白口左右双边

一〇〇七　涇林雜記二卷續記二卷　明周復俊撰　周玄暐續　明萬曆刻本　九行十八字白口左右双边

一〇〇八　虛舟集一卷　明陳堯撰　明嘉靖刻本　九行二十二字黑口四周双边

一〇〇九　謝先生雜記不分卷　明謝啓元輯　稿本　明徐惟起清周星詒跋

一〇一〇　掌中宇宙十四卷　明唐龍撰　明萬曆三十三年歐陽東鳳刻本　九行二十字白口四周双边

一〇一一　晝永編二卷　明梁岳撰　明嘉靖四十三年閻承光刻本　九行二十字白口四周双边

一〇一二　劉子威雜俎十卷　明劉鳳撰　明萬曆刻本　九行十八字白口左右双边

一〇一三　蓬窗日錄八卷　明陳全之撰　明嘉靖四十四年刻本　十一行二十一字白口四周双边

一〇一四　蓬窗日錄八卷　明陳全之撰　明萬曆十八年陳邦范刻本　十一行二十一字白口四周單边

一〇一五　輟耰述四卷　明陳全之撰　明萬曆十一年書林熊少泉刻本　十行二十字白口四周双边

一〇一六　經濟錄二卷　明張鍊撰　明崇禎刻本　九行十八字白口四周單边

一〇一七　蓬底浮談十五卷　明張元諭撰　明隆慶四年董原道刻本　十行二十字白口四周單边

一〇一八　蓬底浮談十五卷　明張九諭撰　明隆慶四年董原道刻本
存十二卷　一至八　十二至十五

一〇一九　學道紀言五卷補遺一卷　明周思兼撰　附錄一卷　明萬曆二十三年徐汝晋刻本　九行十七字白口左右双边有刻工

一〇二〇　推篷寤語九卷餘錄一卷　明李豫亨撰　明隆慶五年李氏思敬堂刻本　十一行二十一字白口四周双边有刻工

一〇二一　推篷寤語九卷　明李豫亨撰　明隆慶五年李氏思敬堂刻本　十行二十一字白口四周双边有刻工

一〇二二　群賢要語二卷　明李佑輯　明萬曆五年刻本　八行十七字黑口四周双边

一〇二三　菊徑漫談十四卷　明石碧撰　明萬曆十九年刻本　明徐𤊹跋　九行二十字白口四周双边

一〇二四　千一錄二十六卷　明方弘靜撰　明萬曆刻本　十行二十字白口四周單边有刻工

一〇二五　見聞搜玉八卷　明高鶴輯　明萬曆十九年陳汝元函三館刻本　九行二十字白口四周双边

一〇二六　學庠訓略內篇一卷外篇一卷　明謝𡸇輯　明刻本　九行十八字白口四周單边

一〇二七　認字測三卷　明周宇撰　明萬曆二十三年刻本　九行二十字白口四周双边

一〇二八　認字測三卷　明周宇撰　明萬曆三十九年周傳誦刻本　九行二十字白口四周單边

一〇二九　康氏錦囊八卷　明康當世撰　明萬曆三十年鄭登刻本　八行十八字白口四周單边

四〇

一〇三〇　近溪子明道錄八卷　明羅汝芳撰　明萬曆十三年詹事講刻本　十行二十字白口四周單边

一〇三一　槐亭漫錄十一卷　明嚴堯撫撰　明嘉靖刻本　十二行二十四字白口四周單边

一〇三二　林子全集元部十一冊亨部十冊利部十冊貞部十冊　明林兆恩撰　明崇禎刻本　九行十九字白口四周單边

一〇三三　林子會編一百十七卷　明林兆恩撰　明刻本　九行十七字白口四周双边有刻工

一〇三四　林子會編一百十七卷　明林兆恩撰　明刻本　清方濬師跋

一〇三五　文長雜記二卷　明徐渭撰　明刻本　九行二十字白口四周單边

一〇三六　含玄子十六卷　明趙樞生撰　附錄一卷　明活字印本　九行十八字白口左右双边

一〇三七　李氏遙書十三卷　明李贄撰　明刻本　八行十九字白口四周單边

一〇三八　閒適劇談五卷　明鄒球撰　明萬曆鄒靈臺刻本　十行二十二字白口左右双边

一〇三九　閒適劇談五卷　明鄒球撰　明萬曆鄒靈臺刻本　清丁丙跋

一〇四〇　窺天外乘一卷閩部疏一卷　明王世懋撰　明抄本

一〇四一　學範輯覽八卷　明馮桂芳輯　明隆慶六年忠愛堂刻本　十一行二十二字黑口四周双边
存四卷　一至二　七至八

一〇四二　四友齋叢說三十八卷　明何良俊撰　明萬曆七年張元成刻本　九行十八字白口左右双边

一〇四三 四友齋叢說三十八卷 明何良俊撰 明天啓元年刻本 九行十八字白口左右双边
一〇四四 四友齋叢說二十六卷 明何良俊撰 明活字印本 九行十八字白口四周單边
一〇四五 四友齋叢說十六卷 明何良俊撰 明隆慶活字印本 清丁丙跋 九行十八字白口四周單边有刻工
一〇四六 比璞山房罪言十四卷 明談修撰 明萬曆二十二年自刻本 九行二十字白口四周單边
一〇四七 筠齋漫錄十卷續集二卷別集一卷 風雲漫錄八卷 滴露漫錄六卷 明黃學海撰 明萬曆三十年刻本 九行十九字白口四周双边
一〇四八 禪寄筆談十卷 明陳師撰 明萬曆二十一年自刻本 十行二十二字白口四周單边
一〇四九 厭次瑣談一卷 明劉世偉撰 清抄本
一〇五〇 文雅社約一卷附錄一卷 明沈鯉撰 明萬曆三十年李三才刻本 九行二十字白口四周單边
一〇五一 續羊棗集九卷附二卷 明駱問禮撰 明抄本
一〇五二 續羊棗集九卷附二卷 明駱問禮撰 清抄本
一〇五三 譚輅三卷 明張鳳翼撰 明萬曆刻本 十行二十二字白口左右双边
一〇五四 會心編六卷 明鄭以誥輯 明萬曆三十七年自刻本 十行二十字白口四周單边
一〇五五 張弘山集四卷 明張後覺撰 明萬曆二十七年張尚淳刻本 九行十九字白口左右双边

中十

一〇五六 朱東器雜著六卷 河上楮談三卷 汾上續談一卷 浣水續談一卷 游宦餘談一卷 明朱孟震撰 明萬曆刻本 十行十八字白口四周双边
一〇五七 穀山筆麈十八卷 明于慎行撰 明萬曆四十一年于緯刻本 九行十八字白口四周單边
一〇五八 穀山筆麈十八卷 明于慎行撰 明萬曆四十一年于緯刻本 清李葆恂、吳重熹跋
一〇五九 穀山筆麈十八卷 明于慎行撰 明萬曆四十一年于緯刻本 鄧之誠跋
一〇六〇 穀山筆麈十八卷 明于慎行撰 明天啓五年于緯刻本 八行十八字白口四周單边
一〇六一 穀山筆麈十八卷 明于慎行撰 明天啓沈璥刻本 八行十八字白口四周單边
一〇六二 獨醒子二卷 明賈應璧撰 明萬曆刻本 九行十八字白口左右双边
一〇六三 新刻藝圃球鄉集註四卷 明蔣以忠 蔣以化撰 林大桂集註 明萬曆十五年張可久刻本 十行二十字白口四周双边
一〇六四 新刻刪補註釋藝圃球鄉集四卷 明蔣以忠 蔣以化撰 林大桂集註 明萬曆刻本 十行二十字白口四周双边
一〇六五 藝圃球鄉二卷 明蔣以忠 蔣以化撰 明吳銑書林李氏善慶堂刻本 十行二十字白口四周單边
一〇六六 搶榆子評古一卷覆瓿語一卷 明蔣以化撰 明萬曆三十二年自刻本 八行十九至二十一字四周單边
一〇六七 搶榆子覆瓿語一卷 明蔣以化撰 明萬曆三十二年自刻本 八行二十字白口四周單边
一〇六八 見聞雜紀九卷續二卷 明李樂撰 明萬曆刻本 十行十八字白口四周單边
一〇六九 見聞雜紀九卷續二卷 明李樂撰 明萬曆刻本 羅振玉跋
一〇七〇 說頤八卷 明余懋學撰 明萬曆三十六年直方堂刻本 九行十九字白口左右双边有刻工
一〇七一 詹氏性理小辨六十四卷 明詹景鳳撰 明萬曆刻本 十行二十字白口左右双边
一〇七二 明辨類函六十四卷 明詹景鳳撰 明崇禎五年張溥刻本 十行二十字白口左右双边
一〇七三 從先維俗議五卷 明管志道撰 明萬曆刻本 九行十八字白口四周双边
一〇七四 問辨牘四卷續四卷 明管志道撰 明萬曆刻本 九行二十字白口左右双边
一〇七五 顧大司馬攬茝微言一卷 明顧夢鶴撰 明崇禎刻本 九行十九字白口左右双边
一〇七六 閒雁齋筆談六卷 明張大復撰 明萬曆三十三年顧孟兆、唐淳伯刻本 八行十八字白口左右双边
一〇七七 閒雁齋筆談六卷存四卷（三至六） 明張大復撰 清宋延輔批校 明萬曆三十三年顧孟兆、唐淳伯刻本
一〇七八 梅花草堂集十四卷 明張大復撰 明崇禎刻清順治十三年張安淳重修本 九行二十字白口左右双边
一〇七九 呂公實政錄七卷 明呂坤撰 明萬曆二十六年趙文炳刻本 九行十八字白口四周双边有刻工

中十一

一〇八〇 甘露園短書十一卷 明陳汝錡撰 明萬曆三十八年刻本 十行二十字白口四周双边有刻工
一〇八一 甘露園短書十一卷 明陳汝錡撰 明萬曆三十八年刻清康熙六年劉顧人重修本
一〇八二 兩周子二種二卷 蝴笑子一卷 明周弘祖撰 何之子一卷 明周弘禴撰 清抄本
一〇八三 娑羅園清語一卷續一卷戒殺放生文一卷 明屠隆撰 明萬曆刻本 八行十六字白口四周單边
一〇八四 娑羅園清語一卷 明屠隆撰 明萬曆二十七年李于鴻刻本 七行二十字白口四周双边
一〇八五 娑羅館清言一卷補一卷 明屠隆撰 清初抄本
一〇八六 鴻苞四十八卷 明屠隆撰 明萬曆三十八年茅元儀刻本 八行十九字白口左右双边
一〇八七 屠緯真先生藿語一卷 明屠隆撰 明李氏友蘭堂刻本 十行二十二字白口四周双边
一〇八八 頌陽子啓劄七卷 明劉一相撰 明萬曆刻本 九行十九字白口四周單边
一〇八九 太史楊復所先生證學編四卷首一卷證學論一卷策一卷 明楊起元撰 秣陵紀聞六卷 明余永寧 吳世徵等撰 明萬曆四十五年余永寧刻本 九行二十字白口四周單边
一〇九〇 太史楊復所先生證學編四卷首一卷證學論

一卷策二卷 明楊起元撰 明萬曆四十五年佘永寧刻本 九行二十字白口四周單边有刻工

二〇九一 筆拔正集二十二卷續集十六卷 明胡應麟撰 明萬曆三十四年吳勉學刻本 十行二十字黑口左右双边

二〇九二 筆叢三十二卷續集十六卷 明胡應麟撰 明萬曆四十二年趙世寵刻本 九行二十字白口四周双边

二〇九三 筆叢三十二卷續集十六卷附甲乙剩言一卷 明胡應麟撰 明崇禎五年吳國琦刻本 九行十八字白口四周單边

二〇九四 寶子紀聞類編四卷 明賀文照撰 明萬曆六年自刻本 九行十九字白口四周單边

二〇九五 庸齋日記八卷信古餘論八卷采芹錄四卷牖景錄二卷餘言二卷家則一卷野志一卷附志一卷 明徐三重撰 清抄本

二〇九六 庸齋日記八卷 明徐三重撰 清抄本

二〇九七 采芹錄四卷 明徐三重撰 清抄本

二〇九八 牖景錄二卷 明徐三重撰 明刻檮庵全集本 九行二十字白口四周單边

二〇九九 牖景錄二卷 明徐三重撰 清抄本

二一〇〇 墨卿談乘十四卷 明張懋修撰 明刻本 九行十八字白口四周單边有刻工

二一〇一 林居漫錄彙撣不分卷 明伍袁萃撰 明十硯齋抄本

二一〇二 林居漫錄前集六卷別集九卷畸集五卷多集六卷 明伍袁萃撰 清抄本

二一〇三 漫錄評正前集六卷別集九卷畸集五卷多集六卷 明伍袁萃撰 賀燦然評正 駁漫錄評正不分卷 明伍袁萃撰 明萬曆刻本 十行十七字白口左右双边

二一〇四 歐餘漫錄十二卷 明閔元衢撰 明萬曆刻本 八行十八字白口四周單边

二一〇五 燕居功課二十七卷 明安世鳳撰 明萬曆刻本 九行十八字白口四周双边有刻工

二一〇六 花田紀事六卷續紀十卷 明李茂春撰 明萬曆刻本 八行十七字白口四周双边

二一〇七 箴譚四卷 明徐學聚撰 明萬曆三十七年刻本 九行二十字白口四周双边有刻工

二一〇八 趙氏連城十八卷 明趙世顯撰 明抄本 客窗隨筆六卷 芝園叢談六卷 松亭晤語六卷

二一〇九 侯後編六卷補錄一卷 明王敬臣撰 仁孝先生事略

四三

一卷 清彭定求輯 清康熙六年彭定求刻本

二一一〇 說原十六卷 明穆希文撰 明萬曆刻本 十行二十二字白口四周單边

二一一一 恬暢齋瑣述一卷 明龐澂撰 清抄本

二一一二 治生本業一卷養生簡要一卷 明安希范撰 手稿本

二一一三 玉麒麟二卷 明夏樹芳撰 明萬曆刻本

二一一四 嘉隆識小類編十卷 明徐樞撰 明隆慶刻本 十行二十一字白口四周双边

二一一五 古今政本錄二卷 明陳儒撰 明萬曆十九年天台縣刻本 十行二十字白口四周双边有刻工

二一一六 菜根譚前集一卷後集一卷 明洪應明撰 明刻本 八行十八字白口四周双边

二一一七 焦氏筆乘六卷續集八卷 明焦竑撰 明萬曆三十四年謝與棟刻本 九行十九字白口四周單边

二一一八 尊生鋭二卷 明程經撰 明抄本 清盧世漼跋

二一一九 書與三卷 明劉有餘撰 明崇禎刻本 九行十八字白口左右双边

二一二〇 知言二卷 明郭敬撰 明萬曆刻本 八行十七字白口四周單边

二一二一 管涉子九卷 明周循撰 明萬曆二十七年成伯龍刻本 九行十八字白口四周双边有刻工

二一二二 鬱岡齋筆麈四卷 明王肯堂撰 明萬曆刻本 九行十八字白口四周單边

二一二三 鬱岡齋筆麈四卷 明王肯堂撰 明萬曆刻本 清查瑩跋

二一二四 鬱岡齋筆麈四卷 明王肯堂撰 明萬曆刻本 清郭尚先跋

二一二五 鬱岡齋筆麈四卷 明王肯堂撰 明萬曆刻本 清蔡名衡跋

二一二六 嘉言摘粹八卷 明姚光祚撰 明萬曆二十五年刻本 九行二十字白口四周單边

二一二七 一間集十二卷 明侯嘉來撰 明萬曆刻本 九行二十字白口四周單边

二一二八 麈餘四卷 明謝肇淛撰 明萬曆三十五年刻本 九行十八字白口左右双边

二一二九 文海披沙八卷 明謝肇淛撰 明萬曆三十七年沈儆炌刻本 九行十八字白口左右双边

二一三〇 文海披沙八卷 明謝肇淛撰 清抄本 清謝章鋌跋

二一三一 五雜組十六卷 明謝肇淛撰 明萬曆四十四年潘膺祉如韋館刻本 九行十八字白口四周單边

二一三二 五雜組十六卷 明謝肇淛撰 明萬曆四十四年潘膺祉如韋館刻本 清魏裔介批 存八卷 九至十六

二一三三 五雜俎十六卷 明謝肇淛撰 明刻本 九行十八字白口左右双边

二一三四 信心草四卷 明莊若華撰 明萬曆四十四年刻本 八行十九字白口四周單边

二一三五 三家村老委談七卷家兒私語一卷 明徐復祚撰 清乾隆十七年魚元傅抄本 清魚元傅跋 曹炎校並跋

二一三六 三家村老委談七卷家兒私語一卷 明徐復祚撰 清抄本

四四

共發編四卷 明曾于汴撰 明天啟五年刻本 八行十八字白口四周双边 一二三七
珊瑚林二卷金屑編一卷 明袁宏道撰 明清響齋刻本 八行十九字白口四周單边 一二三八
珊瑚林二卷 明袁宏道撰 明清響齋刻本 八行十九字白口四周單边 一二三九
稽古疑問四卷 明楊樌撰 明刻本 九行十八字白口四周双边 一二四〇
說儲八卷二集八卷 明陳禹謨撰 明萬曆三十七年徐騰芳刻本 十行二十二字白口四周单边有刻工 一二四一
說儲八卷二集八卷 明陳禹謨撰 明萬曆三十七年徐騰芳刻本 清丁丙跋 一二四二
說儲八卷二集八卷 明陳禹謨撰 明刻本 九行二十字白口四周双边有刻工 一二四三
偶記四卷 明余懋撰 明萬曆刻本 八行十八字白口四周单边 一二四四
偶記二卷 明余懋撰 明抄本 明徐𤊹跋 一二四五
新刊社塾啟蒙禮教類吟六卷 明柳應龍撰 明萬曆二十二年湯沐刻本 九行字數不等白口四周双边 一二四六
間間語一卷 明李鴻撰 明崇禎九年李毓芳刻本 七行十七字白口四周单边 一二四七
道聽錄五卷 明李春熙撰 清抄本 一二四八
道聽錄四卷 明李春熙撰 清羅氏怡養齋抄本 一二四九
南詢錄一卷 明釋豁渠撰 明萬曆二十七年何繼高刻本 八行十八字白口四周单边 一二五〇

四五

五先堂文市榷酤四卷 明袁子讓撰 明萬曆三十六年刻本 十行十七字白口四周单边有刻工 一二五一
類次書肆說鈴二卷 明葉秉敬撰 明萬曆刻本 八行十八字白口四周单边 一二五二
類次書肆說鈴二卷 明葉秉敬撰 明萬曆刻本 清丁丙跋 一二五三
理論二卷 明葉秉敬撰 明刻本 九行二十字白口四周单边 一二五四
邸中雜記一卷 明劉永澄撰 清初劉中徙刻本 一二五五
家塾緒言二卷 明劉永澄撰 清康熙劉中柱刻本 清劉寶楠校並跋 一二五六
管天筆記外編不分卷 明王嗣奭撰 清徐氏煙嶼樓抄本 一二五七
管天筆記外編不分卷 明王嗣奭撰 清抄本 清康壽慈跋 一二五八
濟生堂外集宋賢襍佩一卷 明祁承㸁撰 明刻本 九行二十字白口四周单边 一二五九
密菴危言六卷 明樊良樞撰 明崇禎刻本 八行十九字白口四周双边 一二六〇
小柴桑喃喃錄二卷 明陶奭齡撰 明崇禎八年李為芝刻本 九行二十字白口四周双边 一二六一
小柴桑喃喃錄二卷 明陶奭齡撰 明崇禎八年李為芝刻本 清朱錫庚跋 一二六二
南郭藪談二卷 明史叔成撰 清抄本 一二六三
剡溪漫筆六卷 明孫能傳撰 明萬曆四十一年孫能正鄂韡堂刻本 十行二十一字白口四周单边 一二六四
樗齋漫錄十二卷 明許自昌撰 明萬曆刻本 九行二十字白口四周单边 一二六五

樗齋漫錄十二卷 明許自昌撰 明萬曆刻本 李盛鐸跋 一二六六
槎菴小乘四十一卷 明來斯行撰 明崇禎四年刻本 九行二十字白口左右双边 一二六七
宗譚六種十五卷附槎菴燕語一卷 明來斯行撰 明刻本 九行二十字白口左右双边 一二六八
閒署日抄六卷 明舒榮都輯 明天啟刻本 十行二十字白口左右双边 一二六九
會心言三卷雜篇一卷 明王納諫撰 明刻本 九行十八字白口四周单边 一二七〇
對問編八卷 明江應曉撰 明萬曆刻本 九行二十字白口四周单边 一二七一
對問編八卷 明江應曉撰 明萬曆刻崇禎十一年江德新、江德中等重修本 一二七二
孤竹賓談四卷 明陳德文撰 明嘉靖二十八年蘇繼白以道刻藍印本 九行二十字白口四周双边 一二七三
孤竹賓談四卷 明陳德文撰 明嘉靖二十八年蘇繼白以道刻本 一二七四
應菴隨錄十四卷 明羅鶴撰 明萬曆刻本 十行二十字白口左右双边 一二七五
快畬小品十四卷 明羅鶴撰 明非力齋刻本 十行二十字白口左右双边 一二七六
隅言十八卷 明徐日久撰 明崇禎刻本 九行十八字白口四周双边 一二七七
西窗摭餘錄不分卷 明呂維祺撰 清抄本 一二七八
剩言十七卷 明戴君恩撰 明刻本 八行十八字白口四周单边 一二七九

四六

山居日記八卷輿圖芳踪二卷 明寇慎撰 清抄本 一二八〇
春氣錄二卷 明丁明登撰 明崇禎刻本 八行二十字白口四周单边 一二八一
暑永八卷 明丁明登撰 明崇禎刻本 八行二十字白口四周单边 一二八二
三戍叢譚十三卷 明茅元儀撰 明崇禎刻本 八行十八字白口四周单边 一二八三
野航史話四卷 明茅元儀撰 明末刻本 八行十八字白口四周单边 一二八四
暇老齋雜記六卷 明茅元儀撰 明崇禎刻本 八行二十字白口四周单边 一二八五
暇老齋雜記三十二卷 明茅元儀撰 清光緒李文田家抄本 清李文田批校並跋 一二八六
息齋筆記二卷 明吳桂森撰 明崇禎刻本 九行二十字白口四周单边 一二八七
閑存錄四卷 明王永祚撰 明崇禎二思堂刻本 八行二十字白口四周双边 一二八八
留青日札三十九卷 明田藝蘅撰 明萬曆元年刻本 十行二十字白口左右双边 一二八九
留青日札三十九卷 明田藝蘅撰 明萬曆元年刻本 清丁丙跋 一二九〇
留青日札三十九卷 明田藝蘅撰 明萬曆三十七年徐懋升刻本 十行二十字白口左右双边 一二九一
留留青六卷 明田藝蘅撰 徐懋升輯 明萬曆四十二年刻本 十行二十字白口左右双边 一二九二
天都載六卷 明馬大壯撰 明萬曆刻本 八行二十字白口四周单边 一二九三
新刻異識資譜四卷續識資譜四卷 明薛朝選撰 明萬曆三十二年書林珍 一二九四

萃堂王守渠刻本　十行二十字白口四周單邊

問奇類林三十五卷　明郭良翰撰　明萬曆刻本　九行二十字白口四周單邊　一二九五

續問奇類林三十卷　明郭良翰撰　明萬曆刻本　九行二十字白口四周單邊　一二九六

炳燭齋隨筆一卷　明顧大韶撰　清初刻本　一二九七

炳燭齋隨筆一卷　明顧大韶撰　清[illegible]抄本　一二九八

新鐫官板批評註釋[illegible]精集八卷　明周伯時撰　周家賢注　徐[illegible]評　明書林鄭大經刻本　九行十八字白口四周單邊　一二九九

文園漫語一卷　明程希堯撰　明抄本　一三〇〇

耳新十卷　明鄭仲夔撰　清抄本　一三〇一

沈氏弋說六卷　明沈長卿撰　黃可師、單國康、沈守正、閔蔭祚、徐如珩評　明萬曆刻本　八行十八字白口四周單邊　一三〇二

沈氏日旦十二卷　明沈長卿撰　明崇禎七年刻本　八行十八字白口四周單邊　一三〇三

雪菴清史五卷　明樂純撰　明萬曆四十二年刻本　八行十八字白口四周單邊　一三〇四

雪菴清史五卷　明樂純撰　明書林李少泉刻本　八行十八字白口四周單邊　一三〇五

姚伯子論不分卷　明姚應仁撰　明萬曆四十七年刻本　九行十九字白口四周單邊　一三〇六

學易堂筆記一卷學易三章一卷　明項皐謨撰　明刻本　九行十八字白口四周雙邊　一三〇七

學易堂三筆一卷滴露軒雜著一卷　明項皐謨撰　明刻本　九行十八字白口四周單邊　一三〇八

露書十四卷　明姚旅撰　明天啓刻本　九行二十字白口四周單邊　一三〇九

蒼崖子一卷　明朱健撰　明刻本　九行二十字白口四周單邊　一三一〇

竹窗續錄四卷　題明芥𦵔園主人撰　明末刻本　八行十七字白口四周單邊　一三一一

新刻音釋明心寶鑑正文二卷　明范立本輯　明末刻本　十行二十四字白口四周單邊　一三一二

策料三卷　明馬禎盛撰　明末刻本　九行十八字白口四周雙邊　一三一三

萃古名言四卷　明趙民獻撰　明崇禎元年刻本　九行二十字白口四周單邊　一三一四

雪堂韻史八卷　明王道焜輯　明末刻本　九行二十字白口左右雙邊　一三一五

張子遠先生變下語二卷　明張復撰　明天啓二年刻本　九行十九字白口四周單邊　一三一六

張子遠先生變下語二卷　明張復撰　清康熙五十二年程瑞初刻本　一三一七

玄言閣唾餘一卷　明吳懷賢撰　明崇禎刻本　八行十八字白口左右雙邊　一三一八

乾初先生遺集四卷　明陳確撰　清餐霞軒抄本　一三一九

待訪錄一卷　清黃宗羲撰　清抄本　一三二〇

待訪錄一卷　清黃宗羲撰　清抄本　清翁心存校並跋　一三二一

待訪錄一卷　清黃宗羲撰　清抄本　清譚獻校　一三二二

峇寒閒記一卷　清初抄本　一三二三

讀書通二卷　明孫國光撰　明萬曆四十六年梧梧館刻本　八行十九字白口四周單邊　一三二四

原李耳載二卷　明李中馥撰　清乾隆三十二年李青房刻本　九行二十字白口左右雙邊　一三二五

藉作堂集二卷　明譚貞默撰　明崇禎刻本　八行十九字白口四周單邊　一三二六

幾亭外書九卷　明陳龍正撰　明崇禎刻本　九行十八字白口四周單邊　一三二七

槎上老舌一卷　明陳衎撰　明崇禎刻本　九行十六字白口四周單邊　一三二八

論古閒畔不分卷　明張[illegible]撰　清抄本　清臧鏞堂跋　一三二九

蘭蕙筆存一卷　明釋本以撰　清抄本　一三三〇

假庵雜著一卷紀季父遺言遺事一卷　明歸昌世撰　稿本　一三三一

假庵雜著一卷　明歸昌世撰　清抄本　一三三二

棗林雜俎□□卷　明談遷撰　[illegible]本　一三三三

存十二卷

棗林雜俎十二卷　明談遷撰　清抄本　一三三四

棗林雜俎六卷外索三卷　明談遷撰　清抄本　一三三五

棗林雜俎六卷　明談遷撰　清抄本　清吳騫校　一三三六

棗林雜俎六卷　明談遷撰　清述鄭齋抄本　一三三七

棗林雜俎六卷　明談遷撰　清抄本　一三三八

棗林外索六卷　明談遷撰　清抄本　清吳騫校　一三三九

棗林外索三卷　明談遷撰　清初抄本　清唐翰題跋　一三四〇

棗林外索三卷　明談遷撰　清抄本　佚名校點　一三四一

棗林外索二卷　明談遷撰　清嘉慶陳鱣抄本　一三四二

棗林外索二卷　明談遷撰　清抄本　一三四三

棗林外索二卷　明談遷撰　清抄本　一三四四

棗林外索一卷　明談遷撰　清抄本　一三四五

棗林藝簣一卷　明談遷撰　清抄本　清王增跋　一三四六

容安齋蘇譚十卷　明白胤昌撰　清康熙元年白胤謙、王同春刻本　一三四七

寒夜錄二卷　明陳弘緒撰　清吳氏四古堂抄本　一三四八

寒夜錄二卷　明陳弘緒撰　清抄本　一三四九

日北居獨坐談一卷　明洪化昭撰　明崇禎八年自刻本　九行二十字白口四周單邊　一三五〇

一二五一 東西均不分卷 明方以智撰 清順治九年抄本
一二五二 東西均一卷 明方以智撰 清順治九年抄本
一二五三 象環寤記一卷 明方以智撰 清順治抄本
一二五四 荷牐叢談四卷 明林時對撰 清抄本
一二五五 尋樂編一卷 明毛元淳撰 明崇禎刻本 九行十九字白口四周單边
一二五六 吹景集十四卷 明董斯張撰 明崇禎刻本 九行二十字白口四周單边
一二五七 吹景集十四卷 明董斯張撰 清抄本
一二五八 吹景集九卷 明董斯張撰 清抄本 清姚燮跋
一二五九 計然子一卷 明董漢策撰 明崇禎陳隆信甫刻本 八行十八字白口四周單边
一二六〇 餘菴雜錄二卷 明陳恂撰 清初抄本
一二六一 餘菴雜錄二卷 明陳恂撰 清抄本
一二六二 客問篇一卷 明吳易撰 清抄本 清裕大椿跋 柳玉子跋
一二六三 學人說話一卷讀書一見一卷 明彭堯諭撰 明刻本 九行十八字白口四周單边
一二六四 谷簾先生遺書八卷 明黃淵耀撰 清雍正五年刻本 九行二十一字黑口左右双边
一二六五 夜航船二十卷 清張岱撰 清抄本

四九

一二六六 息齋藏書十二卷 清裴希度撰 清康熙二年刻本
一二六七 政餘筆錄四卷 清蔣鳴玉撰 清順治刻本
一二六八 文雪老人耆耇篇三卷 清釋通醉撰 清康熙刻本
一二六九 因樹屋書影十卷 清周亮工撰 清康熙周氏賴古堂刻本
一二七〇 因樹屋書影十一卷 清周亮工撰 清雍正三年懷德堂刻本 清惠棟、吳雲校
一二七一 書影十卷 清周亮工撰 清乾隆四庫全書館抄本
一二七二 雪亭夢語一卷 清魏一鰲撰 清乾隆三十四年魯九臯家抄本 清魯九臯校並跋
一二七三 讀書偶然錄十二卷 清程正揆撰 清抄本
一二七四 雕丘雜錄十八卷 清梁清遠撰 清康熙二十年梁允桓刻本
一二七五 雕丘雜錄十八卷 清梁清遠撰 清抄本
一二七六 樗林閒筆一卷偶筆二卷續三卷 清魏裔介撰 魏荔彤輯 清康熙十九年龍江書院刻本
一二七七 雲谷卧餘二十卷續八卷 清張習孔撰 清順治十八年自刻本
一二七八 雲谷卧餘二十卷 清張習孔撰 清順治十八年自刻本 丁立誠跋
一二七九 蒿菴閒話二卷 清張爾岐撰 清康熙徐氏真合齋磁版印本

一二八〇 蒿菴閒話二卷 清張爾岐撰 清李文藻家抄本 清李文藻校並跋 李希聖跋
一二八一 蒿菴閒話二卷 清張爾岐撰 清乾隆刻本 清張澍批校
一二八二 三山論學紀一卷 意大利艾儒略撰 明末武林天主堂刻本 九行十九字白口左右双边
一二八三 三山論學紀一卷 意大利艾儒略撰 明段襲刻本 九行十九字白口四周單边
一二八四 織書一卷 清陸圻撰 清抄本 清傅以禮校 周星詒跋
一二八五 聽潮居存業十卷 清原良撰 清初刻本
一二八六 容膝居雜錄六卷 清葛芝撰 清刻本
一二八七 容膝居雜錄六卷 清葛芝撰 清抄本
一二八八 東山談苑八卷 清余懷撰 稿本 清余光峻、郭尚先、曾謹跋
一二八九 荊園進語一卷 清申涵光撰 稿本 清申端澄校並跋
一二九〇 楝花磯隨筆一卷 清董説撰 清抄本
一二九一 楝花磯隨筆一卷 清董説撰 清抄本
一二九二 匡林二卷 清毛先舒撰 清初刻本
一二九三 竹垞道古錄二卷 清朱彝尊撰 稿本
一二九四 廣東新語二十六卷 清屈大均撰 清康熙三十九年木天閣刻本

五〇

一二九五 槐軒小草一卷 清王曰高撰 清康熙刻本
一二九六 池北偶談不分卷 清王士禛撰 稿本
一二九七 香祖筆記十二卷 清王士禛撰 清康熙刻王漁洋遺書本 清潘德輿批
一二九八 分甘餘話四卷 清王士禛撰 清康熙程哲七略書堂刻本
一二九九 分甘餘話四卷 清王士禛撰 清康熙刻王漁洋遺書本 清焦循批並跋
一三〇〇 潛書四卷 清唐甄撰 清康熙王聞遠刻本
一三〇一 三岡識略十卷補遺十卷續識略二卷續補遺一卷 清董含撰 清抄本
一三〇二 三岡識略十卷續識略一卷 清董含撰 清康熙刻本
一三〇三 三岡識略十卷續識略一卷 清董含撰 清抄本
一三〇四 三岡識略十卷續識略一卷 清董含撰 清抄本
一三〇五 三岡識略十卷續識略一卷 清董含撰 清抄本
一三〇六 摘抄三岡識略十卷續識略二卷 清董含撰 清李文田家抄本 清李文田跋
一三〇七 讀書雜述十卷 清李鎧撰 清康熙三十八年浴泰堂刻本
一三〇八 天中許子政學合一集不分卷 清許三禮撰 清康熙刻本

士學古編十二卷又八卷　清于琳撰　稿本　一五〇九

山窗隨筆不分卷　清王關運撰　稿本　一五一〇

庚寅漫錄一卷　清王士禛撰　稿本　一五一一

庚寅漫錄一卷　清王士禛撰　清抄本　一五一二

庭訓錄一卷　清沈珩撰　清乾隆四十九年吳重憙抄本　清吳騫跋　一五一三

側塾錄八卷　清田霈撰　清抄本　一五一四

當恕軒偶筆五十三卷　清王昊撰　稿本　一五一五

山志六卷大明世系一卷　清王弘撰撰　清初刻本　一五一六

山志六卷　清王弘撰撰　清初刻本　一五一七

艮齋筆記八卷　清李澄中撰　清抄本　一五一八

寒讀偶緒不分卷　清顧祐禄撰　清諸橒抄本　清諸橒跋並錄陳鱣題識　一五一九

巾箱說一卷　清金埴撰　稿本　清丁丙跋　一五二〇

芙蓉城四種書七卷　清陸次雲撰　清刻本　一五二一
大有奇書二卷　尚論持平二卷　析疑待正二卷　事文標異一卷

芙蓉城四種書七卷　清陸次雲撰　清抄本　一五二二
史冊拾遺二卷　尚論持平二卷　析疑待正二卷　事文標異一卷

五一

寐餘二卷　清許當仕撰　稿本　一五二三

尋樂齋偶鈔三卷　清王徵廷撰　清抄本　一五二四

櫟陽金六卷　清楊況撰　稿本　一五二五

隙光亭雜識六卷　清揆敘撰　清康熙謙牧堂自刻本　一五二六

隙光亭雜識六卷　清揆敘撰　清三惜齋抄本　清姚元之批校　一五二七

硯北雜錄十六卷劄記一卷　清黄叔琳撰　稿本　一五二八

硯北雜錄十六卷劄記一卷　清黄叔琳撰　清漢陽葉氏抄本　一五二九

硯北雜錄十六卷劄記一卷　清黄叔琳撰　清徽草軒抄本　一五三〇

逸樓四論四卷　清李中黄撰　清康熙蘊堂王鶴山刻本　一五三一

逸樓論文一卷論史一卷　清李中黄撰　清刻本　一五三二

容椏蠡說十二卷　清程哲撰　清康熙五十年程氏七略書堂刻本　一五三三

在園雜志四卷　清劉廷璣撰　清康熙五十四年自刻本　一五三四

經史慧解六卷　清葉含生撰　清康熙刻本　一五三五

南村隨筆六卷　清陸廷燦撰　清雍正十三年陸氏壽椿堂刻本　一五三六

受宜堂宦遊筆記四十六卷　清納蘭常安撰　清乾隆十一年自刻本　一五三七

此木軒經史彙編八卷　清焦袁熹撰　清抄本　一五三八

雪蘿翁集八卷　清戚芸撰　清抄本　一五三九
閒居筆塵三卷　味船錄二卷　四六餘話補一卷　雪篋雜綴一卷　附一卷

鴻臯瑣說四卷　清吳楚奇撰　清康熙四十三年刻本　一五四〇

消夏錄二卷　清黄任撰　清乾隆四十年余文儀刻本　一五四一

餘年閒話四卷　清葉良儀撰　清康熙四十五年刻本　一五四二

餘年閒話四卷　清葉良儀撰　清康熙四十五年刻本　鄧之誠跋　一五四三

樗菴日鈔不分卷　清周天錫撰　稿本　一五四四

樗菴私誌不分卷　清周天錫撰　稿本　一五四五

柳南隨筆六卷續筆四卷　清王應奎撰　清抄本　清黄廷鑑批校　一五四六

五二

柳南續筆四卷　清王應奎撰　清抄本　清葉廷瓏校　一五四七

亞谷叢書四卷　清鮑鈺撰　清十步齋刻本　一五四八

蟲獲軒筆記纂一卷　清張為儒撰　吳郡駒輯　清吳氏拜經樓抄本　清吳騫跋　一五四九

袁浦暇筆四卷　清唐彪撰　清乾隆十三年李可大抄本　一五五〇

敬米齋筆記不分卷　清繆曰藻撰　手稿本　一五五一

樸巢偶筆一卷　清繆曰藻撰　清抄本　清徐渭仁批　一五五二

見聞瑣錄三卷　清張在詩撰　清乾隆刻本　一五五三

後海書堂雜錄一卷　清王孝詠撰　清抄本　一五五四

片刻餘閒集二卷　清劉靖撰　清乾隆十九年自刻本　一五五五

詩禮堂雜纂二卷　清王又樸撰　清乾隆刻本　清乾隆刻本　清馮滏批校並跋　一五五六

衍謝一卷　清陳傑撰　清抄本　清盧文弨校　一五五七

閒漁閒閒錄九卷　清蔡顯撰　清抄本　繆荃孫跋　一五五八

淞南識小□卷　清蕭張翀撰　清抄本　一五五九
存五卷　一至二　四至六

蘿屋書見一卷　清汪惟憲撰　稿本　清丁丙跋　一五六〇

諤崖脞說五卷 清章楹撰 清雍正章氏澄雪堂刻本 二三六一
諤崖脞說五卷 清章楹撰 清乾隆三十六年澄雪堂刻本 二三六二
論世精言一卷 清馬模臣撰 清抄本 二三六三
不惑論一卷 清吳玫中撰 清抄本 清吳騫校並跋 二三六四
退齋錄一卷 清沈廉撰 稿本 二三六五
稗記一卷 清梁彬撰 清嘉慶元年王定注抄本 二三六六
茶餘客話十卷 清阮葵生撰 稿本 二三六七
茶餘客話十二卷 清阮葵生撰 戴璐選 清乾隆五十八年七錄齋活字印本 二三六八
困學錄不分卷 清蔡柏撰 稿本 二三六九
炙硯瑣談三卷 清湯大奎撰 清乾隆五十七年趙氏亦有生齋刻本 二三七〇
東皋雜抄三卷 清董潮撰 清抄本 二三七一
正信錄二卷 清羅聘撰 稿本 二三七二
桐陰日省編不分卷 清吳騫撰 慎終錄要一卷 清徐容撰 吳騫訂 清抄本 二三七三
桐陰日省編二卷 清吳騫撰 慎終錄要一卷 清徐容撰 吳騫訂 清抄本 吳騫校 二三七四
桃溪客語五卷 清吳騫撰 稿本 二三七五
桃溪客語二卷 清吳騫撰 清抄本 清錢大昕、吳騫校 二三七六
尖陽叢筆十卷 清吳騫撰 稿本 存四卷一至四 二三七七
尖陽叢筆十卷 清吳騫撰 清末天尺樓抄本 二三七八
尖陽叢筆十卷續筆一卷 清吳騫撰 清抄本 清徐鴻熙跋 二三七九
小桐溪隨筆不分卷 清吳騫撰 清抄本 清吳騫校 二三八〇
拜經樓雜鈔一卷 清吳騫撰 手稿本 二三八一
蟗夢錄六卷 清孫震撰 清抄本 二三八二
蟗夢集不分卷 清孫震撰 清抄本 二三八三
芸窗雜識前集三十卷後集六卷 清李行南輯 手稿本 二三八四
土風錄十八卷 清顧張思撰 清嘉慶三年刻本 二三八五
山靜居詩論一卷書論一卷 清方薰撰 清葉道芬抄本 清葉廷琯、潘鍾瑞跋 二三八六
雞窗叢話一卷 清蔡澄撰 清抄本 秦更年校 二三八七

東齋脞語一卷 清吳翌鳳撰 稿本 清陳鍾跋 二三八八
鄉談一卷 清田易撰 清王宗炎抄本 清王宗炎跋 二三八九
登樓雜記不分卷 清錢泳撰 清述祖德堂稿本 清鄭世芬跋 二三九〇
書隱叢說十九卷 清袁棟撰 清乾隆勵經樓自刻本 二三九一
柚堂筆談四卷 清盛百二撰 清乾隆三十四年刻本 二三九二
柚堂續筆談八卷 清盛百二撰 清抄本 二三九三
蘭舫筆記一卷 清常輝撰 稿本 二三九四
仲廉甫劄記七卷 清馮佺撰 清抄本 二三九五
水曹清暇錄十六卷 清汪啓淑撰 清乾隆五十七年汪氏飛鴻堂刻本 二三九六
水曹清暇錄十六卷 清汪啓淑撰 清汪啓淑校 馬貞榆跋 清乾隆五十七年汪氏飛鴻堂刻本 二三九七
甦叟養痾閒記四卷 清陸錫撰 清乾隆刻本 二三九八
養痾漫記二卷閒錄二卷 清周泰撰 稿本 二三九九
循陔纂聞四卷 清周廣業撰 清抄本 二四〇〇
秦敦夫筆錄二卷 清秦恩復撰 手稿本 二四〇一
思補齋筆記續編一卷 清潘世恩撰 清抄本 二四〇二
耆老答客問一卷 清屈獻撰 清道光十三年壽萱堂刻本 清王振聲校 二四〇三
花隱菴隨筆一卷 清牛坤撰 稿本 二四〇四
說緯六卷 清王崧撰 清道光八年吉祐堂刻本 二四〇五
郝蘭皋先生雜著不分卷 清郝懿行撰 清抄本 二四〇六
謏觴祕笈不分卷 清梁章鉅撰 稿本 二四〇七
退菴隨筆□□卷 清梁章鉅撰 稿本 存三卷讀經二卷 讀史一卷 二四〇八
小草廬叢談不分卷 清吳鄴遵撰 清吟雪山房抄本 清彭翊題款 二四〇九
里堂道聽錄四十卷又一卷 清焦循撰 稿本 二四一〇
憶書六卷 清焦循撰 清光緒十年李盛鐸抄本 李盛鐸跋 二四一一
里堂劄錄六卷 清焦循撰 稿本 二四一二
里堂隨筆一卷 清焦循撰 手稿本 二四一三
仲軒雜錄一卷 清焦循撰 手稿本 二四一四
讀書小記一卷因柳閣讀書錄一卷 清焦廷琥撰 稿本 二四一五
湖千紀聞二卷 清焦廷琥撰 手稿本 二四一六

靜學齋偶誌四卷　清吳承謨撰　清嘉慶刻本　一四四七
蠅鬚館叢話五十二卷　清張鑑撰　手稿本　一四四八
讀書續筆六卷　清董桂新撰　清抄本　一四四九
竹葉亭雜記八卷　清姚元之撰　稿本　一四五〇
竹葉亭雜記八卷　清姚元之撰　清光緒十九年姚虞卿刻本　清翁同龢批注　一四五一
樗寮筆記一卷　清姚椿撰　手稿本　一四五二
樗寮隨筆一卷　清姚椿撰　手稿本　一四五三
春游齋筆識六卷　清張寅彦撰　清抄本　佚名校　一四五四
亦齋隨筆三卷　清雷樹芝撰　稿本　一四五五
說儲內篇一卷　清包世臣撰　稿本　清沈欽韓、周濟批　劉師培跋　一四五六
文犀軒筆記四卷　清沈濤撰　清道光刻本　一四五七
瑟榭叢談二卷　清沈濤撰　清道光二十五年刻本　一四五八
折肱編一卷　清曾鈺撰　清嘉慶二年廿白齋刻本　一四五九
鷗陂漁話六卷　清葉廷琯撰　清同治八年刻本　清翁同龢批注　一四六〇
徐潢筆記一卷　清王筠撰　稿本　一四六一

五五

甲乙篇一卷　清龔自珍撰　手稿本　清陳介祺評　一四六二
頤志齋學穀二卷文穀二卷　清丁晏撰　稿本　一四六三
鈍硯卮言不分卷　清錢綺撰　清道光刻本　一四六四
捫蝨璅譚二卷　清曹宗載撰　清抄本　一四六五
霧臺小補不分卷　清白山撰　清抄本　一四六六
校邠廬初稿二卷　清馮桂芬撰　清抄本　清謝章鋌校並跋　一四六七
校邠廬抗議二卷　清馮桂芬撰　清抄本　清林壽圖批校並跋　潘霨跋　一四六八
丱兮筆記二卷　清管庭芬撰　稿本　一四六九
小鷗波館隨筆一卷　清潘曾瑩撰　清抄本　一四七〇
止園筆談十二卷　清史夢蘭撰　清抄本　清史夢蘭校　一四七一
韡語一卷　清顧文彬撰　稿本　清潘鍾瑞跋　一四七二
讀書餘錄一卷　清俞樾撰　手稿本　一四七三
湖樓筆談七卷　清俞樾撰　手稿本　一四七四
存一卷　七
小匏庵雜錄不分卷　清吳仰賢撰　稿本　一四七五

山居雜識四卷　清朱承鉞撰　稿本　清朱泰脩跋　張元濟跋　一四七六
鏡吾錄不分卷　清張興留撰　稿本　一四七七
斆經筆記一卷　清陳倬撰　稿本　一四七八
斆經筆記一卷　清陳倬撰　稿本　一四七九
嬰啼記六卷　清戴以恒撰　稿本　一四八〇
存二卷　二至三
章安雜說不分卷　清趙之謙撰　稿本　一四八一
悲盦札記不分卷　清趙之謙撰　手稿本　一四八二
老饕贅語一卷　清王韜撰　手稿本　一四八三
冶山居士讀書隨記不分卷　清張士珩撰　手稿本　一四八四
雲自在龕隨筆不分卷　繆荃孫撰　稿本　一四八五

五六

收藏情况表

書名編號	藏書單位				
子 雜家類 1	2301				
2	0101				
3	0101				
4	0101				
5	0101				
6	0201				
7	0198				
8	0101				
9	0101				
10	0101	0201			
11	0101	0301	2341		
12	0201				
13	0201				
14	1082				
15	1601				
16	1788				
17	0201				
18	1788				
19	0201				
20	1501				
21	2341				
22	1702				
23	0341				
24	2301				
25	1601				
26	0201				
27	0101				
28	0201				
29	0161				
30	1601				
31	0201				
32	0141				
33	1741				
34	1601				
35	1045	1704	1901		
36	0141				
37	0101				
38	0201				

表十

收藏情况表

書名編號	藏書單位				
39	0101				
40	0201				
41	0101				
42	1704				
43	0201				
44	0101				
45	1788				
46	0101				
47	0701				
48	0101				
49	0201				
50	0801	2701			
51	0101	0201			
52	0101				
53	0101				
54	0101				
55	0101				
56	0201				
57	0101				
58	0242	1101			
59	0201				
60	1705				
61	0101				
62	0201				
63	0161				
64	0198	1615			
65	2401				
66	0201				
67	0101				
68	0101				
69	0101				
70	0101	0161	0198	1601	2702
71	0101				
72	0101				
73	0101	0102	0141	0182	0143
	0201	0241	0301	0342	0842
	0703	1001	1104	1541	1582
	1601	1604	1607	1617	1701

收藏情况表

書名編號	藏書單位				
	1705	1881	2001	2046	2201
	2304	2501	2541	2542	2561
	2602	2701	2742	2801	2843
74	1704				
75	0101				
76	1601				
77	0101				
78	1601				
79	0101				
80	0101				
81	0201				
82	0101				
83	0201				
84	0101				
85	0201				
86	0101				
87	1601				
88	0101				
89	0101				
90	2501				
91	1741				
92	0101				
93	0101				
94	0141	1601	2702		
95	0101	0141	1581		
96	1701				
97	0201				
98	0201				
99	0201	0301	1741	2702	2742
100	0101	0161	0198	0201	0342
	1627	2702			
101	1601				
102	0201				
103	0101	0161	0163	0197	0198
	0201	0291	0844	0901	1082
	1601	1701	1801	1881	2541
	2701				
104	0242				

表十一

收藏情况表

書名編號	藏書單位				
105	1601				
106	1101				
107	0141	0161	0201	0241	0243
	0301	0591	0901	1143	1501
	1541	1601	1701	1702	1843
	2401	2702	2741		
108	0201				
109	0201				
110	0201				
111	0201	1881			
112	0341				
113	0141	0198	0201	0501	1082
	1613	1704	1705	2283	2302
114	0201				
115	0101				
116	0101	0141	0144	0161	0198
	0201	0243	0404	0501	0741
	1601	1606	1723	1801	1901
	2202	2461	2541	2741	
117	1601				
118	0241				
119	0101				
120	0201				
121	0198	1701			
122	0101				
123	0161	1601	2541		
124	0101	0102	0182	0542	0701
	1001	1601	1701	1901	
125	1601				
126	0101	0102	0105	0144	0145
	0146	0161	0181	0193	0201
	0242	0243	0301	0701	0801
	0842	1001	1101	1501	1605
	1620	1641	1701	1705	1901
	2001	2206	2301	2501	2602
	2701	2702			
127	0143				
128	0161	0301	1501	1601	1701

收藏情况表

書名編號	藏書單位				
129	0141	0142	0201	0241	0341
	0941	1542	1701	1710	1788
	2602	2702	2707	2741	
130	1601				
131	0101	0198			
132	0101				
133	0101				
134	0101				
135	1741				
136	2301				
137	1601				
138	2401				
139	1601				
140	1704				
141	0101	0102	0143	0144	0161
	0181	0182	0193	0201	0241
	0242	0291	0301	0341	0701
	0801	0841	1042	1045	1101
	1142	1241	1501	1502	1581
	1582	1601	1606	1616	1701
	1705	1801	1943	2401	2501
	2541	2561	2642	2901	
142	0101	0141	0201	1601	1605
	1629	2401	2402		
143	0101	0150	0161	0198	0201
	2201	2701	2702		
144	0164	0201	1601	1689	1701
	1705	2703			
145	0101				
146	0201				
147	0101				
148	0101	0141	0146	0161	0182
	0193	0197	0198	0201	0242
	0291	0301	0701	0703	0841
	1082	1343	1542	1601	1642
	1701	1843	1901	2041	2201
	2401	2441	2707		
149	1705				

表三

收藏情况表

書名編號	藏書單位				
150	0101				
151	1601				
152	1788				
153	1581				
154	0101	0141	0161	0201	0301
	0341	0801	1101	1441	1544
	1601	1701	1702	1881	2301
	2401	2541	2702		
155	0701				
156	1701				
157	0201				
158	0101				
159	0201	0242	1001	1719	
160	0101				
161	0141	0301	0342		
162	0201				
163	0101	0141	0161	0942	1629
	1901	2301			
164	1606				
165	0241				
166	0341				
167	0161	0201	1601	1605	1629
	1701	1705	1801	2301	2541
	2542	2543	2701	2707	
168	0141	0142	0842	0903	1041
	1581	1605	1629	1881	2001
	2401	2502	2641		
169	0201				
170	0161				
171	0201				
172	0101				
173	1741				
174	0591				
175	0101				
176	0101				
177	0201				
178	0101				
179	1601				

收藏情况表

書名編號	藏書單位				
180	0141				
181	0101				
182	2302				
183	0201				
184	0101				
185	2501				
186	1601				
187	0201				
188	1701				
189	0201				
190	0201				
191	1601				
192	2401				
193	1741				
194	0201				
195	0242				
196	1601				
197	0201				
198	0101				
199	0201	2701			
200	0101				
201	0161	0441			
202	0101	0201			
203	0101				
204	1601				
205	0101				
206	0101	0161	0197	0201	1001
	2401	2702	2941		
207	1601				
208	0101				
209	0201				
210	2301				
211	0581				
212	0201				
213	0201				
214	1701				
215	1701				
216	0101				

表四

收藏情况表

書名編號	藏書單位				
217	1601				
218	0201				
219	1601				
220	0101				
221	0201				
222	0101				
223	0101				
224	0201				
225	1601				
226	0101	0201			
227	0201				
228	0101	1581			
229	0201				
230	0101				
231	0161				
232	0101	0141	0161	0198	0201
	0301	1601	1701	1702	1705
	2702				
233	0301				
234	0101				
235	0201				
236	0101	0241	1544	1741	2501
	2701				
237	0101				
238	0701				
239	0101				
240	0101	0198	0201	1501	1801
241	0101				
242	0201				
243	0591				
244	0141	0161	0163	0182	0201
	0501	0851	1342	1624	1628
	1701	2301	2401	2702	
245	0201				
246	1601				
247	0201				
248	0101				
249	1741				

收藏情況表

書名編號	藏書單位				
250	0101				
251	0201				
252	0101				
253	2001				
254	0701				
255	0101				
256	0101				
257	0201				
258	1681				
259	0591				
260	0141	0144	0161	0163	0182
	0201	0242	0301	0342	1101
	1901	2341	2701	2702	2742
261	0201				
262	0201				
263	0101				
264	2401				
265	0101				
266	0201				
267	1601				
268	0241				
269	0161				
270	2901				
271	0501				
272	0101				
273	0141	0145	0161	0181	0201
	0241	0242	0262	0601	0701
	0741	0841	1601	1606	1701
	1741	1781	2201	2301	2642
	2702	0163			
274	2301				
275	0181	0291	1791	2701	
276	0142	0161	0301	1541	1582
	1617	1716	2702		
277	1605				
278	0101				
279	0201				
280	0141				

表五

收藏情況表

書名編號	藏書單位				
281	0101				
282	2702				
283	0101	0143	0163	0182	0198
	0201	0701	0801	1082	1601
	1701	2301	2501	2742	
284	0201				
285	1601				
286	2702				
287	0101	0242	0301	1007	1101
	1701	2301			
288	0101				
289	1781				
290	0101				
291	0101				
292	0101				
293	0201				
294	0141				
295	0201				
296	0101				
297	0101	0201			
298	0201				
299	0101	0141	0201	0841	1582
300	0101				
301	0141	0201			
302	0242				
303	0144	0201	1601		
304	2702				
305	0141	0145	0842	1701	1901
	2542	2745			
306	0163	0841	1001	1601	1701
307	0141	0144	0150	0201	0342
	1501	1541			
308	0201				
309	0201				
310	1601				
311	0141	0301			
312	0101	0141			
313	0101	1704			

收藏情況表

書名編號	藏書單位				
314	0591				
315	0101				
316	0101				
317	0201				
318	0101				
319	1501	2701			
320	1601				
321	0101				
322	0101				
323	0101				
324	0101				
325	2561				
326	0101				
327	0101				
328	0198	0201	2302		
329	0101				
330	1601				
331	0101				
332	0144	0301	0342		
333	0101	0141	0142	0161	0163
	0198	0201	0591	0901	1587
	1622	1701	2201	2702	
334	0201				
335	1601				
336	0201				
337	0141				
338	0541	1502	1581	1628	1716
	2942				
339	0101				
340	2541				
341	0201				
342	0142	0201			
343	1601				
344	0201				
345	0201				
346	1601				
347	0201				
348	0101				

表六

收藏情況表

書名編號	藏書單位	
349	1601	
350	0101	
351	0101	
352	2302	
353	0101	
354	0201	
355	0101	
356	0201	
357	0101	
358	0201	
359	0201	
360	0341	
361	0101	
362	0141	
363	1581	
364	0201	
365	2541	
366	0101	
367	0141	
368	0341	
369	0101	
370	0101	1601
371	1701	
372	0201	
373	0101	
374	0101	
375	0101	
376	0101	
377	0101	
378	0101	
379	0101	
380	0101	
381	0201	
382	0101	
383	0201	
384	1601	
385	0101	
386	1881	

收藏情況表

書名編號	藏書單位				
387	0141	0241			
388	0101	0201			
389	0201				
390	0201				
391	2401	2745			
392	0201				
393	0101				
394	1601				
395	0101				
396	0101				
397	0201				
398	0101				
399	0201				
400	0201				
401	0201				
402	0144				
403	0161				
404	0201				
405	0201				
406	0101				
407	0141				
408	1601				
409	0101				
410	0101				
411	1601				
412	2281				
413	0101				
414	0201				
415	0201				
416	0101				
417	0201				
418	0101				
419	1601				
420	0301				
421	2042				
422	0201				
423	1601				
424	0101				

收藏情況表

書名編號	藏書單位				
425	1601				
426	2702				
427	0201				
428	0201				
429	0101				
430	0101				
431	0101				
432	1701				
433	1601				
434	0201				
435	1601				
436	0101				
437	0101				
438	0101				
439	0101				
440	1501				
441	0101				
442	0101				
443	0101				
444	0101				
445	0201				
446	0201				
447	0101				
448	1601				
449	0101				
450	0201				
451	0101	0141	0201	2401	2701
452	0101				
453	0101				
454	0101				
455	0201	1601			
456	0342				
457	0141	0142	0143	0161	0177
	0182	0192	0197	0201	0242
	0291	0501	0642	0701	0842
	0942	1201	1301	1441	1501
	1502	1541	1601	1606	1681
	1701	1705	1717	1781	1801

表七

收藏情況表

書名編號	藏書單位				
	1881	2001	2202	2301	2701
458	0201				
459	0101				
460	0101				
461	0201				
462	0101				
463	0101				
464	0241				
465	0101	0201	0291	0301	1601
	1701	2301	2801		
466	0144				
467	0101	0181	0182	0701	0802
	1042	1542	1701	1801	2401
	2702				
468	1601				
469	1601	2701			
470	0101				
471	2401				
472	0201				
473	1542				
474	0201				
475	0101	0201	2702		
476	1601				
477	0201				
478	0101				
479	0101				
480	2001				
481	0101				
482	0141				
483	1601				
484	0101				
485	0101				
486	0101				
487	0161				
488	0101	0141			
489	0101				
490	0101				
491	0101				

收藏情況表

書名編號	藏書單位		
492	0101		
493	0101		
494	0101		
495	0201		
496	1705		
497	0101	0201	
498	0101		
499	0181		
500	0101		
501	0101		
502	0101		
503	0242		
504	2401		
505	0101		
506	2401		
507	0101		
508	0201		
509	1601		
510	0141		
511	0101		
512	0101		
513	1605		
514	0101		
515	0101		
516	0101		
517	1601		
518	0101		
519	2702		
520	0201		
521	0101		
522	1601		
523	1701		
524	1601		
525	0141		
526	0101		
527	0101	0201	
528	2701		
529	0101	0201	2501

表八

收藏情況表

書名編號	藏書單位				
530	0201				
531	0101				
532	0201				
533	0101				
534	1601				
535	1601				
536	2401				
537	0101				
538	0141				
539	0101				
540	0101				
541	0101				
542	0101				
543	0201				
544	0201				
545	0141	0201	1689	1705	2001
	2543	2702			
546	0141				
547	1601				
548	0101				
549	2301				
550	0201				
551	1601				
552	2401				
553	0141				
554	2302				
555	2401				
556	0101				
557	0101				
558	1601				
559	0201				
560	0201				
561	0101				
562	0101				
563	0201				
564	2702				
565	0101				
566	0101				

表九

收藏情況表

書名編號	藏書單位
567	0144
568	0101
569	0201
570	0101
571	0101
572	0101
573	0101
574	0101
575	0101
576	0101
577	0201
578	1701
579	0101
580	0101
581	0101
582	0101
583	0101
584	0201
585	2702
586	0101
587	0101
588	1601
589	0101
590	0101
591	0101
592	0201
593	0101
594	1082
595	1601
596	0101
597	0201
598	0101
599	0341
600	0201
601	0101
602	0101
603	0144
604	0201

收藏情況表

書名編號	藏書單位				
605	1701				
606	0101				
607	0201				
608	0201				
609	1601				
610	1607				
611	0101				
612	0201				
613	0101				
614	0101				
615	0101				
616	0201				
617	0101				
618	1601				
619	1605				
620	0101				
621	0101				
622	0193				
623	1601				
624	0101				
625	0101	0141	0198	0241	1581
	2702				
626	0102	0141	0144	0150	0191
	0193	0201	0242	0342	0509
	0701	0703	0803	0941	1041
	1042	1082	1101	1144	1501
	1542	1582	1604	1616	1629
	1701	1801	1844	1881	1901
	1911	1943	2001	2401	2501
	2542	2602	2644	2701	2706
	2741	2746			
627	2301				
628	1601				
629	0101				
630	0141				
631	0101				
632	0101				
633	0101				

表十

收藏情況表

書名編號	藏書單位				
634	0101				
635	0101				
636	0101				
637	0101				
638	0101				
639	0201				
640	0201				
641	0101				
642	1601				
643	0141				
644	1601				
645	0101				
646	0101				
647	0201				
648	0101				
649	0164				
650	0101				
651	0101				
652	0101				
653	1701				
654	0201				
655	0241				
656	1501				
657	0101◎	1701◎			
658	1601				
659	0101				
660	2342				
661	0101				
662	0101				
663	0201				
664	1601				
665	0201				
666	0101	0141	0144	0198	0201
	0301	2001	2742		
667	1601				
668	0101				
669	0101				
670	0101				

收藏情況表

書名編號	藏書單位				
671	1601				
672	0101				
673	0241				
674	0101				
675	0101				
676	1503	1705			
677	1601				
678	0101				
679	0101				
680	0201				
681	1581				
682	0101				
683	0101				
684	0101				
685	0101				
686	1601				
687	1601				
688	1701				
689	0201				
690	1606				
691	0101				
692	0201				
693	0101				
694	0201				
695	0101	0141	1601	1705	1788
696	1601				
697	0101	0201	0301	0341	1601
	1605	1710"	2001		
698	0101				
699	0101				
700	0101				
701	0102				
702	0201				
703	0141				
704	0102				
705	0141				
706	0201				
707	2401				

表十一

收藏情況表

書名編號	藏書單位				
708	0101				
709	0101				
710	0101				
711	0201				
712	1601				
713	0101				
714	0161				
715	1601				
716	0101				
717	0101				
718	0101				
719	0101				
720	0201				
721	0101				
722	0101				
723	0101				
724	0101				
725	0101				
726	2702				
727	0101				
728	0341				
729	0101				
730	0101				
731	0101				
732	0101	0142	0201		
733	1601				
734	0841				
735	0201				
736	1601				
737	0101				
738	1601				
739	0141				
740	0201				
741	0101				
742	0101				
743	0101				
744	0101				
745	0101				

收藏情況表

書名編號	藏書單位				
746	0198				
747	0101				
748	1601				
749	0101				
750	0101				
751	0201				
752	0201				
753	2501				
754	0145				
755	0201				
756	0101				
757	0101				
758	0201				
759	0101				
760	0101				
761	0101				
762	0101				
763	0101				
764	0101				
765	0101				
766	0201				
767	1601				
768	0201				
769	1601				
770	0101				
771	0201				
772	0801	0842			
773	0101	0201	1901	2441	2702
774	1601				
775	1601				
776	0141				
777	0101	0144	0161	0201	1606
	2702				
778	0201				
779	0101	1062	1604	1615	1641
	2001	2301	2782		
780	1601				
781	1101				

表十二

收藏情況表

書名編號	藏書單位				
782	0101	0102	0141	0145	0163
	0201	0341	0841	1042	1615
	1705	2702	2941		
783	0101				
784	0101	0141	0142	0201	1048
	1501	2401	2702		
785	1702				
786	0101	0141	0197	0201	0241
	0291	0591	0803	1142	1441
	1901				
787	0161	1082			
788	1601				
789	0101				
790	0101				
791	0101				
792	0141				
793	1705				
794	1601				
795	2541				
796	2001				
797	0101				
798	0201				
799	0591				
800	1601				
801	0101				
802	2701				
803	1601				
804	0101				
805	1601				
806	0101				
807	0201				
808	0101				
809	0201				
810	1501				
811	0201				
812	1601				
813	0201	0243	1501	2501	2702
814	01[illegible]				

收藏情况表

書名編號	藏書單位				
815	0201				
816	0201				
817	0150	0342	1601		
818	0101				
819	0141				
820	0101				
821	1601				
822	2302				
823	0241	0520	1601	1616	1788
	2301				
824	0101				
825	1601				
826	0101				
827	0101				
828	0241				
829	0201				
830	1601				
831	1010				
832	1615				
833	2582				
834	1010				
835	0201				
836	1601				
837	0101				
838	0101				
839	1601				
840	0101				
841	0101				
842	0101				
843	0101				
844	0101				
845	0101				
846	0101				
847	0201				
848	0341				
849	0141				
850	0101				
851	0101				

收藏情况表

書名編號	藏書單位				
852	0201				
853	0101				
854	0201				
855	0101				
856	1705				
857	1601				
858	0101				
859	0101				
860	0201				
861	0101				
862	0101				
863	0101				
864	0101				
865	1601				
866	0141	2301			
867	0101				
868	0101	1627			
869	0141				
870	0101				
871	0101				
872	1607				
873	0101	0150	0201	2702	
874	0101				
875	0101				
876	1601				
877	0101	0141	0201		
878	0201				
879	0101	0141	0144	0163	0164
	0165	0171	0173	0182	0197
	0198	0201	0242	0301	0341
	0701	1601	1641	1701	1714
	1843	1881	2241	2301	2401
	2501	2581	2702	2801	
880	0101				
881	0101	0201	0291	0831	0851
	1342	1741			
882	0241	0243	1142	1601	2501
883	0201				

表十三

收藏情况表

書名編號	藏書單位				
884	0101				
885	0141	1981	2401		
886	0164				
887	0181	2341			
888	0102				
889	0101				
890	0201				
891	0201				
892	1581				
893	2981				
894	0201	1601	2401	2702	
895	0101	0201			
896	0163	0201	1042	1601	1705
	2701				
897	0281				
898	0101	0173	1641	1705	
899	0101				
900	0101	1501			
901	0141	2001			
902	0101				
903	0341				
904	0242				
905	0101				
906	0201				
907	1601				
908	0161				
909	0101	0163	0201	0241	1601
910	2201				
911	0181				
912	0201				
913	0101				
914	1601				
915	0201				
916	1641				
917	0301				
918	0101				
919	0201				
920	0101				

收藏情况表

書名編號	藏書單位				
921	0201				
922	0201				
923	1601				
924	0141				
925	0201				
926	0101				
927	0101				
928	1582				
929	0101				
930	0201				
931	0201				
932	0201				
933	0201				
934	0201				
935	0341				
936	0145	0242	1601	1606	1701
	2746				
937	0101	0141			
938	1705				
939	1601				
940	0101				
941	0164				
942	0201				
943	0201				
944	0101	0141	0145	0150	0161
	0163	0165	0201	1542	1601
	1705	2001	2401	2461	2542
	2591				
945	0101	0201	0341	1601	1701
946	0102	0141	0144	0201	0242
	0842	1501	1510	1601	1615
	2401	2501	2702		
947	1601				
948	0101				
949	0201	1701	2702		
950	0102				
951	1601				
952	1601				

表十四

收藏情況表

書名編號	藏書單位				
953	0101	0161	0164	0201	0242
	1601	1641	1688	2301	
954	0201				
955	0101	0201			
956	0101				
957	0201	0301	2001		
958	0101				
959	0101				
960	0101				
961	0161	0241	1681		
962	1601				
963	0101	0141	2701		
964	1601				
965	1601	1705			
966	0141				
967	0141				
968	0161				
969	0101	0201			
970	0101				
971	0201				
972	0201				
973	1601				
974	1601				
975	1615				
976	0101	0161	1601	2501	2702
977	0101				
978	0101				
979	0141				
980	0102	0142	0541	0701	1041
	1101	1641			
981	0142				
982	0101	0145	0161	0164	0241
	1701	1705	2341	2441	2701
983	1581				
984	0101	0141	0161	1601	
985	0143				
986	0101	0161	0163	0201	1702
987	0042				

表一五

收藏情況表

書名編號	藏書單位				
988	0101				
989	1606				
990	0101	0141			
991	0201	2501			
992	0201				
993	0101				
994	0101				
995	0201				
996	0301				
997	0144				
998	0101				
999	0101				
1000	2001				
1001	0101	0201	0520	1881	
1002	0161				
1003	0101				
1004	1601				
1005	0142				
1006	1701				
1007	0201				
1008	0101				
1009	0101				
1010	0101	0141			
1011	0101	0141			
1012	0197	0201	0701	1641	
1013	2741				
1014	0161	0181			
1015	0201				
1016	0841				
1017	0101				
1018	1702				
1019	0142	1701			
1020	0102	0141	0201		
1021	0197				
1022	1705				
1023	2201				
1024	0101	0141	0162	0161	0181
	0201	1606			

收藏情況表

書名編號	藏書單位				
1025	0101●	1606●			
1026	0201				
1027	0102	0201	1101		
1028	0141	1701			
1029	0163				
1030	2302				
1031	0141				
1032	0101	1701			
1033	0101				
1034	1641				
1035	0161				
1036	0101				
1037	0201				
1038	0161				
1039	1601				
1040	0201				
1041	0101				
1042	0101	0141	0161	0164	0201
	0242	1682			
1043	0161				
1044	0301				
1045	1601				
1046	1506				
1047	0201				
1048	0101				
1049	0301				
1050	1701				
1051	0161				
1052	0101				
1053	0201	0701			
1054	0101				
1055	0161				
1056	0101	0201	0291		
1057	0102	0141	0144	0145	0148
	0150	0163	0198	0201	1041
	1501	1581	1601	1605	1701
	2041	2042	2201	2401	2541
1058	0341				

表一六

收藏情況表

書名編號	藏書單位				
1059	0161				
1060	0101	0141	0142	0150	0198
	0242	1705	1901		
1061	0161	0201	1601	1615	1681
	2541	2701			
1062	0161				
1063	0101	0181	0201	1628	
1064	1606				
1065	0141				
1066	0101				
1067	2541				
1068	0101	0102	0141	0143	0161
	0201	0262	1601	1606	1641
	2042	2701	2707		
1069	2702				
1070	0201	2501			
1071	0181	1601	1641		
1072	0101	0198	1501	1601	
1073	0101	0161	0181	0193	0301
1074	0101				
1075	0101				
1076	0101	0201			
1077	1601				
1078	0141	0142	0161	0193	0198
	0201	0242	0520	0703	0741
	1501	1601	1606	2201	2501
	2701	2702			
1079	0181	0522	0525	0591	1901
1080	0143	0242			
1081	0164	0201	0341	1501	1601
	1901				
1082	0161				
1083	0101				
1084	0291				
1085	0241				
1086	0143	0144	0145	0151	0164
	0201	0301	0572	0701	0841
	0842	1601	1691	1705	2301

收藏情況表

書名編號	藏書單位				
	2401	2461	2501	2701	2702
1087	0101				
1088	1582				
1089	0101				
1090	1601				
1091	0101	0141	0143	0146	0161
	0198	0201	0301	0541	0703
	1041	1601	1741	1843	1881
	2001	2461	2750	2901	
1092	0142	0241	1501		
1093	0704	1541			
1094	0101	0141	0201	1712	
1095	0101				
1096	0101				
1097	0201				
1098	0201				
1099	2401				
1100	0161	0291	2301		
1101	0201				
1102	1601				
1103	0101	0141	0201	0242	
1104	0101	0181	0261	1641	
1105	1501				
1106	0241				
1107	0703				
1108	0101				
1109	0242				
1110	0161	2541			
1111	0201				
1112	0201				
1113	0541				
1114	1581				
1115	1601				
1116	0101	0201			
1117	0101	0141	0143	0144	0161
	0163	0201	0243	0342	0703
	0801	0841	0901	1046	1082
	1601	1701	1702	1705	2001

表十七

收藏情況表

書名編號	藏書單位				
	2701				
1118	1501				
1119	0101				
1120	2301				
1121	0201				
1122	0101	0143	0161	0171	0201
	0301	0341	1541	1601	1716
	2001				
1123	0201				
1124	2701				
1125	0201				
1126	0801				
1127	0141				
1128	1701				
1129	0101				
1130	2301				
1131	0102	0141	0161	0181	0182
	0201	0291	0703	1601	1641
	1881	1912	2301	2701	2702
	2745	2941			
1132	1501				
1133	0101	0141	0150	0242	0701
	1601	1701	2042	2702	
1134	0161				
1135	0201				
1136	1601				
1137	0198				
1138	0101	0242			
1139	0142	0201	1601		
1140	0101				
1141	0201	0542			
1142	1601				
1143	0101	0141	0145	0161	0201
	0241	1501	1601	1701	2241
	2401	2501	2701		
1144	0291	2541			
1145	0101				
1146	0181				

收藏情況表

書名編號	藏書單位				
1147	1601				
1148	0101				
1149	1601				
1150	0161				
1151	0164				
1152	0101	0161	0201	2702	
1153	1601				
1154	0101				
1155	0101	0201			
1156	0201				
1157	1705				
1158	0101				
1159	0101				
1160	2541				
1161	0101	0142	0241	0261	0291
	1601	1702	1705	1716	1801
	2702	0243			
1162	0201				
1163	1605				
1164	0101	0141	0143	0198	0201
	1601	1705			
1165	0101	0291			
1166	0141				
1167	0161	0201	1542	1701	
1168	1601				
1169	1801				
1170	1601				
1171	0101	0161			
1172	0101				
1173	0101				
1174	0201	1705			
1175	2541				
1176	0101				
1177	0141				
1178	0141				
1179	0101				
1180	0301				
1181	1605				

表十八

收藏情況表

書名編號	藏書單位				
1182	0161				
1183	0101				
1184	0101				
1185	0243				
1186	0101				
1187	0101	0242			
1188	0102	1601			
1189	0101	0291			
1190	1601				
1191	0161	0182	0703	1581	1601
	1701	2001			
1192	0163				
1193	0101	0161	0201	1501	
1194	0101	0141			
1195	0144	0161	2001	2541	2901
1196	0101	0141	0161	0168	0241
	2001	2041	2901		
1197	0201				
1198	0101				
1199	1606	2701			
1200	0101				
1201	0101				
1202	0101	0141	0143	0144	0161
	0163	0201	0301	0520	1201
	1701	1716	2702		
1203	0141				
1204	0141	0142	0161	0201	0842
1205	0101				
1206	2702				
1207	1601				
1208	0101				
1209	0101	0201	0242	0520	1606
	2001				
1210	0101	0144	0162	0164	0201
1211	1601				
1212	0101				
1213	0167				
1214	0146				

表一九

收藏情況表

書名編號	藏書單位				
1215	1582				
1216	0101				
1217	1616				
1218	0161				
1219	0101				
1220	0201				
1221	0101				
1222	1601				
1223	0201				
1224	1615				
1225	0701				
1226	0101				
1227	0141	0143			
1228	0101	0241	2001		
1229	0101				
1230	0101				
1231	0101				
1232	0301				
1233	0101				
1234	0201				
1235	0101				
1236	0141				
1237	0101				
1238	1701				
1239	0201				
1240	0101				
1241	0101				
1242	1581				
1243	0142				
1244	1701				
1245	0201				
1246	0101				
1247	0101	0142	0241	1601	
1248	1601				
1249	0161				
1250	0101				
1251	1881				
1252	1881				

收藏情況表

書名編號	藏書單位				
1253	1881				
1254	2541				
1255	1606				
1256	0101	0141	0201	1501	2301
	2701				
1257	0101				
1258	1701				
1259	0101	0141	0201		
1260	1601				
1261	0201				
1262	0201				
1263	0144				
1264	0161				
1265	1705				
1266	0142	0161			
1267	0142				
1268	2781				
1269	0101	0143	0144	0198	0262
	0842	1681	2542		
1270	0201				
1271	0181				
1272	2301				
1273	1601				
1274	1601				
1275	0141	0161	0198	0201	2401
1276	0201				
1277	0101	0161	0241		
1278	1601				
1279	0101				
1280	0201				
1281	1091				
1282	0101				
1283	0101				
1284	0201				
1285	0142	0201			
1286	1741				
1287	0101				
1288	1641				

表二十

收藏情況表

書名編號	藏書單位				
1289	0101				
1290	0591				
1291	2541				
1292	0101				
1293	0201				
1294	1501				
1295	1501				
1296	0163				
1297	0201				
1298	1601	2543			
1299	0201				
1300	0101	0520	2301		
1301	0241				
1302	2401				
1303	0161				
1304	0201				
1305	1641				
1306	0101				
1307	0291	0701	1081		
1308	0101	0142	0166		
1309	0101				
1310	0201				
1311	0101				
1312	1501				
1313	0101				
1314	0201				
1315	0201				
1316	0101				
1317	1601				
1318	1503				
1319	1601				
1320	1601				
1321	0101				
1322	0701				
1323	1601				
1324	1601				
1325	0101				
1326	0101	0201	0341		

收藏情況表

書名編號	藏書單位				
1327	0161				
1328	1601				
1329	0101				
1330	0101				
1331	0101				
1332	0101				
1333	0101	0102	0143	0145	0150
	0161	0163	0201	0241	0281
	0291	0701	1601	1606	1701
	2301	2302			
1334	0101	0141	0150	0164	0201
	0241	0262	0291	0781	0841
	1082	1542	1544	1705	2261
	2501				
1335	0161				
1336	0101	0241	0281	1601	2301
1337	0101	0201	1704		
1338	0201				
1339	1501				
1340	0142				
1341	0141	1601			
1342	0201				
1343	0161				
1344	1704				
1345	0141				
1346	2261				
1347	0201				
1348	0201				
1349	0201				
1350	0163				
1351	0201				
1352	0201				
1353	0161				
1354	0161				
1355	0101	0701	1601	1701	2281
	2301	2702			
1356	1601				
1357	0101				

收藏情況表

書名編號	藏書單位
1358	0101
1359	1601
1360	1601
1361	1701
1362	0241
1363	0842
1364	0101
1365	0101
1366	1501
1367	0101
1368	0301 0520 1601
1369	1573
1370	0101 0141 0163 0201 1601
	2301
1371	0101
1372	0201
1373	0101
1374	0101
1375	0201
1376	0101
1377	1601
1378	0301
1379	0101
1380	0101
1381	0201
1382	0101
1383	0201
1384	0201
1385	1601
1386	1601
1387	0341
1388	1601
1389	0101
1390	0101
1391	0101 0161 0163 0241 0243
	1601 1701
1392	0141 0142 0243 0901 1601
	2301

表十一

收藏情況表

書名編號	藏書單位
1393	0201
1394	1741
1395	1601
1396	0101 0141 0142 0198 0201
	0241 0242 2001
1397	1601
1398	0101 0201 0242
1399	0101
1400	0101
1401	0201
1402	1684
1403	0201
1404	1501
1405	2901
1406	0201
1407	0161
1408	0161
1409	0101
1410	0101
1411	0101
1412	0201
1413	0141
1414	0141
1415	0101
1416	0141
1417	0101
1418	0201
1419	0201
1420	0101
1421	0101
1422	0201
1423	0201
1424	0101
1425	0101
1426	0201
1427	0101 1601
1428	0101
1429	1609

收藏情況表

書名編號	藏書單位
1430	0101
1431	1581
1432	0201
1433	0201
1434	0101 1684
1435	0101
1436	1682
1437	2001
1438	1605
1439	0101
1440	1684
1441	0101
1442	1681
1443	0201
1444	0201
1445	1701
1446	0201
1447	1501
1448	0101
1449	0201
1450	1701
1451	0101
1452	0201
1453	0201
1454	0201
1455	0101

表十二

雜考

一四五六 獨斷二卷 漢蔡邕撰 明弘治十六年劉遜刻本 十行二十一字白口四周雙邊
一四五七 獨斷二卷 漢蔡邕撰 明萬曆程榮刻漢魏叢書本（四庫底本） 九行二十字白口左右雙邊
一四五八 獨斷一卷 漢蔡邕撰 明萬曆何允中刻廣漢魏叢書本 清盧文弨校並跋、丁丙跋
一四五九 崔豹古今註三卷 題晉崔豹撰 明嘉靖十二年陳鈛刻公文紙印本 九行二十一字黑口左右雙邊
一四六〇 崔豹古今註三卷 題晉崔豹撰 明嘉靖十二年陳鈛刻本 清丁丙跋
一四六一 崔豹古今註三卷 題晉崔豹撰 明刻本 清范繼批校、黃丕烈跋
一四六二 崔豹古今註三卷 題晉崔豹撰 明抄本 清盧文弨校
一四六三 古今註三卷 題晉崔豹撰 明芝秀堂刻本 十行十五字白口左右雙邊
一四六四 古今註三卷 題晉崔豹撰 明崇禎二年影明抄本
一四六五 古今註七卷 題晉崔豹撰 明朱朗采輯 明嘉靖刻本 清勞格校並跋、朱學勤題款 十行二十字白口四周雙邊
一四六六 中華古今注三卷 後唐馬縞撰 明嘉靖三十一年張泉刻本 十一行二十字白口左右雙邊
一四六七 中華古今注三卷 後唐馬縞撰 明刻本 十二行二十字白口左右雙邊
一四六八 中華古今注三卷 後唐馬縞撰 明抄本
一四六九 中華古今注三卷 後唐馬縞撰 清抄本

一四七〇 資暇集三卷 唐李匡乂撰 清嘉慶謝氏授經圖屋抄本
一四七一 資暇集三卷 唐李匡乂撰 清抄本 清勞格校並跋
一四七二 資暇集三卷 唐李匡乂撰 清抄本 佚名錄清勞格校並跋
一四七三 資暇集三卷 唐李匡乂撰 清抄本 清李文田校並跋
一四七四 新刻資暇集三卷 唐李匡乂撰 明胡氏文會堂刻格致叢書本 王國維校並跋 十行二十字白口左右雙邊
一四七五 兼明書五卷 五代邱光庭撰 明抄本
一四七六 兼明書五卷 五代邱光庭 清嘉慶十六年瓊川吳氏活字印本 清吳志忠校並跋
一四七七 東觀餘論二卷 宋黃伯思撰 宋嘉定三年刻本 明豐坊、項元汴跋 清惠兆壬跋 九行十八字白口左右雙邊有刻工
一四七八 東觀餘論不分卷 宋黃伯思撰 宋刻本（缺葉配明抄本） 清錢謙益校、勞權跋 周叔弢、李健跋 十行二十字白口左右雙邊
一四七九 東觀餘論二卷 宋黃伯思撰 明萬曆十二年項篤壽萬卷堂刻本 九行十八字白口左右雙邊
一四八〇 東觀餘論二卷 宋黃伯思撰 明萬曆十二年項篤壽萬卷堂刻本 清潘宗歐跋、胡珽校並跋、翁方綱、潘遵祁等題款
一四八一 東觀餘論二卷 宋黃伯思撰 明萬曆十二年項篤壽萬卷堂刻本 清丁丙跋
一四八二 東觀餘論四卷 宋黃伯思撰 明李春熙刻本 十行二十字白口左右雙邊
一四八三 東觀餘論二卷附錄一卷 宋黃伯思撰 明崇禎毛氏汲古閣刻津逮秘書本 清翁方綱校並跋 八行十九字白口左右雙邊

一四八四 東觀餘論二卷附錄一卷 宋黃伯思撰 明崇禎毛氏汲古閣刻津逮秘書本 清勞權校並跋
一四八五 東觀餘論二卷附錄一卷 宋黃伯思撰 明崇禎毛氏汲古閣刻津逮秘書本 傅增湘錄清何焯批校
一四八六 東觀餘論二卷附錄一卷 宋黃伯思撰 清嘉慶十年張海鵬照曠閣刻學津討原本 沈曾植校並跋 九行二十一字白口左右雙邊
一四八七 東觀餘論二卷 宋黃伯思撰 明嘉靖十七年葉由實家抄本 明蔡伯實葉國華、秦蒙鄉跋
一四八八 東觀餘論二卷 宋黃伯思撰 明抄本 清黃丕烈跋
一四八九 東觀餘論二卷 宋黃伯思撰 明抄本
一四九〇 東觀餘論二卷 宋黃伯思撰 明抄本
一四九一 東觀餘論不分卷 宋黃伯思撰 明抄本
一四九二 東觀餘論二卷 宋黃伯思撰 清抄本
一四九三 東觀餘論二卷 宋黃伯思撰 清抄本
一四九四 東觀餘論二卷 宋黃伯思撰 清抄本
一四九五 寶顏堂訂正靖康緗素雜記十卷 宋黃朝英撰 明天啓刻寶顏堂秘笈本 傅增湘校並跋 八行十八字白口四周單邊
一四九六 新刻釋常談三卷 明胡文煥刻格致叢書本 傅增湘校並跋 十行二十字白口左右雙邊

一四九七 雲谷雜紀四卷首一卷末一卷 宋張淏撰 清乾隆武英殿活字印聚珍版叢書本 清盧文弨校、丁丙跋
一四九八 雲谷雜記不分卷 宋張淏撰 清鈍白齋抄本
一四九九 程氏演蕃露十六卷 宋程大昌撰 宋刻本 十一行二十字白口左右雙邊 存十卷一至十
一五〇〇 程氏演繁露十六卷續集六卷 宋程大昌撰 明嘉靖三十年程煦刻本 十一行二十一字白口左右雙邊
一五〇一 程氏演繁露十六卷續集六卷 宋程大昌撰 明嘉靖三十年程煦刻本 清□士行跋
一五〇二 程氏演繁露十六卷續集六卷 宋程大昌撰 明萬曆四十五年鄧渼刻本 十行二十字白口四周單邊有刻工
一五〇三 程氏演繁露十六卷續集六卷 宋程大昌撰 明萬曆四十五年鄧渼刻本（卷九至十六配清抄本） 清丁丙跋
一五〇四 程氏演繁露十六卷續集六卷 宋程大昌撰 明萬曆四十五年鄧渼刻本 葉德輝跋
一五〇五 程氏演繁露十六卷續集六卷 宋程大昌撰 明萬曆四十五年鄧渼刻本 傅增湘校並跋
一五〇六 程氏演繁露十六卷續集六卷 宋程大昌撰 明姚咨抄本 清沈欽韓校注並跋
一五〇七 程氏演繁露十六卷續集六卷 宋程大昌撰 清彭氏知聖道齋抄本 清彭元瑞批校並跋 謝寶樹校

演繁露六卷 宋程大昌撰 明抄本 一五〇八
演繁露不分卷 宋程大昌撰 清抄本 清陳鱣跋 一五〇九
緯略十二卷 宋高似孫撰 明萬曆沈士龍刻本 九行十八字白口左右雙邊 一五一〇
緯略十二卷 宋高似孫撰 清白鹿山房活字印本 一五一一
緯略十二卷 宋高似孫撰 清白鹿山房活字印本 葉德輝跋 一五一二
緯略十二卷 宋高似孫撰 明嘉靖二十一年唐詩抄本 明唐詩、清黃丕烈跋 周叔弢跋 存四卷 一至四 一五一三
緯略十二卷 宋高似孫撰 明王氏鬱岡齋抄本 傅增湘跋 一五一四
緯略十二卷 宋高似孫撰 明抄本 一五一五
緯略十二卷 宋高似孫撰 清初抄本 葉德輝抄補並跋 一五一六
緯略十二卷 宋高似孫撰 清抄本（卷七至十二配抄本） 傅增湘校並跋 一五一七
甕牖閒評八卷 宋袁文撰 清乾隆武英殿活字印聚珍版叢書本 清吕世宜批點 存六卷 一至六 一五一八
野客叢書三十卷附錄野老記聞一卷 宋王楙撰 明嘉靖四十一年王穀祥刻本 十行二十字白口左右雙邊有刻工 一五一九
野客叢書三十卷附錄野老記聞一卷 宋王楙撰 明嘉靖四十一年王穀祥刻本 清丁丙跋 一五二〇
野客叢書三十卷附錄野老記聞一卷 宋王楙撰 明嘉靖四十一年王穀祥刻本（目錄、卷一至三配清李文田抄本） 清李文田跋 一五二一
野客叢書三十卷附錄野老紀聞一卷 宋王楙撰 明刻本 九行二十字白口四周單邊 一五二二
野客叢書三十一卷 宋王楙撰 明鈕氏世學樓抄本 一五二三
野客叢書三十卷 宋王楙撰 明抄本 清黃丕烈跋 存十五卷 一至十五 一五二四
野客叢書三十卷 宋王楙撰 明抄本 存八卷 十六至二十三 一五二五
野客叢書考證三十卷附錄一卷 清蕭應椿撰 稿本 一五二六
新刊履齋示兒編二十三卷 宋孫奕撰 元劉氏學禮堂刻本 十行十九字黑口左右雙邊 一五二七
履齋示兒編二十三卷 宋孫奕撰 明潘膺祉如韋館刻本 九行十八字白口四周單邊 一五二八
履齋示兒編二十三卷 宋孫奕撰 明潘膺祉如韋館刻本 李盛鐸跋 一五二九
履齋示兒編二十三卷 宋孫奕撰 明雪晴齋抄本 清彭元瑞校並跋 一五三〇
履齋示兒編二十三卷 宋孫奕撰 明抄本 一五三一
履齋示兒編二十三卷 宋孫奕撰 清影明抄本 一五三二
履齋示兒編六卷 宋孫奕撰 明抄本 一五三三

五九

履齋示兒編二十三卷 宋孫奕撰 校補一卷 霞校宋本條錄一卷 清顧廣圻撰 清嘉慶十五年十六年二十四年鮑廷博刻知不足齋叢書本 傅增湘跋並錄清何焯顧廣圻校跋 一五三四
履齋示兒編二十三卷 宋孫奕撰 清抄本 清顧廣圻校並跋 一五三五
履齋示兒編二十三卷 宋孫奕撰 清抄本 一五三六
履齋示兒編二十三卷 宋孫奕撰 清抄本 清金埏跋 一五三七
履齋示兒編二十三卷 宋孫奕撰 清抄本 清丁丙跋 一五三八
攷古質疑六卷 宋葉大慶撰 清光緒二十五年廣雅書局刻聚珍版叢書本 傅增湘跋並錄補遺目 一五三九
無垢張狀元心傳錄十二卷 宋張九成撰 明沈氏野竹齋抄本 明錢允治、清朱之赤題款 一五四〇
鶴山渠陽讀書雜鈔不分卷經外雜鈔不分卷 宋魏了翁撰 明吳氏叢書堂抄本 清何焯批校並跋 一五四一
渠陽讀書雜抄五卷 宋魏了翁撰 清抄本 一五四二
渠陽讀書雜抄五卷 宋魏了翁撰 清抄本 一五四三
古今攷三十八卷 宋魏了翁撰 元方回續 明萬曆十二年王圻刻本 十一行二十四字白口四周雙邊 一五四四
古今攷三十八卷 宋魏了翁撰 元方回續 明崇禎九年謝三賓刻本 九行二十字白口四周單邊 一五四五
古今攷三十八卷 宋魏了翁撰 元方回續 明抄本 存十二卷 一至四 十三至二十 一五四六
潁川語小二卷 宋陳昉撰 清陳揆抄本 清鄭德懋校 一五四七
學齋佔畢四卷 宋史繩祖撰 宋刻百川學海本（卷二配清抄本） 清黃丕烈跋 十二行二十字黑口左右雙邊 一五四八
學齋佔畢四卷 宋史繩祖撰 明抄本 清黃丕烈跋顧廣圻抄補缺葉並跋 存二卷 一至二 一五四九
學齋佔畢四卷 宋史繩祖撰 明吳氏叢書堂抄本 清黃丕烈校並跋 存二卷 一至二 一五五〇
鼠璞一卷 宋戴埴撰 清初抄本 清丁丙跋 一五五一
朝野類要五卷 宋趙昇撰 明弘治元年趙學刻本 徐釣跋 十三行二十字白口左右雙邊 一五五二
朝野類要五卷 宋趙升撰 清光緒二十五年廣雅書局刻聚珍版叢書本 傅增湘校並跋 一五五三
朝野類要五卷 宋趙升撰 明抄本 一五五四
朝野類要五卷 宋趙升撰 清抄本 一五五五
朝野類要五卷 宋趙升撰 清抄本 一五五六
朝野類要五卷 宋趙升撰 清抄本 一五五七
朝野類要五卷 宋趙昇撰 清抄本 清彭元瑞校 一五五八

六〇

朝野類要五卷　宋趙昇撰　清抄本　清沈叔埏錄惠棟校跋、丁丙跋　一五五九
朝野類要五卷　宋趙升撰　清抄本　清韓應陛跋　一五六〇
困學紀聞二十卷　宋王應麟撰　元泰定二年慶元路儒學刻本　十一行二十四字白口左右雙邊　一五六一
困學紀聞二十卷　宋王應麟撰　明刻本　十行十八字黑口四周雙邊　一五六二
困學紀聞二十卷　宋王應麟撰　明刻本　清蔣杲校跋並錄閻若璩校注、何焯校跋　彭兆蓀跋　十行十八字黑口四周雙邊　一五六三
困學紀聞二十卷　宋王應麟撰　明刻本　清蔣芬跋並錄閻若璩校注、何焯校跋　一五六四
存八卷　三至十
困學紀聞二十卷　宋王應麟撰　明刻本　清翁同龢校　一五六五
困學紀聞二十卷　宋王應麟撰　明刻本　清丁丙跋　一五六六
困學紀聞二十卷　宋王應麟撰　明萬曆三十一年吳獻台刻本　十行二十字白口四周雙邊　一五六七
困學紀聞三十卷　宋王應麟撰　明萬曆三十一年吳獻台刻本　佚名錄清閻若璩校注、何焯校跋　一五六八
困學紀聞二十卷　宋王應麟撰　明萬曆三十一年吳獻台刻本　清李鍇錄何焯校、陸龍潛校並跋、丁丙跋　一五六九
困學紀聞二十卷　宋王應麟撰　清閻若璩箋　清乾隆三年馬氏叢書樓刻本　佚名錄清浦起龍批點　一五七〇
困學紀聞二十卷　宋王應麟撰　清閻若璩箋　清乾隆三年馬氏叢書樓刻本　清全祖望箋注並錄何焯批語　一五七一
困學紀聞二十卷　宋王應麟撰　清閻若璩箋　清乾隆三年馬氏叢書樓刻本　清盧文弨校並跋　一五七二
困學紀聞二十卷　宋王應麟撰　清閻若璩箋　清乾隆三年馬氏叢書樓刻本　清錢大昕校注　瞿中溶校並跋　一五七三
困學紀聞二十卷　宋王應麟撰　清閻若璩箋　清乾隆三年馬氏叢書樓刻本　清顧震跋並錄何焯、全祖望批識、丁丙跋　一五七四
困學紀聞二十卷　宋王應麟撰　清閻若璩箋　清乾隆三年馬氏叢書樓刻本　清顧廣圻校並錄錢大昕校　蔣鳳藻跋　一五七五
困學紀聞二十卷　宋王應麟撰　清閻若璩箋　清乾隆三年馬氏叢書樓刻本　清瞿青垂錄何焯、錢大昕校並跋　一五七六
存十七卷　一至八　十二至二十
困學紀聞二十卷　宋王應麟撰　清何焯評　閻若璩箋　清汪垕桐華書塾刻本　清吳騫校並錄全祖望、趙一清批校題識　一五七七
困學紀聞二十卷　宋王應麟撰　清何焯評　閻若璩箋　清汪垕桐陰書塾刻本　清李旦華、李富孫圖照批識並跋　一五七八
校訂困學紀聞三箋二十卷　宋王應麟撰　清閻若璩、何焯、全祖望箋　屠繼序輯　清嘉慶九年刻本　清張惠言批　一五七九
校訂困學紀聞三箋二十卷　宋王應麟撰　清閻若璩、何焯、全祖望箋　屠繼序輯　清嘉慶九年刻本　清歸鶴儔跋並錄錢大昕、邵齊燾校跋　一五八〇
校訂困學紀聞集證二十卷　宋王應麟撰　清萬希槐集證　清嘉慶山淵堂刻本　清沈瑩瀛批校　金錫士跋　一五八一
校訂困學紀聞集證二十卷　宋王應麟撰　清萬希槐集證　清嘉慶二十四年胡氏山壽齋刻本　清陳澧批校　一五八二
困學紀聞二十卷　宋王應麟撰　清抄本　一五八三

六一

困學紀聞注二十卷　清翁元圻撰　稿本　一五八四
困學紀聞注二十卷　清翁元圻撰　稿本　一五八五
存十九卷　二至二十
困學紀聞注二十卷　清翁元圻撰　清道光五年翁氏守福堂刻本　清李慈銘批注並跋　一五八六
困學紀聞注二十卷　清翁元圻撰　清道光五年翁氏守福堂刻本　清楊守敬批校　一五八七
困學紀聞補注二十卷　清楊守敬撰　稿本　一五八八
識遺十卷　宋羅璧撰　明抄本　一五八九
存一卷　二
識遺十卷　宋羅璧撰　清抄本　清陳鱣校並跋　一五九〇
識遺十卷　宋羅璧撰　清抄本　清吳城批校並跋　陳奐校並跋　蔣鳳藻跋　一五九一
羅氏識遺十卷　宋羅璧撰　清抄本　清程晉芳校　一五九二
識遺十卷　宋羅璧撰　清乾隆三十一年黃約抄本　清黃約、丁丙跋　黃模題詩　一五九三
識遺十卷　宋羅璧撰　清抄本　清戈宙襄校　一五九四
識遺十卷　宋羅璧撰　清抄本　清顧蒓跋　張紹仁題款　一五九五
存二卷　一至二
識遺十卷　宋羅璧撰　清抄本　一五九六
識遺十卷　宋羅璧撰　清抄本　一五九七
識遺十卷　宋羅璧撰　清抄本　一五九八
坦齋通編一卷　宋邢凱撰　清抄本　清勞格校　一五九九
愛日齋叢抄五卷　宋葉寘撰　清翰林院抄本　一六〇〇
愛日齋叢抄五卷補遺一卷　宋葉寘撰　清王氏十萬卷樓抄本　清王宗炎校　一六〇一
隱居通議三十一卷　元劉壎撰　手稿本　一六〇二
存二卷　十四　十六
經史問答不分卷　明劉定之撰　清抄本　一六〇三
箐齋讀書錄二卷　明周洪謨撰　清抄本　一六〇四
丹鉛總錄二十七卷　明楊慎撰　明嘉靖三十三年梁佐刻藍印本　十一行二十四字白口四周雙邊　一六〇五
丹鉛總錄二十七卷　明楊慎撰　明嘉靖三十三年梁佐刻藍印本　清丁丙跋　一六〇六
丹鉛總錄二十七卷　明楊慎撰　明嘉靖三十三年梁佐刻本　一六〇七
丹鉛總錄二十七卷　明楊慎撰　明嘉靖三十三年梁佐刻本　明鄧以讚批校並跋　一六〇八
丹鉛總錄二十七卷　明楊慎撰　明刻本　十一行二十四字白口四周雙邊　一六〇九

六二

一六一〇 丹鉛總錄二十七卷 明楊慎撰 明隆慶凌雲翼黃思近刻本 十行二十字白口四周双边有刻工
一六一一 丹鉛總錄二十七卷 明楊慎撰 明萬曆刻本 十行二十字白口左右双边有刻工
一六一二 丹鉛總錄二十七卷 明楊慎撰 明抄本
一六一三 丹鉛餘錄十七卷 明楊慎撰 明刻本 九行二十字白口四周双边
一六一四 丹鉛餘錄十三卷 明楊慎撰 明嘉靖十六年益田李氏山房刻本 十行二十字白口四周单边
一六一五 丹鉛餘錄十三卷 明楊慎撰 明隆慶六年淩雲翼刻本 九行二十字白口四周双边
一六一六 丹鉛餘錄十三卷 明楊慎撰 明萬曆四十三年郊鼐刻本 九行二十字白口四周双边
一六一七 丹鉛續錄十二卷 明楊慎撰 明嘉靖刻本 十行十八字黑口四周单边
一六一八 丹鉛續錄十二卷 明楊慎撰 明嘉靖刻本 清丁丙跋
一六一九 丹鉛摘錄十三卷 明楊慎撰 明嘉靖二十六年石氏刻本 十行二十字白口四周双边
一六二〇 秇林伐山二十卷 明楊慎撰 明嘉靖三十五年王詢刻本 九行二十二字白口四周双边
一六二一 秇林伐山二十卷 明楊慎撰 明隆慶六年淩雲翼刻本 九行二十二字白口四周双边
一六二二 秇林伐山二十卷 明楊慎撰 明萬曆元年鄧夢麟刻本 九行二十二字白口四周双边
一六二三 秇林伐山二十卷 明楊慎撰 明萬曆三年許繳刻本 九行二十一字白口四周双边
一六二四 秇林伐山二十卷 明楊慎撰 明萬曆三十四年楊芳刻本 九行十九字白口四周双边

六三

一六二五 秇林伐山二十卷 明楊慎撰 明萬曆三十五年孫居相刻本 九行十九字白口四周双边
一六二六 新鐫楊狀元滙選藝林伐山四卷 明楊慎撰 明萬曆忠正堂熊龍峯刻本 九行二十字白口四周双边
一六二七 秇林伐山十一卷 明楊慎撰 明崇禎元年安雅齋抄本
一六二八 藝林伐山二卷 明楊慎撰 清嘉慶五年徐松抄本 清徐松校並跋
一六二九 譚菀醍醐九卷 明楊慎撰 明嘉靖二十一年刻本 十行二十字白口四周单边
一六三〇 升庵外集一百卷 明楊慎撰 焦竑輯 明萬曆四十四年顧起元刻本 十行二十字白口左右双边
一六三一 升菴新語四卷 明楊慎撰 王宇輯 明葉均宇刻本 十行二十字白口四周单边
一六三二 正楊四卷 明陳耀文撰 明隆慶三年刻本 十行二十字白口四周双边
一六三三 正楊四卷 明陳耀文撰 明隆慶三年刻本 清丁丙跋
一六三四 正楊四卷 明陳耀文撰 清周廣業增 清抄本
一六三五 古今論畧十卷 明張珍撰 明嘉靖十九年楊上林刻本 十一行二十字黑口四周双边
一六三六 一齋日紀四卷 明方喻撰 明嘉靖四十二年刻本 十行十九字白口四周双边
一六三七 古今原始十四卷 明趙釴撰 明嘉靖四十一年自刻本 九行十八字白口左右双边
一六三八 古今原始十四卷 明趙釴撰 明嘉靖四十一年自刻本 清丁丙跋
一六三九 古今原始十四卷 明趙釴撰 明萬曆刻本 九行十八字白口左右双边有刻工
一六四〇 古今原始十四卷 明趙釴撰 明邵廉刻本 九行十八字白口左右双边
一六四一 經史直解六卷 明殷士儋撰 明隆慶元年鄭杰刻本 十行字不等白口四周单边
一六四二 學林就正四卷 明陳耀文撰 明萬曆刻本 十行二十字白口左右双边
一六四三 丹浦款言四卷 明李蓘撰 明刻本 九行二十二字黑口四周单边
存三卷 一 三至四
一六四四 新刊晦軒林先生類纂古今名家史綱疑辯四卷 明林有望輯 明萬曆元年饒仁卿刻本 十二行二十四字白口四周单边
一六四五 李卓吾彙撰註釋萬形實考六卷 明李贄撰 明李潮刻本 九行十九字白口四周单边
一六四六 炳燭編一卷 明王之垣撰 明萬曆刻本 十行十六字白口四周双边
一六四七 青谿山人文集常談考誤四卷 明周夢暘撰 明萬曆三十年刻本 九行二十字白口四周单边
一六四八 讀書囈語十卷 明李元吉撰 明崇禎十六年刻本 九行二十字白口左右双边
一六四九 疑耀七卷 明張萱撰 明萬曆刻本 八行十六字白口四周单边
一六五〇 疑耀七卷 明張萱撰 明萬曆刻本 鄭振鐸跋

六四

一六五一 名義考十二卷 明周祈撰 明萬曆十二年黃中色刻本 十行二十三字白口四周双边
一六五二 名義考十二卷 明周祈撰 明萬曆十七年黃中色刻本 十行二十三字白口四周双边
一六五三 青藤山人路史二卷 明徐渭撰 明刻本 九行二十字白口四周单边
一六五四 秇言四卷 明鄭明選撰 明萬曆二十四年刻本 八行十八字白口四周单边
一六五五 玄亭涉筆十卷 明王志遠撰 明萬曆三十七年自刻本 九行十七字白口四周单边有刻工
一六五六 叢語十二卷 明吳炯撰 明萬曆刻本 九行十七字白口四周单边
一六五七 讀書雜錄二卷 明胡震亨撰 清康熙十八年刻本
一六五八 諸書考略四卷 明穆繫撰 明萬曆四十三年刻本 九行二十字白口左右双边有刻工
一六五九 高唐照乘堂與識隨筆十六卷 明楊德周撰 明刻本 九行二十字白口四周双边
存十四卷 三至十六
一六六〇 玉唾壺二卷 明王一槐撰 明抄本
一六六一 聽見彙考五卷 明游日陞撰 明萬曆四十年傅宗孔刻本 九行十八字白口四周单边
一六六二 讀書考定三十卷 明程良孺撰 明萬曆四十一年刻本 九行二十字白口四周单边
一六六三 析酲漫錄六卷 明陳懋仁撰 明刻本 清丁丙跋 九行十八字白口四周单边
一六六四 山居閒考一卷 明林弘衍撰 明天啓刻本 九行二十字白口左右双边

一六六五 徐氏筆精八卷續二卷 明徐𤊹撰 明崇禎五年邵捷春刻本（續筆精配清萬花樓抄本） 九行十八字白口左右双边

一六六六 徐氏筆精八卷 明徐𤊹撰 明崇禎五年邵捷春刻本 九行十八字白口左右双边

一六六七 徐氏筆精八卷 明徐𤊹撰 明崇禎五年邵捷春刻本 清周星詒跋

一六六八 增定雅俗稽言四十卷 明張存紳撰 清康熙刻本

一六六九 卮林十卷補遺一卷 明周嬰撰 明崇禎刻本 十行二十二字白口四周單边

一六七〇 卮林十卷補遺一卷 明周嬰撰 清抄本（四庫底本）

一六七一 卮林十卷 明周嬰撰 清潘耒手抄本

一六七二 焦書二卷 明紀許國撰 明崇禎十五年刻本 八行二十字白口四周單边

一六七三 事物初略三十四卷 明呂毖撰 明崇禎十七年資敬堂刻本 九行二十五字白口四周單边

一六七四 龍乘十六卷 清胡世安輯 明崇禎十一年刻本 九行二十一字白口左右双边

一六七五 日知錄□卷 清顧炎武撰 稿本 存八卷（一至八）

一六七六 日知錄八卷附譎觚十事一卷 清顧炎武撰 清康熙九年自刻本

一六七七 日知錄八卷譎觚十事一卷 清顧炎武撰 清康熙九年自刻本 傅增湘跋

一六七八 日知錄三十二卷 清顧炎武撰 清康熙三十四年潘耒遂初堂刻本 佚名錄清閻若璩、楊琮等批注 王仁俊跋

一六七九 日知錄三十二卷 清顧炎武撰 清康熙三十四年潘耒遂初堂刻本 清焦元傳抄補並跋又錄孫潛園熙題識楊名寧批校 戴高跋

一六八〇 日知錄三十二卷 清顧炎武撰 清康熙三十四年潘耒遂初堂刻本 清孫義昌錄孫潛園熙題識

一六八一 日知錄三十二卷 清顧炎武撰 清康熙三十四年潘耒遂初堂刻本 佚名錄清李集、李富孫校，王大隆跋

一六八二 日知錄三十二卷 清顧炎武撰 清康熙三十四年潘耒遂初堂刻本 清沈彤錄批校

一六八三 日知錄三十二卷 清顧炎武撰 清康熙三十四年潘耒遂初堂刻本 清潘道根跋，沈岱瞻注並跋

一六八四 日知錄三十二卷 清顧炎武撰 清康熙三十四年潘耒遂初堂刻本 清毛敍生校，王大隆跋

一六八五 日知錄三十二卷 清顧炎武撰 清康熙三十四年潘耒遂初堂刻本 清李廷棨批校

一六八六 日知錄三十二卷 清顧炎武撰 清康熙三十四年潘耒遂初堂刻本 清觀河居士批並跋 清楊沂孫批

一六八七 日知錄三十二卷 清顧炎武撰 清康熙三十四年潘耒遂初堂刻本 清譚獻批校 存二十七卷（一至二十七）

一六八八 日知錄三十二卷 清顧炎武撰 清康熙三十四年潘耒遂初堂刻本 清唐仁壽錄李富孫李敬堂批校，楊守敬跋

一六八九 日知錄三十二卷 清顧炎武撰 清康熙三十四年潘耒遂初堂刻本 清李慈銘批校並跋

一六九〇 日知錄三十二卷 清顧炎武撰 清康熙三十四年潘耒遂初堂刻本 清徐鴻熙錄李富孫批校題識 錢泰吉題識

六五

一六九一 日知錄三十二卷 清顧炎武撰 清康熙三十四年潘耒遂初堂刻本 忻寶華批校

一六九二 日知錄刪餘稿不分卷 清顧炎武撰 清乾隆文淵閣四庫全書本

一六九三 日知錄三十二卷 清顧炎武撰 清經義齋刻本 清陳澧批校

一六九四 日知錄三十二卷 清顧炎武撰 清經義齋刻本 清蔣彬蔚跋並錄沈彤批校

一六九五 日知錄三十二卷 清顧炎武撰 清乾隆五十八年刻本 清錢泰吉跋並錄李富孫跋，錢炳森錄李富孫評點，唐仁壽校並跋

一六九六 日知錄三十二卷 清顧炎武撰 清刻本 清丁晏、丁壽昌批注並跋，呂均跋

一六九七 日知錄之餘四卷 清顧炎武撰 清抄本

一六九八 日知錄之餘四卷 清顧炎武撰 清抄本 清邵恩多校並跋

一六九九 日知錄之餘四卷 清顧炎武撰 清道光二十四年潘道根抄本

一七〇〇 日知錄校正二卷 清丁晏撰 清抄本

一七〇一 菰中隨筆不分卷 清顧炎武撰 清乾隆孔氏玉虹樓刻本

一七〇二 菰中隨筆不分卷 清顧炎武撰 清乾隆孔氏玉虹樓刻本 清張穆批校並跋

一七〇三 菰中隨筆不分卷補遺一卷 清顧炎武撰 清抄本 清佚名校

一七〇四 菰中隨筆三卷附詩律蒙告一卷 清顧炎武撰 附亭林著書目錄一卷 清顧衍生輯 清乾隆五十九年黃丕烈家抄本 清黃丕烈、孔憲庚、孔憲彝跋，葉名灃、何慶遜題款 傅增湘校並跋

一七〇五 菰中隨筆三卷 清顧炎武撰 清嘉慶十六年抄本

一七〇六 菰中隨筆三卷 清顧炎武撰 清咸豐三年潘道根抄本 清季錫疇跋

一七〇七 義府二卷 清黃生撰 清道光二十二年黃承吉刻本

一七〇八 藝林彙考四十卷 清沈自南輯 清康熙刻本

一七〇九 藝林彙考四十卷 清沈自南輯 清康熙刻本 清沈欽韓跋

一七一〇 是菴日記十四卷 清楊掄撰 稿本

一七一一 羣書疑辨十二卷 清萬斯同撰 清嘉慶二十一年供石亭刻本 清王筠批並跋

一七一二 訛囲集十二卷 清陳介撰 清康熙二十年百尺堂刻本

一七一三 事物考辨六十三卷 清周象明撰 清康熙二十四年周德宣抄本

一七一四 事物考辨六十三卷 清周象明撰 清抄本

一七一五 記事珠一卷 清宋犖撰 稿本 清宋至、宋筠跋

一七一六 潛邱劄記不分卷 清閻若璩撰 清王聞遠家抄本 清潘耒校

一七一七 潛丘劄記七卷 清閻若璩撰 清抄本 清吳騫校並跋 陳鱣跋 洪頤煊跋

一七一八 潛邱劄記六卷 清閻若璩撰 清乾隆九年閻學林眷西堂刻本 清梁同書錄錢大昕批校 葉德輝跋

六六

一七一九 潛邱劄記六卷 清閻若璩撰 清乾隆九年閻學林眷西堂刻本 清孫鳳翼批校
一七二〇 潛邱劄記六卷 清閻若璩撰 清乾隆九年閻學林眷西堂刻本 繆荃孫校
一七二一 潛邱劄記六卷 清閻若璩撰 清乾隆九年閻學林眷西堂刻本 傅增湘校並跋
一七二二 畏壘筆記四卷 清徐昂發撰 清康熙桂森堂刻本
一七二三 古今釋疑十八卷 清方中履撰 清康熙二十一年汗青閣刻本
一七二四 燕在閣知新錄三十二卷 清王棠撰 清康熙五十六年刻本
一七二五 文武淵源十六卷 清蔣廷錫撰 清抄本
一七二六 醲川讀書記不分卷 清許尚質撰 清抄本 傅增湘跋
一七二七 北窗偶談三卷 清胡彥穎撰 清乾隆刻本
一七二八 西圃叢辨三十二卷 清田同之撰 清乾隆十九年李世垣刻本
一七二九 朱文盎先生雜著不分卷 清朱昆田撰 稿本
一七三〇 白田草堂雜稿不分卷 清王懋竑撰 稿本
一七三一 讀書記疑不分卷 清王懋竑撰 稿本
一七三二 經史補逸二卷 清姚之駰撰 清抄本
一七三三 管城碩記三十卷 清徐文靖撰 清乾隆九年志寧堂刻本 清徐時棟校

六七

一七三四 群書索隱一卷 清趙殿成撰 清趙氏自新堂抄本
一七三五 一齋雜著六卷 清陳梓撰 清刻本 清徐柳批並跋
一七三六 訂訛類編八卷續補四卷 清杭世駿撰 清抄本
一七三七 訂訛類編六卷續補二卷 清杭世駿撰 清龔氏鼓風好齋抄本
一七三八 樵香小記二卷 清何琇撰 清汪氏環碧山房抄本
一七三九 樵香小記二卷 清何琇撰 清柘柳草堂抄本
一七四〇 樵香小記二卷 清何琇撰 清抄本
一七四一 蛾子時術小記二卷 清黃熿撰 清抄本
一七四二 訂譌雜錄十卷 清胡鳴玉撰 清康熙五十八年刻本
一七四三 訂譌雜錄十卷 清胡鳴玉撰 清乾隆二十三年刻本 清畢裕曾批注並跋
一七四四 修潔齋閑筆八卷 清劉壁撰 清乾隆六年自刻本
一七四五 碩果錄十卷 清呂騆撰 稿本
一七四六 杭言在昔集不分卷 清沈永壺撰 稿本
一七四七 松崖筆記三卷 清惠棟撰 清道光二年玉照堂刻本
一七四八 博物記七卷 清惠棟輯 稿本 丁祖蔭校並跋

一七四九 識小編二卷 清董豐垣撰 清乾隆刻本
一七五〇 羣書拾補不分卷 清盧文弨撰 清乾隆五十五年抱經堂刻本 清顧廣圻跋
一七五一 群書校正不分卷 清盧文弨撰 清抄本 清孔繼涵校
一七五二 群書校正不分卷 清盧文弨撰 清抄本 清金紹綸校
一七五三 柳末錄四卷 清黃之紀撰 清乾隆編錄堂刻本
一七五四 焠掌錄二卷 清汪啓淑撰 清汪氏開萬樓刻本
一七五五 焠掌錄二卷 清汪啓淑撰 清汪氏開萬樓刻本 清焦循跋
一七五六 蘇齋筆記□□卷 清翁方綱撰 清抄本 清葉志詵校 存四卷 四 七 九 十七
一七五七 蘇齋讀書記不分卷 清翁方綱撰 稿本 清韓泰華跋
一七五八 蛾術編九十五卷 清王鳴盛撰 清述鄭齋抄本
一七五九 蛾術編九十三卷 清王鳴盛撰 清抄本
一七六〇 十駕齋養新錄二十卷 清錢大昕撰 清嘉慶刻本 清吳騫、周春批校、孫詒讓校並跋
一七六一 十駕齋養新錄二十卷餘錄三卷竹汀日記抄三卷 清錢大昕撰 清嘉慶刻本 清陳鱣校
一七六二 十駕齋養新錄二十卷餘錄三卷 清錢大昕撰 清嘉慶刻本 清王敬之批注
一七六三 潛研堂答問十二卷 清錢大昕撰 清嘉慶刻本 清孫星衍批 莫棠批並跋
一七六四 讀書脞錄七卷 清孫志祖撰 清嘉慶四年自刻本 續編四卷 清嘉慶七年孫同元刻本 清李慈銘校注並跋
一七六五 讀書脞錄七卷 清孫志祖撰 清嘉慶四年自刻本 倫明錄清陳鱣批校 續編四卷 清嘉慶七年孫同元刻本
一七六六 通藝錄四十二卷 清程瑤田撰 清嘉慶刻本 清焦循校 存六卷 三 五 七至八 十一 十三
一七六七 向齋雜稿不分卷 清沈可培撰 稿本
一七六八 濼源問答十二卷 清沈可培撰 稿本
一七六九 四時對雪樓雜錄二十四卷 清陳鑾龍撰 稿本
一七七〇 讀書雜志漢書十六卷墨子六卷 清王念孫撰 稿本 存十一卷 漢書六至十 墨子全
一七七一 讀書雜志二十五卷 清王念孫撰 清嘉慶刻本

六八

史記六卷　戰國策三卷　漢書十六卷

一七七二　信摭一卷　清章學誠撰　清末丁秉衡家抄本　李詳校並跋
一七七三　汝麋玉屑十五卷　清王譔撰　曾晉墅、胡香海評　清抄本
一七七四　二初齋讀書記十卷　清倪思寬撰　清涵和堂刻本
一七七五　對齋書抄三卷　清乾隆抄本
一七七六　過夏雜錄六卷續錄一卷　清周廣業撰　稿本
一七七七　過夏雜錄六卷續錄一卷　清周廣業撰　清種松書塾抄本　清周勳懋校
一七七八　過夏雜錄六卷續錄一卷　清周廣業撰　清抄本
一七七九　過夏雜錄一卷　清周廣業撰　稿本
一七八〇　三餘摭錄三卷　清周廣業撰　稿本
一七八一　經史避名彙考三十九卷　清周廣業撰　稿本
一七八二　經史避名彙考四十六卷　清周廣業撰　清抄本　清周廣業、周勳懋校並跋、周勳常校
一七八三　校訂存疑十八卷　清朱文藻撰　清抄本
一七八四　禮耕堂叢說一卷史論五答一卷　清施國祁撰　清刻本
一七八五　禮耕堂叢說一卷　清施國祁撰　清勞格抄本
一七八六　質疑刪存三卷　清張宗泰撰　清道光十九年何棪刻本
一七八七　札樸十卷　清桂馥撰　清嘉慶十八年李宏信小李山房刻本　清李慈銘校
一七八八　消暑錄一卷　清趙紹祖撰　清道光元年趙氏古墨齋刻本
一七八九　炳燭編四卷　清李賡芸撰　清同治十一年潘祖蔭刻滂喜齋叢書本　清李慈銘校並跋
一七九〇　北窗識小錄八卷　清吳卓信撰　清抄本
一七九一　北窗識小錄一卷　清吳卓信撰　清抄本　清陳揆校
一七九二　王南陔先生雜記不分卷　清王紹蘭撰　稿本
一七九三　從朔編一卷　清沈銘彝撰　稿本
一七九四　拜經日記不分卷　清臧庸撰　清袁氏貞節堂抄本
一七九五　蕙櫋雜記一卷　清嚴元照撰　清勞權抄本
一七九六　蕙櫋雜記選鈔一卷　清嚴元照撰　清葉廷琯抄本　清葉廷琯跋
一七九七　太歲攷二卷　清王引之撰　清刻本　清李銳戲注並跋
一七九八　遂初樓雜錄一卷　清陳壽祺撰　清光緒五年陳元楊抄本
一七九九　博古圖不分卷　清張澍撰　稿本

六九

一八〇〇　清儀閣雜稿不分卷　清張廷濟撰　稿本
一八〇一　樸學齋筆記八卷　清盛大士撰　清抄本　清沈端批校並跋
一八〇二　蒻園日札初稿五卷續不分卷　清成瓘撰　稿本　清葉志詵跋
存四卷　初稿一至四　續全
一八〇三　蒻園日札八卷　清成瓘撰　稿本
存四卷　一至四
一八〇四　蒻園日札七種九卷　清成瓘撰　清抄本
讀易偶筆一卷　讀尚書偶筆一卷　讀詩偶筆一卷　讀三傳隨筆一卷　讀三禮隨筆一卷　讀史隨筆一卷　卷畔載筆三卷
一八〇五　芝省齋隨筆八卷　清李遇孫撰　稿本
存五卷　一至五
一八〇六　芝省齋隨筆□卷金石餘論一卷　清李遇孫撰　稿本
存一卷　芝省齋隨筆卷六
一八〇七　芝省齋瑣記三卷　清李遇孫撰　稿本
一八〇八　讀書叢錄二十四卷　清洪頤煊撰　清道光二年富文齋刻本　清李慈銘校注並跋
一八〇九　秉燭卮言二卷　清林春溥撰　稿本
一八一〇　蔽屋考古錄四卷　清鍾褱撰　清嘉慶十三年阮元刻本
一八一一　鉏經摭記十四卷　清成琨撰　稿本
一八一二　絲繡積聞不分卷　清張金吾撰　清抄本
一八一三　經史質疑錄不分卷　清張聰咸撰　清嘉慶刻本
一八一四　經史管窺六卷　清蕭曇撰　清嘉慶二十三年蕭氏讀五千卷齋刻本
一八一五　西廬經史劄記十二卷　清諸玉衡撰　稿本
一八一六　牖景錄六卷　清徐璈撰　清道光刻本
一八一七　吹網錄六卷鷗陂漁話六卷　清葉廷琯撰　稿本　清潘鍾瑞、凌霞、查光評注、允樹滋題詩
一八一八　吹網錄六卷餘錄六卷　清葉廷琯撰　稿本
存十卷　吹網錄三至六　餘錄全
一八一九　養吉齋叢錄二十六卷餘錄十卷　清吳振棫撰　稿本
一八二〇　酌史岩摭譚一卷　清馮登府撰　稿本

七〇

一八二一 癸巳類稿十五卷 清俞正燮撰 清道光十三年求日益齋刻本 清李慈銘批校並跋
一八二二 癸巳存稿十五卷 清俞正燮撰 清道光二十八年楊墨林刻連筠簃叢書本 清胡澍校並跋
一八二三 癸巳存稿未刻文一卷 清俞正燮撰 清同治八年胡蔭園抄本 鄧實跋
一八二四 癸巳賸稿一卷 清俞正燮撰 稿本 鄧邦述跋
一八二五 癸巳賸稿一卷 清俞正燮撰 胡澍輯 清抄本
一八二六 癸巳餘稿一卷 清俞正燮撰 清光緒六年吳懷濂抄本 葉德輝跋
一八二七 蒹友肥說一卷 清王筠撰 稿本
一八二八 彊識編八卷 清朱士端撰 稿本
一八二九 彊識編八卷 清朱士端撰 稿本 胡玉縉校
一八三〇 彊識編四卷 清朱士端撰 稿本
一八三一 彊識編四卷 清朱士端撰 稿本
一八三二 彊識編一卷 清朱效端撰 稿本
一八三三 類抄不分卷 清丁晏撰 稿本
一八三四 小蓬廬劄記十八卷 清周勲懋撰 稿本
一八三五 石田野語不分卷 清常茂徠撰 稿本
一八三六 詮語一卷 清王友光撰 清姚鍾埁抄本
一八三七 古華山館雜著三卷 清沈梧撰 稿本
散氏銅盤銘釋文一卷 塗原隔辨一卷 武氏石闕記一卷
一八三八 東塾叢稿不分卷 清陳澧撰 稿本
一八三九 東塾叢稿不分卷 清陳澧撰 清抄本
一八四〇 東塾讀書記不分卷 清陳澧撰 稿本
一八四一 東塾讀書記殘稿不分卷 清陳澧撰 稿本
一八四二 東塾雜俎不分卷 清陳澧撰 稿本
一八四三 東塾雜俎不分卷 清陳澧撰 稿本
一八四四 東塾雜俎不分卷 清陳澧撰 稿本
一八四五 東塾雜俎□□卷 清陳澧撰 清抄本
存八卷 一至七 九
一八四六 攀古小廬雜著□□卷 清許瀚撰 稿本
一八四七 攀古小廬雜著十二卷 清許瀚撰 清刻本

七一

一八四八 攀古小廬雜著十二卷 清許瀚撰 清刻本 葉景葵跋
一八四九 橋西雜記一卷 清葉名澧撰 稿本
一八五〇 愈愚錄六卷又一卷 清劉寶楠撰 稿本 清孫詒讓 丁壽昌批注 宋煜跋
一八五一 愈愚續錄不分卷 清劉寶楠撰 稿本
一八五二 盤谷蔥蘇三卷 清蔣超伯撰 清抄本
一八五三 星軺館隨筆十卷 清沈兩瑩撰 清抄本 清徐維城跋
一八五四 乙閱錄不分卷 清鍾文烝撰 稿本
一八五五 諸子平議六卷 清俞樾撰 稿本 清戴望校 曾樸 吳受福跋
一八五六 讀書偶識不分卷 清鄒漢勛撰 稿本 清趙之謙校
一八五七 青棠花室偶筆不分卷 清潘曾瑋撰 稿本
一八五八 孔詁一卷 清黎庶昌撰 手稿本
一八五九 籀高述林不分卷 清孫詒讓撰 稿本
一八六〇 籀高述林十卷 清孫詒讓撰 稿本 清劉恭冕校
一八六一 越縵堂雜稿不分卷 清李慈銘撰 稿本
一八六二 越縵堂筆記不分卷 清李慈銘撰 稿本
一八六三 越縵堂筆記不分卷 清李慈銘撰 稿本
一八六四 古女考六卷補考一卷 清于鬯撰 稿本
一八六五 辯誣錄四卷 清王仁俊撰 稿本
一八六六 稷山札記不分卷 清陶濬宣撰 稿本
一八六七 雲自在龕隨筆四卷 繆荃孫撰 稿本
存二卷 金石 書籍
一八六八 藝風堂校書隨筆不分卷 繆荃孫撰 稿本

七二

雜記

一八六九 世說新語八卷 劉宋劉義慶撰 梁劉孝標注 明萬曆二十四年吳瑞徵刻本 八行十四字白口四周单边

一八七〇 世說新語三卷 劉宋劉義慶撰 梁劉孝標注 明嘉靖十四年袁褧嘉趣堂刻本 十行二十字白口左右双边

一八七一 世說新語三卷 劉宋劉義慶撰 梁劉孝標注 明嘉靖十四年袁褧嘉趣堂刻本 明周天球跋

一八七二 世說新語三卷 劉宋劉義慶撰 梁劉孝標注 明嘉靖十四年袁褧嘉趣堂刻本 清馮舒批校 何煌校並錄陳景雲等校語

一八七三 世說新語三卷 劉宋劉義慶撰 梁劉孝標注 明嘉靖十四年袁褧嘉趣堂刻本 清嚴復批校

一八七四 世說新語三卷 劉宋劉義慶撰 梁劉孝標注 明嘉靖十四年袁褧嘉趣堂刻本 傅增湘校並跋

一八七五 世說新語三卷 劉宋劉義慶撰 梁劉孝標注 明嘉靖十四年袁褧嘉趣堂刻萬曆四年王氏湘雲堂印本

一八七六 世說新語三卷 劉宋劉義慶撰 梁劉孝標注 明嘉靖十四年袁褧嘉趣堂刻萬曆四年王氏湘雲堂印本 清程慶華跋

一八七七 世說新語三卷 劉宋劉義慶撰 梁劉孝標注 明嘉靖四十五年太倉曹氏刻本 十行二十字白口左右双边

一八七八 世說新語三卷 劉宋劉義慶撰 梁劉孝標注 明萬曆七年管大勲刻本 十行二十字白口左右双边

一八七九 世說新語三卷 劉宋劉義慶撰 梁劉孝標注 明萬曆二十五年趙氏野鹿園刻本 十行二十字白口左右双边

一八八〇 世說新語三卷 劉宋劉義慶撰 梁劉孝標注 明萬曆三十二年鄭原岳刻本 十行二十字白口左右双边

一八八一 世說新語三卷 劉宋劉義慶撰 梁劉孝標注 明萬曆三十七年周氏博古堂刻本 十行二十字白口左右双边

一八八二 世說新語三卷 劉宋劉義慶撰 梁劉孝標注 明萬曆三十七年周氏博古堂刻本 清丁晏批校

七三

一八八三 世說新語三卷 劉宋劉義慶撰 梁劉孝標注 明萬曆三十七年周氏博古堂刻本 傅增湘跋並錄清何焯批校題識

一八八四 世說新語三卷 劉宋劉義慶撰 梁劉孝標注 明刻本 十行二十字白口左右双边

一八八五 世說新語三卷 劉宋劉義慶撰 梁劉孝標注 明刻本 鄧邦述校並跋

一八八六 世說新語三卷 劉宋劉義慶撰 梁劉孝標注 明刻本 丁祖蔭校並跋

一八八七 世說新語三卷 劉宋劉義慶撰 梁劉孝標注 清道光八年周心如紛欣閣刻本 清李慈銘校注並跋

一八八八 世說新語三卷 劉宋劉義慶撰 梁劉孝標注 引用書目一卷佚文一卷 清葉德輝輯 校勘小識一卷補一卷 清王先謙撰 攷證一卷釋名一卷 清光緒十七年思賢講舍刻本 清程篤原校注

一八八九 世說新語三卷 劉宋劉義慶撰 梁劉孝標注 宋劉辰翁評 明刻本 九行二十字白口四周单边

一八九〇 世說新語三卷 劉宋劉義慶撰 梁劉孝標注 宋劉辰翁評 明刻本 清張四教錄何焯校 九行二十字白口四周单边

一八九一 世說新語三卷 劉宋劉義慶撰 梁劉孝標注 宋劉辰翁評 明刻本 清郭柏蒼跋

一八九二 世說新語三卷 劉宋劉義慶撰 梁劉孝標注 宋劉辰翁評 明刻本 清□孝耕校並跋 戴熙艾跋並錄沈巖校跋吳嘉泰題識

一八九三 世說新語三卷 劉宋劉義慶撰 梁劉孝標注 明王世懋批點 明萬曆九年喬懋敬刻本 九行二十字黑口左右双边有刻工

一八九四 世說新語三卷 劉宋劉義慶撰 梁劉孝標注 明王世懋批點 明萬曆九年喬懋敬刻本 清吳騫跋

一八九五 世說新語三卷 劉宋劉義慶撰 梁劉孝標注 世說新語補四卷 明何良俊撰 王世貞刪定 明凌濛初刻本 九行二十字白口左右双边

一八九六 世說新語六卷 劉宋劉義慶撰 梁劉孝標注 明吳勉學刻本 九行十八字白口四周双边

一八九七 世說新語六卷 劉宋劉義慶撰 梁劉孝標注 明吳中珩刻本 九行十八字白口四周双边

一八九八 世說新語六卷 劉宋劉義慶撰 梁劉孝標注 宋劉辰翁、□劉應登、明王世懋評 明凌濛初刻四色套印本 八行十八字白口四周单边

一八九九 世說新語八卷 劉宋劉義慶撰 梁劉孝標注 明正德四年趙俊刻本 十行十七字黑口左右双边

一九〇〇 世說新語八卷 劉宋劉義慶撰 梁劉孝標注 明王世貞批點 明萬曆十四年余碧泉刻本 九行二十字白口左右双边

一九〇一 世說新語八卷 劉宋劉義慶撰 梁劉孝標注 明王世貞批點 明萬曆十四年余碧泉刻本 清丁丙跋

一九〇二 世說新語八卷 劉宋劉義慶撰 梁劉孝標注 明張懋辰訂 世說新語補四卷 明何良俊撰 王世貞刪定 明萬曆刻本 九行十九字白口四周单边

一九〇三 世說新語八卷 劉宋劉義慶撰 梁劉孝標注 明張懋辰訂 世說新語補四卷 明何良俊撰 王世貞刪定 明萬曆刻本 孫毓修校並跋

一九〇四 世說新語八卷 劉宋劉義慶撰 梁劉孝標注 明王世懋批點 明凌濛初刻本 九行二十字黑口左右双边

一九〇五 世說新語八卷 劉宋劉義慶撰 梁劉孝標注 宋劉辰翁、□劉應登、明王世懋評 明凌濛初刻四色套印本 八行十八字白口四周单边

一九〇六 世說新語補二十卷 明王世貞刪定 劉宋劉義慶撰 梁劉孝標注 明何良俊增補 王世懋批釋 張文柱校注 附釋名一卷 明萬曆十三年張文柱刻本 九行十八字白口左右双边

七四

一九〇七 世說補菁華四卷 明狄期進輯 明萬曆二十九年自刻本 九行十八字白口四周单边有刻工

一九〇八 世說通語四卷 明狄期進輯 明萬曆三十五年自刻本 九行十八字白口四周单边

一九〇九 世說新語廣鈔二卷 明邢侗輯 明末刻本 九行十九字白口左右双边

一九一〇 琱玉集十五卷 存二卷 十二 十四 清光緒十年黎庶昌刻古逸叢書本 清李慈銘校並跋 □蔣方夔跋

一九一一 朝野僉載五卷 題唐張鷟撰 明抄本

一九一二 朝野僉載七卷 題唐張鷟撰 清初抄本

一九一三 朝野僉載十卷 題唐張鷟撰 清抄本

一九一四 唐國史補三卷 唐李肇撰 明抄本

一九一五 唐國史補三卷 唐李肇撰 明崇禎毛氏汲古閣刻津逮秘書本 傅增湘校並跋

一九一六 唐國史補三卷 唐李肇撰 清抱經樓抄本

一九一七 明皇十七事一卷 唐李德裕撰 清張德榮青芝山堂抄本 清黃丕烈校並跋、王芑孫跋

一九一八 唐世說新語十三卷 唐劉肅撰 明萬曆三十一年潘玄度刻本 八行二十字白口四周单边

一九一九 唐世說新語十三卷 唐劉肅撰 明萬曆三十一年潘玄度刻本 葉德輝跋

一九二〇 唐世說新語十三卷 唐劉肅撰 明萬曆三十七年俞安期刻本 十行二十字白口左右双边

唐世說新語十三卷 唐劉肅撰 明刻本 十行二十字白口左右双边 一九二一
大唐新語十三卷 唐劉肅撰 明萬曆商濬刻稗海本 傅增湘校 九行二十字白口四周單边 一九二二
大唐新語十五卷 唐劉肅撰 明刻本 十行二十字白口左右双边 一九二三
大唐新語十三卷 唐劉肅撰 明抄本 傅增湘跋 存六卷 一至六 一九二四
大唐傳載一卷 明抄本 一九二五
大唐傳載一卷 明抄本 一九二六
大唐傳載一卷 清順治四年孫明志抄本 清孫明志校並跋 一九二七
大唐傳載摘勝一卷 清抄本 一九二八
大唐傳載摘勝一卷 清抄本 一九二九
教坊記一卷 唐崔令欽撰 清初錢曾述古堂抄本 一九三〇
教坊記一卷 唐崔令欽撰 清抄本 清丁丙跋 一九三一
教坊記一卷 唐崔令欽撰 清抄本 繆荃孫校 一九三二
雲谿友議三卷 唐范攄撰 明刻本 十行十九字白口左右双边 一九三三
雲谿友議三卷 唐范攄撰 明刻本 清曹炎 徐紹乾校並跋 一九三四
雲谿友議三卷 唐范攄撰 明刻本（卷上配抄本） 佚名錄清徐紹乾校跋 一九三五
雲谿友議三卷 唐范攄撰 明刻本 清金琳 黄丕烈跋 一九三六
雲谿友議三卷 唐范攄撰 明刻本 清顧廣圻 丁丙跋 一九三七
雲溪友議三卷 唐范攄撰 清抄本 傅增湘校並跋 一九三八
雲溪友議十二卷 唐范攄撰 明嘉靖十四年王良棟抄本 傅增湘校並跋 一九三九
雲溪友議十二卷 唐范攄撰 明萬曆商濬刻稗海本 清曹炎校 九行二十字白口四周單边 一九四〇
雲溪友議十二卷 唐范攄撰 明萬曆商濬刻稗海本 清徐紹乾校 一九四一
雲溪友議十二卷 唐范攄撰 清抄本 褚德彝校 一九四二
杜陽雜編三卷 唐蘇鶚撰 明抄本 一九四三
杜陽雜編三卷 唐蘇鶚撰 明抄本 一九四四
杜陽雜編三卷 唐蘇鶚撰 清抄本 一九四五
杜陽雜編三卷 唐蘇鶚撰 清抄本 清黄廷鑑校並跋 一九四六
北里誌一卷 唐孫棨撰 清抄本 清丁丙跋 一九四七
三水小牘二卷 唐皇甫枚撰 繆荃孫校補 逸文一卷 繆荃孫輯 附錄一卷 清光緒繆荃孫家抄本 繆荃孫校 一九四八

三水小牘補遺一卷 唐皇甫枚撰 清徐鯤輯 清抄本 清周星詒跋 一九四九
南北史續世說十卷 唐李垕撰 明萬曆安茂卿刻三十七年俞安期繆閩重修本 一九五〇
南北史續世說十卷 唐李垕撰 明姚氏茶夢齋抄本 十行二十字白口左右双边 明姚咨校 一九五一
南北史續世說十卷 唐李垕撰 清丁氏竹書堂抄本 一九五二
玉泉子聞見真錄一卷 明抄本 一九五三
唐摭言十五卷 五代王定保撰 清影宋抄本 存五卷 一至五 一九五四
唐摭言十五卷 五代王定保撰 明萬曆清真館刻本 九行二十字白口四周單边 一九五五
唐摭言十五卷 五代王定保撰 明抄本 鄧邦述跋 一九五六
摭言十五卷 五代王定保撰 明抄本 存十卷 一至十 一九五七
唐摭言十五卷 五代王定保撰 清初抄本 清宋筠校跋並錄王士禎朱彝尊題識 一九五八
唐摭言十五卷 五代王定保撰 清初抄本 清丁丙跋 一九五九
唐摭言十五卷 五代王定保撰 清抄本 存九卷 一至三 七至十二 一九六〇
唐摭言十五卷 五代王定保撰 清金氏文瑞樓抄本 清吳賓王錄朱彝尊王士禎跋 李宏信校並跋 一九六一
唐摭言十五卷 五代王定保撰 清抄本 清厲鶚校並跋 勞權題款 存八卷 八至十五 一九六二
唐摭言十五卷 五代王定保撰 清乾隆二十一年盧見曾刻雅雨堂叢書本 傅增湘校跋並錄清厲鶚題識 一九六三
唐摭言十五卷 五代王定保撰 清乾隆二十一年盧見曾刻雅雨堂叢書本 傅增湘校並跋 一九六四
唐摭言十五卷 五代王定保撰 清抄本 清黄丕烈 顧廣圻跋 周星詒校並跋 一九六五
唐摭言十五卷 五代王定保撰 清吳昂駒 方成珪校正 清道光二十三年霍庭芬抄本 清霍庭芬 丙鴻跋 一九六六
唐摭言十五卷 五代王定保撰 清抄本 一九六七
唐摭言十五卷 五代王定保撰 清抄本 一九六八
唐摭言十五卷 五代王定保撰 清抄本 一九六九
唐摭言十五卷 五代王定保撰 清抄本 一九七〇
金華子二卷 南唐劉崇遠撰 清嘉慶二年趙懷玉抄本 清丁丙跋 一九七一
金華子雜編二卷 南唐劉崇遠撰 清抄本 清丁丙跋 一九七二
金華子雜編二卷 南唐劉崇遠撰 清光緒八年鍾登甲刻函海本 傅增湘校並跋 一九七三
金華子雜編二卷 南唐劉崇遠撰 清周廣業校注 稿本 一九七四

一九七五 開元天寶遺事二卷 五代王仁裕撰 明建業張氏銅活字印本 清何煌、黃丕烈跋 九行十八字白口左右双边
一九七六 開元天寶遺事二卷 五代王仁裕撰 清抄本 清丁丙跋
一九七七 開元天寶遺事三卷 五代王仁裕撰 清嘉慶六年黃廷鑑抄本 清黃廷鑑跋 歸兆籛、潘承弼跋
一九七八 南唐近事三卷 宋鄭文寶撰 清初抄本
一九七九 南唐近事三卷 宋鄭文寶撰 清嘉慶二十年吳翌鳳抄本
一九八〇 南唐近事三卷 宋鄭文寶撰 清抄本 鄧邦述校並跋
一九八一 陳眉公訂正南唐近事一卷 宋鄭文寶撰 明萬曆刻寶顏堂秘笈本 清鄭杰校 八行十八字白口四周單边
一九八二 陳眉公訂正南唐近事一卷 宋鄭文寶撰 清彭氏知聖道齋抄本
一九八三 南唐近事一卷 宋鄭文寶撰 明萬曆四十八年黃槐開刻本 清丁丙跋 九行十八字白口四周單边
一九八四 南唐近事一卷 宋鄭文寶撰 明抄本 清金俊明跋
一九八五 北夢瑣言二十卷 宋孫光憲撰 明萬曆商濬刻稗海本 清楊熙錄葉萬校跋 九行二十字白口四周單边
一九八六 北夢瑣言二十卷 宋孫光憲撰 明刻本 傅增湘校並跋 十行二十字白口左右双边
一九八七 北夢瑣言二十卷 宋孫光憲撰 清初抄本 清唐翰題跋
一九八八 賈氏談錄一卷 宋張洎撰 明抄本
一九八九 洛陽搢紳舊聞記五卷 宋張齊賢撰 明穴硯齋抄本
一九九〇 洛陽縉紳舊聞記五卷 宋張齊賢撰 清抄本 清朱錫庚跋
一九九一 洛陽搢紳舊聞記五卷 宋張齊賢撰 清內府抄本 袁思亮校
一九九二 儒林公議二卷 宋田況撰 明萬曆商濬刻稗海本 傅增湘校並跋 九行二十字白口四周單边
一九九三 儒林公議一卷 宋田況撰 明抄本 清胡珽跋
一九九四 涑水記聞二卷 宋司馬光撰 明抄本
一九九五 涑水記聞二卷 宋司馬光撰 清初抄本
一九九六 涑水記聞二卷 宋司馬光撰 清抄本
一九九七 涑水記聞二卷 宋司馬光撰 清抄本
一九九八 涑水記聞二卷 宋司馬光撰 清抄本 清王蔭錡跋
一九九九 涑水記聞二卷 宋司馬光撰 清抄本 清丁丙跋
二〇〇〇 澠水燕譚錄十卷 宋王闢之撰 明柳僉抄本（卷十配清黃氏士禮居抄本） 清黃丕烈校並跋、周星詒跋
二〇〇一 澠水燕譚錄十卷 宋王闢之撰 明鈕氏世學樓抄本 存五卷（一至五）
二〇〇二 澠水燕談錄十卷 宋王闢之撰 明抄本

七七

二〇〇三 澠水燕談錄十卷 宋王闢之撰 清初抄本
二〇〇四 澠水燕譚錄十卷 宋王闢之撰 清彭氏知聖道齋抄本 清彭元瑞校並跋
二〇〇五 澠水燕談錄十卷 宋王闢之撰 清抄本 清黃丕烈校並跋、丁丙跋
二〇〇六 澠水燕譚九卷 宋王闢之撰 清抄本
二〇〇七 歸田錄二卷 宋歐陽修撰 明抄本
二〇〇八 東齋記事五卷補遺一卷 宋范鎮撰 清抄本 清鮑廷博校
二〇〇九 錢氏私誌一卷 宋錢愐撰 明萬曆二十七年錢達道刻本 八行十八字白口四周單边
二〇一〇 續世說十二卷 宋孔平仲撰 明抄本
二〇一一 續世說十二卷 宋孔平仲撰 清張蓉鏡抄本 清孫原湘、蔣鳳藻跋
二〇一二 續世說十二卷 宋孔平仲撰 清抄本
二〇一三 龍川略志六卷別志四卷 宋蘇轍撰 清影宋抄本
二〇一四 蘇黃門龍川略志十卷 宋蘇轍撰 明吳氏叢書堂抄本 傅增湘題跋
二〇一五 蘇黃門龍川別志二卷 宋蘇轍撰 明萬曆商濬刻稗海本 傅增湘校並跋 九行二十字白口四周單边
二〇一六 蘇黃門龍川別志八卷 宋蘇轍撰 明抄本
二〇一七 畫墁錄一卷 宋張舜民撰 明萬曆商濬刻稗海本 清勞權校並跋 九行二十字白口四周單边
二〇一八 畫墁錄一卷 宋張舜民撰 明十洲抄本 清胡珽校 周叔弢跋
二〇一九 甲申雜記一卷聞見近錄一卷隨手雜錄一卷 宋王鞏撰 宋刻本 清盛昱、樊增祥跋 十行十九字白口左右双边
二〇二〇 甲申雜記一卷聞見近錄一卷隨手雜錄一卷 宋王鞏撰 清影宋抄本
二〇二一 聞見近錄一卷甲申雜記一卷隨手雜錄一卷清虛雜著補闕一卷 宋王鞏撰 清乾隆嘉慶間鮑廷博刻知不足齋叢書本 傅增湘校並跋
二〇二二 甲申雜錄一卷聞見近錄一卷隨手雜錄一卷 宋王鞏撰 清道光十一年六安晁氏活字印學海類編本 傅增湘校
二〇二三 重雕改正湘山野錄三卷續錄一卷 宋釋文瑩撰 宋刻本（卷下殘缺配元抄本） 清黃丕烈、翁松年跋 繆荃孫跋 九行二十字白口左右双边
二〇二四 改正湘山野錄三卷續錄一卷 宋釋文瑩撰 明蒼雪齋抄本
二〇二五 改正湘山野錄三卷續錄一卷 宋釋文瑩撰 清抄本 清胡珽校並跋 瞿啟甲跋
二〇二六 湘山野錄三卷續錄一卷 宋釋文瑩撰 明崇禎毛氏汲古閣刻津逮秘書本 傅增湘跋並錄清黃丕烈校 八行十九字白口左右双边

七八

一三二七 湘山野錄三卷續錄一卷 宋釋文瑩撰 明抄本 清徐元贊、丁丙跋

一三二八 湘山野錄三卷 宋釋文瑩撰 清抄本

一三二九 玉壺清話十卷 宋釋文瑩撰 明抄本 明范欽、清寶康跋

一三三〇 玉壺清話十卷 宋釋文瑩撰 明抄本 存五卷（一至五）

一三三一 玉壺清話十卷 宋釋文瑩撰 清乾隆四十五年鮑廷博刻知不足齋叢書本 傅增湘校並跋

一三三二 玉壺清話十卷 宋釋文瑩撰 清抄本

一三三三 玉壺野史十卷 宋釋文瑩撰 清抄本 清周星詒校並跋

一三三四 東軒筆錄十五卷 宋魏泰撰 明嘉靖三十四年沈敕楚山書屋刻本 九行十九字白口左右双边

一三三五 東軒筆錄十五卷 宋魏泰撰 明嘉靖三十四年沈敕楚山書屋刻本 傅增湘跋

一三三六 東軒筆錄十五卷 宋魏泰撰 明抄本 繆荃孫跋

一三三七 唐語林三卷 宋王讜撰 明嘉靖二年齊之鸞刻本 清錢謙益點校、何焯批校並跋 十行二十二字白口四周双边

一三三八 唐語林三卷 宋王讜撰 明嘉靖二年齊之鸞刻本 清周錫瓚校並跋、黃丕烈跋

一三三九 唐語林三卷 宋王讜撰 明抄本 清黃丕烈跋並錄周錫瓚題識

一三四〇 唐語林二卷 宋王讜撰 明嘉靖二年齊之鸞刻本 十行二十二字白口四周双边

一三四一 唐語林二卷 宋王讜撰 明嘉靖二年齊之鸞刻本 清江藩跋

一三四二 唐語林二卷 宋王讜撰 清抄本

一三四三 楓窗小牘二卷 清抄本

一三四四 默記一卷 宋王銍撰 明穴硯齋抄本 清王芑孫跋

一三四五 默記一卷 宋王銍撰 清抄本 清彭元瑞、周書昌跋

一三四六 默記一卷 宋王銍撰 清抄本 清張載華校

一三四七 默記一卷 宋王銍撰 清乾隆四十一年胡鳳苞抄本 清陳鱣校跋並錄鮑廷博、宋文藻、吳騫批校題識

一三四八 默記一卷 宋王銍撰 清乾隆嘉慶間鮑廷博刻知不足齋叢書本 清徐時棟校

一三四九 默記一卷 宋王銍撰 清鮑氏知不足齋抄本 清王鑾齡校

一三五〇 默記一卷 宋王銍撰 清抄本 清丁丙跋

一三五一 默記一卷 宋王銍撰 清抄本

一三五二 默記二卷 宋王銍撰 清抄本 莫棠校 秦更年錄清鮑廷博、吳騫、朱文藻、陳鱣校

一三五三 默記三卷 宋王銍撰 清抄本

一三五四 默記三卷 宋王銍撰 清抄本 瞿熙邦校並跋

一三五五 揮麈前錄四卷後錄十一卷第三錄三卷餘話二卷 宋王明清撰 宋龍山書堂刻本 十一行二十字黑口左右双边

一三五六 揮麈第三錄三卷 宋王明清撰 宋刻本 清孫原湘跋 十一行二十字黑口左右双边

一三五七 揮麈前錄四卷後錄十一卷第三錄三卷餘話二卷 宋王明清撰 清初毛氏汲古閣影宋抄本（前錄卷一至二、三錄配清影宋抄本） 清朱步沅校並跋

一三五八 揮麈前錄四卷後錄十一卷第三錄三卷餘話二卷 宋王明清撰 明末毛氏汲古閣刻津逮秘書本 清黃丕烈校並跋 九行十九字白口左右双边 存十五卷（後錄一至六 餘全）

一三五九 揮麈前錄四卷後錄十一卷第三錄三卷餘話二卷 宋王明清撰 明末毛氏汲古閣刻津逮秘書本 清張紹仁校並跋 存九卷（前錄四卷 第三錄三卷 餘話全）

一三六〇 揮麈前錄四卷後錄十一卷第三錄三卷餘話二卷 宋王明清撰 明抄本 清丁丙跋

一三六一 揮麈前錄四卷後錄十一卷第三錄三卷餘話二卷 宋王明清撰 清乾隆盧文弨抄本（前錄、後錄卷一至二、餘話配清抄本） 清盧文弨校並跋、丁丙跋

一三六二 玉照新志五卷 宋王明清撰 明萬曆十四年秦四麟抄本（卷三至五配明抄本） 明秦四麟、清孫江、黃丕烈跋

一三六三 玉照新志五卷 宋王明清撰 明抄本

一三六四 玉照新志五卷 宋王明清撰 清抄本

一三六五 玉照新志六卷 宋王明清撰 清抄本 清鮑廷博校、丁丙跋

一三六六 揮麈錄二卷 宋楊萬里撰 清乾隆四十六年陶緒翰抄本 清張紹仁校並跋

一三六七 河南邵氏聞見前錄二十卷 宋邵伯溫撰 河南邵氏聞見後錄三十卷 宋邵博撰 明崇禎毛氏汲古閣刻津逮秘書本 清勞權、勞格校

一三六八 河南邵氏聞見前錄二十卷 宋邵伯溫撰 八行十九字白口左右双边 河南邵氏聞見後錄三十卷 宋邵博撰 明崇禎毛氏汲古閣刻津逮秘書本 邵章錄傅增湘校

一三六九 河南邵氏聞見錄二十卷 宋邵伯溫撰 明抄本 清黃丕烈、沈欽韓校並跋

一三七〇 河南邵氏聞見錄二十卷 宋邵伯溫撰 明抄本

一三七一 河南邵氏聞見錄二十卷 宋邵伯溫撰 清抄本 清陳墫校並跋

一三七二 邵氏聞見錄二十卷 宋邵伯溫撰 明抄本

一三七三 邵氏聞見錄校記一卷 繆荃孫撰 稿本

一三七四 河南邵氏聞見後錄三十卷 宋邵博撰 明崇禎毛氏汲古閣刻津逮秘書本 清黃丕烈校並跋、丁丙跋 八行十九字白口左右双边

一三七五　聞見後錄三十卷　宋邵博撰　明抄本　清黃丕烈校並跋
一三七六　河南邵氏聞見後錄三十卷　宋邵博撰　清抄本　清黃丕烈校並跋　沈欽韓校注並跋
一三七七　鶴山雅言一卷　宋魏了翁撰　清抄本　清盧文弨校並跋
一三七八　厚德錄四卷　宋李元綱撰　明萬曆商濬刻稗海本　傅增湘校並跋
一三七九　桯史十五卷　宋岳珂撰　宋刻元明遞修公文紙印本　九行十七字黑口左右雙邊
一三八〇　桯史十五卷　宋岳珂撰　宋刻元明遞修本
一三八一　桯史十五卷　宋岳珂撰　宋刻元明遞修本
一三八二　桯史十五卷　宋岳珂撰　宋刻元明遞修本　卷七至八配明成化十一年江浙刻本　卷九配清抄本　存十三卷　一至十　十三至十五
一三八三　桯史十五卷　宋岳珂撰　宋刻元明遞修本　存十二卷　一至十二
一三八四　桯史十五卷　宋岳珂撰　宋刻元明遞修本　存七卷　一至七
一三八五　桯史十五卷　宋岳珂撰　宋刻元明遞修本　存五卷　一至四　九

八一

一三八六　桯史十五卷　宋岳珂撰　宋刻元明遞修本　清錢泰吉校　沈樹鏞、沈曾植跋
一三八七　桯史十五卷　宋岳珂撰　明成化十一年江浙刻本　十行二十字黑口四周雙邊
一三八八　桯史十五卷附錄一卷　宋岳珂撰　明嘉靖四年錢如京刻本　十行二十字黑口四周單邊
一三八九　桯史十五卷附錄一卷　宋岳珂撰　明嘉靖四年錢如京刻本　清丁丙跋
一三九〇　桯史十五卷附錄一卷　宋岳珂撰　明嘉靖四年錢如京刻本　清徐釚跋並錄明沈周、吳寬、清王澍跋
一三九一　桯史十五卷附錄一卷　宋岳珂撰　明刻本　十行二十字黑口四周單邊
一三九二　桯史十五卷附錄一卷　宋岳珂撰　明刻本　李盛鐸跋
一三九三　桯史十五卷附錄一卷　宋岳珂撰　明岳元聲等刻本　十行二十字白口左右雙邊有刻工
一三九四　桯史十五卷附錄一卷　宋岳珂撰　明岳元聲等刻本　清陳其榮校並跋
一三九五　愧郯錄十五卷　宋岳珂撰　宋刻本
一三九六　愧郯錄十五卷　宋岳珂撰　宋刻明印本　九行十七字白口左右雙邊
一三九七　愧郯錄十五卷　宋岳珂撰　宋刻本　卷八至十一配清影宋抄本　清黃丕烈跋
一三九八　愧郯錄十五卷　宋岳珂撰　明岳元聲等刻本（四庫底本）　十行二十字白口左右雙邊
一三九九　愧郯錄十五卷　宋岳珂撰　明岳元聲等刻本
一四〇〇　愧郯錄十五卷　宋岳珂撰　明岳元聲等刻本　清張蓉鏡跋　宋惟恭校　葉景葵跋

一四〇一　愧郯錄十五卷　宋岳珂撰　清初抄本　存七卷　一至七
一四〇二　媿郯錄十五卷　宋岳珂撰　清抄本
一四〇三　四朝聞見錄甲集一卷乙集一卷丙集一卷丁集一卷戊集一卷　宋葉紹翁撰　清初抄本　清吳焯、丁丙跋
一四〇四　四朝聞見錄甲集一卷乙集一卷丙集一卷丁集一卷戊集一卷　宋葉紹翁撰　清初抄本　清吳長元、趙信校並跋　鮑廷博校
一四〇五　四朝聞見錄甲集一卷乙集一卷丙集一卷丁集一卷戊集一卷　宋葉紹翁撰　清抄本　清鮑廷博、顧廣圻校
一四〇六　四朝聞見錄甲集一卷乙集一卷丙集一卷丁集一卷戊集一卷　宋葉紹翁撰　清初抄本
一四〇七　四朝聞見錄五卷　宋葉紹翁撰　清嘉慶十六年祝昌泰留香室刻浦城遺書本　傅增湘校並跋
一四〇八　溫公瑣語一卷　清勞氏丹鉛精舍抄本　清勞權校
一四〇九　漫堂隨筆一卷　明嘉靖三十五年姚咨抄本　明姚咨跋
一四一〇　漫堂隨筆一卷　清勞氏丹鉛精舍抄本　清勞格校

八二

一四一一　漫堂隨筆一卷　清抄本
一四一二　真率記事一卷　清勞氏丹鉛精舍抄本　清勞權校
一四一三　東南記聞三卷　清初抄本　清邵晉涵跋
一四一四　歸潛志十四卷　元劉祁撰　明抄本　清何煌校並跋
一四一五　歸潛志十四卷　元劉祁撰　清徐氏傳是樓抄本（卷九至十四配金氏文瑞樓抄本）　存十二卷　一至十　十二　十四
一四一六　歸潛志十四卷　元劉祁撰　清趙氏小山堂抄本　清趙昱、趙信、丁丙跋
一四一七　歸潛志十四卷　元劉祁撰　清乾隆十年張氏涉園抄本　清張宗橚校並跋
一四一八　歸潛志十四卷附錄一卷　元劉祁撰　清乾隆二十一年鮑廷博抄本　清鮑廷博校並跋　丁丙跋
一四一九　歸潛志十四卷　元劉祁撰　清有竹堂抄本　存八卷　一至八
一四二〇　歸潛志十四卷　元劉祁撰　清抄本
一四二一　歸潛志八卷　元劉祁撰　清康熙四十二年徐釚家抄本　清徐釚校並跋　羅振玉跋
一四二二　歸潛志八卷　元劉祁撰　清初抄本
一四二三　山房隨筆一卷　元蔣子正撰　明抄本

二二二四 山房隨筆一卷 元蔣子正撰 明末并室抄本
二二二五 山居新話一卷 元楊瑀撰 明抄本 清吳翌鳳校補並跋、黃丕烈校並跋
二二二六 山居新話一卷 元楊瑀撰 清抄本 清鮑廷博校
二二二七 山居新語四卷 元楊瑀撰 清乾隆三十九年孔繼涵抄本
二二二八 遂昌山人雜錄一卷 元鄭元祐撰 明抄本
二二二九 庚客談一卷 明抄本
二二三〇 東園友聞一卷 明夏頤撰 明抄本 清黃丕烈跋
二二三一 水東日記三十八卷 明葉盛撰 明刻本 十行二十字黑口四周雙邊
二二三二 水東日記三十八卷 明葉盛撰 明刻本 明王五芝題款 十行二十字白口四周單邊
二二三三 水東日記四十卷 明葉盛撰 明末葉重華賜書樓刻清康熙十九年葉方蔚重修本 九行十九字白口四周單邊
二二三四 水東日記四十卷 明葉盛撰 明末葉重華賜書樓刻清康熙十九年葉方蔚重修本 清祁理孫題款、丁丙跋
二二三五 雙槐歲抄十卷 明黃瑜撰 明嘉靖三十八年陸延枝刻本 十行二十字白口左右雙邊
二二三六 三餘贅筆一卷 明都卬撰 明鈕氏世學樓抄本
二二三七 蹇齋瑣綴錄四卷 明尹直撰 清抄本
二二三八 石田翁客座新聞七卷 明沈周撰 明抄本

八十三

二二三九 石田翁客座新聞十一卷 明沈周撰 清初抄本
二二四〇 石田翁客座新聞十一卷 明沈周撰 清南枝堂抄本
二二四一 石田翁客座新聞十一卷 明沈周撰 清抄本
二二四二 寓圃雜記十卷 明王錡撰 清抄本
二二四三 寓圃雜記十卷 明王錡撰 明抄本
二二四四 稗官記五卷 明馬愈撰 清抄本
二二四五 守溪筆記一卷 明王鏊撰 明王氏鬱岡齋抄本
二二四六 王文恪公筆記一卷 明王鏊撰 明抄本 清王季烈校、王頌蔚跋
二二四七 王文恪公筆記不分卷 明王鏊撰 明抄本
二二四八 震澤紀聞一卷 明王鏊撰 明正德刻本 十行十八字白口左右雙邊
二二四九 震澤紀聞一卷 明王鏊撰 明抄本
二二五〇 震澤紀聞二卷 明王鏊撰 明嘉靖刻本 十行二十字白口左右雙邊
二二五一 震澤紀聞二卷 明王鏊撰 明刻本 十行二十字白口四周單邊
二二五二 震澤紀聞二卷 明王鏊撰 明刻本 清安璿批並跋
二二五三 震澤紀聞二卷 明王鏊撰 續一卷 明王禹聲撰 明末刻本 八行十八字白口四周單邊

二二五四 蓮窗類紀五卷 明黃暐撰 明抄本 清黃丕烈校並跋
二二五五 野記四卷 明祝允明撰 明毛文燁刻本 十行十八字白口左右雙邊
二二五六 野記四卷 明祝允明撰 明毛文燁刻本 清丁丙跋
二二五七 野記四卷 明祝允明撰 明繁露堂抄本 清趙宗建校
二二五八 野記四卷 明祝允明撰 明沈氏藏書室抄本 清張擢士跋
二二五九 野記四卷 明祝允明撰 明抄本
二二六〇 野記四卷 明祝允明撰 明抄本
二二六一 野記四卷 明祝允明撰 明抄本
存二卷 一至二
二二六二 野記四卷 明祝允明撰 清抄本
二二六三 枝山野記四卷 明祝允明撰 明抄本
二二六四 枝山野記四卷 明祝允明撰 清抄本
二二六五 都公譚纂二卷 明都穆撰 陸釆輯 明抄本 清翁同龢跋
二二六六 都公譚纂二卷 明都穆撰 陸釆輯 清初抄本 章鈺跋
二二六七 都公譚纂二卷 明都穆撰 陸釆輯 清抄本 清宋賓王抄補並校、丁丙跋

八十四

二二六八 都公譚纂二卷 明都穆撰 陸釆輯 清抄本
二二六九 都公譚纂二卷 明都穆撰 陸釆輯 清抄本
二二七〇 兩湖塵談錄一卷 明許浩撰 明鈕氏世學樓抄本
二二七一 畜德錄一卷 明陳沂撰 清徐氏烟嶼樓抄本
二二七二 見聞紀訓二卷 明陳良謨撰 明萬曆三十九年閔元衢刻本 八行十八字白口四周單邊
二二七三 塵談貳錄一卷三錄一卷四錄一卷 明沈儀撰 明抄本 清丁丙跋
二二七四 塵談一錄二卷二錄二卷 明沈儀撰 清瞿氏清吟閣抄本
二二七五 孤樹裒談二十卷 明李默撰 明鈕氏世學樓抄本
二二七六 孤樹裒談十卷 明李默撰 明刻本 十二行二十四字白口四周單邊
二二七七 孤樹裒談十卷 明李默撰 明抄本
二二七八 孤樹裒談十卷 明李默撰 明抄本 清平耀文校並跋
存七卷 一至七
二二七九 孤樹裒談五卷 明李默撰 明萬曆二十年游朴刻本 十一行二十一字白口四周雙邊 清周星詒跋、吳重熹校
二二八〇 孤樹裒談五卷 明李默撰 清抄本 清李文田校並跋
二二八一 滄泉筆述十二卷 明鄭曉撰 清抄本

二二八二 連抑武雜記不分卷 明連鑛撰 稿本
二二八三 何氏語林三十卷 明何良俊撰並注 明嘉靖二十九年何氏清森閣刻本 十行二十字白口左右双边
二二八四 何氏語林三十卷 明何良俊撰並注 明嘉靖二十九年何氏清森閣刻本 清丁申丁丙跋
二二八五 何氏語林三十卷 明何良俊撰 茅坤評 明天啓四年刻本 九行十九字白口四周单边
二二八六 事親述見十二卷 明朱厚熿撰 明嘉靖四十一年衡藩刻本 九行二十二字白口四周单边
存二卷 一至二
二二八七 張恭懿松窗夢語八卷 明張瀚撰 清王氏十萬卷樓抄本
二二八八 張恭懿松窗夢語八卷 明張瀚撰 清抄本
二二八九 松窗夢語八卷 明張瀚撰 清抄本 清丁丙跋
二二九〇 閒見瑣錄一卷 明陶大年撰 清沈氏鳴野山房抄本
二二九一 閒見瑣錄一卷 明陶大年撰 清抄本
二二九二 博識考事四卷續箋四卷 明王世貞撰 戴應鰲注 明崇禎刻本 九行十八字白口四周单边
二二九三 新刻李卓吾彙選見聞雅集外史類編□卷 明李贄輯 明張少吾刻本 清傅山批 十行二十字白口四周单边
存二卷 七至八

八五

二二九四 避暑漫錄六卷 明陳王政撰 明刻本 十三行二十七字白口四周单边
二二九五 見聞搜玉八卷 明高鶴撰 明萬曆十九年陳汝元函三館刻本 九行二十字白口四周双边
二二九六 先進遺風二卷 明耿定向撰 毛在增輯 明萬曆十八年毛在刻本 九行二十字白口四周双边
二二九七 覽九迂談二十三卷 明梁綱撰 明抄本
存十九卷 一至三 六至十二 十五至二十三
二二九八 五湖漫聞二卷 明張本撰 清抄本
二二九九 戒菴老人漫筆八卷 明李詡撰 明萬曆二十五年李鶚翀刻本 九行十八字白口左右双边
二三〇〇 戒菴老人漫筆八卷 明李詡撰 明萬曆二十五年李鶚翀刻本 清湯瀅批 湯金鼒跋 九行十八字白口左右双边
二三〇一 戒菴老人漫筆八卷 明李詡撰 明萬曆二十五年李鶚翀刻本 羅振常跋
二三〇二 戒菴老人漫筆八卷 明李詡撰 清順治五年李成之世德堂刻本
二三〇三 戒菴老人漫筆八卷 明李詡撰 清順治五年李成之世德堂刻本 鄧之誠跋
二三〇四 聚善傳芳錄八卷 明竇卿輯 明萬曆三年竇文照刻本 十行二十一字白口四周单边
二三〇五 雌伏亭叢記二十四卷 明黃光施撰 明萬曆六年刻本 十行二十字白口左右双边有刻工
二三〇六 藝苑誦言二卷 明王昱孝輯 明萬曆六年刻本 九行二十二字白口左右双边
二三〇七 潄世談藪十卷 明劉允輝 明萬曆二十年刻本 九行二十字白口四周双边

二三〇八 西臺漫紀六卷 明蔣以化撰 明萬曆刻本 九行十八字白口四周双边
二三〇九 遵訓二十卷 明方學漸撰 明刻本 八行十八字白口四周双边
二三一〇 新刋舉業利用六子拔奇六卷 明郭子章輯 明萬曆十四年金陵書林周曰校刻本 十一行二十三字白口左右双边
二三一一 鹿苑閒談不分卷 明錢達道撰 清抄本 清毛壽君批校並跋
二三一二 蝶菴道人清夢錄一卷 明顧成憲撰 明祁氏淡生堂抄本 清丁丙跋
二三一三 蝶菴道人清夢錄一卷 明顧成憲撰 清黃氏醉經樓抄本
二三一四 松關偶鈔二卷 明李宗之撰 明李宗之家抄本
二三一五 今略書十一卷 明董嘉撰 明崇禎十二年承陽山房刻本 九行二十字白口四周单边
二三一六 尚友錄四卷 明秦大夔撰 明萬曆十七年自刻本 九行二十字白口四周双边
二三一七 陶世名言六卷 明高舉 高譽輯 明萬曆刻本 九行十八字白口四周双边
二三一八 彈園雜志四卷 明伍袁萃撰 明刻本 八行二十字白口四周单边
存一卷 雜集
二三一九 瑯嬛史唾十六卷 明徐象梅撰 明萬曆刻本 八行二十字白口四周单边
二三二〇 閒然堂類纂六卷 明潘士藻撰 明萬曆刻本 十行二十字白口四周单边

八六

二三二一 閒然堂類纂六卷 明潘士藻撰 李贄評 明刻本 九行十八字白口四周单边
存四卷 一至四
二三二二 閒然堂類纂六卷 明潘士藻撰 清抄本
二三二三 新刻閒然堂類纂皇明新故事六卷 明潘士藻撰 明萬曆喬山劉氏刻本 十行二十字白口四周单边
二三二四 群談採餘十卷 明倪綰撰 明萬曆二十年倪思益刻本 九行二十一字白口四周双边
二三二五 代警編二卷 明雒于仁撰 明萬曆二十六年自刻本 十行十九字白口四周双边
二三二六 後驂鸞錄一卷 明岳和聲撰 清抄本
二三二七 冰署筆談十二卷 明黃汝良撰 明崇禎刻本 九行二十字白口四周双边有刻工
存五卷 一至二 十至十二
二三二八 西山日記二卷 明丁元薦撰 清康熙二十八年先醒齋刻本
二三二九 西山日記二卷 明丁元薦撰 清抄本
二三三〇 西山日記二卷 明丁元薦撰 清抄本 莫棠跋
二三三一 玉堂叢語八卷 明焦竑撰 明萬曆四十六年徐象橒曼山館刻本 八行十八字白口四周单边
二三三二 玉堂叢語八卷 明焦竑撰 明萬曆四十六年徐象橒曼山館刻本 清李葆恂跋

二二三三 涌幢小品三十二卷 明朱國禎撰 明天啓二年清美堂刻本 九行二十字白口左右双边
二二三四 薜帷瑣語□□卷 明吴淅撰 稿本
存八卷 一至四 十三至十六
二二三五 客座贅語十卷 明顧起元撰 明萬曆四十六年自刻本 九行二十字白口四周單边
二二三六 客座贅語十卷 明顧起元撰 明萬曆四十六年自刻本 清宋源瀚跋
二二三七 客座贅語十卷 明顧起元撰 清初抄本
二二三八 客座贅語十卷 明顧起元撰 清同治十年潘芷洲抄本 清孫文川跋
二二三九 閒耕餘錄六卷 明張所望撰 明天啓元年刻本 八行十八字白口左右双边有刻工
二二四〇 閒耕餘錄六卷 明張所望撰 清抄本 清汪啟淑跋
二二四一 焦氏說楛七卷 明焦周撰 明萬曆刻本 十一行二十二字白口四周單边
二二四二 焦氏說楛七卷 明焦周撰 明萬曆刻本 清嚴景華跋 十一行二十二字白口四周單边
二二四三 焦氏說楛七卷 明焦周撰 清初刻本
二二四四 燕窩偶談六卷 明楊繼益撰 清康熙刻本
二二四五 東郊閒耕錄三卷 明錢繼登撰 清磨墨亭抄本
二二四六 五塵新譚三十四卷 明鄭仲夔撰 明萬曆四十五年刻本 九行十八字白口四周單边

二二四七 守官漫錄五卷 清言十卷 偶記八卷 耳新八卷 雋區八卷 明劉萬春撰 明萬曆四十八年劉氏澹然居刻本 九行十八字白口左右双边
二二四八 松窗快筆一卷 明龔立本撰 清抄本
二二四九 松窗快筆一卷 明龔立本撰 清抄本 清趙宗建校
二二五〇 萬曆野獲編□□卷 明抄本
存二十卷 一至二十
二二五一 萬麻野獲編三十卷 明沈德符撰 清活字印本
二二五二 萬曆野獲編三十卷 明沈德符撰 清初抄本
二二五三 萬曆野獲編三十卷 明沈德符撰 清初抄本
存十九卷 四至二十二
二二五四 野獲編四十一卷 明沈德符撰 清抄本 沈修誠跋
二二五五 萬曆野獲編三十卷補遺四卷 明沈德符撰 清抄本
二二五六 萬曆野獲編三十卷 明沈德符撰 清抄本
二二五七 萬曆野獲編三十卷 明沈德符撰 清抄本 清韓詡如跋
二二五八 萬曆野獲不分卷 明沈德符撰 清抄本
二二五九 萬曆欣賞編□□卷 明沈德符撰 清抄本 清劉履芬跋
存七卷 一至二 五至九
二二六〇 清賢紀六卷 明尤鏜撰 明天啓三年刻本 九行十八字白口四周双边
二二六一 戌樓閒話四卷 明茅元儀撰 明天啓刻本 八行十八字白口四周單边
二二六二 戌樓閒話四卷 明茅元儀撰 清抄本
二二六三 掌記六卷 明茅元儀撰 明崇禎元年自刻本 八行十八字白口四周單边
二二六四 澄水帛十三卷 明茅元儀撰 明末刻本 八行十八字白口四周單边
二二六五 自叙宦夢錄四卷 明黃景昉撰 清抄本
二二六六 尚絅生小語二卷 明姚張斌撰 明崇禎六年刻本 八行二十字白口四周單边
二二六七 古今快事二十八卷 明沈胤芳撰 明末餘清堂刻本 九行二十字白口左右双边
二二六八 涉園瑣記□□卷 明徐開禧撰 清初抄本
二二六九 涉園瑣記□□卷 明徐開禧撰 清初抄本
存三卷 一至二 七
二二七〇 廣生篇二卷 明董暐撰 明崇禎刻本 九行十八字白口左右双边
二二七一 小隱窩爽言二卷 明王宇諒撰 明崇禎刻本 八行十九字白口四周單边
二二七二 癸未夏抄四卷 清静福撰 清抄本
二二七三 雲閒人物雜記不分卷 明抄本
二二七四 追維往事錄二卷 清陸文衡撰 稿本 清陸奎增陸同壽跋
二二七五 玉劍尊聞十卷 清梁維樞撰 清順治賜麟堂刻本
二二七六 見君子閒日箋五卷 清梁維樞撰 稿本
二二七七 唐宋紀瑣綴錄三十二卷 清孫承澤撰 清抄本
二二七八 玉堂薈記一卷 清楊士聰撰 清抄本 清顧沅跋
二二七九 玉堂薈記四卷 清楊士聰撰 清抄本
二二八〇 客舍偶聞一卷 清彭孫貽撰 清乾隆三十八年彭暉抄本
二二八一 客舍偶聞一卷 清彭孫貽撰 清柘柳草堂抄本 張元濟跋
二二八二 鄭桐菴筆記一卷 清鄭敷教撰 清嘉慶十四年黃氏士禮居抄本 清黃丕烈跋
二二八三 陶菴夢憶八卷 清張岱撰 王文誥評 清乾隆五十九年王文誥刻本
二二八四 陶菴夢憶八卷 清張岱撰 清同治十年劉履芬抄本 清劉履芬跋
二二八五 瑯嬛乞巧錄不分卷 清張岱撰 稿本

二六八六 島居隨錄二卷 清盧若騰撰 清刻本

二六八七 上谷語錄一卷 清梁清標撰 清抄本

二六八八 讀史稗語十一卷 清徐枋撰 清刻本（卷一、九至十一配清抄本）

二六八九 庭聞州世說六卷 清宮偉鏐撰 清康熙刻本

二六九〇 庭聞州世說七卷先進風格一卷 清宮偉鏐撰 清嘉慶十一年焦循抄本

二六九一 天史十二卷 清丁耀亢撰 明崇禎刻本 九行二十字白口四周單邊

二六九二 清署筆談一卷 清尚晉徽撰 清康熙四十一年刻本

二六九三 邛竹杖七卷 清施男撰 清初留髡堂刻本

二六九四 仁恕堂筆記不分卷 清黎士弘撰 清抄本

二六九五 拾籜餘閒一卷 清孔毓埏撰 清康熙刻本 佚名校

二六九六 設聞隨筆不分卷 清張怡撰 清初觀謙閣春堂抄本

二六九七 設聞隨筆不分卷 清張怡撰 清抄本

二六九八 蕊亭隨筆摘要八卷 清王孫驂撰 清抄本 清鮑銘批點

二六九九 見聞臆錄二卷 清茅聖偉撰 清初抄本

二七〇〇 寤證錄一卷姚江釋毀錄一卷 清彭定求撰 清乾隆五十二年吳卓信抄本 清吳卓信批 並錄翁同龢跋

八九

二七〇一 劉繼莊先生廣陽雜記五卷 清劉獻廷撰 清同治四年周星詒家抄本 清周星詒校並跋

二七〇二 廣陽雜記五卷 清劉獻廷撰 清光緒潘祖蔭刻功順堂叢書本 清李文田注

二七〇三 炳燭書不分卷 清尚祥卿撰 稿本

二七〇四 東軒晚語一卷 清吳霞方輯 清抄本

二七〇五 幸存錄不分卷 清蕭璜撰 稿本

二七〇六 皋蘭載筆二卷 清陳奕禧撰 清抄本

二七〇七 敬業堂雜錄一卷 清查慎行輯 稿本 羅振常跋

二七〇八 人海記二卷 清查慎行撰 清劉氏味經書屋抄本

二七〇九 人海記二卷 清查慎行撰 清同治八年劉履芬抄本 清唐翰題跋

二七一〇 人海記二卷 清查慎行撰 清抄本 清丁丙跋

二七一一 人海記一卷 清查慎行撰 清抄本

二七一二 人海記不分卷 清查慎行撰 清抄本

二七一三 人海記不分卷 清查慎行撰 清抄本（缺葉配清徐氏汲情齋抄本） 清徐光濟跋

二七一四 過庭紀餘三卷 清陶越撰 清抄本

二七一五 東郡隨筆二卷 清陸暎卓撰 稿本

二七一六 請肆錄三卷 清沈樹本撰 稿本

二七一七 柳南隨筆六卷 清王應奎撰 清乾隆五年觀仁堂刻本 附一卷 清瞿氏鐵琴銅劍樓抄本 清瞿鏞校並跋

二七一八 柳南續筆四卷 清王應奎撰 清東壁軒抄本

二七一九 蓬窗囈語一卷 清石杰撰 清乾隆刻本

二七二〇 古歡堂筆記一卷 清田同之撰 稿本

二七二一 致福豐祥二卷 清黃樹穀輯 清刻本

花甲重周一卷 龕斯衍慶一卷

二七二二 勾餘土音六卷 清全祖望撰 清抄本

二七二三 玉几山房聽雨錄一卷 清陳撰撰 稿本 清周星詒校、許乃釗、丁丙跋

二七二四 玉几山房聽雨錄一卷 清陳撰撰 清同治六年魏錫曾抄本 清魏錫曾跋

二七二五 松月堂目下舊見不分卷 清弘旺撰 清抄本

二七二六 夢餘談剩二卷竹窗情話二卷 清張開第撰 清綠雲書屋抄本

二七二七 識小錄不分卷 清毛贊撰 清抄本

二七二八 醉里耳餘錄十二卷 清陳銘撰 清抄本

九〇

二七二九 顧澹湖筆記不分卷 清顧公燮撰 清抄本 傅增湘跋

二七三〇 經史地理雜記不分卷 清翁方綱撰 稿本

二七三一 說部雜記一卷 清翁方綱撰 稿本 清戴良跋

二七三二 滙東手談三十二卷 清史珥撰 稿本

二七三三 蓬山清話十六卷附九山類藁二卷 清倪象占撰 稿本

二七三四 蓬山清話十八卷 清倪象占撰 稿本

二七三五 蓬山清話十八卷 清倪象占撰 清抄本

二七三六 伊江筆錄二卷薊溪補錄一卷續錄一卷重入

春明雜錄一卷 清吳熊光撰 稿本 清翁同龢、蔣士驥跋

二七三七 伊江筆錄二卷薊溪雜錄二卷另錄一卷重入

春明雜錄一卷 清吳熊光撰 綸丁晏衍校 清吳景澄、吳望戩抄本 清蔣士驥、吳鴻

二七三八 槐江筆記八卷 清吳熊光撰 清王慶長抄本

二七三九 春和隨筆一卷 清徐春和撰 稿本

二七四〇 湘畦雜抄不分卷 清湯滏輯 稿本

二七四一 素壺便錄二卷 清江登雲撰 清嘉慶九年培德堂刻本

陶廬雜錄六卷 清法式善撰 清嘉慶二十二年陳預刻本 二三四二
備忘錄一卷 清法式善撰 清抄本 二三四三
懷舊瑣言一卷 清范崇簡撰 清抄本 清徐宗幹跋 二三四四
時還讀我書錄二卷 清周廣業撰 稿本 二三四五
歸雲室見聞雜記三卷 清陳焯撰 稿本 二三四六
陔餘錄不分卷 清沈叔埏撰 稿本 二三四七
東庵筆記不分卷 清翁樹培撰 稿本 二三四八
消暑隨筆一卷 清潘世恩撰 清抄本 二三四九
讀史隨筆不分卷 清潘世恩撰 稿本 二三五〇
恩福堂筆記二卷 清英和撰 清道光刻本 清翁同龢批注 二三五一
霞西過眼錄八卷 清沈復粲撰 清抄本
存四卷 浙中 江右 南中 志言 二三五二
賦閒雜錄三卷 清張大鏞撰 稿本 清張廣東跋 二三五三
竹妙小識一卷竹妙軒硯瀋錄二卷 清洪錫疇撰 稿本 二三五四
菊叢新話二卷 清史承謙撰 清嘉慶元年刻本 清吳騫批校並跋 二三五五

九十一

孟廬札記四卷 清沈銘彝撰 稿本 二三五六
孟廬札記一卷 清沈銘彝撰 稿本 二三五七
竹岑札記不分卷 清沈銘彝撰 稿本 二三五八
東望望閣隨筆一卷 清金奕照撰 稿本 二三五九
碎珍珠不分卷 清張澍撰 稿本 二三六〇
萬物權輿不分卷 清張澍撰 稿本 二三六一
西方書不分卷 清張澍撰 稿本 二三六二
憶書六卷 清焦循撰 稿本 清趙之謙跋 二三六三
花部農譚一卷 清焦循撰 稿本 二三六四
平津筆記八卷 清洪頤煊撰 稿本 二三六五
日下看花記四卷 題清小鐵笛道人撰 清嘉慶八年刻本 二三六六
茶堂日著一卷 清朱為弼撰 稿本 清朱善旂跋 二三六七
嘯亭雜錄十卷續錄三卷 清昭槤撰 清抄本 二三六八
嘯亭雜錄十卷 清昭槤撰 清抄本 二三六九
嘯亭雜錄八卷續錄二卷 清昭槤撰 清光緒六年耀年潘駿德刻本 清翁同龢圈點批注 二三七〇

嘯亭雜錄六卷續錄四卷 清昭槤撰 清抄本 二三七一
天學一隅一卷格言尤要一卷日省三戒一卷 二三七二
松陽講義一卷 清姚椿撰 稿本
同席錄四卷 清薛傳均撰 稿本 二三七三
讀書識小錄□卷 清潘道根撰 稿本 二三七四
存三卷 三至四 六
讀書識小錄二卷 清潘道根撰 稿本 王大隆跋 二三七五
所見錄一卷 清潘道根撰 稿本 二三七六
甘泉鄉人雜記一卷 清錢泰吉撰 稿本 二三七七
䜿訛亭雜鈔一卷 清祁寯藻撰 稿本 二三七八
一亭考古雜記一卷 清毛慶臻撰 清有真意齋抄本 二三七九
梵麓山房筆記七卷 清吳[illegible]撰 清抄本 清劉履芬校 潘承弼跋 二三八〇
顧尚之雜稿不分卷 清顧觀光撰 稿本 二三八一
辛壬日鈔三卷 清周[illegible]撰 稿本 二三八二
朝野瑣記不分卷 清張寶璿撰 清抄本 二三八三

九十二

破睡編一卷 清姚福增撰 清抄本 二三八四
定樞錄二卷窮神錄二卷從心錄二卷至命錄二卷 清胡光岱撰 稿本 二三八五
拘墟私語不分卷 清笠華輯 清道光二十年韓履陞抄本 二三八六
悔翁雜鈔二卷 清汪士鐸撰 稿本 邵章跋 二三八七
鄉園憶舊錄六卷 清王培荀撰 清道光二十五年自刻本 二三八八
靜遠草堂麈談三十二卷 清周樂清撰 稿本 二三八九
秫營璅記一卷 稿本 清趙烈文題款 二三九〇
西清偶筆一卷 清潘曾瑩撰 稿本 二三九一
讀史雜鈔一卷 清潘曾瑩撰 稿本 二三九二
榕陰譚屑稿二卷 清林壽圖撰 稿本 二三九三
南滑楛語四卷適齋自記一卷 清蔣超伯撰 年譜一卷 稿本 二三九四
適齋雜錄十六卷 清蔣超伯撰 稿本 二三九五
石船瑣記十卷 清蔣超伯撰 稿本 二三九六

一三九七 榕社叢談十二卷 清魏秀仁撰 稿本
一三九八 松塵燕談三十二卷 清吳元相撰 稿本
存二十三卷 九至十六 十八至三十二
一三九九 邂齋隨筆一卷 清陸長春撰 清抄本
一四〇〇 前塵夢影錄二卷 清徐康撰 清許增批 清光緒二十三年江標刻靈鶼閣叢書本
一四〇一 前塵夢影錄二卷 清徐康撰 清趙宗建批校並跋 清光緒二十三年江標刻靈鶼閣叢書本
一四〇二 十五福堂筆記一卷文稿一卷 清陳元祿撰 稿本
一四〇三 春在堂隨筆不分卷 清俞樾撰 稿本 清張鳴珂、曹楙跋
一四〇四 燕臺札記一卷 清陳倬撰 稿本
一四〇五 李氏筆記一卷 清李鴻裔撰 稿本
一四〇六 蘇鄰隨筆一卷 清李鴻裔撰 稿本
一四〇七 履坦園五雜俎一卷 清李鴻裔撰 稿本
一四〇八 懷新閣雜鈔一卷 清李鴻裔撰 稿本
一四〇九 退一步齋雜錄不分卷 清方濬師撰 清抄本
一四一〇 鑄錯山房筆記不分卷 清丁柔克撰 稿本
一四一一 招鷗別館筆記一卷 清黃貽楫撰 稿本
一四一二 蔚華館雜稿不分卷 清王韜撰 稿本
一四一三 寄生山館隨筆一卷 清王韜撰 稿本
一四一四 淞隱漫錄一卷 清王韜撰 稿本
一四一五 竹山隨筆不分卷 清潘祖同撰 稿本
一四一六 養拙軒筆記不分卷 清沈梓撰 稿本
一四一七 復廬隨錄一卷 清譚獻撰 稿本
一四一八 論古雜識一卷 清吳大澂撰 稿本
一四一九 鴻軒隨筆八卷 清李慎儒撰 稿本 清潘曾綬、吳丙湘跋
一四二〇 郎潛四筆十一卷 清陳康祺撰 稿本
一四二一 寒松閣雜鈔不分卷 清張鳴珂撰 稿本
一四二二 賭棋山莊筆記二卷 藤陰客贅一卷 圍爐瑣憶一卷 清謝章鋌撰 稿本
一四二三 賭棋山莊備忘錄不分卷 清謝章鋌輯 稿本
一四二四 海日樓札記二卷 沈曾植撰 稿本

九十三

一四二五 東軒溫故錄一卷 沈曾植撰 稿本
一四二六 潛究室劄記一卷 沈曾植撰 稿本
一四二七 蘉德楓齋涉筆一卷 沈曾植撰 稿本

雜品

一四二八 感應類從志一卷 題晉張華撰 明抄本
一四二九 東坡先生物類相感志十八卷 題宋釋贊寧撰 明抄本
一四三〇 東坡先生物類相感志十八卷 題宋釋贊寧撰 清抄本
一四三一 洞天清錄一卷 宋趙希鵠撰 明萬曆四十二年張萱刻本 九行二十字白口四周單邊有刻工
一四三二 洞天清錄一卷 宋趙希鵠撰 明百嶼堂抄本
一四三三 洞天清錄一卷 宋趙希鵠撰 明抄本
一四三四 新刻洞天清錄一卷 宋趙希鵠撰 明胡文煥刻格致叢書本 十行二十字白口左右双边 傅增湘校並跋
一四三五 新刻洞天清錄一卷 宋趙希鵠撰 清抄本 清黃丕烈校並跋
一四三六 洞天清祿集二卷 宋趙希鵠撰 清抄本 清盧文弨校並跋
一四三七 洞天清祿集一卷 宋趙希鵠撰 清乾隆四十九年愛吾廬吾進抄本 清吾進跋
一四三八 洞天清祿集一卷 宋趙希鵠撰 清道光十九年鮑康抄本 姚華跋
一四三九 洞天清祿集一卷 宋趙希鵠撰 清抄本
一四四〇 負暄野錄二卷 宋陳槱撰 明隆慶元年葉恭煥抄本 張元濟跋
一四四一 負暄野錄二卷 宋陳槱撰 明抄本（四庫底本）

九十四

一四四二 負暄野錄二卷 宋陳櫄撰 明抄本
一四四三 負暄野錄二卷 宋陳櫄撰 清曹炎抄本 清丁丙跋
一四四四 負暄野錄二卷 宋陳櫄撰 清抄本
一四四五 負暄野錄二卷 宋陳櫄撰 清抄本
一四四六 負暄野錄二卷 宋陳櫄撰 清乾隆嘉慶間鮑廷博刻知不足齋叢書本 傅增湘校並跋
一四四七 雲烟過眼錄一卷 宋周密撰 明末馮舒家抄本 徐鴻寶校並錄明沈辨之葉伯寅題識
一四四八 雲烟過眼錄一卷 宋周密撰 清抄本 清鮑廷博校
一四四九 雲烟過眼錄一卷 宋周密撰 清抄本 清謝□校注 周星詒校並跋
一四五〇 雲烟過眼錄一卷 宋周密撰 清劉履芬抄本
一四五一 雲烟過眼錄一卷 宋周密撰 清抄本
一四五二 雲煙過眼錄一卷 宋周密撰 清抄本
一四五三 雲煙過眼錄二卷別錄二卷 宋周密撰 清抄本 清嚴元照校跋並錄清丁敬題識 清勞格校並跋
一四五四 雲煙過眼錄二卷別錄二卷 宋周密撰 清抄本 清羅以智錄嚴元照校並跋
一四五五 雲烟過眼錄二卷 宋周密撰 清抄本 清丁丙跋
一四五六 雲烟過眼錄四卷 宋周密撰 續錄一卷 元湯允謨撰 清抄本 清趙宗建校並跋

一四五七 雲煙過眼續錄一卷 元湯允謨撰 清乾隆陸烜刻奇晉齋叢書本 清吳翌鳳校
一四五八 居家必用十卷 元至元五年友于書堂刻本 十三行二十二字黑口四周双边 存二卷 甲集 乙集
一四五九 新增居家必用事類全集十卷 元刻本 十三行二十字黑口四周双边 存三卷 甲集 乙集 庚集
一四六〇 居家必用事類全集十卷 明刻本 九行十六字黑口四周双边
一四六一 居家必用事類全集十卷 明刻本 清丁丙跋
一四六二 居家必用事類全集十卷 明隆慶二年飛來山人刻本 九行十六字白口四周單边
一四六三 多能鄙事十二卷 題明劉基撰 明嘉靖四十二年范惟一刻本 十一行二十一字黑口四周双边
一四六四 多能鄙事十二卷 題明劉基撰 明嘉靖刻本 十二行二十四字或二十三字黑口四周單边
一四六五 多能鄙事十二卷 題明劉基撰 明刻本 十三行二十六字白口四周單边
一四六六 新增格古要論十三卷 明曹昭撰 王佐增補 明天順六年徐氏善得書堂刻本 十三行二十五字白口四周双边
一四六七 新增格古要論十三卷 明曹昭撰 王佐增補 明黃珙刻本 十行二十字白口四周單边
一四六八 新增格古要論十三卷 明曹昭撰 王佐增補 明鄭樸刻本 十行二十三字白口四周單边
一四六九 新增格古要論十三卷 明曹昭撰 王佐增補 明黃正位刻本 十行二十字白口四周單边

九五

一四七〇 新增格古要論十三卷 明曹昭撰 王佐增補 明黃正位刻清淑躬堂重修本
一四七一 新增格古要論十三卷 明曹昭撰 王佐增補 明黃正位刻清淑躬堂重修本 十行二十字白口四周單边
一四七二 新增格古要論十三卷 明曹昭撰 王佐增補 明黃正位刻清淑躬堂重修本 清盧文弨校並跋 丁丙跋
一四七三 宋氏家要部三卷家儀部四卷家規部四卷燕閒部二卷 明宋詡撰 明刻本 十行二十字白口左右双边
一四七四 宋氏閨房譜一卷 明宋詡撰 清初毛氏汲古閣抄本
一四七五 墨娥小錄十四卷 明隆慶五年吳繼聚好堂刻本 十行二十字白口左右双边有刻工
一四七六 墨娥小錄十四卷 明抄本 存五卷 一至五
一四七七 長物編一卷 明王穉登撰 清抄本 清陸漻跋
一四七八 畺采館清課一卷 明費元祿撰 明萬曆刻本 明徐𤊹跋 九行二十字白口四周單边
一四七九 墨林快事十二卷 明安世鳳撰 清初抄本
一四八〇 墨林快事十二卷 明安世鳳撰 清雍正三年許堯勳抄本
一四八一 墨林快事十二卷 明安世鳳撰 清抄本 清汪大經跋
一四八二 雅尚齋遵生八牋十九卷 明高濂撰 明萬曆十九年自刻本 九行十八字黑口四周單边有刻工

一四八三 雅尚齋遵生八牋十九卷 明高濂撰 明萬曆建邑書林種德堂熊冲宇刻本 九行十八字白口四周單边
一四八四 筠軒清閟錄三卷 題明董其昌撰 清鮑氏困學齋抄本 清鮑廷博校
一四八五 筠軒清閟錄三卷 題明董其昌撰 清抄本
一四八六 燕閒四適二十卷 明孫丕顯輯 明萬曆二十九年刻本 十行二十字白口四周單边
一四八七 清閒供八卷 明程羽文撰 明末刻本 九行二十字白口左右双边
一四八八 廣社五十卷 明張雲龍撰 明崇禎十六年刻本 九行十九字白口四周單边
一四八九 廣社五十卷 明張雲龍撰 清初抄本 姚光跋
一四九〇 長物志十二卷 明文震亨撰 明刻本 八行十六字白口左右双边
一四九一 長物志十二卷 明文震亨撰 清潘氏滂喜齋抄本
一四九二 韻石齋筆談二卷 明姜紹書撰 清初刻本
一四九三 韻石齋筆談二卷 明姜紹書撰 清初刻本 鄭振鐸跋
一四九四 韻石齋筆談二卷 明姜紹書撰 清乾隆十二年姜觀光姜斗光等刻本
一四九五 韻石齋筆談二卷 明姜紹書撰 清趙氏小山堂抄本
一四九六 物類相感續志一卷續編一卷 清王暉撰 清抄本
一四九七 研山齋雜記四卷 清孫炯撰 清道光二十四年劉位坦抄本 清劉位坦跋

九六

二四九八　破鐵網三卷　清管庭芬撰　稿本

雜纂

二四九九　意林五卷　唐馬總輯　明嘉靖五年黄鳳儀刻本　十行二十字白口左右双边

二五〇〇　意林五卷　唐馬總輯　明嘉靖五年黄鳳儀刻本　清黄廷鑑校並跋

二五〇一　意林五卷　唐馬總輯　明嘉靖八年於敖刻本　九行二十字白口四周单边

二五〇二　意林五卷　唐馬總輯　明萬曆六年錢普刻本　九行二十一字白口四周双边

二五〇三　意林五卷　唐馬總輯　明萬曆十六年徐元太刻本　十行二十二字白口四周双边有刻工

二五〇四　意林五卷　唐馬總輯　明謝氏小草齋抄本

二五〇五　意林五卷　唐馬總輯　明抄本
存二卷　一至二

二五〇六　意林五卷　唐馬總輯　清乾隆福建刻武英殿聚珍版叢書本　清劉庠校補並跋

二五〇七　意林五卷　唐馬總輯　清嘉慶十年張海鵬照曠閣刻學津討原本　清吳卓信校並跋

二五〇八　意林五卷　唐馬總輯　清抄本

二五〇九　意林五卷　唐馬總輯　清抄本

二五一〇　意林五卷　唐馬總輯　清光緒三年崇文書局刻本　清陳霖、陶濬宣校　補一卷　清抄本

二五一一　意林五卷　唐馬總輯　清光緒三年崇文書局刻本　清陳霖、譚獻校　張元濟跋　補一卷　清抄本

九七

二五一二　意林五卷　唐馬總輯　清乾隆武英殿活字印聚珍版叢書本　清嚴可均校補並跋、丁丙跋　逸文一卷　清周廣業輯
補二卷　清李遇孫輯　清抄本

二五一三　意林五卷　唐馬總輯　清乾隆武英殿活字印聚珍版叢書本　清汪遠孫跋　逸文一卷　清周廣業輯　補
二卷　清李遇孫輯　清抄本
存六卷　三至五　逸文　補全

二五一四　意林五卷　唐馬總輯　逸文一卷　清周廣業輯　補二卷　清李遇孫
輯　清抄本　清黄以周許蛇校

二五一五　意林語要五卷　唐馬總輯　明刻本　九行二十字白口四周单边

二五一六　意林語要五卷　唐馬總輯　明刻本　清張紹仁校並跋、黄丕烈跋

二五一七　意林語要五卷　唐馬總輯　清紀氏閱微艸草堂抄本

二五一八　意林語要五卷　唐馬總輯　清抄本　清周霞甲校並跋

二五一九　意林附注五卷　清周廣業撰　清抄本　清吳友芝校

二五二〇　意林注五卷　唐馬總輯　清周廣業注　清同治九年劉履芬抄本　清劉履芬跋
存三卷　三至五

二五二一　意林注五卷　唐馬總輯　清周廣業注　清陶濬宣家抄本　清陶濬宣校並跋

二五二二　意林注五卷　唐馬總輯　清周廣業注　逸文一卷　清周廣業輯　清抄本　繆荃孫批校

二五二三　意林校注六卷　唐馬總輯　清黄以周校注　稿本

二五二四　意林校補三卷　清譚獻　許增撰　稿本

二五二五　稽瑞錄一卷　唐劉賡輯　明萬曆三十九年刻本　八行十八字白口四周单边

二五二六　稽瑞錄一卷　唐劉賡輯　清抄本

二五二七　稽瑞錄一卷　唐劉賡輯　清抄本

二五二八　稽瑞錄一卷　唐劉賡輯　清道光七年張履祥抄本

二五二九　雲仙散錄一卷　題唐馮贄撰　宋開禧刻公文紙印本　清徐渭仁、丁丙跋　九行十八字白口左右双边有刻工

二五三〇　雲仙散錄一卷　題唐馮贄撰　清抄本　清徐渭仁跋

二五三一　雲仙散錄十卷　題唐馮贄撰　清抄本

二五三二　雲仙雜記十卷　題唐馮贄輯　明隆慶五年葉氏菉竹堂刻本　十行十八字白口四周单边

二五三三　雲仙雜記十卷　題唐馮贄輯　明隆慶五年葉氏菉竹堂刻本　清丁丙跋

二五三四　雲仙雜記十卷　題唐馮贄輯　明隆慶五年葉氏菉竹堂刻本　清王思範跋

二五三五　雲仙雜記十卷　題唐馮贄輯　明隆慶五年葉氏菉竹堂刻本　李盛鐸校

二五三六　雲仙雜記十卷　題唐馮贄輯　明抄本

九八

二五三七 雲仙雜記十卷 題唐馮贄輯 清抄本 徐恕校並跋
二五三八 紺珠集十三卷 明天順刻本 十二行二十四字黑口四周双边
二五三九 紺珠集十三卷 明天順刻本（卷一至二配明抄本） 明毛晉、清毛扆校
二五四〇 紺珠集十三卷 明天順刻本 清徐克勳校並跋
二五四一 紺珠集十三卷 明天順刻本 清丁丙跋
二五四二 紺珠集十三卷 清抄本 清韓翔麟、金志章校 周廣業、唐翰題跋
二五四三 紺珠集十三卷 清康熙尤貞起抄本 清尤貞起校並跋 丁丙跋
二五四四 紺珠集十三卷 清石村書屋抄本
二五四五 紺珠集十三卷 清抄本
二五四六 紺珠集十三卷 清抄本
二五四七 清異錄二卷 宋陶穀撰 明隆慶六年葉氏菉竹堂刻本 十行十八字白口四周單邊
二五四八 清異錄二卷 宋陶穀撰 明陶元柱[illegible]刻本 十行二十字白口左右双边
二五四九 清異錄二卷 宋陶穀撰 清康熙刻本 清勞權校
二五五〇 清異錄二卷 宋陶穀撰 清康熙刻本 傅增湘校並跋
二五五一 清異錄二卷 宋陶穀撰 清姚錫曾抄本 丁仁跋
二五五二 清異錄二卷 宋陶穀撰 清光緒元年陳氏庸閒齋刻本 鄭文焯批
二五五三 清異續錄一卷 明李肇亨撰 清抄本
二五五四 蕉牕雜記四卷 宋陶穀撰 清抄本
二五五五 類說□□卷 宋曾慥輯 宋刻本 十行十六字黑口左右双边
存三卷 仇池筆記一卷 宋蘇軾撰 隱齋閑覽一卷 宋陳正敏撰 東軒筆錄一卷 宋魏泰撰
二五五六 類說六十卷 宋曾慥輯 明天啓六年岳鍾秀刻本 九行十八字白口左右双边
二五五七 類說六十卷 宋曾慥輯 明天啓六年岳鍾秀刻本 繆荃孫校
二五五八 類說□□卷 宋曾慥輯 明抄本 清錢曾跋
存四十一卷 前編十五卷 後編二十六卷
二五五九 類說六十卷 宋曾慥輯 明抄本
存三十二卷 十九下至五十
二五六〇 類說六十卷 宋曾慥輯 明抄本 李盛鐸跋
存十四卷 一至七 二十一至二十七
二五六一 類說六十卷 宋曾慥輯 明抄本
存六卷 五至十

九九

二五六二 類說五十卷 宋曾慥輯 明有嘉堂抄本
存三十五卷 五至十四 十九至二十一 二十四至二十七 三十一至五十
二五六三 類說五十卷 宋曾慥輯 明抄本
存四十八卷 三至五十
二五六四 類說五十卷 宋曾慥輯 明抄本
存十六卷 四至十九上
二五六五 類說五十卷 宋曾慥輯 清初抄本
二五六六 新雕皇朝類苑六十三卷目錄五卷 宋江少虞輯 明抄本
二五六七 皇朝類苑六十三卷目錄五卷 宋江少虞輯 明抄本
存六十卷 一至五十五 目錄全
二五六八 皇朝類苑六十三卷目錄五卷 宋江少虞輯 清抄本
二五六九 皇朝事實類苑六十三卷目錄五卷 宋江少虞輯 清抄本
存六十三卷 一至六十三
二五七〇 皇宋事實類苑六十三卷目錄五卷 宋江少虞輯 清抄本 清陸烜、黃丕烈跋
存三十二卷 一至五 十五至十六 十八至二十五 三十至三十一 三十九至四十一 四十五至四十七 五十五至六十三
二五七一 皇朝類苑六十三卷目錄五卷 宋江少虞輯 清抄本（卷六十七、二十六至二十九、三十二至三十八、四十二至四十四、四十八至五十四配另一清抄本） 李文銳、瞿熙邦校並跋
存六十卷 一至六 十五至六十三 目錄全
二五七二 皇朝類苑七十八卷 宋江少虞輯 清抄本（卷十八至十九、二十七至三十、三十八至三十九、五十二至五十七、六十二至七十八配丁氏八千卷樓抄本） 佚名校 丁立誠校並跋
二五七三 皇朝仕學規範四十卷 宋張鎡輯 宋刻本 十二行二十五字白口左右双边 有刻工
二五七四 皇朝仕學規範四十卷 宋張鎡輯 宋刻本（卷三十七至四十配清影宋抄本）
二五七五 皇朝仕學規範四十卷 宋張鎡輯 宋刻本（序目、卷三十三至四十配清抄本） 清張廷濟跋
二五七六 皇朝仕學規範四十卷 宋張鎡輯 宋刻本 清郁松年題款
二五七七 皇朝仕學規範四十卷 宋張鎡輯 宋刻本
存二十九卷 一至二十九
二五七八 皇朝仕學規範四十卷 宋張鎡輯 明刻本 十一行二十一字黑口四周双边
二五七九 皇朝仕學規範四十卷 宋張鎡輯 明刻本 傅增湘校並跋
二五八〇 皇朝仕學規範四十卷 宋張鎡輯 清抄本 清丁丙跋
二五八一 仕學規範八卷 宋張鎡輯 明范汝梓刪訂 明天啓五年范廷鳳、范廷驥刻本 九行二十字白口四周單边

一〇〇

一五八二 臥游錄一卷 題宋呂祖謙撰 明何鏜刻本 八行十六字白口左右双边

一五八三 臥游錄一卷 題宋呂祖謙撰 明崇禎六年孫明志抄本

一五八四 經子法語二十四卷 宋洪邁撰 清抄本

一五八五 經子法語二十四卷 宋洪邁撰 清抄本 清丁丙跋

一五八六 養生雜類二十二卷 宋周守忠撰 明刻本 十四行二十四字黑口四周双边
存二十卷 一至十一 十三至二十一

一五八七 續談助五卷 宋晁伯宇輯 明嘉靖四十一年茶夢齋姚咨抄本 明姚咨、清張蓉鏡、黄丕烈、孫原湘跋

一五八八 續談助五卷 宋晁伯宇輯 清錢氏守山閣抄本

一五八九 續談助五卷 宋晁伯宇輯 清抄本

一五九〇 七十二子粹言二卷 宋朱南功撰 明刻本 十行十八字白口左右双边

一五九一 新編醉翁談錄八卷 宋金盈之撰 明抄本 清毛扆校
存四卷 五至八

一五九二 新編醉翁談錄八卷 宋金盈之撰 清抄本 繆荃孫校並跋

一五九三 醉翁談錄八卷 宋金盈之撰 清蔣維基茹古精舍抄本

一五九四 醉翁談錄八卷 宋金盈之撰 清抄本

一五九五 醉翁談錄八卷 宋金盈之撰 清抄本

一五九六 山家清事一卷 宋林洪撰 明崇禎六年孫明志抄本

一五九七 山家清事一卷 宋林洪撰 清曹炎抄本

一五九八 山家清事一卷 宋林洪撰 清抄本

一五九九 自警編五卷 宋趙善璙輯 宋刻本 清翁方綱題款 十行二十字白口左右双边有刻工

一六〇〇 自警編五卷 宋趙善璙輯 宋刻本 清宋賓王題款
存三卷 甲集 乙集 戊集

一六〇一 自警編五卷 宋趙善璙輯 明初刻本 十行二十字白口左右双边

一六〇二 自警編五卷 宋趙善璙輯 明嘉靖七年蜀藩刻本 十行二十字白口左右双边

一六〇三 自警編八卷 宋趙善璙輯 明嘉靖二十四年唐曜刻本 十行二十一字黑口四周双边

一六〇四 自警編九卷 宋趙善璙輯 明嘉靖七年蜀藩刻本 十行二十字白口左右双边

一六〇五 自警編九卷 宋趙善璙輯 明嘉靖十九年陳光哲刻本 十行二十字白口左右双边

一六〇六 自警編九卷 宋趙善璙輯 明嘉靖四十年陳善刻本 清丁丙跋 十行二十字白口四周双边有刻工

一六〇七 自警編九卷 宋趙善璙輯 明萬曆二年李華春刻本 十行二十字白口四周双边

一六〇八 自警編九卷 宋趙善璙輯 明萬曆四年徐栻壯猷堂刻本 十行二十字白口左右双边

一六〇九 自警編九卷 宋趙善璙輯 明萬曆四年徐栻壯猷堂刻本 清丁丙跋

一六一〇 自警編九卷 宋趙善璙輯 明萬曆五年李超刻本 十行二十字白口四周双边

一六一一 自警編九卷 宋趙善璙輯 明刻本 十行二十字白口左右双边

一六一二 自警編九卷 宋趙善璙輯 明刻本 清李文田校注並跋 十行二十字白口四周双边

一六一三 自警編九卷 宋趙善璙輯 明抄本
存五卷 一至五

一六一四 自警編十一卷 宋趙善璙輯 明刻本 九行十七字白口四周双边

一六一五 續自警編十六卷 明黄希憲輯 明萬曆五年刻本 十行二十字白口左右双边

一六一六 續自警編八卷 明黄希憲輯 明萬曆六年刻本 十行二十字白口左右双边

一六一七 皇明自警編九卷 明連士英輯 明天啓二年刻本 十行二十字白口四周双边

一六一八 自號錄一卷 宋徐光溥輯 清星鳳閣趙之玉抄本

一六一九 自號錄一卷 宋徐光溥輯 清抄本

一六二〇 澄懷錄二卷 宋周密輯 明嘉靖二十六年百川高氏抄本 清林佶跋

一六二一 芝秀堂鈔澄懷錄二卷 宋周密輯 明抄本 傅增湘校並跋

一六二二 澄懷錄二卷 宋周密輯 明抄本

一六二三 澄懷錄二卷 宋周密輯 清抄本

一六二四 澄懷錄二卷 宋周密輯 清吳翌鳳家抄本 清吳翌鳳校

一六二五 澄懷錄二卷 宋周密輯 清二如居抄本 清丁丙跋

一六二六 澄懷錄二卷 宋周密輯 清抄本 清丁丙跋

一六二七 澄懷錄二卷 宋周密輯 清光緒二年李文田家抄本 清潘祖蔭跋 傅增湘校

一六二八 忍經一卷 元吳亮撰 明正統十年刻本 清丁丙跋 十二行二十四字白口左右双边

一六二九 忍書一卷 元吳亮撰 明崇禎二年楊君覬刻本 八行十八字白口四周單边

一六三〇 忍書一卷 元吳亮撰 明刻本 八行十八字黑口四周双边

一六三一 勸忍百箴考注四卷 元許名奎撰 明釋覺澂考注 明正統十四年周恂如刻公文紙印本 十二行二十二字黑口四周双边

一六三二 勸忍百箴考註四卷 元許名奎撰 明釋覺澂考注 明嘉靖二十七年張謙刻本 十行二十字白口四周單边

一六三三 勸忍百箴考註四卷 元許名奎撰 明釋覺澂考注 明萬曆十二年張誠刻本 十行二十一字黑口四周双边

一六三四 誠齋雜記二卷 題元林坤撰 清初毛氏汲古閣抄本

一六三五 瑯嬛記三卷 題元伊世珍撰 明萬曆刻本 九行二十字白口四周單边

一六三六 瑯嬛記三卷 題元伊世珍撰 餘記一卷 □雲陽子撰 清周文鼎抄本

六六三七 景仰撮書一卷 明王達撰 明刻本 清黃丕烈跋 九行十七字白口左右雙邊

六六三八 尚論編一卷 明王達撰 明嘉靖七年張琛刻藍印本 九行十八字白口左右雙邊

六六三九 學范不分卷 明趙謙撰 明永樂二年王懋刻本 十一行二十四字黑口四周雙邊

六六四〇 學范二卷 明趙撝謙撰 明嘉靖二十五年陳壎刻本 十行二十字白口四周單邊

六六四一 學范二卷 明趙撝謙撰 清初刻本

六六四二 綱常懿範十卷 明周是修撰 明崇禎三年周應鰲刻本 八行二十二字白口四周單邊有刻工

六六四三 為善陰隲十卷 明成祖朱棣撰 明永樂十七年內府刻本 十行十九字黑口四周雙邊

六六四四 為善陰隲十卷 明成祖朱棣撰 明永樂十七年內府刻本 清丁丙跋

六六四五 大明仁孝皇后勸善書二十卷 明仁孝皇后徐氏撰 明永樂五年內府刻本 十四行二十八字黑口四周雙邊

六六四六 大明仁孝皇后勸善書二十卷 明仁孝皇后徐氏撰 明永樂五年內府刻本 清丁丙跋

六六四七 新編經證事類居官一覽五卷 明陳詰輯 明成化十九年陳昜刻本 十行二十一字黑口四周雙邊有刻工

六六四八 典籍格言不分卷 明王恕輯 明弘治十八年刻本 十行十八字白口四周雙邊

六六四九 家塾事親五卷 明郭晟撰 明弘治十七年刻本 清張紹仁跋 李盛鐸跋 十行二十字黑口四周雙邊

十三

六六五〇 林泉隨筆一卷 明張綸撰 明嘉靖九年吳廷翰刻本 十行二十一字黑口四周雙邊

六六五一 新刊諸子纂要大全四卷 明黎堯卿輯 明正德二年錦江堂刻本 十一行二十三字黑口四周雙邊 存二卷 一至二

六六五二 新刻諸子纂要四卷 明黎堯卿輯 明萬曆刻本 十行二十字白口左右雙邊

六六五三 諸子纂要四卷 明黎堯卿輯 明刻本 十一行十九字黑口四周雙邊

六六五四 玉壺冰一卷 明都穆輯 明正德陳世寶刻本 十行十八字白口四周回文邊

六六五五 玉壺冰一卷 明都穆輯 明萬曆十一年趙以康刻本 九行十八字白口四周雙邊

六六五六 玉壺冰一卷 明都穆輯 續玉壺冰一卷 明鄭履準撰 明抄本

六六五七 磯園稗史一卷 明孫繼芳撰 清抄本 吳騫跋

六六五八 據梧鈔二卷 明許相卿撰 明嘉靖刻本 十行二十一字白口四周單邊有刻工

六六五九 灼艾集二卷續集二卷餘集二卷別集二卷 明萬表輯 明嘉靖刻本 十行十八字白口四周單邊

六六六〇 灼艾集二卷續集二卷新集二卷別集二卷餘集二卷 明萬表撰 明萬曆二十九年萬邦孚刻本 十行二十字白口四周單邊

六六六一 灼艾集二卷續集二卷餘集二卷新集二卷 明萬表撰 明萬曆二十九年萬邦孚刻本 清丁丙跋 十行二十字白口四周單邊

六六六二 王太蒙先生類纂批評灼艾集十八卷 明萬表輯 王佐纂評 明刻本 九行二十字白口四周單邊有刻工

六六六三 諸子品節五十卷 明陳深輯 明萬曆刻本 九行二十字白口四周單邊 有刻工

六六六四 雜抄不分卷 明范欽輯 稿本

六六六五 談資四卷 明秦鳴雷撰 明嘉靖刻本 九行十八字白口左右雙邊

六六六六 談資三卷 明秦鳴雷撰 明萬曆元年刻本 九行十八字白口左右雙邊

六六六七 新刊合璧春窗聯偶巧對二卷 明楊淙輯 明隆慶五年刻本 十行字數不等左右雙邊

六六六八 六子論六卷 明朱應麟輯 明萬曆元年張氏木石山房刻本 十行二十五字白口左右雙邊

六六六九 高奇往事十卷 明何鏜輯 明萬曆刻本 十行二十字白口四周單邊

六六七〇 口筆刀圭九卷 明毛起輯 明萬曆十五年徐元太刻本 十行二十字四周雙邊有刻工

六六七一 學圃藼蘇六卷 明陳耀文輯 明萬曆五年東棐刻本 十行二十字白口左右雙邊

六六七二 學圃藼蘇六卷 明陳耀文輯 明萬曆五年東棐刻本 清丁丙跋

六六七三 學圃藼蘇六卷 明陳耀文輯 明張寬然刻本 十行二十字白口四周雙邊

六六七四 六子歸儒集十卷 明周良金輯 明萬曆十三年周治蔭刻本 八行十七字白口左右雙邊

十四

六六七五 初潭集二十卷 明李贄撰 明萬曆刻本 九行二十字白口四周單邊

六六七六 初潭集三十卷 明李贄撰 明刻本 九行二十字白口四周單邊

六六七七 初潭集三十卷 明李贄撰 閔遜閔果輯評 明刻朱墨套印本 九行十九字白口四周單邊

六六七八 初潭集十二卷 明李贄撰 明末刻本 九行二十字白口四周單邊

六六七九 雅笑三卷 明李贄輯 明刻本 八行十八字白口左右雙邊

六六八〇 言善篇四集四卷 明李贄輯 明萬曆四十六年刻本 九行二十字白口四周單邊 存二卷 元集 利集

六六八一 考古彙編二十四卷 明傅鉞輯 明嘉靖三十一年刻本 十二行二十八字白口四周單邊

六六八二 重刊明心寶鑑二卷 明嘉靖三十二年曹玄刻本 九行十八字黑口四周雙邊

六六八三 百氏統要四卷 明張烈文輯 明嘉靖刻本 十二行二十四字白口左右雙邊

六六八四 文海流奇十八卷 明張烈文輯 明刻本 十二行二十四字白口左右雙邊 存十六卷 一至十六

六六八五 彙編歷代當機錄三卷 明胡汝桂輯 吳同春增輯 明萬曆十七年刻本 九行十九字白口左右雙邊

六六八六 芸心識餘七卷續一卷 明陳其力撰 明嘉靖刻本 九行二十字白口四周雙邊有刻工

六六八七 芸心識餘七卷續一卷 明陳其力撰 清抄本

諸家儁語八卷 明穆文熙輯 明萬曆二十一年周氏萬卷樓刻本 十行二十字白口四周单边 二六八八
諸家儁語八卷 明穆文熙輯 明萬曆二十六年劉以煥刻本 十行二十字白口四周双边 二六八九
石渠閣校刻庭訓閱古隨筆二卷 明穆文熙撰 明末石渠閣刻本 九行二十二字白口四周单边 二六九〇
景行錄十二卷 明江學詩輯 明萬曆二十二年刻本 九行十九或二十字白口左右双边 二六九一
男訓二十一卷女訓二十卷約言一卷 明沈鯉、馮琦撰 徐昌祚增補 明萬曆三十一年徐昌祚刻本 九行二十字白口左右双边 二六九二
歷代小史一百五卷 明李栻輯 明刻本 十一行二十六字白口四周双边 二六九三
歷代小史摘編六卷 明唐世延輯 明萬曆三十二年朱東光、唐世延刻本 九行二十字白口四周双边 二六九四
困學纂言六卷 明李栻撰 明萬曆二年馬文煒刻本 九行二十字白口左右双边 二六九五
新刻儁英珠璣不分卷 明許國輯 明刻本 十行二十字白口四周单边 二六九六
兔園雜抄二卷 明歸有光撰 明萬曆七年顧天圻刻本 十行十六字白口四周双边 二六九七
稗史彙編一百七十五卷 明王圻輯 明萬曆刻本 十行二十字白口左右双边 二六九八
六稽雜錄六卷 明馬如麟輯 明刻本 九行十八字白口四周双边 二六九九
百家類纂四十卷 明沈津輯 明隆慶元年含山縣儒學刻本 十一行二十字白口左右双边 二七〇〇

十五

洪陽張先生警心類編四卷 明張位撰 明刻本 七行十八字白口四周单边 二七〇一
新刻熙朝内閣評選六子纂要十二卷 明張位、趙志皐輯 明萬曆二十一年書林余成章刻本 十一行二十二字白口四周双边 二七〇二
刻徐文長先生秘集十二卷 題明徐渭輯 明天啓刻本 九行十九字白口四周单边 二七〇三
徐文長先生秘集二卷 題明徐渭輯 清初抄本 二七〇四
使淮續掾四卷 明蔣以化撰 明萬曆三十二年刻本 九行十八字白口四周双边 二七〇五
賢奕編四卷 明劉元卿撰 明刻本 九行十八字白口四周单边 二七〇六
六語三十一卷（謠語七卷 諺語七卷 諧語七卷 讔語二卷 譏語二卷 讖語六卷） 明郭子章撰 明萬曆刻本 九行十八字白口左右双边 二七〇七
名賢彙語不分卷 清抄本 二七〇八
省身集要四卷 明胡宗洵輯 明萬曆十六年刻本 九行十九字白口四周双边 二七〇九
勸戒圖說不分卷太上諸仙法語補集二卷 明鄭迪光輯 明萬曆十七年自刻本 十三行二十六字白口四周单边 二七一〇

勸戒圖說四卷 明鄭迪光輯 明萬曆二十二年書林安正堂劉雙松刻本 八行十八字白口四周单边 二七一一
閨範四卷 明呂坤撰 明余永寧等刻泊如齋印本 八行十五字白口四周双边 有刻工 二七一二
呂新吾先生閨範圖說四卷 明呂坤撰 明呂應菊刻本 九行二十二字白口四周双边 二七一三
新刊君子亭群書摘草五卷 明王國賓輯 明萬曆刻本 八行十八字白口四周单边 二七一四
穀詒彙十六卷 明陶希皋輯 明崇禎七年刻本 八行十八字白口四周单边 二七一五
諸經品節二十卷 明楊起元輯 明萬曆刻本 九行二十字白口四周单边 二七一六
餘慶錄一卷 明徐天衡輯 明萬曆徐栻刻本 九行二十字白口左右双边有刻工 二七一七
便於蒐檢四卷 明衛藩刻本 八行十字黑口四周双边 二七一八
便於蒐檢四卷 明衛藩刻本 王存善跋 二七一九
二箴一卷 明余蘧元撰 明萬曆刻本 七行十五字白口四周单边 二七二〇
長生詮六卷 明洪應明撰 明萬曆刻本 八行十八字白口四周单边 二七二一
琅邪代醉編四十卷 明張鼎思輯 明萬曆二十五年陳性學刻本 十行二十字白口四周双边 二七二二
琅邪代醉編四十卷 明張鼎思輯 明萬曆二十五年陳性學刻本 清方濬師跋 二七二三
警語類抄八卷 明程達輯 明萬曆二十五年刻本 八行十七字白口左右双边 二七二四
警語類抄八卷 明程達輯 明萬曆四十六年汪元標刻本 十行二十字白口四周单边 二七二五

十六

悅容編評林一卷 題長水天放生輯 屠隆評 明刻套印本 七行十七字白口四周单边 二七二六
真如子醒言九卷 明王化隆撰 明萬曆二十九年王化遠、王烈光刻本 十行二十字白口四周双边 二七二七
游翰稗編三卷別編三卷瑣言二卷 明談修輯 明萬曆刻本 十行二十字白口左右双边有刻工 二七二八
游翰稗編五卷 明談修輯 明萬曆刻本 十行二十字白口左右双边 二七二九
百家錄粹六卷 明康齋子輯 明萬曆七年宏遠堂刻本 十行二十三字白口四周双边 二七三〇
霞外塵談十卷 明周應治撰 明崇禎刻本 九行十八字白口左右双边 二七三一
沈氏學弢十六卷 明沈克中撰 明萬曆刻本 八行十九字白口四周单边 二七三二
刻李諫議山廬惜陰評纂十二卷 明李廷諫撰 明萬曆三十五年李啟晉李激泰刻本 八行十七或十八字白口四周单边有刻工 二七三三
山林經濟籍二十四卷 明屠本畯輯 明萬曆惇德堂刻本 九行二十字白口左右双边 二七三四
千一疏二十二卷 明程涓撰 明萬曆三十七年陳所學、范樹刻本 九行二十二字白口四周单边 二七三五
宋賢事彙二卷 明李廷機撰 明萬曆胡士容、袁熙臣刻本 清丁丙跋 九行十八字白口四周双边 二七三六
宋賢事彙二卷 明李廷機撰 明天啓五年蔡善繼、夏休生刻本 九行十八字左右双边有刻工 二七三七
新刊名儒彙業分類註釋百子粹言六卷 明李廷機輯 吳龍 二七三八

撒注釋　明葉貴刻本　十一行二十三字白口四周双边

七〇三九 說類六十二卷　明葉向高輯　明萬曆刻本　十行二十一字白口左右双边

七〇四〇 遯世編十四卷　明錢一本撰　明萬曆刻本　九行二十字白口四周单边

七〇四一 王氏意雅四卷　明王志遠輯　明萬曆刻本　九行十七字白口四周单边

七〇四二 諸子合雅四卷　明王志遠輯　明萬曆刻本　九行十七字白口四周单边

七〇四三 清賞錄十二卷　明包衡撰　明萬曆刻本　八行十六字白口左右双边

七〇四四 十可篇十卷　明馬嘉松撰　明崇禎刻本　九行十八字白口四周单边

七〇四五 舌華錄九卷　明曹臣撰　明萬曆刻本　九行十八字白口四周单边有刻工

七〇四六 益智編四十一卷　明孫能傳撰　明萬曆四十一年孫能正鄂韡堂刻本　十行二十一字白口四周单边

七〇四七 鍋竹浪軒珠淵十卷　明王路清輯　明萬曆高一葦書坊刻本　鄭振鐸跋　八行二十字白口左右双边

七〇四八 法教佩珠二卷　明林有麟撰　明萬曆四十二年刻本　九行二十字白口左右双边有刻工

七〇四九 儇里麈譚十二卷　明林有麟撰　明天啓刻本　七行十六字白口四周单边

七〇五〇 冰月補三卷　明馬思恭輯　明萬曆刻本　八行十九字白口四周单边

七〇五一 鴻乙通一百二十五卷　明周獻臣撰　明天啓刻本　八行十六字白口四周双边

七〇五二 焦氏類林八卷　明焦竑輯　明萬曆十五年王元貞刻本　十行二十字白口左右双边

十七

七〇五三 田居乙記四卷　明方大鎮撰　明萬曆三十五年刻本　八行十八字四周双边白口

七〇五四 廣滑稽三十六卷　明陳禹謨輯　明萬曆刻本　九行二十字白口左右双边有刻工

七〇五五 新刊諧史六卷　明徐士範輯　明萬曆舒其才石泉堂刻本　十行二十字白口左右双边

七〇五六 廣諧史十卷　明陳邦俊輯　明萬曆四十三年沈應魁刻本　九行二十字黑口四周单边

七〇五七 廣諧史二卷　明徐常吉輯　明刻本　九行二十字黑口四周单边

七〇五八 玄覽八卷　明朱謀𪻐撰　明萬曆刻本　十行十八字白口四周单边

七〇五九 異林十六卷　明朱謀𪻐輯　明萬曆帥廷鑌刻本　十行二十字白口四周单边

七〇六〇 古今書抄三十二卷　明袁宏道輯　明萬曆刻本　九行二十字白口左右双边

七〇六一 省括編二十三卷　明姚文蔚撰　明萬曆三十四年楊廷筠刻本　十行二十字白口四周单边

七〇六二 翼學編十三卷　明朱應奎撰　明萬曆刻本　九行二十字白口四周双边

七〇六三 緝柳編三卷　明沈應元輯　明黃正位刻本　九行二十字白口四周单边

七〇六四 新鐫分門定類綺筵雅樂令謎昭華四卷　明丘齊山輯　明書林劉氏喬山堂刻本　每版三段上下段各十二行上段三字至七字不等下段三字至四字不等中段十一行二字至十二字不等

七〇六五 勸懲錄二卷　明張舜命　王大智輯　明刻本　十行二十字白口四周双边
存一卷上

七〇六六 智品十三卷　明樊玉衡撰　於倫坤補　明萬曆四十二年於斯行刻本　十行二十字白口左右双边

七〇六七 智品十三卷　明樊玉衡撰　於倫增補　明萬曆四十二年於斯行刻本　清余一鼇跋

七〇六八 八行芬規八卷　明金勵撰　明萬曆刻本　十行十八字白口四周单边有刻工

七〇六九 金粟頭陀青蓮露六儀六卷　明葉華撰　明萬曆四十年金粟園刻本　八行十七字白口四周单边
有刻工

七〇七〇 世林十八卷　明藍文炳撰　明刻本　九行十九字白口四周单边

七〇七一 榴山蓄古錄□卷　明藍文炳輯　明刻本　九行十八字白口四周单边
存一卷四

七〇七二 膽識類纂十四卷　明張九德輯　清抄本

七〇七三 四不如類鈔十二卷　明吳亮撰　明萬曆四十一年自刻本　九行二十字白口四周单边

七〇七四 談冶錄十二卷　明徐廣輯　明萬曆四十一年陳仲麟刻本　八行二十字白口四周单边有刻工

七〇七五 讕浪四卷　明郁履行撰　明萬曆秣陵聚奎樓刻本　七行十九字白口四周单边

七〇七六 百八手珠一卷　明潘懋功撰　明萬曆四十三年自刻本　清丁丙跋　八行二十字白口四周单边有刻工

七〇七七 手珠一卷　明潘懋功撰　明天啓六年刻本　八行二十字白口四周单边

七〇七八 經世奇謀八卷　明俞琳輯　明萬曆四十四年孟楠崇實齋刻本　八行十九字白口四周单边

十八

七〇七九 清適編五卷　明戴宗璠輯　明萬曆四十五年趙時來刻本　九行十八字白口左右双边

七〇八〇 逍遙遊初集十二卷　明姜長榮輯　吳世璉評　明萬曆刻本　八行十八字四周单边

七〇八一 問奇一臠三十卷　明郭良翰輯　明萬曆刻本　九行二十字白口四周单边

七〇八二 讀書志十三卷　明周高起撰　明萬曆四十八年周氏玉柱山房刻本　九行二十字白口四周单边有刻工

七〇八三 智囊全集二十八卷　明馮夢龍輯　明末還讀齋刻本　十行二十七字白口四周单边

七〇八四 智囊二十八卷　明馮夢龍輯　明末刻本　九行二十字白口四周单边

七〇八五 智囊補二十八卷　明馮夢龍輯　明末刻本　九行二十字白口四周单边

七〇八六 古今譚槩三十六卷　明馮夢龍輯　明刻本　九行二十一字白口左右双边

七〇八七 學古適用編九十一卷　明呂純如撰　明崇禎刻本　九行二十字白口四周单边

七〇八八 經史典奧六十七卷　明來斯行撰　明崇禎五年刻本　九行二十字白口左右双边

七〇八九 閒署日抄二十二卷　明舒榮都輯　明天啓二年刻本　十行二十字白口左右双边

七〇九〇 最樂編五卷　明高昂光輯　明天啓三年計元勳刻本　八行十八字白口四周单边

七〇九一 醉古堂劍掃十二卷　明陸紹珩輯　明天啓四年刻套印本　九行二十一字白口左右双边

七〇九二 新雕耍家要訣嫖賭機關四卷　明沈元甫撰　明劉無題刻本　八行十八字白口四周单边

七〇九三 霧市選言四卷　明王宇輯　明葉均宇刻本　十行二十字白口四周单边

紺珠集不分卷　明王玉汝撰　明崇禎刻本　九行二十三字白口四周單边　六七九四
鐫鍾伯敬先生秘集十五種十五卷　明鍾惺輯　明崇禎元年葉舟刻本　九行二十字白口左右双边　六七九五
蘇米譚史廣六卷（東坡先生譚史廣四卷　南宫先生譚史廣二卷）　明郭化輯　明末胡正言刻本　八行二十字白口四周單边　六七九六
智水編四卷　明黃元會撰　明崇禎刻本　九行十八字白口四周双边　六七九七
經世環應編八卷　明錢繼登撰　明刻本　九行二十字白口四周單边　六七九八
淑清錄一卷　明丁明登輯　明崇禎刻本　八行二十字白口四周單边　六七九九
書奩二十卷　明支同春輯　明抄本　六八〇〇
讀七柳軒談薈輯四卷　明徐應秋撰　清沈紹姬輯　清抄本　六八〇一
媿林漫錄不分卷　明瞿式耜輯　明崇禎九年瞿氏耕石齋刻本　九行二十一字白口四周單边　六八〇二
媿林漫錄不分卷　明瞿式耜輯　清光緒十六年江蘇書局刻本　清翁同龢圈點並跋　六八〇三
掌錄二卷　明繡雲居士撰　清嘉慶二十年福申抄本　六八〇四
雙清三卷　明楊夢袞撰　明萬曆四十八年自刻本　八行十七字白口左右双边　六八〇五
宋氏家傳纂言四卷漫錄三卷　明宋鳴梧輯　明末刻本　九行二十字白口四周單边　六八〇六

一〇九

覽史三卷　明文震孟撰　稿本　六八〇七
諸子奇賞前集五十一卷後集六十卷　明陳仁錫輯評　明天啓三徑齋刻本　九行二十字白口四周單边　六八〇八
新鐫諸子拔萃八卷　明李雲翔輯　明天啓七年刻朱墨套印本　九行十八字白口四周單边　六八〇九
璣屑一卷　明倪鴻寶撰　稿本　清杜煦跋　六八一〇
快書五十卷　明閔景賢輯　明天啓刻本　八行十八字白口四周單边　六八一一
廣快書五十卷　明何偉然輯　明崇禎刻本　八行十八字白口左右双边　六八一二
鬟劇墅奇六十四卷　明胡敬辰輯　明末抄本　六八一三
厚語四卷　明錢蓑撰　清抄本　六八一四
偶得紺珠一卷　明黃秉石撰　清抄本　六八一五
喻衆不分卷　明抄本　六八一六
讀書記□卷　明小酉壹抄本　存二卷　三至四　六八一七
湘煙錄十六卷　明閔元京、凌義渠輯　明天啓刻本　九行十九字白口四周單边　六八一八
新鐫五福萬壽丹書六卷　明龔居中撰　明天啓金陵書林周如泉刻本　九行十九字白口四周單边　六八一九

雲薖淡墨八卷　明木增撰　明崇禎十一年木懿喬等刻本　九行二十字白口左右双边　六八二〇
雲薖淡墨六卷　明木增撰　明末刻本　八行十八字白口四周單边　存四卷　三至六　六八二一
堯山堂外紀一百卷　明蔣一葵撰　明萬曆刻本　八行十九字白口四周單边　六八二二
堯山堂外紀一百卷　明蔣一葵撰　明萬曆刻本　清孫璟批、王應奎跋　六八二三
堯山堂外紀一百卷　明蔣一葵撰　明萬曆刻本　鄭振鐸跋　六八二四
爽心笑談集十四卷　題明陳繼儒輯　明刻本　八行十八字白口四周双边　六八二五
文苑瀟湘八卷　明陳繼儒、莫是斗輯　明刻本　八行十五字白口四周双边　存二卷　石集　綠集　六八二六
古今韻史十二卷　明陳繼儒、程銓撰　明刻本　八行十八字白口四周單边　六八二七
福壽全書六卷　明陳繼儒撰　明刻本　八行十八字白口四周單边　六八二八
擠堅錄二十四卷　明朱廷旦輯　明崇禎硯北堂刻本　八行十九字白口四周單边　六八二九
澹園醒語八卷　明金嘉貞撰　明崇禎刻本　九行二十字白口左右双边　六八三〇
駿粟暇筆四卷　明鄭叁光輯　明崇禎刻本　八行十九字白口四周單边　六八三一
駿粟日抄四卷　明鄭叁光輯　明崇禎刻本　八行十九字白口四周單边　六八三二

一一〇

讀書種子二十二卷　明唐沂撰　明崇禎六年唐氏問奇堂刻本　九行二十字白口四周單边　六八三三
南牖日牋七卷　明王佐撰　明崇禎九年觀文堂刻本　九行十八字白口四周單边　六八三四
耳鳴錄一卷　明許元穀撰　明崇禎九年賢翼堂刻本　九行二十二字有刻工　六八三五
鏡古集五卷　明董鳴瑋撰　明崇禎十年刻本　八行十八字白口四周單边　六八三六
昨非菴日纂二十卷二集二十卷三集二十卷　明鄭瑄撰　明崇禎刻本　八行十八字白口四周單边　六八三七
諸子綱目類編八卷附昭代子快一卷　明李元珍輯　明末聚奎樓刻套印本　八行十九字白口四周單边　六八三八
真珠船二十卷　明黃焜輯　明末刻本　九行二十字白口四周單边　六八三九
迪吉錄八卷首一卷　明顏茂猷撰　明刻本　九行二十字白口四周單边　六八四〇
鏡世編四卷　明林有本撰　明崇禎十四年刻本　九行十八字白口四周單边　六八四一
情種八卷　明來存樸撰　明天啓刻本　九行二十字白口四周單边　六八四二
倘湖樵書不分卷　明來集之撰　稿本　六八四三
樵叟備忘雜識五卷　明來集之撰　稿本　六八四四
璽菴類纂不分卷　明林時對輯　稿本　六八四五

今古鈎玄四十卷 明諸茂卿輯 明抄本 一六四六
楊氏塾訓六卷 明楊兆坊撰 明萬曆三十一年饒景暉刻本 十行二十字白口四周單边有刻工 一六四七
楊氏塾訓六卷 明楊兆坊撰 明萬曆三十二年李右諫刻本 九行十八字白口四周双边有刻工 一六四八
著疑錄九卷 明戴有孚撰 明嘉靖刻本 十行二十四字黑口四周双边 一六四九
瓶花供二十四卷附四卷 明劉鳳翱輯 明崇禎三年刻本 八行二十字白口四周單边 一六五〇
涉世鏡二卷 明湯存輯 明崇禎四年刻本 九行二十字白口四周單边 一六五一
格言類編六卷 明胡正言輯 明崇禎刻本 九行二十一字白口四周單边 一六五二
廣仁品十八卷 明李長科輯 明崇禎六年自刻本 九行二十一字白口四周單边 一六五三
屏史前十七卷後四卷 明鄧士亮撰 明崇禎八年刻本 八行十八字白口四周單边 一六五四
清玩叢錄不分卷 明祝受薪輯 稿本 一六五五
忠孝別傳八卷 明吳震元撰 明崇禎十三年刻本 九行二十字白口左右双边 一六五六
史覕四卷 明鄭奎光輯 明崇禎十五年刻本 八行十九字白口四周單边 一六五七
覽鎮居彙編庭聞遺述不分卷 明顧其志撰 顧紹詒輯 明崇禎十六年顧氏覽鎮居刻本 九行二十二字白口左右双边 一六五八
七種爭奇二十卷 明鄧志謨輯 明春語堂刻本 六行二十字白口四周單边 一六五九
花鳥爭奇三卷
風月爭奇三卷
山水爭奇三卷
梅雪爭奇三卷
童婉爭奇三卷
蔬果爭奇三卷
茶酒爭奇二卷
類集今古閑評客座清談陶情集二卷 明書林余光熹刻本 上欄十二行十字下欄十行十五字白口四周双边 一六六〇
閒中偶錄二卷 題石隱居士輯 明末刻本 九行十九字白口左右双边 一六六一
詩笑二卷 題池上餐華生輯 明刻本 七行十八字白口四周單边 一六六二
書笑不分卷 明刻本 七行十八字白口四周單边 一六六三
新刻華筵趣樂談笑奇語酒令四卷 明刻本 上欄十三行十字下欄十一行十七字白口四周單边 一六六四
諸子褒異集十六卷 明汪定國輯 明末刻本 九行二十六字白口四周單边 一六六五
秋園雜佩一卷 明陳貞慧撰 清抄本 一六六六
豐暇觀頤四卷 題醉醒逺叟撰 清初刻本 一六六七
雪窗囈語不分卷 題清崑南道人輯 清初抄本 一六六八

張東貞雜稿不分卷 清張東貞撰 稿本 一六六九
讀書記四卷 清抄本 一六七〇
格物須知二卷 清朱泰來撰 清初刻本 一六七一
間書四卷 清周亮工輯 清順治六年周氏樸林刻本 一六七二
同書四卷 清周亮工輯 清乾隆四庫全書館抄本 一六七三
存二卷 二 四
稗乘新語四卷 清高維檜撰 清康熙寶山堂刻本 一六七四
嗜退菴語存十卷 明嚴有穀撰 清康熙十六年嚴我斯、嚴允斯刻本 一六七五
嗜退菴語存外編十卷 清嚴有穀撰 稿本 清張文瑞跋 一六七六
汪氏說鈴一卷 清汪琬撰並注 清雍正十二年刻本 一六七七
汪氏說鈴二卷 清汪琬撰並注 惠棟補注 清抄本 一六七八
莊屈合詁二卷 清錢澄之撰 清康熙斟雉堂刻本 清周錫瓚校並跋 一六七九
壽世祕典十八卷 清丁其譽撰 稿本 一六八〇
冬心齋摭言枕祕不分卷 清王士禛撰 金農輯 清鄭小邑抄本 清李錫圭跋 一六八一
聞鐘集四卷 清勞大輿撰 清康熙刻本 一六八二
宋稗類鈔八卷 清潘永因輯 清康熙刻本 清傅以禮批校並跋 一六八三
宋稗類鈔八卷 清潘永因輯 清康熙刻本 清翁同龢圈點批注 一六八四
迷藏一哂不分卷 清抄本 一六八五
三魚堂日抄二卷日記不分卷 清陸隴其撰 雜纂不分卷 清陸隴其輯 清然藜閣抄本 一六八六
廣書君集六卷后集二卷男子集二十四卷女子集五卷餘集一卷天集六卷地集二卷別集六卷外集一卷下集二卷 清王丽譓、俞公穀輯 稿本 一六八七
閒書十五種六卷 清程作舟撰 清康熙剪園刻本 一六八八
聖諭像解二十卷 清梁延年撰 清康熙二十年梁氏承宣堂刻本 一六八九
妝史二卷 清田霡撰 稿本 一六九〇
大呼集八卷 清梁顯祖撰 清康熙刻本 一六九一
箄言瀝液八卷 清梁顯祖輯 清康熙三十一年刻本 一六九二
騷眉九卷 清沈元登輯 清康熙三十八年香綠園刻本 一六九三
聊以備忘四卷 題清查慎行撰 清查氏敬業堂抄本 一六九四

存二卷一至二
六八九五 汪氏雜鈔一卷 清汪由敦輯 稿本
六八九六 讀書堂西征隨筆□卷 清汪景祺撰 稿本 清胤禛批
存一卷上
六八九七 說學齋畔錄不分卷 清葉鳳毛撰 稿本
六八九八 鑒古錄十六卷 清沈廷芳輯 清抄本 清丁丙跋
六八九九 碎翠集四卷 清程穆衡撰 稿本
六九〇〇 述聞類編十二卷 清謝晉撰 清抄本
六九〇一 述聞類編十二卷 清謝晉撰 清抄本
六九〇二 歷代諱名考一卷 清劉錫信撰 清劉氏嘉蔭簃抄本
六九〇三 老老恒言五卷 清曹庭棟撰 清乾隆三十八年自刻本
六九〇四 抱甕餘聞四卷 清王曾曦撰 清抄本
六九〇五 稽古祕彙四卷附彙一卷 清王淑輯 稿本
六九〇六 微波榭雜抄不分卷 清孔廣栻輯 稿本
六九〇七 燕蘭小譜五卷 題安樂山樵撰 海漚小譜一卷 清趙執信撰 清乾隆五十年刻本
十三
六九〇八 抱經堂雜鈔不分卷 清盧文弨輯 清盧文弨家抄本 清盧文弨校並跋
六九〇九 覃谿雜抄不分卷 清翁方綱輯 稿本
六九一〇 覃谿雜錄不分卷 清翁方綱輯 稿本 清葉志詵跋
六九一一 酒人觴政一卷 清乾隆五十八年怡府刻本
六九一二 無所用心齋瑣語四卷 清金學詩撰 清乾隆六十年播琴堂刻本
六九一三 車徵鴻錄二十四卷 清錢大昭撰 清抄本
六九一四 樾亭雜纂二卷 清林喬蔭撰 謝章鋌輯 清光緒二十二年謝氏賭棋山莊抄本 清謝章鋌跋
六九一五 閩閫錄二卷 清熊樹燮撰 清乾隆四十五年刻本
六九一六 灤源隨筆不分卷 清沈可培撰 稿本
六九一七 雲門書院隨筆不分卷 清沈銘彝撰 稿本
六九一八 沈氏雜鈔不分卷 清沈銘彝輯 稿本
六九一九 芝巷雜記四卷 清陸雲錦撰 清嘉慶八年自刻本
六九二〇 琅嬛集四卷琅嬛天文集四卷 清陳太初撰 清嘉慶八年抱蘭軒活字印本
六九二一 象香國一卷 題象香主人撰 清嘉慶刻本
六九二二 西廂酒令不分卷 題東山居士撰 清嘉慶刻本
六九二三 殿座門聯不分卷 清潘香書屋抄本
六九二四 娛親雅言六卷 清嚴元照撰 清同治二年雷浚抄本 清葉廷琯校並跋
六九二五 壽星歲事錄不分卷 清姚元之撰 稿本
六九二六 稽瑞樓雜鈔不分卷 清陳揆輯 稿本
六九二七 雲左山房手抄故實不分卷 清林則徐輯 稿本
六九二八 蒓谷偶鈔一卷 清毛慶善撰 稿本 清劉履芬跋 張畇跋
六九二九 樗寮先生吉祥雲室雜錄不分卷 清姚椿輯 清吉祥雲室抄本
六九三〇 六合叢談十三卷 清咸豐七年上海墨海書館鉛印本 清龔橙跋
六九三一 試差事宜一卷 清翁心存撰 稿本
六九三二 閩事紀聞六卷 清周勳懋輯 清抄本
六九三三 世說碎金不分卷 清祁寯藻撰 稿本
六九三四 讀書雜抄不分卷 清丁晏輯 稿本
六九三五 藍水書塾筆記一卷 清何則賢撰 清謝氏賭棋山莊抄本 清謝章鋌批
六九三六 聑齋雜志一卷 清翁同書撰 稿本
十四
六九三七 使黔雜記不分卷 清翁同書撰 稿本
六九三八 香崖雜抄不分卷 清史夢蘭撰 稿本
六九三九 糞心錄不分卷 清史夢蘭輯 稿本
六九四〇 止園隱語不分卷 清史夢蘭撰 稿本
六九四一 窺豹集二卷續集一卷 清蔣超伯輯 清抄本
六九四二 雜記不分卷 清邵懿辰撰 稿本
六九四三 漱霞仙館譚粹三卷首一卷 清朱康壽撰 稿本
六九四四 長留閣隨手叢訂不分卷 清戴望輯 稿本
六九四五 東池茅亭劄記不分卷 清傅以禮撰 稿本
六九四六 長恩閣叢鈔不分卷 清傅以禮輯 稿本
六九四七 芷湘筆乘一卷 清管庭芬輯 稿本 清管康跋
六九四八 濫觴錄一卷 清李鴻裔撰 稿本
六九四九 學史十四卷 清王希廉輯 稿本
六九五〇 寶鄭齋雜錄一卷 清李宗蓮撰 清李氏懷岷精舍抄本
六九五一 蘇齋詩中書畫金石略記不分卷 清翁同龢輯 稿本 清丁立誠、邵松年、宗舜年跋

趙不騫、張鴻、趙寬、丁祖蔭、王兆麟、傅增湘題款

一九五二　書鈔閣雜抄不分卷　清周星詒家抄本　清周星詒跋

一九五三　澹圃瑣錄十二卷　清劉米埠撰　稿本

一九五四　籀許類稿不分卷　清王仁俊撰　稿本

一九五五　采真别墨一卷　鄭文焯撰　稿本

二五

收藏情况表

書名編號		藏書單位				
子 雜家	1456	0101	2441			
	1457	2401				
	1458	1601				
	1459	0201				
	1460	1601				
	1461	0141				
	1462	0101				
	1463	0301				
	1464	0101				
	1465	0101				
	1466	0101	0201			
	1467	0145	0173	0903		
	1468	0101				
	1469	0101				
	1470	1701				
	1471	0201				
	1472	0161				
	1473	0101				
	1474	0101				
	1475	0141				
	1476	0201				
	1477	0201				
	1478	0101				
	1479	0101	0141	0198	0201	0801
		1701				
	1480	0101				
	1481	1601				
	1482	2702				
	1483	0101				
	1484	0101				
	1485	0101				
	1486	1781				
	1487	0101				
	1488	0101				
	1489	0101				
	1490	0201				
	1491	0101				
	1492	0101				

表十

收藏情况表

書名編號		藏書單位				
子 雜家	1493	0101				
	1494	1601				
	1495	0101				
	1496	0101				
	1497	1601				
	1498	0101				
	1499	0101				
	1500	0101	0201	0301	0801	0841
		1501	1542			
	1501	0201				
	1502	0101	0141	1606	1622	2342
		2702				
	1503	1601				
	1504	2401				
	1505	0101				
	1506	0101				
	1507	0101				
	1508	0201				
	1509	0101				
	1510	0241	0703	1082		
	1511	0141	2301			
	1512	0101				
	1513	0101				
	1514	0101				
	1515	0101				
	1516	0101				
	1517	0101				
	1518	2002				
	1519	0101	0102	0141	0148	0201
		0242	0243	1142	1501	1601
		1702				
	1520	1601				
	1521	0101				
	1522	0101	0141	0150	0201	0301
		0701	1541	1801	1841	2012
	1523	0101				
	1524	0101				
	1525	[illegible]				

收藏情況表

書名編號	藏書單位				
子 雜家類 1526	1501				
1527	0101				
1528	0101	0161	2702		
1529	0141				
1530	0101				
1531	0101				
1532	0101				
1533	0201				
1534	0101				
1535	0101				
1536	0101				
1537	1646				
1538	1601				
1539	0101				
1540	0201				
1541	0101				
1542	0101				
1543	0241				
1544	0101	0201	0703	0841	1541
	1641	2702	2741		
1545	0141	0146	0150	0161	0181
	1542	1601	1606	1641	1646
	1741	2301	2542	2702	
1546	1705				
1547	0201				
1548	0141				
1549	0101				
1550	0101				
1551	1601				
1552	0201				
1553	0101				
1554	1601				
1555	0101				
1556	0101				
1557	1601				
1558	0101				
1559	1601				
1560	0101				

表十一

收藏情況表

書名編號	藏書單位				
子 雜家 1561	0101				
1562	0101	0142	0198	0201	0301
	0701	1045	1582		
1563	0101				
1564	2501				
1565	0101				
1566	1601				
1567	0101	0141	0161	0801	1705
	2701				
1568	0201				
1569	1601				
1570	0241				
1571	0101				
1572	0201				
1573	0101				
1574	1601				
1575	0201				
1576	1601				
1577	0141				
1578	0101				
1579	1601				
1580	1601				
1581	0145				
1582	2541				
1583	0101				
1584	0101				
1585	0101				
1586	0101				
1587	2301				
1588	2702				
1589	0101				
1590	0201				
1591	0101				
1592	0341				
1593	1601				
1594	0101				
1595	0101				
1596	1601				

收藏情況表

書名編號	藏書單位				
子 雜家類 1597	1682				
1598	1701				
1599	0201				
1600	1082				
1601	1601				
1602	0201				
1603	1701				
1604	0101				
1605	0141	0241	0242	0801	0941
	1601	1641	1702		
1606	1601				
1607	0101	0102	0141	0142	0161
	0181	0201	0291	0301	0341
	0642	0741	0842	1101	1501
	1541	1582	1601	1605	1615
	1646	1682	1701	1705	1741
	1881	1901	2050	2342	2401
	2441	2501	2541	2701	2702
	2741	2745	2750	2786	2901
1608	1701				
1609	0201	0481	2541		
1610	0701	1501	2702		
1611	0101	0102	0142	0144	0145
	0150	0161	0197	0201	0291
	0301	0342	0542	0801	0803
	0841	0861	1101	1501	1601
	1701	2041	2301	2302	2341
	2401	2681	2701	2702	2747
1612	2701				
1613	0161	1701	2301		
1614	2461				
1615	0141	1601	1589		
1616	2701				
1617	0101	0201	1605	1701	
1618	1601				
1619	0141				
1620	0242	1901			
1621	0141	0163	0181	0801	1701

表十二

收藏情況表

書名編號	藏書單位				
子 雜家	1705	2302			
1622	0101	0201	1601	1627	2301
	2941				
1623	0146	0181	0198	1101	1601
	1702	1902			
1624	0101	0161	0182	0841	
1625	0101	0143	0144	0161	0197
	0241	1701	1843	2701	
1626	0441				
1627	2742				
1628	2702				
1629	0201	1705			
1630	1314				
1631	1601				
1632	0141	0142	0198	0241	1605
	1705				
1633	1601				
1634	0201				
1635	1605				
1636	1605				
1637	0101	0164	0341	0861	1701
	2741				
1638	1601				
1639	0173				
1640	0301				
1641	0701				
1642	0402	2201			
1643	2401				
1644	1605				
1645	0182				
1646	0161	2702			
1647	0101	0141	0201	0241	0541
	1601				
1648	0161				
1649	0101	0102	0142	0163	0201
	0241	0291	0301	0942	1501
	1601	2301			
1650	0101				

收藏情況表

書名編號	藏書單位				
子 雜家類 1651	0101	0143	1282		
1652	0141	0144	0161	1606	2542
1653	0101	0142	0193	0201	0291
	0841	1601	1701	1716	1901
	2702				
1654	0201	0301			
1655	0101				
1656	0201				
1657	0201				
1658	0201				
1659	0101				
1660	0101				
1661	0164				
1662	0181	0201			
1663	1601				
1664	2001	2441			
1665	0101				
1666	0161	0164	0201	0241	0281
	0441	0801	1601	1701	2042
1667	1641				
1668	0141	0341	2301	2341	
1669	0101	0161			
1670	0101				
1671	0164				
1672	0161				
1673	0201				
1674	0141	0520			
1675	0141				
1676	0201				
1677	0101				
1678	0101				
1679	0101				
1680	0701				
1681	0241				
1682	1781				
1683	0201				
1684	0241				
1685	1502				

表四

收藏情況表

書名編號	藏書單位				
子 雜家 1685	1628				
1686	1702				
1687	0145				
1688	1717				
1689	0101				
1690	1701				
1691	2201				
1692	2541				
1693	1605				
1694	0201				
1695	0101				
1696	1601				
1697	1601				
1698	1601				
1699	2401				
1700	0101				
1702	2401				
1703	0201				
1704	0501				
1705	1701				
1706	0201				
1707	0101				
1708	0141	0341	1601		
1709	0241				
1710	0201				
1711	0145				
1712	0201				
1713	0181				
1714	0201				
1715	0198				
1716	1601				
1717	0201				
1718	2401				
1719	0201				
1720	0841				
1721	0101				
1722	0150	0163	0198		
1723	0102	0141	0142	0143	0146

收藏情況表

書名編號	藏書單位				
子 雜家類	0161	0201	0262	0301	0341
	0801	0803	1542	1881	2001
	2041	2301	2501	2703	
1724	0141	0142	0146	0191	0201
	0520	0701	1501	1542	1601
	1701	1881	2001	2701	
1725	1601				
1726	0198				
1727	0101	0144	0201	1601	1701
	1801				
1728	0141	0142	0242	0542	2343
1729	0201				
1730	0101				
1731	0145				
1732	1601				
1733	0942				
1734	1601				
1735	0201				
1736	0201				
1737	0241				
1738	1601				
1739	1601				
1740	0201				
1741	0241				
1742	0201	2750			
1743	0703				
1744	0101	0242	1702		
1745	0201				
1746	0291				
1747	1629				
1748	0201	2302			
1749	0101				
1750	0201				
1751	0101				
1752	0101				
1753	2201				
1754	0101	0141	0144	1601	1701
	2702				

表五

收藏情況表

書名編號	藏書單位
子 雜家 1755	0101
1756	0201
1757	0201
1758	0101
1759	0101
1760	1741
1761	0201
1762	0101
1763	0201
1764	0101
1765	0101
1766	0241
1767	0201
1768	1710
1769	2041
1770	0101
1771	0101
1772	1601
1773	2301
1774	0101
1775	0201
1776	0201
1777	0101
1778	0201
1779	1781
1780	0101 0201
1781	0201
1782	0101
1783	0101
1784	1601
1785	0101
1786	0101
1787	0101
1788	0101
1789	0101
1790	1691
1791	0201
1792	0201

收藏情況表

書名編號	藏書單位	
子 雜家類 1793	0703	
1794	0201	
1795	0101	
1796	1601	
1797	0101	
1798	2381	
1799	1281	
1800	0201	
1801	1701	
1802	1501	
1803	1501	
1804	1501	
1805	0701	
1806	0201	
1807	0201	
1808	0101	
1809	2001	
1810	0101	0747
1811	2301	
1812	1601	
1813	0101	
1814	0101	
1815	0201	
1816	0101	
1817	1601	
1818	0161	
1819	1701	
1820	0101	
1821	0101	
1822	0101	
1823	0101	
1824	0201	
1825	0101	
1826	2701	
1827	1682	
1828	0101	
1829	1601	
1830	0201	

表六

收藏情況表

書名編號	藏書單位		
子 雜家 1831	0201		
1832	0201		
1833	0101		
1834	0201		
1835	0161		
1836	0241		
1837	0101		
1838	2901		
1839	2541		
1840	2501		
1841	0101		
1842	2541		
1843	2541		
1844	2541		
1845	0341		
1846	0701		
1847	0101	1581	2301
1848	0201		
1849	2301		
1850	0101		
1851	0101		
1852	0141		
1853	0145		
1854	0201		
1855	0201		
1856	0241		
1857	1684		
1858	2701		
1859	1741		
1860	1741		
1861	0101		
1862	0201		
1863	0163		
1864	0201		
1865	0201		
1866	0201		
1867	0161		
1868	0141		

收藏情況表

書名編號	藏書單位				
1869	0101	0141	0182	0201	
1870	0101	0164	0201	0243	0301
	0441	1501	1681	2401	2701
	2702				
1871	0101				
1872	0101				
1873	0242				
1874	0101				
1875	2541				
1876	0201				
1877	0141	0161	0403	1601	1701
	2301				
1878	0101				
1879	0201	0701			
1880	1041	1082	1144		
1881	0141	0143	0161	0163	0182
	0201	0241	0301	0701	0801
	1241	1541	1601	1616	1684
	1701	1741	1801	1802	2304
	2445	2541	2543	2642	
1882	0144				
1883	0101				
1884	0101	0141	1601	2701	2741
1885	0201				
1886	0201				
1887	0101				
1888	0101				
1889	0150	0201	0242	1605	1617
	1641	1701	1705	1801	1881
	1901	1943	2701	2702	2944
1890	0201				
1891	2001				
1892	0101				
1893	0141	0143	0161	0201	0291
	1441	1501	1541	1542	1544
	1604	1881	2201	2701	2702
	2742	2745			
1894	0201				

表七

收藏情況表

書名編號	藏書單位				
1895	0141	0163	0201	0342	0801
	1501	1601	2701		
1896	0198	0201	0301	0512	0803
	1601	1701	1844	1881	2642
	2701	2702			
1897	0141	0143	0241	0902	1542
	1881				
1898	0102	0144	0201	0701	0801
	1704	2301	2302	2304	2354
1899	0161				
1900	0341	1601	1802	2405	
1901	1601				
1902	0201	0301	0803	0861	1606
	2401	2441			
1903	0161				
1904	0101	0102	0145	0161	0197
	0198	0241	0342	1682	1705
	1901	2242	2702	2704	
1905	0101	0102	0141	0144	0145
	0161	0181	0182	0193	0197
	0291	0301	0341	0342	0501
	0701	0841	0842	0941	1041
	1101	1242	1441	1501	1601
	1603	1604	1642	1682	1705
	1716	1788	1843	1881	1901
	2001	2302	2354	2401	2541
	2583	2701	2702	2742	2789
	2841				
1906	0101	0144	0161	0197	0201
	0241	0242	0243	0301	0642
	0701	1501	1601	1615	1681
	1684	1701	1705	1712	1741
	1841	1881	2341	2401	2441
	2501	2701	2742		
1907	0163	0201	1710	1881	
1708	1710				
1909	2301				
1910	0101				

表八

收藏情況表

書名編號	藏書單位				
1911	0101				
1912	0201				
1913	1601				
1914	0101				
1915	0101				
1916	0144				
1917	0201				
1918	0101	0141	0143	0144	0163
	0201	0301	0741	0841	1001
	1501	1601	1701	2541	2561
1919	0101				
1920	0150	1701	1705		
1921	0181	0201	0841	1503	
1922	0101				
1923	0164	1701	2406		
1924	0141				
1925	0101				
1926	0101				
1927	0101				
1928	0101				
1929	0701				
1930	0101				
1931	1601				
1932	1042				
1933	0101	0201	0701		
1934	0101				
1935	0101				
1936	0141				
1937	1601				
1938	0101				
1939	0241				
1940	0201				
1941	0201				
1942	0241				
1943	0101				
1944	0201				
1945	0201				
1946	0101				

收藏情況表

書名編號	藏書單位				
1947	1601				
1948	1601				
1949	0101				
1950	0101	0141	0142	0144	2702
1951	0201				
1952	1601				
1953	0101				
1954	0101				
1955	1881				
1956	0201				
1957	0101				
1958	0101				
1959	1601				
1960	0101				
1961	0301				
1962	0101				
1963	0101				
1964	0101				
1965	0101				
1966	0101				
1967	0101				
1968	0101				
1969	0144				
1970	0201				
1971	1601				
1972	1601				
1973	0101				
1974	0201				
1975	0101				
1976	1601				
1977	0201				
1978	0101				
1979	0101				
1980	0101				
1981	2001				
1982	0101				
1983	1601				
1984	0101				

表九

收藏情況表

書名編號	藏書單位
1985	0101
1986	0101
1987	0201
1988	0101
1989	0101
1990	0201
1991	0201
1992	0101
1993	0101
1994	0101
1995	0101
1996	0201
1997	0520
1998	0101
1999	1601
2000	0201
2001	0101
2002	0201
2003	0341
2004	2301
2005	1601
2006	1601
2007	0201
2008	0101
2009	1688
2010	0201
2011	0201
2012	1601
2013	0101
2014	0101
2015	0101
2016	1101
2017	0101
2018	0101
2019	0101
2020	0101
2021	0101
2032	0101

收藏情況表

書名編號	藏書單位
2023	0101
2024	0201
2025	0101
2026	0101
2027	1601
2028	0101
2029	0101
2030	0101
2031	0101
2032	0141
2033	0101
2034	1601
2035	0101
2036	1601
2037	0101
2038	0201
2039	0101
2040	0141
2041	2301
2042	2701
2043	1607
2044	0101
2045	2401
2046	0101
2047	0101
2048	0201
2049	0144
2050	0201
2051	1601
2052	0341
2053	0101
2054	0101
2055	0101
2056	0101
2057	0101
2058	0101
2059	0201
2060	1601

收藏情況表

書名編號	藏書單位				
2061	1601				
2062	0101				
2063	0201				
2064	0101				
2065	1601				
2066	0201				
2067	0201				
2068	0161				
2069	0101				
2070	0101				
2071	0101				
2072	0101				
2073	0141				
2074	1601				
2075	0101				
2076	0101				
2077	0201				
2078	0101				
2079	0141				
2080	0201				
2081	0201				
2082	0101				
2083	0101				
2084	0101				
2085	0241				
2086	1601				
2087	0101	2441			
2088	0101	0701	0841	1501	1701
	2501	2941			
2089	1601				
2090	0201				
2091	0101	0141	0144	0163	2702
2092	0141				
2093	0101	2301			
2094	1601				
2095	0101				
2096	2941				
2097	0101				

收藏情況表

書名編號	藏書單位				
2098	0141				
2099	0101	0150	0201	0841	1606
2100	0201				
2101	0201				
2102	0201				
2103	1601				
2104	0101				
2105	0101				
2106	0201				
2107	0101				
2108	0101				
2109	0101				
2110	0101				
2111	1601				
2112	0101				
2113	1601				
2114	0101				
2115	0201				
2116	1601				
2117	0201				
2118	1601				
2119	0101				
2120	0201				
2121	0701				
2122	0198				
2123	0101				
2124	0101				
2125	0101				
2126	0201				
2127	2541				
2128	0101				
2129	0101				
2130	0101				
2131	0161	0164	0197	0201	0241
	0242	0841	1681		
2132	0101				
2133	0101	0102	0143	0145	0161
	0198	0201	0242	0243	0301

表一〇

收藏情況表

書名編號	藏書單位				
	0341	0703	1501	1606	1628
	1646	1704	2001	2301	2543
	2701	2702	2745	2801	
2134	1601				
2135	0101	0161	2541	2542	
2136	0201				
2137	0201				
2138	0201				
2139	0101				
2140	1601				
2141	0101				
2142	0201				
2143	1601				
2144	2501				
2145	0101				
2146	0101				
2147	0201				
2148	0201				
2149	0101				
2150	0101	0591	0841	1601	1606
	1641	2746			
2151	0342	2742			
2152	1601				
2153	0101	1142			
2154	0101				
2155	0101				
2156	1601				
2157	0201				
2158	0201				
2159	0101				
2160	0201				
2161	0161				
2162	0201				
2163	0142				
2164	0101				
2165	0101				
2166	0201				
2167	1601				

收藏情況表

書名編號	藏書單位				
2168	0161				
2169	1601				
2170	0201				
2171	0101				
2172	0101				
2173	0101				
2174	1601				
2175	0201				
2176	0101	0102	0141	0161	0201
	1641	2701			
2177	1501				
2178	1601				
2179	0341				
2180	0101				
2181	0101				
2182	0101				
2183	0101	0102	0141	0143	0144
	0145	0161	0164	0181	0193
	0201	0241	0242	0291	0341
	0402	0520	0701	0801	0841
	0842	1041	1062	1101	1341
	1501	1601	1605	1606	1625
	1646	1701	1702	1705	1901
	2241	2401	2461	2701	2702
	2742				
2184	1601				
2185	0161	0803	1601	1787	4061
2186	0341				
2187	0101				
2188	0341				
2189	1601				
2190	1501				
2191	1601				
2192	2001				
2193	0201				
2194	2701				
2195	0163	0201			
2196	0101				

表一一

收藏情況表

書名編號	藏書單位				
2197	0141				
2198	0241				
2199	0141				
2200	0291				
2201	0201				
2202	0101	0161	0201	1601	1724
2203	0161				
2204	1601	1605			
2205	1688				
2206	1801				
2207	1606				
2208	0101				
2209	0101				
2210	0341	0501	0801	1601	2702
2211	0101				
2212	1601				
2213	0301				
2214	0101				
2215	1010				
2216	0101				
2217	0101				
2218	0101				
2219	0101	0161			
2220	0102				
2221	0101				
2222	0101				
2223	0101				
2224	0161	0242	2601		
2225	2702				
2226	0242				
2227	2001				
2228	0182	1601			
2229	0101				
2230	1701				
2231	0101	0141	0142	0161	0184
	0201	0242	0291	1501	1701
	1741	2702			
2232	0301				

表十二

收藏情況表

書名編號	藏書單位				
2233	0101	0102	0141	0142	0143
	0144	0145	0150	0161	0165
	0193	0198	0201	0241	0291
	0301	0341	0520	0642	0701
	0803	0841	0902	0942	1341
	1501	1541	1601	1604	1605
	1606	1628	1641	1642	1681
	1701	1943	2001	2042	2302
	2341	2381	2401	2501	2518
	2543	2583	2602	2701	2702
	2707	2742	2901		
2234	0101				
2235	0101	0142	0291	0703	1601
	1605	1688	1701	1704	
2236	0201				
2237	0201				
2238	1601				
2239	0201	0703			
2240	0101				
2241	0141	0161	0164	0197	0198
	0201	0243	2561		
2242	0101				
2243	0102	0701	1601	1641	
2244	1702				
2245	2441				
2246	0201				
2247	0101	1601			
2248	1601				
2249	0201				
2250	0101				
2251	1601				
2252	0201				
2253	0241				
2254	1701				
2255	0842				
2256	2702				
2257	2702				
2258	2702				

收藏情況表

書名編號	藏書單位				
2259	0101				
2260	0102	0198			
2261	1606				
2262	2301				
2263	0101				
2264	0242				
2265	0701				
2266	0142				
2267	1688				
2268	2301				
2269	1629				
2270	0198				
2271	1601	1801			
2272	0101				
2273	0101				
2274	1605				
2275	0101	0102	0141	0142	0143
	0161	0197	0201	0242	0841
	1501	1601	2201	2242	2701
	2742				
2276	0161				
2277	0201				
2278	0101				
2279	1601				
2280	1781				
2281	0201				
2282	0201				
2283	0101	0141			
2284	0101				
2285	0101				
2286	0161				
2287	0101				
2288	0161				
2289	0201				
2290	0201				
2291	0141	1688			
2292	0141				
2293	0241	2205			

表十三

收藏情況表

書名編號	藏書單位
2294	1601
2295	0101
2296	0201
2297	0201
2298	1701
2299	1601
2300	1701
2301	1601
2302	0101
2303	0201
2304	1701
2305	0201
2306	2541
2307	0201
2308	0198
2309	0101
2310	1601
2311	0101
2312	0101
2313	0101
2314	1601
2315	0201
2316	1601
2317	0201
2318	0241
2319	1702
2320	1581
2321	0101
2322	0201
2323	1601
2324	0101
2325	1701
2326	0101
2327	0191
2328	0101
2329	0198
2330	0201
2331	0201

收藏情況表

書名編號	藏書單位
2332	1901
2333	0201
2334	0201
2335	1701
2336	1601
2337	1601
2338	1601
2339	0283
2340	0201
2341	0101
2342	0101
2343	0101
2344	1601
2345	0201
2346	0161
2347	1781
2348	0201
2349	1684
2350	1684
2351	0101
2352	1716
2353	1689
2354	1601
2355	0201
2356	0241
2357	0201
2358	0703
2359	0201
2360	1281
2361	1081
2362	1281
2363	0201
2364	0101
2365	1701
2366	0101
2367	0201
2368	0301
2369	0101

表十四

收藏情況表

書名編號	藏書單位
2370	0101
2371	0101
2372	0201
2373	0141
2374	0201
2375	0241
2376	0201
2377	0201
2378	0201
2379	2041
2380	0201
2381	0201
2382	0201
2383	0101
2384	1601
2385	0201
2386	1701
2387	0150
2388	0163
2389	0141
2390	1605
2391	1684
2392	1684
2393	2001
2394	0201
2395	1601
2396	0291
2397	0291
2398	1601
2399	0201
2400	1601
2401	1601
2402	0201
2403	0144
2404	0201
2405	0201
2406	0201
2407	0201

收藏情況表

書名編號	藏書單位
2408	0201
2409	0201
2410	1501
2411	1601
2412	0101
2413	0201
2414	0201
2415	1684
2416	1710
2417	1741
2418	0201
2419	1601
2420	1601
2421	0201
2422	0142
2423	2001
2424	0201
2425	0201
2426	0201
2427	0201
2428	1601
2429	0101
2430	0301
2431	0201
2432	0201
2433	0201
2434	0101
2435	0101
2436	0201
2437	0101
2438	0201
2439	0201
2440	0201
2441	0141
2442	0201
2443	1601
2444	0101
2445	1689

表十五

收藏情況表

書名編號	藏書單位				
2446	0101				
2447	0101				
2448	0101				
2449	0101				
2450	0101				
2451	0161				
2452	0201				
2453	0101				
2454	0141				
2455	1601				
2456	0101				
2457	0101				
2458	0101				
2459	1881				
2460	0101	0142	0144	0163	0182
	0201	0301	0703	2742	
2461	1601				
2462	1601				
2463	0201				
2464	0101	0142	1501		
2465	0101				
2466	0101	0198			
2467	0101	0144	0201		
2468	0198	0201	0241	0441	1501
	1601				
2469	0141	0143	0165	1601	1605
	1641	1841	1881	2042	2541
	2542	2561	2702	2941	
2470	0101	0102	0161	0163	0201
	0242	0404	0542	0701	0703
	0841	1101	1581	1681	1841
	1881	2601	2602	2704	
2471	1601				
2472	1701				
2473	0101				
2474	0101				
2475	0101	0143			
2476	0101				

收藏情况表

書名編號	藏書單位				
2477	0201				
2478	0101				
2479	0201				
2480	0703				
2481	0101				
2482	0101	0141	0164	0170	0198
	0201	0242	0301	0341	0701
	1601	1605	1701	1801	1881
	2441	2742	2743		
2483	0143	1627			
2484	0201				
2485	0201				
2486	0201				
2487	0198				
2488	0242				
2489	0201				
2490	0101	0201	1705		
2491	0201				
2492	0201				
2493	0101				
2494	0101	0198	1541		
2495	0101				
2496	1601				
2497	0301				
2498	0101				
2499	0101				
2500	0101				
2501	0142	1501			
2502	0101	0141			
2503	0141				
2504	1601				
2505	0101				
2506	0241				
2507	0241				
2508	0101				
2509	1082				
2510	0201				
2511	0201				

收藏情况表

書名編號	藏書單位				
2512	1601				
2513	2541				
2514	1601				
2515	0101				
2516	0101				
2517	0101				
2518	2301				
2519	0101				
2520	2541				
2521	1701				
2522	1701				
2523	0201				
2524	1702				
2525	0201				
2526	0101				
2527	0101				
2528	0101				
2529	1601				
2530	0101				
2531	0201				
2532	0101	0163	0201		
2533	1601				
2534	0101				
2535	0141				
2536	0201				
2537	0201				
2538	0101	0141	0163	0164	0201
	0441	0801	0841	1082	1606
	1801	2501	2702		
2539	0101				
2540	0201				
2541	1601				
2542	0101				
2543	1601				
2544	1606				
2545	2701				
2546	2701				
2547	0101	0201	2201	2401	

表一六

收藏情况表

書名編號	藏書單位				
2548	0101				
2549	0201				
2550	0101				
2551	0243				
2552	2301				
2553	0101				
2554	0201				
2555	0101				
2556	1082				
2557	0101				
2558	0161				
2559	1601				
2560	0141				
2561	0141				
2562	0101				
2563	0201				
2564	0201				
2565	0201				
2566	0201				
2567	0101				
2568	0101				
2569	2541				
2570	2042				
2571	0101				
2572	1601				
2573	0101				
2574	0101				
2575	0201				
2576	0201				
2577	1587				
2578	0101				
2579	0101				
2580	1601				
2581	0144	1701			
2582	1601				
2583	0101				
2584	2301				
2585	1601				

收藏情况表

書名編號	藏書單位				
2586	0101				
2587	0101				
2588	0201				
2589	0144				
2590	0201	0301			
2591	0101				
2592	1601				
2593	0101				
2594	0201				
2595	1601				
2596	0101				
2597	0101				
2598	0141				
2599	0701				
2600	0701				
2601	0101	0197	0201	1581	
2602	0101				
2603	0143				
2604	0141				
2605	0142	0161	0243	1601	1702
	2001				
2606	1601				
2607	0201				
2608	0141	1701	2701	2702	
2609	1601				
2610	0101				
2611	0301	1741			
2612	0101				
2613	0201				
2614	0101				
2615	0142				
2616	0141	0201	0241		
2617	1881				
2618	0101				
2619	1710				
2620	0101				
2621	0101				
2622	0201				

表一七

收藏情况表

書名編號	藏書單位				
2623	0101				
2624	0341				
2625	1601				
2626	1601				
2627	0101				
2628	1601				
2629	0101				
2630	0101				
2631	0201				
2632	0101	0701	2702		
2633	0101	0143			
2634	1501				
2635	0701				
2636	0201				
2637	1601				
2638	0201				
2639	0101				
2640	1701				
2641	0101	1041			
2642	1801				
2643	1501	1705			
2644	1601				
2645	0102	0141	0181	0201	0301
	0501	0701	1604		
2646	1601				
2647	0181				
2648	1001				
2649	0141				
2650	1705				
2651	1705				
2652	0341				
2653	0242				
2654	0201				
2655	0101	0198			
2656	0144				
2657	0201				
2658	0142	2241			
2659	0101	0141	2001		

收藏情况表

書名編號	藏書單位				
2660	0101				
2661	1601				
2662	0101	0141	0201	1705	
2663	0143	0181	0201	0301	0542
	0842	0861	1441	1501	1601
	1801	1841	2502	2641	2741
2664	0101				
2665	0341				
2666	0161	0201	1701		
2667	0201				
2668	0201				
2669	0101				
2670	0201				
2671	0101	0141	0161	0181	0198
	0291	1641	2201	2501	
2672	1601				
2673	1605	1701			
2674	0101				
2675	0141	0201	0242	0341	0841
	1501	1601	1605	1606	1615
	1701	1901	2042	2702	
2676	0102	0144	0145	0150	0161
	0181	0182	0301	0801	0841
	1541	1641	1642	1701	1881
	2201	2301	2401	2441	
2677	0141	0142	0143	0181	0193
	0291	0301	0701	0842	1282
	1501	2083	2301	2401	2461
2678	0101	0102	0141	0142	0143
	0201	0242	1201	1241	1501
	1601	1688	1701	1702	1705
	2301	2702			
2679	0101				
2680	0201				
2681	1606				
2682	0101	1605			
2683	0101	0141	0181	1605	
2684	0101				

表十八

收藏情况表

書名編號	藏書單位				
2685	0201				
2686	0161	1801			
2687	0101				
2688	0101				
2689	0201				
2690	0241	0842			
2691	0142				
2692	0201				
2693	0101	0141	0161	0163	0182
	0198	0201	0261	0291	0542
	0641	1705	1901	2209	
2694	0101	0201	0301	1701	2001
2695	0161				
2696	0101				
2697	1601				
2698	0201	0242	0591	0701	1601
	1681	2742			
2699	0181				
2700	0141	0142	0144	0201	0241
	0703	0801	1701	1705	2341
	2701				
2701	1901				
2702	0142	0144	0161	0201	1701
	1881				
2703	0161	0163	0301	0841	2702
2704	1601				
2705	0201	2041			
2706	0143				
2707	0101				
2708	0201				
2709	0161	1606	2201		
2710	1601				
2711	0181				
2712	0101	0163	0201	0281	0341
	1801	1881			
2713	0141	0142	0201	0591	1701
	2308				
2714	0163	2702			

收藏情况表

書名編號	藏書單位				
2715	0141	0520	2201		
2716	0141	0143	0198	1605	
2717	0101				
2718	0142	0161	2461		
2719	1701				
2720	0101				
2721	0101				
2722	0101	0102	0141	0142	0145
	0173	0197	0201	0242	0701
	0703	1201	1601	1701	2501
	2543	2701	2702	2745	
2723	1641				
2724	1641	1682			
2725	0141				
2726	0101	0201	2701		
2727	1701				
2728	1601				
2729	0101				
2730	0101				
2731	2401				
2732	0141	0161	0201	0242	0301
	2701	2702			
2733	0142				
2734	0101	0201	1501		
2735	0141	0144	0146	0161	0201
	0242	0703	0842	1701	2541
2736	1601				
2737	0201				
2738	1601				
2739	0141	0144	0161	0201	0242
	0291	0301	1601	1603	1843
	2702	2745			
2740	1601	2301			
2741	1601				
2742	0102	0141			
2743	0141	0841	1601	1702	
2744	0161	0164	0201	1615	
2745	0101	0142	0143	0146	0181

表十九

收藏情況表

書名編號	藏書單位				
	0201	0241	1601	1630	1701
	1801	2301			
2746	0101	0141	0701	1531	2561
2747	0101				
2748	0201				
2749	0102				
2750	0101	0102			
2751	0101	1601			
2752	0101	0141	0142	0144	0146
	0161	0181	0201	0242	0261
	0801	0841	0941	1001	1041
	1142	1341	1501	1544	1601
	1605	1701	1901	2001	2501
	2542	2543	2701	2702	2801
2753	0174				
2754	0141	0242	2541		
2755	0101	0201			
2756	0101	0141	0142	0163	0197
	0198	0201	0601	1007	1501
	1601	1801	2501	2543	
2757	2901				
2758	0101	0161	0703	2702	
2759	0101	1501	2544		
2760	0141	0703	2701		
2761	0141	0161	0193	0201	1601
	1606	2241			
2762	0141	0142	0201	0242	2001
	2702				
2763	0701				
2764	1701				
2765	0101				
2766	0102	0144	0161	0241	0291
	0701	0801	1101	1601	1615
	1701	2301	2302	2401	
2767	1642				
2768	2201				
2769	0181				
2770	0101				

表十

收藏情況表

書名編號	藏書單位				
2771	0101				
2772	0201				
2773	0101	1701	2702		
2774	0101	0141	1601		
2775	0101				
2776	1601				
2777	0201				
2778	0144	0201	0703	1722	
2779	0101	2702			
2780	0101				
2781	0143				
2782	0101	1688			
2783	0101				
2784	0101	0142	0145	0201	0241
	0242	0642	0701	0841	1042
	1541	1542	1605	1641	1701
	1801	2541	2702		
2785	0145	0201	0291	0301	0701
	0901	1001	1701	1722	1801
	1844	1881	2041	2042	2201
	2401	2784			
2786	0141	0301			
2787	0161	1582			
2788	0141	0601	1601	2702	
2789	0201	2041			
2790	0101				
2791	0142	0198	0241	0242	1501
	1605				
2792	0101				
2793	0101	1501	2541		
2794	2401				
2795	0142	0198	0201	1601	2241
2796	0101	1601			
2797	0101	0142			
2798	0101	0145	0161	0242	[illegible]
	1701				
2799	0201				
2800	0101				

收藏情況表

書名編號	藏書單位				
2801	0101				
2802	1601				
2803	1601				
2804	0161				
2805	0101				
2806	1787				
2807	0201				
2808	0181	0242	1606	1641	1701
	1801	2241			
2809	0102	0161	0341	1092	1501
	1606	2401	2702		
2810	0101				
2811	0193				
2812	0193				
2813	0241				
2814	0201				
2815	0201				
2816	0101				
2817	0101				
2818	0101	0141	0142	0144	0145
	0197	0201	0291	0542	0701
	1581	1601	2201	2563	2702
2819	0101	0198	0444	2601	
2820	0201				
2821	2901				
2822	0101	0141	0150	0161	0164
	0201	0291	0301	1501	1582
	1601	1641	2702	2742	
2823	1601				
2824	0101				
2825	0101				
2826	0106				
2827	0141	0701			
2828	0161	0198	0241	0242	1601
	1701	2701	2702	2901	
2829	1601				
2830	1701				
2831	0142	0161			

表十一

收藏情況表

書名編號	藏書單位				
2832	1501	1601			
2833	0701				
2834	1801				
2835	1684				
2836	2401				
2837	0101	0141	0142	0144	0161
	0164	1601	1701	2701	
2838	0161	0181	0301	0542	0842
	1042				
2839	0101	0142	0301	0342	0941
2840	0101	0143	0161	0201	0841
	1601	2041			
2841	1606				
2842	0101	0161	0201		
2843	1701				
2844	1702				
2845	0201				
2846	0101				
2847	0101	0242	0301		
2848	0181	2201			
2849	2401				
2850	0102	1603			
2851	0201				
2852	0141	0144	0193	1601	2801
2853	0181				
2854	0161				
2855	0201				
2856	0201				
2857	0701				
2858	1601				
2859	0101				
2860	0101				
2861	0101				
2862	0101				
2863	0101				
2864	0101				
2865	1701	2401			
2866	0101				

收藏情況表

書名編號	藏書單位				
2867	1601				
2868	0201				
2869	0201				
2870	0101				
2871	0101				
2872	0101	0141	0181	0201	0520
	1601	1617	2001	2201	2541
	2702				
2873	0181				
2874	1601				
2875	0101	0142	1501	1601	2541
2876	1701				
2877	0201	0341			
2878	0201				
2879	0242				
2880	1701				
2881	1601				
2882	0141				
2883	1601				
2884	0101				
2885	0101				
2886	0101				
2887	1741				
2888	0101	0161			
2889	0101	0141	0142	0163	0198
	0261	0281	0801	0842	1144
	1705	2001	2941	4061	
2890	0101				
2891	0141	0142	1601	2301	
2892	0142	0201			
2893	0101	0201			
2894	0101				
2895	0201				
2896	0181				
2897	0201				
2898	1601				
2899	1601				
2900	0101				

表二二

收藏情況表

書名編號	藏書單位	
2901	0701	
2902	0101	
2903	0101	
2904	0101	
2905	0201	
2906	0101	
2907	0101	
2908	0101	
2909	0101	
2910	0201	
2911	0101	
2912	0201	
2913	1702	
2914	2302	
2915	0201	
2916	0101	
2917	0101	
2918	0201	
2919	0101	1605
2920	0101	
2921	0101	
2922	0101	0102
2923	0101	
2924	1601	
2925	0101	
2926	0101	
2927	0201	
2928	0201	
2929	0201	
2930	0101	
2931	0101	
2932	0101	
2933	1601	
2934	0101	
2935	[illegible]	
2936	0201	
2937	0101	
2938	0101	

收藏情況表

書名編號	藏書單位
2939	0101
2940	0101
2941	0201
2942	0101
2943	1701
2944	1701
2945	0201
2946	1701
2947	0101
2948	0201
2949	0201
2950	0241
2451	0101
2952	0101
2953	1881
2954	0201
2955	2702

表二三

小説家類

雜事

一 迷樓記一卷 明抄本

二 投轄錄一卷 宋王明清撰 明純白齋抄本

三 投轄錄一卷 宋王明清撰 清初抄本 清丁丙跋

四 清波雜志十二卷 宋周煇撰 清初抄本 清王士禛、金[illegible]、[illegible]、朱錫庚跋 王國維題款

五 隨隱漫錄五卷 宋陳世崇撰 明抄本

六 月河所聞集一卷 宋莫君陳撰 明抄本

七 賓奕編四卷附錄二卷 明劉元卿撰 明萬曆食仲家刻本 九行十八字白口四周單边

八 汝南遺事二卷 明李本固撰 清初抄本 清丁丙跋

九 閒然堂日錄八卷 明潘士藻撰 明萬曆三十七年刻本 九行字不等白口四周單边

一〇 識小編□□卷 明周應賓撰 明天啓刻本 九行十九字白口四周單边 存九卷 內篇一至九

一一 近事叢殘四卷 明沈瓚撰 清乾隆五十九年刻本

一二 嶠南瑣記二卷 明魏濬撰 明刻本 九行十八字白口四周單边

一

一三 夜珠軒纂刻歷代女騷九卷 題明遂安生輯 明萬曆四十六年刻本 九行二十字白口

一四 玉麒麟二卷 明夏樹芳輯 明萬曆夏氏清遠樓 七行十六字白口四周單边

一五 西陽舌瑣一卷 明詹政詔撰 清咸豐六年張爾耆抄本

一六 見聞錄二卷 明鄭文兆撰 明崇禎四年刻本 九行二十四字白口四周單边

一七 稗史四卷續編四卷 清吳翊鳳撰 清康熙刻本

一八 渠丘耳夢錄四卷 清張貞撰 清康熙四十八年自刻本

一九 池上叢談不分卷澗上叢談不分卷 清許景仁撰 稿本

二〇 見聞記略四卷 清楊樹本撰 稿本

二一 燕閒筆記三卷 清顧公燮撰 清吳翌鳳抄本

二二 多暇錄二卷 清程庭鷺撰 清光緒二十年徐士愷刻觀自得齋叢書本 鄭文焯批 王大隆跋

二三 鐵若筆談四卷 清錢保撰 清抄本

二四 鄉園憶舊六卷 清王培荀撰 清道光刻本

二五 夢園瑣事不分卷 清方濬頤撰 稿本

二六 鑄菴隨筆二編八卷 清張培仁撰 稿本

異聞

二七 山海經十八卷 晉郭璞傳 宋淳熙七年池陽郡齋刻本 十行字不等白口左右双边 有刻工

二八 山海經十八卷 晉郭璞傳 明成化九年吳寬抄本 明吳寬跋

二九 山海經十八卷 晉郭璞傳 明成化四年北京國子監刻本 九行字不等黑口四周双边

三〇 山海經十八卷 晉郭璞傳 明嘉靖十三年黃省曾刻山海經水經合刻本 葉樹廉、葉啓勳跋 十二行二十字白口左右双边

三一 山海經十八卷 晉郭璞傳 明嘉靖十五年潘侃前山書屋刻本 [illegible]行二十字白口四周單边

三二 山海經十八卷 晉郭璞傳 明嘉靖十五年潘侃前山書屋刻本 清[illegible]培校跋並錄明吳寬題識

三三 山海經十八卷 晉郭璞傳 明刻本 清毛扆校並跋 九行十八字黑口四周双边

三四 山海經十八卷 晉郭璞傳 明吳安山大業堂刻本 十一行二十字白口四周單边

三五 山海經十八卷 晉郭璞傳 明刻本 十一行二十字白口四周單边

三六 山海經十八卷 晉郭璞傳 明刻本 十二行二十字白口左右双边

三七 山海經十八卷 晉郭璞傳 明萬曆十三年吳琯刻山海經水經合刻本 清惠棟校注 十行二十字白口左右双边

三八 山海經十八卷 晉郭璞傳 明萬曆十三年吳琯刻山海經水經合刻本 清黃丕烈校 周叔弢校並錄明文彭、清何焯題識

三九 山海經十八卷 晉郭璞傳 明萬曆十三年吳琯刻山海經水經合刻本 清邵思多校並跋

四〇 山海經十八卷 晉郭璞傳 明萬曆十三年吳琯刻山海經水經合刻本 清張淳校並跋

十一

四一 山海經十八卷 晉郭璞傳 明吳中珩刻本 十行二十字白口左右双边

四二 山海經十八卷 晉郭璞傳 明蔣應鎬繪 明刻本 九行二十字白口四周單边

四三 山海經十八卷 晉郭璞注 明末刻本 九行二十字白口左右双边

四四 山海經十八卷 晉郭璞注 宋劉辰翁評 明閻光表訂 明末刻本 九行二十字白口四周單边

四五 山海經十八卷 晉郭璞傳 清康熙五十三年至五十四年項絪群玉書堂刻本

四六 山海經十八卷 晉郭璞注 清康熙五十三年至五十四年項絪群玉書堂刻本 清王念孫校注 黃[illegible]跋

四七 山海經十八卷 晉郭璞傳 清康熙五十三年至五十四年項絪群玉書堂刻本 □□春臨何焯校跋

四八 山海經釋義十八卷圖一卷 明王崇慶撰 明嘉靖刻本 十行二十字白口四周双边

四九 山海經釋義十八卷圖一卷 明王崇慶撰 明萬曆二十五年蔣一葵堯山堂刻本 九行十九字白口四周單边

五〇 山海經釋義十八卷圖一卷 明王崇慶撰 明萬曆大業堂刻本 九行十九字白口四周單边

五一 山海經釋義十八卷 明王崇慶撰 明刻本 十行二十字白口左右双边

五二 山海經十八卷 晉郭璞傳 清畢沅校正 古今本篇目考一卷 清乾隆四十六年畢沅靈巖山館刻經訓堂叢書本（卷三至四配清抄本） 清盧文弨校、丁丙跋

五三 山海經十八卷 晉郭璞傳 清畢沅校正 古今本篇目考一

卷　清乾隆四十六年畢沅靈巖山館刻經訓堂叢書本　清孫星衍校、顧廣圻[illegible]跋

五四　山海經補註五卷　清惠棟撰　稿本

五五　山海經箋疏十八卷圖讚一卷訂譌一卷敘錄一卷　清郝懿行撰　清嘉慶十四年阮氏琅嬛僊館刻本　清王[illegible]跋　存十五卷　四至十八

五六　山海經地理今釋六卷　清吳承志撰　手稿本

五七　山海經地理今釋六卷　清吳承志撰　稿本　存五卷　一至五

五八　穆天子傳六卷　晉郭璞注　明楊氏萬卷樓抄本　清[illegible]校並跋

五九　穆天子傳六卷　晉郭璞注　明萬曆程榮刻漢魏叢書本　清黃丕烈校並跋　九行二十字白口左右雙邊

六〇　穆天子傳六卷　晉郭璞注　明抄本

六一　穆天子傳六卷　晉郭璞注　清抄本

六二　穆天子傳六卷　晉郭璞注　清抄本　清吳志忠校並跋　黃[illegible]跋

六三　穆天子傳六卷　晉郭璞注　清光緒翁斌孫抄本　翁斌孫錄[illegible]文治校跋

六四　穆天子傳注疏六卷首一卷末一卷　晉郭璞注　清檀萃疏　清章氏騰花吟館抄本

丰

六五　穆天子傳地理攷證六卷紀日干支表一卷中國人種從來攷一卷　丁謙撰　稿本

六六　神異經一卷　題漢東方朔撰　明萬曆程榮刻漢魏叢書本　佚文一卷　傅增湘輯　傅增湘校　抄本

六七　海內十洲記一卷　題漢東方朔撰　明抄本

六八　漢武故事一卷　題漢班固撰　清昭文黃氏抄本

六九　漢武故事一卷　題漢班固撰　清抄本　清黃廷鑑跋

七〇　漢武帝內傳一卷外傳一卷　明抄本

七一　別國洞冥記四卷　題漢郭憲撰　明萬曆程榮刻漢魏叢書本　傅增湘校並跋　九行二十字白口左右雙邊

七二　漢武帝別國洞冥記四卷　題漢郭憲撰　明抄本

七三　博物志十卷　題晉張華撰　周日用等注　明弘治十八年賀泰刻公文紙印本　明馮舒跋　十一行二十三字白口左右雙邊

七四　博物志十卷　題晉張華撰　周日用等注　明弘治十八年賀泰刻本

七五　博物志十卷　題晉張華撰　周日用等注　明刻本　十一行二十三字白口左右雙邊

七六　博物志十卷　題晉張華撰　周日用等注　明刻本　九行二十字白口四周單邊

七七　博物志十卷　題晉張華撰　周日用等注　明刻本　清陳鱣跋　九行二十字白口四周單邊

七八　博物志十卷　題晉張華撰　周日用等注　明吳琯刻古今逸史本　清黃丕烈校　十行二十字白口左右雙邊

七九　博物志十卷　題晉張華撰　周日用等注　清嘉慶九年黃氏士禮居刻本　清汪日楨校並跋

八〇　博物志十卷　題晉張華撰　周日用等注　續志十卷　題宋李石撰　明刻本　九行二十字白口四周單邊

八一　續博物志十卷　題宋李石撰　明弘治刻本　十一行二十三字白口左右雙邊

八二　續博物志十卷　題宋李石撰　明刻本　十一行二十三字黑口四周雙邊

八三　續博物志疏證十卷補遺一卷　清陳逢衡撰　稿本

八四　西京雜記六卷　題晉葛洪撰　明嘉靖十三年黃省曾刻本　九行十八字白口左右雙邊

八五　西京雜記六卷　題晉葛洪撰　明沈氏野竹齋刻本　十一行二十字白口左右雙邊

八六　西京雜記六卷　題晉葛洪撰　明沈氏野竹齋刻本　[illegible]跋

八七　西京雜記六卷　題晉葛洪撰　明嘉靖三十一年孔天胤刻本　十一行二十字白口左右雙邊

八八　西京雜記六卷　題晉葛洪撰　明嘉靖三十一年孔天胤刻本　葉德輝、葉啓勳跋

八九　西京雜記六卷　題晉葛洪撰　明萬曆三十年陝西布政使司刻秦漢圖記本　九行十八字白口左右雙邊

九〇　西京雜記六卷　題晉葛洪撰　明萬曆三十年陝西布政使司刻秦漢圖記本　清黃丕烈校並跋

九一　西京雜記六卷　題晉葛洪撰　明萬曆三十年陝西布政使司刻秦漢圖記本　清丁丙跋

中

九二　西京雜記六卷　題晉葛洪撰　明萬曆梁義卿刻本　九行十八字白口左右雙邊有刻工

九三　西京雜記六卷　題晉葛洪撰　明刻本　九行二十字白口左右雙邊

九四　西京雜記六卷　題晉葛洪撰　明刻本　清吳志忠校並跋　九行二十一字白口四周單邊

九五　西京雜記二卷　題晉葛洪撰　明活字印本　九行十五字白口左右雙邊

九六　西京雜記二卷　題晉葛洪撰　明抄本　清盧文弨校

九七　新刻出像增補搜神記六卷　明萬曆唐氏富春堂刻本　十一行二十字白口四周單邊

九八　新編連相搜神廣記前集一卷後集一卷　元秦子晉撰　元刻本　十四行二十四字黑口四周雙邊

九九　王子年拾遺記十卷　題後秦王嘉撰　明嘉靖四年顧氏思[illegible]室刻本　十行十八字白口左右雙邊有刻工

一〇〇　王子年拾遺記十卷　題後秦王嘉撰　明嘉靖十三年顧春世德堂刻本　十行十八字白口左右雙邊

一〇一　王子年拾遺記十卷　題後秦王嘉撰　明嘉靖十三年顧春世德堂刻本　明趙六息校並跋　清陳仲和跋

一〇二　王子年拾遺記十卷　題後秦王嘉撰　明嘉靖十三年顧春世德堂刻本　清孫江跋

一〇三　拾遺記十卷　題後秦王嘉撰　明末刻本　傅增湘校跋並錄清毛扆題識　九行二十字白口左右雙邊

一〇四　語怪彙書□種□□卷　明末刻本　九行十八字白口左右雙邊　存二種十八卷

述異記二卷 題梁任昉撰 異苑十卷 劉宋劉敬叔撰 録異記八卷 前蜀杜光庭撰 明刻本 十一行二十字白口左右双边 一〇五
述異記二卷 題梁任昉撰 明刻本 清葉萬校並跋 十一行二十字白口左右双边 一〇六
述異記二卷 題梁任昉撰 明刻本 佚名録清葉萬校跋 十一行二十字白口左右双边 一〇七
述異記二卷 題梁任昉撰 明萬曆何允中刻廣漢魏叢書本 清葉樹廉校並跋 九行二十字白口左右双边 一〇八
述異記二卷 題梁任昉撰 明萬曆二十一年[illegible]刻本 十行二十字白口四周单边 一〇九
述異記二卷 題梁任昉撰 明萬曆程榮刻漢魏叢書本 九行二十字白口左右双边 傅增湘校並跋 佚文一卷 傅增湘校輯 稿本 一一〇
述異記二卷 題梁任昉撰 明邢參抄本 明沈與文跋 一一一
述異記二卷 題梁任昉撰 清張氏味經書屋影宋抄本 一一二
還冤記二卷 北齊顏之推撰 附大業拾遺記一卷 唐顏師古撰 明刻本 九行十九字白口左右双边 一一三
集異志二卷 唐陸勳撰 明抄本 一一四
劒俠傳四卷附錄一卷 明隆慶三年應鐘子刻本 八行十七字白口左右双边 一一五
紀聞十卷 唐牛肅撰 清抄本 一一六

五

幽怪錄四卷 唐牛僧孺撰 續錄一卷 唐李復言撰 明書林陳應翔刻本 傅增湘校並跋 繆荃孫校 九行二十一字白口四周单边 一一七
續幽怪錄四卷 唐李復言撰 宋臨安府太廟前尹家書籍鋪刻本 清黃丕烈跋 九行十八字白口四周双边 一一八
續玄怪錄四卷 唐李復言撰 明隆慶三年姚咨抄本 明姚咨跋 一一九
譚賓錄十卷 唐胡璩撰 清抄本 清丁丙跋 一二〇
唐段少卿酉陽雜俎二十卷 唐段成式撰 明刻本 十行十九字黑口四周双边 一二一
唐段少卿酉陽雜俎二十卷 唐段成式撰 明刻本 十行二十三字白口四周双边 一二二
唐段少卿酉陽雜俎二十卷 唐段成式撰 明刻公文紙印本 十行二十三字白口四周双边 一二三
唐段少卿酉陽雜俎二十卷 唐段成式撰 明刻本 清丁丙跋 十行二十三字白口四周双边 一二四
唐段少卿酉陽雜俎前集二十卷續集十卷 唐段成式撰 明萬曆三十六年李雲鵠刻本 十行二十一字白口四周单边 一二五
唐段少卿酉陽雜俎前集二十卷續集十卷 唐段成式撰 明萬曆三十六年李雲鵠刻本 李盛鐸跋 一二六
唐段少卿酉陽雜俎續集 唐段成式撰 清初抄本 清[illegible] 一二七
酉陽雜俎二十卷續集十卷 唐段成式撰 明刻本（續集配明萬曆三十六年李雲鵠刻本） 清黃丕烈校並跋 九行二十字白口左右双边 一二八

酉陽雜俎二十卷續集十卷 唐段成式撰 清光緒三年湖北崇文書局刻本 清譚獻校並跋 一二九
酉陽雜俎二十卷 唐段成式撰 明刻本 九行二十字白口左右双边 一三〇
酉陽雜俎二十卷 唐段成式撰 明刻本 九行二十字白口四周单边 一三一
酉陽雜俎二十卷 唐段成式撰 明刻本 李盛鐸跋 九行二十字白口左右双边 一三二
酉陽雜俎二十卷 唐段成式撰 明趙琦美刻本 九行二十字白口左右双边 有刻工 一三三
集異記二卷 唐薛用弱撰 明抄本 一三四
博異志一卷 題谷神子撰 明崇禎六年孫明志抄本 一三五
前定錄一卷 唐鍾輅撰 續錄一卷 明抄本 一三六
桂苑叢談一卷 明抄本 一三七
劇談錄二卷 唐康駢撰 明刻本 十行十九字白口左右双边 一三八
劇談錄二卷 唐康駢撰 明刻本 明文從簡跋 十行十九字白口左右双边 一三九
劇談錄二卷 唐康駢撰 明刻本 清周星詒跋 十行十九字白口左右双边 有刻工 一四〇
劇談錄二卷 唐康駢撰 明刻本 李盛鐸跋 十行十九字白口左右双边 有刻工 一四一
劇談錄二卷 唐康駢撰 明崇禎毛氏汲古閣刻津逮秘書本 清黃丕烈校並跋 八行十九字白口左右双边 一四二

六

劇談錄二卷 唐康駢撰 明崇禎毛氏汲古閣刻津逮秘書本 清潘檉校跋并錄清盧文弨題識 一四三
劇談錄二卷 唐康駢撰 清刻本 清盧文弨跋 勞權校 存一卷 下 一四四
劇談錄二卷 唐康駢撰 明抄本 清黃丕烈跋 一四五
潄石軒筆記一卷 唐李隱撰 清抄本 一四六
室室志十卷補遺一卷 唐張讀撰 明抄本 一四七
闕史二卷 唐高彥休撰 明姚咨抄本 明姚咨校 一四八
闕史二卷 唐高彥休撰 明抄本 明葉奕校並跋 存一卷 下 一四九
闕史二卷 唐高彥休撰 清初抄本 一五〇
闕史二卷 唐高彥休撰 清初抄本 葉景葵校 一五一
闕史二卷 唐高彥休撰 清抄本 一五二
闕史二卷 唐高彥休撰 清乾隆嘉慶間鮑廷博刻知不足齋叢書本 傅增湘校 一五三
甘澤謠一卷 唐袁郊撰 附錄一卷 明抄本 一五四
甘澤謠一卷 唐袁郊撰 附錄一卷 明崇禎毛氏汲古閣刻津逮秘書本 清顧之逵校並跋 八行十九字白 一五五

口左右双边

一五六 甘澤謠一卷 唐袁郊撰 附錄一卷 明崇禎十三年孫明志抄本 明孫明志校並跋

一五七 開天傳信記一卷 唐鄭綮撰 清姚德榮青芝山堂抄本

一五八 三水小牘二卷 唐皇甫枚撰 清乾隆五十七年盧文弨刻抱經堂叢書本 傅增湘校跋並輯補遺目

一五九 傳奇三卷 唐裴鉶撰 清抄本 唐蘭跋

一六〇 獨異志三卷 唐李冗撰 明萬曆商濬刻稗海本 傅增湘校並跋 九行二十字白口四周單边

一六一 獨異志三卷 唐李冗撰 明抄本

一六二 廣異記六卷 清抄本 清周星詒校並跋 蔣鳳藻跋

一六三 廣異記六卷 清抄本

一六四 錄異記八卷 前蜀杜光庭撰 明抄本 明秦四麟校並跋 清何焯跋 黃丕烈校跋並題詩

一六五 錄異記八卷 前蜀杜光庭撰 明抄本

一六六 錄異記八卷 前蜀杜光庭撰 明抄本

一六七 錄異記八卷 前蜀杜光庭撰 清初鈔本

一六八 錄異記二卷 前蜀杜光庭撰 明抄本

一六九 神仙感遇傳五卷 前蜀杜光庭撰 明抄本

七

一七〇 重彫足本鑒誡錄十卷 後蜀何光遠撰 清嘉慶八年鮑廷博刻知不足齋叢書本 傅增湘校

一七一 重彫足本鑑誡錄十卷 後蜀何光遠撰 清抄本 清黃丕烈校並跋

一七二 太平廣記五百卷目錄十卷 宋李昉等輯 明嘉靖四十五年談愷刻本 十二行二十二字白口四周單边

一七三 太平廣記五百卷目錄十卷 宋李昉等輯 明嘉靖四十五年談愷刻本（卷二百六十一至二百六十五、二百九十八至三百一配清抄本） 清丁丙跋

一七四 太平廣記五百卷目錄十卷 宋李昉等輯 明嘉靖四十五年談愷刻本（卷七至十、十七至二十、二百六十一至二百六十四、三百六至三百七、四百七十七、目錄卷八至十配清抄本） 清周星詒跋

一七五 太平廣記五百卷目錄十卷 宋李昉等輯 明活字印本 十二行二十二字白口四周單边 存四百九十六卷（一至二百六十、二百六十五至五百）

一七六 太平廣記五百卷目錄十卷 宋李昉等輯 明許自昌刻本 十二行二十四字白口左右双边

一七七 太平廣記五百卷目錄十卷 宋李昉等輯 明許自昌刻本 清陳鱣校 吳騫跋

一七八 太平廣記五百卷目錄十卷 宋李昉等輯 明許自昌刻本 傅增湘錄清陳鱣校、吳騫題識

一七九 太平廣記五百卷目錄十卷 宋李昉等輯 明沈氏野竹齋抄本

一八〇 太平廣記五百卷 宋李昉等輯 明有嘉堂抄本 存四十卷（一至三十 四十一至五十）

一八一 太平廣記鈔八十卷 明馮夢龍評纂 明天啓六年刻本 十行二十二字白口左右双边

一八二 括異志十卷 宋張師正撰 明正德十年俞洪抄本

一八三 括異志十卷 宋張師正撰 明抄本 清黃丕烈跋

一八四 括異志十卷 宋張師正撰 清抄本

一八五 括異志十卷 宋張師正撰 清抄本

一八六 括異志十卷 宋張師正撰 清抄本

一八七 青瑣高議前集十卷後集十卷別集七卷 宋劉斧撰 明萬曆張夢錫刻本 十行十九字白口四周單边有刻工

一八八 青瑣高議前集十卷後集十卷別集七卷 宋劉斧撰 清抄本 清陳寶晉跋 存六卷（前集一至三 六至九）

一八九 新增京本青瑣高議前集十卷後集十卷 宋劉斧撰 明抄本 存十三卷（前集一至五 後集一至八）

一九〇 青瑣高議前集十卷 宋劉斧撰 明抄本

一九一 青瑣高議前集十卷後集十卷別集七卷 宋劉斧撰 清紀蘭山抄本 清丁丙跋 存二十六卷（前集全 後集一至九 別集全）

八

一九二 青瑣高議前集十卷後集十卷 宋劉斧撰 清抄本

一九三 青瑣高議前集十卷後集十卷 宋劉斧撰 清抄本 清方功惠跋

一九四 五色線集三卷 明弘治刻本 十行二十字黑口四周双边

一九五 五色線集三卷 明萬曆徐𤊹刻本 八行二十字白口四周單边

一九六 燈下閑談二卷 清抄本

一九七 燈下閑談二卷 清抄本

一九八 陰德錄一卷 明刻本 十行十八字黑口左右双边

一九九 稽神錄六卷拾遺一卷 宋徐鉉撰 明嘉靖二十二年姚咨家抄本 明姚咨校並跋 清黃丕烈跋

二〇〇 稽神錄六卷拾遺一卷 宋徐鉉撰 明末抄本

二〇一 江淮異人錄一卷 宋吳淑撰 明嘉靖刻本 清鮑廷博校、吳翌鳳、黃丕烈校並跋 十行十八字白口左右双边

二〇二 江淮異人錄一卷 宋吳淑撰 明抄本

二〇三 江淮異人錄一卷 宋吳淑撰 清吳翌鳳抄本 清吳翌鳳跋

二〇四 茅亭客話十卷 宋黃休復撰 明抄本 清黃丕烈校並跋

茅亭客話十卷 宋黃休復撰 明穴研齋抄本 清黃丕烈、王芑孫跋 二一五
茅亭客話十卷 宋黃休復撰 清嘉慶二十年吳□之抄本 清吳嘉泰校並跋 傅增湘跋 二一六
茅亭客話十卷 宋黃休復撰 清張紹仁家抄本 二一七
友會談叢三卷 宋上官融撰 清抄本 清丁丙跋 二一八
友會談藪三卷 宋上官融撰 清抄本 清周星詒校並跋 二一九
陶朱新錄一卷 宋馬純撰 清抄本 清丁丙跋 二二〇
夷堅甲志二十卷乙志二十卷丙志二十卷丁志二十卷支甲十卷支乙十卷支丙十卷支丁十卷支戊十卷支庚十卷支癸十卷三志己十卷三志辛十卷三志壬十卷 宋洪邁撰 清影宋抄本（支甲十卷支乙十卷支丙十卷支丁十卷支戊十卷支庚十卷支癸十卷卷七黃丕烈抄補 三志己十卷三志辛十卷三志壬十卷配清抄本） 清黃丕烈校並跋 二二一
夷堅甲志二十卷乙志二十卷丙志二十卷丁志二十卷 宋洪邁撰 清抄本 清丁丙跋 二二二
新編分類夷堅志甲集五卷乙集五卷丙集五卷丁集五卷戊集五卷己集六卷庚集五卷辛集五卷壬集五卷癸集五卷 宋洪邁撰 葉祖榮輯 明嘉靖二十五年洪楩清平山堂刻本 十行二十字白口左右雙邊 二二三

九

分類夷堅志甲集二十卷 宋洪邁撰 葉祖榮輯 明活字印本 十一行二十二字白口左右雙邊 存五卷 一至五 二二四
新訂增補夷堅志五十卷 宋洪邁撰 明鍾惺評 明李玄暉、□□編 □德刻本 九行二十字白口四周單邊 二二五
新刻夷堅志十卷 宋洪邁撰 明書林唐晟刻本 十一行二十四字白口四周單邊 存七卷 一至三 五至七 九 二二六
夷堅丁志三卷 宋洪邁撰 明祝允明抄本 明□□、文從簡、邵彌、清孫承澤、李文田、翁同龢跋 葉恭綽跋 二二七
夷堅志甲集二卷乙集二卷丙集二卷丁集二卷戊集二卷己集二卷庚集二卷辛集二卷壬集二卷癸集二卷 宋洪邁撰 清乾隆四十三年周□耕煙草堂刻本 陳乃乾校跋並錄清黃丕烈題識 二二八
湖海新聞夷堅續志前集十二卷 元刻本（卷一至六、九至十二配日本抄本） 十二行二十二字黑口四周雙邊 二二九
湖海新聞夷堅續志前集十二卷 元碧山精舍刻本 十二行二十二字黑口四周雙邊 存十卷 一至十 二三〇

貫刊湖海新聞夷堅續志後集不分卷 明薛詡刻本 十五行二十三字黑口四周雙邊 二三一
湖海新聞夷堅續志後集六卷 明抄本 二三二
重刊湖海新聞夷堅續志前集二卷後集二卷
湖遺一卷 清抄本 二三三
續夷堅志前集一卷後集一卷 題金元好問撰 清抄本 二三四
續夷堅志前集一卷後集一卷 題金元好問撰 清抄本 二三五
續夷堅志前集一卷後集一卷 題金元好問撰 清抄本 二三六
續夷堅志前集一卷後集一卷 題金元好問撰 清乾隆五十九年吳翌鳳抄本 二三七
續夷堅志前集一卷後集一卷 題金元好問撰 清抄本 清丁丙跋 二三八
感應彙徵夷堅志纂四卷 明王光祖輯 明萬曆十年自刻本 十行二十二字白口左右雙邊 二三九
鬼董五卷 清乾隆五十一年鮑廷博刻知不足齋叢書本 傅增湘校跋並錄[illegible]題識 二四〇
鬼董五卷 清抄本 二四一
鬼董狐五卷 清抄本 清黎延祖校並跋 二四二
新刊分類江湖紀聞前集□卷 元郭霄鳳撰 元刻本 十一行二十字黑口左右雙邊 二四三

十

三教源流搜神大全七卷 明刻本 十四行二十八字白口四周單邊 二四四
新增補相剪燈新話大全四卷附錄一卷 明瞿佑撰
新增全相湖海新奇剪燈餘話大全四卷 明李昌祺撰 明正德六年楊氏清江堂刻本 上框圖下框十四行二十四字黑口四周單邊 二四五
效顰集三卷 明趙弼撰 明宣德王静刻本 清丁丙跋 十二行二十四字黑口四周雙邊 二四六
效顰集二卷 明趙弼撰 明嘉靖二十七年趙子伯刻本 十行二十三字黑口四周雙邊 二四七
綠窗新話二卷 題皇都風月主人輯 明抄本 二四八
雪窗譚異八卷 明楊行吉輯 明刻本 九行二十字白口左右雙邊 二四九
志怪篇四卷 明沈璿撰 清抄本 二五〇
祝子志怪錄五卷 明祝允明撰 明萬曆四十年祝世廉刻本 九行二十字白口左右雙邊 二五一
西樵野紀十卷 明侯甸撰 明抄本 存五卷 一至五 二五二
汴京勼異記八卷 明李濂撰 明嘉靖二十六年自刻本 十行二十字白口四周單邊 二五三
見聞紀訓二卷 明陳良謨撰 附董漢陽碧里雜存六 二五四

事一卷　明曹穀撰　明萬曆七年徐琳刻本　九行十九字白口四周雙邊

二四五　聞見錄一卷　明姚宣撰　明抄本

二四六　寅齋聞見一卷　明姚宣撰　明末毛氏汲古閣抄本

二四七　冶城客論一卷　明陸采撰　清抄本　清丁丙跋

二四八　感應類編二卷　明蕭世延撰　明嘉靖二十七年刻本　十行二十□字白口四周單邊

二四九　新編古今奇聞類紀十卷　明施顯卿輯　明萬曆四年刻本　十一行二十三字白口左右雙邊有刻工

二五〇　豔異編五十七卷　題明王世貞撰　明末刻本　九行二十字白口左右雙邊

二五一　豔異編五十三卷　題明王世貞撰　明刻本　九行二十字白口左右雙邊

二五二　艷異編五十三卷　明書坊刻本　九行二十字白口四周單邊

二五三　豔異編四十五卷　明刻本　九行二十字白口左右雙邊

二五四　新鐫玉茗堂批選王弇州先生豔異編四十卷續編十九卷　題明王世貞撰　湯顯祖評　明末刻本　十行二十二字白口四周單邊

二五五　豔異編十二卷　明刻本　九行二十字白口左右雙邊

二五六　玉茗堂摘評王弇州先生豔異編十二卷　題明王世貞撰　湯顯祖評　明刻套印本　九行二十字白口四周單邊

二五七　豔異編十二卷　題明王世貞撰　清初友文堂刻本

二五八　廣豔異編三十五卷　明吳大震撰　明刻本　十行二十二字白口四周單邊
存二十二卷　一至二十二

二五九　李卓吾先生諍次姑妄編七卷　明李贄輯　明熊馭居公刻本　九行二十字白口四周單邊

二六〇　說聽四卷　明陸延枝撰　明萬曆十八年刻煙霞小說本　清黃丕烈跋　十行十八字白口左右雙邊

二六一　闇然錄最四卷　明潘士藻撰　明刻本　九行十八字白口左右雙邊

二六二　忠烈小傳二卷　明盛維輯　明汪光龍刻本　清趙之謙跋　十行二十字白口四周雙邊

二六三　新刊列仙降乩徵應全編二卷　明莊鍾□輯　明萬曆二十三年刻本　十三行二十五字白口四周單邊

二六四　娬媚叢談五卷　題明漫居子撰　明草玄居刻本　八行二十字白口四周單邊

二六五　新鐫仙媛紀事九卷補遺一卷　明楊爾曾撰　明萬曆三十年草玄居刻本　八行二十字白口四周單邊

二六六　無如四卷　明呂坤撰　明萬曆刻本　八行二十字白口左右雙邊

二六七　無如四卷　明呂坤撰　明萬曆刻本　清吳式芬跋　八行二十字白口左右雙邊

二六八　才鬼記十六卷　明梅鼎祚輯　明萬曆三十三年梅墪□居刻三才靈記本　九行十八字白口左右雙邊有刻工

十二

二六九　仙佛奇蹤八卷　明洪應明撰　明萬曆刻本　八行十八字白口四周單邊

二七〇　月旦堂仙佛奇蹤合刻八卷　明洪應明撰　明刻本　八行十八字白口四周單邊

二七一　芙蓉鏡巵言一集一卷二集一卷三集一卷四集一卷　明江東偉撰　明天啓刻本　八行二十字白口四周單邊

二七二　芙蓉鏡寓言一集一卷二集一卷三集一卷四集一卷　明江東偉撰　明天啓刻本　八行二十字白口四周單邊

二七三　風世類編十卷　明程時用撰　明萬曆二十八年刻本　九行二十字白口四周單邊

二七四　譚園十六卷　明錢希言撰　清抄本　清金泰階跋，陸維墉、王叔梅題款，金心山批並跋

二七五　新刻徐比部燕山叢錄二十二卷　明徐昌祚撰　明萬曆三十年自刻本　十行二十字白口四周單邊

二七六　新刻徐比部燕山叢錄二十二卷　明徐昌祚撰　清抄本
存二十一卷　一至二十一

二七七　敝帚軒剩語三卷補遺一卷　明沈德符撰　清抄本　清周星詒批校並跋

二七八　新刻耳談十五卷　明王同軌撰　明刻本　十行二十字白口四周單邊

二七九　新刻耳談十五卷　明王同軌撰　明萬曆三十年刻本　十一行二十四字白口四周單邊

二八〇　耳談類增五十四卷　明王同軌撰　明萬曆三十一年唐氏世德堂刻本　十二行二十四字白口四周單邊

二八一　新刊徽郡原板校正繪像註釋魁字登雲金璧故事四卷　明萬曆三十八年黃燦宇刻本　十二行二十四字白口四周單邊

二八二　逸史搜奇金集六卷石集八卷絲集十四卷竹集十八卷匏集十四卷土集十三卷革集十五卷木集十二卷　明汪雲程編　明刻本　八行十六字白口四周單邊有刻工

二八三　逸史搜奇甲集十卷乙集十卷丙集十卷丁集十卷戊集十卷己集十卷庚集十卷辛集十卷壬集十卷癸集十卷　明汪雲程編　明刻本　八行十六字白口四周單邊有刻工

二八四　逸史搜奇甲集十卷乙集十卷丙集十卷丁集十卷戊集十卷己集十卷庚集十卷辛集十卷壬集十卷癸集十卷　明汪雲程編　明刻本　八行十六字白口四周單邊
存九十四卷　甲集一至四、乙、丙、丁、戊、己、庚、辛、壬、癸九集全

二八五　逸史搜奇甲集十卷乙集十卷丙集十卷丁集十卷戊集十卷己集十卷庚集十卷辛集十

十三

卷壬集十卷癸集十卷 明汪雲程編 明刻本 八行十六字白口四周單邊
存四十卷 甲、乙、丙、丁四集全

閒史一卷 明周時復撰 清初刻本 二八六

繡谷春容十二卷 題明起北赤心子輯 明刻本 上層十四行十二字下層十二行十七字白口四周雙邊 二八七

述異補遺一卷 明抄本 二八八

活閻君斷案記一卷 明崇禎刻本 七行十六字白口四周單邊 二八九

綴玉初編二卷 明施廣撰 清康熙十六年施燮寶刻本 二九〇

情史類略二十四卷 明馮夢龍輯 明刻本 九行二十一字白口左右雙邊 二九一

情史類略二十四卷 明馮夢龍輯 清初芥子園刻本 二九二

廣聞錄八卷 清王晫撰 清康熙霞舉堂刻本 二九三

虞初新志二十卷 清張潮輯 清康熙刻本 二九四

白國因由一卷 清康熙四十五年釋寂裕刻本 二九五

見聞錄四卷 清徐岳撰 清寶翰樓刻本 二九六

見聞錄四卷 清徐岳撰 清乾隆十七年大德堂刻本 倫明校並跋 二九七

見聞錄四卷 清徐岳撰 清乾隆十七年大德堂刻本 傅增湘跋 二九八

十三

山齋客譚八卷 清景星杓撰 清盧氏抱經堂抄本 清盧文弨校並跋 二九九

雷江脞錄四卷 清董孝基撰 清抄本 三〇〇

雷江脞錄四卷 清董孝基撰 清抄本 清馮桂芬跋 三〇一

閱微草堂筆記二十四卷 清紀昀撰 清北平盛氏望益書屋刻本 清翁心存批 三〇二

閱微草堂筆記二十四卷 清紀昀撰 清嘉慶二十一年北平盛氏刻本 清徐時棟批注並跋 三〇三

灤陽消夏錄三卷 清紀昀撰 清抄本 清紀昀的實錄、吳式芬跋 三〇四

陰晉異函三卷 清李汝榛輯 稿本 三〇五

扶風傳信錄一卷 清吳寬輯 稿本 清任安上跋 三〇六

聞見錄五卷 清黃檢撰 清抄本 三〇七

瑣語

博物志補二卷 明游潛撰 明萬曆二十八年游日陞刻本 十行二十一字黑口左右雙邊有刻工 三〇八

破愁新話□卷 題明李贄輯 明刻本 八行十八字白口左右雙邊 三〇九
存三卷 一至三

古今寓言十二卷 明詹景鳳輯 明萬曆九年陳世寶刻本 九行二十字白口四周雙邊 三一〇

婁溪雜事鈔一卷 明尤鏜撰 清抄本 三一一

新刻塵外紀仙史類編二十四卷 明徐善述輯 明萬曆十九年刻本 十一行二十四字白口四周雙邊 三一二

小窗自紀四卷豔紀十四卷清紀五卷別紀四卷 明吳從先撰 明萬曆霞綺閣刻本 八行十八字白口四周單邊 三一三

小窗自紀四卷別紀四卷清紀不分卷豔紀不分卷 明吳從先撰 明萬曆刻本 八行十八字白口四周單邊 三一四

烈雲館廣清紀四卷 明吳從先、王穉登撰 明刻本 八行十八字白口四周單邊 三一五

青泥蓮花記十三卷 明梅鼎祚撰 明萬曆三十年鹿角山房刻本 九行十八字白口左右雙邊 三一六

青泥蓮花記十三卷 明梅鼎祚撰 明刻本 九行十八字白口左右雙邊 三一七

吏隱盟十卷 明楊夢袞撰 明刻本 九行十八字白口四周單邊 三一八

桐下听然二十二卷 明含蠙齋主人撰 明崇禎德壽堂刻本 八行十九字白口四周單邊 三一九

居亭雜記二卷 明趙士履撰 清抄本 三二〇

祝氏事偶十五卷 明祝彥輯 明崇禎刻本 九行二十字白口四周單邊 三二一

祝氏事偶十六卷 明祝彥撰 清抄本 三二二

名山藏廣記二百五卷 明張丑撰 明萬曆三十三年刻本 九行十六字白口左右雙邊 三二三

十四

遣愁集十四卷 清張貴勝輯 清康熙二十七年刻本 三二四

美人書六卷 題鴛湖煙水散人輯 清抄本 三二五

廣陵香影錄三卷 清徐鳳采輯 清道光元年自刻本 三二六

諧謔

開顏集二卷 宋周文玘輯 明刻本 十行十八字白口左右雙邊 三二七

開顏集二卷 宋周文玘輯 清抄本 清丁丙跋 三二八

解慍編十四卷 題明樂天大笑生輯 明嘉靖逍遙道人刻本 十行二十字白口四周單邊 三二九

山中一夕話七卷 明李贄輯 明刻本 八行十八字白口四周雙邊 三三〇

山中一夕話上集六卷下集六卷 明李贄輯 明刻本 八行十八字白口四周雙邊 三三一

雪濤諧史十種十卷 明江盈科編 明末刻本 九行二十字白口左右雙邊 三三二
雪濤小說一卷 明江盈科撰
談言一卷 明江盈科輯
權子一卷 明耿定向撰
摭言一卷 唐王保定撰
應諧錄一卷 明劉元卿撰
調謔編一卷 宋蘇軾撰
諧噱錄一卷 唐朱揆撰
拊掌錄一卷 宋邢居實撰
艾子雜說一卷 宋蘇軾撰
艾子後語一卷 明陸灼撰

捧腹編十卷　明許自昌撰　明萬曆刻本　九行二十字白口四周單邊　三三三

古今笑三十六卷　明馮夢龍撰　明末馮氏墨憨齋刻本　九行二十一字白口左右四邊　三三四

古笑史三十四卷　明馮夢龍輯　清竹笑居士删訂　清康熙六年刻本　三三五

一五

收藏情况表

書名編號		藏書單位				
小說家類	1	0141				
	2	0101				
	3	1601				
	4	0141				
	5	0201				
	6	0201				
	7	1101				
	8	1601				
	9	1881				
	10	2541				
	11	0701				
	12	0161				
	13	0281				
	14	0144	0181	0291	0541	1601
	15	0241				
	16	0161				
	17	0163				
	18	0101	0161	0241	1	2301
	19	0161				
	20	1701				
	21	0241				
	22	0241				
	23	0144				
	24	0161				
	25	0161				
	26	2301				
	27	0101				
	28	0101				
	29	0101	0201	2501		
	30	2401				
	31	0201	1701	2301		
	32	0101				
	33	0101				
	34	0101				
	35	2301				
	36	0101	0201			
	37	0101				
	38	0101				

收藏情况表

書名編號		藏書單位				
小說家類	39	0101				
	40	0201				
	41	0141	0301	1644	1710	1761
		1801	2701	2703		
	42	0102	0144	0248	0281	1544
		1681	2702			
	43	0441				
	44	0701	2301			
	45	0144				
	46	0101				
	47	0101				
	48	0101	0141	0201	2702	
	49	0101	0102	0173	0201	1620
		1701				
	50	0142	0145	0182	0291	1542
		1582	2541			
	51	0163	0197			
	52	1601				
	53	0101				
	54	1601				
	55	1581				
	56	0163				
	57	0163				
	58	0101				
	59	0301				
	60	0101				
	61	0591				
	62	0201				
	63	0101				
	64	0201				
	65	0101				
	66	0101				
	67	0101				
	68	0201				
	69	0201				
	70	0101				
	71	0101				
	72	0101				

表一

收藏情况表

書名編號	藏書單位				
小說家類 73	0101				
74	0101				
75	0101				
76	0181				
77	1701				
78	0101				
79	0201				
80	0703				
81	0141				
82	0101				
83	0201				
84	0201				
85	0101	0201			
86	0101				
87	0198				
88	2401				
89	0101	0141	2702		
90	0101				
91	1601				
92	2001				
93	0141				
94	1531				
95	0201				
96	0201				
97	0101	0141	1601	1681	2241
98	0101				
99	1601	2342			
100	0101	0201			
101	0101				
102	0101				
103	0101				
104	0701				
105	0201				
106	0101				
107	0101				
108	0201				
109	2544				
110	0101				

收藏情况表

書名編號	藏書單位				
小說家類 111	0101				
112	0201				
113	2041				
114	0201				
115	0101				
116	1601				
117	0101				
118	0101				
119	0101				
120	1601				
121	0101				
122	0101				
123	0201				
124	1601				
125	0101	0144	0198	0201	1001
	1282	1441	1901	2702	
126	0141				
127	0201				
128	0101				
129	1702				
130	0142	0143	1705		
131	2001				
132	0141				
133	2001				
134	0101				
135	0101				
136	0101				
137	0101				
138	0101				
139	0101				
140	0101				
141	0141				
142	0101				
143	0101				
144	0201				
145	0101				
146	0201				
147	0101				

收藏情况表

書名編號	藏書單位				
148	1101				
149	0101				
150	1101				
151	0201				
152	0841				
153	0101				
154	0703				
155	0101				
156	0181				
157	0201				
158	0101				
159	0101				
160	0101				
161	0101				
162	0101				
163	0101				
164	0101				
165	0101				
166	1601				
167	0198				
168	0201				
169	2702				
170	0101				
171	0101				
172	0141	0142	0198	0201	0261
	0801	2702			
173	1601				
174	0101				
175	0141				
176	0141′	0144	0161	0162	0182
	0242	0301	0701	1601	1641
	1701	1704	2702		
177	0101				
178	0101				
179	0101				
180	0201				
181	0142◎	0201			
182	0101				

收藏情况表

書名編號	藏書單位				
183	1601				
184	0101				
185	0150				
186	1607				
187	0701				
188	0101				
189	0101				
190	0201				
191	1601				
192	0101				
193	0201				
194	0141	0201◎	1601		
195	0141				
196	0101				
197	0571				
198	0101				
199	0101				
200	0101				
201	0101				
202	0101				
203	1581				
204	0101				
205	0101				
206	0101				
207	0201				
208	1601				
209	0101				
210	1601				
211	0201				
212	1601				
213	0101	0201	1501	1510	2301
214	0201				
215	0101	2445			
216	0101				
217	0201				
218	0101				
219	0101				
220	0101				

收藏情況表

書名編號	藏書單位				
小說家類 221	0101				
222	0101				
223	1601				
224	0101				
225	0164				
226	2001				
227	0201				
228	1601				
229	0201				
230	0101				
231	0101				
232	0101				
233	0101				
234	0201	0281			
235	0101				
236	1601				
237	1682				
238	1601				
239	0520				
240	0241				
241	0101	0701			
242	0101				
243	0101	0141⑩			
244	1701				
245	2501				
246	0101				
247	1601				
248	0161				
249	1601				
250	0161	0163			
251	0201				
252	0703				
253	0101				
254	0102	0141	0161	0701	0801
	1601	1604	1801	2241	2541
255	0101				
256	0101	0201	0281		
257	0201				

表四

收藏情況表

書名編號	藏書單位				
小說家類 258	0201				
259	0141				
260	0101				
261	1601				
262	0201				
263	0281				
264	0201				
265	0101	0201			
266	0842				
267	0301				
268	0201				
269	0161	0201	0241	1101	2702
270	0102	0142	0144	0181	0182
	0201	0291	0745	1501	1606
	1701	2401	2702		
271	2541				
272	1701				
273	0161				
274	0101				
275	0101				
276	0101				
277	0101				
278	0101	0163			
279	0143				
280	0161	1201	1502	1601	
281	0201				
282	1601				
283	0161				
284	0201				
285	0101				
286	0101				
287	0101	0141	0161	0201	
288	0101				
289	0801				
290	0101				
291	0201①	2501			
292	0102	0201	2702		
293	1601				

收藏情況表

書名編號	藏書單位				
小說家類 294	0102	0142	0161	0201	0241
	1201	1503	2042		
295	2901	2941			
296	1605				
297	0101				
298	0101				
299	1601				
300	0101				
301	0201				
302	0101				
303	0101				
304	0101				
305	0241				
306	0201				
307	0101				
308	0161				
309	1601				
310	0193	1501			
311	0201				
312	0201				
313	0841	1601	2201	2401	
314	0141	0201	0242	0341	
315	0102	0242	1206	2343	
316	0101	0201	0703		
317	0101				
318	0161				
319	0101⑩	0201			
320	0201				
321	0242	1601			
322	0201	0			
323	0201				
324	0201	0701	1627		
325	0201				
326	0101				
327	1705				
328	1601				
329	0201				
330	0142	0801	1801		

表五

收藏情況表

書名編號	藏書單位		
小說家類 331	0150		
332	0242	0281	
333	0301	0103	1601
334	0101	0201	
335	0174	0181	0201
	0841	1601	

類書類

一 編珠四卷　題隋杜公瞻撰　清抄本

二 藝文類聚一百卷　唐歐陽詢輯　宋刻本［序目、卷一至四、四十九至五十三、五十四之第二至十一頁、五十五之第一頁配明嘉靖六年至七年胡纘宗陸采刻本］　十四行二十七至三十三字左右双边白口单鱼尾有刻工

三 藝文類聚一百卷　唐歐陽詢輯　明正德十年華堅蘭雪堂銅活字印本　七行十三字白口左右双边

四 藝文類聚一百卷　唐歐陽詢輯　明嘉靖六年至七年胡纘宗陸采刻本　十四行二十八字白口左右双边有刻工

五 藝文類聚一百卷　唐歐陽詢輯　明嘉靖六年至七年胡纘宗陸采刻本　傅增湘跋並錄清馮舒譚儀等校跋錢孫保題識

六 藝文類聚一百卷　唐歐陽詢輯　明嘉靖六年至七年胡纘宗陸采刻本　佚名錄清陳揆校並跋

七 藝文類聚一百卷　唐歐陽詢輯　明嘉靖六年至七年胡纘宗陸采刻本　尹炎武校

八 藝文類聚一百卷　唐歐陽詢輯　明嘉靖九年鄭氏宗文堂刻本　十四行二十八字白口四周单边

九 藝文類聚一百卷　唐歐陽詢輯　明嘉靖二十八年平陽府刻本　十四行二十八字白口单鱼尾左右双边有刻工

一〇 藝文類聚一百卷　唐歐陽詢輯　明嘉靖二十八年平陽府刻公文紙印本

一一 藝文類聚一百卷　唐歐陽詢輯　明嘉靖二十八年平陽府刻本　清陳揆跋並錄馮舒校跋錢孫保題識　董醇丁丙跋

一二 藝文類聚一百卷　唐歐陽詢輯　明萬曆十五年王元貞刻本　十行二十字白口单鱼尾左右双边间有四周单边

一三 藝文類聚一百卷　唐歐陽詢輯　明余氏尊古堂刻本　十行二十字白口左右双边单鱼尾

一四 藝文類聚一百卷　唐歐陽詢輯　明石渠山房刻本　十行二十字白口四周单边

一五 藝文類聚一百卷　唐歐陽詢輯　明尚古堂刻本　十行二十字白口四周单边

一六 藝文類聚一百卷　唐歐陽詢輯　明刻本　十四行二十八字白口左右双边单鱼尾有刻工

一七 藝文類聚一百卷　唐歐陽詢輯　明刻本　十四行二十八字白口四周单边

一八 藝文類聚一百卷　唐歐陽詢輯　清末成都宏達堂刻本　廖平校

一九 北堂書鈔一百六十卷　唐虞世南輯　明正德十三年竹東書舍抄本
存一百五十卷　一至七十二　七十八至八十一　八十七至一百六十

二〇 北堂書鈔一百六十卷　唐虞世南輯　明陳禹謨補注　明萬曆二十八年陳禹謨刻本　九行二十字小字双行行字同白口左右双边单鱼尾

二一 北堂書鈔一百六十卷　唐虞世南輯　明范氏臥雲山房抄本　寶康跋

二二 北堂書鈔一百六十卷　唐虞世南輯　明東吳徐氏抄本［卷一百二十三至一百六十配清盱眙吳氏抄本］

二三 北堂書鈔一百六十卷　唐虞世南輯　明抄本

二四 北堂書鈔一百六十卷　唐虞世南輯　明抄本

二五 北堂書鈔一百六十卷　唐虞世南輯　明抄本

二六 北堂書鈔一百六十卷　唐虞世南輯　明抄本
存八十七卷　一至八十七

二七 北堂書鈔一百六十卷　唐虞世南輯　明抄本　清孫星衍、嚴可均、周星詒校並跋　王石華、洪頤煊、王引之、錢東垣、顧廣圻、譚儀校　傅以禮跋　戴望題款　葉昌熾、鄧邦述題款

二八 北堂書鈔一百六十卷　唐虞世南輯　明抄本　清嚴可均校並錄朱彝尊、孫星衍等題識

二九 北堂書鈔一百六十卷　唐虞世南輯　繆荃孫彙編清嚴可均刻本、光緒十四年姚覲元集福懷德齋活字印本、清抄本　清勞格校　繆荃孫校並跋

三〇 北堂書鈔一百六十卷　唐虞世南輯　清邵鴻彥抄本

三一 北堂書鈔一百六十卷　唐虞世南輯　清道光抄本　清王朝跋並錄嚴可均批校
存三十五卷　十五至二十四　一百三十二至一百四十七　一百四十九至一百五十七

三二 北堂書鈔一百六十卷　唐虞世南輯　清抄本

三三 北堂書鈔一百六十卷　唐虞世南輯　清抄本　清黃廷鑑跋

三四 北堂書鈔一百六十卷　唐虞世南輯　清抄本　清蔣光焴跋

三五 北堂書鈔續校記不分卷　清林國賡撰　稿本

三六 大唐類要一百六十卷　唐虞世南輯　明抄本　清勞權校並跋
存四卷　一百三十九　一百五十八至一百六十

三七 大唐類要一百六十卷　唐虞世南輯　清顧氏藝海樓抄本　清莫友芝、丁日昌跋

三八 大唐類要一百六十卷　唐虞世南輯　清羅氏恬養齋抄本　清曾慶棋錄朱彝尊跋嚴可均校

三九 大唐類要一百六十卷　唐虞世南輯　清曾奎燦片玉齋抄本

四〇 大唐類要一百六十卷　唐虞世南輯　清姚氏咫進齋抄本
存一百十五卷　十八至三十六　五十至五十六　七十二至一百六十

四一 龍筋鳳髓判二卷　唐張鷟撰　明弘治十七年沈津刻本　十行十六字白口左右双边单鱼尾

四二 龍筋鳳髓判二卷　唐張鷟撰　明弘治十七年沈津刻本　清錢曾校

四三 龍筋鳳髓判二卷　唐張鷟撰　明弘治十七年沈津刻本　清錢天樹跋

四四 龍筋鳳髓判二卷　唐張鷟撰　明刻本　八行十七字白口四周单边

四五 龍筋鳳髓判二卷　唐張鷟撰　清抄本　清彭元瑞校並跋

四六 龍筋鳳髓判二卷　唐張鷟撰　清張德榮抄本　清張德榮校韓應陛跋

四七 龍筋鳳髓判二卷　唐張鷟撰　清抄本

四八 龍筋鳳髓判二卷　唐張鷟撰　清抄本

四九 龍筋鳳髓判注四卷　唐張鷟撰　明劉允鵬注　明萬曆五年魏大平、魏用刻本　十行二十字小注同白口四周双边

五〇 龍筋鳳髓判注四卷　唐張鷟撰　明劉允鵬注　明萬曆十三年金陵周曰校刻本　十一行二十七字白口四周双边单鱼尾

五一 龍筋鳳髓判注四卷 唐張鷟撰 明劉允鵬注 明刻本 十行二十字小字双行行字同白口四周双边黑魚尾

五二 龍筋鳳髓判注四卷 唐張鷟撰 明劉允鵬注 清抄本 清陳春批校並跋

五三 初學記三十卷 唐徐堅等輯 明嘉靖十年安國桂坡館刻本 九行十八字小字双行行字同白口左右双边有刻工

五四 初學記三十卷 唐徐堅等輯 明嘉靖十年安國桂坡館刻本 佚名錄清嚴可均校

五五 初學記三十卷 唐徐堅等輯 明嘉靖十年安國桂坡館刻本 李之鼎錄清嚴可均校

五六 初學記三十卷 唐徐堅等輯 明嘉靖十年安國桂坡館刻本 傅增湘跋並錄清嚴可均校跋

五七 初學記三十卷 唐徐堅等輯 明嘉靖十三年晉府虛益堂刻本 九行十八字白口左右双边

五八 初學記三十卷 唐徐堅等輯 明嘉靖十三年晉府虛益堂刻本 清嚴可均批校

五九 初學記三十卷 唐徐堅等輯 明嘉靖十三年晉府虛益堂刻本 清丁丙跋

六〇 初學記三十卷 唐徐堅等輯 明嘉靖二十三年甯壽刻本 九行十八字白口左右双边

六一 初學記三十卷 唐徐堅等輯 明嘉靖二十三年甯壽刻本 清許旦復錄嚴可均校 存十八卷 一至十六 二十至二十一

六二 初學記三十卷 唐徐堅等輯 明楊鑨九洲書屋刻本 九行十八字白口四周双边有刻工

六三 初學記三十卷 唐徐堅等輯 明楊鑨九洲書屋刻重修本 九行十八字小字双行二十四字白口左右双边有刻工

六四 初學記三十卷 唐徐堅等輯 明楊鑨九洲書屋刻重修本 清丁丙跋

六五 初學記三十卷 唐徐堅等輯 明楊鑨九洲書屋刻重修本 清王儀鄭校

六六 初學記三十卷 唐徐堅等輯 明萬曆十五年徐守銘寧壽堂刻本 九行十八字小字双行二十四字白口左右双边單魚尾

六七 初學記三十卷 唐徐堅等輯 明萬曆十五年徐守銘寧壽堂刻本 清嚴可均跋許瀚校並跋胡景灝錄嚴可均校

六八 初學記三十卷 唐徐堅等輯 明萬曆十五年徐守銘寧壽堂刻本 清莫友芝題簽

六九 初學記三十卷 唐徐堅等輯 明萬曆二十五年至二十六年陳大科刻本 九行二十字小字双行行字同白口左右双边

七〇 初學記三十卷 唐徐堅等輯 明萬曆二十五年至二十六年陳大科刻清雲樓重修本 九行二十字小字双行行字同白口左右双边

七一 初學記三十卷 唐徐堅等輯 明刻本 九行十八字小字双行二十四字白口左右双边有刻工

七二 初學記三十卷 唐徐堅等輯 明刻本 清楊守敬校 九行十八字白口左右双边上魚尾有刻工

七三 新刊初學記三十卷 唐徐堅等輯 明安陽鄭氏刻本 十行二十字小字双行行字同白口四周單边 存二十三卷 一至十二 十七至二十一 二十五至三十

七四 初學記三十卷 唐徐堅等輯 清光緒十四年蘊石齋刻本 清劉瀞校並錄嚴可均批校

七五 初學記三十二卷 唐徐堅等輯 明萬曆三十四年沈宗培刻本 七行十六字小字双行行字同白口四周單边

七六 元和姓纂十卷 唐林寶撰 清孫星衍洪瑩校補 清洪瑩刻本 清李慈銘校補並跋

七七 新雕白氏六帖事類添注出經□□卷 唐白居易輯 宋刻本 十二行二十三字小注双行二十三或二十四字左右双边 存四卷 十七至二十

七八 孔氏六帖三十卷 宋孔傳輯 宋乾道二年泉南郡庠刻本 十二行約十八九字小注約二十八字白口左右双边 存一卷 十一

七九 唐宋白孔六帖一百卷 唐白居易宋孔傳輯 宋刻本 十行十七字小字双行二十五字細黑口双魚尾 存二卷 三十九 四十

八〇 唐宋白孔六帖一百卷目錄二卷 唐白居易宋孔傳輯 明刻本 清章綬銜跋 十行十八字小字双行行字同白口左右双边有刻工

八一 唐宋白孔六帖一百卷 唐白居易宋孔傳輯 明刻本 清徐時棟跋 十行十八字注文小字双行行字同白口左右双边有刻工

八二 唐宋白孔六帖一百卷目錄二卷 唐白居易宋孔傳輯 明刻本 十行十八字小字双行行字同白口左右双边有刻工

八三 唐宋白孔六帖一百卷目錄二卷 唐白居易宋孔傳輯 明刻本 清丁丙跋

八四 唐宋白孔六帖一百卷目錄二卷 唐白居易宋孔傳輯 明抄本

八五 唐宋白孔六帖一百卷目錄二卷 唐白居易宋孔傳輯 明抄本

八六 唐宋白孔六帖一百卷 唐白居易宋孔傳輯 明抄本 存七十卷 一至三 九至十四 十九至三十九 四十六至七十四 八十四至九十四

八七 唐宋白孔六帖一百卷 唐白居易宋孔傳輯 明抄本 存六十一卷 三至十一 十六至二十 三十五至五十六 六十一至七十六 九十二至一百

八八 小名錄二卷 唐陸龜蒙撰 明抄本 明張延璋跋 清何煌校

八九 補注蒙求八卷 唐李瀚撰 宋徐子光補注 宋刻本 清喬松年跋 十二行二十字白口左右双边双魚尾

九〇 標題徐狀元補注蒙求三卷 唐李瀚撰 宋徐子光補注 宋刻本 鄒郢述跋 十行二十七、二十八字不等左右双边白口上下黑口双魚尾

九一 釋文蒙求一卷 唐李瀚撰 明萬曆四十年汪高科刻本 七行二十字小字双行行字同四周双边

九二 蒙求集注一卷 唐李瀚撰 明刻本 六行十四字小字双行行字同大黑口双魚尾

九三 新編儒學樞要六卷 宋刻本 十二行二十一字黑边四周双边上下白口單魚尾 存三卷 一至三

九四 事類賦三十卷 宋吳淑撰並注 宋紹興十六年兩浙東路茶鹽司刻本 八行十四至十六字小字双行二十三至二十七字白口左右双边

九五 事類賦三十卷 宋吳淑撰並注 宋紹興十六年兩浙東路茶鹽司刻本（卷六至十、十七至十九配明抄本，卷十四至十六配清嘉慶十八年黃氏士禮居抄本） 清黃丕烈校補並跋

九六 事類賦三十卷 宋吳淑撰並注 明嘉靖十一年崇正書院刻本 十二行二十字小字双行行字同白口左右双边有刻工

九七 事類賦三十卷 宋吳淑撰並注 明嘉靖十一年崇正書院刻本 清丁丙跋

九八　事類賦三十卷　宋吳淑撰並注　明嘉靖十三年白坪刻本　十一行二十字黑口四周單边

九九　事類賦三十卷　宋吳淑撰並注　明嘉靖十六年秦汴刻本　十二行二十字小字双行行字同白口左右双边

一〇〇　事類賦三十卷　宋吳淑撰並注　明萬曆徐守銘寧壽堂刻本　十二行二十字白口左右双边单魚尾

一〇一　事類賦三十卷　宋吳淑撰並注　明葉氏作德堂刻本　十行二十字小字双行行字同黑口双魚尾四周單边

一〇二　事類賦三十卷　宋吳淑撰並注　明蔡龢刻本　十二行二十字白口左右双边單魚尾

一〇三　事類賦三十卷　宋吳淑撰並注　明潘仕潘僎刻本　十二行二十字小字双行行字同白口左右双边

一〇四　事類賦三十卷　宋吳淑撰並注　明刻本　有刻工　十二行二十字小字双行行字同白口四周双边

一〇五　事類賦三十卷　宋吳淑撰並注　明刻本　十二行二十字小字双行行字同白口左右双边

一〇六　事類賦三十卷　宋吳淑撰並注　明刻本　十二行二十字小字双行行字同白口單魚尾左右双边

一〇七　事類賦三十卷　宋吳淑撰並注　明鄞州孫氏南江小閣抄本
存二十六卷　五至三十

一〇八　事類賦三十卷　宋吳淑撰並注　清康熙四十四年程自淳抄本

一〇九　廣事類賦四十卷　清華希閔撰　清朱墨抄本

一一〇　類書讀三十卷　宋吳淑撰並注　明馬士斐輯　明末刻本　八行二十五字小字双行行字同四周單边

一一一　類賦二十一卷　宋吳淑撰並注　清史以甲增補　續類賦二十

五

七卷　清史以甲撰　清抄本

一一二　事類提要不分卷　清梁玄濟抄本

一一三　太平御覽一千卷目錄十卷　宋李昉等輯　明萬曆元年倪炳刻本　十一行二十二字小字双行行字同白口四周單边

一一三　太平御覽一千卷目錄十五卷　宋李昉等輯　明萬曆二年周堂銅活字印本　十一行二十二字白口四周單边單魚尾

一一四　太平御覽一千卷　宋李昉等輯　明萬曆二年周堂銅活字印本　清周廣業跋

一一五　太平御覽一千卷　宋李昉等輯　明鈕氏世學樓抄本
存四十三卷　二十五至三十四　五十八至六十六　百四十一至百四十七　二百九十至二百九十九　三百十五至三百二十一

一一六　太平御覽一千卷　宋李昉等輯　明抄本

一一七　太平御覽一千卷目錄十五卷　宋李昉等輯　明抄本
存一千一卷　一至二百七十七　二百七十九至三百九十二　三百九十六至七百二十七　七百三十一至一千　目錄全

一一八　太平御覽一千卷目錄十五卷　宋李昉等輯　明抄本
存九百五十八卷　一至八百三十八　八百九十六至一千　目錄全

一一九　太平御覽一千卷　宋李昉等輯　明抄本
存九百二十二卷　一至十一　二十至七十八　九十一至四百五十　四百六十五至四百七十二　四百八十二至五百三十六　五百三十九至五百八十五　五百九十四至六百十八　六百二十八至七百四十六　七百五十五至七百六十　七百六十九至一千

一二〇　太平御覽一千卷目錄十五卷　宋李昉等輯　明抄本
存八百三十五卷　一百一至三百　三百十一至五百十　五百六十一至七百　七百十一至八百八十　八百九十一至一千　目錄全

一二一　太平御覽一千卷　宋李昉等輯　明抄本
存一百五十八卷　十六至二十四　一百五十五至一百六十四　四百十二至四百五十五　八百二至八百九十六

一二二　太平御覽一千卷目錄十五卷　宋李昉等輯　明抄本
存六十六卷　八百十四至八百二十六　八百三十三至八百五十五　八百七十七至八百九十一　九百一至九百十　九百二十二至九百二十六

一二三　太平御覽一千卷　宋李昉等輯　明抄本
存二十七卷　一百五十一至一百五十六　三百十一至三百十四　六百八十一至六百八十三　七百三十八至七百四十一　七百四十七至七百五十一

一二四　太平御覽一千卷目錄十五卷　宋李昉等輯　明抄本
存十卷　二百一至二百十

一二五　太平御覽一千卷　宋李昉等輯　明抄本
存九百九十四卷　一至七十四　七十六至八十一　八十八至一千

六

一二六　太平御覽一千卷目錄二卷　宋李昉等輯　明抄本
存九百八十二卷　卷一至一百二十　一百三十一至一百五十　一百六十一至一千　目錄全

一二七　太平御覽一千卷目錄十五卷　宋李昉等輯　清嘉慶九年至十四年張海鵬從善堂刻本　傳增湘校並跋　許寶蘅校

一二八　太平御覽一千卷　宋李昉等輯　清嘉慶十二至十七年鮑崇城刻本　清韓泰華校　葉景葵跋
存二百二十卷　三十一至五十　二百四十一至二百七十　四百三十一至四百七十　六百十一至六百四十　六百五十一至六百七十　八百九十一至九百四十

一二九　冊府元龜一千卷　宋王欽若等輯　宋刻本　朱文鈞跋　十四行二十四字白口左右双边
存二十卷　二百八十六至二百九十五　三百九　四百四十二　四百四十四至四百四十五　四百八十二至四百八十四　七百八十六至七百八十九

一三〇　冊府元龜一千卷　宋王欽若等輯　宋刻本　十四行二十四字白口單魚尾左右双边
存一卷　七百八十八

一三一　冊府元龜一千卷　宋王欽若等輯　宋刻本　十四行二十四字白口左右双边
存五卷　九百一至九百五

册府元龜一千卷　宋王欽若等輯　宋刻本　十四行二十四字白口左右双边单魚尾　存六頁　卷二百十一第八頁　二百十三第三至第六頁　二百五十第六頁　一三二

册府元龜一千卷　宋王欽若等輯　宋刻本　十四行二十四字白口左右双边单魚尾　存一頁　卷三百十七第二頁　一三三

册府元龜一千卷目錄十卷　宋王欽若等輯　明崇禎十五年黄國琦刻本　十行二十字白口四周单边　一三四

册府元龜一千卷目錄十卷　宋王欽若等輯　明崇禎十五年黄國琦刻本　傅增湘校並跋　一三五

册府元龜一千卷目錄十卷　宋王欽若等輯　明崇禎十五年黄國琦刻清康熙十一年黄九錫重修本　一三六

册府元龜一千卷　宋王欽若等輯　明抄本　一三七

册府元龜一千卷　宋王欽若等輯　明抄本　一三八

册府元龜一千卷　宋王欽若等輯　明抄本　一三九

册府元龜一千卷　宋王欽若等輯　明抄本（卷八十九至九十四、一百三十一至一百三十五、一百九十六至二百、二百六十一至二百六十五、四百十一至四百十四、五百二十一至五百三十、五百三十六至五百四十五、五百六十七至五百七十、五百九十七至六百、六百七十一至六百七十五、七百六十一至七百六十五、八百二十至八百二十五、九百二十八至九百三十九、九百六十五至九百七十配清抄本）　一四〇

册府元龜一千卷　宋王欽若等輯　明抄本　一四一
存八百六十六卷　六至四十五　五十二至一百六十一　一百六十六至三百十五　三百二十一至三百三十　三百四十一至三百八十　三百八十六至五百九十七　六百一至七百三十五　七百四十一至七百九十五　八百六十一至八百六十五　八百七十一至八百八十　八百九十一至八百九十五　九百一至九百三十三　九百四十至一千

七

册府元龜一千卷　宋王欽若等輯　明抄本　一四二
存七百十二卷　二十五至七十四　一百六十一至二百　二百二十六至三百　三百十至三百九十五　四百一至六百　六百五十一至八百四十八　八百七十一至八百九十五　九百五十一至九百七十八

新刊監本册府元龜一千卷　宋王欽若等輯　宋刻本　十三行二十四字白口左右双边　一四三
存八卷　二百四十九　二百五十一至二百五十四　二百六十一至二百六十二　二百七十六

新刊監本册府元龜一千卷目錄十卷　宋王欽若等輯　明南岑書舍抄本　一四四

新刊監本册府元龜一千卷目錄十卷　宋王欽若等輯　明抄本　一四五

新刊監本册府元龜一千卷　宋王欽若等輯　明抄本　一四六
存五百六十三卷　五十二至二百　二百四十六至三百　四百一至六百五　六百五十一至七百十　七百十六至七百九十五　八百四十一至八百五十四

新刊監本册府元龜一千卷　宋王欽若等輯　明抄本　一四七
存一百三十四卷　一至十四　二十一至二十四　二十五至四十五　二百一至二百四十五　三百五十一至四百

新刊監本册府元龜一千卷　宋王欽若等輯　明抄本　一四八
存五十六卷　六百七　七百二至七百五　七百九至七百十六　七百三十三至七百三十六　七百四十一　七百五十七至七百六十　八百一至八百二　八百七至八百十　八百十三至八百十四　八百六十六至八百七十五　九百三十四至九百三十五　九百三十九　九百四十三　九百四十八至九百四十九　九百五十七至九百六十六

新刊監本册府元龜一千卷　宋王欽若等輯　明抄本　一四九
存五十五卷　十一至十四　三十六至四十　六十七至七十　八十四至八十八　九十五至一百　一百二十一至一百二十五　六百九十六至七百　七百四十五至七百四十七　七百六十一至七百六十五　九百二十二至九百二十七　九百三十四至九百三十九

新刊監本册府元龜一千卷　宋王欽若等輯　明抄本　一五〇
存三十卷　九百六至九百三十五

新刊監本册府元龜一千卷　宋王欽若等輯　明抄本　一五一
存十五卷　一百六十七至一百七十　五百五至五百十二　七百七至七百九

新刊監本册府元龜一千卷　宋王欽若等輯　明抄本　一五二
存四卷　一百八十四至一百八十七

册府元龜序論三十六卷　宋王欽若等撰　明王泰徵等輯　明崇禎十七年余元熹刻本　八行二十二字白口四周单边　一五三

册府元龜獨制三十卷　明曾胤昌輯　明末刻本　九行二十二字白口四周单边　一五四

文選雙字類要三卷　題宋蘇易簡撰　宋淳熙八年池陽郡齋刻紹熙三年重修本　十行十八至二十字有刻工　一五五
存二卷　上　下

八

文選雙字類要三卷　題宋蘇易簡撰　明嘉靖十九年姚虞李本刻本　十行二十字白口左右双边　一五六

文選雙字類要三卷　題宋蘇易簡撰　明嘉靖十九年姚虞李本刻公文紙印本　一五七

文選雙字類要三卷　題宋蘇易簡撰　明嘉靖十九年姚虞李本刻本　清丁丙跋　一五八

文選雙字類要三卷　題宋蘇易簡撰　明刻本　十行大小字不等白口左右双边　一五九

文選雙字類要三卷　題宋蘇易簡撰　明抄本　一六〇
存二卷　上　下

大學增修聲律資用太平總類五十卷　明抄本　一六一
存三卷　二　九　十一

晏元獻公類要一百卷　宋晏殊撰　清抄本　一六二
存三十七卷　一至三十七

晏元獻公類要一百卷　宋晏殊撰　清抄本　一六三
存十六卷　十一　十六至二十二　四十至四十二　六十九至七十一　九十五至九十六

文選類林十八卷　宋劉攽輯　明嘉靖三十七年吳思賢刻本　九行十八字白口左右双边　一六四

一六五　文選類林十八卷　宋劉攽輯　明隆慶六年傅嘉祥、高尚鉉刻本　九行十八字小字雙行行字同白口四周單邊有刻工

一六六　文選類林十八卷　宋劉攽輯　明萬曆八年刻本　九行十八字白口四周雙邊單魚尾有刻工

一六七　文選類林十八卷　宋劉攽輯　明萬曆四十四年吳從志刻本　九行十八字小字雙行行字同白口左右雙邊有刻工

一六八　文選類林十八卷　宋劉攽輯　明萬曆四十四年吳從志刻清康熙二十九年吳讞鵬重修本

一六九　重修事物紀原集十卷　宋高承輯　宋刻本　十三行二十一字白口左右雙邊
存四卷　六至九

一七〇　事物紀原集類十卷　宋高承輯　明正統十二年閻敬刻本　十二行二十四字黑口四周雙邊

一七一　事物紀原集類十卷　宋高承輯　明正統十二年閻敬刻本　葉啓勲跋

一七二　事物紀原集類十卷　宋高承輯　明正統十二年閻敬刻本(卷七至八配明成化八年李果刻本)　傅增湘校跋並錄清何焯校

一七三　事物紀原集類十卷　宋高承輯　明成化八年李果刻本　十二行二十四字黑口四周雙邊

一七四　事物紀原集類十卷　宋高承輯　明成化八年李果刻本　明徐𤊹跋

一七五　事物紀原集類十卷　宋高承輯　明成化八年李果刻本　清何焯校

一七六　事物紀原集類十卷　宋高承輯　明成化八年李果刻本　清沈巖校並跋　黃丕烈　丁丙跋

一七七　事物紀原集類十卷　宋高承輯　明成化八年李果刻本　佚名錄何焯校

一七八　事物紀原集類十卷　宋高承輯　明弘治十八年魏氏仁實堂刻本　十二行二十四字黑口四周雙邊雙魚尾

九

一七九　事物紀原集類十卷　宋高承輯　明刻本　十二行二十四字黑口四周雙邊

一八〇　事物紀原集類十卷　宋高承輯　明刻本　清鄒恩多校並跋　十二行二十四字黑口四周雙邊
存八卷　三至十

一八一　事物紀原集類十卷　宋高承輯　明刻本　十二行二十四字大黑口四周雙邊雙魚尾

一八二　事物紀原二十卷　宋高承輯　明正統九年陳華刻本　九行二十字黑口四周雙邊

一八三　事物紀原二十卷　宋高承輯　明刻本　十行二十六字大黑口四周雙邊

一八四　事物紀原二十卷　宋高承輯　明刻本　九行二十二字白口四周雙邊

一八五　事物紀原二十卷　宋高承輯　明刻本　清丁丙跋　九行二十二字白口四周雙邊

一八六　新刻事物紀原十卷　宋高承輯　明胡文煥刻格致叢書本　清陳鱣校並跋　十行二十字白口左右雙邊上下空魚尾

一八七　新刻事物紀原十卷　宋高承輯　明胡文煥刻格致叢書本　清阿廣校

一八八　事物紀原補十卷目錄二卷　清納蘭永壽撰　清雍正六年謙牧堂刻本

一八九　實賓錄十四卷　宋馬永易撰　清張氏愛日精廬抄本
存四卷　十一至十四

一九〇　皇朝新刊實賓錄二十卷　宋馬永易撰　文彪補　清抄本

一九一　書敘指南十二卷　宋任廣輯　明嘉靖六年沈松刻本　十行二十字黑口四周雙邊

一九二　書敘指南十二卷　宋任廣輯　明嘉靖三十七年柴縈白石書屋刻本　十行二十字小字雙行行字同白口左右雙邊有刻工

一九三　書敘指南十二卷　宋任廣輯　明嘉靖三十七年柴縈白石書屋刻本　清丁丙跋

一九四　書敘指南十二卷　宋任廣輯　明嘉靖三十七年柴縈白石書屋刻本　清黃丕烈跋

一九五　新刻呂涇野先生校正中秋元本二十卷　宋任廣輯　明王世茂車書樓刻本　九行十九字小字雙行行字同白口四周雙邊

一九六　海錄碎事二十二卷　宋葉廷珪輯　明萬曆二十六年劉鳳刻本　十二行二十一字白口左右雙邊

一九七　海錄碎事二十二卷　宋葉廷珪輯　明萬曆二十六年劉鳳刻本　清丁丙跋

一九八　海錄碎事二十二卷　宋葉廷珪輯　明卓顯卿刻本　十二行二十一字白口左右雙邊

一九九　海錄碎事二十二卷　宋葉廷珪輯　明海陽書屋抄本

二〇〇　海錄碎事二十二卷　宋葉廷珪輯　明抄本

二〇一　海錄碎事二十二卷　宋葉廷珪輯　明抄本
存十九卷　一至九　十下　十一　十三至十九　二十下

二〇二　班左誨蒙三卷　宋程俱撰　清抄本

二〇三　班左誨蒙三卷　宋程俱撰　清抄本

二〇四　太學新增合璧聯珠聲律萬卷菁華前集六十卷後集八十卷　宋李昭玘輯　宋刻本　十五行二十一字小黑口四周單邊
存一百十六卷　前集全　後集一至四十三　五十六至六十八

十

二〇五　太學新增合璧聯珠聲律萬卷菁華後集八十卷　宋李似輯　宋刻本　七行二十至二十一字小字雙行行字同黑口四周單邊
存一卷　七十七

二〇六　太學增修聲律資用萬卷菁華前集八十卷後集八十卷　明抄本

二〇七　太學增廣聲律資用萬卷精華前集八十卷後集八十卷續編三十四卷　明抄本
存一百五十七卷　前集三十六至八十　後集一至七十八　續編全

二〇八　古今姓氏書辨證四十卷目錄二卷　宋鄧名世撰　清抄本

二〇九　帝王經世圖譜十卷　宋唐仲友撰　宋嘉泰元年金式趙善鐻刻本　行字不等細黑口左右雙邊
存八卷　一至八

二一〇　帝王經世圖譜十六卷　宋唐仲友撰　清道光二十八年瞿氏清吟閣刻本　胡珽校並跋

二一一　帝王經世圖譜十六卷　宋唐仲友撰　清沈氏鳴野山房抄本　清丁丙跋

誠齋四六發遣膏馥十卷　題宋楊萬里撰　周公恕輯　元余卓刻本　十四行二十一字左右雙邊　二二二

職官分紀五十卷　宋孫逢吉輯　明抄本卷一至三、四十三至五十配清抄本　清夏孫桐跋　二二三

職官分紀五十卷　宋孫逢吉輯　清姚陸抄本　二二四

職官分紀五十卷　宋孫逢吉輯　清顧氏藝海樓抄本　二二五

職官分紀五十卷　宋孫逢吉輯　清龔翔麟玉玲瓏閣抄本　二二六
存十八卷　一至十八

職官分紀五十卷　宋孫逢吉輯　清王氏十萬卷樓抄本　清丁丙跋　二二七

職官分紀五十卷　宋孫逢吉輯　清抄本　二二八

職官分紀五十卷　宋孫逢吉輯　清抄本　二二九

職官分紀五十卷　宋孫逢吉輯　清抄本　二三〇

職官分紀五十卷　宋孫逢吉輯　清抄本　清升秘跋　二三一

左氏摘奇十二卷　宋胡元質撰　清抄本　清黃丕烈校並跋　二三二

左氏摘奇十二卷　宋胡元質撰　清張氏詒經堂抄本　清丁丙跋　二三三

新刊歷代制度詳說十五卷　宋呂祖謙撰　清抄本　清馬玉堂、丁丙跋　二三四

東萊先生分門詩律武庫十五卷後集十五卷　題宋呂祖謙輯　清影宋抄本　二三五

東萊先生詩律武庫不分卷　題宋呂祖謙輯　明抄本　清黃丕烈校並跋　二三六

回溪先生史韻四十九卷　宋錢諷輯　宋刻本　十一行二十字白口左右雙邊　二三七
存七卷　二十三至二十六　四十三至四十五

回溪先生史韻四十九卷　宋錢諷輯　宋刻本　十一行二十字白口左右雙邊有刻工　二三八
存一卷　三十三

回溪先生史韻四十九卷　宋錢諷輯　清抄本（卷二十至二十一、四十六至四十九配另一清抄本）　清莫友芝跋　二三九
存二十三卷　一至五　二十至二十七　三十四至三十九　四十六至四十九

回溪先生史韻四十九卷　宋錢諷輯　清抄本　二四〇
存二十三卷　一至五　二十至二十七　三十四至三十九　四十六至四十九

永嘉先生八面鋒十三卷　宋陳傅良輯　明萬曆九年管稷刻本　九行十八字白口四周雙邊單魚尾有刻工　二四一

永嘉先生八面鋒十三卷　宋陳傅良輯　明刻本　十行二十字白口左右雙邊單魚尾　二四二

錦繡萬花谷前集四十卷後集四十卷別集三十卷　宋刻本　十一行十九字細黑口四周雙邊　別集十三行二十三字細黑口左右雙邊　二四三
存六十九卷　前集一至八　十一至十九　二十一至二十五　二十九　三十一至三十三　三十五至四十　後集二至三十七　別集二十四

錦繡萬花谷續集四十卷　宋刻本　十三行二十三字細黑口左右雙邊　二四四

錦繡萬花谷續集四十卷　宋刻本　十三行二十三字細黑口四周雙邊雙魚尾　二四五

錦繡萬花谷別集三十卷　宋刻本　十三行二十三字細黑口左右雙邊雙魚尾　二四六
存二十七卷　一至二十三　二十七至三十

錦繡萬花谷別集三十卷　元刻本　十三行二十三字細黑口左右雙邊雙魚尾　二四七
存一卷　二十五

錦繡萬花谷四十卷後集四十卷續集四十卷　明弘治五年華燧會通館銅活字印本　九行十七字白口四周雙邊　二四八

錦繡萬花谷前集四十卷後集四十卷續集四十卷　明弘治七年華燧會通館銅活字印本　九行十七字小字雙行行字同　二四九
存三十八卷　後集一至十六　三十五至四十　續集十七至三十二

錦繡萬花谷一百卷　明華氏會通館銅活字印本　七行十三字小字雙行行字同左右雙邊　二五〇
存九十六卷　一至六　九至十八　二十至二十三　二十五至一百

錦繡萬花谷四十卷後集四十卷續集四十卷　二五一
明嘉靖十四年徽藩崇古書院刻本　九行雙行十七字白口四周單邊

錦繡萬花谷前集四十卷後集四十卷續集四十卷　明嘉靖十五年秦汴繡石書堂刻本　十二行二十一字白口左右雙邊　二五二

錦繡萬花谷前集四十卷後集四十卷續集四十卷別集三十卷　明嘉靖十五年秦汴繡石書堂刻本　二五三

錦繡萬花谷前集四十卷後集四十卷續集四十卷　明刻本　十二行二十一字白口左右雙邊　二五四

錦繡萬花谷前集四十卷後集四十卷續集四十卷　明刻本　清丁丙跋　十二行二十一字白口左右雙邊　二五五

新編古今事文類聚前集六十卷後集五十卷續集二十八卷別集三十二卷　宋祝穆輯　新集三十六卷外集十五卷　元富大用輯　元泰定三年廬陵武溪書院刻本　十五行二十四字黑口左右雙邊　二五六

新編古今事文類聚前集六十卷後集五十卷續集二十八卷別集三十二卷　宋祝穆輯　新集三十六卷外集十五卷　元富大用輯　元泰定三年廬陵武溪書院刻明修本　二五七

二四八 新編古今事文類聚前集六十卷後集五十卷續集二十八卷別集三十二卷宋祝穆輯 新集三十六卷外集十五卷元富大用輯 元泰定三年廬陵武溪書院刻明修本 明葉恭煥題款

二四九 新編古今事文類聚前集六十卷後集五十卷續集二十八卷別集三十二卷宋祝穆輯 新集三十六卷外集十五卷元富大用輯 元泰定三年廬陵武溪書院刻本（後集配元建安雲莊書院刻本） 存一百六十九卷 前集全 後集全 續集全 別集一至十二 十四至三十二

二五〇 新編古今事文類聚前集六十卷後集五十卷續集二十八卷別集三十二卷宋祝穆輯 新集三十六卷外集十五卷元富大用輯 元刻本 十三行二十四字黑口左右双边 存四十三卷 前集十至二十四 續集六至十一 新集四至七 別集七至十八 二十一至二十六

二五一 新編古今事文類聚前集六十卷後集五十卷續集二十八卷別集三十二卷宋祝穆輯 新集三十六卷外集十五卷元富大用輯 元刻本 十三行二十四字上下黑口左右双边 存二十七卷 後集十八至二十七 續集五至七 別集五至八 二十七至三十二 新集二十七至三十

二五二 新編古今事文類聚前集六十卷後集五十卷續集二十八卷別集三十二卷宋祝穆輯 新集三十六卷外集十五卷元富大用輯 元刻遞修本 十三行二十四字細黑口左右双边 存四十八卷 前集九至十二 二十五至二十九 三十五至三十七 五十至五十四 後集十至十四 十九至二十一 三十三至三十六 續集二十一至二十四 別集九至十二 十七至二十 外集七至十一 十四至十五

二五三 新編古今事文類聚前集六十卷後集五十卷續集二十八卷別集三十二卷宋祝穆輯 新集三十六卷外集十五卷元富大用輯 明内府刻本 十行十八字黑口四周双边

二五四 新編古今事文類聚前集六十卷後集五十卷續集二十八卷別集三十二卷宋祝穆輯 新集三十六卷外集十五卷元富大用輯 明書林明實堂刻本 十四行二十八字黑口四周双边

二五五 新編古今事文類聚前集六十卷後集五十卷續集二十八卷別集三十二卷宋祝穆輯 新集三十六卷外集十五卷元富大用輯 明書林明實堂刻本 清莫棠跋

二五六 新編古今事文類聚前集六十卷後集五十卷續集二十八卷別集三十二卷宋祝穆輯 新集三十六卷外集十五卷元富大用輯 明書林明實堂刻本 清丁丙跋

二五七 新編古今事文類聚前集六十卷後集五十卷續集二十八卷別集三十二卷宋祝穆輯 新集三十六卷外集十五卷元富大用輯 明嘉靖四十年書林楊歸仁刻本 十四行二十八字白黑口兼有四周單边

二五八 新編古今事文類聚前集六十卷後集五十卷續集二十八卷別集三十二卷宋祝穆輯 新集三十六卷外集十五卷元富大用輯 明嘉靖四十年書林楊歸仁刻本 清丁丙跋

二五九 新編古今事文類聚前集六十卷後集五十卷續集二十八卷別集三十二卷宋祝穆輯 新集三十六卷外集十五卷元富大用輯 遺集十五卷元祝淵輯 明萬曆三十二年書林唐富春德壽堂刻本 十一行二十四字白口四周單边

二六〇 新編古今事文類聚前集六十卷後集五十卷續集二十八卷別集三十二卷宋祝穆輯 新集三十六卷外集十五卷元富大用輯 明萬曆三十五年書林劉雙松安正堂刻本 十四行二十八字白口四周單边

二六一 新編古今事文類聚前集六十卷後集五十卷續集二十八卷別集三十二卷宋祝穆輯 新集三十六卷外集十五卷元富大用輯 明刻本 十四行二十八字小字双行行字同小黑口四周双边

二六二 記纂淵海一百九十五卷 宋潘自牧輯 宋刻本 十三行二十三字細黑口四周双边

二六三 記纂淵海一百九十五卷 宋潘自牧輯 宋刻本（卷一至十四 十六至十八 五十五至六十 八十三至八十七 一百八十四至一百八十五 一百八十九至一百九十一配清影宋抄本） 十三行二十二字黑口四周双边

二六四 記纂淵海一百九十五卷 宋潘自牧輯 明抄本

二六五 記纂淵海一百九十五卷 宋潘自牧輯 明抄本 存七十八卷 六十九至七十七 九十七至一百六十五

二六六 記纂淵海一百九十五卷 宋潘自牧輯 明抄本 存十九卷 三十九至五十七

二六七 記纂淵海二百卷 宋潘自牧輯 明弘治華燧會通館銅活字印本 十四行十三字白口左右双边

二六八 記纂淵海一百卷 宋潘自牧輯 明陳文燧等補 明萬曆七年王嘉賓等刻本 十二行二十二字白口四周双边 有刻工

二六九 記纂淵海一百卷 宋潘自牧輯 明陳文燧等補 明萬曆七年王嘉賓等刻本（卷六至八 十七至二十二 五十一至五十二配另一明刻本） 清丁丙跋

記纂淵海一百卷 宋潘自牧輯 明抄本 存十一卷 四十二至四十三 四十五至五十 五十六至五十七 六十一 二七〇
記纂淵海補集四十七卷 明抄本 二七一
聖宋名賢四六叢珠一百卷 宋葉蕡輯 明嘉靖十一年王龍陽抄本 明王龍跋 傅增湘跋 二七二
聖宋名賢四六叢珠一百卷 宋葉蕡輯 明茅氏卧雲山房抄本 存三十二卷 四至七 十一至三十八 二七三
聖宋名賢四六叢珠一百卷 宋葉蕡輯 明抄本 二七四
聖宋名賢四六叢珠一百卷 宋葉蕡輯 明抄本 二七五
聖宋名賢四六叢珠一百卷 宋葉蕡輯 明抄本 存七十二卷 一至十 三十九至一百 二七六
聖宋名賢四六叢珠一百卷 宋葉蕡輯 明抄本 存六十七卷 二至六十八 二七七
聖宋名賢四六叢珠一百卷 宋葉蕡輯 明抄本 存四卷 十四至十七 二七八
宋四六叢珠彙選十卷 明王明嶅黃金璽輯 明萬曆陳健刻本 十行二十一字白口四周双边 二七九
十五
宋四六叢珠彙選十卷 明王明嶅黃金璽輯 清康熙內府抄本 二八〇
姬侍類偶一卷 宋周守忠輯 明抄本 繆荃孫校 二八一
姬侍類偶一卷 宋周守忠輯 清乾隆四十一年抄本 清吳翌鳳校並跋 二八二
姬侍類偶一卷 宋周守忠輯 清抄本 二八三
姬侍類偶一卷 宋周守忠輯 清抄本 二八四
姬侍類偶二卷 宋周守忠輯 清抄本 二八五
姬侍類偶二卷 宋周守忠輯 清抄本 清李文田批校 二八六
姬侍類偶二卷補遺一卷 宋周守忠輯 清抄本 吳庠校並跋 二八七
壁水羣英待問會元九十卷 宋劉達可輯 明麗澤堂活字印本 清丁丙跋 十一行二十三字綫黑口左右双边 二八八
壁水羣英待問會元選要八十二卷 宋劉達可輯 明沈子淮選 明正德四年慎獨齋刻本 十三行二十六字黑口四周双边 二八九
壁水羣英待問會元選要八十二卷 宋劉達可輯 明沈子淮選 明嘉靖十一年慎獨齋刻本 十六行三十字黑口四周双边 存五十卷 一至九 二十至六十 二九〇

壁水羣英待問會元選要六十三卷 宋劉達可輯 明沈子淮選 明刻本 十二行二十二字白口左右双边双魚尾 存三十六卷 一至二 四至三十三 四十二至四十五 二九一
群書會元截江網三十五卷 清顧氏藝海樓抄本 二九二
羣書會元截江網三十五卷 清丁氏嘉惠堂抄本 二九三
羣書會元截江網三十五卷 清抄本 二九四
太學增修群書會元截江網三十五卷 明刻本 十二行二十六字黑口四周双边双魚尾 二九五
重添校正蜀本書林事類韻會一百卷 宋刻本 清嚴可均跋 十二行二十字小字双行二十五字白口左右双边 存二十七卷 三 四 十一 五十至五十一 五十三至五十四 五十九至六十 八十下至九十四 九十八至一百 二九六
小字錄一卷 宋陳思輯 明活字印本 清黃丕烈跋 九行十七字白口左右双边 二九七
古賢小字錄一卷 宋陳思輯 明弘治十七年吳大有刻本 九行十七字細黑口左右双边 二九八
古賢小字錄一卷 宋陳思輯 明王氏𦵏園齋抄本 二九九
古賢小字錄一卷 宋陳思輯 清初抄本 三〇〇
小字錄一卷 宋陳思輯 補六卷 明沈弘正輯 明萬曆四十七年沈弘正暢閣刻本 八行十六字細黑口左右双边 三〇一
十六
小字錄一卷 宋陳思輯 補六卷 明沈弘正輯 明萬曆四十七年沈弘正暢閣刻本 葉啟勳葉啟發跋 三〇二
全芳備祖前集二十七卷後集三十一卷 宋陳景沂輯 清抄本 三〇三
全芳備祖前集二十七卷後集三十一卷 宋陳景沂輯 清抄本 三〇四
全芳備祖前集二十七卷後集三十一卷 宋陳景沂輯 清抄本 三〇五
全芳備祖前集二十七卷後集三十一卷 宋陳景沂輯 清抄本 三〇六
全芳備祖前集二十七卷後集三十一卷 宋陳景沂輯 清抄本 三〇七
全芳備祖前集二十七卷後集三十一卷 宋陳景沂輯 清抄本 三〇八
全芳備祖前集二十七卷後集三十一卷 宋陳景沂輯 清抄本 三〇九
全芳備祖前集二十七卷後集三十一卷 宋陳景沂輯 清抄本 鄧邦述跋 三一〇
天台陳先生類編花果卉木全芳備祖前集二十七卷後集三十一卷 宋陳景沂輯 清抄本 清丁丙跋 三一一
新刊山堂先生章宮講考索丙集十卷 宋章如愚輯 宋刻本 十四行二十字白口左右双边 三一二

存四卷四至六 八

三二三 新刊山堂先生章宮講考索丁集十卷己集十卷 宋章如愚輯 宋刻本 十三行二十字白口黑口不等四周單邊

三二四 新刊山堂先生章宮講考索四卷 宋章如愚輯 宋刻本 十三行二十字白口四周單邊雙魚尾有刻工

三二五 山堂先生羣書考索前集六十六卷後集六十五卷續集五十六卷別集二十五卷 宋章如愚輯 元延祐七年圓沙書院刻本 十五行二十四字黑口四周雙邊雙魚尾

三二六 山堂先生羣書考索前集六十六卷後集六十五卷續集五十六卷別集二十五卷 宋章如愚輯 元延祐七年圓沙書院刻本(前集卷十七至二十一 二十七至三十一 續集卷八至十一配清抄本)

三二七 山堂先生羣書考索前集六十六卷後集六十五卷續集五十六卷別集二十五卷 宋章如愚輯 元延祐七年圓沙書院刻明修本

三二八 山堂先生群書考索別集二十五卷 宋章如愚輯 元刻本(四庫底本) 十五行二十四字黑口四周雙邊 存十三卷 十至十八 二十二至二十五

十七

三二九 群書考索前集六十六卷後集六十五卷續集五十六卷別集二十五卷 宋章如愚輯 明正德三年至十三年劉洪慎獨書齋刻本 十四行二十八字下黑口四周雙邊

三三〇 群書考索前集六十六卷後集六十五卷續集五十六卷別集二十五卷 宋章如愚輯 明正德三年至十三年劉洪慎獨書齋刻十六年重修本 清丁丙跋

三三一 群書考索前集六十六卷後集六十五卷續集五十六卷別集二十五卷 宋章如愚輯 明正德三年至十三年劉洪慎獨書齋刻十六年重修本

三三二 群書考索前集六十六卷後集六十五卷續集五十六卷別集二十五卷 宋章如愚輯 明正德三年至十三年劉洪慎獨書齋刻十六年重修本(前集卷五十三至五十八配清抄本) 佚名校 存六十二卷 前集一至二 五十二至六十四 後集十七至十九 二十二至二十三 二十五至二十九 三十九至四十 四十六至四十八 續集四至十一 十七至三十一 四十一至四十三 別集十一至十三 二十三至二十五

三三三 古今合璧事類備要前集六十九卷後集八十一卷續集五十六卷別集九十四卷外集六十六卷 宋謝維新輯 宋刻本(前集卷一 十七至十九 二十一 四十一至四十二 五十三至五十五 別集二十七至三十 四十五至四十六 外集四十四配明抄本) 七行十五字小字雙行二十四字細黑口左右雙邊

三三四 古今合璧事類備要前集六十九卷後集八十一卷續集五十六卷別集九十四卷外集六十六卷 宋謝維新輯 宋刻本 七行小字十四行二十四字左右雙邊細黑口 存七十六卷 前集一 四至十二 二十一至二十四 三十五至五十二 五十六至六十二 六十六至六十九 後集一至十二 十三至四十七 六十二至六十三 六十五至七十四 七十七至七十八 八十至八十一

三三五 古今合璧事類備要前集六十九卷後集八十一卷續集五十六卷別集九十四卷外集六十六卷 宋謝維新輯 宋刻本 七行大字約十五字小字雙行二十四字細黑口左右雙邊雙魚尾 存三十五卷 前集四十三至四十七 別集四十至四十五 五十七至六十六 七十五至八十八

三三六 古今合璧事類備要續集五十六卷 宋謝維新輯 宋刻本

三三七 古今合璧事類備要增集十二卷 宋謝維新輯 宋刻本 十四行二十四字大字跨雙行白口左右雙邊雙魚尾

十八

三三八 會通館印正緝補古今合璧事類前集六十九卷後集八十一卷續集五十六卷 宋謝維新輯 別集九十四卷外集六十六卷 宋虞載輯 明弘治十一年華氏會通館銅活字印本 九行十七字 存二百九十卷 前集一至二十 二十五至三十三 三十五至六十三 後集一至四十 四十二至八十一 續集全 別集一至十 六十八至九十四 外集一至二十六 三十四至六十六

三三九 會通館印正緝補古今合璧事類前集六十九卷後集八十一卷續集五十六卷 宋謝維新輯 別集九十四卷外集六十六卷 宋虞載輯 明弘治十一年華氏會通館銅活字印本 存二百七十四卷 前集六至十八 二十五至三十六 四十九至六十三 後集全 續集一至七 三十二至四十二 別集一至五十五 十九至六十六 六十八至九十四 外集一至八 十至十三 十八至二十二

三四〇 會通館印正緝補古今合璧事類後集八十一卷續集五十六卷 宋謝維新輯 別集九十四卷外集六十六卷 宋虞載輯 明抄本

三三二一 古今合璧事類備要前集六十九卷後集八十一卷續集五十六卷 宋謝維新輯 別集九十四卷 外集六十六卷 宋虞載輯 明安國安氏館銅活字印本 八行行字不定數小字双行十六字白口左右双边有欄印工 存三百二十四卷 前集全 後集全 續集一至二十六 別集十五至九十四 外集全

三三二二 古今合璧事類備要前集六十九卷後集八十一卷續集五十六卷 宋謝維新輯 別集九十四卷 外集六十六卷 宋虞載輯 明安國安氏館銅活字印本 存二百十四卷 前集一至八 十七至十九 二十六至二十七 三十四至四十七 五十至五十五 六十二至六十四 後集一至四 六至三十一 三十三至六十五 續集全 別集一至六 六十二至七十一 外集四至六 十二至二十五 四十九至六十六

三三二三 古今合璧事類備要前集六十九卷後集八十一卷續集五十六卷 宋謝維新輯 別集九十四卷 外集六十六卷 宋虞載輯 明安國安氏館銅活字印本 存九十六卷 續集一至十二 十九至五十六 別集三十九至四十四 八十九至九十四

三三二四 古今合璧事類備要前集六十九卷後集八十一卷續集五十六卷 宋謝維新輯 別集九十四卷 外集六十六卷 宋虞載輯 明安國安氏館銅活字印本 存九十四卷 前集三至八 十二至十九 二十三至三十 三十四至四十 四十四至四十九 五十三至五十六 五十九至六十六 後集十四至三十七 四十六至六十 六十七至七十五

十九

三三二五 古今合璧事類備要前集六十九卷後集八十一卷續集五十六卷 宋謝維新輯 別集九十四卷 外集六十六卷 宋虞載輯 明嘉靖三十一年至三十五年夏相刻本 八行小字双行二十四字白口左右双边有刻工

三三二六 古今合璧事類備要前集六十九卷後集八十一卷續集五十六卷 宋謝維新輯 別集九十四卷 外集六十六卷 宋虞載輯 清丁丙跋 明嘉靖三十一年至三十五年夏相刻本

三三二七 古今合璧事類備要前集六十九卷後集八十一卷續集五十六卷 宋謝維新輯 別集九十四卷 外集六十六卷 宋虞載輯 明嘉靖三十一年至三十五年夏相刻萬曆三十七年秦氏重修本

三三二八 十二先生詩宗集韻二十卷 宋裴良甫輯 宋刻本 十行二十三字細黑口左右双边双魚尾

三三二九 十二先生詩宗集韻二十卷 宋裴良甫輯 宋刻元修本 十行小字双行二十三字細黑口左右双边双魚尾

三三三〇 十二先生詩宗集韻二十卷 宋裴良甫輯 元刻本 十行字數不一小字双行二十三字上下細黑口左右双边

三三三一 新編增廣事聯詩苑叢珠三十卷 明初刻本 十二行約二十字小字双行三十二字黑口四周双边双魚尾

三三三二 纂圖增新羣書類要事林廣記十集二十卷 宋陳元靚輯 元後至元六年鄭氏積誠堂刻本 十六行二十五字黑口左右双边双魚尾 存二十七卷 一至五 九至三十

三三三三 纂圖增新羣書類要事林廣記前集二卷後集二卷 宋陳元靚輯 明初刻本 十九行三十二字大黑口四周双边

三三三四 纂圖增新羣書類要事林廣記外集二卷別集二卷 明抄本

三三三五 新刊纂圖大字群書類要事林廣記□□卷 宋陳元靚輯 明嘉靖二十年余氏敬賢堂刻本 十三行二十八字白口四周單边 存五卷 後集卷二 續集卷三 別集卷四 外集卷六 新集卷五

三三三六 纂圖類聚天下至寶全補事林廣記□□卷 明抄本 存一卷 十一

三三三七 新箋決科古今源流至論前集十卷後集十卷續集十卷 宋林駉撰 別集十卷 宋黃履翁撰 元延祐四年圓沙書院刻本 十五行二十五字黑口四周双边

三三三八 新箋決科古今源流至論前集十卷後集十卷續集十卷 宋林駉撰 別集十卷 宋黃履翁撰 元延祐四年圓沙書院刻本 明王穀祥、清王芑孫題款 佚名批校

三三三九 新箋決科古今源流至論前集十卷後集十卷續集十卷 宋林駉撰 別集十卷 宋黃履翁撰 明宣德二年建陽書林劉克常刻本 十五行二十五字小字双行行字同黑口四周双边

三三四〇 新箋決科古今源流至論前集十卷後集十卷續集十卷 宋林駉撰 別集十卷 宋黃履翁撰 明宣德二年建陽書林詹氏刻本（前集卷一至二配清抄本） 十三行二十八字小字双行行字同黑口四周双边 存二十卷 前集全 續集全

三三四一 新箋決科古今源流至論前集十卷後集十卷續集十卷 宋林駉撰 別集十卷 宋黃履翁撰 明弘治二年梅隱書堂刻本 十二行二十二字小字双行行字同黑口双順魚尾

存二十五卷 前集六至十 後集全 續集六至十 別集一至五

三五二 新箋決科古今源流至論前集十卷後集十卷續集十卷 宋林駉撰 別集十卷 宋黃履翁撰 明嘉靖十六年白坪刻本 十一行二十字小字双行行字同黑口四周單邊

三五三 新刊箋註決科古今源流至論前集十卷後集十卷續集十卷 宋林駉撰 別集十卷 宋黃履翁撰 明萬曆十八年書林鄭世魁宗文堂刻本 十三行二十七字小字双行行字同黑口四周双边双魚尾

三五四 新箋決科古今源流至論前集十卷後集十卷續集十卷 宋林駉撰 別集十卷 宋黃履翁撰 明刻本 十二行二十二字粗黑口四周双边双魚尾

三五五 新箋決科古今源流至論前集十卷後集十卷續集十卷 宋林駉撰 別集十卷 宋黃履翁撰 明刻本 十二行二十二字細黑口四周双边双魚尾

三五六 新箋決科古今源流至論前集十卷後集十卷續集十卷 宋林駉撰 明刻本 十二行二十二字小字双行行字同黑口四周双边
存三卷 前集一至三

三五七 婚禮新編二十卷 宋丁昇之輯 宋刻元修本 十二行二十一字小字双行行字同細黑口左右双边

三五八 書言故事大全十二卷 宋胡繼宗輯 明陳玩直注 明萬曆十七年吴懷保刻本 九行二十字小字双行行字同白口四周單边有刻工

三五九 書言故事大全十二卷 宋胡繼宗輯 明陳玩直注 明萬曆十七年吴懷保刻本

三六〇 書言故事大全十二卷 宋胡繼宗輯 明陳玩直注 明刻本 九行二十字小字双行行字同白口四周單边

三六一 京本音釋註解書言故事大全十二卷 宋胡繼宗輯 明陳玩直注 明萬曆十九年書林鄭世豪宗文書舍刻本 十一行二十二字白口四周双边双魚尾

三六二 京本音釋注解書言故事大全十二卷 宋胡繼宗輯 明陳玩直注 明萬曆二十八年書林鄭世豪宗文書舍刻本 十一行二十二字白口四周双边

三六三 屠王二先生叅補註解書言故事一覽抄六卷 宋胡繼宗輯 明陳玩直注 明萬曆二十五年書林葉順檀香館刻本 十一行二十三字小字双行行字同白口四周双边

三六四 鼎鍥全補音註書言故事類編□□卷 宋胡繼宗輯 明萬曆二十九年書林陳耀吾刻本 十一行二十三字白口四周双边
存五卷 一至五

三六五 新刊訓解直音書言故事大全六卷 宋胡繼宗輯 明萬曆三十四年唐氏世德堂刻本 十二行二十六字小字双行行字同白口四周双边

三六六 新鍥類編明解正音京板書言故事十卷 宋胡繼宗輯 明陳玩直注 明萬曆三十六年書林鄭雲林刻本 十一行二十六字小字双行行字同白口

三六七 新鐫京板攷正繪像標題分類釋註書言故事八卷 宋胡繼宗輯 明許獬注 明書林進賢堂刻本 十三行二十四字小字双行行字同白口四周單边单魚尾

三六八 增廣事吟料詩韻集大成二卷 宋胡繼宗輯 明初刻本 康有為跋 十四行黑口四周双边

三六九 宋鎖碎錄二十卷 明楊氏家塾抄本

三七〇 玉海二百卷辭學指南四卷詩攷一卷詩地理攷六卷漢藝文志攷證十卷通鑑地理通釋十四卷漢制攷四卷踐阼篇集解一卷周易鄭康成注一卷姓氏急就篇二卷急就篇補注四卷周書王會補注一卷小學紺珠十卷六經天文篇二卷通鑑答問五卷 宋王應麟撰 元至元六年慶元路儒學刻本 十行十九字至二十一字不等白口左右双边有刻工

三七一 玉海二百卷辭學指南四卷詩攷一卷詩地理攷六卷漢藝文志攷證十卷通鑑地理通釋十四卷漢制攷四卷踐阼篇集解一卷周易鄭康成注一卷姓氏急就篇二卷急就篇補注四卷周書王會補注一卷小學紺珠十卷六經天文篇二卷通鑑答問五卷 宋王應麟撰 元至元六年慶元路儒學刻元至正明正德遞修本
存二百四卷 玉海全 辭學指南全

三七二 玉海二百卷辭學指南四卷詩攷一卷詩地理攷六卷漢藝文志攷證十卷通鑑地理通釋十四卷漢制攷四卷踐阼篇集解一卷周易鄭康成注一卷姓氏急就篇二卷急就篇補注四卷周書王會補注一卷小學紺珠十卷六經天文篇二卷通鑑答問五卷 宋王應麟撰 元至元六年慶元路儒學刻元至正明正德遞修本 清丁丙跋

三七三 玉海二百卷辭學指南四卷詩攷一卷詩地理攷六卷漢藝文志攷證十卷通鑑地理通釋十四卷漢制攷四卷踐阼篇集解一卷周易鄭康成注一卷姓氏急就篇二卷急就篇補注四卷周書王會補注一卷小學紺珠十卷六經天文編二卷通鑑答問五卷 宋王應麟撰 元至元六年慶元路儒學刻元明遞修本

三七四 玉海二百卷辭學指南四卷詩攷一卷詩地理

攷六卷漢藝文志攷證十卷通鑑地理通釋
十四卷漢制攷四卷踐作篇集解一卷周易
鄭康成注一卷姓氏急就篇二卷急就篇補
注四卷周書王會補注一卷小學紺珠十卷
六經天文篇二卷通鑑答問五卷 宋王應麟撰 元至元六年慶元路儒學
刻元明清遞修本

小學紺珠十卷 宋王應麟輯 明抄本 三七五

小學紺珠十卷 宋王應麟輯 明抄本 三七六
存四卷 五至六 九至十

京本玉海精粹二十二卷 明林文俊釋 明嘉靖二十五年作德堂刻本 十一行二十四字白口左右双边 三七七

玉海纂二十二卷 明劉鴻訓撰 清順治四年刻本 三七八

六帖補二十卷 宋楊伯嵒輯 明抄本 三七九

六帖補二十卷 宋楊伯嵒輯 明抄本（卷九至十四配清抄本） 清江鳳彝跋 三八〇

六帖補二十卷 宋楊伯嵒輯 清萃古齋抄本 三八一

六帖補二十卷 宋楊伯嵒輯 清海虞瞿氏恬裕齋抄本 三八二

二三

六帖補二十卷 宋楊伯嵒輯 清抄本 三八三

六帖補二十卷 宋楊伯嵒輯 清抄本 三八四

六帖補二十卷 宋楊伯嵒輯 清抄本 清丁丙跋 三八五

新編翰苑新書前集七十卷 宋刻本 七行大字不等 小字双行二十二字細黑口四周双边 三八六
存八卷 三十九至四十六

新編翰苑新書前集七十卷後集二十二卷續 三八七
集四十二卷別集十二卷 明抄本 羅振常跋

新編翰苑新書前集七十卷後集三十二卷續 三八八
集四十二卷別集十二卷 明抄本（前集卷一、十一至十三配清抄本）

新編翰苑新書前集七十卷後集二十二卷續 三八九
集四十二卷別集十二卷 明抄本（前集卷一配崇禎十三年岳氏綠筠堂抄本）

新編翰苑新書前集七十卷後集三十二卷續 三九〇
集三十二卷別集十二卷 明抄本
存一百五十五卷 前集二至七十 後集全 續集全 別集全

新編翰苑新書七十卷續集四十二卷 題錦水亭主人輯 明抄本 三九一

新編翰苑新書前集七十卷 明抄本 三九二
存五十八卷 一至五十八

新編翰苑新書前集七十卷 明抄本 三九三
存三卷 六十五至六十七

新編翰苑新書後集三十二卷 明抄本 三九四

新編翰苑新書後集二十一卷別集十二卷續 三九五
集四十二卷 清初抄本

新編簪纓必用翰苑新書前集十二卷後集七 三九六
卷續集八卷別集二卷 明萬曆十九年金陵書肆唐廷仁刻本 十一行二十二字白口左右双边 周曰校

太學分門增廣聖賢事實□卷漢唐事實□□ 三九七
卷 宋刻本 十行十六字細黑口四周双边
存四卷 聖賢事實一至二 漢唐事實五、七

新鍥簪纓必用增補秘笈新書十三卷別集三 三九八
卷 宋謝枋得輯 明吳道南補 明萬曆三十六年刻本 十一行二十二字小字双行行字同白口四周双边單魚尾

新鍥簪纓必用增補秘笈新書十三卷別集三 三九九
卷 宋謝枋得輯 明李九我增補 明刻本 十一行二十二字小字双行行字同白口四周双边

二四

聖宋千家名賢表啓□□卷 宋刻本 十四行二十三字大字七行白口左右双边 四〇〇
存八卷 □至□

新編通用啓劄截江網六卷 元刻本 十四行二十二或二十三字小字双行行字間細黑口左右双边 四〇一

明本大字應用碎金二卷 明刻本 十三行二十一字細黑口左右双边 四〇二

碎金不分卷 明刻本 八行十二字至十六字不等黑口四周双边 四〇三

重編補添分門字苑撮要□□卷 金刻本 十三行大約十八字小注双行三十二字白口左右双边有刻工 四〇四

重刊增廣分門類林雜說十五卷 金王朋壽輯 明抄本 四〇五
存十卷 六至十五

重刊增廣分門類林雜說十五卷 金王朋壽輯 清張氏愛日精廬抄本 四〇六

重刊增廣分門類林雜說十五卷 金王朋壽輯 清抄本 清黃丕烈、張蓉鏡、張本淵跋 四〇七

韻府羣玉二十卷 元陰時夫輯 陰中夫注 元元統二年梅溪書院刻本 十行小字双行二十九字黑口四周双边 四〇八

韻府羣玉二十卷 元陰時夫輯 陰中夫注 元元統二年梅溪書院刻本 清黎庶昌跋 四〇九

韻府羣玉二十卷 元陰時夫輯 陰中夫注 元刻本（卷一至卷三、卷十七至二十配清抄本） 清許瀚跋 十行小字二十九字 四一〇

細黑口四周双边間有左右双边双魚尾

韻府羣玉二十卷　元陰時夫輯　陰中夫注　元刻本卷一、五至十二、十七至二十配明刻本　清丁丙跋　十行二十九字配本十十一行二十九字黑口四周双边　四四二一

韻府羣玉二十卷　元陰時夫輯　陰中夫注　元刻本　十行大小字數不定細黑口四周双边　存八卷　三至四　十至十五　四四二二

韻府羣玉二十卷　元陰時夫輯　陰中夫注　元刻本　十行十五字小字双行二十九字黑口双魚尾　存八卷　十至十四　十八至二十　四四二三

韻府羣玉二十卷　元陰時夫輯　陰中夫注　元刻本　十行二三字不等夾行小字二十七字黑口四周双边　存二卷　十一至十二　四四二四

韻府羣玉二十卷　元陰時夫輯　陰中夫注　明初刻本　十行小字双行二十九字黑口左右双边四周双边兼有　四四二五

韻府羣玉二十卷　元陰時夫輯　陰中夫注　明嘉靖三十一年荊聚刻本　十行黑口四周双边　四四二六

韻府羣玉二十卷　元陰時夫輯　陰中夫注　明刻本　十行大字不等小字双行二十九字黑口四周双边　四四二七

新增說文韻府羣玉二十卷　元陰時夫輯　陰中夫注　元大德刻本　十一行小字二十九字上下細黑口四周双边双魚尾　四四二八

新增說文韻府羣玉二十卷　元陰時夫輯　陰中夫注　元至正十六年劉氏日新堂刻本　十一行大小字數不定細黑口四周双边　存十二卷　一至二　五至九　十六至二十　四四二九

十五

新增說文韻府羣玉二十卷　元陰時夫輯　陰中夫注　元至正十六年劉氏日新堂刻本　存五卷　一至五　四四三〇

新增說文韻府羣玉二十卷　元陰時夫輯　陰中夫注　明天順六年葉氏南山書堂刻本　十一行上下細黑口四周双边双魚尾　四四三一

新增說文韻府羣玉二十卷　元陰時夫輯　陰中夫注　明天順六年葉氏南山書堂刻本　清丁丙跋　四四三二

新增說文韻府羣玉二十卷　元陰時夫輯　陰中夫注　明弘治六年劉氏日新書堂刻本　十一行大字不一小字双行二十九字細黑口四周双边　四四三三

新增說文韻府羣玉二十卷　元陰時夫輯　陰中夫注　明弘治七年劉氏安正書堂刻本　十一行黑口四周双边　四四三四

新增說文韻府羣玉二十卷　元陰時夫輯　陰中夫注　明秀岩書堂刻本　十行小字双行二十九字細黑口左右或四周双边　四四三五

新增說文韻府羣玉二十卷　元陰時夫輯　陰中夫注　明萬曆十八年王元貞刻本　十一行大小字二十二字白口左右双边　四四三六

新增說文韻府羣玉二十卷　元陰時夫輯　陰中夫注　明崇文堂刻本　十一行二十二字小字双行行字同白口四周单边　四四三七

新增說文韻府羣玉二十卷　元陰時夫輯　陰中夫注　明聚錦堂等刻本　十一行字不等小字双行二十二字白口四周单边　四四三八

新增說文韻府羣玉二十卷　元陰時夫輯　陰中夫注　明刻本　十一行二十二字白口左右双边单魚尾　四四三九

新增說文韻府羣玉二十卷　元陰時夫輯　陰中夫注　明刻本　十一行二十二字小字双行行字同白口四周单边　四四四〇

新增直音說文韻府羣玉二十卷　元陰時夫輯　陰中夫注　明刻本　十一行字不等黑口四周双边　四四四一

新增直音說文韻府羣玉二十卷　元陰時夫輯　陰中夫注　明刻本　十一行小字双行二十九字白口单边单魚尾　四四四二

新增海篇直音韻府羣玉二十卷　元陰時夫輯　陰中夫注　明刻本　十一行字數不等小字双行二十九字黑口四周单边双边不等　存三卷　五　十六至十七　四四四三

類聚古今韻府續編四十卷　明包瑜輯　明正德十二年書林劉宗器安正堂刻本　十一行二十九字小字双行行字同黑口四周双边　四四四四

新利類聚古今故事韻府大全四十卷　明包瑜輯　明嘉靖四年劉氏日新書堂刻本　十一行二十九字小字双行行字同大黑口四周双边　四四四五

純正蒙求三卷　元胡炳文撰　明嘉靖十年刻本　十行二十一字白口左右双边　四四四六

純正蒙求三卷　元胡炳文撰　明刻本　清丁丙跋　九行二十字白口四周单边　四四四七

新編排韻增廣事類氏族大全十卷　元刻本　十七行二十八字上下細黑口左右双边双魚尾　四四四八

新編排韻增廣事類氏族大全十卷　元刻本　邵淵彭跋　十六行二十八字黑口左右双边双魚尾

十六

存三卷　甲至丙　四四四九

新編排韻增廣事類氏族大全十卷　明刻本　明繆盛鳳跋　十行十九字小字双行二十七字細黑口四周双边　四四五〇

精刻張翰林重訂京本排韻增廣事類氏族大全二十八卷　明張溥訂正　明崇禎五年書林陳國旺積善堂刻本　十一行二十九字白口四周单边单花魚尾　四四五一

新編事文類聚啓劄雲錦甲集六卷乙集六卷丙集六卷丁集六卷戊集六卷己集六卷庚集六卷辛集五卷壬集九卷癸集七卷　元刻本　十三行二十二字細黑口左右双边　四四五二

新編事文類聚翰墨全書戊集五卷　元劉應李輯　元刻本　十四行二十四字上下細黑口四周双边双魚尾　存二卷　四至五　四四五三

新編事文類聚翰墨全書戊集□卷　元劉應李輯　元刻本　十四行二十四字黑口左右双边　存七卷　七至十三　四四五四

新編事文類聚翰墨全書辛集□卷　元劉應李輯　元刻本　十二行二十二字黑口左右双边　四四五五

存四卷十一至十四

新編事文類聚翰墨全書甲集十二卷乙集九卷丙集五卷丁集五卷戊集五卷己集七卷庚集二十四卷辛集十卷壬集十二卷癸集十一卷后甲集八卷后乙集三卷后丙集六卷后丁集八卷后戊集九卷　元劉應李輯　明初刻本　十二行二十四字黑口四周双边　四四六

新編事文類聚翰墨全書甲集十二卷乙集九卷丙集五卷丁集五卷戊集五卷己集七卷庚集二十四卷辛集十卷壬集十二卷癸集十一卷后甲集八卷后乙集三卷后丙集六卷后丁集八卷后戊集九卷　元劉應李輯　明初刻本　十二行或十四行大小字俱二十四字黑口四周双边双魚尾　四四七

新編事文類聚翰墨全書甲集十二卷乙集九卷丙集五卷丁集五卷戊集五卷己集七卷庚集二十四卷辛集十卷壬集十二卷癸集十一卷后甲集八卷后乙集三卷后丙集六卷后丁集八卷后戊集九卷　元劉應李輯　明初刻本　清張蓉鏡跋（存卷見補遺）　四四八

十七

新編事文類聚翰墨大全甲集十二卷乙集九卷丙集五卷丁集五卷戊集五卷己集七卷庚集二十四卷辛集十卷壬集十二卷癸集十一卷后甲集八卷后乙集三卷后丙集六卷后丁集八卷后戊集九卷　元劉應李輯　明嘉靖二十六年楊氏歸仁齋刻本　大字十二行二十六字中字十四行二十八字黑口四周单边　四四九

新編事文類聚翰墨大全甲集十二卷乙集九卷丙集五卷丁集五卷戊集五卷己集七卷庚集二十四卷辛集十卷壬集十二卷癸集十一卷后甲集八卷后乙集三卷后丙集六卷后丁集八卷后戊集九卷　元劉應李輯　明嘉靖三十六年楊氏歸仁齋刻萬曆三十九年安正堂重修本　四五〇

新編事文類聚翰墨大全甲集十二卷乙集九卷丙集五卷丁集五卷戊集五卷己集七卷庚集二十四卷辛集十卷壬集十二卷癸集十一卷后甲集八卷后乙集三卷后丙集六卷后丁集八卷后戊集九卷　元劉應李輯　明刻本　大字十二行二十六字中字十四行二十八字黑口四周双边　四五一

新編事文類聚翰墨大全甲集十二卷乙集十八卷丙集十四卷丁集十一卷戊集十三卷己集十二卷庚集十五卷辛集十六卷壬集十七卷癸集十七卷后甲集十五卷后乙集十三卷后丙集十二卷后丁集十四卷后戊集九卷　元劉應李輯　明初刻本　十二行或十四行大小字俱二十四字黑口四周双边或左右双边　四五二

新編古今姓氏遙華韻甲集十卷乙集十卷丙集十一卷丁集十卷戊集十一卷己集八卷庚集十卷辛集十卷壬集八卷癸集十卷　元洪景脩輯　明抄本（甲集卷一至七配清抄本）　存九十二卷（甲集全　乙集全　丙集全　丁集全　戊集一至五　己集全　庚集全　辛集全　壬集全　癸集全）　四五三

新編古今姓氏瑤華韻甲集十卷乙集十卷丁集十卷戊集十一卷己集八卷庚集十卷辛集十卷壬集八卷癸集十卷　元洪景脩輯　明抄本　存八十一卷（甲集全　乙集一至四　丁集全　戊集全　己集全　庚集全、辛集全　壬集全　癸集全）　四五四

十八

新編古今姓氏遙華韻甲集十卷乙集十卷丙集十一卷丁集十卷戊集十一卷己集八卷庚集十卷辛集十卷壬集八卷癸集十卷　元洪景脩輯　清道光二十八年劉氏嘉蔭簃抄本　清劉喜海跋　四五五

新編古今姓氏遙華韻甲集十卷乙集十卷丙集十一卷丁集十卷戊集十一卷己集八卷庚集十卷辛集十卷壬集八卷癸集十卷　元洪景脩輯　清阮氏文選樓抄本（甲集、乙集卷一至三、丁集、戊集一至十、庚集、癸集六至十配另一清抄本）　存七十九卷（甲集全　乙集一至三　丁集全　戊集一至十　己集全　庚集全　辛集全　壬集全　癸集全）　四五六

新編古今姓氏遙華韻甲集十卷乙集十卷丙集十一卷丁集十卷戊集十一卷己集八卷　四五七

庚集十卷辛集十卷壬集八卷癸集十卷 元洪景修輯 清抄本 清翁同書跋

新編古今姓氏遙華韻甲集十卷乙集十卷丙集十一卷丁集十卷戊集十一卷己集八卷庚集十卷辛集十卷壬集八卷癸集十卷 元洪景修輯 清方氏碧琳瑯館抄本 四五八

重刊增廣門類換易新聯詩學擷江網七集七十卷 元刻本 十三行二十五字小字雙行行字同黑口左右雙邊雙魚尾 四五九

聯新事備詩學大成三十卷 元林楨輯 元至正九年建寧路建陽縣書市劉衡甫刻本 十五行小字雙行二十五字上下細黑口四周雙邊雙魚尾 存二十卷 一至三 八至十一 十四至十五 十八至二十六 二十九至三十 四六〇

聯新事備詩學大成三十卷 元林楨輯 元至正九年建寧路書市劉衡甫刻本 清丁丙跋 四六一

聯新事備詩學大成三十卷 元林楨輯 元刻本 十三行大字无定數小字雙行二十五字細黑口四周雙邊 四六二

聯新事備詩學大成三十卷 元林楨輯 明永樂六年博雅書堂刻本 十三行大字无定數小字雙行二十五字小黑口四周雙邊雙魚尾 四六三

聯新事備詩學大成三十卷 元林楨輯 明正統九年劉氏翠巖精舍刻景泰三年重修本 十三行小字雙行二十五字細黑口四周雙邊 四六四

十九

聯新事備詩學大成三十卷 元林楨輯 明內府刻本 八行小字雙行二十五字黑口四周雙邊 四六五

新刊京本分類標題大字詩學全補三十卷 元林楨輯 明嘉靖十三年劉氏本誠堂刻本 十行大小字相同小字雙行白口四周雙邊 四六六

新刊京本校正增廣聯新事備詩學大全二十卷 元林楨輯 明嘉靖十三年葉氏翠軒刻本 十三行大字无定數小字雙行二十五字黑口四周雙邊雙魚尾 四六七

增廣事聯詩學大全三十卷 元林楨輯 明刻重修本 十三行二十字不等小字雙行二十五字黑口四周雙邊 四六八

增廣事聯詩學大成三十卷 元至正二年日新書堂刻本 十四行大字无定數小字雙行三十二字寬黑口四周雙邊 四六九

增廣事聯詩學大成三十卷 明初刻本 十四行大小字不一小字雙行三十二字黑口四周雙邊 四七〇

新編詩學集成三十卷 元刻本 十二行小字雙行二十七字黑口四周雙邊 存五卷 一至三 十四至十五 四七一

新編類增吟料詩學集成三十卷 元刻本 十五行大小字數不等小字雙行三十二字黑口四周雙邊 存十四卷 八至十四 二十四至三十 四七二

新編類意集解諸子瓊林前集二十四卷後集十六卷 元蘇應龍輯 元刻本 十四行二十四字小字雙行行字同黑口左右雙邊 四七三

漢唐事箋對策機要十二卷後集八卷 元朱禮撰 元至正六年日新堂刻本 十一行二十字小字雙行行字同黑口四周雙邊 清邵淵耀黃廷鑑跋程恩澤題款 四七四

漢唐事箋十二卷後集八卷 元朱禮撰 清道光二十年李瀾刻本 清傅以禮校並跋 四七五

詩學集成押韻淵海二十卷 元嚴毅輯 元至元六年蔡氏梅軒刻本 十二行黑口四周雙邊 四七六

詩學集成押韻淵海二十卷 元嚴毅輯 元至元六年蔡氏梅軒刻本 清丁丙跋 四七七

詩學集成押韻淵海二十卷 元嚴毅輯 明初刻成化二十三年重修本 十二行黑口四周雙邊 四七八

群書鈎玄十二卷 元高恥傳輯 元至正刻明修本 十一行二十字小字雙行行字同黑口左右單邊雙魚尾 四七九

群書鈎玄十二卷 元高恥傳輯 元刻明修本 十一行二十一字白口左右雙邊雙魚尾 有刻工 四八〇

羣書鈎玄十二卷 元高恥傳輯 明刻本 十一行二十字黑口四周雙邊 存六卷 一至六 四八一

丹墀獨對二十卷 元吳黼輯 明洪武十九年廣勤書堂刻本 十四行二十四字黑口左右雙邊雙魚尾 存十卷 一至十 四八二

新編事文類要啓劄青錢後集十卷 元刻本 行格字數不等黑口左右雙邊 四八三

聲律發蒙五卷 元祝明撰 明嘉靖四十五年刻本 七行二十字白口左右單邊 四八四

聲律發蒙五卷 元祝明撰 明潘瑛撰 明劉節輯 明萬曆二十一年潘時相刻本 八行十七字白口四周單邊 四八五

二十

聲律發蒙二卷 元祝明撰 明刻本 八行二十二字白口四周單邊 四八六

裁纂類函一百六十卷 題元周宏道輯 明抄本 存三十一卷 一至四 四十七至五十八 六十五至六十九 八十二至八十五 一百四十九至一百五十四 四八七

新編詔誥章表事文擬題五卷皇元大科三場文選二卷新編詔誥章表事實四卷 元刻本 十四行二十四字黑口左右雙邊 存八卷 擬題四至五 文選全 事實全 四八八

辭達類鈔十九卷 明陶安撰 明吳氏叢書堂抄本 四八九

朱楓林先生小學名數十五卷 明朱升撰 明崇禎十二年刻本 十二行二十五字白口四周單邊 四九〇

千家姓一卷 明吳伯宗等撰 明劉龍田喬山堂刻本 清唐翰題吳重憙跋 四九一

千家姓一卷 明吳伯宗等撰 明刻本 四行八字白口四周單邊 四九二

千家姓一卷 明吳伯宗等撰 補一卷 清鍾萬撰 百家姓一卷 清咸豐九年瞿庭芬抄本 清瞿庭芬跋 四九三

群書備數十二卷 明張九韶撰 明張克文刻本 十行无定數白口四周雙邊 四九四

羣書備數十二卷 明張九韶撰 明刻本 十行字无定數黑口四周雙邊間有四周單邊及左右雙邊 四九五

羣書拾唾十二卷　明張九韶撰　明吳昭明刻本　十行二十一字小字雙行行字同白口四周單邊　四九六

羣書拾唾十二卷　明張九韶撰　明徽秀齋刻本　十行二十字小字雙行行字同白口四周單邊　四九六一

新編群書纂數十二卷　明張九韶撰　明刻本　十行二十五字黑口四周雙邊　四九七

存二卷　一至二

新刊翰苑博綜羣籍士林會要□□卷　明刻本　十二行二十二字細黑口四周雙邊　四九八

存一卷　二十

永樂大典目錄六十卷韻總歌括一卷韻總四卷　明解縉等輯　清抄本　四九九

永樂大典二萬二千八百七十七卷　明解縉等輯　明內府抄本　五〇〇

存二百四十六卷　四百八十至四百八十一　五百三十八至五百四十一　五百五十一至五百五十三　六百二十三至六百二十四　八百二十一至八百二十三　八百九十五至八百九十六　八百九十九至九百二　九百五至九百七　九百十七至九百二十二　九百七十八　九百八十　二千二百十七至二千二百十八　二千二百六十二至二千二百六十五　二千二百七十至二千二百七十一　二千二百七十五至二千二百七十八　二千三百四十至二千三百四十七　二千三百六十七至二千三百六十九　二千四百一　二千四百六至二千四百八　二千五百三十五至二千五百四十　二千六百三至二千六百七　二千七百三十九至二千七百四十二　二千七百五十四至二千七百五十五　二千九百七十二至二千九百七十三　二千九百七十八至二千九百八十　二千九百九十九至三千　三千五至三千十　三千一百三十三至三千一百三十四　三千一百五十五至三千一百五十六　三千五百二十五至三千五百二十六　三千六百十四　五千二百四十八至五千二百四十九　五千二百五十一至五千二百五十二　五千二百九十六至五千二百九十七　五千三百四十三　五千三百四十五　五千四百五十三至五千四百五十四　五千七百六十九至五千七百七十　六千五百四至六千五百五　六千五百五十八至六千五百五十九　六千五百六十四至六千五百六十五　六千八百三十七至六千八百三十八　七千一百五十九　七千二百十三至七千二百十四　七千二百三十五至七千二百三十六　七千二百三十九至七千二百四十　七千三百二十五至七千三百二十六　七千三百二十八　七千五百六　七千五百十　七千五百十三至七千五百十四　七千五百十七至七千五百十八　七千五百四十三　七千六百二至七千六百三　七千九百六十至七千九百六十二　八千二十　八千一百六十四至八千一百六十五　八千七百六　八千九百七十八至八千九百七十九　九千七百六十二至九千七百六十四　一萬二百八十六至一萬二百八十七　一萬三百九至一萬三百十　一萬四百五十八至一萬四百五十九　一萬八百八十八至一萬八百八十九　一萬一千一百二十七至一萬一千一百四十一　一萬一千六百二十　一萬三千十七　一萬三千十九　一萬三千八十二至一萬三千八十四　一萬三千一百三十五至一萬三千一百三十六　一萬三千四百五十　一萬三千四百九十四至一萬三千四百九十五　一萬三千五百六至一萬三千五百七　一萬四千五十三至一萬四千五十四　一萬四千三百八十二至一萬四千三百八十四　一萬四千四百六十三至一萬四千四百六十四　一萬四千五百三十六至一萬四千五百三十七　一萬四千五百四十四至一萬四千五百四十五　一萬四千五百七十四至一萬四千五百七十六　一萬四千六百二十至一萬四千六百二十一　一萬四千六百二十四至一萬四千六百二十六　一萬四千七百七至一萬四千七百八　一萬四千九百四十八　一萬四千九百九十八　一萬五千一百四十至一萬五千一百四十一　一萬五千八百七十三至一萬五千八百七十五　一萬八千二百二十二至一萬八千二百二十四　一萬八千四百二至一萬八千四百三　一萬八千七百六十四至一萬八千七百七十一　二萬三百五十三至二萬三百五十四　二萬六百四十八至二萬六百四十九　二萬一千二十九至二萬一千三十一　二萬一千九百八十三至二萬一千九百八十四　二萬二千一百八十至二萬二千一百八十二　二萬二千五百三十六至二萬二千五百三十七　二萬二千五百七十至二萬二千五百七十二　二萬二千五百七十六至二萬二千五百七十八　二萬二千七百四十九至二萬二千七百五十　二萬二千七百六十

永樂大典二萬二千八百七十七卷　明解縉等輯　明抄本　五〇一

存二卷　六百八十三至六百八十四

永樂大典二萬二千八百七十七卷　明解縉等輯　明內府抄本　五〇二

存二葉　卷一千一百九十一第四至五葉

永樂大典二萬二千八百七十七卷　明解縉等輯　明內府抄本　五〇三

存三卷　七千三百二十二至七千三百二十四

永樂大典二萬二千八百七十七卷　明解縉等輯　明內府抄本　五〇四

存一卷　一萬九千七百九十一

永樂大典玄字韻十八卷　明解縉等輯　清抄本　五〇五

永樂大典廣字韻三卷　明解縉等輯　清光緒文廷式家抄本　清李文田跋　五〇六

續編錦囊詩對故事前集二卷後集二卷　明嘉靖十二年恭裕王府刻本　八行二十字小字雙行行字同黑口四周雙邊　五〇七

群書類編故事二十四卷　明王罃輯　清抄本　五〇八

群書類編故事二十四卷　明王罃輯　清抄本　清馮登府跋　五〇九

存十三卷　十二至二十四

原始祕書十卷　明朱權輯　明萬曆二十三年周氏萬卷樓刻本　九行十八字白口四周單邊　五一〇

原始祕書十卷　明朱權輯　明刻本　十二行二十二字粗黑口四周雙邊雙魚尾　五一一

珉海十五卷　明熊村輯　明鳴鳳閣刻本　十行二十字白口四周單邊黑魚尾　有刻工　五一二

姓源珠璣六卷　明楊信民輯　明宣德刻本　十二行二十七字粗黑口四周雙邊雙魚尾　五一三

姓源珠璣六卷　明楊信民輯　明抄本　五一四

存二卷　一至二

新刊姓源珠璣六卷　明楊信民輯　明萬曆二十八年闕伯子刻本　十行二十字白口四周單邊　五一五

新刊姓源珠璣六卷　明楊信民輯　明萬曆二十八年金陵世裕堂刻本　十行二十字白口四周單邊　五一六

精選姓源珠璣七卷首一卷　明楊信民輯　李文祥選　明嘉靖十八年書林鄭氏宗文堂刻本　十一行二十四字白口單邊雙魚尾　五一七

對類二十卷　明正統十二年司禮監刻本　十二行二十一字小字雙行行字同黑口雙邊　五一八

對類二十卷　明刻本　十二行粗黑口四周雙邊雙魚尾　五一九

對類二十卷　明刻本　十二行粗黑口四周雙邊　五二〇

對類二十卷　明刻本　十二行字無定數大黑口四周雙邊　五二一

對類二十卷　明刻本　十二行字无定数黑口四周双边　五二二

對類二十卷　明吳勉學致注　明萬曆二十三年吳勉學刻本　十二行二十四字小字双行行字同白口左右双边　五二三

對類二十卷　明吳勉學致注　明聚錦堂刻本　十二行二十四字白口左右双边　五二四

對類二十卷　明吳勉學致注　明刻本　十二行二十四字小字双行行字同白口左右双边　五二五

對類二十卷　明朱熙刻本　十二行字无定数白口左右双边有刻工　五二六

大川對類二十卷　題明朱滴菴輯　明嘉靖刻本　十二行約二十四字黑口四周双边双魚尾有刻工　五二七

大川對類二十卷　明萬曆刻本　十二行二十四字白口左右双边　五二八

大川對類二十卷　明刻本　十二行約二十三字大黑口左右双边　五二九
存十九卷　二至二十

新鍥京板全補源流引蒙登龍會海對類二十卷　明萬曆黃正憲集義堂刻本　十三行字无定数白口四周单边　五三〇

新刻訂補註釋會海對類十九卷首一卷　明書林楊命卿刻本　十六行字无定数白口四周双边　五三一
存十七卷　一至四　八至二十

新鍥幼學備覽青緗對類二十卷首一卷　明萬曆刻本　十五行二十六字小字双行二十七字白口四周双边　五三二

鼎鍥增補註釋詳備便蒙標英對類統宗□□卷　明刻本　十二行字无定数白口四周单边　五三三
存十二卷　四　七至八　十至十四　十六至十九

縹緗對類大全二十卷　明末二乙齋書坊刻本　十二行大小字數不等白口四周单边　五三四

群書集事淵海四十七卷　明弘治十八年賈性刻本　十二行二十四字黑口四周双边双魚尾　五三五

群書集事淵海四十七卷　明弘治十八年賈性刻本　清丁丙跋　五三六

群書集事淵海四十七卷　明弘治十八年賈性刻四友堂重修本　五三七

群書集事淵海四十七卷　明正德八年慎獨齋刻本　十二行二十四字粗黑口四周双边双魚尾　五三八

選編省監新奇萬寶詩山三十八卷　明葉景達輯　明宣德四年葉氏廣勤堂刻本　十五行二十三字細黑口左右双边双魚尾　五三九

物類集說□卷　明解延年輯　明抄本　葉景葵跋　五四〇

策學輯畧三卷　明弘治三年刻本　九行二十二字黑口四周双边双魚尾　五四一
存六卷　一至二　五至八

策學輯要□卷　明刻本　十一行二十二字黑口四周双边　五四二
存二卷　九至十

物原一卷　明羅頎撰　明嘉靖二十二年文淶文坤刻本　十行二十字白口左右双边　五四三

物原一卷　明羅頎撰　明嘉靖二十四年李寬刻本　十行二十字白口左右双边　五四四

便民纂十四卷　明刻本　十行二十二字白口四周双边双魚尾　五四五

類選大成不分卷　明楊循吉輯　明抄本　五四六

正韻詩押二十二卷　明趙孅宗輯　明刻本　十行二十九字小字双行行字同大黑口四周双边　五四七

紺珠不分卷　明賀峰閣抄本　五四八

南極地理一卷南極時令一卷　明閔瀛敬德衛刻本　八行十七字黑口四周双边单魚尾　五四九

三才廣志一千一百八十四卷　明吳琯輯　明抄本　五五〇
存二百八十四卷　二百六十九至二百七十七　二百八十三至二百九十一　二百九十三至二百九十四　三百三十四至三百三十九　三百四十六至三百四十八　三百五十三至三百六十三　三百七十五至三百七十六　四百四十五至四百四十七　四百六十三　四百六十六至四百七十二　四百七十四至四百七十五　四百七十七至四百八十　四百八十七至四百九十　五百十三至五百二十五　五百二十七　五百二十九至五百四十　五百五十至五百五十五　五百六十二至五百六十五　五百七十八至五百九十　五百九十二至五百九十七　六百三十七至六百四十六　六百四十八至六百五十六　六百六十二至六百六十六　六百六十九　六百七十五至六百七十九　六百八十一至六百八十六　六百九十至六百九十一　六百九十三至六百九十四　八百三十至八百三十二　八百四十至八百四十一　八百四十三至八百四十七　八百五十二至八百五十三　八百六十四至八百六十五　八百六十七至八百六十八　八百七十至八百七十二　八百七十四　八百九十九至九百一　九百四至九百八　九百十至九百十一　九百十六至九百十七　九百三十一至九百三十四　九百三十七至九百三十八　九百四十七至九百五十三　九百八十八至九百八十九　九百九十二　一千五十一至一千五十九　一千六十至一千七十六　一千九十一至一千九十三　一千九十五至一千九十八　一千一百至一千一百二　一千一百十至一千一百十九　一千一百二十二至一千一百三十六　一千一百三十一至一千一百三十二　一千一百三十六至一千一百四十二　一千一百四十四至一千一百四十九　一千一百五十八至一千一百六十　一千一百六十二至一千一百六十五　一千一百六十七　一千一百七十三至一千一百七十七　一千一百七十九

三才廣志一千一百八十四卷　明吳琯輯　明抄本　五五一
存八卷　一千二十五至一千二十八　一千三十至一千三十三

蒙求續編二卷　明孫緒撰　李際可注　明嘉靖十六年孫揞刻本　八行小字双行二十字白口左右双边　五五二

新刊明解圖像小學日記故事十卷　明虞韶輯　管鸿增校　明余氏西園堂刻本　十五行二十字小字双行行字同黑口四周双边　五五三

新刊大字分類校正日記大全九卷　明虞韶輯　熊大木注　明嘉靖二十一年書林熊大木刻本　十四行十九字黑口四周双边　五五四

楮記室十五卷　明潘塤輯　明潘蔓刻本　十行二十字白口四周单边单魚尾　五五五

哲匠金桴五卷　明楊慎輯　明隆慶刻本　十行二十字小字双行行字同白口左右双边单魚尾　五五六

哲匠金桴五卷　明楊慎輯　明隆慶刻本　鄭振鐸跋　五五七
存四卷　二至五

哲匠金桴五卷　明楊慎輯　明萬曆三十四年李克家刻本　八行十六字白口左右双边单魚尾有刻工　五五八

五五九 群書麗句二卷 明楊慎輯 明刻本 八行十六字白口左右双边
五六〇 韻藻四卷 明楊慎撰 明萬曆黄山館刻本 十行二十一字小字双行不等白口左右双边
五六一 均藻四卷 明楊慎撰 明刻本 十行字数不等白口左右双边单魚尾
五六二 均藻四卷 明楊慎撰 清鄭氏注韓居抄本
五六三 均藻述五卷 明楊慎撰 清稿中校定 清抄本
五六四 謝華啟秀七卷 明楊慎輯 清康熙内府抄本
五六五 希姓錄五卷 明楊慎輯 明萬曆十八年方沆刻本 十行二十字白口四周双边單魚尾 有刻工
五六六 新刊王制考四卷 明李翻撰 明刻本 十三行二十六字黑口四周双边
五六七 策場備覽一百七十三卷 明唐周輯 明抄本 清費寅跋
五六八 古今經世格要二十八卷 明鄒泉撰 明萬曆金陵書坊熊秋鐩刻本 十二行二十六字白口四周单边
五六九 古今經世格要二十八卷 明鄒泉撰 明刻本 十一行二十四字白口四周单边
五七〇 新編博物策會十七卷 明戴璟撰 明嘉靖十七年李禎初高鳳鳴刻本 十二行二十一字白口四周单边
五七一 新編博物策會十七卷 明戴璟撰 明萬曆元年刻本 十二行二十一字白口四周单边单魚尾
五七二 古今彙書類考二十二卷 明凌瀚撰 明嘉靖二十四年劉氏安正堂刻本 十一行二十五字白口四周双边 存十九卷 一至十六 二十至二十二
五七三 騷苑三卷 明黄省曾撰 補一卷 明張所敬撰 明萬曆二十六年潘雲獻刻本 十行二十字白口左右双边
五七四 新刊唐荊川先生稗編一百二十卷目錄三卷 明唐順之輯 明萬曆九年茅一相文霞閣刻本 十行二十字白口四周双边 有刻工
五七五 新刊唐荊川先生稗編一百二十卷目錄三卷 明唐順之輯 明萬曆九年茅一相文霞閣刻本 清汪能肅跋
五七六 修辭指南二十卷 明浦南金輯 明嘉靖三十六年浦氏五樂堂刻本 九行十八字小字双行行字同白口左右双边
五七七 新纂彙書紀載萬歲壽譜五卷續遺二卷 題明陳東輯萬壽祺補 清抄本
五七八 太學新編賦苑聯芳全集十五卷 題明范欽輯 明抄本
五七九 記事珠十四卷 明劉國翰撰 明嘉靖十五年周瀹刻本 八行字无定數黑口四周双边
五八〇 記事珠十四卷 明劉國翰輯 明抄本
五八一 博蒐錄一卷 明桑喬撰 清抄本 清丁丙跋
五八二 五車霏玉三十四卷 明吳昭明輯 汪道昆增訂 明萬曆刻本 九行十八字白口左右双边单魚尾
五八三 左粹類纂十二卷 明施仁輯 明嘉靖安國弘仁堂刻本 十一行二十一字小字双行行字同白口左右双边 有刻工
五八四 左粹類纂十二卷 明施仁輯 明萬曆十一年任養心刻本 十行二十一字小字双行行字同白口四周双边
五八五 事物考八卷 明王三聘輯 明嘉靖四十二年何起鳴刻本 十行二十字白口四周单边
五八六 事物考八卷 明王三聘輯 明隆慶三年王嘉賓刻本 十行二十字白口四周单边
五八七 事物考八卷 明王三聘輯 明隆慶四年金陵三山書林周氏刻本 十行二十字白口四周单边
五八八 異物彙苑十八卷 明閔文振輯 明萬曆活字印本 十行二十字白口四周单边
五八九 異物彙苑十八卷 明閔文振輯 明刻本 十行二十字白口单边双魚尾
五九〇 異物彙苑五卷 題明王世貞輯 明刻本 十行二十字白口四周双边 存四卷 一至四
五九一 新刊春窗聯偶巧對類編二卷 明曾梅軒輯 明嘉靖十六年黄氏集義書堂刻本 十二行字无定數白口四周双边
五九二 三才通考三卷 明秦沂撰 明嘉靖二十一年刻本 十行十九字白口左右双边 存二卷 上 中
五九三 通菴韻對四卷 明嘉靖刻本 九行十八字黑口四周双边
五九四 考古彙編經集六卷史集六卷文集六卷續集六卷 明傅鈛輯 明嘉靖三十一年翁曉溪刻本 十二行二十八字白口左右双边
五九五 新刊增補古今名家詩學大成二十四卷 明余攀龍輯 明萬曆六年劉氏孝友堂刻本 十一行字无定數小字三十字白口四周单边或四周双边
五九六 新刊增補古今名家詩學大成二十四卷 明余攀龍輯 明萬曆六年劉氏孝友堂刻本 清丁丙跋
五九七 新刊增補古今名家韻學淵海大成十二卷 明余攀龍輯 明刻本 十一行白口左右双边或四周单边
五九八 啟蒙對偶續編四卷 明孟紱撰 明嘉靖二十三年刻本 九行十七字白口四周双边
五九九 名物類考四卷 明耿隨朝撰 明萬曆三十九年耿如壇刻本 九行十八字白口四周单边
六〇〇 策言會覽九卷 明梁佐輯 明嘉靖三十二年刻本 十行二十字白口
六〇一 新刻諸事備用萬家纂要通達便覽二十卷 明王文璨輯 明閩建書林詹長卿刻本 十四行三十一字白口四周双边
六〇二 三餘別集不分卷 明游日章撰 明嘉靖四十一年刻本 十行二十四字白口四周单边
六〇三 四六雕龍八卷 明游日章撰 王世貞輯 明萬曆十七年書林葉近山刻本 八行十八字小字双行行字同白口四周单边
六〇四 文選鉤玄二卷 明華文甫輯 明刻本 十行二十一字白口左右双边
六〇五 彙苑詳註三十六卷 題明王世貞撰 明萬曆刻本 十行二十字小字双行行字同白口左右双边
六〇六 彙苑詳註三十六卷 題明王世貞輯 明梅墅石渠閣刻本 十行二十字小字双行行字同白口四周单边
六〇七 彙書詳註三十六卷 題明王世貞輯 明梅墅石渠閣刻本 十行二十字小字双行行字同白口左右双边
六〇八 彙書詳註三十六卷 題明王世貞輯 明刻本 十行二十字小字双行行字同白口四周单边
六〇九 二三場經濟考六卷 題明王世貞輯 江旭奇補輯 明崇禎刻本 九行二十四字白口四周单边

六一〇 圓機活法五十卷 明徽府刻本 八行二十五字白口左右双边单鱼尾

六一一 新刻重校增補圓機活法詩學全書二十四卷 明萬曆二十年唐謙刻本 十二行二十五字小字双行行字同白口四周双边单鱼尾

六一二 新刻重校增補圓機活法詩學全書二十四卷 明萬曆刻本 十二行二十五字小字同四周双边白口

六一三 考古辭宗二十卷 明況叔祺輯 明嘉靖四十一年丞繼咸刻本 九行十八字白口左右双边有刻工

六一四 天中記五十卷 明陳耀文輯 明隆慶三年刻本 十一行二十一字小字双行字无定數白口左右双边

六一五 天中記五十五卷 明陳耀文輯 明隆慶刻本 十一行二十一字白口左右双边单鱼尾

六一六 天中記六十卷 明陳耀文輯 明萬曆刻本 十一行二十一字白口左右双边

六一七 天中記六十卷 明陳耀文輯 明刻本 十一行二十一字白口左右双边

六一八 尚古類氏集十二卷 明王文輪輯 明隆慶羅田刻本 十行小字双行二十一字黑口四周双边有刻工

六一九 新刻雋英珠璣不分卷 明許國輯 明隆慶四年刻本 十行二十字白口四周双边

六二〇 新鐫通俗雲箋二卷古今振雅雲箋八卷 明徐渭輯 明末刻本 九行十八字白口四周单边
存六卷 新鐫通俗雲箋上卷 古今振雅雲箋四至八卷

六二一 新鐫京板圖像音釋全璧故事大成十卷 明吳國倫校釋 明書林鄭世魁刻本 十行十八字小字双行行字同白口四周单边

卅七

六二二 新選古今類腴十八卷 明陳世寶等輯 明萬曆九年刻本 九行二十字白口四周双边单鱼尾有刻工

六二三 新選古今類腴十八卷 明陳世寶等輯 明抄本

六二四 新選古今類腴十八卷 題明王世懋輯 明萬曆十九年鈔石泉集賢書舍刻本 九行二十字白口左右双边有刻工

六二五 新刻古今類腴十八卷 題明王世懋輯 明崇禎靜懷居刻本 九行二十字白口左右双边

六二六 古今萬姓統譜一百四十卷歷代帝王姓系統譜六卷氏族博攷十四卷 明凌迪知輯 明萬曆刻本 九行二十字白口四周单边有刻工

六二七 古今萬姓統譜一百四十卷歷代帝王姓系統譜六卷氏族博攷十四卷 明凌迪知輯 明萬曆刻汲古閣重修本

六二八 與籍便覽八卷 明范泓輯 范淶補注 明萬曆三十一年范淶刻本 十行大字不等小字双行二十七字白口四周单边单鱼尾

六二九 三才圖會一百六卷 明王圻撰 明萬曆三十七年刻本 九行二十二字白口四周单边

六三〇 三才圖會一百六卷 明王圻撰 明萬曆三十七年刻王爾賓重修本

六三一 正音攟言四卷 明王荔撰 王允嘉注 明崇禎元年刻本 八行二十字白口四周双边

六三二 亘史九十三卷 明潘之恒撰 明天啟六年潘弼亮鸞嘯軒刻本 十行二十字白口左右双边单鱼尾

六三三 亘史鈔□□□卷 明潘之恒撰 明刻本 十行二十字小字双行行字同白口左右双边
存一百十一卷 内紀十九卷 外紀四十九卷 内篇十四卷 外篇十一卷 雜篇十一卷 雜紀七卷

六三四 續亘史二十卷 明汪泉珍撰 明抄本

六三五 丹霞姓氏彙典二卷增補一卷 明邢參撰 清康熙濟美堂刻本

六三六 新刊子史羣書論策全備摘題雲龍便覽四卷 明郝孔昭輯 明隆慶四年唐廷仁刻本 上下二栏十八行大小字不一白口四周双边

六三七 鼎鐫洪武元韻勘正補訂經書切字海篇玉鑑二十卷 明武緯子補訂 王衡勘正 明萬曆元年書林熊冲宇刻本 上下二栏大小字不一白口四周单边

六三八 新刊翰苑廣記補訂四民捷用學海群玉□□卷 明武緯子撰 明書林熊冲宇刻本 上下二栏白口四周单边
存八卷 一至八

六三九 新刊翰林諸書選粹四卷 明張元怀輯 明萬曆二年李廷楫刻本 十一行二十四字白口四周单边单鱼尾

六四〇 喻林八十卷 明徐元太輯 明萬曆十七年河汛刻本 十一行二十四字白口四周双边

六四一 喻林一百二十卷 明徐元太輯 明萬曆四十三年自刻本 十行二十字小字双行行字同白口四周单边有刻工

六四二 喻彙五十卷 明徐元太輯 明抄本

六四三 喻林五十卷 明徐元太輯 明抄本

六四四 喻林五十卷 明徐元太輯 明抄本

卅八

六四五 喻林三十八卷 明徐元太輯 明抄本卷八至十一 十八至十九配清抄本

六四六 喻林髓二十四卷 明徐元太輯 明天啟二年鄒道元刻本 九行十八字白口四周单边

六四七 廣喻林三十卷 清顧伯宿輯 清初抄本

六四八 類雋三十卷 明鄭若庸撰 明萬曆六年汪珙刻本 九行十八字白口左右双边单鱼尾有刻工

六四九 類雋三十卷 明鄭若庸撰 明萬曆六年汪珙刻本 清汪昉跋
存四卷 一至四

六五〇 大政管窺七卷 清抄本
存四卷 一至三 七

六五一 古雋考略四卷 明李承勛 顧充輯 明萬曆十四年刻本 六行大字无定数小字双行二十字白口左右双边

六五二 古雋考略六卷 明顧充輯 明萬曆二十七年李楨蕭大亨等刻本 七行十二字小字双行行字同白口左右双边

六五三 新輯人物考疑四卷 明顧充輯 明萬曆八詠樓刻本 八行十七字白口四周单边

六五四 黔類十八卷 明郭子章輯 明刻本 十行二十字白口左右双边单鱼尾

六五五 諺語三卷 明郭子章輯 明萬曆刻本 九行十八字白口左右双边

六五六 祝氏事偶十五卷 明祝彥撰 明崇禎刻本 九行二十字四周单边

六五七 浮休雜志十三卷 明陳與郊輯 清抄本 □德滋傳增湘跋

存十一卷　一至七　十至十三

廣修辭指南二十卷　明陳琠郎輯　明陳甫仲刻本　十行二十字小字双行行字同白口左右双边　六五八

新刊崑山周解元精選藝圃萃盤錄六卷　明周汝礪　蔣以忠輯　明金陵徐小山書坊刻本　九行二十字白口四周双边单魚尾　六五九

書言韋玉要删二十卷　明曆陵輯　明萬曆二十四年鄭世豪刻本　九行二十一字小字双行行字同四周单边　六六〇

圖書編一百二十七卷　明章潢輯　明萬曆四十一年涂鏡源等刻本　十行二十二字白口四周单边　六六一

圖書編一百二十七卷　明章潢輯　明萬曆四十一年涂鏡源等刻天啓三年岳元聲印本　六六二

古今圖書編一百二十九卷　明章潢輯　明抄本　六六三

存一百十五卷　一至二　四至六　八至四十八　五十四至五十五　五十七至八十三　八十六至九十九　一百一　一百三至一百六　一百九至一百二十九

古今圖書編一百三十四卷　明章潢輯　明抄本　六六四

存九十一卷　一至十一　十三至二十　二十二至三十三　三十六至四十　六十六至一百二十

經濟類編□□卷　明吳氏叢書堂抄本　六六五

存三十六卷　三至五　十四至十七　二十至二十三　二十七至三十一　三十三至三十六　三十九至五十　五十八至六十一

經濟類編一百卷　明馮琦輯　明萬曆三十二年周家棟等刻本　十行二十字白口四周单边　六六六

三九

經濟類編一百卷　明馮琦輯　明抄本　六六七

存五卷　四十九至五十三

經濟類編一百卷　明馮琦輯　明抄本　六六八

存五十二卷　一至二十四　二十九至四十八　五十四至六十一

新鐫赤心子彙編四民利觀翰府錦囊八卷　題赤心子輯　明萬曆十三年明雅堂刻本　上下二栏上栏十二行十一字下栏十一行十六字黑口四周双边　六六九

新鐫赤心子彙編四民利觀翰府錦囊八卷　題赤心子輯　明萬曆十三年明雅堂刻本　鄭振鐸跋　六七〇

更癸軒彙輯閒居筆紀六卷　題赤心子輯　明宋陳長卿刻本　上下二栏上栏十四行十字下栏十三行二十字白口四周双边　六七一

古今名喻八卷　明吳仕期輯　明萬曆葉貴刻本　十行二十字白口四周双边　六七二

同姓名錄十二卷　明余寅撰　補一卷　明周應賓撰　明萬曆刻本　十行二十字白口左右双边有刻工　六七三

同姓名錄十二卷　明余寅撰　補一卷　明周應賓撰　明萬曆刻本　清丁丙跋　六七四

玉府鈎玄六卷　明沈堯中輯　明萬曆刻本　十行二十二字小字双行行字同白口四周单边　六七五

卓氏藻林八卷　明卓明卿撰　明萬曆八年妙香堂刻本　十行字无定數白口四周单边　六七六

卓氏藻林八卷　明卓明卿撰　明萬曆十一年書坊周曰校刻本　十行二十字小字双行行字同白口四周单边单魚尾有刻工　六七七

卓氏藻林八卷　明卓明卿撰　明刻本　十行二十字小字双行行字同白口四周单边　六七八

新刻何氏類鎔三十五卷　明何三畏撰　明萬曆四十七年刻本　十行二十字白口四周单边有刻工　六七九

類選苑詩秀句十二卷　明顧起綸輯　明萬曆十三年刻本　九行十八字小字双行行字同白口左右双边有刻工　六八〇

類選苑詩秀句十二卷　明顧起綸輯　明萬曆刻本　七行十六字白口四周单边　六八一

六經類雅五卷　明徐常吉輯　明萬曆十七年自刻本　九行二十字白口四周双边　六八二

新纂事詞類奇三十卷　明徐常吉輯　明萬曆周曰校刻本　十行二十字小字双行行字同白口四周单边单魚尾　六八三

學海君道部二百四十卷目錄八卷　明饒伸撰　明萬曆刻本　十一行二十六字白口四周单边单魚尾有刻工　六八四

學海君道部□□卷目錄□卷　明饒伸輯　明萬曆刻本　十一行二十六七字不等小字双行行字同白口四周单边有刻工　六八五

存二百五十一卷　一至二百四十三　目錄一至八

學海君道部□□□卷目錄□卷　明饒伸輯　明萬曆刻本　十一行二十六字白口四周单边　六八六

存二百五十卷　一至二百四十二　目錄一至八

葉相國選訂百子類函四十卷　明葉向高輯　明萬曆金陵周氏萬卷樓刻本　十一行二十二字小字双行行字同白口左右双边　六八七

四〇

刪九我李先生編輯梁昭明太子文選品彙十八卷　明李廷機輯　明萬曆三十二年刻本　九行小字双行十八字白口四周单边　六八八

新鐫翰林攷正歷朝故事統宗十卷　明李廷機撰　明萬曆二十三年金陵周氏萬卷樓刻本　十行二十三字小字双行行字同白口四周单边　六八九

新鍥註選歷朝捷蒙百家評林六卷　明楊道賓撰　新鍥註選歷朝捷論百家評林六卷　明鄒德溥撰　註解歷朝捷表選百家評林八卷　明劉文卿編　新鍥註選歷科捷判百家評林一卷　明李廷機評注　明萬曆十九年種和堂刻本　九行十八字小字双行行字同白口双边　六九〇

鐫彭會魁類編古今文髓六卷　明彭好古輯　明書林徐憲成刻本　十行二十二字白口四周单边　六九一

新刻彭氏類編雜說六卷　明彭好古輯　明萬曆十五年刻本　十行二十二字白口四周单边　六九二

新刻彭氏類編雜說六卷　明彭好古輯　明萬曆十九年毛氏五德堂刻本　十行二十二字白口四周单边　六九三

古今經世文衡二十八卷　明袁黄撰　明書坊龍苑惠刻本　十二行二十六字白口四周单边　六九四

群書備考六卷　明袁黄撰　續二三場群書備考三卷　明袁儼撰　明刻本　八行二十一字小字双行行字同白口四周单边单魚尾　六九五

合訂正續註釋群書備考原本八卷　明袁黄撰　袁儼注　明末刻本　八行二十字小字双行行字同白口四周单边　六九六

重訂二三場註釋群書備考八卷　明袁黃撰　葉世儼增注　明末刻本　八行二十字小字双行行字同白口四周單邊單魚尾　六九七

增訂二三場羣書備考八卷　明袁黃撰　袁儼注　明崇禎[illegible]刻本　九行二十一字小字双行行字同白口四周單邊　存五卷　一　三至四　七至八　六九八

增訂二三場羣書備考四卷　明袁黃撰　袁儼注　明崇禎萬卷樓刻本　九行二十一字小字双行行字同白口四周單邊　六九九

增訂二三場羣書備考四卷　明袁黃撰　袁儼注　明崇禎瀞慈堂刻本　九行二十一字小字双行行字同白口四周單邊有刻工　七〇〇

增訂二三場羣書備考四卷　明袁黃撰　袁儼注　明崇禎敘和堂刻本　九行二十一字小字双行行字同白口四周單邊　七〇一

增訂二三場羣書備考四卷　明袁黃撰　袁儼注　明崇禎刻本　九行二十一字小字双行行字同白口四周單邊　七〇二

增訂二三場羣書備考四卷　明袁黃撰　袁儼注　明崇禎大觀堂刻本　九行二十一字小字双行行字同白口四周單邊　七〇三

詞林海錯十六卷　明夏樹芳輯　明萬曆刻本　七行十六字白口四周單邊有刻工　七〇四

奇姓通十四卷　明夏樹芳撰　明天啓四年夏氏宛委堂刻本　七行十六字白口四周單邊有刻工　七〇五

奇姓通十四卷　明夏樹芳撰　明天啓四年夏氏宛委堂刻本　清丁丙跋　七〇六

四一

經傳類編四卷　明徐待揚輯　明萬曆十五年海虞書林翁氏刻本　十行二十字白口左右双边　七〇七

精選舉業切要諸子粹言分類評林文源宗海四卷　明陶望齡輯　董其昌評　明萬曆二十二年唐廷仁刻本　十一行二十二字白口四周單邊　七〇八

精選舉業切要諸子粹言分類評林文源宗海四卷　明陶望齡輯　董其昌評　明書林余良木刻本　十一行二十二字白口四周單邊　七〇九

精選舉業切要書史粹言分類評林諸子狐白四卷　明陶望齡輯　董其昌評　明萬曆四十二年書林余良木刻本　十一行二十二字白口四周單邊　七一〇

文源宗海四卷　明陶望齡輯　董其昌評　清雍正六年顧正音抄本　七一一

新刻劉太史評釋舉業續古今文䟽錦繡詞林九卷　明劉曰寧輯　明萬曆二十七年金陵書坊周崑岡刻本　九行二十字白口四周双边　七一二

刻劉太史彙選古今舉業文䟽註釋評林四卷　明劉曰寧輯　明萬曆金陵書坊周崑岡刻本　九行二十字小字双行行字同白口四周單邊　七一三

新鐫劉雲嶠太史摘纂然然故事五卷　明劉曰寧輯　明萬曆四十年書林聚奎樓刻本　十行十九字小字双行行字同白口四周單邊　存四卷　一至三　五　七一四

刻劉太史五車妙選十一卷　明劉曰寧輯　明瀔陽書林余應興刻本　九行二十一字白口四周單邊　七一五

廣𦋐求三十七卷　明姚光祚輯　袁壽選刪正　明刻本　十行二十字白口四周双边單魚尾　七一六

彊識畧二十四卷　明吳楚材撰　明萬曆十七年自刻本　十行二十字白口四周双边單魚尾有刻工　七一七

古唐選屑三十卷　明李本緯輯　明萬曆四十一年刻本　九行十九字小字双行行字同白口四周双边　七一八

新鐫翰林高大史家藏註釋考古詩典珊瑚類集十六卷　明高光正輯　明萬曆二十七年余良史怡慶堂刻本　十一行十九字白口左右双边　七一九

駢志二十卷　明陳禹謨輯　明萬曆三十四年刻本　十一行二十二字白口四周双边單魚尾　七二〇

事物紺珠四十六卷　明黃一正輯注　明萬曆吳勉學刻本　十行二十字白口四周單邊　七二一

四六正始四卷　明吳瑞登撰　明刻本　九行二十字小字双行行字同白口四周双边　七二二

新鐫古今事物原始全書三十卷　明徐炬撰　明萬曆二十一年自刻本　十行二十字白口四周單邊　七二三

鼎鐫校增評註五倫日記故事大全四卷　明吳宗札校增　彭濱評注　明萬曆二十一年書林鄭世豪刻本　十行二十字白口四周双边　七二四

鼎梓校增評釋五倫全璧故事大全十卷　明吳宗札校增　彭濱評注　明萬曆二十一年書林鄭世豪刻本　十行二十字白口左右双边　七二五

對制談經十五卷　明杜濬輯　明萬曆晉陵杜氏泰湖堂刻本　十行二十字白口單邊　七二六

四二

新刻湯會元輯註國朝群英品粹十六卷　明朱之蕃　湯賓尹輯注　明萬曆二十四年余象斗刻本　九行十九字黑口　七二七

新刻古今玄屑八卷　明王家佐選評　明萬曆二十三年金陵書坊周氏嘉賓堂刻本　九行二十字白口四周單邊　七二八

山堂肆考二百四十卷　明彭大翼撰　明萬曆二十三年金陵書林周顯刻本　十一行二十二字白口四周單邊　七二九

山堂肆攷二百四十卷　明彭大翼撰　明萬曆二十三年金陵書林周顯刻萬曆四十七年重修本　七三〇

群書考索古今事文玉屑二十四卷　明楊淙輯　明萬曆二十五年葉貴等刻本　八行十八字小字双行行字同白口四周双边　七三一

新鍥燕臺校正天下通行文林聚寶萬卷星羅三十九卷　明徐會瀛輯　明萬曆書林余獻可刻本　上下兩欄行字不等白口四周双边　七三二

鼎雕燕臺校正天下通行書柬活套五卷　明徐會瀛輯　明萬曆三十二年閩建書林劉孔年喬山堂刻本　九行字无定数白口四周双边　七三三

雅餘八卷　明羅曰褧輯　明萬曆二十五年滋蘭館刻本　十行二十字白口左右双边單魚尾　七三四

新刻鄧太史評釋舉業古今摘粹玉圃珠淵十卷　明鄧以讚輯　明萬曆二十七年李潮刻本　九行二十字小字双行行字同白口四周双边　七三五

新刊鄧翰林評選舉業捷學宇宙文芒十二卷　明鄧以讚評選　明盧效祖輯　明萬曆周時泰博古堂刻本　十行二十字白口四周單邊單魚尾　七三六

說略三十卷　明顧起元撰　明萬曆四十一年吳德聚刻本　九行二十字白口四周單边　七三七
說略三十卷　明顧起元撰　明萬曆四十一年吳德聚刻本　清林佶跋　七三八
說略三十卷　明顧起元撰　明萬曆四十一年吳德聚刻本　清丁丙跋　七三九
說略六十卷　明顧起元撰　明天啓四年顧起鳳刻本　九行十八字白口四周双边　七四〇
新刻顧會元註釋古今捷學舉業天衢十卷　明顧起元輯　陸翀之刪定　明周曰校萬卷樓刻本　十一行二十字白口四周單边　七四一
續鈔二卷　明徐良彥輯　明刻本　八行二十字白口四周單边　七四二
新刻故事彙纂補遺翰助詳解□卷　明汪文韜輯　明萬曆二十六年刻本　九行十八字小字双行行字同白口四周双边
存二卷　一至二　七四三
類林探蹟一百十卷　明江一夔撰　明萬曆二十六年刻本　十行二十字小字双行行字同白口左右双边單魚尾　七四四
新鍥翰林校正鰲頭合併古今名家詩學會海大成三十卷首一卷　明書林余應虬刻本　十一行大字不等小字双行三十二字白口四周單边單魚尾　七四五
新編古今品彙故事啟牘二十卷　明余應虬輯　明刻本　九行二十字小字双行行字同白口四周單边　七四六
仰止子詳考古今名家潤色詩林正宗十二卷　七四七
韻林正宗六卷　明余象斗輯　明萬曆二十八年書林余氏雙峯堂刻本　十一行大字不等小字双行三十二字白口四周双边
大備對宗十九卷首一卷　明張士俊輯　明萬曆二十八年余氏萃慶堂刻本　十二行二十六字白口四周双边　七四八
新鍥考數問奇諸家字法五侯鯖二卷　明陳三策輯　明萬曆三十一年余彰德萃慶堂刻本　上欄十一行九字小字双行行字同下欄五行八字白口四周双边　七四九
諸經紀數十八卷　明徐鑒撰　明萬曆刻本　十行二十三字白口四周單边有刻工　七五〇
諸史紀數十四卷　明徐鑒撰　明萬曆刻本　十行二十三字小字双行行字同白口四周單边單魚尾有刻工　七五一
諸史紀數十四卷　明徐鑒撰　明萬曆刻本　清方功惠跋　七五二
諸書考略四卷　明徐鑒撰　明萬曆刻本　九行二十字小字双行行字同白口四周双边有刻工
存二卷　一至二　七五三
精鍥里卿瞿先生彙拔舉業文航四卷　明瞿汝說輯　明萬曆刻本　十行二十二字小字双行行字同白口四周單边　七五四
諸經纂註三十四卷　明楊聯芳撰　明萬曆刻本　七行二十字小字双行行字同白口左右双边　七五五
精刻芸窗天霞絢錦百家巧聯四卷首一卷　明劉□□撰　明萬曆二十九年書林劉龍田刻本　七五六
新刻文房備覽天下難字四卷首一卷　明朱博□撰　明書林劉龍田刻本　上下二欄十行字无定數白口四周單边　七五七
存三卷　一至二　首全
編年拔萃二卷　明孫森輯　明萬曆三十年劉汝驥吳惟誠等刻本　八行十八字白口四周双边　七五八
編年拔秀二卷　明孫森輯　明萬曆刻本　八行十八字白口左右双边單魚尾　七五九
新刻苑集羣書紀載大千生鑑六卷　明劉雉詔輯　明萬曆三十一年世茂堂書林周時泰博古堂刻本　十一行二十二字白口四周單边　七六〇
新刻大千生鑑聖賢年譜萬壽全書六卷　明劉雉詔輯　明刻本　十一行二十二字白口四周單边　七六一
書東活套翰墨連環諸十二卷　明王世茂選注　明崇禎德聚堂刻本　八行二十字小字双行行字同白口四周單边　七六二
海內名公雲翰玉唾新編□卷　題明王穉登選校　屠隆評釋　明書林葉順檀香館刻本　十行二十一字白口四周單边
存五卷　一至五　七六三
玄對三卷　明梅鼎祚輯　明萬曆四十三年梅士勸徐昭慶刻本　九行十八字白口四周單边　七六四
分門定類今古名賢尺素天海奇聲九卷　明萬曆十二年戴里恩刻本　上下二欄上欄十三行八字下欄十一行二十字白口四周双边
存六卷　四至九　七六五
目前集二卷　明刻本　九行十八字白口四周單边　七六六
目前集二卷　明刻本　清孫佩卿跋　七六七
彙古萃玉五卷　明郭炌輯　明金陵書林鄭大經刻本　十行二十字白口四周双边單魚尾　七六八
唐類函二百卷目錄二卷　明俞安期輯　明萬曆三十一年自刻本　十行二十字黑口四周單边　七六九
唐類函二百卷目錄二卷　明俞安期輯　明萬曆三十一年刻文盛堂重修本　十行二十字白口四周單边　七七〇
唐類函二百卷目錄二卷　明俞安期輯　明萬曆三十一年刻養正堂重修本　七七一
唐類函二百卷目錄二卷　明俞安期輯　明萬曆三十一年刻德聚堂重修本　七七二
唐類函二百卷目錄二卷　明俞安期輯　明萬曆三十一年刻四十六年重修本　七七三
詩雋類函一百五十卷　明俞安期輯　梅鼎祚增定　明萬曆三十七年自刻本　十行二十字小字双行行字同白口四周單边單魚尾　七七四
啟雋類函一百二卷職官攷五卷目錄九卷　明俞安期輯　明萬曆刻本　十行二十字白口四周單边單魚尾　七七五
蒙養指南四卷　題明秀水屠鈞主人輯　明萬曆刻本　九行十八字小字双行行字同白口左右双边　七七六
鐫五侯鯖十二卷　明彭儼撰　明萬曆二十一年吳勉學刻本　九行十八字白口四周双边　七七七
三才考略十三卷　明莊元臣輯　明萬曆四十四年莊氏森桂堂刻本　十行二十字白口四周單边　七七八
三才考略十三卷　明莊元臣輯　清乾隆五十四年抄本　七七九
事物別名十二卷　明李蔚重訂　明刻本　八行十七字白口四周双边　七八〇

七八一 劉氏類山十卷 明劉胤昌撰 明萬曆三十五年自刻本 八行十六字白口四周單邊有刻工

七八二 檢蠹隨筆十卷 明楊宗吾撰 明萬曆三十三年王尚修刻本 九行十七字白口四周双边

七八三 文苑豹斑十二卷 明沈思永輯 陳繼儒刪定 明萬曆三十四年沈檟刻本 九行二十一字白口四周单边

七八四 精選治生要覽不分卷 明黃龍吟撰 明萬曆三十二年起潜書舍刻本 十行二十七字小字双行行字同白口四周双边

七八五 新鍥音註釋義萬物皆備類纂四卷 明黃龍吟輯 明萬曆三十四年劉龍田刻本 八行二十六字小字双行行字同白口四周單邊間有左右單邊

七八六 新刻施太史評釋舉業古今摘粹玉圃龍淵十卷 明施鳳來輯 明書林劉朝琯刻本 九行二十字小字双行行字同白口四周双边間有四周單邊

七八七 新鍥赤水屠先生註釋天梯翰墨四卷 明徐啟楷輯 明萬曆三十五年建邑書林熊沖宇種德堂刻本 十行十八字白口四周單邊單魚尾

七八八 新刻音釋啟蒙總龜對類大全八卷 明謝天佑訂正 明萬曆三十六年金陵書坊唐氏富春堂刻本 十五行二十四字小字双行行字同白口四周單邊

七八九 文苑彙雋二十四卷 明孫丕顯輯 明萬曆三十六年刻本 十一行二十一字白口四周單邊

七九〇 可知編八卷 明梁采撰 明萬曆刻本 十行二十四字白口四周單邊

七九一 六朝餘韻八卷 明王良臣輯 明萬曆李之才刻本 十行二十一字白口四周單邊
存二卷 一至二

七九二 客窗餘錄詩林玉屑二十二卷 明王光裕輯 ……注 明刻本 九行二十……字小字双行行字同白口四周双边
存十四卷 一至四 七至十六

七九三 岳石帆先生鑒定四六宙函三十卷附文武爵秩一卷 明李自榮輯 明天啟五年刻本 九行二十字小字双行行字同白口左右双边

七九四 名句文身表異錄二十卷 明王志堅撰 明崇禎十三年刻本 九行二十字白口四周單邊

七九五 名句文身表異錄二十卷 明王志堅撰 清康熙激六閣刻本 清陳章昌批校

七九六 表異錄二十卷 明王志堅輯 清光緒二年陳氏屑閒齋刻本 清劉光焯跋

七九七 名物通十卷 明鍾惺輯 附一卷 明末王氏蘇萬館刻本 十行二十四字小字双行行字同白口四周單邊

七九八 名物通十卷 題明劉侗輯 附一卷 明末王氏蘇萬館刻實修本

七九九 新鐫時用通式翰墨全書十二卷 明王宇輯 明天啟六年自刻本 十行二十二字小字双行行字同白口左右双边單魚尾

八〇〇 新鐫編年全書二卷 明謝紹芳輯 明刻本 九行二十字白口四周單邊

八〇一 劉氏鴻書一百八卷 明劉仲達輯 明萬曆陳文燭刻本 十行二十一字白口四周單邊

八〇二 劉氏鴻書一百八卷 明劉仲達輯 明萬曆刻本 十行二十一字白口四周單邊

八〇三 劉氏鴻書一百八卷 明劉仲達輯 明萬曆刻本 清王宗炎跋

八〇四 新刻註釋雅俗便用折梅箋□卷 明馮夢龍輯 明書林余長庚刻本 十行二十六字小字双行行字同白口四周單邊
存八卷 一至八

八〇五 子書類纂七卷 明胡胤嘉輯 明天啟五年張鴻業刻本 九行二十字白口四周單邊

八〇六 獅山掌錄二十八卷 明吳之俊撰 明萬曆刻本 九行二十字白口四周單邊有刻工

八〇七 事言要玄天集三卷地集八卷人集十四卷事集四卷物集三卷 明陳懋學撰 明萬曆四十六年楊聚正、孟氏聯輝刻本 十一行二十四字小字双行行字同白口四周單邊

八〇八 廣博物志五十卷 明董斯張輯 明萬曆高暉堂刻本 九行十八字小字双行行字同白口四周單邊單魚尾有刻工

八〇九 廣博物志增刪二十卷 明董斯張輯 陳一彭增刪 明崇禎十六年暄乙齋刻本 九行二十六字白口四周單邊

八一〇 儒函數類六十二卷目錄四卷 明汪宗姬撰 明萬曆四十年汪猶龍刻本 十二行二十一字白口四周單邊單魚尾

八一一 新刻註釋故事白眉十卷 明許以忠輯 明嘉瑞堂刻本 十行二十字小字双行行字同白口四周單邊

八一二 新刻註釋故事白眉十卷 明許以忠輯 明書林萃文堂刻本 十行二十字小字双行行字同白口四周單邊

八一三 新刻註釋故事白眉十卷 明許以忠輯 明末書林版築居刻本 十行二十字小字双行行字同白口四周單邊

八一四 註釋白眉故事十卷 明許以忠輯 明末天祿閣刻本 九行二十五字小字双行行字同白口四周單邊

八一五 藝林聚錦增補故事白眉十卷 明許以忠輯 鄧志謨補 明書林萃慶堂刻本 十行二十字白口四周單邊

八一六 刻註釋藝林聚錦故事白眉十卷 明鄧志謨輯 明萬曆二十七年書林余彰德萃慶堂刻本 十行十九、二十字不等小字双行十九字白口四周單邊

八一七 鍥音註藝林唐故事白眉十二卷 明鄧志謨輯 明萬曆三十五年書林余彰德萃慶堂刻本 九行二十字小字双行行字同白口四周單邊

八一八 精選故事黃眉十卷 明鄧志謨輯 明芸香閣刻本 九行无格二十一字小字双行行字同白口四周單邊

八一九 精選故事黃眉十卷 明鄧志謨輯 明馬氏折桂堂刻本 八行十六字白口四周單邊

八二〇 精選故事黃眉十卷 明鄧志謨輯 明萬曆刻本 九行二十一字小字双行行字同白口四周單邊

八二一 精選故事黃眉十卷 明鄧志謨輯 明刻本 九行二十一字白口四周單邊

八二二 精選故事黃眉十卷 明鄧志謨輯 明刻本 十行二十字白口四周單邊

八二三 精選故事黃眉十卷 明鄧志謨輯 明萬曆余氏萃慶堂刻本 九行无格二十一字小字双行行字同白口四周單邊

八二四 鍥旁註事類捷錄十五卷 明鄧志謨撰 明萬曆余彰德萃慶堂刻本 十行十八字白口四周單邊

八二五 鍥旁註事類捷錄十五卷 明鄧志謨撰 明萬曆德聚堂刻本 十行十八字小字双行行字同白口四周單邊

八二六 鍥旁註事類捷錄十五卷 明鄧志謨撰 明萬曆[illegible]刻本 十行二十字白口四周單邊單魚尾

八二七 鍥旁訓古事鏡十二卷 明鄧志謨輯 明萬曆四十五年書林余彰德萃慶堂刻本 八行十八字小字双行二十字白口四周單邊

新鍥袁中郎校訂旁訓古事鏡十二卷　明鄭志讓撰　明萬曆四十三年金陵書林鄭大經四德堂刻本　八行十八字小字双行二十七字白口四周單邊單魚尾　八二八
新刻四六旁訓古事苑二十三卷　明鄭志讓撰　明萬曆四十五年金陵書林鄭大經四德堂刻本　八行十八字白口四周單邊單魚尾　八二九
新刻一啓三奇八卷　明鄭志讓輯　明萬曆慶雲堂刻本　八行二十二字小字双行行字同白口四周單邊單魚尾　八三〇
新刻一札三奇四卷　明鄭志讓輯　明刻本　八行二十二字白口四周單邊　八三一
新鐫名公釋義全備墨莊白眉故事六卷　題宋胡繼宗撰　明萬名甫刻本　十一行二十六字小字双行行字同白口四周單邊　八三二
新鐫名公釋義全備墨莊書言故事六卷　題宋胡繼宗撰　明陳長卿刻本　十一行二十六字小字双行行字同白口四周單邊　八三三
新鐫名公釋義全備墨莊書言故事六卷　題宋胡繼宗輯　明書林建邑黃燦宇刻本　上下二欄上欄十六行六字下欄十二行二十六字白口四周單邊　存三卷　一至三　八三四
新鐫名公釋義全備墨莊書言故事六卷　題宋胡繼宗輯　明末刻本　十一行二十六字白口四周單邊　八三五
新刻名公註釋全備墨莊書言故事六卷　題宋胡繼宗輯　明末刻本　十一行二十六字白口四周單邊　存四卷　三至六　八三六
鍥便蒙二十四孝日記故事一卷新鍥徽郡原板校正繪像註釋魁字便蒙日記故事四卷　明萬曆四十二年周靜吾四有堂刻本　鄭振鐸跋　二十四孝日記故事十四行十六字便蒙日記故事十二行二十五字白口四周單邊　八三七

四七

新刊徽郡原板繪像註釋魁字登雲日記故事二卷　明何亂宗校正　明書林黃正選刻本　十二行二十四字白口四周單邊　八三八
新刊徽郡原板校正繪像註釋魁字登雲三註故事四卷　明書林黃正達刻本　十二行二十四字小字双行行字同白口四周單邊　八三九
朱翼不分卷　明江旭奇輯　明萬曆四十四年刻本　九行二十四字白口四周單邊　八四〇
蘭嵎朱宗伯彙選當代名公鴻筆百壽類函八卷　明萬曆四十四年王鳳翔刻本　九行十九字小字双行行字同白口四周單邊四周双邊左右双邊不等　八四一
新鐫歷代名賢事類通考十卷　明劉萊輯　明刻本　十行二十字白口四周双邊　八四二
新鍥獵古詞章釋字訓解三台對類正宗十九卷首一卷　明萬曆四十五年余氏雙峰堂刻本　十二行二十六字白口四周双邊　八四三
新鍥獵古詞章釋字訓解三台對類正宗十九卷　明庚居子輯　明閩建書林德聚堂刻本　十二行二十八字小字双行行字同白口四周單邊間有四周双邊　八四四

枳記二十八卷　明呂元聲輯　明萬曆刻本　九行二十字小字双行行字同白口四周單邊　八四五
新鐫陳太史子史經濟言十二卷經制考略八卷　明陳子壯撰　明天啓刻本　十行二十字白口四周單邊　八四六
是路錄十八卷　明余昌宗輯　明末刻本　六行二十字小字双行二十三字白口四周單邊　八四七
蓺林尋到源頭八卷　明余昌宗輯　明萬曆刻本　九行二十一字小字双行行字同白口四周單邊　八四八
藝林尋到源頭八卷　明余恒輯　明末書林余恒刻本　上下二欄上欄十五行五字下欄九行二十一字　八四九
藝林類考盤珠十六卷　明錢應南撰　明抄本　存九卷　一至四　七至八　十一至十三　八五〇
諸家筆籌四卷　題慕鴻山人輯　明萬曆星源游氏餘慶堂刻本　九行二十二字白口四周双邊　八五一
子勻不分卷　明郁起麟輯　明天啓刻本　八行二十字白口四周單邊單魚尾　八五二
八編類纂二百八十五卷　明陳仁錫輯　明天啓刻本　十行二十字小字双行行字同白口四周單邊　八五三
潛確居類書一百二十卷　明陳仁錫輯　明崇禎三年至五年徐氏大觀堂刻本　十行二十字白口四周單邊　八五四
潛確居類書一百二十卷　明陳仁錫輯　明崇禎十五年陳智錫繩志堂刻本　九行二十字白口四周單邊　八五五
潛確居類書一百二十卷　明陳仁錫輯　明崇禎金閶映雪草堂刻本　十行二十字白口四周單邊　八五六
潛確居類書一百二十卷　明陳仁錫輯　明崇禎尚義堂刻本　十行二十字白口四周單邊　八五七

四八

潛確居類書一百二十卷　明陳仁錫輯　明崇禎尚敬堂刻本　十行二十字白口四周單邊　八五八
潛確居類書一百二十卷　明陳仁錫輯　明崇禎閶開堂刻本　十行二十字白口四周單邊　八五九
潛確居類書一百二十卷　明陳仁錫輯　明崇禎七松草廬刻本　十行二十字白口四周單邊　八六〇
潛確居類書一百二十卷首一卷　明陳仁錫輯　明崇禎刻本　十行二十字白口四周單邊　八六一
駢字馮霄二十四卷　明徐應秋撰　明末刻本　九行十八字白口四周單邊　八六二
新刻分類摘聯四六積玉二十卷　明章斐然輯　明萬曆四十四年陳所學刻本　九行十八字白口四周單邊　八六三
四六霞肆十六卷　明胡偉然輯　明末胡正言十竹齋刻本　八行十八字白口四周單邊　八六四
車書樓纂註四六逢源六卷　明曾汝魯撰　明末閩聚吾樓月齋刻本　八行二十字小字双行行字同白口四周單邊　八六五
四六鴛鴦譜十二卷新集十二卷　明陸化熙蘇其蓋輯　明崇禎書林呂太如刻本　九行十八字小字双行行字同白口四周單邊　八六六
尺牘法言二卷　明高霽輯　明刻本　十二行二十二字黑口左右双邊　八六七
博物典彙二十卷　明黃道周撰　明崇禎刻本　九行十九字白口左右双邊　八六八
博物典彙二十卷　明黃道周撰　明崇禎刻本　清張曉漁批校　存一卷　下　八六九

八七〇 博物典彙二十卷 明黄道周撰 明末刻本 九行十九字白口左右雙邊

八七一 博物典彙二十卷 明黄道周撰 明末刻本 九行十九字白口四周單邊

八七二 群書典彙十四卷 明黄道周輯 明崇禎十六年敦古齋刻本 九行二十四字白口四周單邊

八七三 庶物異名疏三十卷 明陳懋仁撰 明崇禎刻本 九行十八字白口四周單邊

八七四 庶物異名疏三十卷 明陳懋仁撰 明崇禎刻本 鄭振鐸跋

八七五 文奇豹斑十二卷 明陳繼儒輯 明天啓五年書林劉懷川刻本 九行二十一字白口四周單邊

八七六 增删陶朱公奇書類纂六卷 題明陳繼儒輯 明崇禎刻本 九行二十字白口四周單邊

八七七 新刻搴華須用註釋秘典十四卷 題明陳繼儒輯 明萬曆刻本 六行十四字白口四周單邊

八七八 新鐫翰府素翁雲翰精華六卷 明萬曆二十九年書林熊沖宇刻本 鄭振鐸跋 上下二欄上欄十一行十二字下欄十行十六字四周雙邊

八七九 新刻石渠閣彙纂諸書法海三十四卷 明寶善堂刻本 上下二欄白口四周單邊

八八〇 新刻古今玄機消長八譜六卷 明刻本 十一行二十五字白口四周雙邊

八八一 蘧園蠙衡錄四十卷 明王建極輯 明崇禎德聚堂刻本 九行十八字白口四周單邊

八八二 麗句集六卷 明許之吉輯 明天啓刻本 九行十九字白口四周單邊

八八三 麗句集六卷 明許之吉輯 明天啓刻本 清金化舊批校並跋

八八四 麗句集六卷 明許之吉輯 明天啓刻本 清陳鱣批校並跋

八八五 麗句集六卷 明許之吉輯 明天啓刻本 清吳錫麒圈點並跋

八八六 格物辨真錄四卷 明李有元輯 明崇禎二年刻本 九行二十字白口四周單邊魚尾

八八七 茹古畧集三十卷 明程良孺撰 明崇禎四年韻樓自刻本 九行二十字白口四周單邊

八八八 古今好議論十卷 明呂一經輯 明崇禎九年登龍館刻本 十行二十二字小字雙行行字同白口四周單邊

八八九 古今好議論十卷 明呂一經輯 明崇禎刻本 九行二十字小字雙行行字同白口左右雙邊

八九〇 尚友錄二十二卷 明廖用賢輯 明天啓元年刻本 七行大字不等小字雙行十八字白口四周單邊

八九一 典午同姓名錄二卷 明馮士弘輯 明末抄本

八九二 古儷府十八卷 明王志慶輯 清抄本

八九三 刻精選百家錦繡聯六卷 題明竹溪主人輯 明末刻本 上下二欄上欄十二行九字下欄十行十六字白口四周單邊

八九四 五車韻瑞一百六十卷 明凌稚隆輯 明葉瑤池刻本 十行二十字白口左右雙邊

八九五 五車韻瑞一百六十卷 明凌稚隆輯 明致和堂刻本 十行二十字白口左右雙邊

八九六 五車韻瑞一百六十卷 明凌稚隆輯 明文盛堂刻本 十行二十字小字雙行二十七字白口左右雙邊有刻工

八九七 五車韻瑞一百六十卷 明凌稚隆輯 明文茂堂刻本 十行二十字小字雙行二十七字白口左右雙邊有刻工

八九八 廣韻藻六卷 明方夏撰 明崇禎十五年方來刻本 八行十八字小字雙行行字同白口左右雙邊

八九九 新鐫士商要覽二卷 題明儋漪子輯 明天啓六年刻本 九行十八字白口四周雙邊

九〇〇 士商類要四卷 明程春宇輯 明天啓六年文林閣刻本 十行二十字白口四周單邊

九〇一 子史類語二十四卷 明胡尚洪輯 明天啓六年刻本 九行十九字白口四周單邊有刻工

九〇二 諸子類雋八卷 明劉成美輯 明天啓刻本 八行十九字白口左右雙邊

九〇三 十三經類語十四卷 明羅萬藻輯 魯重民注 十三經序論選一卷 明何兆聖輯 明崇禎十三年刻本 八行二十二字小字雙行行字同白口四周單邊有刻工

九〇四 十三經類語十四卷 明羅萬藻輯 魯重民注 明崇禎金閶東觀閣古齋刻本 十行二十二字白口四周單邊

九〇五 經史彙纂八卷 明顧茂猷輯 明刻本 九行二十二字白口四周單邊

九〇六 新刻經史類編二十六卷 明王寶大輯 明崇禎十四年刻本 九行二十二字白口四周單邊

九〇七 蓁斐堂子史彙纂二十四卷 明馮廷章輯 明崇禎十六年自刻本 九行二十六字白口四周單邊

九〇八 子史類語二十卷 明魯重民輯 明崇禎刻本 八行二十二字小字雙行行字同白口四周單邊

九〇九 經史子集合纂類語三十二卷 明魯重民輯 明崇禎十七年武林輝山堂金陵汪復初刻本 八行二十二字白口四周單邊

九一〇 史要聚選□卷 明刻本 二十行三十二字白口四周單邊 存六卷 二至七

九一一 五經分類對語二十二卷 明陶廣良輯 明末刻本 九行二十二字小字雙行行字同白口四周單邊

九一二 新編增補註解天星甲子諸家應用千金訣三卷 明程守信輯 明刻本 十行二十三字小字雙行字不等

九一三 鼎鋟四民便覽東學珠璣四卷首一卷 明李廷機輯 明萬曆三十七年書林余熙宇刻本 十行二十二字白口四周單邊

九一四 新刻天下四民便覽萬寶全書三十二卷 明周文煥 周文煒輯 明萬卷樓刻本 上下二欄上欄十四行下欄十二行字無定數四周雙邊 存三十一卷 一至二十二 二十四至三十二

九一五 新板全補天下便用文林妙錦萬寶全書□□卷 明刻本 上下二欄上欄十六行十四字下欄十四行十八字白口四周雙邊 存十二卷 八至十四 二十二至二十六

九一六 鼎鐫吳寧野彙選四民切要時製尺牘芳規四卷 明吳從先輯 明黄爾棧存誠堂刻本 上下二欄上欄十一行十字下欄十行十七字白口四周單邊

九一七 新編歷代懸鑑古事雋七卷 明吳從先輯 明天啓蕭少衢師儉堂刻本 上下二欄上欄十四行八

字下栏十行十八字　明崇禎刻本

九一八　新刻天如張先生石渠精採萬寶全書□□卷　存十三卷　二十二至三十四

九一九　新鐫雅俗通用珠璣藪八卷　題明西湖散人輯　明崇禎程五至刻本　九行二十字白口四周單边

九二〇　新刻古今切要士民便用書簡翰苑玄英四卷　明鄭君度撰　明書林鄭文腾刻本　十行二十字白口左右双边

九二一　新鐫精採天下便用博聞勝覽考寶全書三十六卷　明江三汲輯　明萬曆三十九年余氏存慶堂刻本　上下二栏上栏十五行十三字下栏十三行十七字白口四周双边　存三十五卷　一至三十二、三十四至三十六

九二二　五刻徽郡釋義經書士民便用通考雜字□卷　明崇禎刻本　上下二栏上栏十二行下栏十行白口四周單边　存二卷　一至二

九二三　新刊正音註解日誦總類大全雜字四卷　明吳心盤輯　清抄本

九二四　鼎鐫十二方家參訂萬事不求人博考全編六卷　題明儆醫子輯　明嘉少渠師儉堂刻本　上下二栏上栏十二行十三字下栏十行十八字白口四周單边

九二五　新刻張侗初先生分類四民便用註釋五朶雲四卷　題明漱石生輯　明崇禎書林存誠堂刻本　十行二十字白口四周單边

九二六　重雲齋新編四民捷用註解翰墨駿五卷　明項仲昭輯　明書林余獻伯刻本　上下二栏上栏十行十字下栏九行十九字白口四周單边　存二卷　一、四

九二七　新刻張侗初先生彙編四民便用註釋札柬五朶雲四卷　明陳士龍注　明書林黃獨昭刻本　上下二栏上栏十二行十字下栏十一行二十一字白口四周單边

九二八　新鍥兩京官板校正錦堂春曉翰林查對天下萬民便覽四卷　明鄧仕明輯　明書林陳德宗刻本

九二九　鼎鐫李先生增補四民便用積玉全書三十二卷　明李光裕輯　明崇禎忠賢世家刻本　上下二栏上栏十六行十四字下栏十行十四行十八字白口四周單边

九三〇　新刻四民便覽萬書萃錦□□卷　明末刻本　上下二栏十三行字无定数四周單边　存三卷　二十至二十二

九三一　新鐫李先生類纂音釋捷用雲箋六卷　明李光祚撰　明書林Library庚儀刻本　十行二十七字白口四周單边

九三二　新鍥士林交際翰札新函五卷　明末刻本　上下二栏上栏十二行八字下栏十行二十字白口四周單边

九三三　西郭類語三卷　題明□裕湖輯　稿本

九三四　古今類書纂要增删十二卷　明璩崑玉輯　明崇禎七年刻本　十行大字无定数小字双行十六字白口四周單边

九三五　群書類雋二卷　明程自明輯　明崇禎十年朱氏書坊刻本　九行二十字白口左右双边

九三六　存古類函三卷　明陳組綬撰　明末伊慶刻本　九行二十四字白口四周單边

九三七　古學彙纂十卷　明周時雍輯　明崇禎十五年周氏愛日齋刻本　九行二十六字白口四周單边

九三八　古學彙纂十卷　明周時雍輯　明崇禎刻本　九行二十六字白口四周單边

九三九　增補古學類編十卷　明周時雍輯　清王維鼐、王心祖增補　清初金陵呈祥館刻本　九行二十六字小字双行行字同白口四周單边

九四〇　草書備覽□□卷　明抄本　存七卷　四至十

九四一　備吹錄二十卷　明文德翼輯　清康熙四年古秋堂刻本

九四二　備吹錄二集二十一卷　明文德翼撰　清康熙求是堂刻本

九四三　文竽彙氏二十四卷　明傅作興輯　明崇禎刻本　十行二十四字白口四周單边

九四四　咏紅集五十卷　明錢澗徵輯　稿本　存十一卷　十七至十八、二十一至二十三、二十九、三十一至三十二、四十三至四十五

九四五　在是集三卷　明吳侃撰　明崇禎十四年刻本　八行二十二字小字双行行字同白口四周單边

九四六　廣志一百十卷　明末抄本　清馮登府、丁丙跋　存一百九卷　一至九、十一至一百十

九四七　廣志一百十卷　清抄本　存七十九卷　一至七十九

九四八　新刊詳明日記大全□卷　明刻本　十三行十九字黑口四周双边　存九卷　一至九

九四九　大政文賞初編三十卷　題明雲舫主人輯　明抄本

九五〇　紅豆邨雜錄不分卷　題明錢正春輯　清抄本

九五一　紅豆莊雜錄不分卷　題清錢謙益撰　清汪氏桃花潭抄本

九五二　紅豆莊雜錄不分卷　題清錢謙益輯　清初抄本　清丁丙跋

九五三　紅豆村莊雜錄二卷　題清柳是輯　清抄本

九五四　紅豆村莊雜錄一卷　題清柳是輯　清乾隆抄本　清魚元傅校並跋

九五五　紅豆村莊雜錄一卷　題清柳是輯　清乾隆抄本　清魚元傅跋

九五六　歷代不知姓名錄十四卷　清李清輯　清抄本

九五七 歷代不知姓名錄十卷 清李清輯 清乾隆四庫全書館抄本
存八卷 一至八
九五八 編年考十卷 清沈球輯 清康熙十一年懷德堂刻本
九五九 西漢書姓名韻不分卷東漢書姓名韻不分卷
清傅山輯 清抄本
九六〇 陸生口譜四卷 清陸圻輯 清抄本
九六一 陸生口譜四卷 清陸圻輯 清抄本
九六二 陸生口譜五卷 清陸圻輯 清道光二十二年郁氏宜稼堂抄本 清馮桂芬錢喜棣跋
九六三 陸生口譜四卷 清陸圻輯 清抄本 文素松跋
九六四 口譜類篇四卷 清陸圻輯 清抄本
九六五 典類四十二卷 清劉光宇輯 稿本
九六六 廣羣輔錄六卷 清徐汾撰 清康熙刻本
九六七 二酉彙刪二十四卷 清王訓撰 清康熙三年揶雅堂刻本
九六八 古今疏十五卷 清朱虛撰 清順治萬卷樓刻本
九六九 晴雪堂姓譜類聚一卷 清張鎡輯 清抄本

五三

九七〇 三才藻異三十三卷 清屠粹忠撰 清康熙二十八年栩園刻本
九七一 三才彙編六卷 清龔在升撰 顧瑆英增補 清康熙五年毛氏汲古閣刻本
九七二 年華錄一百卷 清歸燠輯 清抄本
九七三 千家姓增補註釋一卷 清崔冕撰 清抄本
九七四 振綺類纂四卷 清俞天游、宗觀輯 清康熙刻本
九七五 四部類稿六十四卷 清陸雲慶輯 清愛日堂抄本
九七六 四部日抄不分卷 清蔣如馨輯 稿本
九七七 四部日鈔不分卷 題清周廷麟輯 清十經書屋抄本
九七八 錦字箋四卷 清黃澐撰 清康熙刻本
九七九 三才發秘九卷 清陳雯撰 清康熙三十六年德星堂刻本
九八〇 別號錄前編一卷明人別號錄八卷 清葛萬里輯 清抄本
九八一 別號錄前編一卷明人別號錄八卷 清葛萬里輯 清抄本 清丁丙跋
九八二 別號錄九卷 清葛萬里輯 清抄本 清李文田校注
九八三 集韻新聲不分卷 題清朱彝尊撰 清抄本
九八四 獺祭錄六十三卷 清李繩遠輯 稿本

九八五 獺祭錄三十卷 清李繩遠輯 清抄本 清李遇孫跋
九八六 古事比五十二卷 清方中德撰 清康熙四十五年書種齋刻本
九八七 淵鑑類函四百五十卷目錄四卷 清張英、王士禛等輯 清康熙四十九年內府刻本
九八八 佩文韻府一百六卷 清張玉書、蔡升元等輯 清康熙五十一年至五十二年內府刻本
拾遺一百六卷 清汪灝、何焯等輯 清康熙五十九年內府刻本
九八九 佩文韻府一百六卷 清張玉書、蔡升元等輯 清乾隆內府朱墨抄本 清高宗弘曆繪圖並跋
九九〇 佩文詩韻五卷 清內府刻本
九九一 佩文詩韻五卷 清內府刻本
九九二 佩文詩韻刪注五卷 清內府刻本
九九三 攢筆錄十二卷 清朱昆田、蔡曙輯 清抄本
九九四 韻粹不分卷 清朱昆田輯 清抄本
九九五 三體摭韻不分卷 清朱昆田輯 稿本
九九六 三體摭韻不分卷 清朱昆田輯 稿本 清陶越跋
九九七 三體摭韻不分卷 清朱昆田輯 清抄本
九九八 三體摭韻不分卷 清朱昆田輯 清抄本

五四

九九九 三體摭韻十二卷 清朱昆田輯 清抄本
一〇〇〇 三體摭韻十二卷 清朱昆田輯 清抄本
一〇〇一 三體摭韻十二卷 清朱昆田輯 陶越增訂 清抄本
一〇〇二 三體摭韻十二卷 清朱昆田輯 陶越增訂 清抄本 清錢儀吉、馮汝桓跋
一〇〇三 三體摭韻十二卷 清朱昆田輯 陶越增訂 清抄本 清顧肇熙跋
一〇〇四 三體摭韻不分卷 題清王士禛輯 清田氏爾津草堂抄本
一〇〇五 小名補錄一卷 清陳奕禧撰 清抄本 清吳騫跋
一〇〇六 備輸第一集四卷 清高奣映輯並注 清康熙刻本
一〇〇七 讀書紀數略五十二卷 清宮夢仁輯 手稿本
一〇〇八 讀書記數略五十四卷 清宮夢仁輯 清康熙刻本
一〇〇九 格致鏡原九十卷 清陳元龍輯 清康熙內府抄本
一〇一〇 格致鏡原一百卷 清陳元龍輯 清康熙五十六年刻雍正十三年印本
一〇一一 小學紀韻急就章五卷 清顧仲撰 清抄本
一〇一二 格物要覽三十卷 清胡家齊輯 手稿本
一〇一三 游藝編前集不分卷後集不分卷 清朱耀輯 清抄本

行年錄不分卷　清魏方泰撰　清乾隆十七年活字印本　一〇一四
分類字錦六十四卷　清何焯等撰　清康熙六十一年朱墨抄本　一〇一五
欽定古今圖書集成一萬卷目錄四十卷　清蔣廷錫陳夢雷等輯　清雍正四年內府銅活字印本　一〇一六
類林新咏三十六卷　清姚之駰撰　清康熙刻本　一〇一七
增訂時行用柬明鏡箋六卷　清蔣守誠撰　清康熙四十七年青藜閣刻本　一〇一八
類珠三十卷　清周士彪輯　清康熙朱墨抄本　一〇一九
新刻增訂釋義經書便用通考雜字二卷外一卷　清徐三省輯　黃惟質增訂　清康熙黃惟質刻本　一〇二〇
聚珍堂選事物類攷十五卷　□盧有猷輯　清抄本　一〇二一
楹書堂歷代姓氏考二十卷　清秦天治輯　清抄本　一〇二二
辭壇類譜三十三卷　清志古堂抄本　一〇二三
類苑菁華八卷　清康熙內府抄本　一〇二四
類苑儷語二卷　清康熙內府抄本　一〇二五
類苑儷語二卷　清康熙內府抄本　一〇二六

五五

事類異名不分卷　清康熙內府朱墨抄本　一〇二七
事類異名不分卷　清康熙內府抄本　一〇二八
吉字韻編十四卷　清康熙抄本　一〇二九
明代選屑六卷　清康熙抄本　一〇三〇
清麗集三卷　清抄本　一〇三一
珠林不分卷　清抄本　一〇三二
籤軸彙餘十二卷　清抄本　一〇三三
墨池魚不分卷　清抄本　一〇三四
考古畧八卷補五卷　清王文清撰　稿本　文素松跋　一〇三五
記事珠十卷　清張以謙輯　鄭夢明删訂　清雍正九年刻本　一〇三六
蕊珠合錦不分卷　清任啓運輯　清朱墨抄本　一〇三七
讀古紀源不分卷　清何暐水撰　稿本　一〇三八
稗古瑣言二卷續言三卷　清張開第輯　稿本　清鄭經跋　一〇三九
問奇典註六卷　清唐英撰　清乾隆十一年唐氏古柏堂刻本　一〇四〇
文苑彙典十卷　清張之驃輯　稿本　一〇四一

分韻杜句摘錄不分卷　清梁同書輯　手稿本　清許等身跋
存入聲藥陌錫三韻　一〇四二
同姓名譜二十四卷補遺四卷目錄二卷　清陳棻撰　稿本　清李兆洛校注並跋　一〇四三
類林炳燭不分卷　題清二知老人撰　清抄本　清吳騫跋　葉景葵跋　一〇四四
類典三十卷　清黃元昌輯　稿本　一〇四五
金屑錄不分卷　清吳穎芳輯　清抄本　清丁丙跋　一〇四六
演雅四十二卷　清王初桐撰　稿本　一〇四七
奩史一百卷拾遺一卷　清王初桐輯　清嘉慶二年古香堂刻本　一〇四八
稱名紀麗□卷　清沈可培輯　手稿本
存四卷　四至七　一〇四九
稱名紀麗□卷　清沈可培輯　稿本
存二卷　四至五　一〇五〇
事物類聚不分卷　清吳東發輯　稿本　一〇五一
駢字分箋二卷　清程際盛輯　清思竹山房抄本　一〇五二

五六

同名錄不分卷　清張澍輯　稿本　一〇五三
披芸漫筆十八卷　清江紹蓮輯　清嘉慶六年培荆堂刻本　一〇五四
古錦囊九十八卷　清福申輯　清抄本　一〇五五
古錦囊不分卷　清抄本　一〇五六
小品類聚十二卷　題鮮照齋主人輯　清胡氏小重山館抄本　一〇五七
諜野粹言不分卷　清彭兆蓀撰　稿本　一〇五八
雙桂居療疴次鈔十三卷　清秉璜輯　稿本　一〇五九
類海清源總略十卷　清劉喜海輯　稿本　一〇六〇
典制測蠡十六卷　清偉功起輯　清抄本　一〇六一
國朝別號錄十卷　清沈積燠輯　稿本　清王宗炎陳鴻熙跋　一〇六二
韻府大成不分卷　清李貽德輯　稿本
存六卷　一至四　九至十　一〇六三
古今姓氏類編八卷　清釋克德起輯　清綠蔭書屋抄本　恩華跋　一〇六四
識姓便蒙三十四卷　清單恩關撰　稿本　一〇六五
玉海兵捷類儷語一卷　清翁同書輯　清翁同書批並跋　清咸豐十年翁同書家抄本　一〇六六

一〇六七 姓氏考一卷附增補姓氏一卷 清抄本

一〇六八 圖書便覽一百五十六卷 清史夢蘭輯 稿本

一〇六九 圖書便覽一百五十六卷 清史夢蘭輯 清光緒抄本

一〇七〇 姓氏異同小錄不分卷 清史夢蘭撰 稿本

一〇七一 小名錄不分卷 清史夢蘭撰 稿本

一〇七二 青衣小名錄二卷 清史夢蘭撰 清抄本

一〇七三 聖海餘波不分卷 清抄本

一〇七四 纓耕齋同姓名錄八卷附錄一卷 清張興留輯 稿本

一〇七五 漢事會最二十四卷 清王先謙輯 稿本

一〇七六 歷代同姓名錄二十三卷 清劉長華輯 稿本

一〇七七 韻林獺祭不分卷 清姚振宗撰 稿本

一〇七八 選詩均編五卷 清李宗顥輯 稿本

補遺

一〇七九 藝文類聚一百卷 唐歐陽詢撰 明刻本 清陳徵芝錄清馮舒跋〔補排在十六號后〕

四四八號 存一百八卷 甲集卷二至六 十一至十二 乙集卷一至六 八至九 丙集 戊集 己集 庚集卷一至十三 十八至十九 二十三至二十四 辛集卷一至二 六至十 壬集 癸集 後甲集卷一至六 後乙集卷上、下 後丙集 後丁集 後戊集卷一至五 八至九（見四四八號）

一〇八〇 國憲家猷五十六卷 明王可大撰 明萬曆十年自刻本 九行十八字白口四周單邊有刻工〔補排六二一號後〕

一〇八一 國憲家猷五十六卷 明王可大撰 明天啓元年周慶胤刻本 九行十八字白口四周單邊〔補排六二一號後〕

一〇八二 新鐫翰林攷正歷朝故事統宗十卷 明李廷機撰 明萬曆金陵書林周氏大業堂刻本 十行二十三字白口四周單邊〔補排六八九號後〕

一〇八三 古今事類四十九卷 明穆光徹輯 明抄本〔補排九一〇號後〕

表十

收藏情況表

書名編號	藏書單位				
子類書類 1	0101				
2	0201				
3	0101	0201			
4	0101	0142	0143	0150	0162
	0164	0171	0201	0243	0542
	0701	0842	0901	0962	1042
	1101	1142	1501	1544	1581
	1641	1701	1702	1843	1901
	1911	1941	2301	2481	2702
	2742	2750	2901		
5	0101				
6	0101				
7	0201				
8	0101	0142	0201	0291	1701
	2301				
9	0102	0141	0181	0201	0241
	0242	0261	0341	0443	0701
	0801	1501	1542	1641	1681
	1705	1844	2042	2461	2543
	2702				
10	0201				
11	1601				
12	0141	0144	0161	0166	0201
	0242	0301	0520	0542	0801
	0841	1001	1462	1501	1582
	1601	1603	1605	1701	1704
	1741	1843	1881	1981	2042
	2201	2301	2342	2461	2701
	2702	2941			
13	0201	2601			
14	2441				
15	2401				
16	0141	0193	0201	0509	0941
	1001	1082	1601	1606	1661
	1682	1705	1723	1901	2041
	2201	2241	2341	2401	
17	0191	1704			
18	2702				

收藏情況表

書名編號	藏書單位				
子類書類 19	0201				
20	0141	0142	0144	0146	0150
	0161	0171	0177	0181	0191
	0201	0241	0242	0301	0501
	0781	1048	1101	1501	1601
	1606	1701	1741	2261	2301
	2382	2541	2701	2702	2742
	2745	1901①			
21	2702				
22	0101				
23	0101				
24	0141				
25	1181				
26	0201				
27	0101				
28	0201				
29	0101				
30	0141				
31	1581				
32	0291				
33	0201				
34	0101				
35	2501				
36	0101				
37	0101				
38	0242				
39	2541				
40	0101				
41	0141				
42	0101				
43	0101				
44	0342				
45	0101				
46	0101				
47	0101				
48	2401				
49	0101				
50	0141	1705			

收藏情況表

書名編號	藏書單位				
子類書類 51	0241				
52	0198				
53	0101	0102	0141	0142	0164
	0197	0201	0241	0242	0243
	0261	0291	0301	0592	0701
	0801	0841	0842	0861	1048
	1301	1501	1541	1581	1601
	1642	1681	1701	1704	1741
	1841	1843	1941	2041	2242
	2461	2702	2704	2710	2741
	2941				
54	0201				
55	0102				
56	0101				
57	0101	0102	0141	0142	0144
	0165	0175	0182	0198	0201
	0592	0701	0802	1041	1081
	1082	1142	1341	1501	1506
	1582	1601	1615	1642	1681
	1704	1723	2301	2341	2401
	2411	2501	2702	2801	2901
	2941				
58	2441				
59	1601				
60	0102	0168	0803	1541	1701
	2206	2301			
61	0301				
62	0101	0141	0201	0841	1701
	2241	2541	2961		
63	0143	0241	0404	0509	1342
	1541	1701	1881	1901	2401
	2701				
64	1601				
65	0241				
66	0141	0193	0201	0241	0291
	0301	0341	0601	0701	0741
	0902	1201	1241	1461	1501
	1601	1661	1681	1701	1705

收藏情況表

書名編號	藏書單位				
子類書類	1741	1843	1881	2001	2301
	2401	2541	2701	2704	2750
67	0101				
68	0201				
69	0101	0141	0144	0161	0201
	0291	0342	0508	0703	0842
	1001	1141	1201	1241	1501
	1544	1604	1605	1622	1681
	1701	1843	2382	2501	2542
	2641	2702	2742	2944	
70	2302	2401			
71	0143	0150	0161	0171	1606
72	2301				
73	0141				
74	2314				
75	0101	0242	1701		
76	0101				
77	0101				
78	0101				
79	0201				
80	1702				
81	0161				
82	0101	0102	0141	0142	0143
	0144	0145	0146	0161	0163
	0164	0175	0181	0191	0201
	0241	0242	0243	0281	0291
	0341	0520	0701	0703	0801
	0802	0841	0842	0861	0902
	1001	1042	1341	1501	1541
	1542	1581	1601	1603	1605
	1606	1661	1681	1688	1701
	1705	1741	2042	2201	2241
	2242	2261	2401	2541	2543
	2701	2702	2741	2742	2745
	2881	2901	2982	1941	2001
	2544				
83	1601				
84	0101				

收藏情況表

書名編號	藏書單位				
子類書類 85	0101				
86	0145				
87	0101				
88	0101				
89	0201				
90	0201				
91	0201				
92	0201				
93	0201				
94	0101				
95	0101				
96	0101	0141	0142	0143	0198
	1501	2702			
97	1601				
98	0101	0201	0941	1581	2341
	2501	2941			
99	0197	2941			
100	0201	0841	1042		
101	0141	2641			
102	0201	0291	1628		
103	0141	0842			
104	0144	1661	2745	2941	2961
105	1581	1701			
106	0141	0542	0801	1101	1501
	1541	1601	1741	1901	2742
107	1843				
108	1101				
109	0201				
110	2201				
111	1601				
112	0801				
113	0101	0161	0201	0301	0404
	0158◉	1701◉	1705◉	1901	2201
	2401	2701	2901		
113-1	0101◉	0141◉	0161◉	0201	0341◉
	0601◉	1601◉	2001◉		
114	1701				
115	0201				

收藏情況表

書名編號	藏書單位				
子類書類 116	0198				
117	0101				
118	1101				
119	0141				
120	0201				
121	0101				
122	1501				
123	2401				
124	0201				
125	0701				
126	2341				
127	0101				
128	0201				
129	0101				
130	0141				
131	0101				
132	0201				
133	0201				
134	0101	0150	0168	0241	0701
	1041	1042	1142	1701	2201
	2301	2341	2382	2741	
135	0101				
136	0102	0141	0142	0145	0148
	0150	0161	0181	0201	0243
	0301	0341	0520	0801	0841
	0842	1501	1601	1701	1705
	1741	1941	2201	2242	2301
	2401	2441	2541	2543	2561
	2704	2789	2941		
137	0101				
138	0301				
139	0703				
140	0101				
141	0201				
142	1582				
143	0101				
144	2701				
145	2702				

收藏情況表

書名編號	藏書單位				
子類書類 146	0101				
147	0141				
148	0101				
149	0101				
150	0701				
151	0201				
152	2401				
153	0150	0242	1701	2301	
154	0141	0150	0841	1542	1606
	2201	2301			
155	0201				
156	0144	1542	1629	1705	
157	0101				
158	1601				
159	1001				
160	0101				
161	1601				
162	1082				
163	0141				
164	0101	0341	0801	0841	0842
	1606	1705	2702		
165	0101	0201	0301	0801	0861
	1688	1705	2301	2341	2401
	2702				
166	0201	0291			
167	0801	1501	1541		
168	1641				
169	0101				
170	0102	0141			
171	2401				
172	0101				
173	0143	0178	0201	0241	0520
	0701	0801	1103	1701	1901
	2461	2544	2702		
174	2001				
175	0101				
176	1601				
177	0201				

表四

收藏情況表

書名編號	藏書單位				
子類書類 178	0141	0341	1501		
179	0142	0481	1601		
180	0101				
181	0201				
182	0101	0201			
183	1601				
184	0101	2581	2702		
185	1601				
186	0201				
187	0144				
188	0142				
189	1601				
190	0291				
191	0101	0141	0842	1082	
192	0101	1501	2701		
193	1601				
194	0101				
195	0101	0161	1601		
196	0101	0102	0141	0144	0161
	0201	0241	0242	0301	0591
	0842	1082	1501	1541	1542
	1601	1606	1741	2001	2301
	2544	2701	2702	2741	2747
197	1601				
198	0291	0703			
199	0101				
200	0141				
201	1701				
202	0101				
203	0141				
204	1501				
205	0101				
206	2501				
207	2591				
208	0201				
209	0101				
210	0301				
211	1601				

收藏情況表

書名編號	藏書單位				
子類書類 212	0701				
213	0101				
214	1282				
215	0301				
216	1601				
217	1601				
218	0101				
219	0201				
220	1641				
221	0101				
222	0101				
223	1601				
224	1601				
225	0101				
226	0101				
227	0101				
228	0141				
229	0241				
230	0201				
231	0201				
232	0201				
233	0101				
234	0101				
235	0141				
236	0141				
237	0201				
238	0101				
239	0201				
240	0201				
241	0101	0144	0145	0181	0198
	0201	0701	0801	0842	1001
	1541	1601	1641	1705	1741
	1901	2702	2742	2745	
242	0101	0141	0201	0242	0291
	0301	1601	1941	2241	2301
	2302	2541	2702		
243	0101	0102	0144	0161	0201
	1901	2301	2341	2501	2901

表五

收藏情況表

書名編號	藏書單位				
子類書類 244	0101	0141	0142	0150	0164
	0171	0197	0198	0201	0241
	0243	0341	0701	1501	1510
	1601	1603	1606	1615	1741
	1901	2441	2701	2702	
245	1601				
246	0101	0141⊗	0301⊗		
247	2301	2444⊗	2702⊗		
248	1689				
249	1701				
250	1581				
251	0101				
252	0101				
253	0101	0141	0143	0201	0241
	0301	0341	0801	1341	1606
	2702	2901			
254	0101	1701			
255	1601				
256	1601				
257	0145	0201	0243	0301	1501
	1604	2301	2542	2702	
258	1601				
259	0102	0142	0161	0162	0201
	0242	0291	0444	0701	1004
	1101	1241	1501	1502	1541
	1542	1587	1601	1603	1613
	1641	1653	1720	1843	2201
	2261	2301	2302	2441	2481
	2501	2543	2544	2702	2741
	2901				
260	0142	1701	1941	2701	
261	0182				
262	0101⊗	0701⊗			
263	0101				
264	0201				
265	2544				
266	2702				
267	0101⊗	0201			

收藏情況表

書名編號	藏書單位				
子類書類 268	0102	0141	0142	0161	0201
	0301	0801	0803	1503	1641
	1701	2401	2702	2745	2901
269	1601				
270	0201				
271	0101				
272	0201				
273	1705				
274	0701				
275	1701				
276	0101				
277	0101				
278	0101				
279	0101	0301			
280	0181				
281	0201				
282	0141				
283	1701				
284	2401				
285	0201				
286	2541				
287	0163				
288	1601				
289	1701				
290	1705				
291	0201				
292	1701				
293	1601				
294	2501				
295	0181	1681			
296	0101				
297	0101				
298	0101				
299	0101				
300	0201				
301	0101	0141	0201	0701	0841
	1501	1605	1741		
302	2401				

表六

收藏情況表

書名編號	藏書單位				
子類書類 303	0101				
304	0142				
305	0201				
306	0801				
307	1701				
308	2003				
309	2941				
310	0201				
311	1601				
312	0101				
313	0301				
314	0201				
315	0101◎	0141	0142◎	0301◎	1581◎
	2001				
316	0201				
317	0101	0201	2261		
318	2401◎	2481◎			
319	0101	0164	0198		
320	0101	0141	0161	0165	0201
	0241	0243	0703	0801	1601
	1606	1641	1688	1701	1741
	2301	2341	2701		
321	1601				
322	1609				
323	0101				
324	1701				
325	0141				
326	0101				
327	0201				
328	1705				
329	0201				
330	0201				
331	1601				
332	1705				
333	0201				
334	0101				
335	0101	0141	0142	0144	0146
	0150	0161	0168	0197	0198

收藏情況表

書名編號	藏書單位				
子類書類	0201	0242	0301	0441	0701
	0841	0842	1001	1082	1501
	1542	1601	1688	1701	1704
	1741	2201	2241	2341	2342
	2541	2504	2701	2702	2745
336	1601				
337	0241	0262	0801	1641	2301
	2745				
338	0101				
339	0101				
340	0197				
341	0141				
342	0141				
343	1501				
344	0101				
345	0701				
346	0101				
347	0101				
348	0145				
349	0101	0201	2401		
350	0301	1803◎	2001◎		
351	2201				
352	0141	0143	0161	0241	0291
	1641	2302	2745		
353	0141	0301	0520	1601	1701
	2541				
354	0201				
355	0201	1601	2702		
356	2441				
357	0101				
358	0101	0141	0142	0201	0902
	1501	1701	1843	2042	
359	0141	0142	0201	0902	1501
	1701	1843	2042		
360	0101	1641			
361	0101	0201			
362	0101				
363	0101				

表七

收藏情況表

書名編號	藏書單位				
子類書類 364	1501				
365	0142				
366	1701				
367	0242				
368	2543				
369	0101◎	0801◎			
370	0101◎	1601◎	1741◎	2401◎	
371	1701				
372	1601				
373	0101	0141	0142	0161◎	0243
	0441	0701	0703◎	0842	1046
	1581◎	1601	1607◎	1701	1881◎
	2201◎	2301◎	2501◎	2543◎	2901◎
374	0201	0501	1501	1688	1808
	2001	2541			
375	2261				
376	0101				
377	0197	1501			
378	0146	0177	0701	1701	2302
	2901				
379	0842				
380	0101				
381	0201				
382	0101				
383	0201				
384	2702				
385	1601				
386	0101				
387	0201				
388	1601				
389	0101				
390	0101				
391	0101				
392	1705				
393	1501				
394	2001				
395	2301				
396	0141	1601	1688	1701	2541

收藏情况表

書名編號	藏書單位				
子類書類	2745				
397	0101				
398	0141	0142	0144	0161	0201
	1606	1641	1881	2041	2201
	2341	2501			
399	0197	0201	0703	0841	2702
400	0101				
401	0101				
402	0101	0201	0901		
403	0101	0201	0341		
404	0101				
405	0101				
406	0101				
407	0101				
408	0101	0201	2702		
409	0901				
410	0201				
411	1601				
412	2742				
413	2202				
414	0342				
415	2301				
416	0101	0141	0143	0146	0201
	0542	1062	1605	2001	2401
	2541	2702	2941		
417	0143	0161			
418	0201	2241			
419	2742				
420	0701				
421	0145	0201	0801⊕	1843	
422	1601				
423	0144	0198	0242		
424	0101	1843	2041	2202	2241
	1101⊕				
425	0102				
426	0144	0242	1001	1141	1341
	1701	1715	1801	1882	1943
	2002	2801			

表八

收藏情况表

書名編號	藏書單位				
子類書類 427	0525	0962	2901		
428	0143	0301	0525	0901	1641
	1802	2009			
429	0201	0242	0661	0861	1741
	1801	2343	2401	2404	2543
	2701	2750			
430	2043				
431	0101	2543	2702		
432	0201				
433	2401				
434	1688				
435	2941				
436	0841				
437	1601				
438	0141⊕	0201	1605	1688⊕	
439	1701				
440	1601				
441	0242	2012			
442	0101				
443	0201				
444	0101				
445	0101				
446	0101	0102⊕			
447	0141⊕	0201⊕	2201⊕		
448	0101				
449	0241	1641			
450	0101	2301			
451	0703⊕	0141⊕	2301⊕		
452	0101⊕	0150⊕	0161⊕	0197⊕	0201⊕
	0701⊕	0782⊕	0901⊕	1501⊕	1701⊕
	1705⊕	1801⊕	1901⊕	2201⊕	2702
453	0101				
454	1705				
455	0101				
456	1601				
457	0101				
458	0141				
459	0141				

收藏情况表

書名編號	藏書單位				
子類書類 460	0201				
461	1601				
462	0242				
463	0141				
464	1701				
465	0141	0161	0201	0291	0701
	0801	1646	1701	2541	2701
466	2702				
467	0141				
468	2501				
469	0101				
470	0101				
471	2401				
472	0101				
473	0101				
474	0101				
475	1601				
476	0101	0141	1081		
477	1601				
478	0101	0241	1705	2041	2541
479	0141				
480	0201				
481	1701				
482	0141				
483	0141				
484	1582				
485	0101				
486	0102	0144			
487	0145				
488	0101				
489	0201				
490	2301				
491	0101				
492	1801				
493	0101				
494	0181	1881			
495	0101				
496	0161	0241			

表九

收藏情况表

書名編號	藏書單位				
子類書類 496·1	0142				
497	0101				
498	1501				
499	0101				
500	0101				
501	0703				
502	0201⊕	1601⊕			
503	0201				
504	2741				
505	0101				
506	0101				
507	0182	0201⊕	1615⊕		
508	0181				
509	0101				
510	0703	2001			
511	0242				
512	0141				
513	0201				
514	0201				
515	0101	0141	0144	0197	1082
	1601				
516	0163				
517	0201				
518	0142				
519	0197	0201	0502	2001	2541
520	0142	0181	0197	2702	
521	1601	1701			
522	0101				
523	0101	0241	1841	1881	
524	0142	0145	0161	0181	0242
	0842				
525	0144	1711	2201		
526	2702				
527	0141				
528	1701				
529	2401				
530	0101				
531	0101				

收藏情況表

書名編號	藏書單位				
子類書類 532	1701				
533	0101				
534	0341				
535	0141	0142	0161	0201	0703
	0842	1542	1601	2001	2241
	2301	2702	2901		
536	1601				
537	0101				
538	0141	0201			
539	0141	0201①	0242①		
540	0201				
541	0141				
542	0201				
543	1501	1705			
544	0101				
545	0201				
546	1101				
547	1604				
548	0144①	0201①			
549	0201				
550	1705				
551	0201				
552	0101	0301	0701		
553	0101				
554	0101				
555	0102	0141	0142	0143	0161
	0164	0242	0701	1601	1615
	2702				
556	0141	0181	0201	1601	
557	0101				
558	0141	0153			
559	0144	1601			
560	0143				
561	0141	1616			
562	2702				
563	0703				
564	0181				
565	0201				

表十

收藏情況表

書名編號	藏書單位				
子類書類 566	0101				
567	1701				
568	0101				
569	1701				
570	0101	0144	0161	0181	0241
	1601				
571	0141	0301			
572	1705				
573	0142	1601			
574	0141	0142	0144	0145	0161
	0163	0181	0201	0241	0242
	0301	0342	0701	0841	1343
	1501	1503	1502	1601	1605
	1606	1628	1641	1642	1661
	1681	1688	1701	1702	1720
	1881	2001	2042	2201	2241
	2301	2341	2401	2441	2501
	2541	2544	2561	2702	2745
	2901				
575	1601				
576	0101	0141	0144	0150	0181
	0197	0201	0801	0841	1042
	1501	1542	1601	1603	1661
	1701	1741	1841	1881	2201
	2241	2301	2304	2401	2543
	2561	2702	2745		
577	0101				
578	0201				
579	0101	0161	0201	0291	
580	1542				
581	1601				
582	0201	1101	1501	1601	1705
583	0124	0181	0201	0341	0841
	1615	1701	2042	2701	
584	0166	0161	0181	0291	0291
	0342	1101	1615	2301	2702
585	0161	0142	0150	1601	1505
	2702				

收藏情況表

書名編號	藏書單位				
子類書類 586	0198	0242	0301		
587	0141	0145	0844		
588	0101	0201①	2544①		
589	0201				
590	0181				
591	0841				
592	0842①	1501①			
593	0161				
594	0101	0141	2702		
595	0181	0201	0241	1501	1701
	1705	1801			
596	1601				
597	1881	2702			
598	1705				
599	0101	0141	0197	0241	0281
	0703	1207	1601	1627	2702
	2941				
600	2401				
601	1882				
602	1741				
603	0145	2543	2561		
604	0101				
605	0102	0144	0181	0197	0242
	1001	1601	1641	1701	1981
	2041	2201	2403	2541	2702
606	0161	1201			
607	0141	0201	1541		
608	0142	2745			
609	2301	2441			
610	0201	1705①	1801①		
611	0141				
612	0181				
613	0101	0181	0201	1705	2843
614	0701				
615	0201				
616	0201	0591	0642	0701	0781
	1601	1881	2401	2702	
617	0102	0141	0144	0146	0161

表二

收藏情況表

書名編號	藏書單位				
子類書類	0164	0168	0181	0201	0242
	0291	0301	0341	0404	0443
	0801	0803	0842	0861	1001
	1082	1501	1541	1601	1606
	1615	1641	1642	1684	1701
	2001	2042	2242	2281	2341
	2541	2702	2741	2745	
618	0181	0404	1606		
619	1541				
620	1501				
621	0101				
622	0201	1601	1741	2401	2702
623	0801				
624	0141	0146	0241	0242	1941
625	0181	1606	2702		
626	0145	0181	0201	0242	0701
	0801	0841	0942	1301	1501
	1503	1541	1601	1604	1606
	1704	1716	2001	2041	2042
	2242	2301	2561	2601	2701
	2742	2745			
627	0161	0341	0520	0591	0802
	0803	0842	1461	1601	1741
	1881	2541			
628	0141	0142	0242	0341	1601
	1641	1701	1801	2541	2701
629	0162	0164	0182	0201	1641
	2042	2201	2401		
630	0145	0161	0201	0241	0301
	2242				
631	0143	0147	0161	0201	0241
	0842	1781	2041	2701	2941
632	0163	0201	1704		
633	0101①	1701①			
634	2401				
635	0181	0241	0242		
636	1781				
637	0101	0142	0143		

收藏情况表

書名編號	藏書單位				
子類書類 638	0101				
639	0141	0201	1701		
640	0141	0161	0242	0301	2702
	2341				
641	0101	0102	0141	0142	0143
	0144	0145	0163	0181	0197
	0201	0242	0291	0301	0341
	0701	0801	0841	1042	1501
	1542	1601	1641	1642	1682
	1701	2201	2301	2341	2501
	2541	2542	2544	2701	2702
	2745				
642	0163				
643	0703				
644	1341				
645	1601				
646	1501				
647	0701				
648	0141	0150	0281	0291	0703
	1082	2702	2741		
649	1542				
650	0101				
651	0242	1601	2301	2401	2702
	2941				
652	0102	0141	0143	0144	0201
	0291	0301	1605	1701	1705
	2204				
653	0101				
654	0161	0181	0201	1701	
655	2401				
656	1541				
657	0101				
658	2541				
659	0201				
660	1701	2702			
661	0144	0161	0201	0520	1042
	1101				
662	0102	0141	0161	0182	0201

收藏情况表

書名編號	藏書單位				
子類書類	0301	0701	0703	0903	1901
	2541	2702	2901		
663	0101				
664	1605				
665	0241				
666	0101	0102	0141	0142	0143
	0144	0145	0150	0161	0164
	0192	0198	0201	0242	0301
	0341	0404	0520	0601	0701
	0703	0801	0841	1041	1501
	1541	1542	1581	1601	1605
	1641	1701	1901	2301	2341
	2401	2501	2541	2544	2702
	2745				
667	0201				
668	1705				
669	0101				
670	0101				
671	0101⊗	2702			
672	0101	0102	0141	0201	0242
	1641	1881			
673	0101	0182			
674	1601				
675	0102	0141	1701	2702	
676	0101	0141	0150	0181	0201
	0241	0242	0243	0291	0301
	0501	0741	0801	1501	1541
	1605	1701	1702	1705	2261
	2414	2541	2701		
677	0141	0242	0803	1601	
678	0102	0142	0161	0201	0842
	2745	2801			
679	0161	0181	0201	0241	0291
	0301	1501	1541	1601	1605
	1701	1705	2541	2702	2741
680	0141	0181			
681	0101	1606			
682	0143	0144			

表十二

收藏情况表

書名編號	藏書單位				
子類書類 683	0141	0142	0341	0501	1501
	1601	1801	2301	2401	
684	0101⊗	0141	0145⊗	0150	1544
	1601				
685	1641				
686	0181				
687	1041	2001⊗			
688	1541	1843	2702		
689	0301				
690	0142				
691	0101				
692	0141	0144	0201	0291	1689
693	2201	2561	2741		
694	2001				
695	0141	0143	0145	0161	0703
	1601	1605	1606	1701	
696	0161	1710			
697	0242				
698	2401				
699	0143				
700	2702				
701	0161	1715	2043		
702	0102	0164	0201	0241	0242
	0301	0342	0642	0841	0842
	0861	0941	0961	1201	1241
	1501	1542	1601	1616	1642
	1701	1702	1705	1781	1801
	1802	2001	2042	2242	2261
	2301	2314	2461	2501	2561
	2745				
703	0141	0142	0143	0144	0146
	0150	0168	0177	0402	0841
	1307	1441	1501	1603	1701
	1710	1902	2041	2043	2702
	2703				
704	0161	0163	0181	0198	0201
	0301	0941	1441	1501	1601
	1701	1741	2702		

收藏情况表

書名編號	藏書單位				
子類書類 705	0101	0141	0181	0201	0703
	1705	2702			
706	1601				
707	0181				
708	0141				
709	1502				
710	0241				
711	0241				
712	1542				
713	0101	0841			
714	0161				
715	0141				
716	0141				
717	0141	0161	0181	1701	
718	0161	0163	0301	0801	1606
	1702	2041			
719	0841				
720	0101	0141	0201	0301	1601
	2702				
721	0101	0141	0181		
722	0146				
723	0101	0201	2302	2541	2594
724	0101				
725	0101				
726	1101				
727	0142				
728	0142	0144	0241	1001	1605
	1844	2702			
729	0144	0161	0162	0164	0171
	0173	0241	0243	0542	0641
	0642	0703	0801	0803	0842
	0901	1001	1641	1701	1741
	2701	2702	2745		
730	0102	0141	0142	0144	0147
	0161	0191	0197	0201	0291
	0301	0341	0342	0601	0701
	0903	0942	1001	1082	1101
	1142	1241	1301	1501	1511

表十三

收藏情況表

書名編號	藏書單位				
子類書類	1542	1581	1881	1941	2001
	2042	2201	2301	2302	2343
	2401	2501	2541	2641	2701
	2702	2706	2741	2745	2750
	2901				
731	0141	0142	0201	0301	1282
	1601	1883	1901	2702	
732	0101				
733	1601				
734	0201	0241	1901		
735	0181				
736	0141	0181	0201	1701	
737	0101	0141	0161	0181	0201
	0301	1641	1682	1902	1941
	2702				
738	1681				
739	1601				
740	0101				
741	0101				
742	0101				
743	0101				
744	0261				
745	0141	0161	1801		
746	0102				
747	0141	1701			
748	0101				
749	0144				
750	0101	0141	1901		
751	1901				
752	0141				
753	0301				
754	0144				
755	0144	2041	2083	2541	
756	0101				
757	0101				
758	0101	1001	1601		
759	0102	0201			
760	0101	0181	0201	2301	2701

表一四

收藏情況表

書名編號	藏書單位				
子類書類	2702				
761	0102	0181	0242		
762	0143				
763	0101				
764	0101				
765	0101				
766	0101	0102			
767	1501				
768	0150				
769	0101	0142	0143	0144	0145
	0150	0161	0162	0163	0164
	0165	0168	0171	0182	0191
	0201	0241	0242	0243	0262
	0301	0342	0541	0582	0591
	0601	0641	0702	0781	0801
	0841	0842	0861	0942	1001
	1461	1501	1503	1506	1541
	1542	1544	1582	1601	1604
	1605	1606	1615	1641	1642
	1653	1661	1681	1701	1703
	1843	1901	1910	2001	2041
	2042	2045	2206	2242	2301
	2304	2342	2343	2346	2441
	2461	2481	2543	2561	2601
	2701	2741	2742	2745	2750
	2801	2843	2941		
770	0520	1142	1801		
771	0291	1501	1716	2013	2702
772	0141	0146	0592	1001	1082
	2043				
773	0102	0181	0198	0341	0441
	0701	0703	1048	1101	1341
	1617	1628	1741	2201	2205
	2341	2501	2541	2542	2561
	2704				
774	0141	0145	0163	0181	0201
	0241	0301	0701	0841	0842
	1041	1341	1501	1541	1542

收藏情況表

書名編號	藏書單位				
子類書類	1601	1641	2041	2401	2541
	2544	2702	2705		
775	0102	0141	0142	0146	0161
	0201	0241	0301	0741	0841
	0842	2006	2541	2702	2742
776	1701				
777	0101	0141	1601	2341	2543
778	0201				
779	0102				
780	0101				
781	0141	0181	0241	0242	0341
	0703	1601	1801	2702	
782	0101				
783	2541				
784	0162				
785	1702				
786	2441				
787	0201				
788	0161	0701	1501		
789	0102	0103	0141	0142	0143
	0144	0145	0161	0173	0181
	0191	0201	0243	0262	0341
	0701	0841	1541	1601	1606
	1653	1705	1706	1881	2001
	2003	2042	2341	2401	2461
	2501	2541			
790	1601				
791	0701				
792	0703				
793	0161				
794	0161				
795	1705				
796	2301				
797	1601				
798	0161				
799	0141	2702			
800	0101				
801	0102	0141	0143	0144	0161

表一五

收藏情況表

書名編號	藏書單位				
子類書類	0201	1688	1700	2041	2541
	2701	2702			
802	0101	0142	0164	0242	0243
	0441	0703	0841	1601	1702
	1881	1901	2041	2441	
803	1641				
804	0161				
805	0181	1705	1801	2561	
806	0161				
807	0101	0141	0144	0241	0242
	0701				
808	0141	0142	0143	0144	0146
	0150	0161	0165	0181	0201
	0241	0242	0261	0301	0341
	0342	0525	0642	0801	0842
	1001	1241	1341	1501	1502
	1510	1541	1542	1581	1584
	1601	1701	1741	1804	1841
	1843	1881	1901	2001	2043
	2201	2202	2242	2261	2302
	2311	2383	2461	2501	2561
	2601	2701	2702	2706	2746
809	1622	2301			
810	0201	0301	1101	2702	
811	0841	0842	1542		
812	0146	0701	0842	1622	2202
813	0291	1701			
814	1615				
815	1801	2001			
816	2701				
817	1702	2702			
818	1802				
819	2042				
820	0102	1622	1641	2642	
821	1801				
822	1105	1201	1542		
823	0861				
824	0181	2242	1701		

收藏情況表

書名編號		藏書單位				
子類書類	825	0142	1881			
	826	0201	0842			
	827	1881	2242			
	828	0102	0141	0161	0197	0301
		1501				
	829	0201	0301	0701	1601	2541
	830	0141				
	831	0101				
	832	0144	2702			
	833	0161				
	834	0101				
	835	0201				
	836	0101				
	837	0101				
	838	0101				
	839	0101				
	840	0141	1701	1881	2403	
	841	0197				
	842	1601				
	843	1701				
	844	0102				
	845	0101	0201	1701		
	846	0141	0144	1701		
	847	0242				
	848	0101	0701⑧			
	849	1701				
	850	1341				
	851	0101	0241⑧			
	852	0201	2541			
	853	0141	0143	0161	0168	0175
		0181	0197	0201	0291	0441
		0501	0703	0801	0841	0861
		0903	1341	1501	1542	1601
		1606	1641	1701	1801	2041
		2201	2241	2541	2704	
	854	0101	0242	0243	0661	0701
		1441	1606	2342		
	855	0144	0145	1741	2641	

表十六

收藏情況表

書名編號		藏書單位				
子類書類	856	0141	0150	0703	2542	2901
	857	2281				
	858	1101				
	859	0144				
	860	0197	2301			
	861	0102	0142	0143	0161	0162
		0177	0181	0191	0193	0197
		0201	0241	0301	0404	0509
		0520	0701	0741	0781	0801
		0842	0861	1301	1461	1504
		1541	1601	1603	1641	1681
		1684	1688	1701	1705	1713
		1720	1801	1881	1891	1904
		2001	2041	2201	2206	2242
		2341	2401	2402	2461	2501
		2541	2543	2561	2601	2602
		2701	2702	2741	2742	2745
		2746	2841	2941		
	862	0242				
	863	0201	1042	1702		
	864	0142	0441	0841	1701	2702
	865	0161				
	866	0143	0144	0161	1701	2501
		2702				
	867	1705				
	868	0141	0142	0143	0145	0162
		0165	0181	0197	0201	0241
		0301	0342	0542	0641	0701
		0841	0842	0861	1001	1028
		1501	1541	1601	1604	1605
		1606	1681	1701	1705	1801
		1881	1902	2001	2002	2041
		2302	2501	2544	2561	2603
		2642	2701	2702	2745	2901
	869	1501				
	870	1601				
	871	0150	0164	0177	1714	2009
	872	0161	0703	1201	1581	1901

收藏情況表

書名編號		藏書單位				
子類書類	873	0101	0141	0161	0163	0301
		1601	2001	2206	2702	
	874	0101				
	875	0102	0201	2201	2702	
	876	0144	0161	1646		
	877	2541				
	878	0101				
	879	0101				
	880	0101				
	881	2201				
	882	0102	0141	0144	0150	0198
		0201	0242	0291	0301	0701
		0801	0803	0842	0941	1001
		1101	1142	1542	1601	1605
		1606	1705	1741	1801	1881
		1901	2001	2041	2042	2601
		2941				
	883	2401				
	884	1581				
	885	1601				
	886	0201				
	887	0101	0141	0181	0201	0242
		0341	1510	1601	2501	
	888	0161	0201	0242	1101	
	889	0141	1605			
	890	0141	0142	0143	0144	0161
		0201	0341	0842	0941	1001
		1601	1641	1705	2010	2042
		2302	2702	2704	2901	
	891	0141				
	892	2041				
	893	0101	1701	1881		
	894	0102	0141	0142	0143	0150
		0161	0174	0181	0201	0241
		0242	0341	0525	0701	0801
		0842	0941	1082	1141	1241
		1510	1541	1581	1604	1605
		1606	1641	1681	1701	1705

表十七

收藏情況表

書名編號		藏書單位				
子類書類		1707	1741	1801	1808	1843
		2009	2041	2209	2242	2301
		2541	2701	2702	2704	
	895	1705				
	896	0508	2201			
	897	0591	0903	2001	2441	2501
	898	0161	1501	1541		
	899	0201				
	900	0102				
	901	0144	1601	2702		
	902	2941				
	903	0142	0161	1501		
	904	1101				
	905	0341				
	906	0201				
	907	0141	0143	0301	0161	
	908	0161	0201	0291	2302	
	909	0141	1701	2381		
	910	0101				
	911	1601				
	912	0101				
	913	0101				
	914	1710				
	915	0101				
	916	0101				
	917	1881				
	918	0201				
	919	0141	0144	0146	0181	0201
		0842	1701	1901	2301	2501
	920	0101				
	921	0141				
	922	0301				
	923	0181				
	924	0101				
	925	0201				
	926	0101				
	927	0101				
	928	0101				

收藏情況表

書名編號	藏書單位				
子類書類 929	0101				
930	0201				
931	0101				
932	0201				
933	0146				
934	0142	0143	0150	0842	1441
	1542	1604	1653	1795	1801
	2302	2702			
935	0242				
936	0141				
937	0141	0701	1101	2001	
938	0143	0201	0841	0842	1841
	2001				
939	2302				
940	0101				
941	0141	0201	2241		
942	0141	0143	2241⊕		
943	0143	0841	1601	2041	2745
944	0201				
945	0142	0201			
946	1601				
947	2501				
948	0201				
949	1601				
950	0181				
951	2702				
952	1601				
953	0201				
954	0201				
955	0201				
956	1042				
957	0181				
958	0142	0181	0241	0242	
959	0182				
960	1601				
961	0197				
962	0301				
963	0201				

表十八

收藏情況表

書名編號	藏書單位				
子類書類 964	0341				
965	1701				
966	0101	0142	0201	1601	
967	1503				
968	0161	1601			
969	0201				
970	0141	0142	0161	0242	1705
	1841	2561			
971	0161	0182	0201	0243	0291
	0703	1601	2301		
972	0101				
973	1501				
974	0101	0150	0201	0301	0701
	0841				
975	1701				
976	2702				
977	2702				
978	0141				
979	0141	0201			
980	0101				
981	1601				
982	0101				
983	0241				
984	0301				
985	1701				
986	0102	0141	0142	0901	1601
	1705	1717	2041	2401	2701
987	0101	0143	0145	0165	0173
	0175	0177	0181	0192	0197
	0201	0261	0405	0501	0521
	0542	0592	0601	0701	0801
	0802	0803	0902	1201	1501
	1601	2001	2042	2401	2541
	2550	2741			
988	0101	0141	0181	0542	0701
	0703	0801	0803	1601	2401
989	0181				
990	0181				

收藏情況表

書名編號	藏書單位				
子類書類 991	0181	0701			
992	0181	0701			
993	0201				
994	0201				
995	0201				
996	1601				
997	0144				
998	0201				
999	0101				
1000	1101				
1001	0101				
1002	1601				
1003	1601				
1004	0841				
1005	1041				
1006	2901				
1007	0181				
1008	0101	0141	0142	0144	0165
	0181	0182	0341	0641	0701
	0841	1601	1841	1844	1881
	2001	2047	2750		
1009	0181				
1010	0141	0142	0165	0192	0341
	0520	0542	0701	1601	1802
	1841	2301	2382	2563	2750
1011	0201				
1012	0141				
1013	0102				
1014	0141				
1015	0181				
1016	0101	0161	0181⊕	0701⊕	1101
	1603				
1017	0141	0341	0502	0527	1601
	1802	1841	2311	2842	
1018	0161				
1019	0181				
1020	0101				
1021	0150				

表十九

收藏情況表

書名編號	藏書單位				
子類書類 1022	2301				
1023	2543				
1024	0181				
1025	0181				
1026	0181				
1027	0181				
1028	0181				
1029	0181				
1030	0181				
1031	0101				
1032	0201				
1033	0341				
1034	0301				
1035	0201				
1036	1541				
1037	0101				
1038	1901				
1039	1501				
1040	0101	0142	0241	0861	1601
	1616				
1041	1501				
1042	0201				
1043	0101				
1044	0201				
1045	0201				
1046	1601				
1047	0101				
1048	0101	0143	1601		
1049	0201				
1050	0201				
1051	1501				
1052	0201				
1053	1081				
1054	0101				
1055	0181				
1056	0197				
1057	0141				
1058	0201				

收藏情況表

書名編號		藏書單位				
子類書類	1059	0241				
	1060	0201				
	1061	1501				
	1062	1701				
	1063	0101				
	1064	0150				
	1065	0101				
	1066	1601				
	1067	0101				
	1068	2261				
	1069	0101				
	1070	0121				
	1071	0101				
	1072	0101				
	1073	0201				
	1074	1501				
	1075	2401				
	1076	0150				
	1077	1701				
	1078	0201				
	1079	0161				
	1080	0101				
	1081	0141	0301			
	1082	0161	0164	0201	1701	1910
	1083	0703				

表[illegible]

釋家類

大藏

一 開寶藏 宋開寶四年至太平興國八年刻本　二十二行十七字
二 開寶藏 宋開寶四年至太平興國八年刻元符三年印本　二十三行十四字
三 開寶藏 宋開寶四年至太平興國八年刻大觀二年印本　二十三行十四字
四 萬壽大藏 宋元豐三年至大觀四年福州東禪等覺院刻本　六行十七字有刻工
五 毗盧大藏 宋政和二年至乾道八年福州開元寺雕經都會募刻本　六行十七字有刻工
六 毗盧大藏 宋政和二年至乾道八年福州開元寺雕經都會募刻元修本　六行十七字有刻工
七 安吉州思溪法寶資福禪寺大藏經 宋紹興二年王永從等刻本　六行十七字有刻工
八 平江府磧砂延聖院大藏經 宋紹定四年至元至治二年平江府磧砂延聖院大藏經坊刻本　六行十七字
九 平江府磧砂延聖院大藏經 宋紹定四年至元至治二年平江府磧砂延聖院大藏經坊刻元明遞修本　六行十七字
一〇 湖州思溪圓覺禪院大藏 宋湖州思溪圓覺禪院刻本　六行十七字

一

一一 □□大藏經 宋刻本　六行十七字左右雙邊有刻工
一二 金藏 金皇統九年至大定十三年解州天寧寺開雕大藏經版會募刻本　二十三行十四字
一三 普寧藏 元至元六年至二十二年杭州路餘杭大普寧寺大藏經局募刻本　六行十七字
一四 □□大藏 元至元二十六年刻本　六行十七字有刻工
一五 毘盧大藏 元延祐二年建陽后山報恩萬壽堂陳覺琳刻本　六行十七字
一六 □□□大藏 元刻本　六行十七字
一七 南藏 明洪武五年至永樂元年刻本　六行十七字
一八 南藏 明洪武五年至永樂元年刻萬曆重修本　六行十七字有刻工
一九 南藏 明永樂十五年刻崇禎元年印本　六行十七字
二〇 北藏 明永樂八年至正統八年刻本　五行十七字
二一 北藏 明永樂八年至正統五年刻萬曆重修本　五行十七字
二二 大明重刊三藏聖教 明嘉靖十四年至四十四年徐錦泉家南京刻本　六行十七字
二三 方册大藏 明萬曆十七年至清康熙嘉興楞嚴寺募刻本　十行二十字白口四周單邊有刻工

譯經

二四 大寶積經一百二十卷 唐釋菩提流志譯　元延祐二年建陽后山報恩萬壽堂陳覺琳刻毘盧大藏本　明釋妙勝跋　六行十七字
二五 大寶積經一百二十卷 唐釋菩提流志等譯　清乾隆三十六年曹文埴泥金寫本　六行十七字左右單邊
存二卷　二十　五十九
二六 佛說無量壽經二卷 魏釋康僧鎧譯　清乾隆張若靄寫本
二七 佛說無量壽經二卷 魏釋康僧鎧譯　清乾隆陳邦彥寫本
二八 佛說無量壽經二卷 魏釋康僧鎧譯　清乾隆和珅寫本
二九 佛說無量壽經二卷 魏釋康僧鎧譯　清翁方綱寫本
存一卷　下
三〇 佛說大乘無量壽莊嚴經二卷 宋釋法賢譯　清乾隆彭樹葵泥金寫本
三一 佛說大阿彌陀經不分卷 明朱積寫本
三二 佛說普門品經一卷 晉釋竺法護譯　清乾隆沈初泥金寫本
三三 佛說三十五佛名經一卷 明刻本
三四 大乘顯識經二卷 唐釋地婆訶羅譯　清乾隆[illegible]寫本

二

三五 彌勒菩薩所問本願經不分卷 晉釋竺法護譯　清乾隆錢汝誠泥金寫本
三六 無盡意菩薩經四卷 劉宋釋智嚴等譯　清乾隆曹文埴彭元瑞沈初董誥寫本
三七 楞伽阿跋多羅寶經四卷 劉宋釋求那跋陀羅譯　明萬曆十九年鄭昭服刻本　八行十七字白口四周單邊
三八 楞伽阿跋多羅寶經四卷 劉宋釋求那跋陀羅譯　明刻本　康有為題識並跋　沈曾植跋　九行二十字白口左右雙邊
三九 入楞迦經十卷 北魏釋菩提流支譯　宋刻本　六行十七字
存二卷　九至十
四〇 大乘本生心地觀經八卷 唐釋般若等譯　蒙古中統元年龍興院釋行滿刻本　五行十六字有刻工
四一 大乘本生心地觀經八卷 唐釋般若等譯　明萬曆李[illegible]刻本　十行二十字白口四周雙邊
存一卷　二
四二 菩薩瓔珞經十三卷 後秦釋竺佛念譯　北宋寫金粟山廣惠禪院大藏
存一卷　殘
四三 菩薩瓔珞經二十卷 後秦釋竺佛念譯　清乾隆王杰曹文埴彭元瑞金士松沈初泥金寫本
四四 佛說妙吉祥菩薩所問大乘法螺經一卷 宋釋法賢譯　清乾隆三十九年沈初泥金寫本
四五 佛說文殊師利巡行經不分卷 北魏釋菩提留支譯　清乾隆四十年[illegible]寫本

入法界體性經不分卷 隋釋闍那崛多譯 清乾隆劉統勲寫本 四六

入法界體性經一卷 隋釋闍那崛多譯 清乾隆董誥寫本 四七

維摩詰所說經十四卷 後秦釋鳩摩羅什譯 釋迦如來成道記一卷 唐王勃撰 明凌濛初刻套印本 八行十八字白口四周單邊 四八

維摩詰所說經三卷 後秦釋鳩摩羅什譯 明崇禎刻本 八行十七字白口四周双边 四九

維摩詰所說經三卷 後秦釋鳩摩羅什譯 清乾隆二十九年王際華寫本 五〇

持世經四卷 後秦釋鳩摩羅什譯 宋熙寧元年吳拱寫金粟山廣惠禪院大藏本 五一
存一卷 一

佛說希有校量功德經一卷 隋釋闍那崛多譯 清乾隆梁國治寫本 五二

大般若波羅蜜多經六百卷 唐釋玄奘譯 唐寫本 五三
存一卷 五百六十三

大般若波羅蜜多經六百卷 唐釋玄奘譯 唐寫本 湯寧敬跋 五四

大般若波羅蜜多經六百卷 唐釋玄奘譯 宋熙寧十年[?]縣法喜寺轉輪大藏本 五五
存一卷 八十九

大般若波羅蜜多經六百卷 唐釋玄奘譯 北宋寫金粟山廣惠禪院大藏本 五六
存一卷 五百五

大般若波羅蜜多經六百卷 唐釋玄奘譯 北宋寫金粟山廣惠禪院大藏本 清胡之鍊跋 葉德輝跋 五七
存一卷 十三

大般若波羅蜜多經六百卷 唐釋玄奘譯 宋寫本 清李嘉福跋 五八
存殘卷 五百六十真如品

大般若波羅蜜多經六百卷 唐釋玄奘譯 大理國天開十九年寫本 五九
存一卷 四十一

大般若波羅蜜多經六百卷 唐釋玄奘譯 大理國寫本 六〇
存一卷 殘

放光摩訶般若波羅蜜經三十卷 晉釋無羅叉竺叔蘭譯 北宋寫金粟山廣惠禪院大藏本 六一
存一卷 八

放光摩訶般若波羅蜜經二十卷 晉釋無羅叉竺叔蘭譯 宋寫本 清周壽昌李恩慶跋 六二
存一卷 五

大明度無極經六卷 吳釋支謙譯 明萬曆三十八年吳懷保等刻本 十行二十字白口四周双边 六三

文殊師利所說摩訶般若波羅蜜經一卷 梁釋曼陀羅仙譯 清乾隆二十八年王際華寫本 六四

文殊師利所說摩訶般若波羅蜜經一卷 梁釋曼陀羅仙譯 清乾隆時孝泳泥金寫本 六五

金剛般若波羅蜜經一卷 後秦釋鳩摩羅什譯 隋或唐初寫本 六六
存殘卷

金剛般若波羅蜜經一卷 後秦釋鳩摩羅什撰 宋至和元年金銀寫本 六七

金剛般若波羅蜜經一卷 後秦釋鳩摩羅什譯 宋崇寧刻本 宋崇寧三年□□題記 六八

金剛般若波羅蜜經一卷 後秦釋鳩摩羅什譯 北宋刻本 六九

金剛經一卷 後秦釋鳩摩羅什譯 宋淳祐八年張即之寫本 七〇

金剛般若波羅蜜經二卷 後秦釋鳩摩羅什譯 宋開慶元年太平天寧寺[?]大福刻本 五行十六字 七一

金剛般若波羅蜜經一卷 後秦釋鳩摩羅什譯 宋臨安書棚王念三郎家刻本 五行十三字 七二

金剛般若波羅蜜經一卷 後秦釋鳩摩羅什譯 傅增湘跋 宋刻本 四行十字 七三

金剛般若波羅蜜經一卷 後秦釋鳩摩羅什譯 元至正六年塔倫刻本 五行十四字 七四

金剛般若波羅蜜經二卷 後秦釋鳩摩羅什譯 大理國寫本 七五
存一卷 殘

金剛般若波羅蜜經一卷 後秦釋鳩摩羅什譯 明永樂刻本 五行十五字 七六

金剛般若波羅蜜經一卷 後秦釋鳩摩羅什譯 明初杭州楊家經坊刻遞修本 七行十二字 七七

金剛般若波羅蜜經一卷 後秦釋鳩摩羅什譯 明萬曆五年徐渭抄本 七八

金剛般若波羅蜜經一卷 後秦釋鳩摩羅什譯 明萬曆十九年慈聖太后抄本 七九

金剮般若波羅蜜經一卷 後秦釋鳩摩羅什譯 元釋道肯集義 明萬曆四十一年倪錦刻本 五行七字 八〇

金剛般若波羅蜜經一卷 後秦釋鳩摩羅什譯 明萬曆刻本 四行十一字左右單邊 八一

金剛般若波羅蜜經一卷 後秦釋鳩摩羅什譯 明天啓六年杜牧泥金寫本 八二

金剛般若波羅蜜經一卷 後秦釋鳩摩羅什譯 元釋道肯集義 明崇禎二年刻本 二行七字 八三

金剛般若波羅蜜經一卷 後秦釋鳩摩羅什譯 明永曆九年張可望刻硃印本 五行十四字左右單邊 八四

金剛般若波羅蜜經一卷 後秦釋鳩摩羅什譯 明刻本 七行十三字黑口四周双边 八五

金剛般若波羅蜜經一卷 後秦釋鳩摩羅什譯 明刻本 六行二十字 八六

金剛般若波羅蜜經一卷 後秦釋鳩摩羅什譯 明刻本 五行十五字左右双边 八七

金剛般若波羅蜜經一卷 後秦釋鳩摩羅什譯 明文震孟寫本 八八

八九 金剛般若波羅蜜經一卷 後秦釋鳩摩羅什譯 明泥金寫本
九〇 金剛般若波羅蜜經一卷 後秦釋鳩摩羅什譯 明抄本
九一 金剛般若波羅蜜經一卷 後秦釋鳩摩羅什譯 清康熙四十九年查慎行寫本 清查慎行跋
九二 金剛般若波羅蜜經一卷 後秦釋鳩摩羅什譯 清康熙五十四年聖祖玄燁寫本
九三 金剛般若波羅蜜經一卷 後秦釋鳩摩羅什譯 清康熙五十五年高宗弘曆寫本
九四 金剛般若波羅蜜經一卷 後秦釋鳩摩羅什譯 清雍正七年張照寫本
九五 金剛般若波羅蜜經一卷 後秦釋鳩摩羅什譯 清乾隆十一年高宗弘曆寫本
九六 金剛般若波羅蜜經一卷 後秦釋鳩摩羅什譯 清乾隆陳孝泳寫本
九七 金剛般若波羅蜜經一卷 後秦釋鳩摩羅什譯 清乾隆泥金寫本
九八 御製重譯能斷金剛般若波羅蜜多經不分卷 清高宗弘曆釋章嘉胡圖克圖譯 清乾隆倪承寬寫本
九九 摩訶般若波羅蜜多心經一卷 唐釋玄奘譯 元刻本 五行十□字
一〇〇 般若波羅蜜多心經一卷 唐釋□□□撰 清□□□寫本
一〇一 摩訶般若波羅蜜多心經一卷 唐釋玄奘譯 明□□□□□年□□□刻本 四行十□字
一〇二 摩訶般若波羅蜜多心經一卷 唐釋玄奘譯 明宣德九年刻本 六行十四字上下單邊
一〇三 般若波羅蜜多心經一卷 唐釋玄奘譯 明宣德九年田□□□□□□□刻本 六行十字
一〇四 般若波羅蜜多心經一卷 唐釋玄奘譯 明刻天順二年□□□□□□本 四行十六字
一〇五 摩訶般若波羅蜜多心經一卷 唐釋玄奘譯 明嘉靖十七年趙玫刻本 三行八字
一〇六 般若波羅蜜多心經一卷 唐釋玄奘譯 附準提真言一卷 清康熙六年趙執信、趙□□寫本
一〇七 般若波羅蜜多心經一卷 唐釋玄奘譯 清康熙五十一年□□□□寫本
一〇八 般若波羅蜜多心經一卷 唐釋玄奘譯 清乾隆九年張照寫本
一〇九 般若波羅蜜多心經一卷 唐釋玄奘譯 清乾隆二十二年錢□□寫本 清錢□□跋
一一〇 般若波羅蜜多心經一卷 唐釋玄奘譯 清乾隆三十三年高宗弘曆寫本
一一一 般若波羅蜜多心經一卷 唐釋玄奘譯 清乾隆高宗弘曆寫本 清乾隆□□□□寫本
一一二 般若波羅蜜多心經一卷 唐釋般若共利言等譯 北□□寫本
一一三 般若波羅蜜多心經一卷 宋慶曆三年公謹寫本
一一四 般若波羅蜜多心經一卷 宋慶曆三年陳思誠寫本
一一五 大方廣佛花嚴經八十卷 唐釋實叉難陀譯 遼重熙四年釋□□泥金寫本 存一卷 七十

一一六 大方廣佛華嚴經八十卷 唐釋實叉難陀譯 宋紹興十九年刻本 五行十五字 存二卷 八 十五
一一七 大方廣佛華嚴經八十卷 唐釋實叉難陀譯 宋寶祐三年李安檜募刻本 五行十七字 有刻工 存七十九卷 一至五十三 三十五至八十
一一八 大方廣佛華嚴經八十卷 唐釋實叉難陀譯 宋朱紹安等刻本 五行十五字 存一卷 二十四
一一九 大方廣佛華嚴經八十卷 唐釋實叉難陀譯 宋刻本 五行十五字左右雙邊 存一卷 六十六
一二〇 大方廣佛華嚴經八十卷 唐釋實叉難陀譯 宋刻本 五行十五字 存一卷 五
一二一 大方廣佛華嚴經八十卷 宋釋□□□□□□譯 宋張即之寫本 清□□□跋 存一卷 七十一
一二二 大方廣佛華嚴經八十卷 唐釋實叉難陀譯 宋寫本 存一卷 五
一二三 大方廣佛華嚴經八十卷 唐釋實叉難陀譯 宋寫大和寧國藏本 存一卷 五
一二四 大方廣佛華嚴經八十卷 唐釋實叉難陀譯 蒙古中統三年開元寺龍興院刻本 存一卷 五十七
一二五 大方廣佛華嚴經八十卷 唐釋實叉難陀譯 蒙古憲宗五年羅光先刻本 存一卷 四十九
一二六 大方廣佛華嚴經八十卷 唐釋實叉難陀譯 蒙古憲宗六年至八年京兆府龍興院刻本 存六卷 二十一至二十五 七十七
一二七 大方廣佛華嚴經八十一卷 唐釋實叉難陀譯 元至元二十八年釋慧月金銀寫本
一二八 大方廣佛華嚴經八十卷 唐釋實叉難陀譯 元至正二十五年刻本 五行十五字 存三卷 二至三 十五
一二九 大方廣佛華嚴經八十卷 唐釋實叉難陀譯 元至正二十五年元釋善繼血書本 元釋壽寧、明宋濂、朱右、高啟、王旋、錢大昕、吳寬、□□、□□、李流芳、楨鍾惺、毛晉、清徐樹丕、歸莊、曹溶、繆彤、嚴虞惇、沙筆、曹爾、嚴繩孫、彭瓏、仁王、旋鼎、石韞玉、黃丕烈、韓崇、釋達受、唐翰題、黃友芝、□□□、吳□□、□□、吳□□、祖□、吳俊卿等跋
一三〇 大方廣佛華嚴經八十卷 唐釋實叉難陀譯 元刻本 八行十七字 存十八卷 三至四 六 二十一至二十二 二十五至二十六 三十九至四十 四十三至五十 五十五至五十七
一三一 大方廣佛華嚴經八十卷 唐釋實叉難陀譯 元刻本 五行十五

存三卷　三十　三十七　七十

一三二　大方廣佛華嚴經八十卷　唐釋實叉難陀譯　元刻本　五行十五字
存二卷　六十　六十五

一三三　大方廣佛華嚴經八十一卷　唐釋實叉難陀譯　元釋福裕金泥寫本　趙藩跋
存一卷　十四

一三四　大方廣佛華嚴經八十一卷　唐釋實叉難陀譯　明永樂刻本　六行十七字左右雙邊
存七十九卷　一至六　十一至二十二　二十四至八十

一三五　大方廣佛華嚴經八十一卷　唐釋實叉難陀譯　明宣德四年鄭祥正統二年邵智玄金銀寫本
存五卷　七十一至七十五

一三六　大方廣佛華嚴經八十一卷　唐釋實叉難陀譯　明宣德、正統、清[illegible]寫本

一三七　大方廣佛華嚴經八十卷　明大順泥金寫本
存九卷　十九至二十　四十一至四十五　四十八　六十六

一三八　大方廣佛華嚴經八十卷　唐釋實叉難陀譯　明萬曆十五年張本照刻本　五行十五字

一三九　大方廣佛華嚴經八十一卷　唐釋實叉難陀譯　明萬曆十五年刻本　五行十五字

一四〇　大方廣佛華嚴經八十一卷　唐釋實叉難陀譯　明天啓元年[illegible]□融□[illegible]寫本

一四一　大方廣佛華嚴經八十一卷　唐釋實叉難陀譯　明[illegible]寫本
存四十卷　一至五　十一至十五　二十一至四十五　六十六至七十

一四二　大方廣佛華嚴經八十一卷　唐釋實叉難陀釋般若譯　明初刻本　五行十五字

一四三　大方廣佛華嚴經八十卷　唐釋實叉難陀譯　明刻本　十行十五字

一四四　大方廣佛華嚴經八十卷　唐釋實叉難陀譯　明泥金寫本
存五卷　十一至十五

一四五　大方廣佛華嚴經八十一卷　唐釋實叉難陀譯　清康熙嵩陽[illegible]抄本
存七十六卷　一至七十　七十六至八十一

一四六　大方廣佛華嚴經八十一卷　唐釋實叉難陀譯　清乾隆三十六年曾文埴等寫本

一四七　大方廣佛華嚴經八十一卷　唐釋實叉難陀譯　清乾隆五十六年寫本

一四八　大方廣佛華嚴經八十一卷　唐釋實叉難陀譯　清乾隆王圖炳寫本

一四九　大方廣佛華嚴經入不思議解脫境界普賢行願品一卷　唐釋般若譯　五讚並懺悔偈一卷　[illegible]寫本

一五〇　大方廣佛華嚴經入不思議解脫境界普賢行願品一卷　唐釋般若譯　明隆慶四年李元陽刻本　五行十五字

七

一五一　大方廣佛華嚴經淨行品一卷　唐釋實叉難陀譯　宋寫本

一五二　兜沙經一卷　漢釋支婁迦讖譯　唐天祐四年寫本

一五三　佛說大乘入諸佛境界智光明莊嚴經五卷　宋釋法護譯　元寫本
存四卷　一至四

一五四　大聖文殊師利菩薩讚佛法身禮經一卷　唐釋不空譯　清乾隆四十六年高宗弘曆寫本

一五五　大聖文殊師利菩薩讚佛法身禮經一卷　唐釋不空譯　清乾隆永瑢泥金寫本

一五六　大方廣總持寶光明經五卷　宋釋法天譯　宋刻本　六行十七字
存三卷　一　四至五

一五七　佛說佛名經三十卷　唐寫本
存一卷　四

一五八　佛說佛名經三十卷　元寫本
存二卷　九　二十

一五九　彌勒菩薩上生兜率天經不分卷　劉宋沮渠京聲譯　清乾隆二十二年高宗弘曆寫本

一六〇　佛說觀無量壽佛經一卷　劉宋釋畺良耶舍譯　北宋刻本　六行十七字

一六一　佛說觀無量壽佛經一卷　劉宋釋畺良耶舍譯　宋紹興二十二年鄭若海刻本　十二行十七字

一六二　佛說觀無量壽佛經一卷　劉宋釋畺良耶舍譯　明弘治十五年刻本　五行十六字

一六三　佛說觀無量壽佛經一卷　劉宋釋畺良耶舍譯　明天啓元年陸基忠刻本　五行十五字

一六四　佛說阿弥陁經一卷　北宋泥金寫本

一六五　佛說阿彌陀經一卷　後秦釋鳩摩羅什譯　明初刻本　七行七字

一六六　佛說阿彌陀經一卷　後秦釋鳩摩羅什譯　清乾隆十二年陳邦彥寫本

一六七　佛說阿彌陀經一卷　後秦釋鳩摩羅什譯　清乾隆弘曆泥金寫本

一六八　佛說阿彌陀經二卷　吳釋支謙譯　明嘉靖四年章聖皇太后刻本　四行十二字

一六九　佛說阿彌陀經一卷　後秦釋鳩摩羅什譯　明刻本

一七〇　大般涅槃經四十卷　北涼釋曇無讖譯　唐永徽二年吳其仁寫本
存一卷　四十

一七一　大般涅槃經四十卷　北涼釋曇無讖譯　唐寫本

八

存一卷九
一七二 大般涅槃經四十卷 北涼釋曇無讖譯 宋刻本
存一卷八
一七三 大般涅槃經三十六卷 宋刻本
存一卷
一七四 大般涅槃經四十卷 北涼釋曇無讖譯 後分二卷 唐釋若那跋陀羅譯 明萬曆四十八年釋如佑寫本
一七五 大般涅槃經四十卷 北涼釋曇無讖譯 明萬曆釋普信血書本
存三十九卷 [illegible] 後分全
一七六 大般涅槃經三十卷 北涼釋曇無讖譯 明刻本 十四行二十七字黑口四周双边
存三十八卷 一至八 十至十七 十九至四十
一七七 佛遺教經一卷 後秦釋鳩摩羅什譯 宋寶祐三年張即之寫本 清高宗弘曆跋
一七八 金光明經四卷 北涼釋曇無讖譯 唐寫本
存一卷二
一七九 金光明經四卷 北涼釋曇無讖譯 唐寫本

九

存一卷三
一八〇 金光明經四卷 北涼釋曇無讖譯 唐寫本
存一卷三
一八一 金光明經四卷 北涼釋曇無讖譯 宋端拱元年刻本
一八二 金光明經四卷 北涼釋曇無讖譯 宋刻本 五行十四字
一八三 金光明經四卷 北涼釋曇無讖譯 元刻本 李文通題識 六行十七字
存一卷三
一八四 金光明經四卷 北涼釋曇無讖譯 明崇禎三年李知沂刻本 五行十五字
一八五 金光明經四卷 北涼釋曇無讖譯 明刻本
一八六 金光明最勝王經十卷 唐釋義淨譯 蒙古至元七年刻本 五行十五字
存五卷 三至四 六至八
一八七 金光明最勝王經十卷 唐釋義淨譯 蒙古至元七年京兆路樑文亨刻本 五行十五字
存一卷六
一八八 妙法蓮華經七卷 後秦釋鳩摩羅什譯 五代泥金寫本
一八九 妙法蓮華經七卷 後秦釋鳩摩羅什譯 宋建隆二年寫本

一九〇 妙法蓮華經七卷 後秦釋鳩摩羅什譯 宋開寶六年金銀寫本
存一卷六
一九一 妙法蓮華經七卷 後秦釋鳩摩羅什譯 宋大中祥符八年釋靈素寫本
一九二 妙法蓮華經七卷 後秦釋鳩摩羅什譯 宋明道二年金銀寫本
存一卷一
一九三 妙法蓮華經七卷 後秦釋鳩摩羅什譯 宋慶曆二年杭州晏家刻本 六行十七字
一九四 妙法蓮華經七卷 後秦釋鳩摩羅什譯 宋嘉祐五年杭州錢家刻本 六行十七字
一九五 妙法蓮華經七卷 後秦釋鳩摩羅什譯 宋嘉祐八年刻本 六行十[illegible]字
一九六 妙法蓮華經七卷 後秦釋鳩摩羅什譯 宋熙寧元年杭州晁家刻本 六行十七字
存六卷 一至二 四至七
一九七 妙法蓮華經七卷 後秦釋鳩摩羅什譯 宋熙寧二年刻本
一九八 妙法蓮華經七卷 後秦釋鳩摩羅什譯 宋[illegible]刻本
一九九 妙法蓮華經七卷 後秦釋鳩摩羅什譯 宋初刻本 宋釋永[illegible]跋
存六卷 一至五 七
二〇〇 妙法蓮華經七卷 後秦釋鳩摩羅什譯 北宋刻本

十

存一卷二
二〇一 妙法蓮華經七卷 後秦釋鳩摩羅什譯 北宋刻本 八行十六字
二〇二 妙法蓮華經七卷 後秦釋鳩摩羅什譯 北宋刻本 六行十七字
二〇三 妙法蓮華經七卷 後秦釋鳩摩羅什譯 北宋寫本 宋釋道彌題款
存一卷序品第一
二〇四 妙法蓮華經七卷 後秦釋鳩摩羅什譯 北宋寫本
存一卷一
二〇五 妙法蓮華經七卷 後秦釋鳩摩羅什譯 宋紹興二十四年袁得純寫本
二〇六 妙法蓮華經七卷 後秦釋鳩摩羅什譯 宋杭州積善坊王二郎刻本 五行十七字
存二卷一 七
二〇七 妙法蓮華經七卷 後秦釋鳩摩羅什譯 宋杭州沈二郎經坊刻本（卷一配明抄本） 明董其昌 清潘奕雋跋 五行十七字
二〇八 妙法蓮華經七卷 後秦釋鳩摩羅什譯 宋臨安府賈官人經書鋪刻本 勞健跋 十二行二十九字 有刻工
二〇九 妙法蓮華經七卷 後秦釋鳩摩羅什譯 宋刻本 元釋明圖跋 五行十七字
二一〇 妙法蓮華經七卷 後秦釋鳩摩羅什譯 宋刻本
存一卷一

二二一 妙法蓮華經七卷 後秦釋鳩摩羅什譯 宋刻本 五行十四字
存二卷 五至六

二二二 妙法蓮華經七卷 後秦釋鳩摩羅什譯 宋刻本 五行十七字
存三卷 一 六至七

二二三 妙法蓮華經七卷 後秦釋鳩摩羅什譯 宋刻本 十行二十一字

二二四 妙法蓮華經七卷 後秦釋鳩摩羅什譯 宋刻本

二二五 妙法蓮華經七卷 後秦釋鳩摩羅什譯 宋刻本 五行十七字
殘存零葉

二二六 妙法蓮華經七卷 後秦釋鳩摩羅什譯 宋刻本 [illegible]明洪武釋師蘭、志道、師說、清湜、若舟、普明、萬金[illegible]道門、德[illegible]、福源、傅毅、友釋、智勝、希遠、□澤、長元、嗣查、自摩、嗣延、自明題詩
存一卷 一

二二七 妙法蓮華經七卷 後秦釋鳩摩羅什譯 宋泥金寫本
存一卷 二

二二八 妙法蓮華經七卷 後秦釋鳩摩羅什譯 宋寫本 清錢謙益題款
存一卷 七

二二九 妙法蓮華經七卷 後秦釋鳩摩羅什譯 金曲沃縣裴長官莊吉贊善用刻本
存一卷 四

二三〇 妙法蓮華經七卷 後秦釋鳩摩羅什譯 元至元二十二年釋如照血書本

二三一 妙法蓮華經七卷 後秦釋鳩摩羅什譯 元至順二年嘉興路顧逢祥等刻至正六年姚陳道孫印本

二三二 妙法蓮華經七卷 後秦釋鳩摩羅什譯 元杭州睦親坊沈八郎刻本 五行十七字

二三三 妙法蓮華經七卷 後秦釋鳩摩羅什譯 元刻杭州大書棚南經坊沈二郎印本
存一卷 殘葉十一葉

二三四 妙法蓮華經七卷 後秦釋鳩摩羅什譯 元刻本 五行十五字

二三五 妙法蓮華經七卷 後秦釋鳩摩羅什譯 元刻本 四行十二字有刻工

二三六 妙法蓮華經七卷 後秦釋鳩摩羅什譯 元刻本（配明永樂刻本） 五行十七字

二三七 妙法蓮華經七卷 後秦釋鳩摩羅什譯 元刻本 四行十二字
存一卷 六

二三八 妙法蓮華經七卷 後秦釋鳩摩羅什譯 明永樂七年朱高燧刻本

二三九 妙法蓮華經七卷 後秦釋鳩摩羅什譯 明永樂十八年刻本 五行十五字

二四〇 妙法蓮華經七卷 後秦釋鳩摩羅什譯 明初嘉興楞嚴寺刻本 八行十[illegible]

二三一 大乘妙法蓮華經七卷 後秦釋鳩摩羅什譯 明正統元年釋唯實金寫本

二三二 妙法蓮華經七卷 後秦釋鳩摩羅什譯 明成化十七年泥金寫本

二三三 妙法蓮華經七卷 後秦釋鳩摩羅什譯 明萬曆十年刻本

二三四 妙法蓮華經七卷 後秦釋鳩摩羅什譯 明萬曆二十三年蘇州刻本 五行十五字

二三五 妙法蓮華經七卷 後秦釋鳩摩羅什譯 明萬曆三十六年陳大華泥金寫本 明董其昌題識、[illegible]繪圖
存五卷 一至三 五至六

二三六 妙法蓮華經七卷 後秦釋鳩摩羅什譯 明萬曆四十三年木增泥金寫本

二三七 妙法蓮華經七卷 後秦釋鳩摩羅什譯 明萬曆杭州昭慶寺刻本 五行十五字

二三八 妙法蓮華經七卷 後秦釋鳩摩羅什譯 明崇禎六年姑蘇北禪寺募刻本

二三九 妙法蓮華經七卷 後秦釋鳩摩羅什譯 明崇禎十六年南雅等刻本 四行十二字

二四〇 妙法蓮華經七卷 後秦釋鳩摩羅什譯 明隆武二年世福泥金寫本

二四一 妙法蓮華經七卷 後秦釋鳩摩羅什譯 明京都妙法寺刻本 五行十七字

二四二 妙法蓮華經七卷 後秦釋鳩摩羅什譯 明刻本 五行十八字

二四三 妙法蓮華經七卷 後秦釋鳩摩羅什譯 明刻本 九行二十字白口[illegible]

二四四 妙法蓮華經七卷 後秦釋鳩摩羅什譯 明刻本 四行十六字

二四五 大乘妙法蓮華經七卷 後秦釋鳩摩羅什譯 明泥金寫本

二四六 妙法蓮華經七卷 後秦釋鳩摩羅什譯 明泥金寫本

二四七 妙法蓮華經七卷 後秦釋鳩摩羅什譯 明抄本

二四八 妙法蓮華經七卷 後秦釋鳩摩羅什譯 清乾隆十五年陳邦彥寫本

二四九 妙法蓮華經七卷 後秦釋鳩摩羅什譯 清乾隆三十五年王際華泥金寫本

二五〇 大乘妙法蓮華經七卷 後秦釋鳩摩羅什譯 清乾隆四十四年永瑢寫本

二五一 妙法蓮華經七卷 後秦釋鳩摩羅什譯 清乾隆王杰等泥金寫本

二五二 妙法蓮華經七卷 後秦釋鳩摩羅什譯 清乾隆[illegible]寫本

二五三 妙法蓮華經七卷 後秦釋鳩摩羅什譯 清如當本（卷一至卷二配清道光九年如當本） 清邵鴻緒、莫友芝、傅增湘跋

二五四 大乘妙法蓮華經七卷 後秦釋鳩摩羅什譯 清初泥金寫本

二五五 妙法蓮花經觀世音菩薩普門品一卷 後秦釋鳩摩羅什譯 宋刻本 六行十一字

二五六 妙法蓮華經觀世音菩薩普門品一卷 後秦釋鳩摩羅什譯 元刻本

二五七 妙法蓮華經觀世音菩薩普門品一卷 後秦釋鳩摩羅什譯 明初京鄒光家刻本

三五八 妙法蓮華經觀世音菩薩普門品一卷 後秦釋鳩摩羅什譯 明初刻本 五行十六字

三五九 妙法蓮華經觀世音菩薩普門品一卷 後秦釋鳩摩羅什譯 明刻累卷六平徐妙全印本 五行十五字

三六〇 妙法蓮華經觀世音菩薩普門品一卷 後秦釋鳩摩羅什譯 明□□高宗以經鋪刻本 六行十字

三六一 妙法蓮華經觀世音菩薩普門品一卷 後秦釋鳩摩羅什譯 明刻本

三六二 妙法蓮華經觀世音菩薩普門品一卷 後秦釋鳩摩羅什譯 明□本 六行十八字白口四周單邊

三六三 妙法蓮華經觀世音菩薩普門品一卷 後秦釋鳩摩羅什譯 明刻本

三六四 妙法蓮華經觀世音菩薩普門品一卷 後秦釋鳩摩羅什譯 清乾隆八年高宗弘曆寫本

三六五 觀世音菩薩普門品經一卷 後秦釋鳩摩羅什譯 明洪武二十八年應天府沙福智刻本 四行十□字

三六六 觀世音菩薩普門品經一卷 後秦釋鳩摩羅什譯 明成化十一年泥金寫本

十三

三六七 觀世音菩薩普門品經一卷 後秦釋鳩摩羅什譯 明刻本 五行十一字

三六八 觀世音菩薩普門品經一卷 後秦釋鳩摩羅什譯 明刻本

三六九 添品妙法蓮華經七卷 隋釋闍那崛多等譯 北宋寫金粟山廣惠禪院大藏本

存一卷 七

三七〇 佛說觀世音經一卷 北宋金銀寫本

三七一 佛說觀世音經一卷 後秦釋鳩摩羅什譯 宋政和六年張衍刻本

三七二 佛說觀世音經一卷 宋大中祥符六年葛誘刻本

三七三 佛說高王觀世音經一卷 明刻本

三七四 佛說高王觀世音經一卷 明刻本

三七五 無量義經一卷 南齊釋曇摩伽陀耶舍譯 清乾隆梁詩正寫本

三七六 大乘方廣總持經一卷 清乾隆程景伊泥金寫本

三七七 佛說輪王七寶經不分卷 宋釋施護譯 清雍正元年沈宗敬寫本

三七八 中阿含經六十卷 晉釋伽提婆譯 北宋寫金粟山廣惠禪院大藏本

存一卷

三七九 四十二章經一卷 漢釋摩騰、法蘭譯 清乾隆五十五年□□□寫本

三八〇 佛說四十二章經一卷 漢釋摩騰、法蘭譯 清乾隆五十一年高宗弘曆寫本

三八一 八大人覺經一卷 漢安世高譯 清乾隆十六年高宗弘曆寫本

三八二 佛說溫室洗浴衆僧經一卷 漢釋安世高譯 宋熙寧元年安守盧寫本

三八三 佛藏經四卷 後秦釋鳩摩羅什譯 明崇禎七年顧景刻本 九行十九字白口四周雙邊有刻工

三八四 四分律六十卷 後秦釋佛陀耶舍、竺佛念等譯 唐寫本 楊守敬跋

存一卷 十四

三八五 根本薩婆多部律攝十四卷 唐釋義淨譯 元刻本 六行十七字

存一卷 八

三八六 善見律□卷 北齊僧伽跋陀羅譯 □□□二十□□閔詮寫本 元趙孟頫、倪瓚、明董其昌等跋

存一卷

三八七 沙彌十戒法并威儀一卷 明崇禎八年方果道人刻本 八行十七字白口四周單邊

三八八 佛說錫杖經一卷 五代寫本

三八九 佛說長壽命經一卷 大理國刻本

三九〇 大方便佛報恩經七卷 明永樂十七年刻本 五行十五字

三九一 大方便佛報恩經七卷 明正統五年刻本 六行十七字

十四

三九二 大方便佛報恩經七卷 清乾隆陳元龍寫本

三九三 大方便佛報恩經七卷 清乾隆王際華寫本

三九四 觀世音菩薩本行經不分卷 明成化□經廠刻本 十二行二十二字黑口四周雙邊

三九五 佛說象許摩訶帝經十三卷 宋釋法賢譯 北宋寫本

存一卷 二

三九六 大寶積經論四卷 北魏釋菩提留支譯 明崇禎刻本 十行二十字白口四周雙邊有刻工

三九七 大智度論一百卷 後秦釋鳩摩羅什譯 清乾隆五十一年趙秉衝寫本

三九八 成唯識論十卷 唐釋玄奘譯 明萬曆刻本 八行十七字白口四周單邊

三九九 成唯識論十卷 唐釋玄奘譯 明崇禎刻本 九行十八字白口四周單邊

四〇〇 成唯識論十卷 唐釋玄奘譯 明刻本 十行二十字白口左右雙邊

四〇一 究竟一乘寶性論五卷 元魏釋勒那摩提譯 明正德五年刻本 十行十八字

四〇二 阿毗達磨識身足論十六卷 唐釋玄奘譯 北宋寫金粟山廣惠禪院大藏本 清□□、劉□等跋

四〇三 阿毗達磨順正理論八十卷 唐釋玄奘譯 北宋寫本

存一卷 四十七

大方廣圓覺修多羅了義經一卷 唐釋佛陀多羅譯 宋刻本 八行十三字
存二十五頁
大方廣圓覺修多羅了義經二卷 唐釋佛陀多羅譯 宋也狄縣許日新刻本
存一卷上
大方廣圓覺修多羅了義經二卷 唐釋佛陀多羅譯 元刻本 五行十字
存一卷下
大方廣圓覺修多羅了義經一卷 唐釋佛陀多羅譯 明景泰六年王氏泥金寫本
大方廣圓覺脩多羅了義經一卷 唐釋佛陀多羅譯 明刻本 八行十八字白口四周單邊
大方廣圓覺修多羅了義經一卷 唐釋佛陀多羅譯 明刻本
大方廣圓覺修多羅了義經一卷 唐釋佛陀多羅譯 清乾隆寫本
大方廣圓覺修多羅了義經二卷 唐釋佛陀多羅譯 清乾隆寫本
大方廣圓覺修多羅了義經一卷 唐釋佛陀多羅譯 清光緒寫本
地藏菩薩本願經三卷 唐釋實叉難陀譯 明天啓元年會稽陳常山經坊刻本 八行十七字白口四周雙邊
地藏菩薩本願經三卷 唐釋實叉難陀譯 明刻本 十行十五字白口左右單邊
佛說地獄還報經一卷 明景泰四年黃福五刻本
梵網經盧舍那佛說心地法門品菩薩戒本一卷 後秦釋鳩摩羅什譯 明永樂十一年釋了證刻本 五行十五字
佛說梵網經二卷 後秦釋鳩摩羅什譯 明正統刻本 八行十七字白口四周單邊
梵網經菩薩戒一卷 後秦釋鳩摩羅什譯 明刻本 五行十五字左右單邊
菩薩戒一卷 唐寫本
大乘起信論一卷 梁釋真諦譯 大乘法界無差別論一卷 唐釋提雲般若等譯 明萬曆二十八年刻本 八行十七字白口四周單邊
大乘起信論一卷 梁釋真諦譯 明萬曆四十八年法華山報國院刻本 八行十七字白口四周單邊
佛說天地八陽經一卷 北宋寫本
佛說八吉祥經一卷 梁釋僧伽婆羅譯 清嘉慶李汪度寫本
藥師瑠璃光如來本願功德經一卷 唐釋玄奘譯 明寫本
藥師瑠璃光如來本願功德經一卷 唐釋玄奘譯 明泰昌元年刻本 五行十四字
藥師瑠璃光如來本願功德經一卷 唐釋玄奘譯 明天順年刻本 行十五字
藥師琉璃光如來本願功德經一卷 唐釋玄奘譯 明萬曆刻本 九行二十字白口
藥師瑠璃光如來本願功德經一卷 唐釋玄奘譯 明杭州葛氏經鋪刻本 五行十四字
藥師瑠璃光如來本願功德經一卷 唐釋玄奘譯 明嘉靖二十一年刻本 五行十五字左右單邊
藥師琉璃光如來本願功德經一卷 唐釋玄奘譯 明泥金寫本
藥師瑠璃光如來本願功德經一卷 唐釋玄奘譯 清康熙五十七年寫本
藥師瑠璃光如來本願功德經一卷 唐釋玄奘譯 清康熙玄燁寫本
藥師瑠璃光如來本願功德經一卷 唐釋玄奘譯 清乾隆二十二年內府刻本
佛說大乘聖無量壽決定光明王如來陀羅尼經一卷 宋釋法天譯 清乾隆彭啓豐寫本
佛頂尊勝陀羅尼經一卷 宋慶曆三年空白寫本
佛頂尊勝總持經咒一卷 明萬曆三十六年刻本 四行十一字左右單邊
佛頂尊勝陀羅尼念誦儀軌一卷 唐釋不空譯 北宋梁山廣惠禪院大藏本
佛說金輪佛頂大威德熾盛光如來陀羅尼經一卷 佛說消災吉祥陀羅尼經一卷 明萬曆十八年刻本 五行十三字
佛說金輪佛頂大威德熾盛光如來陀羅尼經一卷 明萬曆三十八年福藩朱常洵刻本 四行十三字左右單邊
佛說金輪佛頂大威德熾盛光如來陀羅尼經一卷 明萬曆三十八年內府刻本 四行十一字
無垢淨光大陀羅尼經一卷 唐釋彌陀山譯 明泥金寫本
無垢淨光經造寶塔相輪陀羅尼經一卷 宋天禧元年寫本
佛說無垢淨光經造寶塔相輪陀羅尼經一卷 宋天禧元年寫本
無垢淨光經造寶塔相輪陀羅尼經一卷 北宋寫本
一切如來心秘密全身舍利寶篋印陀羅尼經一卷 唐釋不空譯 宋開寶八年吳越國王錢俶刻本

一切如來心秘全身舍利寶篋印陀羅尼經一卷 唐釋不空譯 宋開寶八年吳越國王錢俶刻本 康有爲跋 陳曾壽繪圖並題詞 二六四六

一切如來心秘密全身舍利寶篋印陀羅尼經一卷 唐釋不空譯 宋開寶八年吳越國王錢俶刻本 吳俊卿題詞 二六四七

一切如來心秘全身舍利寶篋印陀羅尼經一卷 宋開寶八年吳越國王錢俶刻本 馮煦等題詞 陳曾壽繪圖並題詞 思[illegible]繪圖 二六四八

一切如來心秘密全身舍利寶篋印陀羅尼經一卷 唐釋不空譯 宋開寶八年吳越國王錢俶刻本 陳曾壽繪圖並題詞 吳[illegible]題 二六四九

一切如來心秘密全身舍利寶篋印陀羅尼經一卷 唐釋不空譯 宋開寶八年吳越國王錢俶刻本 華嶽、張祖廉、馮煦、冒廣生、程頌萬、黃孝紓、溥儒、胡嗣瑗題詞 陳曾壽繪圖並題詩 姚[illegible] 二六五〇

一切如來心秘密全身舍利寶篋印陀羅尼經一卷 唐釋不空譯 宋開寶八年吳越國王錢俶刻本 鄒[illegible]跋 二六五一

一切如來心秘密全身舍利寶篋印陀羅尼經一卷 唐釋不空譯 宋開寶八年吳越國王錢俶刻本 陳曾壽繪圖並題詞 二六五二

一切如來心秘密全身舍利寶篋印陀羅尼經一卷 唐釋不空譯 繪圖 宋開寶八年吳越國王錢俶刻本 陳曾壽繪圖並題詞 王[illegible] 二六五三

一切如來心秘密全身舍利寶篋印陀羅尼經一卷 唐釋不空譯 宋開寶八年吳越國王錢俶刻本 [illegible]劍跋 二六五四

一切如來心秘密全身舍利寶篋印陀羅尼經一卷 唐釋不空譯 宋開寶八年吳越國王錢俶刻本 葉恭綽跋 二六五五

一切如來心秘密全身舍利寶篋印陀羅尼經一卷 北宋吳越國王錢俶刻本 二六五六

一切如來心秘密全身舍利寶篋印陀羅尼經一卷 唐釋不空譯 宋景祐二年陳[illegible]寫本 二六五七

一切如來心秘密全身舍利寶篋印陀羅尼經一卷 唐釋不空譯 宋寫本 二六五八

一切如來心秘密全身舍利寶篋印陀羅尼經一卷 唐釋不空譯 北宋寫本 二六五九

一切如來心秘密全身舍利寶篋印陀羅尼經一卷 唐釋不空譯 宋寫本 二六六〇

佛母大孔雀明王經三卷 唐釋不空譯 宋刻本 五行十六字 存一卷下 二六六一

佛母大孔雀明王經三卷 唐釋不空譯 元刻本 五行十五字 存一卷（下殘） 二六六二

佛母大孔雀明王經三卷 唐釋不空譯 明宣德四年蜀[illegible]主普刻本 五行十四字 二六六三

佛母大孔雀明王經三卷 唐釋不空譯 明天順七年裴鴻刻本 五行十四字 存二卷中下 二六六四

佛母大孔雀明王經三卷 唐釋不空譯 明萬曆二十一年[illegible] 六行十六字 二六六五

佛母大孔雀明王經三卷 唐釋不空譯 明天啓五年刻本 五行十八字 二六六六

佛母大孔雀明王經三卷 唐釋不空譯 明永曆六年李定國刻本 五行十七字 左右雙邊 二六六七

佛母大孔雀明王經三卷 唐釋不空譯 明刻本 四行十四字 二六六八

佛母大孔雀明王經三卷 唐釋不空譯 明刻本 四行十四字 二六六九

佛母大孔雀明王經三卷 唐釋不空譯 明泥金寫本 二六七〇

大隨求陀羅尼一卷 宋咸平四年刻本 二六七一

千眼千臂觀世音菩薩陀羅尼神呪經二卷 唐釋智通譯 宋淳祐四年周康年刻本 六行十七字 左右雙邊 二六七二

大悲陀羅尼經一卷 宋慶曆三年知白寫本 二六七三

大悲陀羅尼經一卷 宋慶曆三年公認寫本 二六七四

大悲心陀羅尼經一卷 唐釋不空譯 明刻天順三年王理印本 二六七五

大悲心陀羅尼經發願文一卷 宋明道二年胡則刻本 五行十七字 二六七六

延壽妙門陀羅尼經一卷 宋釋法賢譯 清乾隆陳孝泳泥金寫本 二六七七

佛說摩利支天菩薩經一卷 唐釋不空、元釋法天譯 明永樂元年鄭和刻本 四行十三字 二六七八

大佛頂如來密因修證了義諸菩薩萬行首楞嚴經十卷 題唐釋般剌密諦、彌伽釋迦譯 元釋世珠泥金寫本（卷七至十配清周慰曾、湯禹珠、周作鎔、許惠身寫本） 元釋清珙、清釋祖觀、清胡[illegible]跋 [illegible]題詩 二六七九

大佛頂如來密因修證了義諸菩薩萬行首楞嚴經十卷 題唐釋般剌密帝、彌伽釋迦譯 大理國寫本 存一卷二 二六八〇

大佛頂如來密因修證了義諸菩薩萬行首楞嚴經十卷 題唐釋般剌密帝、彌伽釋迦譯 明萬曆二十一年徐待義經坊刻本 五行十五字 二六八一

大佛頂如來密因修證了義諸菩薩萬行首楞嚴經十卷 題唐釋般剌密帝彌伽釋迦譯　明萬曆三十年陳龍山刻本　八行十七字白口四周雙邊 三六八二

大佛頂如來密因修證了義諸菩薩萬行首楞嚴經十卷 題唐釋般剌密帝彌伽釋迦譯　明萬曆三十年泖心澄照寺刻本　八行十七字白口四周雙邊 三六八三

大佛頂如來密因修證了義諸菩薩萬行首楞嚴經十卷 題唐釋般剌密帝彌伽釋迦譯　明萬曆三十年米應元刻本　行十七字白口四周單邊 三六八四

大佛頂如來密因修證了義諸菩薩萬行首楞嚴經十卷 唐釋般剌密諦譯彌伽釋迦譯　明萬曆刻本　八行十五字白口四周雙邊有刻工 三六八五

大佛頂如來密因修證了義諸菩薩萬行首楞嚴經十卷 唐釋般剌密帝彌伽釋迦譯　明天啓四年陸瑞芝姑蘇經坊刻本　五行十五字 三六八六

大佛頂如來密因修證了義諸菩薩萬行首楞嚴經十卷 題唐釋般剌密帝彌伽釋迦譯　明天啓七年刻本　八行十七字白口四周雙邊 三六八七

大佛頂如來密因修證了義諸菩薩萬行首楞嚴經十卷 題唐釋般剌密帝彌伽釋迦譯　明湯賓尹唐應鳳等刻本　八行十七字白口四周雙邊 三六八八

大佛頂如來密因修證了義諸菩薩萬行首楞

十九

嚴經十卷 題唐釋般剌密帝彌伽釋迦譯　明凌毓枬刻套印本　八行十八字白口四周單邊 三六八九

大佛頂如來密因修證了義諸菩薩萬行首楞嚴經十卷 題唐釋般剌密帝彌伽釋迦譯　明瑪瑙寺仰山房刻本　九行十八字白口四周雙邊 三六九〇

大佛頂如來密因修證了義諸菩薩萬行首楞嚴經十卷 題唐釋般剌密帝彌伽釋迦譯　明刻本　八行十五字白口四周雙邊有刻工 三六九一

大佛頂如來密因修證了義諸菩薩萬行首楞嚴經十卷 題唐釋般剌密帝彌伽釋迦譯　清康熙陳元龍泥金寫本 三六九二

大佛頂如來密因修證了義諸菩薩萬行首楞嚴經十卷 題唐釋般剌密帝彌伽釋迦譯　清乾隆二十六年王際華寫本 三六九三

大佛頂如來密因修證了義諸菩薩萬行首楞嚴經十卷 題唐釋般剌密帝彌伽釋迦譯　清乾隆于敏中寫本 三六九四

大佛頂如來密因修證了義諸菩薩萬行首楞嚴經十卷 題唐釋般剌密帝彌伽釋迦譯　清嚴熊寫本　清陸承諾跋 三六九五

大佛頂首楞嚴經十卷 唐釋般剌密帝彌伽釋迦譯　明刻本　五行十五字 三六九六

仁王護國般若波羅蜜多經二卷 唐釋不空譯　大理國寫本 三六九七
存一卷殘

仁王護國般若波羅蜜多經二卷 唐釋不空譯　大理國寫本 三六九八
存一卷下

仁王護國般若波羅蜜多經二卷 唐釋不空譯　元後至元三年刻本　五行十七字　有刻工 三六九九
存一卷下

佛說大報父母恩重經一卷 後秦釋鳩摩羅什譯　明刻本　五行十五字 四〇〇

銷釋金剛科儀不分卷 [illegible]　明刻本　四行十五字白口四周單邊 四〇一

佛說三昧華鮮經一卷 唐釋[illegible]譯　明刻本 四〇二

金光明經懺悔滅罪傳一卷 宋端拱元年刻本 四〇三

佛說北斗七星經一卷 宋雍熙三年絳州刻本 四〇四

佛頂心觀世音菩薩大陁羅尼經三卷 宋崇寧元年石處道等刻本　[illegible]跋 四〇五

佛頂心陁羅尼經三卷 宋紹興四年黃融寫本　馬浮跋 四〇六

佛頂心觀世音菩薩大陁羅尼經一卷 宋乾道八年茱岳刻本　六行

二十

十五字 四〇七

佛頂心陀羅尼經三卷 宋刻本 四〇八

佛頂心陁羅尼經□卷 元至元十二年刻本　五行十一字 四〇九
存三頁

佛頂心陀羅尼經三卷 明永樂二十年王法意刻本 四一〇

佛頂心觀世音大陀羅尼經一卷 明初刻洪熙元年馬驥印本　五行十一字 四一一

佛頂心大陀羅尼經三卷 明刻宣德五年印本 四一二

佛頂心大陀羅尼經三卷 明宣德七年魏妙秀刻本 四一三

佛頂心大陀羅尼經三卷 明刻正統四年高信印本 四一四

佛頂心陀羅尼經三卷 明正統元年刻本　五行十五字白口四周單邊 四一五

佛頂心大陀羅尼經三卷 明正統六年黃本誠等刻本 四一六

佛頂心大陀羅尼經二卷 明正統十二年刻本　六行八字 四一七

佛頂心大陀羅尼經三卷 明刻景泰二年湯和印本　九行十四字 四一八

佛頂心大陀羅尼經三卷 明刻景泰七年王寬印本　六行八字 四一九

佛頂心大陀羅尼經三卷 明天順五年刻本 四二〇

佛頂心大陀羅尼經三卷 明觀音寺衚衕党家刻本 四二一
佛頂心大陀羅尼經三卷 明刻本 邵章跋 九行十五字 四二二
大悲陀羅經一卷白衣大悲五印心陀羅尼經一卷 明正統刻本 四二三
大悲心陀羅尼經一卷白衣大悲五印心陀羅尼經一卷 明刻本 四二四
白衣觀音五印心陀羅尼經 明正統五年刻本 六行十五字 四二五
白衣觀音五印心陀羅尼經一卷 明初刻本 六行十五字 四二六
白衣大悲五印心陀羅尼經一卷 清乾隆十二年弘晉泥金寫本 四二七
佛說相輪陀羅尼經一卷 宋天禧元年寫本 四二八
佛說相輪陀羅尼經一卷 北宋寫本 四二九
佛說造塔相輪經一卷 宋天禧元年寫本 四三〇
佛說造塔相輪經一卷 北宋寫本 四三一
佛說相輪經一卷 北宋寫本 四三二
佛說二十六分功德疏經一卷 明宣德四年刻八年印本 四三三

十二

聖觀自在求修六字譯定經一卷 明宣德六年劉智刻本 五行十四字 四三四
佛說壽生經一卷 明天順七年隆德寺刻本 五行十五字左右雙邊 四三五
佛說眼明經一卷 明萬曆三十六年朱翊鈞泥金寫本 俞樾跋 四三六
佛說第一希有大功德經一卷 明抄本 四三七
正信除疑無修證自在經一卷 明萬曆刻本 四行十四字四周雙邊 四三八
大灌頂儀□□卷 大理國釋贊那屈多譯 大理國寫本 卷一 卷七 四三九
新譯淨除業障供養讚海文一卷 元釋賢覺譯 元抄本 四四〇
大方廣佛華嚴經海印道場儀一卷 明抄本 四四一
喜金剛中圍內自受灌儀一卷 元釋薩思巴譯、釋莎南屹囉譯 明抄本 四四二
吡尼摩得勒伽□□卷 劉宋釋僧伽跋摩譯 宋寫本 存一卷 六 四四三
資哩斡巴上師道果□卷 元釋莎南屹羅譯 明抄本 存一卷 十 四四四
端必瓦成就同生要一卷 元釋莎南屹囉譯 清初錢氏述古堂抄本 四四五

因得囉菩提手印道要一卷 元釋莎南屹囉譯 清初錢氏述古堂抄本 四四六
大手印無字要一卷 元釋莎南屹囉譯 清初錢氏述古堂抄本 四四七
合刻諸經不分卷 明成化十五年刻本 五行十五字 四四八
摩訶般若波羅蜜多心經
金剛般若波羅蜜經
妙法蓮花經觀世音菩薩普門品
佛說阿彌陀經
往生淨土神咒
藥師瑠璃光如來本願功德經
佛說金輪佛頂大威德熾盛光如來陀羅尼經
佛說熾盛光如來消灾吉祥陀羅尼經
佛說三十五佛名經
大佛頂首楞嚴神咒
消灾吉祥陀羅尼神咒
大悲圓滿無礙大悲陀羅神咒
无量壽佛神咒
佛說佛母准提神咒
佛說功德寶山神咒
佛說解冤釋結神咒
佛說如意寶輪王神咒

明內府金藏不分卷附圖形佛經圖一卷 明泥金寫本 四四九
明人金書經冊不分卷 明泥金寫本 四五〇
大乘諸品經咒三卷 明萬曆刻本 五行十五字 四五一

十三

佛祖三經三卷 明刻本 九行十六字黑口四周雙邊 四五二
佛說四十二章經一卷 五代□□□□□□□□□□譯 釋守遂注
佛遺教經一卷 釋鳩摩羅什譯 釋守遂注
溈山警策一卷 釋守遂注
御製宮藏金經不分卷 清乾隆四十六年內府泥金寫本 四五三
摩訶般若波羅蜜多心經一卷金剛般若波羅蜜經一卷佛說阿彌陀經一卷妙法蓮華經觀世音菩薩普門品一卷 後秦釋鳩摩羅什譯 明泥金寫本 張元濟跋 四五四
金剛般若波羅蜜經一卷佛說阿彌陀經一卷 後秦釋鳩摩羅什譯 妙法蓮華經觀世音普門品一卷 後秦釋鳩摩羅什譯 明金川劉氏刻本 四行十二字 四五五
金剛般若波羅經一卷解一卷 後秦釋鳩摩羅什譯 本解 明釋如玘注 般若波羅蜜多心經一卷解一卷 唐釋玄奘譯 明釋如玘注 明奕弒刊刻叁印本 八行十八字白口四周單邊 四五六
大方廣佛華嚴經八十一卷 大方廣佛華嚴經 唐釋實叉難陀譯 華嚴綸貫一卷 宋釋復菴撰 大方廣佛華嚴經入不思議解 四五七

脫境界普賢行願品一卷 唐釋般若譯 明萬曆十九年至四十二年姑蘇承天寺三會堂刻本 五行十五字左右雙邊

大方廣佛華嚴經八十一卷 唐實叉難陀譯 法界觀門一卷 唐釋杜順輯 復菴和尚華嚴綸貫一卷 起香贊一卷 明萬曆二十八年瞿汝稷刻本 九行十七字白口四周單邊 四五八

大方廣佛華嚴經八十一卷 唐釋實叉難陀譯 復菴和尚華嚴綸貫一卷 明萬曆釋如學惟明泥金寫本 存六十九卷 一至二十 二十二 二十四至二十五 二十七至三十 三十二至四十二 四十四至四十五 五十一至五十六 五十八 六十至八十 綸貫全 四五九

大方廣佛華嚴經八十卷 唐釋實叉難陀譯 華嚴綸貫一卷 宋釋復菴撰 大方廣佛華嚴經入不思議解脫境界普賢行願品一卷 唐釋般若譯 明萬曆刻本 五行十五字左右單邊 四六〇

大方廣佛華嚴經八十卷 唐釋實叉難陀譯 華嚴綸貫一卷 宋釋復菴撰 大方廣佛華嚴經入不思議解脫境界普賢行願品一卷 唐釋般若譯 明天啓二年釋書弘血書本 四六一

十三

大方廣佛華嚴經八十卷 唐釋實叉難陀譯 華嚴綸貫一卷 宋釋復菴撰 大方廣佛華嚴經入不思議解脫境界普賢行願品一卷 唐釋般若譯 明天啓四年釋道昇寫本（華嚴綸貫配清同治釋通濟寫本） 四六二

大方廣佛華嚴經八十卷 唐釋實叉難陀譯 華嚴綸貫一卷 宋釋復菴撰 大方廣佛華嚴經入不思議解脫境界普賢行願品一卷 唐釋般若譯 明天啓六年至崇禎九年釋慧根寫本（卷三至四、二十六至三十、三十二配清光緒寫本） 明文柟繪圖、文從簡、周永年、釋讀徹、徐波、鄭敷教、許眾中、紹芳、姜埰、釋四維、許友跋 存八十卷 一至六十 六十二 六十四至八十 華嚴綸貫全 行願品全 四六三

大方廣佛華嚴經八十一卷 唐釋實叉難陀譯 華嚴綸貫一卷 宋釋復菴撰 明崇禎元年釋如侁寫本 存一卷 三十五 四六四

大方廣佛華嚴經八十卷 唐釋實叉難陀譯 大方廣佛華嚴經入不思議解脫境界普賢行願品一卷 唐釋般若譯 清順治七年至八年孫魯寫本 清孫魯跋 存七十一卷 一至三十二 三十四至四十 四十二至四十六 四十八至五十 五十六至六十五 六十七至八十一 四六五

妙法蓮華經觀世音菩薩普門品一卷 後秦釋鳩摩羅什譯 摩訶般若波羅蜜多心經一卷 明宣德七年抄繪本 四六六

佛說高王觀世音經一卷 緣起一卷 觀音夢授經一卷 觀音救苦經一卷 白衣大悲五印心陀羅尼經一卷 白衣咒感應一卷 明正德十六年武定同妃王氏刻本 四行十二字左右單邊 四六七

佛說觀世音菩薩救苦經一卷 佛說護身咒一卷 明隆慶二年汝安王妃李氏刻本 八行十一字左右單邊 四六八

佛說高王觀世音經一卷 誦經感應一卷 明萬曆十八年慈聖皇太后刻本 五行十字 四六九

佛說觀世音菩薩救苦經一卷 佛說金剛神咒一卷 明萬曆四十七年朱翊鈞刻本 四行十一字 四七〇

佛說四十二章經一卷 漢釋迦葉摩騰、竺法蘭譯 佛遺教經一卷 後秦釋鳩摩羅什譯 永嘉真覺大師證道歌一卷 唐釋玄覺撰 禪宗決疑集一卷 元釋智徹撰 明正統五年釋懋修等刻本 十行十七字黑口四周雙邊 四七一

佛說目連問戒律中五百輕重事經二卷 得道梯隥錫杖經一卷 明[illegible]山[illegible]庵刻本 十行二十字白口四周單邊 四七二

梵網經盧舍那佛說心地法門品菩薩戒本一卷 後秦釋鳩摩羅什譯 新刪定四分戒本一卷 唐釋道宣撰 戒壇普說法儀一卷 明成化十一年杭州楊家經坊刻本 十一行十八字黑口四周雙邊 四七三

佛說八吉祥經一卷 梁釋僧伽婆羅譯 佛說十吉祥經一卷 佛說賢首五福德經一卷 晉白法祖譯 清[illegible]寫本 四七四

千手千眼觀世音菩薩廣大圓滿無礙大悲心懺一卷 禮拜觀想偈略釋一卷 清釋[illegible]撰 清[illegible]二十一年[illegible]羅氏刻本 五行十五字左右單邊 四七五

佛說大吉祥經一卷 宋釋法賢譯 佛說八吉祥經一卷 梁釋僧伽婆羅譯 佛說十吉祥經一卷 明泥金寫本 四七六

佛說持明藏八大總持經一卷 宋施護譯 聖無能勝金剛火陀羅尼經一卷 宋法天譯 宋刻本 六行十七字 四七七

十四

楞嚴經十卷法華經一卷金剛經一卷圓覺經一卷壇經一卷 唐釋般剌密帝等譯 明刻本 十六行三十二字白口左右双边 四七八

大佛頂首楞嚴神咒一卷 佛說高王觀世音經一卷 佛說消災吉祥陀羅尼經一卷 大悲圓滿無礙大陀羅尼神咒一卷 明[illegible]寫本 四七九

觀音密集玄文九種九卷 明[illegible] 四八〇
聖觀自在菩薩求修一卷 大悲觀音密修現前解一卷 大悲觀音俱生身中圓一卷 觀自在略求修一卷 青頂大悲觀自在菩薩修習要門一卷 大悲觀音求修一卷 獅子吼觀音求修一卷 觀音菩薩辦修要門一卷 大悲觀音常修不共要門一卷

撰疏

註疏

楞伽阿跋多羅寶經四卷 劉宋釋求那跋陀羅譯 宋釋正受注 明萬曆藏經本 九行十八字白口四周單边 四八一

楞伽阿跋多羅寶經四卷 劉宋釋求那跋陀羅譯 宋釋正受注 明萬曆刻本 九行十八字白口左右双边 四八二

楞伽阿跋多羅寶經四卷 劉宋釋求那跋陀羅譯 宋釋正受注 明刻本 十行二十字白口四周双边 四八三

楞伽阿跋多羅寶經四卷 劉宋釋求那跋陀羅譯 明釋宗泐如玘注 明成化三年刻本 十行二十字黑口四周單边或双边有刻工 四八四

楞伽阿跋多羅寶經四卷 劉宋釋求那跋陀羅譯 明釋宗泐如玘注 明刻本 十行二十字黑口四周双边 四八五

楞伽阿跋多羅寶經注解四卷 明釋宗泐如玘撰 清抄本 四八六

楞伽阿跋多羅寶經會譯四卷 明釋員珂輯 明萬曆八年馬夢禎等刻本 九行十九字白口左右双边 四八七

楞伽阿跋多羅寶經句義[illegible]□卷[illegible]楞伽經句義通說要旨□卷 [illegible]年刻本 十行二十字白口左右双边 存七卷(通說二至四 要旨一至四) 四八八

楞伽阿跋多羅寶經參訂疏四卷 明釋廣莫撰 明萬曆刻本 八行十七字白口四周双边 四八九

觀楞伽阿跋多羅寶經記四卷略科一卷 明釋德清撰 明萬曆三十三年刻本 九行十八字白口四周双边 四九〇

觀楞伽阿跋多羅寶經記四卷略科一卷 明釋德清撰 明萬曆三十六年劉弘毅刻本 九行十八字白口四周双边有刻工 四九一

觀楞伽阿跋多羅寶經記四卷略科一卷 明釋德清撰 明萬曆四十年刻本 九行十八字白口四周双边或左右双边 四九二

觀楞伽阿跋多羅寶經記四卷略科一卷 明釋德清撰 明萬曆刻朱印本 九行十八字白口四周双边 四九三

觀楞伽阿跋多羅寶經記四卷略科一卷 明釋德清撰 明萬曆刻本 九行十八字白口四周双边有刻工 四九四

楞伽阿跋多羅寶經四卷 唐釋實叉難陀譯 明曾鳳儀宗通 明萬曆四十年曾[illegible]刻本 九行十九字白口四周双边 四九五

楞伽阿跋多羅寶經[illegible]四卷附錄一卷 明釋[illegible]撰 明天啓二年汪益源刻本 四九六

楞伽阿跋多羅寶經宗要四卷 明釋[illegible]撰 明崇禎十五年十六年[illegible]刻本 九行十八字白口四周双边 四九七

楞伽阿跋多羅寶經玄義一卷義疏四卷 清釋智旭撰 明萬曆二十二年釋[illegible]等募刻本 九行二十字白口四周單边 四九八

楞伽阿跋多羅寶經科解十卷科解科一卷 明[illegible]真貴撰 明刻本 十行二十字白口左右双边 存十卷(科解二至十 科解科全) 四九九

維摩詰所說經六卷 後秦釋鳩摩羅什譯 僧肇注 明成化[illegible]刻本 九行十八字[illegible]口四周[illegible]有刻工 五〇〇

維摩詰所說經無我疏十[illegible]卷 明[illegible] 九行二十字白口左右双边 五〇一

維摩詰所說經折衷疏三卷 明釋大賢撰 明崇禎刻本 [illegible] 五〇二

金剛般若經疏一卷 隋釋智顗撰 明萬曆四十二年刻本 十行十六字白口四周双边 五〇三

金剛般若波羅蜜經四卷 明[illegible]集注 明嘉靖四十年釋[illegible]刻本 九行[illegible]字白口四周單边 五〇四

金剛般若波羅蜜經四卷 明楊[illegible]集注 明成化[illegible]刻本 八行十[illegible]字白口四周單边有刻工 五〇五

金剛般若波羅蜜經四卷　宋揚圭集注　明刻本　六行九字白口四周單邊

金剛經纂要刊定記七卷　宋釋子璿撰　宋刻本　六行二十一字

存卷二殘頁

銷釋金剛經科儀録說記四卷　後秦釋鳩摩羅什譯　宋釋宗鏡述　元釋成性注　明正德十年刻本　八行十六字黑口四周双边

金剛經註解不分卷　明太祖朱元璋撰　明崇禎十一年顧玄端刻本　六行十字

金剛般若波羅蜜經一卷　後秦釋鳩摩羅什譯　明成祖朱棣注　明永樂二十一年内府刻本　七行十五字黑口四周双边

金剛般若波羅蜜經一卷　後秦釋鳩摩羅什譯　明成祖朱棣注　明永樂内府刻本　七行十五字白口左右双边

金剛般若波羅蜜經一卷　後秦釋鳩摩羅什譯　明成祖朱棣注　明刻本　七行十五字黑口四周双边

金剛般若波羅蜜經一卷　後秦釋鳩摩羅什譯　明成祖朱棣注　明刻本　七行十二字黑口四周双边

金剛般若波羅蜜經一卷　後秦釋鳩摩羅什譯　明成祖朱棣注　明刻本　七行十五字黑口四周双边

三教正宗統論金剛經槩論四卷　明林兆恩撰　明萬曆刻本　九行十七字白口四周双边

金剛般若波羅蜜經解不分卷　明釋慧遠撰　明萬曆十七年陳繼儒等刻本　七行十五字白口左右双边

金剛般若波羅蜜經二卷　後秦釋鳩摩羅什譯　明徐震嵋注　明萬曆十年湯世隆刻本　八行十七字白口四周單边

金剛般若波羅蜜經一卷　後秦釋鳩摩羅什譯　釋大鏡注　明釋通川補　明刻套印本　八行十八字白口四周單边

金剛般若波羅蜜經一卷　後秦釋鳩摩羅什譯　元釋明本解　明刻套印本　八行十八字白口四周單边

金剛經句解一卷　明曾元相撰　明崇禎十四年周之德等刻本　八行十字白口四周單边

金剛般若波羅蜜經頌論疏記會鈔　清錢謙益撰　清順治十二年毛氏汲古閣刻本　十行二十字黑口四周双边

金剛般若波羅蜜經疏記懸判一卷
金剛般若波羅蜜經疏記會鈔三卷
附金剛般若波羅蜜經論釋緣起因緣一卷

金剛般若波羅蜜經頌論疏記會鈔八卷附二卷　清錢謙益輯　張有譽纂　清初毛氏刻本　十行二十字黑口四周双边

金剛般若波羅蜜經注采不分卷　金剛般若波羅蜜經論釋懸判一卷　金剛般若波羅蜜經偈論會鈔三卷　金剛般若波羅蜜經疏記懸判一卷　金剛般若波羅蜜經疏記會鈔三卷　附金剛般若波羅蜜經教證音釋一卷　金剛經古今靈驗集一卷　唐陽戌式撰　明萬曆三十年孔貞儒刻本　八行二十字白口四周單边

金剛經解不分卷　明刻套印本　八行十八字白口四周單边

金剛經証誤一卷續集一卷　清衍尚撰　清乾隆刻本

金剛經淺說三卷　清張士保撰　稿本

般若波羅蜜多心經一卷　唐釋玄奘譯　明釋宗泐、如玘注　清二十四年郁繼剛刻本　九行十八字白口左右双边

般若波羅蜜多心經畧疏小鈔二卷　清錢謙益輯　清順治十五年毛晉刻本

摩訶般若波羅蜜多心經一卷　題無垢子注　明洪武刻本　八行二十字黑口四周双边

摩訶般若波羅蜜多心經一卷　題無垢子注　明隆慶元年刻本　十行二十字白口左右双边

摩訶般若波羅蜜多心經一卷　題無垢子注　明萬曆刻本　十行二十字白口四周單边

大方廣佛華嚴經合論一百二十卷　唐李通玄造論　唐釋志寧合論　宋刻本

大方廣佛華嚴經合論一百二十卷　唐李通玄造論　唐釋志寧合論　金皇統九年刻本　七年新城院釋法新募刻本　六行十六字左右双边

存一卷　四十一

大方廣佛華嚴經合論一百二十卷　唐李通玄造論　唐釋志寧合論　明嘉靖三年至萬曆元年釋明得刻本　十一行二十一字黑口左右双边

存一卷　六

略釋新華嚴經修行次第決疑論四卷　唐李通玄撰　明成化十二年釋行明刻本　十一行二十字黑口四周双边

大方廣佛華嚴經疏六十卷　唐釋澄觀撰　宋紹興二十年[illegible]山報恩寺刻本

存二卷　十三　二十二

大方廣佛華嚴經疏一百二十卷　唐釋澄觀撰　宋釋淨源録疏注經　宋兩浙轉運司刻本　四行十五字

存九卷　四十一　五十四　七十一　八十三　八十五　九十四　九十九　一百一　一百十四

大方廣佛華嚴經疏六十卷　唐釋澄觀撰　宋刻本

存一卷 十三

大方廣佛華嚴經疏六十卷 唐釋澄觀撰 宋刻本 五四〇

存一卷 十六

大方廣佛花嚴經隨疏演義鈔九十卷 唐釋澄觀撰 元刻本 七行十五字白口四周單邊 五四一

存二卷 二下 四下

大方廣佛華嚴經疏六十卷 唐釋澄觀撰 大理國寫本 五四二

存一卷 二十八

大方廣佛華嚴經普賢行願品別行疏□卷 唐釋澄觀撰 宋刻本 四行十五字 五四三

存一卷 下

大方廣佛華嚴經入不思議普賢解脫境界依普賢行願略禮懺念誦儀一卷 明釋□□輯 明洪武二十年釋□□寫本 五四四

觀彌勒菩薩上生兜率天經疏二卷 唐釋窺基撰 宋天聖二年滄州歸化鎮彰教院刻本 五四五

存一卷 上

佛說觀無量壽佛經疏一卷 隋釋智顗撰 明萬曆二十四年大像精舍刻本 七行十七字白口左右双边 五四六

佛說阿彌陀經疏鈔四卷 明釋袾宏撰 明崇禎元年吳大洲募刻本 九行十八字白口四周單边 五四七

佛說阿彌陀經疏鈔四卷 明釋袾宏撰 明崇禎八年刻本 十行二十字白口左右双边有刻工 五四八

佛說觀無量壽佛經附圖頌一卷 宋釋畺良耶舍譯 明釋傳燈述 清順治十二年刻本 五四九

佛說阿彌陀經一卷 元釋性澄句解 明刻本 九行十八字白口左右双边有刻工 五五〇

大般涅槃經玄義二卷 唐釋灌頂撰 明萬曆十年□仁德刻本 十行十七字白口左右双边 五五一

金光明最勝王經疏一卷 唐釋□□撰 □□國保安八年釋道常寫本 五五二

妙法蓮華經玄義二十卷 隋釋智顗撰 宋刻本 六行二十字上下單边有刻工 五五三

存八卷 二至八 十

妙法蓮華經玄義十卷 隋釋智顗撰 明萬曆刻本 十行二十字白口四周單边有刻工 五五四

妙法蓮華經文句十卷 隋釋智顗撰 明刻本 十行二十字白口四周雙边有刻工 五五五

法華文句記三十卷 唐釋湛然撰 宋紹興安吉州資福寺釋□□等刻本 五五六

存三卷 一 三至四

法華文句記三十卷 唐釋湛然撰 宋刻本 六行二十五字上下單边有刻工 五五七

存六卷 五至十

法華文句科□□卷 唐釋湛然撰 宋刻本 五五八

存二卷 四至五

妙法蓮華經七卷 後秦釋鳩摩羅什譯 宋釋戒環解 明永樂十七年釋德儀刻本 十四行二十四字黑口四周双边 五五九

妙法蓮華經七卷 後秦釋鳩摩羅什譯 宋釋戒環解 明弘治十□年□□智界等刻本 十四行二十四字黑口四周双边 五六〇

妙法蓮華經七卷 後秦釋鳩摩羅什譯 宋釋戒環解 明隆慶元年釋□□刻本 十四行二十四字黑口四周双边 五六一

存三卷 五至七

妙法蓮華經七卷 後秦釋鳩摩羅什譯 宋釋戒環解 明萬曆三年南陽□□□刻本 十行二十一字黑口四周單边 五六二

妙法蓮華經合論七卷 宋□□撰 明萬曆十三年馮夢禎等刻本 □□□□四周双边 五六三

注妙法蓮華經二十卷 □□□□ 明抄本 五六四

存十卷 四至七 十一至十六

妙法蓮華經辟喻合文□卷 宋元符二年釋宗密寫本 五六五

存一卷

妙法蓮華經七喻合文□卷 附法華經雙拂 義初機決一卷 宋釋□□撰 宋刻本 五六六

存二卷 七喻合文一卷 附全

妙法蓮華經品前記□卷 金總管李伊忠等刻本 五六七

存五卷 一至三 五至六

妙法蓮華經會解七卷 元刻本 五行二十字上下單边 五六八

妙法蓮華經觀世音菩薩普門品科註一卷 明釋一如集注 明萬曆刻本 十行二十□□□□□ 五六九

妙法蓮華經七卷 後秦釋鳩摩羅什譯 明釋一如集注 明崇禎六年刻本 五七〇

妙法蓮華經七卷 後秦釋鳩摩羅什譯 明釋一如集注 明釋道燦刻本 九行十六字白口四周單边 五七一

妙法蓮華經擊節一卷 明釋德清撰 明萬曆二十六年釋法濟等刻本 八行十六字白口四周單边 五七二

妙法蓮華經通義七卷 明釋德清撰 明萬曆四十四年丹陽廣福寺刻本 九行十八字白口四周双边有刻工 五七三

妙法蓮華經通義七卷 明釋德清撰 明刻本 九行十八字白口四周双边 五七四

妙法蓮華經意語一卷 明釋□□撰 明萬曆四十二年釋注一刻本 九行二十字白口左右双边 五七五

妙法蓮華經知音七卷 妙法蓮華經弘傳序知 五七六

音一卷 明釋如愚撰 明天啓四年釋廣明等刻本 十行二十字白口左右雙邊有刻工

五七七 妙法蓮華經大竅七卷 後秦釋鳩摩羅什譯 明釋通潤注 清康熙三年永州府佛寺釋微中刻本

五七八 妙法蓮華經直指七卷 清釋淨訥撰 清順治十四年衡州大義山刻本

五七九 觀音玄義記四卷義疏記四卷 宋釋知禮撰 明崇禎四年王濮善提菴刻本 十行二十字白口四周單邊

五八〇 佛說四十二章經一卷 後漢釋迦葉摩騰、釋竺法蘭譯 宋釋守遂撰 明刻本 九行十八字白口四周單邊

五八一 佛說盂蘭盆經疏孝衡鈔二卷疏科文一卷 宋釋遇榮釋 明嘉靖四十三年刻本 七行十七字黑口左右雙邊

五八二 四分律比丘含注戒本二卷 唐釋道宣撰 宋刻本 五行十七字四周單邊

五八三 四分律刪繁補闕行事鈔三卷 唐釋道宣撰 宋嘉定元年明慶寺釋闡思刻本 六行十九字上下單邊

存一卷上

五八四 四分律刪補隨機羯磨疏濟緣記二十二卷 唐釋道宣疏 宋釋元照記 宋刻本 狄葆賢跋

存卷四下

五八五 曇無德部四分律刪補隨機羯磨二卷 唐釋道宣撰 明京兆慈恩寺釋永海刻本 九行十八字白口四周單邊

五八六 攝大乘論修釋八卷 明釋鎮澄撰 明萬曆三十年曹命刻本 九行二十字白口左右雙邊

五八七 成唯識論了義燈鈔□卷 齊阜昌刻本 二十八行二十三字

存一卷四

五八八 成唯識論了義燈鈔科文三卷 齊阜昌八年鄧州寬明院刻本

存一卷中

五八九 成唯識論疏十卷 明釋廣承撰 釋大基補 明萬曆四十年刻本 十行二十字白口左右雙邊

五九〇 成唯識論十卷 唐釋玄奘譯 明釋通潤集解 明萬曆四十年覺僊刻本 九行十九字白口左右雙邊

五九一 成唯識論自攷十卷 明釋大惠撰 明崇禎□年□□刻本 十行二十字白口四周雙邊

五九二 成唯識論講錄十卷 明釋□時撰 明崇禎刻本 上層十五行十六字下層六行十□字白口四周雙邊

五九三 成唯識論訂正十卷 明釋廣伸撰 明崇禎四年□□寺募刻本 十行二十字白口左右雙邊

五九四 成唯識論觀心法要十卷 清釋智旭撰 清順治四年刻本

五九五 觀所緣緣論釋發硎一卷 唐釋義淨譯 明釋通潤解 明末刻本 九行十九字白口四周雙邊

五九六 因明入正理論集解一卷 明釋真貴撰 明萬曆二十年王勁馬祥刻本 十一行二十一字白口四周雙邊

五九七 因明入正理論會義一卷 明釋永海撰 明刻本 十行二十字白口四周單邊

五九八 大方廣圓覺略疏注二卷 唐釋宗密撰 宋刻本 五行十二字上下單邊

存一卷上

五九九 大方廣圓覺修多羅了義經疏四卷 唐釋宗密撰 大理國寫本

存四十三頁

六〇〇 大方廣圓覺修多羅了義經畧疏註二卷 唐釋宗密撰 明刻本 六行十七字黑口四周單邊

六〇一 大方廣圓覺修多羅了義經略疏一卷 唐釋宗密撰 清江沅抄本 清龔自珍跋

六〇二 大方廣圓覺脩多羅了義經略疏註二卷 唐釋宗密撰 真歇了禪師頌圓覺經一卷 中峰普應國師圓覺提綱偈一卷 明隆慶元年代藩建德書院刻本 六行十七字黑口四周雙邊

六〇三 大方廣圓覺脩多羅了義經略疏註二卷 唐釋宗密撰 真歇了禪師頌圓覺經一卷 中峰普應國師圓覺提綱偈一卷 明嘉靖十一年刻本 七行十七字白口四周單邊

六〇四 真歇了禪師頌圓覺經一卷 明萬曆二年林鎔月刻本 六行二十字黑口左右雙邊

六〇五 大方廣圓覺修多羅了義經直解二卷 唐釋佛陀多羅譯 明崇禎七年□□刻本 九行十八字白口左右雙邊

六〇六 大方廣圓覺脩多羅了義經一卷 唐釋佛陀多羅譯 明釋乾光注 明萬曆二十八年吳自立、吳自□刻本 八行十七字白口四周單邊有刻工

六〇七 大方廣圓覺脩多羅了義經集要不分卷 唐釋佛陀多羅譯 明釋智潤注 明刻本 九行十八字白口四周單邊有刻工

六〇八 圓覺經略釋二卷 宋釋普月述 明崇禎四年錢王識等刻本 十行二十字白口四周雙邊

六〇九 大方廣圓覺修多羅了義經集註二卷 宋釋元粹撰 明□□□刻本 十行二十字白口左右雙邊

六一〇 梵網經心地品菩薩戒義疏發隱五卷 明釋袾宏撰 明萬曆三十年釋真可、程應衢刻本 十行二十字白口左右雙邊

六一一 梵網經心地品菩薩戒義疏發隱五卷 明釋袾宏撰 明萬曆二十年釋真可、程應衢、徐以□十五年□□印本 十行二十字白口左右雙邊

六一二 大乘起信論續疏一卷 明釋通潤撰 明萬曆四十八年□□刻本 九行十九字白口左右雙邊

大乘起信論一卷　梁釋真諦譯　明普世環解　明末刻本　九行十八字白口四周雙邊　六〇三

起信論疏筆削記六卷　宋釋子璿錄　明刻本　明釋如廣批注　六行二十二字　六〇四

佛說灌頂藥師經疏十二卷　晉帛尸梨蜜多羅譯　大理國寫本　六〇五
存一卷　十二

首楞嚴咒註釋本一卷附大佛頂如來密因修　六〇六
證了義諸菩薩萬行首楞嚴經一卷　唐釋懷迪譯　明刻本　六行　左右雙邊

首楞嚴義疏註經二十卷　宋釋子璿撰　宋刻本　十行十五字　六〇七
存一卷　七

首楞嚴經義海三十卷　宋釋咸輝撰　明抄本　六〇八

大佛頂如來密因修證了義諸菩薩萬行首楞　六〇九
嚴經合論十卷　宋釋德洪撰　明萬曆十七年[illegible]刻本　十行二十字白口上下單邊左右雙邊

大佛頂如來密因修證了義諸菩薩萬行首楞　六一〇
嚴經十卷　題唐釋般剌密諦、彌伽釋迦譯　宋釋思坦集注　明[illegible]刻本　十行二十字白口左右雙邊

大佛頂如來密因修證了義諸菩薩萬行首楞　六一一
嚴經十卷　題唐釋般剌密帝彌伽釋迦譯　宋釋思坦集注　明崔達刻本　九行十八字白口四周單邊

大佛頂如來密因修證了義諸菩薩萬行首楞　六一二
嚴經十卷　題唐釋般剌密帝彌伽釋迦譯　元釋惟則會解　明初刻嘉靖重修本　十一行二十一字黑口四周雙邊

大佛頂如來密因修證了義諸菩薩萬行首楞　六一三
嚴經十卷　題唐釋般剌密帝彌伽釋迦譯　元釋惟則會解　明嘉靖四十年李元陽刻本　十一行二十一字黑口左右雙邊

大佛頂如來密因修證了義諸菩薩萬行首楞　六一四
嚴經十卷　題唐釋般剌密帝彌伽釋迦譯　元釋惟則會解　明隆慶六年[illegible]明曉真源等刻本　十一行二十一字黑口四周雙邊

楞嚴經四卷　題唐釋般剌密帝彌伽釋迦譯　元釋惟則會解　明萬曆[illegible]刻本　九行十八字白口四周單邊　六一五

大佛頂如來密因修證了義諸菩薩萬行首楞　六一六
嚴經會解十卷　元釋惟則撰　明戚繼光刻本　九行十八字白口[illegible]

大佛頂如來密因修證了義諸菩薩萬行首楞　六一七
嚴經十卷　題唐釋般剌密帝彌伽釋迦譯　元釋惟則會解　明千江師子林刻本　十一行二十一字黑口四周雙邊有刻工

大佛頂如來密因修證了義諸菩薩萬行首楞　六一八
嚴經十卷　題唐釋般剌密帝彌伽釋迦譯　元釋惟則會解　明[illegible]堂刻本　九行二十字白口四周單邊

大佛頂如來密因修證了義諸菩薩萬行首楞　六一九
嚴經十卷　題唐釋般剌密帝彌伽釋迦譯　元釋惟則會解　明刻本　十一行二十一字黑口左右雙邊

大佛頂如來密因修證了義諸菩薩萬行首楞　六二〇
嚴經十卷　題唐釋般剌密帝彌伽釋迦譯　元釋惟則會解　明刻本　十一行二十一字黑口四周單邊

大佛頂如來密因修證了義諸菩薩萬行首楞　六二一
嚴經寶樞十卷　明釋[illegible]撰　明宣德六年張普果刻本　十一行二十[illegible]字黑口四周雙邊

大佛頂如來密因修證了義諸菩薩萬行首楞　六二二
嚴經十卷　明釋[illegible]會解　明天啟元年[illegible]弘憲刻[illegible]　[illegible]四周單邊

大佛頂首楞嚴經正脈疏十卷懸示一卷科文　六二三
一卷　明釋真鑑撰　明萬曆二十八年[illegible]刻本　十行二十二字白口四周單邊有刻工

大佛頂如來密因修證了義諸菩薩萬行首楞　六二四
嚴經十二卷　題唐釋般剌密帝彌伽釋迦譯　明俞正言標指　明萬曆三十[illegible]年[illegible]刻本　六行十五字白口四周單邊

大佛頂如來密因修證了義諸菩薩萬行首楞　六二五
嚴經貫珠集十卷　明釋[illegible]撰　明崇禎十七年刻本　八行二十字白口左右雙邊

大佛頂如來密因修證了義諸菩薩萬行首楞　六二六
嚴經合轍十卷　明釋通理撰　明天啟六年自刻本　九行十八字白口四周雙邊

三四

大佛頂如來密因修證了義諸菩薩萬行首楞　六二七
嚴經合轍十卷　[illegible]　明天啟金陵陳龍山經房刻本　九行十[illegible]

大佛頂如來密因修證了義諸菩薩萬行首楞　六二八
嚴經如說十卷　明釋[illegible]撰　明天啟弘覺山房刻本　九行十八字白口四周單邊

大佛頂如來密因修證了義諸菩薩萬行首楞　六二九
嚴經講錄十卷　明釋[illegible]撰　明天啟二年汪益源刻本　上節十六行十六字下節八行十三字白口四周雙邊

大佛頂如來密因修證了義諸菩薩萬行首楞　六三〇
嚴經旁訓十卷　[illegible]本

大佛頂如來密因修證了義諸菩薩萬行首楞　六三一
嚴經二卷　清釋智旭撰　明崇禎十二年泉州開元寺釋道昉刻本　九行二十字白口四周雙邊

大佛頂如來密因修證了義諸菩薩萬行首楞　六三二
嚴經十卷　唐釋般剌密帝[illegible]譯　清釋智旭文句　明崇禎十七年刻本　九行二十字白口[illegible]
存八卷　一至二　五至十

大佛頂首楞嚴經[illegible]解蒙鈔目錄後記不分卷　六三三
清錢謙益撰　手[illegible]本　[illegible]

大佛頂首楞嚴經疏解蒙鈔十卷首一卷末一卷 清錢謙益撰 手稿本 存三卷 卷五之一、之二 卷八之四 卷九之一、之二 六四四

大佛頂首楞嚴經疏解蒙鈔十卷首一卷末一卷 清錢謙益撰 清順治十七年刻本 六四五

大佛頂如來密因修證了義諸菩薩萬行首楞嚴經道眼十卷 題唐釋般刺密帝譯 烏萇國釋迦彌伽釋迦譯 清釋净挺撰 清順治十六年刻本 六四六

大佛頂如來密因修證了義諸菩薩萬行首楞嚴會歸十卷 清葉燮撰 清乾隆刻本 六四七

護國司南鈔五卷 唐釋玄鑒輯 朝鮮安閑堅治六年寫本 存一卷 六四八

仁王護國般若波羅蜜多經科疏五卷科文一卷懸譚一卷 明釋真貴撰 明崇禎刻本 十行二十字白口左右雙邊 六四九

撰述

肇論三卷 後秦釋僧肇撰 明萬曆十三年嘉興刻本 八行十七字白口四周單邊 六五〇

肇論新疏三卷 宋釋文才撰 明萬曆八年釋古實等刻本 六行十八字上下雙邊 六五一

肇論新疏游刃三卷 宋釋文才撰 明萬曆六年三宗寺刻本 六行十八字上下雙邊 六五二

肇論中吳集解三卷 宋釋淨源撰 宋刻本 四行十五字上下單邊 存一卷 中 六五三

肇論中吳集解三卷 宋釋淨源撰 明刻本 九行二十字白口四周雙邊 六五四

肇論中吳集解三卷 宋釋淨源撰 明刻本 楊守敬跋 十行二十字白口四周雙邊 六五五

成佛止觀不分卷 唐釋法度撰 明崇禎五年刻本 八行十六字白口四周雙邊 六五六

弘明集十四卷 梁釋僧祐輯 廣弘明集三十卷 唐釋道宣輯 明萬曆十四年吳惟明刻本 十行二十字黑口左右雙邊 六五七

弘明集十四卷 梁釋僧祐輯 明抄本 清丁丙跋 音釋一卷 六五八

廣弘明集三十卷 唐釋道宣撰 明萬曆十四年汪道昆刻本 十行二十字黑口左右雙邊 六五九

陀羅尼雜集十卷 元刻本 六行十七字上下單邊 存一卷 六 六六〇

慈悲道場懺法十卷 錄 宋寫本 存一卷 九 六六一

慈悲道場懺法十卷 宋刻本 六行十字 存四卷 七至十 六六二

慈悲道場懺法十卷 元後至元四年釋海德刻本 五行十三字 存一卷 一 六六三

慈悲道場懺法十卷 明初刻本 五行十三字上下雙邊 存一卷 八 六六四

慈悲道場懺法十卷 明嘉靖四十年章聖皇太后刻本 二十行十二字上下雙邊 六六五

慈悲道場千佛懺法十卷 明萬曆四十五年吳達刻本 六六六

慈悲道場懺法十卷 明萬曆四十一年刻本 八行十七字白口四周雙邊 六六七

慈悲道場梁皇懺法十卷 明天啓四年嚴江修信士刻本 五行十三字白口上下雙邊 六六八

萬佛洪名慈悲道場懺法三十卷 明末刻本 五行十五字上下雙邊 六六九

慈悲道場懺法十卷 明刻本（卷十配明萬曆十六年刻本） 五行十三字上下雙邊 六七〇

慈悲道場懺法十卷 明末刻六年金陵圖刻本 五行十 六七一

六七二 慈悲道場懺法十卷 □釋覺明解 明嘉靖四十一年京都衍法寺刻本 五行十四字上下雙邊

六七三 慈悲水懺法三卷 唐釋知玄撰 明正統元年阮普興泥金寫本

六七四 摩訶止觀十卷 隋釋智顗撰 明萬曆十年刻本 十一行二十字黑口左右雙邊

六七五 摩訶止觀十卷 隋釋智顗撰 清袁氏漸西邨舍抄本 清袁昶錄呂[illegible]校
存五卷 一至五

六七六 摩訶止觀科文□卷 唐釋湛然撰 宋刻本 表格字數不等有刻工
存二卷 一 三

六七七 修習止觀坐禪法要二卷 隋釋智顗撰 天台止觀統例一卷 唐梁肅撰 明嘉靖四十[illegible]刻本 十行二十字白口四周雙邊

六七八 修習止觀坐禪法要二卷 隋釋智顗撰 天台止觀統例一卷 唐梁肅撰 明嘉靖四十三年樓[illegible]等刻隆慶四年印本 十行二十字白口四周雙邊

六七九 修習止觀坐禪法要一卷 隋釋智顗撰 明刻本 八行十七字白口四周單邊

六八〇 華嚴經旨歸一卷 唐釋法藏撰 宋紹興十二年臨安府南山慧因講院釋義和刻本 七行二十三字

六八一 國清百錄四卷 唐釋灌頂纂 清[illegible]十[illegible]抄本 清[illegible]跋

六八二 辯正論八卷 唐釋法琳撰 宋元豐三年至大觀四年福州東禪等覺院刻萬壽大藏紹興四年印本 六行十七字上下單邊有刻工
存一卷 二

六八三 教誡新學比丘行護律儀一卷 唐釋道宣撰 明刻本 八行十七字白口四周單邊

六八四 法苑珠林一百二十卷 唐釋道世撰 宋淩元寫本 馮暕跋
存一卷 六十五

六八五 法苑珠林一百二十卷 唐釋道世撰 明萬曆十八年至十九年清涼山妙德禪院刻方冊大藏本 清張星耕跋 十行二十字四周雙邊

六八六 法苑珠林述意二卷 明周天球輯 明嘉靖張九齡抄本

六八七 大乘百法明門論解二卷 唐釋窺基撰 明釋普泰增修 明嘉靖蘇州[illegible]刻本 八行十七字黑口四周雙邊

六八八 禪宗永嘉集一卷附證道歌一卷 唐釋玄覺撰 明萬曆二十一年刻本 八行十七字白口四周單邊

六八九 禪宗永嘉集二卷 唐釋玄覺撰 宋釋行靖注 明正德十三年[illegible]刻本 [illegible]行十八字白口四周雙邊

六九〇 禪宗永嘉集二卷 唐釋玄覺撰 宋釋行靖注 明嘉靖三十八年刻本 清丁丙跋

六九一 禪宗永嘉集二卷 唐釋玄覺撰 明釋傳燈重注 明萬曆二十年[illegible]刻本 十行二十字黑口四周雙邊有刻工

六九二 禪宗永嘉集二卷 唐釋玄覺撰 明釋傳燈注 明萬曆二十年[illegible]刻本 十行二十字白口四周單邊 清[illegible]

六九三 禪宗永嘉集註解二卷 [illegible]撰 明萬曆四十二年[illegible]刻本 十行[illegible]字黑口四周雙邊

六九四 永嘉真覺大師證道歌一卷 唐釋玄覺撰 宋釋彥琪注 明刻本 十行二十字黑口上下雙邊左右單邊
存一卷 下

六九五 永嘉真覺大師證道歌一卷 唐釋玄覺撰 宋釋彥琪注 明弘治十七年釋如登刻本 十行十九字黑口四周雙邊

六九六 永嘉真覺大師證道歌一卷 唐釋玄覺撰 元釋法忠注頌 元至正元年宋拍禪菴刻本 十行十九字黑口四周雙邊

六九七 真覺禪宗一卷 唐釋玄覺撰 明刻本 九行十八字白口四周雙邊

六九八 大方廣佛華嚴經海印道場十重行願常遍禮懺儀四十二卷 唐釋一行慧覺輯 元至元二十七年刻本 八行十七字白口左右雙邊有刻工
存四卷 六十三頁（卷一十二頁 卷二十三頁 卷三上十頁 卷九[illegible]十八頁）

六九九 北山錄十卷 唐釋神清撰 宋釋慧寶注 宋刻本 明項元汴題識 十三行二十三四字不等白口左右雙邊
存七卷 一至三 七至十

七〇〇 北山錄十卷 唐釋神清撰 宋釋慧寶注 註解隨函二卷 □釋德珪撰 宋慶檉大師金吉祥刻本 十二行字不等白口左右雙邊
存六卷 一至六

七〇一 注華嚴法界觀門□卷 唐釋宗密注 宋刻本 六行十七字
存一卷 一

七〇二 法界觀□□卷 唐釋宗密注 宋刻本 六行十七字上下單邊
存一卷 十三

七〇三 注華嚴法界觀門一卷 唐釋宗密撰 宋刻本 四行十五字

七〇四 注華嚴法界觀門一卷 唐釋宗密撰 明嘉靖[illegible]寺刻本 八行十五字白口四周單邊

七〇五 華嚴原人論一卷 唐釋宗密撰 明萬曆五年代藩朱俊柵刻本 九行二十字白口四周單邊

七〇六 原人論一卷 唐釋宗密撰 明萬曆二十九年刻本 八行十八字白口四周單邊

七〇七 華嚴原人論解三卷 唐釋宗密撰 元釋圓覺解 元刻本（卷上中配明刻本） 卷上中九行字不等白口左右雙邊 卷下十行二十字黑口四周雙邊

七〇八 華嚴原人論解三卷 唐釋宗密撰 元釋圓覺解 明永樂七年刻本 三十行二十一字上下雙邊
存一卷 下

七〇九 禪源諸詮集都序二卷 唐釋宗密撰 明初刻本 十二行二十四字黑口四周雙邊

七一〇 禪源諸詮集都序二卷 唐釋宗密撰 明弘治九年釋本端刻本 六行十[illegible]字[illegible]黑口[illegible]

長慶集教悟選一卷　唐白居易撰　明嘉靖刻本　十行二十字白口左右雙邊

黄檗山斷際禪師傳心法要一卷宛陵録一卷　唐釋希運撰　裴休輯　明永樂十二年刻本　九行十七字黑口四周雙邊

黄檗山斷際禪師傳心法要一卷　唐釋希運撰　裴休輯　明刻本　八行十七字白口四周單邊

黄檗山斷際禪師傳心法要一卷　唐釋希運撰　裴休輯　清初抄本　清黄丕烈跋

慈悲讚盆目連懺三卷　唐釋宗密撰　明萬曆四十二年刻本　五行十五字上下雙邊

甄正論三卷　唐釋玄嶷撰　明抄本　清丁丙跋

古今譯經圖紀一卷　唐釋靖邁撰　明刻本

頓悟入道要門論一卷　唐釋慧海撰　諸方門人參問語錄一卷　明刻本　十行二十一字白口四周雙邊

普觀修行文一卷　唐如如居士撰　明刻本　十行十三字白口四周單邊

註心賦四卷　宋釋延壽撰　宋刻本　八行字不等白口左右雙邊

存一卷四

註心賦四卷　宋釋延壽撰

萬善同歸集三卷　宋釋延壽撰　明成化十四年釋如壹刻本　十行二十一字黑口四周雙邊

禪宗永明集一卷　宋釋延壽撰　明隆慶二年刻本　八行十六字白口四周單邊

上乘經節要宗鏡錄一百卷　宋延壽輯　明萬曆刻本　九行二十字白口四周雙邊

存二十六卷　十一至十四　三十一至三十二　五十八至六十一　七十一至七十八　九十一至九十四　百

法藏碎金錄十卷　宋晁迥撰　明嘉靖二十一年晁瑮寶文堂刻本　十行二十字白口四周單邊

法藏碎金錄十卷　宋晁迥撰　明萬曆刻本　八行十八字白口左右雙邊

法藏碎金錄十卷　宋晁迥撰　明刻本　十行二十字白口四周單邊

法藏碎金錄十卷　宋晁迥撰　明抄本

晁文元公法藏碎金錄二卷　宋晁迥撰　明刻本　十行二十字白口四周單邊

晁文元公法藏碎金錄二卷　宋晁迥撰　明刻本

晁文元公道院集要三卷　宋晁迥撰　晁氏客語一卷　宋晁說之撰　明嘉靖三十三年晁瑮寶文堂刻本　十行十七字白口四周單邊

道院集要三卷　宋晁迥撰　王古輯　明刻本　九行十七字黑口左右雙邊

夾註輔教編三卷　宋釋契嵩撰　十行二十字白口左右雙邊

存一卷一

夾註輔教編要義六卷　宋釋契嵩撰　明正統十三年釋大旺刻本　八行十五字黑口四周雙邊

存三卷　四至六

夾註輔教編原教要義一卷　宋釋契嵩撰　宋刻本　清張燕昌跋

重廣水陸法施無遮大齋□□卷　宋楊鍔撰　明刻本　十行二十字白口四周雙邊

存七卷

宗鏡會要二卷　宋釋祖心撰　明刻本　十行二十一字黑口左右雙邊

永明智覺禪師方丈實錄一卷　宋釋元照撰　宋刻本　九行十七字白口左右雙邊

續法論一卷　宋張商英撰　明洪武刻本　十行二十字黑口左右雙邊

續法論一卷　宋張商英撰　明正統二年刻本　八行十六字黑口四周雙邊

顯密圓通成佛心要集二卷　遼釋道殿撰　明嘉靖四十五年刻本　十行二十字白口左右雙邊

顯密圓通成佛心要集三卷　遼釋道殿撰　明萬曆三年刻本　九行二十字白口四周單邊

顯密圓通成佛心要集二卷　遼釋道殿撰　明刻本　十行二十字

密咒圓因往生集一卷　遼釋智廣撰　明刻本　六行二十二字上下單邊

林間錄二卷　宋釋惠洪撰　明萬曆十三年刻本　十行十九字黑口左右雙邊

林間錄二卷後集一卷　宋釋惠洪撰　明萬曆十二年刻本　清丁丙跋

羅湖野錄二卷　宋釋曉瑩撰　明抄本

正法眼藏三卷　宋釋宗杲撰　明萬曆四十四年刻本　九行二十字白口左右雙邊

正法眼藏續集二卷　明釋通問撰　明崇禎十五年刻本　九行二十字白口四周雙邊

龍舒增廣淨土文十四卷　宋王日休撰　明永樂十六年刻本　八行十七字黑口四周雙邊

龍舒增廣淨土文十二卷　宋王日休撰　明刻本　十行二十一字黑口四周雙邊

龍舒增廣淨土文十二卷　宋王日休撰　清道光十八年刻本

人天眼目三卷　宋釋智昭撰　明刻本　十一行二十字黑口四周雙邊

人天眼目三卷　宋釋智昭撰　明萬曆刻本　十一行二十字白口四周雙邊

讀教記二十卷　宋釋法照撰　宋咸淳四年刻本　九行十八字黑口左右雙邊

存十六卷　一至十　十五至二十

淨心誡觀發真鈔三卷　宋釋允堪撰　宋嘉定三年臨安府刻本　六行二十二字

禪林寶訓二卷　宋釋淨善輯　明正統八年刻本　十行二十字黑口四周雙邊

禪林寶訓二卷　宋釋淨善輯　明弘治八年刻本　九行十九字黑口四周單邊

六五九　禪林寶訓二卷　宋釋淨善輯　明嘉靖二十七年刻本　十行二十字黑口四周双边

六六〇　禪林寶訓二卷　宋釋淨善輯　明嘉靖四十四年刻本　十行二十字黑口四周双边

六六一　禪林寶訓二卷　宋釋淨善輯　明萬曆二十八年釋自正等刻本　八行十七字白口四周双边或單边

六六二　禪林寶訓二卷　宋釋淨善輯　明刻本　十行二十字上粗黑口下白口四周双边有刻工

六六三　禪林寶訓二卷　宋釋淨善輯　明刻本　十一行二十字黑口左右双边

六六四　禪林寶訓拈類八卷拾遺一卷　明釋海光撰　明崇禎二年刻本　九行十八字白口四周双边

存七卷　一　三至八

六六五　續集宗門統要十二卷　宋釋宗永輯　元釋清茂續輯　元刻本　十行二十字白口左右双边

六六六　華嚴七字經題法界觀三十門頌一卷　宋釋本嵩撰　金釋琮湛集解　明萬曆六年張□刻本　四行字不等上下双边

六六七　金剛記外別解□卷　□釋觀復撰　宋刻本　七行二十一字上下單边　有刻工

存一卷　二

六六八　淨土詩一卷　元釋明本撰　明洪武二十四年刻本　十行十七字白口四周單边

六六九　懷淨土詩一卷　元釋明本撰　明刻本　八行十六字白口四周單边

六七〇　百丈清規二卷　元釋德煇撰　明嘉靖三十六年山陰延福寺釋普恩刻本　十一行二十一字白口左右双边

四十

六七一　百丈清規二卷　元釋德煇撰　正德補刻　明嘉靖三十九年山陰延福寺釋普恩等刻本

存一卷　下

六七二　敕修百丈清規二卷　元釋德煇重編　附著一卷　明刻本　十行二十四字黑口四周双边

六七三　天台四教儀集註十卷　元釋蒙潤撰　明天啓五年釋履仰等刻本　八行十八字白口四周双边

六七四　大華嚴方廣普賢滅罪稱讚佛名寶懺三卷　元釋自用撰　元延祐刻本　六行十八字上下双边

六七五　析疑論一卷　元釋子成撰　明初刻本　十一行二十一字黑口左右双边

存一卷　下

六七六　析疑論二卷　元釋子成撰　續增析疑頌論詩一卷　明刻本　八行十八字白口四周双边

六七七　析疑論集註二卷　元釋師子煜註　詩一卷　元至元刻本　八行十七字黑口四周双边

六七八　重刊註解析疑論二卷　元釋子成撰　釋師子注　明嘉靖刻本　八行字不等白口四周單边

六七九　析疑論集註二卷　元釋□□撰　明萬曆二十六年杭州□□寺刻本　八行十七字黑口四周双边

六八〇　析疑論集註二卷　元釋師子撰　明初刻本　八行字不等黑口四周双边

六八一　析疑論述註一卷續增析疑論頌詩一卷　元釋洪智撰　明萬曆四十年釋如進等刻本　十一行二十二字白口四周單边

六八二　析疑論一卷　元釋子成撰　釋洪智述注　明刻本　九行字不等白口左右單边

六八三　藏乘法數一卷　元釋西庵輯　明洪武十三年釋妙賢刻本

六八四　禪林類聚二十卷　元釋道泰智境輯　明初刻本　十二行二十二字黑口左右双边有刻工

存十四卷　一至八　十三至十六　十九至二十

六八五　唯識開蒙問答二卷　元釋雲峰撰　明初刻本　十一行二十二字黑口四周双边

六八六　韓文公別傳註前集一卷後集一卷　元釋祥邁撰　明刻本　十一行二十字黑口左右双边

六八七　緇門警訓二卷　元至正二十三年釋慧欽泉慕刻本　十一行二十字黑口左右双边

存一卷　下

六八八　緇門警訓二卷　明成化刻本　十行二十一字黑口四周双边

存一卷　上

六八九　緇門警訓直音一卷　明刻本　十行二十一字黑口四周双边

六九〇　原教論一卷　明沈士榮撰　明洪武十九年刻本　十一行二十字黑口左右双边

四十一

六九一　護法錄十卷　明宋濂撰　釋袾宏輯　明天啓刻本　十行二十字白口四周双边

六九二　佛法金湯編十卷　明釋心泰撰　明釋圓鑑等刻本　十二行二十一字黑口四周双边

存五卷　六至十

六九三　佛法金湯徵文錄十卷　明朱時恩輯　明崇禎七年紫微堂刻本　十行二十字白口四周單边

六九四　道餘錄一卷　明姚廣孝撰　清初抄本　清金可琛黃丕烈跋

六九五　法華科註七卷　明釋一如撰　明崇禎六年刻本　九行二十字白口四周單边

六九六　禪宗正脈十卷　明釋如卺撰　明萬曆三十三年釋如巖刻本　十行十八字白口四周單边

六九七　山雲水石集□卷　明釋一貫輯　明刻本　十二行二十四字黑口四周双边

存一卷　上

六九八　八識規矩補註二卷　明釋普泰撰　明刻本　八行十七字白口四周單边

六九九　八識規矩補註證義不分卷　明釋普泰補註　釋明昱證義　明萬曆刻本　十行十九字白口四周單边

七〇〇　八識規矩不分卷　明王肯堂集釋　明末刻本　九行十八字白口四周單边

七〇一　禪林鉤玄七卷　明楊慎輯　明嘉靖三十八年劉大昌淮安刻本　十行十八字白口四周單边

存六卷　一至二　四至七

劉子威玄應錄六卷　明劉鳳撰　明萬曆刻本　九行十八字白口左右雙邊　八〇二

造佛功德發心緣起文疏一卷　明釋德香覺成撰　明嘉靖十二年抄本　八〇三

明宗集四卷　明劉世延輯　明嘉靖四十一年自刻本　九行十九字白口四周單邊　八〇四

沙彌成範二卷　明釋月心撰　明嘉靖四十三年釋譽遠刻本　十行二十一字白口四周雙邊　八〇五

冰蓮集四卷　明夏樹芳撰　明萬曆夏氏清遠樓刻本　七行十六字白口四周單邊有刻本　八〇六

淨土決四卷　明李贄輯　明萬曆二十七年朱枋刻本　八行十七字白口四周單邊　八〇七

象教皮編六卷　明陳士元輯　明萬曆刻本　九行二十字白口四周單邊　八〇八

禪那集四卷　明張一鯤撰　明萬曆二十四年刻本　九行二十字白口四周雙邊

存一卷　八〇九

廬山聞二卷　明陶宇真撰　明萬曆刻本　九行十九字白口四周單邊　八一〇

法界安立圖六卷　明釋仁潮輯　明萬曆三十五年刻本　十行二十字白口四周單邊　八一一

西方合論十卷　明袁宏道撰　明萬曆三十一年刻本　八行十八字白口四周單邊　八一二

破邪顯證鑰匙經二卷　明羅祖撰　明萬曆四十年刻本　四行十三字上下雙邊

存一卷上　八一三

法因集四卷　明王稚登撰　明萬曆刻本　九行十八字白口四周單邊　八一四

竹窗隨筆一卷二筆一卷三筆一卷　明釋袾宏撰　明萬曆刻崇禎九年[illegible]康熙刻本　十行二十字白口四周單邊或左右雙邊　八一五

竹窗隨筆一卷二筆一卷三筆一卷直道錄一卷　明釋袾宏撰　明萬曆刻[illegible]本　十行二十字白口四周單邊或左右雙邊　八一六

竹窗隨筆一卷二筆一卷三筆一卷直道錄一卷正訛集一卷雲棲大師遺稿二卷　明釋袾宏撰　明萬曆刻崇禎[illegible]續刻本　十行二十字白口四周單邊或左右雙邊　八一七

竹窗隨筆一卷二筆一卷三筆一卷　明釋袾宏撰　明刻本　清陸蒼先跋　十行二十字白口左右雙邊

存一卷　隨筆全　八一八

趙凡夫雜著五種二十卷　明趙宧光撰　明萬曆刻本　十行二十字白口左右雙邊　八一九

悉曇經傳八卷　疏九卷　寒山蔓艸一卷　九圜史圖一卷　六[illegible]一卷

護生編一卷　明趙宧光撰　明末刻本　十行二十字白口四周雙邊　八二〇

天樂鳴空集三卷　明釋宗煒撰　清初刻本　九行二十字白口四周單邊　八二一

緒言一卷　明釋德清撰　明萬曆四十五年管覺僊刻本　八行十七字白口四周雙邊　八二二

黃山普門和尚究心指一卷　明釋惟安撰　明天啓二年刻本　九行十八字白口四周雙邊有刻工　八二三

玄津寶筏三卷　明顧成憲輯　明萬曆二十二年翁良槐刻本　八行十六字白口四周單邊　八二四

慈向集十三卷　明沈泰鴻輯　清初抄本　八二五

於密滲宋元三華宿做工夫因緣邪正註三卷　於密滲參禪諸偈一卷　於密滲禪病偈一卷　海虞三峯於密藏和尚普說一卷　次楮堂禪師山居詩四十首一卷　三峯三十景詩一卷　明釋法藏撰　明天啓刻本　九行十八字白口四周單邊　八二六

弘戒法儀不分卷　明釋法藏撰　明天啓三年自刻本　九行十八字白口四周雙邊　八二七

儀註備簡十卷　明釋大惠撰　明崇禎九年陳昌遇等募刻本　十行二十字白口四周雙邊　八二八

錫類法檀十卷　明釋廣漢撰　明末刻本　九行十八字白口四周雙邊　八二九

心經石點頭一卷　心經略說一卷　心經歸語一卷　明芝蘭館刻本　清釋圓鼎跋　八行十七字白口四周單邊　八三〇

知儒編一卷　明周夢遂撰　明吳[illegible]刻本　八行十七字白口四周單邊　八三一

觀經義疏妙宗鈔諸義二卷　明釋廣承輯　明崇禎二年刻本　十行二十字白口左右雙邊　八三二

閱藏隨錄不分卷　明王芥庵輯　明崇禎五年刻本　九行二十字白口四周單邊　八三三

楞嚴正脉十卷　明釋真鑑撰　明崇禎六年刻本　十行二十字白口四周單邊　八三四

曹溪一滴九卷　明周理輯　明崇禎九年刻本　九行二十字白口四周單邊　八三五

了心錄二卷　題池上客輯　明萬曆二十五年刻本　八行十九字白口四周單邊　八三六

了心錄二卷　題池上客輯　清乾隆六年明心堂刻本　九行十八字白口四周雙邊　八三七

刻大藏經緣起一卷　明萬曆二十九年募刻本　八行十六字黑口左右雙邊　八三八

刻經緣起一卷　明萬曆刻本　行格不一　八三九

募刻五臺山大藏經會約一卷　明萬曆刻清雍正重修本　八行字不等黑口左右雙邊　八四〇

刻經緣起一卷　清雍正元年建陽刻本　八行十六字黑口左右雙邊　八四一

宗門三關密旨不分卷　明馬一鴻輯　明崇禎刻本　八行十八字白口四周單邊　八四二

佛寶錄一卷　清初抄本　八四三

重治毘尼事義集要十七卷首一卷　清釋智旭撰　清順治八年募刻本　八四四

筆懺不分卷　清王辰撰　清順治六年自刻本　八四五

寶華山見月和尚律規一卷　清釋讀體錄　清順治十二年刻本　八四六

八四七 禪門鍛鍊說一卷 清釋戒顯撰 清順治十八年杭州靈隱寺刻本

八四八 毘尼日用錄不分卷 清釋性祇撰 清康熙十年釋道宗刻本

八四九 楞嚴自知錄二卷同安察禪師十玄談一卷 清王鑰?撰 清康熙刻本

八五〇 御錄經海一滴六卷 清世宗胤禛錄 清雍正十三年內府刻本

八五一 御選悟後必讀一卷 清雍正內府抄本

八五二 傳演毘尼儀範別集一卷 清釋源楊撰 清抄本

八五三 松陰問答一卷山居百二詠一卷白雲瓢留題一卷 清王士端撰 稿本

八五四 三壇外集不分卷 清道光二十七年釋□□抄本

八五五 佛爾雅八卷 清周春撰 清乾隆刻本

八五六 佛爾雅八卷 清周春撰 清嘉慶二十一年□□□□□刻本 清周□□跋

八五七 梵雅一卷 清馮登府撰 稿本

八五八 息災綱淨散食次難呪檀啓請一卷 大理國寫本
存十段

八五九 佛學要界不分卷 明□□□元年□□□館刻本 十一行二十二字白口四□

八六〇 吉祥喜金剛本續王後分注疏不分卷 明抄本

八六一 法數舉要八卷 清抄本

八六二 雲棲法彙三輯六十六卷 明釋袾宏撰 明崇禎十□年至十六年□清康熙二十八年印本 十行二十字白口四周双边

八六三 [illegible]禪要集三卷 明萬曆三十七年刻本 八行十六字白口四周單邊
三祖信心銘一卷
永嘉證道歌一卷
始悟入道要門論一卷

語錄

八六四 四家語錄六卷 唐釋道一、懷海、希運、義玄撰 明萬曆十八年? 刻本 十行二十字白口左右双边

八六五 四家錄二卷 宋釋惠南輯 明刻本 清丁丙跋 十一行十九字黑口左右双边

八六六 古尊宿語錄十四種十六卷 宋刻本 十一行二十字白口左右双边
雲門匡真禪師廣錄三卷 宋釋守堅輯
智門祚禪師語錄一卷
汝州南院顒和尚語要一卷 宋釋重顯述
汝州首山念和尚語錄一卷
舒州白雲山海會演和尚語錄一卷 宋釋才良 清遠輯
滁州琅邪山覺和尚語錄 宋

八六七 新刊四家錄□卷 四周双边
汝州葉縣廣教省禪師語錄一卷 宋釋智觀輯
潭州神鼎山第一代諲禪師語錄一卷 宋釋悟本輯
東林和尚雲門庵主頌古一卷
舒州法華山舉和尚語要一卷
筠州大愚芝和尚語錄一卷
并州承天嵩禪師語錄一卷
石門山慈照禪師鳳巖集一卷
黄梅東山演禪師語錄一卷 宋釋惟勝輯
存二種二卷
元至正二年大明禪寺釋海鳥刻本 十行十八字黑口

八六八 重刊四家錄□卷 明刻本 十行十八字黑口四周双边
存二卷
雪竇顯和尚頌古一卷 宋釋遠塵輯
天童覺和尚頌古一卷 宋釋法澗等輯

八六九 雪芳和尚五會錄八卷 元至正刻本 十行二十字黑口左右双边
拔頌古青稻師頌古一卷 宋釋從園輯
丹霞淳禪師頌古一卷 宋釋慶預輯
建康路崇因禪寺語錄一卷 元釋繼祖輯
建康保寧寺山太平興國禪寺語錄一卷 元釋繼祖輯
集慶路蔣山大崇禧萬壽寺語錄一卷
杭州路徑山興聖萬壽禪寺語錄一卷 元釋繼祖輯
大龍翔集慶寺語錄一卷 元釋繼祖輯
偈頌一卷
佛祖真讚一卷
自讚一卷

八七〇 了堂和尚語錄八卷 元刻本 十行二十一字黑口左右双边
池州廣禪寺語錄一卷
台州路紫籜山廣度禪寺語錄一卷 元釋思齊思靜輯
唐元路天寧萬壽禪寺語錄一卷 元釋文□輯 □釋□□□藏輯
天童禪寺語錄一卷 元釋思謨等輯
頌古一卷 元釋思□輯
讚詠一卷 元釋思□等輯
偈頌一卷 元釋思齊思靜輯
拾遺一卷 元釋大安文朗輯

八七一 六祖大師法寶壇經一卷 唐釋法海等錄 明釋正勝抄本

八七二 六祖大師法寶壇經一卷 唐釋法海等錄 明刻本 九行十七字白口四周單邊

八七三 六祖大師法寶壇經一卷 唐釋法海等錄 明刻本 九行十八字白口四周單邊

八七四 六祖大師法寶壇經一卷 唐釋法海等錄 明刻本 九行十八字白口左右双边

八七五 六祖大師法寶壇經一卷 唐釋法海等錄 明刻本 十行十八字白口四周双边

八七六 六祖大師法寶壇經一卷 唐釋法海等錄 附一卷 元至元二十七年?中作?寺刻本 十三行二十四字黑口四周單邊

八七七 六祖大師法寶壇經一卷 唐釋法海等錄 機緣一卷 元釋宗寶輯 附錄一卷 明釋□□□ 明萬曆徐延真刻本 八行十七字白口四周單邊

八七八 六祖大師法寶壇經一卷 明釋元芝輯 明萬曆八年刻本 十行二十字白口左右双边

八七九 六祖大師法寶壇經一卷 明釋王元輯 明黄埻刻本 九行十九字白口左右双边有刻工

八八〇 六祖大師法寶壇經一卷 明釋元芝輯 明刻本 九行十八字白口四周双边

六祖壇經節錄一卷 明袁宏道輯　明刻本　八行十八字白口四周單邊 八八一

龐居士語錄一卷詩二卷 唐龐蘊撰　于頔輯　明萬曆程通刻本　八行十七字白口四周雙邊 八八二

鎮州臨濟慧照禪師語錄一卷 唐釋慧然輯　宋刻本　十一行二十字白口左右雙邊 八八三

臨濟慧照玄公大宗師語錄一卷 唐釋慧然輯　附一卷　元刻本　十行二十字白口左右雙邊 八八四

佛果圜悟禪師碧巖錄十卷 宋釋重顯頌古　釋克勤評唱　釋梅道刻本　明刻　十一行二十字白口左右雙邊 八八五

存二卷 三至四

佛果圜悟禪師碧巖錄十卷 宋釋重顯頌古　釋克勤評唱　明嘉靖刻本（卷一至三配抄本）　十一行二十一字黑口四周雙邊 八八六

佛果圜悟禪師碧巖錄十卷 宋釋重顯頌古　釋克勤評唱　明雲棲寺刻本　九行十八字白口左右雙邊 八八七

佛果圜悟禪師碧巖錄十卷 宋釋重顯頌古　釋克勤評唱　明楞伽寺刻本　許丁閱訂 八八八

佛果圜悟禪師碧巖錄十卷 宋釋重顯頌古　釋克勤評唱　明刻本　十一行二十一字白口左右雙邊 八八九

佛果圜悟禪師碧岩集十卷 宋釋重顯頌古　釋克勤評唱　明刻本　八行十八字白口四周雙邊 八九〇

約七

圜悟禪師評唱雪竇和尚頌古碧巖錄十卷 明德刻本　八行十八字白口左右雙邊 八九一

雪竇顯和尚頌古一卷 宋釋重顯撰　明刻本　十行十八字黑口四周雙邊 八九二

雪竇顯和尚頌古一卷 宋釋重顯撰　明刻本　十行十八字白口四周雙邊 八九三

佛果圜悟禪師擊節雪竇顯和尚拈古語要二卷 明萬曆三年釋大機刻遞修本　十一行二十字黑口四周雙邊 八九四

晃禪師初住翠巖語錄一卷 宋釋嗣曉輯　宋刻本　十二行二十字白口上下單邊左右雙邊 八九五

林泉老人評唱投子青和尚頌古空谷傳聲集三卷 元釋從倫撰　明和刻本（卷一配和刻本）　十一行二十字白口四周雙邊 八九六

林泉老人評唱投子青和尚頌古空谷傳聲集三卷 元釋從倫撰　明隆慶三年南京清涼寺刻本　十一行二十字白口四周雙邊　存一卷下 八九七

林泉老人評唱投子青和尚頌古空谷傳聲集三卷 元釋從倫撰　明萬曆十七年刻本　十一行二十字黑口四周雙邊 八九八

林泉老人評唱投子青和尚頌古空谷傳聲集二卷 元釋從倫錄　明刻本　十一行二十字白口左右雙邊 八九九

林泉老人評唱投子青和尚頌古空谷傳聲集二卷 元釋從倫撰　明刻本　八行十八字白口四周雙邊 九〇〇

林泉老人評唱投子青和尚頌古空谷傳聲集三卷 元釋從倫撰　明生生道人刻本　八行十八字白口左右雙邊 九〇一

林泉老人評唱丹霞淳禪師頌古虛堂習聽錄三卷 元釋從倫撰　明初刻本　十一行二十字白口四周雙邊 九〇二

林泉老人評唱丹霞淳禪師頌古虛堂習聽錄三卷 元釋從倫撰　明隆慶刻四眾歎本　十一行二十一字白口四周雙邊 九〇三

林泉老人評唱丹霞淳禪師頌古虛堂習聽錄三卷 元釋從倫撰　明洪武釋淨啟刻本　八行十八字白口四周雙邊 九〇四

林泉老人評唱丹霞淳禪師頌古虛堂集二卷 元釋從倫撰　明生生道人刻本　八行十八字白口左右雙邊 九〇五

萬松老人評唱天童覺和尚拈古請益錄二卷 元釋行秀撰　明隆慶五年刻本 九〇六

東

萬松老人評唱天童覺和尚頌古從容庵錄三卷 元釋行秀撰　明生生道人刻本　八行十八字白口四周單邊 九〇七

萬松老人評唱天童覺和尚頌古從容庵錄三卷 元釋行秀撰　音義三卷 明刻本　十一行二十字黑口左右雙邊 九〇八

萬松老人評唱天童覺和尚頌古從容庵錄三卷 元釋行秀撰　音義三卷 明刻本　十一行二十字白口左右雙邊 九〇九

覺空老人評唱通玄和尚問萬松和尚答林泉頌般若集一卷 明釋從遠、常化錄　明萬曆三十一年王坦之刻本　十一行二十字白口四周雙邊 九一〇

寶峯雲庵真淨禪師語錄二卷偈頌一卷 宋釋福深等編　宋刻本　十一行二十字黑口左右雙邊有刻工 九一一

佛果圜悟真覺禪師心要□卷 宋釋子文編　宋刻本　十一行二十字白口四周雙邊　存一卷上 九一二

舒州龍門佛眼和尚上堂語錄二卷 宋釋善悟輯　元刻本　十一行二十一字白口左右雙邊 九一三

通玄百問一卷青州百問一卷 明嘉靖三十六年金臺宗鏡庵刻本　十一行二十一字黑口 九一四

四周双边

通玄百問一卷青州百問一卷 明生生道人刻本 十一行[illegible]

雪堂行和尚拾遺錄一卷 宋刻本 十行十八字白口左右双边

大慧普覺禪師普說一卷 宋釋宗杲撰 宋刻本 十一行二十字白口左右双边

大慧普覺禪師書一卷 宋釋文[illegible]編 元刻本 十一行二十字黑口[illegible]

大慧普覺禪師書二卷 宋釋宗杲撰 明萬曆二十[illegible]刻本 十行二十字黑口左右双边

大慧普覺禪師書二卷 宋釋宗杲撰 明萬曆十[illegible]年釋[illegible]刻本 十一行二十字白口左右双边

大慧普覺禪師語錄三十卷 宋釋宗杲撰 釋[illegible] 明[illegible]十三年[illegible]刻本 十[illegible]行[illegible]十字白口左右双边

大慧普覺禪師法語二卷 宋釋宗杲撰 釋蕴聞輯 明刻本 十一行二十字白口左右双边

大慧普覺禪師宗門武庫一卷 宋釋道謙撰 雪堂行和尚拾遺錄一卷 明洪武[illegible]刻本 十行十八字黑口左右双边

李卓吾先生批點大慧集[illegible]卷 [illegible] 字白口左右双边

普庵至善弘仁圓通智慧寂感妙應慈濟真覺昭貺慧慶護國宣教大德菩薩實錄一卷語錄四卷家寶一卷 宋釋印肅撰 明永樂二十一年內府刻本 十二行二十二字黑口四周双边 四九

普庵至善弘仁圓通智慧寂感妙應慈濟真覺昭貺慧慶護國宣教大德菩薩語錄四卷家寶一卷 宋釋印肅撰 明永樂二十一年內府刻本 十二行二十[illegible]字[illegible]四周双边

密庵和尚語錄十二卷 宋釋崇岳了悟等編 宋刻本 十一行二十字白口左右双边

相模州極樂禪寺月峰和尚語錄一卷頌古一卷 宋釋真[illegible]輯 宋咸淳刻本 十行十八字白口左右双边

雪巖和尚語錄六卷普說一卷法語一卷讚佛祖一卷偈頌一卷外集一卷舉古一卷 宋釋祖欽撰 清抄本

禪宗頌古聯珠通集四十卷 宋釋法應輯 元釋普會續輯 元刻本 十行二十字白口左右双边

存一卷 四

高峯大師語錄一卷 元釋原妙撰 明萬曆二十七年[illegible]刻本 十行二十字白口左右双边

高峯大師語錄一卷 元釋原妙撰 明[illegible]刻本 十行二十字白口四周双边

高峯大師語錄一卷 元釋原妙撰 明刻本 十行二十字白口左右双边

高峰和尚禪要一卷 元釋原妙撰 洪喬祖輯 元至元三十一年刻本 十行十八字白口左右双边

高峯和尚參禪節要一卷 元釋持正錄 洪喬祖輯 獨峯和尚禪要一卷 元釋[illegible]輯 明宋[illegible]刻本 八行十六字黑口四周双边

高峯和尚參禪節要一卷 元釋持正錄 洪喬祖輯 明刻本 十行十八字黑口左右双边

高峯龍泉院因師集賢語錄十五卷 元釋如瑛編 元刻本 十一行二十一字黑口左右双边

存十卷 一至十

蒙山和尚普說四卷 元釋[illegible]等編 明抄本

天目中峯和尚廣錄三十卷 元釋明本撰 元元統三年釋明瑞刻本 十四行二十四字黑口左右双边

存十九卷 一至二 四至二十

天目中峯和尚廣錄三十卷 元釋明本撰 明[illegible]刻本 十行二十字黑口[illegible]左右双边

天目中峯和尚廣錄三十卷 元釋明本撰 明[illegible]刻本 十行二十字白口左右双边

天目中峯和尚廣錄十卷 元釋明本撰 明刻本 十一行二十字黑口四周双边 五〇

存四卷 一至二 六至七

佛日圓明大師別岸和尚語錄五卷偈頌發跋一卷 元釋[illegible]編 元刻本 十一行二十二字黑口左右双边

石屋和尚住嘉興當湖福源禪寺語錄一卷山居頌一卷 元釋至柔編 元刻本 十行二十字黑口左右双边

石屋和尚住嘉興當湖福源禪寺語錄一卷山居頌一卷 元釋至柔編 明洪武刻本 十行二十字黑口左右双边

師子林天如和尚語錄□卷別錄五卷剩語集二卷 元釋惟則撰 釋善遇編 元至正刻本 十一行二十一字黑口左右双边

存四卷 語錄一至二 別錄四至五

師子林天如和尚語錄一卷 元釋惟則撰 [illegible] 双边

師子林天如和尚別錄五卷 元釋惟則撰 釋善遇編 元至正十八年刻本 十一行二十一字黑口左右双边

存三卷 三至五

師子林天如和尚剩語集二卷 元釋惟則撰 釋善遇輯 元至正十二年刻本 十一行二十一字黑口左右雙邊 九四九

盤山棲雲大師語錄一卷 元刻本 十一行二十字黑口左右雙邊 九五〇

高仰山古梅和尚語錄全集一卷龍窟重開山古梅和尚語錄一卷 元刻本 十行二十字黑口四周雙邊 九五一

廬山白蓮正宗曇華集二卷 元釋果滿撰 明刻本 十行十八字黑口左右雙邊 九五二

冥司語錄一卷 明洪武三十一年釋克貞刻本 十一行二十二字黑口四周單邊 九五三

山菴雜錄二卷 明釋無慍撰 明刻本 十二行二十四字白口左右雙邊 九五四

空谷猿三卷 明釋景隆撰 明弘治刻本 十行二十一字黑口四周雙邊 九五五

空谷集三卷 明釋景隆撰 明刻本 十行二十一字黑口四周雙邊 九五六

古庭祖師語錄輯畧四卷 明釋善堅撰 明崇禎十六年釋惰安等刻本 清袁嘉穀批並跋 九行二十字白口四周單邊 九五七

歸元直指集四卷附西方百詠一卷山居百詠一卷 明釋一元撰 明嘉靖三十二年釋圓通等刻本 十行二十字白口四周雙邊 九五八

歸元直指四卷附西方百詠一卷山居百詠一卷 明釋一元撰 明嘉靖刻本 十行二十字黑口四周雙邊 九五九

五十

歸元直指二卷附西方百詠一卷山居百詠一卷直音切字一卷 明釋一元撰 明隆慶四年刻本 十行二十字黑口四周雙邊 九六〇

歸元直指集四卷 明釋一元撰 明萬曆二年張嘉賓刻本 十行二十字白口四周雙邊 九六一

歸元直指集四卷 明釋一元撰 明刻本 十行二十字白口四周雙邊 九六二

雲棲大師遺稿二卷存一卷 明釋袾宏撰 明末刻本 十行二十字白口四周單邊 九六三

踪眼和尚機鋒語錄一卷 明嘉靖刻本 十行十六字黑口四周雙邊 九六四

普門和尚不像語一卷 明釋性安撰 明天啟新安五明寺刻本 九行十八字白口四周雙邊有刻工 九六五

破山雪柏乘禪師語錄十卷 明釋法乘撰 明萬曆四十七年刻本 八行十八字白口四周單邊 九六六

三峰藏禪師長水真如寺語錄一卷 明釋法藏撰 明刻本 九行二十字白口四周雙邊 九六七

香嚴古溪和尚語錄十二卷續編三卷 明釋明炬等錄 明萬曆三十四年白印刻本 十行二十字白口四周單邊 九六八

雲門顯寺散木禪師宗門或問一卷 明朱長濂輯 明萬曆刻本 九行二十字白口四周單邊 九六九

無趣老人語錄一卷 明釋性沖撰 明寶夢堂刻本 九行十八字白口左右雙邊 九七〇

無幻禪師語錄二卷 明釋性沖撰 明寶夢堂刻本 九行十八字白口左右雙邊 九七一

天隱和尚磬山集十四卷 明釋通琇輯 明崇禎刻本 九行二十字白口四周單邊 九七二

弁山久默禪師語錄四卷 明釋道眉輯 明崇禎刻本 九行二十一字白口四周單邊 九七三

幻有道人韻語一卷敬語一卷物不遷題旨一卷性住釋一卷贊語一卷禹門晚話二卷 明釋正傳撰 明釋通達釋行識錄 明萬曆刻本 九行十八字白口左右雙邊 九七四

潤州焦山碩機聖禪師語錄一卷 明釋通英上欽記錄 明弘光元年釋玄嶽袁貞等募刻本 九行十九字白口四周雙邊 九七五

語嵩和尚語錄十二卷 明釋傳裔撰 清順治十五年貫亭刻本 九七六

天隱和尚語錄七卷 清釋通問等輯 清初抄本 九七七

水目無住和尚南遊續鐵空明集三卷 清釋洪如撰 明末抱光中刻 九七八

雜毒海八卷 清釋性音撰 清康熙五十三年刻本 八行十九字白口四周單邊 九七九

梵室偶談一卷 清釋智旭撰 明末釋通瑞通玄刻本 九行二十字白口四周單邊 九八〇

五十一

尺木禪師綱緩語錄一卷 清釋性休撰 清順治九年永慶寺刻本 九八一

布水臺集二十六卷 清釋道忞撰 清康熙刻本 九八二

盤山拙菴朴大師電光錄一卷 清釋智朴撰 釋德珍錄 清康熙三十八年刻本 九八三

無依道人錄二卷 清徐昌治撰 清康熙六年刻本 九八四

牧雲和尚七會餘錄六卷 清釋通門撰 清初毛氏汲古閣刻本 九八五

牧雲和尚宗本投機頌一卷 清釋通門撰 清初毛氏汲古閣刻本 九八六

牧雲和尚四悉書十四卷 清釋通門撰 釋智時編次 清康熙三十五年釋果稽刻本 九八七

紫松大師山房散帚錄四卷 清釋性門撰 釋滿堅錄 清乾隆溜陽堂刻本 九八八

尺木禪師綱緩語錄一卷為天癡謡一卷順世語一卷 清釋性休撰 清順治十年刻本 九八九

為霖和尚雲石保眠禪寺語錄二卷 清釋道霈撰 釋大光錄 清康熙二十八年刻本 九九〇

為霖和尚泉州開元語錄一卷 清釋為霖撰 釋學嬪等錄 清康熙二十八年釋如寶刻本 九九一

五龍山黃梅寺廣修禪師語錄十卷 清釋明淨撰 釋圓宗錄 清雍正六年刻本 九九二

五十二

殘存

九峯靈藥和尚語錄三卷 清釋靈藥撰 周晧武釋道隆刻本 九九三

史傳

高僧傳十四卷 梁釋慧皎撰 清抄本 清孫星衍丁丙跋 九九四

古清涼傳二卷 唐釋慧祥撰 廣清涼傳三卷 宋釋延一撰 續清涼傳二卷 宋張商英撰 成道記一卷 唐王勃撰 補陀洛迦山傳一卷 元盛熙明撰 明刻本 十一行二十字黑口四周双边 九九五

古清涼傳二卷 唐釋慧祥撰 廣清涼傳三卷 宋釋延一撰 續清涼傳二卷 宋張商英撰 成道記一卷 唐王勃撰 補陀洛迦山傳一卷 元盛熙明撰 清抄本 清丁丙跋 九九六

古清涼傳二卷 唐釋慧祥撰 [illegible] 清涼傳二卷 宋張商英撰 廣清涼傳三卷 宋釋延一撰 成道記一卷 唐王勃撰 補陀洛迦山傳一卷 元盛熙明撰 清抄本 九九七

古清涼傳二卷 唐釋慧祥撰 續清涼傳二卷 宋張商英撰 廣清涼傳二卷 宋釋延一撰 補陀洛迦山傳一卷 元盛熙明撰 九九八

釋迦如來成道記一卷 唐王勃撰 清抄本

古清涼傳二卷 唐釋慧祥撰 續清涼傳二卷 宋張商英撰 廣清涼傳二卷 宋釋延一撰 清抄本 九九九

廣清涼傳三卷 宋釋延一撰 明洪武二十九年山西[illegible]刻本 十一行二十字黑口四周双边 一〇〇〇

清涼通傳十卷 明釋鎮澄撰 明萬曆十三年刻本 九行字不等黑口四周双边有刻工 一〇〇一

釋迦如來成道記一卷 唐王勃撰 明成化十六年釋[illegible]刻本 七行十[illegible]字黑口四周单边 一〇〇二

釋迦如來成道記一卷 唐王勃撰 釋[illegible]註 明萬曆六年釋明得刻本 [illegible]行十七字白口左右双边 一〇〇三

釋迦如來成道記一卷 唐王勃撰 [illegible]註 明[illegible]刻本 七行十七字白口四周双边 一〇〇四

釋迦如來成道記註解一卷 唐王勃撰 [illegible]註 明萬曆[illegible]刻本 九行十八字黑口左右双边 一〇〇五

大慈恩寺三藏法師傳十卷 唐釋慧立撰 釋彥悰箋 明萬曆吳仲虛西爽堂刻本 十行二十字白口左右双边 一〇〇六

感通賦一卷 宋釋延壽撰 附錄一卷 明嘉靖十八年刻本 十二行字不等 一〇〇七

有宋高僧傳三十卷 宋釋贊寧等撰 明抄本
存三卷 十五至十七 一〇〇八

寂音尊者智證傳十卷 宋釋惠洪撰 釋覺慈編 靈巖寶鏡三昧一卷 明萬曆十三年于中甫刻本 十行十九字黑口左右双边 一〇〇九

四州大聖明覺普照國師傳一卷 宋蔣之奇撰 明萬曆十九年[illegible]刻本 八行十八字白口四周双边 一〇一〇

禪林僧寶傳三十卷臨濟宗旨一卷 宋釋惠洪撰 明萬曆刻本 十行十九字黑口左右双边 一〇一一

禪林僧寶傳三十卷臨濟宗旨一卷 宋釋惠洪撰 補禪林僧寶傳一卷 宋釋慶老撰 明刻本 十九十九字黑口左右双边 一〇一二

禪林僧寶傳三十卷臨濟宗旨一卷 宋釋惠洪撰 補禪林僧寶傳一卷 宋釋慶老撰 明刻本 清丁丙跋 十行十九字黑口左右双边 一〇一三

嘉泰普燈錄三十卷 宋釋正受撰 宋嘉定[illegible]寺刻本 十行二十字白口左右双边有刻工
存六卷 一至三 二十八至三十 一〇一四

四明尊者教行錄七卷 宋釋宗曉輯 明嘉靖三十九年[illegible]刻本 十行二十字黑口四周双边
存四卷 四至七 一〇一五

萬僧問答景德傳燈全錄三十卷 宋釋道原撰 元刻本 十一行二十一字黑口左右双边 一〇一六

萬僧問答景德傳燈全錄三十卷 宋釋道原撰 明[illegible]刻本 九行二十字白口左右双边 一〇一七

景德傳燈錄三十卷西來年表一卷 宋釋道原撰 [illegible]四年釋思[illegible]刻本(卷一至三配元至正二十五年釋[illegible]刻本、卷四、十至十二、二十二、二十五至三十[illegible]明[illegible]刻本) 劉世珩[illegible]跋 一〇一八

景德傳燈錄三十卷西來年表一卷 宋釋道原撰 宋刻本(卷一、西來年表配[illegible]本 卷二至三配清抄本 卷十至十二配宋紹興四年釋思鑒刻本) 十三行二十三字白口左右双边 一〇一九

景德傳燈錄三十卷 宋釋道原撰 [illegible]刻本 十五行二十[illegible]字白口左右双边 一〇二〇

景德傳燈錄三十卷 宋釋道原撰 [illegible]
存一卷 十七 一〇二一

景德傳燈錄二十卷西來年表一卷 宋釋道原撰 元延祐三年釋希[illegible]刻本 十三行[illegible]黑口左右双边有刻工
存十九卷 一至四 八至十二 十五 十七至十八 二十一 二十五至三十 西來年表全 一〇二二

景德傳燈錄三十卷 宋釋道原撰 元至正二十五年釋[illegible]刻本
存二卷 十六至十七 一〇二三

景德傳燈錄三十卷 宋釋道原撰 明刻本 十三行字不等白口左右双边 一三二四

景德傳燈錄三十卷 宋釋道原撰 明抄本
存六卷 一至六 一三二五

新刊萬僧問答景德傳燈全錄三十卷 宋釋道原撰 元刻本 十一行二十一字黑口左右双边
存十卷 七至十二 十七至二十 一三二六

傳燈錄一卷 明抄本 一三二七

大慧普覺禪師年譜一卷 宋釋祖詠撰 宋寶祐元年徑山明月堂刻本 十一行二十字白口左右双边 一三二八

五燈會元二十卷 宋釋普濟撰 宋刻本 十三行二十四字白口左右双边有刻工 一三二九

五燈會元二十卷 宋釋普濟撰 宋刻本 十三行二十四字白口左右双边有刻工 一三三〇
存四卷 十一至十四

五燈會元二十卷 宋釋普濟撰 宋刻本 十三行二十四字白口左右双边有刻工 一三三一
存二卷 十九至二十

五燈會元二十卷 宋釋普濟撰 明初刻本 清傅山批點 十三行二十四字黑口四周單边 一三三二
存二卷 一至二

五五

五燈會元二十卷 宋釋普濟撰 明成化十一年刻本 十三行二十四字黑口左右双边或[illegible]單边 一三三三

五燈會元二十卷 宋釋普濟撰 明嘉靖四十年[illegible]與徑山寺募刻本 十行二十字白口左右双边有刻工 一三三四

五燈會元二十卷 宋釋普濟撰 明釋明顯募刻本 十行二十字白口左右双边 一三三五

五燈會元二十卷 宋釋普濟撰 明刻本 十三行二十四字黑口四周双边 一三三六
存十九卷 一至九 十一至二十

五燈會元二十卷 宋釋普濟撰 明抄本 一三三七
存六卷 一至五 九[illegible]

五燈會元續略五卷 明釋淨柱撰 清順治十三年[illegible]刻本 一三三八

佛祖統紀五十四卷 宋釋志磐撰 宋咸淳元年至六年胡慶宗李[illegible]等募刻本 [illegible]跋 十一行二十二字白口左右双边有刻工 一三三九
存三十六卷 一至二 四至十八 二十二至四十

歷代編年釋氏通鑑十二卷 宋釋本覺撰 元刻本 十一行二十二字黑口左右双边 一三四〇
存八卷 一至六 十一至十二

歷代編年釋氏通鑑十二卷 宋釋本覺撰 清揚州阮氏抄本 一三四一

佛祖歷代通載二十二卷 元釋念常撰 元至正七年釋念常募刻本 十一行二十字黑口左右双边 一三四二

佛祖歷代通載二十二卷 元釋念常撰 元刻本 王獻唐跋 十行二十字黑口左右双边 一三四三
存五卷 四至六 十三至十四

佛祖歷代通載二十二卷 元釋念常撰 明宣德五年大慈恩寺刻本 十行二十字黑口左右双边 一三四四
存十九卷 一 四至二十一

佛祖歷代通載二十二卷 元釋念常撰 明宣德五年大慈恩寺刻本 清釋際益跋 一三四五
存十九卷 四至二十二

佛祖歷代通載二十二卷 元釋念常撰 明宣德五年大慈恩寺刻二十四年嘉靖重修本 一三四六

佛祖歷代通載二十二卷 元釋念常撰 明隆慶四年至萬曆六年釋性月募刻本 十行二十字白口間有細黑口左右双边 一三四七

佛祖歷代通載二十二卷 元釋念常撰 清抄本 清翁潘校 一三四八

釋氏稽古略四卷 元釋覺岸撰 元刻明修本 九行字不等白口四周双边 一三四九

釋氏稽古略四卷 元釋覺岸撰 元刻明修本 清張蓉鏡跋 九行二十八字白口四周双边 一三五〇

釋氏稽古略四卷 元釋覺岸撰 元刻明修本 續集三卷 明釋大聞撰 清咸豐二年胡氏琳琅秘室抄本 清胡珽跋 一三五一

釋氏稽古略四卷 元釋覺岸撰 明嘉靖二十四年刻本 九行二十八字白口四周双边 一三五二

五六

釋氏稽古略四卷 元釋覺岸撰 明嘉靖三十二年釋留隱刻本 九行字不等白口左右双边 一三五三

釋氏稽古略四卷 元釋覺岸撰 明刻本 九行二十八字白口左右双边 一三五四

釋氏稽古略四卷 元釋覺岸撰 明刻重修本 九行二十八字白口左右双边間有四周双边 一三五五

釋氏稽古略四卷 元釋覺岸撰 釋鑑稽古略續集三卷 明釋大聞撰 明崇禎十一年嚴賓刻本 九行小字二十六字白口四周單边 一三五六

神僧傳九卷 明成祖朱棣撰 明永樂十五年內府刻本 十二行二十一字黑口四周双边 一三五七

神僧傳九卷 明成祖朱棣撰 明西天竺寺河間僧刻本 九行十八字白口四周單边 一三五八

神僧傳九卷 明成祖朱棣撰 明西天竺寺河間僧刻本 清丁丙跋 一三五九

神僧傳九卷 明成祖朱棣撰 明萬曆吳琯刻古今逸史本 清顧廣圻校並跋 十行二十字白口左右双边 一三六〇
存五卷 一至五

神僧傳九卷 明成祖朱棣撰 明抄本 一三六一

異僧傳九卷 明成祖朱棣撰 明抄本 一三六二
存三卷 一至三

釋氏源流四卷 明釋寶成撰 明成化二十二年內府刻本 十四行二十四字黑口四周双边 一三六三

釋氏源流二卷 明釋寶成撰 明嘉靖二十五年釋學同刻本 十行[illegible]字黑口四周双边 一三六四

一五六五 古德機緣六卷 明釋常志撰 李贄評 明刻本 九行二十字白口四周單边
一五六六 皇明名僧輯略一卷附錄一卷 明釋袾宏輯 武林西湖高僧事略一卷 宋釋元敬元復撰 明釋袾宏刻本 十行二十字白口左右双边
一五六七 水月齋指月錄三十二卷 明瞿汝稷撰 明萬曆二十九年嚴澂嚴澄等刻本 十一行二十一字白口四周單边
一五六八 水月齋指月錄三十二卷 明瞿汝稷撰 明萬曆二十九年嚴澂嚴澄等刻本 清祁理孫祁班孫批點
一五六九 指月錄三十二卷 明瞿汝稷編 明萬曆三十年釋通一刻本 十一行二十一字白口四周單边
一五七〇 指月錄三十二卷 明瞿汝稷輯 明崇禎三年釋海明刻本 十一行二十一字白口四周單边
一五七一 指月錄三十二卷 明瞿汝稷輯 明釋弘禮刻本 十一行二十一字白口四周双边
一五七二 指月錄三十二卷 明瞿汝稷撰 明釋懸慧刻本 十一行二十一字白口四周單边
一五七三 指月錄三十二卷 明瞿汝稷撰 明[illegible]刻本 十一行二十一字白口四周單边
一五七四 法喜志四卷續法喜志四卷 明夏樹芳輯 明萬曆夏氏清遠樓刻本 九行十六字白口四周單边有刻工
一五七五 黄山普門和尚行蹟二卷 明釋惟安撰 性淨輯 明天啟刻本 九行十八字白口四周双边有刻工

五七

一五七六 東林十八高賢傳一卷 明萬曆四十八年姑蘇毘耶室覺僊刻本 八行十七字白口左右双边
一五七七 東林十八高賢傳一卷 明萬曆四十八年姑蘇毘耶室覺僊刻本 清丁丙跋 八行十七字白口左右双边
一五七八 東林十八高賢傳一卷 明萬曆刻本 八行二十字白口四周單边
一五七九 一言半句二卷 明嚴澂輯 明賞真齋刻本 九行二十字白口左右双边
一五八〇 於密滲提寂音尊者智證傳五卷 明釋法藏撰 明天啟四年嚴樟刻本 九行十八字白口四周單边
一五八一 五宗救十卷 明釋弘忍撰 明崇禎刻本 十行字不等白口四周單边
一五八二 寂光境三卷 明洪應明撰 明刻本 八行十八字白口四周單边
一五八三 釋氏源流應化事蹟四卷 清初刻本 十二行二十四字黑口四周双边
存三卷 二至四
一五八四 釋氏源流應化事蹟二卷 清抄本
一五八五 蜀中高僧記□卷 明曹學佺撰 明刻本 十行二十字白口四周双边
存四卷 一至四
一五八六 吴都法乘三十卷 明周永年撰 清初抄本
一五八七 吴都法乘十二卷 明周永年撰 清抄本

一五八八 集歷代經史神明不滅證信輪迴錄二卷 清釋如相撰 明萬曆四十八年古杭雲棲寺刻本 十行二十字白口左右双边
一五八九 懶菴奇畢居士別傳錄八卷 清畢奇撰 清康熙五十三年釋照嚴刻本
一五九〇 鹽官名德錄二卷 清釋真照撰 清康熙十七年慶壽禪心堂刻本
一五九一 祖庭嫡傳指南二卷 清徐昌治撰 清初刻本
一五九二 大覺普濟能仁國師年譜二卷 清釋超琦輯 清刻本
一五九三 广翁老和上海外禪林寺錄一卷 清釋界如等輯 清康熙[illegible]年刻本
一五九四 蜀僧記三卷 清釋含澈輯 稿本
一五九五 歷代高僧集傳三十八卷 清[illegible]輯 稿本
一五九六 釋迦如來應化事跡不分卷 明丁雲鵬繪 清刻本
一五九七 釋迦如來應化事跡四卷 清永珊繪 清乾隆五十八年刻本
一五九八 出三藏記集錄□卷目錄音義等 梁釋僧祐撰 唐會昌三年寫本 劉世珩劉之泗跋
存殘葉一卷 上二
一五九九 衆經目錄七卷 隋釋法經等撰 清劉氏味經書屋抄本

五八

一六〇〇 衆經目錄五卷 清劉氏味經書屋抄本
一六〇一 內典文藏目錄不分卷 清初[illegible]抄本
一六〇二 內典文藏□□卷 清抄本
存十三卷 二至三 四十四至四十七 六十一至六十七
一六〇三 武周刊定衆經目錄十四卷偽經目錄一卷 唐釋明佺等撰 清道光十一年味經書屋劉氏鈔本
一六〇四 大藏經綱目指要錄八卷 宋釋惟白撰 宋刻本 四行字不等上下單边
一六〇五 大元至元法寶勘同總錄十卷 元慶吉祥等撰 清抄本
一六〇六 至元法寶勘同總錄十卷 元慶吉祥等撰 清抄本 [illegible]跋
一六〇七 大元至元辨偽錄五卷 元釋祥邁撰 明刻本 十行二十字白口四周双边
一六〇八 大藏聖教法寶標目不分卷 元王古撰 清初抄本
一六〇九 大藏一覽集十卷 明陳實撰 [illegible] 十一行二十一字黑口四周双边
一六一〇 大藏一覽十卷 明陳實撰 明宣德五年[illegible]刻本 十一行二十一字黑口左右双边
一六一一 大藏一覽十卷 明陳實撰 [illegible]刻本 十一行二十一字黑口四周双边
一六一二 大藏一覽十卷 明陳實撰 明萬曆四十二年[illegible]刻本 九行十八字白口四周[illegible]

一二三三 大明三藏聖教目錄四卷 明刻本 五行字不等白口上下雙邊

一二三四 大明三藏聖教目錄四卷續入藏經目錄一卷 明抄本

一二三五 大明三藏聖教目錄四卷大明重刊三藏聖教目錄三卷大明道藏經目錄四卷道藏闕經目錄一卷 清初抄本

一二三六 南京禮部編定印造經號簿一卷大藏經目錄號數一卷續入藏經目錄號數一卷 明南京禮部編 明萬曆刻本 九行字不等白口四周雙邊

一二三七 大明釋教彙目義門四十一卷彙門目錄四卷彙門標目四卷釋例一卷 明釋寂曉撰 明萬曆四十七年刻本 十行二十一字黑口四周雙邊

一二三八 徑山藏目錄不分卷 清[illegible]抄本

一二三九 [illegible]沙室全藏目錄不分卷 清[illegible]抄本 鄭振鐸跋

一二四〇 大清重刻龍藏彙記一卷續藏目錄一卷 清道光十一年劉氏[illegible]抄本

一二四一 一切經音義二十五卷 唐釋玄應撰 宋刻本 存五卷（十五至十八、二十）

一二四二 一切經音義二十五卷 唐釋玄應撰 清莊炘孫星衍等合校 清乾隆五十一年莊炘刻本 清桂[illegible]

一二四三 一切經音義二十五卷 唐釋玄應撰 [illegible]跋 清乾隆五十一年莊炘刻本

一二四四 一切經音義二十五卷 唐釋玄應撰 [illegible] 清乾隆五十一年莊炘刻本 [illegible]抄補並錄[illegible]校 傅增湘跋並錄顧廣圻校

一二四五 一切經音義二十五卷 唐釋玄應撰 清王[illegible]校並跋 清乾隆五十一年莊炘刻本

一二四六 一切經音義二十五卷 [illegible] 清乾隆五十一年莊炘刻本 [illegible]校跋

一二四七 一切經音義二十五卷 [illegible] 清乾隆五十一年莊炘刻本

一二四八 一切經音義二十五卷 [illegible] 清乾隆五十一年莊炘刻本 [illegible]校跋

一二四九 一切經音義二十五卷 [illegible] 清乾隆五十一年莊炘刻本

一二五〇 一切經音義二十五卷 [illegible] 清道光十一年古稀堂刻本

一二五一 一切經音義二十五卷 [illegible] 清道光十一年古稀堂刻本

一二五二 一切經音義二十五卷 [illegible] 清道光十一年古稀堂刻本

一二五三 一切經音義二十六卷 [illegible] 清[illegible]影山草堂抄本

一二五四 一切經音義二十五卷 唐釋玄應撰 補訂新譯大方廣佛華嚴經音義二卷 唐釋慧苑撰 刻華嚴經音義挍勘記一卷 清曹籀撰 清同治八年刻本 清陶方琦校並跋

一二五五 一切經音義二十五卷 唐釋玄應撰 補訂新譯大方廣佛華嚴經音義二卷 唐釋慧苑撰 刻華嚴經音義校勘記一卷 清曹籀撰 清同治八年刻本 清江標校並跋

一二五六 一切經音義二十五卷 唐釋玄應撰 補訂新譯大方廣佛華嚴經音義二卷 唐釋慧苑撰 刻華嚴經音義校勘記一卷 清曹籀撰 清同治八年刻本 [illegible]跋

一二五七 大方廣佛華嚴經音義四卷 唐釋慧苑撰 清道光十四年趙[illegible]錄抄本 清江曰楨校並跋

一二五八 新譯大方廣佛華嚴經音義二卷 唐釋慧苑撰 清道光十五年保寧[illegible]刻本 清許槤校又跋

一二五九 大方廣佛華嚴經音義四卷 唐釋慧苑撰 清彭氏知聖道齋抄本

一二六〇 新譯大方廣佛華嚴經音義二卷 唐釋慧苑撰 清抄本 清勞格校並錄臧庸跋

一二六一 新譯大方廣佛華嚴經音義二卷 唐釋慧苑撰 清抄本

一二六二 新譯大方廣佛華嚴經音義二卷 唐釋慧苑撰 清[illegible]校 敘錄一卷 清臧鏞堂撰 清抄本

一二六三 翻譯名義集七卷 宋釋法雲撰 宋紹興刻本 八行十一字白口四周雙邊

一二六四 翻譯名義集七卷 宋釋法雲撰 宋刻本（卷一至三配清影宋抄本） 五行字不等白口左右雙邊 四周雙邊 有刻工

一二六五 翻譯名義集七卷 宋釋法雲撰 宋刻本 五行字不等白口左右雙邊 刻工 存一卷 六

一二六六 翻譯名義集十四卷 宋釋法雲撰 明刻本 十二行二十二字黑口四周雙邊

一二六七 翻譯名義集十四卷 宋釋法雲撰 明刻本 清丁丙跋 十二行二十二字黑口四周雙邊

一二六八 翻譯名義集十四卷 宋釋法雲撰 明刻本 十行二十字白口左右雙邊

一二六九 教乘法數十二卷 明釋圓靜輯 明宣德六年刻本 行字不等黑口四周雙邊

一二七〇 教乘法數十二卷 明釋圓靜輯 明宣德六年刻清康熙二年重修本 行格字數不等黑口四周雙邊

一二七一 教乘法數十二卷 明釋圓靜輯 明陸光祖刻本 行格字數不等白口四周雙邊

一二七二 教乘法數十二卷 明釋圓靜輯 明萬曆十七年刻本 行格字數不等白口四周雙邊

一二七三 教乘法數十二卷 明釋圓靜輯 明崇禎九年錢塘縣昭慶寺刻本 行格字數不等白口四周雙邊

一二五四 大明三藏法數四十卷 明釋一如撰 明抄本 存四卷 三至五 二十三

一二五五 衆經寶卷音義不分卷 明刻本 八行字不等黑口四周雙邊

一二五六 五大部經懺直音集韻不分卷 明萬曆二年龍渠寺刻本 八行黑口四周雙邊

一二五七 重刊北京五大部直音會韻二卷 明萬曆三十三年楞嚴般若堂重刻本 九行十八字白口四周單邊

一二五八 新編大藏經直音不分卷 明釋本讀輯 明崇禎九年刻本 八行十六字白口四周雙邊

一二五九 新編大藏經直音不分卷 明釋本讀輯 清初抄本

一二六〇 諸佛世尊如來菩薩尊者名稱歌曲不分卷感應歌曲二卷 明成祖朱棣撰 明永樂內府刻本 十六行三十一字黑口四周雙邊

一二六一 諸佛世尊如來菩薩尊者名稱歌曲不分卷 明成祖朱棣撰 明永樂內府刻本 十六行三十一字黑口四周雙邊

一二六二 諸佛如來菩薩名稱歌曲不分卷 明成祖朱棣撰 明永樂內府刻本 九行十九字黑口四周雙邊

一二六三 諸佛世尊如來菩薩尊者神僧名經不分卷 明成祖朱棣撰 明永樂內府刻本 十六行三十一字黑口四周雙邊

六十一

一二六四 古佛像經咒一葉 明刻本

一二六五 大乘經呪四卷 明永樂九年刻本

一二六六 諸佛菩薩妙相名號經呪不分卷 明宣德六年釋[illegible]刻本 八行十六字黑口四周雙邊

一二六七 觀世音菩薩救諸難呪一卷 明刻正統十三年印本 八行字不等上下單邊

一二六八 觀世音菩薩救諸難呪一卷 明刻正統十三年印本 八行十八字上下雙邊

一二六九 觀世音菩薩救諸難呪一卷 明刻景泰三年印本

一二七〇 觀世音菩薩救諸難呪一卷 明嘉靖四年王淵刻本 四行字不等上下雙邊

一二七一 觀世音菩薩大悲心陀羅尼神咒一卷 清道光十三年吳妙光寫本

一二七二 聖觀自在菩薩心真言誦口儀一葉 五代刻本 [illegible]

一二七三 佛像一葉 五代泥版印本

一二七四 諸佛菩薩金剛等啟請儀軌一卷 大理國保天八年釋[illegible]寫本

一二七五 禮佛懺悔文一卷 大理國寫本

一二七六 十齋素念佛式一卷 明洪武二十九年建陽[illegible]刻本 四十六行二十[illegible]字

一二七七 勸念佛誦經西方淨土公據一卷 明[illegible]德三年刻本 五行十五字

一二七八 繁昌古拙和尚勸念阿彌陀佛圖公據一卷 明刻天順三年印本

一二七九 地藏經讚一卷 明萬曆二年慈聖皇太后刻本 五行十五字上下雙邊

一二八〇 宗門玄鑑圖一卷 明萬曆刻本 八行十八字白口左右雙邊有刻工

一二八一 觀世音菩薩三十二變相一卷 明丁雲鵬繪 明天啓刻本

一二八二 古杭靈隱寺重建五百尊羅漢寶殿募化票一葉 明崇禎杭州靈隱寺刻本

一二八三 佛國禪師文殊指南圖讚一卷 明刻本 十行

一二八四 水陸道場圖像不分卷 明刻本

一二八五 敬禮三十五佛懺悔行門一卷 明刻本 五行字不等上下單邊

一二八六 諸祖道影傳贊三卷 清釋[illegible]贊 補刻祖師正宗道影一卷 清釋性統撰 清順治二年[illegible]刻康熙五十一年增刻本

一二八七 觀世音菩薩大悲心陀羅尼神咒像不分卷 唐釋不空譯 清[illegible]一桂寫繪本

一二八八 華嚴五十三參佛功德海圖不分卷普賢菩薩說佛功德海一滴頌不分卷 清乾隆勵中[illegible]泥金繪本

六十二

一二八九 觀音大士三十二讚一卷 元釋明本撰 清咸豐元年管庭芬抄本

一二九〇 元人二十諸天畫像贊一卷 明釋[illegible]撰 清咸豐二年管庭芬抄本

一二九一 傳法正宗定祖圖一卷續一卷應化聖賢五教高僧祖圖二卷 清釋[illegible]撰 稿本

一二九二 五十三參一卷 清刻本

一二九三 觀音偈一卷[illegible]山偈一卷 宋刻本 十行十六字白口四周雙邊

一二九四 迴光和尚唱道一卷 元刻本 十行十八字黑口四周雙邊

一二九五 空谷集[illegible]卷 存一卷 下 元刻本 十一行二十字白口四周雙邊

一二九六 觀音靈感真言一卷 明永樂十年刻本

一二九七 若愚指南捷徑門法一卷 明隆慶刻本 十一行字不等黑口四周雙邊

一二九八 苦功悟道卷一卷 明萬曆四十二年[illegible]刻本 八行十五字白口四周雙邊

一二九九 天地冥陽水陸儀文三卷水陸雜文二卷 明正德十五年山西大水縣報恩寺釋文寶等刻嘉靖元年釋法空增刻本 十二行十六字白口四周雙邊

天地冥陽水陸儀文三卷天地冥陽水陸壇場式一卷　明刻本　十二行十六字白口四周双边　二三〇

天地冥陽水陸壇場式一卷水陸雜文二卷　明刻本　十五行二十二字白口四周双边　二三一

修習法門□卷　明抄本　存一卷　五　二三二

其它宗教

米而撒德經釋義歸□□□五卷　□□□□譯　清抄本　二三三

正教真詮二卷　題清真回老人撰　清順治清真堂刻本　二三四

天方典禮擇要解二十卷歸正儀解一卷　清劉智撰　清□□□□□刻本　二三五

清真教考一卷　清沈懋中輯　清沈鳳儀刻本　二三六

寰有詮六卷　葡萄牙傅汎際譯義　明李之藻達辭　明崇禎元年刻本　九行十九字白口四周單边　二三七

天主聖教聖人行實七卷　意大利高一志撰　明崇禎二年武林超性堂刻本　九行二十字白口左右双边　二三八

聖年廣益二十四卷　法蘭西馮秉正撰　清乾隆刻本　二三九

江湖博覽按摩修養淨髮須知二卷　□吳鐸訂　清文□堂刻本　二四〇

收藏情況表

書名編號		藏書單位				
子宗教	1	0101◎				
	2	0581◎				
	3	0101◎	0201◎			
	4	0101◎	0201◎	0141◎	0301◎	0581◎
		0583◎	0701◎	1001◎	1601◎	2092◎
		2401◎				
	5	0101◎	0102◎	0141◎	0201◎	0301◎
		0501◎	0782◎	2092◎		
	6	2092◎				
	7	0101◎	0201◎	1101◎		
	8	0101◎	0146◎	0201◎	0583◎	0701◎
		0782◎	1201◎	1601◎	1681◎	1684◎
		1685◎	2701◎	2741◎	2742◎	2781◎
		2901◎				
	9	0101◎	0141◎	0701◎		
	10	0101◎	[illegible]			
	11	0841◎				
	12	0101◎	0141◎	0181◎	0201◎	0231◎
		0585◎	0591◎	1681◎		
	13	0101◎	0102◎	0141◎	0201◎	0231◎
		0501◎	0583◎	0701◎	1685◎	1701◎
		1702◎	2301◎	2702◎	2704◎	2901◎
	14	2401				
	15	0501◎	1601◎	2301◎	2741◎	
	16	2901				
	17	0583◎	2701◎	2704◎		
	18	1685◎	1690◎	2095◎		
	19	2092◎				
	20	2206◎	2285	2702		
	21	0181◎	0301◎	0583◎	1684◎	2073◎
		2095◎	2702◎			
	22	0301◎	2206◎			
	23	0181◎	1301◎	1685◎	[illegible]	2602◎
		2701◎	2702◎	2901◎		
	24	0101◎				
	25	0181				
	26	0181				
	27	0181				

表十

收藏情況表

書名編號		藏書單位			
子宗教	28	0181			
	29	0842◎			
	30	0181			
	31	1882			
	32	0181			
	33	0101			
	34	0181			
	35	0181			
	36	0181			
	37	0101	2702		
	38	[illegible]			
	39	[illegible]			
	40	[illegible]			
	41	0201			
	42	0101◎			
	43	[illegible]			
	44	[illegible]			
	45	[illegible]			
	46	0181			
	47	0181			
	48	0141	0201	0701	1701
	49	[illegible]			
	50	0181			
	51	0101◎			
	52	0181			
	53	0901◎			
	54	1581			
	55	0101◎			
	56	0101◎			
	57	2331◎			
	58	0101◎			
	59	2781◎			
	60	2904◎			
	61	0101◎			
	62	2381◎			
	63	1701			
	64	0201			
	65	0181			

收藏情况表

書名編號		藏書單位				
子宗教	66	0101⊗				
	67	1684				
	68	0201				
	69	1631				
	70	0181				
	71	0101				
	72	0281				
	73	1781				
	74	0201				
	75	2901				
	76	1042				
	77	0101				
	78	1701				
	79	0101				
	80	0141	0201	1401	1702	2672
	81	1582				
	82	0181				
	83	0301	2104			
	84	2901				
	85	0161				
	86	0101				
	87	0101				
	88	0181				
	89	0181				
	90	1581				
	91	0241				
	92	0181				
	93	2901				
	94	0181				
	95	0181				
	96	0181				
	97	1792				
	98	0181				
	99	0101				
	100	0181				
	101	0101				
	102	0301				
	103	0101				

收藏情况表

書名編號		藏書單位		
子宗教	104	0101		
	105	0101	1685	2901
	106	1501		
	107	0181		
	108	0181		
	109	0181		
	110	0181		
	111	0181		
	112	1684		
	113	1781		
	114	1781		
	115	1501⊗		
	116	0101⊗		
	117	0101⊗	0201⊗	1685⊗
	118	0101⊗		
	119	0141⊗		
	120	0201⊗		
	121	0181⊗		
	122	0121⊗		
	123	0101⊗		
	124	1685⊗		
	125	1685⊗		
	126	0101⊗	0201⊗	1802⊗
	127	1685⊗	2787⊗	
	128	0201⊗		
	129	1685		
	130	1501⊗		
	131	0101⊗		
	132	0101⊗		
	133	2901⊗		
	134	2901⊗		
	135	2981⊗		
	136	2904		
	137	2525⊗		
	138	0342		
	139	0502		
	140	2098		
	141	2901⊗		

表十一

收藏情况表

書名編號		藏書單位
子宗教	142	2901
	143	1085
	144	0101⊗
	145	2901⊗
	146	0181
	147	0181
	148	0181
	149	1781
	150	2901
	151	1781
	152	0181
	153	2092⊗
	154	0181
	155	0181
	156	0201⊗
	157	1792⊗
	158	1792⊗
	159	0181
	160	1792
	161	1781
	162	2901
	163	0101
	164	1684
	165	2901
	166	0181
	167	0181
	168	0101
	169	0201
	170	1701⊗
	171	1792⊗
	172	0201⊗
	173	0591⊗
	174	2092⊗
	175	1684⊗
	176	0591
	177	0181
	178	1792⊗
	179	1792⊗

收藏情况表

書名編號		藏書單位	
子宗教	180	1792⊗	
	181	1684	
	182	1781	
	183	2901⊗	
	184	2901	
	185	0201	
	186	1092	1685⊗
	187	0201⊗	
	188	1684	
	189	1781	
	190	0201⊗	
	191	1781	
	192	1781⊗	
	193	1581	
	194	1581	
	195	1581	
	196	1581⊗	
	197	1581	
	198	0201	
	199	1684⊗	
	200	0101⊗	
	201	1792	
	202	1792	
	203	0201⊗	
	204	1792⊗	
	205	0101	
	206	1092⊗	
	207	1601	
	208	0101	
	209	0101	
	210	0591⊗	
	211	0101⊗	
	212	0101⊗	
	213	0101	
	214	0201	
	215	0101⊗	
	216	0101⊗	
	217	1781⊗	

表十二

收藏情況表

書名編號	藏書單位		
子宗教 218	0101⊙		
219	0201⊙		
220	2092		
221	0101	2201⊙	
222	0101		
223	1082⊙		
224	1705		
225	1689		
226	1501		
227	1891⊙		
228	0141	2901	
229	0403		
230	1501		
231	0181		
232	0198		
233	0301		
234	2901		
235	1706⊙		
236	[illegible]		
237	1601		
238	0201		
239	2901		
240	2901		
241	2901		
242	1705		
243	1712		
244	0121		
245	0181		
246	0181		
247	0181		
248	0181		
249	0181		
250	0181		
251	0181		
252	0181		
253	1585		
254	1705		
255	2101		

表内

收藏情況表

書名編號	藏書單位	
子宗教 256	0101	
257	0101	
258	0101	
259	0101	
260	0101	
261	0201	
262	0301	
263	0201	
264	0181	
265	0101	2251
266	1581	
267	0101	
268	0201	
269	0101⊙	
270	1684	
271	1781	
272	1581	
273	0201	
274	0101	
275	0181	
276	0181	
277	0181	
278	0141⊙	
279	0191	
280	0181	
281	0181	
282	1601	
283	1605	
284	0101⊙	
285	0101⊙	
286	0181⊙	
287	0181	
288	0201	
289	2981	
290	2901	
291	1582	
292	0181	
293	0181	

收藏情況表

書名編號	藏書單位				
子宗教 294	0145				
295	2881⊙				
296	0141				
297	1701				
298	0201				
299	1701				
300	1707				
301	0145				
302	0101				
303	0101⊙				
304	1082⊙				
305	0501⊙				
306	2201⊙				
307	0181				
308	0198	0201	0701	1701	1705
	2702				
309	1646				
310	0141				
311	0181				
312	0281				
313	0198				
314	1681				
315	0101				
316	0101				
317	0101				
318	0101				
319	1792				
320	2401				
321	0201				
322	1684				
323	0181				
324	2901				
325	0201				
326	0201				
327	0201				
328	1107				
329	2711				
330	2101				

表[illegible]

收藏情況表

書名編號	藏書單位				
子宗教 331	0181				
332	0181				
333	0101				
334	0121				
335	1781				
336	0141				
337	0101				
338	0281				
339	1685				
340	0842				
341	0841				
342	1684				
343	1684				
344	1684				
345	0141	0201	0841	0842	1681
	1182	1581	1701	1781	1792
	2401				
346	0101				
347	0201				
348	0101				
349	0281				
350	0281				
351	1701				
352	0281				
353	0101				
354	0201				
355	1251				
356	1801				
357	1721				
358	1581				
359	1781				
360	1781				
361	0101⊙				
362	1082⊙				
363	0101				
364	0101⊙				
365	1601				
366	0842				

收藏情況表

書名編號	藏書單位				
子宗教 367	2901				
368	0201				
369	0902				
370	0201				
371	1684				
372	0198				
373	1781				
374	1781				
375	0101				
376	1781	1788			
377	0181				
378	0101				
379	1689				
380	2901③				
381	1601				
382	0201				
383	0101	0201			
384	1701	2401			
385	1702				
386	0201				
387	1641				
388	0101				
389	0101	0143	0182	0201	0241
	0341	0701	0801	0841	1501
	1601	1301	1702	1801	2201
	2304	2381			
390	1702				
391	1601				
392	0181				
393	0181				
394	0181				
395	0201				
396	2092				
397	2901②				
398	2701②				
399	1082③				
400	0101				
401	0301	2401			

表六

收藏情況表

書名編號	藏書單位	
子宗教 402	0201	
403	1684	
404	0101	
405	0101	
406	0201	
407	1181	
408	0101	
409	1082③	
410	0101	
411	0101	
412	0101	
413	0101	
414	0101	
415	0301	
416	0101	
417	0145	0801
418	0101	
419	0101	
420	0201	
421	0101	
422	0101	
423	0101	
424	0101	
425	2641	
426	0201	
427	0181	
428	1684	
429	1684	
430	1684	
431	1684	
432	1684	
433	0101	
434	0101	
435	0101	
436	0201	
437	0181	
438	1582	
439	2901②	

收藏情況表

書名編號	藏書單位	
子宗教 440	1695	
441	0101	
442	0101	
443	0101②	
444	0101③	
445	0101	
446	0101	
447	0101	
448	1582	
449	0101	
450	0181	
451	0181	
452	[illegible]	
453	[illegible]	
454	0101	
455	[illegible]	
456	[illegible]	
457	1685	
458	0101	2401
459	1535	
460	1535	
461	[illegible]	
462	1695	
463	1685③	
464	2092③	
465	1628③	
466	0101	1301
467	0101	
468	0101	
469	0101	
470	0101	
471	0101	
472	0141	
473	0101	
474	0181	
475	0101	
476	0181	
477	1542	

收藏情況表

書名編號	藏書單位			
子宗教 478	1701			
479	0101			
480	0101			
481	0201	0241	0301	
482	2941			
483	0201			
484	0301			
485	0198			
486	0201			
487	0101	0242	0841	1601
488	2383②			
489	0241	1701	2401	
490	1702			
491	0201			
492	0201	2461		
493	0101			
494	1542			
495	0181			
496	2401			
497	0101			
498	0801			
499	0701			
500	0101	1701	1702	2401
501	1505			
502	0101	1801		
503	0161			
504	0101			
505	1572			
506	0201			
507	2201			
508	1101②	1585		
509	1101			
510	0101	1541	1582	
511	2201			
512	0182			
513	0241			
514	0801			
515	1501			

表七

收藏情況表

書名編號	藏書單位			
子宗教 516	0161			
517	0161			
518	0242			
519	1701			
520	2201			
521	1606			
522	0201			
523	1601			
524	0101			
525	1914			
526	0842			
527	1581			
528	1601			
529	1601			
530	0101			
531	0841			
532	1701			
533	0501⊗			
534	0501⊗			
535	0301	1701		
536	0101			
537	0201⊗			
538	0101⊗	0102⊗	0201⊗	0281⊗
539	0201⊗			
540	0281⊗			
541	1082⊗			
542	2901⊗			
543	0201⊗			
544	1685			
545	0517⊗			
546	0161			
547	1101			
548	0101	0301		
549	0201	1905		
550	1701			
551	1601			
552	2961			
553	0101⊗			

表八

收藏情況表

書名編號	藏書單位	
子宗教 554	0201	1701
555	2401	
556	0201⊗	
557	0101⊗	
558	0101⊗	
559	0101	
560	0101	
561	0201⊗	
562	0201	2401
563	0141	
564	1701⊗	
565	0517⊗	
566	0517⊗	
567	0517⊗	
568	0101	
569	2841	
570	[illegible]	
571	[illegible]	
572	2401	
573	1601	
574	[illegible]	[illegible]
575	2541	
576	[illegible]	
577	[illegible]	
578	2401	
579	1701	
580	[illegible]	
581	1701	
582	0101	
583	[illegible]⊗	
584	0201⊗	
585	0242	
586	1685	
587	0517⊗	
588	2501⊗	
589	2301	
590	1801	
591	0101	

收藏情況表

書名編號	藏書單位			
子宗教 592	2401			
593	1601			
594	1301			
595	2401			
596	0101			
597	1685			
598	0101⊗			
599	2901⊗			
600	2702			
601	0101			
602	0101			
603	0101			
604	1604			
605	1441			
606	1683			
607	1701			
608	1701			
609	1702			
610	0111	0201		
611	0101			
612	0101			
613	1601			
614	0101			
615	2901⊗			
616	0201			
617	0101⊗			
618	2501			
619	2261			
620	2701			
621	0201			
622	0145			
623	0101			
624	1581	1701		
625	0201			
626	0101	0341		
627	0101	0161	0201	1701
628	1001	2461		
629	0101			

表九

收藏情況表

書名編號	藏書單位				
子宗教 630	0701				
631	0101⊗	2901			
632	0101	0182	0193	0281	0301
	0341	0701	0801	1601	1705
	2602				
633	0501	1501	1601	2701	
634	0301				
635	0102				
636	1701	1798	2541	2702	
637	1701				
638	0101	0143	0144	1701	2301
639	1301	1685	1701	2702	
640	0101				
641	2092				
642	2602⊗				
643	0101				
644	0201⊗				
645	0201	0301			
646	2401				
647	0441				
648	2901⊗	2961⊗			
649	1601				
650	0201	1702			
651	1685				
652	1685				
653	0101⊗				
654	0101	0701			
655	1601				
656	1301				
657	0101	0182	0201	0242	0291
	0823	[illegible]	1601	1701	2702
	2702				
658	1601				
659	2702				
660	0101⊗				
661	1792⊗				
662	0201⊗				
663	1601⊗				

收藏情況表

書名編號		藏書單位				
子宗教	664	1685⊗				
	665					
	666	0201				
	667	1881				
	668	2905				
	669	2901				
	670	1801				
	671	2901				
	672	2901				
	673	0903				
	674	1501				
	675	0201⊗				
	676	0101⊗				
	677	0701				
	678	0101				
	679	0101				
	680	0201				
	681	0101				
	682	0141⊗				
	683	0101				
	684	0201⊗				
	685	2201				
	686	0701				
	687	0161				
	688	1701	2501			
	689	0142				
	690	1601				
	691	0101				
	692	1701				
	693	[illegible]⊗				
	694	0151				
	695	0101	0201	1701		
	696	[illegible]				
	697	0141				
	698	0131⊗				
	699	0101⊗				
	700	0141⊗				
	701	0541⊗				

表十四

收藏情況表

書名編號		藏書單位				
子宗教	702	0281⊗				
	703	2701				
	704	1702				
	705	0101				
	706	2901				
	707	0101				
	708	0201⊗				
	709	0101				
	710甲	0201				
	710乙	1102				
	711	0101				
	712	1705				
	713	0201				
	714	1582				
	715	1601				
	716	0181				
	717	0101				
	718	1702				
	719	0101⊗				
	720	0101				
	721	0101	2702			
	722	0201				
	723	1511⊗				
	724	0101	0141	0201	0701	2001
		2401				
	725	0241				
	726	0201				
	727	0101	0151			
	728	1601				
	729	0301				
	730	0201				
	731	0141⊗	2801			
	732	0201				
	733	0141⊗				
	734	0101⊗				
	735	1601				
	736	2901⊗				
	737	0101	0181			

收藏情況表

書名編號		藏書單位				
子宗教	738	0101				
	739	0101				
	740	0101				
	741	0301	2242			
	742	0101				
	743	2001				
	744	0141				
	745	0101	0102	0163	0201	2602
	746	1601				
	747	2201				
	748	0141	1501			
	749	2401				
	750	0101				
	751	0101				
	752	0201				
	753	0801				
	754	0198	0201	1101		
	755	0101⊗				
	756	0201				
	757	0942				
	758	0701				
	759	2441				
	760	1241				
	761	0841				
	762	0201				
	763	0101				
	764	2501⊗				
	765	0201				
	766	0101				
	767	0281⊗				
	768	0101				
	769	0101				
	770	1142				
	771	1581⊗				
	772	0101				
	773	1601				
	774	2901				
	775	0101				

表十五

收藏情況表

書名編號		藏書單位				
子宗教	776	1501				
	777	0141				
	778	0145				
	779	0201				
	780	0198				
	781	0101				
	782	0241				
	783	0101				
	784	0101⊗				
	785	0101				
	786	0101				
	787	0101⊗				
	788	0101⊗				
	789	0101				
	790	0101				
	791	0151				
	792	1701⊗				
	793	0201	0291	0541		
	794	1601				
	795	2701				
	796	0101				
	797	0161⊗				
	798	0101				
	799	1702				
	800	2541				
	801	0101⊗				
	802	0101				
	803	0101				
	804	0101				
	805	0102	0175			
	806	0141	0165	0201	0541	1601
	807	1601				
	808	0201				
	809	0701⊗				
	810	0101				
	811	0141	0201	1702		
	812	0101				
	813	1581⊗	1582⊗			

收藏情况表

書名編號		藏書單位			
子字號	814	0201			
	815	1601			
	816	[illegible]	1082		
	817	0201			
	818	1607①			
	819	1601			
	820	0161			
	821	0101			
	822	0141	0161		
	823	1881			
	824	0201			
	825	1701			
	826	0201			
	827	1701			
	828	1701			
	829	0101			
	830	0242			
	831	0181	0201	1601	1702
	832	1701			
	833	0842			
	834	1211	2501		
	835	0141			
	836	0141	1701		
	837	0101			
	838	2401			
	839	2701			
	840	0101			
	841	2001			
	842	0842			
	843	0101			
	844	0241			
	845	0161			
	846	[illegible]			
	847	[illegible]			
	848	0141	[illegible]		
	849	0102			
	850	0181	1301	2201	
	851	0181			

收藏情况表

書名編號			
子字號	852	0301	
	853	0241	
	854	2903	
	855	0141	
	856	2401	
	857	0101	
	858	2901	
	859	0141	
	860	0101	
	861	0101	
	862	1601	
	863	2741	
	864	1182	
	865	1601	
	866	0101	
	867	0101①	0141①
	868	0903	
	869	0101	
	870	0101	
	871	2901	
	872	0101	
	873	1702	
	874	0141	2542
	875	1601	1881
	876	0201	
	877	2541	
	878	0101	
	879	0181	0201
	880	1241	
	881	0101	
	882	0161	[illegible]
	883	0242	
	884	0101	
	885	0101①	
	886	2201	
	887	[illegible]	
	888	1601	
	889	0101	

收藏情况表

書名編號		藏書單位			
子字號	890	2501			
	891	1701	2101		
	892	0101			
	893	0201			
	894	0101	0301		
	895	0242			
	896	0101	0341①		
	897	0141①			
	898	0201①	1606		
	899	[illegible]	0842		
	900	1301			
	901	0201	1604		
	902	0101	0143	0201	2541
	903	0141			
	904	2401			
	905	0141	0161	1604	
	906	0101	0301		
	907	0101			
	908	0101			
	909	0301			
	910	0903			
	911	0101			
	912	0161①			
	913	0201			
	914	0301			
	915	0101			
	916	0101			
	917	0101			
	918	0101			
	919	1201			
	920	0101			
	921	[illegible]			
	922	[illegible]			
	923	0101			
	924	0241			
	925	[illegible]			
	926	[illegible]			
	927	0101			

收藏情况表

書名編號		藏書單位				
子字號	928	0101				
	929	0201				
	930	0101①				
	931	0201				
	932	0141				
	933	0161				
	934	1101				
	935	0101				
	936	0101				
	937	0101①				
	938	0101				
	939	0101①				
	940	0241	1601			
	941	0142	0161	0201	0241	0242
	942	2401				
	[illegible]	0101①				
	943	0101				
	944	0101				
	945	0101				
	946	1702①				
	947	0201				
	948	1101①				
	949	0141				
	950	0101				
	951	0101				
	952	0101				
	953	0101				
	954	0241				
	955	0101				
	956	1601	2501			
	957	2401				
	958	1201	0242	[illegible]		
	959	0181				
	960	0161				
	961	0143				
	962	0141①				
	963	2541				
	964	0301				

收藏情況表

書名編號		藏書單位	
子宗教	965	0531	
	966	0201	
	967	0201	
	968	0701	
	969	1716	
	970	0102	
	971	0102	
	972	0101	
	973	1701	
	974	0241	
	975	0101	
	976	2841	
	977	1902	
	978	2901	
	979	0141	
	980	0201	
	981	0201	
	982	1601	
	983	0102	0201
	984	2602	
	985	0141	0201
	986	0201	
	987	0101	
	988	0241	
	989	0201	2641
	990	0201	
	991	0141	0201
	992	0201	
	993	2901	
	994	1601	
	995	0831	
	996	1601	
	997	0101	
	998	1701	
	999	2841	
	1000	0102	0241
	1001	0141	
	1002	0101	

收藏情況表

書名編號		藏書單位				
子宗教	1003	0291				
	1004	0582				
	1005	0201				
	1006	2702				
	1007	0141				
	1008	1301				
	1009	0101	0201			
	1010	0301				
	1011	1501				
	1012	0101	0201	0301	1701	
	1013	2501				
	1014	0101				
	1015	0121◎				
	1016	0121				
	1017	0161	1701	2401		
	1018	0101				
	1019	0131				
	1020	0101				
	1021	0201◎				
	1022	0101◎	0201◎			
	1023	0101◎				
	1024	0197				
	1025	0101◎				
	1026	0101◎				
	1027	0141				
	1028	0101				
	1029	0101				
	1030	1581◎				
	1031	0141◎				
	1032	0591◎				
	1033	0520	0201	1701		
	1034	0941	[illegible]	1501	1715	2001
		0741				
	1035	1781				
	1036	0101◎				
	1037	0101◎				
	1038	1601				
	1039	0101◎				

表十四

收藏情況表

書名編號		藏書單位				
子宗教	1040	0101◎				
	1041	0141				
	1042	0101				
	1043	1101◎				
	1044	0101◎				
	1045	0101◎				
	1046	0301				
	1047	0101	0151	0163	0201	
	1048	0201				
	1049	0101	0201			
	1050	0101				
	1051	0201				
	1052	0242				
	1053	0101				
	1054	2941				
	1055	2541				
	1056	1501	1601			
	1057	0101	0141	0146	0161	0163
		0234				
	1058	0150	0201	0243	1701	
	1059	1201				
	1060	0201◎				
	1061	0101				
	1062	0101◎				
	1063	0101	2501			
	1064	0198				
	1065	0201				
	1066	0101				
	1067	0101	0301	1601	1947	2204
		2142				
	1068	0201				
	1069	0144	0242	1101	2501	2701
		2702				
	1070	0122◎	0271	1701	2302	2941
	1071	0201	0142	1501	1510	2301
		2401	2701			
	1072	1501	1581			
	1073	1601				

收藏情況表

書名編號		藏書單位			
子宗教	1074	0201	0541	1101	2501
	1075	1431			
	1076	0101	0201	1601	2401
	1077	1601			
	1078	0201			
	1079	0201			
	1080	0201			
	1081	0181	0201		
	1082	0141	1701		
	1083	0191◎			
	1084	0144			
	1085	1701◎			
	1086	1685			
	1087	0101			
	1088	0161			
	1089	0101			
	1090	0101			
	1091	0141			
	1092	0201			
	1093	0201			
	1094	2701			
	1095	2401			
	1096	0131			
	1097	0142			
	1098	0101◎			
	1099	0101			
	1100	0101			
	1101	0101			
	1102	1601◎			
	1103	0101			
	1104	0101			
	1105	0101			
	1106	0101			
	1107	0101			
	1108	0221			
	1109	0101			
	1110	0201			
	1111	0201	0701		

表十五

收藏情況表

書名編號		藏書單位	
子宗教	1112	0141	1601
	1113	0101	
	1114	0201	
	1115	2301	
	1116	1701	
	1117	0161	1301
	1118	0101	
	1119	0101	
	1120	0101	
	1121	0101◎	
	1122	0201	
	1123	0101	
	1124	0101	
	1125	0101	
	1126	0101	
	1127	0201	
	1128	254	
	1129	0101	
	1130	0201	
	1131	1601	
	1132	1605	
	1133	0242	
	1134	0201	
	1135	0242	
	1136	0201	
	1137	0101	
	1138	1601	
	1139	0201	
	1140	0201	
	1141	0101	
	1142	0101	
	1143	0201	
	1144	0101	
	1145	0101◎	
	1146	0101	0141
	1147	1701	
	1148	0101	
	1149	2541	

表十六

收藏情況表

書名編號		藏書單位				
子宗教	1150	0141				
	1151	1301	2401			
	1152	0101	2301			
	1153	0201	1701	2602		
	1154	0101◎				
	1155	0101				
	1156	0101				
	1157	0841				
	1158	0143				
	1159	2401				
	1160	0101	0141	0144	0175	0198
		0201	0241	0281	0744	0801
		1501	1801	1685	1701	2341
	1161	0102	0141	0163	0173	0241
		0301	0801	1101	1107	
	1162	0101	0102	0142	0144	0198
	1163	0102	0143	0144	0173	0175
		0198	0201	0241	0301	0703
		0744	0841	0842	1601	1605
		1701	1741	2341	2541	2702
	1164	0101				
	1165	0101				
	1166	0101				
	1167	0101				
	1168	0101				
	1169	0101				
	1170	0101				
	1171	0301				
	1172	0281				
	1173	0281				
	1174	2381				
	1175	2401				
	1176	0201				
	1177	0101				
	1178	0101				
	1179	0101				
	1180	0101	2501	2901		
	1181	1801	1881			

收藏情況表

書名編號		藏書單位		
子宗教	1182	0281		
	1183	0101		
	1184	0101		
	1185	0101		
	1186	2541		
	1187	0141		
	1188	0181		
	1189	0201		
	1190	0201		
	1191	2921		
	1192	0101		
	1193	0101		
	1194	0101		
	1195	0101◎		
	1196	0101		
	1197	1582		
	1198	1604		
	1199	0101		
	1200	0143		
	1201	2461		
	1202	0101◎		
	1203	0141		
	1204	1461		
	1205	0701	1701	2306
	1206	0101	0161	
	1207	0242		
	1208	1605		
	1209	0161		
	1210	1601		

表十七

道家類

一 紫薇堂四子二十三卷 明陸明揚編 明萬曆五年施堯臣刻本 九行十七字白口四周双边

存三種二十一卷

文始真經三卷 冲虛真經八卷 南華真經十卷

二 四子書二十三卷 明萬曆九年陳楠刻本 九行十七字白口四周双边有刻工

道德真經二卷 文始真經三卷 冲虛真經八卷 南華真經十卷

三 四子書二十三卷 明萬曆九年陳楠刻本 清丁丙跋

道德真經二卷 文始真經三卷 冲虛真經八卷 南華真經十卷

四 四子書二十三卷 明萬曆九年陳楠刻本 李盛鐸跋

道德真經二卷 文始真經三卷 冲虛真經八卷 南華真經十卷

五 四子全書九卷 明董述元編 明萬曆二十三年董氏秋聲閣刻本 九行十八字白口左右双边

道德真經一卷 關尹子文始真經一卷 列子冲虛至德真經二卷 莊子南華真經五卷

六 四子全書九卷 明董述元編 明萬曆二十三年董氏秋聲閣刻綠筠堂印本 九行十八字白口左右双边

道德真經一卷 關尹子文始真經一卷 列子冲虛至德真經二卷 莊子南華真經五卷

七 三子合刊十三卷 明閔齊伋刻套印本 九行十九字白口四周單边

老子道德真經二卷音義一卷 莊子南華真經四卷音義四卷 列子冲虛真經一卷音義一卷

八 重刊三子口義十五卷 宋林希逸撰 明嘉靖四年張士鎬刻本 十行十八字白口左右双边有刻工

老子鬳齋口義二卷 莊子鬳齋口義十卷釋音一卷 列子鬳齋口義二卷

九 重刊三子口義十五卷 宋林希逸撰 明嘉靖四年張士鎬刻本 清丁丙跋

老子鬳齋口義二卷 莊子鬳齋口義十卷釋音一卷 列子鬳齋口義二卷

一〇 鬳齋三子口義二十一卷 宋林希逸撰 明萬曆二年施觀民刻本 十行二十二字白口左右双边有刻工

老子鬳齋口義二卷 莊子鬳齋口義十六卷釋音一卷 列子鬳齋口義二卷

一一 三子口義四十二卷 宋林希逸撰 明萬曆四年陳氏積善書堂刻本 十行十九字黑口四周單边

鬳齋老子口義二卷 鬳齋莊子口義十卷釋音一卷 鬳齋列子口義八卷

一二 三子口義十五卷 宋林希逸撰 明張四維輯 明萬曆二年敦義堂刻本 十行二十二字白口四周單边

老子鬳齋口義二卷 莊子鬳齋口義三十二卷 列子鬳齋口義八卷

一三 三子口義十五卷 宋林希逸撰 明張四維輯 明萬曆五年何汝成刻本 十行二十二字白口四周双边

老子鬳齋口義二卷 莊子鬳齋口義十卷釋音一卷 列子鬳齋口義二卷

一四 三子通義二十卷 明朱得之撰 明嘉靖四十四年浩然齋刻本 九行十七字白口四周双边

老子通義二卷 莊子通義十卷 列子通義八卷

一五 三經玄腊四卷 明沈之鍈編 明崇禎二年自刻本 九行二十字白口四周單边

一六 老莊合刻十卷 明萬曆二十三至二十四年郁文瑞尚友軒刻本 七行十四字白口四周單边

老子河上道德經二卷 關尹子文始真經一卷 莊子南華經一卷

一七 老莊評註十二卷 明歸有光評 文震孟訂 明天啓四年刻本 九行十八字白口四周單边

道德經評註二卷 南華真經評註十卷

一八 二經旁注評林七卷 題明石鷄山房主人補 明方虛名注 明萬曆金陵唐氏世德堂刻本 六行十七字白口

道德真經旁注二卷 南華真經旁注五卷

一九 新鍥二太史彙選註釋老莊評林六卷 明張位 趙志皋評 明萬曆二十一年書林余成章刻本 十一行二十二字白口四周双边

二〇 新鍥二太史彙選註釋老莊評林六卷 明焦竑注 翁正春評 明萬曆二十二年書林詹聖澤刻本 十一行二十五字白口左右双边

新刻熙朝內閣評選老子纂要一卷 新鍥熙朝內閣評選莊子纂要五卷

二一 老莊通十四卷 明沈一貫撰 明萬曆十五年至十六年蔡貴易刻本 十行二十字白口四周双边

新鍥二太史彙選註釋老子評林一卷 新鍥二太史彙選註釋莊子全書評林五卷

二二 老莊通十四卷 老子通二卷讀老槩辨一卷 莊子通十卷讀莊槩辨一卷 明沈一貫撰 明萬曆十五年至十六年蔡貴易刻二十六年重修本 十行二十字白口四周雙邊

二三 解老二卷解莊五卷 老子通二卷讀老槩辨一卷 莊子通十卷讀莊槩辨一卷 明陶望齡撰 明萬曆四十四年劉廷元刻本 九行二十字白口左右雙邊

二四 道德南華臺縣五卷 道德經臺縣二卷 南華經臺縣三卷 明吳伯徵撰 明萬曆三十八年至四十年吳士京刻本 十行十九字白口左右雙邊有刻工

二五 老子翼三卷莊子翼八卷 明焦竑撰 明萬曆十六年王元貞刻本 十行二十字白口左右雙邊

二六 老莊翼十一卷 老子翼三卷 莊子翼八卷 明焦竑撰 明徐長卿刻本 十行二十字白口左右雙邊

二七 老莊翼註十一卷 老子翼三卷 莊子翼八卷 明焦竑撰 明長庚館刻本 十行二十字白口左右雙邊

二八 五堂校傳如崗陳先生二經精解全編九卷 明陳懿典撰 明萬曆二十二年熊雲濱刻本 十行二十字白口四周單邊

二九 玉堂校傳如崗陳先生二經精解全編九卷 明陳懿典撰 明萬曆二十二年熊雲濱刻清康熙三十四年書林燕詒堂重修本 十二行二十字白口四周單邊

三〇 老莊合刻六卷 老子道德經二卷 古今本考證一卷 莊子南華經三卷 明孫鑛評點 明萬曆刻本 九行二十五字白口四周單邊

三一 老莊合雋六卷 明陳繼儒輯 明書林蕭鳴盛刻本 九行二十字白口四周單邊

三二 老莊會解九卷 道德經二卷 南華經七卷 明潘基慶輯 明萬曆刻本 八行二十字白口四周單邊

三三 老莊郭注會解九卷 道德經二卷 南華經七卷 明潘基慶輯 明文振堂刻本 八行二十字白口四周單邊

三四 合刻諸名家評點老莊會解十一卷 合刻諸名公評點註釋老子道德真經會解二卷首一卷 合刻諸名公評點註釋莊子南華副墨會解七卷首一卷 明潘基慶輯 明書林楊小閩刻本 八行二十字白口四周單邊

三五 合刻道德南華二經註疏傳神集九卷 太上道德寶章註疏傳神集二卷 宋白玉蟾注 明程以寧疏 南華經七卷 明潘基慶集注 明程以寧輯 明崇禎九年刻本 八行二十字白口四周單邊

三六 觀老莊影響論一卷 明釋德清撰 明萬曆顧應曾刻本 八行十七字白口四周單邊

三七 觀老莊影響論二卷 明陳繼儒撰 明萬曆二十六年刻本 六行十四字白口四周單邊

三八 有是齋老莊合牋四卷 清蘇質民撰 稿本 吳允鴻跋

三九 老子不分卷 元延祐三年趙孟頫寫本

四〇 老子不分卷 明活字印本 清恕菴校 九行十八字白口四周單邊

四一 老子道德經不分卷 清姚椿抄本 清姚椿校

四二 老子道德經二卷 元鮮于樞寫本 存一卷 上

四三 太上老子道德經二卷 明萬曆三十二年周府養刻本 八行十七字白口四周雙邊

四四 老子道德經二卷 明如禪室刻本 九行十八字白口左右雙邊

四五 老子道德經二卷 明崇禎六年田大受抄本

四六 老子四卷 明嘉靖六年許宗魯樊川別業刻六子書本 清丁晏批校 周叔弢跋 十行二十字白口左右雙邊

四七 老子道德經不分卷 題漢河上公章句 明刻本 九行十八字白口四周雙邊

四八 老子道德經二卷 題漢河上公章句 宋建安虞氏家塾刻本 十行字不等白口四周雙邊

四九 老子道德經二卷 題漢河上公章句 明嘉靖十二年顧春世德堂刻六子書本 葉景葵錄吳慈培校 八行十七字白口四周雙邊

五〇 老子道德經二卷 題漢河上公章句 明桐蔭書屋刻六子書本 清沈大成校 八行十七字白口四周雙邊

五一 老子道德經二卷 題漢河上公章句 明桐陰書屋刻六子書本 清查燕緒校並跋 八行十七字白口四周雙邊

五二 老子道德經二卷 題漢河上公章句 明刻六子書本 清俞同龢跋並錄李鼎元批識 八行十七字白口四周雙邊

五三 老子道德經二卷 題漢河上公章句 明刻六子書本 傅增湘校並跋 章鈺校

五四 纂圖互註老子道德經二卷 題漢河上公章句 明初刻本 十一行字數不等黑口四周雙邊

五五 纂圖互註老子道德經二卷 題漢河上公注 明初刻本

五六 纂圖互註老子道德經二卷 題漢河上公章句 明正德十四年仁實書堂刻本 十二行二十六字黑口四周雙邊

五七 纂圖互註老子道德經二卷 題漢河上公章句 明刻本 十一行二十一字黑口四周雙邊

五八 纂圖互註老子道德經二卷 題漢河上公章句 明刻本 十一行二十一字黑口四周雙邊

五九 纂圖互註老子道德經二卷 題漢河上公章句 明刻本 十一行二十一字黑口四周雙邊

六〇 纂圖互註老子道德經二卷 題漢河上公章句 明刻本 十一行二十一字黑口四周雙邊

六一 纂圖互註老子道德經二卷 題漢河上公章句 明刻本 十一行二十四字黑口四周雙邊

六二 纂圖附釋文重言互註老子道德經二卷 題漢河上公注 清莫氏影山草堂抄本 清莫友芝校並跋

六三 老子道德經二卷 題漢河上公注 清道光二十五年王氏竹山堂刻本 清丁晏校注

老子道德經四卷 題漢河上公注 總評一卷 明程一機輯 明崇禎三年閒拙齋刻本 八行十七字白口四周單邊有刻工 六四

老子道德經四卷 題漢河上公注 清王氏經鋤堂抄本 六五

道德指歸論六卷 題漢嚴遵撰 明萬曆刻秘冊彙函本 清黃丕烈校跋並錄錢謙益題識 張紹仁校並跋 九行十八字白口左右雙邊 六六

道德真經指歸十三卷玄德纂疏一卷 題漢嚴遵撰 唐谷神子注 清初抄本
存八卷 七至十三 玄德纂疏全 六七

道德真經指歸十三卷玄德纂疏一卷 題漢嚴遵撰 唐谷神子注 清抄本 清吳騫跋
存八卷 七至十三 玄德纂疏全 六八

老子道德真經二卷 魏王弼注 道德經古今本攷正一卷 明刻本 九行十九字白口四周單邊 六九

老子道德真經二卷 魏王弼注 明末刻本 十行十九字白口四周單邊 七〇

老子道德經二卷 魏王弼注 清乾隆二十八年張策家抄本 清張篤跋 七一

五

老子道德經二卷 魏王弼注 清乾隆浙江刻武英殿聚珍版書本 清盧文弨校並跋 七二

老子道德經二卷 魏王弼注 清乾隆浙江刻武英殿聚珍版書本 清丁晏批校並跋 七三

老子道德真經二卷 魏王弼注 清福建刻武英殿聚珍版書本 清楊希閔校並跋 七四

老子道德經二卷 魏王弼注 清宋茂初抄本 清董增儒跋 七五

老子道德經二卷 魏王弼注 音義一卷 唐陸德明撰 清光緒元年浙江書局刻二十二子本 清王仁俊校並跋 七六

老子道德經二卷 魏王弼注 音義一卷 唐陸德明撰 清光緒元年浙江書局刻二十二子本 清楊沂孫批校並跋 七七

道德真經註四卷 魏王弼撰 明抄本 七八

道藏本道德經七種六十六卷 明純白齋抄本 清黃丕烈題識 七九
道德真經集註十卷 唐玄宗李隆基等注
道德真經注二卷 元林志堅注
道德真經義解四卷 題息齋道人撰
道德真經注四卷 元李榮撰
道德真經注疏八卷 宋顧觀撰
道德真經集注十八卷(缺卷十)釋文一卷 宋彭耜撰
道德真經衍義手抄二十卷(原缺卷一至二) 宋王守正撰

唐玄宗御製道德真經疏十卷 唐玄宗李隆基撰 明抄本 八〇

唐玄宗御註道德真經四卷 唐玄宗李隆基撰 清莫友芝抄本 八一

道德真經註四卷 唐李榮撰 明抄本 八二

道德真經新註四卷 唐李約撰 明抄本 八三

道德真經傳四卷 唐陸希聲撰 清抄本 八四

道德真經廣聖義五十卷 唐杜光庭撰 明抄本 八五

道德真經廣聖義五十卷 唐杜光庭撰 明抄本
存十卷 二十六至二十八 三十二 四十五至五十 八六

道德真經廣聖義五十卷 唐杜光庭撰 明抄本 清丁丙跋 八七

道德經二卷 題唐純陽道人注 明萬曆楊宗業刻本 九行十七字白口四周雙邊 八八

道德經解二卷 題純陽帝君釋義 雲門宗史纂述 清乾隆六十年郁文堂刻本 清徐時棟跋 八九

道德真經傳四卷 宋呂惠卿撰 清抄本 清丁丙跋 九〇

老子二卷 宋蘇轍注 明錢穀抄本 羅振常、吳昌綬、傅增湘跋 九一

老子道德經二卷 宋蘇轍注 明萬曆二年刻本 十行二十字白口四周雙邊 九二

老子道德經二卷 宋蘇轍注 明萬曆二年刻本 明釋洪恩跋 九三

潁濱先生道德經解二卷 宋蘇轍撰 明萬曆二十五年刻兩蘇經解本 傅增湘跋 傅忠謨校 十行二十一字白口左右雙邊 九四

六

老子解二卷 宋蘇轍撰 明抄本 九五

道德經二卷 宋蘇轍注 明凌以棟批點 老子考異一卷 明刻套印本 八行十八字白口四周單邊 九六

道德真經注不分卷 宋蘇轍撰 明抄本 九七

道德真經註四卷 宋蘇轍撰 明存誠書館抄本 九八

道德經解二卷 明抄本 九九

道德真經藏室纂微篇十卷 宋陳景元撰 明抄本
存八卷 一至八 一〇〇

宋徽宗御解道德真經四卷 宋徽宗趙佶撰 明抄本 一〇一

道德真經直解四卷 宋邵若愚撰 明抄本 一〇二

道德經講義十二卷 宋呂知常撰 明宣德七年周思得刻本 十行十九字黑口四周雙邊 一〇三

道德經講義十二卷 宋呂知常撰 明正德二年李言巖丘鳳刻本 十行十九字黑口四周雙邊 一〇四

道德寶章一卷 宋葛長庚注 明萬曆十一年天倪閣刻本 八行十五字白口四周單邊有刻工 一〇五

道德寶章一卷 宋葛長庚注 明刻本 六行十二字黑口四周雙邊 一〇六

一〇七 道德寶章一卷 宋葛長庚注 明刻本 清陸時化跋 六行十二字黑口四周雙邊

一〇八 太上道德寶章註疏二卷 宋葛長庚注 明程以寧疏 明崇禎二年程以寧刻本 八行二十字白口四周單邊

一〇九 道德真經集註十八卷釋文一卷雜說二卷 宋彭耜撰 明抄本

一一〇 元始說先天道德經註解五卷 宋李嘉謀撰 明萬曆三年刻本 九行二十字白口左右雙邊

一一一 老子鬳齋口義二卷 宋林希逸撰 元刻本 十行二十一字左右雙邊

一一二 老子鬳齋口義二卷 宋林希逸撰 明張四維補 明萬曆五年何汝成刻三子口義本 清永瑢校 十行二十二字白口四周雙邊有刻工

一一三 老子道德經古本集註直解二卷 宋范應元撰 宋刻本 繆荃孫、沈曾植、楊守敬、鄭邦述、章鈺、王闓運跋 十行十七字白口左右雙邊

一一四 道德真經疏義六卷 宋趙志堅撰 明抄本 存三卷 四至六

一一五 道德真經取善集十二卷 宋李霖撰 明范氏天一閣抄本

一一六 道德真經全解二卷 金時雍撰 明抄本

一一七 道德真經藏室纂微開題科文疏五卷手抄二卷 元薛致玄撰 明抄本 存六卷 疏全 手抄下

一一八 道德會元一卷 元李道純撰 元至元二十七年刻本 十行二十字黑口四周雙邊

一一九 道德會元一卷 元李道純撰 明初刻本 十行二十字黑口左右雙邊

一二〇 道德會元一卷 元李道純撰 明弘治十年許孟仁刻本 十行二十字黑口四周雙邊

一二一 道德會元一卷 元李道純撰 明抄本

一二二 道德真經三解四卷 元鄧錡撰 明范氏天一閣抄本

一二三 道德玄經原旨四卷發揮二卷 元杜道堅撰 明抄本 清丁丙跋

一二四 道德真經註四卷 元吳澄撰 清初刻本

一二五 道德真經註四卷 元吳澄撰 清乾隆三年致和堂刻本 清盛百二錄明歸有光批點

一二六 太上老子道德經四卷 元何道全注 明弘治十五年聶賓刻本 八行十七字黑口四周雙邊

一二七 大明太祖高皇帝御註道德真經二卷 明太祖朱元璋撰 明抄本

一二八 道德性命前集二卷 明朱權撰 明朱宸洪刻藍印本 九行十八字白口左右雙邊

一二九 道德真經集義十卷 明危大有撰 明抄本 存六卷 一至六

一三〇 道德真經集義十卷 明危大有撰 清初抄本 存四卷 一至四

一三一 道德經附註二卷 明黃潤玉撰 明抄本

一三二 老子集解二卷考異一卷 明薛蕙撰 明嘉靖刻本 八行十七字白口四周單邊

一三三 老子集解二卷考異一卷 明薛蕙撰 明嘉靖刻本 清趙烈文校並跋

一三四 老子集解二卷考異一卷 明薛蕙撰 明刻本 九行十九字白口四周單邊

一三五 老子臆二卷 明王道撰 明安如山刻本 九行二十字白口左右雙邊

一三六 老子道德經二卷 明董漢策注 清初董氏沁園刻本 八行十八字白口四周雙邊

一三七 老子指玄二卷 明田藝蘅撰 明嘉靖刻本 十行二十字白口四周雙邊

一三八 老子通義二卷 明朱得之撰 明嘉靖四十二年徐爌刻本 九行十七字白口四周雙邊有刻工

一三九 老子道義二卷 明朱得之撰 明嘉靖四十四年浩然齋刻三子通義本 清黃鎮卷校 九行十七字白口四周雙邊有刻工

一四〇 道德經釋略六卷 明林兆恩撰 明萬曆十六年刻本 九行十六十七字不等白口四周雙邊

一四一 老子道德經輯解二卷附釋音一卷 明皇甫濂撰 明末抄本

一四二 洪陽先生老子注解二卷 明張位撰 明萬曆刻本 十行十八字白口四周雙邊

一四三 老子解二卷 明徐學謨撰 明萬曆十八年申用嘉刻本 九行十六字白口左右雙邊

一四四 道德經解二卷 明沈一貫撰 明萬曆十五年蔡貴易刻本 十行二十字白口四周單邊

一四五 老解二卷 明郭子章撰 明刻本 九行十八字白口四周單邊

一四六 老解二卷 明郭子章撰 清初抄本

一四七 道德經解一卷心經提綱一卷 明李贄撰 明刻本 九行二十字白口四周單邊

一四八 道德經集解二卷 明釋鎮澄撰 明萬曆三十四年自刻本 九行二十字白口四周單邊

一四九 老子翼三卷 明焦竑撰 明萬曆十六年王元貞刻本 清莫友芝跋 十行二十字白口左右雙邊 存二卷 一至二

一五〇 道德經疏畧二卷 明龔錫爵撰 明萬曆三十九年刻本 九行十九字白口四周單邊

一五一 道德經解二卷 明洪其道撰 明萬曆四十六年刻本 十行二十二字白口四周單邊

一五二 道德經集義二卷 明閔如礪撰 明崇禎九年閔繏閔灝刻本 九行二十字白口左右雙邊

一五三 道德經集義二卷 明閔如礪撰 明崇禎九年閔灝閔燭刻本 清丁丙跋

一五四 老子道德經薈解二卷 明郭良翰撰 明刻本 八行二十字白口四周單邊

一五五 老子道德經解二卷 明釋德清撰 明王演疇提秀刻本 清丁丙跋 十行二十字白口四周單邊

一五六 老子道德經二卷 明釋德清注 明刻本 九行十八字白口四周雙邊

老子道德經解二卷 明釋德清撰 清貝氏千墨菴抄本 葉啓勛跋 一五七

道德經釋辭不分卷 明王一清注 明萬曆刻本 九行二十三字或二十四字黑口四周单边 一五八

老子尺木會旨二卷 明徐即玄撰 明萬曆二十七年刻本 九行十七字白口四周双边 一五九

道德經測二卷 明洪應紹撰 明萬曆四十六年李應康刻本 九行十八字白口四周单边 一六〇

老子疏畧二卷 明吳汝紀撰 明萬曆三十一年刻本 八行十九字或二十字白口四周单边 一六一

道德真經解三卷 明抄本 一六二

御註道德經二卷 清世祖福臨撰 清順治十三年內府刻本 一六三

老子說略二卷 清張爾岐撰 清光緒孔氏嶽雪樓鈔本 一六四

道德經二卷 清徐大椿注 清乾隆二十五刻本 朱士楷錄清俞樾批注 一六五

道德經注二卷附陰符經注一卷 清徐大椿撰 清乾隆抄文瀾閣四庫全書本 一六六

老子章義二卷 清姚鼐撰 清同治九年刻本 清楊沂孫校並跋 一六七

老子章義二卷 清姚鼐撰 清同治九年刻本 清翁同龢校並跋 一六八

老子道德經本義二卷首一卷 清黃德寧撰 清乾隆六十年集陽樓刻本 一六九

老子臆注二卷 清王定柱撰 清嘉慶刻本 清戴望魏錫曾校並跋 一七〇

老子道德經參互二卷 清宋敬毅撰 稿本 一七一

道德經大義二卷 清黃傳祁撰 稿本 一七二

莊子十卷 明嘉靖六年許宗魯樊川別業刻六子書本 清丁晏校並跋 十行二十字白口左右双边 一七三

莊子南華真經十卷 明萬曆十九年刻本 九行十八字白口左右双边 有刻工 一七四

莊子南華真經十卷 明如禪寓刻本 九行十九字白口左右双边 一七五

南華真經十卷 明刻本 清曾國藩批校 九行十七字白口四周双边 有刻工 一七六

莊子南華真經十卷 清乾隆內府朱墨抄本 一七七

莊子三卷 明郭四維輯 明李廷恩刻本 九行十六字白口左右双边 有刻工 一七八

莊子不分卷 清殷成幹抄本 一七九

莊子內篇不分卷 明王寵抄本 清楊賓跋 一八〇

南華真經十卷 晉郭象注 宋刻本 十行十五字白口左右双边 有刻工 一八一

南華真經十卷 晉郭象注 宋刻本（卷七至十配另一宋刻本） 十行十八字 四周双边 一八二

莊子南華真經十卷 晉郭象注 明刻本 九行十九字白口四周单边 一八三

莊子南華真經十卷 晉郭象注 明刻本 清錢陸燦批點並跋 九行十九字白口四周单边 一八四

分章標題南華真經十卷 晉郭象注 唐陸德明音義 宋刻本 十三行二十三字白口左右双边 一八五

南華真經十卷 晉郭象注 唐陸德明音義 明嘉靖十二年顧春世德堂刻六子書本 清陸損之校並錄何焯批校 八行十七字白口四周双边 一八六

南華真經十卷 晉郭象注 唐陸德明音義 明嘉靖十二年顧春世德堂刻六子書本 清沈巖校並跋 一八七

南華真經十卷 晉郭象注 唐陸德明音義 明嘉靖十二年顧春世德堂刻六子書本 清陸損之錄夏大霖校顧廣圻跋 一八八

南華真經十卷 晉郭象注 唐陸德明音義 明嘉靖十二年顧春世德堂刻六子書本 清袁廷檮錄顧之逵校 葉景葵跋 一八九

南華真經十卷 晉郭象注 唐陸德明音義 明嘉靖十二年顧春世德堂刻六子書本 清姚元之錄沈大成校 徐時棟校 一九〇

南華真經十卷 晉郭象注 唐陸德明音義 明嘉靖十二年顧春世德堂刻六子書本 清翁同書錄點 潘景鄭跋 一九一

南華真經十卷 晉郭象注 唐陸德明音義 明嘉靖十二年顧春世德堂刻六子書本 清丁紹基校並跋 一九二

南華真經十卷 晉郭象注 唐陸德明音義 明嘉靖十二年顧春世德堂刻六子書本 清錢經德校並跋 一九三

南華真經十卷 晉郭象注 唐陸德明音義 明嘉靖十二年顧春世德堂刻六子書本 傅增湘校跋並錄羅振玉題識 一九四

南華真經十卷 晉郭象注 唐陸德明音義 明刻本（卷四至六配明嘉靖十二年顧春世德堂刻六子書本） 清盧文弨校 丁申、丁丙跋 一九五

莊子南華真經十卷 晉郭象注 明刻本（卷九配抄本） 清顧瀛批校 九行十九字白口四周单边 一九六

南華真經十卷 晉郭象注 唐陸德明音義 明刻六子書本 清洪頤煊校 八行十七字白口四周双边 一九七

南華真經十卷 晉郭象注 唐陸德明音義 明刻六子書本（卷三至四配明嘉靖十二年顧春世德堂刻六子書本） 吳慈培校跋並錄清沈巖校 一九八

南華真經十卷 晉郭象注 唐陸德明音義 清嘉慶九年姑蘇聚文堂刻本 清孫衣言批校並跋 一九九

南華真經十卷 晉郭象注 唐陸德明音義 清劉履芬抄本 清劉履芬校 二〇〇

莊子十卷 晉郭象注 唐陸德明音義 清光緒二年浙江書局刻二十二子本 清楊沂孫批並跋 二〇一

莊子十卷 晉郭象注 唐陸德明音義 清光緒二年浙江書局刻二十二子本 葉昌熾批校 二〇二

莊子南華真經十卷 晉郭象注 唐陸德明音義 清光緒十一年傳忠書局刻本 清翁同龢批 二〇三

莊子南華真經十卷 晉郭象注 唐陸德明音義 清光緒十一年傳忠書局刻本 楊守敬批校 二〇四

纂圖互註南華真經十卷 晉郭象注 唐陸德明音義 宋刻元明遞修本 十一行二十一字黑口左右双边 二〇五

纂圖互註南華真經十卷 晉郭象注 唐陸德明音義 元刻本 十一行二十一字黑口左右双边有刻工 存一卷 九 二〇六

纂圖互註南華真經十卷 晉郭象注 唐陸德明音義 元刻本 清丁丙跋 十一行二十一字黑口左右双边 二〇七

纂圖互註南華真經十卷 晉郭象注 唐陸德明音義 元建陽坊刻本 十一行二十一字黑口左右双边 存五卷 一至五 二〇八

纂圖互註南華真經十卷 晉郭象注 唐陸德明音義 元刻明修本 清孫星衍跋 二〇九

纂圖互註南華真經十卷 晉郭象注 唐陸德明音義 元刻明修本 張元濟跋 十一行二十一字黑口左右双边 存九卷 一至七 九至十 二一〇

纂圖互註南華真經十卷 晉郭象注 唐陸德明音義 明初刻本 十一行二十一字黑口左右双边 二一一

二一二　纂圖互註南華真經十卷　晉郭象注　唐陸德明音義　明初刻本　十一行二十一字黑口左右雙邊

二一三　纂圖互註南華真經十卷　晉郭象注　唐陸德明音義　明初刻本　清袁芳瑛跋

二一四　纂圖互註南華真經十卷　晉郭象注　唐陸德明音義　明初刻本　清黃國瑾題識

二一五　纂圖互註南華真經十卷　晉郭象注　唐陸德明音義　明刻本　十二行二十六字黑口四周雙邊

二一六　莊子郭註十卷　晉郭象撰　唐陸德明音義　明萬曆三十三年郭之嶧刻本　九行十八字白口四周單邊

二一七　莊子郭註十卷　晉郭象撰　唐陸德明音義　明萬曆三十三年郭之嶧刻本　清孫音跋並錄明顧大韶清錢陸燦批

二一八　莊子郭註十卷　晉郭象撰　唐陸德明音義　明萬曆三十三年郭之嶧刻本　清許復禎錄錢陸燦校

二一九　莊子郭註十卷　晉郭象撰　唐陸德明音義　明萬曆三十三年郭之嶧刻本　王獻唐校並跋

二二〇　莊子南華真經四卷　唐陸德明音義　明閔齊伋刻三子合刊套印本　清錢陸燦批並跋　九行十九字白口四周單邊

二二一　南華經注疏三十五卷　晉郭象注　唐成玄英疏　清懷思堂抄本　清彭元瑞批校　葉德輝跋

二二二　南華經注疏三十五卷　晉郭象注　唐成玄英疏　清宗銘金室抄本

二二三　莊子南華真經十卷　晉郭象注　明王宗沭等評　明刻本　九行十九字白口四周單邊

二二四　莊子南華真經十卷　晉郭象注　明王宗沭等評　明刻本　清徐廷槐批並跋　九行十九字白口四周單邊

二二五　莊子南華真經十卷　晉郭象注　明王宗沭等評　明刻本　清常茂徠跋　九行十九字白口四周單邊

二二六　莊子南華真經十卷　晉郭象注　明王宗沭等評　明刻本　清天貽棻批校　九行十九字白口四周單邊

十一

二二七　南華經十六卷　晉郭象注　宋林希逸口義　劉辰翁點校　明王世貞評點　陳仁錫批注　明刻四色套印本　八行十八字白口四周單邊

二二八　南華經十六卷　晉郭象注　宋林希逸口義　劉辰翁點校　明王世貞評點　陳仁錫批注　明刻四色套印本　清張照批校　莫棠跋

二二九　南華經十六卷　晉郭象注　明□□□輯評　明刻本　八行十八字白口四周單邊

二三〇　壬辰重改證呂太尉經進莊子全解十卷　宋呂惠卿撰　金刻本　明文彭、吳元恭題款　十二行字數不等白口左右雙邊

二三一　南華真經新傳二十卷拾遺一卷　宋王雱撰　明抄本

二三二　莊子鬳齋口義十卷　宋林希逸撰　釋音一卷　宋刻本　九行十八字黑口左右雙邊有刻工

二三三　莊子鬳齋口義十卷　宋林希逸撰　元刻本　十行二十一字黑口左右雙邊

二三四　莊子鬳齋口義十卷　宋林希逸撰　元刻本　十一行十八字黑口四周單邊　存五卷　一至三　五至六

二三五　莊子鬳齋口義十卷　宋林希逸撰　元刻本　九行十八字白口左右雙邊

二三六　莊子鬳齋口義十卷　宋林希逸撰　元刻本　十行二十一字黑口左右雙邊

二三七　莊子鬳齋口義十卷　宋林希逸撰　明正德十三年賓詠銅活字印本（一、二配抄本）　釋音一卷　明正德十三年賓詠刻本　十行十八字白口左右雙邊

二三八　莊子鬳齋口義十卷　宋林希逸撰　釋音一卷　明刻本　十一行十八字白口四周單邊有刻工

二三九　南華真經義海纂微一百六卷　宋褚伯秀撰　清杜氏知聖教齋抄本　清丁丙跋

二四〇　南華真經義海纂微一百六卷　宋褚伯秀撰　清汪氏鳴野山房抄本

二四一　莊子注八卷　宋褚伯秀輯　明抄本

二四二　莊子南華真經三卷　宋林希逸口義　劉辰翁點校　明唐順之釋略　明萬曆十年徐常吉刻本　十行二十一字白口四周雙邊有刻工

二四三　南華真經評註十卷　晉郭象注　明歸有光評　明天啓四年刻老莊評注本　清錢陸燦批　九行十八字白口四周單邊

二四四　南華真經評註十卷　晉郭象注　明歸有光評　明天啓四年刻老莊評注本　清刁戴高批校並跋

二四五　莊子通義十卷　明朱得之撰　明嘉靖四十四年浩然齋刻三子通義本　傅山評　九行十七字白口四周雙邊有刻工

二四六　莊子通義十卷　明朱得之撰　明丁汸刻本　九行十七字白口四周雙邊

二四七　南華經別編二卷　明王宗沐輯　明萬曆刻本　八行十六字白口四周雙邊

二四八　南華經別編二卷　明王宗沐輯　明刻本　八行十八字白口四周單邊

二四九　莊義要刪十卷　明孫應鰲撰　明萬曆陶幼學等刻本　十行二十一字白口四周雙邊有刻工

二五〇　新刻葵陽黃先生南華文髓八卷　明黃洪憲輯評　明萬曆劉龍田喬山堂刻本　十行二十字白口四周單邊

十二

二五一　南華經六卷　明楊起元注　明刻本　九行十八字白口四周單邊有刻工　存五卷　二至六

二五二　少師張先生批評莊子義十卷　明萬曆八年劉雛刻本　九行十八字白口四周雙邊有刻工

二五三　南華真經副墨八卷讀南華經雜說一卷　明陸西星撰　明萬曆六年李齊芳刻本　九行十八字白口四周單邊

二五四　南華真經副墨八卷讀南華真經雜說一卷　明陸西星撰　明萬曆十三年孫大綬刻本　八行十七字白口四周單邊

二五五　南華真經副墨八卷讀南華真經雜說一卷　明陸西星撰　明萬曆天白信刻本　八行十七字白口四周單邊

二五六　南華真經副墨八卷讀南華經雜說一卷　明陸西星撰　明書林唐氏刻本　九行十七字白口四周單邊

二五七　南華真經副墨八卷讀南華真經雜說一卷　明陸西星撰　明刻本　八行十七字白口四周單邊

二五八　南華真經副墨八卷附讀南華真經雜說一卷

明陸西星撰 明刻本 清潘霨潘露跋 八行十七字白口四周单边

南華真經副墨八卷讀南華真經雜說一卷 明陸西星撰 明刻本 羅振常跋 八行十七字白口四周单边 二五九

南華真經副墨八卷讀南華經雜說一卷 明陸西星撰 明刻本 九行十八字白口四周单边有刻工 二六〇

南華真經副墨八卷讀南華經雜說一卷 明陸西星撰 明刻本 九行十八字白口四周单边 二六一

南華真經副墨八卷 明陸西星撰 明刻本 清傅山批點 九行十八字白口四周单边 二六二

莊子刪註六卷 明呂繼儒撰 明萬曆刻本 九行十八字白口四周单边有刻工 二六三

南華經要刪註釋評林十卷 明陳榮選輯 明萬曆十四年鄭傳芳刻本 十行二十字白口左右双边 二六四

南華經解二卷 明李贄撰 明刻本 九行二十字白口四周单边 二六五

南華真經題評十卷 明張位撰 明萬曆刻本 九行二十字白口左右双边有刻工 二六六

南華經標畧六卷 明張位撰 明萬曆十八年吳氏群善齋刻本 九行十八字白口四周单边 二六七

南華真經標解十卷 明邵弁撰 明萬曆沙溪邵氏草玄堂刻本 九行十八字白口四周单边有刻工

存六卷 一至六 二六八

十三

南華真經標解十卷 明邵弁撰 明萬曆沙溪邵氏草玄堂刻重修本 九行十八字白口四周单边有刻工

存二卷 一至二 二六九

莊子翼八卷 明焦竑撰 明萬曆十六年王元貞刻本 清謝墉跋 十行二十字白口左右双边 二七〇

莊子翼八卷 明焦竑撰 明陳長卿刻老莊翼本 瞿啟甲、諸觀安批校並跋 十行二十字白口左右双边 二七一

莊子通十卷 明沈一貫撰 明萬曆二十四年八閩書林鄭氏光裕堂刻本 十行十九字白口四周双边 二七二

南華真經旁注五卷 明方虛名撰 明萬曆二十二年刻本 六行十七字白口左右双边有刻工 二七三

南華真經旁注五卷 明方虛名撰 明萬曆二十二年刻本 清嚴虞惇批並跋 二七四

南華真經旁注五卷 明方虛名撰 明萬曆二十三年許氏白雪齋刻本 六行十七字白口左右双边 二七五

南華真經旁注五卷 明方虛名撰 明金陵唐氏世德堂刻本 六行十七字白口左右双边 二七六

南華真經旁注五卷 明方虛名撰 明萬曆刻本 六行十七字白口左右双边 二七七

南華真經旁注五卷 題晉向秀撰 明末刻本 六行十七字白口左右双边 二七八

南華真經評注五卷 題晉向秀撰 明刻清修本 清陳萬青陳曜黃鐐陳若批校 六行十七字白口左右双边 二七九

莊子膏肓四卷 明葉秉敬撰 明萬曆刻本 六行二十字白口四周单边 二八〇

南華指南四卷 明葉秉敬撰 明萬曆刻重修本 六行二十字白口四周单边 二八一

孫月峰先生批點南華真經八卷 明孫鑛批點 明萬曆三十九年王湘刻本 九行十八字白口四周单边 二八二

新刻韓會狀註釋莊子南華真經狐白四卷 明韓敬註釋 明萬曆四十二年書林余氏自新齋刻本 十行二十字白口四周单边 二八三

莊子內篇註七卷 明釋德清撰 明天啓元年管覺儔刻本 九行十八字白口左右双边 二八四

解莊十二卷 明陶望齡撰 郭正域評 明天啓元年茅兆河刻套印本 九行十九字白口四周单边 二八五

解莊十二卷 明陶望齡撰 郭正域評 明天啓元年茅兆河刻套印本 清戈，清倫批校並跋 二八六

鍥南華真經三註大全二十一卷 明陳懿典輯 明萬曆二十一年書林余氏自新齋刻本 十行十九字白口四周单边 二八七

古蒙莊子四卷 明吳宗儀校釋 明萬曆三十九年王繼賢蒙城縣學刻本 八行十八字白口四周单边 二八八

古蒙莊子四卷 明吳宗儀校釋 明萬曆三十九年王繼賢蒙城縣學刻本 清顧廣圻鈕樹玉校 二八九

南華經薈解三十三卷 明郭良翰撰 明萬曆四十六年南郭萬卷堂刻本 八行二十字白口四周单边 二九〇

說莊三卷 明李騰芳撰 明萬曆四十二年聞萬閣刻本 八行十八字白口四周单边 二九一

說莊三卷 明李騰芳撰 明天啓刻本 八行十八字白口四周单边 二九二

說莊三卷 明李騰芳撰 明刻本 八行十八字白口四周单边 二九三

十四

鐫眉公陳先生評選莊子南華經雋四卷 明陳繼儒輯 明蕭少衢師儉堂刻本 九行二十字白口四周单边 二九四

文荷齋南華日抄四卷附錄一卷 明徐曉輯 明崇禎十年徐鏞刻本 七行十四字白口四周单边 二九五

南華經因然四卷 明吳伯與撰 明刻本 十行十九字白口左右双边 二九六

南華發覆八卷 明釋性通撰 明天啓七年刻本 九行二十字白口四周单边 二九七

南華發覆八卷 明釋性通撰 明末大秀堂刻本 九行二十字白口四周单边 二九八

南華發覆八卷 明釋性通撰 明末大奎堂刻本 九行二十字白口四周单边 二九九

南華發覆八卷 明釋性通撰 明末刻本 九行二十字白口四周单边 三〇〇

南華真經本義十六卷附錄八卷 明陳治安撰 明崇禎五年刻本 十行二十字白口四周单边 三〇一

莊子南華真經三卷 明譚元春評 明崇禎八年張溥刻本 九行十八字白口左右双边 三〇二

莊子南華真經三卷 明譚元春評 明崇禎八年張溥刻本 清許東批並跋 清陸嵩程庭鷺周懿潘霨吳郁生跋 三〇三

南華經榷八卷 明金兆清撰 明崇禎刻本 九行二十字白口左右双边 三〇四

南華詁六卷首一卷 明魏光緒撰 明崇禎十年刻本 九行十八字白口四周单边 三〇五

三〇六 拜環堂莊子印八卷 清陳榮選撰 清順治刻本
三〇七 藥地炮莊九卷總論三卷 清方以智撰 清康熙此藏軒刻本
三〇八 讀莊一吷不分卷 清顧如華撰 清活字印本
三〇九 詠莊集一卷 清程從大撰 清康熙十八年程氏梧鳳堂刻本
三一〇 莊子因六卷 清林雲銘撰 清康熙二十六年自刻本 清王慶麟評並跋
三一一 莊子因六卷 清林雲銘撰 清康熙二十六年自刻本 清馮彝斌批校
三一二 莊子因六卷 清林雲銘撰 清康熙二十七年自刻本 清趙元煊跋 王大隆跋
三一三 莊子因六卷 清林雲銘撰 清嘉慶二年敦化堂刻本 清潘霨批並跋
三一四 莊子釋意三卷 清高秋月輯 清康熙二十九年曾同春刻莊騷合刻曹家綸重修本 清雷庭芬批校並跋
三一五 南華經解三十三卷 清宣穎撰 清同治六年吳坤修皖城藩署刻本 清翁同龢跋並錄佚名批注
三一六 南華經解三十三卷 清宣穎撰 清同治五年吳坤修皖城藩署刻本 清楊沂孫批並跋
三一七 南華經解三十三卷 清宣穎撰 清同治五年吳坤修皖城藩署刻本 清楊沂孫批校
存七卷（一至七）
三一八 南華經簡鈔四卷 清徐廷槐輯 清乾隆六年刻本 清常備批
三一九 莊子獨見不分卷 清胡文英撰 清乾隆留文堂刻本 清錢維樾批校

十五

三二〇 莊子獨見不分卷 清胡文英撰 清乾隆三多齋刻本 [illegible]平批
三二一 莊子章義五卷 清姚鼐撰 清光緒五年徐宗亮刻惜抱軒遺書本 清吳汝綸批校
三二二 莊子章義五卷 清姚鼐撰 清光緒五年徐宗亮刻惜抱軒遺書本 清華世芳校
三二三 讀莊子札記八卷 清郭嵩燾撰 稿本
三二四 莊子內篇順文六卷 清戴熙撰 手稿本
三二五 南華指月六卷南華外雜篇辨偽四卷 清張士保撰 稿本
三二六 南華指月五卷 清張士保撰 稿本
三二七 莊子南華經心印不分卷 清朱啟翻撰 稿本
三二八 莊子三卷 王闓運注 稿本
三二九 莊子故內外篇十八卷 清高其旭注 稿本 高伯昂批校 夏少由跋
三三〇 列子八卷 明刻本 八行十八字白口四周單邊
三三一 列子八卷 明刻本 清黃宗炎校並跋 十行二十字白口左右雙邊
三三二 沖虛至德真經八卷 明萬曆籍參刻本 八行十八字白口四周單邊
三三三 列子沖虛真經八卷 明閔齊伋刻三子合刊套印本 清張燕昌校並跋
三三四 沖虛至德真經八卷 晉張湛注 宋刻宋元遞修本（缺葉配清初毛氏汲古閣影宋抄本） 清黃丕烈汪駿昌黃美昌識跋 十四行字不等白口左右雙邊有刻工

三三五 沖虛至德真經八卷 晉張湛注 元刻本 十一行二十一字黑口四周雙邊
三三六 沖虛至德真經八卷 晉張湛注 元刻本 王數唐跋 十一行二十一字黑口四周雙邊
存二卷（六至七）
三三七 沖虛至德真經八卷 晉張湛注 唐殷敬順釋文 元刻明修本 十二行二十六字黑口四周雙邊
三三八 沖虛至德真經八卷 晉張湛注 唐殷敬順釋文 明初刻本 十一行二十一字黑口四周雙邊
三三九 沖虛至德真經八卷 晉張湛注 明嘉靖十二年顧春世德堂刻六子書本 清姚大成校 八行十七字白口四周雙邊
三四〇 沖虛至德真經八卷 晉張湛注 明嘉靖十二年顧春世德堂刻六子書本 清黃丕烈校並跋
三四一 沖虛至德真經八卷 晉張湛注 明嘉靖十二年顧春世德堂刻六子書本 清顧廣圻校
三四二 沖虛至德真經八卷 晉張湛注 明嘉靖十二年顧春世德堂刻六子書本 清丁昭慕校並跋
三四三 沖虛至德真經八卷 晉張湛注 明嘉靖十二年顧春世德堂刻六子書本 清姚宗達校並跋
三四四 沖虛至德真經八卷 晉張湛注 明嘉靖十二年顧春世德堂刻六子書本 清管耀耕校
三四五 沖虛至德真經八卷 晉張湛注 明刻六子書本 清江德量校 八行十七字白口四周雙邊
三四六 沖虛至德真經八卷 晉張湛注 明刻六子書本 清顧廣圻校 袁廷檮校 葉景葵跋
三四七 沖虛至德真經八卷 晉張湛注 唐殷敬順釋文 明刻本 十二行二十六字黑口四周雙邊

十六

三四八 沖虛至德真經八卷 晉張湛注 唐殷敬順釋文 明刻本 十二行二十六字黑口四周雙邊
三四九 沖虛至德真經八卷 晉張湛注 唐殷敬順釋文 明刻本 清雪士校並跋 八行十七字白口四周雙邊
三五〇 沖虛至德真經八卷 晉張湛注 唐殷敬順釋文 明刻本 清周星詒校並跋 十一行二十一字黑口四周雙邊
三五一 列子冲虛至德真經八卷 晉張湛注 明溪香書屋刻合刻周秦經書十種本 清顧觀光校 九行二十字白口四周單邊
三五二 列子八卷 晉張湛注 明虞九章王震亨訂正 明刻本 九行十九字白口左右雙邊
三五三 列子八卷 晉張湛注 明虞九章王震亨訂正 明刻本 清丁丙跋 九行十九字白口左右雙邊
三五四 列子沖虛至德真經八卷 晉張湛注 明抄本
三五五 列子沖虛至德真經釋文二卷 唐殷敬順撰 宋陳景元補遺 清顧廣圻抄本 清戈宙襄校
三五六 列子八卷 唐盧重元注 列子盧注攷證一卷 清秦恩復撰 清嘉慶八年秦恩復石研齋四種本 清石韞玉批點並跋
三五七 列子八卷 唐盧重元注 列子盧注攷證一卷 清秦恩復撰 清嘉慶八年秦恩復石研齋四種本 清許心梅校並錄王芑孫批點 沈炳垣跋 錢泰吉題款
三五八 沖虛至德真經解八卷 宋江遹撰 明萬曆四年黃世厚刻道宗六書本 清趙筱容跋 九行二十字白口左右雙邊有刻工

冲虛至德真經解八卷　宋江遹撰　清丁氏竹書堂抄本　清丁□□　三五九

列子鬳齋口義二卷　宋林希逸撰　元初刻本　九行十八字黑口左右双边有刻工　三六〇

列子鬳齋口義二卷　宋林希逸撰　元刻本　十行二十一字黑口左右双边　三六一

列子鬳齋口義二卷　宋林希逸撰　元刻本　十行二十一字黑口左右双边　三六二
存一卷　上

列子鬳齋口義二卷　宋林希逸撰　元刻本　十一行十八字黑口四周双边　三六三
存一卷　下

列子鬳齋口義二卷　宋林希逸撰　元刻本　九行十八字黑口左右双边　三六四
存一卷　上

冲虛至德真經四解二十卷　宋高守元輯　明范氏天一閣抄本　三六五

列子冲虛經八卷音義一卷　明張鑛批點　明刻本　九行二十五字白口四周單边　三六六

列子釋文考異一卷　清任大椿撰　清抄本　清戈宙襄校顧廣圻跋　三六七

關尹子一卷　明蔵脩館刻本　九行二十字白口左右双边　三六八

關尹子一卷　明刻本　十行十九字白口左右双边　三六九

關尹子文始真經一卷　明萬曆陳載春刻本　九行十六字白口左右双边有刻工　三七〇

關尹子文始真經九卷　宋陳顯微注　明萬曆二十七年汪廷訥環翠堂刻本　八行十八字白口四周單边　三七一

關尹子九卷　宋陳顯微注　元朱象先箋釋　明唐從悌評　明崇禎刻本　九行十九字白口四周單边　三七二

關尹子二卷　宋陳顯微注　明孫鑛等評　明天啓讀書坊刻合諸名家批點諸子全書本　三七三

關尹子二卷　宋陳顯微注　明孫鑛等評　明天啓讀書坊刻合諸名家批點諸子全書本　九行二十字白口四周單边　清丁丙跋　羅振常跋　三七四

文始真經言外經旨三卷　宋陳顯微撰　明正德二年劉希古刻本　十行十八字黑口四周双边　三七五

文始真經言外經旨三卷　宋陳顯微撰　明正德二年劉希古刻本　清丁丙跋　三七六

文始真經言外經旨三卷　宋陳顯微撰　明萬曆二十一年蔣時馨刻本　九行十七字白口左右双边　三七七

關尹子闡玄三卷　宋杜道堅撰　清乾隆四年曹炎抄本　清曹炎跋　三七八

關尹子闡玄三卷　宋杜道堅撰　清曹炎抄本　三七九

文始真經註九卷　宋牛道淳撰　明刻本　十二行二十二字黑口四周双边　三八〇

文子一卷　明嘉靖刻本　十行十九字白口左右双边　三八一

文子十二卷　清抄本　清孫星衍校並跋　篇目考一卷　清孫星衍撰　稿本　三八二

通玄真經十二卷　唐徐靈府注　宋刻本（卷十二配影宋抄本）　十二行二十二字白口左右双边　三八三

通玄真經十二卷　宋朱弁注　明抄本　三八四
存七卷　一至七

通玄真經纘義十二卷　宋杜道堅撰　釋音一卷　明抄本　三八五

通玄真經纘義十二卷　宋杜道堅撰　釋音一卷　明抄本　三八六

文子纘義十二卷　宋杜道堅撰　釋音一卷　清乾隆武英殿活字印聚珍版叢書本　清盧文弨校補並跋　三八七

文子纘義十二卷　宋杜道堅撰　清光緒三年浙江書局刻二十二子本　清譚獻校並跋　三八八

文子十二卷　唐徐靈府、宋朱弁、杜道堅注　明孫鑛評　明天啓梁杰刻本　九行二十字白口四周單边　三八九

道藏　明張宇初等編　明正統十年內府刻本　三九〇

續道藏　明張國祥等編　明萬曆三十五年內府刻本　三九一

道藏闕經目錄二卷　清袁氏貞節堂抄本　清錢大昕、姜渭跋　三九二

大明道藏經目錄四卷　明抄本　三九三

大明道藏經目錄四卷　清抄本　清王鵬批校並跋　三九四

道藏目錄詳註四卷　明白雲霽撰　明天啓刻本　十行二十字白口四周單边　三九五

道藏目錄詳註四卷　明白雲霽撰　清抄本　三九六

道藏目錄詳註四卷　明白雲霽撰　清秦氏石研齋刻本　清顧廣圻校並跋　三九七

道書全集九十四卷　明閻鶴洲編　明萬曆十九年刻本　十一行二十二字白口左右双边　三九八
金丹大要十卷　元陳致虛撰
金碧古文龍虎上經三卷　宋王道註疏　周真一印證
周易參同契通真義三卷　後蜀彭曉撰
周易參同契解三卷　宋陳顯微撰
周易參同契分章註三卷　元陳致虛撰
玄學正宗二卷
悟真篇註疏三卷　宋陳達靈傳　翁葆光注　元戴起宗疏
悟真註疏直指詳說三乘秘要一卷　宋翁葆光撰
金丹四百字內外註解一卷
諸真玄奧集成九卷　□涵蟾子輯
群仙珠玉集四卷
張洪陽註解道德經二卷　明張位撰
玄宗內典諸經注十一卷　明鄧以王編
譚子化書六卷　南唐譚峭撰
陰符經三皇玉訣三卷
陳虛白規中指南二卷　元陳沖素撰
群仙要語二卷　元董漢醇輯
玉清金笥寶籙三卷　宋張平叔撰
中和集七卷　元李道純撰
鍾呂二仙修真傳道集三卷　唐呂嵓撰
純陽呂真人文集八卷
文始真經言外經旨二卷　宋陳顯微撰
太上黃庭內景玉經一卷　□梁丘子注
太上黃庭外景經一卷　□梁丘子注
黃庭內景五臟六腑圖說一卷　唐胡愔撰

道書全集九十四卷　明閻鶴洲編　明萬曆十九年刻清康熙二十一年周在延重修本　三九九
金丹大要十卷　元陳致虛撰
金碧古文龍虎上經三卷　宋王道註疏　周真一印證
周易參同契通真義三卷　後蜀彭曉撰
周易參同契解三卷　宋陳顯微撰

周易參同契分章註三卷　元陳致虛撰
玄學正宗二卷
悟真篇註疏三卷　宋陳達靈傳　翁葆光注　元戴起宗疏
悟真註疏直指詳說三乘秘要一卷　宋翁葆光撰
金丹四百字內外註解一卷
諸真玄奥集成九卷　□涵蟾子輯
群仙珠玉集四卷
張洪陽註解道德經二卷　明張位撰
玄宗內典諸經註十一卷　明鄧以正編
梓子化書六卷　南唐譚峭撰
陰符經三皇玉訣三卷
除虛白規中指南二卷　元陳沖素撰
群仙要語二卷　元董漢醇輯
玉谿金寶鑰三卷　宋張平叔撰
中和集六卷　元李道純撰
鍾呂二仙修真傳道集三卷
純陽呂真人文集八卷　唐呂嵒撰
文始真經言外經旨二卷　宋陳顯微撰
太上黃庭內景玉經一卷　□梁丘子注
太上黃庭外景經一卷　□梁丘子注
黃庭內景五臟六腑圖說一卷　唐胡愔撰

金丹正理大全四十二卷　明嘉靖十七年周臻刻本　十行二十一字黑口四周雙邊　四〇〇
金丹大要十卷　元陳致虛撰
金碧古文龍虎上經三卷　宋王道注疏
周易參同契通真義三卷　後蜀彭曉撰
周易參同契解三卷　宋陳顯微撰
周易參同契分章註三卷　元陳致虛撰
玄學正宗二卷
金丹四百字內外註解一卷　宋陳達靈傳　翁葆光注　元戴起宗疏
悟真篇註疏三卷
直指詳說一卷　宋翁葆光撰
諸真玄奥集成九卷　□涵蟾子輯
群仙珠玉集四卷

金丹正理大全四十二卷　明刻本　四〇一
金丹大要十卷　元陳致虛撰
金碧古文龍虎上經三卷　宋王道注疏
周易參同契通真義三卷　後蜀彭曉撰
周易參同契解三卷　宋陳顯微撰
周易參同契分章註三卷　元陳致虛撰
玄學正宗二卷
金丹四百字內外註解一卷　宋陳達靈傳　翁葆光注　元戴起宗疏
悟真篇註疏三卷
直指詳說一卷　宋翁葆光撰
諸真玄奥集九卷　□涵蟾子輯
群仙珠玉集四卷

玄宗內典諸經註十一卷　明鄧以正編　明刻本　十行二十字黑口四周雙邊　四〇二
黃帝陰符經註解一卷　□鄧新撰
太上老君說常清靜經註一卷　元李道純撰
太上赤文洞古經註一卷　題長筌子撰
太上大通經註一卷　元李道純撰
太上昇玄說消災護命妙經註一卷　元王玠撰
洞玄靈寶定觀經註一卷
胎息經註一卷
無上玉皇心印經一卷　□李簡易撰

十九

老子說五廚經註一卷　唐尹愔撰
崔公入藥鏡註解一卷　元王玠撰
青天歌註釋一卷　元王玠撰

玄宗內典諸經註十一卷　明鄧以正編　明刻本　十二行二十字白口四周雙邊　四〇三
存八卷
黃帝陰符經註解一卷　□鄧新撰
太上老君說常清靜經註一卷　元李道純撰
太上赤文洞古經注一卷　題長筌子撰
太上大通經注一卷　元李道純撰
太上昇玄說消災護命妙經注一卷　元王玠撰
洞玄靈寶定觀經注一卷
胎息經註一卷　□幻真先生撰
無上玉皇心印經注一卷　□李簡易撰

玄宗內典諸經註十一卷　明鄧以正編　明萬曆三十年養穗堂刻本　十二行二十字白口左右雙邊　四〇四
存十卷
黃帝陰符經註解一卷　□鄧新撰
太上老君說常清靜經註一卷　元李道純撰
太上赤文洞古經註一卷　題長筌子撰
太上大通經註一卷　元李道純撰
太上昇玄說消災護命妙經註一卷　元王玠撰
玉皇胎息經註一卷　題幻真先生注
無上玉皇心印經注一卷　□李簡易撰
老子說五廚經註一卷　唐尹愔撰
崔公入藥鏡註解一卷　元王玠撰
青天歌註釋一卷　元王玠撰

道書四種　明正德刻本　八行十八字白口四周雙邊　四〇五
保生心鑑
修真秘要
養生導引
錦身機要

四經十九卷　明王一清編　明萬曆刻本　九行二十四字黑口四周單邊　四〇六
道德經釋辭二卷　明王一清撰
文始經釋辭九卷　明王一清撰
化書新聲七卷　題唐譚峭撰　明王一清撰
金丹四百字註解一卷　題宋張伯端撰　明王一清注

清虛玄規迂談鑑關三書三卷　明嘉靖二十七年易巽刻本　九行二十二字黑口四周單邊　四〇七
清虛玄規一卷　題□中見碧撰
沖一迂談一卷　題宋葛安國撰
鑑關記一卷　題唐韓若雲撰

金丹正理大全群仙珠玉集成四卷　明成化七年刻本　十行二十一字黑口四周雙邊　四〇八

金丹先天纂要八卷　明任拱辰編　明嘉靖二十八年自刻本　九行二十字白口四周單邊　四〇九
煉鉛觀華記二卷
陳希夷玄機中本一卷
桂陽石函記一卷
崔公入藥鏡一卷
紫陽張平叔金丹□百字一卷
陰符經一卷

二十

太上金藪歌一卷

澄暉閣道書十七種二十七卷　明張僖占編　明刻本　八行十八字白口四周單邊　四〇

參同契經文三卷　題漢魏伯陽撰
參同契箋注三卷　題漢徐景休撰
參同契三相類二卷　題漢淳于叔通撰
石函記一卷　題晉許遜撰
道德經二卷
悟真篇三卷　宋張伯端撰
還金術三卷　□陶埴撰
胎息經一卷
太上大通經一卷
太上赤文洞古經一卷
無上玉皇心印經一卷
太上昇玄說消災護命妙經一卷
洞玄靈寶定觀經一卷
太上老君說常清靜經一卷
陰符經一卷
金碧古文龍虎上經一卷
太上虛皇天尊四十九章經一卷

道宗六書三十六卷　明李棨編　明萬曆四年黄世厚刻本　九行二十字白口左右雙邊有刻工　四一

存五種三十卷

道德真經義解四卷　宋李嘉謀撰
元始說先天道德經註解五卷　宋李嘉謀撰
文始真經言外經旨三卷　宋陳顯微撰
沖虛至德經解八卷　宋江遹撰
南華真經義纂十卷　明李棨輯

十一

紫府奇元十一種□□卷　明顧元慶編　明萬曆顧氏大石山房刻本　十行十八字白口左右雙邊　四二

存六種六卷

內丹三要一卷　元陳沖素撰
至道玄微一卷　題河南丘真人撰
上天至寶一卷　題秋潭劉真人撰
南嶽金丹暢旨一卷　題青霞蔣真人撰
金丹正宗一卷　題混成胡真人撰
金丹密語一卷　明陶宗儀撰

道書十八種十八卷　明刻本　六行十七字四周單邊　四三

太上洞玄靈寶無量度人上品妙經一卷
元始无量度人上品妙經一卷
九天應元雷聲普化天尊玉樞寶經一卷
太上太清天童護命妙經一卷
元始天尊說北方真武妙經一卷
太上玄靈北斗本命延生經一卷
玄武靈真說報父母恩經一卷
太上赤文帝君洞古經一卷
太上洞玄靈寶救苦妙經一卷
太上真一報父母恩重經一卷
太上七星神咒經一卷
太上靈寶天尊說禳災度厄真經一卷
太上洞玄靈寶三光注齡資福延壽經一卷
太上洞玄靈寶昇玄消災護命妙經一卷
太上洞玄靈寶天尊說大通經一卷
元始天尊說續命經一卷
元始天尊說生天得道真經一卷
太上老君說常清靜經一卷

道藏八種□□卷　明毛晉編　明末毛氏汲古閣刻本　十行二十字白口四周雙邊　四四

存四種八卷

漢武帝內傳一卷
漢武帝外傳一卷
砂仙傳三卷　題隱夫玉簡撰
續仙傳三卷

真仙上乘三十四　明抄本　四五

漁莊錄二卷
太上老君金谷歌註解一卷附內養下手口訣一卷
老君金丹火候秘訣歌一卷
註解崔公入藥鏡一卷
玉清金笥青華秘文二卷
金蓮頂口授金丹秘旨一卷
太上元玄心印鏡一卷
攖時靈要法一卷
太上老君說常清靜經一卷
上清黄庭內景經一卷外景經一卷
太上玉函玄秘群書一卷
太上玄秘玉華靈書一卷
太上老君內觀經一卷
太上洞玄靈寶定觀經一卷
玉函玄秘太上隱書一卷
石室玉函秘藏太上玄鏡一卷
石室玉函秘藏上清玄格一卷
太上玉函玄秘三清真錄一卷

十二

太上玉函玄秘中黄秘訣一卷
石室玉函玄秘西山群仙會真篇一卷
石室玉函秘藏西山真人通玄記一卷
超凡入聖九還七返金液還丹秘訣一卷
金丹秘訣一卷
玉清金笥青華秘文一卷　題張平叔撰
煙蘿子體殼歌一卷
紫團真人丹經一卷
玄武資一卷
金丹上乘龍虎交併返還口訣一卷
未陵洞天青霞蔣真人金丹口訣一卷
金丹下手訣一卷

道原四十種四十五卷　明抄本　四六

原陽子法語二卷
金丹直指一卷
道禪集一卷
還真集三卷
道玄篇一卷
隨機應化錄二卷
修鍊須知一卷
玉室經一卷
真人高象先金丹歌一卷
金丹真一論一卷
金丹四百字一卷
龍虎還丹訣頌一卷
龍虎元旨一卷
龍虎還丹訣一卷
內丹秘訣一卷
漁莊邂逅錄一卷

金丹正宗一卷
還丹復命篇一卷
寶甲集一卷
金液大丹詩一卷
証道歌一卷
內丹訣一卷
洞元子內丹訣二卷
內丹還元訣一卷
長生指要篇一卷
太上九要心印秘經一卷
紫元君授道傳心法一卷
真龍虎九仙經一卷
龍虎中丹訣一卷
九還七返龍虎金丹析理真訣一卷
諸真論還丹訣一卷
真一金丹訣一卷
還丹秘訣養赤子神方一卷
還丹衆仙論一卷
修丹妙用至論一卷
丹經極論一卷
金晶論一卷
還丹顯妙通幽集一卷
元陽子金液集一卷
還丹金液歌註一卷

四一七　道書三十八種五十八卷
高上月宮太陰元君孝道仙王靈寶淨明黃素書十卷序例一卷
靈寶淨明黃素書釋義秘訣一卷
太上靈寶淨明入道品一卷
靈寶淨明院真師密語一卷
太上靈寶淨明法印式一卷
靈寶淨明大法萬道玉章秘訣一卷
太上靈寶淨明秘法篇二卷
靈寶淨明新修九老神印伏魔秘法一卷
張真人金石靈砂論一卷
魏伯陽七返丹砂訣一卷
太極真人九轉還丹經要訣一卷
大洞鍊真寶經修伏靈砂妙訣一卷
大洞鍊真寶經九還金丹妙訣一卷
太上衛靈神化九轉丹砂法一卷
九轉靈砂大丹一卷
九轉青金靈砂丹一卷
陰陽九轉成紫金點化還丹訣一卷
玉洞大神丹砂真要訣一卷
靈砂大丹秘訣一卷
碧玉朱砂寒林玉樹匱一卷
龍虎還丹訣二卷
金華玉液大丹一卷
感氣十六轉金丹一卷
修鍊大丹要旨二卷
通幽訣一卷
金華沖碧丹經秘旨二卷傳一卷
還丹肘後訣三卷
蓬萊山西竈還丹歌二卷
抱朴子神仙金汋經三卷
太白經一卷
丹論訣旨心鑑一卷
大還心鑑一卷
大還丹金虎白龍論一卷
大丹篇一卷
大丹問答一卷
金木萬靈論一卷
紅鉛入黑鉛訣一卷
通玄秘術一卷

四一八　道書十八種二十卷　明抄本
丹房奧論一卷　宋程了一撰
指歸集一卷
還金述一卷
太丹鉛汞論一卷　唐金竹坡撰
真人妙道要略一卷　□鄭思遠撰
丹方鑑源三卷　□獨孤滔撰
延陵先生集新舊服氣經一卷
諸真聖胎神用訣一卷
胎息抱一歌一卷
幼真先生服內元炁訣一卷
胎息精微論一卷
服氣精義論一卷
氣法要妙至訣一卷
上清司命茅真君修行指迷訣一卷
神氣養形論一卷
存神鍊氣銘一卷　唐孫思邈撰
保生銘一卷　唐孫思邈撰
神仙食炁金櫃妙錄一卷

四一九　道書八種八卷　明抄本
太上老君說常清靜經一卷
太上昇玄說消災護命妙經一卷　元王玠注
太上赤文洞古經一卷
洞玄靈寶定觀經一卷
李清菴太極頌一卷
崔公入藥鏡註一卷　五代崔希範著
金丹四百字一卷　宋張伯端撰
金丹正理大全一卷　題□石得之撰

四二〇　道書六種六卷　明抄本
太上除三尸九蟲保生經一卷
太上老君玄妙枕中內德神咒經一卷
黃庭遁甲緣身經一卷
紫庭內秘訣修行法一卷
太上老君大存思圖註訣一卷
上玄高真延壽赤書一卷　唐裴鉶撰

四二一　道書四種十三卷　明抄本
列仙傳二卷　題漢劉向撰
穆天子傳六卷　晉郭璞注
黃帝龍首經二卷
許真君八十五化錄三卷　宋施岑撰

四二二　李晦卿真人道書八卷　明李文燭撰　清初抄本
陰符經三卷　明李文燭注
黃白鏡一卷　明李文燭撰　朱維城注
悟真篇三卷　宋張伯端撰　明李文燭注
金丹四百字解一卷　宋張伯端撰　明李文燭解

四二三　還真集一卷　元王玠（題混然子）撰　太上九要心印經一卷　□劉一中（嗣序子）撰　釋惑金丹大道本末直說一卷　金丹真指一卷　題劉真仙述　明抄本

四二四　太上三光注齡資福延壽妙經一卷太上說南斗六司延壽度人妙經一卷太上靈寶天尊說延壽妙經一卷太上老君說五斗金章受生妙經一卷太上老君說常清靜妙經一卷太上靈寶補謝天地八陽妙經一卷　明永樂四年沈度泥金寫本

四二五　太上玄靈北斗本命延生真經一卷太上靈寶天尊說禳災度厄真經一卷元始天尊說北方真武妙經一卷太上說平安竈經一卷太上正一天尊說鎮宅消災龍虎妙經一卷　明宣德元年刻本　五行十五字上下雙邊

四二六　太上說三官經序一卷太上三元賜福赦罪解厄消災延生保命妙經一卷太上元始天尊說三官寶號一卷　明天順六年萬政萬鐸刻本　五行十五字

四二七　太上洞玄靈寶無量度人上品妙經一卷元始天尊說十一曜大消災神咒經一卷元始天尊說北方真武妙經一卷太上泰清天童護命妙經一卷太上消禳火災經一卷　明成化十二年刻本　四行十六字上下雙邊

四二八　九天應元雷聲普化天尊玉樞寶經一卷太上玄靈北斗本命延生經一卷　明刻本　五行十四字上下雙邊

四二九　太上玄靈北斗本命延生真經一卷太上靈寶天尊說禳災度厄真經一卷元始天尊說北方真武妙經一卷太上說平安灶經一卷太上正一天尊說鎮宅消災龍虎妙經一卷　明刻本　十行十五字白口上下雙邊左右無邊

四三〇　沖虛至道長春劉真人語錄一卷　明邵以正輯　金液還丹印證圖一卷　題宋龍眉子撰　明顧愚子次韻　治人心法一卷　題明涵虛子輯　清彭定求抄本

四三一　道經摘要全集內集二十卷外集二十卷內集事詞八卷詩歌四卷雜法十卷　明黃省曾輯　清抄本

十六

四三二　方壺外史八卷　明陸西星撰　明末振堂刻本　九行十八字白口四周單邊　有刻工

四三三　道言內外六卷　明彭好古輯　明吳勉學刻本　九行十八字白口左右雙邊

四三四　道言內外六卷　明彭好古輯　明萬曆吳勉學刻黃之寀重修本　九行十八字白口左右雙邊

四三五　一化元宗十二卷　明高時明輯　明天啟四年刻本　九行二十字白口四周雙邊

四三六　一化元宗十二卷　明高時明輯　明崇禎十五年刻本　九行二十字白口四周雙邊

四三七　玉笈金箱不分卷　明王穉登抄本　章鈺跋

四三八　道書雜抄不分卷　明施光日抄本　羅振常跋

四三九　道經摘要全集內集二十卷　明黃省曾輯　明抄本

四四〇　合刻陰符經□□種□□卷　明末刻本　九行十九字白口左右雙邊
存十種十二卷
黃帝陰符經註一卷　宋沈亞夫撰
黃帝陰符經註一卷　宋蔡□撰
黃帝陰符經解義一卷　宋蕭真宰撰
黃帝陰符經註二卷　金唐淳撰
黃帝陰符經註解一卷　宋鄒訢撰
黃帝陰符經註一卷　宋俞琰撰
黃帝陰符經註一卷　元侯善淵撰
黃帝陰符經夾頌解註二卷　明王道淵撰
黃帝陰符經一卷　明張位注
黃帝陰符經解一卷　明焦竑撰

四四一　陰符經十二家註解二十七卷　明末抄本
陰符經三皇玉訣三卷
黃帝陰符經心法三卷　元胥元一注
黃帝陰符經註二卷　金唐淳撰
黃帝陰符經註一卷　金劉處玄撰
黃帝陰符經註一卷　元侯善淵撰
黃帝陰符經註解三卷　宋鄒訢撰
黃帝陰符經註一卷　元俞琰撰
黃帝陰符經夾頌解註三卷　明王道淵撰
黃帝陰符經集解三卷　宋袁淑真撰
黃帝陰符經疏三卷　唐李筌撰
黃帝陰符經集解三卷　宋曾道冲等撰
黃帝陰符經注一卷　唐張果撰

四四二　陰符經九種十八卷　明抄本　清徐鶴遠跋
陰符經三皇玉訣三卷
黃帝陰符經心法三卷　元胥元一撰
黃帝陰符經注三卷　金唐淳撰
黃帝陰符經注　金劉處玄撰
黃帝陰符經注一卷　元侯善淵撰
黃帝陰符經注解一卷　宋鄒訢撰
黃帝陰符經注一卷　宋俞琰撰
黃帝陰符經夾頌解注三卷　明王道淵撰
黃帝陰符經集解三卷　宋袁淑真撰

四四三　陰符經一卷　清雍正二年王澍篆文本　清王澍、唐翰題跋

四四四　陰符經一卷　宋劉辰翁評　明湯顯祖解　明唐齋刻本　九行二十字白口四周單邊

十七

四四七 鬼谷陰符經一卷 明張儀注 明萬曆十六年黄口刻本 八行十五字白口四周單边

四四八 陰符經一卷 明釋如愚解 明萬曆二十八年周令聞刻本 九行十八字白口左右双边

四四九 陰符經注一卷 清徐大椿撰 清乾隆二十五年刻本 清朱士楷校

四五〇 陰符經一卷 清王巨注 稿本

四五一 陰符經考異一卷 宋朱熹撰 清光緒二十一年抄本 清欽其寶跋

四五二 新刻黄帝陰符經闡秘一卷群仙靈壽丹一卷 明陳贊良撰 明萬曆刻本 八行十九字白口四周單边有刻工

四五三 黄庭經一卷 唐寫本 元陳繹曾、明吳廷、董其昌跋 十行二十二字

四五四 黄庭經一卷 元趙孟頫寫本 元鄧文原等跋

四五五 太上黄庭内景玉經一卷外景玉經一卷 清乾隆九年弘曆寫本

四五六 太上黄庭内景玉經一卷外景玉經一卷 唐白履忠注 明萬曆十一年程鍾魁刻朱印本 五行十九字白口上下双边有刻工

四五七 太上黄庭内景玉經一卷外景經一卷 唐白履忠注 黄庭内景五臓六腑圖説一卷 唐胡愔撰 明萬曆黄鶴樓刻朱印本 清孫星衍校並跋 八行二十字白口左右双边

四五八 太上黄庭内景玉經一卷外景經一卷 唐白履忠注 黄庭内景五臓六腑圖説一卷 唐胡愔撰 明萬曆二十二年姚子木刻朱印本 六行十六字白口四周双边

四五九 太上黄庭内景玉經一卷外景經三卷 唐白履忠注 黄庭内景五臓六腑圖説一卷 唐胡愔撰 明刻本 八行二十字白口左右双边

二七

四六〇 黄庭内景玉經一卷黄庭外景經三卷 唐白履忠注 黄庭洞靈經一卷 明刻本 九行二十字白口四周單边

四六一 黄庭内景玉經註三卷 唐白履忠撰 太上黄庭外景經三卷 題唐務成子註 明刻本 八行二十字白口四周單边

四六二 黄庭内景玉經二卷 明汪旦注 明嘉靖刻本 九行二十字白口四周單边

四六三 黄庭内景經二卷外景經一卷 明李一元注 明娜嬛書屋刻本 八行十四字白口四周双边

四六四 太上黄庭内景玉經童註二卷圖説一卷 清部穆生撰 清刻本

四六五 黄庭内外景經統註不分卷 清地駿輯 清康熙懷裕堂刻本

四六六 黄庭經考異不分卷 題明何所子撰 明萬曆三十四年刻藍印本 九行二十字白口左右双边

四六七 黄庭秘訣一卷 明刻本 九行十九字白口左右双边

四六八 周易參同契三卷 明趙府味經堂刻本 八行十七字白口四周双边有刻工

四六九 古文參同契三卷 明嘉靖刻本 九行二十字白口四周單边
參同契經文一卷 題漢魏伯陽撰
參同契箋註一卷 題漢徐景休撰
參同契三相類一卷 題漢淳于叔通撰

四七〇 參同契經文三卷 題漢魏伯陽撰 箋註三卷 題漢徐景休撰 三相類二卷 題漢淳于叔通撰 明刻本 八行十七字白口左右双边

四七一 古文參同契八卷 明楊慎輯 明姚汝循刻本 十行二十字白口四周單边
參同契經文分節解三卷 題漢魏伯陽撰 元陳致虛解
參同契箋注分節解三卷 題漢徐景休撰 元陳致虛解
參同契三相類二卷 題漢淳于叔通撰 元陳致虛解

四七二 周易參同契通真義三卷 後蜀彭曉撰 明刻本 十行二十字黑口四周双边

四七三 朱子周易參同契考異一卷 宋朱熹撰 元黄瑞節輯 清光緒十八年袁氏漸西村舍抄本 清袁昶批校並跋

四七四 周易參同契發揮三卷 元俞琰撰 明初刻本 十二行二十三字黑口左右双边

二八

四七五 周易參同契發揮三卷釋疑一卷 元俞琰撰 元刻本 十二行二十三字黑口左右双边 存二卷（上、中）

四七六 周易參同契發揮三卷 元俞琰撰 明初刻本 釋疑一卷 元俞琰撰 明洪武十三年張本真刻本 十二行二十二字黑口左右双边 存二卷（發揮上 釋疑全）

四七七 周易參同契發揮三卷釋疑一卷 元俞琰撰 明初刻本 十二行二十三字黑口左右双边

四七八 周易參同契發揮三卷釋疑一卷 元俞琰撰 明宣德三年朱文斌刻本 十行二十字黑口四周双边

四七九 周易參同契發揮三卷釋疑一卷 元俞琰撰 明劉氏安正堂刻本 十行二十二字黑口四周双边

四八〇 周易參同契發揮三卷釋疑一卷 元俞琰撰 明抄本

四八一 周易參同契發揮三卷釋疑一卷 元俞琰撰 後音一卷 明刻本 十二行二十四字黑口四周双边

周易參同契三卷釋疑一卷 元俞琰撰 後音一卷 明刻本 十二行二十四字黑口四周双边 四八二

周易參同契發揮二卷 元俞琰撰 明刻本 九行十八字白口四周双边 四八三

周易參同契發揮九卷 元俞琰撰 明抄本 四八四

周易參同契註解三卷 元陳致虛撰 明成化二十年金陵書坊徐氏和刻本 十三行二十字黑口四周双边 四八五

伊府重刊周易參同契註解三卷 元陳致虛撰 明嘉靖十一年伊府刻本 十行二十字黑口四周双边 四八六

周易參同契註三卷 元陳致虛撰 明刻本 十行二十三字黑口四周双边 四八七

周易參同契分章註解三卷 元陳致虛撰 清道光敦本堂刻本 清鄭滿喬批校 八行二十字白口四周双边 四八八

周易參同契解箋三卷 題漢魏伯陽撰 明張文龍解 朱長春箋 明萬曆四十年刻朱印本 八行十八字白口四周双边有刻工 四八九

周易參同契解箋三卷 題漢魏伯陽撰 明張文龍解 朱長春箋 明萬曆四十年刻本 八行十八字白口四周双边有刻工 四九〇

校註古文參同契三卷參同契補遺三相類二卷 明王九靈校注 明萬曆刻本 十一行二十一字白口左右双边 四九一

二十九

校註古文參同契三卷參同契補遺三相類二卷 明王九靈校注 明萬曆刻本 四九二

古註參同契分釋三卷 明末刻本 九行二十字白口四周單边 四九三

參同易測一卷 清新樓書撰 稿本 四九四

抱朴子內篇二十卷外篇五十卷 晉葛洪撰 明嘉靖四十四年魯藩承訓書院刻本 九行二十字白口四周双边 四九五

抱朴子內篇二十卷外篇五十卷 晉葛洪撰 明嘉靖四十四年魯藩承訓書院刻本 清盧文弨校，安廷樸、丁丙跋 四九六

抱朴子內篇二十卷外篇五十卷 晉葛洪撰 明嘉靖四十四年魯藩承訓書院刻本 清沈炳垣校 四九七

抱朴子內篇二十卷外篇五十卷 晉葛洪撰 明抄本 清錢謙貞批校 四九八

抱朴子內篇二十卷外篇五十卷 晉葛洪撰 明抄本 清顧廣圻校並跋 四九九

抱朴子內篇二十卷外篇五十卷 晉葛洪撰 明抄本 清陸僎跋 五〇〇

抱朴子內篇二十卷外篇五十卷 晉葛洪撰 清嘉慶十八年孫星衍刻平津館叢書本 清陳澧批校 五〇一

抱朴子內篇二十卷 晉葛洪撰 宋紹興二十二年臨安府榮六郎家刻本 十五行二十八字白口左右双边 五〇二

抱朴子內篇二十卷 晉葛洪撰 明抄本 五〇三

抱朴子內篇二十卷 晉葛洪撰 清嘉慶十八年繼昌金陵道署刻本 清楊沂孫校，趙宗建題款 存九卷 一至四 十六至二十 五〇四

抱朴子外篇五十卷 晉葛洪撰 明鈕氏世學樓抄本 存二十九卷 一至二十九 五〇五

抱朴子外篇五十卷 晉葛洪撰 明抄本 存二十卷 一至二十 五〇六

抱朴子外篇注五十卷 清王廣想撰 稿本 五〇七

抱朴子外篇勖學一卷 晉葛洪撰 清黃氏士禮居抄本 清黃丕烈校並跋 五〇八

新鍥抱朴子內篇四卷外篇四卷 晉葛洪撰 明萬曆十二年慎懋官刻本 十行二十字白口左右双边 五〇九

新鍥抱朴子內篇四卷外篇四卷 晉葛洪撰 明萬曆十二年慎懋官刻本 明徐渤校並跋 五一〇

新鍥抱朴子內篇四卷外篇四卷 晉葛洪撰 明萬曆十二年慎懋官刻本 清沈[illegible]銜校並跋 五一一

三十

新鍥抱朴子內篇四卷外篇四卷 晉葛洪撰 明萬曆十二年慎懋官刻本 李盛鐸跋 五一二

新鍥抱朴子內篇四卷 晉葛洪撰 明萬曆十二年慎懋官刻本 傅增湘校並跋 五一三

新鍥抱朴子內篇四卷外篇四卷 晉葛洪撰 明盧舜治評 明萬曆十二年慎懋官刻二十七年翁天霖重修本 十行二十字白口左右双边 五一四

新鍥抱朴子內篇四卷外篇四卷 晉葛洪撰 明盧舜治評 明萬曆十二年慎懋官刻二十七年翁天霖重修本 傅增湘校 五一五

新鍥葛稚川內篇四卷外篇四卷 晉葛洪撰 明萬曆十二年慎懋官刻二十七年翁天霖重修張可大遞修本 十行二十字白口左右双边 五一六

新鍥抱朴子內篇四卷外篇四卷 晉葛洪撰 明刻本 十行二十字白口四周單边 五一七

新鍥葛稚川內篇四卷外篇四卷 晉葛洪撰 清刻本 清顧中壽校並跋 五一八

許真君淨明宗教錄十五卷 題晉許遜撰 元黃元吉輯 明草玄居刻本 八行二十字白口四周單边 五一九

許真君淨明宗教錄十五卷 題晉許遜撰 元黃元吉輯 明草玄居刻本 五二〇

五二一 旌陽石函記一卷　題晋許遜撰　明邵輔注　明嘉靖二十六年刻本　清丁丙跋　八行十八字白口四周單边
五二二 華陽隱居真誥一卷　梁陶弘景撰　宋葛長庚寫本
五二三 真誥十卷　梁陶弘景撰　薩真人戒行實錄一卷　明李振卿輯　明嘉靖二年黃與刻本　十行十九字白口左右双边
存九卷　一至六　九至十　實錄全
五二四 真誥二十卷　梁陶弘景撰　明萬曆二十八年刻本　九行十七字白口左右双边
一五二五 真誥二十卷　梁陶弘景撰　明萬曆二十八年刻本　清張步瀛校並跋　程天□跋
五二六 真誥二十卷　梁陶弘景撰　明萬曆二十八年刻本　張爾田跋
五二七 真誥二十卷　梁陶弘景撰　明萬曆二十八年刻三十二年俞安期重修本
五二八 真誥二十卷　梁陶弘景撰　清順治十八年錢謙益家抄本　清錢謙益跋
五二九 亢倉子一卷　清同治八年劉履芬抄本
五三〇 亢倉子九卷　題何粲注　明黃諫音釋　明刻本　九行二十字黑口四周双边
五三一 亢倉子九卷　題何粲注　明黃諫音釋　明刻本　傅增湘跋　九行二十字黑口四周双边
五三二 洞靈真經一卷　清抄本
五三三 新雕洞靈眞經五卷　題何粲注　宋刻本　十行二十字白口四周單边
五三四 天隱子一卷　唐司馬承禎撰　明抄本
五三五 玄真子三卷　唐張志和撰　明天啓五年孟胤泰刻本　九行二十字白口四周單边
五三六 玄真子外篇三卷　唐張志和撰　附錄一卷　明刻本　十行十七字白口左右双边
五三七 玄真子外篇三卷　唐張志和撰　明抄本
五三八 玄真子一卷　唐張志和撰　清光緒元年崇文書局刻百子全書本　傅增湘校並跋
五三九 石藥爾雅二卷　唐梅彪撰　清初毛氏汲古閣抄本
五四〇 石藥爾雅二卷　唐梅彪撰　清初毛氏汲古閣抄本　比利時南懷仁跋
五四一 證道修真指玄九鼎丹訣一卷　唐施肩吾撰　明抄本
五四二 靈寶畢法三卷　題漢鍾離權撰　唐呂嵒傳　清抄本
五四三 純陽呂真人文集八卷　唐呂岩撰　明萬曆十一年楊良弼刻本　九行十八字白口四周双边
五四四 純陽呂真人文集八卷　唐呂嵒撰　明刻本　九行十八字黑口左右双边
五四五 純陽呂真人文集八卷　唐呂嵒撰　明抄本
五四六 純陽呂真人詩二卷　明抄本
五四七 純陽真人渾成集二卷　唐呂嵒撰　明抄本
五四八 採真機要三卷　題唐混沌子撰　明詹志刪注　明抄本

五四九 青羊萬壽宮萬字碑一卷　唐樂朋龜撰　明抄本
五五〇 洞天福地嶽瀆名山記一卷　前蜀杜光庭撰　清陳氏晚晴軒抄本
五五一 洞天福地嶽瀆名山記一卷　前蜀杜光庭撰　清抄本
五五二 洞天福地嶽瀆名山記一卷　前蜀杜光庭撰　梅仙觀記一卷　宋楊智遠輯　清抄本
五五三 雲笈七籤一百二十二卷　宋張君房撰　明初抄本
存二十九卷　一至十　五十一至六十　一百十四至一百二十二
五五四 雲笈七籤一百二十二卷　宋張君房輯　明張萱清真館刻本　九行二十字白口四周單边有刻工
五五五 雲笈七籤一百二十二卷　宋張君房撰　明刻本　九行二十字白口四周單边
五五六 雲笈七籤一百二十二卷　宋張君房輯　明抄本
五五七 悟真篇一卷　宋張伯端撰　明抄本
五五八 悟眞篇注釋三卷　宋張伯端撰　翁葆光注　明抄本
五五九 張平叔悟真篇集註五卷　宋張伯端撰　□葉士表等注　元刻明修本　十一行二十字黑口左右双边
五六〇 張平叔悟真篇集註五卷　宋張伯端撰　□葉士表等注　明刻本　清丁丙跋　十一行二十字黑口四周双边
五六一 悟真篇三註三卷　宋張伯端撰　宋薛道光、元陸墅、陳致虛注　明成化十九年王仲澄等刻本　十行二十字黑口四周双边
五六二 悟真篇三註三卷　宋張伯端撰　宋薛道光、元陸墅、陳致虛注　明萬曆十六年刻本　十行二十字黑口四周双边
五六三 悟真篇三註三卷　宋張伯端撰　宋薛道光、元陸墅、陳致虛注　明陳長卿刻本　十行二十字白口四周双边
五六四 新刻悟真篇三註三卷　宋張伯端撰　宋薛道光、元陸墅、陳致虛注　明萬曆刻本　十一行二十三字白口左右双边
五六五 悟真篇三註三卷　宋張伯端撰　宋薛道光、元陸墅、陳致虛注　明金陵蔡家書坊刻本　十行二十字黑口四周双边
五六六 悟真篇三註三卷　宋張伯端撰　宋薛道光、元陸墅、陳致虛注　明刻本　十行二十二字黑口四周双边
五六七 悟真篇三註三卷　宋張伯端撰　宋薛道光、元陸墅、陳致虛注　明刻本　十行二十字黑口四周双边
五六八 悟真篇三註三卷　宋張伯端撰　宋薛道光、元陸墅、陳致虛注　明刻本　九行二十字黑口四周双边
五六九 悟真篇三註三卷　宋張伯端撰　宋薛道光、元陸墅、陳致虛注　明刻本　十行二十二字白口四周双边
五七〇 悟真篇三註三卷　宋張伯端撰　宋薛道光、元陸墅、陳致虛注　明末廣陵程芷樓刻本　八行十八字白口左右双边
五七一 紫陽真人悟真篇三註五卷　宋張伯端撰　宋薛道光、元陸墅、陳致虛注　明抄本
五七二 悟真篇四註二卷　宋張伯端撰　宋薛道光、元陸墅、陳致虛注　明萬曆二十七年刻本　九行二十字白口四周單边
五七三 道樞四十二卷　宋曾慥輯　明范氏天一閣抄本
存四卷　三十至三十三
五七四 爰清子致命篇二卷　宋王慶升撰　明抄本

五七五 錦身機要三卷 宋鄧希賢撰 象臺剛注 明范氏天一閣抄本
五七六 太上老君混元上德皇帝實錄七卷 宋謝守灝撰 明抄本 明沈與文跋
五七七 太上感應靈篇一卷 明嘉靖三十二年孫鎔刻本 八行二十二字白口四周單边
五七八 太上感應篇經傳一卷 宋李昌齡撰 明刻本 八行二十字白口四周双边
五七九 太上感應篇八卷 宋李昌齡傳 鄭清之贊 元元貞二年何士清募刻本 十二行二十二字白口左右双边
五八〇 太上感應篇八卷 宋李昌齡傳 鄭清之贊 元刻本 十二行二十二字白口左右双边
五八一 太上感應篇八卷 宋李昌齡傳 鄭清之贊 元刻本 十二行二十一字白口左右双边
五八二 太上感應篇八卷 宋李昌齡傳 鄭清之贊 明刻本 清錢天樹、張爾旦題耑 邵淵耀、單學傅、鄭鑾樾跋 十一行二十一字黑口左右双边有刻工
存四卷 五至八
五八三 太上感應篇二卷 明崇禎十五年汪如淮廣蔭堂刻本 行格不等二十字白口四周單边
五八四 御註太上感應篇一卷 清世祖福臨注 清順治十二年內府刻本
五八五 太上感應篇圖說八卷 清許纘曾輯 清順治十四年刻本
五八六 太上感應篇一卷 清惠棟注 清敬思堂刻本
五八七 白先生雜著指玄篇八卷 白先生金丹火候圖二卷 宋葛長庚輯 明刻本 十一行二十字黑口四周双边
五八八 太清風露經一卷 題無住真人撰 蒙古太宗九年至乃馬真后三年宋德方等刻道藏本 六行十七字
五八九 鄭所南先生太極祭煉內法一卷 祭煉議略一卷 明初傳抄宋刻本 十行字数不等白口左右双边
五九〇 鄭所南先生太極祭煉內法一卷 明刻本 十行二十字白口左右双边
五九一 至游子二卷 明嘉靖四十五年姚汝循刻重修本 九行十七字白口四周單边有刻工
五九二 席上輔談二卷 元俞琰撰 明嘉靖二十七年袁表家抄本
五九三 席上輔談二卷 元俞琰撰 明抄本 明金俊明校並跋 清黄丕烈跋 李盛鐸、邵章跋
五九四 席上輔談二卷 元俞琰撰 明抄本 清顧渭校跋並錄姚咨題識
五九五 席上輔談二卷 元俞琰撰 清抄本
五九六 席上輔談二卷 元俞琰撰 清抄本
五九七 席上輔談二卷 元俞琰撰 清抄本
五九八 俞石澗易外別傳一卷 元俞琰撰 明刻本 十二行二十一字黑口四周單边
五九九 易外別傳一卷 元俞琰撰 明刻本 十行二十字白口四周單边
六〇〇 易外別傳一卷 元俞琰撰 明抄本
六〇一 俞石澗易外別傳一卷 元俞琰撰 清抄本 清丁丙跋
六〇二 玄品錄五卷 元張天雨撰 清鮑白齋抄本
存四卷 一至四
六〇三 清庵先生中和集前集三卷後集三卷 元李道純撰、蔡志頤輯 清影元抄本 清丁丙跋
六〇四 清庵先生中和集前集三卷後集三卷 元李道純撰、蔡志頤輯 明宣德十年朱本道刻本 十一行二十一字黑口四周双边
六〇五 清庵先生中和集前集三卷後集三卷 元李道純撰、蔡志頤輯 明刻本 十一行二十一字黑口四周双边
六〇六 清庵先生中和集前集三卷後集三卷 元李道純撰、蔡志頤輯 明刻本 十行二十一字白口四周双边
六〇七 清庵先生中和集三卷 元李道純撰、蔡志頤輯 明刻本 十行二十一字黑口四周双边
六〇八 伊府重刊清庵先生中和集前集三卷後集三卷 道德會元一卷 元李道純撰、蔡志頤輯 明伊府刻本 李盛鐸跋 行数不等字数不等黑口四周双边
六〇九 道法宗旨圖衍義二卷 元鄧楠纂圖、章希賢衍義 明抄本
六一〇 陳虛白規中指南二卷 元陳冲素撰 明正德九年李景先刻本 九行十八字黑口四周双边
六一一 金丹大成集五卷 元蕭廷芝撰 明嘉靖四十二年蜀府刻本 十一行二十字黑口四周双边
六一二 金丹大要十卷 元陳致虛撰 元後至元刻本 十行二十字黑口四周双边
六一三 金丹正理大全金丹大要八卷 元陳致虛撰 明嘉靖十七年周藩刻金丹正理大全本 明赤一子、金蓋子等跋 十行二十一字黑口四周双边
六一四 金丹百問一卷 題李光玄撰 明嘉靖二十六年顧元慶大石山房刻本 十行十八字白口左右双边
六一五 太上洞玄靈寶無量度人上品妙經三卷 元始無量度人上品妙經三卷 元陳致虛撰 明弘治十七年汪泰元刻本 六行十五字黑口四周双边
存一卷 一
六一六 玉清无極總真文昌大洞僊經三卷首一卷 元衞琪註釋 明萬曆二十八年殷玉成刻本 九行十八字白口四周單边
六一七 群仙要語纂集一卷 元董漢醇輯 明弘治十七年劉達刻本 十行二十字黑口四周双边
六一八 羣仙要語纂集一卷 元董漢醇輯 明刻本 十行二十字黑口四周双边
六一九 群仙要語纂集一卷 元董漢醇輯 清順治五年劉合輝刻本
六二〇 靈寶文檢道法大成變明玉書法淵秘寶六卷

元白道凝輯　明刻本　行數不等二十八字白口四周雙邊

六二一 龍門子凝道記三卷　明宋濂撰　明初刻本　十二行二十一字黑口四周雙邊
六二二 龍門子凝道記三卷　明宋濂撰　明成化十年周寅刻本　十二行二十一字黑口四周雙邊
六二三 龍門子凝道記三卷　明宋濂撰　明成化十年周寅刻本　清林正青跋　十二行二十一字黑口四周雙邊
六二四 龍門子凝道記三卷　明宋濂撰　明成化十年周寅刻本　清丁丙跋
六二五 龍門子凝道記三卷　明宋濂撰　明正德三年刻本　十二行二十一字黑口四周雙邊
六二六 龍門子凝道記三卷　明宋濂撰　明刻本　十二行二十一字黑口四周雙邊
六二七 神隱二卷　明朱權撰　明刻本　十一行二十字黑口四周雙邊
六二八 神隱二卷　明朱權撰　明刻本　十一行二十字黑口四周雙邊
六二九 神隱二卷　明朱權撰　明刻本　十一行二十字白口四周雙邊
存一卷　上
六三〇 神隱二卷　明朱權撰　明刻重修本　清丁丙跋　十一行二十字白口四周雙邊　有刻工
六三一 救命索一卷　明朱權撰　明正統六年龍虎山丘誠壹刻本　十二行字數不一黑口四周雙邊
六三二 天皇至道太清玉冊二卷原道一卷　明朱權撰　明萬曆三十七年張進刻本　十二行二十二字黑口四周雙邊

三五

六三三 上清靈寶濟度大成金書四十卷　明周思得輯　明宣德七年楊震宗刻本　十二行二十六字黑口四周雙邊
六三四 金丹辯惑一卷　題劉太初撰　明刻本　九行十八字白口左右雙邊
六三五 經翼十卷　明劉承恩撰　明萬曆刻本　十行十八字白口四周單邊　有刻工
六三六 明真玄要一卷　題明□純暘撰　明范氏天一閣抄本
六三七 玄門入道資糧一卷　明萬表撰　明萬邦孚刻本　十行十八字白口左右雙邊
六三八 觀化集一卷　明朱約佶撰　明嘉靖刻本　十行十六字白口四周單邊
六三九 真詮二卷　明桑喬撰　明嘉靖刻本　十行二十字白口四周單邊
六四〇 真詮二卷　明桑喬撰　明抄本
六四一 真詮二卷　明桑喬撰　清初抄本　清永忠跋
六四二 真詮三卷　明桑喬撰　明萬曆十三年張懋脩刻本　八行二十字白口四周單邊
六四三 還丹發祕二卷　明鄭允璋撰　明抄本
六四四 寤言錄三卷　明章晚春撰　林兆恩敍　明萬曆刻本　九行十七字白口四周單邊
六四五 中一緒言集一卷性靈詩一卷　明盧文輝撰　明萬曆二十八年刻本　九行十七字白口四周雙邊

六四六 搜玄集□卷　明余思明撰　明萬曆刻本　六行十四字白口四周單邊
存一卷　上
六四七 太極冲玄至道心傳一卷　明劉文彬輯　明萬曆刻本　六行十四字白口四周單邊
六四八 年〇開龘闢瀛九目經闔瀛二卷　題明古盤先生撰　明萬曆刻本　十行十八字白口四周單邊
六四九 性命宗指二卷　題明乾貫山人撰　明廣居堂刻本　八行二十字白口四周單邊
六五〇 修養正傳丹經類粹三卷　明方鵬年撰　明萬曆刻本　九行二十字白口四周雙邊
六五一 承志錄三卷附集一卷　明彭純撰　清抄本　清陶索船跋
六五二 黃白鏡一卷　明李文燭撰　明刻本　八行十八字白口四周單邊
六五三 武安王靈籤不分卷　明侯繼高撰　明刻萬曆公文紙印本　九行白口左右雙邊　有刻工
六五四 淨明歸一內經一卷　題明水晶子撰　明萬曆三十二年詹氏西清堂刻本　十行二十字白口四周單邊
六五五 閒桴一卷　明馮叢山撰　明榮蔭抄本
六五六 性命真詮十卷續一卷　明黃復初輯　明崇禎十年自刻本　十行二十字白口四周單邊
六五七 道元一炁五卷　明曹士珩撰　明崇禎七年汪瀚等刻本　十一行十八字白口四周單邊
六五八 道元一炁五卷　明曹士珩撰　明崇禎七年汪瀚等刻重修本
六五九 玄宗印古□卷　明周之燧撰　明崇禎刻本　十行二十字白口四周雙邊
存一卷　上

三六

六六〇 道藏心珠集二十四卷　明朱之俊輯　清康熙李長祥天間閣刻本
六六一 正一天壇玉格品目二卷　清張洪任編　清順治十五年刻本
六六二 大塞內編一卷　清呂會達注　清康熙三十三年四與堂刻本
六六三 養生編一卷　清吳日藻輯　稿本　清吳儀跋
六六四 清微黃籙大齋科儀十二卷　清婁近垣輯　清乾隆十五年刻本
六六五 黃籙科儀十二卷　清婁近垣輯　清乾隆十五年弘書刻套印本
六六六 太極靈寶祭煉科儀二卷　清婁近垣輯　清乾隆三十二年刻本
六六七 梵音斗科二卷　清婁近垣輯　清乾隆刻四色套印本
六六八 金签心燈六卷　清閔詩芝撰　謝廷博注　鮑餛評　清抄本
六六九 太上洞玄靈寶無量度人上品妙經一卷　唐乾寧四年寫本
六七〇 太上洞玄靈寶無量度人上品妙經一卷　宋張即之寫本
六七一 太上洞玄靈寶無量度人上品妙經一卷　明泥金寫本
六七二 高上玉皇本行集經三卷　明萬曆三十九年趙林泥金寫本
六七三 高上玉皇本行集經三卷　明萬曆四十五年刻本　四行字數不等上下雙邊
六七四 太上洞玄靈寶高上玉皇本行集經三卷　明刻本　五行十四

字上下双边

六七五 太上洞玄靈寶高上玉皇本行集經三卷 清順治十四年刻本

六七六 九天應元雷聲普化天尊玉樞寶經不分卷 明弘治四年內府刻本 四行十一字上下双边

六七七 九天應元雷聲普化天尊玉樞寶經二卷 明萬曆四十三年內府抄本

六七八 元始天尊說北方真武妙經不分卷 清康熙五十年玄燁泥金寫本

六七九 太上老君說常清靜經一卷 清康熙五十年玄燁泥金寫本

六八〇 太上老君說常清靜經一卷 明王元暉注 明正統十一年京都大德觀刻本 十一行二十字黑口四周双边

六八一 太上老君說常清靜經不分卷 明張玄清注 明嘉靖四十二年劉斛杭鍾刻本 八行十九字黑口四周双边

六八二 太上老君說常清靜經一卷 題虎眼禪師注 鼎垴子釋 解太上老君說了心經一卷 明刻本 十行十七字黑口四周双边

六八三 太上老君說黃妙真經一卷 明刻景泰五年印本 四行九字上下双边

六八四 太上玄靈北斗本命延生真經一卷 明萬曆四十三年內府抄本

六八五 太上玄靈北斗本命延生真經一卷 明抄本

六八六 太上玄靈北斗本命延生真經一卷 清康熙五十年玄燁寫本

六八七 太上護命妙經一卷 清乾隆三十五年弘曆泥金寫本

六八八 太上混洞赤文女青詔書天律□卷 元刻本 十行二十二字黑口四周單边 存一卷上

六八九 太上說天妃救苦靈驗經一卷 明永樂十八年刻本 四行十三字

六九〇 太上說平安竈經一卷 明刻正統六年印本 五行十五字上下双边

六九一 太上說中斗大魁掌算伏魔神咒經一卷 明嘉靖二十四年泥金寫本

六九二 太上道藏三洞法寶諸品經懺誥咒十卷 明王一元等刻本 六行十七字上下双边

六九三 太上選僊純陽帝君祈嗣永命仁孝真經一卷 明崇禎六年廖子章郭明鳳刻本 七行十七字白口四周單边

六九四 西昇經二卷 清抄本

六九五 太上三元賜福赦罪解厄消災延生保命妙經一卷 明成化十六年刻本 五行十五字上下双边

六九六 太上三元賜福赦罪解厄消災延生保命妙經一卷 明萬曆四十三年內府抄本

六九七 太上三元賜福赦罪解厄消災保命經一卷 明刻本 五行十五字上下單边

六九八 太上三元消災延生保命妙經一卷 明刻本 五行字不等上下双边

六九九 太上三元賜福赦罪解厄延生經一卷 明刻正德二年熊建印本 五行字不等上下双边

七〇〇 太上三元賜福赦罪解厄消災延生經二卷 明泥金寫本

七〇一 元始天尊說藥王救八十一難真經一卷 三官經一卷 解厄延生經一卷 明崇禎十三年惠王選侍王氏抄本

七〇二 金液還丹印證圖一卷 明刻本 九行十七字黑口四周單边

七〇三 秘傳正陽真人靈寶畢法三卷 明刻本 清黃丕烈跋 張雲鴻題款 十行二十字黑口四周双边

七〇四 玉音法事三卷 明成化九年刻本 十行二十字黑口四周双边

七〇五 祈神奏格四卷祀先祝文二卷 明萬曆三十八年劉希信刻本 九行二十三字白口四周單边

七〇六 諸階行移一卷 明內府抄本

七〇七 諸階鎮貼符不分卷 明陶典真撰 明嘉靖二十一年抄本

七〇八 祈禱節次諸式一卷 明內府抄本

七〇九 祈禱諸階秘旨一卷 明內府抄本

七一〇 祈禱里社行移一卷 明內府抄本

七一一 祈禱家書立限便宜檄一卷 明內府抄本

七一二 禱雨天篆一卷 明內府抄本

七一三 祈禱文檄一卷 明內府抄本

七一四 資度早朝科一卷資度午朝科一卷資度晚朝科一卷 明成化十四年鷲潭道人抄本

七一五 清微祈晴牒式文檢一卷 明抄本

温師血脈家傳一卷 辛天君火筆一卷 明內府抄本 七一六
侍宸祖師法語一卷 明內府抄本 七一七
斗母急告心章一卷 明內府抄本 七一八
朱將軍大法一卷 高天丁秘旨一卷 明內府抄本 七一九
諸階火雷大法一卷 明內府抄本 七二〇
地祇諸階秘法一卷 迎將四檄一卷 明內府抄本 七二一
諸品靈章雷君秘旨一卷 明內府抄本 七二二
太乙月孛雷君秘法一卷 明內府抄本 七二三
天罡玄秘都雷法一卷 明內府抄本 七二四
太乙三山木郎祈雨神咒一卷 玉清宗教祈雪文檢一卷 明內府抄本 七二五
太上正一飛神謁帝章法一卷 明內府抄本 七二六
尊生閱彙不分卷 明抄本 七二七
諸真疏詞一卷 明抄本 七二八
文昌心懺一卷 清咸豐九年韓應陛抄本 七二九
文昌化書二卷別錄一卷 明萬曆二十九年王季通刻本 九行二十字白口四周雙邊 七三〇
文昌化書別錄一卷 明崇禎刻本 九行二十字白口四周雙邊 七三一
繡像文昌化書四卷 清康熙二十五年周長年刻本 七三二
文昌帝君忠孝化書二卷 清乾隆四十年西寧尚志堂刻本 七三三
化書不分卷 明萬曆刻本 十行二十二字白口四周雙邊 七三四
武當山玄天上帝垂訓一卷 明刻天順二年院修印本 五行十五字上下雙邊 七三五
武當山玄天上帝垂訓一卷 明嘉靖元年抄本 七三六
東嶽獨體關元帥大法一卷 明抄本 七三七
九天梵炁雷晶碧潭使者火法一卷 明抄本 七三八
太清金闕玉華仙書八極神章三皇內秘文三卷 明抄本 七三九
紫府真人瑋琳洞中經一卷 照膽經一卷 明刻本 十行二十八字白口四周雙邊 七四〇
御愛南極還元忠孝秘法不分卷 明抄本 七四一
北極紫庭秘訣不分卷 清康熙四十四年[illegible]覺雲照抄本 七四二
元帝問道一卷 附呂純陽高支叉歌一卷 明抄本 七四三
性命雙脩萬神圭旨四卷 明萬曆四十三年吳之鶴刻本 十行十八字或二十字或十一行十二字白口 七四四
性命雙脩萬神圭旨四卷 明萬曆四十三年吳之鶴刻天啓二年程子達重修本 七四五
性命雙修萬神圭旨四卷 明胡廣灌刻本 十一行十八字白口四周單邊 七四六
性命雙修萬神圭旨四卷 明抄本 七四七
性命圭旨四卷 明崇禎三年朱茂錦刻本 十一行十八字 七四八
刪補性命圭旨四卷 題明[illegible]翁[illegible]是我刪訂 明末刻本 十一行十八字白口 七四九
魏伯陽大丹鉛汞真口訣一卷 附七十二神丹秘密真訣一卷 明抄本 徐乃昌題識 七五〇
三峯張神仙金丹節要三卷別錄一卷 明抄本 七五一
金丹心法口訣不分卷 清翁同龢抄本 清翁同龢跋 七五二
新刊彙集完真妙諦捷徑併附經驗奇方三卷 題明寅了撰 明天啟七年刻本 十行二十字白口四周單邊 七五三
金精直指一卷 明嘉靖三十八年朱觀熰刻本 八行十四字白口四周雙邊 七五四
金精直指一卷 明刻本 九行十九字白口左右雙邊 七五五
養真集二卷 題養真子注 清乾隆抄本 七五六
列仙傳二卷 題漢劉向撰 明嘉靖刻本 十二行二十字白口左右雙邊 七五七
列仙傳二卷 題漢劉向撰 清抄本 清顧觀光跋 七五八
列僊傳□卷 題漢劉向撰 明刻清吳門寶書堂重修本 八行十八字白口四周單邊 存四卷 一至四 七五九
列仙傳二卷 題漢劉向撰 續仙傳一卷 唐沈汾撰 明黃省曾贊 明嘉靖三十二年黃魯曾黃省曾刻漢唐三傳本 十二行二十字白口左右雙邊 七六〇
列仙傳二卷 題漢劉向撰 續仙傳一卷 唐沈汾撰 明黃省曾贊 明嘉靖三十二年黃魯曾黃省曾刻漢唐三傳本 清丁丙跋 七六一
列仙傳二卷 題漢劉向撰 續仙傳三卷 唐沈汾撰 疑仙傳三卷 題隱夫玉簡撰 明末毛氏汲古閣刻本 傅增湘校並跋 十行二十字白口四周雙邊 七六二
列仙傳補九卷 明宋顯撰 明抄本 七六三
續仙傳三卷 南唐沈汾撰 明抄本 七六四
續仙傳三卷 南唐沈汾撰 明抄本 七六五
疑仙傳三卷 題隱夫玉簡撰 明抄本 明文徵明跋 七六六

七六七　廣列仙傳七卷　明張文介輯　明萬曆十年自刻本　九行十八字白口四周單邊

七六八　僊苑編珠一卷　唐王松年撰　明萬曆四十三年朱國盛刻本　九行十八字白口四周單邊

七六九　仙苑編珠三卷　唐王松年撰　明抄本

七七〇　仙苑編珠三卷　唐王松年撰　清初抄本

七七一　墉城集仙錄六卷　前蜀杜光庭撰　明抄本

七七二　翊聖保德傳三卷　宋王欽若撰　清抄本

七七三　歷世真僊體道通鑑三十六卷　元趙道一撰　元刻本　十二行二十二字黑口左右雙邊
存三卷　三十四至三十六

七七四　歷世真僊體道通鑑三十六卷　元趙道一撰　明初刻本　十二行二十二字黑口左右雙邊
存七卷　二十一至二十七

七七五　歷世真僊體道通鑑三十六卷　元趙道一撰　明抄本
存二十五卷　一至二十三　三十四　三十六

七七六　歷世真仙體道通鑑五十三卷續編五卷後集六卷　元趙道一撰　明抄本
存五十四卷　一至十四　十八至五十三　續編一至二　後集五至六

七七七　歷世真僊體道通鑑前集二十卷　元趙道一撰　明活字印本　十行十九字白口四周單邊

七七八　有象列仙全傳九卷　明王世貞撰　汪雲鵬補　明萬曆二十八年汪雲鵬玩虎軒刻本　十一行二十二字白口四周單邊

七七九　有象列仙全傳九卷　明王世貞撰　明刻清初懷鐮堂重修本　十一行二十二字白口四周單邊

七八〇　月旦堂新鐫繡像列仙傳四卷　明洪應明輯　明末吳門禮書堂刻本　八行十八字白口四周單邊

七八一　歷代神仙通紀五十卷　清宋在衡撰　清抄本

七八二　新刊足本類編全相啓聖實錄前集一卷後集一卷續集一卷別集一卷　明宣德七年刻本　二十行二十字黑口四周雙邊

七八三　羣仙集三卷　明憲宗朱見深輯　明抄彩繪本

七八四　栖真志四卷　明夏樹芳撰　明萬曆夏氏清遠樓刻本　七行十六字白口四周單邊有刻工

七八五　廬山太平興國宮採訪真君事實八卷　宋葉義問輯　明周洪憲補　明刻本　十行二十字黑口四周雙邊

七八六　甘水仙源錄十卷　元李道謙輯　清抄本

七八七　終南山祖庭仙真內傳二卷　元李道謙撰　終南山說經臺歷代真仙碑記一卷　元朱象先撰　清抄本

七八八　重刊武當嘉慶圖一卷　明徐永道輯　明宣德七年刻本　十九行一十九字黑口四周雙邊

七八九　廣黃帝本行記一卷　唐王瓘撰　明抄本

七九〇　漢天師世家不分卷　明傅同虛心修　張玄慶增補　明抄本　清董丕烈校並跋

七九一　漢天師世家不分卷　明張國祥輯　明萬曆刻本　九行十八字白口四周雙邊

七九二　太極葛仙公傳一卷　宋譚嗣先撰　清抄本

七九三　華陽陶隱居內傳三卷　宋賈嵩撰　明抄本

七九四　華陽陶隱居內傳三卷　宋賈嵩撰　明抄本

七九五　許旌陽事蹟圖一卷　明刻本　十二行五字黑口左右雙邊

七九六　賜號太和先生圖相贊不分卷　明顧鼎臣撰　明嘉靖刻本　八行字不等

七九七　徐仙真錄五卷　明方文照撰輯　明正統八年據景廣刻成化增修本　清丁丙跋　十行二十二字黑口四周雙邊

七九八　徐仙翰藻十四卷　明抄本
存十一卷　一至十一

表一

收藏情况表

書名編號		藏書單位				
子道家類	1	0201①				
	2	0142	0197	0201		
	3	1601				
	4	0141				
	5	0141	0142	0143	0144	0161
		0201	0301	1615	1901	2602
		2702				
	6	0291	1601	1701		
	7	0101	0102	0145	0161	0181
		0193	0198	0201	0291	0301
		0404	0701	0741	0801	0841
		0861	0941	1042	1045	1491
		1501	1511	1601	1603	1701
		1741	2202	2206	2401	2701
		2702				
	8	0141	0201	0441	0841	2001
		2441				
	9	1601				
	10	0101	0102	0161	0201	0242
		0844	1701			
	11	2241	2601			
	12	0161	0701	2401	2542	
	13	0101	0141	0841		
	14	0144	0145	0201	1501	1606
	15	1501				
	16	0101	0301			
	17	0141	0142	0842	1141	1653
		1701	1704	1901	2301	
	18	0181				
	19	1801				
	20	0841				
	21	1601	2401			
	22	0101	0163	0242		
	23	1601	1701			
	24	0142				
	25	0102	0142	0144	0146	0190
		0851	1041	1801	1881	2701
	26	0141	0144	0161	0341	0701

收藏情况表

書名編號		藏書單位				
子道家類		0842	1541	2041	2682	
	27	0201				
	28	0144	0161	0201	1606	1701
		1801	1881	2603		
	29	1242	2302			
	30	1042				
	31	0141	1042	2302		
	32	0201				
	33	0591	2314			
	34	2542				
	35	0201				
	36	0101				
	37	0142				
	38	1581				
	39	0181				
	40	0201				
	41	0241				
	42	0181①				
	43	2702				
	44	0101	2401			
	45	0301				
	46	0101				
	47	2201				
	48	0101				
	49	0201				
	50	0201				
	51	1705				
	52	0101				
	53	0101				
	54	0182	1601	2702		
	55	1601	2702			
	56	0201				
	57	0144				
	58	0301				
	59	0201				
	60	0101				
	61	0201				
	62	0101				

表二

收藏情况表

書名編號		藏書單位				
子道家類	63	0101				
	64	0201	1712			
	65	0201				
	66	0101				
	67	0201①				
	68	1601①				
	69	0201	1601	1616	1701	2001
	70	2541				
	71	1788				
	72	1783				
	73	1701				
	74	2001				
	75	0201				
	76	0701				
	77	1601				
	78	1701				
	79	[illegible]				
	80	1705				
	81	1705				
	82	1705				
	83	1705				
	84	0101				
	85	0201				
	86	0145①				
	87	1601				
	88	0141				
	89	0201				
	90	1601				
	91	0101				
	92	0201	1601			
	93	0141				
	94	0101				
	95	1701				
	96	0142	0301	0242	0701	0801
		0802	0841	1641	1701	1702
		1881	2043	2201	2642	
	97	0201				
	98	0101				

收藏情况表

書名編號		藏書單位				
子道家類	99	0101				
	100	0101①				
	101	1705				
	102	1705				
	103	0101				
	104	0101				
	105	2702				
	106	1581				
	107	0101				
	108	0201	1505	1401	0201	
	109	0201				
	110	0842				
	111	0101				
	112	0141				
	113	0101				
	114	1705①				
	115	0201				
	116	1705				
	117	1705①				
	118	0201				
	119	0101				
	120	0141	0201			
	121	1702				
	122	0201				
	123	1601				
	124	2701				
	125	2301				
	126	0101	0241			
	127	0101				
	128	0801				
	129	1705①				
	130	0341①				
	131	1705				
	132	0101	0242	[illegible]	2001	
	133	0201				
	134	1705				
	135	0161				
	136	0101				

收藏情況表

書名編號	藏書單位				
子 道家類 137	1601				
138	1601				
139	0201				
140	0142				
141	0164				
142	0181				
143	0101	0141	0145	0201	0841
	1615				
144	0301	1702	1703		
145	0101	0144			
146	0101				
147	0201				
148	1601				
149	0242 ⑩				
150	0161				
151	1601				
152	0161	1582	1681		
153	1601				
154	2001				
155	1601				
156	0141	0201			
157	2401				
158	2741				
159	0201				
160	0101				
161	0142				
162	1705				
163	0181	0601	0841		
164	2501				
165	0201				
166	0201				
167	0201				
168	1601				
169	0141				
170	0101				
171	1701				
172	2801				
173	0201				

收藏情況表

書名編號	藏書單位				
子 道家類 174	0161	2042	2701		
175	0101	0145	0161	0201	1629
	2201				
176	2401				
177	0181				
178	0201				
179	0163				
180	0153				
181	0101				
182	0101				
183	2441				
184	0101				
185	0101				
186	1701				
187	0101				
188	0201				
189	0201				
190	0201				
191	0201				
192	1601				
193	0145				
194	0101				
195	1601				
196	0144				
197	0201				
198	0101				
199	1788				
200	0201				
201	1601				
202	1601				
203	1501				
204	2301				
205	0101				
206	1501 ③				
207	1601				
208	1042 ⑩				
209	0141				
210	0201 ⑩				

表三

收藏情況表

書名編號	藏書單位				
子 道家類 211	0101	0163	0182	0701	1101
	1601	2581	2702		
212	0201				
213	0201				
214	0201				
215	0801				
216	0141	0142	0144	0161	0201
	0241	0262	0291	0301	0341
	0342	0542	0701	0841	1182
	1542	1601	1603	1613	1615
	1651	1681	1684	1701	1716
	1881	2001	2041	2301	2401
	2602	2641	2701	2741	2843
217	1601				
218	0201				
219	1541				
220	0201				
221	0201				
222	1701				
223	0201	0241	0242	0291	0801
	1541	1613	1616	1712	2001
	2301	2302			
224	0201				
225	2201				
226	0201				
227	0101	0141	0144	0145	0146
	0161	0163	0181	0193	0201
	0242	0243	0301	0341	0342
	0521	0642	0701	0841	0941
	1041	1045	1201	1501	1521
	1541	1601	1604	1691	1705
	1881	1981	2201	2401	2501
	2541	2561	2701	2702	2881
228	0198				
229	0163	1616	2201	2801	
230	0101				
231	0101				
232	0101				

收藏情況表

書名編號	藏書單位				
子 道家類 233	0101				
234	0101 ⑩	1581			
235	0301				
236	0141				
237	0101				
238	1581				
239	1601				
240	0241				
241	0201				
242	0161				
243	0161				
244	0201				
245	0101				
246	0201	1601			
247	0144				
248	0163				
249	0101	0161	2201		
250	1601				
251	1501 ⑩				
252	0101				
253	0101	0141	0144	0164	0181
	0242	0801	1541	1741	
254	0241	0342	0441	0701	1503
	1615	1701	1801	1881	2401
	2441	2702			
255	0101				
256	0842	1541			
257	0201	1601	1605	1702	1801
	1881	1901	2304	2346	
258	0201				
259	0201				
260	0142	0143	0145	0163	0861
	1501	1701	1702	2501	2541
	2742				
261	0146	0701	0783	[illegible]	[illegible]
	2041	2201	2701	[illegible]	
262	0591				
263	1605				

表四

收藏情況表

書名編號	藏書單位				
子 道家類 264	0201				
265	0201				
266	0201	2201			
267	0201	1613			
268	0101⊗				
269	2401⊗				
270	1641				
271	2401				
272	0842	2641			
273	0142	0144	0201	0242	0801
	0841	1041	1042	1701	1704
	2209				
274	0262				
275	0161	0201	0341	1688	1801
	2901	2941			
276	0102	0145	1501	1541	1542
277	0301	0842	1101	1605	1702
	2561	2701	[illegible]		
278	0842	1681	2701	2746	
279	0201				
280	1701	2201			
281	0161	1652			
282	0143	0161	2602		
283	0144	0841			
284	0101	0546	1544	1601	1704
285	0161	0163	0198	0301	0701
	0801	1542	1601	1841	2401
286	0341				
287	0161	0242	0301	0701	1105
	1701				
288	0101	0146	0201	1605	1682
	1701	2041	2201	2401	2541
	2701				
289	0201				
290	0101	1701	1943	2201	
291	2702				
292	2701				
293	0141	0201			

收藏情況表

書名編號	藏書單位				
子 道家類 294	0161	2401			
295	0161	0163	1601		
296	0161				
297	1601				
298	1601	2001			
299	0907	2541			
300	0141	0144	0201	0341	2242
301	0144	0201	0301	1701	
302	0161	0201	0841	1051	1712
	2301				
303	0201				
304	1601				
305	2301				
306	0161				
307	0164	1881	2701⊗		
308	0144				
309	0101				
310	0201				
311	2001				
312	0241				
313	1605				
314	1701				
315	0101				
316	0201				
317	1628⊗				
318	0201				
319	0201				
320	2701				
321	0198				
322	0201				
323	0201				
324	0201				
325	0161				
326	1581				
327	1701				
328	[illegible]				
329	0201				
330	0181				

表五

收藏情況表

書名編號	藏書單位				
子 道家類 331	1705				
332	2001				
333	1705				
334	0101				
335	0163				
336	1581⊗				
337	0201				
338	0101	0144	0201	0241	0301
	1601	1681	2501	2702	2941
339	0201				
340	0101				
341	0201				
342	1601				
343	1601				
344	0201				
345	0201				
346	0201				
347	0101	0201			
348	2541				
349	1601				
350	1101				
351	0262				
352	0161	0201	1705	1801	2201
353	1601	0198			
354	0198				
355	0201				
356	1601				
357	0201				
358	1501				
359	1601				
360	0101				
361	0101				
362	0201⊗				
363	0201⊗				
364	0101⊗				
365	0201				
366	0201	0601			
367	0201				

收藏情況表

書名編號	藏書單位				
子 道家類 368	0201				
369	1801				
370	0201				
371	0101	0181			
372	0201				
373	1601				
374	0201				
375	0101	0201	1705		
376	1601				
377	0101				
378	0101				
379	0101				
380	0101	0201			
381	0101				
382	0101				
383	0101⊗				
385	0101				
386	0101				
387	0101				
388	0201				
389	0142	1601	1881	1901	2401
390	0101	0181⊗	0201⊗	2210⊗	2701⊗
391	0101	0181⊗	0201⊗	2210⊗	2701⊗
392	0101				
393	0161				
394	1701				
395	0101				
396	0101				
397	0101				
398	0143	0201			
399	0701	2201	2702		
400	0101⊗	0161	0241	0242	0301
401	0162	1063	1605		
402	0101				
403	2201⊗				
404	2941				
405	0141				
406	0141				

表六

收藏情况表

書名編號	藏書單位				
子 道家類 407	1601				
408	0101				
409	0141				
410	0201				
411	2301⊗				
412	0241⊗				
413	0101				
414	1601⊗				
415	0101				
416	2001				
417	2001				
418	0101				
419	2702				
420	1705				
421	0201				
422	1701				
423	1705				
424	0181				
425	0101	1601			
426	0101				
427	0101	0803	1601		
428	0101	0803	1601		
429	1701				
430	0201				
431	0201				
432	0101	0161			
433	0141	0198	0801		
434	0102	0145	0201	0242	0291
	1063	1601	1606	2201	2242
	2541	2701	2941		
435	0701	1701	2702		
436	0161				
437	0201				
438	0101				
439	2501				
440	0161⊗				
441	0198				
442	0201				

表七

收藏情况表

書名編號	藏書單位		
子 道家類 443	0201		
444	1701		
447	0141		
448	0201		
449	0201		
450	1628		
451	1646		
452	0141		
453	0181		
454	0181		
455	0181		
456	2442		
457	0201		
458	0241	1601	1881
459	2541		
460	1101		
461	0801		
462	0101	1705	
463	0101		
464	0101		
465	2601		
466	1701		
467	0101		
468	0101		
469	1701		
470	0101		
471	0141	0201	
472	0201		
473	1646		
474	0101⊗		
475	0141		
476	0101⊗		
477	0101		
478	1601		
479	0201		
480	2541		
481	0101		
482	0141	0201	2201

收藏情况表

書名編號	藏書單位				
子 道家類 483	0291				
484	0141				
485	0201				
486	0101				
487	0101				
488	2441				
489	1601	1605	1701		
490	0161	0241			
491	0241				
492	0241				
493	0161				
494	2201				
495	0101	1082	1901		
496	1601				
497	0201				
498	2401				
499	0101				
500	2701				
501	0101				
502	0701				
503	0201				
504	1601⊗				
505	0198⊗				
506	0201⊗				
507	0101				
508	1601				
509	0244	1501	1601	1705	1881
	2543	2701			
510	0101				
511	0201				
512	0141				
513	0101				
514	0197	0201			
515	0101				
516	0101	0201	1701	2401	
517	0161	1943			
518	0242	01			
519	0141				

表八

收藏情况表

書名編號	藏書單位				
子 道家類 520	0141				
521	1601				
522	0201				
523	1601⊗				
524	0101	0141	0143	0145	0146
	0197	0198	0242	0703	1701
	2702				
525	0101				
526	0141				
527	0101	0161	0201	0301	0701
	1641	2242			
528	0101				
529	0101				
530	0201				
531	0701				
532	0201				
533	0101				
534	1705				
535	0101				
536	0201				
537	1705				
538	0101				
539	0101				
540	0101				
541	0141				
542	2403				
543	0141				
544	0201				
545	2541				
546	0101				
547	0201				
548	0101				
549	0101				
550	0141				
551	0101				
552	0201				
553	0101⊗				
554	1541	2702			

收藏情況表

書名編號	藏書單位				
子 道家類 555	0101	0142	0197	0201	0341
	1606	1701	2702		
556	0201				
557	1705				
558	0161				
559	0101				
560	1601				
561	0201				
562	0141				
563	0201				
564	0241				
565	0101				
566	0201	0703	1688		
567	1702				
568	2243				
569	0143				
570	0198				
571	1705				
572	0141	1702			
573	0201 ⊗				
574	1605				
575	0201				
576	0101				
577	2702				
578	0101				
579	0101				
580	0101				
581	0101 ⊗				
582	0193				
583	1601				
584	0601				
585	0701				
586	0101				
587	0201				
588	0101				
589	0101				
590	1101				
591	2702				

收藏情況表

書名編號	藏書單位	
子 道家類 592	1705	
593	0101	
594	0101	
595	0101	
596	0101	
597	1601	
598	2702	
599	0201	
600	2541	
601	1601	
602	0201 ⊗	
603	1601	
604	0141	0201
605	2501	
606	2541	
607	0201	
608	0141	
609	1705	
610	0101	
611	0241	
612	1581	
613	1701 ⊗	
614	0101	
615	0101	0201
616	0201	
617	1605	
618	0241	
619	0141	0201
620	0141	
621	0201	
622	0201	
623	2001	
624	1601	
625	0141	
626	1601	
627	0101	
628	0101 ⊗	
629	0101	

表九

收藏情況表

書名編號	藏書單位				
子 道家類 630	1601				
631	0201				
632	0101	0701	1601		
633	0201	0301	0801	1063	1601
634	1101				
635	2601				
636	0201				
637	0161				
638	0141				
639	0141				
640	0101				
641	1701				
642	0141				
643	1101				
644	1646				
645	0161				
646	0161 ⊗				
647	0201				
648	0201				
649	0101				
650	2702				
651	0201				
652	0145				
653	0201				
654	0141				
655	1601				
656	1606				
657	0101	0102	0143	0161	0198
	0201	0341			
658	0161				
659	0101 ⊗				
660	0242				
661	0141				
662	2503				
663	0101				
664	0141	0175	0197		
665	0181	0701			
666	0175	0197			

收藏情況表

書名編號	藏書單位				
子 道家類 667	0181	0175	0197	1042	1601
668	0161				
669	1792				
670	0181				
671	1901				
672	2210				
673	2915				
674	0441				
675	0101				
676	0101	0181			
677	0101				
678	0181				
679	0181				
680	1101				
681	1601				
682	1705				
683	0101				
684	0101				
685	0841				
686	0181				
687	0181				
688	1101 ⊗				
689	0101				
690	0101				
691	1601				
692	0181				
693	0291				
694	0201				
695	0101	0803	1601		
696	0101				
697	0101				
698	0101				
699	0101				
700	1701				
701	0101				
702	0101				
703	0101				
704	1701				

表十

收藏情况表

書名編號		藏書單位				
子 道家類	705	0201	1882 ①			
	706	0101				
	707	0101				
	708	0101				
	709	0101				
	710	0101				
	711	0101				
	712	0101				
	713	0101				
	714	0101				
	715	0101				
	716	0101				
	717	0101				
	718	0101				
	719	0101				
	720	0101				
	721	0101				
	722	0101				
	723	0101				
	724	0101				
	725	0101				
	726	0101				
	727	0101				
	728	0141				
	729	0101				
	730	0201				
	731	0161				
	732	0101				
	733	1301				
	734	0101				
	735	0101				
	736	0101				
	737	0101				
	738	0241				
	739	0101				
	740	0[illegible]81				
	741	1501				
	742	0101				

表十一

收藏情况表

書名編號		藏書單位				
子 道家類	743	0141				
	744	0101	0141	0201	0244	0263
		0291	0341	1702	1842	1881
	745	0101	1301	1601	1881	2943
	746	2201				
	747	1501				
	748	1501				
	749	0291	1501			
	750	0201				
	751	0141				
	752	0101				
	753	0241				
	754	1601				
	755	0101				
	756	2542				
	757	2702				
	758	0201				
	75[illegible]	1501 ⑧				
	760	0101	0141	1101		
	761	1601				
	762	0101				
	763	0101				
	764	0101				
	765	0201				
	766	0101				
	767	1701				
	768	0101	0201			
	769	0101				
	770	0101				
	771	0101				
	772	0101				
	773	0101 ⑧				
	774	0101 ⑥				
	775	0101 [illegible]				
	776	[illegible]				
	7[illegible]7	014[illegible]				
	778	0101	0173	[illegible]197	0201	0591
		1701	2702			

收藏情况表

書名編號		藏書單位				
子 道家類	779	0101				
	780	0142	1101	1541	2401	
	781	0161				
	782	0101	0141 ⑥			
	783	0101				
	784	1601				
	785	0101				
	786	0201				
	787	0101				
	788	0201				
	789	0201				
	790	0101				
	791	0101	1605	1701		
	792	0201				
	793	0101				
	794	0201				
	795	0101				
	796	0161				
	797	1601				
	798	0101 ⑧				

表十二